Kleinknecht/Meyer-Goßner
Strafprozeßordnung

Beck'sche Kurz-Kommentare

Band 6

Strafprozeßordnung

Gerichtsverfassungsgesetz, Nebengesetze und ergänzende Bestimmungen

Erläutert von

Dr. Lutz Meyer-Goßner

Vorsitzender Richter am Bundesgerichtshof

44., neubearbeitete Auflage
des von Otto Schwarz begründeten,
in der 22. bis 35. Auflage von Theodor Kleinknecht und
in der 36. bis 39. Auflage von Karlheinz Meyer
bearbeiteten Werkes

C. H. Beck'sche Verlagsbuchhandlung
München 1999

Die Deutsche Bibliothek – CIP-Einheitsaufnahme

Meyer-Goßner, Lutz:
Strafprozeßordnung, Gerichtsverfassungsgesetz, Nebengesetze und ergänzende Bestimmungen / erl. von Lutz Meyer-Goßner. – 44., neubearb. Aufl. des von Otto Schwarz begr., in der 22. bis 35. Aufl. von Theodor Kleinknecht und in der 36. bis 39. Aufl. von Karlheinz Meyer bearb. Werkes. – München : Beck 1999
(Beck'sche Kurz-Kommentare ; Bd. 6)
ISBN 3 406 45001 6

ISBN 3 406 45001 6

Druck der C. H. Beck'sche Buchdruckerei, Nördlingen
Gedruckt auf säurefreiem, alterungsbeständigem Papier
(hergestellt aus chlorfrei gebleichtem Zellstoff)

Vorwort

Mit der Neuauflage wird der Kommentar auf den Stand vom 1. Januar 1999 in Gesetzgebung, Rechtsprechung und Schrifttum gebracht. Im Gegensatz zur Vorauflage hat es diesmal umfangreiche gesetzliche Änderungen der StPO gegeben: Seit 1997 wurde die StPO durch sechzehn Gesetze geändert; erwähnt seien hier nur das Gesetz zur Bekämpfung von Sexualdelikten und anderen gefährlichen Straftaten vom 26. Januar 1998, das Zeugenschutzgesetz vom 30. April 1998, das Gesetz zur Verbesserung der Bekämpfung der Organisierten Kriminalität vom 4. Mai 1998 und das DNA-Identitätsfeststellungsgesetz vom 7. September 1998 (vgl. im einzelnen S. XLI). Insgesamt wurden dadurch nicht weniger als acht Paragraphen neu eingefügt (§§ 58 a, 68 b, 81 g, 100 e, 100 f, 168 e, 247 a und 255 a) und dreißig Vorschriften geändert; von besonderer Bedeutung sind hierbei die den sog. Lauschangriff und die den Einsatz der Videotechnologie betreffenden Bestimmungen. Demgegenüber hielten sich die Änderungen des GVG in Grenzen und waren weniger bedeutsam (vgl. S. LIII). Das 6. Gesetz zur Reform des Strafrechts hat zwar in StPO und GVG im wesentlichen nur Folgeänderungen mit sich gebracht; die Vielzahl der Änderungen im StGB machte aber auch im Text des Kommentars eine große Reihe von Änderungen erforderlich. Durch das Justizmitteilungsgesetz vom 18. Juni 1997 wurden die §§ 12 bis 22 in das EGGVG eingefügt; sie sind dort (Anhang A 2) kommentiert. Es erschien sachdienlich, dazu auch die Anordnungen über Mitteilungen in Strafsachen (Mistra) auszugsweise in den Anhang (A 16) aufzunehmen. Das Schiedsstellengesetz wurde wegen der uneinheitlichen Fortgeltung in den neuen Bundesländern (vgl. 41 zu § 153), die StPO-DDR wegen Gegenstandslosigkeit aus dem Anhang herausgenommen.

Die 4. Auflage des Karlsruher Kommentars zur Strafprozeßordnung und die 2. Auflage des Kommentars von Pfeiffer (vormals Pfeiffer/Fischer) konnte ich dank des freundlichen Entgegenkommens des Verlags C. H. Beck bereits vollständig berücksichtigen; die 25. Auflage des „Löwe/Rosenberg" ist bis zur 7. Lieferung einschließlich und die Neubearbeitung des KMR bis zur 17. Lieferung ausgewertet; auch der Heidelberger Kommentar zur Strafprozeßordnung ist nunmehr zitiert. Wie stets habe ich neben der Kommentarliteratur auch das übrige relevante Schrifttum eingearbeitet, wobei ich bemüht bin, vermehrt auch auf neue Monographien und wichtige Dissertationen hinzuweisen.

Aus der Fülle der aufzunehmenden Rechtsprechung sei besonders das Urteil des Bundesgerichtshofes vom 28. August 1997 (BGHSt 43, 195) zur Zulässigkeit einer Verständigung über die im Falle eines Geständnisses zu verhängende Strafe erwähnt, das zu einer Überarbeitung der Ausführungen in Rdn. 119 ff der Einleitung geführt hat; im übrigen ist BGHSt 43 vollständig erfaßt (vgl dazu die Gegenüberstellung mit den Fundstellen in der NJW auf S. 1943).

Ich habe herzlich für mannigfache Hilfe den jetzigen wissenschaftlichen Mitarbeitern am BGH Herrn Vors. Richter am LG Dr. Ekkehard Appl und Herrn Ministerialrat Jürgen Cierniak sowie dem früheren wissenschaftlichen Mitarbeiter am BGH Herrn StA Hubert Ströber zu danken. Für die vielen Hinweise und Anregungen aus dem Benutzerkreis des Kommentars bin ich besonders dankbar. Es ist mir ein Bedürfnis, auch an dieser Stelle für die – wie stets – hervorragende Zusammenarbeit den Herren Hans-Peter Huber und Andreas Harm vom Verlag C. H. Beck meinen Dank auszusprechen. Das letzte Wort des Dankes gebührt wie immer meiner Frau für ihre liebevolle und unermüdliche Fürsorge, die es mir erst möglich macht, diese Arbeit zu leisten.

Landau/Pfalz, im Februar 1999 Lutz Meyer-Goßner

Aus dem Vorwort zur 36. Auflage

Kleinknecht hat die Bearbeitung des Kommentars, von dem er in zwei Jahrzehnten nicht weniger als 13 Auflagen mit großem Erfolg betreut hat, aus Altersgründen abgegeben. Ein Werk fortzuführen, das so verbreitet ist und in der Fachwelt so allgemeine Anerkennung gefunden hat wie dieses Erläuterungsbuch, ist eine dankbare Aufgabe; ich habe sie ohne Zögern übernommen, als der Verlag sie mir angetragen hat. Dabei bin ich mir bewußt, daß die weitere Bearbeitung eines Werkes, das in langer Zeit gewachsen und auf jeder Seite von der Denkweise und dem Stil des bisherigen Bearbeiters geprägt ist, nicht leicht sein wird.

Die Arbeit Kleinknechts an dem Kommentar war nicht zuletzt deshalb so erfolgreich, weil er es verstanden hat, auf dem zur Verfügung stehenden knappen Raum ein Höchstmaß an Informationen und Hinweisen auf weiterführende Entscheidungen und Literatur zu liefern. Ich werde bemüht sein, das Buch in diesem Sinne weiterzuführen. Aus langjähriger Tätigkeit als Strafrichter weiß ich, wie nötig die Praxis eine solche Hilfe bei der Anwendung des durch zahllose Änderungen immer komplizierter gewordenen Gesetzes hat. Anregungen aus der Praxis, an denen es in der Vergangenheit nicht gefehlt hat, werde ich berücksichtigen, wo immer das möglich ist.

Berlin, im Januar 1983 Karlheinz Meyer

Aus dem Vorwort zur 35. Auflage

Mit der Fertigstellung der 35. Auflage – nach Neubearbeitung von 13 Auflagen dieses Kommentars – beende ich meine Tätigkeit als StPO-Kommentator. An dieser Wende ist es mir ein besonderes Anliegen, den Lesern für das mir über so viele Jahre hin entgegengebrachte Vertrauen zu danken. Besonderen Dank schulde ich dem Verlag für die Betreuung des Werkes und die stets gute Zusammenarbeit sowie meinem Mitarbeiter Hans Buddendiek, Oberregierungsrat im Bundesjustizministerium, der mir zwei Jahrzehnte hindurch zuverlässige und wertvolle Hilfe geleistet hat. Zu danken habe ich schließlich auch meinem Sohn Manfred Kleinknecht, Richter am Landgericht Nürnberg-Fürth, für seine Unterstützung.

Ich bin glücklich darüber, daß Herr Karlheinz Meyer, Vorsitzender Richter am Kammergericht in Berlin, ein bereits allgemein bekannter StPO-Kommentator, das Werk mit der bisherigen Zielsetzung weiterführen wird.

Nürnberg, im Januar 1981 Theodor Kleinknecht

Inhalt

1. Strafprozeßordnung

Erstes Buch. Allgemeine Vorschriften

Zweites Buch. Verfahren im ersten Rechtszug

Drittes Buch. Rechtsmittel

Inhalt

Viertes Buch. Wiederaufnahme eines durch rechtskräftiges Urteil abgeschlossenen Verfahrens

Fünftes Buch. Beteiligung des Verletzten am Verfahren

Sechstes Buch. Besondere Arten des Verfahrens

Siebentes Buch. Strafvollstreckung und Kosten des Verfahrens

Achtes Buch. Länderübergreifendes staatsanwaltschaftliches Verfahrensregister

2. Gerichtsverfassungsgesetz

3. Anhang. Nebengesetze und ergänzende Bestimmungen

I. Erläuterte Gesetze

II. Andere Gesetze

III. Sonstige Rechtsvorschriften

Abkürzungen

Entscheidungen der Oberlandesgerichte sind durch Angabe der Orte gekennzeichnet, an denen das Gericht seinen Sitz hat (zB Hamm NJW **59**, 317). Der Fettdruck von Gesetzesabkürzungen im Text (zB § 43 **JGG**) weist darauf hin, daß die Vorschrift im Anhang abgedruckt ist.

A	Anhang
AA	Auswärtiges Amt
aaO	am angegebenen Ort
Abg	Abgeordnete(r)
AbgG	Gesetz über die Rechtsverhältnisse der Mitglieder des Deutschen Bundestages idF vom 21. 2. 1996 (BGBl I 326; FNA 1101–8) – Sartorius I Nr 48 –
abl	ablehnend
ABl	Amtsblatt
Abs.	Absatz, auch bezeichnet mit einer römischen Zahl
Abschn	Abschnitt
AcP	Archiv für die civilistische Praxis (zitiert nach Band und Seite)
aE	am Ende
aF.	alte Fassung
AfP	Archiv für Presserecht (zitiert nach Jahr und Seite)
AG	Amtsgericht, Ausführungsgesetz
AK/StPO	Kommentar zur Strafprozeßordnung in der Reihe Alternativkommentare (Hrsg. Wassermann). Bd. 1 (Einl – § 93) 1988, Bd. 2 Teilbd. 1 (§§ 94–212 b) 1992, Teilbd. 2 (§§ 213–275) 1993, Bd. 3 (§§ 276–477) 1996 (zitiert nach Bearbeiter, Randnummer und Paragraph)
AktG	Aktiengesetz vom 6. 9. 1965 (BGBl I 1089; III 4121–1) – Schönfelder Nr 51 –
allgM	allgemeine Meinung
Alt	Alternative
aM	anderer Meinung
Amelung	Amelung, Knut, Rechtsschutz gegen strafprozessuale Grundrechtseingriffe (1976)
Amelunxen Berufung	Amelunxen, Clemens, Die Berufung in Strafsachen (1982)
Amelunxen Nebenklage	Amelunxen, Clemens, Der Nebenkläger im Strafverfahren (1980)
Amelunxen Revision	Amelunxen, Clemens, Die Revision der Staatsanwaltschaft (1980)
ÄndG	Änderungsgesetz
ÄndVO	Änderungsverordnung
Anh	Anhang
Anl.	Anlage
Anm.	Anmerkung
ANM	Alsberg/Nüse/Meyer, Der Beweisantrag im Strafprozeß (5. Aufl, 1983)
AnwBl	Anwaltsblatt (zitiert nach Jahr und Seite)
AO	Abgabenordnung (Anh 6)
AöR	Archiv des öffentliches Rechts (zitiert nach Band und Seite)
ArbGG	Arbeitsgerichtsgesetz idF vom 2. 7. 1979 (BGBl I 853, 1036; III 320–1) – Schönfelder Nr 83 –
ArchKrim	Archiv für Kriminologie (zitiert nach Band und Seite)
ArchPF	Archiv für das Post- und Fernmeldewesen (zitiert nach Jahr und Seite)
Art	Artikel
Arzt	Arzt, Günther, Der befangene Strafrichter (1969)
AsylVfG	Asylverfahrensgesetz idF vom 27. 7. 1993 (BGBl I 1361) – Sartorius I Nr 567 –

Abkürzungen

Aufl	Auflage
AuslG	Gesetz über die Einreise und den Aufenthalt von Ausländern im Bundesgebiet (Ausländergesetz) vom 9. 7. 1990 (BGBl I 1354) – Sartorius I Nr 565 –
AV	Allgemeine Verfügung
AWG	Außenwirtschaftsgesetz vom 28. 4. 1961 (BGBl I 481, 495, 1555; III 7400–1)
BA	Blutalkohol, Wissenschaftliche Zeitschrift für die medizinische und juristische Praxis (zitiert nach Jahr und Seite)
BAG	Bundesarbeitsgericht; Entscheidungen des Bundesarbeitsgerichts (zitiert nach Band und Seite)
BAnz	Bundesanzeiger
BÄO	Bundesärzteordnung idF vom 16. 4. 1987 (BGBl I 1218; III 2122–1)
BAT	Bundesangestelltentarif
Baumann	Baumann, Jürgen, Grundbegriffe und Verfahrensprinzipien des Strafprozeßrechts (3. Aufl, 1979)
Baumann-FS	Festschrift für Jürgen Baumann zum 70. Geburtstag (1992)
Bay	Bayerisches Oberstes Landesgericht. Mit Zahlen. Sammlung von Entscheidungen in Strafsachen (alte Folge zitiert nach Band und Seite, neue Folge nach Jahr und Seite)
BayAGGVG	Gesetz zur Ausführung des Gerichtsverfassungsgesetzes und von Verfahrensgesetzen des Bundes vom 23. 6. 1981 (GVBl 188)
BayGZVJu	Bayerische Verordnung über gerichtliche Zuständigkeiten im Bereich des Staatsministeriums der Justiz vom 2. 2. 1988 (GVBl 6, 97)
BayJMBl	Bayerisches Justizministerialblatt (zitiert nach Jahr und Seite)
BayLStVG	Landesstraf- und Verordnungsgesetz idF vom 13. 12. 1982 (GVBl 1098) – Ziegler/Tremel Nr 420 –
BayPAG	Bayerisches Polizeiaufgabengesetz vom 24. 8. 1978 (GVBl 561) – Ziegler/Tremel Nr 570 –
BayVBl	Bayerische Verwaltungsblätter (zitiert nach Jahr und Seite)
BayVerf	Verfassung des Freistaates Bayern vom 2. 12. 1946 (BayBS I 3) – Ziegler/Tremel Nr 850 –
BayVerfGH	Bayerischer Verfassungsgerichtshof
BayVerfGHE	Entscheidungen des Bayerischen Verfassungsgerichtshofes (zitiert nach Band und Seite)
BB	Betriebs-Berater (zitiert nach Jahr und Seite)
BBergG	Bundesberggesetz vom 13. 8. 1980 (BGBl I 1310; III 750–15)
BBG	Bundesbeamtengesetz idF vom 27. 2. 1985 (BGBl I 479; III 2030–2) – Sartorius I Nr 160 –
BDiszH	Bundesdisziplinarhof
BDO	Bundesdisziplinarordnung idF vom 20. 7. 1967 (BGBl I 750, 984; III 2031–1) – Sartorius I Nr 220 –
BDSG	Bundesdatenschutzgesetz vom 20. 12. 1990 (BGBl I 2954; III 204–1) – Sartorius I Nr 245 –
Begr	amtl Begründung
Bek	Bekanntmachung
ber	berichtigt
BerlVerfGH	Berliner Verfassungsgerichtshof
Beulke	Beulke, Werner, Der Verteidiger im Strafverfahren, Funktionen und Rechtsstellung (1980)
Beulke StP	Beulke, Werner, Strafprozeßrecht (3. Aufl, 1998; zitiert nach Randnummern)
BewHi	Bewährungshilfe, Fachzeitschrift für Bewährungs-, Gerichts- und Straffälligenhilfe (zitiert nach Jahr und Seite)
BezG	Bezirksgericht
BFH	Bundesfinanzhof

BFHE	Sammlung der Entscheidungen des Bundesfinanzhofes (zitiert nach Jahr und Seite)
BGB	Bürgerliches Gesetzbuch vom 18. 8. 1896 (RGBl 195; BGBl III 400–2) – Schönfelder Nr 20 –
BGBl I, II, III	Bundesgesetzblatt Teil I, Teil II, Teil III
BGH	Bundesgerichtshof; Entscheidungen des Bundesgerichtshofs in Strafsachen (zitiert nach Band und Seite)
BGHR	BGH-Rechtsprechung in Strafsachen (zitiert nach Paragraph und Stichwort; ist kein Paragraph angegeben, so handelt es sich um eine Entscheidung zu dem kommentierten Paragraphen, ggf zu demselben Absatz und Satz des Paragraphen; ist kein Gesetz angegeben, handelt es sich um das kommentierte Gesetz)
BGHZ	Entscheidungen des Bundesgerichtshofs in Zivilsachen (zitiert nach Band und Seite)
BGSG	Bundesgrenzschutzgesetz idF vom 19. 10. 1994 (BGBl I 2978) – Sartorius I Nr 90 –
BinSchVfG	Gesetz über das gerichtliche Verfahren in Binnenschifffahrtssachen vom 27. 9. 1952 (BGBl I 641; III 310–5)
BJagdG	Bundesjagdgesetz idF vom 28. 9. 1976 (BGBl I 2849; III 792–1)
BKA	Bundeskriminalamt
BKAG	Gesetz über die Einrichtung eines Bundeskriminalpolizeiamtes (Bundeskriminalamtes) idF vom 7. 7. 1997 (BGBl I 1650; III/FNA 2190–1) – Sartorius I Nr 450 –
Blaese/Wielop	Blaese/Wielop, Die Förmlichkeiten der Revision in Strafsachen (3. Aufl, 1991, zitiert nach Seite)
Blau-FS	Festschrift für Günter Blau zum 70. Geburtstag (1985)
BMI	Bundesminister des Innern
BMinG	Gesetz über die Rechtsverhältnisse der Mitglieder der Bundesregierung idF vom 27. 7. 1971 (BGBl I 1166; III 1103–1) – Sartorius I Nr 45 –
BMJ	Bundesminister der Justiz
BMV	Bundesminister für Verkehr
BMVtg	Bundesminister der Verteidigung
BNotO	Bundesnotarordnung vom 24. 2. 1961 (BGBl I 98; III 303–1) – Schönfelder Nr 98 a –
Bockelmann-FS	Festschrift für Paul Bockelmann zum 70. Geburtstag (1979)
Bockemühl	Bockemühl, Jan, Private Ermittlungen im Strafprozeß (1996)
Bohnert	Bohnert, Joachim, Beschränkungen der strafprozessualen Revision durch Zwischenverfahren (1983)
Bonner Komm.	Kommentar zum Bonner Grundgesetz (ab 1950; Loseblattausgabe)
Boujong-FS	Festschrift für Karlheinz Boujong zum 65. Geburtstag (1996)
BPräs	Bundespräsident
BRAGO	Bundesgebührenordnung für Rechtsanwälte vom 26. 7. 1957 (B 368–1) – Schönfelder Nr 117 –
BRAO	Bundesrechtsanwaltsordnung vom 1. 8. 1959 (BGBl I 565; III 303–8) – Schönfelder Nr 98 –
BRat	Bundesrat
BR-Drucks	Drucksache des Bundesrates
BReg	Bundesregierung
BRep	Bundesrepublik Deutschland
Bringewat	Bringewat, Peter, Die Bildung der Gesamtstrafe (1987; zitiert nach Randnummer)
Bringewat StVollstr.	Bringewat, Peter, Strafvollstreckung, Kommentar zu den §§ 449–463 d StPO (1993; zitiert nach Randnummern)
Brodag	Brodag, Strafverfahrensrecht, Kurzlehrbuch zum Ermittlungsverfahren der StPO (8. Aufl. 1994)
BRRG	Beamtenrechtsrahmengesetz idF vom 27. 2. 1985 (BGBl I 462; III 2030–1) – Sartorius I Nr 150 –

Abkürzungen

Brunner/Dölling	Brunner, Rudolf, Dölling, Dieter, Jugendgerichtsgesetz, Kommentar (10. Aufl, 1990; zitiert nach Randnummer und Paragraph)
Bruns-FS.	Festschrift für Hans-Jürgen Bruns zum 70. Geburtstag (1978)
BSeuchG	Bundes-Seuchengesetz idF vom 18. 12. 1979 (BGBl I 2262; 1980 I 151; III 2126–1) – Sartorius I Nr 293 –
BSG	Bundessozialgericht
BStBl	Bundessteuerblatt (zitiert nach Jahr und Seite)
BTag.	Bundestag
BT-Drucks	Drucksache des Bundestages (die erste Zahl bezeichnet die Wahlperiode)
BT-GeschO	Geschäftsordnung des Deutschen Bundestages idF vom 2. 7. 1980 (BGBl I 1237) – Sartorius I Nr 35 –
BtMG	Betäubungsmittelgesetz idF vom 1. 3. 1994 (BGBl I 359; III 2121–6–24)
Burrhoff ErmV	Burhoff, Detlef, Handbuch für das strafrechtliche Ermittlungsverfahren (1997; zitiert nach Randnummern)
Burhoff HV	Burhoff, Detlef, Handbuch für die strafrechtliche Hauptverhandlung (2. Aufl, 1997; zitiert nach Randnummern)
Busse/Volbert/Steller	Busse/Volbert/Steller, Belastungserleben von Kindern in Hauptverhandlungen; Abschlußbericht eines Forschungsprojekts im Auftrag des BMJ (1996)
BVerfG	Bundesverfassungsgericht
BVerfGE	Entscheidungen des Bundesverfassungsgerichts (zitiert nach Band und Seite)
BVerfGG	Gesetz über das Bundesverfassungsgericht idF vom 11. 8. 1993 (BGBl I 1474; III 1104–1) – Sartorius I Nr 40
BVerfSchG	Bundesverfassungsschutzgesetz vom 20. 12. 1990 (BGBl I 2954; III 12–4) – Sartorius I Nr 80 –
BVerwG	Bundesverwaltungsgericht
BVerwGE	Entscheidungen des Bundesverwaltungsgerichts (zitiert nach Band und Seite)
BW	Baden-Württemberg
BWAGGVG	Baden-Württembergisches Gesetz zur Ausführung des Gerichtsverfassungsgesetzes und von Verfahrensgesetzen der ordentlichen Gerichtsbarkeit vom 16. 12. 1975 (GBl 868)
BWG	Bundeswahlgesetz idF vom 23. 7. 1993 (BGBl I 1288; III 111–1) – Sartorius I Nr 30 –
BwVollzO	Bundeswehrvollzugsordnung vom 29. 11. 1972 (BGBl I 2205; III 452–3) – Piller/Herrmann Nr 2 m –
BZR	Bundeszentralregister
BZRG	Bundeszentralregistergesetz (Anh 7)
Calliess/Müller-Dietz	Calliess/Müller-Dietz, Strafvollzugsgesetz, Kurzkommentar (7. Aufl, 1998; zitiert nach Randnummer und Paragraph)
CR	Computer und Recht (zitiert nach Jahr und Seite)
Dahs	Dahs, Hans, Handbuch des Strafverteidigers (5. Aufl, 1983; zitiert nach Randnummer)
Dahs/Dahs	Dahs/Dahs, Die Revision im Strafprozeß, NJW-Schriftenreihe Heft 16 (5. Aufl, 1993; zitiert nach Randnummer)
Dallinger/Lackner	Dallinger/Lackner, Jugendgerichtsgesetz und ergänzende Vorschriften (2. Aufl, 1965; zitiert nach Randnummer und Paragraph)
DAR	Deutsches Autorecht (zitiert nach Jahr und Seite)
DAR (B)	Bär, Die Rspr des BayObLG in Verkehrstrafsachen und Bußgeldverfahren (Jahreszusammenstellungen im DAR, seit 1987)
DAR (Bu)	Burhoff, Die Rspr des OLG Hamm in Verkehrsstrafsachen und Bußgeldverfahren wegen Verkehrsordnungswidrigkeiten (Jahreszusammenstellungen im DAR, seit 1996)

DAR (G)	Goydke, Die Rspr des BGH in Verkehrsstrafsachen und Bußgeldverfahren (Jahreszusammenstellungen im DAR, 1990 und 1991)
DAR (M)	Martin, Die Rspr des BGH in Verkehrsstrafsachen (Jahreszusammenstellungen im DAR, 1953 bis 1975)
DAR (N)	Nehm, Die Rspr des BGH in Verkehrsstrafsachen und Bußgeldverfahren (Jahreszusammenstellungen im DAR, 1992 bis 1994)
DAR (R)	Rüth, Die Rspr des BayObLG in Verkehrsstrafsachen und Bußgeldverfahren (Jahreszusammenstellungen im DAR, 1963 bis 1986)
DAR (Sp)	Spiegel, Die Rspr des BGH in Verkehrsstrafsachen und Bußgeldverfahren (Jahreszusammenstellungen im DAR, 1976 bis 1989)
DAR (T)	Tolksdorf, Die Rspr des BGH in Verkehrsstrafsachen und Bußgeldverfahren (Jahreszusammenstellungen im DAR, seit 1995)
DB	Der Betrieb (zitiert nach Jahr und Seite)
Dencker	Dencker, Friedrich, Verwertungsverbote im Strafprozeß (1977)
desgl	desgleichen
dh	das heißt
Diemer/Schoreit/Sonnen	Diemer/Schoreit/Sonnen, Kommentar zum Jugendgerichtsgesetz (2. Aufl, 1995; zitiert nach Randnummer und Paragraph)
Dippel	Dippel, Karlhans, Die Stellung des Sachverständigen im Strafprozeß (1986)
Diss	Dissertation
DJ	Deutsche Justiz (zitiert nach Jahr und Seite)
DJT	Deutscher Juristentag
DJZ	Deutsche Juristenzeitung (zitiert nach Jahr und Spalte)
DNotZ	Deutsche Notar-Zeitschrift (zitiert nach Jahr und Seite)
DÖV	Die Öffentliche Verwaltung (zitiert nach Jahr und Seite)
DR	Deutsches Recht (zitiert nach Jahr und Seite)
DRB	Deutscher Richterbund
Dreher-FS	Festschrift für Eduard Dreher znm 70. Geburtstag (1977)
DRiG	Deutsches Richtergesetz (Anh 8)
DRiZ	Deutsche Richterzeitung (zitiert nach Jahr und Nummer, ab 1950 nach Jahr und Seite)
DRZ	Deutsche Rechtszeitschrift (zitiert nach Jahr und Seite)
DStR	Deutsches Steuerrecht (zitiert nach Jahr und Seite)
DStZ	Deutsche Steuerzeitung (zitiert nach Jahr und Seite)
DtZ	Deutsch-Deutsche Rechtszeitschrift (zitiert nach Jahr und Seite)
Dünnebier-FS	Festschrift für Hanns Dünnebier (1982)
DVBl	Deutsches Verwaltungsblatt (zitiert nach Jahr und Seite)
DVO	Durchführungsverordnung
EAG	Europäische Atomgemeinschaft
EBAO	Einforderungs- und Beitreibungsanordnung vom 25. 11. 1974 (BAnz Nr 230) – Piller/Herrmann Nr 10 Anlage I –
EbSchmidt	Eberhard Schmidt, Lehrkommentar zur Strafprozeßordnung und zum Gerichtsverfassungsgesetz (Teil I – 2. Aufl – 1964; zitiert nach Randnummer; Teil II 1957, Teil III 1960; zitiert nach Randnummer und Paragraph)
EbSchmidt-FS	Festschrift für Eberhard Schmidt zum 70. Geburtstag (1961)
EbSchmidt Nachtr	Eberhard Schmidt, Nachträge und Ergänzungen zu Teil II des Lehrkommentars (1967)
EbSchmidt Nachtr II	Eberhard Schmidt, Nachträge und Ergänzungen zu Teil II des Lehrkommentars (1970)
EDV	Elektronische Datenverarbeitung
EG	Europäische Gemeinschaften
EGGVG	Einführungsgesetz zum Gerichtsverfassungsgesetz (Anh 2)
EGH	Ehrengerichtshof

Abkürzungen

EGMR	Europäischer Gerichtshof für Menschenrechte
EGOWiG	Einführungsgesetz zum Gesetz über Ordnungswidrigkeiten vom 24. 5. 1968 (BGBl I 503; III 454–2)
EGStGB	Einführungsgesetz zum Strafgesetzbuch (Anh 3)
EGStPO	Einführungsgesetz zur Strafprozeßordnung (Anh 1)
EGV	Vertrag zur Gründung der Europäischen Gemeinschaft vom 25. 3. 1957 (BGBl II 766) idF des Vertrags über die Europäische Union vom 7. 2. 1992 (BGBl II 1253/1256) – Sartorius II Nr 150 –
EGWStG	Einführungsgesetz zum Wehrstrafgesetz vom 30. 3. 1957 (BGBl I 306; III 452–1)
EGZPO	Gesetz betreffend die Einführung der Zivilprozeßordnung vom 30. 1. 1877 (RGBl 244; BGBl III 310–2) – Schönfelder Nr 101 –
Einl	Einleitung
einschr	einschränkend
Eisenberg	Eisenberg, Ulrich, Jugendgerichtsgesetz mit Erläuterungen (7. Aufl, 1997; zitiert nach Randnummer und Paragraph)
Eisenberg BR	Eisenberg, Ulrich, Beweisrecht der StPO (2. Aufl, 1996; zitiert nach Randnummern)
EKMR	Europäische Kommission für Menschenrechte
Ellersiek	Ellersiek, Dirk, Die Beschwerde im Strafprozeß (1981)
Engisch-FS	Festschrift für Karl Engisch (1969)
entspr	entsprechend(e)(en)(er)
ER	Ermittlungsrichter
Erbs/Kohlhaas	Erbs/Kohlhaas, Strafrechtliche Nebengesetze, Loseblattkommentar
erg	ergänzend
Erker	Erker, Martin, Das Beanstandungsrecht gemäß § 238 II StPO (1988)
Erl	Erlaß
EStG	Einkommensteuergesetz idF vom 16. 4. 1997 (BGBl I 821)
EU	Europäische Union
EuAbgG	Europaabgeordnetengesetz vom 6. 4. 1979 (BGBl I 413; III 111–6)
EuAlÜbk	Europäisches Auslieferungsübereinkommen vom 13. 12. 1957 (BGBl 1964 II 1371; 1976 II 1778)
EuGH	Europäischer Gerichtshof (Gerichtshof der Europäischen Gemeinschaften)
EuGRZ	Europäische Grundrechte (Zeitschrift; zitiert nach Jahr und Seite)
EuRHÜbk	Europäisches Übereinkommen über die Rechtshilfe in Strafsachen vom 20. 4. 1959 (BGBl 1964 II 1369, 1386; 1976 II 1799)
EV	Einigungsvertrag (Vertrag zwischen der Bundesrepublik Deutschland und der Deutschen Demokratischen Republik über die Herstellung der Einheit Deutschlands) vom 31. 8. 1990 (BGBl II 889)
ev.	eventuell
EWG	Europäische Wirtschaftsgemeinschaft
EWR	Europäischer Wirtschaftsraum
EzSt	Entscheidungssammlung zum Straf- und Ordnungswidrigkeitenrecht (Loseblattsammlung)
FA	Finanzamt
FAG	Gesetz über Fernmeldeanlagen idF vom 3. 7. 1989 (BGBl I 1455; III 9020–1)
Faller-FS	Festschrift für Hans-Joachim Faller (1984)
FamRZ.	Ehe und Familie im privaten und öffentlichen Recht (zitiert nach Jahr und Seite)
FEVG	Gesetz über das gerichtliche Verfahren bei Freiheitsentziehungen vom 29. 6. 1956 (BGBl I 599; III 316–1)
Fezer	Fezer, Gerhard, Strafprozeßrecht (2. Aufl, 1995; zitiert nach Fallnummer und Randnummer)

ff . . . . folgende
FG . . . . Festgabe, Finanzgericht
FGG. . . . . Gesetz über die Angelegenheiten der freiwilligen Gerichtsbarkeit idF vom 20. 5. 1898 (RGBl 771; BGBl III 315–1) – Schönfelder Nr 112 –
FGO . . . . Finanzgerichtsordnung vom 6. 10. 1965 (BGBl I 1477; III 350–1)
FinB. . . . . Finanzbehörde
FlRG . . . . Flaggenrechtsgesetz idF vom 26. 10. 1994 (BGBl I 3140; III 9514–1)
Fn . . . . Fußnote
Franke/Wienroeder . . . Franke/Wienroeder, BtMG, Teil III 2. Abschnitt: Strafprozeßrecht (zitiert nach Randnummer)
Friebertshäuser-FG. . . . Festgabe für den Strafverteidiger Heino Friebertshäuser (1997)
Frowein/Peukert . . . . . Frowein/Peukert, EMRK-Kommentar (2. Aufl, 1996)
FS . . . . Festschrift

G. . . . . Gesetz
G 10. . . . . Gesetz zur Beschränkung des Brief-, Post- und Fernmeldegeheimnisses (Anh 14)
GA. . . . . Goltdammer's Archiv für Strafrecht (bis 1933 zitiert nach Band und Seite, ab 1953 nach Jahr und Seite)
GA-FS . . . . 140 Jahre Goltdammer's Archiv für Strafrecht. Eine Würdigung zum 70. Geburtstag von Paul-Günter Pötz (1993)
GABl . . . . Gemeinsames Amtsblatt
Gallas-FS. . . . . Festschrift für Wilhelm Gallas (1973)
GBA. . . . . Generalbundesanwalt
GBl . . . . Gesetzblatt
GebGabe. . . . . Geburtstagsgabe
GedSchr . . . . Gedächtnisschrift
Geerds . . . . Geerds, Friedrich, Vernehmungstechnik (5. Aufl, 1976)
Geerds-FS . . . . Festschrift für Friedrich Geerds zum 70. Geburtstag (1995)
Ges. . . . . Gesetz
GeschlKrhG . . . . Gesetz zur Bekämpfung der Geschlechtskrankheiten vom 23. 7. 1953 (BGBl I 700)
GeschO . . . . Geschäftsordnung
GeschOBGH. . . . . Geschäftsordnung des Bundesgerichtshofes vom 3. 3. 1952 (BAnz Nr 83 vom 30. 4. 1952)
GewO . . . . Gewerbeordnung idF vom 1. 1. 1987 (BGBl I 425; III 7100–1) – Sartorius I Nr 800 –
GG. . . . . Grundgesetz für die Bundesrepublik Deutschland vom 23. 5. 1949 (BGBl 1; III 100–1) – Schönfelder Nr 1, Sartorius Nr 1 –
ggf . . . . gegebenenfalls
GKG . . . . Gerichtskostengesetz idF vom 15. 12. 1975 (BGBl I 3047; III 360–1) – Schönfelder Nr 115 –
GmbH . . . . Gesellschaft mit beschränkter Haftung
GMBl. . . . . Gemeinsames Ministerialblatt
GmS-OGB . . . . Gemeinsamer Senat der obersten Gerichtshöfe des Bundes
GnO . . . . Gnadenordnung
Göhler . . . . Göhler, Erich, Gesetz über Ordnungswidrigkeiten (12. Aufl, 1998; zitiert nach Randnummer und Paragraph)
Göhler/Buddendiek/
Lenzen . . . . Göhler/Buddendiek/Lenzen, Lexikon des Nebenstrafrechts (Loseblattausgabe – 2. Aufl, 1996) = Registerband zu Erbs/Kohlhaas (zitiert nach Randnummer oder Stichwort)
Gössel. . . . . Gössel, Karl Heinz, Strafverfahrensrecht (1977)
Graßhof-FG . . . . Der verfaßte Rechtsstaat, Festgabe für Karin Graßhof (1998)
GrS . . . . Großer Senat
Grünwald . . . . Grünwald, Gerald, Die Teilrechtskraft in Strafsachen (1964)
Grünwald BewR . . . . . Grünwald, Gerald, Das Beweisrecht der Strafprozeßordnung (1993)

Grützner-GebGabe . . .	Aktuelle Probleme des Internationalen Strafrechts. Beiträge zur Gestaltung des Internationalen und eines supranationalen Strafrechts. Heinrich Grützner zum 65. Geburtstag (1970)
GS	Gesetzessammlung
GStA	Generalstaatsanwalt
GSSt.	Großer Senat für Strafsachen
Guradze	Guradze, Heinz, MRK-Kommentar (1968; zitiert nach Randnummer und Paragraph)
GüKG	Güterkraftverkehrsgesetz idF vom 3. 11. 1993 (BGBl I 1839; III 9241–1) – Sartorius I Nr 952 –
GÜV	Gesetz zur Überwachung strafrechtlicher und anderer Verbringungsverbote vom 24. 5. 1961 (BGBl I 607; III 12–2)
GVBl, GVOBl	Gesetz- und Verordnungsblatt
GVG	Gerichtsverfassungsgesetz
GVNW	Gesetz und Verordnungsblatt für das Land Nordrhein- Westfalen
GVVO	Verordnung zur einheitlichen Regelung der Gerichtsverfassung vom 20. 3. 1935 (RGBl I 403; BGBl III 300–5); die VO gilt nicht mehr einheitlich in allen Ländern
GWB	Gesetz gegen Wettbewerbsbeschränkungen idF vom 26. 8. 1998 (BGBl I 2547; III 703–1) – Schönfelder Nr 74 –
GwG	Gesetz über das Aufspüren von Gewinnen aus schweren Straftaten (Geldwäschegesetz) vom 25. 10. 1993 (BGBl I 1770; III 7613–1)
Hanack-Symp	Aktuelle Probleme der Strafrechtspflege, Beiträge eines Symposion anläßlich des 60. Geburtstages von Ernst- Walter Hanack (1991)
Heghmanns	Heghmanns, Michael, Das Arbeitsgebiet des Staatsanwalts (2. Aufl, 1997; zitiert nach Randnummer)
Heinitz-FS	Festschrift für Ernst Heinitz zum 70. Geburtstag (1972)
Henkel	Henkel, Heinrich, Strafverfahrensrecht (2. Aufl, 1968)
Henkel-FS.	Grundfragen der gesamten Strafrechtswissenschaft. Festschrift für Heinrich Henkel zum 70. Geburtstag (1974)
HESt	Höchstrichterliche Entscheidungen. Sammlung von Entscheidungen der Oberlandesgerichte und der Obersten Gerichte in Strafsachen (1948–49; zitiert nach Band und Seite)
Heusinger-EG	Ehrengabe für Bruno Heusinger (1968)
HGB	Handelsgesetzbuch vom 10. 5. 1897 (RGBl 219; BGBl III 4100–1) – Schönfelder Nr 50 –
Himmelreich/Hentschel	Himmelreich/Hentschel, Fahrverbot – Führerscheinentzug, Band I, Straf- und Ordnungswidrigkeitenrecht (8. Aufl, 1995; zitiert nach Randnummer)
Hirsch-FS	Berliner Festschrift für Ernst H. Hirsch zum 65. Geburtstag (1968)
HK.	Heidelberger Kommentar zur Strafprozeßordnung (1997; zitiert nach Bearbeiter, Randnummer und Paragraph)
hM.	herrschende Meinung
HmbAGGVG	Hamburgisches Gesetz zur Ausführung des Gerichtsverfassungsgesetzes vom 31. 5. 1965 (GVBl 99)
Honig-FS	Festschrift für R. M. Honig zum 80. Geburtstag (1970)
HRR	Höchstrichterliche Rechtsprechung (zitiert nach Jahr und Nummer)
Hs	Halbsatz
idF	in der Fassung (der Bekanntmachung)
idR	in der Regel
ieS	im engeren Sinn
InsO.	Insolvenzordnung vom 5. 10. 1994 (BGBl I 2866; III/FNA 311–13)

IntKommEMRK	Internationaler Kommentar zur Europäischen Menschenrechtskonvention, bearbeitet von Golsong, Karl, Miehsler, Petzold, Rogge, Vogler, Wildhaber
IRG	Gesetz über die internationale Rechtshilfe in Strafsachen idF vom 27. 6. 1994 (BGBl I 1537)
iS	im Sinne
Isele	Isele, Walter, Bundesrechtsanwaltsordnung (1976)
iVm	in Verbindung mit
iwS	im weiteren Sinn
JA	Juristische Arbeitsblätter (zitiert nach Jahr und Seite)
Jahrreiss-FS	Festschrift für Hermann Jahrreiss (1964)
Janiszewski	Janiszewski, Horst, Verkehrsstrafrecht (4. Aufl, 1994; zitiert nach Randnummer)
JBeitrO	Justizbeitreibungsordnung vom 11. 3. 1937 (RGBl I 298; BGBl III 365–1) – Schönfelder Nr 122 –
JBl	Justizblatt
JBlRP	Justizblatt Rheinland-Pfalz
Jescheck-FS	Festschrift für Hans-Heinrich Jescheck zum 70. Geburtstag (1985)
Jessnitzer/Frieling	Jessnitzer/Frieling, Der gerichtliche Sachverständige. Ein Handbuch für die Praxis (10. Aufl, 1992)
JGG	Jugendgerichtsgesetz (Anh 9)
JM	Justizminister, Justizministerium
JMBl	Justizministerialblatt
JMBlNW	Justizministerialblatt für das Land Nordrhein-Westfalen (zitiert nach Jahr und Seite)
JP	Juristische Person
JR	Juristische Rundschau (zitiert nach Jahr und Seite)
JugG	Jugendgericht
JugK	Jugendkammer
JugSchG	Jugendschöffengericht
JuMiG	Justizmitteilungsgesetz und Gesetz zur Änderung kostenrechtlicher Vorschriften und anderer Gesetze vom 18. 6. 1997 (BGBl I 1430)
Jung/Müller-Dietz	Dogmatik und Praxis des Strafverfahrens. Beiträge anläßlich des Colloquiums zum 65. Geburtstag von Gerhard Kielwein (1989)
Jura	Juristische Ausbildung (zitiert nach Jahr und Seite)
JurBüro	Das Juristische Büro (zitiert nach Jahr und Spalte)
JuS	Juristische Schulung (zitiert nach Jahr und Seite)
Justiz	Die Justiz – Amtsblatt des Justizministeriums Baden- Württemberg (zitiert nach Jahr und Seite)
JV	Justizverwaltung
JVA	Justizvollzugsanstalt
JVBl	Justizverwaltungsblatt (zitiert nach Jahr und Seite)
JVerwA	Justizverwaltungsakt
JVerwB	Justizverwaltungsbehörde
JVKostO	Verordnung über Kosten im Bereich der Justizverwaltung vom 14. 2. 1940 (RGBl I 357; BGBl III 363–1) – Schönfelder Nr 120 –
JW	Juristische Wochenschrift (zitiert nach Jahr und Seite)
JZ	Juristenzeitung (zitiert nach Jahr und Seite)
Kap	Kapitel
Katholnigg	Katholnigg, Oskar, Strafgerichtsverfassungsrecht (2. Aufl, 1995)
A. Kaufmann-GedSchr.	Gedächtnisschrift für Armin Kaufmann (1989)
H. Kaufmann-GedSchr.	Gedächtnisschrift für Hilde Kaufmann (1986)
Kaum	Kaum, Markus, Der Beistand im Strafprozeßrecht (1992)
Kern-FS	Tübinger Festschrift für Eduard Kern zum 80. Geburtstag (1968)

Abkürzungen

Kfz	Kraftfahrzeug
Kissel	Kissel, Otto Rudolf, Gerichtsverfassungsgesetz, Kommentar (2. Aufl., 1994; zitiert nach Randnummer und Paragraph)
KG	Kammergericht
KK	Karlsruher Kommentar zur Strafprozeßordnung (4. Aufl, 1999; zitiert nach Bearbeiter, Randnummer und Paragraph)
KK/OWiG	Karlsruher Kommentar zum Gesetz über Ordnungswidrigkeiten (1989; zitiert nach Bearbeiter, Randnummer und Paragraph)
Kleinknecht-FS	Strafverfahren im Rechtsstaat. Festschrift für Theodor Kleinknecht zum 75. Geburtstag (1985)
Kleinknecht/ Janischowsky	Kleinknecht/Janischowsky, Das Recht der Untersuchungshaft, NJW-Schriftenreihe Heft 30 (1977; zitiert nach Randnummer)
Klug-FS	Festschrift für Ulrich Klug zum 70. Geburtstag (1983)
KMR	Loseblattkommentar zur Strafprozeßordnung, begründet von Kleinknecht/Müller/Reitberger, 7. Aufl, 1980, herausgegeben von Müller/Sax/Paulus; 8. Aufl, 1990, herausgegeben von Fezer/ Paulus, nunmehr herausgegeben von v. Heintschel-Heinegg/ Stöckel, bis zur 17. Lieferung; zitiert nach Bearbeiter, Randnummer und Paragraph
KO	Konkursordnung idF vom 20. 5. 1898 (RGBl 612; BGBl III 311–4) – Schönfelder Nr 110 –
Koch-FG	Strafverteidigung und Strafprozeß. Festgabe für Ludwig Koch (1989)
KonsG	Gesetz über die Konsularbeamten, ihre Aufgaben und Befugnisse vom 11. 9. 1974 (BGBl I 2317; III 27–5) – Sartorius I Nr 570 –
Kopp/Schenke	Koppe/Schenke, Verwaltungsgerichtsordnung (11. Aufl, 1998)
KostO	Gesetz über die Kosten in Angelegenheiten der freiwilligen Gerichtsbarkeit idF vom 26. 7. 1957 (BGBl I 861, 960; III 361–1) – Schönfelder Nr 119 –
KostRÄndG 1994	Gesetz zur Änderung von Kostengesetzen und anderen Gesetzen (Kostenrechtsänderungsgesetz 1994) vom 24. 6. 1994 (BGBl I 1325)
KostRspr	Kostenrechtsprechung, bearb von Lappe, von Eicken, Noll, Schneider, Herget (zitiert nach Gesetz, Paragraph und Nummer)
KostVfg	Durchführungsbestimmungen zu den Kostengesetzen vom 1. 3. 1976 idF vom 1. 6. 1987 (bundeseinheitlich) – Piller/Herrmann Nr 10 –
KrG	Kreisgericht
Kramer	Kramer, Bernhard, Grundbegriffe des Strafverfahrensrechts (3. Aufl, 1997; zitiert nach Randnummer)
Krause	Krause, F. W., Zum Urkundenbeweis im Strafprozeß (1966)
Krause-FS	Festschrift für Friedrich-Wilhelm Krause zum 70. Geburtstag (1990)
Krause/Nehring	Krause/Nehring, Strafverfahrensrecht in der Polizeipraxis (1978; zitiert nach Randnummer)
Krebs-FG	Festgabe für Albert Krebs aus Anlaß seines 70. Geburtstags (1969)
Krey	Krey, Volker, Strafverfahrensrecht (Bd 1 1988; Bd 2 1990; zitiert nach Band und Randnummer)
Krey pE	Krey, Volker, Zur Problematik privater Ermittlungen des durch eine Straftat Verletzten, 1994
Krey VE	Krey, Volker und andere, Rechtsprobleme des strafprozessualen Einsatzes Verdeckter Ermittler (BKA-Forschungsreihe, Sonderband, 1993; zitiert nach Randnummern)
krit	kritisch
KronzG	Gesetz zur Einführung einer Kronzeugenregelung bei terroristischen Straftaten (Anh 3 a)
Kroschel/Meyer-Goßner	Kroschel/Meyer-Goßner, Die Urteile in Strafsachen (26. Aufl, 1994)

Kube/Leineweber	Kube/Leineweber, Polizeibeamte als Zengen und Sachverständige (2. Aufl, 1980)
Küchenhoff-GedSchr	Recht und Rechtsbesinnung, Gedächtnisschrift für Günther Küchenhoff (1987)
Kühne	Kühne, Hans Heiner, Strafprozeßlehre. Eine Einführung (4. Aufl, 1993; zitiert nach Randnummer)
KUG	Gesetz betr das Urheberrecht an Werken der bildenden Künste und der Fotografie vom 9. 1. 1907 (RGBl 7; BGBl III 440–3) – Schönfelder Nr 67 –
KVGKG	Kostenverzeichnis (Anlage 1 zum GKG)
KWKG	Gesetz über die Kontrolle von Kriegswaffen vom 20. 4. 1961 (BGBl I 444)
Lackner	Lackner, Karl und Kühl, Kristian, Strafgesetzbuch mit Erläuterungen (22. Aufl, 1997)
Lange-FS	Festschrift für Richard Lange zum 70. Geburtstag (1976)
Larenz-FS	Festschrift für Karl Larenz zum 70. Geburtstag (1973)
LBerufsG	Landesberufsgericht
LBlS	Loseblattsammlung
Leferenz-FS	Festschrift für Heinz Leferenz zum 70. Geburtstag (1983)
Leibholz-FS	Festschrift für Gerhard Leibholz zum 65. Geburtstag (1966; Bände 1, 2)
Lenckner-FS	Festschrift für Theodor Lenckner zum 70. Geburtstag (1998)
Lent-FS	Festschrift für Friedrich Lent zum 75. Geburtstag (1957)
LG	Landgericht
Litwinski/Bublies	Litwinski/Bublies, Strafverteidigung im Strafvollzug (1989)
LJV	Landesjustizverwaltung
LK	Strafgesetzbuch Leipziger Kommentar (10. Aufl, herausgegeben von Jescheck, Ruß und Willms, 1978 ff; 11. Aufl, herausgegeben von Jähnke, Laufhütte und Odersky, 1992 ff, bis zur 27. Lieferung; zitiert nach Bearbeiter, Randnummer und Paragraph)
LKA	Landeskriminalamt
LM	Entscheidungen des Bundesgerichtshofs im Nachschlagewerk des Bundesgerichtshofs von Lindenmaier/Möhring (zitiert nach Nummer und Paragraph)
LMBG	Lebensmittel- und Bedarfsgegenständegesetz idF vom 9. 9. 1997 (BGBl I 2296; III 2125–40–1–2) – Sartorius I Nr 280 –
Löffler	Löffler, Martin, Presserecht (4. Aufl, 1997; zitiert nach Bearbeiter, Randnummer und Paragraph)
Löffler-FS	Festschrift für Martin Löffler (1980)
LPG	Landespressegesetz
LR	Löwe/Rosenberg, Die Strafprozeßordnung und das Gerichtsverfassungsgesetz mit Nebengesetzen, Großkommentar, herausgegeben von Peter Rieß (24. Aufl, 1984 ff; 25. Aufl, 1997 ff, bis zur 7. Lieferung; zitiert nach Bearbeiter, Randnummer und Paragraph). Zitate aus der 23. Aufl sind besonders gekennzeichnet
LRE	Sammlung lebensmittelrechtlicher Entscheidungen (zitiert nach Band und Seite)
von Lübtow-FG	Festgabe für Ulrich von Lübtow (1980)
LuftVG	Luftverkehrsgesetz idF vom 14. 1. 1981 (BGBl I 61; III 96–1)
LV	Landesverfügung
LVG	Landesverwaltungsgericht
LZ	Leipziger Zeitschrift für Deutsches Recht (zitiert nach Jahr und Spalte)
MABl	Ministerialamtsblatt
Maihofer-FS	Festschrift für Werner Maihofer zum 70. Geburtstag (1988)
Marxen/Tiemann	Marxen, Klaus und Tiemann, Frank, Die Wiederaufnahme in Strafsachen (1993; zitiert nach Randnummern)

Abkürzungen

Maunz/Dürig	Grundgesetz, Kommentar von Maunz/Dürig ua, Loseblattausgabe
Maunz-FG	Festgabe für Theodor Maunz zum 70. Geburtstag (1971)
Maurach-FS	Festschrift für Reinhart Maurach zum 70. Geburtstag (1972)
H. Mayer-FS	Beiträge zur gesamten Strafrechtswissenschaft. Festschrift für Hellmuth Mayer zum 70. Geburtstag (1966)
MBl	Ministerialblatt
MDR	Monatsschrift für Deutsches Recht (zitiert nach Jahr und Seite)
MDR (D)	Dallinger, Aus der Rspr des BGH in Strafsachen
MDR (H)	Holtz, Aus der Rspr des BGH in Strafsachen
MDR (S)	H. W. Schmidt, Aus der Rspr des BGH in Staatsschutzsachen
MedR	Medizinrecht (zitiert nach Jahr und Seite)
Mellinghoff	Mellinghoff, Georg, Fragestellung, Abstimmungsverfahren und Abstimmungsgeheimnis im Strafverfahren (1988)
MEPolG	Musterentwurf eines einheitlichen Polizeigesetzes des Bundes und der Länder idF des Beschlusses der Innenministerkonferenz vom 25. 11. 1977 (veröffentlicht von Heise/ Riegel, 2. Aufl, 1978)
D. Meyer	Meyer, Dieter, Strafrechtsentschädigung und Auslagenerstattung (4. Aufl, 1997; zitiert nach Nummer und Paragraph)
Meyer-GedSchr	Gedächtnisschrift für Karlheinz Meyer (1990)
Mezger-FS	Festschrift für Edmund Mezger zum 70. Geburtstag (1954)
Middendorff-FS	Festschrift für Wolf Middendorff zum 70. Geburtstag (1986)
MiStra	Anordnung über Mitteilungen in Strafsachen idF vom 29. 4. 1998 (bundeseinheitlich) – Anh 16 –
Miyazawa-FS	Festschrift für Koíchí Miyazawa (1995)
Möhring-FS	Festschrift für Philipp Möhring zum 65. Geburtstag (1965)
MOG	Gesetz zur Durchführung der Gemeinsamen Marktorganisationen idF vom 27. 8. 1986 (BGBl I 1397; III 7847–11)
Montenbruck	Montenbruck, Axel, In dubio pro reo (1985)
MRK	Konvention zum Schutze der Menschenrechte und Grundfreiheiten (Anh 4)
MSchrKrim	Monatsschrift für Kriminologie und Strafrechtsreform (zitiert nach Jahr und Seite)
Müller	Müller, Klaus, Der Sachverständige im gerichtlichen Verfahren Handbuch des Sachverständigenbeweises (3. Aufl, 1988)
von Münch	von Münch, Ingo (Hrsg), Grundgesetz-Kommentar (Band I, 4. Aufl, 1992 Band II, 3. Aufl, 1995; Bd. III, 3. Aufl, 1996)
mwN	mit weiteren Nachweisen
Nds	Niedersächsisch
NdsAGGVG	Ausführungsgesetz zum Gerichtsverfassungsgesetz vom 5. 4. 1963 (GVBl 225)
NdsRpfl	Niedersächsische Rechtspflege (zitiert nach Jahr und Seite)
nF	neue Fassung
NJ	Neue Justiz (zitiert nach Jahr und Seite)
NJW	Neue Juristische Wochenschrift (zitiert nach Jahr und Seite)
NStE	Neue Entscheidungssammlung für Strafrecht (zitiert nach Paragraph und Nummer; ist kein Paragraph angegeben, so handelt es sich um eine Entscheidung zu dem kommentierten Paragraphen)
NStZ	Neue Zeitschrift für Strafrecht (zitiert nach Jahr und Seite)
NStZ (K)	Kusch, Aus der Rspr des BGH zum Strafverfahrensrecht (Übersichten in der NStZ seit 1992)
NStZ (M)	Miebach, Aus der (vom BGH nicht veröffentlichten) Rspr des BGH in Strafsachen zum Verfahrensrecht (Übersichten in der NStZ 1988 bis 1990)
NStZ (M/K)	Miebach/Kusch, Aus der Rspr des BGH zum Strafverfahrensrecht (Übersichten in der NStZ 1991)
NStZ (Pf)	Pfeiffer, Aus der Rspr des BGH in Strafsachen zum Verfahrensrecht (Übersichten in NStZ 1981 und 1982)

NStZ (Pf/M) . . . . Pfeiffer/Miebach, Aus der (vom BGH nicht veröffentlichten) Rspr des BGH in Strafsachen zum Verfahrensrecht (Übersichten in der NStZ 1983 bis 1987)
NStZ (S) . . . . H. W. Schmidt, Aus der Rspr des BGH in Strafschutzsachen (Übersichten in der NStZ)
NStZ-RR . . . . NStZ-Rechtsprechungs-Report (zitiert nach Jahr und Seite)
NStZ-RR [K] . . . . Kusch, Aus der Rspr des BGH zum Strafverfahrensrecht (Übersichten im NStZ-RR)
NTS . . . . NATO-Truppenstatut (Anh 10)
NTS-AG . . . . Gesetz zum NATO-Truppenstatut und den Zusatzvereinbarungen (Anh 10 c)
NTS-VP . . . . Unterzeichnungsprotokoll zum NATO-Truppenstatut (Anh 10 b)
NTS-ZA . . . . Zusatzabkommen zum NATO-Truppenstatut (Anh 10 a)
NVwZ . . . . Neue Zeitschrift für Verwaltungsrecht (zitiert nach Jahr und Seite)
NW . . . . Nordrhein-Westfalen
NZV . . . . Neue Zeitschrift für Verkehrsrecht (zitiert nach Jahr und Seite)

ObLG . . . . Oberstes Landesgericht
Odersky-FS . . . . Festschrift für Walter Odersky zum 65. Geburtstag (1996)
öffentl . . . . öffentlich(e)(en)(er)
OEG . . . . Gesetz über die Entschädigung für Opfer von Gewalttaten idF vom 7. 1. 1985 (BGBl I 1; III 86–8)
Oehler-FS . . . . Festschrift für Dietrich Oehler zum 70. Geburtstag (1985)
ÖstVerfGH . . . . Österreichischer Verfassungsgerichtshof
OGH . . . . Oberster Gerichtshof. Mit Zahlen. Entscheidungen des Obersten Gerichtshofs für die britische Zone in Strafsachen (zitiert nach Jahr und Seite)
OLG . . . . Oberlandesgericht
OLG-NL . . . . OLG-Rechtsprechung Neue Länder (zitiert nach Jahr und Seite)
OLGSt . . . . Entscheidungen der Oberlandesgerichte zum Straf- und Strafverfahrensrecht (zitiert nach Paragraph und Seite, ab 1983 nach Paragraph und Nummer; ist kein Paragraph angegeben, so handelt es sich um eine Entscheidung zu dem kommentierten Paragraphen)
Opferschutzgesetz . . . . Erstes Gesetz zur Verbesserung der Rechtsstellung des Verletzten im Strafverfahren vom 18. 12. 1986 (BGBl I 2496)
OrgKG . . . . Gesetz zur Bekämpfung des illegalen Rauschgifthandels und anderer Erscheinungsformen der Organisierten Kriminalität vom 15. 7. 1992 (BGBl I 1302; III 450–23)
OrgStA . . . . Anordnung über Organisation und Dienstbetrieb der Staatsanwaltschaften (bundeseinheitlich)
OStA . . . . Oberstaatsanwalt
Ostendorf . . . . Ostendorf, Heribert, Kommentar zum Jugendgerichtsgesetz (4. Aufl, 1997; zitiert nach Randnummer und Paragraph)
OVG . . . . Oberverwaltungsgericht
OWi . . . . Ordnungswidrigkeit
OWiG . . . . Gesetz über Ordnungswidrigkeiten idF vom 19. 2. 1987 (BGBl I 602; III 454–1)

Paeffgen . . . . Paeffgen, Hans-Ulrich, Vorüberlegungen zu einer Dogmatik des Untersuchungshaftrechts (1986)
ParlStG . . . . Gesetz über die Rechtsverhältnisse der parlamentarischen Staatssekretäre vom 24. 7. 1974 (BGBl I 1538; III 1103–3) – Sartorius I Nr 47 –
PaßG . . . . Paßgesetz vom 19. 4. 1986 (BGBl I 537; III 210–5) – Sartorius I Nr 250 –
PatAO . . . . Patentanwaltsordnung vom 7. 9. 1966 (BGBl I 557; III 424–5–1)
PatG . . . . Patentgesetz idF vom 16. 12. 1980 (BGBl I 1981, 1)
PersAuswG . . . . Gesetz über Personalausweise idF vom 21. 4. 1986 (BGBl I 548; III 210–1) – Sartorius I Nr 255 –

Peters	Peters, Karl, Strafprozeß. Ein Lehrbuch (4. Aufl, 1985)
Peters Fehlerquellen	Peters, Karl, Fehlerquellen im Strafprozeß (Band I 1970; Band II 1972; Band III 1974)
Peters-FG	Wahrheit und Gerechtigkeit im Strafverfahren. Festgabe für Karl Peters aus Anlaß seines 80. Geburtstages (1984)
Peters-FS	Einheit und Vielfalt des Strafrechts. Festschrift für Karl Peters zum 70. Geburtstag (1974)
Pfeiffer	Pfeiffer, Gerd, Strafprozeßordnung, Kommentar (2. Aufl, 1998)
Pfeiffer-FS	Strafrecht, Unternehmensrecht, Anwaltsrecht. Festschrift für Gerd Pfeiffer (1988)
Pfenninger-FS	Probleme des Schweizerischen Strafprozeßrechts. Ausgewählte Aufsätze von Hans Felix Pfenninger. Festschrift zu seinem 80. Geburtstag (1966)
PflVersG	Gesetz über die Pflichtversicherung für Kraftfahrzeughalter idF vom 5. 4. 1965 (BGBl I 213; III 925–1) – Schönfelder Nr 63 –
Piller/Herrmann	Piller/Herrmann, Justizverwaltungsvorschriften, Loseblatt-Textsammlung
POGNW	Polizeiorganisationsgesetz (des Landes Nordrhein-Westfalen) vom 13. 7. 1982 (GVNW 339)
Pohlmann/Jabel/Wolf	Pohlmann/Jabel/Wolf, Strafvollstreckungsordnung, Kommentar (7. Aufl, 1996; zitiert nach Randnummer und Paragraph)
PolGBW	Polizeigesetz (des Landes Baden-Württemberg) idF vom 16. 1. 1968 (GBl 61, 322)
Polizei	Die Polizei (zitiert nach Jahr und Seite)
PostG	Postgesetz idF vom 22. 12. 1997 (BGBl I 3294; III 900–4) – Sartorius I Nr 910 –
Pr.	Preußen oder preußisch
Präs	Präsident
PräsLG	Präsident des Landgerichts
PräsOLG	Präsident des Oberlandesgerichts
PV	Personenvereinigung
PVG	Polizeiverwaltungsgesetz
RA	Rechtsanwalt
RADG	Rechtsanwaltsdienstleistungsgesetz (Gesetz zur Durchführung der Richtlinie des Rates der Europäischen Gemeinschaften vom 22. März 1977 zur Erleichterung der tatsächlichen Ausübung des freien Dienstleistungsverkehrs der Rechtsanwälte) vom 16. 8. 1980 (BGBl I 1453)
Ranft	Ranft, Otfried, Strafprozeßrecht (2. Aufl, 1995; zitiert nach Randnummer)
RAK	Rechtsanwaltskammer
RBerG	Rechtsberatungsgesetz vom 30. 12. 1935 (RGBl I 1478; BGBl III 303–12) – Schönfelder Nr 99 –
RdErl	Runderlaß
Rdn	Randnote(-nummer)
Rdschr	Rundschreiben
RDV	Recht der Datenverarbeitung (zitiert nach Jahr und Seite)
Rebmann-FS	Festschrift für Kurt Rebmann zum 65. Geburtstag (1989)
Rebmann/Roth/Herrmann	Rebmann/Roth/Herrmann, Gesetz über Ordnungswidrigkeiten, Loseblattkommentar (zitiert nach Randnummer und Paragraph)
Recht	Das Recht (zitiert nach Jahr und Nummer)
RegBl.	Regierungsblatt
Remmers-FS	Festschrift für Walter Remmers (1995)
Rengier	Rengier, Rudolf, Die Zeugnisverweigerungsrechte im geltenden und künftigen Strafverfahrensrecht (1979)
RG	Reichsgericht. Mit Zahlen. Entscheidungen des Reichsgerichts in Strafsachen (zitiert nach Band und Seite)

RGBl I, II	Reichsgesetzblatt Teil I, Teil II
RichtlRA	Grundsätze des anwaltlichen Standesrechts (Richtlinien gemäß § 177 Abs 2 Nr 2 BRAO)
RiJGG	Richtlinien zum Jugendgerichtsgesetz idF vom 1. 8. 1994 (bundeseinheitlich) – Piller/Herrmann Nr 2e –
RiStBV	Richtlinien für das Strafverfahren und das Bußgeldverfahren (Anh 15)
RiVASt	Richtlinien für den Verkehr mit dem Ausland in strafrechtlichen Angelegenheiten vom 18. 9. 1984 (bundeseinheitlich) – Piller/Herrmann Nr. 2f –
RMBl	Reichsministerialblatt
Rogall	Rogall, Klaus, Der Beschuldigte als Beweismittel gegen sich selbst (1977)
Rosenberg/Schwab/Gottwald	Rosenberg/Schwab/Gottwald, Zivilprozeßrecht, begründet von Rosenberg, fortgeführt von Schwab, nunmehr bearbeitet von Gottwald (15. Aufl, 1993)
Rosenmeier	Rosenmeier, Eugen W., Die Verbindung von Strafsachen im Erwachsenenstrafrecht (1973)
ROW	Recht in Ost und West (zitiert nach Jahr und Seite)
Roxin	Roxin, Claus, Strafverfahrensrecht. Ein Studienbuch (25. Aufl, 1998)
RpflAnpG	Rechtspflege-Anpassungsgesetz (Anh 11 b)
RpflEntlG	Gesetz zur Entlastung der Rechtspflege vom 11. 1. 1993 (BGBl I 50)
Rpfleger	Der Deutsche Rechtspfleger (zitiert nach Jahr und Seite)
RPflG	Rechtspflegergesetz (Anh 12)
Rspr	Rechtsprechung
RStBl	Reichssteuerblatt
Rudolphi-Symp	Zur Theorie und Systematik des Strafprozeßrechts, Symposium zu Ehren von Hans-Joachim Rudolphi (1995)
Rüping	Rüping, Hinrich, Das Strafverfahren (3 Aufl, 1997; zitiert nach Randnummer)
RV	Rundverfügung
RVO	Reichsversicherungsordnung idF vom 17. 5. 1924 (RGBl I 779; BGBl III 820–1)
S	Satz oder Seite
Salger-FS	Straf- und Strafverfahrensrecht, Recht und Verkehr, Recht und Medizin. Festschrift für Hannskarl Salger (1995)
Sarstedt-FS	Festschrift für Werner Sarstedt zum 70. Geburtstag (1989)
Sarstedt/Hamm	Sarstedt/Hamm, Die Revision in Strafsachen (6. Aufl, 1998; zitiert nach Randnummer)
Sartorius I	Verfassungs- und Verwaltungsgesetze der Bundesrepublik, Loseblattausgabe, begründet von Sartorius, Band I (zitiert nach Gliederungsnummern)
Schäfer-FS	Festschrift für Karl Schäfer zum 80. Geburtstag (1979)
Schaffstein/Beulke	Schaffstein, Friedrich, Beulke, Werner, Jugendstrafrecht. Eine systematische Darstellung (12. Aufl, 1995)
Schaffstein-FS	Festschrift für Friedrich Schaffstein zum 70. Geburtstag (1975)
Schätzler	Schätzler, Johann-Georg, Gesetz über die Entschädigung für Strafverfolgungsmaßnahmen, Kommentar (2. Aufl, 1982; zitiert nach Randnummer und Paragraph)
Scheffler	Scheffler, Uwe, Die überlange Dauer von Strafverfahren (1991)
SchG	Schöffengericht
SchiedsmZ	Schiedsmannszeitung (zitiert nach Jahr und Seite)
Schilken	Schilken, Eberhard, Gerichtsverfassungsrecht (2. Aufl., 1994; zitiert nach Randnummern)
SchlHA	Schleswig-Holsteinische Anzeigen (zitiert nach Jahr und Seite)

SchlHA (E/J)	Ernesti/Jürgensen, Aus der Rspr der Strafsenate und der Senate für Bußgeldsachen des Schlesw-Holst OLG (Jahreszusammenstellungen in den SchlHA, 1968 bis 1979)
SchlHA (E/L)	Ernesti/Lorenzen, Aus der Rspr der Strafsenate und der Senate für Bußgeldsachen des Schlesw-Holst OLG (Jahreszusammenstellungen in den SchlHA, 1980 bis 1986)
SchlHA (L)	Lorenzen, Aus der Rspr der Strafsenate und der Senate für Bußgeldsachen des Schlesw-Holst OLG (Jahreszusammenstellung in den SchlHA, 1987)
SchlHA (L/G)	Lorenzen/Görl, Aus der Rspr der Strafsenate und der Senate für Bußgeldsachen des Schlesw-Holst OLG (Jahreszusammenstellungen in den SchlHA, 1988 bis 1990)
SchlHA (L/S)	Lorenzen/Schiemann, Aus der Rspr der Strafsenate und der Senate für Bußgeldsachen des Schlesw-Holst OLG (Jahreszusammenstellungen in den SchlHA, seit 1996)
SchlHA (L/T)	Lorenzen/Thamm, Aus der Rspr der Strafsenate und der Senate für Bußgeldsachen des Schlesw-Holst OLG (Jahreszusammenstellungen in den SchlHA, 1991 bis 1995)
Schlothauer/Weider	Schlothauer, Reinhold und Weider, Hans-Joachim, Untersuchungshaft (2. Aufl, 1995; zitiert nach Randnummer)
Schlüchter	Schlüchter, Ellen, Das Strafverfahren (2. Aufl, 1983; zitiert nach Randnummer)
Schlüchter-FG	Freiheit und Verantwortung in schwieriger Zeit, Kritische Studien aus vorwiegend straf(prozeß-)rechtlicher Sicht zum 60. Geburtstag von Prof. Dr. Ellen Schlüchter
Schlüchter-RpflEntlG.	Schlüchter, Ellen, Weniger ist mehr, Aspekte zum Rechtspflegeentlastungsgesetz (1992)
Schlüchter StP	Schlüchter, Ellen, Strafprozeßrecht (2. Aufl, 1995; zitiert nach Seite)
Schmidt-Hieber	Schmidt-Hieber, Werner, Verständigung im Strafverfahren (1986; zitiert nach Randnummer)
Schmidt-Leichner-FS	Festschrift für Schmidt-Leichner zum 65. Geburtstag (1977)
Schmidt-Räntsch	Schmidt-Räntsch, Günther, Deutsches Richtergesetz (5. Aufl, 1995)
Schmitt-FS	Festschrift für Rudolf Schmitt zum 70. Geburtstag (1992)
Schneider-FS	Festschrift für Hans Joachim Schneider zum 70. Geburtstag (1998)
Schomburg/Lagodny	Schomburg/Lagodny, Internationale Rechtshilfe in Strafsachen (3. Aufl, 1998, zitiert nach Randnummer und Paragraph)
Schönfelder	Schönfelder, Deutsche Gesetze, Loseblattsammlung des Zivil-, Straf- und Verfahrensrechts, begründet von Schönfelder (zitiert nach Gliederungsnummern)
Schorn	MRK-Kommentar (1965, zitiert nach Seite)
Schorn/Stanicki	Schorn/Stanicki, Die Präsidialverfassung der Gerichte aller Rechtswege (2. Aufl, 1975)
SchRegO	Schiffsregisterordnung idF vom 26. 5. 1994 (BGBl I 1133; III 315–18)
Schroeder	Schroeder, Friedrich-Christian, Strafprozeßrecht (2. Aufl, 1997; zitiert nach Randnummern)
Schröder-GedSchr	Gedächtnisschrift für Horst Schröder (1978)
Sch/Sch	Schönke/Schröder, Strafgesetzbuch, bearbeitet von Lenckner, Cramer, Eser, Stree (25. Aufl, 1997; zitiert nach Bearbeiter, Randnummer und Paragraph)
Schüler/Springorum-FS	Festschrift für Horst Schüler-Springorum zum 65. Geburtstag (1993)
Schulz/Händel	Schulz/Händel, Strafprozeßordnung mit Erläuterungen, für Polizeibeamte im Ermittlungsdienst (7. Aufl, 1982 ff)
SchwurG	Schwurgericht

SDÜ . . . . Übereinkommen zur Durchführung des Übereinkommens von Schengen vom 14. Juni 1985 zwischen den Regierungen der Staaten der Benelux-Wirtschaftsunion, der Bundesrepublik Deutschland und der Französischen Republik betreffend den schrittweisen Abbau der Kontrollen an den gemeinsamen Grenzen vom 19. Juni 1990 (Schengener Durchführungsübereinkommen)
Seebode . . . . Seebode, Manfred, Der Vollzug der Untersuchungshaft (1985)
Seier . . . . Seier, Jürgen, Das Rechtsmittel der sofortigen Beschwerde gegen strafprozessuale Nebenentscheidungen (1980)
SGB I . . . . Sozialgesetzbuch – Allgemeiner Teil (1. Buch) – vom 11. 12. 1975 (BGBl I 3015; III 860–1) – Sartorius I Nr 408 –
SGB III . . . . Sozialgesetzbuch – Arbeitsförderung (3. Buch) – vom 24. 3. 1997 (BGBl I 595; III 860–3)
SGB VIII . . . . Sozialgesetzbuch – Kinder- und Jugendhilfe (8. Buch) – idF vom 8. 12. 1998 (BGBl I 3547; III/FNA 860–8) – Schönfelder Nr 46
SGB X . . . . Sozialgesetzbuch – Verwaltungsverfahren (10. Buch) – vom 18. 8. 1980 (BGBl I 1469, 2218; III 860–10–1/2) – Sartorius I Nr 409 –
SGG . . . . Sozialgerichtsgesetz idF vom 23. 9. 1975 (BGBl I 2535; III 330–1)
SJZ . . . . Süddeutsche Juristenzeitung (zitiert nach Jahr und Spalte)
SK/StPO . . . . Systematischer Kommentar zur Strafprozeßordnung und zum Gerichtsverfassungsgesetz, bearbeitet von Rudolphi, Frisch, Rogall, Schlüchter, Wolter. Loseblattkommentar (zitiert nach Bearbeiter, Randnummer und Paragraph)
sog . . . . sogenannte(r)
SoldG . . . . Soldatengesetz idF vom 15. 12. 1995 (BGBl I 1738; III 51–1)
Spendel-FS . . . . Festschrift für Günter Spendel zum 70. Geburtstag (1992)
StA . . . . Staatsanwaltschaft oder Staatsanwalt
StASchlH-FS . . . . Festschrift zum 125 jährigen Bestehen der Staatsanwaltschaft Schleswig-Holstein (1992)
StBerG . . . . Steuerberatungsgesetz idF vom 4. 11. 1975 (BGBl I 2735; III 610–10)
StGB . . . . Strafgesetzbuch idF vom 1. 1. 1999 (BGBl 1998 I 3324; III 450–2) – Schönfelder Nr 85 –
StGH . . . . Staatsgerichtshof
StM . . . . Staatsministerium
Stock-FS . . . . Studien zur Rechtswissenschaft. Festschrift zum 70. Geburtstag von Ulrich Stock (1966)
StPO . . . . Strafprozeßordnung
str. . . . . streitig
StraFo . . . . Strafverteidiger Forum (zitiert nach Jahr und Seite)
StrÄndG . . . . Strafrechtsänderungsgesetz
Stree/Wessels-FS . . . . . Festschrift für Walter Stree und Johannes Wessels zum 70. Geburtstag (1993)
StrEG . . . . Gesetz über die Entschädigung für Strafverfolgungsmaßnahmen (Anh 5)
StrK . . . . Strafkammer
StrRehaG . . . . Strafrechtliches Rehabilitierungsgesetz (Anh 11)
StrRG . . . . Gesetz zur Reform des Strafrechts (1. StrRG vom 25. 6. 1969, BGBl I 645/III 450–13–1; 2. StrRG vom 4. 7. 1969, BGBl I 717/ III 450–13–2; 4. StrRG vom 23. 11. 1973, BGBl I 1725/III 450–13–4; 5. StrRG vom 18. 6. 1974, BGBl I 1297/III 450–13–5; 6. StrRG vom 26. 1. 1998, BGBl I 164/III 450–13–5; StrRG vom 26. 1. 1998, BGBl I 164/III 450-13-6
StS . . . . Strafsenat
StV . . . . Strafverteidiger, Juristische Fachzeitschrift (zitiert nach Jahr und Seite)
StVÄG 1979 . . . . Strafverfahrensänderungsgesetz 1979 vom 5. 10. 1978 (BGBl I 1645; III 312–10)

StVÄG 1987	Strafverfahrensänderungsgesetz 1987 vom 27. 1. 1987 (BGBl I 475)
StVG	Straßenverkehrsgesetz idF vom 19. 12. 1952 (BGBl I 837; III 9231–1) – Schönfelder Nr 35 –
StVO	Straßenverkehrs-Ordnung vom 16. 11. 1970 (BGBl I 1565, 1971 I 38; III 9233–1) – Schönfelder Nr 35 a –
StVollstrK	Strafvollstreckungskammer
StVollstrO	Strafvollstreckungsordnung idF vom 1. 11. 1987 (bundeseinheitlich) – Piller/Herrmann Nr 2 b –
StVollzG	Strafvollzugsgesetz (Anh 13)
1. StVRG	Erstes Gesetz zur Reform des Strafverfahrensrechts vom 9. 12. 1974 (BGBl I 3393, 3533; III 312–8–1)
1. StVRGErgG	Gesetz zur Ergänzung des Ersten Gesetzes zur Reform des Strafverfahrensrechts vom 20. 12. 1974 (BGBl I 3686)
StVZO	Straßenverkehrs-Zulassungs-Ordnung idF vom 28. 9. 1988 (BGBl I 1793; III 9232–1) – Schönfelder Nr 35 b –
SubvG	Subventionsgesetz vom 29. 7. 1976 (BGBl I 2034, 2037; III 453–18–1–2)
teilw.	teilweise
TiefseebergbauG	Gesetz zur vorläufigen Regelung des Tiefseebergbaus vom 16. 8. 1980 (BGBl I 1457; III 750–16)
TKG	Telekommunikationsgesetz vom 25. 7. 1996 (BGBl I 1120)
TKO	Telekommunikationsordnung idF vom 16. 7. 1987 (BGBl I 1761; III 9028–1)
Triffterer-FS	Festschrift für Otto Triffterer zum 65.Geburtstag (1996)
Tröndle	Tröndle, Herbert, Strafgesetzbuch und Nebengesetze (48. Aufl, 1997; zitiert nach Randnummer und Paragraph)
Tröndle-FS	Festschrift für Herbert Tröndle zum 70. Geburtstag (1989)
Trusen-FS	Festschrift für Winfried Trusen zum 70. Geburtstag (1994)
ua.	unter anderem
ÜbernG	Übernahmegesetz
Übk	Übereinkommen
UHaft	Untersuchungshaft
UKG	Gesetz zur Bekämpfung der Umweltkriminalität
unzutr.	unzutreffend(e)(en)(er)
UrhG	Gesetz über Urheberrecht und verwandte Schutzrechte vom 9. 9. 1965 (BGBl I 1273; III 440–1) – Schönfelder Nr 65 –
UrkB	Urkundsbeamter der Geschäftsstelle
uU	unter Umständen
UVollzO	Untersuchungshaftvollzugsordnung idF vom 1. 1. 1977 (bundeseinheitlich) – Piller/Herrmann Nr 2 a –
UWG	Gesetz gegen den unlauteren Wettbewerb vom 7. 6. 1909 (RGBl 499; BGBl III 43–1) – Schönfelder Nr 73 –
UZwG	Gesetz über den unmittelbaren Zwang bei Ausübung öffentlicher Gewalt durch Vollzugsbeamte des Bundes vom 10. 3. 1961 (BGBl I 165; III 201–5) – Sartorius I Nr 115 –
UZwGBw	Gesetz über die Anwendung unmittelbaren Zwanges und die Ausübung besonderer Befugnisse durch Soldaten der Bundeswehr und zivile Wachpersonen vom 12. 8. 1965 (BGBl I 796; III 55–6) – Sartorius I Nr 117 –
VereinhG	Gesetz zur Wiederherstellung der Rechtseinheit auf dem Gebiete der Gerichtsverfassung, der bürgerlichen Rechtspflege, des Strafverfahrens und des Kostenrechts vom 12. 9. 1950 (BGBl I 455; III 300–6)
VereinsG	Gesetz zur Regelung des öffentlichen Vereinsrechts vom 5. 8. 1964 (BGBl I 593; III 2180–1) – Sartorius I Nr 425 –

Verf	Verfassung
VerfGH	Verfassungsgerichtshof
VerkMitt	Verkehrsrechtliche Mitteilungen (zitiert nach Jahr und Seite)
vern	verneinend
VersR	Versicherungsrecht (zitiert nach Jahr und Seite)
VerwA	Verwaltungsakt
VerwB	Verwaltungsbehörde
VerwRspr	Verwaltungsrechtsprechung in Deutschland. Sammlung obergerichtlicher Entscheidungen aus dem Verfassungs- und Verwaltungsrecht (zitiert nach Band und Nummer)
VG	Verwaltungsgericht
VGH	Verwaltungsgerichtshof
vgl	vergleiche
VGO	Vollzugsgeschäftsordnung idF vom 1. 7. 1980 (bundeseinheitlich) – Piller/Herrmann Nr 2p –
VMBl	Ministerialblatt des Bundesministers der Verteidigung
VO	Verordnung
VOBl	Verordnungsblatt
Volckart	Volckart, Bernd, Verteidigung in der Strafvollstreckung und im Vollzug (1988)
Volk	Volk, Klaus, Prozeßvoraussetzungen im Strafrecht (1978)
VollstrB	Vollstreckungsbehörde
VOR	Zeitschrift für Verkehrs- und Ordnungswidrigkeitenrecht (zitiert nach Jahr und Seite)
Vorb	Vorbemerkungen
VRS	Verkehrsrechts-Sammlung (zitiert nach Band und Seite)
VV	Verwaltungsvorschrift
VwGO	Verwaltungsgerichtsordnung idF vom 19. 3. 1991 (BGBl I 685; III 340–1) – Sartorius I Nr 600 –
VwVfG	Verwaltungsverfahrensgesetz vom 25. 5. 1976 (BGBl I 1253; III 201–6) – Sartorius I Nr 100 –
VwZG	Verwaltungszustellungsgesetz vom 3. 7. 1952 (BGBl I 379; III 201–3) – Sartorius I Nr 110 –
Wacke-FS	Festschrift zum 70. Geburtstag von Gerhard Wacke (1972)
WaffG	Waffengesetz idF vom 8. 3. 1976 (BGBl I 432)
Wasserburg	Wasserburg, Klaus, Die Wiederaufnahme des Strafverfahrens (1983)
WDO	Wehrdisziplinarordnung idF vom 4. 9. 1972 (BGBl I 1737, 1906; III 52–2)
WehrDiszH	Wehrdisziplinarhof
Weigend	Weigend, Thomas, Deliktsopfer und Strafverfahren (1989)
WeimRV	Verfassung des Deutschen Reichs vom 11. 8. 1919 (RGBl 1383)
Welzel-FS	Festschrift für Hans Welzel zum 70. Geburtstag (1974)
Welp	Welp, Jürgen, Die strafprozessuale Überwachung des Post- und Fernmeldeverkehrs (1974)
Wetterich/Hamann	Wetterich/Hamann, Strafvollstreckung, Handbuch der Rechtspraxis Band 9 (5. Aufl, 1994; zitiert nach Randnummer)
WiPrO	Wirtschaftsprüferordnung idF vom 5. 11. 1975 (BGBl I 2803; III 702–1)
WiStG 1954	Gesetz zur Vereinfachung des Wirtschaftsstrafrechts idF vom 3. 6. 1975 (BGBl I 1313; III 453–11) – Schönfelder Nr 88 –
wistra	Zeitschrift für Wirtschaft, Steuer, Strafrecht (zitiert nach Jahr und Seite)
wN	weitere Nachweise
Wohlers	Wohlers, Wolfgang, Entstehung und Funktion der Staatsanwaltschaft (1994)
Wolf	Wolf, Manfred, Gerichtsverfassungsrecht aller Verfahrenszweige (6. Aufl, 1987)

Abkürzungen

WStG	Wehrstrafgesetz idF vom 24. 5. 1974 (BGBl I 1213; III 452–2)
WÜD	Wiener Übereinkommen vom 18. 4. 1961 über diplomatische Beziehungen (BGBl 1964 II 957; 1965 II 147) – Sartorius II Nr 325 –
WÜK	Wiener Übereinkommen vom 24. 4. 1963 über konsularische Beziehungen (BGBl 1969 II 1585; 1971 II 1285) – Sartorius II Nr 326 –
ZahnHkG	Gesetz über die Ausübung der Zahnheilkunde idF vom 16. 4. 1987 (BGBl I 1225; III 2123–1)
ZaöRV	Zeitschrift für ausländisches Recht und Völkerrecht (zitiert nach Band und Seite)
zB	zum Beispiel
ZEG	Zuständigkeitsergänzungsgesetz vom 7. 8. 1952 (BGBl I 407; III 310–1)
ZFIS	Zeitschrift für Innere Sicherheit in Deutschland und Europa (zitiert nach Jahr und Seite)
ZfS	Zeitschrift für Schadensrecht (zitiert nach Jahr und Seite)
ZfStrVo	Zeitschrift für Strafvollzug (zitiert nach Jahr und Seite)
ZfZ	Zeitschrift für Zölle und Verbrauchsteuern (zitiert nach Jahr und Seite)
Zipf	Zipf, Heinz, Strafprozeßrecht (2. Aufl, 1976; zitiert nach Randnummer)
ZKA	Zollkriminalamt
ZollG	Zollgesetz idF vom 18. 5. 1970 (BGBl I 529; III 613–1)
ZPO	Zivilprozeßordnung idF vom 12. 9. 1950 (BGBl 455, 533; III 310–4) – Schönfelder Nr 100 –
ZRP	Zeitschrift für Rechtspolitik (zitiert nach Jahr und Seite)
ZS	Zivilsenat
ZSchG	Gesetz zur Änderung der Strafprozeßordnung und der Bundesgebührenordnung für Rechtsanwälte (Gesetz zum Schutz von Zeugen bei Vernehmungen im Strafverfahren und zur Verbesserung des Opferschutzes; Zeugenschutzgesetz) vom 30. 4. 1998 (BGBl I 820)
ZSEG	Gesetz über die Entschädigung von Zeugen und Sachverständigen idF vom 1. 10. 1969 (BGBl I 1756; III 367–1) – Schönfelder Nr 116 –
ZStW	Zeitschrift für die gesamte Strafrechtswissenschaft (zitiert nach Band und Seite)
ZSW	Zeitschrift für das gesamte Sachverständigenwesen (zitiert nach Jahr und Seite)
zutr	zutreffend(e)(en)(er)
zust	zustimmend
ZVG	Gesetz über die Zwangsversteigerung und die Zwangsverwaltung idF vom 20. 5. 1898 (RGBl I 369, 713; BGBl III 310–14) – Schönfelder Nr 108 –
zw	zweifelhaft, zweifelnd
zZ	zur Zeit
ZZP	Zeitschrift für Zivilprozeß (zitiert nach Band und Seite)

Tabelle der Änderungen der Strafprozeßordnung und des Gerichtsverfassungsgesetzes

I. Strafprozeßordnung

1. In zeitlicher Folge[1]

Lfd Nr	Änderndes Gesetz	Datum	RGBl (ab 1922 Teil I) Seite	Geänderte Paragraphen der StPO
1	Einführungsgesetz zum BGB	18. 8. 1896	604	11, 149
2	Gesetz betr. Änderungen des GVG und der StPO	17. 5. 1898	252	50
3	Gesetz betr. die Abänderung des § 7 der StPO	13. 6. 1902	227	7
4	Gesetz zur Vereinfachung der Strafrechtspflege	21. 10. 1917	1037	(197 a), 407
5	Gesetz betr. Aufhebung der Militärgerichtsbarkeit	17. 8. 1920	1579	51, 70, 77
6	Gesetz zur Entlastung der Gerichte	11. 3. 1921	229	(197 a), 200, 201, 267, 275, 374, 407, 464 b
7	Gesetz zur weiteren Entlastung der Gerichte	8. 7. 1922	569	349, 388
8	Gesetz über die Zulassung der Frauen zu den Ämtern und Berufen der Rechtspflege	11. 7. 1922	573	22
9	Gesetz zur Änderung des GKG	21. 12. 1922	1 (1923)	471, 473
10	Bek. der Texte des GVG und der StPOauf Grund der Verordnung über Gerichtsverfassung und Strafrechtspflege v. 4. 1. 1924 (RGBl. I S. 15)	22. 3. 1924	322	16, 23, 27, 31, 40, 48, 49, 50, 51, 52, 53, 54, 55, 56, 57, 58, 59, 60, 61, 63, 65, (66), 66 a, 66 c, 66 e, (66 e), 67, 68, 69, 70, 71, 77, 139, 140, 153, 154, 155, 156, 157, 158, 159, 160, 161, 162, 163, 164, 165, 166, 167, (168), (169), 170, 171, 172, 173, 174, 175, 176, 177, (178), (179), (180), (181), (182), (183), (184), (185), (186), (187), (188), (189), (190), (191), (192), (193), (194), (195), (196), (197), (197 a), (198), 199, 200, 201, 202, 203, 204, 205, 206, 206 a, 207, (208), 209, 210, 211, (212), 213, 214, 215, 216, 217, 218, 219, 220, 221, 222, 223, 224, 225, 226, 227, 228, 229, 230, 231, 232, 233, 234, 235, 236, 237, 238, 239, 240, 241, 242, 243, 244, 245, 246, 247, 248, 249, 250, 251, 252, 253, 254, 255, 256, 258, 259, 260, 261, 262, 263,

[1] Berücksichtigt sind auch solche Gesetze und Verordnungen, die sachliche Änderungen der StPO enthalten, ohne einzelne Vorschriften ausdrücklich im Wortlaut zu ändern. Eine nach Paragraphen geordnete Tabelle der Änderungen ist im Anschluß an diese Tabelle abgedruckt.

Lfd Nr	Änderndes Gesetz	Datum	RGBl (ab 1922 Teil I) Seite	Geänderte Paragraphen der StPO
				264, 265, 266, 267, 268,270, 271, 273, 275, 276, (276), (277), (278), (279), (280), (281), (282 a), (282 b), (283), (284), 285, (285), 286, (286), 287, (287), 288, (288), 289, (289), 290, (290), 291, (291), 292, (292), 293, (293), 294, (294), 295, (295), 296, (296), 297, (297), 298, (298), 299, (299), 300, (300), 301, (301), 302, (302), 303, (303), 304, (304), 305, (305), 306, (306), 307, (307), 308, (308), 309, (309), 310, (310), 311, (311), 312, (312), (313), 314, (314), 315, (315), 316, (316), 317, (317), 318, 319, 320, 321, 322, 323, 324, 325, 326, 327, 328, 329, 330, 331, 332, 333, (334), 335, 336, 337, 338, 339, (340), 341, 342, 343, 344, 345, 346, 347, 348, 349, 350, 354, 355, 356, 357, 358, 359, 360, 361, 362, 363, 364, 365, 366, 367, 368, 369, 370, 371, 372, 373, 374, 375, 376, 377, 378, 379, 380, 381, 382, 383, 384, 385, 386, 387, 388, 389, 390, 391, 392, 393, 394, 395, 396, 397, 398, 399, (400), 401, 402, 403, 404, (406), 407, 408, 409, 410, 411, 412, (413), (414), (415), (416), (417), (418), (419), (420), (421), (422), (423), (424), (425), (426), (427), (428), (429), (430), (431), (432), (434), (435), (436), (437), (438), (439), (440), (441), (442), 443, (443), (444), (445), (446), (447), (448), 449, 450, 451, 452, (453), (454), 455, 456, 457, 458, (459), 460, 461, 462, (463), 464 a, 464 b, 465, 466, 467, 468, 469, 470, (470), 471, (471), (472), 473, (473), (474), (475), (476)
11	Gesetz zur Abänderung der StPO	22. 12. 1925	475	245, (313), (444)
12	Gesetz zur Vereinfachung des Militärstrafrechts	30. 4. 1926	197	(435)
13	Gesetz zur Abänderung der StPO	27. 12. 1926	529	53, 114, 114 a, 114 b, 115, 115 a, 117, 118,

Lfd Nr	Änderndes Gesetz	Datum	RGBl (ab 1922 Teil I) Seite	Geänderte Paragraphen der StPO
				118 a, 118 b, 120, 125, 126, 131, (132), 148, 200, 201, 218, 245, 268, (340), (445)
14	Verordnung über die Abänderung des Wortlauts verschiedener Gesetze und Verordnungen aus Anlaß des Fortfalls der Bezeichnungen „Gerichtsschreiberei und „Gerichtsschreiber	30. 11. 1927	334	31, (168), (187), (188), 220, 320, 385, 390, 464 b
15	Deutsches Auslieferungsgesetz	23. 12. 1929	239	154 b, 456 a
16	Reichsministergesetz	27. 3. 1930	96	50, 54, 76
16 a	Reichsabgabenordnung	22. 5. 1931	161	(419), (420), (421), (422), (423), (424), (425), (426), (427), (428), (429)
16 b	Dritte Verordnung des Reichspräsidenten zur Sicherung von Wirtschaft und Finanzen und zur Bekämpfung politischer Ausschreitungen	6. 10. 1931	537	(212)
16 c	Verordnung des Reichspräsidenten auf dem Gebiet der Rechtspflege und der Verwaltung	14. 6. 1932	285	148, 153, 229, 312, (417)
17	Verordnung zur Vereinfachung der Zustellungen	17. 6. 1933	394	35, 146, 218, 378
18	Ausführungsgesetz zu den Gesetzen gegen gefährliche Gewohnheitsverbrecher und über Maßregeln der Sicherung und Besserung	24. 11. 1933	1000	(5 a), 80 a, 81, 81 a, 81 b, 113, 126 a, 127, 128, 129, 131, 140, 145, 148, 149, 154, 154 b, 160, 207, 232, 233, (233 a), 246 a, 260, 263, 265, 267, 270, 299, 305, 310, 331, 358, 359, 363, 371, 373, 384, 407, (429 a), (429 b), (429 c), (429 d), (429 e), 456 a, 456 b, (456 c), 458, 463, 465, 466, 467
19	Gesetz zur Einschränkung der Eide im Strafverfahren	24. 11. 1933	1008	57, 58, 59, 60, 61, 62, 63, 64, 65, (66), 66 a, 66 b, 66 c, (66 e), 68 a, 79, (193), 223
20	Gesetz über Reichsverweisungen	23. 3. 1934	213	154 b, 160, 232, 233, 260, 263, 265, 267, 407, 456 a, 465, 466
21	Gesetz zur Änderung von Vorschriften des Strafrechts und des Strafverfahrens	24. 4. 1934	341	115, 117, 118, 118 a, 118 b, 125, 126, 443
22	Gesetz zur Änderung von Vorschriften des Strafverfahrens und des GVG	28. 6. 1935	844	16, (17), 112, 154 c, (170 a), (178), (179), (180), (181), (182), (183), (184), (186), 201, 202, 232, 244, 245, 265, (267 a), (267 b), 276, (277), (278), (279), (280), (281), (282), (282 a), (282 b), (282 c), 285, 286, 287, 288, 289, 290, 295, 298, 331, 358, 373, (434), (435), (436), (437), (438), (439), (440), (441), (442), (443), (444), (445),

Lfd Nr	Änderndes Gesetz	Datum	RGBl (ab 1922 Teil I) Seite	Geänderte Paragraphen der StPO
				(446), (447), (448), (454), 463, (474)
22 a	Verordnung über Maßnahmen auf dem Gebiet der Gerichtsverfassung und der Rechtspflege	1. 9. 1939	1658	87, 140, (212), 244, 245, (313), 407
22 b	DVO zur Verordnung über Maßnahmen auf dem Gebiet der Gerichtsverfassung und der Rechtspflege	8. 9. 1939	1703	140
22 e	Verordnung über die Zuständigkeit der Strafgerichte, die Sondergerichte und sonstige strafverfahrensrechtliche Vorschriften	21. 2. 1940	405	140, 147, 148, (212), (212 a), (212 b)
23	DVO zur Verordnung über die Zuständigkeit der Strafgerichte, die Sondergerichte und sonstige strafverfahrensrechtliche Vorschriften	13. 3. 1940	489	(5 a), 140, 141, 142, 212, 270, 407
23 a	Verordnung zur Änderung der Strafvorschriften über fahrlässige Tötung, Körperverletzung und Flucht bei Verkehrsunfällen	2. 4. 1940	606	374
24	Verordnung über den Geltungsbereich des Strafrechts	16. 5. 1940	754	(8 a), 153 c
24 a	DVO zum Gesetz zur Änderung des StGB	24. 9. 1941	581	463
25	Verordnung zur weiteren Vereinfachung der Strafrechtspflege	13. 8. 1942	508	36, 38, 119, 152, 153, 172, 173, 174, 175, 176, 177, (195), 214, 220, 222, 226, 232, 233, (233 a), 235, 239, 241, 260, 266, 377, 382, 386, 388, 395, 407, 471, (472)
26	Verordnung über die Beseitigung des Eröffnungsbeschlusses im Strafverfahren	13. 8. 1942	512	16, 148, 156, (198), 199, 201, (202), 203, 204, 205, 206, 206 a, 207, 208, 209, 210, 211, 213, 215, 264, 265, 267, (279)
27	DVO zur Verordnung über die Angleichung des Strafrechts des Altreichs und der Alpen- und Donau-Reichsgaue	29. 5. 1943	341	57, 59, 61, 62, 66 b, 79, 286
28	Dritte Verordnung zur Vereinfachung der Strafrechtspflege	29. 5. 1943	342	27, 28, 30, 31, 200, (200), 217, 251, 272, 359, 362, 363, 367, 370, 373 a, 403, 404, 405, 406, (406), 406 a, 406 b, 406 c, (406 d), (463), 472 a
28 a	Zweite DVO zur Verordnung zur Angleichung des Strafrechts des Altreichs und der Alpen- und Donau-Reichsgaue	20. 1. 1944	41	393
28 d	Vierte Verordnung zur Vereinfachung der Strafrechtspflege	13. 12. 1944	339	98, 105, 140, 171, 228
29	Gesetz zur Wiederherstellung der Rechtseinheit auf dem Gebiete der Gerichtsverfassung, der bürgerlichen Rechtspflege, des Strafverfahrens und des Kostenrechts	12. 9. 1950	455, 629	4, (5 a), 8, (8 a), 9, 10, 11, 16, (17), (18), 25, 27, 28, 30, 31, (32), 36, 38, 49, 50, 53, 54, 55, 57, 59, 61, 62, 63, 64, (66), 66 b, 66 c, 66 e, 68 a, 69, 76, 77, 79, 81, 81 a, 81 b, 81 c, 81 d, 87, 96, 98, 103, 104, 105, 112, 113,

Lfd Nr	Änderndes Gesetz	Datum	BGBl Teil I Seite	Geänderte Paragraphen der StPO
				114 b, 116 a, 118, 118 a, 118 b, 119, 126, 128, 129, 136 a, 140, 141, 142, (144), 145, (147 a), 149, 152, 153, 153 c, 154, 154 b, 154 c, 154 d, 156, 157, 161, 163, 170, 171, 172, 173, 174, 175, 176, 177, (178), (179), (180), (181), (182), (183), (184), (186), (190), (193), (195), (197), (198), 199, 200, 201, 202, (202), 203, 204, 205, 206, 206 a, 207, (208), 209, 210, 211, (212), (212 a), (212 b), 213, 214, 215, 217, 220, 222, 223, 226, 228, 229, 232, 233, 235, 239, 240, 241, 244, 245, 251, 260, 264, 265, 266, 267, (267 a), (267 b), 268, (269 a), 270, 272, 273, (273 a), 275, 276, (277), (278), (279), (280), (281), (282 b), (282 c), 285, 286, 287, 288, 289, 290, 291, 292, 295, 298, 304, 310, 312, (313), 320, 330, 331, 333, (334), 335, 338, (340), 345, (347 a), 349, 354, 354 a, 358, 359, 362, 363, 367, 370, 371, 373, 373 a, 377, 379, 380, 382, 383, (383 a), 384, 386, 388, 390, 393, 395, 401, 403, 404, 405, 406, 406 a, 406 b, 406 c, (406 d), 407, 408, (413), (414), (415), (416), (417), (418), (419), (420), (421), (422), (423), (424), (425), (426), (427), (428), (429), (429 b), (430), (434), (435), (436), (437), (438), (439), (440), (441), 443, 452, (453), (454), 456 a, (456 c), 458, (459), 462, 462 a, 463, (463), 464, 469, 470, 471, (472), 472 a, (474)
30	Strafrechtsänderungsgesetz	30. 8. 1951	739	153 b, 153 c, 169, 354, 374, 395, 443
31	Gesetz über Maßnahmen auf dem Gebiete des Kostenrechts	7. 8. 1952	401	304, 465
32	Gesetz zur Sicherung des Straßenverkehrs	19. 12. 1952	832	111 a, (212 b), 232, 233, 305, 463
33	Drittes Strafrechtsänderungsgesetz	4. 8. 1953	735	7, 9, 10, 13 a, 35 a, 37, (39), 44, 53, 53 a, 81 a, 81 c, 97, (101 a), 116, 148, (150), 152, 152 a, 153, 154, 154 b, 154 c,

Lfd Nr	Änderndes Gesetz	Datum	BGBl Teil I Seite	Geänderte Paragraphen der StPO
				154 d, 160, 170, 171, 172, (188), 247, 260, 263, 267, 268, 268 a, 268 b, 305 a, 308, 319, 324, 346, 362, 364, 391, 395, 408, 409, (429 e), (431), (432), 450, 453, 453 a, 454, 467, 470
34	Viertes Strafrechtsänderungsgesetz	11. 6. 1957	597	105, 153 e, (198 a)
35	Gesetz zur Änderung und Ergänzung kostenrechtlicher Vorschriften	26. 7. 1957	861	71, 84, 118, (150), 152, 350
36	Vereinsgesetz	5. 8. 1964	593	153 e
37	Zweites Gesetz zur Sicherung des Straßenverkehrs	26. 11. 1964	921	111 a, 232, 233, 267, 407, 408, 409, (413), 450, 463, 463 b
38	Gesetz zur Änderung der StPO und des GVG (StPÄG)	19. 12. 1964	1067	16, 23, 25, 26, 26 a, 27, 28, 33, 33 a, 37, 53, 112, 113, 114, 114 a, 114 b, 115, 115 a, 116, 116 a, 117, 118, 118 a, 118 b, 119, 120, 121, 122, 123, 124, 125, 126, 126 a, 128, 130, 131, 136, 140, 141, 142, 145 a, 147, 148, 153, 154 a, 154 d, 161, 163, 163 a, (169), 169 a, (169 b), (169 c), 175, (192), (197), 200, 201, 202, 207, (208), 209, (212), 215, 217, 243, (257 a), 265, 270, 271, 273, 275, 308, 311, 311 a, 328, 345, 349, 350, 354, 369, 372, 383, 384, 385, 396, 397, 407, (413), 453 b, 454, 467, 467 a, (472)
39	Gesetz über den Fristablauf am Sonnabend	10. 8. 1965	753	43
40	Urheberrechtsgesetz	9. 9. 1965	1273	374
41	Bek. der Neufassung	17. 9. 1965	1373	(Neufassung)
42	Sortenschutzgesetz	20. 5. 1968	429	374
43	Einführungsgesetz zum Gesetz über Ordnungswidrigkeiten (EGOWiG)	24. 5. 1968	503	10, 45, 55, 98, 110, 111 a, 127 a, 132, 268 c, 272, 335, 385, 396, 407, 409, (413), 430, (430), 431, (431), 432, (432), 433, 434, 435, 436, 437, 438, 439, 440, 441, 442, 443, 444, 462, 464, 464 a, 464 b, 465, 466, 467, 467 a, 469, 470, 471, (472), 472 b, 473
44	Achtes Strafrechtsänderungsgesetz	25. 6. 1968	741	125, 128, 153 c, 153 d, 153 e, 165, 172, 395, 443
45	Gesetz zur Beschränkung des Brief-, Post- und Fernmeldegeheimnisses	13. 8. 1968	949	100 a, 100 b, 101
46	Erstes Gesetz zur Reform des Strafrechts	25. 6. 1969	645	60, 61, 68 a, 80 a, 112, 113, 140, (212 b), 232, 246 a, 265 a, 267, 268 a, (277), 305 a, 374, (413), 431, 453, 453 b, 454, 460, 462

Lfd Nr	Änderndes Gesetz	Datum	BGBl Teil I Seite	Geänderte Paragraphen der StPO
47	Gesetz zur allgemeinen Einführung eines zweiten Rechtszuges in Staatsschutz-Strafsachen	8. 9. 1969	1582	121, 122, 140, 153 c, 153 d, 153 e, 169, 172, (178), (186), (198), 209, 210, 304, 310, 354, 452, 462, (474)
48	Bundeszentralregistergesetz	18. 3. 1971	243	260
49	Gesetz zur Änderung des GVG	8. 9. 1971	1513	(13 b)
50	Zwölftes Strafrechtsänderungsgesetz	16. 12. 1971	1979	100 a
51	Gesetz zur Änderung der Bezeichnungen der Richter und ehrenamtlichen Richter und der Präsidialverfassung des Gerichts	26. 5. 1972	841, 1973 496	31, 169, (185), (186), 240, 272, 275, 338, 359, 362
52	Gesetz zur Änderung der StPO	7. 8. 1972	1361	112, 112 a, 116, 122 a
53	Waffengesetz	19. 9. 1972	1797	100 a, 276
54	Viertes Gesetz zur Reform des Strafrechts	23. 11. 1973	1725	100 a, 104, 106 b, 112 a
55	Einführungsgesetz zum StGB (EGStGB)	2. 3. 1974	469, 502	3, 7, 10, 22, 51, 60, 61, 62, 65, 70, 77, 81 c, 92, 94, 95, 97, 100, 100 a, (101 a), 102, 103, 104, 105, 107, 108, (111), 111 a, 111 b, 111 c, 111 d, 111 e, 111 f, 111 g, 111 h, 111 i, 111 k, 111 l, 112, 113, 114, 120, 121, 122, 123, 124, 127, 127 a, 130, 132, 132 a, 134, 140, 142, 153, 153 a, 153 b, 153 c, 153 d, 153 e, 154, 154 a, 154 b, 154 c, 154 e, 158, 160, 163, 172, 176, 200, 207, 209, (212 b), 232, 233, 247, 260, 263, 265, 265 a, 267, 268 a, 268 c, 272, (277), (279), (280), (281), (282), (282 a), (282 b), (282 c), (283), (284), 285, 290, 295, 304, 305, (313), 331, (334), 358, 359, 362, 363, 364, 371, 373, 374, 375, 376, 380, 384, 388, 389, 393, 395, 396, 405, (406 d), 407, 408, 409, 413, (413), 414, 415, 416, (429 a), (429 b), (429 c), (429 d), 430, 431, 433, 436, 438, 439, 440, 442, 444, 451, 453, 453 a, 453 b, 454, 456 a, 456 b, 457, 458, 459, (459), 459 a, 459 b, 459 c, 459 d, 459 e, 459 f, 459 g, 459 h, 460, 462, 462 a, 463 (463), 463 a, 463 b, 463 c, 463 d, 464, 464 a, 465, 466, 467, 467 a, (472), 472 a, 472 b, (474)
56	Fünftes Gesetz zur Reform des Strafrechts	18. 6. 1974	1297	53, 97
57	Erstes Gesetz zur Reform des Strafverfahrensrechts	9. 12. 1974	3393, 3533	4, 16, (17), 23, 26 a, 27, 36, 44, 45, 46, 47, 51, 52,

Lfd Nr	Änderndes Gesetz	Datum	BGBl Teil I Seite	Geänderte Paragraphen der StPO
				61, 65, (66), 70, 73, 77, 81 c, 87, 91, 98, 100, 104, 110, 111 e, 115 a, 120, 125, 126, 128, 129, 135, 136, 141, 147, 154 a, 156, 159, 161, 161 a, 162, 163, 163 a, 165, 166, 168, 168 a, 168 b, 168 c, 168 d, (168), 169, (169), 169 a, (169 b), (169 c), 170, 173, (178), (179), (180), (181), (182), (183), (184), (185), (187), (188), (189), (190), (191), (192), (193), (194), (195), (196), (197), (198), 199, 200, 201, 202, 203, 204, (208), (212), (212 b), 214, 215, 221, 222, 224, 228, 229, 256, 267, 268, 270, 273, 275, 294, 303, 304, 306, 312, 315, 329, 330, 333, 338, 342, 364 a, 364 b, 367, 369, 377, 385, 395, 396, 397, 399, (400), 401, 407, 408, 411, 412, 430, 441, 450 a, 453 a, 453 c, 454, 462, 464 a, 464 b, 467, 467 a, (471)
58	Gesetz zur Entlastung des Landgerichts und zur Vereinfachung des gerichtlichen Protokolls	20. 12. 1974	3651	304
59	Gesetz zur Ergänzung des Ersten Gesetzes zur Reform des Strafverfahrensrechts	20. 12. 1974	3686	57, 66 c, 66 d, 66 e, (66 e), 137, 138 a, 138 b, 138 c, 138 d, 140, 146, 231 a, 231 b, 241 a, 245, 257, (257 a), 265, 304, 378
60	Bek der Neufassung	7. 1. 1975	129, 650	(Neufassung)
61	Gesetz über das Zeugnisverweigerungsrecht der Mitarbeiter von Presse und Rundfunk	25. 7. 1975	1973, 2164	53, 97, 98, 111 m, 111 n
62	Gesetz zur Änderung des GKG, des Gesetzes über die Kosten der Gerichtsvollzieher, der BRAGO und anderer Vorschriften	20. 8. 1975	2189	455 a, 457
63	Strafvollzugsgesetz	16. 3. 1976	581	
64	Fünfzehntes Strafrechtsänderungsgesetz	18. 5. 1976	1213	53, 97
65	Adoptionsgesetz	2. 7. 1976	1749	22, 52
66	Gesetz zur Änderung des StGB, der StPO, des GVG, der Bundesrechtsanwaltsordnung und des Strafvollzugsgesetzes	18. 8. 1976	2181	112, 138 a, 138 c, 148, 148 a, 153 c, 153 d, 153 e
67	Gesetz zur Änderung der StPO	14. 4. 1978	497	103, 105, 108, 111, 127, 138 a, 138 b, 138 c, 148, 163 b, 163 c
68	Gesetz zur Änderung des Waffenrechts	31. 5. 1978	641	100 a
69	Strafverfahrensänderungsgesetz 1979	5. 10. 1978	1645	2, 4, 6 a, (13 b), 16, (18), 29, 34 a, 51, 68, 154, 154 a, 168, 168 a, 201,

Lfd Nr	Änderndes Gesetz	Datum	BGBl Teil I Seite	Geänderte Paragraphen der StPO
				209, 209 a, 222 a, 222 b, 225 a, 231 c, 245, 249, 267, 270, 273, 304, 324, 325, 336, 338, 407, 408, 450, 453 c, 462 a
70	Gesetz zur Änderung zwangsvollstreckungsrechtlicher Vorschriften	1. 2. 1979	127	459 g, 463 b
71	Achtzehntes Strafrechtsänderungsgesetz	28. 3. 1980	373	10 a, 100 a
72	Gesetz über die Prozeßkostenhilfe	13. 6. 1980	677	172, 379, 379 a, 396
73	Gesetz zur Neuordnung des Betäubungsmittelrechts	28. 7. 1981	681	100 a, 112 a
74	Zwanzigstes Strafrechtsänderungsgesetz	8. 12. 1981	1329	454
75	Zweites Gesetz zur Änderung des Bundeszentralregistergesetzes	17. 7. 1984	990	260
76	Dreiundzwanzigstes Strafrechtsänderungsgesetz	13. 4. 1986	393	260, 453, 454, 454 a, 454 b, 455, 456 a, 458, 462, 462 a, 463, 463 d
77	Paßgesetz und Gesetz zur Änderung der StPO	19. 4. 1986	537	163 d
78	Zweites Gesetz zur Bekämpfung der Wirtschaftskriminalität	15. 5. 1986	721	374, 444
79	Gesetz zur Änderung des OWiG, des StVG und anderer Gesetze	7. 7. 1986	977	306, 311, 407
80	Gesetz zur Änderung des Gebrauchsmustergesetzes	15. 8. 1986	1446	374
81	Opferschutzgesetz	18. 12. 1986	2496	68 a, 140, 245, 374, 377, 379 a, 395, 396, 397, 397 a, 400, 403, 404, 406, 406 d, 406 e, 406 f, 406 g, 406 h, 459 a, 472, 473
82	Strafverfahrensänderungsgesetz 1987	27. 1. 1987	475	25, 35, 35 a, 40, 87, 139, 140, 142, 145 a, 146, 146 a, 153 a, 229, 232, 234 a, 249, 251, 257, 265, 267, 268, 273, 304, 325, 328, 364 b, 373 a, 380, 407, 408, 408 a, 409, 410, 411, 464, 467 a, 469, 473
83	Bek der Neufassung	7. 4. 1987	1074, 1319	Neufassung
84	Halbleiterschutzgesetz	22. 10. 1987	2294	374
85	Gesetz zur Änderung der StPO	17. 5. 1988	606	140, 142
86	Poststrukturgesetz	8. 6. 1989	1026	100 a, 100 b
87	Gesetz zur Änderung des StGB und des Versammlungsgesetzes und zur Einführung einer Kronzeugenregelung bei terroristischen Straftaten	9. 6. 1989	1059	112 a
88	Gesetz zur Regelung des Geschäftswertes bei land- und forstwirtschaftlichen Betriebsübergaben und zur Änderung sonstiger kostenrechtlicher Vorschriften	15. 6. 1989	1082	464 c
89	Produktpirateriegesetz	7. 3. 1990	422	374, 395
90	Gesetz zur Neuregelung des Ausländerrechts	9. 7. 1990	1354	100 a
91	Betreuungsgesetz	12. 9. 1990	2002	22, 52, 60, 81 c
92	Gesetz zur Verbesserung der Überwachung des Außenwirtschaftsverkehrs und zum Verbot von Atom-	5. 11. 1990	2428	100 a

Lfd Nr	Änderndes Gesetz	Datum	BGBl Teil I Seite	Geänderte Paragraphen der StPO
	waffen, biologischen und chemischen Waffen			
93	Rechtspflege-Vereinfachungsgesetz	17. 12. 1990	2847	304
94	Gesetz zur Änderung des AWG, des StGB und anderer Gesetze	28. 2. 1992	372	100 a, 111 b
95	Sechsundzwanzigstes Strafrechtsänderungsgesetz Menschenhandel	14. 7. 1992	1255	100 a
96	Organisierte Kriminalitätsgesetz	15. 7. 1992	1302	68, 98 a, 98 b, 98 c, 100 a, 100 b, 100 c, 100 d, 101, 110 a, 110 b, 110 c, 110 d, 110 e, 111 o, 111 p, 112 a, 163 e, 168 a, 200, 222, 443, 457, 459 h, 460, 463 a
97	Gesetz zur Einführung eines Zeugnisverweigerungsrechts für Beratung in Fragen der Betäubungsmittelabhängigkeit	23. 7. 1992	1366	53, 97
98	Schwangeren- und Familienhilfegesetz	27. 7. 1992	1398	53, 97, 108
99	Gesetz zur Entlastung der Rechtspflege	11. 1. 1993	50	37, 153, 153 a, 244, 313, 322, 322 a, 406 d, 406 h, 407, 408 b, 409
100	Ausführungsgesetz Suchtstoffübereinkommen 1988	2. 8. 1993	1407	10 a
101	Kostenrechtsänderungsgesetz 1994	24. 6. 1994	1325	464 b, 464 d, 467, 472 b
102	Einunddreißigstes Strafrechtsänderungsgesetz	27. 6. 1994	1440	443
103	Postneuordnungsgesetz	14. 9. 1994	2325	100 b
104	Prozeßkostenhilfeänderungsgesetz	10. 10. 1994	2954	397 a
105	Markenrechtsreformgesetz	25. 10. 1994	3082	374, 395
106	Verbrechensbekämpfungsgesetz	28. 10. 1994	3186	26, 100 a, 112, 112 a, (212), (212 a), (212 b), 249, 257 a, 267, 411, 417, 418, 419, 420, 474, 475, 476, 477
107	Siebzehntes Gesetz zur Änderung des AbgG und Vierzehntes Gesetz zur Änderung des EuAbgG	4. 11. 1994	3346	54, 96
108	Schwangeren- und Familienhilfeänderungsgesetz	21. 8. 1995	1050	53
109	Markenrechtsänderungsgesetz 1996	19. 7. 1996	1014	374
110	Strafverfahrensänderungsgesetz – DNA-Analyse	17. 3. 1997	534	81 a, 81 c, 81 e, 81 f, 101
111	Justizmitteilungsgesetz	18. 6. 1997	1430	453
112	Dreiunddreißigstes Strafrechtsänderungsgesetz	1. 7. 1997	1607	112 a, 395
113	Gesetz zur Änderung der Strafprozeßordnung	17. 7. 1997	1822	127 b
114	Gesetz zur Bekämpfung der Korruption	13. 8. 1997	2038	374
115	Zweite Zwangsvollstreckungsnovelle	17. 12. 1997	3039	463 b
116	Begleitgesetz zum Telekommunikationsgesetz	17. 12. 1997	3108	99, 100 a, 100 b
117	Gesetz zur Bekämpfung von Sexualdelikten und anderen gefährlichen Straftaten	26. 1. 1998	160	304, 454, 454 a, 463
118	Sechstes Gesetz zur Reform des Strafrechts	26. 1. 1998	164	100 a, 112, 112 a, 154 e, 374, 380, 395, 443
119	Gesetz zur Änderung des StVG und anderer Gesetze	24. 4. 1998	747	111 a, 153 a, 268 c, 463 b

Lfd Nr	Änderndes Gesetz	Datum	BGBl Teil I Seite	Geänderte Paragraphen der StPO
120	Zeugenschutzgesetz	30. 4. 1998	820	58 a, 68 b, 168 e, 247 a, 255 a, 395, 397 a, 406 g, 406 h
121	Gesetz zur Verbesserung der Bekämpfung der Organisierten Kriminalität	4. 5. 1998	845	100 a, 100 c, 100 d, 100 e, 100 f, 101, 111 b, 111 o, 111 p
122	Gesetz über die Berufe der Pyschologischen Pyschotherapeuten und des Kinder- und Jugendlichenpyschotherapeuten, zur Änderung des Fünften Buches Sozialgesetzbuch und anderer Gesetze	16. 6. 1998	1311	53, 97
123	Gesetz zur Reform des strafrechtlichen Wiederaufnahmerechts	9. 7. 1998	1802	359
124	Drittes Gesetz zur Änderung der Bundesnotarordnung und anderer Gesetze	31. 8. 1998	2585	53, 138 c
125	DNA-Identitätsfeststellungsgesetz	7. 9. 1998	2646	81 g

2. Nach Paragraphen geordnet

StPO § . . .[1]	Nr des ändernden Gesetzes[2]
2	69
3	55
4	29, 57, 69
(5 a)	18, 23, 29
6 a	69
7	3, 33, 55
8	29
(8 a)	24, 29
9	29, 33
10	29, 33, 43, 55
10 a	71, 100
11	1, 29
13 a	33
(13 b)	49, 69
16	10, 22, 26, 29, 38, 57, 69
(17)	22, 29, 57
(18)	29, 69
22	8, 55, 65, 91
23	10, 38, 57
25	29, 38, 82
26	38, 106
26 a	38, 57
27	10, 28, 29, 38, 57
28	28, 29, 38
29	69
30	28, 29
31	10, 14, 28, 29, 51
(32)	29
33	38
33 a	38
34 a	69
35	17, 82
35 a	33, 82
36	25, 29, 57
37	33, 38, 99
38	25, 29
(39)	33
40	10, 82
43	39
44	33, 57
45	43, 57
46	57
47	57
48	10
49	10, 29
50	2, 10, 16, 29
51	5, 10, 55, 57, 69
52	10, 57, 65, 91
53	10, 13, 29, 33, 38, 56, 61, 64, 97, 98, 108, 122, 124
53 a	33
54	10, 16, 29, 107
55	10, 29, 43
56	10
57	10, 19, 27, 29, 59
58	10, 19
58 a	120
59	10, 19, 27, 29
60	10, 19, 46, 55, 91
61	10, 19, 27, 29, 46, 55, 57
62	19, 27, 29, 55
63	10, 19, 29
64	19, 29
65	10, 19, 55, 57
(66)	10, 19, 29, 57
66 a	10, 19
66 b	19, 27, 29
66 c	10, 19, 29, 59
66 d	59
66 e	10, 29, 59
(66 e)	10, 19, 59
67	10
68	10, 69, 96
68 a	19, 29, 46, 81
68 b	120
69	10, 29
70	5, 10, 55, 57
71	10, 35
73	57
76	16, 29
77	5, 10, 29, 55, 57
79	19, 27, 29
80 a	18, 46
81	18, 29
81 a	18, 29, 33, 110
81 b	18, 29
81 c	29, 33, 55, 57, 91, 110
81 d	29
81 e	110
81 f	110
81 g	125
84	35
87	22 a, 29, 57, 82
91	57
92	55
94	55
95	55
96	29, 107
97	33, 55, 56, 61, 64, 97, 98, 122
98	28 d, 29, 43, 57, 61
98 a	96
98 b	96

[1] Die Tabelle geht von der jetzt geltenden Zählung der Paragraphen aus und führt die Änderung einer Vorschrift auch dann bei dem jetzigen Paragraphen an, wenn die Vorschrift zur Zeit der Änderung noch eine andere Bezeichnung hatte. Eine in Klammer gesetzte Zahl gibt die frühere Bezeichnung eines inzwischen weggefallenen Paragraphen wieder.

[2] Die Zahlen in dieser Spalte verweisen auf die laufende Nummer in Spalte 1 der unter 1. abgedruckten Tabelle der Änderungsgesetze und Verordnungen.

StPO § . . .	Nr des ändernden Gesetzes
98 c	96
99	116
100	55, 57
100 a	45, 50, 53, 54, 55, 57, 68, 71, 73, 86, 90, 92, 94, 95, 96, 106, 116, 118, 121
100 b	45, 86, 96, 103, 116
100 c	96, 121
100 d	96, 121
100 e	121
100 f	121
101	45, 96, 110, 121
(101 a)	33, 55
102	55
103	29, 55, 67
104	29, 54, 55, 57
105	28 d, 29, 34, 55, 67
107	55
108	55, 67, 98
110	43, 57
110 a	96
110 b	96
110 c	96
110 d	96
110 e	96
111	67
(111)	55
111 a	32, 37, 43, 55, 119
111 b	55, 94, 121
111 c	55
111 d	55
111 e	55
111 f	55
111 g	55
111 h	55
111 i	55
111 k	55
111 l	55, 57
111 m	61
111 n	61
111 o	96, 121
111 p	96, 121
112	22, 29, 38, 46, 52, 55, 66, 106, 118
112 a	52, 54, 73, 87, 96, 106, 112, 118
113	18, 29, 38, 46, 55
114	13, 38, 55
114 a	13, 38
114 b	13, 29, 38
115	13, 21, 38
115 a	13, 38, 57
116	33, 38, 52
116 a	29, 38
117	13, 21, 38
118	13, 21, 29, 35, 38
118 a	13, 21, 29, 38
118 b	13, 21, 29, 38
119	25, 29, 38
120	13, 38, 55, 57
121	38, 47, 55
122	38, 47, 55
122 a	52
123	38, 55

StPO § . . .	Nr des ändernden Gesetzes
124	38, 55
125	13, 21, 38, 44, 57
126	13, 21, 29, 38, 57
126 a	18, 38
127	18, 55, 67
127 a	43, 55
127 b	113
128	18, 29, 38, 44, 57
129	18, 29, 57
130	38, 55
131	13, 18, 38
132	43, 55
(132)	13
132 a	55
134	55
135	57
136	38, 57
136 a	29
137	59
138 a	59, 66, 67
138 b	59, 67
138 c	59, 66, 67, 124
138 d	59
139	10, 82
140	10, 18, 22 a, 22 b, 22 e, 23, 28 d, 29, 38, 46, 47, 55, 59, 81, 82, 85
141	23, 29, 38, 57
142	23, 29, 38, 55, 82, 85
(144)	29
145	18, 29
145 a	38, 82
146	17, 59, 82
146 a	82
147	16 c, 22 e, 38, 57
(147 a)	29
148	13, 16 c, 18, 22 e, 26, 33, 38, 66, 67
148 a	66
149	1, 18, 29
(150)	33, 35
152	25, 29, 33, 35
152 a	33
153	10, 16 b, 25, 29, 33, 38, 55, 99
153 a	55, 82, 99, 119
153 b	30, 55
153 c	24, 29, 30, 44, 47, 55, 66
153 d	44, 47, 55, 66
153 e	34, 36, 44, 47, 55, 66
154	10, 18, 29, 33, 55, 69
154 a	38, 55, 57, 69
154 b	15, 18, 20, 29, 33, 55
154 c	22, 29, 33, 55
154 d	29, 33, 38
154 e	55, 118
155	10
156	10, 26, 29, 57
157	10, 29
158	10, 55
159	10, 57
160	10, 18, 20, 33, 55
161	10, 29, 38, 57
161 a	57

StPO § . . .	Nr des ändernden Gesetzes
162	10, 57
163	10, 29, 38, 55, 57
163 a	38, 57
163 b	67
163 c	67
163 d	77
163 e	96
164	10
165	10, 44, 57
166	10, 57
167	10
168	57, 69
168 a	57, 69, 96
168 b	57
168 c	57
168 d	57
168 e	120
(168)	10, 14, 57
169	30, 47, 51, 57
(169)	10, 38, 57
169 a	38, 57
(169 b)	38, 57
(169 c)	38, 57
170	10, 29, 33, 57
(170 a)	22
171	10, 28 d, 29, 33
172	10, 25, 29, 33, 44, 47, 55, 72
173	10, 25, 29, 57
174	10, 25, 29
175	10, 25, 29, 38
176	10, 25, 29, 55
177	10, 25, 29
(178)	10, 22, 29, 47, 57
(179)	10, 22, 29, 57
(180)	10, 22, 29, 57
(181)	10, 22, 29, 57
(182)	10, 22, 29, 57
(183)	10, 22, 29, 57
(184)	10, 22, 29, 57
(185)	10, 51, 57
(186)	10, 22, 29, 47, 51
(187)	10, 14, 57
(188)	10, 14, 33, 57
(189)	10, 57
(190)	10, 29, 57
(191)	10, 57
(192)	10, 38, 57
(193)	10, 19, 29, 57
(194)	10, 57
(195)	10, 25, 29, 57
(196)	10, 57
(197)	10, 29, 38, 57
(197 a)	4, 6, 10
(198)	10, 26, 29, 47, 57
(198 a)	34
199	10, 26, 29, 57
200	6, 10, 13, 28, 29, 38, 55, 57, 96
201	6, 10, 13, 22, 26, 29, 38, 57, 69
202	10, 22, 29, 38, 57
(202)	26, 29
203	10, 26, 29, 57
204	10, 26, 29, 57
205	10, 26, 29
206	10, 26, 29
206 a	10, 26, 29
206 b	54
207	10, 18, 26, 29, 38, 55
(208)	10, 26, 29, 38, 57
209	10, 26, 29, 38, 46, 47, 55, 69
209 a	69
210	10, 26, 29, 47
211	10, 26, 29
(212)	10, 16 b, 22 a, 22 e, 23, 29, 38, 57, 106
(212 a)	22 e, 29, 106
(212 b)	22 e, 29, 32, 46, 55, 57, 106
213	10, 26, 29
214	10, 25, 29, 57
215	10, 26, 29, 38, 57
216	10
217	10, 28, 29, 38
218	10, 13, 17, 59
219	10
220	10, 14, 25, 29
221	10, 57
222	10, 25, 29, 57, 96
222 a	69
222 b	69
223	10, 19, 27, 29
224	10, 57
225	10
225 a	69
226	10, 25, 29
227	10
228	10, 28 d, 29, 57
229	10, 16 c, 29, 57, 82
230	10
231	10
231 a	59
231 b	59
231 c	69
232	10, 18, 20, 22, 25, 29, 32, 37, 46, 55, 82
233	10, 18, 20, 25, 29, 32, 37, 55
(233 a)	18, 25
234	10
234 a	82
235	10, 25, 29
236	10
237	10
238	10
239	10, 25, 29
240	10, 29, 51
241	10, 25, 29
241 a	59
242	10
243	10, 26, 29, 38
244	10, 22, 22 a, 29, 99
245	10, 11, 13, 22, 22 a, 29, 69
246	10
246 a	18, 46
247	10, 33, 55, 59, 81
247 a	120
248	10

StPO § . . .	Nr des ändernden Gesetzes
249	10, 69, 82, 106
250	10
251	10, 28, 29, 82
252	10
253	10
254	10
255	10
255 a	120
256	10, 57
257	59, 82
257 a	106
(257 a)	38, 59
258	10
259	10
260	10, 18, 20, 25, 29, 33, 48, 55, 75, 76
261	10
262	10
263	10, 18, 20, 33, 55
264	10, 26, 29
265	10, 18, 20, 22, 26, 29, 38, 55, 59, 82
265 a	46, 55
266	10, 25, 29
267	6, 10, 18, 20, 26, 29, 33, 37, 46, 55, 57, 69, 82, 106
(267 a)	22, 29
(267 b)	22, 29
268	10, 13, 29, 33, 57, 82
268 a	33, 46, 55
268 b	33
268 c	43, 55, 119
(269 a)	29
270	10, 18, 23, 26, 29, 38, 57, 69
271	10, 38
272	28, 29, 43, 51, 55
273	10, 29, 38, 57, 69, 82
(273 a)	29
275	6, 10, 29, 38, 51, 57
276	10, 22, 29, 53
(276)	10
(277)	10, 22, 29, 46, 55
(278)	10, 22, 29
(279)	10, 22, 26, 29, 55
(280)	10, 22, 29, 55
(281)	10, 22, 29, 55
(282)	22, 55
(282 a)	10, 22, 55
(282 b)	10, 22, 29, 55
(282 c)	22, 29, 55
(283)	10, 55
(284)	10, 55
285	10, 22, 29, 55
(285)	10
286	10, 22, 27, 29
(286)	10
287	10, 22, 29
(287)	10
288	10, 22, 29
(288)	10
289	10, 22, 29
(289)	10

StPO § . . .	Nr des ändernden Gesetzes
290	10, 22, 29, 55
(290)	10
291	10, 29
(291)	10
292	10, 29
(292)	10
293	10
(293)	10
294	10, 57
(294)	10
295	10, 22, 29, 55
(295)	10
296	10
(296)	10
297	10
(297)	10
298	10, 22, 29
(298)	10
299	10, 18
(299)	10
300	10
(300)	10
301	10
(301)	10
302	10
(302)	10
303	10, 57
(303)	10
304	10,29, 31, 47, 55, 57, 58, 59, 69, 82, 93, 117
(304)	10
305	10, 18, 32, 55
(305)	10
305 a	33, 46
306	10, 57, 79
(306)	10
307	10
(307)	10
308	10, 33, 38
(308)	10
309	10
(309)	10
310	10, 18, 29, 47
(310)	10
311	10, 38, 79
(311)	10
311 a	38
312	10, 16 c, 29, 57
(312)	10
313	99
(313)	10, 11, 22 a, 29, 55
314	10
(314)	10
315	10, 57
(315)	10
316	10
(316)	10
317	10
(317)	10
318	10
319	10, 33
320	10, 14, 29

Änderungen der StPO

StPO § . . .	Nr des ändernden Gesetzes
321	10
322	10, 99
322 a	99
323	10
324	10, 33, 69
325	10, 69, 82
326	10
327	10
328	10, 38, 82
329	10, 57
330	10, 29, 57
331	10, 18, 22, 29, 55
332	10
333	10, 29, 57
(334)	10, 29, 55
335	10, 29, 43
336	10, 69
337	10
338	10, 29, 51, 57, 69
339	10
(340)	10, 13, 29
341	10
342	10, 57
343	10
344	10
345	10, 29, 38
346	10, 33
347	10
(347 a)	22, 29
348	10
349	7, 10, 29, 38
350	10, 35, 38
354	10, 29, 30, 38, 47
354 a	22, 29
355	10
356	10
357	10
358	10, 18, 22, 29, 55
359	10, 18, 28, 29, 51, 55, 123
360	10
361	10
362	10, 28, 29, 33, 51, 55
363	10, 18, 28, 29, 55
364	10, 33, 55
364 a	57
364 b	57, 82
365	10
366	10
367	10, 28, 29, 57
368	10
369	10, 38, 57
370	10, 28, 29
371	10, 18, 29, 55
372	10, 38
373	10, 18, 22, 29, 55
373 a	28, 29, 82
374	6, 10, 23 a, 30, 40, 42, 46, 55, 78, 80, 81, 84, 89, 105, 109, 114, 118
375	10, 55
376	10, 55
377	10, 25, 29, 57, 81
378	10, 17, 59
379	10, 29, 72
379 a	29, 72, 81
380	10, 29, 55, 82, 118
381	10
382	10, 25, 29
383	10, 29, 38
(383 a)	29
384	10, 18, 20, 29, 38, 55
385	10, 14, 38, 43, 57
386	10, 25, 29
387	10
388	7, 10, 25, 29, 55
389	10, 55
390	10, 14, 29
391	10, 33
392	10
393	10, 28 a, 29, 55
394	10
395	10, 25, 29, 30, 33, 44, 55, 57, 81, 89, 105, 112, 118, 120
396	10, 38, 43, 55, 57, 72, 81
397	10, 38, 57, 81
397 a	81, 104, 120
398	10
399	10, 57
400	81
(400)	10, 57
401	10, 29, 57
402	10
403	10, 28, 29, 81
404	10, 28, 29, 81
405	28, 29, 55
406	28, 29, 81
(406)	10, 28
406 a	28, 29
406 b	28, 29
406 c	28, 29
406 d	81, 99
(406 d)	28, 29, 55
406 e	81
406 f	81
406 g	81, 120
406 h	81, 99, 120
407	4, 6, 10, 18, 20, 22 a, 23, 25,29, 37, 38, 43, 55, 57, 69, 79, 82, 99
408	10, 29, 33, 37, 55, 57, 69, 82
408 a	82
408 b	99
409	10, 33, 37, 43, 55, 82, 99
410	10, 82
411	10, 57, 82, 106
412	10, 57
413	55
(413)	10, 29, 37, 38, 43, 46, 55
414	55
(414)	10, 29
415	55
(415)	10, 29
416	55
(416)	10, 29
417	106
(417)	10, 16 c, 29

StPO § . . .	Nr des ändernden Gesetzes
418	106
(418)	10, 29
419	106
(419)	10, 16 a, 29
420	106
(420)	10, 16 a, 29
(421)	10, 16 a, 29
(422)	10, 16 a, 23, 29
(423)	10, 16 a, 29
(424)	10, 16 a, 29
(425)	10, 16 a, 29
(426)	10, 16 a, 29
(427)	10, 16 a, 29
(428)	10, 16 a, 29
(429)	10, 16 a, 29
(429 a)	18, 55
(429 b)	18, 29, 55
(429 c)	18, 55
(429 d)	18, 55
(429 e)	18, 33
430	43, 55, 57
(430)	10, 29, 43
431	43, 46, 55
(431)	10, 33, 43
432	43
(432)	10, 33, 43
433	43, 55
434	43
(434)	10, 22, 29
435	43
(435)	10, 12, 22, 29
436	43, 55
(436)	10, 22, 29
437	43
(437)	10, 22, 29
438	43, 55
(438)	10, 22, 29
439	43, 55
(439)	10, 22, 29
440	43, 55
(440)	10, 22, 29
441	43, 57
(441)	10, 22, 29
442	43, 55
(442)	10, 22
443	10, 21, 29, 30, 43, 44, 96, 102, 118
(443)	10, 22
444	43, 55, 78
(444)	10, 12, 22
(445)	10, 13, 22
(446)	10, 22
(447)	10, 22
(448)	10, 22
449	10
450	10, 33, 37, 55, 69
450 a	57
451	10, 55
452	10, 29, 47
453	33, 46, 55, 76, 111
(453)	10, 29
453 a	33, 55, 57
453 b	38, 46, 55

StPO § . . .	Nr des ändernden Gesetzes
453 c	57, 69
454	33, 38, 46, 55, 57, 74, 76, 117
(454)	10, 22, 29
454 a	76, 117
454 b	76
455	10, 76
455 a	62
456	10
456 a	15, 18, 20, 29, 55, 76, 117
456 b	18, 55
456 c	18, 29, 55
(456 c)	18, 29
457	10, 55, 62, 96
458	10, 18, 29, 55, 76
459	55
(459)	10, 29, 55
459 a	55, 81
459 b	55
459 c	55
459 d	55
459 e	55
459 f	55
459 g	55, 70
459 h	55, 96
460	10, 46, 55, 96
461	10
462	10, 29, 43, 46, 47, 55, 57, 76
462 a	29, 55, 69, 76
463	18, 22, 24 a, 29, 32, 37, 55, 76, 117
(463)	10, 28, 29, 55
463 a	55, 96
463 b	37, 55, 70, 115, 119
463 c	55
463 d	55, 76
464	10, 29, 43, 55, 82
464 a	43, 55, 57
464 b	6, 10, 14, 43, 57, 101
464c	88
464 d	101
465	10, 18, 20, 31, 43, 55
466	10, 18, 20, 43, 55
467	10, 18, 33, 38, 43, 55, 57, 101
467 a	38, 43, 55, 57, 82
468	10
469	10, 29, 43, 82
470	10, 29, 33, 43
(470)	10
471	9, 10, 25, 29, 43
(471)	10, 57
472	81
(472)	10, 25, 29, 38, 43, 55
472 a	28, 29, 55
472 b	43, 55, 101
473	9, 10, 43, 81, 82
(473)	10
474	106
(474)	10, 22, 29, 47, 55
475	106
(475)	10
476	106
(476)	10
477	106

II. Gerichtsverfassungsgesetz

1. In zeitlicher Folge[1]

Lfd Nr	Änderndes Gesetz	Datum	RGBl (ab 1922 Teil I) Seite	Geänderte Paragraphen des GVG
1	Gesetz betr. Abänderung des § 137 des GVG	17. 3. 1886	61	(136), 138
2	Gesetz betr. die unter Ausschluß der Öffentlichkeit stattfindenden Gerichtsverhandlungen	5. 4. 1888	133	172, 173, 174, 175, 193
3	Gesetz betr. Änderungen des GVG und der StPO	17. 5. 1898	252	22,74
4	Gesetz betr. das Flaggenrecht der Kauffahrteischiffe	22. 6. 1899	319	74
5	Gesetz betr. Änderungen des GVG	5. 6. 1905	533	24,74
6	Gesetz betr. die Zuständigkeit des Reichsgerichts	22. 5. 1910	767	130
7	Gesetz betr. die Entschädigung der Schöffen und Geschworenen	29. 7. 1913	617	55, (84)
8	Gesetz zur Vereinfachung der Strafrechtspflege	21. 10. 1917	1037	24, 74
9	Gesetz betr. Aufhebung der Militärgerichtsbarkeit	17. 8. 1920	1579	34
10	Gesetz zur Entlastung der Gerichte	11. 3. 1921	229	14, 24, 33, 34, 58, 74, 149, (180)
11	Gesetz zur Erweiterung des Anwendungsgebiets der Geldstrafe und zur Einschränkung der kurzen Freiheitsstrafen	21. 12. 1921	1604	24
12	Gesetz über die Heranziehung der Frauen zum Schöffen- und Geschworenenamt	25. 4. 1922	465	29, 31, 34, 35, 40, 45, 49, 55, 56, (84)
13	Gesetz zur weiteren Entlastung der Gerichte	8. 7. 1922	569	14, (66), (134), 135, 138
14	Gesetz über die Zulassung der Frauen zu den Ämtern und Berufen der Rechtspflege	11. 7. 1922	573	29, 155
15	Zweites Gesetz zur weiteren Entlastung der Gerichte	27. 3. 1923	217	14, 24, 125, (134), 135, 138, 139
16	Neunte Ergänzung des Besoldungsgesetzes	18. 6. 1923	385	130
17	Gesetz zur Vereinfachung der Urliste	11. 7. 1923	647	36
18	Verordnung zur Entlastung der Gerichte	23. 7. 1923	742	14, 24
19	Zweite Verordnung zur Entlastung der Gerichte	15. 9. 1923	884	14, 24
20	Dritte Verordnung zur Entlastung der Gerichte	30. 10. 1923	1041	14, 24
21	Weitere Verordnung zur Entlastung der Gerichte und über die Gerichtskosten	13. 12. 1923	1186	14, 24
22	Verordnung über die Vermögensstrafen und Geldbußen	6. 2. 1924	44	24
23	Verordnung über die Verfahren in bürgerlichen Rechtsstreitigkeiten	13. 2. 1924	135	76, 122
24	Bek. der Texte des GVG und der StPO	22. 3. 1924	299	(2), (3), (5), (8), 14, (15), 18, 22, 24, 25, 28, 34, 35,

[1] Eine nach Paragraphen geordnete Aufstellung der Änderungen ist hiernach abgedruckt.

Lfd Nr	Änderndes Gesetz	Datum	RGBl (ab 1922 Teil I) Seite	Geänderte Paragraphen des GVG
				49, 53, 55, 56, 58, 59, (62), (64), (66), 70, 73, 74, 76, 77, 78, (79), (80), (81), (82), (83), (84), (85), (86), (87), (88), (89), (90), (91), (92), 120, 121, 122, 125, 130, (134), 135, (136), 139, 140, 142, 143, 147, 148, 149, 152, 153, 154, 160, 178, 196, 197
25	Gesetz zur Änderung des GVG	13. 2. 1926	99	33
26	Gesetz zur Abänderung des Gesetzes zum Schutze der Republik	31. 3. 1926	190	(134), (137), 139
27	Gesetz zur Änderung der Bezeichnungen „Gerichtsschreiberei „Gerichtsschreiber und „Gerichtsdiener	9. 7. 1927	175	153
28	Verordnung über die Abänderung des Wortlauts verschiedener Gesetze und Verordnungen aus Anlaß des Fortfalls der Bezeichnungen „Gerichtsschreiberei“ und „Gerichtsschreiber“	30. 11. 1927	334	161
29	Reichsministergesetz	27. 3. 1930	96	34
30	Verordnung des Reichspräsidenten zum Schutze der Wirtschaft	9. 3. 1932	121	172, 173, 174
31	Verordnung des Reichspräsidenten über Maßnahmen auf dem Gebiete der Rechtspflege und Verwaltung	14. 6. 1932	285	35, 36, 40, 42, 44, 45, 49, (51), 52, 77, (90)
32	Verordnung zur Vereinfachung der Zustellungen	17. 6. 1933	394	(87)
33	Gesetz zur Änderung der Vorschriften des GVG über die Präsidien der Gerichte	4. 7. 1933	451	(62), (63), (64), (64 a), (66), 117, (131)
34	Ausführungsgesetz zu dem Gesetz gegen gefährliche Gewohnheitsverbrecher und über Maßnahmen der Sicherung und Besserung	24. 11. 1933	1000	26 a, 171 a
35	Gesetz zur Änderung des GVG	13. 12. 1934	1233	18, 19, (19), 34, 40, 152, 162
36	Gesetz über die Beseitigung der Gerichtsferien	7. 3. 1935	352	199, 200, 201, 202
37	Gesetz zur Änderung von Vorschriften des Strafverfahrens und des GVG	28. 6. 1935	844	(136), (137), 138, 146
38	Verordnung über die Zuständigkeit der Strafgerichte, die Sondergerichte und sonstige strafverfahrensrechtliche Vorschriften	21. 2. 1940	405	120
39	DVO zur Verordnung über die Zuständigkeit der Strafgerichte, die Sondergerichte und sonstige strafverfahrensrechtliche Vorschriften	13. 3. 1940	489	24, 25, 26, 26 a, 28, (79), (80), (81), (82), (83), (84), (85), (86), (87), (88), (89), (90), (91), (92), (134), 139
			BGBl (ab 1951 Teil I Seite)	
40	Gesetz zur Wiederherstellung der Rechtseinheit auf dem Gebiete der Gerichtsverfassung, der bürgerlichen Rechtspflege, des Strafverfahrens und des Kostenrechts	12. 9. 1950	455, 515	(2), (5), (6), (8), 10, (11), 12, 14, (15), 17 a, 18, 19, 21 i, 22, (22 a), (22 b), 22 d, 24, 25, 26, 28, 29, 30, 32, 33, 34, 35, 36, 37, 38, 39, 40, 41, 42, 43, 44,

Lfd Nr	Änderndes Gesetz	Datum	BGBl Teil I Seite	Geänderte Paragraphen des GVG
				45, 46, 48, 49, 50, (51), 52, 53, 55, 56, 57, 58, (61), (62), (63), (64), (64 a), (66), (67), 70, 73, 74, 76, 78, (79), (80), (81), (82), (83), (84), (85), (86), (87), (88), (89), (90), (91), (92), 116, 117, (118), 120, 121, 122, 123, 124, 125, 126, 127, 128, 129, 130, (131), 132, (134), 135, (137), 138, 139, 140, 142, 143, 145, 146, 147, 148, 149, 150, 152, 153, 154, 158, 159, 160, 164, 167, 168, 181, 192, 199, 200, 201, 202
41	Strafrechtsänderungsgesetz	30. 8. 1951	739	24, 74 a, 120, 122, (134), (134 a)
42	Drittes Strafrechtsänderungsgesetz	4. 8. 1953	753	29, (51), (134), 196
43	Jugendgerichtsgesetz	4. 8. 1953	751	26, 74 b
44	Gesetz über den Beitritt der BRep. Deutschland zu der Konvention vom 9. 12. 1948 über die Verhütung und Bestrafung des Völkermords	9. 8. 1954 und 14. 3. 1955	I, 729 und II, 210	(134)
45	Viertes Strafrechtsänderungsgesetz	11. 6. 1957	597	74 a
46	Gesetz zur Änderung und Ergänzung kostenrechtlicher Vorschriften	26. 7. 1957	861	55, 107, (165)
47	Verwaltungsgerichtsordnung	21. 1. 1960	17	17, 17 a
48	Sechstes Strafrechtsänderungsgesetz	30. 6. 1960	478	74 a
49	Deutsches Richtergesetz	8. 9. 1961	1665	(2), (3), (4), (5), (6), (7), (8), (9), 10, (11), 29, (62), (68), 70, 77, (83), (88), (118), 125, 148, (198)
50	Erstes Gesetz zur Änderung mietrechtlicher Vorschriften	29. 7. 1963	505	23, 200
51	Gesetz zur Änderung des Gesetzes über die Entschädigung von Zeugen und Sachverständigen sowie des Gesetzes über die Entschädigung der ehrenamtlichen Beisitzer bei den Gerichten	21. 9. 1963	757	107
52	Siebentes Strafrechtsänderungsgesetz	1. 6. 1964	337	(80)
53	Vereinsgesetz	5. 8. 1964	593	74 a
54	Gesetz zur Änderung von Wertgrenzen und Kostenvorschriften in der Zivilgerichtsbarkeit	27. 11. 1964	933	14, 23
55	Gesetz zur Änderung der StPO und des GVG	19. 12. 1964	1067	58, (64), (69), 117, 169
56	Einführungsgesetz zum Aktiengesetz	6. 9. 1965	1185	95
57	Achtes Strafrechtsänderungsgesetz	25. 6. 1968	741	74 a, (134)
58	Erstes Gesetz zur Reform des Strafrechts	25. 6. 1969	645	24, 25, 32, 36, 74, 175
59	Gesetz über die rechtliche Stellung der nichtehelichen Kinder	19. 8. 1969	1243	23, 23 a, 72, 119, 170, 200
60	Gesetz zur allgemeinen Einführung eines zweiten Rechtszuges in Staatsschutz-Strafsachen	8. 9. 1969	1582	24, (61), 74, 74 a, 120, 130, (134), (134 a), 135, 139, 142 a, 166
61	Gesetz zur Änderung des GVG	8. 9. 1971	1513	74 c

Lfd Nr	Änderndes Gesetz	Datum	BGBl Teil I Seite	Geänderte Paragraphen des GVG
62	Gesetz zur Änderung des Deutschen Richtergesetzes	10. 9. 1971	1557	10, 142
63	Elftes Strafrechtsänderungsgesetz	16. 12. 1971	1977	(80)
64	Zwölftes Strafrechtsänderungsgesetz	16. 12. 1971	1979	(80)
65	Gesetz zur Änderung der Bezeichnung der Richter und ehrenamtlichen Richter und der Präsidialverfassung der Gerichte	26. 5. 1972	841	10, 21, 21 a, 21 b, 21 c, 21 d, 21 e, 21 f, 21 g, 21 h, 22, (22 a), 22 a, (22 b),22 b, 25, 28, 29, 30, 35, 38, 39, 40, 45, 46, 47, 48, 52, 53, 54, 55, 56, 57, 59, 60, (61), (62), (63), (64), (65), (66), (67), (69), 73, 74, 76, 77, 78, (81), (82), (83), (84), (85), (86), (87), (89), (90), (91), (92), 106, 107, 108, 109, 110, (111), 112, 113, 115, 116, 117, 121, 124, 130, (131), 132, 195, 197
66	Viertes Gesetz zur Reform des Strafrechts	23. 11. 1973	1725	(80)
67	Einführungsgesetz zum StGB (EGStGB)	2. 3. 1974	469	24, 25, 56, 74 a, 74 c, 78 a, 78 b, (80), 120, 142 a, 172, 174, 177, 178, 179, 181, 182, 183
68	Gesetz zur Änderung des GVG	25. 3. 1974	761	14, 18, 19, 20, 21
69	Erstes Gesetz zur Reform des Strafverfahrensrechts	9. 12. 1974	3393, 3533	21 e, 24, 25, 28, 33, 34, 35, 36, 39, 40, 42, 43, 45, (51), 54, 58, 60, 73, 74, 74 c, 74 d, 76, 77, 78, (79), (80), (81), (82), (83), (84), (85), (86), (87), (89), (90), (91), (92), 116, 120, 121, 122, 135, 139, 140 a, 152, 153, 166
70	Gesetz zur Entlastung der Landgerichte und zur Vereinfachung des gerichtlichen Protokolls	20. 12. 1974	3651	21 g, 23
71	Gesetz zur Ergänzung des Ersten Gesetzes zur Reform des Strafverfahrensrechts	20. 12. 1974	3686	(51), (111), 135, 174, 177, 178, 189
72	Bek. der Neufassung	9. 5. 1975	1077	(Neufassung)
73	Gesetz zur Änderung des GKG, des Gesetzes über die Kosten der Gerichtsvollzieher, der BRAGO und anderer Vorschriften	20. 8. 1975	2189	121
74	Strafvollzugsgesetz	16. 3. 1976	581	23 a, 58, 74 c, 78 a, 107, 119, 133
75	Erstes Gesetz zur Reform des Ehe- und Familienrechts	14. 6. 1976	1421	23 b, 23 c, 72, 138, 170, 200
76	Adoptionsgesetz	2. 7. 1976	1749	78 b, 155
77	Erstes Gesetz zur Bekämpfung der Wirtschaftskriminalität	29. 7. 1976	2034	74 c
78	Gesetz zur Änderung des StGB, der StPO, des GVG, der Bundesrechtsanwaltsordnung und des Strafvollzugsgesetzes	18. 8. 1976	2181	120, 142 a
79	Vereinfachungsnovelle	3. 12. 1976	3281	96, 99, 133, 157
80	Strafverfahrensänderungsgesetz 1979	5. 10. 1978	1645	42, 45, 46, 47, 48, 49, 52, 54, 74 a, 74 c, 74 d, 74 e, 77, 135, 143

Lfd Nr	Änderndes Gesetz	Datum	BGBl Teil I Seite	Geänderte Paragraphen des GVG
81	Gesetz zur Neuregelung des Rechts des Urkundsbeamten der Geschäftsstelle	19. 12. 1979	2306	153
82	Achtzehntes Strafrechtsänderungsgesetz	28. 3. 1980	373	74
83	Staatshaftungsgesetz	26. 6. 1981	553	71
84	Gesetz zur Neuordnung des Betäubungsmittelrechts	28. 7. 1981	681	74 a
85	Gesetz zur Erhöhung der Wertgrenzen in der Gerichtsbarkeit	8. 12. 1982	1615	23, 78 a, 78 b
86	Gesetz über die internationale Rechtshilfe in Strafsachen (IRG)	23. 12. 1982	2071	78 a, 78 b
87	Gesetz zur Änderung des Strafvollzugsgesetzes	20. 1. 1984	97, 360	78 a, 121
88	Zweites Gesetz zur Änderung des Bundeszentralregistergesetzes	17. 7. 1984	990	20
89	Dreiundzwanzigstes Strafrechtsänderungsgesetz	13. 4. 1986	393	78 a, 78 b
90	Zweites Gesetz zur Bekämpfung der Wirtschaftskriminalität	15. 5. 1986	721	74 c
91	Gesetz zur Änderung wirtschafts-, verbraucher-, arbeits- und sozialrechtlicher Vorschriften	25. 7. 1986	1169	95
92	Gesetz zur Änderung des Gebrauchsmustergesetzes	15. 8. 1986	1446	120, 142 a
93	Gesetz zur Änderung von Kostengesetzen	9. 12. 1986	2326	107
94	Opferschutzgesetz	18. 12. 1986	2496	171 b, 172, 173, 174, 175
95	Gesetz zur Bekämpfung des Terrorismus	19. 12. 1986	2566	120, 142 a
96	Strafverfahrensänderungsgesetz 1987	27. 1. 1987	475	36, 58, 76, 77, 78 b, 120
97	Halbleiterschutzgesetz	22. 10. 1987	2294	120, 142 a
98	EWIV Ausführungsgesetz	14. 4. 1988	514	74 c
99	Produktpirateriegesetz	7. 3. 1990	422	74 c
100	Gesetz zur Ausführung von Sorgerechtsübereinkommen und zur Änderung des Gesetzes über die Angelegenheiten der freiwilligen Gerichtsbarkeit sowie anderer Gesetze	5. 4. 1990	701	23 b, 200
101	Betreuungsgesetz	12. 9. 1990	2002	23 b, 23 c, 138, (171)
102	Viertes Gesetz zur Änderung der VwGO	17. 12. 1990	2809	17, 17 a, 17 b
103	Rechtspflege-Vereinfachungsgesetz	17. 12. 1990	2847	21 c, 23, 35, 96, 98, 101, 108, 109, 113, 116, 132, (136), (137), 138, 166
104	Organisierte Kriminalitätsgesetz	15. 7. 1992	1302	172
105	Gesetz zur Entlastung der Rechtspflege	11. 1. 1993	50	21 g, 23, 23 b, 24, 25, 74, 74 c, 76, 78 b, 196
106	Gesetz zur Änderung des RPflG und anderer Gesetze	24. 6. 1994	1374	22 c, 193
107	Zweites Finanzmarktförderungsgesetz	26. 7. 1994	1749	74 c
108	Einführungsgesetz zur Insolvenzordnung	5. 10. 1994	2911	22, 32, 33, 109, 113, 202
109	Markenrechtsreformgesetz	25. 10. 1994	3082	74 c
110	Verbrechensbekämpfungsgesetz	28. 10. 1994	3186	122
111	Gesetz zur Bereinigung des Umwandlungsrechts	28. 10. 1994	3210	74 c, 95
112	Gesetz zur Rechtsvereinheitlichung der Sicherungsverwahrung	16. 6. 1995	818	78 b
113	Markenrechtsänderungsgesetz 1996	19. 7. 1996	1014	95

Lfd Nr	Änderndes Gesetz	Datum	BGBl Teil I Seite	Geänderte Paragraphen des GVG
114	Gesetz zur Abschaffung der Gerichtsferien	28. 10. 1996	1546	199, 200, 201, 202
115	Dreiunddreißigstes Strafrechtsänderungsgesetz	1. 7. 1997	1607	74
116	Gesetz zur Bekämpfung der Korruption	13. 8. 1997	2038	74 c
117	Kindschaftsrechtsreformgesetz	16. 12. 1997	2942	23 b, 72, 119, 170
118	Sechstes Gesetz zur Reform des Strafrechts	26. 1. 1998	164	74, 74 a, 120
119	Kindesunterhaltsgesetz	6. 4. 1998	666	23 a, 23 b
120	Handelsrechtsreformgesetz	22. 6. 1998	1474	95, 105
121	Betreuungsrechtsänderungsgesetz	25. 6. 1998	1580	23 b
122	Gesetz zur Änderung der Haftungsbeschränkung in der Binnenschifffahrt	28. 8. 1998	2489	23

2. Nach Paragraphen geordnet

GVG § . . .[1]	Nr des ändernden Gesetzes[2]	GVG § . . .[1]	Nr des ändernden Gesetzes[2]
(2)	24, 40, 49	31	12
(3)	24, 49	32	40, 58, 108
(4)	49	33	10, 25, 40, 69, 108
(5)	24, 40, 49	34	9, 10, 12, 24, 29, 35, 40, 69
(6)	40, 49	35	12, 24, 31, 40, 65, 69, 103
(7)	49	36	17, 31, 40, 58, 69, 96
(8)	24, 40, 49	37	40
(9)	49	38	40, 65
10	40, 49, 62, 65	39	40, 65, 69
(11)	40, 49	40	12, 31, 35, 40, 65, 69
12	40	41	40
14	10, 13, 15, 18, 19, 20, 21, 24, 40, 54, 68	42	31, 40, 69, 80
		43	40, 69
(15)	24, 40	44	31, 40
17	47, 102	45	12, 31, 40, 65, 69, 80
17 a	40, 47, 102	46	40, 65, 80
17 b	102	47	65, 80
18	24, 35, 40, 68	48	40, 65, 80
19	35, 40, 68	49	12, 24, 31, 40, 80
(19)	35, 40	50	40
20	68, 88	(51)	31, 40, 42, 69, 71
21	65, 68	52	31, 40, 65, 80
21 a	65	53	24, 40, 65
21 b	65	54	65, 69, 80
21 c	65, 103	55	7, 12, 24, 40, 46, 65
21 d	65	56	12, 24, 40, 65, 67
21 e	65, 69	57	40, 65
21 f	65	58	10, 24, 40, 55, 69, 74, 96
21 g	65, 70, 105	59	24, 65
21 h	65	60	65, 69
21 i	40	(61)	40, 60, 65
22	3, 24, 40, 65, 108	(62)	24, 33, 40, 49, 65
(22 a)	40, 65	(63)	33, 40, 65
22 a	65	(64)	24, 33, 40, 55, 65
(22 b)	40, 65	(64 a)	33, 40
22 b	65	(65)	65
22 c	106	(66)	13, 24, 33, 40, 65
(22 c)	40, 65	(67)	40, 65
22 d	40	(68)	49
23	50, 54, 59, 70, 85, 103, 105, 122	(68)	49
23 a	59, 75, 119	(69)	55, 65
23 b	75, 100, 101, 105, 117, 119, 121	70	24, 40, 49
23 c	75, 101	72	59, 75, 117
24	5, 8, 10, 11, 15, 18, 19, 20, 21, 22, 24, 39, 40, 41, 58, 60, 67, 69, 105	73	24, 40, 65, 69
		74	3, 4, 5, 8, 10, 24, 40, 58, 60, 65, 69, 82, 105, 115, 118
25	24, 39, 40, 58, 65, 67, 69, 105		
26	39, 40, 43	74 a	41, 45, 48, 53, 57, 60, 67, 80, 84, 118
26 a	34, 39		
28	24, 39, 40, 65, 69	74 b	43
29	12, 14, 40, 42, 49, 65	74 c	61, 67, 69, 74, 77, 80, 90, 98, 99, 105, 107, 109, 111
30	40, 65		

[1] Die Tabelle geht von der jetzt geltenden Zählung der Paragraphen aus und führt die Änderung einer Vorschrift auch dann bei dem jetzigen Paragraphen an, wenn die Vorschrift zur Zeit der Änderung noch eine andere Bezeichnung hatte. Eine in Klammer gesetzte Zahl gibt die frühere Bezeichnung eines inzwischen weggefallenen Paragraphen wieder.

[2] Die Zahlen in dieser Spalte verweisen auf die laufende Nummer in Spalte 1 der unter 1. abgedruckten Tabelle der Änderungsgesetze.

GVG § . . .	Nr des ändernden Gesetzes
74 d	69, 80
74 e	80
76	23, 24, 40, 65, 69, 96, 105
77	24, 31, 49, 65, 69, 80, 96
78	24, 40, 65, 69
78 a	67, 74, 85, 87. 89
78 b	67, 76, 85, 89, 96, 105, 112
(79)	24, 39, 40, 69
(80)	24, 39, 40, 52, 63, 64, 66, 67, 69
(81)	24, 39, 40, 65, 69
(82)	24, 39, 40, 65, 69
(83)	24, 39, 40, 49, 65, 69
(84)	7, 12, 24, 39, 40, 65, 69
(85)	24, 39, 40, 65, 69
(86)	24, 39, 40, 65, 69
(87)	24, 32, 39, 40, 65, 69
(88)	24, 39, 40, 49
(89)	24, 39, 40, 65, 69
(90)	24, 31, 39, 40, 65, 69
(91)	24, 39, 40, 65, 69
(92)	24, 39, 40, 65, 69
95	56, 91, 111, 113, 120
96	79, 103
98	103
99	79
101	103
106	65
107	46, 51, 65, 74, 93
108	65, 103
109	65, 103, 108, 120
110	65
(111)	65, 71
112	65
113	65, 103, 108
115	65
116	40, 65, 69, 103
117	33, 40, 55, 65
(118)	40, 49
119	59, 74, 117
120	24, 38, 40, 41, 60, 67, 69, 78, 92, 95, 96, 97, 118
121	24, 40, 65, 69, 73, 87
122	23, 24, 40, 41, 69, 110
123	40
124	40, 65
125	15, 24, 40, 49
126	40
127	40
128	40
129	40
130	6, 16, 24, 40, 60, 65
(131)	33, 40, 65
132	40, 65, 103
133	74, 79
(134)	13, 15, 24, 26, 39, 40, 41, 42, 44, 57, 60
(134 a)	41, 60
135	13, 15, 24, 40, 60, 69, 71, 80
(136)	1, 24, 37, 103
(137)	26, 37, 40, 103
138	1, 13, 15, 37, 40, 75, 101, 103
139	15, 24, 26, 39, 40, 60, 69
140	24, 40
140 a	69
142	24, 40, 62
142 a	60, 67, 78, 92, 95, 97
143	24, 40, 80
145	40
146	37, 40
147	24, 40
148	24, 40, 49
149	10, 24, 40
150	40
152	24, 35, 40, 69
153	24, 27, 40, 69, 81
154	24, 40
155	14, 76
157	79
158	40
159	40
160	24, 40
161	28
162	35
164	40
(165)	46
166	60, 69, 103
167	40
168	40
169	55
170	59, 75, 117
(171)	101
171 a	34
171 b	94
172	2, 30, 67, 94, 104
173	2, 30, 94
174	2, 30, 67, 71, 94
175	2, 58, 94
177	67, 71
178	24, 67, 71
179	67
(180)	10
181	40, 67
182	67
183	67
189	71
192	40
193	2, 106
195	65
196	24, 42, 105
197	24, 65
(198)	49
(199)	36, 40, 114
(200)	36, 40, 50, 59, 75, 100, 114
(201)	36, 40, 114
(202)	36, 40, 108, 114

Einleitung

Übersicht

1) Wesen des Strafprozesses: 1

A. Der **Prozeß** ist ein rechtlich geordneter, von Lage zu Lage sich entwickelnder Vorgang zur Gewinnung einer richterlichen Entscheidung (innerhalb der ordentlichen Gerichtsbarkeit; Art 95 I GG) über ein materielles Rechtsverhältnis (EbSchmidt I 56). Sein Ziel ist nicht die Überführung des Angeklagten (wie im Inquisitionsprozeß), sondern ein objektiver Ausspruch über Schuld, Strafe oder sonstige strafrechtliche Maßnahmen. 2

a) Die **Förmlichkeiten** des Rechtsganges haben neben ihrer Ordnungsfunktion weitgehend sachliche Bedeutung: Sie realisieren das Rechtsstaatsprinzip im Prozeß (unten 18–22) und die auf diesem begründete sog Unschuldsvermutung nach Art 6 II **MRK** (dort 12 ff; BVerfGE **22**, 265), um deren Widerlegung oder Bestätigung es im Prozeß geht (weshalb das freisprechende Urteil kein Gestaltungsurteil ist im Gegensatz zum verurteilenden, das die Rechtswirkung des „Bestraftseins" herbeiführt; EbSchmidt I 31). Darüber hinaus sollen sie die Gefahr menschlichen Irrens in der Entscheidung möglichst in Schranken halten (Geerds SchlHA **64**, 57). 3

b) **Ziel des Strafprozesses** ist die Schaffung von Rechtsfrieden auf dem Wege des gewissenhaften Strebens nach Gerechtigkeit (KK-Pfeiffer 1; Krey JA **83**, 358; Rieß Schäfer-FS 168 ff; Schlüchter Rudolphi-Symp 216; Schmidhäuser Eb-Schmidt-FS 511 ff). 4

B. Der **Staat** – für die Rechtsgemeinschaft – macht dem Beschuldigten den Prozeß. Daher gehört das Strafprozeßrecht – das formelle Strafrecht – dem öffentlichen Recht an. Die StPO ist ein Codex zur dynamischen Verteidigung der Gemeinschaft gegen den Rechtsbrecher, zur Durchsetzung und Bewährung des materiellen Strafrechts, in rechtsstaatlicher Justizförmigkeit. Das Strafverfahrensrecht wird „als angewandtes Verfassungsrecht" verstanden (BVerfGE **32**, 373, 383 = NJW **72**, 1123, 1125; BGH **19**, 325, 330; vgl unten 18 ff). Die Vorschriften der StPO dürfen Verfassungsrecht nicht verletzen, ihre Auslegung muß mit dem GG vereinbar sein (BVerfGE **12**, 113, 124; unten 193). Die StPO regelt, wann die einzelnen Beteiligten (unten 70 ff) als Prozeßsubjekte das Recht oder die Pflicht haben, sich in das Verfahren einzuschalten, und welche Mittel der Prozeßgestaltung sie haben. Subjekt von Prozeßhandlungen (unten 94) ist auch der Beschuldigte, dessen Tat und Verschulden Objekt der Untersuchung sind. Das Strafprozeßrecht 5
wird ergänzt durch die **„Strafprozeßlehre"**, die sich mit dem Ablauf der prozes- 6
sualen Vorgänge innerhalb der rechtlichen Regeln, mit den tatsächlichen Gegebenheiten und Vollzügen im Prozeß befaßt (Peters H. Peters-GedSchr, 1967, S. 891 ff,

und seine Untersuchung „Fehlerquellen im Strafprozeß"). Beispiele: 4 zu § 162; 28 zu § 163.

7 a) **Nur das durch den Kläger geltend gemachte Straf- und Rechtsfolgenverlangen** wegen der in der Anklage bezeichneten Tat (vgl §§ 151, 207, 264 I), die dem Beschuldigten vorgeworfen wird (§ 155 I), der Strafanspruch der Rechtsgemeinschaft, ist Gegenstand des Verfahrens. Auch der Schuldausspruch ist wesentlicher Bestandteil des Urteils; seine „Repressivwirkung" – diese ist kennzeichnend für das Strafverfahren – besteht in der Mißbilligung durch die Rechtsgemeinschaft, einer „negativen sozialethischen Kennzeichnung des Täters" (Bruns, Teilrechtskraft und innerprozessuale Bindungswirkung des Strafurteils, 1961, S. 44). Er ist nicht Ahndung, dient aber als solcher sowohl spezial- als auch generalpräventiven Zwekken (Wagner GA **73**, 42).

8 b) Die **Rehabilitation** des Verletzten oder des unschuldigen Angeklagten ist Nebenzweck des Verfahrens (Tiedemann Peters-FG 142; vgl 40 zu § 260; 38 zu § 267), und zwar aufgrund des materiellen Rechts, soweit es darüber Bestimmungen enthält (zB §§ 165, 200 StGB; BGH **11**, 273), oder aus Gründen der Fairneß (4 zu Art 6 MRK; unten 154). Dieser Nebenzweck rechtfertigt aber nicht, das Verfahren bei Entscheidungsreife noch wesentlich zu verlängern (13 zu § 244) oder gar eine im Entscheidungssatz nicht beschwerende Entscheidung anzufechten (11 vor § 296). Der Beschuldigte kann nicht verlangen, daß ein Strafverfahren allein zu dem Zweck fortgeführt wird, seine Unschuld zu beweisen (BGH **10**, 88, 93). Wichtig ist jedoch: Jeder Freispruch enthält der Sache nach zumindest eine Bestätigung dafür, daß die Unschuldsvermutung nach Art 6 II **MRK** unwiderlegt geblieben ist (vgl oben 2 ff).

9 c) Der **Strafprozeß ist kein Parteienprozeß** wie das zivilrechtliche Verfahren. Im Gegensatz zu diesem, das von der Dispositionsmaxime (dh von der Verfügungsfreiheit der Parteien) beherrscht ist und in dem die Entscheidung aufgrund einer vom Parteivorbringen abhängigen (formellen) Wahrheit ergeht, besteht im Strafprozeß für die StA der Verfolgungszwang, das sog Legalitätsprinzip (§ 152 II), und
10 für StA und das Gericht der Grundsatz der **Erforschung der materiellen Wahrheit** (§§ 160, 244 II). Dabei klärt das Gericht die Sache, mit der es befaßt ist (vgl unten 37), von Amts wegen auf (sog Ermittlungsgrundsatz, vgl 11 zu § 244).

11 C. Das **Steuerstrafverfahren** (wegen Steuer- und Zollstraftaten, vgl § 369 **AO**) ist in den §§ 385–408 **AO** geregelt. Es gelten folgende Besonderheiten:

12 a) **FinB an Stelle der StA:** Im reinen Steuerstrafverfahren führt die FinB (FA, Hauptzollamt, Bundesamt für Finanzen; § 386 I S. 2 **AO**) das Ermittlungsverfahren wegen Steuerstraftaten anstelle der StA in eigener Verantwortung (§ 386 II **AO**), ohne an Weisungen der StA gebunden zu sein (BFHE **104**, 187; Stuttgart NStZ **91**, 291). Die StA kann jedoch das Ermittlungsverfahren jederzeit an sich ziehen; die FinB kann es auch von sich aus jederzeit an die StA abgeben. Wenn die StA das Verfahren betreibt oder die Polizei nach § 163 ermittelt, haben die Dienststellen und Beamten der Steuer- und Zollfahndung dieselben Rechte und Pflichten wie die Behörden und Beamten des Polizeidienstes; es gelten § 161 S. 2 sowie § 152 GVG (§ 404 **AO**). Zur Durchsuchung und Beschlagnahme im Steuerstrafverfahren vgl zusammenfassend Schuhmann wistra **93**, 93.

13 b) **Antrag auf Strafbefehl durch die FinB:** Im Rahmen des § 407 II kann die FinB wegen einer Steuerstraftat den Erlaß eines Strafbefehls beim AG beantragen und dadurch die öffentliche Klage erheben (§ 400 **AO**; 5 zu § 407). Hat sie einen Strafbefehl beantragt, so geht die weitere Zuständigkeit auf die StA über, wenn das Gericht den Strafbefehl nicht erläßt, sondern Hauptverhandlung anberaumt (§ 408 III S. 2), oder wenn der Beschuldigte Einspruch gegen den Strafbefehl einlegt (§ 406 I **AO**). So entsteht das (zunächst eingeschränkte) Anklagemonopol der StA (§ 152 I) wieder in Form der Befugnis, die Klage nach § 411 zurück-

zunehmen, eine andere Anklage zu erheben oder das Ermittlungsverfahren einzustellen.

c) **Nebenbeteiligt** im Steuerstrafverfahren ist die FinB in allen Abschnitten des staatsanwaltschaftlichen oder gerichtlichen Verfahrens. Führt die StA das Ermittlungsverfahren, so hat die FinB nicht nur dieselben Rechte und Pflichten wie die Polizei (§ 402 **AO**), sondern ein eigenes Recht zur Akteneinsicht (§ 395 **AO**) und zur Teilnahme an den Ermittlungshandlungen (§ 403 **AO**). Anklageschrift und Strafbefehlsantrag werden ihr mitgeteilt (§ 403 III **AO**); vor Einstellung des Verfahrens durch die StA wird sie gehört (§ 403 IV **AO**). Im gerichtlichen Verfahren hat die FinB ein selbständiges Anhörungs- und Informationsrecht (§ 407 **AO**; unten 73). **14**

d) **Zuständiges Gericht:** (1) **AG-Sachen,** konzentriert ab Anklage nach § 391 **AO:** Im vorbereitenden Verfahren ist für alle richterlichen Entscheidungen und Untersuchungshandlungen das AG zuständig, das auch bei anderen Delikten zuständig wäre, insbesondere in den Fällen der §§ 98, 105, 111, 111 e, 114, 125, 126 a II, 162. Wird die öffentliche Klage erhoben, sei es durch Einreichung einer Anklageschrift, sei es durch Strafbefehlsantrag, so ist das AG am Sitz des LG für das weitere Verfahren zuständig, auch die StA bei diesem Gericht (§ 143 I GVG). Im Vorverfahren ist dieses AG nur für eine Prozeßhandlung zuständig: Für die Zustimmung nach § 153 I und § 153 a I. Die Konzentration für das Verfahren nach Anklageerhebung gilt auch, wenn die Anklage auch andere Straftaten als Steuerstraftaten zum Gegenstand hat (§ 391 IV **AO**). (2) **LG-Sachen:** Hier besteht die besondere Zuständigkeit der WirtschaftsStrK nach § 74 c I Nr 3 GVG. **15** **16**

D. Das **Bußgeldverfahren** nach dem OWiG liegt primär in der Hand der VerwB (§ 35 OWiG; vgl aber II); ihre Entscheidungen unterliegen jedoch der gerichtlichen Nachprüfung (§§ 67 ff OWiG). Für Bußgeldverfahren wegen Steuerordnungswidrigkeiten (einschl Zollordnungswidrigkeiten, vgl § 377 **AO**), gelten die §§ 409–412 **AO**; für die Einleitung gilt § 397 **AO** entspr (§ 410 I Nr 5 **AO**). **17**

E. Das **Rechtsstaatsprinzip** – iS einer materialen Wertordnung – besteht aus 2 Postulaten: dem der Rechtssicherheit und dem der materiellen Gerechtigkeit. Strafprozessuale Zeugnisverweigerungsrechte und Beschlagnahmeverbote stellen Ausnahmen von der Pflicht zur umfassenden Aufklärung der materiellen Wahrheit dar und können nicht beliebig begründet oder erweitert werden; danach kann die Vertraulichkeit journalistischer Arbeit nicht umfassend gewährleistet sein, und §§ 94, 97 V in Verbindung mit § 53 I sind mit Art 5 I S. 2 GG vereinbar (BVerfG NJW **88**, 329, 330). Ein wesentlicher Bestandteil der Gerechtigkeit ist die Aufrechterhaltung einer funktionstüchtigen Rechtspflege, ohne die Gerechtigkeit nicht verwirklicht werden kann (BVerfGE **33**, 367, 383 = NJW **72**, 2214; BVerfGE **41**, 246, 250 = NJW **76**, 413; BVerfGE **44**, 353, 374 = NJW **77**, 1489; BVerfGE **46**, 214, 222; **74**, 257, 262). Den Widerstreit zwischen den beiden Postulaten muß in 1. Hinsicht der Gesetzgeber (ohne Willkür) entscheiden (BVerfGE **25**, 269, 290). Das Rechtsstaatsprinzip erfordert ein Verfahren vor dem gesetzlichen (Art 101 I S. 2 GG; 4 zu § 16 GVG) und unabhängigen (Art 97 I GG; 1 zu § 1 GVG) Richter, in dem die gewährleisteten Grundrechte beachtet werden (Art 1 III GG; Art 2 ff **MRK**), insbesondere die Würde des Menschen (Art 1 I GG; BGH **5**, 333; MDR **60**, 856), das allgemeine Persönlichkeitsrecht (Art 2 I GG; BGHZ **13**, 337), die Freiheit der Person (Art 2 II S. 2 GG; BVerfGE **10**, 273, 322), die Gleichheit vor dem Gesetz (Art 3 GG) und das darin enthaltene Willkürverbot sowie der Ausschluß unmenschlicher Behandlung (2 zu Art 3 MRK). **18**

a) Das Recht auf ein **faires, rechtsstaatliches Verfahren** gewährleistet das Rechtsstaatsprinzip (Art 20 III GG) iVm dem allgemeinen Freiheitsrecht nach Art 2 I GG (BVerfGE **26**, 66, 71 = NJW **69**, 1423; BVerfGE **38**, 105, 111 = NJW **75**, 103; BVerfGE **57**, 250, 274 = NJW **81**, 1719, 1722; BVerfGE **63**, 380, 390 = NJW **83**, 1599; BVerfGE **66**, 313, 318 = NJW **84**, 2403). Es handelt sich um einen **19** auf der Ebene des Verfassungsrechts angesiedelten allgemeinen Grundsatz des Verfahrensrechts; Art 6 I S. 1 **MRK** hat demgegenüber keine selbständige Bedeutung (dort 4). Den fair trial-Grundsatz muß der Gesetzgeber als Leitlinie bei der Ausgestaltung des Verfahrensrechts beachten. Der Grundsatz darf nicht etwa an die Stelle von Vorschriften der StPO oder von Verfahrensgrundsätzen gesetzt werden, die sich aus ihnen ergeben (verfehlt daher BGH **32**, 44 = JR **84**, 171 mit abl Anm Meyer: Wahlrecht des Angeklagten zwischen Rüge der Verletzung der StPO oder des fair trial-Grundsatzes; abl auch Herdegen NStZ **84**, 343). Für die Strafgerichte kommt der Grundsatz somit nur zur Anwendung, wenn die StPO keine Einzelbestimmung zur Verfügung stellt (Hamm Salger-FS 290; Meyer-Goßner NStZ **82**, 362; zur Anwendung des Grundsatzes im Strafverfahren vgl BGH **24**, 125, 131; NJW **80**, 1761; ferner Dörr, Faires Verfahren, 1984, S. 144 ff; Steiner, Das Fairneßprinzip im Strafprozeß, 1995; zur Bedeutung für das Gerichtsverfassungsrecht Schilken 108 ff; Heubel, Der „fair trial" – ein Grundsatz des Strafverfahrens? 1981, S.145 hält ihn demgegenüber „für rechtstheoretisch wie rechtspraktisch entbehrlich"); er gilt gegenüber allen Verfahrensbeteiligten (Schleswig SchlHA **97**, 145 [L/S]). Die Verletzung des Rechtsstaatsprinzips führt nicht zum Entstehen eines Prozeßhindernisses (unten 148).

20 b) Der **Grundsatz der Verhältnismäßigkeit** von Mittel und Zweck, Methode und Ziel, Stärke des Zugriffs und Gemeinwohlnutzen ist mit Verfassungsrang ausgestattet (BVerfG NJW **86**, 767, 769). Er verlangt, daß eine Maßnahme unter Würdigung aller persönlichen und tatsächlichen Umstände des Einzelfalles zur Erreichung des angestrebten Zwecks geeignet und erforderlich ist, was nicht der Fall ist, wenn ein milderes Mittel ausreicht, und daß der mit ihr verbundene Eingriff nicht außer Verhältnis zur Bedeutung der Sache und zur Stärke des bestehenden Tatverdachts steht (BVerfGE **30**, 1 = NJW **71**, 275; BVerfGE **44**, 353, 373 = NJW **77**, 1489, 1490; BVerfGE **59**, 95; **67**, 157, 173 = NJW **85**, 121, 122; Bay **78**, 152, 157 = NJW **79**, 2626; Knauth JuS **79**, 339). Er ist inzwischen in mehrere gesetzliche Bestimmungen ausdrücklich aufgenommen, zB in §§ 81 II S. 2, 112 I S. 2, 120 I S. 1, 163 b II S. 2; 163 d I S. 1; §§ 62, 74 b I StGB; § 24 I OWiG. Vgl Kleinknecht NJW **66**, 1539.

21 c) Dieses **Verbot des Übermaßes** setzt der Zulässigkeit eines sonst zulässigen Eingriffs bei dessen Anordnung, Vollziehung und Fortdauer eine Grenze (BVerfGE **32**, 373, 379 = NJW **72**, 1123; BVerfGE **34**, 238, 246 = NJW **73**, 891), zB bei körperlichen Eingriffen (18 zu § 81 a), bei Beschlagnahme und Durchsuchung (18 zu § 94; 15 zu § 102), bei Eingriffen in die Pressefreiheit (Art 5 I S. 2 GG), bei denen zwischen den Erfordernissen einer freien Presse und denen der Strafverfolgung abzuwägen ist (BVerfGE **15**, 223 = NJW **63**, 147; BVerfGE **20**, 162, 186 = NJW **66**, 1603, 1607).

22 d) Dabei ergibt sich eine **Stufung in der Zulässigkeit** prozessualer Eingriffe nach der Schwere des Tatvorwurfs und der Stärke des Tatverdachts. ZB kann eine Maßnahme zunächst unzulässig sein, aber nach gewissen Beweiserhebungen zulässig werden (vgl BVerfGE **17**, 117; zur Funktion des Tatverdachts vgl Corts/Hege JA **76**, 303, 379) oder sonst bei erst entstehendem Übergewicht des Interesses der Allgemeinheit gerechtfertigt sein (BVerfGE **27**, 344 = NJW **70**, 555 zum Fall der Beiziehung von Ehescheidungsakten zur Leistung von Amtshilfe).

23 F. **Rechtliches Gehör** (Art 103 I GG) muß jedermann vor Gericht erhalten. Der Anspruch bedeutet, daß dem Betroffenen Gelegenheit gegeben werden muß, sich dem Gericht gegenüber zu den gegen ihn erhobenen Vorwürfen zu äußern (BVerfGE **60**, 175, 210 = NJW **82**, 1579), Anträge zu stellen und Ausführungen zu machen (BVerfGE **6**, 19, 20 = NJW **57**, 17 L; BVerfGE **36**, 85, 87 = NJW **74**, 133), und daß das Gericht seine Ausführungen zur Kenntnis nehmen und in Erwägung ziehen muß (BVerfGE **64**, 135, 144 = NJW **83**, 2762; BVerfG **65**, 305, 307 = NJW **84**, 1026; BGH **28**, 44, 46 mwN). Die nähere Ausgestaltung des rechtlichen Gehörs ist den einzelnen Verfahrensordnungen überlassen (BVerfGE

67, 208, 211 = NJW **84**, 2567; BVerfGE **74**, 228, 233 = NJW **87**, 2067). Die Verletzung solcher Vorschriften stellt nicht zugleich einen Verstoß gegen Art 103 I GG dar, es sei denn, das Gericht hätte bei ihrer Auslegung und Anwendung die Bedeutung und Tragweite des Anspruchs auf rechtliches Gehör verkannt (BVerfGE **60**, 305, 310 = NJW **82**, 1636; BVerfGE **74**, 228, 233 = NJW **87**, 2067). Ein subjektives verfassungsmäßiges Recht, von allen Behörden vor jeglichen belastenden Maßnahmen gehört zu werden, ist dagegen nicht gewährleistet (BayVerfGHE **18** II 140, 152; **25** II 143).

a) Auf die **Pflicht zur Wahrung der Menschenwürde** geht dieses Recht 24
zurück (BVerfGE **7**, 275, 279; Rüping, Der Grundsatz des rechtlichen Gehörs und seine Bedeutung im Strafverfahren, 1976: anthropologischer Ansatz; Schneider NJW **77**, 873 ff über den Zusammenhang mit der Mitwirkung des Verteidigers). Es soll verhindern, daß der Mensch zum bloßen Objekt eines Verfahrens gemacht wird (BVerfGE **7**, 53, 58 = NJW **57**, 1228; BVerfGE **9**, 89, 95 = NJW **59**, 427), dient also keineswegs nur der Erforschung der Wahrheit.

b) **Jedermann** hat Anspruch auf rechtliches Gehör, dh jeder, der nach der 25
maßgebenden Verfahrensordnung an einem gerichtlichen Verfahren als Beschuldigter, Partei oder in ähnlicher Stellung beteiligt ist (BVerfGE **17**, 361; unten 73), gleichgültig, ob er eine natürliche oder juristische, eine inländische oder ausländische Person ist (BVerfGE **12**, 6 = MDR **61**, 26). Der Beteiligte muß wissen, daß ein Beschwerdeverfahren anhängig ist (BVerfGE **19**, 49, 51 = NJW **65**, 1267) oder eine Prüfung im Vollstreckungsverfahren ansteht (zB § 454), bevor zu seinem
Nachteil entschieden wird. In manchen Fällen läßt das Gesetz die **Anhörung des** 26
Verteidigers genügen, zB § 81. Sonst sind der Beschuldigte und der Verteidiger zu hören (Karlsruhe JZ **69**, 710 mit Anm EbSchmidt). Jedoch darf bei schriftlicher Anhörung außerhalb der Hauptverhandlung davon ausgegangen werden, daß eine Äußerung des Verteidigers im Hinblick auf seine Funktion (unten 82 ff; 1 ff vor § 137) zugleich eine solche des Beschuldigten ist (BGH MDR **74**, 367 [D]), nicht umgekehrt. Da das Strafverfahren nicht in die Rechtsstellung des Staates eingreift,
hat **die StA nicht** den durch das GG garantierten Anspruch auf rechtliches Gehör, 27
sondern nur ein verfahrensrechtlich gewährleistetes Recht auf Anhörung (vgl § 33 I, II; Braunschweig NJW **62**, 753; **aM** EbSchmidt Nachtr 16; Arndt DRiZ **59**, 368; NJW **62**, 1194; Röhl NJW **64**, 275; erg 3 zu § 33 a).

c) **Gelegenheit zur Äußerung** muß dem Verfahrensbeteiligten gegeben wer- 28
den, und zwar in Kenntnis des Entscheidungsthemas zum Sachverhalt, zum Tatsachenstoff des Prozesses, den Tatsachen und Beweisergebnissen (zB Gutachten, vgl Röhl NJW **64**, 279), auch zu rechtserheblichen Verfahrenstatsachen (BayVerfGH VerwRspr **16**, 3). Ferner in zumutbarer Weise (BGH NJW **59**, 1330) und mit genügend Zeit (BVerfGE **8**, 89 = NJW **58**, 1436), auch zu ihm bekannten Tatsachen oder Beweisergebnissen (BVerfGE **20**, 349) und zu offenkundigen Tatsachen (BVerfGE **10**, 177, 182 = NJW **60**, 31). Dazu gehört die Bereitschaft, die Ausführungen des Beteiligten zur Kenntnis zu nehmen und in Erwägung zu ziehen (BVerfGE **22**, 267, 273; **40**, 101 = Rpfleger **75**, 293; Endemann NJW **69**, 1197). Der Anspruch gewährt das Recht, tatsächliche und rechtliche Ausführungen zu machen (BVerfGE **9**, 259; **28**, 378 = MDR **70**, 825; Schilken 128 ff), Beweisanträge zu stellen und darauf einen Bescheid zu bekommen (29 zu § 244), aber nicht einen Anspruch auf Beweiserhebung in Gegenwart des Beteiligten (BayObLG NJW **60**, 2287), auf Unmittelbarkeit der Beweisaufnahme (BVerfGE **1**, 418, 429 = NJW **53**, 177, 178; Tiedemann MDR **63**, 458), auf bestimmte Beweismittel oder auf bestimmte Arten von Beweismitteln (BVerfGE **57**, 250, 274 = NJW **81**, 1719,
1721). **Zu den Tatsachen und Beweisergebnissen** muß das rechtliche Gehör 29
gewährt werden (BVerfGE aaO). Es umfaßt darüber hinaus das Gebot, Gelegenheit zu Rechtsausführungen zu geben (Rüping in Bonner Komm 42 zu Art 103 I GG [Zweitbearb]). Zu der in Betracht kommenden Beweiswürdigung oder rechtlichen Beurteilung braucht der potentiell Betroffene nicht gehört zu werden, sofern sich

der Gegenstand des Verfahrens nicht ändert (vgl § 265). Insoweit schützt Art 103 I GG die Prozeßbeteiligten nicht vor Überraschungsentscheidungen (BayVerfGH
29 a NJW **64**, 2295; vgl aber unten 162). Das **nemo-tenetur-Prinzip** (*nemo tenetur se ipsum accusare* und *nemo tenetur se ipsum prodere*) bedeutet, daß niemand verpflichtet ist, sich selbst anzuklagen oder gegen sich selbst Zeugnis abzulegen. Es hat in § 136 I S.2 für den Beschuldigten (dort 7) und in § 55 I für den Zeugen (dort 1) Ausdruck gefunden, gilt aber als übergeordneter Rechtsgrundsatz (Ranft 292; Schroeder 371 ff; eingehend dazu Bosch, Aspekte des nemo-tenetur-Prinzips aus verfassungsrechtlicher und strafprozessualer Sicht, 1998, zugl Diss Augsburg 1997; Verrel NStZ **97**, 361 ff; 415 ff) für das gesamte Strafverfahren. Aus ihm folgt auch die Freiheit des Beschuldigten, selbst darüber zu befinden, ob er an der Aufklärung des Sachverhalts in anderer Weise als durch Äußerungen zum Untersuchungsgegenstand aktiv mitwirken will oder nicht (BGH NJW **96**, 2940, 2942; vgl aber auch Weßlau ZStW **110**, 32: keine Lieferung von Beweismitteln gegen sich selbst); der Beschuldigte darf daher auch nicht zu Tests, Tatortrekonstruktionen, Schriftproben oder zur Schaffung ähnlicher für die Erstattung eines Gutachtens notwendiger Anknüpfungstatsachen gezwungen werden (BGH **34**, 39, 46). Schutz vor unbewußter Selbstbelastung bietet der Grundsatz jedoch nicht (BGH **40**, 66, 71; NJW **96**, 2940, 2943; Krey VE 169).

30 d) **Nur bei drohender Beschwer** (8 ff vor § 296) hat der Beteiligte (unten 70) den Anspruch auf Gehör. Erforderlichenfalls muß er mehrmals gehört werden, weil keine Tatsache und kein Beweisergebnis gegen ihn verwendet werden darf, wenn er dazu nicht gehört worden ist (vgl unten 35). Das gilt auch bei verfahrensrechtlichen Tatsachen (BayVerfGH NJW **62**, 1387).

31 e) Die **Nichtausnutzung der Gelegenheit** zur Äußerung ändert nichts daran, daß dem Betroffenen das rechtliche Gehör gewährt worden ist. Der Betroffene muß also uU die nach Lage der Sache bestehenden prozessualen Möglichkeiten, sich das rechtliche Gehör zu verschaffen, ausnutzen, zB durch Wortmeldung oder Antrag auf Vertagung (vgl BGH LM Nr 1 zu § 33); sonst verwirkt er den Anspruch (BVerfGE **5**, 10), zB in den Fällen der §§ 231 II, 231 a, 231 b, 232, 233. Jedoch braucht er sich nicht zu erkundigen, ob Neues beigebracht worden ist, selbst wenn er hiermit rechnen muß; er darf sich vielmehr darauf verlassen, daß er verständigt wird, wenn eine Verwertung zu seinem Nachteil erwogen wird (BVerfGE **15**, 218).

32 f) **Vor der Entscheidung** des Gerichts (unten 121 ff) ist grundsätzlich das rechtliche Gehör zu gewähren (vgl §§ 33, 33 a, 311 III, 311 a; zum Strafbefehlsverfahren 24 zu § 407). Bei Maßnahmen, die nur der technischen Prozeßführung dienen, braucht das rechtliche Gehör nicht gewährt zu werden (vgl oben 30), zB nicht vor der Bestimmung eines Termins (vgl 6 zu § 213).

33 g) Das **Gericht** muß das rechtliche Gehör gewähren oder veranlassen oder sich vergewissern, daß es gewährt worden ist. Unter dieser Voraussetzung genügt es, daß der StA mit Bezug auf die bevorstehende richterliche Entscheidung (unten 121 ff) die Gelegenheit zur Äußerung gibt, insbesondere vor einer Entscheidung, die ohne mündliche Verhandlung ergeht (erg 11 zu § 33). Ebenso kommt die Anhörung über den Verteidiger in Betracht (12 zu § 33).

34 h) Die **Heilung des Mangels** ist möglich, und zwar bei widerruflichen Entscheidungen (unten 112 ff) durch Widerruf und neue Entscheidung oder durch Nachholung des rechtlichen Gehörs zur Prüfung des Widerrufs; im übrigen in der Rechtsmittelinstanz (BVerfGE **5**, 22 = NJW **52**, 1026; von Winterfeld NJW **61**, 849), falls sie Tatsacheninstanz ist (BVerfGE 8, 182; Röhl NJW **64**, 273). Ist der Beschluß, bei dessen Zustandekommen das rechtliche Gehör nicht oder nicht vollständig gewährt worden ist (§ 33 III), für das Gericht, das ihn erlassen hat, sonst nicht mehr abänderbar, so hat es den Mangel des rechtlichen Gehörs dennoch in einem Nachverfahren zu heilen, vgl §§ 33 a, 311 a, auch § 311 III.

i) Ein **Verwertungsverbot** besonderer Art (das nicht zum Beweisrecht gehört, unten 51 ff) besteht für Tatsachen und Beweisergebnisse, zu denen das rechtliche Gehör nicht gewährt worden ist; sie dürfen nicht für eine Entscheidung zuungunsten eines Beteiligten verwendet werden, der nicht die Gelegenheit zur Äußerung erhalten hat (§ 33 I, III; BVerfGE **13**, 24, 191). Das ergibt sich für das Urteil auch aus § 261 (dort 6, 7). Das Verwertungsverbot besteht nicht, wenn die Anhörung nach § 33 IV oder einer anderen rechtfertigenden Vorschrift unterblieben oder durch eigenes Verhalten des Beteiligten **verwirkt** worden ist (vgl aber § 33 a). Die Nichtgewährung des Fragerechts nach Art 6 III Buchst d **MRK** führt nicht zu einem Verwertungsverbot. 35 36

G. Die **Mitwirkung der StA,** der das Anklagemonopol zusteht (§ 152 I; Ausnahmen: § 374, ferner § 400 **AO;** oben 13) und für die das Legalitätsprinzip gilt (§ 152 II), gibt dem Strafprozeß sein besonderes Gepräge. Nur die Strafsachen, die sie dem Gericht durch Anklageerhebung zur Entscheidung unterbreitet, werden Gegenstand eines gerichtlichen Strafverfahrens. StA und Gericht sind zwei voneinander unabhängige Rechtspflegeorgane (vgl § 150 GVG), die auf das gleiche Ziel hinarbeiten (erg 1,3 vor § 141 GVG). Für die Abweichung vom normalen Verfahren verlangt das Gesetz in vielen Fällen die **Übereinstimmung** beider Organe, zB bei Einstellung des Verfahrens nach den §§ 153 I, II, 153 a I, II, 153 b I, II, 153 e I, II, 154 II; ferner beim Strafbefehl hinsichtlich Verfahrensart und Inhalt (§§ 407, 408), bei Verwerfung der Revision ohne Hauptverhandlung durch Beschluß (§ 349 II, III), bei Strafbemessung durch das Revisionsgericht ohne eigene Tatsachenverhandlung (§ 354 I). Über Wesen und Stellung der StA vgl unten 87 sowie vor § 141 GVG. 37 38

H. Die **Mitwirkung der Polizei:** Kriminal- und Schutzpolizei sind gemeinsam Träger der Verbrechensbekämpfung, auch der Strafverfolgung. In der Mehrzahl der Länder bearbeitet die Schutzpolizei die „kleine" bis zur „mittleren" Kriminalität sowie die OWien, die Kriminalpolizei dagegen die Strafsachen, in denen ihre besonderen Kenntnisse und Möglichkeiten von überwiegender Bedeutung sind. Im funktionalen Sinn ist jede Strafverfolgungstätigkeit kriminalpolizeiliche Betätigung. Zum Verhältnis StA-Polizei bei Überlappung von Strafverfolgung und Gefahrenabwehr vgl 13 zu § 161; 17 zu § 163. 39

a) Der **erste Zugriff** (§ 163) obliegt der Polizei in ihrer Strafverfolgungstätigkeit (Kriminalpolizei im materiellen, funktionellen Sinn). Sie untersteht dabei dem Legalitätsprinzip, dh dem Verfolgungszwang (vgl zu §§ 152 II, 163 I). Da die ersten Anhaltspunkte für die Verfolgung von Straftaten überwiegend im polizeilichen Bereich zutage treten, werden die meisten Ermittlungsverfahren von der Polizei eingeleitet. Sie verfügt auch über zahlreiche Karteien, Sammlungen und technische Einrichtungen, die der Aufklärung von Verbrechen dienen, sowie über den kriminalpolizeilichen Nachrichten- und Fahndungsapparat, auch auf internationaler Basis. Hierzu gehört neben dem bekannten Instrumentarium von Interpol (vgl § 3 I BKAG) neuerdings auch Europol (ABl EG 1995 C 316 S. 1; dazu Zieschang ZRP **96**, 427) und der Kooperationsverbund zwischen den Polizeien der Schengen-Staaten (derzeit Belgien, Deutschland, Frankreich, Luxemburg, Niederlande, Portugal und Spanien) durch das SDÜ (unten 216). Für die Personen- und Sachfahndungspraxis von erheblicher Bedeutung ist das Schengener Informationssystem (SIS); es besteht aus dem Zentralrechner in Straßburg (C.SIS) und den nationalen Schengener Informationssystemen (N.SIS). Die Polizei hat ihre Verhandlungen nach den Ermittlungen, die keinen Aufschub gestatten, ohne Verzug der StA vorzulegen, damit diese die ihr vom Gesetz zugewiesene Leitung des Ermittlungsverfahrens übernehmen kann (vgl auch RiStBV 3; 3 ff zu § 163). Bei Steuerstraftaten haben das Recht und die Pflicht zum ersten Zugriff auch die in § 404 **AO** bezeichneten FinBen. 40

b) **Ermittlungsorgan der StA** ist die Polizei, gleichviel, ob sie von sich aus beim ersten Zugriff oder auf Ersuchen der StA tätig wird (vgl unten 61). Die StA 41

trägt die Verantwortung für die Durchführung des Verfahrens in rechtlicher und tatsächlicher Hinsicht (KK-Müller 2 zu § 163; Füllkrug ZRP **84**, 193; Geißer GA **83**, 338; Peters 183; allg zum Verhältnis StA/Polizei: Rüping ZStW **95**, 894). Die Behörden und Beamten des Polizeidienstes sind verpflichtet, den Ermittlungsersuchen der StA nachzukommen (§ 161 S. 2; dort 11). In noch stärkerer Bindung an die StA stehen diejenigen Beamten, die Hilfsbeamte der StA sind (vgl zu § 152
42 GVG). In Steuerstrafsachen ist auch die **FinB Ermittlungsorgan des StA** (§ 402 **AO**). Führt die FinB das Ermittlungsverfahren selbständig (§ 386 II **AO**), so tritt sie an die Stelle des StA (§ 399 **AO**) und kann Ermittlungen durch die Polizei vornehmen lassen (oben 12).

43 c) **Bei der Vollstreckung,** für die die StA zu sorgen hat (10 zu § 36), wirkt die Polizei ebenfalls mit, und zwar in jeder Lage des Verfahrens, also auch noch bei der Vollstreckung des Sicherungshaftbefehls nach § 453 c oder des Vollstreckungshaftbefehls nach § 457 II (vgl auch 1 zu § 152 GVG; §§ 25, 37 MEPolG; Art 52, 62 BayPAG). Selbstverständlich vollzieht sie auch ihre eigenen Anordnungen (zB nach §§ 98 I, 105 I, 111 e I S. 2).

44 d) **Auch für den Richter** wird die Polizei auf Ersuchen tätig, zB im Vorverfahren, wenn der Richter als Not-StA eingreift (§ 165), bei der Sitzungspolizei (§ 176 GVG, dort 14) und in sonstigen Fällen der Vollzugs- oder Amtshilfe durch polizeigemäße Handlungen (§ 25 MEPolG; Art 52 BayPAG).

45 e) **Zwang** darf nur angewandt werden, soweit das Strafverfahrensrecht dies zuläßt (vgl § 136 a I S. 2). Dieser Grundsatz, der sich auch aus Art 2 II GG ergibt, entspricht dem öffentlich-rechtlichen Gesetzesvorbehalt für hoheitliche Eingriffe (Krey, Studien zum Gesetzesvorbehalt im Strafrecht, 1977; erg 32 zu § 163). Die Zulässigkeit kann sich aus dem Sinn und Zweck der durchzusetzenden Anordnung ergeben, zB bei Verhaftung, Durchsuchung, Beschlagnahme, körperlicher Untersuchung (KG JR **79**, 347; Kleinknecht NJW **64**, 2181; einschr Krey ZStW **101**, 857; Mertens, Strafprozessuale Grundrechtseingriffe und Bindung an den Wortsinn
46 der ermächtigenden Norm, 1996). Über **die Art und Weise** der Anwendung unmittelbaren Zwanges enthält die StPO – ausgenommen § 119 V – keine Regelung (Riegel ZRP **78**, 14, 18). Für sie gelten jeweils die Regelungen, die für das den Zwang anwendende Organ erlassen sind, für die Polizei also die polizeirechtlichen Regelungen (§§ 35 ff MEPolG, zB Art 60 ff BayPAG). Über unmittelbaren Zwang durch Soldaten der Bundeswehr, denen militärische Wach- oder Sicherheitsaufgaben übertragen sind, und zivile Wachpersonen vgl das UZwGBw, durch Bedienstete der JVA vgl §§ 94 ff, 178 **StVollzG** (wN bei Göhler/Buddendiek/Lenzen 834 IV). Zur Anordnung unmittelbaren Zwanges durch die StA bestehen bundeseinheitliche Richtlinien (RiStBV, Anlage A). Nur im Fall des § 81 c VI S. 2 macht das Gesetz die Anwendung unmittelbaren Zwanges von einer besonderen Anordnung des Richters abhängig.

47 J. **Beweis.** Das gesamte Ermittlungsverfahren, das tatrichterliche Verfahren und zT auch das Revisionsverfahren bestehen aus dem Suchen nach Beweisen, der Erhebung der Beweise, ihrer Würdigung und aus dem Ziehen von Konsequenzen aus den Beweisergebnissen in der Form von Entscheidungen (unten 121 ff).

48 a) Der **Begriff** Beweis wird in der StPO in unterschiedlichem Sinn gebraucht (erg 2 zu § 244). Die Erhebung oder Aufnahme eines Beweises (vgl §§ 163 a II, 244 I, 245, 246 I) besteht darin, daß ein Beweismittel in das Verfahren eingeführt und zur Gewinnung eines Beweisergebnisses verwendet wird. Beweisergebnis (vgl § 33 III) ist das, was das Beweismittel an tatsächlichem Beurteilungsstoff für die Entscheidung der Beweisfrage ergibt. Zu den Beweisergebnissen muß das rechtliche Gehör gewährt werden (§§ 33 I, III, 258, 261; oben 23 ff). Die Gesamtheit der Beweisergebnisse, einschließlich der Indizien (25 zu § 261), wird durch die Beweiswürdigung für die zu treffende Entscheidung verwertet (§ 261). Die gleiche Methode wird bei jeglicher Beweiswürdigung angewendet, die einer Entscheidung oder Maßnahme eines Strafverfolgungsorgans vorausgeht und nur einen bestimmten Verdachtsgrad voraussetzt, zB bei der Prüfung, ob dringender Tatverdacht vorliegt (§§ 112 I, 127 II) oder genügender Anlaß zur Erhebung der öffentlichen Klage (§ 170 I S. 1) oder hinreichender Tatverdacht als Voraussetzung für die Eröffnung des Hauptverfahrens (§ 203) besteht.

b) Die **Beweismittel** des Strafverfahrens sind: Zeugen (§§ 48 ff), Sachverständige und Augenschein (§§ 72 ff), Urkunden und andere Schriftstücke (§§ 249 ff), ferner die Aussagen der Beschuldigten (§§ 136, 163 a I, 243 III) und der Mitbeschuldigten (vgl zB § 251 I, II), obwohl deren Vernehmung nicht zur Beweisaufnahme im prozeßtechnischen Sinn gehört (§ 244 I). Die sog persönlichen Beweismittel treten durch ihre Aussage in Funktion; die sog sachlichen Beweismittel, dh die Gegenstände, die als Beweismittel für die Untersuchung von Bedeutung sind (§ 94 I), also die Beweisgegenstände (vgl § 102), und die beweiserheblichen wahrnehmbaren Sachgegebenheiten und Vorgänge werden durch Einnahme des Augenscheins zur Kenntnis genommen, soweit es sich nicht um Urkundenbeweis handelt. Dieser Verlesungsbeweis dient der Ermittlung des gedanklichen Inhalts eines Schriftstückes (1 zu § 249); es kommt mittelbar derjenige zu Wort, der eine Aussage in die Urkunde gelegt hat. Es gibt auch noch andere Verbindungen von Personal- und Sachbeweis, zB wenn eine Sachbeobachtung durch einen Zeugen geschildert oder durch einen Sachverständigen bewertet wird. Von großer Bedeutung ist insoweit der kriminaltechnische Sachbeweis, also die kriminalistische Sicherung und Auswertung der Tatspuren (LR-Dahs 11 vor § 72 StPO; zur Behandlung des Sachbeweises im Strafverfahren vgl Foth/Karcher NStZ **89**, 166; zu dem bei der Bewertung von Gutachten zu beachtenden Unterschied zwischen Merkmals- und Belastungswahrscheinlichkeit vgl BGH NStZ **92**, 601; Knußmann NStZ **91**, 175; Hellmiß NStZ **92**, 24). Der Mensch kann nicht nur Aussageperson, sondern auch Gegenstand des Augenscheins sein (14 zu § 86). Seine Leiche gehört sogar (im Gegensatz zum lebenden Körper) zu den Beweisgegenständen iS des § 94, ist also beschlagnahmefähig. Untersuchungen, Experimente und Versuche sind der einen oder anderen Beweisart zuzurechnen (BGH NJW **61**, 1486), je nachdem, ob sie nur geschildert oder unmittelbar zur Wahrnehmung der an der Verhandlung Beteiligten vorgeführt werden. Vielfach werden dabei mehrere Beweisarten kombiniert, zB bei Erläuterung einer Augenscheinseinnahme durch einen Sachverständigen oder Zeugen oder den Angeklagten. Daher bleibt keine Lücke: Tatsachen, Vorgänge und Gegenstände jeder Art können auf dem einen oder anderen Wege beweismäßig erfaßt und verwertet werden. **49**

c) **Beweisverbote** hindern die Erhebung und Verwertung von Beweisen, schränken also die Amtsaufklärungspflicht nach § 244 II ein, wobei eine rechtswidrige Ermittlung selbstverständlich auch dann unzulässsig ist, wenn sie nicht zu einem Beweisverwertungsverbot (unten 55) führen würde (Gössel NStZ **98**, 127). Solche Beschränkungen müssen im Interesse eines rechtsstaatlichen Verfahrens hingenommen werden; die StPO zwingt nicht zur Wahrheitserforschung um jeden Preis (BGH **14**, 358, 365; **31**, 304, 308). Der Begriff Beweisverbote geht zurück auf Beling (Die Beweisverbote als Grenze der Wahrheitserforschung im Strafprozeß, 1903). Nach hM ist er der Oberbegriff für Beweiserhebungs- und Beweisverwertungsverbote (Küpper JZ **90**, 416; Amelung – Informationsbeherrschungsrechte im Strafprozeß, 1990 – will diese zu sehr auf das Urteil ausgerichteten Begriffe durch „Informationserhebungs-, Speicherungs- und Verwertungsverbot" ersetzen und untersucht den insoweit vor und nach dem Urteil erforderlichen Rechtsschutz; eine übersichtliche Zusammenstellung findet sich bei Baumann/Brenner, Die strafprozessualen Beweisverbote, 1991). **50**

Bei den **Beweiserhebungsverboten** wird zwischen Beweisthema-, Beweismittel- und Beweismethodenverboten unterschieden (zur unterschiedlichen Terminologie vgl Strate JZ **89**, 176). **Beweisthemaverbote** verwehren es dem Richter, bestimmte Tatsachen aufzuklären. Dazu gehören insbesondere Tatsachen, die **51** **52**

bereits in anderen Verfahren oder in dem anhängigen Verfahren bindend festgestellt sind (vgl ANM 433 ff). Unaufklärbar sind auch geheimhaltungsbedürftige Tatsachen, zB solche, die dem Beratungsgeheimnis nach § 43 **DRiG** unterliegen oder nach § 174 III GVG geheimzuhalten sind. Über Vorverurteilungen dürfen keine Feststellungen getroffen werden, wenn sie getilgt oder tilgungsreif sind (§ 51 I
53 **BZRG**). **Beweismittelverbote** untersagen die Benutzung bestimmter Beweismittel, zB von Zeugen, die von ihrem Zeugnisverweigerungsrecht nach §§ 52 ff, Art 38 I GG (Wahlgeheimnis) oder Art 47 I GG (Abgeordnete) oder von ihrem Untersuchungsverweigerungsrecht nach § 81 c III Gebrauch machen oder die nach § 54 zur Aussageverweigerung verpflichtet sind. Urkunden dürfen nicht benutzt werden, wenn eine Sperrerklärung nach § 96 vorliegt, ferner nicht in den
54 Fällen der §§ 250, 252. **Beweismethodenverbote** untersagen eine bestimmte Art und Weise der Beweisgewinnung, die aber sonst zulässig ist. In Betracht kommen insbesondere die Verbote des § 136 a.

55 **Beweisverwertungsverbote** können sich aus Beweiserhebungen ergeben, die gegen ein Beweisthema- oder Beweismittelverbot verstoßen haben. Beweisverwertungsverbot bedeutet, daß die so ermittelten Tatsachen nicht zum Gegenstand der Beweiswürdigung und Urteilsfindung gemacht werden dürfen. Wenn gesetzlich nicht ausdrücklich ein Verwertungsverbot angeordnet ist – wie in §§ 69 III, 136 a, 252, § 393 II **AO** (dazu Bay **96**, 126 = NStZ **97**, 92; StraFo **98**, 54 mit zust Anm Hermanns; zusammenfassend Spriegel StraFo **98**, 156), § 51 I **BZRG,** Art 1 § 7 III **G 10**) –, löst die fehlerhafte Beweiserhebung aber nicht zwangsläufig ein Verwertungsverbot aus (BGH **19**, 325, 331; **24**, 125, 128; **25**, 325, 331; **27**, 355, 357; **31**, 304, 308; **33**, 83; **34**, 39, 52; **37**, 30, 32; **38**, 214, 219; NStZ **88**, 142 mit Anm Dörig; **aM** Gössel NStZ **98**, 130: Aufgabe der Unterscheidung zwischen Erhebungs- und Verwertungsverbot). Auf allgemein-verbindliche Regeln, unter welchen Voraussetzungen ein solches Verbot besteht, haben sich Rspr und Lehre bisher noch nicht einigen können (zu Systematisierungsversuchen vgl neuerdings Amelung NJW **91**, 2533; Beulke StV **90**, 184; ZStW **103**, 665; Gössel GA **91**, 483; Hauf NStZ **93**, 457; Ranft Spendel-FS 719). Es werden im wesentlichen 3 verschiedene Auffassungen vertreten (näher dazu mwN Rogall JZ **96**, 947): Die „Schutzzwecklehre" will den Schutzzweck der verletzten Norm über das Eintreten eines Verwertungsverbots entscheiden lassen; die „Lehre vom informationellen Folgenbeseitigungs- und Unterlassungsanspruch" sieht die Verwertungsverbote als Mittel zur Beseitigung einer rechtswidrigen Informationslage; die „Abwägungslehre", die von der Rspr vertreten wird, geht vom Einzelfall aus und entscheidet nach der Sachlage und der Art des Verbotes (Rogall aaO: „normative Fehlfolgenlehre"). So hat der BGH für Beweiserhebungsverbote, die ausschließlich dem Schutz des Staates (§§ 54, 96) oder dritter Personen (§§ 55, 81 c) dienen, die sog Rechtskreistheorie entwickelt (17 zu § 55). Sonst ist stets das Interesse des Staates an der Tataufklärung gegen das Individualinteresse des Bürgers an der Bewahrung seiner Rechtsgüter abzuwägen (ANM 480; Rogall NStZ **88**, 385 ff, ZStW **91**, 31 ff und Rudolphi-Symp 152 ff; krit Hassemer Maihofer-FS 183 ff). Es kommt danach immer darauf an, ob höherwertige Rechtsgüter den Verzicht auf Beweismittel und Beweisergebnisse, mit denen die Überführung eines Straftäters gelingen könnte, unabweislich machen (vgl BGH **19**, 325, 331; 125, 130; **27**, 355, 357; **34**, 39, 53; ANM 480 mwN in Fn 394; weitergehend Bottke Jura **87**, 366: immer wenn Vollzug der Maßnahme wegen deren Eigenart [sofortiger Vollzug oder Heimlichkeit] nicht mit formellen Rechtsbehelfen verhindert werden kann). Das Gewicht des Verfahrensverstoßes und seine Bedeutung für die rechtlich geschützte Sphäre des Betroffenen sind bei der Abwägung somit ebenso zu beachten wie die Erwägung, daß der Staat eine funktionstüchtige Rechtspflege zu gewährleisten hat; danach liegt ein Verwertungsverbot nahe, wenn die verletzte Verfahrensvorschrift dazu bestimmt ist, die Grundlagen der verfahrensrechtlichen Stellung des Beschuldigten zu sichern (BGH **38**, 214, 220). Muß nach diesen Grundsätzen auf die

Sachaufklärung verzichtet werden (vgl bei den einzelnen Vorschriften), so gilt das grundsätzlich gleichermaßen für Entlastungs- wie Belastungsbeweise (KMR-Paulus 547 zu § 244; ANM 480; Kleinknecht NJW **66**, 1543; **aM** Rogall ZStW **91**, 38: nur für Belastungsbeweise; vgl aber eingehend auch R.Hamm und Nack StraFo **98**, 361 ff: „Verwertung rechtswidriger Ermittlungen nur zugunsten des Beschuldigten?").

Auch **unmittelbar aus dem GG** können sich Beweisverbote ergeben (BVerfGE **34**, 238 = JZ **73**, 504 mit Anm Arzt; BGH **14**, 358; **19**, 325, 329; **31**, 304, 308; ANM 513 mwN in Fn 614; Gössel JZ **84**, 361). Dabei kann es sich um die Wahrung der Grundrechte des Angeklagten, eines Zeugen oder eines unbeteiligten Dritten handeln (Bay **78**, 152 = JR **80**, 432 mit Anm Hanack). Ein Beweisverbot besteht auch, wenn nur bei der Verwertung des Beweises in unzulässiger Weise in Grundrechte eingegriffen wird (BVerfG aaO; Bottke JA **79**, 595; Knauth JuS **79**, 339; Rieß JR **79**, 167). Ein verfassungsrechtliches Beweisverbot kann sich insbesondere aus dem Grundrecht nach Art 2 I GG iVm Art 1 I GG ergeben, das dem Staatsbürger einen Bereich privater Lebensgestaltung gewährleistet, der unantastbar und jeder Einwirkung der öffentlichen Gewalt entzogen ist (BVerfG aaO; BVerfGE **35**, 202, 220 = NJW **73**, 1226, 1228; BGH **31**, 296, 299; BGHZ **73**, 120, 122 ff = NJW **79**, 647). **Schriftliche Aufzeichnungen** (insbesondere **Tagebücher**), die der Intimsphäre des Angeklagten oder eines Zeugen angehören, können unverwertbar sein (BVerfGE **34**, 238, 245 = JZ **73**, 504 mit Anm Arzt; BGH **19**, 325; Bay **92**, 44 = NJW **92**, 2370; zum notwendigen Revisionsvorbringen vgl BGH MDR **91**, 486 [H]). Solche Aufzeichnungen sind zwar – anders als Unterlagen, die der Verteidigung dienen (BGH NStZ **98**, 309; erg 37 zu § 97; 2 zu § 148) – nicht schlechthin von der Verwertung ausgenommen (BVerfGE **80**, 367 = NJW **90**, 563; Geppert JR **88**, 474; Küpper JZ **90**, 419 f; Ranft Spendel-FS 731; **aM** Otto Kleinknecht-FS 328; vgl auch BGH MDR **91**, 486 [H]). Keine Bedenken bestehen, wenn sie nur äußere Ereignisse festhalten (Plagemann NStZ **87**, 570). Sie können ferner verwertet werden, falls sie Angaben über begangene (BGH NJW **95**, 269: Abschiedsbrief bei Selbsttötungsversuch nach versuchtem Mord; **aM** Wolter StV **90**, 179 und Meyer-GedSchr 507) oder bevorstehende schwere Straftaten enthalten (BVerfG aaO; Störmer NStZ **90**, 398; insoweit zust zur Abwehr konkreter, schwerwiegender Gesundheits- und Lebensgefahren Wolter aaO). In sonstigen Fällen ist nach BGH (**34**, 397, 401, NJW **94**, 1970 = JR **94**, 430 mit krit Anm Lorenz) zwischen dem Persönlichkeitsschutz nach Art 1, 2 GG einerseits und den Belangen einer funktionsfähigen Strafrechtspflege andererseits abzuwägen (im Ergebnis zust SK/StPO-Schlüchter 52 zu § 261). Das BVerfG (aaO) erklärt eine solche Abwägung im absolut geschützten Kernbereich persönlicher Lebensgestaltung hingegen für unzulässig (dazu Amelung NJW **90**, 1754 f; Plagemann aaO mit Bedenken gegen die Brauchbarkeit dieser Unterscheidung; vgl auch Krauss Gallas-FS 378 ff); auch im übrigen hält es aber zutr eine Abwägung für erforderlich. Es hat (aaO bei einem Abstimmungsergebnis von 4: 4) die Verwertung für zulässig erachtet, wenn die intimen Aufzeichnungen in einem unmittelbaren Bezug zur konkreten schweren Straftat stehen (dagegen – mit der unterlegenen Senatsmeinung – Küpper aaO; Störmer aaO; Wolter aaO; vgl. auch Geppert aaO). Bei der Abwägung kann auch der Gesichtspunkt der Entlastung des Beschuldigten oder eines Dritten eine Rolle spielen (BVerfG aaO; BGH aaO; **aM** Küpper aaO 418; Wolter aaO 177; Amelung NJW **90**, 1758: nicht zum Zwecke der Nachforschung). Amelung (NJW **88**, 1002; **90**, 1758) will die Problematik über Art 4 I GG (Gewissensfreiheit) lösen (ähnlich Lorenz GA **92**, 274; abl Roxin § 24 D III 2 d; Störmer aaO 397). Nur der Tagebuchverfasser selbst kann aber der Verwertung widersprechen (offen gelassen von BGH NStZ **98**, 635). Durch **Verletzung der Vertraulichkeit des Wortes** in nach **56 b**
§ 201 StGB strafbarer Weise gewonnene Beweise sind unverwertbar, wenn der Betroffene die Verwertung nicht gestattet hat (BGH **34**, 379, 400; **36**, 167, 172), sofern nicht besondere Umstände (Notwehr, Nothilfe) die Verwertung rechtfertigen

(BVerfG aaO; BGH **14**, 358; **27**, 355, 357; **31**, 296, 299; **34**, 39; Bay **94**, 6 = NJW **94**, 1671 = StV **95**, 65 mit Anm Preuß; AG Winsen NJW **86**, 2001: heimliche Tonbandaufnahmen; zur Verwertbarkeit eigenmächtig aufgezeichneter Gespräche eingehend Gropp StV **89**, 216; Küpper JZ **90**, 420; vgl auch 40 ff zu § 163), ebenso Beweiserhebungen aufgrund heimlich angefertigter Lichtbild-, Film- oder Videoaufnahmen (BGHZ **24**, 200, 208 = JZ **57**, 571 mit Anm Hubmann; BGH NJW **66**, 2353; **75**, 2075 = JZ **76**, 31 mit Anm W. Schmidt), sowie Beweisgewinnungen durch heimliche Beobachtungen oder heimliches Belauschen in der Privatsphäre (BGH NJW **64**, 165; JR **71**, 65 mit Anm Bökelmann = JZ **71**, 387 mit Anm Arzt), insbesondere durch technische Abhörgeräte (BGH **31**, 296; ANM 516), sofern nicht die Voraussetzungen der §§ 100 c, 100 d gegeben sind. Für die Verwertung rechtmäßig beschlagnahmter Tonbandaufnahmen, die eine Privatperson für eigene Zwecke rechtswidrig festgehalten hat, läßt BGH **36**, 167 eine Abwägung des Interesses an der Aufklärung schwerer Straftaten gegen den Persönlichkeitsschutz des Beschuldigten zu (vgl. auch Kramer NJW **90**, 1760).

57 Ob ein Beweisverwertungsverbot eine **Fernwirkung** hat, also auch andere Beweismittel unverwertbar macht, deren Vorhandensein erst bei der unverwertbaren Beweiserhebung bekannt geworden ist, richtet sich nach der Sachlage und der Art des Verbots (BGH **27**, 355, 357; **29**, 244, 249; **aM** Paulus Meyer-GedSchr 328). Grundsätzlich besteht keine Fernwirkung (BGHR StPO § 110 a Fernwirkung 1; Hamburg MDR **76**, 601; Stuttgart NJW **73**, 1941; ANM 486 mwN in Fn 437; **aM** SK/StPO-Rogall 94 zu § 136 a und JZ **96**, 948: Abwägung zwischen den Interessen des Beschuldigten und dem Strafverfolgungsinteresse). Die Gegenmeinung (Grünwald JZ **66**, 500; Haffke GA **73**, 79; Maiwald JuS **78**, 385; Roxin § 24 D IV; Spendel NJW **66**, 1105 und JuS **64**, 471) stützt sich vor allem auf die nordamerikanische „fruit of the poisonous tree-doctrine", nach der auch mittelbare Beweisergebnisse stets einem Verwertungsverbot unterliegen. Die unkritische Übernahme dieser Doktrin ist jedoch verfehlt. Denn in den USA dienen die Beweisverbote vornehmlich der Disziplinierung der Polizei (Bradley GA **85**, 101; Harris StV **91**, 313; Herrmann JZ **85**, 608); in der BRep sollen sie dagegen die Rechtsstaatlichkeit des Verfahrens gewährleisten. Die Frage ist vor allem für § 136 a erörtert worden (dort 31). Der BGH hat eine Fernwirkung bisher nur für das Beweisverwertungsverbot des Art 1 § 7 III **G 10** angenommen (BGH **29**, 244; vgl auch BGH NJW **87**, 2525, 2526 = JZ **87**, 936 mit Anm Fezer und abl Anm Neuhaus NJW **90**, 1221). Gelegentlich wird in Rspr (vgl BGH **24**, 125, 130; NStZ **89**, 375, 375 mit Anm Roxin) und Literatur (vgl dazu vor allem Rogall NStZ **88**, 385) die Erwägung angestellt, ob das Beweismittel auch auf rechtmäßigem Wege hätte erlangt werden können, und hiervon seine Verwertbarkeit abhängig gemacht; diese Überlegung ist vertretbar, erfordert aber – soll das Beweisverbot dadurch nicht ganz entwertet werden – eine konkrete Betrachtungsweise dahin, ob tatsächlich nach den Umständen des Falles die Möglichkeit legalen Handelns bestand (vgl Schröder, Beweisverwertungsverbote und die Hypothese rechtmäßiger Beweiserlangung im Strafprozeß, 1992, S. 113, 175). Aus der gegenüber einem anderen Staat verübten Völkerrechtswidrigkeit kann ein Beschuldigter grundsätzlich keine strafprozessualen Vorteile für sich herleiten (BGH **37**, 30 = JZ **90**, 1033 mit Anm Schroeder; erg unten 149).

58 **2) Verfahrensabschnitte:**

59 A. **In folgenden Stufen** wickelt sich der Strafprozeß ab:

(I) Ermittlungsverfahren oder vorbereitendes Verfahren (§§ 158 ff);

(II) Zwischenverfahren (Entscheidung über die Eröffnung des Hauptverfahrens §§ 199 ff);

(III) Hauptverfahren (§§ 213 ff) einschl des Rechtsmittelverfahrens bis zur Rechtskraft der gerichtlichen Entscheidung;

(IV) Vollstreckungsverfahren (§§ 449 ff).

B. Das **Ermittlungsverfahren** (vorbereitende Verfahren) ist eingeleitet, sobald die StA (§ 160 I), eine Behörde oder ein Beamter des Polizeidienstes (§ 163) oder die FinB (Einl 12) eine Maßnahme trifft, die erkennbar darauf abzielt, gegen jemanden strafrechtlich vorzugehen (§ 397 I **AO**), auch wenn der Beschuldigte noch unbekannt ist. Es liegt in der Hand der StA, die dabei von der Kriminalpolizei (oben 39) unterstützt wird. Es dient der Sammlung des Belastungs- und Entlastungstoffes (§ 160). Daher gilt der Grundsatz der freien Gestaltung des Ermittlungsverfahrens, soweit nicht bestimmtes Vorgehen oder bestimmte Formen des Vorgehens vorgeschrieben sind oder sich zwingend aus der Sachlage oder mittelbar aus Rechtsgründen ergeben. ZB kann die vorgeschriebene Vernehmung des Beschuldigten (§ 163 a I) oder eine von ihm beantragte Beweiserhebung (§ 163 a II) früher oder später durchgeführt werden. Auch sonst ist die Reihenfolge der Ermittlungen nach dem Zweck und Stand der Untersuchung zu bestimmen (vgl zB 19 zu § 160). Zu den auch hier zu beachtenden Grundsätzen – insbesondere faires Verfahren, Verhältnismäßigkeit und Fürsorgepflicht (oben 19 f; unten 155) – vgl Rieß Rebmann-FS 396 ff. Das Ermittlungsgeheimnis ist zu wahren, wenn das Gesetz nicht entgegensteht (zB § 111 e III, IV; § 114 II Nr 4; § 147 I, II; Loesdau MDR **62**, 773), solange es im Interesse der Untersuchung oder zur Schonung des Beschuldigten (vgl RiStBV 4 a) oder eines gefährdeten Zeugen (vgl 64 zu § 244) geboten ist (BGH **10**, 276). Mitteilungspflichten (zB nach § 125 c BRRG [MiStra 15, 29 I S. 1 Nr 1], § 308 IV, V SGB III oder § 18 III, IV Arbeitnehmerüberlassungsgesetz [MiStra 47]) oder -ermächtigungen nach den §§ 12 ff **EGGVG** (zB iVm MiStra 40 I Nr 1, 42 I Nr 1, 43 Nr1) sind zu beachten. Wenn die StA das Verfahren nicht einstellt (§ 170 II), erhebt sie die öffentliche Klage bei Gericht (§ 170 I), und zwar durch Einreichung einer Anklageschrift mit dem Antrag, das Hauptverfahren zu eröffnen (§ 200). Mit der Anklage wird das Gericht mit der Sache befaßt, die Sache wird bei ihm anhängig. Das ist jedoch keine Rechtshängigkeit; denn diese setzt die ausschließliche Dispositionsbefugnis des Gerichts voraus, dh das Verbot für die StA, die Klage zurückzunehmen (§ 156). Eine besondere Art der Erhebung der öffentlichen Klage ist der Antrag auf Erlaß eines Strafbefehls (§ 407 I). Die **polizeilichen Ermittlun-** **61**
gen im Rahmen des ersten Zugriffs (§ 163) bilden rechtlich keinen selbständigen Verfahrensabschnitt, sondern sind nur ein dem staatsanwaltschaftlichen vorbereitenden Verfahren vorgeschalteter und zugehöriger Teil des Ermittlungsverfahrens (oben 41). Über das Verhältnis der StA zur Polizei vgl oben 39 ff. In Steuerstrafsachen tritt großenteils die FinB an die Stelle der StA (vgl §§ 386, 399, 400 **AO;** **62**
oben 12). Ein **schriftliches Verfahren** ist das Ermittlungsverfahren. Daher müssen alle Beweiserhebungen vollständig in die Akten aufgenommen werden. Auch Beobachtungen und Feststellungen, die nicht protokolliert werden oder in Urkunden oder anderen Schriftstücken zum Ausdruck kommen, müssen durch Aktenvermerke festgehalten werden, weil sie sonst von der StA bei der abschließenden Verfügung (§ 170) und, falls Anklage erhoben wird, vom Gericht bei der Entscheidung über die Eröffnung des Hauptverfahrens (§ 203) sowie bei der Aufklärung des Sachverhalts in der Hauptverhandlung (§ 244 II) nicht berücksichtigt werden können und für den Verteidiger bei der Akteneinsicht (§ 147) nicht erkennbar sind.

C. Im **Zwischenverfahren** (Eröffnungsverfahren) entscheidet das Gericht darüber, ob das Hauptverfahren zu eröffnen ist. Im Eröffnungsbeschluß wird die Klage zugelassen (§ 207; für Privatklage vgl § 383 I); mit ihm wird die Strafsache rechtshängig (1 zu § 156). Die zugelassene Klage grenzt den Prozeßstoff in persönlicher und tatsächlicher Hinsicht ab und bestimmt das rechtliche Thema des Hauptverfahrens unter dem Vorbehalt späterer Änderung (§ 265). Zum beschleunigten Verfahren vgl 3 zu § 418, zum Verfahren bei Strafbefehlen 2 vor § 407. **63**

D. Das **Hauptverfahren** beginnt mit dem Erlaß des Eröffnungsbeschlusses (§ 203), im Fall des § 266 II mit dem Beschluß auf Einbeziehung der weiteren **64**

Straftat (Bay **53**, 1). Es reicht bis zum rechtskräftigen Abschluß der gerichtlichen Untersuchung.

65 E. Das **Vollstreckungsverfahren** (§§ 449 ff) schließt sich an die rechtskräftige Sachentscheidung an.

66 a) **Zu ihm gehören** alle Maßnahmen, durch welche die Ausführung des rechtskräftigen Straferkenntnisses ins Werk gesetzt werden soll, zB die Ladung zum Strafantritt, die Vorführung oder Verhaftung des Verurteilten (§ 457), die Berechnung der erkannten Strafe (§ 458 I). Auch die Maßnahmen zur Durchsetzung des Urteils, die sich auf den Vollzug von Maßregeln der Besserung und Sicherung oder auf die Durchsetzung sonstiger Anordnungen (zB Einziehung, Verfall, Fahrverbot) beziehen, gehören zur Strafvollstreckung.

67 b) **VollstrB** ist die StA (§ 451 I). Bei der Vollstreckung von Freiheitsentziehung gegen Jugendliche und gegen Heranwachsende, falls gegen diese materielles Jugendstrafrecht angewandt worden ist, tritt an die Stelle der VollstrB der Jugendrichter als Vollstreckungsleiter (§§ 82 I S. 1, 90 II S. 2, 110 I **JGG**).

68 c) Der **Strafvollzug** gehört nicht zum Vollstreckungsverfahren. Vollzugsbehörden sind die JVAen (§ 126 StVollzG). Die Unterbringung in einem psychiatrischen Krankenhaus (§ 63 StGB) und in einer Entziehungsanstalt (§ 64 StGB) werden von Anstalten dieser Art vollzogen, die nicht Anstalten der JV sind (§§ 136–138 StVollzG).

69 d) Die **gerichtlichen Entscheidungen über Vollstreckungsmaßnahmen** richten sich nach §§ 458–463. Das Verfahren bei Anträgen auf gerichtliche Entscheidung gegen VerwAe der JVAen für Erwachsene ist in den §§ 109 ff **StVollzG** geregelt; die Entscheidung trifft die „kleine" StVollstrK (§§ 78 a I Nr 2, 78 b I Nr 2 GVG; erg 17 zu § 462 a).

70 **3) Verfahrensbeteiligte:**

71 A. **Wer nach dem Gesetz eine Prozeßrolle** ausüben, dh durch eigene Willenserklärungen im prozessualen Sinn (unten 94) gestaltend als Prozeßsubjekt mitwirken muß oder darf, ist Verfahrensbeteiligter. Das mit der Sache befaßte Gericht ist Träger des gerichtlichen Verfahrens und ist nicht gemeint, wenn vom Verfahrensbeteiligten die Rede ist, wie die § 33 I, III, §§ 159 II, 172 Nr 2 GVG zeigen; denn der Richter muß gegenüber den Verfahrensbeteiligten als Nichtbeteiligter in Erscheinung treten (BVerfGE **21**, 139, 145 = NJW **67**, 1123; BVerfGE **30**, 149, 153, 160 = NJW **71**, 1029).

72 a) **Hauptbeteiligte** sind der Beschuldigte (unten 76 ff), sein Verteidiger (unten 82 ff), sein Beistand (unten 86), die StA (unten 87), der Nebenkläger (unten 89), der Privatkläger (unten 90).

73 b) **Nebenbeteiligt** sind Personen, die im allgemeinen Interesse oder zur Abwehr eigener Rechtsnachteile am Verfahren teilnehmen oder sich beteiligen dürfen. Dazu gehört der Verletzte (1 vor § 406 d). Die FinB ist im staatsanwaltschaftlichen oder gerichtlichen Steuerstrafverfahren beteiligt (oben 14; 3 zu § 240), ebenso die VerwB im gerichtlichen Bußgeldverfahren (§ 76 OWiG) oder im Verfahren der StA, wenn diese die Verfolgung der OWi übernommen hat (§§ 42, 63 OWiG). Desgl die VerwB in Wirtschaftsstraf-, Außenwirtschafts- und EWG-Marktordnungssachen (§ 13 II WiStG 1954, § 38 II AWG, § 38 II MOG). Die Nebenbeteiligung kann sich auch auf einzelne Entscheidungen oder Teile des Verfahrens beziehen, zB bei den Verfalls- oder Einziehungsbeteiligten (unten 91), bei der Geldbußbeteiligung einer JP oder PV (unten 92) und bei den Verletzten (§§ 111 b IV, 111 e III, IV, 111 g, 111 h, 111 i, 111 k, 403 ff). Zu den partiell Beteiligten iwS gehören auch die Personen mit Beschwerderecht nach § 304 II sowie der RA als Beistand des Zeugen (Krekeler NJW **80**, 980; §§ 406 f, 406 g; 11 vor § 48).

c) **Im Jugendstrafverfahren** sind auch beteiligt die Vertreter der Jugendgerichtshilfe (§§ 38, 50 III **JGG**), der Erziehungsberechtigte und der gesetzliche Vertreter (§§ 50 II, 67 **JGG**). **74**

d) **Nicht zu den Verfahrensbeteiligten gehören** diejenigen, die nur eine mittelbare Aufgabe (zB als Zeuge – **aM** Humborg JR **66**, 448 – oder Sachverständiger) oder eine Hilfsfunktion bei der Gestaltung des Strafverfahrens haben, zB die Polizeibeamten (§§ 161 S. 2, 163), die Hilfsbeamten der StA (§ 152 GVG), der Ermittlungsrichter (§ 162), der UrkB (§§ 226, 271); ferner die „Dritten", solange sie nicht von einer Entscheidung betroffen werden. **75**

B. **Beschuldigter** (allg zum Begriff: Fincke ZStW **95**, 918) ist nur der Tatverdächtige, gegen den das Verfahren als Beschuldigten betrieben wird (BGH **10**, 8, 12; LR-Hanack 4 zu § 136; SK/StPO-Rogall 16 vor § 133). Die Beschuldigteneigenschaft kann nur ein Willensakt der zuständigen Strafverfolgungsbehörde begründen (BGH **34**, 138, 140; Frankfurt NStZ **88**, 425; Artzt Kriminalistik **70**, 379; Fezer 3/51; Krey 1/758; Lenckner Peters-FS 340; Montenbruck ZStW **89**, 888; Rogall 25 und MDR **77**, 978), der idR in der förmlichen Einleitung des Ermittlungsverfahrens besteht, aber auch vorliegt, wenn die StA nach § 162 um Vernehmung einer Person als Beschuldigten ersucht (BGH StV **85**, 397), oder wenn die StA Maßnahmen gegen ihn ergreift, die erkennbar darauf abzielen, gegen ihn wegen einer Straftat strafrechtlich vorzugehen (BGH NStZ **97**, 398 mit Anm Rogall), oder wenn, wie im Steuerstrafverfahren nach § 397 I **AO,**eine nur gegen einen Beschuldigten zulässige Anordnung getroffen wird (Karlsruhe Justiz **86**, 143; Fezer aaO; Geppert Oehler-FS 328; Rogall 28 ff). Strafunmündige können nicht zu Beschuldigten gemacht werden (Eisenberg StV **89**, 554; Frehsee ZStW **100**, 297; Mayer GA **90**, 509; Rogall 24); werden sie aber als Beschuldigte behandelt, so haben sie auch deren Rechte (LR-Hanack 6 zu § 136). Ist die öffentliche Klage erhoben, so wird der Beschuldigte als Angeschuldigter bezeichnet; nach Eröffnung des Hauptverfahrens ist er Angeklagter (§ 157). **76**

a) **Tatverdacht allein** begründet weder die Beschuldigteneigenschaft, noch zwingt er ohne weiteres zur Einleitung von Ermittlungen. Nur wenn Ermittlungen aufgrund einer Strafanzeige geführt werden, muß der Verdächtige immer als Beschuldigter behandelt werden (LR-Hanack 7 zu § 136; von Gerlach NJW **69**, 778; **aM** Kohlhaas NJW **65**, 1255). Sonst kommt es auf die Stärke des Tatverdachts an (BGH **37**, 48; NJW **94**, 2904, 2907; Karlsruhe MDR **94**, 500). Es müssen immer Tatsachen vorliegen, die auf eine naheliegende Möglichkeit der Täterschaft oder Teilnahme schließen lassen (Hauser Kriminalistik **78**, 372). Der Verfolgungsbehörde steht insoweit ein Beurteilungsspielraum zu (BGH **38**, 214, 228; **aM** Störmer ZStW **108**, 521). Den hat sie nicht überschritten, wenn sie einen Polizeibeamten, den ein der Straftat nach § 113 StGB verdächtiger Beschuldigter der Körperverletzung bezichtigt, nicht als Beschuldigten vernimmt (Schünemann DRiZ **79**, 104). Ist aber die Einleitung eines Ermittlungsverfahrens geboten, dann darf der Verdächtige nicht als Zeuge vernommen werden (BGH aaO; Kleinknecht Kriminalistik **65**, 451); ggf ist eine Zeugenvernehmung (für richterliche Vernehmungen vgl 3 zu § 136) als Beschuldigtenvernehmung fortzusetzen (BGH **22**, 129, 132). **77**

b) Ist der **Täter in einem bestimmten Personenkreis** zu suchen, so müssen nicht von vornherein alle Angehörigen dieser Gruppe als Beschuldigte behandelt werden (BGH **38**, 214, 227). Am Unfallort dürfen die Polizeibeamten daher die Anwesenden zunächst formlos befragen, um beurteilen zu können, gegen wen Ermittlungen als Beschuldigte zu führen sind (BGH NStZ **83**, 86; Oldenburg NJW **67**, 1097; Stuttgart MDR **77**, 70; Lühr Polizei **85**, 43; erg 9 zu § 163). Das gleiche gilt bei vorsätzlichen Straftaten, für die mehrere Täter in Betracht kommen (BGH NStZ **83**, 86; von Gerlach NJW **69**, 780; Kohlhaas NJW **65**, 1255). Sind mehrere hinreichend tatverdächtig, so müssen aber alle als Beschuldigte behandelt werden, auch wenn sich ihre Täterschaft gegenseitig ausschließt (Kohlhaas aaO; Lenckner Peters-FS 340; Schünemann DRiZ **79**, 104; **aM** von Gerlach aaO). **78**

79 c) Die **informatorische Befragung** der Tatverdächtigen, die nach diesen Grundsätzen noch keine Beschuldigten sind, ist Zeugenvernehmung. Die Bestrebungen des Schrifttums, neben Beschuldigte und Zeugen den „Verdächtigen" als schweigeberechtigte Auskunftsperson zu stellen (Bruns Schmidt-Leichner-FS 14; Bringewat JZ **81**, 289; Gundlach NJW **80**, 2142), verdienen keine Zustimmung. Es gibt keine Auskunftsperson, die nicht entweder Beschuldigter oder Zeuge ist (SK/StPO- Rogall 23 vor § 48 und 13 vor § 133; ANM 168; Fezer 3/52; von Gerlach NJW **69**, 777; Krey 1/770; Rogall NJW **78**, 2535; MDR **77**, 978). Daß bei den informatorischen Befragungen die Aussageverweigerungsrechte nach §§ 52 ff bestehen, ist selbstverständlich (Bruns Schmidt-Leichner-FS 6 ff; Rogall NJW **78**, 2537). Es handelt sich aber nicht um Vernehmungen ieS (KG JR **92**, 437; Düsseldorf NJW **68**, 1840); daher erfolgt keine Belehrung nach den §§ 52 III S. 1, 136 I S. 2 (Beulke StV **90**, 181; Fezer aaO; Geppert Oehler-FS 324, 338 ff; Rogall aaO; **aM** ter Veen StV **83**, 293), erst recht nicht nach § 55 (**aM** Gerling, Informatorische Befragung und Auskunftsverweigerungsrecht, 1987, S. 93 ff: entspr Anwendung; **aM** auch Krey 1/775; Schlüchter 85 und StP 43). Jedoch gilt § 252 (dort 7). Wird der Tatverdächtige nach der informatorischen Befragung als Beschuldigter vernommen, so braucht er über die Belehrung nach § 136 I S. 2 hinaus nicht auch dahin belehrt zu werden, daß er nicht an seine Angaben bei der informatorischen Befragung gebunden ist (Geppert Oehler-FS 339 ff und Meyer GedSchr 109 gegen AG Tiergarten StV **83**, 277 und ter Veen StV **83**, 293). Die Erklärungen bei einer informatorischen Befragung können dem Beschuldigten vorgehalten werden, wenn er später (nach ordnungsgemäßer Belehrung) zur Sache aussagt (BGH NStZ **83**, 86); sie können auch durch Vernehmung des vorermittelnden Polizeibeamten in das Verfahren eingeführt werden (Geppert Oehler-FS 344).

80 d) **Kein Objekt des Verfahrens** ist der Beschuldigte. Vielmehr muß ihm die Möglichkeit gegeben werden, zur Wahrung seiner Rechte auf den Gang und das Ergebnis des Strafverfahrens Einfluß zu nehmen (BVerfGE **57**, 250, 275 = NJW **81**, 1719, 1722; BVerfGE **63**, 380, 390 = NJW **83**, 1599; BVerfGE NJW **84**, 113 mwN). Deswegen darf auch durch die Beschränkung der Aussagegenehmigung aufgrund beamtenrechtlicher Vorschriften sein Recht auf Verteidigung im Kern nicht berührt werden (BGH **36**, 44 = NStZ **89**, 331 mit krit Anm Salditt). Eine Pflicht zur Mitwirkung am Strafverfahren trifft auch den Beschuldigten in mancher Beziehung (Stuttgart MDR **74**, 333; Laier NJW **77**, 1139; D. Meyer MDR **71**, 358; Rüping JR **74**, 135), zB die Pflicht, vor Gericht oder der StA zu erscheinen (vgl §§ 133, 134, 163 a III, 230 I, II), sich ggf einem anderen, zB einem Zeugen, gegenüberstellen zu lassen (11 zu § 58) oder Untersuchungshandlungen zu dulden (vgl zB § 81 a). Der Beschuldigte ist aber nicht verpflichtet, bei einer Untersuchungshandlung eines Strafverfolgungsorgans oder eines Sachverständigen aktiv mitzuwirken (BGH **34**, 39, 46; vgl auch 11 zu § 81 a). Unbeschadet seines Rechts, sich durch Schweigen zur Sache oder Inaktivität zu verteidigen, ist er zur Vermeidung eigener Nachteile aufgerufen, taugliche und verfügbare Beweismittel bei seiner Verteidigung auszunutzen (BGH JR **62**, 148) oder von prozessualen Möglichkeiten Gebrauch zu machen (vgl 9 ff zu § 238; erg § 5 II S. 1 **StrEG**). Wenn er schweigt, muß er im Einzelfall in Kauf nehmen, daß zur Entlastung geeignete Umstände unaufgeklärt bleiben (Bay DAR **69**, 237 [R]; Hamburg VRS **41**, 195), vielleicht auch, daß bei Freispruch die Entschädigung nach § 6 **StrEG** versagt wird (Hamm GA **77**, 372, 373). Das ganze Rechtsschutzsystem funktioniert nur, wenn der Beteiligte mittut.

81 e) **Beendigung des Beschuldigtenverhältnisses:** Der Hauptfall der Beendigung ist die Einstellung des Ermittlungsverfahrens nach § 170 I. Die Strafsache gegen einen Beschuldigten kann auch von einer anderen Strafsache abgetrennt und eingestellt werden, noch bevor das Ermittlungsverfahren insgesamt vollständig durchgeführt ist (8 zu § 170); ebenso kann ein Angeschuldigter durch Nichteröffnung des Hauptverfahrens gegen ihn aus der Beschuldigtenrolle ausscheiden.

Sonst endet das Beschuldigtenverhältnis mit der das Erkenntnisverfahren gegen ihn abschließenden rechtskräftigen Entscheidung (Hamm NJW **74**, 914); durch rechtskräftige Verurteilung wird er zum Verurteilten (5 zu § 157). Mit dem Ende des Beschuldigtenverhältnisses wird er, wenn er Auskunftsperson im Verfahren gegen einen anderen bleibt, zum Zeugen (dazu 21 vor § 48).

C. **Verteidiger** ist idR ein RA (§ 138 I). Er ist unabhängiges Organ der Rechtspflege (vgl §§ 1, 3 BRAO; BVerfGE **39**, 156, 165 = NJW **75**, 1013), das dem Beschuldigten als Beistand (§ 137) an die Seite tritt (erg 1 vor § 137). Die Befugnis des Beschuldigten, sich von einem Verteidiger seiner Wahl Beistand leisten zu lassen (§ 137 I), ist gewährleistet durch Art 6 III Buchst c **MRK** und das Rechtsstaatsprinzip (BVerfG aaO; BVerfGE **63**, 380, 390 ff = NJW **83**, 1599; BVerfGE **64**, 135, 145 = NJW **83**, 2762, 2764; BVerfGE **66**, 313, 319 = NJW **84**, 2403). **82**

a) Der **Verteidiger ist verpflichtet,** alle zugunsten des Beschuldigten sprechenden tatsächlichen und rechtlichen Gesichtspunkte geltend zu machen (BGH 9, 20; Ackermann NJW **54**, 1385). **83**

b) **Kraft seiner Stellung** als Beistand handelt der Verteidiger regelmäßig, wenn er in das Verfahren eingreift, also aus eigenem Recht und in eigenem Namen, nicht als Vertreter des Beschuldigten (BGH **12**, 367). Die Ausübung zahlreicher Befugnisse gibt das Gesetz sowohl dem Verteidiger als auch dem Beschuldigten (zB §§ 79 I S. 2, 240 II; auch § 297 gehört hierher, nur ist das Recht des Verteidigers in bestimmter Weise beschränkt). Andere Befugnisse stehen nur dem Verteidiger zu (zB §§ 147, 239). Außerdem gibt es persönliche prozessuale Befugnisse, die dem Angeklagten selbst vorbehalten sind (zB §§ 217 III, 233, 251 I Nr 4, 302; für Strafantrag 15 zu § 158). Diese Befugnisse kann der Verteidiger in seiner Stellung als Beistand nicht anstelle des Beschuldigten wahrnehmen; er bedarf hierzu vielmehr einer Vertretungsvollmacht, die je nach Sachlage auch in dessen Schweigen liegen kann (Rieß NJW **77**, 882). In den §§ 234, 350 II, 387 I, 411 II S. 1 sind ausdrücklich Fälle der Vertretung des Angeklagten durch den Verteidiger geregelt, wobei die Verteidigerstellung durch schriftliche Vertretungsvollmacht erweitert wird. **84**

c) **Verteidigerähnlich** ist die Stellung des sonstigen Bevollmächtigten wie die des gewählten oder bestellten Vertreters des Verfalls- oder Einziehungsbeteiligten (§§ 434, 442) oder der JP oder PV (unten 91, 92), gegen die als Nebenfolge der Straftat einer natürlichen Person eine Geldbuße festgesetzt werden soll (§ 444), ebenso die der Beistände der Privat- und Nebenkläger (§§ 378, 397 I S. 2 iVm § 378). **85**

D. Der **Beistand** im Erwachsenenstrafrecht (Ehegatte oder gesetzlicher Vertreter, § 149) hat nach seiner Zulassung die prozessuale Funktion, den Beschuldigten zu unterstützen. Im Vorverfahren kann ihm die Teilnahme an richterlichen Untersuchungshandlungen gestattet werden. Ein weitergehendes Gestaltungsrecht hat er im Gegensatz zum Verteidiger nicht. Nur der gesetzliche Vertreter hat noch ein selbständiges Anfechtungsrecht (§ 298). Der im jugendgerichtlichen Verfahren bestellte Beistand dagegen hat in der Hauptverhandlung die Rechte des Verteidigers (§ 69 I, III **JGG**). Im übrigen haben im Verfahren gegen Jugendliche die Erziehungsberechtigten und gesetzlichen Vertreter eine besondere Stellung (§ 67 **JGG**). **86**

E. Die **StA** führt das Ermittlungsverfahren, wobei die Zulässigkeit von Maßnahmen gegen Beschuldigte und Dritte im Ermittlungsverfahren allerdings vielfach (zB §§ 81 a, 81 c, 98, 100 a, 105, 125) von einer richterlichen Entscheidung abhängig ist (dazu Hilger Meyer-GedSchr 209 und Salger-FS 327; Schnarr NStZ **91**, 209); eine allgemeine gerichtliche Kontrolle des Ermittlungsverfahrens gibt es jedoch nicht (vgl 6 zu § 270; 9 zu § 23 EGGVG) und ist auch *de lege ferenda* nicht anzustreben (Rieß Geerds-FS 501 ff). Eine von der StA erhobene Anklage unter- **87** breitet dem Gericht einen Fall zur Entscheidung. Ohne ihre Anklage ist eine strafgerichtliche Untersuchung – abgesehen von § 374 und § 400 **AO** – unzulässig (oben 37). Sie wirkt aber in allen Verfahrensabschnitten mit dem Ziel richtiger Anwendung des Gesetzes (vgl RG **48**, 26) mit, und zwar als ein dem Gericht gleichgeordnetes Organ der Strafrechtspflege (Wohlers 278) und mit dem Ziel, zu einer gerechten Entscheidung beizutragen, als „Wächter des Gesetzes" (BGHZ **20**, 178 = NJW **56**, 1028), als „Vertreterin des öffentlichen Interesses" (BGH 1 StR 527/61 vom 2. 2. 1962). Dennoch gehört es zu einem fairen Verfahren (oben 19),

88 daß nach Erhebung der öffentlichen Klage die verfahrensrechtliche **Waffengleichheit** zwischen dem Angeklagten und der StA gewahrt wird (BVerfGE **38**, 105, 111 = NJW **75**, 103; BVerfG NJW **84**, 1907; Schilken 118 ff; 4 zu Art 6 MRK). Dabei bedeutet Waffengleichheit nicht Gleichheit der Rechte, sondern deren Ausbalancierung unter Berücksichtigung der Verschiedenartigkeit der Prozeßrollen (Beulke 37 ff; Brause Kriminalistik **95**, 349; E. Müller NJW **76**, 1063; Bedenken gegen den Begriff äußert Dreher Kleinknecht-FS 105 ff; vgl auch 9 vor § 141 GVG). Die Verletzung der Waffengleichheit bewirkt kein Verfahrenshindernis (BGH NJW **84**, 1907 = NStZ **84**, 419 mit Anm Gössel: Kenntnis der StA vom Verteidigungskonzept; erg unten 148). Daß die StA im Ermittlungsverfahren einen Informationsvorsprung besitzt, verstößt zwar gegen die Waffengleichheit, liegt aber in dem Erfordernis einer wirksamen und funktionstüchtigen Strafrechtspflege und ist daher unvermeidbar (BVerfG NStZ **84**, 228).

89 F. Der **Nebenkläger** schließt sich der öffentlichen Klage an (§§ 395 ff), verfolgt damit idR aber persönliche Genugtuung für erlittenes Unrecht durch Bestrafung des Beschuldigten (BVerfGE **26**, 66, 70 = NJW **69**, 1423). Er ist ein mit besonderen Rechten ausgestatteter Verfahrensbeteiligter (2 vor § 395). Am Verfahren beteiligt ist aber auch ein Verletzter, der den Anschluß als Nebenkläger nicht erklärt hat oder nicht anschlußberechtigt ist (1 vor § 406 d).

90 G. Der **Privatkläger** erstrebt – wie der Nebenkläger – persönliche Genugtuung für erlittenes Unrecht. Die Privatklage ist nur bei bestimmten leichten Vergehen zulässig (§ 374), die idR die Allgemeinheit wenig berühren und bei denen selbst der Verletzte bisweilen kein Interesse an ihrer Verfolgung hat (BVerfGE **26**, 66, 70 = NJW **69**, 1423). Wenn darüber hinaus durch die Tat der Rechtsfriede gestört wird und die Strafverfolgung ein gegenwärtiges Anliegen der Allgemeinheit ist, übernimmt die StA die Verfolgung, weil sie im öffentlichen Interesse liegt (§§ 376, 377 II; RiStBV 86). Im Privatklageverfahren selbst wirkt die StA grundsätzlich nicht mit (vgl § 377 I S. 1).

91 H. Der **Verfalls- oder Einziehungsbeteiligte** (§ 431 I S. 1, § 442 II) wird am gerichtlichen Verfahren beteiligt. Das ist eine Folgerung aus dem Grundsatz des rechtlichen Gehörs (oben 23 ff). Dabei macht es keinen grundsätzlichen Unterschied, ob es sich um ein Strafverfahren gegen eine bestimmte Person handelt oder um das sog selbständige Verfahren nach §§ 440, 442.

92 J. **Geldbußbeteiligung einer juristischen Person (JP) oder Personenvereinigung (PV)** nach § 444: Hat jemand als vertretungsberechtigtes Organ einer JP oder als Mitglied eines solchen Organs, als Vorstand eines nicht rechtsfähigen Vereins oder als Mitglied eines solchen Vorstands oder als vertretungsberechtigter Gesellschafter einer Personenhandelsgesellschaft eine Straftat oder OWi begangen, so kann unter bestimmten Voraussetzungen gegen die JP oder PV als Nebenfolge eine Geldbuße festgesetzt werden (§ 30 I–III OWiG). Dafür gibt es auch ein selbständiges Verfahren (§ 444 III iVm § 30 IV OWiG).

93 K. Der **Betroffene** iS des OWiG (dieser Begriff wird in allen Stadien des Bußgeldverfahrens verwendet) ist im Strafprozeß Beteiligter, wenn er nur wegen einer OWi (anstatt im Bußgeldverfahren, oben 17) neben dem Beschuldigten in dem gegen diesen gerichteten Verfahren wegen des sachlichen Zusammenhangs zwischen seiner OWi und der Straftat des Beschuldigten verfolgt wird (§ 42 OWiG).

4) Prozeßhandlungen: 94

A. **Jede prozeßgestaltende Betätigung** (Bay **75**, 107 = MDR **76**, 165; Rosenberg/Schwab/Gottwald § 63 V) des Gerichts, der StA oder eines anderen Verfahrensbeteiligten, sei sie eine Entscheidung, eine Erklärung, ein Antrag oder ein Realakt (zB Aktenvorlage, BGH **26**, 384), ist eine Prozeßhandlung, auch die Einwirkung eines Dritten, die den Prozeß erst ermöglicht (zB Strafantrag) oder ganz oder teilw zu seiner Beendigung zwingt (zB Zurücknahme des Strafantrags). Reine Wissenserklärungen dagegen, wie die Aussage eines Beschuldigten, Zeugen oder Sachverständigen, gehören nicht zu den Prozeßhandlungen, soweit es um ihren Inhalt geht (**aM** Paulus Meyer-GedSchr 317). Adressaten der Bekanntmachung einer Entscheidung sind die davon betroffenen Verfahrensbeteiligten, zu denen im Offizialverfahren stets auch die StA gehört; Adressat von Prozeßhandlungen der Beteiligten ist, soweit nichts anderes bestimmt ist, das Rechtspflegeorgan, das in dem betreffenden Abschnitt das Verfahren maßgeblich führt. Erst der Eingang bei der zuständigen Stelle macht die Prozeßhandlung wirksam (Bay aaO). Zur Zulässigkeit von Vereinbarungen zwischen Angeklagten und Gericht oder StA vgl unten 119. Über den Inhalt einer prozessualen Erklärung, die verfahrensgestaltende Wirkung entfaltet, entscheidet der objektive Erklärungssinn, der ggf durch Auslegung zu ermitteln ist. Dabei ist das Gesamtverhalten des Erklärenden einschließlich aller erkennbar hervorgetretenen Nebenumstände zu berücksichtigen. Auf den hinter der Erklärung stehenden verborgenen inneren Willen kommt es nicht an (BGH **32**, 394, 400; KMR-Sax Einl X 25 ff). 95

B. Die **Handlungsfähigkeit** des Prozeßbeteiligten ist Voraussetzung für die Wirksamkeit seiner Prozeßhandlung (BGH MDR **55**, 271 [D]; Hamm NJW **73**, 1894); ihn begünstigende, den Eintritt der Rechtskraft einer Verurteilung hemmende Prozeßhandlungen eines verhandlungsunfähigen Beschuldigten sind aber wirksam (Bay **88**, 131 = NStZ **89**, 131; Düsseldorf StraFo **97**, 338). 96

a) Die **Verhandlungsfähigkeit** des Beschuldigten ist die Fähigkeit, in oder außerhalb der Verhandlung seine Interessen vernünftig wahrzunehmen, die Verteidigung in verständiger und verständlicher Weise zu führen, Prozeßerklärungen abzugeben und entgegenzunehmen (BVerfG NJW **95**, 1951; BGH **41**, 16, 18; NStZ **96**, 242; OGH **2**, 375, 377; krit dazu mit eigener, neuer Definition Rath GA **97**, 215). Sie setzt aber nicht Geschäftsfähigkeit voraus (BGH NStZ **83**, 280; **85**, 207 [Pf/M]), sondern nur einen genügenden Reifegrad sowie Freiheit der Willensentschließung und Willensbetätigung (vgl Siegert DRiZ **53**, 100; unten 110). Je nach den Anforderungen für die anstehenden Prozeßhandlungen kann eine unterschiedliche Beurteilung erforderlich sein; Widmaier (NStZ **95**, 362) spricht daher zutr von der „Verteidigungsfähigkeit", von der die Verhandlungsfähigkeit nur ein Teil ist. Auch ein Geisteskranker, ein Taubstummer oder ein in der Entwicklung gehemmter Jugendlicher kann uU verhandlungsfähig sein. Bei Volljährigen entfällt die Verhandlungsfähigkeit idR nur durch schwere körperliche oder seelische Mängel oder Krankheiten (BGH NJW **70**, 1981; NStZ **85**, 207 [Pf/M]; **88**, 213 [M]; Düsseldorf NJW **98**, 395). Verhandlungsunfähigkeit kann sich auch aus konkreten Anhaltspunkten für die Befürchtung ergeben, der Beschuldigte werde bei Fortführung des Verfahrens, vor allem der Hauptverhandlung, sein Leben einbüßen oder schwerwiegende Dauerschäden für seine Gesundheit erleiden (BVerfGE **51**, 324, 346 = NJW **79**, 2349). Einer eingeschränkten Verhandlungsfähigkeit kann durch angepaßte Verhandlungsführung (Pausen, Unterbrechungen, ärztliche Aufsicht) begegnet werden (Celle NdsRpfl **83**, 125; vgl auch Karlsruhe NJW **78**, 601). Ein Angeklagter ist nicht verpflichtet, zur Herstellung seiner Verhandlungsfähigkeit einen keineswegs unerheblichen Eingriff bei sich vornehmen zu lassen (BVerfGE **89**, 120 = NStZ **93**, 598 mit zust Anm Meurer; BGH StV **92**, 553: Ballondilatation). Endgültige Verhandlungsunfähigkeit des Beschuldigten ist Verfahrenshindernis und führt zur Einstellung des Verfahrens (unten 146, 154; 1 97 zu § 205). Der Vertreter des Beschuldigten (vgl 7 vor § 137) muß ebenfalls verhandlungsfähig sein (Bay **64**, 85 = JR **64**, 427 mit Anm Dünnebier).

98 b) Die **Handlungsfähigkeit anderer Prozeßbeteiligter** setzt ebenfalls nicht allgemein Prozeßfähigkeit voraus. Das Gesetz trifft zT eine besondere Regelung, wie zB in § 77 III StGB über die Stellung des Strafantrags; ebenso in § 374 III für
99 die Privatklage. **Verteidiger und StA** müssen auf jeden Fall prozeßfähig sein (Seibert JZ **51**, 440; BVerfGE **37**, 67, 77 für RA im Zivilprozeß). Die Eignung eines zugelassenen RA zum Verteidiger wird idR noch nicht durch Krankheit oder altersbedingte Störungen beseitigt (BGH 5 StR 260/58 vom 21. 11. 1958). Im übrigen ist es in 1. Linie Sache des Verteidigers selbst und nicht des Gerichts, zu beurteilen, ob er zur Verteidigung imstande ist. Das gilt besonders beim Wahlverteidiger (BGH JR **62**, 428; 41 zu § 338); ebenso beim StA. Dagegen ist es Sache des Gerichts, darauf zu achten, daß nicht gegen § 146 verstoßen wird.

100 c) **Zeugen und Sachverständige** sind nicht Prozeßbeteiligte (oben 75), sondern Beweismittel (oben 49). Der Sachverständige als Mitverantwortlicher bei der Aufklärung der Straftat muß prozeßfähig sein, der Zeuge nur aussagetüchtig (13 vor § 48).

101 C. **Zu den richterlichen Prozeßhandlungen** gehören die Entscheidungen des Gerichts, aber auch jede eine Entscheidung vorbereitende richterliche Tätigkeit, die zu einem Prozeßvorgang wird. Die gerichtlichen Prozeßhandlungen sind keine VerwAe (14 zu § 23 EGGVG).

102 D. **Tragende Prozeßhandlungen** sind solche, die unmittelbar Voraussetzungen für den Fortgang, die Beschränkung oder die Beendigung des Prozesses schaffen. Sie sind überwiegend Prozeß- oder Rechtszugvoraussetzungen (unten 141), zT Handlungen von Organen, zB öffentliche Anklage, Eröffnung des Hauptverfahrens, Unterbrechung der Verjährung, zT Handlungen von Privatpersonen, zB Strafantrag.

103 E. Eine **Anfechtung der Prozeßhandlung** wegen Irrtums in der Erklärung oder im Beweggrund ist unzulässig, weil die Prozeßhandlung öffentlich-rechtlicher Art ist (BGH **17**, 14, 18; NStZ **97**, 611; KG JR **78**, 524). Vgl erg unten 110, 111.

104 F. **Unwirksam ist eine Prozeßhandlung,** wenn es das Gesetz bestimmt (zB § 8 IV **RPflG)** oder wenn sie nach einer konkreten Gesetzesbestimmung von vornherein keine Folgen auslösen kann, zB die Zurücknahme eines Rechtsmittels des Verteidigers ohne die ausdrückliche Ermächtigung nach § 302 II (29 zu § 302), die Mitteilung der Besetzung der Richterbank an den Angeklagten anstatt an seinen Verteidiger (§ 222 a I S. 2), oder wenn sie an einem besonders schwerwiegenden Mangel leidet, der nicht nur in die Kategorie der Verfahrens-, Form- und Zuständigkeitsmängel gehört und bei verständiger Würdigung aller in Betracht kommender Umstände offenkundig ist (vgl §§ 44, 46 VwVfG für VerwAe). Verliert eine Prozeßhandlung ihre Wirkung nur durch den Fortgang des Verfahrens, so wird sie zwar prozessual überholt, aber nicht unwirksam (BVerfGE **9**, 160 = NJW **59**, 431; 17, 18 vor § 296).

105 a) **Urteile und andere gerichtliche Entscheidungen** können nach hM in seltenen Ausnahmefällen (vgl BGH **29**, 351, 352) nichtig sein, wenn sie an einem derart schweren Mangel leiden, daß es bei Berücksichtigung der Belange der Rechtssicherheit und des Rechtsfriedens vom Standpunkt der Gerechtigkeit aus schlechthin unerträglich wäre, sie als verbindlichen Richterspruch anzunehmen und gelten zu lassen (vgl BVerfG NJW **85**, 125; BGH **33**, 126, 127; NJW **60**, 2108; NStZ **84**, 279; zB bei Willkür: BGH **29**, 216), und der Mangel für einen verständigen Beurteiler offen zutage liegt (Evidenztheorie: BVerfGE **29**, 45, 49; BGH **10**, 278, 281; **29**, 351, 353; **33**, 126, 127; NStZ **84**, 279; Düsseldorf VRS **75**, 50; vgl § 44 I VwfG). In einem Rechtsstaat sind derartig beschaffene Urteile aber nicht vorstellbar. Die in Rspr und Literatur hierzu angestellten Erwägungen sind idR auch rein theoretischer Natur (Feiber NStZ **89**, 45; Meyer-Goßner JR **81**,

379). Die Vorstellung, in einem Rechtsstaat könne es nichtige – dh schlechthin und für jedermann unbeachtliche – Urteile geben, sollte daher aufgegeben werden (LG Hannover NJW **70**, 290; AK/StPO-Loos 21 Anh zu § 264; Grünwald ZStW **76**, 250; Geppert GA **72**, 182 Fn 134; Sarstedt JR **55**, 351). Diese Lehre ist zudem nicht praktikabel (Rüping 553; vgl auch die dazu von Gössel JR **79**, 76 angestellten Erwägungen; in dem von ihm besprochenen Fall lag nur ein unvollständiges und kein – teilw – nichtiges Urteil vor) und nur geeignet, Verwirrung zu stiften (exemplarisch dafür BGH **33**, 41; dazu Weis NJW **84**, 2804 mit Entgegnung K. Meyer; Vogt/Kurth NJW **85**, 104; klargestellt durch BGH **33**, 126). Entweder liegt in den in der Literatur erörterten Fällen gar kein vollstreckbares Urteil vor (zB „Entscheidung" durch den Wachtmeister) oder das grob fehlerhafte Urteil wird im Rechtsmittelverfahren, bei Rechtskraft im Wiederaufnahmeverfahren beseitigt oder gemäß § 458 für nicht vollstreckbar erklärt (zum einzig praktischen Anwendungsfall unten 107). Für Zwischenentscheidungen paßt die Lehre ohnehin nicht (Meyer-Goßner JR **81**, 380); derartige noch so fehlerhafte Entscheidungen führen entweder den gewünschten Erfolg (zB Eröffnung des Hauptverfahrens, 11 zu § 207) nicht herbei (ohne deswegen – wie Felsch NStZ **96**, 165 mißversteht – nichtig zu sein) oder können im Laufe des Verfahrens stets korrigiert werden.

b) **Geisteskrankheit** des Richters ist kein absoluter Nichtigkeitsgrund. Sie macht die Entscheidung allenfalls unwirksam, wenn die Geisteskrankheit den Richter unfähig gemacht hat, die Vorgänge aufzunehmen und zu beurteilen (Peters 523), und diese Unfähigkeit als grundlegender Wirksamkeitsmangel (für die mit dem Richter zusammenwirkenden Personen) offen zutage tritt. **106**

c) **Verstoß gegen den Grundsatz ne bis in idem** (unten 171): Nach wohl noch hM ist ein rechtskräftiges Urteil unwirksam, wenn in derselben Sache schon vorher eine rechtskräftige Sachentscheidung vorlag (RG **54**, 12; Peters 521 ff und Kern-FS 338; einschr aber schon BGH NStZ **84**, 279; wistra **90**, 67 mit abl Anm Bauer/Wrage-Molkenthin wistra **90**, 198). Nach richtiger Ansicht ist ein solches Urteil nicht unwirksam, weil der Mangel durch Wiederaufnahme des Verfahrens (§ 359 Nr 5) oder durch Verfassungsbeschwerde geltend gemacht (LR-Schäfer Einl Kap 12 Rdn 56 ff) oder im Rahmen eines Prüfungsverfahrens nach § 458 berücksichtigt werden kann (Koblenz NStZ **81**, 195 = JR **81**, 520 mit abl Anm Rieß). Ergeht nach einer nicht-rechtskräftigen Verurteilung in derselben Sache ein rechtskräftiges Urteil, ist das erste Urteil wegen entgegenstehender Rechtskraft – nicht wegen „prozessualer Überholung", wie Jena NStZ-RR **98**, 111 meint – aufzuheben. **107**

d) **Keine Unwirksamkeit:** Bei Beschlüssen und Verfügungen, die lediglich dem Fortgang des Verfahrens dienen sollen, ist grundsätzlich kein Raum für die Annahme einer Unwirksamkeit (Hamm NJW **58**, 880; oben 105). Generell haben richterliche Entscheidungen, in ganz besonderem Maße Urteile, die Vermutung der Wirksamkeit für sich (BGH **21**, 74, 76 schon für VerwAe). Unwirksamkeit entsteht daher auch nach Auffassung der hM nicht schon dadurch, daß die Unzulässigkeit eines Rechtsmittels (Hamm JMBlNW **56**, 59) oder die Teilrechtskraft unbeachtet geblieben (Bremen JZ **58**, 547 mit Anm Spendel: weitere Beispiele) oder ein sonstiges Verfahrenshindernis, das nicht in einem rechtskräftigen Urteil besteht, übersehen worden ist. Ganz allgemein ist ein Urteil nicht deshalb unwirksam, weil es unter schwerem Verfahrensverstoß ergangen ist, wie sich aus § 338 ergibt, zB weil das Gericht nicht richtig besetzt war oder weil ein Jugendlicher zu Unrecht von einem Erwachsenengericht nach Erwachsenenstrafrecht verurteilt worden ist (Hamburg NJW **52**, 1150; Brunner/Dölling 12 zu § 1 **JGG**) oder im umgekehrten Fall (Lackner GA **55**, 33). **108**

e) **Geltendmachung der Unwirksamkeit:** Die hM muß von ihrem Standpunkt aus die für einen Rechtsstaat unerträgliche Ansicht vertreten, die Unwirksamkeit sei von keiner förmlichen Feststellung abhängig. Gleichwohl sollen aber Rechtsmittel gegen eine solche Entscheidung nach hM ebenso zulässig sein wie **109** gegen eine wirksame (BGH NJW **53**, 1829; **54**, 34; **aM**Gössel JR **79**, 76). Nach der formellen Rechtskraft ist demnach Wiederaufnahme wie gegen ein wirksames Urteil zulässig. Jedoch kann die Unwirksamkeit auch nach §§ 458 ff geltend gemacht werden (9 zu § 458).

110 f) **Andere unwirksame Prozeßhandlungen** (die nicht zu den gerichtlichen Entscheidungen gehören, oben 105): Prozeßerklärungen sind bei Handlungsunfähigkeit des Verfahrensbeteiligten unwirksam (oben 96 ff). Unwirksam sind auch solche Erklärungen, die offensichtlich nicht ernstlich gemeint oder zum Schein abgegeben sind (EbSchmidt I 207). Bei üblen Beschimpfungen und Beleidigungen uä kann es an den Mindestanforderungen fehlen, die an eine ernsthafte Eingabe und deren Zulässigkeit zu stellen sind (Karlsruhe NJW **74**, 915; MDR **73**, 876). Falsche Kennzeichnung des Rechtsmittels (§ 300) oder einer sonstigen Prozeßerklärung schadet nicht (1 zu § 300). § 136 a ist auf Prozeßerklärungen nicht entspr anwendbar (BGH **17**, 14; dazu EbSchmidt JR **62**, 290; Oehler JZ **63**, 227). Das schließt nicht aus, daß eine Erklärung durch Drohung oder Täuschung unwirksam wird (BGH aaO), so bei Drohung, die sich gegen Leib, Leben oder Freiheit richtet (Oehler aaO), oder wenn der Angeklagte und (oder) sein Verteidiger durch Handlungen des Gerichts in einen für die Rechtsmittelerklärung ursächlichen unverschuldeten Rechtsirrtum versetzt worden sind (Celle GA **70**, 285; Hamm NJW **76**, 1952; 22 zu § 302).

111 g) **Unzulässigkeit wegen Rechtsmißbrauchs oder Verwirkung:** Der Gebrauch prozessualer Rechte zur Erreichung rechtlich mißbilligter Ziele ist auch im Strafprozeß verboten. Der StPO ist zwar eine Generalklausel darüber fremd (Vogel NJW **78**, 1223; vgl auch Kröpil DRiZ **96**, 448 zu den Mißbrauchsvorschriften in §§ 138 a I Nr 2, 241 I; ders ZRP **97**, 9, JR **97**, 315 und JZ **98**, 135); aber auch hier ist der Gebrauch prozessualer Rechte zum Erreichen rechtlich mißbilligter Ziele untersagt (vgl Fischer NStZ **97**, 212; Kudlich NStZ **98**, 588; Kudlich und Stankewitz Schlüchter-FG 13 und 25; Niemöller StV **96**, 501 ff unterscheidet zwischen objektiv prozeßfremden und subjektiv prozeßwidrigen Zwecken). Es besteht ein allgemeines Mißbrauchsverbot (BGH **38**, 111, 113 mwN = JR **93**, 169 mit Anm Scheffler; vgl dazu Maatz und Widmaier NStZ **92**, 513 ff; Niemöller aaO; vgl auch BGH 4 StR 575/91 vom 12. 12. 1991; Hamm MDR **88**, 75; **aM** R. Hamm NJW **93**, 296; Kempf StV **96**, 507; Kühne StV **96**, 684; NJW **98**, 3027). Eine Prozeßhandlung, die ein rechtlich mißbilligtes Ziel verfolgt, ohne daß ihr ein konkretes gesetzliches Verbot entgegensteht (oben 104), ist jedoch nicht unwirksam, sondern nur unzulässig. Eine besondere Erscheinungsform des Rechtsmißbrauchs ist die Verwirkung durch Untätigbleiben (6 vor § 296). Über die Verpflichtung, einen Bescheid auf eine Eingabe zu erteilen, vgl 10 ff vor § 33.

112 G. Für die **Widerruflichkeit** von Prozeßhandlungen gilt folgendes:

112 a a) **Gerichtliche Entscheidungen:** Urteile und urteilsähnliche Entscheidungen, wie der Strafbefehl (vgl aber § 411 III), sind nach ihrem Erlaß unwiderruflich (erg 5 ff vor § 33; 24 zu § 349). Das gleiche gilt für die mit der sofortigen Beschwerde anfechtbaren Beschlüsse (§ 311 III S. 1; Einschränkung S. 2) und (wegen seiner verfahrenstragenden Bedeutung) den Eröffnungsbeschluß (BGH **10**, 247; LR-Schäfer Einl Kap 10 Rdn 20). Bis zu ihrer Bekanntmachung (§ 35 I, II) sind auch diese Entscheidungen – wie alle anderen – widerruflich. Bei Beschlüssen kann die Widerruflichkeit im Gesetz vorgesehen sein (zB § 56 f StGB). Aber auch sonst sind Beschlüsse, gegen die einfache Beschwerde zulässig oder nur mangels übergeordneter Instanz unzulässig (§ 304 IV) ist oder die nach § 305 als Zwischenentscheidungen nicht selbständig angefochten werden können, widerruflich, sei es wegen veränderter Umstände oder wegen Irrtums, weil sie nur laufende Entscheidungen
113 sind. Darüber hinaus begründet die **Nichtgewährung des rechtlichen Gehörs**
114 bei Beschlüssen die Widerruflichkeit. Der Widerruf ist **von Amts wegen, auf Beschwerde** (7 ff zu § 306) oder auf **Gegenvorstellung** (23 ff vor § 296) zulässig. Er setzt voraus, daß die Entscheidung falsch oder unsachgemäß ist oder daß ein

erhebliches prozessuales Unrecht durch ihn gutgemacht (RG **37**, 112), dh ein erheblicher Verfahrensfehler geheilt werden soll (Düsseldorf MDR **80**, 335; **82**, 518). Auch ohne förmlichen Widerruf eines Beschlusses kann ein fehlerhafter Verfahrensabschnitt widerrufen und wiederholt werden (RG **53**, 170). Der **Wider-** **115**
ruf eines nicht (mehr) anfechtbaren Beschlusses wird für zulässig erachtet, wenn dem Beschluß durch nachträglich bekanntgewordene Tatsachen der Boden völlig entzogen worden ist und der nicht erträgliche Mangel nicht anders geheilt werden kann (BGH NJW **51**, 771; RG **59**, 419; Stuttgart MDR **82**, 341; krit Hanack JZ **73**, 778), zB wenn sich nach Einstellung wegen Verfahrenshindernisses (§ 206 a) herausstellt, daß das Verfahren schon vorher rechtskräftig abgeschlossen war (Hamm JMBlNW **72**, 35). Hier wird die bereits vorher rechtskräftig gewordene Sachentscheidung durch das Gericht, das den Beschluß erlassen hat (Rostock NZV **94**, 287), wieder hergestellt. Der Widerruf ist nicht mehr statthaft, wenn mit ihm eine durch ihn rechtskräftig gewordene Sachentscheidung nachträglich aufgehoben oder geändert würde (BGH **17**, 94, 97).

b) Auch **bei anderen Prozeßhandlungen** regelt das Gesetz die Widerruflich- **116**
keit nur zum Teil, etwa die Zurücknahme des Strafantrags in § 77 d StGB, der Anklage in §§ 156, 411 III, der Privatklage in § 391, der Rechtsmittel in § 302. Prozeßtragende Erklärungen (oben 102) sind mangels gegenteiliger Regelung im Zweifel unwiderruflich (RG **63**, 302), ebenso diejenigen, die das ganze oder weitere Verfahren überflüssig machen oder dessen Beendigung bewirken, zB der Verzicht auf Strafantrag gegenüber einem Strafverfolgungsorgan (BGH NJW **57**, 1368), auf Rechtsmittel (21 zu § 302), die Zurücknahme eines Rechtsmittels (9 zu § 302), die Übernahmeerklärung der StA nach § 377 II (Saarbrücken NJW **59**, 163), ihre Erklärung nach § 230 I StGB (BGH **19**, 374, 380); ebenso die Zustimmung, durch die ein Abweichen von der Regel legalisiert wird (zB nach §§ 61 Nr 5, 245 I S. 2, 251 I Nr 4, II). Einfache Prozeßerklärungen ohne solche Wirkung, insbesondere Anträge und Behauptungen, sind dagegen widerruflich. Ein solcher Widerruf macht aber eine auf der Prozeßhandlung beruhende Entscheidung nicht unwirksam. Die zulässige Zurücknahme wird wirksam, wenn sie dem mit der Sache befaßten Rechtspflegeorgan zugeht (vgl BGH **16**, 105).

H. Der **Verzicht auf eine Prozeßhandlung** ist zulässig, soweit diese nicht **117**
Pflicht ist, und zwar von dem Zeitpunkt an, von dem an die Handlung zulässig ist, bis zu dem Zeitpunkt, wo sie ohnehin unzulässig wird. ZB kann auf die Befugnis zum Strafantrag während der Antragsfrist (§ 77 b StGB; BGH NJW **57**, 1368) oder auf Rechtsmittel während der Rechtsmittelfrist verzichtet werden (§ 302). Zur Wirkung des außergerichtlichen Verzichts des Verletzten auf Strafantrag und Privatklage vgl 13 vor § 374.

J. **Bedingungsfeindliche Prozeßhandlungen** sind solche, die nicht von au- **118**
ßerprozessualen Bedingungen abhängig gemacht werden dürfen, wie zB Rechtsmittel (BVerfGE **40**, 272, 274 = NJW **76**, 141; 5 vor § 296); seine Zurücknahme oder Beschränkung (Schleswig SchlHA **88**, 112 [L/G]) oder das Einverständnis als rechtliche Voraussetzung für eine Verfahrensvereinfachung (zB nach §§ 61 Nr 5, 245 I S. 2, 251 I Nr 4, II). Die unzulässige Bedingung macht die Prozeßhandlung unwirksam (BGH **5**, 183; **25**, 187 = JR **74**, 295 mit Anm Hanack; RG **66**, 265, 268; Hamm NJW **73**, 257; Sarstedt/Hamm 220). Auf diese Weise sollen Unklarheiten vermieden werden (BGH MDR **76**, 414), insbesondere über den Eintritt der Rechtskraft (unten 163). Wo solche nicht zu befürchten sind, können Prozeßhandlungen mit einer Bedingung verbunden werden, soweit das mit ihrer besonderen Zweckbestimmung vereinbar ist und das mit der Sache befaßte Gericht die durch die Bedingung hervorgerufene Ungewißheit selbst beseitigen kann (BGH **29**, 396). Allg zu bedingten Prozeßhandlungen im Strafprozeß: W. Schmid GA **82**, 95. Das Gesetz läßt vereinzelt selbst ein bedingtes Rechtsmittel zu, zB in den §§ 315 II, 342 II. Zulässig ist auch ein bedingter Beweisantrag (vgl 22 zu § 244) und die Zurücknahme des Strafantrags für den Fall einer dem Antragsteller günsti-

gen Kostenentscheidung (5 zu § 470). Von der Bedingung, die auf den Eintritt oder Nichteintritt eines künftigen ungewissen Ereignisses abstellt, ist die Voraussetzung zu unterscheiden, die an etwas Gegebenes, insbesondere an eine bestimmte Rechtslage anknüpft. Die Verknüpfung mit einer Voraussetzung oder mit einer reinen Rechtsbedingung schadet nicht (BGH **25**, 187 mit Anm Hanack JR **74**, 295; Hamm NJW **73**, 257). Der Vorbehalt oder die Ankündigung zulässiger Zurücknahme – wenn auch in die Form einer „Bedingung" gekleidet – ist keine Bedingung (zB beim Strafantrag; vgl hierzu erg 5 zu § 470).

119 **5) Verständigung im Strafprozeß:**

119 a A. **Absprachen** zwischen den Prozeßbeteiligten setzt das Gesetz in mehreren Fällen ausdrücklich (vgl etwa §§ 265 a, 470 S. 2) oder stillschweigend (vgl insbesondere § 153 a) voraus. Im Privatklageverfahren ist ein gerichtlicher Vergleich zwischen Privatkläger und Angeklagtem (8 ff vor § 374), im Adhäsionsverfahren zwischen Adhäsionskläger und Angeklagtem (12 zu § 404) zulässig; der Nebenklageberechtigte kann sich durch Vergleich mit dem Angeklagten verpflichten, seine Rechte nicht auszuüben (13 vor § 395). Verständigung im Strafprozeß ist aber auch und in 1. Hinsicht die im Gesetz nicht vorgesehene in der Rechtspraxis aber immer häufiger zu beobachtende Absprache zwischen Verteidiger und StA im Ermittlungsverfahren (dazu Dahs 960 ff; Schmidt-Hieber 73 ff), vor allem aber zwischen diesen Verfahrensbeteiligten und dem Gericht im Hauptverfahren (zur Verteidigertaktik vgl. Rückel NStZ **87**, 297). Zum Inhalt dieser außerhalb der Hauptverhandlung getroffenen Absprachen gehört die Zusage des Angeklagten, auf bestimmte prozessuale Rechte zu verzichten, etwa ein volles oder ein Teilgeständnis abzulegen, von der Stellung von Beweisanträgen abzusehen oder bereits gestellte Anträge zurückzunehmen, auf die Rüge von Verfahrensverstößen zu verzichten, einen allgemeinen Rechtsmittelverzicht zu erklären (dazu aber unten 119 f: unzulässig!) oder ein bereits eingelegtes Rechtsmittel zurückzunehmen (vgl den Fall LG Kassel StV **87**, 288 mit Anm Gallandi). Als Gegenleistung wird dem Angeklagten die Verhängung einer milden Strafe oder die Bewilligung von Strafaussetzung zur Bewährung (vgl LG Berlin StV **89**, 108 mit krit Anm Nestler-Tremel), aber auch die Einstellung von Nebenverfahren nach § 154 oder die Anwendung des § 154 a im laufenden Verfahren versprochen (vgl Hassemer/Hippler StV **86**, 360).

119b B. Die **Bedenken** gegen diesen „Handel mit der Gerechtigkeit" (so der Titel einer Monographie von K. F. Schumann, 1977, der allerdings nur das amerikanische plea bargaining im Auge hat; dazu auch Weigend ZStW **94**, 200; JZ **90**, 779), liegen auf der Hand. Der staatliche Strafanspruch, die Einhaltung der Verfahrensgrundsätze, die rechtliche Subsumtion und die Grundsätze der Strafbemessung dürfen nicht ins Belieben und zur freien Disposition der Prozeßbeteiligten und des Gerichts gestellt werden (vgl KK-Pfeiffer Einl 29 a; Baumann NStZ **87**, 157). Das bundesdeutsche Strafprozeßrecht ist von Grund auf vergleichsfeindlich ausgestaltet (Seier JZ **88**, 684). Allerdings besteht Übereinstimmung darüber, daß die überlastete deutsche Strafjustiz ohne auf Kosten der Gerechtigkeit erkaufte Verfahrenserleichterungen gar nicht mehr in der Lage wäre, die Vielzahl von Großverfahren, besonders von Wirtschaftsstrafverfahren, zu erledigen (vgl etwa Dahs NStZ **88**, 154; Hanack StV **87**, 500; Widmaier StV **86**, 357; zur Häufigkeit von Absprachen bei den WirtschaftsStrKn vgl Siolek DRiZ **93**, 424).

119 c C. Das **BVerfG** (NJW **87**, 2662 = NStZ **87**, 419 mit Anm Gallandi) hält solche Absprachen nicht grundsätzlich für unzulässig, weist aber darauf hin, daß die Freiheit der Willensentschließung und der Willensbetätigung des Angeklagten nicht unter Verstoß gegen § 136 a beeinträchtigt werden, er also nicht durch das Versprechen gesetzlich nicht vorgesehener Vorteile oder durch Täuschung zu einem Geständnis gedrängt werden darf (dazu auch Seier JZ **88**, 683). Das Gericht darf ferner die Sachaufklärungspflicht nach § 244 II nicht vernachlässigen; es darf sich daher nicht mit einem Geständnis des Angeklagten begnügen, das gegen die

Zusage oder In-Aussicht-Stellung einer Strafmilderung abgegeben worden ist, wenn nach der Sache eine weitere Beweiserhebung naheliegt (vgl. auch Schmidt-Hieber NStZ **88**, 302). Schließlich darf die Strafe nicht unangemessen niedrig sein; denn Aufgabe des Rechtsstaats bleibt in jedem Fall, den Straftäter im Rahmen der geltenden Gesetze zu verfolgen und abzuurteilen und einer gerechten Strafe zuzuführen (BVerfG aaO mwN). Die Anwendung dieser Grundsätze schränkt die praktische Möglichkeit von Absprachen in der Hauptverhandlung ein. Das Gericht hat die – rechtlich unbedenkliche – Möglichkeit, dem Angeklagten die mildernde Berücksichtigung seines Geständnisses bei der Strafzumessung zuzusagen (vgl. BGH **1**, 387; **14**, 189; **20**, 268), jedoch keinesfalls eine bestimmte Strafe.

D. Der **BGH** ist zunächst stillschweigend von ähnlichen Grundsätzen ausgegangen (**aM** Zschockelt Salger-FS 438), indem er die Verständigung im Strafverfahren jedenfalls nicht schlechthin für unzulässig erklärt hat (BGH **37**, 99 = JR **91**, 116 mit Anm Böttcher; vgl auch BGH wistra **92**, 309: Absprache macht Urteil jedenfalls nicht etwa nichtig). Inzwischen hat er die Verständigung im Strafverfahren in gewissen Grenzen (dazu unten 119 e) aber ausdrücklich gebilligt (BGH **42**, 46 mit abl Anm Zschockelt NStZ **96**, 449 und krit Anm Kintzi JR **97**, 78; BGH **43**, 195 = JR **98**, 245 mit zust Anm Kintzi; dazu auch Rönnau wistra **98**, 49; Satzger JA **98**, 98). In der Entwicklung dieser Rspr hatte der BGH zunächst darauf hingewiesen, „daß der Versuch, die Bemessung der Strafe in Vorgänge außerhalb der Hauptverhandlung zu verlagern und durch feste Vereinbarungen auch über das weitere Prozeßverhalten der Beteiligten abzusichern, mit wesentlichen Grundsätzen des Strafverfahrens unvereinbar ist" (BGH wistra **96**, 68). Der BGH hat betont, daß bei der im Falle eines Geständnisses des Angeklagten beabsichtigten Inaussichtstellung eines bestimmten Strafrahmens zuvor allen Verfahrensbeteiligten Gelegenheit zur Äußerung gegeben (BGH **38**, 102) und daß insbesondere bei mehreren Mitangeklagten die Verständigung mit einem von ihnen den anderen in der Hauptverhandlung offengelegt werden muß (BGH **37**, 99, 103), ferner daß das Gebot des fairen Verfahrens verletzt ist, wenn sich das Gericht nicht an eine von ihm oder durch seinen Vorsitzenden gegebene Zusage hält (BGH **36**, 210; zust Hassemer JuS **89**, 890, Schünemann JZ **89**, 986; abl Strate NStZ **89**, 439; gegen ihn zutr Greeven StV **90**, 53; vgl auch Cramer Rebmann-FS 158; Schlüchter Meyer-GedSchr 455), oder wenn die StA trotz Zusage, eine bestimmte Tat bei Rechtsmittelrücknahme in einem anderen Verfahren nicht zu verfolgen, das Verfahren weiterbetreibt (BGH **37**, 10 = JR **91**, 256 mit krit Anm Weigend und Anm Gatzweiler NStZ **91**, 46). Demgegenüber wollte allerdings BGH **37**, 298, 305 (abl BGH **42**, 46; krit auch Kintzi DRiZ **92**, 245) Fühlungsnahmen außerhalb der Hauptverhandlung nur hinsichtlich des Verfahrensablaufs gestatten, nicht hingegen zur Festlegung einer zu verhängenden Strafe oder deren Aussetzung zur Bewährung (ähnlich BGH NStZ **94**, 196 mit Anm Krekeler). Hierbei wurde aber übersehen, daß für den Angeklagten gerade „die Straferwartung der zentrale Punkt" ist (Böttcher/Widmaier JR **91**, 356); deswegen erwartet der Angeklagte, bevor er ein Geständnis ablegt, daß sich das Gericht nach einer Zwischenberatung unter dem Vorbehalt neuer Erkenntnisse konkret zum Strafmaß äußert (Weider StV **91**, 243), zumal das Geständnis auch weiterhin uneingeschränkt verwertbar ist (BGH **38**, 102; **42**, 191 – dazu eingehend Beulke/Satzger JuS **97**, 1072 – hat allerdings offengelassen, ob es bei sich nachträglich herausstellender fehlender Übereinstimmung unverwertbar ist, gleichwohl aber seine Berücksichtigung bei der Strafzumessung gefordert, zw). Dem Gericht (in voller Besetzung) kann daher nicht verwehrt sein, unter Berücksichtigung des bisherigen Verfahrensablaufs seine Auffassung über den möglichen Verfahrensausgang bei einem bestimmten künftigen Verhalten des Angeklagten (zB Geständnis) offenzulegen (vgl Zschockelt NStZ **91**, 305 unter zusammenfassender Darstellung der Rspr des BGH). **119 d**

E. Nunmehr hat der BGH folgende **Regeln für eine Verständigung im Hauptverfahren**, die sich mit der Ablegung eines Geständnisses des Angeklagten **119 e**

gegen Zusicherung einer Strafmilderung befaßt, in BGH **43**, 195 aufgestellt und damit die Entwicklung der Rspr zu einem gewissen Abschluß gebracht: 1. Die Verständigung muß unter Mitwirkung aller Verfahrensbeteiligten in öffentlicher Hauptverhandlung stattfinden, wobei aber Vorgespräche außerhalb der Hauptverhandlung nicht ausgeschlossen sind. 2. Das Ergebnis der Verständigung muß als vorgeschriebene Förmlichkeit im Hauptverhandlungsprotokoll niedergelegt werden (mit der Folge des § 274 hinsichtlich positiver und negativer Beweiskraft, vgl 12 ff zu § 274). 3. Das Gericht muß das Geständnis daraufhin überprüfen, ob es glaubwürdig ist; sich hierzu aufdrängende Beweiserhebungen dürfen nicht unterbleiben. 4. Das Gericht darf keine bestimmte Strafe zusagen, jedoch eine Strafobergrenze angeben, die es nicht überschreiten werde. An diese Zusage ist das Gericht sodann gebunden, falls sich in der Hauptverhandlung später nicht neue, dem Gericht bisher unbekannte, schwerwiegende Umstände zu Lasten des Angeklagten ergeben; eine deswegen beabsichtigte Abweichung von der Zusage ist in der Hauptverhandlung mitzuteilen. 5. Das Gericht hat bei der Zusage des Nichtüberschreitens einer Strafobergrenze die allgemeinen Strafzumessungsgesichtspunkte zu beachten; die Strafe muß schuldangemessen sein. Daß das Geständnis im Rahmen einer Verständigung abgelegt worden ist, steht dessen strafmildernder Berücksichti-
119 f gung jedoch nicht entgegen. **Unzulässig** sind aber Absprachen über den Schuldspruch; die strafrechtliche Bewertung eines Sachverhalts ist einer Vereinbarung nicht zugänglich (BGH aaO 204); ebenso ist die Vereinbarung eines Rechtsmittelverzichts mit dem Angeklagten vor der Urteilsverkündung nicht zulässig (BGH aaO 204/205). Inzwischen hat der BGH darauf hingewiesen, daß auch die Frage der Anordnung der Sicherungsverwahrung (§ 66 StGB) einer Vereinbarung nicht zugänglich ist (BGH 4 StR 17/98 vom 28. 5. 1998 und 4 StR 268/98 vom 6. 8.
119 g 1998). Aus den dargestellten Regeln ergeben sich ua als **Folgerungen:** Hat der Angeklagte im Rahmen einer Verständigung ein Geständnis abgelegt, das das Gericht überprüft und für glaubhaft befunden hat, kann er später nicht damit gehört werden, er habe einen in Wirklichkeit nicht oder so nicht zutreffenden Schuldvorwurf eingeräumt (BGHR § 261 Überzeugungsbildung 31). Ist das Geständnis unzulässigerweise mit einem bereits vor der Hauptverhandlung erklärten Rechtsmittelverzicht erwirkt worden, kann dies die Wiederaufnahme des Verfahrens rechtfertigen (Stuttgart 1 Ws 199/97 vom 26. 11. 1997). Bei einer zugesagten Strafaussetzung zur Bewährung müssen auch die evtl anzuordnenden Bewährungsauflagen angesprochen werden; der Angeklagte darf damit nicht im Bewährungsbeschluß überrascht werden (Köln StV **98**, 176).

119 h F. Im **Ermittlungsverfahren** ist eine Verständigung zwischen StA und dem Angeklagten bzw für diesen mit dem Verteidiger nicht ausgeschlossen und uU sogar anzustreben (vgl dazu Schaefer AnwBl **98**, 263 zur RV des GStA bei dem OLG Frankfurt „Kooperation im Ermittlungsverfahren"). Hier wird es vor allem um Beschränkungen des Anklagevorwurfs bei zugesagtem Geständnis durch Einstellungen nach § 154 I gehen; an die dabei gemachten Zusagen ist die StA gebunden (Scheffler wistra **90**, 320; **aM** Weigend JR **91**, 259; eingehend zur Problematik der Absprachen im Ermittlungsverfahren Landau DRiZ **95**, 132). Die GStAe haben „Hinweise an die StAe für die Verständigung im Strafverfahren" erlassen (abgedruckt in StV **93**, 428; krit dazu Siolek DRiZ **92**, 249). Eine verbindliche Festlegung der Strafe durch eine *vor* der Hauptverhandlung getroffene Vereinbarung ist selbstverständlich unzulässig (BGH NStZ **97**, 501).

119 i G. **Zur gesamten Problematik** vgl SK/StPO-Schlüchter 23 ff vor § 213; SK/StPO-Wolter 66 ff vor § 151; Beulke StP 394 ff; Ranft 1222 ff; Schlüchter Spendel-FS 737 sowie Braun, Die Absprache im deutschen Strafverfahren, 1998, zugl Diss Tübingen 1997, der darlegt, daß „praktisch alle modernen Strafverfahrenssysteme mehr oder weniger offen diejenigen Beschuldigten belohnen, die mit den Behörden kooperieren" [S. 179], und der daher einen ausformulierten Gesetzgebungsvorschlag für ein kooperatives Verfahren vorlegt [S. 297 ff]; Siolek, Verständigung in der Hauptverhandlung, 1993, zugl Diss Hannover 1992; vgl ferner die umfangreichen Erörterungen anläßlich des 58. DJT (Gutachten von Schünemann, Referate von Böttcher, Schäfer und Widmaier; Hamm ZRP **90**, 337; Kintzi JR **90**, 309; Lüderssen StV **90**, 415; Schmidt-Hieber DRiZ **90**, 321; Wagner/Rönnau GA **90**, 387; Weigend JZ **90**, 774; Wolfslast NStZ **90**, 409; vgl ferner Dencker/Hamm, Der Vergleich im Strafprozeß, 1988; Günter und Krüger DRiZ **90**, 150; Koch ZRP **90**, 249; Niemöller StV **90**, 34; Rex DRiZ **91**, 31; Schäfer DRiZ **89**, 294; Volk Salger-FS 411; Zschockelt Salger-FS 435) und die dort gefaßten Beschlüsse (NJW **90**, 2987, 2992). Falls die Überlastung der Strafjustiz nicht auf andere Weise behoben werden kann, wird es sich auf Dauer wohl nicht vermeiden lassen, die Absprache im Strafprozeß zu institutionalisieren (vgl dazu Böttcher/Widmaier JR **91**, 356 und die Überlegungen von Behrendt GA **91**, 347 ff; Sinner ZRP **94**, 478). In letzter Zeit werden vermehrt auch andere Lösungen zur Vereinfachung der Hauptverhandlung vorgeschlagen, vgl etwa Eser ZStW **104**, 486: Modifizierung der Prozeßmaximen; Meyer-Goßner NStZ **92**, 167: Wegfall der Beweisaufnahme und gesetzliche Strafrahmenänderung bei Einräumung des Schuldvorwurfs; vgl dazu auch Schlüchter Rudolphi-Symp 222 ff; Weigend ZStW **104**, 486: Aufwertung des Ermittlungsverfahrens und nur noch ergänzende Beweisaufnahme in der Hauptverhandlung.

6) Form der Prozeßhandlungen: **120**

A. **Entscheidungen:** Die Entscheidung des Gerichts aufgrund einer Hauptverhandlung ergeht in der Form des Urteils, wenn sie die Strafsache (durch Sach- oder Prozeßentscheidung, unten 172) für die Instanz abschließen will (unten 165), sofern nichts anderes bestimmt ist (zB § 153 II S. 3, § 153 a II S. 2). Sonst ergehen Beschlüsse. Auch der Strafbefehl (§ 407) gehört in die Kategorie der Beschlüsse, ebenso der Haftbefehl, der Durchsuchungsbefehl und die Beschlagnahmeanordnung des Gerichts. Lediglich von anderen Entscheidungen gesonderte technische Anordnungen, Belehrungen, Hinweise uä ergehen als Verfügungen. Die Entscheidungen der StA sind Verfügungen (zB §§ 171, 161 a II, III), Anordnungen (zB §§ 98, 105 I, 111 e I S. 1, 164) oder Beschwerdebescheide (zB § 172). Zum **Begriff** der Entscheidung gehört stets ein Ausspruch, der die Rechtsstellung eines Beteiligten unmittelbar berührt, woran es zB bei einer bloß prozeßleitenden Verfügung fehlt (vgl 2 zu § 33). Die Art der Entscheidung (Urteil oder Beschluß) richtet sich nicht immer nach der Bezeichnung, die ihr das Gericht gegeben hat; maßgebend ist, in welcher Form sie richtig hätte ergehen müssen. Das ist insbesondere für die Anfechtung und Rechtskraft von Bedeutung (unten 167). Es gibt auch **stillschweigende** Entscheidungen, nämlich, wenn etwas mit Wissen des Gerichts geschieht, was an sich eine förmliche gerichtliche Entscheidung voraussetzen würde, die aber unterlassen wird (zB im Falle des § 175 II S. 1 GVG: BGH 4 StR 54/56 vom 5. 4. 1956). Erforderlich ist dabei, daß der Entscheidungsinhalt in anderen Prozeßhandlungen (Nürnberg SJZ **49**, 703), ev auch in einem prozessualen Unterlassen (BGH NJW **52**, 233; 1305) zum Ausdruck kommt, und zwar so deutlich, als ob die Entscheidung förmlich ergangen wäre (BGH 1 StR 88/53 vom 20. 8. 1953; Köln JMBlNW **84**, 235). Auch bei der StA, der Polizei oder anderen Strafverfolgungsbehörden gibt es stillschweigende Anordnung von Maßnahmen, zB eine Durchsuchungsanordnung eines Hilfsbeamten der StA, die dadurch evident wird, daß er die Durchsuchung beginnt (3 zu § 105). **121** **122** **123**

B. Für die **Erklärungen und Anträge** ergibt sich die Form jeweils aus dem Gesetz oder aus der Art des Prozeßabschnitts, in den sie fallen. Vorbehaltlich anderer gesetzlicher Regelung werden sie außerhalb der Verhandlung schriftlich, innerhalb der Hauptverhandlung mündlich angebracht. **124**

a) Für die **Zurücknahme** gelten grundsätzlich die gleichen Formerfordernisse wie für die Anbringung (7 zu § 302). In vielen Fällen ist die Erklärung zu Protokoll der Geschäftsstelle zulässig oder vorgeschrieben. **125**

126 b) Auch **durch deutliche schlüssige Handlung** können Prozeßerklärungen, für die keine besondere Form vorgeschrieben ist, abgegeben werden (BGH GA **76**, 115), insbesondere die Erklärung des Verzichts auf ein Recht, das dem Erklärenden freilich bekannt sein muß (vgl Hamburg JR **67**, 193 mit zust Anm Koffka), zB der Verzicht nach § 61 Nr 5 (BGH NJW **78**, 1815; Koblenz StV **92**, 263; Köln NStZ-RR **97**, 366). Erklärungen oder Anträge werden erst wirksam, wenn sie der mit der Sache befaßten Stelle zugehen (RG **52**, 200; **76**, 345; vgl BGH NJW **57**, 1368).

127 c) **Vertretung** in der Erklärung und im Willen ist bei Anträgen und Erklärungen außerhalb der Hauptverhandlung statthaft (12 vor § 137), soweit weder das Gesetz noch die höchstpersönliche Natur der Prozeßhandlung entgegensteht. Vgl unten 134; 14, 15 zu § 158. Die Vertretung in der Hauptverhandlung ist nur statthaft, soweit ausdrücklich zugelassen, zB §§ 234, 350 II, 378, 397 I S. 2 iVm §§ 378, 411 II S. 1, 434 I. Über Zustellungsvollmacht vgl § 145 a, auch § 116 a III.

128 C. Zur **Schriftform** gehört, daß aus dem Schriftstück der Inhalt der Erklärung, die abgegeben werden soll, und die Person, von der sie ausgeht, schon im Zeitpunkt des Eingangs der Erklärung bei Gericht (zur Fristwahrung vgl 13 ff zu § 42) hinreichend zuverlässig entnommen werden können (GmS-OGB NJW **80**, 172, 174; BGH **2**, 77, 78; **12**, 317; **30**, 182, 183; NJW **84**, 1974). Außerdem muß feststehen, daß es sich nicht um einen Entwurf handelt, sondern daß das Schriftstück mit Wissen und Willen des Berechtigten dem Gericht zugeleitet worden ist (GmS-OGB aaO). Nicht unbedingt notwendig ist die handschriftliche Unterzeichnung (BVerfGE **15**, 288, 291; GmS-OGB aaO; BGH aaO; Stuttgart NJW **76**, 1905; Zweibrücken GA **83**, 423 = VRS **64**, 443; NStZ **84**, 576). Daher genügt ein Handzeichen, falls es nicht nur die Fertigung des Entwurfs abschließt (Bay **62**, 69 = NJW **62**, 1527), auch beim Eröffnungsbeschluß (erg 11 zu § 207). Zur Identifizierung genügt idR ein Faksimilestempel (Stuttgart NJW **76**, 1902, 1903), selbst bei der Unterschrift des Leiters der StA (RG **63**, 247; vgl aber RiStBV 149), oder eine behördlich beglaubigte Abschrift. Bei einem RA genügt auch das mit Schreibmaschine geschriebene Diktatzeichen iVm dem gedruckten Briefkopf (BGH **2**, 78; RG **67**, 385; Oldenburg NJW **83**, 1072), nicht aber der bloße Fertigungsvermerk eines Kanzleiangestellten (Bay NJW **80**, 2367; KG JR **71**, 252; Schleswig SchlHA **87**, 120 [L]). Eine von der Behörde auf Tonband aufgenommene Erklärung wird zur schriftlichen, wenn der Beamte sie nachträglich in Reinschrift überträgt und in geeigneter Weise die Identität des Erklärenden bestätigt (vgl 11 zu § 158). Die Schriftform ist auch gewahrt, wenn der UrkB im Anschluß an die Hauptverhandlung eine Erklärung des Angeklagten in das Protokoll aufnimmt, verliest und genehmigen läßt (BGH NJW **84**, 1974). Die telefonische Abgabe der Erklärung genügt nicht der Schriftform (BGH **30**, 64, 66 mwN; vgl auch unten 140), ebenso nicht eine Erklärung, die nur die maschinenschriftliche Angabe des Namens des Verfassers enthält (Stuttgart NStZ **97**, 152).

129 D. Ist die **Unterzeichnung** durch einen Verteidiger oder RA vorgeschrieben (vgl §§ 172 III S. 2, 345 II, 366 II, 390 II), so muß die Unterschrift eigenhändig geleistet werden (Düsseldorf NJW **98**, 919). Zur Übernahme der Verantwortung für den Inhalt vgl 33 zu § 172; 16 zu § 345; 4 zu § 366. Eine Vertretung bei der Unterzeichnung ist unzulässig (Bay NJW **91**, 2095; KG JR **74**, 207 mit Anm Kohlhaas; KG JR **87**, 217); eine Ausnahme gilt nur für den amtlich bestellten Vertreter (Dahs/Dahs 59; Sarstedt/Hamm 203). Die Unterschrift muß aus der Wiedergabe des vollen bürgerlichen Namens, bei einem Doppelnamen mit beiden Teilen des Namens (**aM** Düsseldorf NJW **89**, 3030), mit entspr Schriftzeichen bestehen; die Verwendung der Anfangsbuchstaben (Paraphe) reicht nicht aus (BGH NJW **67**, 2310; **75**, 1704; **82**, 1467; RG **37**, 81; **69**, 137). Lesbar braucht die Unterschrift nicht zu sein; Undeutlichkeiten und Verstümmelungen schaden nicht. Es muß aber ein die Identität des Unterschreibenden ausreichend kennzeichnender

individueller Schriftzug vorliegen (BGH MDR **60**, 394; **64**, 747; BFH **140**, 424 = BB **84**, 1089; BFH **141**, 223; **143**, 198; **147**, 199 = NJW **87**, 343), der einmalig ist, entspr charakteristische Merkmale aufweist und sich als Unterschrift eines Namens darstellt (BGH NJW **82**, 1467). Es muß ein Mindestmaß an Ähnlichkeit in dem Sinne bestehen, daß ein Dritter, der den Namen des Unterzeichnenden kennt, ihn aus dem Schriftbild noch herauslesen kann (BGH **12**, 317, 319). Daher müssen mindestens einzelne Buchstaben zu erkennen sein; andernfalls fehlt es an den Merkmalen einer Schrift (BGH NJW **74**, 1090; **82**, 1467; **85**, 1227; Schleswig SchlHA **85**, 137 [E/L]; vgl auch Oldenburg NJW **88**, 2812 für richterliche Unterschrift). Daß der beigefügte Vorname lesbar ist, genügt nicht (**aM** BGH NJW **85**, 1227). Wegen Fehlens der charakteristischen Merkmale einer Unterschrift reichen geometrische Figuren oder Zeichen (BGH **12**, 317; RG JW **29**, 52; Hamburg MDR **73**, 428; Köln OLGSt § 345 S. 13) oder geschlängelte Linien (BGH AnwBl **74**, 225 mit Anm Chemnitz = JR **74**, 381 mit Anm Bassenge; BGH NJW **75**, 1705; Düsseldorf NJW **56**, 923) unter keinen Umständen aus (Blaese/Wielop 131 mwN; **aM** Hanack JZ **73**, 777). Auch ein Namensstempel darf nicht verwendet werden (RG **69**, 137; BGH NJW **76**, 966). Diese Rspr ist wegen der Möglichkeit der Wiedereinsetzung mit Art 6 I **MRK** vereinbar (EKMR NJW **89**, 579). **130**
Räumlich ist das Erfordernis der Unterzeichnung nicht zu verstehen; die Unterschrift muß nicht unbedingt unter der Schrift (RG HRR **39**, 1284), darf aber nicht auf einem besonderen Blatt (RG **18**, 103) oder auf einem aufgeklebten Zettel stehen (Sarstedt/Hamm 202). Die Unterschrift auf einem Anschreiben genügt ebenfalls nicht (Dahs/Dahs 329; **aM** KK-Kuckein 13; LR-Hanack 25; beide zu § 345).

E. **Zu Protokoll der Geschäftsstelle** des Gerichts können Anträge gestellt und **131**
Rechtsmittelerklärungen abgegeben werden (vgl §§ 158 II, 306 I, 314 I, 341 I, 345 II, 366 II, 381 S. 1). Zur Fristwahrung vgl 12 vor § 42.

a) Eine **Rechtspflicht zur Aufnahme** solcher Erklärungen besteht, wenn das **132**
Gesetz die Befugnis zur Protokollerklärung vorsieht, auch wenn für die Erklärung, wie bei §§ 158 II, 306 I, die Schriftform genügt (BGH **30**, 64, 69; Bremen Rpfleger **56**, 240; Düsseldorf NJW **88**, 1923; Stuttgart Justiz **85**, 321; Meyer JR **82**, 168) oder wenn ein Antrag in der Hauptverhandlung zu Protokoll erklärt werden kann (vgl § 404 I S. 1). Gegen die Weigerung des Urkundsbeamten, das Protokoll aufzunehmen, ist nur die Dienstaufsichtsbeschwerde zulässig (Hamburg MDR **83**, 512).

b) **Zuständiger Beamter** ist der UrkB als Organ der Rechtspflege (Kissel 25 **133**
zu § 153 GVG). Nur der Rechtspfleger ist nach § 24 I Nrn 1 und 2 **RPflG** zuständig für die Aufnahme von Erklärungen über die Einlegung und Begründung der Revision (§§ 341, 345 II), der Rechtsbeschwerde (§ 79 OWiG; § 116 **StVollzG**), der weiteren Beschwerde (§ 310) und der Wiederaufnahme des Verfahrens (§ 366 II; § 85 OWiG). Der Rechtspfleger soll ferner sonstige Rechtsbehelfe aufnehmen, soweit sie gleichzeitig begründet werden, sowie andere Anträge und Erklärungen, die nach Schwierigkeit und Bedeutung den vorgenannten Geschäften vergleichbar sind (§ 24 II Nrn 1, 3 **RPflG**). Die von einem unzuständigen Beamten aufgenommene Erklärung ist unwirksam (BGH NJW **52**, 1386; RG **59**, 419; Bay NStZ **93**, 193; W. Schmid Rpfleger **62**, 301). Hat derjenige, der sie abgibt, das Protokoll unterschrieben, so kann sie aber als eigene schriftliche Erklärung gewertet werden (Koblenz MDR **82**, 166; VRS **52**, 364, 365).

c) **Vertretung:** Wer die Erklärung abgeben will, muß sich bei dem zuständigen **134**
Beamten einfinden; telefonische Erklärungen sind unwirksam (BGH **30**, 64; RG **38**, 282; unten 140). Der Erklärende kann sich aber (in der Erklärung oder im Willen) durch einen Bevollmächtigten vertreten lassen (Bay **64**, 85 = JR **64**, 427 mit Anm Dünnebier; Bay **75**, 104 = NJW **76**, 157; Bremen NJW **54**, 46; W. Schmid Rpfleger **62**, 301; SchlHA **81**, 105; erg 12 zu § 137). Der Vertreter muß verhandlungsfähig, aber nicht geschäftsfähig nach bürgerlichem Recht sein (Bay

aaO; KMR-Paulus 20 zu § 345; **aM** W. Schmid SchlHA **81**, 109). Die Bevollmächtigung muß bereits bei der Niederschrift bestehen, kann aber später nachgewiesen werden (RG **66**, 209; Bremen NJW **54**, 46; W. Schmid aaO). Wegen fehlender Vollmacht darf die Aufnahme der Erklärung daher nicht verweigert werden (Bay DAR **84**, 246 [R]). Eine Vertretung durch den Verteidiger ist unzulässig (Düsseldorf MDR **75**, 73 L; Rostock VRS **86**, 356; **aM** W. Schmid Rpfleger **62**, 301).

135 d) **Förmlichkeit der Protokollaufnahme:** Das Protokoll darf nicht in Kurzschrift abgefaßt werden (Celle NJW **58**, 1314; Schleswig SchlHA **80**, 73; Köln VRS **71**, 54, 56). Es ist vom Urkundsbeamten zu unterschreiben; das Fehlen der Unterschrift ist aber unschädlich, wenn feststeht, daß die Niederschrift vom zuständigen Urkundsbeamten herrührt und keinen bloßen Entwurf darstellt (Celle StraFo **98**, 428 mwN). Im übrigen kann die Unterschrift bis zum Ablauf der Frist für die Einlegung oder Begründung des Rechtsmittels nachgeholt werden (W. Schmid Rpfleger **62**, 303). Der Erklärende muß von dem Protokollinhalt durch Vorlesen oder Vorlage zur Durchsicht Kenntnis nehmen können. Im Protokoll wird üblicherweise vermerkt, daß er es genehmigt und unterschrieben hat; wesentlich ist diese Beurkundung aber nicht (BGH **29**, 173, 178; RG **48**, 78, 84). Das
136 Fehlen der **Unterschrift** des Erklärenden ist ebenfalls unschädlich (BGH aaO; Bay **61**, 177 = Rpfleger **61**, 355; Köln VRS **71**, 54, 56; Pentz MDR **62**, 533; W. Schmid aaO). Nur wenn der Erklärende sie ausdrücklich verweigert, ist das Protokoll unwirksam (RG JW **31**, 3562; Bay aaO), sofern die Weigerung nicht nur deshalb erfolgt, weil der Beamte nicht bereit ist, weitere Erklärungen aufzunehmen (Bay aaO; W. Schmid aaO). Das Protokoll muß aus sich selbst heraus verständlich sein. Die Bezugnahme auf Anlagen ist unzulässig (RStBV 150 III). Vgl auch 20 ff zu § 345.

137 e) In das **Hauptverhandlungsprotokoll** werden Rechtsmittelerklärungen grundsätzlich nicht aufgenommen (11 zu § 274). Unzulässig ist das aber nicht. Denn ein richterliches Protokoll, das in der Bewertung allgemein über der Niederschrift des UrkB steht, ersetzt die Protokollierung durch die Geschäftsstelle (BGH **31**, 109 = JR **83**, 385 mit abl Anm Fezer; Bay wistra **94**, 118). Der Angeklagte kann daher die Berufung oder Revision im Anschluß an die Urteilsverkündung in Anwesenheit des Gerichts zu Protokoll erklären (BGH aaO; MDR **83**, 950; Zweibrücken NStE Nr 5 zu § 314). Allerdings hat er auf diese Art der Rechtsmitteleinlegung keinen Anspruch (RG **66**, 417); sie entspricht auch nicht der Würde des Gerichts und sollte daher idR verweigert werden (Düsseldorf VRS **50**, 383; Koblenz VRS **61**, 356; **62**, 297). Wirksam und üblich ist die Erklärung des Verzichts auf Rechtsmittel am Schluß der Hauptverhandlung (19 zu § 302).

138 f) Der **UrkB der StA** (§ 153 I GVG) ist ebenfalls Beurkundungsorgan, sei es bei Vernehmungen des StA (§ 168 b II iVm § 168 a IV S. 1), sei es zur Beurkundung von Prozeßerklärungen, die bei der StA abgegeben werden können, zB nach § 158 I, II.

139 F. **Telegramme; Fernschreiben; Telebriefe; Telefax:** Die telegrafische Erklärung steht der schriftlichen gleich (BGH **8**, 174; **29**, 173, 179; **30**, 64, 69 ff = JR **82**, 210 mit Anm Wolter). Das Aufgabetelegramm braucht nicht der Schriftform zu entsprechen (BGH **14**, 233, 239), das entscheidende Schriftstück ist das Ankunftstelegramm (BayVerfGHE **17** II 104 für Verfassungsbeschwerde). Jedoch muß das Telegramm erkennen lassen, von wem es herrührt (Düsseldorf MDR **92**, 892; Schleswig SchlHA **86**, 108 [E/L]). Dem Telegramm steht ein Fernschreiben gleich, das über ein dem öffentlichen Verkehr dienendes Netz oder über das Fernschreibnetz der Polizei übermittelt wird (vgl auch Bay **67**, 60 = NJW **67**, 1816). Das gilt sowohl für die Revisionseinlegung (BGHZ **79**, 314, 316 = NJW **81**, 1618; BGH NJW **87**, 2586, 2587; Bay aaO) als auch für die Revisionsbegründung (BGH **31**, 7 = NStZ **83**, 36 mit Anm W. Schmid; Bay NJW **81**, 2591; Koblenz VRS **67**, 273; vgl auch BVerfGE **74**, 228 = NJW **87**, 2067; BGHZ **65**, 10, 11; **87**, 63, 65 = NJW

83, 1498; BGH NJW **86**, 1759) und den Antrag nach § 172 (Koblenz NJW **90**, 1002 L = OLGSt Nr 27 zu § 172). Zur Fristwahrung vgl 18 vor § 42. Telebriefe (gewöhnliche Briefsendungen, die auf einem Teil der Strecke durch Fernkopierer übermittelt und anschließend von der Post im verschlossenen Umschlag als Fernkopie zugestellt werden) stehen den Telegrammen gleich (BGH wistra **89**, 313; BGHZ **79**, 314 = NJW **81**, 1618; BGHZ **87**, 63 = NJW **83**, 1498; BVerwGE **77**, 38 = NJW **87**, 2098; BAG **43**, 46 = NJW **84**, 199; BAG MDR **86**, 524; Karlsruhe NJW **86**, 2773; Koblenz NStZ **84**, 236; vgl auch VGH München BB **77**, 568; SK/StPO-Frisch 227 vor § 296; Wolf NJW **89**, 2592). Ein Rechtsmittel kann auch durch Telefax eingelegt und begründet werden (BAG NJW **87**, 341; Düsseldorf NJW **95**, 671; NJW **95**, 2177; Zweibrücken OLGSt Nr 8 zu § 345); das Original muß aber handschriftlich unterschrieben sein (Düsseldorf JMBlNW **89**, 153; Hamburg NJW **89**, 3167), das Telefaxschreiben muß die Unterschrift enthalten (Schleswig SchlHA **96**, 97 [L/T]) und diese Seite muß innerhalb der Frist beim Gericht eingegangen sein (KG NJW **97**, 1864); technisch bedingte Übermittlungsfehler dürfen nicht zu Lasten des Absenders gehen (BVerfG NJW **96**, 2857; Oldenburg NJW **92**, 2906). Allein der „OK"-Vermerk im Sendebericht belegt aber nicht den ordnungsgemäßen Empfang des Telefaxschreibens (Düsseldorf VRS **89**, 214).

G. Eine **telefonische Erklärung** gegenüber der Empfangsbehörde genügt weder der Schriftform (oben 128), noch kann sie die Voraussetzungen der Rechtsmitteleinlegung zu Protokoll der Geschäftsstelle erfüllen. Wer Erklärungen zu Protokoll geben will, muß sich persönlich auf der Geschäftsstelle einfinden; nur dann kann der Urkundsbeamte die Identität und Berechtigung des Erklärenden und den Inhalt der Erklärung zuverlässig feststellen (BGH **30**, 64 = JR **82**, 210 mit Anm Wolter; Bay DAR **85**, 246 [R] für die Berufungseinlegung; Düsseldorf Rpfleger **83**, 363 für die Beschwerde; Rostock MDR **94**, 402 und Hamm DAR **95**, 457 für die Rechtsbeschwerde nach § 79 OWiG; Stuttgart MDR **84**, 75 für die Beschwerde im Verfahren nach § 464 b; Zweibrücken StV **82**, 415 für den Einspruch gegen den Strafbefehl; **aM** AK/StPO-Lemke 14 zu §§ 42, 43; LR-Wendisch 11 vor § 42 mwN in Fn 16). Für die Einlegung des Einspruchs gegen den Bußgeldbescheid gilt das aber nicht (BGH **29**, 173), ebenso nicht für die Beschwerde nach § 172 I S.1 (Stuttgart NStZ **89**, 42; **aM** GStA Hamburg MDR **92**, 21). **140**

7) Prozeßvoraussetzungen: **141**

A. **Wesen:** Prozeßvoraussetzungen sind Bedingungen für die Zulässigkeit, in einem bestimmten Verfahren (vor diesem Gericht und unter Mitwirkung dieser Prozeßbeteiligten) zu einem Sachurteil in einer bestimmten Sache zu gelangen (BGH **10**, 74, 75). Vom Gesetz wird dieser Begriff, der auf O. Bülow (Die Lehre von den Prozeßeinreden und den Prozeßvoraussetzungen, 1868) zurückgeht und für das Strafverfahren erst nach Inkrafttreten der StPO weiterentwickelt worden ist, nicht verwendet. Es spricht nur (in §§ 206 a I, 260 III, 304 IV S. 2 Nr 2, 467 III S. 2 Nr 2, § 6 I Nr 2 **StrEG**) von Verfahrenshindernissen. Dieser Begriff bezeichnet das Fehlen von Prozeßvoraussetzungen (LR-Rieß 22 zu § 206 a). **Prozeßhindernisse** sind demnach Umstände, die es ausschließen, daß von einem bestimmten Zeitpunkt an über einen bestimmten Prozeßgegenstand mit bestimmten Prozeßbeteiligten mit dem Ziel einer Sachentscheidung verhandelt werden darf (LR-Rieß aaO und JR **85**, 48); sie müssen so schwer wiegen, daß von ihrem Vorhanden- oder Nichtvorhandensein die Zulässigkeit des gesamten Verfahrens abhängig gemacht werden muß (BGH **32**, 345, 350; **36**, 294, 295). **142** **143**

B. **Einzelheiten:** **144**

a) **Gesetzlich ausdrücklich bestimmte Prozeßhindernisse**sind die absolute Strafunmündigkeit des Beschuldigten nach § 19 StGB (RG **57**, 206; Lackner 2 zu § 19 StGB) und für die Privatklage ein Lebensalter des Beschuldigten unter 18 Jahren (§ 80 **JGG**). Zum Tod des Beschuldigten vgl 8 zu § 206 a, zur dauernden **145**

Verhandlungsunfähigkeit oben 97. Ein Prozeßhindernis ist ferner das Fehlen der Unterworfenheit unter die deutsche Gerichtsbarkeit wegen diplomatischer Immunität (§§ 18–20 GVG), nach Art VII **NTS** und aus anderen Gründen, nach verbreiteter Ansicht auch, wenn wegen der Unanwendbarkeit des deutschen Strafrechts nach §§ 3 ff StGB keine Strafe verhängt werden darf (BGH NStZ **86**, 320 mwN; **95**, 440, 441; Saarbrücken NJW **75**, 506, 509), sowie, bis zur Genehmigung der Strafverfolgung durch das Parlament, die Immunität der Abgeordneten (Art 46 II GG und die entspr, nach § 152 a in der gesamten BRep geltenden Vorschriften der Landesverfassungen; Europa-Abgeordnete: RiStBV 192 b). Gesetzlich bestimmte Prozeßhindernisse sind auch die Niederschlagung des Verfahrens durch ein Straffreiheitsgesetz, die Beschränkungen bei der Auslieferung eines Beschuldigten an die BRep (§ 72 IRG) nach dem Spezialitätsgrundsatz (BGH **19**, 118, 119; **22**, 307; **29**, 94; **31**, 51, 52; StV **85**, 274 L; **87**, 6; Oldenburg StV **95**, 13), der Eintritt der Verfolgungsverjährung nach § 78 I S. 1 StGB, das Fehlen eines wirksamen Strafantrags oder sein späterer Wegfall bei der Verfolgung der sog Antragsdelikte (zB §§ 183 II, 194, 230, 248 a, 294 StGB), das Fehlen des behördlichen Strafverlangens (§ 104 a StGB), der behördlichen Ermächtigung (§§ 90 IV, 90 b II, 97 III, 104 a, 194 IV, 353 a II, 353 b IV StGB) oder der Erklärung der StA über die Bejahung des besonderen öffentlichen Interesses (zB nach §§ 230 I S. 1, 303 c StGB). Ferner begründet das Verbot der Doppelbestrafung nach Art 103 III GG, der Grundsatz ne bis in idem, der jedoch nicht für ausländische Verurteilungen gilt (BVerfGE **12**, 66, BGH **6**, 176; **12**, 36; **24**, 54, 57; StV **86**, 292; vgl auch § 51 III StGB), ein Prozeßhindernis (BGH **9**, 190, 192; **20**, 292, 293; unten 171 ff). Der Verbrauch der Strafklage (unten 171 ff) durch gerichtliches Urteil, durch unanfechtbar gewordene gerichtliche Einstellungsbeschlüsse nach § 153 II (dort 38), 153 a II (dort 52), 153 b (dort 3) oder durch staatsanwaltschaftliche Einstellungsverfügungen nach § 153 a I S. 4 (dort 45) stehen daher der Einleitung oder Weiterführung des Verfahrens entgegen. Da die doppelte Anhängigkeit ein und derselben Sache bei verschiedenen Gerichten zu der durch Art 103 III GG verbotenen Doppelbestrafung führen kann, ist bereits die anderweite Rechtshängigkeit ein von Amts wegen zu beachtendes Prozeßhindernis (BGH **1**, 67, 68; **5**, 381, 383; **10**, 358, 363; **22**, 185, 186; 232, 235; KG VRS **67**, 123; Oldenburg GA **83**, 184; erg 1 zu § 12). Auch die Rechtskraft in dem anhängigen Verfahren (Rechtskraft des Strafbefehls, Teilrechtskraft des Urteils) ist ein solches Prozeßhindernis für das weitere Verfahren (LR-Hanack 50 ff zu § 337).

146 b) **Schwerwiegende Mängel des Verfahrens** berechtigen idR nur zur Urteilsanfechtung und führen dann zur Urteilsaufhebung, wenn das Urteil auf ihnen beruht (§ 337 I). Prozeßhindernisse sind sie nur, wenn sie nach dem aus dem Zusammenhang ersichtlichen Willen des Gesetzgebers so schwer wiegen, daß von ihrem Fehlen die Zulässigkeit des Verfahrens im Ganzen abhängig gemacht werden muß (BGH **15**, 287, 290; **19**, 273, 278; **24**, 239, 240; **26**, 84, 91; **32**, 345, 350; **33**, 183, 186; **35**, 137, 140; **41**, 72, 75; hiergegen Volk 205 ff, der die Notwendigkeit der Bewährung der Rechtsordnung mit dem Ziel der Friedenssicherung für maßgebend hält). Aus dem Umstand, daß es sich um einen zwingenden Aufhebungsgrund nach § 338 handelt, läßt sich das nicht herleiten (BGH **26**, 84, 88). Prozeßhindernisse sind nach allgM das Fehlen einer wirksamen Anklageschrift (26 zu § 200), der die Nachtragsanklage nach § 266, die Antragsschrift nach § 414 II und der Einziehungsantrag nach §§ 441 gleichstehen, das Fehlen eines wirksamen Eröffnungsbeschlusses (3 zu § 203) oder eines Einbeziehungsbeschlusses nach § 266, das Fehlen eines wirksamen Strafbefehls und im Wiederaufnahmeverfahren des Beschlusses nach § 370 II (dort 8). Prozeßhindernisse sind ferner das Fehlen der sachlichen (1 zu § 6) und örtlichen Zuständigkeit (7 vor § 7) und das Innehaltungsgebot des § 154 e II (dort 11). Den nach 1945 unternommenen Versuchen, diesen seit langem feststehenden Kreis der aus Verfahrensmängeln hergeleiteten Prozeßhindernisse (und damit der von den Revisionsgerichten von Amts wegen zu prüfenden Verfahrensfehler) zu erweitern, ist der BGH mit Recht entgegengetreten (vgl BGH **15**, 287: unentschuldigtes Ausbleiben des Angeklagten zu Beginn der Berufungsverhandlung; BGH **26**, 84: vorschriftswidrige Abwesenheit des Angeklagten in der Berufungsverhandlung; BGH **33**, 183 = JR **86**, 300 mit Anm Meyer = NStZ **85**, 563 mit Anm Bruns: Fehlen der in § 316 II vorgeschriebenen Zustellung des 1. Urteils).

c) **Unmittelbar aus dem GG** lassen sich Prozeßhindernisse nicht herleiten **147**
(Bartlsperger DVBl **93**, 345/346). Das gilt insbesondere für Verstöße gegen das **148**
Rechtsstaatsprinzip nach Art 20 III GG. Bei der Weite und Unbestimmtheit dieses Prinzips (Einl 19) ist es aus Gründen der Rechtssicherheit ausgeschlossen, die Einleitung oder Weiterführung eines Strafverfahrens davon abhängig zu machen, daß bestimmte Umstände als Verstoß gegen den fair trial-Grundsatz bewertet werden (**aM** Weiler GA **94**, 561). Die Konturen der Rechtsfigur des Prozeßhindernisses gingen verloren, wollte man allein an solche Wertungsergebnisse anknüpfen (BGH **32**, 345, 352 = NStZ **85**, 131 mit Anm Meyer; Karlsruhe StV **86**, 10; vgl auch LR-Schäfer Einl Kap 11 Rdn 9; Rieß JR **85**, 45; Seelmann ZStW **95**, 831; Volk StV **86**, 36; für die Annahme von Verfassungs wegen bestehender Verfahrenshindernisse als *ultima ratio* aber Hillenkamp NJW **89**, 2841). Daher begründet die Überschreitung der Grenzen des erlaubten tatprovozierenden Verhaltens eines polizeilichen V-Manns entgegen einer im Schrifttum verbreiteten Ansicht (vgl Arloth NJW **85**, 417; Bruns NStZ **83**, 49; **85**, 565; StV **84**, 388; Dencker Dünnebier-FS 447; Gössel NStZ **84**, 421; Körner StV **82**, 384; Lüderssen Jura **85**, 113; J. Meyer ZStW **95**, 853; Rüping, Die Mitverantwortung des Staates als Strafverfolgungsverbot, 1984, S. 19; Schumann JZ **86**, 66; Taschke StV **84**, 178; Wolfslast, Staatlicher Strafanspruch und Verwirkung, 1995, S. 232 ff) kein von Amts wegen zu beachtendes Prozeßhindernis (BGH **33**, 356, 362 [GSSt]; ebenso Foth NJW **84**, 221; Schünemann StV **85**, 424; vgl auch BVerfG NJW **87**, 1874); sie ist nur bei der Strafzumessung zu berücksichtigen (BGH **32**, 345; NJW **86**, 1764; NStZ **94**, 289). Ein Prozeßhindernis besteht auch nicht deshalb, weil der Beschuldigte durch Publizierung von belastendem Material in Presse, Rundfunk und Fernsehen „öffentlich vorverurteilt" worden ist (LR-Rieß 58 zu § 206 a; Bruns H. Kaufmann-GedSchr 866; Hassemer NJW **85**, 1927 ff; vgl auch J. Meyer in: Eser/Meyer, Öffentliche Vorverurteilung und faires Strafverfahren, 1986, S. 344, 351), weil die StA Kenntnis vom Verteidigungskonzept des Angeklagten erlangt hat (BGH NStZ **84**, 419 mit krit Anm Gössel; Arloth NJW **85**, 417; Rieß JR **85**, 45), weil die Ermittlungsbeamten versucht haben, eine Verurteilung des Angeklagten um jeden Preis herbeizuführen (BGH **33**, 283 = StV **85**, 398 mit krit Anm Becker), weil sich die Ermittlungsbehörde Beweismanipulationen hat zuschulden kommen lassen (**aM** LG Hannover StV **85**, 94) oder sich an die „Zusage", eine Tat nicht verfolgen zu wollen, nicht gehalten hat (BGH **37**, 10 mit zust Anm Gatzweiler NStZ **91**, 46: jedoch wesentlicher Strafmilderungsgrund; abl Scheffler wistra **90**, 319; vgl auch Weigend JR **91**, 257; erg oben 119 ff) oder weil eine gesetzwidrige Zellendurchsuchung unter Ausnutzung der Abwesenheit der Angeklagten stattgefunden hat (Karlsruhe StV **86**, 10 unter Aufhebung der Entscheidung AG Mannheim StV **85**, 276; dazu Volk StV **86**, 34). Zur Frage der Folgen einer überlangen
Verfahrensdauer vgl 9 zu Art 6 MRK. Auch Verstöße gegen die **allgemeinen** **149**
Regeln des Völkerrechts (Art. 25 GG) begründen nicht ohne weiteres ein Prozeßhindernis. Das gilt insbesondere für die völkerrechtswidrige Festnahme des Angeklagten auf dem Gebiet eines fremden Staates, selbst unter Zurückverbringung in die BRep unter Umgehung der Auslieferungsbestimmungen. Ein Prozeßhindernis besteht nur in extrem gelagerten Ausnahmefällen (BVerfG NJW **86**, 3021) und wenn der ausländische Staat wegen der völkerrechtswidrigen Verletzung seines Hoheitsgebiets Ansprüche gegen die BRep stellt, die ihrer Art nach der Durchführung der Strafverfolgung entgegenstehen (BGH NStZ **84**, 563; **85**, 464; StV **85**, 273; Düsseldorf NJW **84**, 2050; vgl auch BVerfG NJW **86**, 1427 und dazu abl

Mann NJW **86**, 2167 und zust M.Herdegen EuGRZ **86**, 1; **aM** SK/StPO-Paeffgen 32 Anh zu § 206 a; Schubarth StV **87**, 173; Vogler Oehler-FS 379: völkerrechtliche Restitutionspflicht; Schünemann GA-FS 229 spricht sich für ein „vorübergehendes Inhaftierungsverbot" aus). Das Ersuchen des ausländischen Staats um unverzügliche Rückführung des Angeklagten hindert die Durchführung des Revisionsverfahrens nicht (BGH NJW **87**, 3087 = StV **87**, 138 mit Anm Sieg StV **88**, 7; der BGH hat das Verfahren aber nach § 205 eingestellt; vgl auch Schlimm ZRP **93**, 262; Wilske ZStW **107**, 48 und Anm zu Hamburg NStZ **95**, 552). Soweit das BVerfG für die
149 a früheren **DDR-Spione** (Mitarbeiter und Agenten des Ministeriums für Staatssicherheit und des militärischen Nachrichtendienstes der DDR) angenommen hat (BVerfGE **92**, 277 = NStZ **95**, 383; abl Classen NStZ **95**, 371; Schroeder JR **95**, 441; Volk NStZ **95**, 367; nur im Ergebnis zust Schlüchter/Duttge NStZ **96**, 460), aus dem Verhältnismäßigkeitsgrundsatz ergebe sich „unmittelbar von Verfassungs wegen ein Verfolgungshindernis", handelt es sich um eine nicht verallgemeinerungsfähige, auf den besonderen Umständen der deutschen Wiedervereinigung beruhende Einzelfallentscheidung (zu den Folgerungen aus dieser Entscheidung vgl Bay **95**, 139 = NJW **96**, 669 = JR **96**, 427 mit Anm Schmidt).

150 C. **Von Amts wegen und in jeder Lage des Verfahrens** sind Prozeßhindernisse zu berücksichtigen (BGH **6**, 304, 306; **20**, 292, 293; **22**, 1, 2; **29**, 94; Celle NStZ **83**, 233), bei Tateinheit für jedes der verletzten Strafgesetze nach dessen Grundsätzen (BGH MDR **56**, 527 [D]; RG **62**, 83, 88). Zur Berücksichtigung der während des Verfahrens neu geschaffenen Prozeßvoraussetzungen vgl 3 zu § 354 a, der nach Urteilserlaß, aber vor Rechtskraft eingetretenen Prozeßhindernisse 3 zu § 346. Zur Prüfung der Prozeßvoraussetzungen im Berufungsverfahren nach § 329
151 vgl dort 8, im Revisionsverfahren nach § 346 dort 11. **Teilrechtskraft** steht der Berücksichtigung von Prozeßhindernissen nicht entgegen (BGH **8**, 269 = JZ **56**, 417 mit Anm Jescheck; BGH **15**, 203, 207; **21**, 242; **31**, 51; GA **77**, 110; MDR **56**, 146 [D]; BayVRS **65**, 291, 293; **68**, 454; 6 zu § 337), insbesondere nicht die Urteilsanfechtung nur im Strafausspruch (BGH DAR **78**, 160 [Sp]; MDR **58**, 566 [D]; Bay **76**, 149 = MDR **77**, 422; VRS **65**, 291, 293) oder in der Strafaussetzungsfrage (BGH **11**, 393). Es reicht aus, daß das Verfahren noch wegen einer Nebenfolge anhängig ist (BGH **6**, 304; **13**, 128; RG **74**, 206; Hamm NJW **78**, 654). Ist jedoch ein Rechtsmittel auf die Verurteilung wegen einzelner selbständiger Taten beschränkt, so werden Prozeßhindernisse, die sich nur auf die anderen beziehen, nicht berücksichtigt, auch wenn eine Gesamtstrafe gebildet worden ist (Grünwald, Die Teilrechtskraft im Strafverfahren, 1964, S. 325; SK/StPO-Frisch 4 zu § 318; unrichtig BGH **8**, 269 = JZ **56**, 417 mit Anm Jescheck). Die Prüfung
152 erfolgt im **Freibeweis** (BGH **16**, 164, 166; **21**, 81; **22**, 90; NStZ **85**, 420; Düsseldorf VRS **71**, 28; Frankfurt NJW **83**, 1208, 1209; Karlsruhe GA **85**, 134; ANM 119 ff; Rieß JR **85**, 48; **aM** Roxin § 21 C; Többens NStZ **82**, 184; Volk 28; allg zum Freibeweis: 7, 9 zu § 244). Zur Bindung des Revisionsgerichts an die Urteils-
153 feststellungen vgl 6 zu § 337. Zur Verfahrensweise beim **Zweifel** am Bestehen eines Prozeßhindernisses vgl 7 zu § 206 a; 34 zu § 261).

154 D. **Verfahrensrechtliche Folgen:** Liegt ein Prozeßhindernis vor, das sich auf das ganze Verfahren bezieht, so darf ein Strafverfahren nicht eingeleitet werden. Wird gleichwohl Anklage erhoben, so ist die Eröffnung des Hauptverfahrens abzulehnen (2 zu § 204) oder die Privatklage zurückzuweisen (7 zu § 383). Ein bereits anhängiges Verfahren muß idR (außerhalb der Hauptverhandlung nach § 206 a, in der Hauptverhandlung nach § 260 III) eingestellt werden, auch wenn es bereits im Schuldspruch oder teilw im Rechtsfolgenausspruch rechtskräftig abgeschlossen ist (oben 151). Wenn der Sachverhalt ohne weiteres die Freisprechung rechtfertigt, wird aber nicht eingestellt, sondern freigesprochen (44 zu § 260; 6 zu § 354). Ist das Prozeßhindernis behebbar (zB durch Nachholung des Strafantrags, der Anklageschrift oder des Eröffnungsbeschlusses; Wiederherstellung der Verhandlungsfähigkeit), so ist die Einstellung nur vorläufig; das Verfahren kann nach Schaf-

fung der Prozeßvoraussetzung fortgeführt werden (vgl auch 6 zu § 354). Beim Fehlen der Zuständigkeit schreiben §§ 225 a I S. 1, 270 I S. 1, 328 II, 355 statt der Einstellung die Verweisung an das zuständige Gericht vor. Bezieht sich das Prozeßhindernis nur auf eine tateinheitlich begangene Gesetzesverletzung oder auf den Teilakt einer Fortsetzungstat, so scheiden diese Tatteile aus dem Verfahren ohne förmliche Einstellung aus (BGH **7**, 305; OGH **3**, 44, 46; Bay **63**, 157 = VRS **25**, 448; Bay **76**, 147, 149 = MDR **77**, 421, 422). Der Rechtsmittelrücknahme steht das Entstehen eines Prozeßhindernisses nicht entgegen (6 zu § 302).

8) Prozessuale Fürsorgepflicht: 155

A. **Begriff:** Außer den gesetzlich im einzelnen geregelten Pflichten erwachsen 156 dem Gericht und den Strafverfolgungsbehörden eine Reihe von Nebenpflichten aus dem Rechtsstaatsprinzip (oben 18 ff), aus dem im öffentlichen Recht geltenden Grundsatz des Vertrauensschutzes (BVerwGE **5**, 312), aus dem Recht auf Verteidigung und dem Recht auf ein faires Verfahren (BVerfGE **26**, 66, 71; oben 19; 4 zu Art 6 **MRK)** und aus der allgemeinen Rechtspflicht, das Verfahren justizförmig, pfleglich und zweckvoll zu gestalten. Dazu gehört zB die Überwindung von Kommunikationsschwierigkeiten und der mögliche Persönlichkeitsschutz (zB §§ 68 II, III, 68 a; §§ 171 b, 172 Nr 2 GVG). Diese Pflichten werden unter der Sammelbezeichnung prozessuale Fürsorgepflicht zusammengefaßt (LR-Schäfer Einl Kap 6 Rdn 23; Peters 199; Roxin § 42 D V; vgl allg: Plötz, Die gerichtliche Fürsorgepflicht im Strafverfahren, 1980; zu den Grenzen Maiwald Lange-FS 745; vgl auch BGH **22**, 118, 122; **25**, 325; **26**, 1, 4; krit Rüping JZ **83**, 664).

B. **Gegenüber dem Verfahren und den Beteiligten** besteht die Pflicht. Sie 157 dient einem behutsamen Ausgleich zwischen der Subjektstellung aller Verfahrensbeteiligten und der Verantwortung für die Wahrheitsfindung (Maiwald Lange-FS 745). Die pflegliche Führung des Verfahrens erfordert es zB, Beweise zu sichern, deren Verlust oder Entwertung durch Zeitablauf zu befürchten ist, gleichviel, ob es sich um belastende oder entlastende Beweistatsachen handelt (vgl §§ 205 S. 2, 285). Wesentlich ist die Pflicht, durch Fragen und Hinweise dahin zu wirken, daß die Prozeßbeteiligten sich über alle erheblichen Tatsachen vollständig erklären, sachdienliche Anträge stellen (vgl § 139 ZPO) und sich eindeutig äußern (BGH **6**, 282, 284 hinsichtlich der StA); daß ein Rechtspflegeorgan sich nicht mit einer vorher abgegebenen Erklärung in Widerspruch setzt (zB BGH MDR **72**, 925 [D]). Gegenüber einem durch einen Rechtskundigen verteidigten Angeklagten wird Anlaß zu einer Fürsorge naturgemäß seltener bestehen als gegenüber einem Rechtsunkundigen, Unerfahrenen oder Unbemittelten, der keinen geeigneten Beistand zur Seite hat (vgl Bay NJW **59**, 2274). Insgesamt ergibt sich aus dem Rechtsgedanken der prozessualen Fürsorge in vielen Fällen die Pflicht, „den Beschuldigten, auch wo es nicht ausdrücklich vorgeschrieben ist, über seine Rechte zu belehren" (vgl Österr. StPO 1975, § 3) oder ihn auf Folgen einer Säumnis hinzuweisen (Bay **62**, 6; Eb Schmidt Nachtr 2 zu § 412). Jedoch darf sie nicht zur Warnung des Angeklagten vor belastenden Angaben führen; die Wahrheitsfindung hat Vorrang (Maiwald aaO). Auch der Schutz des StA, des Verteidigers und anderer mitwirkender Personen gegen Angriffe oder Ehrverletzungen durch den Angeklagten oder andere anwesende Personen unter Ausnutzung der Mittel der §§ 177, 178 GVG gehört zur Fürsorgepflicht (Teerhorst MDR **77**, 598; 9 zu
§ 176 GVG). Der **Grundsatz der Verhältnismäßigkeit** als Übermaßverbot hat 158
in der Rechtsentwicklung der jüngeren Zeit den Charakter einer eigenständigen prozessualen Rechtsinstitution gewonnen und kann daher heute aus der prozessualen Fürsorgepflicht als Auffangtatbestand ausgeschieden werden (oben 20, 21).

C. Die **Pflicht, Verfahrensmängel zu heilen,** gehört ebenfalls zur Fürsorge- 159 pflicht (Bay **65**, 2; Gössel 166; Schmid Maurach-FS 535; 39 zu § 337; 3 zu § 338). Insbesondere bei Fehlerhaftigkeit des Verfahrens kann es notwendig werden, den betroffenen Verfahrensteil zu wiederholen. Dieser Grundsatz hat zB in § 29 II S. 2 Niederschlag gefunden.

160 D. Das **Beschleunigungsgebot** (dazu Pfeiffer Baumann-FS 329), das in 1. Hinsicht dem Interesse des Beschuldigten, aber auch dem öffentlichen Interesse dient (BGH **26**, 228, 232), kann noch zum Fürsorgegebot gerechnet werden (Gössel 166), obgleich es sich ebenfalls mehr und mehr zum selbständigen Rechtsinstitut entwickelt. Es folgt aus der allgemeinen Fürsorgepflicht (BGH **26**, 1, 4), aus Art 6 **MRK** (dort 7 ff), verstärkt für Haftsachen aus Art 5 III S. 2 **MRK** und Art 2 II S. 2 GG (BVerfGE **20**, 45 = NJW **66**, 1259), für diese Sachen nochmals verstärkt für das Verfahren bis zum Urteil durch die §§ 121, 122, ferner aus zahlreichen einzelnen Verfahrensbestimmungen, zB aus den kurzen Anfechtungsfristen und aus § 72 V **JGG.** Für das Ermittlungsverfahren vgl Kohlmann Maurach-FS 501 ff, der bei Verletzung des Beschleunigungsanspruchs die §§ 23 ff **EGGVG** anwenden will (vgl aber dort 5 ff). Zur Terminierung 4, 7 zu § 213; zur Aussetzung 10 zu § 228. Zur Beschleunigung muß jede mögliche organisatorische Maßnahme ausgeschöpft werden, insbesondere in Haftsachen (BVerfGE **36**, 264, 272 = NJW **74**, 304).

161 E. **Für alle Organe der Strafrechtspflege,** also auch für die StA (oben 37, 38; vor § 141 GVG) und die (Kriminal-)Polizei als deren Ermittlungsorgan (oben 39) sowie für Rechtspfleger und UrkB (oben 133) bei der Aufnahme von Erklärungen besteht die Pflicht zur prozessualen Fürsorge. Die StA hat zB bei Verdacht einer Straftat eines Abgeordneten, der Immunität genießt (Art 46 II GG, § 152 a), zu versuchen, dieses zeitweilige Verfahrenshindernis durch Herbeiführung einer Entscheidung des Parlaments über die Erteilung der Verfolgungsgenehmigung zu beseitigen (KG JR **59**, 432), wenn es im öffentlichen Interesse liegt (10 zu § 152).

162 F. Eine **prozessuale Rechtspflicht,** nicht nur ein *officium nobile,* ist die Fürsorgepflicht, soweit sie auf „Gesetz und Recht" (Art 20 III GG) beruht, anders ausgedrückt, wenn sie sich aus der Verfassung oder anderen Gesetzen ergibt (zB aufgrund von Analogie zu anderen Bestimmungen, Celle NJW **74**, 1258, 1260), insbesondere wenn sie auf das Erfordernis fairen Verfahrens (oben 19 ff) oder im Bereich der StA auf das Legalitätsprinzip zurückzuführen ist (KG JR **59**, 432). Daher kann es notwendig sein, den bestellten Verteidiger abzulösen, wenn er sich offensichtlich als völlig unfähig zeigt oder seine Pflicht offensichtlich grob verletzt (4 zu § 143). Der Charakter der Rechtspflicht kann auch aus vorangegangenem Tun iS einer Garantie entstehen. Hat zB im Falle des § 219 der Antragsteller den Bescheid erhalten, die Richtigkeit der Beweistatsache werde unterstellt, und hält das Gericht sich nicht daran gebunden, so muß der Vorsitzende dem Antragsteller davon Kenntnis geben (BGH **1**, 51). Aus denselben Erwägungen ist ein Hinweis des Gerichts an den möglicherweise betroffenen Beteiligten geboten, wenn es in einem wesentlichen Punkt von seiner diesem Beteiligten bekannten Rechtsauffassung oder von der allgemein herrschenden Rspr abweichen will (Dahs/Dahs 113; oben 29). Auch eine unrichtige Auskunft der Geschäftsstelle (zB über angebliche Terminverlegung) kann die Pflicht begründen, hierauf Rücksicht zu nehmen (zB durch Vertagung: Düsseldorf GA **58**, 54). Der Vorsitzende ist aber grundsätzlich nicht verpflichtet, den Verteidiger vom Vorhandensein neuer Beweismittel zu unterrichten, die nach dessen Akteneinsicht zu den Akten gelangt sind (BGH DAR **85**, 193 [Sp]), vgl aber 9 zu § 101.

163 **9) Rechtskraft richterlicher Entscheidungen:**

164 A. Die **formelle Rechtskraft** bedeutet, daß die Entscheidung von den Verfahrensbeteiligten nicht oder nicht mehr mit einem ordentlichen Rechtsmittel angefochten werden kann und für diesen Prozeß nicht mehr abänderbar ist. Sie dient der Rechtssicherheit (vgl 1 vor § 359), die in Widerspruch zur Gerechtigkeit im Einzelfall geraten kann (vgl BVerfGE **19**, 166). Das die Rechtskraft erzeugende Prozeßereignis kann die Verwerfung oder die Zurücknahme eines Rechtsmittels sein oder der Verzicht auf Rechtsmittel oder der ungenutzte Ablauf der Anfech-

tungsfrist. Ein Urteil, das nur von einem Prozeßbeteiligten nicht mehr angefochten werden kann, ist noch nicht rechtskräftig; denn maßgebend ist die absolute Rechtskraft, nicht die sog relative, die nur eine teilw Sperrwirkung erzeugt (§§ 301, 331 I, 358 II) und im übrigen nur für die Anrechnung der UHaft Bedeutung hat (§ 450 I).

a) Ein **Urteil,** das formell rechtskräftig geworden ist, beendet die Rechtshängigkeit, gleichviel, ob es sich um eine Prozeßentscheidung oder um ein Sachurteil handelt. Letzteres wird mit der Unanfechtbarkeit auch materiell rechtskräftig (unten 168 ff). In Ausnahmefällen geht die Rechtskraft wieder verloren, nämlich durch Wiedereinsetzung in den vorigen Stand nach Versäumung einer Rechtsmittelfrist (§§ 44 ff), durch Wiederaufnahme des Verfahrens (§§ 359 ff; § 79 I BVerfGG) oder sonst durch Aufhebung (zB auf Verfassungsbeschwerde, unten 230 ff). **165**

b) Ein **Beschluß** kann ebenfalls formell rechtskräftig werden (vgl dazu Trepper, Zur Rechtskraft strafprozessualer Beschlüsse, 1996), jedoch nur ein solcher, der lediglich mit der sofortigen Beschwerde angefochten werden kann (§ 311) oder seiner Art nach von vornherein jeder Anfechtung entzogen ist (zB §§ 46 II, 138 d VI S. 3, 419 II S. 2). Zur formellen Rechtskraft gehört außer der Unanfechtbarkeit auch, daß die Entscheidung durch das Gericht grundsätzlich nicht mehr geändert werden kann (München MDR **87**, 783; erg oben 112 ff). Dadurch entsteht eine formelle Sperrwirkung für eine neue Entscheidung in derselben Frage, bis dem Beschluß durch Nova die Grundlage entzogen ist (zB 11 zu § 206 a; 1 zu § 211). Eine rechtskräftige Unzuständigkeitserklärung zB sperrt, solange sie besteht, auch die Möglichkeit, daß das Gericht dieselbe Sache auf eine neue Klage in einem neuen Verfahren untersucht (BGH **18**, 1, 5). In einzelnen Fällen gibt es auch eine formelle Rechtskraft für gewisse Zeit, zB 52 zu § 454; 3 zu § 459 f. **166**

c) Die **Art der Entscheidung** (Urteil oder Beschluß) richtet sich nicht zwingend nach der Bezeichnung, die sie trägt. Maßgebend für die Anfechtung und die formelle und materielle Rechtskraft ist vielmehr die Form, in der sie hätte ergehen sollen (BGH **15**, 259; EbSchmidt JZ **63**, 715; 11 ff zu § 296). Stellt zB das Gericht in der Hauptverhandlung das Verfahren wegen einer einheitlichen Tat unter einem oder mehreren Gesichtspunkten ein, weil der Angeklagte insoweit nicht schuldig sei, so ist dieser Beschluß der Sache nach ein freisprechendes Urteil (BGH JZ **63**, 714). **167**

B. Die **materielle Rechtskraft,** die die formelle voraussetzt und ein Spezifikum der Rspr ist, betrifft die gegenwärtige und künftige Zulässigkeit von Sanktionen gegen denselben Täter wegen derselben Tat. Die materiellen Rechtsfolgen bleiben auch für die Zukunft festgesetzt oder abgelehnt. **168**

a) Die **Entscheidung,** bei Verurteilung der Schuldspruch (oben 7) und die Rechtsfolgenentscheidung (28 zu § 260), wird in ihrer positiven und ihrer negativen Seite unabänderlich (Gestaltungs- oder Beendigungswirkung); die positive wird zugleich vollstreckbar (§ 449, Vollstreckungswirkung). Hinzu kommt die Sperrwirkung (unten 170, 173). Eine Feststellungswirkung kann auch das Gesetz vorsehen, zB § 66 I Nr 1 StGB; vgl auch unten 178; zur Feststellungs- und Tatbestandswirkung vgl Grunsky Kern-FS 223. **169**

b) Auf die **Entscheidungsgründe** eines freisprechenden oder verurteilenden Erkenntnisses bezieht sich die Wirkung der Rechtskraft nicht (BVerfGE **36**, 174, 184 ff = NJW **74**, 179; BGHZ **13**, 279; BGH NJW **82**, 1239, 1240). Das vollrechtskräftige Urteil erzeugt also hinsichtlich der tatsächlichen Feststellungen keine Rechtskraft (BGH **43**, 106 = JR **98**, 117 mit krit Anm Loos; Hamm NJW **59**, 1982; Bruns EbSchmidt-FS 602; Roxin § 50 B II 1). Es ist grundsätzlich weder ein Strafrichter noch ein Zivilrichter an Tatsachen gebunden, die in einem rechtskräftigen Strafurteil festgestellt sind (ANM 435 ff), wenn das Gesetz im Einzelfall nichts anderes bestimmt (wie zB in § 190 S. 2 StGB, Stuttgart NJW **60**, 1872; in § 464 III S. 2). Vgl aber auch § 262. **170**

171 c) Der **Verbrauch der Strafklage** ist die wichtigste Wirkung der materiellen Rechtskraft. Er tritt erst ein, wenn das Verfahren wegen der Tat, die Gegenstand des Verfahrens ist, vollständig abgeschlossen ist (BGH **28**, 119, 121); vorher besteht das Verfahrenshindernis der Rechtshängigkeit (oben 145). Die Sperrwirkung – *ne bis in idem,* Grundsatz der Einmaligkeit der Strafverfolgung – macht eine neue Strafverfolgung gegen denselben Täter wegen derselben Tat unzulässig (Art 103 III GG; BGH **20**, 292). Sie ist – ebenso wie das Gebot des rechtlichen Gehörs (Art 103 I GG) – der Sache nach ein verfahrensrechtliches Grundrecht (BVerfGE **9**, 89, 96; **23**, 191, 202 = NJW **68**, 982). Daher hat die materielle Rechtskraft eine Doppelwirkung: Sie schafft ein Verfahrenshindernis (oben 145), gewährleistet aber auch ein subjektives verfassungsmäßiges Recht, nicht wegen derselben Tat mehrfach bestraft zu werden (BGH **5**, 323, 328; vgl auch BVerfGE **23**, 191, 203 ff; BVerfG NJW **83**, 1600; **84**, 1675; Schleswig StV **88**, 56: Nichtbefolgung einer Einberufung zum Zivildienst aufgrund fortdauernder Gewissensentscheidung). Spätere Ergänzungs- oder Vervollständigungsklage ist nicht zulässig (BVerfGE **65**, 377, 381 = NJW **84**, 604; Achenbach ZStW **87**, 74 ff; Schlüchter 604.2; **aM** Roxin § 50 B II 4 b mwN).

172 d) **Nur die Sachentscheidung** verbraucht die Strafklage (BVerfGE **12**, 62; BGH **2**, 375), also nicht der Nichteröffnungsbeschluß wegen Verfahrenshindernisses (2 zu § 204); auch nicht ein Einstellungsurteil nach § 260 III (BGH **18**, 1, 5; **32**, 209, 210; **aM** LR-Schäfer Einl Kap 12 Rdn 43; Roxin § 50 B III 1 a; Többens NStZ **82**, 186; vgl aber 47, 48 zu § 260).

173 e) Die **Sperrwirkung** reicht so weit, wie die Sachentscheidung durch ein Strafgericht der BRep aufgrund der Anklage und des Eröffnungsbeschlusses in tatsächlicher und rechtlicher Hinsicht geboten war (BVerfGE **56**, 22 = NJW **81**, 1433; BGH **29**, 288, 292; NJW **81**, 997; 1 ff zu § 264). Die Verurteilung wegen Hehlerei verbraucht daher idR nicht die Strafklage wegen des vorangegangenen Raubes des Hehlgutes (BGH **35**, 60 mit zust Anm Roxin JZ **88**, 260; **aM** Gillmeister NStZ **89**, 3). Die Strafklage wird nur beschränkt verbraucht, wenn das mit der Sache befaßte Gericht und jedes andere Gericht der BRep rechtlich gehindert war, die Tat unter einem bestimmten rechtlichen Gesichtspunkt zu beurteilen, zB infolge Fehlens der Gerichtsbarkeit der BRep (oben 142, unten 212; § 18 GVG; RiStBV 193 ff) oder einer Beschränkung durch eine Auslieferungsbedingung (oben 147; § 72 IRG) oder eines anderen Verfahrenshindernisses (BGH **15**, 259). In diesem Fall kann die Aburteilung der Tat überhaupt oder, wenn sie nur teilw ausgeschlossen war, unter dem schwereren Gesichtspunkt, der im 1. Verfahren unberücksichtigt bleiben mußte, in einem späteren Verfahren nachgeholt werden, wenn das Hindernis nachträglich wegfällt (BGH aaO; RG **56**, 166). Bei Ausscheidung eines Tatteils oder einer von mehreren Gesetzesverletzungen nach § 154 a erstreckt sich die Rechtskraft auch auf das Ausgeschiedene.

174 f) **In persönlicher Hinsicht** wird die Strafklage gegen denjenigen verbraucht, gegen den sich das Verfahren wirklich gerichtet hat. Dabei kommt es nicht entscheidend auf die richtige Erfassung der Personalien an. Daß der Angeklagte unter falschem Namen aufgetreten ist, berührt die Wirksamkeit des Urteils gegen ihn nicht (BGH NStZ-RR **96**, 9; Köln MDR **83**, 865 hält allerdings bis zur Rubrumberichtigung ein Rechtsmittel des wahren Namensträgers für zulässig; aber gerade wegen der Berichtigungsmöglichkeit bedarf es für ihn keines Rechtsmittels, vgl Düsseldorf NStZ **94**, 355). Zur Verurteilung eines anderen unter dem Namen des Angeklagten vgl 27 zu § 230.

175 g) Bei **fortgesetzter Handlung** (vgl dazu 14 zu § 260) und **Dauerstraftat** verbraucht das rechtskräftige verurteilende Straferkenntnis die Strafklage auch für diejenigen Einzelakte, die vor der letzten Tatsachenverhandlung (BGH **9**, 324; MDR **80**, 272 [H]) oder vor Erlaß des Strafbefehls (Köln wistra **86**, 273; vgl auch BGH **33**, 230, 232; **aM** BGH **6**, 125: vor Zustellung) begangen, aber in dem Verfahren nicht behandelt worden sind (6, 9 zu § 264; auch 4, 17 zu § 154 a). Das

gilt auch bei Teilrechtskraft eines Urteils; Teilakte, die vor Rechtskraft des Schuldspruchs begangen wurden, sind einer neuen Strafverfolgung nicht zugänglich (BGH StV **86**, 141). BGH **29**, 288 macht eine Ausnahme für die mit dem Organisationsdelikt des § 129 StGB ideell konkurrierenden schwereren Straftaten; dazu BVerfGE **56**, 22 = NJW **81**, 1433 = StV **81**, 323 mit Anm Grünwald; Krauth Kleinknecht-FS 215; Rieß NStZ **81**, 72; Werle NJW **80**, 2671. Wenn die erstinstanzliche Verurteilung im Schuldspruch rechtskräftig wird, beginnt mit ihr eine neue Tat; der Strafklageverbrauch reicht in diesem Fall bloß bis zum Zeitpunkt des Erlasses dieses Urteils (Bay **77**, 39 = GA **78**, 81 L zur Dauerstraftat; Karlsruhe StV **98**, 28 zur Bewertungseinheit). Die rechtskräftige Aburteilung einer Einzelhandlung als einer selbständigen Tat verbraucht die Strafklage nicht wegen der übrigen Teile der Fortsetzungstat (BGH NStZ **93**, 51; NStE Nr 11 zu § 264; Hamm VRS **74**, 194; vgl auch 13 zu § 207). Das gilt auch dann, wenn die StA die Strafverfolgung gem § 154 a auf diesen einen Einzelakt beschränkt hatte, da es allein auf die Tatsache der Verurteilung wegen einer Einzeltat oder einer fortgesetzten Handlung ankommt (**aM** BGH NStZ **89**, 381: Strafklageverbrauch für die gesamte fortgesetzte Tat; offengelassen von BGH NStZ **92**, 142). Anders ist es, wenn die Aburteilung mehrere Einzeltaten zum Gegenstand hatte, die bei zutreffender Beurteilung nur Teilakte einer fortgesetzten Handlung sind, zu der auch weitere in einem neuen Verfahren angeklagte Taten gehören (BGH **33**, 122 = JZ **86**, 45 mit Anm Gössel). Werden nach Aburteilung der Einheitstat neue Einzelhandlungen bekannt und untersucht, bei denen fraglich ist, ob sie zu der Einheitstat gehören, so entscheidet zunächst die StA und dann der neue Tatrichter über die Frage des Strafklageverbrauchs, und zwar unabhängig von den Feststellungen und der Beurteilung des rechtskräftigen Urteils (BGH **15**, 268 = JZ **61**, 425 mit Anm Peters; BGH StV **84**, 366; Hamburg VRS **45**, 31; Schlüchter JR **90**, 13); auch bei früherer unrichtiger Annahme einer Dauerstraftat steht aber die Rechtskraft der Verfolgung weiterer in dem abgeurteilten Zeitraum begangener Taten entgegen (LG Memmingen NStZ-RR **97**, 140). Die Verurteilung wegen unerlaubten Besitzes (und Führens) einer Waffe verbraucht nicht die Strafklage wegen eines mit ihr durchgeführten Verbrechens, da die Dauerstraftat des Waffenbesitzes durch die auf einem neuen Willensentschluß beruhende schwerere Tat unterbrochen wird (anders nur, wenn der Täter wegen Führens der Waffe bei dieser Gelegenheit – in Unkenntnis des dabei begangenen Verbrechens – bereits verurteilt worden ist); übt der Täter auch nach Begehung des Verbrechens den unerlaubten Waffenbesitz aus, so begeht er eine weitere (sachlich-rechtlich und prozessual) selbständige Tat (BGH **36**, 151 = JR **90**, 161 mit Anm Mitsch; Puppe JR **86**, 205; Schlüchter JZ **91**, 1059, 1061 und SK/StPO 32 zu § 264). Zum Strafklageverbrauch bei gleichzeitiger Einfuhr von Waffen und Betäubungsmitteln vgl BGH NJW **89**, 726 und LG Freiburg StV **91**, 16, zum unerlaubten Erwerb von Betäubungsmitteln und anschließender Straßenverkehrsgefährdung Bay NJW **91**, 2360 und Schlüchter aaO. Ein von dem Vorwurf einer fortgesetzten Handlung oder eines Dauerdelikts freisprechendes Urteil verbraucht die Strafklage nur für die in diesem Verfahren behandelten Fälle (RG **66**, 19, 26; Bay MDR **94**, 505; LK-Vogler 99 vor § 52 StGB). Später bekanntgewordene Einzelfälle können trotz des Freispruchs verfolgt werden (Bay aaO; Düsseldorf StV **87**, 241). Zwischen erwiesenen und nicht erwiesenen Teilakten gibt es keinen Fortsetzungszusammenhang (BGH StV **84**, 363; wistra **91**, 185).

h) **Inländische Entscheidungen** verbrauchen die Strafklage für die Gerichte der BRep (BGH NStZ **86**, 557; BayVerfGH NJW **63**, 1003; vgl auch BVerfG **12**, 62, 66). Das muß aber auch für vor dem 3. 10. 1990 ergangene Entscheidungen der Gerichte der ehemaligen DDR gelten; denn diese bleiben nach Art 18 EV wirksam (vgl aber 11 vor § 449). Zur Rechtskraftwirkung von Strafbefehlen vgl 11, 12 zu § 410). **176**

177 i) **Urteile ausländischer Gerichte** verbrauchen die Strafklage für die Gerichte der BRep nicht (BGH StV **86**, 292; **88**, 18: aber Berücksichtigung bei der Strafzumessung). Etwas anderes gilt, wenn durch zwei- oder mehrseitige zwischenstaatliche Vereinbarungen Abweichendes vereinbart ist. Insbesondere nach Art 54 SDÜ (unten 216) darf durch eine andere Vertragspartei nicht wegen derselben Tat verfolgt werden, wer rechtskräftig abgeurteilt worden ist, vorausgesetzt, daß im Falle einer Verurteilung die Sanktion bereits vollstreckt worden ist, gerade vollstreckt wird oder nach dem Recht des Urteilsstaates nicht mehr vollstreckt werden kann (vgl dazu Saarbrücken StV **97**, 359 mit Anm Schomburg StV **97**, 383); der Grundsatz unterliegt allerdings Einschränkungen (vgl Art 55 SDÜ), wobei aber bei erneuter Verfolgbarkeit bereits erlittener Freiheitsentzug auf die neue Sanktion anzurechnen ist (vgl Art 56 SDÜ; Grotz StraFo **95**, 102; Schomburg NJW **95**, 1931). Nur aus der Sicht des zuerst entscheidenden Staates (nicht auch der übrigen Staaten) muß eine rechtskräftige oder rechtskraftähnliche Entscheidung vorliegen (Lagodny NStZ **97**, 265). Der sachliche Anwendungsbereich dieses internationalen *ne bis in idem*-Grundsatzes ist aber noch umstritten (vgl einerseits LG Hamburg wistra **95**, 358; **96**, 359; andererseits Hamburg wistra **96**, 193 sowie dazu BGH NStZ **98**, 149 mit Anmen van den Wingaert und Lagodny; Schomburg/Lagodny 8 ff zu Art 54 SDÜ). Weitere unterschiedlich ausgestaltete Verbote der Doppelverfolgung enthalten Art VII (8) **NTS**, Art 10 des Jugoslawien-IStGH-Statuts und Art 9 des Ruanda-IStGH-Statutes (vgl Einl 207 a) sowie jeweils Art 7 des Übk vom 26. 7. 1995 aufgrund von Art K. 3 des Vertrags über die EU über den Schutz der finanziellen Interessen der EG (BGBl II 2324) und des entspr Protokolls vom 27. 9. 1996 (BGBl II 2342). Der BTag hat am 7. 9. 1998 das Übk vom 25. 5. 1987 zwischen den Mitgliedstaaten der EG über das Verbot der Doppelbestrafung ratifiziert (BGBl II 2227); es ist noch nicht in Kraft getreten, wird aber schon von Deutschland, Dänemark, Frankreich, Italien, Niederlande und Portugal vorzeitig
177 a angewendet. Erg unten 215 ff. Auch die förmliche **Abgabe von Verfahren** kann aufgrund völkerrechtlicher Vereinbarung (vgl etwa Art XV des Deutsch/Österreichischen Ergänzungsvertrages zum EuRHÜbk, BGBl 1975 II 1157; 1976 II 1818) zum Verfahrenshindernis im abgebenden Staat führen (Karlsruhe GA **88**, 378). Zu Entscheidungen supranationaler Gerichte vgl BGH **24**, 54, 57.

178 k) Eine **disziplinare Ahndung** wegen eines Verhaltens, das zugleich eine dienstliche oder berufliche Verfehlung und eine Straftat darstellt, verbraucht die Strafklage nicht (BVerfGE **21**, 378, 391 = NJW **67**, 1654; BVerfGE **27**, 180, 184; KG StV **87**, 519 mit Anm Frister). Denn Art 103 III GG greift nur ein, wenn die Verhängung einer weiteren echten Kriminalstrafe in Frage steht (BVerfGE **43**, 101, 105 = NJW **77**, 293). Umgekehrt ist eine Ahndung im Disziplinarverfahren wegen solcher Tatsachen ausgeschlossen, die Gegenstand einer gerichtlichen Entscheidung waren, die zum Freispruch der betreffenden Person von dem Vorwurf einer Straftat oder einer OWi geführt hat (vgl Feuerich NJW **88**, 183 zum ehrengerichtlichen Verfahren). In einem solchen Fall kommt disziplinare Ahndung nur noch insoweit in Betracht, als das Verhalten, ohne den Tatbestand einer Strafvorschrift oder einer Bußgeldvorschrift zu erfüllen, eine ahndbare Pflichtverletzung enthält (vgl § 76 V WDO; § 17 V BDO; § 118 II BRAO; § 109 II StBerG; § 83 II WPO; § 102 II
179 PatAO). Zu einer Art **Anrechnung** kann es auf folgende Art kommen: Eine disziplinare Ahndung kann die Entscheidung nach §§ 153, 153 a in der Beurteilung des öffentlichen Interesses beeinflussen. Außerdem muß ein bereits verbüßter Disziplinararrest gegen einen Soldaten bei der Berechnung einer Freiheitsstrafe berücksichtigt werden (BVerfGE **21**, 391 = NJW **67**, 1654 mit krit Anm Rupp; BVerfGE **27**, 180 = NJW **70**, 507 mit krit Anm Kreuzer); ebenso muß Disziplinarbuße auf die Geldstrafe angerechnet werden, wenn sie wegen derselben Tat verhängt worden ist (Hamm NJW **78**, 1063). Über Aufhebung einer Disziplinarmaßnahme bei nachträglichem Straf- oder Bußgeldverfahren vgl § 39 WDO.

l) Auf eine **Ordnungswidrigkeit** erstreckt sich der Strafklageverbrauch nach § 84 I OWiG. Auch die rechtskräftige gerichtliche Entscheidung über eine OWi erzeugt eine Sperrwirkung gegen spätere Strafverfolgung (§ 84 II OWiG). **180**

C. Der **Strafbefehl,** der nur wegen Vergehens zulässig ist, ergeht schriftlich in einem Beschlußverfahren. Er verbraucht bei Rechtskraft die Strafklage im selben Umfang wie ein rechtskräftiges Urteil (12 zu § 410). **181**

D. **Beschlüsse,** die eine das Verfahren beendigende Sachentscheidung enthalten, haben im Vergleich zu den freisprechenden Urteilen ebenfalls nur eine beschränkte materielle Rechtskraft (Loos JZ **78**, 592). Denn wenn sich neue Tatsachen oder Beweismittel ergeben, die im Zusammenhang mit den bereits beim Erlaß des Beschlusses bekannten Tatsachen die Erhebung der öffentlichen Klage gegen denselben Beschuldigten wegen derselben Tat rechtfertigen, ist ein neues Verfahren zulässig, wie sich aus den §§ 174 II, 211 sowie § 47 III **JGG** ergibt. Das mit der Sache neuerdings befaßte Gericht stellt bei der Eröffnung des Hauptverfahrens fest, daß die materielle Rechtskraft des früheren Beschlusses aufgrund neuer Tatsachen oder Beweismittel entfallen ist. Das gilt auch für den Beschluß nach § 153 II (dort 37, 38), nach § 153b II oder nach § 154 II (dort 17). Vgl dazu Radtke, Zur Systematik des Strafklageverbrauchs verfahrenserledigender Entscheidungen im Strafprozeß, 1994, S. 139 ff. **182**

E. **Bei der Einstellung des Verfahrens nach Erfüllung auferlegter und übernommener Pflichten** und Weisungen (§ 153a I S. 4, II) entsteht ein weitergehendes Verfahrenshindernis als bei sanktionsloser Verfahrenseinstellung (52 zu § 153a). **183**

F. Die **Teilrechtskraft** (vgl Bruns, Teilrechtskraft und innerprozessuale Bindungswirkung des Strafurteils, 1961), dient einer vernünftigen verfahrenswirtschaftlichen Ersparung richterlicher Überholungs- und Nachbesserungsarbeiten. Sie entsteht entweder durch Teilanfechtung (§§ 318, 344 I) oder durch Teilaufhebung des Urteils und ist sowohl quantitativ als auch qualitativ weniger als die volle Rechtskraft (Bruns NStZ **84**, 131). **184**

a) **Zwei Formen** sind zu unterscheiden: Die **vertikale** Teilrechtskraft beschränkt sich auf einen Teil des Prozeßstoffes, der selbst Gegenstand eines eigenen Verfahrens hätte sein können, also auf die Frage der Bestrafung eines von mehreren Angeklagten oder auf eine von mehreren Taten (§ 264). Sind mehrere Taten Gegenstand des Verfahrens und ist eine davon hinsichtlich aller Angeklagter rechtskräftig abgeurteilt, so entsteht insoweit die Wirkung voller Rechtskraft (Bay JZ **60**, **185**
31). Bei der **horizontalen** Teilrechtskraft dagegen handelt es sich um eine Stufe im Verfahren gegen einen Angeklagten wegen einer Tat, namentlich um die Rechtskraft des Schuldspruchs. Sie führt noch nicht zum Strafklageverbrauch (BGH NJW **80**, 1807), sondern ist nur Verfahrenshindernis für ein anderweitiges Strafverfahren (BGH **28**, 119 mit Anm Grünwald JR **79**, 300; oben 171). **185 a**

b) Die **Bestandskraft bei Änderung der Rechtslage** ist für das teilrechtskräftige Urteil geringer als die für das vollrechtskräftige. Das zeigt sich deutlich bei den Verfahrenshindernissen (oben 151). Auch die §§ 354a, 357 führen zur Aufhebung des teilrechtskräftigen Urteils. Der Rechtsgedanke des § 354a ist in jeder Lage des Verfahrens anwendbar (Bay JZ **61**, 390 mit zust Anm Hardwig = JR **61**, 351 mit zust Anm Mittelbach; Oldenburg NdsRpfl **62**, 237), auch bei Rechtskraft des Schuldspruchs. Ferner entfällt die Beschränkung der Berufung auf das Strafmaß und damit die Rechtskraft des Schuldspruchs, wenn die Strafnorm nichtig ist (Bay **62**, 216). **186**

c) **Bestand der tatsächlichen Feststellungen bei horizontaler Teilrechtskraft:** Der neuerlich mit der Sache befaßte Tatrichter darf sich nicht in Widerspruch zu den Feststellungen setzen, die dem in Teilrechtskraft erwachsenen Urteilsspruch zugrunde liegen (BGH **7**, 283; **24**, 274; **28**, 119 = JR **79**, 299 mit Anm Grünwald). Bindend sind in 1. Linie die Tatsachen, in denen die Tatbestands- **187** merkmale zu finden sind, darüber hinaus aber auch die – weitergehenden – Feststellungen zum Tatgeschehen iS des geschichtlichen Vorgangs (BGH **30**, 340: Feststellungen, die das Tatgeschehen näher umschreiben) und die Tatsachen, aus denen der Beweis hierfür abgeleitet wird. Denn auch sie sind Grundlage des Schuldspruchs, selbst wenn sie als sog doppelrelevante Feststellungen zugleich für den Rechtsfolgenausspruch Bedeutung haben (BGH **24**, 274; **28**, 119; BGH MDR **80**, 275 [H]; vgl zu dem Problem Kleinknecht JR **68**, 467 zu BGH **22**, 90). Die entspr Prüfungsbeschränkung tritt ein, wenn von vornherein nur der Rechtsfolgenausspruch angefochten worden ist. In diesem Fall ist es nur zulässig, die Sachdarstellung des 1. Urteils zu ergänzen; es dürfen aber nicht Feststellungen getroffen werden, die den vom Erstrichter zum Schuldspruch getroffenen widersprechen würden (Bay **88**, 173 = NZV **89**, 204).

188 d) **Grundlage der Tatsachenbindung:** Diese läßt sich nicht aus der Rechtskraft ableiten. Denn nur eine Entscheidung, nicht Feststellungen sind der Rechtskraft fähig. Eine Tatsachenbindung gehört nicht zum Wesen der Rechtskraft (oben 170). Sie kann nur aus den §§ 327, 352 I, 353 II und aus dem Grundsatz der Einheitlichkeit der Urteilsfeststellungen abgeleitet werden. Bei Teilanfechtung wird aber die notwendige Tatsachenprüfung nicht dadurch eingeschränkt, daß die den rechtskräftigen Teil der Entscheidung tragenden Tatsachen zugleich für den angefochtenen Teil von Bedeutung sind (Zipf JR **78**, 251; erg 24 zu § 318).

189 e) **Grenzen der Tatsachenbindung:** Die (noch verbleibende) Bindung besteht auch dann, wenn im weiteren Verfahren bei der noch ausstehenden Prüfung widersprechende Tatsachen hervortreten (BGH **14**, 30, 36; str; vgl Grünwald S. 91 ff; Kleinknecht JR **68**, 467; Spendel ZStW **67**, 508; erg 21 zu § 353).

190 **10) Gesetzesauslegung:**

Die Auslegungsmethoden, die juristische Methodologie, die Reihenfolge des methodischen Vorgehens und die Vollständigkeit der Prüfung sind Gegenstand zahlreicher Untersuchungen, zB Baumann, Beiträge zur Strafrechtsdogmatik, 1987: Die natürliche Wortbedeutung als Auslegungsgrenze im Strafrecht; Engisch, Einführung in das juristische Denken, 8. Aufl, 1983; Larenz, Methodenlehre der Rechtswissenschaft, 5. Aufl, 1983; F. Müller, Juristische Methodik, 3. Aufl, 1989, der neben der Berücksichtigung der Norm auch die der Strukturen der Wirklichkeit verlangt (S. 121–182); Heusinger, Rechtsfindung und Rechtsfortbildung im Spiegel richterlicher Erfahrung, 1975; Gössel Peters-FS 41 ff; Esser, Vorverständnis und Methodenwahl in der Rechtsfindung, 2. Aufl, 1972; Lautmann, Soziologie vor den Toren der Jurisprudenz, 1971; Zippelius, Einführung in die juristische Methodenlehre, 4. Aufl, 1985; Grüber JZ **74**, 665 mit weit Angaben.

191 A. **Nach dem Rechtsstaatsprinzip** (oben 18 ff) muß die Auslegung den materialen Wertvorstellungen entsprechen, die sich aus dem GG, insbesondere aus den Grundrechten (BVerfGE **7**, 198 = NJW **58**, 257; Arndt DRiZ **59**, 201), der **MRK** (5 vor Art 1 MRK) und dem Gesamtgefüge unserer Rechtsordnung (BVerfGE **7**, 282, 291 = NJW **58**, 540) ergeben. Dabei ist auch das Rangverhältnis zwischen verschiedenen Normengruppen zu beachten, zB Art 31 GG. Über das Rangverhältnis der **MRK** zum GG und den gewöhnlichen Gesetzen vgl 3 vor Art 1 MRK.

192 Jede Auslegung der Gesetze betrifft deren **Geltungsbereich.** Daher sind die geschriebenen oder ungeschriebenen Auslegungsregeln – zB *lex posterior derogat priori* – Bestandteil der Rechtsordnung (Draht, Grund und Verbindlichkeit des Rechts, S. 23), soweit sie allgemein anerkannt sind. Dagegen sind die durch Auslegung gewonnenen Leitsätze zur Auslegung der einzelnen Gesetzesbestimmungen nicht bindendes Recht, selbst bei gefestigter oder ständiger höchstrichterlicher Rspr, solange sie nicht zu Gewohnheitsrecht geworden ist (18 ff zu § 132 GVG; 11 vor § 141 GVG).

193 B. Die **verfassungskonforme Auslegung** (vgl dazu Krey 1/79 ff, JA **83**, 507 ff und Studien zum Gesetzesvorbehalt im Strafrecht, 1977, S. 69 ff; erg unten 218 ff)

darf nicht dazu führen, daß einem im Wortlaut und Sinn eindeutigen Gesetz ein entgegengesetzter Sinn gegeben wird (BVerfGE **8**, 28 = NJW **58**, 1227 mit Anm Stern 1435; BGH **13**, 117). Ist jedoch bei einer möglichen Interpretation ein Widerspruch zum GG festzustellen, bei einer anderen dagegen nicht, so ist diese maßgebend (BVerfGE **40**, 88, 94 = NJW **75**, 1355), selbst wenn dem subjektiven Willen des früheren Gesetzgebers (vgl unten 194) die erstere eher entsprechen würde (BVerfGE **32**, 373, 383 = NJW **72**, 1123). Im Zweifelsfall ist diejenige Auslegung zu wählen, die die juristische Wirkungskraft der Grundrechtsnorm am stärksten entfaltet (BVerfGE **6**, 55, 72 = NJW **57**, 417; BVerfGE **32**, 54, 71 = NJW **71**, 2299; BVerfGE **39**, 1, 38 = NJW **75**, 573, 575). Willkür ist auch bei der Auslegung unzulässig. Sie ist im objektiven Sinn zu verstehen und liegt vor bei tatsächlicher und eindeutiger Unangemessenheit einer Maßnahme im Verhältnis zu der tatsächlichen Situation, deren sie Herr werden soll (BVerfGE **42**, 64, 73 = NJW **76**, 1391).

C. Der **objektivierte Wille des Gesetzgebers,** wie er sich aus dem Wortlaut **194**
der Gesetzesbestimmung (unten 196), dem Sinnzusammenhang und dem erkennbaren Zweck der Vorschrift ergibt, ist maßgebend (BVerfGE **45**, 272, 288; BGH **31**, 128, 130). Der Wille des Gesetzgebers fällt nach dieser objektiven Auslegungsmethode zusammen mit dem Willen des Gesetzes; dem subjektiven Willen des historischen Gesetzgebers kommt im allgemeinen nur bestätigende Bedeutung zu; zuweilen spielt aber der „genetische Aspekt" eine Rolle (nach Naucke Engisch-FS 280 gilt die objektive Auslegung nur, wenn die subjektive versagt).

D. Die **weiteren Auslegungsmethoden,** die zur Erfassung des objektivierten **195**
Willens des Gesetzgebers führen und, wie jegliche Rechtsanwendung und Auslegung, auf die gerechte Lösung von Rechtsproblemen abzielen, sich also in diesem Sinn gegenseitig ergänzen (Gribbohm MDR **66**, 976), sind:

a) Die **grammatische Auslegung:** Jede Auslegung fängt beim Wort an (BGH **196**
3, 262; **14**, 118; **18**, 152; **19**, 307). Rein formelle Erwägungen dürfen aber nicht das entscheidende Gewicht erhalten (BGH **6**, 398; **10**, 88; Zimmermann NJW **56**, 1262). Die aufgrund des Wortlauts gewonnenen Ergebnisse sind an Sinn und Zweck der Bestimmung zu messen (BGH **27**, 236, 238; **30**, 97, 101). Eine Begriffsjurisprudenz ist auch im Strafverfahrensrecht zu verwerfen. Ist der Wortlaut eindeutig und führt er zu einer sinnvollen Anwendung des Gesetzes, so sind der Auslegung in einem anderen Sinn unter dem Gesichtspunkt der Gewaltenteilung Grenzen gesetzt (BVerfGE **8**, 28, 33 = NJW **58**, 1227).

b) Die **systematische Auslegung** berücksichtigt bei der Ermittlung des Sinnes **197**
der Bestimmung deren Zusammenhang mit anderen Normen desselben oder eines anderen Gesetzes. Denn auch die Rechtsvergleichung zwischen verschiedenen Rechtsgebieten kann innere Gemeinsamkeiten ergeben und zur Systematisierung rechtlicher Argumentation und zu Auslegungskomponenten führen (Clemens, Strukturen juristischer Argumentation, 1977). In diese Gesamtbetrachtung ist auch eine gefestigte Rspr einzubeziehen (BVerfGE **45**, 363, 372), besonders bei Generalklauseln oder unbestimmten, wertausfüllungsbedürftigen Rechtsbegriffen (BVerfG aaO). Die erweiternde Anwendung einer Vorschrift ist grundsätzlich nur dann statthaft, wenn das Ergebnis der Gerechtigkeit entspricht (BGH **16**, 168, 173). Die – verfassungsrechtlich grundsätzlich unbedenkliche (BVerfGE **82**, 6 = JZ **90**, 811
mit Anm Roellecke) – **Analogie,** die über die erweiternde Auslegung hinausgeht, **198**
also keine Auslegung des Gesetzes ist, aber zu dieser fließende Grenzen hat, setzt voraus, daß der zu entscheidende Fall von dem gesetzlichen Normfall nur unwesentlich abweicht, also rechtsähnlich ist (Hamm MDR **70**, 1030). Sie stellt eine Verallgemeinerung durch Gleichbewertung eines gesetzlich geregelten spezifischen Falltypus mit dem vorliegenden gesetzlich nicht geregelten Falltypus dar. Analogie ist im materiellen Strafrecht zur Ausfüllung von Gesetzeslücken (unten 202) unzulässig, soweit es sich um Strafbegründung oder -schärfung handelt (§ 1 StGB; Art 103 II GG; Art 7 MRK; Krey, Studien zum Gesetzesvorbehalt im Strafrecht,

1977), im Verfahrensrecht aber zulässig (KG NJW **79**, 1668, 1669; Krey JA **83**, 235; einschr aber Welp JR **91**, 267 mwN in Fn 24: nicht bei Eingriffen in grundgesetzlich geschützte Rechte), und zwar auch, soweit sie sich zuungunsten des Beschuldigten auswirkt (zum „Zwang" vgl oben 45). Sieht das Gesetz selbst entspr Anwendung anderer Bestimmungen vor, so findet sie ihre Grenze dort, wo Sinn und Zweck des Verfahrens der Heranziehung der anderen Bestimmungen entgegensteht (vgl BGH NJW **59**, 347).

199 c) Die **teleologische Auslegung** (krit dazu Herzberg NJW **90**, 2525) stellt im Rahmen der vom Gesetzeswortlaut (oben 196) noch gedeckten Spannweite auf den Zweck (das Telos), den objektiven Zweckgehalt der Norm unter Berücksichtigung der Praktikabilität, ab. Ausnahmebestimmungen sind nach einer alten Regel eng auszulegen (BGH **25**, 126; **26**, 270; **30**, 168, 170). Jedoch gilt dieser Grundsatz nicht durchgängig (BVerfGE **47**, 239, 250 = NJW **78**, 1149, 1150), insbesondere nicht, wenn die Ausnahme selbst ein bestimmtes – wenn auch engeres – Prinzip aufstellt (BAG NJW **55**, 886; Weinsheimer NJW **59**, 566). Die enge Auslegung ist jedenfalls dann nicht angebracht, wenn es um die Tragweite einer Einschränkung geht, die eine Ausnahme innerhalb der Ausnahme darstellt (BGH **27**, 236, 238). In diesem Fall darf die Gegenausnahme nicht aufgrund formaler Regeln, ohne sachliche Notwendigkeit, extensiv angewandt werden, um der „Primärausnahme" einen möglichst schmalen Anwendungsbereich zu sichern. Daher ist wohl schon heute davon auszugehen, daß die überkommene Auslegungsregel in einzelnen Fällen bei Berücksichtigung des Grundgedankens zu der Ausnahmebestimmung in ihr Gegenteil umgekehrt wird (Küper JZ **78**, 204). Die teleologische Auslegungsmethode berücksichtigt auch einen grundlegenden Wandel der gesellschaftlichen Lebensformen, der Denkweise und des Lebensgefühls (BVerfGE **10**, 354, 368 = NJW **60**, 619, 620) iS einer Anpassung an die berechtigten Bedürfnisse einer sich ständig wandelnden Gesellschaftswirklichkeit (BGH NJW **59**, 2262; Arndt NJW **63**, 1279). Nicht zuletzt ist das Bedenken der möglichen Folgen, Neben- und Begleiterscheinungen weithin ebenfalls notwendiger Bestandteil der Auslegung (Ecker JZ **67**, 265). *In dubio pro reo* gilt bei der Auslegung nicht (RG **62**, 372; 37 zu § 261).

200 d) Die **authentische Auslegung** ist Auslegung durch eine Gesetzesbestimmung. In einem Gesetz kann aber nicht eine authentische Auslegung des GG gesehen werden (BVerfGE **12**, 45, 53 = NJW **61**, 355, 357).

201 e) Die **Vorrangfrage** spielt nur dann eine Rolle, wenn man auf dem Wege der verschiedenen Auslegungsmethoden zu verschiedenen Ergebnissen gelangen würde. Die hM räumt mit Recht dem objektiven – teleologischen Sinn des Gesetzes den Vorrang ein (in diesem Sinn ua BGH **10**, 157, 160).

202 E. Die **Ausfüllung einer Gesetzeslücke** kann notwendig werden, wenn das Gesetz ohne sie nicht verwirklicht werden kann (Bachof JZ **51**, 740). Um eine Gesetzeslücke handelt es sich nicht, wenn das Schweigen des Gesetzes planmäßig ist und daher eine Entscheidung bedeutet („beredtes Schweigen", Canaris, Die Feststellung von Lücken im Gesetz, 1964, S. 40 ff). Bei der Gesetzeslücke kann es sich um eine Formulierungslücke handeln, die darauf beruht, daß der Gesetzgeber bei der Fassung einer Bestimmung einen Fall ersichtlich nicht bedacht hat (zB BGH **26**, 335, 338). Sie kann eine Wertungslücke sein. Bei dieser wäre das positive Recht zwar nach seinem Wortlaut an sich ohne Ergänzung widerspruchsfrei anwendbar, aber das Ergebnis gebietet eine andere Wertung (Zippelius, Einführung in die juristische Methodenlehre, S. 68). Bei der Lückenausfüllung sucht der Auslegende einen Obersatz, der aus demselben, notfalls aus einem anderen Gesetz zu gewinnen ist, und leitet davon den lückenschließenden Auslegungssatz ab, und zwar mittels Erst-Recht-Schluß (Sonderfall des Analogieschlusses) oder Heranziehung von übergesetzlichen Rechtsgrundsätzen (Obermayer NJW **66**, 1889). Eine rechtsändernde richterliche Rechtsfortbildung setzt voraus, daß sich seit dem Erlaß der Norm entweder die sachlichen Gegebenheiten oder die Gesamtrechtsordnung geändert haben (Jesch JZ **63**, 241; Wank, Grenzen richterlicher Rechtsfortbildung, 1978; vgl 18 ff zu § 132

GVG; oben 199). Wesentlich ist stets, daß es sich noch um Rspr handelt und nicht um Normsetzung, die den Gerichten nicht zukommt (BVerwGE **50**, 255, 262).

F. **Neues Prozeßrecht** gilt bereits für die schwebenden Verfahren, wenn nichts anderes bestimmt ist (4 zu § 354a), nicht nur hinsichtlich des Verfahrens, sondern auch für die Stellung der Verfahrensbeteiligten (oben 70) und für Maßnahmen gegen sie (Hamburg MDR **77**, 337). Es hat aber ohne ausdrückliche anderweitige Regelung keine rückwirkende Kraft (4 zu § 354a). Ob eine Prozeßhandlung ordnungsgemäß ist, richtet sich nach dem im Zeitpunkt ihrer Vornahme geltenden Recht. Der Gerichtsstand wird aber, wenn nichts anderes bestimmt, durch nachträgliche Änderung der ihn begründenden Umstände, also auch durch ein neues Gesetz, nicht mehr geändert (vgl § 16). Auch sonst kann das Prinzip der Rückwirkung ausgeschlossen sein durch Gründe der Rechtssicherheit oder aus begrifflicher Unmöglichkeit (BayVerfGHE **5** II 243). **203**

11) Interlokales Strafverfahrensrecht und supranationale Gerichtsbarkeit: **204**

A. Das **Verfahrensrecht des Gerichtsortes** gilt nach der Kollisionsregel bei innerstaatlicher Verschiedenheit des Verfahrensrechts. Im Revisionsrechtszug ist für die Frage der Ordnungsmäßigkeit des Verfahrens durch den Tatrichter das Recht maßgebend, das am Sitz des Tatrichters gilt (vgl BGH **2**, 305; **7**, 40). Das in dem einen Land bestehende Verfahrenshindernis steht der Strafverfolgung derselben Tat in einem anderen Land, in dem ebenfalls ein Gerichtsstand begründet ist, nicht entgegen, soweit das Gesetz nichts anderes bestimmt (wie zB in § 152a). Das Verfahrenshindernis, das nur im Bezirk des ersuchten Gerichts, nicht auch für das ersuchende Gericht gilt, hindert nicht die Durchführung einer Untersuchungshandlung durch das ersuchte Gericht (§ 162; § 158 GVG, dort 2, 3). **205**

B. Im Gebiet der **ehemaligen DDR** gilt seit Inkrafttreten des EV Bundesrecht, soweit durch den Vertrag, insbesondere dessen Anlage I, nichts anderes bestimmt ist (Art 8 EV). Eine weitere Rechtsangleichung ist durch das **RpflAnpG** (teilw abgedruckt unter **A 11 b**) erfolgt (erg 1 zu § 12 GVG). Auf noch bestehende Besonderheiten im Beitrittsgebiet wird in den Erläuterungen hingewiesen. Bundesrecht, das in **Berlin** (West) aufgrund alliierter Vorbehaltsrechte bisher nicht oder nicht in vollem Umfang galt, gilt nach § 1 des Ges vom 25. 9. 1990 (BGBl I 2106), soweit sich aus §§ 2, 3 des Ges nichts anderes ergibt, seit 3. 10. 1990 uneingeschränkt auch in Berlin (BGBl I 2153). **206** **206 a**

C. **Supranationale Gerichtsbarkeit** übt der EuGH in Luxemburg aus (vgl auch Art 19 Buchst b **MRK).** Dort finden bisher zwar keine Strafverfahren statt, wohl aber Bußgeldverfahren (BGH **24**, 54). Dieses Gericht ist nicht einem ausländischen gleichzusetzen (BGH aaO). Zu den Bestrebungen, die Tätigkeit der Strafverfolgungsbehörden im Rahmen der EG zu harmonisieren, vgl Zuleeg JZ **92**, 761. Der EuGH wird auf der Grundlage von Art 35 EUV Vorabentscheidungen über die Auslegung der Übk nach Art VI (Polizeiliche und Justitielle Zusammenarbeit) treffen können; vgl hierzu Ges vom 6. 8. 1998 (BGBl I 2035 – EuGHG), das Vorlagerechte und Pflichten deutscher Gerichte näher definiert. **207**

Der **Internationale Strafgerichtshof** (IStGH) zur Verfolgung für im Hoheitsgebiet des ehemaligen Jugoslawien begangene Verstöße gegen humanitäres Völkerrecht ist durch die Resolution 827 des Sicherheitsrats der Vereinten Nationen vom 25. 5. 1993 mit Sitz in Den Haag errichtet worden. Die BRep hat am 10. 4. 1995 (BGBl I 485) das Ges über die Zusammenarbeit mit dem IStGH erlassen (vgl dazu Schomburg NStZ **95**, 428; Trautwein NJW **95**, 1658); zur Stellung von Verteidiger und Beschuldigtem vor dem IStGH Ambos NStZ **98**, 123 und NJW **98**, 1444. Zu dem durch Resolution 955 eingesetzten IStGH für Ruanda hat die BRep am 4. 5. 1998 (BGBl I 843) das entspr Ges erlassen. Die Bemühungen, einen allgemein zuständigen Internationalen Strafgerichtshof zu errichten (vgl dazu Ambos ZRP **96**, 263; Ostendorf ZRP **96**, 467) haben am 17./18. 7. 1998 in Rom zur Verab- **207 a** schiedung eines Gründungsstatuts (abgedruckt in EuGRZ **98**, 618 ff) durch die diplomatische Staatenkonferenz der Vereinten Nationen geführt; der IStGH soll seinen Sitz in Den Haag haben und für die Verfolgung von Völkermord, Verbrechen gegen die Menschlichkeit, Kriegsverbrechen und das Verbrechen des Angriffskriegs zuständig sein (Kinkel NJW **98**, 2650; Roggemann NJ **98**, 505; Stahn EuGRZ **98**, 577).

208 **12) Internationales Strafverfahrensrecht:**

209 A. Dieses **Rechtsgebiet** behandelt die Fragen, die sich daraus ergeben, daß zur Verfolgung vieler Straftaten Prozeßhandlungen in mehreren Staaten vorgenommen werden. Soweit nicht eine andere zwischenstaatliche Regelung besteht, ist jeweils das Recht des Staates maßgebend, in dem die Untersuchungshandlung vorgenommen wird. Jedoch ist es völkerrechtlich anerkannt, daß an Bord eines Schiffes oder Luftfahrzeugs die StPO des Staates gilt, dem das Fahrzeug zuzurechnen ist (§ 4 StGB), solange sich dieses nicht in fremdem Hoheitsraum befindet (vgl Schnorr von Carolsfeld Maurach-FS 615; Wille, Die Verfolgung strafbarer Handlungen an Bord von Schiffen und Luftfahrzeugen, 1974). Mit Auslieferung, Durchlieferung und sonstiger Rechtshilfe in Strafsachen befassen sich das IRG sowie bilaterale und multilaterale ÜbK über die Rechtshilfe in Strafsachen (unten 214). **Gewährtes Asyl** (Art 16 a I GG) steht einer Auslieferung grundsätzlich nicht entgegen (§ 4 S.2 AsylVfG); die Gefahr drohender Verfolgung ist im Auslieferungsverfahren selbständig zu prüfen.

210 B. Ein **Übergreifen** der Strafverfolgungstätigkeit des einen Staates in das Gebiet des anderen ist grundsätzlich nicht zulässig. Soweit es überhaupt in Betracht kommt, setzt es die generelle oder im Einzelfall erteilte Genehmigung des ausländischen Hoheitsträgers voraus. Die Vernehmung durch eine konsularische Vertretung der BRep im Ausland ist innerstaatliche Rechtshilfe (§§ 2, 15 KonsG; BGH **26**, 140, 142). Im übrigen leisten sich die Staaten nach Maßgabe der Auslieferungs- und Rechtshilfeverträge gegenseitige Rechtshilfe für ihre Strafverfahren (unten 215 ff). Die Übernahme der Strafverfolgung durch den anderen Staat ist ebenso zulässig wie die Abgabe an einen anderen Staat (erg oben 177).

211 C. Das **sog Strafrechtsanwendungsrecht** (§§ 3–7 StGB) betrifft das materielle Strafrecht. Es hat aber insofern mittelbar prozessuale Bedeutung, als es dafür maßgebend ist, ob ein Verfahren wegen einer Auslandstat durchgeführt werden kann. § 153 c hebt für Auslandstaten das Legalitätsprinzip auf und ersetzt es durch das Opportunitätsprinzip.

212 D. **Kollisionsnormen** enthalten die Bestimmungen über die Exterritorialität. Die Exterritorialen repräsentieren ihren Staat in einem fremden Staat oder stehen in besonders engen Beziehungen zu einem solchen Repräsentanten des Staates. Vgl dazu §§ 18–20 GVG.

213 E. **Ausländisches Strafprozeßrecht** wird im deutschen Verfahren nicht angewendet, auch nicht ein ausländisches Prozeßhindernis bei der Verfolgung einer Auslandstat, wie zB die ausländische Verjährung (RG **40**, 402), oder rechtskräftige ausländische Aburteilung wegen derselben Tat (vgl § 51 III StGB; § 153 c I Nr 3), es sei denn, völkerrechtliche Vereinbarungen sehen etwas anderes vor (erg oben 177). Leistet der fremde Staat für ein ausländisches Verfahren Rechtshilfe, so ist sie wirksam, wenn er sein Prozeßrecht beachtet (BGH **2**, 304; **7**, 12).

214 F. Die **Richtlinien für den Verkehr mit dem Ausland in strafrechtlichen Angelegenheiten** (RiVASt) vom 18. 9. 1984 idF vom 1. 7. 1994 (abgedr bei Piller-Herrmann unter 2 f) sind Verwaltungsvorschriften der Bundesregierung und der Regierungen der Länder mit aktuellen Hinweisen. Sie werden vom BMJ im Einvernehmen mit dem Auswärtigen Amt auf dem laufenden gehalten.

215 G. Die **bi- oder multilateralen Übk über die Rechtshilfe in Strafsachen** gehen dem IRG vor (§ 1 III IRG), das im vertraglichen Bereich nur lückenfüllend heranzuziehen ist. Sie begründen völkerrechtliche Pflichten zur Unterstützung im

allgemeinen (Auslieferung, sonstige Rechtshilfe, Vollstreckungshilfe) oder für bestimmte Bereiche der Kriminalitätsbekämpfung (zB Drogenhandel, Geldwäsche; vgl dazu das Übk vom 8. 11. 1988, BGBl 1998 II 519). Sie dienen auch der Zusammenarbeit, wie etwa das NATO-Truppenstatut mit seinen Zusatzvereinbarungen (Anl 10 ff); so grenzt Art VII **NTS** die deutsche Gerichtsbarkeit von der des Entsendestaates ab und regelt die Fälle der konkurrierenden Gerichtsbarkeit sowie die gegenseitige Unterstützungspflicht. Für das nationale Strafverfahren sind RechtshilfeÜbk häufig von unmittelbarer Bedeutung (Verfahrenshindernisse, Erreichbarkeit von im Ausland befindlichen Beweismitteln, Übermittlung von Urkunden usw, vgl Schomburg/Lagodny Einl 50, 105 ff). Die wichtigsten allgemeinen multilateralen RechtshilfeÜbk für die BRep sind: Das **Europäische Ausliefe-** 215a
rungsübereinkommen (EuAlÜbk) vom 13. 12. 1957 (BGBl 1964 II 1369; 1976 II 1778; 1994 II 299) mit seinem 2. Zusatzprotokoll vom 17. 3. 1978 (BGBl 1991 II 874); es soll durch das EuÜbk zur Bekämpfung des Terrorismus vom 27. 1. 1977 (BGBl 1978 II 321, 907; vgl dazu BGH **29**, 211) und durch bilaterale Verträge – insbesondere mit Italien, den Niederlanden, Österreich und der Schweiz – ergänzt und erleichtert werden. Der BTag hat das am 10. 3. 1995 von der BRD unterzeichnete Übk über das vereinfachte Auslieferungsverfahren zwischen den Mitgliedstaaten der EU (BGBl II 2229) sowie das am 27. 9. 1996 unterzeichnete Übk über die Auslieferung zwischen den Mitgliedstaaten der EU (BGBl II 2253) jeweils am 7. 9. 1998 ratifiziert; die Übk sind noch nicht in Kraft getreten, können aber vorzeitig angewendet werden, so das Übk vom 27. 9. 1996 zwischen Deutschland und Spanien. Das Abkommen vom 26. 5. 1989 zwischen den Mitgliedstaaten der EG über die Vereinfachung und Modernisierung der Verfahren zur Übermittlung von Auslieferungsersuchen ist vorläufig anwendbar zwischen Deutschland, den Benelux-Staaten, Italien, Schweden, Spanien und Großbritannien (BGBl 1998 II 965). Durch zusätzliche Verträge wird der Anwendungsbereich des EuAlÜbk näher bestimmt und zT erweitert (zB mit Österreich, der Schweiz und Frankreich, vgl BGBl 1975 II 1157, 1162 und 1977 II 1798 und 1818; 1975 II 1169, 1175 und 1977 II 1798, 1818; 1978 II 328). Das **Europäische Übk über** 215b
die Rechtshilfe in Strafsachen (EuRHÜbk) vom 20. 4. 1959 (BGBl 1964 II 1369, 1386; 1976 II 1799; 1995 II 736) mit seinem Zusatzprotokoll vom 17. 3. 1978 (BGBl 1991 II 909), das durch bilaterale Verträge – insbesondere mit Frankreich, Italien, den Niederlanden und Österreich sowie durch das Schengener DurchführungsÜbk (unten 216) erleichtert und ergänzt wird, schafft die Grundlage für möglichst alle Ersuchen um Unterstützung, die im Bereich der kleinen Rechtshilfe denkbar sind, oder in Verfahren, die mit einem Strafverfahren zusammenhängen (zB in Gnaden- und Wiederaufnahmeverfahren, in Verfahren zur Entschädigung für zu Unrecht erlittene Verfolgungsmaßnahmen, Tilgung von Eintragungen im BZR). Rechtshilfe gibt es auch im Strafnachrichtenaustausch (durch fallbezogenes Ersuchen im Einzelfall oder durch automatische Benachrichtigung anderer Vertragsstaaten, zB nach Art 13, 22 EuRHÜbk). Lediglich im Vollstreckungsbereich (Verhaftungen, Vollstreckung von Strafentscheidungen) ist die Rechtshilfe im EuRHÜbk nicht vorgesehen. Die Anordnung der Haft ist im EuAlÜbk geregelt. Liegt ein Ablehnungsgrund nach Art 2 EuRHÜbk vor, so steht es im Ermessen des ersuchten Staates, ob er Rechtshilfe leisten will (Näheres zum EuRHÜbk Walter NJW **77**, 983 ff mwN). Das **ÜberstellungsÜbk (ÜberstÜbk)** vom 21. 3. 1983 215c
(BGBl 1992 II 98) soll die Reintegration eines Verurteilten im Heimatstaat und die Entlastung der Vollzugsanstalten von Ausländern ermöglichen. Nationale verfahrensrechtliche Vorschriften hierzu enthält das Überstellungsausführungsgesetz vom 26. 9. 1991 (BGBl I 1954); vgl BVerfG NStZ **98**, 140 mit Anm Schomburg NStZ **98**, 142 zum Rechtsschutz gegen die Ablehnung eines Überstellungswunsches. Das SDÜ (unten 216) erleichtert in seinen Art 67 ff die Übertragung der Vollstreckung gegen in ihr Heimatland geflüchtete Verurteilte ebenso wie das EG-VollstrÜbk, das die Übertragung der Vollstreckung einer freiheitsentziehenden Strafe gemäß Art 3 nur an den Aufenthalt im zukünftigen Vollstreckungsstaat knüpft (erg 7 ff § 449).

215d Eine **Schnellübersicht über die Vertragsstaaten** dieser RechtshilfeÜbk (Rdn 215 a–215 c) mit Stand vom 1. 1. 1997 findet sich bei Schomburg NJW **98**, 1046. Die EU hält mittlerweile eine Vielzahl eigener Übk zur internationalen Rechtshilfe in Strafsachen vor, die jedoch derzeit nur zwischen einzelnen Staaten, die eine derartige Erklärung abgegeben haben, „vorzeitig angewendet" werden (vgl näher
216 dazu Schomburg/Lagodny vor Hauptteil III Rdn 12, 19). Nach Art 48 ff des **SDÜ** vom 19. 6. 1990 zwischen der BRep, Frankreich und den Benelux-Staaten (BGBl 1993 II 1013, 1045 ff; 1998 II 1968) leisten sich diese sowie die Vertragsstaaten, für die das SDÜ ebenfalls in Kraft gesetzt worden ist – Griechenland, Italien, Österreich, Portugal, Spanien –, weitergehende Rechtshilfe in Strafsachen, zB auch für Zuwiderhandlungen gegen Ordnungsvorschriften, in Verfahren über Ansprüche auf Entschädigung für Strafverfolgungsmaßnahmen, in Gnadensachen, Steuersachen usw (vgl auch Schübel NStZ **97**, 107; erg 25 zu § 37).

217 **13) Verfahren zur Wahrung der Verfassung:**

218 A. **Angewandtes Verfassungsrecht** ist die StPO (BVerfGE **32**, 373, 383 = NJW **72**, 1123, 1125; BGH **19**, 325, 330; Bay **78**, 152, 155 = NJW **79**, 2624; oben 5). Gesetz und Rspr sind stets am GG zu messen. Grundrechtsverletzungen können mit den strafprozessualen Rechtsmitteln, insbesondere mit der Revision (§ 337 II), gerügt werden. Die Strafgerichte sind verpflichtet, sie zu heilen, wenn die Vorschriften der StPO das ermöglichen (Meyer Kleinknecht-FS 267; Zuck JZ **85**, 921; 1 zu § 33 a). Das BVerfG entscheidet im konkreten Normenkontrollverfahren (unten 219 ff) über die Vereinbarkeit des Gesetzes mit dem GG; auf Verfassungsbeschwerde (unten 230 ff) prüft es darüber hinaus, ob Gesetze oder Entscheidungen der Strafgerichte gegen das GG verstoßen.

219 B. **Konkretes Normenkontrollverfahren:**

220 a) Ein **Entscheidungsmonopol des BVerfG** begründet Art 100 I GG. Die Fachgerichte dürfen Gesetze im formellen Sinn (BVerfGE **1**, 184 = NJW **52**, 497), auf deren Gültigkeit es bei der Entscheidung ankommt, nicht für verfassungswidrig erklären; nur die Entscheidung, daß ein Gesetz mit dem GG vereinbar ist, steht ihnen zu. Art 100 I GG bezieht sich nicht auf vorkonstitutionelle, dh vor dem 24. 5. 1949 verkündete Gesetze (BVerfGE **2**, 124, 128 ff = NJW **53**, 497; BVerfGE **32**, 296 = NJW **72**, 571), sofern nicht bei einer späteren Änderung oder Ergänzung der „konkrete Bestätigungswille" des Bundesgesetzgebers erkennbar geworden ist (BVerfGE **6**, 55, 65 = NJW **57**, 417; BVerfGE **63**, 181 = NJW **83**, 1968). Art 100 I GG gilt auch nicht für das EG-Recht, sofern es sich nicht nur um die deutschen Zustimmungsgesetze handelt (BVerfGE **52**, 187, 202 = NJW **80**, 519; Maunz-Dürig 11 zu Art 100 GG; Tomuschat NJW **80**, 2611; vgl aber BVerfGE **37**, 271 = NJW **74**, 1697). Die Möglichkeit der Vorlage an den EuGH nach Art 177 EWG-Vertrag schließt die Vorlage an das BVerfG nicht aus (BVerfGE **69**, 174, 183 = NJW **85**, 2522). Bei Zweifeln darüber, ob eine Regel des Völkerrechts Bestandteil des Bundesrechts ist und ob sie nach Art 25 GG unmittelbare Rechte und Pflichten für den einzelnen begründet, ist die Anrufung des BVerfG nach Art 100 II GG iVm §§ 13 Nr 12, 83, 84 BVerfGG vorgeschrieben. Bei Meinungsverschiedenheiten über das Fortgelten des früheren Rechts als Bundesrecht besteht das Entscheidungsmonopol des BVerfG nach Art 126 GG.

221 b) Die **Vorlagepflicht nach Art 100 I GG** (dazu allg Aretz JZ **84**, 918; Schlaich JuS **81**, 826; Ulsamer BayVBl **80**, 519) setzt voraus, daß die Verfassungsmäßigkeit des Gesetzes für die gerichtliche Entscheidung von Bedeutung ist (BVerfGE **48**, 40, 45 ff = NJW **76**, 1446), nicht nur für ihre Begründung (BVerfGE **13**, 97, 103 ff; **44**, 297, 300); sie muß zur abschließenden Beurteilung des konkreten gerichtlichen Verfahrens unerläßlich sein (BVerfG NJW **95**, 772). Unmittelbare Entscheidungsgrundlage braucht das Gesetz aber nicht zu sein (BVerfGE **2**, 406). Daß der Inhalt der abschließenden Entscheidung noch nicht feststeht, schließt die Vorlage nicht ohne weiteres aus (vgl BVerfGE **24**, 119, 133 = NJW **68**, 2233;

BVerfGE **41**, 269 = NJW **76**, 843). Sie ist daher schon im Verfahren des Ermittlungsrichters nach § 162 (BVerfGE **33**, 367, 373 = NJW **72**, 2214) und vor Erlaß des Eröffnungsbeschlusses zulässig (BVerfGE **4**, 352, 354 = NJW **56**, 99). Der Richter ist in seiner Funktion als Strafvollstreckungsleiter (3 zu § 451) nicht vorlagebefugt (BVerfG NStE Nr 4 zu Art 100 GG). Zur Vorlage ist der Richter im übrigen nur berechtigt und verpflichtet, wenn er von der Verfassungswidrigkeit des Gesetzes überzeugt ist; bloße Zweifel und Bedenken genügen nicht (BVerfGE **1**, 184 = NJW **52**, 497; BVerfGE **68**, 352, 359 = JMBlNW **85**, 106). Der Klärung von Meinungsverschiedenheiten zwischen Gerichten desselben Rechtszugs dient das Verfahren nicht (BVerfGE **80**, 54 = NStE Nr 1 zu Art 100 GG); die Vorlage ist daher unzulässig, wenn ein übergeordnetes Gericht in einer zurückverweisenden, bindenden Entscheidung die Verfassungsmäßigkeit eines Gesetzes ausdrücklich oder stillschweigend bejaht hat (BVerfG wistra **94**, 263). Art 100 I GG führt zu einem **Verfahrenshindernis besonderer** Art mit der Folge, daß dem Gericht **222** jede andere Entscheidung außer der Vorlage untersagt ist (BVerfGE **34**, 321 = NJW **73**, 1319 mit Anm Bethge NJW **73**, 2100). Die Vorlagepflicht entfällt nicht deshalb, weil das BVerfG bereits mit der Prüfung der Norm befaßt ist, insbesondere auf Vorlage desselben (Köln NJW **61**, 2269, 2271) oder eines anderen Gerichts (Schleswig SchlHA **76**, 178 [E/J]; Millgramm Jura **83**, 354); die Aussetzung der Vorlage bis zur Entscheidung des BVerfG in der anderen Sache ist daher nicht statthaft (Frankfurt MDR **56**, 232 L; LG Osnabrück MDR **86**, 517; Höhn NJW **61**, 443; offengelassen von BGH NJW **93**, 1279). **Zwischenentscheidungen,** die **223** die Verfassungsmäßigkeit der Norm voraussetzen, darf das Gericht während der Aussetzung nicht treffen; die Entscheidung über die Aufrechterhaltung strafprozessualer Zwangsmaßnahmen darf es aber nicht bis zur Entscheidung über die Vorlage aufschieben (LR-Wendisch 23 zu § 112; Stratenwerth JZ **57**, 299; **aM** Köln NJW **55**, 1489 mit Anm Schmidt-Leichner).

c) **Vorlageverfahren:** Die Vorlage ist erst zulässig, wenn das Gericht eine sach- **224** liche Entscheidung zu treffen hat, bei der es auf die Gültigkeit des Gesetzes ankommt (BVerfGE **51**, 401, 403 = NJW **80**, 38; **84**, 233 = EuGRZ **91**, 242, 243). Das **Gericht, nicht der Vorsitzende allein** (BVerfGE **1**, 80 = NJW **52**, **225** 60), sofern er nicht auch die anstehende Entscheidung allein zu treffen hat (BVerfGE **54**, 159 = NJW **81**, 912), in keinem Fall der Rechtspfleger (BVerfGE **30**, 170 = NJW **71**, 605; BVerfGE **61**, 75 = NJW **82**, 2178), beschließt die Aussetzung des Verfahrens und die Einholung der Entscheidung (§ 80 I BVerfGG). Nach Eröffnung des Hauptverfahrens entscheidet es in der Besetzung, in der es das Urteil und die mit der Urteilsfindung zusammenhängenden Entscheidungen zu treffen hat (BVerfGE **16**, 305 = NJW **63**, 1915; BVerfGE **19**, 71 = MDR **65**, 722), das SchG und die StrK also unter Mitwirkung der Schöffen (BVerfG aaO; BVerfGE **1**, 80 = NJW **52**, 60). Die **Begründung des Vorlagebeschlusses** muß aus sich **226** heraus verständlich sein (BVerfGE **22**, 175, 177 = NJW **67**, 1604; BVerfGE **26**, 302, 307 = NJW **69**, 1953; BVerfGE **34**, 257 = NJW **73**, 843; BVerfGE **69**, 185 = MDR **85**, 644; BVerfGE **70**, 219, 228). Ihr muß zu entnehmen sein, aus welchen Erwägungen das Gericht, auf dessen Auffassung es insoweit ankommt, sofern sie nicht offensichtlich unhaltbar ist (BVerfGE **72**, 51, 60 = MDR **88**, 553), die als verfassungswidrig erachtete Norm für entscheidungserheblich hält (BVerfGE **64**, 251, 254 = wistra **83**, 251; BVerfGE **69**, 185 = MDR **85**, 644; BVerfGE **72**, 91, 102), mit welcher übergeordneten Rechtsnorm sie unvereinbar (BVerfGE **58**, 153, 157 = MDR **81**, 900; BVerfGE **64**, 175, 178 = NJW **83**, 2812; BVerfGE **64**, 251, 254 = wistra **83**, 251; BVerfGE **72**, 51, 60 = MDR **88**, 553) und weshalb ihre verfassungskonforme Auslegung nicht möglich ist (BVerfGE **48**, 40, 45; **85**, 329 = NJW **92**, 1951). Dazu hat das Gericht in den Gründen des Beschlusses den Sachverhalt, der genügend aufgeklärt sein muß (BVerfGE **64**, 251 = wistra **83**, 251; BVerfGE **70**, 219, 228), so weit wiederzugeben, wie er für die rechtliche Beurteilung wesentlich ist (BVerfGE **48**, 396, 400 = NJW **78**, 2023; BVerfGE **64**, 192,

201); es muß auch die rechtlichen Erwägungen erschöpfend darlegen (BVerfGE **37**, 328, 332; **48**, 396, 400 = NJW **78**, 2023; BVerfGE **51**, 401, 403 = NJW **80**, 38; BVerfGE **66**, 256, 268; **68**, 311, 316 = NJW **85**, 1691; BVerfGE **70**, 219, 228) und sich dabei eingehend mit der Rechtslage auseinandersetzen (BVerfGE **83**, 111 = NJW **91**, 1877; BVerfG NJW **95**, 772). Ferner muß festgestellt werden, daß der Angeklagte die ihm zur Last gelegte Tat schuldhaft begangen hat (BVerfGE **35**, 306; **51**, 401, 403 = NJW **80**, 38). Der Vorlagebeschluß muß mit hinreichender Deutlichkeit erkennen lassen, daß das Gericht bei Gültigkeit des zur Prüfung gestellten Gesetzes zu einem anderen Ergebnis kommen würde als im Fall seiner Ungültigkeit, und wie es dieses Ergebnis begründen würde (BVerfGE **11**, 330, 334 = NJW **61**, 115; BVerfGE **48**, 396, 399 = NJW **78**, 2023; BVerfGE **51**, 401, 403 = NJW **80**, 38; BVerfGE **65**, 265, 277; 308, 314; **66**, 100, 105 = NJW **84**, 1675; BVerfGE **68**, 311, 316 = NJW **85**, 1691; BVerfGE **72**, 91, 102; **74**, 236, 242). Dabei reicht aber die Darlegung aus, daß das angefochtene Urteil im Fall der Gültigkeit der Norm aufgehoben und die Sache an den Tatrichter zur weiteren Aufklärung zurückverwiesen werden soll (BVerfGE **24**, 119, 123 = NJW **68**, 2233). Wird die Entscheidungserheblichkeit im Laufe des Normenkontrollverfahrens zweifelhaft, so muß das Gericht diese Ungewißheit in angemessener Frist beseitigen; andernfalls wird die Vorlage unzulässig (BVerfGE **51**, 161 = NJW **79**,
227 1649). Der Vorlagebeschluß wird **dem BVerfG unmittelbar vorgelegt** (§ 80 I BVerfGG); RiStBV 190 ist zu beachten. Der Beschluß, der von den Richtern zu unterschreiben ist, deren Unterschrift unter einem Urteil erforderlich wäre (BVerfGE **34**, 257, 260 = NJW **73**, 843), ist ebensowenig anfechtbar wie die Ablehnung eines Antrags auf Vorlage (Düsseldorf VRS **83**, 415 mwN). Er kann zurückgenommen werden, wenn seine Grundlagen nachträglich entfallen (BVerfGE **29**, 325; **49**, 213 = NJW **68**, 503), insbesondere, wenn das BVerfG das Gesetz inzwischen für verfassungswidrig erklärt hat (Lechner, BVerfGG 3. Aufl, zu § 80 II). Hat das BVerfG die Norm bereits früher für mit dem GG unvereinbar
228 erklärt, so ist eine **erneute Vorlage** nur zulässig, wenn dargelegt wird, welche inzwischen eingetretenen Veränderungen eine abermalige verfassungsrechtliche Prüfung veranlassen (BVerfGE **65**, 179 = NJW **84**, 970; BVerfGE **70**, 242, 249 = NJW **86**, 422; BVerfGE **87**, 341 = EuGRZ **93**, 94).

229 d) **Landesverfassungsgerichte** sind zT nach Landesrecht auch für die Prüfung vorkonstitutioneller Normen zuständig (allg Schäfer NJW **54**, 1). Die Zuständigkeit des BVerfG wird durch die eines Landesverfassungsgerichts nicht ausgeschlossen (BVerfGE **2**, 380, 388 ff = NJW **53**, 1137; BVerfGE **55**, 207, 224 ff = NJW **81**, 971); umgekehrt gilt das gleiche (BayVerfGH NStZ **86**, 88). Über die Grenzen der Überprüfbarkeit durch die Landesverfassungsgerichte vgl A. Schmidt NJW **75**, 289 und 11 a zu § 112.

230 C. **Verfassungsbeschwerde:**

231 a) **Zulässig** ist die Verfassungsbeschwerde (dazu allg Krey 1/97 ff und JA **83**, 509 ff; Schlaich JuS **82**, 41, 278) nur, wenn der Beschwerdeführer geltend macht, daß er in einem seiner Grundrechte oder in einem seiner in Art 20 IV, 33, 38, 101, 103 und 104 GG enthaltenen Rechte verletzt ist (Art 93 I Nr 4 a GG iVm § 13 Nr 8 a BVerfGG). Auf die Verletzung der **MRK** kann die Verfassungsbeschwerde nicht gestützt werden (2 zu Art 13 MRK). Sie kann sich außer gegen Gesetze (vgl § 93 III, IV BVerfGG) gegen Urteile und Beschlüsse richten, die das Strafverfahren abschließen, aber auch gegen Zwischenentscheidungen, mit denen über eine für das Verfahren wesentliche Rechtsfrage abschließend entschieden wird (BVerfGE **25**, 336, 344 = NJW **69**, 1104; BVerfGE **53**, 109 = NJW **80**, 1095), zB über die Richterablehnung (BVerfGE **24**, 56 = NJW **68**, 1621), über die Aufrechterhaltung des Haftbefehls (vgl BVerfGE **53**, 152 = NJW **80**, 1448), Durchsuchungsanordnungen (BVerfGE **42**, 212 = NJW **76**, 1735; BVerfGE **44**, 353 = NJW **77**, 1489; BayVerfGH NStZ **86**, 88), nicht aber über die Eröffnung des Hauptverfahrens (BVerfGE **25**, 336 = NJW **69**, 1104; BVerfG NJW **89**, 2464; BayVerfGH **31** II 225

= VerwRspr **30**, 641) oder die Einholung eines Gutachtens (BayVerfGH NJW **91**, 2953). Die **StA** kann keine Verfassungsbeschwerde erheben, sofern sie nicht den **232**
Fiskus in einem Zivilprozeß vertritt (BVerfGE **6**, 45 = NJW **57**, 337; **aM** Arndt DRiZ **59**, 368). Denn dieser Rechtsbehelf dient nur der Verteidigung eigener subjektiver Rechte gegenüber dem Staat, nicht der Austragung von Meinungsverschiedenheiten zwischen Staatsorganen (BVerfGE **15**, 298, 301 ff = NJW **63**, 899).

Die Zulässigkeit der Verfassungsbeschwerde setzt ein **Rechtsschutzinteresse** vor- **233**
aus (BVerfGE **21**, 139, 143 = NJW **67**, 1123; BVerfGE **56**, 99, 106 = NJW **81**, 1599; BVerfGE **81**, 138 = NJW **90**, 1033), das sich aus der belastenden Gerichtsentscheidung selbst ergeben und noch fortbestehen muß (BVerfGE **33**, 247, 253 = NJW **72**, 1747; BVerfGE **50**, 244, 247 = NJW **79**, 1285). Die Beschwer durch die Urteilsgründe kann genügen (BVerfGE **6**, 7, 9 = NJW **56**, 1833; BVerfGE **28**, 151 = MDR **70**, 822; BVerfG NStZ **87**, 421; Jakobs JZ **79**, 279). Auch wenn das mit der Verfassungsbeschwerde verfolgte Begehren erledigt ist, kann ausnahmsweise ein weiterwirkendes Rechtsschutzbedürfnis bestehen (BVerfGE **33**, 247, 256 = NJW **72**, 1747). Jedoch ist eine Verfassungsbeschwerde idR unzulässig, wenn der Beschwerdeführer nur noch durch die Kosten- und Auslagenentscheidung beschwert ist (BVerfGE **33**, 247, 256 = NJW **72**, 1747; **39**, 276, 292 = NJW **75**, 1501; BVerfGE **50**, 244, 248 = NJW **79**, 1285). Anders ist es, wenn sich der behauptete Verfahrensverstoß ausschließlich auf die Kostenentscheidung bezieht und die Entscheidung in der Hauptsache davon nicht berührt wird (BVerfG NJW **87**, 2569).

Erst nach **Erschöpfung des Rechtswegs** kann die Verfassungsbeschwerde erho- **234**
ben werden (§ 90 II S. 1 BVerfGG). Er ist so lange nicht erschöpft, wie der Beschwerdeführer die Möglichkeit hat, im Verfahren vor den Gerichten des zuständigen Gerichtszweigs die Beseitigung der Entscheidung zu erreichen (BVerfGE **8**, 222; **73**, 322, 325; vgl Henschel Faller-FS 165). Zum Rechtsweg gehören auch die Antragstellung nach §§ 33 a, 311 a (BVerfGE **33**, 192 = NJW **72**, 1227; BVerfGE **42**, 243, 250 = NJW **76**, 1837; BVerfGE **74**, 359, 380 = NJW **87**, 2427, 2429; NJW **84**, 559; NStZ **85**, 277; **94**, 498; NStZ-RR **98**, 73; BayVerfGHE **39** II 82 = NJW **87**, 314; NStZ **86**, 88; MDR **92**, 790) und der Antrag auf Wiedereinsetzung in den vorigen Stand (BVerfGE **42**, 252 = NJW **76**, 1839; BVerfG NJW **88**, 1255), auf gerichtliche Entscheidung nach §§ 23 ff **EGGVG** (BVerfG NJW **91**, 690) oder nach §§ 109 ff **StVollzG,** nicht aber der Wiederaufnahmeantrag nach §§ 359 ff, auch nicht Gegenvorstellungen, denen das Gericht nach allgemeinen Grundsätzen nicht stattgeben darf (BVerfGE **73**, 322 = NJW **87**, 1319; 25 vor § 296). Hat sich der Beschwerdeführer den Rechtsweg selbst abgeschnitten, zB indem er einen Rechtsmittelverzicht erklärt (BVerfGE **16**, 1 = NJW **63**, 1491), das Rechtsmittel zurückgenommen (BVerfGE **2**, 123) oder nicht einmal in zulässiger Weise eingelegt hat (BVerfGE **1**, 13 = NJW **52**, 20; BVerfGE **54**, 53, 65; BVerfG NJW **87**, 1874), so ist die Verfassungsbeschwerde unzulässig. Das gleiche gilt, wenn die verfassungsrechtliche Beschwer im Rechtsmittelverfahren nur auf Rüge berücksichtigt werden konnte, diese aber unterlassen oder nicht ordnungsgemäß erhoben worden ist (BVerfGE **74**, 102, 113 = NJW **88**, 45; BVerfG MDR **86**, 729). Der Erschöpfung des Rechtswegs bedarf es auch, wenn nur ein außerordentlicher Rechtsbehelf wegen groben prozessualen Unrechts gegeben (BVerfG NJW **97**, 46) oder wenn die Statthaftigkeit des Rechtsmittels umstritten (BVerfGE **68**, 376 = NJW **85**, 2249), nicht aber, wenn es nach hM unzulässig (BayVerfGHE **10**, II 6 = NJW **68**, 587; vgl auch BGH NStZ **86**, 209 [Pf/M]) oder wenn im Hinblick auf eine gefestigte und einheitliche höchstrichterliche Rspr kein Erfolg des Rechtsmittels zu erwarten ist (BVerfGE **9**, 3, 7 ff = NJW **59**, 91). Auch sonst kann das BVerfG nach § 90 II S. 2 BVerfGG sofort entscheiden, wenn die Verfassungsbeschwerde von allgemeiner Bedeutung ist (vgl dazu BVerfGE **71**, 305, 349 = NJW **86**, 1483; BVerfG NJW **87**, 2288), wenn dem Beschwerdeführer ein schwerer und unabwendbarer Nachteil entstünde, falls er zunächst auf den Rechtsweg verwiesen würde (§ 90 II S. 2 BVerfGG), oder wenn ihm die Erschöpfung des Rechtswegs aus anderen Gründen nicht zuzumuten ist (BVerfGE **49**, 24, 51 = NJW **78**, 2235, 2236).

235 b) **Einzulegen und zu begründen** ist die Verfassungsbeschwerde schriftlich, auch telegrafisch (BVerfGE **32**, 365 = NJW **72**, 899), innerhalb eines Monats (dazu BVerfG NJW **89**, 1148;StV **91**, 241) nach Zustellung oder Bekanntgabe der Entscheidung (§ 93 I BVerfGG) bei dem BVerfG. § 93 II BVerfGG sieht bei unverschuldeter Verhinderung an der Einhaltung der Frist die Möglichkeit einer Wiedereinsetzung in den vorigen Stand vor. Die Strafgerichte sind zur Entgegennahme der Beschwerde nicht zuständig und zur Weiterleitung an das BVerfG nicht
236 verpflichtet. In der – auch innerhalb der Monatsfrist abzugebenden – **Begründung** der Beschwerde müssen das Recht, das verletzt sein soll, und die Entscheidung, durch die der Beschwerdeführer sich verletzt fühlt, bezeichnet werden (§ 92 BVerfGG); einer ausdrücklichen Benennung des als verletzt gerügten Grundrechtartikels bedarf es aber nicht (BVerfG NJW **95**, 124). Der Sachverhalt muß so ausführlich dargestellt werden, daß das BVerfG anhand der Begründung ohne Heranziehung weiterer Unterlagen beurteilen kann, ob die Verletzung eines der in § 90 I BVerfGG bezeichneten verfassungsmäßigen Rechte des Beschwerdeführers in Betracht kommt. Die Bezugnahme auf beigefügte Schriftstücke ist zulässig (BVerfGE **28**, 104 = NJW **70**, 1176; BVerfGE **32**, 365 = NJW **72**, 899), nicht
237 jedoch auf nur in den Strafakten befindliche. **Aufschiebende Wirkung** hat die Verfassungsbeschwerde nicht; das BVerfG kann aber nach § 32 BVerfGG eine einstweilige Anordnung erlassen. Wenn das im Einzelfall zu erwarten ist, kann der Vollzug der angefochtenen Entscheidung kurze Zeit aufgeschoben werden (vgl zB BVerfGE **84**, 341 = NStZ **91**, 604).

238 c) **Verfahren des BVerfG:** Die Verfassungsbeschwerde bedarf der Annahme zur Entscheidung (§ 93 a I BVerfGG). Sie ist nur anzunehmen, soweit ihr grundsätzliche verfassungsrechtliche Bedeutung zukommt (§ 93 a II Buchst a BVerfGG) oder wenn es zur Durchsetzung der in § 90 I BVerfGG genannten Rechte (= Grundrechte und Art 20 IV, 33, 38, 101, 103, 104 GG) angezeigt ist, was auch der Fall sein kann, wenn dem Beschwerdeführer durch die Versagung der Entscheidung zur Sache ein besonders schwerer Nachteil entsteht (§ 93 a II Buchst b BVerfGG; vgl BVerfGE **96**, 245 = NJW **98**, 443: Angriff gegen den Schuldspruch einer strafgerichtlichen Verurteilung); Bagatellen werden somit zur Entscheidung nicht angenommen (Klein NJW **93**, 2074; Zuck NJW **93**, 2641). Vgl zu den Annahmevoraussetzungen im einzelnen BVerfG NJW **94**, 993. Die nach § 15 a BVerfGG gebildeten, aus 3 Richtern bestehenden Kammern, die nicht die Zusammensetzung des Senats widerspiegeln müssen (BVerfG NJW **90**, 39 Nr 2 und 3; krit dazu Heüveldop NJW **90**, 28), können die Annahme der Verfassungsbeschwerde ohne mündliche Verhandlung durch einstimmigen und unanfechtbaren Beschluß ablehnen, der keiner Begründung bedarf (§§ 93 b I S.1, 2, 93 d I, III S.1 BVerfGG). Im Fall des § 93 a II Buchst b BVerfGG kann die Kammer die Verfassungsbeschwerde annehmen und ihr gemäß § 93 c BVerfGG stattgeben, wenn sie offensichtlich begründet ist. Im übrigen entscheidet der Senat über die Annahme (§ 93 b III S.2 BVerfGG). Gibt das BVerfG der Verfassungsbeschwerde statt, so hebt es die Entscheidung auf und verweist die Sache an ein zuständiges Gericht zurück (§ 95 II BVerfGG; vgl dazu BVerfG NJW **95**, 2706). Bei mißbräuchlicher Einlegung einer Verfassungsbeschwerde kann das BVerfG dem Beschwerdeführer nach § 34 II BVerfGG eine Gebühr bis zu 5000 DM auferlegen (vgl BVerfG NJW **92**, 1952; **93**, 384; **95**, 385; 1418; 1419; **96**, 1273; NStZ-RR **96**, 45; krit Zuck NJW **96**, 1254). Zur Auslagenerstattung bei parallel erhobenen (gegen dasselbe Gesetz gerichteten) und bei erledigten, an sich begründeten Verfassungsbeschwerden vgl BVerfGE **85**, 109 und 117 = NJW **92**, 818 und 816.

239 d) Die **Prüfung des BVerfG** beschränkt sich darauf, ob die Entscheidung ein Grundrecht verletzt oder auf einer grundsätzlich unrichtigen Auffassung von der Bedeutung, Reichweite und Wirkkraft eines der geltend gemachten Grundrechte beruht (BVerfGE **35**, 202, 219 = NJW **73**, 1226, 1227; BVerfGE **49**, 304, 314 = NJW **79**, 305; BVerfGE **53**, 207, 211 = NJW **80**, 1677) oder ob das Entschei-

dungsergebnis selbst ein solches Grundrecht verletzt, insbesondere den Grundsatz der Verhältnismäßigkeit (BVerfGE **53**, 152, 158 = NJW **80**, 1448) oder das Willkürverbot mißachtet (BVerfGE **4**, 294, 297 = NJW **55**, 1674; BVerfGE **70**, 93 = NJW **86**, 575). Die Gestaltung des gerichtlichen Verfahrens, die Feststellung und Würdigung des Sachverhalts, die Auslegung der Gesetze und ihre Anwendung auf den Einzelfall sind der Prüfung des BVerfG entzogen, sofern nicht spezifisches Verfassungsrecht verletzt ist (BVerfGE **10**, 271, 273 = NJW **60**, 1243; BVerfGE **18**, 85, 92 ff = NJW **64**, 1715; BVerfGE **70**, 93 = NJW **86**, 575; BVerfG NJW **82**, 29; **92**, 35). Dem BVerfG obliegt also nicht die allgemeine Prüfung strafgerichtlicher Urteile auf mögliche Fehler bei der Feststellung des entscheidungserheblichen Sachverhalts oder in der Anwendung des Strafrechts.

e) Eine **landesrechtliche Verfassungsbeschwerde** kann nach § 90 III BVerfGG mit der zum BVerfG konkurrieren. Sieht das Landesrecht allerdings einen Ausschluß der Landesverfassungsbeschwerde bei Erhebung der Bundesverfassungsbeschwerde vor, muß der Betroffene zwischen beiden wählen (BVerfG NJW **96**, 1464). Sonst schließen beide Verfassungsbeschwerden einander nicht aus (BVerfGE **17**, 172 = NJW **64**, 491; BVerfGE **22**, 267 = NJW **67**, 1955), selbst wenn eine von ihnen schon verworfen worden ist (BayVerfGHE **18** II 140, 150) oder der Verstoß bei der Anwendung einer bundesrechtlichen Norm vorgekommen sein soll (BayVerfGH BayJMBl **64**, 140). Ist jedoch durch das Landesverfassungsgericht eine landesverfassungsrechtliche Streitigkeit in der Sache abschließend entschieden, ist die Bundesverfassungsbeschwerde unzulässig (BVerfGE **96**, 231 = NJW **98**, 293). Das GG hindert das Landesverfassungsgericht nicht daran, die Anwendung von bundesrechtlichem Verfahrensrecht an den Grundrechten der Landesverfassung zu prüfen, soweit sie den gleichen Inhalt wie entsprechende Rechte des GG haben (so zusammenfassend Lange NJW **98**, 1281 zu BVerfGE **96**, 345 = NJW **98**, 1296; krit dazu auch Berkemann JR **98**, 403). **240**

1. Strafprozeßordnung (StPO)[1]

Vom 1. Februar 1877 (RGBl 253; BGBl III 312–2) idF vom 7. April 1987 (BGBl I 1074, 1319), letztes ÄndG vom 31. August 1998 (BGBl I 2585, 2598)

Erstes Buch. Allgemeine Vorschriften

1. Abschnitt. Sachliche Zuständigkeit der Gerichte

Vorbemerkungen

1) Arten der Zuständigkeit: Welches Gericht dazu berufen ist, im 1. Rechtszug in einer Strafsache zu entscheiden, bestimmt sich nach den Regeln der sachlichen (§§ 1–6) und der örtlichen (§§ 7–21) Zuständigkeit. Welcher von mehreren Spruchkörpern eines Gerichts bei gleicher Ordnung entscheidet, ist eine Frage der Geschäftsverteilung, die teils durch Gesetz (unten 7), teils durch das Präsidium im Geschäftsverteilungsplan (unten 6) geregelt wird. 1

2) Die **sachliche Zuständigkeit** ist die Verteilung der Strafsachen nach Art und Schwere unter den erstinstanzlichen, unterschiedlich besetzten Gerichten verschiedener Ordnung (KK-Pfeiffer 2 zu § 1; Roxin § 7 A I). Im allgemeinen bezieht das Gesetz den Begriff der sachlichen Zuständigkeit auf das Gericht als Ganzes, auf einzelne Abteilungen nur, wenn sie verschieden hohe Rechtsfolgengewalt haben (BGH **18**, 79, 83 [GSSt]; **26**, 191, 197). Die Zuordnung zu verschiedenen Gerichten im organisatorischen Sinn bedeutet also nicht notwendig eine verschiedene Ordnung der Spruchkörper (Rieß GA **76**, 2 ff). Eine Zuständigkeitskonzentration (zB nach § 391 I, III **AO)** berührt die sachliche Zuständigkeit der Spruchkörper nicht (BGH **26**, 191, 194). Die sachliche Zuständigkeit ist in jeder Lage des Verfahrens von Amts wegen zu prüfen (§ 6). 2

3) Die **örtliche Zuständigkeit,** der Gerichtsstand (vgl die Überschrift des 2. Abschnitts) ist maßgebend dafür, welches Gericht im 1. Rechtszug sich unter mehreren sachlich zuständigen Gerichten mit der Sache zu befassen hat (§§ 7 ff). Die örtliche Zuständigkeit prüft das Gericht, bei dem die Anklage erhoben ist, bis zur Eröffnung des Hauptverfahrens von Amts wegen (§ 16 S. 1). Danach darf sie von dem mit der Sache befaßten Gericht nur noch berücksichtigt werden, wenn der Angeklagte den Unzuständigkeitseinwand bis zum Beginn seiner Vernehmung zur Sache in der Hauptverhandlung erhoben hat (§ 16 S. 2, 3). Das gilt auch für den Revisionsrechtszug. Die Unzuständigkeitsrüge des Angeklagten (§ 338 Nr 4) ist daher nur zulässig, wenn er im 1. Rechtszug rechtzeitig den Unzuständigkeitseinwand erhoben hatte (dort 31). 3

4) Die **erstinstanzliche Zuständigkeit besonderer StrKn** (§§ 74 II, 74 a, 74 c GVG) steht als besondere Zuständigkeit neben der sachlichen und örtlichen Zuständigkeit (**aM** Karlsruhe JR **85**, 521 mit Anm Meyer; KK-Pfeiffer 4 zu § 1: funktionelle Zuständigkeit; LR-Wendisch 12: geschäftliche Zuständigkeit). Sie beruht auf gesetzlicher Geschäftsverteilung (Celle MDR **86**, 953); denn das Gesetz gebietet, solche StrKn zu errichten und ihnen die von ihm bestimmten Aufgaben zuzuweisen. Die Zuständigkeit der besonderen StrK ist nicht wie die sachliche Zuständigkeit in jeder Lage des Verfahrens von Amts wegen zu prüfen (§ 6), sondern wie die örtliche (§ 16 S. 1) nur bis zur Eröffnung des Hauptverfahrens (§ 6 a S. 1). Danach darf die mit der Sache befaßte StrK ihre Unzuständigkeit nur 4

[1] Die Paragraphenüberschriften sind nicht amtlich.

5 noch auf rechtzeitigen Einwand des Angeklagten beachten (§ 6a S. 2, 3). Einen **Vorrang gegenüber den allgemeinen StrKn** räumt § 74e GVG den besonderen StrKn ein. Auch unter ihnen selbst besteht nach dieser Vorschrift eine Rangfolge: Das SchwurG (§§ 74 II, 74d GVG) steht an 1., die WirtschaftsStrK (§ 74c GVG) an 2. und die StaatsschutzStrK (§ 74a GVG) an 3. Stelle. Um diese Rangfolge im Eröffnungsverfahren zu sichern und Zuständigkeitsstreit zu vermeiden, haben die
6 besonderen StrKn die **Kompetenz-Kompetenz.** Bei der Anwendung der §§ 209, 210 II sind sie Gerichten höherer Ordnung gleichgestellt (§ 209a Nr 1). Auch die nach § 74e GVG vorrangige besondere StrK steht im Verhältnis zu einer nachrangigen einem Gericht höherer Ordnung gleich; daher hat sie im Verhältnis zu dieser anderen StrK mit besonderer Zuständigkeit die Kompetenz-Kompetenz. Diese Vorrangfolge wirkt auch noch im Hauptverfahren, wenn ein Einwand nach § 6a als begründet erscheint (§§ 225a IV, 270 I S. 2). Sie berechtigt auch dazu, eine Verbindung zusammenhängender oder eine Trennung verbundener Strafsachen im Eröffnungsverfahren (§ 209a Nr 1) oder nach Eröffnung des Hauptverfahrens zu beschließen (§§ 4 II, 209a Nr 1; vgl dazu Meyer-Goßner NStZ **89**, 297).

7 **5)** Die **geschäftsplanmäßige Zuständigkeit** beruht auf der Verteilung der Geschäfte auf die einzelnen Spruchkörper der Gerichte durch das Präsidium nach § 21e I S. 1 GVG. Sie ist eine weitere Zuständigkeit neben der sachlichen und örtlichen Zuständigkeit (LR-Wendisch 9, 11 rechnet sie zur geschäftlichen Zuständigkeit).

8 **6) Funktionelle Zuständigkeit:** Unter diesen Begriff werden alle Zuständigkeitsregelungen zusammengefaßt, die nicht zur sachlichen oder örtlichen Zuständigkeit, zur Zuständigkeit besonderer StrKn oder zur geschäftsplanmäßigen Zuständigkeit gehören. Eine Frage der funktionellen Zuständigkeit ist insbesondere die Übertragung von Aufgaben auf den Vorsitzenden eines Kollegialgerichts (vgl §§ 125 II S. 2, 126 II S. 2, 3, 142 I, 147 V, 213, 221, 231 I S. 2, 231a II, 231b II, 238 I; §§ 21f, 21g, 176, 179 GVG) und auf den Rechtspfleger (vgl §§ 21, 22, 24, 31 **RPflG**), ferner die Zuständigkeit der StVollstrKn (§§ 78a, 78b GVG).

9 **7)** Die **Zuständigkeit der Rechtsmittelgerichte** (§§ 73 I, 74 III, 121 I Nr 1, 135 I GVG) gehört zur funktionellen, nicht zur sachlichen Zuständigkeit (BGH **19**, 177, 179; **22**, 250, 251; **25**, 51, 53; Nürnberg NJW **63**, 502; KK-Pfeiffer 4 zu § 1, Krey 1/204; **aM** LR-Wendisch 4, 7; Rüping 31). Für die Rechtsmittelentscheidung ist grundsätzlich ein Gericht höherer Ordnung im organisatorischen Aufbau der Gerichte zuständig. Die Zuständigkeit der Rechtsmittelgerichte hängt nicht davon ab, ob das Gericht, dessen Entscheidung angefochten ist, seine Zuständigkeit zu Recht oder zu Unrecht angenommen hat. Maßgebend ist allein, welches Gericht die angefochtene Entscheidung tatsächlich erlassen hat (erg 19 vor § 296).

10 **8) Jugendgerichte,** die über Verfehlungen Jugendlicher und Heranwachsender entscheiden (§§ 33 I, 107 **JGG**), gibt es beim AG und beim LG; sie sind Teil der ordentlichen Gerichtsbarkeit (§ 33 II **JGG**), Abteilungen der ordentlichen Ge-
11 richte mit besonderer Zuständigkeit. Das **Verhältnis zu den Erwachsenengerichten,** dh die Frage, ob in einer Strafsache ein JugG oder ein Erwachsenengericht im 1. Rechtszug zu entscheiden hat, behandelt das Gesetz in vieler Hinsicht wie eine Frage der sachlichen Zuständigkeit (Rieß NStZ **81**, 305); insbesondere besteht die Prüfungspflicht nach § 6 (BGH **30**, 260; 6 zu § 6). Das gilt aber nicht für das Revisionsgericht; es prüft die Zuständigkeitsfrage nur auf entspr Rüge (34 zu § 338). Zur Vermeidung von Zuständigkeitskonflikten haben die JugGe grund-
12 sätzlich die **Kompetenz-Kompetenz,** dh die Befugnis, über ihre Zuständigkeit selbst zu entscheiden. Das Erwachsenengericht, bei dem die Anklage erhoben ist und das die Zuständigkeit eines JugG gleicher Ordnung für gegeben erachtet, muß die Sache diesem Gericht zur Entscheidung über seine Zuständigkeit vorlegen (§ 209a Nr 2 iVm § 209 II). Hält das JugG, bei dem die Anklage erhoben ist, ein

Erwachsenengericht gleicher Ordnung für zuständig, so eröffnet es das Hauptverfahren vor diesem Gericht mit bindender Wirkung (§ 209 a Nr 2 iVm § 209 I). Die entspr Kompetenz-Kompetenz besteht auch im tatrichterlichen Hauptverfahren, soweit Jugendliche oder Heranwachsende angeklagt sind (§§ 225 a I S. 2 Hs 2, 270 I S. 1 Hs 2). Ein **Vorrang anderer Art** ergibt sich aus § 47 a S. 1 **JGG**. 13
Danach darf sich ein JugG nach der Eröffnung des Hauptverfahrens nicht deshalb für unzuständig erklären, weil die Sache vor ein für allgemeine Strafsachen zuständiges Gericht gleicher oder niedrigerer Ordnung gehöre. Es muß trotz dieser Unzuständigkeit das Hauptverfahren im 1. Rechtszug durchführen. Daraus folgt, daß diese Unzuständigkeit des JugG von dem erwachsenen Angeklagten auch nicht mit der Revisionsrüge nach § 338 Nr 4 geltend gemacht werden kann (dort 34).

9) Ein **Zuständigkeitsstreit** (Kompetenzkonflikt) unter mehreren Gerichten 14
entsteht, wenn sich jedes dieser Gerichte in derselben Sache für zuständig (positiver Konflikt) oder für unzuständig (negativer Konflikt) hält.

A. Beim **sachlichen Kompetenzkonflikt** (oben 2) hat die höhere Zuständig- 15
keit den Vorrang (BGH **19**, 177, 181; KK-Pfeiffer 25 zu § 1; SK/StPO-Rudolphi 16); das ergibt sich aus §§ 209, 225 a, 269, 270. Bei mehrfacher Rechtshängigkeit muß das Gericht sein Verfahren einstellen, das die Untersuchung später eröffnet hat, auch wenn es das Gericht höherer Ordnung ist (BGH **22**, 232; KK-Pfeiffer 25 zu § 1; 1 zu § 12). Es ist § 12 mit den dort gemachten Einschränkungen (vgl 2 zu § 12) entspr anzuwenden. Beim negativen Kompetenzkonflikt gelten die §§ 14, 19 entspr (2 zu § 14; 2 zu § 19).

B. Beim **örtlichen Kompetenzkonflikt** gilt die Regelung des § 12; notfalls 16
wird das zuständige Gericht durch das gemeinschaftliche obere Gericht bestimmt (§§ 14, 19).

C. Ein **Streit um die Auslegung des Geschäftsverteilungsplans** wird durch 17
das Präsidium entschieden (BGH **25**, 242, 244; **26**, 191, 200; Düsseldorf MDR **82**, 689; erg 22 zu § 21 e GVG).

Sachliche Zuständigkeit

1 **Die sachliche Zuständigkeit der Gerichte wird durch das Gesetz über die Gerichtsverfassung bestimmt.**

1) Die **sachliche Zuständigkeit der Gerichte** bestimmen für das AG die 1
§§ 24–28 GVG, für die StrK die §§ 73–74 d GVG, für das OLG § 120 GVG. Wegen der Rechtsmittelgerichte vgl §§ 73 I, 74 III, 121 I, 135 GVG. Die Errichtung von ObLGen sieht § 9 **EGGVG** vor.

2) Rangordnung: Höheres Gericht gegenüber dem Strafrichter (§ 25 GVG) ist 2
das SchG (§§ 24, 28), gegenüber beiden Gerichten die StrK, gegenüber AG und LG das OLG. Das erweiterte SchG (§ 29 II GVG) ist gegenüber dem einfachen SchG kein höheres Gericht (2 zu § 29 GVG). Die StrKn mit besonderer Zuständigkeit (§§ 74 II, 74 a, 74 c GVG) stehen nach § 209 a für bestimmte Entscheidungen Gerichten höherer Ordnung gleich; ihren Vorrang untereinander regelt § 74 e GVG. Bei den Jugendgerichten, für die § 209 a ebenfalls gilt, ist die Rangordnung: Jugendrichter, JugSchG, JugK.

Verbindung und Trennung **RiStBV 114**

2 I **Zusammenhängende Strafsachen, die einzeln zur Zuständigkeit von Gerichten verschiedener Ordnung gehören würden, können verbunden bei dem Gericht anhängig gemacht werden, dem die höhere Zuständigkeit beiwohnt. Zusammenhängende Strafsachen, von denen einzelne zur Zuständig-**

keit besonderer Strafkammern nach § 74 Abs. 2 sowie den §§ 74 a und 74 c des Gerichtsverfassungsgesetzes gehören würden, können verbunden bei der Strafkammer anhängig gemacht werden, der nach § 74 e des Gerichtsverfassungsgesetzes der Vorrang zukommt.

II **Aus Gründen der Zweckmäßigkeit kann durch Beschluß dieses Gerichts die Trennung der verbundenen Strafsachen angeordnet werden.**

1 **1) Verbindung mehrerer Strafsachen** (I):

2 A. **Grundsätze:** Durch eine Verfahrensverbindung kann Doppelarbeit erspart, insbesondere aber verhindert werden, daß derselbe Sachverhalt von mehreren Gerichten unterschiedlich beurteilt wird (BGH **11**, 130, 133; **18**, 238, 239). Sie dient daher der Funktionsfähigkeit der Strafrechtspflege (BVerfGE **45**, 354, 359 = NJW **77**, 1767) und sollte nicht zurückhaltend vorgenommen werden (**aM** Herzog StV **93**, 612: Vorschrift wegen Art 101 I S. 2 GG verfassungswidrig). I regelt die Verbindung von zusammenhängenden (§ 3) Straftaten iS des § 264, für die Gerichte verschiedener Ordnung (2 zu § 1) zuständig sind, durch die StA, § 4 die Verbindung durch das Gericht, § 13 die Verbindung bei unterschiedlicher örtlicher Zuständigkeit, § 237 die auf die gleichzeitige Verhandlung beschränkte Verbindung. Für die Verfahrensverbindung durch die StA gilt im einzelnen folgendes:

3 B. Bei **Zuständigkeit desselben Gerichts** für mehrere iS des § 3 zusammenhängende Strafsachen kann die StA die Sache in einer gemeinsamen Anklage bei Gericht anhängig machen. Das ist gesetzlich nicht ausdrücklich bestimmt, ergibt sich aber aus der weitergehenden Regelung des I und aus § 13 I (Rosenmeier 31). Gleichgültig, ob die StA die Sachen schon im Ermittlungsverfahren verbunden hatte, wozu sie jederzeit befugt ist (LR-Wendisch 33; Meyer-Goßner DRiZ **85**, 241), oder ob sie die Verbindung erst anläßlich der Anklageerhebung vornimmt. Verpflichtet zur Verbindung ist die StA nicht. Ist in einer der Strafsachen bereits das Hauptverfahren eröffnet, so ist die Verbindung nur nach § 4 möglich (dort 5).

4 C. Bei **Zuständigkeit verschiedener Gerichte** für die einzelnen Strafsachen
5 ist zu unterscheiden: Wenn verschiedene **Gerichte gleicher Ordnung** (2 zu § 1)
zuständig sind, kann die StA mehrere miteinander verbundene Sachen bei einem
von ihnen anklagen; das ist eine Frage der örtlichen Zuständigkeit, die durch
6 § 13 I geregelt ist (dort 2). Sind **Gerichte verschiedener Ordnung** (2 zu § 1) im
1. Rechtszug zuständig, so liegt der Fall des I vor. Die StA kann die iS des § 3 zusammenhängenden Sachen nach I S. 1 verbunden bei dem höheren Gericht anhängig machen, nicht aber eine zur Zuständigkeit des AG gehörende Sache nur deswegen beim LG anklagen, weil dort ein Berufungsverfahren anhängig ist (BGH **38**, 172; NStZ **92**, 397). Sind mehrere StrKn mit besonderer Zuständigkeit nach §§ 74 II, 74 a oder 74 c GVG zuständig, so können alle Sachen bei derjenigen StrK angeklagt werden, deren Vorrang § 74 e GVG bestimmt (I S. 2). Auch auf diese Verfahrensverbindung hat der Angeklagte keinen Rechtsanspruch (10 zu § 4). Eine getrennte Anklagerhebung kann insbesondere bei unterschiedlichem Ermittlungsstand in Haftsachen und zur Vermeidung von Großverfahren geboten sein (KK-Pfeiffer 6; vgl RiStBV 114 S. 2).

7 D. **Sonderfälle:** Nach §§ 42, 64 OWiG kann mit einem Strafverfahren auch die
8 **Verfolgung von OWien** verbunden werden. Dann kann aber die OWi vom
Gericht nicht mehr durch Trennung aus der gerichtlichen Zuständigkeit ausgeschieden werden; denn die Ahndung einer OWi durch das Gericht ohne vorausgegangenen Bußgeldbescheid sieht das Gesetz nicht vor (Göhler 4 zu § 45 OWiG).
9 Strafsachen gegen **Jugendliche und Erwachsene** können verbunden anhängig
gemacht werden, wenn die Voraussetzungen des § 103 I **JGG** vorliegen. Das gilt entspr für die Verbindung von Strafsachen gegen Heranwachsende und Erwachsene (§ 112 S. 1 **JGG**). Zuständig für die verbundenen Sachen ist das JugG (§ 103 II S. 1 **JGG**), sofern nicht die Zuständigkeit des BGH oder OLG begründet (§ 102

JGG) oder für die Erwachsenenstraftat die Wirtschafts- oder StaatsschutzStrK zuständig ist (§ 103 II S. 2 **JGG**). Diese Grundsätze gelten auch, wenn mehrere Taten eines Angeklagten verbunden anhängig gemacht werden, die er in verschiedenen Altersstufen begangen hat (§ 32 JGG). Weder in § 32 noch sonst im JGG ist aber bestimmt, daß alle Straftaten die ein Beschuldigter in verschiedenen Altersstufen begangen hat, gleichzeitig abgeurteilt werden müssen (BGH **10**, 100; JR **74**, 428 mit Anm Brunner).

2) Trennung der verbundenen Sachen (II): Gemeint ist nur die Verfahrenstrennung, dh die Auflösung der Sachverbindung mit der Folge, daß die abgetrennte Sache an das für sie zuständige niedere Gericht zurückfällt (LR-Wendisch 50 ff; SK/StPO-Rudolphi 17), nicht die nur vorübergehende Abtrennung der Verhandlung, insbesondere zu dem Zweck, die Zeugenvernehmung eines Mitbeschuldigten zu ermöglichen (dazu 22 vor § 48). Die Trennung ist aus Gründen der Zweckmäßigkeit ebenso zulässig wie das Unterlassen der Verbindung (oben 6); sie steht im Ermessen des Gerichts (BGH **18**, 238; JR **69**, 148 mit Anm von Gerlach; BGH JR **74**, 428). Der Angeklagte hat keinen Anspruch auf die Abtrennung seines Verfahrens (Frankfurt StV **83**, 92). Die Trennung **erfolgt** bei Erlaß des Eröffnungsbeschlusses in der Weise, daß die eine der von der StA verbundenen Sachen bei dem zuständigen Gericht niederer Ordnung eröffnet wird (§ 209 I; Düsseldorf NStZ **91**, 145 mwN). Nach Eröffnung des Hauptverfahrens, insbesondere in der Hauptverhandlung, ist ein besonderer Beschluß des in I bezeichneten ranghöheren Gerichts erforderlich, der erst nach Anhörung des Angeklagten ergehen darf (BGH NStZ **82**, 188 [Pf]). Eine stillschweigende Trennung ist nicht möglich (LR-Wendisch 61 ff). Die Einstellung eines der Verfahren nach § 205 enthält keine Trennung nach II (Frankfurt bei Fischer StV **81**, 85); auch in dem bloßen Abschluß eines Verfahrensteils liegt keine Sachtrennung (Köln VRS **53**, 130; LR-Wendisch 46). 10 11

3) Anfechtung: Die Anklageerhebung nach I ist unanfechtbar (LR-Wendisch 43; Bohnert 26), die Teileröffnung (oben 11) ist nach § 210 anfechtbar. Der Trennungsbeschluß nach II kann von der StA und dem von der Trennung betroffenen Angeklagten mit der **Beschwerde** nach § 304 I angefochten werden; § 305 S. 1 steht nicht entgegen, weil der Beschluß nur das Verfahren hemmt und bei der Urteilsfällung nicht erneut geprüft wird (Bay **53**, 86; Frankfurt StV **83**, 92; **91**, 504; **aM** Bohnert 30). Das Beschwerdegericht prüft den Beschluß in vollem Umfang, nicht nur auf Ermessensfehler (Düsseldorf NStZ **91**, 145 mwN; LR-Wendisch 65; **aM** Hamm HESt **2**, 102). Der Beschluß, mit dem der Antrag auf Trennung abgelehnt wird, ist nach § 305 S. 1 unanfechtbar (Bay **52**, 117). Mit der **Revision** können Ermessensfehler bei der Verbindung oder Trennung nicht gerügt werden; sie kann nur auf Ermessensmißbrauch und auf andere Verfahrensfehler gestützt werden, insbesondere auf die Verletzung der §§ 244 II, 261 (BGH **18**, 238; NJW **53**, 836; Koblenz VRS **49**, 115). 12 13 14

Begriff des Zusammenhangs **RiStBV 17, 114**

3 Ein Zusammenhang ist vorhanden, wenn eine Person mehrerer Straftaten beschuldigt wird oder wenn bei einer Tat mehrere Personen als Täter, Teilnehmer oder der Begünstigung, Strafvereitelung oder Hehlerei beschuldigt werden.

1) Den **Zusammenhang** in den Fällen der §§ 2, 4 und 13 definiert die Vorschrift. Er kann persönlicher oder sachlicher Art sein. Auch eine Verbindung beider Arten (kombinierter Zusammenhang) ist möglich (KK-Pfeiffer 4; unten 4). 1

2) Persönlicher Zusammenhang iS des § 3 liegt vor, wenn einem und demselben Beschuldigten mehrere verfahrensrechtlich selbständige Straftaten iS des § 264 vorgeworfen werden (LR-Wendisch 7 ff; Dünnebier JR **75**, 2). Tatmehrheit 2 iS des § 53 StGB genügt nicht. Denn wenn mehrere solcher Taten nicht auch mehrere Straffälle iS des § 264 bilden, ist ihre gemeinsame Aburteilung ohnehin zwingend vorgeschrieben; es besteht eine „Prozeßeinheit" (BGH MDR **76**, 64; Kleinknecht MDR **58**, 357; 6 zu § 264). Klagt die StA eine solche einheitliche Tat gleichwohl bei verschiedenen Gerichten an und zieht das höhere Gericht das andere Verfahren an sich, so liegt kein Fall der §§ 3, 4 vor, sondern es wird nur das Prozeßhindernis der doppelten Rechtshängigkeit beseitigt (BGH **19**, 177, 181; NJW **58**, 31). Entsprechendes gilt, wenn dieselbe Tat sowohl im gewöhnlichen Strafverfahren als auch im Sicherungsverfahren nach §§ 413ff angeklagt ist (BGH **22**, 185).

3 **3)** Beim **sachlichen Zusammenhang** wird eine Tat mehrerer Beteiligter untersucht. Maßgebend ist auch hier der verfahrensrechtliche Tatbegriff des § 264 (BGH NJW **88**, 150; Dünnebier JR **75**, 2; Kindhäuser JZ **93**, 479; die Entscheidung BGH **11**, 130 = MDR **58**, 356 mit abl Anm Kleinknecht ist überholt). Täter iS des § 3 sind auch der Mittäter und der Nebentäter (RG **34**, 255; **43**, 293, 296; KK-Pfeiffer 3). Der Zusammenhang besteht bei Begünstigung auch, wenn sie im Vorverfahren für den Beschuldigten (zB durch Falschaussage) begangen worden ist (BGH **18**, 238); das gleiche gilt für den Versuch der Strafvereitelung (§§ 258 I, IV StGB).

4 **4)** Ein **kombinierter Zusammenhang** liegt zB vor, wenn der Verdacht besteht, daß A einen Mord begangen hat, B sich hierbei der Strafvereitelung und außerdem durch eine selbständige Tat der Unterschlagung schuldig gemacht hat. Dann kann auch wegen dieser Tat infolge ihres mittelbaren Zusammenhangs mit dem Mord Anklage bei dem SchwurG erhoben werden (vgl KMR-Paulus 7; SK/StPO-Rudolphi 4).

Verbindung und Trennung rechtshängiger Sachen

4 **I Eine Verbindung zusammenhängender oder eine Trennung verbundener Strafsachen kann auch nach Eröffnung des Hauptverfahrens auf Antrag der Staatsanwaltschaft oder des Angeklagten oder von Amts wegen durch gerichtlichen Beschluß angeordnet werden.**

II Zuständig für den Beschluß ist das Gericht höherer Ordnung, wenn die übrigen Gerichte zu seinem Bezirk gehören. Fehlt ein solches Gericht, so entscheidet das gemeinschaftliche obere Gericht.

1 **1)** Die **Verbindung rechtshängiger Sachen,** die iS des § 3 zusammenhängen, läßt I zu. Die Vorschrift knüpft an § 2 an; auch sie ermöglicht nur die Zusammenfassung von Strafsachen (iS des § 264) aus den Zuständigkeiten von Spruchkörpern verschiedener Ordnung (Düsseldorf MDR **80**, 1041; Karlsruhe Justiz **88**, 135). Anders als nach § 2 ist es aber gleichgültig, ob es sich um Spruchkörper eines und desselben Gerichts oder verschiedener Gerichte handelt. § 4 setzt also nicht immer die Abänderung der örtlichen, stets aber die der sachlichen Zuständigkeit voraus. Sind mehrere Verfahren bei Gerichten gleicher Ordnung an verschiedenen Orten anhängig, so geht es nur um die örtliche Zuständigkeit; dann gilt § 13 II (Düsseldorf MDR **85**, 1048). Wenn mehrere Strafverfahren gegen einen Angeschuldigten wegen derselben Tat bei verschiedenen Gerichten anhängig sind, sind die §§ 3, 4 überhaupt nicht anwendbar (2 zu § 3). Die Verbindung von Strafsachen gegen Jugendliche oder Heranwachsende und gegen Erwachsene regeln die §§ 103, 112 S. 1 **JGG.**

2 A. Für **bei verschiedenen Gerichten rechtshängige Strafsachen** (zur Rechtshängigkeit vgl 1 zu § 156) gilt § 4. Die Gerichte müssen von unterschiedlicher Rangordnung (2 zu § 1) sein; dabei braucht, wie II S. 1 zeigt, das niedere Gericht nicht zum Bezirk des höheren zu gehören. § 4 ermöglicht demnach die

Verbindung von Sachen, von denen eine beim AG, die andere bei der großen StrK oder die eine beim LG, die andere im 1. Rechtszug beim OLG anhängig ist. Die Vorschrift ist auch anwendbar, wenn innerhalb desselben Gerichts eine Sache beim Strafrichter (§ 25 GVG), die andere beim SchG (BGH **25**, 51; KK-Pfeiffer 2; Meyer-Goßner DRiZ **85**, 242) oder die eine bei einer allgemeinen StrK, die andere bei einer StrK mit besonderer Zuständigkeit nach §§ 74 II, 74 a, 74 c GVG oder wenn Sachen bei mehreren solchen StrKn anhängig sind (§ 209 a I Nr 1). Die Anwendbarkeit des § 4 auf **Sachen, in denen bereits ein Urteil ergangen ist,** 3
ist grundsätzlich ausgeschlossen (BGH **19**, 177 = JZ **64**, 468 mit zust Anm EbSchmidt; BGH **22**, 185, 186; **25**, 51, 53; **37**, 15, 17; NStZ **86**, 564; **97**, 331 [K]; KG JR **69**, 349; SK/StPO-Rudolphi 7; Rosenmeier 56). Eine Verbindung solcher Sachen ist nur möglich, wenn dadurch der Rechtsmittelzug nicht verändert und auch nicht gegen andere Verfahrensgrundsätze verstoßen wird. Daher kann eine vom Revisionsgericht nach § 354 II zurückverwiesene Sache mit einer bei einem niederen Gericht anhängigen Sache verbunden werden (BGH **25**, 51), auch wenn die zurückverwiesene Sache schon im Schuldspruch rechtskräftig ist. Eine im 1. Rechtszug bei ihr anhängige Sache kann die große StrK mit einer Berufungssache, die bei einem anderen LG anhängig ist, aber nicht verbinden; denn dadurch würde in den gesetzlichen Instanzenzug eingegriffen (**aM** BGH **4**, 152; LR-Wendisch 10). Unzulässig ist ferner die Verbindung eines beim Amtsgericht anhängigen Verfahrens mit einem Berufungsverfahren beim Landgericht (BGH **37**, 15).

B. Die **entsprechende Anwendung des I** ist in folgenden Fällen zulässig: 4

a) Ist **erst eine Strafsache anhängig,** so kann die StA wegen einer inzwischen 5
anklagereif gewordenen anderen Sache, die zur Zuständigkeit eines Gerichts niederer Ordnung gehören würde, die Anklage bei dem höheren Gericht erheben und die Verbindung beantragen (BGH NStZ **96**, 447; **98**, 612 [S]; Meyer-Goßner DRiZ **85**, 242; **aM** Celle MDR **54**, 375: nur nach Eröffnung beider Verfahren; **aM** auch Rosenmeier 47 ff; erg 2 zu § 2). Auch sonst kann das höhere Gericht schon nach § 4 verfahren, wenn in der bei dem niederen Gericht anhängigen Sache das Hauptverfahren noch nicht eröffnet ist (einschr BGH NJW **90**, 2760: falls StA der Abgabe zustimmt), jedoch nicht im umgekehrten Fall (Eröffnung beim niederen, noch keine Eröffnung beim höheren Gericht, BGH 2 ARs 345/92 vom 31. 7. 1992).

b) Wenn **mehrere Sachen bei demselben Spruchkörper oder bei verschiedenen Spruchkörpern gleicher Art** (bei verschiedener Art unten 8 und 8 a) 6
desselben Gerichts im 1. Rechtszug anhängig sind, können diese ebenfalls mit der Folge einer Verschmelzung beider Verfahren zu einem verbunden werden (BGH NJW **95**, 1688 mwN). Wollen verschiedene Spruchkörper ihre Verfahren verbinden, entscheidet darüber aber nicht das gemeinschaftliche obere Gericht (BGH aaO; Düsseldorf MDR **80**, 1041); vielmehr müssen beide Spruchkörper einvernehmlich handeln, indem der eine Spruchkörper die Sache an den anderen abgibt und dieser sie übernimmt (BGH aaO mwN).

c) Auch **mehrere Berufungssachen,** die bei demselben LG bei verschiedenen 7
kleinen StrKn anhängig sind, können daher entspr § 4 verbunden werden (BGH **38**, 172, 175). Sind sie bei verschiedenen Gerichten anhängig, so ist eine Verbindung unzulässig, da durch sie in den Instanzenzug eingegriffen würde (Düsseldorf MDR **85**, 1048; oben 3).

d) Sachen, die **bei demselben Spruchkörper in verschiedenen Rechtszügen** anhängig sind, können verbunden werden. Nachdem das RpflEntlG für 8
Berufungen gegen Urteile des SchG die Zuständigkeit der kleinen (statt wie früher der großen) StrK begründet hat (§ 76 I S. 1 GVG), kann dieser Fall nur noch bei der großen JugK (§ 33 b I **JGG**) auftreten, die sowohl als Gericht des 1. Rechtszuges als auch für Berufungen gegen Urteile des JugSchG zuständig ist. Die Verbindung ist allerdings ausgeschlossen, wenn (horizontale) Teilrechtskraft einge-

treten ist (BGH **36**, 348, 350; **37**, 15, 17). Folge der durch die Verbindung eintretenden Verschmelzung des Berufungs- mit dem erstinstanzlichen Verfahren ist aber, daß eine Rücknahme der Berufung dann nicht mehr möglich ist (BGH **38**, 300).

8a e) Auch die Verbindung von **bei Strkn verschiedener Art desselben LG** anhängigen Strafsachen ist idR zulässig, wobei sie auch in verschiedenen Rechtszügen (BGH NStZ **98**, 628; NStZ-RR **98**, 257 [K]) und bei SpezialStrKn anhängig sein können (**aM** Steinmetz JR **93**, 229). Der Hauptanwendungsfall, daß eine kleine StrK ein bei ihr anhängiges Berufungsverfahren an eine große StrK abgibt, führt auch hier dazu, daß nach Übernahme des Berufungsverfahrens durch die große StrK und Verbindung mit dem Verfahren 1. Instanz eine Verschmelzung beider Verfahren mit der Folge eintritt, daß eine Rücknahme der Berufung dann nicht mehr möglich ist; die Verbindung ist ausgeschlossen, wenn horizontale Teilrechtskraft eingetreten ist (vgl oben 8: BGH NStZ-RR **97**, 171). Die Frage, ob eine Verbindung erfolgen kann und vorgenommen werden soll, bedarf daher sorgfältiger Prüfung. Die Verbindung ist idR nur veranlaßt, wenn der Gegenstand des Berufungsverfahrens mit demjenigen des Verfahrens 1. Instanz in einem zeitlichen, örtlichen oder situativen Zusammenhang steht. Einschränkungen ergeben sich im übrigen daraus, daß ein Berufungsverfahren bei der WirtschaftsStrK nicht mit einem bei der Staatsschutzkammer oder einem bei der JugK im 1. oder 2. Rechtszug anhängigen Verfahren verbunden werden darf, ebensowenig ein Berufungsverfahren bei der JugK mit einem bei der Staatsschutzkammer oder der WirtschaftsStrK im 1. Rechtszug anhängigen Verfahren (dazu im einzelnen unter systematischer Behandlung aller denkbaren Verbindungen Meyer- Goßner NStZ **89**, 297, wobei aber zu beachten ist, daß seit der Änderung des § 76 GVG durch das RpflEntlG nunmehr die kleine statt der großen StrK für Berufungen gegen SchG-Urteile zuständig ist; s dort auch zur Fassung des Urteilsspruchs in diesen Fällen).

9 C. **In jedem Verfahrensabschnitt** ist die Verfahrensverbindung auf Antrag oder von Amts wegen zulässig, auch noch in der Hauptverhandlung, in der dann allerdings die Gefahr einer Verletzung des § 261 besteht (BGH NJW **53**, 836). Mit dem Erlaß des Verbindungsbeschlusses entfällt die Rechtshängigkeit bei dem niederen Gericht (BGH NJW **58**, 31). Zur Wirkung der Verbindung vgl ferner § 5.

10 D. Im **Ermessen des Gerichts** steht die Verbindung (BGH **18**, 238; BGHR Verbindung 4). Vor dem Verbindungsbeschluß ist rechtliches Gehör zu gewähren (BGH NJW **89**, 2403, 2407). Einen Rechtsanspruch darauf, daß alle gegen ihn anhängigen Sachen in einer Hauptverhandlung erledigt werden, hat der Angeklagte nicht (Koblenz VRS **49**, 115; vgl aber auch Stuttgart NJW **60**, 2353). Ein Antrag auf Verbindung zusammenhängender Sachen kann daher ohne Begründung abgelehnt werden (RG **57**, 44; KK-Pfeiffer 7; Bohnert 29; **aM** SK/StPO-Rudolphi 11).

11 **2)** Die **Trennung** der verbundenen Sachen (10 zu § 2) ist während der Rechtshängigkeit, auch noch im Revisionsrechtszug (zB durch Teilverwerfung des Rechtsmittels) und nach Zurückverweisung durch das Revisionsgericht nach § 354 II, aus Zweckmäßigkeitsgründen zulässig, insbesondere wenn nur eine der verbundenen Sachen entscheidungsreif ist (vgl BGH MDR **75**, 23 [D]; SK/StPO-Rudolphi 9). Die Trennung ist rechtlich nicht deshalb notwendig, weil der Grund der Verbindung nachträglich entfällt (KMR-Paulus 16). Sie erfordert einen ausdrücklichen Beschluß (unten 15); nur ausnahmsweise kann ein Verfahren auch stillschweigend, durch schlüssiges Verhalten, getrennt (und später auch wieder verbunden) werden (**aM** SK/StPO-Rudolphi 11: nur ausdrückliche Entscheidung); das muß dann aber gewollt und erkennbar sein (RG **70**, 65, 68; Bay **61**, 192 = NJW **61**, 2318). Die Trennung hebt die Wirkung des § 5 auf; jedes Verfahren ist prozessual wieder selbständig; es gilt jedoch § 269 (dort 7). Ein mit einem erstinstanzlichen Verfahren verbundenes Berufungsverfahren (oben 8, 8a) bleibt aber

auch nach der Trennung ein Verfahren erster Instanz, da es durch die mit der Verbindung erfolgte Verschmelzung seine Eigenschaft als Berufungsverfahren verloren hat (BGH **38**, 300; Stuttgart JR **95**, 517 mit insoweit abl Anm Wendisch = NStZ **95**, 248 mit insoweit zust Anm Meyer-Goßner NStZ **96**, 51). Eine vorübergehende Trennung in der Hauptverhandlung kann durch die Anwendung des § 231 c vermieden werden (dort 3); das Recht zur Verfahrenstrennung nach § 4 wird dadurch nicht berührt (BGH **32**, 100; 270; KK-Tolksdorf 2 zu § 231 c; einschr LR-Gollwitzer 3 zu § 231 c; **aM** Schlothauer Koch-FS 250). Zur vorübergehenden Abtrennung zwecks Zeugenvernehmung eines der Mitangeklagten vgl 22 vor § 48.

3) Zuständigkeiten (II): 12

A. Den **Verbindungsbeschluß** erläßt grundsätzlich das ranghöhere Gericht (2 13 zu § 1). Dabei gilt § 209 a, wonach eine StrK mit besonderer Zuständigkeit nach §§ 74 II, 74 a, 74 c GVG im Verhältnis zu einer allgemeinen StrK und die einzelnen besonderen StrKn untereinander in der Reihenfolge des § 74 e GVG als ranghöher gelten(BGH 2 ARs 352/91 vom 21. 8. 1991). Das **gemeinschaftliche** 14 **obere Gericht** (II S. 2) ist zuständig, wenn die verschiedenen Gerichte nicht alle zum Bezirk des ranghöheren gehören. Gemeinschaftliches oberes Gericht ist für mehrere AGe das LG, für mehrere LGe das OLG, sonst der BGH, nicht das BayObLG (1 zu § 9 **EGGVG**). Ist jedoch ein OLG nach § 121 III GVG für mehrere Bezirke zuständig, ist es insoweit auch gemeinschaftliches oberes Gericht (BGH NStZ-RR **97**, 187; BGHR Oberes Gericht 1; Volckart NStZ **90**, 205). Eine durch ein unzuständiges Gericht nicht wirksam vorgenommene Verbindung kann das zuständige obere Gericht ggf nachholen, wenn die Sache im Wege der Revision zu ihm gelangt ist (BGH NStZ-RR **97**, 170).

B. Den **Trennungsbeschluß** erläßt das Gericht, bei dem die verbundenen 15 Sachen anhängig sind, das gemeinschaftlich obere Gericht (oben 14), wenn es die Verbindung angeordnet hatte; zuvor ist rechtliches Gehör zu gewähren (BGH NJW **89**, 2403, 2407).

4) Beschwerde: Der Verbindungsbeschluß des erkennenden Gerichts ist nach 16 § 305 S. 1 unanfechtbar (LR-Wendisch 43; **aM** Rosenmeier 91). Zur Anfechtbarkeit des Trennungsbeschlusses vgl 13 zu § 2. Mit dem Beginn oder der Fortsetzung der Hauptverhandlung ist die Beschwerde prozessual überholt (17 zu § 296).

5) Revision: Vgl 14 zu § 2. 17

Maßgebendes Verfahren

5 **Für die Dauer der Verbindung ist der Straffall, der zur Zuständigkeit des Gerichts höherer Ordnung gehört, für das Verfahren maßgebend.**

1) Die **verfahrensrechtliche Folge der Verbindung** nach §§ 2 ff ist, anders als 1 im Fall des § 237 (dort 1), die Verschmelzung der verbundenen Sachen zu einem einheitlichen Verfahren (BGH **36**, 348). Daher richtet sich das gesamte Verfahren nach den Regeln für den Straffall, der zur Zuständigkeit des Gerichts höherer Ordnung gehört. Das gilt bei persönlicher Verbindung nach § 3 zB für die notwendige Verteidigung nach § 140 (EbSchmidt 4; erg 5 zu § 140). Der Ausschluß eines Richters nach § 22 erstreckt sich auf sämtliche verbundenen Straffälle (6 zu § 22). Für das zulässige Rechtsmittel ist die Zuständigkeit des Gerichts maßgebend, bei dem die Verfahren verbunden sind, und zwar sowohl bei persönlicher (BGH MDR **55**, 755; **75**, 198 [D]) als auch bei sachlicher Verbindung (BGH NJW **55**, 1890 L) und auch, wenn das Verfahren wegen der Sache, die die höhere Zuständigkeit begründet hat, durch Einstellung erledigt ist (BGH MDR **55**, 755; erg 1 zu § 135 GVG). Wegen des Zeugnisverweigerungsrechts der Angehörigen vgl 11 ff zu

§ 52. Wurde ein Strafbefehlsverfahren verbunden, so ist die Rücknahme des Einspruchs nach § 411 III nur möglich, wenn die Verfahren wieder getrennt werden (offengelassen in BGH **36**, 175, 187).

2 **2) Selbständig** bleiben die verbundenen Sachen, soweit es sich um Prozeßhindernisse (Einl 143 ff) handelt, die nur für die eine Strafsache bestehen (RG **8**, 310, 312; KMR-Paulus 4 ff). Deshalb bedarf es nach der Verbindung in den Fällen der §§ 408 III S.2, 417 ff auch nicht eines Eröffnungsbeschlusses (Bay OLGSt Nr 3 zu § 4). Es kann sich in diesen Fällen aber empfehlen, die Sachen vor der Urteilsverkündung wieder zu trennen oder nur eine Verbindung nach § 237 vorzunehmen, so daß es dann bei der ursprünglichen Verfahrensart und Rechtsmittelzuständigkeit verbleibt (erg 8 zu § 237). Wenn sich die eine der verbundenen Sachen gegen Jugendliche oder Heranwachsende richtet (§§ 103, 112 **JGG**), gilt § 104 **JGG.**

Prüfung von Amts wegen

6 Das Gericht hat seine sachliche Zuständigkeit in jeder Lage des Verfahrens von Amts wegen zu prüfen.

1 **1)** Eine **Prozeßvoraussetzung** (Einl 141 ff) ist die sachliche Zuständigkeit (BGH **18**, 79, 81 [GSSt]). Wenn sie fehlt, darf keine Sachentscheidung ergehen. Das Gericht ist aber verpflichtet, das Verfahren bei sachlicher Unzuständigkeit an das zuständige Gericht zu bringen, wenn das Gesetz diese Möglichkeit vorsieht (unten 3). Andernfalls muß das Verfahren nach § 206 a oder § 260 III eingestellt werden (KK-Pfeiffer 1; SK/StPO-Rudolphi 2). Im Hauptverfahren gilt die Einschränkung des § 269.

2 **2) In jeder Lage des Verfahrens von Amts wegen** hat das Gericht seine sachliche Zuständigkeit zu prüfen, auch im Revisionsrechtszug (BGH **10**, 74; **18**, 79, 83 [GSSt]; Bay **85**, 33 = NStZ **85**, 470). In den Tatsacheninstanzen ist kein Einwand (wie nach §§ 6 a, 16), in der Revisionsinstanz keine besondere Rüge erforderlich (32 zu § 338). Soweit die Zuständigkeit von der besonderen Bedeutung des Falles abhängt, wird deren Vorliegen nach Beginn des Hauptverfahrens nicht mehr geprüft (8 zu § 24 GVG). Das gleiche gilt für die Rechtsfolgenerwartung nach § 25 Nr 2 GVG (dort 2). Wird das Urteil wegen Fehlens der sachlichen Zuständigkeit nicht angefochten, erwächst es in Rechtskraft (RG **71**, 377, 378).

3 **3) Verfahren bei sachlicher Unzuständigkeit:** Das unzuständige Gericht, bei dem die Anklage erhoben ist, eröffnet das Hauptverfahren vor dem zuständigen niederen Gericht (§ 209 I) oder legt die Sache dem zuständigen höheren Gericht vor (§ 209 II). Zwischen Eröffnung des Hauptverfahrens und Beginn der Hauptverhandlung ist wegen § 269 nur noch die Vorlage an das sachlich zuständige Gericht höherer Ordnung zulässig (§ 225 a I). In der Hauptverhandlung wird nach
4 § 270 an das höhere Gericht verwiesen. Das **Berufungsgericht** hat nur dieselbe Strafgewalt wie das AG (BGH **31**, 63, 66; 9 zu § 328); hat das 1. Urteil sie überschritten, so muß das LG daher die Sache nach § 328 II an dieses Gericht
5 verweisen (dort 5). Das **Revisionsgericht** verweist die Sache nach § 355 an das zuständige Gericht (BGH **38**, 212).

6 **4)** Für die **sachliche Zuständigkeit der JugGe** im Verhältnis zu anderen JugGen gelten die §§ 6, 269 ebenfalls. Im Verhältnis zu den Erwachsenengerichten gleicher Ordnung haben die JugGe einen Vorrang, der nicht zur sachlichen Zuständigkeit gehört, aber grundsätzlich in jeder Lage des Verfahrens zu beachten ist (11 vor § 1), im Revisionsrechtszug aber nur auf zulässig erhobene Verfahrensrüge (34 zu § 338).

Zuständigkeit besonderer Strafkammern

6a Die Zuständigkeit besonderer Strafkammern nach den Vorschriften des Gerichtsverfassungsgesetzes (§ 74 Abs. 2, §§ 74 a, 74 c des Gerichtsverfassungsgesetzes) prüft das Gericht bis zur Eröffnung des Hauptverfahrens von Amts wegen. Danach darf es seine Unzuständigkeit nur auf Einwand des Angeklagten beachten. Der Angeklagte kann den Einwand nur bis zum Beginn seiner Vernehmung zur Sache in der Hauptverhandlung geltend machen.

1) Die **Zuständigkeit der besonderen StrKn** nach §§ 74 II, 74 a, 74 c GVG, für die § 74 e GVG eine Rangfolge aufstellt, behandelt das Gesetz nach § 209 a Nr 1 bei der Anwendung der §§ 4 II, 209, 210 II wie die sachliche Zuständigkeit (vgl 10 ff vor § 1; 3 ff zu § 209 a). Aus Gründen der Verfahrensvereinfachung sind diese StrKn aber sonst aus der in jeder Lage des Verfahrens zu beachtenden sachlichen Zuständigkeit (§ 6) herausgenommen worden. Dadurch soll verhindert werden, daß eine Strafsache noch im Lauf der Hauptverhandlung an eine StrK mit besonderer Zuständigkeit oder an eine allgemeine StrK verwiesen werden muß (vgl Meyer JR **85**, 523; Schlüchter JR **82**, 512). Daher stellt § 6 a in Übereinstimmung mit der Regelung bei der örtlichen Zuständigkeit (§ 16) eine zeitliche Grenze für die Zuständigkeitsprüfung auf. Ist bis dahin die Unzuständigkeit der allgemeinen StrK nicht entdeckt oder nicht geltend gemacht worden, so entscheidet sie auch in Sachen, für die eine besondere StrK nach § 74 e GVG zuständig ist. Sie wird hierfür von Rechts wegen zuständig. Daraus folgt aber nicht, daß alle StrKn des LG eine einheitliche sachliche Zuständigkeit haben (**aM** Celle MDR **86**, 953); denn § 6 a hat die Zuständigkeitsregelung der §§ 74 ff GVG nicht beseitigt (Meyer-Goßner DRiZ **89**, 300). Im Verhältnis zwischen Erwachsenengericht und **Jugendgericht** besteht keine dem § 6 a entspr Vorschrift; die Zuständigkeit muß daher immer von Amts wegen geprüft werden (BGH **30**, 260; MDR **81**, 269 [H]; erg 11 vor § 1; 6 zu § 6). 1 2

2) **Von Amts wegen** (S. 1) wird die Zuständigkeit nur bis zur Eröffnung des Hauptverfahrens (§ 203), dh bis zum Erlaß des Eröffnungsbeschlusses (§ 207) geprüft; wegen des entspr Zeitpunkts bei den besonderen Verfahrensarten vgl LR-Wendisch 5; erg 2 zu § 16. Die Prüfung hat auch die StrK mit besonderer Zuständigkeit vorzunehmen, bei der die Anklage erhoben ist; der Grundsatz des § 269 gilt nicht entspr (Bohnert 36; Rieß NJW **78**, 2267 Fn 58; **79**, 1536). Sie prüft, ob an ihrer Stelle eine allgemeine StrK oder eine nach § 74 e GVG vor- oder nachrangige StrK mit besonderer Zuständigkeit zuständig ist. Die allgemeine StrK, bei der die Anklage erhoben ist, muß prüfen, ob und ggf an welche besondere StrK die Sache abzugeben ist. 3

3) Der **Einwand des Angeklagten** (S. 2, 3) kann ohne nähere Begründung die Zuständigkeit einer allgemeinen oder einer nach § 74 e GVG vor- oder nachrangigen besonderen StrK geltend machen. Allerdings wird die Frage, ob zur Beurteilung des Falles besondere Kenntnisse des Wirtschaftslebens erforderlich sind und daher nach § 74 c I Nr 6 GVG eine Wirtschafts-StrK zuständig ist, nach hM auf den Einwand nicht geprüft (KK-Pfeiffer 5, 13; LR-Rieß 45 zu § 209 a; Rieß NJW **78**, 2268; erg 33 zu § 338; 10 zu § 74 c GVG). 4

A. **Zum Einwand befugt** (S. 2) ist nicht nur der Angeklagte, dem der Beschuldigte im Sicherungsverfahren nach §§ 413 ff und die Nebenbeteiligten (Einl 73) gleichstehen, sondern auch der Erziehungsberechtigte und der gesetzliche Vertreter (§§ 67 I, 103 II S. 2, 3 **JGG**). Der Verteidiger kann den Einwand für den Angeklagten erheben, aber nicht aus eigenem Recht (erg 1 zu § 297). Der Einwand des StA oder eines anderen Verfahrensbeteiligten ist nur eine Anregung für die von Amts wegen vorzunehmende Prüfung nach S. 1 (oben 2). Nach Eröffnung des Hauptverfahrens ist er daher unbeachtlich (KK-Pfeiffer 7). 5

6 B. **Zulässiger Zeitraum** (S. 3): Der Einwand kann schon im Eröffnungsverfahren geltend gemacht (§ 201 I) und dann nach Eröffnung des Hauptverfahrens wiederholt werden (Meyer-Goßner NStZ **81**, 169). Auch der vor Beginn der Hauptverhandlung erhobene Einwand kann in der Hauptverhandlung erneut erhoben werden (Meyer-Goßner aaO 170); das ist jedoch nicht erforderlich, wenn er nicht beschieden worden ist (RG **70** 70, 239, 240; **aM** KK-Pfeiffer 8). Ist er in der Hauptverhandlung vor dem in S. 3 bestimmten Endzeitpunkt gestellt und abgelehnt worden, so ist er verbraucht; seine Wiederholung ist unzulässig (LR-Wen-
7 disch 20). Nach **Beginn der Vernehmung des Angeklagten** zur Sache kann der Einwand nicht mehr erhoben werden. Maßgebend ist der Zeitpunkt, in dem der Angeklagte nach der Belehrung nach § 243 IV S. 1 erklärt hat, ob er sich äußern oder nicht zur Sache aussagen wolle (BGH NStZ **84**, 128); der Einwand muß vor jeder weiteren Erklärung geltend gemacht werden (KK-Pfeiffer 8). Danach ist er schlechthin unzulässig; da es sich um eine Ausschlußfrist handelt, ist Wiedereinsetzung nach § 44 ausgeschlossen (KK-Pfeiffer 10; erg 3 zu § 44). Wenn der Einwand nicht rechtzeitig erhoben wird, tritt eine Zuständigkeitsperpetuierung ein, die durch eine nachträgliche Änderung der Sachlage oder der rechtlichen Beurteilung nicht mehr beseitigt werden kann (KK-Pfeiffer 10; LR-Rieß 44 zu § 209 a). Das gilt auch dann, wenn die Umstände, die die Zuständigkeit einer besonderen StrK nach § 74 e GVG begründen, erst nach Erlaß des Eröffnungsbeschlusses bekannt geworden (BGH **30**, 187 = JR **82**, 511 mit insoweit abl Anm Schlüchter; KK-Pfeiffer 10; **aM** SK/StPO-Rudolphi 17) oder nach Beginn der Sachvernehmung des Angeklagten eingetreten sind (BGH aaO: Tod des Opfers einer in den Katalog des § 74 II GVG fallenden Tat; SK/StPO-Rudolphi 15; Rieß NJW **78**, 2266). Daß damit ggf auch eine nur mit 2 Berufsrichtern besetzte StrK (§ 76 II GVG) in einer SchwG-Sache entscheidet, muß hingenommen werden.
8 Findet die **Hauptverhandlung gegen mehrere Angeklagte** statt, so kann jeder den Einwand bis zum Beginn seiner Vernehmung zur Sache geltend machen, auch wenn ein Mitangeklagter ihn durch Säumnis verloren hat. Der Angeklagte, der zu einem gleichlautenden Einwand eines Mitangeklagten nach § 33 II gehört worden ist, sich ihm aber nicht angeschlossen hat, kann den Einwand aber nicht mehr
9 erheben (LR-Wendisch 21). Bei einer **Hauptverhandlung in Abwesenheit des Angeklagten** tritt der Ausschluß des Einwands, den der nach § 140 I Nr 1 stets mitwirkende Verteidiger erheben kann, zu dem Zeitpunkt ein, in dem die Verfahrenshandlung vorgenommen wird, die dem Beginn der Sachvernehmung des Angeklagten entspricht (LR-Wendisch 17; SK/StPO-Rudolphi 9). Das ist der Beginn der in §§ 231 a I S. 2, 232 III, 233 II S. 1, 415 II S. 1 vorgeschriebenen Verlesung der Niederschrift über die Vernehmung des Angeklagten (LR-Wendisch 17; erg 4 zu § 222 b). Ist der Einwand schon bei dieser Vernehmung erhoben worden, so ist er rechtzeitig angebracht, ohne daß es auf den Zeitpunkt der Verlesung ankommt (RG **40**, 354; KK-Pfeiffer 8). Für den Ausschluß des Einwands ist
10 immer die **1. Hauptverhandlung in der Sache** maßgebend. Die Befugnis zum Einwand lebt nicht wieder auf, wenn nach Aussetzung der Hauptverhandlung (§ 228 I S. 1) oder nach Zurückverweisung der Sache (§§ 328 II, 354 II, III, 355) eine neue Hauptverhandlung stattfindet (SK/StPO-Rudolphi 13; Meyer-Goßner NStZ **81**, 171; erg 3 zu § 16). Nur bei Wiedereinsetzung in den vorigen Stand nach § 235 entsteht die Befugnis zum Einwand von neuem (KK-Pfeiffer 10).

11 C. **Form:** Vor Beginn der Hauptverhandlung kann der Einwand schriftlich (Einl 128) oder zu Protokoll der Geschäftsstelle (Einl 131 ff) erhoben werden. In der Hauptverhandlung ist er mündlich geltend zu machen; er wird in der Sitzungsniederschrift beurkundet (§ 273 I).

12 **4) Verfahren bei Unzuständigkeit:** Stellt sich die Unzuständigkeit bei Eröffnung des Hauptverfahrens heraus, so gelten die §§ 209, 209 a Nr 1 (dort 4 ff). Vor Beginn der Hauptverhandlung wird nach § 225 a IV verfahren (dort 25 ff). Ist ein begründeter Einwand in der Hauptverhandlung erhoben worden, so verweist das

Gericht die Sache nach § 270 I S. 1 (dort 12 ff) an das zuständige Gericht. Die Entscheidung des Gerichts ergeht nach Anhörung der Verfahrensbeteiligten (§ 33 I, II).

5) Im **Berufungsverfahren** ist § 6 a entspr auf den Fall anzuwenden, daß im 1. 13
Rechtszug ein SchG über eine **Wirtschaftsstraftat** iS des § 74 c I GVG entschie- 14
den hat. Nach dieser Vorschrift iVm § 76 I S. 1 GVG ist dann eine kleine StrK als WirtschaftsStrK das zuständige Berufungsgericht (6 zu § 74 c GVG). Wird die Sache nicht ihr, sondern der allgemeinen StrK nach § 321 S. 2 vorgelegt, so prüft diese ihre Zuständigkeit bis zur Beendigung des Vortrags des Berichterstatters nach § 324 I S. 1 (Meyer-Goßner NStZ **81**, 172; **aM** bis zum Beginn: KMR-Paulus 3; SK/StPO-Rudolphi 3; Rieß JR **82**, 515 übersieht, daß anders als bei unzulässiger Berufung eine unterbliebene Beratung der StrK dann in der Hauptverhandlung nicht mehr nachholbar wäre); der Angeklagte kann den Einwand der Unzuständigkeit der allgemeinen StrK entspr S. 3 bis zum Beginn seiner Vernehmung zur Sache geltend machen (Düsseldorf JR **82**, 514 mit zust Anm Rieß; Kissel 10 zu § 74 c GVG; Rieß JR **80**, 80; 6 vor § 1). Ist der Einwand berechtigt, so verweist die allgemeine StrK die Berufungssache nach §§ 270 I S. 2, 332 an die WirtschaftsStrK (Meyer-Goßner NStZ **81**, 173; Rieß JR **80**, 83). Die Bestimmung des zuständigen Gerichts nach den §§ 14, 19 ist in einem solchen Fall entbehrlich und daher unzulässig (Düsseldorf wistra **95**, 362 mwN). Entsprechendes gilt für den umgekehrten Fall, daß die Sache auf die Berufung der unzuständigen WirtschaftsStrK vorgelegt wird. Sie gibt das Verfahren entspr §§ 209, 209 a, 225 a IV S. 2 mit bindender Wirkung an die allgemeine StrK ab (Celle NdsRpfl **87**, 257). Stellt sich
in **Strafsachen anderer Art** erst aufgrund der Beweisaufnahme in der Berufungs- 15
verhandlung heraus, daß eine sachliche Zuständigkeit des SchG nicht bestanden hat und eine StrK mit besonderer Zuständigkeit zuständig ist, so gilt § 328 (dort 9).

6) Anfechtung: Eine Beschwerde des Angeklagten ist nicht zulässig; denn der 16
vor oder in der Hauptverhandlung ergangene Beschluß, mit dem der Einwand der Unzuständigkeit abgelehnt worden ist, ist unanfechtbar (§§ 201 II S. 2, 210 I, 305 S. 1). Mit der Revision kann der Angeklagte die Verwerfung des Einwands im Eröffnungsverfahren ebenfalls nicht beanstanden (§ 336 S. 2). Wenn er ihn nach Eröffnung des Hauptverfahrens ohne Erfolg geltend gemacht hat, kann er die Rüge nach § 338 Nr 4 erheben (dort 33), nicht aber die StA zu seinen Gunsten (Bohnert 35; **aM** KK-Pfeiffer 13; LR-Wendisch 25). Aus der Revisionsbegründung muß dann hervorgehen, daß der Einwand rechtzeitig erhoben worden war (BGH GA **80**, 255; Düsseldorf VRS **71**, 366).

2. Abschnitt. Gerichtsstand

Vorbemerkungen

1) Der **Gerichtsstand** ist die örtliche Zuständigkeit im 1. Rechtszug für die 1
Untersuchung und Entscheidung einer Strafsache; von ihr hängt nach § 143 I GVG die örtliche Zuständigkeit der StA ab. Die örtliche Zuständigkeit für einzelne richterliche Untersuchungshandlungen ist jeweils im Gesetz bestimmt (vgl §§ 98 II S. 3, 4, 100 IV S. 1, 125 I, 126 I S. 1, 162 I S. 1, 2, § 157 GVG). Die Zuständigkeit des Rechtsmittelgerichts richtet sich nach dem Gericht, dessen Entscheidung
angefochten wird. **Hauptgerichtsstände** sind die des Tatorts (§§ 7 I, 10), des 2
Wohnsitzes (§§ 8 I, 11) und des Ergreifungsorts (§ 9). Nur **subsidiär** gelten die 3
Gerichtsstände des gewöhnlichen Aufenthalts und des letzten inländischen Wohnsitzes (§ 8 II) sowie der Gerichtsstand Hamburg bei Umweltstraftaten (§ 10 a). Fehlt ein Gerichtsstand, so kann er vom BGH bestimmt werden (§ 13 a). Bei
Verhinderung des zuständigen Gerichts gilt § 15, in Eilfällen § 21. **Besondere** 4
Gerichtsstände sind die der Presse (§ 7 II) und des Zusammenhangs (§ 13). An

den Gerichtsstandsbestimmungen hat die BayGZVJu (GVBl **88**, 6) nichts geändert (BGH **35**, 344).

5 2) **Sonderfälle** der örtlichen Zuständigkeit regeln §§ 388 I, 441 I S. 2 und § 444 III S. 2. Im Jugendstrafverfahren gilt ergänzend § 42 I **JGG.** In Binnenschiffahrtssachen iS § 2 III Buchst a BinSchVfG ist das Gericht des Tatorts ausschließlich zuständig (§ 3 III S. 1 BinSchVfG; dazu Nürnberg NStZ-RR **97**, 271). Für Straftaten nach § 7 des Ges zur vorläufigen Regelung der Rechte am Festlandsockel vom 24. 7. 1964 (BGBl I 497) ist nach § 12 dieses Gesetzes das AG Hamburg zuständig. Entsprechendes gilt für Straftaten nach Art 2 des Ges zu dem Europäischen Übereinkommen vom 22. Januar 1965 zur Verhütung von Rundfunksendungen, die von Sendestellen außerhalb der staatlichen Hoheitsgebiete gesendet werden, vom 26. 9. 1969 (BGBl II 1969), zuletzt geändert durch Art 263 EGStGB, nach Art 4 dieses Gesetzes.

6 3) **Zuständigkeitskonzentrationen:** Die LJV kann nach §§ 58, 157 II GVG, § 4 I BinSchVfG für den Bezirk mehrerer AGe einem von ihnen die Entscheidung in Strafsachen ganz oder teilw zuweisen. Für WirtschaftsStrKn, Schwurgerichte und StVollstrKn kann die Zuständigkeit eines LG für den Bezirk mehrerer LGe bestimmt werden (§ 74 c III, IV, 74 d, 78 I GVG). Das AG am Sitz des LG ist örtlich zuständig nach § 391 I, II **AO**, § 38 I AWG, § 38 I MOG, § 13 I WiStG. Das LG im Bezirk des OLG ist zuständig für die in § 74 a GVG bezeichneten Staatsschutzsachen, das OLG, in dessen Bezirk die Landesregierung ihren Sitz hat, für die Staatsschutzsachen nach § 120 I GVG.

7 4) Eine **Prozeßvoraussetzung** (Einl 141 ff) ist die örtliche Zuständigkeit, aber nur eine kurzlebige (1 zu § 16). Das Gericht prüft sie von Amts wegen nur bis zur Eröffnung des Hauptverfahrens (§ 16 S. 1). Danach darf es sich nur auf Einwand
8 des Angeklagten für unzuständig erklären (§ 16 S. 2). Die **Verweisung** des Verfahrens an das zuständige Gericht läßt das Gesetz im Bereich der örtlichen Zuständigkeit für den 1. Rechtszug nicht zu; das unzuständige Gericht muß das Verfahren einstellen (4 zu § 16). Nur in den Rechtsmittelzügen ist die Verweisung an das
9 zuständige Gericht nach §§ 328 II, 355 zulässig. Die **Übertragung** der Sache von einem zuständigen Gericht auf ein anderes sehen § 12 II, § 42 III **JGG** vor.

10 5) **Wahlrecht der StA:** Wenn nach den §§ 7 ff mehrere Gerichte örtlich zuständig sind, kann die StA (auch der Privatkläger) wählen, bei welchem dieser Gerichte sie die Anklage erheben will (BGH **10**, 391, 392; **21**, 212, 215; 247, 249; **26**, 374; Bay NJW **87**, 3091); sie bestimmt dadurch das zuständige Gericht. Das verstößt nicht gegen Art 101 I S. 2 GG (BGH 1 StR 559/74 vom 18. 3. 1975; LR-Wendisch 43; Dallinger MDR **57**, 114; **aM** SK/StPO-Rudolphi 9; Maunz/Dürig 32; von Münch/Kunig 28; beide zu Art 101 GG; Achenbach Wassermann-FS 855; Engelhardt DRiZ **82**, 419; Herzog StV **93**, 612 fordert den Gesetzgeber auf, zwischen §§ 7–9 eine verbindliche Reihenfolge herzustellen; vgl aber RiStBV 2 I), sofern die Wahl nicht willkürlich erfolgt (Hamm Rpfleger **98**, 535). Eine bereits getroffene Wahl kann die StA, solange das Hauptverfahren nicht eröffnet ist, dadurch ändern, daß sie die öffentliche Klage zurücknimmt (§ 156) und bei einem anderen Gericht erhebt (BGH **21**, 247, 249). Die Wahl der StA kann nur im Rahmen des § 16, nicht nach § 23 **EGGVG** überprüft werden (Hamm aaO; Lange NStZ **95**, 111; **aM** Strubel/Sprenger NJW **72**, 1738).

Tatort **RiStBV 2, 250**

7 [I] **Der Gerichtsstand ist bei dem Gericht begründet, in dessen Bezirk die Straftat begangen ist.**

[II] **Wird die Straftat durch den Inhalt einer im Geltungsbereich dieses Bundesgesetzes erschienenen Druckschrift verwirklicht, so ist als das nach Absatz 1**

zuständige Gericht nur das Gericht anzusehen, in dessen Bezirk die Druckschrift erschienen ist. Jedoch ist in den Fällen der Beleidigung, sofern die Verfolgung im Wege der Privatklage stattfindet, auch das Gericht, in dessen Bezirk die Druckschrift verbreitet worden ist, zuständig, wenn in diesem Bezirk die beleidigte Person ihren Wohnsitz oder gewöhnlichen Aufenthalt hat.

1) Der **Gerichtsstand des Tatorts** (I) ist einer der 3 Hauptgerichtsstände (2 vor 1
§ 7). Tatort ist nach 9 I StGB jeder Ort, „an dem der **Täter** gehandelt hat oder im 2
Falle des Unterlassens hätte handeln müssen oder an dem der zum Tatbestand gehörende Erfolg eingetreten ist oder nach der Vorstellung des Täters eintreten sollte". Bei Tatbegehung in mittelbarer Täterschaft ist Tatort sowohl der Betätigungsort des mittelbaren Täters als auch jeder Ort, an dem die Mittelsperson gehandelt hat oder der Erfolg eingetreten ist (BGH wistra **91**, 135; KK-Pfeiffer 4).
Tatort für die **Teilnahme** ist nach S. 1 StGB jeder Ort, „an dem die Tat begangen 3
oder der Teilnehmer gehandelt hat oder im Falle des Unterlassens hätte handeln müssen oder an dem nach seiner Vorstellung die Tat begangen werden sollte". Bei versuchter Beteiligung begründet auch der Begehungsort des in Aussicht genommenen Verbrechens einen Tatort (Lackner 3 zu § 9 StGB). Begünstigung (§ 257 StGB), Strafvereitelung (§§ 258, 258 a StGB) und Hehlerei (§§ 259, 260 StGB) sind keine Teilnahmetaten und daher nicht stets am Ort der Vortat begangen (LR-Wendisch 5). Der **zum Tatbestand gehörende Erfolg** iS § 9 StGB umfaßt jede 4
tatbestandsmäßige Wirkung. Bei Falschaussage (§§ 153, 154 StGB) eines nach § 223 vernommenen Zeugen ist die Tat daher auch an dem Ort begangen, an dem das Hauptverfahren geführt wird. Bei konkreten Gefährdungsdelikten ist Erfolg iS § 9 I StGB der Eintritt der Gefahr (Tröndle 3 zu § 9 StGB). Dagegen ist bei abstrakten Gefährdungsdelikten eine konkret eingetretene Gefahr kein tatbestandsmäßiger Erfolg; der Ort, an dem sie eingetreten ist, begründet keinen Gerichtsstand (Tröndle 3 zu § 9 StGB). Liegt der Tatort **außerhalb des Geltungsbereichs** der 5
StPO, so kommen nur die Gerichtsstände nach §§ 8–11, 13, 13 a in Betracht.

2) Gerichtsstand der Presse (II): 6

A. Der **„fliegende Gerichtsstand der Presse"**, der aus I folgen würde (vgl 7
BGH **11**, 56, 59), wird durch II S. 1 für die in der BRep erscheinenden Druckschriften durch den Gerichtsstand des Erscheinungsorts ersetzt; die übrigen Gerichtsstände bleiben unberührt (vgl auch RiStBV 250). Läßt sich der Erscheinungsort der Druckschrift nicht feststellen, so gilt I mit der Folge, daß jedes Gericht zuständig ist, in dessen Bezirk das Presseinhaltsdelikt – zB durch Verbreiten – begangen wurde (BGH **43**, 122). Für Druckschriften, die im Ausland erscheinen, gilt I; ein Gerichtsstand ist an jedem Verbreitungsort begründet. Eine entspr Anwendung von II auf Ton- und Fernsehrundfunkanstalten kommt nicht in Betracht (KK-Pfeiffer 7; LR-Wendisch 12 ff; SK/StPO-Rudolphi 8; Dorbritz NJW **71**, 1209; Krey 1/262 und JA **84**, 295; **aM** LG Arnsberg NJW **64**, 1972; AG Würzburg NStZ **90**, 199 mwN und zust Anm Kusch).

B. **Druckschriften** iS II S. 1 sind nach der in den Landespressegesetzen übli- 8
chen Legaldefinition alle mittels der Buchdruckerpresse oder eines sonstigen zur Massenherstellung geeigneten Vervielfältigungsverfahrens hergestellten und zur Verbreitung bestimmten Schriften, besprochenen Tonträger, bildlichen Darstellungen und Musikalien mit Text oder Erläuterungen. Um periodische Druckschriften (29 zu § 53) braucht es sich nicht zu handeln (KK-Pfeiffer 8). Auf welchem Stoff die Vervielfältigung vorgenommen worden ist, spielt keine Rolle (LR-Wendisch 14). Schreibmaschinendurchschläge sind aber keine Druckschriften (RG **47**, 243, 244). Für die Verbreitung von Schriften, die nicht unter II fallen, ist Tatort auch jeder Beförderungs- und Unterwegsort (Wagner MDR **61**, 93).

C. **Erscheinungsort** ist der Ort, an dem die Druckschrift mit dem Willen des 9
Verfügungsberechtigten die Stätte ihrer Herstellung zum Zweck der Verbreitung verläßt (vgl RG **40**, 354, 359; **64**, 292; LR-Wendisch 16), idR die Geschäfts-

niederlassung des Verlegers, uU auch ein anderer Ort. Auch mehrere Erscheinungsorte sind möglich (KK-Pfeiffer 9). Das Erscheinen setzt voraus, daß die Druckschrift einem größeren Personenkreis zugänglich gemacht werden soll (vgl BGH **13**, 257).

10 D. Nur für **Presseinhaltsdelikte** gilt II S. 1, dh für in der Druckschrift enthaltene Äußerungen, deren Kundgebung gegen das Strafrecht verstößt (RG **40**, 354, 358; **66**, 145, 146; LR-Wendisch 19 ff). Welcher Art diese Straftat ist, spielt keine Rolle; unter II S. 1 fallen insbesondere auch Straftaten nach § 184 StGB (Hamm MDR **52**, 441) und § 353 b I StGB.

11 E. Für eine **Privatklage wegen Beleidigung** nach §§ 185–187 a, 189 StGB ist nach II S. 2 außer dem AG am Erscheinungsort auch das AG am Verbreitungsort zuständig, wenn die beleidigte Person in dessen Bezirk zZ der Klageerhebung ihren Wohnsitz (1 zu § 8) oder gewöhnlichen Aufenthalt (2 zu § 8) hat. Verbreitungsort ist der Ort, an dem die Druckschrift einem größeren Personenkreis zugänglich gemacht wird (LR-Wendisch 24). Ist die Privatklage bei dem für diesen Ort zuständigen AG erhoben worden, so wird das Verfahren dort fortgesetzt, wenn die StA nach § 377 II die Verfolgung übernimmt (BGH **11**, 56; LR-Wendisch 27 ff).

Wohnsitz oder Aufenthaltsort

8 **I Der Gerichtsstand ist auch bei dem Gericht begründet, in dessen Bezirk der Angeschuldigte zur Zeit der Erhebung der Klage seinen Wohnsitz hat.**

II Hat der Angeschuldigte keinen Wohnsitz im Geltungsbereich dieses Bundesgesetzes, so wird der Gerichtsstand auch durch den gewöhnlichen Aufenthaltsort und, wenn ein solcher nicht bekannt ist, durch den letzten Wohnsitz bestimmt.

1 **1)** Der **Gerichtsstand des Wohnsitzes** (I) gehört zu den Hauptgerichtsständen (2 vor § 7). Der Wohnsitz bestimmt sich nach den §§ 7–11 BGB, bei Berufs- und Zeitsoldaten nach § 9 BGB. Der Annahme eines Wohnsitzes steht nicht entgegen, daß der Täter in einem Hotel wohnt oder längere Zeit abwesend ist. Es kommt nur darauf an, daß er sich an dem Ort niedergelassen hat (LG Frankfurt a.M. StV **88**, 381), gleichviel, ob er sich dessen bewußt war, damit im Rechtssinn einen Wohnsitz zu begründen (BVerfGE **8**, 81, 86). Das Innehaben einer Wohnung ist ein Indiz, aber nicht allein ausschlaggebend (vgl 8 zu § 37). Bei mehrfachem Wohnsitz
2 besteht ein mehrfacher Gerichtsstand nach § 8. Maßgebend ist stets der Wohnsitz **zZ der Erhebung der Klage;** der Wohnsitz zu einem früheren Zeitpunkt ist ebenso unbeachtlich wie spätere Änderungen, auch wenn sie noch vor Erlaß des Eröffnungsbeschlusses eintreten (SK/StPO-Rudolphi 8). Vgl erg § 11.

3 **2)** Der **Gerichtsstand des gewöhnlichen Aufenthalts** (II) zZ der Erhebung der Klage ist ein Nebengerichtsstand für den Fall, daß ein Wohnsitz in der BRep oder im Land Berlin nicht besteht. Der gewöhnliche Aufenthalt muß im Geltungsbereich der StPO gelegen sein (Köln JMBlNW **78**, 113); er besteht an dem Ort, an dem sich jemand freiwillig ständig oder für längere Zeit, wenn auch nicht ununterbrochen, aufhält, ohne dort seinen Wohnsitz zu begründen. Die zwangsweise Unterbringung in einem Krankenhaus, einer JVA, einer Heilanstalt uä begründet den gewöhnlichen Aufenthalt auch dann nicht, wenn sie für längere Dauer berechnet ist (KK-Pfeiffer 2). Ein mehrfacher gewöhnlicher Aufenthalt ist begrifflich ausgeschlossen (LR-Wendisch 8).

4 **3)** Der **Gerichtsstand des letzten Wohnsitzes** (II) ist Ersatzgerichtsstand für den Fall, daß kein Gerichtsstand des Wohnsitzes besteht und der gewöhnliche Aufenthalt nicht bekannt ist oder im Ausland liegt.

Ergreifungsort

9 **Der Gerichtsstand ist auch bei dem Gericht begründet, in dessen Bezirk der Beschuldigte ergriffen worden ist.**

1) Der **Gerichtsstand des Ergreifungsorts** steht grundsätzlich gleichwertig 1
neben den anderen Hauptgerichtsständen nach §§ 7 und 8 (2 vor § 7; vgl abw Hamm Rpfleger **98**, 535). Praktische Bedeutung hat er vor allem bei Auslandstaten (KMR-Paulus 4) und bei Taten, deren Begehungsort nicht eindeutig feststeht (KK-Pfeiffer 1). Besteht ein gemeinsames AG (§ 58 I GVG), so ist es auch dann Ergreifungsort, wenn der Beschuldigte im Bezirk eines der anderen AGe ergriffen worden ist (LR-Wendisch 4; Corves MDR **56**, 335). Maßgebend ist stets der
Ergreifungs-, nicht der spätere Verwahrungsort (LR-Wendisch 3). **Ergreifung** ist 2
jede befugte und gerechtfertigte Festnahme durch Beamte oder Privatpersonen zum Zweck der Strafverfolgung, insbesondere nach § 127 I und II. Führt die Ergreifung nicht zum Erlaß eines Haftbefehls (§§ 125, 128 II S. 2), so wird ein Gerichtsstand nach § 9 nicht begründet (LR-Wendisch 5). Wird der Beschuldigte aber aufgrund eines Haftbefehls festgenommen, so handelt es sich auch dann um eine Ergreifung iS § 9, wenn er alsbald flüchtet (Köln JMBlNW **78**, 113). Ergriffen iS des § 9 wird der Beschuldigte auch dann, wenn er sich den Strafverfolgungsbehörden stellt (SK/StPO-Rudolphi 2; Krey 1/258 und JA **84**, 294). Es muß sich aber um eine Ergreifung des „Beschuldigten" handeln. Daher genügt noch nicht
das **vorübergehende Festhalten** des bloß Verdächtigen im Identitätsfeststellungs- 3
verfahren nach §§ 163 b, 163 c. Diese „Ergreifung" kann den Gerichtsstand nur begründen, wenn sie alsbald zur Einleitung des Ermittlungsverfahrens gegen den Verdächtigen führt und dieser dadurch noch während seiner Festhaltung Beschuldigter wird (KMR-Paulus 5; LR-Wendisch 2; weitergehend SK/StPO-Rudolphi
2). Die Zuständigkeit des § 9 erstreckt sich **auf andere Straftaten,** die der 4
Beschuldigte vor seiner Ergreifung begangen, derentwegen die Ergreifung aber nicht stattgefunden hat (BGH MDR **54**, 336 [D]; KK-Pfeiffer 3), auch wenn der Beschuldigte sich nach seiner Ergreifung ununterbrochen in UHaft und nachfol-
gender Strafhaft befunden hat (München MDR **56**, 566). Für **künftige Taten** 5
begründet die vorangegangene Ergreifung keinen Gerichtsstand (LR-Wendisch 9).

2) Spätere Änderungen der Haftumstände heben den einmal begründeten 6
Gerichtsstand nach § 9 wegen derselben Tat nicht auf. Das gilt insbesondere, wenn der Beschuldigte entweicht oder (wegen Fortfalls des dringenden Tatverdachts oder der Haftgründe des § 112 II) aus der Haft entlassen wird. Bei einer erneuten Ergreifung wird abermals ein Gerichtsstand nach § 9 begründet, der den früheren aber unberührt läßt (LR-Wendisch 7).

Straftaten auf deutschen Schiffen oder Luftfahrzeugen

10 **I Ist die Straftat auf einem Schiff, das berechtigt ist, die Bundesflagge zu führen, außerhalb des Geltungsbereichs dieses Gesetzes begangen, so ist das Gericht zuständig, in dessen Bezirk der Heimathafen oder der Hafen im Geltungsbereich dieses Gesetzes liegt, den das Schiff nach der Tat zuerst erreicht.**

II Absatz 1 gilt entsprechend für Luftfahrzeuge, die berechtigt sind, das Staatszugehörigkeitszeichen der Bundesrepublik Deutschland zu führen.

1) Für **Straftaten auf deutschen Schiffen und Luftfahrzeugen** gilt nach § 4 1
StGB das deutsche Strafrecht unabhängig vom Recht des Tatorts. § 10 regelt den Gerichtsstand für den Fall, daß die Tat auf einem solchen Fahrzeug begangen wird, während es sich außerhalb des Geltungsbereichs der StPO, insbesondere außerhalb der Dreimeilenzone (vgl Tröndle 4 zu § 3 StGB), auf offener See oder in einem

ausländischen Hafen, befindet. Liegt der Tatort ausschließlich im Geltungsbereich der StPO, so gilt nur § 7; liegt er sowohl innerhalb als auch außerhalb dieses Geltungsbereichs, so stehen die Gerichtsstände nach §§ 7, 10 wahlweise zur Verfügung. Von § 10 unberührt bleiben auch die Gerichtsstände der §§ 8, 9, 11 und 13 (LR-Wendisch 5).

2 **2) Schiffe** iS von I sind alle Fahrzeuge, die nach §§ 1, 2, 10, 11, 14 FlRG zur Führung der Bundesflagge berechtigt sind (wegen der Einzelheiten vgl LR-Wen-
3 disch 6). **Heimathafen** ist nicht der Ort, an dem das Schiffsregister geführt, sondern der Hafen, von dem aus mit dem Schiff die See- oder Binnenschiffahrt betrieben wird (vgl § 480 I HGB, § 4 I SchRegO, § 8 II Nr 2 a VO zum FlRG vom 4. 7. 1990 (BGBl I 1389). Wenn ein Binnenschiff keinen Heimathafen hat, ist der Heimatort maßgebend, notfalls der Ort der Registereintragung (§ 4 I, III
4 SchRegO). **Erster Anlaufhafen** nach der Tat ist der Hafen, in dem das Schiff
5 angelegt hat. Ist das nicht der Heimathafen, so ist der **Gerichtsstand** sowohl (wahlweise) am Ort dieses Hafens als auch an dem des Heimathafens begründet.

6 **3)** Für **Luftfahrzeuge** (II) gilt I entspr. Luftfahrzeuge sind nach der Legaldefinition des § 1 II LuftVG Flugzeuge, Drehflügler (Hubschrauber), Luftschiffe, Segelflugzeuge, Motorsegler, Ballone und sonstige für die Benutzung des Luftraums
7 bestimmte Geräte. Zur Führung des **Staatszugehörigkeitszeichens der BRep** berechtigt und verpflichtet sind nach § 2 V LuftVG die deutschen Flugzeuge. Da Luftfahrzeuge nach Art 17 des Chicagoer Abkommens über die Internationale Zivilluftfahrt vom 7. 12. 1944 (BGBl 1956 II 411, 934) die Staatszugehörigkeit des Staates haben, in dem sie eingetragen sind, sind deutsche Flugzeuge die nach § 3 LuftVG, § 14 Luftverkehrs-Zulassungs-Ordnung idF vom 13. 3. 1979 (BGBl I 308) in der Luftfahrzeugrolle beim Luftfahrt-Bundesamt in Braunschweig eingetra-
8 genen Flugzeuge. Der Begriff des **Heimathafens** ist im Luftverkehrsrecht nicht bekannt. Ein Luftfahrzeug hat seinen „Heimathafen" (entspr I und § 480 I HGB) dort, wo es zum Zweck seines Betriebs dauernd stationiert ist (LR-Wendisch 10). Fehlt ein solcher Ort, so ist der Gerichtsstand an dem Ort begründet, wo das
9 Luftfahrzeug nach der Tat **zuerst landet.** Das gilt auch für Notlandungen außerhalb von Fluplätzen; bei bloßen Zwischennotlandungen kommt es auf den Ort der nachfolgenden Landung auf einem Flughafen an (LR-Wendisch 11).

Umweltkriminalität auf dem Meer

10a Ist für eine Straftat, die außerhalb des Geltungsbereichs dieses Gesetzes im Bereich des Meeres begangen wird, ein Gerichtsstand nicht begründet, so ist Hamburg Gerichtsstand; zuständiges Amtsgericht ist das Amtsgericht Hamburg.

1 **1)** Nur für **Straftaten gegen die Umwelt** nach §§ 324–330 d StGB, die außerhalb der BRep im Bereich des Meeres begangen werden, bestimmte die Vorschrift früher einen subsidiären Gerichtsstand. Durch Ges vom 2. 8. 1993 (BGBl I 1407) ist die Einschränkung auf die Umweltstraftaten gestrichen worden; nunmehr besteht eine umfassende subsidiäre Zuständigkeit Hamburgs für alle außerhalb des deutschen Hoheitsgebietes im Bereich des Meeres begangenen Straftaten. Dies gilt nach Art 7 des Ges seit dem Tage, an dem das Übereinkommen der Vereinten Nationen vom 20. 12. 1988 gegen den unerlaubten Verkehr mit Suchtstoffen und psychotropen Stoffen für die BRep in Kraft getreten ist; das war der 28. 2. 1994 (BGBl 1993 II 1136; 1994 II 496). Die Regelung entspricht der des § 12 des Ges vom 24. 7. 1964 und des Art 4 des Ges vom
2 26. 9. 1969 (vgl 5 vor § 7). Der **Bereich des Meeres** außerhalb der BRep umfaßt die hohe See und fremde Küstengewässer (Tröndle 4 zu § 324 StGB), jeweils mit dem Meeresgrund und dem Luftraum über dem Meer. Der Bereich der der BRep

vorgelagerten Küstengewässer gehört bis zu 12 Seemeilen zum Gebiet der BRep (Bek der BReg vom 11. 11. 1994, BGBl I 3428).

2) Der **Gerichtsstand Hamburg** gilt nur, wenn die §§ 8–10 keinen anderen Gerichtsstand begründen. Das AG Hamburg ist besonders genannt, weil es nicht das einzige AG in Hamburg ist. 3

Beamte im Ausland

11 **I Deutsche, die das Recht der Exterritorialität genießen, sowie die im Ausland angestellten Beamten des Bundes oder eines deutschen Landes behalten hinsichtlich des Gerichtsstandes den Wohnsitz, den sie im Inland hatten. Wenn sie einen solchen Wohnsitz nicht hatten, so gilt der Sitz der Bundesregierung als ihr Wohnsitz.**

II Auf Wahlkonsuln sind diese Vorschriften nicht anzuwenden.

1) Den **Wohnsitzgerichtsstand exterritorialer Deutscher und Auslandsbeamter** bestimmt I in Ergänzung des § 8 II dahin, daß nicht der ausländische Wohnsitz maßgebend ist, sondern der letzte Wohnsitz im Inland (S. 1); bei dessen Fehlen gilt der Sitz der BReg als Wohnsitz (S. 2). Ob der Tatort im Inland oder Ausland liegt, ist gleichgültig. **Exterritoriale Deutsche** gibt es nur im Ausland. Ihre Exterritorialität bestimmt sich nach Völkerrecht (vgl §§ 18–20 GVG). **Deutsche Auslandsbeamte** haben idR auch ihren Wohnsitz im Ausland. Für ihre Familienangehörigen bleibt es bei § 8 II. Der Begriff des Beamten ist weit auszulegen. Maßgebend ist nicht der staatsrechtliche Beamtenbegriff, sondern der strafrechtliche nach § 11 I Nrn 2, 4 StGB (LR-Wendisch 2). 1 2 3

2) **Wahlkonsuln** (II) sind (Ehren-)beamte iS des § 5 III BBG. Sie sind aber wegen ihrer oft nur losen Verbindung zur BRep und ihrer meist ausländischen Staatsangehörigkeit von der Regelung des I ausgenommen. 4

Zusammentreffen mehrerer Gerichtsstände

12 **I Unter mehreren nach den Vorschriften der §§ 7 bis 11 zuständigen Gerichten gebührt dem der Vorzug, das die Untersuchung zuerst eröffnet hat.**

II Jedoch kann die Untersuchung und Entscheidung einem anderen der zuständigen Gerichte durch das gemeinschaftliche obere Gericht übertragen werden.

1) Das **Zusammentreffen mehrerer Gerichtsstände** (I) nach §§ 7–11, auch nach § 13a (LR-Wendisch 5; vgl BGH **10**, 255), bereitet keine rechtlichen Schwierigkeiten, solange die StA im Ermittlungsverfahren das Wahlrecht hat (10 vor § 7) oder nur eines der örtlich zuständigen Gerichte mit der Sache befaßt ist. Für den Fall, daß sie bei mehreren Gerichten im 1. Rechtszug anhängig ist, überträgt I dem Gericht die ausschließliche Zuständigkeit (BGH **3**, 134, 138), das die Untersuchung zuerst eröffnet hat; wo die Anklage zuerst erhoben worden ist, spielt keine Rolle. Diese Regelung gilt auch, wenn die verschiedenen Gerichte unterschiedlichen Stufen der sachlichen Zuständigkeit angehören (BGH **22**, 232; Stuttgart Justiz **82**, 304; SK/StPO-Rudolphi 6; erg 2 zu § 1); sie ist ferner entspr anzuwenden, wenn die verschiedenen Gerichte sich am selben Ort befinden, also dieselbe örtliche Zuständigkeit besteht (**aM** BGH **36**, 175, 181, aber mit demselben Ergebnis). Im Zwischenverfahren findet die Vorschrift keine Anwendung (BGH **36**, 361, 362). Eine **Einschränkung des Grundsatzes des I** ist dahin erforderlich, daß der Vorrang stets dem Verfahren gebührt, in dem die Sache dem Richter zu umfassenderer, erschöpfenderer Aburteilung unterbreitet worden ist 1 2

(BGH **5**, 381, 384; Bay **88**, 160 = NStZ **89**, 241). Sind mehrere in Tateinheit (§ 52 StGB) stehende Taten bei Gerichten verschiedener Ordnung angeklagt, so hat das höhere Gericht den Vorrang, wenn das untere nicht für alle Taten sachlich zuständig ist (BGH **36**, 175, 181; NStZ **95**, 351). Das höhere Gericht hat das andere Verfahren nicht „an sich zu ziehen" und fortzuführen (so aber BGH aaO, was ohnehin nur möglich ist, wenn das untere Gericht zum Bezirk des höheren Gerichts gehört, und entgegen BGH ausscheiden muß, wenn in der anderen Sache bereits ein Urteil ergangen ist), sondern das niedere Gericht hat sein Verfahren wegen § 12 I (also nicht nach § 206 a) durch Einstellung zu beenden (unten 4), wobei die Einstellung auch in einer „Abgabe" an das höhere Gericht gesehen werden kann. Eine Verbindung der Verfahren kommt nicht in Betracht (vgl 1 zu § 4; unrichtig daher BGH **36**, 175, 188, wo auf den Erlaß des „Verbindungsbe-
3 schlusses" abgestellt wird). Die **Eröffnung der Untersuchung** iS I erfolgt idR durch den Erlaß des Eröffnungsbeschlusses (§ 203). Im beschleunigten Verfahren nach §§ 417 ff ist der Beginn der Vernehmung des Angeklagten zur Sache maßgebend (EbSchmidt 4; **aM** LR-Wendisch 13: Urteilserlaß; erg 3 zu § 418), bei der Nachtragsanklage der Erlaß des Beschlusses nach § 266 I, im Strafbefehlsverfahren und im Fall des § 408 III S. 2 der Beginn der Hauptverhandlung (KK-Pfeiffer 2). Bei einem Streit zwischen den Gerichten, wem der Vorrang gebührt, gilt § 14. Die
4 ausschließliche **Zuständigkeit nach I hat zur Folge,** daß das unzuständige Gericht sein Verfahren einstellen muß, allerdings unter dem Vorbehalt, daß sich das andere Verfahren nicht ohne Sachentscheidung erledigt (RG **52**, 259, 264; **67**, 53, 57). Der Vorrang des nach I zuständigen Gerichts entfällt, wenn es das Verfahren endgültig einstellt (LR-Wendisch 23). Hat das unzuständige Gericht unter Nichtbeachtung der anderweitigen Rechtshängigkeit rechtskräftig entschieden, ist das eigentlich vorrangige Verfahren einzustellen (BGH **38**, 37, 42; NStZ **95**, 351, 352; Düsseldorf JMBlNW **90**, 154). Das gilt auch bei Teilrechtskraft (Kammerer MDR **90**, 785 gegen Bay **88**, 160 = NStZ **89**, 241).

5 **2)** Die **Übertragung** (II) der Strafsache auf ein anderes örtlich zuständiges Gericht, auch im Fall des § 13 a (BGH **10**, 255), unter Aufhebung der Präventionswirkung des I durch das gemeinschaftliche obere Gericht (14 zu § 4) ist auf Antrag oder von Amts wegen zulässig, wenn dafür gewichtige Gründe sprechen, zB die Reiseunfähigkeit von Prozeßbeteiligten oder die Rücksicht darauf, daß eine Vielzahl von Zeugen an dem Ort des anderen Gerichts wohnt oder der Angeklagte dort inhaftiert ist (vgl zur Zweckmäßigkeit BGH wistra **98**, 307). Die Sache kann immer nur einem Gericht übertragen werden, das schon bei der Eröffnung der Untersuchung örtlich zuständig gewesen ist (BGH **13**, 209, 217; **16**, 391), auf ein nach § 13 I zuständig gewesenes Gericht nicht mehr nach Wegfall des Sachzusammenhangs (BGH **16**, 391). Die Übertragung setzt nicht voraus, daß das Verfahren schon bei mehreren Gerichten anhängig ist (Düsseldorf MDR **84**, 70). Aber eines
6 von ihnen muß die **Untersuchung bereits eröffnet** haben (BGH **10**, 391; **15**, 314; **16**, 391); denn solange die StA noch die Wahl hat, vor welches von mehreren zuständigen Gerichten sie die Sache bringen will, dürfen die Gerichte die Zuständigkeit nicht bestimmen (BGH 26, 374). Da die Wahlmöglichkeit der StA besteht, solange sie nach § 156 die Anklage zurücknehmen und bei einem anderen Gericht einreichen kann (BGH **12**, 180, 184; **26**, 374), ist die Übertragung nach II im ordentlichen Strafverfahren erst nach Eröffnung des Hauptverfahrens zulässig, im Strafbefehlsverfahren erst nach Beginn der auf rechtzeitigen Einspruch hin anberaumten Hauptverhandlung (BGH **13**, 186; **14**, 343, 344; **26**, 374), nicht schon mit der Vernehmung durch einen ersuchten Richter (BGH MDR **77**, 810 [H]); entsprechendes gilt im Fall des § 408 III S. 2 (Düsseldorf MDR **84**, 70). Im beschleunigten Verfahren nach §§ 417 ff ist eine Übertragung mit Rücksicht auf
7 § 419 I S. 1 nicht zulässig (BGH **15**, 314; LR-Rieß 13 zu § 212 a). II gilt **nur bis zum Erlaß des Urteils,** also nicht im Rechtsmittelverfahren (BGH **19**, 177, 179; **33**, 111; Düsseldorf MDR **85**, 1048), auch nicht nach Aufhebung des Urteils und

Zurückverweisung der Sache nach § 354 II (BGH **18**, 261; **25**, 51, 53; **33**, 111, 112; KK-Pfeiffer 8; SK/StPO-Rudolphi 14; **aM** LR-Wendisch 50). Die **Wirkung** 8
der Übertragung besteht darin, daß die Rechtshängigkeit der Sache bei dem Gericht, das nach I den Vorrang hat, endet und bei dem anderen, ebenfalls zuständigen Gericht begründet oder bestätigt wird. Diese Wirkung tritt, anders als bei Verweisung (vgl 21 zu § 270), erst mit dem Zugang des Beschlusses bei dem neuen Gericht ein. Das Verfahren geht auf dieses Gericht in der Lage über, in der es sich befindet; Prozeßhandlungen braucht es nicht zu wiederholen. Seine örtliche Zuständigkeit darf es nicht mehr prüfen; jedoch ist eine Rückübertragung durch das gemeinschaftliche obere Gericht nach II möglich (LR-Wendisch 51). Hält sich das Gericht für sachlich unzuständig, so verfährt es nach § 270.

3) Beschwerde gegen die Übertragungsentscheidung ist unzulässig (2 zu 9
§ 304).

Gerichtsstand des Zusammenhangs

13 **I Für zusammenhängende Strafsachen, die einzeln nach den Vorschriften der §§ 7 bis 11 zur Zuständigkeit verschiedener Gerichte gehören würden, ist ein Gerichtsstand bei jedem Gericht begründet, das für eine der Strafsachen zuständig ist.**

II Sind mehrere zusammenhängende Strafsachen bei verschiedenen Gerichten anhängig gemacht worden, so können sie sämtlich oder zum Teil durch eine den Anträgen der Staatsanwaltschaft entsprechende Vereinbarung dieser Gerichte bei einem unter ihnen verbunden werden. Kommt eine solche Vereinbarung nicht zustande, so entscheidet, wenn die Staatsanwaltschaft oder ein Angeschuldigter hierauf anträgt, das gemeinschaftliche obere Gericht darüber, ob und bei welchem Gericht die Verbindung einzutreten hat.

III In gleicher Weise kann die Verbindung wieder aufgehoben werden.

1) Der **Gerichtsstand des Zusammenhangs** (I) steht den Gerichtsständen 1
nach §§ 7–11, 13 a gleich (BGH **11**, 106, 108; **16**, 391, 393). Er entsteht nicht erst durch die Verbindung der Strafsachen, geht aber unter, wenn der Zusammenhang (zum Begriff vgl 2 ff zu § 3) schon im Ermittlungsverfahren wieder entfällt. Erst wenn wegen der verbundenen Sachen Anklage erhoben und darauf das Hauptverfahren eröffnet worden ist, läßt der spätere Wegfall des Zusammenhangs die Zuständigkeit nach I unberührt (BGH **16**, 391, 393; MDR **57**, 653 [D]; NJW **93**, 2819, 2820; Düsseldorf GA **79**, 316 L; Zweibrücken MDR **79**, 517; KMR-Paulus 7; SK/StPO-Rudolphi 3; **aM** München NJW **69**, 148; LR-Wendisch 6: Zeitpunkt der Anklageerhebung ist maßgebend). Der Gerichtsstand nach I **setzt voraus,** daß 2
verschiedene Gerichte gleicher Ordnung (BGH **22**, 232; **37**, 15, 17; NStZ **82**, 294; **86**, 564) nach §§ 7–11, auch nach § 13 a (LR-Wendisch 7; Schermer MDR **64**, 895), örtlich zuständig sind; ein inländischer Gerichtsstand muß somit für jede Sache bereits bestehen (BGH NJW **92**, 1635). Der StA (auch der Privatkläger) hat dann die Wahl (10 vor § 7), ob er die Sachen einzeln bei dem jeweils nach diesen Vorschriften zuständigen Gericht oder verbunden bei einem von ihnen anklagt. Ist eine der Sachen bereits bei Gericht (im 1. Rechtszug) anhängig, so kann eine andere, die noch nicht anderweitig rechtshängig geworden ist, auch durch Nachtragsanklage nachgeschoben werden (BGH **20**, 219, 221). Das Gericht hat die Zweckmäßigkeit der Verbindung nicht zu prüfen (LR-Wendisch 13); es kann sie nur nach III, der auch im Fall des I gilt, wieder auflösen (BGH MDR **57**, 653 [D]; RG **31**, 171; **49**, 9, 10; Schleswig SchlHA **58**, 115).

2) Verbindung anhängiger Strafsachen (II): Die von der StA unterlassene 3
Verbindung der Sachen durch das Gericht ist schon nach Erhebung der Anklage zulässig (BGH **20**, 219, 221; **21**, 247, 248). Sie **setzt voraus,** daß der Sachzusammen- 4

hang noch besteht (BGH **16**, 391, 393; München NJW **69**, 148; Zweibrücken MDR **79**, 517), die Strafsachen bei Gerichten gleicher Ordnung anhängig sind (BGH **22**, 232; NStZ **82**, 294; **86**, 564; oben 2), also nicht auch die sachliche Zuständigkeit geändert wird (dann gilt § 4, so daß eine gleichwohl nach § 13 II vorgenommene Verbindung unwirksam ist, BGH NStZ-RR **96**, 232; zw BGH NStZ **96**, 47; Felsch NStZ **96**, 163), noch kein Urteil ergangen ist (RG **48**, 297; Düsseldorf MDR **85**, 1048 unter Hinweis auf BGH **19**, 177, 179; **aM** RG **14**, 396: nach Zurückverweisung nach § 354 II; LR-Wendisch 19: auch im Berufungsrechtszug) und die Verbindung, was idR der Fall sein wird, sachgemäß erscheint (Nürnberg MDR **65**, 678). Die Verbindung erfolgt durch eine den Anträgen der beteiligten StAen, die sich also über die Verbindung einig sein müssen, oder dem Antrag des vorgesetzten GStA (LR-
5 Wendisch 26) entspr **Vereinbarung der beteiligten Gerichte** (S. 1). Dem Erfordernis der Antragstellung ist genügt, wenn jede der beteiligten StAen der Verbindung ausdrücklich zustimmt (Bay **57**, 118 = NJW **57**, 1329). Die Vereinbarung besteht in einem förmlichen Abgabebeschluß (BGH NStZ **82**, 294) und einem darauf folgenden förmlichen Übernahmebeschluß (vgl aber auch BGH **37**, 15, 16). Mit dessen Erlaß wird die Sache bei dem übernehmenden Gericht anhängig (Rosenmeier
6 46). Durch eine **Entscheidung des gemeinschaftlichen oberen Gerichts** (S. 2) kann die nicht zustande gekommene gerichtliche Vereinbarung, nicht aber die Übereinstimmung der zuständigen StAen ersetzt werden (BGH **21**, 247; NStZ **93**, 27 [K]). Das gemeinschaftliche obere Gericht (zum Begriff 14 zu § 4) kann daher nur auf übereinstimmenden Antrag der StAen oder auf Antrag des Angeklagten entscheiden; von den beteiligten Gerichten kann es nicht angerufen werden.

7 **3)** Die **Aufhebung der Verbindung** (III) ist, solange kein Urteil ergangen ist (RG **31**, 171), aus Zweckmäßigkeitsgründen (RG **49**, 9, 10) in der gleichen Form wie die Verbindung möglich, auch im Fall des I (oben 2). Anhängige Sachen können also auf übereinstimmende Anträge der StAen durch Vereinbarung der beteiligten Gerichte getrennt werden, bei Verbindung nach II S. 2 nur, wenn sich die Umstände verändert haben (LR-Wendisch 44), bei Nichtzustandekommen der Vereinbarung durch Entscheidung des gemeinschaftlichen oberen Gerichts auf Antrag der StAen oder des Angeklagten (Schleswig SchlHA **58**, 115). Mit der Trennung geht die Sache in der Lage, in der sie sich befindet, auf das Gericht über, das den Übernahmebeschluß erlassen hat (Mutzbauer NStZ **95**, 214).

8 **4) Beschwerde:** Die Entscheidung der StA, zusammenhängende Sachen nach I bei einem der nach §§ 7–11, 13 a zuständigen Gerichte anzuklagen, ist nicht anfechtbar (10 vor § 7). Im Fall des II S. 1, III ist Beschwerde nach § 304 I gegen die Beschlüsse des abgebenden und übernehmenden Gerichts zulässig (Nürnberg MDR **65**, 678; LR-Wendisch 35 ff), solange es nicht erkennendes Gericht geworden ist (§ 305 S. 1). Die Entscheidung des gemeinschaftlichen oberen Gerichts nach II S. 2, III ist unanfechtbar (2 zu § 304).

Zuständigkeitsbestimmung durch den BGH

13a **Fehlt es im Geltungsbereich dieses Bundesgesetzes an einem zuständigen Gericht oder ist dieses nicht ermittelt, so bestimmt der Bundesgerichtshof das zuständige Gericht.**

1 **1)** Die **Gerichtsstandsbestimmung durch den BGH** ist mit Art 101 I S. 2 GG vereinbar (BVerfGE **20**, 336, 343 = NJW **67**, 99), aber nur zulässig, wenn die Zuständigkeit auch nicht aus dem Sinn und Zweck eines Gesetzes hergeleitet werden kann (BGH **20**, 157, 158; NStZ **88**, 209 [M]). Andererseits setzt § 13 a nicht voraus, daß es unmöglich ist, einen gesetzlich festgelegten Gerichtsstand zu ermitteln; es genügt, daß er nicht ermittelt ist (vgl BGH **10**, 255). Der BGH hat
2 bei Entscheidungen nach § 13 a nicht **zu prüfen,** ob der Einleitung und Durch-

führung des Verfahrens ein Prozeßhindernis entgegensteht; seine Prüfung beschränkt sich darauf, ob ein zuständiges Gericht nicht vorhanden oder nicht ermittelt ist (BGH **18**, 19 = JZ **63**, 564 mit Anm Jescheck; BGH **33**, 97). Die Gerichtsstandsbestimmung **unterbleibt** aber, wenn ohne weiteres feststeht, daß die Untersuchung und Entscheidung nicht zum Aufgabenbereich der Gerichte der BRep gehören (BGH **11**, 379; **12**, 326; **15**, 72), insbesondere, wenn ihre Gerichtsbarkeit durch § 20 GVG ausgeschlossen ist (BGH **33**, 97; **aM** KK-Pfeiffer 4). 3

4 **2) Schon im Ermittlungsverfahren,** idR auf Antrag oder Anregung der StA oder eines Dritten, bestimmt der BGH durch unanfechtbaren (§ 304 IV S. 1) Beschluß das für die Sache zuständige Gericht. Damit wird zugleich (vgl § 143 I GVG) die zuständige StA bestimmt (BGH **10**, 255, 256; **18**, 19, 20; **32**, 159, 160). Der Antrag nach § 13 a kann von einer StA auch dann gestellt werden, wenn das Opportunitätsprinzip gilt, insbesondere in den Fällen des § 153 c. Sinnvoll ist das aber nur, wenn damit zu rechnen ist, daß die Tat auch verfolgt wird (BGH 2 ARs 293/76 vom 11. 8. 1976). § 13 a dient nicht der abstrakten Klärung von Zuständigkeitsfragen (BGH NStZ **92**, 27 [K]); Voraussetzung ist, daß eine bestimmte konkretisierte und individualisierte Tat verfolgt werden soll (BGH NStZ **94**, 139). Die Vorschrift ist unanwendbar, wenn der Prioritätsgrundsatz des § 14 II IRG eingreift (BGH wistra **89**, 34).

5 **3)** Der **Gerichtsstand nach § 13 a** steht denen nach §§ 7–11, 13 gleich und fällt daher nicht weg, wenn später ein auf §§ 7–10 beruhender Gerichtsstand ermittelt wird (BGH **10**, 255, 258; **32**, 159, 160; Schermer MDR **64**, 895). Da er aber gegenüber den anderen Gerichtsständen auch keinen Vorrang genießt, kann die StA in diesem Fall zwischen ihm und den anderen Gerichtsständen wählen (Schermer aaO; erg 10 vor § 7). Ist die Sache bereits bei Gericht anhängig, so kann sie entspr § 12 II von dem nach § 13 a bestimmten Gericht auf ein anderes der in §§ 7–10 bezeichneten Gerichte übertragen werden (BGH **10**, 255). Dagegen kommt die Änderung der nach § 13 a bestimmten Zuständigkeit durch erneuten Beschluß nach dieser Vorschrift idR nicht in Betracht (BGH **32**, 159, 160). Wird nach § 13 a ein LG als zuständiges Gericht bestimmt, so bezieht sich das nicht auf die zu seinem Bezirk gehörenden AGe; das zuständige AG muß daher besonders bestimmt werden, wenn im weiteren Verfahren Entscheidungen erforderlich werden, die nur ein solches Gericht treffen kann (BGH aaO).

Zuständigkeitsstreit

14 Besteht zwischen mehreren Gerichten Streit über die Zuständigkeit, so bestimmt das gemeinschaftliche obere Gericht das Gericht, das sich der Untersuchung und Entscheidung zu unterziehen hat.

1 **1) Streit über die Zuständigkeit** iS der Vorschrift ist ein Streit über die Auslegung eines Gesetzes, nicht über Kompetenzen aufgrund von Verwaltungsvorschriften (Frankfurt NStZ **82**, 260; vgl auch BGHR Entscheidung 1: Einleitung der Vollstreckung gegen Jugendlichen), auch nicht der interne Zuständigkeitsstreit zwischen verschiedenen Spruchkörpern desselben Gerichts bei Zweifeln über die Auslegung des Geschäftsverteilungsplans (KG NJW **64**, 2437; Saarbrücken JBl Saar **66**, 136; Schleswig SchlHA **82**, 114 [E/L]) oder der §§ 74 II, 74 a, 74 c GVG (Düsseldorf JMBlNW **95**, 153; JR **82**, 514 mit zust Anm Rieß; Meyer-Goßner NStZ **81**, 174; **aM** München JR **80**, 77 mit abl Anm Rieß; erg 6 zu § 74 c GVG) oder wenn das LG eine Entscheidung des übergeordneten OLG in Zweifel zieht (BGH NStZ **94**, 23 [K]). § 14 gilt auch nach Urteilsrechtskraft im Strafvollstreckungsverfahren (Bay NJW **55**, 601; Braunschweig NdsRpfl **75**, 176). Bei dem Streit kann es sich sowohl um einen positiven (mehrere Gerichte halten sich für zuständig) als auch, solange mindestens eine Entscheidung noch anfechtbar ist

(danach gilt § 19) um den negativen (mehrere Gerichte halten sich nicht für
2 zuständig) Zuständigkeitsstreit handeln. **§ 14 gilt entsprechend** für den negativen sachlichen Kompetenzstreit, wenn sonst kein anderer Ausweg besteht, das Verfahren fortzusetzen (BGH **18**, 381 = JZ **63**, 714 mit Anm EbSchmidt; BGH **31**, 361, 362; NStZ **83**, 30; KG NJW **64**, 2437; JR **64**, 470; Düsseldorf NJW **68**, 2020; MDR **80**, 1041; JMBlNW **92**, 57; NStE Nr 1 zu § 19; Hamm NJW **72**, 1909; Karlsruhe MDR **80**, 427; NStZ **87**, 375; Saarbrücken NJW **59**, 1888; JBl Saar **66**, 136), auch bei internem Streit über die gesetzliche Zuständigkeit, zB zwischen Berufungs- und Beschwerdekammer beim LG (Frankfurt a.M. NStZ-RR **96**, 302; Schleswig SchlHA **97**, 149 [L/S])), nicht aber bei einem Streit über die Art des Rechtsmittels gegen ein Urteil des AG (BGH **31**, 183 = JR **83**, 343 mit Anm Meyer; BGH **39**, 162). Erg 22 zu § 21 e GVG; 3 zu § 78 GVG; 2 zu § 116 GVG.

3 **2)** Das **gemeinschaftliche obere Gericht** (14 zu § 4) kann im Streitfall von den Prozeßbeteiligten, auch von der StA (BGH 2 ARs 256/76 vom 14. 7. 1976), auch ohne vorherige Ausschöpfung der Beschwerdemöglichkeiten, und von jedem der beteiligten Gerichte – aber nicht durch den Rechtspfleger (BGH NStZ **91**, 27 [M/K]) – in Form einer Entscheidung oder durch Vorlage (BGH **11**, 56, 58; Koblenz LRE **14**, 220) angerufen werden. Bestimmt werden kann nur eines der streitenden Gerichte (Wendisch JR **95**, 520). Hält das obere Gericht beide für unzuständig, so muß es den Antrag zurückweisen (BGH **26**, 162, 164; **27**, 329, 333; **28**, 351, 352; **31**, 244, 245; EzSt Nr 1; NStZ **84**, 177; **97**, 255; erg 3 zu § 19). Es kann dann aber, von § 13 a abgesehen, das zuständige Gericht in den Beschlußgründen bezeichnen und es der StA überlassen, die Strafsache vor dieses Gericht zu bringen (LR-Wendisch 9).

4 **3) Rechtsmittel:** Es gilt das gleiche wie bei § 12 II (dort 9).

Verhinderung des zuständigen Gerichts

15 **Ist das an sich zuständige Gericht in einem einzelnen Falle an der Ausübung des Richteramtes rechtlich oder tatsächlich verhindert oder ist von der Verhandlung vor diesem Gericht eine Gefährdung der öffentlichen Sicherheit zu besorgen, so hat das zunächst obere Gericht die Untersuchung und Entscheidung dem gleichstehenden Gericht eines anderen Bezirks zu übertragen.**

1 **1)** Der **Gerichtsstand kraft Übertragung,** der mit Art 101 I S. 2 GG vereinbar ist (vgl BVerfGE **20**, 336, 343 = NJW **67**, 99; SK/StPO-Rudolphi 1), will Schutz vor Stillstand der Rechtspflege bieten und verhindern, daß der schuldige Täter nicht bestraft und der unschuldige Angeklagte nicht freigesprochen wird (BGH **22**, 250, 252). § 15 setzt nicht voraus, daß allein bei dem verhinderten Gericht ein Gerichtsstand nach §§ 7–11, 12 II, 13 I begründet wäre, sondern ist auch anwendbar, wenn noch ein oder mehrere Gerichtsstände in der Sache gegeben sind, so daß die Untersuchung und Entscheidung nach §§ 12 II, 13 II auf eines dieser Gerichte übertragen werden könnte (BGH **21**, 212; RG **45**, 67, 69). Anders als nach §§ 12 II, 14 kann die Sache auch einem sonst nicht zuständigen Gericht übertragen werden (BGH **16**, 84, 86), zB wenn alle Gerichtsstände (§§ 7 ff) bei dem verhinderten Gericht zusammenfallen (BGH **21**, 212). Die Übertragung kann sich auf das gesamte Verfahren oder auf einzelne richterliche Handlungen beziehen
2 (LR-Wendisch 14). Sie ist in **jeder Lage des Verfahrens** zulässig (BGH **21**, 212, 215), auch im Rechtsmittelzug (BGH **22**, 250). Die Übertragung vor Rechtshängigkeit, die idR nur für einzelne Untersuchungshandlungen in Betracht kommt (LR-Wendisch 14), läßt die Befugnis der StA unberührt, unter mehreren Gerichtsständen zu wählen (BGH **21**, 212, 215; SK/StPO-Rudolphi 3; 10 vor § 7).

2) **Rechtlich verhindert** ist das Gericht, wenn die bei ihm tätigen Richter einschließlich ihrer Vertreter aus rechtlichen Gründen (§§ 22, 24, 28 I) in dem Verfahren nicht tätig werden können. Zu diesen Vertretern gehören alle Richter, die nach dem GVG und den landesrechtlichen Ergänzungsvorschriften dazu bestellt werden können, jedoch unter der Voraussetzung, daß ihre Bestimmung schon bei Eintritt des Verhinderungsfalles möglich war. Richter, die erst von der LJV zur Behebung der Verhinderung zur Verfügung gestellt werden, bleiben außer Betracht. 3

3) **Tatsächlich verhindert** ist das Gericht, wenn sämtliche Richter erkrankt sind, wenn infolge von Aufruhr, Besatzung, kriegerischer oder kriegsähnlicher Ereignisse Gerichtsstillstand eingetreten ist (LR-Wendisch 6), wenn in den Fällen des § 210 III (dort 8) oder § 354 II (dort 38) ein Auffangspruchkörper nicht besteht und auch nicht nachträglich gebildet werden kann (KMR-Paulus 6), aber auch, wenn es unmöglich ist, den Angeklagten (BGH **16**, 84) oder einen wichtigen Zeugen, dessen kommissarische Vernehmung nicht ausreicht, zur Hauptverhandlung zu bringen. Weite Entfernung zwischen Gericht und Prozeßbeteiligten ist allein kein Verhinderungsgrund (BGH MDR **70**, 383 [D]), auch nicht, daß das Gericht den Aufenthaltsort des Angeklagten nicht feststellen kann (BGH NStZ **97**, 331 [K]). Kann das Gericht die Verhandlung an einem anderen Ort seines Bezirks durchführen und entfällt dadurch die Verhinderung, so ist § 15 nicht anwendbar. Die Vorschrift gilt aber auch, wenn das Gericht von seiner Befugnis, die Hauptverhandlung außerhalb seines Bezirks durchzuführen (1 zu § 166 GVG), keinen Gebrauch macht (BGH **22**, 250). 4

4) Eine **Gefährdung der öffentlichen Sicherheit** liegt insbesondere vor, wenn mit erheblichen Unruhen gerechnet werden muß, zB mit Protestdemonstrationen, denen mit polizeilichen Mitteln nicht begegnet werden kann. Ob das der Fall ist, wird unter Berücksichtigung der verfügbaren und geeigneten Schutzmittel beurteilt (RG **10**, 381, 383). Eine gefährliche Bedrohung der Richter oder Verfahrensbeteiligten kann genügen. 5

5) Das **zunächst obere Gericht** ist das dem verhinderten unmittelbar übergeordnete Gericht, also das LG für das AG, das OLG für das LG, der BGH, in Bayern nicht das BayObLG (1 zu § 9 **EGGVG**), für das OLG. Es entscheidet von Amts wegen. Die Übertragung kann von dem verhinderten Gericht oder der LJV angeregt, auch von der StA oder anderen Prozeßbeteiligten beantragt werden. Sie steht nicht im Ermessen des Gerichts, sondern muß angeordnet werden, wenn die Voraussetzungen des § 15 vorliegen (RG **45**, 67). Das Obergericht darf die Sache nur einem Gericht übertragen, das dieselbe sachliche Zuständigkeit hat wie das verhinderte und das in seinem eigenen Bezirk liegt, dem es also ebenfalls übergeordnet ist (BGH **16**, 84). Besteht zB für den LG-Bezirk nur ein gemeinsames SchG (§ 58 GVG), so darf das LG die Sache nicht einem SchG eines anderen LG-Bezirks übertragen (Nürnberg BayJMBl **55**, 36). Soll die Sache an ein bezirksfremdes Gericht übertragen werden, so ist das gemeinschaftliche obere Gericht zuständig, das sowohl dem verhinderten als auch dem neuen Gericht übergeordnet ist (14 zu § 4), ggf der BGH (BGH **16**, 84; **21**, 212). Anders als nach §§ 210 III S. 1, 354 II S. 1 kann der BGH die Sache auch dem Gericht eines anderen Landes übertragen (BGH **22**, 250, 252). 6

6) Die **Wirkung der Übertragung** des ganzen Verfahrens besteht darin, daß das beauftragte Gericht, das den Übertragungsbeschluß nicht zu überprüfen hat (LR-Wendisch 21; vgl aber RG **10**, 381), örtlich zuständig wird und daß die Sache falls sie schon anhängig ist, auf dieses Gericht übergeht. Diese Wirkung tritt ein, wenn der Übertragungsbeschluß dem beauftragten Gericht zugeht. Sie bleibt, auch nach Wegfall der Verhinderung des an sich zuständigen Gerichts, bis zum Abschluß des Verfahrens bestehen, sofern die Übertragung von dem oberen Gericht nicht in 7

der gleichen Form zurückgenommen wird (KK-Pfeiffer 6; SK/StPO-Rudolphi 11).

8 7) **Beschwerde** gegen den Übertragungsbeschluß ist unzulässig (Celle NJW **57**, 73 L; Schleswig SchlHA 58, 235; KK-Pfeiffer 7; erg 2 zu § 304).

Prüfung der örtlichen Zuständigkeit

16 Das Gericht prüft seine örtliche Zuständigkeit bis zur Eröffnung des Hauptverfahrens von Amts wegen. Danach darf es seine Unzuständigkeit nur auf Einwand des Angeklagten aussprechen. Der Angeklagte kann den Einwand nur bis zum Beginn seiner Vernehmung zur Sache in der Hauptverhandlung geltend machen.

1 1) Eine **zeitliche Beschränkung der Prüfung** der örtlichen Zuständigkeit bestimmt die Vorschrift. Diese Zuständigkeit, die ohnehin einem Wahlrecht der StA unterliegt (10 vor § 7), ist im Hinblick auf die Gleichwertigkeit der Rechtsprechung der Gerichte gleicher Ordnung nicht von derselben Bedeutung wie die sachliche Zuständigkeit. Es ist daher nicht notwendig, Verfahrensverzögerungen hinzunehmen, um stets die Entscheidung eines örtlich zuständigen Gerichts herbeiführen zu können. Die örtliche Zuständigkeit ist, wie die besondere Zuständigkeit der in § 74 e GVG bezeichneten Gerichte (vgl § 6 a), eine nur befristete kurzlebige Verfahrensvoraussetzung (7 vor § 7).

2 2) **Von Amts wegen** (S. 1) prüft das Gericht seine örtliche Zuständigkeit nur bis zur Eröffnung des Hauptverfahrens (§ 203), dh bis zum Erlaß des Eröffnungsbeschlusses (§ 207), im beschleunigten Verfahren nach §§ 417 ff jedoch bis zum Beginn der Vernehmung des Angeklagten zur Sache (2 zu § 418). Vgl 3 zu § 6 a.

3 3) Für den **Einwand des Angeklagten** (S. 2, 3) gelten die gleichen Grundsätze wie bei § 6 a; vgl dort zu den Einwandbefugten 5, zur zeitlichen Begrenzung 6 ff, zur Form 11. Wie im Fall des § 6 a (dort 7) tritt nach § 16 S. 2 mit Beginn der Sachvernehmung des Angeklagten eine Zuständigkeitsperpetuierung ein; eine spätere Änderung der tatsächlichen Umstände oder der rechtlichen Beurteilung der Tat ist für die Zuständigkeitsfrage ohne Bedeutung (RG **65**, 267). Maßgebend für den Ausschluß des Einwands ist, wie bei § 6 a (dort 10), immer die Sachvernehmung in der 1. Hauptverhandlung in der Sache (RG **43**, 358; **70**, 239; **aM** LR-Wendisch 12; Schlüchter 377 Fn 9). Hat jedoch die StA, nachdem das 1. Gericht sich für unzuständig erklärt hatte, die öffentliche Klage bei einem anderen Gericht erhoben, so kann der Angeklagte den Einwand der örtlichen Zuständigkeit erneut geltend machen.

4 4) **Verfahren bei Unzuständigkeit:** Erhebt die StA, deren örtliche Zuständigkeit durch die des Gerichts bestimmt wird (§ 143 I GVG), die Anklage vor einem örtlich unzuständigen Gericht, so lehnt dieses nicht die Eröffnung des Hauptverfahrens nach § 204 ab, sondern erklärt sich durch Beschluß für unzuständig (RG **32**, 50; Hamm Rpfleger **98**, 535, 536; LR-Wendisch 8; LR-Rieß 7 zu § 204; **aM** KK-Pfeiffer 4 gleichzeitige Ablehnung der Eröffnung; **aM** Krey 2/66 mwN: nur Ablehnung der Eröffnung); die StA erhebt dann die Anklage vor einem anderen Gericht (10 vor § 7). Nach Eröffnung des Hauptverfahrens wird das Verfahren nach § 206 a eingestellt, in der Hauptverhandlung durch Urteil nach § 260 III (Düsseldorf VRS **80**, 281; Köln VRS **74**, 32, 34; LR-Wendisch 10; SK/StPO-Rudolphi 10; **aM** Gössel H.Kaufmann-GedSchr 983: Beschluß über Unzuständigkeit). Wird statt dessen ein Beschluß erlassen, durch den sich das Gericht für unzuständig erklärt, so bedeutet das sachlich ebenfalls die Einstellung des Verfahrens (BGH **18**, 1).
5 Die **Abgabe oder Verweisung** an ein örtlich zuständiges Gericht ist, anders als im Fall der fehlenden Zuständigkeit nach §§ 6, 6 a, im 1.

Rechtszug ausgeschlossen (BGH **23**, 79, 82; Hamm NJW **61**, 232; JMBlNW **69**, 66; VRS **38**, 345; LR-Wendisch 10; vgl aber Braunschweig JZ **62**, 420; Karlsruhe GA **77**, 58 für Verweisungen im Einverständnis mit der StA) und, wenn sie gleichwohl erfolgt, ohne rechtliche Wirkung. Denn das Gericht würde damit in das Auswahlrecht (10 vor § 7) und das Beschwerderecht (§ 210 II) der StA eingreifen (KK-Pfeiffer 4). Nur die Rechtsmittelgerichte können die Sache nach § 328 II (dort 5 ff) und § 355 (dort 6) an das zuständige Gericht verweisen, wenn das angefochtene Urteil von einem örtlich unzuständigen Gericht erlassen worden war.

5) Im **Rechtsmittelverfahren** entscheidet stets das übergeordnete Gericht ohne 6
Rücksicht darauf, ob der 1. Richter zuständig war. Ist die Sache, was selten vorkommen wird, vor ein unzuständiges Rechtsmittelgericht gelangt, so gilt § 16 entspr. Von Amts wegen wird die Zuständigkeit bis zum Beginn des Vortrags des Berichterstatters geprüft, auf Einwand des Angeklagten bis zu dessen Sachvernehmung (vgl 14 zu § 6 a), im Revisionsverfahren nur bis zum Beginn des Vortrags des Berichterstatters nach § 351 I (vgl LR-Wendisch 21).

6) Anfechtung: Gegen den Beschluß, durch den sich das Gericht im Eröff- 7
nungsverfahren für örtlich unzuständig erklärt (oben 4), steht der StA die einfache Beschwerde nach § 304 zu (LR-Wendisch 17; **aM** KK-Pfeiffer 4). Ist die Beschwerde begründet, verweist das Beschwerdegericht die Sache an das Erstgericht zurück (BGH **43**, 122). Die Anfechtbarkeit von Einstellungsbeschlüssen vor der Hauptverhandlung regelt § 206 a II. Das Einstellungsurteil nach § 260 III ist mit Berufung oder Revision anfechtbar. Hatte der Angeklagte in der Hauptverhandlung den Einwand nach S. 2 ohne Erfolg erhoben, so kann er gegen das Sachurteil die Rüge des § 338 Nr 4 erheben (dort 31). Vgl erg 16 zu § 6 a.

17, 18 (weggefallen)

Negativer Kompetenzstreit

19 **Haben mehrere Gerichte, von denen eines das zuständige ist, durch Entscheidungen, die nicht mehr anfechtbar sind, ihre Unzuständigkeit ausgesprochen, so bezeichnet das gemeinschaftliche obere Gericht das zuständige Gericht.**

1) Bei einem **Kompetenzstreit über die örtliche Zuständigkeit** ist nach 1
§ 19 zu verfahren, wenn mehrere Gerichte ihre Unzuständigkeit bereits selbst ausgesprochen haben oder die Unzuständigkeit in einer Beschwerdeentscheidung festgestellt worden ist. Die Entscheidungen müssen unanfechtbar sein; andernfalls
hilft schon § 14. Bei einem **Kompetenzstreit über die sachliche Zuständigkeit** 2
ist § 19 entspr anwendbar, wenn das Verfahren sonst nicht fortgesetzt werden könnte (2 zu § 14).

2) Das **gemeinschaftliche obere Gericht** (14 zu § 4) kann nur durch einen 3
Prozeßbeteiligten angerufen werden, idR durch die StA. Es darf nur eines der Gerichte, deren Unzuständigkeit festgestellt ist, als zuständig bezeichnen. Ist keines dieser Gerichte zuständig, so muß es die Entscheidung ablehnen (erg 3 zu § 14); eine Verweisung an das zuständige Gericht ist nicht zulässig. Zu der Entscheidung nach § 19 ist das gemeinschaftliche obere Gericht auch befugt, wenn es selbst in einem früheren Beschwerdeverfahren das jetzt als zuständig bezeichnete Gericht für
unzuständig erklärt hatte (KK-Pfeiffer 2). Die **Entscheidung** ergeht nach Anhö- 4
rung des Prozeßgegners (§ 33 II, III) durch unanfechtbaren Beschluß; die Unzuständigkeitserklärungen der unteren Gerichte brauchen nicht ausdrücklich aufgehoben zu werden (LR-Wendisch 7; **aM** KK-Pfeiffer 1).

Untersuchungshandlungen eines unzuständigen Gerichts

20 **Die einzelnen Untersuchungshandlungen eines unzuständigen Gerichts sind nicht schon dieser Unzuständigkeit wegen ungültig.**

1 **1) Einzelne Untersuchungshandlungen** (zum Begriff vgl 4 zu § 162) sind auch wirksam, wenn ein örtlich unzuständiges Gericht sie in Verkennung seiner Zuständigkeit vornimmt (LG Köln MDR **96**, 192; vgl auch § 7 FGG, § 44 III Nr 1 VwVfG). Das gilt entspr bei Unzuständigkeit nach dem Geschäftsverteilungsplan (vgl § 22 d GVG). Unwirksam sind aber Untersuchungshandlungen eines Richters, dessen Unzuständigkeit so offensichtlich ist, daß ihre Nichtbeachtung das Gesetz in grober Weise verletzt (KMR-Paulus 2; SK/StPO-Rudolphi 1). § 20 ist
2 **entspr anwendbar** auf Entscheidungen in Strafvollstreckungs- und Strafvollzugssachen (BGH **27**, 329, 331).

3 2) Die **Wirksamkeit der Untersuchungshandlungen** des unzuständigen Gerichts beschränkt sich nicht auf das Vorverfahren. Auch Beweiserhebungen nach §§ 223–225 brauchen nicht wiederholt zu werden; die Protokolle sind nach §§ 251, 253, 254 verlesbar (LR-Wendisch 5). Entsprechendes gilt für § 369 (Düsseldorf NJW **79**, 1724 L).

Notzuständigkeit

21 **Ein unzuständiges Gericht hat sich den innerhalb seines Bezirks vorzunehmenden Untersuchungshandlungen zu unterziehen, bei denen Gefahr im Verzug ist.**

1 1) Nur ein **örtlich unzuständiges Gericht** darf in Eilfällen tätig werden; in die sachliche Zuständigkeit darf nicht eingegriffen werden. § 21 gilt für alle Gerichte, betrifft aber in 1. Hinsicht die AGe (LR-Wendisch 4). Praktische Bedeutung hat er im Hinblick auf § 165 nur, wenn die Untersuchung schon bei einem anderen Gericht anhängig ist (KK-Pfeiffer 1).

2 2) Nur **einzelne Untersuchungshandlungen** (zum Begriff vgl 4 zu § 162) darf das an sich unzuständige Gericht (von Amts wegen oder auf Antrag der StA) vornehmen. Die weitere Verfügung in der Sache steht dem zuständigen Gericht zu.

3 **3) Gefahr im Verzug liegt** vor, wenn der Untersuchungserfolg bei Abgabe an das zuständige Gericht gefährdet wäre, weil die Untersuchungshandlung nicht, nur unter wesentlicher Erschwerung oder nur zu spät vorgenommen werden könnte (LR-Wendisch 7; erg 6 zu § 98).

3. Abschnitt. Ausschließung und Ablehnung der Gerichtspersonen

Vorbemerkungen

1 1) Das **Recht auf den gesetzlichen Richter** (Art 101 I S. 2 GG) ist nicht gewahrt, wenn der Rechtssuchende vor einem Richter steht, der (etwa wegen naher Verwandtschaft, Freundschaft oder Verfeindung) die gebotene Unvoreingenommenheit vermissen läßt (BVerfGE **21**, 139, 146 = NJW **67**, 1123; BVerfG **30**, 149, 153 = NJW **71**, 1029). Der Gesetzgeber muß daher Vorsorge dafür treffen, daß die Richterbank von Richtern freigehalten wird, die dem rechtlich zu würdigenden Sachverhalt und den anderen Beteiligten nicht mit der erforderlichen Distanz eines Unbeteiligten und daher am Ausgang des Verfahrens uninteressierten Dritten gegenüberstehen. Diesem Zweck dienen die Vorschriften über die Ausschließung und Ablehnung von Gerichtspersonen (BVerfGE **46**, 34, 37 = MDR

78, 201). Die beiden Rechtsinstitute unterscheiden sich darin, daß die Ausschließung kraft Gesetzes eintritt (1 zu § 22), das Ausscheiden wegen Befangenheit nur aufgrund einer konstitutiven Entscheidung des Gerichts, die ein Ablehnungsgesuch (§ 24) oder eine Selbstanzeige (§ 30) voraussetzt.

2) Gerichtspersonen iS des Abschnitts sind Berufsrichter sowie Schöffen, UrkB und sonstige Protokollführer (§ 31). Die Ablehnung eines Sachverständigen regelt § 74, die des Dolmetschers § 191 GVG. Für die Ausschließung und Ablehnung des Rechtspflegers sind die §§ 22 ff entspr anwendbar (§ 10 **RPflG**). Für um die Vernehmung von Zeugen ersuchte Konsularbeamte gelten die §§ 22 ff nicht (Düsseldorf NStZ **83**, 469; Karlsruhe Justiz **74**, 468), auch nicht für den Bezirksrevisor als Vertreter der Staatskasse, zB in dem Verfahren nach § 16 ZSEG (Koblenz OLGSt § 22 Nr 1). 2

3) Für **Staatsanwälte** gelten die §§ 22 ff nach hM nicht entspr (BGH NJW **80**, 845; **84**, 1907, 1908 = NStZ **84**, 419 mit Anm Gössel; NStZ **91**, 595; Bay **83**, 327; Hamm NJW **69**, 808; Stuttgart NJW **74**, 1394; LG Köln NStZ **85**, 230 mit zust Anm Wendisch; LG Mönchengladbach JR **87**, 303 mit Anm Bruns; KK-Pfeiffer 16 zu § 22; Bohnert 105 ff; Fezer 3/30; Krey 1/407 ff und JA **85**, 511; Wendisch Schäfer-FS 243 ff; vgl auch BVerfGE **25**, 336, 345 = NJW **69**, 1104, 1106). Das bedeutet jedoch nicht, daß es mit dem Gebot eines rechtsstaatlichen Verfahrens (Einl 19) vereinbar wäre, daß ein StA in Verfahren mitwirkt, in denen er selbst Verletzter, mit dem Beschuldigten oder Verletzten verwandt oder verschwägert, als Richter, Polizeibeamter, Verteidiger oder Anwalt des Verletzten tätig oder sonst mit der Sache (iS des § 23) vorbefaßt gewesen ist (vgl dazu im einzelnen Schairer, Der befangene Staatsanwalt, 1983, S. 61 ff; Tolksdorf, Mitwirkungsverbot für den befangenen Staatsanwalt, 1989, S. 86 ff; Frisch Bruns-FS 398; Pawlik NStZ **95**, 313; Pfeiffer Rebmann-FS 369; vgl auch Krey 1/425 ff und JA **85**, 513 ff, der die Ausschlußgründe der §§ 22 ff, 138 a, b und des § 20 VwVfG entspr anwenden will; erg 17 vor § 48 für den als Zeugen vernommenen StA). In § 11 BWAGGVG, § 7 NdsAGGVG ist ausdrücklich bestimmt, daß ein StA in solchen Fällen keine Amtshandlungen vornehmen darf. Allerdings geben diese Vorschriften, deren Gültigkeit ohnehin zweifelhaft ist (vgl Arloth NJW **83**, 208; Frisch aaO 389; Pfeiffer aaO 365; Wendisch Schäfer-FS 247), keine allgemeinen Richtlinien ab (Frisch aaO; Kintzi Wassermann-FS 906; Krey 1/410 ff und JA **85**, 512; **aM** Kuhlmann DRiZ **76**, 15; Roxin § 10 A III 5; vgl auch Stuttgart NJW **74**, 1394). Allgemein ist es vielmehr Sache des StA, auf seine Ablösung zu drängen (Wohlers 294), und Aufgabe des Dienstvorgesetzten, einen StA, dessen Mitwirkung unzulässig und der daher von entspr Amtshandlungen zu befreien ist (vgl § 59 BBG), nach § 145 I GVG abzulösen (LR-Wendisch 9; Krey JA **85**, 514). Das Gericht und die anderen 3
Prozeßbeteiligten können bei ihm **auf die Ablösung hinwirken** (Stuttgart aaO, 4
LR-Wendisch 9, 13; Fezer 2/48). Das Gericht kann sie aber nicht gegen seinen Willen durchsetzen (LR-Wendisch 14; **aM** Arloth NJW **83**, 207; Kuhlmann DRiZ **76**, 14: Feststellungsbeschluß). Entsprechendes gilt für den Fall, daß der Beschuldigte den StA für befangen hält, wobei aber keineswegs die gleichen Maßstäbe anzuwenden sind wie nach § 24 bei der Befangenheit von Richtern (BVerfG JR **79**, 28 mit Anm Bruns; BGH NJW **84**, 1907, 1908; StV **96**, 297; Pawlik NStZ **95**, 311; vgl auch LG Mönchengladbach JR **87**, 303 mit Anm Bruns: Pflicht zum Eingreifen des Gerichts aufgrund der Fürsorgepflicht, wenn der StA seine Pflicht zur Objektivität schwer und nachhaltig verletzt). Die Prozeßbeteiligten haben **kein** 5
Recht auf Ablehnung eines ausgeschlossenen oder befangenen StA (Hamm NJW **69**, 808; Karlsruhe MDR **74**, 423; KK-Pfeiffer 16 zu § 22 und 13 zu § 24; KMR-Paulus 23; LR-Wendisch 10; SK/StPO-Rudolphi 38; Krey 1/430 ff und JA **85**, 515; Pfeiffer Rebmann-FS 367; Schlüchter 66.1; **aM** Arloth NJW **83**, 209; **85**, 418; Bottke StV **86**, 123; Bruns Grützner-GebGabe 42; Buckert NJW **70**, 847; Dahs 158; Hilgendorf StV **96**, 51; Joos NJW **81**, 100; Roxin § 10 A III 5; Rüping 388; Frisch Bruns-FS 408 ff verneint das Ablehnungsrecht nur für das Hauptver-

fahren; Schairer [oben 3] S. 159, will ein staatsanwaltschaftliches Ablehnungsverfahren entspr § 24 einrichten; siehe auch AK/StPO-Wassermann 9; BGH NJW
6 **80**, 845 läßt die Frage offen). Ein Antrag auf gerichtliche Entscheidung nach § 23 **EGGVG** gegen die Entscheidung des Dienstvorgesetzten des StA ist unzulässig (dort 15). Mit der **Revision** kann die unzulässige Mitwirkung eines „ausgeschlossenen" StA in der Hauptverhandlung gerügt werden (Stuttgart NJW 74, 1394 mit Anm Fuchs; KMR-Paulus 25; LR-Wendisch 11 ff; Bruns Grützner-GebGabe 46; Roxin § 10 A III 5; Schlüchter 66.1; Wendisch Schäfer-FS 243 ff; **aM** Bohnert 114: revisibel ist nur das Unterlassen des Gerichts, auf Ablösung des StA hinzuwirken). Jedoch liegt nicht der zwingende Aufhebungsgrund des § 338 Nr 5 vor; die
7 Revision ist **nur begründet,** wenn nicht auszuschließen ist, daß das Urteil auf der Mitwirkung des StA beruht (§ 337; vgl 17 vor § 48 für den als Zeuge vernommenen StA). Die angebliche Befangenheit des StA, für die es nicht einmal hinreichende Beurteilungsmaßstäbe gibt, kann nicht Gegenstand einer Revisionsrüge sein; die Ablösung steht hier im richterlich nicht nachprüfbaren Ermessen des Dienstvorgesetzten (Kissel 8 zu § 145 GVG; Krey 1/447 ff und JA **85**, 517; Pfeiffer Rebmann-FS 375; **aM** KMR-Paulus 25 ff; SK/StPO-Rudolphi 41; Bruns JR **79**, 28; Pawlik NStZ **95**, 315; Tolksdorf [oben 3] S.129; offengelassen bei BGH NJW **80**, 845; NStZ **84**, 419). Aus § 145 GVG läßt sich kein Revisionsgrund herleiten (dort 6).

Ausschluß von Richtern

22 **Ein Richter ist von der Ausübung des Richteramtes kraft Gesetzes ausgeschlossen,**

1. **wenn er selbst durch die Straftat verletzt ist;**
2. **wenn er Ehegatte, Vormund oder Betreuer des Beschuldigten oder des Verletzten ist oder gewesen ist;**
3. **wenn er mit dem Beschuldigten oder mit dem Verletzten in gerader Linie verwandt oder verschwägert, in der Seitenlinie bis zum dritten Grad verwandt oder bis zum zweiten Grad verschwägert ist oder war;**
4. **wenn er in der Sache als Beamter der Staatsanwaltschaft, als Polizeibeamter, als Anwalt des Verletzten oder als Verteidiger tätig gewesen ist;**
5. **wenn er in der Sache als Zeuge oder Sachverständiger vernommen ist.**

1 **1) Kraft Gesetzes** tritt die Ausschließung nach §§ 22, 23 ein (vgl. BVerfGE **21**, 139, 145 = NJW **67**, 1123; BVerfGE **46**, 34, 37 = MDR **78**, 201), selbst wenn der Grund dafür weder dem Richter noch einem Prozeßbeteiligten bekannt ist (BGH bei Herlan MDR **54**, 656). Gleichgültig ist, ob der Richter sich befangen fühlt (BGH **14**, 219, 223) oder die Prozeßbeteiligten mit seiner Mitwirkung einverstan-
2 den sind (Schorn GA **63**, 258). Der Ausschluß ist **von Amts wegen zu beachten;** einer Entscheidung bedarf es nur in Zweifelsfällen. Jeder Prozeßbeteiligte kann sie aber ohne zeitliche Beschränkung (1 zu § 25) anregen oder mit einem Ablehnungsgesuch nach § 24 geltend machen. Der darauf ergehende Gerichtsbeschluß hat nur
3 feststellende Bedeutung (4 zu § 24). Die **Ausschließungsgründe** sind in den §§ 22, 23 (und § 148 a II S. 1) erschöpfend aufgeführt (BVerfGE **46**, 34, 38 = MDR **78**, 201; Düsseldorf NStZ **87**, 571; Stuttgart StV **85**, 492; 1 zu § 23). Sie sind eng auszulegen (BGH NStZ **98**, 524 mit Anm Bottke) und dürfen nicht dadurch erweitert werden, daß für bestimmte Fälle allgemein § 24 „zur Lükkenfüllung" herangezogen wird (so aber Arzt 17 ff, 65 ff; Roxin § 9 II 2; erg 39 zu § 354). Daß der Richter auch nicht in einer Sache mitwirken darf, in der er selbst Beschuldigter (Stuttgart MDR **71**, 67) oder Täter ist (LR-Wendisch 21 ff), versteht sich von selbst und bedurfte keiner gesetzlichen Regelung (vgl KK-Pfeiffer 7; Krey JA **84**, 476). Die Ausschließung zwingt den Richter, sich jeder Tätigkeit in der Sache zu enthalten (zur Anwendung des § 29 vgl dort 1). Sie beginnt mit dem

Entstehen des Ausschließungsgrundes (LR-Wendisch 48) und gilt für **richterliche Handlungen jeder Art** (RG **30**, 70), zB für die Bestimmung eines Hauptverhandlungstermins, auf die der ausgeschlossene Richter nicht einmal Einfluß nehmen darf (BVerfGE **4**, 412, 416 = JZ **56**, 407 mit Anm Kern; KK-Pfeiffer 17). Sie gilt nicht nur für das Hauptverfahren, sondern auch für Nachtragsentscheidungen, zB nach § 453 (Stuttgart GA **89**, 37), nach § 454 (Stuttgart Justiz **88**, 317), nach § 458 (Hamm MDR **57**, 760), nach § 460 (Düsseldorf StV **83**, 361) und nach den §§ 462, 463 (Koblenz GA **78**, 156), nicht aber für Akte der JV, zB für die Auslosung der Schöffen (BGH **3**, 68; LR-Wendisch 6 vor § 22; Schorn GA **63**, 267). 4
Die Vorschrift ist für die **StA** nicht entspr anwendbar (3 vor § 22). 5

2) Verletzt (Nr 1) ist, wie bei § 172 (dort 9) und anders als bei § 61 Nr 2 (dort 5), nur der durch eine Straftat unmittelbar in seinen Rechten betroffene Richter (BGH **1**, 298; MDR **54**, 628; Bay **92**, 139 = NStZ **93**, 347; **aM** EbSchmidt 6 ff; Schorn GA **63**, 259 ff). Die Tat muß Gegenstand des Verfahrens, darf also nicht erst während der Hauptverhandlung begangen sein (BGH **14**, 219). Ob der Täter wegen der Tat noch verurteilt werden kann, ist gleichgültig (BGH aaO); die Verfolgungsbeschränkung nach § 154a beseitigt den Ausschluß daher nicht (KG StV **81**, 13). Sind mehrere Sachen miteinander nach §§ 2 ff verbunden, so erstreckt sich der Ausschluß auf das ganze Verfahren, auch wenn der Richter nur in einer dieser Sachen Verletzter ist (BGH **14**, 219; Krey 1/278 und JA **84**, 476; erg 1 zu § 5). Werden die Sachen wieder getrennt, so besteht der Ausschluß in allen verbunden gewesenen Sachen fort (BGH aaO). 6
Bei **Vermögensdelikten** gilt Nr 1 nur, wenn für den Richter ein unmittelbarer Nachteil eingetreten ist (BGH **1**, 298; RG **69**, 127; LR-Wendisch 7). Durch einen Diebstahl ist er iS der Nr 1 verletzt, wenn er Eigentümer oder Gewahrsamsinhaber der Sache (LR-Wendisch 16), durch einen Betrug nur, wenn er der Geschädigte, nicht nur der Getäuschte war (BGH MDR **71**, 363 [D]; RG **74**, 167). Bei Konkurs(nun: Insolvenz)delikten ist jeder verletzt, der aus der Masse nicht voll befriedigt wird (RG **33**, 309); die nachträgliche Befriedigung ist insoweit ohne Bedeutung (RG **21**, 291). Der Konkurs(Insolvenz)verwalter ist durch Straftaten zum Nachteil der Masse nicht verletzt (RG HRR **38**, 636). Bei Vermögensdelikten gegen einen nicht rechtsfähigen Verein sind alle Mitglieder verletzt (RG **33**, 314, 316), bei Taten zum Nachteil einer OHG alle Gesellschafter (RG **46**, 77, 80). Wenn sich das Delikt gegen eine JP (AG, GmbH, eingetragene Genossenschaft usw) richtet, sind keine Einzelpersonen verletzt (RG **37**, 415; **69**, 127), auch nicht die Mitglieder der Willensorgane (RG **67**, 219) oder der Prokurist der geschädigten JP, selbst wenn er am Gewinn beteiligt ist (BGH **1**, 298). Verletzt iS der Nr 1 ist auch nicht der Kreistagsabgeordnete des geschädigten Landkreises (BGH MDR **55**, 145 [D]). 7
Durch eine **Beleidigung,** die in dem anhängigen Strafverfahren geahndet werden soll, ist der davon unmittelbar betroffene Richter verletzt, auch wenn den Strafantrag der Dienstvorgesetzte gestellt hat (BGH MDR **54**, 628); dieser ist wegen der Antragstellung nicht ausgeschlossen (LR-Wendisch 20). Werden alle Richter der BRep oder eines ihrer Länder verunglimpft, so sind iS der Nr 1 nur diejenigen verletzt, gegen die die Beleidigung unmittelbar gerichtet ist (RG **25**, 179; Arzt 45; Schorn GA **63**, 262), es sei denn, ein sonstiger Richter fühle sich persönlich betroffen (BVerfG NJW **92**, 2471). Auch an einem Gericht mit mehr als 200 Richtern ist durch Verunglimpfung einer nicht genannten Zahl von ihnen nicht jeder Richter beleidigt (KG JR **78**, 422). Der Täter kann durch derartige Pauschalbeleidigungen keinen Stillstand der Rechtspflege erreichen. Beleidigungen des Richters während des Strafverfahrens führen ebenfalls nicht zum Ausschluß, da der Beschuldigte sonst jeden ihm unbequemen Richter ausschalten könnte (EbSchmidt 8; Schorn GA **63**, 263; erg 7 zu § 24). Daher kann ein Ordnungsmittel wegen Ungebühr durch den beleidigten Richter selbst festgesetzt werden (2 ff zu § 178 GVG). 8

9 **3) Ehegatte oder Vormund** (Nr 2): Zur Ehe vgl 5 zu § 52. Das Verlöbnis (4 zu § 52) gibt nur einen Ablehnungsgrund nach § 24 (dort 11). Der Gegenvormund (§ 1792 BGB) steht dem Vormund gleich (RG **11**, 223), nicht aber der Betreuer nach § 1896 BGB.

10 **4) Verwandtschaft und Schwägerschaft** (Nr 3) sind nach dem BGB zu beurteilen (wegen der Einzelheiten vgl 6 zu § 52). Sie müssen zwischen dem Richter und dem Beschuldigten bestehen. Ist der Richter mit dem StA, dem UrkB, einem Schöffen, Verteidiger, Zeugen oder Sachverständigen oder mit dem Anzeigenden verwandt oder verschwägert, so liegt allenfalls ein Ablehnungsgrund nach § 24 vor (BGH MDR **74**, 547 [D]; KK-Pfeiffer 8; EbSchmidt 12).

11 **5) Frühere Strafverfolgungs- oder Verteidigertätigkeit**(Nr 4):

12 A. Der Begriff **Beamter** (vgl Tröndle 12 zu § 11 StGB) ist im funktionellen
13 Sinn zu verstehen. Beamte der **StA** sind außer den beim GBA, dem GStA und den
örtlichen Staatsanwaltschaften tätigen StAn auch Amtsanwälte und die mit der
14 Wahrnehmung amtsanwaltschaftlicher Aufgaben beauftragten Referendare. **Poli-
zeibeamte** sind nur ausgeschlossen, wenn sie durch ihr Amt zur Verfolgung von
Straftaten kraft Gesetzes (§ 163) oder kraft Auftrags der StA (§ 161 I S. 2, § 152 I
GVG) berufen sind (BGH MDR **58**, 785). Die Erstellung wissenschaftlicher oder
kriminaltechnischer Gutachten ist kein Ausschließungsgrund (BGH aaO), auch
nicht die Tätigkeit als Untersuchungsführer in einem Disziplinarverfahren (LG
15 Mühlhausen NStZ-RR **96**, 18, das aber § 24 bejaht). **Anwälte** des Verletzten
können nur RAe sein (RG GA Bd **47**, 377). Eine beratende Tätigkeit genügt
(LR-Wendisch 40), nicht Tätigkeit als Gnadenbeauftragter (Düsseldorf NStZ **87**,
16 571). **Verteidiger** sind alle Wahl- und Pflichtverteidiger, auch die nach §§ 138 II,
139 tätig gewordenen.

17 B. Der Begriff **Sache** ist weit auszulegen (BGH **9**, 193; Stuttgart Justiz **79**, 212). Denn § 22 bezweckt, schon den Anschein eines Verdachts der Parteilichkeit zu vermeiden (BGH aaO; **28**, 262, 265; **31**, 358, 359; StV **82**, 51; RG **59**, 267). Unter „Sache" ist grundsätzlich das Verfahren, vom Beginn der Ermittlungen über die Hauptverhandlung bis zum Wiederaufnahmeverfahren (BGH **28**, 262, 264; Bay **88**, 13 = NStZ **88**, 286), zu verstehen, das die strafrechtliche Verfolgung einer bestimmten Straftat zum Gegenstand hat (BGH **28**, 262; RG **57**, 275, 276; Bay aaO; Düsseldorf NStZ **87**, 571). Tatmehrheit iS des § 53 StGB und das Vorliegen mehrerer selbständiger Taten iS des § 264 stehen der Sachgleichheit nicht entgegen (BGH aaO; KMR-Paulus 13; Fezer 10/24; **aM** LR-Wendisch 28). Entscheidend ist vielmehr die Einheit der Hauptverhandlung (BGH aaO). Bei verbundenen Sachen ist das gesamte Verfahren als eine Sache iS der Nr 4 anzusehen (BGH **14**, 219, 222; **28**, 262, 263; Düsseldorf StV **83**, 361). Sachgleichheit iS der Vorschrift setzt aber nicht einmal Verfahrensidentität voraus; sie kann auch vorliegen, wenn der Richter in derselben „Sache", aber in einem anderen Verfahren tätig war und dadurch der Anschein der Parteilichkeit aufkommen kann (BGH **9**, 193; **28**, 262, 265; **31**, 358; GA **68**, 280). Jedoch besteht keine Sachgleichheit, wenn nur die frühere Strafe, an deren Zustandekommen der Richter als StA mitgewirkt hat, nach § 55 StGB in eine nunmehr zu bildende Gesamtstrafe einbezogen wird (BGH **28**, 262; vgl aber Stuttgart NStZ **88**, 375).

18 C. Bei **vorangegangener Strafverfolgungstätigkeit** ist es unerheblich, ob der Täter noch unbekannt, die frühere Tätigkeit sachlich oder formeller Art (vgl RG **28**, 53, 54: Aufenthaltsanfrage und Zustellungsverfügung; RG **55**, 113: Abgabe an die zuständige Behörde) und ob sie für das Verfahren wesentlich oder unbedeutend war (BGH StV **82**, 51: Sachstandsanfrage und Verfügung einer Wiedervorlagefrist). Maßgebend ist, ob der Richter zuvor als Beamter der StA, wenn auch in untergeordneter Weise, irgendetwas zur Erforschung des Sachverhalts oder zur Beeinflussung des Verfahrensablaufs getan hat (BGH aaO; RG **70**, 161). Untersuchungshandlungen nach § 165 führen aber nicht zum Ausschluß (BGH **9**, 233, 235; **aM**

Schorn GA **63**, 274). Ob der Beamte die Sache selbst bearbeitet oder eine von einem anderen Beamten entworfene Verfügung unterzeichnet hat, ist gleichgültig (BGH NJW **52**, 1149). Nr 4 gilt auch, wenn der Richter sich an der Geschwindigkeitskontrolle durch die Verkehrspolizei aktiv beteiligt hat (Karlsruhe VRS **39**, 109). Unschädlich ist aber, daß der Richter, als er StA war, sich mit der Sache zur Ausbildung eines Referendars befaßt hat (RG **59**, 267) oder daß er Leiter der StA gewesen ist, ohne sich mit der Sache irgendwie selbst zu beschäftigen (RG **70**, 161, 162).

6) Vernehmung als Zeuge oder Sachverständiger (Nr 5): Auch hier bedeutet die Sachgleichheit nicht Verfahrensidentität (oben 17); ein Richter ist daher idR auch ausgeschlossen, wenn er in einem anderen Verfahren als Zeuge zu demselben Tatgeschehen vernommen worden ist, das er jetzt abzuurteilen hätte (BGH **31**, 358; Bay DAR **86**, 246 [R]). **Vernehmung** ist die Anhörung durch ein Strafverfolgungsorgan in irgendeinem Verfahrensabschnitt (KK-Pfeiffer 14). Dabei genügt die schriftliche Äußerung über sachlich erhebliche Umstände (KMR-Paulus 20; **aM** LR-Wendisch 43), auch eine dienstliche Äußerung (SK/StPO-Rudolphi 21; W. Schmid GA **80**, 285), bei Heranziehung als Gutachter die Erstattung eines schriftlichen Gutachtens (KK-Pfeiffer 14); hingegen reicht die Äußerung zu nur prozessual erheblichen Umständen nicht aus (BGH StV **93**, 507; Krey 1/285 und JA **84**, 477; W.Schmid aaO), insbesondere auch nicht eine solche, die den Gegenstand des bei dem Richter anhängigen Verfahrens betrifft und die er im Zusammenhang mit seiner amtlichen Tätigkeit in dieser Sache wahrgenommen hat (BGH NStZ **98**, 524 mit Anm Bottke). Grundsätzlich muß eine mündliche oder schriftliche Vernehmung bereits stattgefunden haben; die Anfertigung eines förmlichen Vernehmungsprotokolls ist nicht erforderlich (BGH NStZ **98**, 93). Die bloße Möglichkeit, daß es zur Vernehmung kommt, genügt nicht (BGH MDR **77**, 107 [H]). Durch die Benennung als Zeuge in einem Beweisantrag wird der Richter daher nicht ohne weiteres ausgeschlossen, auch nicht durch die Ladung als Zeuge (BGH **14**, 219, 220); wenn er sein Nichtwissen dienstlich versichert, kann er an der Ablehnung des Beweisantrags sogar mitwirken (BGH **39**, 239 = NStZ **94**, 80 mit zust Anm Bottke; erg 67 zu § 244). Die Abgabe einer Sachverständigenerklärung ohne Auftrag eines Strafverfolgungsorgans, zB unmittelbar auf Bitte des Verteidigers, ist unter dem Gesichtspunkt der Befangenheit (§§ 24, 30) zu beurteilen.

19 … 20 (margin numbers beside "6) Vernehmung" and "Vernehmung ist")

7) Die **Folge der Mitwirkung eines ausgeschlossenen Richters** ist nicht die Unwirksamkeit der Entscheidung (Einl 104 ff), sondern nur ihre Anfechtbarkeit durch Rechtsmittel, insbesondere mit der Revision nach § 338 Nr 2. Das gilt auch für den Eröffnungsbeschluß (11 zu § 207). Das Beschwerdegericht verweist die Sache zurück (8 zu § 309). Für den Fall der Mitwirkung eines ausgeschlossenen Richters an einem unanfechtbaren Beschwerdebeschluß hält Düsseldorf MDR **80**, 335; **82**, 518 zu Unrecht die Zurücknahme des Beschlusses auf Gegenvorstellungen für zulässig und geboten (dazu 25 vor § 296). 21

8) Revision: Vgl § 338 Nr. 2. 22

Ausschluß wegen vorangegangener Mitwirkung

23 **I Ein Richter, der bei einer durch ein Rechtsmittel angefochtenen Entscheidung mitgewirkt hat, ist von der Mitwirkung bei der Entscheidung in einem höheren Rechtszuge kraft Gesetzes ausgeschlossen.**

II Ein Richter, der bei einer durch einen Antrag auf Wiederaufnahme des Verfahrens angefochtenen Entscheidung mitgewirkt hat, ist von der Mitwirkung bei Entscheidungen im Wiederaufnahmeverfahren kraft Gesetzes ausgeschlossen. Ist die angefochtene Entscheidung in einem höheren Rechtszug er-

gangen, so ist auch der Richter ausgeschlossen, der an der ihr zugrunde liegenden Entscheidung in einem unteren Rechtszug mitgewirkt hat. Die Sätze 1 und 2 gelten entsprechend für die Mitwirkung bei Entscheidungen zur Vorbereitung eines Wiederaufnahmeverfahrens.

1 **1)** Die **Mitwirkung an Vorentscheidungen** begründet grundsätzlich keine Befangenheit des Richters (12 ff zu § 24); nur in den Fällen des § 23 führt sie kraft Gesetzes (1 zu § 22) zu seinem Ausschluß. Die Vorschrift enthält zusammen mit §§ 22, 148 a II S. 1 einen erschöpfenden Katalog der Ausschließungsgründe (BVerfGE **46**, 34, 38; Stuttgart StV **85**, 492; Krey JA **84**, 479; 2 zu § 22). Sie ist als Ausnahmevorschrift eng auszulegen (BVerfGE **30**, 149, 155 = NJW **71**, 1029, 1030; BGH **9**, 233, 234; MDR **72**, 387 [D]; Bremen NStZ **90**, 97). Die StPO geht
2 insbesondere von dem Grundsatz aus, daß die **der Mitwirkung als erkennender Richter vorausgehende richterliche Tätigkeit** keine Befangenheit begründet (BGH **9**, 233; KK-Pfeiffer 1). Kein Ausschließungsgrund ist es daher, daß der erkennende Richter in derselben Sache als Ermittlungsrichter nach §§ 162, 169 tätig war (BGH **9**, 233, 235; MDR **54**, 399 [D]; **72**, 387 [D]; Bay **54**, 158 = NJW **55**, 395), daß er eine kommissarische Vernehmung (RG JW **25**, 794) oder einzelne Beweiserhebungen nach § 202, auch bei erheblichem Umfang, angeordnet und durchgeführt (BGH **9**, 233; RG **63**, 337) oder daß er an Haftentscheidungen (BGH MDR **72**, 387 [D]; RG **61**, 415) oder am Eröffnungsbeschluß mitgewirkt hat (BVerfGE **30**, 149 = NJW **71**, 1029; RG **62**, 299, 302). Ebensowenig führt die Mitwirkung an einem früheren Verfahren, das mit dem neuen nur sachlich zusam-
3 menhängt, zum Ausschluß (Düsseldorf NJW **82**, 2832). Der in **die Tatsacheninstanz zurückgekehrte Rechtsmittelrichter** ist von der Mitwirkung in derselben Sache nicht ausgeschlossen (BVerfGE **30**, 149, 155 = NJW **71**, 1029, 1030; KMR-Paulus 10; vgl aber LR-Wendisch 12; Peters 147: Ablehnungsrecht). Daher darf als erkennender Richter tätig sein der Richter, der beim OLG im Beschwerderechtszug beim Erlaß des Eröffnungsbeschlusses (BGH MDR **72**, 387 [D]), und der Revisionsrichter, der an dem nach § 354 II zurückverweisenden Urteil mitgewirkt hat. Zu der Frage, ob der Richter, der bei dem Urteil mitgewirkt hat, das vom
4 Revisionsgericht unter **Zurückverweisung nach § 354 II** aufgehoben worden ist, von der neuen tatrichterlichen Entscheidung ausgeschlossen ist, vgl 39 zu § 354.

5 **2)** An **Rechtsmittelentscheidungen** (I) darf nicht mitwirken, wer bei der angefochtenen Entscheidung mitgewirkt hat. Dabei genügt eine mittelbare Beteiligung. Ausgeschlossen sind daher auch der Richter, der beim AG das Urteil gefällt hat, von der Entscheidung über die Revision gegen das Berufungsurteil (KG JW **28**, 1949 L; Königsberg JW **28**, 3015) und der Richter, der an einem früheren Berufungsurteil mitgewirkt hatte, an der Revision gegen ein erneutes Berufungsurteil in derselben Sache (Schleswig SchlHA **58**, 318). Nicht ausgeschlossen ist der Richter, der nur an einer ausgesetzten Hauptverhandlung teilgenommen hat (KK-Pfeiffer 3), und der Ergänzungsrichter (§ 192 II GVG), der nicht für einen verhinderten Richter eintreten mußte und daher an dem Urteil nicht mitgewirkt hat, auch wenn er an den Beratungen über die dem Urteil vorausgegangenen Entscheidungen teilgenommen hat (BVerfGE **30**, 149, 157 = NJW **71**, 1029, 1030; RG **65**, 40; Arzt NJW **71**, 1112; Krey 1/287; vgl auch Malkewitz NJW 71, 2287; Schorn GA **63**, 274), auch nicht der Richter, der das 1. Urteil erlassen hat, von der Entscheidung über einen Wiedereinsetzungsantrag nach § 329 III (Koblenz MDR **82**, 428 L). Die Mitwirkung an Entscheidungen, die nicht auf Beschwerde, Berufung oder Revision ergehen, ist auch sonst stets zulässig (KK-Pfeiffer 2; LR-Wendisch 7; Krey 1/287 und JA **84**, 477).

6 **3)** Im **Wiederaufnahmeverfahren** (II) entscheidet idR nicht das Gericht, gegen dessen Entscheidung, sich der Antrag richtet (§ 140 a GVG). Darüber hinaus schließt II den Richter, der an der angefochtenen Entscheidung (S. 1) oder, bei

Anfechtung eines im Rechtsmittelzug ergangenen Urteils, an der ihr zugrunde liegenden Entscheidung in einem unteren Rechtszug mitgewirkt hat (S. 2), von allen Entscheidungen im Wiederaufnahmeverfahren, auch schon von denen nach §§ 360 II, 368, 370 (Saarbrücken NJW **66**, 167; LR-Wendisch 24), aus, auch von Vorentscheidungen nach § 364 b (S. 3). Nicht ausgeschlossen ist der Richter, der den Eröffnungsbeschluß erlassen hat (BVerfGE **30**, 149, 157 = NJW **71**, 1029, 1030), der nicht für einen verhinderten Richter eingetretene Ergänzungsrichter (oben 5), der Richter, der an einem vom Revisionsgericht aufgehobenen Urteil mitgewirkt hat (Hamm NJW **66**, 2073; Koblenz NStZ-RR **97**, 111), und der Richter, der bei der Beweisaufnahme nach § 369 (BGH NJW **54**, 891) oder an dem (vom OLG aufgehobenen) Beschluß nach § 370 I beteiligt war (BGH aaO). Nach BVerfGE **30**, 165 = NJW **71**, 1033 (zust Arzt NJW **71**, 1112; Krey 1/295;
vgl auch Malkewitz NJW **71**, 2287) hat auch der **Revisionsrichter** an dem 7
angefochtenen Urteil mitgewirkt, wenn er an der Verwerfung der Revision beteiligt war; nach BVerfGE **63**, 77, 80 = NJW **83**, 1900 gilt das sogar bei der Beschlußverwerfung nach § 349 II. Die Revisionsrichter des OLG sind daher insbesondere von der Entscheidung nach § 372 ausgeschlossen. Ist die Revision als unzulässig verworfen oder das Urteil aufgehoben worden, so besteht jedoch kein Ausschließungsgrund (Arzt NJW **71**, 1113; einschr LR-Wendisch 17 Fn 30 für die Urteilsaufhebung). Bei der Entscheidung über die Revision gegen das nach Erneuerung der Hauptverhandlung ergangene Urteil (§ 373) ist auch der Richter nicht ausgeschlossen, der schon bei der Entscheidung über die Revision gegen das 1. Urteil mitgewirkt hat (BVerfG 2 BvR 1191/81 vom 1. 3. 1982; **aM** Sieg NJW **84**, 1519).

4) Revision: Vgl § 338 Nr 2. 8

Ablehnung von Richtern

24 **I Ein Richter kann sowohl in den Fällen, in denen er von der Ausübung des Richteramtes kraft Gesetzes ausgeschlossen ist, als auch wegen Besorgnis der Befangenheit abgelehnt werden.**

II Wegen Besorgnis der Befangenheit findet die Ablehnung statt, wenn ein Grund vorliegt, der geeignet ist, Mißtrauen gegen die Unparteilichkeit eines Richters zu rechtfertigen.

III Das Ablehnungsrecht steht der Staatsanwaltschaft, dem Privatkläger und dem Beschuldigten zu. Den zur Ablehnung Berechtigten sind auf Verlangen die zur Mitwirkung bei der Entscheidung berufenen Gerichtspersonen namhaft zu machen.

1) Die **Richterablehnung** (wegen der Schöffen und Protokollführer vgl § 31) 1
ist sowohl aus einem der Ausschließungsgründe der §§ 22, 23 als auch wegen der Besorgnis der Befangenheit zulässig. Zur Ablehnungsberechtigung vgl unten 20,
zum Ablehnungsverfahren §§ 26 ff. Die Ablehnung kann nur **für bestimmte einzelne Dienstgeschäfte** oder für eine Reihe derartiger Geschäfte erklärt werden, 2
die eine innere Einheit bilden, nicht aber im voraus für Entscheidungen oder andere richterliche Handlungen, von denen noch gar nicht feststeht, ob der abgelehnte Richter an ihnen mitwirkt (BGH NStE Nr 9; BGHR § 26 a Unzulässigkeit 6; KG NStZ **83**, 44; Schleswig GA **53**, 187; Günther NJW **86**, 284; vgl auch Koblenz GA **77**, 314). Daß die begründete Ablehnung praktisch zum Ausschluß des Richters von bestimmten Tätigkeitsfeldern führen und damit Anlaß zu einer Änderung des Geschäftsverteilungsplanes geben kann, steht dem Antrag nicht entgegen (BVerfG NJW **96**, 3333). Den spätesten Zeitpunkt der Ablehnung bestimmt § 25. Abgelehnt werden können nur einzelne Richter oder einzelne Mit-
glieder eines Gerichts, nicht ein **Kollegialgericht als Ganzes** (BVerfGE **11**, 1, 3 3

= MDR **61**, 26; BVerfGE **46**, 200; StGH Bremen MDR **58**, 901; BGH MDR **55**, 271 [D]; Köln JMBlNW **73**, 258; Günther NJW **86**, 282; Krey 1/314 und JA **84**, 575) oder gar sämtliche Richter eines Gerichts (Schleswig SchlHA **96**, 89 [L/T], auch nicht alle Richter, die an einer bestimmten Entscheidung mitgewirkt haben (**aM** BGH **23**, 200 = JR **70**, 268 mit Anm Peters; Hamburg MDR **84**, 512; Peters 149). Ein solches Ablehnungsgesuch ist entspr § 26a von dem Gericht in seiner gewöhnlichen Besetzung zu verwerfen (BGH MDR **55**, 271 [D]; BGHR § 26a Unzulässigkeit 6; Schorn GA **63**, 167; 1 zu § 26a). Statthaft ist es aber, jedes Mitglied des Gerichts in einem oder mehreren Gesuchen als Einzelpersonen abzulehnen, auch mit derselben Begründung (BGH **23**, 200; Stuttgart Justiz **94**, 188; Günther NJW **86**, 282; Peters JR **70**, 269).

4 **2) Ablehnung wegen eines Ausschließungsgrundes** (I): Der Ausschluß tritt kraft Gesetzes ein (1 zu § 22). Die Verfahrensbeteiligten haben aber das Recht, unter den Voraussetzungen des § 26 II (LR-Wendisch 2; **aM** Schorn GA **63**, 279) das Gericht zu zwingen, über diese von Amts wegen zu beachtende Frage eine Entscheidung zu treffen, die nur feststellende Bedeutung hat (2 zu § 22).

5 **3) Ablehnung wegen Besorgnis der Befangenheit** (I, II):

6 A. Das **Vorliegen eines Ablehnungsgrundes** ist grundsätzlich vom Standpunkt des Ablehnenden aus zu beurteilen (unten 8). Ob der Richter tatsächlich parteiisch oder befangen ist, spielt daher keine Rolle (BVerfGE **20**, 9, 14 = JZ **66**, 312 mit Anm Sarstedt; BGH **24**, 336, 338; StV **88**, 417; Hamm NJW **67**, 1577; Koblenz VRS **54**, 132; Krekeler NJW **81**, 1634; Schorn GA **63**, 161; Wassermann NJW **63**, 429). Ebensowenig kommt es darauf an, ob er sich für befangen hält (BVerfGE **32**, 288, 290 = DÖV **72**, 312; BGH **2**, 4, 11) oder Verständnis für Zweifel an seiner Unbefangenheit aufbringt (Bay DRiZ **77**, 244; LR-Wendisch
7 5). **Aus seinem eigenen Verhalten** kann der Ablehnende keinen Ablehnungsgrund herleiten; er hätte es sonst in der Hand, sich nach Belieben jedem Richter zu entziehen (BGH NJW **52**, 1425; München NJW **71**, 384; Krey 1/308 und JA **84**, 574; einschr LR-Wendisch 24; Arzt 53ff; erg 8 zu § 22). Die Ablehnung rechtfertigt daher nicht, daß er gegen den Richter eine Strafanzeige erstattet (BVerfG NJW **96**, 2022; BGH NJW **62**, 748; KG JR **62**, 113), gegen ihn Dienstaufsichtsbeschwerde erhoben oder ein Disziplinarverfahren beantragt hat (BGH NJW **52**, 1425; Michel MDR **93**, 1147). Auch daß der Richter beleidigendes oder provozierendes Verhalten des Angeklagten oder seines Verteidigers nicht einfach hinnimmt, berechtigt nicht zur Ablehnung (Rabe NJW **76**, 172), selbst wenn er deswegen Strafanzeige erstattet hat (München NJW **71**, 384; **aM** aber, wenn auch auf den Einzelfall abstellend, BGH NStZ **92**, 290 mit abl Anm Krehl NStZ **92**, 598).

8 B. **Mißtrauen in die Unparteilichkeit des Richters** ist gerechtfertigt, wenn der Ablehnende bei verständiger Würdigung des ihm bekannten Sachverhalts Grund zu der Annahme hat, daß der oder die abgelehnten Richter ihm gegenüber eine innere Haltung einnehmen, die ihre Unparteilichkeit und Unvoreingenommenheit störend beeinflussen kann (BVerfGE **32**, 288, 290 = DÖV **72**, 312; BGH **1**, 34, 39; **21**, 334, 341; **24**, 336, 338; MDR **72**, 571 [D]; **74**, 367 [D]; StV **88**, 417; Düsseldorf VRS **66**, 27, 28; Koblenz StV **86**, 7; Köln StV **88**, 287, 288; LG Bremen StV **88**, 12; Krey 1/302; Schorn GA **63**, 161). Dabei kommt es zwar auf den Standpunkt des Ablehnenden an (oben 6), nicht aber auf seinen (möglicherweise einseitigen) subjektiven Eindruck und auf seine unzutreffenden Vorstellungen vom Sachverhalt (BGH MDR **55**, 270 [D]; **aM** Dahs/Dahs 166). Maßgebend sind vielmehr der Standpunkt eines vernünftigen Angeklagten (BGH **1**, 34, 37; **21**, 334, 341 krit dazu Strate Koch-FG 263ff) und die Vorstellungen, die sich ein geistig gesunder, bei voller Vernunft befindlicher Prozeßbeteiligter bei der ihm zumutbaren ruhigen Prüfung der Sachlage machen kann (BGH NJW **68**, 2297, 2298 = JZ **69**, 437 mit Anm Arzt; Celle NJW **90**, 1308; Düsseldorf VRS **66**, 27, 28; Köln NStZ **92**, 142). Der Ablehnende muß daher Gründe für sein Ablehnungsbegehren

vorbringen, die jedem unbeteiligten Dritten einleuchten (BGH JR **57**, 68; Koblenz VRS **54**, 132; Schorn GA **63**, 161; einschr Arzt 21 ff; Krekeler NJW **81**, 1633). Nur so wird gewährleistet, daß der nach Gesetz und Geschäftsverteilungsplan zuständige Richter nicht ohne triftigen Grund in einem Einzelfall von der Mitwirkung an der Entscheidung ausgeschlossen wird (BVerfG **31**, 145, 165; für weitherzige Auslegung des Ablehnungsrechts aber Arzt 19; Krekeler NJW **81**, 1633; Schorn GA **63**, 161). Die ursprünglich begründete Besorgnis der Befangenheit kann durch die dem Ablehnenden bekanntgemachte dienstliche Äußerung des Richters nach § 26 III ausgeräumt werden (BGH **4**, 264, 270; MDR **74**, 367 [D]; vgl auch Arzt 30 ff).

C. Die **persönlichen Verhältnisse des Richters** berechtigen nur dann zur 9
Ablehnung, wenn zwischen ihnen und der Strafsache ein besonderer Zusammenhang besteht. Religion, Weltanschauung, Geschlecht, landsmannschaftliche Herkunft und Familienstand des Richters sind idR kein Ablehnungsgrund (vgl BGH MDR **57**, 16 [D]; **92**, 934 [H]; Koblenz NJW **69**, 1177), auch nicht die Mitgliedschaft in einer politischen Partei (BVerfGE **2**, 295, 297 = NJW **53**, 1097; BVerfGE **11**, 1, 3 = MDR **61**, 26; BGH aaO; Frankfurt NJW **86**, 1272; Koblenz aaO; LG Kassel NJW **49**, 316; vgl aber auch BGH **2**, 4, 11; LG Bremen StV **93**, 69; Schorn GA **63**, 166; Wassermann DRiZ **87**, 144) oder in einer Gewerkschaft (Günther NJW **86**, 284), selbst wenn der Richter sich über die bloße Mitgliedschaft hinaus betätigt (BGH NJW **62**, 748; Wassermann NJW **63**, 429). Beim Verdacht dezidierter Ausländerfeindlichkeit des Richters kann aber die Ablehnung durch einen Angeklagten ausländischer Herkunft begründet sein (Karlsruhe NJW **95**, 2503). 10
Dienstliche Beziehungen des Richters zu dem Beschuldigten oder einem seiner Angehörigen lassen keine Voreingenommenheit besorgen, wenn es sich nicht um ein besonders enges, auf die persönlichen Beziehungen ausstrahlendes Verhältnis handelt (BGH **43**, 16 = JR **98**, 297; NJW **57**, 1400 L; Stuttgart MDR **61**, 1035; Zweibrücken NJW **68**, 1439; LG Osnabrück NdsRpfl **80**, 17; Schorn GA **63**, 165), zB bei gemeinsamer Arbeit im selben Spruchkörper (Arzt 51; Krey 1/304 und JA **84**, 573). Entsprechendes gilt für dienstliche Kontakte des Richters zu dem angeklagten RA (Frankfurt NStZ **81**, 233). Dagegen können **persönliche Bezie-** 11
hungen des Richters zu Beschuldigten, Verletzten oder Zeugen die Ablehnung rechtfertigen, zB wenn er mit einem von ihnen verlobt (LR-Wendisch 20; Krey 1/303 und JA **84**, 476, 573) oder eng befreundet ist (LG Bonn NJW **66**, 160; Arzt 48 ff), auch bei Mitgliedschaft in derselben studentischen Korporation (Teplitzky JuS **69**, 320). Ein Ablehnungsgrund kann auch darin liegen, daß der Richter mit dem Beschuldigten verfeindet ist. Spannungen zwischen Richter und Verteidiger können die Ablehnung nur begründen, wenn sie schwerwiegend sind (BGH MDR **71**, 897 [D]; **75**, 23 [D]; NStZ **87**, 19 [Pf/M]; Braunschweig StraFo **97**, 76; Düsseldorf VRS **89**, 434; weitergehend Beulke 211; vgl auch Arzt 57 ff), insbesondere zu gegenseitigen Strafanzeigen geführt haben (Hamm NJW **51**, 731; Oldenburg HESt **3**, 1; Dahs 154; Rabe NJW **76**, 172). Daß die Voreingenommenheit des Richters aus diesen Spannungen herzuleiten ist, muß in dem Ablehnungsantrag dargetan werden (BGH StV **86**, 281). Der Umstand, daß der Richter in einem Zivilprozeß den Gegner des Angeklagten anwaltlich vertreten hat, läßt Befangenheit stets besorgen (BGH MDR **72**, 752 [D]). Auch Äußerungen, die der Richter in einer **wissenschaftlichen Fachpublikation** gemacht hat, können uU die Be- 11 a
fangenheit begründen (BVerfG NJW **96**, 3333). Daß der Richter in einer Kommentierung des Gesetzes seine Rechtsmeinung niedergelegt hat, rechtfertigt für sich allein die Ablehnung aber nicht (BSG NJW **93**, 2261).

D. Die **Mitwirkung des Richters an Vorentscheidungen** ist idR kein Ab- 12
lehnungsgrund (**aM** SK/StPO-Rudolphi 1 zu § 23). Denn ein verständiger Angeklagter kann und muß davon ausgehen, daß der Richter sich dadurch nicht für künftige Entscheidungen festgelegt hat (BGH **21**, 334, 341 mwN; NStZ **83**, 135; Düsseldorf VRS **87**, 344; 346; NStZ-RR **97**, 175). Das gilt insbesondere für die

13 Mitwirkung in einem **früheren Zivil- oder Strafverfahren,** in dem dieselben Vorgänge wie in dem jetzigen Verfahren eine Rolle spielten oder das sonst mit ihm im Zusammenhang steht (BGH **21**, 334, 341; GA **78**, 243; MDR **72**, 387 [D]; Düsseldorf NJW **82**, 2832; GA **93**, 461), auch bei Mitwirkung an der Verurteilung des Ablehnenden in einer früheren Sache (BGH MDR **55**, 271 [D]) oder eines Mittäters wegen derselben Straftat (BGH MDR **74**, 367 [D]; NStZ **86**, 206 [Pf/M]; StV **87**, 1 mit Anm de Boor; NJW **96**, 1355, 1357; **97**, 3034, 3036; BGHR § 24 II Befangenheit 11; Düsseldorf NStE Nr 22; **aM** Arzt 84 ff), sofern nicht schon das Verhalten des Richters in dem früheren Verfahren oder die Gründe des früheren Urteils (LG Heilbronn StV **87**, 333) die Besorgnis der Befangenheit begründen (BGH MDR **68**, 202 [D]; VRS **25**, 423; Bremen NStZ **91**, 95), zB wenn ein früher als unglaubwürdig bezeichneter Zeuge nun wegen Falschaussage angeklagt ist (Celle NJW **90**, 1308; Michel MDR **93**, 1147) oder in einem Urteil ein früherer Mitangeklagter als glaubwürdig und die Angeklagten deshalb als unglaubwürdig bezeichnet worden sind (LG Bremen StV **90**, 203). Auch der in die Tatsacheninstanz zurückgekehrte Rechtsmittelrichter (3 zu § 23) kann idR nicht abgelehnt werden (**aM** Arzt 79), ebensowenig der Richter, der an einer vom Revisionsgericht aufgehobenen Entscheidung mitgewirkt hatte (39 zu § 354), oder derjenige, der nach einem die Wiederaufnahme des Verfahrens ablehnenden Beschluß nach dessen Aufhebung durch das Beschwerdegericht in der erneuten Hauptverhandlung (§ 373) mitwirkt (LG Gießen NJW **96**, 2667). Die Mitwirkung
14 an **Zwischenentscheidungen in dem anhängigen Verfahren** und die in solchen Entscheidungen geäußerten Rechtsmeinungen rechtfertigen die Ablehnung idR ebenfalls nicht (BGH **15**, 40, 46/47; NStZ **85**, 492 [Pf/M]; weitergehend Semmler, Prozeßverhalten des Richters unter dem Aspekt des § 24 II StPO, insbesondere Verfahrensverstöße als Ablehnungsgrund, 1994, S. 151: generell kein Ablehnungsgrund), selbst wenn in ihnen die Überzeugung von der Schuld des Angeklagten zum Ausdruck gekommen ist (BGH NStZ **91**, 27 [M/K]; GA **62**, 282; VRS **41**, 203). Für die Mitwirkung des Berichterstatters am Eröffnungsbeschluß und des Strafsenats an der Erhebung der Anklage (§ 175 S. 1) sind grundsätzlich keine Ausnahmen zu machen (BGH GA **61**, 115; **aM** Arzt 70 ff), auch nicht für die Mitwirkung eines Beisitzers an der Entscheidung über die Beschwerde gegen den Haftbefehl (BGH NStZ **87**, 221 [Pf/M]), anders nur im Verfahren nach § 121 (Bremen NStZ **90**, 96). Diese Grundsätze gelten auch, wenn eine Zwischenentscheidung auf einem Verfahrensfehler (BGH NStZ **94**, 447; StV **98**, 414 mit abl Anm Park: Nichtbeachtung des § 142 I S.2; vgl auch Koblenz NStZ **83**, 470: Nichtnamhaftmachung des Richters), auf einem tatsächlichen Irrtum (BGH VRS **41**, 203) oder auf einer unrichtigen oder sogar unhaltbaren Rechtsansicht beruht (BGH NStZ **95**, 218 [K]; NJW **62**, 748; GA **61**, 115; Bremen AnwBl **77**, 73), sofern sie nicht völlig abwegig ist (BGH NJW **84**, 1907, 1909; Koblenz GA **77**, 314) oder sogar den Anschein der Willkür erweckt (Bay DRiZ **77**, 244; vgl auch BGH NJW **90**, 1373: Widerruf der Bestellung des Pflichtverteidigers ohne wichtigen Grund; Bay StV **88**, 97: Fehlende Rücksichtnahme auf den Wunsch des Angeklagten, von einem RA seines Vertrauens verteidigt zu werden; Köln StV **91**, 292: Ablehnung eines Beweisantrages als verspätet; LG Berlin StV **93**, 8 und LG Hildesheim StV **87**, 12: Nichtgewährung rechtlichen Gehörs; LG Köln StV **87**, 381: unter keinem denkbaren Gesichtspunkt vertretbare Versagung der Akteneinsicht). Der Umstand, daß in laufender Hauptverhandlung Beweisergebnisse mitgeteilt worden sind, die sich später als unverwertbar herausstellen, rechtfertigt nicht die Ablehnung der Schöffen (BGH **42**, 191, 193).

15 E. Das **Verhalten des Richters vor oder während der Hauptverhandlung** kann die Ablehnung begründen, wenn es besorgen läßt, daß er nicht unvoreingenommen an die Sache herangeht, insbesondere von der Schuld des Angeklagten bereits endgültig überzeugt ist (BGH GA **62**, 282; vgl hierzu eingehend Semmler

[oben 14]). Eine solche Einstellung kann sich aus **Erklärungen vor der Hauptverhandlung** gegenüber dem Angeklagten (BGH MDR **61**, 432: „Sie sind für das Gericht der Typ des Gewohnheitsverbrechers"), gegenüber Dritten, auch schon vor der dienstlichen Befassung mit der Sache (RG **61**, 67), gegenüber der Presse (BGH **4**, 264 = JZ **54**, 50 mit Anm Bader), vor allem aber gegenüber dem Verteidiger ergeben (vgl BGH NJW **76**, 1462; StV **91**, 450; Koblenz VRS **54**, 132). Dagegen ist das Äußern einer Rechtsansicht vor der Hauptverhandlung kein Ablehnungsgrund (BVerfGE **4**, 143 = NJW **55**, 541 L), gleichgültig, ob es in einem Einzelfall oder in Lehre oder Schrifttum geschieht (Sarstedt JZ **66**, 315; **aM** Schorn GA **63**, 162). Die **Verhandlungsführung** kann Mißtrauen in die Unvoreinge- 16 17 nommenheit des Richters rechtfertigen, wenn sie rechtsfehlerhaft, unangemessen oder sonst unsachlich ist, zB wenn der Richter dem Angeklagten bewußt das rechtliche Gehör versagt (BGH VRS **41**, 203, 205; Schleswig SchlHA **76**, 44; Zweibrücken StV **96**, 650; vgl auch Bay **94**, 208 = StV **88**, 97), ihm das Ergebnis von Nachermittlungen verheimlicht (BGH StV **95**, 396) oder sein Fragerecht unberechtigt beschränkt (BGH StV **85**, 2), wenn er in grob unsachlicher Weise seinen Unmut über die von dem Verteidiger gestellten Beweisanträge äußert (LG Bad Kreuznach StV **92**, 61), auch wenn er sich schließlich der gesetzlichen Anordnung beugt, eine beantragte Beweisaufnahme vorzunehmen (BGH NStZ **88**, 372), wenn er den Angeklagten bedrängt, zur Sache auszusagen (BGH NJW **59**, 55 mit zust Anm EbSchmidt; vgl auch Bay StV **95**, 7; LG Frankfurt a.M. StV **84**, 415) oder ein Geständnis abzulegen (BGH NJW **82**, 1712), wenn er ihm in ungewöhnlich scharfer Form Vorhaltungen macht (BGH NJW **59**, 55 mit Anm EbSchmidt; BGH MDR **58**, 741 [D]; Bay NJW **93**, 2948: „Sie lügen nach Aktenlage unverschämt"), insbesondere äußert, der Angeklagte solle sich, statt die Berufung zu betreiben, lieber bei der Verletzten entschuldigen (Köln StV **88**, 287), oder ihn sonst unter Verletzung des richterlichen Verhandlungsstils in unangemessener oder gar ehrverletzender Weise behandelt (BGH MDR **71**, 547 [D]: unberechtigter Vorwurf der Verdunkelung; BGH StV **91**, 49: Hinweis auf Todesstrafe in anderen Ländern; vgl auch Hamm NJW **67**, 1577 mit Anm Deubner NJW **67**, 2371), wenn er bei der Vernehmung eines Entlastungszeugen erkennen läßt, daß er sich in seiner Überzeugung von der Unwahrheit der Aussage schon endgültig festgelegt hat (BGH NJW **84**, 1907, 1908), wenn er auf einen Zeugen dahin einwirkt, er solle von seinem Zeugnisverweigerungsrecht keinen Gebrauch machen (BGH **1**, 34), wenn er dem Verteidiger erklärt, er werde die Verhandlung nicht „platzen" lassen, auch auf die Gefahr, daß das Urteil aufgehoben wird (BGH MDR **72**, 571 [D]), oder auf ein Verhalten des Verteidigers völlig unangemessen reagiert (BGH StV **93**, 339; **95**, 396; Brandenburg StV **97**, 455). Ein Ablehnungsgrund kann auch der Umstand sein, daß der Richter den Pflichtverteidiger nur deshalb von der Verteidigung entbunden hat, weil er einen Pullover unter der Robe trug und dabei nicht erkennbar war, ob er einen Langbinder trage (BGH NStZ **88**, 510), bei der StA die Erhebung einer Nachtragsanklage anregt (BGH MDR **57**, 653 [D]), daß er dem StA Zusagen hinsichtlich der Strafzumessung macht, um ihn zur Zurücknahme eines Antrags zu bewegen (BGH NStZ **85**, 36), daß er in der Hauptverhandlung versucht, ihn zum Einspruch gegen Fragen des Verteidigers zu veranlassen (BGH MDR **69**, 723 [D]), oder daß er dem Dienstvorgesetzten des Sitzungs-StA gegenüber äußert, dieser fungiere wie ein Verteidiger (BGH NStZ **91**, 348).

Dagegen kann die **Ablehnung nicht darauf gestützt werden,** daß der Vorsit- 18 zende dem Angeklagten in nachdrücklicher Form Vorhalte macht (BGH MDR **57**, 16 [D]; VRS **25**, 423, 424) und dabei seine Auffassung vom Sinngehalt der vorgehaltenen Urkunde äußert (BGH MDR **84**, 797 [H]), daß er sich in angemessener Weise dagegen verwahrt, daß der Verteidiger auf einen Mitangeklagten Druck ausübt (BGH MDR **71**, 897 [D]), oder daß er es unterläßt, den Verteidiger auf Urkunden in den Akten hinzuweisen (BGH MDR **84**, 797 [H]). Die Ablehnung rechtfertigen idR auch nicht der Rat, das Rechtsmittel wegen fehlender Erfolgsaussichten zurückzunehmen (RG **60**, 43; Hamm GA **58**, 58; Köln JMBlNW **56**,

284); vgl aber KG StV **88**, 98 und Hamm StV **98**, 64), nach der Sachlage verständliche Unmutsäußerungen (BGH NJW **77**, 1829, 1830: „Theater"; BGH MDR **71**, 17 [D]: „Dummes Geschwätz"; BGH NStZ-RR **96**, 200: „Der Steuerzahler bedankt sich für solche Anträge") oder überflüssige Bemerkungen (BGH MDR **53**, 147 [D]: „Ihnen wird das Lachen noch vergehen") sowie sachlich gerechtfertigte sitzungspolizeiliche Maßnahmen (Molketin MDR **84**, 20 gegen LG Hamburg StV **81**, 617: Zuziehung von Polizeibeamten in Zivil). Auch daß der Richter außerhalb der Hauptverhandlung Kontakt zu einem Angeklagten aufnimmt oder den Angeklagten auf das nach dem derzeitigen Sachstand zu erwartende Verfahrensergebnis hinweist, ist nicht ohne weiteres ein Ablehnungsgrund (BGH StV **88**, 417; vgl aber Bremen StV **89**, 145 mit Anm Hamm; LG Kassel StV **93**, 68), ebensowenig der Hinweis auf die Bedeutung eines Geständnisses für die Strafzumessung (BGHR § 24 II Befangenheit 12), wohl aber uU die heimliche Absprache mit einem Mitangeklagten (BGH **37**, 99; NJW **96**, 1355, 1358) oder die Inaussichtstellung einer bestimmten Strafe (BGH **37**, 298). Spannungen zwischen dem Richter und dem Verteidiger bzw dem Sachverständigen können idR die Ablehnung nicht begründen (BGH NJW **98**, 2458, 2459). Zur Ablehnung
19 berechtigt aber, daß der Richter die **Urteilsabsetzung während des Plädoyers des Verteidigers** beginnt (Bay **72**, 217 = VRS **44**, 206).

20 4) **Ablehnungsberechtigt** (III S. 1) sind außer der StA, die das Ablehnungsrecht auch zugunsten des Angeklagten hat (LR-Wendisch 40; Arzt 37), Privatkläger und Beschuldigte (auch gesetzliche Vertreter und Erziehungsberechtigte nach § 67 I **JGG**), im Rahmen seiner Beteiligung am Verfahren der Nebenkläger (§ 397 I S. 3) sowie Verfalls- und Einziehungsbeteiligte (§§ 431, 433, 442 II), Antragsteller im Klageerzwingungsverfahren nach § 172 II (Celle NdsRpfl **85**, 238; Hamm NJW **76**, 1701; Karlsruhe NJW **73**, 1658; Koblenz NStZ **83**, 470; Saarbrücken NJW **75**, 399 R. Hamm NJW **74**, 682; Krey 1/309 Fn 22; Teplitzky MDR **70**, 106; **aM** KG JR **54**, 34, Schorn GA **63**, 173), nicht aber im Adhäsionsverfahren nach §§ 403 ff (LR-Wendisch 41; EbSchmidt 14 zu § 404; R. Hamm aaO; **aM** KK-Engelhardt 12 zu § 404; Köckerbauer NStZ **94**, 307; Teplitzky aaO). Der Verteidiger hat im eigenen Namen kein Ablehnungsrecht (Dahs 154); idR ist aber anzunehmen, daß er ein Ablehnungsgesuch im Namen des Beschuldigten vorbringt (Hamm NJW **51**, 731; Krey 1/309), auch wenn es sich ausschließlich auf Vorgänge stützt, die das Verhältnis zwischen Verteidiger und Richter betreffen (Rabe NJW **76**, 172).

21 5) Die **Namhaftmachung** (III S. 2) kann nicht nur für Entscheidungen, sondern für Amtshandlungen jeder Art gefordert werden (Koblenz NStZ **83**, 470). Sie obliegt dem Vorsitzenden und muß so rechtzeitig geschehen, daß der Ablehnungsberechtigte ermitteln kann, ob Ablehnungsgründe vorliegen (Bay MDR **85**, 342; Bay **89**, 136 = NStZ **90**, 200); mit der Entscheidung in der Sache muß dann gewartet werden (BVerfG NJW **91**, 2758). Auskünfte über die Person des Richters (Ausbildung, Meinungen, Lebensumstände) zur Ermittlung von Ablehnungsgründen können nicht verlangt werden (Koblenz aaO). Ist die Mitteilung gemacht, so ist auch ein späterer Richterwechsel von Amts wegen mitzuteilen (RG **66**, 10; Bay aaO; MDR **88**, 339; Schorn GA **63**, 173). Keine Verpflichtung besteht zur Namhaftmachung des Protokollführers (Bay DAR **89**, 368 [B]).

22 **6) Anfechtung:** Vgl §§ 28, 338 Nr 3. Die Verweigerung der Namhaftmachung kann mit der Beschwerde nach § 304 I angefochten werden; § 305 S. 1 gilt. Die Revision kann darauf nur gestützt werden, wenn der Antrag in der Hauptverhandlung wiederholt und Aussetzung der Verhandlung beantragt worden ist (Bay MDR **88**, 339). Der Beschwerdeführer muß darlegen, daß er durch die verspätete Namhaftmachung gehindert worden ist, einen bestimmten erfolgreichen Ablehnungsantrag zu stellen (Bay **89**, 136 = NStZ **90**, 200 zutr gegen frühere Rspr). Auf dem Unterlassen der Mitteilung von einem späteren Richterwechsel beruht das

Urteil daher nicht, wenn eine Ablehnung mit der von dem Beschwerdeführer angegebenen Begründung keinen Erfolg gehabt hätte (RG JW **30**, 925).

Zeitpunkt der Ablehnung

25 **[I] Die Ablehnung eines erkennenden Richters wegen Besorgnis der Befangenheit ist bis zum Beginn der Vernehmung des ersten Angeklagten über seine persönlichen Verhältnisse, in der Hauptverhandlung über die Berufung oder die Revision bis zum Beginn des Vortrags des Berichterstatters, zulässig. Alle Ablehnungsgründe sind gleichzeitig vorzubringen.**

[II] Nach diesem Zeitpunkt darf ein Richter nur abgelehnt werden, wenn

1. **die Umstände, auf welche die Ablehnung gestützt wird, erst später eingetreten oder dem zur Ablehnung Berechtigten erst später bekanntgeworden sind und**
2. **die Ablehnung unverzüglich geltend gemacht wird.**

Nach dem letzten Wort des Angeklagten ist die Ablehnung nicht mehr zulässig.

1) Die **zeitliche Grenze für die Ablehnung wegen Befangenheit in der Hauptverhandlung** bestimmt die Vorschrift (KG NStZ **91**, 401). Die Ablehnung eines nach §§ 22, 23 ausgeschlossenen Richters ist, solange er mit der Sache befaßt ist, ohne zeitliche Beschränkung möglich (2 zu § 22). Zur Ablehnung außerhalb der Hauptverhandlung vgl unten 10. Verspätete Ablehnungsgesuche sind nach § 26 a I Nr 1 als unzulässig zu verwerfen. 1

2) Nach **Beginn der Vernehmung des Angeklagten über seine persönlichen Verhältnisse** nach § 243 II S. 2, also nach Beginn der Feststellung der Personalien (11 zu § 243), ist das Ablehnungsrecht für alle vorher eingetretenen und dem Ablehnungsberechtigten bekannten Ablehnungsgründe verwirkt, auch bei Abwesenheit des Ablehnungsberechtigten (Rieß/Hilger NStZ **87**, 148). Das bedeutet andererseits, daß mit der Ablehnung immer bis zu diesem Zeitpunkt gewartet werden darf (BGH **4**, 264, 270). Stehen mehrere Angeklagte vor Gericht, so entsteht die zeitliche Grenze des I S. 1 für alle mit der Vernehmung des 1. Angeklagten. Eine Ausnahme gilt nur, wenn die Verfahren erst nach diesem Zeitpunkt verbunden werden (Rieß/Hilger aaO). Nach Aussetzung der Hauptverhandlung oder Zurückverweisung der Sache (§§ 328 II, 354 II, 355) entsteht die zeitliche Grenze des I S. 1 erneut; daß der Ablehnungsberechtigte in der früheren Verhandlung die Ablehnung nicht erklärt hat, ist ohne Bedeutung (BGH **23**, 277, 278; Brandenburg StV **97**, 455; Oldenburg NJW **59**, 2225, 2226 = JZ **60**, 61 mit Anm Peters). In der **Berufungs- und Revisionsverhandlung** liegt die Grenze 3 nach I S. 1 beim Beginn des Vortrags des Berichterstatters nach §§ 324 I, 351 I. In dem **besonderen Verfahren** nach § 233 I muß die Ablehnung bis zum Beginn 4 der Verlesung des die Personalien des Angeklagten enthaltenden Vernehmungsprotokolls nach § 233 III S. 2 erklärt werden (vgl LR-Wendisch 17; erg 9 zu § 6 a). Wird nicht zur Sache verhandelt (Fälle der §§ 329, 412 I) so ist das Ablehnungsgesuch alsbald nach Prüfung der Formalien zu stellen. Nach dem **Konzentrationsgebot** des I S. 2 müssen alle zZ der Ablehnung bekannten Gründe gleichzeitig 5 vorgebracht werden. Das gilt auch, wenn das Ablehnungsgesuch schon vor dem Zeitpunkt des I S. 1 gestellt wird. Die verwirkten Gründe kann der Ablehnungsberechtigte nur noch zur Unterstützung einer auf einen nicht verwirkten Grund gestützten Ablehnung heranziehen (**aM** KMR-Paulus 5). 2

3) **Zu einem späteren Zeitpunkt** (II S. 1) kann die Ablehnung nur erklärt 6 werden, wenn es sich um später, dh nach dem in I S. 1 bezeichneten Zeitpunkt, **neu eingetretene oder bekanntgewordene Umstände** handelt (Nr 1). Maßge- 7

bend ist die Kenntnis des Angeklagten, nicht die seines Verteidigers, beim Nebenkläger aber die Kenntnis des Vertreters (BGH **37**, 264). Die Ablehnungsgründe
8 müssen **unverzüglich** geltend gemacht werden (Nr 2), dh sobald wie möglich, ohne eine nicht durch die Sachlage begründete Verzögerung (BGH **21**, 334, 339; NStZ **82**, 291, 292; Bay NJW **92**, 2242; Köln JMBlNW **73**, 258). Dabei ist ein strenger Maßstab anzulegen (BGH VRS **34**, 200, 201). Dem Angeklagten ist aber stets eine Überlegungsfrist und die ausreichende Möglichkeit einzuräumen, sich mit seinem Verteidiger zu beraten (BGH NStZ **84**, 371; StV **91**, 49; NStZ **92**, 290 mit krit Anm Krehl NStZ **92**, 598; Köln aaO; StV **88**, 287, 288); welcher Zeitpunkt hierfür erforderlich ist, hängt von den Umständen des Einzelfalles ab (BGH aaO). Entsteht der Ablehnungsgrund während einer Beweiserhebung, so braucht er vor deren Beendigung nicht geltend gemacht zu werden (BGH StV **86**, 281; LR-Wendisch 19; vgl Köln StV **88**, 287: Unterbrechung um 2 Tage). Bei kurzen Unterbrechungen der Sitzung kann deren Fortsetzung abgewartet werden (LR-Wendisch 19). Bis zur Fortsetzung einer länger unterbrochenen Hauptverhandlung darf aber nicht gewartet werden. Daher kann es notwendig sein, das Ablehnungsgesuch zwischen 2 Verhandlungstagen außerhalb der Hauptverhandlung anzubringen (BGH **21**, 334; VRS **34**, 200, 201; NJW **91**, 50; NStZ **82**, 291, 292; **93**, 141; **96**, 47; StV **95**, 396); Bearbeitung während des Wochenendes kann aber nicht
9 verlangt werden (Düsseldorf NJW **92**, 2243 L). **Nach dem letzten Wort** des Angeklagten nach § 258 II, nicht erst nach § 258 III (LR-Wendisch 22), ist nach II S. 2 die Ablehnung – verfassungsrechtlich unbedenklich (BVerfG NJW **88**, 477) – nicht mehr zulässig (krit dazu AK/StPO-Wassermann 8; LR-Wendisch 23).

10 **4)** Wird **außerhalb einer Hauptverhandlung** entschieden, so ist die Ablehnung ohne zeitliche Beschränkung zulässig (Schleswig SchlHA **82**, 31), aber nur, solange die Entscheidung nicht erlassen ist (BGH NStZ **93**, 600; Jena NStZ **97**, 510 mwN; Krey 1/310). Nachträglich kann der Richter nicht mehr abgelehnt werden, auch wenn die Entscheidung anfechtbar ist und die Möglichkeit der Zurückverweisung der Sache durch das Rechtsmittelgericht besteht (KG NStZ **83**, 44; Koblenz NStE Nr 2 mwN; Schleswig SchlHA **90**, 143; Meyer-Goßner NJW **75**, 1179). Wer einen Antrag nach § 33 a gestellt hat, kann die Ablehnung aber auch für diese Entscheidung erklären (KG JR **84**, 39; Düsseldorf MDR **86**, 777; Koblenz NStZ **83**, 470), nicht hingegen im Verfahren über Gegenvorstellungen (BGH NStZ-RR **98**, 51; Düsseldorf NStZ **89**, 86; VRS **80**, 27; **83**, 356; **86**, 444; Hamm MDR **93**, 789).

Ablehnungsverfahren

26 **I Das Ablehnungsgesuch ist bei dem Gericht, dem der Richter angehört, anzubringen; es kann vor der Geschäftsstelle zu Protokoll erklärt werden. § 257 a findet keine Anwendung.**

II Der Ablehnungsgrund und in den Fällen des § 25 Abs. 2 die Voraussetzungen des rechtzeitigen Vorbringens sind glaubhaft zu machen. Der Eid ist als Mittel der Glaubhaftmachung ausgeschlossen. Zur Glaubhaftmachung kann auf das Zeugnis des abgelehnten Richters Bezug genommen werden.

III Der abgelehnte Richter hat sich über den Ablehnungsgrund dienstlich zu äußern.

1 **1) Anzubringen** (I) ist das Ablehnungsgesuch bei dem Gericht, dh dem Spruchkörper, dem der Richter bei der Tätigkeit angehört, von der ihn der Ablehnende ausschließen möchte (RG **19**, 333, 336; KK-Pfeiffer 1). Wird ein ersuchter Richter abgelehnt, so ist das Gesuch bei ihm, nicht bei dem ersuchenden Gericht zu stellen (LR-Wendisch 2). Ablehnungsgesuche gegen Richter von aus-

wärtigen Strafkammern (§ 78 GVG) oder Strafsenaten (§ 116 II GVG) sind bei diesen Gerichten anzubringen.

2) Eine **Form** für das Gesuch ist nicht vorgeschrieben (RG **13**, 302, 304). Es kann außerhalb der Hauptverhandlung schriftlich (Einl 128) oder zu Protokoll der Geschäftsstelle (Einl 131 ff), in der Hauptverhandlung schriftlich oder mündlich (dann gilt § 273 I) angebracht werden; schriftliche Antragstellung darf nicht nach § 257 a vorgeschrieben werden (I S.2; vgl dazu auch die Entscheidung BGHR § 24 II Vorsitzender 4, die allerdings noch vor Einfügung des I S.2 ergangen ist). Auch wenn ein Richter in einer Hauptverhandlung abgelehnt wird, gelten für das Ablehnungsverfahren weder der Öffentlichkeitsgrundsatz noch das Gebot der Anwesenheit des Angeklagten (BGH NStZ **82**, 188 [Pf]; **96**, 398). 2

3) Eine **Wiederholung** der Ablehnung aus demselben Grund ist unzulässig (4 zu § 26 a), sofern nicht (in der Frist des § 25) neue Tatsachen geltend gemacht (RG **24**, 12, 14; Schorn GA **63**, 179) oder, wenn das 1. Ablehnungsgesuch wegen ungenügender Glaubhaftmachung verworfen worden war, neue zusätzliche Mittel der Glaubhaftmachung beigebracht werden (vgl BGH **21**, 85, 87 = JR **67**, 227 mit krit Anm Hanack; Günther NJW **86**, 284). 3

4) Inhalt des Gesuchs: Der abgelehnte Richter muß durch Angabe seines Namens oder in anderer Weise eindeutig bezeichnet werden. Ferner müssen die Ablehnungsgründe, dh die Tatsachen, auf die das Gesuch gestützt wird, angegeben werden (vgl § 26 a I Nr 2), und zwar in dem Ablehnungsgesuch selbst, nicht durch Bezugnahme auf die Akten (Bay **52**, 188 = JZ **52**, 753). Im Fall des § 25 II müssen auch die Tatsachen angeführt werden, aus denen sich die Rechtzeitigkeit des Antrags ergeben soll. 4

5) Glaubhaftmachung (II): 5

A. **Umfang** (S. 1): Die zur Begründung der Ablehnung geltend gemachten Tatsachen müssen glaubhaft gemacht werden, im Fall des § 25 II auch die Voraussetzungen des rechtzeitigen Vorbringens. Von der Glaubhaftmachung kann abgesehen werden, wenn der Ablehnungsgrund sich aus den Akten ergibt oder sonst gerichtsbekannt ist (BGH MDR **72**, 17 [D]; Neustadt GA **56**, 92, 94; 6 zu § 45) oder wenn im Fall des § 25 II die Rechtzeitigkeit des Gesuchs auf der Hand liegt (BGH MDR **65**, 1004). 6

B. **Glaubhaftmachung bedeutet,** daß die behaupteten Tatsachen so weit bewiesen werden müssen, daß das Gericht sie für wahrscheinlich hält (BGH **21**, 334, 350; NStZ **91**, 144; Bay **55**, 223, 225 = JZ **56**, 340; Düsseldorf NJW **85**, 2207; OLGSt § 44 Nr 3; erg 10 zu § 45) und daß es in die Lage versetzt wird, ohne verzögernde weitere Ermittlungen zu entscheiden (BGH **21**, 334, 347; Düsseldorf aaO; W. Schmid SchlHA **81**, 73). Eine förmliche Beweisaufnahme über das Ablehnungsvorbringen findet nicht statt (BGH MDR **72**, 17 [D]); es ist nicht Sache des Gerichts, von sich aus Zeugen zu hören oder vernehmen zu lassen (Düsseldorf aaO). Das Gericht ist auch nicht verpflichtet, auf weitere Glaubhaftmachung hinzuwirken (BGH **21**, 334, 348). Nicht behebbare Zweifel an der Richtigkeit der behaupteten Tatsachen wirken sich zu Lasten des Antragstellers aus; der Grundsatz *in dubio pro reo* gilt nicht (BGH **21**, 334, 352; Düsseldorf StV **85**, 223; VRS **81**, 373; 10 zu § 45). 7

C. **Mittel der Glaubhaftmachung** (S. 2, 3) sind grundsätzlich nur schriftliche Erklärungen, insbesondere eidesstattliche Versicherungen von Zeugen (unten 10) und anwaltliche Versicherungen (unten 13) sowie andere Bescheinigungen und Unterlagen. Da der Ablehnende die Wahrscheinlichkeit seines tatsächlichen Vorbringens bis zu dem Grad darzutun hat, der vernünftigerweise als Entscheidungsgrundlage geboten erscheint, genügt die Benennung von Beweismitteln idR nicht (vgl aber unten 11). Der **Ablehnende selbst** kann die Richtigkeit seiner tatsächlichen Angaben nicht beschwören (S. 2). Er kann ihre Richtigkeit auch nicht an 8 9

Eides Statt versichern. Das gilt nicht nur für den Beschuldigten (RG **57**, 53; **70**,
266, 268; Düsseldorf StV **85**, 223; Hamm MDR **65**, 843; Koblenz VRS **64**, 271; 8
zu § 45), sondern für jeden Antragsteller (KK-Pfeiffer 5; SK/StPO-Rudolphi 12).
Gibt er gleichwohl eine eidesstattliche Versicherung ab, so ist sie als einfache
Erklärung zu werten, die jedoch grundsätzlich zur Glaubhaftmachung nicht genügt
(Düsseldorf OLGSt § 44 Nr 3; StV **85**, 223; Koblenz OLGSt § 172 Nr 10; 9 zu
10 § 45). **Schriftliche Erklärungen von Zeugen** sind unbeschränkt zulässig (uU
auch fremdsprachige, vgl Bamberg NStZ **89**, 335). Diese Auskunftspersonen dür-
fen zwar nicht vereidigt werden (S. 2), können aber die Richtigkeit ihrer Erklä-
rungen eidesstattlich versichern (vgl RG **62**, 119, 121; Krey JA **84**, 575; Schorn
11 GA **63**, 174). Die **Benennung von Zeugen** reicht zur Glaubhaftmachung nur
aus, wenn der Ablehnende eine schriftliche Äußerung der Auskunftsperson nicht
erlangen kann, sei es, daß ihm der Zeuge die schriftliche Bestätigung verweigert,
etwa unter Hinweis auf die fehlende Genehmigung des Dienstvorgesetzten, sei es,
daß er ihn nicht unverzüglich erreichen kann (BGH **21**, 334, 347; MDR **78**, 111
[H]; Bay **55**, 210 = JZ **56**, 340; Bremen JZ **77**, 442; Düsseldorf NJW **85**, 2207;
StV **87**, 428 L; Koblenz OLGSt § 172 Nr 10). Er muß dann aber glaubhaft
machen, daß einer dieser Gründe gegeben ist (BGH aaO). Liegt ein solcher Fall des
Unvermögens der Glaubhaftmachung vor, so erhebt das Gericht den Beweis von
12 Amts wegen (KK-Pfeiffer 7). Auch die **Berufung auf das Zeugnis des abge-
lehnten Richters** (S. 3) ist zulässig. Sie muß ausdrücklich erklärt werden; insbe-
sondere bei einem Verteidiger ist sie nicht zu unterstellen (Frankfurt NJW **77**, 767;
13 Günther NJW **86**, 283; **aM** Celle NdsRpfl **82**, 100). Der **Verteidiger** versichert
seine eigenen Handlungen, Unterlassungen und Beobachtungen üblicherweise
„anwaltlich" (Köln NJW **64**, 1038). Das Fehlen einer solchen Versicherung ist aber
mit Rücksicht auf die Wahrheitspflicht des RA idR unschädlich (Bay **94**, 208 =
StV **95**, 7; Schleswig MDR **72**, 165; **aM** Koblenz VRS **68**, 211).

14 6) Die **dienstliche Äußerung des abgelehnten Richters** (III) ist für die Entscheidung nach § 27 zwingend vorgeschrieben; im Verfahren nach § 26 a entfällt sie (BVerfGE **11**, 1, 3 = MDR **61**, 26). Sie muß gegenüber dem zur Entscheidung berufenen Spruchkörper schriftlich abgegeben und darf nicht in das Sitzungsprotokoll diktiert werden (Bay StV **82**, 460; **aM** KMR-Paulus 13). Wenn es dem Gesuch nicht stattgeben will, muß das Gericht, auch wenn der abgelehnte Richter nur erklärt, er fühle sich nicht befangen (Braunschweig NJW **76**, 2024, 2025; AK/StPO-Wassermann 5; **aM** Köln MDR **73**, 57 L) sie dem Antragsteller zur Kenntnis bringen und ihm nach § 33 II, III Gelegenheit zur Stellungnahme geben (BVerfGE **24**, 56, 62 = NJW **68**, 1621; BGH **21**, 85, 87 = JR **67**, 227 mit Anm Hanack; BGH **23**, 200, 203; MDR **74**, 367 [D]; NStZ **83**, 354 [Pf/M]; StV **82**, 457; Schorn GA **63**, 174). Auf einem Verstoß hiergegen kann das Urteil beruhen (Hamm StV **96**, 11); das gilt aber nicht, wenn der Antragsteller Gelegenheit hatte, das Ablehnungsgesuch nach Kenntnisnahme von der dienstlichen Äußerung zu wiederholen (BGH **21**, 85 = JR **67**, 227 mit Anm Hanack; BGH StV **82**, 457; Hamm NJW **67**, 1577).

Unzulässige Ablehnung

26a

I Das Gericht verwirft die Ablehnung eines Richters als unzulässig, wenn

1. **die Ablehnung verspätet ist,**
2. **ein Grund zur Ablehnung oder ein Mittel zur Glaubhaftmachung nicht angegeben wird oder**
3. **durch die Ablehnung offensichtlich das Verfahren nur verschleppt oder nur verfahrensfremde Zwecke verfolgt werden sollen.**

II Das Gericht entscheidet über die Verwerfung nach Absatz 1, ohne daß der abgelehnte Richter ausscheidet. Im Falle des Absatzes 1 Nr. 3 bedarf es eines einstimmigen Beschlusses und der Angabe der Umstände, welche den Verwerfungsgrund ergeben. Wird ein beauftragter oder ein ersuchter Richter, ein Richter im vorbereitenden Verfahren oder ein Strafrichter abgelehnt, so entscheidet er selbst darüber, ob die Ablehnung als unzulässig zu verwerfen ist.

1 **1)** Zur **Verfahrensvereinfachung** ermächtigt die Vorschrift das Gericht, über die Verwerfung unzulässiger Ablehnungsgesuche, auch wenn mit ihnen der Ausschluß des Richters nach §§ 22, 23 behauptet wird (Krey 1/299 Fn 61), unter Mitwirkung des abgelehnten Richters zu entscheiden. Der Katalog der Gründe, den I enthält, ist aber unvollständig; unzulässig ist auch die Ablehnung eines Richters, der mit der Sache noch nicht (2 zu § 24) oder nicht mehr (10 zu § 25) befaßt ist, und die Ablehnung eines Gerichts als Ganzes (3 zu § 24). In diesen Fällen gilt II S. 1 entspr (3 zu § 24).

2 **2)** Die **Verwerfung als unzulässig** (I) steht nicht im Ermessen des Gerichts (vgl BGH NStZ **82**, 291), sondern ist beim Vorliegen der gesetzlichen Gründe zwingend vorgeschrieben („Das Gericht verwirft..."). Die Empfehlung, der Richter solle im Fall des I Nr 3 in der Hauptverhandlung das ordentliche Ablehnungsverfahren wählen (LR-Wendisch 4), ist daher gesetzwidrig. Wird nicht nach § 26 a verfahren, obwohl dessen Voraussetzungen vorlagen, so entscheidet das nach § 27 zuständige Gericht (BGH **21**, 334, 337; KG JR **66**, 229). Das Gericht muß ihm die Entscheidung überlassen, wenn auch nur geringe Zweifel am Vorliegen der Gründe des I bestehen; sonst darf es aber solche Handlungen vornehmen, die der Vorbereitung der nach II zu treffenden Entscheidung dienen (Düsseldorf NStE Nr 3). Das Gesuch kann nur insgesamt als unzulässig verworfen werden; die Verwerfung einzelner Ablehnungsgründe als unzulässig ist ausgeschlossen (BGH **37**, 99, 105).

3 A. **Verspätetes Ablehnungsgesuch** (Nr 1): Vgl § 25. Ist die Rechtzeitigkeit entgegen § 26 II S. 1 nicht glaubhaft gemacht, so darf das Gericht davon ausgehen, daß der Ablehnungsgrund schon im Zeitpunkt des § 25 I bekannt war (BGH MDR **65**, 1004). Das muß in der Begründung des Beschlusses dargelegt werden.

4 B. **Fehlen eines Ablehnungsgrundes oder der Glaubhaftmachung**(Nr 2): Der Antragsteller muß die Ablehnung mit Tatsachen begründen (vgl § 25 II Nr 1: „Umstände, auf welche die Ablehnung gestützt wird"). Unzulässig ist daher ein Gesuch, das überhaupt keine Begründung enthält, auch wenn es ihre Beibringung ankündigt (Günther NJW **86**, 283). Eine Frist zur nachträglichen Beibringung einer Begründung wird nicht bewilligt (München NJW **76**, 436). Dem Fehlen der Begründung steht der Fall gleich, daß die Begründung aus zwingenden rechtlichen Gründen zur Rechtfertigung eines Ablehnungsgesuchs völlig ungeeignet ist (BVerfG NJW **95**, 2912; BGH NStE Nr 1; Düsseldorf VRS **82**, 456 mwN; GA **93**, 461; **aM** Draber DRiZ **77**, 331), zB die bloße Behauptung einer gesetzlich nicht unzulässigen Mitwirkung des Richters an einer dem Angeklagten nachteiligen Zwischenentscheidung (Günther NJW **86**, 285), aber nicht schon bei offensichtlicher Unbegründetheit (vgl BGH 4 StR 118/90 vom 29. 5. 1990; Hamburg OLGSt Nr 1 zu § 26; Köln StV **91**, 293). Unzulässig ist auch das bloße Behaupten eines Grundes, zB eines Verwandtschafts- oder Schwägerschaftsverhältnisses, das auf eine unzulässige Ausforschung hinausläuft (BGH MDR **70**, 899 [D]). Kollegialität ist allein kein Ablehnungsgrund (Schleswig SchlHA **97**, 149 [L/S]). Der Verwerfungsgrund der Nr 2 liegt auch vor, wenn der Ablehnungsgrund infolge rechtskräftiger Verwerfung eines vorausgegangenen Gesuchs verbraucht ist (RG **30**, 273, 275; Hamm NJW **66**, 2073; Günther NJW **86**, 283; Krey 1/315 Fn 35; LR-Wendisch 11 nimmt einen Fall der Nr 1 an; erg 3 zu § 26). Daß jede Ablehnung wegen einer prozessualen Zwischenentscheidung entspr Nr 2 unzulässig sei, wie Rabe NStZ **96**, 369 behauptet, ist unzutr (erg 14 zu § 24). Ist kein Mittel zur

Glaubhaftmachung angegeben, so ist das Ablehnungsgesuch ebenfalls unzulässig, sofern nicht der Ablehnungsgrund oder im Fall des § 25 II die Rechtzeitigkeit gerichtsbekannt ist.

5 C. **Mißbrauch des Ablehnungsrechts** (Nr 3; dazu eingehend Kröpil AnwBl **97**, 575): Unzulässig sind Gesuche, mit denen der Antragsteller in Wahrheit nicht das Ausscheiden des abgelehnten Richters, sondern ausschließlich andere Ziele erreichen will. Bezweckt er daneben auch das Ausscheiden des Richters, so ist Nr 3
6 nicht anwendbar. **Verschleppungsabsicht** liegt vor, wenn der Antragsteller ausschließlich eine Verzögerung der Hauptverhandlung bezweckt (BGH MDR **55**, 271 [D]; Hamm JMBlNW **77**, 200). Das muß offensichtlich, also ohne weitere Nachforschungen feststellbar sein (KK-Pfeiffer 4). Praktisch kommt ein solcher Fall kaum
7 vor (Bay **72**, 217, 219 = MDR **73**, 246). **Verfahrensfremd** iS der Nr 3 ist zB das Verfolgen rein demonstrativer Zwecke (KG GA **74**, 220; Koblenz MDR **77**, 425) oder des Zwecks, die abgelehnten Richter zu verunglimpfen (vgl BGH NStZ **97**, 331 [K]; KG JR **66**, 229: in die Form eines Ablehnungsgesuchs gekleidete Schmähschrift). Auch das muß offensichtlich sein. Auf die Sachfremdheit kann insbesondere aus der völligen Abwegigkeit der Ablehnungsgründe geschlossen werden.

8 **3)** Die **Entscheidung** (II) trifft das Gericht, in der Hauptverhandlung unter Mitwirkung der Schöffen (KK-Pfeiffer 5), ohne daß der abgelehnte Richter ausscheidet (S. 1), in den Fällen des S. 3 der abgelehnte Richter allein. Die Verwerfung aus den Gründen des I Nr 3 erfordert Einstimmigkeit (S. 2). Die Ansicht, die Hauptverhandlung dürfe für die Entscheidung nicht unterbrochen werden (LR-Wendisch 33), wird durch den Wortlaut des § 29 II S. 1 widerlegt. Der Verwer-
9 fungsbeschluß ist zu **begründen** (§§ 28 II, 34). Im Fall des I Nr 3 muß er die den Verwerfungsgrund tragenden Umstände angeben (S. 2), auch soweit sie offensichtlich sind. Die Begründung muß so ausführlich sein, daß sie dem Beschwerdegericht eine sachliche Nachprüfung ermöglicht (Bay **72**, 217 = VRS **44**, 206; Köln StV **91**, 292). Bei Ablehnung wegen Verschleppungsabsicht gelten für die Begründung dieselben strengen Anforderungen, wie sie die Rspr (vgl 43 zu § 244) bei der Ablehnung von Beweisanträgen verlangt (BGH MDR **73**, 371 [D]; Hamm aaO;
10 krit Krey 1/316). Eine **Kostenentscheidung** ist nicht zu treffen.

11 **4) Anfechtung:** Zur sofortigen Beschwerde vgl § 28, zur Revision § 338 Nr 3. Bei Verwerfung wegen Verspätung muß die Revision alle Vorgänge mitteilen, aus denen sich beurteilen läßt, ob das Gesuch unverzüglich angebracht worden ist (BGH MDR **77**, 109 [H]).

Entscheidung über das Ablehnungsgesuch

27 **I Wird die Ablehnung nicht als unzulässig verworfen, so entscheidet über das Ablehnungsgesuch das Gericht, dem der Abgelehnte angehört, ohne dessen Mitwirkung.**

II Wird ein richterliches Mitglied der erkennenden Strafkammer abgelehnt, so entscheidet die Strafkammer in der für Entscheidungen außerhalb der Hauptverhandlung vorgeschriebenen Besetzung.

III Wird ein Richter beim Amtsgericht abgelehnt, so entscheidet ein anderer Richter dieses Gerichts. Einer Entscheidung bedarf es nicht, wenn der Abgelehnte das Ablehnungsgesuch für begründet hält.

IV Wird das zur Entscheidung berufene Gericht durch Ausscheiden des abgelehnten Mitglieds beschlußunfähig, so entscheidet das zunächst obere Gericht.

1 **1) Zuständigkeit:**

2 A. Das **Gericht, dem der abgelehnte Richter angehört** (I), dh der jeweilige Spruchkörper, entscheidet über das Ablehnungsgesuch, wenn es nicht nach § 26 a

verworfen worden ist. Zuständig ist der im Zeitpunkt der Entscheidung – nicht dem der Antragstellung – berufene Richter (BGH NJW **98**, 2458). Der abgelehnte Richter darf bei der Entscheidung nicht mitwirken. In der Hauptverhandlung ist daher eine Entscheidung unmöglich; sie muß stets, aber nicht sofort (§ 29 II S. 1), unterbrochen werden (BGH **15**, 384; RG **13**, 302). Die sofortige Verhandlung über das Ablehnungsgesuch im Sitzungssaal ist daher kein Teil der Hauptverhandlung (RG **21**, 250, 251; **49**, 9, 11; Krey JA **84**, 576).

B. Die **StrK** (II) entscheidet in der für Entscheidungen außerhalb der Hauptverhandlung vorgeschriebenen Besetzung, also ohne Schöffen (§ 76 S. 2 GVG). Der abgelehnte Richter wird durch einen anderen Richter der StrK oder durch den geschäftsplanmäßigen oder für den Einzelfall bestimmten Vertreter ersetzt. Kann der Vorsitzende nicht aus seiner eigenen Kammer vertreten werden, weil deren Mitglieder sämtlich verhindert sind, so darf der Dienstälteste der von einer anderen Kammer gestellten regelmäßigen Vertreter den Vorsitz übernehmen (BGH NJW **59**, 1141). Werden mehrere oder sämtliche Richter einer StrK gleichzeitig und aus dem gleichen Grund abgelehnt, so wird darüber durch einen **einheitlichen Beschluß** entschieden (BGH NJW **98**, 2458; Frankfurt StV **84**, 499; LG Münster NStZ **84**, 472 mit abl Anm Frohne), also nicht zunächst über das Ablehnungsgesuch gegen den Vorsitzenden, danach über das gegen den dienstälteren Beisitzer usw (so aber Schleswig NStZ **81**, 489 L = SchlHA **82**, 31; Krey 1/317 a). In Fällen nacheinander eingehender und unterschiedlich begründeter Ablehnungsgesuche ist hingegen sukzessive Entscheidung in der Reihenfolge der Gesuche erforderlich (BGH NStZ **96**, 144). Ebenfalls muß dann, wenn zugleich ein Richter abgelehnt wird, der über das Ablehnungsgesuch als Vertreter zu entscheiden hat, über diese Ablehnung vorab entschieden werden (BGH **21**, 334). Das gilt auch für die Anzeige nach § 30 (Oldenburg NdsRpfl **87**, 61). Über ein Befangenheitsgesuch, mit dem geltend gemacht wird, die abgelehnten Richter hätten ein gegen ihn gerichtetes Befangenheitsgesuch fehlerhaft abgelehnt, darf ein Richter idR nicht sachlich entscheiden (BGH NStZ **84**, 419, 420; zw BGH NJW **92**, 763; NStZ **94**, 447; vgl auch BVerfG NJW **95**, 2914). 3 4

C. Beim **AG** entscheidet stets, auch wenn ein von einem höheren Gericht ersuchter Richter abgelehnt wird, ein anderer Richter des AG (III S. 1), bei einem einstelligen AG der nach § 22b I GVG bestellte Vertreter. Einer Entscheidung bedarf es nicht, wenn der abgelehnte Richter das Ablehnungsgesuch für begründet hält (III S. 2). Diese Erklärung kann er aber erst abgeben, wenn er die Zulässigkeit des Gesuchs geprüft hat. Im Zweifel wird er die Entscheidung des zuständigen anderen Richters herbeiführen, insbesondere, wenn die StA das Gesuch für unbegründet hält. Jedoch kann der abgelehnte Richter nach erneuter Prüfung auf der Abgabe der Erklärung nach III S. 2 bestehen. Alsdann entfällt die Entscheidungsbefugnis eines anderen Richters (Düsseldorf MDR **87**, 253). 5

D. Der **StS** des BGH oder OLG entscheidet in der für Entscheidungen außerhalb der Hauptverhandlung vorgeschriebenen Besetzung, beim OLG also mit 3 Richtern (§ 122 I GVG), beim BGH mit 5 Richtern (§ 139 I GVG). 6

E. Für den **Ermittlungsrichter** des AG (§ 162) gilt III. Ist ein Ermittlungsrichter des BGH oder des OLG (§ 169) abgelehnt, so entscheidet ein im Geschäftsverteilungsplan zu bestimmender anderer Ermittlungsrichter, nicht der StS (BGH bei H. W. Schmidt MDR **86**, 179; KK-Pfeiffer 4). 7

F. Das **zunächst obere Gericht** (IV), also das LG für das AG, das OLG für das LG, der BGH, in Bayern nicht das BayObLG (1 zu § 9 EGGVG), für das OLG, entscheidet, wenn Beschlußunfähigkeit eintritt. Das ist erst der Fall, wenn bei dem ganzen Gericht (nicht nur vorübergehend) kein Vertreter mehr vorhanden ist oder bestellt werden kann (RG **40**, 436; Stuttgart MDR **74**, 1034; Zweibrücken NJW **68**, 1439); § 22b I GVG wird durch IV nicht berührt. Das obere Gericht hat insoweit zu entscheiden, wie es zur Wiederherstellung der Beschlußfähigkeit des 8 unteren Gerichts erforderlich ist. Die Prüfungsreihenfolge wird durch die Vertretungsregelung in der Geschäftsverteilung des unteren Gerichts bestimmt (Frankfurt NStZ **81**, 233; Oldenburg NdsRpfl **87**, 61). Eine Beschränkung der Prüfung auf die nicht oder am schwächsten begründeten Ablehnungsgesuche ist unzulässig (KK-Pfeiffer 6; LR-Wendisch 36; **aM** Zweibrücken NJW **68**, 1439).

9 **2)** Die **Entscheidung** über das Ablehnungsgesuch ergeht durch Beschluß (§ 28), außerhalb der Hauptverhandlung (oben 1) nach Anhörung der Prozeßbeteiligten (§ 33 II, III). Eine mündliche Verhandlung findet nicht statt (RG **49**, 9, 11). Jedoch können im Freibeweis (7, 9 zu § 244) Zeugen vernommen und andere Beweise erhoben werden (RG **61**, 67, 70). Das Gesuch kann auch jetzt noch als unzulässig (§ 26 a I) verworfen werden (BGH **21**, 334, 337); wenn es zulässig ist, wird es als unbegründet zurückgewiesen (§ 28 II S. 1) oder für begründet erklärt (§ 28 I). Dabei dürfen nur die Ablehnungsgründe berücksichtigt werden, die in dem Gesuch innerhalb der Antragsfrist des § 25 (BGH MDR **52**, 659 [D]) geltend gemacht worden sind (LR-Wendisch 30 und 8 zu § 26; **aM** BGH JR **72**, 119 mit abl Anm Peters; R. Hamm NJW **73**, 178). Der Beschluß muß nach § 34 mit Gründen versehen werden, wenn er das Ablehnungsgesuch verwirft; eine Kostenentscheidung ergeht nicht. Der Beschluß muß dem abgelehnten Richter und den
10 Prozeßbeteiligten **bekanntgemacht** werden. Er kann bei der Fortsetzung der unterbrochenen Hauptverhandlung verkündet werden (§ 35 I), auch durch den erfolglos abgelehnten Richter (BGH **15**, 384; RG **58**, 285, 287). Sonst wird er schriftlich mitgeteilt, im Fall des § 28 II S. 1 durch förmliche Zustellung, im Fall
11 des § 28 II S. 2 formlos. Der Beschluß hat, wenn er rechtskräftig ist, die **Wirkung,** daß der vor der Ablehnung bestehende Zustand wieder eintritt (LR-Wendisch 38). Der zu Unrecht abgelehnte Richter muß wieder mitwirken (BGH **21**, 334, 338). Wird dem Ablehnungsgesuch stattgegeben, so steht der abgelehnte Richter einem ausgeschlossenen gleich (KK-Pfeiffer 8). Der Ausschluß bezieht sich auf das gesamte Verfahren, auch auf die Verhandlung gegen Mitangeklagte, die selbst kein Gesuch angebracht haben oder deren Gesuch erfolglos geblieben ist (BGH GA **79**, 311). Zur Vermeidung dieser Wirkung darf das Verfahren gegen die anderen Mitangeklagten nicht abgetrennt werden (BGH aaO). Auf andere Strafverfahren ist der Beschluß ohne Einfluß (LR-Wendisch 42). Seine Wirkung beschränkt sich im übrigen auf die Zukunft. Frühere Entscheidungen berührt er selbst dann nicht, wenn die Ablehnungsgründe bei ihrem Erlaß schon vorgelegen haben (Hamm MDR **64**, 344; Koblenz NStZ **83**, 471; LR-Wendisch 41).

Rechtsmittel

28 **I Der Beschluß, durch den die Ablehnung für begründet erklärt wird, ist nicht anfechtbar.**

II Gegen den Beschluß, durch den die Ablehnung als unzulässig verworfen oder als unbegründet zurückgewiesen wird, ist sofortige Beschwerde zulässig. Betrifft die Entscheidung einen erkennenden Richter, so kann sie nur zusammen mit dem Urteil angefochten werden.

1 **1)** Wird die **Ablehnung für begründet erklärt** (I), so ist die Entscheidung nicht anfechtbar, nach § 336 S. 2 (dort 6) auch nicht mit der Revision (KMR-Paulus 1; unrichtig daher BGH NStZ **82**, 291, 292; vgl Krey 1/326 ff und JA **84**, 577); das gilt auch im Fall des § 30 (dort 8). Sie kann auch nicht widerrufen werden (KK-Pfeiffer 1). I gilt auch im Hauptverfahren.

2 **2)** Wird das **Ablehnungsgesuch verworfen oder zurückgewiesen** (II), so ist zu unterscheiden:

3 A. War der abgelehnte Richter **kein erkennender Richter** (unten 6), so kann der Prozeßbeteiligte, der ihn abgelehnt hat, den Beschluß nach II S. 1 mit sofor-

tiger Beschwerde (§ 311) anfechten, sofern nicht § 304 IV entgegensteht (dort 11). Die Beschwerde ist auch zulässig, wenn vor ihrer Einlegung das Hauptverfahren eröffnet worden ist. Wird das Ablehnungsgesuch außerhalb der Hauptverhandlung angebracht, ist eine weitere Glaubhaftmachung im Beschwerdeverfahren noch zulässig, nicht aber das Nachschieben eines weiteren Ablehnungsgrundes (Düsseldorf JMBlNW **95**, 80; Hamburg OLGSt Nr 1 zu § 26; **aM** Schleswig NStZ **81**, 489 L = SchlHA **82**, 31). Das **Beschwerdegericht prüft** den Ablehnungsbeschluß 4
in umfassender Weise. Es entscheidet auch dann in der Sache selbst, wenn das Gesuch zu Unrecht als unzulässig verworfen worden war (vgl 8 zu § 309; 27, 28 zu § 338). Etwa noch fehlende Feststellungen holt es – wenn möglich – nach, andernfalls verweist es die Sache zurück (KG NStZ **91**, 401); auch eine fehlende dienstliche Äußerung kann eingeholt werden (Hamburg aaO). Die Revision ist nach § 336 S. 2 ausgeschlossen, es sei denn, das Beschwerdegericht habe die Beschwerde irrig als unzulässig verworfen, weil es das Revisionsgericht für zuständig gehalten hat (offengelassen von BGHR Rechtsmittel 1).

B. Bei **erfolgloser Ablehnung eines erkennenden Richters** schließt II S. 2 5
aus Gründen der Prozeßwirtschaftlichkeit die selbständige Anfechtung des Beschlusses aus. Das gilt auch, wenn er von einem unzuständigen Richter erlassen worden ist (Saarbrücken NJW **66**, 169; LR-Wendisch 4; **aM** LG Krefeld NJW **64**, 2438). **Erkennender Richter** (vgl auch 2 zu § 305) sind alle Richter, die zur 6
Mitwirkung in der Hauptverhandlung berufen sind (Karlsruhe NJW **75**, 458; Saarbrücken aaO), der Ergänzungsrichter (§ 192 II GVG) auch, wenn der Ergänzungsfall noch nicht eingetreten ist (Celle NJW **73**, 1054; Schleswig SchlHA **96**, 89 [L/T]; **aM** KK-Pfeiffer 3; LR-Wendisch 13; SK/StPO-Rudolphi 9: wenn Eintritt feststeht), auch der Richter, der nach § 27 dazu berufen ist, über ein Ablehnungsgesuch zu entscheiden (KG JR **76**, 26; Düsseldorf JMBlNW **76**, 67; krit Sieg StV **90**, 283). Die Eigenschaft als erkennender Richter beginnt mit dem Erlaß des Eröffnungsbeschlusses (BGH NJW **52**, 234; KG JR **81**, 168; Köln NJW **93**, 608 mwN; Schleswig SchlHA **90**, 113 [L/G]), beim Berufungs- und Revisionsgericht mit der Vorlegung der Akten nach §§ 321, 347 II (KG aaO; Karlsruhe NStZ-RR **98**, 144; **aM** Bremen NStZ **91**, 95; LR-Wendisch 21: mit Terminsanberaumung; erg 2 zu § 305), nach Zurückverweisung (§§ 328 II, 354 II, III, 355) mit dem Eingang der Akten (2 zu § 305). Im beschleunigten Verfahren nach §§ 417 ff wird der Richter mit der Terminsanberaumung oder der Anordnung, daß die Hauptverhandlung sofort durchzuführen ist, erkennender Richter (Hamburg NJW **64**, 2123; KK-Pfeiffer 3; LR-Wendisch 20; **aM** EbSchmidt 10; Schorn GA **63**, 183: mit Eingang des Antrags der StA), im Strafbefehlsverfahren nach §§ 407 ff mit der Anberaumung der Hauptverhandlung nach §§ 408 III S. 2, 411 I S. 2 (LR-Wendisch 24, 25; **aM** Köln MDR **57**, 437; Oldenburg NdsRpfl **55**, 59; Schorn aaO: mit Eingang des Einspruchs). Die Eigenschaft als erkennender Richter endet mit der Verfahrenseinstellung oder Urteilsfällung (Celle NJW **60**, 210; LG Düsseldorf StV **91**, 410; vgl abw zu §§ 109 ff **StVollzG** Celle StraFo **98**, 428), im Fall des § 329 I auch, wenn später noch über einen Wiedereinsetzungsantrag nach § 329 III zu entscheiden ist (Celle NdsRpfl **82**, 100; München MDR **82**, 773; Stuttgart OLGSt Nr 4; **aM** Frankfurt OLGSt S. 5). Die **Entscheidung betrifft** 7
einen erkennenden Richter auch dann, wenn das Ablehnungsgesuch schon vor Eintritt der Rechtshängigkeit gestellt, aber erst später beschieden wird (Karlsruhe NJW **75**, 458; Köln NJW **93**, 608; Krey 1/320 und JA **84**, 576), oder wenn darüber schon vor Beginn der Hauptverhandlung entschieden worden ist (BGH **31**, 15; KK-Pfeiffer 3). **Nur zusammen mit dem Urteil** ist die Anfechtung 8
zulässig. Das Rechtsmittel bleibt aber seiner Natur nach eine sofortige Beschwerde; das Gesetz ändert nur aus Zweckmäßigkeitsgründen den Rechtsmittelzug (BGH **27**, 96, 98; erg 25, 26 zu § 338). Wenn das Urteil unanfechtbar ist, kann auch der Ablehnungsbeschluß nicht angefochten werden (Köln MDR **76**, 774). Ist die sofortige Beschwerde nach § 304 IV S. 2 ausgeschlossen, so gilt das auch für die

Anfechtung zusammen mit dem Urteil (LR-Wendisch 27; erg 26 zu § 338). Bei der Anfechtung des Beschlusses müssen im übrigen die Formen und Fristen eingehalten werden, die für das Rechtsmittel gegen das Urteil gelten (BGH **21**, 334, 340; Köln aaO; erg 29 zu § 338). Eine besondere sofortige Beschwerde braucht aber neben der Revision nicht eingelegt zu werden (Hamm JMBlNW **73**, 273;
9 Karlsruhe MDR **74**, 418; erg 25 zu § 338). Bei der **Berufung** ist die Anfechtung nach II S. 2 nutzlos; da für das Berufungsgericht nach § 328 grundsätzlich keine Möglichkeit besteht, an das AG zurückzuverweisen, muß es in der Sache entscheiden, gleichgültig, ob der 1. Richter zu Recht abgelehnt worden war (Krey 1/321; unrichtig daher LG Köln MDR **92**, 893 unter Hinweis auf AK/StPO-Wassermann und KK-Pfeiffer 5, da hier – anders als in den in 4 zu § 328 erörterten Fällen –
10 eine Sachentscheidung 1. Instanz vorliegt). Bei der **Revision** ist die Anfechtung nach II S. 2 nur mit einer Verfahrensrüge möglich, für die § 344 II S. 2 gilt (29 zu § 338). Zur Prüfung durch das Revisionsgericht vgl 27, 28 zu § 338.

Unaufschiebbare Amtshandlungen

29 **I Ein abgelehnter Richter hat vor Erledigung des Ablehnungsgesuchs nur solche Handlungen vorzunehmen, die keinen Aufschub gestatten.**

II Wird ein Richter während der Hauptverhandlung abgelehnt und würde die Entscheidung über die Ablehnung (§§ 26 a, 27) eine Unterbrechung der Hauptverhandlung erfordern, so kann diese so lange fortgesetzt werden, bis eine Entscheidung über die Ablehnung ohne Verzögerung der Hauptverhandlung möglich ist; über die Ablehnung ist spätestens bis zum Beginn des übernächsten Verhandlungstages und stets vor Beginn der Schlußvorträge zu entscheiden. Wird die Ablehnung für begründet erklärt und muß die Hauptverhandlung nicht deshalb ausgesetzt werden, so ist ihr nach der Anbringung des Ablehnungsgesuchs liegender Teil zu wiederholen; dies gilt nicht für solche Handlungen, die keinen Aufschub gestatten. Nach Anbringung des Ablehnungsgesuchs dürfen Entscheidungen, die auch außerhalb der Hauptverhandlung ergehen können, unter Mitwirkung des Abgelehnten nur getroffen werden, wenn sie keinen Aufschub gestatten.

1 **1) Von der Mitwirkung ausgeschlossen** ist der Richter, sofern nicht das Vorliegen von Ausschließungsgründen nach §§ 22, 23 eindeutig feststeht (Schorn GA **63**, 278), nicht schon, wenn ein Ablehnungsgesuch nach § 24 gestellt, sondern erst, wenn es für begründet erklärt wird. Schon vorher, dh ab Eingang des Ablehnungsgesuchs (Frankfurt NJW **98**, 1238), auch wenn dieses unzulässig ist (Bay **54**, 56), hat er sich aber grundsätzlich (I) aller Amtshandlungen zu enthalten, die nicht unaufschiebbar sind. Gemeint sind nur bestimmte zukünftige Handlungen, die den Angeklagten betreffen; die Absetzung und Unterzeichnung früher verkündeter Urteile und die Mitwirkung an Protokollberichtigungen unterliegt keinen Beschränkungen (Hamm MDR **64**, 344). Für Ablehnungsgesuche in der Hauptverhandlung enthält II eine Sonderregelung.

2 **2) Erledigung unaufschiebbarer Geschäfte** (I): Vor der Erledigung des Ablehnungsgesuchs hat der Richter das Recht und die Pflicht, unaufschiebbare Amts-
3 handlungen vorzunehmen, auch in der Hauptverhandlung. **Erledigt ist das Ablehnungsgesuch,** wenn es durch das Gericht als unzulässig verworfen oder als unbegründet zurückgewiesen worden ist. Wenn sofortige Beschwerde zulässig ist (§ 28 II S. 1), gilt I bis zur Rechtskraft der Entscheidung (Celle NdsRpfl **98**, 130 mwN; München MDR **82**, 773; Stuttgart MDR **94**, 499 mwN; Teplitzky JuS **69**, 325; **aM** KG JR **68**, 28 unter Hinweis auf § 307 I; Roxin § 9 II 5; Schorn GA **63**,
4 178; offengelassen bei BGH **4**, 208). **Unaufschiebbar** sind Handlungen, die wegen ihrer Dringlichkeit nicht anstehen können, bis der Ersatzrichter eintreten

kann (Köln VRS **59**, 428; KK-Pfeiffer 3), zB die Festsetzung von Ordnungsmitteln nach § 177 GVG (Hamburg HRR **28**, 1673), die Erhebung von Beweisen, deren Verlust droht, die Vernehmung von Beweispersonen, die erst nach geraumer Zeit wieder geladen werden können, unaufschiebbare Haftentscheidungen (LR-Wendisch 18), die Terminsanberaumung zum Zweck der Verjährungsunterbrechung (Köln aaO) und die Bestimmung eines Fortsetzungstermins sowie die Ladung hierzu (KMR-Paulus 4; erg 11 zu § 229). **Aufschiebbar** sind zB die Entscheidung 5 über die Eröffnung des Hauptverfahrens (BGH **4**, 208; erg 11 zu § 207) und die Verwerfung einer Revision nach § 346 I (Bay **54**, 56). Die Gründe, aus denen er die Handlung für unaufschiebbar hält, muß der Richter in einem **Aktenvermerk** 6 niederlegen, wenn sie nicht offensichtlich sind (Köln VRS **59**, 428; KMR-Paulus 4). Die unaufschiebbar gewesene **Handlung bleibt wirksam,** auch wenn die 7 Ablehnung später für begründet erklärt wird; anders ist es, wenn ein Ausschließungsgrund nach §§ 22, 23 festgestellt wird (LR-Wendisch 8, 20). Aufschiebbar gewesene Handlungen sind ohne Rücksicht darauf, wie über das Ablehnungsgesuch entschieden wird, stets unwirksam (Düsseldorf StV **94**, 528), auch wenn der Richter sie irrtümlich für unaufschiebbar gehalten hat; das schließt aber eine Korrektur oder die Heilung der getroffenen Entscheidung im weiteren Verfahrensgang nicht aus (vgl Einl 105 aE, 107; so im Ergebnis auch Düsseldorf JMBlNW **97**, 223; München NStZ **93**, 354).

3) **Vorläufige Zurückstellung der Entscheidung in der Hauptverhandlung** (II): 8

A. **Die Ermächtigung zur Fortsetzung der Hauptverhandlung** unter Mit- 9 wirkung des abgelehnten Richters beugt Verfahrensverzögerungen durch Mißbrauch des Ablehnungsrechts vor. II gilt auch, wenn das Gesuch während einer Unterbrechung außerhalb der Hauptverhandlung angebracht wird (KK-Pfeiffer 7; Rieß NJW **78**, 2268), nicht aber, wenn es schon vor Beginn der Hauptverhandlung gestellt war. Die Fortsetzung der Verhandlung setzt stets voraus, daß die Entscheidung über die Ablehnung eine Unterbrechung erfordern würde. Wenn innerhalb einer **ohnehin vorgesehenen Unterbrechung** entschieden werden 10 kann, darf daher nicht weiterverhandelt werden (Rieß aaO). Die Ansicht, auch sonst sei die Fortsetzung der Verhandlung unzulässig, wenn die durch die Entscheidung über das Ablehnungsgesuch eintretende Verzögerung nicht „übermäßig" ist (LR-Wendisch 30), könnte nur zutreffen, wenn stets von vornherein feststeht, wie lange die Unterbrechung dauern wird; das ist offensichtlich nicht der Fall. Ob über ein Ablehnungsgesuch sofort entschieden oder die Entscheidung zurückgestellt wird, **entscheidet der Vorsitzende;** die Anrufung des Gerichts 11 nach § 238 II ist zulässig (LR-Wendisch 33).

B. Sobald sie **ohne Verzögerung der Hauptverhandlung** möglich ist, muß 12 die Entscheidung ergehen (II S. 1). Insbesondere im Fall des § 26 a wird die Entscheidung bis zum nächsten Verhandlungstag getroffen werden müssen. Auch sonst dürfen die **zeitlichen Grenzen** des II S. 1 Hs 2 nicht ausgenutzt werden, 13 wenn eine frühere Entscheidung möglich ist (KK-Pfeiffer 8). Vor jeder weiteren Sacherörterung, spätestens am übernächsten Verhandlungstag, gleichgültig, welche Abstände zwischen den Verhandlungstagen liegen (einschr LR-Wendisch 35), muß über das Ablehnungsgesuch entschieden werden. Werden die Schlußvorträge (§§ 258, 326) schon früher gehalten, so ist die Entscheidung spätestens vor ihrem Beginn zu treffen.

C. Eine **Wiederholung der Hauptverhandlung** (II S. 2 Hs 1) ist erforderlich, 14 wenn das Ablehnungsgesuch für begründet erklärt wird. Hatte an der Verhandlung kein Ergänzungsrichter (§ 192 GVG) teilgenommen, so muß sie ausgesetzt und eine völlig neue Hauptverhandlung durchgeführt werden, an der statt des abgelehnten Richters sein Vertreter mitwirkt. Selbst wenn sofort ein Ergänzungsrichter für den mit Erfolg abgelehnten Richter eintritt, ist nach II S. 2 die Wiederholung des nach der Anbringung des Ablehnungsgesuchs liegenden Teils der Hauptverhandlung notwendig. Eine Ausnahme gilt nur für solche Teile, die iS des I unaufschiebbar waren (II S. 2 Hs 2). Die Beweisergebnisse des zu wiederholenden Teils der Hauptverhandlung dürfen für die Urteilsfindung unmittelbar nicht verwertet werden; es ist aber zulässig, Beweis darüber zu erheben, welche Aussagen Angeklagte und Zeugen während dieses Verhandlungsteils gemacht haben (KMR-Paulus 20; **aM** SK/StPO-Rudolphi 18).

15 D. Eine **Ausnahme** von der Ermächtigung, zunächst unter Mitwirkung des abgelehnten Richters weiterzuverhandeln, gilt nach II S. 3 für aufschiebbare Entscheidungen, die auch außerhalb der Hauptverhandlung getroffen werden können. Darunter fallen Haftentscheidungen, Beschlagnahme- und Durchsuchungsbeschlüsse sowie Anordnungen nach §§ 81 II, 81 a II, 81 c V, 111 b, 132 a (vgl im einzelnen LR-Wendisch 40).

16 4) Mit der **Revision** kann die Verkennung des Begriffs der Unaufschiebbarkeit gerügt werden, bei Anwendung des II S. 1 auch die Überschreitung der dort bestimmten zeitlichen Grenzen (BGH NStZ **96**, 398); im übrigen gelten die Grundsätze zu § 238 II (dort 16, 17). War das Ablehnungsgesuch noch in der Hauptverhandlung zurückgenommen worden, so kann die Revision auf einen Verstoß gegen I nicht gestützt werden (Koblenz VRS **65**, 441).

Selbstanzeige

30 **Das für die Erledigung eines Ablehnungsgesuchs zuständige Gericht hat auch dann zu entscheiden, wenn ein solches Gesuch nicht angebracht ist, ein Richter aber von einem Verhältnis Anzeige macht, das seine Ablehnung rechtfertigen könnte, oder wenn aus anderer Veranlassung Zweifel darüber entstehen, ob ein Richter kraft Gesetzes ausgeschlossen ist.**

1 1) Eine **Selbstanzeige** des Richters sieht die Bestimmung vor, keine Selbstablehnung. Die Anzeige besteht in der Mitteilung von Tatsachen, die Ausschließungsgründe nach §§ 22, 23 oder Befangenheitsgründe nach § 24 enthalten. Die Erklärung des Richters, daß er sich befangen fühle, ist rechtlich bedeutungslos. Darüber und über seine Entbindung von der weiteren Mitwirkung entscheidet allein das nach § 27 zuständige Gericht, und zwar vom Standpunkt des Beschuldigten aus (BGH DRiZ **59**, 153). Für den Ergänzungsrichter (§ 192 II GVG) gilt § 30 schon, bevor er für einen verhinderten Richter eingetreten ist (KK-Pfeiffer 4; LR-Wendisch 13; vgl 6 zu § 28). Die Vorschrift gilt nach § 31 I auch für Schöffen
2 und Protokollführer. Die Selbstanzeige ist eine **Dienstpflicht** des Richters, die er nach pflichtgemäßem Ermessen auszuüben hat (Neustadt NJW **63**, 2087; Schleswig SchlHA **53**, 69; LR-Wendisch 2, 8, 10) und von der er auch dann nicht entbunden ist, wenn die seine Ablehnung rechtfertigenden Tatsachen den Prozeßbeteiligten bekannt sind (LR-Wendisch 10; Arzt 37 Fn 61). Die zeitliche Schranke des § 25 spielt bei der Selbstanzeige keine Rolle (BGH GA **62**, 338; RG **67**, 276); der Richter darf sie aber nicht hinauszögern.

3 2) **Von Amts wegen** hat das Gericht Ausschließungsgründe nach §§ 22, 23 zu beachten (1 zu § 22). Liegen sie ohne Zweifel vor, so bedarf es keiner Entscheidung. Bestehen an ihrem Vorliegen Zweifel (auf die jeder Richter hinzuweisen hat, auch wenn sie andere Richter betreffen), so muß das Gericht so entscheiden, als seien die Ausschließungsgründe von einem Prozeßbeteiligten geltend gemacht oder von dem Richter angezeigt worden.

4 3) **Bis zur gerichtlichen Entscheidung** über seine Selbstanzeige darf der Richter in dem Verfahren grundsätzlich nicht weiter tätig werden (BGH **25**, 122 = JR **74**, 73 mit Anm Arzt; BGH **31**, 3, 5; Schleswig SchlHA **63**, 78). Denn erst diese Entscheidung stellt klar, ob er oder sein Vertreter der gesetzliche Richter ist.

Bis dahin gilt § 29 I, nicht aber § 29 II (KK-Pfeiffer 6). Wenn von Amts wegen über Zweifel an dem Vorliegen von Ausschließungsgründen zu entscheiden ist, gelten diese Grundsätze entspr, und zwar von der Geltendmachung des Zweifels an. Die **Entscheidung des Gerichts** erfolgt durch Beschluß. Sie war von der 5 früher hM als eine innere Angelegenheit des Gerichts angesehen worden; das BVerfG (**89**, 28 = NJW **93**, 2229) hat jedoch entschieden, daß Art 103 I GG gebiete, die Selbstanzeige den Verfahrensbeteiligten mitzuteilen und diesen Gelegenheit zur Stellungnahme zu geben. Zuständig ist das in § 27 bezeichnete Gericht; auch § 27 IV ist anzuwenden (Frankfurt NStZ **81**, 233; Zweibrücken NJW **68**, 1439: Entscheidung über zahlreiche Selbstanzeigen).

4) Die **Entbindung des Richters** von der Mitwirkung hat zur Folge, daß er, 6 abgesehen von unaufschiebbaren Handlungen (§ 29 I), von jeder richterlichen Tätigkeit in der Sache ausgeschlossen ist (BGH **3**, 68; Schleswig SchlHA **63**, 78; KK-Pfeiffer 6), gleichviel, wann der Hinderungsgrund entstanden ist. Richterliche Handlungen, die er trotzdem vornimmt, sind unwirksam (BGH **31**, 3, 5). Auf Justizverwaltungsangelegenheiten erstreckt sich der Ausschluß nicht (BGH **3**, 68).

5) Anfechtung: 7

A. **Beschwerde:** Der Richter hat kein Beschwerderecht gegen den Beschluß, 8 mit dem auf seine Selbstanzeige festgestellt wird, daß kein Ausschließungsgrund vorliegt oder keine Befangenheit zu besorgen ist (Celle NdsRpfl **66**, 118; Schleswig SchlHA 53, 69; KMR-Paulus 9; Bohnert 86; **aM** Teplitzky JuS **69**, 325 Fn 109). Das gleiche gilt für denjenigen, der durch das Vorbringen des Zweifels über einen Ausschließungsgrund Anlaß zur Beschlußfassung gegeben hat. Auch sonst steht den Prozeßbeteiligten kein Beschwerderecht zu; sie können allerdings selbst einen Befangenheitsantrag stellen und dessen Verwerfung oder Zurückweisung nach § 28 II anfechten. Wird der Richter von der Mitwirkung ausgeschlossen, so gilt § 28 I entspr (BGH GA **62**, 338).

B. Die **Revision** kann auf das Unterlassen der Selbstanzeige nicht gestützt 9 werden (BGH GA **62**, 338; MDR **66**, 24 [D]; KK-Pfeiffer 8; LR-Wendisch 19; Bohnert 92; vgl aber Neustadt NJW **63**, 2087; Teplitzky JuS **69**, 325: Prüfung auf Ermessensmißbrauch). Auch den auf Selbstanzeige wegen Befangenheit ergehenden Beschluß nach § 30 kann das Revisionsgericht grundsätzlich nicht prüfen (BGH **3**, 68; **25**, 122 = JR **74**, 73 mit Anm Arzt; BGH GA **62**, 338); allenfalls kann ein Verstoß gegen Art 101 I S. 2 durch Willkür gerügt werden (6 zu § 16 GVG). Wird der Richter schon vor der Entscheidung über die Selbstanzeige durch einen Vertreter ersetzt, so ist der zwingende Aufhebungsgrund des § 338 Nr 1 gegeben (BGH **25**, 122 = JR **74**, 73 mit Anm Arzt). Die Nichtbeachtung eines Ausschließungsgrundes kann nach § 338 Nr 1 gerügt werden (10 zu § 28), auch wenn bei Zweifeln über ihn ein Beschluß nach § 30 ergangen ist, der ihn verneint hat.

Schöffen; Urkundsbeamte

31 **I Die Vorschriften dieses Abschnitts gelten für Schöffen sowie für Urkundsbeamte der Geschäftsstelle und andere als Protokollführer zugezogene Personen entsprechend.**

II Die Entscheidung trifft der Vorsitzende. Bei der großen Strafkammer und beim Schwurgericht entscheiden die richterlichen Mitglieder. Ist der Protokollführer einem Richter beigegeben, so entscheidet dieser über die Ablehnung oder Ausschließung.

1) Für **Schöffen** gelten die §§ 22, 23 über den Ausschluß kraft Gesetzes entspr. 1 Daneben ist die Amtsunfähigkeit nach §§ 31 S. 2, 33, 77 I GVG zu beachten, und zwar von Amts wegen (RG **25**, 415); sie stehen den Ausschließungsgründen gleich

(LR-Wendisch 3; EbSchmidt 2; **aM** SK/StPO-Rudolphi 3; Bohnert 95: Unfähigkeit geht vor). Ferner gelten die Vorschriften über die Richterablehnung (§§ 24 ff) entspr, ausgenommen den durch II ersetzten § 27 I und den für Schöffen nicht passenden § 27 II–IV. Auch die Anwendung des § 29 I kommt nicht in Betracht
2 (LR-Wendisch 2; **aM** KMR-Paulus 1). Die **Befangenheitsgründe** gehen nicht weiter als bei den Berufsrichtern (vgl aber Hanack JR **67**, 229). Insbesondere gilt auch bei Schöffen die Vermutung der Unparteilichkeit (BGH **22**, 289, 295; Krey 1/329 und JA **84**, 578). Die Ablehnung rechtfertigen nicht Spannungen mit dem Verteidiger (BGH MDR **75**, 23 [D]), die Kenntnis von Presseveröffentlichungen, die das Ergebnis des Verfahrens vorwegnehmen (BGH **22**, 289), die gelegentliche Lektüre der Anklageschrift während der Hauptverhandlung (LG Kiel SchlHA **77**, 56), die Verwandtschaft mit anderen mitwirkenden Schöffen (BGH MDR **74**, 547 [D]), auch nicht die versehentliche Verlesung von über den Anklagesatz hinausgehenden Einzelheiten der Tat durch den StA (BGH NStZ **84**, 14 [Pf/M]) und kurze Meinungsäußerungen des Schöffen ohne endgültige Stellungnahme zur Sache (BGH **21**, 85 = JR **67**, 227 mit Anm Hanack). Ein Ablehnungsgrund kann aber darin liegen, daß der Schöffe Bediensteter der geschädigten Behörde ist (BGH MDR **54**, 151 [D]) oder daß er während der Hauptverhandlung unsachliche Bemerkungen macht (BGH NStZ **91**, 144; Hamm JMBlNW **68**, 68).

3 **2)** Für **Protokollführer** gelten die §§ 22 ff entspr, ausgenommen § 23 (der UrkB kann in allen Rechtszügen tätig werden), § 27 I (an dessen Stelle tritt II) und der §§ 27 II–IV, 29 (die für den UrkB nicht passen). Daß eine Ablehnung wegen Befangenheit begründet sein könnte, ist praktisch nicht vorstellbar (vgl Schultz MDR **80**, 109). Da der UrkB austauschbar ist (7 zu § 226) und § 29 II S. 1 nicht gilt, braucht die Hauptverhandlung nicht wiederholt zu werden, wenn er wegen Befangenheit ausscheiden muß (**aM** KK-Pfeiffer 3; SK/StPO-Rudolphi 9); das bis zum Ausscheiden gefertigte Protokoll ist voll wirksam (**aM** EbSchmidt 5; Krey 1/330: Fehlen der Beweiskraft). Nur das von einem nach § 22 ausgeschlossenen UrkB gefertigte Protokoll ist nicht nach § 274 beweiskräftig (RG **68**, 272; LR-Wendisch 16); daher empfiehlt sich eine Ablösung, sobald Ausschließungsgründe
4 erkennbar sind oder geltend gemacht werden. Für **selbständige Amtshandlungen** des UrkB (Aufnahme von Rechtsmittelerklärungen und dgl) gelten die §§ 22 ff nicht (Schleswig SchlHA **59**, 107; LR-Wendisch 5). Obwohl der UrkB insoweit nicht kraft Gesetzes ausgeschlossen ist, wie zB der Gerichtsvollzieher nach § 155 GVG, darf er beim Vorliegen von Ausschließungsgründen entspr (dem unmittelbar nicht anwendbaren) § 20 VwVfG nicht tätig werden. Wegen Befangenheit kann er nicht abgelehnt werden (erg 21 zu § 24).

5 **3) Entscheidung:** Für die richterliche Zuständigkeit gilt II anstelle des § 27. Bei Verwerfung als unzulässig gilt § 26 a II S. 1, 2 (KK-Pfeiffer 5 zu § 26 a). Beim SchG und der kleinen StrK entscheidet der Vorsitzende allein (II S. 1), bei der großen StrK die richterlichen Mitglieder ohne Mitwirkung der Schöffen (II S. 2). Der StS des BGH und des OLG entscheidet über die Ausschließung oder Ablehnung des Protokollführers in der für die Hauptverhandlung bestimmten Besetzung, das OLG im 1. Rechtszug also mit 5, nicht mit 3 Richtern (**aM** LR-Wendisch 11). Ist der Protokollführer einem Richter beigegeben, so entscheidet dieser allein (II S. 3).

6 **4) Rechtsmittel:** Für Schöffen gilt § 28 entspr, auch dessen II S. 2 (LR-Wendisch 13). Die Entscheidung über die Ablehnung des UrkB in der Hauptverhandlung ist unanfechtbar (LG Stuttgart NJW **64, 677;** KK-Pfeiffer 5; **aM** AK/StPO-Wassermann 6; LR-Wendisch 14; SK/StPO-Rudolphi 11; vgl auch Bohnert 95 ff); da eine Urteilsanfechtung praktisch nicht in Betracht kommt, ist jedenfalls § 28 II
7 S. 2 nicht anwendbar (LR-Wendisch 15). Wegen der **Revision** gilt für Schöffen § 338 Nrn 2, 3. Auf der Mitwirkung eines ausgeschlossenen oder befangenen

Protokollführers kann das Urteil nicht beruhen (BGHR Protokollführer 1; RG **68**, 272; erg 26 zu § 344).

32 (weggefallen)

4. Abschnitt. Gerichtliche Entscheidungen und ihre Bekanntmachung

Vorbemerkungen

1) Für die **gerichtlichen Entscheidungen** (Einl 121) gelten die allgemeinen Vorschriften dieses Abschnitts. Zu unterscheiden sind Sachentscheidungen über den Prozeßgegenstand und bloße Prozeßentscheidungen, die aus verfahrensrechtlichen Gründen eine Sachentscheidung ablehnen, den Weg zu ihr versperren oder die Sicherung und den Ablauf des Verfahrens betreffen. Für beide Arten fordert das Gesetz die Anhörung der Beteiligten (§§ 33, 33 a) und regelt, welche Entscheidungen mit Gründen versehen (§ 34) und wann und auf welche Weise sie bekanntgegeben werden müssen (§§ 35 ff). Über die Wirksamkeit richterlicher Prozeßhandlungen und ihre Widerruflichkeit (Einl 112 ff) enthält der Abschnitt keine Bestimmungen. 1

2) Das **Ergehen einer Entscheidung** wird in vielen Vorschriften vorausgesetzt, ohne daß das Gesetz ausdrücklich sagt, welcher Zeitpunkt hierfür maßgebend ist. Im einzelnen gilt folgendes: 2

A. **In der Hauptverhandlung** ergeht die Entscheidung durch Verkündung des Urteils (§ 268 II S. 1) oder Beschlusses (§ 35 I S. 1), gleichgültig, ob der davon Betroffene anwesend ist (LR-Wendisch 10 zu § 33). Bei der Urteilsverkündung ist nur die Verlesung der Urteilsformel, nicht die außerdem vorgeschriebene mündliche Eröffnung der Urteilsgründe wesentlich (38 zu § 338). Unabänderbar wird das Urteil aber erst mit Beendigung der vollständigen Verkündung (9 ff zu § 268). 3

B. **Außerhalb der Hauptverhandlung** ergehen die Entscheidungen in Anwesenheit der betroffenen Personen durch Verkündung (§ 35 I S. 1), sonst schriftlich. Beim schriftlichen Erlaß von Entscheidungen ist der aktenmäßige Erlaß vom Erlaß mit Außenwirkung zu unterscheiden: 4

a) **Aktenmäßig ist die Entscheidung erlassen,** wenn sie vollinhaltlich zur Kenntnis für Personen außerhalb des Gerichts niedergelegt und durch den zuständigen Richter unterschrieben ist (BGH **25**, 187; Koblenz MDR **85**, 955). Von dieser Art des Erlasses der Entscheidung gehen zB § 78 c II StGB und § 33 II OWiG aus. Die **Unterzeichnung von Beschlüssen** schreibt das Gesetz nicht vor (BGH NStZ 85, 492 [Pf/M]; Bay **89**, 102 = StV **90**, 395 mit Anm Naucke). Anders als nach § 275 II bei Urteilen ist bei Beschlüssen insbesondere nicht die Unterschrift aller mitwirkenden Richter erforderlich (BGH NJW **54**, 360; JR **57**, 69; RG **43**, 218; KG JR **82**, 251; Hamburg JR **50**, 568; Köln NJW **54**, 1737, 1738). Daher läßt § 14 II GeschOBGH für Beschlüsse dieses Gerichts, die außerhalb der mündlichen Verhandlung ergehen, die Unterschrift des Vorsitzenden und des Berichterstatters genügen. Trägt der Beschluß einer StrK nur eine oder 2 Unterschriften, so muß aber erkennbar sein, daß die gerichtliche Entscheidung in der gesetzlich vorgeschriebenen Besetzung mit 3 Richtern getroffen worden ist (BGH NStZ-RR **97**, 205; Düsseldorf MDR **84**, 164; Hamm JMBlNW **78**, 70; Nürnberg MDR **94**, 294; Stuttgart Justiz **82**, 165). Hat der 3. Richter gar nicht mitgewirkt, so handelt es sich um einen Beschlußentwurf, um eine Nichtentscheidung (BVerfG NJW **85**, 788), die aber anfechtbar ist, wenn sie den Prozeßbeteiligten zugestellt wurde (Rosenberg/Schwab/Gottwald § 62 III 2; Lüke JuS **85**, 767). **Fehlt es an der Unterschrift,** so muß sich mindestens aus den Umständen 5 6 7

ohne jeden Zweifel ergeben, daß die in den Akten befindliche Entscheidung auf dem Willen des zuständigen Richters beruht (Bay **57**, 4 = MDR **57**, 374; Düsseldorf NJW **70**, 1937; Koblenz MDR **85**, 955; vgl auch Koblenz MDR **83**, 864 für den Fall der Vertretung in der Unterschrift). Durch den aktenmäßigen Erlaß wird
8 die **Entscheidung existent** und daher auch schon anfechtbar (4 vor § 296); sie kann aber noch abgeändert werden (erg 24 zu § 349).

9 b) **Erlassen mit Außenwirkung** wird die Entscheidung an dem Tag, an dem die Geschäftsstelle sie an eine Behörde oder Person außerhalb des Gericht hinausgibt (Bay **77**, 77, 79 = MDR **77**, 778; Bay **79**, 148 = VRS **58**, 34; KG NZV **92**, 123; Celle MDR **76**, 508; Köln NJW **93**, 608; Meyer JR **76**, 515; Schlüchter 161); das gilt auch, wenn die Geschäftsstelle ohne richterliche Anweisung handelt (Bay **81**, 84 = NJW **81**, 2589; Roxin § 23 A II; **aM** LR-Wendisch 12 zu § 33). Maßgebend ist also nicht, wann die Entscheidung vom Richter in den Geschäftsgang gegeben (so RG **56**, 358, 360; **66**, 121; Hamm GA **59**, 287; Köln JR **76**, 514; KMR-Paulus 28) oder wann sie den Verfahrensbeteiligten zugestellt worden ist (so KG VRS **38**, 137; Bremen NJW **56**, 435; Koblenz VRS **48**, 291; LR-Wendisch aaO; Roxin § 23 A II), sondern der Zeitpunkt, von dem ab es tatsächlich unmöglich ist, sie abzuändern (Meyer aaO; vgl auch KK-Maul 4 zu § 33).

10 4) Ein **Recht auf richterliche Entscheidung** hat grundsätzlich jeder Antragsteller, der in seiner Eingabe nicht erkennen läßt, daß er auf einen Bescheid verzichtet. Wenn es sich nicht um einen Antrag handelt, für den das Gesetz eine förmliche Entscheidung vorschreibt, kann der Antragsteller formlos beschieden werden; mindestens die Art der Erledigung ist ihm schriftlich mitzuteilen (vgl
11 BVerfGE **2**, 225 = NJW **53**, 817 zu Art 17 GG). Eine **sachliche Entscheidung unterbleibt,** wenn die Eingabe oder der Antrag nicht den Anforderungen entspricht, die an jede bei einer Behörde einzureichende Eingabe zu stellen sind, etwa wenn sie einen beleidigenden, herausfordernden oder erpresserischen Inhalt hat (BVerfG aaO). Das gilt insbesondere für den Fall, daß eine Antrags- oder Rechts-
12 mittelschrift **grobe Verunglimpfungen** des Antragsgegners, des angerufenen Gerichts oder anderer mit der Sache befaßter Justizorgane enthält (KG NJW **69**, 151; Düsseldorf NStE Nr 5 zu § 296; Hamm NJW **76**, 978; Karlsruhe NJW **73**, 1658; **74**, 915; Koblenz MDR **73**, 157; **87**, 433 L), auch wenn der Verfasser der Schmähschrift ein RA ist (Karlsruhe MDR **78**, 74). In einem solchen Fall wird dem Antragsteller formlos oder, wenn in der Sache durch Beschluß zu entscheiden wäre, durch Beschluß mitgeteilt, daß das Gericht eine Entscheidung ablehnt. So
12 a auch dann zu verfahren, wenn der Antragsteller dadurch **sein Rechtsmittel verliert**, ist allerdings nicht angängig; hier hat eine Entscheidung in der Sache zu ergehen (Düsseldorf MDR **93**, 462 mwN); ggf ist zugleich eine Strafanzeige nach
13 §§ 185 ff StGB zu erstatten. Wer eine **Eingabe wiederholt,** die bereits ordnungsmäßig beschieden worden war, hat grundsätzlich keinen Anspruch auf erneuten Bescheid (BVerfG aaO; KMR-Paulus 39).

14 5) Die **äußere Form der Entscheidungen** ist gesetzlich nur teilw geregelt, zB für das Urteil, das im Namen des Volkes ergeht (§ 268 I), aus Urteilsformel und -gründen besteht (§§ 260 IV, 268 II) und schriftlich zu den Akten gebracht werden muß (§ 275). Auch die Beschlüsse bestehen aus Entscheidungssatz und, soweit erforderlich, Begründung. Das folgt aus § 34, der zwischen Entscheidung und Begründung unterscheidet. Schriftliche Entscheidungen müssen außerdem das Gericht und das Datum der Entscheidung sowie die Personalien des Beschuldigten angeben (Düsseldorf Rpfleger **93**, 506), also eine Art Rubrum enthalten; die Namen der beschließenden Richter ergeben sich aus der Unterzeichnung, können aber auch in der Eingangsformel des Beschlusses bezeichnet werden.

Anhörung der Beteiligten

33 **I Eine Entscheidung des Gerichts, die im Laufe einer Hauptverhandlung ergeht, wird nach Anhörung der Beteiligten erlassen.**

II Eine Entscheidung des Gerichts, die außerhalb einer Hauptverhandlung ergeht, wird nach schriftlicher oder mündlicher Erklärung der Staatsanwaltschaft erlassen.

III Bei einer in Absatz 2 bezeichneten Entscheidung ist ein anderer Beteiligter zu hören, bevor zu seinem Nachteil Tatsachen oder Beweisergebnisse, zu denen er noch nicht gehört worden ist, verwertet werden.

IV Bei Anordnung der Untersuchungshaft, der Beschlagnahme oder anderer Maßnahmen ist Absatz 3 nicht anzuwenden, wenn die vorherige Anhörung den Zweck der Anordnung gefährden würde. Vorschriften, welche die Anhörung der Beteiligten besonders regeln, werden durch Absatz 3 nicht berührt.

1) Das **rechtliche Gehör** (Einl 23 ff) sichert die Vorschrift den Beteiligten. Sie 1
bleibt hinter dem prozessualen Grundrecht des Art 103 I GG nicht zurück; auf die Verfassungsvorschrift braucht daher nicht zurückgegriffen zu werden. § 33 gibt keinen Anspruch auf einen rechtlichen Dialog (BGH NJW **89**, 2403, 2407 mwN; erg 7 a zu § 265): er wird durch §§ 248 S. 2, 257, 258 II, 265 I, II, 326 S. 2 und 351 II S. 2 erweitert und für Rechtsmittelentscheidungen durch §§ 308 I, 320 S. 2, 347 I ergänzt. Im Strafbefehlsverfahren gilt die Sondervorschrift des § 407 III.

2) Eine **Entscheidung** des Gerichts (Einl 121 ff) iS des § 33 ist ein Ausspruch 2
im Vor- oder Hauptverfahren, der in irgendeiner Hinsicht in die sachlich-rechtliche oder verfahrensrechtliche Rechtsstellung eines Prozeßbeteiligten oder in die Rechte Dritter eingreift. Eine weite Auslegung des Begriffs ist geboten (LR-Wendisch 6). Jedoch fallen prozeßleitende Verfügungen und Entscheidungen, die nur den Gang des Verfahrens regeln, nicht unter I (KK-Maul 2; LR-Wendisch 7; **aM** KMR Paulus 4). Die Anhörungspflicht bezieht sich auch nicht auf gerichtsinterne Entscheidungen (4 zu § 30) und auf bloße Mitteilungen, Belehrungen, Hinweise und justizinterne Anordnungen. Vgl im übrigen die Erläuterungen zu den einzelnen Vorschriften. Zur Frage, wann eine Entscheidung **ergangen** ist, vgl 2 ff 3
vor § 33.

3) Beteiligte sind alle Verfahrensbeteiligten (Einl 70 ff), aber auch Dritte, in 4
deren Rechte die gerichtliche Entscheidung eingreift (BGH **19**, 7, 15 [GSSt]; vgl auch Bohnert JZ **78**, 710), zB Zeugen, gegen die Ordnungsmittel nach § 70 I oder nach § 178 GVG angeordnet werden sollen.

4) Entscheidungen in der Hauptverhandlung (I): Die Pflicht zur Anhörung 5
bedeutet, daß den Beteiligten, sofern sie anwesend sind (Celle MDR **56**, 759; LR-Wendisch 17), Gelegenheit zur Äußerung zu der Frage gegeben werden muß, über die eine Entscheidung ergehen soll, und zwar in tatsächlicher und rechtlicher Hinsicht (Einl 28). Da eine sachgemäße Äußerung nur möglich ist, wenn die Beteiligten den Gegenstand der Entscheidung kennen, muß er ihnen mitgeteilt werden, sofern er nicht auf der Hand liegt. Die **Form der Anhörung** steht im 6
Ermessen des Gerichts, wenn sie nicht ausdrücklich bestimmt ist, wie zB in § 308 I. Eine ausdrückliche Aufforderung zur Äußerung ist grundsätzlich nicht erforderlich (BGH **17**, 337, 340; NStZ **93**, 500; OGH **2**, 113; Bay StV **82**, 460); ausnahmsweise kann aber die Fürsorgepflicht sie gebieten. IdR genügt es, daß dem Beteiligten das Recht, sich erklären zu können, erkennbar zum Bewußtsein gebracht wird; nicht ausreichend ist die bloße Möglichkeit, die „tatsächliche Gelegenheit“, zur Stellungnahme (Bay aaO). Ist der Angeklagte mit seinem **Verteidiger** 7
erschienen, so genügt dessen Anhörung (BGH MDR **74**, 367 [D]). Wird nur der Angeklagte gehört, so ist das unschädlich, wenn, was idR der Fall ist, der Vertei-

diger erkennen kann, daß er ebenfalls Gelegenheit zur Stellungnahme hat. Kennt nur der Angeklagte die Tatsachen, zu denen rechtliches Gehör gewährt wird, so
8 genügt seine Anhörung immer (LR-Wendisch 20). Eine **wesentliche Förmlichkeit** iS § 273 I ist die Anhörung; sie muß daher im Protokoll beurkundet werden (KK-Maul 7; KMR-Paulus 27; **aM** BGH NStZ **93**, 500; EbSchmidt Nachtr 13).

9 5) **Entscheidungen außerhalb der Hauptverhandlung** (II, III):

10 A. Die **StA** (II) ist vor einer richterlichen Entscheidung außerhalb der Hauptverhandlung schriftlich zu hören. Außer in den gesetzlich besonders geregelten Fällen (vgl §§ 118 a III S. 1, 124 II S. 3, 138 d IV S. 1) kann sie eine mündliche Anhörung nicht verlangen (LR-Wendisch 29). Die StA nimmt aufgrund ihrer Aktenkenntnis Stellung; da sie zur Mitwirkung verpflichtet ist (Einl 37 ff), darf sie hiervon grundsätzlich nicht absehen. Einschränkungen von II enthalten §§ 125 I, 128 II S. 2 und für den Fall, daß ein StA nicht alsbald erreichbar ist, § 163 II S. 2 (dort 26) und § 163 c mit seinem Beschleunigungsgebot (dort 11). Auch im Fall der Briefbeanstandung nach § 148 a wird die StA nicht gehört (dort 4). Eine Einschränkung des II enthält auch § 309 I für die Beteiligung der StA beim Beschwerdegericht (dort 2). Da die Anhörung der StA keine Gewährung rechtlichen Gehörs iS Art 103 I GG ist (Einl 27), bestehen gegen solche Ausnahmen keine verfassungsrechtlichen Bedenken. Für Privat- und Nebenkläger ist II nicht anwendbar (LR-Wendisch 27); für sie gelten §§ 385 I S. 1, 397 I S. 2.

11 B. **Andere Beteiligte** (III) sind vor einer richterlichen Entscheidung außerhalb der Hauptverhandlung nur zu hören, wenn sie zu ihrem Nachteil ergehen soll. Sie werden, zweckmäßigerweise unter Bestimmung einer Äußerungsfrist, schriftlich davon unterrichtet, welche Entscheidung zu treffen ist und daß sie sich dazu schriftlich äußern können. Der Verteidiger kann durch die Gewährung von Akteneinsicht unterrichtet werden. Die Anhörung durch die StA kann genügen, wenn erkennbar ist, daß sie der Vorbereitung einer gerichtlichen Entscheidung dient
12 (LR-Wendisch 33). Wird dem **Verteidiger** Gelegenheit zur Äußerung gegeben, so reicht das idR aus, weil durch ihn der Beschuldigte zu Wort kommt (BGH MDR **74**, 367 [D]; BGHR § 33 a S.1 Anhörung 6; Karlsruhe NJW **68**, 1438 = JZ **69**, 710 mit Anm EbSchmidt; vgl auch BGH **26**, 379; Einl 26). Das gleiche gilt für den in verteidigerähnlicher Stellung handelnden Prozeßbevollmächtigten eines Nebenbeteiligten (Einl 73) sowie für den RA als Beistand des Privat- oder Nebenklägers. Dagegen kann die Anhörung des Beteiligten die des Verteidigers oder Bevollmächtigten grundsätzlich nicht ersetzen (BGH **25**, 252, 254; Karlsruhe aaO).
13 Auf **Tatsachen und Beweisergebnisse,** zu denen der Beteiligte noch nicht gehört worden ist, die das Gericht für entscheidungserheblich hält (Hamburg NJW **64**, 2315; KK-Maul 8) und die es zu seinem Nachteil verwerten will, muß sich die Anhörung erstrecken. Die Tatsachen können der äußeren Geschehenswelt angehören oder Vorgänge im Innern des Menschen betreffen (KK-Maul 9). Sie können auch rein verfahrensrechtlicher Natur sein (Köln NJW **70**, 1336), wie zB die Rechtzeitigkeit des Strafantrags. Zu den Beweisergebnissen gehören insbesondere Sachverständigengutachten und Ergebnisse eines Augenscheins. Auch Werturteile sind Beweisergebnisse, wenn sie auf beobachteten äußeren oder inneren Tatsachen beruhen, nicht aber bloße Rechtsausführungen (Düsseldorf VRS **82**, 189). Die Äußerung eines Beteiligten kann dazu führen, daß sein Gegner nach III gehört werden muß. Der Anhörung bedarf es nicht, wenn das Gericht die Tatsachen oder Beweisergebnisse nicht berücksichtigen will (KG NJW **54**, 1410, 1411) oder wenn zwar ein Teil der Tatsachen zuungunsten des Beteiligten gewertet wird, die Ent-
14 scheidung aber aufgrund anderer Tatsachen zu seinen Gunsten ausfällt. **Besondere Regelungen** über die Anhörung der Beteiligten bleiben unberührt. Dazu gehören insbesondere die Anhörungspflichten nach § 81 I S. 1, 122 II S. 1, 175 S. 1, 201 I, 225 a II S. 1, 453 I S. 2, 454 I S. 2, 3 und 462 II.

6) Die **Notwendigkeit überraschender Maßnahmen** (IV S. 1) schließt die Anhörung nach III aus. Außer der Anordnung der UHaft nach § 112 ff und der Beschlagnahme nach §§ 94 ff, 111 bff, gehören dazu insbesondere die Eingriffe nach §§ 81 a, 99, 100 a, 102–104, die Anordnung der Sicherheitsleistung nach § 132 und die Vorführung nach § 134. Eine **Gefährdung des Zwecks der Anordnung** liegt vor, wenn aufgrund von Tatsachen im Einzelfall oder nach der Lebenserfahrung die Gefahr besteht, dh wenn es naheliegt, daß der Beteiligte bei vorheriger Anhörung den Zugriff vereiteln werde, zB durch Flucht oder durch Verstecken der Gegenstände, die beschlagnahmt werden sollen. Die Umstände, die die Anwendung des IV S. 1 veranlaßt haben, sind in dem Beschluß darzulegen, wenn sie nicht, wie meist, offensichtlich sind. IV S. 1 gilt auch im Beschwerderechtszug (§ 308 I S. 2; dazu Hamm NStZ-RR **98**, 19; Stuttgart NStZ **90**, 247). Die Vorschrift **gilt entspr,** wenn die Anordnung gar nicht ergehen und daher ihren Zweck nicht erfüllen könnte, weil die Anhörung aus tatsächlichen Gründen nicht möglich ist, zB bei unbekanntem Aufenthalt des Anzuhörenden, oder weil bestimmte Anhaltspunkte dafür bestehen, daß die vorherige Anhörung eine Gefahr für Leib oder Leben anderer herbeiführen würde. Dagegen darf von der Anhörung nicht deshalb abgesehen werden, weil der dazu erforderliche Aufwand unverhältnismäßig wäre (KK-Maul 13; LR-Wendisch 42; **aM** KMR-Paulus 22). Eine **nachträgliche Anhörung** erfolgt im Rechtsmittelzug, wenn die Entscheidung anfechtbar ist. Nur wenn sie nicht angefochten werden kann, ist nach § 33 a nachträgliches Gehör zu gewähren (**aM** KK-Maul 14; LR-Wendisch 42: nachträgliches Gehör stets von Amts wegen). Über das Recht auf nachträgliche Anhörung ist der Betroffene in der nicht anfechtbaren Entscheidung zu belehren (BVerfG **9**, 89, 107 = NJW **59**, 427; BVerfGE **18**, 399, 404 = NJW **65**, 1171, 1172); von Amts wegen braucht die Anhörung nicht in jedem Fall durchgeführt zu werden (**aM** KK-Maul 14; LR-Wendisch 42; Hanack JR **67**, 230; Kleinknecht JZ **65**, 160). 15 16 17 18

7) **Revision:** Das Urteil kann auf dem Verstoß gegen die Anhörungspflicht in der Hauptverhandlung nur beruhen, wenn der Angeklagte ihn sofort beanstandet hat. Andernfalls muß angenommen werden, daß er die Entscheidung stillschweigend gebilligt hat und seine Anhörung daher zu keinem anderen Ergebnis geführt hätte. 19

Nachholung des rechtlichen Gehörs

33a Hat das Gericht in einem Beschluß zum Nachteil eines Beteiligten Tatsachen oder Beweisergebnisse verwertet, zu denen er noch nicht gehört worden ist, und steht ihm gegen den Beschluß keine Beschwerde und kein anderer Rechtsbehelf zu, so hat es, sofern der Nachteil noch besteht, von Amts wegen oder auf Antrag die Anhörung nachzuholen und auf einen Antrag zu entscheiden. Das Gericht kann seine Entscheidung auch ohne Antrag ändern.

1) Die **Nachholung des rechtlichen Gehörs** sieht die Vorschrift vor. Da der Anspruch auf rechtliches Gehör (§ 33 III) durch Art 103 I GG verbürgt ist, kann seine Verletzung mit der Verfassungsbeschwerde (Einl 230 ff) gerügt werden. Zur Anrufung des BVerfG muß es aber nicht kommen, wenn die Strafgerichte den Mangel selbst beheben können (vgl Meyer Kleinknecht-FS 267). Das ermöglicht § 33 a; die Vorschrift, die durch § 311 a ergänzt wird (dort 1), soll das BVerfG entlasten und ist daher so auszulegen, daß sie jeden Verstoß gegen Art 103 I GG im Beschlußverfahren erfaßt (BVerfGE **42**, 243, 250 = NJW **76**, 1837, 1839 = JZ **77**, 21 mit Anm Goerlich; BVerfG NStZ **85**, 277). In anderen Fällen rechtfertigt sie die Änderung einer rechtskräftigen Entscheidung nicht (Karlsruhe Justiz **85**, 319). Sie gilt für Beschlüsse im Beschwerdeverfahren (1 zu § 311 a) und im Berufungs-, Revisions- und Rechtsbeschwerdeverfahren (26 zu § 349), aber nicht nach 1

Abschluß des Verfahrens durch rechtskräftiges Urteil (BGH NStZ **92**, 27 [K]; Stuttgart MDR **90**, 271). Der Antrag nach § 33a gehört zum Rechtsweg iS § 90 II BVerfGG; die Verfassungsbeschwerde ist daher erst zulässig, wenn er erfolglos gestellt worden war (Einl 234).

2 **2) Voraussetzungen des Nachverfahrens:**

3 A. **Nichtbeachtung des § 33 III** bei Erlaß eines Beschlusses außerhalb der Hauptverhandlung, gleichgültig, ob es sich um ein Versehen handelt oder ob das Gericht nach § 33 IV S. 1 verfahren ist. Für Urteile hat § 33 a keine Bedeutung. Er gilt auch nicht, wenn das Anhörungsrecht der StA (§ 33 II) nicht beachtet worden ist; denn sie kann nicht in dem Grundrecht nach Art 103 I GG verletzt werden (KK-Maul 3; KMR-Paulus 12 zu 33; LR-Wendisch 6; Ellersiek 181; **aM** EbSchmidt Nachtr 2 zu § 308; Röhl NJW **64**, 275; erg Einl 27).

4 B. **Unanfechtbarkeit des Beschlusses:** Gemeint ist nur der Fall, daß das Gesetz die Anfechtung mit Beschwerde oder weiterer Beschwerde (§ 310) ausdrücklich ausschließt (KG NJW **66**, 991); dazu gehört auch der Ausschluß nach §§ 28 II, 305 S. 1 (KK-Maul 2). Hat der Betroffene das zulässige Rechtsmittel versäumt oder zurückgenommen, so gilt § 33a nicht (Celle NJW **68**, 1391; Stuttgart NJW **74**, 284). Die Vorschrift ist aber entspr anwendbar, wenn dem Verurteilten ohne vorherige Anhörung die Strafaussetzung widerrufen und der Beschluß öffentl zugestellt worden ist, weil sein Aufenthalt nicht zu ermitteln war (BGH **26**, 127; Düsseldorf JR **93**, 125 mit zust Anm Wendisch; Hamm NJW **77**, 61). Andere Rechtsbehelfe iS des § 33a sind insbesondere Anträge nach §§ 44, 319 II, 346 II.
5 Bei **noch anfechtbaren Beschlüssen** ist die Pflicht zur Heilung des Verstoßes gegen § 33 III selbstverständlich nicht geringer als im Fall des § 33a (BVerfG DAR **76**, 239; Kleinknecht JZ **65**, 159; erg 7 zu § 306; vgl auch § 311 III S. 2).

6 C. Zum **Nachteil eines Beteiligten** muß der Beschluß ergangen sein, und der Nachteil muß noch bestehen (Düsseldorf NStE Nr 7). Nachteil ist gleichbedeutend mit Beschwer (LG Krefeld NJW **77**, 642; KK-Maul 4; erg 8 ff vor § 296). Daher genügt es nicht, daß sich der Beteiligte durch die Beschlußgründe belastet fühlt. Der Nachteil besteht nicht mehr, wenn die Beschwer entfallen ist; er wird auch dann zu verneinen sein, wenn ein Interesse an der Feststellung der Rechtswidrigkeit einer erledigten Maßnahme (18 a vor § 296) nicht gegeben ist (Celle NJW **73**, 863; **aM** Esskandari StraFo **97**, 292).

7 **3) Nachholungsverfahren:** Auf Antrag des Betroffenen, der an keine Frist gebunden ist, aber ebensowenig wie ein unbefristetes Rechtsmittel (6 vor § 296) beliebig lange hinauszögert werden darf (Koblenz wistra **87**, 357), muß nachträglich rechtliches Gehör gewährt werden; eine Form schreibt das Gesetz für den Antrag nicht vor (Bay **73**, 42 = NJW **73**, 1140). Über den Antrag, der die Voraussetzungen des § 33a dartun muß (Koblenz wistra **87**, 357; LR-Wendisch 18), ist auch zu entscheiden, wenn er nicht ausreichend substantiiert ist oder wenn die Voraussetzungen des § 33 a nicht vorliegen (KG JR **84**, 39; KK-Maul 10); er wird
8 dann als unzulässig verworfen. **Von Amts wegen** wird das Nachtragsverfahren eingeleitet, wenn das Gericht auf andere Weise als durch einen Antrag des Betroffenen von dem Rechtsverstoß erfährt (BayVerfGHE **39** II 82 = NJW **87**, 314), nicht aber in jedem Fall, wenn von der Anhörung nach § 33 IV S. 1 abgesehen worden war (dort 17). Äußert sich der Betroffene, dem dann zweckmäßigerweise eine Frist gesetzt wird, dann nicht, so wird das Nachholungsverfahren formlos abgeschlossen (Düsseldorf JurBüro **86**, 1216; KK-Maul 10). Von der Anhörung von Amts wegen darf nicht deshalb abgesehen werden, weil sie zuvor infolge Verschuldens des Betroffenen nicht möglich war (KK-Maul 8; vgl oben 4). Sie darf aber unterbleiben, wenn er trotz Kenntnis der Beschlußgründe bewußt auf eine nachträgliche Äußerung verzichtet hatte und daher zu erwarten ist, daß er auch auf Anfrage keine Erklärung zur Sache abgeben werde (KK-Maul 8).

4) Überprüfungsverfahren: Hat der Betroffene nachträglich rechtliches Gehör erhalten und dazu eine Stellungnahme abgegeben, so muß das Gericht prüfen, ob die frühere Entscheidung abgeändert werden muß (BVerfG NJW **90**, 3191). Zulässig ist das nur, wenn sie auf der Verletzung des rechtlichen Gehörs beruhen kann (Karlsruhe Justiz **85**, 319). Eine Schlechterstellung des Betroffenen ist nicht statthaft (Bay **73**, 42 = NJW **73**, 1140). Ist eine Änderung nicht erforderlich, so muß gleichwohl ein neuer Beschluß erlassen werden. 9

5) Beschwerde: Lehnt das Gericht die nachträgliche Gewährung des rechtlichen Gehörs oder die Änderung der Entscheidung aus formellen Gründen ab, so ist hiergegen Beschwerde nach § 304 zulässig (KG NJW **66**, 991; Hamburg NJW **72**, 219; Karlsruhe Justiz **85**, 319; Hanack JR **74**, 113; **aM** Celle NJW **68**, 1391). Die sachliche Überprüfungsentscheidung ist nicht anfechtbar; denn das würde auf die Zulassung der (gesetzlich ausgeschlossenen) weiteren Beschwerde hinauslaufen (KG aaO; Celle VRS **64**, 439; Düsseldorf MDR **90**, 1034; VRS **83**, 356; JR **93**, 125 mit abl Anm Wendisch; Hamburg aaO; NJW **65**, 2417; Hamm NJW **77**, 61; Karlsruhe GA **75**, 284; MDR **74**, 685; Justiz **85**, 319; **aM** Braunschweig NJW **71**, 1710; LG Aachen MDR **92**, 790; Kallmann NJW **72**, 1478). Das gilt auch, wenn mit der Beschwerde geltend gemacht wird, das Gericht habe die von dem Betroffenen vorgebrachten Umstände inhaltlich nicht genügend „verarbeitet" (**aM** Bringewat StVollstr 28 zu § 453; Hanack JR **74**, 113). Beschwerde ist aber zulässig, wenn eine rechtskräftige Entscheidung ohne Vorliegen der Voraussetzungen des § 33 a abgeändert worden ist (Karlsruhe Justiz **85**, 319). Das Recht auf Wiedereinsetzung (§ 44) wird durch § 33 a nicht berührt (LG Flensburg DAR **85**, 93). 10

Begründung

34 **Die durch ein Rechtsmittel anfechtbaren Entscheidungen sowie die, durch welche ein Antrag abgelehnt wird, sind mit Gründen zu versehen.**

1) Der **Begründungszwang** dient dem Zweck, die Anfechtungsberechtigten in die Lage zu versetzen, eine sachgemäße Entscheidung über ihr weiteres prozessuales Vorgehen, insbesondere über die Einlegung eines Rechtsmittels, zu treffen; ferner soll dem Rechtsmittelgericht die Prüfung der Entscheidung ermöglicht werden (RG **75**, 11, 13; KG StV **86**, 142; Düsseldorf StV **91**, 521 mwN und Anm Schlothauer). Die Gerichte sind aber nicht verpflichtet, sich in den Entscheidungsgründen mit jedem Vorbringen zu befassen (BVerfGE **13**, 132, 149; **47**, 182, 187 = NJW **78**, 989; vgl dazu aber Wagner ZStW **106**, 274: Begründungspflicht folgt aus Art 20 III GG). Das gilt besonders bei letztinstanzlichen, mit ordentlichen Rechtsmitteln nicht mehr angreifbaren Entscheidungen (BVerfGE **65**, 293, 295; BVerfG NJW **95**, 2912; **97**, 1693). 1

2) Anfechtbare Entscheidungen iS des § 34 können nur Sachentscheidungen sein, gleichgültig, ob sie sich auf verfahrensrechtliche oder sachlich-rechtliche Fragen beziehen. Unmittelbar anfechtbar brauchen sie nicht zu sein; es genügt, daß sie auf die Revision geprüft werden können (KK-Maul 2). Auf Verfügungen, die nur den Gang des Verfahrens bestimmen oder die Prozeßleitung betreffen, ist § 34 nicht anwendbar (KK-Maul 3; LR-Wendisch 3). **Entscheidungen, durch die ein** 2 3
Antrag abgelehnt wird, sind nur solche, die einen Antrag voraussetzen. Sind sie von Amts wegen zu treffen, so brauchen sie auch dann nicht begründet zu werden, wenn ein Antrag gestellt worden war (BGH **15**, 253; LR-Wendisch 4; **aM** AK/StPO-Kirschner 3; KK-Maul 4; KMR-Paulus 4 ff; Hanack JZ **71**, 92). Ein Antrag ist nicht gestellt, wenn ein Prozeßbeteiligter nur dem Antrag eines anderen widerspricht, sei es auch in Form eines Gegenantrags (BGH aaO; ANM 754; **aM** KK-Maul 4; EbSchmidt 5 a; vgl auch LR-Wendisch 5 für den Fall, daß der Widerspruch auf eine „Gegennorm" gestützt ist).

4 **3)** Der **Inhalt der Begründung,** auch der mündlichen (5 zu § 35), muß die rechtlichen und tatsächlichen Erwägungen erkennen lassen, auf denen die Entscheidung beruht (Hamm NJW **51**, 166). Die bloße Wiedergabe des Gesetzeswortlauts genügt nicht (Bay **52**, 257, 258 = NJW **53**, 233; Hamm aaO; Köln StV **88**, 335, 336; erg 41 zu § 244), auch nicht allgemeine oder formelhafte Wendungen. Bezugnahmen auf andere Entscheidungen sind zulässig, soweit das Gesetz nichts
5 anderes bestimmt und die Verständlichkeit der Begründung darunter nicht leidet. **Ermessensentscheidungen** brauchen idR eine Begründung nur in der Weise, daß das Ermessen als rechtliche Grundlage der Entscheidung erkennbar ist (BGH **1**, 175, 177; OGH **3**, 155; Celle NJW **61**, 1319; Hamburg MDR **70**, 255; LR-Hanack 88 zu § 337; weitergehend KK-Maul 7, 9; LR-Wendisch 7). Wenn andernfalls Zweifel möglich sind, muß die Begründung aber deutlich machen, welche Ermessensentscheidung getroffen und welcher von mehreren möglichen Fällen als gegeben angenommen worden ist (BGH aaO). Wenn die tatsächlichen oder rechtlichen Umstände dazu drängen, muß auch dargelegt werden, daß es sich um eine reine Ermessensfrage handelt, nicht um eine Rechtsfrage (OGH aaO). Es dürfen keine Zweifel daran bleiben, daß die Grenzen des Ermessens beachtet wor-
6 den sind. **Besondere Bestimmungen** enthalten für Urteile § 267, für die Richterablehnung § 26 a II S. 2, für den Haftbefehl § 114 II, III, für den Eröffnungsbeschluß §§ 204, 207, für den Vorlagebeschluß § 225 a III und für den Verweisungsbeschluß § 270 II.

7 **4)** Das **Fehlen der Begründung** führt bei Urteilen zwingend zur Urteilsaufhebung (§ 338 Nr 7); bei Beschlüssen entscheidet das Beschwerdegericht idR in der Sache (7 zu § 309).

Rechtskraft durch Beschluß

34a Führt nach rechtzeitiger Einlegung eines Rechtsmittels ein Beschluß unmittelbar die Rechtskraft der angefochtenen Entscheidung herbei, so gilt die Rechtskraft als mit Ablauf des Tages der Beschlußfassung eingetreten.

1 **1)** Der **Eintritt der Rechtskraft** ist maßgebend für den Beginn der Vollstreckbarkeit des Strafurteils (§ 449), für die Strafzeitberechnung nach §§ 37 ff StVollstrO (dazu Pohlmann Rpfleger **79**, 126), für den Beginn der Bewährungszeit (§ 56 a II S. 1 StGB) und der Führungsaufsicht (§ 68 c III S. 1 StGB) sowie für die Eintragungsfähigkeit einer Verurteilung in das Zentralregister (§ 4 **BZRG**). Das sachliche Recht macht auch den Beginn von Rechtsfolgen vom Eintritt der Rechtskraft der Entscheidung abhängig, zB den des Rechtsverlusts nach § 45 StGB (§ 45 a I StGB), der Entziehung der Fahrerlaubnis (§§ 69 III S. 1, 69 a V S. 1 StGB), des Berufsverbots (§ 70 IV S. 1 StGB), und für den Eigentumsübergang nach
2 §§ 73 e I, 74 I StGB. **Herbeigeführt** wird die Rechtskraft strafgerichtlicher Entscheidungen entweder durch nicht angefochtene oder nicht weiter anfechtbare
3 Urteile oder durch Beschlüsse. Da **Urteile** verkündet werden müssen (§ 268 II S. 1), kann insoweit kein Zweifel über den Zeitpunkt ihres Erlasses und des daran geknüpften Eintritts der Rechtskraft entstehen. Bei nicht anfechtbaren Urteilen ist der Tag der Verkündung maßgebend. Entsteht die Rechtskraft mit dem ungenutzten Ablauf der Rechtsmittelfrist, so wird die Entscheidung mit dem Beginn des 1. Tages nach dem Ablauf der Frist rechtskräftig, falls dieser Zeitpunkt nicht durch
4 § 43 II hinausgeschoben wird (LR-Wendisch 6). Führt ein **Beschluß** unmittelbar die Rechtskraft der angefochtenen Entscheidung herbei, so kommt es für den Eintritt der Rechtskraft an sich auf den Tag an, an dem der Beschluß erlassen worden ist. Das kann nicht nur aus Rechtsgründen (9 vor § 33), sondern auch in tatsächlicher Hinsicht zweifelhaft sein. Aus Gründen der Rechtssicherheit unterstellt daher § 34 a, daß die Rechtskraft mit dem Ablauf des Tages der Beschlußfas-

sung eingetreten ist (erg unten 7). Das ermöglicht es, den Zeitpunkt des Eintritts
der Rechtskraft ohne weiteres aus dem Beschluß abzulesen. Für Beschlüsse, die in
einer Verhandlung verkündet werden, hat § 34 a keine Bedeutung.

2) Nur wenn **nach rechtzeitiger Einlegung eines Rechtsmittels** ein Be- 5
schluß unmittelbar, dh ohne die Möglichkeit weiterer Anfechtung (KK-Maul 6),
die Rechtskraft herbeiführt, ist § 34 a anwendbar. Er hat insbesondere Bedeutung
für Beschlüsse der Revisionsgerichte nach § 349 I, mit denen das Rechtsmittel aus
anderen Gründen als wegen verspäteter Einlegung verworfen wird (23 zu § 349),
und für Verwerfungsbeschlüsse nach § 349 II, gilt aber auch für Entscheidungen
der Rechtsmittelgerichte nach §§ 322 II, 346 II, mit denen der Beschluß über die
Verwerfung eines rechtzeitig eingelegten Rechtsmittels bestätigt wird (KK-Maul 4;
LR-Wendisch 9; erg 5 zu § 346). Der Beschluß, mit dem eine rechtzeitig einge-
legte Berufung nach § 322 I oder eine rechtzeitig eingelegte Revision nach
§ 346 I verworfen wird, führt nicht unmittelbar die Rechtskraft des Urteils herbei
(2 zu § 322; 5 zu § 346). Bei **verspäteter Rechtsmitteleinlegung** bedarf es der 6
verfahrenserleichternden Unterstellung des § 34 a nicht. Denn wenn eine verspä-
tete Berufung nach § 319 I oder § 322 I oder eine verspätete Revision nach
§ 346 I oder § 349 I verworfen wird, hat das für den Eintritt der Rechtskraft nur
feststellende Bedeutung; sie ist bereits mit dem Ablauf der Anfechtungsfrist einge-
treten (1 zu § 316; 1 zu § 319; 5 zu § 346; 23 zu § 349). Aus dem selben Grund ist
§ 34 a für Beschlüsse, mit denen die sofortige Beschwerde nach § 319 II verworfen
wird, bedeutungslos.

3) Mit dem Ablauf des Tages der Beschlußfassung tritt nach § 34 a die 7
Rechtskraft ein. Tag der Beschlußfassung iS der Vorschrift ist der Tag, dessen
Datum der Beschluß trägt (LR-Wendisch 10). Auf den Zeitpunkt seines Erlasses
(5 ff vor § 33) kommt es nicht an, bei Beschlüssen eines Kollegialgerichts auch
nicht auf den Tag, an dem über die Entscheidung beraten und abgestimmt worden
ist (KK-Maul 7). Der Ablauf des Tages der Beschlußfassung fällt zusammen mit
dem Beginn des auf die Beschlußfassung folgenden Tages. Bei einem zeitlich fest
begrenzten Rechtsverlust ist daher die Berechnungsregel des § 43 I anzuwenden,
nicht aber § 43 II, der nur für Prozeßerklärungsfristen gilt.

Bekanntmachung

35 **I Entscheidungen, die in Anwesenheit der davon betroffenen Person ergehen, werden ihr durch Verkündung bekanntgemacht. Auf Verlangen ist ihr eine Abschrift zu erteilen.**

II Andere Entscheidungen werden durch Zustellung bekanntgemacht. Wird durch die Bekanntmachung der Entscheidung keine Frist in Lauf gesetzt, so genügt formlose Mitteilung.

III Dem nicht auf freiem Fuß Befindlichen ist das zugestellte Schriftstück auf Verlangen vorzulesen.

1) Entscheidungen iS der Vorschrift sind alle gerichtlichen Entscheidungen 1
einschließlich der prozeßleitenden Verfügungen, die für den weiteren Verfahrens-
verlauf von Bedeutung sind (Braunschweig JZ **53**, 640, 641; Hamm VRS **66**, 44,
45), zB die Ablehnung eines Beweisantrags (44 zu § 244) oder eines Vertagungsan-
trags (RG **23**, 136) und der Beschluß über die Entbindung nach § 233 (RG **44**, 47;
62, 259). Zum Begriff des **Betroffenen** vgl 4 zu § 33. Der Betroffene braucht 2
nicht beschwert zu sein (Braunschweig aaO); § 35 gilt auch, wenn er durch die
Entscheidung begünstigt wird. Die StA ist, außer im Privatklageverfahren, stets
betroffen (KK-Maul 3). Zur Frage, ob **Betroffene ohne ausreichende Kenntnis** 3

der deutschen Sprache eine schriftliche Übersetzung der Gerichtsentscheidung verlangen können, vgl 26 zu Art 6 MRK.

4 2) **Verkündung der in Anwesenheit des Betroffenen ergehenden Entscheidungen** (I):

5 A. Die **Verkündung** (I S. 1) ist die Form der Bekanntmachung von Urteilen und anderen Entscheidungen, die in der Hauptverhandlung oder in einer anderen Verhandlung, zB bei einer kommissarischen Vernehmung nach § 223, ergehen. Für die Urteilsverkündung gilt § 268 II, der im Jugendstrafverfahren durch § 54 II **JGG** eingeschränkt wird. Von den Beschlüssen, die in Anwesenheit der davon Betroffenen ergehen, wird (durch Verlesung oder in freier Rede) der wesentliche Inhalt mitgeteilt (RG **44**, 53; KR-Maul 6), soweit erforderlich auch die Gründe. Der Mangel wirksamer Verkündung kann bei Beschlüssen, nicht bei Urteilen, durch schriftliche Bekanntmachung geheilt werden (LR-Wendisch 7). Die Verkündung ist Sache des Richters, bei Kollegialgerichten des Vorsitzenden (Oldenburg NJW **52**, 1310), der sie aus besonderen Gründen einem anderen Richter, aber niemand anderem übertragen kann (LR-Wendisch 6). Sie ist in der Sitzungsniederschrift zu beurkunden (§ 273 I); außerhalb einer Hauptverhandlung wird sie in den Akten vermerkt.

6 B. Der **Anspruch auf Erteilung einer Abschrift** (I S. 2) bezieht sich nur auf Entscheidungen, nicht auf andere Aktenbestandteile (BGH MDR **73**, 371 [D]; LR-Wendisch 9; erg 6 zu § 147). Über die Erteilung entscheidet der Vorsitzende des Gerichts, das die Entscheidung erlassen hat (Bay **32**, 177 = JW **33**, 526; Hamm 1 VAs 74/73 vom 18. 6. 1973), und zwar unverzüglich. Ist die Entscheidung in der Hauptverhandlung verkündet worden, so kann die Abschrift erst nach Fertigstellung des Protokolls verlangt werden (RG **44**, 53), sofern der Betroffene nicht ein besonderes Interesse an einer früheren Erteilung hat (KK-Maul 9; weitergehend LR-Wendisch 11: alle bedeutsameren Beschlüsse), bei mehrtägigen Hauptverhandlungen jedoch idR nach Ende des einzelnen Hauptverhandlungstages. Auf die Erteilung einer Abschrift des Beschlusses, mit dem ein Beweisantrag abgelehnt worden ist, besteht ein Anspruch, wenn er eine längere Begründung enthält (ANM 767). Auch wer Beschwerde gegen einen Ordnungsmittelbeschluß nach § 178 GVG einlegen will, kann sofort eine Beschlußabschrift verlangen (Karlsruhe Justiz **77**, 385). Über die Kosten vgl Nr 9000 KVGKG: Keine Kosten für Abschrift des Sitzungsprotokolls. Die (kostenlose) Übersendung des rechtskräftigen Urteils und
7 der Beschlüsse nach § 268a schreibt RiStBV 140 vor. Der **Anspruch auf Abschriftserteilung entfällt,** wenn er ohne jeden Zusammenhang mit irgendeinem auch nur entfernt in Betracht kommenden strafverfahrensrechtlichen Zweck geltend gemacht wird (KG JR **60**, 352 L; KMR-Paulus 20; **aM** KK-Maul 8; LR-Wendisch 8), nicht aber deshalb, weil die Entscheidung bereits rechtskräftig ist (KK-Maul 10). Nach endgültigem Abschluß des Verfahrens ist I S. 2 nicht mehr anwendbar; dann entscheidet die aktenverwahrende JV (RiStBV 183 Buchst c). Sie wird dem Verlangen idR stattgeben, wenn der Antragsteller früher einen Anspruch nach I S. 2 hatte, es sei denn, daß kein schutzwürdiges Interesse dargetan
8 ist. Das **öffentliche Geheimhaltungsinteresse** (RiStBV 213) kann zur Beschränkung führen. Wird durch die Abschrift ein Staatsgeheimnis iS des § 93 StGB gefährdet, so werden die Teile weggelassen, die es enthalten. Dafür kann uU Einsicht in die unverkürzte Entscheidung auf der Geschäftsstelle angeboten werden. Dem Verteidiger kann die vollständige Abschrift erteilt werden, wenn ein gesetzliches Schweigegebot nach § 174 II GVG und die Anordnung der Rückgabe nach bestimmter Zeit als Sicherungsmaßnahmen genügen. Darüber hinaus werden idR noch Auflagen über Verwahrung, Fertigung von Abschriften und Zugänglichmachung an andere notwendig sein (BGH **18**, 369, 373; erg 24 zu 200). Rechtliche Ausführungen sind nie geheim.

3) Zustellung der in Abwesenheit des Betroffenen erlassenen Entscheidungen (II): 9

A. Die förmliche **Zustellung** (II S. 1) einer Ausfertigung oder beglaubigten Abschrift (2 zu § 37) ist ein in der gesetzlichen Form (§§ 37–41) zu bewirkender Akt, durch den dem Adressaten Gelegenheit verschafft wird, von einem Schriftstück Kenntnis zu nehmen (BGH NJW **78**, 1858; Rosenberg/Schwab/Gottwald § 73 I 1). Sie ist nicht nur erforderlich, wenn eine Frist in Lauf gesetzt wird, sondern auch für Mitteilungen, durch die einem Abwesenden das rechtliche Gehör gewährt werden soll (BGH **27**, 85, 75; vgl auch BVerfGE **36**, 85, 88 = NJW **74**, 133). Zuzustellen ist auch die Ladung, wenn die Ladungsfrist (§§ 217, 218, 323) zu wahren ist (KK-Maul 17; RiStBV 117 I S. 1). Für die **Mitteilung von Urteilen** gelten keine Besonderheiten mehr; wenn sie nicht anfechtbar sind, genügt die formlose Mitteilung. Über Zustellungen durch die StA vgl RiStBV 91 II S. 1, 105 V. 10 11

B. Die **formlose Mitteilung** (II S. 2) erfolgt schriftlich (Hamm VRS **57**, 125; **aM** LR-Wendisch 23: auch mündliche Eröffnung und Beurkundung durch den Urkundsbeamten zulässig), idR durch Übersendung einer Ausfertigung oder Abschrift der Entscheidung durch einfachen Brief. Die formlose Mitteilung reicht aus, wenn durch die Bekanntmachung der Entscheidung keine strafprozessuale Frist (Fristen für die Verfassungsbeschwerde [Einl 235] und für den Antrag nach Art 26 **MRK** brauchen nicht berücksichtigt zu werden) in Lauf gesetzt wird. Daraus ergibt sich zugleich, daß ein Beschluß nicht rechtskräftig wird, wenn er dem Anfechtungsberechtigten nicht förmlich zugestellt wird (BGH **26**, 140; Celle JR **78**, 337 mit Anm Stree; Schleswig SchlHA **78, 87**). Durch die Verkündung der Entscheidung in der Hauptverhandlung kann ihre formlose Mitteilung stets ersetzt werden (BGH **15**, 384; KK-Maul 18; **aM** EbSchmidt 9). 12

4) Die **Zustellung an behördlich Verwahrte** (III) richtet sich nach den allgemeinen Vorschriften; nur die Ersatzzustellung ist beschränkt (9 zu § 37). Nicht auf freiem Fuß ist jeder, dem die Freiheit auf Anordnung des Richters oder einer Behörde entzogen und der dadurch in der Wahl seines Aufenthalts beschränkt ist (BGH **4**, 308; **13**, 209, 212). Die Verlesung nach III ersetzt die Zustellung nicht; das Verlangen, ihm das Schriftstück vorzulesen, setzt vielmehr voraus, daß es dem Inhaftierten vorher wirksam zugestellt worden war. Wird dem Verlangen nicht stattgegeben, so berührt das die Wirksamkeit der Zustellung nicht. 13

5) **Gesetzliche Pflichten zur Mitteilung** der ergangenen Entscheidungen sind zu beachten, etwa nach § 125 c I S. 1 Nr 3, S. 2, II BRRG (MiStra 15) für die einen Rechtszug abschließenden Urteile und Beschlüsse sowie Haft- und Unterbringungsbefehle in Strafsachen gegen Beamte oder nach § 27 III, IV BtMG (MiStra 50) für die das Verfahren abschließenden Entscheidungen wegen Verstößen gegen das BtMG oder mit dem Betäubungsmittelverkehr in Zusammenhang stehender Taten. Vgl ferner § 8 **EGStPO** und §§ 12 ff **EGGVG** (siehe jeweils dort). 14

Rechtsmittelbelehrung **RiStBV 142**

35a **Bei der Bekanntmachung einer Entscheidung, die durch ein befristetes Rechtsmittel angefochten werden kann, ist der Betroffene über die Möglichkeiten der Anfechtung und die dafür vorgeschriebenen Fristen und Formen zu belehren. Ist gegen ein Urteil Berufung zulässig, so ist der Angeklagte auch über die Rechtsfolgen des § 40 Abs. 3 und der §§ 329, 330 zu belehren.**

1) Eine **Rechtsmittelbelehrung** (S. 1) ist bei der Bekanntmachung einer durch befristetes Rechtsmittel anfechtbaren Entscheidung zu erteilen (vgl allg Warda 1

MDR **57**, 717), dh bei der Verkündung (§ 35 I S. 1) oder Zustellung (§ 35 II S. 1) der Entscheidung.

2 A. **Befristete Rechtsmittel** sind sofortige Beschwerde (§ 311), auch im Kostenfestsetzungsverfahren nach § 464 b S. 3 iVm § 104 III S. 5 ZPO (Saarbrücken Rpfleger **60**, 342), Berufung (§§ 312 ff) und Revision (§§ 333 ff). Der Antrag auf Wiedereinsetzung nach § 44 ist kein Rechtsmittel iS des § 35 a (BGH NStE Nr 20 zu § 44; Hamm VRS **63**, 362; Schrader NStZ **87**, 447 fordert gleichwohl die
3 Rechtsmittelbelehrung; zust Nöldeke NStZ **91**, 71); aber die **Vorschrift gilt entspr** für die Wiedereinsetzung gegen Abwesenheitsurteile (§§ 235 S. 2, 329 III, 412; vgl RiStBV 142 III S. 2), ferner für Anträge auf Entscheidung des Rechtsmittelgerichts (§§ 319 II S. 3, 346 II S. 3).

4 B. Der **Betroffene** ist zu belehren, dh derjenige, der gegen die Entscheidung ein befristetes Rechtsmittel einlegen kann (Bay **66**, 90, 91 = NJW **67**, 122), auch wenn er rechtskundig oder durch einen Anwalt verteidigt oder vertreten ist (KK-Maul 6). Das Fehlen einer Beschwer (8 ff vor § 296) macht die Belehrung nicht entbehrlich, sofern es nicht offensichtlich ist (LG Oldenburg NdsRpfl **75**, 249). Für Erziehungsberechtigte und gesetzliche Vertreter gilt § 67 II **JGG**; sind sie bei der Urteilsverkündung abwesend, so werden sie nicht belehrt (BGH **18**, 21;
5 Brunner/Dölling 10 zu § 67 **JGG**). Die Belehrung der **StA** und der am Verfahren beteiligten Staatsorgane (vgl § 395 II Nr 2) ist nicht nur überflüssig, sondern unangebracht (LR-Wendisch 7), nicht aber die Belehrung anfechtungsberechtigter Ver-
6 waltungsbehörden (Bay **66**, 90 = NJW **67**, 122). Ein **Verzicht** des Betroffenen auf die Belehrung ist zulässig (BGH NStZ **84**, 329; Hamm NJW **56**, 1330; Zweibrükken MDR **78**, 861); er kann darin liegen, daß der Verteidiger die Belehrung übernimmt (Hamm MDR **78**, 337).

7 C. **Form der Belehrung:** Die Belehrung, die klar, unmißverständlich und vollständig sein muß (BGH **24**, 15, 25), ist Sache des Gerichts, nicht der StA (Hamm NJW **54**, 812; Schleswig SchlHA **55**, 227; vgl aber Warda MDR **57**, 720). Bei der Verkündung einer Entscheidung erfolgt sie mündlich; dabei kann auf ein Merkblatt verwiesen werden, das dem Betroffenen stets auszuhändigen ist (BVerfG NJW **96**, 1811 mwN; vgl auch RiStBV 142 I S. 2). Hat der Betroffene sich vorher entfernt, so unterbleibt die mündliche Belehrung; das Gericht kann aber verpflichtet sein, sie schriftlich nachzuholen (Düsseldorf ZfZ **84**, 218). Auch wenn sich herausstellt, daß der Betroffene die mündliche Belehrung mißverstanden hat, kann die Fürsorgepflicht (Einl 155 ff) gebieten, sie bei der Zustellung der Entscheidung schriftlich zu wiederholen (Hamm JMBlNW **63**, 146; Koblenz MDR **77**, 425; vgl auch Neustadt GA **56**, 92). Bei Zustellung einer Entscheidung wird schriftlich belehrt, und zwar entweder in der Entscheidung selbst oder durch Beifügung eines Merkblatts (RiStBV 142 III S. 1). Die mündliche Belehrung wird
8 nach § 273 I im **Sitzungsprotokoll** beurkundet (Köln OLGSt Nr 1; vgl RiStBV 142 I S. 4); zum Umfang der Beweiskraft vgl 6 zu § 274. Die Beifügung des Merkblatts wird in der Zustellungsurkunde vermerkt (RiStBV 142 III S. 1); der Vermerk erbringt Beweis dafür, ob die Belehrung erfolgt ist oder nicht (Düsseldorf
9 NStZ **86**, 233 mit Anm Wendisch). Gegenüber einem **der deutschen Sprache nicht mächtigen Betroffenen** wirkt in der Hauptverhandlung oder bei sonstiger mündlicher Belehrung ein Dolmetscher mit (4 zu § 185 GVG). Die durch ihn zu vermittelnde Rechtsmittelbelehrung muß den Hinweis enthalten, daß die schriftliche Rechtsmitteleinlegung in deutscher Sprache erfolgen muß (unten 12). Da die Gerichtssprache Deutsch ist (§ 184 GVG), hat der Ausländer keinen Anspruch auf Belehrung in seiner Sprache (Köln VRS **67**, 251; **aM** LR-Wendisch 26; vgl auch J. Meyer ZStW **93**, 527). Es wird ihm grundsätzlich zugemutet, sich bei schriftlicher Belehrung selbst um die Übersetzung zu bemühen (13 zu § 44). Nur wenn die Belehrung dazu dient, das rechtliche Gehör zu gewähren, insbesondere im Fall des § 409 I S. 1 Nr 7, sollte sie grundsätzlich in einer dem Betroffenen verständlichen Sprache erteilt werden (BVerfGE **42**, 120 = NJW **76**, 1021; LG München II NJW

72, 405; AK/StPO-Kirchner 11; weitergehend noch BVerfGE **40**, 95 = NJW **75**, 1597; erg 22 zu § 44).

D. **Inhalt der Belehrung:** Über die Möglichkeit der Anfechtung, die Art des Rechtsmittels und die dafür vorgeschriebenen Fristen und Formen wird belehrt. Die Angabe des Gerichts oder der Gerichte, bei denen das Rechtsmittel einzulegen ist, ist erforderlich, aber nicht notwendig mit Straße und Hausnummer (Warda MDR **57**, 520; **aM** LR-Wendisch 18). Die Belehrung muß sich auch auf den Beginn der **Frist** erstrecken; jedoch bleibt die konkrete Berechnung des Laufs der Frist dem Betroffenen überlassen (BVerfGE **31**, 388, 390 = NJW **71**, 2217; KK-Maul 9; **aM** Weihrauch NJW **72**, 243); daher braucht die Belehrung nicht den Hinweis auf § 43 II zu enthalten. Belehrt werden muß auch darüber, daß das Rechtsmittel innerhalb der Frist bei Gericht eingegangen sein muß (BGH **8**, 105; Hamburg GA **63**, 348; Saarbrücken NStZ **86**, 470). Zu der Belehrung über die **Form** gehört bei Ausländern auch der Hinweis, daß die schriftliche Rechtsmitteleinlegung in deutscher Sprache erfolgen muß (BVerfGE **64**, 135, 149 = NJW **83**, 2762, 2764; BGH **30**, 182; KG JR **77**, 129; Düsseldorf MDR **82**, 866; vgl auch RiStBV 142 I S. 3). 10 11 12

E. Das **Unterlassen der Belehrung** führt zur Anwendung des § 44 S. 2 (dort 21, 22). Auf den Beginn der Rechtsmittelfrist ist es ohne Einfluß (BGH NJW **74**, 1335; GA **80**, 469; MDR **73**, 557 [D]; NStZ **84**, 181; 329; Bay **57**, 157; **67**, 66, 68 = GA **68**, 54; Saarbrücken NJW **64**, 1633; KK-Maul 15; **aM** Neustadt GA **55**, 185). Die **unvollständige Belehrung** steht der unterlassenen gleich, wenn die Lückenhaftigkeit einen wesentlichen Punkt betrifft (22 zu § 44), zB wenn nicht mitgeteilt wird, bei welchem Gericht das Rechtsmittel anzubringen ist (Bay **76**, 19 = VRS **50**, 430; Hamburg NJW **62**, 602 L = GA **62**, 218) oder daß das Rechtsmittel innerhalb der Frist bei Gericht eingegangen sein muß (BGH **8**, 105; Hamburg GA **63**, 348), oder wenn nicht über die Möglichkeit der Rechtsmitteleinlegung nach § 299 (Bremen MDR **79**, 517) oder bei der Wahlmöglichkeit nach § 335 I nur über die Möglichkeit der Revision (LG München I NJW **56**, 1368), nicht aber, wenn nur über die Möglichkeit der Berufung belehrt worden ist (KG JR **77**, 81; **aM** KK-Maul 9; LR-Wendisch 13). Auch eine **falsche Belehrung** steht der unterlassenen gleich, wenn sich die Unrichtigkeit auf einen wesentlichen Punkt bezieht (Hamm Rpfleger **61, 80).** Wird zu einer zutreffenden mündlichen Belehrung ein falsches Merkblatt überreicht, so gilt die Belehrung insgesamt als unrichtig (Köln VRS **43**, 295; Neustadt GA **60**, 121; Saarbrücken NJW **65**, 1031). 13 14 15

2) Belehrung bei Zulässigkeit der Berufung (S. 2): Der Angeklagte, der dem Gericht nach Einlegung der Berufung keine Kenntnis vom Wechsel seiner Anschrift gibt, kann nach § 40 III öffentl geladen werden. Seine Berufung wird nach § 329 I verworfen, wenn er bei Beginn der Hauptverhandlung nicht erschienen ist. Entsprechendes gilt nach § 330 II S. 2 Hs 1 für die Berufung des gesetzlichen Vertreters. Auf diese für ihn nachteiligen Folgen muß der Angeklagte bei der allgemeinen Rechtsmittelbelehrung nach S. 1 hingewiesen werden. Die Belehrung über die Folgen seines Ausbleibens wird nach § 323 I S. 2 bei der Ladung zur Berufungsverhandlung in ausführlicher Weise (dort 3) wiederholt. Zur Folge bei fehlender Belehrung oben 13. 16

Zustellung und Vollstreckung

36 **I Die Zustellung von Entscheidungen ordnet der Vorsitzende an. Die Geschäftsstelle sorgt dafür, daß die Zustellung bewirkt wird.**

II Entscheidungen, die der Vollstreckung bedürfen, sind der Staatsanwaltschaft zu übergeben, die das Erforderliche veranlaßt. Dies gilt nicht für Entscheidungen, welche die Ordnung in den Sitzungen betreffen.

1 **1) Zustellung durch das Gericht** (I):

2 A. **Anordnung des Vorsitzenden** (S. 1): Sowohl die förmliche Zustellung (10 zu § 35) als auch die formlose Mitteilung (12 zu § 35) erfolgt auf Anordnung des Vorsitzenden. Der Strafrichter und der ersuchte und beauftragte Richter sind zuständig, wenn sie die Entscheidung getroffen haben (KK-Maul 2). Für Beschlüsse des Rechtspflegers (zB nach § 464 b) gilt I S. 1 entgegen seinem Wortlaut nicht. Die versehentlich unterlassene richterliche Anordnung kann der StA nachholen (Düsseldorf MDR **82**, 599; Schleswig SchlHA **82**, 116 [E/L]). Die Anordnung muß schriftlich (Zweibrücken MDR **86**, 1047 läßt eine mündliche Anord-
3 nung genügen, wenn sie aktenkundig gemacht worden ist) und **für jeden Einzelfall** getroffen werden. Unzulässig ist eine allgemeine Anordnung des Vorsitzenden an die Geschäftsstelle, die in seinem Spruchkörper anfallenden Entscheidungen zuzustellen, soweit das nicht Aufgabe der StA ist. Die Anordnung
4 muß die **Zustellungsempfänger bezeichnen** und bestimmen, ob eine förmliche Zustellung oder eine formlose Mitteilung erfolgen soll. Die bloße Anordnung, daß zugestellt werden soll, ist unzureichend (KG JR **77**, 521; Düsseldorf NStZ-RR **97**, 332; VRS **91**, 286; Hamm MDR **77**, 67; NStZ **82**, 479; Koblenz NStZ **92**, 194 mwN; Stuttgart MDR **76**, 245; Doller DRiZ **75**, 280; vgl auch Celle NdsRpfl **84**, 173: Zustellung an „Verteidiger", wenn mehrere vorhanden sind), auch bei Zustellungen an die StA nach § 41 (BGH NStZ **86**, 230; **aM** Hamm OLGSt S. 1). Andernfalls wäre die Zustellungsanordnung eine leere Förmlichkeit (vgl aber BGH NStZ **83**, 325, wonach die Anordnung, es solle „wie üblich" zugestellt werden, genügt, und Bay **82**, 12 = MDR **82**, 600, das die Anordnung: „Urteil zustellen", dahin auslegt, es solle dem Verteidiger zugestellt
5 werden). Die **Art der förmlichen Zustellung** braucht der Vorsitzende dagegen nicht zu bestimmen (unten 6). Ist der Zustellungsempfänger bezeichnet, so genügt nach fehlgegangener Zustellung auch die Verfügung des Rechtspflegers, daß an die neue Anschrift zugestellt werden soll (Schleswig SchlHA **85**, 120 [E/L]).

6 B. Das **Bewirken der Zustellung** (S. 2), dh die Ausführung der Anordnung, ist Aufgabe der Geschäftsstelle des Gerichts. Sie bestimmt die Art der förmlichen Zustellung, wenn der Vorsitzende darüber keine Anordnung getroffen hat (Hamm JMBlNW **82**, 223), und übergibt die Sendung dem Zustellungsbeamten oder (mit vorbereiteter Zustellungsurkunde) einem beliehenen Postunternehmen. Gemäß § 33 PostG sind marktbeherrschende Lizenznehmer, die Briefzustelldienstleisungen erbringen, verpflichtet, Schriftstücke förmlich zuzustellen, und als beliehene Unternehmer mit entspr Hoheitsbefugnissen ausgestattet (derzeit erfüllt nur die Deutsche Post AG diese Kriterien). Im Fall des § 40 veranlaßt das Postunternehmen den Aushang an der Gerichtstafel. I S. 2 schließt nicht aus, daß der Richter die Zustellung selbst bewirkt, zB indem er die Entscheidung dem Empfänger an der Amtsstelle aushändigt und das in den Akten vermerkt (§ 212 b ZPO).

7 C. **Zustellung ohne Anordnung:** Fehlt die nach I S. 1 erforderliche Anordnung des Vorsitzenden, ist sie unvollständig oder ist der Zustellungsadressat oder die Zustellungsart nicht eindeutig bestimmt, ist die Zustellung einer Entscheidung, auch nach § 41, unwirksam (BGH NStZ **86**, 230 mwN; Bay **81**, 84, 85 = NJW **81**, 2589, 2590; **82**, 12 = MDR **82**, 600; Celle StV **82**, 265, 266; Düsseldorf JMBLNW **97**, 238; Hamm NStZ **82**, 479 Nr 34; **aM** KG JR **77**, 521; Hamm NStZ **82**, 479 Nr 33 L). Statt des Vorsitzenden kann aber auch ein richterlicher Beisitzer die Anordnung treffen (Düsseldorf NStZ **82**, 257).

8 D. **Zustellung entgegen der Anordnung:** Unwirksam ist die Zustellung, wenn entgegen der Anordnung des Vorsitzenden nicht dem Verteidiger, sondern dem Betroffenen (Düsseldorf MDR **83**, 339; Hamm VRS **94**, 345; Zweibrücken VRS **53**, 277; KrG Saalfeld MDR **93**, 564) oder umgekehrt (Bay **89**, 1 = MDR **89**, 665), nicht aber, wenn nur dem Verteidiger, nicht auch dem Betroffenen zugestellt worden ist (Düsseldorf VRS **64**, 269; LR-Wendisch 11).

2) Zustellung durch die StA (II S. 1): 9

A. Eine **Sonderregelung für vollstreckungsbedürftige Entscheidungen** 10 enthält die Vorschrift. Sie werden nicht durch das Gericht zugestellt, sondern der StA übergeben, die das Erforderliche veranlaßt (**aM** Saarbrücken NStZ **86**, 471 mit Anm Wendisch). Denn Zustellung und Vollstreckung müssen in einer Hand liegen, damit die Vollstreckung nicht durch die vorherige Bekanntmachung der Entscheidung gefährdet wird (Düsseldorf NStZ **88**, 150; Doller NJW **77**, 2153; DRiZ **75**, 280; Rieß NJW **75**, 86). II S. 1 ist daher nur auf Entscheidungen anwendbar, die erforderlichenfalls zwangsweise durchgesetzt werden müssen, wie Haftbefehle, Beschlagnahme- und Durchsuchungsbeschlüsse (LR-Wendisch 17 ff; Doller NJW **77**, 2153; Herrmann NJW **78**, 653; Wendisch JR **78**, 445; NStZ **86**, 473; vgl auch Karlsruhe Rpfleger **68**, 288). Die Ansicht, die Vorschrift gelte immer, wenn zur Durchsetzung der Entscheidung mehr zu veranlassen ist als ihre Zustellung (Celle JR **78**, 337; Frankfurt GA **80**, 474; Hamm NJW **78**, 175; Zweibrücken JR **77**, 292 mit zust Anm Schätzler), wird dem Sinn der Vorschrift nicht gerecht. Daß die StA ihre **eigenen Entscheidungen** selbst zustellt, ist gesetzlich nicht bestimmt, aber 11 selbstverständlich. Wegen der Zustellung der Revisionsschrift der StA vgl 1 zu § 347.

B. **Entscheidungen, die der Vollstreckung bedürfen,** sind insbesondere 12 Ordnungsmittelbeschlüsse nach §§ 51 I S. 2, 3, 70 I S. 2, 77 I S. 1, Anordnungen nach § 81 a II, 81 c V, 98 I, 100 I, 100 b I S. 1, 105 I, Haftbefehle nach §§ 112 ff, 230 II, 236, 329 IV, 453 c, Unterbringungsbefehle nach § 126 a und Widerrufsbeschlüsse nach § 116 IV (vgl ferner Wendisch JR **78**, 447). Keiner Vollstreckung bedürfen Beschlüsse, durch die Zwangsmaßnahmen (Haftbefehle, Unterbringungsbefehle, Beschlagnahmebeschlüsse usw) aufgehoben werden (KK-Maul 13) oder durch die der Vollzug eines Haftbefehls nach § 116 ausgesetzt wird, auch Beschlüsse des Gerichts des 1. Rechtszugs oder der StVollstrK über den Widerruf der Strafaussetzung zur Bewährung (Düsseldorf NStZ **88**, 150) oder die erst nach Rechtskraft der Entscheidung wirksame Aussetzung des Strafrests nach § 454 iVm § 57 StGB (Frankfurt GA **80**, 474; KK-Maul 13; KMR-Paulus 18; LR-Wendisch 21; Doller NJW **77**, 2153; Wendisch JR **78**, 445; **aM** Celle NdsRpfl **92**, 94; Hamm NJW **78**, 175; Schleswig SchlHA **78**, 87; Zweibrücken JR **77**, 292 mit Anm Schätzler; Mrozynski JR **83**, 140).

C. **Veranlassen des Erforderlichen:** Der StA werden die Akten idR auf 13 Anordnung des Vorsitzenden übersandt. Das in der Sache Erforderliche hat sie aber auch zu veranlassen, wenn ihr die Entscheidung ohne ausdrücklichen Hinweis auf die Vollstreckungsbedürftigkeit und ohne Ersuchen um weitere Veranlassung zugeht (KK-Maul 14). In jedem Fall hat die StA die Zustellung und die Vollstreckung der Entscheidung zu betreiben (LR-Wendisch 24). Die Zustellung muß von dem StA oder Amtsanwalt, nicht von der Geschäftsstelle, angeordnet werden (LR-Wendisch 25).

3) Vollstreckung durch das Gericht (II S. 2): Eine Ausnahme von II S. 1 gilt 14 für Entscheidungen über die Ordnung in den Sitzungen nach §§ 169 ff GVG. Die Vollstreckung der nach diesen Vorschriften festgesetzten Ordnungsmittel hat der Vorsitzende unmittelbar zu veranlassen (§ 179 GVG); nach § 31 III **RPflG** ist sie dem Rechtspfleger übertragen. Der Vorsitzende macht auch die Entscheidung bekannt oder veranlaßt ihre Zustellung. Die Zuständigkeit des Gerichts besteht über II S. 2 hinaus auch für die Beugehaft nach §§ 70 II, 95 II (BGH **36**, 155), die jederzeit auf das Entstehen von Vollstreckungshindernissen (15 zu § 70) zu prüfen ist (KK-Maul 17; LR-Wendisch 28); auch insoweit gilt § 31 III **RPflG.**

4) Anfechtung: Gegen Zustellungs- und Vollstreckungsmaßnahmen der StA ist 15 der Antrag auf gerichtliche Entscheidung nach § 23 **EGGVG** zulässig (KK-Maul 18; LR-Wendisch 33; Strubel/Sprenger NJW **72**, 1736).

Zustellungsverfahren

37 **[I] Für das Verfahren bei Zustellungen gelten die Vorschriften der Zivilprozeßordnung entsprechend. Als Notfristen im Sinne des § 187 Satz 2 der Zivilprozeßordnung gelten die gesetzlichen Fristen.**

[II] Eine Zustellung im Ausland kann auch durch Einschreiben mit Rückschein bewirkt werden, soweit auf Grund völkerrechtlicher Vereinbarungen Schriftstücke unmittelbar durch die Post übersandt werden dürfen.

[III] Wird die für einen Beteiligten bestimmte Zustellung an mehrere Empfangsberechtigte bewirkt, so richtet sich die Berechnung einer Frist nach der zuletzt bewirkten Zustellung.

1 **1) Gegenstand der Zustellung:** Zugestellt wird von Urteilen und ihnen gleichstehenden Beschlüssen, zB nach §§ 346, 349, eine Ausfertigung, dh eine Abschrift mit dem Ausfertigungsvermerk der Geschäftsstelle, der vom UrkB unterschrieben und mit dem Dienstsiegel versehen wird (vgl § 275 IV; Art 16 I BayAGGVG). Die Zustellung einer vom UrkB (auch der StA) beglaubigten Abschrift (§ 210 ZPO) des Urteils reicht aus (BGH **26**, 140, 141; MDR **73**, 19 [D]), nicht aber die einer einfachen Abschrift (Köln GA **55**, 126). Eine besondere Form des Beglaubigungsvermerks ist gesetzlich nicht vorgeschrieben; er muß aber unterzeichnet werden (vgl BGH NJW **76**, 2263). Beschlüsse werden ebenfalls in Ausfertigung oder beglaubigter Abschrift zugestellt. Eine beglaubigte Ablichtung steht einer beglaubigten Abschrift gleich. Die Übersendung einer 2. Urschrift ersetzt stets die der Ausfertigung oder der beglaubigten Abschrift (vgl § 2 I S. 1 VwZG). Ausfertigung oder beglaubigte Abschrift müssen das zuzustellende Schriftstück
2 **wortgetreu und vollständig** wiedergeben. Wesentliche Fehler machen die Zustellung unwirksam (BGH MDR **67**, 834; vgl Bay MDR **82**, 500: in wesentlichen Teilen unleserliche Beschlußausfertigung; KG JR **82**, 251: fehlende Wiedergabe der richterlichen Unterschriften). Kleine Unrichtigkeiten schaden nicht, wenn der Empfänger dem zugestellten Schriftstück den Inhalt der Urschrift entnehmen kann (BGH NJW **78**, 60). Erg 5 zu § 345.

3 **2) Zustellungsadressat** ist derjenige, für den die Zustellung bestimmt ist, auch der Minderjährige (Schweckendieck NStZ **90**, 170), oder sein Zustellungsbevollmächtigter (dazu LR-Wendisch 45 ff). Empfangsberechtigt sind außerdem der Pflichtverteidiger und der Wahlverteidiger, dessen Vollmacht bei den Akten ist (§ 145 a I). Kann an mehrere Verteidiger wirksam zugestellt werden, so genügt die Zustellung an einen von ihnen (BGH **22**, 221, 222; **34**, 371; Düsseldorf VRS **64**, 269, 270; RiStBV 154 I S. 2); § 176 ZPO gilt nicht entspr. Trotz Zustellungsvollmacht genügt rechtlich stets die Zustellung an den Beschuldigten (6 zu § 145 a). Der gesetzliche Vertreter ist nicht empfangsberechtigt (Düsseldorf NStZ **96**, 52; Schleswig SchlHA **83**, 106 [E/L]).

4 **3) Verfahren bei Zustellungen** (I):

5 A. Die **Vorschriften der ZPO** über Zustellungen (§§ 166–213 a) gelten entspr, soweit sie sich für die Anwendung im Strafverfahren eignen (LR-Wendisch 2 ff). Im wesentlichen sind nur die §§ 170 I, 180, 181–188, 191, 193–195, 199, 200, 202, 208–210, 211, 212–212 b ZPO anwendbar (LR-Wendisch 14 ff). Die §§ 203–207 ZPO gelten für öffentliche Zustellungen nur, wenn Privat- und Nebenkläger sowie Personen, die nach § 124 II, III Sicherheit geleistet haben, sie bewirken; im übrigen ist § 40 die Sondervorschrift.

6 B. **Ersatzzustellung:** Grundsätzlich erfolgt die Zustellung durch Übergabe einer Ausfertigung oder beglaubigten Abschrift des zuzustellenden Schriftstücks (§ 170 I ZPO) an dem Ort, wo die Person, der zugestellt werden soll, angetroffen wird (§ 180 ZPO), durch einen Gerichtswachtmeister (nicht durch die Polizei: LG Darmstadt NStZ-RR **98**, 113; vgl aber unten 22) oder, bei der allgemein üblichen

Zustellung durch die Post (§§ 193 ff, 209 ff ZPO), Postbediensteten (§ 211 I S. 1 ZPO). Post iSd Zustellvorschriften der ZPO sind lizensierte marktbeherrschende Postunternehmen, die gemäß § 33 PostG mit Hoheitsbefugnissen beliehen und verpflichtet sind, Schriftstücke förmlich zuzustellen (derzeit nur die Deutsche Post AG). Eine Ersatzzustellung, auch von Abwesenheitsurteilen (§ 232 IV schließt nur die Ersatzzustellung nach § 182 ZPO aus) und Strafbefehlen (20 zu § 409), sehen die §§ 181 ff ZPO in folgenden Fällen vor:

a) **An Hausgenossen und Hauswirte** (§ 181 ZPO) ist die Ersatzzustellung **7** zulässig, wenn der Zustellungsadressat in seiner Wohnung nicht angetroffen (oder der Überbringer der Zustellung zu ihm nicht vorgelassen) wird. Sie setzt also voraus, daß er dort, wo ihm zugestellt werden soll, eine Wohnung (7 zu § 102) hat (Köln NJW **80**, 2720; LG Ellwangen StV **85**, 496). **Wohnung** ist ohne Rücksicht auf Wohnsitz (1 **8** zu § 8), polizeiliche Anmeldung (BGH NJW **78**, 1858; Koblenz MDR **81**, 1036; VRS **44**, 209) und die in einem Postnachsendeantrag angegebene Adresse (Hamburg MDR **82**, 1041) die Räumlichkeit, die der Adressat zZ der Zustellung tatsächlich für eine gewisse Dauer zum Wohnen benutzt (BGH aaO; Düsseldorf StV **87**, 378; **93**, 400; Karlsruhe NJW **81**, 471; Koblenz aaO; vgl auch LG Ellwangen aaO für Studentenwohnungen). Eine Ersatzzustellung ist nicht zulässig, wenn die Räume längere Zeit **nicht benutzt** werden, zB bei längerer Straf- oder UHaft (BGH aaO; **9** Düsseldorf aaO; Karlsruhe NJW **73**, 1515; StV **85**, 291; Oldenburg MDR **68**, 941; LG Hagen NJW **80**, 1703; vgl auch BGH NJW **51**, 931: Strafhaft von 1 Monat Dauer), bei mehrmonatigem Aufenthalt in einer Therapieeinrichtung (Hamm NStZ **82**, 521; Karlsruhe NJW **97**, 3183) oder im Ausland zu beruflichen Zwecken (Bay **61**, 79 = MDR **61**, 785) oder wegen Flucht vor der Strafverfolgung (Schleswig SchlHA **92**, 144 [L/T]), bei Wehrdienst mit Kasernierung (Bay **71**, 94 = VRS **41**, 281), bei einer mehrmonatigen Weltreise (LG Berlin MDR **92**, 791), nicht aber bei kürzeren Geschäfts- oder Urlaubsreisen (Bay **61**, 79 = MDR **61**, 785) oder bei kurzfristigem freiwilligen Klinikaufenthalt (BGH NJW **85**, 2197; Zweibrücken MDR **84**, 762). Die Ersatzzustellung kann nach § 181 I ZPO an einen zur Familie gehörenden **erwachsenen Hausgenossen** oder an eine in der Familie dienende **10** Person erfolgen. Hausgenosse ist nur ein dauernd mit dem Zustellungsadressaten zusammenlebendes Familienmitglied (Düsseldorf StV **93**, 400). Der mit ihm nicht oder nicht mehr verheiratete Lebensgefährte des Adressaten gehört nach noch hM nicht zur „Familie" (BGH **34**, 250 = NStZ **87**, 469 mit Anm Wendisch; BFH NJW **82**, 2895; Hamm MDR **81**, 602 L; München NStZ **86**, 134; **aM** LG Flensburg MDR **82**, 238; Mayer/Rang NJW **88**, 811; Skwirblies, Nichteheliche Lebensgemeinschaft und Angehörigenbegriff im Straf- und Strafprozeßrecht, 1990, S. 220), anders aber, wenn der Adressat nicht nur mit seinem Lebensgefährten, sondern mit einer Familie zusammenlebt (BGHZ **111**, 1 = NJW **90**, 1666). Erwachsen iS § 181 I ZPO ist auch ein Minderjähriger, der nach seiner körperlichen Entwicklung und äußeren Erscheinung den Eindruck eines Erwachsenen macht (BSG MDR **77**, 82; Hamm NJW **74**, 1150 L; VGH Mannheim MDR **78**, 519; erg 15 zu § 98); unwirksam ist die Übergabe an eine 11jährige (Hamm OLGSt Nr 1) oder an einen 14jährigen (Schleswig SchlHA **80**, 214). **Dienende Person** kann auch eine unentgeltlich **11** im Haushalt tätige Verwandte sein (Hamm MDR **82**, 516). **Hauswirt** iS § 181 II **12** ZPO ist auch der Verwalter oder Hauswart, nicht aber seine Ehefrau. Auch wer einer Hausangestellten Wohnung gewährt, ist Hauswirt (RG **64**, 239). Vgl auch unten 24.

b) **Durch Niederlegung bei der Post** (§ 182 ZPO) ist die Ersatzzustellung **13** nur zulässig, wenn vorher die Zustellung in der Wohnung, nicht nur im Geschäftslokal (vgl unten 14), des Empfängers versucht worden ist. Über die Niederlegung muß eine schriftliche Mitteilung in der bei gewöhnlichen Briefen üblichen Weise abgegeben werden; die Niederlegung im Postfach des Zustellungsempfängers genügt nicht (BFH NJW **84**, 448; Bay **62**, 222 = Rpfleger **63**, 387 mit abl Anm Lappe; **aM** BVerwG NJW **71**, 1284). Die Mitteilung kann durch den Briefschlitz geworfen (Hamm JMBlNW **81**, 68; **aM** Köln JurBüro **79**, 607), unter der Wohnungstür durchgeschoben (BVerwG NJW **73**, 1945; Koblenz NStE Nr 10) oder, wenn das im Einzelfall üblich ist, vor der Haustür abgelegt (BVerwG NJW **85**, 1179), aber nicht hinter eine Türleiste gesteckt werden (Bay StV **82**, 360 L; vgl auch BVerfG NJW **88**, 817: Anbringung des Benachrichtigungszettels am Gartentor); Benachrichtigung in einem Gemeinschaftsbriefkasten reicht aus (Eyinck NJW **98**, 206 gegen LG Neuruppin NJW **97**, 2337). Die Ersatzzustellung nach § 182 ZPO ist nicht deshalb ausgeschlossen, weil der Adressat einen Antrag auf Rücksendung seiner Post an den Absender (Bay **56**, 213 = NJW **57**, 33) oder auf Nachsendung an eine andere Adresse gestellt hat (Bay MDR **81**, 60; Hamburg MDR **82**, 1041); der Adressat muß aber sowohl zZ des Zustellungsversuchs als auch zZ der Benachrichtigung davon und der Niederlegung bei der Post noch an der angegebenen Adresse wohnhaft sein (Frankfurt NStZ-RR **97**, 138).

14 c) **Im Geschäftsraum** (§ 183 ZPO) ist die Ersatzzustellung auch zulässig, wenn sie eine persönliche Angelegenheit des Adressaten betrifft (Bay DAR **82**, 252 [R]). Wird ein RA in seiner Kanzlei nicht angetroffen, so kann das Schriftstück stets einem darin anwesenden Gehilfen oder einer Schreibkraft übergeben werden (§ 183 II ZPO), auch wenn sie noch minderjährig sind (BVerwG NJW **62**, 70); die Niederlegung bei der Post ist unzulässig (BGH NJW **76**, 149; OVG Bremen NJW **86**, 2132).

15 d) Die **Zustellung an Behörden** usw regelt § 184 ZPO; das Verbot der Ersatz-
16 zustellung **an den Gegner** des Adressaten bestimmt § 185 ZPO. Die Vorschrift hat nur für Zustellungen an Privatkläger, Nebenkläger und Nebenbeteiligte Bedeutung. Nach Hamburg NJW **64**, 678 schließt sie auch die Ersatzzustellung an durch die dem Angeklagten vorgeworfene Tat unmittelbar verletzte Personen aus.

17 e) **Wirkung der Ersatzzustellung:** Eine zulässige Ersatzzustellung hat zur Folge, daß die Entscheidung dem Empfänger wirksam zugestellt ist, auch wenn er davon persönlich keine Kenntnis erlangt (BGH **27**, 85, 88). Wird durch die Zustellung eine Frist in Lauf gesetzt, so ist für ihren Beginn allein der Tag der Ersatzzustellung maßgebend. Der Anspruch auf rechtliches Gehör nach Art 103 I GG wird durch das mit der Ersatzzustellung verbundene Risiko des Betroffenen, der auf die Benachrichtigung durch die Ersatzpersonen angewiesen ist, nicht beeinträchtigt (BVerfGE **25**, 158, 165 = NJW **69**, 1103, 1104; BVerfGE **26**, 315, 318 = NJW **69**, 1531; BVerfGE **42**, 243, 246 = NJW **76**, 1837, 1838; BGH aaO; BVerwGE **58**, 100 = NJW **80**, 1480; LR-Wendisch 26).

18 C. **Besondere Fälle:**

19 a) **Zustellungen an Rechtsanwälte,** nicht an Rechtsbeistände (Bay JR **88**, 304 mit krit Anm Wendisch), wohl aber an nach § 138 I als Verteidiger gewählte Hochschullehrer (BGH NStZ **97**, 145), können nach § 212a ZPO auch durch die Post, durch Boten oder durch Einlegung in ein Fach gegen Empfangsbekenntnis erfolgen. Für die Wirksamkeit der Zustellung ist erforderlich, daß der RA persönlich Kenntnis von seinem Gewahrsam an dem ihm zustellungshalber übersandten Schriftstück erhalten hat und durch Unterzeichnung des Empfangsbekenntnisses den Willen äußert, das Schriftstück als zugestellt anzunehmen; Zeitpunkt der Zustellung ist daher nicht das Datum des Eingangs des Schriftstücks in der Anwaltskanzlei, sondern dessen Annahme durch den RA mit dem Willen, es als zugestellt anzusehen (BGH NJW **74**, 1469, 1470; **79**, 2566; **91**, 709; Karlsruhe MDR **84**, 71). Diesen Zeitpunkt muß er in einem Empfangsbekenntnis angeben (BGH NStZ **96**, 149), zu dessen Ausstellung er standesrechtlich verpflichtet ist (Düsseldorf StV **90**, 345); der Gegenbeweis gegen die Richtigkeit des Datums ist (unter strengen Voraussetzungen) zulässig (BGH NJW **69**, 1297; **80**, 1846, 1847; **87**, 325, 1335; VersR **83**, 1080; Düsseldorf NStZ-RR **98**, 110). Die Angabe eines unrichtigen Datums läßt die Wirksamkeit der Zustellung unberührt (BGH NJW **91**, 709). Die Unterzeichnung ist notwendig (BGH 3 StR 337/92 vom 5. 8. 1992) und verlangt die Wiedergabe des vollen bürgerlichen Namens mit entspr Schriftzeichen (Einl

129). Auf einen Verstoß gegen diese Pflicht kann sich der RA allerdings nicht berufen, wenn er einräumt, daß der Schriftzug von ihm stammt (BGH NJW **85**, 2651, 2652). Ein wirksames Empfangsbekenntnis, das auch nachträglich ausgestellt werden kann, ist wesentliches Erfordernis für die Wirksamkeit der Zustellung (BGHZ **35**, 236 = MDR **61**, 759). Unterzeichnet es statt des Pflichtverteidigers ein anderer RA, so ist die Zustellung unwirksam (BGH MDR **81**, 982 [H]; NStZ **88**, 213 [M] mwN; StV **81**, 12; wistra **88**, 236). Bei Zustellung an einen Wahlverteidiger gilt für die Unterzeichnung aber nicht die Beschränkung des § 137 I S. 2 (Hamm JMBlNW **82**, 58). Die Zustellung an einen **RA aus einem Mitgliedstaat der EG als Mitverteidiger** regelt § 5 RADG (vgl 3 zu § 138). Danach wird in 1. Hinsicht an den Zustellungsbevollmächtigten zugestellt; ist keiner benannt, so gilt der RA, mit dem einvernehmlich gehandelt wird, als Zustellungsbevollmächtigter; kann nicht an einen RA zugestellt werden, erfolgen Zustellungen an die Partei. 20

b) **Seeleuten** kann nach Seemannsart zugestellt, dh sie können aufgefordert werden, sich bei der nächsten Liegezeit auf der Geschäftsstelle des AG zu melden, um die Zustellung abzuholen (Bremen Rpfleger **65**, 48; StrK beim AG Bremerhaven NJW **67**, 1721). An **Binnenschiffer** kann gewohnheitsrechtlich auf allen Wasserstraßen durch Vermittlung der Wasserschutzpolizei gegen Empfangsbescheinigung zugestellt werden (Blankenheim MDR **92**, 926 mwN). Vgl auch 8 zu § 48. Blankenheim (aaO) empfiehlt, diese Zustellmöglichkeit auf **Nichtseßhafte** entspr anzuwenden (Zustellung bei üblichen Übernachtungsstellen durch die Polizei). 21 22 22 a

c) Für die **Zustellung an Soldaten** gelten keine besonderen Bestimmungen (KK-Maul 22). Jedoch enthält der Erlaß über Zustellungen, Ladungen, Vorführungen und Zwangsvollstreckungen in der Bundeswehr idF der Bek vom 16. 3. 1982 (VMBl 130), geändert durch Erlaß vom 20. 6. 1983 (VMBl 182), Bestimmungen über die Mitwirkung der Truppe (vgl 10 zu § 48). Für die in der BRep stationierten NATO-Streitkräfte gelten Art 36, 37 **NTS-ZA.** 23

d) Bei **Gefangenen** ist die Ersatzzustellung dadurch beschränkt, daß weder in der Wohnung noch in den gewerblichen Räumen wirksam zugestellt werden kann (oben 8). Dafür gilt der Anstaltsleiter oder dessen Vertreter oder der zur Postannahme ermächtigte Beamte als Hauswirt iS des § 181 II ZPO (oben 12). In JVAen wird meist durch Justizbeamte, ggf im Wege der Amtshilfe, zugestellt; dabei steht gemäß § 211 I S. 1 ZPO ein Beamter der JVA dem Gerichtswachtmeister gleich. 24

4) Zustellung im Ausland: Nach II besteht die Möglichkeit einer vereinfachten Zustellung im Ausland durch Einschreiben mit Rückschein, soweit auf Grund völkerrechtlicher Vereinbarungen Schriftstücke unmittelbar durch die Post übersandt werden dürfen. Art 52 I des SDÜ (Einl 216) hat die Möglichkeit unmittelbarer Urkundenübersendung eröffnet, die über § 37 II hinausgeht; die Liste aller Urkunden, die unmittelbar durch die Post übersandt werden dürfen, ist nach Vertragsparteien (Benelux-Staaten, BRD, Frankreich, Griechenland, Italien, Österreich, Portugal, Spanien) geordnet bei Schomburg/Lagodny 12 ff zu Art 52 SDÜ abgedruckt. Hinweispflichten in Ladungen an Zeugen im Ausland nach Art 10, 12 EuRHÜbk (vgl 63 zu § 244) bleiben unberührt. Vgl ferner Art 10 I des Vertrags zwischen der BRep und der Republik Österreich über Amts- und Rechtshilfe in Verwaltungssachen vom 31. 5. 1988 (BGBl 1990 II 358, 1334). Auf dem an die absendende Stelle zurückzusendenden Rückschein wird vermerkt, an wen die Sendung übergeben worden ist (dazu näher Rose wistra **98**, 16). Kosten für diese vereinfachte Zustellungsart werden nach Nr 9013 KVGKG erhoben. Bei den **anderen Staaten,** in denen die Übersendung durch die Post völkerrechtlich nicht zulässig ist, sind Postzustellungsaufträge an Empfänger im Ausland unzulässig (§ 199 ZPO; Rose aaO). Ist der Adressat deutscher Staatsangehöriger, so können die deutschen Auslandsvertretungen die Zustellung bewirken (§ 16 KonsG; RiVASt 129 III). In welcher Form das geschieht, ist dem deutschen Konsul über- 25 25 a lassen; zulässig ist zB die Aushändigung gegen Nachweis am Amtssitz (BGH **26**, 140, 142). Für den Nachweis genügt nach § 16 S. 2 KonsG das schriftliche Zeugnis des Konsuls, aus dem sich ergibt, auf wessen Ersuchen in welcher Strafsache welches Schriftstück ausgehändigt worden und wann das geschehen ist (BGH aaO). Außer diesem Weg und für ausländische Staatsangehörige kommt ein Rechtshilfeersuchen an den fremden Staat in Betracht, wenn es nach den zwischenstaatlichen Vereinbarungen zulässig ist (RiVASt 115, 116). Für die Zustellung von Verfahrensurkunden an Partnerstaaten des EuRHÜbk (Einl 215 b), die das SDÜ nicht in Kraft gesetzt haben, gilt Art 7 EuRHÜbk. Wenn nicht ein vom Empfänger unterschriebenes Empfangsbekenntnis vorliegt, wird die Zustellung durch ein schriftliches Zeugnis der ersuchten Stelle nachgewiesen (Art 7 II EuRHÜbk). Die Urkunde des ausländischen Zustellungsbeamten über die Zustellung genügt nicht (Bay **81**, 17 = StV **81**, 224).

26 5) **Zustellungsmängel** machen die Zustellung nur bei offensichtlichen schweren Fehlern unwirksam, nicht schon bei irriger Annahme der Zustellungszuständigkeit. Unwirksam ist eine Zustellung insbesondere, wenn eine Ersatzzustellung nach den §§ 181 ff ZPO nicht zulässig oder von der die Zustellung anordnenden Behörde ausdrücklich ausgeschlossen worden war, wenn die Zustellungsurkunde in wesentlichen Teilen unrichtig oder unvollständig ist, zB der Zustellungsempfänger falsch bezeichnet (Celle NdsRpfl **85**, 173; Hamm JMBlNW **54**, 11) oder das Zustellungsdatum auf der Urkunde falsch angegeben ist (Hamm OLGSt Nr 2; zw BGH NJW **91**, 709), wenn bei Ersatzzustellung nach § 182 ZPO die Angabe der Art der formlosen Mitteilung fehlt (Bremen NJW **55**, 643), wenn nach der Zustellungsurkunde eine unmittelbare, in Wahrheit aber eine Ersatzzustellung vorgenommen worden ist (BGH BB **56**, 58; Bay **62**, 257; Hamm VRS **60**, 200; Karlsruhe MDR **76**, 161) oder wenn auf dem zurückgeleiteten Empfangsbekenntnis nach § 212 a ZPO die Unterschrift des Verteidigers fehlt (BGHR § 37 I Wirksamkeit 3). Weitere Beispiele bei LR-Wendisch 61 ff. Die Zustellungsurkunde genießt die
27 **Beweiskraft** des § 418 I ZPO (BVerwG NJW **85**, 1179, 1180; **86**, 2127; Köln VRS **64**, 289; Schleswig SchlHA **84**, 98 [E/L]); das gilt auch für Zustellungsurkunden der Bediensteten der Deutschen Post AG (§ 195 II S.3 ZPO). Der Gegenbeweis ist zwar zulässig (§ 418 II ZPO), aber nicht durch das bloße Behaupten des Gegenteils unter Benennung des Postbediensteten als Zeugen (BVerwG aaO; Düsseldorf VRS **87**, 441). Auch bei bloßen Zweifeln an der Richtigkeit der urkundlichen Feststellungen ist der Gegenbeweis nicht erbracht (Köln aaO); Glaubhaftmachung genügt nicht (Schleswig aaO). Der Inhalt der Urkunde kann insbesondere durch nachträglich bekanntgewordene Umstände widerlegt werden (BVerfG NStZ-RR **97**, 70; Hamm MDR **85**, 782: erwiesene Abwesenheit des
28 angeblichen Zustellungsempfängers). Eine **Heilung** von Zustellungsmängeln tritt nach I S. 1 iVm § 187 S. 1 ZPO ein, wenn dem Adressaten das Schriftstück trotz des Mangels zugegangen ist (LR-Wendisch 63 ff), jedoch nicht (I S. 2 iVm § 187 S. 2), wenn der Lauf einer gesetzlichen Rechtsmittelfrist von der Zustellung abhängt (Bay **65**, 4, 7 = MDR **65**, 596; KG JR **82**, 388; Bremen NJW **55**, 643; Düsseldorf JMBlNW **82**, 186). Eine gescheiterte Zustellung in Form der Übergabe an den Zustellungsempfänger selbst kann nicht in eine wirksame Ersatzzustellung umgedeutet werden (Düsseldorf VRS **87**, 441).

29 6) **Doppelzustellungen** (III): Wird demselben Empfangsberechtigten mehrfach zugestellt, so ist nur die 1. Zustellung maßgebend (BGH NJW **78**, 60; Hamburg NJW **65**, 1614; Saarbrücken NJW **64**, 1633; Dünnebier JZ **69**, 96), sofern ihr nicht ein wesentlicher Mangel anhaftet, der sie unwirksam macht (oben 2). Doppelzustellungen an den Beschuldigten und den Verteidiger sind nicht zugelassen (vgl § 145 a III). Finden sie gleichwohl statt, so ist die später bewirkte Zustellung an den Verteidiger unwirksam, wenn sich zum Zustellungszeitpunkt weder eine Vollmachtsurkunde bei den Akten befunden hat noch eine Vollmacht in der Hauptverhandlung mündlich erteilt und im Protokoll beurkundet worden ist (Bay **92**, 157 =

MDR **93**, 459; Düsseldorf NStZ **88**, 327; **aM** Düsseldorf VRS **73**, 389; erg 9 zu § 145 a). Von mehreren wirksamen Zustellungen ist nach III nur die spätere maßgebend, was zu einer faktischen Fristverlängerung führen kann (BGHR § 345 I Fristbeginn 4). Das gilt selbst dann, wenn die spätere Zustellung erst angeordnet worden ist, nachdem die 1. schon bewirkt war (BGH **22**, 221; Bay **67**, 101 = NJW **67**, 2124; Bay **75**, 150 = VRS **50**, 292). War allerdings die durch die 1. Zustellung eröffnete Frist bereits abgelaufen, so wird sie durch die Zustellung an einen weiteren Empfangsberechtigten nicht wieder eröffnet (BGH **34**, 371 = JR **88**, 467 mit Anm Wendisch; NStZ **85**, 17 [Pf/M]; Frankfurt GA **80**, 427; Hamm MDR **75**, 332; **aM** LR-Wendisch 74; Dünnebier JZ **69**, 94), auch nicht, wenn diese Zustellung noch vor Ablauf der Frist angeordnet worden war (BGH **22**, 221; Bay aaO; Düsseldorf StV **97**, 121 mwN).

Unmittelbare Ladung

38 **Die bei dem Strafverfahren beteiligten Personen, denen die Befugnis beigelegt ist, Zeugen und Sachverständige unmittelbar zu laden, haben mit der Zustellung der Ladung den Gerichtsvollzieher zu beauftragen.**

1 **1)** Die **Befugnis zur unmittelbaren Ladung** haben Angeklagte (§§ 220 I, 323 I S. 1, 386 II), Privatkläger (§ 386 II), Nebenkläger (10 zu § 397), Beschuldigte im Sicherungsverfahren (§ 414 I), Verfalls- und Einziehungsbeteiligte (§§ 433 I, 440 III, 442 I) sowie JPen und Personenvereinigungen (§ 444 II S. 2, III S. 1).

2 **2)** Der **Gerichtsvollzieher** ist unmittelbar mit der Zustellung der vom Auftraggeber unterschriebenen Ladung zu beauftragen; eine Vermittlung durch die Geschäftsstelle des Gerichts findet nicht statt (vgl § 161 GVG). Der Gerichtsvollzieher kann (und muß auf Anweisung des Auftraggebers) die Deutsche Post AG (vgl 6 zu § 36) um Ausführung der Zustellung ersuchen (§§ 193 ff ZPO), nicht aber der Ladungsberechtigte selbst (BGH NJW **52**, 836).
3 **Zuständig** für die Zustellung durch Ersuchen an die Post ist jeder Gerichtsvollzieher in der BRep (§ 160 GVG), für die unmittelbare Zustellung ohne Mitwirkung der Post nur der am Bestimmungsort (KK-Maul 2).

4 **3)** **Verpflichtet zum Erscheinen** ist der unmittelbar Geladene nur unter den Voraussetzungen des § 220 II. Fehlen sie, so ist die Ladung durch den Gerichtsvollzieher zwar zulässig, den sonst gebotenen Hinweis (vgl § 48) auf die gesetzlichen Folgen des Ausbleibens (§§ 51, 77) darf die Ladung dann aber nicht enthalten (LR-Wendisch 4).

39 (weggefallen)

Öffentliche Zustellung

40 I **Kann eine Zustellung an einen Beschuldigten, dem eine Ladung zur Hauptverhandlung noch nicht zugestellt war, nicht in der vorgeschriebenen Weise im Inland bewirkt werden, und erscheint die Befolgung der für Zustellungen im Ausland bestehenden Vorschriften unausführbar oder voraussichtlich erfolglos, so gilt die Zustellung als erfolgt, wenn der Inhalt des zuzustellenden Schriftstücks durch ein deutsches oder ausländisches Blatt bekanntgemacht worden ist und seit dem Erscheinen dieses Blattes zwei Wochen verflossen sind oder wenn das zuzustellende Schriftstück zwei Wochen an der**

Gerichtstafel des Gerichts des ersten Rechtszuges angeheftet gewesen ist. Die Auswahl des Blattes steht dem die Zustellung veranlassenden Beamten zu.

II War die Ladung zur Hauptverhandlung dem Angeklagten schon vorher zugestellt, so gilt eine weitere Zustellung an ihn, wenn sie nicht in der vorgeschriebenen Weise im Inland bewirkt werden kann, als erfolgt, sobald das zuzustellende Schriftstück zwei Wochen an der Gerichtstafel des Gerichts des ersten Rechtszuges angeheftet gewesen ist. Von Urteilen und Beschlüssen wird nur der entscheidende Teil angeheftet.

III Die öffentliche Zustellung ist im Verfahren über eine vom Angeklagten eingelegte Berufung bereits zulässig, wenn eine Zustellung nicht unter einer Anschrift möglich ist, unter der letztmals zugestellt wurde oder die der Angeklagte zuletzt angegeben hat.

1 **1) Gegenstand der öffentlichen Zustellung** (allg dazu M. J. Schmid MDR **78**, 96) können nicht nur gerichtliche Entscheidungen, ausgenommen Strafbefehle (21 zu § 409), sein, sondern auch Anordnungen, Verfügungen und Ladungen (vgl aber § 232 II), auch zur Berufungsverhandlung (9 zu § 329), und Aufforderungen zur Erklärung, zB nach § 201 I (LR-Wendisch 1; **aM** KK-Maul 3; M. J. Schmid aaO) und § 453 I S. 2). Für Ladungen der StA gilt § 40 nicht (18 zu § 163 a).

2 **2)** Dem **Beschuldigten** kann öffentl zugestellt werden, auch Verfalls- und Einziehungsbeteiligten (§§ 433 I, 435 I Hs 2, 442 I), nicht aber denjenigen, die für den Beschuldigten Sicherheit geleistet haben (§ 124 II, III). Ausgeschlossen ist die öffentliche Zustellung im Jugendstrafverfahren (Brunner/Dölling 5; Eisenberg 6; beide zu § 2 **JGG**) und nach Art 36 **NTS-ZA**. Beschuldigter iS des § 40 ist auch, wer bereits rechtskräftig verurteilt ist (LR-Wendisch 2; **aM** M. J. Schmid MDR **78**, 97). Daher kann der Beschluß, mit dem die Aussetzung des Strafrestes zur Bewährung widerrufen wird, öffentl zugestellt werden (11 zu § 453 c).

3 **3) Voraussetzung** der öffentlichen Zustellung ist in den Fällen I und II die Unmöglichkeit, die Zustellung in der vorgeschriebenen Weise im Inland an den Beschuldigten, den Verteidiger nach § 145 a I (Köln StV **98**, 211; Hamburg MDR **71**, 775) oder an einen Zustellungsbevollmächtigten (RG **66**, 76, 79) zu bewirken. Auslandsaufenthalt des Beschuldigten ist nicht erforderlich; der Hauptanwendungsfall des § 40 ist vielmehr, daß sein Aufenthalt unbekannt ist. Befindet er sich im Ausland und kennt das Gericht den Aufenthaltsort, so ist nach I weitere Voraussetzung, daß die gewöhnliche Zustellung unausführbar oder voraussichtlich erfolglos ist. Nur wenn dem Beschuldigten die Ladung zur Hauptverhandlung schon vorher zugestellt war, entfällt diese Voraussetzung (II); in diesem Fall wird von ihm verlangt, daß er den Zugang weiterer Zustellungen ermöglicht (Hamburg JR **82**, 122 mit Anm Wendisch; Krause JR **78**, 392). Die öffentliche Zustellung ist dann auch zulässig, wenn der Angeklagte erst nach Berufungseinlegung seinen Wohnsitz in das Ausland verlegt (RG JW **27**, 2040 mit Anm Drucker) oder an seinen ausländischen Wohnsitz zurückkehrt (Hamburg aaO). Soll (als *ultima ratio)* öffentl zugestellt werden, weil der Aufenthalt des Beschuldigten nicht bekannt ist, so setzt das voraus, daß das Gericht vorher mit allen ihm zum Verfügung stehenden zumut-
4 baren Mitteln versucht hat, den **Aufenthaltsort zu ermitteln** (Bay NStZ **84**, 29; Düsseldorf VRS **89**, 291; Frankfurt StV **83**, 233; Hamm MDR **72**, 259; Köln JR **68**, 390; VRS **59**, 42; Schleswig SchlHA **86**, 103 [E/L]). Dabei ist ein strenger Maßstab anzulegen (Bay **91**, 92 = NStZ **91**, 598; Düsseldorf VRS **87**, 349; Hamm JMBlNW **77**, 200). Daß das Schriftstück nach versuchter Zustellung mit dem Vermerk „Empfänger unbekannt verzogen" zurückkommt, genügt nicht (Celle StV **85**, 495; Köln VRS **64**, 198). Bei Ausländern ist idR eine Anfrage beim Bundesverwaltungsamt – Ausländerzentralregister – erforderlich (Köln VRS **59**, 42; StV **90**, 345 L; Stuttgart MDR **76**, 775; vgl § 10 AZR-Gesetz vom 2. 9. 1994, BGBl I 2265 und dazu Schriever-Steinberg NJW **94**, 3276). Unterläßt das Gericht

die erforderlichen Nachforschungen, so ist die Zustellung unwirksam (Bay NStZ **84**, 29; Celle MDR **76**, 335; StV **85**, 495; Köln VRS **64**, 198), sofern nicht feststeht, daß sie erfolglos gewesen wären (Oldenburg OLGSt S. 7).

4) Unter **erleichterten Voraussetzungen** (III) ist die öffentliche Zustellung im Verfahren über eine Berufung (nicht über eine nach § 335 als Berufung zu behandelnde Revision, Bremen StV **91**, 150 L) des Angeklagten (nicht seines gesetzlichen Vertreters) zulässig. Die öffentliche Zustellung der Ladung zur Berufungsverhandlung und von zustellungsbedürftigen Entscheidungen, insbesondere des Berufungsurteils (nach Bay **91**, 92 = NStZ **91**, 598 aber nicht die Zustellung zum Ingangsetzen der Revisionsbegründungsfrist nach § 345 I S. 2, zw) kann entgegen I, II bereits angeordnet werden, wenn die gewöhnliche Zustellung nicht an den Verteidiger (§ 145 a) und an den Angeklagten nicht unter der Anschrift möglich ist, unter der letztmals zugestellt wurde oder die der Angeklagte zuletzt angegeben hat. Die Vorschrift will es dem Gericht ersparen, zeit- und arbeitsaufwendige Ermittlungen nach einem Angeklagten anzustellen, der das Berufungsverfahren dadurch verzögern will, daß er seinen Wohnsitz aufgibt und sich an einem dem Gericht nicht bekannten Ort aufhält. Dem Angeklagten wird daher eine Mitwirkungspflicht auferlegt. Wenn er Rechtsnachteile, insbesondere die Verwerfung seiner Berufung nach § 329 I und den Eintritt der Rechtskraft des Berufungsurteils, vermeiden will, muß er dem Berufungsgericht seine neue Anschrift mitteilen. Auf die Folgen, die das Unterlassen dieser Obliegenheit hat, wird er nach § 35 a S. 2 hingewiesen (erg 16 zu § 35 a). 5

5) Die **Anordnung** der öffentlichen Zustellung, die bei Vorliegen der Voraussetzungen des § 40 zwingend ist (LR-Wendisch 5), erfolgt nach § 37 I S. 1 iVm § 204 ZPO durch Gerichtsbeschluß (Hamm JMBlNW **58**, 262). Fehlt die gerichtliche Anordnung oder hat der Vorsitzende des Kollegialgerichts sie allein getroffen, so ist die Zustellung unwirksam; eine gesetzliche Frist wird nicht in Lauf gesetzt. 6

6) Bewirkt wird die öffentliche Zustellung im Fall des I durch Bekanntmachung in einem deutschen oder ausländischen Blatt oder durch Anheftung (einer Ausfertigung oder beglaubigten Abschrift) an der Gerichtstafel des Gerichts des 1. Rechtszugs, dh des erstinstanzlichen Gerichts in der konkreten Sache, im Vollstreckungsverfahren also ggf der StVollstrK (Düsseldorf JMBlNW **98**, 213; Karlsruhe MDR **81**, 159; **aM** Hamm JMBlNW **97**, 80). In den Fällen der II, III erfolgt die Zustellung nur durch die Anheftung. Von Urteilen und Beschlüssen wird stets, auch im Fall des I (Hamm JMBlNW **74**, 214), nur der entscheidende Teil angeheftet (II S. 2). Die Zustellung gilt mit Ablauf von 2 Wochen nach Erscheinen des Blattes oder der Anheftung an der Gerichtstafel als erfolgt; § 206 III ZPO ist nicht entspr anwendbar. Anheftung und Abnahme hat der UrkB der Geschäftsstelle unter Angabe des Zeitpunkts zu beurkunden. Wird der Aufenthalt des Beschuldigten während der Anheftung bekannt, so wird die öffentliche Zustellung unzulässig (Düsseldorf MDR **92**, 985 mwN). 7

7) Anfechtung: Gegen die Anordnung nach § 40 ist Beschwerde (etwa durch den Verteidiger) nach § 304 I zulässig (Celle MDR **76**, 335); es gilt aber § 305 S. 1 (KG JR **95**, 38). Nach Durchführung der öffentlichen Zustellung ist die Beschwerde unzulässig (Düsseldorf VRS **90**, 183) und eine Aufhebung des Anordnungsbeschlusses ausgeschlossen (LG Aachen NStZ **92**, 143 mit Anm Wendisch). 8

Zustellung an die StA **RiStBV 159**

41 **Zustellungen an die Staatsanwaltschaft erfolgen durch Vorlegung der Urschrift des zuzustellenden Schriftstücks. Wenn mit der Zustellung der Lauf einer Frist beginnt, so ist der Tag der Vorlegung von der Staatsanwaltschaft auf der Urschrift zu vermerken.**

1 **1)** Eine **Vereinfachung der Zustellung** an die StA bezweckt § 41. Die Zustellung nach § 37 – auch iVm § 212 a ZPO (KG NStE Nr 3) – wird dadurch nicht ausgeschlossen (Zweibrücken JR **77**, 292 mit Anm Schätzler); jedoch ist dann für deren Wirksamkeit die Unterzeichnung des Empfangsbekenntnisses durch den Behördenleiter oder die ihn vertretende Person erforderlich (Frankfurt NStZ-RR **96**, 234). Für die Anordnung der Zustellung gilt § 36 I S. 1, für das Bewirken § 36 I S. 2.

2 **2)** Nur durch **Vorlegung der Urschrift** (S. 1) des zuzustellenden Schriftstücks, auch ohne Beifügung der Akten, ist die Zustellung nach § 41 möglich; die formlose Übersendung oder Vorlage einer beglaubigten Abschrift genügt nicht (RG **61**, 351; Düsseldorf Rpfleger **83**, 325; Hamm JMBlNW **77**, 257; Köln MDR **66**, 947). Erforderlich ist, daß der Zustellungswille der zustellenden Behörde erkennbar wird (Hamm aaO; Saarbrücken VRS **47**, 366, 367); auf den Willen des Beamten der StA, das Schriftstück als Zustellung entgegenzunehmen, kommt es nicht an (RG **57**, 55; Hamm GA **57**, 183; JMBlNW **82**, 21). Ein ausdrücklicher Hinweis auf § 41 ist nicht erforderlich, auch nicht ein ausdrücklicher Übersendungsvermerk „zur Zustellung" (Hamm aaO). Die Vorlegung zur Kenntnisnahme (Koblenz HESt **3**, 7; Zweibrücken VRS **54**, 284) oder (unter Bezugnahme auf eine Rechtsmittelschrift) zur weiteren Veranlassung (Bay **95**, 154 = wistra **96**, 38; Hamm GA **57**, 183), kann ausreichen, aber nicht die Rücksendung der Akten „nach Erledigung" (Hamm JMBlNW **77**, 257).

3 **3) Bewirkt** ist die Zustellung ohne Rücksicht auf die Kenntnis des Behördenleiters oder Sachbearbeiters der StA – und unabhängig davon, ob eine handschriftliche Urschrift nur schwer lesbar ist (Saarbrücken NStE Nr 2) – mit dem Eingang des Schriftstücks bei der StA (RG **72**, 317). Fristen berechnen sich grundsätzlich nach dem Eingangsstempel der StA (Braunschweig NStZ **88**, 514). Der Vermerk nach S. 2 (dazu RiStBV 159) ist nur ein auf andere Weise ersetzbares Beweismittel. Das Unterlassen oder die Verweigerung des Vermerks und die Angabe eines unrichtigen Eingangstages sind auf den mit der Zustellung beginnenden Fristenlauf ohne Einfluß (RG **57**, 55; Hamm GA **57**, 183; Hessen HESt **2**, 125).

5. Abschnitt. Fristen und Wiedereinsetzung in den vorigen Stand

Vorbemerkungen

1 **1)** Die **Frist** ist ein begrenzter, idR bestimmt bezeichneter, jedenfalls aber bestimmbarer Zeitraum, innerhalb dessen etwas geschehen muß oder nicht geschehen darf (LR-Wendisch 1). Die §§ 42 ff gelten nur für strafprozessuale Fristen; für sachlich-rechtliche Fristen (zB die Strafantragsfrist nach § 77 b StGB und die
2 Verjährungsfrist nach § 78 StGB) haben sie keine Bedeutung. **Keine Fristen** iS der §§ 42 ff sind Fristen, innerhalb deren oder bei deren Ablauf ein Strafverfolgungsorgan eine Prozeßhandlung vornehmen soll oder muß (KK-Maul 6 zu § 43; KMR-Paulus 5; Schlüchter 147 Fn 53; **aM** LR-Wendisch 2), zB nach §§ 98 III, 111 e II S. 1, 115 II, 115 a II S. 1, 118 V, 118 a IV S. 2, 122 IV S. 2, 128 I S. 1, 129, 275 I S. 2. Die 6-Monats-Frist des § 121 I ist ebenfalls keine Frist ieS, obwohl
3 in § 121 III S. 1 vom Fristenlauf die Rede ist. Auch der **Termin** ist keine Frist; er ist ein gesetzlich oder richterlich bestimmter Zeitpunkt, an dem oder von dem ab eine Verhandlung stattfinden soll; als Termin wird auch die ganze Zeitspanne einer Verhandlung bezeichnet (vgl EbSchmidt 8).

4 **2) Einteilung der Fristen:**

5 A. **Gesetzliche Fristen** ergeben sich unmittelbar aus dem Gesetz (zB aus § 45 I S. 1, 172 II S. 1, 235 I S. 1, 311 II S. 1, 314 I, 317, 319 II S. 1, 341 I, 345 I, 346 II S. 1, 349 III S. 2, 409 I S. 1 Nr 7, 439 II S. 1). Sie dürfen nicht verlängert

werden. Bei unverschuldeter Versäumung ist Wiedereinsetzung in den vorigen Stand nach § 44 möglich, sofern es sich nicht um **Ausschlußfristen** handelt, nach 6 deren Ablauf die Prozeßhandlung schlechthin unzulässig ist, wie nach §§ 6 a S. 3, 16, S. 3, 25, 222 b S. 1, 303 S. 1, 388 I, 391 I S. 2, 439 II S. 2.

B. **Richterliche Fristen** sind solche, deren Beginn und Dauer im Einzelfall 7 aufgrund besonderer gesetzlicher Ermächtigung, zB nach §§ 123 III, 201 I, 368 II, 379 III, 379 a I, 382, 406 g IV S. 3, oder im Rahmen der Prozeßleitung durch richterliche Verfügung festgesetzt werden. Für sie gelten die §§ 42, 43 nur, wenn der Richter bei der Fristsetzung nichts anderes bestimmt (EbSchmidt 3; Meyer JR **72**, 72). Sie können, außer bei zwingender Säumnisfolge (zB nach § 379 a III S. 1), auf Antrag oder von Amts wegen verlängert oder nach Ablauf mit kürzerer, gleicher oder längerer Dauer neu gewährt werden (KK-Maul 4 zu § 43).

C. **Handlungs- und Erklärungsfristen** sind Zeiträume, innerhalb deren ein 8 Verfahrensbeteiligter eine Prozeßhandlung vornehmen muß, damit sie zulässig ist. Sie sind teils gesetzlich bestimmt (oben 5), teils werden sie richterlich festgesetzt (oben 7). Zur Fristwahrung vgl unten 11 ff.

D. **Zwischenfristen** sind Fristen, die der Richter oder StA in der Weise zu 9 beachten hat, daß er eine Handlung nicht vor ihrem Ablauf vornehmen darf (KK-Maul 1 zu § 43; LR-Wendisch 2). Solche Fristen bestimmen zB §§ 138 d II S. 2, 217 I, 418 II S. 3.

3) Für **staatsanwaltschaftliche Fristen,** dh solche, die bei der StA wahrzuneh- 10 men sind, gelten die §§ 42, 43 entspr. Dagegen sind die Vorschriften über die Wiedereinsetzung (§§ 44, 45) bei den Erklärungsfristen im Ermittlungsverfahren nicht anwendbar; eine Ausnahme gilt für die Versäumung der Frist des § 172 I S. 1 (dort 17).

4) Wahrung von Erklärungsfristen: 11

A. **Erklärungen zu Protokoll der Geschäftsstelle** (Einl 131 ff) wahren die 12 Frist, wenn sie rechtzeitig bei dem UrkB des zuständigen Gerichts abgegeben und von ihm niedergeschrieben werden (LR-Wendisch 6); vgl auch § 299 II. Wird eine Erklärung, die auch schriftlich abgegeben werden kann, von einem unzuständigen Gericht protokolliert, so ist die Frist gewahrt, wenn das Protokoll von dem Erklärenden unterzeichnet ist und rechtzeitig an das zuständige Gericht gelangt (erg Einl 133).

B. **Schriftliche Erklärungen** (Einl 128): Die Fristwahrung setzt keine Mit- 13 wirkung des Gerichts voraus (BVerfGE **41**, 323, 328 = NJW **76**, 747). Entscheidend ist allein, daß das Schriftstück innerhalb der Frist ordnungsgemäß (also nicht durch Einwurf in ein offenes Fenster, Übergabe an die Putzfrau, Durchschieben unter der Haustür oder auf ähnliche Weise) in die Verfügungsgewalt des zuständigen Gerichts gelangt, wenn auch an eine falsche Abteilung oder zu falschen Akten (Köln VRS **57**, 299). Die Übergabe an einen empfangsberechtigten Beamten außerhalb des Gerichtsgebäudes und außerhalb der Dienstzeit reicht aus, nicht aber der Einwurf in ein Fach, das nur für den internen Postaustausch der Behörden bestimmt ist (LG Stuttgart MDR **86**, 689). Einschreibsendungen gehen schon zu, wenn dem Gericht die Benachrichtigung über den bei dem Postunternehmen hinterlegten Brief übergeben wird (RG **44**, 350; LR-Wendisch 18), Sendungen, die in ein Postfach eingelegt werden, erst mit der Abholung (KK-Maul 17 zu § 43; LR-Wendisch 25; **aM** AK/StPO-Lemke 26 zu §§ 42, 43; W. Schmid Dünnebier-FS 114 ff: schon mit dem Einsortieren). Eine falsche Adressierung der Sendung ist unschädlich. Nicht erforderlich ist, daß das Schriftstück bis zum Ende der Dienstzeit eingegangen ist (1 zu § 43) oder daß ein zu seiner Entgegennahme zuständiger Beamter es amtlich in Empfang nimmt (BVerfGE **52**, 203, 209 = NJW **80**, 580; BVerfGE **57**, 117 = NJW **81**, 1951; BVerfGE **69**, 381, 385 ff = NJW **86**, 244).
Daher wahrt der Einwurf in einen gewöhnlichen **Hausbriefkasten** die Frist 14

(BGH NJW **81**, 1216 = JR **81**, 331 mit Anm Grundmann), auch wenn mit der
Leerung am selben Tag nicht gerechnet werden kann (BVerfGE **42**, 128 = NJW
76, 255; BGH NJW **84**, 1237; BVerwG NJW **74**, 73). Wer einen solchen Brief-
kasten benutzt, hat aber die Beweislast für den rechtzeitigen Einwurf der Erklä-
rungsschrift (vgl Frankfurt NJW **74**, 1959; W. Schmid Dünnebier-FS 113). Ent-
sprechendes gilt für das Einsortieren in ein Postfach des Gerichts (BGH MDR **87**,
15 134). Die Anbringung eines **Nachtbriefkastens** hat nur den Vorteil, daß ein
Kontrollmechanismus die Erfassung der vor Mitternacht eingegangenen Briefe
ermöglicht und daß bei seinem Versagen der rechtzeitige Eingang der Sendung
unterstellt wird (Bay **68**, 103, 106 = NJW **69**, 201). Wenn das Schriftstück bei
16 einem **unzuständigen Gericht** oder bei der StA eingereicht wird, kommt es für
die Fristwahrung darauf an, daß es dem zuständigen Gericht noch innerhalb der
Frist zugeht (BGH MDR **73**, 557 [D]; Celle NJW **60**, 114; Karlsruhe JR **92**, 302
mit abl Anm Sommermeyer; Dahs/Dahs 22); daß ihm sein Inhalt von dem unzu-
ständigen Gericht telefonisch übermittelt wird, genügt dann, wenn darüber ein
Protokoll aufgenommen wird (Celle MDR **70**, 608; Düsseldorf NStZ **84**, 184 mit
Anm Maul; Zweibrücken MDR **82**, 166). Wird das an ein unzuständiges Gericht
adressierte Schriftstück dem zuständigen Gericht lediglich durch die Briefkontrolle
(bei UHaft) bekannt, so wahrt das die Frist nicht (LG Bielefeld MDR **83**, 779).
17 Betreiben mehrere Gerichte oder andere Justizbehörden eine **gemeinsame Brief-
annahmestelle** (Eingangsstelle, Einlaufstelle), die auch ein gemeinschaftlicher
Nachtbriefkasten (oben 15) sein kann, so wird eine Frist durch den Eingang des
Schreibens bei dieser Stelle gewahrt. Die unrichtige Adressierung ist unschädlich,
wenn der wahre Adressat eine der Trägerbehörden ist; auf die rechtzeitige Weiter-
leitung an die zuständige Behörde kommt es nicht an (KG JR **55**, 152; VRS **39**,
445; Bremen NJW **50**, 395; Hamm JMBlNW **56**, 141; AK/StPO-Lemke 28; KK-
Maul 16 zu § 43; LR-Wendisch 22 ff; Sarstedt/Hamm 127; **aM** BGH NJW **75**,
2294; **83**, 123; Bay **74**, 141 = JR **76**, 26 mit abl Anm Küper; Bay **84**, 15 = VRS
66, 285 unter Aufgabe von Bay **82**, 26 = MDR **82**, 601; Bay NJW **88**, 714;
Frankfurt NJW **88**, 2812; Stuttgart NStZ **87**, 185 mit krit Anm Maul; Blaese/
Wielop 74; W. Schmid Dünnebier-FS 117 ff). Entsprechendes gilt bei einem
gemeinsamen Telefaxanschluß (Düsseldorf JMBlNW **90**, 179).
18 C. **Telegrafische Erklärungen** (Einl 139) sind dem Gericht schon dann zuge-
gangen, wenn die zuständige Stelle der Deutschen Post AG (vgl 6 zu § 36) den
Inhalt des Telegramms fernmündlich innerhalb der Frist an die Empfangsbehörde
durchgibt und das Gespräch von einem dazu befugten Beamten entgegengenom-
men und in einer Aktennotiz festgehalten wird (BGH **14**, 233; **30**, 64, 69; KMR-
Paulus 19; weitergehend LR-Wendisch 28: auch ohne Aktenvermerk). Gibt die
Post das Telegramm durch Fernschreiben weiter, so ist die Frist gewahrt, wenn der
Text rechtzeitig bei der Fernschreibstelle der Empfangsbehörde vorliegt (Hamm
19 NJW **61**, 2225). Die durch **Fernschreiber** abgegebene Erklärung (Einl 139) ist
dem Gericht zugegangen, wenn der Text in der Anlage des Empfängers vollständig
niedergeschrieben ist (W. Schmidt NStZ **83**, 37). Das gilt auch, wenn dieser Zeit-
punkt nach Dienstschluß liegt und die Fernschreibanlage nicht besetzt ist (BGHZ
101, 276 = NJW **87**, 2586; Zweibrücken OLGSt Nr 8 zu § 345; vgl auch
BVerfGE **52**, 203 = NJW **80**, 580; AK/StPO-Lemke 31 zu §§ 42, 43); die
Beweislast, daß das vor Fristablauf geschehen ist, hat derjenige, der die Erklärung
abgibt (W. Schmidt aaO).

20 D. **Zweifel an der Fristwahrung:** Vgl 35 zu § 261.

Tagesfristen

42 **Bei der Berechnung einer Frist, die nach Tagen bestimmt ist, wird der Tag nicht mitgerechnet, auf den der Zeitpunkt oder das Ereignis fällt, nach dem der Anfang der Frist sich richten soll.**

1) Nicht nur bei den **Tagesfristen** zählt der Anfangstag nicht mit. § 42 gilt vielmehr für Fristen aller Art (gesetzliche, richterliche, Handlungsfristen, amtliche Fristen für den Richter). Die Vorschrift besagt, daß bei der Fristberechnung der Tag nicht mitgezählt wird, auf den das für den Fristbeginn maßgebende Ereignis fällt. Beginnt zB eine Dreitagesfrist am 10. 5., so endet sie mit Ablauf des 13. 5. Vgl auch 1, 2 zu § 43. 1

2) Die **24-Stunden-Frist** des § 418 II S. 3 ist keine Tagesfrist iS des § 42; daher zählt der Zustellungstag bei ihrer Berechnung nicht mit (KK-Maul 23 zu § 43; **aM** LR-Wendisch 6). 2

Wochen- und Monatsfristen

43 **I Eine Frist, die nach Wochen oder Monaten bestimmt ist, endet mit Ablauf des Tages der letzten Woche oder des letzten Monats, der durch seine Benennung oder Zahl dem Tag entspricht, an dem die Frist begonnen hat; fehlt dieser Tag in dem letzten Monat, so endet die Frist mit dem Ablauf des letzten Tages dieses Monats.**

II Fällt das Ende einer Frist auf einen Sonntag, einen allgemeinen Feiertag oder einen Sonnabend, so endet die Frist mit Ablauf des nächsten Werktages.

1) Bei **Wochen- und Monatsfristen** (I) zählt der Anfangstag ebensowenig mit wie bei den Tagesfristen nach § 42. Fällt zB das eine Wochenfrist in Lauf setzende Ereignis (Verkündung, Zustellung) auf einen Mittwoch, so endet die Frist mit Ablauf des folgenden Mittwochs. Die am 5. eines Monats beginnende Monatsfrist endet mit dem Ablauf des 5. des folgenden Monats. Nach I Hs. 2 endet die am 31. Mai beginnende Monatsfrist am 30. Juni, die am 31. Januar beginnende Monatsfrist am 28., im Schaltjahr am 29. Februar. Das gilt auch für den Fall, daß für den Anfang einer Frist der Beginn eines Tages maßgebend ist, zB wenn sich die Revisionsbegründungsfrist an die Einlegungsfrist des § 341 anschließt (4 zu § 345); auch dann wird der Anfangstag bei der Fristberechnung (entgegen § 188 II BGB) nicht mitgezählt (BGH **36**, 241; **aM** Schulze JR **96**, 51). Fristen enden stets erst um 24 Uhr des letzten Tages, nicht schon mit dem Ende der Dienstzeit der Gerichte (BVerfGE **41**, 323 = NJW **76**, 747; BVerfGE **42**, 128 = NJW **76**, 1255; Frankfurt NJW **74**, 1959). 1

2) Die **gesetzliche Fristverlängerung** (II) gilt nicht nur für die Fristen des I, sondern auch für die Tagesfristen (RG **62**, 140), auch für richterliche Fristen, selbst wenn sie nach dem Datum bestimmt sind (Bay **71**, 54 = JR **72**, 71 mit Anm Meyer; KK-Maul 22; KMR-Paulus 1 zu § 42; **aM** LR-Wendisch 4 zu § 42). Ausnahmslos gilt das nicht; denn der Richter ist nicht gehindert, das Fristende auf einen Sonnabend oder Feiertag zu legen (**aM** Schultz MDR **73**, 732), muß das aber eindeutig („bis Sonntag, den 4. 5.") zum Ausdruck bringen (Meyer aaO). Allgemeine **Feiertage** sind die staatlich anerkannten (Art 140 GG iVm Art 139 WeimRV), nicht die nur staatlich geschützten Feiertage (Bay **57**, 131). Nach Bundesrecht ist nur der 3. Oktober ein gesetzlicher Feiertag (Art 2 II EV); die übrigen sind landesrechtlich bestimmt (vgl im einzelnen Göhler/Buddendiek/Lenzen 769). Die Fristverlängerung tritt nur ein, wenn der Tag am Ort des Gerichts, bei dem die Frist gewahrt werden muß, ein staatlich anerkannter Feiertag ist; die Feiertagsregelung am Wohnsitz des Beschuldigten oder am Sitz der Kanzlei seines Verteidigers ist hierfür ohne Belang (Celle NdsRpfl **96**, 253). Die Sonnabende stehen den Feiertagen gleich. 2 3

Wiedereinsetzung in den vorigen Stand

44 War jemand ohne Verschulden verhindert, eine Frist einzuhalten, so ist ihm auf Antrag Wiedereinsetzung in den vorigen Stand zu gewähren. Die Versäumung einer Rechtsmittelfrist ist als unverschuldet anzusehen, wenn die Belehrung nach den §§ 35 a, 319 Abs. 2 Satz 3 oder nach § 346 Abs. 2 Satz 3 unterblieben ist.

1 1) **Kein Rechtsmittel,** sondern ein förmlicher Rechtsbehelf anderer Art (20 vor § 296) ist der Wiedereinsetzungsantrag (BGH **25**, 89, 91). Denn ihm fehlt der Devolutiveffekt (2 vor § 296), und mit ihm wird auch nicht die Nachprüfung einer Entscheidung erstrebt (RG **22**, 31). Die Rechtskraft der Entscheidung steht der Wiedereinsetzung nicht entgegen, sondern soll durch sie gerade beseitigt werden (BVerfG NStE Nr 34 mwN). Ausgeschlossen ist die Wiedereinsetzung aber, wenn das Verfahren durch eine Sachentscheidung des Revisionsgerichts nach § 349 II oder V (nicht durch Verwerfung nach § 349 I) rechtskräftig abgeschlossen ist; dann ist nur noch die Wiederaufnahme nach §§ 359 ff zulässig (25 zu § 349).

2 2) **Wiedereinsetzung bei Fristversäumnis,** nicht schon bei praktischer Verkürzung der Frist infolge verspäteter Kenntnis von der Zustellung (LG Münster MDR **85**, 866), läßt § 44 zu. Ist keine Frist versäumt, so ist sie unzulässig (BGH **17**, 94, 96; Bay **71**, 228 = NJW **72**, 1097). Wenn der Antragsteller aber irrtümlich so behandelt worden ist, als hätte er die Frist versäumt, wird ihm Wiedereinsetzung gewährt (BGH NStZ **88**, 210 [M]; Bay VRS **39**, 272; Bremen MDR **60**, 244; Frankfurt MDR **80**, 513; Koblenz OLGSt Nr 7; Oldenburg MDR **68**, 941; Schleswig SchlHA **92**, 144 [L/T]; Stuttgart NJW **70**, 2224; Zweibrücken NStE Nr 5 zu § 314; **aM** KG JR **76**, 424; **82**, 388, KMR-Paulus vor § 42; Meyer JR **79**, 122; Karlsruhe Justiz **86**, 52; AG Holzminden NStZ **87**, 31: Gericht nimmt seinen auf Irrtum beruhenden Beschluß auf Antrag zurück). Vgl auch 41 zu § 329.

3 A. **Fristen:** In Betracht kommt jede gesetzliche oder richterliche Frist, die keine absolute Ausschlußfrist (6 vor § 42) ist. § 44 gilt auch für die Frist des § 45 I S. 1 (dort 3) und des § 172 I (dort 17), nicht aber für Erklärungsfristen im Ermittlungsverfahren, auch nicht für die Fristen der §§ 6 a S.3, 16 S.3, 222 a, 222 b und § 317 (Dresden OLG-NL **98**, 216), für die Frist, die das Gericht für die Begründung einer Beschwerde gesetzt hat (Karlsruhe MDR **83**, 250), für die Strafantragsfrist nach § 77 b I S. 1 StGB (BGH NJW **94**, 1165 mwN), für die vereinbarte Frist zum Widerruf eines Privatklagevergleichs (Oldenburg JW **31**, 2390; LG Würzburg NJW **54**, 768), für den Anschluß als Nebenkläger (BGH NStZ-RR **97**, 136) und für die Versäumung der Bezeichnung des unbenannt eingelegten Rechtsmittels (2 zu § 335) als Revision innerhalb der Frist des § 345 I (vgl 8 zu § 335). Bei Versäumung der Berufungs- und Revisionsfristen sind neben dem Antrag nach § 44 die Rechtsbehelfe nach §§ 319 II, 346 II zulässig.

4 B. **Fristversäumung:**

5 a) **Eine Frist versäumt** iS des § 44, wer sie einhalten wollte, aber nicht eingehalten hat. Wer von einem befristeten Rechtsbehelf bewußt keinen Gebrauch gemacht hat, war nicht iS des S. 1 an der Einlegung „verhindert" (Bay **70**, 148 = JR **71**, 29; Bay **77**, 189 = JR **78**, 428 mit Anm Wendisch; vgl auch Düsseldorf MDR **84**, 71: Rechtsmittelverzicht). Das gilt auch bei falscher Einschätzung der Rechtsfolgen der Entscheidung (Koblenz OLGSt Nr 14) oder der Erfolgsaussichten des Rechtsmittels (Köln NStZ-RR **96**, 212), auch eines Rechtsmittels in anderer Sache (Düsseldorf MDR **82**, 866), selbst wenn sie auf unrichtiger, aber nicht bewußt wahrheitswidriger Belehrung durch einen RA beruht (Düsseldorf NJW **82**, 60). § 44 ist daher auch nicht anwendbar, wenn der Verteidiger statt der Erfolg versprechenden Revision gegen ein Verwerfungsurteil nach § 329 I einen erfolglosen Wiedereinsetzungsantrag gestellt hat (Düsseldorf VRS **82**, 460; **aM** KG

NStZ **94**, 603), oder wenn der Angeklagte, der keine Revision eingelegt hat, den Revisionsgrund des § 338 Nr 7 nach Ablauf der Revisionsfrist erkennt (Mertens NJW **79**, 1698; Stein NJW **80**, 1086; **aM** AK/StPO-Lemke 6; Pahlmann NJW **79**, 98).

b) Die **Versäumung der vorgeschriebenen Form** steht der Fristversäumung gleich (BGH **26**, 335), zB wenn der Antrag nach § 172 II den gesetzlichen Formvorschriften nicht entspricht (Koblenz VRS **64**, 34), die Revisionsbegründungsschrift vom Angeklagten selbst unterschrieben (Hamm JMBlNW **63**, 146) oder vom Verteidiger versehentlich nicht (BGH bei Sarstedt JR **55**, 29) oder nicht formgerecht (Einl 129) unterzeichnet worden ist oder nicht den Anforderungen des § 344 entspricht (Hamm MDR **78**, 507; Zweibrücken StV **91**, 550 mwN). 6

c) Zur **Nachholung von Verfahrensrügen** der bereits formgerecht begründeten Revision (vgl allg Hilger NStZ **83**, 152; Kaiser NJW **75**, 338; Ventzke StV **97**, 227) kann dem Angeklagten, der mit seinem Verteidiger in der Hauptverhandlung anwesend war, Wiedereinsetzung grundsätzlich nicht bewilligt werden (BGH **1**, 44; **14**, 330, 333; **26**, 335, 338; DAR **88**, 233 [Sp]; MDR **84**, 443 [H]; NStZ **85**, 493 [Pf/M]; **88**, 17 [Pf]; Hamm NJW **74**, 1914; StV **88**, 55 L; Oldenburg NJW **68**, 64; **aM** AK/StPO-Lemke 11; LR-Wendisch 15 ff; Blaese/Wielop 180; Dittmar MDR **75**, 270). **Ausnahmen** sind zugelassen worden, wenn der Beschwerdeführer unverschuldet durch äußere Umstände oder durch Maßnahmen des Gerichts an der rechtzeitigen Revisionsbegründung gehindert worden ist (BGH wistra **93**, 347; NStZ **97**, 46 L; Ventzke StV **97**, 229). Beispiele: Verzögerung der Postbeförderung (BGH **14**, 330; NStZ **81**, 110; **84**, 34; Bay **80**, 158 = NJW **81**, 1055), Unmöglichkeit oder Verweigerung der Akteneinsicht während der Frist des § 345 I (BGH NStZ **84**, 418 und bei Kaiser NJW **75**, 338; BGH NStZ-RR **97**, 302 L; Frankfurt NJW **63**, 1792; Hamm MDR **73**, 691; einschr Hamm JMBlNW **81**, 167), Erkrankung des Verteidigers (BGH MDR **66**, 25 [D]; NStZ **85**, 204 [Pf/M]), Fehlen der Unterschrift des Verteidigers (BGH **31**, 161), verspätete Beiordnung des Verteidigers (BGH StV **83**, 225), Weigerung des Pflichtverteidigers, mehr als die Sachrüge zu erheben (Bay MDR **74**, 247), Weigerung des Rechtspflegers, notwendiges Vorbringen aufzunehmen (BGH wistra **92**, 148), oder wenn die sonst zur Zulässigkeit des Rechtsmittels führende fristgerechte Rüge völlig ins Leere gehen würde (Bay **78**, 11 = MDR **78**, 777; zur Wiedereinsetzung bei Änderung der bisherigen ständigen Rspr vgl BGH wistra **93**, 347 einerseits, Celle NZV **93**, 42 andererseits). War der Angeklagte in der Hauptverhandlung ohne Verteidiger, so ist ihm zur Nachholung von Verfahrensrügen durch den später gewählten Verteidiger idR Wiedereinsetzung zu bewilligen (Bay **84**, 6 = MDR **84**, 773). Jedoch muß die nachgeschobene Rüge selbst der Form des § 344 II S. 2 entsprechen (BGH 1 StR 639/89 vom 19. 12. 1989). Wird geltend gemacht, fehlende Akteneinsicht habe die formgerechte Formulierung der Rüge verhindert, muß die Rüge so genau mitgeteilt werden, wie dies ohne Akteneinsicht möglich ist (BGH wistra **95**, 347), und im übrigen muß der Beschwerdeführer darlegen, inwieweit er dadurch an einer ordnungsgemäßen Begründung gehindert war (BGH NStZ **97**, 45; Burhoff StV **97**, 437). Dagegen ist **keine Wiedereinsetzung gewährt** worden wegen Nichtmitgabe der Akten ins Büro (BGH NStZ **85**, 13 [Pf/M]; NStZ-RR **98**, 258 [K]; krit Ventzke StV **97**, 229), bei Unterlassen des Verteidigers, die Erledigung des Akteneinsichtsgesuchs anzumahnen (BGH NStZ **85**, 492; Koblenz VRS **70**, 282), bei fehlender Einsichtnahme in die Akten des Gerichts oder des LG-Präsidiums (BGHR Verfahrensrüge 4 und 12), bei fehlender Begründung für die Notwendigkeit der Akteneinsicht im Hinblick auf die zu erhebende Verfahrensrüge (BGH wistra **93**, 228). Daß die zu Protokoll des Rechtspflegers erklärte Revisionsbegründung außer der Sachrüge größtenteils unzulässige Verfahrensrügen enthält, führt nicht zur Wiedereinsetzung (BGH EzSt Nr 5). Wiedereinsetzung zur Wiederholung einer nicht formgerecht eingelegten oder zur Ergänzung oder Berichtigung

7 / 7 a / 7 b

einer bereits erhobenen Verfahrensrüge ist in jedem Fall ausgeschlossen (BGH NStZ **85**, 181; wistra **92**, 28; Karlsruhe Justiz **86**, 108; Köln NStZ-RR **96**, 212).

8 **3) Wiedereinsetzung bei Terminversäumung** sehen §§ 235, 329 III, 391 IV, 401 III S. 2, 412 iVm 329 III vor. Zur Wiedereinsetzung bei nicht wirksamer Ladung zur Berufungsverhandlung vgl 41 zu § 329.

9 **4) Auf Antrag** wird Wiedereinsetzung gewährt (S. 1), von Amts wegen nur, wenn die versäumte Handlung nachgeholt ist (§ 45 II S. 3). Gegen den Willen des Antragsberechtigten ist sie nicht zulässig. Antragsberechtigt ist jeder Verfahrensbeteiligte oder Dritte (Zeugen in den Fällen der §§ 51, 70, Zuhörer im Fall des § 181 GVG), der eine Frist versäumt hat. Der Verteidiger kann entspr § 297 den Antrag stellen, wenn er die Frist für ein Rechtsmittel versäumt hat, das er aus eigenem Recht eingelegt hatte (Köln OLGSt § 145 a S. 11; KK-Maul 3). Sonst braucht er eine Vollmacht (Kleinknecht NJW **61**, 86). Der gesetzliche Vertreter ist antragsberechtigt, wenn er nach § 298 I tätig geworden ist (Bay **54**, 51 = NJW **54**, 1378). Der StA kann den Antrag nicht zugunsten anderer Beteiligter stellen; § 296 gilt nicht (RG **22**, 31; Bremen GA **57**, 87; LG Aachen NJW **61**, 86 mit Anm Kleinknecht; LR-Wendisch 2 zu § 46; **aM** AK/StPO-Lemke 15; erg 1 zu § 297).

10 **5) Verhinderung ohne Verschulden:**

11 A. **Eigenes Verschulden** an der Fristversäumung, nicht nur an der Herbeiführung eines Hindernisses iS § 45 I S. 1 (Hamburg MDR **83**, 152: Selbstmordversuch; KMR-Paulus 12: Verkehrsunfall), schließt die Wiedereinsetzung aus. Maßgebend ist die dem Antragsteller mögliche und zumutbare Sorgfalt (Stuttgart Justiz **85**, 321; LR-Wendisch 23; vgl auch Fünfsinn NStZ **85**, 486, der die sachlichrechtlichen Entschuldigungsgründe zum Maßstab nehmen will). Eine großzügige Anwendung des § 44 ist im Interesse der materiellen Gerechtigkeit geboten (Sarstedt JR **56**, 112). Die Anforderungen an die Vorkehrungen gegen die Fristversäumung dürfen insbesondere dann nicht überspannt werden, wenn es für den Antragsteller um den „ersten Zugang" zum Gericht, dh um die Möglichkeit geht, erstmals das rechtliche Gehör in der Sache zu erlangen (Goerlich NJW **76**, 1526 mN aus
12 der Rspr des BVerfG). **Beispiele:** Schuldhaft handelt nicht, wer die Frist bis zu ihrer Grenze ausnutzen will; dazu ist jeder berechtigt (BVerfGE **41**, 323, 328 = NJW **76**, 747; BVerfGE **52**, 203 = NJW **80**, 580; BVerfGE **69**, 381, 385 = NJW **86**, 244). Das gilt auch, wenn das Rechtsmittel aus „taktischen" Gründen erst am letzten Tag eingelegt werden soll (München MDR **73**, 868; Rostock NStZ **94**, 200). Eigenes Verschulden des Angeklagten liegt auch nicht vor, wenn die Prozeßhandlung des Verteidigers wegen Zurückweisung nach § 146 a unwirksam ist (BGH **26**, 335, 338; StV **83**, 225 L; Düsseldorf JMBlNW **86**, 34; NStZ **84**, 235; Hamm NJW **80**, 1059; Koblenz VRS **65**, 372; Köln OLGSt § 45 Nr 2). Wer eine Frist vergißt, handelt idR schuldhaft, ebenso wer seinen Beistand zu spät mit der Rechtsmitteleinlegung beauftragt (BGH MDR **56**, 11 [D]) oder nicht darauf achtet, daß ihn der Auftrag rechtzeitig erreicht (BGHR Verschulden 2), wer für Rücksprachen mit dem Verteidiger nicht erreichbar ist (BGH NStZ **97**, 95) oder wer als Gefangener die Rechtsmittelschrift erst am letzten Tag der Frist in den Abteilungsbriefkasten der JVA gibt (BGHR § 44 S. 1 Verhinderung 12). Wer die Rechtsmitteleinlegung durch einen Dritten erledigen läßt, muß sich vom rechtzeitigen Eingang überzeugen (BGH NStZ **96**, 50; Hamm JMBlNW **75**, 166; **82**, 59; Stuttgart Justiz **80**, 56; Zweibrücken StV **92**, 360: Ehegatte), sofern das nicht, etwa bei Krankenhausaufenthalt, unmöglich ist (Stuttgart Justiz **85**, 321). Verschuldet ist auch die Fristversäumung infolge unrichtiger Adressierung der Rechtsmittelschrift, die bei dem unzuständigen Gericht am letzten Tag der Frist eingeht (Düsseldorf JMBlNW **97**, 271; Hamm NStZ **85**, 185). Unzureichende Sprachkenntnisse eines Ausländers schließen das Verschulden nicht aus (BGH DAR **85**, 199 [Sp]), jedoch dürfen auch hier die Anforderungen nicht überspannt werden (BVerfG NJW **91**, 2208; StV **95**, 394 L).

B. **Unkenntnis vom Fristbeginn:** Die Frist versäumt schuldhaft, wer die mündliche Rechtsmittelbelehrung mißverstanden hat (Neustadt MDR **60**, 602); anders kann es allerdings bei einem Ausländer sein, der keinen Verteidiger hat und dem nur mündlich (ohne Erteilung eines Merkblatts, vgl 7 ff zu § 35 a) eine komplizierte Rechtsmittelbelehrung erteilt wird (KG NZV **92**, 123). Schuldhaft handelt jedoch, wer eine Belehrung überhaupt nicht verstanden hat, sich aber nicht nach dem Fristbeginn erkundigt (Hamm JMBlNW **73**, 259). Auch wer sie richtig verstanden hat, versäumt die Frist schuldlos, wenn er auf Anraten seines Verteidigers auf die Urteilszustellung wartet (Frankfurt NJW **83**, 893 L). Die Nichtaushändigung eines Merkblatts (RiStBV 142 I) wird neuerdings als Entschuldigung angesehen (BVerfG NJW **96**, 1811; Düsseldorf NStE Nr 26; Köln NStZ **97**, 404; **aM** Schleswig SchlHA **90**, 113 [L/G]). Ein Ausländer, dem eine von ihm als belastend erkannte Entscheidung mit einer ihm nicht verständlichen Rechtsmittelbelehrung zugestellt worden ist, muß sich bemühen, alsbald ihren Inhalt zu erfahren (BVerfG StV **95**, 394 L; Hamm JMBlNW **81**, 166; Köln MDR **79**, 864; **82**, 247; VRS **63**, 457; **67**, 251; vgl aber auch Frankfurt StV **86**, 288; erg unten 22). 13

C. **Unkenntnis von der Zustellung:** Wer von seiner Wohnung vorübergehend abwesend ist, muß nicht deshalb besondere Vorkehrungen dafür treffen, daß er rechtzeitig von Zustellungen Kenntnis erlangt, weil gegen ihn Ermittlungen geführt werden (BVerfGE **26**, 315 = NJW **69**, 1531; BVerfGE **41**, 332 = NJW **76**, 747; BVerfG NJW **93**, 847; LG Zweibrücken NStZ **98**, 267), wohl aber, wenn bereits ein Strafverfahren anhängig und daher mit Zustellungen zu rechnen ist (Bay DAR **83**, 251 [R]; KG VRS **87**, 131; Hamm NJW **70**, 1429; **74**, 1477; vgl auch BVerfG aaO), insbesondere mit der des Berufungsurteils (Frankfurt MDR **87**, 76) oder bei Fortführung des Verfahrens nach der vorläufigen Einstellung nach § 153 a (Stuttgart Justiz **88**, 215). Ohne besondere Anhaltspunkte muß er aber nicht damit rechnen, daß ihm Familienangehörige Zustellungen vorenthalten (Düsseldorf NStZ **92**, 99) oder Termine unrichtig notieren (Düsseldorf NJW **95**, 742. Wer sich in der Bewährungszeit verborgen hält, kann keine Wiedereinsetzung beanspruchen (BGH NStE Nr 21; Hamm JMBlNW **73**, 260). Die Notwendigkeit einer öffentlichen Zustellung schließt die Wiedereinsetzung nicht allgemein aus (Karlsruhe NJW **74**, 1152; Stuttgart aaO; KK-Maul 21 mwN); idR steht sie ihr aber entgegen (**aM** LR-Wendisch 35). 14

D. **Verschulden Dritter:** 15

a) **Deutsche Post AG:** Die gewöhnliche Postlaufzeit zwischen Aufgabe- und Zustellungsort muß in Rechnung gestellt werden (BGH NJW **58**, 2015; NStZ **84**, 209 [Pf/M]), auch übliche Verlängerungen an Sonn- und Feiertagen (Düsseldorf VRS **67**, 38), nicht aber eine Verzögerung der Postbeförderung (BGH NJW **78**, 1488; Hamburg NJW **74**, 68; vgl auch BVerfGE **41**, 23 = NJW **77**, 513; BVerfGE **44**, 302 = NJW **77**, 1233; BVerfGE **53**, 25 = NJW **80**, 769; BVerfGE **62**, 334 = NJW **83**, 1479; BVerfG NJW **83**, 560), sofern sie nicht selbst verschuldet ist, was beim Fehlen der Postleitzahl idR der Fall sein wird (Düsseldorf NJW **94**, 2841; Frankfurt NStZ-RR **97**, 137; **aM** Stuttgart NJW **82**, 2832). Eine Laufzeit von 2 Tagen für einen in der Wochenmitte aufgegebenen Brief entspricht auch bei größerer Entfernung nicht der Regel (BVerfGE **40**, 42, 45 = NJW **75**, 1405; vgl auch BVerfG NJW **94**, 1856); mit einer längeren Postlaufzeit als 1 Tag braucht daher nicht gerechnet zu werden (BGH GA **94**, 75). Differenzierungen danach, ob die Post zZ der Briefaufgabe gerade besonders stark beansprucht war, sind nicht zulässig (BVerfG NJW **92**, 1952). 16

b) **Justizbehörden:** Dem Betroffenen ist nicht zuzurechnen die Nichtvorführung zur Rechtsmitteleinlegung nach § 299 (Düsseldorf Rpfleger **83**, 363; Stuttgart Justiz **85**, 321; Blaese/Wielop 95 mwN), die Protokollaufnahme durch einen unzuständigen Beamten (Bay VRS **55**, 128), die unrichtige Sachbehandlung durch den UrkB (Bay JR **60**, 145 mit Anm Sarstedt; Bremen NJW **56**, 46; Hamm JMBlNW **74**, 80; KK-Maul 28 mwN), die unrichtige Belehrung durch Beamte 17 der JVA (BGH NStZ **93**, 27 [K]; RG **53**, 336), die Vereitelung des fristgemäßen Zugangs des Schriftstücks (BVerfGE **62**, 216 = NJW **83**, 560), zB bei Unmöglichkeit der Entgegennahme eines eingeschriebenen Briefs als Eilzustellung (KG NStZ **95**, 612; Oldenburg StV **83**, 324 L), die Störung des Telefaxgerätes des Gerichts (BGH BB **91**, 2325; **aM** München NJW **91**, 303 im Zivilrecht) oder der nicht feststellbare Eingang eines abgesandten Telefaxes bei Gericht (Karlsruhe NStZ **94**, 200), die fehlende Möglichkeit, nach Dienstschluß mit fristwahrender Wirkung ein Schriftstück einzureichen (Hamm JMBlNW **57**, 178), das Unterlassen der sofortigen Weitergabe durch den die Briefkontrolle für Gefangene ausübenden Beamten (Düsseldorf NStZ **90**, 149; vgl aber BGH NStZ **92**, 555 und **93**, 27 [K]: nicht, wenn der Gefangene das Schreiben erst am letzten Tag der Frist der JVA zur Weiterleitung übergibt) oder von einer unzuständigen Empfangsbehörde zur (aus der Schrift erkennbaren) zuständigen Stelle (Brandenburg OLGSt Nr 32; Celle NdsRpfl **79**, 27; Düsseldorf VRS **69**, 34; Hamm MDR **78**, 73; Koblenz MDR **73**, 691; Köln StV **81**, 118; Schleswig SchlHA **85**, 129 [E/L]), das Unterlassen eines Aktenvermerks über die fernmündliche Durchsage eines Telegramms (Bay **76**, 82 = MDR **77**, 68) oder der Mitteilung an den Verteidiger nach § 145 a III S. 2 (Bay **75**, 150 = VRS **50**, 292; DAR **86**, 247 [R]; Celle StV **94**, 7; Düsseldorf JMBlNW **96**, 222; Hamm NJW **65**, 2216; Köln VRS **42**, 125, 128; Schleswig NJW **81**, 1681; auch noch im Vollstreckungsverfahren, Schleswig SchlHA **92**, 12), sofern die Fristversäumung hierauf beruht (Frankfurt NJW **82**, 1297; vgl auch Bay **81**, 193 = MDR **82**, 774 und Bay **92**, 79 = NJW **93**, 150: nicht bei Versäumung der Einlegungsfrist; Düsseldorf VRS **89**, 41: nicht bei fehlender Beauftragung des Verteidigers zur Rechtsmitteleinlegung; Frankfurt VRS **59**, 429: nicht, wenn sich der Verteidiger schon als unzuverlässig erwiesen hatte; zu weitgehend Frankfurt MDR **83**, 152: weil Rechtsbehelfsbelehrung an den Angeklagten selbst gerichtet war), nicht aber das Unterlassen einer Weitergabe des Rechtsmittelschriftsatzes per Telefax (Hamm NJW **97**, 2829) oder der telefonischen Benachrichtigung vom Rechtsmitteleingang beim unzuständigen Gericht (Düsseldorf NStZ **84**, 184 mit zust Anm Maul; Hamm NStZ **85**, 472; **aM** Zweibrücken MDR **82**, 166). Zur Benachrichtigung des Verteidigers von der Zustellung ist der Angeklagte nicht verpflichtet (Hamm NJW **65**, 2216; **aM** Bay **62**, 237), jedenfalls dann nicht, wenn er den bindenden Auftrag zur Rechtsmitteleinlegung gegeben hatte (Frankfurt NJW **82**, 1297).

18 c) **Verschulden des Verteidigers,** auch des gewählten, ist dem Angeklagten idR nicht zuzurechnen (BVerfG NJW **91**, 351; **94**, 1856; BGH **14**, 306, 308; NJW **94**, 3112; Koblenz OLGSt § 345 Nr 5; VRS **74**, 53), auch nicht im Fall des § 297 (Karlsruhe Justiz **92**, 485); zur Überwachung des Verteidigers ist er grundsätzlich nicht verpflichtet (BGH NStZ **90**, 25 [M]; Düsseldorf VRS **65**, 445; **89**, 214; Dittmar MDR **75**, 270). Der Wiedereinsetzung steht jedoch ein Mitverschulden des Angeklagten entgegen, zB wenn er untätig bleibt, obwohl ihm die Unzuverlässigkeit des Verteidigers bekannt ist (BGH **25**, 89, 93; NJW **73**, 1138 = JR **73**, 470 mit Anm Peters; BGH NStZ **97**, 560; Frankfurt VRS **59**, 429) oder obwohl er die Fristversäumung durch den Verteidiger voraussehen kann (BGH **14**, 306; NJW **73**, 1138; NStZ **95**, 352), zB weil er weiß oder damit rechnen muß, daß der Verteidiger die (aussichtslose) Revision nicht begründen wird (BGH NStZ **85**, 493 [Pf/M]) oder ihre Begründung von einer Vorschußzahlung (BGH DAR **85**, 200 [Sp]; BGHR § 44 S. 1 Verhinderung 15) oder von der Begleichung alter Schulden abhängig macht (BGH EzSt Nr 4). Ist der Verteidiger kein RA, so kommt es darauf an, ob der Vertretene auf die Fristwahrung vertrauen konnte (M. J. Schmid NJW
19 **76**, 941). Nach dem **allgemeinen Verfahrensgrundsatz des § 85 II ZPO** müssen sich Verfahrensbeteiligte, die sich nicht gegen einen Schuldvorwurf verteidigen, wie der Privatkläger, der Nebenkläger und der Antragsteller im Klageerzwingungsverfahren nach § 172 II, das Verschulden ihres Vertreters zurechnen lassen (BGH **30**, 309; Bay JZ **52**, 429; KG NJW **65**, 1032; Düsseldorf NJW **93**, 341; 1344;

NStZ **89**, 193 mit abl Anm Rieß; Karlsruhe NStZ-RR **97**, 157; Koblenz VRS **64**, 33; Nürnberg NStZ-RR **98**, 143; **aM** AK/StPO-Lemke 32; LR-Wendisch 61). Gleiches gilt bei Verschulden des Verteidigers im Beschwerdeverfahren nach § 124 II S. 2 (Stuttgart Justiz **80**, 285; KK-Boujong 11 zu § 124) und nach § 464 III (BGH **26**, 126; Celle NJW **59**, 1932; Düsseldorf NStZ **89**, 242; Koblenz GA **90**, 267; OLGSt Nr 19), im Kostenfestsetzungsverfahren nach § 464 b (Düsseldorf JurBüro **83**, 733; **87**, 723; Hamm NJW **61**, 1319), im Verfahren nach §§ 23 ff **EGGVG** (dort 7), in Strafvollzugssachen nach §§ 109 ff **StVollzG** (Frankfurt MDR **81**, 1044; NStZ **82**, 351) und im Beschwerdeverfahren nach §§ 8 III, 9 II **StrEG** (KG JR **79**, 128; Düsseldorf OLGSt Nr 5; NStE Nr 1 zu § 9 StrEG; Karlsruhe MDR **80**, 693; Schleswig SchlHA **78**, 163; D. Meyer 24 zu § 9 StrEG; **aM** Schätzler 10 zu § 9 StrEG; erg 18 zu § 8 StrEG) sowie bei Verschulden des Verfahrensbevollmächtigten des Einziehungsbeteiligten (KG JR **83**, 127). Denn in all diesen Fällen besteht nicht das besondere Schutzbedürfnis, das allein die Ausnahme von dem Grundsatz des § 85 II ZPO für den sich verteidigenden Beschuldigten rechtfertigt (vgl KK-Maul 34). **Kanzleiversehen** ist für den RA und den 20 Vertretenen ein unverschuldetes Ereignis, wenn die Fristversäumung nur hierauf beruht (Hamm JMBlNW **52**, 14; Zweibrücken VRS **53**, 120). Maßgebend ist, ob das Personal sorgfältig ausgewählt und überwacht wird und ob durch geeignete Büroorganisation Vorsorge für die Fristeinhaltung getroffen worden ist (BGH NJW **53**, 1023; **75**, 1362; Düsseldorf NJW **93**, 1344 mwN). Denn der RA darf die Kontrolle der Fristen und die Führung des Fristenkalenders durch gut ausgebildete, erfahrene und zuverlässige Kräfte in eigener Verantwortung erledigen lassen, wenn er entspr Vorkehrungen damit verbindet (BGHZ **43**, 148, 150 = NJW **65**, 1021).

E. **Die StA** kann Wiedereinsetzung verlangen, wenn sie eine Frist ohne eigenes 21 Verschulden versäumt. Hat der leitende Beamte oder ein Beamter der Behörde, dessen er sich bei der Erfüllung seiner Aufgaben bedient (dazu gehören auch die Justizwachtmeister), die Fristversäumung verschuldet, so kann Wiedereinsetzung nicht gewährt werden (BGH wistra **88**, 198; RG **67**, 265; OGH **2**, 135 = MDR **49**, 764; Bay **84**, 129 = JR **85**, 254 mit abl Anm Wendisch; Frankfurt NStZ-RR **97**, 176; einschr LR-Wendisch 62: keine Anrechnung des Verschuldens untergeordneter Dienstkräfte).

6) Die **gesetzliche Vermutung bei unterbliebener Rechtsmittelbelehrung** 22 **(S. 2)** hebt nur das Erfordernis des fehlenden Verschuldens des Antragstellers auf. Den ursächlichen Zusammenhang zwischen Belehrungsmangel und Fristversäumung setzt die Wiedereinsetzung auch hier voraus (Düsseldorf NStZ **86**, 233 mwN und zust Anm Wendisch; NJW **93**, 1344; MDR **97**, 282; Stuttgart NJW **81**, 1917; Warda MDR **57**, 717); das ist verfassungsrechtlich unbedenklich, jedoch dürfen die Anforderungen auch hier nicht überspannt werden (BVerfG NJW **91**, 2277). Im Antrag muß daher auch dargelegt werden, daß die Frist infolge des Fehlens der Belehrung nach § 35 a versäumt worden ist (Düsseldorf NStZ **89**, 242; MDR **90**, 460; Rpfleger **94**, 429; Karlsruhe Justiz **74**, 469; NStZ-RR **97**, 157). Bei Verzicht des Verteidigers auf die Belehrung gilt S. 2 nicht (Düsseldorf VRS **78**, 458; Zweibrücken MDR **78**, 861). Wird einem der deutschen Sprache nicht hinreichend mächtigen Ausländer ein Strafbefehl ohne eine ihm verständliche Belehrung über die Einspruchsmöglichkeit zugestellt, so wird Wiedereinsetzung nur nach S. 1 gewährt (BVerfGE **42**, 120 = NJW **76**, 1021 in Richtigstellung zu BVerfGE **40**, 95, 100 = NJW **75**, 1597; oben 13). Die **unvollständige oder** 23 **unrichtige Belehrung** steht der unterlassenen gleich und führt ebenfalls zur Anwendung des S. 2 (BGH **30**, 182, 185; KG JR **77**, 129; Bremen MDR **79**, 517; Düsseldorf VRS **82**, 460; **92**, 21; Hamburg NJW **62**, 202), ebenso eine irreführende Zuschrift des Gerichts (BGH NStZ **94**, 23; Köln OLGSt § 35 a S. 13). Die Unvollständigkeit oder Unrichtigkeit muß aber einen wesentlichen Punkt betreffen (Bay **94**, 199 = wistra **95**, 76; Zweibrücken VRS **88**, 356); andernfalls kommt nur Wiedereinsetzung nach S. 1 in Betracht. Zur Beweiskraft des Protokollvermerks

über die Belehrung vgl 6 zu § 274. Zur entspr Anwendung des § 44 S. 2 bei § 40 III vgl Frankfurt NStZ **88**, 376 mit Anm Wendisch.

24 **7) Wirkung der Wiedereinsetzung:** Das Verfahren wird nicht „in den vorigen Stand", sondern in den Zustand versetzt, der bestanden hätte, wenn die Frist nicht versäumt worden wäre (Köln NJW **87**, 80; Meyer JR **78**, 432). Die infolge der Säumnis eingetretene Rechtskraft der Entscheidung sowie Beschlüsse und Urteile, durch die ein Rechtsmittel wegen Versäumung als unzulässig verworfen worden ist, fallen ohne weiteres weg, ebenso das Urteil, das infolge der Versäumung ergangen war (KK-Maul 1). Die förmliche Aufhebung der Entscheidung ist nicht erforderlich (RG **61**, 180; LR-Wendisch 14 zu § 46); ihr Wegfall sollte aber in dem Wiedereinsetzungsbeschluß festgestellt werden (Geppert GA **72**, 176), wenigstens in den Gründen (Wendisch JR **81**, 132). Ist die Einlegung eines Rechtsmittels mit dem Wiedereinsetzungsantrag nachgeholt worden (§ 45 II S. 1), so wird mit der Wiedereinsetzung zugleich die Rechtzeitigkeit der Anfechtung festgestellt (Meyer JR **78**, 432). Vorteile, die der Betroffene ohne die Versäumung nicht gehabt hat, erlangt er durch die Wiedereinsetzung nicht (Hamm NJW **72**, 2097); die Wiedereinsetzung gegen die Versäumung der Revisionsbegründungspflicht kann daher nur dazu führen, die Rüge der Verletzung materiellen Rechts zu erheben, eröffnet aber nicht die Möglichkeit, Verfahrensrügen nachzuschieben (BGH DAR **88**, 233 [Sp]; NStZ **93**, 245; Braunschweig NStZ **96**, 298). Eine verbüßte Strafhaft wandelt sich nicht rückwirkend in UHaft (BGH **18**, 34, 36; Hamm NJW **56**, 274).

Wiedereinsetzungsantrag **RiStBV 155**

45 **I Der Antrag auf Wiedereinsetzung in den vorigen Stand ist binnen einer Woche nach Wegfall des Hindernisses bei dem Gericht zu stellen, bei dem die Frist wahrzunehmen gewesen wäre. Zur Wahrung der Frist genügt es, wenn der Antrag rechtzeitig bei dem Gericht gestellt wird, das über den Antrag entscheidet.**

II Die Tatsachen zur Begründung des Antrags sind bei der Antragstellung oder im Verfahren über den Antrag glaubhaft zu machen. Innerhalb der Antragsfrist ist die versäumte Handlung nachzuholen. Ist dies geschehen, so kann Wiedereinsetzung auch ohne Antrag gewährt werden.

1 **1) Antragstellung** (I):

2 A. **Form:** Es genügt die Schriftform (Einl 128). Wird mit dem Antrag zugleich die versäumte Prozeßhandlung nachgeholt (II S. 2), so muß eine für sie vorgeschriebene besondere Form eingehalten werden (unten 11).

3 B. Die **Wochenfrist** (I S. 1) wird nach § 43 berechnet. Sie beginnt mit der Beseitigung des Hindernisses, zB der Unkenntnis, auf der die Fristversäumung beruht (Karlsruhe MDR **93**, 564), im Fall der Zustellung durch Niederlegung erst mit der tatsächlichen Kenntnisnahme von der Postsendung (LG Köln MDR **97**, 283). Maßgebend ist die Kenntnis des Betroffenen selbst, nicht die früher (Bay **56**, 251 = NJW **57**, 192; Braunschweig NJW **67**, 1432) oder später (Bay **55**, 188 = NJW **56**, 154; Köln VRS **42**, 127, 128) erlangte Kenntnis des Verteidigers (Schleswig SchlHA **84**, 98 [E/L]), auch nicht ein bloßer Zweifel an der Rechtzeitigkeit der Handlung (Schleswig SchlHA **81**, 91 [E/L]). Gegen die Versäumung der Frist des I S. 1 ist Wiedereinsetzung nach § 44 möglich (Düsseldorf NJW **82**, 60; Hamm NJW **58**, 1104; VRS **53**, 191). Bei Zweifeln an der Fristeinhaltung ist zuungunsten des Antragstellers zu entscheiden (Celle NdsRpfl **82**, 140; KMR-Paulus 4; **aM** Hamburg NJW **74**, 68; KK-Maul 3; LR-Wendisch 5), sofern nicht behördliches Verschulden (Aktenverlust; defekter Nachtbriefkasten) vorliegt (Celle OLGSt § 44 Nr 1).

C. **Zuständiges Gericht** ist in 1. Hinsicht das Gericht, bei dem die Frist wahrzunehmen gewesen wäre (S. 1). Zur Fristwahrung genügt aber die Antragstellung bei dem Gericht, das nach § 46 I über den Antrag entscheidet (S. 2); dort kann die versäumte Handlung auch nachgeholt werden, wenn sie nach dem Gesetz (zB § 341 I) bei dem Gericht 1. Instanz vorzunehmen ist (Hamburg JR **78**, 430 mit zust Anm Meyer; KMR-Paulus 13; LR-Wendisch 11). Für inhaftierte Beschuldigte gilt ferner § 299 (KK-Maul 5). 4

2) Antragsbegründung (II): Der Antrag muß Angaben nicht nur über die versäumte Frist und den Hinderungsgrund, sondern auch über den Zeitpunkt des Wegfalls des Hindernisses enthalten (BGH NStZ **87**, 217 [Pf/M] mwN; **96**, 149; Celle MDR **82**, 774; Düsseldorf MDR **90**, 1035; VRS **64**, 269; Hamm VRS **86**, 179; Schleswig SchlHA **84**, 98 [E/L]), auch wenn der Verteidiger eigenes Verschulden geltend macht (Düsseldorf VRS **92**, 115; Schleswig SchlHA **83**, 107 [E/L]). Diese Angaben sind Zulässigkeitsvoraussetzungen für den Antrag; sie müssen noch innerhalb der Wochenfrist des I S. 1 gemacht werden (BGH NStZ-RR **96**, 338; KG JR **77**, 308; Celle NdsRpfl **76**, 41; Düsseldorf aaO). Später können sie nur noch ergänzt und verdeutlicht werden (KG JR **75**, 380; Düsseldorf Rpfleger **93**, 460; Hamm NStE Nr 15; einschr Braunschweig NJW **67**, 1432). Vorzutragen ist stets ein Sachverhalt, der ein der Wiedereinsetzung entgegenstehendes Verschulden ausschließt (Düsseldorf NStZ-RR **96**, 169 mwN; Karlsruhe NStZ-RR **97**, 157). Macht der Antragsteller zB geltend, er habe die Frist infolge unvorhersehbarer Verzögerung der Postzustellung versäumt (16 zu § 44), so muß er die Umstände der Einlieferung der Sendung nach Zeit und Ort so genau darlegen, daß das Gericht die Frage des Verschuldens (12 zu § 44) hinreichend zuverlässig beurteilen kann (Hamm MDR **77**, 948; Jena StraFo **97**, 331); behauptet er, eine Benachrichtigung der Post nicht vorgefunden zu haben, muß er Einzelheiten darlegen und glaubhaft machen, die aufgrund der konkreten Umstände ein Abhandenkommen des Benachrichtigungzettels möglich erscheinen lassen (BVerfG NStZ-RR **98**, 73). Nur Tatsachen, die allgemeinkundig oder aktenkundig sind, brauchen nicht vorgetragen zu werden (BVerfG NJW **95**, 2544 mwN; Düsseldorf OLGSt § 44 Nr 31). 5

3) Glaubhaftmachung (II S. 1): Vgl auch 5 ff zu § 26. Das Erfordernis der Wahrscheinlichmachung durch den Antragsteller bezieht sich auf alle Tatsachen, die für die Entscheidung über die Zulässigkeit und Begründetheit des Antrags von Bedeutung sind. Obwohl die Glaubhaftmachung noch nach Ablauf der Antragsfrist nachgeholt werden kann (unten 7), ist sie Zulässigkeitsvoraussetzung für den Antrag (BGH NStZ **91**, 295; Koblenz VRS **68**, 211). Eine Glaubhaftmachung erübrigt sich aber, wenn die Begründungstatsachen gerichtsbekannt oder aktenkundig sind (Düsseldorf VRS **64**, 269; **92**, 115; LR-Wendisch 17 mwN). Auch die Rechtsunkenntnis der Angeklagten bedarf (zB im Fall des § 146 a) idR keiner Glaubhaftmachung (Düsseldorf JMBlNW **86**, 34). 6

A. **Frist:** Bei der Antragstellung oder im Verfahren über den Antrag muß die Glaubhaftmachung erfolgen (II S. 1). Ist sie angekündigt oder nach der Sachlage zu erwarten, so stellt das Gericht die Entscheidung eine angemessene Zeit zurück. Der durch den Antrag entstehende Schwebezustand und eine etwaige Nachbringungsfrist müssen aber kurz gehalten werden. Die Glaubhaftmachung kann nach dem eindeutigen Wortlaut des II noch im Beschwerderechtszug nachgeholt werden (BVerfGE **41**, 332 = NJW **76**, 1537; BVerfGE **43**, 95, 98; KG JR **92**, 347; Bamberg NStZ **89**, 335; München MDR **85**, 162; gegen die Rspr des BVerfG Heyland JR **77**, 402). Die Ergänzung der Glaubhaftmachung ist stets zulässig (Stuttgart Justiz **72**, 121). 7

B. **Mittel der Glaubhaftmachung:** In Betracht kommen alle Mittel, die geeignet sind, die Wahrscheinlichkeit des Vorbringens darzutun (8 ff zu § 26). Die Benennung eines Amtsträgers als Zeugen für das amtliche Verschulden bei der Fristversäumung kann genügen (11 zu § 26). Eidesstattliche Versicherungen des 8

Beschuldigten sind nicht zugelassen; sie haben nur den Wert einer eigenen schlichten Erklärung (Bay NStZ **90**, 340; 9 zu § 26). Die **eigene Erklärung des Antragstellers** ist keine Glaubhaftmachung (BGH NStZ **85**, 493 [Pf/M]; Düsseldorf JMBlNW **85**, 286), auch nicht, wenn der behauptete Wiedereinsetzungsgrund besonders naheliegt oder der Lebenserfahrung entspricht (BVerfG StV **93**, 451; KG NJW **74**, 657 = JR **74**, 252 mit Anm Peters). Aus Art 19 IV, 103 I GG folgt nichts anderes (BVerfGE **41**, 332 = NJW **76**, 1537 unter Aufgabe der fr Rspr). Auf die Glaubhaftmachung kann aber verzichtet werden, wenn sie dem Antragsteller, ohne daß dieser einen Beweisverlust verschuldet hat (München NStZ **88**, 377), nicht möglich ist (BVerfG NJW **95**, 2545; KG aaO; Düsseldorf NStZ **90**, 149; Koblenz VRS **64**, 28; vgl auch Düsseldorf StV **85**, 223; NStE Nr 19), insbesondere, wenn sie durch amtliches Verschulden vereitelt worden ist (Celle NdsRpfl **86**, 280); das ist zB der Fall, wenn der Briefumschlag mit dem Poststempel, der die rechtzeitige Absendung beweist, vernichtet worden ist (BVerfG NJW **97**, 1770; Schleswig NJW **94**, 2841; LG Flensburg MDR **76**, 599; VRS **60**, 42). Die Unmöglichkeit der Glaubhaftmachung muß der Antragsteller dartun, wenn sie nicht offensichtlich ist; nur dann ist der allein auf die eigene Erklärung gestützte Antrag zulässig (Düsseldorf OLGSt Nr 6; **aM** Koblenz VRS **64**, 29).

9 (margin number beside line 2)

10 C. **Erforderlicher Beweisgrad:** Vgl 7 zu 26. Die Wiedereinsetzung hängt nicht davon ab, daß das Gericht die volle Überzeugung von den Wiedereinsetzungstatsachen gewonnen hat. Es genügt, daß ihm in einem nach Lage der Sache vernünftigerweise zur Entscheidung hinreichendem Maß die Wahrscheinlichkeit ihrer Richtigkeit dargetan wird (BGH **21**, 334, 350; Düsseldorf NJW **85**, 2207; wistra **90**, 364; OLGSt Nr 3). Insbesondere wenn es sich um Wiedereinsetzung zur Erlangung des „ersten Zugangs" zum Gericht handelt, dürfen die Anforderungen an den Beweisgrad nicht überspannt werden (BVerfGE **40**, 88, 91 = NJW **75**, 1355; Goerlich NJW **76**, 1526). Daß eine Behauptung nicht widerlegt werden kann, reicht aber nicht aus (BGH **21**, 334, 352; Düsseldorf aaO). Zweifel gehen zu Lasten des Antragstellers (BGHR § 45 II Glaubhaftmachung 2; Düsseldorf OLGSt Nr 13).

11 **4) Nachholung der versäumten Handlung** (II S. 2): Bei bloßer Verspätung der Prozeßhandlung ist die Nachholung überflüssig. Es genügt, daß, wenn auch nur stillschweigend, auf sie Bezug genommen wird (Bay VRS **66**, 453; Bremen DRZ **50**, 94; Celle NdsRpfl **51**, 225). Ist die Handlung aber bisher versäumt oder nicht formgerecht vorgenommen worden, so muß sie innerhalb der Frist des I S. 1 und in der gesetzlich vorgeschriebenen Form nachgeholt werden (BGH NStZ **89**, 15 [M]; BGHR § 44 S. 1 Verhinderung 11; Düsseldorf NStZ **93**, 496; NStE Nr 17; NJW **98**, 919; Meyer JR **78**, 432). Andernfalls ist der Antrag unzulässig. Eine nachgeholte Revisionsbegründung muß allerdings nur den Formerfordernissen der §§ 344 I, II S. 1, 345 II genügen; ob sie auch § 344 II S. 2 entspricht, wird nur im Revisions- und nicht im Wiedereinsetzungsverfahren geprüft (BGH **42**, 365). Die Wochenfrist des I S. 1 wird durch die Monatsfrist des 345 I ersetzt, wenn Wiedereinsetzung gewährt wird, weil der Verteidiger nach § 146 a zurückgewiesen worden ist (BGH **26**, 335, 339; Koblenz VRS **65**, 372) oder weil der Angeklagte keine Rechtsmittelbelehrung (Koblenz NStZ **91**, 42) oder erst verspätet Kenntnis von dem schriftlichen Urteil erhalten hat (Zweibrücken MDR **80**, 869) und die Revisionsanträge und ihre Begründung nunmehr in gesetzmäßiger Weise angebracht werden müssen (BGHR § 45 I S. 1 Frist 1); im übrigen kann dem Angeklagten auch kein Schuldvorwurf gemacht werden, wenn sein Verteidiger rechtsirrig die volle Frist des § 345 I für sich in Anspruch nimmt (BGH NStZ **97**, 45).

12 **5) Wiedereinsetzung ohne Antrag** (II S. 3), auch bei verspätetem Antrag (Bremen StV **91**, 505), kommt nur bei Fristversäumung, nicht bei Versäumung der Hauptverhandlung in den Fällen der §§ 235, 329, 412 in Betracht (KK-Tolksdorf 6 zu § 235; Schlüchter 685.2; **aM** Düsseldorf NJW **80**, 1704; LG Siegen NJW **76**,

2359; AK/StPO-Lemke 3; KK-Maul 17; zw auch Lintz JR **87**, 96). Denn ob der Angeklagte das Verfahren fortgesetzt haben will, das infolge seines Nichterscheinens zum Abschluß gekommen ist, muß ihm selbst überlassen bleiben. Bei Fristversäumung setzt die Wiedereinsetzung ohne Antrag voraus, daß alle anderen Voraussetzungen des § 45 vorliegen, insbesondere die versäumte Handlung frist- und formgerecht nachgeholt (BGH MDR **88**, 456 [H]; Düsseldorf VRS **67**, 53), was nicht unbedingt im Bewußtsein der Fristversäumung erfolgt sein muß (Bay **87**, 102, 103 = OLGSt Nr 1 mit Anm Wendisch), oder eine Nachholung überflüssig ist, weil die Prozeßhandlung bereits, wenn auch verspätet, vorgenommen worden ist (Lintz JR **87**, 94 gegen Gössel JR **86**, 384; **87**, 97) und der ursächliche Zusammenhang zwischen Versäumungsgrund und Säumnis ohne weiteres erkennbar ist (Saarbrücken NStZ **86**, 470, 472; Zweibrücken VRS **88**, 356). Der Wille, die Prozeßhandlung vorzunehmen, muß so eindeutig feststehen, daß der förmliche Antrag durch die Fiktion der Antragstellung ersetzt werden kann. Ferner muß das fehlende Verschulden des Betroffenen an der Fristversäumung offensichtlich und eine Glaubhaftmachung wegen Offenkundigkeit oder Aktenkundigkeit überflüssig sein (Düsseldorf JurBüro **92**, 255; Frankfurt VRS **59**, 429; vgl Hamburg NStZ **85**, 568 = JR **86**, 382 mit abl Anm Gössel: Verzögerung der Postbeförderung). Unter diesen Voraussetzungen ist Wiedereinsetzung von Amts wegen idR zu gewähren, wenn der Wiedereinsetzungsgrund in einem Verfahrensfehler des Gerichts liegt (BVerfGE **42**, 252, 257 = NJW **76**, 1839, 1840; vgl auch Hamm NStZ **85**, 568 L). Ist das Rechtsmittel ohnehin aus anderen Gründen unzulässig, wird gegen die Versäumung der Rechtsmittelfrist keine Wiedereinsetzung gewährt (Zweibrücken JBlRP **98**, 222). Zur Geltung der Fiktion des § 342 III vgl dort 4.

Entscheidung; Rechtsmittel

46 **I Über den Antrag entscheidet das Gericht, das bei rechtzeitiger Handlung zur Entscheidung in der Sache selbst berufen gewesen wäre.**

II Die dem Antrag stattgebende Entscheidung unterliegt keiner Anfechtung.

III Gegen die den Antrag verwerfende Entscheidung ist sofortige Beschwerde zulässig.

1) Zuständig für die Entscheidung über den Wiedereinsetzungsantrag (I) ist 1
stets das zur Entscheidung in der Sache selbst berufene Gericht, also das AG bei Versäumung der Einspruchsfrist gegen den Strafbefehl (§§ 409 I S. 1 Nr 7, 411 I S. 1), das Rechtsmittelgericht bei Versäumung einer Rechtsmittelfrist. Das Berufungsgericht ist bei verspäteter unbestimmter Anfechtung (2 zu § 335) zuständig (8 zu § 335), das Revisionsgericht für die Wiedereinsetzung zur Ermöglichung des Übergangs von der Revision zur Berufung (13 zu § 335). Zur Zuständigkeit im Kostenfestsetzungsverfahren vgl 5 zu § 464 b. Über einen **vom AG übergangenen** 2
Wiedereinsetzungsantrag gegen die Versäumung der Einspruchsfrist im Strafbefehlsverfahren darf das Rechtsmittelgericht nicht selbst entscheiden, auch dann nicht, wenn der Wiedereinsetzungsantrag erst im Revisionsverfahren gestellt ist (LR-Wendisch 8; **aM** Bay **63**, 54 = JZ **64**, 385 mit abl Anm Mayer; erg 7 zu § 347). Das Rechtsmittelgericht muß die nach dem Strafbefehl erlassenen Entscheidungen aufheben und den Einspruch als unzulässig verwerfen (BGH **22**, 52; Bay **88**, 134 = JR **90**, 36 mit Anm Wendisch; erg 12 zu § 411). Eine Zurückverweisung der Sache an das AG kommt nicht in Betracht (**aM** für die Revisionsinstanz Bay **87**, 102 = OLGSt Nr. 1 mit zust Anm Wendisch; Wendisch JR **90**, 38); denn für die vom Revisionsgericht zu treffende Entscheidung (vgl BGH **13**, 306) ist es unbeachtlich, ob ein Wiedereinsetzungsantrag gestellt war oder nicht. Der Fall ist dem bei Vorliegen eines noch behebbaren Verfahrenshindernisses nicht vergleichbar. Über den Wiedereinsetzungsantrag ist nicht durch Urteil, sondern

durch Beschluß zu entscheiden; nur bei stattgebender Entscheidung kommt es zu einer neuen Hauptverhandlung. Dasselbe gilt, wenn das LG die Versäumung der Berufungsfrist nicht erkannt hatte (Bay **87**, 102 = OLGSt Nr 1 mit zust Anm Wendisch; Bay **95**, 175 = NStZ-RR **96**, 74; **aM** Hamburg NStZ **85**, 568 = JR **86**, 382 mit abl Anm Gössel).

3 **2)** Die **Entscheidung** ergeht durch Beschluß. Die StA und andere betroffene Prozeßbeteiligte sind nach § 33 II, III zu hören, zB der Angeklagte vor der Entscheidung über einen Wiedereinsetzungsantrag des Privatklägers (BayVerfGH MDR **61**, 829), der Privatkläger im umgekehrten Fall (BVerfGE **14**, 8 = NJW **62**,
4 580). Nicht ausgeschlossen ist eine **stillschweigende Wiedereinsetzung** (Düsseldorf VRS **73**, 390), zB durch Anberaumung der Hauptverhandlung (Bay VRS **58**, 366; Hamburg VRS **14**, 57; Hamm NJW **58**, 880; VRS **51**, 296; Stuttgart NJW **76**, 1905) oder sonst durch Fortsetzung des Verfahrens (Oldenburg VRS **68**, 282). Das setzt aber voraus, daß das Gericht die Fristversäumung überhaupt erkannt hat (Bay **87**, 102, 103 = OLGSt Nr 1 mit Anm Wendisch; Düsseldorf JR **86**, 121 mit
5 Anm Welp; Hamm VRS **87**, 127; Köln JMBlNW **84**, 235). Die Entscheidung **lautet** auf Verwerfung als unzulässig, wenn ein formelles Erfordernis fehlt, als unbegründet, wenn die Voraussetzungen des § 44 nicht vorliegen, oder auf Gewährung der Wiedereinsetzung. Zur Wirkung der Wiedereinsetzung vgl 24 zu
6 § 44. Die Kostenentscheidung richtet sich nach § 473 VII (dort 38). Ein **Widerruf** der stattgebenden Entscheidung ist ausgeschlossen (BVerfGE **14**, 8, 10 = NJW **62**, 580; Hamm VRS **65**, 33; Oldenburg VRS **68**, 282; Schleswig SchlHA **84**, 99 [E/L]). Sie ist selbst dann bindend, wenn sie von einem unzuständigen Gericht erlassen ist (unten 7) oder auf unzutreffenden Erwägungen beruht (Braunschweig NJW **73**, 2119). Dagegen kann die Verwerfungsentscheidung aufgehoben werden, wenn ihre tatsächliche Grundlage sich als falsch herausstellt (Hamburg JR **55**, 274 mit Anm Mittelbach).

7 **3) Entscheidungen unzuständiger Gerichte:** Hat statt des zuständigen Rechtsmittelgerichts der Tatrichter die Wiedereinsetzung bewilligt, so ist das für das weitere Verfahren bindend (RG **40**, 271; JW **27**, 396; Bay **80**, 36 = VRS **59**, 214; DAR **84**, 244 [R]; Düsseldorf NStZ **88**, 238; KG VRS **35**, 287; Hamm VRS **65**, 33; Schleswig SchlHA **84**, 99 [E/L]). Ablehnende Beschlüsse können auf sofortige Beschwerde nach III aufgehoben werden (Bay **61**, 157 = NJW **61**, 1982). Die Rechtsmittelgerichte, insbesondere im Fall des § 346 II die Revisionsgerichte, sind an sie nicht gebunden (BGH MDR **77**, 284 [H]; RG **75**, 171; Bay **80**, 36 = VRS **59**, 214; DAR **78**, 210 [R]; **86**, 247 [R]; Neustadt GA **60**, 121; KK-Maul 10; KMR-Paulus 20; **aM** KG JR **56**, 111 mit Anm Sarstedt; Düsseldorf GA **68**, 247; Schleswig SchlHA **83**, 107 [E/L]; LR-Wendisch 19; **aM** auch Koblenz VRS **62**, 449 für den Fall der erfolglosen Anfechtung der Entscheidung).

8 **4) Anfechtung:** Die Wiedereinsetzung bewilligende Beschlüsse sind unanfechtbar (II), auch wenn sie von einem unzuständigen Gericht erlassen sind (oben 7). Gegen Verwerfungsentscheidungen ist, wenn nicht § 304 IV entgegensteht (BGH NJW **76**, 525), sofortige Beschwerde zulässig (III), auch wenn sie ohne Antrag ergangen sind (Schleswig SchlHA **83**, 107 [E/L]). Das Rechtsmittel steht auch der StA zu (16 zu § 296), auch zugunsten des Angeklagten (Kleinknecht NJW **61**, 87). Hat das AG statt der für die Berufung zuständigen kleinen StrK entschieden, so befindet diese in der durch § 76 GVG vorgeschriebenen Besetzung, nicht auf sofortige Beschwerde die große StrK, über die Wiedereinsetzung (Schleswig SchlHA **82**, 117 [E/L]). Hat das AG statt des zuständigen OLG entschieden, so befindet dieses, nicht das LG über die sofortige Beschwerde (KG JR **83**, 214; Schleswig SchlHA **93**, 243 [L/T]; **aM** LR-Wendisch 19, 20); das gilt jedenfalls bei gleichzeitig gestelltem Antrag nach § 346 II (Bay **61**, 157 = NJW **61**, 1982) und dann, wenn über das gleichzeitig eingelegte Rechtsmittel noch nicht entschieden worden ist (Bay MDR **93**, 892; Celle NZV **98**, 258).

Vollstreckung

47 **I Durch den Antrag auf Wiedereinsetzung in den vorigen Stand wird die Vollstreckung einer gerichtlichen Entscheidung nicht gehemmt.**

II Das Gericht kann jedoch einen Aufschub der Vollstreckung anordnen.

1 **1)** Keine **Vollstreckungshemmung** (I) bewirkt der Antrag nach §§ 44, 45; sie tritt erst ein, wenn Wiedereinsetzung bewilligt ist (vgl BGH **18**, 34, 36; Hamm NJW **56**, 274). Dadurch soll Mißbräuchen vorgebeugt werden.

2 **2)** **Vollstreckungsaufschub** (II), nicht auch den Aufschub der Wirksamkeit des rechtskräftig verhängten Fahrverbots nach § 44 StGB (Köln NJW **87**, 80; Wollentin/Breckerfeld NJW **66**, 634), kann das nach § 46 I zuständige Gericht, aber auch das Gericht gewähren, bei dem der Antrag nach § 45 I S. 1 gestellt worden ist (LR-Wendisch 3); es muß die Sache dann aber dem nach § 46 I zuständigen Gericht vorlegen, das die Entscheidung abändern kann (KMR-Paulus 1). Der Vorsitzende eines Kollegialgerichts kann den Aufschub nicht allein bewilligen. Ist die Strafvollstreckung schon eingeleitet, so kann ihre Unterbrechung angeordnet werden. Der Aufschub ist aber nur zulässig, wenn der Wiedereinsetzungsantrag frist- und formgerecht gestellt ist und Erfolg verspricht (KK-Maul 3). Die Entscheidung ist nach § 304 I mit der Beschwerde anfechtbar.

6. Abschnitt. Zeugen
RiStBV 64–68

Vorbemerkungen

1 **1)** Der **Zeuge** ist ein persönliches Beweismittel (Einl 49), eine Beweisperson, die in einem nicht gegen sie selbst gerichteten Strafverfahren Auskunft über die Wahrnehmung von Tatsachen gibt (RG **52**, 289; ANM 171; Peters 342; Roxin § 26 a; zur Abgrenzung vom Sachverständigen vgl 2 zu § 85). Wer nichts aussagen, sondern nur in Augenschein genommen werden soll, ist kein Zeuge (LR-Dahs 1). Gleichgültig ist, wann und aus welchem Anlaß (Zufall, Berufsausübung, Auftrag des Gerichts oder der Polizei) der Zeuge die Wahrnehmungen gemacht hat, über die er aussagen soll (BGH **33**, 178, 181). Wahrnehmungen sind auch die dem Zeugen von anderen gemachten Mitteilungen; der Zeuge vom Hörensagen ist ein taugliches Beweismittel (KMR-Paulus 23; ANM 173; erg 4 zu § 250).

2 **2)** **Gegenstand des Zeugenbeweises** sind Tatsachen, nicht Rechtsfragen, Erfahrungssätze, allgemeine Eindrücke, Schlußfolgerungen oder Mutmaßungen. Die Tatsachen können auch negativer Art sein, zB daß der Zeuge eine bestimmte Äußerung nicht gehört hat (ANM 194). Über innere Tatsachen, auch hypothetischer Art, kann der Zeuge ebenfalls vernommen werden, sofern es sich um Vorgänge in seinem eigenen Bewußtsein handelt (ANM 191: eigenpsychische Tatsachen). Vorgänge im Innern eines anderen Menschen (ANM 193: fremdpsychische Tatsachen) entziehen sich dagegen seiner Wahrnehmung; er kann nur Tatsachen bekunden, die Schlußfolgerungen auf solche Vorgänge zulassen (BGH StV **84**, 61; Zweibrücken StV **90**, 440). Soll aus den Wahrnehmungen des Zeugen auf ein bestimmtes weiteres Geschehen geschlossen werden, ist nicht dieses weitere Geschehen, sondern nur die Wahrnehmung des Zeugen tauglicher Gegenstand des Zeugenbeweises (BGH **39**, 251 mit abl Anm Hamm StV **93**, 455 und zust Anm Widmaier NStZ **93**, 602). Ebenso können reine **Werturteile** nicht Gegenstand des 3
Zeugenbeweises sein. Zwar ist ein gewisses Maß an urteilender Tätigkeit bei den meisten Zeugenaussagen erforderlich. Solche Bewertungen müssen aber auf Maßstäben beruhen, die allgemein anerkannt und für das Gericht leicht überprüfbar sind (RG **27**, 95; **37**, 371; **57**, 412). Über die Charaktereigenschaften eines anderen

kann der Zeuge nur vernommen werden, wenn er tatsächliche Umstände bekunden kann, die den Schluß auf ihr Vorliegen zulassen (ANM 197 ff). Unter diesen Voraussetzungen kann die Glaubwürdigkeit, Ehrlichkeit, Verdorbenheit, Geschwätzigkeit eines Menschen Gegenstand des Zeugenbeweises sein (BGH **39**,
4 251, 254). Einfache **Rechtsbegriffe** wie Anstiftung, Kauf, Miete, Eigentum, kann der Zeuge bei seiner Aussage verwenden (ANM 205). Über die Schuldfähigkeit des Angeklagten hat er sich nicht zu äußern; das schließt einfache Bewertungen, insbesondere über den Trunkenheitsgrad des Angeklagten, nicht aus (BGH MDR **79**, 807 [H]; Bay DAR **72**, 119 [R]; ANM 203).

5 **3) Zeugenpflichten:** Der Zeuge muß zur Vernehmung erscheinen, wahrheitsgemäß aussagen und seine Aussage auf Verlangen beeiden (J. Meyer ZStW **95**, 834; Peters 346; Roxin § 26 B). Das sind staatsbürgerliche Pflichten, die die StPO nicht begründet, sondern voraussetzt (BVerfGE **49**, 280, 284 = NJW **79**, 32; BVerfG NJW **88**, 897, 898; Köln NJW **81**, 2480; Böhm NStZ **83**, 158; Dähn JZ **79**, 138). Sie treffen alle deutschen Staatsangehörigen, auch im Ausland, Ausländer und Staatenlose nur, wenn sie sich im Inland aufhalten (Hamburg MDR **67**, 686).
6 Exterritoriale sind von der Zeugenpflicht befreit (§§ 18, 19 GVG). Als **Nebenpflicht** ist mit der Zeugeneigenschaft die Pflicht verbunden, Wahrnehmungen zur Prüfung der Glaubwürdigkeit zu machen und zu bekunden (20 zu § 68), Gegenüberstellungen zu dulden (§ 58 II) und an Augenscheinseinnahmen teilzunehmen
7 (BGH GA **65**, 108). **Erweitert** wird die Zeugenpflicht durch die Pflicht zur Duldung der körperlichen Untersuchung (§ 81 c). Zu außergerichtlichen Tätigkeiten (Herstellung von Augenscheinsobjekten und Schriftproben) ist der Zeuge nicht verpflichtet (LR-Dahs 7); bestimmte Zeugen haben aber die Pflicht, sich schriftlich dienstlich zu äußern (W. Schmid SchlHA **81**, 2) und sich auf ihre Aussage vorzubereiten (8 zu § 69).

8 **4) Zeugenrechte:**

9 A. **Weigerungsrechte:** Die Befugnis, die Aussage ganz oder teilw zu verweigern, läßt die Zeugenpflicht entfallen. Weigerungsrechte ergeben sich aus den §§ 52 ff, aber auch aus dem Beratungsgeheimnis (§ 43 **DRiG),** aus dem Wahlgeheimnis nach Art 38 I GG und den entspr Vorschriften der Länderverfassungen (LR-Dahs 9; ANM 451 mwN in Fn 171) und für Abgeordnete des BTages aus Art 47 S. 1 GG (22 zu § 53). Nach Ansicht des BVerfG wird der Zeugniszwang ausnahmsweise und unter ganz besonderen Umständen durch Art 1 I, 2 I GG begrenzt, wenn die Zeugenvernehmung wegen der Eigenart des Beweisthemas in einen grundrechtlich geschützten Bereich der privaten Lebensgestaltung eingreifen würde (BVerfGE **33**, 367, 374 = JZ **73**, 780 mit Anm Würtenberger; BVerfGE **38**, 312, 325 = DÖV **75**, 637 mit Anm Bergmann; BVerfG NJW **79**, 1286; krit Rengier 107 ff). Für den „Kunden" einer Prostituierten ergibt sich daraus kein Weigerungsrecht (Bay **78**, 152 = JR **80**, 432 mit Anm Hanack).

10 B. **Im Verfahren** hat der Zeuge Anspruch auf angemessene Behandlung (Humborg JR **66**, 448) und (vgl § 68 a) auf Ehrenschutz (Kube/Leineweber 29). Er darf nicht zum bloßen Verfahrensobjekt gemacht werden (BVerfGE **27**, 1, 6 = NJW **69**, 1707; BVerfGE **38**, 105, 114 = NJW **75**, 103, 104; Jung GA **98**, 326; Thomas NStZ **82**, 489; vgl auch Böttcher Kleinknecht-FS 25 und Schüler-Springorum-FS 541; Dahs NJW **84**, 1921 zum Persönlichkeitsschutz des Verletzten als Zeuge; allgemein Nelles NJ **98**, 449). In die Grundrechte des Zeugen darf nur eingegriffen werden, wenn und soweit das für die Wahrheitsfindung unerläßlich ist (Granderath MDR **83**, 798). Das Gericht ist dem Zeugen gegenüber zur Fürsorge verpflichtet. Der Zeuge muß vor einer Lebens- oder Leibesgefahr geschützt werden, in die er durch die Mitwirkung in einem Strafverfahren geraten kann (BVerfGE **57**, 250, 284 = NJW **81**, 1719, 1724; vgl auch BGH **33**, 83, 91 = JZ **85**, 494 mit Anm Fezer; Fezer JuS **87**, 359; Krehl GA **90**, 555; NJW **91**, 85. Die Justiz- und Innenminister haben am 4./5. 11. bzw 26. 11. 1993 Richtlinien zum Schutz gefährdeter

Zeugen beschlossen (vgl JMBlBrandenburg **94**, 52; eingehend zum Zeugenschutz SK/StPO-Rogall 68 ff; Griesbaum NStZ **98**, 433 ff). § 6 BKAG hat dem BKA den Zeugenschutz als Aufgabe in den Fällen übertragen, in denen es die Strafverfolgung wahrnimmt (dazu Griesbaum aaO 435). Das Gericht darf eine Gefahrenlage, in die der Zeuge durch eine wahrheitsgemäße Aussage geraten könnte, nicht durch Anwendung von Zwangsmaßnahmen nach § 70 verschärfen (BGH NStZ **84**, 31). Gewisse Unannehmlichkeiten, die mit der Bekundung der Wahrheit verbunden sind, zB daß der Beschuldigte von der Aussage erfährt, muß der Zeuge aber hinnehmen (BGH **29**, 99, 104). Seinem Schutz dienen im übrigen §§ 171 b, 172 Nr 1 a GVG. Zur Identitätsänderung und Aushändigung von „Tarnpapieren" zum Schutz gefährdeter Zeugen vgl Soiné/Soukup ZRP **94**, 466; zur Zuziehung einer Vertrauensperson vgl § 406 f III.

C. **Zuziehung eines Rechtsbeistands:** Das BVerfG leitet aus dem Gebot der **11**
fairen Verfahrensgestaltung (Einl 19) das Recht des Zeugen, der ein Auskunftsverweigerungsrecht nach § 55 hat, sonst unter der Voraussetzung einer „besonderen rechtsstaatlichen Legitimation", auf Zuziehung eines RA als Rechtsbeistand zu der Vernehmung ab (BVerfGE **38**, 105 = NJW **75**, 103; dazu Dahs 169 ff; Hammerstein NStZ **81**, 125; Steinke Kriminalistik **75**, 250; Thomas NStZ **82**, 489; Wagner DRiZ **83**, 21; vgl auch Kaum 130 ff). Das Recht auf Hinzuziehung eines Beistands bei der Vernehmung ist für durch die Straftat verletzte Zeugen in §§ 406 f, 406 g geregelt. Auf andere Zeugen sind diese Vorschriften nicht entspr anwendbar. Unter engen Voraussetzungen sieht § 68 b einen Zeugenbeistand für die Dauer der Vernehmung vor. Zeugen werden auf ihr Recht auf Hinzuziehung eines Beistands nicht hingewiesen (**aM** Dahs NStZ **83**, 184; Thomas aaO). Der Beistand soll die Wahrnehmung der Weigerungsrechte nach §§ 52 ff ermöglichen und bei Zeugen, die in ihrer Aussagefähigkeit oder -bereitschaft gehemmt sind, Aussagefehler und Mißverständnisse verhindern. Er hat keine selbständigen Antragsrechte und darf den Zeugen nur beraten, nicht bei der Aussage vertreten. Hinsichtlich des Inhalts des Beratungsgesprächs steht dem Zeugen ein Auskunftsverweigerungsrecht zu (Düsseldorf NStZ **91**, 504; LG Lübeck StV **93**, 516; erg 3 zu § 406 g). Einer ausdrücklichen gerichtlichen Zulassung bedarf der Beistand nicht (BGH NStZ **90**, 25 [M]). Seine Verhinderung gibt dem Zeugen nicht das Recht, dem Termin fernzubleiben (BGH NStZ **89**, 484 mit abl Anm Krehl NStZ **90**, 192). Der Beistand kann mehrere Zeugen gleichzeitig vertreten (BGH 5 StR 47/90 vom 6. 3. 1990; Thomas Koch-FG 285). Der RA, der kein Verfahrensbeteiligter ist und daher nicht in Robe auftritt (**aM** Wagner aaO), ist weder zur Akteneinsicht noch zur Anwesenheit vor oder nach der Vernehmung berechtigt (BVerfG aaO; SK/StPO-Rogall 113; **aM** Hammerstein aaO; Thomas NStZ **82**, 489). Von dem Vernehmungstermin wird er nicht benachrichtigt. Mißbraucht er seine Anwesenheit zur Erschwerung oder Vereitelung der Beweiserhebung, so kann er nach § 164, bei gerichtlicher Vernehmung nach § 177 GVG ausgeschlossen werden (KMR-Paulus 31; Wagner aaO; **aM** Krekeler NJW **80**, 980; Steinke Kriminalistik **75**, 252; erg 4 zu § 177 GVG). Die gerichtliche Beiordnung eines Beistands ist außerhalb der gesetzlich geregelten Fälle in § 68 b, 406 g III, IV ausgeschlossen (BVerfG NStZ **83**, 374 = StV **83**, 489 mit Anm Hauffe; BGH StB 10/98 vom 9. 9. 1998; KG NStE Nr 33 zu § 140; Koblenz MDR **95**, 1160). Die zum Rechtszustand vor Inkrafttreten des ZSchG am 1. 12. 1998 vertretene Gegenmeinung (Nw in der 43. Aufl), die sich auf das Gebot des fairen Verfahrens stützen wollte, war schon mit § 406 f unvereinbar, der nicht einmal für durch die Straftat verletzte Zeugen, die nicht zum Anschluß als Nebenkläger berechtigt sind, die Bewilligung von Prozeßkostenhilfe vorsieht; sie ist jetzt zudem durch Einfügung des § 68 b überholt. Eine Beschwerde des Zeugen gegen die Versagung von Prozeßkostenhilfe ist entspr §§ 404 V S. 3, 406 III S. 1, 397 a II S. 2 unzulässig (Koblenz aaO; Schleswig SchlHA **97**, 172 [L/S]). Die Staatskasse zahlt dem Beistand keine Gebühren (Düsseldorf Rpfleger **93**, 37; **aM** Bremen StV **83**, 513 mit

Anm Joester, das sogar § 99 BRAGO anwendet; vgl auch LG Hannover NStZ **82**, 433 L; LG Verden aaO) und erstattet sie auch dem Zeugen nicht nach § 11 I ZSEG (BVerfG aaO; Düsseldorf JMBlNW **80**, 35), es sei denn, die Heranziehung des Beistandes war nicht ausschließlich im eigenen Interesse des Zeugen erfolgt (Düsseldorf NStZ **97**, 501). Ob eine Kostenübernahme zulässig ist, wenn ein ausländischer Zeuge sein Erscheinen zur kommissarischen Vernehmung in seinem Heimatland von der Begleitung durch einen RA abhängig macht, erscheint zweifelhaft (Opitz aaO hält das für zulässig; BVerfG aaO sieht in der Zusage mit Recht keinen Verstoß gegen § 136 a I; vgl auch KMR-Paulus 31).

12 **5) Zeugnisfähigkeit:**

13 A. Eine **allgemeine Zeugnisunfähigkeit** gibt es nicht (RG **52**, 138; KK-Senge 5; ANM 173). Zeuge kann auch sein, wer körperliche oder geistige Gebrechen hat, sofern er nur zu Wahrnehmungen und ihrer Wiedergabe vor Gericht fähig ist (BGH **2**, 269, 270; **43**, 62). Kinder können Zeugen sein, wenn von ihnen eine verständliche Aussage zu erwarten ist (Gley StV **87**, 405 ff). Dafür gibt es keine feste Altersgrenze; Kinder unter viereinhalb Jahren werden aber selten aussagetüchtig sein (Arntzen DRiZ **76**, 20; vgl auch ANM 174 mwN). Die Vernehmung Geisteskranker ist auch in der Hauptverhandlung nicht ausgeschlossen (RG **33**, 393; **58**, 396). Ist eine eigentliche Aussage nicht zu erwarten (taubstumme Analphabeten), so kann die Mimik des Zeugen die mündlichen Bekundungen ersetzen (vgl RG **33**, 403; ANM 174). Abgeordnete dürfen vernommen werden (vgl RiStBV 191 III Buchst d), auch im Verfahren gegen Mittäter.

14 B. **Organe der Rechtspflege:**

15 a) **Richter** können Zeugen sein, auch wenn sie schon an der Verhandlung mitgewirkt haben. Sie sind nach § 22 Nr 5 von der weiteren Mitwirkung ausgeschlossen, sobald sie der Zeugenladung folgen (BGH **7**, 44, 46; MDR **77**, 107 [H]; StV **91**, 99). Die bloße Benennung des Richters als Zeugen führt aber nicht zum Ausschluß, wenn er erklärt, zu der Beweisfrage nichts zu wissen (BGH **7**, 330 = JZ **56**, 31 mit Anm Kleinknecht; BGH **11**, 206; MDR **77**, 107 [H]; Michel MDR **92**, 1026; ANM 176 mwN). An dem Beschluß, durch den der Antrag auf seine Vernehmung nach § 244 III S. 2 wegen Verschleppungsabsicht abgelehnt wird, kann er selbst mitwirken (67 zu § 244). Andernfalls könnte der Beschuldigte jeden Richter nach Belieben ausschalten.

16 b) Für **Urkundsbeamte,** die an der Verhandlung als Protokollführer mitwirken, gilt das entspr. Sie sind nach §§ 22 Nr 5, 31 I von der weiteren Mitwirkung erst ausgeschlossen, wenn einem Antrag auf ihre Vernehmung stattgegeben wird (ANM 177).

17 c) **Staatsanwälte** können als Zeugen vernommen werden, auch wenn sie an der Sitzung teilnehmen (Celle NStZ **84**, 136). Ihre bloße Benennung als Zeugen hindert sie an der weiteren Mitwirkung nicht (Dose NJW **78**, 349; Krey 1/453). Die bloße Beantwortung einer sachbezogenen Frage des Verteidigers macht sie nicht zu Zeugen (BGH NStZ **86**, 133). Nach der Vernehmung kann der StA weiter auftreten, wenn er nur über Vorgänge ausgesagt hat, die sich erst aus seiner dienstlichen Befassung mit der Sache ergeben haben und die Gestaltung des Verfahrens, insbesondere die äußeren Umstände der Vernehmung des Angeklagten, betreffen, und wenn durch Zuziehung eines weiteren StA dafür Vorsorge getroffen worden ist, daß er seine Aussage nicht im Schlußvortrag selbst würdigen muß (BGH **14**, 265, 267; **21**, 85, 90 = JR **67**, 227 mit abl Anm Hanack; NStZ **90**, 24 [M]; NJW **96**, 2239, 2241; Pawlik NStZ **95**, 312; Schneider NStZ **94**, 457; Bedenken hiergegen erhebt BGH NStZ **89**, 583; dagegen Müller-Gabriel StV **91**, 235; dem BGH zust Brause NJW **92**, 2869; für völligen Ausschluß des StA demgegenüber aber Hanack JZ **71**, 91; **72**, 81; Schlüchter 66.1; vgl auch Kramer Jura **83**, 117 ff; Krey 1/454 ff und JA **85**, 518 ff; Malmendier NJW **97**, 230; eingehend zur gesamten Problematik SK/StPO-Rogall 46 ff). Wenn sich seine Aussage nur auf

die Tat eines Mitangeklagten bezieht, ist er nicht gehindert, hinsichtlich der übrigen Angeklagten die Anklage weiter zu vertreten (BGH **21**, 85, 89; KK-Senge 11; Dose NJW **78**, 352; **aM** Grünwald BewR 17; Roxin § 26 a III 3). In anderen Fällen ist die weitere Mitwirkung des StA, insbesondere die Würdigung der eigenen Aussage, unzulässig und führt auf entspr Rüge zur Aufhebung des Urteils, wenn es darauf beruht (BGH **14**, 265; NJW **87**, 3088, 3090; NStZ **83**, 135; StV **83**, 497 mit Anm Müllerhoff; Düsseldorf StV **91**, 59). Die Vernehmung als Zeuge in einer früheren (ausgesetzten) Hauptverhandlung führt hingegen nicht zum Ausschluß des StA (BGH NStZ **94**, 194).

d) Der **Verteidiger** kann Zeuge sein (vgl § 53 I Nr. 2). Nach seiner Aussage kann er wieder als Verteidiger auftreten (LR-Dahs 46; **aM** Gössel 201: Ausschließung möglich; Peters 345: automatisches Ausscheiden). Insbesondere darf er vom Gericht nicht ausgeschlossen werden; denn § 138 a regelt die Ausschließungsgründe abschließend (SK/StPO-Rogall 61; ANM 186; Dahs NJW **75**, 1390; Krause StV **84**, 171). Das Verbot darf nicht dadurch umgangen werden, daß der Verteidiger nach § 58 I vor seiner Vernehmung aus dem Saal gewiesen oder als Zeuge nicht nach § 248 entlassen wird. Ist die Verteidigung nach § 140 notwendig, so muß dem Angeklagten während der Vernehmung des Verteidigers grundsätzlich ein anderer Verteidiger beigeordnet werden (BGH StV **96**, 469 mwN; ANM 186). **18**

C. **An der Straftat beteiligte Personen:** **19**

a) Der **Beschuldigte** kann sich zur Sache einlassen, und seine Angaben können bei der Entscheidung berücksichtigt werden. Als Zeuge in eigener Sache darf er nicht vernommen werden (BGH **10**, 8, 10; NJW **64**, 1034; JR **69**, 148; ANM 181). **20**

b) **Mitbeschuldigte** können, auch wenn sie nach § 231 c zeitweise beurlaubt sind (dort 2), nicht Zeugen sein, sobald und solange die Verfahren nach den §§ 2 ff, 237 verbunden sind. Bereits diese prozessuale Gemeinsamkeit steht der Zeugenvernehmung entgegen, und zwar sowohl über die gemeinschaftlich begangene Tat als auch über selbständige Straffälle, die nur einem anderen Mitbeschuldigten zur Last gelegt werden (BGH **3**, 149; **10**, 8, 11; NJW **64**, 1034; ANM 182 mwN). Die im Schrifttum vielfach vertretene Ansicht, die Frage sei unter sachlich-rechtlichen Gesichtspunkten zu beurteilen, schon die Tatbeteiligung schließe die Zeugenvernehmung von Mitbeschuldigten aus (LR-Wendisch 55 ff zu § 2; Dünnebier JR **75**, 1; Fezer 13/30; von Gerlach JR **69**, 149; Lenckner Peters-FS 333; Montenbruck ZStW **89**, 878; Müller-Dietz ZStW **93**, 1227; Peters 346; Prittwitz, Der Mitbeschuldigte im Strafprozeß, 1984, S. 140, 153 ff; Roxin § 26 A III 1 b; Schlüchter 479), ist abzulehnen (BGH NJW **85**, 76 = StV **84**, 361 mit abl Anm Prittwitz; SK/StPO-Rogall 46 ff; dazu auch Montenbruck JZ **85**, 976), denn sie widerspricht dem Gesetz (vgl § 60 Nr 2; Grünwald BewR 15). Im übrigen läßt sich mit einem „verfahrensrechtlichen Zwitter" (Rogall NJW **78**, 2535, 2536), wie es der als Beschuldigter zu vernehmende Nichtangeklagte oder der als Zeuge zu vernehmende Mitangeklagte wäre, keine Sachaufklärung betreiben (vgl ANM 184). Die **21**
vorübergehende **Trennung** der verbundenen Sachen ermöglicht die Zeugenvernehmung des Mitbeschuldigten, dessen Verfahren abgetrennt worden ist (BGH **10**, 8, 11; **27**, 139, 141; JR **69**, 148 mit Anm von Gerlach; ANM 182 mwN). Sie ist zulässig, wenn sich die Vernehmung auf eine Tat beziehen soll, die dem Mitbeschuldigten nicht selbst zur Last gelegt wird (BGH NJW **64**, 1034; MDR **71**, 897 [D]; einschr LG Frankfurt a.M. StV **86**, 470: nicht, wenn die Bekundungen in irgendeiner Weise auf die gegen den Beschuldigten ergehende Entscheidung von Einfluß sein können), nicht aber, wenn sie eine gemeinschaftliche Tat betreffen soll (BGH JR **69**, 148; MDR **77**, 639 [H]; StV **84**, 186; Hamm VRS **42**, 208; ANM 183). Denn dadurch würde der Grundsatz umgangen, daß ein Angeklagter nicht Zeuge in einem ihn selbst betreffenden Verfahren sein kann. Allg zur sog Rollenvertauschung: Dünnebier JR **75**, 1; Prittwitz aaO und NStZ **81**, 463; Peters in GedSchr für H. Peters, 1967, S. 897; Roxin § 26 A III 1 b. **22**

23 D. **Sonstige Verfahrensbeteiligte:** Nebenkläger können als Zeugen vernommen werden (10 vor § 395), nicht aber Privatkläger (2 zu § 384). Zeugen können ferner sein (vgl ANM 186 ff) Beistände nach § 149 (dort 2) und § 69 **JGG**, Erziehungsberechtigte und gesetzliche Vertreter (§ 67 **JGG**) sowie Antragsteller im Anhangsverfahren nach §§ 403 ff. Daß der Sachverständige gleichzeitig Zeuge sein kann, folgt aus § 74 I S. 2. Für den Dolmetscher gilt das gleiche; er kann seine Aussage selbst in die fremde Sprache übersetzen (RG **45**, 304; LR-Dahs 28). Der nach § 407 I **AO** teilnahmeberechtigte Vertreter des FA kann ebenfalls Zeuge sein (LG Dresden NStZ **98**, 576 mwN; **aM** Peters 345), nicht aber Verfalls- und Einziehungsbeteiligte, soweit sie im Strafverfahren (§§ 431 ff), im Nachverfahren (§ 439) oder im selbständigen Verfahren (§ 440) beteiligt sind oder sich beteiligen können (vgl aber 5 zu § 433).

24 **6) Entspr anwendbar** sind die §§ 48 ff bei Vernehmungen durch die StA, soweit nichts anderes bestimmt ist (§ 161 a I S. 2). Bei Vernehmung durch andere Ermittlungsorgane, insbesondere durch die Polizei, gelten die Bestimmungen zT nach ausdrücklicher Regelung (§ 163 a V), im übrigen, soweit sie Rechte des Zeugen betreffen oder Rücksicht auf ihn vorschreiben (§§ 52–55, 68 a, 69). Im Bußgeldverfahren gelten die §§ 48 ff entspr, soweit nichts anderes bestimmt ist (§ 46 I OWiG).

Zeugenladung **RiStBV 64–66**

48 **Die Ladung der Zeugen geschieht unter Hinweis auf die gesetzlichen Folgen des Ausbleibens.**

1 **1) Form:** Für die Zeugenladung, dh die Aufforderung, an einem bestimmten Ort zu einer bestimmten Zeit zur Vernehmung zu erscheinen, ist eine besondere Form nur in § 38 vorgeschrieben. Gericht und StA (§ 161 a I S. 2) können schriftlich, telegrafisch, durch Fernschreiber, mündlich, auch telefonisch, laden. Schriftlich kann durch einfachen Brief, nicht durch Postkarte (RiStBV 64 III S. 1) geladen werden; da die Anwendung des § 51 den Ladungsnachweis erfordert (2 zu § 51), ist förmliche Zustellung geraten (LR-Dahs 4; vgl für die Ladung zur Hauptverhandlung RiStBV 117 I). Die mündliche Ladung kann der Vorsitzende, etwa bei Unterbrechung oder Aussetzung der Verhandlung (RG **35**, 232), selbst vornehmen, sonst durch Gerichtswachtmeister oder Polizei veranlassen. Da eine Ladungsfrist nicht besteht (2 zu § 51), kann der Zeuge zum sofortigen Erscheinen vor Gericht aufgefordert werden (KMR-Paulus 8).

2 **2) Inhaltlich** muß die Ladung erkennen lassen, daß der Geladene als Zeuge vernommen werden soll (RiStBV 64 I S. 1). Der Name des Beschuldigten wird, auch bei richterlicher Vernehmung (KK-Senge 4), nicht angegeben, wenn der Zweck der Untersuchung das verbietet, der Gegenstand der Beschuldigung nur, wenn das zur Vorbereitung der Aussage geboten erscheint (RiStBV 64 I S. 2). Wegen der Aufforderung, Unterlagen mitzubringen, vgl RiStBV 64 II. Belehrun-
3 gen nach §§ 52 III S. 1, 55 II, 57 gehören nicht in die Ladung. Der **Hinweis auf die gesetzlichen Folgen des Ausbleibens** nach § 51 ist bei jeder Zeugenladung erforderlich, auch bei wiederholter Ladung und bei mündlicher Ladung in einer unterbrochenen oder ausgesetzten Hauptverhandlung (Hamm NJW **57**, 1330). Der Hinweis muß so vollständig sein, daß der Zeuge über die Folgen des § 51 Klarheit gewinnen kann (KK-Senge 5). Der schuldunfähige Zeuge wird nur auf § 51 I S. 3 hingewiesen (erg 15, 20 zu § 51). Bei nicht auf freiem Fuß befindlichen Zeugen tritt an die Stelle des Hinweises der Vorführungsbefehl des Richters oder die Vorführungsanordnung der StA (vgl 2 zu § 51; 11, 13 zu § 214).

3) Die **Anordnung der Ladung** trifft der Richter oder StA, der die Vernehmung durchführen will. Für Ladungen zur Hauptverhandlung gilt § 214 I S. 1, III. Gerichtliche Ladungen zur Hauptverhandlung führt die Geschäftsstelle des Gerichts aus (§ 214 I S. 2); sonst gilt § 36 I S. 2 entspr. Die Abweichung von der angeordneten Ladungsform berührt die Wirksamkeit der Ladung nicht. Die Ladung wird innerhalb des Geltungsbereichs der StPO stets unmittelbar bewirkt (§ 160 GVG). 4

4) Sonderfälle: 5

A. Im **Ausland** wohnhafte ausländische oder deutsche Zeugen werden nach den Vorschriften der RiVASt geladen, soweit nicht § 37 II anwendbar ist (erg 25 zu § 37). Die ausländischen Behörden werden um Zustellung der deutschen Ladungsurkunde (RiVASt 115, 116) ersucht. Für die Mitgliedstaaten des Europarats gelten die Art 7 ff EuRHÜbk. Unmittelbare Ladungen sind regelmäßig unzulässig (RiVASt 121). Deutsche Zeugen im Ausland können aber durch die Auslandsvertretungen der BRep geladen werden (RiVASt 129 III). Zu den Ladungsarten nach RiVASt und EuRHÜbk sowie zur Ladung nach besonderen zwischenstaatlichen Vereinbarungen vgl Rose wistra **98**, 14 ff. Wegen der Exterritorialen vgl RiStBV 196 ff. 6

B. **Kinder** werden zu Händen ihrer gesetzlichen Vertreter geladen, die sie zur Erfüllung ihrer Zeugenpflichten anzuhalten haben (Hamm NJW **65**, 1613), Jugendliche ab 14 Jahren können hingegen persönlich geladen werden (Schwekendieck NStZ **90**, 171). Fehlt dem Zeugen die notwendige Verstandesreife, so ist allein der gesetzliche Vertreter zu laden und aufzufordern, sich mit ihm an Gerichtsstelle einzufinden (Skupin MDR **65**, 866). Der Hinweis nach § 48 wird auf den Zeugen bezogen. Mit ihm wird der weitere Hinweis verbunden, daß ein Erziehungsberechtigter als Begleitperson mitkommen kann und entschädigt wird (§ 11 I S. 2 ZSEG). 7

C. **Seeleute** (vgl 21 zu § 37) können nach Seemannsart geladen, dh durch die Wasserschutzpolizei aufgefordert werden, sich bei der nächsten Liegezeit auf der Geschäftsstelle des AG zu melden (Bremen Rpfleger **65**, 48; StrK beim AG Bremerhaven NJW **67**, 1721). **Binnenschiffer** (vgl 22 zu § 37) können ebenfalls durch Vermittlung der Wasserschutzpolizei geladen werden (Hamm NJW **65**, 1613 L; Köln NJW **53**, 1932). 8 9

D. **Soldaten:** Maßgebend sind Nrn 17 ff des Erlasses des BMVtg idF vom 16. 3. 1982 (VMBl 130), geändert durch Erlaß vom 20. 6. 1983 (VMBl 182). Danach werden Soldaten in derselben Weise wie andere Personen geladen (vgl auch 23 zu § 37). Die Ladung wird ihnen auf Veranlassung des Gerichts oder der StA zugestellt oder übersandt. Wegen der Soldaten ausländischer NATO-Truppen in der BRep vgl Art 37 **NTS-ZA.** 10

Vernehmung des Bundespräsidenten

49 **Der Bundespräsident ist in seiner Wohnung zu vernehmen. Zur Hauptverhandlung wird er nicht geladen. Das Protokoll über seine gerichtliche Vernehmung ist in der Hauptverhandlung zu verlesen.**

1) Die **Vernehmung des BPräs** (S. 1) ist, falls er auf dieses Vorrecht nicht verzichtet (**aM** SK/StPO-Rogall 5: unverzichtbar), nur in seiner Wohnung zulässig. Dazu gehören auch der Dienstsitz und der vorübergehende Wohnsitz am Urlaubsort oder bei einem Staatsbesuch. Im Hinblick auf S. 3 kommt nur eine richterliche Vernehmung, auch durch das ganze Gericht (**aM** SK/StPO-Rogall 8), in Betracht (LR-Dahs 3). Die Prozeßbeteiligten haben bei Vernehmungen außerhalb des Gerichts kein Anwesenheitsrecht; §§ 168 c II, 223, 224 gelten nicht (KMR-Paulus 3). § 70 I, II ist anwendbar (LR-Dahs 4). Für den Vertreter des 1

BPräs (Art 57 GG) gilt das Vorrecht nicht (KK-Senge 1; KMR-Paulus 1; LR-Dahs 1; **aM** Maunz-Dürig 7 zu Art 57 GG).

2 2) Zur **Hauptverhandlung** (S. 2, 3) wird der BPräs nicht geladen, es sei denn, daß er nicht mehr im Amt ist. Auch Ladungen nach §§ 214 III, 220 I sind ausgeschlossen. Abweichend von § 250 S. 2 wird die Vernehmungsniederschrift verlesen. Dazu bedarf es keiner besonderen Beschlußfassung. § 251 IV S. 1 und 2 gelten nicht; S. 3 und 4 sind entspr anwendbar.

Vernehmung von Mitgliedern oberster Staatsorgane

50 **I Die Mitglieder des Bundestages, des Bundesrates, eines Landtages oder einer zweiten Kammer sind während ihres Aufenthaltes am Sitz der Versammlung dort zu vernehmen.**

II Die Mitglieder der Bundesregierung oder einer Landesregierung sind an ihrem Amtssitz oder, wenn sie sich außerhalb ihres Amtssitzes aufhalten, an ihrem Aufenthaltsort zu vernehmen.

III Zu einer Abweichung von den vorstehenden Vorschriften bedarf es für die Mitglieder eines in Absatz 1 genannten Organs der Genehmigung dieses Organs,

für die Mitglieder der Bundesregierung der Genehmigung der Bundesregierung,

für die Mitglieder einer Landesregierung der Genehmigung der Landesregierung.

IV Die Mitglieder der in Absatz 1 genannten Organe der Gesetzgebung und die Mitglieder der Bundesregierung oder einer Landesregierung werden, wenn sie außerhalb der Hauptverhandlung vernommen worden sind, zu dieser nicht geladen. Das Protokoll über ihre richterliche Vernehmung ist in der Hauptverhandlung zu verlesen.

1 1) Die **Sonderregelung** enthält für Parlaments- und Regierungsmitglieder in allen Verfahrensabschnitten (RG **26**, 255) eine örtliche Beschränkung der Zeugenpflicht. Sie bezweckt den Schutz von Störungen der Parlaments- und Regierungsarbeit durch Reisen an auswärtige Vernehmungsorte. Ein Verzicht hierauf ist ausgeschlossen (KK-Senge 1; EbSchmidt 3).

2 2) **Vernehmung von Parlamentsmitgliedern** (I): Dem Landtag entspricht in Hamburg und Bremen die Bürgerschaft, in Berlin das Abgeordnetenhaus. In Bayern besteht als 2. Kammer der Senat (Art 34 ff BayVerf). § 50 gilt zwischen den Wahlperioden auch für den Personenkreis des Art 49 GG und der entspr Vorschrif-
3 ten der Landesverfassungen (LR-Dahs 3). **Vernehmungsort** ist der Sitz der Versammlung, wenn die Vernehmung in die mit dem 1. Zusammentritt beginnende Sitzungsperiode einschließlich der Parlamentsferien fällt und der Zeuge sich am Sitz der Versammlung aufhält. Andernfalls kann er an seinem Aufenthaltsort vernommen werden. Das Gericht entscheidet hierüber nach pflichtgemäßem Ermessen unter Berücksichtigung der Arbeitsbelastung des Zeugen (BGH NStZ **82**,
4 158). Die **Vernehmung,** die im Hinblick auf IV S. 2 nur durch den Richter, auch durch das ganze Gericht durchgeführt werden kann, erfolgt in den Räumen des Gerichts am Parlamentssitz. Dorthin ist der Abgeordnete zu laden. Für das Anwesenheitsrecht der Prozeßbeteiligten (§§ 168 c, 224) gelten keine Besonderheiten.

5 3) **Vernehmung von Regierungsmitgliedern** (II): Die BReg besteht aus dem Bundeskanzler und den Bundesministern (Art 62 GG). Die Staatssekretäre gehören nicht zum Kabinett, auch die parlamentarischen Staatssekretäre nicht, selbst wenn sie die Bezeichnung Staatsminister führen; da sie Abgeordnete sein müssen (§ 1 ParlStG), fallen sie aber unter I. Die Zusammensetzung der Landesregierungen ergibt

sich aus den Landesverfassungen. Die Senate von Berlin, Bremen und Hamburg sind Landesregierung; ihre Mitglieder sind die Bürgermeister (in Berlin der Regierende Bürgermeister) und die Senatoren. In Bayern gehören die Staatssekretäre zur Regierung (Art 43 II BayVerf). **Vernehmungsort** ist der Amtssitz oder, wenn der Zeuge 6
sich dort nicht aufhält, der Aufenthaltsort, auch wenn sich dort kein Gericht befindet. Hält er sich an einem Gerichtsort nur auf, weil er einer unzulässigen Ladung gefolgt ist, so darf er nicht vernommen werden (LR-Dahs 6; EbSchmidt 4). Die **Verneh-** 7
mung erfolgt in der Hauptverhandlung, wenn Gerichtsort und Amtssitz oder Aufenthalt identisch sind, sonst durch einen beauftragten oder ersuchten Richter. Im übrigen gilt das gleiche wie für Parlamentsmitglieder (oben 4).

4) Die **Sondergenehmigung** (III) kann von Amts wegen oder auf Antrag des 8
Gerichts oder eines Prozeßbeteiligten, auch auf Anregung des Abgeordneten oder des Regierungsmitglieds, erteilt werden. Der Antrag ist unmittelbar an die Regierung oder den Parlamentspräsidenten zu richten. Erteilung und Nachweis der Genehmigung sind an keine Form gebunden; die eidliche Versicherung des Zeugen, ihm sei die Genehmigung erteilt worden, reicht aus (RG JW **93**, 289). Ohne die erforderliche Sondergenehmigung darf der Zeuge nicht vernommen werden. Eine Umgehung in der Weise, daß er sich zum Aufenthalt am Gerichtsort bereit erklärt, ist unzulässig (LR-Dahs 9). Nach Anl 6 Abschn C S. 3 BT-GeschO bedarf es keiner Sondergenehmigung, wenn der Vernehmungstermin außerhalb der Sitzungswochen des BTages liegt.

5) Zur **Hauptverhandlung** (IV) darf der Zeuge nur geladen werden, wenn sie 9
an dem nach I oder II zulässigen Vernehmungsort stattfindet oder eine Genehmigung nach III erteilt ist und wenn der Zeuge nicht bereits außerhalb der Hauptverhandlung vernommen worden war. Die Unzulässigkeit der Ladung bezieht sich auch auf §§ 214 III, 220 I (LR-Dahs 12). Diese Vorschriften gelten nur, wenn die Hauptverhandlung vor einem Gericht stattfindet, vor das die Zeugen nach § 50 geladen werden dürfen, oder wenn eine Genehmigung nach III vorliegt (LR-Dahs 12). Die **Verlesung** der Vernehmungsniederschrift (vgl 2 zu § 49) ist stets zulässig, 10
wenn nach diesen Grundsätzen eine Ladung nicht statthaft ist. Den erfolglosen Versuch, eine Genehmigung nach III zu erlangen, setzt die Verlesung nicht voraus (RG **26**, 253; LR-Dahs 13).

6) Die **Revision** kann, da § 50 nur den Interessen der Parlaments- und Regie- 11
rungsarbeit dient, auf die Unzulässigkeit der Vernehmung nicht gestützt werden, wohl aber darauf, daß die Vernehmungsniederschrift unter Verstoß gegen IV S. 2 verlesen worden ist (LR-Dahs 14).

Folgen des Ausbleibens **RiStBV 64 III, 117 I**

51 **I Einem ordnungsgemäß geladenen Zeugen, der nicht erscheint, werden die durch das Ausbleiben verursachten Kosten auferlegt. Zugleich wird gegen ihn ein Ordnungsgeld und für den Fall, daß dieses nicht beigetrieben werden kann, Ordnungshaft festgesetzt. Auch ist die zwangsweise Vorführung des Zeugen zulässig; § 135 gilt entsprechend. Im Falle wiederholten Ausbleibens kann das Ordnungsmittel noch einmal festgesetzt werden.**

II Die Auferlegung der Kosten und die Festsetzung eines Ordnungsmittels unterbleiben, wenn das Ausbleiben des Zeugen rechtzeitig genügend entschuldigt wird. Erfolgt die Entschuldigung nach Satz 1 nicht rechtzeitig, so unterbleibt die Auferlegung der Kosten und die Festsetzung eines Ordnungsmittels nur dann, wenn glaubhaft gemacht wird, daß den Zeugen an der Verspätung

der Entschuldigung kein Verschulden trifft. Wird der Zeuge nachträglich genügend entschuldigt, so werden die getroffenen Anordnungen unter den Voraussetzungen des Satzes 2 aufgehoben.

III Die Befugnis zu diesen Maßregeln steht auch dem Richter im Vorverfahren sowie dem beauftragten und ersuchten Richter zu.

1 **1)** Der **Ungehorsam des Zeugen,** dessen Folgen die Vorschrift regelt, setzt die Pflicht voraus, einer Ladung zu folgen. Sie besteht nicht in den Fällen der §§ 49, 50, 220 II; ein Zeugnisverweigerungsrecht ist dagegen auf die Erscheinungspflicht ohne Einfluß (LR-Dahs 5). Ungehorsam iS des § 51 ist ein Zeuge, der trotz ordnungsmäßiger Ladung ohne rechtzeitige genügende Entschuldigung ausbleibt. Die Vorschrift wird durch § 70 ergänzt. Wer nicht als Zeuge geladen ist, kann nicht iS des § 51 unentschuldigt ausbleiben. Gegen gesetzliche Vertreter und Erziehungsberechtigte, die das Nichterscheinen eines kindlichen oder jugendlichen Zeugen verschulden, können daher keine Ungehorsamsfolgen festgesetzt werden (KG StraFo **98**, 49; Hamm NJW **65**, 1613; Skupin MDR **65**, 865).

2 A. **Ordnungsmäßige Ladung** (I S. 1): Es muß eine schriftliche oder mündliche (1 zu § 48) Ladungsanordnung mit Hinweis auf die gesetzlichen Folgen des Ausbleibens vorliegen, bei Ladung zur Hauptverhandlung nach § 214. Die Ladung muß Ort und Zeit der Vernehmung angeben (eine Ausnahme gilt für Ladungen nach Seemannsart; 21 zu § 37; 8 zu § 48) und den Hinweis nach § 48 enthalten. Eine schriftliche Ladung muß dem Zeugen nachweislich (München MDR **92**, 70), wenn auch nicht unbedingt förmlich zugestellt worden sein (Düsseldorf VRS **79**, 20; Koblenz MDR **81**, 1036 für unzulässige Ersatzzustellung). Im Fall des § 220 ist Zustellung nach § 38 erforderlich. Eine Ladungsfrist besteht nicht. Die Ladung des nicht auf freiem Fuß befindlichen Zeugen zur Hauptverhandlung oder zur richterlichen Vernehmung wird mit einem Vorführungsbefehl des Richters, die Ladung zur Vernehmung durch den StA mit dessen Vorführungsanordnung verbunden; beides tritt an die Stelle des Hinweises nach § 48 (dort 3; 11, 13 zu § 214).

3 B. **Nichterscheinen** (I S. 1) bedeutet Ausbleiben am Vernehmungsort, der nicht der Gerichtssitz zu sein braucht, zu der festgesetzten Zeit. Verspätetes Erscheinen vor Erlaß eines Beschlusses nach § 51 wird nicht geahndet (KMR-Paulus 6; LR-Dahs 5; **aM** KK-Senge 3). Auch ein Untersuchungsgefangener, der sich weigert, sich zum Vernehmungsort transportieren zu lassen, „erscheint" nicht (Düsseldorf NJW **81**, 2768; LR-Dahs 5; **aM** KK-Senge 2). Als nicht erschienen gilt ferner der körperlich anwesende, aber infolge schuldhafter Trunkenheit oder schuldhaften Genusses anderer berauschender Mittel (14 zu § 329) vernehmungsunfähige Zeuge (Saarbrücken JBl Saar **62**, 13; Kaiser NJW **68**, 188; Michel MDR
4 **92**, 544; vgl auch BGH **23**, 331, 334). Das **vorzeitige Weggehen** vor der endgültigen Entlassung (§ 248) steht dem Nichterscheinen nach hM gleich (KMR-Paulus 6; LR-Dahs 7; **aM** Lampe MDR **74**, 540: Ungehorsam nach § 70). Der Vorsitzende kann den Zeugen ebenso festhalten wie den Angeklagten (§ 231 I S. 2), wenn dadurch die sonst notwendige Vorführung erspart wird (KMR-Paulus
5 6; Enzian NJW **57**, 450; **aM** Lampe aaO). **Bereits begangenen Ungehorsam** setzt § 51 voraus (Düsseldorf NJW **81**, 2768; KMR-Paulus 7); er ist daher nicht anwendbar, wenn ein Zeuge vor dem Termin erklärt, er werde nicht kommen. Nur wenn seine Weigerung bereits zu einer Terminsverlegung gezwungen hat, treffen ihn die Ungehorsamsfolgen (Stuttgart NJW **56**, 840 mit Anm Reiff NJW **56**, 1083; Fezer 13/15; **aM** SK/StPO-Rogall 9).

6 C. **Fehlen einer rechtzeitigen genügenden Entschuldigung** (II S. 1):

7 a) Eine **Entschuldigung,** die rechtzeitig vorgebracht wird und genügende Gründe enthält, schließt die Folgen des § 51 I aus. Ob der Zeuge sich selbst oder ob ein anderer ihn entschuldigt, ist gleichgültig. Erforderlich ist aber stets, daß er entschuldigt wird (KK-Senge 15; LR-Dahs 8; **aM** KMR-Paulus 9, der entgegen dem eindeutigen Gesetzeswortlaut die Kenntnis des Gerichts genügen läßt).

b) **Rechtzeitig** ist die Entschuldigung nur, wenn sie so frühzeitig eingeht, daß eine Verlegung des Termins und eine Abbestellung der zur Verhandlung geladenen Personen noch im gewöhnlichen Geschäftsbetrieb möglich ist (KK-Senge 10; KMR-Paulus 18; LR-Dahs 9). 8

c) Eine **verspätete Entschuldigung** löst nur dann keine Ungehorsamsfolgen aus, wenn noch vor deren Anordnung glaubhaft gemacht wird (5 ff zu § 26; 6 zu § 45), daß den Zeugen an der Verspätung kein Verschulden trifft. Hat der Zeuge das vor der Anordnung glaubhaft gemacht und angekündigt, daß er seine Entschuldigungsgründe, für die er noch die Beweise beschaffen müsse, alsbald geltend machen wolle, so wird die Entscheidung für kurze Zeit aufzuschieben sein (**aM** LR-Dahs 8). 9

d) **Genügend** muß die Entschuldigung sein. Das setzt nicht voraus, daß das Gericht die volle Überzeugung von ihrer Richtigkeit gewinnt (LR-Dahs 8; Eb-Schmidt 19; **aM** KK-Senge 16; KMR-Paulus 10); es reicht aus, daß das Gericht keinen Anlaß sieht, daran zu zweifeln. Daher kann eine Entschuldigung auch dann genügen, wenn der Zeuge die Gründe nicht nachweisen kann, sein Vorbringen aber durch die Lebenserfahrung oder dem Gericht sonst bekannte Tatsachen gestützt wird. Bei Zweifeln über eine behauptete Erkrankung kann Vorlage eines amtsärztlichen Attestes verlangt werden (BGHR Entschuldigung 1). **Genügend** 11 **entschuldigt** ist ein Zeuge, der unverschuldet keine Kenntnis von der Ladung hat. Den Erhalt der Ladung braucht der Zeuge idR nicht sicherzustellen (KG Recht **28**, 464). Anders ist es, wenn dazu besonderer Anlaß besteht, etwa wenn der Zeuge sich jahrelang nur vorübergehend an seinem ersten Wohnsitz aufhält (Düsseldorf NJW **80**, 2721; Molketin DRiZ **81**, 385; **aM** M. J. Schmid NJW **81**, 858) oder wenn er von der bevorstehenden Vernehmung unterrichtet worden war (KK-Senge 13). Unkenntnis von der Ladung infolge Verschuldens dritter Personen entschuldigt nicht ohne weiteres (Hamm NJW **56**, 1935: Verschulden der Kanzleikraft eines Rechtsanwalts). Unvorhersehbare Verhinderungen (plötzliche Erkrankung, Verkehrsunfall, Naturkatastrophen und dgl) entschuldigen, nicht aber Verzögerungen, mit denen man rechnen muß (Molketin aaO: Parkplatzsuche). **Keine** 12 **genügende Entschuldigung** ist die Furcht vor Nachteilen durch die Aussage (Hamm MDR **74**, 330 L: Angst vor dem Angeklagten; Molketin DRiZ **81**, 385: Befürchtung, im Gerichtssaal verhaftet zu werden; **aM** Bremen JR **63**, 232). Nicht ausreichend als Entschuldigung ist das Verschlafen des Termins (Düsseldorf OLGSt Nr 3) und idR auch nicht die Berufung auf private oder berufliche Pflichten. Diese muß der Zeuge zurückstellen, solange das nicht zu unverhältnismäßigen Nachteilen führt (Hamm aaO; Koblenz VRS **67**, 252; vgl aber auch Düsseldorf OLGSt Nr 1; LG Bonn NStE Nr 6). Einen Urlaub muß er notfalls verlegen (Jena StraFo **97**, 331; **aM** für vorgeplanten Urlaub: KMR-Paulus 16), unterbrechen oder vorzeitig abbrechen (Koblenz OLGSt Nr 2). Dringende berufliche Pflichten können unter Anlegung strenger Maßstäbe entschuldigen (KG JR **71**, 338: unaufschiebbare Besprechung mit Regierungsmitgliedern). Die Verhinderung des Beistands (§§ 406 f, 406 g; 11 vor § 48) berechtigt nicht den Zeugen selbst zum Fernbleiben (**aM** LG Hildesheim StV **85**, 229; erg 5 zu § 68 b). Ein Irrtum über den Terminstag ist idR verschuldet (München NJW **57**, 306), ebenso ein Irrtum über die Erscheinungspflicht, insbesondere wenn der Zeuge glaubt, wegen eines Zeugnis- oder Auskunftsverweigerungsrechts nicht erscheinen zu müssen (BGH NStZ **96**, 482 [S]; Molketin aaO), oder wenn er ohne weiteres der Meinung eines RA vertraut, er brauche die Ladung nicht zu beachten (**aM** Oldenburg MDR **76**, 336; Stuttgart Justiz **73**, 180). In einem unvermeidbaren Verbotsirrtum befindet sich dagegen ein Zeuge, der rechtzeitig vor dem Termin einen Entschuldigungsgrund vorbringt, vom Gericht aber nicht darüber unterrichtet worden ist, daß er nicht genügt (Hamm HESt **3**, 8; LR-Dahs 12).

2) Ungehorsamsfolgen (I) sind die Auferlegung der Kosten, die Festsetzung von Ordnungsmitteln und die Anordnung der Vorführung. 13

14 A. Die **Auferlegung der Kosten** (I S. 1) ist zwingend und für jeden Fall des Ungehorsams vorgeschrieben. Der Angeklagte hat hierauf einen Rechtsanspruch (BayVerfGHE **18** II 134 = JR **66**, 195). Der Zeuge hat aber nur die nach dem Ausbleiben (Braunschweig NJW **67**, 1381) und durch das Ausbleiben verursachten Kosten zu erstatten. Der Kostenausspruch beziffert die Kosten (§ 464 a I) nicht im einzelnen (sie werden erst in dem Verfahren nach § 464 b festgesetzt) und bezieht sich auch nur auf diejenigen Kosten, die der Angeklagte bei Verurteilung (§ 465 I S. 1) oder die Staatskasse bei Nichtverurteilung (§ 467 I) zu tragen hätte (Karlsruhe NJW **80**, 951). Die Höhe der Ersatzpflicht der Auslagen des Angeklagten wird daher durch § 464 a II begrenzt; mehr als die notwendigen Auslagen des Angeklagten braucht der Zeuge nicht zu ersetzen (Karlsruhe NJW **80**, 951; LG Hamburg NJW **74**, 509; SK/StPO-Rogall 13). Seine Zahlungspflicht läßt den Anspruch des Angeklagten gegen die Staatskasse nach § 467 I unberührt (dort 2).

15 B. **Ordnungsmittel** dürfen nur gegen schuldfähige Zeugen festgesetzt werden, nicht gegen Kinder (§ 19 StGB) und andere schuldunfähige Personen (Hamm MDR **80**, 322; LG Bremen NJW **70**, 1429; Meier JZ **91**, 640; Skupin MDR **65**, 865; vgl auch BVerfGE **20**, 323, 332 = NJW **67**, 195; BVerfGE **58**, 159 = NJW **81**, 2457 zu § 890 ZPO; 3 zu § 70), auch nicht gegen die Eltern des Kindes (Meier aaO). Ob gegen einen Jugendlichen ein Ordnungsmittel festgesetzt werden darf, hängt von dem Reifegrad (§ 3 **JGG**) ab (LR-Dahs 2; Göhler 55 zu § 59 OWiG).

16 a) **Ordnungsgeld** (I S. 2): Diese Art der repressiven Unrechtsfolge tritt grundsätzlich zwingend (erg unten 19) neben die Auferlegung der Kosten. Nur beim Ausbleiben vor dem beauftragten oder ersuchten Richter und im Vorverfahren steht die Anordnung im Ermessen des Gerichts (III). Im Fall des § 245 II wird nicht geprüft, ob ein Beweisantrag auf Vernehmung des Zeugen Erfolg gehabt hätte (M. J. Schmid MDR **80**, 115; str). Die Bemessung des Ordnungsgeldes (5–1000 DM) regelt Art 6 I **EGStGB;** Zahlungserleichterungen sieht Art 7 **EGStGB** vor.
17 Ist das **Verschulden gering** und eine Ahndung nicht erforderlich, so kann von der Festsetzung des Ordnungsgeldes entspr § 153, § 47 II OWiG abgesehen werden (Hamm VRS **41**, 283, 285; Koblenz MDR **79**, 424; NStZ **88**, 192 [zu § 77]; LG Berlin NStZ **95**, 508 mit zust Anm Sander), etwa bei einer viele Monate zurückliegenden Ladung (Düsseldorf NJW **96**, 138) oder bei nur unwesentlicher Verzögerung der Verhandlung oder bei allseitigem Verzicht auf die Aussage (Grüneberg MDR **92**, 326). Der Zustimmung der StA bedarf es dazu nicht (Düsseldorf MDR **90**, 174; OLGSt Nr 3; Zweibrücken VRS **77**, 447), auch nicht der des Zeugen (Düsseldorf wistra **94**, 77). Die Kostenpflicht (oben 14) wird durch die Einstellung nicht berührt (KG JR **95**, 174; Hamm aaO; Köln MDR **91**, 275; SK/StPO-Rogall 17; Grüneberg aaO; Sander GA **95**, 569; **aM** Düsseldorf aaO mwN; NJW **93**, 546).

18 b) **Ordnungshaft** (I S. 2) darf nur für den Fall der Uneinbringlichkeit des Ordnungsgeldes angeordnet werden. Den Haftrahmen (1 Tag – 6 Wochen) bestimmt Art 6 II **EGStGB.** Die nachträgliche Festsetzung gestattet Art 8 I **EGStGB.** Bei unbilliger Härte kann die Vollstreckung unterbleiben (Art 8 II **EGStGB**).

19 c) **Bei wiederholtem Ausbleiben** (I S. 4) darf das Ordnungsmittel noch einmal festgesetzt werden, wobei die Höchstgrenzen des Art 6 **EGStGB** ohne Anrechnung der vorangegangenen Festsetzungen gelten. Die wiederholte Festsetzung ist aber nicht zwingend. In weiteren Wiederholungsfällen ist sie unzulässig. Um einen Wiederholungsfall handelt es sich aber nur, wenn derselbe Vernehmungsfall vorliegt; der Grundsatz des § 70 IV gilt nicht (LR-Dahs 18).

20 C. **Vorführung** (I S. 3): Der Erlaß eines Vorführungsbefehls steht im Ermessen des Gerichts. Die Vorführung kann neben der Festsetzung von Ordnungsmitteln angeordnet werden, ist aber auch zulässig, wenn diese wegen Schuldunfähigkeit des Zeugen (KMR-Paulus 14; LR-Dahs 2; **aM** Skupin MDR **65**, 685) oder nach I

S. 4 ausgeschlossen ist, bei Kindern wird eine Vorführung aber idR unverhältnismäßig sein (vgl Vierhaus NStZ **94**, 271), statt dessen ist eine kommissarische Vernehmung durchzuführen (Meier JZ **91**, 640). Voraussetzung der Vorführung ist die Besorgnis, der Zeuge werde zum nächsten Termin wiederum nicht erscheinen. Für die Vorführung gilt nach I S. 3 Hs 2 der § 135 entspr (vgl Kaiser NJW **65**, 1216; erg 7 zu § 135; 20 zu § 230).

3) Das **Anordnungsverfahren** ist gesetzlich nicht besonders geregelt. 21

A. **Zuständig** ist das Gericht (nicht der Vorsitzende allein), vor dem der Zeuge 22 aussagen soll, im Vorverfahren (III) der Ermittlungsrichter (§§ 162, 169) und der beauftragte oder ersuchte Richter (§ 223), in der Hauptverhandlung das erkennende Gericht unter Mitwirkung der Schöffen (§§ 30 I, 77 I GVG). Der StA ist zuständig, wenn der Zeuge vor ihm aussagen soll (16 zu § 161 a); eine Einschränkung ergibt sich aus § 161 a II S. 2.

B. **Gerichtsbeschluß.** Die Ungehorsamsfolgen werden auf Antrag oder von 23 Amts wegen durch Beschluß festgesetzt; das geschieht regelmäßig iVm der Feststellung des Ausbleibens. Der Beschluß kann auch außerhalb der Verhandlung ergehen, in der der Zeuge ausgeblieben ist (LR-Dahs 24; **aM** KMR-Paulus 23), muß aber, wenn der Angeklagte verurteilt wird, wegen der Kosten spätestens erlassen werden, wenn die Hauptsache entscheidungsreif ist (BGH **10**, 126). Sonst kann er auch noch nach dem Urteil ergehen (vgl Werny NJW **82**, 2170). Zur Verjährung der Festsetzung von Ordnungsmitteln vgl Art 9 I **EGStGB.**

C. **Rechtliches Gehör:** Das Anordnungsverfahren ist idR ein Verfahren ohne 24 den Zeugen. Dieser muß sich das Gehör selbst verschaffen, wie sich aus II S. 1, 2 ergibt (Einl 30). Darüber hinaus hat er die Möglichkeit der nachträglichen Entschuldigung (II S. 3; Einl 23). Daher wird auch die Vorführung ohne vorherige Anhörung angeordnet und durchgeführt (KK-Senge 19; KMR-Paulus 24; **aM** Enzian JR **75**, 277). In der Hauptverhandlung ergeht der Beschluß, wenn er nicht vom StA beantragt ist, nach dessen Anhörung (§ 33 I). Bei Vernehmungen, an denen der StA nicht teilnimmt, kann der Beschluß alsbald auch ohne Anhörung der StA erlassen werden. Der Beschluß ist, da anfechtbar, zu begründen (§ 34).

4) Aufhebung bei nachträglicher Entschuldigung (II S. 3). Der Ordnungs- 25 geldbeschluß wird nicht dadurch hinfällig, daß der Zeuge nachträglich seine Pflichten erfüllt oder daß auf ihn verzichtet wird. Das Gericht, das den Beschluß erlassen hat (LG Kiel SchlHA **81**, 115), muß ihn nur dann aufheben, wenn der Zeuge nachträglich, auch in einer Beschwerdeschrift (unten 28), sein Ausbleiben genügend entschuldigt (oben 11 ff) und ferner glaubhaft macht, daß ihn an dem verspäteten Vorbringen der Entschuldigungsgründe kein Verschulden trifft. Die Vorschrift ist entspr anwendbar, wenn der Zeuge sich verspätet entschuldigt hatte und nunmehr die Glaubhaftmachung nach II S. 2 nachholt (LR-Dahs 26). Die nachträgliche Entschuldigung kann in einem zusätzlichen Entschuldigungsgrund oder in einem zusätzlichen Nachweis bestehen, der dem Zeugen vorher nicht zur Verfügung stand. Fehlt es an der Glaubhaftmachung, so ist der Aufhebungsantrag als unzulässig zu verwerfen; die nachgebrachte Entschuldigung wird dann sachlich nicht geprüft (Düsseldorf MDR **86**, 778; LR-Dahs 25). Der Antrag auf Beschlußaufhebung ist auch noch nach Abschluß des Verfahrens (Hamm NJW **56**, 1935) und nach Beitreibung des Ordnungsgeldes (Hamm MDR **50**, 179) zulässig; wegen Verspätung darf er nicht zurückgewiesen werden. Über den Aufhebungsantrag wird nach Anhörung der StA entschieden (§ 33 II). Der Beschluß ist mit Gründen zu versehen (§ 34). Ist der Ordnungsgeldbeschluß aufgehoben worden, so darf er auch dann nicht erneut ergehen, wenn Material beigebracht wird, das seine Richtigkeit erweist (LR-Dahs 25). Die StA hebt ihre Ordnungsmittelverfügung selbst auf, wenn die Voraussetzungen des II S. 3 vorliegen (16 zu § 161 a). **Statt der** 26 **Aufhebung** kommt auch die Herabsetzung des Ordnungsgeldes in Betracht, wenn das nachträgliche Entschuldigungsvorbringen nur dazu Anlaß gibt (LR-Dahs 25).

27 **5) Vollstreckung:** Vgl für Ordnungsmittel 1, 5 und 6 zu Art 6 EGStGB. Den Vorführungsbefehl vollstreckt die StA nach § 36 II S. 1 (Wendisch JR **78**, 447). Zur Vollstreckungsverjährung vgl Art 9 II **EGStGB.** Die Kosten der Vollstreckung trägt der Zeuge (LR-Dahs 27).

28 **6)** Die **Beschwerde** (§ 304), die § 305 S. 1 nicht ausschließt, steht der StA und dem betroffenen Zeugen zu, dem Beschuldigten nur, wenn er durch auch nur stillschweigendes Unterlassen oder durch Aufhebung der Überbürdung der Kosten auf den Zeugen nach I S. 1 beschwert ist (BayVerfGHE **18** II 134 = JR **66**, 195; Düsseldorf VRS **87**, 437 mwN; Schleswig SchlHA **88**, 108 [L/G]). Weitere Beschwerde ist nicht zulässig, auch nicht gegen die Festsetzung von Ordnungshaft (5 zu § 310). Eine Beschwerde des Zeugen, die nachträgliches Entschuldigungsvorbringen enthält, hat der Richter, der den Ordnungsgeldbeschluß erlassen hat, nach II S. 3 zu behandeln; erst gegen diesen Beschluß ist Beschwerde zulässig (Düsseldorf MDR **83**, 690; Frankfurt NJW **64**, 2124; Hamburg MDR **82**, 165 L; Hamm GA **58**, 92; **83**, 366; VRS **42**, 283; Koblenz OLGSt Nr 2; VRS **67**, 252; **aM** LG Itzehoe SchlHA **88**, 36; Sander NStZ **95**, 509; Schoene GA **80**, 418). Ist die Beschwerde zulässig, so kann sie noch nach Vollstreckung des Ordnungsmittels (Koblenz OLGSt § 182 ZPO Nr 1) und nach Rechtskraft des Urteils eingelegt werden (Hamm NJW **56**, 1935); sie kann auf die Höhe des Ordnungsgeldes und die Bemessung der Ersatzhaft beschränkt werden. Das Verschlechterungsverbot (§§ 331, 358 II) gilt entspr (Hamm MDR **60**, 946; KMR-Paulus 45; erg 5 vor § 304). Die Kosten einer erfolgreichen Beschwerde des Zeugen und seine notwendigen Auslagen trägt – auch im Privatklageverfahren (LR-Dahs 32) – die Staatskasse; hat sich der Angeklagte aber erfolglos gegen die Aufhebung des Ordnungsmittelbeschlusses beschwert, hat er die notwendigen Auslagen des Zeugen im
29 Beschwerdeverfahren zu tragen (Düsseldorf wistra **94**, 77). **Gegen Verfügungen der StA** ist der Antrag auf gerichtliche Entscheidung nach § 161 a III zulässig (dort 19 ff).

30 **7)** Die **Revision** kann auf Rechtsverstöße in dem Ordnungsmittelverfahren nicht gestützt werden. Durch das Unterlassen der Festsetzung von Ordnungsmitteln oder der Vorführung ist der Angeklagte nicht beschwert (vgl RG **73**, 31, 34). Mit der Revision kann aber gerügt werden, daß das Gericht seine Aufklärungspflicht (§ 244 II) verletzt hat, weil es den Zeugen nicht zum Erscheinen gezwungen hat (KK-Senge 25; LR-Dahs 33).

31 **8) Abgeordnete und Exterritoriale:** Bei Abgeordneten (1 ff zu § 50) steht die Immunität (Art 46 II–IV GG; § 152 a) der Anwendung des § 51 nicht entgegen (LR-Dahs 34). Ersatzordnungshaft wird auch bei einem Abgeordneten festgesetzt. Ihre Vollstreckung bedarf aber ebenso wie die zwangsweise Vorführung der Genehmigung des Parlaments (vgl Anl 6 Abschn A Nr 14 Buchst c BT-GeschO). Gegen Exterritoriale dürfen die Maßnahmen des § 51 nicht angeordnet werden (3 zu § 18 GVG). Das gilt auch für andere im Inland lebende Ausländer, falls sie sich zZ der Hauptverhandlung im Ausland befinden (Hamburg MDR **67**, 686; Düsseldorf NJW **91**, 2223) und die Reise nicht der Umgehung der Zeugenpflicht dient (KK-Senge 24; **aM** SK/StPO-Rogall 11: auch dann nicht).

Zeugnisverweigerungsrecht der Angehörigen **RiStBV 65**

52 **I Zur Verweigerung des Zeugnisses sind berechtigt**

1. der Verlobte des Beschuldigten;
2. der Ehegatte des Beschuldigten, auch wenn die Ehe nicht mehr besteht;

3. wer mit dem Beschuldigten in gerader Linie verwandt oder verschwägert, in der Seitenlinie bis zum dritten Grad verwandt oder bis zum zweiten Grad verschwägert ist oder war.

II Haben Minderjährige wegen mangelnder Verstandesreife oder haben Minderjährige oder Betreute wegen einer psychischen Krankheit oder einer geistigen oder seelischen Behinderung von der Bedeutung des Zeugnisverweigerungsrechts keine genügende Vorstellung, so dürfen sie nur vernommen werden, wenn sie zur Aussage bereit sind und auch ihr gesetzlicher Vertreter der Vernehmung zustimmt. Ist der gesetzliche Vertreter selbst Beschuldigter, so kann er über die Ausübung des Zeugnisverweigerungsrechts nicht entscheiden; das gleiche gilt für den nicht beschuldigten Elternteil, wenn die gesetzliche Vertretung beiden Eltern zusteht.

III Die zur Verweigerung des Zeugnisses berechtigten Personen, in den Fällen des Absatzes 2 auch deren zur Entscheidung über die Ausübung des Zeugnisverweigerungsrechts befugte Vertreter, sind vor jeder Vernehmung über ihr Recht zu belehren. Sie können den Verzicht auf dieses Recht auch während der Vernehmung widerrufen.

1 **1) Grund der Vorschrift,** die durch § 81c III für Untersuchungen, durch § 97 I Nr 1 für Beschlagnahmen ergänzt wird, ist die Rücksicht auf die Zwangslage des Zeugen, der zur Wahrheit verpflichtet ist, aber befürchten muß, dadurch einem Angehörigen zu schaden (BGH **2**, 351, 354; **11**, 213, 217 [GSSt]; **22**, 35, 36; **27**, 231; NJW **61**, 1484; Hoffmann MDR **90**, 112; vgl aber Rengier 8 ff: Schutz der ganzen Familie). Das Zeugnisverweigerungsrecht besteht aber allgemein, nicht nur für belastende Aussagen, und ohne Rücksicht darauf, ob der Zeuge selbst die Konfliktlage empfindet (BGH **12**, 235, 239 [GSSt]; NJW **81**, 2825) und aus welchen Gründen er nicht aussagt, zB weil er sich nicht selbst belasten will oder weil seinem Verlangen auf Ausschluß der Öffentlichkeit nicht entsprochen worden ist (BGH NJW **81**, 2825, 2826). Den Schutz der Wahrheitsfindung und des Angeklagten vor der Verwertung konfliktbehafteter und daher in ihrem Wert vielleicht geminderter Beweismittel bezweckt § 52 nicht (BGH **11**, 213, 215 [GSSt]; KK-Senge 1; LR-Dahs 1; Schöneborn MDR **74**, 547; **aM** BGH **10**, 393; Rengier 56 ff); von Anträgen oder vom Verzicht des Beschuldigten ist das Zeugnisverweigerungsrecht daher unabhängig.
2 Die Pflicht, der **Zeugenladung** zu folgen, wird durch § 52 nicht berührt (1 zu § 51). Auch Beweisanträge dürfen nicht deshalb nach § 244 III S. 1 abgelehnt werden, weil der Zeuge weigerungsberechtigt ist (ANM 452), auch nicht, wenn er das Fehlen der Aussagebereitschaft schon Dritten gegenüber erklärt (BGH 1 StR 157/79 vom 24. 7. 1979) oder die Aussage schon im Ermittlungsverfahren verweigert hat (RG **40**, 435). Hat er die Aussageverweigerung schon bei einer richterlichen Vernehmung erklärt, so kann der Beweisantrag aber abgelehnt werden, sofern keine Anhaltspunkte für einen Sinneswandel des Zeugen vorliegen (ANM 453). Erg unten 24.

2) Zeugnisverweigerungsberechtigte (I): 3

A. **Verlobte** (Nr 1): Das Verlöbnis ist ein, nicht notwendig öffentliches, gegenseitiges und von beiden Seiten ernst gemeintes Eheversprechen (BGH NJW **72**, 1334). Fehlt dieser ernsthafte Wille bei einem Partner, so liegt kein zu berücksichtigendes Verlöbnis vor, auch wenn der andere davon nichts weiß (BGH **29**, 54, 57; NStZ **86**, 84). Daher ist das Verlöbnis des Heiratsschwindlers unwirksam (BGH **3**, 215; **aM** Bruns MDR **53**, 458). Unwirksam ist auch ein Eheversprechen, das gegen die guten Sitten verstößt, zB bei noch bestehendem anderweitigen Verlöbnis (RG **71**, 152) und bei noch bestehender Ehe (BGH NStZ **83**, 564 mit Anm Pelchen; BGH VRS **36**, 20), solange sie nicht rechtskräftig geschieden ist (Bay **82**, 172 = JR **84**, 125 mit Anm Strätz; Celle MDR **83**, 1045; LR-Dahs 6; **aM** LG Duisburg NJW **50**, 714; LG Heidelberg StV **81**, 616; Füllkrug StV **86**, 37, der aber 4 eine mindestens 3jährige Trennung verlangt; Pelchen Pfeiffer-FS 287; offengelassen bei BGH NStZ **86**, 206 [Pf/M]; BGHR Verlobte 1; vgl auch BVerfG NJW **87**, 2807 L). Das Verlöbnis braucht nicht schon zZ der Tat bestanden zu haben (OGH **2**, 173), muß aber zZ der Aussage bestehen (BGH **23**, 16; NJW **80**, 67, 68; MDR **54**, 336 [D]). Das Gericht darf die Angabe des Zeugen über das Bestehen eines Verlöbnisses als richtig hinnehmen, wenn niemand widerspricht (1 zu § 56); bezweifelt es sie, so muß es die Glaubhaftmachung nach § 56 verlangen (BGH NJW **72**, 1334; DAR **77**, 178 [Sp]; NStZ **85**, 205 [Pf/M]; vgl aber BGH NStZ **86**, 84). Der Grundsatz *in dubio pro reo* gilt nicht (BGH NStZ **83**, 354 [Pf/M]). Urteilsfeststellungen über das Bestehen des Verlöbnisses sind nicht vorgeschrieben (OGH **2**, 173).

5 B. **Ehegatten** (Nr 2): Die Ehe muß im Inland gültig geschlossen oder nach deutschem Recht als gültig anzuerkennen sein. Ob Nichtigkeits- oder Auflösungsgründe vorliegen, spielt keine Rolle (BGH **9**, 37 mwN), auch nicht, daß die Ehe nur zum Schein geschlossen worden ist (Bay NStZ **90**, 187). Das Zeugnisverweigerungsrecht besteht auch, wenn die Ehe erst nach der Tat geschlossen worden ist; nach der Scheidung, Nichtigerklärung oder Auflösung der Ehe besteht es fort (BGH aaO; RG **47**, 286), nicht aber nach dem Tod des Ehegatten, wenn das Verfahren gegen andere Angeklagte fortgesetzt wird (unten 11). Das Zusammenleben in „eheähnlicher Gemeinschaft" berechtigt nicht zur Zeugnisverweigerung (Pelchen Pfeiffer-FS 293 ff; Eisenberg BR 1244; Schulz/Händel 6; **aM** KMR-Paulus 9; Skwirblies [10 zu § 37] 200).

6 C. **Verwandtschaft und Schwägerschaft** (Nr 3) sind nach §§ 1589, 1590 BGB zu beurteilen. Verwandt in gerader Linie sind Personen, deren eine von der anderen abstammt (§ 1589 S. 1 BGB); das Zeugnisverweigerungsrecht besteht ohne Rücksicht auf den Grad ihrer Verwandtschaft (Eltern, Kinder; Großeltern, Enkel; Urgroßeltern, Urenkel). In der Seitenlinie (§ 1589 S. 2 BGB) haben es nur voll- und halbbürtige Geschwister (BGH StV **88**, 89) sowie Geschwisterkinder (Nichten, Neffen) im Verfahren gegen die eigenen Geschwister oder die Geschwister ihrer Eltern (und umgekehrt), nicht aber Geschwisterkinder (Basen, Vettern) im Verfahren gegen eines von ihnen. Für nichteheliche Kinder bestehen keine
7 Besonderheiten. **Verschwägert** sind die Verwandten eines Ehegatten mit dem anderen Ehegatten (§ 1590 I S. 1 BGB). Die Ehe muß gültig geschlossen sein; ob sie anfechtbar ist oder für nichtig erklärt werden kann, spielt keine Rolle. Gleichgültig ist auch, ob sie noch besteht (BGH **9**, 37). Der Kreis der Weigerungsberechtigten ist aber begrenzt. Der Ehegatte des Beschuldigten kann das Zeugnis nur im Verfahren gegen dessen Eltern, Großeltern, Urgroßeltern, nicht von ihm stammende Kinder, Enkel und Urenkel (und umgekehrt) sowie im Verfahren gegen die Geschwister des Ehegatten, also gegen Schwager und Schwägerin (und umgekehrt), nicht gegen deren Kinder verweigern. Das zwischen dem Ehegatten und dem Ehegatten eines Blutsverwandten (zB Ehemänner zweier Schwestern) be-
8 stehende Verhältnis begründet keine Schwägerschaft (RG **15**, 78). Bei **Adoption** behalten die als Kind Angenommenen trotz der Auflösung des Verwandtschaftsverhältnisses (§ 1755 I S. 1 BGB) das Zeugnisverweigerungsrecht zugunsten ihrer bisherigen Verwandten, ihre Kinder nur, wenn sie schon zZ der Adoption geboren waren. Gegenüber den Annehmenden und deren Verwandten haben die als Minderjährige angenommenen Kinder das Zeugnisverweigerungsrecht wie eheliche Kinder, auch nach Auflösung des Adoptionsverhältnisses. Als Volljährige Adoptierte haben es nur gegenüber den Adoptierenden, nicht aber (vgl § 1770 I S. 2
9 BGB) gegenüber deren Verwandten. **Pflegeeltern und Pflegekinder** haben kein Zeugnisverweigerungsrecht.

10 3) Nur **Angehörige des Beschuldigten** haben das Zeugnisverweigerungsrecht. Ihr Angehöriger muß der Tatverdächtige sein, gegen den zZ der Vernehmung des Zeugen wenigstens ein Ermittlungsverfahren anhängig ist (RG **16**, 154; **27**, 312, **32**, 72; Rogall NJW **78**, 2537). Verwandtschaftliche Beziehungen zum

Nebenkläger sind unerheblich, zum Privatkläger nicht, wenn er infolge einer Widerklage zugleich Angeklagter ist (Bay JW **27**, 1495 L; DRiZ **27**, 77). War jemand als Zeuge vernommen worden, bevor er Angehöriger des Beschuldigten war, so muß er, wenn ein solches Verhältnis nachträglich entsteht und seine Aussage von Bedeutung ist, nochmals nach Belehrung vernommen werden, weil andernfalls seine frühere Aussage auch nicht durch Vernehmung der Verhörsperson verwertbar wäre (BGH **22**, 219; **27**, 231; NJW **72**, 1334; **80**, 67, 68; erg 2 zu § 252). Im **Verfahren gegen mehrere Beschuldigte** kann der Angehörige 11 das Zeugnis in vollem Umfang verweigern, wenn die Aussage auch seinen Angehörigen betrifft (BGH **7**, 194; **27**, 139, 141; **32**, 25, 29; **34**, 138; 215, 216 = NStZ **87**, 286 mit Anm Pelchen; NJW **86**, 2121; MDR **79**, 952; **87**, 249; NStZ **82**, 389; **84**, 176; **85**, 419; StV **88**, 89; **aM** Otto NStZ **91**, 220). Dabei ist ausreichend, aber auch erforderlich, daß in irgendeinem Verfahrensabschnitt, wenn auch nur im Ermittlungsverfahren, ein gegen die mehreren Beschuldigten gerichtetes zusammenhängendes einheitliches Verfahren anhängig war (BGH **32**, 25, 29; **34**, 138, 215, 216 mwN; **aM** Prittwitz NStZ **86**, 64), wobei der Zusammenhang nicht bereits durch die Gleichzeitigkeit der Ermittlungen hergestellt wird (BGH **34**, 138, 141; 215 = EzSt Nr 8 mit abl Anm Moschüring; BGH NStZ **85**, 419; **87**, 83). Die prozessuale Gemeinsamkeit der Verfahren muß durch eine ausdrückliche Willensentscheidung der StA begründet worden sein; es genügt nicht, daß die Ermittlungen bei der StA oder Polizei faktisch zusammen in einem Vorgang geführt worden sind (BGH **34**, 215; BGHR § 52 I Nr 3 Mitbeschuldigter 8; dagegen Rengier StV **88**, 465, der eine materiellrechtliche Betrachtungsweise empfiehlt; abl auch Fezer JZ **96**, 603). Das Zeugnisverweigerungsrecht besteht auch dann, wenn der Angehörige des Zeugen durch Einstellung nach § 170 II (BGH MDR **78**, 280 [H]; StV **88**, 89; **98**, 245) oder § 205 (BGH **27**, 139, 141) oder auf andere Weise aus dem Verfahren ausgeschieden (BGH **34**, 138; NJW **80**, 67; NStZ **84**, 176) oder wenn das Verfahren gegen ihn abgetrennt worden ist (BGH MDR **73**, 902 [D]; **79**, 952, 953; NStZ **88**, 18 [Pf/M]; **aM** Fischer JZ **92**, 570, der ein Zeugnisverweigerungsrecht über den Zeitpunkt der Abtrennung hinaus stets verneinen will). Es erlischt jedoch, wenn das gegen den Angehörigen geführte Verfahren – gleichgültig, ob durch Verurteilung oder durch Freispruch – rechtskräftig abgeschlossen (BGH **38**, 96 = JR **93**, 213 mit Anm Gollwitzer = NStZ **92**, 195 mit Dokumentation Widmaier; StV **92**, 1; NJW **93**, 2326) oder wenn der Angehörige verstorben ist (BGH NJW **92**, 1118); dieser neueren Rspr des BGH zust Grünwald BewR 24; Rogall JZ **96**, 951; abl Beulke StP 192; Dahs/Langkeit StV **92**, 492; vgl auch Hoffmann MDR **90**, 111; eingehend zum Ganzen – im Ergebnis der neueren Rspr zust – Spelthahn, Das Zeugnisverweigerungsrecht von Angehörigen eines Mitbeschuldigten, 1997, zugl Diss Bochum 1997. Ob diesen Fällen die Einstellung nach § 153a gleichzusetzen ist, hat BGH NStZ **98**, 583 offen gelassen. Betrifft das Verfahren **mehrere** 12 **rechtlich unabhängige Straffälle,** so besteht kein Zeugnisverweigerungsrecht, wenn der Angehörige nur zu einem Fall vernommen werden soll, an dem sein Angehöriger nicht beteiligt ist (RG **16**, 154; **27**, 270). Das setzt voraus, daß keine Tatidentität iS § 264 besteht, es sich also nicht um dasselbe geschichtliche Ereignis handelt (BGH NJW **74**, 758; NStZ **83**, 564). Jede Beziehung der die eine Tat betreffenden Aussage auf die andere muß ausgeschlossen sein (BGH aaO). Andernfalls ist das Zeugnisverweigerungsrecht unteilbar (BGH **7**, 194; MDR **79**, 952, 953). Hehlerei, Begünstigung, Strafvereitelung und Teilnahme nach den §§ 25 ff StGB fallen in diesen Zusammenhang. Wird aufgrund neuen Tatverdachts und anderer Beweislage ein neues Verfahren gegen einen Beschuldigten eingeleitet, der schon früher unter Verdacht stand, besteht für Angehörige, die im früheren Verfahren mitbeschuldigt waren, kein Zeugnisverweigerungsrecht (BGH NJW **98**, 3363). Im Privatklageverfahren kann das Zeugnisverweigerungsrecht für Klage und Widerklage nur einheitlich behandelt werden (Bay JW **27**, 1495 L; DRiZ **27**, 77).

13 **4) Ausübung des Zeugnisverweigerungsrechts:**

14 A. Ein **höchstpersönliches Recht** ist das Zeugnisverweigerungsrecht (BGH **21**, 303, 305). Der Tatrichter darf sich daher nicht mit der Mitteilung eines Dritten über die mangelnde Aussagebereitschaft des Zeugen begnügen (BGH MDR **79**, 989 [H]). Auch der Minderjährige übt das Recht selbständig aus, sofern er nicht verstandesunreif iS II ist; seine gesetzlichen Vertreter wirken nicht mit.

15 B. **Ausdrücklich erklären** muß der Zeuge seine Weigerung. Er darf nicht einfach wesentliche Tatsachen verschweigen (vgl BGH **2**, 90; **7**, 127). Die Zeugnisverweigerung kann sich auf die ganze Aussage oder einen Teil, auch auf einzelne Fragen (uU auch nur eines Prozeßbeteiligten) beziehen (unten 21) und noch während der Vernehmung erklärt werden. Die Bereitschaft, an der Sachaufklärung in anderer Weise mitzuwirken, schließt sie nicht aus (BGH NJW **60**, 2156: Anwesenheit bei Vernehmung eines anderen Zeugen).

16 C. Eine **Begründung** für die Ausübung des Rechts braucht der Zeuge nicht zu geben (BGH NJW **80**, 794; **84**, 136; JR **81**, 432 mit Anm Hanack). Er muß auch nicht erklären, ob er die Aussage zugunsten oder zuungunsten des Beschuldigten verweigert (Frankfurt StV **82**, 64, 65). Der Richter darf ihn nach seinen Beweggründen auch nicht fragen (BGH **6**, 279; NStZ **89**, 440; vgl auch BGH StV **83**, 353). Geschieht das trotzdem, so dürfen die Erklärungen des Zeugen weder protokolliert noch berücksichtigt werden (BGH **6**, 279).

17 D. **Zeugen ohne ausreichende Verstandesreife oder -kraft** (II):

18 a) Die **notwendige Verstandesreife** hat der Zeuge, wenn er erkennen kann, daß der Beschuldigte etwas Unrechtes getan hat, daß ihm hierfür Strafe droht und daß die Zeugenaussage möglicherweise zu dieser Bestrafung beitragen kann (BGH **14**, 159, 162; NJW **67**, 360). Das hat der Tatrichter unabhängig von Minderjährigkeit oder Betreuung (§ 1896 BGB) des Zeugen zu beurteilen und zu entscheiden (BGH **13**, 394, 397; **14**, 159, 160; Stuttgart NJW **71**, 2237). Für die Annahme, daß die notwendige Verstandesreife vorhanden ist, gibt es keine feste Altersgrenze. Bei 7jährigen wird sie idR fehlen (BGH **14**, 159, 162); dagegen wird sie bei 14jährigen (BGH **20**, 234), auch wenn sie schwachsinnig sind (BGH NJW **67**, 360), bei 15jährigen (BGH VRS **36**, 23; NStZ **97**, 145), 16jährigen (BGH NStZ **85**, 493 [Pf/M]) und bei 17jährigen (BGH **14**, 21, 24) vorhanden sein. Im Zweifel ist mangelnde Verstandesreife anzunehmen (BGH **19**, 85; **23**, 221; NJW **79**, 1722; so auch BVerfG 2 BvR 172/79 vom 8. 3. 1979).

19 b) Die **Entscheidung des gesetzlichen Vertreters** ist – nur dann (BGH NStZ **97**, 145) – erforderlich, wenn ein Zeuge von der Bedeutung seines Weigerungsrechts keine genügende Vorstellung hat, bei Zeugen über 18 Jahren nur, wenn wegen einer psychischen Krankheit oder einer geistigen oder seelischen Behinderung eine Betreuung angeordnet worden ist (§ 1896 BGB). Wer gesetzlicher Vertreter ist, bestimmt sich nach bürgerlichem Recht. Fehlt bei einem Erwachsenen ein gesetzlicher Vertreter, so muß ein Betreuer (vgl § 1896 BGB) bestellt werden (Rieß NJW **75**, 83 Fn 41); zu dessen Befugnis, ein Rechtsmittel einzulegen, vgl Düsseldorf JMBlNW **95**, 248. Sind, wie bei ehelichen Minderjährigen, die von beiden Elternteilen vertreten werden, mehrere gesetzliche Vertreter vorhanden, so muß jeder von ihnen einwilligen (BGH MDR **72**, 923 [D]); es genügt aber, daß einer die Einwilligung erteilt und der andere zustimmt (BGH MDR **57**, 52). Zur Aussage wird der Zeuge durch die Einwilligung des gesetzlichen Vertreters nicht gezwungen (BGH **14**, 159; **21**, 303; **23**, 221; StV **83**, 494). Der gesetzliche Vertreter kann die Aussage zwar verhindern, indem er nicht zustimmt; wenn er einwilligt, entscheidet aber der verstandesunreife Zeuge selbst darüber, ob er aussagen will (BGH NJW **79**, 1722; **91**, 2432). Hat der Zeuge schon ausgesagt, so kann die Zustimmung des gesetzlichen Vertreters nachgeholt werden; wird sie verweigert, so ist die Aussage unverwertbar.

c) **Ausschluß des gesetzlichen Vertreters** (S. 2): Ist der gesetzliche Vertreter selbst der Beschuldigte, so darf er über die Ausübung des Zeugnisverweigerungsrechts nicht entscheiden, gleichgültig, ob der Zeuge oder ein anderer das Opfer der Tat ist. Ausgeschlossen ist dann auch die Entscheidung durch den nicht beschuldigten Elternteil. Ist aber nur ein Elternteil gesetzlicher Vertreter, so darf er auch entscheiden, wenn der Ehegatte der Beschuldigte ist (LR-Dahs 33; BGH NStZ **91**, 398 und NJW **96**, 206 haben offengelassen, ob dem oder der Gegenmeinung [KK-Senge 29; Rieß NJW **75**, 83 Fn 42], die S. 2 entspr anwenden will, zu folgen ist). Beim Ausschluß des gesetzlichen Vertreters muß ein Ergänzungspfleger nach § 1909 I S. 1 BGB bestellt werden. Den Antrag stellt der Richter oder StA, der den Zeugen vernehmen will; für die Polizei stellt ihn die StA. An die Ansicht der antragstellenden Behörde, auch der StA (Stuttgart MDR **86**, 58), daß der gesetzliche Vertreter ausgeschlossen ist und dem Zeugen die notwendige Verstandesreife oder -kraft fehlt, ist der Vormundschaftsrichter gebunden (LG Memmingen MDR **82**, 145; LR-Dahs 33; Schimansky Pfeiffer-FS 303; **aM** Schaub FamRZ **66**, 136). Andererseits ist das Gericht an die vom Vormundschaftsgericht angeordnete Pflegschaft gebunden (BGH NStZ **88**, 17 [Pf/M]). Die Vormundschaftsgerichte machen die Pflegerbestellung grundsätzlich davon abhängig, daß der jugendliche Zeuge bereits seine Aussagebereitschaft erklärt hat (Stuttgart MDR **86**, 58; LG Memmingen aaO). 20

5) Der **Verzicht auf das Weigerungsrecht** ist möglich. Er kann uU stillschweigend dadurch erklärt werden, daß der Zeuge aussagt (RG **12**, 403, 404) oder daß der gesetzliche Vertreter die Vernehmung des Zeugen widerspruchslos geschehen läßt (BGH NStZ **97**, 145); ein Verzicht liegt aber nicht in der Erklärung des Zeugen, er wolle sich nicht selbst belasten (BGH NJW **84**, 136). Der Verzicht kann auf einzelne Tatkomplexe, aber auch auf einzelne Fragen beschränkt werden (oben 15). Den Umfang der Verwertbarkeit seiner Aussage kann aber ein in vollem Umfang aussagender Zeuge nicht bestimmen. Er kann nur das Zeugnis – teilw oder ganz – verweigern oder auf dieses Recht verzichten; ein Drittes gibt es nicht (BGH **17**, 324, 328; KG JR **67**, 347). 21

6) Widerruf: Die Erklärung des Zeugen, er wolle nicht aussagen, kann widerrufen werden, auch in einem späteren Verfahrensabschnitt (BGH NJW **61**, 1484). Widerrufbar ist auch der Verzicht auf das Weigerungsrecht (III S. 2) auch noch während der Vernehmung, aber nicht nach ihrer Beendigung (BGH NStZ **85**, 13 [Pf/M]). Die Vernehmung darf dann nicht durch- oder fortgeführt werden. Was der Zeuge vor dem Widerruf ausgesagt hat, kann verwertet werden (BGH **2**, 99, 107; NJW **88**, 716; Grünwald BewR 23; **aM** Rengier NStZ **98**, 48 mwN); § 252 gilt nur, wenn das Zeugnis bei einer neuen Vernehmung verweigert wird (dort 1, 2). Eine Teilvereidigung hinsichtlich des vor dem Widerruf liegenden Aussageteils ist ausgeschlossen (BGH NJW **88**, 716). Für die Zustimmung des gesetzlichen Vertreters gelten diese Grundsätze entspr. 22

7) Folge der Zeugnisverweigerung ist in 1. Hinsicht, daß die Vernehmung des Zeugen unzulässig iS der §§ 244 III S. 1, 245 II S. 2 wird (ANM 452) und das Verwertungsverbot des § 252 entsteht. Der Zeuge darf nicht durch Ordnungs- oder Zwangsmittel nach § 70 zur Aussage gezwungen werden. Zu prüfen ist aber, ob der Zeuge nichts sagen *will* oder ob er nur aufgrund von Hemmungen (zB kindliches Tatopfer) nichts mehr sagen *kann*; im letzteren Fall muß das Gericht durch Maßnahmen nach § 247 oder nach § 172 Nr 4 GVG versuchen, die Hemmungen zu überwinden (BGH 3 StR 256/98 vom 26. 8. 1998). Die Augenscheinseinnahme des Zeugen ist nicht ausgeschlossen (Hamm MDR **74**, 1036; Karlsruhe DAR **83**, 93; Nüse JR **66**, 283; **aM** Rogall MDR **75**, 813; vgl auch BGH GA **65**, 108; Schleswig SchlHA **72**, 160 [E/J], die die Berücksichtigung des äußeren Erscheinungsbildes ohne förmliche Augenscheinseinnahme für zulässig halten). Daher muß er sich auch für eine Gegenüberstellung (§ 58 II) zur Verfü- 23

gung stellen (9 zu § 58). Die Berücksichtigung des äußeren Verhaltens in der Hauptverhandlung (Zuzwinkern zum Angeklagten) ist dagegen unzulässig (Köln
24 VRS **57**, 425). Das Recht, den Zeugen in einem **Beweisantrag** zu benennen, geht nach §§ 244 III S. 1, 245 II S. 3 verloren, sofern die Sachlage, aufgrund deren sich der Zeuge zur Aussageverweigerung entschlossen hatte, unverändert fortbesteht (LR-Dahs 41; ANM 452; vgl aber BGH **21**, 12, 13; NStZ **82**, 126: ungeeignetes Beweismittel), nicht aber, wenn der Angeklagte im 1. Rechtszug verurteilt wurde und der Zeuge nunmehr in der Berufungsverhandlung vernommen werden soll (RG JW **32**, 3100; Bay **67**, 49 = JR **67**, 346; ANM 454). Der Beweisantrag ist auch zulässig, wenn nicht nur behauptet, sondern im einzelnen dargelegt wird, daß der Zeuge nunmehr aussagebereit sei (ANM 453). Zur Berücksichtigung der
25 Zeugnisverweigerung bei der **Beweiswürdigung** vgl 20 zu § 261. Bei der Bescheidung von Verfahrensanträgen des Angeklagten darf die Zeugnisverweigerung nicht berücksichtigt werden (BGH StV **85**, 485).

26 **8)** Die **Belehrung** (III S. 1) muß in allen Fällen, nicht nur in denen des II, dem Zeugen eine genügende Vorstellung von der Bedeutung des Zeugnisverweigerungsrechts zu vermitteln suchen (BGH **9**, 195, 197; **32**, 25, 32; StV **84**, 405 mit Anm Peters; Seibert NJW **56**, 1082; vgl auch Hanack JR **81**, 434). Dabei darf auf die Entschließungsfreiheit des Zeugen nicht eingewirkt werden (BGH **1**, 34, 37; **9**, 195, 197; **10**, 393, 394; NStZ **89**, 440); den Hinweis auf Rechtstatsachen schließt das nicht aus (BGH **21**, 12; DAR **79**, 189 [Sp]; Hamm MDR **73**, 427), auch nicht eine gleichzeitige Belehrung nach § 55 II (BGH NStZ **88**, 561). Eine Belehrung über beide Rechte ist erforderlich, wenn 2 Angeklagte Angehörige des Zeugen sind. Über die Möglichkeit des Widerrufs der getroffenen Entscheidung wird nicht belehrt (BGH **32**, 25, 31/32; MDR **69**, 194 [D]; **aM** KMR-Paulus 30: bei Fürsorgebedürfnis), auch nicht über die Verwertbarkeit der Aussage vor dem Richter (§ 252) trotz späterer Zeugnisverweigerung (BGH **32**, 25, 32; NStZ **85**, 36;
27 StV **84**, 326). Die Belehrung ist **Aufgabe des Richters,** bei Kollegialgerichten des Vorsitzenden (BGH StV **84**, 405), der sie nicht auf einen anderen abwälzen (BGH **9**, 195) und nicht einem Sachverständigen übertragen darf (BGH NJW **91**, 2432; NJW **96**, 206; NStZ **97**, 349), bei Vernehmungen durch die StA oder Polizei
28 dieser Beamten. Zu belehren ist immer **der Zeuge selbst** (BGH **14**, 21, 24), der gesetzliche Vertreter nur in den Fällen des II. Daneben ist aber stets die Belehrung des Zeugen erforderlich, auch darüber, daß ihn die Zustimmung seines Vertreters nicht zur Aussage verpflichtet (BGH **21**, 303, 306; **23**, 221, 223; NJW **79**, 1722; NStZ **84**, 43; **91**, 295; 398). Ein bestimmter Wortlaut ist für die Belehrung nicht vorgeschrieben; Art und Umfang stehen im pflichtgemäßen Ermessen des Richters
29 (BGH NJW **95**, 1501, 1503). **Vor jeder Vernehmung,** und zwar vor der Vernehmung zur Sache (BGH StV **84**, 405), ist die Belehrung erforderlich, auch wenn sie bereits bei einer früheren Vernehmung erfolgt ist (BGH **13**, 394, 399; NJW **86**, 2121; NStZ **84**, 418) und auch, wenn der Zeuge dort auf sein Weigerungsrecht verzichtet hatte (RG **2**, 192; JW **34**, 2914). Eine abstrakte Belehrung vor Feststellung der persönlichen Verhältnisse ist nicht unzulässig (BGH StV **84**, 405 mit abl Anm Peters; **aM** Sieg StV **85**, 130), aber nicht zweckmäßig. Entbehrlich ist die erneute Belehrung bei nochmaliger Vernehmung am selben Verhandlungstag (BGH GA **80**, 421; JR **54**, 229; NStZ **87**, 373; **90**, 25 [M]; Bay DAR **77**, 205 [R]) und bei nur ergänzender Befragung an einem späteren Verhandlungstag (BGH 1 StR 78/75 vom 30. 4. 1975; vgl aber BGH NStZ **84**, 418). Die Belehrung muß
30 im **Protokoll** beurkundet werden (LR-Dahs 52). Die **Heilung des Unterlassens**
31 der Belehrung ist zulässig und geboten, wenn es vor Urteilserlaß bemerkt wird (BGH NStZ **89**, 484). Dazu reicht die bloße Nachholung der Belehrung nicht aus. Vielmehr muß die Erklärung des Zeugen herbeigeführt werden, daß er auch nach Belehrung von seinem Zeugnisverweigerungsrecht keinen Gebrauch gemacht hätte (BGH **12**, 235, 242 [GSSt]; **20**, 234; NJW **96**, 206 mit Anm Wohlers StV **96**, 192; ANM 487; vgl auch BGH NJW **85**, 1470; BGHR Verletzung 6). Empfehlenswert

(**aM** Geppert Meyer-GedSchr 115: notwendig) ist der Hinweis auf die sonstige Unverwertbarkeit der früheren Aussage (erg 9 zu § 136). Das gilt entspr für die Zustimmung des gesetzlichen Vertreters nach II (KK-Senge 36). Eine Wiederholung der Zeugenaussage ist in keinem Fall erforderlich (LR-Dahs 53; **aM** RG **25**, 264; KMR-Paulus 32; W. Schmid JZ **69**, 761). Ist die Heilung des Mangels nicht möglich (Tod, Unauffindbarkeit des Zeugen), so muß im Urteil ausdrücklich festgestellt werden, daß die gesetzwidrig erlangte Aussage nicht verwertet worden ist (BGH **13**, 394, 399; W. Schmid aaO).

9) Verwertungsverbot bei unterlassener Belehrung: Ist die Belehrung nach III S. 1 oder die Einholung der Zustimmung nach II unterblieben, so darf die Aussage nicht verwertet werden. Es besteht ein Verlesungs- und Verwertungsverbot im selben Umfang wie bei § 252 (BGH **14**, 159, 160; **23**, 221, 223; StV **81**, 4; NStZ **90**, 25 [M]; NStZ-RR **96**, 106; Kleinknecht NJW **66**, 1537; Rogall ZStW **91**, 36; Roxin § 24 D III 2 a; ebenso für das Zivilverfahren: BGH NJW **85**, 1470; erg 2 zu § 252). Daß der Zeuge nach § 55 II belehrt worden ist, ändert daran nichts (BGH NJW **80**, 67, 68; NStZ **82**, 389; **83**, 354 [Pf/M]; **84**, 176; **88**, 210 [M]). Das Verwertungsverbot entfällt aber, wenn feststeht, daß der Zeuge seine Rechte gekannt hat und auch nach Belehrung ausgesagt hätte (BGH **40**, 336, 339 mwN = StV **95**, 171 mit abl Anm Eisenberg StV **95**, 625; ANM 488 mwN). Dem in der Hauptverhandlung erschienenen Zeugen, der nach Belehrung auf sein Zeugnisverweigerungsrecht verzichtet hat, dürfen Vorhalte auch aus einer unter Verstoß gegen III S. 1 erlangten Aussage gemacht werden. Ist er vor der Hauptverhandlung verstorben, so darf die Niederschrift über seine frühere Vernehmung nach § 251 I Nr 1, II S. 2 verlesen werden, auch wenn die Belehrung nach III S. 1 fehlt (BGH **22**, 35 = JR **68**, 429 mit abl Anm Peters; BGH MDR **66**, 384 [D]; **aM** Fezer JuS **78**, 330; Michaelis NJW **69**, 730; Roxin § 24 D III 2 a). Eine Fernwirkung, dh ein Beweisverbot für die aufgrund der unter Verstoß gegen III S. 1 erlangten Aussage ermittelten Beweise und Tatsachen, besteht nicht (LR-Dahs 54; ANM 488; Nüse JR **66**, 283; **aM** Henkel 271 Fn 14). 32

10) Revision: Die Prüfung der Tatsachen, die die Verlobung und Verwandtschaft begründen, sowie der Annahme, daß der Zeuge nur eine ungenügende Vorstellung von der Bedeutung des Eides hat, kann mit der Revision nicht erreicht werden; insoweit können nur Rechtsfehler gerügt werden (17 zu § 337). Das **Unterlassen der Belehrung** nach III S. 1, das außer dem Angeklagten auch Mitangeklagte rügen können, zu deren Ungunsten die Aussage verwertet worden ist (BGH **7**, 194, 196; **27**, 139, 141; **33**, 148, 154; MDR **79**, 952, 953; NStZ **82**, 389; **83**, 354 [Pf/M]; StV **88**, 89), begründet die Revision, wenn der Zeuge ausgesagt hat und das Urteil darauf beruht (BGH **6**, 279; **9**, 37, 39); das gleiche gilt für den Fall, daß der gesetzliche Vertreter nicht belehrt worden ist (BGH **12**, 235, 243 [GSSt]; **14**, 159, 160; StV **81**, 4). Ob dem Gericht das Angehörigenverhältnis überhaupt bekannt war, spielt keine Rolle (BGH StV **88**, 89; erg 9 zu § 337). Das Beruhen des Urteils auf dem Verfahrensfehler ist ausgeschlossen, wenn er rechtzeitig geheilt worden ist (oben 31), wenn der Zeuge oder gesetzliche Vertreter seine Rechte gekannt hat (BGH NStZ **90**, 549; oben 32) oder wenn sicher ist, daß er auch nach Belehrung ausgesagt hätte (BGH NJW **86**, 2121; NStZ **89**, 484), zB wenn er nach § 55 belehrt worden ist (BGH NStZ **84**, 464; **98**, 583). Bei **unrichtiger Belehrung,** die zur Zeugnisverweigerung eines präsenten Zeugen geführt hat, ist § 245 verletzt (BGH StV **93**, 235 mwN; erg 3 und 30 zu § 245), sonst § 244 II (50 zu § 53; 18 zu § 55); die Erhebung dieser Verfahrensrügen macht einen entspr Tatsachenvortrag nach § 344 II S.2 erforderlich (BGH aaO). Auf der unrichtigen Belehrung beruht das Urteil auch, wenn der Zeuge ein Auskunftsverweigerungsrecht hatte und daher nach § 55 II belehrt werden mußte (BGH MDR **83**, 92 [H]). Sagt der Zeuge trotz der falschen Belehrung aus, so ist der Mangel unschädlich (BGH MDR **79**, 806 [H]). 33 34 35

Zeugnisverweigerungsrecht der Berufsgeheimnisträger

53 **I Zur Verweigerung des Zeugnisses sind ferner berechtigt**

1. **Geistliche über das, was ihnen in ihrer Eigenschaft als Seelsorger anvertraut worden oder bekanntgeworden ist;**
2. **Verteidiger des Beschuldigten über das, was ihnen in dieser Eigenschaft anvertraut worden oder bekanntgeworden ist;**
3. **Rechtsanwälte, Patentanwälte, Notare, Wirtschaftsprüfer, vereidigte Buchprüfer, Steuerberater und Steuerbevollmächtigte, Ärzte, Zahnärzte, Psychologische Psychotherapeuten, Kinder- und Jugendlichenpsychotherapeuten, Apotheker und Hebammen über das, was ihnen in dieser Eigenschaft anvertraut worden oder bekanntgeworden ist, Rechtsanwälten stehen dabei sonstige Mitglieder einer Rechtsanwaltskammer gleich;**

3 a. **Mitglieder oder Beauftragte einer anerkannten Beratungsstelle nach den §§ 3 und 8 des Schwangerschaftskonfliktgesetzes über das, was ihnen in dieser Eigenschaft anvertraut worden oder bekanntgeworden ist;**

3 b. **Berater für Fragen der Betäubungsmittelabhängigkeit in einer Beratungsstelle, die eine Behörde oder eine Körperschaft, Anstalt oder Stiftung des öffentlichen Rechts anerkannt oder bei sich eingerichtet hat, über das, was ihnen in dieser Eigenschaft anvertraut worden oder bekanntgeworden ist;**

4. **Mitglieder des Bundestages, eines Landtages oder einer zweiten Kammer über Personen, die ihnen in ihrer Eigenschaft als Mitglieder dieser Organe oder denen sie in dieser Eigenschaft Tatsachen anvertraut haben sowie über diese Tatsachen selbst;**
5. **Personen, die bei der Vorbereitung, Herstellung oder Verbreitung von periodischen Druckwerken oder Rundfunksendungen berufsmäßig mitwirken oder mitgewirkt haben, über die Person des Verfassers, Einsenders oder Gewährsmanns von Beiträgen und Unterlagen sowie über die ihnen im Hinblick auf ihre Tätigkeit gemachten Mitteilungen, soweit es sich um Beiträge, Unterlagen und Mitteilungen für den redaktionellen Teil handelt.**

II Die in Absatz 1 Nr. 2 bis 3 b Genannten dürfen das Zeugnis nicht verweigern, wenn sie von der Verpflichtung zur Verschwiegenheit entbunden sind.

Übersicht

1 **1) Zweck der Vorschrift** ist der Schutz des Vertrauensverhältnisses zwischen bestimmten Berufsangehörigen und denen, die ihre Hilfe und Sachkunde in Anspruch nehmen (Oldenburg NJW **82**, 2615; LG Köln NJW **59**, 1598; Rengier

13 ff; vgl auch BVerfGE **38**, 312, 323 = NJW **75**, 588; BGH **9**, 59, 61: Konfliktsituation des Zeugen). Eine Entbindung von der Pflicht zur Verschwiegenheit ist nach II in bestimmtem Umfang möglich (unten 45 ff). Daß derjenige, der die Entbindung erklären kann, selbst unbeschränkt aussagepflichtig ist, spielt für das Zeugnisverweigerungsrecht aber keine Rolle (BGH MDR **69**, 723 [D]; Oldenburg aaO). Die Pflicht, vor Gericht zu erscheinen, läßt die Vorschrift unberührt (1 zu § 51); auch Beweisanträge können mit Rücksicht auf das Zeugnisverweigerungsrecht nicht ohne weiteres abgelehnt werden (2 zu § 52). Vgl ferner Schmitt, Die Berücksichtigung der Zeugnisverweigerungsrechte nach §§ 52, 53 StPO bei den auf Beweisgewinnung gerichteten Zwangsmaßnahmen, 1993, die im einzelnen darlegt, wie die Zeugnisverweigerungsrechte auch bei Beschlagnahme (10 zu § 95; 35 ff zu § 97) und Telefonüberwachung (8 ff zu § 100 a) zu beachten sind.

2) Keine erweiternde Auslegung: Der Kreis der Zeugnisverweigerungsberechtigten ist auf die in I bezeichneten Berufsangehörigen beschränkt. Er muß wegen der Notwendigkeit, eine funktionsfähige Rechtspflege zu erhalten, auf das unbedingt erforderliche Maß begrenzt werden (BVerfGE **33**, 367, 383 = JZ **73**, 780 mit Anm Würtenberger; BVerfGE **38**, 312, 321 = NJW **75**, 588). Nur ausnahmsweise und unter ganz besonderen Umständen kann mit Rücksicht auf Art 1 I, 2 I GG eine Begrenzung des Zeugniszwangs unmittelbar aus dem GG hergeleitet werden (BVerfG aaO; NJW **79**, 1286; NStZ **88**, 418; **aM** Rüping 176: kaum praktikabel). Private Geheimhaltungsinteressen begründen ein Zeugnisverweigerungsrecht nur, soweit das Prozeßrecht sie als schätzenswert anerkennt (BVerGE **76**, 363, 387 = NJW **88**, 897, 899). Das Verbot, geschützte personenbezogene Daten unbefugt bekanntzugeben, gibt für sich noch kein Zeugnisverweigerungsrecht (Köln VRS **84**, 101; erg unten 4). **Kein Zeugnisverweigerungsrecht** 2
3 haben Bankangestellte mit Rücksicht auf das „Bankgeheimnis" (LG Frankfurt a.M. NJW **54**, 688, 690; LG Hamburg NJW **78**, 958; Ehlers BB **78**, 1513; Hass SchlHA **74**, 197; erg 4 zu § 161), Betriebsräte (BVerfG NJW **79**, 1286; Rengier BB **80**, 321), Bewährungshelfer (vgl dazu Schenkel NStZ **95**, 67) sowie Gerichtshelfer nach § 160 III S. 2 und § 38 **JGG** (Eisenberg StV **98**, 312; Sontag NJW **76**, 1438), private Haftpflichtversicherer (BVerfG ZfS **82**, 13; Celle – 3. StS – NJW **85**, 640; Geppert DAR **81**, 301; D. Meyer MDR **73**, 812; **75**, 896; **aM** Bruns Maurach-FS 484; vgl auch Celle – 1 StS – NStZ **82**, 393 = JR **82**, 475 mit abl Anm Rengier; Dencker NStZ **82**, 459), Mitarbeiterinnen eines Vereins zur Beratung vergewaltigter Frauen (Schleswig SchlHA **96**, 90 [L/T]), Personalräte (LG Hannover NdsRpfl **62**, 40), Rechtsbeistände (Buhrow NJW **66**, 2152), Schiedsmänner (BVerwGE **18**, 58 = NJW **64**, 1088), Sozialarbeiter und Sozialpädagogen (BVerfGE **33**, 367 = JZ **73**, 780 mit Anm Würtenberger; BVerfG NStZ **88**, 418; Schlüchter 489.4), Tierärzte (BVerfGE **38**, 312 = NJW **75**, 588) und öffentlich-rechtliche Versicherungen und Verrechnungsstellen (Rengier 181 ff).

3) Verhältnis zu § 203 StGB: Mit der Schweigepflicht nach dieser Vorschrift 4
stimmt das Zeugnisverweigerungsrecht nach § 53 nicht überein. Es geht weiter als der materielle Strafrechtsschutz, weil es sich auch auf Tatsachen bezieht, die keine „Geheimnisse" sind (KK-Senge 3; Amelung DNotZ **84**, 201; Welp Gallas-FS 399; str). Andererseits ist der betroffene Personenkreis in § 53 enger gefaßt als in § 203 StGB. Aus der sachlich-rechtlichen Schweigepflicht ergibt sich nicht etwa ohne weiteres das Recht, die Aussage zu verweigern (LR-Dahs 6; Rengier 174 und BB **80**, 321; **aM** Foth JR **76**, 7). Jedoch wird die Gleichstellung derjenigen, die das Geheimnis von einem Verstorbenen oder aus dessen Nachlaß erlangt haben, mit den sonstigen Geheimhaltungsverpflichteten (§ 203 III S. 2 StGB) auch für das Zeugnisverweigerungsrecht zu gelten haben (vgl BVerfGE **32**, 373, 381 = NJW **72**, 1123 für § 97). Einen **Rechtfertigungsgrund** für den Bruch der Schweigepflicht nach § 203 StGB enthält § 53 nicht; denn der Zeugniszwang, der die 5
Preisgabe des Geheimnisses sonst rechtfertigt, ist durch § 53 für den in I bezeichneten Personenkreis gerade aufgehoben. Der Zeuge darf daher nur aussagen, wenn

er dafür einen besonderen Rechtfertigungsgrund nach § 34 StGB hat (Fezer 15/29 und JuS **78**, 472), etwa wenn er eigene Interessen schützen muß (BGH **1**, 366; Sch/Sch-Lenckner 33 zu § 203 StGB) oder wenn das Interesse an der Geheimhaltung der Tatsachen geringer ist als das Allgemeininteresse an ihrer Offenbarung (BGH **9**, 59, 61; **18**, 146, 147; ANM 497; allgM). Die Bedeutung des § 53 liegt vor allem darin, daß der Zeuge selbst dann das Zeugnis verweigern kann, wenn diese Voraussetzungen vorliegen (Bringewat NJW **74**, 1742; Lenckner NJW **65**,
6 327; Welp Gallas-FS 402). Die erforderliche **Abwägung nimmt der Zeuge vor,** nicht das Gericht (BGH MDR **57**, 527 [D]; Fezer JuS **78**, 472; Kurth NStZ **83**, 542). Das Gericht muß sie ihm ermöglichen (BGH **15**, 200), darf aber nicht auf seine Willensbildung einwirken (BGH **20**, 298, 299; **42**, 73, 76 = JR **97**, 33 mit Anm Welp; ANM 797), auch nicht, wenn durch die Aussage schwerer Schaden von einem Dritten oder der Allgemeinheit abgewendet werden kann (Lenckner NJW **65**, 327). Die Entscheidung, ob er sich der Gefahr aussetzen will, nach § 203 StGB bestraft zu werden, liegt allein bei dem Zeugen (BGH **9**, 59, 61; **15**, 200, 202; **18**, 146, 147; Hamm NJW **68**, 1203; **aM** Michalowski ZStW **109**, 537 mwN). Verzichtet er auf sein Zeugnisverweigerungsrecht, so muß das Gericht ihn vernehmen (RG **57**, 63, 64); die Aussage ist verwertbar, auch wenn sie gegen § 203 StGB verstößt (BGH aaO; KK-Senge 9; LR-Dahs 12, 13; ANM 498; Otto Kleinknecht-FS 339; Schlüchter 489.2; **aM** Beulke 209; Dencker 138 ff; Fezer 15/31 und JuS **78**, 473; Freund GA **93**, 49; Haffke GA **73**, 65; Lenckner NJW **65**, 326; Habscheid GedSchr für H. Peters, 1967, S. 870; Kühne JZ **81**, 651;Ranft 535 ff; Rengier 331; Roxin § 26 B II 2 b; Welp Gallas-FS 407).

7 **4)** Der **Umfang des Zeugnisverweigerungsrechts** ist auf die bei der Berufsausübung anvertrauten oder bekanntgewordenen Tatsachen begrenzt (BGH DAR **97**, 181 [T]), kann sich aber ggf auch auf die Person des Dritten und das Ob und Wie des Kontaktes erstrecken (Groß StV **96**, 562). Das kann für ein und denselben Vernehmungsgegenstand nur einheitlich beurteilt werden; das Weigerungsrecht ist unteilbar und entfällt nicht etwa in bezug auf bestimmte Personen, die an den Vorgängen nur als Dritte beteiligt waren (BGH **33**, 148 = JR **86**, 33 mit Anm Hanack = NStZ **85**, 372 mit Anm Rogall). Die Erlangung des Wissens muß in die Berufsausübung fallen oder wenigstens mit ihr zusammenhängen (Schleswig SchlHA **82**, 111), und zwar unmittelbar (LR-Dahs 14; **aM** LG Köln NJW **59**, 1598). Das ist auch der Fall bei Kenntniserlangung aus den Akten oder Karteien des Praxisvorgängers (BVerfGE **32**, 382 = NJW **72**, 1124). Geschützt ist auch der Inhalt eines beruflichen Gesprächs, auch hinsichtlich der eigenen Äußerungen des Zeugen (BGH MDR **78**, 281 [H]). Die Frage ist rechtlicher Art; daher entscheidet das
8 Gericht (Bamberg StV **84**, 499; Schleswig aaO). **Anvertraute Tatsachen** sind die unter Verlangen oder stillschweigender Erwartung der Geheimhaltung (RG **66**, 273, 274; Köln NStZ **83**, 412) schriftlich oder mündlich mitgeteilten Tatsachen, aber auch solche, die dadurch preisgegeben werden, daß dem Berufsausübenden Gelegenheit zu Beobachtungen und Untersuchungen gegeben wird (RG **13**, 60, 62; **66**, 273, 274). Gleichgültig ist, ob der Beschuldigte oder ein Dritter die Tatsachen anvertraut hat (Sch/Sch-Lenckner 13 ff zu § 203 StGB) und ob sie der Geheim-
9 sphäre des Beschuldigten oder eines anderen angehören. **Bekanntgewordene Tatsachen** sind diejenigen, die der Berufsausübende von dem Beschuldigten oder einem Dritten erfahren hat, ohne daß sie ihm anvertraut worden sind. Der Begriff ist weit auszulegen (BGH MDR **78**, 281 [H]; Schleswig SchlHA **82**, 111). Von wem, zu welchem Zweck und aus welchem Grund dem Berufsausübenden die Tatsachen bekanntgeworden sind, ist gleichgültig. Unter den Begriff fällt auch zufällig erlangtes Wissen, wenn es im Zusammenhang mit dem Vertrauensverhältnis erworben wurde (Oldenburg NJW **82**, 2615; LG Karlsruhe StV **83**, 144 mit Anm Kreuzer), nicht aber außerhalb eines solchen Zusammenhangs (Bamberg StV **84**, 499).

10 **5) Zeitliche Dauer:** Das Zeugnisverweigerungsrecht endet nicht mit der Erledigung des Auftrags (LG Düsseldorf NJW **58**, 1152), dauert entspr § 203 IV

StGB auch nach dem Tod desjenigen fort, dessen Vertrauen zu dem Berufsausübenden geschützt wird (RG **71**, 21; BayLSG NJW **62**, 1789; Düsseldorf NJW **59**, 821; Solbach DRiZ **78**, 205) und erlischt nicht, wenn der Zeuge seinen Beruf aufgibt; § 54 IV gilt entspr (LR-Dahs 18).

6) Zeugnisverweigerungsberechtigte (I): 11

A. **Geistliche** (Nr 1): Gemeint sind nur Geistliche der christlichen Kirchen und der sonstigen staatlich anerkannten öffentlich-rechtlichen Religionsgemeinschaften (LR-Dahs 22; **aM** Haas NJW **90**, 3253; Peters 350). Ob auch kirchenrechtlich eine Verschwiegenheitspflicht besteht, ist gleichgültig (Dallinger JZ **53**, 436; Lenckner NJW **65**, 322). Das Zeugnisverweigerungsrecht erstreckt sich nur auf Tatsachen, die den Geistlichen in ihrer Eigenschaft als Seelsorger anvertraut oder bekanntgeworden (oben 7 ff) sind (auch die Tatsache des Beichtgangs: RG JW **28**, 2142 mit Anm Mezger), nicht auf das, was sie in ausschließlich karitativer, erzieherischer oder verwaltender Tätigkeit oder nur gelegentlich der Ausübung des geistlichen Berufs erfahren haben (BGH **37**, 138), zB wenn sich ein Verbrecher an einen Geistlichen als Verbindungsmann nur zur Erlangung oder Wahrung des Verbrechenserfolges oder zur Vereitelung der Strafverfolgung wendet (KK-Senge 12; Hass SchlHA **73**, 164). Ob der Geistliche als Seelsorger angegangen worden ist, muß objektiv, nicht nur nach Auffassung der Beteiligten beurteilt werden (vgl aber RG **54**, 39). In Grenz- und Zweifelsfällen wird die Meinung des Geistlichen maßgebend sein (BGH aaO); § 56 wird selten in Betracht kommen. 12

B. **Verteidiger** (Nr 2): Gemeint sind alle gewählten und bestellten Verteidiger, die keine RAe sind (dann gilt Nr 3). Ob der Zeuge die Verteidigung tatsächlich geführt hat, ist gleichgültig. Das Zeugnisverweigerungsrecht erstreckt sich auch auf das, was dem Zeugen in einer anderen Strafsache als Verteidiger desselben oder eines anderen Beschuldigten anvertraut oder bekanntgeworden (oben 7 ff) ist (LR-Dahs 26; Welp Gallas-FS 398), nicht aber auf das im Zusammenhang mit seiner eigenen kriminellen Betätigung erlangte Wissen, wenn er also die strafbare Handlung ohne jeden sachlichen Zusammenhang mit denkbaren Verfahrenszielen begangen hat (BGH **38**, 7; vgl dazu Paulus NStZ **92**, 305; Scheffler StV **92**, 299; Stumpf NStZ **97**, 8). Ist der Beschuldigte, in dessen Verfahren der Verteidiger aussagen soll, der Mandant, so wird die Ausübung des Zeugnisverweigerungsrechts praktisch zur Pflicht (LR-Dahs 25; Rudolphi Schaffstein-FS 440; Welp Gallas-FS 404 ff). Eine Verwirkung des Zeugnisverweigerungsrechts wegen Mißbrauchs (vgl Bringewat NJW **74**, 1740) kommt nicht in Betracht (LR-Dahs 27). 13

C. **Rechtsanwälte, Ärzte und ähnliche Berufe** (Nr 3): 14

a) **Rechtsanwälte** sind nur die nach § 12 BRAO zugelassenen Anwälte, auch die Kammerrechtsbeistände (Nr 3 letzter Halbsatz, ausländische RAe, wenn sie in EG-Mitgliedsstaaten zugelassen sind (§§ 206, 207 BRAO; erg 3 zu § 138), sowie amtlich bestellte Vertreter (§ 53 BRAO) und Abwickler (§ 55 BRAO), Syndikusanwälte (vgl § 46 BRAO) nur, wenn sie mit typisch anwaltlichen Aufgaben befaßt sind (Hassemer wistra **86**, 1; ähnlich Roxin NJW **92**, 1129; **95**, 17: bei hinreichender Unabhängigkeit). Dem nach § 3 BNotO bestellten **Notar** steht der Notarassessor (§ 7 BNotO) gleich. Wegen der **Patentanwälte** vgl § 19 PatAO, der **Wirtschaftsprüfer** §§ 1 I S. 1, 15 WiPrO, der **vereidigten Buchprüfer** § 128 I WiPrO und der **Steuerberater** und Steuerbevollmächtigten §§ 40, 42 StBerG. 15

Wegen des **Umfangs des Zeugnisverweigerungsrechts** vgl oben 7 ff. Kenntnisse, die RAe und Steuerberater in ihrer Eigenschaft als Aufsichtsratsmitglied einer AG gemacht haben, dürfen nicht verschwiegen werden (Celle NdsRPfl **83**, 124). Dagegen fällt die Beweisfrage, ob der Steuerberater mit der Abgabe von Steuererklärungen beauftragt worden ist, unter das Zeugnisverweigerungsrecht (Schleswig SchlHA **82**, 111). Wird ein RA von einem Erpresser in Anspruch genommen, um bei den Verhandlungen über das Lösegeld mitzuwirken, so hat er insoweit kein 16

Zeugnisverweigerungsrecht (Haas NJW **72**, 1081); anders ist es, wenn er das Erpressungsopfer vertritt (BGH NJW **86**, 1183, 1185).

17 b) **Ärzte und ähnliche Berufe:** Arzt ist, wer im Inland als Arzt approbiert ist oder nach § 2 II–IV BÄO zur vorübergehenden Ausübung des Arztberufs berechtigt ist. Ausländische Ärzte, die nicht unter § 2 III BÄO (EG-Staatsangehörige) fallen, sind nicht zeugnisverweigerungsberechtigt (zw Schubarth ZStW **105**, 367). Wegen der **Zahnärzte** vgl § 1 ZahnHkG, wegen der **Psychotherapeuten** vgl Ges vom 16. 6. 1998 (BGBl I 1311). **Apotheker** ist, wer approbiert ist oder den Beruf nach § 2 II Bundes-Apothekerordnung idF vom 19. 6. 1989 (BGBl I 1479) vorübergehend ausüben darf. Wegen der **Hebammen** vgl § 2 des Hebammengesetzes vom 4. 6. 1985 (BGBl I 902).

18 Das Zeugnisverweigerungsrecht **erstreckt** sich auf alles, was dem Arzt usw bei der Untersuchung oder Heilbehandlung anvertraut oder bekanntgeworden (oben 7 ff) ist (ausführlich hierzu Michalowski ZStW **109**, 519 ff). Dazu gehören der Name des Patienten und die Tatsache seiner Behandlung (BGH **33**, 148, 151; Oldenburg NJW **82**, 2615; LG Itzehoe SchlHA **87**, 188 [Diebstahl im Wartezimmer]; LG Köln NJW **59**, 1598), auch Beobachtungen ohne förmliche Mitteilungen, zB bei Befassung mit einem Bewußtlosen, und andere Feststellungen über das Anvertraute hinaus (LG Karlsruhe StV **83**, 144 mit Anm Kreuzer), gleichviel, ob diese Tatsachen dem Patienten überhaupt bekannt waren oder sind. Auch auf die Anbahnung des Beratungs- und Behandlungsverhältnisses, zB auf die Begleitumstände der Krankenhausaufnahme eines Patienten, erstreckt sich das Zeugnisverweigerungsrecht (BGH **33**, 148 = JR **86**, 33 mit Anm Hanack = NStZ **85**, 372 mit Anm Rogall). Das Zeugnisverweigerungsrecht besteht auch, wenn dem Zeugen
19 die Gelegenheit zur Untersuchung und Behandlung aufgrund **gesetzlicher Duldungspflicht** zwangsweise verschafft worden ist; die gesetzliche Duldungspflicht ersetzt die sonst erforderliche Zustimmung (BGHZ **40**, 288 = NJW **64**, 449). Daher sind auch Truppenärzte (BDiszH NJW **63**, 409), Amtsärzte (BGH aaO; einschr Jakobs JR **82**, 361) und Ärzte im Strafvollzug (Karlsruhe NStZ **93**, 405 mwN; Geppert, Die ärztliche Schweigepflicht im Strafvollzug, 1983, S. 15; Ren-
20 gier 16 ff) zeugnisverweigerungsberechtigt. Ein **zum Sachverständigen bestellter Arzt,** auch wenn er privat praktiziert (KMR-Paulus 16; Kohlhaas DAR **68**, 74; DRiZ **59**, 246; **aM** Hiendl NJW **58**, 2101), hat auch hinsichtlich der Zusatztatsachen (11 zu § 79; wegen der Befundtatsachen vgl 2 zu § 76) kein Zeugnisverweigerungsrecht, wenn der Untersuchte die Untersuchung oder den Eingriff kraft Gesetzes dulden mußte oder hätte verweigern können, aber nicht verweigert hat (BGHZ **40**, 288, 294 = NJW **64**, 449, 451; RG **66**, 273; Hamm NJW **68**, 1202; Geppert aaO S. 33; Jessnitzer/Frieling 167; einschr Kühne JZ **81**, 652: nur wenn er eindeutig als „Amtshilfe" auftritt; einschr auch Krauß ZStW **97**, 112; zust LR-Dahs 34). Das gilt aber nur im Rahmen des jeweiligen Verfahrens und des Auftrags (BGH aaO). Tatsachen, die ihm ohne Zusammenhang mit seinem Gutachten freiwillig mitgeteilt worden sind (RG **61**, 384; Tröndle 29 zu § 203 StGB), und sein Wissen aus früherer Behandlung (Bockelmann, Strafrecht des Arztes, 1968, S. 45; Hass SchlHA **73**, 42), braucht der Sachverständige nicht zu offenbaren (BGH **38**, 369). Für Zufallsbeobachtungen (12 zu § 79) gilt I Nr 3 ohne Einschränkung. Erg 2 zu § 76.

21 D. **Schwangerschaftsberater** (Nr 3 a): Mitglieder der in Nr 3 a bezeichneten Stellen sind der Leiter und alle sonstigen in einem Dienstverhältnis zu der Stelle stehenden Ärzte, Psychologen und Sozialarbeiter (Rengier 25 ff). Beauftragte sind sonstige Personen, die dazu bestellt sind, im Auftrag einer Beratungsstelle deren Aufgaben wahrzunehmen. Das Zeugnisverweigerungsrecht erstreckt sich nicht nur auf die Schwangerschaft, sondern auf alle für die Beratung bedeutsamen Lebensumstände (KK-Senge 21).

22 E. **Berater für Fragen der Betäubungsmittelabhängigkeit** (Nr 3 b): Durch Ges vom 23. 7. 1992 (BGBl I 1366) ist das schon lange geforderte (vgl Endriß

ZRP **89**, 45; Lichtenberg/Schücking ZRP **89**, 243; Stegemann/Martens StV **89**, 325; rechtsvergleichend J. Meyer ZRP **89**, 423; zur früheren Rechtslage vgl BVerfGE **44**, 353 = NJW **77**, 1489; BVerfG NStZ **88**, 418) Zeugnisverweigerungsrecht für Mitarbeiter von Suchtberatungsstellen eingeführt worden. Es betrifft aber nur die Beratung hinsichtlich der im BtMG erfaßten Suchtformen und Suchtgefahren und besteht lediglich für Beratungsstellen, die von einer Behörde oder einer Körperschaft, Anstalt oder Stiftung des öffentlichen Rechts eingerichtet oder anerkannt worden sind, gilt also nicht für ehrenamtlich tätige Berater in sog Selbsthilfegruppen (BVerfG NJW **96**, 1587 = StV **98**, 355 mit Anm Kühne). Inhaltlich ist es auf die Informationen beschränkt, die bei der Beratung oder Behandlung von Betäubungsmittelkonsumenten oder Betäubungsmittelabhängigen erlangt worden sind; alle übrigen Formen der Suchtberatung wurden bewußt ausgeklammert (krit dazu Kreuzer Schüler-Springorum-FS 538). Das Zeugnisverweigerungsrecht umfaßt aber nicht nur die vom Beratenen selbst mitgeteilten Informationen, sondern auch entspr Gespräche des Beraters mit Familienangehörigen und Freunden (BT-Drucks 12/2738 S. 5). Gerichts- und Bewährungshelfer, Strafvollzugsbedienstete und Sozialarbeiter, die in Betäubungsmittelfragen beraten, haben kein Zeugnisverweigerungsrecht (Kreuzer aaO 539).

F. **Abgeordnete** (Nr 4): Für BTags-Abgeordnete gilt Art 47 S. 1 GG. Für Ab- 23
geordnete der Länderparlamente vereinheitlicht Nr 4 die entspr Bestimmungen der Länderverfassungen (Dallinger JZ **53**, 436; Heitzer NJW **52**, 89). Für Mitglieder des Europäischen Parlaments gilt der Nr 4 entspr § 6 EuAbgG. Das Zeugnisverweigerungsrecht **erstreckt** sich auf die Tatsachen, die dem Abgeordneten im 24
Zusammenhang mit seiner Abgeordnetentätigkeit von einem anderen Abgeordneten, einem Regierungsvertreter oder einem Privatmann anvertraut worden sind (oben 8) oder die er dem anderen anvertraut hat, sowie auf die ihm als Abgeordneten sonst bekanntgewordenen (oben 9) Tatsachen (KMR-Paulus 21). Auch über die Person seiner Gewährsleute braucht der Abgeordnete nicht auszusagen (Rengier 32 ff). Der Abgeordnete entscheidet nach freiem Ermessen darüber, ob er aussagen oder schweigen will. Weisungen können ihm hierüber nicht erteilt werden; § 54 gilt nicht entspr (LR-Dahs 41 ff). Eine Befreiung von der Schweigepflicht ist ausgeschlossen. Das Weigerungsrecht nach Nr 4 **dauert** nach Beendi- 24 a
gung des Mandats fort (Dallinger JZ **53**, 436), erstreckt sich aber nicht auf das, was der Abgeordnete vor Beginn oder nach Ablauf der Wahlperiode erfährt (Kohlhaas GA **58**, 65).

G. **Mitarbeiter von Presse und Rundfunk** (Nr 5): 25

a) Der **Schutz des Vertrauensverhältnisses** zwischen Presse und privaten In- 26
formanten gehört zu der durch Art 5 I S. 2 GG verbürgten Pressefreiheit (BVerfGE **36**, 193, 204 = NJW **73**, 356, 358; BVerfGE **50**, 234, 240; BVerfG NStZ **82**, 253). Das Zeugnisverweigerungsrecht dient daher nicht in 1. Hinsicht dem Schutz des Verfassers, Einsenders und Gewährsmanns, sondern der im öffentlichen Interesse liegenden Tätigkeit von Presse und Rundfunk (BVerfG aaO; BVerfGE **20**, 162, 176 = NJW **66**, 1603; BGH **28**, 240, 254). Von ihm kann nicht entbunden werden, und es besteht auch, wenn der Informant die Aussage wünscht (Bremen JZ **77**, 444). Andererseits hat der Informant keinen Rechtsanspruch darauf, daß der Pressemitarbeiter von seinem Zeugnisverweigerungsrecht Gebrauch macht (BVerfG NStZ **82**, 253). Standesrechtlich ist er dazu aber verpflichtet (Löffler/Achenbach 79 ff zu § 23 LPG). Nach Ansicht des BVerfG enthält Nr 5 **keine** 27
abschließende Regelung; vielmehr kann sich ein Zeugnisverweigerungsrecht über Nr 5 hinaus unmittelbar aus Art 5 I S. 2 GG ergeben (BVerfGE **25**, 296, 305 = NJW **69**, 1019; BVerfGE **36**, 193, 211 = NJW **74**, 356, 359; BVerfGE **64**, 108, 116 = NStZ **83**, 515 = JZ **83**, 795 mit abl Anm Fezer; ebenso LG Hannover AfP **74**, 670; Jaraß AfP **75**, 215; Löffler AfP **75**, 730 und NJW **78**, 913; **aM** BGH **28**, 240, 254; krit Rengier 107 ff; erg 6 zu § 70).

28 b) **Personenkreis:** Zur Zeugnisverweigerung sind Personen berechtigt, die bei der Vorbereitung, Herstellung oder Verbreitung von periodischen Druckwerken
29 oder Rundfunksendungen berufsmäßig mitwirken oder mitgewirkt haben. **Periodische Druckwerke** sind nach der Legaldefinition der Landespressegesetze Zeitungen, Zeitschriften und andere Druckwerke jeder Art (auch Familien- und Vereinszeitungen, Kurszettel, Preislisten, Wetterberichte uä), die in ständiger, wenn auch unregelmäßiger Folge und im Abstand von nicht mehr als 6 Monaten erscheinen. Dazu gehören auch Plakate, nicht aber Flugblätter und Druckwerke, deren einzelnen Exemplaren Abgeschlossenheit (Fortsetzungslieferungen von Loseblatt- und Entscheidungssammlungen) und Gleichartigkeit (Taschenbuchreihen) fehlt. Die „ewige Wiederkehr" des Druckwerks muß nicht beabsichtigt sein; die Erscheinungsdauer darf aber nicht, wie bei Messe- oder Wahlkampfzeitungen, von
30 vornherein begrenzt sein. **Rundfunksendungen** sind Sendungen des Hör- und Bildfunks; Nr 5 gilt daher auch für Mitarbeiter an Fernsehsendungen (Kunert MDR **75**, 886), nicht aber für die in Art 5 I S. 2 GG erwähnten Filmberichter-
31 statter (KK-Senge 30). Die **berufsmäßige Mitwirkung** bei der Herstellung oder Verbreitung des Druckwerks oder der Sendung setzt Nr 5 voraus. In Betracht kommen nicht nur Journalisten, Intendanten, Sendeleiter und Archivare, sondern alle Angehörigen des redaktionellen, kaufmännischen und technischen Personals, einschließlich der Hilfspersonen (Stenotypistinnen, Setzergehilfen, Volontäre), sowie Justitiare (LG Hamburg AfP **84**, 172), die aufgrund ihrer beruflichen oder dienstlichen Stellung von der Person des Verfassers, Einsenders oder Gewährsmanns oder von dem Inhalt der Mitteilung Kenntnis erlangen können (Dallinger JZ 53, 436; Kohlhaas NJW **58**, 41). Gleichgültig ist, ob sie die Kenntnis vor oder nach der Veröffentlichung oder Verbreitung des Druckwerks oder der Sendung erlangt haben und ob sie inzwischen aus den Diensten des Presse- oder Rundfunkunternehmens ausgeschieden sind (Löffler/Achenbach 30 zu § 23 LPG; Kohlhaas Löffler-FS 147). Berufsmäßig wirken auch freiberuflich schaffende Journalisten mit (Kunert MDR **75**, 886); auf die Absicht der Gewinnerzielung kommt es nicht an (Kohlhaas aaO). Nebenberuflich Mitwirkende handeln nur dann berufsmäßig, wenn sie beabsichtigen, die Tätigkeit durch wiederholte Ausübung zu einer dauernden oder doch wiederkehrenden Beschäftigung zu machen (Kohlhaas aaO). Dazu kann die Mitwirkung in einem Einzelfall ausreichen (BGH **7**, 129; KMR-Paulus 29). Wer nur gelegentlich Beiträge einsendet, hat kein Zeugnisverweige-
32 rungsrecht (Kunert MDR **75**, 886). Bei der **Vorbereitung, Herstellung oder Verbreitung** muß die Mitwirkung erfolgen. Mit dem Begriff Vorbereitung wird das Stadium der Informationsbeschaffung erfaßt (BVerfGE **10**, 118 = NJW **60**, 29; Bremen JZ **77**, 444), insbesondere durch Rechercheure (Kunert aaO). Herstellen ist die gesamte Tätigkeit, die auf die inhaltliche, sprachliche oder technische Gestaltung der Druckschrift oder Sendung abzielt. Zum Verbreiten gehört jede Handlung, durch die das Druckwerk oder die Sendung veröffentlicht, also dem Publikum zugänglich gemacht wird (BGH **18**, 63; Löffler/Achenbach 36 zu § 23 LPG), auch wenn das nicht öffentl geschieht (Versand an Vereinsmitglieder).

33 c) **Umfang des Zeugnisverweigerungsrechts:** Auf Personen (Verfasser, Einsender, Gewährsleute), auch wenn sie bei dem Presseorgan tätig sind, und auf Mitteilungen (Beiträge, Unterlagen und Mitteilungen für den redaktionellen Teil) bezieht sich das Zeugnisverweigerungsrecht. Es kann entfallen, wenn der Informant nur bezweckt, durch die Presseveröffentlichung auf sich aufmerksam zu machen (BVerfG NStZ **82**, 253: anonyme „Bekennerbriefe" zu schweren Straftaten).

34 Da die **Person des Informanten** verschwiegen werden darf, brauchen Fragen nach dem Namen, aber auch nach sonstigen Tatsachen, die die Aufdeckung der Identität – auch mittelbar (BGH **36**, 298) – ermöglichen, nicht beantwortet zu werden (Kohlhaas NJW **58**, 42). Wenn jedoch das Presseorgan die Identität des Informanten selbst aufgedeckt hat, besteht wegen der weiteren Einzelheiten, die

seine Ermittlung ermöglichen (Aufenthaltsort, Aussehen, Zugang der Information), kein Zeugnisverweigerungsrecht (BGH **28**, 240, wo aber zu Unrecht bei überwiegendem Veröffentlichungsbedürfnis und bei außerordentlichem Publizitätsinteresse eine Ausnahme gemacht wird; vgl auch Rengier JZ **79**, 797; Roxin § 26 B II 2 c). Auf die sonstigen Umstände der Veröffentlichung, zB auf die an den Informanten geleisteten Zahlungen bezieht sich das Zeugnisverweigerungsrecht nicht, sofern sie nicht für Fahndungsmaßnahmen oder Aufenthaltsermittlungen aufschlußreich sind (BVerfGE **25**, 296, 306 = NJW **69**, 1019; BGH **28**, 240, 256).
Verfasser ist der geistige Urheber des Beitrags, gleichgültig, ob er ihn selbst 35
schriftlich abgefaßt oder nur diktiert hat und ob der Beitrag unverändert oder redigiert in die Druckschrift oder Sendung aufgenommen worden ist. Mehrere Urheber sind Mitverfasser (LG Hamburg AfP **84**, 172). Verfasser oder Mitverfasser iS Nr 5 kann auch ein Redakteur oder anderer Mitarbeiter des Presseorgans sein; seine Mitwirkung unterliegt dem Zeugnisverweigerungsrecht (LG Hamburg aaO; LG Heilbronn AfP **84**, 119). Auch die Person des Verfassers, der selbst im Rundfunk spricht, darf verschwiegen werden (Groß NJW **75**, 1763). **Einsender** ist, wer 36
Informationen oder Beiträge, die von anderen Personen verfaßt sind, oder Briefe, Aufzeichnungen, Äußerungen oder Stellungnahmen anderer Art einem Presseunternehmen oder Rundfunksender übersendet oder übergibt, auch wenn das nur für Archivzwecke geschieht. **Gewährsmann** ist, wer sonst als Informant die Anregung 37
für einen Pressebericht oder eine Rundfunksendung gibt oder wer das Material (Schriftstücke, Abbildungen, Tonträger, andere Gegenstände) dazu ganz oder teilw zur Verfügung stellt. Er braucht nichts zu verfassen.

Mitteilungen dürfen verschwiegen werden, die den Presse- oder Rundfunk- 38
mitarbeitern in dieser Eigenschaft, nicht als Privatleuten, von Verfassern, Einsendern und Gewährsleuten gemacht worden sind. Dazu gehört die Tatsache, daß überhaupt eine Mitteilung gemacht worden ist, und alles, was der Presse im Hinblick auf ihre Tätigkeit im Zusammenhang mit einer etwaigen Veröffentlichung im redaktionellen Teil des Druckwerks mitgeteilt worden ist (BGH **28**, 240, 251; vgl auch Rebmann Pfeiffer-FS 230 ff für „Bekennerbriefe" von Terroristen). Auch das Ermöglichen gezielter bestimmter Beobachtungen kann darunter fallen (BGH **28**, 240, 255; LG Heilbronn AfP **84**, 119). Ob die Mitteilungen zur Veröffentlichung geführt haben oder für sie vorgesehen sind, ist gleichgültig (BGH **28**, 240, 251; LG Heilbronn aaO). Geschützt ist auch das nicht zur Veröffentlichung bestimmte sog Hintergrundmaterial (BGH aaO; Bremen JZ **77**, 444; Löffler/Achenbach 58 zu § 23 LPG) und das Archivmaterial (Kohlhaas Löffler-FS 149). Die Mitteilungen müssen den Presse- oder Rundfunkmitarbeitern von außen gemacht worden sein. Auf **selbst recherchiertes Material** bezieht sich das Zeugnisverwei- 39
gerungsrecht grundsätzlich nicht (LG Berlin AfP **81**, 417; LG Bremen StV **81**, 15 mit Anm Baisch; LG Hannover NStZ **81**, 154; Groß NJW **75**, 1764; Rehbinder Oehler-FS 418 ff; Rengier JZ **79**, 797; Roxin § 26 B II 2 c; vgl auch BVerfGE **56**, 247 = NJW **81**, 971; **aM** Delitz AfP **76**, 106; Jaraß JZ **83**, 280; Löffler NJW **78**, 915; rechtsvergleichend J. Meyer Tröndle-FS 837; erg 45 zu § 97), es sei denn, seine Offenbarung könnte zur Enttarnung des Informanten führen (BGH **36**, 298 = JR **90**, 431 mit abl Anm J. Meyer); zu weiteren möglichen, insbesondere verfassungsrechtlich gebotenen Einschränkungen vgl Ollendorff, Der Schutz der Recherche im strafprozessualen Zeugnisverweigerungsrecht der Medienschaffenden in der BRep Deutschland, 1991. Entsprechendes gilt für sonstige eigene Wahrnehmungen des Pressemitarbeiters, auch wenn er sie als Außenmitarbeiter an seine Redaktion weiterleitet (BGH **28**, 240, 257). **Für den redaktionellen Teil** der 40
Zeitung oder des Rundfunkprogramms muß der Beitrag oder die Mitteilung bestimmt sein. Dazu gehören auch die in einer Zeitung veröffentlichten Leserbriefe (KG NJW **84**, 1133). Auf den Anzeigenteil, Werbefunk und Werbefernsehen erstreckt sich das Zeugnisverweigerungsrecht dagegen nicht (Kunert MDR **75**, 887; krit Löffler/Achenbach 67 ff zu § 23 LPG). Eine Ausnahme gilt nach Mei-

nung des BVerfG, wenn der Anzeige eine gleiche oder ähnliche Funktion wie Beiträgen des redaktionellen Teils zukommt (BVerfGE **64**, 108 = JZ **83**, 795 mit abl Anm Fezer: Auftraggeber einer Chiffreanzeige).

41 **7)** Für die **Ausübung des Zeugnisverweigerungsrechts** gelten die Grundsätze zu § 52 (dort 13 ff). Der Zeuge kann das Geheimnis teilw preisgeben und teilw offenbaren (RG **48**, 269, 272; KK-Senge 7). Die Gründe für die Zeugnisverweigerung braucht er nicht darzulegen (RG **57**, 63, 65; Flor JR **53**, 371); das Gericht kann aber, wenn es Zweifel hat, die eidliche Versicherung nach § 56
42 verlangen. Der **Widerruf des Verzichts** auf das Zeugnisverweigerungsrecht ist entspr § 52 III S. 2 bis zum Schluß der Vernehmung möglich. Die bisherige Aussage bleibt verwertbar, darf aber nicht beeidet werden (KMR-Paulus 86 vor
43 § 48; **aM** KK-Senge 8). Erg 3 zu § 252. Die **verfahrensrechtlichen Folgen** der Weigerung entsprechen denen des § 52 (dort 23 ff). Bei der Beweiswürdigung darf die Zeugnisverweigerung nicht berücksichtigt werden (20 zu § 261).

44 **8)** Eine **Belehrungspflicht** besteht nicht (BGH NJW **91**, 2844, 2846; GA **69**, 92; VRS **41**, 93). Das Gericht darf davon ausgehen, daß der Zeuge seine Berufsrechte und -pflichten kennt. Nur wenn die Unkenntnis offensichtlich ist, gebietet die Fürsorgepflicht eine Belehrung (BGH MDR **80**, 815 [H]; Dresden NStZ-RR **97**, 238; Molketin MDR **82**, 98; Welp JR **97**, 37).

45 **9)** Die **Entbindung von der Verschwiegenheitspflicht** (II) führt nur in den Fällen I Nrn 2–3 a zur Aussagepflicht. In den anderen Fällen kann sie nur die Entschließung des Zeugen beeinflussen. Die Erklärung ist eine Prozeßhandlung, die Handlungsfähigkeit voraussetzt (Einl 96 ff). Das Gericht ist nicht, auch nicht aus Fürsorgegründen, verpflichtet, den anwesenden Angeklagten zu befragen, ob er den die Aussage verweigernden Zeugen entbinden wolle (BGH 1 StR 108/75 vom 14. 10. 1975). Die Weigerung des Angeklagten, den Zeugen zu entbinden, hindert diesen nicht an der Aussage. Das Gericht muß ihm daher Gelegenheit geben, sich zu entscheiden (BGH **15**, 200, 202; Frankfurt StV **82**, 414; ANM 797).

46 A. **Zur Entbindung berechtigt** ist jeder, zu dessen Gunsten die Schweigepflicht gesetzlich begründet ist (Hamburg NJW **62**, 689, 691). Sind mehrere geschützt, so müssen alle (gemeinsam oder getrennt) die Erklärung abgeben (Celle wistra **86**, 83; Hamm GA **69**, 220). Für eine GmbH müssen die rechtlichen und faktischen Geschäftsführer die Erklärung abgeben (Celle aaO; vgl auch LG Berlin wistra **93**, 278 zum ehemaligen Geschäftsführer), für eine AG oder Genossenschaft der Vorstand; der Konkurs(nun: Insolvenz)verwalter allein kann nicht entbinden, auch wenn Straftaten zum Nachteil der Gesellschaft von deren Geschäftsführern begangen worden sind (Düsseldorf StV **93**, 346 mit zust Anm Münchhalffen; Koblenz NStZ **85**, 426; Schleswig NJW **81**, 294; LG Saarbrücken wistra **95**, 239 mit abl Anm Weyand; Dahs Kleinknecht-FS 63; Gülzow NJW **81**, 265; Schmitt wistra **93**, 14; Weihrauch JZ **78**, 300; **aM** LG Lübeck NJW **78**, 1014; Schäfer wistra **85**, 210; krit Haas wistra **83**, 183). Hat dem Zeugen die Tatsachen jemand anvertraut, der nicht zugleich der Geheimnisgeschützte ist, so ist die Entbindung durch den Geheimnisgeschützten erforderlich und ausreichend; der Anvertrauende muß nicht auch noch selbst entbinden (Göppinger NJW **58**, 243). Nur wenn der Beschuldigte selbst dem Zeugen Drittgeheimnisse anvertraut hat, kann sowohl der Dritte als auch der Beschuldigte entbinden (Köln NStZ **83**, 412 mit abl Anm Rogall; Kohlhaas NJW **64**, 1165; **aM** Hamburg NJW **62**, 689, 691; KK-Senge 46).

47 B. Die **Erklärung** kann durch schlüssiges Verhalten erfolgen). Die Benennung der Vertrauensperson als Zeugen ist als Entbindung zu werten (KK-Senge 50). Die nur mutmaßliche Einwilligung reicht dagegen nicht aus (Solbach DRiZ **78**, 205). Die Erklärung wirkt nur in dem Verfahren, in dem sie abgegeben wird, aber für alle Verfahrensabschnitte. Ob sie wirksam ist, beurteilt das Gericht, nicht der Zeuge (BDiszH NJW **60**, 550). Ist der Geheimnisgeschützte verstorben, so kann die Entbindung in einer zu Lebzeiten abgegebenen Erklärung (München AnwBl. **75**,

159; Solbach aaO), auch in einem nachgelassenen Brief (BDiszH aaO), gesehen werden (vgl auch BGHZ **91**, 392 = NJW **84**, 2893). Eine **Vertretung** in der 48
Erklärung ist, da es sich um ein höchstpersönliches Recht handelt, unzulässig, auch wenn der Geheimnisgeschützte willensunfähig ist (KK-Senge 48; LR-Dahs 73; Göppinger NJW **58**, 244; **aM** München JW **32**, 2176; KMR-Paulus 48; Solbach DRiZ **78**, 207, die § 52 II entspr anwenden wollen). Nach seinem Tod können weder die Erben noch die nächsten Angehörigen entbinden; wenn der mutmaßliche Wille des Vertretenen nicht festgestellt werden kann, muß der Zeuge selbst entscheiden (BGHZ **91**, 392 = NJW **84**, 2893; BGH MDR **80**, 81 5 [H]; BDiszH NJW **60**, 550; Bay NJW **87**, 1492; Celle NJW **65**, 362; Stuttgart MDR **83**, 236; **aM** LG Hildesheim NStZ **82**, 394; Solbach DRiZ **78**, 204).

C. **Beschränkbar und widerrufbar** ist die Entbindung, beschränkbar aber 49
nicht auf einzelne Tatsachen, sondern nur auf Tatsachenkomplexe (Hamburg NJW **62**, 689), widerrufbar in entspr Anwendung des § 52 III S. 2 (BGH **18**, 146, 149; Hamburg aaO). Der Widerruf muß ausdrücklich – wenn auch nicht unter Verwendung dieses Wortes – erklärt werden (BGH **42**, 73, 75 = JR **97**, 33 mit Anm Welp). Bei Teilentbindung kann der Zeuge über diese Grenze hinaus aussagen, wenn er einen Rechtfertigungsgrund (oben 5) hat. Hatte der Zeuge zunächst ausgesagt, wegen des Widerrufs der Entbindung aber dann die weitere Aussage verweigert, so ist die Aussage verwertbar (KMR-Paulus 49). Die Niederschrift kann in der Hauptverhandlung verlesen werden; § 252 gilt nicht (BGH **18**, 146; Fezer 15/22 und 56 sowie JuS **78**, 473 Fn 23; **aM** Hamburg NJW **62**, 689, 691).

10) Revision: Daß der Zeuge sich zu Unrecht für die Zeugnisverweigerung 50
oder den Verzicht darauf entschieden hat, kann nicht gerügt werden (BGH **9**, 59; BGHR Schweigepflicht 1), auch nicht das Unterlassen einer Belehrung (oben 44). Revisibel sind aber die unrichtige Belehrung und der unrichtige Hinweis darauf, daß eine Entbindung nach II erfolgt ist (BGH **42**, 73 = JR **97**, 33 mit Anm Welp). Hat das zur Aussage des Zeugen geführt, so ist die Revision begründet, wenn das Urteil auf ihr beruht (ANM 498; Fezer JuS **78**, 472; Philipps Bockelmann-FS 837; einschr RG **57**, 63, 65; **66**, 273; **71**, 21; Köln OLGSt § 261 S. 99: nicht, wenn dem Zeugen die Entschließungsfreiheit erhalten geblieben ist; Grünwald JZ **66**, 498: nicht bei Preisgabe von Drittgeheimnissen); Beanstandung nach § 238 II ist nicht erforderlich (BGH **42**, 73, 77). Die Rüge kann jeder Angeklagte erheben, zu dessen Nachteil die Aussage verwertet worden ist, auch wenn er nicht zu den Personen gehört, die durch das Zeugnisverweigerungsrecht unmittelbar geschützt sind (BGH **33**, 148 = JR **86**, 33 mit Anm Hanack = NStZ **85**, 374 mit Anm Rogall; **aM** Grünwald aaO). Verweigert der Zeuge aufgrund unrichtiger Belehrung die Aussage, so ist § 245 verletzt, wenn er präsent ist, sonst § 244 II (BGH NStZ **94**, 94; Welp Gallas-FS 408; erg 35 zu § 52; 18 zu § 55).

Zeugnisverweigerungsrecht der Berufshelfer

53a **I Den in § 53 Abs. 1 Nr. 1 bis 4 Genannten stehen ihre Gehilfen und die Personen gleich, die zur Vorbereitung auf den Beruf an der berufsmäßigen Tätigkeit teilnehmen. Über die Ausübung des Rechtes dieser Hilfspersonen, das Zeugnis zu verweigern, entscheiden die in § 53 Abs. 1 Nr. 1 bis 4 Genannten, es sei denn, daß diese Entscheidung in absehbarer Zeit nicht herbeigeführt werden kann.**

II Die Entbindung von der Verpflichtung zur Verschwiegenheit (§ 53 Abs. 2) gilt auch für die Hilfspersonen.

1) Zur **Verhinderung von Umgehungen** des Zeugnisverweigerungsrechts 1
nach § 53 I Nrn 1–4 dehnt die Vorschrift dieses Recht, entspr § 203 III StGB, auf die Hilfspersonen (Berufsgehilfen und Personen, die sich auf den Beruf vorberei-

ten) aus. Für Personen, die selbst ein Zeugnisverweigerungsrecht nach § 53 haben (hinzugezogener Arzt, Sozius des RA), hat § 53 a keine Bedeutung (KMR-Paulus 6; Kohlhaas GA **58**, 72). Für das Beschlagnahmerecht wird die Vorschrift durch § 97 IV ergänzt.

2 **2) Hilfspersonen.** Vorausgesetzt wird weder ein soziales Abhängigkeitsverhältnis noch eine berufsmäßige Tätigkeit. Daher fallen auch ständig oder gelegentlich mithelfende Familienmitglieder des Arztes oder RA unter § 53 a (Krekeler/Schonard wistra **98**, 138). Keine Hilfspersonen sind selbständige Gewerbetreibende, die für einen Berufsausübenden iS § 53 I Nrn 1–4 Einzelaufträge erledigen, zB der von einem RA beauftragte Detektiv (KK-Senge 3; Starke Rudolphi-Symp 87; **aM** LG Frankfurt a.M. NJW **59**, 589; Bockemühl 47; Jungfer StV **89**, 504; Krey pE 71) oder Gutachter (LG Essen StraFo **96**, 92 mit abl Anm Oster; abl auch Krekeler/Schonard aaO, die aber das Verbot erweiternder Auslegung [2 zu § 53] nicht mit in Erwägung ziehen; KK-Senge 3 hält § 53 a für anwendbar, solange der Verteidiger das Gutachten nicht in das Verfahren einführt), der selbständig für einen Zahnarzt tätige Zahntechniker (KK-Senge 3; **aM** LBerufsG für Zahnärzte Stuttgart NJW **75**, 2255; KMR-Paulus 4) und der von einem Arzt herbeigerufene Krankentransportfahrer (KK-Senge 3; LR-Dahs 3; **aM** KMR-Paulus 4; Kohlhaas NJW **67**, 666). Bei Strafverteidigern will Krause StraFo **98**, 1 ff den Begriff des Gehilfen weiter fassen, da die überkommene Auslegung „in einem veralteten Bild von Verteidigung wurzelt" und systematisch und verfassungsrechtlich unvertretbar sei. § 53 a ist nicht anwendbar, wenn zwischen der Tätigkeit des Hauptberufsträgers und des Gehilfen kein unmittelbarer Zusammenhang besteht, zB bei Banken, privatärztlichen Verrechnungsstellen, Datenbanken, Krankenkassen, Berufskammern (LR-Dahs 3; Lenckner, Arzt und Recht, 1966, S. 167) und beim Hauspersonal, sofern es nicht ausnahmsweise bei der Berufsarbeit hilft (Bedienung des Telefons, Empfang von Patienten), sowie beim technischen Personal (Boten, Kraftfahrer, Heizer, Putzfrauen usw).

3 **Im einzelnen** kommen in Betracht die für den **Geistlichen** in der Seelsorge, nicht bei damit nicht unmittelbar zusammenhängenden Tätigkeiten, mithelfenden
4 Personen (Stromberg MDR **74**, 892), bei **Rechtsanwälten** die juristischen Mitarbeiter (nicht als RA zugelassene Volljuristen, Referendare, Studenten), der zuge-
5 zogene Dolmetscher (LG Verden StV **96**, 371 L) und das Büropersonal, beim **Arzt** die von ihm herangezogenen Psychologen (Hoffmann NJW **71**, 1440) und anderen Spezialisten (Kohlhaas NJW **72**, 1502) sowie die für ihn tätigen Krankenpfleger, Krankenschwestern, Wochenpflegerinnen, Masseure, Bademeister, medizinisch-technische Assistentinnen und Studenten, aber auch Sekretärinnen und Buchhalter (Kleinewefer/Wilts NJW **64**, 430), im Krankenhaus neben diesen Hilfspersonen auch der Verwaltungsdirektor (Köln VRS **84**, 103; Oldenburg NStZ **83**, 39 mit abl Anm Pelchen; **aM** Kreuzer NJW **75**, 2235), nicht aber das übrige Verwaltungs- und Hilfspersonal (KK-Senge 2; weitergehend Kohlhaas NJW **72**, 1509), beim
6 **Abgeordneten** die Assistenten und Sekretärinnen, nicht die Wahlhelfer (LR-Dahs 7).

7 **3) Abgeleitet** vom Zeugnisverweigerungsrecht des Hauptberufsträgers ist das Schweigerecht der Hilfspersonen (BGH **9**, 59, 61; LG Köln NJW **59**, 1598). Der Hauptberufsträger entscheidet nach I S. 2 über die Aussagepflicht seiner Hilfspersonen mit bindender Wirkung (LR-Dahs 8); eine Ausnahme gilt, wenn die Entscheidung in absehbarer Zeit nicht herbeigeführt werden kann (Tod, Erkrankung, längere Abwesenheit). Eine Aussage der Hilfsperson entgegen der ihr erteilten Weisung ist verwertbar (KK-Senge 8; LR-Dahs 8; **aM** KMR-Paulus 11; EbSchmidt 12; Rengier 324 Fn 48). Zum Beschwerderecht des Hauptberufsträgers
8 vgl Köln StV **91**, 506 mit Anm Münchhalffen. **Einheitlich** muß die Entscheidung des Hauptberufsträgers nicht sein. Er kann selbst das Zeugnis verweigern, die Hilfspersonen aber zur Aussage anweisen (Kohlhaas GA **58**, 72) oder umgekehrt

verfahren (KK-Senge 7; **aM** LG Köln NJW **59**, 1598). Er kann auch einer Mehrzahl von Hilfspersonen unterschiedliche Anweisungen für ihr Aussageverhalten geben. Im **Verfahren gegen den Hauptberufsträger** steht der Hilfsperson kein 9
Zeugnisverweigerungsrecht zu, sofern nicht ein Dritter, dem der Hauptberufsträger nach § 203 StGB zum Schweigen verpflichtet ist, Mitbeschuldigter ist und sich die Aussage auf ihn beziehen soll; dann gilt § 53 a (LBerufsG Stuttgart NJW **75**, 2255; KK-Senge 9; LR-Dahs 11; weitergehend Schliwienski: NJW **88**, 1507: Zeugnisverweigerungsrecht stets, wenn die Rechte der durch § 203 StGB, §§ 53, 53 a geschützten Personen betroffen werden).

4) Die **Entbindung** des Hauptberufsträgers von der Schweigepflicht nach 10
§ 53 II erstreckt sich auf die Hilfspersonen (II). Sie ist unteilbar. Der Hauptberufsträger und seine Gehilfen können nur gemeinsam entbunden oder nicht entbunden werden (LR-Dahs 12; Dallinger JZ **53**, 436).

5) Revision: Vgl 50 zu § 53. Die in BGH **9**, 59 dargelegten Grundsätze gelten 11
auch hier (BGH 4 StR 457/89 vom 5. 9. 1989).

Verschwiegenheitspflicht öffentlich Bediensteter **RiStBV 66**

54 **I Für die Vernehmung von Richtern, Beamten und anderen Personen des öffentlichen Dienstes als Zeugen über Umstände, auf die sich ihre Pflicht zur Amtsverschwiegenheit bezieht, und für die Genehmigung zur Aussage gelten die besonderen beamtenrechtlichen Vorschriften.**

II Für die Mitglieder des Bundestages, eines Landtages, der Bundes- oder einer Landesregierung sowie für die Angestellten einer Fraktion des Bundestages und eines Landtages gelten die für sie maßgebenden besonderen Vorschriften.

III Der Bundespräsident kann das Zeugnis verweigern, wenn die Ablegung des Zeugnisses dem Wohl des Bundes oder eines deutschen Landes Nachteile bereiten würde.

IV Diese Vorschriften gelten auch, wenn die vorgenannten Personen nicht mehr im öffentlichen Dienst oder Angestellte einer Fraktion sind oder ihre Mandate beendet sind, soweit es sich um Tatsachen handelt, die sich während ihrer Dienst-, Beschäftigungs- oder Mandatszeit ereignet haben oder ihnen während ihrer Dienst-, Beschäftigungs- oder Mandatszeit zur Kenntnis gelangt sind.

1) Die **Verschwiegenheitspflicht,** die für Angehörige des öffentlichen Dienstes 1
gesetzlich oder durch Tarifvertrag bestimmt ist, überträgt § 54 ohne Abänderung auf das Verfahrensrecht. Die Vorschrift schützt nur öffentliche Geheimhaltungsinteressen, nicht amtlich bekanntgewordene Privatgeheimnisse (KMR-Paulus 4; **aM** Rengier 47 ff), und hat daher für das Post-, Steuer- und Sozialgeheimnis (3 ff zu § 161) keine Bedeutung. Die Pflicht, diese Geheimnisse zu wahren, folgt unmittelbar aus den entspr Vorschriften. § 54 schafft ein **Beweiserhebungsverbot** 2
(Rengier 42; Welp Gallas-FS 422). Aussagepflicht und Aussagebefugnis entfallen, soweit die Amtsverschwiegenheit reicht (BGH MDR **52**, 659 [D]; Hamburg NStZ **94**, 98). Eine Belehrung des Zeugen darüber ist nicht vorgeschrieben und kann daher unterbleiben (RG **13**, 154; LR-Dahs 2). Erst wenn die Aussagegenehmigung erteilt wird, tritt die allgemeine Zeugenpflicht wieder in Kraft (Rengier 42). Die ohne Genehmigung gemachte Aussage ist aber verwertbar (Rogall ZStW **91**, 35; Roxin § 24 D III 2 b; str). § 54 gilt auch für Vernehmungen durch StA (§ 161 a I S. 2) und Polizei und auch für Aussagen nach dem Ausscheiden aus dem öffentlichen Dienst bzw nach Beendigung der Beschäftigungs- oder Mandatszeit (IV).

3 2) **Personenkreis** (I):

4 A. **Beamte:** Der Begriff umfaßt unmittelbare und mittelbare Bundes- und Landesbeamte, auch Ehrenbeamte (KK-Senge 6; Feller JZ **61**, 628). In Betracht kommen nur Personen, die unter Berufung in das Beamtenverhältnis in einem öffentlichen Dienst- und Treueverhältnis zum Bund, einem Land, einer Gemeinde oder einer Körperschaft, Anstalt oder Stiftung des öffentlichen Rechts stehen (§ 2 BBG, § 2 I BRRG). Die Verschwiegenheitspflicht, die zu den hergebrachten Grundsätzen des Berufsbeamtentums gehört und nach Art 33 V GG Verfassungsrang hat (BVerwGE **66**, 39 = NJW **83**, 638), bestimmen für Bundesbeamte die §§ 61, 62 BBG, für Landesbeamte die durch § 39 BRRG vereinheitlichten Beamtengesetze der Länder. Die Vorschriften lauten:

5 ***§ 61 BBG***

(I) Der Beamte hat, auch nach Beendigung des Beamtenverhältnisses, über die ihm bei seiner amtlichen Tätigkeit bekanntgewordenen Angelegenheiten Verschwiegenheit zu bewahren. Dies gilt nicht für Mitteilungen im dienstlichen Verkehr oder bei Tatsachen, die offenkundig sind oder ihrer Bedeutung nach keiner Geheimhaltung bedürfen.

(II) Der Beamte darf ohne Genehmigung über solche Angelegenheiten weder vor Gericht noch außergerichtlich aussagen oder Erklärungen abgeben. Die Genehmigung erteilt der Dienstvorgesetzte oder, wenn das Beamtenverhältnis beendet ist, der letzte Dienstvorgesetzte.

(III)-(IV) (nicht abgedruckt)

6 ***§ 62 BBG***

(I) Die Genehmigung, als Zeuge auszusagen, darf nur versagt werden, wenn die Aussage dem Wohle des Bundes oder eines deutschen Landes Nachteile bereiten oder die Erfüllung öffentlicher Aufgaben ernstlich gefährden oder erheblich erschweren würde.

(II) Die Genehmigung, ein Gutachten zu erstatten, kann versagt werden, wenn die Erstattung den dienstlichen Interessen Nachteile bereiten würde.

(III) Ist der Beamte Partei oder Beschuldigter in einem gerichtlichen Verfahren oder soll sein Vorbringen der Wahrnehmung seiner berechtigten Interessen dienen, so darf die Genehmigung auch dann, wenn die Voraussetzungen des Absatzes 1 erfüllt sind, nur versagt werden, wenn die dienstlichen Rücksichten dies unabweislich erfordern. Wird sie versagt, so hat der Dienstvorgesetzte dem Beamten den Schutz zu gewähren, den die dienstlichen Rücksichten zulassen.

(IV) Über die Versagung der Genehmigung entscheidet die oberste Aufsichtsbehörde.

7 ***§ 39 BRRG***

(I) Der Beamte hat, auch nach Beendigung des Beamtenverhältnisses, über die ihm bei seiner amtlichen Tätigkeit bekanntgewordenen Angelegenheiten Verschwiegenheit zu bewahren. Dies gilt nicht für Mitteilungen im dienstlichen Verkehr oder über Tatsachen, die offenkundig sind oder ihrer Bedeutung nach keiner Geheimhaltung bedürfen.

(II) Der Beamte darf ohne Genehmigung über solche Angelegenheiten weder vor Gericht noch außergerichtlich aussagen oder Erklärungen abgeben. Die Genehmigung erteilt der Dienstherr oder, wenn das Beamtenverhältnis beendet ist, der letzte Dienstherr. Hat sich der Vorgang, der den Gegenstand der Äußerung bildet, bei einem früheren Dienstherrn ereignet, so darf die Genehmigung nur mit dessen Zustimmung erteilt werden.

(III) Die Genehmigung, als Zeuge auszusagen, darf nur versagt werden, wenn die Aussage dem Wohle des Bundes oder eines deutschen Landes Nachteile bereiten oder die Erfüllung öffentlicher Aufgaben ernstlich gefährden oder erheblich erschweren würde. Durch Gesetz kann bestimmt werden, daß die Verweigerung der Genehmigung zur Aussage vor Untersuchungsausschüssen des Bundestages oder der Volksvertretung eines Landes einer Nachprüfung unterzogen werden kann. Die Genehmigung, ein Gutachten zu erstatten, kann versagt werden, wenn die Erstattung den dienstlichen Interessen Nachteile bereiten würde.

(IV) Ist der Beamte Partei oder Beschuldigter in einem gerichtlichen Verfahren oder soll sein Vorbringen der Wahrnehmung seiner berechtigten Interessen dienen, so darf die Geneh-

migung auch dann, wenn die Voraussetzungen des Absatzes 3 Satz 1 erfüllt sind, nur versagt werden, wenn die dienstlichen Rücksichten dies unabweisbar erfordern. Wird sie versagt, so ist dem Beamten der Schutz zu gewähren, den die dienstlichen Rücksichten zulassen.

B. **Richter:** Nach §§ 46, 71 I **DRiG** gelten die beamtenrechtlichen Vorschrif- 8
ten. Das Genehmigungserfordernis besteht auch, wenn ein Richter über seine strafprozessualen Untersuchungshandlungen als Zeuge vernommen wird, auch in dem Verfahren, in dem er tätig geworden ist (RG bei Hüfner LZ **29**, 756; KK-Senge 4; LR-Dahs 5; **aM** KMR-Paulus 16). Die ehrenamtlichen Richter haben mit Ausnahme der landwirtschaftlichen Beisitzer in Landwirtschaftssachen (§ 5 III S. 2 des Ges über das gerichtliche Verfahren in Landwirtschaftssachen vom 21. 7. 1953 [BGBl I 667], zuletzt geändert durch Ges vom 8. 11. 1985 [BGBl I 2065]) keine über die Pflicht zur Wahrung des Beratungsgeheimnisses (§ 45 I S. 2 **DRiG**) hinausgehende Verschwiegenheitspflicht. Für die Richter des BVerfG fehlt eine gesetzliche Regelung; es ist streitig, ob der Richter selbst (LR-Dahs 5), der Senat (EbSchmidt Nachtr 5) oder das Plenum (KK-Senge 5) die Entscheidung treffen muß.

C. **Angestellte des öffentlichen Dienstes:** Ihre Verschwiegenheitspflicht rich- 9
tet sich entgegen dem Wortlaut von I nicht nach den beamtenrechtlichen Vorschriften, sondern nach § 9 des Bundes-Angestelltentarifvertrages (BAT) vom 23. 2. 1961 (MinBl Fin 214) und besteht daher nur in den durch Gesetz vorgesehenen oder vom Arbeitgeber angeordneten Fällen (§ 9 I BAT). Für die Versagung der Aussagegenehmigung gelten dagegen § 62 I BBG, § 39 III S. 1 BRRG (KK-Senge 7; KMR-Paulus 20).

D. **Andere Personen des öffentlichen Dienstes** sind zur Verschwiegenheit 10
verpflichtet, wenn ihre Tätigkeit mit der einer Behörde in weitestem Sinn zusammenhängt und nicht nur untergeordneter oder mechanischer Art ist. Dem Bereich der staatlichen oder kommunalen Verwaltung muß sie nicht unbedingt zuzuordnen sein. In Betracht kommen etwa Gemeinderatsmitglieder (OVG Münster MDR **55**, 61), Schiedsmänner (BVerwGE **18**, 58 = NJW **64**, 1088; Hamm NJW **68**, 1440), Geistliche, soweit nicht § 53 I Nr 1 anzuwenden ist (KK-Senge 8; Stromberg MDR **74**, 292; weitergehend Feller JZ **61**, 629; Rengier 44), Geschäftsführer einer Kreishandwerkschaft (LG Aachen NJW **54**, 1213), nicht aber Mitarbeiter öffentlich-rechtlicher Kreditinstitute (KMR-Paulus 22; **aM** KK-Senge 8; Sichtermann, Bankgeheimnis und Bankauskunft, 3. Aufl, 1984, S. 334 mwN). Zur Verschwiegenheitspflicht der Datenschutzbeauftragten vgl LR-Dahs 10. **V-Leute** der Polizei 11
und der Nachrichtendienste fallen unter diesen Personenkreis nur, wenn sie hauptberuflich mit festen Bezügen angestellt sind (vgl Freeden Polizei **58**, 71), aber auch dann, wenn sie nach dem Verpflichtungsgesetz vom 2. 3. 1974 (BGBl I 469, 547) besonders zur Verschwiegenheit verpflichtet worden sind (BGH **31**, 148, 156; NStZ **81**, 70; **83**, 228, 230; **84**, 31; Celle NStZ **83**, 570; Hamburg NStZ **94**, 98; **aM** AK/StPO-Kühne 23; ANM 455 mwN; J.Meyer ZStW **95**, 846; ob BGH **40**, 211, 213 hierfür herangezogen werden kann, wie Lesch JA **95**, 699 annimmt, erscheint fraglich).

E. **Soldaten** sind keine Personen des öffentlichen Dienstes. § 54 gilt aber entspr 12
(KK-Senge 10). Die Verschwiegenheitspflicht ergibt sich aus § 14 SoldG. Die Vorschrift lautet:

§ 14 SoldG 13

(I) Der Soldat hat, auch nach seinem Ausscheiden aus dem Wehrdienst, über die ihm bei seiner dienstlichen Tätigkeit bekanntgewordenen Angelegenheiten Verschwiegenheit zu bewahren. Dies gilt nicht für Mitteilungen im dienstlichen Verkehr oder über Tatsachen, die offenkundig sind oder ihrer Bedeutung nach keiner Geheimhaltung bedürfen.

(II) Der Soldat darf ohne Genehmigung über solche Angelegenheiten weder vor Gericht noch außergerichtlich aussagen oder Erklärungen abgeben. Die Genehmigung erteilt der

Disziplinarvorgesetzte, nach dem Ausscheiden aus dem Wehrdienst der letzte Disziplinarvorgesetzte. § 62 des Bundesbeamtengesetzes gilt entsprechend.

(III)–(IV) (nicht abgedruckt)

14 F. Für **EG-Bedienstete** gilt Art 19 der VO Nr 31 (EWG) 11 (EAG) über das Statut der Beamten und über die Beschäftigungsbedingungen für die sonstigen Bediensteten der EWG und der EAG vom 18. 12. 1961 (BGBl 1962 II 953, 959, 997) idF der VO (EWG) des Rates vom 29. 2. 1968 (ABl EG Nr L 56 S. 1). Danach dürfen diese Personen die ihnen bei ihrer amtlichen Tätigkeit bekanntgewordenen Tatsachen nur mit Zustimmung der Anstellungsbehörde bei Gericht vorbringen oder über sie aussagen. Die Zustimmung darf nur versagt werden, wenn die Interessen der Gemeinschaft es erfordern und die Versagung für den Beamten keine strafrechtlichen Folgen haben kann.

14 a **Ehemalige Bedienstete** der Staatsverwaltung der ehemaligen **DDR** können sich nicht mehr auf ihre Schweigepflicht berufen; entspr Verpflichtungen sind mit der Wiedervereinigung am 3. 10. 1990 weggefallen (Rein/Hilger DtZ **93**, 261).

15 3) **Zeugnisverweigerung:** Ob eine Ausnahme von der Verschwiegenheitspflicht besteht, weil die Tatsache offenkundig, dh allgemein bekannt oder allgemein zugänglich (Kube/Leineweber 116; erg 51 zu § 244), oder ihrer Bedeutung nach nicht geheimhaltungsbedürftig ist (§ 61 I S. 2 BBG, § 39 I S. 2 BRRG, § 14 I S. 2 SoldG), entscheidet zunächst der Zeuge selbst. Hat er auch nur Zweifel an seiner Berechtigung zur Aussage, so darf und muß er das Zeugnis verweigern (RG **48**, 38; KK-Senge 12; Welp Gallas-FS 422). Das Gericht darf ihn über offenbar geheimhaltungsbedürftige Tatsachen nicht vernehmen, auch wenn er aussagebereit ist (Kube/Leineweber 116; Welp aaO); ein Verwertungsverbot begründet der Verstoß aber nicht (ANM 499 mwN). Hilfsbeamte der StA (§ 152 GVG) dürfen stets vernommen werden, sofern die zuständige Behörde nicht angeordnet hat, daß allgemein oder für bestimmte Einzelfälle eine Aussagegenehmigung erforderlich ist (LR-Dahs 14; Böhm NStZ **83**, 158; Krause/Nehring Einl 324; **aM** Kube/Leineweber 116, die in jedem Falle eine Genehmigung für erforderlich halten). Das gleiche gilt für den Vertreter der Gerichtshilfe (vgl Eisenberg NStZ **86**, 309 für den Vertreter der Jugendgerichtshilfe; **aM** Brunner/Dölling 14 zu § 38 **JGG**).

16 4) **Aussagegenehmigung:**

17 A. **Einholung:** Bevor nicht versucht worden ist, die Aussagegenehmigung zu erlangen, darf von der Vernehmung des Zeugen wegen fehlender Genehmigung nicht abgesehen werden (BGH **29**, 390, 392). Zur Einholung ist das Gericht, die StA oder die Polizeibehörde verpflichtet, die den Zeugen vernehmen will (RiStBV 66 I S. 1). Dem Zeugen darf die Beschaffung der Genehmigung nicht aufgegeben werden (Kube/Leineweber 117). Zweifel an der Aussageberechtigung sind durch eine Anfrage bei dem Dienstvorgesetzten zu klären (RiStBV 66 I S. 2). Die Aussagegenehmigung können auch die Prozeßbeteiligten beantragen, die sich auf den Zeugen berufen (BVerwGE **34**, 252 = NJW **71**, 160; VGH München NJW **80**, 198), auch der Nebenkläger (KMR-Paulus 31; LR-Dahs 15; **aM** KK-Senge 13), nicht aber der Privatkläger (BVerwG aaO; KK-Senge 13; LR-Dahs 15; **aM** KMR-
18 Paulus 31). In dem **Antrag** müssen die Vorgänge, über die der Zeuge vernommen werden soll, kurz, aber erschöpfend angegeben werden (RiStBV 66 III S. 1). Das kann durch Mitteilung der Beweisfragen, aber auch, was zweckmäßiger ist, allgemein durch Bezeichnung des gesamten Beweisthemas geschehen.

19 B. **Zuständig für die Erteilung** der Aussagegenehmigung ist der gegenwärtige Dienstvorgesetzte des Zeugen, bei Beendigung des Dienstverhältnisses der letzte Dienstvorgesetzte (§ 61 II S. 2 BBG, § 39 II S. 2 BRRG; oben 5, 7); wegen des Wechsels des Dienstherrn vgl § 39 II S. 3 BRRG (oben 7). Der Disziplinarvorgesetzte ist zuständig, wenn der Zeuge verschiedenen staatlichen Stellen untersteht. Bei Hilfsbeamten der StA ist der polizeiliche Dienstvorgesetzte zuständig, nicht der

Leiter der StA (Hamm JMBlNW **56**, 36; KK-Senge 14; LR-Dahs 17). Die Genehmigung erteilt die Behörde idR schriftlich; bei Eilbedürftigkeit genügt mündliche oder telefonische Genehmigung (LR-Dahs 18).

C. **Die Versagung der Genehmigung** ist nur unter den Voraussetzungen der § 62 I BBG, § 39 III S. 1 BRRG (oben 6, 7) zulässig. Dabei ist zu beachten, daß es dem Wohle des Bundes auch dann Nachteile bereitet, wenn ein V-Mann einer Lebens- oder Leibesgefahr ausgesetzt wird (BVerfGE **57**, 250, 285 = NJW **81**, 1719, 1723 ff; BGH **33**, 83 = JZ **85**, 494 mit Anm Fezer). Liegen die tatbestandlichen Voraussetzungen vor, so ist der Behörde kein Ermessen eingeräumt (BVerwGE **34**, 252 = NJW **71**, 160; VGH München **80**, 198); andernfalls entscheidet sie nach pflichtgemäßem Ermessen (Münster MDR **55**, 61; **63**, 250). Dabei muß sie sich am Gebot einer rechtsstaatlichen Verfahrensgestaltung orientieren. Sie darf nicht allein die von ihr wahrzunehmenden Aufgaben zur Entscheidungsgrundlage machen, sondern muß die Bedeutung der gerichtlichen Wahrheitsfindung für die Sicherung der Gerechtigkeit und das Gewicht des Freiheitsanspruchs des Beschuldigten angemessen berücksichtigen (BGH **32**, 115, 124 [GSSt]; vgl auch BVerfGE **57**, 250, 283 ff = NJW **81**, 1719, 1724; BVerwGE **66**, 39 = NJW **83**, 638). Über die Versagung entscheidet bei Bundesbeamten die oberste Aufsichtsbehörde (§ 62 IV BBG; oben 6); entspr Regelungen enthalten die meisten Landesbeamtengesetze. Zur **Begründung** genügen zwar allgemeine Angaben 21 über die Versagungsgründe. Die Behörde muß aber die Gründe ihrer Weigerung so weit verständlich machen, daß das Gericht in die Lage versetzt wird, auf die Beseitigung etwaiger Hindernisse hinzuwirken und auf die Bereitstellung des bestmöglichen Beweises zu dringen (BGH **29**, 109, 112; vgl auch BVerfGE **57**, 250, 290, 293 = NJW **81**, 1719, 1725; BVerwGE **66**, 39 = NJW **83**, 638; OVG Berlin StV **84**, 279; Fezer JuS **87**, 360). Die Genehmigung kann unter **Beschränkung** auf 22 einzelne Tatkomplexe oder Fragen erteilt werden (BGH **17**, 382, 384; MDR **52**, 659 [D]; Fezer JuS **78**, 474). Insbesondere kann die Person des Anzeigeerstatters oder die Angabe der Person des V-Manns von der Genehmigung ausgenommen werden (BGH aaO; Hamm NJW **70**, 821; Stuttgart NJW **72**, 67; **aM** BGH JR **69**, 305 mit Anm Koffka); zur Geheimhaltung der Identität des Zeugen vgl § 68 III (erg 4 zu § 247). Der **Widerruf** der Genehmigung ist zulässig. Was der Zeuge 23 vorher in der Hauptverhandlung ausgesagt hat, ist verwertbar (4 zu § 252), nicht aber seine Bekundungen im Vorverfahren (Celle MDR **59**, 414; LR-Dahs 21). 20

D. **Bindende Wirkung** hat die behördliche Entscheidung. Ist die Genehmi- 24 gung erteilt, so muß der Zeuge vernommen werden, auch wenn das Gericht Bedenken gegen die Offenbarung seines Wissens hat (Kube/Leineweber 124). Ist sie versagt oder nur in beschränktem Umfang erteilt, so ist die Vernehmung ganz oder in diesem Umfang verboten (BGH **17**, 382, 384; Celle MDR **59**, 414; Hamm NJW **70**, 821; MDR **76**, 1040), auch wenn das Gericht die Versagungsgründe für gesetzwidrig hält (RG **44**, 291, 292); notfalls muß es Gegenvorstellungen erheben (BGHR § 244 II Aussagegenehmigung 1; Hamburg NStZ **94**, 98, 99).

E. Die **Folge der Genehmigungsversagung** ist in 1. Hinsicht der Wegfall des 25 Zeugen als zulässiges Beweismittel. Er muß zwar einer Ladung vor Gericht folgen; seine Vernehmung ist aber unzulässig (Feller JZ **61**, 630; Fezer JuS **78**, 474; oben 24). Beweisanträge müssen nach §§ 244 III S. 1, 245 II S. 2 wegen Unzulässigkeit der Beweiserhebung abgelehnt werden (BGH **30**, 34, 37; RG **44**, 291, 293; ANM 456; **aM** BGH MDR **80**, 987 [H]; Hamm MDR **76**, 1040; KK-Senge 20; LR-Dahs 22: Unerreichbarkeit; erg 49 zu § 244). Fragen an den Zeugen, die von der Aussagegenehmigung nicht gedeckt sind, müssen nach § 241 II zurückgewiesen werden (Celle HESt **2**, 79; Fezer JuS **78**, 474; Kube/Leineweber 124). Aussagen des Zeugen im Vorverfahren dürfen nach der Versagung der Genehmigung nicht, auch nicht durch Vernehmung der Verhörsperson, verwertet werden (Celle MDR **59**, 414). Bei der **Beweiswürdigung** darf die Versagung der Aussagegenehmigung 26 berücksichtigt werden (20 zu § 261); daß die Beweistatsachen zutreffen, wird nicht als wahr unterstellt (LR-Dahs 24).

27 F. **Anfechtung:** Die Aufklärungspflicht kann gebieten, daß das Gericht gegen die Versagung der Genehmigung Gegenvorstellungen erhebt (BGH NStZ **81**, 70; Fezer JuS **78**, 484), sofern die Entscheidung ermessensfehlerhaft erscheint oder nicht hinreichend begründet worden ist (BGH **32**, 115, 125 ff [GSSt]; **33**, 178, 180; **42**, 175, 177 = NStZ **96**, 608 mit zust Anm Geerds; Hamm NJW **70**, 821; Schlüchter 481), nicht aber, wenn sie offenbar berechtigt ist (BGH NJW **81**, 770; NStZ **85**, 446). Auch die Erhebung einer Dienstaufsichtsbeschwerde kann angebracht sein (RG **44**, 291). Sie kann auch von jedem Beteiligten erhoben werden, der an der Vernehmung des Zeugen interessiert ist (RG aaO; VG Wiesbaden NJW
28 **50**, 699 mit Anm Werner; LR-Dahs 26). Im **Verwaltungsrechtsweg** können Verfahrensbeteiligte, die ein rechtliches Interesse an der Aussage haben, auch Privat- und Nebenkläger (M. J. Schmid JR **78**, 8), nicht aber Gericht oder StA (Fezer JuS **78**, 474 Fn 34; **87**, 360; J. Meyer ZStW **95**, 842; Tiedemann JuS **65**, 16), die ganz oder teilw versagende Entscheidung anfechten (BVerwGE **18**, 58 = NJW **64**, 1088; BVerwGE **34**, 254 = NJW **71**, 170; VGH München NJW **80**, 198). Da es sich um eine Klage aus dem Beamtenverhältnis iS der §§ 126, 127 BRRG handelt, kommt nur dieser Rechtsweg in Betracht (BVerwGE **66**, 39 = NJW **83**, 638; Stuttgart NJW **85**, 77 = NStZ **85**, 136 mit Anm Hilger; OVG Berlin StV **84**, 280; Fezer JuS **87**, 361; Hantel JuS **84**, 516; krit Hilger NStZ **84**, 147), der nach § 23 **EGGVG** auch dann nicht, wenn die Aussagegenehmigung für einen Richter oder Justizbeamten versagt worden ist (Hamm NJW **68**, 1440; KK-Senge 20). Der Beamte selbst kann die Erteilung der Aussagegenehmigung nicht anfechten, auch wenn er sich für gefährdet hält (**aM** M. J. Schmid JR **78**, 8). Einen
29 Anspruch auf **Aussetzung des Verfahrens** bis zur Entscheidung über Gegenvorstellungen, Dienstaufsichtsbeschwerde oder Klage haben die Prozeßbeteiligten nicht (LR-Dahs 28; Woesner NJW **61**, 536; **aM** M. J. Schmid aaO). Maßgebend ist vielmehr, ob die Aufklärungspflicht die Aussetzung gebietet (KK-Senge 21; ANM 457; Fezer 15/42 und JuS **78**, 474, der aber JuS **87**, 362 eine Aussetzungsverpflichtung aus Art 19 IV GG herleitet); das ist nicht der Fall, wenn die Klage aussichtslos erscheint (BGH NJW **81**, 770; NStZ **85**, 466).

30 **5) Mitglieder oberster Staatsorgane** (II): Für Mitglieder des BTages (2 zu § 50) gilt § 44 c AbgG. Für Mitglieder der BReg (5 zu § 50) sind die §§ 6, 7 BMinG maßgebend; sie entsprechen inhaltlich den §§ 61, 62 BBG (oben 5, 6). Für die Mitglieder der Landtage und der Landesregierungen (5 zu § 50) gelten die entspr Vorschriften der Länder.

31 **6)** Der **Bundespräsident** (III) entscheidet selbst, ob er aussagen will. Das Gericht darf die Entscheidung weder prüfen, noch eine Begründung oder Glaubhaftmachung verlangen (KK-Senge 24). Entsprechendes gilt für den Präsidenten des BRats, wenn er nach Art 57 GG die Befugnisse des BPräs wahrgenommen hat und hierüber aussagen soll (LR-Dahs 30).

32 **7)** Mit der **Revision** kann ein Verstoß gegen § 54 nicht geltend gemacht werden, vom Angeklagten nicht, weil sein Rechtskreis nicht verletzt ist (BGH NJW **52**, 151; MDR **51**, 275 [D]; LR-Dahs 31; Kleinknecht NJW **66**, 1539; Roxin § 24 D III 2 b; **aM** KMR-Paulus 99 vor § 48; Schlüchter 492; Welp Gallas-FS 423), vom StA nicht, weil die Vernehmung ohne Aussagegenehmigung der Aufklärung nicht schadet, die Versagung der Genehmigung aber bindend ist). Zulässig ist nur die Aufklärungsrüge, die darauf gestützt werden kann, daß sich das Gericht nicht genügend bemüht hat, die Aussagegenehmigung zu erlangen (KK-Senge 26; oben 27).

Auskunftsverweigerungsrecht **RiStBV 65**

55 **I Jeder Zeuge kann die Auskunft auf solche Fragen verweigern, deren Beantwortung ihm selbst oder einem der in § 52 Abs. 1 bezeichneten Angehörigen die Gefahr zuziehen würde, wegen einer Straftat oder einer Ordnungswidrigkeit verfolgt zu werden.**

II Der Zeuge ist über sein Recht zur Verweigerung der Auskunft zu belehren.

1) Dem **Schutz des Zeugen,** nicht des Angeklagten oder der anderen Beteiligten, dient die Vorschrift (BGH **1**, 39; **11**, 213 [GSSt]; **17**, 245; VRS **34**, 218; **36**, 23). Sie soll nicht falschen Aussagen des Zeugen vorbeugen (Düsseldorf NStZ **82**, 257 = StV **82**, 344 mit Anm Prittwitz; Zweibrücken NJW **95**, 1301; **aM** Frankfurt NJW **51**, 614; Fezer 15/31 und JuS **78**, 327; Rengier 56 ff; Roxin § 24 D III 2 c; EbSchmidt JZ **58**, 596), sondern ergänzt nur, um dem Zeugen eine seelische Zwangslage zu ersparen (BGH **9**, 34, 36; **17**, 245), die Aussagefreiheit des Beschuldigten (7 zu § 136) und das Aussageverweigerungsrecht des Zeugen (§ 52) dahin, daß der Zeuge bei einer Aussage weder sich selbst noch einen Angehörigen, der nicht Beschuldigter ist, belasten muß (BVerfGE **38**, 105, 113 = NJW **75**, 103; BVerfG NStZ **85**, 277; BGH **11**, 213, 216 [GSSt]; Rengier 54). Ist der Angehörige der Beschuldigte, so gilt nur § 52 (LR-Dahs 3; Fezer 15/33; Geerds Stock-FS 177 Fn 30; **aM** KK-Senge 11; KMR-Paulus 4; EbSchmidt Nachtr II 1; Schlüchter 494.1: Wahlrecht zwischen §§ 52, 55). 1

2) Das **Auskunftsverweigerungsrecht** besteht entgegen dem mißverständlichen Wortlaut von I nicht nur bei der Befragung nach § 69 II, sondern allgemein (LR-Dahs 5; Geerds Stock-FS 174) und unabhängig davon, ob der Zeuge zuvor (zB im Ermittlungsverfahren) bereits belastende Angaben gemacht hat (Mitsch JZ **92**, 174). Es ist aber kein Zeugnisverweigerungsrecht ieS (BGH **10**, 104; **27**, 139, 143; **aM** Rengier 53). Nur wenn, wie meist bei Tatbeteiligten, der gesamte Inhalt der Aussage die Voraussetzungen von I erfüllt, wird das Auskunftsverweigerungsrecht praktisch zum Recht, die Aussage in vollem Umfang zu verweigern (BGH **10**, 104; **17**, 245, 247; NStZ **86**, 181; StV **87**, 328; NJW **98**, 1728; Fezer 15/34; ANM 450 mwN; Thomas NStZ **82**, 493). Gleichgültig ist, ob die verlangte Auskunft den Beschuldigten be- oder entlasten soll (LR-Dahs 7; Hammerstein NStZ **81**, 126). Das Auskunftsverweigerungsrecht besteht schon dann, wenn nur entweder die Bejahung oder die Verneinung einer Frage den Zeugen oder seinen Angehörigen in die Gefahr der Verfolgung bringt; andernfalls würde der Gebrauch des Auskunftsverweigerungsrechts einen Verdachtsgrund gegen ihn oder seinen Angehörigen schaffen (BGH MDR **93**, 722 [H]; RG **36**, 114, 117; Grünwald Klug-FS II 501; Richter II StV **96**, 457; **aM** Celle NJW **58**, 72; vgl auch BGH **38**, 302: Keine nachteiligen Schlüsse aus Auskunftsverweigerung bei späterem Strafverfahren gegen den Zeugen). 2

3) Verfolgungsgefahr: 3

A. **Wegen einer Straftat oder OWi,** die er früher begangen hat, nicht wegen des Inhalts der Aussage muß dem Zeugen Verfolgung drohen (BGH MDR **58**, 14 [D]; Düsseldorf StV **82**, 344 mit Anm Prittwitz; vgl auch BVerfG NStZ **85**, 277 betr einen früheren Beschuldigten, dessen Einlassung bei seiner Verurteilung für widerlegt erachtet wurde, ferner Kehr NStZ **97**, 160: Kein Auskunftsverweigerungsrecht für unglaubhafte wahre Aussage; sehr krit Sommer StraFo **98**, 8). Daher genügt es auch nicht, wenn von dem Zeugen eine Aussage verlangt wird, deren Inhalt nach dem Recht eines anderen Staates (zB nach Art 273 SchweizStGB) strafbar ist (LG Stuttgart NStZ **92**, 454 mit Anm Odenthal NStZ **93**, 52; **aM** LG Freiburg NJW **86**, 3036). Der Strafverfolgung steht gleich die Abgeordneten- oder Ministeranklage (BGH **17**, 128, 136) und ähnliches (vgl LR-Dahs 9). § 55 ist **nicht** 4 5
anwendbar, wenn nur Verfolgung aus disziplinarrechtlichen (Hamburg MDR **84**,

335; KK-Senge 7; LR-Dahs 8; **aM** Köln NJW **88**, 2487; Baumann Kleinknecht-FS 19; Rogall 165) oder ehrenrechtlichen Gründen (LR-Dahs 8) droht, wenn die Aussage dem Zeugen oder einem Angehörigen zur Unehre gereichen (RG GA Bd **43**, 242; Bay **78**, 154) oder wenn ein Vermögensnachteil oder der Verlust von Kunst-, Geschäfts- oder Betriebsgeheimnissen eintreten könnte (KMR-Paulus 7).

6 **Strafe oder Geldbuße** braucht nicht zu drohen. Ausreichend ist die Gefahr der Anordnung von Sicherungsmaßregeln, auch im Verfahren nach §§ 413 ff, von Erziehungsmaßregeln nach § 9 **JGG** (Dingeldey JA **84**, 410; Geerds Stock-FS 174) und von Zuchtmitteln nach § 13 **JGG** (BGH **9**, 34: mindestens bei Jugendarrest).

7 B. Die sichere **Erwartung der Verfolgung** ist nicht erforderlich. Es genügt, daß die Einleitung eines Ermittlungsverfahrens droht (Hamburg NJW **84**, 1635; Hamm StraFo **98**, 119; Geerds Stock-FS 174; D. Meyer MDR **77**, 544), nicht aber eine bloße theoretische Möglichkeit (BGH MDR **94**, 929; BGHR § 55 I Verfolgung 2; Karlsruhe OLGSt S. 13; Koblenz StV **96**, 474 mit abl Anm Gatzweiler; LG Hamburg VRS **74**, 442; LG Trier NJW **87**, 2826; vgl auch BGH NStZ **81**, 93 [Pf] und NJW **89**, 2703 zu § 129 a StGB). Ob die Gefahr gegeben ist, hat – wie aus § 56 folgt – der Richter, nicht etwa der Zeuge allein zu beurteilen (**aM** Sommer StraFo **98**, 14). Daß der Zeuge eine Straftat oder OWi unmittelbar offenbaren müßte, wird nicht vorausgesetzt. Daher gilt § 55 auch, wenn er über Tatsachen Auskunft geben müßte, die den Verdacht mittelbar begründen (BGHR § 55 I Verfolgung 1), zB wenn Fragen ein Teilstück in einem mosaikartigen Beweisgebäude betreffen und demzufolge zu einer Belastung des Zeugen beitragen können (BGH StV **87**, 328; Celle StV **88**, 99) oder wenn die Verfolgungsgefahr erst durch die Auskunft herbeigeführt wird, zB nach §§ 153 ff, 164 StGB bei Abweichung von einer Aussage, die der Zeuge (BGH MDR **53**, 402 [D]; Karlsruhe aaO) oder ein Angehöriger früher gemacht hat. Auch die Gefahr einer ausländischen Strafverfolgung berechtigt zur Auskunftsverweigerung (LG Freiburg NJW **86**, 3036); § 55 verlangt dann aber das Vorliegen von Umständen, die eine konkrete Gefahr dieser Verfolgung begründen (Odenthal NStZ **85**, 117).

8 C. Bei **zweifellos ausgeschlossener Gefahr** besteht kein Weigerungsrecht (BGH **9**, 34; MDR **81**, 632 [H]), zB wenn offensichtlich Rechtfertigungs- oder Entschuldigungsgründe vorliegen (LR-Dahs 14; Geerds Stock-FS 176 Fn 24), der Angehörige verstorben ist (EbSchmidt Nachtr II 10), der Zeuge oder Angehörige bei Tatbegehung strafunmündig war, schon rechtskräftig verurteilt ist (Celle NJW **62**, 2315; vgl auch BVerfG NStZ **85**, 277), wobei Rechtskraft wegen Versäumung der Rechtsmittelfrist bei gestelltem Wiedereinsetzungsantrag nicht genügt (Celle NStZ **83**, 377), auch wenn die Strafe oder Geldbuße noch nicht vollstreckt ist, oder wenn die Verfolgung wegen eines nicht behebbaren Prozeßhindernisses, zB wegen Verjährung (BVerfG DB **75**, 1936; BGH MDR **58**, 14 [D]; vgl aber auch BGH StV **91**, 145 mit Anm Wächtler), Amnestie (BGH **4**, 130; **9**, 34; MDR **53**, 402 [D]), Fristablaufs bei Antragsdelikten (KK-Senge 4), Strafklageverbrauchs (dazu BGH StB 12/98 vom 13. 11. 1998) oder endgültiger Einstellung nach § 153 a (Bay VRS **78**, 49) ausgeschlossen ist. Die Rechtskraft des Schuldspruchs genügt nicht, wenn der Schuldumfang noch bei der ausstehenden Entscheidung
9 über die Strafe von Bedeutung ist (LG Darmstadt StV **88**, 101). Besteht die **Möglichkeit der Wiederaufnahme** nach §§ 211, 362, so steht der Anwendung des § 55 weder die rechtskräftige Ablehnung der Eröffnung des Hauptverfahrens (BGH MDR **53**, 402 [D]) noch die rechtskräftige Freisprechung entgegen (BGH StV **84**, 408). Ist nach Einstellung nach §§ 153 ff oder § 45 **JGG** die Verfahrensfortsetzung rechtlich möglich, so kommt es darauf an, ob sie aufgrund der Auskünfte des Zeugen zu erwarten wäre (vgl BGH **10**, 104 für § 45 I S. 3 **JGG**). Bei Einstellung wegen dauernder Verhandlungsunfähigkeit nach § 206 a genügt die Möglichkeit der Einleitung eines neuen Verfahren (BGH NStZ **86**, 181).

10 D. Die **Entscheidung über die Verfolgungsgefahr** betrifft eine Rechtsfrage; sie trifft das Gericht, nicht der Zeuge oder Angeklagte (Hamburg NJW **84**, 1635).

In der Hauptverhandlung entscheidet zunächst der Vorsitzende, das Gericht nur im Fall des § 238 II. Maßgebend sind immer die Umstände des Einzelfalls (BGH **1**, 39; **10**, 104; Frankfurt NJW **51**, 614). Das Verlangen nach Glaubhaftmachung (§ 56) steht im Ermessen des Gerichts (BGH MDR **71**, 188 [D]; LR-Dahs 18).

11 **4)** Die **Auskunftsverweigerung** muß ausdrücklich erklärt werden; der Zeuge darf die belastenden Tatsachen nicht einfach verschweigen (BGH **7**, 127; **21**, 167, 171; vgl auch BVerfGE **38**, 105, 113 = NJW **75**, 103). Die Entscheidung über die Selbstbelastung trifft immer der Zeuge selbst, auch der verstandesunreife. Nur wenn Angehörige gefährdet werden, gilt § 52 II entspr (LR-Dahs 16). Die Erklärung kann bis zum Schluß der Vernehmung abgegeben werden (Celle NJW **58**, 72, 74); wahrheitswidrige Angaben bei dieser Vernehmung können bis zu diesem Zeitpunkt widerrufen werden (vgl auch BGH NStZ **82**, 431: stillschweigender Widerruf durch Geltendmachen des Auskunftsverweigerungsrechts). Widerrufbar ist nicht nur die Auskunftsverweigerung, sondern auch der Verzicht auf sie; § 252 gilt dann nicht (dort 5). Zum Rechtsanspruch des Zeugen, mit Rücksicht auf sein Auskunftsverweigerungsrecht im Beistand eines RAs zu erscheinen, vgl 11 vor § 48.

12 **5)** Die **verfahrensrechtliche Folge** der erklärten (nicht bloß möglichen) Auskunftsverweigerung ist die Unzulässigkeit der (weiteren) Befragung zu diesem Punkt. Fragen können nach § 241 I, Beweisanträge nach §§ 244 III S. 1, 245 II S. 2 als unzulässig abgelehnt werden (KMR-Paulus 21 vor § 48; ANM 253 ff, 825; **aM** BGH NStZ **86**, 181: Ungeeignetheit des Beweismittels; erg 61 zu § 244). Die bisherigen Angaben des Zeugen bleiben aber verwertbar (BGH StV **97**, 512; Rengier NStZ **98**, 48). § 252 gilt nicht; auch für die Angaben vor der Hauptverhandlung besteht kein Verwertungsverbot (BGH **6**, 209, 211; **17**, 245; Bay **84**, 1 = NJW **84**, 1246; Dölling NStZ **88**, 8; **aM** Hanack JZ **72**, 238 und Schmidt-Leichner-FS 92; Rengier 236). Zulässig sind die Vernehmung der Verhörsperson (BGH aaO; MDR **68**, 202 [D]; **73**, 19 [D]; Celle NJW **57**, 194) und Vorhalte (28 zu § 249), nicht jedoch die Protokollverlesung nach § 251 I Nr 4 (vgl 10 zu § 251). Das Unterlassen der Belehrung nach II begründet kein Verwertungsverbot (BGH **11**, 213, 218 [GSSt]; LR-Dahs 19; ANM 489 mwN; str). Zur Berücksichtigung der Auskunftsverweigerung bei der Beweiswürdigung vgl 20 zu § 261.
13 Die **Pflicht zur Eidesleistung** wird durch die Verweigerung der Auskunft auf einzelne Fragen nicht berührt (BGH **6**, 382).

14 **6)** Die **Belehrung** schreibt II zwingend vor (KK-Senge 17; LR-Dahs 18; **aM** Koffka JR **68**, 30: Sollvorschrift), auch wenn schon nach § 52 III S. 1 belehrt worden ist (Bay **84**, 1 = NJW **84**, 1246). Sie entfällt aber, wenn nur der beschuldigte Angehörige verfolgungsgefährdet und der Zeuge nach § 52 III S. 1 belehrt worden ist (KK-Senge 18; **aM** KMR-Paulus 15; Schlüchter 494.1). Die Belehrung ist niemals gesetzwidrig (BGH MDR **53**, 402 [D]; Oldenburg NJW **61**, 1225), sollte aber bei nicht offensichtlich Tatbeteiligten nicht schon bei Beginn der Vernehmung (unzulässig ist auch das nicht: BGH 2 StR 160/66 vom 22. 6. 1966), sondern erst erfolgen, wenn Grund zu der Annahme, nicht nur die theoretische Möglichkeit besteht, daß die Voraussetzungen von I vorliegen (BGH MDR **53**, 402 [D]; Frankfurt NJW **51**, 614; eine möglichst frühzeitige Belehrung empfehlen Eser ZStW **86** Beih 165; Montenbruck ZStW **89**, 883; Rogall 189 und NJW **78**, 2537). Belehrt wird allgemein unter Hinweis auf § 55 oder in der Weise, daß dem Zeugen die Fragen bezeichnet werden, die er nicht zu beantworten braucht (BGH aaO). Ggf (oben 2) ist er dahin zu belehren, daß er die ganze Aussage verweigern
15 kann (BGH aaO). Die Belehrung ist **Sache des Vorsitzenden;** das Gericht entscheidet nur im Fall des § 238 II. Die Belehrung ist eine wesentliche Förmlichkeit iS §§ 168a I, 273 I (Bay **64**, 141 = JZ **65**, 291 mit abl Anm Sarstedt).

16 **7)** Die **Revision** kann auf die berechtigte Auskunftsverweigerung nicht gestützt werden (RG **38**, 320; LR-Dahs 27). Sie kann nur rügen, das Gericht habe gegen

§ 244 II verstoßen, weil es die unberechtigte Weigerung aus Rechtsirrtum (Verkennung der Begriffe Angehörige oder Verfolgung) hingenommen hat. Die tatsächliche Beurteilung der Verfolgungsgefahr kann nicht zur Nachprüfung gestellt werden (BGH **10**, 104; **43**, 321; MDR **86**, 978 [H]; Oldenburg NJW **61**, 1225).

17 Das **Unterlassen der Belehrung** begründet die Revision des Angeklagten nach hM nicht, weil § 55 nicht seinem Schutz dient (BGH **1**, 39; **11**, 213 [GSSt]; GA **76**, 219; NStZ **83**, 354 [Pf/M]; **85**, 493 [Pf/M]; LR-Dahs 28; ANM 489; Rogall JZ **96**, 953; **aM** Bernsmann StraFo **98**, 74; Fezer 15/37; Peters 353; Rengier 314 ff; Roxin § 24 D III 2 c; abl auch Hauf NStZ **93**, 457 und wistra **95**, 53; gegen ihn Bauer NJW **94**, 2531 und wistra **96**, 46; abwegig Gallandi NStZ **91**, 119; erg 19 zu § 337), die der StA nicht, weil der Verstoß die Sachaufklärung nicht beeinträchtigen konnte. In einem späteren Verfahren gegen den Zeugen führt das Unterlassen der Belehrung dagegen zu einem Verwertungsverbot (ANM 489 Fn 458; Grünwald
18 JZ **66**, 499 Fn 97; vgl auch Bay **84**, 1 = NJW **84**, 1246). Die **unrichtige Belehrung** kann nicht gerügt werden, wenn der Zeuge die Auskunft nicht verweigert hat (BGH NStZ **81**, 93 [Pf]). Hat er sie verweigert, so ist § 245 verletzt, wenn er präsent ist (BGH MDR **74**, 16 [D]; Celle NJW **62**, 2315; Hamm VRS **45**, 123; ANM 797 mwN), sonst § 244 II (BGH MDR **53**, 402 [D]; KMR-Paulus 29).

Glaubhaftmachung des Verweigerungsgrundes

56 **Die Tatsache, auf die der Zeuge die Verweigerung des Zeugnisses in den Fällen der §§ 52, 53 und 55 stützt, ist auf Verlangen glaubhaft zu machen. Es genügt die eidliche Versicherung des Zeugen.**

1 **1)** Das **Verlangen nach Glaubhaftmachung** (S. 1) steht im Ermessen des Gerichts. Es kann der Erklärung des Zeugen über das Vorliegen der tatsächlichen Voraussetzungen der §§ 52, 53, 55 (auch des § 53 a) ohne weiteres glauben (BGH NJW **72**, 1334; MDR **71**, 188 [D]). Bezweifelt es sie, so ist idR das Verlangen nach eidlicher Versicherung geboten (BGH NJW **72**, 1334; DAR **77**, 178 [Sp]; StV **84**, 450; LG Hamburg VRS **74**, 442; offengelassen bei BGH NStZ **86**, 84). Das Verlangen stellt in der Hauptverhandlung der Vorsitzende (BGH MDR **71**, 188 [D]), das Gericht nur im Fall des § 238 II. Anträge der Prozeßbeteiligten können ohne Begründung abgelehnt werden (KMR-Paulus 6; **aM** LR-Dahs 3).

2 **2) Gegenstand der Glaubhaftmachung** sind die zur Zeugnisverweigerung berechtigenden Tatsachen, die nicht offenkundig sind (BGH **28**, 240, 258). Bei § 52 kommen insbesondere die die Verlobung begründenden Tatsachen in Betracht (BGH NJW **72**, 1334; DAR **77**, 178 [Sp]), bei § 53 die Tatsachen, aus denen sich das Schweigerecht (Anvertrautsein oder Bekanntwerden bei der Berufsausübung) ergibt. Im Fall des § 55 dürfen Angaben über die Tat, derentwegen Verfolgungsgefahr besteht, nicht verlangt werden; denn das wäre ohne Selbstbelastung des Zeugen nicht möglich (BGH StV **87**, 328). Die Glaubhaftmachung erstreckt sich daher nur auf die Annahme des Zeugen, daß diese Gefahr vorliegt (BGH StV **86**, 282; LG Hamburg VRS **74**, 442; LR-Dahs 5; Hammerstein NStZ **81**, 125).

3 **3) Glaubhaftmachung:** Vgl 5 ff zu § 26; 6 ff zu § 45; der Satz *in dubio pro reo* gilt nicht (BGH **21**, 334, 346; NStZ **83**, 354 [Pf/M]). Eidliche Versicherung iS S. 2 ist die Eidesleistung nach § 66 c (auch die Versicherung nach § 67) oder die Bekräftigung nach § 66 d. Nicht anwendbar ist § 65. An die Stelle der Eidesnorm tritt die glaubhaft zu machende Tatsache. Das Eidesverbot des § 60 Nr 1 ist zu beachten; § 60 Nr 2 gilt nicht, weil sonst die Glaubhaftmachung im Fall des § 55 ausgeschlossen wäre (KK-Senge 6). Das Gericht darf zur Glaubhaftmachung niemals mehr als den Eid verlangen, kann sich aber mit eidesstaatlichen Versicherungen zufrieden geben (RG **28**, 8; **58**, 147; LR-Dahs 7). Auch der Eid unterliegt der freien Beweiswürdigung.

4) Die **Revision** setzt die Beanstandung nach § 238 II voraus (RG JW **29**, 861). 4
Daß das Gericht das Zeugnisverweigerungsrecht ohne Glaubhaftmachung anerkannt hat, kann nur gerügt werden, wenn die Entscheidung erkennbar auf Rechtsirrtum beruht (BGH NJW **72**, 1334; MDR **71**, 188 [D]; RG **54**, 39; JW **28**, 414; **29**, 861; OGH **2**, 173, 174; LR-Dahs 10).

Zeugenbelehrung **RiStBV 130**

57 **Vor der Vernehmung sind die Zeugen zur Wahrheit zu ermahnen und darauf hinzuweisen, daß sie ihre Aussage zu beeidigen haben, wenn keine im Gesetz bestimmte oder zugelassene Ausnahme vorliegt. Hierbei sind sie über die Bedeutung des Eides, die Möglichkeit der Wahl zwischen dem Eid mit religiöser oder ohne religiöse Beteuerung sowie über die strafrechtlichen Folgen einer unrichtigen oder unvollständigen Aussage zu belehren.**

1) Mündlich und vor der Vernehmung ist die Zeugenbelehrung zu erteilen, 1
auch wenn sie schon in der Ladungsschrift enthalten war (LR-Dahs 1; Lorenz DRiZ **65**, 158; vgl aber Bringewat MDR **84**, 451, der eine gemischt mündlich/schriftliche Belehrung empfiehlt). In der Hauptverhandlung ist die gleichzeitige Belehrung aller nach Aufruf (§ 243 I S. 1) erschienenen Zeugen üblich und zulässig (RG JW **1900**, 709; LR-Dahs 3).

2) Aus **Ermahnung und Eidesbelehrung** besteht die richterliche Zeugenbe- 2
lehrung. Der StA (§ 161 a I S. 2) ermahnt nur zur Wahrheit. Die richterliche Belehrung bezieht sich auch auf die Angaben zur Person (§ 68 I). Auf die Wahlmöglichkeit nach § 66 c I, II und auf die Strafbarkeit nach §§ 153, 154, 163 StGB, uU auch auf die nach §§ 257, 258 StGB, ist hinzuweisen, nicht aber auf § 66 d und auf die Möglichkeit zusätzlicher Beteuerungen nach § 66 c III (LR-Dahs 4). Alle auf den Eid bezüglichen Belehrungen können unterbleiben, wenn die Vereidigung von vornherein nach § 60 ausscheidet oder im Vorverfahren nach § 65 nicht in Betracht kommt (KK-Senge 3; LR-Dahs 5). Eine Warnung vor unwahrer Aussage während der Vernehmung ist zulässig (BGH StV **84**, 99, 101), insbesondere durch
Wiederholung der Belehrung (BGH **3**, 199), durch Hinweise auf die Bekundun- 3
gen anderer Zeugen (RG **54**, 297) und durch vollständige Niederschrift der Aussage nach § 273 III mit dem Hinweis, daß sie zur Grundlage eines Ermittlungsverfahrens gemacht werden kann (KK-Senge 5; LR-Dahs 7).

3) Die **Form** des Hinweises und der Belehrung steht im richterlichen Ermessen 4
(Bay **78**, 154). Die Bedeutung der Zeugenpflicht muß deutlich gemacht werden. Die Eidesbelehrung muß in angemessener und wirkungsvoller Weise (Hülle DRiZ **53**, 89; RiStBV 130 S. 1) eine genügende Vorstellung vom Wesen und der Bedeutung des Eides vermitteln, sofern sie nicht, bei rechtskundigen Zeugen, vorausge-
setzt werden kann. Üblicherweise wird die Belehrung in das **Protokoll** aufgenom- 5
men. Um eine wesentliche Förmlichkeit iS des §§ 168 a I, 273 I handelt es sich aber nicht (LR-Dahs 8; **aM** KMR-Paulus 7; vgl auch RiStBV 130 S. 2); daher gilt auch die Vermutung des § 274 nicht (BGH DAR **58**, 99 [M]; RG **56**, 66).

4) Revision: § 57 ist eine nur im Interesse des Zeugen erlassene Ordnungsvor- 6
schrift, auf deren Verletzung die Revision nicht gestützt werden kann (BGH VRS **22**, 144; **36**, 23; DAR **81**, 197 [Sp]; NStZ **83**, 354 [Pf/M]; LR-Dahs 9), auch nicht iVm § 244 II unter dem Gesichtspunkt der Verletzung der Aufklärungspflicht (KK-Senge 7; **aM** KMR-Paulus 2, 8; Bernsmann StraFo **98**, 75).

Vernehmung; Gegenüberstellung **RiStBV 18**

58 **I Die Zeugen sind einzeln und in Abwesenheit der später zu hörenden Zeugen zu vernehmen.**

II Eine Gegenüberstellung mit anderen Zeugen oder mit dem Beschuldigten im Vorverfahren ist zulässig, wenn es für das weitere Verfahren geboten erscheint.

1 **1)** Die **Einzelvernehmung** (I) ist die Regel. Gegenüberstellungen (unten 10) kommen erst in Betracht, wenn jeder Zeuge vorher einzeln vernommen worden ist. I gilt in allen Verfahrensabschnitten, auch bei Vernehmungen durch StA (§ 161 a I S. 2) und Polizei (§ 163 a V).

2 **2) In Abwesenheit der später anzuhörenden Zeugen** (I) ist der Zeuge zu vernehmen. Er soll seine Aussage ohne Kenntnis dessen machen, was Angeklagte und andere Beweispersonen bekunden; dadurch soll seine Unbefangenheit und die Selbständigkeit der Darstellung erhalten bleiben (BGH **3**, 386, 388; MDR **55**, 396 [D]). Gespräche des Zeugen mit bereits vernommenen Zeugen in Verhandlungspausen verbietet § 58 nicht (BGH NJW **62**, 260; KMR-Paulus 1; LR-Dahs 3).

3 A. **Für alle Zeugen** gilt I, auch für den sachverständigen Zeugen (LR-Dahs 4), den StA (BGH NJW **87**, 3088, 3090; **aM** Häger Meyer-GedSchr 182) und den Wahlverteidiger als Zeugen (18 vor § 48) und den als Zeugen zu vernehmenden Beistand nach § 149 (BGH **4**, 205). Dagegen haben das Recht auf Anwesenheit während der ganzen Verhandlung der Einziehungs- und Verfallsbeteiligte, der Antragsteller im Adhäsionsverfahren nach §§ 403 ff (KK-Engelhardt 9; LR-Wendisch 12; beide zu § 404), der Nebenkläger nach § 397 I S. 1 (vgl auch BGH MDR **52**, 532 [D]; VRS **48**, 18; Gollwitzer Schäfer-FS 78) und, mit der Einschränkung des § 51 II **JGG**, die nach § 67 **JGG** beteiligten Erziehungsberechtigten und gesetzlichen Vertreter (BGH NJW **56**, 520). Wegen des Sachverständigen vgl § 80 II, wegen des Anwesenheitsrechts des von dem Zeugen zugezogenen Rechtsbeistandes 11 vor § 48.

4 B. Die **Reihenfolge der Vernehmung** der erschienenen Zeugen steht im richterlichen Ermessen (BGH **2**, 110; NJW **62**, 260). Fürsorge- und Aufklärungspflicht können es beschränken. Kinder und Jugendliche sollten möglichst vor den anderen Zeugen vernommen und sodann entlassen werden (RiStBV 135 II). Der Beistand sollte so bald wie möglich vernommen werden, damit er seine Rechte wahrnehmen kann (BGH **4**, 205). Entsprechendes gilt für die zur Anwesenheit berechtigten Zeugen (oben 3). Unzulässig ist die Vernehmung der Verhörsperson über die Aussage eines zur Zeugnisverweigerung Berechtigten, bevor dieser sich zur Aussage bereit erklärt hat (BGH **2**, 110; **7**, 194, 197; **25**, 176, 177; OGH **1**, 299, 303; ANM 473).

5 C. Die **Abwesenheit des Zeugen bis zu seiner Vernehmung** kann das Gericht notfalls dadurch erzwingen, daß es ihn mit Gewalt aus dem Saal entfernen läßt (§§ 176, 177 GVG). Auch Zuhörer, deren Vernehmung beantragt oder vom Gericht für erforderlich gehalten wird, sind aus dem Sitzungssaal zu weisen; ihre zwangsweise Entfernung verstößt nicht gegen § 169 GVG (BGH **3**, 386). Andererseits macht seine Anwesenheit vor der Vernehmung den Zeugen nicht zu einem ungeeigneten Beweismittel. Er kann als Zeuge vernommen werden (OGH **2**, 19; Rudolphi MDR **70**, 99), und Beweisanträge dürfen nicht mit der Begründung abgelehnt werden, er sei vorher Zuhörer gewesen (RG **1**, 366; KG VRS **38**, 56).

6 D. **Nach der Vernehmung** steht der Zeuge bis zu seiner Entlassung (vgl RiStBV 135 S. 1) zur Verfügung des Gerichts (§ 248). Das Gericht kann seine Anwesenheit auch nach der Entlassung dulden, kann ihn aber auch entfernen (BGH NJW **62**, 260); denn I bedeutet nicht, daß die Zeugenvernehmung in Anwesenheit der bereits gehörten Zeugen stattfinden muß (BGH MDR **55**, 396

[D]; RG **48**, 211). Eine Entfernung des Zeugen kommt insbesondere in Betracht, wenn eine ergänzende Vernehmung oder eine Gegenüberstellung beabsichtigt oder wenn zu besorgen ist, daß ein anderer Zeuge in seiner Gegenwart nicht die Wahrheit sagen werde (KK-Senge 5; **aM** Schneiders StV **90**, 91). Das Gericht entscheidet hierüber nach pflichtgemäßem Ermessen (BGH 2 StR 468/77 vom 5. 4. 1978) ohne Bindung an Anträge (RG aaO).

3) Gegenüberstellungen (II): 7

A. **Schon im Vorverfahren** sind Gegenüberstellungen zulässig, wenn sie zur Sachaufklärung geboten erscheinen. Ein Zeuge kann durch richterliche Anordnung verpflichtet werden, sich zur Gegenüberstellung bei der Polizei einzufinden (LG Hamburg MDR **85**, 72). In der Hauptverhandlung können Gegenüberstellungen ohne besondere gesetzliche Grundlage im Rahmen des § 244 II vorgenommen werden. Einen Rechtsanspruch darauf hat der Angeklagte nicht (BGH NJW **60**, 2156, 2157; MDR **74**, 724 [D]; **76**, 17 [D]; DAR **79**, 190 [Sp]); der Antrag auf Gegenüberstellung ist kein Beweisantrag iS § 244 III (dort 26). 8

B. Bei der **Identifizierungsgegenüberstellung** (vgl allg: Odenthal, Die Gegenüberstellung im Strafverfahren, 2. Aufl, 1992) wird die zu identifizierende Person in Augenschein genommen und nur der andere Teil als Zeuge vernommen (KG NJW **79**, 1668). Die Gegenüberstellung ist Teil dieser Vernehmung (KG JR **79**, 347; Rogall MDR **75**, 814). Der Zeuge ist daher zur Mitwirkung verpflichtet, wenn er kein Aussageverweigerungsrecht nach §§ 52ff hat (KK-Senge 8). Der Gegenübergestellte muß sich von ihm in Augenschein nehmen lassen, auch wenn er als Beschuldigter die Einlassung (BGH **34**, 39, 49; KG NJW **79**, 1668; JR **79**, 347; Bremen MDR **70**, 165; Rogall 57) oder als Zeuge die Aussage verweigert (KMR-Paulus 13; **aM** KK-Senge 8 unter Hinweis auf BGH NJW **60**, 2156; erg 23 zu § 52; 5 zu § 133). Die Rechtspflicht des Beschuldigten, sich einem Zeugen gegenüberstellen zu lassen, ergibt sich aus II (BGH 1 StR 653/70 vom 20. 7. 1970; KG JR **79**, 348). Eine Mindermeinung hält die Gegenüberstellung dagegen für eine Maßnahme nach § 81b (Roxin § 33 A III d; Schlüchter 185), die wohl hM hält sie für eine körperliche Untersuchung nach § 81a (Kratzsch JA **81**, 617; Odenthal S. 57ff und NStZ **85**, 434); beides mit Recht abl Welp JR **94**, 37, der aber auch II verneint und damit eine Gesetzeslücke annimmt. Bei einer Vielzahl von Zeugen kann die Gegenüberstellung in der Weise vorgenommen werden, daß eine Videoaufnahme von dem Beschuldigten und anderen Personen hergestellt und den Zeugen vorgeführt wird (8 zu § 81b). Bei der **Vernehmungsgegenüberstellung** sollen Widersprüche zwischen einer Zeugenaussage und den Angaben des Beschuldigten oder eines anderen Zeugen durch Rede und Gegenrede, Fragen und Vorhalte geklärt werden (KG NJW **79**, 1668). Hierbei handelt es sich um eine besondere Art der Vernehmung der beiden gegenübergestellten Personen, bei der der Richter auch eine gegenseitige Befragung zulassen kann (LR-Dahs 11). 9 10

C. Die **Form** der Gegenüberstellung zum Zweck der Identifizierung und ihren Zeitpunkt bestimmt der Richter, zB die Kleidung (RG **48**, 210) oder eine Veränderung der Haar- oder Barttracht (23 zu § 81a; 10 zu § 81b). Der Beschuldigte ist nicht berechtigt, den Vergleich seiner äußeren Erscheinung mit dem Erinnerungsbild des Zeugen durch Grimassen, Schließen der Augen, Senken des Kopfes oder Verdrehen der Gliedmaßen unmöglich zu machen. Notfalls kann er hieran durch unmittelbaren Zwang gehindert werden; dazu bietet II die Rechtsgrundlage (KG NJW **79**, 1668; JR **79**, 347; Roxin § 33 A III d; **aM** LR-Dahs 38 zu § 81a; Grünwald JZ **81**, 423; Kühne 239; Odenthal NStZ **85**, 435). Die Gegenübergestellten brauchen sich nicht im selben Raum zu befinden; die Beobachtung durch einen venezianischen Spiegel ist zulässig (KG aaO; LR-Dahs 38 zu § 81a; **aM** Grünwald aaO). Die Identifizierungsgegenüberstellung findet regelmäßig als **Wahlgegenüberstellung** (Odenthal [oben 9] S. 101ff; krit Gniech/Stadler StV **81**, 565; Steinke Kriminalistik **78**, 505) in der Weise statt, daß mehrere Personen 11 12

gegenübergestellt werden (vgl RiStBV 18 S. 1); Ratschläge zur zweckmäßigen Gestaltung geben Karlsruhe NStZ **83**, 377 mit Anm Odenthal NStZ **84**, 137; Köln StV **92**, 412; vgl auch Eisenberg Kriminalistik **95**, 458; Odenthal NStZ **85**, 435. Deren Hergang ist im Protokoll, bei ausschlaggebender Bedeutung möglichst im Bild, in umfassender Weise festzuhalten (Karlsruhe aaO; Krause/Nehring Einl 222); Aufnahmen mit einem Videogerät sind zulässig (BGH NStZ **83**, 84) und zur Rekonstruktion der Gegenüberstellung in der Hauptverhandlung empfehlenswert (LR-Dahs 16). Die Einzelgegenüberstellung hat einen geringeren Beweiswert (Schleswig SchlHA **71**, 216 [E/J]; Nöldeke NStZ **82**, 193); ihr Ergebnis darf aber bei der Beweiswürdigung durchaus berücksichtigt werden (BGH DAR **76**, 94 [Sp]; KG NStZ **82**, 215; Stuttgart Justiz **97**, 378). Neuerdings wird die sequentielle (oder sukzessive) Gegenüberstellung empfohlen, bei der der Zeuge jeweils nur eine Person sieht, ihm aber nacheinander mehrere Personen gezeigt werden (vgl dazu
13 Mertn/Schwarz/Walser Kriminalistik **98**, 421). Der Beweiswert des **wiederholten Wiedererkennens** in der Hauptverhandlung ist fragwürdig, weil er durch das vorangehende Wiedererkennen beeinflußt wird; der hierbei gewonnene Eindruck wird das ursprüngliche Erinnerungsbild idR überlagern, so daß in Wahrheit der Angeklagte nicht mit dem Täter, sondern mit der bei der vorhergehenden Gegenüberstellung als verdächtig bezeichneten Person verglichen wird (BGH **16**, 204; NStZ **97**, 355; Celle StV **87**, 429; Düsseldorf NStZ **90**, 506; StV **91**, 509; Frankfurt NStZ **88**, 41; StV **88**, 290; Köln StV **86**, 12; **92**, 412; **94**, 67; LG Gera StV **97**, 180; AG Unna StV **82**, 109 mit Anm Budde; Odenthal NStZ **85**, 433; Schweling MDR **69**, 177; eingehend dazu Wiegmann StraFo **98**, 37 und Pauly StraFo **98**, 41). Dasselbe gilt, wenn dem Wiedererkennen in der Hauptverhandlung eine Lichtbildvorlage vorausgegangen war (BGH NStZ **87**, 288; **98**, 266; LG Köln NStZ **91**, 202; Riegel ZRP **97**, 476; vgl auch Meurer/Sporer: Zum Beweiswert von Personenidentifizierungen: Neuere empirische Befunde, 1990; erg 11 zu § 261; 12 zu
14 § 267). Bei der Identifizierung durch einen **Stimmenvergleich** sind dieselben Grundsätze zu beachten (Odenthal NStZ **95**, 579); auch hierbei ist sicherzustellen, daß der Zeuge die Stimme des Verdächtigen nicht isoliert, sondern neben anderen Stimmen hört und daß die Vergleichsstimmen eine gewisse Klangähnlichkeit aufweisen (BGH **40**, 66; NStZ **94**, 597 mit Anm Eisenberg), wobei die Anforderungen aber nicht überspannt werden dürfen (vgl Köln StV **98**, 178 mit Anm Meurer). Die Identifizierung eines Verdächtigen *ausschließlich* an seiner Stimme wird mit einer zur Verurteilung ausreichenden Sicherheit aber nur selten möglich sein (Akkemann, Rechtmäßigkeit und Verwertbarkeit heimlicher Stimmvergleiche im Strafverfahren, 1997 [zugl Diss Passau 1996], S.21 ff).

15 4) **Revision:** I ist eine Ordnungsvorschrift, deren Verletzung die Revision nicht begründen kann (BGH NJW **62**, 260; DAR **81**, 196 [Sp]); KG VRS **38**, 56; Oldenburg VRS **58**, 32; **aM** Peters 360). Gerügt werden kann nur ein Verstoß gegen § 244 II (BGH NJW **87**, 3088, 3090), zB weil der Zeuge in Abwesenheit des 1. Zeugen anders ausgesagt hätte (BGH MDR **55**, 396 [D]). Auch die Verletzung des II begründet die Revision nur, wenn darin eine Verletzung der Aufklärungspflicht nach § 244 II liegt (BGH MDR **74**, 274 [D]). Es ist aber ein sachlichrechtlicher Mangel (unzureichende Beweiswürdigung), wenn sich aus dem Urteil nicht ergibt, daß sich das Gericht des eingeschränkten Beweiswerts einer Einzelgegenüberstellung (oben 12), eines wiederholten Wiedererkennens (oben 13) oder eines unzureichenden Stimmenvergleichs (oben 14) bewußt war (BGH **40**, 66; NStZ **82**, 342; Düsseldorf NStZ **90**, 506; Köln StV **86**, 12; **92**, 412; **94**, 67; VRS **86**, 126).

Aufzeichnung auf Bild-Ton-Träger **RiStBV 19, 19 a**

58a

I Die Vernehmung eines Zeugen kann auf Bild-Ton-Träger aufgezeichnet werden. Sie soll aufgezeichnet werden

1. **bei Personen unter sechzehn Jahren, die durch die Straftat verletzt worden sind, oder**
2. **wenn zu besorgen ist, daß der Zeuge in der Hauptverhandlung nicht vernommen werden kann und die Aufzeichnung zur Erforschung der Wahrheit erforderlich ist.**

II Die Verwendung der Bild-Ton-Aufzeichnung ist nur für Zwecke der Strafverfolgung und nur insoweit zulässig, als dies zur Erforschung der Wahrheit erforderlich ist. § 100 b Abs. 6, §§ 147 und 406 e finden entsprechende Anwendung.

1) Besonders schutzbedürftigen Zeugen sollen die häufig belastenden Mehrfachvernehmungen, auch in der Hauptverhandlung, dadurch erspart werden, daß eine verwertbare Bild-Ton-Aufzeichnung einer – einmaligen, frühzeitigen – (richterlichen) Vernehmung in späteren Verfahrensstadien zur Verfügung steht (Weigend, Gutachten zum 62. DJT, C 60 und C 64 Fn 204, jedoch mit Bedenken gegen eine frühe Aussage; zur „sekundären Traumatisierung" insbesondere kindlicher und jugendlicher Opferzeugen durch Maßnahmen der Strafverfolgung vgl zB Hussels ZRP **95**, 243; Laubenthal JZ **96**, 338; Brocker BewHi **97**, 402; Mildenberger, Schutz kindlicher Zeugen im Strafverfahren durch audiovisuelle Medien, Diss Passau 1995 S. 19 ff; Hasdenteufel, Die Strafprozeßordnung als Grenze des Einsatzes von Videotechnologie im Strafverfahren bei sexuell mißbrauchten Kindern, Diss Bonn 1997 S. 6 ff; Busse/Volbert/Steller 12 ff; Busse/Volbert in Steller/Volbert, Psychologie im Strafverfahren, 1997, S. 224 ff; krit Arntzen ZRP **95**, 241; Pfäfflin StV **97**, 95; vgl auch Brunner/Dölling 5 c im Anh zu § 125 JGG mwN; Keiser, Das Kindeswohl im Strafverfahren, 1998, zugl Diss Hannover 1997, S. 37 ff). Dies kann je nach Lage des Einzelfalls den Verzicht auf eine persönliche Vernehmung des Zeugen in der Hauptverhandlung nahelegen (vgl auch § 255 a). Die Einspielung früherer Vernehmungen in die Hauptverhandlung kann Zeugen ferner vor Einschüchterungen und Repressalien durch Dritte schützen (Jung GA **98**, 324; vgl auch KG JZ **97**, 629 mit Anm Marxen). I ist als Signal an die Praxis gedacht, den Belangen dieser Gruppe von Zeugen bereits im Ermittlungsverfahren Rechnung zu tragen (BT-Drucks 13/7165 S. 7; zu ausländischen Erfahrungen vgl Bohlander ZStW **107**, 82; Köhnken StV **95**, 376; Laubenthal JZ **96**, 340). Die durch das ZSchG eingefügte Vorschrift beschränkt sich daher nicht auf minderjährige Zeugen, sondern erfaßt etwa auch alte, kranke oder gebrechliche Menschen, Opfer von Gewalt- und Sexualstraftaten, für eine Hauptverhandlung gemäß § 96 analog (dort 12) oder § 110 b III (dort 8) zu sperrende besonders gefährdete Ermittlungsbeamte und Personen, die sich von ihrer kriminellen Vergangenheit losgesagt haben (zum Schutz gefährdeter Zeugen vgl Griesbaum NStZ **98**, 433; Schlüchter Schneider-FS 447; Weigand aaO C 30 ff; erg unten 7), sowie Zeugen, deren Rückkehr in das Ausland bevorsteht. Die Bild-Ton-Aufzeichnung dient damit zugleich der Beweissicherung, auch durch Fixierung der besonders bedeutsamen Erstaussage kindlicher Opferzeugen (BGH NStZ **94**, 297; **95**, 558; NJW **96**, 206; StV **97**, 513; Zschockelt/Wegner NStZ **96**, 305; Wegner ZRP **97**, 405; Eisenberg BR 1338; zur Problematik vgl auch Deckers NJW **96**, 3105); dies kann auch dem aus § 244 II folgenden Prinzip des bestmöglichen Beweises (12 zu § 244; KK-Herdegen 25 zu § 244) entsprechen (Jung GA **98**, 325). Das Spannungsverhältnis des Zeugenschutzes zum Unmittelbarkeitsgrundsatz und zur Pflicht des Gerichts, die Wahrheit zu erforschen, darf andererseits aber – auch in der Gesetzesanwendung – nicht aus dem Blick geraten (vgl Fischer JZ **98**, 816; Schünemann StV **98**, 391; Dahs NJW **98**, 2332; zur Entwicklung der Gesetzgebung vgl Caesar NJW **98**, 2313). Die Bestimmung, die gemäß § 168 e S. 4 bei getrennter Vernehmung durch den Ermittlungsrichter entspr Anwendung findet (vgl ferner 20 zu § 223), gilt für **richterliche und staatsanwaltschaftliche** (§ 161 a I S. 2) sowie – allerdings wegen fehlender Verweisung in § 163 a V nur iS eines Richtliniencharakters – polizeiliche Zeugenvernehmungen im Ermittlungsverfahren (vgl Rieß

1 (margin number beside the first line of note 1)

2 (margin number beside "zu § 223), gilt für richterliche …")

NJW **98**, 3241 Fn 28; dazu auch 23 zu § 163 a; weitergehend KK-Senge 3; Seitz JR **98**, 312), nicht aber für Beschuldigtenvernehmungen (42 zu § 163). Mit Blick auf die Verwertbarkeit wird es häufig angezeigt sein, eine richterliche Vernehmung anzustreben (vgl §§ 255 a I iVm 251 I; § 255 a II S. 1). Für die Hauptverhandlung enthält § 247 a S. 4 eine die Anwendung des § 58 a I ausschließende Sondervorschrift (Rieß NJW **98**, 3241).

3 2) Bei den **Voraussetzungen der Aufzeichnung** unterscheidet I:

4 A. **Jede Vernehmung eines Zeugen** kann nach S. 1 aufgezeichnet werden. Der Begriff umfaßt nach dem Zweck der Regelung (oben 1) alle Verfahrensvorgänge, die mit der Vernehmung in enger Verbindung stehen oder sich aus ihr entwickeln und daher zu diesem Verfahrensabschnitt gehören, auch wenn es sich um Verfahrensvorgänge mit selbständiger verfahrensrechtlicher Bedeutung handelt, zB eine Augenscheinseinnahme oder eine kurze Äußerung eines anderen Zeugen, wenn sie im Zusammenhang mit der Aussage stehen, oder – bei richterlicher Vernehmung – die Verhandlung und Entscheidung über die Vereidigung sowie die Vereidigung selbst (vgl auch 17 zu § 172 GVG). Auch wenn S. 1 die Aufzeichnung der Vernehmung eines Zeugen pauschal zuläßt, wird nicht nur der technische Aufwand in der Praxis zu zurückhaltender Anwendung führen. Der mit einer Bild-Ton-Aufzeichnung verbundene erhebliche Eingriff in das Persönlichkeitsrecht des Zeugen sowie die angestrebte Durchbrechung des Unmittelbarkeitsgrundsatzes erfordern in jedem Einzelfall eine sorgfältige Abwägung am Maßstab der Verhältnismäßigkeit, der den Einsatz der Videotechnologie etwa gestattet, wenn eine entscheidungserhebliche Aussage umfangreich ist, ein komplexes Tatgeschehen betrifft oder wenn sich die Vernehmung besonders schwierig gestaltet.

5 B. Die **Soll-Vorschrift** des S. 2 erfaßt 2 Fälle:

6 a) Nach **Nr 1** ist die Vernehmung der durch die Straftat Verletzten, die im Zeitpunkt ihrer Anhörung noch nicht 16 Jahre alt sind, regelmäßig aufzuzeichnen. Wie schon die Parallele zu dem ebenfalls durch das ZSchG neu eingefügten § 397 a I S. 2 ergibt, sind nur unmittelbar verletzte Zeugen gemeint (vgl 3 zu § 395), zumal die oben 4 genannten Gesichtspunkte eine enge Auslegung der Soll-Vorschrift in S. 2 nahelegen. Auch ihre Anwendung in Alltagsfällen ist regelmäßig nicht angezeigt (so auch Rieß NJW **98**, 3241 Fn 24, der als Beispiele jugendliche Opfer von Straßenverkehrsdelikten und geringere Straftaten im Jugendlichenmilieu nennt). Die Vorführung der Aufnahme einer richterlichen Vernehmung ist in der Hauptverhandlung zum Schutz der Zeugen aus dieser Altersgruppe unter erleichterten Voraussetzungen zulässig (§ 255 a II S. 1).

7 b) Nach **Nr 2** soll die Vernehmung eines Zeugen ferner aufgezeichnet werden, wenn aufgrund bestimmter Anhaltspunkte (KK-Senge 7) oder kriminalistischer Erfahrung die Prognose gerechtfertigt ist, der Zeuge könne in der Hauptverhandlung nicht vernommen werden; der Zweck der Beweissicherung, wie er auch § 160 II zugrundeliegt, tritt hier deutlich hervor: Neben lebensgefährlich erkrankten, gebrechlichen, gefährdeten oder ausländischen Zeugen ist etwa an Fälle zu denken, in denen Erziehungsberechtigte kindlichen oder jugendlichen Zeugen aus berechtigter Sorge um deren Wohl voraussichtlich die Teilnahme an der Hauptverhandlung nicht gestatten werden (vgl BGH NJW **96**, 206 mit Anm Wohlers StV **96**, 162; OLG Saarbrücken NJW **74**, 1959 mit Anm Eschke NJW **75**, 354; Weigend, Gutachten zum 62. DJT, C 59; Laubenthal JZ **96**, 342; 6 zu § 223 und 7 zu § 251); die Einführung der Videotechnologie soll Eltern kindlicher Opferzeugen die Befolgung entsprechender ärztlicher oder psychologischer Ratschläge erleichtern (vgl BT-Drucks 13/7165 S. 7). Die Bestimmung greift auch ein, wenn dem Zeugen in der Hauptverhandlung ein Auskunftsverweigerungsrecht zustehen kann (enger wohl KK-Senge 7 und Seitz JR **98**, 312: „Abwesenheit ... zu besorgen"). Bei den gefährdeten Zeugen ist nicht nur an zu sperrende (oben 1), sondern auch an solche Personen zu denken, die in ein Zeugenschutzprogramm aufgenom-

men werden sollen und ggf in einer Hauptverhandlung nicht zur Verfügung stehen (Caesar NJW **98**, 2315). Allerdings können die gleichen Bedenken, die im Einzelfall einer Videosimultanübertragung entgegenstehen (vgl 1 zu § 168 e, 1 zu § 247 a), auch gegen die Aufzeichnung der Aussage sprechen (Schlücher Schneider-FS 453; Schlücher/Greff Kriminalistik **98**, 534). Die Erwartung, das Gericht werde in der Hauptverhandlung nach § 255 a II S. 1 verfahren, berechtigt den vernehmenden Richter nicht, das Vorliegen der Voraussetzungen der Nr 2 anzunehmen (zu Nr 1, der nur Verletzte umfaßt, oben 6). Kumulativ setzt Nr 2 weiter voraus, daß die Aufzeichnung zur Erforschung der Wahrheit erforderlich ist. Mit Blick auf § 244 II verlangt das Gesetz die Prüfung, ob die Verwendung der Aufzeichnung ergiebiger sein wird als die Verlesung der Niederschrift der Vernehmung (hierzu unten 9) sowie ob es im konkreten Verfahren auf den höheren Beweiswert ankommt. Da die Einvernahme auf Videoband der Vernehmung zu Protokoll deutlich überlegen ist, weil die Aufzeichnung die Worte der vernommenen Person und deren Betroffenheit unmittelbar wiedergibt (vgl Laubenthal JZ **96**, 342; Seitz JR **98**, 312; Weigend, Gutachten zum 62. DJT, C 60, 62), wird dies häufig, aber nicht gleichsam automatisch anzunehmen sein, erkennbar nebensächliche Aussagen werden etwa ausscheiden. Dem Vernehmenden ist insoweit ein Beurteilungsspielraum einzuräumen (ähnlich KK-Senge 7; vgl auch BGH **41**, 30).

3) Die **Duldung der Bild-Ton-Aufzeichnung** ist Bestandteil der Zeugen- 8
pflicht, die Einwilligung des zu Vernehmenden bzw seines gesetzlichen Vertreters in den Eingriff in das Recht am eigenen Bild ist entgegen dem Rechtszustand vor dem ZSchG (vgl Voraufl 4 zu § 168 a) nicht erforderlich (vgl ferner 42 zu § 163 und zur Rechtslage in der Hauptverhandlung 11 zu § 247 a). Im Interesse der Gewinnung einer brauchbaren Aussage sollte der Vernehmende sich jedoch um ein kooperatives Verhalten des Zeugen bemühen. Von Ordnungsmitteln nach §§ 51, 70, die gegen Kinder ohnehin nicht angeordnet werden dürfen (15 und 20 zu § 51; 3 zu § 70), sollten Richter und StA (§ 161 a II S. 1) daher nur zurückhaltend Gebrauch machen. Es ist nicht zweckmäßig, aber (entgegen KK-Senge 8, der § 81 c heranzieht; vgl aber dort 23 mN und Eisenberg BR 2311 ff) nicht unzulässig, weigerungsberechtigte Zeugen erst nach Beginn der Aufzeichnung gemäß § 52 III S. 1 (oder § 55 II) zu belehren. Verweigert der angehörige Zeuge in der Hauptverhandlung das Zeugnis, darf die Aufzeichnung seiner Vernehmung nach §§ 252, 255 a I nicht abgespielt werden (12 zu § 252); eine nichtrichterliche Verhörsperson darf auch nicht über den Eindruck befragt werden, den sie bei einer früheren Vernehmung des angehörigen Zeugen gewonnen hat (vgl BGH NJW **79**, 1722 aE; BGH 5 StR 487/77 vom 4. 10. 1977; 13 zu § 252; SK/StPO-Schlüchter 27 zu § 252). Dieser bleibt jedoch Gegenstand des Augenscheins (vgl näher 23 zu § 52, 23 zu § 81 c und 14 zu § 86, je mwN; ferner LR-Dahs 39 zu § 52; LR-Gollwitzer 35 zu § 252; Eisenberg BR 2315).

4) Die **Anordnungskompetenz** liegt beim Vernehmenden. Der Ermittlungs- 9
richter hat nur die Zulässigkeit der beantragten Videoaufzeichnung zu prüfen (4 zu § 162); er hat § 168 c II, III und V (sowie § 406 g II S. 2, 3) zu beachten, auch mit Blick auf § 255 a II S. 1 (vgl dort 8). Bei Vorliegen der Voraussetzungen des ebenfalls durch das ZSchG neu eingefügten § 168 e soll er eine getrennte Vernehmung durchführen. Erforderlich ist ein vollständiges Protokoll nach §§ 168, 168 a (Richter) oder § 168 b II (StA), der auch bei polizeilichen Vernehmungen (oben 2) beachtet werden sollte (BGH NStZ **95**, 353); die Videoaufzeichnung kann Grundlage der Protokollierung sein (§ 168 a II S. 1, dort 4). Der Erstvernehmende muß in der Lage sein, gute, vollständige und nichtsuggestive Befragungen durchzuführen, da sich Fehler im weiteren Verlauf des Verfahrens häufig nicht mehr ausgleichen lassen (Hinweise geben Zschockelt/Wegner NStZ **96**, 305; vgl auch Eisenberg BR 1375 ff, 1413 ff). Die JV hat die erforderliche technische Ausstattung zur Verfügung zu stellen.

10 **5)** Die **Verwendung** der nach I erstellten Aufzeichnung beschränkt II S. 1(zw für polizeiliche Vernehmungen Seitz JR **98**, 312; vgl oben 2) im Hinblick auf die schutzwürdigen Interessen des Zeugen (insbesondere sein Persönlichkeitsrecht) auf Zwecke der Strafverfolgung; in Betracht kommt neben dem anhängigen jedwedes andere Strafverfahren, das im Zeitpunkt der Aufzeichnung noch nicht eingeleitet zu sein braucht, auch ein Verfahren gegen den Zeugen als Beschuldigten (KK-Senge 10). Zur Wahrheitserforschung erforderlich ist die Verwendung, wenn das Abspielen der Aufzeichnung ergiebiger sein wird als das Verlesen der Niederschrift und es im konkreten Verfahren auf den höheren Beweiswert ankommt (vgl oben 7). Im übrigen stellt § 255 a (dort 5) für die Vorführung der Aufzeichnung in der Hauptverhandlung weitere Voraussetzungen auf. Ob die Aufnahme der Vernehmung eines nach § 52 zeugnisverweigerungsberechtigten Zeugen abgespielt werden kann, richtet sich nach den zu § 255 a (dort 3, 8) dargestellten Grundsätzen. Mit Einverständnis des Zeugen darf das von seiner Vernehmung gefertigte Videoband auch in anderen Verfahren (etwa vor dem Familiengericht oder Jugendamt) bzw zu anderen Zwecken (Geltendmachung von Schadensersatzansprüchen) benutzt werden; dies kann ohne gesonderte Einwilligung durch Anfertigung von Kopien geschehen.

11 **6) Vernichtung und Akteneinsicht** regelt II S. 2 durch Verweisungen: Die Vernichtung der Bild-Ton-Aufzeichnung richtet sich nach § 100 b VI (vgl dort 8). Ob Verfahrensbeteiligte, denen auf Wunsch eine Kopie des Videobandes ausgehändigt wurde, verpflichtet sind, diese zur Vernichtung zurückzugeben (so KK-Senge 12), ist zw; der Vorstellung des Gesetzgebers entspricht das jedenfalls für Kopien, die für anwaltlich vertretene Opfer angefertigt wurden, nicht (BT-Drucks 13/7165 S. 8). Das Akteneinsichtsrecht des Verteidigers nach § 147, des anwaltlichen Vertreters des Nebenklägers (§§ 397 I S. 2 iVm 385 III) und des Bevollmächtigten des Verletzten gemäß § 406 e erstreckt sich auf die Bild-Ton-Aufzeichnung als Bestandteil der Sachakten. Ein Verbot der Anfertigung von Kopien ist bewußt nicht in das Gesetz aufgenommen worden, vor allem, um die Vorbereitung der Verteidigung und damit die Waffengleichheit nicht zu beeinträchtigen. Es gelten daher die allgemeinen Regeln für die Mitgabe der Akten an den Verteidiger und die Weitergabe seiner durch die Akteneinsicht erlangten Kenntnisse an den Beschuldigten (20 ff, 28 ff zu § 147). Für die Verweigerung der Überlassung einer Kopie an den Verteidiger bietet § 147 IV keine Handhabe. An seinen Mandanten darf der Verteidiger etwa dann kein weiteres Doppel der Aufzeichnung aushändigen, wenn er Grund zur Besorgnis hat, daß dieser die Kopie für eine private Veröffentlichung oder sonst mißbrauchen wird (weitergehend BT-Drucks 13/7165 S. 8). Unbedenklich ist ferner, einem anwaltlich vertretenen Opfer, dessen Aussage auf Video aufgezeichnet ist, eine Kopie zukommen zu lassen.

12 **7) Anfechtung**: Für die Beschwerde gegen die Entscheidung des Ermittlungsrichters gelten die allgemeinen Vorschriften der §§ 304 ff; gegen dessen Anordnung, die Vernehmung aufzuzeichnen, kann sich der Zeuge beschweren (§ 304 II), mangels Beeinträchtigung eigener Rechte nicht aber gegen das Absehen von einer Aufnahme. Mit der Revision kann etwa beanstandet werden, daß eine vorhandene Bild-Ton-Aufzeichnung zu Unrecht nicht verwertet worden ist (§ 244 II; vgl 13 zu § 255 a).

Vereidigung

59 **Die Zeugen sind einzeln und nach ihrer Vernehmung zu vereidigen. Die Vereidigung erfolgt, soweit nichts anderes bestimmt ist, in der Hauptverhandlung.**

1) **Regelmäßig zu vereidigen** sind die Zeugen, auch die als Zeugen vernommenen Sachverständigen (BGH NStZ **86**, 323) und Nebenkläger (BGH MDR **52**, 659 [D]), wenn Ausnahmen gesetzlich nicht vorgeschrieben (§§ 60, 62, 63, 65 und § 49 I **JGG**) oder zugelassen (§ 61) sind. Aus anderen Gründen darf von der Vereidigung im Strengbeweisverfahren (zum Freibeweis vgl 9 zu § 244) nicht abgesehen werden (BGH **1**, 8, 10 = MDR **51**, 242 mit Anm Dallinger). Den Eid müssen daher auch Zeugen leisten, die völlig unglaubwürdig sind, offensichtlich die Unwahrheit sagen, nichts wissen oder ihre Angaben schon in einem anderen Verfahren beschworen haben (LR-Dahs 4). In der Praxis ist infolge des § 61 Nr 5, der die Nichtvereidigung bei allseitigem Verzicht zuläßt, die Vereidigung zur Ausnahme geworden (vgl Günter DRiZ **78**, 273, der das mißbilligt; Dahs Rebmann-FS 161 hält demgegenüber die Vereidigung für ein nicht mehr zeitgemäßes Instrument der Wahrheitsermittlung; ebenso SK/StPO-Rogall 130 vor § 48; Grünwald Schmitt-FS 311 und BewR 45 plädiert für die Abschaffung des Eides, weil das Nebeneinander von religiösem Eid, weltlichem Eid und bloßer Bekräftigung – vgl §§ 66 c, 66 d – nicht bestehenbleiben könne; Schellenberg NStZ **93**, 372 fordert den Gesetzgeber auf, entspr § 391 ZPO von der Regelvereidigung abzugehen). 1

2) **Informatorische Befragungen ohne Vereidigung** sieht das Gesetz nicht vor (BGH MDR **74**, 369 [D]; Celle StV **95**, 292; Köln StV **88**, 289; ANM 127, 172). Personen, die als Zeugen in Betracht kommen, können jedoch in dieser Weise darüber gehört werden, ob sie überhaupt etwas von dem Fall wissen (RG **2**, 267; **66**, 113, 115; Bay **53**, 137 = NJW **53**, 1524). Zulässig sind auch informatorische Befragungen zur Vorbereitung der Vernehmung, zB über für Identität oder Zeugnisverweigerungsrecht erhebliche Tatsachen (RG **22**, 54), Befragungen ohne Verbindung mit der Aussage, zB über den Aufenthalt eines anderen Zeugen und formlose Befragungen im Zusammenhang mit der Augenscheinseinnahme (RG **10**, 10; **18**, 186; ANM 125, 258; erg 12 zu § 249). 2

3) **Einzeln und nach der Vernehmung** sind die Zeugen zu vereidigen. Zur Einzelvereidigung vgl 2 zu § 66 c. Der Nacheid ist zwingend vorgeschrieben. Er ist nach dem endgültigen Abschluß der Vernehmung zu leisten (BGH **8**, 301, 310) und umfaßt nicht Bekundungen des Zeugen bei einer späteren nochmaligen Vernehmung (Bay **56**, 245; Koblenz VRS **44**, 444; 1 zu § 67). 3

4) Der **Eid umfaßt** alle Angaben des Zeugen, auch die zur Person und zu den Generalfragen nach § 68 I, IV (RG **6**, 257; **60**, 407; J. Meyer ZStW **95**, 835), auch, ohne besondere Anordnung des Gerichts, Angaben zu Fragen, die dem Bereich des Freibeweises angehören (ANM 146; W. Schmid SchlHA **81**, 42; **aM** Willms Heusinger-EG 398), ohne eine solche Anordnung aber nicht Angaben zur Glaubhaftmachung (§ 56) eines nur teilw ausgeübten Zeugnisverweigerungsrechts (KMR-Paulus 12). **Teilvereidigung** kann zulässig und geboten sein, wenn mehrere Taten iS des § 264 Gegenstand des Verfahrens sind. Einzelheiten bei 22 zu § 52; 26 zu § 60; 10, 17 zu § 61. 4 5

5) Die **Entscheidung über die Vereidigung** ergeht von Amts wegen in der Hauptverhandlung (Ausnahmen: §§ 65, 223 III, 286 II) nach Abschluß der Vernehmung, spätestens bis zum Schluß der Beweisaufnahme (BGH **1**, 346, 348; LR-Dahs 12). Anträge der Beteiligten müssen vor Urteilserlaß beschieden werden, wenn sie nicht nur hilfsweise gestellt sind (LR-Dahs 17); dann kann im Urteil entschieden werden (RG **58**, 369, 371; ANM 105 mwN; str). Die **Vorabentscheidung** trifft anstelle des Gerichts der Vorsitzende ohne vorherige Anhörung der Beteiligten (RG GA Bd **38**, 194; Hamm VRS **41**, 123; KK-Senge 9; LR-Dahs 13; **aM** KMR-Paulus 17), wenn er es nicht vorzieht, sogleich das Gericht entscheiden zu lassen (LR-Dahs 13; erg 29 zu § 61). Sieht er von der Vereidigung ab, so muß er den Grund bekanntgeben und protokollieren lassen (§ 64). Durch die Entlassung des Zeugen nach § 248 wird das nicht ersetzt, selbst wenn sie im allseitigen Einverständnis erfolgt (KG JR **65**, 267; Hamm NJW **72**, 1531; LR-Dahs 6 7

14; **aM** BGH NStZ **88**, 18 [Pf/M]; Braunschweig NdsRpfl **57**, 249; KK-Senge 10; vgl auch BGH NStZ **81**, 71: das gilt jedenfalls, wenn die Entscheidung nur bezüglich eines von mehreren entlassenen Zeugen unterblieben ist). Nach hM ist die
8 Vorabentscheidung eine Maßnahme der Sachleitung, gegen die nach § 238 II die **Anrufung des Gerichts** zulässig ist (BGH **1**, 216, 218; NJW **52**, 233; MDR **58**, 14 [D]; NStZ **81**, 71; RG **57**, 261, 263; **68**, 394, 396; Hamburg MDR **79**, 74; Koblenz VRS **42**, 29, 30; KMR-Paulus 17; Erker 85 ff; Schlüchter 517). Nach zutreffender Ansicht entscheidet der Vorsitzende anstelle des Gerichts (LR-Dahs 15; ANM 104; Fuhrmann NJW **63**, 1235; GA **63**, 76 ff; JR **62**, 324 Fn 39; Peters 357); mit der Anrufung des Gerichts wird nur die Entscheidung des nach dem Gesetz zuständigen Spruchkörpers verlangt. Sie ist daher, anders als nach § 238 II, auch zulässig, wenn nur die Zweckmäßigkeit der Entscheidung des Vorsitzenden beanstandet wird (RG **44**, 65; LR-Dahs 15; Fuhrmann GA **63**, 78). Eine unterlassene Entscheidung über die Vereidigung kann bis zum Urteilserlaß nachgeholt werden (erg 29 zu § 60).

9 6) Einer **Begründung** bedarf die Vereidigung nicht (BGH **4**, 255; **15**, 253; **17**, 186; NJW **85**, 638; Düsseldorf GA **85**, 511), auch nicht im Urteil (BGH NStZ **92**, 293; Bay **53**, 151 = JR **54**, 113 mit Anm Sarstedt). Denn sie ist die Regel, und begründet wird nach § 64 die Ausnahme. Das Gericht muß, wenn der Sachverhalt dazu nicht drängt, auch nicht erkennbar machen, daß es die Vereidigungsverbote des § 60 erwogen hat (BGH NJW **85**, 638; vgl aber 34 zu § 60) oder daß es sich der Möglichkeit der Nichtvereidigung nach § 61 bewußt war (BGH GA **80**, 421; NStZ **92**, 292). Ein Antrag auf Nichtvereidigung kann ohne Begründung abgelehnt werden (BGH **15**, 253; Bremen OLGSt § 60 S. 16; LR-Dahs 18; **aM** KMR-Paulus 19; Hanack JZ **71**, 92).

10 7) **Protokoll:** Die Vereidigung ist eine wesentliche Förmlichkeit iS §§ 168 a I, 273 I und muß daher im Protokoll beurkundet werden. Bei Vernehmung mehrerer Zeugen ist die Vereidigung eines jeden von ihnen einzeln zu beurkunden (Koblenz OLGSt S. 3). Der Vermerk: „Alle Zeugen wurden vereidigt", ist nicht unzulässig, kann aber zu Zweifeln führen, die das Urteil gefährden (vgl den Fall Bay **53**, 137 = NJW **53**, 1524). Bei Teilvereidigung muß das Protokoll klar ergeben, welcher Teil der Aussage beeidet worden ist und welcher nicht (RG JW **35**, 2436).

11 8) Die **Revision** kann darauf gestützt werden, daß dem Zeugen der Voreid abgenommen worden (BGH MDR **72**, 198 [D]) oder daß die Vereidigung zu Unrecht unterblieben ist (erg 31 ff zu § 60, 30 ff zu § 61; 3 zu § 64). Unterläßt der Vorsitzende eine Entscheidung über die Vereidigung, so kann das auch gerügt werden, wenn keine Entscheidung des Gerichts herbeigeführt worden ist (BGH **1**, 269, 273; NJW **86**, 1999, 2000; NStZ **84**, 371; **87**, 374; **88**, 18 [Pf/M]; **90**, 226 [M]; StV **92**, 146; Koblenz VRS **67**, 248, 250; Köln StV **88**, 289). Ob der Zeuge unter Eid anders ausgesagt hätte, prüft das Revisionsgericht nicht nach (BGH NStZ **84**, 317); idR wird sich das nicht ausschließen lassen (BGH StV **90**, 6 L; Koblenz aaO; vgl demgegenüber aber BGH NJW **86**, 1999, 2000; **95**, 1686; NStZ **86**, 323; Frankfurt NStZ-RR **96**, 363, wo dies bejaht wurde). Die Nichtvereidigung ohne Begründung verstößt gegen § 64. Dagegen ist § 59 verletzt, wenn ein bereits vereidigter Zeuge nochmals vernommen worden ist, ohne daß die Nichtvereidigung angeordnet oder nach § 67 verfahren wurde (BGH **1**, 346, 348; KG NJW **68**, 807, 808). Das Urteil beruht idR auf dem Mangel, wenn das Gericht die ergänzende Vernehmung zu Unrecht als informatorische Befragung (oben 2) gewertet hat (Köln StV **88**, 289; vgl auch KK-Senge 18: selbst wenn die Voraussetzungen des § 61 Nr 5 angenommen werden konnten). Wird eine uneidliche entlastende Aussage im Urteil irrtümlich als eidliche gewertet, so wird das Urteil hierauf idR nicht zum Nachteil des Angeklagten beruhen (Hamm NJW **72**, 1531; **aM** Bay StV **88**, 145). Bei Aussagen anderer Art kann das Beruhen nicht deshalb ausgeschlossen werden, weil Gericht und Zeuge irrtümlich davon ausgegangen

sind, die Vereidigung sei erfolgt (LR-Dahs 20; **aM** Koblenz OLGSt S. 3), oder weil der in der Hauptverhandlung bereits eidlich vernommene Zeuge bei seiner erneuten Vernehmung mit der wiederholten Vereidigung rechnen müßte (BGH NStZ **87**, 374); im übrigen ist dies eine Frage des Einzelfalls (vgl BGH NStZ-RR **97**, 302. Die Revision kann sich nicht darauf berufen, sie habe im Vertrauen auf die Beeidigung des Zeugen von weiteren Beweisanträgen abgesehen; denn durch die Vereidigung wird nicht der Rechtsschein erweckt, dem Zeugen werde seine Aussage geglaubt werden (BGH NStZ **86**, 130; **94**, 227 [K]; erg oben 1).

Vereidigungsverbote

60 **Von der Vereidigung ist abzusehen**

1. **bei Personen, die zur Zeit der Vernehmung das sechzehnte Lebensjahr noch nicht vollendet haben oder die wegen mangelnder Verstandesreife oder wegen einer psychischen Krankheit oder einer geistigen oder seelischen Behinderung vom Wesen und der Bedeutung des Eides keine genügende Vorstellung haben;**
2. **bei Personen, die der Tat, welche den Gegenstand der Untersuchung bildet, oder der Beteiligung an ihr oder der Begünstigung, Strafvereitelung oder Hehlerei verdächtig oder deswegen bereits verurteilt sind.**

Übersicht

1) Zwingende Vereidigungsverbote enthält die Vorschrift. Zeigen sich Anhaltspunkte für ihr Vorliegen, so muß das Gericht die Frage erörtern (BGH StV **88**, 325; erg unten 34), ggf im Freibeweis (7, 9 zu § 244) Ermittlungen führen (RG **51**, 69; **56**, 102; ANM 128). Bleiben Zweifel, so ist der Zeuge zu vereidigen (RG **47**, 297; HRR **34**, 453). Die freie Beweiswürdigung wird durch die Vereidigungsverbote nicht eingeschränkt; das Gericht kann auch dem unvereidigt gebliebenen Zeugen glauben (BGH MDR **71**, 17 [D]; RG **53**, 136; **57**, 186, 189; 1 zu § 61; unten 8). 1

2) Eidesunmündigkeit (Nr 1 erster Unterfall): Das Vereidigungsverbot besteht nach § 187 II BGB bis zum Beginn des Tages, an dem der Zeuge 16 Jahre alt wird (RG **22**, 29; **35**, 37). Maßgebend ist der Zeitpunkt der Aussage. Die Vereidigung ist aber, auch in den Fällen des § 251 (RG JW **10**, 203) und § 325 (RG JW **30**, 937), nachzuholen, wenn der Zeuge noch vor Schluß der Beweisaufnahme (KK-Senge 4; LR-Dahs 4) eidesmündig wird. Zur **Begründung** der Nichtvereidigung genügt die Anführung der Gesetzesstelle (BGH VRS **22**, 144, 148; **41**, 186; LR-Dahs 6). 2 3

4 **3) Eidesunfähigkeit** (Nr 1 zweiter Unterfall): Nur eine psychische Krankheit oder eine geistige oder seelische Behinderung schließen die Vereidigung aus, nicht Unwissenheit, Unglauben oder Gedächtnisschwäche (KMR-Paulus 5; LR-Dahs 8), auch nicht eine Behinderung, die die Vorstellung vom Wesen des Eides nur unwesentlich beeinträchtigt (RG **58**, 396; EbSchmidt 11; **aM** Peters 356). Daher zwingt weder Gebrechlichkeitspflegschaft (RG Recht **30**, 2355) noch die Anordnung der Betreuung (BGH **22**, 266) oder Freisprechung wegen Schwachsinns nach § 20 StGB (Hamm GA **69**, 316) ohne weiteres zur Nichtvereidigung. Vorübergehende Beeinträchtigungen der Geistestätigkeit (Alkohol- oder Drogenrausch) führen nur zur Aufschiebung der Vereidigung (RG **34**, 283; **53**, 136).

5 Die **Entscheidung** trifft der Richter, vorab der Vorsitzende (7 zu § 59; unten 27) nach pflichtgemäßem Ermessen (BGH **22**, 266). Bei Vorliegen von Anhaltspunkten ist das Unterlassen der Prüfung rechtsfehlerhaft (oben 1), insbesondere bei Anordnung der Betreuung (BGH aaO) oder früherer Freisprechung nach § 20
6 StGB (Hamm GA **69**, 316). Die **Begründung** muß erkennen lassen, ob der Zeuge wegen fehlender Verstandesreife oder aus welchem sonstigen Grund er unvereidigt geblieben ist (RG GA Bd **50**, 398). Allgemeine Bemerkungen über fehlende Vorstellungen von der Bedeutung des Eides (RG **53**, 136) oder der Hinweis auf den Gesundheitszustand des Zeugen (RG HRR **34**, 453) genügen nicht.

7 **4) Tat- oder Teilnahmeverdacht** (Nr 2):

8 A. **Grund des Vereidigungsverbots** ist nicht in 1. Hinsicht die Notwendigkeit, den Zeugen vor einem Meineid zu bewahren (Stuttgart MDR **70**, 163; **aM** Stuttgart NJW **78**, 711, 713), sondern die fehlende Unbefangenheit des Tatverdächtigen, der seine Stellung ähnlich der eines Beschuldigten empfindet (BGH **1**, 360, 363; **4**, 368, 371; **6**, 382; **10**, 65, 67; **17**, 128, 134; NJW **52**, 273), und die Erfahrung, daß der Eid zur Erhöhung des Beweiswerts in solchen Fällen nicht geeignet ist (BGH **4**, 255, 257; 368, 371; **10**, 65, 67; Bay **82**, 166). Bei der Beweiswürdigung ist der nicht selten geringere Beweiswert der Aussage teilnahmeverdächtiger Zeugen zu berücksichtigen (BGH **17**, 128, 134). Ein Verbot, dem Zeugen zu glauben, besteht aber nicht (BGH **10**, 65, 70; NStZ **83**, 354 [Pf/M]; oben 1).

9 B. **Tat:** Der Begriff ist nicht in sachlich-rechtlichem Sinn (§§ 52, 53 StGB) zu verstehen; maßgebend ist der verfahrensrechtliche Tatbegriff (§ 264). Er umfaßt den ganzen geschichtlichen Vorgang, innerhalb dessen der Tatbestand verwirklicht worden ist (BGH **1**, 360, 363; **4**, 255; 368; **6**, 382; **21**, 147, 148; **23**, 141, 145; GA **80**, 256; MDR **75**, 725 [D]; **92**, 934 [H]; Hamm StV **84**, 105; 2 zu § 264). Tatverdacht besteht, wenn Anhaltspunkte dafür vorliegen, daß nicht der Angeklagte, sondern der Zeuge der Täter ist (BGH MDR **61**, 1031 [D]). Dabei kommt es auf das Ergebnis der Hauptverhandlung an, nicht auf die zugelassene Anklage (BGH **10**, 358, 365; VRS **14**, 58, 60; KG VRS **10**, 298). Nr 2 kann anwendbar sein, wenn der Verdacht sich nur auf einen Einzelakt der untersuchten fortgesetzten Handlung bezieht oder wenn die Beihilfe, deren der Zeuge verdächtig ist, dieselbe Haupttat betrifft wie die dem Angeklagten zur Last gelegte Beihilfe (BGH **21**,
10 147). Auch eine **Vortat** gehört zur Tat, wenn sie in untrennbarem denknotwendigen Zusammenhang mit ihr steht (BGH **4**, 255, 256). Daher ist in einem Strafverfahren wegen falscher Aussage, die der Angeklagte in einem Zivilprozeß über eine frühere Straftat gemacht haben soll, der Teilnehmer an jener Vortat zugleich Beteiligter iS der Nr 2 (BGH **6**, 382; Seibert NJW **63**, 143).

11 C. **Teilnahme:** Auch der Begriff Beteiligung ist in weitestem Sinn zu verstehen.

12 a) **Tatbeteiligt** ist nicht nur der Teilnehmer iS der §§ 25 ff StGB, sondern jeder, der bei dem zur Aburteilung stehenden Vorgang in strafbarer Weise und in derselben Richtung wie der Beschuldigte mitgewirkt hat (BGH **4**, 255; 368; **10**, 65, 67; NStZ **83**, 516; StV **82**, 342; Bay **82**, 166). Tatbeteiligte sind zB der Begünstigte

und seine Mittäter und Gehilfen im Verfahren gegen den Begünstigten (BGH 4, 255), der Bestechende im Verfahren gegen den Bestochenen (BGH GA **69**, 348; RG **64**, 296), der Fahrer im Verfahren gegen den Fahrzeughalter wegen Zulassens des Fahrens ohne Fahrerlaubnis (Düsseldorf VRS **70**, 141), der Verkäufer von Betäubungsmitteln im Verfahren gegen den Erwerber (Bay **82**, 166 = MDR **83**, 778) und der Dieb im Verfahren gegen den Hehler (BGH **1**, 360; **6**, 382).

b) **In strafbarer Weise** muß der Zeuge mitgewirkt haben (BGH **9**, 71, 73). Es genügt nicht die objektive Förderung der Tat ohne Gehilfenvorsatz (BGH MDR **80**, 630 [H]) oder die straflose Teilnahme als Lockspitzel (BGH NJW **81**, 1626; NStZ **82**, 127; NStZ **90**, 193). Auch der notwendige Teilnehmer (Tröndle 6 ff vor § 25 StGB) muß vereidigt werden, wenn er sich nicht über die notwendige Teilnahme hinaus an der Tat beteiligt hat (BGH **19**, 107). Das Unterlassen des Zeugen begründet das Vereidigungsverbot nur, wenn er rechtlich zum Handeln verpflichtet war (BGH MDR **51**, 324; StV **82**, 342), zB nach § 138 StGB (BGH **6**, 382, 384; **42**, 86; NJW **76**, 200; MDR **69**, 535 [D]). Ist die Tatbeteiligung an sich strafbar, so stehen **Rechtsgründe, die die Verurteilung im Einzelfall hindern,** der Anwendung der Nr 2 nicht entgegen (BGH **43**, 321). Das gilt insbesondere für Verfahrenshindernisse (BGH **4**, 130; NJW **52**, 1146; MDR **68**, 696 [D]; Hamburg NStZ **83**, 426) und persönliche Strafausschließungs- und Strafaufhebungsgründe (BGH NStZ **83**, 516; JR **91**, 246 mit Anm Dahs; NStZ-RR **98**, 335: Rücktritt nach § 24 StGB; BGH GA **62**, 370; MDR **73**, 191 [D]: Rücktritt nach § 31 StGB; BGH **9**, 71, 73; Stuttgart NJW **78**, 711, 713: Straflosigkeit nach § 258 VI StGB) sowie für Einstellungen nach § 153 a II (BGH MDR **94**, 1072 [H]). Dagegen beseitigt die Straflosigkeit wegen Vorliegens von Rechtfertigungsgründen (RG **22**, 99; **31**, 219) oder Schuldausschließungsgründen (Hamm GA **69**, 316) das Vereidigungsverbot (LR-Dahs 19, 20). 13 14

c) **In derselben Richtung** wie der Beschuldigte muß der Zeuge an der Tat mitgewirkt haben (Hamm JMBlNW **82**, 191), auch nach seinen eigenen Vorstellungen (BGH **4**, 368, 371). Eine unmittelbare Beteiligung wird aber nicht vorausgesetzt (BGH **21**, 147: Beteiligung an anderen Einzelakten der fortgesetzten Tat), auch nicht Gleichartigkeit der Straftaten. Die Tat des Zeugen kann daher ein anderes Strafgesetz verletzen als die des Angeklagten (BGH VRS **14**, 58, 60; RG **64**, 379; Bay **82**, 166), zB § 138 StGB (oben 13) oder § 323 c StGB (BGH VRS **28**, 420). Die Beteiligung kann sich auch auf die Vortat beziehen (BGH **1**, 360; **6**, 382; Hamm NJW **69**, 2297). Ein **bloßer Zusammenhang** mit der Tat des Beschuldigten schließt die Vereidigung aber nicht aus (BGH MDR **69**, 535 [D]), insbesondere nicht die Begehung einer gleichartigen Tat unabhängig von der des Angeklagten (BGH aaO). Das gilt vor allem für Taten, die der Zeuge nur bei Gelegenheit der Tat des Angeklagten als andere selbständige Tat begangen hat (BGH **6**, 382; Hamm NJW **57**, 1411). Eine **gegen den Zeugen selbst gerichtete Tat** hindert die Vereidigung nicht (RG **12**, 190, 192; **17**, 116, 121), auch nicht, wenn der Zeuge die Beleidigung des Angeklagten auf der Stelle erwidert (RG **11**, 300, 303; EbSchmidt 25) oder den Angeklagten als Erwiderung der von ihm begangenen Körperverletzung mißhandelt hat (RG **27**, 266). Bei **Fahrlässigkeitstaten** kann Teilnahme iS der Nr 2 vorliegen (BGH NJW **52**, 1102; StV **82**, 342; VRS **10**, 141), wenn der Zeuge fahrlässig zur Herbeiführung desselben rechtswidrigen Erfolges beigetragen hat (BGH **10**, 65; NStZ **83**, 516; VRS **14**, 58, 60; **28**, 420; Düsseldorf MDR **86**, 340). Das gilt auch, wenn weder der Angeklagte noch der Zeuge einen Dritten verletzt hat oder wenn der Zeuge selbst verletzt worden ist (BGH **10**, 65, 66; KG VRS **27**, 207; Neustadt NJW **53**, 1197; **aM** Bay **53**, 98 = GA **53**, 156). 15 16 17 18

D. **Begünstigung und Strafvereitelung,** auch versuchte Strafvereitelung (BGH NJW **92**, 1054, 1055; Stuttgart MDR **75**, 950), stehen der Beteiligung gleich. Die Vortat muß nicht erwiesen (Celle MDR **66**, 605) und kann eine andere als die dem Beschuldigten zur Last gelegte sein (Hamm MDR **82**, 690: Straf- 19

vereitelung zugunsten des unfallbeteiligten Nebenklägers). Auch eine gemeinsame Vortat steht der Vereidigung entgegen (BGH **6**, 382 = JZ **55**, 343 mit Anm Henkel; Hamm NJW **69**, 2297: Begünstiger des Diebes im Verfahren gegen den Hehler). Vorausgesetzt wird aber immer, daß der Zeuge bei der Tat nach §§ 257, 258 StGB die dem Beschuldigten zur Last gelegte Tat in ihrem Unrechtsgehalt erkannt und keine tatsächlich oder rechtlich völlig abweichenden Vorstellungen gehabt hat
20 (BGH **4**, 368). **Strafbar außerhalb der Hauptverhandlung** muß sich der Zeuge gemacht haben (BGH NStZ **89**, 583, 584). Der Verdacht, daß er erst bei seiner gegenwärtigen Vernehmung falsch aussagt, um den Beschuldigten sachlich zu begünstigen oder der Bestrafung zu entziehen, hindert die Vereidigung daher nicht (BGH **1**, 360; **19**, 113, 114; NJW **52**, 1386; **82**, 947; 1601; MDR **79**, 108 [H]; NStZ **81**, 268; 309; StV **83**, 1; Bay **85**, 79 = NJW **86**, 202; Bay **90**, 134 = NStZ **91**, 203; Düsseldorf NJW **88**, 84; Koblenz NJW **84**, 1247). Sie muß dagegen unterbleiben, wenn der Zeuge schon vorher (bei der Polizei, im 1. Rechtszug, in einer ausgesetzten Hauptverhandlung oder in einem anderen Verfahren) die gleiche Aussage gemacht hat, die den Verdacht der Straftat nach § 257 oder § 258 StGB begründet (BGH **1**, 360, 363; **34**, 68; NJW **86**, 266; MDR **70**, 383 [D]; Stuttgart NJW **78**, 711). Gleichgültig ist, ob der Zeuge seine frühere Aussage später richtiggestellt (BGH NStZ **82**, 78), in der Hauptverhandlung nicht bestätigt oder den Angeklagten dort sogar belastet hat (BGH MDR **70**, 383 [D]). Bei der sachlichen Begünstigung nach § 257 StGB besteht das Vereidigungsverbot auch, wenn der
21 Zeuge verdächtig ist, dem Angeklagten die Aussage schon **vor der Hauptverhandlung zugesagt** zu haben (BGH **27**, 74; MDR **79**, 108 [H]; NStZ **81**, 268; **aM** Lenckner NStZ **82**, 401). Anders ist es bei der Strafvereitelung nach § 258 StGB. Die bloße Zusage der uneidlichen Falschaussage – auch mittels einer ausgehändigten schriftlichen Erklärung (BGH NStZ **92**, 181) – ist nur eine straflose Vorbereitungshandlung dieser Tat (BGH **31**, 10 mit abl Anm Beulke NStZ **81**, 160; BGH **34**, 68; Bremen NJW **81**, 2711; vgl auch BGH NJW **82**, 1601) und steht daher der Vereidigung nicht entgegen (Bay **85**, 79 = JR **87**, 37 mit Anm Krümpelmann/Heusel; Düsseldorf NJW **88**, 84; Hamburg StV **83**, 325; Koblenz NJW **84**, 1246; KK-Senge 25; LR-Dahs 30; **aM** BGH NStZ **81**, 268; MDR **79**, 108 [H]; Hamburg NJW **81**, 771 = JR **81**, 158 mit Anm Rudolphi). Das Versprechen einer eidlichen Falschaussage hindert die Vereidigung schon deshalb nicht, weil der Täter sich durch Aufdeckung dieser Zusage in der Hauptverhandlung nicht der Bestrafung aussetzt, sondern im Gegenteil nach § 31 I Nr 2 StGB straffrei wird; auf einen solchen Fall ist Nr 2 nicht anzuwenden (BGH **30**, 332; KG NStZ **81**, 449; Düsseldorf NJW **88**, 84).

22 E. **Hehlerei** steht der Tatbeteiligung ebenfalls gleich. Dabei genügt der Verdacht der Hehlerei an einer Sache, die der Beschuldigte von einem Zwischenhehler erworben hat, und der Verdacht des Weiterverkaufs der gehehlten Sache an einen zweiten Hehler (RG **42**, 248); auch Anstiftung oder Beihilfe zur Hehlerei reicht aus (BGH StV **90**, 484). Die Vereidigung ist ferner ausgeschlossen, wenn der Zeuge in dem Verfahren gegen den Beschuldigten vernommen wird, der verdächtig ist, den Vortäter begünstigt zu haben (RG **58**, 373).

23 F. Der **Verdacht** der Täterschaft oder Tatbeteiligung muß noch zZ des Urteilserlasses vorliegen (BGH NStZ **81**, 110); die Belehrung nach § 55 II beweist daher nicht, daß das Gericht gegen Nr 2 verstoßen hat (BGH **23**, 30, 32; **42**, 86, 87; VRS **29**, 26). Hinreichend oder dringend braucht der Verdacht nicht zu sein; ein entfernter Verdacht genügt (BGH **4**, 255, 256; **17**, 128, 134; NJW **83**, 2335, 2336; NStZ **83**, 516; StV **82**, 342; NStE Nr 11; Hamm StV **84**, 105; LR-Dahs 47 und JR **91**, 246). Das Gericht muß den Verdacht aber haben, nicht nur theoretisch für möglich halten (BGH NJW **85**, 638; 5 StR 528/91 vom 25. 2. 1992; Düsseldorf GA **85**, 511). Der Zeuge erhält nicht die Gelegenheit, den Verdacht dadurch auszuräumen, daß er unter Eid seine Unschuld bekundet (BGH VRS **14**, 58; KG
24 VRS **27**, 207; Hamburg VRS **31**, 203). Dem Verdacht **steht nicht entgegen,** daß

der Angeklagte freigesprochen wird oder daß das Ermittlungsverfahren gegen ihn (BGH StV **90**, 145) oder gegen den Zeugen schon eingestellt (BGH NJW **55**, 1488; GA **68**, 149) oder der Zeuge bereits freigesprochen worden ist (BGH StV **94**, 412; Stuttgart MDR **70**, 163). Umgekehrt kann das Gericht den Verdacht auch dann verneinen, wenn der Zeuge sich selbst der Beteiligung bezichtigt oder ein Ermittlungsverfahren gegen ihn anhängig ist (BGH NStZ **89**, 583, 584).

G. **Bereits wegen Tatbeteiligung verurteilte Zeugen** dürfen nicht vereidigt werden, auch wenn das Urteil noch nicht rechtskräftig ist (KK-Senge 32; LR-Dahs 50; **aM** Lenckner Peters-FS 342 Fn 37). Straferlaß und Strafvollstreckungsverjährung sind ohne Bedeutung. Der Verdacht darf nicht mehr geprüft werden; die Verurteilung begründet eine unwiderlegliche Vermutung der Tatbeteiligung. Ihr steht der Strafbefehl gleich, der nicht rechtskräftige nur, solange gegen ihn kein Einspruch eingelegt ist. 25

H. **Teilvereidigung** ist geboten, wenn dem Angeklagten mehrere rechtlich selbständige Taten zur Last gelegt sind, der Zeuge aber nur wegen der einen Tat teilnahmeverdächtig ist (BGH NStZ **87**, 516 mit Anm Dahs; BGHR Teilvereidigung 5). Sagt er über beide Straffälle aus, so muß er über die eine (vorbehaltlich des § 61) eidlich, über die andere uneidlich vernommen werden (BGH **19**, 107, 109; NJW **54**, 1655; GA **83**, 564). Das gilt aber nicht, wenn, wie immer bei Tatidentität nach § 264 (BGH GA **68**, 149; MDR **58**, 141 [D]; StV **88**, 419), zwischen den mehreren Straffällen ein innerer Zusammenhang besteht, der die Glaubwürdigkeit des Zeugen nicht nur im Einzelfall (BGH StV **87**, 90; NStZ **89**, 218 [M], sondern insgesamt beeinträchtigt (Bremen OLGSt S. 17; LR-Dahs 51), insbesondere, wenn Gegenstand der Aussage ein nicht oder nur schwer zu trennendes Gesamtgeschehen ist (BGH GA **83**, 564; NStZ **87**, 516 mit Anm Dahs; StV **97**, 114). 26

I. Die **Entscheidung** über die Nichtvereidigung trifft vorab der Vorsitzende (7, 27
8 zu § 59; 29 zu § 61) nach pflichtgemäßem Ermessen, das Gericht erst, wenn ein Gerichtsmitglied oder ein Prozeßbeteiligter das verlangt. Endgültig wird erst im Zeitpunkt der Urteilsberatung entschieden (BGH StV **82**, 251; unten 29). Die
Begründung (§ 64) muß erkennbar machen, welcher Art das Verhältnis des 28
Zeugen zu der dem Angeklagten vorgeworfenen Tat ist, ob also Verdacht der Täterschaft, der Beteiligung, Begünstigung, Strafvereitelung oder Hehlerei besteht (BGH NJW **52**, 273), sofern nicht, zB wenn der Zeuge schon als Mittäter verurteilt ist, der Grund offensichtlich ist (BGH NJW **53**, 231; VRS **22**, 144, 147). Die tatsächlichen Erwägungen, auf denen der Verdacht beruht, brauchen nicht dargelegt zu werden (BGH NJW **52**, 273; VRS **11**, 49, 50; **25**, 38), auch nicht in den Urteilsgründen (Bay **53**, 151 = MDR **54**, 121 mit Anm Mittelbach).

K. Die **Nachholung der Vereidigung** ist geboten, wenn der Tat- oder Teil- 29
nahmeverdacht bei der Urteilsberatung entfällt (BGH **8**, 155; NStZ **81**, 110; MDR **91**, 484 [H]); NStZ **95**, 244; W. Schmid JZ **69**, 760 und Maurach-FS 535) und kein anderer Grund für die Nichtvereidigung besteht (BGH NStZ **93**, 341). Ist die Nachholung nicht möglich (Tod, Unauffindbarkeit des Zeugen), so muß der Mangel bei der Beweiswürdigung berücksichtigt werden (W. Schmid aaO). Stellt sich umgekehrt bei der Urteilsberatung heraus, daß ein vereidigter Zeuge tat- oder
teilnahmeverdächtig ist, so muß die Aussage bei der Beweiswürdigung **als uneid-** 30
liche gewertet werden (BGH **4**, 130; NJW **52**, 1145, 1146; MDR **70**, 383 [D]; **75**, 725 [D]; NStZ **81**, 309). Das muß den Prozeßbeteiligten unter Wiedereintritt in die Verhandlung bekanntgegeben (BGH **4**, 130; NJW **54**, 1656; MDR **79**, 108 [H]; NStZ **86**, 230; StV **81**, 329; Bremen StV **84**, 369; Schlothauer StV **86**, 226), und diese Unterrichtung muß im Protokoll vermerkt werden (BGH **4**, 130; RG **72**, 219).

5) Revision: Die fehlerhafte Nichtvereidigung nach § 60 kann nur gerügt werden, wenn darüber, von Amts wegen oder auf Beanstandung der Vorabentscheidung des Vorsitzenden (8 zu § 59), das Gericht entschieden hatte (BGHR 31

§ 60 Nr 2 Tatbeteiligung 2; Rügevoraussetzungen 1 und 2; BGH NJW **96**, 2242, 2243; **aM** Widmaier NStZ **92**, 522). Dagegen setzt die Rüge der Vereidigung unter Verletzung des § 60 nicht voraus, daß der Beschwerdeführer die Entscheidung des Gerichts herbeigeführt hat (BGH **20**, 98; GA **62**, 370; **69**, 348; Düssel-
32 dorf VRS **70**, 141). Im Fall der **Nr 1 erster Unterfall** ist die Revision auch begründet, wenn das Gericht den Zeugen in Unkenntnis seines wahren Alters
33 vereidigt hat (RG **20**, 163; LR-Dahs 59). Im Fall der **Nr 1 zweiter Unterfall** kann die Revision darauf gestützt werden, daß das Gericht die Vereidigungsfrage nicht geprüft hat, obwohl dazu Anlaß bestand (BGH **22**, 266). Sonst können nur Rechtsfehler bei dieser Prüfung gerügt werden (BGH aaO; RG **26**, 97, 99). Im
34 Fall der **Nr 2** kann gerügt werden, daß das Gericht die Nichtvereidigung nicht geprüft hat, obwohl das Urteil Anhaltspunkte für einen Tat- oder Teilnahmeverdacht des Zeugen ergibt (BGH **4**, 255; **21**, 147, 148; **39**, 199, 200; **42**, 86, 87; NJW **85**, 638; **91**, 2844; StV **83**, 138; **94**, 356; NStZ-RR **98**, 258 [K]; Düsseldorf GA **85**, 511; Hamm StV **84**, 105). Hat das Gericht die Anwendung der Nr 2 geprüft, so kann nicht die unrichtige tatsächliche Wertung, sondern nur die Verkennung von Rechtsbegriffen gerügt werden (BGH **4**, 255; 368; **9**, 71, 72; **21**, 147, 148; GA **80**, 256; StV **82**, 251; 342). Auf dem Verstoß beruht das Urteil idR, wenn die unbeeidete Aussage bei der Beweiswürdigung berücksichtigt worden ist (BGH **8**, 155, 158; StV **90**, 193), auch bei Revision der StA gegen ein freisprechendes Urteil (Koblenz VRS **69**, 289), nicht aber, wenn das Urteil ergibt, daß die Aussage im Fall der Beeidigung nicht anders gewürdigt worden wäre (BGH 5 StR 741/83 vom 17. 1. 1984). War die Vereidigung nach Nr 2 unzulässig und ist die Aussage nicht nur als uneidliche gewertet worden, so muß das Urteil idR aufgehoben werden, weil das Gericht der Aussage eines vereidigten Zeugen meist größere Glaubhaftigkeit beimißt als der eines anderen (BGH **4**, 255, 257; NJW **82**, 1601; MDR **83**, 281 [H]; JR **91**, 246 mit Anm Dahs); anders ist es aber, wenn das Gericht schon der beeideten Aussage nicht geglaubt hat (BGH 1 StR 574/91 vom 5. 11. 1991). Zur Urteilsaufhebung führt idR auch das Fehlen der Unterrichtung (oben 30) darüber, daß eine Aussage nur als uneidliche gewertet wird (BGH **4**, 130; MDR **75**, 725 [D]; einschr BGH NJW **86**, 266 = StV **86**, 89 mit abl Anm Schlothauer), es sei denn, die Wertung als uneidliche liegt nach dem weiteren Verfahrensgang auf der Hand (BGHR § 60 Nr 2 Vereidigung 4).

Absehen von Vereidigung

61 **Von der Vereidigung kann nach dem Ermessen des Gerichts abgesehen werden**

1. **bei Personen, die zur Zeit der Vernehmung das sechzehnte, aber noch nicht das achtzehnte Lebensjahr vollendet haben;**
2. **beim Verletzten sowie bei Personen, die im Sinne des § 52 Abs. 1 Angehörige des Verletzten oder des Beschuldigten sind;**
3. **wenn das Gericht der Aussage keine wesentliche Bedeutung beimißt und nach seiner Überzeugung auch unter Eid keine wesentliche Aussage zu erwarten ist;**
4. **bei Personen, die wegen Meineids (§§ 154, 155 des Strafgesetzbuches) verurteilt worden sind;**
5. **wenn die Staatsanwaltschaft, der Verteidiger und der Angeklagte auf die Vereidigung verzichten.**

1 1) Das **Absehen von der Vereidigung** bedeutet eine Ausnahme von § 59, die in das Ermessen des Gerichts gestellt ist. Den Grundsatz, daß der Eid zur Herbeiführung einer wahrheitsgemäßen Aussage benutzt werden darf, schließt § 61 nicht aus. Die Nichtvereidigung nach Nrn 1–4 hindert das Gericht nicht, dem

Zeugen zu glauben (BGH **1**, 175; **3**, 229); bei Nr 5 ist die Glaubwürdigkeit sogar ein zulässiger Grund für die Nichtvereidigung (unten 27).

2 **2) Bedingte Eidesmündigkeit** (Nr 1): Jugendliche zwischen 16 und 18 Jahren, denen nach ihrer geistigen und sittlichen Reife die Bedeutung des Eides bewußt ist, sind ohne Rücksicht auf ihre Glaubwürdigkeit (BGH **3**, 229, 331) zu vereidigen (RG **70**, 20, 23; LR-Dahs 4; **aM** KK-Senge 5). Fehlt ihnen dieses Bewußtsein aus Unreife, Unerfahrenheit oder Leichtsinn oder ist das nicht auszuschließen, so kann von der Vereidigung abgesehen werden. Aus der Unglaubhaftigkeit der Aussage kann auf die Unreife geschlossen werden (BGH aaO). Einer besonderen **Begründung** 3 bedarf die Ermessensentscheidung nicht (BGH aaO; **aM** RG **70**, 20, 25); die Anführung der Gesetzesstelle genügt (LR-Dahs 5).

4 **3) Verletzte** (Nr 2 erster Unterfall):

5 A. **Verletzt iS der Nr 2** ist, wer durch die dem Beschuldigten vorgeworfene Tat auch nur mittelbar in seinen durch § 823 BGB geschützten Rechtsgütern beeinträchtigt ist (BGH **17**, 248 = JZ **63**, 34 mit Anm Bauer; Celle NJW **62**, 503). Über den engeren Verletztenbegriff der §§ 22 Nr 1, 172 geht das hinaus, weil Nr 2 der Voreingenommenheit des Verletzten Rechnung trägt, die auch bei nur mittelbarem Eingriff in seine Rechte eintreten kann (BGH **4**, 202; **5**, 85, 87; StV **86**, 283; allg Bauer JZ **53**, 298). Die Rechtsgefährdung durch eine Gefährdungstat kann genügen (BGH **10**, 372). Die Aussage des Zeugen muß sich aber immer auf die Tat beziehen, durch die er verletzt ist (BGH **17**, 248; VRS **27**, 31). Maßgebend ist der im Zeitpunkt der Vernehmung bestehende Tatverdacht, in der Hauptverhandlung der Anklagevorwurf, aber auch ein dort entstehender anderer und weiterer Verdacht im Rahmen des zur Anklage gestellten (§ 264) geschichtlichen Vorgangs (BGH StV **86**, 283). **Unmittelbar verletzt** ist der Polizeibeamte im Fall des § 113 6 StGB; **aM** M. J. Schmid JZ **80**, 58), der Jugendliche in den Fällen der §§ 174, 182 StGB, auch im Fall des § 180 StGB (Lackner/Kühl 2 vor § 174 StGB; Horstkotte JZ **74**, 86), die Prostituierte im Fall des § 181 a StGB (Bay **74**, 41 = NJW **74**, 1573; KK-Senge 9; LR-Dahs 10; **aM** KMR-Paulus 8) und der durch einen anderen an Gesundheit oder Eigentum gefährdete Verkehrsteilnehmer (Hamm VRS **6**, 212; Neustadt JZ **53**, 311). **Mittelbar verletzt** ist der Gesellschafter der 7 durch Untreue geschädigten GmbH (BGH **4**, 202; **aM** RG **69**, 127; vgl auch BGH StV **88**, 55: nicht der Geschäftsführer), der Gläubiger bei Schädigung der Konkurs(nun: Insolvenz)masse (KMR-Paulus 7), der durch eine Falschaussage benachteiligte Prozeßbeteiligte (BGH **5**, 85; Schleswig OLGSt S. 1), der getäuschte Vertreter einer geschädigten Firma (EbSchmidt 5; **aM** RG **74**, 167; Braunschweig NJW **52**, 158) und der als gutgläubiges Werkzeug zu kriminellen Zwecken mißbrauchte und dadurch in Teilnahmeverdacht geratene Tatbeteiligte (BGH **17**, 248 = JZ **63**, 34 mit Anm Bauer; BGH NJW **88**, 716). **Nicht verletzt** ist der Landrat 8 des in seinem Vermögen geschädigten Kreises (KK-Senge 11), der Beamte der geschädigten Post (Schleswig SchlHA **74**, 181 [E/J]); der Konkurs(Insolvenz)verwalter bei Schädigung der Konkurs(Insolvenz)masse (RG HRR **38**, 636), der Gerichtsvollzieher bei Arrestbruch (KMR-Paulus 8; LR-Dahs 12; **aM** Schleswig SchlHA **61**, 199; KK-Senge 10), im Fall des § 164 StGB derjenige, der das Opfer der fälschlich behaupteten Straftat gewesen sein soll (Celle NJW **62**, 503), und der an der Straftat Beteiligte, der durch die Tatausführung selbst geschädigt worden ist (Hamburg NJW **80**, 848).

9 B. Bei der **Ermessensentscheidung** ist zwar die Grundregel des § 59 im Auge zu behalten. Da diese Grundregel aber durch die Einfügung des § 61 Nr. 5 stark relativiert worden ist, kann weder die von RG **68**, 310, 312 vertretene Auffassung, bei Glaubhaftigkeit der Aussage sei die Vereidigung zwingend, noch die vom BGH vertretene Ansicht, die Verletzteneigenschaft rechtfertige allein die Nichtvereidigung nicht (BGH **1**, 175, 180; VRS **11**, 438; einschr aber schon BGH NJW **52**, 192), diese sei dann vielmehr idR geboten (BGH DAR **81**, 196 [Sp]; NStZ **84**,

180), aufrechterhalten werden. Die Vereidigung liegt vielmehr im pflichtgemäßen
Ermessen des Richters. Daher ist auch die Vereidigung eines unglaubwürdigen
Zeugen zur Herbeiführung einer wahren Aussage kein Ermessensmißbrauch (BGH
10 bei Herlan MDR **55**, 529; Hamburg JR **55**, 433 mit Anm Sarstedt). **Teilvereidi-
gung** (vgl 5 zu § 59) ist geboten, wenn der Zeuge nur durch eine von mehreren
Taten, zu denen er aussagt, verletzt ist (BGH **17**, 248, 249; RG HRR **37**, 359),
sofern die mehreren Taten nicht so eng miteinander verknüpft sind, daß über die
Vereidigung nur einheitlich entschieden werden kann (BGH NStZ **86**, 181; Köln
11 NJW **57**, 960). Zur **Begründung** der Nichtvereidigung reicht idR die Angabe
aus, daß der Zeuge als Verletzter unvereidigt bleibt (BGH **1**, 175; MDR **52**, 464
[D]). Nähere Ausführungen sind nur erforderlich, wenn die Verletzteneigenschaft
nicht klar zutage liegt (BGH StV **86**, 283).

12 **4) Angehörige des Beschuldigten oder Verletzten** (Nr 2 zweiter Unterfall):
Angehörige sind die in § 52 I bezeichneten Personen (BGH MDR **54**, 336 [D];
Hamm NJW **53**, 1277). Da sie oft unzuverlässige Angaben machen, kann nach
Nr 2 von ihrer Vereidigung abgesehen werden. Die Vorschrift ist auch anwendbar,
wenn der Zeuge Angehöriger eines bereits rechtskräftig abgeurteilten Mitange-
klagten ist (Hamm aaO; LR-Dahs 17; vgl 11 zu § 52). Handelt es sich um mehrere
selbständige Taten und ist der Angehörige nur an einer beteiligt, so ist auch Nr 2
nur in diesem Umfang anzuwenden (RG **16**, 154), sofern die Aussage nach Gegen-
13 stand und Inhalt getrennt werden kann (12 zu § 52). Bei der **Entscheidung** sind
alle Gründe zu berücksichtigen, die eine Vereidigung untunlich erscheinen lassen,
insbesondere die Voreingenommenheit des Zeugen und die geringe Aussicht, ihn
unter Eid zu einer wahren Aussage zu veranlassen (LR-Dahs 18). Die Angehöri-
14 geneigenschaft allein genügt nicht (Schleswig SchlHA **73**, 186 [E/J]). Die **Begrün-
dung,** daß von der Vereidigung nach § 61 Nr 2 abgesehen wird, reicht aus, wenn
die Beteiligten die Beziehungen des Zeugen zum Angeklagten oder Verletzten
kennen (BGH NJW **88**, 716; KG VRS **20**, 360). Andernfalls ist anzugeben, ob der
Zeuge Verletzter oder Angehöriger des Beschuldigten oder Verletzten ist (BGH
aaO; LR-Dahs 19). Die Erwägungen, die zum Absehen von der Vereidigung
geführt haben, brauchen nicht dargelegt zu werden (BGH aaO; RG **21**, 225, 226;
LR-Dahs 19).

16 **5) Unwesentliche Aussage** (Nr 3): Der Inhalt, nicht der Beweiswert der Aus-
sage ist maßgebend dafür, ob sie von wesentlicher Bedeutung ist (BGH **1**, 8, 12;
NJW **52**, 74; MDR **52**, 659 [D]; Celle MDR **70**, 608; zw BGH **16**, 99). Ohne
wesentliche Bedeutung ist sie, wenn sie für die Entscheidung in der Schuld- und
Rechtsfolgenfrage weder allein noch im Zusammenhang mit anderen Beweisen
erheblich ist (BGH NJW **52**, 74; RG **71**, 54), auch nicht mittelbar. Da vollständige
Bedeutungslosigkeit nicht gefordert wird, steht die Wesentlichkeit in einem Ne-
benpunkt der Anwendung der Nr 3 nicht entgegen (BGH **1**, 8, 11; Oldenburg
NJW **57**, 731; LR-Dahs 22; **aM** BGH DAR 58, 100 [M]). Wird die Beweiswürdi-
gung auf die Aussage gestützt, so fehlt es idR an der Unerheblichkeit (BGHR
Bedeutung 1). Stellt sich die wesentliche Bedeutung der Aussage erst in der Ur-
teilsberatung heraus, so muß die Vereidigung nachgeholt werden, sofern sie nicht
aus anderen Gründen unterbleiben darf oder muß (BGH **1**, 216, 218; **7**, 281).
15 Hinzu kommen muß, daß auch unter Eid **keine wesentliche Aussage zu er-
warten** ist. Dabei muß unter Vorwegnahme der Beweiswürdigung erwogen wer-
den, ob der Eideszwang den Zeugen zu einer Berichtigung oder Vervollständigung
der Aussage veranlassen werde, die von wesentlicher Bedeutung, wenn auch nicht
17 unbedingt glaubhaft ist (LR-Dahs 23; Dahs NJW **50**, 887). Ist auch nur ein **Teil
der Aussage** von wesentlicher Bedeutung, so ist Nr 3 nicht anwendbar (LR-Dahs
25); eine Teilvereidigung ist nur unter den üblichen Voraussetzungen (5 zu § 59)
18 zulässig. Die **Entscheidung** über die Vereidigung steht im Ermessen des Gerichts.
Das Absehen von der Vereidigung ist niemals ein Ermessensfehler (LR-Dahs 26).

Zur **Begründung** genügt der Hinweis, daß von der Vereidigung nach Nr 3 abgesehen wird (BGH **1**, 216; MDR **51**, 275 [D]; VRS **5**, 283; **aM** KMR-Paulus 24). 19

6) Wegen Meineids verurteilte Zeugen (Nr 4): Die Verurteilung wegen Versuchs (§ 23 StGB) und Teilnahme (§§ 25 ff StGB) steht gleich, nicht aber die nach § 163 StGB (LR-Dahs 30). Ohne Bedeutung ist die Strafmilderung nach §§ 157, 158 StGB. Das Urteil muß im Geltungsbereich der StPO ergangen, braucht aber nicht rechtskräftig zu sein (KK-Senge 23; KMR-Paulus 14; **aM** AK/StPO-Lemke 15; LR-Dahs 29; Kohlhaas NJW **70**, 649). Getilgte und tilgungsreife Verurteilungen rechtfertigen wegen § 51 **BZRG** die Anwendung der Nr 4 nicht (KK-Senge 23; LR-Dahs 31; Kohlhaas aaO). Die **Ermessensentscheidung** über die Vereidigung hängt davon ab, ob die Verurteilung Bedenken gegen die Glaubwürdigkeit des Zeugen begründet und ob die Vereidigung zu einer wahrheitsgemäßen Aussage führen wird. Das Absehen von der Vereidigung ist aber auch dann nicht ermessensfehlerhaft, wenn das Gericht den Zeugen für glaubwürdig hält. Zur **Begründung** genügt der Hinweis auf Nr 4; daß und wann der Zeuge verurteilt worden ist, muß sich dann aber aus dem Protokoll oder dem Urteil ergeben (LR-Dahs 33; **aM** KK-Senge 24). 20 21 22

7) Verzicht auf die Vereidigung (Nr 5): Die Verzichtserklärung (vgl 8 ff zu § 245) müssen der StA, der Verteidiger und der Angeklagte abgeben, der Angeklagte neben dem Verteidiger und beide unabhängig voneinander (LR-Dahs 35). Wirkt bei zulässiger Verhandlung in Abwesenheit des Angeklagten ein Verteidiger mit, so ist der Verzicht des Angeklagten nicht erforderlich (§ 234 a Hs 2). Auch wenn kein Verteidiger mitwirkt, braucht in den Fällen des § 231 II (dort 29) und des § 232 (dort 19) die Verzichtserklärung des Angeklagten nicht eingeholt zu werden (erg 5 zu § 234 a); wegen der Abwesenheitsverhandlung nach § 233 vgl dort 23. Der nach § 247 ausgeschlossene Angeklagte muß stets zur Verhandlung über die Vereidigung des Zeugen wieder zugelassen werden (8 zu § 247); seine Verzichtserklärung ist daher erforderlich. Der Verzicht der Mitangeklagten ist nur erforderlich, wenn die Aussage auch sie betrifft (Gollwitzer Sarstedt-FS 26); bei Beurlaubung nach § 231 c ist das nicht denkbar (Rieß NJW **78**, 2270). Erforderlich ist ferner die Zustimmung des Privatklägers, der Einziehungs- und anderen Nebenbeteiligten und des Beistands nach § 69 III **JGG** (Rieß NJW **75**, 84), nicht aber des Nebenklägers (12 zu § 397), der gesetzlichen Vertreter und der Erziehungsberechtigten (KMR-Paulus 17; LR-Dahs 35; **aM** KK-Senge 26) sowie des Beistands nach § 149. Der Verzicht kann durch **schlüssige Handlung,** auch stillschweigend, erklärt werden (BGH NStZ **84**, 209 [Pf/M]; Hamm MDR **80**, 953; Schleswig SchlHA **81**, 92 [E/L]; erg Einl 126), zB indem nur die Vereidigung einzelner Zeugen beantragt (Bay MDR **83**, 511) oder auf die Frage, ob die Vereidigung beantragt wird (Bremen OLGSt § 261 S. 93) oder auf die Verfügung oder den Beschluß geschwiegen wird, der die Nichtvereidigung nach Nr 5 anordnet (BGH NJW **78**, 1815; GA **76**, 115) oder mit dem sie „im allseitigen Einverständnis" beschlossen wird (Bay DAR **79**, 240; Hamburg MDR **79**, 74 mit abl Anm Strate). Kein Verzicht liegt in der Erklärung, es werde weder verzichtet noch die Vereidigung beantragt (Köln VRS **61**, 271). Der Verzicht **erstreckt** sich nur auf die vorausgegangene Aussage (RG **68**, 394, 397). Bei nochmaliger Vernehmung ist Nr 5 nur anwendbar, wenn erneut für diesen Vernehmungsteil verzichtet wird (LR-Dahs 37). Wird nicht verzichtet und der Zeuge daher vereidigt, so umfaßt der Eid auch den Aussageteil, der zunächst nach Nr 5 unbeeidet geblieben war (München JW **38**, 2470). Der Verzicht ist bedingungsfeindlich (Einl 118) und **unwiderruflich** (KK-Senge 28; Rieß NJW **75**, 84). Das Gericht kann aber nachträglich die Vereidigung beschließen, wenn sich die maßgebenden Grundlagen geändert haben; darauf können die Beteiligten durch Anträge hinwirken (LR-Dahs 38; Rieß aaO). Die **Ermessensentscheidung,** ob der Zeuge zu vereidigen ist, macht der Verzicht nicht überflüssig (Strate MDR **79**, 75). Die Nichtvereidigung wird insbesondere in Betracht kommen, wenn die Aussage so glaubhaft ist, daß es auf ihre Beeidigung 23 24 25 26 27

nicht ankommt (BGH MDR **78**, 988 [H]; LR-Dahs 39), oder wenn sie keine wesentliche Bedeutung hat (vgl Günter DRiZ **78**, 273, der die Anwendung der Nr 5 zu Unrecht hierauf beschränken will). Bei offensichtlich unwahrer Aussage wird der Zeuge zu vereidigen sein, wenn dadurch die Wahrheit erzwungen werden kann (vgl auch Kehr NStZ **97**, 163). IdR wird in der Nichtvereidigung nach
28 Verzicht kein Ermessensfehler liegen (Strate MDR **79**, 75). Bei der **Begründung** muß nicht nur der allseitige Verzicht, sondern auch angegeben werden, daß von der Vereidigung abgesehen wird (**aM** Hamburg MDR **79**, 74 mit abl Anm Strate). Weitere Angaben sind nicht erforderlich (RG JW **36**, 1918; LR-Dahs 40).

29 **8) Vorabentscheidung des Vorsitzenden:** Das Recht des Vorsitzenden, vorab über die Vereidigungsfrage zu entscheiden (7 zu § 59), besteht auch im Fall des § 61, obwohl dort vom Ermessen des Gerichts die Rede ist (BGH NStZ **84**, 371; VRS **11**, 438; Bay **51**, 74), auch im Fall der Nr 3 (BGH 1, 216; 7, 281; MDR **51**, 464 [D]; **aM** Karlsruhe JZ **80**, 36; EbSchmidt 9). Die Entscheidung bezieht sich immer nur auf die bisher gemachte Aussage. Wird der Zeuge später nochmals vernommen, so ist hierüber neu zu entscheiden (BGH **1**, 346; JR **54**, 229; GA **80**, 420; Hamm JMBlNW **76**, 226; Koblenz VRS **67**, 248, 250); dabei bindet die Vorentscheidung nicht (LR-Dahs 42; **aM** Schleswig SchlHA **72**, 159 [E/J]).

30 **9) Revision:** Auf Verletzung des § 61 kann die Revision nur gestützt werden, wenn zuvor die Entscheidung des Gerichts herbeigeführt worden ist (Hamburg MDR **79**, 74; Hamm VRS **41**, 123; Koblenz VRS **42**, 29; LR-Dahs 43; **aM** Peters 357; erg 11 zu § 59). Eine Ausnahme gilt für Nr 3, wenn das Gericht der Aussage im Urteil wesentliche Bedeutung beimißt (BGH **7**, 281). Gerügt werden kann nur, daß die Entscheidung auf rechtlich unzulässigen Erwägungen oder auf Ermessensmißbrauch beruht. Nachprüfbar ist insbesondere die Verkennung von Rechtsbegriffen, zB der Verletzteneigenschaft iS Nr 2 (BGH **4**, 202; **5**, 85) und des Begriffs unwesentliche Bedeutung iS Nr 3 (BGH **1**, 8, 11). Der Verstoß gegen § 61 ist unschädlich, wenn ein Vereidigungsverbot nach § 60 besteht (Celle MDR **70**, 608; Hamm NJW **73**, 1339). Sind mehrere Gründe des § 61 herangezogen worden, so genügt es, daß einer zutrifft (BGH **17**, 186; BGHR § 61 Nr 5 Nichtvereidigung
31 1). Im **Fall der Nr 3** besteht der Rechtsfehler meist darin, daß das Gericht die Aussage bei der Beweiswürdigung in einem wesentlichen Punkt herangezogen hat (BGH **1**, 8, 11; **7**, 281); das kann nur durch die Urteilsgründe bewiesen werden (BGH **1**, 8, 9; Oldenburg NJW **51**, 731). Daß der Zeuge bei der zusammenfassenden Angabe der Beweismittel aufgeführt ist, genügt aber nicht (BGH NJW
32 **51**, 325; MDR **72**, 17 [D]). Im **Fall der Nr 4** kann die Revision nur Erfolg haben,
33 wenn dem Gericht die Verurteilung bekannt war (LR-Dahs 47). Im **Fall der Nr 5** beweist das Fehlen eines Protokollvermerks nicht, daß nicht stillschweigend auf die Vereidigung verzichtet worden ist (BGH MDR **76**, 634 [H]; Koblenz StV **92**, 263). Das Revisionsgericht wird idR davon ausgehen, daß der Eid, auf den allseitig verzichtet worden ist, zur Wahrheitserforschung nicht erforderlich war. Ein Verfahrensbeteiligter, der wirksam verzichtet hat (was voraussetzt, daß er sein Recht, die Vereidigung zu verlangen, gekannt hat, vgl Koblenz aaO), kann die Revision auch nicht auf das Fehlen der Verzichtserklärung eines anderen Beteiligten stützen (BGH NStZ **84**, 209 [Pf/M]).

Vereidigung in Privatklagesachen

62 **Im Privatklageverfahren werden Zeugen nur vereidigt, wenn es das Gericht wegen der ausschlaggebenden Bedeutung der Aussage oder zur Herbeiführung einer wahren Aussage für notwendig hält.**

1 **1)** Eine **Ausnahme von der Regel des § 59** enthält die Vorschrift; gleichlautend § 49 I **JGG** und § 48 I S. 1 OWiG. Im Privatklageverfahren werden

Zeugen idR nicht vereidigt; eine Einschränkung der Aufklärungspflicht nach § 244 II bedeutet das nicht (Seibert JZ **52**, 475). Besteht ein Vereidigungsverbot nach § 60, so hat § 62 keine Bedeutung (BGH **10**, 65, 66; KG VRS **27**, 207); § 61 tritt dagegen hinter der Vorschrift zurück (BGH **16**, 99, 102; KG VRS **26**, 287); jedoch sollte von der Vereidigung abgesehen werden, wenn sogar § 61 das zuläßt (LR-Dahs 3; Göhler 5 zu § 48 OWiG).

2) **Ausschlaggebende Bedeutung** (das ist mehr als wesentliche Bedeutung iS § 61 Nr 3) hat die Aussage, wenn sie für eine entscheidungserhebliche Tatsache das alleinige Beweismittel (Neustadt NJW **52**, 118) oder bei der Beweiswürdigung das „Zünglein an der Waage" ist (BGH **16**, 99, 103; KG VRS **26**, 287), gleichgültig, ob sie be- oder entlastend wirkt (Hamm NJW **73**, 1940). Die ausschlaggebende Bedeutung fehlt aber, wenn die Aussage ersichtlich unwahr ist (BGH aaO; Bay DAR **64**, 242 [R]; KG aaO; LR-Dahs 7; **aM** Neustadt NJW **59**, 783). Daß sie im Widerspruch zu der Aussage eines vereidigten Zeugen steht, genügt allein nicht; denkgesetzlich kann nur eine der beiden Aussagen ausschlaggebend sein (Göhler 8 zu § 48 OWiG; **aM** Köln NJW **54**, 570; Neustadt aaO; KK-Senge 2; KMR-Paulus 4). Nur wenn die Aussage geeignet ist, die des anderen Zeugen zu erschüttern, darf der Zeuge daher vereidigt werden. 2

3) **Zur Herbeiführung einer wahren Aussage** ist die Vereidigung nicht schon zulässig, wenn der Zeuge offensichtlich die Wahrheit verfälscht oder verschweigt, sondern nur, wenn bestimmte Tatsachen auch die Annahme begründen, daß er unter Eideszwang erhebliche Tatsachen bekunden werde (BGH **16**, 99, 103; Hamm NJW **73**, 1940; Schleswig SchlHA **57**, 313). 3

4) **Entscheidung:** Die Vereidigung muß unterbleiben, wenn § 62 sie nicht zuläßt. Andernfalls steht sie im Ermessen des Gerichts, selbst bei ausschlaggebender Bedeutung der Aussage (BGH **10**, 109, 112; **16**, 99, 104). Zur Berücksichtigung der Gründe des § 61 vgl oben 1. Der Vorsitzende trifft auch hier (vgl 7 zu § 59) die Vorabentscheidung (LR-Dahs 11). Ggf ist die Vereidigung nachzuholen (Bay JR **65**, 223). Ist der Zeuge vereidigt worden, so muß er auch bei einer erneuten Vernehmung vereidigt oder es muß nach § 67 verfahren werden (KG NJW **68**, 807). 4

5) **Begründung:** Logischerweise wird die Ausnahme begründet, nicht die Einhaltung der Regel. Die hM faßt aber nicht die Vereidigung als Ausnahme von § 62, sondern die Nichtvereidigung als Ausnahme von § 59 auf und verlangt, daß der Tatrichter begründet, weshalb er es im Privatklageverfahren beim Regelfall des § 62 beläßt (BGH **10**, 109; **14**, 374; VRS **30**, 298; KMR-Paulus 9; **aM** LR-Dahs 12ff). Die Begründung muß danach erkennen lassen, ob der Richter einen Regelfall oder ob und aus welchen Gründen er einen der beiden Ausnahmefälle des § 62 für gegeben, die Vereidigung aber trotzdem nicht für notwendig hält. Nur die tatsächlichen Gründe für die Ermessensausübung brauchen nicht mitgeteilt zu werden (BGH **10**, 109, 112). Der bloße Hinweis auf § 62 reicht nur aus, wenn der Grund der Vereidigung offensichtlich ist. Zur Protokollierung vgl § 64. 5

6) **Revision:** Die Vereidigung nach § 62 begründet die Revision nicht (Köln JMBlNW **58**, 179; LR-Dahs 16). Bei Nichtvereidigung ist sie nur zulässig, wenn gegen die Vorabentscheidung des Vorsitzenden das Gericht angerufen worden ist (Celle VRS **36**, 209; erg 31 zu § 61). Anders ist es, wenn das Urteil entgegen der Begründung des Vorsitzenden die ausschlaggebende Bedeutung der Aussage erkennen läßt (Bay JR **65**, 223; Hamm JMBlNW **70**, 156; vgl auch Stuttgart NStZ **81**, 486 mit Anm Göhler und Schleswig SchlHA **91**, 43 zu § 48 OWiG). Das Fehlen der Begründung verstößt gegen § 64. 6

Eidesverweigerungsrecht

63 **Die in § 52 Abs. 1 bezeichneten Angehörigen des Beschuldigten haben das Recht, die Beeidigung des Zeugnisses zu verweigern; darüber sind sie zu belehren.**

1 **1)** Zur **Eidesverweigerung** sind die Angehörigen des Beschuldigten (nicht des Verletzten) iS des § 52 I im Umfang ihres Zeugnisverweigerungsrechts befugt; ggf (12 zu § 52) kann der Eid teilw verweigert werden (RG **16**, 154; KK-Senge 1). Die Weigerung schließt die Vereidigung ohne weiteres aus; eine Beschlußfassung ist überflüssig. Die Verweigerung und der Verzicht darauf werden im Protokoll beurkundet (§§ 168 a I, 273 I). Schlüsse aus der Weigerung dürfen bei der Beweiswürdigung nicht gezogen werden (20 zu § 261). Der Verzicht auf das Weigerungsrecht kann vor der Vereidigung widerrufen (RG **62**, 142, 144), die Erklärung, der Eid werde verweigert, zurückgenommen werden (Bay **51**, 74, 78; LR-Dahs 3).

2 **2)** Die **Belehrung,** die nicht schon in der nach § 52 III S. 1 enthalten ist (BGH **4**, 217; MDR **69**, 194 [D]; Düsseldorf NStZ **84**, 182), muß auch erteilt werden, wenn der Zeuge sich zur Eidesleistung bereit erklärt hat, immer aber nur, wenn der Richter den Zeugen auch tatsächlich vereidigen will (RG **46**, 114, 116). Sie kann daher bis zur Entscheidung nach § 61 Nr 2 aufgeschoben werden und erübrigt sich dann (BGH MDR **69**, 194 [D]; RG aaO). Die Belehrung, die nach §§ 168 a I, 273 I in der Vernehmungs- oder Sitzungsniederschrift beurkundet werden muß, muß bei jeder Vernehmung, auch in derselben Hauptverhandlung, wiederholt werden, auch wenn der Zeuge den Eid früher geleistet hat (KK-Senge 6). Das Unterlassen der Belehrung kann durch Nachholung, wenn der Zeuge darauf erklärt, er hätte den Eid auch nach Belehrung geleistet, oder nach entspr Unterrichtung der Prozeßbeteiligten durch Wertung der Aussage als uneidlich geheilt werden.

3 **3)** Der **Revision** kann das Unterlassen der Belehrung rügen, wenn das Urteil auf der Aussage beruht (BGH **4**, 217; MDR **69**, 194 [D]), sich insbesondere nicht ausschließen läßt, daß das Gericht die Glaubwürdigkeit der Zeugen anders beurteilt hätte, wenn er es nach Belehrung abgelehnt hätte, die Aussage zu beschwören (BGH NStE Nr 3; StV **87**, 513; **91**, 498: BGH NStZ **92**, 224 [K]). Am Beruhen fehlt es, wenn das Urteil die Aussage nicht (oder nicht zuungunsten des Beschwerdeführers) oder nur als uneidlich verwertet hat (Düsseldorf NStZ **84**, 182 mit Anm Krekeler). Die Rüge können die StA, der Angeklagte, ein Mitangeklagter (BGH aaO), auch der Nebenkläger (Düsseldorf aaO) erheben.

Protokollvermerk

64 **Unterbleibt die Vereidigung eines Zeugen, so ist der Grund dafür im Protokoll anzugeben.**

1 **1)** Die **Begründung der Nichtvereidigung** (zur Begründung der Vereidigung vgl § 66 a und 9 zu § 59) soll dem Revisionsgericht die Prüfung ermöglichen, ob die §§ 60 ff rechtsfehlerfrei angewendet worden sind, und die Prozeßbeteiligten in die Lage versetzen, ihr weiteres Verhalten darauf einzustellen und ggf weitere Anträge zu stellen (BGH **10**, 109, 112; **14**, 374). Der bloße Hinweis auf die §§ 60, 61 genügt nur, wenn die Gründe für die Nichtvereidigung ohne weiteres, auch für das Revisionsgericht, ersichtlich sind (Köln NJW **54**, 442). Die tatsächlichen Gründe für die Ermessensausübung brauchen dagegen nicht mitgeteilt zu werden (BGH **10**, 109, 111; RG **77**, 332). Liegen mehrere der Gründe der §§ 60, 61 vor, so genügt die Angabe eines von ihnen (BGH **17**, 186; DAR **80**, 203 [Sp]; Köln MDR **74**, 861); auch die wahlweise Begründung ist dann zulässig, wenngleich

nicht empfehlenswert (Seibert NJW **63**, 142). Vgl im einzelnen 3, 6, 28 zu § 60; 3, 11, 14, 19, 22, 28 zu § 61 und bei Teilvereidigung 10 zu § 59.

2) Im **Protokoll** muß die Nichtvereidigung nach § 273 I beurkundet werden. 2
§ 64 erweitert die Protokollierungspflicht auf die Gründe. Ein Verstoß hiergegen kann durch Nachschieben in den Urteilsgründen nicht geheilt werden (BGH **1**, 8, 10; LR-Dahs 5; Seibert NJW **63**, 142). Eine zusätzliche Begründung im Urteil ist unschädlich (Koblenz VRS **45**, 188), eine vom Protokoll abweichende stellt den Fall der Nichtprotokollierung gleich (Köln MDR **74**, 861; **aM** RG HRR **32**, 1803).

3) **Revision:** Nicht die unterlassene Protokollierung (26 zu § 344), sondern das 3
Unterlassen der Bekanntgabe der Begründung in der Hauptverhandlung kann gerügt werden (Düsseldorf Rpfleger **93**, 460). Die Anrufung des Gerichts gegen dieses Unterlassen des Vorsitzenden setzt die Rüge nicht voraus (BGH **1**, 269, 273; NStZ **81**, 71). Das Urteil beruht nicht auf dem Mangel, wenn der Beschwerdeführer die Nichtvereidigung selbst beantragt hatte (BGH MDR **51**, 275 [D]; KMR-Paulus 8) oder wenn der Grund der Nichtvereidigung ohne weiteres erkennbar ist (BGH **10**, 109, 112; GA **80**, 420; NStZ **89**, 128), insbesondere, wenn sich das Vereidigungsverbot des § 60 aus dem Urteil ergibt (RG **53**, 215; Hamm NJW **73**, 1940), nicht aber, weil die Voraussetzungen des § 61 Nr 2 vorliegen (**aM** Hamm JMBlNW **83**, 223). Auf einer fehlerhaften Begründung beruht es nicht, wenn der Zeuge aus anderen Gründen nicht vereidigt werden durfte (Hamm NJW **73**, 1940).

Vereidigung im vorbereitenden Verfahren

65 **Im vorbereitenden Verfahren ist die Vereidigung nur zulässig, wenn**

1. **Gefahr im Verzug ist,**
2. **der Eid als Mittel zur Herbeiführung einer wahren Aussage über einen für das weitere Verfahren erheblichen Punkt erforderlich erscheint oder**
3. **der Zeuge voraussichtlich am Erscheinen in der Hauptverhandlung verhindert sein wird.**

1) **Im Ermittlungsverfahren** (Einl 60 ff), auch bei richterlichen Vernehmun- 1
gen nach §§ 173 III, 202 S. 1 und bei Beweissicherungen nach § 205 S. 2, ist die Vereidigung nur ausnahmsweise zulässig (allg dazu Busch MDR **63**, 894). Bei Vernehmungen nach §§ 162, 169 bindet der Antrag der StA auf Vereidigung das Gericht, sofern er nicht gegen §§ 60, 63 verstößt (KK-Senge 5 **aM** Bayreuther NJW **96**, 1455: § 60 Nr 2 teilw unanwendbar). Gegen die Ablehnung ist Beschwerde nach § 304 I zulässig (LR-Dahs 5). Liegt kein Antrag vor, so hindert das die Vereidigung nicht, wenn der Richter sie für geboten hält. § 61, insbesondere Nr 5, hat keine Bedeutung (KMR-Paulus 6).

2) **Zulässig ist die Vereidigung** aus folgenden Gründen (zur Protokollierung 2
vgl § 66 a):

A. **Bei Gefahr im Verzug** (Nr 1), dh wenn ohne die Vereidigung der Verlust 3
des Beweismittels oder das Scheitern der weiteren Aufklärung zu befürchten (RG **43**, 337; zw Schellenberg NStZ **93**, 373 Fn 12), zB mit dem baldigen Tod des Zeugen oder seiner späteren Unauffindbarkeit zu rechnen ist (LR-Dahs 2).

B. **Zur Erzwingung einer wahren Aussage** (Nr 2), wenn davon die erfolg- 4
reiche Weiterführung des Verfahrens (Auffindung neuer Beweise, Gewinnung neuer Anhaltspunkte) wesentlich abhängt. Für die Unrichtigkeit der bisherigen Aussage muß ein konkreter Verdacht bestehen.

5 C. **Bei Verhinderung des Zeugen** (Nr 3), zB wegen Krankheit, Gebrechlichkeit, hohen Alters, langer Auslandsreise, Rückkehr in die ausländische Heimat, nicht aber wegen Unzumutbarkeit des Erscheinens in der Hauptverhandlung wegen großer Entfernung vom Gerichtsort (LR-Dahs 4).

6 **3) In der Hauptverhandlung** kann die Niederschrift über die Zeugenaussage im Fall der Nr 1 nach § 251 I Nr 1, im Fall der Nr 3 nach § 251 I Nr 2 als eidliche (§ 251 IV S. 3) verlesen werden. Erscheint der Zeuge, so ist er erneut zu vereidigen, sofern nicht §§ 60, 61 anzuwenden sind.

7 **4)** Die **Revision** kann nicht auf einen Verstoß gegen § 65 (RG **10**, 156; Busch MDR **63**, 894; EbSchmidt 9), aber auf Verletzung der §§ 60, 63 gestützt werden (KMR-Paulus 8; LR-Dahs 8).

66 (weggefallen)

Protokollvermerk

66a **Wird ein Zeuge außerhalb der Hauptverhandlung vereidigt, so ist der Grund der Vereidigung im Protokoll anzugeben.**

1 **1)** Das **Protokoll** muß nach § 168 a I die Angabe enthalten, ob der Zeuge vereidigt worden ist. § 66 a ergänzt das, da die Vereidigung außerhalb der Hauptverhandlung die Ausnahme ist, in Umkehrung des § 64 dahin, daß auch der Grund der Vereidigung anzugeben ist. Dabei genügt der Hinweis auf die Gesetzesstelle (RG **10**, 156, 158; LR-Dahs 3; **aM** Busch MDR **63**, 896). Für Vernehmungen nach §§ 223, 286 II gilt § 64 (KK-Senge 1).

2 **2)** Mit der **Revision** kann ein Verstoß gegen § 66 a nicht gerügt werden (KMR-Paulus 3).

Vereidigung bei kommissarischer Vernehmung

66b **I Wird ein Zeuge durch einen beauftragten oder ersuchten Richter vernommen, so entscheidet zunächst dieser über die Vereidigung.**

II Die Vereidigung muß, soweit sie zulässig ist, erfolgen, wenn es in dem Auftrag oder in dem Ersuchen des Gerichts verlangt wird. Der vernehmende Richter kann die Vereidigung aussetzen und einer neuen Entschließung des beauftragenden oder ersuchenden Gerichts vorbehalten, wenn bei der Vernehmung Tatsachen hervortreten, die zu uneidlicher Vernehmung berechtigen würden. Diese Tatsachen sind in das Protokoll aufzunehmen.

III Die Vereidigung darf nicht erfolgen, wenn die uneidliche Vernehmung verlangt wird.

1 **1) Für alle Vernehmungen** durch beauftragte (mit der Vernehmung beauftragte Mitglieder des erkennenden Gerichts) oder ersuchte (im Wege der Rechtshilfe nach § 157 GVG angegangene) Richter im Strafverfahren, nicht nur im Vorverfahren, gilt die Vorschrift. Wegen der Vernehmungen auf Ersuchen der StA vgl 1 zu § 65.

2 **2)** Ist **in dem Vernehmungsersuchen nichts bestimmt** (I), so entscheidet der vernehmende Richter über die Vereidigung. Das erkennende Gericht ist daran nicht gebunden. Es kann nachträglich um die Vereidigung ersuchen; dann gilt II. Wenn es die Vereidigung für unzulässig hält, muß es die eidliche Aussage als uneidliche werten (KK-Senge 2; LR-Dahs 2).

3) Dem **Ersuchen um eidliche Vernehmung** (II) muß der beauftragte oder ersuchte Richter entsprechen, sofern nicht §§ 60, 63 entgegenstehen. In den Fällen der §§ 61, 62 ermöglicht II S. 2 bei Hervortreten neuer Tatsachen während der Vernehmung (sonst nicht) die Aussetzung der Vereidigung und die Einholung einer neuen Entschließung des erkennenden Gerichts (LR-Dahs 4). Die neuen Tatsachen sind zu protokollieren (II S. 3). In der Hauptverhandlung gelten dann die gleichen Grundsätze wie bei der Vorabentscheidung des Vorsitzenden (7 zu § 59). 3

4) An das **Ersuchen um uneidliche Vernehmung** (III) ist der Richter gebunden, auch wenn er die Vereidigung für erforderlich oder zweckmäßig hält (LR-Dahs 6). 4

Eidesform

66c **I Der Eid mit religiöser Beteuerung wird in der Weise geleistet, daß der Richter an den Zeugen die Worte richtet: „Sie schwören bei Gott dem Allmächtigen und Allwissenden, daß Sie nach bestem Wissen die reine Wahrheit gesagt und nichts verschwiegen haben" und der Zeuge hierauf die Worte spricht: „Ich schwöre es, so wahr mir Gott helfe."**

II Der Eid ohne religiöse Beteuerung wird in der Weise geleistet, daß der Richter an den Zeugen die Worte richtet: „Sie schwören, daß Sie nach bestem Wissen die reine Wahrheit gesagt und nichts verschwiegen haben" und der Zeuge hierauf die Worte spricht: „Ich schwöre es."

III Gibt ein Zeuge an, daß er als Mitglied einer Religions- oder Bekenntnis gemeinschaft eine Beteuerungsformel dieser Gemeinschaft verwenden wolle, so kann er diese dem Eid anfügen.

IV Der Schwörende soll bei der Eidesleistung die rechte Hand erheben.

1) Zwischen dem **Eid mit oder ohne religiöse Beteuerung** (I, II) kann der hierüber nach § 57 S. 2, spätestens vor der Vernehmung, zu belehrende Zeuge wählen. Im Protokoll wird nur die Eidesleistung beurkundet (RG **57**, 342; Maier DRiZ **88**, 179). Wegen der Bekräftigung anstelle der Eidesleistung vgl § 66 d. 1

2) Die **Eidesnorm** („Sie schwören ... ") spricht der Richter allein, die Eidesformel („Ich schwöre es") der Zeuge. Die Anrufung Gottes kann bei Mohammedanern durch die Allahs ersetzt werden (LR-Dahs 2 zu § 66 d; Jünemann MDR **70**, 725; Leisten MDR **80**, 637). Bei Vereidigung mehrerer Zeugen dürfen die die Eidesnorm enthaltenden Worte an alle gemeinsam gerichtet werden (BGH 2 StR 596/58 vom 4. 4. 1959; KK-Senge 2 zu § 59; LR-Dahs 3; **aM** BGH MDR **54**, 336 [D]; EbSchmidt 2 zu § 59). Nur die Eidesformel muß jedem einzelnen Zeugen vor- und von jedem einzeln nachgesprochen werden (Frankfurt NJW **62**, 1834). Gehörlosen werden Norm und Formel sowie die Aufforderung, die Formel nachzusprechen, schriftlich übermittelt (LR-Dahs 3). Wegen der Vereidigung Stummer vgl § 66 e, von Personen, die der deutschen Sprache nicht mächtig sind, § 188 GVG. Zum Umfang der von dem Eid erfaßten Aussage vgl 4 zu § 59. 2

3) Beteuerungsformeln einer Religions- oder Bekenntnisgemeinschaft (III) kann der Zeuge anfügen, wenn sie der Verstärkung der eidlichen Beteuerung dienen, ihr also nicht widersprechen oder sie sogar aufheben (RG **10**, 181; Köln MDR **69**, 501). Die Mitgliedschaft des Zeugen und die Üblichkeit der Beteuerungsformel prüft das Gericht nicht nach. Im Protokoll wird die Anfügung der Beteuerungsformel nicht beurkundet. 3

4) Das **Erheben der rechten Hand** (IV) ist kein wesentlicher Bestandteil der Eidesleistung und kann daher nicht erzwungen werden (LR-Dahs 5). Andere symbolische Handlungen, zB Niederknien oder Handauflegen auf den Koran, sind 4 dem Zeugen nicht verwehrt (vgl Leisten MDR **80**, 636, der auch rituelle Waschungen zulassen will).

5 **5) Revision:** Ein Versehen bei der Formulierung der Eidesnorm oder -formel macht den Eid nicht unwirksam (BGH **3**, 309, 312); das Urteil wird auf dem Mangel idR nicht beruhen (KK-Senge 6; LR-Dahs 9).

Bekräftigung der Wahrheit der Aussage

66d **I Gibt ein Zeuge an, daß er aus Glaubens- oder Gewissensgründen keinen Eid leisten wolle, so hat er die Wahrheit der Aussage zu bekräftigen. Die Bekräftigung steht dem Eid gleich; hierauf ist der Zeuge hinzuweisen.**

II Die Wahrheit der Aussage wird in der Weise bekräftigt, daß der Richter an den Zeugen die Worte richtet: „Sie bekräftigen im Bewußtsein Ihrer Verantwortung vor Gericht, daß Sie nach bestem Wissen die reine Wahrheit gesagt und nichts verschwiegen haben" und der Zeuge hierauf spricht: „Ja".

III § 66 c Abs. 3 gilt entsprechend.

1 **1)** Der **Ersatz des Eides** durch Bekräftigung der Wahrheit der Aussage (I S. 1) muß dem Zeugen nach Art 4 I GG freigestellt sein (BVerfGE **33**, 23 = JZ **72**, 515 mit Anm Peters); dem entspricht § 66 d. Eine Belehrung hierüber ist nur geboten, nachdem der Zeuge die Eidesleistung in jeder Form abgelehnt hat. Für die Anwendung des § 66 d genügt die Erklärung des Zeugen, daß seinem Eid die bezeichneten Gründe entgegenstehen; das Gericht prüft das nicht nach (KK-Senge 2; LR-Dahs 2). Für Bekräftigungsnorm und – formel gilt 2 zu § 66 c entspr.

2 **2)** Die **Gleichstellung von Bekräftigung und Eid** (I S. 2), auf die der Zeuge vor der Bekräftigung ausdrücklich hinzuweisen ist, gilt nicht nur für den Zeugen (vgl § 155 Nr 1 StGB), sondern auch für das Verfahren. Anwendbar sind insbesondere die §§ 67, 70.

3 **3) Beteuerungsformeln** (III) können entspr § 66 c III angefügt werden. Die Wirksamkeit der Bekräftigung hängt davon aber niemals ab (BGH MDR **72**, 18 [D]). Zulässig sind auch symbolische Handlungen, etwa die Bekräftigung durch Handschlag (vgl RG **52**, 63; **57**, 342).

4 **4)** Die **Revision** kann darauf gestützt werden, daß der Zeuge selbst das Vorliegen der Voraussetzungen des I S. 1 nicht behauptet hat. Sind Zeuge und Gericht von der Wirksamkeit der Bekräftigung ausgegangen, so wird das Urteil darauf aber idR nicht beruhen (KK-Senge 6; LR-Dahs 8).

Stumme

66e **I Stumme leisten den Eid in der Weise, daß sie die Worte: „Ich schwöre bei Gott dem Allmächtigen und Allwissenden, daß ich nach bestem Wissen die reine Wahrheit bekundet und nichts verschwiegen habe" niederschreiben und unterschreiben. Stumme, die nicht schreiben können, leisten den Eid mit Hilfe eines Dolmetschers durch Zeichen.**

II § 66 c Abs. 2, 3 und § 66 d gelten entsprechend.

1 **1) Stumm** sind Personen, deren Fähigkeit zu sprechen für immer oder vorübergehend vollständig aufgehoben ist (vgl 1 zu § 186 GVG). Die entspr Erklärung des Zeugen muß der Richter ggf im Freibeweis (7, 9 zu § 244) prüfen (KK-Senge 1; LR-Dahs 1).

2) Die **Form der Eidesleistung** bestimmt I. Die Eidesnorm spricht der Richter immer selbst; nur bei Taubstummen übersetzt sie der Dolmetscher. Taubstumme, die sich nur durch Mimik verständlich machen können, sagen als Zeugen aus (KMR-Paulus 1; ANM 174; **aM** RG **33**, 403; KK-Senge 3; LR-Dahs 5), können aber meist nach § 60 Nr. 1 nicht vereidigt werden. Durch welche Zeichen ein stummer Analphabet den Eid leistet (S. 2), bestimmt der Dolmetscher, nicht das Gericht (LR-Dahs 3). 2

Berufung auf früheren Eid

67 Wird der Zeuge, nachdem er eidlich vernommen worden ist, in demselben Vorverfahren oder in demselben Hauptverfahren nochmals vernommen, so kann der Richter statt der nochmaligen Vereidigung den Zeugen die Richtigkeit seiner Aussage unter Berufung auf den früher geleisteten Eid versichern lassen.

1) Um eine **nochmalige Vernehmung** handelt es sich, wenn die frühere mit der Eidesleistung oder Bekräftigung abgeschlossen war, auch wenn der Zeuge noch am selben Tag und vor seiner Entlassung (§ 248) erneut vernommen wird (BGH **4**, 140, 142). Gleichgültig ist, ob die frühere Aussage bestätigt, erweitert, wiederholt oder erläutert wird (Saarbrücken VRS **23**, 53; KK-Senge 1; LR-Dahs 1). Nach einer früheren Vernehmung als Sachverständiger ist § 67 nicht anwendbar (Köln MDR **55**, 183). 1

2) Nur **im selben Verfahren** gilt § 67 (allg: von Schowingen JZ **55**, 267). 2

A. **Gegen denselben Beschuldigten** muß das Verfahren gerichtet sein, in dem der Zeuge erneut aussagt. Der Hinzutritt neuer von der Aussage betroffener Mitbeschuldigter schließt § 67 aus (RG **49**, 251). Nach Verfahrenstrennung kann sich der Zeuge in jedem der weitergeführten Verfahren auf den vor der Trennung geleisteten Eid berufen (vgl RG **44**, 352). 3

B. **Im selben Vorverfahren** findet die erneute Vernehmung statt, wenn der Zeuge vor Erhebung der Anklage nach § 170 I oder einer dieser gleichstehenden Verfahrenshandlung erneut vernommen wird. Ausgeschlossen ist die Berufung auf den im Vorverfahren geleisteten Eid bei erneuter Vernehmung im Zwischenverfahren nach § 202 S. 1 (LR-Dahs 6) und im Hauptverfahren (BGH MDR **53**, 722 [D]), auch nach § 223 (RG **12**, 373). 4

C. **Dasselbe Hauptverfahren:** Gemeint ist das Verfahren vom Erlaß des Eröffnungsbeschlusses bis zur Rechtskraft des Urteils (BGH **23**, 283, 285; GA **68**, 340; LR-Dahs 7). Es kann daher mehrere Hauptverhandlungen umfassen (BGH GA **79**, 272). Auch das Zwischenverfahren nach § 202 gehört hierher (LR-Dahs 7). Bei erneuter Vernehmung im 1. Rechtszug ist § 67 bei Fortsetzung und bei jedem Neubeginn der Verhandlung anwendbar, auch wenn die frühere Vernehmung nach Eröffnung des Hauptverfahrens nach § 223 stattgefunden hatte (RG **4**, 437; KK-Senge 5). Im Berufungsverfahren kann sich der Zeuge auf den vor dem AG geleisteten Eid auch berufen, wenn die StrK die Sache wegen Überschreitung der Strafgewalt des AG nunmehr im 1. Rechtszug verhandelt (BGH **23**, 283, 285; GA **68**, 340). § 67 ist ferner anwendbar nach Verweisung der Sache an ein höheres Gericht (§ 270) und nach Zurückverweisung durch das Berufungs- oder Revisionsgericht (§§ 328 II, 354 II, III, 355). In der erneuten Hauptverhandlung nach Wiederaufnahme des Verfahrens ist die Berufung auf den in der früheren Hauptverhandlung oder bei der Vernehmung nach § 369 geleisteten Eid unzulässig (RG **18**, 417; KK-Senge 6). 5

3) Richterliches Ermessen entscheidet, ob der Zeuge neu vereidigt oder ob nach § 67 verfahren werden soll (LR-Dahs 17). Wie bei der Vereidigung (7 zu § 59) trifft der Vorsitzende die Vorabentscheidung (Braunschweig NJW **57**, 513). 6

Die erneute Vereidigung ist vorzuziehen, wenn der Zeuge die Bedeutung der Versicherung nicht begreift, insbesondere aber nach sehr langem Zeitablauf (KMR-Paulus 11; LR-Dahs 17; von Schowingen JZ **55**, 267). Mangelnde Erinnerung an die Vereidigung schließt die Anwendung des § 67 aber nicht aus (BGH 5 StR 282/61 vom 29. 8. 1961).

7 **4)** Die **Versicherung unter Berufung auf den früheren Eid,** über deren Bedeutung der Zeuge entspr § 57 S. 2 belehrt werden muß, darf wie der Eid (§ 59 S. 1) erst nach der Vernehmung entgegengenommen werden (BGH MDR **72**, 198 [D]). Der Zeuge muß die Erklärung selbst, aber nicht unbedingt mit den Worten des Gesetzes (BGH aaO: „Bezugnahme" auf den früheren Eid) abgeben; der Hinweis des Richters auf den früheren Eid genügt nicht (BGH **4**, 140; KK-Senge 8). Die Berufung auf einen in Wahrheit nicht geleisteten Eid ist wirkungslos (RG **64**, 379; Köln NJW **63**, 2333; Saarbrücken VRS **23**, 53; LR-Dahs 15).

8 **5)** Im **Protokoll** muß die Berufung auf den früheren Eid beurkundet werden (§§ 168 a I, 273 I), nicht aber, wann und wo der Zeuge ihn geleistet hat. Der richtige Protokollvermerk lautet: „Der Zeuge versichert die Richtigkeit seiner Aussage unter Berufung auf den früher geleisteten Eid".

9 **6) Revision:** Ihre Zulässigkeit hängt nicht davon ab, daß gegen die Vorabentscheidung des Vorsitzenden (oben 6) das Gericht angerufen worden ist (BGH MDR **72**, 199 [D]). Sie kann aber nicht darauf gestützt werden, daß die erneute Vereidigung der Anwendung des § 67 vorzuziehen gewesen wäre (LR-Dahs 20). War der frühere Eid nicht im selben Verfahren geleistet, so beruht das Urteil auf dem Verstoß gegen § 67 nicht, wenn sich zweifelsfrei feststellen läßt, daß Zeuge und Gericht von der Wirksamkeit der Versicherung ausgegangen sind (BGH MDR **53**, 722 [D]; RG **64**, 379). Entsprechendes gilt, wenn der Zeuge sich auf einen nicht geleisteten Eid berufen hat (BGH NStZ **84**, 328; KK-Senge 10; KMR-Paulus 16; LR-Dahs 22; **aM** Köln NJW **63**, 2333; erg 13 zu § 79; 3 zu § 189 GVG).

Vernehmung zur Person **RiStBV 130 a**

68 **I Die Vernehmung beginnt damit, daß der Zeuge über Vornamen und Zunamen, Alter, Stand oder Gewerbe und Wohnort befragt wird. Zeugen, die Wahrnehmungen in amtlicher Eigenschaft gemacht haben, können statt des Wohnortes den Dienstort angeben.**

II Besteht Anlaß zu der Besorgnis, daß durch die Angabe des Wohnortes der Zeuge oder eine andere Person gefährdet wird, so kann dem Zeugen gestattet werden, statt des Wohnortes seinen Geschäfts- oder Dienstort oder eine andere ladungsfähige Anschrift anzugeben. Unter der in Satz 1 genannten Voraussetzung kann der Vorsitzende in der Hauptverhandlung dem Zeugen gestatten, seinen Wohnort nicht anzugeben.

III Besteht Anlaß zu der Besorgnis, daß durch die Offenbarung der Identität oder des Wohn- oder Aufenthaltsortes des Zeugen Leben, Leib oder Freiheit des Zeugen oder einer anderen Person gefährdet wird, so kann ihm gestattet werden, Angaben zur Person nicht oder nur über eine frühere Identität zu machen. Er hat jedoch in der Hauptverhandlung auf Befragen anzugeben, in welcher Eigenschaft ihm die Tatsachen, die er bekundet, bekanntgeworden sind. Die Unterlagen, die die Feststellung der Identität des Zeugen gewährleisten, werden bei der Staatsanwaltschaft verwahrt. Zu den Akten sind sie erst zu nehmen, wenn die Gefährdung entfällt.

IV Erforderlichenfalls sind dem Zeugen Fragen über solche Umstände, die seine Glaubwürdigkeit in der vorliegenden Sache betreffen, insbesondere über seine Beziehungen zu dem Beschuldigten oder dem Verletzten, vorzulegen.

1) Die **Feststellung der Personalien** (I) steht am Anfang der Zeugenvernehmung. Sie dient vor allem dem Zweck, Personenverwechselungen zu vermeiden (RG **40**, 157), soll aber auch eine verläßliche Grundlage für die Beurteilung der Glaubwürdigkeit schaffen, insbesondere den Beteiligten die Einholung von Erkundigungen ermöglichen (BGH **23**, 244, 245; **32**, 115, 128 [GSSt]; **33**, 83, 87; NJW **86**, 1999). Die Möglichkeit, den **Dienstort** statt des Wohnortes anzugeben (I S. 2), ist durch das OrgKG geschaffen worden. Sie betrifft nur Zeugen, die Wahrnehmungen in amtlicher Eigenschaft gemacht haben, in erster Linie somit Polizeibeamte; sie kommt aber auch zB für einen StA oder Richter in Betracht. Die Wahrnehmung in amtlicher Eigenschaft ist zu bejahen, wenn die Kenntniserlangung im Zusammenhang mit einer Diensthandlung steht oder das Wissen in sonstiger Weise dienstlich erlangt worden ist (ähnlich wie beim Zeugnisverweigerungsrecht, vgl 7, 9 zu § 53); in diesen Fällen wird der Zeuge daher auch stets eine Aussagegenehmigung (vgl § 54 und die Erläuterungen dort) benötigen. Für andere Personen gilt II (unten 10). Der Zeuge ist **verpflichtet,** die Personalien anzugeben, auch wenn er von einem Zeugnisverweigerungsrecht Gebrauch macht (vgl § 111 I OWiG). Notfalls wird seine Identität aufgrund seiner Ausweispapiere oder durch Zeugenvernehmung festgestellt. Dient die Vernehmung nur der Identitätsfeststellung, so sind die Personalfragen zugleich Vernehmung zur Sache. 1 2 3

2) Personalfragen: 4

A. **Vor- und Zunamen** sind festzustellen, sofern sie nicht dem Gericht und allen Prozeßbeteiligten bekannt sind (RG **40**, 157). Der Zeuge muß den Rufnamen, auf Verlangen auch die weiteren Vornamen, und den Familiennamen, auch den Geburtsnamen angeben. Die Angabe des Künstlernamens kann ebenfalls verlangt werden. 5

B. Das **Alter** muß der Zeuge auch angeben, wenn nicht ersichtlich ist, wieso es darauf für das Verfahren ankommt. Er kann nach ihm auch in der Weise gefragt werden, daß er zur Angabe von Geburtstag und -jahr aufgefordert wird (LR-Dahs 4; Herminghausen DRiZ **51**, 225). 6

C. **Stand und Gewerbe:** Gemeint ist der Beruf (vgl § 111 I OWiG). Die Berufsbezeichnung sagt aber oft nichts über die dauernde Beschäftigung aus. Daher kann ihre Ergänzung durch Angaben über berufliche Stellung und Art des Erwerbs verlangt werden. Die Frage nach früheren Erwerbstätigkeiten überschreitet den Rahmen der Personalienfeststellung (BGH MDR **66**, 383 [D]; LR-Dahs 5). 7

D. **Wohnort** ist, wie sich aus II ergibt, die genaue postalische Anschrift, nicht die bloße Ortsangabe (BGH NJW **90**, 1125; Stuttgart Justiz **91**, 333; Leineweber MDR **85**, 635; **90**, 109; Schlund NJW **72**, 1035; **aM** Celle NJW **88**, 2751; AK/StPO-Lemke 8; KK-Senge 5; Greiser Kriminalistik **79**, 522; Rebmann/Schnarr NJW **89**, 1188). Zeugen ohne festen Wohnsitz werden nach ihrem Aufenthaltsort gefragt (vgl § 222 I). Zur Angabe des Dienstortes statt des Wohnortes oben 2 und unten 10; zur Geheimhaltung des Wohnorts bei Gefährdung des Zeugen vgl unten 14ff. 8

E. Nach der **Religion** darf im Hinblick auf Art 140 GG iVm Art 136 III S. 1 WeimRV nicht gefragt werden. Das schließt nicht aus, die Religion des Zeugen festzustellen, wenn das für die Sachaufklärung, insbesondere für die Würdigung der Aussage, von Bedeutung ist. 9

3) Ausnahme für die Wohnortsangabe (II): Jeder selbst gefährdete oder einen anderen durch seine Wohnortangabe gefährdenden Zeuge kann in und außerhalb der Hauptverhandlung statt des Wohnortes seinen Geschäfts- oder Dienstort oder eine andere ladungsfähige Anschrift angeben. In der Hauptverhandlung kann darüber hinausgehend sogar jede diesbezügliche Angabe verweigert werden, wenn die Möglichkeiten nach II S. 1 zum Schutz des Zeugen nicht ausreichen. Da der Zeuge in der Hauptverhandlung vor Gefährdungen geschützt werden soll, die ihm durch Zuhörer oder über Zuhörer durch andere Personen drohen, wird II S. 2 bei 10

Verhandlungen unter Ausschluß der Öffentlichkeit nicht in Betracht kommen. Wird eine im Vorverfahren gemachte Aussage verlesen, ist unter den Voraussetzungen des II S. 2 von der Wiedergabe des Wohnortes abzusehen (Hilger NStZ **92**,
11 459). Die **Entscheidung** über die Anwendung der Vorschrift trifft der Vorsitzende nach pflichtgemäßem Ermessen (BGH NJW **89**, 1230; Hilger aaO) unter Abwägung des Persönlichkeitsschutzes mit dem Informationsanspruch der Prozeßbeteiligten und der Öffentlichkeit (Leineweber MDR **85**, 637) von Amts wegen oder auf Antrag eines Prozeßbeteiligten (vgl für die StA: RiStBV 130a) oder des Zeugen. Nach § 238 II kann die Entscheidung des Gerichts herbeigeführt werden, auch von dem Zeugen (KK-Senge 9; KMR-Paulus 16; Leineweber MDR **85**, 638;
12 **90**, 111). **Voraussetzung** der Verheimlichung des Wohnorts ist eine Gefährdung des Zeugen oder anderer Personen, insbesondere Angehöriger, Freunde, Bekannter des Zeugen, aber auch sonstiger Personen, über die der Wohnort in Erfahrung gebracht werden kann, an Leib und Leben, Eigentum, Besitz und Hausfrieden (Anschläge auf Gebäude, Kraftwagen und dgl). Bloße Belästigungen (Telefonanrufe, Massensendungen, fingierte Warenbestellungen) genügen nicht (LR-Dahs 10; Leineweber MDR **85**, 637; **aM** Celle NJW **88**, 2751). Die Gefährdung ist zu besorgen, wenn schon früher ein Anschlag auf den Zeugen oder einen Dritten erfolgt oder angedroht worden ist und wenn das mit den Bekundungen des Zeugen in dem gegenwärtigen Verfahren zusammenhängt (Leineweber aaO). Die Gefährdung kann sich aber auch aufgrund kriminalistischer Anhaltspunkte, kriminologischer Erfahrungen oder der Lebenserfahrung ergeben (Leineweber aaO und Kriminalistik **79**, 39; Rebmann/Schnarr NJW **89**, 1186). Eine unmittelbar bevorstehende Rechtsgutverletzung ist nicht erforderlich (Koblenz NStZ **92**, 95 mit zust
13 Anm Hund). II schränkt das **Fragerecht** der Prozeßbeteiligten nach § 240 ein. Ist dem Zeugen die Nichtangabe des Wohnorts gestattet, so darf er ihn während der ganzen Hauptverhandlung verheimlichen (Leineweber MDR **85**, 637; Rieß NJW **78**, 2268).

14 4) **Geheimhaltung der Personalien** (III):

15 A. **Über II hinaus** kann die Angabe des Wohn- oder Aufenthaltsortes gänzlich verweigert werden, wenn der Zeuge dadurch an Leben, Leib oder Freiheit gefährdet werden würde. Reicht auch dies nicht aus, so kommt unter diesen Voraussetzungen als weitestgehender Schutz die Verheimlichung der Identität des Zeugen in Betracht (krit Eisenberg NJW **93**, 1036). Voraussetzung ist auch hier eine Gefährdungslage, die noch nicht konkretisiert zu sein braucht (Hilger NStZ **92**, 459). Der Begriff Identität umfaßt die gegenwärtige und die frühere Identität; für die Geheimhaltung der Identität eines Verdeckten Ermittlers gilt § 110b III. Zur Identitätsänderung vgl BVerfGE **57**, 250, 286 = NJW **81**, 1719, 1724; BGH **29**, 109, 113.

16 B. Die **Befragung** nach III S. 2 hat – was sich aus dem Wortlaut nicht ergibt (Böttcher Schüler-Springorum-FS 549) – im wesentlichen für Verdeckte Ermittler Bedeutung, die danach diese Eigenschaft offenbaren müssen, falls die von ihnen getroffenen Feststellungen mit ihrem Einsatz als Verdeckte Ermittler zusammenhängen (Möhrenschlager wistra **92**, 332). Die Vorschrift gilt nur für die Hauptverhandlung, um eine Enttarnung des Verdeckten Ermittlers während eines Einsatzes zu vermeiden (Hilger NStZ **92**, 459).

17 C. Die **Unterlagen,** die die Identität des Zeugen betreffen, sind bei der StA zu verwahren; erst nach Entfallen der Gefährdung werden sie zu den Akten genommen (III S. 3 und 4), erst dann erstreckt sich auf sie das Einsichtsrecht nach § 147.

18 D. **Ausgeschlossen** ist die Vernehmung eines optisch oder akustisch „abgeschirmten", insbesondere eines vermummten oder sonst unkenntlich gemachten Zeugen (BGH **32**, 115, 124 [GSSt] = JZ **84**, 430 mit Anm Fezer; vgl auch Fezer Jura **87**, 359; Schlüchter/Greff Kriminalistik **98**, 532; **aM** für Verdeckte Ermittler Lesch StV **95**, 545). Der Zeuge muß körperlich anwesend und sichtbar sein (Engels

NJW **83**, 1530; Tiedemann/Sieber NJW **84**, 756; vgl auch Bruns MDR **84**, 178). Für polizeiliche Vernehmungen gelten diese Grundsätze nicht (BGH **33**, 83 = JZ **85**, 494 mit Anm Fezer = NStZ **85**, 278 mit Anm Arloth; krit Taschke StV **85**, 269; erg 30 zu § 251). Ist ein Zeuge unter Verstoß gegen sie kommissarisch vernommen worden, so hindert das die Zeugenvernehmung des vernehmenden Richters über den Inhalt der Aussage in der Hauptverhandlung eines anderen Verfahrens jedenfalls dann nicht, wenn die Personalien des Zeugen inzwischen bekannt sind (BGH NJW **86**, 1999 mit abl Anm Fezer StV **86**, 372).

5) Die **Generalfragen** (IV) werden nur gestellt, wenn ihre Beantwortung nach 19
dem Ermessen des Gerichts erforderlich ist. Schutzmaßnahmen nach I bis III dürfen dadurch nicht unterlaufen werden (Hilger NStZ **92**, 459). Die Entscheidung trifft zunächst der Vorsitzende. Die Prozeßbeteiligten und der Zeuge können nach § 238 II die Entscheidung des Gerichts herbeiführen (LR-Dahs 20). Aus IV folgt,
daß der Zeuge zur Beantwortung von Fragen verpflichtet ist, die seine **Glaubwür-** 20
digkeit in der vorliegenden Sache oder ganz allgemein betreffen (vgl BGH **23**, 1) und sich auf sein Vorleben, seine geistig-seelische Entwicklung, seine körperlichen Eigenschaften (Gebrechen, besondere Fähigkeiten usw) und seine Vorstrafen bezie-
hen. Jedoch ist § 68 a zu beachten. Die Klärung der **Beziehung zu Beschuldig-** 21
ten und Verletzten (Ehe, Verwandtschaft, Schwägerschaft) dient vor allem der Entscheidung über die Weigerungsrechte nach §§ 52, 55 und die Frage der Vereidigung nach §§ 61 Nr 2, 63. Bestehen solche Beziehungen offensichtlich nicht, so kann die Befragung unterbleiben (KG JR **77**, 295). In der Praxis ist es aber üblich, jeden Zeugen nach den Beziehungen zu dem Beschuldigten zu fragen.

6) **Protokoll:** Die Vernehmung des Zeugen zur Person muß nach §§ 168 a I, 22
273 I im Protokoll beurkundet werden. Üblicherweise werden nur die Erklärungen des Zeugen vermerkt. Die Generalfragen gehören zur Sachvernehmung, werden aber in der Praxis meist ebenfalls in das Protokoll aufgenommen.

7) **Revision:** Grundsätzlich ist § 68 eine nicht revisible Ordnungsvorschrift 23
(BGH **23**, 244; RG **40**, 157; **55**, 22; KG JR **77**, 295; Saarbrücken VRS **21**, 48; Herdegen NStZ **84**, 202; **aM** offenbar Frenzel NStZ **84**, 39). Seine Verletzung kann nur unter dem Gesichtspunkt der Verletzung der Aufklärungspflicht (§ 244 II) gerügt werden (Böttcher Schüler-Springorum-FS 549; vgl RG **55**, 22: Vernehmung des falschen Zeugen). Gerügt werden kann aber die Verletzung des I S.1 durch Unterlassen der Identitätsfeststellung (BGH **23**, 244 wendet § 338 Nr 8 an) und des I S. 2, II durch hierdurch nicht gerechtfertigtes Unterlassen der Wohnortfeststellung, das die Verteidigung des Angeklagten beschränkt (krit dazu BGH NJW **89**, 1231 und Rebmann/Schnarr NJW **89**, 1191). Ebenso kann gerügt werden, daß die Voraussetzungen des III S. 1 nicht vorgelegen haben (Eisenberg NJW **93**, 1036) oder das Fragerecht nach III S. 2, IV unzulässig eingeschränkt worden ist (erg 9 zu § 68 a).

Bloßstellen von Zeugen

68a

I Fragen nach Tatsachen, die dem Zeugen oder einer Person, die im Sinne des § 52 Abs. 1 sein Angehöriger ist, zur Unehre gereichen können oder deren persönlichen Lebensbereich betreffen, sollen nur gestellt werden, wenn es unerläßlich ist.

II Der Zeuge soll nach Vorstrafen nur gefragt werden, wenn ihre Feststellung notwendig ist, um über das Vorliegen der Voraussetzungen des § 60 Nr. 2 oder des § 61 Nr. 4 zu entscheiden oder um seine Glaubwürdigkeit zu beurteilen.

1) **Angemessene Behandlung und Ehrenschutz** kann der Zeuge beanspru- 1
chen (BVerfGE **38**, 105, 114 ff = NJW **75**, 103; Dähn JR **79**, 138; Humborg JR

66, 448; Wulf DRiZ **81**, 379). Zwar lassen sich unangenehme und bloßstellende Fragen im Interesse der Sachaufklärung nicht immer vermeiden. Der Zeuge kann aber auch dann verlangen, daß möglichst schonend mit ihm umgegangen wird (LR-Dahs 1; Hülle DRiZ **53**, 89).

2 **2)** Nach **entehrenden Tatsachen** (I), die ihn selbst oder einen Angehörigen iS § 52 I betreffen, und nach Tatsachen, die deren persönlichen Lebensbereich be-
3 treffen, darf der Zeuge nur gefragt werden, wenn das unerläßlich ist. **Entehrend** sind Tatsachen, die nach objektiven Maßstäben, ohne Rücksicht auf die persönliche Empfindlichkeit des Zeugen (KK-Senge 1), die sittliche Bewertung des Zeugen oder seiner Angehörigen in der Umwelt nachteilig beeinflussen können
4 (Hamm NJW **54**, 1495; LR-Dahs 2). **Den persönlichen Lebensbereich betreffende Tatsachen** stehen im Gegensatz zu den Umständen, die nur das Berufs- oder Erwerbsleben betreffen. Gemeint ist der private Bereich, der jedermann zur Entfaltung seiner Persönlichkeit gewährleistet werden muß. Dazu gehören insbesondere private Eigenschaften und Neigungen des Zeugen, sein Gesundheitszustand, seine religiöse und politische Einstellung, aber auch Tatsachen aus seinem Familienleben (vgl 3 zu § 171 b GVG). Zum persönlichen Lebensbereich gehört unter allen Umständen die Intimsphäre des Zeugen. Der Gesetzgeber will vor allem verhindern, daß die Opfer von Sexualstraftaten ohne erkennbaren Zusammenhang mit der dem Angeklagten vorgeworfenen Tat Befragungen über ihr Sexualleben unterzogen werden (vgl dazu Wolters, Zur Anwendung von § 68 a I in der Hauptverhandlung des Vergewaltigungsprozesses, Diss Osnabrück 1987). § 68 a wird
5 durch § 171 b GVG ergänzt. **Unerläßlich** ist die Befragung, wenn sonst die Wahrheit nicht aufgeklärt werden kann (BGH **13**, 252, 254; **21**, 334, 360; NStZ **82**, 170; Bay **78**, 158 = JR **80**, 432, 434 mit Anm Hanack; vgl auch Schünemann StV **98**, 395). Auf die Bedeutung der Strafsache kommt es nicht an (LR-Dahs 4; **aM** AK/StPO-Lemke 2; KMR-Paulus 4); die Sachaufklärung geht immer vor (Dähn
6 JR **79**, 141). Ob die Befragung sich auf unmittelbar **erhebliche Tatsachen** oder nur auf Hilfstatsachen bezieht, spielt keine Rolle (BGH **13**, 252, 255; NStZ **82**, 170). Nur unerhebliche Fragen dürfen nicht gestellt werden; das gilt auch für Fragen, die nur bei der Strafzumessung von untergeordneter Bedeutung sind (Hamm NJW **56**, 1495; LR-Dahs 4).

7 **3) Fragen nach Vorstrafen** (II), auch nach nicht rechtskräftigen Verurteilungen (Dähn JR **79**, 141) und nach einer OWi (LG Mannheim NJW **81**, 1795), dürfen grundsätzlich nur zur Feststellung der Glaubwürdigkeit (zB wegen Verurteilung des Zeugen nach §§ 153 ff, 164, 263 StGB) oder der Vereidigungsvoraussetzungen nach §§ 60 Nr 2, 61 Nr 4 gestellt werden. Wenn sie im Interesse des Zeugen liegen (etwa weil der Angeklagte ihn wegen der Vorstrafen erpreßt hat), sind sie aber auch sonst zulässig. Das Gericht kann auch einen Strafregisterauszug einholen, Vorstrafakten beiziehen und das Urteil verlesen (BGH **1**, 337). Im Erziehungsregister eingetragene und im Strafregister getilgte oder tilgungsreife Verurteilungen scheiden aus; der Zeuge darf sich als unbestraft bezeichnen (§§ 53, 64 I **BZRG**).

8 **4)** Die **Entscheidung** über die Unerläßlichkeit der Frage trifft der Vorsitzende, auf Antrag eines Prozeßbeteiligten oder des Zeugen (Böttcher JR **87**, 139) nach § 238 II das Gericht. Wird die Frage zugelassen, so muß der Zeuge sie, außer im Fall des § 55 I, beantworten (Dähn JR **79**, 141). Da § 68 a das Fragerecht für alle Beteiligten beschränkt, dürfen Fragen, die nach I oder II nicht gestellt werden sollen, nach § 241 II zurückgewiesen werden (BGH **13**, 252, 254; **21**, 334, 360).

9 **5) Revision:** § 68 a ist eine nicht revisible Ordnungsvorschrift (Celle NdsRpfl **51**, 19; LR-Dahs 10). Sind Fragen unter Berufung auf § 68 a zu Unrecht abgelehnt worden, so ist § 240 verletzt (Weimann JR **53**, 20; **aM** KMR-Paulus 16: § 244 II; BGH NStZ **82**, 170; LR-Dahs 10: § 338 Nr 8).

Zeugenbeistand

68b Zeugen, die noch keinen anwaltlichen Beistand haben, kann für die Dauer der Vernehmung mit Zustimmung der Staatsanwaltschaft ein Rechtsanwalt beigeordnet werden, wenn ersichtlich ist, daß sie ihre Befugnisse bei der Vernehmung nicht selbst wahrnehmen können und ihren schutzwürdigen Interessen auf andere Weise nicht Rechnung getragen werden kann. Hat die Vernehmung

1. **ein Verbrechen,**
2. **ein Vergehen nach den §§ 174 bis 174 c, 176, 179 Abs. 1 bis 3, §§ 180, 180 b, 182, 225 Abs. 1 oder 2 des Strafgesetzbuches oder**
3. **ein sonstiges Vergehen von erheblicher Bedeutung, das gewerbs- oder gewohnheitsmäßig oder von einem Bandenmitglied oder in anderer Weise organisiert begangen worden ist,**

zum Gegenstand, so ist die Beiordnung auf Antrag des Zeugen oder der Staatsanwaltschaft anzuordnen, soweit die Voraussetzungen des Satzes 1 vorliegen. Für die Beiordnung gelten § 141 Abs. 4 und § 142 Abs. 1 entsprechend. Die Entscheidung ist unanfechtbar.

1) **Die (Ausnahme-)Fälle**, in denen das Rechtsstaatsprinzip die Prüfung gebietet, 1
ob einem schutzbedürftigen Zeugen ein Rechtsbeistand auf das Kostenrisiko des Staates (vgl §§ 91 Nr 1, 97 I S. 1, 102 I BRAGO) beizuordnen ist, werden von der durch das ZSchG eingefügten Bestimmung erfaßt. Das aus dem Gebot des fairen Verfahrens abgeleitete Recht des Zeugen, sich bei seiner Vernehmung auf eigene Kosten der Hilfe eines anwaltlichen Beistandes zu bedienen (vgl BVerfGE **38**, 105; 11 vor § 48), wird durch die Vorschrift nicht berührt (vgl aber LG Lüneburg StraFo **98**, 304). Empirisch ist der Zusammenhang zwischen der Anwesenheit eines anwaltlichen Beistands und der Anwendung schonender Maßnahmen gegenüber (kindlichen) Zeugen belegt (Busse/Volbert/Steller 190). Die Regelung ist jedoch nicht auf minderjährige Zeugen beschränkt. Vom Schutzzweck umfaßt sind auch die „ungeschickten, ängstlichen oder aus anderen Gründen in ihrer Aussagefähigkeit und -bereitschaft behinderten und gehemmten Zeugen" (BVerfGE **38**, 105, 117) sowie die – insbesondere wegen zu befürchtender Repressalien – gefährdeten Zeugen.

2) A. **Anwendbar** ist die Vorschrift bei richterlichen Vernehmungen in und 2
außerhalb einer Hauptverhandlung, ebenso bei staatsanwaltschaftlichen (§ 161 a I S. 2), mangels einer Verweisung in § 163 a V nicht aber bei polizeilichen (Rieß NJW **98**, 3242 Fn 48; Seitz JR **98**, 310; **aM** BT-Drucks 13/7165 S. 8) Vernehmungen.

B. **Voraussetzung** für die Bestellung eines Zeugenbeistands ist, daß der Zeuge 3
seine Befugnisse bei der Vernehmung nicht selbst wahrnehmen kann, etwa seine Rechte aus §§ 52 ff, 238 II, 242; §§ 171 b I S. 2, II, 174 I S. 1 GVG. Dies wird regelmäßig bei kindlichen und jugendlichen Opferzeugen oder dann naheliegen, wenn sich der Zeuge einer tatsächlich und rechtlich schwierigen Situation gegenübersieht und daher die Gefahr besteht, daß er seine prozessualen Rechte bei der Vernehmung nicht sachgerecht ausüben kann. Im Einzelfall kann allerdings die Anwesenheit einer Vertrauensperson (§ 406 f III) Defizite des Zeugen kompensieren. Die im Gesetz vorausgesetzte Beeinträchtigung des Zeugen muß ersichtlich, dh ohne weitere Beweiserhebung objektiv erkennbar sein. In formeller Hinsicht bedarf es der Zustimmung der StA. Die Bestellung eines Zeugenbeistands ist in zweifacher
Weise **subsidiär**. Sie ist ausgeschlossen, wenn der Zeuge bereits einen anwaltlichen 4
Beistand hat, etwa nach §§ 397 I S. 2 iVm 378, 397 a, 406 f I oder 406 g; das gleiche gilt für einen von ihm zugezogenen Rechtsbeistand (oben 1). Ferner ist vor der Bestellung eines Beistands zu prüfen, ob ersichtlich ist, daß den schutzwürdigen Interessen des Zeugen auf andere Weise Rechnung getragen werden kann. Hier ist insbesondere an Hinweise oder Belehrungen durch den Vernehmenden (vgl KK-

Senge 6, der den Gerichten mit Blick auf § 24 zu Recht Zurückhaltung empfiehlt) und an Maßnahmen nach §§ 168 c III, V, 168 e, 224 I S. 2, 247, 247 a sowie nach §§ 171 b ff GVG zu denken. Nicht zu prüfen ist, ob dem Zeugen aufgrund seiner finanziellen Situation (ersichtlich) zumutbar ist, selbst einen Beistand zu bestellen (so aber Seitz JR **98**, 310). Dies verbietet nicht nur das Interesse an Verfahrensbeschleunigung, sondern auch die Schutzrichtung der Bestimmung, insbesondere im Hinblick auf kindliche Opferzeugen sowie eingeschüchterte und gefährdete Zeugen, ferner das gemäß § 244 II von Amts wegen zu beachtende Interesse, den Aufklärungsbeitrag gerade der zuletzt genannten Auskunftspersonen zu fördern (BT-Drucks 13/7165 S. 8). Schließlich würde die Prüfung der (ersichtlichen) finanziellen Leistungsfähigkeit der abgestuften Regelung in §§ 397 a, 406 g und § 68 b widersprechen (vgl BRat, Stenographischer Bericht der 722. Sitzung S. 52).

5 **3) Nach pflichtgemäßem Ermessen** kann dem Zeugen bei Vorliegen der genannten Voraussetzungen ein RA beigeordnet werden (S. 1). Ein Antrag des Zeugen ist insoweit nicht erforderlich; stellt er jedoch auch auf Nachfrage (prozessuale Fürsorgepflicht) keinen Antrag, wird ihm ein Beistand nur zu bestellen sein, wenn ihn das bei ihm vorliegende Defizit (oben 1) schon an einer Antragstellung hindert (Seitz JR **98**, 311; krit Weigend, Gutachten zum 62. DJT, C 125 Fn 423). Die Beiordnung beschränkt sich auf die Dauer der Vernehmung, dh auf alle Vorgänge, die mit ihr in enger Verbindung stehen oder sich aus ihr entwickeln (Griesbaum NStZ **98**, 439). Sie umfaßt ein vorheriges Beratungsgespräch mit dem Zeugen und endet grundsätzlich mit seiner Entlassung. Bei einer wiederholten, nicht nur unterbrochenen Vernehmung bedarf es einer erneuten Entscheidung. Die Rechtsstellung des Beistands leitet sich aus der des Zeugen ab; er hat keine eigenen Rechte als Verfahrensbeteiligter und nicht mehr Befugnisse als der Zeuge selbst (Schlüchter/Greff Kriminalistik **98**, 535; krit KK-Senge 9, der dem Beistand ein begrenztes Akteneinsichtsrecht gewähren will; vgl ferner Jung GA **98**, 327). Wegen der Einzelheiten wird auf 11 vor § 48 verwiesen; allerdings zwingt die Verhinderung des Beistands jedenfalls in den Fällen des S. 2 zur Terminsverlegung oder Beiordnung eines anderen RA.

6 **4)** Eine **Verpflichtung zur Beiordnung** besteht nach S. 2, wenn die Vernehmung – nicht notwendig auch das Strafverfahren – ein Verbrechen (Nr 1), bestimmt bezeichnete Vergehen aus dem Kreis der Straftaten gegen die sexuelle Selbstbestimmung bzw nach § 225 I, II StGB (Nr 2) oder sonstige Vergehen von erheblicher Bedeutung, die unter den besonderen Voraussetzungen der Nr 3 begangen wurden (vgl 5 und 6 zu § 98 a), zum Gegenstand hat und der Zeuge oder die StA einen Antrag auf Beiordnung stellt. Obwohl S. 2 darüber hinaus umfassend auf die Voraussetzungen des S. 1 (vgl oben 2 ff) Bezug nimmt, legen die alternative Fassung des Antragserfordernisses, der systematische Aufbau der Vorschrift sowie deren Zweck, die Autonomie des Zeugen zu stärken, eine Auslegung nahe, wonach es im Fall eines Antrags des Zeugen keiner Zustimmung der StA bedarf (Rieß NJW **98**, 3242 Fn 51; vgl auch Seitz JR **98**, 311).

7 **5) Zuständig** ist nach S. 3 iVm § 141 IV stets – auch bei staatsanwaltschaftlicher Vernehmung (insoweit krit zur Regelung KK-Senge 10; vgl aber Rieß NJW **98**, 3242 Fn 48: Zuständigkeit insoweit ungeklärt) – der Vorsitzende des Gerichts, das für das Hauptverfahren zuständig oder bei dem das Verfahren anhängig ist (vgl 6 bis 8 zu § 141); er entscheidet nach Anhörung der StA, in der Hauptverhandlung auch der übrigen Beteiligten, § 33 I, II. Für die Auswahl gilt § 142 I entspr. Der damit verbundene Verfahrensaufwand setzt dem Ziel des Gesetzentwurfs, einen Zeugenbeistand auch dann ohne Unterbrechung der Vernehmung zu bestellen, wenn sich dessen Notwendigkeit erst unmittelbar vor oder sogar erst im Laufe der Anhörung ergibt (BT-Drucks 13/7165 S. 8), enge Grenzen.

8 **6) Unanfechtbar** ist die Entscheidung des Vorsitzenden (S. 4); das gilt (entgegen KK-Senge 11) nach Wortlaut, Entstehungsgeschichte (BT-Drucks 13/7165

S. 9) und Zweck der Bestimmung – Verfahrensbeschleunigung und rasche Klärung der Rechtslage – auch für die Ablehnung der Beiordnung. Die Entscheidung ist daher – soweit Revisibilität nach § 336 S. 1 überhaupt in Betracht kommt – gemäß § 336 S. 2 insgesamt revisionsgerichtlicher Kontrolle entzogen (erg 3 zu § 336 und LR-Hanack 6, 7 zu § 336 zu – hier möglichen – Entscheidungen vor Erlaß des Eröffnungsbeschlusses).

Vernehmung zur Sache

69 **I Der Zeuge ist zu veranlassen, das, was ihm von dem Gegenstand seiner Vernehmung bekannt ist, im Zusammenhang anzugeben. Vor seiner Vernehmung ist dem Zeugen der Gegenstand der Untersuchung und die Person des Beschuldigten, sofern ein solcher vorhanden ist, zu bezeichnen.**

II Zur Aufklärung und zur Vervollständigung der Aussage sowie zur Erforschung des Grundes, auf dem das Wissen des Zeugen beruht, sind nötigenfalls weitere Fragen zu stellen.

III Die Vorschrift des § 136a gilt für die Vernehmung des Zeugen entsprechend.

1) Für alle **richterlichen Vernehmungen** von Zeugen in und außerhalb der Hauptverhandlung, auch durch den beauftragten und ersuchten Richter (BGH NJW **53**, 231; RG **74**, 35), gilt § 69, nicht aber für konsularische und ausländische Vernehmungen (BGH MDR **71**, 897 [D]; **81**, 632 [H]). Die entspr Anwendung der Vorschrift auf Vernehmungen durch die StA bestimmt § 161a I S. 2. Ihre Grundregeln sind auch bei polizeilichen Vernehmungen zu beachten; denn sie bezeichnen die zweckmäßigste Art der Vernehmung von Zeugen (KMR-Paulus 1; LR-Dahs 2). 1

2) Mit der **Unterrichtung über den Untersuchungsgegenstand** und die Person des Beschuldigten (I S. 2) beginnt die Vernehmung. Sie kann entfallen, wenn der Zeuge bereits im Bilde ist (KMR-Paulus 2; LR-Dahs 3). 2

3) Die **Vernehmung zur Sache** besteht aus der Entgegennahme von Erklärungen des Zeugen, und zwar zunächst in Berichtsform, danach auf weitere Befragung. Diese Teilung in Bericht und Verhör ist zwingend (BGH **3**, 281). 3

A. **Mündlich** ist der Zeuge zu vernehmen (Ausnahme: § 186 GVG; dort 1). Unzulässig ist die bloße Entgegennahme oder Verlesung schriftlicher Erklärungen (RG **37**, 330), die mündliche Bezugnahme auf eigene oder von anderen hergestellte schriftliche Äußerungen (RG **65**, 273) oder die Bestätigung der Richtigkeit eines Polizeiberichts (Hamburg HESt **1**, 57). Bei wiederholter Vernehmung darf dem Zeugen nicht lediglich die Niederschrift über die frühere Aussage vorgelesen und seine Erklärung entgegengenommen werden, daß sie richtig ist (BGH NJW **53**, 35 = JZ **53**, 121 mit Anm Lay; BGH StV **81**, 269; RG **74**, 35; erg unten 11). Die Einholung schriftlicher Erklärungen des Zeugen zu Beweisfragen ist aber im Vorverfahren und im Freibeweis (7, 9 zu § 244) nicht ausgeschlossen (vgl RiStBV 67). 4

B. Zum **Bericht** (I S. 1) ist der Zeuge zu veranlassen, auch bei wiederholter Vernehmung (RG **62**, 147). Er hat einen Anspruch darauf, seine Aussage unbeeinflußt von Fragen und Vorhalten im Zusammenhang zu machen (BVerfGE **38**, 105, 117 = NJW **75**, 103, 104; RG **74**, 35; Humborg JR **66**, 449; Peters 361). Es muß auch erkennbar sein, was er aus lebendiger Erinnerung weiß und was er erst nach Nachhilfe durch das Gericht bekundet (BGH **3**, 281, 284). Wenn ihm eine zusammenhängende Aussage wegen Befangenheit, mangelnder Intelligenz oder Altersschwäche unmöglich ist, genügt aber der Versuch, den Zeugen zu einem solchen Bericht zu veranlassen (BGH MDR **66**, 25 [D]; Hamm JMBlNW **53**, 44; LR- 5

Dahs 7). Auch sonst darf der Zeuge durch Vorhalte und lenkende Hinweise in seinem Bericht unterbrochen werden (BGH aaO). Weitschweifigkeiten, Nebensächlichkeiten und offenbare Unwahrheiten muß der Richter nicht ohne Widerspruch hinnehmen (LR-Dahs 7; **aM** Prüfer DRiZ **75**, 334). In Punktesachen kann der Zeuge abschnittsweise vernommen werden (BGH aaO).

6 C. Durch das **Verhör** (II) wird der Bericht vervollständigt und überprüft. Durch Fragen werden Unklarheiten und Widersprüche behoben, Lücken in der Aussage geschlossen und geklärt, was der Zeuge aufgrund eigener Wahrnehmung weiß, was ihm andere erzählt haben und was nur Schlußfolgerungen sind. Für die Prüfung
7 der Glaubwürdigkeit und die Auffrischung des Gedächtnisses des Zeugen sind **Vorhalte** von wesentlicher Bedeutung. Vorgehalten werden können Beweisgegenstände, frühere eigene Aussagen und Angaben anderer Auskunftspersonen, sonstige Beweisergebnisse, eigenes Wissen des Vernehmenden und offenkundige Tatsachen. Wegen der Vorhalte aus Urkunden vgl 28 zu § 249. Erg 10 zu § 253.

8 D. **Vernehmungshilfen:** Ihre Verwendung ist zulässig, uU sogar geboten. Der Zeuge ist berechtigt und verpflichtet, sich bei der Vernehmung schriftlicher Unterlagen zu bedienen, um seine Erinnerung aufzufrischen (BGH **1**, 5, 8), soweit ihm dies zumutbar ist (eingehend dazu Krehl NStZ **91**, 417). Zeugen, die über in amtlicher Eigenschaft gemachte Wahrnehmungen aussagen sollen, insbesondere Richter, Staatsanwälte, Polizeibeamte, haben darüber hinaus eine Vorbereitungspflicht (Sch/Sch-Lenckner 3 zu § 163 StGB mwN). Erinnern sie sich nicht an die Einzelheiten des Falles, so müssen sie die ihnen bei ihrer Behörde zugänglichen Akten einsehen, um sich die Einzelheiten ins Gedächtnis zurückzurufen (BGH aaO; Grohmann/Schulz DAR **80**, 78; Krause Polizei **81**, 119; Kube/Leineweber 27; **aM** Nöldeke NJW **79**, 1644; Krehl aaO). Das Gericht muß den Zeugen bei dem Bemühen um wahrheitsgemäße Aussagen unterstützen (RG **35**, 5, 7). Unterlagen in den Akten, auch Protokolle über frühere Vernehmungen, müssen ihm vorgehalten (Geerds Blau-FS 77 ff), vorgelesen oder zur Einsicht vorgelegt werden (BGH aaO; Nöldeke aaO). Werden Vernehmungsbeamte als Zeugen vernommen, so dürfen sie auch Einsicht in die von ihnen aufgenommenen Protokolle (BGH **3**, 281, 283; **14**, 339, 340; ANM 281; Hanack Schmidt-Leichner- FS 93) und die eigenen dienstlichen Erklärungen nehmen (einschr Schünemann DRiZ **79**, 106:
9 nur Vorhalte). Die Verwendung von **Lichtbildern, Skizzen und Zeichnungen** als Vernehmungshilfen ist zulässig (BGH **18**, 51, 53), und zwar sowohl im Wege des Vorhalts als auch durch Besichtigung. Die Augenscheinsgegenstände werden dabei nicht als Beweismittel benutzt (ANM 223; 7 zu § 86). Tonbänder dürfen abgespielt werden (BGH **14**, 339).

10 E. **Unzulässige Vernehmungsmethoden** (III) sind verboten. Einzelheiten regelt § 136 a.

11 **4) Protokoll:** In das nach § 168 a I herzustellende Protokoll muß zunächst die eigene zusammenhängende Darstellung des Zeugen aufgenommen werden. Mindestens muß vermerkt werden, daß ihm zu einer solchen Darstellung Gelegenheit gegeben worden ist. Sagt der Zeuge das gleiche aus wie bei einer früheren Vernehmung, so dürfen ihm alsdann die früheren Protokolle vorgelesen und in der Niederschrift darf auf sie Bezug genommen werden (BGH NJW **53**, 35 = JZ **53**, 121 mit Anm Lay; RG **74**, 35).

12 **5) Revision:** Eine unzweckmäßige Gestaltung der Vernehmung kann nicht
13 gerügt werden (BGH MDR **66**, 25 [D]; Bay DAR **89**, 368 [B]). **I S. 1** ist zwingendes, unverzichtbares Recht (RG JW **38**, 658; Braunschweig NJW **52**, 119); seine Verletzung kann die Revision begründen (BGH NJW **53**, 35; 231; StV **81**, 269). Ist sie im Vorverfahren eingetreten und die Niederschrift nach § 251 verlesen worden, so kommt es nur darauf an, ob das Urteil auf dem Fehler beruht (BGH aaO; MDR **81**, 632 [H]). Bei einem Verstoß gegen I S. 1 in der Hauptverhandlung ist die Revision aber nur begründet, wenn zugleich gegen § 244 II verstoßen

worden ist (BGH MDR **51**, 658 [D]; Düsseldorf NStZ **97**, 122; LR-Dahs 16; **aM** AK/StPO-Lemke 9; KK-Senge 8). **I S. 2** ist eine nicht revisible Ordnungsvorschrift 14
(BGH 1 StR 293/78 vom 26. 9. 1978; RG **6**, 267; KK-Senge 9; LR-Dahs 17; **aM** EbSchmidt 7; Peters 360; Roxin § 26 C I 5 d). Das Unterlassen der Befragung nach 15
II kann die Revision schon deshalb nicht begründen, weil es idR nicht nachweisbar ist (82 zu § 244). Wegen **III** vgl die Erläuterungen zu § 136 a. 16

Weigerung der Zeugen

70 [I] **Wird das Zeugnis oder die Eidesleistung ohne gesetzlichen Grund verweigert, so werden dem Zeugen die durch die Weigerung verursachten Kosten auferlegt. Zugleich wird gegen ihn ein Ordnungsgeld und für den Fall, daß dieses nicht beigetrieben werden kann, Ordnungshaft festgesetzt.**

[II] **Auch kann zur Erzwingung des Zeugnisses die Haft angeordnet werden, jedoch nicht über die Zeit der Beendigung des Verfahrens in dem Rechtszug, auch nicht über die Zeit von sechs Monaten hinaus.**

[III] **Die Befugnis zu diesen Maßregeln steht auch dem Richter im Vorverfahren sowie dem beauftragten und ersuchten Richter zu.**

[IV] **Sind die Maßregeln erschöpft, so können sie in demselben oder in einem anderen Verfahren, das dieselbe Tat zum Gegenstand hat, nicht wiederholt werden.**

1) Allgemeines: Für alle richterlichen Vernehmungen, auch im Vorverfahren, 1
gilt die Vorschrift. Bei Vernehmungen der StA ist sie nur teilw anwendbar (§ 161 a II). Sie ergänzt § 51. Jedoch hängt ihre Anwendung nicht davon ab, daß zuvor Maßregeln nach § 51 getroffen worden sind (LR-Dahs 1). Auch eine Anrechnung der Ordnungsmittel nach dieser Vorschrift auf das Ordnungsgeld nach § 70 findet nicht statt. Die Vorschrift betrifft nicht die Angaben zur Person nach § 68 I S. 1 (KG JR **77**, 295; Roxin § 26 B IV; **aM** Celle StV **88**, 373; Düsseldorf OLGSt Nr 1; LG Stuttgart Justiz **89**, 203); insoweit gilt § 111 OWiG (Göhler 10 zu § 59). Zur Berücksichtigung der Weigerung des Zeugen bei der Beweiswürdigung vgl 19 zu § 261.

2) Voraussetzungen der Maßnahmen: 2

A. **Schuldfähigkeit des Zeugen.** Gegen Kinder dürfen Ordnungsmittel nach I 3
S. 1 und Beugehaft nach II nicht angeordnet werden (vgl 15 zu § 51). Grundlose Aussageverweigerung des Kindes darf auch nicht zum Anlaß von Maßnahmen gegen die Eltern genommen werden (LR-Dahs 4). Ein **Rechtsirrtum des Zeu-** 4
gen berührt nicht die Schuld (LR-Dahs 6; **aM** wohl BGH **28**, 240, 259), sondern ist nach den Grundsätzen des Verbotsirrtums (§ 17 StGB) zu behandeln; nach dem gerichtlichen Hinweis auf die Grundlosigkeit der Weigerung (unten 17) ist er vermeidbar (LR-Dahs 6).

B. **Zeugnisverweigerung ohne gesetzlichen Grund:** § 70 dient nicht der 5
Erzwingung wahrheitsgemäßer Aussagen, sondern der Erfüllung der Zeugnis- und Eidespflicht als solcher (BGHR Zeugnispflicht 1). Die Aussage ist aber auch verweigert, wenn der Zeuge nur einzelne Fragen nicht beantwortet (BGH **9**, 362; Celle NJW **58**, 72) und wenn er fehlende Erinnerung vortäuscht (BGH **9**, 362, 364; LR-Dahs 8; **aM** Welp, Zwangsbefugnisse für die Staatsanwaltschaft, 1976, 32), nicht aber, wenn seine Aussage offenbar unwahr oder lückenhaft ist (BGH aaO; RG **73**, 31; Koblenz VRS **49**, 188; Krehl NStZ **91**, 417; Peters 348). **Ohne** 6
gesetzlichen Grund verweigert der Zeuge die Aussage, wenn ihm kein Weigerungsrecht nach §§ 52 ff zusteht. Morddrohungen und andere Gefahren für Leib und Leben des Zeugen oder anderer Personen (Geiseln) können ein Weigerungsrecht nach § 34 StGB begründen (LR-Dahs 5; vgl BGH NStZ **84**, 31; Krey

Meyer-GedSchr 258). Auch ein Verstoß gegen § 169 S. 2 GVG und durch § 168 a II S. 1 nicht gedeckte Tonbandaufnahmen von der Aussage (vgl Rassow NJW **58**, 655) berechtigen den Zeugen zum Schweigen. BVerfGE **64**, 108 = JZ **83**, 795 mit abl Anm Fezer sieht auch im Bestehen eines nach § 53 Nr 5 nicht berechtigten, sich aber aus Art 5 I GG ergebenden Zeugnisverweigerungsrechts einen gesetzlichen Grund (erg 27 zu § 53).

7 C. **Verweigerung der Eidesleistung** oder der Bekräftigung nach § 66 d ohne gesetzlichen Grund liegt vor, wenn die Vereidigung weder verboten ist (§ 60) noch ein Weigerungsrecht (§ 63) besteht. Auch die Weigerung, die Eidesleistung bei einer erneuten Aussage zu wiederholen oder die Versicherung nach § 67 abzugeben, geschieht dann ohne gesetzlichen Grund.

8 3) Die **Auferlegung der Kosten** (I S. 1) ist für jeden einzelnen Fall zwingend vorgeschrieben; dem Gericht steht insoweit kein Ermessen zu. Das Wiederholungsverbot (IV) bezieht sich nicht auf die Kosten (KK-Senge 12; LR-Dahs 12). Für die Entscheidung nach § 467 I hat § 70 keine Bedeutung (2 zu § 467). Sind die Kosten dem Zeugen nicht auferlegt worden, so werden sie nach § 8 GKG auch von dem Angeklagten nicht erhoben.

9 **4) Zulässige Maßnahmen:**

10 A. **Ordnungsgeld** (I S. 2) von 5–1000 DM (Art 6 I **EGStGB**) muß der Richter festsetzen, wenn die Voraussetzungen des I vorliegen (LG Mainz NJW **88**, 1744). Die nachträgliche Erfüllung der Zeugenpflichten ist ohne Bedeutung und führt nicht zur Aufhebung (KMR-Paulus 14). Für die Bemessung sind die Bedeutung der Straftat, der Grund des Ungehorsams und die wirtschaftlichen Verhältnisse des Zeugen maßgebend (LG Mainz aaO). Zahlungserleichterungen läßt Art 7 **EGStGB** zu.

11 B. **Ordnungshaft** (I S. 2) von 1–42 Tagen (Art 6 II S. 1 **EGStGB**) darf nur für den Fall verhängt werden, daß das Ordnungsgeld nicht beigetrieben werden kann. Es muß aber sofort ersatzweise festgesetzt werden, auch wenn zugleich Beugehaft nach II angeordnet wird (LR-Dahs 16). Wegen der nachträglichen Festsetzung vgl Art 8 I **EGStGB.**

12 C. **Beugehaft** (II) darf entgegen dem Gesetzeswortlaut auch bei Eidesverweigerung angeordnet werden (Eisenberg BR 1216), immer aber nur – wie sich aus I S. 2 ergibt (oben 10) – gleichzeitig mit oder nach der Festsetzung von Ordnungsgeld (BVerfG NJW **88**, 897, 900 mwN; Nehm Odersky-FS 443; **aM** AG Bonn JR **94**, 171 mit zust Anm Derksen; einschr Koblenz StV **96**, 474 mit abl Anm Gatzweiler: sofortige Beugehaft, falls Ordnungsgeld ersichtlich wirkungslos wäre); dessen Vollstreckung braucht aber nicht abgewartet zu werden (LR-Dahs 17; vgl BVerfGE **76**, 363, 391 ff = NJW **88**, 897, 900). Die Anordnung der Beugehaft, die auch gegen den als Zeugen benannten Verteidiger zulässig ist (Bamberg StV **84**,
13 499), steht im **Ermessen des Gerichts** (BGH NJW **66**, 211; GA **68**, 305; ANM 787 mwN), das die Aufklärungspflicht nach § 244 II (BGH StV **83**, 495) und den Verhältnismäßigkeitsgrundsatz zu beachten hat. Sie muß nach den Umständen des Falles unerläßlich sein (BGH 1 StR 168/76 vom 11. 5. 1976; KMR-Paulus 16) und darf zur Bedeutung der Strafsache und der Aussage oder ihrer Beeidigung nicht außer Verhältnis stehen (LR-Dahs 18); von einer Prognose, ob der Zeuge durch die Haft überhaupt „gebeugt“ werden kann, darf die Anordnung aber nicht abhängig gemacht werden (Nehm aaO 446 ff). Nach Ansicht des BVerfG muß auch die Bedeutung der Pressefreiheit berücksichtigt werden (BVerfGE **15**, 223 =
14 NJW **63**, 147; krit EbSchmidt Nachtr 3). Die **Dauer** der Beugehaft ist auf 6 Monate begrenzt; ihre Bemessung steht im richterlichen Ermessen; der Angeklagte hat keinen Anspruch auf Ausschöpfung bis zur höchstzulässigen Dauer (BGH DAR **70**, 124 [M]). Es empfiehlt sich, bei der Anordnung mit dem Wortlaut von II die
15 Höchstdauer festzusetzen (KK-Senge 7; **aM** Nehm aaO 444 mwN). **Aufzuheben** ist die Haft, wenn sich die Weigerung nachträglich als berechtigt erweist, ein

Weigerungsrecht nachträglich entsteht (Verlöbnis, Heirat), der Zeuge nachträglich seiner Aussage- oder Eidespflicht nachkommt (wobei idR bereits die ernstliche Erklärung, nunmehr aussagen zu wollen, zur Beendigung der Beugehaft führen muß, vgl Sommermeyer NStZ **92**, 222; zw Nehm aaO 445), das Zeugnis für die Sachentscheidung nicht mehr erforderlich ist (Auffinden anderer Beweismittel), die Vereidigung des Zeugen nachträglich unzulässig wird (zB nach § 60 Nr 2), die Dauer der Beugehaft unverhältnismäßig wird oder ihre Höchstdauer erschöpft ist oder wenn das Verfahren in dem Rechtszug auf irgendeine Weise (vgl KK-Senge 9) beendet ist.

D. Die **Wiederholung der Maßregeln** (IV) ist unzulässig, wenn sie erschöpft sind. Ordnungsgeld darf immer nur einmal festgesetzt werden, auch wenn die 1. Anordnung von der StA stammt, auch wenn der zulässige Höchstbetrag unterschritten war (KK-Senge 12; LR-Dahs 31; EbSchmidt 15; **aM** KMR-Paulus 20). Beugehaft darf dagegen mehrmals, insgesamt aber nicht für länger als 6 Monate angeordnet werden. Das Wiederholungsverbot bezieht sich auf dasselbe und jedes andere Verfahren, das dieselbe Tat iS des § 264 zum Gegenstand hat, gleichgültig, gegen wen es sich richtet (KK-Senge 14; LR-Dahs 33). **16**

5) Anordnungsverfahren: Die Entscheidung ergeht erst, nachdem der Zeuge auf die Grundlosigkeit der Weigerung und deren Folgen hingewiesen worden ist (BGH **28**, 240, 259; Düsseldorf NStZ-RR **96**, 169). Das Gericht (22 zu § 51) trifft sie durch Beschluß, in der Hauptverhandlung auf Antrag oder nach Anhörung der StA und der sonstigen Beteiligten (§ 33 I), im Fall des III bei Abwesenheit der StA ohne deren Anhörung (vgl 24 zu § 51). Der ersuchte Richter ist ohne besondere Weisung des ersuchenden Gerichts zur Anordnung nicht verpflichtet (LR-Dahs 36). Entscheidet er selbst, so ist das nur vorläufig (Karlsruhe Justiz **79**, 68); er muß das ersuchende Gericht benachrichtigen, und das entscheidet endgültig. Bei Vernehmungen nach §§ 162, 169 wird er Beugehaft nur im Einvernehmen mit der StA anordnen (KK-Senge 10). Nach Abschluß der Hauptverhandlung sind Anordnungen nach I oder II nicht mehr zulässig (Bamberg StV **84**, 499, 500). Die **Abänderung** des Beschlusses kommt weder bei nachträglicher Erfüllung der Zeugenpflicht noch bei nachträglicher Entschuldigung in Betracht (LR-Dahs 38; Nehm Odersky-FS 443; vgl aber Dahs NStZ **83**, 184: Einstellung entspr § 153 oder § 47 II OWiG). Nur wenn sich herausstellt, daß die Weigerung berechtigt war, hebt das Gericht den Beschluß von Amts wegen auf (Kurth NStZ **83**, 328). **17** **18**

6) Die **Vollstreckung** der Ordnungsmittel obliegt nach § 36 II S. 1 der StA (Wendisch JR **78**, 447). Nach § 31 III **RPflG** ist der Rechtspfleger zuständig. Bei unbilliger Härte kann die Vollstreckung der Ersatzordnungshaft unterbleiben (Art 8 II **EGStGB**). Die Vollstreckung der Beugehaft ist Sache des Gerichts (14 zu § 36). Ersatzhaft ist vor der Beugehaft zu vollstrecken (KMR-Paulus 17). Wegen der Einzelheiten vgl § 88 StrVollstrO, wegen des Vollzugs §§ 171 ff StVollzG. Die Kosten der Vollstreckung treffen den Zeugen (LR-Dahs 39). **19**

7) Beschwerde nach § 304 I, II können die StA und der betroffene Zeuge einlegen, der Angeklagte nur, wenn dem Zeugen die Kosten nicht auferlegt worden sind (KK-Senge 2; LR-Dahs 40; erg 28 zu § 51). Über Beschwerden gegen Beschlüsse des ersuchten Richters entscheidet das ersuchende Gericht, gleichgültig, ob er auf Weisung dieses Gerichts oder aus eigenem Ermessen gehandelt hat (Karlsruhe Justiz **79**, 68). Anordnungen der OLGe und der Ermittlungsrichter des BGH und des OLG sind nur beschränkt anfechtbar (13, 19 zu § 304). Weitere Beschwerde ist auch bei Beugehaft unzulässig (5 zu § 310). **20**

8) Revision: Der Angeklagte wird von der Verhängung von Ordnungsmitteln und Beugehaft nicht betroffen und kann daher weder deren Anordnung noch ihr Unterlassen mit der Revision rügen (BGH NJW **66**, 211; DAR **70**, 124 [M]; 5 StR 310/83 vom 26. 7. 1983; RG **73**, 31). Nur mit der Aufklärungsrüge kann geltend **21**

gemacht werden, daß das Gericht die Möglichkeiten des § 70 nicht ausgeschöpft hat (BGH GA **68**, 305; BGHR § 244 II Zeugenvernehmung 12). Sind gegen den Zeugen Maßnahmen nach § 70 angewendet worden, obwohl dessen Weigerung berechtigt war, und sagt er darauf aus, so kann die Revision auf Verletzung der §§ 69 III, 136 a gestützt werden (Koblenz OLGSt S. 2), von der StA auch, wenn die Aussage für den Angeklagten günstig war (EbSchmidt Nachtr 9).

22 **9) Abgeordnete und Exterritoriale:** Ordnungshaft und Beugehaft dürfen gegen Abgeordnete festgesetzt, aber ohne Genehmigung des Parlaments nicht vollstreckt werden (vgl Anl 6 Abschn A Nr 14 Buchst c, d BT-GeschO). Gegen von der deutschen Gerichtsbarkeit befreite Zeugen ist § 70 nicht anwendbar (3 zu § 18 GVG). Vgl auch 31 zu § 51.

Entschädigung von Zeugen

71 **Der Zeuge wird nach dem Gesetz über die Entschädigung von Zeugen und Sachverständigen entschädigt.**

1 **1) Vom Gericht oder der StA geladene Zeugen** werden nach dem ZSEG aus der Staatskasse entschädigt. Bei polizeilicher Vernehmung erfolgt die Entschädigung regelmäßig aufgrund landesrechtlicher Bestimmungen ebenfalls nach dem ZSEG (vgl § 11 V MEPolG). Für Vernehmungen durch die Finanzbehörde gilt § 405 **AO.** Vgl auch § 220.

2 **2) Entschädigung wird gewährt** für den Verdienstausfall (§ 2 ZSEG), die notwendigen Fahrtkosten (§ 9 ZSEG), den Mehraufwand aus Anlaß der Terminswahrnehmung (§ 10 ZSEG) und sonstige Aufwendungen, zB für Vertretungen oder Begleitpersonen (§ 11 I S. 2 ZSEG). Einzelheiten sind den Erläuterungen bei Bleutge, ZSEG, 3. Aufl, 1995; Hartmann, Kostengesetze, 27. Aufl, 1997, und Meyer/Höver/Bach, ZSEG, 20. Aufl, 1997, zu entnehmen.

3 **3) Vorschuß** wird geladenen Zeugen auf Antrag nach § 14 I ZSEG gewährt, wenn sie mittellos sind oder ihnen die Verauslagung aus eigenen Mitteln nicht zugemutet werden kann. Dazu sind bundeseinheitliche AVen vom 1. 8. 1977 ergangen (abgedruckt bei Meyer/Höver/Bach § 14 Rz. 8.2 und Piller/Hermann Nr 10 d). Bei richterlicher Ladung ist auch die Sorge für das Erscheinen richterliche Aufgabe, also auch die Gewährung des Vorschusses (vgl 4 vor § 213). Die Anfechtung richtet sich nach § 16 ZSEG; erg 11 zu § 23 EGGVG).

7. Abschnitt. Sachverständige und Augenschein RiStBV 69–72

Vorbemerkungen

1 **1)** Der **Sachverständige** ist neben dem Zeugen das zweite persönliche Beweismittel der StPO (Einl 49). Er wird vom Gericht bestellt oder auf Antrag eines Prozeßbevollmächtigten vernommen, um über Tatsachen oder Erfahrungssätze Auskunft zu geben oder einen bestimmten Sachverhalt zu beurteilen. Begrifflich gehört zum Sachverständigen, daß er auf einem bestimmten Wissensgebiet eine, dem Richter idR fehlende, Sachkunde hat, die nicht unbedingt wissenschaftlich zu sein braucht; auch Kaufleute und Handwerker, die auf ihrem Fachgebiet sachkundig sind, können Sachverständige sein (LR-Dahs 2; Arbab-Zadeh NJW **70**, 1217).

2 **2) Nur natürliche Personen** können zu Sachverständigen bestellt werden (ANM 207). Zwar können auch Gutachten von Behörden eingeholt werden (§§ 83 III, 91 I, 92 I S. 2, 256 I S. 1, II). Das gilt aber für private Organisationen

nicht entspr (Jessnitzer/Frieling 99). Daher können Meinungsforschungsinstitute, Technische Überwachungsvereine und andere Vereine und Gesellschaften des Privatrechts nicht Sachverständige sein.

3) Die **Aufgaben des Sachverständigen** sind unterschiedlicher Art. Immer handelt es sich aber darum, daß er Sachkunde übermittelt oder anwendet oder beides tut (BGH NJW **51**, 771; Hamm NJW **54**, 1820; ANM 209). Dabei besteht die Sachkunde in der Beherrschung allgemeiner Erfahrungssätze. 3

A. In **bloßen Verrichtungen** kann die Tätigkeit des Sachverständigen bestehen (LR-Dahs 4; ANM 210), zB in der Vornahme körperlicher Eingriffe am oder im Körper des Beschuldigten oder Zeugen (Blutprobenentnahme nach §§ 81 a I S. 2, 81 c II; Anfertigung von Röntgenaufnahmen). 4

B. **Tatsachenbekundungen** sind Gegenstand der Vernehmung des Sachverständigen, wenn er nur dazu bestellt war, aufgrund seiner besonderen Sachkunde bestimmte Wahrnehmungen zu machen (KK-Senge 2; LR-Dahs 6; ANM 210; Jessnitzer/Frieling 7), zB einen Augenschein einzunehmen, die Alkoholkonzentration einer Blutprobe festzustellen, Leichenteile auf Giftspuren zu untersuchen oder Feststellungen bei einer Röntgenaufnahme zu treffen (ANM 210; Gössel DRiZ **80**, 364). 5

C. Die **Vermittlung von Erfahrungswissen** ohne Schlußfolgerungen auf einen bestimmten Sachverhalt kann Aufgabe des Sachverständigen sein (LR-Dahs 5; ANM 211; Jessnitzer/Frieling 5), zB der Bericht über Forschungsergebnisse und technisches Wissen, die Erläuterung von Fachausdrücken, Handelsbräuchen, Buchführungsgrundsätzen, der Wirkungsweise von Medikamenten oder des Ablaufs technischer Vorgänge (Gössel DRiZ **80**, 363). Hierzu gehört auch die Erstattung von Gutachten über ausländisches Recht oder über inländisches Gewohnheitsrecht (KK-Senge 1; LR-Dahs 2; ANM 138 ff; Jessnitzer/Frieling 5; **aM** KMR-Paulus 26; erg 4, 7 zu § 244). Darüber hinaus darf sich der Richter von dem Sachverständigen keine Rechtskenntnisse vermitteln lassen (**aM** LR-Dahs 9; erg 49 zu § 244). 6

D. Die **Gutachtenerstattung** ist der wichtigste Fall der Sachverständigentätigkeit. Der Sachverständige hat dann die Aufgabe, sein Erfahrungswissen bei der Begutachtung eines bestimmten Sachverhalts anzuwenden, den das Gericht ihm mitteilt, der nach § 80 ermittelt wird oder den der Sachverständige selbst aufgrund seiner besonderen Sachkunde feststellt (LR-Dahs 7; Jessnitzer/Frieling 4 ff; Jessnitzer StV **82**, 177). Die Tatsachen, die er seinem Gutachten zugrunde legt, werden als Anknüpfungstatsachen bezeichnet, Tatsachen, die er aufgrund seiner Sachkunde ermittelt, als Befundtatsachen (10 zu § 79), Tatsachen, die er feststellt, ohne daß dazu besondere Sachkunde erforderlich ist, als Zusatztatsachen (11 zu § 79). Bei der Erstattung des Gutachtens muß der Sachverständige die Anknüpfungstatsachen und die angewendeten allgemeinen Erfahrungssätze mitteilen und die Schlußfolgerungen darlegen, die ihn zu seinem Ergebnis geführt haben (Jessnitzer/Frieling 8). 7

4) Rechtliche Stellung: Der Sachverständige ist ein Beweismittel wie jedes andere. Ihn als „Richtergehilfen" zu bezeichnen (BGH **3**, 27, 28; **7**, 238, 239; **8**, 113; **9**, 292, 293; **11**, 211, 213; **13**, 1, 4; KK-Senge 1; Jessnitzer/Frieling 2; Roxin § 27 A II 1; Schlüchter 5262), ist ebenso richtig wie nichtssagend (KMR-Paulus 49 vor § 48; LR-Dahs 3; **aM** Fezer 12/10: irreführend und überflüssig; Peters 342: unrichtig und gefährlich; vgl auch Kaufmann JZ **85**, 1065: Bezeichnung wird wahrem Rollenverhältnis nicht gerecht; ausführlich dazu Tondorf/Waider StV **97**, 493). Da er dem Richter bei der Wahrheitsfindung helfen soll, ist der Sachverständige dessen Gehilfe; das ist der Zeuge aber auch (Gössel DRiZ **80**, 365; Peters aaO). Sofern sich seine Aufgabe auf die Bekundung von Tatsachen beschränkt (oben 5), unterscheidet sich die Stellung des Sachverständigen von der des sachverständigen Zeugen nur durch den behördlichen Auftrag (3 zu § 85). Im übrigen hat er dem Gericht die Sachkunde zu vermitteln, deren es für die Entscheidung 8 bedarf. „Berater" des Gerichts bei der Entscheidung wird er dadurch nicht (Peters H.Kaufmann-GedSchr 917; **aM** Cabanis NJW **78**, 2329 und Heinitz-FS 639: neutrale Beraterstellung).

9 **5) Abgrenzung von anderen Beweismitteln:** Wegen der Unterscheidung des Sachverständigen vom Zeugen vgl 2 zu § 85, vom Dolmetscher 2 zu § 185 GVG. Augenschein unter Hinzuziehung von Sachverständigen ist (zusammengesetzter oder gemischter) Augenschein, kein Sachverständigenbeweis (5 zu § 86).

10 **6)** Der **Augenscheinsbeweis** ist ein sachlicher Beweis (Einl 49) unter Benutzung von Augenscheinsgegenständen. Wegen der Einzelheiten vgl die Erläuterungen zu § 86.

Anwendung der Zeugenvorschriften

72 Auf Sachverständige ist der sechste Abschnitt über Zeugen entsprechend anzuwenden, soweit nicht in den nachfolgenden Paragraphen abweichende Vorschriften getroffen sind.

1 **1) Entsprechend anzuwenden** sind nur die §§ 48 ff, nicht die an anderer Stelle (§§ 243 II, 247, 247 a) stehenden Zeugenvorschriften (LR-Dahs 2; **aM** für § 247 S. 3: KK-Senge 1; KMR-Paulus 1). Ausgeschlossen ist die Anwendung der §§ 51 I, 70 I und II durch § 77, des § 58 I durch § 80, des § 59 (soweit er die Vereidigung bestimmt) und der §§ 61 Nr. 5, 64 durch § 79 sowie des § 71 durch § 84. Entspr gelten daher nur die §§ 48–50, 51 II, III, 52–53 a (vgl § 76 I), §§ 55–56, 57 (BGH VRS **22**, 144, 147; 5 StR 17/97 vom 7. 7. 1997; bei Sachverständigen, die häufig vor Gericht auftreten, ist die Belehrung überflüssig, vgl RG **56**, 66), §§ 58 II, 59 (soweit er Zeitpunkt und Art der Vereidigung bestimmt), §§ 60–63 (ausgenommen § 61 Nr 5), §§ 65–66 d, 67, 68 (LR-Dahs 17 ff; **aM** EbSchmidt 4 zu § 68), 68 a, § 69 (LR-Dahs 21), § 70 III und IV.

2 **2)** Für **Angehörige des öffentlichen Dienstes,** die als Sachverständige vernommen werden, gilt anstelle des § 54 die ähnliche Regelung des § 76 II iVm § 61 I BBG (5 zu § 54) oder 39 II BRRG (7 zu § 54), für Soldaten iVm § 14 I SoldG (13 zu § 54). Vgl auch 4 zu § 76.

Auswahl **RiStBV 70**

73 I Die Auswahl der zuzuziehenden Sachverständigen und die Bestimmung ihrer Anzahl erfolgt durch den Richter. Er soll mit diesen eine Absprache treffen, innerhalb welcher Frist die Gutachten erstattet werden können.

II Sind für gewisse Arten von Gutachten Sachverständige öffentlich bestellt, so sollen andere Personen nur dann gewählt werden, wenn besondere Umstände es fordern.

1 **1) Zuständig für die Bestellung von Sachverständigen** ist im Verfahren die StA (vgl § 161 a I S. 2), auch die Polizei; I S. 1 bezieht sich nur auf das gerichtliche Verfahren (KK-Senge 1; LR-Dahs 2; Gössel DRiZ **80**, 366; Jessnitzer/Frieling 119, 124; Karpinski NJW **68**, 1173; Lürken NJW **68**, 1161; Tröndle JZ **69**, 375; **aM** Krauß ZStW **85**, 322; Sarstedt NJW **68**, 177). Zur vorherigen Anhörung des Verteidigers durch die StA vgl RiStBV 70 I. Der Ermittlungsrichter muß, wenn ihm die Auswahl nicht überlassen worden ist, den Sachverständigen hören, dessen Vernehmung die StA beantragt (LR-Dahs 3). Das erkennende Gericht kann einen anderen Sachverständigen bestellen, ist dazu aber nicht verpflichtet (BGH NJW **98**, 2458, 2460, 2461; Jessnitzer/Frieling 175 ff; Leineweber MDR **80**, 9; **aM**

Frenken DAR **56**, 291; Lürken aaO). Ist ein Sachverständiger nach § 223 zu vernehmen, so kann die Auswahl dem ersuchten oder beauftragten Richter aufgegeben werden (KK-Senge 1; Dahs/Dahs 282; **aM** Hamm JMBlNW **53**, 117). **Hilfskräfte** (Laboranten, Techniker usw) darf der bestellte Sachverständige ohne 2
weiteres heranziehen (Jessnitzer/Frieling 331; Kube/Leineweber 68; Hanack NJW **61**, 2044). Er kann sich auch eines anderen Sachverständigen als Hilfskraft bedienen und dessen Befunde nach eigener Prüfung in sein Gutachten übernehmen (BGH **22**, 268, 273 = JR **69**, 426 mit Anm Peters), sofern seine eigene Beurteilung und Verantwortung für den gesamten Inhalt des Gutachtens dadurch nicht in Frage gestellt werden (Frankfurt MDR **83**, 849 = ZSW **83**, 241 mit Anm Müller; Schleswig SchlHA **74**, 181 [E/J]; Bleutge NJW **85**, 1185; Rudolph Justiz **69**, 31). Solche Hilfskräfte sind aber keine **„Hilfssachverständigen"** (LR-Dahs 7; **aM** 3
BGH aaO; Schleswig aaO); denn Sachverständige darf der vom Gericht bestellte Sachverständige nicht seinerseits ernennen (BVerwGE **69**, 70 = NJW **84**, 2645; Friederichs NJW **73**, 2259; JZ **74**, 257; **aM** Hamm NJW **73**, 1427 für den Fall, daß bei einem erbbiologischen Gutachten mehrere Personen von mehreren Sachverständigen untersucht werden müssen). Daher darf er auch eine Sachverständigengruppe nur zusammenstellen, wenn er die volle Prüfung und Verantwortung für alle Einzelergebnisse übernehmen kann (LR-Dahs 8; Kube/Leineweber 69). Für ein Sachgebiet, das er nicht selbst beherrscht, darf er niemals Untersachverständige heranziehen, sondern muß ihre Bestellung durch das Gericht anregen.

2) Die **Auswahl** bezieht sich auf das Fachgebiet und die persönliche Eignung 4
des Sachverständigen (vgl dazu Detter NStZ **98**, 57 ff).

A. Das **Fachgebiet** muß der Richter, der den Sachverständigen benötigt, selbst 5
bestimmen (BGH **34**, 355, 357). Die Heranziehung eines „Auswahlsachverständigen", der hierüber Auskunft geben soll, ist unzulässig (Koblenz VRS **36**, 17). Andererseits müssen nicht von vornherein Vertreter aller in Frage kommenden Fachrichtungen bestellt werden (LR-Dahs 9; Rudolph Justiz **69**, 27). Zum Sachverständigen in Wirtschaftsstrafverfahren vgl Krekeler wistra **89**, 52. Bei der **Blut-** 6
alkoholbestimmung ist idR jeder als Sachverständiger geeignet, der auf diesem Fachgebiet besondere Erfahrungen hat (Hamm VRS **36**, 290; 434; KK-Senge 5; Jessnitzer/Frieling 133; **aM** Martin BA **70**, 95: nur Ärzte). Nur bei besonderer Schwierigkeit (Nachtrunk, nicht abgeschlossene Resorption, zusätzliche Medikamenteneinnahme) muß ein medizinischer Sachverständiger herangezogen werden (BGH VRS **34**, 211; Frankfurt NJW **61**, 283; Hentrich BA **61**, 20). Zur **Beurtei-** 7
lung der Glaubwürdigkeit von Zeugen wird idR ein Psychologe herangezogen werden müssen (BGH **23**, 8, 14; MDR **80**, 274 [H]; ANM 704 mwN in Fn 102; vgl auch BGH **14**, 21, 23; NStZ **82**, 42: Psychiater oder Psychologe). Ein Pädagoge ist immer ungeeignet (BGH **2**, 163, 166; **7**, 82, 85), ein Psychologe dann, wenn eine geistige Erkrankung vorliegt (BGH **23**, 8, 12 = JR **70**, 151 mit Anm Peters; BGH DAR **80**, 209 [Sp]). Die Aufklärungspflicht kann es gebieten, einen anderen Sachverständigen auszuwählen, wenn nur die Begutachtung durch einen bestimmten Sachverständigen verweigert wird (KG NJW **97**, 69 mit Anm Düring/Eisenberg StV **97**, 456). Die **Schuldfähigkeit des Angeklagten** kann ein Psychologe 8
nur ausnahmsweise beurteilen; idR muß ein Psychiater oder Neurologe herangezogen werden (Hamm JMBlNW **64**, 117; Karlsruhe MDR **72**, 800; Justiz **74**, 94; Koblenz VRS **49**, 433; AK/StPO-Wassermann 7; KK-Senge 5; KMR-Paulus 9; LR-Dahs 13; Rauch NStZ **84**, 497 gegen Wolff NStZ **83**, 537; **aM** BGH **34**, 355 = NStZ **88**, 85 mit Anm Meyer; NJW **59**, 2315 mit Anm Bresser; BGH DAR **77**, 176 [Sp]; StV **84**, 495: bei nicht krankhaften Zuständen nach dem Ermessen des Gerichts auch ein Psychologe; krit zur Auswahlpraxis der Gerichte Schmitt Geerds-FS 550 ff). Ein Facharzt für Psychiatrie oder Neurologie braucht er aber nicht zu sein; erforderlich ist nur eine hinreichende Erfahrung auf diesen Gebieten, die idR auch Gefängnis- und Gerichtsärzte haben (BGH **23**, 311 = JR **71**, 116 mit Anm Peters; BGH VRS **34**, 344). Bei Hirngeschädigten muß ein auf diesem

Gebiet besonders erfahrener Facharzt herangezogen werden (BGH NJW **52**, 633; **69**, 1578; VRS **16**, 186; **37**, 430, 437; MDR **77**, 281 [H]; NStZ **87**, 16 [Pf/M]; StV **88**, 52).

9 B. Die **Person des Sachverständigen** muß Gewähr dafür bieten, daß er geeignet ist, zur Verfügung steht und kein Ablehnungsgrund nach § 74 vorliegt. Die Wirtschaftsreferenten der StA und Kriminalpolizei erfüllen diese Voraussetzungen auch in den dort anhängigen Strafverfahren, wenn sie das Gutachten eigenverantwortlich und frei von jeder Beeinflussung erstatten können (BGH **28**, 381, 384; NStZ **84**, 215; StV **86**, 465; Gössel DRiZ **80**, 371; G. Schäfer Dünnebier-FS 557; vgl auch Zweibrücken NJW **79**, 1995). Für ausländische Beschuldigte muß kein Sachverständiger bestellt werden, der ihrem Kulturkreis angehört und ihre Sprache
10 spricht (BGH MDR **73**, 16 [D]). Der Richter muß den Sachverständigen **selbst bestimmen;** er darf diese Befugnis nicht auf Privatpersonen übertragen (München NJW **68**, 202; Dippel 82 ff; Franzki DRiZ **76**, 100; Laufs NJW **76**, 1124). Daher darf es einem Klinik- oder Institutsleiter nicht überlassen werden, ob er selbst oder einer seiner Mitarbeiter das Gutachten erstattet (LR-Dahs 19; Jessnitzer/Frieling 120; **aM** BGH NStZ **93**, 31 [K]). Für die Zuziehung geeigneter Sachverständiger enthält der Besondere Teil der RiStBV Hinweise. Der Richter kann auch Berufsorganisationen oder Behörden um Vorschläge bitten (vgl RiStBV 70 II). Wegen der Sachverständigenverzeichnisse vgl RiStBV 70 III.

11 **3)** Die **Bestimmung der Zahl** der benötigten Sachverständigen steht im Ermessen des Gerichts (Düsseldorf wistra **94**, 78). Es wird sich idR mit einem Sachverständigen begnügen; nach §§ 214 III, 220 geladene Sachverständige muß es aber unter den Voraussetzungen des § 245 II hören. Maßgebend ist im übrigen die Aufklärungspflicht nach § 244 II. Erg 1 zu § 83.

12 **4) Fristabsprache** (I S. 2): Die Bestimmung ist eine Sollvorschrift. Ihre Nichtbeachtung hat keine Rechtsfolgen; der Richter darf von ihr aber nur bei Vorliegen wichtiger Gründe abweichen (LR-Dahs 23). IdR wird kein Grund bestehen, die Absprache zu unterlassen, sofern der Sachverständige nicht wegen seiner zügigen Arbeitsweise bekannt ist. Die Absprache, die möglichst mündlich oder fernmündlich getroffen und dann aktenkundig gemacht werden sollte, soll auch dazu dienen, das genaue Thema und den Umfang des zu erstellenden Gutachtens mit dem Sachverständigen zu erörtern. Dabei wird sich häufig Gelegenheit geben, das Thema des Gutachtens wesentlich genauer zu begrenzen und zu erläutern, als das bei schriftlicher Auftragserteilung möglich ist, und auch zu erörtern, welche
13 Unterlagen der Sachverständige als Anknüpfungstatsachen benötigt. Eine **angemessene Frist** ist Gegenstand der Absprache. Die Heranziehung eines anderen Sachverständigen wird zu erwägen sein, wenn der Sachverständige nur bereit ist, eine Frist zu akzeptieren, die nach Auffassung des Richters bei Abwägung der beiderseitigen Interessen und Möglichkeiten eindeutig unangemessen ist. Kann auf ihn aber nicht verzichtet werden, so sind Maßnahmen nach § 77 II anzuordnen
14 (dort 6). Die **nachträgliche Änderung** der Frist ist während ihres Laufes zulässig. Eine Verlängerung ist entspr § 224 II ZPO davon abhängig zu machen, daß er-
15 hebliche Gründe glaubhaft gemacht sind, die sie rechtfertigen. Auch der **Staatsanwalt** soll mit dem Sachverständigen eine Fristabsprache treffen (I S. 2 iVm § 161 a I S. 2). Dabei kann in geeigneten Fällen eine kürzere Frist abgesprochen werden für die Lieferung eines kurz gefaßten Gutachtens oder die mündliche Erstattung eines solchen Gutachtens, das für die Zwecke der StA ausreicht. Ist eine ausführliche Fassung nötig, so kann hierfür eine zusätzliche Ablieferungsfrist vereinbart werden.

16 **5) Öffentlich bestellte Sachverständige** (II) sind die aufgrund öffentlich-rechtlicher Vorschriften des Staats- oder Kommunalrechts für bestimmte Sachgebiete auf bestimmte Zeit bestellten Sachverständigen (Jessnitzer/Frieling 41 ff). Das können Einzelpersonen, aber auch Behörden sein (LR-Dahs 25). Für die Bestel-

lung gelten teils bundesrechtliche (zB § 36 I S. 1 GewO), teils landesrechtliche Bestimmungen (vgl allg Bleutge DRiZ **77**, 170). Zu den öffentl bestellten Sachverständigen gehören die Gerichtsärzte (KK-Senge 8), auch die bayerischen Landgerichtsärzte (Jessnitzer/Frieling 52), die Ärzte der staatlichen Untersuchungsämter und die Leiter der rechtsmedizinischen Universitätsinstitute. Die öffentliche Bestellung ist ein Anzeichen für die persönliche und fachliche Eignung des Sachverständigen (KMR-Paulus 18; Jessnitzer/Frieling 132). **Besondere Umstände,** die die 17
Bestellung anderer Personen rechtfertigen, sind zB die Verhinderung des öffentl bestellten Sachverständigen und die Notwendigkeit, einen Sachverständigen mit noch größerer Sachkunde heranzuziehen (LR-Dahs 26).

6) Die **Beschwerde** gegen die Auswahl des Sachverständigen durch das Gericht 18
ist, soweit sie nicht schon nach § 305 S.1 ausgeschlossen ist (Düsseldorf MDR **86**, 256), auch im übrigen nicht zulässig (Celle NJW **66**, 1881; Hamburg MDR **94**, 83; **aM** LR-Dahs 27). Die Belange des Beschuldigten sind durch das Ablehnungsrecht nach § 74 gewahrt (Hamburg aaO). Seine Bedenken gegen die Auswahl durch die Polizei kann der Beschuldigte nur bei der StA geltend machen (3 zu § 163).

7) Revision: Die Ungeeignetheit des Sachverständigen kann nur gerügt werden, 19
wenn das Urteil insoweit zu Zweifeln Anlaß gibt; die Revision kann dann die Aufklärungsrüge (§ 244 II) erheben. Die Sachrüge kann nur begründet sein, wenn sich die fehlende Sachkunde des Sachverständigen aus dem Urteil selbst ergibt (BGH NStZ **94**, 228 [K]), sie also zB zu Feststellungen geführt hat, die gegen Denkgesetze oder Erfahrungssätze verstoßen (Dahs/Dahs 282).

Ablehnung

74 I **Ein Sachverständiger kann aus denselben Gründen, die zur Ablehnung eines Richters berechtigen, abgelehnt werden. Ein Ablehnungsgrund kann jedoch nicht daraus entnommen werden, daß der Sachverständige als Zeuge vernommen worden ist.**

II **Das Ablehnungsrecht steht der Staatsanwaltschaft, dem Privatkläger und dem Beschuldigten zu. Die ernannten Sachverständigen sind den zur Ablehnung Berechtigten namhaft zu machen, wenn nicht besondere Umstände entgegenstehen.**

III **Der Ablehnungsgrund ist glaubhaft zu machen; der Eid ist als Mittel der Glaubhaftmachung ausgeschlossen.**

1) Anwendungsbereich: Die Ersetzbarkeit des Sachverständigen ist der gesetz- 1
geberische Grund für die Zulässigkeit (LR-Dahs 1; **aM** Gössel DRiZ **80**, 370), aber keine Voraussetzung für die Ablehnung wegen Befangenheit. § 74 ist daher auch anwendbar, wenn der Sachverständige nicht auswechselbar ist, weil er allein die Befundtatsachen wahrgenommen (vgl unten 19) oder weil außer ihm niemand die erforderliche Sachkunde hat (Hanack JR **66**, 427). Ablehnungsgrund ist nur die Befangenheit; Mangel an Sachkunde führt nur zur Anhörung eines weiteren Sachverständigen (BGH 1 StR 432/61 vom 28. 11. 1961; Jessnitzer/Frieling 215). Eine Anzeige des Sachverständigen entspr § 30 ist gesetzlich nicht vorgesehen (KK-Senge 1; EbSchmidt 10), wird aber idR nach § 76 I S. 2 zur Entbindung führen (KMR-Paulus 3). Abgelehnt werden können auch die nach §§ 214 III, 220 geladenen Sachverständigen (Hamm VRS **26**, 365), nicht aber eine Behörde, deren Gutachten nach § 256 I verlesen wird (Gössel DRiZ **80**, 375; Jessnitzer/Frieling 191; **aM** Seyler GA **89**, 566). Erscheint aber ein Behördenvertreter vor Gericht, um das Gutachten zu vertreten, zu erläutern oder zu vertiefen, so ist seine Ablehnung zulässig (Hamm GA Bd **71**, 116; KK-Senge 1; KMR-Paulus 2; LR-Dahs 3;

Dästner MDR **79**, 545; Gössel aaO; Jessnitzer/Frieling 191; **aM** Ahlf MDR **78**, 981; Kube/Leineweber 88 ff; Leineweber MDR **80**, 7). Dient die Ablehnung nur verfahrensfremden Zwecken, so ist sie entspr § 26 a I Nr 3 unzulässig (LR-Dahs 2).

2 **2) Ablehnungsgründe:**

3 A. Die **Ausschließungsgründe** des § 22 Nrn 1–4 sind hier nur Ablehnungsgründe (vgl § 24 I); denn eine gesetzliche Ausschließung des Sachverständigen bestimmt nur § 87 II S. 3. Es sind jedoch zwingende Ablehnungsgründe (BGH **18**, 214; KK-Senge 2; LR-Dahs 4; Gössel DRiZ **80**, 370; **aM** Krause Maurach-FS 549). Das gilt insbesondere für den Fall, daß der Sachverständige der Verletzte ist oder in nahem Verhältnis zu Beschuldigten oder Verletzten steht (§ 22 Nrn 1–3) oder daß er als Verteidiger, Anwalt des Verletzten oder StA in derselben Sache (12 zu § 22) tätig war, als StA in einer Amtsstellung, die der Verfolgung des Beschuldigten diente. Diese Einschränkung gilt auch für Polizeibeamte (BGH **18**, 214, 216); sie können nur abgelehnt werden, wenn sie, auch als Angehörige des BKA (BGH aaO), an den Ermittlungen teilgenommen haben (BGH MDR **58** 785; dazu im einzelnen Wiegmann StV **96**, 571 ff). Beamte der Verfassungsschutzämter erfüllen diese Voraussetzungen nicht (BGH **18**, 214 = GA **64**, 46 mit Anm Schäfer; BGH NJW **64**, 1681; Wiegmann aaO; **aM** Nix Kriminalistik **94**, 85), auch nicht Angehörige einer mit Ermittlungsaufgaben nicht betrauten und organisatorisch von der Ermittlungsbehörde getrennten Dienststelle der Polizei (LR-Dahs 8; Deitigsmann Kriminalistik **59**, 190; Kohlhaas NJW **62**, 1331), insbesondere Beamte der kriminalwissenschaftlichen, technischen und chemischen Untersuchungsämter der Polizei (BGH **18**, 214, 216; MDR **58**, 785; RG **35**, 319; KG VRS **25**, 272, 274; LR-Dahs 8; Kube/Leineweber 101 ff), auch deren Schriftsachverständige (Frankfurt OLGSt S. 7; Pfanne JR **68**, 378). Der Ausschließungsgrund des § 22 Nr 5 wird durch I S. 2 ersetzt, gilt aber auch dann nicht, wenn der Sachverständige in der Sache schon früher (Vorverfahren, 1. Rechtszug) tätig war (RG **33**, 198). Die sinngemäße Anwendung des § 23 kommt nicht in Betracht (EbSchmidt 4; **aM** LR-Dahs 10).

4 B. **Sonstige Ablehnungsgründe** liegen vor, wenn vom Standpunkt des Ablehnenden aus, nicht von dem des Gerichts (BGH **8**, 226, 233; DAR **80**, 206 [Sp]), verständigerweise ein Mißtrauen gegen die Unparteilichkeit des Sachverständigen gerechtfertigt erscheint (BGH **8**, 144, 145; GA **68**, 305; MDR **52**, 409 [D]; **77**, 983 [H]; StV **81**, 55; **90**, 389 mit Anm Driest; Geppert von Lübtow-FG 790). Es müssen immer vernünftige Gründe vorgebracht werden, die jedem unbeteiligten Dritten einleuchten (BGH **21**, 334, 341; NJW **69**, 2291; DAR **79**, 191 [Sp]; **80**, 206 [Sp]; Düsseldorf JMBlNW **87**, 102, 103). Das Gericht muß die Ablehnungsgründe in ihrer Gesamtheit würdigen (BGH **8**, 226, 235; RG **47**, 239, 241). Gleichgültig ist, ob der Sachverständige sich befangen fühlt (BGH MDR **52**, 409 [D]).

5 Die **Mitwirkung am Vorverfahren** im Auftrag der StA oder Polizei ist allein kein Ablehnungsgrund (BGH **18**, 214, 217; GA **68**, 305; Kohlhaas NJW **62**, 1329), auch nicht, wenn erst das Gutachten die Einleitung des Strafverfahrens veranlaßt (BGH aaO; Jessnitzer/Frieling 220), sogar dann nicht, wenn der Sachverständige selbst die Strafanzeige gegen den Beschuldigten erstattet hat (RG JW **12**, 1068; KG LRE **1**, 120; **4**, 311, 313; Düsseldorf LRE **2**, 158). Die bei der Tataufklärung beteiligten Wirtschaftsreferenten der StA sind zwar Mitarbeiter der Strafverfolgungsbehörden; wenn sie ihr Gutachten ersichtlich eigenverantwortlich erstatten (9 zu § 73), ist aber ihre Ablehnung gleichwohl nicht begründet (Zweibrücken NJW **79**, 1995; Gössel DRiZ **80**, 371; LR-Dahs 7, 14; **aM** Schlüchter 528 Fn 443; Dose NJW **78**, 354; Wiegmann StV **96**, 574). Auch die Teilnahme des Sachverständigen an Vernehmungen und die Befragung des Beschuldigten nach
6 § 80 II ist kein Ablehnungsgrund (RG DR **42**, 573; EbSchmidt 9). **Aus anderen Gründen** kann die Ablehnung berechtigt sein, wenn der Sachverständige schon

ein Privatgutachten für den Verletzten (BGH **20**, 245), insbesondere für den Nebenkläger (Hamm VRS **26**, 365), oder für eine am Verfahrensausgang interessierte Versicherungsgesellschaft erstattet hat (RG **72**, 250), wenn er den Beschuldigten ohne dessen Einwilligung vor Studenten exploriert (BGH MDR **80**, 456 [H]) oder bei ihm unberechtigt körperliche Eingriffe vorgenommen hat (BGH **8**, 144; StV **90**, 389), wenn er das Tatopfer ärztlich oder als Therapeut behandelt (BGH MDR **72**, 925 [D]; StV **96**, 130) oder wenn er durch mündliche oder schriftliche Äußerungen den Eindruck der Voreingenommenheit hervorgerufen hat (BGH **41**, 206, 211; MDR **75**, 368 [D]; **77**, 983 [H]; StV **81**, 55), etwa durch Fangfragen an einen Entlastungszeugen (Hamburg StV **87**, 142), oder wenn er unprofessionell und einseitig vorgegangen ist (BGH NJW **91**, 2357) oder wenn er, um Angaben zu erlangen, bewußt verschweigt, daß er für die Justizbehörden tätig wird (BGH NStZ **97**, 349). **Kein Ablehnungsgrund** liegt darin, daß der Sach- 7
verständige Polizeibeamter ist (RG **17**, 415, 425; Ahlf MDR **78**, 981), sofern er nicht vorwiegend sicherheitspolizeiliche Aufgaben wahrnimmt (BGH **18**, 214, 217; NJW **64**, 1861), daß er schon in einem früheren Strafverfahren gegen den Beschuldigten tätig war (BGH **8**, 226, 235; MDR **72**, 18 [D]), daß er Beamter des durch die Tat geschädigten Staates ist (BGH NStE Nr 2), daß er in seinem schriftlichen Gutachten die Beweisaufnahme zum Nachteil des Beschuldigten gewürdigt (BGH MDR **74**, 367 [D]; **aM** – auch zu den beiden folgenden Fällen – Eisenberg BR 1550 ff), von Opfer und Tat gesprochen (Kube/Leineweber 111) oder auf das Schrifttum zur Schuldfrage hingewiesen (RG HRR **40**, 54), daß er für den Beschuldigten schon ein Privatgutachten erstattet (E. Müller BA **75**, 156; Jessnitzer/Frieling 219; vgl aber Frankfurt VRS **51**, 212; Koblenz VRS **71**, 200: Gutachten vereidigter Sachverständiger für Straßenverkehrsunfälle) oder daß er Ergebnisse seiner Untersuchungen vorab in einer Fachzeitschrift veröffentlicht (Düsseldorf JMBlNW **87**, 101) oder sich sonst wissenschaftlich geäußert hat (BGH **41**, 206, 211; Düsseldorf wistra **94**, 78). Insbesondere kann der Beschuldigte **aus** 8
eigenem Verhalten während des Verfahrens oder mit Bezug darauf keinen Ablehnungsgrund herleiten (BGH MDR **72**, 18 [D]; 7 zu § 24), auch nicht, wenn der Sachverständige gegen ihn Strafantrag wegen Beleidigung gestellt hat; anderenfalls hätte er es in der Hand, den Sachverständigen auszuschalten (München NJW **71**, 384; LR-Dahs 14).

3) Ablehnungsberechtigt sind außer den in II S. 1 bezeichneten Prozeßbetei- 9
ligten die Verfalls- und Einziehungsbeteiligten (1 zu § 433), gesetzlichen Vertreter und Erziehungsberechtigten (§ 67 **JGG**), Privatkläger (1 zu § 385) und Nebenkläger (§ 397 I S. 3), nicht aber Verletzte, die nach § 172 II auf gerichtliche Entscheidung antragen (RG **52**, 291; KK-Senge 10; LR-Dahs 16; **aM** KMR-Paulus 13), und Antragsteller im Adhäsionsverfahren nach §§ 403 ff. Der Verteidiger ist nur im Namen des Beschuldigten ablehnungsberechtigt (Hamm NJW **51**, 731; LR-Dahs 15).

4) Die **Namhaftmachung** (II S. 2) muß unmittelbar nach Ernennung des Sach- 10
verständigen erfolgen. Nur besondere Umstände befreien von dieser Pflicht. In Betracht kommen Gefahr im Verzug (drohender Beweismittelverlust) und Beschleunigungsgesichtspunkte (Dringlichkeit der Vernehmung). Polizei und StA sind zur Namhaftmachung nicht verpflichtet (LR-Dahs 18; **aM** KMR-Paulus 14).

5) Der **Ablehnungsantrag,** der in der Hauptverhandlung gestellt und dort wie- 11
derholt werden muß, wenn er schon früher gestellt war (RG **58**, 301; **68**, 327, 328; Hamm VRS **39**, 217; ANM 105: es gelten die Grundsätze des Beweisantragsrechts), bedarf keiner besonderen Form. Er kann darin gesehen werden, daß Bedenken gegen die Ladung des Sachverständigen erhoben werden (Schleswig SchlHA **49**, 87). Der Antrag kann **erst gestellt werden,** wenn die Sache gericht- 12
lich anhängig und der Sachverständige ernannt ist (BGH VRS **29**, 26). Die von der StA und Polizei im Vorverfahren herangezogenen Sachverständigen können daher

nur abgelehnt werden, wenn das Gericht sie vernehmen will (Düsseldorf MDR **84**, 71; Kube/Leineweber 98; **aM** Gössel DRiZ **80**, 376 Fn 120). Aus § 83 II ergibt sich, daß der Antrag noch nach Erstattung des Gutachtens gestellt werden kann; das gilt auch, wenn der Antragsteller sich mit dem Gutachten zunächst zufriedengeben wollte (Jessnitzer/Frieling 224; Müller 144; **aM** Stuttgart NJW **57**, 1646). Wie bei Beweisanträgen (33 zu § 244) ist der Schluß der Beweisaufnahme der letztmögliche Zeitpunkt für die Antragstellung; nach Beginn der Urteilsverkündung braucht das
13 Gericht Anträge nicht mehr entgegenzunehmen. **Inhaltlich** muß der Antrag die Tatsachen, auf die die Ablehnung gestützt wird, angeben und glaubhaft machen (III). Nicht geltend gemachte Tatsachen dürfen nicht berücksichtigt werden. Zur Glaubhaftmachung (dazu allg 5 ff zu § 26; 6 ff zu § 45) kann sich der Antragsteller entspr § 26 III S. 3 auf das uneidliche Zeugnis des Abgelehnten berufen (BGH 5 StR 585/63 vom 28. 1. 1964; LR-Dahs 23). Die sichere Überzeugung von der Richtigkeit der Ablehnungsgründe braucht der Richter nicht zu gewinnen (10 zu
14 § 45). Die **Wiederholung** eines vor der Hauptverhandlung gestellten Ablehnungsantrags ist zulässig, auch mit derselben Begründung (RG **47**, 239; LR-Dahs 25), selbst wenn er zurückgewiesen worden und die Beschwerde erfolglos war (Oldenburg JZ **60**, 291 mit Anm Peters). Dagegen ist die Wiederholung eines in der Hauptverhandlung bereits gestellten und abgelehnten Antrags rechtsmißbräuchlich und unzulässig (KK-Senge 9). In dem Unterlassen der Wiederholung eines vor der Hauptverhandlung gestellten und nicht beschiedenen Antrags kann ein Verzicht auf die Ablehnung liegen (RG **58**, 301), sofern nicht der Vorsitzende zugesagt hatte, daß über den Antrag in der Hauptverhandlung entschieden werde (vgl 5 zu § 219).
15 Die **Zurücknahme** des Antrags ist jederzeit möglich, auch wenn das Gericht die Ablehnung schon für begründet erklärt hatte (KK-Senge 9). Der Sachverständige kann dann vernommen werden, selbst wenn ein zwingender Ablehnungsgrund (oben 3) geltend gemacht worden war.

16 **6)** Die **Entscheidung,** die nicht unmittelbar nach Antragstellung ergehen muß, trifft das mit der Sache befaßte Gericht nach Anhörung der Prozeßbeteiligten (§ 33), nach Eröffnung des Hauptverfahrens das erkennende Gericht, in der Hauptverhandlung unter Mitwirkung der Schöffen (BGH wistra **97**, 147; RG **47**, 239). Der ersuchte oder beauftragte Richter entscheidet nicht selbst, sondern führt die Entscheidung des auftraggebenden Gerichts herbei (KK-Senge 12), ist dadurch aber an der Vernehmung des abgelehnten Sachverständigen nicht gehindert. Die
17 Entscheidung ergeht durch **Beschluß;** die vorherige Anhörung des Sachverständigen ist nicht vorgeschrieben (RG **25**, 362; Frankfurt NJW **65**, 314; LR-Dahs 28; **aM** Koblenz NJW **77**, 395 zu § 406 ZPO), kann aber angebracht sein. Gibt er eine Erklärung ab, so muß sie dem Antragsteller bekanntgegeben werden (KK-Senge 13; Jessnitzer/Frieling 226). Eine nur stillschweigende Entscheidung, etwa durch Vernehmung des abgelehnten oder eines anderen Sachverständigen, ist nicht zulässig (Hamm NJW **66**, 1880; LR-Dahs 29). Der (stattgebende oder zurückweisende) Beschluß muß nach § 34 mit Gründen versehen werden, die so ausführlich sein müssen, daß alle Prozeßbeteiligten ihr weiteres Verhalten danach einrichten können und das Revisionsgericht prüfen kann, ob das Tatgericht die anzuwendenden
18 Rechtsbegriffe verkannt hat (BGH MDR **78**, 459 [H]). In **Rechtskraft** erwächst der Beschluß nicht. Das Gericht kann ihn jederzeit von Amts wegen oder auf Gegenvorstellungen aufheben oder ändern (LR-Dahs 31; Müller 148).

19 **7)** Der **mit Erfolg abgelehnte Sachverständige** darf nicht weiter vernommen, ein schon erstattetes Gutachten nicht verwertet werden (Düsseldorf MDR **84**, 71). Das Gutachten darf der Sachverständige weder als sachverständiger Zeuge erstatten (BGH **20**, 222, 224 = JR **66**, 424 mit Anm Hanack), noch darf es von einem anderen Sachverständigen an seiner Stelle vorgetragen werden (Celle NJW **64**, 462). Der abgelehnte Sachverständige darf aber als Zeuge über Tatsachen gehört werden, die Gegenstand seiner Wahrnehmung gewesen sind, und zwar nicht nur über Zufallsbeobachtungen und Zusatztatsachen (Geppert DAR **80**, 321 und

von Lübtow-FG 790; zu den Begriffen vgl 11, 12 zu § 79), sondern als sachverständiger Zeuge (§ 85) auch über die bei der Vorbereitung seines Gutachtens ermittelten Befundtatsachen (BGH aaO; RG JW **31**, 2026; Fezer JR **90**, 397 mwN; Gössel DRiZ **80**, 372; Jessnitzer/Frieling 232; **aM** LR-Dahs 34; Eisenberg BR 1561; Geppert aaO; Hanack JR **66**, 425; vgl auch Mayer Mezger-FS 466; Schmidhäuser ZZP Bd. **72**, 388: nur über unwiederholbare Wahrnehmungen; zum Begriff Befundtatsachen vgl 10 zu § 79). Daran kann ein anderer Sachverständiger anknüpfen.

8) Beschwerde: Die Verweisung in I S. 1 bezieht sich nur auf die Ablehnungs- 20
gründe, nicht auf das Verfahren; § 28 gilt daher nicht (Koblenz VRS **71**, 200). Mit der einfachen Beschwerde nach § 304 I (RG **47**, 239; Hamburg NJW **67**, 2274) sind alle auf den Antrag ergehenden Entscheidungen anfechtbar, auch der Beschluß, der die Ablehnung für begründet erklärt (Celle NJW **66**, 415; Frankfurt VRS **51**, 212). Beschwerdeberechtigt sind alle Antragsberechtigten (oben 9), nicht aber der abgelehnte Sachverständige (Braunschweig OLGSt S. 1; Frankfurt NJW **65**, 314; Oldenburg JZ **60**, 291). Ablehnende und stattgebende Entscheidungen des erkennenden Gerichts (6 zu § 28; 2 zu § 305) sind nach § 305 S. 1 unanfechtbar (KG JR 59, 350; Celle NJW **66**, 415; Düsseldorf NJW **67**, 692; Hamburg NJW **67**, 2274; Zweibrücken MDR **68**, 781; LR-Dahs 37). Das Beschwerdegericht entscheidet nicht nur über Rechtsfragen; es kann sein eigenes Ermessen an die Stelle des Ermessens des 1. Richters setzen (KK-Senge 16).

9) Revision: Die Ablehnung eines Befangenheitsantrags vor der Hauptverhand- 21
lung ist kein Revisionsgrund, wenn der Antrag nicht wiederholt worden ist (oben 11). Sonst kann die Revision darauf gestützt werden, daß der Antrag nicht beschieden (Hamm NJW **66**, 1880), daß er nicht ausreichend begründet (BGH MDR **78**, 459 [H]; RG **47**, 239, 241), sofern die Gründe nicht offensichtlich sind (Hamburg VRS **56**, 457), daß dem Antrag zu Unrecht stattgegeben (ist ein anderer Sachverständiger gehört worden, so beruht das Urteil darauf idR nicht) oder daß er zu Unrecht zurückgewiesen worden ist. Die Rüge ist nach allgemeinem Revisionsrecht zu beurteilen (BGH **8**, 226, 232; GA **68**, 305; MDR **52**, 409 [D]; StV **81**, 55; **90**, 389). Mit der Revision müssen der Ablehnungsantrag und der ihn zurückweisende Gerichtsbeschluß mitgeteilt werden (BGH DAR **79**, 191 [Sp]; VRS **35**, 428; Düsseldorf JMBlNW **87**, 102). Die Wiedergabe einzelner Wendungen des Sachverständigengutachtens genügt nicht, wenn sie, wie regelmäßig, nur aus dem Zusammenhang heraus beurteilt werden können (BGH NStZ **88**, 210 [M]). Neue Tatsachen oder Beweismittel können nicht nachgeschoben werden. Das Revisionsgericht ist an die Tatsachen gebunden, die der Tatrichter seiner Entscheidung zugrunde gelegt hat; es darf sie nicht durch eigene Ermittlungen ergänzen (BGH NStZ **94**, 388; Koblenz GA **79**, 28; VRS **71**, 200). Zu prüfen ist nur, ob der Tatrichter über Rechtsfragen geirrt hat (BGH **8**, 226, 233; NStE Nr 2). Die Frage, ob Besorgnis der Befangenheit bestanden hat, wird – anders als bei der Richterablehnung (vgl 27 zu § 338) – als Rechtsfrage behandelt (vgl BGH aaO; **20**, 245; NJW **61**, 2069; **69**, 2293; MDR **72**, 925 [D]; Hamm NJW **66**, 1880). Auf
Verletzung des II S. 2 kann die Revision zwar gestützt werden; das Urteil beruht 22
aber idR auf dem Verstoß nicht (Köln JMBlNW **62**, 202).

Gutachterpflicht

75 **I Der zum Sachverständigen Ernannte hat der Ernennung Folge zu leisten, wenn er zur Erstattung von Gutachten der erforderten Art öffentlich bestellt ist oder wenn er die Wissenschaft, die Kunst oder das Gewerbe, deren Kenntnis Voraussetzung der Begutachtung ist, öffentlich zum Erwerb ausübt oder wenn er zu ihrer Ausübung öffentlich bestellt oder ermächtigt ist.**

II Zur Erstattung des Gutachtens ist auch der verpflichtet, welcher sich hierzu vor Gericht bereiterklärt hat.

1 **1)** Die **Sachverständigenpflicht** (I), eine der Zeugenpflicht (5 ff vor § 48) entspr staatsbürgerliche Pflicht (Kube/Leineweber 50), besteht auch im Fall der unmittelbaren Ladung nach §§ 214 III, 220 I und im Vorverfahren schon gegenüber der StA, nicht gegenüber der Polizei. Der Bestellung zum Sachverständigen muß aber, von der Bereiterklärung (unten 2) abgesehen, nur folgen, wer zur Gutachtenerstattung der betreffenden Art öffentl bestellt ist (16 zu § 73) oder wer die Wissenschaft, die Kunst oder das Gewerbe öffentl zum Erwerb ausübt. Darunter fällt jede Art von Erwerbstätigkeit in Industrie, Handel, Gewerbe oder in einem freien Beruf, die gegenüber einem zahlenmäßig unbestimmten Personenkreis in der Absicht ausgeübt wird, eine laufende Einnahmequelle zu erschließen. Ferner ist zur Begutachtung verpflichtet, wer, auch wenn er den Beruf noch nicht oder nicht mehr ausübt, zur Ausübung der Wissenschaft, der Kunst oder des Gewerbes öffentl bestellt (zB als Universitätsprofessor) oder ermächtigt ist (zB als Lehrbeauftragter oder als approbierter Arzt). Eine Grenze findet die Sachverständigenpflicht an der Zumutbarkeit (starke berufliche Inanspruchnahme, Notwendigkeit eines Erholungsurlaubs und dgl). Wegen der Gutachtenpflicht von Behörden vgl 4 zu § 83.

2 **2) Bereiterklärung** (II): Gemeint ist die in einer bestimmten Strafsache abgegebene Erklärung; das allgemeine Angebot, Gutachten zu erstatten, genügt nicht (KK-Senge 5; KMR-Paulus 4; LR-Dahs 6; **aM** Jessnitzer/Frieling 143). Der Bereiterklärung gegenüber dem Gericht steht nach § 161 a I S. 2 die gegenüber der StA gleich (KMR-Paulus 4). Die Bereitschaft kann schriftlich oder mündlich, auch stillschweigend durch widerspruchslose Annahme des Gutachtenauftrags, Erscheinen vor Gericht, Beginn der Gutachtertätigkeit, erklärt werden (Kube/Leineweber 51). Sie ist unwiderruflich, wenn sie unaufgefordert erklärt wird, aber erst nachdem das Gericht oder ein Prozeßbeteiligter durch Ladung nach §§ 214 III, 220 I von ihr Gebrauch gemacht hat (AK/StPO-Lemke 5; KK-Senge 6; LR-Dahs 6).

3 **3) Inhaltlich** erstreckt sich die Sachverständigenpflicht auf die mit dem Gutachten verbundenen Vorarbeiten (Aktenstudium, Erledigung von Forschungsarbeiten, Vornahme von Untersuchungen) und auf das Erscheinen vor Gericht. Das gilt auch bei unmittelbarer Ladung nach §§ 214 III, 220 I. Auf Verlangen des Gerichts muß der Sachverständige sein Gutachten schriftlich vorbereiten. Er muß es persönlich erstatten; Ersatzpersonen darf er nicht stellen (Köln VRS **58**, 73; Jessnitzer/Frieling 146).

Gutachtenverweigerungsrecht

76 **I Dieselben Gründe, die einen Zeugen berechtigen, das Zeugnis zu verweigern, berechtigen einen Sachverständigen zur Verweigerung des Gutachtens. Auch aus anderen Gründen kann ein Sachverständiger von der Verpflichtung zur Erstattung des Gutachtens entbunden werden.**

II Für die Vernehmung von Richtern, Beamten und anderen Personen des öffentlichen Dienstes als Sachverständige gelten die besonderen beamtenrechtlichen Vorschriften. Für die Mitglieder der Bundes- oder einer Landesregierung gelten die für sie maßgebenden besonderen Vorschriften.

1 **1) Verweigerung des Gutachtens** (I S. 1): Der nach § 75 zur Gutachtenerstattung verpflichtete Sachverständige kann das Gutachten aus den Gründen der §§ 52, 53 und 53 a verweigern. An die Stelle des § 54 tritt II. Nach § 72 ist § 55 entspr anwendbar (LR-Dahs 1; Schwung ZSW **82**, 145). Die Belehrungspflichten

nach §§ 52 III S. 1, 55 II und die Pflicht zur Glaubhaftmachung nach § 56 gelten entspr (§ 72). Der **ärztliche Sachverständige** hat wegen der Befundtatsachen (10 zu § 79) kein Schweigerecht (wegen der Zusatztatsachen vgl 20 zu § 53), gleichgültig, ob der Angeklagte oder Zeuge die Untersuchung freiwillig geschehen läßt oder nicht (BGHZ **40**, 294 = NJW **64**, 449; KK-Senge 3; Krauß ZStW **97**, 81, 110; einschr Kühne JZ **81**, 652; erg 20 zu § 53). 2

2) **Entbindung von der Gutachterpflicht** (I S. 2): Das Gericht kann den Sachverständigen von Amts wegen oder auf Antrag durch Beschluß entbinden, auch wenn kein Weigerungsrecht besteht, zB bei Unzumutbarkeit oder besonderer Härte (1 zu § 75), etwa wegen hohen Alters (KK-Senge 4) oder beruflicher Überlastung (Bleutge DRiZ **77**, 172; Schwung ZSW **82**, 147), aber auch wegen Ungeeignetheit, wegen (nicht geltend gemachter) Befangenheit oder wegen der Unmöglichkeit, das Gutachten in angemessener Zeit zu erlangen (Müller 213). Im Fall der §§ 214 III, 220 I ist ein Antrag des Sachverständigen oder des Prozeßbeteiligten, der ihn geladen hat, erforderlich (KMR-Paulus 5; LR-Dahs 5; Jessnitzer/Frieling 148 Fn 24; **aM** Müller 212). Ist der vom Gericht geladene Sachverständige in der Hauptverhandlung bereits erschienen, so tritt I S. 2 hinter § 245 I zurück (KMR-Paulus 5; LR-Dahs 5; **aM** KK-Senge 4: I S. 2 geht vor). 3

3) Für **Angehörige des öffentlichen Dienstes** gelten die Grundsätze zu § 54 entspr. Wegen der Versagung der Genehmigung vgl § 62 II BBG, § 39 III S. 3 BRRG, § 14 II S. 3 SoldG (6, 7, 13 zu § 54). Bei einem Beamten kann das Auftreten als Sachverständiger auch nach § 65 BBG als Nebentätigkeit genehmigungsbedürftig sein. Wegen der Sondervorschriften für **Regierungsmitglieder** vgl 30 zu § 54. 4 5

4) **Beschwerde:** Die Entbindung nach I S. 2 können die Prozeßbeteiligten, nicht der dadurch nicht beschwerte Sachverständige (Müller 213), nach §§ 304 I, 305 anfechten (LR-Dahs 8). Gegen die Ablehnung eines Entbindungsantrags kann der Antragsteller nach § 304 I, der Sachverständige als Antragsteller nach § 304 II Beschwerde einlegen (Jessnitzer/Frieling 149); nur für die Prozeßbeteiligten gilt die Schranke des § 305 S. 1. Weitere Beschwerde ist ausgeschlossen (§ 310). Das Beschwerdegericht prüft die Ermessensausübung in vollem Umfang nach (LR-Dahs 8; **aM** Schwung ZSW **82**, 147). 6

5) Mit der **Revision** kann, aber nur als Verstoß gegen § 244 II (KMR-Paulus 8), gerügt werden, daß dem Sachverständigen aus Rechtsirrtum ein Weigerungsrecht nach I S. 1 zuerkannt oder daß er rechtsfehlerhaft nach I S. 2 entbunden oder nicht entbunden worden ist (KK-Senge 6; LR-Dahs 9). Ein Verstoß gegen die in II bezeichneten Vorschriften berührt den Rechtskreis des Angeklagten nicht (vgl 32 zu § 54). Erg 6 zu § 81 f. 7

Ungehorsamsfolgen

77 **I Im Falle des Nichterscheinens oder der Weigerung eines zur Erstattung des Gutachtens verpflichteten Sachverständigen wird diesem auferlegt, die dadurch verursachten Kosten zu ersetzen. Zugleich wird gegen ihn ein Ordnungsgeld festgesetzt. Im Falle wiederholten Ungehorsams kann neben der Auferlegung der Kosten das Ordnungsgeld noch einmal festgesetzt werden.**

II Weigert sich ein zur Erstattung des Gutachtens verpflichteter Sachverständiger, nach § 73 Abs. 1 Satz 2 eine angemessene Frist abzusprechen, oder versäumt er die abgesprochene Frist, so kann gegen ihn ein Ordnungsgeld festgesetzt werden. Der Festsetzung des Ordnungsgeldes muß eine Androhung unter Setzung einer Nachfrist vorausgehen. Im Falle wiederholter Fristversäumnis kann das Ordnungsgeld noch einmal festgesetzt werden.

1 **1) Zur Erstattung des Gutachtens verpflichtet** sind gerichtlich bestellte oder nach §§ 214 III, 220 I unmittelbar geladene Sachverständige, die der Ernennung nach § 75 folgen müssen und nicht nach § 76 zur Verweigerung des Gutachtens berechtigt sind. Die Folgen ihres Ungehorsams regelt § 77 abweichend von §§ 51, 70. Die Zwangsbefugnisse stehen auch der StA zu (§ 161 a II), nicht aber der Polizei. Zur entspr Anwendung des § 77 auf Dolmetscher vgl 7 zu § 185 GVG.

2 **2) Ungehorsamsfälle:**

3 A. **Nichterscheinen** (I S. 1 erste Altern): Wie bei § 51 (dort 2) setzt der Ungehorsam ordnungsmäßige Ladung voraus. Anders als beim Zeugen befreit aber das Weigerungsrecht (nach § 76 I S. 1) vom Erscheinen. Zum Begriff Nichterscheinen vgl 3 ff zu § 51. Bei rechtzeitiger genügender Entschuldigung unterbleiben Ordnungsmittel entspr § 51 II S. 1, 2 (dort 6 ff).

4 B. **Gutachtenverweigerung** (I S. 1 zweite Altern): Dazu gehört die Weigerung, einzelne Fragen zu beantworten (Müller 234), die notwendigen Vorbereitungsarbeiten zu erledigen, sich der Leitung des Gerichts (§ 78) zu unterwerfen und den Eid nach § 79 zu leisten (LR-Dahs 6). Als Weigerung ist bei fehlender Fristabrede auch die Nichtablieferung des schriftlichen Gutachtens trotz Mahnung nach angemessener Frist anzusehen. Die Weigerung kann entschuldigt sein, wenn unüberwindliche Hinderungsgründe bestehen. Zur Weigerung berechtigt nicht, daß das Gutachten für Zwecke des Gerichts auf Tonband aufgenommen (Praml MDR **77**, 14) oder dem Antrag auf Ausschließung der Öffentlichkeit nicht stattgegeben wird (KMR-Paulus 3 zu § 76; LR-Dahs 7; **aM** Herbst NJW **69**, 548).

5 C. **Weigerung der Fristabsprache** (II S. 1 erste Altern): Das Beharren auf einer unangemessen langen Frist steht der völligen Verweigerung der Fristabsprache gleich (KK-Senge 4; LR-Dahs 8; erg 11 zu § 73). Da die Festsetzung des Ordnungsgeldes Vorwerfbarkeit voraussetzt, muß die Unangemessenheit so deutlich sein, daß sie auch der Sachverständige bei pflichtgemäßer Abwägung erkennen konnte und mußte (Rieß NJW **75**, 84).

6 D. **Versäumung der abgesprochenen Frist** (II S. 1 zweite Altern): Ungehorsamsfolgen treten nur bei schuldhafter Säumnis ein. Krankheit, unvorhersehbare Arbeitsüberlastung oder berufliche Abordnung sind Entschuldigungsgründe. Schuldhaft ist aber schon die Nichtanzeige der Arbeitsüberlastung (Celle NJW **72**, 1524).

7 **3) Ungehorsamsfolgen:**

8 A. Die **Auferlegung der Kosten** ist in den Fällen des I, nicht in denen des II, für jeden einzelnen Ungehorsamsfall ohne Rücksicht auf deren Zahl zwingend vorgeschrieben (LR-Dahs 12). Wegen Art und Höhe der Kosten vgl 14 zu § 51.

9 B. **Ordnungsgeld:** Die Höhe regelt Art 6 **EGStGB.** Im Fall des I gelten 16, 17 zu § 51 entspr. In demselben Verfahren darf die Festsetzung von Ordnungsgeld nach I S. 3 nur einmal wiederholt werden (vgl 19 zu § 51), auch wenn die Hauptverhandlung nach §§ 228, 229 von neuem durchgeführt werden muß (KMR-Paulus 15; **aM** Jessnitzer/Frieling 650: „neuer Vernehmungsfall"). Die ersatzweise
10 Festsetzung von Ordnungshaft läßt I, anders als § 51 I S. 1, nicht zu. Im **Fall II** ist die Festsetzung von Ordnungsgeld nicht zwingend vorgeschrieben; bei Gutachtenverweigerung, nicht bei Verweigerung der Fristabsprache (KK-Senge 4), ist sie erst nach Androhung unter Setzung einer Nachfrist zulässig (II S. 2). Dabei braucht die beabsichtigte Bemessung des Ordnungsgeldes nicht vorher mitgeteilt zu werden. Die Frist muß so bemessen werden, daß dem Sachverständigen die Erstellung des Gutachtens möglich ist (LR-Dahs 10). Bei Fristversäumung kann zugleich mit der Festsetzung des Ordnungsgeldes eine 2. Nachfrist gesetzt und erneut Ordnungsgeld angedroht werden. Wird es festgesetzt, so sind die Zwangsmittel erschöpft. IdR wird es sich empfehlen, schon den nach der 1. Ordnungsgeldfestsetzung noch ungehorsamen Sachverständigen nach § 76 I S. 2 zu entbinden.

4) Verfahren, Vollstreckung und Anfechtung: Vgl 21–23, 25–30 zu § 51. In den Fällen des II muß der Sachverständige vor der Beschlußfassung gehört werden (KMR-Paulus 10). § 51 II S. 2 gilt entsprechend (§ 72). 11

Leitung

78 Der Richter hat, soweit ihm dies erforderlich erscheint, die Tätigkeit der Sachverständigen zu leiten.

1) Tätigkeit des Sachverständigen iS des § 78 ist nur die Vorbereitung des Gutachtens (KK-Senge 2; KMR-Paulus 1; LR-Dahs 2; **aM** EbSchmidt Nachtr 10). Denn daß die Vernehmung von dem Richter geleitet wird, folgt schon aus § 238 I. 1

2) Die **Leitung der Sachverständigentätigkeit,** die keiner besonderen Form bedarf, ist eine wichtige, oft vernachlässigte (vgl Dippel 107; Sarstedt NJW **68,** 180) Aufgabe des Richters, im Vorverfahren der StA oder Polizei, die den Sachverständigen zugezogen hat. Sie erfordert eine klare und eindeutige **Auftragsbeschreibung** (LR-Dahs 4; Krauß ZStW **85**, 322), insbesondere die unmißverständliche Formulierung der von dem Sachverständigen zu beantwortenden Beweisfragen (Tröndle JZ **69**, 376). Der Überschreitung des Gutachtenauftrags muß entgegengewirkt werden. Die **Anknüpfungstatsachen** (11 zu § 79), von denen er in seinem Gutachten ausgehen soll, sind dem Sachverständigen möglichst schon bei Auftragserteilung mitzuteilen, sofern er sie nicht selbst, als Befundtatsachen (10 zu § 79), ermitteln soll (BGH StV **95**, 113; Jessnitzer/Frieling 274; Kube/Leineweber 60; Rudolph Justiz **69**, 29). Dazu muß ihm ein Sachbericht, oft sogar das gesamte Aktenmaterial zugänglich gemacht werden (3 zu § 80). Wird er erst während oder nach Schluß der Beweisaufnahme bestellt, so können ihm die Anknüpfungstatsachen außerhalb der Hauptverhandlung bekanntgegeben werden (BGH **2**, 25, 29). 2 3 4

Auch **Belehrungen** des Sachverständigen können notwendig sein, zB über verfahrensrechtliche Vorschriften, insbesondere über das Fehlen der Befugnis, Auskunftspersonen zu vernehmen (2 zu § 80), oder über die sachliche Rechtslage, zB über die rechtlichen Voraussetzungen der §§ 20, 21 StGB (LR-Dahs 5 ff; Jessnitzer BA **74**, 77). Die **fachliche Durchführung der Untersuchungen** ist dagegen allein Sache des Sachverständigen; er hat hinsichtlich der Informationsbeschaffung und der Methodenwahl weitgehend freie Hand. Das Gericht darf ihm somit keine Weisungen darüber erteilen, auf welchem Weg er das Gutachten zu erarbeiten hat (BGH DAR **78**, 155 [Sp]; Kube/Leineweber 61; zu weitgehend aber BGH NJW **70**, 1242) und welche Untersuchungsmethoden er anwenden soll (BGH NStZ **92**, 27 [K]; **97**, 610). Es darf zB nicht darüber befinden, ob und unter welchen Bedingungen sich der Sachverständige die Überzeugung von der Verhandlungsunfähigkeit des Angeklagten verschaffen darf (BGH 2 StR 377/68 vom 21. 1. 1970: ohne Untersuchung des Angeklagten). 5 6

3) Die **Revision** kann ein Verstoß gegen § 78 nicht begründen. Revisionsgrund kann nur die infolge der Nichtbeachtung der Vorschrift entstandene Verletzung der §§ 136 a, 252, 261 oder der §§ 20, 21 StGB sein (KK-Senge 5; LR-Dahs 11). 7

Sachverständigeneid

79 I Der Sachverständige kann nach dem Ermessen des Gerichts vereidigt werden. Auf Antrag der Staatsanwaltschaft, des Angeklagten oder des Verteidigers ist er zu vereidigen.

II Der Eid ist nach Erstattung des Gutachtens zu leisten; er geht dahin, daß der Sachverständige das Gutachten unparteiisch und nach bestem Wissen und Gewissen erstattet habe.

III Ist der Sachverständige für die Erstattung von Gutachten der betreffenden Art im allgemeinen vereidigt, so genügt die Berufung auf den geleisteten Eid.

1 **1) Im Ermessen des Gerichts** (I S. 1) steht die Vereidigung, wenn niemand sie beantragt, auch bei ausschlaggebender Bedeutung des Gutachtens (BGH bei Herlan MDR **55**, 651). Nur besondere Umstände führen zur Vereidigung (BGH **21**, 227), etwa wenn Sachkunde und Gewissenhaftigkeit des Sachverständigen zweifelhaft sind oder wenn seinem Gutachten ohne Prüfungsmöglichkeit blindlings gefolgt werden muß (KMR-Paulus 10). Die Nichtvereidigung bedarf keiner ausdrück-
2 lichen **Entscheidung,** da sie die Regel ist (BGH **21**, 227; KK-Senge 2; **aM** KMR-Paulus 9; Dahs/Dahs 286). In der Praxis ist die Vorabentscheidung des Vorsitzenden (7 zu § 59) üblich (KK-Senge 3). § 64 gilt nicht entspr. Wegen der Vereidigung der Behördenvertreter vgl 5 zu § 83.

3 **2)** Ein **Antrag** (I S. 2) der StA, des Angeklagten oder des Verteidigers (der selbständig antragsberechtigt ist), auch der Nebenbeteiligten (1 zu § 433), des Privatklägers (Jessnitzer/Frieling 518), nicht aber des Nebenklägers (11 zu § 397) zwingt zur Vereidigung, sofern sie nicht nach §§ 60, 63 verboten oder nach §§ 60–62 oder § 49 I S. 2 **JGG** in das Ermessen des Gerichts gestellt ist (KK-Senge 4). Der Antrag bezieht sich nur auf die Gutachtenerstattung, nicht (vgl unten 9) auf Personal- und Generalfragen (Schleswig SchlHA **86**, 103 [E/L]).

4 **3)** Als **Nacheid** (II) ist der Eid zu leisten. Die Form regelt II iVm § 66 c; auch § 66 d gilt, ebenso § 67 (KK-Senge 5). Mehrere Sachverständige müssen einzeln vereidigt werden. Die Vereidigung ist im Protokoll mit den Worten: „Der Sachverständige leistete den Sachverständigeneid", zu beurkunden (§ 273 I).

5 **4)** Die **Berufung auf die allgemeine Vereidigung** (III) ersetzt den Eid; der Sachverständige kann ihn daher verweigern (KMR-Paulus 19; LR-Dahs 15; Jessnitzer/Frieling 523; **aM** KK-Senge 6; EbSchmidt 11). Wie im Fall des § 67 (dort 7) und des § 189 GVG (dort 2) muß sich der Sachverständige selbst auf den Eid berufen, wenn auch nur durch Bejahung der Frage des Richters, ob er das tun wolle (LR-Dahs 13; Kube/Leineweber 55). Die Berufung auf den Diensteid des Beamten, zu dessen Dienstpflichten die Erstattung von Gutachten der betreffenden Art gehört, reicht aus (RG **42**, 369; **43**, 158; **45**, 373, 375), nicht aber die Berufung
6 auf die allgemeine Vereidigung als Dolmetscher (BGH NJW **65**, 643). Die **Feststellung der allgemeinen Vereidigung,** die nicht gerichtskundig ist, erfolgt im Freibeweis (7, 9 zu § 244). Die Erklärung des Sachverständigen kann ausreichen. Bleiben Zweifel, so ist er zu vereidigen.
7 Im **Protokoll** muß die Berufung auf die allgemeine Vereidigung beurkundet werden (§ 273 I), nicht die Feststellung, daß die Vereidigung stattgefunden hat.
8 Ihrem **Umfang** nach erstreckt sich die allgemeine Vereidigung (zB nach § 36 GewO) auf Gutachten auf einem bestimmten Fachgebiet (Jessnitzer/Frieling 521), bei örtlicher Beschränkung auf die vor Gerichten des betreffenden Bezirks abgegebenen Gutachten (RG **43**, 158; **45**, 373). War der Eid an das Amt eines gerichtlichen Sachverständigen geknüpft, so verliert er mit dessen Niederlegung seine Wirkung (RG **29**, 300; Jessnitzer/Frieling 522).

9 **5)** Der **Eid erstreckt sich** auf das Gutachten, nicht auf die Personal- und Generalfragen nach § 68 (RG **20**, 235; Schleswig SchlHA **86**, 103 [E/L]; LR-Dahs 16). Insoweit kann der Sachverständige aber, ggf unter Verbindung beider Eidesformeln (LR-Dahs 16; EbSchmidt 3 zu § 85), besonders vereidigt werden. Im übrigen ist zu unterscheiden:

A. **Befundtatsachen,** dh Anknüpfungstatsachen für das Gutachten, die der Sachverständige aufgrund seiner Sachkunde selbst festgestellt hat, vermittelt er dem Gericht als Teil des Gutachtens (BGH **9**, 292; **13**, 1; **18**, 107; **20**, 164; NStZ **88**, 20 [Pf/M]; Hamm StV **84**, 457 mwN). Sie werden daher von dem Eid umfaßt (Jessnitzer/Frieling 524). Solche Tatsachen sind insbesondere Wahrnehmungen bei der Leichenöffnung (BGH VRS **32**, 433) oder am lebenden Körper (BGH **18**, 107; Bremen VRS **54**, 65, 67), bei der Besichtigung des Tatorts (RG HRR **32**, 213) oder der Unfallstelle (BGH VRS **10**, 287; Hamm VRS **29**, 202), Feststellungen bei der Auswertung früherer Gutachten (BGH MDR **77**, 108 [H]) oder Krankengeschichten (BGH **9**, 292; BGHR § 59 S.1 Sachverständigenfrage 1, 2; Celle GA **61**, 245), bei der Untersuchung von Lebensmitteln oder Kraftfahrzeugen (BGH VRS **65**, 140) oder bei der Einsicht in Handelsbücher und Buchungsunterlagen (BGH NJW **51**, 771), nicht aber Schriftproben (KG StV **93**, 628; Hamm StV **84**, 457), Fahrtschreiberdiagramme (Düsseldorf VRS **39**, 277) und Wahrnehmungen des Sachverständigen vor seiner Bestellung (unten 12). 10

B. **Zusatztatsachen,** dh das Gutachten vorbereitende Anknüpfungstatsachen, zu deren Ermittlung und Wahrnehmung keine besondere Sachkunde erforderlich war und die daher auch das Gericht hätte feststellen können (BGH **13**, 1; 250; **18**, 107; **20**, 164, 166; DAR **77**, 175 [Sp]), sind nicht Inhalt des Gutachtens; der Sachverständige muß über sie als Zeuge aussagen (BGH aaO; **22**, 268, 271; NJW **51**, 771; NStZ **85**, 135; Jessnitzer/Frieling 524). In Betracht kommen vor allem das Tatgeschehen betreffende Tatsachen, die der Sachverständige bei der Vorbereitung des Gutachtens von dem zu Begutachtenden oder von Auskunftspersonen unaufgefordert (vgl BGH NJW **88**, 1223, 1224: Geständnis des Angeklagten) oder auf Befragen oder die er durch Augenschein erfahren hat (BGH NStZ **93**, 245). 11

C. **Zufallsbeobachtungen** stehen in keinem unmittelbaren Zusammenhang mit dem Gutachten und werden daher von dem Eid ebenfalls nicht umfaßt. Das gilt insbesondere für Wahrnehmungen und für das eigene Verhalten des Sachverständigen vor der Bestellung, für die zufällige Beobachtung der Tat und für besondere Wahrnehmungen während der Sachverständigentätigkeit, zB daß dem Angeklagten ein Kassiber zugesteckt wird (LR-Dahs 17). 12

6) Revision: Fehler bei der Ermessensausübung nach I S. 1 können die Revision nicht begründen (BGH **21**, 227). Die Nichtvereidigung trotz Antrags nach I S. 2 ist ein Revisionsgrund, für den Angeklagten auch das Übergehen eines Antrags der StA (Hamm NJW **60**, 1361); das Unterbleiben der Anrufung des Gerichts nach § 238 II gegen die Entscheidung des Vorsitzenden steht der Rüge nicht entgegen (BGH StV **96**, 2). Auf dem Verstoß beruht das Urteil nicht, wenn der Sachverständige auch als Zeuge vernommen und vereidigt worden ist; der Zeugeneid deckt immer das Sachverständigengutachten (BGH GA **76**, 78; LM Nr 2; Hamm NJW **69**, 567). Wurde der Sachverständige fehlerhaft nicht zugleich als Zeuge vernommen (oben 11), beruht das Urteil darauf nur dann nicht, wenn ausgeschlossen werden kann, daß er als Zeuge seine Aussage geändert hätte (BGH NStZ **85**, 135; **86**, 323; **93**, 246). Im Fall des III kann die Revision auf das Fehlen einer allgemeinen Vereidigung gestützt werden. Sind Gericht und Sachverständiger davon ausgegangen, daß die Berufung auf den Eid zulässig war, so wird das Urteil aber auf dem Verstoß idR nicht beruhen (RG JW **29**, 1047; LR-Dahs 24; erg 9 zu § 67; 3 zu § 189 GVG). 13

Vorbereitung des Gutachtens

80 **I Dem Sachverständigen kann auf sein Verlangen zur Vorbereitung des Gutachtens durch Vernehmung von Zeugen oder des Beschuldigten weitere Aufklärung verschafft werden.**

[II] **Zu demselben Zweck kann ihm gestattet werden, die Akten einzusehen, der Vernehmung von Zeugen oder des Beschuldigten beizuwohnen und an sie unmittelbar Fragen zu stellen.**

1 **1) Verschaffung weiterer Aufklärung:** Die Anknüpfungstatsachen (11 zu § 79) müssen dem Sachverständigen, soweit möglich, bereits bei der Erteilung des Auftrags mitgeteilt werden (4 zu § 78). Zu den Pflichten des Sachverständigen gehört es, sie kritisch zu würdigen; denn häufig kann nur er aufgrund seiner besonderen Sachkunde beurteilen, ob sie richtig und vollständig sind. Hält er eine Vervollständigung für nötig, so ist er verpflichtet, sich an seinen Auftraggeber (Gericht, StA, Polizei) zu wenden und die nach seiner Auffassung mögliche und erforderliche weitere Sachaufklärung zur Gewinnung einer zuverlässigen Tatsachengrundlage für sein Gutachten zu beantragen. Für das Gericht folgt die Pflicht, ihm auf Verlangen weitere Aufklärung zu verschaffen, idR schon aus der Sachaufklärungspflicht nach § 244 II (BGH JR **62**, 111). Nur wenn sie nicht entgegensteht, kann das Gericht auf einer Gutachtenerstattung ohne völlige Aufklärung oder sogar unter Unterstellung eines bestimmten Sachverhalts bestehen (KK-Senge 1).

2 **2)** Durch **Vernehmung von Auskunftspersonen** (Beschuldigte, Zeugen) soll dem Sachverständigen in 1. Hinsicht weitere Aufklärung verschafft werden (I). Gemeint sind Vernehmungen durch das Gericht, die StA oder die Polizei. Der Sachverständige selbst ist zu solchen Vernehmungen nicht befugt (BGH JR **62**, 111; Kuckuck DAR **76**, 257; Rudolph Justiz **69**, 31; Weigend JZ **90**, 49; **aM** Fincke ZStW **86**, 669; ausführlich dazu Dippel 131 ff). Zwar sind ihm informatorische Befragungen nicht verwehrt, sofern sie nur dem Zweck dienen, allgemein die Beweiserheblichkeit des Wissens der Auskunftsperson festzustellen und ggf ihre Vernehmung zu beantragen (BGH **9**, 292, 296; Heinitz Engisch-FS 699; Weimann JR **51**, 198). Sonst darf der Sachverständige nur der richterlichen Vernehmung beiwohnen und an Zeugen oder Beschuldigte Fragen stellen (II); dabei darf ihm aber nicht die ganze Befragung überlassen werden (LR-Dahs 4; Bockelmann GA **55**, 331). Das Vernehmungsverbot gilt auch für Explorationen durch psychologische Sachverständige; sie sind zu eigenen Ermittlungen ebensowenig befugt wie andere Sachverständige (vgl BGH MDR **66**, 383 [D]; LR-Dahs 6; Blau GA **59**, 304; **aM** Cabanis NJW **78**, 2331; Fincke ZStW **86**, 664). Vernehmungen, die der Sachverständige unter Verstoß gegen diese Grundsätze vornimmt, sind verfahrensrechtlich, vor allem im Hinblick auf § 251 II S. 2, wertlos (BGH **13**, 1, 4; LR-Dahs 5; Kube/Leineweber 63); erforderlichenfalls muß das Gericht sie wiederholen.

3 **3)** Die **Akteneinsicht** (II) wird dem Sachverständigen nicht nur auf sein Verlangen (I) gestattet, sondern idR schon bei der Auftragserteilung (oben 1). Dem Verlangen des Sachverständigen auf Akteneinsicht muß aber nicht stets und nicht immer umfassend entsprochen werden (LR-Dahs 3). Entscheidend ist das Ermessen der Stelle, die die Tätigkeit des Sachverständigen zu leiten hat (§ 78). Routinemäßig dürfen die Akten dem Sachverständigen nicht überlassen werden (KMR-Paulus 6; Peters 372: mit Vorsicht). Wegen der Akteneinsicht des Schriftsachverständigen vgl 1 zu § 93.

4 **4) Sonstige Beweiserhebungen** zur Vorbereitung des Gutachtens schließt II nicht aus. Zulässig sind insbesondere die Herbeiziehung von Urkunden und Akten und die Vorlegung von Augenscheinsobjekten (Karlsruhe Justiz **63**, 36). Die Besichtigung von Örtlichkeiten, die Einholung von Auskünften und die Heranziehung von Krankengeschichten und anderen Unterlagen ist dem Sachverständigen ohne Mitwirkung des Gerichts gestattet. Nimmt er eine Ortsbesichtigung vor, so braucht er Beschuldigte und Verteidiger nicht zu benachrichtigen (BGH VRS **35**, 428).

5) **In der Hauptverhandlung** braucht der Sachverständige nicht ständig anwesend zu sein (BGH DAR **83**, 205 [Sp]; MDR **53**, 723 [D]). Er entscheidet, sofern das Gericht ihm hierüber keine Weisungen erteilt, selbst darüber, ob das Gutachten seine ständige Anwesenheit erfordert (BGH DAR **77**, 175 [Sp]; **85**, 195 (Sp); NStZ **81**, 297 [Pf]). Das Gericht kann dem Sachverständigen, da § 58 I auf ihn nicht entspr anwendbar ist, die Anwesenheit bei der Beweisaufnahme gestatten. Bisweilen ist das sogar nach § 244 II geboten (BGH **19**, 367). Dem Gericht obliegt die Prüfung, ob während der Abwesenheit des Sachverständigen Einzelheiten erörtert worden sind, die sein Gutachten beeinflussen können, und ob er daher über diese Verhandlungsergebnisse zu unterrichten ist (BGH **2**, 25, 27/28; DAR **85**, 195 [Sp]). Zur Frage, ob die dauernde Anwesenheit des Sachverständigen die Verteidigung beschränken kann, vgl Loos H. Kaufmann-GedSchr 961. Ob der Sachverständige unmittelbar Fragen an Zeugen oder Beschuldigte stellen darf, steht im Ermessen des Gerichts (BGH NJW **69**, 437). 5

6) **Revisionsgrund** ist der Verstoß gegen I nur, wenn zugleich eine Verletzung der Sachaufklärungspflicht vorliegt oder wenn er dazu geführt hat, daß der Sachverständige von unrichtigen Erwägungen ausgegangen ist (BGH 1 StR 150/61 vom 6. 6. 1961; LR-Dahs 11). Auf eine Verletzung des II, der nur eine Ordnungsvorschrift ist (KK-Senge 6; LR-Dahs 11), kann die Revision nicht gestützt werden. 6

Zuziehung im Vorverfahren

80a **Ist damit zu rechnen, daß die Unterbringung des Beschuldigten in einem psychiatrischen Krankenhaus, einer Entziehungsanstalt oder in der Sicherungsverwahrung angeordnet werden wird, so soll schon im Vorverfahren einem Sachverständigen Gelegenheit zur Vorbereitung des in der Hauptverhandlung zu erstattenden Gutachtens gegeben werden.**

1) **Für das Vorverfahren** (Einl 60) gegen einen schuld- und verhandlungsfähigen Beschuldigten gilt die Vorschrift. Im Sicherungsverfahren nach §§ 413 ff gilt § 414 III, in der Hauptverhandlung § 246 a. 1

2) Die **Vorbereitung des Gutachtens** soll dem Sachverständigen ermöglicht werden. Davon darf nur abgesehen werden, wenn der Zustand des Beschuldigten und seine Gemeingefährlichkeit offensichtlich sind. IdR ist ein Psychiater zum Sachverständigen zu bestellen (Müller-Dietz NStZ **83**, 204 mwN; vgl auch BGH MDR **76**, 17 [D]). Sein Gutachten muß sich auf den psychischen und körperlichen Zustand des Beschuldigten und auf die Behandlungsaussichten erstrecken (KK-Senge 3). 2

3) Bei **Weigerung des Beschuldigten,** sich untersuchen zu lassen, ist er vor das Gericht oder die StA zu laden, notfalls nach § 133 II vorzuführen, und unter Beteiligung des Sachverständigen (§ 80) zu vernehmen (LR-Dahs 4). In Betracht kommt auch eine Anordnung nach § 81 a, auch eine Unterbringung nach § 81 (BGH NJW **72**, 348). 3

4) **Anfechtung:** Nicht die Zuziehung des Sachverständigen, sondern erst die Anordnung nach § 81 oder 81 a ist mit der Beschwerde anfechtbar (LR-Dahs 5). Die **Revision** kann nicht auf den Verstoß gegen § 80 a, sondern nur auf Verletzung des § 246 a gestützt werden (BGH NStZ **84**, 134). 4

Unterbringung zur Beobachtung **RiStBV 61, 62**

81 **I Zur Vorbereitung eines Gutachtens über den psychischen Zustand des Beschuldigten kann das Gericht nach Anhörung eines Sachverständigen**

und des Verteidigers anordnen, daß der Beschuldigte in ein öffentliches psychiatrisches Krankenhaus gebracht und dort beobachtet wird.

II Das Gericht trifft die Anordnung nach Absatz 1 nur, wenn der Beschuldigte der Tat dringend verdächtig ist. Das Gericht darf diese Anordnung nicht treffen, wenn sie zu der Bedeutung der Sache und der zu erwartenden Strafe oder Maßregel der Besserung und Sicherung außer Verhältnis steht.

III Im vorbereitenden Verfahren entscheidet das Gericht, das für die Eröffnung des Hauptverfahrens zuständig wäre.

IV Gegen den Beschluß ist sofortige Beschwerde zulässig. Sie hat aufschiebende Wirkung.

V Die Unterbringung in einem psychiatrischen Krankenhaus nach Absatz 1 darf die Dauer von insgesamt sechs Wochen nicht überschreiten.

1 **1) Anwendungsbereich:** Die Unterbringung zur Beobachtung ist schon im Vorverfahren (Einl 60) zulässig, auch im Sicherungsverfahren nach §§ 413 ff, nicht aber im Privatklageverfahren (unten 7). Rechtskraft und Vollzug (§ 67 II StGB) der neben der Maßregel nach § 63 StGB verhängten Freiheitsstrafe hindern die Unterbringung nicht, solange noch über die Maßregel zu entscheiden ist; die Unterbringung muß dann auf die Strafzeit angerechnet werden (Celle NJW **61**, 981; krit Pohlmann Rpfleger **61**, 354). Nach Rechtskraft des Urteils ist die Unterbringung ausgeschlossen. Sie darf weder für Zwecke der Strafvollstreckung noch zur Vorbereitung der Entscheidungen nach §§ 57, 57 a, 67 d IV, 67 g StGB angeordnet werden (Düsseldorf StV **85**, 377; Hamm NJW **74**, 914). Bei der Beweisaufnahme im Wiederaufnahmeverfahren nach § 369 ist sie wieder zulässig (dort 1).

2 **2) Ohne Unterbringungsanordnung** nach § 81 und auch ohne die zeitliche Grenze des V (RG **34**, 306; Stuttgart NJW **61**, 2077) ist die Beobachtung des Beschuldigten zulässig, solange gegen ihn ein Unterbringungsbefehl nach § 126 a in einem psychiatrischen Krankenhaus (nicht in einer Entziehungsanstalt) vollzogen wird (KK-Senge 3; KMR-Paulus 3; LR-Dahs 4; **aM** Hamburg MDR **72**, 1048) oder solange er sich in einer JVA in UHaft oder Strafhaft befindet und dort in der psychiatrischen Abteilung beobachtet werden kann (BGH NStZ **95**, 219 [K]). Die Anordnung, daß er in eine solche Abteilung oder in eine andere JVA mit einer solchen Abteilung zu verlegen ist, reicht dann aus (RG **34**, 306; Celle NStZ **91**, 598 mit abl Anm Wohlers NStZ **92**, 347; Karlsruhe Justiz **72**, 18; Stuttgart NJW **61**, 2077; **73**, 1426). Bei UHaft trifft sie der nach § 126 zuständige Haftrichter (vgl UVollzO 57), bei Strafhaft der Vorstand der JVA. Für Beobachtungen außerhalb der JVA gilt das nicht (Stuttgart aaO).

3 **3) In Form eines Beweisantrags** (17 ff zu § 244) kann die Anstaltsunterbringung von den Prozeßbeteiligten nicht beantragt werden. Da der Antrag sich nicht auf den Umfang der Beweisaufnahme, sondern nur auf die Art und Weise der Begutachtung durch den Sachverständigen bezieht, handelt es sich um eine bloße Beweisanregung (26 zu § 244), über die das Gericht im Rahmen der Sachaufklärungspflicht (§ 244 II) entscheidet (LR-Dahs 6; ANM 100; **aM** BGH JR **55**, 472; OGH **2**, 207; Koblenz VRS **48**, 182, 184; KK-Senge 4; KMR-Paulus 19). Die Anstaltsbeobachtung ist auch kein überlegenes Forschungsmittel iS § 244 IV S. 2 Hs 2 (dort 76).

4 **4) Voraussetzungen der Unterbringung:**

5 A. Zur **Vorbereitung des Gutachtens** über den psychischen Zustand des Beschuldigten kann die Unterbringung angeordnet werden (I), in 1. Hinsicht zur Prüfung der Schuldfähigkeit nach §§ 20, 21 StGB, nicht der Glaubwürdigkeit (BGH JR **55**, 472; Celle StV **87**, 518; Fezer 6/3; Roxin § 33 A I 1 b; Schlüchter 274), auch nicht zur Rekonstruktion (Trinkversuch) einer vorübergehenden Bewußtseinsstörung infolge Alkohol- oder Medikamentengenusses (BGH MDR **66**,

383 [D]; KK-Senge 2; **aM** EbSchmidt 7; Löffler NJW **51**, 821). Ein jetzt geistig Gesunder kann aber untergebracht werden, damit aus seinem Zustand Rückschlüsse auf den psychischen Zustand zur Tatzeit gezogen werden können (RG **20**, 378; **27**, 343, 348; KMR-Paulus 10; Löffler aaO). Steht die Schuldunfähigkeit fest, so ist die Unterbringung zur Prüfung der Gemeingefährlichkeit iS der §§ 63, 66 StGB zulässig (LR-Dahs 8; Arzt JZ **69**, 439). Schließlich darf durch die Unterbringung auch die gegenwärtige oder frühere (zB bei Ablegung eines Geständnisses) Verhandlungsfähigkeit geklärt werden (KMR-Paulus 10; LR-Dahs 9; EbSchmidt 6; **aM** Schroeder JZ **85**, 1030). Einen weiteren Unterbringungszweck sieht § 73 **JGG** vor.

B. **Dringenden Tatverdacht** (II S. 1) setzt die Unterbringung voraus. Das ist 6
wie bei § 112 I S. 1 zu beurteilen (dort 7) und grundsätzlich nach Aktenlage zu entscheiden. Eine Beweiserhebung ist zwar zulässig (Bay **9**, 145), aber nicht in der Weise, daß probeweise eine Hauptverhandlung durchgeführt und ggf ausgesetzt wird (**aM** Düsseldorf JMBlNW **58**, 213; LR-Dahs 11; erg 18 zu § 81 a). Besteht der dringende Verdacht des äußeren Tatgeschehens, so ist eine Vernehmung des Beschuldigten zur inneren Tatseite idR nicht erforderlich (Löffler NJW **51**, 821).

C. Der **Verhältnismäßigkeitsgrundsatz** (II S. 2) steht der Anordnung entge- 7
gen, wenn die Unterbringung für den Beschuldigten schwerer wiegt als die Strafe oder Maßregel, die er für die Straftat zu erwarten hat (Bay GA Bd. **69**, 198; Saarbrücken HESt **3**, 18). Unzulässig ist die Unterbringung im Privatklageverfahren (KG DJZ **28**, 1687; Hamburg JR **55**, 394) und in Bagatellstrafsachen (Karlsruhe Justiz **97**, 141; LG Zweibrücken StV **97**, 347; Löffler NJW **51**, 821; vgl auch Bamberg MDR **84**, 602: Beleidigungen querulatorischer Art). Im Bußgeldverfahren ist sie gesetzlich ausgeschlossen (§ 46 III S. 1 OWiG). Die Unterbringung darf
auch sonst nur angeordnet werden, wenn sie **unerläßlich** ist (BVerfGE **17**, 108, 8
117 = NJW **63**, 2368, 2370; BVerfG StV **95**, 617), wenn also der psychische Zustand des Beschuldigten anders nicht beurteilt werden kann (Karlsruhe NJW **73**, 573). Sie ist unzulässig, wenn der Sachverständige durch ambulante Untersuchungen ein genügend sicheres Bild gewinnen kann (Düsseldorf StV **93**, 571; Frankfurt NJW **67**, 689; StV **86**, 51; Bamberg MDR **84**, 602 hält dann die Anordnung und zwangsweise Durchsetzung einer eintägigen ambulanten Untersuchung für zulässig) oder wenn die Ergebnisse einer früheren Untersuchung ausreichen (LG Berlin NJW **60**, 2256 mit Anm Sauer). Notfalls ist der Beschuldigte zu ambulanten Untersuchungen vorzuführen (KG JR **65**, 69; Celle NStZ **91**, 598; Oldenburg NJW **71**, 1098); wenn sie trotzdem an seinem Widerstand scheitern, ist die Unterbringung zulässig (Nürnberg OLGSt S. 11). Von ihr muß schließlich abgesehen werden, wenn feststeht, daß die Beobachtungszeit von 6 Wochen ohnehin nicht ausreicht (LR-Dahs 13), oder wenn der Beschuldigte sich freiwillig in einer Privatklinik, deren Ärzte als Sachverständige geeignet sind, untersuchen läßt (KK-Senge 6).

5) Anhörungspflichten: 9

A. Die **Anhörung eines Sachverständigen** (I) ist stets erforderlich. Er muß 10
Psychiater oder Neurologe (Frankfurt NJW **67**, 689; Saarbrücken JBl Saar **64**, 116) und sollte der Arzt sein, der die Beobachtung durchführen soll. Er muß sich einen
persönlichen Eindruck von dem Beschuldigten verschaffen, bevor er sich zur 11
Notwendigkeit der Unterbringung äußert (KG JR **64**, 231; **65**, 69; Karlsruhe NJW **73**, 573; Oldenburg NJW **61**, 981; Schleswig SchlHA **54**, 330; Roxin § 33 A I 2c; Schlüchter 278.1). Die Ansicht, in seltenen Ausnahmefällen, die sich aus der Stellungnahme des Sachverständigen ergeben müssen, könne das Aktenstudium ausreichen (Hamburg MDR **64**, 434; Karlsruhe MDR **84**, 72; StV **84**, 369; Koblenz OLGSt S. 23), begegnet Bedenken. Der persönliche Eindruck wird niemals ersetzbar sein (KG JR **65**, 69; Celle NStZ **91**, 599; Düsseldorf StV **98**, 638; Oldenburg aaO; Eisenberg BR 1695; Jessnitzer/Frieling 368). Notfalls ist der

Beschuldigte zu einer gerichtlichen Vernehmung vorzuladen und dort von dem Sachverständigen zu hören (Celle NStZ **89**, 242; Düsseldorf StV **93**, 571; LG Gera StV **95**, 631). Wenn der Sachverständige sich nicht ausnahmsweise mündlich in

12 Anwesenheit aller Verfahrensbeteiligten äußert, muß er seine **Stellungnahme** schriftlich abgeben. Er muß sich zur Notwendigkeit (Frankfurt StV **86**, 51; Hamm NJW **57**, 1290) und zur voraussichtlich erforderlichen Dauer der Beobachtung äußern (Karlsruhe NJW **73**, 573). Eine telefonische Äußerung gegenüber dem Gericht ist wertlos (KG JR **64**, 231; Karlsruhe MDR **84**, 72; Schlüchter 278.1).

13 Eine **Bindung des Gerichts** an die Stellungnahme des Sachverständigen besteht nicht. Will es von ihr abweichen, so wird es aber idR einen weiteren Sachverständigen hören müssen (Hamm NJW **57**, 1290; LR-Dahs 18).

14 B. Der **Verteidiger,** dessen Mitwirkung nach § 140 I Nr 6 notwendig ist (dort 18), muß angehört werden; auf sein Einverständnis kommt es nicht an. Die Anhörung darf erst nach Vorliegen der Stellungnahme des Sachverständigen erfolgen, die dem Verteidiger zur Kenntnis gebracht werden muß (KG JR **64**, 231; Karlsruhe NJW 72, 1584; MDR **84**, 72). Dem Beschuldigten selbst braucht keine Gelegenheit zur Stellungnahme gegeben zu werden (KK-Senge 8; EbSchmidt 13; **aM** KMR-Paulus 25; LR-Dahs 21; Fezer 6/7; Schlüchter 279), auch nicht seinem gesetzlichen Vertreter (**aM** LR-Dahs 21).

15 C. Die **Staatsanwaltschaft** ist nach § 33 II zu hören.

16 **6) Unterbringung in einem psychiatrischen Krankenhaus:**

17 A. Die **Dauer der Unterbringung** darf insgesamt 6 Wochen nicht überschreiten (V), auch nicht mit Einverständnis des Beschuldigten (KK-Senge 7) und bei gleichzeitiger Anordnung der Unterbringung nach § 73 **JGG** (Brunner/Dölling 4 zu § 73 **JGG**). In dem Anordnungsbeschluß muß die Höchstdauer bezeichnet werden (Stuttgart NJW **61**, 2077). Zweckmäßigerweise wird der Wortlaut des V benutzt und angeordnet, daß die Unterbringung die Dauer von 6 Wochen nicht überschreiten darf (LR-Dahs 24). Steht fest, daß eine kürzere Zeit ausreicht, so ist die Unterbringung aber von vornherein auf diese Zeit zu beschränken (Oldenburg NJW **61**, 981); bis 6 Wochen kann sie später immer noch verlängert werden. Nach Erreichung des Beobachtungszwecks muß der Sachverständige den Beschuldigten sofort entlassen; darüber sollte er belehrt werden (RiStBV 62 I).

18 B. Die **Wiederholung der Unterbringung** aufgrund einer neuen richterlichen Anordnung (die frühere ist auch dann verbraucht, wenn die 6-Wochenfrist nicht ausgeschöpft worden ist) ist zulässig; nur „insgesamt" darf nach V die Unterbringung nicht länger als 6 Wochen dauern (LR-Dahs 26).

19 C. Die **Auswahl des Krankenhauses** trifft das Gericht in dem Anordnungsbeschluß (Frankfurt NJW **67**, 689; Stuttgart NJW **61**, 2077; LR-Dahs 27). Es muß sich um ein öffentliches psychiatrisches Krankenhaus handeln; Träger muß der Staat, eine Gemeinde, ein Gemeindeverband oder ein anderer Hoheitsträger sein (Frankfurt aaO). Nicht erforderlich sind die namentliche Bezeichnung des Arztes, der den Beschuldigten beobachten soll (Nürnberg OLGSt S. 10; KK-Senge 7), und die Regelung der Art der Unterbringung (Hamm NJW **53**, 1237; KMR-Paulus 29; LR-Dahs 27).

20 D. **Zulässige Maßnahmen:** Der Beschuldigte darf nur festgehalten und beobachtet werden (vgl Kühne NJW **71**, 227: kein Eindringen in die Intimsphäre). Körperliche Untersuchungen, Blutprobenentnahmen und andere Eingriffe sind ohne sein Einverständnis nur bei besonderer Anordnung nach § 81 a, die ggf mit der Anordnung nach § 81 verbunden wird, zulässig (BGH **8**, 144 = JR **56**, 68 mit Anm EbSchmidt; BGH NJW **68**, 2297 = JZ **69**, 437 mit Anm Arzt; LR-Dahs 29). Das gilt auch für ungefährliche Maßnahmen, die auch sonst im Rahmen der Beobachtung ohne besondere Einwilligung vorgenommen zu werden pflegen (**aM** Schleswig NStZ **82**, 81: EKG und Blutdruckmessung; **aM** auch Peters 327 und JR **69**, 233), und für eine Heilbehandlung (LR-Dahs 29; Arzt JZ **69**, 440). Der

Sachverständige darf den Beschuldigten über dessen Zustand befragen, Antworten aber nicht erzwingen (BGH NJW **68**, 2297). Weigert sich der Untergebrachte, an einer Exploration mitzuwirken, so muß die Unterbringung aufgehoben werden, wenn die Beobachtung allein keine Erfolgsaussicht bietet (Celle StV **85**, 224; **91**, 248). Zur Überwachung des Schriftverkehrs ist, falls überhaupt erforderlich, der Richter befugt, nicht der Krankenhausarzt (BGH NJW **61**, 2069; KK-Senge 9; LR-Dahs 30; **aM** Koch NJW **69**, 176). Bei Beschuldigten, die sich vor der Unterbringung auf freiem Fuß befunden hatten, ist die Überwachung unzulässig (LR-Dahs 30).

E. Die **Anrechnung im Urteil** bestimmt § 51 I S. 1 StGB (vgl BGH **4**, 325). **21**
Wird nur auf Freiheits- oder Geldstrafe erkannt, so ist ein besonderer Ausspruch im Urteil nicht erforderlich (BGH **24**, 29; NJW **72**, 730), sofern nicht beide Strafen nebeneinander verhängt werden (BGH aaO; Bay NJW **72**, 1632).

7) Den **Unterbringungsbeschluß** erläßt das Gericht, das für die Eröffnung des **22**
Hauptverfahrens **zuständig** wäre (III), bei Zuständigkeitswahl nach § 24 I Nrn 2, **23**
3 GVG das Gericht, bei dem die StA die Anklageerhebung beabsichtigt; es kann die Entscheidung aber entspr § 209 dem AG übertragen (LR-Dahs 33). Nach Anklageerhebung entscheidet das mit der Sache befaßte Gericht. Der Beschluß muß nach § 34 **mit Gründen versehen** werden, die ergeben müssen, welche **24**
Zweifel an der Schuld- oder Verhandlungsfähigkeit des Beschuldigten bestehen und warum sie nur durch Beobachtung nach § 81 geklärt werden können (Frankfurt StV **86**, 51; Köln JMBlNW **60**, 44; LR-Dahs 34). **Ändern** sich nachträglich **25**
die der Entscheidung zugrunde liegenden tatsächlichen oder rechtlichen Voraussetzungen, so darf der rechtskräftige Beschluß nicht abgeändert, aber ein neuer erlassen werden (KMR-Paulus 33), der angefochten werden kann, auch wenn gegen den früheren keine Beschwerde eingelegt worden war (Düsseldorf JMBlNW **61**, 45; Hamm JMBlNW **76**, 21; LR-Dahs 35). **Bekanntgegeben** wird der **26**
Beschluß in der Hauptverhandlung durch Verkündung, sonst schriftlich durch Zustellung (§ 35 II) an den Verteidiger (§ 145 a I), an den Beschuldigten nur, wenn die Vollmacht für den Wahlverteidiger nicht bei den Akten ist (Hamm JMBlNW **56**, 168; LR-Dahs 36). Die **Vollstreckung** des Beschlusses obliegt der StA (§ 36 II **27**
S. 1). Auch hierbei ist der Verhältnismäßigkeitsgrundsatz zu beachten (RiStBV 61 I). Der auf freiem Fuß befindliche Beschuldigte wird zu dem mit der Anstalt verabredeten Zeitpunkt zum Erscheinen geladen, erforderlichenfalls mit Vorführungsandrohung (vgl RiStBV 61 II). Den Vorführungsbefehl erläßt die StA; er kann nach § 23 **EGGVG** angefochten werden (Koblenz JVBl **61**, 237; KK-Senge 11; LR-Dahs 37; Altenhain JZ **65**, 758; **aM** Hamm NJW **66**, 684).

8) Sofortige Beschwerde (§ 311) ist zulässig gegen den die Unterbringung **28**
anordnenden Beschluß (IV S. 1), entgegen § 305 S. 1 auch gegen den des erkennenden Gerichts (KG JR **65**, 69; Karlsruhe Justiz **97**, 141; Stuttgart NJW **61**, 2077; LR-Dahs 39; Fezer 6/9). Der Verteidiger kann sie gegen den Willen des Beschuldigten einlegen; § 297 gilt nicht (KK-Senge 12). Die Rechtsmittelfrist beginnt daher für den Verteidiger erst, wenn ihm der Beschluß zugestellt worden ist (KMR-Paulus 39; EbSchmidt 16). Das Rechtsmittel kann auf die Auswahl der Anstalt beschränkt werden (LR-Dahs 33; **aM** Celle NJW **66**, 1881; Düsseldorf JMBlNW **61**, 45; Stuttgart NJW **61**, 2077; KK-Senge 12). Es hat entgegen § 307 I aufschiebende Wirkung (IV S. 2). Weitere Beschwerde ist ausgeschlossen (Bay **27**, 81; Bremen NJW **49**, 74; Hamburg JR **56**, 192; Hamm MDR **84**, 602; Schleswig SchlHA **86**, 107 [E/L]; LR-Dahs 38; erg 6 zu 310). Die **Prüfung des Beschwer-** **29**
degerichts erstreckt sich auf die Zweckmäßigkeit der Anordnung (Hamburg MDR **72**, 1048; Hamm MDR **50**, 373; Köln MDR **51**, 373; Schleswig MDR **59**, 415; LR-Dahs 40; **aM** Hamm NJW **53**, 1237; Schlüchter 283.4). Es darf aber bei der Frage, ob Zweifel an der Schuldfähigkeit des Beschuldigten bestehen, nicht sein Ermessen an die Stelle des tatrichterlichen Ermessens setzen; den Umfang der

30 Beweisaufnahme bestimmt der Tatrichter. Die **Zurückverweisung** der Sache an den 1. Richter ist bei erheblichen Verfahrensmängeln zulässig und geboten (Hamm JMBlNW **52**, 195; Karlsruhe NJW **72**, 1584; **73**, 573; LG Zweibrücken NJW **97**, 70), aber nicht stets beim Fehlen der nach § 34 erforderlichen Begründung (Koblenz OLGSt S. 21; Oldenburg NJW **61**, 981; Schleswig SchlHA **59**, 82; **aM**
31 Oldenburg NJW **71**, 1098; erg 7 zu § 309). Der die **Unterbringung ablehnende Beschluß** ist sowohl für den Beschuldigten (Nürnberg MDR **66**, 347) als auch für die StA (Braunschweig NJW **55**, 1492; Stuttgart Justiz **72**, 231; LG Köln MDR **96**, 409) mit einfacher Beschwerde nach § 304 I anfechtbar (LR-Dahs 42; Schlüchter 283.2; **aM** Celle NdsRpfl **62**, 141; Karlsruhe Justiz **72**, 18).

32 **9) Revision:** Die Rüge der Rechtswidrigkeit der Unterbringung ist, da nach IV S. 1 sofortige Beschwerde zulässig ist, nach § 336 S. 2 ausgeschlossen. Die Ablehnung der Unterbringung kann nur mit der Aufklärungsrüge (§ 244 II) beanstandet werden, zB wenn sogar der Sachverständige eine Beurteilung für so unsicher hält, daß er die Unterbringung angeregt hat (RG JW **37**, 3101 mit Anm Schafheutle; OGH **1**, 190, 193), nicht aber, weil der Sachverständige den Rahmen für die Unterbringung nicht voll ausgeschöpft hat (BGH MDR **74**, 725 [D]; LR-Dahs 43).

33 **10) Immunität:** Bei Abgeordneten ist die Unterbringung nur mit Genehmigung des Parlaments zulässig (RiStBV 191–192 a).

Körperliche Untersuchung des Beschuldigten

81a **I Eine körperliche Untersuchung des Beschuldigten darf zur Feststellung von Tatsachen angeordnet werden, die für das Verfahren von Bedeutung sind. Zu diesem Zweck sind Entnahmen von Blutproben und andere körperliche Eingriffe, die von einem Arzt nach den Regeln der ärztlichen Kunst zu Untersuchungszwecken vorgenommen werden, ohne Einwilligung des Beschuldigten zulässig, wenn kein Nachteil für seine Gesundheit zu befürchten ist.**

II Die Anordnung steht dem Richter, bei Gefährdung des Untersuchungserfolges durch Verzögerung auch der Staatsanwaltschaft und ihren Hilfsbeamten (§ 152 des Gerichtsverfassungsgesetzes) zu.

III Dem Beschuldigten entnommene Blutproben oder sonstige Körperzellen dürfen nur für Zwecke des der Entnahme zugrundeliegenden oder eines anderen anhängigen Strafverfahrens verwendet werden; sie sind unverzüglich zu vernichten, sobald sie hierfür nicht mehr erforderlich sind.

1 1) Die **zwangsweise körperliche Untersuchung des Beschuldigten** gestattet die Vorschrift. Er muß hinnehmen, daß sein Körper zum Augenscheinsobjekt gemacht wird (Eser ZStW **86**, Beih 146). Im Schrifttum wird § 81 a aus diesem Grund, aber auch wegen mangelnder Bestimmtheit für grundgesetzwidrig gehalten (Sautter AcP **161**, 215, 247 ff; Sax in Bettermann/Nipperdey/Scheuner, Die Grundrechte, III/2, 1959, S. 983 ff). Das BVerfG folgt dem nicht (BVerfGE **47**, 239, 248 = NJW **78**, 1149), fordert aber eine verfassungskonforme Auslegung in der Weise, daß der Verhältnismäßigkeitsgrundsatz (Einl 20) besonders beachtet wird (BVerfGE **16**, 194, 202 = NJW **63**, 1597; BVerfGE **17**, 108, 117 = NJW **63**,
2 2368, 2370; BVerfGE **27**, 211 = NJW **70**, 505). Der Begriff **Beschuldigter** (Einl 76 ff) bedeutet nicht, daß bereits ein Ermittlungsverfahren anhängig sein muß; mit der Anordnung nach § 81 a kann es eingeleitet werden, sofern bereits hinreichende Anhaltspunkte iS § 152 II (dort 4) für eine Straftat vorliegen, nicht, um sie erst aufzuspüren (Krause/Nehring 2). Beschuldigte iS § 81 a sind auch der Angeschuldigte und Angeklagte (§ 157) sowie der Verurteilte, der zur Vorbereitung einer Prognoseentscheidung nach §§ 57 I, 67 d II S. 1 StGB untersucht werden soll

(KK-Senge 2; LR-Dahs 6; **aM** Hamm NJW **74**, 914; SK/StPO-Rogall 9; Geerds Jura **88**, 2).

2) Die **Einwilligung des Beschuldigten** macht die Anordnung nach § 81 a entbehrlich und gestattet auch nach I S. 2 unzulässige körperliche Eingriffe, sofern sie nicht, insbesondere wegen besonderer Gefährlichkeit, gegen die guten Sitten verstoßen (Löffler NJW **51**, 822). Schwerwiegende Eingriffe dürfen trotz der Einwilligung nur auf richterliche Anordnung vorgenommen werden. **Ausdrücklich und eindeutig** und aus freiem Entschluß muß der Beschuldigte, der nicht unbedingt geschäftsfähig, aber genügend verstandesreif sein muß, die Einwilligung erklären. Sie liegt nicht schon in der Hinnahme des Eingriffs (vgl 3 zu § 81 c). Erforderlich ist auch, daß der Beschuldigte die Sachlage und sein Weigerungsrecht kennt (BGH NJW **64**, 1177; Kohlhaas DAR **56**, 203; **73**, 13; Peters JR **69**, 233; Rogall 192). IdR muß er darüber belehrt werden (Maase DAR **66**, 44; Messmer DAR **66**, 153). Auch über Bedeutung, Gefährlichkeit und Nachwirkungen erheblicher Eingriffe muß er aufgeklärt werden (Kohlhaas NJW **68**, 2277); erforderlichenfalls ist ihm eine Überlegungsfrist einzuräumen (BGH VRS **29**, 203). Die Einwilligung kann **widerrufen** werden; was bis dahin ermittelt worden ist, bleibt verwertbar. 3 4 5

3) Zweck der Untersuchung (I S. 1) darf nur die Feststellung verfahrenserheblicher Tatsachen sein, für deren Vorliegen bereits bestimmte Anhaltspunkte bestehen. Das sind in 1. Hinsicht Tatsachen, die, wenn auch nur mittelbar, die Straftat, die Täterschaft und Schuld des Beschuldigten beweisen oder die Rechtsfolgenentscheidung beeinflussen können (LR-Dahs 13). Tatsachen dieser Art können die Beschaffenheit des Körpers des Beschuldigten und seiner Bestandteile, zB des Blutes und des Magensaftes, und das Vorhandensein von Fremdkörpern sein (BGH **5**, 332, 336; EbSchmidt NJW **62**, 664), auch sein psychischer Zustand (KK-Senge 5). 6

Verfahrenserheblich iS I S. 1 sind auch die **Verhandlungsfähigkeit** des Beschuldigten (BVerfGE **27**, 211, 219 = NJW **70**, 505, 506; Bay **56**, 187 = JR **57**, 110 mit Anm EbSchmidt; Celle NJW **71**, 256; Düsseldorf JZ **88**, 984; Schleswig NStZ **82**, 91) und seine **Reisefähigkeit** (LR-Dahs 14). 7 8

4) Einfache körperliche Untersuchungen (I S. 1) dienen dem Zweck, die vom Willen des Beschuldigten unabhängige Beschaffenheit seines Körpers oder einzelner Körperteile, auch das Vorhandensein von Fremdkörpern in den natürlichen Körperöffnungen, oder den psychischen Zustand des Beschuldigten und die Arbeitsweise des Gehirns, auch die körperbedingten psychischen Funktionen, durch sinnliche Wahrnehmung (LR-Dahs 15; EbSchmidt NJW **62**, 664) ohne körperliche Eingriffe festzustellen. Dieser Zweck, nicht die Art ihrer Vornahme, unterscheidet die Untersuchung von der körperlichen Durchsuchung nach § 102 (dort 9), bei der nach Gegenständen gesucht wird, die in oder unter der Kleidung, auch auf der Körperoberfläche und in den natürlichen Körperöffnungen, versteckt sind (LR-Dahs 16; Fezer 6/11; **aM** AK/StPO-Wassermann 2: Unterscheidungsmerkmal ist das Mittel der Durchsuchung; vgl auch LG Trier NJW **87**, 722, das die Verletzungsgefahr als Abgrenzungsmerkmal verwendet). Die bloße Beobachtung des Geisteszustandes fällt unter § 81, nicht unter § 81 a (Bamberg MDR **84**, 602). Der Beschuldigte muß körperliche Untersuchungen **dulden.** Er ist auch verpflichtet, sich für die Untersuchung zu entkleiden (vgl LG Düsseldorf NJW **73**, 1931) und die erforderliche Körperhaltung einzunehmen (LR-Dahs 17; Geppert DAR **80**, 318). 9 10

Zu einer **aktiven Beteiligung** an der Untersuchung kann er aber nicht gezwungen werden (BGH **34**, 39, 46; Düsseldorf JZ **88**, 984; Fezer 6/11; Schlüchter 179.1; erg Einl 80). Er braucht keine Fragen zu beantworten (Hamm NJW **74**, 713; Dahs/Wimmer NJW **60**, 2218; EbSchmidt NJW **62**, 664), muß sich keinen Prüfungen unterziehen (BGH VRS **39**, 184; Bay NJW **63**, 772; Schleswig VRS 11

30, 344; Geppert Spendel-FS 659: Alkoholtest; Hamm aaO: Hirnleistungstest) und muß weder zum Zweck eines Trinkversuchs Alkohol trinken (BGH VRS **29**, 203; Hamm VRS **34**, 287, 289) noch Kontrastmittel für Röntgenuntersuchungen einnehmen oder bei einem Belastungs-EKG mitwirken (Schleswig NStZ **82**, 81), sich nicht zur Feststellung des Drehnachnystagmus herumdrehen (Klinkhammer/Stürmann DAR **68**, 44), die Knie nicht beugen, die Arme nicht ausstrecken und keine Gehproben vornehmen (Hamm NJW **67**, 1524; Krause/Nehring 5; Dahs/Wimmer NJW **60**, 2220; Rogall 56).
12 Die **freiwillige Mitwirkung** bei der Untersuchung erfordert eine besondere Belehrung durch das Strafverfolgungsorgan, das die Untersuchung angeordnet hat (Maase DAR **66**, 44; Messmer DAR **66**, 153), über die Freiwilligkeit (**aM** Krause/Nehring 5), sofern es sich nicht um eine Mitwirkung handelt, die der Arzt üblicherweise von seinen Patienten zu fordern berechtigt ist (Hamm NJW **68**, 1202; Köln NJW **62**, 692; EbSchmidt NJW **62**, 664). Auch Tests bei der Blutprobenentnahme können ohne besondere Belehrung verlangt werden (Hamm aaO; BA **80**, 171; LR-Dahs 21; Kleinknecht NJW **64**, 2187; **aM** Maase aaO).

13 5) **Blutprobenentnahmen** (I S. 2) sind körperliche Eingriffe, gelten aber, auch bei zwangsweiser Vornahme, als absolut ungefährlich (Köln NStZ **86**, 234; Krause/Nehring 4; vgl aber Rittner BA **81**, 161). Die Anordnung ist idR mit einem umfassenden Untersuchungsauftrag iS des I S. 1 verbunden, zB bei Trunkenheit im Verkehr als Anordnung einer körperlichen Untersuchung mit Entnahme und Untersuchung einer Blutprobe zur Feststellung des Blutalkoholgehalts zur Tatzeit, ggf auch der Schuldfähigkeit (Janiszewski 129, 339 ff; vgl auch Arbab-Zadeh NJW **84**, 2615, der zwangsweise Blutprobenentnahmen wegen der Möglichkeit, zuverlässige Atemalkohol-Analysegeräte zu benutzen, für unzulässig hält). Die Länder haben hierzu 1977 bundeseinheitliche Richtlinien über die Feststellung von Alkohol im Blut bei Straftaten und OWien erlassen (abgedruckt bei Mühlhaus/Janiszewski, StVO 15. Aufl, 40 zu § 316 StGB). Die dort vorgeschriebene vorherige Abnahme eines Alkoholtests bei Verdacht der Trunkenheit im Straßenverkehr ist rechtlich keine Voraussetzung der Blutprobenentnahme (Köln NStZ **86**, 234). Zu Blutprobenentnahmen zum Zweck eines AIDS-Tests vgl Mayer JR **90**, 358.

14 6) **Andere körperliche Eingriffe** (I S. 2):

15 A. Der **Unterschied zur einfachen Untersuchung** liegt nicht in der Zufügung von Schmerzen oder in der Benutzung von ärztlichen Instrumenten oder Apparaten, sondern in der Beibringung von Verletzungen des Körpers, mögen sie auch ganz geringfügig sein (Schlüchter 170). Ein körperlicher Eingriff liegt insbesondere vor, wenn natürliche Körperbestandteile, wie Blut, Liquor, Samen, Harn, entnommen oder wenn dem Körper Stoffe zugeführt werden oder sonst in das haut- und muskelumschlossene Innere des Körpers eingegriffen wird. Die Untersuchung der natürlichen Körperöffnungen (Mund, After, Scheide) ist kein Eingriff, sondern eine einfache Untersuchung (KK-Senge 6; **aM** LR-Dahs 22; SK/StPO-Rogall 25; oben 9).

16 B. **Nach den Regeln der ärztlichen Kunst** muß der Eingriff vorgenommen werden (BGH **8**, 144, 148; Bay NJW **57**, 272, 274; Celle MDR **56**, 695). Bestehen solche Regeln nicht, wie bei neuartigen Untersuchungsmethoden, so ist der Eingriff unzulässig (KK-Senge 6; LR-Dahs 25). Der Beschuldigte braucht sich nicht für Experimente zur Verfügung zu stellen. Die Anwendung von Hypnose und Narkose und andere Veränderungen des seelischen Zustands sind immer unzulässig (KMR-Paulus 6). Auf die Zumutbarkeit des Eingriffs kommt es daneben nicht an (LR-Dahs 25).

17 C. **Gesundheitliche Nachteile** müssen mit an Sicherheit grenzender Wahrscheinlichkeit ausgeschlossen sein. Maßgebend ist nicht allein die Art des Eingriffs, sondern der Gesundheitszustand des Beschuldigten (LR-Dahs 26; Kohlhaas NJW **68**, 2277). Ein Nachteil iS I S. 2 liegt nur bei Eintritt einer erheblich über die

Untersuchungsdauer hinauswirkenden Beeinträchtigung des körperlichen Wohlbefindens vor (LR-Dahs 26), nicht schon bei Schmerzen und anderen vorübergehenden Unannehmlichkeiten (Löffler NJW **51**, 821), auch nicht bei Angstzuständen und seelischen Belastungen (LR-Dahs 26; **aM** KMR-Paulus 25; erg 19 zu § 81 c). Ggf ist die Frage des gesundheitlichen Nachteils vorweg durch einen Sachverständigen zu prüfen (BGH **8**, 144, 148; Bresser NJW **61**, 251), dessen Gutachten den Richter aber nicht bindet (Löffler aaO).

D. Der **Verhältnismäßigkeitsgrundsatz** (oben 1) erfordert die aktenmäßige, nicht vom Ergebnis einer probeweise angesetzten Hauptverhandlung abhängig zu machende (**aM** BVerfGE **17**, 108, 119 = NJW **63**, 2368, 2370) Prüfung, ob die Stärke des Tatverdachts die Maßnahme rechtfertigt (BVerfGE **16**, 194, 202 = NJW **63**, 1597; BVerfGE **17**, 108, 117 = NJW **63**, 2368, 2370). Je schwerer die Maßnahme wiegt, desto größere Anforderungen sind an den Tatverdacht zu stellen (LR-Dahs 27). Die Maßnahme darf auch nur angeordnet werden, wenn sie unerläßlich ist und in angemessenem Verhältnis zur Schwere der Tat steht (BVerfG aaO; Bay NJW **57**, 272, 274; **64**, 459; Hamm NJW **60**, 1400). Zunächst muß versucht werden, mit einer einfachen Untersuchung auszukommen (Hamm NJW **71**, 1903). 18

E. **Nur durch einen Arzt** dürfen die Blutprobenentnahme und andere körperliche Eingriffe vorgenommen werden. Es muß sich um einen Mediziner handeln, der als Arzt approbiert oder zur vorübergehenden Ausübung des Arztberufs berechtigt ist (§ 2 II–IV BÄO). Zahnärzte gehören dazu nicht. Besonders gefährliche Eingriffe müssen von einem Facharzt vorgenommen werden (KK-Senge 7; LR-Dahs 31). Der Mediziner, der noch nicht approbierter Arzt ist, der Pfleger und die Krankenschwester dürfen einen Eingriff nur mit Einverständnis des Beschuldigten (oben 3 ff) oder unter Anleitung, Aufsicht und Verantwortung eines Arztes vornehmen (Bay NJW **65**, 1088; JR **66**, 186 mit Anm Kohlhaas; Köln NJW **66**, 416; ANM 501). 19

7) Zulässige Untersuchungen und Eingriffe sind Computer-Tomographie (dazu Ostertag/Sternsdorff NJW **77**, 1482; Stöppler/Vogelsang NJW **78**, 577), Elektroencephalographie (Hirnstromuntersuchung), Elektrokardiographie (EKG zur Prüfung der Herztätigkeit), Magenausheberung, Röntgenaufnahmen und -durchleuchtungen (Schleswig NStZ **82**, 81; LR-Dahs 48; vgl auch Zink/Lippert MedR **85**, 155: Röntgenuntersuchungen der Hand zur Altersbestimmung), Szintigraphie (Kuhlmann NJW **76**, 351; vgl auch Ostertag/Sternsdorff aaO). **Unzulässig** wegen ihrer Gefährlichkeit sind Angiographie (LR-Dahs 33; Kuhlmann aaO), Harnentnahme mittels Katheters (Kohlhaas NJW **68**, 2277; **aM** KMR-Paulus 8; Kuhlmann Kriminalistik **80**, 374) und wegen der Unzumutbarkeit der Begleitumstände und des zweifelhaften diagnostischen Werts die zwangsweise ohnehin nicht durchführbare Phallographie (Düsseldorf NJW **73**, 2255; Eisenberg BR 1640; Peters 332, GA **77**, 109 und ZStW **88**, 1029; **aM** LG Hannover NJW **77**, 1110; Binder NJW **72**, 231; vgl auch Jessnitzer NJW **77**, 2128: zulässig bei Einwilligung des Beschuldigten und nur zu Prognosezwecken). Allenfalls **zur Aufklärung schwerer Straftaten** zulässig sind die Entnahme der Gehirn- und Rückenmarkflüssigkeit (BVerfGE **16**, 194 = NJW **63**, 1597; Hamm NJW **71**, 1904; Bresser NJW **61**, 250; **aM** Schlüchter 174: immer unzulässig) und die Hirnkammerluftfüllung (Pneumencephalographie) zur Ermöglichung einer Röntgenaufnahme des Gehirns (BVerfGE **17**, 108, 115 = NJW **63**, 2368; BGH **23**, 176, 186; Celle MDR **56**, 695; Hamm NJW **75**, 2256; LR-Dahs 47; Bresser aaO; Kuhlmann NJW **76**, 350; **aM** Grömig NJW **54**, 300; Ostertag/Sternsdorff NJW **77**, 1485: immer unzulässig) sowie die Exkorporation, dh die zwangsweise Verabreichung von Brech- und Abführmitteln (weitergehend – stets unzulässig – Frankfurt NJW **97**, 1647 mit Anm Weßlau StV **97**, 341; zust Dallmeyer StV **97**, 606; abl Schaefer NJW **97**, 2437; zur Anwendung des § 81 a in diesem Fall Benfer JR **98**, 53 und Rogall NStZ **98**, 66; zum Problem aus rechtsmedizinischer Sicht Birkholz u.a. 20 21 22

23 Kriminalistik **97**, 277). Die **Veränderung der Bart- oder Haartracht** ist kein Eingriff nach § 81 a (LR-Dahs 39; Kohlhaas DRiZ **72**, 316; Schlüchter 185; **aM** Rüping 262; vgl auch BVerfGE **47**, 239, 246 = NJW **78**, 1149, das ihn für verfassungsmäßig zulässig hält; Fezer 6/19; Grünwald JZ **81**, 423 und Odenthal NStZ **85**, 434 halten den „Eingriff" für unzulässig), sondern dient der Vorbereitung einer körperlichen Untersuchung oder einer erkennungsdienstlichen Behandlung (10 zu § 81 b). Keine körperliche Untersuchung ist auch die Identifizierungsgegenüberstellung (9 zu § 58).

24 **8)** Die **vorübergehende Unterbringung zur Vorbereitung** der Untersuchung oder des Eingriffs läßt § 81 a aufgrund besonderer richterlicher Anordnung zu (BayVerfGH NJW **82**, 1583; Bay NJW **57**, 272, 273 = JR **57**, 110 mit abl Anm EbSchmidt; Celle NJW **71**, 256; Frankfurt MDR **79**, 694; Schleswig NStZ **82**, 81; AK/StPO-Wassermann 7; LR-Dahs 29; Kleinknecht NJW **64**, 2181; **aM** SK/StPO-Rogall 112; EbSchmidt NJW **62**, 664; Baumann EbSchmidt-FS 539; Hahn GA **77**, 65; Krey ZStW **101**, 858 und 2/267; Schlüchter 179.4), auch zur Klärung der Verhandlungsfähigkeit (Celle aaO; Seetzen DRiZ **74**, 260). Sie wird aber nicht länger als 4–5 Tage andauern dürfen (LR-Dahs 29; vgl aber Bay **56**, 180 = JR **57**, 110 mit abl Anm EbSchmidt: 14 Tage).

25 **9)** Für die **Anordnung der Maßnahme** ist der Richter zuständig, StA und Hilfsbeamte nur bei Gefahr im Verzug. Die Anordnung schwerer Eingriffe ist immer dem Richter vorbehalten (BVerfGE **16**, 194 = NJW **63**, 1597; Genzel NJW **69**, 1562). Zuständig ist im Vorverfahren der Ermittlungsrichter (§§ 162, 169); wird gleichzeitig eine Anordnung nach § 81 getroffen, so gilt insgesamt die Zuständigkeitsregelung des § 81 III (Karlsruhe Justiz **72**, 18). Nach Anklageerhebung entscheidet das jeweils mit der Sache befaßte Gericht, in der Hauptverhandlung unter Mitwirkung der Schöffen. Der Beschuldigte braucht vor der Anordnung nur unter den Voraussetzungen des § 33 III gehört zu werden (LR-Dahs 54; **aM** KK-
26 Senge 8). Erforderlich ist eine **ausdrückliche Anordnung.** Der Richter erläßt sie in Beschlußform, StA und Polizei auch mündlich. Dazu kann die Aufforderung an den Beschuldigten genügen, mit zur Wache zu kommen (Neustadt MDR **62**, 593), es sei denn, daß er vorher den Alkoholtest verweigert hat, so daß unklar bleibt, ob dieser oder eine Blutprobenentnahme erzwungen werden soll (Bay **63**, 15 = NJW
27 **63**, 772). **Inhaltlich** muß die Anordnung den Eingriff und die durch ihn festzustellenden Tatsachen bezeichnen (Hamm JMBlNW **53**, 117), bei schweren Eingriffen auch ihre Notwendigkeit und Unerläßlichkeit. Dem Arzt darf die Art des Eingriffs nicht überlassen werden (Bay **56**, 180 = NJW **57**, 272, 274; Celle MDR **56**, 695); nur die technische Ausführung bestimmt er beim Fehlen einer entspr Weisung selbst (LR-Dahs 56). Er kann auch ohne besondere Anordnung eine 2. Blutprobe entnehmen (**aM** SK/StPO-Rogall 104). Die Anordnung kann vorbehaltlich der erforderlichen Einwilligung des Beschuldigten ergehen (BGH VRS **29**, 203); deren Verweigerung macht sie dann unzulässig (Hamm NJW **74**, 713).

28 **10)** Die **Vollziehung** der richterlichen Anordnung ist nach § 36 II S. 1 Sache der StA (BayVerfGHE **21** II 178 = NJW **69**, 229; Hamm NJW **74**, 713; Wendisch JR **78**, 447). Der Beschuldigte wird zur Untersuchung oder zur Vornahme des Eingriffs vor den Arzt geladen (Kleinknecht NJW **64**, 2183). Erscheint er nicht, so darf die StA (LR-Dahs 57; **aM** LG Berlin MDR **58**, 861: richterlicher Vorführungsbefehl), auch formlos (LR-Dahs 57; **aM** BayVerfGH aaO; AG München MDR **71**, 596; KMR-Paulus 38), eine Vorführungsverfügung erlassen, die von der Polizei vollstreckt wird. Auf die Strafe wird die Zeit der zwangsweisen Vorführung nicht nach § 51 I S. 1 StGB angerechnet (LG Oldenburg Rpfleger **70**, 175 mit abl Anm Pohlmann; Waldschmidt NJW **79**, 1920; **aM** LG Osnabrück NJW **73**, 2256; KMR-Paulus 47; Tröndle 3 zu § 51 StGB), wohl aber die Zeit der vorübergehenden Unterbringung (KK-Senge 9; oben 24).

11) Zwangsweise durchsetzbar sind auch die Anordnungen der StA und ihrer Hilfsbeamten (Bay **63**, 213 = JR **64**, 149 mit Anm Dünnebier; Koblenz VRS **54**, 357; Köln NStZ **86**, 234; Schleswig VRS **30**, 345). Insbesondere bei Anordnung einer Blutprobenentnahme, deren Verweigerung keine Fluchtgefahr begründet (Stuttgart Justiz **71**, 29; Kleinknecht NJW **64**, 2186; Roxin § 33 A II 2; str), darf der Beschuldigte, auch wenn die Voraussetzungen des § 127 II nicht vorliegen (Bay aaO; **63**, 15 = NJW **63**, 772), vorübergehend festgenommen werden (Bremen NJW **66**, 743; Köln NStZ **86**, 234, 236; Saarbrücken NJW **59**, 1191; Kleinknecht NJW **64**, 2182; Peters 328; Waldschmidt NJW **79**, 1920; **aM** Benfer NJW **80**, 1611; Geerds GA **65**, 321; SchlHA **54**, 60), bis zum Eintreffen des für den Abtransport bestellten Kraftfahrzeugs festgehalten (Koblenz DAR **73**, 219), zwangsweise dem nächsten geeigneten und erreichbaren Arzt oder Krankenhaus zugeführt (Bay **63**, 213 = NJW **64**, 459; Bay **84**, 3 = VRS **66**, 275; KG NJW **79**, 1669; Düsseldorf VRS **41**, 429; Schleswig NJW **64**, 2215; **aM** Geerds Jura **88**, 11) oder zu einem Polizeirevier gebracht und dort festgehalten werden, bis der Arzt erscheint (Hamburg MDR **65**, 152; Köln NJW **66**, 417; VRS **48**, 25; **71**, 183; Neustadt MDR **62**, 593; Waldschmidt aaO; **aM** Geerds aaO), notfalls auch eingeschlossen werden (Hamburg aaO; VRS **38**, 440). Zur Entnahme der Blutprobe darf er festgehalten oder festgeschnallt werden (Hamm DAR **62**, 132; Koblenz VRS **54**, 357). Beruhigungsspritzen sind jedoch nur mit seinem Einverständnis zulässig (vgl Geppert DAR **80**, 318; Kohlhaas DAR **73**, 12). Die körperliche Durchsuchung und die Wohnungsdurchsuchung zum Zweck der Ergreifung müssen stets besonders angeordnet werden (Düsseldorf VRS **41**, 429; KK-Senge 10). 29

12) Anfechtung: Gegen richterliche Anordnungen (zu den bereits vollzogenen Anordnungen vgl 17 ff vor § 296) ist Beschwerde nach § 304 I zulässig, gegen die des erkennenden Gerichts nur, wenn der Inhalt der Anordnung einem der in § 305 S. 2 bezeichneten Zwangseingriffe gleichkommt (Koblenz NStZ **94**, 355; KK-Senge 13; **aM** Bay **56**, 180 = NJW **57**, 272; Amelung 21 ff: immer zulässig; Frankfurt NJW **57**, 839; Hamm NJW **59**, 447: immer unzulässig), also zu einer Freiheitsentziehung (Celle NJW **71**, 256; Schleswig NStZ **82**, 81) oder zu einem körperlichen Eingriff führt, wobei es auf die Erheblichkeit des Eingriffs nicht ankommt (hM, vgl Hamburg NStZ-RR **98**, 337 mwN), aber nicht bei einer psychiatrischen Untersuchung (Nürnberg NStZ-RR **98**, 242; Zweibrücken MDR **90**, 75). Das Beschwerdegericht prüft Rechtmäßigkeit und Zweckmäßigkeit der Anordnung (LG Göttingen MDR **52**, 629), darf aber dem Tatrichter eine für notwendig gehaltene Sachaufklärung nicht verwehren (Stuttgart aaO). **Anordnungen der StA und Polizei** werden, da sie nur bei Gefahr im Verzug zulässig sind (II), sofort vollzogen. Mit dem Antrag nach § 23 **EGGVG** (dort 10) kann daher nur die nachträgliche Feststellung ihrer Rechtswidrigkeit erreicht werden, sofern hieran ein rechtliches Interesse besteht (6 zu § 28 EGGVG; vgl aber auch 23 zu § 98). Das gilt auch für Vorführungsanordnungen der StA (BayVerfGH NJW **69**, 229; Stuttgart NJW **72**, 2146; Genzel NJW **69**, 1565; Strubel/Sprenger NJW **72**, 1736). 30 31

13) Verwertungsverbot: Verstöße gegen § 81 a machen die Untersuchungsergebnisse idR nicht unverwertbar (BGH **24**, 125, 128; Oldenburg NJW **55**, 683; ANM 500; Rogall ZStW **91**, 37; Roxin § 24 D III 2 f; **aM** EbSchmidt MDR **70**, 641). Das gilt insbesondere bei fehlender Anordnungszuständigkeit (KK-Senge 14), etwa bei unzutreffender Bejahung von Gefahr im Verzug (LR-Dahs 75; ANM 500; Grünwald JZ **66**, 496; **aM** Dencker 92), bei fehlender Belehrung über die Freiwilligkeit der Mitwirkung (Bay DAR **66**, 262 [R]; Hamm NJW **67**, 1524; KK-Senge 14; ANM 491; **aM** KMR-Paulus 62; Rogall 229), bei Nichtbeachtung des Verhältnismäßigkeitsgrundsatzes (LR-Dahs 75; ANM 500; Kleinknecht NJW **64**, 2186; **aM** KMR-Paulus 61; Dencker 27, 93) und bei Eingriffsvornahme durch einen Nichtarzt (BGH **24**, 125; SK/StPO-Rogall 89, 90; Fezer 6/11 und JuS **78**, 612; hM). Zur **Unverwertbarkeit** führt es, wenn ein körperlicher Eingriff ohne 32 33

Anordnung und auch ohne Einwilligung vorgenommen worden ist (Bay DAR **66**, 261 [R]) oder wenn zur Gewinnung des Untersuchungsergebnisses Methoden angewendet worden sind, die gegen die Grundsätze eines an Gerechtigkeit und Billigkeit orientierten Verfahrens verstoßen (BGH **24**, 125, 131), zB wenn der Polizeibeamte bewußt vorgetäuscht hat, daß die Blutprobe von einem Arzt entnommen wird (Hamm NJW **65**, 1089; ANM 502; Kohlhaas JR **66**, 187), oder wenn er unerlaubten Zwang angewendet hat (Bay BA **71**, 67; Frankfurt NJW **97**, 1647 mit Anm Weßlau StV **97**, 341: zwangsweise Verabreichung starker Brechmittel). Erlaubt ist aber die Sicherstellung und Benutzung einer zu anderen Zwekken entnommenen Blutprobe, wenn diese aufgrund einer Anordnung nach § 81 a hätte entnommen werden dürfen (Celle NStZ **89**, 385 = OLGSt Nr 3 mit abl Anm Wendisch; Zweibrücken NJW **94**, 810 mit abl Anm Weiler NStZ **95**, 98; SK/StPO-Rogall 95; **aM** Hauf NStZ **93**, 64; Mayer JZ **89**, 908; Weiler MDR **94**, 1163; Wohlers NStZ **90**, 245; differenzierend Beulke ZStW **103**, 675 ff; vgl auch Schröder [Einl 57 aE] 136 ff; erg 6 zu § 97). § 136 a ist nicht anwendbar (BGH **24**, 125, 129; Eisenberg BR 1655; ANM 502 mwN in Fn 538).

34 **14)** Die **Revision** kann darauf gestützt werden, daß das Untersuchungsergebnis im Urteil berücksichtigt worden ist, obwohl es unverwertbar war (LR-Dahs 81).

35 **15) Immunität:** Die Untersuchung, auch die Entnahme einer Blutprobe, kann bei einem Abgeordneten ohne Genehmigung des Parlaments angeordnet werden (Bremen NJW **66**, 743; Oldenburg NJW **66**, 1764; KK-Senge 11; RiStBV 191 III Buchst h). Die Verbringung zum Arzt ist keine freiheitsentziehende Maßnahme iS
35 a RiStBV 192, 192 a II Buchst c. Gegen **Exterritoriale** (§§ 18 ff GVG) sind Maßnahmen nach § 81 a unzulässig (KK-Senge 12; LR-Dahs 82), nicht aber gegen ausländische Konsuln (Rdschr des BMI vom 8. 5. 1970 [GMBl 243] unter IV B 4) und solche Beschuldigte, für die das **NTS** und die deutsche Gerichtsbarkeit gilt. Die Entnahme einer Blutprobe bei Mitgliedern der Stationierungsstreitkräfte ist schon vor der Zurücknahme des Verzichts (Art 19 III **NTS-ZA**) zulässig.

36 **16)** Das **Verbot**, die entnommenen Blutproben oder sonstigen Körperzellen (zB Harn, Liquor, Samen) für andere Zwecke als für ein anhängiges Strafverfahren zu
37 verwenden, enthält III. Ferner stellt er das **Gebot** auf, das entnommene Material unverzüglich zu vernichten, sobald es für das Strafverfahren nicht mehr benötigt wird. Damit wird eine § 100 b VI ähnliche Regelung getroffen, allerdings darauf verzichtet, die Aufsicht der StA bei der Vernichtung und die Fertigung einer Niederschrift über die Vernichtung anzuordnen; gleichwohl sollte die StA die Vernichtung in geeigneten Fällen überwachen, es sollte auch die Tatsache, daß die Körperzellen vernichtet wurden, schriftlich festgehalten werden (Senge NJW **97**,
38 2410). Die **Vernichtung** bezieht sich auf das gesamte entnommene Material, gleichgültig, ob es für die Untersuchung benötigt wurde; auch für wissenschaftliche Forschungszwecke darf es nicht weiterverwendet werden (BT-Drucks 13/667 S. 6). Die Vernichtung betrifft nur das verwendete Material, nicht die Ergebnisse der Untersuchung; diese werden Bestandteil der Akten (Hilger NStZ **97**, 372). Sie können auch für die DNA-Identitätsfeststellungsdatei beim BKA verwendet wer-
39 den (vgl 7 zu § 81 g). **Aufbewahrt** wird das Material idR bis zur Urteilsrechtskraft, auch noch länger aber, falls die Wiederaufnahme des Verfahrens oder die Wiedereinsetzung in den vorigen Stand nach Versäumung einer Frist beantragt oder sicher zu erwarten ist (Senge aaO; erg 8 zu § 100 b). Geht das Strafverfahren in ein Bußgeldverfahren über, bleibt nach § 46 IV S.1, 2 OWiG eine Blutprobe verwendbar, sonstige Körperzellen nur dann, wenn deren Entnahme als nur geringfügiger Eingriff zulässig gewesen wäre, was zB bei dem für eine DNA-Analyse benötigten Material idR der Fall sein wird; hingegen ist nach § 46 IV S.3 OWiG im OWi-Verfahren die Verwertung einer im Straf- oder Bußgeldverfahren entnommenen Blutprobe oder sonstigen Körperzelle zur Durchführung einer molekulargeneti-

schen Untersuchung (§ 81 e) ausgeschlossen. Zur **Benachrichtigung** von den Untersuchungen vgl § 101 I. 40

Erkennungsdienstliche Behandlung

81b Soweit es für die Zwecke der Durchführung des Strafverfahrens oder für die Zwecke des Erkennungsdienstes notwendig ist, dürfen Lichtbilder und Fingerabdrücke des Beschuldigten auch gegen seinen Willen aufgenommen und Messungen und ähnliche Maßnahmen an ihm vorgenommen werden.

1) **Strafprozeßrecht und materielles Polizeirecht** enthält die – verfassungsrechtlich unbedenkliche (BVerfGE **47**, 239, 252 = NJW **78**, 1149, 1150; BGH **34**, 39, 44; NStZ **83**, 84) – Vorschrift. Soweit sie **Identifizierungsmaßnahmen** gegen den Willen des Beschuldigten für Zwecke der Strafverfolgung zuläßt, handelt es sich um Strafprozeßrecht. Maßnahmen nach § 81 b dienen solchen Zwecken, wenn sie Schuld oder Unschuld des Beschuldigten in einem gegen ihn anhängigen Strafverfahren beweisen sollen, insbesondere, wenn seine Identifizierung notwendig ist, weil seine Person unbekannt ist oder von Zeugen wiedererkannt werden soll, oder wenn Fingerabdrücke mit Tatortspuren verglichen werden sollen (LR-Dahs 2). Darunter fällt aber auch die Herstellung von Lichtbildaufnahmen zur Erleichterung der etwa erforderlich werdenden Fahndung nach dem nicht in Haft genommenen Beschuldigten. Die gewonnenen Unterlagen werden Bestandteil der Strafakten (OVG Hamburg MDR **77**, 80; Dreier JZ **87**, 1010; **aM** Fuß Wacke-FS 320), können aber auch sogleich oder später zu den polizeilichen Unterlagensammlungen genommen werden. Soweit § 81 b **Maßnahmen für erkennungsdienstliche Zwecke** gestattet, handelt es sich um in die StPO als Fremdkörper (KMR-Paulus 1) aufgenommenes materielles Polizeirecht (BVerwGE **11**, 181 = NJW **61**, 571; OVG Münster DÖV **83**, 603; VG Freiburg NJW **80**, 901 mit abl Anm Benfer; LR-Dahs 3; Geerds Jura **86**, 8; Riegel NJW **79**, 147; **aM** Blau NJW **56**, 805; Fuß Wacke-FS 317; Schweckendieck ZRP **89**, 125; vgl auch Dreier JZ **87**, 1009 und Kramer JR **94**, 228, der die Rspr des BVerwG für widersprüchlich hält), für das der Bund nach Art 74 Nr 1 GG und dem Sachzusammenhang die Gesetzgebungskompetenz hat (BVerwGE **26**, 169, 171 = NJW **67**, 1192; VGH Mannheim NJW **73**, 1663; LR-Dahs 3; Fugmann NJW **81**, 2227; Riegel DÖV **78**, 17; krit Dreier JZ **87**, 1013). Solche Maßnahmen dienen nicht der Überführung des Beschuldigten in einem bestimmten Strafverfahren, sondern der vorsorglichen Bereitstellung von sächlichen Hilfsmitteln für die Erforschung und Aufklärung von Straftaten (BVerwGE **66**, 192 = NJW **83**, 772; BVerwGE **66**, 202 = NJW **83**, 1338); sie sind rein vorbeugender und sichernder Natur (Düsseldorf NJW **59**, 1790; OVG Münster NJW **72**, 2147). Die gewonnenen Unterlagen gelangen nicht in Ermittlungsakten, sondern werden in örtliche und zentrale polizeiliche Materialsammlungen aufgenommen (LR-Dahs 4) und liefern die Grundlage für Observationen und für die Ermittlung unbekannter oder künftiger Straftäter (OVG Hamburg MDR **77**, 80). Sie dürfen nur sachgemäß und für dienstliche Zwecke verwendet werden (BVerwGE **26**, 169 = NJW **67**, 1192). Vorschriften der landesrechtlichen Polizeigesetze, die **erkennungsdienstliche Maßnahmen über § 81 b hinaus** zulassen, sind im Hinblick auf Art 72 I GG allenfalls rechtsgültig, soweit sie andere Personen als Beschuldigte iS des § 81 b betreffen (OVG Münster DÖV **83**, 603; LR-Dahs 5; vgl auch Fugmann NJW **81**, 2227). Nach Bundesrecht sind erkennungsdienstliche Maßnahmen auch nach § 15 II Nr 7 AsylVfG, §§ 41, 41 a AuslG, § 24 BGSG, § 6 III S. 3 PaßG und § 86 StVollzG zulässig. Vgl ferner §§ 163 b I S. 3, II S. 2 Hs 2.

Randnummern: 1, 2, 3, 4

5 **2) Gegen Beschuldigte** sind die Maßnahmen zulässig.

6 A. Für **Maßnahmen im Strafverfahren** (1. Altern) bedeutet das: Gegen Verdächtige, die noch nicht die Beschuldigteneigenschaft erlangt haben (Einl 76 ff), dürfen Maßnahmen zur Identitätsfeststellung nur nach § 163 b I S. 2, 3 angeordnet werden. § 81 b ist erst anwendbar, wenn der Verdächtige Beschuldigter geworden ist, dann aber auch im Hauptverfahren (Anfertigung von Lichtbildern zur Vorlage an am Erscheinen verhinderte Zeugen) und bis zur Beendigung der Beschuldigteneigenschaft durch Urteil oder Verfahrenseinstellung nach §§ 153 ff, 170 II, 206 a. Im Vollstreckungsverfahren (§§ 449 ff) bleibt § 81 b anwendbar (KMR-Paulus 5); denn nach § 102 ist sogar die Durchsuchung zum Zweck der Ergreifung zulässig (dort 10). Da Kinder nicht Beschuldigte sein können (§ 19 StGB), gilt § 81 b 1. Altern für sie nicht; Maßnahmen gegen sie sind nur nach § 163 b II zulässig.

7 B. Soweit **erkennungsdienstliche Maßnahmen nach Polizeirecht** (2. Altern) vorgenommen werden sollen, besagt der Begriff Beschuldigter nur, daß die Anordnung nicht an beliebige Tatsachen anknüpfen oder zu einem beliebigen Zeitpunkt ergehen darf, sondern daß sie durch ein gegen den Betroffenen als Beschuldigten geführtes Strafverfahren veranlaßt sein und das Ergebnis dieses Verfahrens auch die gesetzlich geforderte Notwendigkeit der erkennungsdienstlichen Behandlung begründen muß (BVerwGE **66**, 192, 196 = NJW **83**, 772; BVerwGE **66**, 202 = NJW **83**, 1338). Aus präventiv-polizeilichen Gründen sind die Maßnahmen des § 81 b daher auch zulässig, wenn das Ermittlungsverfahren nach §§ 153 ff oder § 170 II eingestellt oder der Beschuldigte rechtskräftig verurteilt oder freigesprochen worden ist (KK-Senge 2; Fugmann NJW **81**, 2227; **aM** BVerwGE **2**, 202 = NJW **56**, 235; BVerwGE **66**, 192 = NJW **83**, 772; LR-Dahs 7; Bach NJW **62**, 1000; Fezer 6/25; Fuß Wacke-FS 306; Kramer JR **94**, 227; Riegel DÖV **78**, 17). Der Begriff Beschuldigter erfaßt insoweit auch Schuldunfähige (vgl §§ 413 ff; KK-Senge 2; **aM** LR-Dahs 7), nicht dagegen Kinder (Einl 76; Bottke Geerds-FS 279; Eisenberg StV **89**, 556; Frehsee ZStW **100**, 303; **aM** VG Freiburg NJW **80**, 901 mit abl Anm Benfer; KK-Senge 7; Krause/Nehring 2; Dreier JZ **87**, 1012 Fn 62).

8 **3) Zulässige Maßnahmen** sind außer den in § 81 b bezeichneten nur solche, die, ohne daß es einer körperlichen Untersuchung iS § 81 a I bedarf, der Feststellung der körperlichen Beschaffenheit dienen (BGH **34**, 39, 44/45; Kramer JR **94**, 225). Die Maßnahmen können den ganzen Körper oder einzelne Körperteile betreffen. ZB können Abdrücke und Aufnahme von den Händen (vgl § 24 III Nr 1 BGSG, § 86 I StVollzG), von einzelnen Fingern, von den Füßen oder Teilen davon gemacht werden. Besondere Körpermerkmale, auch Tätowierungen, können durch Beschreibung, Fotografie und Maßangabe festgehalten werden. Eine „ähnliche" Maßnahme ist die Anfertigung eines Videofilms, der außer dem Beschuldigten mehrere andere Personen zeigt, zur Vorführung vor Zeugen, die den Beschuldigten identifizieren sollen (Görling Kriminalistik **85**, 58; Schmidt Kriminalistik **85**, 239). Auch von der Gegenüberstellung selbst dürfen Video-Aufnahmen angefertigt werden (BVerfG NStZ **83**, 84; LG Berlin NStZ **89**, 488; Odenthal NStZ **85**, 434). Nicht unter § 81 b fallen personenbezogene Hinweise über bestimmte aus früheren Verhaltensweisen des Betroffenen gewonnene Erkenntnisse (BVerwG JZ **91**, 471) oder Registrierungen des jeweiligen Ausdrucks des Beschuldigten, zB Messungen der Atem- und Pulsbewegungen, um die innere Erregung zu ermitteln (BGH **34**, 39, 45; Peters 330). Ein mit Zustimmung des Beschuldigten auf Tonband aufgezeichnetes Gespräch kann später ohne Rücksicht auf dessen Einverständnis für einen Stimmenvergleich durch einen Sachverständigen verwertet werden (BGH StV **85**, 397; vgl auch Kleinknecht NJW **66**, 1541; Schneider GA **97**, 371), eine heimliche Bild- oder Tonaufnahme aber nur unter den Voraussetzungen des § 100 c, sonst ist die Verwertung unzulässig (BGH **34**, 39 = JR **87**, 212 mit Anm Meyer; Wolfslast NStZ **87**, 103; dazu auch Bottke Jura **87**, 356; Küpper JZ **90**, 421; Schneider aaO). Mit Zwang darf eine Sprechprobe nicht durchgesetzt werden (BGH **34**, 39, 45 = JR **87**, 212 mit Anm Meyer). Die

Maßnahmen sind schon **unmittelbar nach der Tat**, sogar noch am Tatort, zulässig. Der Beschuldigte darf zB fotografiert werden, wie er gerade bei einer Demonstration von Polizeibeamten festgenommen wird (Köln MDR **76**, 67; KK-Senge 3). Das Fotografieren eines Demonstrationszuges zu dem Zweck, die unbekannten Täter früherer Straftaten zu entdecken, fällt dagegen nicht unter § 81 b (vgl BGH NJW **75**, 2075; JZ **78**, 762; **aM** Bergfelder Kriminalistik **76**, 413; vgl auch Paeffgen JZ **78**, 741); auch hierfür gilt jetzt § 100 c I Nr 1 a (Wälter/ Stienkemeier Kriminalistik **94**, 93). Zur **Vorbereitung der Identifizierungsmaßnahmen** kann die Veränderung des äußeren Erscheinungsbildes des Beschuldigten angeordnet und zwangsweise durchgeführt werden (BGH NStZ **93**, 47; Geerds Jura **86**, 9), zB das Entfernen und Aufsetzen einer Perücke, Entfernen von Schminke (Odenthal NStZ **85**, 434), Veränderung der Haar- und Barttracht (Krey 2/408; BVerfGE **47**, 239 = NJW **78**, 1149 hält insoweit § 81 a für einschlägig; erg 23 zu § 81 a; vgl auch Rieder Kriminalistik **77**, 111). Wird ein unbekannter Toter aufgefunden, so können **Maßnahmen an der Leiche** vorgenommen werden (1 zu § 88).

9 10 11

12 **4) Soweit notwendig,** dürfen die Maßnahmen vorgenommen werden. Im Strafverfahren ergeben sich die Notwendigkeit und ihre Grenzen aus der Sachaufklärungspflicht (§ 244 II). Erkennungsdienstliche Maßnahmen zu präventiv-polizeilichen Zwecken kommen in 1. Hinsicht gegen gewerbs- oder gewohnheitsmäßig handelnde und sonstige Rückfalltäter in Betracht (LR-Dahs 8; Krause/ Nehring 3). Bei anderen Beschuldigten kommt es darauf an, ob an ihnen wegen der Art und Schwere ihrer Straftaten ein besonderes kriminalistisches Interesse besteht. Maßgebend ist, ob Anhaltspunkte dafür vorliegen, daß der Beschuldigte in ähnlicher oder anderer Weise erneut straffällig werden könnte, und ob die erkennungsdienstlichen Unterlagen zur Förderung der dann zu führenden Ermittlungen geeignet erscheinen (BVerwGE **66**, 192 = NJW **83**, 772; BVerwGE **66**, 202 = NJW **83**, 1338; OVG Hamburg MDR **77**, 80; Riegel DÖV **78**, 17). Das kann auch der Fall sein, wenn der Beschuldigte erstmals in Erscheinung getreten ist (Riegel aaO). Bei offensichtlichem Fehlen der Wiederholungsgefahr sind die Maßnahmen unzulässig (OVG Berlin JR **71**, 392). Daß der Strafrichter die Strafe zur Bewährung ausgesetzt hat, räumt diese Gefahr aber nicht aus (BVerwGE **66**, 192 = NJW **83**, 772). Im übrigen gilt der Verhältnismäßigkeitsgrundsatz (vgl § 163 b II S. 2); in Bagatellsachen ist § 81 b nicht anwendbar (KMR-Paulus 10; Krause/Nehring 3).

13 **5) Zuständig** für die Anordnung sind im Ermittlungsverfahren die StA und die Beamten des Polizeidienstes, auch wenn sie nicht Hilfsbeamte der StA sind (Krause/Nehring 4; Fuß Wacke-FS 305; Schenke VerwA **60**, 333), nach Anklageerhebung das mit der Sache befaßte Gericht (LR-Dahs 12). Für Maßnahmen zu erkennungsdienstlichen Zwecken ist ausschließlich die Kriminalpolizei zuständig (Düsseldorf NJW **59**, 1790; OVG Münster NJW **72**, 2147; Geerds Jura **86**, 9), deren Beamte innerhalb ihrer eigenen Zuständigkeit, nicht als Hilfsbeamte der StA, tätig werden (Düsseldorf aaO; **69**, 51). **Die Durchführung** der Maßnahmen obliegt in jedem Fall der Polizei (KMR-Paulus 14; Geerds aaO). 14

15 **6) Unmittelbarer Zwang** ist, auch bei Maßnahmen für erkennungsdienstliche Zwecke, ohne vorherige Androhung zulässig (KK-Senge 6; Dörschuck Kriminalistik **96**, 732; Marcelli Kriminalistik **64**, 607). Die Rechtsgrundlage hierfür ist § 81 b selbst (Fezer 6/27). Ein bestimmtes Verfahren ist nicht vorgeschrieben (LR-Dahs 14; Fuß Wacke-FS 316; **aM** Vahle Polizei **87**, 242, der bei erkennungsdienstlichen Maßnahmen die Bestimmungen des Polizeirechts anwenden will). Der Beschuldigte darf zwangsweise zur Polizeibehörde gebracht und dort bis zur Erledigung der Maßnahmen festgehalten werden (Stuttgart StV **88**, 424; LR-Dahs 15; Oehm MDR **86**, 99); darin liegt keine Freiheitsentziehung iS Art 104 II S. 1 GG (Bay DÖV **84**, 515; LR-Dahs 15; **aM** Oehm aaO) und keine vorläufige

Festnahme iS § 127 II (KG GA **79**, 225). Zur Ermöglichung der Anfertigung von Lichtbildern und der Durchführung anderer Maßnahmen darf der Beschuldigte von Polizeibeamten festgehalten werden. Zur Vornahme von Handflächenabdrükken dürfen Arme und Finger mit Gewalt gestreckt werden (BGH **34**, 39, 45). Notfalls sind die Fesselung und die Anwendung von Polizeigriffen erlaubt. Die Durchsuchung von Räumen zwecks Ergreifens des Beschuldigten ist nach § 102 nur zulässig, wenn Maßnahmen für Zwecke eines bestimmten Strafverfahrens durchgeführt werden sollen (LR-Dahs 15); sonst gilt Polizeirecht (Oehm aaO), dh es muß ein amtsgerichtlicher Durchsuchungsbefehl beschafft werden.

16 **7) Aufbewahrung von Unterlagen:**

16 a A. **Aufbewahrt** werden die zum Zweck der Durchführung eines Strafverfahrens gewonnenen Unterlagen in den Strafakten (oben 2), und zwar so lange wie diese. Ihre Entfernung oder Vernichtung kann der Beschuldigte nicht verlangen (LR-Dahs 16; **aM** SK/StPO-Wolter 32 zu § 163 c). Wegen der erkennungsdienstlichen Unterlagen (oben 3) ist aus § 81 b das Recht, aber auch die Grenze für die Berechtigung der Polizeibehörde zur Aufbewahrung herzuleiten (BVerwGE **11**, 181 = NJW **61**, 571; **26**, 169 = NJW **67**, 1192; **66**, 202 = NJW **83**, 1338; VGH Mannheim NJW **87**, 2762; OVG Münster NJW **72**, 2147; DÖV **83**, 603; **aM** VG Frankfurt NJW **87**, 2248; VG Hamburg StV **89**, 524 und VG Hannover CR **87**, 250, die die Aufbewahrung wegen Fehlens einer besonderen gesetzlichen Regelung, deren Notwendigkeit aus BVerfGE **65**, 1 = NJW **84**, 419 – Recht auf informationelle Selbstbestimmung – hergeleitet wird, für schlechthin unzulässig halten; eine gesetzliche Regelung hält auch Dreier JZ **87**, 1016 für erforderlich). Auch die Aufbewahrung muß notwendig sein. Dabei ist der Verhältnismäßigkeitsgrundsatz zu beachten (BVerwGE **26**, 169, 172 = NJW **67**, 1192). Das öffentliche Interesse an der Aufbewahrung und die damit verbundene Beeinträchtigung des Betroffenen, insbesondere der mögliche Schaden, der ihm durch die Verwertung der Unterlagen bei einem ungerechtfertigten Verdacht entstehen kann, sind gegeneinander abzuwägen (BVerwG aaO; VGH Mannheim NJW **73**, 1664; **87**, 2762).
17 Die Aufbewahrung ist **unzulässig,** wenn schon die Anordnung unzulässig war oder wenn ihr Zweck entfallen (Riegel DÖV **78**, 17), insbesondere, wenn der Tatverdacht gegen den Beschuldigten völlig ausgeräumt ist (KK-Senge 7; LR-Dahs 19). Das wegen erwiesener Unschuld freisprechende Urteil steht der Aufbewahrung idR entgegen, nicht aber, wenn es schwerwiegende Belastungstatsachen nicht berücksichtigt (VG Berlin NJW **55**, 964; LR-Dahs 19; **aM** Fuß Wacke-FS 322;
18 Potrykus Polizei **66**, 105). **Sonst ist maßgebend,** ob nach kriminalistischer Erfahrung Anhaltspunkte dafür vorliegen, daß der Beschuldigte künftig strafrechtlich in Erscheinung treten wird und daß die angefertigten Unterlagen dann die Ermittlungen der Polizei fördern können (BVerwGE **26**, 169, 172 = NJW **67**, 1192; BVerwGE **66**, 192, 199 = NJW **83**, 772, 773; OVG Münster NJW **72**, 2147; DÖV **83**, 603). Ist das der Fall, so steht der weiteren Aufbewahrung nicht entgegen, daß der Beschuldigte mangels ausreichenden Tatverdachts freigesprochen (VGH Mannheim NJW **73**, 1164; Riegel DÖV **78**, 17) oder das Verfahren wegen eines Verfahrenshindernisses (Riegel aaO), wegen Fehlens öffentlichen Interesses (BVerwGE **66**, 202 = NJW **83**, 1338) oder nach §§ 153 ff (OVG Münster NJW **72**, 2147) oder § 170 II eingestellt worden ist (BVerwGE **26**, 169, 172 = NJW **67**, 1192; VGH Mannheim NJW **87**, 2762). Die Tilgungsfristen der §§ 45, 46 **BZRG** sind ohne Bedeutung (vgl auch Brandenburg NJW **97**, 1794 zu in der früheren DDR gesammelten Fingerabdrücken). Jedoch ist die weitere Aufbewahrung unzulässig, wenn seit dem die Aufnahme der Unterlagen begründenden Ereignis längere Zeit vergangen und mit weiteren Straftaten des Beschuldigten nicht mehr zu rechnen ist (BVerwGE **66**, 202 = NJW **83**, 1338; VGH Mannheim NJW **87**, 2763). Die
19 Unzulässigkeit der weiteren Aufbewahrung gibt dem Beschuldigten einen **Anspruch auf Vernichtung,** nicht auf Herausgabe der Unterlagen (VG Neustadt

NJW **65**, 1934; LR-Dahs 20; Riegel DÖV **78**, 17; vgl auch OVG Münster NJW **83**, 1340 L: öffentlich-rechtlicher Folgenbeseitigungsanspruch).

B. Für die **Speicherung von Daten** (zB in einer zentralen Namenskartei der StA) gelten diese Ausführungen entspr. Zur Frage, ob und wie lange insoweit das Fehlen einer speziellen gesetzlichen Grundlage hingenommen werden kann, vgl BVerwG JZ **91**, 471, 474 und Paeffgen JZ **91**, 446; Frankfurt NJW **95**, 1102 = StV **95**, 349 mit abl Anm Staechelin; **89**, 47 mit Anm Scholderer NStZ **89**, 585; dazu auch Frommel NJ **91**, 18; Krehl NJW **95**, 1072; Simitis NJW **89**, 21; vgl ferner Pitschas/Aulehner NJW **89**, 2353; Schweckendieck ZRP **89**, 125. Zur beabsichtigten gesetzlichen Regelung vgl Hilgendorf-Schmidt wistra **89**, 212. §§ 7 ff BKAG regeln die Datenerhebung, -verarbeitung und -verwendung durch die Kriminalpolizei des Bundes (vgl Schreiber NJW **97**, 2141). 19 a

8) Rechtsbehelfe: 20

A. Im **Strafverfahren** getroffene Anordnungen des Gerichts sind nach § 304 I mit der Beschwerde anfechtbar, werden aber meist infolge bereits erfolgter Durchführung der Maßnahme gegenstandslos geworden sein, bevor über sie entschieden werden kann (vgl 17 ff vor § 296). Gegen Maßnahmen der StA und der Polizei kann nach hM entspr § 98 II das Gericht angerufen werden (Braunschweig NStZ **91**, 551; NdsRpfl **92**, 56; Hamburg OLGSt S. 1; Karlsruhe Justiz **89**, 356; Oldenburg GA **91**, 225; NStZ **90**, 504 mit Anm Katholnigg; Schleswig SchlHA **81**, 92 [E/L]; Stuttgart MDR **86**, 689; StV **88**, 424; LR-Dahs 23); nach **aM** ist hingegen der Antrag nach § 23 **EGGVG** zulässig (BVerwGE **47**, 255 = NJW **75**, 893; Amelung 35; Bottke StV **86**, 122; Fezer 6/27; erg 23 zu § 98; 10 zu § 23 EGGVG). 21

B. Die **Anordnung von Maßnahmen für erkennungsdienstliche Zwecke** kann nur im Verwaltungsrechtsweg angefochten werden (BGH **28**, 206, 209; **aM** Kramer JR **94**, 225: § 23 EGGVG). Wenn nicht nach § 80 II S.1 Nr 4 VwGO die sofortige Vollziehung angeordnet wird, hat der Widerspruch nach § 68 VwGO aufschiebende Wirkung (BVerwGE **66**, 202 = NJW **83**, 1338). Die Anfechtungsklage nach § 42 VwGO ist schon gegen die Aufforderung zulässig, sich zum Zweck der erkennungsdienstlichen Behandlung bei der Polizei einzufinden (BVerwGE **66**, 192 = NJW **83**, 772; OVG Hamburg MDR **77**, 80). Die **Ablehnung des Antrags auf Vernichtung der Unterlagen** ist ebenfalls ein Verwaltungsakt, der nur vor dem Verwaltungsgericht angefochten werden kann (BVerfGE **16**, 89, 94 = NJW **63**, 1819; BGH NJW **75**, 2075, 2076; BVerwGE **11**, 181 = NJW **61**, 571; BVerwGE **26**, 169 = NJW **67**, 1192; OVG Hamburg MDR **77**, 80; allgM). Zulässig ist die Verpflichtungsklage nach § 42 VwGO (LR-Dahs 25; Fuß Wacke- FS 321; str). Maßgebend für die Beurteilung der Rechtmäßigkeit der Aufbewahrung ist der Zeitpunkt der Entscheidung des Verwaltungsgerichts (VGH Mannheim NJW **73**, 1663; OVG Münster NJW **72**, 2147). Falls sich die Unterlagen allerdings nicht mehr bei der Polizei, sondern in den Ermittlungsakten der StA befinden, ist der Rechtsweg nach § 23 **EGGVG** gegeben (OVG Koblenz NStE Nr 16 zu § 23 EGGVG). 22 23

Untersuchung anderer Personen

81c **I Andere Personen als Beschuldigte dürfen, wenn sie als Zeugen in Betracht kommen, ohne ihre Einwilligung nur untersucht werden, soweit zur Erforschung der Wahrheit festgestellt werden muß, ob sich an ihrem Körper eine bestimmte Spur oder Folge einer Straftat befindet.**

II Bei anderen Personen als Beschuldigten sind Untersuchungen zur Feststellung der Abstammung und die Entnahme von Blutproben ohne Einwilligung des zu Untersuchenden zulässig, wenn kein Nachteil für seine Gesundheit zu befürchten und die Maßnahme zur Erforschung der Wahrheit unerläßlich ist.

Die Untersuchungen und die Entnahme von Blutproben dürfen stets nur von einem Arzt vorgenommen werden.

III Untersuchungen oder Entnahmen von Blutproben können aus den gleichen Gründen wie das Zeugnis verweigert werden. Haben Minderjährige wegen mangelnder Verstandesreife oder haben Minderjährige oder Betreute wegen einer psychischen Krankheit oder einer geistigen oder seelischen Behinderung von der Bedeutung ihres Weigerungsrechts keine genügende Vorstellung, so entscheidet der gesetzliche Vertreter; § 52 Abs. 2 Satz 2 und Abs. 3 gilt entsprechend. Ist der gesetzliche Vertreter von der Entscheidung ausgeschlossen (§ 52 Abs. 2 Satz 2) oder aus sonstigen Gründen an einer rechtzeitigen Entscheidung gehindert und erscheint die sofortige Untersuchung oder Entnahme von Blutproben zur Beweissicherung erforderlich, so sind diese Maßnahmen nur auf besondere Anordnung des Richters zulässig. Der die Maßnahmen anordnende Beschluß ist unanfechtbar. Die nach Satz 3 erhobenen Beweise dürfen im weiteren Verfahren nur mit Einwilligung des hierzu befugten gesetzlichen Vertreters verwertet werden.

IV Maßnahmen nach den Absätzen 1 und 2 sind unzulässig, wenn sie dem Betroffenen bei Würdigung aller Umstände nicht zugemutet werden können.

V Die Anordnung steht dem Richter, bei Gefährdung des Untersuchungserfolges durch Verzögerung, von den Fällen des Absatzes 3 Satz 3 abgesehen, auch der Staatsanwaltschaft und ihren Hilfsbeamten (§ 152 des Gerichtsverfassungsgesetzes) zu. § 81 a Abs. 3 gilt entsprechend.

VI Bei Weigerung des Betroffenen gilt die Vorschrift des § 70 entsprechend. Unmittelbarer Zwang darf nur auf besondere Anordnung des Richters angewandt werden. Die Anordnung setzt voraus, daß der Betroffene trotz Festsetzung eines Ordnungsgeldes bei der Weigerung beharrt oder daß Gefahr im Verzuge ist.

1 **1)** Die **Untersuchung von Zeugen ohne deren Einwilligung** gestattet die Vorschrift; eine entspr Regelung enthält § 372 a ZPO (allg Dünnebier JZ **52**, 427). Die Duldungspflicht ist durch den Gesetzesvorbehalt in Art 2 II S. 3 GG gedeckt (BVerfGE **5**, 13 = NJW **56**, 986).

2 **2)** Die **Einwilligung des Betroffenen** hebt, sofern sie nicht sittenwidrig ist (3 zu § 81 a), die Beschränkungen des § 81 c auf. Körperliche Eingriffe außer Blutprobenentnahmen müssen aber stets von einem Arzt vorgenommen werden (Eb-Schmidt Nachtr 6). Bei schwereren Eingriffen macht die Einwilligung des Betroffenen die Anordnung der nach V zuständigen Personen nicht entbehrlich (LR-
3 Dahs 4; weitergehend KMR-Paulus 4: immer erforderlich). **Einwilligung** ist nur die freiwillige, ernstliche und in Kenntnis der Sachlage und des Weigerungsrechts erteilte ausdrückliche Zustimmung (BGH NJW **64**, 1177; Amelung StV **85**, 257; Peters JR **69**, 233; erg 4 zu § 81 a). Im freiwilligen Erscheinen bei dem Sachverständigen und in der Hinnahme der Untersuchung oder des Eingriffs liegt noch keine Einwilligung (vgl Janetzke NJW **58**, 534). Der Betroffene muß genügend Verstandesreife oder -kraft haben, um Sinn und Tragweite seiner Erklärung zu verstehen (BGHZ **29**, 33 = NJW **59**, 811); andernfalls muß sein gesetzlicher
4 Vertreter entscheiden (RG **64**, 160, 162). Der Betroffene muß darüber **belehrt** werden, welche Maßnahme vorgenommen werden soll und daß sie ohne seine Einwilligung nicht zulässig ist (KMR-Paulus 6; LR-Dahs 5; ANM 491; Hanack JZ **71**, 128; **aM** BGH **13**, 394, 398; KK-Senge 11). Wenn er nach § 52 I zur Zeugnisverweigerung berechtigt ist, muß er auch nach III S. 2 Hs 2 iVm § 52 III S. 1 belehrt werden (BGH **13**, 394, 399; **20**, 234; ANM 491; Schlüchter 203.3). Die Belehrung hat die Strafverfolgungsbehörde zu erteilen, nicht der Sachverständige
5 (unten 24). Bis zum Schluß der Untersuchung ist die Einwilligung **widerrufbar;** was bis dahin ermittelt worden ist, bleibt aber verwertbar, auch wenn der ord-

nungsgemäß belehrte Betroffene ein Zeugnisverweigerungsrecht nach § 52 hat (KK-Senge 8; KMR-Paulus 5; LR-Dahs 6; **aM** Krause/Nehring 13).

3) Eine **abschließende Regelung** enthält § 81 c. Daher darf der Betroffene 6
ohne seine Einwilligung (oben 2 ff) nicht auf seinen psychischen Zustand, zB auf seine Merkfähigkeit oder Sehtüchtigkeit (Hamm VRS **21**, 62; LR-Dahs 11),
insbesondere nicht auf seine **Glaubwürdigkeit** untersucht werden (BGH **13**, 394, 7
398; **14**, 21, 23; MDR **79**, 988 [H]; NStZ **82**, 432; Fezer 6/30). Auch hier ist eine Belehrung darüber erforderlich, daß die Untersuchung ohne die Einwilligung nicht vorgenommen werden kann (ANM 491; Fezer JuS **78**, 766; JZ **96**, 606; Heinitz Engisch-FS 700; Welp JR **96**, 77; **aM** BGH **13**, 394, 398; KK-Senge 11; vgl aber Bockelmann GA **55**, 331: nur *nobile officium),* jedenfalls dann, wenn der Zeuge ein ihm zustehendes Zeugnisverweigerungsrecht geltend gemacht hat (BGH **36**, 217 = JZ **90**, 47 mit Anm Weigend). Da Fragen an den Zeugen, die seine allgemeine Glaubwürdigkeit betreffen, seine Aussagewilligkeit hinsichtlich der dem Angeklagten vorgeworfenen Tat nicht voraussetzen, liegt in der Ausübung des Zeugnisverweigerungsrechts nach § 52 nicht ohne weiteres die Erklärung, daß der Zeuge die
Glaubwürdigkeitsprüfung ablehnt (BGH MDR **79**, 988 [H]). Bei **Verweigerung** 8
dieser Prüfung dürfen Erkenntnisse über die Glaubwürdigkeit in der Weise gewonnen werden, daß der Zeuge richterlich vernommen wird, ein Sachverständiger ihn dabei unmittelbar befragt (§ 80 II) und sich anschließend gutachtlich äußert (BGH **23**, 1 = JR **70**, 67 mit abl Anm Peters; BGH MDR **79**, 888 [H]; NStZ **82**, 432; Meier JZ **91**, 643; Janetzke NJW **58**, 534; **aM** Hamm JZ **57**, 186 L = JMBlNW **57**, 45; Eisenberg BR 1868; zw Blau StV **91**, 407). Ob das eine ausreichende Beurteilungsgrundlage für die Glaubwürdigkeit und Zeugentüchtigkeit bietet, muß das Gericht mit der gebotenen Vorsicht entscheiden (vgl BGH StV **91**, 405 mit krit Anm Blau; Fezer 6/30; Schlüchter 203.2).

4) Untersuchung auf Spuren und Tatfolgen (I): 9

A. Die **Duldungspflicht** trifft nur Personen, die als Zeugen in Betracht kom- 10
men (Zeugengrundsatz), wobei ausreicht, daß sie nichts beobachtet haben (schlafende und bewußtlose Tatopfer) und dies bekunden können (KK-Senge 1). Entgegen dem Wortlaut von I dürfen aber auch Tatopfer untersucht werden, die, wie Säuglinge, Kleinkinder und schwer Geistesgestörte, unfähig sind, überhaupt etwas auszusagen (Fezer 6/29; Kleinknecht Kriminalistik **67**, 462; Kohlhaas JR **74**, 90; Krause JZ **76**, 124; Meier JZ **91**, 642; **aM** Seidel, Kriminalistik **67**, 303). Es gilt der Grundsatz, daß jede tatunverdächtige Person, bei der Spuren oder Tatfolgen zu vermuten sind, ohne ihre Einwilligung untersucht werden darf (Dünnebier GA **53**, 65).

B. **Zweck der Untersuchung** muß die Feststellung von Spuren oder Tatfolgen 11
am Körper sein (Spurengrundsatz). **Spuren** sind unmittelbar durch die Tat verur- 12
sachte Veränderungen am Körper, die Rückschlüsse auf den Täter oder die Tatausführung ermöglichen (Stichwunde, Einschußkanal, Blutspuren, Spermienreste,
Hautreste unter den Fingernägeln uä). **Tatfolgen** sind durch die Tat eingetretene 13
Veränderungen am Körper des Opfers, die solche Hinweise nicht zulassen (Hautabschürfungen, Zahnlücken, Krankheitszustand). Spuren und Tatfolgen brauchen weder dauerhaft zu sein noch zum gesetzlichen Tatbestand der Straftat zu gehören; es genügt, daß sie für die Strafzumessung von Bedeutung sein können (LR-Dahs
15). **Ohne genügenden Anlaß** darf die Untersuchung nicht stattfinden. Schon 14
vorher müssen bestimmte Vorstellungen und Anhaltspunkte über die Spuren und Tatfolgen bestehen, um deren Auffindung es geht (LR-Dahs 16). Reihenuntersuchungen nach Spurenträgern sind unzulässig (KK-Senge 1; Dünnebier GA **53**, 65; Krause JZ **76**, 124).

C. **Notwendig** muß die Untersuchung sein. Jedoch kommt sie nicht nur als 15
letztes Mittel in Betracht. Vielmehr ist sie auch zulässig, wenn die bereits bekannten Beweismittel die Aufklärung des Sachverhalts nicht mit ausreichender Sicher-

heit ermöglichen (LR-Dahs 17) oder nicht ausgeschlossen werden kann, daß die vorhandenen Beweise wieder wegfallen, der Täter zB sein Geständnis widerruft (Fezer JuS **78**, 765 Fn 1).

16 D. **Art und Umfang der Untersuchung** bestimmt I dahin, daß sie am Körper des Betroffenen stattfinden darf. Körperliche Eingriffe sind verboten (Roxin § 33 B II 1). Das schließt aber Untersuchungen der natürlichen Körperöffnungen, deren Inneres ohne ärztliche Hilfe sichtbar gemacht werden kann, nicht aus (LR-Dahs 19). Scheidenabstriche und das gewaltsame Öffnen des Mundes zur Besichtigung der Zähne sind zulässig (Krause/Nehring 2), nicht dagegen Magenauspumpen, Untersuchungen unter Narkose (BGH NJW **70**, 1242; MDR **91**, 297 [H]) sowie Röntgenaufnahmen und -durchleuchtungen (allgM). Die Pflicht, die Untersuchung zu dulden, umfaßt die Pflicht, sich zu ihr einzufinden, sich zu entkleiden und die jeweils erforderliche Körperhaltung einzunehmen; sonst besteht keine Pflicht zur aktiven Mitwirkung (KK-Senge 6).

17 E. Der **Grundsatz der Zumutbarkeit** (IV) bedeutet nur eine Hervorhebung des Verhältnismäßigkeitsgrundsatzes (Einl 20 ff). Von Bedeutung sind die persönlichen Verhältnisse der Beteiligten und die Art und Folgen der Untersuchungen (Dallinger SJZ **50**, 733). Das bei der Bedeutung der Strafsache bestehende Aufklärungsinteresse und das Persönlichkeitsrecht des Betroffenen müssen gegeneinander abgewogen werden (BGH MDR **56**, 527 [D]). Vielfach wird die Zumutbarkeit davon abhängen, daß die Untersuchung von einem Arzt vorgenommen wird (KK-Senge 7; Krause/Nehring 9); für die Untersuchung von Frauen gilt § 81 d. Blutentnahme zum Zweck der Feststellung der AIDS-Infizierung wird idR zumutbar sein (**aM** Mayer JR **90**, 363). Zur Herstellung eines „gentechnischen Fingerabdrucks" vgl 36 zu § 81 a.

18 5) **Blutprobenentnahmen und Abstammungsuntersuchungen**(II) darf nur ein Arzt vornehmen. Die Anordnung von Abstammungsuntersuchungen verpflichtet zur Duldung von Blutprobenentnahmen (Jessnitzer/Frieling 373), Lichtbildaufnahmen, Messungen und Fingerabdrücken (LR-Dahs 23; Krause/Nehring 4). Anders als bei I gilt nicht der Zeugen- und Spurengrundsatz, sondern der Aufklärungsgrundsatz; ob der Betroffene als Zeuge in Betracht kommt, ist gleichgültig
19 (LR-Dahs 24). Es darf aber kein **Nachteil für seine Gesundheit** zu befürchten sein. Bei der Natur der zugelassenen Eingriffe und Untersuchungen sind solche Nachteile kaum vorstellbar. Insbesondere ist bei der Blutprobenentnahme ein psychischer Schaden infolge einer „Spritzenphobie" praktisch ausgeschlossen (Gerchow BA **76**, 392; Händel BA **76**, 389 gegen Koblenz NJW **76**, 379). Die
20 **Unerläßlichkeit** der Maßnahme ist an der Aufklärungspflicht (§ 244 II) zu bemessen (Saarbrücken FamRZ **59**, 35). Daß zuvor alle anderen Beweismöglichkeiten versagt haben, wird nicht vorausgesetzt (KK-Senge 5; LR-Dahs 26). Die Anordnung eines erbbiologischen Gutachtens ist aber erst zulässig, wenn die Abstammung durch eine Blutgruppenbestimmung nicht geklärt werden konnte.
21 Die **Zumutbarkeit** des Eingriffs und der Untersuchung (IV) ist auch hier durch Abwägung des Aufklärungsinteresses mit den Interessen des Betroffenen zu beurteilen (oben 17). Daß ihm wirtschaftliche Nachteile drohen, hindert die Anordnung nicht (KMR-Paulus 24; LR-Dahs 29). Der Rechtsgedanke des § 55 begründet keine Unzumutbarkeit, da die Berufung auf diese Bestimmung nur dazu führen würde, daß der Betroffene tatverdächtig und nunmehr nach § 81 a untersucht wird (**aM** Krause JZ **76**, 124).

22 6) **Untersuchungsverweigerungsrecht** (III):

23 A. **Umfang:** Die Bestimmung knüpft an § 52 an. Ein Weigerungsrecht nach §§ 53, 53 a besteht nicht (LR-Dahs 37; **aM** EbSchmidt Nachtr 11), auch nicht nach § 55 (KK-Senge 10; Rüping 270; **aM** Braunschweig NJW **54**, 1052; Saarbrücken FamRZ **59**, 35; Krause/Nehring 5; Gössel 231; Krause JZ **76**, 124; vgl auch LR-Dahs 39: bei Unzumutbarkeit). Der Betroffene kann nach § 52 I das

Zeugnis oder nach III S. 1 die Untersuchung oder beides verweigern. Der Einnahme des richterlichen Augenscheins an seiner Person darf er sich nicht widersetzen (Hamm MDR **74**, 1036). Wie bei § 52 (dort 11 ff) besteht das Untersuchungsverweigerungsrecht auch, wenn sich das Verfahren gegen mehrere Beschuldigte richtet und der Betroffene nur Angehöriger eines von ihnen ist, auch bei Verfahrenstrennung. Falls der Angehörige eines Beschuldigten zugleich Mitbeschuldigter ist, muß er zwar die körperliche Untersuchung nach § 81 a dulden, nicht aber die Verwertung des gewonnenen Befundes gegen den Mitbeschuldigten (so Mitsch Lenckner-FS 735).

B. **Belehrungspflicht:** § 52 III gilt entspr für alle Fälle des Weigerungsrechts nach III S. 1, obwohl diese Regelung in III S. 2 Hs 2 eingeordnet ist. Zu belehren ist der Betroffene selbst (BGH **14**, 21, 24), auch wenn er schon über sein Zeugnisverweigerungsrecht nach § 52 belehrt worden ist (BGH **13**, 394, 399; StV **88**, 419; **93**, 563; **96**, 196; NStZ **96**, 275 mit Anm Dölling NStZ **97**, 77; ANM 491; Fezer JuS **78**, 766), sogar wenn er schon nach Belehrung als Zeuge ausgesagt hat. Zur Belehrung ist, und zwar vor der Durchführung der (mit oder ohne förmliche Anordnung) beabsichtigten Maßnahme, verpflichtet, wer sie angeordnet hat (Jessnitzer/Frieling 375). Der Richter kann die StA bei der Übergabe der Anordnung nach § 36 II S. 1 ersuchen, für die Belehrung vor der Untersuchung zu sorgen. Der Sachverständige ist zur Belehrung nicht befugt (BGH StV **93**, 563; Weigend JZ **90**, 48). Das Unterlassen der Belehrung wird dadurch geheilt, daß das Untersuchungsergebnis nicht berücksichtigt wird oder daß der Betroffene nach nachgeholter Belehrung seiner Verwertung zustimmt (BGH **12**, 235, 242 [GSSt]). Auch der spätere Verzicht des Zeugen auf sein Zeugnisverweigerungsrecht nach § 52 I heilt den Verstoß (BGH **20**, 234). Die bloße Beobachtung des Zeugen in der Hauptverhandlung zur Gutachtenerstattung ist keine die Belehrungspflicht auslösende Untersuchung (BGH StV **95**, 622). 24

C. **Widerruft** der Betroffene den Verzicht auf das Weigerungsrecht noch vor Abschluß der Untersuchung, so ist deren Fortsetzung unzulässig. Das bis dahin erlangte Untersuchungsergebnis ist aber verwertbar, wenn der Betroffene von einem Richter belehrt worden war (BGH **12**, 235, 242 [GSSt]; NStZ **97**, 296 mit krit Anm Eisenberg/Kopatsch; **aM** EbSchmidt JR **59**, 369; erg 6 zu § 252). Widerrufbar ist auch die Untersuchungsverweigerung (vgl 22 zu § 52). 25

D. **Betroffene ohne ausreichende Verstandesreife** (III S. 2–5): Die Regelung entspricht im wesentlichen der des § 52 II (dort 17 ff). Die Belehrung des Betroffenen entfällt aber, wenn ihm offensichtlich keine genügende Vorstellung von der Bedeutung des Weigerungsrechts vermittelt werden kann (BGH **40**, 336; **aM** Eisenberg StV **95**, 625; Welp JR **96**, 78). Die Duldungspflicht des Betroffenen geht auch weiter als seine Aussagepflicht (dazu 19 zu § 52). Denn da Maßnahmen nach § 81 c auch an Personen vorgenommen werden können, die nicht aussagefähig sind, entscheidet im Fall des § 81 c der gesetzliche Vertreter endgültig über die Weigerung oder den Verzicht auf sie. Auf die Bereitschaft des Betroffenen kommt es nicht an (BGH aaO). 26

E. **Beweissicherungsverfahren** (III S. 3, 4): Ist der gesetzliche Vertreter von der Entscheidung ausgeschlossen (III S. 2 Hs 2 iVm § 52 II S. 2) oder sonst verhindert, so ist eine zur Beweissicherung erforderliche sofortige Untersuchung oder Blutprobenentnahme zulässig. Sie darf nur vom Richter angeordnet werden, von der StA auch nicht bei Gefahr im Verzug. Der richterliche Beschluß ersetzt die Zustimmung des gesetzlichen Vertreters. Die Untersuchungsergebnisse dürfen aber nur verwertet werden, wenn der gesetzliche Vertreter, dh der dazu bestellte Ergänzungspfleger oder der wieder erreichbar gewordene gesetzliche Vertreter, nachträglich sein Einverständnis erklärt. Die Einwilligung braucht der Richter nicht selbst einzuholen (LR-Dahs 48). 27

28 **7) Zuständigkeit für die Anordnung**(V S.1): Die Vorschrift entspricht § 81 a II (dort 25 ff). Eine vorherige Anhörung des Betroffenen oder seines gesetzlichen Vertreters ist nicht erforderlich (KK-Senge 19; LR-Dahs 52; **aM** KMR-Paulus 25).

29 **8)** Die **Vollstreckung** der richterlichen Anordnung ist Sache der StA (§ 36 II S. 1). Sie vollstreckt auch ihre eigene Anordnung, die Polizei die ihre. Mit der Vollstreckung ist die Aufgabe verbunden, die noch ausstehende Erklärung über das Weigerungsrecht (III) einzuholen oder ihre Einholung zu veranlassen und sicherzustellen, daß die Maßnahme unterbleibt, wenn der Betroffene die Untersuchung mit Recht verweigert oder der gesetzliche Vertreter widerspricht (KK-Senge 20).

29 a **9)** Ein **Verwertungsverbot** hinsichtlich des entnommenen Materials für andere Zwecke als für ein anhängiges Strafverfahren enthält V S.2, indem er auf die Regelung in § 81 a III verweist (dort 36). Ebenso wie für entnommene Körper-
29 b zellen des Beschuldigten gilt auch hier die **Vernichtungsregelung** (vgl 37 ff zu § 81 a).

30 **10) Zwang** (VI): Nach S. 1 gilt § 70 entspr. Ordnungsgeld und -haft darf aber nur der Richter festsetzen; § 161 a II ist nicht entspr anwendbar (Achenbach NJW **77**, 1271; Roxin § 33 B II 5; Wendisch JR **78**, 447). Das Nichterscheinen zur Untersuchung ist idR als Weigerung anzusehen (Karlsruhe FamRZ **62**, 395 zu § 372 a ZPO). Gegen den gesetzlichen Vertreter dürfen die Ordnungsmittel des § 70 I nicht festgesetzt werden (dort 3). Beugehaft nach § 70 II darf auch gegen den Betroffenen nicht verhängt werden, sondern wird durch den unmittelbaren Zwang nach VI S. 2 ersetzt (Achenbach aaO). Dieser Zwang darf bei Gefahr im Verzug ohne weiteres, sonst erst angewendet werden, wenn der Betroffene trotz Festsetzung der Ordnungsmittel auf seiner Weigerung beharrt (VI S. 3).

31 **11) Beschwerde** nach § 304 II ist gegen richterliche Anordnungen, auch des erkennenden Gerichts (§ 305 S. 2), zulässig, sofern die Maßnahme nicht bereits vorgenommen worden ist (17 ff vor § 296). Der Gerichtsbeschluß nach III S. 3 ist unanfechtbar (S. 4); nur gegen die Ablehnung der beweissichernden Anordnung hat die StA die einfache Beschwerde nach § 304 I. Anordnungen der StA und der Polizei sind mangels Rechtsschutzbedürfnisses nicht nach § 23 **EGGVG** anfechtbar; wenn der Betroffene ihnen nicht folgt, kann er, da für Zwangsmaßnahmen nur der Richter zuständig ist (oben 30), ohne weiteres die richterliche Entscheidung herbeiführen (KK-Senge 23; **aM** LR-Dahs 59: entspr Anwendung des § 98 II).

32 **12) Revision:** Das Fehlen der Voraussetzungen des I und II, die ausschließlich dem Schutz des Betroffenen dienen, kann die Revision des Angeklagten nicht begründen (BGH MDR **53**, 148 [D]; Krause/Nehring 14; ANM 503). Das gleiche gilt, wenn die Belehrung über die Freiwilligkeit der Duldung einer Untersuchung oder eines Eingriffs (oben 4) unterlassen worden ist (LR-Dahs 61; ANM 491; **aM** KMR-Paulus 45). Beim Fehlen der Belehrung nach III S. 2 Hs 2 iVm § 52 III S. 1 gelten die Grundsätze zu § 52 (dort 34) entspr. Ist der gesetzliche Vertreter nicht belehrt worden, darf das auf der Untersuchung beruhende Gutachten nur verwertet werden, wenn feststeht, daß der gesetzliche Vertreter in Kenntnis des Rechts, die Untersuchung zu verweigern, in diese eingewilligt hat (BGH **40**, 336; abl Eisenberg StV **95**, 625). Wegen der Rechtsfolgen einer irrigen Belehrung vgl 35 zu § 52.

Untersuchung einer Frau

81d **I Kann die körperliche Untersuchung einer Frau das Schamgefühl verletzen, so wird sie einer Frau oder einem Arzt übertragen. Auf Verlangen der zu untersuchenden Frau soll eine andere Frau oder ein Angehöriger zugelassen werden.**

II Diese Vorschrift gilt auch dann, wenn die zu untersuchende Frau in die Untersuchung einwilligt.

1) Für **körperliche Untersuchungen jeder Art** gilt § 81 d, auch für Durchsuchungen nach §§ 102, 103 (LR-Dahs 2; Krause/Nehring 1; **aM** EbSchmidt Nachtr 4 zu § 81 a), entspr auch für Untersuchungen von Männern. Es besteht der allgemeine Grundsatz, daß körperliche Untersuchungen und Durchsuchungen nicht von Angehörigen des anderen Geschlechts durchgeführt werden sollen. Gleichgültig ist, ob es sich um freiwillige oder unfreiwillige Untersuchungen handelt (II). Für körperliche Untersuchungen, die medizinische Kenntnisse verlangen, hat § 81 d keine Bedeutung; dann muß ein Arzt als Sachverständiger hinzugezogen werden. 1

2) **Frau** iS von I S. 1 ist jede Person weiblichen Geschlechts, die dem Kindesalter entwachsen ist (**aM** EbSchmidt Nachtr 2: ohne Rücksicht auf das Alter). Die Altersgrenze wird bei etwa 6 Jahren liegen (KK-Senge 2; KMR-Paulus 3; LR-Dahs 3; **aM** AK/StPO-Wassermann: 5 Jahre; Krause/Nehring 1: 12 Jahre). 2

3) Das **Schamgefühl,** darüber hinaus die allgemeinen Regeln der Schicklichkeit und des Anstands, müssen gewahrt werden. Maßgebend sind objektive Gesichtspunkte (Krause/Nehring 1). Das völlige Entkleiden vor einem Mann, der kein Arzt ist, und die Untersuchung der weiblichen Geschlechtsorgane durch ihn verletzen das Schamgefühl unter allen Umständen (LR-Dahs 4). 3

4) Die **Übertragung der Untersuchung** auf eine andere Frau oder einen Arzt, auch wenn medizinische Kenntnisse nicht erforderlich sind, schreibt I S. 1 vor. Davon kann abgesehen werden, wenn sonst die Gefahr besteht, daß Tatspuren oder Beweismittel verlorengehen (KK-Senge 1; **aM** SK/StPO-Rogall 7). I S. 1 gilt auch für Augenscheinseinnahmen durch das Gericht. Der Arzt oder die untersuchende Frau wird als Augenscheinsgehilfe (4 zu § 86) herangezogen und über ihre Wahrnehmungen als Zeuge vernommen (LR-Dahs 6). 4

5) **Eine andere Frau oder ein Angehöriger** (im weitesten Sinn) muß auf Verlangen der zu untersuchenden Frau zugelassen werden. Sie hat die Auswahl. Es handelt sich aber um eine Sollvorschrift. Die verlangte Heranziehung darf aus triftigen Gründen (Verzögerung, zu erwartende Störung) abgelehnt oder abgebrochen werden (LR-Dahs 7; Krause/Nehring 2). 5

6) Die **Revision** kann auf einen Verstoß gegen § 81 d nicht gestützt werden (SK/StPO-Rogall 11 mwN; Gössel JZ **84**, 363). Betrifft er den Zeugen, so ist nur dessen Rechtskreis berührt; betrifft er den Angeklagten, so ist das Untersuchungsergebnis gleichwohl verwertbar (Rudolphi MDR **70**, 97; vgl auch Gössel Bokkelmann-FS 816). 6

DNA-Analyse

81e **I An dem durch Maßnahmen nach § 81 a Abs. 1 erlangten Material dürfen auch molekulargenetische Untersuchungen durchgeführt werden, soweit sie zur Feststellung der Abstammung oder der Tatsache, ob aufgefundenes Spurenmaterial von dem Beschuldigten oder dem Verletzten stammt, erforderlich sind. Untersuchungen nach Satz 1 sind auch zulässig für entsprechende Feststellungen an dem durch Maßnahmen nach § 81 c erlangten Material. Feststellungen über andere als die in Satz 1 bezeichneten Tatsachen dürfen nicht erfolgen; hierauf gerichtete Untersuchungen sind unzulässig.**

II Nach Absatz 1 zulässige Untersuchungen dürfen auch an aufgefundenem, sichergestelltem oder beschlagnahmten Spurenmaterial durchgeführt werden. Absatz 1 Satz 3 und § 81 a Abs. 3 erster Halbsatz gelten entsprechend.

1 **1) DNA-Analyse:** Die Technik der DNA(=Desoxyribonukleinsäure)-Analyse dient zur Identifizierung bzw dem Ausschluß von Spurenverursachern (Definitionen der in diesem Zusammenhang wesentlichen Fachausdrücke finden sich in Kriminalistik **97**, 56). Zu ihrer Durchführung (dazu eingehend SK/StPO-Rogall 63 ff zu § 81 a; Foldenauer, Genanalyse im Strafverfahren, 1995) wird vorhandenes Körpermaterial des Beschuldigten und/oder eines sonstigen Spurenlegers (zB Blut; Haar, Harn, Speichel) gentechnisch untersucht und verglichen. Während zunächst der „genetische Fingerabdruck" (DNA-Fingerprinting) erstellt wurde, bei dem die Untersuchung anhand hochvariabler sog „Multi-Locus-Systeme" erfolgte, wird heute weithin die Methode der Polymerase-Kettenreaktion (PCR) angewendet, die auf der Vermehrung von genetischem Material basiert (vgl BT-Drucks 13/667 S.5; zu den Methoden im einzelnen vgl Kimmich/Spyra/Steinke NStZ **90**, 318; Wiegand/Kleiber/Brinkmann Kriminalistik **96**, 720). Die Entnahme von Körperzellen zu diesem Zweck und die Untersuchung des entnommenen Materials, soweit sie sich auf die nichtkodierenden (persönlichkeitsneutralen) Bereiche der DNA beschränkte, sowie die Verwertung der Ergebnisse zu Beweiszwecken wurden von der Rspr und der hM im Schrifttum schon bisher für zulässig gehalten (BVerfG NStZ **96**, 45; NStZ **96**, 606 mit Anm Benfer NStZ **97**, 397; NJW **96**, 1587; BGH **37**, 157; Lührs MDR **92**, 929; Sternberg-Lieben NJW **87**, 1242; Steinke NJW **87**, 2914; MDR **89**, 407; **aM** Gössel Meyer-GedSchr 145; Keller NJW **89**, 2289; Oberlies StV **90**, 469; Rademacher StV **90**, 548; ZRP **90**, 380; NJW **91**, 735; Vogt StV **93**, 175; vgl ferner Burr, Das DNA-Profil im Strafverfahren unter Berücksichtigung der Rechtsentwicklung in den USA, Diss Bonn 1995). Die DNA-Analyse hat nunmehr hier eine gesetzliche Regelung erfahren; deren Notwendigkeit, die mit der „in weiten Teilen der Bevölkerung anzutreffenden, mit der Gentechnik ganz allgemein verbundenen Ängsten und Befürchtungen vor übermäßigen, den Kern der Persönlichkeit berührenden Eingriffen" begründet wurde (BT-Drucks 13/667 S. 1), und ihre praktische Brauchbarkeit werden allerdings teilw bestritten (Brinkmann Kriminalistik **96**, 597; Harbort Kriminalistik **94**, 350; Huber Kriminalistik **97**, 733). Eine gesetzliche Regelung wurde aber auch zur Sicherung einer sachgerechten Verwendung des Untersuchungsmaterials für erforderlich erachtet.

2 2) Ein **bedeutsames Beweismittel** ist die DNA-Analyse (LG Berlin NJW **89**, 787; LG Darmstadt NJW **89**, 2338; LG Heilbronn NJW **90**, 784, 2344 = JR **91**, 29 mit abl Anm Gössel; vgl auch Germann Kriminalistik **97**, 673 „zu Nutzen, Risiken und Nebenwirkungen"); umstritten ist aber noch, ob den gewonnenen Ergebnissen ein absolut sicherer Beweiswert zukommt (vgl BGH **37**, 157 mwN); soweit nur eine PCR-Analyse vorliegt, kann die Verurteilung darauf allein jedenfalls nicht gestützt werden (BGH **38**, 320 = JR **93**, 123 mit Anm von Hippel = JZ **93**, 102 mit Anm Keller = StV **92**, 455 mit Anm Vogt StV **93**, 175; Kimmich/Spyra/Steinke NStZ **93**, 25). Der Richter muß sich bewußt sein, daß die DNA-Analyse lediglich eine statistische Aussage enthält, die eine Würdigung aller Beweisumstände nicht überflüssig macht (BGH NStZ **94**, 554). Einem Beweisantrag auf Durchführung einer Gen-Analyse zum Beweis, daß der Beschuldigte nicht der Täter sein könne, wird aber idR stattzugeben sein (BGH NJW **90**, 2328) und die Aufklärungspflicht wird beim Vorhandensein von Spurenmaterial die Gen-Analyse gebieten (BGH NStZ **91**, 399). Auch zur Identifizierung von Hundehaaren kann ein genomanalytisches Gutachten geeignet sein (BGH NStZ **93**, 395).

3 **3) Voraussetzungen:**

4 A. **Nur zur Feststellung bestimmter Tatsachen** ist die DNA-Analyse zulässig; Feststellungen über andere als die in I S.1 bezeichneten sind nicht erlaubt. Schon darauf gerichtete Untersuchungen sind unzulässig (I S. 3), es sei denn, der Betroffene erklärt sich damit einverstanden (Hilger NStZ **97**, 372 Fn 30). Zutr bemängelt Huber (Kriminalistik **97**, 735), daß nicht einmal die Untersuchung, ob die Spur von einem Mann oder einer Frau bzw von einem Europäer, Afrikaner

oder Asiaten herrührt, zulässig ist. Der Verstoß gegen I S. 3 führt zu einem Beweisverwertungsverbot (**aM** Senge NJW **97**, 2411). Sofern bei der Untersuchung unvermeidbar Informationen über schutzbedürftige Persönlichkeitsmerkmale anfallen, dürfen sie nicht weitergegeben oder in das Verfahren eingeführt werden. Die zulässig zu erhebenden Tatsachen sind:

5 a) **Beim Beschuldigten und beim Verletzten**(I S.1) dürfen die Untersuchungen nur zur Feststellung der Abstammung oder der Tatsache, ob aufgefundenes Spurenmaterial von ihnen stammt, durchgeführt werden. Dabei wird im Gegensatz zur bisher vorherrschenden Meinung (oben 1) auf eine Unterscheidung zwischen „kodierenden" und „nicht-kodierenden" Merkmalen verzichtet (krit dazu Wächtler StV **90**, 371); eine solche Unterscheidung berücksichtigt nach Meinung des Gesetzgebers nicht ausreichend die neueren wissenschaftlichen Erkenntnisse, zumal die Spurengutachten bereits jetzt Informationen über kodierende und nicht-kodierende Anteile enthielten, und I S. 3 im übrigen einen ausreichenden Schutz dahin gewähre, daß die Untersuchung nicht auf die Erforschung von Erbanlagen, Charaktereigenschaften, Krankheiten, Krankheitsanlagen usw ausgedehnt werden würden, falls so etwas überhaupt durchführbar sei (vgl BT-Drucks 13/667 S. 6, 9, 11; Senge NJW **97**, 2411).

6 b) **Bei Dritten** ist die DNA-Analyse unter denselben Voraussetzungen zulässig (I S. 2). Hier geht es idR um die Frage, von wem beim Beschuldigten oder beim Tatopfer vorgefundenes Spurenmaterial herstammt. Für die Zulässigkeit des Eingriffs gelten die in § 81 c III, IV und VI vorgesehenen Einschränkungen, insbesondere sind also Zeugnis- und Untersuchungsverweigerungsrechte zu beachten (erg 22 ff zu § 81 c).

7 B. Eine **Subsidiaritätsklausel**, wie zB in §§ 98 a I S. 2, 100 c I, 110 a I S. 2, enthält § 81 e nicht (SK/StPO-Rogall 9). Sie wäre hier unzweckmäßig, weil es sachgerecht sein kann, die Untersuchung frühzeitig vorzunehmen, um zB einen Beschuldigten als Täter ausschließen zu können. Auch eine bestimmte erhöhte Verdachtsstufe („hinreichend" oder „dringend" verdächtig) wird nicht verlangt (zust Harbort Kriminalistik **94**, 351; Senge NJW **97**, 2411).

8 **4)** Die **Verwendung** des untersuchten Materials ist nur in dem der Untersuchung zugrundeliegenden oder einem sonst anhängigen Strafverfahren gestattet. Es darf nur so lange aufbewahrt werden, wie es dafür benötigt wird und ist anschließend zu vernichten (vgl 36 ff zu § 81 a; 29 a, b zu § 81 c).

9 **5)** Auch an **aufgefundenem, sichergestelltem oder beschlagnahmtem Spurenmaterial**, ebenso wie an den dem Beschuldigten, dem Verletzten oder einem Dritten nach §§ 81 a, 81 c entnommenen Körperzellen, dürfen die zulässigen Untersuchungen (oben 3 ff) durchgeführt werden, wie II ausdrücklich klarstellt. Gerade dieses ist das Material, das idR mit dem dem Beschuldigten entnommenen verglichen werden soll. Aber auch ohne daß schon ein Beschuldigter ermittelt worden ist, kann die Untersuchung notwendig sein, um später die DNA-Analyse durchführen zu können, ferner bei drohendem Verderben des Materials
10 durch Zeitablauf. Auch dieses Material darf **nur für Zwecke eines anhängigen Strafverfahrens** verwendet werden (II S. 2 mit § 81 a III erster Halbsatz); die Vernichtungsregelung des § 81 a III gilt für dieses Material im Gegensatz zu dem entnommenen Spurenmaterial aber nicht.

Anordnung und Durchführung der DNA-Analyse

81f **I Untersuchungen nach § 81 e dürfen nur durch den Richter angeordnet werden. In der schriftlichen Anordnung ist der mit der Untersuchung zu beauftragende Sachverständige zu bestimmen.**

II Mit der Durchführung der Untersuchung nach § 81 e sind Sachverständige zu beauftragen, die öffentlich bestellt oder nach dem Verpflichtungsgesetz verpflichtet oder Amtsträger sind, die der ermittlungsführenden Behörde nicht angehören oder einer Organisationseinheit dieser Behörde angehören, die von der ermittlungsführenden Dienststelle organisatorisch und sachlich getrennt ist. Diese haben durch technische und organisatorische Maßnahmen zu gewährleisten, daß unzulässige molekulargenetische Untersuchungen und unbefugte Kenntnisnahme Dritter ausgeschlossen sind. Dem Sachverständigen ist das Untersuchungsmaterial ohne Mitteilung des Namens, der Anschrift und des Geburtstages und -monats des Betroffenen zu übergeben. Ist der Sachverständige eine nicht-öffentliche Stelle, gilt § 38 des Datenschutzgesetzes mit der Maßgabe, daß die Aufsichtsbehörde die Ausführung der Vorschriften über den Datenschutz auch überwacht, wenn ihr keine hinreichenden Anhaltspunkte für eine Verletzung dieser Vorschriften vorliegen und der Sachverständige die personenbezogenen Daten nicht in Dateien verarbeitet.

1 **1) Anordnung:** Sie ist ausschließlich dem Richter vorbehalten (krit Senge NJW **97**, 2411), um den mit molekulargenetischen Untersuchungen verbundenen Bedenken (vgl 1 zu § 81 e) Rechnung zu tragen. Eine Eilzuständigkeit für die StA oder ihre Hilfsbeamten ist nicht vorgesehen, weil das entnommene oder frisch aufgefundene Material in einem Zeitraum bis zu 2 Jahren gentechnisch untersucht werden kann (vgl BT-Drucks 13/3116 S. 8). Die vorherige Anhörung des Betroffenen ist nicht erforderlich. Zur Zuständigkeit des Richters vgl 25 zu § 81 a, zum Umfang der richterlichen Prüfung vgl 14 zu §162 (dazu auch Senge aaO 2412).
2 Die **Entnahme des Materials** kann hingegen nach § 81 a II bzw § 81 c V S. 1 unter den dort genannten Voraussetzungen auch von der StA und ihren Hilfs-
3 beamten angeordnet werden. Die richterliche Anordnung muß **schriftlich** ergehen und den **Sachverständigen** (nicht nur das Institut; **aM** Huber Kriminalistik **97**, 736) bezeichnen (**aM** Senge aaO 2411: Auswahl des Sachverständigen erfolgt durch die StA); wer als Sachverständiger in Betracht kommt, regelt II S. 1. Welche Methode der Sachverständige bei der Untersuchung anwendet, bleibt ihm überlassen. Durch I S. 2 soll eine weitere verfahrensrechtliche Sicherung erreicht werden; damit wird eine Ausnahme zu der sonst der StA obliegenden Aufgabe der Sachverständigenbestellung im Ermittlungsverfahren (vgl 1 zu § 73) geschaffen.

4 **2) Durchführung:** II enthält hierfür ins einzelne gehende Regelungen, die den Datenschutz gewährleisten sollen. So wird eine funktionelle Trennung von Strafverfolgung und DNA-Analyse vorgeschrieben; nur für organisatorisch selbständige Forschungsabteilungen des BKA oder eines LKA wird eine Ausnahme gemacht (II
5 S. 1). Der Sachverständige hat **besondere Vorkehrungen** in der ihm geeignet erscheinenden Weise zu treffen, um unzulässige DNA-Analysen auszuschließen und die Ergebnisse vor unbefugter Kenntnisnahme durch Dritte zu schützen (II
6 S. 2). Dem **Geheimhaltungsschutz** dient es, daß dem Sachverständigen das Untersuchungsmaterial in anonymisierter Form übergeben wird (II S. 3; abl dazu unter Hinweis auf mögliche Fehlerquellen bei der Codierung und Decodierung sowie auf das sonst gegebene Akteneinsichtsrecht des Sachverständigen Brinkmann Kriminalistik **96**, 598; Harbort Kriminalistik **94**, 351 hält dies für Erschwernisse, „die das Verfahren unnötig komplizieren und bürokratisieren"; Huber Kriminalistik **97**, 736 weist auf praktische Schwierigkeiten hin). Stellt sich später heraus, daß dem Sachverständigen nach § 76 ein Gutachtenverweigerungsrecht zustand, von dem er Gebrauch macht, kann das Gutachten von einem anderen Sachverständigen
7 vertreten werden (Cramer NStZ **98**, 498). Die **datenschutzrechtliche Kontrolle** wird in II S. 4 gegenüber § 38 BDSG dahin ausgeweitet, daß zum einen auch anlaßunabhängige Kontrollen erlaubt werden und zum anderen die Datenschutzbehörden auch tätig werden dürfen, wenn der Sachverständige die Daten nicht in Dateien, sondern nur in Akten verarbeitet (Senge NJW **97**, 2412).

3) Beschwerde: Der Betroffene hat gegen die Anordnung nach § 304 II das Beschwerderecht, auch bei Anordnung durch das erkennende Gericht (§ 305 S. 2). Die StA kann sich gegen die Ablehnung der beantragten Anordnung beschweren. 8

4) Revision: Die Ergebnisse einer ohne Anordnung des Richters vorgenommenen Untersuchung von Spurenmaterial des Beschuldigten sind unverwertbar; die gleichwohl vorgenommene Verwertung als Beweismittel kann daher die Revision begründen. Anders liegt es bei nicht-angeordneter Untersuchung von Körperzellen des Verletzten oder eines Dritten, da die Vorschriften insoweit ausschließlich dessen Schutz dienen (SK/StPO-Rogall 17; erg 11 zu § 81 d; dort auch zu den Folgen des Fehlens einer Belehrung). Auf Verstöße gegen II wird die Revision idR nicht gestützt werden können (BGH 3 StR 421/98 vom 12. 11. 1998). Wird mit der Aufklärungsrüge in der Revision beanstandet, daß keine DNA-Analyse vorgenommen worden sei, muß dargelegt werden, daß das dafür erforderliche Zellmaterial zur Verfügung stand (BGHR StPO § 344 II S. 2 Aufklärungsrüge 5). 9

DNA-Identitätsfeststellung

81g **I Zum Zweck der Identitätsfeststellung in künftigen Strafverfahren dürfen dem Beschuldigten, der einer Straftat von erheblicher Bedeutung, insbesondere eines Verbrechens, eines Vergehens gegen die sexuelle Selbstbestimmung, einer gefährlichen Körperverletzung, eines Diebstahls in besonders schwerem Fall oder einer Erpressung verdächtig ist, Körperzellen entnommen und zur Feststellung des DNA-Identifizierungsmusters molekulargenetisch untersucht werden, wenn wegen der Art oder Ausführung der Tat, der Persönlichkeit des Beschuldigten oder sonstiger Erkenntnisse Grund zu der Annahme besteht, daß gegen ihn künftig erneut Strafverfahren wegen einer der vorgenannten Straftaten zu führen sind.**

II Die entnommenen Körperzellen dürfen nur für die in Absatz 1 genannte molekulargenetische Untersuchung verwendet werden; sie sind unverzüglich zu vernichten, sobald sie hierfür nicht mehr erforderlich sind. Bei der Untersuchung dürfen andere Feststellungen als diejenigen, die zur Ermittlung des DNA-Identifizierungsmusters erforderlich sind, nicht getroffen werden; hierauf gerichtete Untersuchungen sind unzulässig.

III § 81 a Abs. 2 und § 81 f gelten entsprechend.

1) Für eine **DNA-Identifizierungsdatei**, die beim BKA eingerichtet worden ist, schafft die durch das DNA-Identitätsfeststellungsgesetz vom 7. 9. 1998 (BGBl I 2646) eingefügte Vorschrift die gesetzliche Grundlage. Bisher konnten nur in einem anhängigen Strafverfahren nach §§ 81 e, 81 f molekulargenetische Untersuchungen durchgeführt werden (vgl LG Mainz NStZ **98**, 636); nunmehr werden sie zur Identitätsfeststellung in künftigen Strafverfahren erlaubt. Damit handelt es sich um erkennungsdienstliche Zwecke, so daß die Vorschrift ebenso wie teilw § 81 b (dort 3) an sich einen Fremdkörper in der StPO darstellt. Die Sammlung der Ergebnisse molekulargenetischer Untersuchungen erweitert die durch die DNA-Analyse geschaffenen Möglichkeiten, da ein Abgleich gespeicherter DNA-Identifizierungsmuster mit vorgelegten Mustern zu einer schnellen Täteridentifizierung führen kann. Mit der Schaffung dieser Datei wird einer schon länger erhobenen Forderung genügt, wobei insbesondere auf die Erfolge der in anderen Ländern bestehenden – vor allem auf die in Großbritannien errichtete *National DNA Database* – verwiesen wurde (Kube/Schmitter Kriminalistik **98**, 417; Schneider/Rittner ZRP **98**, 66). 1

2) Nur zur **Identitätsfeststellung** ist die Anordnung der Entnahme der Körperzellen und der molekulargenetischen Untersuchung zulässig, wobei sich diese auf die Feststellungen, die zur Ermittlung des DNA-Identifizierungsmusters erforder- 2

lich sind, beschränken muß (II S.2). Andere Untersuchungen sind unzulässig, so daß etwa die Erstellung eines „Persönlichkeitsprofils" untersagt ist (BT-Drucks 13/10791 S.5). Die Verwendungsregelung entspricht § 81 e I S.3. Die Maßnahmen

3 sind nur beim **Beschuldigten** zulässig. Damit sind sie zwar auch bei (möglicherweise) Schuldunfähigen und (möglicherweise nach § 3 JGG nicht-verantwortlichen) Jugendlichen, nicht jedoch bei Kindern erlaubt (vgl 7 zu § 81 b), wie sich auch aus einem Umkehrschluß zu § 2 des DNA-Identitätsfeststellungsgesetzes (vgl unten 8) ergibt.

4 **3) Voraussetzungen**:

5 A. Einer **Straftat von erheblicher Bedeutung** muß der Beschuldigte verdächtig sein. Dazu zählen alle Verbrechen, aber auch schwerwiegende Vergehen – das Gesetz nennt Sexualvergehen, § 224 und § 243 StGB –, bei denen der Täter Körperzellen absondern könnte, also zB nicht bei Verbrechen nach § 154 StGB oder Vergehen nach §§ 263, 266 StGB. Die Straftat muß mindestens dem Bereich der mittleren Kriminalität zuzurechnen sein.

6 B. Die **Gefahr neuer, einschlägiger Straftaten** muß bestehen, was nach den Erkenntnissen bei der vorliegenden Straftat zu beurteilen ist; das kann allerdings schwierig sein, weil eine Verurteilung des Beschuldigten noch nicht erfolgt ist, sondern nur ein Tatverdacht besteht. Diese „Negativprognose" entspricht der Regelung in § 8 VI Nr 1 BKAG.

7 C. Das Vorliegen **nach § 81 e erhobener** DNA-Identifizierungsmuster schließt eine Anordnung nach § 81 g aus, da die so gewonnenen Ergebnisse auch zur Identitätsfeststellung verwertet werden können (KK-Senge 6; erg 38 zu § 81 a).

8 **4) Auch bei bereits rechtskräftig Verurteilten** können unter denselben Voraussetzungen Maßnahmen nach § 81 g durchgeführt werden. § 2 des DNA-Identitätsfeststellungsgesetzes (oben 1) bestimmt:

Maßnahmen, die nach § 81 g der Strafprozeßordnung zulässig sind, dürfen auch durchgeführt werden, wenn der Betroffene wegen einer der in § 81 g Abs. 1 der Strafprozeßordnung genannten Straftaten rechtskräftig verurteilt oder nur wegen erwiesener oder nicht auszuschließender Schuldunfähigkeit, auf Geisteskrankheit beruhender Verhandlungsunfähigkeit oder fehlender oder nicht ausschließbar fehlender Verantwortlichkeit (§ 3 des Jugendgerichtsgesetzes) nicht verurteilt worden ist und die entsprechende Eintragung im Bundeszentralregister oder Erziehungsregister noch nicht getilgt ist.

Auch schon sehr lange zurückliegende Straftaten (längste Tilgungsfrist nach § 46 I Nr 3 **BZRG**: 15 Jahre!) können somit jetzt noch Maßnahmen nach § 81 g begründen. Hierbei wird aber die Voraussetzung der Gefahr neuer Straftaten (oben 6) besonders sorgfältig zu prüfen sein.

9 **5) Speicherung**:

10 A. **Beim BKA** werden die gewonnenen DNA-Identifizierungsmuster gespeichert. § 3 des DNA-Identitätsfeststellungsgesetzes (oben 1) bestimmt dazu:

Die Speicherung der gemäß § 2 dieses Gesetzes gewonnenen DNA-Identifizierungsmuster beim Bundeskriminalamt ist zulässig. Die gemäß § 81 g der Strafprozeßordnung oder gemäß § 2 dieses Gesetzes gewonnenen DNA-Identifizierungsmuster können nach dem Bundeskriminalamtgesetz verarbeitet und genutzt werden. Auskünfte dürfen nur für Zwecke eines Strafverfahrens, der Gefahrenabwehr und der internationalen Rechtshilfe hierfür erteilt werden.

Das DNA-Identitätsfeststellungsgesetz regelt somit nur, daß die gewonnenen Identifizierungsmuster gespeichert und verarbeitet werden dürfen (§ 3 S.1 und 2) sowie die Frage der Auskunftserteilung (§ 3 S.3). Im übrigen wird auf das BKAG – dort insbesondere § 8 – verwiesen. Daraus sind somit die näheren Regelungen über die Verarbeitung und Nutzung, aber auch die Datenschutzkontrolle, Schadensersatz, Berichtigung und Löschung sowie die Verantwortungsregelungen zu entnehmen (BT-Drucks 13/10791 S.6). Mangels einer anderen Regelung wird auch § 8 III BKAG anzuwenden sein, wonach eine Speicherung, Veränderung und Nutzung der Daten unzulässig ist, wenn der Beschuldigte rechtskräftig freigesprochen bzw die Eröffnung des Hauptverfahrens unanfechtbar abgelehnt oder das Verfahren endgültig eingestellt worden ist, soweit sich aus den Gründen der Entscheidung ergibt, daß der Betroffenene die Tat nicht oder nicht rechtswidrig begangen hat (vgl demgegenüber § 476 II S.2).

B. **Vernichtung**: Die entnommenen Körperzellen sind nach der Untersuchung unverzüglich zu vernichten (II S.1); dies entspricht § 81 a III (vgl dort 37, 38). Die gewonnenen DNA-Identitätsmuster können beliebig lange aufbewahrt werden, auch noch nach dem Tod des Beschuldigten, um mittels möglicherweise später aufgefundener Spuren Unschuldige entlasten zu können. **11**

6) Verfahren: Die Anordnung für die Entnahme der Körperzelle richtet sich nach § 81 a II; sie kann ggf also auch durch die StA und ihre Hilfsbeamten vorgenommen werden, wobei es einer Bestätigung durch den Richter (wie zB in § 98 b I S.2) nicht bedarf. Bei Einverständnis des Beschuldigten ist die Anordnung nicht erforderlich (KK-Senge 9; erg 3 zu § 81 a). Die Untersuchung des entnommenen Materials muß – bei fehlendem Einverständnis – nach III iVm § 81 f I immer der Richter anordnen. Zuständig ist der Ermittlungsrichter (§§ 162, 169); das gilt auch für Anordnungen nach § 2 des DNA-Identitätsfeststellungsgesetzes (oben 8), da diese Vorschrift auf § 81 g verweist, es zudem auch bei Verurteilten nicht um Strafvollstreckung geht (BR-Drucks 389/98 S.8), so daß eine Zuständigkeit der StVollstrK ausscheidet. Nach Erhebung der Anklage ist – wie stets (vgl etwa §§ 100 d VI S. 2, 101 I S. 3, 201 II) – das erkennende Gericht zuständig. **12**
Hinsichtlich des **Sachverständigen**, der die Untersuchung vornimmt, gilt § 81 f II. Zum technischen Ablauf der Untersuchung vgl Kube/Schmitter Kriminalistik **98**, 415. **13**
Die **Kosten** der Körperzellenentnahme und -untersuchung sind keine Verfahrenskosten und können deshalb nicht auf Beschuldigte oder Verurteilte überbürdet werden, sondern sind vom Staat zu tragen. **14**

7) Zur **Beschwerde** gegen die Entnahme vgl 30 zu § 81 a, gegen die Anordnung der Untersuchung vgl 8 zu § 81 f. Zur **Revision** vgl 32 ff zu § 81 a, 9 zu § 81 f. Die unrichtige Beurteilung der Voraussetzungen der Maßnahme (oben 5 bis 8) wird idR die Revision nicht begründen können (vgl BGH **41**, 30, 34 zur Nachprüfung der Anordnung einer Telefonüberwachung; teilw **aM** wohl KK-Senge 17). **15**

Gutachten im Vorverfahren

82 **Im Vorverfahren hängt es von der Anordnung des Richters ab, ob die Sachverständigen ihr Gutachten schriftlich oder mündlich zu erstatten haben.**

1) Das **Vorverfahren** (Einl 60 ff) ist ein schriftliches Verfahren, in dem die Beweisergebnisse zu den Akten gebracht werden (vgl § 168 b I). Daher werden die Sachverständigen von den Strafverfolgungsbehörden, die sie bestellt haben, und vom Ermittlungsrichter (§§ 162, 169) idR ersucht, das Gutachten schriftlich zu erstatten; nur in einfachen Fällen wird es mündlich entgegengenommen (Gössel DRiZ **80**, 368). **1**

2) Bei mündlicher Gutachtenerstattung muß der Sachverständige das Gutachten mündlich vortragen oder dem StA oder Richter übergeben, damit dieser es verliest oder verlesen läßt. Darüber muß ein Protokoll aufgenommen werden (§§ 168, 168 a, 168 b), in dem auf das überreichte schriftliche Gutachten Bezug genommen werden kann. **2**

3 **3) Nach Anklageerhebung** kann das Gericht zur Vorbereitung der Entscheidung nach § 202 oder der Hauptverhandlung die schriftliche Gutachtenerstattung anordnen (BGH GA **63**, 18). In der Hauptverhandlung muß das Gutachten mündlich erstattet werden; Ausnahmen gelten im Freibeweis (9 zu § 244) und nach §§ 251 I, II, 256.

Neue Begutachtung

83 **I Der Richter kann eine neue Begutachtung durch dieselben oder durch andere Sachverständige anordnen, wenn er das Gutachten für ungenügend erachtet.**

II Der Richter kann die Begutachtung durch einen anderen Sachverständigen anordnen, wenn ein Sachverständiger nach Erstattung des Gutachtens mit Erfolg abgelehnt ist.

III In wichtigeren Fällen kann das Gutachten einer Fachbehörde eingeholt werden.

1 **1) Neue Begutachtung** (I): Die Bedeutung der Vorschrift ist gering, da schon § 73 I die Heranziehung mehrerer Sachverständiger zuläßt (I schränkt das nicht ein) und der Umfang der Sachaufklärungspflicht durch § 244 II festgelegt ist. Im Vorverfahren sind StA und Polizei befugt, ein weiteres Gutachten einzuholen. Der Richter kann das in jedem Verfahrensabschnitt tun, auch wenn die Voraussetzungen von I nicht vorliegen (Bay **55**, 262 = NJW **56**, 1001). Dabei wird er idR einen anderen Sachverständigen beauftragen; I läßt aber auch die neue Begutachtung
2 durch denselben Sachverständigen zu. **Ungenügend** iS I ist ein Gutachten, das keine genügende Sachkunde vermittelt; ob es das Gericht überzeugt, ist nicht entscheidend (KK-Senge 2). Ein neues Gutachten ist daher nur erforderlich, wenn die Voraussetzungen des § 244 IV S. 2 Hs 2 vorliegen, insbesondere, wenn die Sachkunde oder Eignung des Sachverständigen zweifelhaft ist, Bedenken gegen die Richtigkeit der dem Gutachten zugrunde liegenden Tatsachenfeststellungen bestehen oder das Gutachten unklar oder widersprüchlich ist. Zur Einholung eines neuen Gutachtens zwingt das aber nicht, zB wenn der Richter nunmehr meint, daß die Zuziehung eines Sachverständigen von vornherein überflüssig war (Bay aaO; LR-Dahs 5).

3 **2)** Ein **erfolgreich abgelehnter Sachverständiger** (II) muß idR durch einen anderen ersetzt werden, da sein Gutachten nicht verwertbar ist (19 zu § 74). Ausnahmsweise ist ein neues Gutachten entbehrlich, zB wenn das Gericht nunmehr erkennt, daß es eigene Sachkunde hat, daß die Beweisfrage nicht erheblich ist, daß es sich um eine von ihm selbst zu beantwortende Rechtsfrage handelt (Bay aaO; LR-Dahs 8) oder daß ein verwertbares Gutachten zu der Beweisfrage nicht zu erwarten ist (Kube/Leineweber 75).

4 **3) Fachbehörde** (III): Die Vorschrift begründet nicht die Pflicht von Behörden, Gutachten zu erstatten, sondern setzt sie voraus. Sie besteht, wenn die Behörde (wegen der in Betracht kommenden Behörden vgl Jessnitzer/Frieling 77 ff) in ihrer Funktion und Einrichtung dazu berufen ist, ausschließlich oder neben anderen Aufgaben im gerichtlichen Verfahren mitzuwirken (Kube/Leineweber 75; Leineweber MDR **80**, 7). Das kann sich aus dem Gesetz ergeben, zB aus § 2 VII BKAG (erkennungsdienstliche und kriminaltechnische Gutachten). Wo besondere Vorschriften fehlen, gilt die Pflicht zu gegenseitiger Amtshilfe nach Art 35 GG (Jessnitzer/Frieling 77, 150). Das Behördengutachten kann nach § 256 I verlesen
5 werden. Die Pflicht zur Gutachtenerstattung schließt die **weitere Pflicht** ein, das Gutachten in der Hauptverhandlung durch einen Bediensteten der Behörde vertreten zu lassen (Kube/Leineweber 80 ff; für kollegiale Fachbehörden vgl 22 zu

§ 256). Dieser Bedienstete hat dort alle Rechte und Pflichten eines Sachverständigen (**aM** Kube/Leinewerber 84 ff; Leineweber aaO). Er übernimmt die Verantwortung für das Gutachten, kann nach § 74 abgelehnt (dort 1) und nach § 79 vereidigt werden (**aM** Jessnitzer/Frieling 97; Kühne/Leineweber 87; Leineweber aaO). Auch **unabhängig von den Voraussetzungen von I, II** können Behör- 6
dengutachten eingeholt werden, selbst wenn noch kein anderer Sachverständiger gehört worden ist (LR-Dahs 9). Ob ein „wichtigerer" Fall iS III vorliegt (dazu Seyler GA **89**, 549), entscheidet das Gericht (KK-Senge 4; LR-Dahs 10). Die Zulässigkeit der Befragung der Behörde ist auf solche Fälle nicht beschränkt.

Entschädigung von Sachverständigen

84 Der Sachverständige wird nach dem Gesetz über die Entschädigung von Zeugen und Sachverständigen entschädigt.

1) **Sachverständigenentschädigung** erhält, wer als Sachverständiger vernom- 1
men oder sonst tätig geworden ist. Daß er in der Ladung nicht als Sachverständiger bezeichnet worden ist, steht nicht entgegen.

2) Die **Höhe der Entschädigung** regelt das ZSEG. Einzelheiten sind den in 2 2
zu § 71 bezeichneten Kommentaren zu entnehmen.

Sachverständige Zeugen

85 Soweit zum Beweis vergangener Tatsachen oder Zustände, zu deren Wahrnehmung eine besondere Sachkunde erforderlich war, sachkundige Personen zu vernehmen sind, gelten die Vorschriften über den Zeugenbeweis.

1) Der **sachverständige Zeuge** (vgl § 5 I S.1 ZSEG) unterscheidet sich von 1
anderen Zeugen dadurch, daß er Wahrnehmungen aufgrund besonderer Sachkunde gemacht hat. Sonstige Unterscheidungsmerkmale bestehen nicht. Er wird wie jeder andere Zeuge vereidigt und entschädigt; wegen Befangenheit kann er nicht abgelehnt werden.

2) Die **Unterscheidung vom Sachverständigen** macht keine Schwierigkeit, 2
wenn Sachkunde zu vermitteln ist; das kann nur der Sachverständige (6, 7 vor § 72). Die Tätigkeit der beiden Beweismittel überschneidet sich aber bei der Aussage über Wahrnehmungen. Das ist nicht nur Aufgabe des Zeugen (1 vor § 48), sondern kann auch die des Sachverständigen sein (5 vor § 72). § 85 geht zu Unrecht davon aus, daß Zeugen immer über die Wahrnehmung vergangener Tatsachen oder Zustände aussagen. Denn der Verletzte wird nicht deshalb zum Sachverständigen, weil er Auskunft darüber gibt, daß er gegenwärtig noch unter den körperlichen Tatfolgen leidet. Auch andere Abgrenzungsmerkmale haben sich als untauglich erwiesen (LR-Dahs 4 ff; ANM 214 ff; Gössel DRiZ **80**, 364 ff; Jessnitzer 7 ff; Schlüchter 481). **Maßgebend für die Abgrenzung** kann daher neben der 3
Sachkunde nur der Anlaß der Wahrnehmungen sein. Der Zeuge sagt über Wahrnehmungen aus, die er mit besonderer Sachkunde ohne behördlichen Auftrag (als sachverständiger Zeuge) oder ohne besondere Sachkunde mit behördlichem Auftrag (als Augenscheinsgehilfe; 4 zu § 86) gemacht hat. Sachverständiger ist, wer über Wahrnehmungen aussagt, die er im Auftrag des Gerichts, der StA oder Polizei aufgrund seiner Sachkunde gemacht hat (ANM 218; Roxin § 27 A II 2; **aM** Foth/Karcher NStZ **89**, 169). Wer im Auftrag anderer Prozeßbeteiligter im Hinblick auf ein schon eingeleitetes oder den Umständen nach bevorstehendes Strafverfahren Feststellungen trifft, wie der Sachverständige, der die Gegenprobe nach § 42 I S. 2 LMBG untersucht, wird nicht als Sachverständiger tätig, muß aber vor Gericht

über seine Wahrnehmungen als Sachverständiger vernommen werden (LR-Dahs 11; ANM 218; **aM** BGH MDR **74**, 382; Gössel DRiZ **80**, 366).

4 3) Die **zusätzliche Vernehmung des Zeugen als Sachverständiger** ist nicht schon deshalb erforderlich, weil er sich gutachtlich äußert. Es kommt vielmehr darauf an, wo das Schwergewicht der Vernehmung liegt. Stehen die Tatsachenbekundungen im Vordergrund, so wird der Zeuge durch die gutachtlichen Äußerungen nicht zum Sachverständigen (BGH NStZ **84**, 465; RG **61**, 114; Bay **51**, 304; Frankfurt NJW **52**, 717; Hiendl NJW **59**, 2101). Das Gericht ist zu einem Hinweis, daß es die gutachtliche Äußerung des Zeugen zu verwerten beabsichtigt, nicht verpflichtet (BGH GA **76**, 79). Die Vernehmung des sachverständigen Zeugen zugleich als Sachverständigen ohne entspr Belehrung und Entscheidung nach § 79 wird idR die Revision nicht begründen (BGH DAR **97**, 181 [T]).

5 4) **Einzelfälle:** Der Arzt, der dem Beschuldigten eine Blutprobe entnimmt (§ 81 a I S. 2), ist Sachverständiger sowohl hinsichtlich des Eingriffs (4 vor § 72) als auch hinsichtlich der Wahrnehmungen, die er über den Zustand des Beschuldigten aufgrund seiner Sachkunde während des Eingriffs gemacht hat (LR-Dahs 14; ANM 218; Geppert DAR **80**, 320; **aM** KG VRS **31**, 273; Hamburg NJW **63**, 408; Köln BA **66**, 609; AK/StPO-Lemke 6). Ist ein Arzt ohne den Auftrag einer Strafverfolgungsbehörde tätig geworden, so wird er als Zeuge vernommen, auch wenn seine Tätigkeit (zB die Obduktion einer Leiche) die Bestellung eines Sachverständigen erspart hat (Köln OLGSt § 261 S. 96, 98; LR-Dahs 14; ANM 219). Auch technische Sachverständige, die ihre Wahrnehmungen ohne behördlichen Auftrag gemacht haben, sind nur sachverständige Zeugen, gleichgültig, ob sie Berufssachverständige sind (ANM 219). Gerichtshelfer (§ 160 III S. 2) werden immer nur als Zeugen vernommen (LR-Dahs 16; **aM** Sontag NJW **76**, 1436; erg 26 zu § 160).

Richterlicher Augenschein

86 **Findet die Einnahme eines richterlichen Augenscheins statt, so ist im Protokoll der vorgefundene Sachbestand festzustellen und darüber Auskunft zu geben, welche Spuren oder Merkmale, deren Vorhandensein nach der besonderen Beschaffenheit des Falles vermutet werden konnte, gefehlt haben.**

1 1) **Augenschein** ist jede sinnliche Wahrnehmung durch Sehen, Hören, Riechen, Schmecken oder Fühlen (BGH **18**, 51, 53; ANM 221; Roxin § 28 A 1). Da jedoch richterliche Beweiserhebungen immer nur mittels solcher Wahrnehmungen möglich sind, muß der Begriff Augenscheinsbeweis eingeschränkt werden. Er umfaßt alle Beweisaufnahmen, die nicht als Zeugen-, Sachverständigen- oder Urkundenbeweis gesetzlich besonders geregelt sind (LR-Dahs 1; Dähn JZ **78**, 640; ANM 222; anders Wenskat, Der richterliche Augenschein im deutschen Strafprozeß, 1988, S. 43).

2 2) **Richterlicher Augenschein** kann der Feststellung unmittelbar beweiserheblicher Tatsachen, aber auch von Beweisanzeichen dienen (RG **47**, 235, 237; **65**, 304, 307; Bay **65**, 79 = JR **66**, 389). Er besteht darin, daß sich das Gericht mittels sinnlicher Wahrnehmungen einen Eindruck von der Existenz oder Beschaffenheit eines Menschen, eines Körpers oder einer Sache verschafft, daß es die Lage von Örtlichkeiten oder Gegenständen feststellt oder eine Verhaltensweise oder einen wiederholbaren Vorgang beobachtet (RG **47**, 100, 106; Hamm VRS **34**, 61; Koblenz VRS **45**, 48; ANM 222). Augenscheinseinnahmen außerhalb des Gerichtssaals kann es stets, auch in der Hauptverhandlung, durch einen beauftragten oder ersuchten Richter vornehmen lassen (RG **47**, 100, 104; erg 1 zu § 225). Die
3 **Unmittelbarkeit der Beweisaufnahme** ist für den Augenscheinsbeweis, anders als für den Zeugenbeweis (§ 250), nicht vorgeschrieben. Das Gericht kann daher,

sofern nicht die Aufklärungspflicht (§ 244 II) entgegensteht, die Augenscheinseinnahme durch andere Beweismittel ersetzen, insbesondere Zeugen über ihre Wahrnehmungen vernehmen (RG **47**, 100, 106), statt einer Tatortbesichtigung Lichtbilder oder Skizzen in Augenschein nehmen (ANM 224) und das Abhören von Tonbandaufnahmen durch Verlesung der daraus hergestellten Niederschriften ersetzen (BGH **27**, 135 = JR **78**, 117 mit Anm Gollwitzer). Es kann die Augenscheinseinnahme auch nichtrichterlichen Personen als **Augenscheinsgehilfen** 4 übertragen (BGH **27**, 135, 136; RG **46**, 100, 106; Hamm VRS **34**, 61; ANM 225; eingehend dazu Rogall Meyer-GedSchr 391; krit Wenskat [oben 1] 242). Gelegentlich kann es aus tatsächlichen Gründen (Besichtigung eines Dachfirstes oder eines Gegenstandes unter Wasser) oder darf es nach gesetzlicher Vorschrift (§ 81 d) gar nicht anders verfahren. Für die Augenscheinsgehilfen gelten (vgl LR-Dahs 5; ANM 227; **aM** Rogall aaO 401 ff: mittelbare Augenscheinseinnahme) die Sachverständigenvorschriften über Auswahl (§ 73 I), Ablehnung wegen Befangenheit (§ 74) und Pflicht zum Tätigwerden (§ 75). Über ihre Wahrnehmungen werden sie als Zeugen vernommen (RG aaO; Frankfurt VRS **58**, 368; ANM 228; Jessnitzer StV **82**, 177; Rogall aaO 411). Werden **Sachverständige** nach §§ 81 a, 81 c mit 5 einer Augenscheinsaufnahme beauftragt, so handelt es sich um Sachverständigenbeweis. Dagegen ist der Augenschein unter Hinzuziehung eines Sachverständigen, zB im Fall des § 87 I, richterlicher Augenschein (LR-Dahs 4); er wird ungenau als zusammengesetzter oder gemischter Augenschein bezeichnet (vgl ANM 226; erg 9 vor § 72).

3) **Informatorische Besichtigungen** kennt die StPO nicht. Trotzdem darf 6 und muß der Richter Augenscheinsgegenstände in den Akten (Lichtbilder, Skizzen, Zeichnungen) und Örtlichkeiten (Tatort, Unfallstelle) informatorisch besichtigen, um sich auf die Hauptverhandlung vorzubereiten (BGH MDR **66**, 383 [D]). Auch das ganze Gericht darf solche Vorbesichtigungen vornehmen (vgl ANM 228 Fn 3). Aufgrund der dabei erworbenen Kenntnisse dürfen Angeklagten, Zeugen und Sachverständigen in der Hauptverhandlung Vorhalte gemacht werden (LR-Dahs 6). Urteilsgrundlage dürfen diese Kenntnisse aber nicht sein (BGH **2**, 1, 3; **3**, 187, 188; RG **26**, 272; KG VRS **17**, 285; Düsseldorf VRS **73**, 210; Frankfurt StV **83**, 192; Koblenz MDR **71**, 507; Köln VRS **44**, 211; LR-Dahs 6).

4) **Augenscheinsgegenstände** sind sachliche Beweismittel (Einl 49). In Be- 7 tracht kommt alles sinnlich Wahrnehmbare, das der Richter zur Überzeugungsbildung für geeignet hält (BGH NJW **60**, 2156; LR-Dahs 7). Dazu gehören Personen (Hamm MDR **74**, 1036), feste, flüssige, gasförmige Körper, Gebäude, Örtlichkeiten, Vorgänge (ANM 229). Besonders geregelt ist die Besichtigung des Körpers lebender Menschen (§§ 81 a, 81 c) und des Leichnams (§ 87 I). Von den Augenscheinsgegenständen sind die **Vernehmungshilfen** zu unterscheiden 8 (BGHR § 247 Abwesenheit 10). Solche Gegenstände werden nicht als Beweismittel, sondern bei der Sachvernehmung des Angeklagten und bei der Beweisaufnahme zur Erläuterung von Fragen und zur Veranschaulichung der Aussagen benutzt. Was sich aus ihnen ergibt, wird zum Inhalt der Einlassung des Angeklagten oder der Bekundungen der Beweispersonen (BGH **18**, 51, 53; VRS **36**, 189; RG **47**, 235; Bay **65**, 79; ANM 223). In die Sitzungsniederschrift wird die Verwendung der Vernehmungshilfen nicht aufgenommen (Hamm VRS **28**, 380; **42**, 369; **44**, 117).

5) **Einzelne Augenscheinsgegenstände:** 9

A. **Abbildungen, Lichtbilder, Filme und Videoaufnahmen** können ihren 10 eigenen strafbaren Inhalt beweisen oder unmittelbar Beweis über andere Straftaten erbringen, wie die Aufnahmen automatischer Kameras in Banken (Celle NJW **65**, 1677, 1679) und bei der Verkehrsüberwachung (Hamm VRS **44**, 117; Stuttgart VRS **59**, 360, 363), Videoaufnahmen von Krawallen (ANM 230) und heimlich hergestellte Filmaufnahmen von der Begehung der Straftat (Schleswig NJW **80**,

352). Sie können aber auch der mittelbaren Beweisführung dienen, wie Aufnahmen von einer Gegenüberstellung (BVerfG NStZ **83**, 84) oder dem Geständnis des Angeklagten (BGH MDR **76**, 634), oder den Tat- oder Unfallort veranschaulichen. Ob der Hersteller über Aufnahmezeit oder -ort als Zeuge vernommen werden muß, beurteilt sich nach den Grundsätzen der freien Beweiswürdigung (RG **36**, 55, 57; Bay **65**, 79 = JR **66**, 389 mit Anm Koffka; Frankfurt VRS **64**, 287; Koblenz VRS **44**, 433; Stuttgart DAR **77**, 328). § 255 a regelt die Vorführung der Bild-Ton-Aufzeichnung einer Zeugenvernehmung in der Hauptverhandlung.

11 B. **Schallplatten und Tonbandaufnahmen** beweisen als Augenscheinsgegenstände nicht nur ihre äußere Beschaffenheit, sondern auch den Inhalt der auf ihnen festgehaltenen Gedankenäußerungen (BGH **14**, 339, 341; **27**, 135, 136 = JR **78**, 117 mit Anm Gollwitzer; KG NJW **80**, 952; Celle NJW **65**, 1677; Frankfurt NJW **67**, 1047; ANM 231 mwN in Fn 16; hM). Sie können ihren eigenen strafbaren Inhalt oder sonst die Tathandlung beweisen (Frankfurt aaO), aber auch, zB im Fall des § 100 a, als Beweisanzeichen dienen. Durch das Abspielen eines Gesprächstonbands kann insbesondere bewiesen werden, wer sich an dem Gespräch beteiligt hat, unter welchen Umständen es zu der Äußerung gekommen ist, welche Methoden bei einer Vernehmung angewendet worden sind, ob der Sprechende der deutschen Sprache mächtig war, ob er Geschehnisse als selbst erlebt geschildert hat oder ob ihm Worte in den Mund gelegt worden sind (BGH **14**, 339). Der Beweiswert wird idR davon abhängen, daß der Angeklagte oder ein Zeuge die Beziehung des Tonbands zu dem Verfahrensgegenstand, ggf auch seine Echtheit, bestätigt (BGH aaO; KK-Senge 6; Fezer JuS **79**, 188).

12 C. **Skizzen und Zeichnungen** dürfen nur zum Beweis ihrer Existenz oder Herstellung in Augenschein genommen werden. Kommt es auf ihren gedanklichen Inhalt an, so verbietet § 250, die Vernehmung ihres Herstellers durch die Inaugenscheinnahme des in der Skizze oder Zeichnung festgehaltenen Ergebnisses seiner Wahrnehmungen zu ersetzen (BGH DAR **69**, 152 [M]; VRS **36**, 189; Bay **65**, 79 = JR **66**, 389 mit Anm Koffka; KK-Senge 6; ANM 233 mwN in Fn 32; **aM** BGH DAR **77**, 176 [Sp]; VRS **27**, 119; KMR-Paulus 7 zu § 250; erg 2 zu § 250). IdR werden sie daher nur als Vernehmungshilfen (oben 8) benutzt werden können. Tatort- und Unfallskizzen, die für das Verfahren angefertigt worden sind, können aber Augenscheinsgegenstände sein, soweit sie Land- und Straßenkarten und amtliche Lagepläne enthalten.

13 D. **Urkunden** sind Gegenstände des Augenscheinsbeweises, wenn es auf ihre Beschaffenheit, nicht auf ihren Inhalt ankommt (7 zu § 249) oder wenn sie nicht verlesbar sind (3 zu § 249), wie meist die technischen Aufzeichnungen (vgl ANM 233; Jöstlein DRiZ **73**, 409), zB Fahrtschreiberdiagramme (Hamm VRS **51**, 45, 47; Stuttgart NJW **59**, 1379), Papierstreifen von Registrierkassen (RG **55**, 107) oder Kontrolluhren (RG **34**, 435; **64**, 97).

14 E. **Personen** werden meist von Sachverständigen in Augenschein genommen (vgl §§ 81 a, 81 c). Jedoch kann auch das Gericht, sofern § 81 d nicht entgegensteht, Personen besichtigen, um Auffälligkeiten an ihrem Körper festzustellen (Hamm MDR **74**, 1036). Werden Angeklagte oder Zeugen in der Hauptverhandlung vernommen, so bedarf es dazu keiner besonderen Augenscheinseinnahme. „Nicht aufgesuchte" Wahrnehmungen können dem Urteil vielmehr ohne weiteres, auch ohne Beurkundung im Sitzungsprotokoll, zugrunde gelegt werden (BGH **5**, 354, 356; MDR **74**, 368 [D]; ANM 236; krit Hanack JR **89**, 256). Etwas anderes gilt nur, wenn die zu besichtigende Person nicht zugleich vernommen werden kann, zB wenn der Angeklagte die Einlassung verweigert (Bremen MDR **70**, 165) oder der Zeuge die Aussage (Hamm aaO; **aM** BGH DAR **65**, 108; vgl auch Haas GA **97**, 368).

15 F. **Vorgänge und Experimente** können Gegenstand des Augenscheinsbeweises sein, wenn sie nicht Bestandteil eines Sachverständigengutachtens oder einer Zeu-

genaussage sind. In Betracht kommen Fahrversuche (BGH VRS **16**, 170, 173; **35**, 264, 266; Koblenz MDR **71**, 507), Bremsversuche, Schießversuche (RG GA Bd **59**, 133), die Rekonstruktion des Tatverlaufs (BGH NJW **61**, 1486; Köln NJW **55**, 843; Neustadt JR **59**, 71 mit Anm Sarstedt) und Experimente zur Prüfung der Glaubwürdigkeit von Zeugen (RG **40**, 48, 50; JW **27**, 2044; ANM 235).

6) Für die **Augenscheinseinnahme außerhalb der Hauptverhandlung** (§§ 162, 165, 202 S. 1, 225), auch wenn sie in der Hauptverhandlung angeordnet worden ist (RG **20**, 149), enthält § 86 Bestimmungen über das nach § 249 I S. 2 verlesbare (dort 12) Protokoll (§§ 168, 168 a), für das Richter und Protokollführer gemeinsam die Verantwortung übernehmen müssen (RG **16**, 148). Wegen der Anwesenheitsrechte vgl §§ 168 d, 224. Der Richter muß sich bemühen, den vorgefundenen Sachbestand anschaulich zu schildern (LR-Dahs 38). Er muß auch festhalten, welche Spuren oder Merkmale nicht vorgefunden worden sind, obwohl ihr Vorhandensein vermutet werden konnte. Die wörtliche Schilderung sollte nach Möglichkeit durch Lichtbilder, Skizzen oder Zeichnungen ergänzt werden, die in der Hauptverhandlung ohne Vernehmung ihres Herstellers als Beweismittel in Augenschein genommen werden können (RG **36**, 55). Zur Verlesbarkeit der Niederschrift von Erklärungen des Beschuldigten und anderer Personen anläßlich der Augenscheinseinnahme vgl 12 zu § 249. 16

7) Die **Augenscheinseinnahme in der Hauptverhandlung** findet im Sitzungssaal oder an dem Ort statt, wo sich der Augenscheinsgegenstand befindet. Sie ist Teil der Hauptverhandlung (BGH **3**, 187, 188); das ganze Gericht und alle Prozeßbeteiligten müssen an ihr teilnehmen (BGH StV **89**, 187; ANM 239). In der Sitzungsniederschrift ist nur die Tatsache der Augenscheinseinnahme, nicht ihr Ergebnis zu beurkunden; § 86 gilt nicht (RG **26**, 277; **39**, 257; Zweibrücken VRS **83**, 349 mwN). Das Gericht ist nicht verpflichtet, das Ergebnis der Augenscheinseinnahme mit den Verfahrensbeteiligten zu erörtern (Zweibrücken aaO). Zur Urteilsberatung am Tatort vgl 3 zu § 260. 17

8) **Nichtrichterliche Besichtigungen** sind keine Augenscheinseinnahmen ieS (Dähn JZ **78**, 640). Der StA oder Polizeibeamte, der die Besichtigung vorgenommen hat, muß daher als Zeuge vernommen werden (LR-Dahs 42). Die Verlesung des von ihm über die Besichtigung hergestellten Vermerks ist unzulässig (ANM 223; 12 zu § 249). 18

Leichenschau; Leichenöffnung **RiStBV 33–38**

87 **I Die Leichenschau wird von der Staatsanwaltschaft, auf Antrag der Staatsanwaltschaft auch vom Richter, unter Zuziehung eines Arztes vorgenommen. Ein Arzt wird nicht zugezogen, wenn dies zur Aufklärung des Sachverhalts offensichtlich entbehrlich ist.**

II Die Leichenöffnung wird von zwei Ärzten vorgenommen. Einer der Ärzte muß Gerichtsarzt oder Leiter eines öffentlichen gerichtsmedizinischen oder pathologischen Instituts oder ein von diesem beauftragter Arzt des Instituts mit gerichtsmedizinischen Fachkenntnissen sein. Dem Arzt, welcher den Verstorbenen in der dem Tod unmittelbar vorausgegangenen Krankheit behandelt hat, ist die Leichenöffnung nicht zu übertragen. Er kann jedoch aufgefordert werden, der Leichenöffnung beizuwohnen, um aus der Krankheitsgeschichte Aufschlüsse zu geben. Die Staatsanwaltschaft kann an der Leichenöffnung teilnehmen. Auf ihren Antrag findet die Leichenöffnung im Beisein des Richters statt.

III Zur Besichtigung oder Öffnung einer schon beerdigten Leiche ist ihre Ausgrabung statthaft.

IV Die Leichenöffnung und die Ausgrabung einer beerdigten Leiche werden vom Richter angeordnet; die Staatsanwaltschaft ist zu der Anordnung befugt,

wenn der Untersuchungserfolg durch Verzögerung gefährdet würde. Wird die Ausgrabung angeordnet, so ist zugleich die Benachrichtigung eines Angehörigen des Toten anzuordnen, wenn der Angehörige ohne besondere Schwierigkeiten ermittelt werden kann und der Untersuchungszweck durch die Benachrichtigung nicht gefährdet wird.

1 **1) Mit größter Beschleunigung** sind Leichenschau und -öffnung durchzuführen; denn die ärztlichen Feststellungen über die Todesursache können schon durch geringe Verzögerungen an Zuverlässigkeit verlieren (Maiwald NJW **78**, 565; RiStBV 36 I). Allg zu § 87 vgl Kimpel, Leichensachen und Leichenöffnung, 1986.

2 **2) Leichenschau** (I) ist die Besichtigung der äußeren Beschaffenheit einer Leiche.

3 A. **Erforderlich** ist die Leichenschau idR, wenn eine Straftat als Todesursache nicht von vornherein ausgeschlossen werden kann (RiStBV 33 I S. 2). Sie sollte möglichst am Tat- oder Fundort der Leiche durchgeführt werden (RiStBV 33 I S. 3). Die staatsanwaltschaftliche Leichenschau ist eine bloße nichtrichterliche Besichtigung (18 zu § 86), die richterliche ist die Einnahme richterlichen Augenscheins unter Zuziehung eines Sachverständigen (5 zu § 86); für sie gilt § 168 d.

4 B. Die **staatsanwaltschaftliche Leichenschau** ist die Regel. Eine richterliche Anordnung setzt sie nicht voraus. Bei Vorliegen besonderer Gründe (besondere Bedeutung der Sache, Notwendigkeit der Gewinnung einer nach § 249 I S. 2 verlesbaren Niederschrift; RiStBV 33 III S. 2) kann der StA bei dem nach § 162 zuständigen Richter beantragen, daß dieser die Leichenschau vornimmt. Der
5 **Richter** muß dem Antrag entsprechen, wenn die Leichenschau rechtlich zulässig ist (LG Waldshut NJW **72**, 1147; KK-Senge 3; LR-Dahs 9). Ohne Antrag darf der Richter eine Leichenschau nur vornehmen, wenn ihm nach § 159 I ein unaufgeklärter Todesfall gemeldet wird und zugleich die Voraussetzungen des § 165 vorliegen (LR-Dahs 9; Maiwald NJW **78**, 561; H. A. Schmidt DRiZ **67**, 78).

6 C. **Zuziehung eines Arztes:** Der Arzt (auch mehrere können hinzugezogen werden) nimmt stets als Sachverständiger teil (LR-Dahs 10; ANM 219; Jessnitzer/Frieling 386). Gerichts- oder Amtsarzt braucht er nicht zu sein. Offensichtlich entbehrlich (I S. 2) ist seine Zuziehung, wenn die Todesursache schon ermittelt ist und es auf eine sachverständige Besichtigung der Leiche daher nicht ankommt.

7 D. **Protokoll:** Bei der staatsanwaltschaftlichen Leichenschau ist nur ein Aktenvermerk erforderlich (§ 168 b I). Bei der richterlichen Leichenschau gelten die §§ 168, 168 a und für den Inhalt des Protokolls § 86. Das Protokoll muß nach § 168 a III S. 3 auch von dem Arzt, dessen Äußerungen über den Befund der Leiche zu beurkunden sind, unterschrieben werden. In der Hauptverhandlung kann es nach § 249 I S. 2 verlesen werden (dort 12).

8 **3) Leichenöffnung** (II):

9 A. **Erforderlich** ist die Leichenöffnung, wenn fremdes Verschulden am Tod in Betracht kommt und die Todesursache oder -zeit festgestellt werden muß (BVerfG NJW **94**, 783; Kuhlmann Kriminalistik **73**, 553; Maiwald NJW **78**, 561; RiStBV 33 II), also nicht in jedem Fall des § 159. Steht die Todesursache einwandfrei fest, so ist die Leichenöffnung entbehrlich (Koch NJW **65**, 528). Die Angehörigen sind vor der Leichenöffnung, wenn möglich, zu hören (Struckmann NJW **64**, 2244). Stellen sie die Leiche nicht freiwillig zur Verfügung, so muß sie nach § 94 – nach Anhörung des totensorgeberechtigten Angehörigen – beschlagnahmt werden (BVerfG NJW **94**, 783, 784; Janetzke DRiZ **57**, 233). Der wegen des Totensorgerechts der Angehörigen zu beachtende Verhältnismäßigkeitsgrundsatz spielt praktisch keine Rolle (KK-Senge 2; vgl auch LG Waldshut NJW **72**, 1147; Maiwald
10 NJW **78**, 565). Grundsätzlich ist eine **richterliche Anordnung** der Leichenöffnung erforderlich (IV S. 1), die, außer im Fall des § 165, nur auf Antrag der StA

ergehen darf (LR-Dahs 16; Maiwald aaO). Zuständig ist der Richter, in dessen Bezirk sich die Leiche befindet (LR-Rieß 19 zu § 162; **aM** KMR-Paulus 14: der Richter des Sektionsortes). Nur wenn der Untersuchungserfolg durch Verzögerung gefährdet würde, zB wegen des Zustands der Leiche oder der Notwendigkeit sofortiger Aufklärung der Todesursache, genügt die Anordnung der StA, nicht aber die ihrer Hilfsbeamten.

B. **Zwei Ärzte** müssen die Leichenöffnung vornehmen (S. 1) und ununterbrochen anwesend sein. Einer von ihnen muß Gerichtsarzt (zum Begriff: OVG Berlin NJW **61**, 984; vgl auch § 42 I S. 1 BWAGGVG: Amtsärzte der Gesundheitsämter für deren Bezirk) oder Leiter oder beauftragter Arzt eines der in S. 2 bezeichneten Institute sein. Dazu gehören auch Universitätsinstitute, aber nicht die Abteilungen für Pathologie der öffentlichen Krankenanstalten. Ist ein Arzt nach S. 2 nicht rechtzeitig erreichbar, so kann ein anderer mitwirken. Der **behandelnde Arzt** ist von der Mitwirkung ausgeschlossen (S. 3), sofern die Behandlung wegen der dem Tod unmittelbar vorausgegangenen Krankheit stattgefunden hat. Das ist in weitestem Sinn zu verstehen. Die Ursächlichkeit der Krankheit für den Tod braucht nicht festzustehen (LR-Dahs 22). Der behandelnde Arzt kann aufgefordert werden, der Leichenöffnung beizuwohnen (S. 4). Er ist dann sachverständiger Zeuge (§ 85). Das schließt nicht aus, ihn in der Hauptverhandlung auch als Sachverständigen zu vernehmen (LR-Dahs 23). 11 12

C. Die **Teilnahmebefugnis der StA** sieht S. 5 vor. Es steht nunmehr in ihrem pflichtgemäßen Ermessen, ob sie die Leichenöffnung überwacht und leitet oder sie allein den Ärzten überläßt (LR-Dahs 16). Der StA wird idR an der Leichenöffnung teilnehmen in Kapitalsachen, nach tödlichen Unfällen zur Rekonstruktion des Unfallgeschehens, bei Todesfällen durch Schußwaffengebrauch im Dienst, bei Todesfällen im Vollzug freiheitsentziehender Maßnahmen und im Verfahren, die ärztliche Behandlungsfehler zum Gegenstand haben (vgl RiStBV 33 IV). In anderen Fällen wird es im allgemeinen ausreichen, daß er schon vor der Leichenöffnung die erforderlichen Anordnungen trifft. Nimmt er an ihr teil, so muß der StA während des ganzen Vorgangs anwesend sein und die Untersuchung leiten (§ 161 a I S. 2 iVm § 78). Soweit ihm das als Laie möglich ist, muß er prüfen, ob die von den Sachverständigen festgestellten Befundtatsachen mit seinen Beobachtungen übereinstimmen. Er veranlaßt beweissichernde Maßnahmen, zB die Beschlagnahme von Leichenteilen, die Entnahme von Körperflüssigkeiten oder -gewebe, wenn deren besondere Untersuchung geboten erscheint (RiStBV 35 I S. 1). Er kann auch weitere Sachverständige hinzuziehen, zB einen Toxikologen oder Chemiker bei Verdacht der Vergiftung (§ 91; RiStBV 35 I S. 2) oder einen Sachverständigen für Elektrotechnik bei Verdacht der Tötung durch Stromschlag (RiStBV 36 II S. 2). Anschließend erteilt oder besorgt er die Bestattungsgenehmigung (§ 159 II). 13

D. Die **Mitwirkung des Richters,** die einen Antrag der StA voraussetzt (S. 6), wird nur in Sachen von besonderer Bedeutung (politischer Mord und dgl) in Betracht kommen (LR-Dahs 16), nicht nur zur Gewinnung eines nach § 249 I S. 2 verlesbaren Protokolls. Der Richter muß dem Antrag stattgeben, wenn er zulässig ist. Erforderlichkeit und Zweckmäßigkeit hat er nicht zu prüfen. Nimmt der Richter neben dem StA an der Leichenöffnung teil, so leitet er die Untersuchung (KMR-Paulus 16; LR-Dahs 17). Sie ist jedoch nur insoweit eine richterliche Handlung, als es sich um die Einnahme des Augenscheins handelt (Dähn JZ **78**, 640). 14

E. **Anwesenheitsrechte:** § 168 d gilt auch bei Mitwirkung eines Richters nicht (KK-Senge 7; LR-Dahs 24; **aM** KMR-Paulus 13; zw LR-Rieß 4 zu § 168 d); Beschuldigter und Verteidiger sind daher zur Anwesenheit nicht berechtigt. Ob einem von ihnen benannten Sachverständigen die Anwesenheit gestattet wird, steht im Ermessen des StA oder Richters. Die Anwesenheit der Kriminalbeamten, die 15 die Ermittlungen führen, kann zweckmäßig, oft sogar notwendig sein (LR-Dahs 24; Falter Kriminalistik **64**, 87).

16 F. **Protokoll:** Die Niederschrift der von den Sachverständigen festgestellten Befunde ist in jedem Fall erforderlich. Wirkt ein Richter mit, so gelten §§ 168, 168 a und für den Protokollinhalt § 86. Es handelt sich um eine Niederschrift, die teils Augenscheins-, teils Vernehmungsprotokoll ist. Das Protokoll muß auch von den Ärzten unterschrieben werden (§ 168 a III S. 3). In der Hauptverhandlung kann es nach § 249 I S. 2 verlesen werden, soweit es richterlichen Augenschein beurkundet (12 zu § 249). Die ärztlichen Befunde und ihre Begutachtung sind nur unter den Voraussetzungen der §§ 251, 253, 256 verlesbar. Sonst müssen die Arzte, nicht notwendig beide (RG JW **29**, 113), als Sachverständige vernommen werden, auch wenn sie nur über ihre Wahrnehmungen bei der Obduktion aussagen sollen (EbSchmidt 5; ANM 219; Dähn JZ **78**, 640; **aM** KMR-Paulus 21).

17 4) **Ausgrabung einer Leiche** (III, IV): Zuständig für die Anordnung ist der nach § 162 zuständige oder der mit der Sache befaßte Richter, der StA nur bei Gefahr der Verzögerung des Untersuchungserfolges (IV S. 1). Bei der Ausgrabung sollte einer der Obduzenten (RiStBV 34 S. 1), bei Verdacht der Vergiftung auch
18 ein chemischer Sachverständiger anwesend sein (RiStBV 34 S. 3). Die **Benachrichtigung der Angehörigen** (IV S. 2), die formlos erfolgen kann, setzt voraus, daß sie bekannt sind oder leicht ermittelt werden können. Besondere Maßnahmen, zB die Ausschreibung im Bundesfahndungsblatt, sind nicht erforderlich. Der Untersuchungszweck würde durch die Benachrichtigung gefährdet, wenn der Angehörige selbst tatverdächtig ist oder die Gefahr besteht, daß er andere Tatverdächtige unterrichten werde. Hat der StA zur Benachrichtigung eines Angehörigen keinen bestimmten Antrag gestellt, so kann der Richter häufig das Vorliegen einer solchen Ausnahme nicht sofort beurteilen. Dann kann er bei Gefahr im Verzug seine Anordnung mit dem Wortlaut des Wenn-Satzes in IV S. 2 Hs 2 einschränken und das übrige dem StA überlassen.

19 5) Die **Revision** kann mit einem Verstoß gegen § 87 grundsätzlich nicht begründet werden (KK-Senge 9). Nur die Mitwirkung des nach II S.3 ausgeschlossenen behandelnden Arztes macht die Obduktionsergebnisse unverwertbar (Eisenberg BR 1962; **aM** KK-Senge 9; KMR-Paulus 22).

Identifizierung des Toten

88 **Vor der Leichenöffnung ist, wenn nicht besondere Hindernisse entgegenstehen, die Persönlichkeit des Verstorbenen, insbesondere durch Befragung von Personen, die den Verstorbenen gekannt haben, festzustellen. Ist ein Beschuldigter vorhanden, so ist ihm die Leiche zur Anerkennung vorzuzeigen.**

1 1) Die **Identifizierung des Toten** (S. 1) soll, wenn möglich, vor der Leichenöffnung erfolgen, ist aber auch erforderlich, wenn eine Leichenöffnung nicht stattfindet. Die Befragung von Personen, die den Toten gekannt haben, als Zeugen ist das nächstliegende, aber nicht das einzige Mittel der Identifizierung. Zulässig sind alle anderen geeigneten und angemessenen Mittel, zB erkennungsdienstliche Maßnahmen (§ 81 b) an der Leiche (dort 11), Röntgenaufnahmen zum Vergleich mit zu Lebzeiten gemachten Aufnahmen, Gebißabdrücke und dgl.

2 2) **Vorzeigen der Leiche** (S. 2): Es handelt sich um eine Sollvorschrift, von der insbesondere abgewichen werden kann, wenn die Identität des Toten feststeht (BGH NStZ **81**, 94 [Pf]). Gegen § 136 a verstößt die Befolgung des S. 2 auch dann nicht, wenn der Anblick der Leiche geeignet ist, die Willensentschließung und -betätigung des Beschuldigten zu beeinflussen (11 zu § 136 a). Nur wenn mit dem Vorzeigen der Leiche nicht deren „Anerkennung", sondern die Ablegung eines

Geständnisses erreicht werden soll, ist § 136 a verletzt (BGH **15**, 187; KK-Senge 2; LR-Dahs 3).

3) Die **Revision** kann auf einen Verstoß gegen S. 2 nicht gestützt werden, wenn die Identität des Verstorbenen trotzdem nicht zweifelhaft geblieben ist (KMR-Paulus 3). 3

Umfang der Leichenöffnung

89 Die Leichenöffnung muß sich, soweit der Zustand der Leiche dies gestattet, stets auf die Öffnung der Kopf-, Brust- und Bauchhöhle erstrecken.

1) Die **Öffnung der drei Höhlen** ist stets erforderlich, auch wenn die Ärzte schon nach Öffnung der einen Höhle die Todesursache gefunden zu haben glauben. Wegen der Entnahme von Leichenteilen vgl RiStBV 35; Haehling von Lanzenauer Kriminalistik **93**, 379. 1

2) Die **Revision** kann auf einen Verstoß gegen § 89 nicht gestützt werden. 2

Kinderleichen

90 Bei Öffnung der Leiche eines neugeborenen Kindes ist die Untersuchung insbesondere auch darauf zu richten, ob es nach oder während der Geburt gelebt hat und ob es reif oder wenigstens fähig gewesen ist, das Leben außerhalb des Mutterleibes fortzusetzen.

1) Für die **Aufklärung von Tötungsdelikten** (§§ 211, 212, 222 StGB) ist die Vorschrift von Bedeutung, aber auch für die Aufklärung von Kunstfehlern bei geburtshilflicher Tätigkeit. Dabei ist die Untersuchung nicht „auch", sondern vor allem darauf zu richten, ob das Kind nach oder während der Geburt gelebt hat (LR-Dahs 1), auch darauf, ob Anzeichen für eine Straftat nach § 218 StGB bestehen. 1

Vergiftung **RiStBV 35**

91 I Liegt der Verdacht einer Vergiftung vor, so ist die Untersuchung der in der Leiche oder sonst gefundenen verdächtigen Stoffe durch einen Chemiker oder durch eine für solche Untersuchungen bestehende Fachbehörde vorzunehmen.

II Es kann angeordnet werden, daß diese Untersuchung unter Mitwirkung oder Leitung eines Arztes stattzufinden hat.

1) **Für alle Fälle der Vergiftung** gilt § 91, nicht nur für die Tötungsdelikte nach §§ 211, 212, 222 StGB, sondern auch für Straftaten nach §§ 219, 324, 326 StGB (LR-Dahs 1). 1

2) Einer **Ergänzung der Leichenöffnung** nach § 87 II dient die chemische Untersuchung nach § 91. Der Richter oder StA, der die Leichenöffnung leitet, ordnet sie an. Er wählt auch den Chemiker, der auf dem Gebiet der Giftkunde besonders erfahren sein muß, oder die Fachbehörde aus. 2

3) Die **Mitwirkung eines Arztes** (II) ordnet ebenfalls der Richter oder StA an, der die Leichenöffnung leitet. Der Arzt braucht nicht der Obduzent und kein Gerichtsarzt zu sein. Ob er Zeuge oder Sachverständiger ist, hängt von der Art 3

seiner Mitwirkung (Bericht über Wahrnehmungen oder gutachtliche Äußerungen) ab.

Gutachten bei Geld- oder Wertzeichenfälschung **RiStBV 215–220**

92 **I Liegt der Verdacht einer Geld- oder Wertzeichenfälschung vor, so sind das Geld oder die Wertzeichen erforderlichenfalls der Behörde vorzulegen, von der echtes Geld oder echte Wertzeichen dieser Art in Umlauf gesetzt werden. Das Gutachten dieser Behörde ist über die Unechtheit oder Verfälschung sowie darüber einzuholen, in welcher Art die Fälschung mutmaßlich begangen worden ist.**

II Handelt es sich um Geld oder Wertzeichen eines fremden Währungsgebietes, so kann an Stelle des Gutachtens der Behörde des fremden Währungsgebietes das einer deutschen erfordert werden.

1 **1) Geld- oder Wertzeichenfälschung:** Gemeint sind die Straftaten nach §§ 146 ff StGB, auch die Wertpapierfälschung nach § 151 StGB. Zur Verfolgung dieser Taten vgl RiStBV 215 ff.

2 **2)** Die **Vorlegungspflicht** (I) entfällt, wenn die Fälschung und die Art ihrer Begehung schon durch Augenschein festgestellt werden können (KK-Senge 1). Andernfalls muß das Gutachten der Behörde eingeholt werden, von der echtes Geld oder echte Wertzeichen dieser Art in Umlauf gesetzt werden. Wegen der zuständigen Behörden vgl RiStBV 216.

3 **3) Fremde Währungsgebiete** (II): Vgl § 152 StGB.

Schriftvergleichung

93 **Zur Ermittlung der Echtheit oder Unechtheit eines Schriftstücks sowie zur Ermittlung seines Urhebers kann eine Schriftvergleichung unter Zuziehung von Sachverständigen vorgenommen werden.**

1 **1) Unter Zuziehung von Sachverständigen,** dh in Form eines Sachverständigengutachtens, wird idR die Schriftvergleichung vorgenommen; das entbindet den Richter aber nicht von der Pflicht, die Schriftproben selbst in Augenschein zu nehmen (KG StV **93**, 628; **aM** ANM 235). Eigene Sachkunde wird der Richter nur selten haben. Bei der Auswahl der Sachverständigen ist besondere Vorsicht geboten (LR-Dahs 7). Die Bestellung mehrerer Sachverständiger und die Heranziehung eines Experten des BKA ist erforderlich, wenn das Gutachten ausschlaggebende Bedeutung hat (BGH **10**, 116, 119; Braunschweig NJW **53**, 1035; Celle NJW **74**, 616; Düsseldorf StV **86**, 375; **91**, 456; Köln OLGSt § 244 II S. 85). Akteneinsicht sollte der Sachverständige idR nicht erhalten; er sollte sein Gutachten nur auf die Schriftvergleichung stützen (Celle aaO; LR-Dahs 7; **aM** Bach Kriminalistik **75**, 248; Händel Kriminalistik **76**, 494; Ockelmann Kriminalistik **76**, 21; Pfanne NJW **74**, 1439; einschr nunmehr auch Celle StV **81**, 608 mit Anm Barton).

2 **2) Vergleichsschriften** brauchen weder Beschuldigte (BGH **34**, 39, 46) noch Zeugen anzufertigen (LR-Dahs 6); notfalls müssen sie nach § 94 beschlagnahmt werden (BGHR StPO § 94 Beweismittel 1: auch ein im Wege der Briefkontrolle erlangter Gefangenenbrief). Durch Täuschung erlangte Schriftproben sind unverwertbar (KK-Senge 3; vgl auch BGH **34**, 39, 46). Bei der Beschaffung von Schriftproben müssen unbedingt die Richtlinien des BKA (abgedruckt bei LR-Dahs 10 und bei Michel, Gerichtliche Schriftvergleichung, 1982, S. 226) beachtet werden. Das Gutachten sollte sich auf Originalschriftstücke stützen (Braunschweig NJW

53, 1035; Köln OLGSt § 244 II S. 85; LG Berlin MDR **64**, 694; LR-Dahs 5), auf Ablichtungen nur, wenn keine Originale verfügbar sind (Celle StV **81**, 608; Düsseldorf StV **86**, 376; Köln StV **81**, 539; Philipp Kriminalistik **73**, 25; **aM** Hekker Kriminalistik **72**, 24).

3) Der **Beweiswert** des Gutachtens, das durch erfahrene Sachverständige erstellt ist und zu dem Schluß kommt, daß der Angeklagte mit Sicherheit der Urheber der Schrift ist, ist so groß, daß es allein vollen Beweis erbringen kann (BGH NJW **82**, 2882; Braunschweig NJW **53**, 1035; LR-Dahs 8; Bohne NJW **53**, 1378; Deitigsmann NJW **57**, 1867; **aM** LG Duisburg JR **53**, 311). Die Gefahr einer Fehlbeurteilung mahnt aber bei der Beweiswürdigung zu Vorsicht (BGH **10**, 116; Celle StV **81**, 608; Düsseldorf JR **87**, 258 mit Anm Breidling), insbesondere, wenn nur geringe Vergleichsmöglichkeiten bestehen (Celle NJW **74**, 616; StV **81**, 608), etwa nur ein kurzer Namenszug als Vergleichsschrift verfügbar ist (Köln StV **81**, 539), der aber andererseits für ein Gutachten ausreichen kann (Düsseldorf NStZ **90**, 506). 3

8. Abschnitt. Beschlagnahme, Überwachung des Fernmeldeverkehrs, Rasterfahndung, Einsatz technischer Mittel, Einsatz Verdeckter Ermittler und Durchsuchung

Vorbemerkungen

1) **Zwangsmaßnahmen** zur Erlangung und Sicherung von Beweisen, zur Sicherstellung von Verfalls- und Einziehungsgegenständen, zur Ergreifung des Beschuldigten und, im Fall des § 111 a, zur Vorwegnahme der Urteilsfolgen faßt der 8. Abschnitt zusammen. Bei diesen Zwangsmaßnahmen handelt es sich um Eingriffe in Grundrechte, insbesondere um Beschränkungen des allgemeinen Freiheitsrechts (Art 2 I GG), des Post- und Fernmeldegeheimnisses (Art 10 I GG), der Unverletzlichkeit der Wohnung (Art 13 I GG) und des vom BVerfG erarbeiteten (BVerfGE **65**, 1; 1 zu § 163 d) Rechts auf informationelle Selbstbestimmung (vgl dazu Duttge, Der Begriff der Zwangsmaßnahme im Strafprozeßrecht, 1995). Sie dürfen nur unter Wahrung des Verhältnismäßigkeitsgrundsatzes (Einl 20 ff) angeordnet und vorgenommen werden. 1

2) **Nicht nur in diesem Abschnitt**, sondern auch in anderen Abschnitten des Gesetzes sind Zwangsmaßnahmen vorgesehen, nämlich ferner in §§ 81, 81 a, 81 b, 81 c, 112, 126 a, 127, 131, 132, 132 a, 134, 163 b, 163 d, 163 e und 164. Eine tabellarische Übersicht über Voraussetzungen und Rechtsfolgen aller Zwangsmaßnahmen findet sich bei Schlüchter StP 69 ff. 2

3) **Beschlagnahme** bedeutet die förmliche Sicherstellung eines Gegenstandes durch Überführung in amtlichen Gewahrsam oder auf andere Weise, aber auch die Anordnung dieser Sicherstellung. Anordnung und Vollzug der Beschlagnahme können zusammenfallen, wenn der Beamte, der sie anordnet, sie sogleich selbst vornimmt (8 zu § 98; 3 zu § 105). Die §§ 94 ff, 111 b ff regeln ausschließlich Beschlagnahmen für Zwecke des gerichtlichen Strafverfahrens. Für präventiv-polizeiliche Zwecke gelten die entspr Bestimmungen der Polizei- und Ordnungsgesetze der Länder sowie § 47 BGSG. Weitere Beschlagnahmeregelungen enthalten §§ 132 III, 290, 443, 463 b I, II sowie §§ 7, 8 UZwGBw und § 2 II GÜV. 3

4) Die **Durchsuchung** dient der Auffindung von Gegenständen, die der Beschlagnahme unterliegen, sowie der Ergreifung des Beschuldigten. Auch insoweit enthalten die Vorschriften der StPO (§§ 102 ff) nur Regelungen für Zwecke der Strafverfolgung. Durchsuchungen zu anderen Zwecken gestatten §§ 45, 46 BGSG, §§ 7, 8 UZwGBw und die Polizei- und Ordnungsgesetze der Länder. 4

5 **5)** Die **Überwachung des Fernmeldeverkehrs** nach §§ 100 a ff ist ein beschlagnahmeähnlicher Vorgang, der für bestimmte schwere Straftaten die Ermittlungsmöglichkeiten erweitert. Eine gleichartige Überwachung gestatten Art 1 **G 10** und §§ 39 ff AWG für Zwecke außerhalb des Strafverfahrens.

6 **Neue Zwangsmaßnahmen** sind durch das OrgKG in die StPO eingefügt worden: Die Rasterfahndung (§ 98 a), der Datenabgleich (§ 98 c), der Einsatz technischer Mittel nach § 100 c, der Einsatz eines Verdeckten Ermittlers (§§ 110 a ff) und die Polizeiliche Beobachtung (§ 163 e). Eine ausführliche Übersicht dazu findet sich bei Bernsmann StV **98**, 224 ff.

7 **7)** Die **vorläufige Entziehung der Fahrerlaubnis** nach § 111 a gehört im Grunde nicht in den 8. Abschnitt, sondern ist eine Vorwegnahme der Urteilsfolgen zur Sicherung der Allgemeinheit wie die Maßnahmen nach §§ 112 a, 126 a und 132 a.

8 **8)** Über die **Vernichtung ermittelter Erkenntnisse** und das **Löschen von Daten** finden sich Regelungen in §§ 81 a III, 81 c V S.2, 98 b III S.2, 100 b VI S.1, 100 d I S.2, 163 c IV, 163 d IV S.2 und § 476 II (vgl dazu Hilger NStZ **97**, 371).

Sicherstellung von Beweisgegenständen **RiStBV 74, 75, 251**

94 **[I] Gegenstände, die als Beweismittel für die Untersuchung von Bedeutung sein können, sind in Verwahrung zu nehmen oder in anderer Weise sicherzustellen.**

[II] Befinden sich die Gegenstände in dem Gewahrsam einer Person und werden sie nicht freiwillig herausgegeben, so bedarf es der Beschlagnahme.

[III] Die Absätze 1 und 2 gelten auch für Führerscheine, die der Einziehung unterliegen.

1 **1)** Die **Sicherstellung von Gegenständen zu Beweiszwecken** und des Führerscheins zur Einziehung gestattet die Vorschrift. Die Sicherstellung von Gegenständen, die dem Verfall oder der Einziehung unterliegen, regeln die §§ 111 b ff. Während die Sicherstellung zu diesem Zweck nur in der Form der Beschlagnahme möglich ist (9 zu § 111 b), ist nach § 94 eine Beschlagnahme nur erforderlich, wenn der Gegenstand nicht freiwillig herausgegeben wird (II). Sonst genügt die formlose Sicherstellung (unten 12). Gleichgültig ist, ob sich der Beweisgegenstand im Eigentum oder Gewahrsam des Beschuldigten oder eines anderen befindet
2 (BGH NStZ **81**, 94 [Pf]). Kommt ein **Beweisgegenstand zugleich als Verfalls- oder Einziehungsgegenstand** in Betracht, so ist die Beschlagnahme nach § 94 zwar ausreichend (KMR-Müller 10 zu § 111 b); wegen des nur nach § 111 c V eintretenden Veräußerungsverbots empfiehlt sich aber die gleichzeitige Beschlagnahme nach §§ 111 b I, 111 e. Jeder nach § 94 beschlagnahmte Gegenstand steht für die Sicherung des Verfalls und der Einziehung zur Verfügung; umgekehrt kann jeder nach §§ 111 b ff beschlagnahmte Gegenstand zugleich als Beweismittel verwertet werden (**aM** Achenbach NJW **76**, 1070). Wegen des Akteneinsichtsrechts nach § 147 ist aber die Beschlagnahme nach § 94 erforderlich (LR-G. Schäfer 4 ff; SK/StPO-Rudolphi 4).

3 **2) Gegenstände als Beweismittel** (I):

4 A. **Gegenstände:** In Betracht kommen bewegliche Sachen jeder Art, auch Magnetbänder und sonstige Datenträger (SK/StPO-Rudolphi 11; Rogall GA **85**, 16), unbewegliche Sachen (Grundstücke, Grundstücksteile), auch Leichen (9 zu § 87), Leichenteile (13 zu § 87) und Föten sowie abgetrennte Teile des Körpers des lebenden Menschen (auch Prothesen) und Körperinhalte, wenn sie vom Körper getrennt sind (Blut-, Urinproben). Auch Verteidigungsunterlagen im Besitz des

Beschuldigten dürfen nicht beschlagnahmt werden (Kalf Polizei **85**, 5; erg 37 zu § 97). Zur Beschlagnahme von Dateien zum Zweck des Abgleichs mit Dateien der Strafverfolgungsbehörden in deren EDV-Systemen (Rasterfahndung) vgl §§ 98 a ff.

B. **Beweismittel** iS von I sind alle beweglichen und unbeweglichen Sachen, die unmittelbar oder mittelbar für die Tat oder die Umstände ihrer Begehung Beweis erbringen (Düsseldorf JMBlNW **79**, 226). Das können die Tatbeute, die Tatwerkzeuge und die Tatträume sein, auch Beweismittelträger, von denen die Beweise nicht oder nur unter Schwierigkeiten getrennt werden können (Kleidungsstücke mit Blut- oder Spermaflecken; Vieh, das Beweisgegenstände verschluckt hat), und Gegenstände, auf deren Wiedererkennung es ankommt. 5

C. Die **potientielle Beweisbedeutung** des Gegenstandes ist erforderlich und ausreichend (BGH NStZ **81**, 94 [Pf] und bei H. W. Schmidt MDR **81**, 977 Fn 47; München NJW **78**, 601; vgl auch BVerfGE **77**, 1 = NJW **88**, 890, 894). Es muß die Möglichkeit bestehen, daß er zu Untersuchungszwecken verwendet werden kann (Bremen NJW **62**, 649; Düsseldorf JMBlNW **79**, 226; München NJW **78**, 601; vgl Rebmann Pfeiffer-FS für Bekennerschreiben von Terroristen); für welche Beweisführung er im einzelnen in Betracht kommt, braucht noch nicht festzustehen (BGH NStZ **81**, 94 [Pf]). Da das Beweisergebnis ungewiß und die Entwicklung des Verfahrens nicht voraussehbar ist, kommt es auch nicht darauf an, ob der Gegenstand später Beweismittel wird und ob er dann beweiserheblich ist (BGH JZ **62**, 609 mit Anm Baumann; Düsseldorf StV **83**, 407). Bei potientieller Beweisbedeutung muß der Gegenstand sichergestellt werden (Achenbach NJW **76**, 1068); insoweit gilt das Legalitätsprinzip. An der Beweisbedeutung fehlt es, wenn vorauszusehen ist, daß es zu keinem Gerichtsverfahren kommt (BGH **9**, 351, 355), 6
insbesondere, wenn von vornherein ein nicht behebbares **Verfahrenshindernis** 7
(Einl 144 ff) erkennbar ist. Bloße Zweifel an der Behebbarkeit, zB der Nachholung des Strafantrags, sind aber bedeutungslos (LR-G. Schäfer 21). Nur die begründete Annahme, daß die Verfahrensvoraussetzungen nicht geschaffen werden können, hindert die Beschlagnahme (KK-Nack 10; SK/StPO-Rudolphi 10).

D. **Für die Untersuchung** muß der Beweisgegenstand von Bedeutung sein. Zur Untersuchung gehören die Anordnung der UHaft und ihrer Fortdauer (Hamburg NJW **67**, 166), die Aufenthaltsermittlung (Bay **20**, 346) und die Sicherstellung von Urkunden wegen Aktenverlustes (RG JW **23**, 17; Düsseldorf JMBlNW **79**, 226; W. Schmid Lange-FS 803 Fn 59). Dringende Gründe für die Annahme, daß es zum Hauptverfahren kommt, müssen nicht vorliegen; der Anfangsverdacht (4 zu § 152) reicht aus (Hamm MDR **81**, 70; LG Köln StV **83**, 275; Roxin § 34 B I 2), auch gegen einen noch unbekannten Täter (Rogall GA **85**, 16). Eine Beschlagnahme zur Ausforschung ist aber unzulässig (LG Köln StV **83**, 56; SK/StPO-Rudolphi 7; Lüttger/Kaul GA **61**, 76; Wilhelm NJW **59**, 1716). Die Untersuchung kann mit der Beschlagnahme nach § 94 beginnen (Celle NJW **63**, 406; KK-Nack 8). Sie **umfaßt** das gesamte Strafverfahren, auch das Sicherungsverfahren 8
nach §§ 413 ff, das Einziehungsverfahren nach §§ 440 ff (RG **44**, 279; Lüttger/Kaul GA **61**, 75) und das Privatklageverfahren (7 zu § 384). Daß bereits ein mit der Revision angefochtenes Urteil vorliegt, steht der Beschlagnahme mit Rücksicht auf § 354 II nicht entgegen (Hamm JMBlNW **76**, 118). Nach Rechtskraft des Urteils gilt § 94 aber nicht für Zwecke der Strafvollstreckung. Die Beschlagnahme kann erst im Wiederaufnahmeverfahren wieder angeordnet werden (Bay **20**, 346; LR-G. Schäfer 14), auch zu seiner Vorbereitung (Bay DRiZ **31**, 49; KMR-Müller 4), nicht aber rein vorsorglich, wenn für eine Wiederaufnahme noch keine Anhaltspunkte bestehen (BGH 6 BJs 159/76 – StB 257/77 vom 23. 12. 1977). 9

3) Führerscheine (III): Vgl 15 zu § 111 a. 10

4) Sicherstellung ist der Oberbegriff für die Beschlagnahme und die sonstige Herstellung der staatlichen Gewalt über das Beweismittel. 11

12 A. **Formlos** kann die Sicherstellung erfolgen, wenn der Gewahrsamsinhaber nicht bekannt ist oder wenn er die Sache, ausdrücklich oder stillschweigend, freiwillig zur Verfügung stellt, gleichgültig aus welchen Gründen (vgl Lüttger MDR **61**, 814: Herausgabe aufgrund Dienstpflicht). Zur Freiwilligkeit gehört die Kenntnis, daß eine Pflicht zur Herausgabe nicht besteht; eine Belehrung darüber ist aber nicht erforderlich. Haben mehrere Personen Mitgewahrsam, so müssen alle einwilligen, sofern nicht einer allein verfügungsberechtigt ist (KMR-Müller 8; LR-G. Schäfer 25; weitergehend KK-Nack 15). Ist ein Minderjähriger Inhaber des Gewahrsams über einen Gegenstand, über den er nicht selbst verfügen darf, so ist die Zustimmung des gesetzlichen Vertreters erforderlich. Der Widerruf des Einverständnisses ist als Antrag nach § 98 II S. 2 aufzufassen (LR-G. Schäfer 25).

13 B. Die **Beschlagnahme** ist nötig, wenn der Gegenstand nicht freiwillig herausgegeben wird (II). Das ist auch der Fall, wenn die Herausgabe nach § 95 II erzwungen werden mußte. Andererseits steht die freiwillige Herausgabe der Beschlagnahme nicht entgegen (BGH NJW **56**, 1805, 1806; LR-G. Schäfer 26; Misch DB **77**, 1970). Sie besteht darin, daß der Gegenstand in amtliche Verwahrung genommen oder sonst sichergestellt wird (I). Zulässig und uU nach dem Verhältnismäßigkeitsgrundsatz (unten 18) geboten ist die Beschränkung der Beschlagnahme auf einen Teil der Sache, sofern es sich nicht um einen einheitlichen, unteilbaren Gegenstand handelt, bei dem eine solche Beschränkung eine Zerstörung oder wesentliche Beschädigung erfordert, zB durch Herausschneiden oder Überkleben bestimmter Teile einer Urkunde. Wegen Form, Inhalt, Bekanntgabe und Durchführung der Beschlagnahme vgl 8–10, 24 zu § 98.

14 C. **Bewirkt** wird die Sicherstellung durch Inverwahrungnahme oder auf andere Weise (I). Dazu ist eine amtliche Handlung nötig, die in geeigneter Weise und erkennbar zum Ausdruck bringt, daß die Sache der amtlichen Obhut untersteht (RG **18**, 71; LR-G. Schäfer 30); stets muß durch Inbesitznahme oder sonstige Sicherstellung ein Herrschaftsverhältnis begründet werden (BGH **3**, 395, 400; **15**,
15 149). Die **amtliche Verwahrung** ist die Überführung der Sache in den Besitz der Behörde oder einer beauftragten Stelle oder Person. Die Sachen sind idR der StA zu übergeben, die sie in den Akten, auf der Geschäftsstelle oder in einem beson-
16 deren Asservatenraum verwahrt. Die **Sicherstellung in anderer Weise** ist nur bei förmlicher Beschlagnahme möglich. Sie ist notwendig, wenn Gegenstände nicht in Verwahrung genommen werden können (Grundstücke, Räume), und auch sonst zulässig, wenn der Zweck auch ohne Inverwahrungnahme erreicht werden kann (LR-G. Schäfer 33). Maßnahmen der Sicherstellung sind bei Grundstücken und Räumen die Absperrung, die Versiegelung und das Verbot des Betretens, bei beweglichen Sachen Verbote und Gebote (BGH **15**, 149; RG **18**, 71), zB das Verbot an den unmittelbaren Besitzer, sie herauszugeben (RG **52**, 117), zu vernichten oder sonst über sie zu verfügen (BGH JZ **62**, 609 mit Anm Baumann; Hamburg MDR **61**, 689; Stuttgart MDR **51**, 692). Die Anfertigung von Fotokopien gegen Rückgabe des Originals der Urkunde ist ein Sicherstellungsersatz, keine Sicherstellung in sonstiger Weise (**aM** Koch wistra **83**, 63; Sieg wistra **84**,
16 a 172). Die Beschlagnahme von gespeicherten **Daten** kann durch Übermittlung von dem Datenträger des Betroffenen in den Computer der StA ohne Beschlagnahme des Datenträgers erfolgen (Möhrenschlager wistra **91**, 329; Schäfer wistra **89**, 12; vgl auch Meier/Böhm wistra **92**, 169; ausführlich zu den hierzu auftauchenden Problemen Bär, Der Zugriff auf Computerdaten im Strafverfahren, 1992; Lemcke, Die Sicherstellung gem. § 94 StPO und deren Förderung durch die Inpflichtnahme Dritter als Mittel des Zugriffs auf elektronisch gespeicherte Daten, 1995).

17 D. Ein **Veräußerungsverbot** bewirkt die Beschlagnahme oder sonstige Sicherstellung nach § 94 nicht (München Rpfleger **80**, 238; KMR-Müller 11; SK/StPO-Rudolphi 29; **aM** Bremen NJW **51**, 675). Jedoch gilt § 136 StGB. Die in amtliche Verwahrung genommenen Sachen stehen auch unter dem Schutz des § 133 StGB.

5) **Verhältnismäßigkeitsgrundsatz:** Die Beschlagnahme muß in angemessenem Verhältnis zur Schwere der Tat und zur Stärke des Tatverdachts stehen und für die Ermittlungen notwendig sein (BVerfGE **20**, 162, 186 = NJW **66**, 1603, 1607; BVerfG BB **73**, 812; Jarass AfP **75**, 216). Dabei fallen die Interessen des Verletzten und anderer Unbeteiligter mehr ins Gewicht als die des Beschuldigten. Handelt es sich um Urkunden, so muß stets geprüft werden, ob die Anfertigung von Fotokopien genügt (BGH GA **67**, 282; MDR **90**, 105 [S]; Hamburg NJW **67**, 166; München NJW **78**, 601; Koch wistra **83**, 63; Krekeler wistra **83**, 45). Sind die Originalurkunden als Beweismittel unentbehrlich, so zwingt der Verhältnismäßigkeitsgrundsatz aber nicht dazu, dem Betroffenen kostenlos Fotokopien zu überlassen (so aber BGH MDR **88**, 358 [S]; KK-Nack 13; LR-G. Schäfer 48). Ihm kann nur gestattet werden, auf eigene Kosten Fotokopien anfertigen zu lassen (LG Aachen MDR **89**, 1014). Wenn ein Auskunftsverlangen (1 ff zu § 161) ausreicht, ist die Beschlagnahme unzulässig (Köln StV **83**, 275). Der Verhältnismäßigkeitsgrundsatz kann **insbesondere** die Beschlagnahme von Klientenakten einer iS des § 203 I Nr 4 StGB anerkannten Suchtkrankenberatungsstelle unzulässig machen, wenn noch kein konkreter Tatverdacht gegen bestimmte Beschuldigte besteht (BVerfGE **44**, 353 = NJW **77**, 1489; dazu Knapp NJW **77**, 2119; Knauth JuS **79**, 339; vgl auch LG München I StV **96**, 141). Von der Beschlagnahme einer ärztlichen Patientenkartei muß abgesehen werden, wenn andere Beweismittel vorhanden sind (LG Dortmund NJW **72**, 1533; eingehend hierzu Wasmuth NJW **89**, 2297). Die Beschlagnahme von Schriften muß sich idR auf einige wenige Exemplare beschränken (SK/StPO-Rudolphi 22; Löffler NJW **78**, 917; Lüttger/Kaul GA **61**, 77), die von Filmen auf zwei Exemplare (Frankfurt NJW **73**, 2074; KK-Nack 14; **aM** Seetzen NJW **76**, 449: 1 Exemplar). 18 19

6) **Beschlagnahmeverbote** bestimmt § 97. Sie können sich auch aus Art 1 I, 2 I GG zum Schutz der Persönlichkeitssphäre ergeben (BVerfGE **34**, 238 = JZ **73**, 504 mit Anm Arzt; BGH **43**, 300; ANM 514; Fezer JuS **79**, 37; Kleinknecht NJW **66**, 1542; vgl aber BVerfG und LG Hildesheim NdsRpfl **84**, 46: Beschlagnahme eines versiegelten Privattestaments zur Aufklärung einer Steuerstraftat), nicht aber aus dem sog Bankgeheimnis (LG Hamburg NJW **78**, 958; erg 3 zu § 161). Die Datenschutzbestimmungen stehen einer Beschlagnahme idR nicht entgegen; denn dem Schutz personenbezogener Daten wird auch Rechnung getragen, wenn sich die Urkunden bei den Gerichtsakten befinden (Wagner DRiZ **85**, 16; vgl auch RiStBV 187 I). Briefe UGefangener, die nach § 119 III der Kontrolle unterliegen, können beschlagnahmt werden (BGH NJW **77**, 2175; GA **67**, 282; MDR **81**, 977 Fn 46 [S]; Bay MDR **76**, 1037; KG JR **68**, 31; Bremen NJW **62**, 649; Celle NJW **74**, 805; Koblenz OLGSt S. 13; München NJW **78**, 601), ebenso Sachen, die sich im Besitz des Konkursverwalters befinden; § 117 I KO (jetzt: §§ 148 I, 159 InsO) steht nicht entgegen (LG Stuttgart Justiz **84**, 62). Verteidigungsunterlagen im Besitz des Beschuldigten sind grundsätzlich von der Beschlagnahme ausgeschlossen (Kalf Polizei **85**, 4; erg 37 zu § 97; 8 zu § 148). Der Verdacht einer Steuerstraftat begründet nicht die Befugnis zur Beschlagnahme der nach § 9 I GwG gefertigten Aufzeichnungen (LG Koblenz NJW **97**, 2613 = wistra **97**, 32 mit zust Anm Ditges/Graß). Zur Beschlagnahme vertraulicher Gewerkschaftsunterlagen LG Berlin NJW **96**, 2520 und dazu BVerfG NJW **98**, 893. Daß ein Gegenstand aufgrund einer **rechtsfehlerhaften Durchsuchung** erlangt worden ist, steht der Beschlagnahme und Verwertung nicht entgegen (KG NJW **72**, 169; Koblenz VRS **63**, 301; LG Wiesbaden NJW **79**, 175 mit abl Anm Kühne NJW **79**, 1053; ANM 503; Dünnebier GA **63**, 69; einschr Dencker 82; Born JR **83**, 54), sofern es sich nicht um einen besonders schwerwiegenden Verstoß handelt (KG StV **85**, 404; LG Bonn NJW **81**, 291; LG Bremen StV **84**, 505; LG Stuttgart NStE Nr 2 zu § 105; LG Wiesbaden StV **88**, 292; weitergehend – für grundsätzliches Verwertungsverbot – unter systematischer Untersuchung der bei einer Durchsuchung möglichen Fehler Krekeler NStZ **93**, 263 ff). Nach BGH NJW **89**, 1744 soll es bei einer fehlenden 20 21

Durchsuchungsanordnung darauf ankommen, ob sie rechtlich hätte erlassen werden dürfen; dagegen Beulke ZStW **103**, 673;Fezer StV **89**, 293; Krekeler aaO; Roxin NStZ **89**, 378 f, der allerdings nur bei Übergehung „unverbrüchlicher Kompetenzzuweisungen" oder bei entgegenstehendem richterlichen Willen oder bei bewußtem Rechtsbruch ein Verwertungsverbot annehmen will; ähnlich Meurer JR **90**, 392: nur, wenn vorsätzlich oder grob fahrlässig gegen Beweisgewinnungsvorschriften verstoßen wurde. Amelung (NJW **91**, 2533) differenziert ausgehend von seiner Lehre über die „Informationsbeherrschungsrechte im Strafprozeß" (vgl Einl 50): Verwertungsverbot nur bei Verstößen gegen §§ 102, 103, 108, 110 I, II, grundsätzlich nicht hingegen bei solchen gegen §§ 104, 105, 106 II, 107, 109, 110 III.

22 **7)** Die **Rückgabe des Beweisgegenstandes** nach Beendigung der Beschlagnahme (29, 30 zu § 98) ist in § 111 k nur für den Fall der Herausgabe an den Verletzten geregelt. An den Beschuldigten werden die durch eine Straftat erlangten Sachen auch dann nicht herausgegeben, wenn die Voraussetzungen dieser Vorschrift nicht vorliegen (Düsseldorf NStZ **84**, 567 mit abl Anm Gropp; Hamm NStZ **86**, 376). War der Gegenstand freiwillig herausgegeben worden, so darf er nur an denjenigen zurückgegeben werden, der ihn zur Verfügung gestellt hatte (Bremen MDR **60**, 603; LR-G. Schäfer 60). Bei förmlicher Beschlagnahme ist er an den letzten Gewahrsamsinhaber zurückzugeben (BGHZ **72**, 302 = NJW **79**, 425; KG GA Bd **48**, 137; Düsseldorf aaO; Frankfurt GA **72**, 212; LG Mainz MDR **83**, 954). Einzelheiten regelt RiStBV 75, dessen IV allerdings als gesetzwidrig anzusehen und daher nicht anzuwenden ist (Düsseldorf NStZ **90**, 202; LR-G. Schäfer 6 zu § 111 k).

23 **8) Schadensersatzansprüche** kann der Berechtigte geltend machen, wenn die Behörden die ihnen aufgrund des durch die Sicherstellung begründeten öffentlichrechtlichen Verwahrungsverhältnisses obliegende Pflicht verletzen, die Sache pfleglich zu behandeln und vor Verschlechterung, Untergang und sonstiger Gefährdung zu bewahren (BGHZ **1**, 369 = NJW **51**, 800; Hamburg MDR **51**, 116; vgl auch RiStBV 74). Eine Entschädigung kann aber nicht verlangt werden, wenn Schäden an der beschlagnahmten Sache durch vorsätzliche Fremdeinwirkung (Vandalismus) entstehen (BGHZ **100**, 335 = StV **88**, 326 mit Anm Amelung). Schadensersatz- und Herausgabeansprüche sind nach § 40 II S. 1 VwGO vor den Zivilgerichten zu verfolgen; der Rechtsweg nach § 23 **EGGVG** ist ausgeschlossen (Hamburg MDR **74**, 510). Der Betroffene kann aber in diesem Verfahren die Vernichtung von Fotokopien durchsetzen, die die StA von den freigegebenen Schriftstücken angefertigt hat (Stuttgart NJW **77**, 2276).

24 **9) Immunität:** Bei tatunbeteiligten Abgeordneten ist die Beschlagnahme ohne Einschränkung zulässig, bei Tatverdächtigen nur, wenn die Einleitung eines Ermittlungsverfahrens genehmigt ist. Sind Abgeordnete nach Art 46 I GG nicht verfolgbar, so ist auch die Beschlagnahme unzulässig (RiStBV 191–192 a). In den Räumen des Parlaments bedarf die Beschlagnahme der Genehmigung des Präsidenten (Art 40 II S. 2 GG).

Herausgabepflicht

95

I Wer einen Gegenstand der vorbezeichneten Art in seinem Gewahrsam hat, ist verpflichtet, ihn auf Erfordern vorzulegen und auszuliefern.

II Im Falle der Weigerung können gegen ihn die in § 70 bestimmten Ordnungs- und Zwangsmittel festgesetzt werden. Das gilt nicht bei Personen, die zur Verweigerung des Zeugnisses berechtigt sind.

1 **1)** Das **Herausgabeverlangen** ist in allen Verfahrensarten und – abschnitten zulässig, in denen nach § 94 die Beschlagnahme angeordnet werden kann, auch im Privatklageverfahren. Eine vorherige Beschlagnahmeanordnung oder einen erfolg-

losen Beschlagnahmeversuch setzt es nicht voraus (LG Stuttgart NJW **92**, 2646). Es kommt aber vor allem in Betracht, wenn zwar feststeht, daß sich ein Beweismittel im Gewahrsam einer Person befindet, wenn es aber bei einer Durchsuchung nicht gefunden werden konnte und sein Verbleib unbekannt ist (LG Bonn NStZ **83**, 327; Roxin § 34 B II 3 a). Wird der Gegenstand nach I freiwillig herausgegeben, so kann er formlos sichergestellt werden (12 zu § 94); im Fall des II ist die förmliche Beschlagnahme notwendig (13 zu § 94). **Zuständig** für das Verlangen sind der 2
Richter, die StA und die Polizei auch, wenn Gefahr im Verzug nicht besteht (SK/StPO-Rudolphi 7; Bittmann wistra **90**, 327 ff; Klinger wistra **91**, 17; Schäfer wistra **83**, 102; **aM** LG Bonn NStZ **83**, 327 mit abl Anm Kurth; LG Düsseldorf wistra **93**, 199; LG Stuttgart NJW **92**, 2646; Braczyk wistra **93**, 57; Reiß StV **88**, 35). Mit dem Verlangen kann für den Fall der Weigerung die Anwendung von Ordnungs- und Zwangsmitteln (II) angedroht sowie auf die Möglichkeit der Durchsuchung und Beschlagnahme hingewiesen werden.

2) Die **Vorlegungs- und Herausgabepflicht** (I) bezieht sich auf bewegliche 3
Sachen, die als Beweismittel für die Untersuchung von Bedeutung sein können (§ 94 I) und auf Führerscheine, die der Einziehung unterliegen (§ 94 III), nicht auf Verfalls- und Einziehungsgegenstände nach § 111 b (KK-Nack 1). Behördlich verwahrte Sachen werden nicht nach I, sondern mit einem Amtshilfeersuchen herausverlangt (1 zu § 96). Der **Gewahrsamsinhaber** ist zur Herausgabe ver- 4
pflichtet. Gleichgültig ist, ob er den Gewahrsam rechtmäßig innehat und ob der Eigentümer der Herausgabe zustimmt. Den Eigentümer, der nicht Gewahrsamsinhaber ist, trifft keine Mitwirkungspflicht. Der **Beschuldigte** braucht zu seiner 5
Überführung nichts beizutragen und ist daher nicht herausgabepflichtig (SK/StPO-Rudolphi 5). Unabhängig von § 95 kann ihm aber Gelegenheit gegeben werden, Gegenstände vorzulegen, um eine Durchsuchung abzuwenden (LR-G. Schäfer 5). § 95 gilt auch nicht für den Einziehungsbeteiligten hinsichtlich des Einziehungsgegenstandes und für den Einziehungsinteressenten unter den Voraussetzungen des § 432 II. **Zeugnisverweigerungsberechtigte** (§§ 52 ff) dürfen zur 6
Herausgabe aufgefordert werden (Celle NJW **63**, 406). Der gegen sie bestehende Anspruch auf Herausgabe ist aber nicht durchsetzbar, weil II die Anordnung von Ordnungs- und Zwangsmitteln gegen sie untersagt. Darüber müssen sie belehrt werden (6 zu § 97). Für den **Privatkläger** gelten diese Einschränkungen nicht (LG 7
Altona JW **25**, 2822; KK-Nack 2). Kann ein Kaufmann Unterlagen nur in Form einer **Wiedergabe auf einem Bildträger** oder auf anderen Datenträgern vorle- 8
gen, so muß er nach § 261 HGB auf seine Kosten Hilfsmittel zur Lesbarmachung zur Verfügung stellen und, soweit erforderlich, die Unterlagen ausdrucken oder Reproduktionen beibringen, die ohne Hilfsmittel lesbar sind (vgl Bremen NJW **76**, 685; Oldenburg CR **88**, 679). Das gilt insbesondere bei dem Verlangen an ein Kreditinstitut auf Herausgabe von Kontounterlagen. Hierfür steht ihm nach § 17 a I ZuSEG ein Entschädigungsanspruch zu (Schleswig SchlHA **91**, 170).

3) Ordnungs- und Zwangsmittel (II S. 1) dürfen vom Gericht, nicht von der 9
StA (Bittmann wistra **90**, 335; Klinger wistra **91**, 17; Kurth NStZ **83**, 328), angewendet werden, wenn der Gewahrsam des Betroffenen feststeht (KMR-Müller 5), er von seinem Gewahrsam Kenntnis hat und sich unberechtigt weigert, den Gegenstand herauszugeben (LR-G. Schäfer 11). Anders als nach § 70, auf den II S. 1 verweist, ist auch die Festsetzung von Ordnungsgeld und -haft nicht zwingend vorgeschrieben. Wegen der Ordnungsmittel vgl im einzelnen 9 ff, 16 ff zu § 70 und Art 6 ff **EGStGB,** wegen der Beugehaft 12 ff zu § 70. Ordnungsmittel bleiben bestehen, auch wenn der Betroffene die Sache nachträglich herausgibt (KK-Nack 4); Beugehaft muß dagegen sofort beendet werden, wenn die Behörde auf irgendeine Weise in den Besitz des Gegenstandes gelangt oder wenn er untergegangen ist (LR-G. Schäfer 12). Gegen **Zeugnisverweigerungsberechtigte** (II S. 2) ist kein 10
Zwang zulässig. Das gilt im Fall des § 52 ohne Beschränkung auf Schriftstücke (KK-Nack 5). In den Fällen des § 53 erfaßt das Herausgabeverweigerungsrecht die

Gegenstände, die aus der beruflichen Tätigkeit des Zeugnisverweigerungsberechtigten erlangt oder entstanden sind (Schmitt [1 zu § 53] S.141); nach Entbindung von der Verschwiegenheitspflicht (§ 53 II) ist II S. 1 anwendbar (SK/StPO-Rudolphi 10). Für Personen, die nach § 55 zur Auskunftsverweigerung berechtigt sind, gilt II S. 2 entspr (KK-Nack 6; Rogall 157 verneint sogar die Herausgabepflicht), nicht aber für Privatkläger (**aM** LG Altona JW **25**, 2822).

11 4) Ein **Verwertungsverbot** besteht für Beweisgegenstände, die dadurch erlangt worden sind, daß trotz befugter Weigerung des Beschuldigten oder des Zeugnisverweigerungsberechtigten Zwang nach II angewendet (LR-G. Schäfer 25; SK/StPO-Rudolphi 15; ANM 505; Grünwald JZ **66**, 498; Rogall 228 ff; **aM** KMR-Müller 22 vor § 94: nur wenn auch die Beschlagnahme unzulässig gewesen wäre) oder daß die Belehrung des Zeugnisverweigerungsberechtigten (oben 6) unterlassen worden ist (ANM 493). Die Anwendung von unzulässigem Zwang trotz berechtigter Weigerung nach § 55 begründet kein Verwertungsverbot zugunsten des Beschuldigten, da sein Rechtskreis dadurch nicht verletzt ist (**aM** LR-G. Schäfer 25; erg 17 zu § 55).

12 5) **Anfechtung:** Gegen richterliche Anordnungen ist Beschwerde nach § 304 zulässig. Herausgabeverlangen der StA sind unanfechtbar (**aM** LR-G. Schäfer 22; Bittmann wistra **90**, 331; Kurth NStZ **83**, 329: Antrag auf gerichtliche Entscheidung entspr §§ 98 II S. 2, 161 a III). Sie werden vom Gericht erst überprüft, wenn die StA die Verhängung von Zwangsmaßnahmen nach II beantragt.

13 6) **Immunität:** Vgl RiStBV 191 III Buchst d. Die Vollstreckung von Ordnungs- und Beugehaft ist ohne Genehmigung des Parlaments nicht zulässig (22 zu § 70).

Schriftstücke in Ämtern

96 **Die Vorlegung oder Auslieferung von Akten oder anderen in amtlicher Verwahrung befindlichen Schriftstücken durch Behörden und öffentliche Beamte darf nicht gefordert werden, wenn deren oberste Dienstbehörde erklärt, daß das Bekanntwerden des Inhalts dieser Akten oder Schriftstücke dem Wohl des Bundes oder eines deutschen Landes Nachteile bereiten würde. Satz 1 gilt entsprechend für Akten und sonstige Schriftstücke, die sich im Gewahrsam eines Mitglieds des Bundestages oder eines Landtages beziehungsweise eines Angestellten einer Fraktion des Bundestages oder eines Landtages befinden, wenn die für die Erteilung einer Aussagegenehmigung zuständige Stelle eine solche Erklärung abgegeben hat.**

1 1) Eine **Einschränkung der Amtshilfepflicht** (Art 35 I GG) der Behörden gegenüber den Strafverfolgungsorganen über die gesetzlich besonders geregelten Fälle (3 ff zu § 161) hinaus bestimmt die Vorschrift (Taschke, Die behördliche Zurückhaltung von Beweismitteln im Strafprozeß, 1989, S. 70). Sie ist jedoch nicht nur als eine Ergänzung des § 54 anzusehen (so aber LR-G. Schäfer 1; Peters 443; Welp Gallas-FS 423), sondern steht im Zusammenhang mit §§ 94, 95 (KK-Nack 1; Stratenwerth JZ **59**, 693). Einem Ersuchen um Herausgabe von Akten und anderen Schriftstücken muß daher entsprochen werden, es sei denn, die Voraussetzungen des § 96 seien gegeben. Wird die Herausgabe von Behördenakten auch nach Gegenvorstellungen ohne Abgabe einer Sperrerklärung der obersten Dienstbehörde oder offensichtlich willkürlich oder rechtsmißbräuchlich (KG NStZ **89**,
2 541) verweigert, so ist ihre **Beschlagnahme** zulässig (BGH **38**, 237 = NStZ **92**, 394 mit Anm Amelung NStZ **93**, 48 und Anm Taschke NStZ **93**, 94 = JZ **93**, 365 mit Anm Hilgendorf; dazu auch Arloth NStZ **93**, 468; Fezer JZ **96**, 606; KG aaO; LG Darmstadt NStZ **89**, 86; LG Oldenburg wistra **90**, 76; LG Wuppertal NJW **92**, 770; KK-Nack 27 mwN; Krey 2/450; Taschke [oben 1] 281; offengelassen in BGH **33**, 70, 72; vgl auch LG Bonn NStZ **90**, 555). Die Gegenmeinung (LR-G. Schäfer

4; SK/StPO-Rudolphi 8; wN KG aaO) verneint dies, weil zwischen Justiz- und anderen Behörden kein Über- und Unterordnungsverhältnis bestehe; darum geht es hier aber nicht, sondern um die Lösung einer konkreten Konfliktlage durch eine Rechtsnorm (BGH **38**, 237; Kramer NJW **84**, 1504; Janoschek, Strafprozessuale Durchsuchung und Beschlagnahme bei juristischen Personen des öffentlichen Rechts, Diss Trier 1990, S. 94). Eine zulässige Sperrerklärung (unten 7 ff) steht der Beschlagnahme entgegen (Fezer 7/9; Roxin § 34 C II 1 b).

2) In amtlicher Verwahrung befindliche Schriftstücke: Der Begriff ist weit 3
auszulegen. Er umfaßt auch private Unterlagen, die wegen ihres Inhalts in amtliche Verwahrung genommen worden sind (KK-Nack 7), nicht aber bei Behörden hinterlegte Privaturkunden, wie Testamente (KMR-Müller 3; SK/StPO-Rudolphi 12; **aM** KK-Nack 5; LR-G. Schäfer 15). Unter die Vorschrift fallen auch Ermittlungsakten der StA in anderer Sache (Frankfurt NJW **82**, 1408; KMR-Müller 3) und polizeiliche Vorgänge, die in anderen Sachen entstanden sind (VGH Kassel StV **86**, 52 mit abl Anm Taschke), nicht jedoch Bestandteile der in der anhängigen Sache entstandenen Akten (Hamburg StV **84**, 11; Keller StV **84**, 524 ff; Taschke StV **86**, 55; Uhlig StV **86**, 118), zB behördliche Gutachten, die bereits zu den Strafakten gelangt sind (BGH **18**, 369). Für Gegenstände anderer Art gilt § 96
entspr (KK-Nack 6). Die **vorübergehende Herausgabe** der Akten oder Schrift- 4
stücke an private Stellen hebt den amtlichen Gewahrsam nicht auf. Gestohlene Behördenakten dürfen für das Diebstahlsverfahren beschlagnahmt werden; für andere Verfahren unterliegt ihre Verwertung wieder der Schranke des § 96.

3) Durch Behörden und öffentliche Beamte: Zum Begriff Behörde vgl 1 zu 5
§ 256. Beamte iS des § 96 sind nur solche, die für sich allein eine Behörde bilden
(KK-Nack 3). Für **gesetzgebende Körperschaften** gilt S.1 entspr, wie jetzt 6
durch den durch Ges vom 4. 11. 1994 (BGBl I 3346, 3349) eingefügten S.2 klargestellt ist (so aber schon früher allgM, vgl BGH **20**, 189). Damit steht auch fest, daß die Vorschrift für andere Verwaltungsorgane, wie Gemeinderäte, Kreistage und Stadtverordnetenversammlungen nicht anwendbar ist.

4) Die **Sperrerklärung** darf nur mit der Gefahr von Nachteilen für das Wohl 7
des Bundes oder eines deutschen Landes begründet werden (zur Abwägung vgl VGH Kassel StV **86**, 52 mit Anm Taschke). Zu den von § 96 erfaßten öffentlichten Belangen kann nach BVerfG NJW **84**, 2271, 2275 auch das Steuergeheimnis nach § 30 **AO** gehören. Entgegenstehende öffentliche Interessen anderer Art (17 zu § 153 c) genügen nicht, auch nicht die Gefährdung einzelner Bürger (Franzheim JR **82**, 436 mwN). Verfassungsschutzakten sind nicht allgemein geheimhaltungsbedürftig (BVerfG NJW **87**, 202). Zur Unzulässigkeit der Aktenversendung bei Beeinträchtigung der Intimsphäre eines Bürgers vgl BVerfGE **27**, 344 = NJW **70**, 555 mit Anm Becker NJW **70**, 1075. Die Erklärung wird durch die Behörde herbeigeführt, die die Akten oder Schriftstücke verwahrt, nicht durch Gericht oder
StA (LG Darmstadt NStZ **89**, 87). **Zuständig** für die Sperrerklärung ist nur die 8
oberste Dienstbehörde, idR also der zuständige Fachminister als oberste Fachaufsichtsbehörde, für Gemeinden der Innenminister (also nicht der Leiter des dem Innenminister zugeordneten Kriminalpolizeiamtes, BGH NJW **89**, 3294), für Parlamente der Präsident (BGH **20**, 189). Der Minister braucht die Erklärung nicht selbst abzugeben, sondern kann das dem Beamten überlassen, der berechtigt ist, das Ministerium nach außen zu vertreten (BGH **35**, 82, 86; Stuttgart Justiz **86**, 304).
Die Erklärung muß eine **Begründung** enthalten, die dem Gericht die Gründe der 9
Sperre verständlich macht und es in die Lage versetzt, auf die Bereitstellung des Beweismittels zu drängen (BGH **29**, 109, 112; BVerwG NJW **84**, 2233, 2235; **87**, 202, 203 mit Anm Arloth NStZ **87**, 520; vgl auch BVerfGE **57**, 250, 290 = NJW **81**, 1719, 1725; BVerwGE **66**, 39, 44 = NJW **83**, 638 mwN). Das Fehlen einer solchen Begründung oder eine offensichtlich fehlerhafte Begründung verpflichtet das Gericht zu Gegenvorstellungen (BGH **32**, 115, 125 ff [GSSt]; **33**, 178, 180; **36**,

159, 161), zB wenn die Weigerung auf einer nach Überzeugung des Gerichts unrichtigen tatsächlichen Grundlage oder auf falscher Rechtsanwendung beruht (BGH NStZ **89**, 282; weitergehend Hilgendorf JZ **93**, 369: uneingeschränkt gerichtlich überprüfbar; einschr SK/StPO-Rogall 84 vor § 48 mwN: nur auf offensichtliche Fehler, Willkür oder Ermessensmißbrauch). Sonst ist die Erklärung
10 **für das Gericht bindend;** sie schließt jede weitere Erörterung aus (BGH **29**, 109, 112; VG Wiesbaden StV **82**, 230, 231). Der Beweisgegenstand steht für die Sachaufklärung nicht zur Verfügung (2 zu § 221); Beweisanträge sind nach § 244 III S. 2 wegen Unerreichbarkeit des Beweismittels abzulehnen (66 zu § 244). Schlußfolgerungen aus der Herausgabeverweigerung dürfen bei der Beweiswürdigung nicht gezogen werden (Arzt Peters-FS 226; zw BGH **20**, 189, 191; BGH StV **82**, 509 verlangt eine besonders vorsichtige Beweiswürdigung; vgl auch LG Berlin StV
11 **86**, 96: Wahrunterstellung). Geht die **Sperrerklärung erst nach Eingang der Akten** ein, so sind die Akten der Behörde unverwertet zurückzugeben (SK/StPO-Rudolphi 14; ANM 505; **aM** Hamburg StV **84**, 11, das eine Sperrerklärung dann für unzulässig hält). Die Beweiserhebung ist unzulässig (49 zu § 244). Das aus den Akten bereits erworbene Wissen darf nicht verwertet werden. Nur wenn der Akteninhalt bereits in der Hauptverhandlung zum Beweis herangezogen war, ist die nachträgliche Sperre ohne Bedeutung.

12 5) **Entsprechende Anwendung auf Auskunftsverlangen:** Soweit nicht § 110b III eingreift, gilt § 96 entspr, wenn Auskunft über Namen und Anschrift behördlich geheimgehaltener Zeugen verlangt wird (BGH **29**, 390, 393; **30**, 34; **32**, 32, 37; 115, 123 [GSSt]; **33**, 178; StV **81**, 110; 111; NStZ **88**, 563 mit Anm Naucke; Celle NStZ **83**, 570; Frankfurt NStZ **83**, 231; Hamburg StV **84**, 11; Hamm NStZ **85**, 566; NStE Nr 8; Stuttgart MDR **86**, 690; krit Herdegen NStZ **84**, 100). Das ist sachgerecht, soweit es um die Zuständigkeit für die Erklärung der Auskunftsverweigerung geht (vgl BVerfGE **57**, 250, 289 = NJW **81**, 1719, 1725; BGH **29**, 390, 393 wendet allerdings § 96 insoweit nicht entspr an). Denn auch die Versagung der Aussagegenehmigung für behördliche Zeugen muß nach § 62 IV BBG (6 zu § 54) und den entspr Bestimmungen der meisten Landesbeamtengesetze von der obersten Dienstbehörde erklärt werden. Zuständig ist, soweit es von der Polizei geheimgehaltene Zeugen betrifft, der Innen-, nicht der Justizminister (BGH **41**, 36 mit Anm Gössel NStZ **96**, 287). Im Fall des § 96 muß er beachten, daß alle Behörden verpflichtet sind, dazu beizutragen, daß dem Gericht möglichst gute Beweismittel zur Verfügung stehen (BVerfGE **57**, 250, 283 = NJW **81**, 1719, 1723; vgl auch Lisken NJW **91**, 1658; Kreysel MDR **96**, 991). Die Sperrerklärung muß daher auf Ausnahmefälle beschränkt bleiben (BGH **35**, 82, 85; Hamburg StV **93**, 402). Bei der Entscheidung besteht ein Beurteilungsspielraum (Hamm NStZ **85**, 566; **aM** Stuttgart Justiz **86**, 304, 306 = MDR **86**, 690). Zur Pflicht des Gerichts, auf die Erteilung der Auskunft hinzuwirken, vgl 66 zu § 244, zu Gegenvorstellungen vgl BGH StV **90**, 291 und oben 9. Das Gericht bleibt verpflichtet, sich aus den Akten ergebende Anhaltspunkte für eine mögliche Beweiserhebung zu beachten (BGH NStZ **93**, 248). Bezeichnet ein Beweisantrag eine bestimmte Person, so ist deren Vernehmung nicht schon deshalb unzulässig, weil sie mit einer gesperrten Person identisch sein kann; allerdings muß das Gericht dann in eigener Verantwortung prüfen, ob von der Vernehmung des Zeugen wegen Gefahr für Leib oder Leben abzusehen ist (BGH **39**, 141 = JZ **93**, 1012 mit zust Anm Beulke/Satzger = JR **94**, 250 mit zust Anm Siegismund). Die entspr Anwendung des § 96
13 bezieht sich auch auf die **Weigerungsgründe** (BGH **29**, 390, 393; **30**, 34; **35**, 82, 85; NStZ **87**, 518; StV **81**, 110, 111; **88**, 45; Hamburg NJW **82**, 297; StV **84**, 11, 12; Hamm NStZ **85**, 566; Stuttgart MDR **86**, 690; NStZ **85**, 136 mit Anm Hilger; LR-G. Schäfer 19; Arloth NStZ **85**, 281; **93**, 467; Hilger NStZ **84**, 146; J. Meyer JR **83**, 478; vgl auch BGH **32**, 32, 35; 115, 123ff [GSSt]; Rebmann NStZ **82**, 316). Eine **aM** will die gegenüber § 96 weitergehenden Gründe des § 62 I BBG (6 zu § 54) und des § 39 III S. 1 BRRG (7 zu § 54) anwenden (VGH München

NJW **80**, 198; Herdegen NStZ **84**, 100; Krüger Polizei **83**, 79; Ostendorf DRiZ **81**, 6). Daß eine Versagung der Erlaubnis nur in Betracht kommt, wenn die Auskunft den V-Mann in Leibes- oder Lebensgefahr bringt, nicht aber schon wegen der Notwendigkeit seines weiteren Einsatzes (so BGH **33**, 83, 90 ff = JZ **85**, 494 mit Anm Fezer = NStZ **85**, 278 mit Anm Arloth = StV **85**, 45 mit Anm Taschke StV **85**, 269; dagegen Stuttgart NJW **91**, 1071 mit Anm Arloth NStZ **92**, 96; vgl auch Hamm NStZ **90**, 44 mit Anm Schäfer), ist im Hinblick auf die Interpretation des § 96 durch den Gesetzgeber in § 110 b III S. 3 nicht mehr haltbar (vgl auch Arloth NStZ **93**, 468; Siegismund JR **94**, 252; einschr Zaczyk StV **93**, 496: nur wenn Maßnahmen nach § 68 nicht ausreichen; noch weiter einschr Lesch StV **95**, 546: keine Sperrung durch Exekutive erlaubt; dagegen aber Fezer JZ **96**, 610: alte Rspr gilt weiter).

6) **Anfechtung:** Die Sperrerklärung kann der davon betroffene Prozeßbeteiligte, nicht aber Gericht oder StA (KK-Nack 32), nach § 23 **EGGVG** anfechten, wenn oberste Dienstbehörde der Justizminister ist (OVG Münster NJW **77**, 1790; Peters 444; **aM** KK-Nack 35: nur nach § 42 VwGO), in allen anderen Fällen nur vor dem Verwaltungsgericht, wie nun sowohl der BGH (NJW **98**, 3577) als auch das BVerwG (BVerwGE **69**, 192 = NJW **84**, 2233; BVerwG NJW **87**, 202 mit Anm Arloth NStZ **87**, 520; vgl auch VGH Mannheim NJW **91**, 2097; KG StV **96**, 531) übereinstimmend entschieden haben; damit ist die frühere Rspr der OLGe, die auch hier den Rechtsweg nach § 23 EGGVG für gegeben hielt (zuletzt Hamm NStZ **98**, 316 mwN) überholt. Zum Anspruch auf Aussetzung des Verfahrens bis zur Entscheidung über Gegenvorstellungen oder Klage vgl 29 zu § 54. 14

7) Die **Revision** kann nicht darauf gestützt werden, daß ein gesperrtes Beweismittel verwertet worden ist; das berührt insbesondere den Rechtskreis des Angeklagten nicht (LR-G. Schäfer 70; ANM 505; Grünwald JZ **66**, 498; **aM** EbSchmidt 5; Schlüchter 306.1). Hat das Gericht versäumt, auf die Vorlegung von Behördenakten hinzuwirken, so kann das die Aufklärungsrüge (§ 244 II) begründen. 15

Beschlagnahmefreie Gegenstände

97 **I Der Beschlagnahme unterliegen nicht**

1. **schriftliche Mitteilungen zwischen dem Beschuldigten und den Personen, die nach § 52 oder § 53 Abs. 1 Nr. 1 bis 3 b das Zeugnis verweigern dürfen;**
2. **Aufzeichnungen, welche die in § 53 Abs. 1 Nr. 1 bis 3 b Genannten über die ihnen vom Beschuldigten anvertrauten Mitteilungen oder über andere Umstände gemacht haben, auf die sich das Zeugnisverweigerungsrecht erstreckt;**
3. **andere Gegenstände einschließlich der ärztlichen Untersuchungsbefunde, auf die sich das Zeugnisverweigerungsrecht der in § 53 Abs. 1 Nr. 1 bis 3 b Genannten erstreckt.**

II Diese Beschränkungen gelten nur, wenn die Gegenstände im Gewahrsam der zur Verweigerung des Zeugnisses Berechtigten sind. Der Beschlagnahme unterliegen auch nicht Gegenstände, auf die sich das Zeugnisverweigerungsrecht der Ärzte, Zahnärzte, Psychologische Psychotherapeuten, Kinder- und Jugendlichenpsychotherapeuten, Apotheker und Hebammen erstreckt, wenn sie im Gewahrsam einer Krankenanstalt sind, sowie Gegenstände, auf die sich das Zeugnisverweigerungsrecht der in § 53 Abs. 1 Nr. 3 a und 3 b genannten Personen erstreckt, wenn sie im Gewahrsam der in dieser Vorschrift bezeichneten Beratungsstelle sind. Die Beschränkungen der Beschlagnahme gelten nicht, wenn die zur Verweigerung des Zeugnisses Berechtigten einer Teilnahme oder einer Begünstigung, Strafvereitelung oder Hehlerei verdächtig sind oder

wenn es sich um Gegenstände handelt, die durch eine Straftat hervorgebracht oder zur Begehung einer Straftat gebraucht oder bestimmt sind oder die aus einer Straftat herrühren.

III Soweit das Zeugnisverweigerungsrecht der Mitglieder des Bundestages, eines Landtages oder einer zweiten Kammer reicht (§ 53 Abs. 1 Nr. 4), ist die Beschlagnahme von Schriftstücken unzulässig.

IV Die Absätze 1 bis 3 sind entsprechend anzuwenden, soweit die in § 53 a Genannten das Zeugnis verweigern dürfen.

V Soweit das Zeugnisverweigerungsrecht der in § 53 Abs. 1 Nr. 5 genannten Personen reicht, ist die Beschlagnahme von Schriftstücken, Ton-, Bild- und Datenträgern, Abbildungen und anderen Darstellungen, die sich im Gewahrsam dieser Personen oder der Redaktion, des Verlages, der Druckerei oder der Rundfunkanstalt befinden, unzulässig. Absatz 2 Satz 3 gilt entsprechend.

Übersicht

1 **1)** Das **Beschlagnahmeverbot** des § 97 knüpft an die Zeugnisverweigerungsrechte nach §§ 52, 53, 53 a an; es soll ihre Umgehung verhindern (BVerfGE **20**, 162, 188 = NJW **66**, 1603, 1607; BVerfGE **32**, 373, 385 = NJW **72**, 1123, 1125; Frankfurt StV **82**, 64, 65; Amelung DNotZ **84**, 198; ANM 506; Bringewat NJW **74**, 1742; Fezer JuS **78**, 767; Michalowski ZStW **109**, 542). Dieser Gesetzeszweck, der schon bei der Beschlagnahmeanordnung zu berücksichtigen ist (KK-Nack 2), macht auch die Anordnung und Durchführung der Durchsuchung unzulässig, wenn die gesuchten Sachen unter § 97 fallen (7 zu § 103; 2 zu § 110), und hindert
2 auch die einstweilige Beschlagnahme nach § 108 I (dort 4). Die **entsprechende Anwendung** der Vorschrift auf Personen, denen das Gesetz kein Zeugnisverweigerungsrecht einräumt, kommt nicht in Betracht (LR-G. Schäfer 7; SK/StPO-Rudolphi 6; vgl für Verkehrsunfallakten des Arbeitgebers: LG Hamburg MDR **84**, 867; der Schadensversicherer: BVerfG ZfS **82**, 13; Geppert DAR **81**, 301; **aM** Celle JR **82**, 475 mit abl Anm Rengier).

3 **2) Nur für Beweismittel** besteht das Verbot der Beschlagnahme, dh der zwangsweisen Überführung der Sache in amtliche Verwahrung oder ihre Sicherstellung in anderer Weise (15 ff zu § 94). Verfalls- und Einziehungsgegenstände können nach §§ 111 bff auch bei Zeugnisverweigerungsberechtigten beschlagnahmt werden, selbst wenn sie zugleich Beweismittel sind (LG Frankfurt a.M. NJW **59**, 543; Creifelds GA **60**, 74).

4 **3)** Auf **selbst beschuldigte Zeugnisverweigerungsberechtigte** ist § 97 nicht anwendbar (Krekeler NStZ **87**, 201; Wasmuth NJW **89**, 2302; Weyand wistra **90**, 5; **aM** Bandisch NJW **87**, 2204). Das folgt daraus, daß die Beschlagnahme bei ihnen sogar bei Teilnahmeverdacht zulässig ist. Die Beschlagnahme der an sich durch § 97 geschützten Beweismittel ist bei dem Beschuldigten daher auch statthaft, wenn er Rechtsanwalt (LG Berlin NStZ **93**, 146), Verteidiger (Krekeler NJW **77**, 1418), Steuerberater (Quermann wistra **88**, 254; **aM** Bauwens wistra **88**, 100), Abgeordneter (Maunz-Dürig 20 zu Art 47 GG) oder Mitarbeiter von Presse oder

Rundfunk ist (BVerfGE **20**, 162, 218 = NJW **66**, 1603, 1608; Kunert MDR **75**, 889; Roxin § 34 B II 1 e.) Für einen **Arzt** kann nichts anderes gelten (**aM** Köhler ZStW **107**, 36; Michalowski ZStW **109**, 542). Ist er Beschuldigter, dürfen die sich auf die ihm vorgeworfene Tat beziehenden Krankenunterlagen beschlagnahmt werden (BGH NJW **67**, 687; BGH **38**, 144, 146 mwN = StV **92**, 106 mit abl Anm Frommel; krit auch Lorenz MDR **92**, 313; Celle NJW **62**, 693; **63**, 406, 407; LG Hildesheim NStZ **82**, 394; Kohlhaas NJW **64**, 1166). Die Unterlagen dürfen aber nur gegen ihn, nicht gegen die Patienten verwertet werden (vgl Weyand wistra **90**, 8; zum Patientendatenschutz vgl auch das Informationspapier des Landesbeauftragten für den Datenschutz Rheinland-Pfalz in NJW **91**, 2337). Dies stellt § 108 II jetzt ausdrücklich für den Fall eines Strafverfahrens gegen eine Patientin nach § 218 StGB klar (für eine weitergehende Regelung *de lege ferenda* Wolter Rudolphi-Symp 62). **4 a**

4) Die **freiwillige Herausgabe** der Sache durch den Zeugnisverweigerungsberechtigten enthält einen Verzicht auf das Beschlagnahme- und Verwertungsverbot (BGH **18**, 227, 230; RG JW **27**, 794; Fezer JuS **78**, 767). Die Sicherstellung ist dann zulässig, auch wenn der Gewahrsamsinhaber mit der Einwilligung gegen § 203 StGB verstößt (LR-G. Schäfer 33; Creifelds GA **60**, 73; **aM** SK/StPO-Rudolphi 29; Beulke 210; Welp Gallas-FS 409; erg 6 zu § 53). Das Herausgabeverlangen muß aber mit einer **Belehrung** darüber verbunden werden, daß die Sache nicht zwangsweise, sondern nur mit dieser Einwilligung in amtliche Verwahrung genommen werden darf (ANM 492; Fezer aaO; Herdegen GA **63**, 144; Wohlers NStZ **90**, 246; erg 6 zu § 95). Der Belehrung bedarf es nur dann nicht, wenn die Sache ohne Aufforderung („spontan freiwillig") zur Verfügung gestellt wird (Krause/Nehring 13; **aM** KK-Nack 3; LR-G. Schäfer 35; SK/StPO-Rudolphi 27; Herdegen aaO). Der Verstoß gegen die Belehrungspflicht macht das Beweismittel unverwertbar, wenn der Gewahrsamsinhaber die Rechtslage nicht gekannt hat (Fezer JuS **78**, 768 Fn 34), wird aber durch aufgrund nachträglicher Belehrung abgegebene Einverständniserklärung des Berechtigten geheilt (Fezer aaO). Verwertbar ist ein Beweismittel auch, wenn es auf anderer Grundlage, zB nach § 81 a, hätte erlangt werden können (vgl 33 zu § 81 a aE). Der **Widerruf** der Einwilligung ist zulässig und zwingt zur Rückgabe, hindert aber, wenn die Sache bereits als Beweismittel ausgewertet worden ist, nicht die Beweiserhebung über die Ergebnisse dieser Auswertung (KK-Nack 3; Creifelds GA **60**, 73; vgl auch LR-G. Schäfer 38). Die **Verwertbarkeit** der Sache ist auf das Verfahren beschränkt, in dem sie herausgegeben worden ist; weitere Beschränkungen kann der Betroffene bei der Herausgabe nicht bestimmen (Herdegen GA **63**, 146). **5** **6** **7** **8**

5) Voraussetzungen der Beschlagnahmefreiheit: **9**

A. **Im Verfahren gegen einen Beschuldigten** (Einl 76 ff), der nicht der Zeugnisverweigerungsberechtigte selbst ist (oben 4), gilt die Beschlagnahmefreiheit. Ist ein Verdächtiger vorhanden, so ist § 97 zu seinen Gunsten auch anwendbar, wenn das Verfahren noch gegen „Unbekannt" geführt wird (RG **50**, 241; EbSchmidt 8). Ein Ermittlungsverfahren braucht aber noch nicht einmal eingeleitet zu sein; in der Beschlagnahme kann der 1. Verfolgungsakt liegen (Celle NJW **63**, 406, 407; Einl 76). Eine allgemeine Freistellung von der Beschlagnahme, entspr dem allgemeinen Zeugnisverweigerungsrecht nach § 53, besteht nach hM nicht (offengelassen von BGH NStZ **97**, 562 und **43**, 300). Auch bei I Nr 3 wird nur das Vertrauensverhältnis zu dem Beschuldigten geschützt; ein Beschlagnahmeverbot besteht jedoch dann, wenn ein Zeuge bis zur Abtrennung des dieselbe Tat betreffenden Verfahrens Mitbeschuldigter war (BGH NStZ **98**, 471 mit Anm Rudolphi). Gegenstände, die der Zeugnisverweigerungsberechtigte von anderen Personen erlangt hat, können beschlagnahmt werden (Celle NJW **65**, 362; LG Fulda NJW **90**, 2946; Welp JZ **74**, 423; **aM** LG Hamburg NJW **90**, 780; AK/StPO-Amelung 15 und DNotZ **84**, 207). **10**

11 B. Im **Gewahrsam des Zeugnisverweigerungsberechtigten** muß der Gegen-
stand sein (II S. 1). Die Wiedererlangung des Gewahrsams, zB infolge Rückgabe der
Sache durch den Beschuldigten, genügt. Gewahrsam bedeutet das tatsächliche Herr-
schaftsverhältnis, die Verfügungsmacht über das Beweismittel (RG **50**, 241; LR-G.
Schäfer 17). Er besteht auch an Sachen in Schließfächern, selbst wenn sie nur
gemeinsam mit dem Vermieter geöffnet werden können, und an Sachen, die der
Berechtigte bei ebenfalls zum Schweigen verpflichteten Dritten, zB bei einem
Finanzamt, einer Buchprüfungsgesellschaft, einer Ärztekammer, aufbewahren läßt
(Celle MDR **52**, 376 mit Anm Maassen; LR-G. Schäfer 20 a; Kohlhaas NJW **64**,
1165). Sachen, die sich auf dem Postweg befinden, können beschlagnahmt werden
(LR-G. Schäfer 17; SK/StPO-Rudolphi 15); vgl aber wegen der Verteidigerpost
12 unten 36. Hat der Zeugnisverweigerungsberechtigte nur **Mitgewahrsam** an der
Sache, so gilt § 97 ebenfalls (BGH **19**, 374; LG Stuttgart wistra **90**, 282; Schmidt
wistra **91**, 248 mwN in Fn 38; Höser MDR **82**, 535; Schuhmann wistra **95**, 52; **aM**
Schmitt [1 zu § 53] 85, 155), jedoch nicht, wenn der Beschuldigte Mitgewahrsams-
inhaber ist (BGH aaO; KG JR **67**, 192; LG Aachen MDR **81**, 603; Birmanns MDR
81, 102; einschr Schmidt aaO: „primäre Dispositionsbefugnis" entscheidend; **aM**
Schmitt aaO; Schuhmann aaO: Beschlagnahmeverbot). Auch Kontounterlagen über
ein RA-Anderkonto dürfen nicht beschlagnahmt werden (zutr AG Münster StV **98**,
181 und Stahl wistra **90**, 94 gegen BVerfG wistra **90**, 97 und LG Würzburg wistra
13 **90**, 118). **Endet der Gewahrsam** des Weigerungsberechtigten durch freiwillige
Aufgabe oder durch Tod, so wird § 97 unanwendbar (**aM** Schmitt [1 zu § 53] 87).
Das gilt im Fall des § 52 auch, wenn der Nachfolger im Gewahrsam selbst weige-
rungsberechtigt ist (RG **28**, 285; LR-G. Schäfer 20). Im Fall des § 53 bleibt die
Beschlagnahmefreiheit dagegen bei einem Weigerungsberechtigten derselben Kate-
gorie (Verteidiger, Arzt usw) bestehen, zB wenn der behandelnde Arzt einen Spezia-
listen hinzuzieht, dem er den geschützten Gegenstand vorübergehend überläßt,
insbesondere aber, wenn der Weigerungsberechtigte Amt oder Praxis aufgibt und
die geschützten Unterlagen insgesamt auf seinen Nachfolger übergehen (BVerfGE
32, 373, 381 ff = NJW **72**, 1123; LR-G. Schäfer 20 a). Bei unfreiwilliger Besitz-
aufgabe endet der Schutz des § 97 ebenfalls (BGH 3 StR 432/76 vom 15. 12. 1976;
SK/StPO-Rudolphi 17; **aM** Beulke 210; Löffler/Achenbach 105 zu § 23 LPG); die
Sache kann daher beim Dieb oder Finder beschlagnahmt werden (LR-G. Schäfer
22). Wenn ein Gegenstand in einem anderen Verfahren beschlagnahmt wird, darf er
dagegen als Beweismittel wegen der Tat, derentwegen das Zeugnisverweigerungs-
recht besteht, ohne Einwilligung des Berechtigten nicht als Beweismittel verwertet
14 werden (KMR-Müller 6). **Eine Sonderregelung für Angehörige der Heilbe-
rufe** enthält II S. 2. Bei ihnen steht auch der Gewahrsam einer Krankenanstalt der
Beschlagnahme entgegen, gleichgültig, ob sie die Sache durch den Zeugnisverwei-
gerungsberechtigten oder von außen her, zB durch Übertragung von einer anderen
Krankenanstalt, erlangt hat. Der Begriff Krankenanstalt ist weit auszulegen; er
umfaßt auch Genesungsheime und Pflegeanstalten unter ärztlicher Leitung sowie
Krankenreviere der Bundeswehr, der Polizei oder einer JVA , aber nicht Ärztekam-
mern und ärztliche Verrechnungsstellen. Eine Tätigkeit des Zeugnisverweigerungs-
berechtigten in der Anstalt zZ der Entstehung des Beweisgegenstandes oder der
15 Beschlagnahme wird nicht vorausgesetzt. Eine entspr Regelung enthält II S. 2 für
Beratungsstellen nach § 219 II StGB; das Beschlagnahmeverbot besteht auch,
wenn die Sache in ihren Räumen auf Veranlassung eines dazu befugten Mitglieds der
16 Stelle aufbewahrt wird (LR-G. Schäfer 72). Bei **Presse- und Rundfunkmitarbei-
tern** läßt V S. 1 den Gewahrsam der Redaktion usw genügen. Die Sache muß in
deren Räumen (zum Begriff: Löffler/Achenbach 108 zu § 23 LPG) oder Fahrzeu-
gen auf Veranlassung eines dazu befugten Mitarbeiters aufbewahrt werden.

17 **6) Ausschluß der Beschlagnahmefreiheit:**

18 A. Der **Teilnahmeverdacht** (II S. 3) und der Verdacht der Begünstigung, Straf-
vereitelung und Hehlerei lassen das Beschlagnahmeverbot entfallen. Dabei wird,

außer bei Abgeordneten (unten 43), nicht vorausgesetzt, daß gegen den Zeugnisverweigerungsberechtigten schon ein Ermittlungsverfahren eingeleitet worden ist (BGH NJW **73**, 2035) oder daß seiner Einleitung keine rechtlichen Hindernisse entgegenstehen (LR-G. Schäfer 23). Der Begriff **Tatbeteiligung** ist in weitestem 19
Sinn zu verstehen; maßgebend ist der Tatbegriff des § 264 (BGH **18**, 227, 229). Strafbar braucht die Teilnahme nicht zu sein; es genügt die rechtswidrige Tat iS des § 11 II Nr 5 StGB (SK/StPO-Rudolphi 32). Die Strafvereitelung zählt daher auch, wenn sie nach § 258 VI StGB straflos bleibt (BGH **25**, 168; Krekeler NJW **77**, 1418). Notwendige Teilnahme, Nebentäterschaft und Teilnahme an der in einem anderen Verfahren verfolgten Tat reichen aber nicht aus (BGH aaO; LR-G. Schäfer 25; **aM** Creifelds GA **60**, 74). Der **Verdacht,** den II S. 3 voraussetzt, 20
braucht weder dringend iS des § 112 I S. 1 (**aM** Krause/Nehring 11; Delitz AfP **76**, 107 für Presseangehörige) noch hinreichend iS des § 203 zu sein (KK-Nack 29; KMR-Müller 7; **aM** Krekeler NJW **77**, 1424), muß aber auf bestimmten Tatsachen beruhen; bloße Vermutungen genügen nicht (LG Kiel SchlHA **55**, 368; Bringewat BB **74**, 1561; Creifelds GA **60**, 69). Je schwerwiegender sich die Beschlagnahme auf den Betroffenen auswirkt, desto stärker muß der Verdacht konkretisiert sein (vgl dazu Schmidt, Die Ausnahme vom Beschlagnahmeverbot gemäß § 97 Abs 2 S. 3 1. Hs StPO, 1989, S. 54 ff; erg unten 38). Der Teilnahmeverdacht muß bereits bei der Anordnung der Beschlagnahme bestehen (LG Koblenz StV **85**, 8; Köln NJW **60**, 1874; SK/StPO-Rudolphi 31; **aM** KMR-Müller 22); wegen des Verwertungsverbots vgl unten 48.

B. **Deliktsgegenstände** (II S. 3), dh Tatwerkzeuge und durch die Tat hervorgebrachte oder erlangte Gegenstände, können unbeschränkt beschlagnahmt werden. **Tatwerkzeuge** sind auch die zur Tatvorbereitung benutzten Gegenstände 21 22
(Hamburg MDR **81**, 603; LR-G. Schäfer 31; Freund NJW **76**, 2002; **aM** SK/StPO-Rudolphi 35; Amelung DNotZ **84**, 210). In Betracht kommen etwa ein zwischen Kaufleuten über den beabsichtigten Betrug geführter Schriftwechsel (Mayer SchlHA **55**, 350; einschr Haffke NJW **75**, 811), die zur Begehung einer Wirtschafts- oder Steuerstraftat benutzten (echten oder verfälschten) Buchungsunterlagen (Hamburg aaO; LG Aachen NJW **85**, 338; MDR **81**, 603; Freund aaO; Schäfer wistra **85**, 12; einschr Stuttgart NJW **76**, 2030; Gehre NJW **77**, 710; Schmidt wistra **91**, 251; vgl auch Stypmann wistra **82**, 13) und Retenturkunden eines Notars (LR-G. Schäfer 31; **aM** LG Köln NJW **81**, 1746; Amelung DNotZ **84**, 210). **Durch die Tat hervorgebracht** sein oder aus ihr herrühren können 23
auch Gegenstände ohne Vermögenswert (LG Frankfurt a.M. NJW **59**, 543: unterdrückte Urkunden; BGH NJW **96**, 532 und Rebmann Pfeiffer-FS 236: „Bekennerbrief") und Sachen, bei deren Erwerb nur bestimmte Umstände gegen das Gesetz verstoßen haben, zB unter Preisverstoß gekaufte Sachen.

C. Die **Entbindung von der Schweigepflicht** (§ 53 II) durch den Beschul- 24
digten verpflichtet zur Herausgabe nach § 95 (dort 10) und läßt auch das Beschlagnahmeverbot bei dem Gewahrsamsinhaber, der sonst nach § 53 I Nrn 2 bis 3 b das Zeugnis verweigern dürfte, ebenso bei den Berufshelfern (§ 53 a II), entfallen (BGH **38**, 144, 145; Hamburg NJW **62**, 689; Nürnberg NJW **58**, 272 mit abl Anm Kaufmann; KK-Nack 5; KMR-Müller 23; SK/StPO-Rudolphi 22; Becker MDR **74**, 890; Peters 444; Roxin § 34 B II 1 a; **aM** EbSchmidt Nachtr 11; Bringewat NJW **74**, 1742; Göppinger NJW **58**, 241; Gülzow NJW **81**, 267). Ob der Beschuldigte den Inhalt der Beweisgegenstände im einzelnen kennt, ist gleichgültig (Hamburg aaO; LR-G. Schäfer 76). Die Beschlagnahmefreiheit gilt daher auch für Krankengeschichten (Hamburg aaO; Nürnberg aaO; **aM** Göppinger aaO) und Anwaltshandakten. Zur Entbindung vgl im übrigen 45 ff zu § 53. Mit dem **Widerruf der Entbindungserklärung** entsteht ein neues Beschlagnahmeverbot, 25
das aber nicht zurückwirkt (Hamburg aaO; Nürnberg aaO; LR-G. Schäfer 84; SK/StPO-Rudolphi 25; ANM 506).

26 D. Das **Einverständnis des Beschuldigten** mit der Beschlagnahme kann, da die Beschlagnahmeverbote nicht in seinem Interesse bestehen, die Beschlagnahmefreiheit nicht beseitigen (Fezer JuS **78**, 767 Fn 32). Etwas anderes gilt nur für den Fall, daß es zulässig wäre, den Zeugnisverweigerungsberechtigten von der Schweigepflicht zu entbinden (§§ 53 II, 53a II); dann erlaubt auch das bloße Einverständnis des Beschuldigten die Beschlagnahme (KK-Nack 7).

27 **7) Beschlagnahmefreie Gegenstände:**

28 A. **Schriftliche Mitteilungen** (I Nr 1) sind alle Gedankenäußerungen, die ein Absender einem Empfänger zukommen läßt, damit er davon Kenntnis nimmt, insbesondere Briefe, Karten, Telegramme, Eintragungen in Bücher oder auf Karten, auch Mitteilungen durch Zeichnungen, Skizzen und (vgl § 11 III StGB) auf Bild- und Tonträgern, uU auch zur Lektüre für Dritte bestimmte Tagebücher. Ob der Weigerungsberechtigte sie im Original, in Durchschrift oder Ablichtung im Gewahrsam hat, ist gleichgültig (LR-G. Schäfer 39). Entstanden ist die Mitteilung bereits, wenn sie abgesetzt und zum Absenden bestimmt ist (KMR-Müller 4). Dabei ist ohne Bedeutung, ob sie der Absender selbst oder mit fremder Hilfe geschrieben oder von einem Beauftragten als seine Mitteilung hat fertigen lassen.

29 B. **Aufzeichnungen** (I Nr 2) sind auf Papier oder anderem Material festgehaltene mündliche Mitteilungen oder andere sinnliche Wahrnehmungen, die keine Mitteilungen an Dritte enthalten, zB Karteien, Krankenblätter, Handakten, notarielle Beurkundungen. Es muß sich um Wahrnehmungen des Zeugnisverweigerungsberechtigten handeln. Wer sie aufgezeichnet hat, ist gleichgültig (vgl Köln NStZ **91**, 452). Beschlagnahmefrei sind auch Aufzeichnungen enthaltende Lochstreifen, Lochkarten und (vgl § 11 III StGB) Tonträger (LR-G. Schäfer 45) sowie Bild- und Datenträger (vgl dazu Lemcke [16a zu § 94] S. 146ff).

30 C. **Andere Gegenstände** (I Nr 3) sind etwa Fremdkörper, die der Arzt aus dem Körper des Beschuldigten entfernt hat (Nürnberg NJW **58**, 272), technische Untersuchungsbefunde, wie Röntgenaufnahmen (Kohlhaas NJW **72**, 1120), Kardiogramme, Fieberkurven (Celle MDR **65**, 225), anatomische Präparate, Blutbilder, Alkoholbefunde (Dallinger JZ **53**, 437), vom Beschuldigten in Auftrag gegebene Sachverständigengutachten (Starke Rudolphi-Symp 83ff) sowie Buchungs- und Geschäftsunterlagen (LG Berlin NJW **77**, 725; **90**, 1058; LG Stade NStZ **87**, 38 mit Anm Birmanns; LR-G. Schäfer 49; Schmidt wistra **91**, 247 mwN in Fn 20; Weinmann Dünnebier-FS 199; **aM** LG Braunschweig NJW **78**, 2108; Brenner BB **84**, 137; Stypmann wistra **82**, 13; erg unten 40).

31 D. **Schriftstücke** (III, V) sind schriftliche Mitteilungen iS des I Nr 1 (oben 27) und Aufzeichnungen iS des I Nr 2 (oben 29), aber auch sonstige schriftlich festgehaltene Gedankenäußerungen, auch auf Tonträgern, Fotografien und Filmen. Der Begriff umfaßt ferner Manuskripte, nicht aber Druckschriften, insbesondere nicht Bücher (**aM** LR-G. Schäfer 87).

32 E. **Ton-, Bild- und Datenträger, Abbildungen und andere Darstellungen** (V): Die Begriffe stimmen mit denen des § 11 III StGB überein (vgl Tröndle 41 ff zu dieser Vorschrift). Datenträger (dort nicht aufgeführt) sind Geräte zur Speicherung von Informationen.

33 **8) Personenkreis:**

34 A. **Angehörige** (I Nr 1 iVm § 52 I): Bei den in § 52 I bezeichneten Personen sind nur schriftliche Mitteilungen (oben 28) beschlagnahmefrei, diese aber ohne Rücksicht auf ihren Inhalt und auf den Zeitpunkt der Herstellung. Irgendeine Beziehung zwischen der Mitteilung und der Tat braucht nicht zu bestehen; schriftliche Mitteilungen dürfen daher auch als Schriftproben nicht beschlagnahmt werden (RG **20**, 91; KMR-Müller 3; LR-G. Schäfer 53). Das Ende des Angehörigenverhältnisses stellt die Beschlagnahmebefugnis wieder her, wenn dadurch auch das Zeugnisverweigerungsrecht entfällt (2ff zu § 52). Aufzeichnungen, die keine

schriftlichen Mitteilungen enthalten, können uneingeschränkt beschlagnahmt werden (BVerwG NJW **81**, 1852; VGH München DAR **76**, 278: Eintragungen in das Fahrtenbuch nach § 31 a StVZO).

B. **Geistliche** (I Nrn 1–3 iVm § 53 I Nr 1): Zum Begriff vgl 12 zu § 53. Von **35**
der Beschlagnahme ausgenommen sind schriftliche Mitteilungen (oben 28) zwischen dem Geistlichen und dem Beschuldigten ohne Rücksicht darauf, ob sie sich auf die Tat beziehen (Krause/Nehring 2), ferner Aufzeichnungen (oben 29) über Tatsachen, die dem Geistlichen in dieser Eigenschaft anvertraut oder bekanntgeworden sind, und andere Gegenstände (oben 30), die ihm als Seelsorger übergeben worden sind.

C. **Verteidiger** (I Nrn 1–3 iVm § 53 I Nr 2): Zum Personenkreis vgl 13 zu § 53. **36**
Beschlagnahmefrei sind schriftliche Mitteilungen (oben 28) zwischen Verteidiger und Beschuldigten, aber nur, soweit sie die Verteidigung betreffen und ihr Inhalt von dem Zeugnisverweigerungsrecht erfaßt wird, ferner Aufzeichnungen (oben 29) über Mitteilungen des Beschuldigten an den Verteidiger für Zwecke der Verteidigung und über andere Tatsachen, die dem Verteidiger in dieser Eigenschaft anvertraut oder bekanntgeworden sind, sowie die dem Verteidiger von dem Beschuldigten oder einem Dritten (Koblenz StV **95**, 570 mwN) zu Zwecken der Verteidigung übergebenen Gegenstände (oben 30). Für die **Frage des Gewahrsams** wird II S. 1 **37**
durch den später in Kraft getretenen § 148 ergänzt (Beulke 210; Fezer JuS **78**, 769; Dahs Meyer-GedSchr 61; Rudolphi Schaffstein-FS 441; Welp Gallas-FS 417). Daher sind schriftliche Mitteilungen auch dann von der Beschlagnahme ausgeschlossen, wenn sie der inhaftierte oder auf freiem Fuß befindliche (LG Mainz NStZ **86**, 473; Kalf Polizei **85**, 4) Beschuldigte noch nicht abgesandt hat (Specht NJW **74**, 65), wenn sie sich noch auf dem Postweg befinden (BGH NJW **90**, 722; Welp JZ **72**, 428 und Gallas-FS 419) oder wenn sie bereits in den Besitz des Beschuldigten gelangt sind (BGH NJW **73**, 2035; **82**, 2508; LG Stuttgart NStE Nr 12; Schmidt StV **89**, 421), wobei aber die Beschlagnahme nicht schon hindert, daß er Papiere einfach als Verteidigungsunterlagen bezeichnet oder mit solchen Unterlagen vermischt (KG NJW **75**, 354; LG Mainz aaO). Auch Unterlagen, die der Beschuldigte zu seiner Verteidigung angefertigt hat, sind beschlagnahmefrei (BGH NStZ **98**, 309). Für die **Beschlagnahme bei dem teilnahmeverdächtigen Verteidiger** (vgl oben 17 ff) **38**
gelten keine Besonderheiten (vgl BGH **33**, 347, 351 ff = JR **87**, 75 mit krit Anm Rieß; BGH NJW **82**, 2508; **aM** SK/StPO-Rudolphi 51; Schmidt [oben 20] 129; Specht NJW **74**, 65; Waldowski AnwBl **75**, 106; Welp GA **79**, 142 und NStZ **86**, 297: § 148 geht vor). Auch gegen den Verteidiger braucht noch kein Ermittlungsverfahren eingeleitet worden zu sein (KMR-Müller 14); noch weniger wird vorausgesetzt, daß der Verteidiger bereits nach §§ 138 aff ausgeschlossen worden ist (vgl BGH NStZ **83**, 85; **aM** LR-G. Schäfer 58 ff; Fezer 4/69 und JuS **78**, 769; Krekeler Koch-FG 176). Es müssen jedoch gewichtige Anhaltspunkte für die Tatbeteiligung vorliegen (BGH NJW **73**, 2035 = JR **74**, 115 mit abl Anm Roxin = JZ **74**, 421 mit abl Anm Welp). Da das Beschlagnahmeverbot des § 97 weder Straftaten erleichtern noch ihre Verdunklung ermöglichen soll, sind bei dem Verteidiger hinterlegte **Überführungsstücke** auch dann nicht beschlagnahmefrei, wenn der Verteidiger **39**
ihren Inhalt nicht kennt (SK/StPO-Rudolphi 47; Haffke NJW **75**, 810). Mißbraucht er seine Stellung, um Akten, Schriftstücke oder andere Gegenstände dem Zugriff der Strafverfolgungsbehörden zu entziehen, so ist § 97 ebenfalls nicht anwendbar (LG Kaiserslautern AnwBl **79**, 120; LG Köln BB **74**, 1548; Bringewat NJW **74**, 1740; **aM** Frankfurt StV **82**, 64; LR-G. Schäfer 61; Beulke 231; Gülzow NJW **81**, 265; Haffke NJW **75**, 808); denn solche Sachen sind ihm nicht zu Zwekken der Verteidigung, sondern zur Strafvereitelung übergeben worden und unterliegen daher keinem Geheimnisschutz (Krause/Nehring 4; SK/StPO-Rudolphi 47; vgl auch LG Koblenz StV **85**, 8).

D. **Rechtsanwälte, Notare, Steuerberater und ähnliche Berufe**(I Nrn 1–3 **40**
iVm § 53 I Nr 3): Zum Personenkreis vgl 15 zu § 53. Beschlagnahmefrei sind die

gleichen Gegenstände wie beim Verteidiger (oben 36). Notarielle Urkunden können, da nicht geheimhaltungsbedürftig, beschlagnahmt werden (LG Darmstadt wistra **87**, 232; LG Freiburg wistra **98**, 35 mit Anm Schmedding; LG Stuttgart wistra **88**, 245; **aM** Amelung DNotZ **84**, 195, der nicht auf die Geheimhaltungs-, sondern auf die Beweisbedürftigkeit abstellt), nicht aber die Entwürfe zu ihrer Errichtung (LG Köln NJW **81**, 1746; KK-Nack 13). Streitig ist die Beschlagnahmefreiheit von Geschäftsunterlagen und Buchungsbelegen, die der Beschuldigte dem Steuerberater oder Wirtschaftsprüfer übergeben hat und die keine Deliktsgegenstände (oben 21) sind. Diese Personen haben an solchen Unterlagen Alleingewahrsam (KK-Nack 17; Höser MDR **82**, 535; Schmidt wistra **91**, 250; **aM** LG Aachen NJW **85**, 338; MDR **81**, 603; Birmanns MDR **81**, 102: Mitgewahrsam und daher Beschlagnahmefreiheit; vgl auch Schäfer wistra **85**, 15). Sollen sie lediglich die Buchführung erledigen, so dürfen die Unterlagen beschlagnahmt werden. Denn da das in §§ 1 II Nr 2, 6 Nr 3 StBerG bestimmte Buchführungsprivileg der steuerberatenden Berufe gegen Art 12 GG verstößt (BVerfGE **54**, 301 = NJW **81**, 33; BVerfGE **59**, 302 = NJW **82**, 1687), gehört diese Tätigkeit nicht zum Berufsbild der Steuerberater, und Buchungsbelege werden ihnen daher nicht aufgrund des besonderen Vertrauensverhältnisses übergeben, das der Grund für Zeugnisverweigerungsrecht und Beschlagnahmefreiheit ist (vgl LG Berlin NJW **77**, 725; LG München I wistra **88**, 326 ; LG Saarbrücken wistra **84**, 200; LG Stuttgart wistra **85**, 41; Brenner BB **84**, 137; Moosburger wistra **89**, 252; Stypmann wistra **82**, 13; **aM** LG Bonn DB **84**, 2193; LG Darmstadt NStZ **88**, 286; LG Koblenz StV **85**, 8; BB **85**, 374; LG München I NJW **89**, 536; LG Stade NStZ **87**, 38 mit Anm Birmanns; LG Stuttgart wistra **88**, 40; Bauwens wistra **85**, 179; Gehre NJW **77**, 710; Göggerle BB **86**, 41). Anders ist es, wenn sie aufgrund der Belege Jahresabschlüsse erstellen und Steuererklärungen vorbereiten oder abgeben sollen; dann besteht Beschlagnahmefreiheit, solange die Unterlagen für diese Zwecke von ihnen benötigt werden (LG Berlin aaO; LG Heilbronn DStR **80**, 698; LG Hildesheim wistra **88**, 327; LG Stuttgart aaO; KK-Nack 16; Schäfer wistra **85**, 12; **aM** LG Darmstadt aaO; LG München I wistra **85**, 41 mit Anm Birner; Stuttgart wistra **85**, 41; Göggerle aaO). Die gesetzliche Aufbewahrungspflicht nach § 257 HGB ist nicht zugunsten der Strafverfolgungsbehörden bestimmt und kann daher die Beschlagnahmefreiheit nicht begründen (Kunert MDR **73**, 179; **aM** LG Stuttgart aaO; Stypmann aaO; Weinmann Dünnebier-FS 199, 210 ff). Zur Beschlagnahmefreiheit eines hinterlegten Testaments vgl LG Arnsberg wistra **93**, 199 und dazu Ost wistra **93**, 177.

41 E. **Angehörige der Heilberufe** (I Nrn 1–3 iVm § 53 I Nr 3). Zum Personenkreis vgl 17 zu § 53. Beschlagnahmefrei sind schriftliche Mitteilungen (oben 28), Aufzeichnungen (oben 29) und Gegenstände (oben 30). Wegen des Gewahrsams vgl oben 14. In Betracht kommen vor allem ärztliche Karteikarten (LG Koblenz NJW **83**, 2100), Krankengeschichten und Krankenblätter. Sie sind aber nur beschlagnahmefrei, wenn sie in dem Verfahren gegen einen Beschuldigten von Bedeutung sind, der Patient des Arztes war oder ist (Celle NJW **63**, 406, 407; **65**, 362, 363). Der Beschlagnahme unterliegt aber ein anläßlich der Aufnahme in der JVA erstellter ärztlicher Untersuchungsbericht (LG Stuttgart MDR **94**, 715). Die Verwertbarkeit der Gutachten von in anderen Verfahren durchgeführten Zwangsuntersuchungen richtet sich allgemein danach, ob auch im Strafverfahren eine entspr ärztliche Untersuchung zulässig wäre (Cramer NStZ **96**, 214).

42 F. **Schwangerschaftsberater** (I Nr 3 iVm § 53 I Nr 3 a) und **Berater in Fragen der Betäubungsmittelabhängigkeit** (I Nr 3 iVm § 53 I Nr 3 b). Zum Personenkreis vgl 21 bzw 22 zu § 53. Beschlagnahmefrei sind die gleichen Gegenstände wie bei den Angehörigen der Heilberufe. Wegen des Gewahrsams vgl oben 15.

43 G. **Abgeordnete** (III iVm § 53 I Nr 4): Für BT-Abgeordnete vgl Art 47 S. 2 GG. Beschlagnahmefrei sind Schriftstücke (oben 31) über die dem Abgeordneten

in dieser Eigenschaft anvertrauten Tatsachen und die Personen, die sie ihm anvertraut haben. Voraussetzung ist auch hier der Gewahrsam des Zeugnisverweigerungsberechtigten an dem Gegenstand (KK-Nack 26; LR-G. Schäfer 89; Maunz-Dürig 22 zu Art 47 GG; Fezer 7/23; **aM** KMR-Müller 16; SK/StPO-Rudolphi 58). Die Beschlagnahmefreiheit besteht auch, wenn der Abgeordnete teilnahmeverdächtig ist; II S. 3 gilt nicht. Nur wenn er selbst als Beschuldigter verfolgt wird, ist die Beschlagnahme ohne Einschränkungen zulässig (LR-G. Schäfer 90). Für Abgeordnete des Europäischen Parlaments gilt das Beschlagnahmeverbot des § 6 S. 2 EuAbgG.

H. **Hilfspersonen** (IV iVm § 53 a): Der Beschlagnahme entzogen sind nur Gegenstände, die im Gewahrsam der Hilfsperson stehen und wegen der Beziehung zu einer der in § 53 I Nrn 1–4 bezeichneten Personen nicht beschlagnahmt werden dürfen (weitergehend Dahs Meyer-GedSchr 72). Die Beschlagnahmefreiheit setzt ferner die Entscheidung des Hauptberufsträgers voraus, daß die Hilfsperson nicht aussagt (§ 53 a I S. 2). Wird er von der Schweigepflicht entbunden, so ist die Beschlagnahme auch bei der Hilfsperson zulässig (§ 53 a II). Bei Teilnahmeverdacht der Hilfsperson entfällt die Beschlagnahmefreiheit der in ihrem Gewahrsam stehenden Sachen auch dann, wenn sie bei dem Hauptberufsträger nicht beschlagnahmt werden dürfen (LR-G. Schäfer 101); das gilt auch für die Hilfspersonen der Abgeordneten (LR-G. Schäfer 101; **aM** KMR-Müller 17). 44

J. **Mitarbeiter von Presse und Rundfunk** (V iVm § 53 I Nr 5): Zum Personenkreis vgl 38 ff zu § 53. Beschlagnahmefrei sind Schriftstücke (oben 31), Tonträger ua sowie Datenträger (oben 32), soweit sie Aufschluß über Verfasser, Einsender oder Gewährsleute (35 ff zu § 53) und die von ihnen gemachten Mitteilungen geben und soweit sich das Zeugnisverweigerungsrecht erstreckt (38 ff zu § 53). Wegen des Gewahrsams vgl oben 16. Bei Teilnahmeverdacht (oben 18) entfällt nach V S.2 iVm II S.3 auch hier die Beschlagnahmefreiheit, ebenso in den übrigen dort genannten Fällen (BGH NJW **96**, 532; erg oben 21 ff). Es genügt, daß nur ein einziger Mitarbeiter teilnahmeverdächtig ist (LR-G. Schäfer 99; Krause/Nehring 11; Kunert MDR **75**, 890; **aM** Löffler/Achenbach 123 zu § 23 LPG). Selbst recherchiertes Material (vgl 39 zu § 53) unterliegt der Beschlagnahme, wenn der Verhältnismäßigkeitsgrundsatz gewahrt ist (BVerfGE **56**, 247 = NJW **81**, 971; BVerfGE **77**, 65 = NJW **88**, 329 = AfP **87**, 679 mit Anm Gerechel; Schleswig OLGSt Nr 1; LG Trier AfP **88**, 86), ebenso die Bilder und Filme, die der Journalist oder Fernsehreporter in Ausübung seines Berufs aufgenommen (BVerfG aaO; BGH NStZ **83**, 208 [Pf/M]; LG Berlin AfP **81**, 417 mit Anm Krone) und die Filme, die ein für das Fernsehen tätiger Filmproduzent hergestellt hat (LG Berlin AfP **75**, 122). 45

9) Ein **Verwertungsverbot** hat der Verstoß gegen das Beschlagnahmeverbot zur Folge (BGH **18**, 227; Celle NdsRpfl **63**, 20; ANM 506; Dahs Meyer-GedSchr 75 ff; Schlüchter 308). War die **Beschlagnahme zulässig,** so ist der Beweisgegenstand aber auch verwertbar, wenn später Umstände eintreten, die ihr entgegengestanden hätten, zB bei späterer Bestellung des Gewahrsamsinhabers zum Verteidiger oder bei Wegfall des Teilnahmeverdachts (BGH NStZ **83**, 85; KK-Nack 10; LR-G.Schäfer 107; ANM 506; **aM** Fezer 7/45 und JuS **78**, 768; Herdegen GA **63**, 143; Schlüchter 308; Schmidt [oben 20] 71; einschr auch SK/StPO-Rudolphi 38; Mitsch Lenckner-FS 737). War andererseits die **Beschlagnahme unzulässig,** fallen die Gründe dafür aber nachträglich weg, so ist der Gegenstand ebenfalls verwertbar. Das gilt insbesondere für den Fall, daß der zunächst fehlende Teilnahmeverdacht noch nachträglich entsteht (BGH **25**, 168; LR-G. Schäfer 106; ANM 507). Ergibt er sich allerdings erst aus den rechtswidrig beschlagnahmten Unterlagen, so bleibt die Beschlagnahme unzulässig (LG Koblenz StV **85**, 8, 10; LG Köln NJW **60**, 1875; LG Saarbrücken NStZ **88**, 424; KK-Nack 35; **aM** KMR-Müller 22; erg oben 20). Ein zulässig beschlagnahmter Gegenstand ist im übrigen nur in dem **Umfang** verwertbar, in dem die Beschlagnahmevoraussetzungen vorgelegen haben (LR-G. Schäfer 108). Er darf insbesondere nicht zum Beweis für eine andere 46 47 48 49

Tat (iS des § 264) verwertet werden, für deren Untersuchung er nicht hätte beschlagnahmt werden dürfen, selbst wenn die mehreren Taten Gegenstand desselben Verfahrens sind (BGH **18**, 227; Herdegen GA **63**, 141); vgl im einzelnen ANM 507/508.

50 **10)** Die **Revision** kann darauf gestützt werden, daß ein Beweisgegenstand bei der Beweiswürdigung verwertet worden ist, obwohl er einem Verwertungsverbot nach § 97 unterliegt (BGH **18**, 227; **25**, 168). Jedoch muß die Revisionsbegründung dartun, daß die Voraussetzungen des II S. 3 nicht vorlagen (BGH **37**, 245; **38**, 144, 146).

Anordnung der Beschlagnahme

98 **I Beschlagnahmen dürfen nur durch den Richter, bei Gefahr im Verzug auch durch die Staatsanwaltschaft und ihre Hilfsbeamten (§ 152 des Gerichtsverfassungsgesetzes) angeordnet werden. Die Beschlagnahme nach § 97 Abs. 5 Satz 2 in den Räumen einer Redaktion, eines Verlages, einer Druckerei oder einer Rundfunkanstalt darf nur durch den Richter angeordnet werden.**

II Der Beamte, der einen Gegenstand ohne richterliche Anordnung beschlagnahmt hat, soll binnen drei Tagen die richterliche Bestätigung beantragen, wenn bei der Beschlagnahme weder der davon Betroffene noch ein erwachsener Angehöriger anwesend war oder wenn der Betroffene und im Falle seiner Abwesenheit ein erwachsener Angehöriger des Betroffenen gegen die Beschlagnahme ausdrücklichen Widerspruch erhoben hat. Der Betroffene kann jederzeit die richterliche Entscheidung beantragen. Solange die öffentliche Klage noch nicht erhoben ist, entscheidet das Amtsgericht, in dessen Bezirk die Beschlagnahme stattgefunden hat. Hat bereits eine Beschlagnahme, Postbeschlagnahme oder Durchsuchung in einem anderen Bezirk stattgefunden, so entscheidet das Amtsgericht, in dessen Bezirk die Staatsanwaltschaft ihren Sitz hat, die das Ermittlungsverfahren führt. Der Betroffene kann den Antrag auch in diesem Fall bei dem Amtsgericht einreichen, in dessen Bezirk die Beschlagnahme stattgefunden hat. Ist dieses Amtsgericht nach Satz 4 unzuständig, so leitet der Richter den Antrag dem zuständigen Amtsgericht zu. Der Betroffene ist über seine Rechte zu belehren.

III Ist nach erhobener öffentlicher Klage die Beschlagnahme durch die Staatsanwaltschaft oder einen ihrer Hilfsbeamten erfolgt, so ist binnen drei Tagen dem Richter von der Beschlagnahme Anzeige zu machen; die beschlagnahmten Gegenstände sind ihm zur Verfügung zu stellen.

IV Wird eine Beschlagnahme in einem Dienstgebäude oder einer nicht allgemein zugänglichen Einrichtung oder Anlage der Bundeswehr erforderlich, so wird die vorgesetzte Dienststelle der Bundeswehr um ihre Durchführung ersucht. Die ersuchende Stelle ist zur Mitwirkung berechtigt. Des Ersuchens bedarf es nicht, wenn die Beschlagnahme in Räumen vorzunehmen ist, die ausschließlich von anderen Personen als Soldaten bewohnt werden.

1 **1) Anordnung der Beschlagnahme** (I):

2 A. **Erforderlich** ist die Anordnung, wenn der Gegenstand weder herrenlos ist noch freiwillig herausgegeben wird (12ff zu § 94). Wird jemand nach § 127 vorläufig festgenommen, so gehen die Sachen, die er bei sich führt, zwar ohne weiteres in den staatlichen Gewahrsam über (RG **8**, 288; LR-G. Schäfer 3). Einer Beschlagnahme zu Beweiszwecken bedarf es aber, wenn die dazu benötigten Sachen später zurückverlangt oder nicht freiwillig herausgegeben werden.

B. **Zuständigkeit:** 3

a) Das **Gericht** ist in 1. Hinsicht, im Fall des I S. 2, der aber nicht Beschlagnahmen bei selbst beschuldigten Journalisten (Achenbach NJW **76**, 1069 Fn 16; Kunert MDR **75**, 891) und von Druckwerken und Schriften außerhalb der dort bezeichneten Räume betrifft (KK-Nack 2 mwN), ausschließlich zuständig, und zwar im Vorverfahren der Ermittlungsrichter (§§ 162, 169), in dessen Bezirk die Beschlagnahme stattfinden soll, im Fall des § 162 I S. 2 grundsätzlich (vgl dort 10, 11) der Richter, in dessen Bezirk die antragstellende StA ihren Sitz hat. Der Ermittlungsrichter darf die Beschlagnahme, von dem Fall des § 165 abgesehen, nur auf Antrag der StA anordnen (LG Kaiserslautern NStZ **81**, 438), und er darf über diesen Antrag nicht hinausgehen. Nach Anklageerhebung entscheidet, auf Antrag oder von Amts wegen (Hamburg JR **85**, 300), das mit der Sache befaßte Gericht, nicht der Vorsitzende allein, das Berufungsgericht nach Vorlegung der Akten nach § 321 S. 2, im Revisionsverfahren nur das Gericht, dessen Urteil angefochten ist (RG **54**, 165; LR-G. Schäfer 11). Für die Beschlagnahme von **Briefen UGefangener** für das anhängige Verfahren ist nicht der Vorsitzende allein, sondern nur das Gericht zuständig (LR-G. Schäfer 12; **aM** Koblenz OLGSt § 94 S. 13). Die Beschlagnahme für ein anderes Strafverfahren ist nur zulässig, wenn das Gericht auch hierfür zuständig ist. Andernfalls darf der Vorsitzende den Brief aber entspr § 108 I einstweilen beschlagnahmen; er muß ihn dann an die zuständige StA weiterleiten (BGH **28**, 349; Düsseldorf NJW **93**, 3278; Hamburg NJW **67**, 166; Hamm NStZ **85**, 93; **aM** Birmanns NJW **67**, 1358; erg 3 zu § 108; 26 zu § 119). 4 5

b) Bei **Gefahr im Verzug** sind, ausgenommen im Fall des I S. 2 (oben 4), auch, nicht nur (Misch DB **77**, 1970), die StA und neben ihr, nicht nur bei Unerreichbarkeit der StA (KK-Nack 11; Kuhlmann DRiZ **78**, 240; **aM** LR-G. Schäfer 33), die Hilfsbeamten zuständig. Sie brauchen daher, auch wenn die Gefahr im Verzug das noch gestatten würde, nicht zu versuchen, eine Anordnung der StA herbeizuführen. Gefahr im Verzug besteht, wenn die richterliche Anordnung nicht eingeholt werden kann, ohne daß der Zweck der Maßnahme gefährdet wird (BGH JZ **62**, 609 mit Anm Baumann; KG NJW **72**, 169, 171; Kaiser NJW **64**, 786; Krekeler NJW **77**, 1419; vgl auch BVerfGE **51**, 97, 111 = NJW **79**, 1539, 1540). Ob das der Fall ist, entscheidet der Beamte nach **pflichtgemäßem Ermessen** (BGH aaO; BGHR Feststellungsinteresse 3; Koblenz OLGSt S. 1; Köln NJW **68**, 666; Stuttgart NJW **69**, 760; LR-G. Schäfer 36; **aM** SK/StPO-Rudolphi 11; Amelung 30 Fn 78; Störmer ZStW **108**, 520: Rechtsbegriff, der keinen Ermessensspielraum einräumt). Ein tatsächlicher oder rechtlicher Irrtum über das Vorliegen dieser Gefahr macht die Anordnung nicht unwirksam (BGH MDR **64**, 71, 72; NStZ **85**, 262; erg 4 zu § 104), anders aber bei Willkür (LG Osnabrück StV **91**, 152; AG Offenbach NStZ **91**, 247; StV **93**, 406, bestätigt durch LG Darmstadt StV **93**, 573: bewußte Ausschaltung des Richters; Geppert DRiZ **92**, 414; Nelles StV **92**, 391). Die Zuständigkeit bei Gefahr im Verzug besteht auch nach Erhebung der öffentlichen Klage, solange der Teil des Urteils, auf den die Beschlagnahme noch Einfluß haben könnte, nicht rechtskräftig ist. Für diesen Fall gilt III. 6 7

C. **Form:** Die richterliche Anordnung ergeht, idR ohne vorherige Anhörung des Betroffenen (§ 33 IV S. 1), in der Form eines Beschlusses, der schriftlich abzufassen, zu begründen (§ 34) und zu den Akten zu bringen ist. Das gilt auch, wenn er zunächst mündlich oder fernmündlich zur Vollstreckung (§ 36 II S. 1) herausgegeben worden ist. Die Anordnungen der StA und der Hilfsbeamten können mündlich, telefonisch, telegrafisch oder fernschriftlich getroffen, müssen aber aktenkundig gemacht werden (Karlsruhe Justiz **81**, 482). Wird ein Hilfsbeamter tätig und führt er die Beschlagnahme selbst durch, so ist in deren Vornahme zugleich ihre Anordnung enthalten; sie bedarf keiner Erklärung oder Feststellung (vgl LG Frankfurt a.M. NJW **82**, 897; **aM** Achenbach NJW **82**, 2809; Sommermeyer JR **90**, 498). 8

D. **Inhaltlich** erfordert die gerichtliche Anordnung die Feststellung, daß die zu beschlagnahmende Sache als Beweismittel benötigt wird (Achenbach NJW **76**, 9

1071), und die Bezeichnung des Beweisgegenstandes mit solcher Genauigkeit, daß Zweifel über den Umfang der Maßnahme nicht aufkommen können (LG Lüneburg JZ **84**, 343; LG Stuttgart StV **86**, 471). Eine gewisse Unbestimmtheit läßt sich zwar nicht immer vermeiden (Schriftstücke, Inhalt von Behältnissen uä). Jedoch ist eine allgemeine Beschlagnahmeanordnung, etwa daß alle bei einer Durchsuchung gefundenen Beweismittel beschlagnahmt werden sollen, immer unzulässig (BVerfG NStZ **92**, 91; Düsseldorf StV **82**, 513; LG Lüneburg aaO; LG Oldenburg wistra **87**, 38). Welche Umstände Anlaß zu der Annahme bieten, daß der zu beschlagnahmende Gegenstand demnächst als Beweismittel zu benutzen sein wird, braucht in dem Gerichtsbeschluß nicht dargelegt zu werden (**aM** Düsseldorf StV **83**, 407; LR-G. Schäfer 18; SK/StPO-Rudolphi 18).

10 E. Die **Bekanntgabe** der Anordnung an den Betroffenen ist erforderlich (§ 33 II), darf aber bis unmittelbar vor Beginn der Beschlagnahme zurückgestellt werden, entspr § 101 I auch noch länger, wenn sonst der Untersuchungszweck gefährdet würde (KK-Nack 21).

11 F. Eine **Belehrung** des Betroffenen über sein Antragsrecht nach II S. 2 schreibt II S. 7 für den Fall vor, daß die StA oder ihre Hilfsbeamten die Beschlagnahme anordnen. Dabei reicht aus, daß der Betroffene darüber belehrt wird, daß er sich an das AG wenden kann, in dessen Bezirk die Beschlagnahme stattgefunden hat (KMR-Müller 16; Rieß NJW **75**, 85). Die Belehrung obliegt der die Beschlagnahme durchführenden Behörde (KK-Nack 18) und sollte in das Beschlagnahmeverzeichnis nach § 109 aufgenommen werden (Krause/Nehring 7; LR-G. Schäfer 39).

12 2) **Bestätigung nichtrichterlicher Anordnungen** (II S. 1):

13 A. **Antragspflicht:** Dem StA oder Hilfsbeamten, der die Anordnung getroffen hat, obliegt, sofern nicht bereits ein Antrag nach II S. 2 vorliegt, die Herbeiführung der richterlichen Bestätigung unter den in II S. 1 bezeichneten Voraussetzungen, auch bei Widerspruch vor Vollziehung der Beschlagnahme (LR-G. Schäfer 43; **aM** KMR-Müller 8, der Wiederholung verlangt). Die StA kann den Antrag auch sonst stellen (BGH NJW **56**, 1805). Der Hilfsbeamte leitet den Antrag dem Gericht idR über die StA zu. Wird eine bewegliche Sache zugleich nach § 111 e I S. 2 beschlagnahmt, so gilt der Wegfall des Bestätigungserfordernisses nach § 111 e II S. 2 auch für die Beschlagnahme nach §§ 94, 98 (KK-Nack 16; KMR-Müller 11; **aM** LR-G. Schäfer 44; SK/StPO-Rudolphi 30; Achenbach NJW **76**, 1070).

14 B. Die **Frist** von 3 Tagen beginnt mit dem Ende der Durchführung der Beschlagnahme (KMR-Müller 12). Sie gilt nur für den Bestätigungsantrag, nicht für die richterliche Entscheidung (KG VRS **42**, 210). Die Wirksamkeit der Beschlagnahme hängt von der Einhaltung der Sollvorschrift des II S. 1 nicht ab (KG aaO; LR-G. Schäfer 45; EbSchmidt 6; Peters 445).

15 C. **Begriffe: Betroffener** iS II S. 1 ist jeder, in dessen Gewahrsam durch die Beschlagnahme eingegriffen wird oder dessen Eigentums- oder Besitzrechte dadurch berührt werden (LR-G. Schäfer 48). Der Begriff **Angehöriger** ist weit auszulegen; auf den Personenkreis des § 52 I ist er nicht beschränkt (Kamp Rudolphi-Symp 103; **aM** KK-Nack 14: § 11 I Nr 1 StGB). **Erwachsen** ist nicht nur der Volljährige (Krause/Nehring 8; **aM** LR-G. Schäfer 46), aber niemand, der jünger als 14 Jahre ist (Schleswig SchlHA **80**, 214; Hamm OLGSt § 37 Nr 1). In diesem Rahmen kommt es auf die körperliche Entwicklung und auf das äußere Erscheinungsbild an (BSozG MDR **77**, 82; VGH Mannheim MDR **78**, 519).

16 D. **Zuständig** für die Bestätigung ist bis zur Erhebung der öffentlichen Klage das AG, in dessen Bezirk die Beschlagnahme stattgefunden hat (II S. 3). War schon früher eine Beschlagnahme oder Durchsuchung erfolgt und soll dann eine weitere ohne richterliche Anordnung in einem anderen AG-Bezirk durchgeführt werden, so entscheidet von diesem Zeitpunkt an das AG am Sitz der die Ermittlung führenden StA (II S. 4). Diese Zuständigkeitskonzentration tritt auch ein, wenn einzelne Maßnahmen oder alle auf §§ 111 b, 111 c oder 111 n beruhen. Betrifft der Zugriff mehrere noch nicht verbundene Ermittlungsverfahren, so tritt die Konzentration bei dem AG am Sitz derjenigen StA ein, deren Verfahren die größere Bedeutung hat (BGH NJW **76**, 153, KMR-Müller 7; vgl auch Seetzen NJW **76**, 500). Beim Zuständigkeitsstreit gilt § 14 (BGH aaO).

E. Die **Prüfung des Gerichts,** das dem Betroffenen vor der Entscheidung rechtliches Gehör zu gewähren hat (§ 33 III), gilt nicht der Frage, ob die Anordnung der StA oder des Hilfsbeamten zu Recht ergangen ist, sondern erstreckt sich nur darauf, ob die Beschlagnahme zZ der Prüfung gerechtfertigt ist (Krekeler NJW **77**, 1420; Schnarr NStZ **91**, 214 mwN; **aM** SK/StPO-Rudolphi 31; Amelung 30; vgl auch BGH StV **88**, 90 für den Fall der entspr Anwendung auf Durchsuchungsanordnungen). Daher wird nicht geprüft, ob Gefahr im Verzug vorgelegen hat (RG **23**, 334; Stuttgart NJW **69**, 760; Schenke NJW **76**, 1820; **aM** Geppert DRiZ **92**, 412 mwN) und ob der Beamte Hilfsbeamter war. Der Betroffene hat keinen Anspruch auf die Feststellung, daß die nichtrichterliche Anordnung rechtswidrig war (Schenke aaO). Die Anordnung wird durch die Bestätigung für das weitere Verfahren ersetzt. Die Entscheidung ist dem Betroffenen und den Prozeßbeteiligten bekanntzumachen. 17

3) **Antrag auf gerichtliche Entscheidung** (II S. 2): 18

A. **Gegen Beschlagnahmeanordnungen der StA und ihrer Hilfsbeamten** 19 (Düsseldorf wistra **97**, 77: auch formlose; vgl oben 8) ist der Antrag zulässig. Eine Beschwerde ist in einen solchen Antrag umzudeuten (LG Lüneburg JZ **84**, 343; LR-G. Schäfer 47). Hat das Gericht bereits die Anordnung nach II S. 1 bestätigt, so ist der Antrag als Gesuch um Aufhebung des Bestätigungsbeschlusses anzusehen. 20
Antragsberechtigt sind der Gewahrsamsinhaber, der Eigentümer und der Besitzer der beschlagnahmten Sache, auch wenn sie freiwillig herausgegeben worden ist (weitergehend KK-Nack 18; LR-G. Schäfer 48; SK/StPO-Rudolphi 33: jeder, der unmittelbar in seinen Rechten verletzt ist). Die **Zuständigkeit** ist die gleiche wie 21
bei der Bestätigung nach II S. 1 (oben 16). Es gilt auch die Zuständigkeitskonzentration nach II S. 4. Das Wort „bereits" in dieser Vorschrift bezieht sich auf II S. 2, nicht auf S. 3. Es kommt daher nicht auf die zeitliche Reihenfolge der Ermittlungshandlungen an, sondern darauf, welche StA das Verfahren in dem Zeitpunkt führt, in dem über den Antrag nach II S. 2 zu entscheiden ist (BGH **26**, 212). Der Betroffene kann den Antrag stets bei dem AG stellen, in dessen Bezirk die Beschlagnahme stattgefunden hat (II S. 5). Dieses Gericht leitet ihn ggf. dem zuständigen AG zu (II S. 6). Der Umfang der richterlichen **Prüfung** ist der gleiche wie 22
im Fall II S. 1 (oben 17). In der Entscheidung sind die beschlagnahmten Gegenstände im einzelnen genau zu bezeichnen (Düsseldorf wistra **97**, 77).

B. **II S. 2 gilt entsprechend** für die gerichtliche Überprüfung von Maßnahmen anderer Art, insbesondere der Durchsuchung (§§ 102 ff), die noch nicht erledigt sind (16 zu § 105; 20 zu § 111; 6 zu § 23 EGGVG). Darüber hinaus ist die Vorschrift auch auf die nachträgliche gerichtliche Prüfung der Rechtmäßigkeit bereits durch Vollzug erledigter Eingriffsmaßnahmen der StA und ihrer Hilfsbeamten anzuwenden (BGH **28**, 57; 160; 206; **37**, 79, 82 = JR **91**, 515 mit Anm Sommermeyer; NJW **78**, 1013 mit Anm Amelung; GA **81**, 223; Karlsruhe StV **92**, 264 mit Anm Sommermeyer; Amelung 50 ff und NJW **79**, 1687; Götz JuS **85**, 871; Lisken NJW **79**, 1992; DRiZ **79**, 277; Merten/Merten ZRP **91**, 215; Nelles StV **91**, 488 Fn 1; Rieß/Thym GA **81**, 189; Rüping 310 ff; Sommermeyer NStZ **91**, 261 mwN in Fn 48). Weil dies der „effektivere und sachnähere" Rechtsweg ist (AK/StPO-Schöch 35 zu § 163), ist er der Gegenmeinung vorzuziehen, die §§ 23 ff **EGGVG** anwenden will (vgl Celle StV **82**, 513; Dörr NJW **84**, 2258; Meyer Schäfer-FS 119; vgl auch Krey 1/478 Fn 47 und 2/532: unzulässige Rechtsfindung contra legem). Der Rechtsweg nach §§ 23 ff **EGGVG** mußte nach bisher hM allerdings beschritten werden, wenn die Feststellung der Rechtswidrigkeit der 23

Art und Weise der Durchführung einer erledigten Maßnahme erstrebt wird (BGH **28**, 206; **37**, 79); diese Rspr ist jetzt aufgegeben (BGH 5 AR [VS] 2/98 vom 7. 12. 1998). Auch hier ist nun § 98 II S. 2 entspr anzuwenden (vgl 17 zu § 105). Das rechtliche Interesse an der Feststellung der Rechtswidrigkeit der getroffenen Maßnahme kann sich nur aus einer fortwirkenden Beeinträchtigung durch sie oder aus der Gefahr ihrer Wiederholung ergeben; die Absicht, Entschädigungsansprüche geltend machen zu wollen, reicht nicht aus (Wohlers GA **92**, 217; vgl auch Hamburg NStZ **84**, 566; LG Amberg StV **90**, 541; LG Köln StV **93**, 574; weitergehend Fezer JZ **96**, 609). Angesichts der neueren Rspr des BVerfG (vgl 18 a vor § 296) wird aber auch bei einem tiefgreifenden Grundrechtseingriff das rechtliche Interesse zu bejahen sein.

24 **4) Durchführung der Anordnung:** Für richterliche Anordnungen gilt § 36 II S. 1 (Wendisch JR **78**, 447); das Gericht kann seine Anordnung aber auch selbst vollstrecken, zB in der Hauptverhandlung. Gebunden an die richterliche Anordnung ist die StA nur nach Anklageerhebung (erg 8 zu § 105). Bei der Durchführung der Beschlagnahme darf unmittelbarer Zwang angewendet, insbesondere in Wohnungen und andere Räume eingedrungen werden. Gewalt darf sowohl gegen Personen, die sich widersetzen, als auch gegen Sachen angewendet werden (Aufbrechen von Türen und Verschlüssen, Zerstören von Umhüllungen und dgl).

25 **5)** Bei der **Bundeswehr** (IV) wird die Beschlagnahme durch deren Dienststellen, allein oder unter Mitwirkung der die Beschlagnahme anordnenden Behörde, durchgeführt. Abgesehen von dem Fall des IV S. 3 gilt das auch, wenn nur eine Zivilperson
26 betroffen ist. **Dienstgebäude** iS IV S. 1 sind Kasernen, Werkstätten uä, nicht aber Offizierswohnungen. Allgemein zugänglich sind nicht Kasernenhöfe, Übungsplätze, Schießstände und Lazarette (LR-G. Schäfer 28). Wehrmittel, wie Kriegsschiffe, Panzer oder Flugzeuge, sind keine Einrichtungen oder Anlagen iS IV S. 1 (KMR-
27 Müller 27). Die **vorgesetzte Dienststelle** ist diejenige, der die dienstliche Gewalt über das Gebäude oder über die Einrichtung oder Anlage zusteht, in der sich die Sache befindet, idR also der Leiter der Anlage oder der Kommandeur der in dem Dienstgebäude untergebrachten Truppen (KMR-Müller 29; Kleinknecht JZ **57**,
28 407). **Ersuchende Stelle** ist die StA oder Polizei (KMR-Müller 28; LR-G. Schäfer 27); sie ist zur Anwesenheit und zur Mitwirkung bei der Beschlagnahme berechtigt.

29 **6) Beendigung:** Die Beschlagnahme erlischt mit dem – rechtskräftigen (Düsseldorf NJW **95**, 2239; Hamm VRS **77**, 286) – Abschluß des Verfahrens ohne weiteres (Karlsruhe Justiz **77**, 356; LR-G. Schäfer 58); eine förmliche Aufhebung der Anordnung ist überflüssig (Schäfer wistra **84**, 136). Die Herausgabe der Gegenstände ist Sache der StA (Celle NJW **73**, 863; Düsseldorf MDR **73**, 499; Hamm JMBlNW **61**, 94; Karlsruhe aaO; zum Verfahren vgl Schäfer aaO); § 111 k (dort 9) ist nicht entspr anzuwenden (LG Hildesheim NStZ **89**, 336 mit Anm Gropp und
30 Schulze-Osterloh; LG Mannheim NStZ-RR **98**, 113). Die **Aufhebung** der Anordnung ist dagegen erforderlich, wenn die Sache schon vor Verfahrensbeendigung nicht mehr zu Beweiszwecken gebraucht wird und eine Beschlagnahme nach §§ 111 bff nicht in Betracht kommt (Düsseldorf NStZ **90**, 202). Zuständig ist die StA, wenn sie selbst oder ein Hilfsbeamter die Sache beschlagnahmt hat (LR-G. Schäfer 60), auch bei richterlicher Bestätigung (Neustadt NJW **54**, 286), nicht aber bei richterlicher Beschlagnahme (KK-Nack 34; SK/StPO-Rudolphi 39; **aM** LG Hildesheim NStZ **89**, 192; KMR-Müller 22), nach Anklageerhebung das Gericht. Hilfsbeamte dürfen die Beschlagnahme nur beenden, wenn sie sie selbst angeordnet und die Sache noch nicht nach § 163 II S. 1 der StA vorgelegt haben (BGH **5**, 156, 158; KK-Nack 34; **aM** AK/StPO-Amelung 31 zu § 94; LR-G. Schäfer 60: keine Zuständigkeit der Polizei). Das Gericht darf die Anordnung im Vorverfahren nur auf Antrag der StA aufheben; dem Antrag muß es aber stattgeben (KK-Nack 34). Die StA ordnet die Aufhebung durch Verfügung an, das Gericht durch Beschluß, in dem die Gegenstände und die Empfangsberechtigten (dazu 22 zu

§ 94) zu bezeichnen sind (Düsseldorf JMBlNW **82**, 258). Die Ausführung des Beschlusses ist Sache der StA. Eine erneute Beschlagnahmeanordnung wird durch die Aufhebung nicht ausgeschlossen (Bremen MDR **60**, 425). In Anlehnung an die neue Rspr des BVerfG (8 zu § 105) darf eine richterliche Beschlagnahmeanordnung **nicht mehr vollzogen werden**, wenn seit der Anordnung mehr als 6 Monate verstrichen sind und eine erneute richterliche Bestätigung nicht erfolgt ist (LG Neuruppin StV **97**, 506; vgl dazu Roxin StV **97**, 656). 30 a

7) **Beschwerde** nach § 304 ist zulässig gegen die richterliche Beschlagnahmeanordnung, die Bestätigung nach II S. 1 und die Ablehnung des Antrags nach II S. 2, auch bei entspr Anwendung der Vorschrift (oben 23). Auch Entscheidungen des erkennenden Gerichts sind anfechtbar (§ 305 S. 2). Beschwerdeberechtigt sind die StA, deren Antrag auf Erlaß der Anordnung abgelehnt worden ist (vgl 6 zu § 305), auch der Angeklagte, dessen Beschlagnahmeantrag erfolglos war (**aM** Hamburg JR **85**, 300 mit abl Anm Meyer), und der letzte Gewahrsamsinhaber (Celle NJW **65**, 362), der nichtbesitzende Eigentümer nur, wenn sein Rückforderungsrecht beeinträchtigt ist. Beschwert ist auch der Inhaber einer Urkunde, die nicht beschlagnahmt, sondern abgelichtet zu den Akten genommen worden ist (Hamburg NJW **67**, 166; München NJW **78**, 601). Gegen die Aufhebung der Anordnung kann die StA Beschwerde einlegen. Zur Beschwerde gegen eine erledigte Beschlagnahmeanordnung vgl 17 ff vor § 296. 31

8) Die **Revision** kann auf Verstöße gegen § 98 nicht gestützt werden (vgl ANM 504; Grünwald JZ **66**, 497; Kleinknecht NJW **66**, 1538). 32

Rasterfahndung

98a **I Liegen zureichende tatsächliche Anhaltspunkte dafür vor, daß eine Straftat von erheblicher Bedeutung**

1. **auf dem Gebiet des unerlaubten Betäubungsmittel- oder Waffenverkehrs, der Geld- oder Wertzeichenfälschung,**
2. **auf dem Gebiet des Staatsschutzes (§§ 74 a, 120 des Gerichtsverfassungsgesetzes),**
3. **auf dem Gebiet der gemeingefährlichen Straftaten,**
4. **gegen Leib oder Leben, die sexuelle Selbstbestimmung oder die persönliche Freiheit,**
5. **gewerbs- oder gewohnheitsmäßig oder**
6. **von einem Bandenmitglied oder in anderer Weise organisiert**

begangen worden ist, so dürfen, unbeschadet §§ 94, 110, 161, personenbezogene Daten von Personen, die bestimmte, auf den Täter vermutlich zutreffende Prüfungsmerkmale erfüllen, mit anderen Daten maschinell abgeglichen werden, um Nichtverdächtige auszuschließen oder Personen festzustellen, die weitere für die Ermittlungen bedeutsame Prüfungsmerkmale erfüllen. Die Maßnahme darf nur angeordnet werden, wenn die Erforschung des Sachverhalts oder die Ermittlung des Aufenthaltsortes des Täters auf andere Weise erheblich weniger erfolgversprechend oder wesentlich erschwert wäre.

II Zu dem in Absatz 1 bezeichneten Zweck hat die speichernde Stelle die für den Abgleich erforderlichen Daten aus den Datenbeständen auszusondern und den Strafverfolgungsbehörden zu übermitteln.

III Soweit die zu übermittelnden Daten von anderen Daten nur mit unverhältnismäßigem Aufwand getrennt werden können, sind auf Anordnung auch die anderen Daten zu übermitteln. Ihre Nutzung ist nicht zulässig.

IV Auf Anforderung der Staatsanwaltschaft hat die speichernde Stelle die Stelle, die den Abgleich durchführt, zu unterstützen.

V § 95 Abs. 2 gilt entsprechend.

1 **1)** Einen **Grundrechtseingriff** gestattet die durch das OrgKG (zusammen mit §§ 98 b, 98 c) eingefügte Vorschrift; denn sie erlaubt einen Eingriff – wenn nicht schon in das allgemeine Persönlichkeitsrecht nach Art 2 I iVm Art 1 GG, so doch zumindest – in das vom BVerfG entwickelte Recht auf informationelle Selbstbestimmung (BVerfGE **65**, 1 = NJW **84**, 419; Krey JR **92**, 312; erg 1 zu § 163 d). Sie schafft damit für diese früher lediglich auf die allgemeinen Vorschriften der §§ 161, 163 I gestützte Fahndungsmaßnahme eine gesetzliche Grundlage. Nach I
2 S. 1 ist die Rasterfahndung ein maschinell-automatisierter **Datenabgleich** zwischen bestimmten, auf den Täter vermutlich zutreffenden Prüfungsmerkmalen mit aus anderen Gründen an anderen Stellen gespeicherten Daten, der zweierlei Zwekken dienen soll: Dem Ausschluß Nichtverdächtiger (sog negative Rasterfahndung) und/oder der Feststellung weiterer für die Ermittlungen bedeutsamer Prüfungsmerkmale (sog positive Rasterfahndung). Eingehend hierzu Wittig JuS **97**, 968 ff; zum technischen Ablauf vgl KK-Nack 2, 14 ff.

3 **2) Subsidiaritätsgrundsatz** (I S. 2): Der Datenabgleich ist nur zulässig, wenn die Ermittlungen auf andere Weise erheblich weniger erfolgversprechend oder wesentlich erschwert wären. Damit wird der Ausnahmecharakter der Rasterfahndung betont. Die Klausel ist weiter gefaßt als in § 100 a S. 1 aE: Statt „Aussichtslosigkeit" genügt hier „weniger erfolgversprechend". Daß möglicherweise das Ermittlungsergebnis auch auf andere Art gewonnen werden könnte, steht somit der Rasterfahndung nur entgegen, wenn der andere Weg einen im wesentlichen gleichartigen Erfolg verspricht (vgl auch Rieß Meyer-GedSchrift 384: „deutliches Aufklärungsdefizit bei Unterlassen der subsidiären Maßnahme"). Zum Begriff „wesentlich erschwert" gelten die Erläuterungen 7 zu § 100 a entspr. Neben der Subsidiaritätsklausel ist auch der Verhältnismäßigkeitsgrundsatz zu beachten (vgl Einl 20, 21, 158).

4 **3) Straftatenkatalog:**

5 A. Einen **generalisierenden Katalog** (Hilger NStZ **92**, 460) hat der Gesetzgeber hier aufgestellt (zur Entstehungsgeschichte mwN zur vorangegangenen Diskussion vgl KK-Nack 1, 11) statt die Zulässigkeit der Maßnahme wie zB in § 100 a an den Verdacht der Verwirklichung eines bestimmten Straftatbestandes zu knüpfen; innerhalb des Katalogs ist die Anwendbarkeit auf Straftaten „von erheblicher Bedeutung" beschränkt. Damit besteht eine gewisse Unbestimmtheit und Unsicherheit zur Frage der Anwendbarkeit der Vorschrift; denn wann von „erheblicher Bedeutung" gesprochen werden kann, läßt sich allgemein nur schwer bestimmen (Bottke Meyer-GedSchrift 43) und ob dieses Merkmal erfüllt ist, ergibt sich vielfach erst im Laufe der Ermittlungen (erg 4 zu § 100 a). Bagatelldelikte scheiden jedenfalls aus; die Straftat muß mindestens dem mittleren Kriminalitätsbereich zuzurechnen sein, den Rechtsfrieden empfindlich stören und geeignet sein, das Gefühl der Rechtssicherheit der Bevölkerung erheblich zu beeinträchtigen (Hilger NStZ **92**, 462 Fn 93; vgl auch KK-Nack 21 zu § 110 a; Benfer MDR **94**, 12; Möhrenschlager wistra **92**, 327).

6 B. **Im einzelnen** erfaßt Nr 1 hauptsächlich die in § 100 a I S. 1 Nr 3 und 4 aufgeführten Straftatbestände sowie die §§ 146- 152 a StGB. Nr 2 verweist auf die Kataloge in §§ 74 a, 120 GVG, also insbesondere auf §§ 129, 129 a StGB. Nr 3 meint §§ 306–323 c StGB. Hier gewinnt die Einschränkung, daß es sich um Straftaten von erheblicher Bedeutung handeln muß, besonderes Gewicht, indem geringfügige – gar fahrlässige – Verstöße etwa gegen § 316 StGB eine Rasterfahndung nicht rechtfertigen könnten. Nr 4 erfaßt §§ 174–184 a StGB sowie §§ 211–241 a StGB. Nr 5 nimmt alle gewerbs- oder gewohnheitsmäßig begangenen Straftaten (vgl dazu Tröndle 47 zu § 46 und 43 ff vor § 52 StGB) in den Katalog auf. Nr 6 bezieht in seiner 1. Alternative die Bandendelikte (zB §§ 244 I Nr 2, 244 a, 260 I Nr 2, 260 a, 284 III Nr 2 StGB) mit ein (§§ 30 I Nr 1, 30 a BtMG werden bereits durch Nr 1 erfaßt); die 2. Alternative enthält einen Auffangtatbestand für

alle die Fälle, die nicht unter Nr 1 bis 4 fallen und in denen auch nicht die Kriterien der Nr 5 und Nr 6 1. Alternative vorliegen, aber zureichende Anhaltspunkte dafür bestehen, daß hinter der Tat eine „Organisationsstruktur" steht (Hilger NStZ **92**, 460 Fn 51).

4) **Zureichende tatsächliche Anhaltspunkte** reichen zur Anwendung der Maßnahme aus. Ein bestimmter Grad des Tatverdachts wird nicht gefordert. Dementsprechend genügt das Vorliegen eines Anfangsverdachts und eines Tatversuchs (vgl 6 zu § 100 a); erfaßt werden alle Formen von Täterschaft und Teilnahme (vgl 5 zu § 100 a). 7

5) Nur der **automatisierte Datenabgleich** (oben 2) findet in § 98 a seine Rechtsgrundlage; eine Fahndungsmaßnahme mit Handabgleich ist ein einfacher Ermittlungsvorgang nach §§ 161, 163 (Hilger NStZ **92**, 460 Fn 54). Ziel des Abgleichs ist es, aus einer Vielzahl überwiegend tatunbeteiligter Personen diejenigen herauszufiltern, auf die bestimmte, charakteristische Merkmale zutreffen. Durch die Rasterfahndung werden einerseits die Personen ausgeschieden, auf die die Merkmale nicht passen oder die nicht auf den Täter passende Merkmale aufweisen, andererseits wird die Zahl der verdächtigen Personen durch das Herausfiltern derjenigen mit tätertypischen Merkmalen beschränkt. Der Anwendung des § 98 a bedarf es nicht, wenn Daten abgeglichen werden, die die Strafverfolgungsbehörden nach §§ 94, 110, 161, 163 erlangt haben (KK-Nack 4; Hilger aaO Fn 60). 8

6) **Mitwirkungspflicht der speichernden Stelle** (II–IV): Die private oder öffentliche Stelle, die die benötigten Daten gespeichert hat, ist verpflichtet, sie aus ihren Datenbeständen auszufiltern und den Strafverfolgungsbehörden zu übermitteln. Sie hat sich grundsätzlich auf die Übermittlung dieser Daten zu beschränken. Nur wenn die Trennung einen unverhältnismäßigen Aufwand erfordern würde, dürfen auch andere Daten übermittelt werden. Dies setzt aber eine besondere richterliche (bei Gefahr im Verzug auch staatsanwaltliche) Anordnung nach § 98 b I voraus; mit der Anordnung der Rasterfahndung selbst kann sie nur in einem Beschluß verbunden werden, wenn bereits vorab geklärt worden ist, daß eine Aussonderung der anderen Daten nur mit unverhältnismäßigem Aufwand möglich wäre. Eine Nutzung dieser an sich nicht benötigten Daten ist untersagt (III S. 2). Bereits auf Anordnung der StA hat die speichernde Stelle die den Datenabgleich durchführende Stelle beim Abgleich zu unterstützen (IV). Für ihre Mitwirkung kann die speichernde Stelle nach § 17 a I S. 1 Nr 1, IV, V ZSEG Entschädigung verlangen. Durch die **entsprechende Anwendung des § 95 III** (vgl dazu 10
9 ff zu § 95) ist die zwangsweise Durchsetzung bei Weigerung der speichernden Stelle, ihren Verpflichtungen nach II–IV nachzukommen, sichergestellt (erg 4 zu § 98 b). Zum Verhalten gegenüber Zeugnisverweigerungsberechtigten vgl 6 zu § 95. 9

7) Ein **Verwertungsverbot** besteht nicht deshalb, weil die richterliche Bestätigung nach § 98 b I S. 2 nicht erfolgt ist (vgl 15 zu § 163 d). Unverwertbar sind aber Erkenntnisse, die unter völliger Umgehung des § 98 a erlangt worden sind, oder wenn der Datenabgleich vorgenommen wurde, obwohl von vornherein keine Anhaltspunkte für das Vorliegen einer Katalogtat von erheblicher Bedeutung gegeben waren, oder wenn die Subsidiaritätsklausel (oben 3) mißachtet worden ist (vgl auch Burhoff ErmV 689). 11

8) Die **Revision** kann darauf gestützt werden, daß die Beweiswürdigung auf unverwertbaren Erkenntnissen (oben 11) beruht. Ob bei Anordnung des Datenabgleichs zureichende tatsächliche Anhaltspunkte für eine Katalogtat vorlagen, wird aber vom Revisionsgericht nicht nachgeprüft (vgl 24 zu § 100 a). 12

Anordnung und Ausführung

98b **I Der Abgleich und die Übermittlung der Daten dürfen nur durch den Richter, bei Gefahr im Verzug auch durch die Staatsanwaltschaft angeordnet werden. Hat die Staatsanwaltschaft die Anordnung getroffen, so beantragt sie unverzüglich die richterliche Bestätigung. Die Anordnung tritt außer Kraft, wenn sie nicht binnen drei Tagen von dem Richter bestätigt wird. Die Anordnung ergeht schriftlich. Sie muß den zur Übermittlung Verpflichteten bezeichnen und ist auf die Daten und Prüfungsmerkmale zu beschränken, die für den Einzelfall benötigt werden. Die Übermittlung von Daten, deren Verwendung besondere bundesgesetzliche oder entsprechende landesgesetzliche Verwendungsregelungen entgegenstehen, darf nicht angeordnet werden. Die §§ 96, 97, 98 Abs. 1 Satz 2 gelten entsprechend.**

II Ordnungs- und Zwangsmittel (§ 95 Abs. 2) dürfen nur durch den Richter, bei Gefahr im Verzug auch durch die Staatsanwaltschaft angeordnet werden; die Festsetzung von Haft bleibt dem Richter vorbehalten.

III Sind die Daten auf Datenträgern übermittelt worden, so sind diese nach Beendigung des Abgleichs unverzüglich zurückzugeben. Personenbezogene Daten, die auf andere Datenträger übertragen wurden, sind unverzüglich zu löschen, sobald sie für das Strafverfahren nicht mehr benötigt werden. Die durch den Abgleich erlangten personenbezogenen Daten dürfen in anderen Strafverfahren zu Beweiszwecken nur verwendet werden, soweit sich bei Gelegenheit der Auswertung Erkenntnisse ergeben, die zur Aufklärung einer in § 98 a Abs. 1 bezeichneten Straftat benötigt werden.

IV § 163 d Abs. 5 gilt entsprechend. Nach Beendigung einer Maßnahme gemäß § 98 a ist die Stelle zu unterrichten, die für die Kontrolle der Einhaltung der Vorschriften über den Datenschutz bei öffentlichen Stellen zuständig ist.

1 1) **Zuständig** ist wie bei § 111 II (dort 15) oder § 163 d (dort 14) grundsätzlich der Ermittlungsrichter (§§ 162, 169); er wird nur auf Antrag der StA tätig. Bei Gefahr im Verzug (6 zu § 98) darf die StA die Anordnung treffen, muß diese aber binnen 3 Tagen richterlich bestätigen lassen; zur Fristberechnung vgl 1 zu § 100 b. Soweit sich die Daten in den in § 98 I S. 2 genannten Räumen befinden, ist der Richter ausschließlich zuständig (I S. 7; erg 4 zu § 98).

2 2) **Form der Anordnung:** Die Anordnung, auch die der StA, muß schriftlich (Einl 128) ergehen. Sie muß den Anordnenden erkennen lassen und die zur Übermittlung verpflichtete Stelle und die abzugleichenden Dateien bezeichnen. Inhaltlich ist sie auf die benötigten Daten und Prüfungsmerkmale (§ 98 a I S. 1) zu beschränken (I S. 5). Ferner sind die Tat (6 zu § 98 a) und der Anordnungszweck anzugeben (KK-Nack 3). Im Fall des § 98 a III ist die Anordnung entspr zu ergänzen (vgl 9 zu § 98 a)..

3 3) **Unzulässigkeit der Anordnung** (I S. 6, 7): Regelungen, die der Anordnung entgegenstehen können, ergeben sich zB aus § 30 I **AO**, § 39 PostG, § 35 SGB I, §§ 67 ff SGB X, § 85 TKG (Steuer-, Fernmelde-, Post- und Sozialgeheimnis). Nach § 96 gesperrte und nach § 97 beschlagnahmefreie Daten dürfen in den Datenabgleich nicht einbezogen werden.

4 4) **Ordnungs- und Zwangsmittel,** deren Anordnung nach § 98 a V iVm § 95 II zulässig ist, werden grundsätzlich durch den Richter, bei Gefahr im Verzug (6 zu § 98) auch durch den StA, verhängt. Ordnungshaft (12 ff zu § 70) darf nur der Richter anordnen. Zur Zuständigkeit des Gerichts gilt § 161 a II S. 2 entspr.

5 5) **Maßnahmen nach Durchführung des Datenabgleichs** (III, IV):

6 A. **Unverzüglich zurückzugeben** an die Stelle, die die Daten gespeichert hatte, sind die übermittelten Daten. Auf andere Datenträger übertragene Daten

(dazu Hilger NStZ **97**, 372) sind unverzüglich (8 zu § 25) zu löschen, sobald sie nicht mehr benötigt werden (vgl 7 zu § 100 b). Die Entscheidung über die Vernichtung trifft im Ermittlungsverfahren die StA, danach das mit der Sache befaßte Gericht. Die Aufnahme eines Löschungsprotokolls ist anders als in § 100 b V S. 2 nicht vorgeschrieben, aber schon im Hinblick auf IV S. 2 empfehlenswert (Hilger NStZ **92**, 461 Fn 71).

B. Eine **Benachrichtigung** der Personen, gegen die nach Auswertung der 7
Daten weitere Ermittlungen geführt worden sind, ist erforderlich, es sei denn, daß dadurch eine Gefährdung des Untersuchungszwecks oder der öffentlichen Sicherheit zu besorgen ist (IV S. 1 iVm § 163 d V); die Erläuterungen 25 zu § 163 d
gelten entspr. Ferner sind die **zuständigen Datenschutzbehörden** über den 8
durchgeführten Datenabgleich zu informieren (IV S. 2); diese haben aber nicht die Rechtmäßigkeit der Rasterfahndung, sondern nur die Einhaltung datenschutzrechtlicher Vorschriften zu prüfen (Hilger NStZ **92**, 461 Fn 74).

6) Zufallsfunde: Zur Verfolgung einer anderen Tat iSd § 264 als derjenigen, zu 9
deren Aufklärung die Anordnung nach § 98 a getroffen worden ist, dürfen Erkenntnisse aus dem Datenabgleich nur verwendet werden, wenn sie eine Katalogtat nach § 98 a I (vgl 6 zu § 98 a) betreffen, also insoweit auch die Anordnung einer Rasterfahndung zulässig gewesen wäre (III S. 3). Die Rspr zu § 100 a (dort 19, 20) hat damit hier teilw einen gesetzlichen Niederschlag gefunden (ebenso in § 100 b V idF durch das OrgKG sowie in §§ 100 d V, 100 f, 110 e). Eine Verwertung zulässig erlangter Daten für präventivpolizeiliche Zwecke wird bis zum Erlaß einer vorgesehenen gesetzlichen Regelung als zulässig erachtet (KK-Nack 13; vgl auch § 100 f II).

7) Beschwerde (§ 304) ist gegen die richterliche Anordnung zulässig, solange 10
sie noch nicht durchgeführt worden ist. Weil der Betroffene idR aber erst nach ihrer Durchführung davon erfährt (III, oben 7), ist die Anordnung praktisch der Beschwerde entzogen. Eine nachträgliche Feststellung der Rechtswidrigkeit einer bereits erledigten Maßnahme kommt nicht in Betracht (erg 17, 18 vor § 296).

8) Verwertungsverbot: Beantragt der StA wegen Zweckerreichung keine rich- 11
terliche Bestätigung oder lehnt sie der Richter deswegen ab, steht dies einer Verwertung der gewonnenen Erkenntnisse zunächst nicht entgegen (Hilger NStZ **92**, 460 Fn 66). Zur Kontrolle im weiteren Verfahren vgl aber 11 zu § 98 a und Hilger aaO.

9) Die **Revision** kann auf Verstöße gegen § 98 b grundsätzlich nicht gestützt 12
werden (vgl aber 12 zu § 98 a).

Datenabgleich

98c **Zur Aufklärung einer Straftat oder zur Ermittlung des Aufenthaltsortes einer Person, nach der für Zwecke eines Strafverfahrens gefahndet wird, dürfen personenbezogene Daten aus einem Strafverfahren mit anderen zur Strafverfolgung oder Strafvollstreckung oder zur Gefahrenabwehr gespeicherten Daten maschinell abgeglichen werden. Entgegenstehende besondere bundesgesetzliche oder entsprechende landesgesetzliche Verwendungsregelungen bleiben unberührt.**

1) Keine Rasterfahndung wie in § 98 a, sondern nur die – verfassungsrechtlich 1
unbedenkliche (**aM** Siebrecht StV **96**, 566 wegen fehlender verfahrensrechtlicher Schutzvorkehrungen) – Befugnis zum Abgleich bereits bei der Gefahrenabwehr (zB präventivpolizeiliche Fahndungsdateien, vgl KK-Nack 2; Krey JR **92**, 312; krit SK/StPO-Rudolphi 2) oder bei der Strafverfolgung oder der Strafvollstreckung gewonnener mit personenbezogenen Daten aus einem Strafverfahren regelt die

Vorschrift. Auch Daten aus Melderegistern, insbesondere der Einwohnermeldeämter, werden davon erfaßt (Möhrenschlager wistra **92**, 328).

2 2) **Zulässigkeit:** Der Abgleich darf sowohl zur Aufklärung einer (beliebigen, also nicht nur der im Katalog des § 98 a erwähnten) Straftat als auch zur Ermittlung des Aufenthaltsortes einer Person (Beschuldigter, Zeuge, Sachverständiger) erfolgen. Die Subsidiaritätsklausel des § 98 a I S. 2 (2 zu § 98 a) gilt nicht. Einer schriftlichen Anordnung wie in § 98 b I S. 4, 5 bedarf es nicht. § 98 c geht § 163 d vor (Wittig JuS **97**, 966).

3 3) **Unzulässig** ist der Datenabgleich, ebenso wie die Rasterfahndung nach § 98 b I S. 6, wenn ihm bundes- oder landesgesetzliche Verwendungsregeln entgegenstehen (erg 3 zu § 98 b). Auch strafprozessuale Schutzvorschriften (zB §§ 52 ff, 96, 97, 136 a, 148) können die Verwertung hindern (Hilger NStZ **92**, 461 Fn. 79).

Postbeschlagnahme **RiStBV 77 ff, 84, 85**

99 **Zulässig ist die Beschlagnahme der an den Beschuldigten gerichteten Postsendungen und Telegramme, die sich im Gewahrsam von Personen oder Unternehmen befinden, die geschäftsmäßig Post- oder Telekommunikationsdienste erbringen oder daran mitwirken. Ebenso ist eine Beschlagnahme von Postsendungen und Telegrammen zulässig, bei denen aus vorliegenden Tatsachen zu schließen ist, daß sie von dem Beschuldigten herrühren oder für ihn bestimmt sind und daß ihr Inhalt für die Untersuchung Bedeutung hat.**

1 1) Einen **Eingriff in das Brief-, Post- und Fernmeldegeheimnis** (Art 10 GG) gestattet die Vorschrift und erlaubt den Erbringern von Post- bzw Telekommunikationsdiensten unter Durchbrechung des einfachgesetzlichen Postgeheimnisses (§ 39 PostG) oder Fernmeldegeheimnisses (§ 85 TKG) die Mitwirkung an der Beschlagnahme. Die Postbeschlagnahme nach § 99 ist nur zu dem Zweck zulässig, Beweisgegenstände (3 ff zu § 94) zu gewinnen. Auf Verfalls- und Einziehungsgegenstände (§ 111 b) bezieht sie sich nicht; die Beschlagnahme ist aber nicht deshalb unzulässig, weil der Beweisgegenstand auch dem Verfall oder der Einzie-
2 hung unterliegt (KK-Nack 1). Eine **freiwillige Herausgabe durch ein Postunternehmen** wäre als Verstoß gegen § 39 PostG unzulässig und strafbar gemäß § 206 II StGB (vgl auch Karlsruhe NJW **73**, 208 = JR **73**, 379 mit Anm Meyer; Welp JuS **71**, 242). Das gleiche gilt für andere Behörden, die Postsendungen aufgrund besonderer Ermächtigung, zB nach § 6 VII ZollG, im Gewahrsam haben (BGH **23**, 229, 231; Karlsruhe aaO; Welp 184 und JuS **71**, 241). Ausnahmen gelten, wenn eine Anzeigepflicht nach § 138 I StGB besteht (KK-Nack 3; Welp 163 ff) oder die Voraussetzungen des rechtfertigenden Notstands nach § 34 StGB vorliegen (LK-Schäfer 55 zu § 354 StGB; **aM** SK/StPO-Rudolphi 8; Welp 161 ff).
3 Auch die **Einwilligung des Betroffenen** berechtigt zur Herausgabe (BGH **19**, 273, 278; Welp 71 ff). Da Absender und Empfänger von Postsendungen gegeneinander nicht zur Wahrung des Postgeheimnisses verpflichtet sind, kann jeder von ihnen unabhängig von dem anderen in die Aushändigung einwilligen (BVerwG ArchPF **84**, 178; Bay **74**, 30 = JZ **74**, 393; Hamm MDR **88**, 605; AK/StPO-Amelung 10; SK/StPO-Rudolphi 5; ANM 521 mwN; Welp 72 und Jura **81**, 481).

4 2) **Postbeschlagnahme:**

5 A. **Begriff:** Die Postbeschlagnahme ist die Weisung an ein Postunternehmen, die bereits vorliegenden und/oder die künftig zu erwartenden Postsendungen und Telegramme (Telefax vgl 2 zu § 100 a) oder einzelne von ihnen auszusondern und auszuliefern (LR-G. Schäfer 24). Zur Beschlagnahme ieS kommt es erst, wenn der Richter oder StA entscheidet, daß die Sendung oder Nachricht für die Zwecke des Verfahrens zurückzuhalten ist (Welp 151).

B. Nur **im Verfahren gegen einen bestimmten Beschuldigten** ist die Postbeschlagnahme zulässig. Die Person des Beschuldigten muß feststehen (AG Neustadt SchlHA **49**, 371; EbSchmidt Nachtr 1); sein Name kann aber noch unbekannt sein (KK-Nack 2; LR-G. Schäfer 25). Ein Ermittlungsverfahren muß noch nicht eingeleitet sein; mit der Anordnung nach § 99 kann es eingeleitet werden (SK/StPO-Rudolphi 10; Welp 84). Die Postbeschlagnahme kann noch im Hauptverfahren angeordnet werden, zB zur Aufenthaltsermittlung (KMR-Müller 7), nicht aber nach Urteilsrechtskraft zu Zwecken der Strafvollstreckung (Dresden LZ **22**, 374; LR-G. Schäfer 27; EbSchmidt 3). Im **selbständigen Einziehungsverfahren** nach § 440 ist die Postbeschlagnahme unzulässig (BGH **23**, 329 = JR **71**, 161 mit Anm Meyer; Karlsruhe NJW **73**, 208 = JR **73**, 379 mit Anm Meyer; Rochu JW **32**, 2690; Schäfer JR **28**, 218), auch im Fall des § 444 III S. 1. Ein vorher im subjektiven Verfahren durch Beschlagnahme gewonnenes Beweismittel bleibt aber verwertbar (KK-Nack 2; LR-G. Schäfer 26). 6 7

C. **Bei Personen oder Unternehmen**, die geschäftsmäßig Post- oder Telekommunikationsdienste erbringen oder daran mitwirken, ist die Beschlagnahme zulässig. Die Pflicht zur Herausgabe der anvertrauten Sendungen ist für die Gewahrsamsinhaber von Postsendungen nicht eigens geregelt, § 94 ist entspr anzuwenden. Zum geschäftsmäßigen Erbringen von Post- und Telekommunikationsdiensten vgl § 4 Nr 4 PostG und § 3 Nr 5 TKG. Um eine Postbeschlagnahme handelt es sich nicht bei der Beschlagnahme von Kundenunterlagen bei der Deutschen Postbank AG. Nur **Sendungen im Gewahrsam der Postbeförderer** oder Anbieter von Telekommunikation oder deren Mitwirkenden als Verrichtungs- oder Erfüllungsgehilfen werden von der Beschlagnahme erfaßt. Die Anordnung wirkt noch nicht, solange noch der Absender, und nicht mehr, sobald der Empfänger Gewahrsam hat. Nicht unter § 99 fallen zB Beschlagnahmen im Schalterraum der Post vor Aufgabe der Sendung; hierfür gelten die §§ 94, 98. 8 9

D. **An den Beschuldigten gerichtete Sendungen** (Hs 1) dürfen beschlagnahmt werden, auch wenn sie für einen anderen bestimmt sind. Das setzt voraus, daß der Name, mindestens der Deckname, und die Anschrift des Beschuldigten bekannt sind. Die Bedeutung der Sache als Beweismittel braucht nicht geprüft zu werden (**aM** SK/StPO-Rudolphi 13); steht ihr Fehlen aber fest, so ist § 99 nicht anwendbar (KK-Nack 8). 10

E. **Vom Beschuldigten herrührende Sendungen** oder solche, die, obwohl nicht an ihn adressiert, für ihn bestimmt sind (Hs 2). Das muß aus Tatsachen geschlossen werden; bloße Vermutungen genügen nicht (LR-G. Schäfer 37). Falls genügend andere Anhaltspunkte zur Identifizierung der Sendung vorliegen, schadet es nichts, daß Name und Anschrift des Beschuldigten noch nicht bekannt sind. Erfaßt werden dürfen hier aber nur Sendungen, deren Inhalt für die Untersuchung von Bedeutung ist (dazu 8 zu § 94). Auch dafür reichen bloße Vermutungen nicht aus. Vielmehr müssen Tatsachen vorliegen, die es als möglich erscheinen lassen, daß der Gegenstand als Beweismittel in Betracht kommt (KK-Nack 8). 11

F. Der **Verhältnismäßigkeitsgrundsatz** (Einl 20) gebietet, daß die Postbeschlagnahme nur angeordnet wird, wenn ein nicht nur in geringem Maß konkretisierter Verdacht für eine nicht nur geringfügige Tat besteht (SK/StPO-Rudolphi 4). Eine besondere Stärke des Tatverdachts wird aber nicht vorausgesetzt. Im Privatklageverfahren kommt die Anwendung des § 99 idR nicht in Betracht. Zur zeitlichen und sachlichen Beschränkung der Anordnung vgl 5 zu § 100. 12

G. **Ausgenommen** von der Beschlagnahme ist wegen § 148 (dort 2) die Verteidigerpost, es sei denn, gegen den Verteidiger besteht der Verdacht der Tatbeteiligung (KK-Nack 11; erg 38 zu § 97). Zur Zulässigkeit der Beschlagnahme von Abgeordneten- und Journalistenpost vgl Groß StV **96**, 565. 12 a

3) Auskunftsverlangen statt Beschlagnahme: In der Beschlagnahmebefugnis ist das geringere Recht enthalten, von einem Postunternehmen Auskunft über Post- 13

sendungen zu verlangen (LR-G. Schäfer 38 ff; Kurth NStZ **83**, 541; Reinfeld ArchPF **78**, 208; Welp 124 ff; so auch die BReg in BT-Drucks 13/8453 S.12; vgl ferner RiStBV 84), und zwar im selben Umfang und unter denselben Voraussetzungen (§ 100 I), unter denen die Postbeschlagnahme zulässig wäre. Die Auskunft erstreckt sich idR nur auf die äußeren Merkmale der Sendung (Absender, Empfänger, Sendungsart) und die Daten des Postverkehrs. Ist dem Postunternehmen der Inhalt der Sendung auf rechtmäßige Weise bekanntgeworden, so darf aber auch hierüber Auskunft verlangt und erteilt werden. Das Auskunftsrecht über Verkehrsdaten bereits abgewickelter Telekommunikation ist in dem – noch bis 31. 12. 1999 geltenden (BGBl 1997 I 3118) – § 12 FAG geregelt (dazu RiStBV 85), die Überwachung künftiger Telekommunikation richtet sich nach § 100 a. Bestandsdaten der Kunden von Telekommunikationsunternehmen unterfallen nicht dem Post- und Fernmeldegeheimnis. Ein besonderes Verfahren (unter Einschaltung der Regulierungsbehörde für Telekommunikation und Post) zur Ermittlung von Telekommunikationsanschlüssen (Rufnummer, Name und Anschrift des Inhabers) sieht § 90 TKG vor (dazu Klesczewski JZ **97**, 719; vgl auch Thommes StV **97**, 661).

14 4) Ein **Verwertungsverbot** besteht, wenn das Beweismittel erlangt wurde, ohne daß die Voraussetzungen für eine Postbeschlagnahme vorlagen (BGH **23**, 329, 331; AK/StPO-Amelung 14 mwN); dies ist auf Revision des Betroffenen zu beachten (SK/StPO-Rudolphi 22; vgl im übrigen ANM 522).

Zuständigkeit

100 **I Zu der Beschlagnahme (§ 99) ist nur der Richter, bei Gefahr im Verzug auch die Staatsanwaltschaft befugt.**

II Die von der Staatsanwaltschaft verfügte Beschlagnahme tritt, auch wenn sie eine Auslieferung noch nicht zur Folge gehabt hat, außer Kraft, wenn sie nicht binnen drei Tagen von dem Richter bestätigt wird.

III Die Öffnung der ausgelieferten Gegenstände steht dem Richter zu. Er kann diese Befugnis der Staatsanwaltschaft übertragen, soweit dies erforderlich ist, um den Untersuchungserfolg nicht durch Verzögerung zu gefährden. Die Übertragung ist nicht anfechtbar; sie kann jederzeit widerrufen werden. Solange eine Anordnung nach Satz 2 nicht ergangen ist, legt die Staatsanwaltschaft die ihr ausgelieferten Gegenstände sofort, und zwar verschlossene Postsendungen ungeöffnet, dem Richter vor.

IV Über eine von der Staatsanwaltschaft verfügte Beschlagnahme entscheidet der nach § 98 zuständige Richter. Über die Öffnung eines ausgelieferten Gegenstandes entscheidet der Richter, der die Beschlagnahme angeordnet oder bestätigt hat.

1 **1) Beschlagnahmeanordnung:**

2 A. **Zuständig** für die Postbeschlagnahme ist in 1. Hinsicht der Richter, der StA nur bei Gefahr im Verzug (dazu 6 zu § 98); Hilfsbeamte dürfen nicht einmal mit dem Vollzug der Anordnung beauftragt werden (LG Freiburg DRZ **48**, 258; SK/StPO-Rudolphi 3).

3 B. Eine bestimmte **Form** ist nicht vorgeschrieben. Richterliche Anordnungen ergehen üblicherweise durch Beschluß, Anordnungen der StA auch mündlich, telefonisch, telegrafisch oder durch Fernschreiber. Mündliche Anordnungen müssen aber schriftlich bestätigt werden. Eine vorherige Anhörung des Betroffenen kommt nicht in Betracht (§ 33 IV S. 1).

4 C. **Inhaltlich** muß die Anordnung erkennen lassen, von wem sie stammt und daß sie in einem Ermittlungs- oder Strafverfahren gegen einen bestimmten Beschuldigten erlassen worden ist. Die sonstigen Zulässigkeitsvoraussetzungen des

§ 99 brauchen nicht dargelegt zu werden. Genau zu bezeichnen, und zwar mit ihren postamtlichen Bezeichnungen (RiStBV 77 III), sind aber die zu beschlagnahmenden Sendungen (BGH NJW **56**, 1805, 1806; LR-G. Schäfer 6; Welp 157 ff); der Umfang der Beschlagnahme darf nicht zweifelhaft sein (vgl auch RiStBV 77). Bei Sendungen an den Beschuldigten müssen der volle Name und der Bestimmungsort, bei größeren Orten auch die genaue Anschrift angegeben werden (RiStBV 78 I S. 2). Bei an den Beschuldigten gerichteten Sendungen bedarf es der Angabe des Ortes, an dem sie vermutlich aufgegeben werden, und des Absenders (vgl RiStBV 78 II S. 1). Die wahrscheinlich als Empfänger in Betracht kommenden Personen sollten ebenfalls angegeben werden.

D. **Beschränkungen** sind in zeitlicher Hinsicht möglich und idR geboten (vgl RiStBV 80 I S. 1). Zulässig sind auch sachliche Beschränkungen, zB auf geschlossene Briefe, Postkarten oder Pakete und Päckchen (vgl RiStBV 77 II S. 1). 5

E. Die **Bekanntgabe** der Anordnung an den Beschuldigten und sonstige Betroffene muß idR unterbleiben. Sie erfolgt erst, wenn das ohne Gefährdung des Untersuchungszwecks möglich ist (§ 101 I; dort 4). 6

2) Die **gerichtliche Bestätigung** der Beschlagnahmeanordnung der StA (II) ist innerhalb von 3 Tagen nach dem Tag des Eingangs der Beschlagnahmeverfügung bei der Post (KK-Nack 4) erforderlich. Die Frist wird nach § 42 berechnet; § 43 II gilt nicht. Die StA muß die Bestätigung unverzüglich beantragen, sofern sie ihre Anordnung nicht aufhebt. Trifft die richterliche Bestätigung nicht bis zum Fristablauf bei dem Postunternehmen ein, so erlischt die Beschlagnahmeanordnung der StA ohne weiteres, jedoch nicht rückwirkend; bereits ausgelieferte Sendungen bleiben beschlagnahmt. Bestätigt das Gericht die Anordnung nach Ablauf der Frist, so gilt das als neue richterliche Beschlagnahmeanordnung (LR-G. Schäfer 15). Die Prüfung des Gerichts hat denselben Umfang wie bei § 98 II (dort 17). 7

3) Die **Durchführung der Beschlagnahme** obliegt der StA. Sie leitet die Beschlagnahmeanordnung dem Postunternehmen zu, das die bezeichneten Sendungen aussondert und abliefert. Die Strafverfolgungsbehörden dürfen nicht etwa die Räume der Post durchsuchen und die Postsendungen selbst aussondern (KMR-Müller 5; LR-G. Schäfer 17). Die mündlich übermittelte Anordnung führt die Post in der Weise aus, daß sie die Sendungen aussondert und bis zum Eingang der schriftlichen Bestätigung zurückhält. Die Rechtmäßigkeit der Anordnung hat die Post in keinem Fall zu prüfen. Verweigert das Postunternehmen die Mitwirkung, wird die Verhängung von Ordnungsgeld entspr §§ 161 a II, 77 in Betracht zu ziehen sein. 8

4) Öffnung der Sendungen (III): Der Richtervorbehalt nach III S. 1 wird durch die Übertragungsbefugnis nach III S. 2 eingeschränkt. Der Richter, der die Postbeschlagnahme angeordnet oder bestätigt hat, kann die Sendungen selbst öffnen oder die Öffnungsbefugnis auf den StA übertragen, wenn und soweit das wegen Gefahr im Verzug erforderlich ist, also in Fällen, in denen der Erfolg der Ermittlungen von einem sofortigen Eingriff der StA abhängt und damit zu rechnen ist, daß sich aus der beschlagnahmten Post Anhaltspunkte für die Art, den Umfang oder den Ort weiterer Ermittlungen ergeben (BT-Drucks 7/551 S. 65). Die Übertragung kann jederzeit widerrufen werden (III S. 3 Hs. 2). Die Freigabe von Sendungen, deren Öffnung nicht angeordnet oder deren Zurückbehaltung nicht erforderlich ist, und die Erteilung von Abschriften bestimmt § 101 II S. 1, III. 9

5) Aufzuheben ist die richterliche Anordnung, wenn ihr Zweck bereits erreicht oder nicht mehr erreichbar ist. Wegen der Anordnung der StA vgl oben 7. Zuständig ist der Richter, die StA nur, wenn sie die Anordnung selbst getroffen hat und dem Gericht noch keine Sendungen vorgelegt worden sind. Die Bekanntgabe der Aufhebung an das Postunternehmen ist immer Sache der StA (LR-G.Schäfer 30). 10

6) Für **Auskunftsersuchen** (12 zu § 99) gilt § 100 entspr. Da das Ersuchen nur eine gewöhnliche Ermittlungshandlung ist, entfallen die Gewährung des rechtli- 11 chen Gehörs, die Bekanntmachung und die Möglichkeit der Anfechtung (LR-G. Schäfer 34). § 101 gilt nicht entspr. Eine richterliche Bestätigung (II) ist für Auskunftsersuchen der StA (Kurth NStZ **83**, 542; Welp 126), nicht aber für Ersuchen nach § 12 FAG (dazu 13 zu § 99) erforderlich. Das Postunternehmen erteilt die Auskunft schriftlich oder durch die Zeugenaussage ihrer Bediensteten (Kurth NStZ **83**, 541; Welp 129 ff).

12 7) **Anfechtung:** Beschwerde nach § 304 gegen richterliche Anordnungen und Bestätigungen können die Prozeßbeteiligten und die Absender oder Empfänger der Sendungen einlegen, sofern die Anordnung noch besteht. Auch dem Postunternehmen als (nach der Postreform) privatem Mitwirkungspflichtigen wird nunmehr ein Beschwerderecht zuzugestehen sein. Die nachträgliche Feststellung der Rechtswidrigkeit der Anordnung ist idR ausgeschlossen (Karlsruhe GA **79**, 231; **aM** LR-G. Schäfer 37; SK/StPO-Rudolphi 14; Welp 116; erg 17 ff vor § 296). Anordnungen der StA sind unanfechtbar, da sie ohnehin nur bis zu ihrer richterlichen Bestätigung wirksam bleiben (II). Werden einzelne ausgesonderte Sendungen beschlagnahmt (4 zu § 99), so ist hiergegen die Beschwerde nach § 304 ohne Rücksicht auf die Fortdauer der Anordnung nach § 99 zulässig. Die Übertragung nach III S. 2 ist unanfechtbar (III S. 3 Hs 1).

13 8) Die **Revision** kann auf Verstöße gegen § 100 nicht gestützt werden (KK-Nack 12 zu § 99; SK/StPO-Rudolphi 17 und 23 zu § 99; ANM 522).

Überwachung der Telekommunikation **RiStBV 85 V**

100a Die Überwachung und Aufzeichnung der Telekommunikation darf angeordnet werden, wenn bestimmte Tatsachen den Verdacht begründen, daß jemand als Täter oder Teilnehmer

1. a) Straftaten des Friedensverrats, des Hochverrats und der Gefährdung des demokratischen Rechtsstaates oder des Landesverrats und der Gefährdung der äußeren Sicherheit (§§ 80 bis 82, 84 bis 86, 87 bis 89, 94 bis 100 a des Strafgesetzbuches, § 20 Abs. 1 Nr. 1 bis 4 des Vereinsgesetzes),
b) Straftaten gegen die Landesverteidigung (§§ 109 d bis 109 h des Strafgesetzbuches),
c) Straftaten gegen die öffentliche Ordnung (§§ 129 bis 130 des Strafgesetzbuches, § 92 Abs. 1 Nr. 7 des Ausländergesetzes),
d) ohne Soldat zu sein, Anstiftung oder Beihilfe zur Fahnenflucht oder Anstiftung zum Ungehorsam (§§ 16, 19 in Verbindung mit § 1 Abs. 3 des Wehrstrafgesetzes),
e) Straftaten gegen die Sicherheit der in der Bundesrepublik Deutschland stationierten Truppen der nichtdeutschen Vertragsstaaten des Nordatlantikvertrages oder der im Land Berlin anwesenden Truppen einer der Drei Mächte (§§ 89, 94 bis 97, 98 bis 100, 109 d bis 109 g des Strafgesetzbuches, §§ 16, 19 des Wehrstrafgesetzes in Verbindung mit Artikel 7 des Vierten Strafrechtsänderungsgesetzes),

2. eine Geld- oder Wertpapierfälschung (§§ 146, 151, 152 des Strafgesetzbuches),
einen schweren Menschenhandel nach § 181 Abs. 1 Nr. 2, 3 des Strafgesetzbuches,
einen Mord, einen Totschlag oder einen Völkermord (§§ 211, 212, 220 a des Strafgesetzbuches),
eine Straftat gegen die persönliche Freiheit (§§ 234, 234 a, 239 a, 239 b des Strafgesetzbuches),
einen Bandendiebstahl (§ 244 Abs. 1 Nr. 3 des Strafgesetzbuches) oder einen schweren Bandendiebstahl (§ 244 a des Strafgesetzbuches),
einen Raub oder eine räuberische Erpressung (§§ 249 bis 251, 255 des Straf-

gesetzbuches),
eine Erpressung (§ 253 des Strafgesetzbuches),
eine gewerbsmäßige Hehlerei, eine Bandenhehlerei (§ 260 des Strafgesetzbuches) oder eine gewerbsmäßige Bandenhehlerei (§ 260 a des Strafgesetzbuches),
eine Geldwäsche, eine Verschleierung unrechtmäßig erlangter Vermögenswerte nach § 261 Abs. 1, 2 oder 4 des Strafgesetzbuches,
eine gemeingefährliche Straftat in den Fällen der §§ 306 bis 306 c oder 307 Abs. 1 bis 3, des § 308 Abs. 1 bis 3, des § 309 Abs. 1 bis 4, des § 310 Abs. 1, der §§ 313, 314 oder 315 Abs. 3, des § 315 b Abs. 3 oder der §§ 316 a oder 316 c des Strafgesetzbuches,

3. **eine Straftat nach § 52 a Abs. 1 bis 3, § 53 Abs. 1 Satz 1 Nr. 1, 2, Satz 2 des Waffengesetzes, § 34 Abs. 1 bis 6 des Außenwirtschaftsgesetzes oder nach § 19 Abs. 1 bis 3, § 20 Abs. 1 oder 2, jeweils auch in Verbindung mit § 21, oder § 22 a Abs. 1 bis 3 des Gesetzes über die Kontrolle von Kriegswaffen,**
4. **eine Straftat nach einer in § 29 Abs. 3 Satz 2 Nr. 1 des Betäubungsmittelgesetzes in Bezug genommenen Vorschrift unter den dort genannten Voraussetzungen oder eine Straftat nach §§ 29 a, 30 Abs. 1 Nr. 1, 2, 4, § 30 a oder § 30 b des Betäubungsmittelgesetzes oder**
5. **eine Straftat nach § 92 a Abs. 2 oder § 92 b des Ausländergesetzes oder nach § 84 Abs. 3 oder § 84 a des Asylverfahrensgesetzes**

begangen oder in Fällen, in denen der Versuch strafbar ist, zu begehen versucht oder durch eine Straftat vorbereitet hat, und wenn die Erforschung des Sachverhalts oder die Ermittlung des Aufenthaltsortes des Beschuldigten auf andere Weise aussichtslos oder wesentlich erschwert wäre. Die Anordnung darf sich nur gegen den Beschuldigten oder gegen Personen richten, von denen auf Grund bestimmter Tatsachen anzunehmen ist, daß sie für den Beschuldigten bestimmte oder von ihm herrührende Mitteilungen entgegennehmen oder weitergeben oder daß der Beschuldigte ihren Anschluß benutzt.

1) Einen **Eingriff in die Grundrechte des Post- und Fernmeldegeheimnisses** (Art 10 GG) und des allgemeine Persönlichkeitsrechts (Art 2 GG) erlaubt die Vorschrift (BGH **27**, 355, 357; **31**, 296, 298). Der Grundrechtsschutz endet jedoch am Endgerät des Fernsprechteilnehmers (BGH **42**, 139, 154). Daher liegt kein rechtswidriger Eingriff vor, wenn auch nur einer der Teilnehmer am Fernmeldeverkehr damit einverstanden ist, daß ein Dritter mithört, gleichgültig, ob es sich um eine Privatperson oder einen Polizeibeamten handelt (BGH aaO; **39**, 335 mwN = NStZ **94**, 292 mit zust Anm Welp; zust auch Krey pE 91; abl hingegen Tietje MDR **94**, 1978 unter Hinweis auf eine Entscheidung des EGMR vom 23. 11. 1993 zu Art 8 I MRK; abl auch Dencker StV **94**, 675; Lisken NJW **94**, 2069; wie BGH aber auch Hamm NStZ **88**, 515 mit abl Anm Amelung = StV **88**, 374 mit abl Anm Krehl; ANM 521 mwN in Fn 681). Die Vorschrift enthält neben Art 1 § 1 **G 10** eine abschließende Regelung (BGH **31**, 304, 306; **34**, 39, 50; HmbVerfG NJW **89**, 1081), von der zurückhaltend Gebrauch gemacht werden sollte (Kaiser NJW **69**, 20; Rudolphi Schaffstein-FS 436; Zuck NJW **69**, 911). Eine erweiternde Auslegung kommt nicht in Betracht (BGH **26**, 298, 303; **31**, 296, 298). Insbesondere gestattet § 100 a nicht das heimliche Abhören eines nichtöffentlichen Gesprächs außerhalb des Fernmeldeverkehrs (BGH **34**, 39, 50 = JR **87**, 212 mit Anm Meyer; Bottke Jura **87**, 356; Krey ZStW **101**, 859; Küpper JZ **90**, 422) oder die Verwertung von „Raumgesprächen", deren Abhören bei der Telefonüberwachung durch das versehentliche Nichtauflegen des Hörers ermöglicht wurde (BGH **31**, 296 = JR **84**, 254 mit Anm Amelung = NStZ **83**, 517 mit Anm Geerds; dazu auch Gössel JZ **84**, 361; Küpper aaO); dasselbe gilt für nach Abnahme des Hörers geführte „Raumgespräche" (**aM** Düsseldorf NJW **95**, 975). 1

Die Verwertung der Ergebnisse der Telefonüberwachung ist auch im anwaltsgerichtlichen Verfahren zulässig (BGH **26**, 298; krit Maiwald JuS **78**, 379); im Bußgeldverfahren gilt § 100 a nicht (§ 46 III S. 1 OWiG).
1 a Die **Überwachung nach Art 1 § 1 G 10** macht die nach § 100 a weder überflüssig, noch schließt sie sie aus (Welp DÖV **70**, 271). Bei der Überwachung nach Art 1 § 3 I **G 10** erlangte personenbezogene Daten sind nach der durch das Verbrechensbekämpfungsgesetz 1994 getroffenen Neuregelung (vgl dazu Arndt NJW **95**, 169; Gusy/Hueck NJ **95**, 461; Krüger Kriminalistik **95**, 44; Riegel ZRP **95**, 176) gemäß V der Vorschrift vollständig zur Verhinderung, Aufklärung oder Verfolgung von bestimmten in III der Vorschrift bezeichneten Straftaten u.a. den StAen und, vorbehaltlich der staatsanwaltschaftlichen Leitungsbefugnis, den Polizeien zu übermitteln, soweit dies zur Erfüllung ihrer Aufgaben erforderlich ist (einschr BVerfG NJW **96**, 114; vgl **G 10** Fn 1 und 2 zu § 3). Wenn die übermittelten Daten dazu nicht mehr erforderlich sind, sind sie nach VI der Vorschrift unverzüglich zu löschen.

2 2) **Fernmeldeverkehr** ist der technische Vorgang des Aussendens, Übermittelns und Empfangens von Nachrichten jeglicher Art in der Form von Zeichen, Sprache, Bildern oder Tönen mittels technischer Einrichtungen oder Systeme, die als Nachrichten identifizierbare elektromagnetische oder optische Signale senden, übertragen, vermitteln, empfangen, steuern oder kontrollieren können (vgl § 3 Nr 16 und 17 TKG). Da bei der Überwachung stets derjenige, der Telekommunikationsdienste leistet, mitwirken muß (§ 100 b III), erfaßt die Vorschrift keine Anlagen, die der Eigenversorgung ihres Betreibers (behörden- oder betriebsinterne Anlagen) oder einer geschlossenen Benutzergruppe dienen, auch nicht Notrufsäulen an Autobahnen und ähnliche Einrichtungen der Polizei. Die Beschlagnahme von Telegrammen ist bereits nach § 99 zulässig; § 100 a ist insoweit nicht anwendbar, gilt aber, wie sich nun eindeutig aus der Definition in § 3 Nr 16 und 17 TKG ergibt, für den Fernschreib- und Fernkopier- (Telefax-)Verkehr (vgl auch Lührs wistra **95**, 20 sowie Eisenberg/Nischan zum strafprozessualen Zugriff auf digitale multimediale Videodienste JZ **97**, 74). BGH NJW **97**, 1934 (Ermittlungsrichter) hat den einmaligen Zugriff auf die Daten gestattet, die in den unter den überwachten Telefonanschlüssen erreichbaren Mailboxen gespeichert sind; Palm/Roy NJW **97**, 1904 halten hingegen § 100 a für unanwendbar und nur die Durchsuchung und Beschlagnahme für zulässig. Eingehend zu den Zugriffen auf in Mailboxen gespeicherten Nachrichten KK-Nack 7 ff, der 3 Phasen unterscheidet: Absenden der Nachricht bis zum Ankommen im Speicher des Mailbox-Betreibers, Ruhen der Nachricht auf dem Speicher, Abrufen der Nachricht durch den Empfänger; für die 1. und 3. Phase gelte § 100 a, für die 2. hingegen § 94. Zu den nach § 100 a zu übermittelnden Informationen zählt LG Dortmund (NStZ **98**, 577) auch die Positionsmeldungen nicht telefonierender Mobiltelefone.

3 3) Die **Überwachung und Aufzeichnung** läßt § 100 a zu. Bei der Fernsprechüberwachung muß beides angeordnet werden (3 zu § 100 b). Die Überwachung des Fernschreibverkehrs besteht im Mitlesen (§ 100 b III); zu diesem Zweck darf er ohne besondere Anordnung auf Schriftträger übertragen werden. Eine Beschränkung der Aufnahmemöglichkeit auf Mitteilungen bestimmter Art, zB auf solche, die unmittelbar der Verbrechensaufklärung dienen oder den Verdacht einverständlichen Zusammenwirkens begründen, sieht § 100 a nicht vor; sie wäre auch nicht durchführbar (Rudolphi Schaffstein- FS 434; einschr Blei JA **69**, 133). Für die Einrichtung von Fangschaltungen und Zählervergleichseinrichtungen (dazu BGH **35**, 32 = NStZ **88**, 142 mit Anm Dörig), ist durch § 10 b FAG (BGBl I 2367) iVm der Fernmeldeverkehr-Überwachungs-VO vom 18. 5. 1995 (BGBl I 722) die vom BVerfG vermißte (BVerfGE **85**, 386 = NJW **92**, 1875 = JZ **92**, 1015 mit Anm Gusy; vgl auch Schatzschneider NJW **93**, 2029) gesetzliche Eingriffsgrundlage geschaffen worden. Von dem Betreiber einer Fernmeldeanlage nach § 12 FAG zur Verfügung gestellte Daten dürfen nach Ansicht des BGH (NJW **93**, 1212; StV **98**, 173) verwertet werden (abl Klesczewski NStZ **93**, 446 und StV **93**, 382; vgl auch

Welp NStZ **94**, 209, 214, der zutr auf die Gefahr hinweist, daß statt eines unzulässigen Auskunftsersuchens mit Wirkung für die Zukunft nach § 100 a zugewartet und dann zulässigerweise nach § 12 FAG die gespeicherten Daten abgefragt werden); § 12 FAG tritt allerdings mit Wirkung vom 31. 12. 1999 außer Kraft (BGBl 1997 I 3118). Bei Kidnapping ist eine Telefonüberwachung bis zur Schaffung der erforderlichen gesetzlichen Regelung nach § 32 StGB erlaubt (Nelles Stree/Wessels-FS 719).

4) Straftatenkatalog: Die Auswahl der Katalogtaten, die auch unter Berufung 4
auf § 34 StGB nicht erweitert werden darf (SK/StPO-Rudolphi 10; Welp 61; **aM** Suppert, Studien zur Notwehr und „notwehrähnlichen Lage", 1973, S. 243), bedeutet die Entscheidung des Gesetzgebers darüber, in welchen Fällen die Anordnung mit dem Verhältnismäßigkeitsgrundsatz vereinbar erscheint. Der Subsidiaritätsgrundsatz (unten 7) trägt ihm ebenfalls Rechnung. Weitere Einschränkungen gebietet der Verhältnismäßigkeitsgrundsatz (KK-Nack 26; LR-G. Schäfer 14; Maiwald JuS **78**, 382; Prittwitz StV **84**, 304; vgl auch Groß StV **96**, 564; **aM** Voraufl).
Die **Teilnahme an der Katalogtat** (§§ 25 ff StGB) steht der Täterschaft gleich, 5
nicht aber Strafvereitelung und Begünstigung. Der strafbare Versuch der Tat, auch die Teilnahme am Versuch, wird wie die Vollendung behandelt. Vorbereitungshandlungen und die Teilnahme daran rechtfertigen die Überwachung nur, wenn sie ihrerseits als selbständige Straftaten oder nach § 30 StGB (BGH **32**, 10, 16; Schnarr NStZ **90**, 259) strafbar sind; die Anordnung nach § 100 a ergeht in dem Verfahren wegen dieser Tat.

5) Der **Tatverdacht** muß weder hinreichend iS § 203 noch dringend iS des 6
§ 112 I S. 1 (BGH 5 StR 9/80 vom 26. 2. 1980; LR-G. Schäfer 12) sein, auch wenn die Überwachung zur Aufenthaltsermittlung angeordnet wird (**aM** KK-Nack 25; LR-G.Schäfer 14; SK/StPO-Rudolphi 13; Rudolphi Schaffstein-FS 437; Schlüchter 349: mindestens die Voraussetzungen des § 127 II müssen vorliegen). Er darf aber nicht nur unerheblich sein (BGH **41**, 30, 33 = JR **96**, 212 mit Anm Küpper; Bay **82**, 40, 42; Joecks JA **83**, 59). Es müssen bestimmte Tatsachen (7 zu § 112) vorliegen, die unmittelbar oder als Beweisanzeichen den Verdacht einer Katalog- oder Vorbereitungstat begründen. Sie können der äußeren oder inneren Geschehenswelt angehören; auch kriminalistische Erfahrungen können berücksichtigt werden (LR-G. Schäfer 12). Ein Beurteilungsspielraum muß dabei dem Anordnenden zugestanden werden (BGH aaO; **aM** Bernsmann NStZ **95**, 512; Störmer StV **95**, 653). Der Verdacht muß bereits ein gewisses Maß an Konkretisierung erreicht haben (Roxin § 34 C IV 3 a). Auf Rechtswidrigkeit und Schuld braucht er sich nicht zu erstrecken (LR-G. Schäfer 12; **aM** KMR-Müller 2; Malek NJ **92**, 242); § 100 a ist auch im Sicherungsverfahren nach §§ 413 ff anwendbar.

6) Subsidiaritätsgrundsatz (dazu allg Rieß Meyer- GedSchr 367): Die Über- 7
wachung ist nur zulässig, wenn sie unentbehrlich ist, weil andernfalls die Erforschung des Sachverhalts oder die Ermittlung des Aufenthaltsorts des Beschuldigten aussichtslos oder wesentlich erschwert sein würde. Aussichtslos ist sie, wenn andere Aufklärungsmittel nicht vorhanden sind. Stehen sie zur Verfügung, so müssen die Erfolgsaussichten, die sie bieten, mit denen der Überwachung verglichen werden. Wenn diese entscheidend höher zu veranschlagen sind, ist die Überwachung zulässig (SK/StPO-Rudolphi 13; Rudolphi Schaffstein-FS 437). Eine wesentliche Erschwerung liegt insbesondere vor, wenn die Benutzung anderer Aufklärungsmittel einen erheblich größeren Zeitaufwand erfordern und daher zu einer wesentlichen Verfahrensverzögerung führen würde (KK-Nack 25; vgl auch Rieß aaO 385). Größerer Arbeitsaufwand rechtfertigt die Maßnahme nur, wenn er so umfangreich wäre, daß die Strafverfolgungsinteressen eindeutig überwiegen (LR-G. Schäfer 13). Der Kostenaufwand darf grundsätzlich keine Rolle spielen (KK-Nack 25; LR-G. Schäfer 13; Joecks JA **83**, 59; Rudolphi aaO; Schlüchter 349; **aM** Franke/Wienroeder 33; KMR-Müller 11; Welp 67 Fn 106). Soweit auch der

Einsatz eines anderen Eingriffs, der einer gleichartigen Subsidiaritätsklausel unterliegt, in Betracht kommt (§§ 100 c, 110 a), hat der Anordnende die Wahl (krit Bernsmann/Jansen StV **98**, 222; denn der Gesetzgeber hat eine Regelung, in welchem Verhältnis die einzelnen Eingriffsmöglichkeiten zueinander stehen, nicht getroffen und es läßt sich nicht behaupten, daß eine Telefonüberwachung grundsätzlich ein schwererer Eingriff wäre als etwa der Einsatz eines Verdeckten Ermittlers (vgl BGH **41**, 30, 36). Der Anordnende wird aber darauf Bedacht nehmen müssen, welcher Eingriff den Betroffenen im konkreten Fall mutmaßlich am wenigsten stark belastet.

8 **7) Betroffene** (S. 2): Die Anordnung darf sich nur gegen bestimmte Personen richten. Verwertbar ist aber nicht nur der Inhalt von Gesprächen dieser Personen, sondern auch der von Gesprächen, die unbeteiligte Personen über deren Anschluß führen (BGH **29**, 23; KK-Nack 48; ANM 523; **aM** Knauth NJW **78**, 741;
9 Prittwitz StV **84**, 308; Welp Jura **81**, 484). In 1. Hinsicht kommt der **Beschuldigte** als Betroffener in Betracht, also der Tatverdächtige, gegen den bereits ein Ermittlungsverfahren eingeleitet ist oder gegen den es mit der Anordnung nach § 100 a eingeleitet wird (Einl 76 ff). Seine Identität braucht noch nicht festzustehen. Zur Ermittlung des Aufenthalts kann die Anordnung auch gegen Angeschuldigte und Angeklagte (vgl § 157) getroffen werden, nicht aber gegen rechtskräftig Verurteilte
10 (LR-G. Schäfer 20; Welp 52). Auch gegen **Nichtverdächtige** läßt § 100 a – verfassungsrechtlich unbedenklich (BVerfGE **30**, 1, 22 = NJW **71**, 275, 280; BGH **29**, 23, 25) – die Überwachung zu, selbst wenn sie nach §§ 52 ff zeugnisverweigerungsberechtigt sind (Beulke Jura **86**, 644; **aM** Schmitt [1 zu § 53] 72; einschr für § 53: KK-Nack 29; Kühne StV **98**, 686; Köhler ZStW **107**, 43: nur bei Verdacht der „aktuellen Deliktsverstrickung"; anders § 100 d III; zum Verteidiger vgl unten 13). Der Eingriff in den Fernmeldeverkehr tatunverdächtiger Personen setzt aber hinreichend begründete Erfolgsaussichten voraus und muß so gering wie möglich gehalten werden. Eine Dauerüberwachung kommt idR nicht in Betracht (Joecks
11 JA **83**, 60). Die Anordnung kann sich vor allem gegen die sog **Nachrichtenmittler** richten, also gegen Personen, von denen aufgrund bestimmter Tatsachen (oben 6) anzunehmen ist, daß sie Nachrichten, die an den Beschuldigten gerichtet oder von ihm unmittelbar oder mittelbar ausgegangen sind, entgegennehmen oder weiterleiten (BGH NJW **94**, 2904, 2907). Daß sie gutgläubig sind, steht der Anordnung nicht entgegen (Joecks aaO; Kaiser NJW **69**, 19; Welp 76 ff). Sie brauchen weder Art und Inhalt der Mitteilung noch ihre Bezogenheit auf die Tat
12 zu kennen. Ferner ist die Überwachung von Personen zulässig, deren **Anschluß der Beschuldigte benutzt,** auch wenn sie hiervon keine Kenntnis haben (LR-G. Schäfer 21; Beulke Jura **86**, 643), zB Nachbarn, Freunde, Bekannte, Gastwirte, auch Wirtschaftsunternehmen (Rudolphi Schaffstein-FS 434 und ZRP **76**, 167), aber nicht Behörden (KK-Nack 34; **aM** KMR-Müller 8), sofern sie der Überwachung nicht ausdrücklich zustimmen (SK/StPO-Rudolphi 18). Auch die Überwachung von Telefonzellen ist zulässig (Knauth NJW **77**, 1512 Fn 14; Maiwald JuS **78**, 383; krit Welp 78 ff), nicht jedoch die Überwachung des Anschlusses eines vermeintlichen Opfers einer Schutzgelderpressung ohne dessen Einwilligung (**aM**
13 KK-Nack 27; Mahnkopf/Döring NStZ **95**, 112). Der Telefonanschluß des **Verteidigers** darf im Hinblick auf § 148 nicht abgehört werden (BGH **33**, 347 = JR **87**, 75 mit Anm Rieß; Beulke 211 und Jura **86**, 642; Roxin § 34 C IV 3 c; Rudolphi Schaffstein-FS 440 ff; Welp 198, NStZ **86**, 285, JZ **72**, 428 und Gallas-FS 421; eingehend zur Gesamtproblematik Mörlein, Der Schutz des Vertrauensverhältnisses zwischen Verteidiger und Beschuldigtem im Rahmen des § 100 a StPO, 1993: Überwachungsverbot sowohl für die Entgegennahme und Weitergabe vom Beschuldigten herrührender als auch für diesen bestimmter Mitteilungen). Der Verdacht der Tatbeteiligung ändert daran nichts, solange der Verteidiger nicht nach § 138 a I Nr 1 ausgeschlossen worden ist; denn so lange gilt § 148 (LR-G. Schäfer 26; SK/StPO-Rudolphi 19; Beulke Jura **86**, 646; **aM** KK-Nack 30;

Schlüchter 354). Die Überwachung eines Gesprächs darf nicht fortgesetzt werden, wenn feststeht, daß einer der Gesprächspartner der Verteidiger ist (LR-G. Schäfer 26; Welp 208 und JZ **72**, 428). Für Rechtsanwälte, die den Beschuldigten nicht verteidigen, gilt das nicht (vgl Beulke Jura **86**, 643; Schünemann NJW **78**, 406; **aM** Waldowski AnwBl **75**, 107; Zuck NJW **69**, 912). Sind sie einer Katalogtat verdächtig, so darf ihr Anschluß aufgrund einer Anordnung nach § 100 a auch dann überwacht werden, wenn sie sich als Strafverteidiger betätigen (BVerfGE **30**, 1, 32 ff = NJW **75**, 275; BGH **33**, 347, 348 = JR **87**, 75 mit Anm Rieß); daß dann auch Verteidigergespräche Gegenstand der Überwachung sind, verstößt nicht gegen § 148 (BGH aaO; Krey 1/642; **aM** SK/StPO-Rudolphi 19 und offenbar auch LR-G. Schäfer 26). Gespräche, die mit der Katalogtat nichts zu tun haben, unterliegen dann aber einem Verwertungsverbot (Rieß JR **87**, 77).

8) Verwertung der Erkenntnisse: 14

A. **In dem Verfahren gegen den Beschuldigten** und alle Tatbeteiligten (auch bei Begünstigung, Strafvereitelung und Hehlerei, vgl Wolter A. Kaufmann-GedSchr 767), auch wenn sie zZ der Anordnung noch unbekannt waren, können die Überwachungsergebnisse verwertet werden. Dazu können die Überwachungsbeamten als Zeugen vernommen oder die Ton- und Schriftträger durch Abspielen in Augenschein genommen werden (LR-G. Schäfer 27; Fezer JuS **79**, 187; Schlüchter 351). Von dem Inhalt der Tonträger können auch Niederschriften hergestellt und verlesen werden (BGH **27**, 135 = JR **78**, 117 mit Anm Gollwitzer; BGH NStZ **85**, 466; erg 3 zu § 86; 7 zu § 249). Welchen Weg das Gericht wählt, richtet sich nach seinem an § 244 II ausgerichteten Ermessen (BGH NJW **92**, 58, 59; vgl auch BGHR § 244 II Tonband 1). Die Erkenntnisse dürfen auch **zur Ermittlung** anderer begangener Straftaten verwendet (BGH **27**, 355, 358), jedoch in diesbezüglichen Verfahren nicht zur Beweisführung benutzt werden (KK-Nack 50). Ihre Verwertung auch zur Verhinderung geplanter Straftaten – also zur Gefahrenabwehr – ist unzulässig (Hassemer ZRP **91**, 121; Riegel ZRP **91**, 286; Schild ZRP **91**, 311; Schoreit DRiZ **91**, 323; **aM** Globig ZRP **91**, 81 und 289; vgl auch KK-Nack 13 zu § 98 b). 15 15 a

B. **Änderung der rechtlichen Beurteilung:** War die Anordnung der Überwachung wegen einer bestimmten Katalogtat rechtmäßig, so steht es der Verwertung der Erkenntnisse nicht entgegen, daß eine andere Begehungsform dieser Tat vorliegt (Lehmann ArchPF **79**, 117) oder daß nach den weiteren Ermittlungen nur noch der Verdacht einer Nichtkatalogtat besteht (BGH 1 StR 365/73 vom 5. 3. 1974; KMR-Paulus 579 zu § 244; Rieß JR **79**, 168; **aM** SK/StPO-Rudolphi 25; Prittwitz StV **84**, 302; Welp Jura **81**, 479), auch wenn schon die Anklage nur wegen einer solchen Tat erhoben wird (BGH 4 StR 418/78 vom 28. 2. 1979). Es genügt immer, daß im Zeitpunkt der Anordnung ein objektiver Bezug auf eine Katalogtat bestanden hat (BGH **28**, 122 = JR **79**, 165 mit Anm Rieß; BGH NJW **79**, 1370, 1371; BGHR Verwertungsverbot 4; **aM** Peters 452). War das der Fall, so dürfen Ermittlungsergebnisse auch für eine mit ihr in **Tateinheit** stehende Tat verwendet werden (Schlüchter 352.2; Welp Jura **81**, 477; Wolter A. Kaufmann-GedSchr 766), im Fall der §§ 129, 129 a StGB auch wegen der Taten, die die Mitglieder bei der Verfolgung der Ziele der Vereinigung abgesprochen oder begangen haben (BGH **28**, 122 = JR **79**, 165 mit Anm Rieß; ANM 524 mwN in Fn 704; Küpper JZ **90**, 422; **aM** Prittwitz StV **84**, 302), selbst wenn Anklage nur wegen dieser Taten und nicht nach §§ 129, 129 a StGB erhoben wird (BGH aaO; 5 StR 25/85 vom 22. 10. 1985; Düsseldorf aaO; KK-Nack 47; **aM** Peters 452; Roxin § 34 C IV 4). Scheidet die StA die Verfolgung wegen der Katalogtat nach § 154 a aus, so hindert das die Verwertung ebenfalls nicht (Hamm JMBlNW **78**, 32; **aM** Welp Jura **81**, 479; Wolter aaO 772). 16 17

18 C. Für **Zufallserkenntnisse** gilt § 108 I S. 1 mit Einschränkungen entspr (ANM 525; Lehmann ArchPF **79**, 117 ff; Maiwald JuS **78**, 382; Peters 452; Rudolphi Schaffstein-FS 450; Welp 224 und JZ **73**, 289; Wolter A. Kaufmann-GedSchr 774; **aM** insoweit BGH **26**, 298, 303; **31**, 296, 301; Knauth NJW **78**, 742; Prittwitz StV **84**, 309 ff). § 100 b V idF durch das OrgKG hat die Verwertung von Zufallsfunden in Anlehnung an die Rspr des BGH teilw für zulässig erklärt.
19 Danach gilt wie früher schon folgendes: Zur **Strafverfolgung gegen den Beschuldigten** und die Teilnehmer an seiner Tat dürfen Zufallserkenntnisse über eine andere als die in der Anordnung bezeichnete Katalogtat uneingeschränkt verwertet werden (Knauth NJW **77**, 1510; Peters 452; Rudolphi aaO; ANM 525 mwN in Fn 709); das gilt auch für Zufallsfunde von Taten, die im Zusammenhang mit einer Katalogtat stehen (zB Taten, auf deren Begehung die kriminelle Vereinigung nach § 129 StGB abzielt: BGH NStZ **98**, 426). Zufallserkenntnisse über Nichtkatalogtaten, auch wenn es sich um Anschlußdelikte zu einer Katalogtat handelt (Begünstigung, Hehlerei, Strafvereitelung), dürfen dagegen nicht unmittelbar zum Beweis (BGH **27**, 355 = JR **79**, 163 mit Anm Rieß; BGH **28**, 122, 127 = JR **79**, 165 mit Anm Rieß; Bay **82**, 40; ANM 525 mwN in Fn 711; **aM** Hamburg NJW **73**, 157; vgl auch BVerfG NJW **88**, 1075), auch nicht zu Vorhalten benutzt werden (BGH **27**, 355; SK/StPO-Rudolphi 31; Roxin § 34 C IV 4; vgl aber auch BGH **30**, 317, Karlsruhe NStZ **94**, 201 mit abl Anm Schneider NStZ **94**, 504 = StV **94**, 529 mit abl Anm Klesczewski: Verwertung in späterem Meineidsverfahren). Zulässig ist aber eine mittelbare Verwertung in der Weise, daß aufgrund der erlangten Erkenntnisse Ermittlungen geführt und dabei andere Beweismittel gewonnen werden (BGH **27**, 355; KK-Senge 44 vor § 48; Lehmann ArchPF **79**, 126; Welp JZ **73**, 290; **aM** SK/StPO-Rudolphi 32; Knauth NJW **78**, 741; einschr auch
20 Kaiser NJW **74**, 350; Maiwald JuS **78**, 385). Zur **Strafverfolgung gegen dritte Personen** dürfen Zufallserkenntnisse uneingeschränkt verwertet werden, die sich auf irgendeine Katalogtat beziehen (BGH **28**, 122, 129 = JR **79**, 165 mit Anm Rieß; BGH **32**, 10, 15 = NStZ **84**, 372 mit Anm Schlüchter; BGH NJW **79**, 1370; wistra **91**, 146; ANM 526 mwN in Fn 718; vgl auch BGH **26**, 298, 302; BGHR Verwertbarkeit 1; Bay **82**, 40 = MDR **82**, 690). Für die Verfolgung von Nichtkatalogtaten ist auch hier eine unmittelbare Verwertung als Beweismittel unzulässig (BGH **26**, 298, 303; EGH Hamm AnwBl **75**, 411; ANM 526 mwN in Fn 719), nicht aber die mittelbare Verwertung in der Weise, daß die Zufallserkenntnisse zur Grundlage weiterer Ermittlungen gegen den Dritten gemacht werden (Lehmann ArchPF **79**, 126; **aM** Knauth NJW **78**, 742; einschr auch Kaiser NJW **74**, 349). Dies alles muß auch für Zufallsfunde aus einer im Ausland angeordneten Telefonüberwachung gelten (Zietsch Kriminalistik **96**, 129).

21 **9) Ein Verwertungsverbot** besteht nicht deshalb, weil gegen die Zuständigkeitsbestimmung des § 100 b (KK-Nack 38; Schlüchter 531) oder sonstige Formvorschriften verstoßen worden ist (ANM 523) oder weil dem Gesprächsteilnehmer ein Zeugnisverweigerungsrecht zustehen würde (BGH NStZ **88**, 562). Unverwertbar sind aber Erkenntnisse, die unter völliger Umgehung des § 100 a erlangt worden sind (BGH **31**, 304 = NStZ **83**, 466 mit Anm J. Meyer: Aufzeichnung von Telefongesprächen zwischen V-Mann der Polizei und Beschuldigtem; BGH **35**, 32 = NStZ **88**, 142 mit Anm Dörig: ohne richterliche Anordnung eingerichtete Schaltung einer Zählervergleichseinrichtung) oder wenn die Anordnung unter bewußter Überschreitung der gesetzlichen Befugnisse getroffen worden ist (BGH **28**, 122, 124; **31**, 304, 309; NJW **79**, 1370, 1371), insbesondere wenn von vornherein kein Tatverdacht (Küpper JR **96**, 215) oder kein Verdacht einer Katalogtat bestanden hat (BGH **31**, 304, 309; **32**, 68, 70 = JR **84**, 514 mit Anm Schlüchter; ANM 523; Fezer JuS **79**, 189; Lehmann ArchPF **79**, 123; Welp 210; oben 6), wenn der Subsidiaritätsgrundsatz (oben 7) mißachtet (ANM 523) oder der Fernmeldeverkehr mit dem Verteidiger überwacht worden ist (BGH **33**, 347, 352; einschr aber BGH StV **90**, 435 mit abl Anm Taschke: Verwertung im Verfahren gegen einen

Dritten zulässig). Ein Verwertungsverbot besteht auch für Bekundungen des Beschuldigten auf Vorhalt von unzulässig gewonnenen Erkenntnissen aus einer Telefonüberwachung (BGH **27**, 355, 357; **32**, 68, 70; **33**, 347, 353). Das Bestehen einer nach §§ 52, 53, 53 a geschützten Vertrauensbeziehung steht aber – abgesehen von Gesprächen mit dem Verteidiger (oben 13) – der Verwertung anders als im Fall des § 100 c I Nr 3 (vgl 6 ff zu § 100 d) der Verwertung nicht entgegen (krit dazu Weigend NJW **98** Heft 23 Beilage S. 20). Eine **Fortwirkung** des Verfahrensver- 22
stoßes (vgl 30 zu § 136 a) besteht zwar nicht allgemein. Hat aber der Beschuldigte einmal unter dem Eindruck eines unzulässigen Vorhalts ausgesagt, so dürfen auch spätere Aussagen nicht verwertet werden, die noch von dem Vorhalt beeinflußt sind (BGH **27**, 355, 358); ob das der Fall ist, hat der Tatrichter zu prüfen (BGH **35**, 32 = NStZ **88**, 142 mit Anm Dörig). Eine **Fernwirkung** (zum Begriff Einl 57; 31 23
zu § 136 a) hat der Verstoß gegen § 100 a grundsätzlich nicht (BGH **32**, 68, 70; Schlüchter 352.3; **aM** Küpper JZ **90**, 423; Wolter A. Kaufmann-GedSchr 774; die abweichende Entscheidung BGH **29**, 244 betrifft nur die Telefonüberwachung nach Art 1 § 1 **G 10**).

10) Die **Revision** kann – nur mit einer Verfahrensrüge nach § 344 II S.2 (BGH 24
StV **94**, 169) – darauf gestützt werden, daß die Beweiswürdigung auf unverwertbaren Erkenntnissen beruht (oben 21). Dabei wird aber der Tatverdacht und die Frage, ob der Subsidiaritätsgrundsatz gewahrt ist, nur daraufhin überprüft, ob die Anordnung der Telefonüberwachung vertretbar war, der Anordnende seinen Beurteilungsspielraum (oben 6 ff) also nicht überschritten hat (BGH **41**, 30 = JR **96**, 212 mit krit Anm Küpper = NStZ **95**, 510 mit abl Anm Bernsmann; abl auch Schlothauer StraFo **98**, 404; Störmer StV **95**, 653; ZStW **108**, 517; vgl aber auch BGH StV **98**, 247).

Anordnung und Ausführung **RiStBV 85 V**

100b **I Die Überwachung und Aufzeichnung der Telekommunikation (§ 100 a) darf nur durch den Richter angeordnet werden. Bei Gefahr im Verzug kann die Anordnung auch von der Staatsanwaltschaft getroffen werden. Die Anordnung der Staatsanwaltschaft tritt außer Kraft, wenn sie nicht binnen drei Tagen von dem Richter bestätigt wird.**

II Die Anordnung ergeht schriftlich. Sie muß Namen und Anschrift des Betroffenen, gegen den sie sich richtet, und die Rufnummer oder eine andere Kennung seines Telekommunikationsanschlusses enthalten. In ihr sind Art, Umfang und Dauer der Maßnahmen zu bestimmen. Die Anordnung ist auf höchstens drei Monate zu befristen. Eine Verlängerung um jeweils nicht mehr als drei weitere Monate ist zulässig, soweit die in § 100 a bezeichneten Voraussetzungen fortbestehen.

III Auf Grund der Anordnung hat jeder, der geschäftsmäßig Telekommunikationsdienste erbringt oder daran mitwirkt, dem Richter, der Staatsanwaltschaft und ihren im Polizeidienst tätigen Hilfsbeamten (§ 152 des Gerichtsverfassungsgesetzes) die Überwachung und Aufzeichnung der Telekommunikation zu ermöglichen. Ob und in welchem Umfang hierfür Vorkehrungen zu treffen sind, ergibt sich aus § 88 des Telekommunikationsgesetzes und der auf seiner Grundlage erlassenen Rechtsverordnung zur technischen und organisatorischen Umsetzung von Überwachungsmaßnahmen. § 95 Abs. 2 gilt entsprechend.

IV Liegen die Voraussetzungen des § 100 a nicht mehr vor, so sind die sich aus der Anordnung ergebenden Maßnahmen unverzüglich zu beenden. Die Beendigung ist dem Richter und dem nach Absatz 3 Verpflichteten mitzuteilen.

V Die durch die Maßnahmen erlangten personenbezogenen Informationen dürfen in anderen Strafverfahren zu Beweiszwecken nur verwendet werden,

soweit sich bei Gelegenheit der Auswertung Erkenntnisse ergeben, die zur Aufklärung einer der in § 100 a bezeichneten Straftaten benötigt werden.

VI Sind die durch die Maßnahmen erlangten Unterlagen zur Strafverfolgung nicht mehr erforderlich, so sind sie unverzüglich unter Aufsicht der Staatsanwaltschaft zu vernichten. Über die Vernichtung ist eine Niederschrift anzufertigen.

1 **1) Zuständig** (I) ist, wie nach § 100 bei der Postbeschlagnahme, in 1. Hinsicht der Richter, im Ermittlungsverfahren der Ermittlungsrichter (§§ 162, 169), danach das mit der Sache befaßte Gericht (1 zu § 98), nur bei Gefahr im Verzug (6 zu § 98) die StA, deren Anordnung außer Kraft tritt, wenn sie nicht binnen 3 Tagen richterlich bestätigt wird. Die Frist beginnt hier bereits mit der Anordnung, nicht erst mit deren Eingang bei dem, der die Telekommunikationsdienste erbringt (Schnarr NStZ **88**, 483); es gilt aber § 43 II. Auch bei Außerkraftsetzen nach I S. 3 bleiben die rechtmäßig erlangten Erkenntnisse verwertbar (Schnarr NStZ **91**, 214).

2 **2) Form der Anordnung** (II S. 1): Die Anordnung, auch die der StA, muß schriftlich (Einl 128) ergehen; eine telegrafische Anordnung steht gleich (KK-Nack 2; erg Einl 139). Die Anordnung muß erkennen lassen, wer sie erlassen hat; mindestens die Beifügung des Handzeichens ist erforderlich (EbSchmidt Nachtr II 5). Der Beschuldigte und die sonst Betroffenen werden vor Erlaß der Anordnung nicht gehört (§ 33 IV S. 1).

3 **3) Inhaltlich** muß die Anordnung außer den in II S.2 und 3 bezeichneten Angaben auch die dem Beschuldigten zur Last gelegte Straftat, den Grund der Überwachung (Erforschung des Sachverhalts oder Aufenthaltsermittlung) und ihre Unentbehrlichkeit darlegen (KK-Nack 2). Die Dauer der Maßnahmen ist auch dann zu bestimmen, wenn die Höchstdauer nach II S. 4 festgesetzt wird (LR-G. Schäfer 3). Weitere Angaben, entspr § 114 II Nr 4, sind nicht erforderlich (BGH **33**, 217, 223). Bei der Fernsprechüberwachung ist außer der Bezeichnung der Rufnummer oder der Kennung des Telekommunikationsanschlusses auch anzugeben, ob und in welchem Umfang die Gespräche aufzuzeichnen, welche von mehreren Anschlüssen zu überwachen sind und ob das durchgehend oder nur zu bestimmten Tageszeiten geschehen soll. Geht es um die Überwachung des Fernschreibverkehrs, so braucht die Aufnahme auf Schriftträger oder die Herstellung von Abschriften nicht besonders angeordnet zu werden (3 zu § 100 a). Die zum Abhören befugten Personen werden nicht bezeichnet.

4 **4) Dauer der Maßnahme** (II S. 4, 5): Die Maßnahme dauert so lange, bis die Ermittlungen ohne sie weitergeführt werden können oder der Aufenthalt des Beschuldigten ermittelt ist oder die Erfolgsaussichten entfallen (unten 6). Die Höchstdauer beträgt 3 Monate, kann aber in der Anordnung verkürzt werden. Sie kann vom Gericht mehrmals verlängert werden, immer aber nur um weitere 3 Monate. Wird sie nicht verlängert, so tritt die Anordnung ohne weiteres außer Kraft. Die Frist beginnt mit dem Erlaß der Anordnung, nicht erst mit dem Vollzug der Abhörmaßnahme (BGH 3 StR 181/98 vom 11. 11. 1998).

5 **5) Durchführung** (III): Zuständig ist nach § 36 II die StA (Wendisch JR **78**, 447). Sie teilt die Anordnung in Ausfertigung oder beglaubigter Abschrift mit Unterschrift und Dienststempel dem Telekommunikationsdienstleistenden mit. In Eilfällen genügt ein mündliches Ersuchen, auch unmittelbar an die betroffene Niederlassung; die schriftlichen Unterlagen können ihr dann nachträglich zugeleitet werden (KK-Nack 3). Die StA benachrichtigt ferner die Polizei, von der die Abhörstelle eingerichtet werden (Räume des Verpflichteten sollten nicht benutzt werden) und die auch die erforderlichen Geräte bereitstellen muß, soweit sie nicht zur Verfügung stehen (Mösch Kriminalistik **75**, 337). Der Verpflichtete muß nach § 88 TKG und der Fernmelde-ÜberwachungsVO vom 18. 5. 1995 (BGBl I 722) die technischen Einrichtungen zur Umsetzung von Überwachungsmaßnahmen auf eigene Kosten gestalten und vorhalten und die notwendigen Schaltungen vorneh-

men; das Vorliegen der rechtlichen Voraussetzungen des § 100 a hat er nicht zu prüfen. Das Abhören und Mitlesen, also das Kenntnisnehmen vom Inhalt der Mitteilungen, ist nur dem Richter, der StA und ihren polizeilichen Hilfsbeamten, auch deren Vorgesetzten (Joecks JA **83**, 60), gestattet.

6) **Beendigung der Maßnahmen** (IV): Das Fortbestehen der Voraussetzungen des § 100 a muß ständig überwacht werden. Nach ihrem Wegfall ist die Maßnahme unverzüglich, dh ohne vermeidbare Verzögerung, zu beenden, zB wenn der Tatverdacht entkräftet oder die Maßnahme nicht mehr unentbehrlich oder nicht mehr aussichtsreich ist. Die endgültige Entscheidung über die Beendigung der Überwachung trifft idR die StA, der Richter nur, wenn Überwachungszweck die Aufenthaltsermittlung in einem gerichtlich anhängigen Verfahren ist (**aM** KMR-Müller 8; vgl auch LR-G. Schäfer 8 a, der hieraus zu Unrecht schließt, dem Richter solle im Ermittlungsverfahren die Verantwortung für die Rechtmäßigkeit der Anordnung genommen werden). Von der Beendigung werden Gericht und der nach III Verpflichtete unterrichtet (S. 2). Eine Wiederholung der Maßnahme ist zulässig, wenn die Voraussetzungen des § 100 a erneut gegeben sind. 6

7) **Zufallsfunde** (V): Soweit sich bei Gelegenheit der Auswertung Erkenntnisse ergeben haben, die eine andere Katalogtat nach § 100 a betreffen, dürfen sie in anderen Strafverfahren verwertet werden; hinsichtlich Nichtkatalogtaten besteht hingegen ein Verwertungsverbot (vgl dazu im einzelnen 18 ff zu § 100 a). 7

8) **Vernichtung** (VI): Für die Strafverfolgung nicht oder nicht mehr benötigtes Material (dazu Schnarr MDR **87**, 1), insbesondere Zufallsmaterial, ist unverzüglich zu vernichten; bei Tonbändern genügt die Löschung, jedoch sind auch Niederschriften über die Tonbandaufzeichnung zu vernichten (Koblenz StV **94**, 284 mit insoweit zust Anm Globig). Auch beweiserhebliches Material muß vernichtet werden, wenn sein Inhalt inzwischen durch andere Beweismittel bestätigt worden ist; andernfalls muß es für die Hauptverhandlung aufbewahrt werden. Dieses Material wird auch nach Urteilsrechtskraft nicht vernichtet, damit es ggf für ein Wiederaufnahmeverfahren zur Verfügung steht (AK/StPO-Maiwald 9; LR-G. Schäfer 9; Hilger NStZ **97**, 373; **aM** EbSchmidt Nachtr II 13; Schnarr ZRP **90**, 297). Die Entscheidung über die Vernichtung trifft im Ermittlungsverfahren die StA, danach das mit der Sache befaßte Gericht (Schnarr aaO). Die Vernichtung nimmt die Polizei unter Aufsicht der StA vor. In der Niederschrift über den Vernichtungsvorgang (V S. 2) sind Anzahl und Art der vernichteten Unterlagen, ihr Inhalt allenfalls in allgemeiner Form, anzugeben (KK-Nack 8). Zu organisatorischen Schwierigkeiten hinsichtlich einer vollständigen Vernichtung des Materials bei StA und Polizei vgl Thommes StV **97**, 659. 8

9) Die **Kosten,** die dem nach III Verpflichteten nach Art 3 § 13 **G 10** von der Justiz zu erstatten sind, werden von dem verurteilten Angeklagten nach § 17 a ZSEG iVm Nr 9005 KVGKG erhoben (Celle NdsRpfl **92**, 202; Mümmler JurBüro **89**, 1720); zur Berechnung der Kosten vgl Oldenburg NdsRpfl **97**, 141; Zweibrükken NJW **97**, 2692; LG Landshut NStZ **98**, 202 mit Anm Freutsmiedl; LG Osnabrück StV **93**, 656; NdsRpfl **95**, 134; **96**, 42; NJW **96**, 1009. § 90 III Nr 1 TKG geht § 17 a I Nr 2, II ZSEG vor (LG Duisburg NStZ **98**, 578). 9

10) **Beschwerde** (§ 304) gegen die richterliche Anordnung ist zulässig, solange sie noch durchgeführt wird. Da die Benachrichtigung immer erst später erfolgt (§ 101 I), ist die Anordnung aber praktisch der Beschwerde entzogen (vgl BGH **33**, 217, 222). Die nachträgliche Feststellung der Rechtswidrigkeit einer bereits erledigten Maßnahme wurde von der Rspr bisher nicht zugelassen (Frankfurt NStZ-RR **96**, 78); vgl nunmehr aber 17 ff vor § 296). Entscheidungen des OLG und der Ermittlungsrichter des BGH und der OLGe sind nach § 304 IV, V unanfechtbar (**aM** KK-Nack 11). 10

11 **11)** Die **Revision** kann auf Verstöße gegen § 100 b grundsätzlich nicht gestützt werden (24 zu § 100 a; offengelassen bei BGH **31**, 304, 308; vgl aber BGH 3 StR 181/98 vom 11. 11. 1998).

Einsatz technischer Mittel

100c **I Ohne Wissen des Betroffenen**

1. dürfen

a) Lichtbilder und Bildaufzeichnungen hergestellt werden,

b) sonstige besondere für Observationszwecke bestimmte technische Mittel zur Erforschung des Sachverhalts oder zur Ermittlung des Aufenthaltsortes des Täters verwendet werden, wenn Gegenstand der Untersuchung eine Straftat von erheblicher Bedeutung ist, und

wenn die Erforschung des Sachverhalts oder die Ermittlung des Aufenthaltsortes des Täters auf andere Weise weniger erfolgversprechend oder erschwert wäre,

2. darf das nichtöffentlich gesprochene Wort mit technischen Mitteln abgehört und aufgezeichnet werden, wenn bestimmte Tatsachen den Verdacht begründen, daß jemand eine in § 100 a bezeichnete Straftat begangen hat, und die Erforschung des Sachverhalts oder die Ermittlung des Aufenthaltsortes des Täters auf andere Weise aussichtslos oder wesentlich erschwert wäre,

3. darf das in einer Wohnung nichtöffentlich gesprochene Wort des Beschuldigten mit technischen Mitteln abgehört und aufgezeichnet werden, wenn bestimmte Tatsachen den Verdacht begründen, daß jemand

a) eine Geldfälschung, eine Wertpapierfälschung (§§ 146, 151, 152 des Strafgesetzbuches) oder eine Fälschung von Zahlungskarten und Vordrucken für Euroschecks (§ 152 a des Strafgesetzbuches),
einen schweren Menschenhandel nach § 181 Abs. 1 Nr. 2, 3 des Strafgesetzbuches,
einen Mord, einen Totschlag oder einen Völkermord (§§ 211, 212, 220 a des Strafgesetzbuches),
eine Straftat gegen die persönliche Freiheit (§§ 234, 234 a, 239 a, 239 b des Strafgesetzbuches),
einen Bandendiebstahl (§ 244 Abs. 1 Nr. 2 des Strafgesetzbuches) oder einen schweren Bandendiebstahl (§ 244 a des Strafgesetzbuches),
einen schweren Raub (§ 250 Abs. 1 oder Abs. 2 des Strafgesetzbuches), einen Raub mit Todesfolge (§ 251 des Strafgesetzbuches) oder eine räuberische Erpressung (§ 255 des Strafgesetzbuches),
eine Erpressung (§ 253 des Strafgesetzbuches) unter den in § 253 Abs. 4 Satz 2 des Strafgesetzbuches genannten Voraussetzungen,
eine gewerbsmäßige Hehlerei, eine Bandenhehlerei (§ 260 des Strafgesetzbuches) oder eine gewerbsmäßige Bandenhehlerei (§ 260 a des Strafgesetzbuches),
eine Geldwäsche, eine Verschleierung unrechtmäßig erlangter Vermögenswerte nach § 261 Abs. 1 bis 4 des Strafgesetzbuches,
eine Bestechlichkeit (§ 332 des Strafgesetzbuches) oder eine Bestechung (§ 334 des Strafgesetzbuches),

b) eine Straftat nach § 52 a Abs. 1 bis 3, § 53 Abs. 1 Satz 1 Nr. 1, 2, Satz 2 des Waffengesetzes, § 34 Abs. 1 bis 6 des Außenwirtschaftsgesetzes oder nach § 19 Abs. 1 bis 3, § 20 Abs. 1 oder 2, jeweils auch in Verbindung mit § 21, oder § 22 a Abs. 1 bis 3 des Gesetzes über die Kontrolle von Kriegswaffen,

c) eine Straftat nach einer in § 29 Abs. 3 Satz 2 Nr. 1 des Betäubungsmittelgesetzes in Bezug genommenen Vorschrift unter den dort genannten

Voraussetzungen oder eine Straftat nach §§ 29 a, 30 Abs. 1 Nr. 1, 2, 4, § 30 a oder § 30 b des Betäubungsmittelgesetzes,

d) Straftaten des Friedensverrats , des Hochverrats und der Gefährdung des demokratischen Rechtsstaates oder des Landesverrats und der Gefährdung der äußeren Sicherheit (§§ 80 bis 82, 85, 87, 88, 94 bis 96, auch in Verbindung mit § 97 b, §§ 97 a, 98 bis 100 a des Strafgesetzbuches),

e) eine Straftat nach § 129 Abs. 4 in Verbindung mit Abs. 1, § 129 a des Strafgesetzbuches oder

f) eine Straftat nach § 92 a Abs. 2 oder § 92 b des Ausländergesetzes oder nach § 84 Abs. 3 oder § 84 a des Asylverfahrensgesetzes

begangen hat und die Erforschung des Sachverhalts oder die Ermittlung des Aufenthaltsortes des Täters auf andere Weise unverhältnismäßig erschwert oder aussichtslos wäre.

II Maßnahmen nach Absatz 1 dürfen sich nur gegen den Beschuldigten richten. Gegen andere Personen sind Maßnahmen nach Absatz 1 Nr. 1 Buchstabe a zulässig, wenn die Erforschung des Sachverhalts oder die Ermittlung des Aufenthaltsortes des Täters auf andere Weise erheblich weniger erfolgversprechend oder wesentlich erschwert wäre. Maßnahmen nach Absatz 1 Nr. 1 Buchstabe b, Nr. 2 dürfen gegen andere Personen nur angeordnet werden, wenn auf Grund bestimmter Tatsachen anzunehmen ist, daß sie mit dem Täter in Verbindung stehen oder eine solche Verbindung hergestellt wird, daß die Maßnahme zur Erforschung des Sachverhalts oder zur Ermittlung des Aufenthaltsortes des Täters führen wird und dies auf andere Weise aussichtslos oder wesentlich erschwert wäre. Maßnahmen nach Absatz 1 Nr. 3 dürfen nur in Wohnungen des Beschuldigten durchgeführt werden. In Wohnungen anderer Personen sind Maßnahmen nach Absatz 1 Nr. 3 nur zulässig, wenn auf Grund bestimmter Tatsachen anzunehmen ist, daß der Beschuldigte sich in diesen aufhält, die Maßnahme in Wohnungen des Beschuldigten allein nicht zur Erforschung des Sachverhalts oder zur Ermittlung des Aufenthaltsortes des Täters führen wird und dies auf andere Weise unverhältnismäßig erschwert oder aussichtslos wäre.

III Die Maßnahmen dürfen auch durchgeführt werden, wenn Dritte unvermeidbar betroffen werden.

1 **1) Herstellung von Lichtbildern und Bildaufzeichnungen**(I Nr 1 a): Gemeint ist die Herstellung zu Zwecken der Observation, wie sich aus dem Zusammenhang mit I Nr 1 b („sonstige für Observationszwecke bestimmte") ergibt; daher fällt die Fertigung von Lichtbildern am Tatort zur Beweissicherung und Auswertung (Spurensicherung) nicht unter die Vorschrift (Hilger NStZ **92**, 462). Die Herstellung von Lichtbildern und Bildaufzeichnungen (Video- und Filmaufnahmen) ist hinsichtlich der verfolgten Straftat an keine Voraussetzungen geknüpft, also im Gegensatz zu I Nr 1 b, 2 bei Verdacht jeder Straftat zulässig. Das ist vertretbar, da in der Öffentlichkeit niemand vor Beobachtungen durch andere geschützt, ein Grundrechtseingriff insoweit also zu verneinen ist (von Hippel/Weiß JR **92**, 322; krit Wolter StV **89**, 369). Einschränkungen können sich nur aus dem Verhältnismäßigkeitsgrundsatz ergeben (LR-Rieß 45 zu § 163). Ebenso wie im Fall des I Nr 2 kommt die Anwendung aber nur für Observationen außerhalb einer Wohnung in Betracht (Wälter/Stienkemeier Kriminalistik **94**, 93; erg unten 4). Eine zeitliche Begrenzung sieht die Vorschrift nicht vor; die Obversation darf daher auch längerfristig sein (BGH NJW **98**, 1237 = JZ **98**, 794 mit Anm Rogall; vgl auch Satzger JA **98**, 539).

2 **2) Verwendung sonstiger technischer Mittel** (I Nr 1 b): Als solche sind Mittel anzusehen, die weder das Aufzeichnen von Bild (dafür gilt I Nr 1 a) noch von Wort (das regelt I Nr 2) betreffen. Zu denken ist hier an Alarmkoffer, Bewegungsmelder, Nachtsichtgeräte und Peilsender (Hilger NStZ **92**, 461 Fn 89). Auch

der Einsatz des „Global Positioning Systems“ (ein satellitengestütztes Ortungssystem, durch das Bewegungen und Standzeiten eines Fahrzeugs verfolgt werden) ist durch die Vorschrift gedeckt (Düsseldorf NStZ **98**, 268; **aM** Comes StV **98**, 569; krit auch Gusy StV **98**, 526). Gebräuchliche Observationsmittel, wie etwa Sprechfunkgeräte, unterfallen nicht der Vorschrift; ihr Einsatz ist bereits nach §§ 161, 163
3 gerechtfertigt (Hilger aaO). Der Einsatz dieser gegenüber I Nr 1 a **schwerwiegenderen Mittel** ist nur zulässig zur Erforschung des Sachverhalts oder zur Ermittlung des Aufenthaltsortes des Täters und nur, wenn es um eine Straftat von erheblicher Bedeutung geht. Die letztere – anders als in § 98 a I auch nicht durch einen generalisierenden Katalog näher umschriebene – Voraussetzung ist unbestimmt und kaum bestimmbar (vgl 5 zu § 98 a). Der Gesetzgeber meinte, insoweit den Bedürfnissen der Strafverfolgungsbehörden entgegenkommen zu müssen und verweist auf die entsprechende Formulierung in den Polizeigesetzen der Länder (BT-Drucks 12/989 S. 39; vgl zB §§ 16, 17 PolGNW). Bei Bagatelldelikten scheidet die Anwendung dieser Mittel somit aus; es muß sich mindestens um Straftaten der mittleren Kriminalität handeln.

4 **3) Abhörung und Aufzeichnung des nichtöffentlich gesprochenen Wortes**: I Nr 2 betrifft das Abhören und Aufzeichnen außerhalb einer Wohnung, während in I Nr 3 dasjenige des in einer Wohnung gesprochenen Wortes (sog großer Lauschangriff) geregelt ist. Um das Abhören von Wohnungen zu ermöglichen, ist Art 13 GG durch Ges vom 26. 3. 1998 (BGBl I 610) durch Einfügung der Abs. 3 bis 6 geändert worden (wobei aber die Verfassungsmäßigkeit dieser Verfassungsänderung bestritten ist, vgl dazu Böttger/Pfeiffer ZRP **94**, 7, 17; Denninger StV **98**, 403; Eisenberg NJW **93**, 1039; Glauben DRiZ **93**, 41; Wolter NStZ **93**, 2). Ob mit dieser Maßnahme wirklich eine erfolgreiche Bekämpfung der organisierten Kriminalität erreicht werden kann, ist nicht zweifelsfrei (bejahend Krey VE 332 und JR **98**, 6; Schelter ZRP **94**, 52; Zachert DRiZ **92**, 355; verneinend Hassemer DRiZ **92**, 357; Raum/Palm JZ **94**, 447; zw auch Eisenberg aaO; Lisken ZRP **93**, 121; Staechelin ZRP **96**, 430); hinsichtlich des den Betroffenen besonders belastenden Wohnungsabhörens hat der Gesetzgeber deshalb eine – im Strafverfahren neuartige – Erfolgskontrolle in § 100 e eingerichtet (vgl dort).

5 **4)** Für die in **I Nr 2 bezeichnete Maßnahme**(Abhören außerhalb von Wohnungen) gilt folgendes:

6 A. **Der Telefonüberwachung nach § 100 a vergleichbar** ist dieser Eingriff, er muß deshalb eine der im dortigen Straftatenkatalog enthaltene Straftat (4 zu § 100 a) betreffen; insoweit ist die früher unzulässige Maßnahme (vgl BGH **34**, 39, 50) durch das OrgKG erlaubt worden (abl Köhler ZStW **107**, 39). Der Eingriff ist aber nur zur Erforschung des Sachverhalts oder zur Ermittlung des Aufenthaltsortes des Täters zulässig. Er ist unter den hier aufgestellten Voraussetzungen nur außerhalb einer Wohnung, dh des Schutzbereichs des Art 13 GG gestattet, somit nur außerhalb aller Räume, die der Berechtigte der „allgemeinen Zugänglichkeit entzogen und zur Stätte seines Lebens und Wirkens gemacht hat“ (BonnerKomm-Dagtoglou 16 zu Art 13 GG); dazu gehören auch nicht allgemein zugängliche Büro- und Geschäftsräume (BGH **42**, 372 mit krit Anm Scholz NStZ **97**, 196 und zust Anm Wollweber NStZ **97**, 351; Stuttgart StV **96**, 655) sowie der Vorgarten eines Wohnhauses (BGH [ER] NJW **97**, 2189), nicht aber der Besuchsraum einer UHaft-Vollzugsanstalt (BGH NJW **98**, 3284; vgl dazu auch Schneider JR **96**, 401) oder ein Pkw (BGH [ER] NJW **97**, 2189 = JR **98**, 162 mit zust Anm Heger;; LG Stendal NStZ **94**, 556 mit zust Anm Mahnkopf/Döring).

7 B. **Nichtöffentlich** sind alle außerhalb des Schutzbereichs des Art 13 GG (oben 6) geführten Unterredungen, die für niemand anders als den Gesprächspartner bestimmt sind, zB auch die in einem allgemein zugänglichen Geschäftsraum geführte Unterhaltung (Hilger NStZ **92**, 462 Fn 95; Krey VE 382, 386). Der Begriff deckt sich mit dem in § 201 I S. 1 Nr 1 StGB verwendeten Tatbestandsmerkmal

(vgl zur Auslegung im einzelnen Tröndle 2 und Lackner/Kühl 2, je zu § 201 StGB). Öffentlich gesprochene Worte dürfen nach §§ 161, 163 aufgezeichnet werden (Hilger aaO Fn 96).

C. Als **technische Mittel** kommen hier vor allem sog Wanzen, versteckte Mikrophone und Aufzeichnungsgeräte in Betracht (zu den Mitteln im einzelnen vgl KK-Nack 13). Mithören ohne technische Mittel, also das zufällige oder auch arrangierte Belauschen eines Gesprächs, ist zulässig (Hilger NStZ **92**, 462 Fn 97). Das Wort „abhören" weist auf die Heimlichkeit der Maßnahme hin, die mit technischen Mitteln bewirkt wird. Die mit der Anbringung des Mittels notwendig verbundene Beeinträchtigung des Betroffenen durch typischerweise mit dem Abhören verbundene Vorbereitungs- und Begleitmaßnahmen ist durch die Vorschrift gedeckt (Gropp JZ **98**, 505); weitere – darüber hinausgehende – Eingriffe, zB die heimliche Wegnahme eines Pkw zum Einbau der Einrichtung, sind danach aber nicht zulässig (BGH [ER] NJW **97**, 2189 = JR **98**, 162 mit zust Anm Heger und abl Anm Schairer/Krombacher Kriminalistik **98**, 119; LG Freiburg NStZ **96**, 508; Gropp aaO; **aM** AG Kaufbeuren mit abl Anm Steinhögl; KK-Nack 15; Janker NJW **98**, 269 „unter Beachtung des Verhältnismäßigkeitsgrundsatzes"). 8

D. **Bestimmte Tatsachen** müssen den Verdacht einer der in § 100 a bezeichneten Straftat begründen. Zu dem danach erforderlichen Verdachtsgrad vgl 22 zu § 112. Teilnahme an und Versuch einer solchen Straftat, auch die strafbare versuchte Beteiligung genügen (vgl Schoreit MDR **92**, 1015; erg 5 zu § 100 a). 9

5) Abhören des in einer Wohnung nichtöffentlich gesprochenen Wortes (I Nr 3): 10

A. Einen **umfangreichen Straftatenkatalog** hat der Gesetzgeber in Erfüllung der sich aus Art 13 III GG ergebenden Anforderungen aufgestellt, bei dem diese Maßnahme zulässig ist. Es bestehen nun in § 98 a, 100 a, 100 c und 110 a jeweils unterschiedliche Kataloge, so daß damit eine sehr unübersichtliche Regelung für die Strafverfolgungsorgane geschaffen worden ist; ob eine so weitgehende Differenzierung, die zu einer „Zerfaserung" der StPO führt, wirklich notwendig und sinnvoll ist, muß bezweifelt werden. Der Katalog in § 100 c I Nr 3 ist sehr weit gefaßt (krit Dittrich NStZ **98**, 337); eine „verfassungskonforme Auslegung" dahin, daß die Straftat im konkreten Fall noch „besonders schwer" sein müsse (so KK-Nack 44; Denninger StV **98**, 401), läßt sich aber nicht begründen (Momsen ZRP **98**, 459 fordert Beschränkung auf Fälle „Organisierter Kriminalität"). 11

B. Zu den **weiteren Voraussetzungen** des I Nr 3 – nichtöffentlich gesprochenes Wort, technische Mittel, bestimmte Tatsachen, Verdacht – vgl oben 7 bis 9. Mit dem Abhören notwendigerweise verbundene Maßnahmen sind gestattet (oben 8); das wird auch für das heimliche Betreten der Wohnung zur Anbringung eines technischen Mittels zu bejahen sein (Meyer/Hetzer NJW **98**, 1026; **aM** Heger JR **98**, 165). Kein Anwendungsfall der Vorschrift liegt vor, wenn der Wohnungsinhaber mit dem Einsatz technischer Mittel zur Überwachung der Wohnung einverstanden ist, zB bei Installierung einer „Diebesfalle" (dazu Vogt Kriminalistik **94**, 385). 12

6) Subsidiaritätsklauseln: Die Maßnahmen nach I Nr 1, Nr 2 und Nr 3 unterliegen insoweit unterschiedlichen Voraussetzungen. Bei Nr 1 reicht es aus, daß das Ermittlungsergebnis auf andere Weise weniger erfolgversprechend oder erschwert zu erreichen wäre. Zum ersten Begriff vgl 7 zu § 100 a; mit der Beschränkung auf die bloße Erschwernis (vgl demgegenüber §§ 98 a I S. 2, 100 a S. 1: wesentlich erschwert) läuft diese Einschränkung weithin leer (vgl Rieß Meyer- GedSchrift 385), denn wenn der Einsatz der bezeichneten Mittel erfolgversprechender ist, wird er idR auch leichter als die Benutzung anderer Mittel sein. Demgegenüber verlangt Nr 2 wie § 100 a, daß die Ermittlung auf andere Weise aussichtslos oder wesentlich erschwert wäre; damit wird deutlich gemacht, daß dieser Eingriff ebenso schwer wiegt wie eine Telefonüberwachung. Die stärkste Einschränkung betrifft Nr 3 („*ultima ratio*"), indem das Erschwerniserfordernis mit 13 dem Begriff der Unverhältnismäßigkeit verbunden wird. Daß diese unterschiedlichen Subsidiaritätsklauseln sich praktisch bedeutsam auswirken könnten, ist jedoch kaum anzunehmen (vgl auch KK-Nack 7; Vahle Kriminalistik **98**, 381). Zum Verhältnis zu anderen Maßnahmen mit gleichartigen Subsidiaritätsklauseln vgl 7 a zu § 100 a.

14 **7) Betroffene:**

15 A. **Ohne Wissen** des Betroffenen werden die Maßnahmen angeordnet. Damit ist der unauffällige, heimliche Charakter dieser Beobachtungen angesprochen. Daß der Betroffene die ohne sein Einverständnis vorgenommene Observation bemerkt hat, macht die Anordnung nach § 100 d I, II nicht überflüssig (Hilger NStZ **92**, 461 Fn 87). Zur Aufnahme von Lichtbildern in Kenntnis aber gegen den Willen des Beschuldigten vgl 8 zu § 81 b.

16 B. Der **Beschuldigte** ist idR der Betroffene. Entgegen der Formulierung in II S. 1 („nur gegen den Beschuldigten") und II S. 3 („nur in Wohnungen des
17 Beschuldigten") lassem II S. 2, 3 und 5 aber auch gegen **andere Personen** (Nichtbeschuldigte) die Maßnahmen zu. Da hierbei uU sogar nichtverdächtige Personen einer Observation ausgesetzt sind, müssen jedoch erschwerte und unterschiedliche Voraussetzungen gegeben sein: Soweit es um die weniger belastenden (oben 1) Lichtbilder und Bildaufzeichnungen geht (I Nr 1 a), genügt es, daß die Erforschung des Sachverhalts oder die Ermittlung des Täters sonst weniger erfolgversprechend wäre oder wesentlich erschwert würde (vgl 3 zu § 98 a). Sowohl der Einsatz besonderer technischer Mittel (I Nr 1 b) als auch das Abhören und Aufzeichnen des nichtöffentlich gesprochenen Wortes (I Nr 2) kommen hingegen nur in Betracht, wenn anzunehmen ist, daß die Maßnahme zur Erforschung des Sachverhalts oder zur Ermittlung des Aufenthaltsortes führen wird (Erfolgsprognose, vgl 10 zu § 100 a) und dies auf andere Weise aussichtslos oder wesentlich erschwert wäre (vgl 7 zu § 100 a). In diesem Fall muß ferner noch aufgrund bestimmter Tatsachen (22 zu § 112) anzunehmen sein, daß der Nichtbeschuldigte mit dem Täter Verbindung hat oder eine solche herstellen will, es sich also um eine sog Kontaktperson handelt (vgl auch 11 zu § 163 e). Nur insoweit müssen aber „bestimmte Tatsachen", dh konkrete Anhaltspunkte, gegeben sein; darauf, daß die Maßnahme zu Aufklärungserfolgen führen wird sowie auf die Subsidiaritätsklausel (II aE) bezieht sich diese Voraussetzung nicht (zu ersterem **aM** KK-Nack 42; Hilger NStZ **92**, 463; vgl demgegenüber aber BT-Drucks 12/989 S. 40, wo eine solche Verbindung nicht hergestellt wird, auch die Fassung der Vorschrift spricht dagegen). Das Abhören von Wohnungen (I Nr 3) anderer Personen ist schließlich dahin eingeschränkt, daß aufgrund bestimmter Tatsachen anzunehmen ist, der Beschuldigte werde sich in diesen aufhalten, sowie durch eine weitere Subsidiaritätsklausel in II S. 5 letzter Hs,
18 die I Nr 3 aE entspricht. Gegen **Strafverteidiger**, die nicht selbst Beschuldigte einer Katalogtat nach § 100 a sind, dürfen die Maßnahmen nach I Nr 1 und 2 wegen § 148 I nicht angeordnet werden (Krey VE 347; erg 13 zu § 100 a); zur Zulässigkeit von Maßnahmen gegen Abgeordnete und Journalisten vgl Groß StV **96**, 565. Zur Zulässigkeit von Maßnahmen nach I Nr 3 gegen diesen Personenkreis sowie weitere nach § 53 I Zeugnisverweigerungsberechtigte vgl § 100 d II (5 ff zu § 100 d).

19 C. Daß **Dritte** von den Maßnahmen betroffen werden, läßt sich nicht ausschließen, so zB Straßenpassanten bei einer Bildaufzeichnung oder der Gesprächspartner beim Abhören des nichtöffentlich gesprochenen Wortes. Dies steht nach III der Anordnung der Maßnahme nicht entgegen; andernfalls wäre die Vorschrift weithin sinnentleert (BGH NJW **98**, 3284: auch wenn die Gesprächspartner Angehörige iSd § 52 sind). Richten sich die Maßnahmen gegen den Beschuldigten, werden dadurch aber zugleich Kontaktpersonen betroffen, gelten II S. 2 bis 5 nicht; die Kontaktpersonen sind dann Dritte iSd III (Hilger NStZ **92**, 463).

8) Verwertungsverbot: Unverwertbar sind Erkenntnisse, die unter völliger Umgehung des § 100 c erlangt worden sind (vgl auch BGH **34**, 39), wenn zB die Anordnung unter bewußter Überschreitung der gesetzlichen Befugnisse getroffen worden ist (BGH **42**, 372 mit krit Anm Scholz NStZ **97**, 196 und zust Anm Wollweber NStZ **97**, 351; Stuttgart StV **96**, 655), wenn in den Fällen des I Nr 2 und 3 kein Verdacht einer Katalogtat bestand oder gegen den Subsidiaritätsgrundsatz (oben 13, 17) verstoßen worden ist (erg 21 ff zu § 100 a). Vgl im übrigen § 100 d V und § 100 f. 20

9) Die **Revision** kann wie bei § 100 a (dort 24) darauf gestützt werden, daß die Beweiswürdigung auf unverwertbaren Erkenntnissen (oben 20) beruht. 21

Anordnung und Ausführung

100d **I Maßnahmen nach § 100 c Abs. 1 Nr. 2 dürfen nur durch den Richter, bei Gefahr im Verzug auch durch die Staatsanwaltschaft und ihre Hilfsbeamten (§ 152 des Gerichtsverfassungsgesetzes) angeordnet werden. § 98 b Abs. 1 Satz 2, § 100 b Abs. 1 Satz 3, Abs. 2, 4 und 6 gelten sinngemäß.**

II Maßnahmen nach § 100 c Abs. 1 Nr. 3 dürfen nur durch die in § 74 a des Gerichtsverfassungsgesetzes genannte Strafkammer des Landgerichts angeordnet werden, in dessen Bezirk die Staatsanwaltschaft ihren Sitz hat. Bei Gefahr im Verzug kann die Anordnung auch durch den Vorsitzenden getroffen werden. Dessen Anordnung tritt außer Kraft, wenn sie nicht binnen drei Tagen von der Strafkammer bestätigt wird. § 100 b Abs. 2 Satz 1 bis 3 gilt sinngemäß.

III In den Fällen des § 53 Abs. 1 ist eine Maßnahme nach § 100 c Abs. 1 Nr. 3 unzulässig. Dies gilt auch, wenn zu erwarten ist, daß sämtliche aus der Maßnahme zu gewinnenden Erkenntnisse einem Verwertungsverbot unterliegen. In den Fällen der §§ 52 und 53 a dürfen aus einer Maßnahme nach § 100 c Abs. 1 Nr. 3 gewonnene Erkenntnisse nur verwertet werden, wenn dies unter Berücksichtigung der Bedeutung des zugrundeliegenden Vertrauensverhältnisses nicht außer Verhältnis zum Interesse an der Erforschung des Sachverhaltes oder der Ermittlung des Aufenthaltsortes des Täters steht. Sind die zur Verweigerung des Zeugnisses Berechtigten einer Teilnahme oder einer Begünstigung, Strafvereitelung oder Hehlerei verdächtig, so ist Satz 1 unanwendbar; außerdem muß dieser Umstand bei der Prüfung der Verhältnismäßigkeit berücksichtigt werden. Über die Verwertbarkeit entscheidet im vorbereitenden Verfahren das in Absatz 2 Satz 1 bezeichnete Gericht.

IV Eine Anordnung nach § 100 c Abs. 1 Nr. 3 ist auf höchstens vier Wochen zu befristen. Eine Verlängerung um jeweils nicht mehr als vier Wochen ist zulässig, solange die Voraussetzungen für die Maßnahme fortbestehen. § 100 b Abs. 4 und 6 gilt sinngemäß.

V Personenbezogene Informationen, die durch die Verwendung technischer Mittel nach § 100 c Abs. 1 Nr. 2 erlangt worden sind, dürfen in anderen Strafverfahren zu Beweiszwecken nur verwendet werden, soweit sich bei Gelegenheit der Auswertung Erkenntnisse ergeben, die zur Aufklärung einer in § 100 a bezeichneten Straftat benötigt werden. Personenbezogene Informationen, die durch eine Maßnahme nach § 100 c Abs. 1 Nr. 3 erlangt worden sind, dürfen in anderen Strafverfahren zu Beweiszwecken nur verwendet werden, soweit sich bei Gelegenheit der Auswertung Erkenntnisse ergeben, die zur Aufklärung einer in § 100 c Abs. 1 Nr. 3 bezeichneten Straftat benötigt werden.

VI Auch nach Erledigung einer Maßnahme nach § 100 c Abs. 1 Nr. 3 kann der Beschuldigte, in den Fällen des § 100 c Abs. 2 Satz 5 auch der Inhaber dieser Wohnung, die Überprüfung der Rechtmäßigkeit der Anordnung sowie der Art

und Weise des Vollzugs beantragen. Vor Erhebung der öffentlichen Klage entscheidet das in Absatz 2 Satz 1 genannte, danach das mit der Sache befaßte Gericht. Dieses kann über die Rechtmäßigkeit in der Entscheidung befinden, die das Verfahren abschließt.

1 **1) Zuständigkeit:** Maßnahmen nach § 100 c I Nr 1 werden durch die StA oder durch den Hilfsbeamten der StA (§ 152 GVG) angeordnet. Maßnahmen nach § 100 c I Nr 2 bedürfen hingegen idR richterlicher Anordnung (I S. 1), zuständig ist der Ermittlungsrichter (§§ 162, 169); lediglich bei Gefahr im Verzug (6 zu § 98) besteht für die StA und ihre Hilfsbeamten eine Eilkompetenz. Die Hilfsbeamten der StA werden aber die Anordnung nur dann treffen können, wenn kein StA erreichbar ist; denn die Feststellung, daß der Subsidiaritätsgrundsatz (9, 13 zu § 100 c) gewahrt ist, wird idR nur im Einvernehmen mit der StA möglich sein (nach **aM** ergibt sich diese Einschränkung bereits aus § 163 I, vgl Hilger NStZ **92**, 463 Fn 118). Durch die Verweisung in I S. 2 auf § 98 b I S. 2 ist klargestellt, daß bei fehlender richterlicher Anordnung die StA binnen 3 Tagen die richterliche Bestätigung einholen muß (erg 1 zu § 98 b); aus der Verweisung auf § 100 b I S. 3 folgt, daß die Anordnung außer Kraft tritt, wenn sie nicht innerhalb dieser Frist richterlich bestätigt wird (erg 1 zu § 100 b). Maßnahmen nach I Nr 3 werden
1 a durch die **StaatsschutzStrK** (§ 74 a GVG) angeordnet (II). Art 13 III GG hat die Regelentscheidung durch 3 Richter vorgeschrieben. Die StrK entscheidet an Stelle des Ermittlungsrichters, auch im Fall des § 169 (KK-Nack 7). Bei Gefahr im Verzug darf allerdings der Vorsitzende allein entscheiden, wobei seine Anordnung in derselben Weise und Frist wie eine Eilanordnung nach I S. 1 durch die StA im Fall des § 100 c I Nr 2 der Bestätigung durch die StrK bedarf. Die StaatsschutzStrK entscheidet während des Ermittlungsverfahrens ggf auch über die Verwertbarkeit der gewonnenen Erkenntnisse (III S.5) und über die Rechtmäßigkeit der Anordnung sowie ihres Vollzugs (VI S. 1, 2); auf andere mitbeantragte oder mitangeordnete Maßnahmen (zB nach I Nr 2) darf sie ihre Zuständigkeit aber nicht ausdehnen (LG Bremen StV **98**, 525). Nach Erhebung der Anklage geht die Zuständigkeit auf das erkennende Gericht über (VI S.2).

2 **2) Hinsichtlich der Maßnahmen nach § 100 c I Nr 2** verweist I S. 2 bezüglich Form, Inhalt und Dauer der Anordnung auf § 100 b II. Die Erläuterungen 2–4 zu § 100 b gelten entspr. Es ist also genau zu bezeichnen, ob nur abgehört oder ob auch aufgezeichnet werden soll, in welchem Umfang und wann abgehört werden soll usw; welches technische Gerät benutzt werden soll, unterliegt hingegen der Entscheidung der StA bzw der Polizei (vgl Hilger NStZ **92**, 463 Fn 120).

3 **3) Maßnahmen nach § 100 c I Nr 3:**

4 A. **Form und Inhalt** der Anordnung ergeben sich aus II S. 2 iVm § 100 b II S. 1 bis 3 (vgl 2 und 3 zu § 100 b). Insbesondere muß auch mit Rücksicht auf die Intensität des Eingriffs mit Tatsachen belegt werden, daß die Voraussetzungen der Subsidiaritätsklauseln (13 und 17 zu § 100 c) gegeben sind (vgl LG Bremen StV **98**, 525).

5 B. **Besondere Einschränkungen** ergeben sich aus III. Nach dieser rechtspolitisch sehr umstrittenen Vorschrift (vgl KK-Nack 23 zur Entstehungsgeschichte), gegen die sogar der – wie sich im Laufe der Zeit zeigen wird möglicherweise berechtigte – Vorwurf erhoben wird, damit sei der „Große Lauschangriff" ineffektiv geworden (vgl etwa Vahle Kriminalistik **98**, 381), bestehen weitgehende Beschränkungen, die bei der beabsichtigten Anordnung zu beachten sind. Die Einschränkungen gelten allerdings – ebenso wie in § 97 II S. 3 – nicht, wenn gegen die betroffenen Personen der Verdacht der Teilnahme an der Straftat besteht oder wenn sie der Begünstigung, Strafvereitelung oder Hehlerei verdächtig sind (III S. 4), wobei wiederum hinsichtlich der Verteidiger bezüglich einer Begünstigung usw eine Ausnahme zu machen ist (KK-Nack 27 zu § 100 c; Dittrich NStZ **98**,

338; entspr BGH **33**, 349, vgl 13 zu § 100 a). Zu den Beschränkungen im einzelnen:

a) Ein **Abhörverbot** besteht gegenüber allen nach § 53 I Zeugnisverweigerungsberechtigten (III S. 1). Das ist für diejenigen nach § 53 I Nr 1 (Beichtgeheimnis), Nr 2 (vgl § 148 I) und Nr 3 (soweit es die Ärzte usw betrifft), 3 a und 3 b (ärztliche Beratung iwS) gerechtfertigt, hinsichtlich der Rechtsanwälte usw in Nr 3, Nr 4 und Nr 5 jedoch bedenklich, weil der geschützte Personenkreis dadurch allzu sehr ausgeweitet worden ist (vgl Dittrich NStZ **98**, 337; Vahle Kriminalistik **98**, 381). Aus dem hier vorgeschriebenen Beweiserhebungsverbot (Kühne StV **98**, 686) folgt ein Beweisverwertungsverbot für Gespräche, die bei einer sonst zulässigen Wohnraumüberwachung mit einer nach § 53 I zeugnisverweigerungsberechtigten Person geführt worden sind (KK-Nack 24 zu § 100 c; unten 8). 6

b) Die **Beweiserhebung ist ferner unzulässig** bei einem sonst gegebenen Verwertungsverbot hinsichtlich des abgehörten Gesprächs (III S.2). Hier kommen die Fälle der §§ 52 und 53 a in Betracht, aber auch solche Verwertungsverbote, die sich unmittelbar aus dem GG ergeben (vgl Einl 56 ff). 7

c) Ein **Beweisverwertungsverbot** besteht nach III S.3 in den Fällen der §§ 52 und 53 a, falls also trotz des Verbotes nach III S.2 oder bei einer im übrigen zulässigerweise angeordneten Maßnahme Gespräche des Beschuldigten mit diesen Personen abgehört worden sind (krit zur unterschiedlichen Behandlung der nach § 53 einerseits, §§ 52, 53 a andererseits Zeugnisverweigerungsberechtigten Momsen ZRP **98**, 461). Das Beweisverwertungsverbot gilt jedoch nicht absolut, sondern ist dahin eingeschränkt, daß der Einbruch in das Vertrauensverhältnis gegenüber dem Erforschungs- oder Ermittlungsinteresse unverhältnismäßig wäre. 8

4) Befristung der Maßnahmen: Sobald die Voraussetzungen des § 100 c I Nr 2 oder Nr 3 nicht mehr gegeben sind, ist die Maßnahme zu beenden (I S. 2, IV S. 3 iVm § 100 b IV). Die Maßnahme nach I Nr 2 darf grundsätzlich höchstens 3 Monate dauern, kann aber um jeweils 3 Monate verlängert werden (I S. 2 iVm § 100 b II S. 3 und 4), bei der schwerwiegenderen Maßnahme nach § 100 c I Nr 3 betragen diese Fristen jeweils nur 4 Wochen (IV S. 1 und 2). Die Beendigung ist dem Richter anzuzeigen (erg 6 zu § 100 b); weitere Benachrichtigungspflichten ergeben sich aus § 101. 9

5) Vernichtung: Durch die Verweisung in I S. 2 bzw IV S.3 auf § 100 b VI ist klargestellt, daß die durch die Abhörmaßnahmen erlangten Unterlagen unverzüglich (8 zu § 25) zu vernichten sind, wenn sie für die Strafverfolgung nicht mehr erforderlich sind. Vgl im einzelnen 8 zu § 100 b. 10

6) Zufallsfunde: Ebenso wie in §§ 98 b II S. 3, 100 b V dürfen Erkenntnisse, die bei Abhörmaßnahmen nach § 100 c I Nr 2 gewonnen worden sind, in anderen Strafverfahren zu Beweiszwecken nur begrenzt verwendet werden: Hier nur, wenn sie zur Aufdeckung einer Katalogtat nach § 100 a benötigt werden (V S.1). Vgl dazu 7 zu § 100 b und im einzelnen 18 ff zu § 100 a. Erkenntnisse aus Beobachtungsmaßnahmen nach § 100 c I Nr 1 sind hingegen grundsätzlich uneingeschränkt verwertbar (Hilger NStZ **92**, 463 Fn 117). Personenbezogene Informationen, die nach § 100 c I Nr 3 erlangt worden sind, dürfen nach V S.2 nur verwertet werden, wenn sie eine Katalogtat dieser Vorschrift betreffen. 11

7) Beschwerde: Gegen die richterliche Anordnung kann Beschwerde nach § 304 erhoben werden. Bei Erledigung der Maßnahmen nach § 100 c I Nr 1 und 2 gelten die allgemeinen Regeln (17 ff vor § 296). Hinsichtlich der Maßnahmen nach § 100 c I Nr 3 trifft VI eine Sonderregelung; diese Entscheidung ergeht (selbstverständlich, zw aber Dittrich NStZ **98**, 338) nur auf Antrag einer von der Maßnahme betroffenen Person. Für die vom erkennenden Gericht zu treffende Entscheidung hat der von der StaatschutzStrK (oben 1 a) erlassene Beschluß über die Rechtmäßigkeit der Anordnung keine Bindungswirkung (KK-Nack 32). Neu- 12 artig ist, daß in dem das Verfahren beendenden Urteil zugleich auch eine solche Entscheidung aufgenommen werden kann (VI S.3); das ist praktisch, aber systemwidrig.

13 **8) Revision**: Die Ausführungen 24 zu § 100 a und 11 zu § 110 b gelten entspr. Wurde trotz Bestehens eines Beweiserhebungs- oder Beweisverwertungsverbotes abgehört und aufgezeichnet (oben 6 bis 8), sind die gewonnenen Ergebnisse unverwertbar. Eines Widerspruchs des Betroffenen gegen die Verwertung bedarf es nicht (vgl 21 a zu § 136; 12 zu § 252; **aM** KK-Nack 23). Mitangeklagte können sich auf das nur zugunsten eines anderen Angeklagten bestehende Verwertungsverbot berufen, wenn die Aussage zu ihren Ungunsten verwertet worden ist (erg 34 zu § 52; **aM** KK-Nack 24: nur der betroffene Angeklagte selbst).

Berichtspflichten

100e **I Die Staatsanwaltschaft berichtet der jeweils zuständigen obersten Justizbehörde spätestens drei Monate nach Beendigung einer Maßnahme nach § 100 c Abs. 1 Nr. 3 über Anlaß, Umfang, Dauer, Ergebnis und Kosten der Maßnahme sowie über die erfolgte Benachrichtigung der Beteiligten oder die Gründe, aus denen die Benachrichtigung bislang unterblieben ist und den Zeitpunkt, in dem die Benachrichtigung voraussichtlich erfolgen kann. Nach Abschluß des Verfahrens wird der Bericht entsprechend ergänzt. Ist die Benachrichtigung nicht innerhalb von vier Jahren nach Beendigung der Maßnahme erfolgt, ist die Staatsanwaltschaft jährlich zur erneuten Vorlage eines entsprechenden Berichtes verpflichtet.**

II Die Bundesregierung unterrichtet den Bundestag auf der Grundlage von Ländermitteilungen jährlich über die durchgeführten Maßnahmen nach § 100 c Abs. 1 Nr. 3.

1 **1) Berichte** über Abhörmaßnahmen in Wohnungen nach § 100 c I Nr 3 schreibt die Bestimmung in Ausführung der in Art 13 VI GG vorgegebenen Regelung vor, und zwar:

2 **2) Für die StA** gegenüber der zuständigen obersten Justizbehörde, also dem Landesjustizministerium, für die Bundesanwaltschaft gegenüber dem BMJ. Der Bericht muß sich mit Anlaß, Umfang, Dauer, Ergebnis, Kosten und Benachrichtigung der Betroffenen (§ 101) befassen, wobei nach I besondere Regelungen bestehen, falls die Benachrichtigung zunächst unterblieben ist. Die Mitteilung, wie oft und aus welchen Gründen die beantragte Maßnahme nicht durchgeführt worden ist, ist nicht vorgesehen, kann aber sinnvoll sein (KK-Nack 3).

3 **3) Die Landesjustizverwaltungen** unterrichten gemäß Art 13 VI S.3 GG ein parlamentarisches Kontrollgremium, die Bundesregierung unterrichtet ihrerseits aufgrund der von den Landesjustizverwaltungen erhaltenen Mitteilungen den BT. Damit ist eine parlamentarische Kontrolle für die den Art 13 GG einschränkenden Maßnahmen gegeben, wie sie ähnlich nach § 9 **G 10** für die Überwachung und Aufzeichnung des Fernmeldeverkehrs besteht. Die Kontrolle wird nach Art 13 IV S.2 GG durch ein vom BT gewähltes Gremium ausgeübt.

Verwendung gewonnener Erkenntnisse

100f **I Personenbezogene Informationen, die durch eine Maßnahme nach § 100 c Abs. 1 Nr. 3 ermittelt worden sind, dürfen nur für Zwecke eines Strafverfahrens (§ 100 d Abs. 5 Satz 2) und zur Abwehr einer im Einzelfall bestehenden Gefahr für Leben, Leib oder Freiheit einer Person oder erhebliche Sach- oder Vermögenswerte verwendet werden.**

II Sind personenbezogene Informationen durch eine polizeirechtliche Maßnahme erlangt worden, die der Maßnahme nach § 100 c Abs. 1 Nr. 3 entspricht, dürfen sie zu Beweiszwecken nur verwendet werden, soweit sich bei Gelegenheit der Auswertung Erkenntnisse ergeben, die zur Aufklärung einer in § 100 c Abs. 1 Nr. 3 bezeichneten Straftat benötigt werden.

1) Die aus **Überwachung nach § 100 c I Nr3** gewonnenen personenbezogenen Informationen dürfen grundsätzlich nur für Zwecke eines Strafverfahrens verwertet werden, wobei es das Verfahren, in dem die Maßnahme angeordnet wurde, oder ein anderes eine Katalogtat des § 100 c I Nr3 betreffendes Strafverfahren (§ 100 d V S.2) sein kann. Der Begriff „Strafverfahren" umfaßt auch die Strafvollstreckung. Darüber hinaus läßt I auch in eingeschränktem Umfang die Verwertung für präventive Zwecke zu, was aber praktisch – im Gegensatz zum umgekehrten Fall (II, dazu unten 2) – wenig bedeutsam sein dürfte. Sachbezogenen Informationen – zB über die Wohnungseinrichtung – dürfen uneingeschränkt verwendet werden. 1

2) **Bei aus präventiv**, also polizeirechtlich, gewonnenen Informationen, die durch eine Wohnraumüberwachung erlangt worden sind, läßt II eine Verwendung im Strafverfahren nur zu, wenn die Maßnahme auch nach § 100 c I Nr 3 zulässig gewesen wäre (Meyer/Hetzer NJW **98**, 1028) und wenn die Informationen zur Aufklärung einer Katalogtat nach § 100 c I Nr 3 benötigt werden. Damit hat das Gesetz eine Streitfrage geklärt, die dadurch entstanden war, daß die Polizeigesetze der Länder vielfach schon einen Wohnungsüberwachung erlaubt haben (vgl die Nachweise bei Kutscha NJW **94**, 85 Fn 9 ff; ferner zur Vereinbarkeit der Polizeigesetze mit Art 13 III, IV GG Kutscha/Möritz StV **98**, 564 ff). Der BGH (NStZ **95**, 601 mit abl Anm Welp = StV **96**, 185 mit krit Anm Köhler; abl auch Staechelin ZRP **96**, 430) hatte keine Bedenken gegen die Verwertung von Erkenntnissen aus einem präventiv-polizeilichen Lauscheingriff nach § 25 b I POGRhPf zur Anordnung einer Durchsuchung und Beschlagnahme erhoben; allgemein zur Verwendung präventiv erhobener Daten zu repressiven Zwecken Schnarr StraFo **98**, 217. 2

3) **Aus Maßnahmen zur Eigensicherung** folgen weitere rechtliche Möglichkeiten der Verwendung durch Wohnungsabhören erlangter Informationen. So erlaubt **Art 13 V GG** die Verwertung der Erkenntnisse, die bei einem ausschließlich zum Schutze der bei einem Einsatz in Wohnungen tätigen Personen durch Einsatz technischer Mittel erzielt worden sind, schlechthin für Zwecke der Strafverfolgung, allerdings muß zuvor die Rechtmäßigkeit der Maßnahme richterlich festgestellt sein. **§ 16 BKAG** erlaubt die elektronische Überwachung von Wohnungen, wenn dies zur Abwehr von Gefahren für Leib, Leben oder Freiheit eines im Rahmen strafprozessualer Ermittlungen verdeckt operierenden Bediensteten des BKA erforderlich ist; die Verwertung dabei gewonnener Erkenntnisse ist allerdings nur zulässig, soweit es sich um dort abschließend aufgeführte besonders schwere Verbrechen handelt und wenn ein Vorsitzender Richter einer StrK des LG, in dessen Bezirk das BKA seinen Sitz hat, zuvor die Rechtmäßigkeit der Maßnahme festgestellt hat (vgl Krey JR **98**, 6). Hierbei werden sogar Bildaufzeichnungen erlaubt; die Ergebnisse einer polizeilichen Videoüberwachung sind jedoch im Strafverfahren im übrigen nicht verwertbar, da sich sonst ein Widerspruch zu § 100 c I Nr 3 ergeben würde (KK-Nack 9). 3 4 5

Benachrichtigung; Aushändigung

101 **I Von den getroffenen Maßnahmen (§§ 81 e, 99, 100 a, 100 b, 100 c Abs. 1 Nr. 1 Buchstabe b, Nr. 2 und 3, § 100 d) sind die Beteiligten zu benachrichtigen, sobald dies ohne Gefährdung des Untersuchungszwecks, der öffentlichen Sicherheit, von Leib oder Leben einer Person sowie der Möglich-**

keit der weiteren Verwendung eines eingesetzten nicht offen ermittelnden Beamten geschehen kann. Erfolgt in den Fällen des § 100 c Abs. 1 Nr. 3 die Benachrichtigung nicht binnen sechs Monaten nach Beendigung der Maßnahme, bedarf die weitere Zurückstellung der Benachrichtigung der richterlichen Zustimmung. Vor Erhebung der öffentlichen Klage entscheidet das in § 100 d Abs. 2 Satz 1 genannte, danach das mit der Sache befaßte Gericht.

II Sendungen, deren Öffnung nicht angeordnet worden ist, sind dem Beteiligten sofort auszuhändigen. Dasselbe gilt, soweit nach der Öffnung die Zurückbehaltung nicht erforderlich ist.

III Der Teil eines zurückbehaltenen Briefes, dessen Vorenthaltung nicht durch die Rücksicht auf die Untersuchung geboten erscheint, ist dem Empfangsberechtigten abschriftlich mitzuteilen.

IV Entscheidungen und sonstige Unterlagen über Maßnahmen nach § 100 c Abs. 1 Nr. 1 Buchstabe b, Nr. 2 und 3 werden bei der Staatsanwaltschaft verwahrt. Zu den Akten sind sie erst zu nehmen, wenn die Voraussetzungen des Absatzes 1 erfüllt sind.

1 **1) Benachrichtigung** (I):

2 A. Die **Beteiligten** sind zu benachrichtigen, im Fall des § 81 e der Beschuldigte bzw die sonst von der Maßnahme betroffene Person, aber nur dann, wenn sie davon noch keine Kenntnis hatten (BT-Drucks 13/6420 S. 8), im Fall des § 99 der Beschuldigte und die sonstigen Adressaten oder Absender angehaltener Sendungen, im Fall des § 100 a außer dem Beschuldigten die dort in S. 2 genannten Personen sowie diejenigen, mit denen der Beschuldigte den überwachten Fernmeldeverkehr unterhalten hat, im Fall des § 100 c die durch den Einsatz technischer Mittel oder das Abhören Betroffenen, worunter jedoch nicht die nach § 100 c III zufällig unvermeidbar Mitbetroffenen fallen (Hilger NStZ **92**, 463 Fn 124). Post- und Telekommunikationsunternehmen sind nicht „Beteiligte". Ob die gewonnenen Erkenntnisse verwertet worden sind, ist gleichgültig (BGH **36**, 305, 312). Nach unbekannten Beteiligten braucht nicht geforscht zu werden (KK-Nack 4; Kaiser NJW **69**, 19; **aM** Welp 113). Die Benachrichtigung nur eines der Betroffenen, zB des Beschuldigten, genügt nicht (LR-G. Schäfer 4; SK/StPO-Rudolphi 3; Joecks JA **83**, 61; Welp 113).

3 B. **Von den Maßregeln** nach §§ 81 e, 99 ff, und zwar von Anordnung und Durchführung (SK/StPO-Rudolphi 1; **aM** EbSchmidt 1 und Nachtr II 2: nur Vollstreckungsmaßnahmen), sind die Beteiligten zu benachrichtigen, auch wenn die Anordnung erfolglos geblieben war (Welp 114). Im einzelnen ist außer von den Anordnungen nach §§ 81 e, 99, 100 a, 100 c I Nr 1 b, 2 Nachricht zu geben von der Durchsicht der Postsendungen, dem Entnehmen von Sendungen aus dem ordnungsmäßigen Beförderungsgang, der Öffnung und Zurückhaltung von Sendungen, der Überwachung des Fernmeldeverkehrs, dessen Aufzeichnung, dem Mitlesen des Fernschreibverkehrs und der Herstellung von Unterlagen darüber (LR-G. Schäfer 1), vom Einsatz technischer Mittel zur Obversation und dem Abhören und Aufzeichnen des gesprochenen Wortes.

4 C. Erst **nach Wegfall der Gefährdung des Untersuchungserfolgs** wird die Benachrichtigung veranlaßt. Sie kommt so lange nicht in Betracht, wie noch erwartet werden kann, daß mit Hilfe der Maßnahmen nach §§ 81 e, 99 ff Beweismittel aufgefunden oder beweiserhebliche Mitteilungen aufgefangen werden können. Da die Postbeschlagnahme durch die Aushändigung von eröffneten Sendungen nach II S. 2 und durch Mitteilungen nach III bekannt wird, ist damit stets die Benachrichtigung nach I zu verbinden. Durch das OrgKG ist die Benachrichtigungspflicht weiter dahin eingeschränkt worden, daß sie auch unterbleiben kann,
4 a wenn damit eine **Gefährdung der öffentlichen Sicherheit oder von Leib und Leben einer Person** verbunden wäre, schließlich auch, wenn durch die Benach-

richtigung die weitere Verwendung eines nicht offen ermittelnden Beamten gefährdet wäre (zum ähnlichen Fall des Verdeckten Ermittlers vgl § 110 d I). Das hat zur Folge, daß eine Benachrichtigung nunmehr im Ergebnis für immer unterbleiben kann (krit dazu Strate ZRP **90**, 145). Im Fall des **§ 100 c I Nr 3** macht I **4 b**
S.2 und 3 das weitere Unterlassen der Benachrichtigung im Ermittlungsverfahren von der Zustimmung der StaatsschutzStrK (§ 100 d II S.1 iVm § 74 a GVG), danach von derjenigen des erkennenden Gerichts abhängig.

2) Die **Aushändigung von Sendungen** (II), deren Öffnung nicht angeordnet **5**
worden oder deren Zurückhaltung nach der Öffnung nicht erforderlich ist, muß sofort und ohne Rücksicht auf die dadurch eintretende Gefährdung des Untersuchungserfolgs erfolgen (KK-Nack 8; SK/StPO-Rudolphi 5; **aM** LR-G. Schäfer 5; Schoene NStZ **93**, 126). Ungeöffnete Sendungen werden in den Postweg zurückgegeben, geöffnete Sendungen entweder verschlossen, mit einem Vermerk über die gerichtliche Öffnung versehen und dem Postunternehmen zur Beförderung zurückgegeben oder in neuer Umhüllung als Sendung der Strafverfolgungsbehörde zugestellt (LR-G. Schäfer 6). Sie können aber dem Empfänger auch mittelbar ausgehändigt werden.

3) Die **Mitteilung von Briefteilen** (III), deren Vorenthalten durch die Rück- **6**
sicht auf die Ermittlungen nicht geboten ist, an den Empfangsberechtigten (Adressaten) muß ohne Rücksicht darauf erfolgen, ob nunmehr die Beschlagnahme bekannt und dadurch der Untersuchungszweck gefährdet wird (KMR-Müller 6; SK/StPO-Rudolphi 6; Welp 114; **aM** KK-Nack 9; Schoene NStZ **93**, 126). Maßgebend ist nur, ob dieser Zweck durch die Bekanntgabe des Briefteils gefährdet wäre. Auf Briefteile ohne selbständigen gedanklichen Inhalt (Anrede, Grußformel uä) bezieht sich II nicht (LR-G. Schäfer 7).

4) **Verwahrung** (IV): Die Unterlagen, die Maßnahmen nach § 100 c I Nr 1 b, 2 **7**
und 3 betreffen, werden zunächst nicht zu den Akten genommen, sondern bei der StA in einem gesonderten Vorgang oder in den Handakten verwahrt (vgl § 68 III S. 2, 3, dort 17). Ihre Übernahme in die (Haupt-)Akten ist an die Benachrichtigungspflicht nach I gekoppelt (IV S. 2). Das bedeutet, daß sie dem Gericht und den übrigen Verfahrensbeteiligten, insbesondere dem Angeklagten, möglicherweise im gesamten Verfahren verborgen bleiben (mit Recht krit dazu Strate ZRP **90**, 145 und ihm folgend die Stellungnahme des Strafrechtsausschusses des Deutschen Anwaltsvereins StV **92**, 34; vgl auch Hilger NStZ **97**, 373).

5) **Zuständig** für die Benachrichtigung nach I ist die StA, wenn sie die Post- **8**
beschlagnahme angeordnet hat, der Richter nur, wenn ihm Sendungen ausgeliefert worden sind oder wenn er die Anordnung selbst getroffen hat. Die Weiterleitung von Sendungen nach II ordnet der Richter an, sofern er seine Befugnisse nicht nach § 100 III S. 2 auf die StA übertragen hat. Auch im Fall III ist der Richter zuständig, wenn er die Sendung geöffnet hat. Die Benachrichtigung über die Fernmeldeüberwachung nach § 100 a nimmt stets die StA vor (BGH **36**, 305, 310); dasselbe gilt im Fall des § 100 c I Nr 1 b, 2 und 3 (erg oben 4 b). Post- und Telekommunikationsunternehmen dürfen von sich aus die Beteiligten nicht benachrichtigen (LR-G.Schäfer 10).

6) Wird **während, aber außerhalb der Hauptverhandlung** eine Telefonüber- **9**
wachung durchgeführt, so verpflichtet der Grundsatz des fairen Verfahrens (Einl 19) das Gericht, dem Angeklagten und seinem Verteidiger Gelegenheit zur Kenntnisnahme von deren Ergebnis zu geben (BGH **36**, 305).

Durchsuchung beim Verdächtigen

102 **Bei dem, welcher als Täter oder Teilnehmer einer Straftat oder der Begünstigung, Strafvereitelung oder Hehlerei verdächtig ist, kann**

eine Durchsuchung der Wohnung und anderer Räume sowie seiner Person und der ihm gehörenden Sachen sowohl zum Zweck seiner Ergreifung als auch dann vorgenommen werden, wenn zu vermuten ist, daß die Durchsuchung zur Auffindung von Beweismitteln führen werde.

1 **1)** Eine **Einschränkung der Grundrechte** nach Art 2, 13 GG gestatten die §§ 102 ff. Sie gelten von der Einleitung des Ermittlungsverfahrens ab bis zur Urteilsrechtskraft. Dabei muß der Verdächtige die Durchsuchung in weiterem Maß
2 dulden als der Unverdächtige (§ 103). **Voraussetzung** jeder Durchsuchung ist die Wahrscheinlichkeit, daß eine bestimmte Straftat bereits begangen, nicht nur straflos vorbereitet worden ist; hierfür müssen zureichende tatsächliche Anhaltspunkte vorliegen (BVerfG NJW **91**, 690; StV **94**, 353 mit Anm Streck und Anm Otto StV **94**, 409 sowie BVerfG NJW **95**, 2839 zur Durchsuchung bei mehreren Betriebsstätten einer Bank; Düsseldorf MDR **91**, 78; LG Zweibrücken NJW **90**, 2760; vgl auch Krekeler/Schütz wistra **95**, 296). Bei Durchsuchungen nach § 102 genügt es, anders als nach § 103 (dort 5, 6), daß aufgrund kriminalistischer Erfahrung die Vermutung besteht, daß der Zweck der Durchsuchung erreicht werden kann (Frankfurt NJW **51**, 165; Schleswig SchlHA **78**, 184 [E/J]; Roxin § 35 A IV 1 c; vgl auch unten 13). Zur bloßen Ausforschung darf die Maßnahme nicht benutzt werden (LG Offenburg StV **97**, 626; Schürmann/Große Kriminalistik **94**, 735).

3 **2)** Der **Verdächtige** muß die Durchsuchung dulden. Er braucht noch nicht Beschuldigter (Einl 76 ff) zu sein; der Tatverdacht gegen ihn muß nicht einmal so weit konkretisiert sein, daß die Beschuldigteneigenschaft schon begründet werden kann (Köln VRS **27**, 103; EbSchmidt 8; Bruns Schmidt-Leichner-FS 5; **aM** LR-G. Schäfer 15; Geerds Dünnebier-FS 174: Anfangsverdacht iS § 152 II). Daher sind auch Durchsuchungen von und bei Personen zulässig, die (vgl Einl 79) zunächst informatorisch als Zeugen zu hören sind (Rogall NJW **78**, 2535). Der Tatverdacht darf aber nicht nur ganz vage sein. Bloße Vermutungen, die sich nicht auf tatsächliche Anhaltspunkte oder kriminalistische Erfahrungen stützen können,
4 reichen nicht aus (Roxin § 35 A IV 1 c). **Strafunmündige** können keine „Verdächtigen" sein; Durchsuchungen können daher nur nach § 103 zulässig sein (Bamberg NStZ **89**, 40 mit Anm Wasmuth; KK-Nack 1; LR-G. Schäfer 18; **aM** KMR-Müller 4). Ist das Vorliegen von Rechtfertigungs-, Entschuldigungs- oder persönlichen Strafausschließungsgründen offensichtlich, so ist die Durchsuchung ebenfalls unstatthaft. Verfahrenshindernisse stehen ihr nur entgegen, wenn sie nicht behebbar sind (vgl 7 zu § 94).

5 **3) Teilnehmer** nach §§ 25 ff StGB, nicht die sog notwendigen Teilnehmer (zum Begriff: Tröndle 6 ff vor § 25 StGB), stehen den Tatverdächtigen gleich. Bei jedem von ihnen, auch wenn er nicht in strafbarer Weise mitgewirkt hat (KMR-Müller 4), sowie bei den der Begünstigung, Strafvereitelung oder Hehlerei Verdächtigen ist die Durchsuchung zu dem Zweck zulässig, die Beteiligung irgendeines Angehörigen dieses Personenkreises aufzuklären (LR-G. Schäfer 19), nicht aber mit dem Ziel, Verdachtsgründe gegen bisher noch unbekannte dritte Personen zu finden (vgl BVerfGE **20**, 162, 192 = NJW **66**, 1603, 1608).

6 **4) Durchsuchungsgegenstände:**

7 A. **Wohnungen und Räume** iS § 102 sind Räumlichkeiten, die der Verdächtige tatsächlich innehat, gleichgültig, ob er sie befugt oder unbefugt nutzt, ob er Allein- oder Mitinhaber ist (BGH NStZ **86**, 84) und ob ihm das Hausrecht zusteht (**aM** Nelles StV **91**, 489). Dazu gehören auch Arbeits-, Betriebs- und Geschäftsräume sowie Räume, die nur vorübergehend benutzt oder mitbenutzt werden (Geschäft, Hotelzimmer), sowie (vgl § 104 I) das befriedete Besitztum (Hofräume, Hausgärten ua). Auch Räume in einem Dienstgebäude kommen in Betracht (Bay
8 NJW **93**, 744; vgl § 105 III). Von der Raumdurchsuchung ist die bloße **Nachschau** zu unterscheiden, bei der es nicht um die Auffindung einer sich verbergen-

den Person, sondern darum geht, den Betroffenen, dessen Anwesenheit in der Wohnung bekannt ist, festzunehmen und zu diesem Zweck die Wohnung gegen seinen Willen zu betreten (Kaiser NJW **80**, 876; vgl auch BVerwGE **47**, 31 = NJW **75**, 130).

B. **Personen:** Das Durchsuchen der Person besteht im Suchen nach Sachen oder Spuren in oder unter der Kleidung, auch auf der Körperoberfläche und in natürlichen Körperöffnungen, die ohne Eingriff mit medizinischen Hilfsmitteln einzusehen sind (zB in der Mundhöhle: Celle NdsRpfl **97**, 162), nicht aber das Suchen nach im Körperinnern befindlichen Gegenständen (9 zu § 81 a). § 81 d ist zu beachten (dort 1). 9

C. **Sachen** sind Kleidungsstücke, die der Verdächtige bei sich führt, ohne sie zu tragen, und seine sonstige bewegliche Habe, gleichgültig, ob sie sich in seinem Umkreis, zB in Gepäckstücken, im Kofferraum, in der Hand eines Begleiters, oder anderswo befindet. Nur für Sachen, die bei Nichtverdächtigen abgestellt sind, gilt § 103. „Ihm gehörend" bedeutet nicht das Eigentum, sondern umfaßt den Besitz, Gewahrsam und Mitgewahrsam (KMR-Müller 15). 10

D. **EDV-Anlagen:** Grundsätzlich ist auch die Inbetriebnahme solcher Anlagen zulässig, um an bisher noch nicht aufgefundene Beweismittel zu gelangen, wobei aber die in § 102 genannten Durchsuchungsobjekte zu beachten sind (näher dazu Bär [16 a zu § 94] S.179 ff). 10 a

5) Durchsuchungszwecke: 11

A. **Ergreifen des Verdächtigen:** Ergreifen iS § 102 ist jede Festnahme zur Durchführung einer gesetzlich zugelassenen Zwangsmaßnahme, zB nach §§ 112, 126 a, 127, 134, 230 II, 236, 329 IV S. 1, auch nach §§ 81 (dort 27), § 81 a (dort 28) und, für Zwecke der Strafverfolgung, nach § 81 b (dort 15) oder wenn der Betroffene zur Durchführung von Identifizierungsmaßnahmen gesucht wird (§§ 163 a, 163 b). Unter den Begriff Ergreifung fällt auch die Festnahme des Verurteilten (Düsseldorf NJW **81**, 2133; Frankfurt NJW **64**, 785; LR-G. Schäfer 21; erg 6 zu § 105) zur Einlieferung in Widerrufshaft nach § 453 c (dort 4), in Strafhaft nach § 457 (dort 11) oder in den Maßregelvollzug (§ 463 I). 12

B. **Auffinden von Beweismitteln:** Zu den Beweismitteln (4 ff zu § 94) gehören auch die nur in § 103 erwähnten Spuren (KK-Nack 4; SK/StPO-Rudolphi 12) und Personen, die zu Beweiszwecken in Augenschein genommen werden sollen (Schleswig SchlHA **85**, 116 [E/L]), nicht aber Personen, die nur als Zeugen gesucht werden (KMR-Müller 10). Bei der Durchsuchung von Sachen kommt es auf deren Eigenschaft als Beweismittel nicht an; sie können auch durchsucht werden, um Anhaltspunkte für Beweismittel zu gewinnen (LR-G. Schäfer 24). 13

C. Wenn **Verfalls- und Einziehungsgegenstände** zum Zweck der Beschlagnahme gesucht werden, sind nach § 111 b III die §§ 102 ff anzuwenden. Wird der Gegenstand gleichzeitig als Beweismittel gesucht, so genügt das Vorliegen der Voraussetzungen des § 94 (vgl dort 2). 14

6) Der **Verhältnismäßigkeitsgrundsatz** (Einl 20) muß bei Durchsuchungen besonders beachtet werden (BVerfGE **20**, 162, 187 = NJW **66**, 1603, 1607; BVerfGE **42**, 212, 220 = NJW **76**, 1735; BVerfGE **59**, 95; Walther StV **91**, 16). Die Durchsuchung muß in einem angemessenen Verhältnis zur Schwere der Straftat und zur Stärke des Tatverdachts stehen (BVerfG aaO; LG Frankfurt a.M. NJW **97**, 1170). Das schließt jedoch Durchsuchungen in Privatklagesachen nicht von vornherein aus (LG Freiburg JW **27**, 411; Feiber NJW **64**, 709). Auch politische Parteien müssen sich Durchsuchungen gefallen lassen (BVerfG wistra **84**, 221). Die 15
Durchsuchung von **Presseunternehmen** kann unverhältnismäßig sein, wenn sie schwer in den Betrieb eingreift, um einen wenig wahrscheinlichen Tatbestand aufzuklären (BVerfGE **20**, 162, 204 = NJW **66**, 1603, 1611). Der Durchsuchung eines Presseunternehmens, dessen Angehörige in den Verdacht der Bestechung 16

geraten sind, steht das Interesse am Schutz der Informanten nicht entgegen (BVerfG AfP **76**, 123).

17 **7) Zufallsfunde:** Überraschend aufgefundene Beweismittel werden nach § 108 I sichergestellt, wenn sie für eine andere strafrechtliche Untersuchung von Bedeutung sind. Angetroffene Personen, bei denen Identifizierungsmaßnahmen nach § 163b erforderlich erscheinen, können zu diesem Zweck festgehalten werden. Wird jemand aufgefunden, bei dem Anhaltspunkte dafür bestehen, daß sich an seinem Körper Spuren befinden, so werden die erforderlichen Maßnahmen nach § 81 c veranlaßt.

18 **8) Immunität:** Bei Abgeordneten ist die Durchsuchung im selben Maße zulässig wie die Beschlagnahme (vgl 24 zu § 94). Im Bundestagsgebäude ist die vorherige Zustimmung des Präsidenten erforderlich (Art 40 II S. 2 GG); entspr Vorschriften enthalten die Länderverfassungen (vgl Elf NStZ **94**, 375).

Durchsuchung bei anderen Personen

103 **I Bei anderen Personen sind Durchsuchungen nur zur Ergreifung des Beschuldigten oder zur Verfolgung von Spuren einer Straftat oder zur Beschlagnahme bestimmter Gegenstände und nur dann zulässig, wenn Tatsachen vorliegen, aus denen zu schließen ist, daß die gesuchte Person, Spur oder Sache sich in den zu durchsuchenden Räumen befindet. Zum Zwecke der Ergreifung eines Beschuldigten, der dringend verdächtig ist, eine Straftat nach § 129a des Strafgesetzbuches oder eine der in dieser Vorschrift bezeichneten Straftaten begangen zu haben, ist eine Durchsuchung von Wohnungen und anderen Räumen auch zulässig, wenn diese sich in einem Gebäude befinden, von dem auf Grund von Tatsachen anzunehmen ist, daß sich der Beschuldigte in ihm aufhält.**

II Die Beschränkungen des Absatzes 1 Satz 1 gelten nicht für Räume, in denen der Beschuldigte ergriffen worden ist oder die er während der Verfolgung betreten hat.

1 **1) Andere Personen** (I S. 1) sind solche, die nicht tat- oder teilnahmeverdächtig sind oder die wegen Vorliegens von Schuld- oder Strafausschließungsgründen nicht verfolgt werden können, ferner juristische Personen (zB Banken, vgl KK-Nack 1). Kommt lediglich ein strafunmündiges Kind als Täter in Betracht, ist die Durchsuchung unzulässig (Eisenberg StV **89**, 556; Frehsee ZStW **100**, 304; **aM** Bamberg NStZ **89**, 40 mit abl Anm Wasmuth; LR-G. Schäfer 2; zw Schürmann/Große Kriminalistik **94**, 737); denn Voraussetzung des § 103 ist, daß überhaupt ein Strafverfahren gegen eine bestimmte Person durchgeführt werden kann. Anders ist es, wenn zugleich ein Tatverdacht gegen strafmündige Tatbeteiligte besteht, was schon im Hinblick auf § 171 StGB (Verletzung der Fürsorge- oder Erziehungspflicht) naheliegen kann. Die Duldungspflicht des Unverdächtigen ist geringer als die des Verdächtigten (unten 5, 6). Eine Durchsuchung nach § 103 ist aber nicht deshalb rechtswidrig, weil sie auch nach § 102 zulässig gewesen wäre (BGH **28**, 57, 60; **aM** Krekeler NStZ **93**, 266). Der Verhältnismäßigkeitsgrundsatz (Einl 20) wird idR erfordern, daß der Betroffene zunächst zur freiwilligen Herausgabe des Beweisgegenstandes aufgefordert wird (LG Kaiserslautern NStZ **81**, 438; vgl auch LG Köln NJW **81**, 1746; LR-G. Schäfer 8 hält die Durchsuchung ohne diese Auf-
2 forderung sogar für rechtswidrig). Auch Dienstgebäude und -räume von **Behörden** dürfen durchsucht werden (vgl § 105 III S. 3), aber nur zur Ergreifung des Beschuldigten und zur Auffindung von Beweismitteln, die die Behörde nicht verwahrt. Die Pflicht zur Herausgabe von Akten und Unterlagen darf nicht nach § 103 erzwungen werden (vgl 2 zu § 96).

2) Durchsuchungsgegenstände können die Wohnung und andere Räume des Unverdächtigen (7 zu § 102) sowie seine Person (9 zu § 102) und die ihm gehörenden Sachen sein (10 zu § 102), auch eine EDV-Anlage (10a zu § 102); denn § 103 verwendet den Begriff Durchsuchung im selben Sinn wie § 102 (KK-Nack 3). Auch eine körperliche Durchsuchung des Unverdächtigen ist zulässig (RG **42**, 440; LR-G. Schäfer 13); denn § 81c läßt sogar die einschneidendere körperliche Untersuchung zu. Zur Durchsuchung von Gebäuden vgl unten 9 ff. 3

3) Durchsuchungszwecke: 4

A. **Ergreifung des Beschuldigten:** Der Tatverdacht muß so weit konkretisiert sein, daß gegen den Verdächtigen, dessen Identität aber noch nicht festzustehen braucht, Maßnahmen ergriffen worden sind, die ihn zum Beschuldigten (Einl 76 ff) machen (Nelles StV **91**, 488); die Anordnung der Durchsuchung kann die 1. Maßnahme dieser Art sein (Einl 76). Wie im Fall des § 102 (dort 12) steht dem Beschuldigten der rechtskräftig Verurteilte gleich. Anders als dort (2) ist die Durchsuchung aber nur zulässig, wenn aus aufgrund Zeugenbekundungen oder früheren Beobachtungen über die Lebensgewohnheiten des Beschuldigten (KG JR **72**, 297, 300) festgestellten Tatsachen auf seine Anwesenheit in dem zu durchsuchenden Raum geschlossen werden kann (Krause NJW **74**, 304). 5

B. **Auffinden von Spuren und Beweismitteln:** Vgl 13 zu § 102. Aufgrund bestimmter bewiesener Tatsachen, nicht nur, wie im Fall des § 102 (dort 2), aufgrund von Vermutungen (Celle StV **82**, 561, 562; SK/StPO-Rudolphi 9), muß die Annahme gerechtfertigt sein, daß die Durchsuchung zur Auffindung der gesuchten Spur oder des (bestimmten, vgl BGH MDR 90, 105 [S]) Beweismittels führen werde. Ein **Zeugnisverweigerungsrecht** der Person, bei der nach § 103 durchsucht werden soll, steht der Anordnung und Durchführung der Maßnahme nicht entgegen (Creifelds GA **60**, 70). Jedoch dürfen Durchsuchungen nicht zu dem Zweck vorgenommen werden, Gegenstände aufzuspüren, die nach § 97 von der Beschlagnahme ausgenommen sind (KG JR **83**, 382; LG Köln NJW **81**, 1746; Fezer 7/65; Groß StV **96**, 563; Haffke NJW **74**, 1984; Jarass NJW **81**, 197; erg 1 zu § 97). 6 7

C. **Verfalls- und Einziehungsgegenstände:** Vgl 14 zu § 102. 8

4) Gebäudedurchsuchungen (I S. 2): 9

A. **Bei dringendem Tatverdacht** nach § 129a StGB (einschr SK/StPO-Rudolphi 16; Rudolphi JA **79**, 3: nicht schon bei Verdacht der Werbung oder einer geringfügigen Unterstützung) oder einer der dort bezeichneten Straftaten kann die Durchsuchung eines bestimmten Gebäudes angeordnet werden, zweier Gebäude nicht schon deshalb, weil anzunehmen ist, daß der Verdächtige sich in einem von ihnen aufhält (KK-Nack 10). Zum dringenden Tatverdacht vgl 7 zu § 112. Die Durchsuchung **setzt ferner voraus,** daß aufgrund polizeilicher Ermittlungen, Beobachtungen anderer Zeugen oder Hinweisen aus der Bevölkerung festgestellte Tatsachen die Annahme begründen, daß sich der Beschuldigte irgendwo in dem Gebäude aufhält (Vogel NJW **78**, 1226); bloße Vermutungen genügen nicht. Der Annahme des Aufenthalts „in dem Gebäude" steht nicht entgegen, daß die größere Wahrscheinlichkeit dafür spricht, daß sich der Beschuldigte dort in einer bestimmten Wohnung oder Raumeinheit befindet. In diesem Fall werden diese Räume nach Möglichkeit vorrangig durchsucht. 10 11

B. **Gebäude** ist eine räumlich abgegrenzte, selbständige bauliche Einheit (Benfer Polizei **79**, 197). Um ein einzeln stehendes Haus oder um ein Gebäude mit nur einem Aufgang braucht es sich nicht zu handeln (KMR-Müller 11; LR-G. Schäfer 20; Kurth NJW **79**, 1383; **aM** Riegel BayVBl **78**, 597). Maßgebend ist vielmehr die bauliche Geschlossenheit. Mehrere Gebäude werden aber auch dann nicht zu einer Einheit zusammengeschlossen, wenn sie teilw baulich miteinander verbunden sind oder gemeinsame Anlagen (Keller, Tiefgaragen) haben (KK-Nack 9; LR-G. 12

13 Schäfer 20; Kurth aaO). Auf einen **Teil des Gebäudes** kann die Durchsuchung beschränkt werden, wenn der andere Teil, zB eine oder einige bestimmte Wohnungen, eindeutig als Aufenthaltsort des Beschuldigten ausscheidet. Das ist aber nicht der Fall, wenn sich nicht ausschließen läßt, daß der gesuchte Beschuldigte noch während der Durchsuchung unter Nötigung in andere Räume des Gebäudes gelangen kann.

14 C. **Durchsuchungszweck** darf nur die Ergreifung des Beschuldigten sein, nicht die Auffindung von Spuren und Beweismitteln. Um einen „Terroristen" braucht es sich nicht zu handeln (LR-G. Schäfer 16; **aM** Benfer Polizei **79**, 196). Der Gesuchte muß nur dringend verdächtig sein, eine Tat nach § 129 a StGB oder eine in der Vorschrift bezeichneten Taten begangen zu haben. Daß er bereits identifiziert ist, wird nicht vorausgesetzt (LR-G. Schäfer 20; Kurth NJW **79**, 1384 Fn 113). Bei der Durchsuchung ist die Beschränkung auf die Ergreifung des Beschuldigten zu beachten. Behältnisse, in denen sich wegen ihrer geringen Größe niemand verbergen kann, dürfen nur durchsucht werden, wenn aufgrund bestimmter Tatsachen der Verdacht besteht, daß sich dort Unterlagen befinden, die die Ergreifung des Beschuldigten ermöglichen (Vogel NJW **78**, 1226).

15 **5) Raumdurchsuchung bei Ergreifung oder Verfolgung des Beschuldigten** (II): Wird der Beschuldigte, auch der aus der Strafhaft entflohene Verurteilte (Bay **20**, 152), durch Strafverfolgungsorgane oder nach § 127 I durch Privatpersonen in einer Wohnung oder Raumeinheit ergriffen oder betritt er solche Räume während seiner Verfolgung, ohne daß es gelingt, ihn dort zu ergreifen, so ist die Durchsuchung dieser Räume ohne die Einschränkungen des I S. 1 zulässig. Es brauchen keine weiteren Tatsachen vorzuliegen, die die Ergreifung wahrscheinlich machen. Die Durchsuchung ist dann auch nicht nur zu den in I S. 1 bezeichneten Zwecken, sondern auch mit dem Ziel zulässig, Personen aufzufinden, die als Zeugen in Betracht kommen. Denn infolge der Beziehung, die der Beschuldigte in den Fällen des II zu den Räumen von sich aus hergestellt hat, liegt kraft gesetzlicher Vermutung die Annahme nahe, daß irgendein denkbarer Durchsuchungszweck erreicht werden kann. Die Anordnung der Durchsuchung (§ 105 I) wird im Fall des II nicht überflüssig, die Gebäudedurchsuchung (I S. 2) nicht erleichtert.

16 **6) Immunität:** Vgl RiStBV 191 III Buchst d. Diese Regelung gilt auch, wenn ein Mittäter des Abgeordneten verfolgt wird; der Abgeordnete ist dann als Nichtverdächtiger zu behandeln. Vgl auch 18 zu § 102.

Nächtliche Haussuchung

104 **I Zur Nachtzeit dürfen die Wohnung, die Geschäftsräume und das befriedete Besitztum nur bei Verfolgung auf frischer Tat oder bei Gefahr im Verzug oder dann durchsucht werden, wenn es sich um die Wiederergreifung eines entwichenen Gefangenen handelt.**

II Diese Beschränkung gilt nicht für Räume, die zur Nachtzeit jedermann zugänglich oder die der Polizei als Herbergen oder Versammlungsorte bestrafter Personen, als Niederlagen von Sachen, die mittels Straftaten erlangt sind, oder als Schlupfwinkel des Glückspiels, des unerlaubten Betäubungsmittel- und Waffenhandels oder der Prostitution bekannt sind.

III Die Nachtzeit umfaßt in dem Zeitraum vom ersten April bis dreißigsten September die Stunden von neun Uhr abends bis vier Uhr morgens und in dem Zeitraum vom ersten Oktober bis einunddreißigsten März die Stunden von neun Uhr abends bis sechs Uhr morgens.

1 **1)** Eine **Einschränkung der §§ 102, 103** enthält die auch im Fall des § 111 b geltende (vgl § 111 b III) Vorschrift, jedoch nur für Raumdurchsuchungen. Personen und ihre Sachen können auch zur Nachtzeit durchsucht werden, wenn damit

keine Haussuchung verbunden ist. Schon die Durchsuchungsanordnung (§ 105) kann mit der Maßgabe ergehen, daß die Durchsuchung, zB wegen Gefahr im Verzug, zur Nacht vollzogen werden darf (vgl BGH MDR **64**, 71). Sonst entscheidet der die Anordnung vollziehende Beamte, ob die Voraussetzungen des § 104 vorliegen. Bei Einwilligung des Betroffenen gelten die Beschränkungen des I nicht.

2) **Durchsuchungsvoraussetzungen** (I): 2

A. **Verfolgung auf frischer Tat:** Vgl 6 zu § 127. Der Täter braucht nicht bei der Tat betroffen worden zu sein, und die Verfolgung muß auch nicht unmittelbar der Tat nachfolgen oder auf Sicht oder Gehör stattfinden (LR-G. Schäfer 6). Es genügt, daß sie unmittelbar nach Tatentdeckung aufgenommen wird. Auf Ergreifung des Täters braucht sie nicht abzuzielen; sie kann auch Maßnahmen zur Tataufklärung (KMR-Müller 4) oder die Sicherstellung der Beute oder anderer Beweismittel bezwecken (EbSchmidt 4). 3

B. **Gefahr im Verzug** besteht, wenn die Aufschiebung der Durchsuchung bei Tagesbeginn ihren Erfolg wahrscheinlich gefährden würde (KMR-Müller 5; LR-G. Schäfer 7; vgl auch 3 zu § 98). Ein Irrtum über die Gefahr macht die Anordnung des Richters nicht unwirksam (BGH MDR **64**, 71; KK-Nack 6; Krekeler NStZ **93**, 265; Schlüchter 328.3; **aM** Fezer 7/78), auch nicht die Entscheidung des ausführenden Beamten (oben 1). 4

C. **Wiederergreifung eines Gefangenen:** Der Begriff Gefangener stimmt mit dem in § 120 StGB verwendeten überein (vgl im einzelnen AK/StPO-Amelung 8; LR-G. Schäfer 9 ff). Die Durchsuchung zur Nachtzeit ist auch zulässig, wenn nicht nach dem Gefangenen selbst, sondern nach Anhaltspunkten für seinen Verbleib gesucht wird (KMR-Müller 6). 5

3) **Ausnahmen** (II): Bestimmte Räume sind von den Beschränkungen des I 6
befreit. Dazu gehören **zur Nachtzeit für jedermann zugängliche Räume,** 7
auch wenn der Zugang nur gegen Entgelt gewährt wird, zB Herbergen, Schankwirtschaften, Gasthäuser, Bahnhofshallen, Wartesäle, Kinos, Bars. Eine vorzeitige Schließung zu dem Zweck, die Durchsuchung zu hindern, ist unbeachtlich (LR-G. Schäfer 14). Die dem Wirt oder sonstigen Inhaber als Wohnung oder zu anderen privaten Zwecken dienenden Räume fallen unter I, wenn sie von den Räumen, deren Durchsuchung nach II zulässig ist, deutlich abgetrennt sind (LR-G. Schäfer 14; vgl aber KK-Nack 4; SK/StPO-Rudolphi 7, die Wohnungen allgemein von II
ausnehmen wollen). Der Polizei **als Herbergen oder Versammlungsorte be-** 8
strafter Personen bekannte Räume sind zB Lokale von Ringvereinen, Dirnen-
quartiere und Hehlerkneipen. **Schlupfwinkel des Glücksspiels** usw sind geheime 9
Spielclubs, Bordelle, Absteigequartiere und Gaststätten, in denen vorwiegend Rauschgiftsüchtige verkehren. Der Polizei sind solche Räume iS von II bekanntgeworden, wenn sie schon einmal zu den bezeichneten Zwecken in Erscheinung getreten sind und keine Anhaltspunkte für eine Änderung des Verwendungszwecks bestehen (LR-G. Schäfer 15).

4) **Nachtzeit** (III): Eine vor 9 Uhr abends begonnene Durchsuchung darf fortgesetzt werden, auch wenn die Voraussetzungen des I oder II nicht vorliegen (BVerfGE **44**, 353, 369 = NJW **77**, 1489). Durchsuchungen sollten allerdings so frühzeitig beginnen, daß sie bis zur Nachtzeit beendet werden können (BVerfG aaO). 10

Anordnung und Ausführung von Durchsuchungen

105 [I] **Durchsuchungen dürfen nur durch den Richter, bei Gefahr im Verzug auch durch die Staatsanwaltschaft und ihre Hilfsbeamten (§ 152 des Gerichtsverfassungsgesetzes) angeordnet werden. Durchsuchungen nach**

§ 103 Abs. 1 Satz 2 ordnet der Richter an; die Staatsanwaltschaft ist hierzu befugt, wenn Gefahr im Verzug ist.

II Wenn eine Durchsuchung der Wohnung, der Geschäftsräume oder des befriedeten Besitztums ohne Beisein des Richters oder des Staatsanwalts stattfindet, so sind, wenn möglich, ein Gemeindebeamter oder zwei Mitglieder der Gemeinde, in deren Bezirk die Durchsuchung erfolgt, zuzuziehen. Die als Gemeindemitglieder zugezogenen Personen dürfen nicht Polizeibeamte oder Hilfsbeamte der Staatsanwaltschaft sein.

III Wird eine Durchsuchung in einem Dienstgebäude oder einer nicht allgemein zugänglichen Einrichtung oder Anlage der Bundeswehr erforderlich, so wird die vorgesetzte Dienststelle der Bundeswehr um ihre Durchführung ersucht. Die ersuchende Stelle ist zur Mitwirkung berechtigt. Des Ersuchens bedarf es nicht, wenn die Durchsuchung von Räumen vorzunehmen ist, die ausschließlich von anderen Personen als Soldaten bewohnt werden.

1 1) Eine **Durchsuchungsanordnung** ist notwendig wenn der Betroffene sich der Maßnahme nicht freiwillig unterwirft; die stillschweigende Duldung genügt dazu nicht (SK/StPO-Rudolphi 3). Liegen die Voraussetzungen der §§ 102 ff nicht vor, muß über die Freiwilligkeit belehrt werden (LG Stuttgart NStE Nr 2; vgl auch BGH **34**, 397, 400; erg 21 zu § 94).

2 A. **Zuständig** (I) ist der Richter, der das Vorliegen eines Tatverdachts selbständig zu prüfen hat (Düsseldorf MDR **91**, 78; erg 2 zu § 102). Eine Zuständigkeit der StA und ihrer Hilfsbeamten (im Fall des § 103 I S. 2 nur der StA) besteht nur bei Gefahr im Verzug (6 zu § 98), die auch während der Vollstreckung der richterlichen Anordnung eintreten kann (vgl 5 zu § 108). Ausschließlich zuständig ist entspr § 98 I S. 2 der Richter für die Anordnung der Durchsuchung von Pressebetrieben und Rundfunkanstalten nach Gegenständen, die nur nach § 97 V S. 2 beschlagnahmt werden dürfen (KMR-Müller 2; Kunert MDR **75**, 891; Roxin § 35 A IV 1 g). Die richterliche Bestätigung der Durchsuchungsanordnung der StA und ihrer Hilfsbeamten sieht § 105 nicht vor.

3 B. Eine bestimmte **Form** ist nicht vorgeschrieben; die Anordnung kann daher mündlich, telefonisch oder telegrafisch ergehen, auch stillschweigend, wenn sie (bei Gefahr im Verzug) der anordnende Beamte sogleich selbst ausführt (vgl BGH NStZ **86**, 84: Fortführung einer zunächst einverständlich durchgeführten Durchsuchung nach Widerruf des Einverständnisses). Nur die richterliche Durchsuchungsanordnung muß immer schriftlich abgefaßt werden (KMR-Müller 4; **aM** SK/StPO-Rudolphi 11; **aM** auch Rengier NStZ **81**, 374 unter Hinweis auf die widersprüchliche Entscheidung BVerfGE **20**, 162, 225, 227 = NJW **66**, 1603, 1616). Die Durchsuchung mehrerer Räume oder Gebäude kann in einen einzigen Beschluß angeordnet werden, auch wenn sie die Ergreifung mehrerer Verdächtiger
4 bezweckt (Kurth NJW **79**, 1384; **aM** Rengier aaO). Von der **vorherigen Anhörung** des Betroffenen ist nach § 33 IV abzusehen (vgl BVerfGE **49**, 329, 342 = NJW **79**, 154, 155; BVerfGE **51**, 97, 111 = NJW **79**, 1539, 1540; **aM** LR-G. Schäfer 14); der Anordnungsbeschluß ist dem Beschuldigten aber – mit vollständiger Begründung – bekanntzumachen (BGHR Zustellung 1).

5 C. **Inhaltlich** muß die Anordnung die Straftat bezeichnen, deren Begehung Anlaß zur Durchsuchung gibt (LG Krefeld wistra **93**, 316; NJW **94**, 2036). Bei Wohnungsdurchsuchungen sind auch tatsächliche Angaben über den Inhalt des Tatvorwurfs erforderlich, sofern sie nach dem Ermittlungsergebnis ohne weiteres möglich sind und den Zwecken der Strafverfolgung nicht zuwiderlaufen (BVerfGE **20**, 162, 227 = NJW **66**, 1603, 1615; BVerfGE **42**, 212, 220 = NJW **76**, 1735; BVerfGE **44**, 353, 371 = NJW **77**, 1489; BVerfGE **56**, 247 = NJW **81**, 971; BVerfG StV **90**, 483; NStZ **92**, 91; NJW **94**, 3281; BbgVerfG NStZ-RR **98**, 366; LG Mönchengladbach StV **86**, 246; weitergehend Baur wistra **83**, 99). Ferner müssen stets Zweck und Ziel (Ergreifung des Beschuldigten oder Auffinden von

Beweismitteln oder Spuren) und das Ausmaß der Durchsuchung (BVerfGE **20**, 162, 227 = NJW **66**, 1603, 1615), insbesondere die „anderen Räume" iSd § 102 (BVerfG NStZ **92**, 91) genau bezeichnet und mindestens annäherungsweise, ggf in der Form beispielhafter Angaben, die Beweismittel angegeben werden, denen die Durchsuchung gilt (BVerfGE **42**, 212, 221 = NJW **76**, 1735; BVerfGE **44**, 353, 371 = NJW **77**, 1489; BVerfGE **56**, 247 = NJW **81**, 971; BVerfG NJW **97**, 2165 = JR **97**, 382 mit Anm Cirener und Anm Roxin StV **97**, 654; Krekeler NStZ **93**, 265; vgl auch Parigger Friebertshäuser-FG 179 mit Beispielen). Allgemeine Angaben über die Beweismittel genügen nicht (LG Wiesbaden NJW **79**, 175). Die Einhaltung des Verhältnismäßigkeitsgrundsatzes (Einl 20) muß der Richter prüfen (BVerfG NJW **97**, 2165), aber in der Anordnung nicht darlegen (**aM** Baur wistra **83**, 100).

D. **Stillschweigende Anordnungen** zur Durchsuchung zwecks Ergreifung des 6
Beschuldigten enthalten Haftbefehle nach §§ 112, 453 c, Unterbringungsbefehle nach § 126 a und Vorführungsbefehle nach §§ 134, 230 II, 236, 329 IV S. 1 (KK-Nack 6; LR-G. Schäfer 7; Fezer 7/69; Kaiser NJW **64**, 759; **80**, 875; Roxin § 35 A IV 1 g; **aM** KMR-Müller 1; SK/StPO-Rudolphi 4; Benfer NJW **80**, 1611; vgl auch BVerfGE **16**, 239). Auch rechtskräftige Strafurteile und Strafbefehle gestatten aufgrund des Haftbefehls zu ihrer Vollstreckung (§§ 457 II, 463 I) ohne weiteres die Ergreifungsdurchsuchung (Düsseldorf NJW **81**, 2133; Frankfurt NJW **64**, 785; Kaiser NJW **64**, 759; Roxin aaO), auch zur Vollstreckung von Ersatzfreiheitsstrafen (Kaiser NJW **80**, 875). Das gilt aber nur für Räume des Beschuldigten oder Verurteilten; wird er in Räumen Dritter gesucht, so muß eine besondere Anordnung getroffen werden (Celle StV **82**, 561; LR-G. Schäfer 8; Krause NJW **74**, 303; **aM** Kaiser aaO). Die stillschweigende Anordnung der Durchsuchung der Wohnung des Verurteilten, nicht der eines Dritten, zur Ingewahrsamnahme des aufgrund eines Fahrverbots nach § 44 StGB herauszugebenden Führerscheins enthält das Urteil oder der Strafbefehl, in dem das Fahrverbot ausgesprochen ist (1 zu § 463 b).

E. Die **Verbindung mit einer Beschlagnahmeanordnung** ist zulässig. Dann 7
müssen aber die zu beschlagnahmenden Gegenstände genau bezeichnet werden (LG Lüneburg JZ **84**, 343). Eine allgemeine Beschlagnahmeanordnung (vgl 9 zu § 98) hat allenfalls die Bedeutung einer Begründung und Richtlinie für die Durchsuchung.

F. Für die **Durchführung** einer richterlichen Anordnung gilt § 36 II S. 1 (Ren- 8
gier NStZ **81**, 375; Wendisch JR **78**, 447). Sonst sorgt der Anordnende selbst für die Ausführung. Auch der Richter kann seine Anordnung selbst durchführen. Von der richterlichen Durchsuchungsanordnung im Ermittlungsverfahren muß die StA keinen Gebrauch machen (LR-G. Schäfer 22; Amelung/Schall JuS **75**, 572; Benfer NJW **81**, 1245); erst recht kann sie, nicht aber die von ihr mit der Durchführung beauftragte Polizei, ihre Vollziehung aufschieben. Die Vollstreckung wird nach der Rspr des BVerfG (NJW **97**, 2165 = JR **97**, 386 mit Anm Cirener; so auch schon zuvor Cassardt NJW **96**, 554; vgl auch Dauster StraFo **98**, 408) unzulässig, wenn sie binnen 6 Monaten nicht vollzogen worden ist (krit zu dieser vom BVerfG festgelegten Frist Roxin StV **97**, 654, der zutr eine vom Richter im Einzelfall festzusetzende Frist für sachgerechter hält); die Vollziehung wird auch unzulässig, wenn sich die Ermittlungslage geändert hat (LG Osnabrück NStZ **87**, 522 mit Anm Kronisch; Krekeler NStZ **93**, 266). Dagegen sind richterliche Anordnungen im Zwischenverfahren (§ 202) und im Hauptverfahren bindend (KK-Nack 8; Benfer aaO). Zur Zulässigkeit der Anfertigung von Lichtbildern von der Durchsuchung vgl Celle StV **85**, 137. Zu der Durchsuchung können Sachverständige hinzugezogen werden (vgl LG Stuttgart wistra **97**, 279 zur Zuziehung von Beamten der Steuerfahndung). Die Zuziehung von sachkundigen Angestellten des Unternehmens, auf dessen Strafanzeige die Durchsuchung angeordnet wurde, erscheint
aber unzulässig (Hamm NStZ **86**, 326). Für **Durchsuchungen im Bereich der** 9
Bundeswehr trifft III eine dem § 98 IV entspr Regelung (vgl dort 25 ff).

10 **2) Durchsuchungszeugen** (II) müssen, aber nicht vor Beginn der Durchsuchungshandlung (BGH NJW **63**, 1461), zugezogen werden, wenn bei Raumdurchsuchungen kein Richter oder StA, dem der Amtsanwalt gleichsteht, anwesend ist. Die Inhaber der nach § 103 durchsuchten Räume können nicht zugleich Zeugen sein (Celle StV **85**, 137). II ist keine Ordnungsvorschrift; die Zuziehung ist vielmehr eine wesentliche Förmlichkeit der Durchsuchung (Bay **79**, 183 = JR **81**, 28 mit Anm Thiele; Celle aaO; Hamm NStZ **86**, 326, 327; Karlsruhe NStZ **91**, 50; Schleswig OLGSt § 113 StGB Nr 2; Stuttgart MDR **84**, 249; Krekeler Koch-FG 174; Küper NJW **71**, 1681; JZ **80**, 633; **aM** München
11 NJW **72**, 2275, 2276; KMR-Müller 13). Allerdings muß sie **möglich** sein; unmöglich ist sie auch, wenn der eintretende Zeitverlust den Erfolg der Durchsuchung vereiteln würde (BGH NStZ **86**, 84; RG **55**, 161, 165; Küper NJW **71**, 1681). Die Entscheidung darüber trifft der Beamte nach pflichtgemäßem Ermessen (Bay aaO; Karlsruhe aaO; Schleswig aaO; Stuttgart aaO; KK-Nack 14; Küper aaO; **aM** SK/StPO-Rudolphi 18: Rechtsbegriff; Fezer 7/72: Gefahrenprognose). Der gewissenhaft handelnde Beamte handelt auch dann rechtmäßig, wenn er sich in der Beurteilung der Verhältnisse irrt (Bay aaO; Celle StV **85**, 137; dazu eingehend Küper aaO). Nur der bewußte Verstoß gegen II gibt dem Betroffenen das Recht zur Notwehr (RG **55**, 161; Born JR **83**, 52) und zum Widerstand. Die Verwertbarkeit der Durchsuchungsergebnisse hängt aber von der Einhaltung des II nicht ab (KG NJW **72**, 169, 170; Stuttgart NJW **71**, 629; ANM 504
12 mwN). Der **Verzicht des Betroffenen** auf die Beachtung des II ist zulässig (BGH NJW **63**, 1461; Celle aaO; Stuttgart MDR **84**, 249; KMR-Müller 15; SK/StPO-Rudolphi 17; **aM** KK-Nack 14; Fezer 8/129). Zwar sollen durch die Zeugenzuziehung nicht nur die Betroffenen vor Übergriffen der Beamten geschützt werden; sie dient auch dem Schutz der Beamten vor unberechtigten Vorwürfen des Betroffenen wegen der Art und Weise der Durchsuchung (BGH aaO; Bay **79**, 183 = JR **81**, 28 mit Anm Thiele; Celle aaO). Trotzdem kann dem Wunsch des Betroffenen, von der Zuziehung Dritter abzusehen, um Aufsehen zu vermeiden, entsprochen werden (vgl aber Born JR **83**, 52; Roxin § 35 A IV 1 g: nur wenn auch der Beamte verzichtet; Rengier NStZ **81**, 374 rät zur Zurückhaltung).

13 **3) Unmittelbarer Zwang:** Die Anordnung berechtigt dazu, die Durchsuchung mit Zwangsmaßnahmen durchzusetzen (Stuttgart MDR **84**, 249; KMR-Müller 8), zB die Wohnung gewaltsam zu öffnen, die zu durchsuchenden Gebäude durch Abschließen oder Aufstellen von Wachen zu sichern, Türen, Schränke und Verschläge aufzubrechen, Flüssigkeiten abzulassen, Gruben zu entleeren usw (vgl LR-G. Schäfer 29). Bei der Personendurchsuchung darf körperlicher Zwang angewendet werden. Wenn das geboten erscheint, darf der Betroffene auch kurzfristig festgenommen und auf der Polizeiwache durchsucht werden (LR-G. Schäfer 29 a; Baumann EbSchmidt-FS 537; Hoffmann Polizei **69**, 13). Bei allen Zwangsmaßnahmen ist der Verhältnismäßigkeitsgrundsatz (Einl 20) zu beachten.

14 **4) Beendigung:** Die Anordnung berechtigt zu einer einmaligen, einheitlichen Durchsuchung, die, wenn auch mit Pausen (Ehlers BB **78**, 1515; Rengier NStZ **81**, 377), in einem Zuge durchgeführt wird. Mit der Beendigung der Durchsuchung durch ausdrückliche Erklärung oder schlüssiges Verhalten der Durchsuchungsbeamten (Rengier aaO) ist die Anordnung verbraucht; sie braucht nicht ausdrücklich aufgehoben zu werden. Eine weitere Durchsuchung erfordert daher eine erneute Anordnung (Fezer StV **89**, 292; Meurer JR **90**, 391; Roxin NStZ **89**, 378).

15 **5) Anfechtung:** Die richterliche Durchsuchungsanordnung und ihre Ablehnung können mit der Beschwerde nach § 304 angefochten werden, auch die des erkennenden Gerichts; § 305 S. 2 gilt entspr (KMR-Müller 18; Peters JR **73**,

342; erg 7 zu § 305). Erforderlich ist eine unmittelbare Beschwer; der Beschuldigte kann zB nicht die Anordnung der Durchsuchung seiner Bank anfechten (LG Köln StV **83**, 275). Zur Beschwerde nach beendeter Durchsuchung vgl 17 ff vor § 296. Die Durchsicht von Papieren nach § 110 gehört noch zur Durchsuchung; solange sie nicht beendet ist, kann Beschwerde gegen die Anordnung eingelegt werden (BGH NJW **73**, 2035; StV **88**, 90; KG NJW **75**, 354; Karlsruhe MDR **80**, 76; NStZ **95**, 48; LG Frankfurt a.M. NJW **97**, 1170; Haffke NJW **74**, 1983), danach nur noch gegen die richterliche Beschlagnahme der Papiere (BGH NJW **95**, 3397). Gegen **Durchsuchungsanordnungen der StA und ihrer Hilfsbeamten** ist entspr § 98 II S. 2 der Antrag auf gerichtliche Entscheidung zulässig (BGH **26**, 206, 209; NJW **78**, 1013 mit Anm Amelung; BGH StV **88**, 90; KG NJW **72**, 169 = JR **72**, 297 mit Anm Peters; Karlsruhe NJW **78**, 1595; NStZ **91**, 50; **95**, 48; Stuttgart NJW **77**, 2276; Fezer 7/99 und Jura **82**, 21 Fn 15; Meyer Schäfer-FS 127), auch noch nach Abschluß der Durchsuchung zur Feststellung der Rechtswidrigkeit der Anordnung (vgl 23 zu § 98; 10 zu § 23 EGGVG) bzw bei Unzulässigkeit ihres Vollzugs (oben 8; Cassardt NJW **96**, 558). 16
Der Rechtsweg nach § 23 **EGGVG** war hingegen nach bisher hM gegeben, wenn die **Art und Weise der Durchsuchung** beanstandet wird (BGH **28**, 206; **37**, 79, 82); diese Rspr hat der BGH nun nach Vorlegung der Frage durch das KG (JR **98**, 216) aufgegeben und auch für diesen Fall § 98 II S. 2 für entspr anwendbar erklärt (BGH 5 ARs [VS] 2/98 vom 7. 12. 1998; vgl dazu den Anfragebeschluß des 5. an dem 3. Strafsenat des BGH wistra **98**, 353; erg 10 zu § 23 EGGVG). 17

6) Zur **Verwertbarkeit** der bei einer fehlerhaften Durchsuchung gefundenen Beweismittel vgl 21 zu § 94. 18

Zuziehung des Inhabers

106 **I Der Inhaber der zu durchsuchenden Räume oder Gegenstände darf der Durchsuchung beiwohnen. Ist er abwesend, so ist, wenn möglich, sein Vertreter oder ein erwachsener Angehöriger, Hausgenosse oder Nachbar zuzuziehen.**

II Dem Inhaber oder der in dessen Abwesenheit zugezogenen Person ist in den Fällen des § 103 Abs. 1 der Zweck der Durchsuchung vor deren Beginn bekanntzumachen. Diese Vorschrift gilt nicht für die Inhaber der in § 104 Abs. 2 bezeichneten Räume.

1) Eine **Ordnungsvorschrift** ist § 106; aus ihrer Verletzung können keine Rechtsfolgen hergeleitet werden (BGH NStZ **83**, 375; **aM** LR-G. Schäfer 15; Rengier NStZ **81**, 373; Sommermeyer JR **90**, 499; NStZ **91**, 264). Die Vorschrift ist auch bei Durchsuchungen zum Zweck der Beschlagnahme von Verfalls- und Einziehungsgegenständen anwendbar (§ 111 b III), gilt aber bei Durchsuchungen nach § 84 I S. 1 StVollzG nicht entspr (Frankfurt MDR **80**, 80; Stuttgart Justiz **84**, 368). 1

2) Ein **Anwesenheitsrecht** (I S. 1) haben die Inhaber der zu durchsuchenden Räume, bei mehreren Inhabern jeder von ihnen (LR-G. Schäfer 2), und die Inhaber der Gegenstände, auch wenn sie die Beschuldigten sind (RG **33**, 251), vorausgesetzt, daß sie sich am Durchsuchungsort oder in dessen Nähe aufhalten. Der Durchsuchungsbeamte ist nicht verpflichtet, auf ihr Erscheinen zu warten oder sie herbeiholen zu lassen (LR-G. Schäfer 3), sollte das aber tun, wenn dadurch keine erhebliche Verzögerung eintritt. Erscheint ein Anwesenheitsberechtigter verspätet, so wird die Durchsuchung fortgesetzt, nicht wiederholt. Der Inhaber der Räume oder Gegenstände kann auf die Anwesenheit verzichten (Rengier NStZ **81**, 374) oder einen anderen mit der Wahrnehmung seiner Rechte beauftragen. Bei 2

Störungen gilt § 164; das Anwesenheitsrecht ist dann verwirkt (RG **33**, 251). Zur
3 Zulässigkeit von „Stubenarrest" und Telefonsperre vgl Rengier NStZ **81**, 375. **Beschuldigte,** die nicht zugleich Inhaber der Räume oder Gegenstände sind, und Verteidiger haben keinen Anspruch auf Anwesenheit bei der Durchsuchung (Stuttgart NStZ **84**, 574; Dahs 308), insbesondere nicht UGefangene bei der Durchsuchung ihrer Zellen (Frankfurt GA **79**, 429; Karlsruhe StV **86**, 10; Schleswig SchlHA **98**, 172 [L/S]; Stuttgart NStZ **84**, 574; **aM** AG Mannheim StV **85**, 276). Gestattet der Gewahrsamsinhaber ihre Anwesenheit, so dürfen sie aber nur unter den Voraussetzungen des § 164 entfernt werden (Rengier aaO).

4 **3)** Die **Zuziehung Dritter** (I S. 2), und zwar in der gesetzlichen Reihenfolge (KK-Nack 2), ist bei Abwesenheit des Inhabers, nicht nach dessen Entfernung wegen Störung (Krause/Nehring 7; LR-G. Schäfer 5; **aM** KK-Nack 5), erforderlich, sofern sie möglich (11 zu § 105) und für den Zugezogenen ungefährlich ist (vgl auch Karlsruhe NStZ **91**, 50 zur Zuziehung ausländischer Ermittler). Zum Begriff „erwachsener Angehöriger" vgl 10 zu § 37, 15 zu § 98. Vertreter iS I S. 2 ist, wer den Inhaber aufgrund besonderer Vollmacht, kraft allgemeinen Auftrags (Hausverwalter) oder üblicherweise (Ehefrau) vertritt. Ist der Inhaber zugleich der Beschuldigte, so kann ihn sein Verteidiger vertreten (KMR-Müller 2; LR-G. Schäfer 6; **aM** KK-Nack 2). Verzichtet der anwesende Vertreter auf die Teilnahme an der Durchsuchung, so wird kein weiterer Vertreter zugezogen. Stört er die Durchsuchungshandlung, so wird er entfernt und, wenn möglich, durch einen anderen ersetzt (KMR-Müller 6).

5 **4) Bekanntmachung** (II): Vor der Durchsuchung nach § 103 I ist den in II S. 1 bezeichneten Personen deren Zweck bekanntzugeben, sofern die Durchsuchung nicht unter den Voraussetzungen des § 103 II oder § 104 II stattfindet. Wenn dadurch der Untersuchungserfolg nicht gefährdet wird, sollte der Durchsuchungszweck auch im Fall des § 102 dem Verdächtigen bekanntgegeben werden (vgl auch LR-G. Schäfer 14; Rengier NStZ **81**, 373, die das sogar für verfassungsrechtlich geboten halten).

Mitteilung; Verzeichnis

107 Dem von der Durchsuchung Betroffenen ist nach deren Beendigung auf Verlangen eine schriftliche Mitteilung zu machen, die den Grund der Durchsuchung (§§ 102, 103) sowie im Falle des § 102 die Straftat bezeichnen muß. Auch ist ihm auf Verlangen ein Verzeichnis der in Verwahrung oder in Beschlag genommenen Gegenstände, falls aber nichts Verdächtiges gefunden wird, eine Bescheinigung hierüber zu geben.

1 **1)** Eine **Ordnungsvorschrift** ist § 107; ihre Verletzung hat keine Rechtsfolgen (LR-G. Schäfer 1). Bei Durchsuchungen zum Zweck der Beschlagnahme von Verfalls- und Einziehungsgegenständen gilt die Vorschrift nach § 111 b III entspr.

2 **2)** Eine **Durchsuchungsbescheinigung** (S. 1) ist dem Betroffenen, also dem (verdächtigen oder unverdächtigen) Inhaber der Räume oder des Gewahrsams an den Sachen, auf Verlangen nach der Durchsuchung zu erteilen. Dabei genügt die abstrakte Angabe des Durchsuchungszwecks (Ergreifung; Auffinden von Beweisgegenständen), auch im Fall des § 103 (KK-Nack 3; **aM** KMR-Müller 6; Eb-Schmidt 5; SK/StPO-Rudolphi 2). Angaben über die Gründe, aus denen die Durchsuchung Erfolg versprach, werden nicht gemacht (KMR-Müller 7). Im Fall des § 102 kann der Betroffene auch eine schriftliche Mitteilung über die Straftat verlangen, die Anlaß zu der Durchsuchung gegeben hat; tatsächliche Einzelheiten brauchen aber nicht angegeben zu werden (KK-Nack 3; KMR-Müller 2).

3) Ein **Beschlagnahmeverzeichnis oder eine Negativbescheinigung**(S. 2) kann der Betroffene verlangen. Dazu genügt, daß die formlos sichergestellten oder beschlagnahmten Gegenstände nach Art und Zahl aufgeführt werden (Krekeler wistra **83**, 46); eine nähere Beschreibung ist überflüssig. Auch Schriftstücke werden nicht inhaltlich, sondern nur so gekennzeichnet, daß sie identifizierbar sind (KK-Nack 4). 3

4) **Zuständig** sind der Durchsuchungsbeamte und die Behörde, die die Durchsuchung angeordnet hat. Die schriftlichen Mitteilungen sind grundsätzlich an Ort und Stelle auszufertigen (Stuttgart wistra **93**, 120); falls dies nicht möglich ist, sind sie von der Behörde, die die Anordnung vollstreckt hat, alsbald auszufertigen und auszuhändigen. Wird das Verlangen erst später gestellt, so entspricht ihm die Behörde, die das Verfahren in diesem Zeitpunkt bearbeitet. 4

5) **Anfechtung:** Gegen die Weigerung, die Bescheinigung nach I oder das Verzeichnis oder die Negativbescheinigung nach II zu erteilen, kann nach § 23 II **EGGVG** auf gerichtliche Entscheidung angetragen werden (Karlsruhe NStZ **95**, 48 mwN; Krekeler wistra **83**, 46; **aM** KK-Nack 5, der die Durchsuchung erst nach Erfüllung des § 107 für abgeschlossen hält und daher § 98 II S. 2 entspr anwenden will; im Ergebnis ebenso SK/StPO-Rudolphi 5; abl Karlsruhe aaO). Sind aber alle beschlagnahmten Unterlagen mit einer einzigen, in einem Gerichtsbeschluß bezeichneten Ausnahme zurückgegeben worden, so fehlt es für diesen Antrag am Rechtsschutzbedürfnis (Stuttgart NJW **77**, 2276). 5

Zufallsfunde

108 **I Werden bei Gelegenheit einer Durchsuchung Gegenstände gefunden, die zwar in keiner Beziehung zu der Untersuchung stehen, aber auf die Verübung einer anderen Straftat hindeuten, so sind sie einstweilen in Beschlag zu nehmen. Der Staatsanwaltschaft ist hiervon Kenntnis zu geben. Satz 1 findet keine Anwendung, soweit eine Durchsuchung nach § 103 Abs. 1 Satz 2 stattfindet.**

II Werden bei einem Arzt Gegenstände im Sinne von Absatz 1 Satz 1 gefunden, die den Schwangerschaftsabbruch einer Patientin betreffen, ist ihre Verwertung in einem Strafverfahren gegen die Patientin wegen einer Straftat nach § 218 des Strafgesetzbuches ausgeschlossen.

1) Die **einstweilige Beschlagnahme** von Zufallsfunden gestattet I der Vorschrift (Labe, Zufallsfund und Restitutionsprinzip im Strafverfahren, 1990, S. 258, hält sie für verfassungswidrig; dagegen zutr Welp GA **92**, 285). Dadurch soll der StA die Prüfung ermöglicht werden, ob ein neues Ermittlungsverfahren gegen den von der Durchsuchung Betroffenen oder einen Dritten einzuleiten und der Gegenstand in diesem zu beschlagnahmen oder ob die Beschlagnahme in einem bereits anhängigen Verfahren geboten ist, das die Durchsuchenden nicht oder nicht näher kennen. § 108 I erlaubt nicht, bei einer Durchsuchung gezielt nach Zufalls"funden zu suchen (LG Baden-Baden wistra **90**, 118; LG Berlin StV **87**, 97; SK/StPO-Rudolphi 1; Ehlers BB **78**, 1514). Noch weniger darf eine Durchsuchung als bloßer Vorwand dafür benutzt werden, systematisch nach Gegenständen zu suchen, auf die sich die Durchsuchungsanordnung nicht bezieht (Karlsruhe StV **86**, 10; LG Berlin aaO; LG Bonn NJW **81**, 292; LG Bremen StV **84**, 505; Krekeler NJW **77**, 1423; Welp JZ **72**, 289; vgl aber Kalf Polizei **86**, 413). 1

2) **Gegenstände** (I S. 1) können einstweilig beschlagnahmt werden, wenn sie auf die Begehung einer anderen Tat hindeuten, die bisher unbekannt war oder derentwegen ein anderes Verfahren anhängig ist. Ausreichend ist der ungewisse Verdacht der Tat und die naheliegende Möglichkeit, daß die Gegenstände zu ihrem Beweis geeignet sind, auch wenn nicht sie selbst, sondern nur die Umstände 2

3 verdächtig sind, unter denen sie gefunden werden (LR-G. Schäfer 8). **Entsprechend anwendbar** ist § 108, wenn der Richter bei der Briefkontrolle eines UGefangenen Beweismittel für ein anderes Strafverfahren findet (5 zu § 98; 26 zu § 119). Für Gegenstände, die in demselben oder in einem anderen Verfahren (KK-Nack 15 zu § 111 b) für verfallen erklärt oder eingezogen werden können, be-
4 stimmt § 111 b III die Anwendung des § 108. Ein **Beschlagnahmeverbot** nach § 97 für den vorgefundenen Gegenstand hindert auch seine einstweilige Beschlagnahme (Krekeler NJW **77**, 1423; NStZ **87**, 199; Maiwald JuS **78**, 382; Rudolphi Schaffstein-FS 450; Welp JZ **73**, 290; erg 1 zu § 97), nicht aber ohne weiteres der Umstand, daß er jedenfalls in dem Verfahren, in dem die Durchsuchung stattfindet, nicht beschlagnahmt werden dürfte (RG **47**, 195, 198; EbSchmidt 5). Bei Durchsuchungen in einem Steuerstrafverfahren steht das Steuergeheimnis der Beschlagnahme nicht entgegen, wenn die Voraussetzungen des § 30 IV oder V **AO** vorliegen (Bilsdorfer wistra **84**, 10; vgl auch Bandemer wistra **88**, 136).

5 **3)** Bei **Gebäudedurchsuchungen** (I S. 3), die nach § 103 I S. 2 nur der Ergreifung des Beschuldigten dienen, gilt I S. 1 nicht. Das schließt aber nicht aus, daß bei Gefahr im Verzug (6 zu § 98) der StA oder der nach § 98 I S. 1 dazu befugte Polizeibeamte auch bei Gebäudedurchsuchungen Gegenstände nach § 94 beschlagnahmt, die als Beweismittel für irgendeine Straftat von Bedeutung sind (KMR-Müller 8; Kurth NJW **79**, 1384; Vogel NJW **78**, 1226; vgl aber unten 9). Zur Mitteilung an die StA vom Auffinden und der Beschlagnahme der Zufallsfunde sind die Polizeibeamten nicht nach I S. 2, der sich nur auf die einstweilige Beschlagnahme bezieht, sondern nach § 163 verpflichtet (LR-G. Schäfer 17; **aM** Vogel aaO).

6 **4) Zuständig** für die einstweilige Beschlagnahme ist jeder Richter, StA oder Polizeibeamte, der die Durchsuchung vornimmt, der Richter auch, wenn die Voraussetzungen des § 165 nicht vorliegen, der StA auch, wenn die Beschlagnahme nach § 98 I S. 2 dem Richter vorbehalten ist (KMR-Müller 2; SK/StPO-Rudolphi 7; **aM** KK-Nack 3; LR-G. Schäfer 12), Polizeibeamte auch, wenn sie nicht Hilfsbeamte der StA und daher zur Beschlagnahme nicht nach § 98 I S. 1 befugt sind (LR-G. Schäfer 12). Gefahr im Verzug wird nach § 108 gesetzlich vermutet (BGH **19**, 374, 376).

7 **5) Weiteres Verfahren:** Die StA muß von der einstweiligen Beschlagnahme unterrichtet und der beschlagnahmte Gegenstand muß ihr zur Verfügung gestellt werden. Gibt sie ihn nicht frei, so muß sie seine Beschlagnahme nach §§ 94, 98 herbeiführen. Da Gefahr im Verzug nicht mehr besteht, ordnet die Beschlagnahme der Richter der neuen Sache an (KK-Nack 5). Die „Bestätigung" des für die Sache, in der die Durchsuchung stattgefunden hat, zuständigen Richters ist wertlos (BGH **19**, 374, 376). Die einstweilige Beschlagnahme muß aufgehoben und die Sache muß freigegeben werden, wenn die StA es unterläßt, in angemessener Frist ein neues Verfahren einzuleiten und die endgültige Beschlagnahme zu beantragen (BGH aaO; **28**, 349; **29**, 13, 15).

8 **6) Anfechtung:** Gegen Maßnahmen nach § 108 I kann entspr § 98 II S. 2 die richterliche Entscheidung beantragt werden, gegen die, ausgenommen in den Fällen des § 304 IV und V (BGH **28**, 349), Beschwerde zulässig ist, sofern nicht inzwischen die Beschlagnahme nach § 94 angeordnet worden ist; dann muß sich die Beschwerde gegen den Beschlagnahmebeschluß richten (KK-Nack 10).

9 **7) Verwertungsverbot** (II): Um das Vertrauensverhältnis zwischen Arzt und Patientin nicht zu beeinträchtigen, verbietet II (eingefügt durch das Schwangeren- und Familienhilfegesetz vom 27. 7. 1992, BGBl I 1398) die Verwertung von Zufallsfunden aus einem Strafverfahren gegen einen Arzt für ein Strafverfahren gegen eine Patientin nach § 218 StGB. Erg 4 a zu § 97.

Kennzeichnung beschlagnahmter Gegenstände

109 **Die in Verwahrung oder in Beschlag genommenen Gegenstände sind genau zu verzeichnen und zur Verhütung von Verwechslungen durch amtliche Siegel oder in sonst geeigneter Weise kenntlich zu machen.**

1) **Verzeichnis und Kenntlichmachung** sind in allen Fällen des § 94 (auch ohne vorherige Durchsuchung) und des § 111 b (vgl § 111 b III) erforderlich. Einzelheiten regelt § 9 der Aktenordnung. Der Betroffene selbst kann entspr § 110 III Identifizierungsmerkmale anbringen (Krause/Nehring 5). 1

2) Eine **Ordnungsvorschrift** ist § 109. Ihre Verletzung hat auf die Rechtswirksamkeit der Beschlagnahme keinen Einfluß (KMR-Müller 2; LR-G. Schäfer 4; **aM** Klug, Presseschutz im Strafprozeß, 1965, S. 91 ff). 2

Durchsicht von Papieren

110 **I Die Durchsicht der Papiere des von der Durchsuchung Betroffenen steht der Staatsanwaltschaft zu.**

II Andere Beamte sind zur Durchsicht der aufgefundenen Papiere nur dann befugt, wenn der Inhaber die Durchsicht genehmigt. Andernfalls haben sie die Papiere, deren Durchsicht sie für geboten erachten, in einem Umschlag, der in Gegenwart des Inhabers mit dem Amtssiegel zu verschließen ist, an die Staatsanwaltschaft abzuliefern.

III Dem Inhaber der Papiere oder dessen Vertreter ist die Beidrückung seines Siegels gestattet; auch ist er, falls demnächst die Entsiegelung und Durchsicht der Papiere angeordnet wird, wenn möglich, zur Teilnahme aufzufordern.

1) Für **Papiere** im Gewahrsam des Betroffenen (Eigentum wird nicht vorausgesetzt), die bei einer Durchsuchung gefunden worden sind, gilt die Vorschrift, nicht für Papiere, die bei anderer Gelegenheit in den Gewahrsam der Strafverfolgungsbehörden gelangt sind (Krause/Nehring 2; Creifelds GA **60**, 71; **aM** KMR-Müller 1; LR-G. Schäfer 2; EbSchmidt Nachtr **II** 8; SK/StPO-Rudolphi 2). Der Begriff Papiere ist weit auszulegen. Dazu gehört alles, was wegen seines Gedankeninhalts Bedeutung hat und auf Papier geschrieben ist, insbesondere alles private und geschäftliche Schriftgut, wie Briefe, Tagebücher, Inventuraufstellungen, Bilanzen, Buchungsunterlagen, Werk- und Lagezeichnungen oder -skizzen. Druckwerke (6 zu § 7) sind keine Papiere, wohl aber Druckfahnen einer Tageszeitung, deren Inhalt idR aus Gründen der Aktualität bis zur Ausgabe geheimgehalten wird (LR-G. Schäfer 3). Als Papiere iS des § 110 sind auch Unterlagen anzusehen, bei denen statt Papier ein anderes Material oder System verwendet worden ist, wie Tonträger, Filme, Lochkarten oder Magnetbänder für Datenverarbeitungsanlagen (KK-Nack 2; Rengier NStZ **81**, 376), ferner Disketten und die zum Lesen und Verarbeiten von Disketten notwendigen Zentral-Computereinheiten (BGH StV **88**, 90; vgl auch LG Köln NStZ **95**, 54 mit Anm Klaas: EDV-Anlage). Auch Farbbänder einer Schreibmaschine gelten als Papiere (LG Berlin StV **87**, 97). Ausgenommen sind die zur Vorlage bei Behörden bestimmten Urkunden, wie Personalausweise und Führerscheine (SK/StPO-Rudolphi 3; Schlüchter 329), die im Handel erhältlichen Bücher (KK-Nack 3; LR-G. Schäfer 4) und alle Werke der schönen Künste (Krause/Nehring 3). 1

2) Die **Durchsicht** ist das Mittel, die als Beweisgegenstände in Betracht kommenden Papiere inhaltlich darauf zu prüfen, ob die richterliche Beschlagnahme zu beantragen oder die Rückgabe notwendig ist (Frankfurt NStZ-RR **97**, 74). Nach § 97 beschlagnahmefreie Papiere sind sofort herauszugeben, und zwar ungelesen, wenn die Voraussetzungen der Vorschrift offensichtlich vorliegen, sonst nach 2

Durchsicht (RG **47**, 195, 197; Welp JZ **72**, 425). Falls ein verfassungsrechtliches Verwertungsverbot in Betracht kommt (vgl Einl 56 ff), ist größtmögliche Zurückhaltung zu wahren (BVerfGE **80**, 367, 375 = NJW **90**, 563, 564; Geppert JR **88**, 474; weitergehend Wolter StV **90**, 177: Ermittlungsrichter einschalten; für eine von Verfassungs wegen gebotene richterliche Zuständigkeit – zumindest *de lege ferenda* – auch Amelung NJW **88**, 1006; **90**, 1759; Küpper JZ **90**, 420; Störmer NStZ **90**, 398). Hoffmann/Wißmann NStZ **98**, 443 sind der Ansicht, daß entspr BVerfG NJW **97**, 2165 (vgl 8 zu § 105) die Durchsicht der Papiere innerhalb von 6
3 Monaten beendet sein muß. **Zuständig** ist in 1. Hinsicht der StA (I); im Steuerstrafverfahren gilt auch § 404 S. 2 **AO.** Der Richter ist zuständig, wenn er die Durchsuchung vornimmt oder leitet (KK-Nack 1; Fezer 7/80). Auf Hilfsbeamte darf der StA die Durchsicht nicht übertragen; er darf aber Dolmetscher und Sachverständige heranziehen (LG München I MDR **67**, 687; LR-G. Schäfer 10; Creifelds GA **60**, 71), auch Hilfsbeamte zu seiner Unterstützung (KMR-Müller 4; Krause/Nehring 4; Rengier NStZ **81**, 376; **aM** SK/StPO-Rudolphi 6). Zur Durchsuchung von Banken und Rechenzentren mit Datenverarbeitungsanlagen vgl
4 Rengier aaO. **Andere Beamte** (II S. 1) dürfen die Papiere nur mit Genehmigung des Inhabers durchsehen; die des Vertreters nach § 106 I S. 2 reicht nicht aus (KMR-Müller 5). Die Genehmigung kann beschränkt, zB für bestimmte Beamte oder bestimmte Papiere (KK-Nack 5), erteilt und widerrufen werden. II S. 2 erlaubt nur, von den vorgefundenen Papieren diejenigen nach äußeren Merkmalen (zB Aufbewahrungsplatz, Ordnerbeschriftung, Betreffangabe im Schreiben) auszusondern, bei denen eine inhaltliche Prüfung durch den StA geboten erscheint. Eine inhaltliche „Grobsichtung" ist unzulässig (Celle StV **85**, 137, 139; LR-G. Schäfer 12; SK/StPO-Rudolphi 8; Rengier NStZ **81**, 376; Welp JZ **72**, 424 Fn 18; **aM** Krause/Nehring 5; Haffke NJW **74**, 1983; Kalf Polizei **85**, 6).

5 **3) Versiegelung** (II S. 2, III): Die Papiere müssen so verpackt werden, daß der Umschlag, das Paket oder Behältnis, in dem sie vom Durchsuchungsort zur StA befördert werden, versiegelt werden kann. Die Versiegelung ist in Gegenwart des anwesenden Gewahrsamsinhabers oder seines Vertreters (§ 106 I S. 2) vorzunehmen; er kann das eigene Siegel beidrücken. Die Aufforderung zur Teilnahme nach III Hs 2 ist nur an den Betroffenen selbst zu richten, nicht an seinen Vertreter (LR-G. Schäfer 15). Sie bezieht sich aber nicht nur auf die Entsiegelung, sondern auch auf die Durchsicht der Papiere durch den StA, auch wenn weder Siegelung noch Entsiegelung stattgefunden hat. Von der Aufforderung kann abgesehen werden, wenn sie selbst oder die Teilnahme so viel Zeit erfordert, daß der Untersuchungserfolg gefährdet oder das Verfahren über Gebühr verzögert würde oder sonstige Schwierigkeiten, zB Störungen (§ 164), zu erwarten sind (vgl auch 11 zu § 105).

6 **4) Anfechtung:** Die Mitnahme zur Durchsicht ist keine Beschlagnahme (LG Oldenburg wistra **87**, 38); ein Antrag auf gerichtliche Entscheidung nach § 98 II S. 2 ist daher nicht zulässig (KK-Nack 8; LR-G. Schäfer 17). Die Durchsicht ist aber noch Teil der Durchsuchung und wie diese anfechtbar (15 zu § 105).

Verdeckte Ermittler, Einsatzvoraussetzungen **RiStBV Anl D II**

110a **I Verdeckte Ermittler dürfen zur Aufklärung von Straftaten eingesetzt werden, wenn zureichende tatsächliche Anhaltspunkte dafür vorliegen, daß eine Straftat von erheblicher Bedeutung**

1. **auf dem Gebiet des unerlaubten Betäubungsmittel- oder Waffenverkehrs, der Geld- oder Wertzeichenfälschung,**
2. **auf dem Gebiet des Staatsschutzes (§§ 74 a, 120 des Gerichtsverfassungsgesetzes),**
3. **gewerbs- oder gewohnheitsmäßig oder**

4. von einem Bandenmitglied oder in anderer Weise organisiert begangen worden ist. Zur Aufklärung von Verbrechen dürfen Verdeckte Ermittler auch eingesetzt werden, soweit auf Grund bestimmter Tatsachen die Gefahr der Wiederholung besteht. Der Einsatz ist nur zulässig, soweit die Aufklärung auf andere Weise aussichtslos oder wesentlich erschwert wäre. Zur Aufklärung von Verbrechen dürfen Verdeckte Ermittler außerdem eingesetzt werden, wenn die besondere Bedeutung der Tat den Einsatz gebietet und andere Maßnahmen aussichtslos wären.

II Verdeckte Ermittler sind Beamte des Polizeidienstes, die unter einer ihnen verliehenen, auf Dauer angelegten, veränderten Identität (Legende) ermitteln. Sie dürfen unter der Legende am Rechtsverkehr teilnehmen.

III Soweit es für den Aufbau oder die Aufrechterhaltung der Legende unerläßlich ist, dürfen entsprechende Urkunden hergestellt, verändert und gebraucht werden.

1) Verdeckter Ermittler: 1

A. **Begriff:** Unter die Regelungen der §§ 110 aff fallen nur Beamte des Polizeidienstes, die unter einer Legende (dazu unten 6 ff) ermitteln. Wesentlich für die Bewertung als Verdeckter Ermittler ist, daß der Ermittlungsauftrag über einzelne wenige, konkret bestimmte Ermittlungshandlungen hinausgeht, daß eine unbestimmte Vielzahl von Personen über die wahre Identität des verdeckt operierenden Polizeibeamten getäuscht werden müssen und daß wegen der Art und des Umfanges des Auftrages von vornherein abzusehen ist, daß die Identität des Beamten in künftigen Strafverfahren auf Dauer geheimgehalten werden muß (BGH **41**, 64, 65 = NStZ **95**, 516 mit Anm Krey/Jaeger = StV **95**, 281 mit Anm Weßlau StV **95**, 506 = JZ **96**, 259 mit Anm Rogall = JR **96**, 515 mit Anm Beulke/Rogat). Beschränkt sich die Tätigkeit des Beamten auf eine Einzelaktion, ist er auch dann nicht als Verdeckter Ermittler anzusehen, wenn er innerdienstlich an den Ermittlungen beteiligt war (BGH NStZ **96**, 450 mit krit Anm Rogall) oder wenn er eine Wohnung unter falscher Identität betreten hat (BGH NStZ **97**, 448 mit Anm Hilger = JR **98**, 209 mit Anm Nitz = JZ **97**, 1128 mit Anm Frister sowie Anm Wollweber StV **97**, 507 und Anm Roxin StV **98**, 43). 2

a) Nur **Beamte** iSd §§ 2, 35 ff BRRG dürfen als Verdeckte Ermittler eingesetzt werden. Dadurch soll „die notwendige straffe Führung und wirksame, auch disziplinarrechtliche, Dienstaufsicht" gewährleistet werden (BT-Drucks 12/989 S. 42). Zu den Beamten im Polizeidienst zählen auch sonstige Träger von Polizeiaufgaben, soweit sie im Beamtenverhältnis stehen; vgl dazu 13, 14 zu § 163. 3

b) **Keine Verdeckten Ermittler** sind Polizeibeamte, die nur gelegentlich – ohne Legende (wenn auch unter Falschnamen) – verdeckt auftreten, zB Scheinaufkäufer (BGH **41**, 64; NStZ **96**, 450 mit krit Anm Rogall; **97**, 294; Beulke/Rogat JR **96**, 517; vgl dazu Krey, Rechtsprobleme des Einsatzes qualifizierter Scheinaufkäufer im Strafverfahrensrecht, Schriftenreihe ZKA, 1994); ihr Einsatz ist auch außerhalb einer Katalogtat nach I zulässig (Krey VE 5). Auch sog V-Leute („freie Mitarbeiter" der Polizei, vgl Franke/Wienroeder 49 ff; Krey VE 13) fallen nicht unter diese Vorschriften; vgl dazu 34 b zu § 163 und RiStBV Anl D I. Für diesen Personenkreis schien dem Gesetzgeber eine gesetzliche Regelung nicht erforderlich, da sie den allgemeinen Bestimmungen (§§ 161, 163) unterliegen (krit dazu SK/StPO-Rudolphi 14; Bernsmann/Jansen StV **98**, 230; Fezer JZ **95**, 972; Hund StV **93**, 380; Lagodny StV **96**, 172; eingehend hierzu Duttge JZ **96**, 556 ff, der ebenfalls eine gesetzliche Regelung für notwendig hält und einen ausformulierten Gesetzesvorschlag vorlegt). Die Beschränkungen nach §§ 110 a, 110 b gelten für sie auch nicht entspr (BGH **41**, 42 = NStZ **95**, 513 mit insoweit zust Anm Lilie/Rudolph; BGH StV **95**, 398; **aM** Nitz JR **98**, 211), sie haben aber auch nicht die Befugnisse nach § 110 c (BGH **41**, 42; Roxin StV **98**, 44; **aM** Krey Schriftenreihe 4

ZKA S.55; Krey/Jaeger NStZ **95**, 518); im übrigen ist ihre Heranziehung als Informanten, Zeugen usw jedoch nicht unzulässig (vgl dazu BGH **40**, 211, 216; Beulke/Satzger JZ **93**, 1013; einschr SK/StPO-Rudolphi 3). Der Einsatz sog under-cover-agents, also von Polizeibeamten, die langfristig ohne konkreten Ermittlungsauftrag in die kriminelle Szene eingeschleust werden und sich dort frei und unkontrolliert bewegen, uU auch strafbar machen dürfen, ist unzulässig (Krey VE 12; erg 2 zu § 110 c).

5 c) **Gesetzliche Beschränkungen** hinsichtlich des bis dahin nur durch Verwaltungsvorschriften geregelten, gewohnheitsrechtlich für zulässig erachteten Einsatzes Verdeckter Ermittler enthalten die durch das OrgKG eingefügten §§ 110 aff (erg RiStBV Anl D II). Der Einsatz Verdeckter Ermittler ist verfassungsrechtlich zulässig und zur Bekämpfung besonders gefährlicher und schwer aufklärbarer Kriminalität notwendig (BVerfG NJW **85**, 1767 = StV **85**, 177 mit Anm Lüderssen; NJW **92**, 168; BGH **32**, 115, 121 ff [GSSt]; Lorenz JZ **92**, 1000; Möhrenschlager wistra **92**, 330; Rebmann NJW **85**, 1; vgl aber Herzog NStZ **85**, 153); mit ihm soll insbesondere das Eindringen „in das Innere der kriminellen Organisationen" erreicht werden (BT-Drucks 12/989 S. 41). Die strengen Einsatzvoraussetzungen (unten 9 ff und § 110 b) setzen dem wegen des engen Kontaktes zu Straftätern und dem Tätigwerden im strafrechtlich relevanten Milieu nicht unbedenklichen und gefährlichen Handeln des Verdeckten Ermittlers mit Recht enge Grenzen (**aM** Krey/Haubrich JR **92**, 315: zu eng; Krüger Kriminalistik **92**, 597 sieht darin persönliche Sicherheitsrisiken für den Verdeckten Ermittler).

6 B. **Legende:**

7 a) **Begriff:** Legende ist die auf Dauer, dh für einen unbestimmten, nicht nur vorübergehenden (BGH **41**, 64: bestimmter Mindestzeitraum nicht erforderlich), aber auch nicht auf unabsehbare Zeit geplanten Zeitraum (Krey VE 3; krit zu diesem Merkmal Hund StV **93**, 380) angelegte, veränderte Identität eines Beamten des Polizeidienstes (II S. 1); der wahre Name und Beruf, die richtige Anschrift, sonstige familiäre und persönliche Umstände werden durch erfundene Angaben ersetzt (Hilger NStZ **92**, 523 Fn 141), um dem Verdeckten Ermittler heimliche Beobachtungen zu ermöglichen. Unter der Legende darf der Verdeckte Ermittler am Rechtsverkehr teilnehmen (II S. 2), dh alle Rechtshandlungen vornehmen, klagen und verklagt werden, sich darunter in öffentliche Bücher und Register eintragen lassen usw (Hilger aaO Fn 142). Ob und inwieweit Dritten, die dadurch einen Schaden erleiden, ein zivilrechtlicher Ersatzanspruch zusteht (zB nach § 839 BGB iVm Art 34 GG oder ein Aufopferungsanspruch), ist noch ungeklärt (KK-Nack 12). Zur Aufrechterhaltung der Legende auch nach Beendigung des Einsatzes und zum Gebrauch im Strafverfahren vgl § 110 b III.

8 b) **Aufbau:** III enthält eine Ermächtigung zur Herstellung, Veränderung und zum Gebrauchmachen der für den Aufbau und die Aufrechterhaltung der Legende erforderlichen Urkunden (zB Personalausweis, Paß, Führerschein usw). Veränderungen in öffentlichen Büchern und Registern sind jedoch nicht zulässig (Hilger NStZ **92**, 523 Fn 143). Der Aufbau der Legende ist eine polizei-taktische Angelegenheit, die ihrerseits nicht den Zustimmungserfordernissen des § 110 b I, II unterliegt (Hilger aaO).

9 2) **Einsatzvoraussetzungen:**

10 A. **Straftatenkatalog:** Er entspricht demjenigen des § 98 a I S. 1 mit Ausnahme der dortigen Nr. 3 und 4, die durch die Generalklausel des I S. 2 (unten 11) erfaßt werden. Die Straftat muß von erheblicher Bedeutung sein (vgl dazu 5 zu § 98 a). Zur weiteren Voraussetzung des Vorliegens zureichender tatsächlicher Anhaltspunkte einer Straftat vgl 7 zu § 98 a.

11 B. **Aufklärung von Verbrechen:** Die Fassung der Vorschrift ist wenig klar, was darauf zurückzuführen sein mag, daß nach dem ursprünglichen Gesetzesentwurf (BT-Drucks 12/989 S. 12) lediglich auf den Katalog des § 98 a I verwiesen werden

sollte und erst am Schluß der parlamentarischen Beratungen die jetzige Fassung beschlossen wurde (BT-Drucks 12/2720 S. 46).

a) Bei **Wiederholungsgefahr** ist bei Verbrechen, unabhängig davon, ob sie vom Katalog des I S. 1 erfaßt werden oder nicht, der Einsatz Verdeckter Ermittler zulässig (I S. 2; Rieß NJ **92**, 496). Zum Begriff Wiederholungsgefahr vgl 11 zu § 112 a. Auch hier muß die Wiederholungsgefahr durch bestimmte Tatsachen belegt sein (vgl dazu 14 zu § 112 a). 12

b) **Im übrigen** ist der Einsatz Verdeckter Ermittler bei Verbrechen ohne Wiederholungsgefahr, die nicht unter den Katalog fallen, bei besonderer Bedeutung der Tat und Aussichtslosigkeit anderer Ermittlungsmaßnahmen zulässig (I S. 4; Rieß aaO). Ein sachlicher Unterschied zwischen dem hier verwendeten Merkmal „besondere Bedeutung der Tat" und dem Merkmal „von erheblicher Bedeutung" (oben 10) ist nicht erkennbar. Zur Aussichtslosigkeit vgl 7 zu § 100 a. 13

C. **Mehrere Aufträge** kann ein Verdeckter Ermittler gleichzeitig erfüllen, auch zugleich nach § 110 a sowohl zur Aufklärung von Straftaten als auch nach den Polizeigesetzen zu deren Verhinderung tätig werden, soweit jeweils die gesetzlichen Voraussetzungen gegeben sind und ein Tätigwerden in beiden Funktionen durchführbar ist (sog Gemengelage, vgl KK-Nack 14 mwN). Erkenntnisse aus präventiver Tätigkeit dürfen grundsätzlich auch im Strafverfahren verwertet werden (Hilger NStZ **92**, 523 Fn 138; Jähnke Odersky-FS 433 mwN; **aM** SK/StPO-Rudolphi 2; vgl aber auch § 100 e). 14

D. **Subsidiaritätsklausel** (I S. 3): Soweit die Straftat unter den Katalog fällt oder der Einsatz bei einem Verbrechen nur wegen Wiederholungsgefahr erlaubt ist (oben 10 und 12), hängt die Zulässigkeit des Tätigwerdens eines Verdeckten Ermittlers davon ab, daß die Aufklärung auf andere Weise aussichtslos oder wesentlich erschwert wäre. Dies entspricht den Voraussetzungen einer Telefonüberwachung nach § 100 a. Zum Verhältnis zu anderen Maßnahmen mit gleichartigen Subsidiaritätsklauseln vgl 7 a zu § 100 a. 15

3) Verwertung der Erkenntnisse: Zur Frage eines Verwertungsverbots und zur Revision vgl 11 zu § 110 b; im übrigen gelten die Erläuterungen 21 ff zu § 100 a entspr. Zur Bewertung der Mitwirkung eines Verdeckten Ermittlers im Rahmen der Strafzumessung vgl BGH NStZ **92**, 488; **95**, 506; JR **96**, 515, 517 mit Anm Beulke/Rogat). 16

Zustimmung des StA und des Richters, Geheimhaltung

110b **Der Einsatz eines Verdeckten Ermittlers ist erst nach Zustimmung der Staatsanwaltschaft zulässig. Besteht Gefahr im Verzug und kann die Entscheidung der Staatsanwaltschaft nicht rechtzeitig eingeholt werden, so ist sie unverzüglich herbeizuführen; die Maßnahme ist zu beenden, wenn nicht die Staatsanwaltschaft binnen drei Tagen zustimmt. Die Zustimmung ist schriftlich zu erteilen und zu befristen. Eine Verlängerung ist zulässig, solange die Voraussetzungen für den Einsatz fortbestehen.**

II Einsätze,

1. **die sich gegen einen bestimmten Beschuldigten richten oder**
2. **bei denen der Verdeckte Ermittler eine Wohnung betritt, die nicht allgemein zugänglich ist,**
   bedürfen der Zustimmung des Richters. Bei Gefahr im Verzug genügt die Zustimmung der Staatsanwaltschaft. Kann die Entscheidung der Staatsanwaltschaft nicht rechtzeitig eingeholt werden, so ist sie unverzüglich herbeizuführen. Die Maßnahme ist zu beenden, wenn nicht der Richter binnen drei Tagen zustimmt. Absatz 1 Satz 3 und 4 gilt entsprechend.

III Die Identität des Verdeckten Ermittlers kann auch nach Beendigung des Einsatzes geheimgehalten werden. Der Staatsanwalt und der Richter, die für die Entscheidung über die Zustimmung zu dem Einsatz zuständig sind, können verlangen, daß die Identität ihnen gegenüber offenbart wird. Im übrigen ist in einem Strafverfahren die Geheimhaltung der Identität nach Maßgabe des § 96 zulässig, insbesondere dann, wenn Anlaß zu der Besorgnis besteht, daß die Offenbarung Leben, Leib oder Freiheit des Verdeckten Ermittlers oder einer anderen Person oder die Möglichkeit der weiteren Verwendung des Verdeckten Ermittlers gefährden würde.

1 **1) Zustimmung der StA:** Gegen den Willen der Polizei kann die StA den Einsatz eines Verdeckten Ermittlers nicht anordnen, jedoch ist stets (auch im Fall des II) ihre Zustimmung erforderlich; allerdings kann bei Gefahr im Verzug (6 zu § 98) die Zustimmung der StA nachträglich herbeigeführt werden, wenn sie von der Polizei nicht rechtzeitig eingeholt werden kann. Die Frist für die nachträgliche Zustimmung beginnt mit der Anordnung des Einsatzes, nicht erst mit dem Tätigwerden des Verdeckten Ermittlers. Die Beendigung im Falle der Nichterteilung der Zustimmung durch die StA binnen 3 Tagen (I S. 2 aE) schließt einen späteren Einsatz mit Zustimmung der StA nicht aus. Die StA wird nicht zustimmen, wenn sie den Einsatz für rechtlich unstatthaft oder unzweckmäßig hält (Rogall JZ **96**, 263). Die Auswahl, welche Person als Verdeckter Ermittler eingesetzt wird, obliegt der Polizeibehörde; die StA kann und soll hierfür nicht die Verantwortung übernehmen (Hilger NStZ **92**, 524 Fn 145; **aM** Rogall aaO). StA und Richter können aber die Benennung der Person des Verdeckten Ermittlers von der Polizei verlangen (III S. 2, unten 10).

2 **2) Zustimmung des Richters:**

3 A. Der **Ermittlungsrichter** (§§ 162, 169) muß seine Zustimmung erteilen, wenn der Einsatz des Verdeckten Ermittlers (zur Begriffsbestimmung 2 und 4 zu § 110 a, also nicht bei einer Einzelaktion eines unter einem Decknamen auftretenden Polizeibeamten, BGH NStZ **96**, 450 mit krit Anm Rogall) gegen einen bestimmten Beschuldigten erfolgen (II S. 1 Nr 1) oder der Verdeckte Ermittler befugt sein soll, eine nicht allgemein zugängliche Wohnung zu betreten (II S. 1 Nr 2; vgl dazu Eisenberg NJW **93**, 1035). Die Einschaltung des Richters bedeutet nicht, daß die StA ausgeschlossen, ihre Zustimmung zum Einsatz des Verdeckten Ermittlers also entbehrlich wäre; dies würde der Stellung der StA im Ermittlungsverfahren widersprechen (vgl Einl 87), es ergibt sich im übrigen auch aus II S. 3 (ebenso Hilger NStZ **92**, 524). Die erteilte Zustimmung im Fall des II S. 1 Nr 1 deckt nicht den Einsatz nach II S. 1 Nr 2 und umgekehrt; erforderlichenfalls ist eine nur auf die eine Alternative beschränkte Zustimmung zu ergänzen (Hilger aaO Fn 149). Dasselbe gilt, wenn sich der Einsatz gegen einen anderen bestimmten Beschuldigten als zunächst angenommen richten soll. Der Beschuldigte muß nicht namentlich bekannt, aber identifizierbar sein.

4 B. **Nicht allgemein zugängliche Wohnung:** Zum Begriff Wohnung vgl 6 zu § 100 c. Mit dem Zusatz „nicht allgemein zugänglich" wird klargestellt, daß eine richterliche Zustimmung zum Betreten solcher Teile einer Wohnung nicht erforderlich ist, die der Wohnungsinhaber dem Publikumsverkehr zugänglich gemacht hat, also zB die Teile eines Geschäftes, Kaufhauses oder Restaurants, die für das Publikum bestimmt sind (Hilger NStZ **92**, 524 Fn 148). Im Gegensatz zu II S. 1 Nr 1 braucht die Wohnung nicht bestimmt bezeichnet zu werden; hier wird nur eine allgemeine Zustimmung erteilt (SK/StPO-Rudolphi 6). Da sich beim Einsatz eines Verdeckten Ermittlers sehr häufig die Notwendigkeit des Betretens einer fremden Wohnung ergeben wird, würde das Erfordernis der Bezeichnung einer bestimmten Wohnung seinen Einsatz weithin entwerten und auch oftmals gar nicht möglich sein. Andererseits führt dies dazu, daß idR eine richterliche Zustim-

mung nach II S. 1 Nr 2 eingeholt werden wird (Krauß StV **89**, 324; Krüger Kriminalistik **92**, 596); denn ein Verdeckter Ermittler, der unter seiner Legende keine fremden Wohnungen betreten darf, hat kaum einen Einsatzwert (BT-Drucks 12/989 S. 43). Was nach der Gesetzesfassung die Ausnahme zu sein scheint, wird damit in Wahrheit zur Regel werden (Zaczyk StV **93**, 494; **aM** Krey Miyazawa – FS 600). Die richterliche Zustimmung erlaubt aber nur das offene Betreten der fremden Wohnung; heimliches oder gewaltsames Eindringen ist auch dem mit richterlicher Zustimmung tätigen Verdeckten Ermittler untersagt (Krauß aaO). Zur Benachrichtigungspflicht über das Betreten einer nicht allgemein zugänglichen Wohnung vgl § 110 d I.

C. Bei **Gefahr im Verzug** (6 zu § 98) genügt zunächst auch in den Fällen des II S. 1 die Zustimmung des StA (II S. 2). Läßt sich auch diese nicht rechtzeitig einholen, darf der Einsatz auch ohne sie – notfalls durch den Verdeckten Ermittler selbst (Hilger NStZ **92**, 524 Fn 146) – angeordnet werden; jedoch muß die Zustimmung der StA unverzüglich (8 zu § 25), die des Richters binnen 3 Tagen erfolgen (II S. 3, 4). Die Ausführungen oben 1 gelten entspr. Der Richter kann allerdings die Zustimmung nur verweigern, wenn er die Maßnahme im Prüfungszeitpunkt nicht für rechtmäßig hält; über ihre Zweckmäßigkeit hat er nicht zu befinden (Rogall JZ **96**, 264). 5

3) Form: Aus der Anordnung des Einsatzes eines Verdeckten Ermittlers durch die Polizei und der Zustimmung der StA und des Gerichts müssen sich die Anordnungsgrundlage (§ 110 a I S. 1 oder S. 2 oder S. 4) und der Umfang des Einsatzes (allgemein, gegen bestimmte Person, Betreten von Wohnungen) ergeben. Im Fall des II S. 1 Nr 1 sind die Personalien des Beschuldigten – soweit bekannt – zu bezeichnen. Die Begründung der Anordnung muß erkennen lassen, daß eine Abwägung auf der Grundlage sämtlicher im Einzelfall relevanter Erkenntnisse stattgefunden hat (BGH **42**, 103 = NStZ **97**, 249 mit Anm Bernsmann und Anm Weßlau StV **96**, 578). Die Frist für den Einsatz (unten 7) ist anzugeben. Die schriftlich erteilte Zustimmung der StA und des Richters ist der Polizei mitzuteilen. Die Unterlagen werden zunächst in den Handakten der StA verwahrt (§ 110 d II S. 1). 6

4) Frist: Der Einsatz des Verdeckten Ermittlers ist nicht unbefristet zulässig. Das Fristbestimmung (I S. 3; II S. 5) ist aber praktisch bedeutungslos, weil bei Fortbestehen der Voraussetzungen des § 110 a jederzeit eine Verlängerung der gesetzten Frist zulässig und eine Höchstfrist nicht vorgesehen ist. Wird die Zustimmung zur Verlängerung nicht erteilt, verliert die Anordnung von diesem Zeitpunkt ab ihre Wirksamkeit; bis dahin gewonnene Erkenntnisse bleiben verwertbar (Rogall JZ **96**, 264). 7

5) Geheimhaltung der Identität (III): Nicht nur während seines Einsatzes, sondern auch noch danach kann die (wahre) Identität des Verdeckten Ermittlers geheimgehalten werden (III S. 1; Lesch StV **95**, 543). § 96 ist entspr anzuwenden; III S. 3 interpretiert diese Vorschrift dahin, wann im Strafverfahren die Geheimhaltung der Identität in Betracht kommt (BGH **42**, 175, 178 = NStZ **96**, 608 mit zust Anm Geerds; Möhrenschlager wistra **92**, 331; einschr Janssen StV **95**, 276; erg 12 zu § 96). Die Regelung in III S. 3 hat auch Bedeutung für Sperrentscheidungen anderer gefährdeter oder weiter zu verwendender Auskunftspersonen, zB von V-Leuten (Hilger NStZ **92**, 524 Fn 154). Zuständig für die Abgabe einer Sperrerklärung ist der Innenminister (BGH **41**, 36 mit Anm Gössel NStZ **96**, 287). Die Gründe für die Geheimhaltung sind dem Gericht mitzuteilen, damit es ggf auf die Beseitigung etwaiger Vernehmungshindernisse hinwirken, vor allem aber auch überprüfen kann, ob die Sperre willkürlich oder offensichtlich rechtsfehlerhaft ist (Hilger aaO). In solchen Fällen muß das Gericht auf Offenlegung der Identität drängen. Bei Geheimhaltung sagt der Verdeckte Ermittler als Zeuge unter seiner Legende aus, falls er nicht nach § 96 völlig gesperrt wird (**aM** Lesch StV **95**, 544: § 96 sei wegen der in §§ 68 III, 110 b III getroffenen Regelung – entgegen dem 8

Wortlaut und den Vorstellungen des Gesetzgebers – hier unanwendbar, der Verdeckte Ermittler müsse dem Gericht wenigstens unter seiner Legende präsentiert
9 werden). Wird die **Identität nicht geheimgehalten,** so ergibt sich für den dann zur Aussage verpflichteten Verdeckten Ermittler ein Schutz aus § 68 (vgl 15, 16 zu
10 § 68). Dem **StA und dem Richter,** die für die Entscheidung über die Zustimmung zum Einsatz des Verdeckten Ermittlers (oben 1 ff) zuständig sind, ist auf Verlangen die Identität des Verdeckten Ermittlers stets zu offenbaren (III S. 2; Gössel NStZ **96**, 288; krit Benfer MDR **94**, 13; Janssen StV **95**, 275 sieht darin einen Verstoß gegen den Grundsatz der Waffengleichheit, da der Verteidigung diese Information vorenthalten wird). Das gilt auch schon vor dessen Einsatz, wodurch sie die Möglichkeit haben, dem Einsatz eines bestimmten Polizeibeamten als Verdeckten Ermittlers ihre Zustimmung nach I oder II zu verweigern (vgl BGH **42**, 103, 105).

11 **6) Verwertungsverbot:** Ist ein Verdeckter Ermittler ohne die vorherige oder nachträgliche nach I, II erforderliche Zustimmung von StA oder Richter eingesetzt worden, sind die durch ihn gewonnenen Erkenntnisse im Strafverfahren nicht verwertbar, denn ohne die erforderliche Zustimmung ist der Einsatz nicht zulässig (I S. 1; KK-Nack 13; Maul StraFo **97**, 40; Nitz JR **98**, 213; offengelassen von BGH StV **95**, 398; **aM** Jähnke Odersky-FS 427 ff, der zwar zutr die gesetzlichen Ungereimtheiten aufzeigt, dem Richtervorbehalt aber damit jede Bedeutung nimmt; gegen Jähnke auch Roxin StV **98**, 45 und Wollweber StV **97**, 510; vgl auch Zaczyk StV **93**, 497; erg 21 ff zu § 100 a); allerdings muß nach abzulehnender (vgl 13 zu § 100 d; 20 zu § 136) Ansicht des BGH (StV **96**, 529 L) der Verwertung der Aussage in der Hauptverhandlung widersprochen worden sein. Im übrigen besteht ein Verwertungsverbot nur, wenn die Entscheidung über den Einsatz des Verdeckten Ermittlers bei einer ex-ante-Betrachtung willkürlich oder unvertretbar war (BGH **42**, 103, 107 = NStZ **97**, 249 mit krit Anm Bernsmann und abl Anm Weßlau StV **96**, 578; abl auch Schlothauer StraFo **98**, 404). Von vornherein fehlender Verdacht einer Katalogtat führt allerdings zur Unverwertbarkeit (AG Koblenz StV **95**, 518). Das Fehlen der nachträglichen richterlichen Zustimmung macht die erteilte Zustimmung der StA – wie sich aus II S.4 ergibt – nicht unwirksam, sondern entzieht lediglich ihrer Fortdauer die rechtliche Grundlage (BGH **41**, 64 = NStZ **95**, 516 mit Anm Krey/Jaeger = JZ **96**, 259 mit Anm Rogall = JR **96**, 515 mit Anm Beulke/Rogat; Jähnke Odersky-FS 434; Weßlau StV **95**, 506). Daß die Zustimmung nur mündlich statt schriftlich (I S.3) erteilt wurde, steht der Verwertung nicht entgegen (BGH StV **95**, 398 mit Anm Sieg StV **96**, 3; Beulke/Rogat JR **96**, 520). Der Irrtum über das Vorliegen von Gefahr im Verzug sowie darüber, daß die Einholung der Entscheidung der StA nach I S. 2, II S. 3 nicht rechtzeitig möglich gewesen sei, hindert die Verwertung nicht (erg 7 zu § 98). Die bei einem unzulässigen Einsatz erlangten anderen Beweismittel (zB Tatspuren, Fingerabdrücke usw) dürfen idR verwertet werden (Zaczyk aaO; vgl auch BGH aaO). War die Maßnahme gegen einen Beschuldigten rechtmäßig, so sind die in unmittelbarem Zusammenhang damit gewonnenen Erkenntnisse gegen einen weiteren Beschuldigten verwertbar, wenn auch bei ihm die Voraussetzungen für eine richterliche Zustimmung vorlagen (BGH NStZ **97**, 294). Vgl auch die Beispielsfälle bei Burhoff ErmV 852 ff.

12 **7) Revision:** Das Vorliegen eines Verwertungsverbotes (oben 11) begründet die Revision. Die Revisionsbegründung muß aber – soweit dem Revisionsführer dies nach Aktenlage möglich ist – das der richterlichen Anordnung vorausgegangene Verhalten von Polizei und StA darlegen (BGH NStZ **97**, 294).

Befugnisse des Verdeckten Ermittlers

110c **Verdeckte Ermittler dürfen unter Verwendung ihrer Legende eine Wohnung mit dem Einverständnis des Berechtigten betreten. Das**

Einverständnis darf nicht durch ein über die Nutzung der Legende hinausgehendes Vortäuschen eines Zutrittsrechts herbeigeführt werden. Im übrigen richten sich die Befugnisse des Verdeckten Ermittlers nach diesem Gesetz und anderen Rechtsvorschriften.

1) **Betreten einer Wohnung:** Nur das offene Betreten einer fremden Wohnung, dh in Kenntnis des Wohnungsinhabers, ist dem Verdeckten Ermittler unter Verwendung seiner Legende (§ 110 a II), also unter Täuschung über seine wahre Identität (Krüger ZRP **93**, 125; Weil ZRP **92**, 244), mit Einverständnis des Berechtigten gestattet. Darin liegt dann kein Hausfriedensbruch nach § 123 StGB. § 110 c S. 1 stellt dies mit Rücksicht auf Art 13 GG nocheinmal klar (Frister StV **93**, 151 hält die Vorschrift aber für verfassungswidrig; ebenso Nitz JR **98**, 213; Roxin StV **98**, 43; **aM** Hilger NStZ **97**, 448: kein hoheitlicher Grundrechtseingriff; dagegen Felsch StV **98**, 285); an sich ergibt es sich bereits aus § 110 a II S. 2. Allerdings untersagt § 110 c S. 2 dem Verdeckten Ermittler, das Einverständnis des Berechtigten durch ein über die bloße Benutzung der Legende hinausgehendes Vortäuschen eines Zutrittsrechts herbeizuführen; der Verdeckte Ermittler darf sich daher zB nicht als Beamter oder Angehöriger einer staatlichen Einrichtung („Gasmann") ausgeben, um das Einverständnis des Berechtigten zum Betreten der Wohnung zu erhalten (KK-Nack 2; Hilger NStZ **92**, 525 Fn 160; Krey VE 236; krit dazu Felsch aaO). Er darf die Wohnung auch nur dann betreten, wenn es sein Einsatz erfordert (Hilger aaO). Heimliches Betreten der Wohnung ist auch dem Verdeckten Ermittler untersagt (4 zu § 110 b). Ob einem **verdeckt ermittelnden Polizeibeamten**, zB einem Scheinaufkäufer, der den Regelungen der §§ 110 a ff nicht unterfällt und für den § 110 c deshalb nicht gilt (4 zu § 110 a), mit richterlicher Zustimmung das Betreten einer Wohnung entspr §§ 110 b II S.1 Nr 2, 110 c gestattet werden kann (so Maul StraFo **97**, 39; offengelassen von BGH NStZ **97**, 448 mit Anm Hilger), erscheint sehr fraglich (abl Frister JZ **97**, 1132; Roxin StV **98**, 44; zw auch Wollweber StV **97**, 509). 1 / 1 a

2) **Sonstige Befugnisse:** Als Beamter des Polizeidienstes hat der Verdeckte Ermittler die sich aus der StPO (zB §§ 102, 103, 127 II unter den dort jeweils bezeichneten Voraussetzungen), den Polizeigesetzen (vgl zB § 20 III PolGNW) oder aus sonstigen Gesetzen (zB § 4 II BtMG) ergebenden Befugnisse. Von diesen Befugnissen darf er aber nur „offen", also nicht unter seiner Legende, Gebrauch machen (Krey VE 279). Durch § 110 c S. 3 soll zudem klargestellt werden, daß der Verdeckte Ermittler auch im Rahmen seiner strafverfolgenden Tätigkeit Maßnahmen im Rahmen der Prävention ergreifen darf (BT-Drucks 12/2720 S. 47). Er muß aber bei seiner Tätigkeit auch § 136 a beachten, soweit er nicht „legendenbedingte" Täuschungen vornimmt (Krey VE 221 ff; Lagodny StV **96**, 172); von den Belehrungspflichten nach §§ 136 I, 163 a IV, V ist er hingegen selbstverständlich befreit (KK-Nack 16; Lagodny aaO), so daß für die durch Befragung ohne Belehrung erlangten Aussagen eines Beschuldigten oder Zeugen auch kein Verwertungsverbot besteht (BGH **40**, 211, 218 mit zust Anm Schlüchter/Radbruch NStZ **95**, 354; SK/StPO-Rudolphi 13). Setzt der Verdeckte Ermittler besondere technische Mittel ein, unterliegt auch er den Voraussetzungen und Grenzen der §§ 100 c, 100 d (vgl Hilgendorf-Schmidt wistra **89**, 211; erg 1 zu § 110 e). **Straftaten** darf er grundsätzlich nicht begehen (vgl Eisenberg NJW **93**, 1039; Gropp ZStW **105**, 425; Lesch StV **93**, 94; Ostendorf JZ **91**, 69; Nitz, Einsatzbedingte Straftaten Verdeckter Ermittler, Diss Hannover 1997; RiStBV Anl D II 2.2), auch nicht sog milieubedingte, wie etwa Zuhälterei (KK-Nack 6). Aus dem Auftrag, als Verdeckter Ermittler tätig zu werden, kann sich allerdings ergeben, daß manche Straftatbestände schon tatbestandlich nicht erfüllt werden (S.Rogall Schlüchter-FG 71; Schwarzburg NStZ **95**, 470), zB Teilnahme am Glücksspiel (Hund NStZ **93**, 572) oder §§ 258, 258 a StGB (Krey VE 91, 431 ff). Möglich ist allerdings auch, daß die Tat nach §§ 32,34 StGB gerechtfertigt oder nach § 35 StGB entschuldigt 2 / 3

ist (Hilger NStZ **92**, 525 Fn 161; Krey VE 555 ff; Schwarzburg aaO 472). Überschreitet der Verdeckte Ermittler seine Befugnisse, begeht er insbesondere schwerwiegende Gesetzesverstöße, kann dies zur Unverwertbarkeit der dabei gewonnenen Erkenntnisse führen (vgl Hilger aaO 523 Fn 128 mwN). In einem solchen Fall ist eine Mitteilung gemäß § 125 c IV BRRG (MiStra 29 I S. 1 Nr 1) an den zuständigen Dienstvorgesetzten zu erwägen.

Benachrichtigung, Verwahrung der Unterlagen

110d **I Personen, deren nicht allgemein zugängliche Wohnung der Verdeckte Ermittler betreten hat, sind vom Einsatz zu benachrichtigen, sobald dies ohne Gefährdung des Untersuchungszwecks, der öffentlichen Sicherheit, von Leib oder Leben einer Person sowie der Möglichkeit der weiteren Verwendung des Verdeckten Ermittlers geschehen kann.**

II Entscheidungen und sonstige Unterlagen über den Einsatz eines Verdeckten Ermittlers werden bei der Staatsanwaltschaft verwahrt. Zu den Akten sind sie erst zu nehmen, wenn die Voraussetzungen des Absatzes 1 erfüllt sind.

1 **1)** Die **Benachrichtigung** des Beschuldigten oder einer anderen betroffenen Person von dem Betreten einer nicht allgemein zugänglichen Wohnung (§ 110 b II S. 1 Nr 2) regelt I entspr § 101 I (vgl dort 4). Um dieser Pflicht genügen zu können, muß der Verdeckte Ermittler daher über das Betreten fremder Wohnungen unter seiner Legende genaue Aufzeichnungen führen. Im übrigen erfolgt keine Benachrichtigung über den Einsatz eines Verdeckten Ermittlers, also insbesondere auch nicht im Fall des § 110 b II S. 1 Nr 1 (Franke/Wienroeder 45; **aM** SK/StPO-Rudolphi 1). Daß ein Verdeckter Ermittler eingesetzt worden war, wird daher dem Beschuldigten vielfach unbekannt bleiben. Eine zeitliche Begrenzung besteht hinsichtlich der Benachrichtigungspflicht aber nicht (krit dazu Krüger ZRP **93**, 125).

2 **2)** Die **Verwahrung der Unterlagen** über den Einsatz des Verdeckten Ermittlers und die Aufnahme in die Strafakten bestimmt sich nach II wie im Fall der Geheimhaltung der Identität eines Zeugen nach § 68 III S. 3, 4 (vgl dort 17; krit Mertens ZRP **92**, 207). Zu den Unterlagen gehören auch Aktenvermerke des Verdeckten Ermittlers oder sonstige auf dessen Angaben beruhende Informationen (Hilger NStZ **92**, 525 Fn 163). Die Übernahme der Unterlagen in die Strafakten, wo sie dann dem Akteneinsichtsrecht nach § 147 unterliegen, korrespondiert gemäß II S. 2 mit der Benachrichtigungspflicht nach I. Die Einschränkungen dienen dem Schutz des Verdeckten Ermittlers (Schulz/Händel 3).

Verwertung zu Beweiszwecken

110e **Die durch den Einsatz des Verdeckten Ermittlers erlangten personenbezogenen Informationen dürfen in anderen Strafverfahren zu Beweiszwecken nur verwendet werden, soweit sich bei Gelegenheit der Auswertung Erkenntnisse ergeben, die zur Aufklärung einer in § 110 a Abs. 1 bezeichneten Straftat benötigt werden; § 100 d Abs. 2 bleibt unberührt.**

1 **1) In anderen Strafverfahren** als in demjenigen, in dem der Verdeckte Ermittler eingesetzt worden ist, dürfen erlangte personenbezogene Informationen zu Beweiszwecken nur verwertet werden, wenn es um die Aufklärung einer in § 110 a I bezeichneten Straftat geht (vgl dort 9 ff). Die Regelung entspricht derjenigen in §§ 98 b III S. 3, 100 b V, 100 d V. Für die speziell durch den Einsatz technischer Mittel nach § 100 c gewonnenen Erkenntnisse des Verdeckten Ermittlers bleibt es aber hinsichtlich der Verwertung zu Beweiszwecken in anderen Straf-

verfahren bei der Regelung des § 100 d V (die Verweisung in § 110 e auf § 100 d II aF statt auf § 100 d V nF ist ein Redaktionsversehen; erg 11 zu § 100 d). Das ist wichtig, weil sich die Kataloge des § 100 a und des § 110 a I nicht decken.

Kontrollstellen

111 **I Begründen bestimmte Tatsachen den Verdacht, daß eine Straftat nach § 129 a des Strafgesetzbuches, eine der in dieser Vorschrift bezeichneten Straftaten oder eine Straftat nach § 250 Abs. 1 Nr. 1 des Strafgesetzbuches begangen worden ist, so können auf öffentlichen Straßen und Plätzen und an anderen öffentlich zugänglichen Orten Kontrollstellen eingerichtet werden, wenn Tatsachen die Annahme rechtfertigen, daß diese Maßnahme zur Ergreifung des Täters oder zur Sicherstellung von Beweismitteln führen kann, die der Aufklärung der Straftat dienen können. An einer Kontrollstelle ist jedermann verpflichtet, seine Identität feststellen und sich sowie mitgeführte Sachen durchsuchen zu lassen.**

II Die Anordnung, eine Kontrolle einzurichten, trifft der Richter; die Staatsanwaltschaft und ihre Hilfsbeamten (§ 152 des Gerichtsverfassungsgesetzes) sind hierzu befugt, wenn Gefahr im Verzug ist.

III Für die Durchsuchung und die Feststellung der Identität nach Absatz 1 gelten § 106 Abs. 2 Satz 1, § 107 Satz 2 erster Halbsatz, die §§ 108, 109, 110 Abs. 1 und 2 sowie die §§ 163 b, 163 c entsprechend.

1) Kontrollstellen mit besonderen Befugnissen können nach § 111 eingerichtet werden. 1 Die Vorschrift, die Strafprozeßrecht, nicht Polizeirecht enthält (Lemke Anm zu BGH EzSt Nr 1; Kurth NJW **79**, 1381 Fn 79; Riegel NJW **79**, 147; Kriminalistik **79**, 127; **aM** Ehardt/Kunze StV **81**, 64; Steinke NJW **78**, 1962), regelt die Einrichtung von Kontrollstellen zum Zweck der Fahndung nach Straftätern und der Erlangung von Beweismaterial für begangene Straftaten abschließend (LR-G. Schäfer 4; SK/StPO-Rudolphi 1; Achenbach JA **81**, 666; Roxin § 35 B I 2; **aM** Kurth NJW **79**, 1381; Riegel aaO; Steinke aaO). Polizeiliche Kontrollstellen ähnlicher Art dürfen nicht errichtet werden. Das schließt bloße Sichtkontrollen und Kontrollstellen zum Zweck der Gefahrenabwehr und der vorbeugenden Verbrechensbekämpfung (vgl § 9 I Nr 4 MEPolG) nicht aus. Strafprozessuale und polizeiliche Kontrollen können auch zusammenfallen (Kurth NJW **79**, 1382 Fn 93; Riegel ZRP **78**, 16). Gesetzlich zugelassene Kontrollen zu anderen Zwecken (vgl § 23 BGSG; § 55 I Nr 4 GüKG; § 36 V StVO; § 71 II ZollG) dürfen nicht zur Fahndung nach Straftätern benutzt werden (Hamm VRS **51**, 226; Kurth NJW **79**, 1381).

2) Einrichtung der Kontrollstellen (I S. 1): 2

A. Nur **bestimmte schwere Straftaten** rechtfertigen die Einrichtung von 3 Kontrollstellen; sie wird daher idR nicht unverhältnismäßig sein (Kurth NJW **79**, 1382; vgl aber KK-Nack 3; LR-G. Schäfer 14; SK/StPO-Rudolphi 5; Rudolphi JA **79**, 3; Sangenstedt StV **85**, 117). Der Versuch dieser Taten genügt, nicht aber eine nach § 30 StGB strafbare Vorbereitungshandlung (KMR-Müller 1; vgl aber Schnarr NStZ **90**, 259). Da nach § 255 StGB der Täter gleich einem Räuber bestraft wird, steht dem schweren Raub nach § 250 I Nr 1 StGB die räuberische Erpressung unter Führung von Schußwaffen gleich (KK-Nack 4; LR-G. Schäfer 6; Achenbach JA **81**, 655; **aM** SK/StPO-Rudolphi 4; Gintzel Polizei **79**, 2; Kurth NJW **79**, 1382). Von welchen Tätern die Straftaten begangen worden sind, ist gleichgültig; § 111 dient nicht nur der Fahndung nach Terroristen (LR-G. Schäfer 7; Achenbach JA **81**, 664 Fn 39; Kurth NJW **79**, 1381 Fn 85; **aM** Benfer Polizei **78**, 282; **79**, 196). **Bestimmte Tatsachen** (vgl 6 zu § 100 a; 7 zu § 112) müssen 4 den Verdacht solcher Straftaten gegen bekannte oder noch unbekannte Täter begründen. Dringend iS des § 112 I S. 1 muß der Tatverdacht nicht sein (**aM** LR-G. Schäfer 9; Sangenstedt StV **85**, 124: besonders starke Anhaltspunkte); bloße Vermutungen genügen aber nicht. Der Verdacht muß aufgrund des vorliegenden Tatsachenmaterials bereits in genügendem Maß konkretisiert sein (Kuhlmann DRiZ **78**, 239).

5 B. **Erfolgserwartung:** Die Aussicht auf Ergreifung, dh Festnahme, der Täter, auch der Teilnehmer (Schroeder JZ **85**, 1032; **aM** KMR-Müller 3; SK/StPO-Rudolphi 6), einer bestimmten Straftat oder auf Auffindung (Schroeder JZ **85**, 1029) und Sicherstellung von Beweismitteln iS des § 94 (dort 4, 5) am konkreten Ort und zur konkreten Zeit setzt die Einrichtung der Kontrollstelle voraus (Kurth NJW **79**, 1382; Sangenstedt StV **85**, 123 ff; Vogel NJW **78**, 1227). Ist die Sicherstellung von Beweismitteln der einzige Fahndungszweck, so kommt dem Verhältnismäßigkeitsgrundsatz besondere Bedeutung zu (KK-Nack 5; SK/StPO-Rudolphi 6; Kurth aaO; **aM** Sangenstedt aaO). Die Erfolgserwartung muß nicht schon aufgrund bestimmter Tatsachen gerechtfertigt sein (Kurth aaO; **aM** LR-G. Schäfer 10). Es genügt eine gewisse Wahrscheinlichkeit, insbesondere die aus kriminalistischer Erfahrung gewonnene Erkenntnis typischer Geschehensabläufe (Achenbach JA **81**, 664; Kuhlmann DRiZ **78**, 239; **aM** KMR-Müller 4). Die Erfolgserwartung
6 besteht idR nur, wenn die Kontrollstelle in **räumlicher Nähe** des Tatorts eingerichtet wird (LR-G. Schäfer 11; **aM** KK-Nack 8; Kurth aaO). Anders ist es, wenn schon Hinweise auf bestimmte Fluchtziele vorliegen (Kuhlmann aaO) oder wenn nach steckbrieflich gesuchten Gewaltverbrechern längere Zeit nach der Tat gefahn-
7 det wird. In solchen Fällen ist auch ein **zeitlicher Zusammenhang** der Anordnung nach § 111 mit der Straftat nicht erforderlich. Auf die Zeit während oder unmittelbar nach der Tat ist die Einrichtung der Kontrollstellen aber auch sonst nicht beschränkt (KK-Nack 4, 8; LR-G. Schäfer 12; **aM** Benfer Polizei **78**, 283). Im Strafvollstreckungsverfahren darf sie jedoch nicht angeordnet werden (SK/StPO-Rudolphi 8).

8 C. **Ort der Kontrollstelle:** In 1. Hinsicht kommen die dem öffentlichen Verkehr gewidmeten öffentlichen Straßen und Plätze in Betracht. Zulässig sind aber auch Kontrollstellen auf tatsächlich öffentlichen Wegen, die ohne Rücksicht auf die privatrechtlichen Verhältnisse einem unbestimmten Personenkreis zur Benutzung freigegeben sind. Andere öffentl zugängliche Orte sind diejenigen, zu denen grundsätzlich jedermann Zugang hat, auch wenn er nach Zweck oder Zeit beschränkt ist, zB Bahnhöfe, Flugplätze, Sportplätze, öffentliche Gebäude (LR-G. Schäfer 13), nicht aber private Geschäftsräume, wie Kaufhäuser und Gaststätten. Auch bewegliche Orte (Eisenbahnzüge, Flugzeuge) fallen nicht unter den Begriff (KK-Nack 7). Orte, an denen Kontrollstellen nicht eingerichtet werden dürfen, können mit Einwilligung des Verfügungsberechtigten für die technische Durchführung der Kontrollmaßnahmen verwendet werden, zB zur Abstellung von Polizei- , Sanitäts- oder Passantenfahrzeugen oder zur Einrichtung von Vernehmungs- und Nachrichtenstellen.

9 3) **Befugnisse an den Kontrollstellen** (I S. 2, III):

10 A. **Jedermann** ist verpflichtet, seine Identität feststellen und sich sowie mitgeführte Sachen durchsuchen zu lassen. Unverdächtige müssen das in gleichem Maße dulden wie tatverdächtige Personen (LR-G. Schäfer 24; **aM** Sangenstedt StV **85**, 117, der § 111 verfassungskonform dahin auslegen will, daß die Vorschrift außer dem Anhalterecht keine erweiterten Eingriffsbefugnisse enthält). Da sich die Befugnisse der Polizei bereits aus I S. 2 ergeben, ist eine besondere Anordnung dazu nicht erforderlich. Jedoch muß an der Kontrollstelle allgemein durch Lautsprecherdurchsagen, Stelltafeln, Plakate oder durch Einzelhinweise der Grund der Maßnahmen bekanntgegeben werden.

11 B. **Identitätsfeststellung:** Eine Mitwirkungspflicht der an der Kontrollstelle angehaltenen Personen besteht nach dem entspr anwendbaren § 163 b nicht; sie

müssen lediglich ihre Personalien angeben (§ 111 OWiG). Ausweispapiere müssen sie nur vorzeigen, wenn sie dazu durch andere Gesetze verpflichtet sind. Wenn das zur Identitätsfeststellung notwendig erscheint, ist es zulässig, die angehaltene Person festzuhalten, sie und die von ihr mitgeführten Sachen zu durchsuchen sowie erkennungsdienstliche Maßnahmen (§ 81 b) durchzuführen (§ 163 b I S. 2, 3). Die Beachtung des Verhältnismäßigkeitsgrundsatzes (§ 163 b II S. 2 Hs 1) bedeutet nur, daß Maßnahmen nach I S. 2 unzulässig sind, wenn ein Zusammenhang mit den gesuchten Tätern oder Beweismitteln offensichtlich fehlt, zB bei Kindern (Frehsee ZStW **100**, 307; Riegel BayVBl **78**, 596). § 163 b II S. 2 Hs 2 (Erfordernis der Einwilligung von Nichtverdächtigen) ist nicht entspr anwendbar; denn er setzt eine Unterscheidung zwischen Verdächtigen und Unverdächtigen voraus, die in § 111 gerade aufgegeben worden ist (LR-Schäfer Einl Kap 5 Rdn 91 Fn 46; Riegel NJW **79**, 148; BayVBl **78**, 595; Schlüchter 338; Suden/Weitemeier Polizei **80**, 338; **aM** KK-Nack 14; KMR-Müller 8; LR-G. Schäfer 28; SK/StPO-Rudolphi 23; Achenbach JA **81**, 665; Kurth NJW **79**, 1382; Roxin § 35 B I 2; Sangenstedt StV **85**, 117; Vogel NJW **78**, 1227 Fn 162). Zur Befugnis, die festgestellten Daten in EDV-Anlagen zu speichern und zu verarbeiten (Netzfahndung) vgl § 163 d.

C. **Durchsuchung:** Alle an der Kontrollstelle angehaltenen Personen, bei denen 12 ein Zusammenhang mit den gesuchten Tätern nicht von vornherein auszuschließen ist (SK/StPO-Rudolphi 25; Riegel BayVBl **78**, 596), dürfen nach Beweismitteln durchsucht werden, ohne daß bestimmte Tatsachen deren Auffinden wahrscheinlich machen oder auch nur vermuten lassen (Kurth NJW **79**, 1383). Die Durchsuchung zur Identifizierung ist bereits nach III iVm § 163 b I S. 3 zulässig (oben 11). Der Umfang der Durchsuchung wird durch den Verhältnismäßigkeitsgrundsatz und das konkrete Fahndungsziel begrenzt (Kurth aaO). Durchsucht werden können auch die Transportmittel, insbesondere die Kraftfahrzeuge. Vorgefundene Beweismittel, die nicht freiwillig herausgegeben werden, sind nach §§ 94, 98 zu beschlagnahmen. Nach III **gelten entsprechend** die Vorschriften des § 106 II 13 S. 1 über die Unterrichtungspflicht (vgl auch oben 10), des § 107 S. 2 Hs 1 über die Bestätigung der Sicherstellung, des § 108 mit Ausnahme von I S. 3 über die einstweilige Beschlagnahme von Zufallsfunden, des § 109 über die Registrierung und Kennzeichnung der Beschlagnahmegegenstände und des § 110 über die Durchsicht der Papiere; die Ausweispapiere darf die Polizei selbst durchsehen (KK-Nack 16).

4) **Anordnung der Maßnahme** (II): 14

A. **Zuständig** ist grundsätzlich der Ermittlungsrichter (§§ 162, 169). Er wird 15 nur auf Antrag der StA tätig. Bei Gefahr im Verzug (6 zu § 98) können die StA und ihre Hilfsbeamten (§ 152 GVG) die Anordnung treffen. Da die Zuständigkeit der Hilfsbeamten von der Erreichbarkeit der StA nicht abhängt, sollte diese durch Anordnung nach § 152 I GVG sicherstellen, daß sie nicht übergangen wird (LR-G. Schäfer 16; Kuhlmann DRiZ **78**, 240). Eine richterliche Bestätigung der bei Gefahr im Verzug getroffenen Maßnahme ist nicht erforderlich (KK-Nack 17; KMR-Müller 12, LR-G. Schäfer 18; **aM** SK/StPO-Rudolphi, Sangenstedt StV **85**, 126, die §§ 100 II, 100 b I S. 3 entspr anwenden wollen).

B. **Inhaltlich** kann die Anordnung des Gerichts und der StA sich darauf be- 16 schränken, daß innerhalb eines bestimmten Bezirks, der genau zu bezeichnen ist, also nicht für das gesamte Gebiet der BRep (BGH **35**, 363 = NStZ **89**, 81 mit Anm Achenbach = EzSt Nr 1 mit Anm Lemke), oder im bestimmten Umkreis einer Anlage (zB mit dem Radius von 10 km) Kontrollstellen einzurichten sind. Weder deren genaue Zahl noch ihr Ort müssen bestimmt werden; das kann der Polizei überlassen werden (LR-G. Schäfer 19; Kurth NJW **79**, 1383; Riegel ZRP **78**, 16; **aM** SK/StPO-Rudolphi 14; Kühne 273; Kuhlmann DRiZ **78**, 239; Sangenstedt StV **85**, 125; einschr auch KK-Nack 11: nur bei besonderer Eilbedürftigkeit). Die Anordnung braucht auch über Beginn und Dauer der Kontrollen nichts zu bestimmen (LR-G. Schäfer 20; Kurth aaO; **aM** Achenbach JA **81**, 665). Im Einzelfall kann es aber angezeigt sein, eine bestimmte Höchstdauer vorzusehen oder anzuordnen, daß nur zu bestimmten Tageszeiten kontrolliert werden darf (Kurth aaO Fn 109).

17 C. **Form:** Die richterliche Anordnung ergeht durch schriftlich abzufassenden Beschluß, der in Eilfällen vorab mündlich oder fernmündlich zur Vollstreckung (§ 36 II) herausgegeben werden kann. Anordnungen der StA und ihrer Hilfsbeamten, nicht der Richter (KK-Nack 11; **aM** SK/StPO-Rudolphi 13, können mündlich getroffen, müssen aber immer aktenkundig gemacht werden.

18 D. **Vollstreckung:** Für richterliche Anordnungen gilt § 36 II; die StA beauftragt die Polizei. Sonst sorgt der Anordnende selbst für die Vollstreckung. Die Polizei stellt in jedem Fall die für die Kontrollstellen erforderlichen Beamten und die sachlichen Hilfsmittel, insbesondere die Absperrungen und die Kraftfahrzeuge.

19 E. **Aufhebung:** Das weitere Vorliegen der Voraussetzungen des § 111 muß der Richter oder StA, der die Anordnung getroffen hat, ständig überwachen. Fallen sie weg, so muß die Anordnung sofort aufgehoben werden (Lemke Anm zu BGH EzSt Nr 1). Die Polizei, die zu regelmäßigen Berichten über die weiteren Erfolgsaussichten veranlaßt werden kann, hat den Vollzug der Anordnung sofort zu beendigen, wenn die Voraussetzungen des I nicht mehr bestehen. Davon muß der Richter oder StA, der die Anordnung getroffen hat, unverzüglich benachrichtigt werden.

20 5) **Beschwerde** nach § 304 I kann die StA einlegen, wenn das Gericht ihrem Antrag, eine Anordnung nach § 111 zu treffen, nicht stattgibt oder die Anordnung aufhebt. Gegen die Anordnung der Einrichtung der Kontrollstelle ist kein Rechtsmittel zulässig (BGH NJW **89**, 1170), erst gegen die in Vollzug der Anordnung ergangene Maßnahme (BGH **35**, 363 = NStZ **89**, 81 mit Anm Achenbach = EzSt Nr 1 mit Anm Lemke). Über den Rechtsbehelf hat entspr § 98 II 2 der für die Anordnung zuständige Richter zu entscheiden (BGH aaO). Für die Anfechtung einzelner Kontrollmaßnahmen (Festhalten, Durchsuchung, erkennungsdienstliche Behandlung) gelten im übrigen die allgemeinen Grundsätze (23 zu § 98; 16 zu § 105; 17, 18 vor § 296; 10 zu § 23 EGGVG; 5 ff zu § 28 EGGVG). Ein rechtlich geschütztes Interesse besteht so lange, wie die Ermächtigung zur Errichtung von Kontrollstellen noch Bestand hat, oder wenn angefallene Daten nach § 163 d gespeichert worden sind (BGH NStZ **89**, 189; NJW **89**, 2636), jedoch nicht mehr nach endgültigem Auslaufen der Anordnung (BGH **36**, 30), grundsätzlich auch dann nicht, wenn der Betroffene zum Zwecke der Identitätsfeststellung festgehalten worden war (BGH **36**, 242).

Vorläufige Entziehung der Fahrerlaubnis

111a **I Sind dringende Gründe für die Annahme vorhanden, daß die Fahrerlaubnis entzogen werden wird (§ 69 des Strafgesetzbuches), so kann der Richter dem Beschuldigten durch Beschluß die Fahrerlaubnis vorläufig entziehen. Von der vorläufigen Entziehung können bestimmte Arten von Kraftfahrzeugen ausgenommen werden, wenn besondere Umstände die Annahme rechtfertigen, daß der Zweck der Maßnahme dadurch nicht gefährdet wird.**

II Die vorläufige Entziehung der Fahrerlaubnis ist aufzuheben, wenn ihr Grund weggefallen ist oder wenn das Gericht im Urteil die Fahrerlaubnis nicht entzieht.

III Die vorläufige Entziehung der Fahrerlaubnis wirkt zugleich als Anordnung oder Bestätigung der Beschlagnahme des von einer deutschen Behörde ausgestellten Führerscheins. Dies gilt auch, wenn der Führerschein von einer

Behörde eines Mitgliedstaates der Europäischen Union oder eines anderen Vertragsstaates des Abkommens über den Europäischen Wirtschaftsraum ausgestellt worden ist, sofern der Inhaber seinen ordentlichen Wohnsitz im Inland hat.

IV Ist ein Führerschein beschlagnahmt, weil er nach § 69 Abs. 3 Satz 2 des Strafgesetzbuches eingezogen werden kann, und bedarf es einer richterlichen Entscheidung über die Beschlagnahme, so tritt an deren Stelle die Entscheidung über die vorläufige Entziehung der Fahrerlaubnis.

V Ein Führerschein, der in Verwahrung genommen, sichergestellt oder beschlagnahmt ist, weil er nach § 69 Abs. 3 Satz 2 des Strafgesetzbuches eingezogen werden kann, ist dem Beschuldigten zurückzugeben, wenn der Richter die vorläufige Entziehung der Fahrerlaubnis wegen Fehlens der in Absatz 1 bezeichneten Voraussetzungen ablehnt, wenn er sie aufhebt oder wenn das Gericht im Urteil die Fahrerlaubnis nicht entzieht. Wird jedoch im Urteil ein Fahrverbot nach § 44 des Strafgesetzbuches verhängt, so kann die Rückgabe des Führerscheins aufgeschoben werden, wenn der Beschuldigte nicht widerspricht.

VI In anderen als in Absatz 3 Satz 2 genannten ausländischen Führerscheinen ist die vorläufige Entziehung der Fahrerlaubnis zu vermerken. Bis zur Eintragung dieses Vermerkes kann der Führerschein beschlagnahmt werden (§ 94 Abs. 3, § 98).

1) Eine **vorbeugende Maßnahme,** ähnlich wie die Maßnahmen nach §§ 112 a, 126 a, 132 a, ist die vorläufige Entziehung der Fahrerlaubnis. Sie ermöglicht es, die Allgemeinheit vor den Gefahren durch einen ungeeigneten Kraftfahrer schon vor dem Urteil zu schützen (München NJW **80**, 1860). Das verstößt nicht gegen das GG (BVerfG NStZ **82**, 78). § 111 a sichert aber nur die Entziehung der Fahrerlaubnis nach § 69 StGB, nicht die selbständige Sperre nach § 69 a I S. 3 StGB (Hamm VRS **51**, 43; LR-G. Schäfer 8; Himmelreich/Hentschel 229; **aM** LG München I DAR **56**, 249; KMR-Müller 7; Engel DAR **84**, 108), auch nicht das Fahrverbot nach § 44 StGB (vgl V S. 2). Die Anrechnung der vorläufigen Entziehung auf das Fahrverbot regelt § 51 I, V StGB, auf die endgültige Entziehung § 69 a V S. 2 StGB. Unterbleibt die endgültige Entziehung, so besteht grundsätzlich ein Entschädigungsanspruch (§ 2 II Nr 5 **StrEG).** Ein Verfahren, in dem die Maßnahme nach § 111 a angeordnet worden ist, muß daher ebenso beschleunigt erledigt werden wie eine Haftsache (KrG Saalfeld MDR **93**, 1224). Die richterliche Anordnung nach I, IV, nicht aber die polizeiliche Beschlagnahme des Führerscheins nach § 94 III, wird in das Verkehrszentralregister eingetragen (§ 13 I Nr 2 Buchst i StVZO). 1

2) **Voraussetzung der Maßnahme** (I S. 1) ist das Vorliegen von dringenden Gründen (vgl §§ 111 b III S. 1, 126 a I, 132 a I S. 1) für die Annahme, daß die Maßregel nach § 69 StGB angeordnet wird. Das erfordert dringenden Tatverdacht (vgl §§ 112 I S. 1, 112 a I S. 1) iS des § 69 I S. 1 StGB und einen hohen Grad von Wahrscheinlichkeit, daß das Gericht den Beschuldigten für ungeeignet zum Führen von Kraftfahrzeugen halten und ihm daher die Fahrerlaubnis entziehen werde (Düsseldorf DAR **92**, 187; Hentschel DAR **88**, 90; Janiszewski 752). In den Fällen des § 69 II StGB bedarf das keiner Prüfung, falls sich nicht wichtige Gegengründe aufdrängen (Hentschel DAR **80**, 171; **88**, 90; Himmelreich/Hentschel 221); die erfolgreiche Teilnahme an einem „Aufbauseminar" nach § 2 b II S. 2 oder § 4 VIII S. 3 StVG (früher „Nachschulung" genannt, dazu eingehend Himmelreich DAR **97**, 465; Himmelreich/Hentschel 57 a ff, 235; Larsen StraFo **97**, 298) wird idR kein solcher Grund sein (vgl aber 22 a zu § 153 a). 2

3) Eine **Kann-Bestimmung** ist I S. 1. IdR wird der Richter die Anordnung in Ausübung pflichtgemäßen Ermessens treffen müssen (Karlsruhe VRS **59**, 432; **68**, 3

360; Gollner GA **75**, 134). Bei freiwilliger Herausgabe des Führerscheins ist sie entbehrlich (LR-G. Schäfer 14; Michel DAR **97**, 394 mwN; **aM** KK-Nack 4). Zulässig ist sie bis zur Rechtskraft des Urteils (Karlsruhe DAR **54**, 302; Koblenz VRS **68**, 118; Stuttgart VRS **5**, 356). Daß die StA sie erst längere Zeit nach der Tatbegehung beantragt, steht nicht entgegen (Dresden OLG-NL **97**, 71; Hentschel DAR **88**, 90; NJW **95**, 636; **aM** LG Hagen NZV **94**, 334 mit abl Anm Molketin; LG Trier VRS **63**, 210; vgl auch Kropp NStZ **97**, 471: bei Durchschnittsfällen idR nicht mehr nach 6 Monaten). Hat der 1. Richter die Fahrerlaubnis nach § 69 StGB entzogen, aber keine Anordnung nach § 111 a getroffen, so kann das Berufungsgericht sie nicht nur zugleich mit dem Urteil (Hamburg VRS **44**, 187; Koblenz VRS **65**, 34; **67**, 254; **71**, 39; **73**, 292; Zweibrücken NJW **81**, 775) oder nach dessen Erlaß (Koblenz BA **85**, 180; **aM** Oldenburg NZV **92**, 124), sondern schon vorher nachholen, auch bei unveränderter Sach- und Rechtslage (Dresden aaO; Frankfurt NJW **81**, 1680; Hamm bei Janiszewski NStZ **84**, 115; Koblenz VRS **65**, 448; **aM** Oldenburg OLGSt S. 5, 15; Saarbrücken VRS **46**, 137). War der Angeklagte im 1. Rechtszug freigesprochen worden, so kann das Berufungsgericht die Anordnung nur treffen, wenn es ihn verurteilt und die Fahrerlaubnis entzieht (Karlsruhe VRS **68**, 300). Nur bei Vorliegen neuer Tatsachen oder Beweismittel ist die Anordnung nach Einspruch gegen einen Strafbefehl zulässig, in dem die Fahrerlaubnisentziehung nach § 69 StGB ausdrücklich abgelehnt worden war (LG Stuttgart Justiz **85**, 364). Das gleiche gilt, wenn Berufung gegen ein Urteil eingelegt ist, in dem die Maßnahme nach § 69 StGB nicht angeordnet worden war (LG Zweibrücken NStZ-RR **98**, 249 mwN; **aM** Koblenz VRS **73**, 290: auch bei eindeutiger Unrichtigkeit der Entscheidung; erg unten 13).

4 **4) Ausnahmen für bestimmte Kraftfahrzeuge** (I S. 2): Anders als die endgültige Entziehung, die nicht teilbar ist (§ 69 I StGB), sondern nur dadurch gemildert werden kann, daß die Sperre für die Neuerteilung der Fahrerlaubnis sachlich beschränkt wird (§ 69 a II StGB), kann die vorläufige Entziehung (auf Antrag oder von Amts wegen) mit einer Ausnahme versehen werden. Ihre Voraussetzungen entsprechen denen des § 69 a II StGB (dazu Tröndle 3 zu § 69 a StGB). Die Einschränkung der Maßnahme ist nur für bestimmte Arten von Kfzen zulässig (vgl § 5 I S. 2 StVZO), nicht für bestimmte Zeiten, Orte und Gebiete oder für Kfze bestimmter Eigentümer oder Halter (LR-G. Schäfer 26). Bei charakterlichen Mängeln (Trunkenheitsfahrt; schwerwiegender Verstoß gegen § 142 StGB) wird der Täter idR ungeeignet zum Führen aller Arten von Kfzen sein; Ausnahmen gelten nur unter besonderen Umständen (Hamm NJW **71**, 1618; Karlsruhe VRS **55**, 122; Koblenz VRS **65**, 34; Orlich NJW **77**, 1179). Trotz der Beschränkung nach I S. 2, die in dem Beschluß nach § 111 a ausgesprochen und eingehend begründet werden muß, wird der Führerschein in amtliche Verwahrung genommen. Die Verwaltungsbehörde muß aber alsbald einen Ersatzführerschein für die bestehen gebliebene Fahrerlaubnis ausstellen (LR-G. Schäfer 28; Dahs NJW **66**, 239; Janiszewski 753).

5 **5) Anordnung der Maßnahme:**

6 A. Durch **Gerichtsbeschluß** (I S. 1), der in knapper Weise (LR-G. Schäfer 43; Himmelreich/Hentschel 229 a) zu begründen ist (§ 34), muß die Anordnung getroffen werden. Das Fehlen der Begründung ist unschädlich, wenn die Anordnung zugleich mit dem Berufungsurteil ergeht (Koblenz VRS **71**, 39, 40; **73**, 292). Im Ermittlungsverfahren ist ein Antrag der StA erforderlich (LG Gera MDR **96**, 731); sonst ist die StA nach § 33 II zu hören, der Beschuldigte nach § 33 III. Es genügt, daß die Polizei ihm Gelegenheit gibt, sich zu den Tatsachen zu äußern, die nach I S. 1 erheblich sind (Hentschel DAR **80**, 170; **88**, 91; Himmelreich/Hentschel 225; Koch DAR **68**, 178; **aM** LR-G. Schäfer 54). § 33 IV S. 1 ist nicht anwendbar, weil in Eilfällen die Beschlagnahme des Führerscheins möglich ist (Hentschel DAR **88**, 90; **aM** LR-G. Schäfer 50). Der Beschluß wird der StA nach

§ 36 II S. 1 zugeleitet (KK-Nack 6) und dem Beschuldigten bekanntgemacht. Obwohl nach § 35 II die formlose Mitteilung genügt, empfiehlt sich wegen der Rechtsfolgen nach § 21 I Nr 1 StVG (unten 8) die förmliche Zustellung (LR-G. Schäfer 57; Hentschel DAR **88**, 91). Von Amts wegen zu beachtende Mitteilungspflichten bestehen nach § 13b StVZO und nach der MiStra 45 I Nr 1, III, IV iVm §§ 12 ff **EGGVG** (vgl dort).

B. **Zuständig** ist nach § 162 I S. 1 im Vorverfahren das AG, in dessen Bezirk der Führerschein aufgrund der Anordnung nach I beschlagnahmt werden soll (Hentschel DAR **88**, 90; Himmelreich/Hentschel 220), daneben aber auch jedes nach §§ 7 ff zuständige AG (SK/StPO-Rudolphi 12; LG Bochum VRS **78**, 355; **aM** LR-G. Schäfer 41; LG Köln BA **82**, 89: nur das nach § 162 zuständige Gericht; vgl auch LG Heilbronn Justiz **82**, 139, das im Fall der Beschlagnahme des Führerscheins nur dieses Gericht für zuständig hält; hiergegen mit Recht Janiszewski NStZ **82**, 239), wobei aber nach Ablehnung der vorläufigen Entziehung eine erneute Antragstellung bei einem anderen Gericht nur bei veränderter Sachlage zulässig ist (LG Mosbach VRS **92**, 249). Nach Anklageerhebung ist das jeweils mit der Sache befaßte Gericht zuständig (Köln NZV **91**, 243), das Berufungsgericht nach der Aktenvorlegung nach § 321 S. 2 (Düsseldorf NZV **92**, 202; Frankfurt NJW **81**, 1860), im Revisionsverfahren der letzte Tatrichter, nicht das Revisionsgericht (Hamm VRS **21**, 283, 284; Stuttgart Justiz **69**, 256; Janiszewski 754). In der Hauptverhandlung wirken die Schöffen mit (Karlsruhe VRS **68**, 360). Erg unten 15. 7

C. Die **Anordnung wirkt** zugleich als Beschlagnahme des inländischen Führerscheins (III). Sie bewirkt ferner ein durch § 21 I Nr. 1 StVG strafbewehrtes Fahrverbot, über das der Beschuldigte bei der Beschlußzustellung belehrt werden sollte. Diese Wirkung tritt erst mit der Bekanntgabe an den Beschuldigten ein (BGHZ **38**, 86 = NJW **62**, 2104; KG VRS **42**, 210; Köln VRS **52**, 271). Die Fahrerlaubnis erlischt nicht. Die Verwaltungsbehörde darf daher keine neue Fahrerlaubnis erteilen und die bestehende auch nicht beschränken (von Bubnoff JZ **68**, 321). 8

6) Aufhebung der Maßnahme (II): 9

A. Der **Wegfall der Gründe** für die Anordnung zwingt, in der Berufungsinstanz schon vor Urteilserlaß (Hamburg NJW **63**, 1215), zur Aufhebung der Maßnahme. StA und Gericht müssen daher laufend darauf achten, ob die Gründe fortbestehen (Janiszewski 755; DAR **89**, 138). Eine besonders lange Verfahrensdauer kann nur bei groben Verstößen gegen das Beschleunigungsgebot und erheblichen Verzögerungen die Aufhebung der Maßnahme erfordern (Köln NZV **91**, 243; vgl auch Düsseldorf VRS **87**, 10); sie kann aber dazu führen, daß die Feststellung des Eignungsmangels in der Hauptverhandlung nicht mehr wahrscheinlich ist (Bay NJW **71**, 206; KG VRS **60**, 109, 111; Hamm MDR **75**, 167). 10
Der bloße Zeitablauf während des **Berufungsverfahrens** rechtfertigt die Aufhebung nicht (München DAR **75**, 132; **77**, 49; Hentschel DAR **76**, 9; **88**, 91); denn das Berufungsgericht ist nicht gehindert, die gleiche Sperre wie das 1. Gericht anzuordnen, auch wenn sie ohne Berufungseinlegung schon ihr Ende gefunden hätte (23 zu § 331). Die Aufhebung ist daher nur geboten, wenn eine endgültige Entziehung wegen des Zeitablaufs unwahrscheinlich wird (KG NJW **60**, 2112; VRS **35**, 292; Koblenz BA **84**, 540; **85**, 180; VRS **69**, 130). Mit einer gewissen Verlängerung der tatsächlichen Sperre als Folge der Berufungseinlegung muß der Angeklagte rechnen (Düsseldorf VRS **79**, 23; Koblenz VRS **68**, 41). Während des 11
Revisionsverfahrens ist die vorläufige Entziehung nach der jetzt hM nicht deshalb aufzuheben, weil die Verfahrensdauer die Dauer der Sperre übersteigt (KG VRS **53**, 278; Düsseldorf VRS **64**, 262; Frankfurt NStZ-RR **98**, 76; Hamburg NJW **81**, 2590; Hamm VRS **69**, 220; Karlsruhe VRS **53**, 435; Koblenz MDR **86**, 871; VRS **71**, 40; München NJW **80**, 1860; Schleswig SchlHA **84**, 99 [E/L]; Stuttgart VRS **63**, 363; LR-G. Schäfer 37). Die Gegenmeinung (Köln VRS **57**, 12

126; SK/StPO-Rudolphi 20; Hentschel DAR **80**, 172; **88**, 92; Himmelreich/Hentschel 241 ff mwN; Janiszewski 757 und NStZ **81**, 471 mwN) übersieht, daß allein der Ablauf der Sperre dem Angeklagten keinen Rechtsanspruch auf Teilnahme am Kraftfahrzeugverkehr gibt, sondern nur die Verwaltungsbehörde berechtigt ist, ihn hierzu wieder zuzulassen, wenn keine Hinderungsgründe vorliegen (Hamburg aaO; Koblenz aaO, Stuttgart aaO).

13 B. Die **Nichtentziehung der Fahrerlaubnis** im Urteil zwingt zur Aufhebung der vorläufigen Entziehung, und zwar durch besonderen Beschluß. Bei Verfahrensbeendigung durch Beschluß (§§ 206 a, 206 b) wird die Aufhebung im selben Beschluß verfügt. Gemeint sind nichtrechtskräftige Urteile und Beschlüsse; denn bei Rechtskraft entfällt die vorläufige Maßnahme ohne weiteres (BVerfG NJW **95**, 124). Die Rechtsmitteleinlegung darf die Aufhebung der Anordnung nicht verzögern; § 120 II gilt entspr. Vor der Entscheidung über das Rechtsmittel darf die vorläufige Entziehung nur dann erneut angeordnet werden, wenn neue Tatsachen oder Beweismittel bekanntgeworden sind, die voraussichtlich zur endgültigen Fahrerlaubnisentziehung führen (Frankfurt NJW **81**, 1860; Koblenz VRS **55**, 45; Zweibrücken NJW **81**, 775; hM). Nach Urteilsaufhebung durch das Revisionsgericht und Zurückverweisung nach § 354 II ist die Anordnung nach I stets zulässig, wenn ihre Voraussetzungen vorliegen (KK-Nack 8; LR-G. Schäfer 21).

14 C. **Zuständig** für die Aufhebung ist bis zur Erhebung der öffentlichen Klage das Gericht, das die Anordnung getroffen hat, danach das jeweils mit der Sache befaßte Gericht (Braunschweig DAR **95**, 498; Düsseldorf VRS **72**, 370; oben 7); § 120 III S. 1 gilt nicht entspr (AG Münster MDR **72**, 166; KMR-Müller 20; Himmelreich/Hentschel 233; D. Meyer DAR **86**, 47; **aM** LG Bückeburg NdsRpfl **87**, 200; KK-Nack 7; Wittschier NJW **85**, 1324). Die Zuständigkeit des Berufungsgerichts beginnt mit der Aktenvorlage nach § 321 S. 2 (Celle NJW **61**, 1417; Karlsruhe MDR **74**, 159; LG Zweibrücken NZV **92**, 499 mwN). Das Revisionsgericht ist zuständig, wenn es die im angefochtenen Urteil angeordnete Entziehung endgültig beseitigt (Bay **93**, 44 = NZV **93**, 240) oder entspr § 126 III verfährt (KK-Nack 12; LR-G. Schäfer 44); sonst bleibt der letzte Tatrichter zuständig (BGH NJW **78**, 384; Celle NJW **77**, 160; Düsseldorf VRS **64**, 262; Frankfurt NJW **73**, 1335; Stuttgart VRS **74**, 185, 188; Zweibrücken VRS **69**, 293; SK/StPO-Rudolphi 22; **aM** Bremen VRS **46**, 43; Koblenz MDR **78**, 337; **86**, 871; Himmelreich/Hentschel 216 mwN; Janiszewski 756; Mollenkott BA **85**, 74).

15 7) **Führerscheinbeschlagnahme** (III, IV): Polizei und StA dürfen nicht die Fahrerlaubnis vorläufig entziehen, aber bei Gefahr im Verzug (§ 98 I S. 1) den Führerschein beschlagnahmen (§ 94 III), sofern die Voraussetzungen von I vorliegen (Stuttgart NJW **69**, 760). Gefahr im Verzug bedeutet hier, daß zu besorgen ist, der Kraftfahrer werde ohne die Abnahme des Führerscheins weitere Trunkenheitsfahrten unternehmen oder sonst Verkehrsvorschriften in schwerwiegender Weise verletzen (BGH **22**, 385; Himmelreich/Hentschel 255 ff mwN). Unter diesen Voraussetzungen ist die Beschlagnahme geboten, auch die eines entgegen § 4 II S. 2 StVZO nicht mitgeführten Führerscheins in der Wohnung des Beschuldigten. Auf Antrag des Beschuldigten nach § 98 II S. 2 entscheidet das nach § 98 II S. 3, 4 zuständige Gericht nicht über die Zulässigkeit der Beschlagnahme, sondern ordnet die vorläufige Entziehung der Fahrerlaubnis an oder lehnt sie ab (IV). Zur un-
16 mittelbaren **Gefahrenabwehr** kann die Polizei den Führerschein nach den Polizei- und Ordnungsgesetzen der Länder beschlagnahmen (Braunschweig NJW **56**, 1808; Köln NJW **68**, 666). Jedoch wird die Gefahr idR nur durch Wegnahme des Zündschlüssels oder durch Sicherstellung des Kfz beseitigt werden können (BGH VersR **56**, 219; vgl auch BGH NJW **62**, 2104). Sofort nach Wegfall der akuten Gefahr ist
16 a der Führerschein zurückzugeben (Dahs NJW **68**, 633). Nach III S.2 werden **Inhaber von Fahrerlaubnissen aus EU- und EWR-Staaten**, die ihren ordentlichen Wohnsitz im Inland haben, Inhabern deutscher Fahrerlaubnisse gleichgestellt; ihr Führerschein wird wie ein deutscher Führerschein in Verwahrung genommen.

8) Die **Rückgabe des Führerscheins** (V) ist vorgeschrieben, wenn der Richter die vorläufige Entziehung der Fahrerlaubnis ablehnt oder aufhebt oder wenn die Fahrerlaubnis im Urteil nicht entzogen wird. Zuständig ist bis zur Erhebung der Anklage die StA, danach das mit der Sache befaßte Gericht (oben 7), nach Rechtskraft die Vollstreckungsbehörde. Da die Rückgabe keine Vollstreckung ist, gilt § 36 II S. 1 nicht. Ist im Urteil zwar keine Anordnung nach § 69 StGB getroffen, aber ein Fahrverbot nach § 44 StGB verhängt worden, so kann die Rückgabe aufgeschoben werden, wenn der Beschuldigte nicht widerspricht (V S. 2). Die Zeit nach dem Urteil wird dann unverkürzt auf das Fahrverbot angerechnet (§ 450 ll). 17

9) Ausländische Führerscheine (VI), die nicht III S. 2 unterfallen (dazu oben 16 a), können nach § 69 b I StGB mit der Wirkung eines Fahrverbots im Gebiet der BRep entzogen werden. Auch die vorläufige Entziehung ist zulässig (VI S. 1; eingehend dazu Ludovisy DAR **97**, 80). Sie wird dadurch vollzogen, daß sie im Führerschein, der zu diesem Zweck beschlagnahmt werden darf (VI S. 2), vermerkt wird (§ 69 b II S. 2 StGB), auch bei Personen, für die das **NTS** gilt (Art 9 VI b NTS-ZA). Nach der Eintragung des Vermerks ist der Führerschein unverzüglich zurückzugeben. Ist die Anbringung eines Vermerks auf dem Führerschein technisch nicht möglich, ist er notfalls auf einem gesonderten Blatt zu erstellen und dies mit dem Führerschein zu verbinden (vgl Meyer MDR **92**, 442). 18

10) Beschwerde (§ 304) ist auch gegen den Beschluß des erkennenden Gerichts zulässig (§ 305 S. 2). Beschwerdeberechtigt ist außer dem Beschuldigten die StA, wenn ihr Antrag auf Anordnung der Fahrerlaubnisentziehung abgelehnt worden ist (LG Zweibrücken NStZ-RR **98**, 249; erg 6 zu § 305). Weitere Beschwerde ist nach § 310 II ausgeschlossen. Gegen eine Anordnung des OLG als Gericht des 1. Rechtszugs ist Beschwerde zulässig, da § 304 IV S. 2 Nr 1 (Beschlagnahme) gilt (LR-G. Schäfer 83). Eine Beschwerde, über die erst entschieden wird, nachdem ihm die Akten nach § 321 S. 2 vorgelegt worden sind, behandelt das Berufungsgericht als Aufhebungsantrag; seine Entscheidung ist daher mit der Beschwerde anfechtbar (Celle NStE Nr 4; Düsseldorf VRS **72**, 370 mwN; Hentschel DAR **88**, 90; Himmelreich/Hentschel 219 mwN; **aM** Stuttgart NStZ **90**, 141; KMR-Plöd 2 zu § 310). Eine Vorabentscheidung des Revisionsgerichts über die Rechtmäßigkeit der Maßregel nach § 69 StGB kann mit der Beschwerde nicht erreicht werden (Brandenburg NStZ-RR **96**, 170; Düsseldorf VRS **80**, 214; NZV **95**, 459; Hamm MDR **96**, 954; Köln VRS **93**, 348; **aM** Frankfurt NStZ-RR **96**, 205; Koblenz VRS **93**, 343; Schleswig NZV **95**, 238 mit abl Anm Schwarzer; eingehend zur Problematik Schmid BA **96**, 357). Die Aussetzung der Anordnung nach § 307 II kommt nicht in Betracht (vgl Köln ZfS **84**, 29 mit Anm Dencker und Meyer; Köln ZfS **86**, 124; Hentschel DAR **88**, 92). 19

11) Immunität: Die Beschlagnahme des Führerscheins (§ 94 III) und die Anordnung nach § 111 a setzen die Aufhebung der Immunität voraus, auch wenn der Abgeordnete auf frischer Tat betroffen wurde (LR-G. Schäfer 96; **aM** EbSchmidt Nachtr 31). Ist das Ermittlungsverfahren genehmigt, wie allgemein bei Abgeordneten des BTags (RiStBV 192 a II Buchst e S. 2), so sind die Maßnahmen ohne weiteres zulässig. Die StA teilt sie auf dem Dienstweg dem Parlamentspräsidenten mit. Die Polizei ist berechtigt, den Abgeordneten zu fragen, ob er den Führerschein freiwillig in amtliche Verwahrung geben will (Cloppenburg MDR **61**, 826). Über diplomatische und konsularische Vorrechte vgl 11 zu § 18 GVG. 20

Sicherstellung für Verfall, Einziehung und Gewinnabschöpfung

111b

I Gegenstände können durch Beschlagnahme nach § 111 c sichergestellt werden, wenn Gründe für die Annahme vorhanden sind, daß die Voraussetzungen für ihren Verfall oder ihre Einziehung vorliegen. § 94 Abs. 3 bleibt unberührt.

II Sind Gründe für die Annahme vorhanden, daß die Voraussetzungen des Verfalls von Wertersatz oder der Einziehung von Wertersatz vorliegen, kann zu deren Sicherung nach § 111 d der dingliche Arrest angeordnet werden.

III Liegen dringende Gründe nicht vor, so hebt der Richter die in Absatz 1 Satz 1 und Absatz 2 genannten Maßnahmen spätestens nach sechs Monaten auf. Reicht die in Satz 1 bezeichnete Frist wegen der besonderen Schwierigkeit oder des besonderen Umfangs der Ermittlungen oder wegen eines anderen wichtigen Grundes nicht aus, so kann der Richter auf Antrag der Staatsanwaltschaft die Maßnahmen um längstens drei Monate verlängern, wenn die genannten Gründe ihre Fortdauer rechtfertigen.

IV Die §§ 102 bis 110 gelten entsprechend.

V Die Absätze 1 bis 4 gelten entsprechend, soweit der Verfall nur deshalb nicht angeordnet werden kann, weil die Voraussetzungen des § 73 Abs. 1 Satz 2 des Strafgesetzbuches vorliegen.

1 1) Die **Sicherstellung von Verfalls- und Einziehungsgegenständen** regeln die §§ 111 bff abweichend von der Sicherstellung von Beweisgegenständen nach § 94. Eine Ausnahme gilt für Führerscheine (I S. 2 iVm § 94 III), weil es dort auf die Eigentumsverhältnisse nicht ankommt. Die Sicherstellung nach § 111 b ist in allen Verfahrensarten, auch im Privatklageverfahren, im Sicherungsverfahren (§§ 413 ff) und im selbständigen Verfahren nach §§ 440, 442 zulässig (LR-G. Schäfer 24). Zur Frage, wie zu verfahren ist, wenn ein Gegenstand sowohl zu Beweiszwecken als auch zur Sicherung des Verfalls oder der Einziehung sichergestellt werden soll, vgl 2 zu § 94. Die Vorschriften über die Durchsuchung (§§ 102–110) gelten nach III auch im Anwendungsbereich der §§ 111 bff; Einschränkungen der Durchsuchungsvoraussetzungen bestehen nicht (KMR-Müller 11; Eberbach NStZ **85**, 296 für § 103).

2 2) Das **Bruttogewinnprinzip** gilt nach der Änderung des § 73 StGB durch das Ges vom 28. 2. 1992 (BGBl I 372); im Gegensatz zur früheren Regelung kann nicht nur ein Vermögensvorteil, sondern die Gesamtheit des Erlangten sichergestellt werden. Die Gegenstände werden nach § 111 c beschlagnahmt (I S. 1); bei voraussichtlicher Anordnung des Verfalls oder der Einziehung von Wertersatz nach §§ 73 a, 74 c StGB kann der dingliche Arrest nach § 111 d angeordnet werden (II).

3 **3) Voraussetzungen für die Sicherstellung:**

4 A. Dem **Verfall oder der Einziehung** muß der Gegenstand unterliegen. Die Voraussetzungen der Verfallserklärung ergeben sich aus §§ 73, 73 d StGB, die der Einziehung aus §§ 74, 74 d I S. 1 StGB und anderen Vorschriften des StGB und des Nebenstrafrechts, die die Einziehung vorschreiben oder zulassen. Der Einziehung stehen die Unbrauchbarmachung nach §§ 74 d I S. 2 StGB (KK-Nack 1) und die Vernichtung nach § 43 KUG gleich.

5 B. Der **Schadloshaltung des Verletzten** (IV) dienende Gegenstände dürfen nicht für verfallen erklärt werden (§ 73 I S. 2 StGB). Dabei kommt es nur auf das Bestehen eines Entschädigungsanspruchs des Verletzten an; ob er voraussichtlich geltend gemacht wird, ist gleichgültig (BGH NStZ **84**, 409; MDR **86**, 794 [H]; SK/StPO-Rudolphi 9; Tröndle 6 zu § 73 StGB; **aM** Achenbach Blau-FS 20). Daher steht § 73 I S. 2 StGB der Verfallserklärung immer entgegen, wenn es sich um eine Tat handelt, bei der es notwendigerweise einen individuellen Verletzten gibt, wie insbesondere bei den Eigentums- und Vermögensdelikten (LG Berlin NJW **96**, 2944; Tröndle 7 zu § 73 StGB). In diesen Fällen läßt IV die Sicherstellung nach I und II gleichwohl zu. Die Vorschriften können so angewendet werden, als wenn es die Ausnahmeregelung des § 73 I S. 2 StGB nicht gäbe. Dadurch wird den Strafverfolgungsbehörden die vor allem im Ermittlungsverfahren schwierige Prüfung erspart, ob diese Regelung im Einzelfall anwendbar ist. Die Sicherstellung kann aber auch angeordnet werden, wenn von vornherein nur die

Sicherung der Interessen möglicher Verletzter in Betracht kommt. Ob diese **„Zurückgewinnungshilfe"** (vgl LK-Schäfer 27 zu § 73 StGB; Achenbach Blau-FS 10 ff; Peters 450) im Einzelfall geboten erscheint, steht jedoch im Ermessen der Beschlagnahmebehörde (LR-G. Schäfer 19; SK/StPO-Rudolphi 10; **aM** Achenbach aaO). Wegen des dinglichen Arrests vgl 4 zu § 111 d. Geld, das der Täter entwendet hat, kann auch dann bei ihm sichergestellt werden, wenn es mit anderem Geld vermischt worden ist. Auf die Identität der Scheine oder Münzen kommt es nicht an; denn § 73 II S. 2 StGB läßt sogar die Beschlagnahme von Ersatzgegenständen zu. Zur Sicherung des Verletzten dürfen solche Gegenstände aber nur beschlagnahmt werden, wenn sie im wesentlichen mit dem gestohlenen Geld erworben worden sind (KMR-Müller 8). Der **Beschlagnahmebeschluß** 7 kann dahinstehen lassen, ob der Verfall nach § 73 StGB zu sichern ist oder ob es sich um eine Sicherstellung nach IV handelt (KMR-Müller 6; **aM** KK-Nack 19; SK/StPO-Rudolphi 11, die nur eine wahlweise Begründung zulassen wollen).

C. **Grund für die Annahme**, daß die Voraussetzungen für den Verfall (§ 73 8 StGB) oder die Einziehung (§ 74 StGB) vorliegen, rechtfertigen die Sicherstellung. Durch Ges vom 4. 5. 1998 (BGBl I 845, 847) ist das bis dahin bestehende Erfordernis, daß die Gründe „dringend" sein müßten, in I S.1 und II gestrichen (zust Hetzer Kriminalistik **98**, 239), dafür aber in III bestimmt worden, daß die Maßnahmen beim Fehlen dringender Gründe (vgl dazu 2 zu § 111 a) idR nach 6, spätestens aber nach 9 Monaten wieder aufzuheben sind; der einfache Verdacht muß sich also zur Aufrechterhaltung der Maßnahme dann zu einem dringenden Verdacht verdichtet haben (Meyer/Hetzer NJW **98**, 1023). Der zur Anordnung der Maßnahme erforderliche (einfache) Tatverdacht braucht sich, da Verfall und Einziehung auch im Verfahren nach den §§ 431 ff, 440, 442 zulässig sind, noch nicht gegen einen bestimmten Beschuldigten zu richten (Achenbach NJW **76**, 1068). **Dasselbe gilt** 9 für die Annahme, daß die Voraussetzungen des Verfalls von Wertersatz (§ 73 a StGB) oder der Einziehung von Wertersatz (§ 74 c StGB) vorliegen, wobei statt Beschlagnahme der dingliche Arrest nach § 111 d angeordnet wird. Im Fall des § 74 II Nr 1 StGB muß zwar nicht mit Sicherheit feststehen, aber mit hoher Wahrscheinlichkeit anzunehmen sein, daß der Täter oder Teilnehmer Eigentümer des Beschlagnahmegegenstandes ist. Zu dem Fall, daß **Verfahrensvoraussetzungen** fehlen, aber noch 10 geschaffen werden können, vgl 7 zu § 94; anders als dort müssen aber bei § 111 b bestimmte tatsächliche Anhaltspunkte dafür vorliegen, daß der fehlende Strafantrag nachgeholt, das behördliche Strafverlangen noch gestellt wird usw.

4) Beschlagnahme: Die Sicherstellung von Verfalls- und Einziehungsgegen- 11 ständen darf, anders als die von Beweisgegenständen, nur durch förmliche Beschlagnahme erfolgen (1 zu § 111 c). Die Bewirkung der Beschlagnahme regelt § 111 c, die Zuständigkeit für die Anordnung § 111 e, die Durchführung § 111 f. Die Beschlagnahme ist vom Beginn des Ermittlungsverfahrens ab bis zur Rechtskraft des Urteils zulässig, auch noch nach Rechtskraft des Vorbehaltsurteils nach § 74 b II StGB (LK-Schäfer 14 zu § 74 b StGB). Zur Beendigung der Beschlagnahme vgl 15 ff zu § 111 e. Eine **allgemeine Beschlagnahme** kommt für Druck- 12 erzeugnisse in Betracht (§§ 111 m, 111 n), aber auch sonst, wenn es um die Sicherstellung einer abgegrenzten Gattung von Sachen zum Zweck der späteren Einziehung oder des späteren Verfalls geht. Dann muß die Gattung in dem Anordnungsbeschluß so genau bezeichnet werden, daß die Vollstreckungsorgane die Grenze des Zugriffs feststellen können. Die Anordnung ist im ganzen Geltungsbereich der StPO vollstreckbar (§ 160 GVG), wenn sich nicht aus ihr selbst eine örtliche Beschränkung ergibt (KMR-Müller 8 vor § 94). Die Beschlagnahme wird durch § 111 b **nicht zwingend vorgeschrieben,** sondern setzt ein Sicher- 13 stellungsbedürfnis voraus (LG Aachen NJW **78**, 385; LG Kiel wistra **98**, 363 mit Anm Wulf). Ist es vorhanden, so ist die Beschlagnahme aber idR geboten (SK/StPO-Rudolphi 8; Schroeder JZ **83**, 1033; **aM** Achenbach NJW **76**, 1072). Da für das selbständige Verfahren nach §§ 440, 442 der Legalitätsgrundsatz nicht gilt

(BGH **7**, 356, 357; **20**, 253, 258), ist dort von der Sicherstellung abzusehen, wenn
14 die Durchführung des Verfahrens zweifelhaft erscheint. Der **Verhältnismäßigkeitsgrundsatz** hat bei Verfallsgegenständen nur insofern Bedeutung, als die Vorschrift des § 73c I S. 1 StGB zu beachten ist; liegen ihre Voraussetzungen vor, so ist von der Sicherstellung abzusehen (KK-Nack 10). Für Einziehungsgegenstände enthält § 74b I StGB eine Ausformung des Verhältnismäßigkeitsgrundsatzes. Unter den Voraussetzungen dieser Vorschrift ist auch die Sicherstellung nach § 111b unzulässig (LR-G. Schäfer 23; vgl auch LG Lüneburg NJW **78**, 117). Eine entspr Anwendung des § 74b II StGB in der Weise, daß die Beschlagnahme vorbehalten bleibt, kommt nicht in Betracht (**aM** LG München II MDR **69**, 1028 mit Anm
15 Göhler). Die **Verderblichkeit oder Pflegebedürftigkeit** eines Gegenstandes steht seiner Sicherstellung nicht entgegen (vgl § 111l). Jedoch sind auch hier die Härtevorschrift des § 73c StGB und der Grundsatz der Verhältnismäßigkeit nach § 74b StGB sowie die Ausscheidungsmöglichkeiten nach §§ 430, 442 zu beachten.

16 **5) Immunität:** Die Grundsätze 24 zu § 94 gelten entspr.

Beschlagnahme

111c **I Die Beschlagnahme einer beweglichen Sache wird in den Fällen des § 111b dadurch bewirkt, daß die Sache in Gewahrsam genommen oder die Beschlagnahme durch Siegel oder in anderer Weise kenntlich gemacht wird.**

II Die Beschlagnahme eines Grundstückes oder eines Rechtes, das den Vorschriften über die Zwangsvollstreckung in das unbewegliche Vermögen unterliegt, wird dadurch bewirkt, daß ein Vermerk über die Beschlagnahme in das Grundbuch eingetragen wird. Die Vorschriften des Gesetzes über die Zwangsversteigerung und die Zwangsverwaltung über den Umfang der Beschlagnahme bei der Zwangsversteigerung gelten entsprechend.

III Die Beschlagnahme einer Forderung oder eines anderen Vermögensrechtes das nicht den Vorschriften über die Zwangsvollstreckung in das unbewegliche Vermögen unterliegt, wird durch Pfändung bewirkt. Die Vorschriften der Zivilprozeßordnung über die Zwangsvollstreckung in Forderungen und andere Vermögensrechte sind insoweit sinngemäß anzuwenden. Mit der Beschlagnahme ist die Aufforderung zur Abgabe der in § 840 Abs. 1 der Zivilprozeßordnung bezeichneten Erklärungen zu verbinden.

IV Die Beschlagnahme von Schiffen, Schiffsbauwerken und Luftfahrzeugen wird nach Absatz 1 bewirkt. Bei solchen Schiffen, Schiffsbauwerken und Luftfahrzeugen, die im Schiffsregister, Schiffsbauregister oder Register für Pfandrechte an Luftfahrzeugen eingetragen sind, ist die Beschlagnahme im Register einzutragen. Nicht eingetragene, aber eintragungsfähige Schiffsbauwerke oder Luftfahrzeuge können zu diesem Zweck zur Eintragung angemeldet werden; die Vorschriften, die bei der Anmeldung durch eine Person, die auf Grund eines vollstreckbaren Titels eine Eintragung in das Register verlangen kann, anzuwenden sind, gelten hierbei entsprechend.

V Die Beschlagnahme eines Gegenstandes nach den Absätzen 1 bis 4 hat die Wirkung eines Veräußerungsverbotes im Sinne des § 136 des Bürgerlichen Gesetzbuches; das Verbot umfaßt auch andere Verfügungen als Veräußerungen.

VI Eine beschlagnahmte bewegliche Sache kann dem Betroffenen

1. gegen sofortige Erlegung des Wertes zurückgegeben oder
2. unter dem Vorbehalt jederzeitigen Widerrufs zur vorläufigen weiteren Benutzung bis zum Abschluß des Verfahrens überlassen werden. Der nach Satz 1 Nr. 1 erlegte Betrag tritt an die Stelle der Sache. Die Maßnahme nach

Satz 1 Nr. 2 kann davon abhängig gemacht werden, daß der Betroffene Sicherheit leistet oder bestimmte Auflagen erfüllt.

1) **Nur durch Beschlagnahme** können Verfalls- und Einziehungsgegenstände sichergestellt werden. Eine formlose Sicherstellung, die § 94 I für Beweismittel zuläßt (dort 12), wäre wirkungslos (Achenbach NJW **82**, 2809). Wegen der Gegenstände, die zugleich der Beweissicherung und der Sicherung des Verfalls und der Einziehung dienen, vgl 2 zu § 94. 1

2) **Bewirkung der Beschlagnahme:** 2

A. **Bewegliche Sachen** (I): Grundsätzlich nimmt sie die beschlagnahmende Be- 3
hörde (§ 111 f I) in **Gewahrsam.** Schriftstücke und sonstige kleinere Gegenstände 4
werden zu den Akten genommen oder mit ihnen verbunden, andere Sachen als Asservate bei der Polizei oder der StA verwahrt. In Betracht kommt ferner die Aufbewahrung durch eine andere Behörde im Wege der Amtshilfe, auch gegen Bezahlung einer Verwahrungs- oder Pflegegebühr, oder durch eine Privatperson oder -firma, die die Sache nur an die Behörde herausgeben darf. Bei Verwahrung durch andere Stellen empfiehlt sich, die Sache als beschlagnahmt kenntlich zu ma-
chen. Die **Kenntlichmachung durch Siegel oder in anderer Weise** ist eine sym- 5
bolische Besitzergreifung mit der Folge des Veräußerungsverbots (V) und des strafrechtlichen Schutzes nach § 136 StGB. Sie kommt in Betracht, wenn die Verwahrung bei der Behörde wegen Art oder Größe der Sache unmöglich oder aus anderen Gründen nicht angebracht ist, zB wenn sie besonders schwierig (gefährliche Stoffe) oder kostspielig (Warenlager) wäre. Die Belassung von Geld, Kostbarkeiten und Wertpapieren ist entspr § 808 II S. 1 ZPO unzulässig (LR-G. Schäfer 3). Die Beschlagnahme ist nur wirksam, wenn sie kenntlich gemacht wird. Zu diesem Zweck muß ein Dienstsiegel mit der Sache fest verbunden werden, idR durch Aufkleben der Siegelmarke (RG **61**, 101) oder durch Anbringung einer mit dem Siegel versehenen Plombe (Frankfurt MDR **73**, 1033). Auf andere Weise kann die Kenntlichmachung insbesondere durch Anbringung einer schriftlichen Pfandanzeige in der unmittelbaren Nähe des Beschlagnahmegegenstandes erfolgen (LR-G. Schäfer 4). Es gelten
die Grundsätze zu § 808 ZPO. Eine **kombinierte Methode** ist in der Weise 6
möglich, daß ein Teil der Sache, etwa einer komplizierten Maschine oder Anlage, in Gewahrsam genommen, die dadurch unbrauchbar gemachte Sache aber an Ort und Stelle belassen und nur als beschlagnahmt kenntlich gemacht wird (LR-G. Schäfer 3).

B. **Grundstücke und grundstücksgleiche Rechte** (II): Die Beschlagnahme wird durch Eintragung eines Vermerks in das Grundbuch bewirkt; die Durchführung regelt § 111 f II S. 1 (dort 3). Grundstücksgleiche Rechte sind nach § 864 I ZPO das Erbbaurecht, das Wohnungseigentum, das Bergwerkseigentum, landesrechtliche Jagd- und Fischereigerechtigkeiten, Kohleabbaugerechtigkeiten uä (vgl LR-G. Schäfer 5). Den Umfang der Beschlagnahme bestimmen die nach II S. 2 entspr anzuwendenden §§ 20 II, 21 ZVG. 7

C. Bei **Forderungen und anderen Vermögensrechten** (III) wird die Beschlagnahme durch Pfändung nach den §§ 829–834, 846 ff, 857-859 ZPO bewirkt. Die Mitwirkung des Gerichtsvollziehers (§ 829 II S. 2 ZPO) entfällt; an seine Stelle tritt die StA (§ 111 f I). Mit der Pfändung ist nach III S. 3 die Aufforderung zur Drittschuldnererklärung nach § 840 I ZPO zu verbinden; sie wird von der StA erlassen (4 zu § 111 f). Eine Überweisung der Forderung nach § 835 ZPO kommt nicht in Betracht (KMR-Müller 8). Auch § 853 ZPO ist entspr anzuwenden; allerdings bedarf die Hinterlegung der Zustimmung des zuständigen Gerichts (Düsseldorf NStZ **92**, 203). 8

D. **Schiffe, Schiffsbauwerke und Luftfahrzeuge** (IV) werden wie bewegliche Sachen (oben 3 ff) beschlagnahmt. Sind Schiffsbauwerke oder Luftfahrzeuge im Schiffsbauregister oder im Register für Pfandrechte an Luftfahrzeugen nicht eingetragen, obwohl sie eintragungsfähig sind, so können sie nach IV S. 3 Hs 1 zur 9

Eintragung der Beschlagnahme angemeldet werden; die Vorschrift erweitert § 66 SchRegO dahin, daß die Anmeldung auch den Zweck verfolgen darf, den Beschlagnahmevermerk einzutragen. Luftfahrzeuge können nach § 1 des Ges über Rechte an Luftfahrzeugen vom 26. 2. 1959 (BGBl. I 57), zuletzt geändert durch Ges vom 3. 12. 1976 (BGBl I 3281, 3310), mit einem Registerpfandrecht belastet werden, das in dem Register für Pfandrechte an Luftfahrzeugen eingetragen wird. IV S. 3 sieht vor, daß dort auch die Beschlagnahme eingetragen werden kann. Bei im Register eingetragenen Schiffen, Schiffsbauwerken und Luftfahrzeugen wird die Beschlagnahme wie bei beweglichen Sachen bewirkt und nach IV S. 2 im Register eingetragen. Wegen des Eintragungsersuchens vgl § 111 f II.

10 3) **Veräußerungsverbot** (V): Die Beschlagnahme nach I–IV hat die Wirkung eines (relativen) Veräußerungsverbots zugunsten des Staates nach § 136 BGB. Verfügungen, auch im Wege der Zwangsvollstreckung oder Arrestvollziehung (vgl § 135 I S. 2 BGB), sind unwirksam, wenn sie den Rechtsübergang des Beschlagnahmegegenstandes auf den Staat nach §§ 73 e I, 74 e I StGB vereiteln würden (Düsseldorf NJW **95**, 2239). Das Verbot umfaßt auch andere Verfügungen, die zu einer Wertminderung führen könnten (V Hs 2). Nach §§ 135 II, 136 BGB gelten die Vorschriften zugunsten derjenigen entspr, die Rechte von einem Nichtberechtigten herleiten (§§ 892, 932 ff, 1058, 1138, 1155, 1207 BGB). Das bedeutet, daß sich der gute Glaube auf das Nichtbestehen des Veräußerungsverbots beziehen muß
11 (BGH NStZ **85**, 262). Das Veräußerungsverbot **entsteht** mit dem Vollzug der Beschlagnahme, im Fall des I also mit der Inverwahrungnahme oder Kenntlichmachung, im Fall des II mit der Zustellung des Pfändungsbeschlusses, im Fall des III mit der Registereintragung, im Fall des IV mit der Sicherstellung nach I; die Registereintragung nach IV S. 2, 3 ist keine Voraussetzung für das Veräußerungsverbot. Durch § 111 g III wird das Veräußerungsverbot unter bestimmten Voraussetzungen zugunsten des Verletzten erweitert. Für gemeingefährliche Gegenstände,
12 die der **Einziehung aus Sicherungsgründen** unterliegen, besteht wegen ihrer Verkehrsunfähigkeit ein absolutes Veräußerungsverbot nach § 134 BGB (Bremen NJW **51**, 675; LR-G. Schäfer 16). Zum strafrechtlichen Schutz der Sicherstellung nach § 111 b I vgl § 136 StGB.

13 4) **Rückgabe beschlagnahmter beweglicher Sachen** (VI):

14 A. **Gegen Erlegung des Wertes** (S. 1 Nr 1): Der Betroffene, der auch der Beschuldigte sein kann, muß einen Betrag in Geld oder geldwerten Papieren in Höhe des feststehenden oder vereinbarten Wertes der Sache der Behörde übergeben, die die Anordnung nach VI trifft, und zwar Zug um Zug gegen Rückgabe der Sache. Der Geldbetrag wird anstelle der Sache Beschlagnahmegegenstand (VI S. 2). Die Sache selbst ist nicht mehr beschlagnahmt; für sie entfallen das Veräußerungsverbot nach V und die Anwendbarkeit des § 136 StGB. In Betracht kommt die Anwendung des S. 1 Nr 1 vor allem bei verderblichen Sachen zur Abwendung einer Notveräußerung nach § 111 l (dort 1).

15 B. Bei der **Überlassung zur Benutzung** (S. 1 Nr 2) bleibt die Sache beschlagnahmt, das Veräußerungsverbot (V) und der Schutz des § 136 StGB bleiben bestehen. Nach VI S. 3 kann die Überlassung von Sicherheiten und der Erfüllung von Auflagen abhängig gemacht werden. Die Sicherheitsleistung wird idR dem Wert der Sache entsprechen, kann aber auch geringer bemessen werden. Zulässige Auflagen sind insbesondere Verfügungsverbote, Beseitigung von Einrichtungen oder Kennzeichnungen und die Unbrauchbarmachung (LR-G. Schäfer 21). Sicherheitsleistung und Auflagen können verbunden werden. Je geringer die Sicherheitsleistung ist, desto stärker muß die Sicherung der Beschlagnahme durch Auflagen sein.

16 C. **Zugleich als Beweisgegenstände** beschlagnahmte Sachen dürfen nicht nach VI S. 1 Nr 1 zurückgegeben werden, nach Nr 2 allenfalls, wenn der zu sichernde Beweiswert dadurch nicht gefährdet wird (LR-G. Schäfer 17).

Dinglicher Arrest

111d [I] **Wegen des Verfalls oder der Einziehung von Wertersatz, wegen einer Geldstrafe oder der voraussichtlich entstehenden Kosten des Strafverfahrens kann der dingliche Arrest angeordnet werden. Wegen einer Geldstrafe und der voraussichtlich entstehenden Kosten darf der Arrest erst angeordnet werden, wenn gegen den Beschuldigten ein auf Strafe lautendes Urteil ergangen ist. Zur Sicherung der Vollstreckungskosten sowie geringfügiger Beträge ergeht kein Arrest.**

[II] **Die 917 und 920 Abs. 1 sowie die 923, 928, 930 bis 932, 934 Abs. 1 der Zivilprozeßordnung gelten sinngemäß.**

[III] **Ist der Arrest wegen einer Geldstrafe oder der voraussichtlich entstehenden Kosten angeordnet worden, so ist eine Vollziehungsmaßnahme auf Antrag des Beschuldigten aufzuheben, soweit der Beschuldigte den Pfandgegenstand zur Aufbringung der Kosten seiner Verteidigung, seines Unterhalts oder des Unterhalts seiner Familie benötigt.**

1) Eine **abschließende Regelung** der Sicherung von Zahlungsansprüchen der 1
Staatskasse gegen den Beschuldigten enthält die Vorschrift. Wegen anderer Geldforderungen ist ein Arrestverfahren nicht zulässig, auch nicht nach §§ 916 ff ZPO. Neben dem dinglichen Arrest nach § 111 d ist der Arrest nach den Vorschriften der ZPO auch sonst ausgeschlossen.

2) **Arrestforderungen** (I): 2

A. **Verfall oder Einziehung von Wertersatz** (S. 1) nach §§ 73 a, 74 c StGB: 3
Der Arrest ist schon im Ermittlungsverfahren und noch nach Urteilsrechtskraft zulässig, wenn eine nachträgliche Anordnung nach § 76 StGB in Betracht kommt. Er setzt voraus, daß der Beschuldigte einer Straftat dringend verdächtig ist (5 ff zu § 112) und dringende Gründe für die Annahme vorhanden sind, daß in dem Urteil der Verfall oder die Einziehung von Wertersatz angeordnet wird (9 zu § 111 b).
Der dingliche Arrest darf auch zur **Sicherung des Anspruchs des Verletzten** iS 4
des § 73 I S. 2 StGB (vgl 5 ff zu § 111 b) angeordnet werden, wenn ohne diesen Anspruch eine Verfallserklärung zulässig wäre (LG Berlin NStZ **91**, 437 mit Anm Meurer und Anm Dörn wistra **90**, 181; KK-Nack 18 zu § 111 b; Achenbach Blau-FS 17). Bei der Arrestanordnung braucht nicht schon entschieden zu werden, ob solche Ansprüche oder die des Staates zu sichern sind (LR-G. Schäfer 5). IdR wird der Staat aber keinen Anlaß zur Sicherung der Ansprüche des Verletzten haben. Steht das Vorliegen der Voraussetzungen des § 73 I S. 2 StGB fest, so sollte daher von der Anordnung nach § 111 d abgesehen werden (KK-Nack 18 zu § 111 b; **aM** LK-Schäfer 29 zu § 73 StGB; Meurer NStZ **91**, 439).

B. **Geldstrafe** (S. 2): Der Arrest trägt hier dem kriminalpolitischen Interesse an 5
der Vollstreckung von Geldstrafen (§§ 459 ff) Rechnung (vgl LR-G. Schäfer 8). Vorausgesetzt wird, daß bereits ein auf Geldstrafe lautendes Urteil ergangen ist; der Strafbefehl steht dem Urteil nicht gleich (KK-Nack 5; LR-G. Schäfer 19). Die Sicherung richtet sich nach der Höhe der erkannten Strafe (LR-G. Schäfer 9). Wegen geringfügiger Geldstrafen darf der Arrest nicht angeordnet werden (unten 7).

C. **Verfahrenskosten** (S. 2): Der Arrest ist zulässig, wenn schon ein Urteil 6
vorliegt, in dem dem Angeklagten ganz oder teilw die Verfahrenskosten iS des § 464 a I S. 1 (Gebühren und Auslagen der Staatskasse) auferlegt worden sind. Der Ausdruck „ein auf Strafe lautendes Urteil" ist aus dem früheren § 10 JBeitrO übernommen und wie dort als strafrechtliches Erkenntnis iS des § 465 I zu verstehen (KMR-Müller 4; LR-G. Schäfer 19). Der Arrest sichert über die zZ des Urteilserlasses angefallenen Verfahrenskosten hinaus auch die weiteren Kosten, die durch schon eingelegte oder zu erwartende Rechtsmittel voraussichtlich entstehen

werden, nicht aber die Vollstreckungskosten (I S. 3). Die Höhe der von dem Rechtsmittelgericht voraussichtlich verhängten Strafe darf geschätzt werden (LR-G. Schäfer 11; Sußbauer JVBl **59**, 186). Zu berücksichtigen sind auch die Kosten des Arrestverfahrens.

7 D. **Geringfügige Beträge** dürfen nach I S. 3 nicht durch Arrest gesichert werden. Die Vorschrift dient nicht dem Schutz des Beschuldigten; auf seine Vermögensverhältnisse kommt es daher nicht an. Geringfügig ist ein Betrag vielmehr, wenn der Verwaltungsaufwand, den die Erwirkung und Vollziehung des Arrests erfordern würde, in keinem angemessenen Verhältnis zur Bedeutung der Sache stünde (LR-G.Schäfer 13). Geringfügigkeit wird idR anzunehmen sein, wenn die zu sichernde Forderung 200 DM nicht übersteigt (KMR-Müller 3; LR-G. Schäfer 13; **aM** KK-Nack 5; SK/StPO-Rudolphi 5: 300 DM).

8 **3) Arrestgrund:** II schreibt die entspr Anwendung des § 917 ZPO vor. Danach setzt der Arrest die Besorgnis voraus, daß ohne seine Anordnung die künftige Vollstreckung vereitelt oder wesentlich erschwert werden würde (§ 917 I). Diese Gefahr besteht vor allem, wenn zu erwarten ist, daß die Arrestforderung von einem Täter, der sich schon durch die Straftat einen rechtswidrigen Vermögensvorteil verschafft hat, nicht mehr beigetrieben werden kann (Düsseldorf Rpfleger **91**, 216). Sie ist ferner gegeben, wenn die zu sichernde Geldforderung im Ausland vollstreckt werden müßte (§ 917 II), gleichgültig, ob das überhaupt zulässig wäre. Schlechte Vermögensverhältnisse allein sind kein Arrestgrund (Frankfurt StV **94**, 234).

9 **4) Arrestanordnung** (II): Der Arrest wird auf Antrag der StA, nach Erhebung der öffentlichen Klage auch von Amts wegen (KMR-Müller 6), von dem nach § 111 e I S. 1 zuständigen Strafrichter angeordnet. Das Gericht entscheidet durch Beschluß, der nach § 34 mit Gründen zu versehen ist. Wenn die StA bei Gefahr im Verzug selbst zu der Anordnung befugt ist (§ 111 e I S. 1), legt sie deren Notwendigkeit in den Akten nieder. Die vorherige Anhörung des Betroffenen unterbleibt (§ 33 IV S. 1).
10 **Inhaltlich** muß die Arrestanordnung den zu sichernden Anspruch unter genauer Bezifferung des Geldbetrages sowie den Arrestgrund (oben 8) angeben (§ 920 I ZPO). Eine Glaubhaftmachung ist nicht erforderlich (LR-G. Schäfer 18). Außerdem ist der Geldbetrag festzusetzen, durch dessen Hinterlegung die Vollziehung des Arrests gehemmt und der Schuldner zu dem Antrag auf Aufhebung des Arrests berechtigt wird (§ 923 ZPO); die Angabe dieser Lösungssumme kann aber nachgeholt werden
11 (LR-G. Schäfer 21). **Bekanntgemacht** wird die Arrestanordnung nach ihrer Vollziehung dem Beschuldigten oder dem Dritten, gegen den sie sich richtet (LR-G. Schäfer 12 zu § 111 e). Weitere Mitteilungspflichten bestimmt § 111 e III, IV.

12 **5) Vollziehung des Arrests:** In das **bewegliche Vermögen** wird der Arrest durch Pfändung bewirkt (§ 930 I S. 1 ZPO). Dadurch entsteht für den Staat ein Pfandrecht. Gepfändetes Geld wird hinterlegt (§ 930 II ZPO). Auch Schiffe und Schiffsbauwerke werden gepfändet (§ 931 ZPO), ebenso Luftfahrzeuge (12 zu
13 § 111 f). **In Grundstücke und grundstücksgleiche Rechte** (7 zu § 111 c) wird die Arrestvollziehung durch Eintragung einer Sicherungshypothek in das Grund-
14 buch für die zu sichernde Geldforderung bewirkt (§ 932 I ZPO). **Forderungen** werden gepfändet (§ 930 I S. 3 ZPO); der Pfändung unterliegt auch der Anspruch auf Herausgabe einer freigewordenen Sicherheit (5 zu § 123). Zur Zuständigkeit vgl § 111 f III.

15 **6) Aufhebung der Arrestanordnung:** Der Arrest ist grundsätzlich bis zum rechtskräftigen Abschluß des Verfahrens wirksam, in dem er ergeht (BGH **29**, 13, 15). Er muß unverzüglich aufgehoben werden, wenn die Voraussetzungen des § 111 b II oder des § 111 d II entfallen (Frankfurt NStZ-RR **96**, 255).

16 **7) Aufhebung der Arrestvollziehung:**

17 A. Die **Hinterlegung der Lösungssumme** (oben 10) führt nach § 934 I ZPO zur Aufhebung der Arrestvollziehung, nicht des Arrests selbst (AG Hanau NJW **74**,

1662; KMR-Müller 7). Dem stehen die Beibringung einer Bankbürgschaft (KK-Nack 8; KMR-Müller 7) und die Hinterlegung von Wertpapieren (LR-G. Schäfer 21) gleich.

B. Die **Notlage des Beschuldigten** (III) zwingt zur Aufhebung der Vollziehung des Arrests, der nur wegen einer Geldstrafe oder wegen der Verfahrenskosten angeordnet war. Bei mehreren Vollziehungsmaßnahmen kann das Gericht bestimmen, welche von ihnen aufgehoben oder eingeschränkt wird (LR-G. Schäfer 29). Es ist auch zulässig, die Maßnahme schrittweise unter Berücksichtigung des Anfallens der nach III bevorzugten Leistungen einzuschränken, und zwar entweder von vornherein auf den 1. Antrag hin oder auf wiederholte Anträge des Beschuldigten. Ist von vornherein ersichtlich, daß die Voraussetzungen des III vorliegen, so darf der Arrest nicht angeordnet werden. **Kosten der Verteidigung** iS III sind die Gebühren und Auslagen des Verteidigers, auch die nach § 3 BRAGO vereinbarten Gebühren, und die Aufwendungen für Reisen zum Verteidiger oder Gericht. Der Beschuldigte braucht sich nicht auf die Höchstbeträge verweisen zu lassen, die bei der Festsetzung der notwendigen Auslagen nach § 464 a gelten (LR-G. Schäfer 30; **aM** AG Hanau NJW **74**, 1662). Übermäßig hohe Verteidigungskosten werden jedoch nicht anerkannt (KK-Nack 12). **Kosten des Unterhalts** sind die notwendigen Kosten. Dem Beschuldigten muß das belassen werden, was er auch bei einer Vollstreckung des Urteils nicht herausgeben müßte, insbesondere die pfändungsfreien Beträge nach § 850 ff ZPO (LR-G. Schäfer 31). Die Aufhebung nach III setzt einen **Antrag** des Beschuldigten voraus (KK-Nack 13), in dem die Voraussetzungen der Vorschrift darzulegen und glaubhaft zu machen (5 ff zu § 26; 6 zu § 45) sind (KMR-Müller 13; LR-G. Schäfer 32). **Zuständig** ist das Gericht, das den Arrest angeordnet, zu bestätigen oder bestätigt hat (§ 111 e I S. 1, II S. 1), das Berufungsgericht nach der Aktenvorlage nach § 321 S. 2, statt des Revisionsgerichts der letzte Tatrichter, nicht das Beschwerdegericht bei einer Beschwerde gegen die Anordnung des Arrestes (Düsseldorf MDR **91**, 893). Die Geschäfte sind nach §§ 20 I Nr 13, 22 Nr 2 **RPflG** dem Rechtspfleger übertragen. Vor der Entscheidung ist die StA zu hören (§ 33 II).

18 (Notlage) · 19 (Kosten der Verteidigung) · 20 (Kosten des Unterhalts) · 21 (Antrag) · 22 (Zuständig)

Anordnungskompetenz

111e **I Zu der Anordnung der Beschlagnahme (§ 111 c) und des Arrestes (§ 111 d) ist nur der Richter, bei Gefahr im Verzuge auch die Staatsanwaltschaft befugt. Zur Anordnung der Beschlagnahme einer beweglichen Sache §§ 111 c Abs. 1) sind bei Gefahr im Verzuge auch die Hilfsbeamten der Staatsanwaltschaft (§ 152 des Gerichtsverfassungsgesetzes) befugt.**

II Hat die Staatsanwaltschaft die Beschlagnahme oder den Arrest angeordnet, so beantragt sie innerhalb einer Woche die richterliche Bestätigung der Anordnung. Dies gilt nicht, wenn die Beschlagnahme einer beweglichen Sache angeordnet ist. Der Betroffene kann in allen Fällen jederzeit die richterliche Entscheidung beantragen.

III Die Anordnung der Beschlagnahme und des Arrestes ist dem durch die Tat Verletzten, soweit er bekannt ist oder im Verlaufe des Verfahrens bekannt wird, unverzüglich mitzuteilen.

IV Ist zu vermuten, daß weiteren Verletzten aus der Tat Ansprüche erwachsen sind, so soll die Beschlagnahme oder der Arrest durch einmaliges Einrücken in den Bundesanzeiger oder in anderer geeigneter Weise bekanntgemacht werden.

1) Beschlagnahmeanordnung: 1

A. **Zuständig** ist grundsätzlich der Richter (I S. 1). Wegen der gerichtlichen 2
Zuständigkeit im einzelnen vgl 4 zu § 98. Bei **Gefahr im Verzug** (6 zu § 98) ist 3
auch die StA zur Beschlagnahme befugt, sofern es sich nicht um Druckschriften

handelt (§ 111 n I). Hilfsbeamte der StA dürfen nur bewegliche Sachen beschlagnahmen (I S. 2).

4 B. **Form; Inhalt; Bekanntmachung:** Vgl 8 ff zu § 98 und für die Beschlagnahme von Druckwerken ergänzend § 111 m III. Anders als bei der Beweismittelbeschlagnahme nach §§ 94, 98 müssen Hilfsbeamte, die die Beschlagnahme anordnen und selbst ausführen, mit Rücksicht auf die Rechtsfolgen nach § 111 c V dem Betroffenen erklären und aktenkundig machen, daß die Sache nach §§ 111 bff beschlagnahmt wird (Achenbach NJW **82**, 2809). Liegt der Sicherungszweck auf der Hand, so ist das aber entbehrlich (BGH NStZ **85**, 262; Frankfurt NStZ-RR **96**, 301; noch weitergehend LG Frankfurt a.M. NJW **82**, 897). Eine Belehrung über das Verfügungsverbot nach § 111 c V schreibt das Gesetz nicht vor (**aM** Achenbach aaO).

5 2) **Arrestanordnung:** Die Zuständigkeit des Gerichts und der StA ist die gleiche wie bei der Beschlagnahme (oben 2). Hilfsbeamte der StA sind zur Arrestanordnung nicht befugt. Wegen Form, Inhalt und Bekanntmachung der Anordnung vgl 9 ff zu § 111 d.

6 3) **Richterliche Bestätigung** (II): Anders als nach § 98 II S. 1 bedarf die Beschlagnahme- und Arrestanordnung der StA, nicht erst ihr Vollzug (LR-G. Schäfer 13), nach §§ 111 c II, III, 111 d auch dann der richterlichen Bestätigung, wenn der Betroffene keinen Widerspruch erhoben hat, jedoch niemals, auch nicht bei Widerspruch des Betroffenen, bei der Beschlagnahme von beweglichen Sachen (§§ 111 c I, IV S. 1). Da Hilfsbeamte der StA nur zur Beschlagnahme von beweglichen Sachen befugt sind (oben 3), brauchen ihre Anordnungen niemals richterlich
7 bestätigt zu werden (II S. 2). **Innerhalb einer Woche** muß die StA den Antrag auf richterliche Bestätigung stellen. Die Frist beginnt nicht, wie nach § 98 II S. 1, mit dem Ende der Durchführung der Beschlagnahme (14 zu § 98), sondern an dem Tag, an dem die Anordnung erlassen worden ist (LR-G. Schäfer 14; **aM** KMR-Müller 5); sie wird nach § 43 berechnet. Jedoch handelt es sich nur um eine Sollvorschrift; die Fristüberschreitung macht die Beschlagnahme nicht unwirksam (KK-Nack 6; erg 14 zu § 98). Die richterliche Bestätigung braucht nicht innerhalb
8 der Frist zu erfolgen. Das **Antragsrecht des Betroffenen** (zum Begriff vgl 15 zu § 98), der entspr § 98 II S. 7 über seine Rechte belehrt werden muß (LR-G. Schäfer 9; Achenbach NJW **82**, 2809), setzt die Einhaltung einer Frist nicht voraus. Eine Beschwerde gegen die nichtrichterliche Anordnung ist als Antrag auf gericht-
9 liche Entscheidung zu behandeln. Die **Zuständigkeit** für die Bestätigung entspricht der des § 98 II S. 3–6 (dort 16). Für die Zuständigkeitskonzentration nach § 98 II S. 4 müssen Beschlagnahmen und Durchsuchungen nach den §§ 111 bff ebenso berücksichtigt werden wie die entspr Maßnahmen zur Sicherstellung von Beweismitteln, weil insoweit eine Unterscheidung sinnlos wäre und die beiden Arten von Maßnahmen sich ohnehin überschneiden können (2 zu § 94; 16 zu
10 § 98). Zur **Prüfung des Gerichts** vgl 17 zu § 98.

11 4) Die **Mitteilung an den Verletzten** (III), die formlos erfolgen kann, soll ihm die Sicherung und Durchsetzung seiner Schadensersatzansprüche ermöglichen. Sie umfaßt daher nicht den Arrest zur Sicherung von Geldstrafe und Verfahrenskosten, auch nicht das nach Maßgabe des § 111 g III zu seinen Gunsten entstehende Veräußerungsverbot und das Antragsrecht nach §§ 111 d III, 111 h I S. 1. Mitzuteilen ist bereits die Anordnung, nicht erst der Vollzug der Beschlagnahme und des Arrests (LR-G. Schäfer 7). Der Verletzte muß bekannt sein oder werden. Nach unbekannten Verletzten braucht nicht gesucht zu werden (LR-G. Schäfer 7). Die
12 Mitteilung muß **unverzüglich** erfolgen. Die Durchführung der Maßnahme darf aber abgewartet werden, wenn sonst ihr Erfolg gefährdet werden würde (KK-Nack
13 10; KMR-Müller 10). Die **Bekanntgabe** ist Sache der StA, nach Erhebung der öffentlichen Klage des jeweils mit der Sache befaßten Gerichts (**aM** LR-G. Schäfer 7: stets StA).

5) **Mitteilung an noch unbekannte Verletzte** (IV): Die Mitteilung soll auch diesen Verletzten die Wahrnehmung ihrer Rechte nach §§ 111 b III, 111 g III, 111 h I erleichtern und sie über den Zugriff des Staates unterrichten, damit sie ihr eigenes Vorgehen danach einrichten können. Die Mitteilung erfolgt an „weitere" Verletzte; sie entfällt daher, wenn überhaupt kein Verletzter bekannt ist (LR-G. Schäfer 8; **aM** KMR-Müller 11). Wegen der Zuständigkeit vgl oben 12. Für die Bekanntmachung sieht IV in 1. Hinsicht das einmalige Einrücken im Bundesanzeiger vor. Zweckmäßiger ist die Bekanntmachung in der regionalen oder überregionalen Presse oder durch Aushang an Schwarzen Brettern von Gemeinden oder Behörden, auch durch Plakate. Der Name des Beschuldigten sollte nicht genannt werden, wenn das vermeidbar ist. IV ist eine Sollvorschrift, deren Nichtbeachtung auf die Wirksamkeit der Beschlagnahme keinen Einfluß hat. Von der Mitteilung kann insbesondere abgesehen werden, wenn sie keinen Erfolg verspricht oder ihre Kosten in keinem vernünftigen Verhältnis zum Wert der beschlagnahmten Sachen stehen würden (LR-G. Schäfer 8). 14

6) Die **Beendigung der Beschlagnahme** tritt ohne weiteres ein, wenn das Urteil rechtskräftig wird, durch das der Gegenstand für verfallen erklärt oder eingezogen oder wenn eine solche Maßnahme nicht angeordnet und keine Anordnung nach § 111 i getroffen wird. Von diesem Zeitpunkt an kommt eine Anordnung nach § 111 g II S.1 nicht mehr in Betracht (Düsseldorf NStZ **97**, 301). 15
Auf Antrag oder von Amts wegen muß die Anordnung förmlich **aufgehoben** werden, wenn im Laufe des Verfahrens die Voraussetzungen des § 111 b I entfallen. Das ist immer der Fall, wenn der Angeklagte freigesprochen oder unter Nichtanordnung der Maßnahmen nach §§ 73, 74 StGB verurteilt wird (KMR-Müller 15 zu § 111 b). Ergeben sich Anhaltspunkte dafür, daß die Voraussetzungen des § 73 I S. 2 StGB vorliegen, so wird die auch dann aufgrund des § 111 b IV gerechtfertigte Beschlagnahmeanordnung nicht aufgehoben, sondern ihre Begründung geändert (KK-Nack 15). Zur Zuständigkeit, Ausführung und Bindungswirkung vgl 30 zu § 98. Wegen der Rückgabe der beschlagnahmten Gegenstände vgl 22 zu § 94 und § 111 k. 16

7) **Rechtsmittel:** Vgl 31, 32 zu § 98. 17

Vollstreckungskompetenz

111f **I Die Durchführung der Beschlagnahme (§ 111 c) obliegt der Staatsanwaltschaft, bei beweglichen Sachen (§ 111 c Abs. 1) auch deren Hilfsbeamten. § 98 Abs. 4 gilt entsprechend.**

II Die erforderlichen Eintragungen in das Grundbuch sowie in die in § 111 c Abs. 4 genannten Register werden auf Ersuchen der Staatsanwaltschaft oder des Gerichts bewirkt, welches die Beschlagnahme angeordnet hat. Entsprechendes gilt für die in § 111 c Abs. 4 erwähnten Anmeldungen.

III Soweit die Vollziehung des Arrestes nach den Vorschriften über die Pfändung in bewegliche Sachen zu bewirken ist, ist die in § 2 der Justizbeitreibungsordnung bezeichnete Behörde zuständig. Absatz 2 gilt entsprechend. Für die Anordnung der Pfändung eines eingetragenen Schiffes oder Schiffsbauwerkes sowie für die Pfändung einer Forderung ist der Richter, bei Gefahr im Verzuge auch die Staatsanwaltschaft zuständig.

1) **Durchführung der Beschlagnahme:** 1

A. **Bewegliche Sachen** (I): Die StA führt die Beschlagnahmeanordnung des Gerichts und ihre eigenen Anordnungen (§ 111 e I S. 1) durch und bedient sich dazu ihrer Hilfsbeamten oder anderer Polizeibeamter; die Durchführung ist dem Rechtspfleger übertragen (§ 31 I Nr 2 **RPflG**). Hilfsbeamte, die nach § 111 e I S. 2 die Beschlagnahme beweglicher Sachen angeordnet haben, sind auch befugt, 2 sie durchzuführen; auch sie können andere Polizeibeamte heranziehen. Bei Beschlagnahmen in Dienstgebäuden und auf Anlagen der Bundeswehr gilt § 98 IV entspr (dort 25 ff).

3 B. **Grundstücke und grundstücksgleiche Rechte** (II): Die Grundbucheintragungen können sowohl von der StA, auch vor der richterlichen Bestätigung ihrer Anordnung (KMR-Müller 4), als auch von dem Gericht veranlaßt werden, das die Beschlagnahme angeordnet oder bestätigt hat. Die dabei zu erledigenden Geschäfte sind in beiden Fällen dem Rechtspfleger übertragen (§§ 22 Nr 1, 31 I Nr 1 **RPflG**).

4 C. **Forderungen und andere Vermögensrechte:** Zuständig ist die StA (I S. 1). Sie erläßt das Zahlungsverbot an den Drittschuldner (vgl Celle NdsRpfl **97**, 163) und das Verfügungsverbot an den Schuldner nach § 829 I ZPO sowie die Zahlungsaufforderung nach § 840 I ZPO. Die Geschäfte sind dem Rechtspfleger übertragen (§ 31 I Nr 2 **RPflG**).

5 D. **Schiffe; Schiffsbauwerke; Luftfahrzeuge:** Für die Durchführung der Beschlagnahme gilt I, für die Registereintragungen (§ 111c IV S. 2) und die Registeranmeldungen (§ 111c IV S. 3 Hs 2) gilt II. Die Geschäfte sind für Gericht und StA auf den Rechtspfleger übertragen (§§ 22 Nr 1, 31 I Nr 1 **RPflG**).

6 **2) Vollziehung des Arrests (III):**

7 A. **Bewegliche Sachen** (S. 1): Soll durch den Arrest die Vollstreckung der
8 **Geldstrafe oder der Nebenfolgen** gesichert werden, so ist nach §§ 1 I Nr 1, 2 I JBeitrO die Vollstreckungsbehörde, also die StA nach §§ 451 I, 459, 459g II iVm 459, zuständig. Sie erteilt dem Vollziehungsbeamten unmittelbar oder über die Geschäftsstelle des AG einen Pfändungsauftrag; die Geschäfte sind nach § 31 I
9 Nr 2 **RPflG** dem Rechtspfleger übertragen. Ist der Arrest zur Sicherung der **Verfahrenskosten** angeordnet worden, so ist nach §§ 1 I Nr 4, 2 I S. 1 JBeitrO die Gerichtskasse zuständig, für Kostenansprüche, die beim BGH entstehen, die Justizbeitreibungsstelle dieses Gerichts (§ 2 II Buchst a JBeitrO). Bezieht sich der Arrest sowohl auf Geldstrafe oder Nebenfolgen als auch auf Kosten, so obliegt der StA die gesamte Vollziehung (§ 1 IV JBeitrO).

10 B. **Grundstücke und grundstücksgleiche Rechte** (S. 2): Die Zuständigkeit für den Antrag auf Eintragung einer Sicherungshypothek richtet sich nach II S. 1 (oben 3). Zuständig ist daher der Rechtspfleger der StA oder des Gerichts, das den Arrest angeordnet oder bestätigt hat (§§ 22 Nr 1, 31 I Nr 1 **RPflG**).

11 C. **Schiffe und Schiffsbauwerke** (S. 3): Sind sie im Schiffs- oder Schiffsbauregister eingetragen (vgl § 111c IV S. 2), so ist für die Pfändung der Richter zuständig, der den dinglichen Arrest angeordnet oder bestätigt hat, nur bei Gefahr im Verzug (6 zu § 98) auch die StA. Das Eintragungsersuchen nach § 931 III Hs 2, VI S. 1 ZPO iVm § 111d II stellt die StA; das Gericht ist zuständig, wenn es den Arrest angeordnet oder bestätigt hat. Bei nicht eingetragenen Schiffen und Schiffsbauwerken wird der Arrest wie bei beweglichen Sachen nach I vollzogen (oben 2). Nach § 111c IV S. 3 etwa erforderliche Eintragungen beantragt die StA; das Gericht ist ebenfalls zuständig, wenn es den Arrest angeordnet oder bestätigt hat. Die Geschäfte des Richters und des StA sind dem Rechtspfleger übertragen (§§ 20 Nr 16, 22 Nr 2, 31 I Nr 2 **RPflG**).

12 D. **Luftfahrzeuge** werden als bewegliche Sachen gepfändet (oben 2). Die erforderlichen Eintragungen und Anmeldungen (III S. 2 iVm II, § 111c IV, § 99 II G über Rechte an Luftfahrzeugen) beantragt der Rechtspfleger der StA oder des Gerichts, das den Arrest angeordnet oder bestätigt hat (§§ 22 Nr 1, 31 I Nr 1 **RPflG**).

13 E. **Forderungen und andere Vermögensrechte** (S. 3): Zuständig ist der Richter, bei Gefahr im Verzug (6 zu § 98) auch die StA. Die Geschäfte sind nach §§ 22 Nr 2, 31 I Nr 2 **RPflG** dem Rechtspfleger übertragen.

3) Anfechtung: Über Einwendungen gegen Maßnahmen des an seiner Stelle tätig gewordenen Rechtspflegers entscheidet der StA (§ 31 VI S. 1 **RPflG**). Gegen seine Maßnahmen und Entscheidungen kann der für die Beschlagnahme zuständige Richter angerufen werden (Karlsruhe Rpfleger **92**, 447 mwN). Maßnahmen des Rechtspflegers des Gerichts sowie Maßnahmen und Entscheidungen des Gerichts können mit der Beschwerde nach § 304 angefochten werden (vgl § 11 I **RPflG**), auch wenn sie von dem erkennenden Gericht getroffen worden sind (§ 305 S.2). 14

Vorrangige Befriedigung von Ansprüchen des Verletzten

111g **I Die Beschlagnahme eines Gegenstandes nach § 111 c wirkt nicht gegen eine Verfügung des Verletzten, die auf Grund eines aus der Straftat erwachsenen Anspruches im Wege der Zwangsvollstreckung oder der Arrestvollziehung erfolgt.**

II Die Zwangsvollstreckung oder Arrestvollziehung nach Absatz 1 bedarf der Zulassung durch den Richter, der für die Beschlagnahme (§ 111 c) zuständig ist. Die Entscheidung ergeht durch Beschluß, der von der Staatsanwaltschaft, dem Beschuldigten und dem Verletzten mit sofortiger Beschwerde angefochten werden kann. Die Zulassung ist zu versagen, wenn der Verletzte nicht glaubhaft macht, daß der Anspruch aus der Straftat erwachsen ist. § 294 der Zivilprozeßordnung ist anzuwenden.

III Das Veräußerungsverbot nach § 111 c Abs. 5 gilt vom Zeitpunkt der Beschlagnahme an auch zugunsten von Verletzten, die während der Dauer der Beschlagnahme in den beschlagnahmten Gegenstand die Zwangsvollstreckung betreiben oder den Arrest vollziehen. Die Eintragung des Veräußerungsverbotes im Grundbuch zugunsten des Staates gilt für die Anwendung des § 892 Abs. 1 Satz 2 des Bürgerlichen Gesetzbuches auch als Eintragung zugunsten solcher Verletzter, die während der Dauer der Beschlagnahme als Begünstigte aus dem Veräußerungsverbot in das Grundbuch eingetragen werden. Der Nachweis, daß der Anspruch aus der Straftat erwachsen ist, kann gegenüber dem Grundbuchamt durch Vorlage des Zulassungsbeschlusses geführt werden. Die Sätze 2 und 3 gelten sinngemäß für das Veräußerungsverbot bei den in § 111 c Abs. 4 genannten Schiffen, Schiffsbauwerken und Luftfahrzeugen. Die Wirksamkeit des Veräußerungsverbotes zugunsten des Verletzten wird durch die Aufhebung der Beschlagnahme nicht berührt.

IV Unterliegt der beschlagnahmte Gegenstand aus anderen als den in § 73 Abs. 1 Satz 2 des Strafgesetzbuches bezeichneten Gründen nicht dem Verfall oder ist die Zulassung zu Unrecht erfolgt, so ist der Verletzte Dritten zum Ersatz des Schadens verpflichtet, der ihnen dadurch entsteht, daß das Veräußerungsverbot nach Absatz 3 zu seinen Gunsten gilt.

V Die Absätze 1 bis 4 gelten entsprechend, wenn der Verfall eines Gegenstandes angeordnet, die Anordnung aber noch nicht rechtskräftig ist. Sie gelten nicht, wenn der Gegenstand der Einziehung unterliegt.

1) Anwendungsbereich: Die Vorschrift beruht auf dem Grundgedanken des § 73 I S. 2 StGB, daß dem Verletzten im Strafverfahren die Befriedigung der ihm aus der Tat erwachsenen Ansprüche weitgehend ermöglicht werden soll. Durch die vorläufigen Maßnahmen nach §§ 111 bff soll die Durchsetzung dieser Ansprüche nicht gefährdet werden (Karlsruhe MDR **84**, 336). Daher wird das Veräußerungsverbot nach § 111 c V nicht nur eingeschränkt (I), sondern unter bestimmten Voraussetzungen sogar zugunsten des Verletzten aufgegeben (III). Jedoch besteht der Vorrang des Verletzten gegenüber der Beschlagnahme nach § 111 c nicht, wenn es sich um die Beschlagnahme von Einziehungsgegenständen handelt (V S. 2). Andererseits gilt er bei der Beschlagnahme zur Sicherung des Verfalls auch 1 noch, wenn der Verfall des Gegenstandes bereits durch gerichtliche Entscheidung angeordnet worden ist, aber nur bis zur Rechtskraft der Anordnung (V S. 1), mit der der Gegenstand in das Eigentum des Staates übergeht (§ 73 I S. 1 StGB).

2 **2) Zugriff des Verletzten auf den Beschlagnahmegegenstand**(I, II): Den Verfügungen des Verletzten im Wege der Zwangsvollstreckung oder Arrestvollziehung wegen eines aus der Straftat erwachsenen Anspruchs steht die Beschlagnahme nach § 111 b nicht entgegen. Verletzter ist, wessen Anspruch aufgrund der Tat, nicht erst durch nachträgliche Absprachen, entstanden ist (Sch/Sch-Eser 26 zu § 73 StGB). Dazu gehört der Versicherer des Geschädigten nicht (Karlsruhe MDR **84**, 336; **aM** Schleswig NStZ **94**, 99). Der Zugriff des Verletzten auf den beschlagnahmten Gegenstand setzt voraus, daß er gegen den Täter einen mindestens vorläufig vollstreckbaren Titel (Urteil, einstweilige Verfügung, dinglicher Arrest) erwirkt hat (Düsseldorf MDR **92**, 986: auch Kostenfestsetzungsbeschluß). Die
3 Vollstreckungsmaßnahmen des Verletzten bedürfen ferner der **Zulassung durch den Richter,** der für die Beschlagnahme zuständig wäre (II S. 1; dazu Dittke wistra **91**, 209). Das Gericht prüft auf Antrag des Verletzten, ob der titulierte Anspruch aus derjenigen Tat erwachsen ist, die Anlaß zur Beschlagnahme des Gegenstandes gewesen ist, in den vollstreckt werden soll. Das muß der Verletzte nach II S. 3 darlegen und glaubhaft machen (vgl 5 ff zu § 26; 6 zu § 45), es sei denn, daß sich bereits aus dem zivilgerichtlichen Titel der aus der Straftat erwachsene Anspruch ergibt (Frankfurt NStZ-RR **96**, 301). § 294 ZPO ist anwendbar (II S. 4); der Verletzte kann sich daher aller Beweismittel bedienen, und er kann auch mit einer eigenen eidesstattlichen Versicherung zugelassen werden. Eine Beweisaufnahme, die nicht sofort erfolgen kann, ist nach § 294 II ZPO ausgeschlossen (KK-Nack 4;
4 LR-G. Schäfer 6; **aM** KMR-Müller 3). Das Gericht entscheidet durch **Beschluß** ohne mündliche Verhandlung nach Anhörung des StA, des Beschuldigten und des Verletzten. Der Beschluß wird den nach II S. 2 Beschwerdeberechtigten zugestellt; er kann mit der sofortigen Beschwerde angefochten werden. Der Beschluß läßt die
5 **Zwangsvollstreckung** in den beschlagnahmten Gegenstand zu. Ist er auch nach § 94 beschlagnahmt, so wird sie nur mit der Maßgabe zugelassen, daß die Sache bis zur Aufhebung dieser Beschlagnahme im behördlichen Gewahrsam bleibt. Eine förmliche Aufhebung der Beschlagnahme nach § 111 b ist nicht erforderlich (KMR-Müller 4).

6 **3) Veräußerungsverbot zugunsten des Verletzten** (III): Das Veräußerungsverbot zugunsten des Staates nach § 111 c V wird durch III S. 1 zugunsten des Verletzten erweitert, der während der Dauer der Beschlagnahme in den beschlagnahmten Gegenstand die Zwangsvollstreckung betreibt oder den Arrest vollzieht. Die für den Staat entstandene Schutzposition wird ihm gleichsam abgetreten. Das Veräußerungsverbot wirkt zugunsten des Verletzten auf den Zeitpunkt zurück, in dem es zugunsten des Staates entstanden ist (11 zu § 111 c). Verfügungen über den beschlagnahmten Gegenstand sind auch zugunsten des Verletzten unwirksam. Die
7 **Aufhebung der Beschlagnahme** vor der Verwertung des Gegenstandes im Wege der Zwangsvollstreckung durch den Verletzten berührt die Rechtsstellung, die er zwischenzeitlich erworben hat, nicht (III S. 5), auch wenn die Beschlagnahme nicht rechtmäßig gewesen ist (KMR-Müller 6). Den notwendigen Ausgleich gegenüber den Interessen Dritter schafft die Entschädigungspflicht nach IV (unten
8 9). Bei **Grundstücken** wirkt das Verfügungsverbot nach § 111 c II S. 1 zugunsten des Verletzten unter den Voraussetzungen des III S. 1 auf den Zeitpunkt der Eintragung des Vermerks über die Beschlagnahme zurück. Andererseits schützt § 892 I S. 2 BGB den gutgläubigen Erwerber für den Fall, daß Verfügungsbeschränkungen aus dem Grundbuch nicht ersichtlich sind. Daher bestimmt III S. 2, daß die Eintragung des Veräußerungsverbots für die Anwendung des § 892 I S. 2 BGB auch als Eintragung zugunsten solcher Verletzter gilt, die während der Dauer der Beschlagnahme als Begünstigte aus dem Veräußerungsverbot in das Grundbuch

eingetragen werden. Diese Regelung gilt nach III S. 4 für das Veräußerungsverbot bei Schiffen, Schiffsbauwerken und Luftfahrzeugen entspr.

4) **Entschädigungspflicht des Verletzten** (IV): Unter den in der Vorschrift bezeichneten Voraussetzungen muß der Verletzte den Nachteil ausgleichen, der einem Dritten entstanden ist. Die Regelung entspricht der des § 945 ZPO. Kommt es nicht zu einem außergerichtlichen Ausgleich, so muß der Dritte seine Ansprüche auf dem Zivilrechtsweg verfolgen. 9

Rangänderung zugunsten des Verletzten bei Sicherungshypothek

111h **I Betreibt der Verletzte wegen eines aus der Straftat erwachsenen Anspruches die Zwangsvollstreckung oder vollzieht er einen Arrest in ein Grundstück, in welches ein Arrest nach § 111 d vollzogen ist, so kann er verlangen, daß die durch den Vollzug dieses Arrestes begründete Sicherungshypothek hinter seinem Recht im Rang zurücktritt. Der dem vortretenden Recht eingeräumte Rang geht nicht dadurch verloren, daß der Arrest aufgehoben wird. Die Zustimmung des Eigentümers zur Rangänderung ist nicht erforderlich. Im übrigen ist § 880 des Bürgerlichen Gesetzbuches sinngemäß anzuwenden.**

II Die Rangänderung bedarf der Zulassung durch den Richter, der für den Arrest (§ 111 d) zuständig ist. § 111 g Abs. 2 Satz 2 bis 4 und Abs. 3 Satz 3 ist entsprechend anzuwenden.

III Ist die Zulassung zu Unrecht erfolgt, so ist der Verletzte Dritten zum Ersatz des Schadens verpflichtet, der ihnen durch die Rangänderung entsteht.

1) **Rangänderung** (I): Der dingliche Arrest nach § 111 d wird durch Eintragung einer Sicherungshypothek für die Forderung vollzogen (13 zu § 111 d). Betreibt der Verletzte später wegen eines aus der Straftat erwachsenen Anspruchs die Zwangsvollstreckung oder vollzieht er einen Arrest in das Grundstück, so ermöglicht ihm § 111 h, der den nur für Beschlagnahmen geltenden § 111 g ergänzt, den Zugriff ohne Rücksicht auf diese Sicherungshypothek. Er kann eine Rangänderung nach § 880 BGB verlangen, die aber, anders als nach dieser Vorschrift, der Zustimmung des Eigentümers nicht bedarf und bestehen bleibt, wenn der Arrest nach § 111 d später aufgehoben wird. 1

2) Die **Zulassung durch den Richter** (II), der für den Arrest zuständig wäre (9 zu § 111 d), ist für die Rangänderung erforderlich. II S. 2 bestimmt die entspr Anwendung von Vorschriften für die Zulassung der Zwangsvollstreckung oder Arrestvollziehung in bewegliche Sachen. 2

3) **Schadensersatzpflicht** (III): Die Vorschrift entspricht § 111 g IV (dort 9). 3

4) **Arrestvollziehung in andere Gegenstände:** Ist der Arrest nach § 111 d in andere Gegenstände als Grundstücke vollzogen worden, so wird, wenn ein Fall des § 73 I S. 2 StGB vorliegt, bei anschließenden Vollstreckungshandlungen Verletzter geprüft, ob er nicht aufgehoben werden muß. Inwieweit § 111 h entspr auf eingetragene Arrestpfandrechte an Schiffen, Schiffsbauwerken und Luftfahrzeugen (12 zu § 111 d) angewendet werden kann, hat der Gesetzgeber der Rspr überlassen (BT-Drucks 7/550 S. 295); die Frage wird zu bejahen sein (LR-G. Schäfer 1; SK/StPO-Rudolphi 2). 4

Beschlagnahmeverlängerung zugunsten des Verletzten

111i **Soweit im Urteil lediglich deshalb nicht auf Verfall oder Verfall des Wertersatzes erkannt wird, weil Ansprüche eines Verletzten im**

Sinne des § 73 Abs. 1 Satz 2 des Strafgesetzbuches entgegenstehen oder weil das Verfahren nach den §§ 430 und 442 auf die anderen Rechtsfolgen beschränkt wird, kann die Beschlagnahme nach § 111 c für die Dauer von höchstens drei Monaten aufrechterhalten werden, sofern die sofortige Aufhebung gegenüber dem Verletzten unbillig wäre.

1 1) **Zweck der Vorschrift:** Der beschlagnahmte Gegenstand muß grundsätzlich an den letzten Gewahrsamsinhaber zurückgegeben werden, wenn er nicht für verfallen erklärt wird (22 zu § 94). An den Verletzten darf er nur unter den Voraussetzungen des § 111 k herausgegeben werden. Wenn ein Dritter Ansprüche auf den Gegenstand erhebt und der Verurteilte mit der Herausgabe an den Verletzten nicht einverstanden ist, ist die Herausgabe an den Verletzten nur aufgrund eines entspr zivilrechtlichen Titels möglich. § 111 i will es dem Verletzten ermöglichen, einen solchen Titel noch nach Erlaß des Urteils zu beschaffen, das an sich zur Aufhebung der Beschlagnahmeanordnung führen muß. Die Vorschrift bezieht den Fall, daß nicht auf (den durch Arrest zu sichernden) Verfall des Wertersatzes erkannt worden ist, deshalb ein, weil auch ein beschlagnahmter Gegenstand notfalls für die Vollstreckung durch den Verletzten zur Verfügung stehen soll (KMR-Müller 3).

2 2) **Voraussetzung** für die Aufrechterhaltung der Beschlagnahme ist, daß die Sache nachweislich aus der Tat erlangt worden und eine Verfallsanordnung nach § 73 I S. 2 StGB unmöglich ist, weil Ansprüche eines Verletzten entgegenstehen, oder daß sie nicht ausgesprochen werden kann, weil das Verfahren nach den §§ 430, 442 auf die anderen Rechtsfolgen beschränkt worden ist. Ferner muß der Verletzte bekannt und die sofortige Herausgabe des Beschlagnahmegegenstandes ihm gegenüber unbillig sein. Sie ist unbillig, wenn er in der Vergangenheit das ihm Mögliche und Zumutbare getan hat, um sich wenigstens einen vorläufig vollstreckbaren Titel zu verschaffen (KK-Nack 3; LR-G. Schäfer 3).

3 3) **Höchstens 3 Monate** darf die Verlängerung dauern. Bei Bemessung der Dauer sind das Entschädigungsinteresse des Verletzten und vor allem die bisherigen Möglichkeiten, selbst zur Sicherung seiner Ansprüche zu gelangen, gegen die wirtschaftlichen Interessen des Beschuldigten abzuwägen. Eine Verlängerung der ursprünglich kürzer bemessenen Frist auf 3 Monate ist zulässig. Nach fruchtlosem Ablauf der Frist ist der beschlagnahmte Gegenstand nach § 983 BGB zu behandeln (BGH NStZ **84**, 410; BGHR StGB § 73 Tatbeute 1; vgl RiStBV 75 V).

4 4) **Verfahren:** Die Aufrechterhaltung der Beschlagnahme wird idR, aber nicht notwendig, auf Antrag des Verletzten (KK-Nack 6) und nach Anhörung von StA und Angeklagten (§ 33 I) durch besonderen Beschluß angeordnet. Zuständig ist der Richter, der für die Aufhebung einer richterlichen Beschlagnahmeanordnung zuständig wäre, auch wenn die Beschlagnahme durch nichtrichterliche Verfügung angeordnet worden war.

5 5) Die **Auslagen der Staatskasse,** die durch den Verlängerungsbeschluß entstehen, gehören nur bis zur Rechtskraft zu den Kosten des Verfahrens. Denn es handelt sich nicht um Kosten der Vollstreckung, die allein nach der Rechtskraft noch vom Kostenausspruch des Urteils erfaßt werden (§ 464 a I S. 2).

6 6) **Beschwerde** nach § 304 gegen den Beschluß kann einlegen, wer zum Herausgabeverlangen berechtigt ist. Gegen die Ablehnung der Aufrechterhaltung der Beschlagnahme haben die StA und der Verletzte das Beschwerderecht.

Herausgabe sichergestellter Sachen an den Verletzten **RiStBV 75**

111k **Bewegliche Sachen, die nach § 94 beschlagnahmt oder sonst sichergestellt oder nach § 111 c Abs. 1 beschlagnahmt worden sind, sollen dem Verletzten, dem sie durch die Straftat entzogen worden sind, her-**

ausgegeben werden, wenn er bekannt ist, Ansprüche Dritter nicht entgegenstehen und die Sachen für Zwecke des Strafverfahrens nicht mehr benötigt werden.

1) **Allgemeines:** Grundsätzlich wird ein nach § 94 II oder §§ 111b I S. 1, 111c I beschlagnahmter oder nach § 94 I sonst sichergestellter Gegenstand an den letzten Gewahrsamsinhaber herausgegeben, wenn er für Zwecke des Strafverfahrens nicht mehr benötigt wird (22 zu § 94). Davon macht § 111k eine Ausnahme für den Fall, daß es sich um die dem Verletzten durch die Straftat entzogene Sache handelt. Der Staat darf sich an der Aufrechterhaltung dieses rechtswidrigen Zustands nicht dadurch beteiligen, daß er die Sache dem Rechtsbrecher zurückgibt (vgl KG JR **88**, 390; Düsseldorf MDR **84**, 424; Hamm NStZ **86**, 376). Wie die einstweilige Verfügung des Zivilrichters schafft die Entscheidung nach § 111k aber nur eine vorläufige Besitzstandsregelung (Bay **17**, 118; **23**, 19; Stuttgart Justiz **87**, 79). Wer die Sache für sich beansprucht, muß seine Rechte notfalls im Zivilrechtsweg verfolgen (Nürnberg HESt **2**, 84). § 111k ist eine **Sollvorschrift.** Sofern der 2
Besitz der Sache nicht allgemein verboten ist, wie der Besitz von Waffen, Sprengstoff oder Betäubungsmitteln ohne die erforderliche Genehmigung, ist die Vorschrift aber zu beachten (LR-G. Schäfer 4). 1

2) **Beschlagnahmte oder sonst sichergestellte bewegliche Sachen,** die sich noch in amtlichem Gewahrsam befinden (Nürnberg HESt **2**, 84; KMR-Müller 7), erfaßt § 111k. Wenn die Sache in anderer Weise sichergestellt worden ist (16 zu § 94), ist die Vorschrift nicht, auch nicht entspr, anwendbar (**aM** Dresden LZ **25**, 383: Rückgabe). Sie gilt auch nicht, wenn beschlagnahmtes Geld wegen Ungewißheit über die Person der Berechtigten bereits hinterlegt ist (Stuttgart NStZ **87**, 243). Ferner muß es sich um eine Sache handeln, an der die Behörde die Verfügungsgewalt von dem Beschuldigten oder einem anderen, auf den die Sache von ihm durch eine Straftat (Hehlerei, Begünstigung, Unterschlagung uä) übergegangen ist, erhalten oder erzwungen hat. Hat ein Dritter sie herausgegeben und beanspruchen sie sowohl dieser als auch der Verletzte, ist dem Dritten (**aM** Frankfurt GA **72**, 212; LR-G. Schäfer 9; SK/StPO-Rudolphi 2: dem Verletzten) eine Frist zur zivilrechtlichen Geltendmachung seiner Ansprüche zu setzen, nach deren fruchtlosen Ablauf die Sache an den Verletzten herauszugeben ist (Stuttgart NStZ **89**, 39; Löffler NJW **91**, 1708, der aber bei möglicher Hinterlegung diese für vorzugswürdig hält). 3

3) **Voraussetzungen:** 4

A. Nur an den **dem Gericht bekannten Verletzten** oder seine Erben darf die Sache herausgegeben werden. Verletzt iS des § 111k ist jeder, dem der Besitz an der Sache durch die Straftat unmittelbar entzogen worden ist. Der Eigentümer, der nicht zugleich unmittelbarer Besitzer war, ist nicht Verletzter in diesem Sinne, auch nicht der Konkurs(Insolvenz)verwalter (LG Mannheim NStZ-RR **98**, 113: Inbesitznahme gemäß § 117 I KO = § 148 I InsO). Ist der Verletzte nicht bekannt, so wird nicht versucht, ihn zu ermitteln (Nürnberg HESt **2**, 84), sondern nach § 983 BGB verfahren, wenn die Voraussetzungen des § 111k zweifelsfrei vorliegen (vgl RiStBV 75 V; Löffler NJW **91**, 1709). 5

B. **Durch die Straftat entzogen** muß die Sache dem Verletzten sein, und zwar durch die Tat, die Gegenstand des Strafverfahrens ist (**aM** Düsseldorf NStZ **84**, 567 mit abl Anm Gropp). Gleichgültig ist, ob es zu einer Verurteilung gerade wegen dieser Tat gekommen ist (KG JR **88**, 390). Schuldhafte Tatbegehung wird nicht vorausgesetzt (§ 11 I Nr 5 StGB); daher ist § 111k anwendbar, wenn der Täter wegen Irrtums nach §§ 16, 17 StGB oder wegen Schuldunfähigkeit nach § 20 StGB freigesprochen worden ist. Die Tat muß aber erwiesen sein (KG GA Bd **48**, 139; Nürnberg HESt **2**, 84; LG Mainz MDR **83**, 954). Liegt schon ein Urteil vor, so sind dessen Feststellungen maßgebend (Nürnberg aaO; LG Mainz aaO; KK- 6

Nack 4; LR-G. Schäfer 13; **aM** KMR-Müller 4). Sonst muß das Vorliegen einer Straftat aufgrund des Ermittlungsergebnisses aus den Akten festgestellt werden. Beweise werden nicht erhoben (KG JR **88**, 390; Nürnberg aaO). Bleiben Zweifel, so wird der Antragsteller auf den Zivilrechtsweg verwiesen (Hamm NStZ **86**, 376).

7 Entzogen sind nur Sachen, die **unmittelbar durch die Straftat** in den Besitz des Täters gelangt sind, auch bei freiwilligem Gewahrsamsverlust, wie bei Unterschlagung und Betrug. Als entzogen gelten auch der Pfandschein über die Sache (LR-G.Schäfer 14) und der Erlös aus der Notveräußerung nach § 111l I S. 2, nicht aber Sachen, die an die Stelle der entzogenen Sache getreten sind, wie umgewechseltes Geld (Bay **2**, 420) und andere Ersatzsachen (RG **1**, 144; LR-G.Schäfer 14; Eb-Schmidt 11 zu § 111; **aM** KMR-Müller 5), auch nicht das durch Verarbeiten gewonnene Erzeugnis oder das nach Vermischung mit dem gestohlenen Geld entstandene Miteigentum (LG Mainz MDR **83**, 954; **aM** LR-G.Schäfer 14). In einem solchen Fall ist dem Verletzten aber unter Fristsetzung Gelegenheit zu geben, eine die Rückgabe an den Beschuldigten verhindernde Entscheidung eines Zivilgerichts herbeizuführen (LG Mainz aaO).

8 C. **Ansprüche Dritter** dürfen der Herausgabe nicht entgegenstehen. Die Ansprüche brauchen nicht festzustehen; es genügt, daß die Rechtslage zweifelhaft ist (Koblenz MDR **84**, 774). Dritter ist auch der Beschuldigte, wenn er behauptet, Ansprüche unabhängig von der Straftat zu haben (KMR-Müller 8; LR-G. Schäfer 16; Hohendorf NStZ **86**, 499; **aM** Bohmeyer GA Bd **74**, 198). Der Anspruch (§ 194 I BGB) wird meist Ausfluß eines dinglichen Rechts sein (zB Eigentum), kann aber auch aus einem Schuldverhältnis entstehen, das ein Besitzrecht begründet (KMR-Müller 8). Ist der Anspruch dem Gericht bekannt (Nachforschungen werden nicht angestellt) oder wird er ihm gegenüber ausdrücklich erhoben, so wird die Sache weder an den früheren Gewahrsamsinhaber noch an den Verletzten herausgegeben. Vielmehr wird dem Dritten eine Frist zur gerichtlichen Geltendmachung seines Anspruchs, zB durch einstweilige Verfügung, gesetzt (RiStBV 75 IV S. 2); verstreicht sie ohne Erfolg, so wird die Sache an den Verletzten herausgegeben (LR-G. Schäfer 17; **aM** Koblenz MDR **84**, 774; Hohendorf aaO). Zur Rangfolge der Empfänger vgl auch Gropp NStZ **89**, 337 und Löffler NJW **91**, 1707.

9 4) **Zuständig** für die Herausgabeentscheidung ist nur das Gericht (Koblenz GA **84**, 376; KK-Nack 7; **aM** LG Berlin NStZ **94**, 400; LG Hamburg MDR **95**, 625; LG Kaiserslautern wistra **95**, 241; Hohendorf NStZ **86**, 498: im Ermittlungsverfahren immer die StA), gleichgültig, von wem die Beschlagnahme angeordnet worden war (Julius DRiZ **84**, 192). Der Strafrichter trifft eine Entscheidung, die ihm in Vertretung des Zivilrichters anvertraut ist (KG GA Bd **48**, 138; Hamm JMBlNW **61**, 94; Bohmeyer GA Bd **74**, 195). RiStBV 75 III, wonach die StA die Sache dem Verletzten herausgeben darf, sofern dessen Anspruch offensichtlich begründet ist, ist gesetzwidrig (LR-G. Schäfer 19; Julius aaO; **aM** Löffler NJW **91**, 1710). Nach Rechtskraft des Urteils ist entspr § 462a III S. 1 das Gericht des 1. Rechtszugs zuständig (LR-G. Schäfer 20; Löffler aaO; **aM** KK-Nack 7; KMR-Müller 17; SK/StPO-Rudolphi 10; Julius aaO: Gericht der letzten Tatsacheninstanz).

10 5) Durch **Beschluß** und nach Aktenlage ergeht die Entscheidung. Die StA, andere betroffene Verfahrensbeteiligte, der Verletzte und derjenige, der Ansprüche erhebt, sind vorher zu hören. Die auszuliefernden Gegenstände und der Empfangsberechtigte sind genau zu bezeichnen. Die Entscheidung wird formlos bekanntgemacht. Das Gericht kann die Herausgabe selbst veranlassen oder der StA überlassen.

11 6) **Anfechtung:** Gegen die Entscheidung des Gerichts, auch des erkennenden Gerichts (§ 305 S. 2) und des OLG im 1. Rechtszug (§ 304 II S. 2 Nr 1), ist Beschwerde nach § 304 I, II zulässig. Beschwerdeberechtigt sind die StA und jeder,

der ein Recht oder einen Anspruch an der Sache behauptet (Braunschweig OLGSt § 111 S. 1; Löffler NJW **91**, 1711).

Notveräußerung **RiStBV 76**

111l **I Gegenstände, die nach § 111 c beschlagnahmt worden sind, sowie Gegenstände, die auf Grund eines Arrestes (§ 111 d) gepfändet worden sind, dürfen vor der Rechtskraft des Urteils veräußert werden, wenn ihr Verderb oder eine wesentliche Minderung ihres Wertes droht oder ihre Aufbewahrung, Pflege oder Erhaltung mit unverhältnismäßig großen Kosten oder Schwierigkeiten verbunden ist. Der Erlös tritt an die Stelle der Gegenstände.**

II Im vorbereitenden Verfahren wird die Notveräußerung durch die Staatsanwaltschaft angeordnet. Ihren Hilfsbeamten (§ 152 des Gerichtsverfassungsgesetzes) steht diese Befugnis zu, wenn der Gegenstand zu verderben droht, bevor die Entscheidung der Staatsanwaltschaft herbeigeführt werden kann.

III Nach Erhebung der öffentlichen Klage trifft die Anordnung das mit der Hauptsache befaßte Gericht. Der Staatsanwaltschaft steht diese Befugnis zu, wenn der Gegenstand zu verderben droht, bevor die Entscheidung des Gerichts herbeigeführt werden kann; Absatz 2 Satz 2 gilt entsprechend.

IV Der Beschuldigte, der Eigentümer und andere, denen Rechte an der Sache zustehen, sollen vor der Anordnung gehört werden. Die Anordnung sowie Zeit und Ort der Veräußerung sind ihnen, soweit dies ausführbar erscheint, mitzuteilen.

V Die Notveräußerung wird nach den Vorschriften der Zivilprozeßordnung über die Verwertung einer gepfändeten Sache durchgeführt. An die Stelle des Vollstreckungsgerichts (§ 764 der Zivilprozeßordnung) tritt in den Fällen der Absätze 2 und 3 Satz 2 die Staatsanwaltschaft, in den Fällen des Absatzes 3 Satz 1 das mit der Hauptsache befaßte Gericht. Die nach § 825 der Zivilprozeßordnung zulässige Verwertung kann von Amts wegen oder auf Antrag der in Absatz 4 genannten Personen, im Falle des Absatzes 3 Satz 1 auch auf Antrag der Staatsanwaltschaft, gleichzeitig mit der Notveräußerung oder nachträglich angeordnet werden.

VI Gegen Anordnungen der Staatsanwaltschaft oder ihrer Hilfsbeamten im vorbereitenden Verfahren (Absätze 2 und 5) kann der Betroffene gerichtliche Entscheidung nach Maßgabe des § 161 a Abs. 3 beantragen. Gegen Anordnungen der Staatsanwaltschaft oder ihrer Hilfsbeamten nach Erhebung der öffentlichen Klage (Absatz 3 Satz 2, Absatz 5) kann der Betroffene die Entscheidung des mit der Hauptsache befaßten Gerichts (Absatz 3 Satz 1) beantragen. Das Gericht, in dringenden Fällen der Vorsitzende, kann die Aussetzung der Veräußerung anordnen.

1) Gegenstände (I S. 1), die bis zur Urteilsrechtskraft der Notveräußerung unterliegen, sind die nach § 111 c beschlagnahmten und die aufgrund eines Arrests nach § 111 d gepfändeten beweglichen und unbeweglichen Sachen, nicht aber Forderungen und andere Vermögensrechte (KK-Nack 2; LR-G. Schäfer 3). Wo sie aufbewahrt werden, ist gleichgültig. Nach § 111 c VI Nr 1 zurückgegebene Sachen werden nicht notveräußert, nach § 111 c VI Nr 2 überlassene Sachen erst nach Widerruf der Überlassung (LR-G. Schäfer 3). Von der Notveräußerung ausgenommen sind auch Sachen, die wegen ihrer Beschaffenheit unbrauchbar gemacht, vernichtet oder aus dem Verkehr gezogen werden müssen, insbesondere aber Sachen, die nur nach § 94 als Beweismittel sichergestellt sind. Ist ihre weitere Verwahrung nicht möglich, so muß ihre Beweisaussage durch Fotografieren, Augenscheinseinnahme, Besichtigung durch Zeugen oder Sachverständige für das Verfahren gesichert werden; danach sind sie freizugeben (Achenbach NJW **76**, 1

1070 Fn 31; Lampe NJW **75**, 197; vgl auch RiStBV 76). Auf Gegenstände, die sowohl nach § 94 als auch nach § 111 c beschlagnahmt sind, ist § 111 l dagegen anwendbar (KMR-Müller 1).

2 **2) Veräußerungsgründe** (I S. 1): Verderb bedeutet eine Veränderung der Substanz, die mit der Aufhebung des Sachwerts verbunden ist. Die wesentliche Minderung des Wertes kann auch wegen der besonderen Marktentwicklung drohen (KK-Nack 4). Die Unverhältnismäßigkeit der Kosten für Aufbewahrung, Pflege oder Erhaltung der Sache beurteilt sich nach dem Sachwert (KMR-Müller 3). Gerechtfertigt ist die Notveräußerung, wenn ein wirtschaftlich denkender Eigentümer den Gegenstand veräußern würde (KMR-Müller 3; vgl auch Koblenz MDR **85**, 516). Unverhältnismäßig große Schwierigkeiten bei der Aufbewahrung, Pflege oder Erhaltung der Sache sind nicht an dem vorhandenen Personal zu messen, sondern an dem Kostenaufwand, der bei einem Auftrag zur Aufbewahrung oder Pflege an einen Fachmann entstehen würde (LR-G. Schäfer 7).

3 **3) Wirkung** (I S. 2): Der Erlös tritt an die Stelle des Gegenstandes. Liegen die Voraussetzungen der §§ 73 oder 74 StGB vor, so ist daher im Urteil auf Verfall oder Einziehung des Erlöses zu erkennen (BGH **8**, 46, 53). Fallen dagegen die Beschlagnahmevoraussetzungen weg, so wird der bisherige Eigentümer nicht Eigentümer des Erlöses, sondern erlangt nur einen Anspruch auf dessen Auszahlung (RG **56**, 322; **66**, 85).

4 **4) Verfahren** (II–IV):

5 A. **Zuständigkeit: Im** Vorverfahren ist nur die StA zuständig (II S. 1); die Anordnung ist nach § 31 I Nr 2, VI **RPflG** dem Rechtspfleger übertragen. Eine Anordnung des StA ist aber wirksam. Er wird sie uU sogar treffen müssen, wenn der Rechtspfleger nicht rechtzeitig tätig werden kann. Die Hilfsbeamten der StA haben nur eine Notzuständigkeit für den Fall, daß der Verderb der Sache droht, bevor die Entscheidung der StA herbeigeführt werden kann (II S. 2). Dem steht der Fall gleich, daß eine schnell eintretende wesentliche Wertminderung unab-
6 wendbar erscheint (KMR-Müller 6). **Nach Erhebung der öffentlichen Klage** ist das mit der Hauptsache befaßte Gericht zuständig (II S. 1). Die Anordnung ist ebenfalls dem Rechtspfleger übertragen (§ 22 Nr 2 **RPflG**); eine richterliche Anordnung ist aber wirksam (§ 8 I **RPflG**). Wegen der gerichtlichen Zuständigkeiten im einzelnen vgl 4 zu § 98. Bei Eilbedürftigkeit der Anordnung ist die StA zuständig (III S. 2 Hs 1), wenn auch sie nicht zu erreichen ist, deren Hilfsbeamte (III S. 2 Hs 2).

7 B. **Anhörung der Beteiligten** (IV S. 1): Die Vorschrift gilt unabhängig davon, welche Stelle (II, III) die Anordnung treffen will, wird aber bei Eilverfügungen der StA und ihrer Hilfsbeamten idR nicht durchführbar sein. Die Anhörung soll den Beteiligten ermöglichen, Bedenken zu erheben oder Abwendungsvorschläge zu machen. Der Betroffene ist auch auf die Möglichkeit des § 111 c VI hinzuweisen (LR-G. Schäfer 2). Auf die Wirksamkeit der Notveräußerung ist die Nichtbeachtung der Sollvorschrift des IV S. 1 ohne Einfluß (KMR-Müller 7).

8 C. **Mitteilungspflicht** (IV S. 2): Die Bekanntmachungspflicht nach § 35 II wird dahin erweitert, daß auch Eigentümer und andere Berechtigte zu unterrichten sind, sofern das möglich ist. Das soll ihnen ermöglichen, die notveräußerte Sache selbst zu erwerben oder geeignete Käufer auf die Notveräußerung aufmerksam zu machen.

9 **5) Durchführung** (V): Das Verfahren richtet sich nach §§ 814–825 ZPO; an die Stelle des Vollstreckungsgerichts tritt nach V S. 2 in den Fällen des II, III S. 2 die StA, im Fall des III S. 1 das Gericht. In beiden Fällen ist die Durchführung auf den Rechtspfleger übertragen (§§ 22 Nr 2, 31 I Nr 2, VI **RPflG**). Die Verwertung in anderer Weise als durch Versteigerung (§ 825 ZPO) kann auf Antrag oder von Amts wegen auch noch nachträglich angeordnet werden (V S. 3).

6) Antrag auf gerichtliche Entscheidung (VI): Der Antrag nach § 161a III S. 1 ist zulässig gegen die staatsanwaltschaftliche Anordnung der Notveräußerung (II) und gegen Anordnungen zu ihrer Durchführung (V). Über Einwendungen gegen Anordnungen des Rechtspflegers hat zunächst der StA zu entscheiden 10
(§ 31 VI S. 1 **RPflG**). Gegen dessen Maßnahmen und Entscheidungen im vorbereitenden Verfahren kann auf gerichtliche Entscheidung angetragen werden. Dieser Antrag ist auch zulässig gegen Anordnungen der Hilfsbeamten nach II S. 1. Er muß aber zunächst der StA vorgelegt werden, die die Anordnungen und Maßnahmen der Hilfsbeamten aufheben und ändern kann. Nur wenn er sich die Anordnung zu eigen macht, legt er den Antrag dem Gericht vor, falls dieser nicht inzwischen prozessual überholt ist (vgl 17 vor § 296). **Antragsberechtigt** ist der Eigentümer und jeder andere, dem ein Recht an der Sache zusteht (VI S. 1), auch der letzte Gewahrsamsinhaber (LR-G. Schäfer 18; SK/StPO-Rudolphi 14; **aM** KMR-Müller 11). Die §§ 297 bis 300 gelten entspr (§ 161a III S. 3). Der Antrag kann sowohl bei der anordnenden Stelle als auch bei dem zuständigen Gericht 11
gestellt werden (§§ 161a III S. 3, 306 I). **Zuständig** für die Entscheidung ist im Vorverfahren das LG, in dessen Bezirk die StA ihren Sitz hat (§ 161a III S. 2), nach Erhebung der öffentlichen Klage das mit der Hauptsache befaßte Gericht (VI S. 2), im Revisionsverfahren der letzte Tatrichter. Die **Aussetzung** der Notveräußerung 12
durch das Gericht, in Eilfällen durch den Vorsitzenden, sieht VI S. 3 vor. Wegen 13
der **Kosten** gilt § 473 entspr (VI S. 1 iVm § 161a III S. 3), auch wenn das mit der Hauptsache befaßte Gericht angerufen wird (KK-Nack 11). 14

7) Beschwerde: Gegen die gerichtliche Entscheidung über die Anordnungen der StA und ihrer Hilfsbeamten ist nach VI S. 1 iVm § 161a III S. 4 keine Beschwerde zulässig. Entsprechendes gilt nur die Beschwerde im Fall des VI S. 2; denn für diesen Fall ist nur die gerichtliche Zuständigkeit anders geregelt. Die gerichtliche Anordnung (III) ist dagegen mit der Beschwerde nach § 304 anfechtbar (KMR-Müller 15; SK/StPO-Rudolphi 15; **aM** Celle StV **92**, 459 mwN). Beschwerdeberechtigt sind die Prozeßbeteiligten und die in IV S. 1 genannten Betroffenen. Ist die Anordnung nach § 22 Nr 2 **RPflG** vom Rechtspfleger erlassen so ist die Beschwerde nach § 11 I **RPflG** gegeben (vgl auch Koblenz MDR **85**, 516). 15

Beschlagnahme von Schriften und Herstellungsmitteln **RiStBV 251, 252**

111m **I Die Beschlagnahme eines Druckwerks, einer sonstigen Schrift oder eines Gegenstandes im Sinne des § 74d des Strafgesetzbuches darf nach § 111b Abs. 1 nicht angeordnet werden, wenn ihre nachteiligen Folgen, insbesondere die Gefährdung des öffentlichen Interesses an unverzögerter Verbreitung offenbar außer Verhältnis zu der Bedeutung der Sache stehen.**

II Ausscheidbare Teile der Schrift, die nichts Strafbares enthalten, sind von der Beschlagnahme auszuschließen. Die Beschlagnahme kann in der Anordnung weiter beschränkt werden.

III In der Anordnung der Beschlagnahme sind die Stellen der Schrift, die zur Beschlagnahme Anlaß geben, zu bezeichnen.

IV Die Beschlagnahme kann dadurch abgewendet werden, daß der Betroffene den Teil der Schrift, der zur Beschlagnahme Anlaß gibt, von der Vervielfältigung oder der Verbreitung ausschließt.

1) Beschränkungen der Beschlagnahme zur Sicherung der Einziehung nach § 74d StGB von Druckwerken (6 zu § 7) und sonstigen Schriften (vgl § 11 III StGB) und der Unbrauchbarmachung (1 zu § 111b) von Gegenständen iS des § 74d I S. 2 StGB bestimmen die §§ 111m, 111n mit Rücksicht auf die durch Art 5 I S. 2 GG gewährleistete Freiheit der Presse. Die Beschlagnahme zu Beweis- 1 zwecken richtet sich nach §§ 94 ff und unterliegt keinen besonderen Einschränkungen (vgl aber 19 zu § 94). Die §§ 111 m, 111 n gelten auch nicht für die nur zu Beweiszwecken zulässige Postbeschlagnahme nach § 99 (KK-Nack 1) und für die Beschlagnahme von Druckwerken zur Sicherung der Schadloshaltung des Verletzten nach § 111 b IV (LR-G. Schäfer 3). Eine Pressebeschlagnahme zur Sicherung des Verfalls (§§ 73 ff StGB) kommt praktisch nicht in Betracht; unzulässig ist die entspr Anwendung der §§ 111 m, 111 n aber nicht (KK-Nack 3; LR-G. Schäfer 1; **aM** KMR-Müller 1).

2 2) Die **Landespressegesetze** sind unwirksam, soweit sie Vorschriften über die Beschlagnahme von Druckschriften enthalten; denn hierbei handelt es sich um Verfahrensrecht iS des Art 74 Nr 1 GG (KK-Nack 3 zu § 111 b; KMR-Müller 3; SK/StPO-Rudolphi 4; **aM** Löffler NJW **78**, 917 sowie Jarass NJW **81**, 197: die §§ 111 m und 111 n sind nichtig; Groß NJW **76**, 170; AfP **76**, 14: die Landespressegesetze gelten ohne Einschränkungen weiter). Insbesondere haben die Vorschriften der Landespressegesetze, die für die Dauer der Beschlagnahme die Verbreitung und den Wiederabdruck verbieten, ihre Geltung verloren (KG JR **84**, 249, 250; KK-Nack 3 zu § 111 b). Das ist nur aufgrund der Bestimmungen strafbar, auf der die Beschlagnahme beruht.

3 3) **Beschlagnahmebeschränkungen:**

4 A. **Verhältnismäßigkeitsgrundsatz** (I): Vgl zunächst Einl 20. Die nachteiligen Folgen der Beschlagnahme müssen gegen die Bedeutung der Sache abgewogen werden. Im Zweifel ist die Beschlagnahme zulässig. Sie ist nur ausgeschlossen, wenn das Mißverhältnis nach der Lebenserfahrung, für jeden Sachkundigen erkennbar und ohne Beweiserhebung, offensichtlich ist (SK/StPO-Rudolphi 6). Ein krasses Mißverhältnis braucht nicht vorzuliegen (KK-Nack 5; Löffler/Achen-
5 bach 108 zu § 13 LPG; **aM** KMR-Müller 7). **Nachteilige Folge** ist in 1. Hinsicht die Gefährdung des öffentlichen Interesses an unverzögerter Verbreitung eines Druckwerks, sofern es aktuelle Themen behandelt (LR-G. Schäfer 12). Das Interesse bezieht sich auf den Gesamtinhalt der Druckschrift, nicht nur auf den die Beschlagnahme auslösenden Teil (Löffler/Achenbach 94 zu § 13 LPG). Gleichgültig ist, ob die Unterrichtung der Öffentlichkeit durch andere Quellen gewährleistet (KK-Nack 5; Löffler/Achenbach 96 zu § 13 LPG; **aM** KMR-Müller 6) und ob das Informationsinteresse „legitim" ist oder nur auf Neugier beruht (LR-G. Schäfer 12; SK/StPO-Rudolphi 7). Andere nachteilige Folgen sind die wirtschaftlichen Nachteile der Pressebeschlagnahme für Herausgeber und Verleger, aber auch für die mittelbar davon betroffenen Drucker, Händler, Inse-
6 renten und Abonnenten (Löffler/Achenbach 100 zu § 13 LPG). Bei der **Bedeutung der Sache** kommt es auf das Gewicht der Straftat an, derentwegen das Ermittlungsverfahren eingeleitet worden ist. Bei schwerwiegenden Taten, zB Hoch- und Landesverrat sowie Aufforderung zur Begehung von Straftaten, ist die Beschlagnahme idR trotz ihrer schwerwiegenden Folgen zulässig (LR-G. Schäfer 15). Straftaten gegen Einzelpersonen, wie Beleidigung, rechtfertigen dagegen die Beschlagnahme der ganzen Auflage einer Druckschrift idR nicht (Löffler NJW **59**, 418).

7 B. **Ausscheidbare Teile** (II S. 1): Die Beschlagnahme muß auf diejenigen Teile der Druckschrift beschränkt werden, deren Inhalt strafbar ist, sofern sich der andere Teil, wie insbesondere bei Loseblattsammlungen und Zeitungsbeilagen, ohne Mitwirkung des Betroffenen technisch abtrennen oder ausscheiden läßt, wobei auch Werkzeuge verwendet werden dürfen (LR-G. Schäfer 18 mwN; **aM** Voraufl). Ob der nach der Trennung verbleibende Teil noch ein in sich geschlossenes selbständiges Druckwerk bildet, ist gleichgültig (Löffler/Achenbach 32 zu § 14 LPG). Die Trennung darf aber nicht zur Entwertung der ganzen Druckschrift führen (KMR-Müller 8; SK/StPO-Rudolphi 9; Löffler/Achenbach aaO).

In der Beschlagnahmeanordnung müssen die ausgeschiedenen Teile genau bezeichnet werden.

C. **Nach richterlichem Ermessen** (II S. 2) sind Beschränkungen anzuordnen, die den mit der Maßnahme verfolgten Zweck unter größtmöglicher Schonung des Betroffenen zulassen (LR-G. Schäfer 19), zB die Beschränkung der Beschlagnahme auf einen Teil der Auflage oder auf bestimmte Formen der Verbreitung (Straßenverkauf). Bei bestimmten Personen kann von der Beschlagnahme auch ganz oder teilw abgesehen, insbesondere können dem Verleger Archivexemplare belassen werden (KK-Nack 6; Löffler/Achenbach 29 zu § 14 LPG). 8

4) Beschlagnahmeanordnung (III): In Ergänzung des § 111 e bestimmt die Vorschrift, daß die Stellen der Schrift, deren Inhalt Anlaß zu der Beschlagnahme gibt, bezeichnet werden müssen. Dabei genügt der allgemeine Hinweis auf das Vorhandensein solcher Stellen nicht; sie müssen inhaltlich wiedergegeben werden (LR-G. Schäfer 21; **aM** KMR-Müller 9). Die Fundstelle muß nach Band, Heft, Seite, Spalte usw angegeben werden (Löffler/Achenbach 45 zu § 14 LPG). Die Rechtsvorschriften, auf denen die Beschlagnahmeanordnung beruht, müssen ebenfalls angegeben werden. Ein Verstoß gegen III ist aber auf die Wirksamkeit der Beschlagnahme ohne Einfluß (KK-Nack 8; LR-G. Schäfer 22). 9

5) Abwendung der Beschlagnahme (IV): IdR wird zunächst die allgemeine Beschlagnahme der Schrift angeordnet (12 zu § 111 b). Die Abwendung der Beschlagnahmeanordnung oder ihrer Vollziehung setzt dann voraus, daß der Betroffene, dh derjenige, der durch die Beschlagnahme einen Rechtsverlust erlitten hat oder befürchten muß, sie durch einen entspr Antrag, in dem die zur Abwendung geeigneten Maßnahmen dargelegt werden, geltend macht (LR-G. Schäfer 24; **aM** KMR-Müller 10). Unverzüglich braucht der Antrag nicht gestellt zu werden. Über ihn entscheidet die für die Beschlagnahme zuständige Behörde. In welcher Weise der Betroffene die beanstandeten Teile entfernt (Herausschneiden, Schwärzen, Überkleben), bleibt ihm überlassen (Löffler/Achenbach 34 zu § 14 LPG). Macht die Maßnahme des Betroffenen die Beschlagnahmeanordnung oder ihre Vollziehung entbehrlich, so wird die Anordnung aufgehoben. 10

Anordnung und Aufhebung der Beschlagnahme von Druckwerken
RiStBV 251, 252

111n **I Die Beschlagnahme eines periodischen Druckwerks oder eines ihm gleichstehenden Gegenstandes im Sinne des § 74 d des Strafgesetzbuches darf nur durch den Richter angeordnet werden. Die Beschlagnahme eines anderen Druckwerks oder eines sonstigen Gegenstandes im Sinne des § 74 d des Strafgesetzbuches kann bei Gefahr im Verzug auch durch die Staatsanwaltschaft angeordnet werden. Die Anordnung der Staatsanwaltschaft tritt außer Kraft, wenn sie nicht binnen drei Tagen von dem Richter bestätigt wird.**

II Die Beschlagnahme ist aufzuheben, wenn nicht binnen zwei Monaten die öffentliche Klage erhoben oder die selbständige Einziehung beantragt ist. Reicht die in Satz 1 bezeichnete Frist wegen des besonderen Umfanges der Ermittlungen nicht aus, so kann das Gericht auf Antrag der Staatsanwaltschaft die Frist um weitere zwei Monate verlängern. Der Antrag kann einmal wiederholt werden.

III Solange weder die öffentliche Klage erhoben noch die selbständige Einziehung beantragt worden ist, ist die Beschlagnahme aufzuheben, wenn die Staatsanwaltschaft es beantragt.

1 **1) Zuständigkeit für die Beschlagnahmeanordnung** (I):

2 A. Für **periodische Druckwerke** (29 zu § 53) und die ihnen dienenden, nicht „gleichgestellten" (vgl KK-Nack 2), Gegenstände iS des § 74 d StGB schafft I S. 1 eine besondere Beschlagnahmezuständigkeit. Die allgemeine Beschlagnahme (12 zu § 111 b) zur Sicherung der Einziehung der Druckschrift und der Einziehung und Unbrauchbarmachung der für ihre Herstellung benutzten Gegenstände (§ 74 d I S. 2 StGB), auch die Beschlagnahme zur Sicherung des Verfalls, darf nur der Richter anordnen. Zur Zuständigkeit vgl 4 zu § 98. Die Zuständigkeit für die Beschlagnahme zu Beweiszwecken richtet sich nach § 98 I. Hält die Polizei die Beschlagnahme für geboten, so wendet sie sich an die StA (3, 4 zu § 163), im äußersten Notfall unmittelbar an das AG (§ 163 II S. 2).

3 B. **Andere Druckwerke** und die ihrer Herstellung dienenden Gegenstände iS des § 74 d StGB dürfen nach I S. 2 bei Gefahr im Verzug (6 zu § 98) auch von der StA beschlagnahmt werden; die Hilfsbeamten sind für Beschlagnahmen, die nicht Beweiszwecken dienen, niemals zuständig. Die Beschlagnahmeanordnung der StA muß schriftlich erlassen und nach § 111 m III begründet werden. Sie bedarf der
4 **richterlichen Bestätigung** binnen 3 Tagen (vgl 7 zu § 100) seit ihrem Erlaß (KK-Nack 4; LR-G. Schäfer 11; SK/StPO-Rudolphi 3; **aM** KMR-Müller 7: nach Eingang bei der mit der Durchführung beauftragten Stelle). Zuständig ist der Ermittlungsrichter (§ 162), nach Erhebung der öffentlichen Klage das mit der Sache befaßte Gericht (16 zu § 162). Die Bestätigung muß von der StA, kann aber auch von dem Betroffenen beantragt werden. Sie muß innerhalb der Frist der StA, aber nicht dem Betroffenen bekanntgegeben werden. Das Gericht prüft nur, ob die Beschlagnahme zZ der Bestätigung gerechtfertigt ist (17 zu § 98). Wird die Beschlagnahmeanordnung der StA innerhalb der Frist nicht bestätigt, so tritt sie ohne weiteres außer Kraft (I S. 3); das Gericht braucht sie nicht aufzuheben (LR-G. Schäfer 10). Eine zwar rechtzeitig beantragte aber verspätete Bestätigung gilt als richterliche Beschlagnahme; wird die Bestätigung jedoch erst nach Ablauf von 2 Monaten (II S.1) beantragt, ist die Beschlagnahme aufzuheben (AG Weinheim NStZ **96**, 203 mit insoweit zust Anm Wilhelm).

5 **2) Umfang der Beschlagnahme:** Die Anordnung erfaßt alle beschlagnahmefähigen Einzelstücke derselben Auflage, aber keine Neuauflagen, auch nicht bei unverändertem Abdruck (LR-G. Schäfer 13; Löffler/Achenbach 27 zu § 13 LPG und NJW **52**, 998). Bei den sog Kopfblättern besteht nur dann Identität mit der Mutterzeitung, wenn beide Blätter am selben Ort hergestellt sind und inhaltlich völlig übereinstimmen (LR-G. Schäfer 13). Räumlich umfaßt die Anordnung alle in der BRep befindlichen Exemplare (§ 160 GVG), sofern der Beschluß keine Beschränkungen enthält (Löffler/Achenbach 29 zu § 13 LPG; Wagner MDR **61**, 93). Entsprechendes gilt für Beschlagnahmeanordnungen der StA (§ 143 GVG).

6 **3) Vollstreckt** wird die Anordnung nach § 36 II S. 1 stets von der StA (LR-G. Schäfer 14; Wendisch JR **78**, 447); das Richtermonopol des I S. 1 gilt nur für die Beschlagnahmeanordnung (Groß AfP **76**, 18). Die StA bedient sich bei der Vollstreckung ihrer Hilfsbeamten oder anderer Polizeibeamter. Zur Bewirkung der Beschlagnahme vgl 2 ff zu § 111 c.

7 **4) Aufhebung der Beschlagnahmeanordnung:**

8 A. **Ablauf der Frist für die Anklageerhebung** (II): Zur Prozeßbeschleunigung und um die Presse davor zu schützen, daß die StA das Verfahren hinauszögert, wenn sie das Ziel, die Verbreitung der Druckschrift zu verhindern, durch die Beschlagnahme erreicht hat, verlangt II die Anklageerhebung binnen 2 Monaten. Die Anklage muß wegen des Sachverhalts, der zu der Beschlagnahme geführt hat, wenn auch unter abweichender rechtlicher Beurteilung, erhoben werden (LR-G.
9 Schäfer 17). Ihr steht der Einziehungsantrag nach § 440 gleich. Die **Frist** wird nach § 43 berechnet und beginnt am Tag der Anordnung der Beschlagnahme (KK-Nack

5; LR-G. Schäfer 18; SK/StPO-Rudolphi 5; **aM** KMR-Müller 9: mit Zugang der
Anordnung bei der Durchführungsbehörde). Maßgebend für die Fristeinhaltung ist
der Eingang der Anklage bei Gericht (Löffler/Achenbach 16 zu § 16 LPG), gleich-
gültig, ob es sich für zuständig hält oder nicht. Erklärt es sich für unzuständig, so
kann die StA innerhalb der Frist eine neue Anklage erheben (KK-Nack 6; **aM**
KMR-Müller 9 für die örtliche Zuständigkeit). Nimmt sie die Anklage zurück, so
muß die Beschlagnahme sofort aufgehoben werden, sofern die StA nicht zugleich
und noch während des Fristenlaufs wegen desselben tatsächlichen Vorgangs eine
neue Anklage erhebt (LR-G. Schäfer 17). Die **Verlängerung der Frist (II** S. 3) 10
um 2 Monate ist auf Antrag der StA, nicht von Amts wegen, möglich, wenn sie
wegen des Umfangs der Ermittlungen nicht ausreicht, nicht aus anderen Gründen,
auch nicht wegen zeitlich aufwendiger Ermittlungen (LR-G. Schäfer 20; **aM** KK-
Nack 8) oder rechtlicher Schwierigkeiten (Löffler/Achenbach 20 zu § 16 LPG).
Der Antrag muß vor Fristablauf eingehen (KK-Nack 7); andernfalls wird er nicht
berücksichtigt, auch wenn die Aufhebung der Beschlagnahme noch nicht beschlos-
sen ist. Der Verlängerungsantrag kann einmal wiederholt werden (II S. 3). Nach
Fristablauf **endet die Beschlagnahme** nicht von selbst; das Gericht muß die 11
Anordnung aufheben. Dazu zwingt auch eine nur geringfügige Fristüberschreitung;
daß die Anklage schon vorliegt, bevor der Beschluß erlassen wird, ist ohne Bedeu-
tung (KK-Nack 10; LR-G. Schäfer 21; **aM** KMR-Müller 11). **Zuständig** für die 12
Fristverlängerung und Aufhebung ist im Vorverfahren das für die Beschlagnahme
zuständige AG, auch wenn die Beschlagnahmeanordnung von dem Beschwerdege-
richt stammt (LR-G. Schäfer 22), nach verspäteter Anklageerhebung das mit der
Sache befaßte Gericht. Eine **erneute Beschlagnahme** durch dasselbe oder ein 13
anderes Gericht ist zulässig, aber nur aufgrund von Tatsachen, die der früheren
Anordnung nicht zugrunde gelegt waren (KK-Nack 11; LR-G. Schäfer 23; Löffler/
Achenbach 24 zu § 16 LPG; weitergehend KMR-Müller 11).

B. Auf **Antrag der StA** (III) muß die Beschlagnahmeanordnung aufgehoben 14
werden, wenn Anklage noch nicht erhoben ist. Das entspricht der Regelung des
§ 120 III S. 1. In entspr Anwendung des § 120 III S. 2 ist die StA berechtigt, die
beschlagnahmten Gegenstände alsbald freizugeben. Nach Anklageerhebung ist das
Gericht an Anträge der StA nicht mehr gebunden, auch wenn sie schon früher
gestellt waren (LR-G. Schäfer 24).

5) Anfechtung: Gegen die gerichtliche Beschlagnahmeanordnung, die Ent- 15
scheidung über den Verlängerungsantrag nach II und die Aufhebung der Beschlag-
nahmeanordnung ist Beschwerde nach § 304 zulässig. Beschlagnahmeanordnungen
der StA sind wegen der beschränkten Dauer ihrer Wirkung ohne richterliche
Bestätigung (I S. 3) nicht anfechtbar (vgl 12 zu § 100).

Dinglicher Arrest bei erwarteter Vermögensstrafe **RiStBV 60 II**

111o

I Sind Gründe für die Annahme vorhanden, daß die Voraussetzungen für die Verhängung einer Vermögensstrafe vorliegen, so kann wegen dieser der dingliche Arrest angeordnet werden.

II Die §§ 917, 928, 930 bis 932, 934 Abs. 1 der Zivilprozeßordnung gelten sinngemäß. In der Arrestanordnung ist ein Geldbetrag festzustellen, durch dessen Hinterlegung die Vollziehung des Arrestes gehemmt und der Schuldner zu dem Antrag auf Aufhebung des vollzogenen Arrestes berechtigt wird. Die Höhe des Betrages bestimmt sich nach den Umständen des Einzelfalles, namentlich nach der voraussichtlichen Höhe der Vermögensstrafe. Diese kann geschätzt werden. Das Gesuch auf Erlaß des Arrestes soll die für die Feststellung des Geldbetrages erforderlichen Tatsachen enthalten.

III Zu der Anordnung des Arrestes wegen einer Vermögensstrafe ist nur der Richter, bei Gefahr im Verzuge auch die Staatsanwaltschaft befugt. Hat die

Staatsanwaltschaft die Anordnung getroffen, so beantragt sie innerhalb einer Woche die richterliche Bestätigung der Anordnung. Der Beschuldigte kann jederzeit die richterliche Entscheidung beantragen.

IV Soweit wegen einer Vermögensstrafe die Vollziehung des Arrestes in bewegliche Sachen zu bewirken ist, gilt § 111 f Abs. 1 entsprechend.

V Im übrigen finden § 111 b Abs. 3, § 111 e Abs. 3 und 4, § 111 f Abs. 2 und 3 Satz 2 und 3 sowie die §§ 111 g und 111 h Anwendung.

1 **1) Voraussetzungen der Anordnung:**

2 A. Die **Verhängung einer Vermögensstrafe** nach § 43 a StGB muß in Betracht kommen. Durch § 111 o wird die durch das OrgKG geschaffene Möglichkeit, bei Verurteilung wegen bestimmter im Besonderen Teil des StGB bezeichneter Straftaten zu mehr als 2 Jahren Freiheitsstrafe auf Zahlung eines Geldbetrages zu erkennen, dessen Höhe durch den Wert des Vermögens des Täters begrenzt ist (Vermögensstrafe), in verfahrensrechtlicher Hinsicht ergänzt: Die hiernach zulässige Anordnung des dinglichen Arrestes soll sicherstellen, daß schon vor der Verurteilung des Täters der Zugriff auf sein Vermögen eröffnet wird (Lemke StV **90**, 89).

3 B. **Gründe für die Annahme**, daß die Voraussetzungen für die Verhängung einer Vermögensstrafe vorliegen, rechtfertigen den dinglichen Arrest; „dringend" brauchen die Gründe nach Änderung der Vorschrift (vgl 8 zu § 111 b) nicht mehr zu sein. Auch hier gilt aber über V iVm § 111 b, daß bei Fehlen dringender Gründe die Maßnahmen nach spätestens 9 Monaten wieder aufzuheben sind. Es müssen
4 ferner Gründe dafür dafür gegeben sein, daß es nach **§ 43 a StGB** zur Verhängung einer Vermögensstrafe kommen wird; das bedeutet, daß eine über 2 Jahre liegende Freiheitsstrafe wegen eines Straftatbestandes, der auf diese Vorschrift verweist (das sind die §§ 150 I, 181 c, 244 III, 244 a III, 260 III, 260 a III, 261 VII, 286 I StGB,
5 § 30 c BtMG), gegen den Beschuldigten zu erwarten ist. Zu noch fehlenden **Verfahrensvoraussetzungen** vgl 10 zu § 111 b.

6 **2) Arrestgrund:** Nach II S. 1 gilt § 917 ZPO entspr. Danach setzt der Arrest die Besorgnis voraus, daß ohne dessen Anordnung die künftige Vollstreckung der Vermögensstrafe vereitelt oder wesentlich erschwert werden würde (§ 917 I). Erg 8 zu § 111 d.

7 **3) Arrestanordnung:** Anders als in § 111 d II, in dem insoweit auf §§ 920 I, 923 ZPO verwiesen wird, enthalten II S. 2 bis 4 gegenüber § 923 ZPO bezüglich der Abwendung der Vollziehung des Arrestes eine eigene Regelung, die dadurch bedingt ist, daß sich die Höhe der Vermögensstrafe in diesem Stadium des Verfahrens noch nicht genau vorhersehen läßt; daher wird eine Schätzung erlaubt (krit dazu J.Meyer ZRP **90**, 89 Fn 67; Schoreit MDR **90**, 3). II S. 5 ersetzt § 920 I ZPO hinsichtlich des Inhalts des Gesuchs auf Erlaß des Arrestes. Im übrigen gelten 9, 10 zu § 111 d entspr. Die Arrestanordnung wird nach ihrer Vollziehung dem
8 Beschuldigten **bekanntgemacht.** Durch die Verweisung in V auf § 111 e III, IV ist klargestellt, daß auch der bekannte sowie noch unbekannte Verletzte von der Arrestanordnung erfahren (vgl dazu im einzelnen 11 ff zu § 111 e). Die Arrestan-
9 ordnung ist **unverzüglich aufzuheben,** wenn ihre Voraussetzungen (oben 1 ff) entfallen. Sonst haben die Anordnung und die Vollziehung des Arrestes nicht nur bis zur Rechtskraft des Urteils, sondern nach § 459 i II bis zur Beendigung der Vollstreckung Bestand.

10 **4) Vollziehung des Arrestes:** Es gelten §§ 928, 930 bis 932 ZPO sinngemäß (II S. 1); erg dazu 12 ff zu § 111 d. Es können iVm § 857 ZPO auch Anteilsrechte an Gesellschaften (zB an einer GmbH oder KG), Ansprüche eines Miteigentümers auf Aufhebung einer Gemeinschaft sowie Teilung und Auszahlung des Erlöses gepfändet werden (BR-Drucks 418/89 S. 10). Im übrigen verweist V hinsichtlich erforderlicher Eintragungen im Grundbuch und im Schiffsregister, Schiffsbauregi-

ster oder Register für Pfandrechte an Luftfahrzeugen auf § 111 f II (erg dort 3, 5, zur Vollziehung dort 10 ff), bezüglich vorrangiger Befriedigung von Ansprüchen des Verletzten auf § 111 g, zur Rangänderung zugunsten des Verletzten bei Sicherungshypothek auf § 111 h. Bei **beweglichen Sachen** gilt nach IV § 111 f I 11
entspr; die StA kann somit jeden Polizeibeamten mit der Durchführung der Arrestanordnung beauftragen (erg 2 zu § 111 f), so daß die sonst idR nach § 2 JBeitrO erforderliche Einschaltung eines Gerichtsvollziehers nicht notwendig ist (daher in V keine entspr Anwendung von § 111 f III S. 1). Die Arrestvollziehung ist antragsgemäß **aufzuheben,** wenn der nach II S. 2 festgestellte Geldbetrag hinterlegt wird 12
(II S. 1 mit § 934 I ZPO; erg 17 zu § 111 d).

5) **Zuständigkeit** (III): Die Regelung ist § 111 e I S. 1, II S. 1, 3 nachgebildet. 13
Eine Anordnungskompetenz der Hilfsbeamten der StA besteht auch in Eilfällen (anders als bei der Beschlagnahme beweglicher Sachen nach § 111 e I S. 2, II S. 2) nicht (Schoreit MDR **90**, 3). Vgl im einzelnen 2–10 zu § 111 e.

6) **Rechtsmittel:** Vgl 31, 32 zu § 98. 14

Vermögensbeschlagnahme **RiStBV 60 II**

111p **I Unter den Voraussetzungen des § 111 o Abs. 1 kann das Vermögen des Beschuldigten mit Beschlag belegt werden, wenn die Vollstreckung der zu erwartenden Vermögensstrafe im Hinblick auf Art oder Umfang des Vermögens oder aus sonstigen Gründen durch eine Arrestanordnung nach § 111 o nicht gesichert erscheint.**

II Die Beschlagnahme ist auf einzelne Vermögensbestandteile zu beschränken, wenn dies nach den Umständen, namentlich nach der zu erwartenden Höhe der Vermögensstrafe, ausreicht, um deren Vollstreckung sicherzustellen.

III Mit der Anordnung der Vermögensbeschlagnahme verliert der Beschuldigte das Recht, das in Beschlag genommene Vermögen zu verwalten und darüber unter Lebenden zu verfügen. In der Anordnung ist die Stunde der Beschlagnahme anzugeben.

IV § 111 b Abs. 3, § 111 o Abs. 3, §§ 291, 292 Abs. 2, § 293 gelten entsprechend.

V Der Vermögensverwalter hat der Staatsanwaltschaft und dem Gericht über alle im Rahmen der Verwaltung des Vermögens erlangten Erkenntnisse, die dem Zweck der Beschlagnahme dienen können, Mitteilung zu machen.

1) **Das gesamte Vermögen** des Beschuldigten kann nach dieser Vorschrift 1
durch eine einzige Entscheidung mit Beschlag belegt werden. Während die Beschlagnahme nach § 111 c sich nur auf einzelne Sachen oder Vermögenswerte erstreckt und die Anordnung des dinglichen Arrestes nach §§ 111 d, 111 o noch keine Verfügungsbeschränkung des Beschuldigten bewirkt, vielmehr zusätzlich jeweils eine gesonderte Vollstreckungsmaßnahme hinsichtlich jedes einzelnen aufgespürten Vermögensgegenstandes erfordert, wird hier eine Einzelzwangsvollstreckung entbehrlich. Damit ist eine sehr weitgehende Maßnahme, die bis zum Inkrafttreten des OrgKG nach § 291 nur gegen einen Abwesenden oder nach § 443 in den dort bezeichneten Fällen (die durch das OrgKG ebenfalls erheblich ausgeweitet wurden) statthaft war, eröffnet worden. Die Möglichkeit einer Beschlagnahme des gesamten Vermögens schien dem Gesetzgeber insbesondere bei undurchsichtigen Vermögensverhältnissen von „Drahtziehern der international organisierten Drogenkriminalität" erforderlich (BT-Drucks 11/5461 Anl 2 S. 12).

2) **Voraussetzungen:** Die Anordnung eines Arrestes nach § 111 o (dort 1 ff) 2
muß zulässig sein, dh Gründe für die Annahme, daß die Verhängung einer Vermö-

gensstrafe nach § 43 a StGB erfolgen wird, müssen gegeben sein. § 111 p knüpft insoweit an § 111 o an. Die Gesamtvermögensbeschlagnahme kommt aber nur in Betracht, wenn die Arrestanordnung nach § 111 o nicht ausreicht, um die Sicherung der Vollstreckung der zu erwartenden Vermögensstrafe zu gewährleisten (Lemke StV **90**, 90; Rieß NJ **92**, 497). Das kann wegen Art und Umfang des Vermögens (zB unübersichtliche Vermögens- und Firmenbeteiligungen), aber auch wegen der Eilbedürftigkeit der Verfügungsbeschränkung der Fall sein (BT-Drucks 11/5461 Anl 2 S. 12). Übersteigt die Höhe des Vermögens die Höhe der zu erwartenden Vermögensstrafe, so ist die Beschlagnahme auf einzelne Vermögensbestandteile zu beschränken (II).

3 **3) Anordnung:** Sie ergeht durch Beschluß des Richters oder in Eilfällen durch Verfügung der StA (erg 9 zu § 111 d). In der Anordnung sind Tag und Stunde der Beschlagnahme anzugeben (III S. 2). Die Anordnung kann zugleich auf § 111 p und auf § 443 (falls dessen Voraussetzungen gegeben sind) gestützt werden (Hilger NStZ **92**, 526 Fn 176). Die Anordnung (auch die durch den StA, nicht erst die richterliche Bestätigung) ist nach IV iVm § 291 stets im BAnz bekanntzumachen und kann auch in anderen Blättern veröffentlicht werden.

4 **4) Wirkung:** Die Anordnung der Vermögensbeschlagnahme führt zu einem Verbot für den Beschuldigten, über sein Vermögen unter Lebenden zu verfügen; Verfügungen von Todes wegen bleiben zulässig. Das Verfügungsverbot wirkt für und gegen jedermann (absolutes Verfügungsverbot iSd § 134 BGB); der Eintragung ins Grundbuch bedarf es nicht (erg 2 zu § 292). Darüber hinaus darf der Beschuldigte sein Vermögen auch nicht verwalten, dh auch solche Maßnahmen nicht treffen, die keine Verfügung über sein Vermögen beinhalten (Lemke StV **90**, 90). Die Wirkungen der Vermögensbeschlagnahme treten – anders als in § 292 I – schon vor der Bekanntmachung (oben 3) mit der Anordnung der Beschlagnahme ein (III S. 1).

5 **5) Vermögensverwalter:** Die Verwaltung des Vermögens wird einem außerhalb der StA stehenden Vermögensverwalter (Pfleger) übertragen (IV iVm dem entspr anwendbaren § 292 II). Der Vermögensverwalter muß das Vermögen ermitteln und sofort sicherstellen (Lemke StV **90**, 90). Er muß einerseits darauf bedacht sein, den Zweck der Vermögensbeschlagnahme, nämlich die Vollstreckung der Vermögensstrafe, zu sichern, andererseits ist er zur sachgerechten Verwaltung des Vermögens verpflichtet. Dazu gehört die Erfüllung von Verbindlichkeiten des Beschuldigten gegenüber den durch die Straftat Geschädigten (BT-Drucks 11/5461 Anl 2 S. 12), aber auch die Bereitstellung der für den Unterhalt des Beschuldigten und seiner Familie sowie der zu seiner Verteidigung benötigten Mittel (BayObLGZ **63**, 257 = NJW **64**, 301). Der Vermögensverwalter ist nach V verpflichtet, StA und Gericht von allen im Zusammenhang mit der Vermögensbeschlagnahme wichtigen Erkenntnissen Mitteilung zu machen. Nach Beendigung der Vermögensbeschlagnahme sollte er entspr §§ 1915, 1890 BGB auch den Beschuldigten unterrichten (KK-Nack 6).

6 **6) Zuständigkeit:** Es gilt nach IV § 111 o III entspr (vgl dazu 13 zu § 111 o iVm 2 ff zu § 111 e).

7 **7) Aufhebung:** Die Vermögensbeschlagnahme ist nach IV iVm § 111 b III aufzuheben, wenn keine dringenden Gründe für die Maßnahme mehr bestehen (8 zu § 111 b), sie ist ferner nach IV iVm § 293 I aufzuheben, wenn ihre Gründe weggefallen sind, somit namentlich, wenn die Verhängung einer Vermögensstrafe nach § 43 a StGB nicht mehr zu erwarten ist. Die Aufhebung ist in gleicher Weise wie die Anordnung (oben 3) bekanntzumachen (vgl die Erläuterungen zu § 293). Wird die Vermögensbeschlagnahme nicht aufgehoben, bleibt sie bis zur Beendigung der Vollstreckung bestehen (§ 459 i II).

8) Beschwerde: Gegen den die Vermögensbeschlagnahme anordnenden bzw die Anordnung durch die StA bestätigenden Beschluß des Richters kann der Beschuldigte, gegen den Beschluß, der einen entspr Antrag der StA ablehnt, kann diese, ebenso wie gegen die Aufhebung der Vermögensbeschlagnahme, nach § 304 I, IV S. 2 Nr 1 Beschwerde einlegen. 8

9. Abschnitt. Verhaftung und vorläufige Festnahme RiStBV 46–59

Vorbemerkungen

1) Die **UHaft** nach §§ 112 ff, §§ 72, 72 a **JGG**, dh die Inhaftierung eines noch 1
nicht (oder noch nicht rechtskräftig) verurteilten Beschuldigten, läßt sich mit der
Unschuldsvermutung des Art 6 II **MRK** nicht ohne weiteres vereinbaren (vgl 2
Hassemer StV **84**, 40: UHaft ist Freiheitsberaubung gegenüber einem Unschuldigen; ausführlich dazu SK/StPO-Paeffgen 21 ff). Dennoch besteht kein Streit darüber, daß sie zulässig ist; Art 5 I S. 2 Buchst c **MRK** sieht UHaft wegen Fluchtgefahr ausdrücklich vor. Jedoch darf sie nur **in streng begrenzten Ausnahme-** 3
fällen angeordnet werden; stets muß zwischen dem Freiheitsanspruch des noch als unschuldig geltenden Beschuldigten und dem Erfordernis abgewogen werden, ihn im Interesse einer wirksamen Strafverfolgung vorläufig in Haft zu nehmen (BVerfGE **19**, 342, 347 = NJW **66**, 243, 244; BVerfGE **20**, 45, 49 = NJW **66**, 1259; BVerfGE **53**, 152, 158 = NJW **80**, 1448; Gehrlein Boujong-FS 753). UHaft darf nur angeordnet und aufrechterhalten werden, wenn überwiegende Interessen des Gemeinwohls, zu denen auch die unabweisbaren Bedürfnisse einer wirksamen Verbrechensbekämpfung gehören, das zwingend gebieten (BVerfGE **35**, 185, 190 = NJW **73**, 1363, 1364; BVerfGE **53**, 152, 158 = NJW **80**, 1448). Die UHaft wird
von dem Beschuldigten als **Sonderopfer für die Allgemeinheit** verlangt (BGHZ 4
60, 302 = NJW **73**, 1322; Dreher MDR **70**, 968; Seebode 136 ff; **aM** Paeffgen 211 ff für den Fall nicht pflichtwidrig angeordneter UHaft; vgl auch Hassemer StV **84**, 40; Wolter ZStW **93**, 494), für das er nach § 2 I StrEG, der seiner Rechtsnatur nach ein Aufopferungsanspruch ist (1 vor § 1 StrEG), entschädigt wird, wenn er
aus dem Verfahren ohne Verurteilung hervorgeht. **Zweck der UHaft** ist aus- 5
schließlich die Durchsetzung des Anspruchs der staatlichen Gemeinschaft auf vollständige Aufklärung der Tat und rasche Bestrafung des Täters (BVerfGE **19**, 342, 348 = NJW **66**, 243, 244; BVerfGE **20**, 45, 49 = NJW **66**, 1259; Frankfurt NJW **67**, 166). Die UHaft soll die Durchführung eines geordneten Strafverfahrens gewährleisten und die spätere Vollstreckung eines auf Freiheitsstrafe oder freiheitsentziehende Sicherungsmaßregeln lautenden Urteils sicherstellen (BVerfGE **32**, 87, 93; BGH NJW **87**, 2525; Celle NJW **65**, 926; Frankfurt MDR **79**, 75; Hassemer StV **84**, 40; Roxin § 30 A I; erg 3 zu § 123). Sie darf nicht dazu mißbraucht werden, um das Aussageverhalten der Beschuldigten zu beeinflussen, ihn insbesondere dazu zu veranlassen, von seiner Aussagefreiheit (7 zu § 136) keinen Gebrauch
zu machen (BGH aaO). Im **Privatklageverfahren** darf UHaft nicht angeordnet 6
werden (5 zu § 384).

2) **Besondere Arten von UHaft** sind die Hauptverhandlungshaft nach § 127 b, 7
die Sicherungshaft nach § 453 c, die Vollstreckungshaft nach § 457 II und die Ungehorsamshaft nach §§ 230 II, 236, 329 IV S. 1. Da für die Ungehorsamshaft eine Verfahrensregelung fehlt, gelten die §§ 112 ff entspr, insbesondere §§ 112 I S. 2, 114–120, jedoch nicht §§ 121, 122. Bei schuldunfähigen oder vermindert schuldfähigen Beschuldigten, deren Unterbringung nach §§ 63, 64 StGB zu er-
warten ist, wird die UHaft durch die **einstweilige Unterbringung** nach § 126 a 8
ersetzt. Sie ist eine vorbeugende Maßnahme, die die Vollziehung von Sicherungsmaßregeln vorwegnimmt (1 zu § 126 a). Die Sicherungshaft nach § 112 a ist keine UHaft, sondern ebenfalls eine Vorbeugungsmaßnahme, durch die die Begehung
weiterer Straftaten durch den Beschuldigten verhindert werden soll. Im **Ausliefe-** 9

rungsverfahren kann ein Haftbefehl zur Sicherung der Auslieferung (§ 15 IRG), der Durchlieferung (§ 45 IRG) und der Rücklieferung eines Verfolgten (§ 68 II, III IRG) erlassen werden.

10 **3)** Durch **richterlichen Haftbefehl** wird die UHaft angeordnet, wenn die (abschließenden) Voraussetzungen der §§ 112–113 vorliegen. Länger als 6 Monate darf er vor Urteilserlaß nur auf besondere Anordnung des OLG oder BGH voll-
11 zogen werden (§§ 121, 122). **Mehrere Haftbefehle in derselben Sache** dürfen nicht erlassen werden (BGH **38**, 54). Tritt zu den Tatvorwürfen des 1. Haftbefehls der dringende Verdacht weiterer Straftaten hinzu, so ist der Haftbefehl zu erweitern oder durch einen neuen zu ersetzen (18 zu § 114). Ein neuer Haftbefehl muß auch erlassen werden, wenn mehrere Sachen, in denen Haftbefehle bestehen, miteinander verbunden werden (Karlsruhe NJW **74**, 510; KK-Boujong 15; Kleinknecht/
12 Janischowsky 143). Werden **mehrere Haftbefehle in verschiedenen Sachen** erlassen, so kann nur einer von ihnen vollzogen werden. Eine „Doppelhaft" ist ausgeschlossen (KK-Boujong 16; Kleinknecht/Janischowsky 144; Peters 424; **aM** Schleswig Rpfleger **66**, 109 mit krit Anm Pohlmann; SK/StPO-Paeffgen 35). Zusätzliche Überwachungsmaßnahmen sind entspr § 122 **StVollzG** zulässig. We-
13 gen des nicht vollzogenen Haftbefehls wird **Überhaft** vermerkt; der Haftbefehl wird erst vollzogen, wenn die UHaft in der anderen Sache beendet wird. Erst dann sind die §§ 115, 115a anzuwenden (11 zu § 115). Entsprechendes gilt, wenn Überhaft notiert ist, weil der Beschuldigte sich noch in anderer Sache in Strafhaft befindet. Zur Haftbeschwerde bei Überhaft vgl 8 zu § 117, zur Dauer der Überhaft 2 zu § 121.

14 **4)** Die **Unterbrechung der UHaft** zum Zweck der Vollstreckung einer Freiheitsstrafe oder einer freiheitsentziehenden Maßregel der Besserung und Sicherung ist zulässig (§ 122 **StVollzG;**UVollzO 92; erg 32 zu § 119), auch zur Vollstreckung von Erzwingungshaft (KG Rpfleger **95**, 269), und idR anzuordnen (Düsseldorf NStZ **84**, 236; JMBlNW **96**, 138; vgl auch Schlothauer/Weider 284). Der Gefangene unterliegt dann auch denjenigen Beschränkungen seiner Freiheit, die der Zweck der UHaft erfordert (§ 122 I S. 2 **StVollzG**). Zur richterlichen Genehmigung der Unterbrechung vgl 10 zu § 126, zur Anfechtbarkeit der Entscheidung 10
15 zu § 117. Die **Unterbrechung der Strafhaft zum** Zweck der Vollziehung der in anderer Sache angeordneten UHaft ist ebenfalls zulässig (vgl UVollzO 93), kommt aber nur ausnahmsweise in Betracht, etwa um dem Gefangenen Gelegenheit zu geben, sich gegen eine neue Anklage vorzubereiten oder an einer Gerichtsverhandlung teilzunehmen (Seebode 93).

Voraussetzungen der UHaft; Haftgründe **RiStBV 46, 47**

112

I Die Untersuchungshaft darf gegen den Beschuldigten angeordnet werden, wenn er der Tat dringend verdächtig ist und ein Haftgrund besteht. Sie darf nicht angeordnet werden, wenn sie zu der Bedeutung der Sache und der zu erwartenden Strafe oder Maßregel der Besserung und Sicherung außer Verhältnis steht.

II Ein Haftgrund besteht, wenn auf Grund bestimmter Tatsachen

1. festgestellt wird, daß der Beschuldigte flüchtig ist oder sich verborgen hält,

2. bei Würdigung der Umstände des Einzelfalles die Gefahr besteht, daß der Beschuldigte sich dem Strafverfahren entziehen werde (Fluchtgefahr), oder

3. das Verhalten des Beschuldigten den dringenden Verdacht begründet, er werde

a) Beweismittel vernichten, verändern, beiseite schaffen, unterdrücken oder fälschen oder

b) auf Mitbeschuldigte, Zeugen oder Sachverständige in unlauterer Weise einwirken oder

c) andere zu solchem Verhalten veranlassen,

und wenn deshalb die Gefahr droht, daß die Ermittlung der Wahrheit erschwert werde (Verdunkelungsgefahr).

III Gegen den Beschuldigten, der einer Straftat nach § 129 a Abs. 1 oder nach den §§ 211, 212, 220 a Abs. 1 Nr. 1, §§ 226, 306 b oder 306 c des Strafgesetzbuches oder, soweit durch die Tat Leib oder Leben eines anderen gefährdet worden ist, nach § 308 Abs. 1 bis 3 des Strafgesetzbuches dringend verdächtig ist, darf die Untersuchungshaft auch angeordnet werden, wenn ein Haftgrund nach Absatz 2 nicht besteht.

1) Die **Ermächtigung zum Erlaß eines Haftbefehls,** von der nach pflichtgemäßem Ermessen Gebrauch zu machen ist (BVerfGE **19**, 342, 349 = NJW **66**, 243, 244), enthält die Vorschrift. Obwohl der Richter zur Anordnung der UHaft nicht gezwungen ist, wird er einen Haftbefehl, dessen Voraussetzungen nach § 112 vorliegen, idR auch erlassen (KK-Boujong 54); das braucht er nicht weiter zu begründen (Geppert GA **79**, 300). Zum Verhältnis zwischen § 112 und § 329 IV vgl dort 45. **Bis zur Rechtskraft des Urteils** kann die UHaft nach § 112 angeordnet werden, auch nach Urteilserlaß zur Sicherung der Vollstreckung (Hamm NJW **54**, 403; Schneidewin NJW **54**, 298; Schroeder JZ **85**, 1031; **aM** Wolf NJW **54**, 60; erg 5 vor § 112), auch wenn Schuld- und Strafausspruch schon rechtskräftig sind oder die Strafe sogar schon verbüßt ist, jedoch über den Maßregelausspruch noch nicht rechtskräftig entschieden ist (LR-Hilger 57 ff vor § 112). Nach Urteilsrechtskraft sind lediglich die Sicherungshaft nach § 453 c (KK-Boujong 55) und die UHaft nach Anordnung der Wiederaufnahme (15 zu § 370) zulässig. **Haftunfähigkeit** des Beschuldigten schließt den Erlaß des Haftbefehls nicht aus, sondern hindert nur seinen Vollzug (Düsseldorf JZ **84**, 248; Frankfurt NJW **68**, 2302; Nürnberg OLGSt § 116 Nr 1; KK-Boujong 52); insoweit gilt § 455 entspr (KG NStZ **90**, 142). Während der Krankheit kann Anlaß für eine Haftverschonung nach § 116 bestehen (vgl dazu Gatzweiler StV **96**, 283). Wird der Beschuldigte nach der Tat geisteskrank, so kommt nur die Anwendung des § 126 a in Betracht. 1 2 3

2) **Voraussetzungen des Haftbefehls** sind dringender Tatverdacht und, abgesehen von dem Fall des III, das Vorliegen eines Haftgrundes. Ferner darf die UHaft nicht unverhältnismäßig sein. 4

A. **Dringender Tatverdacht** (I S. 1) besteht, wenn die Wahrscheinlichkeit groß ist, daß der Beschuldigte Täter oder Teilnehmer (§§ 25 ff StGB) einer Straftat ist. Dabei muß es sich um eine rechtswidrig und schuldhaft begangene Tat oder, wenn er strafbar ist, um den Versuch einer solchen Tat handeln. Die Wahrscheinlichkeit, daß Rechtfertigungs-, Schuld- oder Strafausschließungsgründe vorliegen, beseitigt den dringenden Tatverdacht (Schlothauer StV **96**, 393). Das gleiche gilt für nicht behebbare Verfahrenshindernisse (München StV **98**, 270; wegen des Strafantrags vgl § 130. Bei Rechtsfragen darf der Richter sich mit „dringendem Verdacht" nicht begnügen. Er muß sie lösen, wenn es auf sie ankommt (Lüttger GA **57**, 211). Die Prognose, daß eine Verurteilung wahrscheinlich ist, verlangt der dringende Tatverdacht nicht (BGH NStZ **81**, 94 [Pf]; **aM** Köln JMBlNW **68**, 235; SK/StPO-Paeffgen 9; Parigger NStZ **86**, 211); es genügt die Möglichkeit der Verurteilung. Dem Grade nach ist dieser Verdacht **stärker als der hinreichende,** von dessen Vorliegen nach § 203 die Eröffnung des Hauptverfahrens abhängt. Jedoch setzt die Annahme des dringenden Tatverdachts nicht voraus, daß auch der hinreichende feststeht. Denn die Prüfung des hinreichenden Verdachts erfolgt stets auf der Grundlage des abgeschlossenen Ermittlungsergebnisses, die des dringenden Verdachts dagegen aufgrund des gegenwärtigen Standes der Ermittlungen (BGH NStZ **81**, 94 [Pf]; Celle StV **86**, 392), der sich ändern kann. Nur im Zeitpunkt der 5 6

Anklageerhebung muß der dringende Tatverdacht stets stärker sein als der hinreichende (Frankfurt StV **95**, 593; KK-Boujong 6; grundsätzlich **aM** LR-Rieß 12 zu § 203, der für diesen Zeitpunkt zwischen beiden Arten des Tatverdachts nicht
7 unterscheidet). Nur **aus bestimmten Tatsachen,** nicht aus bloßen Vermutungen, darf der dringende Tatverdacht hergeleitet werden (KK-Boujong 7). Maßgebend ist im Ermittlungsverfahren das sich aus den Akten ergebende Ermittlungsergebnis, nach einer Hauptverhandlung das Ergebnis der Beweisaufnahme (Koblenz StV **94**, 316), nach Erlaß eines noch nicht rechtskräftigen Urteils der darin festgestellte Sachverhalt. Akten und Erkenntnisse des Ministeriums für Staatssicherheit der ehemaligen DDR sind grundsätzlich nicht geeignet, als solche den dringenden Tatverdacht zu belegen (BGH **38**, 276 = NStZ **92**, 449 mit Anm Baumann = NJ **92**, 320 mit Anm Klinghardt = JZ **92**, 976 mit Anm Schroeder; vgl dazu auch LG Berlin NStZ **93**, 99; Klinghardt NJ **92**, 185; Marschollek NJ **92**, 539; Paeffgen NStZ **93**, 530).

8 B. Der **Verhältnismäßigkeitsgrundsatz** (I S. 2) muß gewahrt sein (vgl auch § 120 I S. 1). Jedoch ist dieser Grundsatz keine Haftvoraussetzung, sondern die Unverhältnismäßigkeit ein Haftausschließungsgrund (Kleinknecht JZ **65**, 114; Seetzen NJW **73**, 2001; **aM** SK/StPO-Paeffgen 10). Sie hindert den Erlaß eines Haftbefehls nur, wenn sie feststeht; der Grundsatz *in dubio pro reo* gilt nicht (KK-
9 Boujong 44; Hengsberger JZ **66**, 210; Kleinknecht/Janischowsky 108). Der **Eingriff ist nur zulässig,** wenn und soweit die vollständige Aufklärung der Tat oder die rasche Durchführung des Verfahrens einschließlich der Urteilsvollstreckung nicht anders gesichert werden kann (BVerfGE **20**, 144, 147 = NJW **66**, 1703; 3 vor
10 § 112). UHaft darf daher nicht angeordnet werden, wenn der Beschuldigte **freiwillige Beschränkungen** (Ablieferung der Personalpapiere, freiwilliges Sich-Unterziehen einer Anstaltsbehandlung; vgl auch § 71 II **JGG**), auf sich nimmt, die die Haftgründe ausräumen (Frankfurt JR **51**, 92; KK-Boujong 50). Es kann auch unzulässig sein, einen Beschuldigten in Haft zu nehmen, wenn die Anklage erst nach mehr als 10 Jahren erhoben worden ist (Stuttgart NJW **74**, 284). Die UHaft
11 darf niemals eher und nicht länger vollzogen werden, als notwendig ist. **Abzuwägen** für die Beurteilung der Verhältnismäßigkeit sind die Schwere des Eingriffs in die Lebenssphäre des Beschuldigten, wobei auch sein Gesundheitszustand zu berücksichtigen ist, gegen die Bedeutung der Strafsache und die Rechtsfolgenerwartung (unten 23 ff). Nur wenn die Unverhältnismäßigkeit unter beiden Gesichtspunkten besteht, hindert sie den Erlaß des Haftbefehls (Hamm StraFo **98**, 283). Für die Bedeutung der Sache sind wichtig die abstrakte Rechtsfolgenandrohung, die Art des verletzten Rechtsguts, der konkrete Geschehensablauf (Gelegenheits- oder Serientat, sozialschädliche Wirkungen) sowie tatbezogene Umstände aus der Person des Beschuldigten (Intensität des kriminellen Verhaltens, in Entstehung begriffener oder schon bestehender verbrecherischer Hang). Auch das öffentliche Interesse an der Verfolgung der Tat, insbesondere, wenn sie zu einer Gruppe von Straftaten gehört, die (wie etwa die Betäubungsmitteltaten), besonders wirksam bekämpft werden müssen, kann unter dem Gesichtspunkt der Verteidigung der Rechtsordnung berücksichtigt werden (**aM** SK/StPO-Paeffgen 16). Dagegen kann die Erregung der Öffentlichkeit die Bedeutung der Tat nicht nachträglich erhöhen (Baumann JZ **62**, 652; Kleinknecht MDR **65**, 781; Philipp DRiZ **65**, 83). Unter dem Gesichtspunkt der Rechtsfolgenerwartung besteht, wie sich aus § 113 ergibt, Unverhältnismäßigkeit nicht allein deshalb, weil nur eine kurzfristige oder keine zu vollstreckende Freiheitsstrafe oder eine Geldstrafe zu erwarten ist (Paeffgen 199; Seetzen NJW **73**, 2001; **aM** Wolter ZStW **93**, 469; vgl auch LG Hamburg StV **87**, 399; allerdings darf die Dauer der UHaft idR die voraussichtliche Ersatzfreiheitsstrafe nicht überschreiten (Frankfurt StV **93**, 594).). Zur Anordnung der UHaft
11 a wegen Ladendiebstahls vgl Wagner NJW **78**, 2002. Eine **schwere und unheilbare Krankheit**, die mit Sicherheit vor Abschluß des Verfahrens zum Tode des Beschuldigten führen wird, soll nach Ansicht des BerlVerfGH (NJW **93**, 515: Fall Honek-

ker; ähnlich NJW **94**, 436) wegen der Menschenwürdegarantie der Haftanordnung entgegenstehen. Abgesehen davon, daß es schon fraglich erscheint, ob ein Landesverfassungsgericht hier in ein Strafverfahren, in dem Bundesprozeßrecht angewendet wird, überhaupt eingreifen durfte (vgl Bartlsperger DVBl **93**, 346; Berkemann NVwZ **93**, 409; Koppernock/Staechelin StV **93**, 433; Meurer JR **93**, 90; Pestalozza NVwZ **93**, 344; Starck JZ **93**, 232) und eine genaue Prognose sowohl über den Fortgang einer Erkrankung als auch über die Dauer eines Prozesses ohnehin unmöglich ist (vgl Paeffgen NJ **93**, 154), erscheint die Schaffung eines solchen Haftaufhebungsgrundes verfehlt (vgl auch Ranft 1108 ff): Auch angesichts seines nahen Todes verstößt es nicht gegen die Menschenwürde, wenn sich ein Beschuldigter für ihm vorgeworfene Straftaten verantworten muß (Meurer aaO; Schoreit NJW **93**, 883; Starck aaO; **aM** Paeffgen aaO und SK/StPO 8 ff Anh zu § 206 a). Auf Entscheidungen des BVerfG hat sich der BerlVerfGH zu Unrecht berufen (Bartlsperger aaO; Meurer aaO; Schoreit aaO; Starck aaO; Wilke NJW **93**, 888; **aM** Koppernock/Staechelin aaO). An Stelle eines „Haftaufhebungsgrundes von Verfassungs wegen" kann daher auch in einem solchen Fall nur eine Abwägung im Einzelfall zwischen dem Grundrechtseingriff und der Bedeutung der staatlichen Strafgewalt vor dem Hintergrund der Schwere der zur Last gelegten Tat erfolgen (Bartlsperger aaO S. 344; Berkemann aaO 417; Schoreit aaO S.886; Wassermann NJW **93**, 1568). Ist der Beschuldigte aber verhandlungsunfähig oder läßt die Durchführung des Strafverfahrens für ihn irreparable Gesundheitsschäden oder den Tod befürchten, ist selbstverständlich auch die Anordnung oder Aufrechterhaltung der UHaft ausgeschlossen (Bartlsperger aaO S. 337; Meuer aaO S. 93; vgl auch Düsseldorf NStZ **93**, 554).

C. Der **Haftgrund der Flucht** (II Nr 1) besteht, wenn der Beschuldigte flüch- 12
tig ist oder sich verborgen hält. Beides kann zusammentreffen (KK-Boujong 10).
Flüchtig ist, wer vor Tatbeginn (Frankfurt NJW **74**, 1835; Koblenz NStZ **85**, 88; 13
KK-Boujong 11; **aM** Karlsruhe NJW **72**, 2098 = JR **73**, 75 mit abl Anm Kohlhaas; LR-Hilger 29; Paeffgen NStZ **89**, 417; alle für den Fall der Fahnenflucht; Sommermeyer NJ **92**, 336; vgl auch LG Verden StV **86**, 256), während oder nach der Tat seine Wohnung aufgibt, ohne eine neue zu beziehen, oder sich in das Ausland mit der Wirkung absetzt, daß er für Ermittlungsbehörden und Gerichte unerreichbar und ihrem Zugriff auch wegen der zu erwartenden Strafvollstreckung (Schroeder JZ **85**, 1031) entzogen ist (Braunschweig NJW **64**, 1485; Düsseldorf NJW **86**, 2204, 2205). Dem steht es gleich, wenn der deutsche Beschuldigte aus dem Ausland nicht mehr zurückkehren will (hM; vgl Frankfurt NJW **74**, 1835; **aM** SK/StPO-Paeffgen 22). Dagegen ist der Ausländer nicht flüchtig, der sich in sein Heimatland zurückbegibt, ohne daß das mit seiner Straftat im Zusammenhang steht (Brandenburg StV **96**, 381; Bremen NStZ-RR **97**, 334; Frankfurt StV **94**, 581; Naumburg wistra **97**, 80; Saarbrücken wistra **91**, 358 mit krit Anm Weyand; LG Berlin StV **89**, 253; Paeffgen NStZ **90**, 431; erg unten 17). Daß der Beschuldigte trotz seiner Flucht postalisch erreichbar ist, spielt keine Rolle (Düsseldorf aaO; LG Verden StV **86**, 256). Die Verhinderung des Strafverfahrens muß der Beschuldigte nicht beabsichtigen; es genügt, daß er sie erkennt und in Kauf nimmt (Koblenz
NStZ **85**, 88; LG Hamburg StV **87**, 399; unten 18). **Verborgen** hält sich, wer 14
unangemeldet, unter falschem Namen oder an einem unbekannten Ort lebt, um sich dem Verfahren dauernd oder auf längere Zeit zu entziehen (LG Verden aaO; KK-Boujong 12). Wer sich nur verbirgt, um die Herausgabe des Kindes an den anderen Elternteil zu verhindern (Schleswig MDR **80**, 1042), oder um sich ausländerpolizeilichen Maßnahmen zu entziehen (LG Hamburg aaO), ist nicht flüch-
tig. Die Flucht muß **aufgrund bestimmter Tatsachen** feststehen. Da jedoch 15
sichere Feststellungen über die Flucht idR erst möglich sind, wenn der Beschuldigte ergriffen worden ist, muß es ausreichen, daß nach den Umständen des Falles Flucht oder Verbergen näher liegt als eine andere Erklärung für die Unerreichbarkeit des Beschuldigten (KK-Boujong 13, LR-Hilger 30; **aM** KMR-Wankel 4;

16 Koch NJW **68**, 1711). Bei **Ergreifung des Beschuldigten** aufgrund des nach II Nr 1 erlassenen Haftbefehls entfällt der Haftgrund der Flucht. IdR wird die vorherige Flucht aber die Aufrechterhaltung des Haftbefehls wegen Fluchtgefahr nach II Nr 2 rechtfertigen und erforderlich machen (KK-Boujong 14).

17 D. **Fluchtgefahr** (II Nr 2) besteht, wenn die Würdigung der Umstände des Falles es wahrscheinlicher macht, daß sich der Beschuldigte dem Strafverfahren entziehen, als daß er sich ihm zur Verfügung halten werde (Köln NJW **59**, 544; StV **94**, 582; **95**, 475; **97**, 642; Kühne 190). Das ist aus der Sicht des anhängigen Verfahrens ohne Rücksicht darauf zu entscheiden, ob sich der Beschuldigte in anderer Sache in Strafhaft oder sonst in behördlicher Verwahrung befindet (Karlsruhe Justiz **72**, 321; Koblenz MDR **69**, 950; Köln NStZ **91**, 605 mwN und abl Anm Möller, deren Hinweise auf die Entscheidungsbefugnis des Anstaltsleiters nach dem StVollzG aber nicht überzeugen; gegen Möller auch Paeffgen NStZ **92**, 482). Ein Ausländer, der sich ohne Fluchtwillen in sein Heimatland zurückbegeben hatte, ist fluchtverdächtig, wenn er erklärt, er werde sich dem Verfahren nicht stellen (Stuttgart NStZ **98**, 427; vgl auch StrK Bremerhaven StV **93**, 426; Helmken
18 MDR **84**, 532; **aM** Schlothauer/Weider 200). Das **Sich-Entziehen** ist ein Verhalten, das den Erfolg hat, daß der Fortgang des Strafverfahrens dauernd oder wenigstens vorübergehend (Hamm NJW **66**, 2075) durch Aufhebung der Bereitschaft des Beschuldigten verhindert wird, für Ladungen und Vollstreckungsmaßnahmen zur Verfügung zu stehen (BGH **23**, 380, 384; KG JR **74**, 165; Düsseldorf NJW **86**, 2204, 2205; NStE Nr 6; Parigger NStZ **86**, 211; erg 4 zu § 124). Gleichgültig ist, ob der Beschuldigte diesen Erfolg beabsichtigt, erkannt oder nur in Kauf genommen hat (BGH aaO; Düsseldorf aaO; Koblenz NStZ **85**, 88). Bloßer Ungehorsam gegenüber Vorladungen und bloße Untätigkeit genügen nicht (BGH aaO; Koblenz StV **92**, 424; LG Verden StV **86**, 256). Auch Selbstmordgefahr rechtfertigt die Anordnung der UHaft nicht (Oldenburg NJW **61**, 1984; KK-Boujong 17; Paeffgen NStZ **95**, 21; Seetzen DRiZ **74**, 261; **aM** Bremen JZ **56**, 375 mit abl Anm Bader; Hamburg JR **95**, 72 mit abl Anm Paeffgen). Wer sich aber bewußt in einen Zustand länger dauernder Verhandlungsunfähigkeit versetzt (zB durch Drogenmißbrauch oder Nichteinnahme von Tabletten), entzieht sich dem Verfahren (KG JR **74**, 165 mit Anm Kohlhaas; Oldenburg StV **90**, 165 mit zust Anm Wendisch und krit Anm Oswald StV **90**, 500; abl Paeffgen NStZ **90**, 431; **aM**
19 auch Kühne 189). Die **Beurteilung der Fluchtgefahr** erfordert die Berücksichtigung aller Umstände des Falles, insbesondere der Art der dem Beschuldigten vorgeworfenen Tat, der Persönlichkeit des Beschuldigten, seiner Lebensverhältnisse, seines Vorlebens und seines Verhaltens vor und nach der Tat (Köln StV **95**, 475). Berücksichtigt werden kann auch, daß gegen den Beschuldigten der dringende Verdacht weiterer Taten besteht, insbesondere daß gegen ihn noch weitere Verfahren anhängig sind (Düsseldorf MDR **93**, 371). Die für und gegen eine Flucht
20 sprechenden Umstände müssen gegeneinander abgewogen werden. **Fluchtgefahr begründen idR** auffälliger Wohnungs- oder Arbeitsplatzwechsel, Verwendung falscher Namen oder Papiere, Flucht in einem früheren Verfahren oder Verfahrensabschnitt und Zugehörigkeit zu einer Terroristenbande. Für Fluchtgefahr sprechen auch die charakterliche Labilität des Beschuldigten, seine Neigung zu Glücksspiel oder Drogenmißbrauch, das Fehlen fester familiärer oder beruflicher Bindungen, leicht lösbare Wohnungsverhältnisse und das Fehlen einer festen Wohnung oder eines festen Aufenthalts (vgl Kleinknecht/Janischowsky 31 ff). Auch Beziehungen zum Ausland, insbesondere dort befindliches Vermögen, und gute Sprachkenntnisse können die Fluchtgefahr begründen (LR-Hilger 36; einschr für EG-Aus-
21 länder Bleckmann StV **95**, 552). **Gegen die Fluchtgefahr sprechen** idR starke familiäre oder berufliche Bindungen, hohes Alter sowie schlechter und daher fluchthindernder Gesundheitszustand des Beschuldigten. Fester Wohnsitz schließt die Fluchtgefahr nicht immer aus (vgl Düsseldorf JMBlNW **92**, 251). Die Flucht-
22 gefahr darf nur aus **bestimmten Tatsachen** hergeleitet werden. Bloße Mutma-

ßungen und Befürchtungen genügen nicht. Die Tatsachen brauchen aber nicht zur vollen Überzeugung des Gerichts festzustehen; es genügt derselbe Wahrscheinlichkeitsgrad wie (vgl oben 5) beim dringenden Tatverdacht (Bremen NJW **55**, 1891; **62**, 649; LR-Hilger 32; Dreves DRiZ **65**, 111; Franzheim GA **66**, 47; **aM** Dahs NJW **59**, 509; **65**, 890; Krekeler wistra **82**, 8, die vollen Beweis verlangen). Zu den Tatsachen gehören auch innere Tatsachen (Braunschweig JZ **65**, 619 mit Anm Neidhard), zB die Neigung des Beschuldigten, bestimmte Straftaten zu begehen (KK-Boujong 9), auch Erfahrungstatsachen (KK-Boujong 15), insbesondere der Erfahrungssatz, daß ein Beschuldigter um so eher versucht, sich dem Strafverfahren zu entziehen, je höher die Strafe ist, die ihm bevorsteht (KG NJW **65**, 1390; Schwenn StV **84**, 133 spricht den Gerichten solche Erfahrungen ab und hält das für bloße Vermutungen). Bei der **Straferwartung** kommt es auf den tatsächlich zu 23
erwartenden Freiheitsentzug an. Zu prüfen ist daher, ob die UHaft nach § 51 I StGB angerechnet wird und ob der Beschuldigte mit Strafaussetzung zur Bewährung nach § 56 StGB oder mit der Aussetzung des Strafrests nach § 57 StGB rechnen kann (KG aaO; StV **86**, 107; Frankfurt StV **83**, 337; Hamm StV **85**, 114; Schultz JR **63**, 297). Andererseits ist auch die Wahrscheinlichkeit des Widerrufs einer Strafaussetzung in anderer Sache zu berücksichtigen (KK-Boujong 18; **aM** Oldenburg StV **87**, 110 L). Die schematische Annahme, daß bei einer Straferwartung in bestimmter Höhe, etwa 1 Jahr Freiheitsstrafe, Fluchtgefahr besteht, ist unzulässig (Celle NJW **50**, 240; LG Oldenburg StV **83**, 248; Dahs NJW **59**, 511; Wendisch NStZ **83**, 479). Im allgemeinen kann auch die **Straferwartung allein** 24
die Fluchtgefahr nicht begründen; sie ist nur Ausgangspunkt für die Erwägung, ob der in ihr liegende Anreiz zur Flucht auch unter Berücksichtigung aller sonstigen Umstände so erheblich ist, daß die Annahme gerechtfertigt ist, der Beschuldigte werde ihm wahrscheinlich nachgeben und flüchtig werden (KG NJW **65**, 1390; Bremen StV **95**, 85; Benfer Polizei **83**, 83). Je größer die Straferwartung ist, desto weniger Gewicht ist aber auf weitere Umstände zu legen (Karlsruhe NJW **78**, 333). Auch ein möglicher Bewährungswiderruf kann zur Beurteilung der Fluchtgefahr herangezogen werden (KG StV **96**, 383 mit abl Anm Wattenberg). Bei einer **besonders hohen Straferwartung** braucht daher nur geprüft zu werden, ob 25
Umstände vorhanden sind, die die hieraus herzuleitende Fluchtgefahr ausräumen können (KG aaO; Braunschweig JZ **65**, 619 mit zust Anm Neidhard; Düsseldorf StV **82**, 585; Frankfurt NJW **65**, 1342; Karlsruhe aaO; KK-Boujong 18; **aM** SK/StPO-Paeffgen 25; Dahs AnwBl **83**, 418 und Dünnebier-FS 234; Krekeler wistra **83**, 44; Schwenn StV **84**, 132). Das bedeutet aber nicht, daß bei schweren Straftaten die Anforderungen für die Annahme der Fluchtgefahr herabgemindert sind (Köln StV **93**, 371; **95**, 419; StraFo **97**, 279 mit zust Anm Hiebl; **aM** Hamburg NJW **61**, 1881 mit abl Anm Dahs; Kleinknecht MDR **65**, 783).

E. Der **Haftgrund der Verdunkelungsgefahr** (II Nr 3) besteht, wenn das 26
Verhalten des Beschuldigten den dringenden Verdacht (oben 5) begründet, daß durch bestimmte Handlungen auf sachliche oder persönliche Beweismittel eingewirkt und dadurch die Ermittlung der Wahrheit erschwert werden wird (vgl Köln StV **97**, 27; München NStZ **96**, 403). Der Haftgrund bezieht sich nur auf die Taten, die dem Haftbefehl zugrunde liegen (Stuttgart StV **87**, 110 L).

a) **Mit großer Wahrscheinlichkeit** müssen Verdunkelungshandlungen für den 27
Fall zu erwarten sein, daß der Beschuldigte nicht in Haft genommen wird (Bremen NJW **55**, 1891; Celle NJW **63**, 1264; Köln NJW **59**, 544). Die bloße Möglichkeit, daß solche Handlungen vorgenommen werden, genügt nicht (Hamm StV **85**, 114; Köln NJW **61**, 1880; StV **92**, 383; München StV **95**, 86; LG Oldenburg StV **83**, 248). **Bestimmte Tatsachen,** die nicht zu vollen Überzeugung des Gerichts fest- 28
zustehen brauchen (oben 22), müssen die Verdunkelungsgefahr begründen, und zwar Tatsachen aus dem Verhalten, den Beziehungen und den Lebensumständen des Beschuldigten (Hamm aaO; KK-Boujong 25, 27; Dahs NJW **65**, 889; Kleinknecht MDR **65**, 782; Roesen NJW **53**, 1734). Daher rechtfertigt die UHaft

nicht, daß die Ermittlungen noch nicht abgeschlossen sind (LG Hannover NJW **52**, 951; KK-Boujong 26; Dahs NJW **59**, 508; **65**, 890), daß Mittäter noch flüchtig (Schmidt-Leichner NJW **59**, 844) oder wichtige Zeugen noch nicht aufgefunden oder vernommen worden sind (Schleswig SchlHA **54**, 25; Dahs NJW **65**, 890) oder daß das Opfer der Tat noch nicht gefunden worden ist (Dahs aaO). Das
29 Verhalten des Beschuldigten muß **prozeßordnungswidrig** und anstößig sein (Dahs aaO; Kleinknecht/Janischowsky 62). Daher läßt sich aus der Verweigerung der Einlassung oder dem Bestreiten der Tat keine Verdunkelungsgefahr herleiten (Frankfurt NJW **60**, 351 mit Anm Sauer; Hamm StV **85**, 114; Schleswig SchlHA **54**, 25; LG Köln NJW **55**, 723), auch nicht aus dem Widerruf des Geständnisses (vgl KG JR **56**, 192; Dahs NJW **65**, 890), aus der Weigerung, die Mittäter zu nennen (LG Verden StV **82**, 374) oder eine Blutprobe zur Alkoholbestimmung entnehmen zu lassen (Dahs aaO; Kleinknecht NJW **64**, 2186). Auch das Einwirken auf Beweispersonen, das nicht iS des II Nr 3 Buchst b unlauter ist (unten 33), begründet keine Verdunkelungsgefahr. Andererseits setzt der Haftgrund nicht voraus, daß der Beschuldigte in dem anhängigen oder in einem früheren Verfahren bereits Verdunkelungshandlungen vorbereitet, versucht oder begangen (Köln NJW **61**, 1880; KK-Boujong 31) und damit den dringenden Verdacht begründet hat, daß er das auch in Zukunft tun werde (KK-Boujong 29, 31). Es genügt, daß andere
30 **Beweisanzeichen** für die Verdunkelungsgefahr vorhanden sind, zB die frühere Verurteilung des Beschuldigten wegen Meineids oder Vortäuschung einer Straftat (KK-Boujong 29; Dahs NJW **65**, 892) oder wegen anderer Delikte, die ihrer Natur nach auf Irreführung angelegt sind (KK-Boujong 29; Philipp DRiZ **65**, 84 ff; **aM** Dahs Dünnebier-FS 234 ff). Auch wenn solche Vorverurteilungen nicht festgestellt sind, kann der Umstand, daß die ganze Lebensführung des Beschuldigten auf Drohung, Täuschung und Gewalt abgestellt ist, die Verdunkelungsgefahr begründen (Köln JMBlNW **63**, 252; Dahs NJW **65**, 893). Sie kann sich auch aus den Umständen der verfolgten Tat ergeben (Koblenz OLGSt S. 37; KK-Boujong 29; Dreves DRiZ **65**, 111; **aM** Köln StV **86**, 539 L; StraFo **97**, 28; SK/StPO-Paeffgen 32; Dahs NJW **65**, 892), zB wenn der Beschuldigte wegen Landesverrats nach §§ 94 ff StGB oder geheimdienstlicher Agententätigkeit nach § 99 StGB, wegen gewerbsmäßiger Hehlerei nach § 260 StGB oder wegen Zuhälterei nach § 181 a StGB verfolgt wird, insbesondere auch, wenn er Angehöriger einer kriminellen oder terroristischen Vereinigung iS der §§ 129, 129 a StGB ist (Kleinknecht/Janischowsky 71) oder zu dem Kreis der Wirtschaftskriminellen gehört, deren Taten nach Planung und Ausführung die Verdunkelung vor und nach ihrer Begehung voraussetzen (Koblenz OLGSt S. 37; Philipp DRiZ **65**, 85; **aM** Dahs Dünnebier-FS 236; Krekeler wistra **82**, 8). Auch insoweit genügt aber natürlich allein die Feststellung, daß der Beschuldigte einer solchen Straftat dringend verdächtig ist, zur Annahme der Verdunkelungsgefahr nicht; sie erfordert vielmehr eine Würdigung der konkreten Umstände der Tat (Frankfurt NStZ **97**, 200 mit Anm Otto).

31 b) Die **Erschwerung der Wahrheitsermittlung** durch eine der in II Nr 3 Buchst a–c abschließend aufgeführten Handlungen muß wahrscheinlich sein. Welche dieser Verdunkelungshandlungen zu erwarten ist, braucht aber nicht eindeutig festgestellt zu werden (KK-Boujong 32; Kleinknecht MDR **65**, 782). Bei der
32 **Beweismittelvernichtung** (Buchst a) kommt es nicht darauf an, ob der Beschuldigte „unlauter" handelt (**aM** Nix StV **92**, 446). Gleichgültig ist auch, ob er berechtigt ist, über das Beweismittel zu verfügen. Beiseiteschaffen iS der Vorschrift ist jede Handlung, durch die bewirkt wird, daß das Beweismittel den Strafverfolgungsbehörden nicht mehr jederzeit und unverändert zur Verfügung steht; das kann auch durch Veräußerung geschehen (KK-Boujong 33). Die Veränderung des Beweismittels kann auch durch Unbrauchbarmachung erfolgen. Fälschen ist jede Veränderung eines echten Beweismittels mit dem Erfolg, daß es seinen ursprünglichen Beweiswert verliert, aber auch die Herstellung eines neuen Beweismittels, das den Eindruck erweckt, es sei vor seiner Anfertigung entstanden (Zweibrücken StV

92, 476 mwN; **aM** Dahs NJW **59**, 507). Das **Einwirken auf Beweispersonen** 33
(Buchst b) ist nur von Bedeutung, wenn es in unlauterer Weise (durch unlautere Mittel oder zu unlauteren Zwecken) geschieht. Es setzt eine unmittelbare oder mittelbare psychische Beeinflussung voraus, durch die die Beweislage zuungunsten der Wahrheit geändert werden soll (Nix StV **92**, 447), insbesondere dadurch, daß durch Täuschung (KK-Boujong 34) oder Bedrohung (Düsseldorf NStE Nr 12) der Mitbeschuldigte oder Zeuge zur Falschaussage oder der Sachverständige zu einem falschen Gutachten veranlaßt wird. Ob die Beweisperson schon am Verfahren beteiligt ist, spielt keine Rolle; es genügt, daß der Beschuldigte mit ihrem Eintritt rechnet. Nicht unlauter ist das Suchen nach Entlastungszeugen und Besprechungen mit ihnen zur Feststellung ihres Wissens (Köln NJW **59**, 544), sofern sie dabei nicht unter Druck gesetzt werden und ihnen keine falsche Erinnerung suggeriert wird (Dahs NJW **65**, 890). Auch das Ersuchen an den Zeugen, von seinem Zeugnisverweigerungsrecht Gebrauch zu machen, ist nicht unlauter (Bremen MDR **51**, 55 mit Anm Dallinger; Köln aaO; Dahs aaO; krit Hengsberger JZ **66**, 211), sofern es nicht unter Ausnutzung eines Autoritätsverhältnisses oder sonst in unerlaubter Weise geschieht (KK-Boujong 35; Dahs NJW **65**, 980). Die **Veranlassung eines** 34
anderen (Buchst c), Verdunkelungsmaßnahmen zu begehen, steht den eigenen Handlungen des Beschuldigten gleich. Der Beschuldigte muß dabei vorsätzlich handeln; ob der andere weiß, welchem Ziel seine Handlungen dienen, ist ohne Bedeutung (KK-Boujong 36). Hinzu kommen muß stets die **konkrete Gefahr** 35
der Verdunkelung in dem anhängigen Verfahren; die Absicht allein genügt nicht. Wenn die Verdunkelungshandlungen nicht geeignet sind, die Ermittlung der Wahrheit zu erschweren, darf UHaft nicht angeordnet werden. Der Haftgrund liegt daher nicht vor, wenn der Sachverhalt schon in vollem Umfang aufgeklärt und die Beweise so gesichert sind, daß der Beschuldigte die Wahrheitsermittlung nicht behindern kann (Fezer 5/9; Kleinknecht JZ **65**, 116). Das ist etwa der Fall, wenn ein gesichertes Geständnis (Düsseldorf StV **84**, 339; Dahs NJW **65**, 891), richterlich protokollierte Aussagen unbeeinflußbarer Zeugen oder Mitbeschuldigter (KG JR **56**, 192; Karlsruhe NJW **93**, 1148; LG Oldenburg StV **83**, 248), Fingerabdrücke oder sichergestellte Tatwerkzeuge vorhanden sind. Der Abschluß der Ermittlungen und die Erhebung der öffentlichen Klage räumen die Verdunkelungsgefahr nicht ohne weiteres aus (Frankfurt StV **94**, 583; **aM** Krekeler wistra **82**, 10). Ein nur auf Verdunkelungsgefahr gestützter Haftbefehl muß aber idR nach Abschluß des Verfahrens im letzten Tatsachenrechtszug aufgehoben werden (Celle NJW **63**, 1264; NStE Nr 10; Naumburg StV **95**, 259 L).

3) Bei bestimmten **Straftaten der Schwerkriminalität** läßt III die Anordnung 36
der UHaft auch zu, wenn kein Haftgrund nach II vorliegt. Das gilt auch für den Versuch (BGH **28**, 355), für die Teilnahme nach §§ 25 ff StGB und für den Versuch der Teilnahme nach § 30 StGB, nicht aber für § 323 a StGB mit einer Katalogtat als Rauschtat (KK-Boujong 39; Dünnebier NJW **66**, 231). Auch in den Fällen der §§ 213 und 216 StGB ist III nicht anwendbar (Düsseldorf NJW **65**, 2118; Köln StV **89**, 486; **96**, 382; Schlothauer/Weider 255 mwN; **aM** Hamm NJW **82**, 2786; Waldschmidt NJW **65**, 1576). Die Vorschrift enthält einen offensichtlichen **Ver-** 37
stoß gegen den Verhältnismäßigkeitsgrundsatz. Denn dieser Grundsatz verbietet es, gegen einen Tatverdächtigen, bei dem weder Flucht- noch Verdunkelungs- oder Wiederholungsgefahr vorliegt, nur wegen der Schwere der Straftat einen Haftbefehl zu erlassen. Das BVerfG legt III daher verfassungskonform dahin aus, daß der Erlaß eines Haftbefehls nur zulässig ist, wenn Umstände vorliegen, die die Gefahr begründen, daß ohne Festnahme des Beschuldigten die alsbaldige Aufklärung und Ahndung der Tat gefährdet sein könnte; ausreichen kann schon die zwar nicht mit bestimmten Tatsachen belegbare, aber nach den Umständen des Falles doch nicht auszuschließende Flucht- oder Verdunkelungsgefahr oder die ernstliche Befürchtung, daß der Täter weitere Taten ähnlicher Art begehen werde (BVerfGE **19**, 342, 350 = NJW **66**, 243, 244; BVerfG NJW **66**, 772; krit LR-

Hilger 53; SK/StPO-Paeffgen 43; Dahs NJW **66**, 761; Deckers AnwBl **83**, 420; Fezer 5/14; Freund GA **95**, 20; vgl auch Roxin § 30 B II 2 c: mehr Umdeutung als Auslegung des Gesetzes; gegen diese Kritik mit Recht Krey 1/85, 2/299 und JA
38 **83**, 508; JZ **78**, 367). Die Vorschrift begründet bei dieser **Auslegung** weder eine Vermutung der Haftgründe (**aM** Düsseldorf MDR **83**, 152; offenbar auch Bremen StV **83**, 288), noch findet eine „Umkehr der Beweislast" statt (**aM** LR-Hilger 53; Deckers aaO). Vielmehr wird der Richter lediglich von den strengen Anforderungen des II befreit, um die Gefahr auszuschließen, daß sich gerade besonders gefährliche Täter der Bestrafung entziehen (BVerfG aaO). Dem Richter wird die Feststellung erlassen, daß bestimmte Tatsachen Flucht- oder Verdunkelungsgefahr begründen. Ausreichend, aber auch erforderlich ist die Feststellung, daß eine verhältnismäßig geringe oder entfernte Gefahr dieser Art besteht (Köln NJW **96**, 1686; JMBlNW **68**, 235; Schleswig SchlHA **82**, 154; Kleinknecht MDR **65**, 783) oder daß sie jedenfalls nicht auszuschließen ist (Hamm NJW **66**, 2075; JZ **76**, 610,
39 612); das muß in dem Haftbefehl begründet werden (15 zu § 114). III ist **keine Sondervorschrift** und schließt daher nicht aus, den Haftbefehl auf einen der Haftgründe des II (oder auf § 112 a) zu stützen, wenn er vorliegt (Hamm NJW **65**, 2117; Oldenburg NJW **65**, 1613; SK/StPO-Paeffgen 44; **aM** Düsseldorf NJW **65**, 2118). Das ist sogar empfehlenswert und idR auch möglich; denn wenn der Beschuldigte einer Straftat von der Schwere der in III bezeichneten Delikte dringend verdächtig ist, wird wegen der hohen Straferwartung meist auch Fluchtgefahr iS von II Nr 2 vorliegen.

Haftgrund der Wiederholungsgefahr

112a **I Ein Haftgrund besteht auch, wenn der Beschuldigte dringend verdächtig ist,**

1. **eine Straftat nach den §§ 174, 174 a, 176 bis 179 des Strafgesetzbuches oder**
2. **wiederholt oder fortgesetzt eine die Rechtsordnung schwerwiegend beeinträchtigende Straftat nach § 125 a, nach den §§ 224 bis 227, nach den §§ 243, 244, 249 bis 255, 260, nach § 263, nach den §§ 306 bis 306 c oder § 316 a des Strafgesetzbuches oder nach § 29 Abs. 1 Nr. 1, 4, 10 oder Abs. 3, § 29 a Abs. 1, § 30 Abs. 1, § 30 a Abs. 1 des Betäubungsmittelgesetzes**

begangen zu haben, und bestimmte Tatsachen die Gefahr begründen, daß er vor rechtskräftiger Aburteilung weitere erhebliche Straftaten gleicher Art begehen oder die Straftat fortsetzen werde, die Haft zur Abwendung der drohenden Gefahr erforderlich und in den Fällen der Nummer 2 eine Freiheitsstrafe von mehr als einem Jahr zu erwarten ist.

II Absatz 1 findet keine Anwendung, wenn die Voraussetzungen für den Erlaß eines Haftbefehls nach § 112 vorliegen und die Voraussetzungen für die Aussetzung des Vollzugs des Haftbefehls nach § 116 Abs. 1, 2 nicht gegeben sind.

1 **1)** Die **vorbeugende Maßnahme der Sicherungshaft** zum Schutz der Allgemeinheit vor weiteren erheblichen Straftaten besonders gefährlicher Täter erlaubt die Vorschrift; sie ist präventiv-polizeilicher Natur. Mit dem GG ist sie vereinbar (BVerfGE **19**, 342, 349 ff = NJW **66**, 243, 244; BVerfGE **35**, 185 = NJW **73**, 1363; krit Roxin § 30 B II 2 d). Den Haftgrund der Wiederholungsgefahr sieht Art 5 I S 2 Buchst c **MRK** ausdrücklich vor; die Ansicht, § 112 a verstoße gleichwohl gegen die Unschuldsvermutung nach Art 6 II **MRK** (SK/StPO-Paeffgen 4; Wolter ZStW **93**, 485), kann daher nicht richtig sein (vgl Baumann JZ **69**, 136; Dreher MDR **70**, 967; EbSchmidt JR **70**, 208). Wegen des Zusammenhangs mit dem Strafverfahren war es sachgerecht, die Sicherungshaft, obwohl sie keine Untersuchungshaft iS des § 112, sondern vorbeugende Verwahrung ist, als strafprozessualen Eingriff in der StPO und nicht in den Polizeigesetzen der Länder zu regeln

(KK-Boujong 5; Fezer 5/17; **aM** Anagnostopoulos, Haftgründe der Tatschwere und der Wiederholungsgefahr [§§ 112 Abs. 3, 112 a StPO], 1984, S. 104 ff, 126 ff; Baumann JZ **69**, 134; Paeffgen 156; Seebode 74 ff). Die Höchstdauer der Sicherungshaft beträgt 1 Jahr (§ 122 a). Zur Zulässigkeit der Sicherungshaft bei Jugendlichen vgl von Nerée StV **93**, 212 sowie Hamm JMBlNW **96**, 66.

2) Voraussetzung der Sicherungshaft (I) ist der iS des § 112 I S 1 (dort 5) 2
dringende Verdacht einer der in S. 1 Nrn 1 und 2 abschließend bezeichneten 3
Straftaten (Anlaßtaten), die schuldhaft begangen sein muß. Ausreichend ist der dringende Verdacht des Versuchs der Tat oder der Teilnahme an ihr (§§ 25 ff
StGB), auch der des Versuchs der Beteiligung nach § 30 StGB. Die Vorschrift **gilt** 4
auch, wenn nur der dringende Verdacht besteht, daß die Tat im Vollrausch (§ 323 a StGB) begangen worden ist (Frankfurt NJW **65**, 1728; Hamm NJW **74**, 1667; KK-Boujong 14; KMR-Müller 8; Hengsberger JZ **66**, 211; **aM** Dünnebier NJW **66**, 231; Krey ZStW **101**, 856; Paeffgen 162; einschr LR-Hilger 25; krit
auch Roxin § 30 B II 2 d aa). Ferner setzt die Sicherungshaft **Wiederholungsge-** 5
fahr sowie die Notwendigkeit der Haft zur Abwendung der Gefahr voraus, in den Fällen der Nr 2 auch die Erwartung einer Freiheitsstrafe von mehr als 1 Jahr. Die früher in Nr 2 enthaltene Voraussetzung einer einschlägigen Vorstrafe ist durch das Verbrechensbekämpfungsgesetz gestrichen worden (krit dazu Bandisch StV **94**, 157; Neumann StV **94**, 275).

A. **Anlaßtaten nach Nr 1** sind Straftaten gegen die sexuelle Selbstbestimmung. 6
Sie brauchen weder wiederholt noch fortgesetzt (dazu unten 7) begangen worden zu sein. Schon die einmalige Verfehlung deutet, jedenfalls bei erwachsenen Tätern, auf schwere Persönlichkeitsmängel hin, die weitere Taten ähnlicher Art befürchten lassen (Diemer-Nicolaus NJW **72**, 1694; Hellmer NJW **65**, 1728). Außerdem gilt es, einen besonders schutzwürdigen Kreis der Bevölkerung vor mit hoher Wahrscheinlichkeit drohenden schweren Straftaten zu bewahren (BVerfGE **19**, 342, 350 = NJW **66**, 243, 244).

B. **Anlaßtaten nach Nr 2:** Der Katalog enthält Straftaten, die erfahrungsgemäß 7
besonders häufig von Serientätern begangen werden. § 125 a StGB ist erst durch Ges vom 9. 6. 1989 (BGBl I 1059) in ihm aufgenommen worden (krit dazu Hassemer StV **89**, 78; Krauß StV **89**, 315). Körperverletzung (§ 223 StGB) und Diebstahl (§ 242 StGB) gehören dazu nicht. Eine fortgesetzte Handlung wird nach der Umgestaltung dieses Rechtsinstituts durch den BGH GrS (vgl dazu 14 zu § 260) bei den hier aufgezählten Straftaten höchstens noch im Fall des § 125 a sowie möglicherweise bei bestimmten Verstößen gegen das BtMG in Betracht kommen. Bei Straftaten nach § 243 StGB muß kein Regelbeispiel erfüllt sein (KK-Boujong 8). Betrugstaten sind nur dann Anlaßtaten, wenn sie in ihrem Schweregrad (Art der Tatausführung oder Umfang des Schadens) etwa dem besonders schweren Fall des Diebstahls nach § 243 StGB entsprechen (Stuttgart Justiz **73**, 254). Die Anlaßtat nach Nr 2 rechtfertigt die Sicherungshaft nur unter folgenden
Voraussetzungen: Die Tat muß **wiederholt oder fortgesetzt** begangen worden 8
sein, dh mindestens zweimal durch rechtlich selbständige Handlungen (§ 53 StGB), wobei geringfügige Abweichungen in der rechtlichen Beurteilung ohne Bedeutung sind (vgl KK-Boujong 12; LR-Hilger 27: die Qualifikation ist dem Grunddelikt gleichzustellen), oder durch eine fortgesetzte Handlung, die sich aus entspr Einzelhandlungen zusammensetzt (Frankfurt StV **84**, 159). Dabei dürfen Straftaten, die in anderen Verfahren bereits rechtskräftig abgeurteilt worden sind, nicht berücksichtigt werden (Frankfurt aaO; Hohmann/Matt NStZ **89**, 221; **aM** Hamm StV **97**, 310 mit abl Anm Hohmann; Stuttgart NStZ **88**, 326; LR-Hilger 30; Paeffgen NStZ **89**, 418; **aM** auch Schleswig MDR **78**, 952 für den Fall, daß beide Taten in demselben Verfahren hätten abgeurteilt werden können). Berücksichtigt werden jedoch Taten, die Gegenstand eines weiteren Ermittlungsverfahrens bei demselben oder einem anderen Gericht sind (Hamm MDR **81**, 956; KK-Boujong
12; Schlüchter 216; **aM** auch insoweit Frankfurt aaO). Eine **schwerwiegende** 9

Beeinträchtigung der Rechtsordnung muß durch die Anlaßtat eingetreten sein. Art und Ausmaß des Schadens müssen erheblich sein (BVerfGE **35**, 185, 192 = NJW **73**, 1363, 1365). Bei fortgesetzten Taten ist der Gesamtschaden maßgebend (Hamburg MDR **73**, 242; Stuttgart Justiz **73**, 254). Die Taten müssen nicht nur im Unrechtsgehalt (KMR-Wankel 7) und im Schweregrad (LG Bonn StV **88**, 439; KK-Boujong 13; vgl auch LR-Hilger 31 ff) überdurchschnittlich, sondern auch geeignet sein, in weiten Kreisen das Gefühl der Geborgenheit im Recht zu beeinträchtigen (Kleinknecht/Janischowsky 79; ähnlich Schlüchter MDR **73**, 98). Bei
10 der **Straferwartung von mehr als 1 Jahr Freiheitsstrafe,** die nur in den Fällen des I Nr 2 gefordert wird, kommt es nicht darauf an, ob eine Strafaussetzung nach § 56 StGB ausgeschlossen ist; bei Serientätern wird sie es idR sein. Liegt schon ein noch nicht rechtskräftiges Urteil vor, so ist die erkannte Strafe maßgebend (KK-Boujong 20), sofern nicht die StA zuungunsten des Angeklagten Berufung eingelegt hat.

11 C. Der Begriff **Wiederholungsgefahr** ist in I als Gefahr der Begehung weiterer erheblicher Straftaten gleicher Art oder Fortsetzung der Straftat defi-
12 niert. **Erheblich** iS der Vorschrift sind Taten, die mindestens dem Bereich der
13 mittleren Kriminalität angehören (KK-Boujong 17). Um **gleichartige Taten** handelt es sich, wenn das bisherige und das künftig zu befürchtende Verhalten des Täters im Erscheinungsbild übereinstimmen. Eine völlige Übereinstimmung der verletzten Strafgesetze mit der Anlaßtat wird nicht verlangt; es genügt die rechtsethische und psychologische Vergleichbarkeit (BezG Meiningen NStE Nr 2; krit SK/StPO-Paeffgen 17). Das vergangene und das zukünftige Verhalten des Täters müssen aber insgesamt als eine in sich gleichartige Serie erscheinen. IdR sind diejenigen Gruppen von Straftaten gleichartig, die in dem Katalog des I Nr 1 (vgl LG Krefeld NJW **72**, 2238) und in dem der Nr 2 jeweils nach dem Wort „nach" aufgeführt sind (KMR-Wankel 6, 9). Die Wiederholungsgefahr
14 muß durch **bestimmte Tatsachen** begründet werden, die eine so starke innere Neigung des Beschuldigten zu einschlägigen Taten erkennen lassen, daß die Besorgnis begründet ist, er werde die Serie gleichartiger Taten noch vor einer Verurteilung wegen der Anlaßtat fortsetzen (KK-Boujong 18; Kleinknecht JZ **65**, 117). Zu berücksichtigen sind insbesondere die Vorstrafen des Beschuldigten, die Abstände zwischen ihnen, die äußeren Umstände, in denen er sich bei Begehung der Taten befunden hat, seine Persönlichkeitsstruktur und sein soziales Umfeld (R. Schmitt JZ **65**, 196; vgl auch Kleinknecht/Janischowsky 90 ff). Eine
15 **einschlägige Vorstrafe**, die bis zum Inkrafttreten des Verbrechensbekämpfungsgesetzes am 1. 12. 1994 in den Fällen der Nr 2 für den Regelfall verlangt worden war, ist nun nicht mehr erforderlich; liegen keine einschlägigen oder ähnlichen Straftaten vor, muß besonders sorgfältig geprüft werden, ob bestimmte Tatsachen die Gefahr der Wiederholung weiterer erheblicher Straftaten gleicher Art begründen.

16 D. **Erforderlich** muß die Sicherungshaft sein. Können die von dem Beschuldigten ausgehenden Gefahren durch andere Maßnahmen – Anstaltsbehandlung eines Sittlichkeitsverbrechers, Drogentherapie eines Rauschgiftsüchtigen (Frankfurt StV **92**, 425), Heimunterbringung des sittlich gefährdeten Kindes – abgewendet werden, so ist sie unzulässig. Im übrigen gilt § 116 III.

17 **3) Subsidiarität der Sicherungshaft** (II): Zunächst müssen stets die Voraussetzungen des § 112 geprüft werden. Liegen sie vor und kommt eine Haftverschonung nach § 116 I, II nicht in Betracht, so wird der Haftbefehl auch dann nach § 112 erlassen, wenn Wiederholungsgefahr besteht; auf § 112 a darf er nicht gestützt werden. Liegt aber ein Haftgrund nach § 112 nicht vor oder müßte der Vollzug des nach dieser Vorschrift erlassenen Haftbefehls nach § 116 ausgesetzt werden, so wird der Haftgrund der Wiederholungsgefahr und, falls er gegeben ist, auch die Anwendung des § 116 III geprüft. II schließt auch aus, den auf § 112 gestützten Haftbefehl hilfsweise auf den Haftgrund der Wiederholungsgefahr zu

stützen; denn auch dann handelt es sich um eine Anwendung dieses Haftgrundes (LG Bonn StV **88**, 439; Seebode StV **98**, 386). Ein Aktenvermerk, daß beim Wegfall der Haftvoraussetzungen nach § 112 oder vor einer Haftverschonung nach § 116 I, II eine Prüfung nach § 112a geboten erscheint, ist zwar nicht unzulässig, aber idR auch nicht angebracht (LR-Hilger 51).

Einschränkung der UHaft

113 **I Ist die Tat nur mit Freiheitsstrafe bis zu sechs Monaten oder mit Geldstrafe bis zu einhundertachtzig Tagessätzen bedroht, so darf die Untersuchungshaft wegen Verdunkelungsgefahr nicht angeordnet werden.**

II In diesen Fällen darf die Untersuchungshaft wegen Fluchtgefahr nur angeordnet werden, wenn der Beschuldigte

1. **sich dem Verfahren bereits einmal entzogen hatte oder Anstalten zur Flucht getroffen hat,**
2. **im Geltungsbereich dieses Gesetzes keinen festen Wohnsitz oder Aufenthalt hat oder**
3. **sich über seine Person nicht ausweisen kann.**

1) Eine **Einschränkung der UHaft** bei Straftaten mit geringer Strafandrohung 1
bestimmt die Vorschrift. Ihr ist zu entnehmen, daß UHaft auch angeordnet werden darf, wenn nur eine Geldstrafe zu erwarten ist (Düsseldorf NJW **97**, 2965). Der Verhältnismäßigkeitsgrundsatz (§ 112 I S. 2) wird aber häufig dem Erlaß eines Haftbefehls entgegenstehen (Wagner NJW **78**, 2002). **Freiheitsstrafe** iS von I ist 2
auch der Strafarrest nach § 9 WStG, nicht aber der Jugendarrest nach § 16 JGG (LR-Hilger 3). Gleichgültig ist, ob neben der Strafe weitere Rechtsfolgen (Einziehung uä) angedroht sind (KK-Boujong 3).

2) Wegen **Verdunkelungsgefahr** darf die UHaft niemals angeordnet werden (I), 3
wegen Flucht (§ 112 II Nr 1) ohne Beschränkungen, wegen **Fluchtgefahr** nur, 4
wenn außer den Voraussetzungen des § 112 II Nr 2 auch die des II vorliegen (LR-Hilger 7; Kleinknecht MDR **65**, 782), und zwar:

A. **Besondere Fluchtgefahr** (Nr 1): Auf welche Weise sich der Beschuldigte 5
dem Verfahren entzogen hat (Flucht, Verborgenhalten), spielt keine Rolle. Fluchtanstalten sind alle Tätigkeiten, die ihre Erklärung vernünftigerweise darin finden, daß der Beschuldigte sich dem Verfahren entziehen will (Vermögensveräußerung, Paßantrag, Anmietung einer geheimgehaltenen Wohnung und dgl).

B. **Wohnungslosigkeit** (Nr 2): Wegen der Begriffe Wohnung und Aufenthalt 6
vgl 1, 3 zu § 8. Eine feste Wohnung muß der tatsächlichen Niederlassung entsprechen, nicht nur der polizeilichen Anmeldung, und für eine gewisse Dauer berechnet sein (LR-Hilger 9). Der feste Aufenthalt ist der Ort, an dem der Beschuldigte wenigstens für eine bestimmte Zeit erreichbar ist (erg 2 zu § 127a).

C. **Ausweislosigkeit** (Nr 3): Gleichgültig ist, aus welchen Gründen sich der 7
Beschuldigte nicht ausweisen kann. Dem Ausweislosen steht gleich, wer sich nicht ausweisen will oder wer falsche Personalien angibt (KK-Boujong 6). Ist der Beschuldigte von Person bekannt, so ist Nr 3 nicht anwendbar (LR-Hilger 10).

3) **Mit besonderer Beschleunigung** ist die Strafsache zu behandeln, wenn ein 8
Haftbefehl nach § 113 ergangen ist. IdR wird die öffentliche Klage durch Strafbefehl oder in dem Verfahren nach §§ 417ff zu erheben sein. Ist eine Geldstrafe zu erwarten, so darf die UHaft nur ausnahmsweise die voraussichtliche Ersatzfreiheitsstrafe (§ 43 StGB) übersteigen (KK-Boujong 7; Seetzen NJW **73**, 2003; Wagner NJW **78**, 2005).

Haftbefehl

114 **[I] Die Untersuchungshaft wird durch schriftlichen Haftbefehl des Richters angeordnet.**

[II] In dem Haftbefehl sind anzuführen

1. **der Beschuldigte,**
2. **die Tat, deren er dringend verdächtig ist, Zeit und Ort ihrer Begehung, die gesetzlichen Merkmale der Straftat und die anzuwendenden Strafvorschriften,**
3. **der Haftgrund sowie**
4. **die Tatsachen, aus denen sich der dringende Tatverdacht und der Haftgrund ergibt, soweit nicht dadurch die Staatssicherheit gefährdet wird.**

[III] Wenn die Anwendung des § 112 Abs. 1 Satz 2 naheliegt oder der Beschuldigte sich auf diese Vorschrift beruft, sind die Gründe dafür anzugeben, daß sie nicht angewandt wurde.

1 1) Der **Erlaß des Haftbefehls** (I) ist dem Richter vorbehalten (Art 104 II S. 1, III S. 2 GG). Zur Zuständigkeit vgl §§ 125, 128, zum Verfahren unten 19. Der
2 Haftbefehl muß **schriftlich** erlassen werden. Dabei kann ein vervielfältigtes Schriftstück verwendet werden, wenn zahlreiche Beschuldigte gleichartiger Straftaten verdächtig sind (BVerfG NJW **82**, 29). Der Haftbefehl, der dem Beschuldigten verkündet wird (3 zu § 114 a), braucht nicht schon vollständig abgefaßt zu sein; das muß aber alsbald nachgeholt werden. In der Hauptverhandlung oder in einem anderen Gerichtstermin ist der Schriftform genügt, wenn der Haftbefehl vollständig in das Protokoll aufgenommen wird. Weil der Angeklagte ohnehin eine Abschrift erhalten muß (§ 114 a II), empfiehlt sich aber auch hier die Abfassung eines Haftbefehls unter Verwendung des amtlichen Vordrucks, der unterzeichnet und dem Protokoll als Anlage beigefügt wird (Celle StraFo **98**, 171; Creifelds NJW **65**, 946).

3 2) **Inhalt des Haftbefehls** (II):

4 A. Der **Begründungszwang** nach II, der entspr für Haftbefehle nach §§ 230 II, 236, 329 IV S. 1 und § 453 c (dort II S. 2) gilt, ist eine Sonderregelung gegenüber § 34. Er dient der Selbstkontrolle des Gerichts sowie der Unterrichtung des Beschuldigten und soll die Prüfung durch das Beschwerdegericht ermöglichen (Karlsruhe NStZ **86**, 134; Creifelds NJW **65**, 946; Kleinknecht JZ **65**, 117; MDR **65**, 784; vgl dazu Volk, Haftbefehle und ihre Begründungen: Gesetzliche Anforderungen und praktische Umsetzung, 1995). Den inhaltlichen Anforderungen des II muß der Haftbefehl, unabhängig von den Anforderungen, die der ersuchte Staat stellt, auch dann entsprechen, wenn er die Grundlage für ein Einlieferungsersuchen bilden soll (Karlsruhe aaO; vgl auch RiVASt 94). Im einzelnen sind außer der in II nicht erwähnten, aber unerläßlichen ausdrücklichen Anordnung der UHaft folgende Angaben erforderlich:

5 B. Der **Beschuldigte** (Nr 1) muß so genau bezeichnet werden, daß bei der Vollstreckung des Haftbefehls eine Verwechslung ausgeschlossen ist. Ausreichend ist idR die Angabe des Vor- und Familiennamens, ggf auch des Alias-Namens, des Geburtstags und -orts, des Berufs und der letzten Wohnung; bei Ausländern empfiehlt sich die Angabe der Staatsangehörigkeit (KK-Boujong 5). Anders als beim Steckbrief (§ 131 III) ist eine Personenbeschreibung entbehrlich, sofern sie nicht ausnahmsweise für die Identitätsfeststellung notwendig ist (KMR-Wankel 2; Creifelds NJW **65**, 946). Dann ist auch die Bezugnahme auf ein bei den Akten befindliches Lichtbild zulässig (Senge NStZ **97**, 348).

C. **Bezeichnung der Tat und der Strafvorschriften** (Nrn 2, 4): 6

a) Die **Tat** muß aus sich heraus verständlich beschrieben werden (Stuttgart MDR **80**, 518). Dabei ist das Tatgeschehen nach Ort und Zeit, Art der Durchführung, Person des Verletzten und den sonstigen Umständen so genau zu bezeichnen, daß ein bestimmter Lebensvorgang erkennbar ist, dem der Beschuldigte den gegen ihn erhobenen Tatvorwurf entnehmen kann (Brandenburg OLGSt Nr 1; StV **97**, 140; Düsseldorf StV **96**, 440 mit Anm Weider; Hamm Rpfleger **50**, 467; Stuttgart Justiz **85**, 31; 217; LG Bochum StV **96**, 551). Eine knappe Darstellung reicht aus, bei gleichartigen Taten auch eine zusammenfassende Darstellung. Jedoch muß stets für jedes gesetzliche Tatbestandsmerkmal erkennbar sein, durch welchen Teil des Tatgeschehens es erfüllt ist. Anzuführen ist auch der Teil des Tatgeschehens, aus dem sich bestimmte Teilnahmeformen und Straferschwerungen oder der Versuch ergeben. Stehen Tatort oder -zeit noch nicht fest, so genügen ungefähre Angaben, bei der Tatzeit mindestens die des Jahres, also nicht die Angabe: „in nicht rechtsverjährter Zeit“, aufgrund deren die Tatidentität, die Zuständigkeit und die Verjährungsfrage geprüft werden können (KK-Boujong 6). Unzulässig ist die **Be-** 7
8
zugnahme auf eine bei den Akten befindliche, dem Haftbefehl aber nicht als Anlage beigefügte Urkunde (Stuttgart NJW **82**, 1296; MDR **80**, 518) oder auf das gleichzeitig erlassene Urteil (Celle StraFo **98**, 171; Karlsruhe NJW **74**, 510; Stuttgart Justiz **85**, 31; 217; **97**, 62).

b) Ist der Beschuldigte **mehrerer Taten** dringend verdächtig, so braucht sich der Haftbefehl nicht auf alle zu erstrecken (LR-Hilger 10; Kleinknecht/Janischowsky 136; **aM** Hamm NJW **71**, 1325; Kleinknecht JZ **65**, 117). Es kann sogar zweckmäßig sein, ihn auf Fälle zu beschränken, die seinen Erlaß ohne jeden Zweifel rechtfertigen. Auch kann es im Interesse der Ermittlungen geboten sein, bestimmte Tatvorwürfe zunächst nicht in den Haftbefehl aufzunehmen (Düsseldorf MDR **84**, 774). Nach Anklageerhebung liegen derartige Gründe nicht mehr vor; auch bedarf es dann zur Erweiterung des Haftbefehls keines Antrags der StA (10 zu § 125). Der Haftbefehl ist daher spätestens bei der Eröffnung des Hauptverfahrens den Tatvorwürfen der Anklageschrift anzupassen (vgl 4 zu § 122). 9

c) **Strafvorschriften:** Vgl 11 ff zu 200. Nicht jede anzuwendende Strafvorschrift ist anzuführen. Jedoch muß ggf die Art der Teilnahme, das Konkurrenzverhältnis und, wenn die Strafvorschrift mehrere Begehungsarten kennt, die Begehungsweise gekennzeichnet werden. Auf etwa zu erwartende Sicherungsmaßregeln (§§ 61 ff StGB) wird hingewiesen, wenn das für die Frage der Verhältnismäßigkeit (§ 112 I S. 2) von Bedeutung ist (KK-Boujong 7; Creifelds NJW **65**, 947). 10

d) Der **dringende Tatverdacht** muß mit der Schilderung der Tatsachen begründet werden, aus denen er sich ergibt (Nr 4). Dazu ist eine kurze Darstellung der Verdachtsgründe erforderlich, die die Ermittlungen zutage gefördert haben. Handelt es sich um Indizien, so sind auch sie mitzuteilen (Creifelds NJW **65**, 948). Die Angabe der Beweismittel ist gesetzlich nicht vorgeschrieben. Wenn aber der dringende Tatverdacht daraus hergeleitet wird, daß bestimmte Beweismittel in starkem Maße auf die Täterschaft oder Beteiligung des Beschuldigten hinweisen, sind diese Beweismittel zu bezeichnen (Düsseldorf VRS **86**, 446; Creifelds aaO; Kleinknecht JZ **65**, 118). Auch sonst sollten, damit der Beschuldigte seine Verteidigung danach einrichten kann, die Beweismittel idR so weit angeführt werden, wie es ohne Gefährdung der Ermittlungen möglich ist (Düsseldorf MDR **84**, 774; Hamburg MDR **92**, 693; Kleinknecht MDR **65**, 783). Ihr Beweiswert braucht aber nicht erörtert zu werden (Düsseldorf StV **88**, 534 mit abl Anm Rudolphi; StV **91**, 521 mit abl Anm Schlothauer; abl auch Paeffgen NStZ **92**, 482). Soweit die 11
12
Staatssicherheit gefährdet würde, kann von der Begründung des dringenden Tatverdachts abgesehen werden (dazu Creifelds NJW **65**, 949); das muß in dem Haftbefehl zum Ausdruck kommen (KK-Boujong 14). Dem Beschuldigten muß die Begründung aber auch insoweit mündlich eröffnet werden, wenn er nach §§ 115, 115 III gehört wird (SK/StPO-Paeffgen 10; **aM** KK-Boujong 14: erst nach Wegfall

der Gefährdung). Die (nach Meinung von Vogt NStZ **82**, 21 überflüssige) Ausnahme hat zwar besonders in Staatsschutzsachen Bedeutung, ist aber auf sie nicht beschränkt (KK-Boujong 14).

13 D. Der **Haftgrund** (Nrn 3, 4) als die prozessuale Grundlage des Haftbefehls ist ebenfalls zu bezeichnen. Dabei genügt die Kurzbezeichnung (Fluchtgefahr, Verdunkelungsgefahr, Wiederholungsgefahr). Im Fall des § 113 II muß angegeben
14 werden, welcher der dort genannten Gründe vorliegt. **Mehrere Haftgründe** brauchen nicht unbedingt nebeneinander verwendet zu werden (KK-Boujong 10; LR-Hilger 13; Oppe NJW **66**, 93; **aM** SK/StPO-Paeffgen 8; Hengsberger JZ **66**, 212). Beim Zusammentreffen von Flucht- und Verdunkelungsgefahr müssen aber beide Haftgründe genannt werden, damit der Beschuldigte die Aussichten für die Aufhebung des Haftbefehls (§ 120) oder die Aussetzung seines Vollzugs (§ 116) beurteilen und sein Prozeßverhalten danach einrichten kann (vgl auch BGH **34**,
15 34, 36). Zu **begründen** (Nr 4) ist jeder verwendete Haftgrund unter Angabe der bestimmten Tatsachen, aus denen er sich ergibt (15, 22 zu § 112). Von der Ausnahme zugunsten der Staatssicherheit abgesehen, ist es nicht zulässig, nur einen Teil dieser Tatsachen anzuführen. Der Beschuldigte soll nicht durch Teilangaben zu überflüssigen und verfahrensverzögernden Anträgen und Beschwerden veranlaßt werden. Im Fall des § 112 III ist anzugeben, mit welchen Erwägungen der unbenannte Haftgrund ausgefüllt wird (Oppe NJW **66**, 93). Denn II befreit nicht von dem Begründungszwang nach § 34 (KK-Boujong 13; Kleinknecht MDR **65**, 783;
16 **aM** Creifelds NJW **65**, 950). Zum Wegfall der Begründungspflicht wegen **Gefährdung der Staatssicherheit** vgl oben 12.

17 **3)** Zum **Verhältnismäßigkeitsgrundsatz** (III) braucht in dem Haftbefehl nur Stellung genommen zu werden, wenn seine Anwendung naheliegt oder wenn der Beschuldigte sich auf ihn beruft. Macht er nach Erlaß des Haftbefehls zu Unrecht einen Verstoß gegen § 112 I S. 2 geltend, so braucht der Haftbefehl nicht ergänzt zu werden; das Vorbringen wird in dem die Haftfortdauer anordnenden Beschluß erörtert (LR-Hilger 19).

18 **4)** Die **Änderung des Haftbefehls** ist notwendig, wenn im Laufe des Verfahrens der dringende Tatverdacht wegen einiger der in dem Haftbefehl angeführten Taten oder wenn einer von mehreren Haftgründen entfällt. Sie kommt auch in Betracht, wenn neue Taten oder weitere Tathandlungen bekannt werden oder wenn ein zusätzlicher Haftgrund entsteht (KK-Boujong 9). Die Änderung kann von Amts wegen erfolgen, aber auch von der StA oder dem Beschuldigten beantragt werden. Im Ermittlungsverfahren setzt die Einbeziehung weiterer Taten stets einen entspr Antrag der StA voraus (8 zu § 125). Der Haftbefehl kann durch einen ergänzenden Beschluß abgeändert werden (Hamm NJW **60**, 587). Sind die Änderungen wesentlich, so ist aber die Aufhebung des alten und der Erlaß eines neuen Haftbefehls vorzuziehen. Denn auch der Beschluß, durch den der Haftbefehl ergänzt wird, ist wie ein neuer Haftbefehl zu behandeln (Hamm aaO; Nürnberg MDR **64**, 943). Zur vorherigen Anhörung des Beschuldigten vgl § 33 III, zur Bekanntmachung des Änderungsbeschlusses 5 zu § 114 a, zur richterlichen Vernehmung 11 zu § 115. Zur Entscheidung des Beschwerdegerichts vgl Stuttgart Justiz **97**, 62.

19 **5) Verfahren:** Der Haftbefehl wird im Ermittlungsverfahren grundsätzlich nur auf Antrag der StA erlassen (§§ 125, 128). Eine Ausnahme gilt nach § 125 I bei Unerreichbarkeit der StA und bei Gefahr im Verzug (dort 9). Nach Erhebung der Klage kann das Gericht den Haftbefehl auch von Amts wegen erlassen, muß aber die StA vorher hören (10 zu § 125). Die vorherige Anhörung des Beschuldigten wird idR nach § 33 IV entfallen, jedoch nicht, wenn der Haftbefehl in der Hauptverhandlung erlassen wird. Die Bekanntmachung regelt § 114 a I. Erlaß und Vollzug eines Haftbefehls können von Amts wegen zu beachtende Mitteilungspflichten begründen, zB nach der MiStra 15 I Nr 1, 19 I S. 1 Nr 1, 23 I Nr 1, 24 I Nr 1, 26 I Nr 1, 32 Nr 3, 34 II S. 1 Nr 2, 36 II Nr 1, 41; vgl hierzu auch §§ 12 ff

EGGVG. Die Ablehnung eines Antrags der StA auf Erlaß eines Haftbefehls erfordert einen mit Gründen versehenen (§ 34) Beschluß.

6) Die **Vollstreckung des Haftbefehls** ist Sache der StA (§ 36 II S. 1), die sich 20 dazu ihrer Hilfsbeamten (§ 152 GVG) oder der Polizei (§ 161) bedient. Der Haftbefehl erlaubt die Durchsuchung der Wohnung des Beschuldigten zwecks Ergreifung (**aM** SK/StPO-Paeffgen 15), nicht aber die dritter Personen (6 zu § 105). Zum Vollzug des Haftbefehls vgl § 119, bei Soldaten der Bundeswehr RiStBV 50. Zur Überhaft und zur Frage, ob 2 Haftbefehle gleichzeitig vollzogen werden können, vgl 12 ff vor § 112.

7) **Rechtsmittel:** Zur Haftbeschwerde des Beschuldigten vgl 8 ff zu § 117. Die 21 StA kann Beschwerde nach § 304 I und weitere Beschwerde nach § 310 I (dort 8) einlegen, wenn ihr Antrag auf Erlaß oder Erweiterung eines Haftbefehls abgelehnt worden ist. Das gilt auch für Entscheidungen des erkennenden Gerichts (vgl BGH StV **91**, 525 mit Anm Weider; erg 6 zu § 305), wobei aber die Überprüfungsmöglichkeiten während noch laufender Hauptverhandlung für das Beschwerdegericht mangels voller Kenntnis von deren bisherigen Ergebnissen eingeschränkt sind (BGH aaO; Frankfurt StV **95**, 593; Karlsruhe StV **97**, 312). Der Nebenkläger ist nicht beschwerdeberechtigt (Frankfurt StV **95**, 594 L; 1 zu § 400).

8) Die **Immunität** des Abgeordneten steht seiner Verhaftung nicht entgegen, 22 wenn er bei Begehung der Tat oder im Laufe des folgenden Tages festgenommen wird (Art 46 II GG). Sonst ist eine Genehmigung des Parlaments erforderlich; die allgemeine Genehmigung des BTags zur Durchführung von Ermittlungsverfahren gegen Abgeordnete umfaßt nach Anl 6 Abschn A Nr 7 Buchst a BT-GeschO nicht zugleich die Genehmigung zur Verhaftung (vgl auch RiStBV 192 a II Buchst c).

Bekanntmachung des Haftbefehls **RiStBV 48**

114a

I Der Haftbefehl ist dem Beschuldigten bei der Verhaftung bekanntzugeben. Ist dies nicht möglich, so ist ihm vorläufig mitzuteilen, welcher Tat er verdächtig ist. Die Bekanntgabe des Haftbefehls ist in diesem Fall unverzüglich nachzuholen.

II Der Beschuldigte erhält eine Abschrift des Haftbefehls.

1) **Bekanntmachung des Haftbefehls** (I): Die Vorschrift, die § 35 ergänzt, 1 bildet eine Ausnahme von dem Grundsatz, daß gerichtliche Entscheidungen dem Betroffenen vor ihrer Vollstreckung bekanntgegeben werden. Erst **bei der Verhaftung** (S. 1) wird dem Beschuldigten der Haftbefehl bekanntgemacht, dh bei seiner 2 Ergreifung aufgrund des vorher erlassenen Haftbefehls oder unmittelbar nach dessen Erlaß, wenn der Beschuldigte vorläufig festgenommen worden war (§ 128). Ergeht der Haftbefehl in Anwesenheit des Beschuldigten in der Hauptverhandlung oder in einem anderen Gerichtstermin, so fallen Erlaß und Bekanntmachung zusammen. Die **Bekanntmachung** des in der Hauptverhandlung oder in einem 3 anderen gerichtlichen Termin in Anwesenheit des Beschuldigten erlassenen Haftbefehls erfolgt durch Verkündung (§ 35 I S. 1). Sonst wird der Haftbefehl dem Beschuldigten formlos (§ 35 II S. 1), zweckmäßigerweise durch die nach II ohnehin erforderliche Übergabe einer beglaubigten Abschrift, bekanntgemacht; er kann aber auch in einem Gerichtstermin, etwa nach § 115, verkündet werden. Die **vorläufige Mitteilung** (S. 2) der Straftat, deren er verdächtig ist, nicht des Haft- 4 grundes, soll dem Beschuldigten, wenn die Übergabe einer Haftbefehlsabschrift nicht möglich (zB wegen Gegenwehr des Beschuldigten oder weil keine Abschrift vorhanden ist) oder wegen der besonderen Umstände bei der Verhaftung (zB bei Anwesenheit Unbeteiligter) unzweckmäßig ist, wenigstens erkennbar machen, weshalb gegen ihn ein Haftbefehl ergangen ist. Die Bekanntgabe des vollständigen Haftbefehls ist dann unverzüglich, dh ohne vermeidbare Verzögerung, nachzuholen

(S. 3), und zwar spätestens bis zu der richterlichen Vernehmung nach §§ 115, 115 a.

5 **2)** Eine **Abschrift des Haftbefehls** (II) ist dem Beschuldigten in beglaubigter Form, einem Ausländer mit einer Übersetzung in eine ihm verständliche Sprache (Art 5 II **MRK;** RiStBV 181 II) auch ohne Antrag unverzüglich nach der Verhaftung und unabhängig von der Form der Bekanntmachung auszuhändigen. Wenn das nicht möglich ist, muß die Aushändigung auf dem schnellsten Wege nachgeholt werden. Das gleiche gilt für Beschlüsse, mit denen der Haftbefehl geändert oder ergänzt wird (18 zu § 114). Ein Verzicht des Beschuldigten auf die Aushändigung ist wirksam, sollte ihm aber nicht nahegelegt werden (LR-Hilger 5).

Benachrichtigung von Angehörigen

114b **I Von der Verhaftung und jeder weiteren Entscheidung über die Fortdauer der Haft wird ein Angehöriger des Verhafteten oder eine Person seines Vertrauens unverzüglich benachrichtigt. Für die Anordnung ist der Richter zuständig.**

II Außerdem ist dem Verhafteten selbst Gelegenheit zu geben, einen Angehörigen oder eine Person seines Vertrauens von der Verhaftung zu benachrichtigen, sofern der Zweck der Untersuchung dadurch nicht gefährdet wird.

1 **1)** Die **Benachrichtigungspflicht** (I S. 1) besteht schon aufgrund des
Art 104 IV GG. Sie soll die Allgemeinheit davor schützen, daß Staatsbürger ohne
Kenntnis unabhängiger Dritter aus der Öffentlichkeit verschwinden, dient also
nicht in 1. Hinsicht den Interessen des Beschuldigten (LG Frankfurt a.M. NJW **59**,
2 61; Lorenzen SchlHA **59**, 167; **aM** Maunz/Dürig 43 zu Art 104 GG). **Verhaftung**
iS von I S. 1 ist jede Festnahme, die den Zweck hat, den Beschuldigten für das
Strafverfahren festzuhalten; dazu gehört auch die UHaft nach §§ 127 b II, 230 II,
236, 329 IV S. 1, nicht aber die vorläufige Festnahme nach §§ 127, 127 b I sowie
die Ordnungs- und Beugehaft. Für die Sicherungshaft gilt § 114 b entspr
3 (§ 453 c II S. 2). **Weitere Entscheidungen** sind solche, durch die nach §§ 207 IV,
268 b die Fortdauer der UHaft angeordnet, nach §§ 115 IV, 117, 118 I, 118 a IV,
122 (dort 16) der Haftbefehl aufrechterhalten oder eine (weitere) Haftbeschwerde
verworfen wird (BVerfGE **16**, 119 = NJW **63**, 1820). Bei Beendigung der UHaft
ist eine Benachrichtigung nicht erforderlich (KK-Boujong 3 mwN; **aM** EbSchmidt
4 Nachtr 6; Kleinknecht/Janischowsky 163). **Empfänger der Benachrichtigung**
muß ein Angehöriger oder eine Vertrauensperson des Beschuldigten sein. Der
Begriff Angehöriger ist nicht in dem engen Sinn des § 52 I und des § 11 I Nr 1
StGB zu verstehen; auch entfernte Verwandte sowie Adoptiv- und Pflegeeltern
fallen unter den Begriff. Vertrauenspersonen sind insbesondere Freunde, Vereins-
kameraden, Geschäftspartner, Berufskollegen, Geistliche, bei Ausländern auch der
Konsul. Der Wahlverteidiger ist stets eine Vertrauensperson, der Pflichtverteidiger
nur, wenn ihn der Beschuldigte selbst benannt hat (BVerfGE **16**, 119, 123 = NJW
63, 1820; vgl auch BVerfGE **38**, 32 = MDR **75**, 30). Den Empfänger bestimmt der
Richter; an die Vorschläge des Beschuldigten ist er nicht gebunden, sollte ihm aber
möglichst Rechnung tragen (LR-Hilger 22). Der Richter ist auch in der Entschei-
dung frei, ob ein Angehöriger oder eine Vertrauensperson benachrichtigt wird,
selbst wenn der Beschuldigte eine Vertrauensperson benennt. Ist dem Gericht,
auch nach Befragen des Verhafteten, weder ein Verwandter noch eine Vertrauens-
person bekannt, so unterbleibt die Benachrichtigung; Nachforschungen brauchen
nicht angestellt zu werden (Eckels NJW **59**, 1908; Wagner JZ **63**, 690; **aM** SK/
5 StPO-Paeffgen 4 mwN). Eine bestimmte **Form** ist für die Benachrichtigung nicht
vorgeschrieben. Es genügt ein einfacher Brief; auch eine mündliche oder tele-
fonische Benachrichtigung ist zulässig. Die Benachrichtigung muß aber unverzüg-
lich vorgenommen werden (dazu BVerfGE **38**, 32 = MDR **75**, 30). Die Pflicht zur

Benachrichtigung gilt **ohne Ausnahme,** auch bei Verzicht oder Widerspruch des Beschuldigten (LG Frankfurt a.M. NJW **59**, 61 mit abl Anm Händel NJW **59**, 544; KK-Boujong 5; **aM** Eckels NJW **59**, 1908; Erdsiek NJW **59**, 232; Gehrlein Boujong-FS 773; Händel Krebs-FG 149; Lorenzen SchlHA **59**, 163; Odersky MDR **58**, 832; Wagner JZ **63**, 290; vgl auch Kohlhaas NJW **51**, 262: zu bedauernde Entwicklung). Die in II enthaltene Einschränkung (Gefährdung des Untersuchungszwecks) gilt für I nicht (Loesdau MDR **62**, 774). Auch überwiegende Interessen des Beschuldigten oder des Staates entbinden nicht von der Benachrichtigungspflicht. Im Schrifttum werden aber Ausnahmen für den Fall zugelassen, daß die Benachrichtigung zu einem übermäßigen Eingriff in die grundrechtlich geschützte Sphäre des Beschuldigten (KK-Boujong 5) oder zu einer schwerwiegenden Gefahr für Angehörige des Beschuldigten oder dritte Personen oder für die Sicherheit des Staates führen kann (LR-Hilger 14 ff; enger SK/StPO-Paeffgen 4: nur in extremen notstandsartigen Fällen). 6

2) Nur der **Richter** (I S. 2) ist für die Benachrichtigung verantwortlich. Er allein hat das Recht, den Empfänger auszuwählen. Zuständig ist im Fall der Verhaftung der Richter, dem der Beschuldigte nach §§ 115, 115 a, 128 vorgeführt wird, sonst der Richter, der die Entscheidung über die Haft trifft, bei Kollegialgerichten der Vorsitzende (10 zu § 126). Eine Benachrichtigung, die bereits die Polizei oder StA vorgenommen hat, braucht nicht wiederholt zu werden (Maunz/Dürig 43 zu Art 104 GG; Kohlhaas NJW **51**, 262; **aM** SK/StPO-Paeffgen 7). Jedoch entbindet die Benachrichtigung durch den Verhafteten nach II nicht von der Benachrichtigungspflicht nach I (LR-Hilger 30). 7

3) Benachrichtigungsrecht des Verhafteten (II): Einen Angehörigen oder eine Person seines Vertrauens (oben 4) darf der Beschuldigte von der Verhaftung, nicht von weiteren Haftentscheidungen, durch den sog Zugangsbrief benachrichtigen. Die Benachrichtigung nach I wird dadurch nicht entbehrlich (LR-Hilger 30). Wenn der Zweck der Untersuchung gefährdet wird, darf zwar nicht der Zugangsbrief untersagt, aber die Art und Weise der Mitteilung bestimmt und der Empfängerkreis begrenzt werden (KK-Boujong 9). Dem Verhafteten ist für die Benachrichtigung auf Verlangen Briefpapier und, wenn er mittellos ist, das Porto zur Verfügung zu stellen (UVollzO 29 I S. 4, III S. 2). Die **Benachrichtigung des** 9
Konsulats des Heimatstaates eines Ausländers von der Verhaftung regeln Art 36 I Buchst b WÜK (vgl § 19 GVG) und RiVASt 135. 8

4) Beschwerde nach § 304 I, auch gegen die Entscheidung des erkennenden Gerichts, können StA und Beschuldigter gegen die Unterlassung der Benachrichtigung nach I einlegen, der Beschuldigte aber nicht mehr, nachdem er selbst eine Benachrichtigung nach II nach außen gegeben oder sein Verteidiger Kenntnis erlangt hat (EbSchmidt Nachtr 14; **aM** KK-Boujong 11; LR-Hilger 34). Weitere Beschwerde ist nach § 310 II ausgeschlossen (KK-Boujong 11; **aM** SK/StPO-Paeffgen 10). Kein Beschwerderecht haben die Angehörigen und die Vertrauenspersonen des Beschuldigten (KK-Boujong 11; Wagner JZ **63**, 692). 10

Vorführung vor den zuständigen Richter

115 **I Wird der Beschuldigte auf Grund des Haftbefehls ergriffen, so ist er unverzüglich dem zuständigen Richter vorzuführen.**

II Der Richter hat den Beschuldigten unverzüglich nach der Vorführung, spätestens am nächsten Tage, über den Gegenstand der Beschuldigung zu vernehmen.

III Bei der Vernehmung ist der Beschuldigte auf die ihn belastenden Umstände und sein Recht hinzuweisen, sich zur Beschuldigung zu äußern oder nicht zur Sache auszusagen. Ihm ist Gelegenheit zu geben, die Verdachts- und

Haftgründe zu entkräften und die Tatsachen geltend zu machen, die zu seinen Gunsten sprechen.

IV **Wird die Haft aufrechterhalten, so ist der Beschuldigte über das Recht der Beschwerde und die anderen Rechtsbehelfe (§ 117 Abs. 1, 2, § 118 Abs. 1, 2) zu belehren.**

1 1) Die **Vorführung vor den zuständigen Richter** (I), dh vor den Richter, der den Haftbefehl erlassen hat (vgl § 126 I), hilfsweise vor den Richter des nächsten AG (§ 115 a I), ist zwingend vorgeschrieben; ein Verzicht des Beschuldigten ist unwirksam. I gilt für alle richterlichen Haftbefehle vor oder nach Anklageerhebung, auch für die nach §§ 230 II, 236, 329 IV S. 1; seine entspr Anwendung auf den Vollstreckungshaftbefehl bestimmt § 453 c II S. 2. Vorzuführen ist nach I der aufgrund des Haftbefehls ergriffene Beschuldigte. Die Vorführung des vor Erlaß
2 des Haftbefehls festgenommenen Beschuldigten regeln §§ 128, 129. **Ergreifung** iS von I ist die Festnahme des Beschuldigten zum Zweck des Vollzugs des Haftbefehls. Wird der Beschuldigte aufgrund desselben Haftbefehls erneut ergriffen, zB nachdem er geflüchtet war, so gilt I nicht. Dagegen ist die Vorschrift anzuwenden, wenn der Haftbefehl aufgehoben und dann später wiederhergestellt worden oder
3 wenn eine Anordnung nach § 116 IV ergangen ist (vgl auch unten 11). **Vorführung** bedeutet nicht die persönliche Gegenüberstellung mit dem Richter, sondern das Unterstellen des Beschuldigten unter dessen unmittelbare Verfügungsgewalt (LR-Hilger 5; erg 4 zu § 135). Schon das Verbringen in das Gerichtsgebäude und die Einlieferung in das Gerichtsgefängnis ist daher Vorführung (KK-Boujong 2). IdR wird der Beschuldigte zunächst in die UHaftanstalt eingeliefert und der StA (vgl Koch NStZ **95**, 71) und der Richter davon benachrichtigt. Zur Vorführung gehört die Vorlage der Unterlagen, die der vorführende Beamte über die Sache besitzt. Eine symbolische Vorführung findet statt, wenn der Beschuldigte wegen
4 Krankheit nicht rechtzeitig vorgeführt werden kann (vgl RiStBV 51). **Unverzüglich** ist der Beschuldigte vorzuführen, dh ohne jede vermeidbare Verzögerung (vgl 8 zu § 25); insbesondere darf die Vorführung nicht zugunsten weiterer polizeilicher Ermittlungen zurückgestellt werden (vgl BGH NStZ **90**, 195 mwN; dazu Fezer JR
5 **91**, 85; Nelles StV **92**, 388). **Am Tage nach der Ergreifung** darf er nur vorgeführt werden, wenn eine frühere Vorführung nicht möglich ist (Frankfurt HESt **2**, 350). Spätestens an diesem Tage muß die Vorführung aber stattfinden, auch wenn er ein Sonnabend, Sonn- oder Feiertag ist. Die Frist kann nicht verlängert werden; auf ihre Einhaltung kann der Beschuldigte nicht wirksam verzichten. Ihre Überschreitung zwingt nicht zur Aufhebung des Haftbefehls (LR-Hilger 9; **aM** Sommermeyer NJ **92**, 340). Erg 6 zu § 128.

6 2) **Vernehmung** (II, III): Der Richter muß den Vorgeführten unverzüglich
7 (oben 4) nach der Vorführung, **spätestens am nächsten Tag** (oben 5) vernehmen (II). Die Vernehmung entfällt selbstverständlich, wenn der Beschuldigte vernehmungsunfähig ist, muß aber unverzüglich nachgeholt werden, wenn er wieder vernommen werden kann. Wenn er wegen Erkrankung nicht vorgeführt werden konnte, muß der Richter ihn im Krankenhaus aufsuchen oder den „nächsten" Richter (§ 115 a) um die unverzügliche Vernehmung ersuchen. Zur Frage, ob von der Vernehmung abgesehen werden darf, wenn der Richter den dringenden Tatver-
8 dacht von vornherein verneint, vgl Lüderssen Pfeiffer-FS S. 249 ff. Den **Ablauf der Vernehmung** bestimmt III. Handelt es sich um die 1. Vernehmung in der Sache, so gilt zusätzlich § 136 (KK-Boujong 10; LR-Hilger 18; Kleinknecht JZ **65**, 156; **aM** Dreves DRiZ **65**, 113; Gegenfurtner DRiZ **65**, 334). Der Beschuldigte ist dann auch darüber zu belehren, daß er jederzeit einen Wahlverteidiger befragen kann (LR-Hanack 30 zu § 136; Hengsberger JZ **66**, 212; **aM** Dreves aaO; Gegenfurtner aaO). Zieht er darauf einen Verteidiger hinzu, so ist die Vernehmung innerhalb der zeitlichen Grenze des II zurückzustellen, um dem Verteidiger die Anwesenheit zu ermöglichen. Bei der Vernehmung ist der Beschuldigte auf die ihn belastenden

Umstände hinzuweisen (III S. 1). Die Tatsachen, die den dringenden Tatverdacht und die Haftgründe begründen, müssen ihm mitgeteilt werden; das hat in geeigneter Weise auch dann zu geschehen, wenn Akteneinsicht nach § 147 II versagt wird (KG StV **93**, 370; **94**, 318 und 319, jeweils mit zust Anm Schlothauer; vgl auch BVerfG NJW **94**, 573 = StV **94**, 1 mit Anm Lammer; BVerfG StV **94**, 465; erg 25 zu § 147). Im übrigen hat der Beschuldigte, dem dadurch rechtliches Gehör gewährt wird (BVerfG NStZ **94**, 551), Gelegenheit, die Verdachts- und Haftgründe zu entkräften und die ihn entlastenden Tatsachen vorzutragen (III S. 2). Stellt er Beweisanträge, so gilt § 166 (dazu ANM 338 ff). Für die **Form der Vernehmung** 9
gelten §§ 168, 168 a. Hat ein Kollegialgericht den Haftbefehl erlassen, so kann es den Beschuldigten in voller Besetzung vernehmen; üblich ist aber die Übertragung der Vernehmung auf ein Mitglied des Spruchkörpers als beauftragten Richter. Das Anwesenheitsrecht der StA und des Verteidigers folgt aus § 168 c (BGH NStZ **89**, 282 mit Anm Hilger). Der Richter **entscheidet** nach der Vernehmung, ob der 10
Haftbefehl aufrechterhalten, nach § 120 I aufzuheben (dazu Lüderssen Pfeiffer-FS 239) oder außer Vollzug zu setzen (§ 116) ist. War der StA bei der Vernehmung nicht zugegen, obwohl er benachrichtigt worden war, so gilt § 33 II nicht (LR-Hilger 20). Eine **Verletzung der** für die Vernehmung geltenden **Formvorschrif-** 10 a
ten (§§ 168, 168 a) läßt, soweit sie nicht die Gewährung rechtlichen Gehörs betrifft, die Wirksamkeit der Haftentscheidung unberührt (Düsseldorf VRS **85**, 430).

3) **Entsprechende Anwendung auf den bereits inhaftierten Beschuldig-** 11
ten: Wird ein bestehender Haftbefehl geändert, erweitert oder durch einen anderen Haftbefehl ausgewechselt (vgl 18 zu § 114), so ist die richterliche Vernehmung nach III ebenfalls erforderlich (Hamm NJW **60**, 587; StV **98**, 273; Nürnberg MDR **64**, 943; Stuttgart Justiz **73**, 56). Wird ein Haftbefehl erlassen, aufgrund dessen nur Überhaft (13 vor § 112) vermerkt wird, so ist § 115 erst anwendbar, wenn die Überhaft vollstreckt wird (LR-Hilger 27; **aM** Eisenberg BR 744).

4) **Rechtsbehelfsbelehrung** (IV). Der nicht auf freien Fuß gesetzte Beschul- 12
digte, nicht auch sein gesetzlicher Vertreter, muß über das Beschwerderecht nach § 304 I, IV S. 2 Nr 1, V (8 zu § 117) und über das Antragsrecht nach §§ 117 I, 118 I, II belehrt werden, nicht über die Möglichkeit der weiteren Beschwerde nach § 310 I.

Vorführung vor den nächsten Richter

115a **I Kann der Beschuldigte nicht spätestens am Tage nach der Ergreifung vor den zuständigen Richter gestellt werden, so ist er unverzüglich, spätestens am Tage nach der Ergreifung, dem Richter des nächsten Amtsgerichts vorzuführen.**

II Der Richter hat den Beschuldigten unverzüglich nach der Vorführung, spätestens am nächsten Tage, zu vernehmen. Bei der Vernehmung wird, soweit möglich, § 115 Abs. 3 angewandt. Ergibt sich bei der Vernehmung, daß der Haftbefehl aufgehoben oder der Ergriffene nicht die in dem Haftbefehl bezeichnete Person ist, so ist der Ergriffene freizulassen. Erhebt dieser sonst gegen den Haftbefehl oder dessen Vollzug Einwendungen, die nicht offensichtlich unbegründet sind, oder hat der Richter Bedenken gegen die Aufrechterhaltung der Haft, so teilt er sie dem zuständigen Richter unverzüglich und auf dem nach den Umständen angezeigten schnellsten Wege mit.

III Wird der Beschuldigte nicht freigelassen, so ist er auf sein Verlangen dem zuständigen Richter zur Vernehmung nach § 115 vorzuführen. Der Beschuldigte ist auf dieses Recht hinzuweisen und gemäß § 115 Abs. 4 zu belehren.

1) Die **Vorführung vor das nächste AG** (I) ist notwendig, wenn die vor das 1
zuständige AG nach § 115 (wegen großer Entfernung, Erkrankung des Beschuldig-

ten uä) nicht rechtzeitig möglich ist. Das Einverständnis des Beschuldigten mit der
Überschreitung der Frist des § 115 II ist wirkungslos. Für die Anwendung des I
kommt es darauf an, ob die Frist des § 115 II unter den üblichen Umständen
eingehalten werden kann; nur wenn dies auch unter Ausnutzung der zur Verfügung
stehenden technischen und personellen Möglichkeiten ausgeschlossen ist, erfolgt
die Vorführung nach § 115 a (Koch NStZ **95**, 71 gegen Fischer NStZ **94**, 321; vgl
2 auch AG Krefeld MDR **66**, 691; Waldschmidt NJW **65**, 1577). **Nächstes AG** ist
idR dasjenige, in dessen Bezirk der Beschuldigte ergriffen worden ist, uU das
verkehrsmäßig am schnellsten erreichbare (KK-Boujong 1). Sind die Strafsachen
für mehrere AG-Bezirke allgemein einem AG übertragen (4 zu § 58 GVG), so ist
dieses Gericht zuständig (**aM** SK/StPO-Paeffgen 2). Wenn die rechtzeitige Vorfüh-
rung anders nicht möglich ist, wird der Beschuldigte dem nächsten AG ohne
Rücksicht darauf vorgeführt, ob es für Haftsachen zuständig ist (LR-Hilger 1). Die
3 Vorführung hat **unverzüglich** (8 zu § 25) zu erfolgen, spätestens am Tage nach der
Ergreifung; die Fristüberschreitung führt nicht zur Freilassung (5 zu § 115), kann
aber wegen § 136 a (dort 20) die Unverwertbarkeit der Vernehmung zur Folge
haben (vgl BGH StV **95**, 283).

4 **2)** Die **Vernehmung** (II) muß unverzüglich nach der Vorführung (4 zu § 115),
spätestens am nächsten Tage, stattfinden (S. 1). Sie richtet sich, soweit möglich,
nach § 115 III (S. 2). Wegen der Anwesenheitsrechte nach § 168 c gelten keine
Besonderheiten. Der Hinweis auf die Aussagefreiheit und die weiteren Hinweise
nach § 136 I S. 2–4 sind immer möglich, die Sachvernehmung nur, soweit der
5 Richter dazu ohne Aktenkenntnis imstande ist. Die **Entscheidungsbefugnis** des
Richters ist beschränkt; er ist nur berechtigt, den Ergriffenen mit der Begründung
freizulassen, daß er nicht die in dem Haftbefehl bezeichnete Person ist oder daß der
Haftbefehl nicht mehr besteht (nicht, daß er fehlerhaft ist). Den Haftbefehl, auch
wenn er ihn für offensichtlich unbegründet hält, darf er nicht nach § 120 aufheben
(so aber Heinrich StV **95**, 660, der entgegen II S.3 und 4 eine umfassende
Entscheidungskompetenz des Richters bejaht; wie Heinrich auch Ziegert StV **97**,
439; dagegen zutr Nibbeling ZRP **98**, 342 und Schmitz NStZ **98**, 170, die aber
beide eine Gesetzesänderung fordern), auch nicht seinen Vollzug nach § 116 aus-
setzen (LR-Hilger 8; Krey 2/351; Roxin § 30 C II 3 b; Schmitz aaO; **aM** Dreves
DRiZ **65**, 113; Enzian NJW **56**, 1786; **73**, 838; Maier NStZ **89**, 59; Schröder
NJW **81**, 1425; Seetzen NJW **72**, 1889; Sommermeyer NJ **92**, 340; offengelassen
von BGH **42**, 343, 348 = JR **97**, 471 mit Anm Seebode); er kann lediglich bei
Haftunfähigkeit vom Vollzug des Haftbefehls absehen (LG Frankfurt a.M. StV **85**,
464). Im übrigen nimmt er nur die Einlassung des Beschuldigten entgegen. Hält
der Richter sie nicht für von vornherein unbegründet oder hat er sonst Bedenken
6 gegen die Aufrechterhaltung des Haftbefehls, so **unterrichtet** er davon den zustän-
digen Richter (S. 4) unverzüglich (BGH **42**, 343, 346 = JR **97**, 471 mit Anm
Seebode) und auf dem schnellstmöglichen Wege, idR telefonisch, auch telegrafisch
oder durch Fernschreiber (Schlothauer/Weider 129). Entscheidet dieser darauf,
nach Anhörung der StA (§ 33 II), daß der Haftbefehl aufgehoben oder sein Vollzug
ausgesetzt wird, so wird er die Anordnung idR durch den „nächsten" Richter
7 ausführen lassen (KK-Boujong 4). **Beschwerdeberechtigt** ist dann die für den
Haftrichter nach § 115 zuständige StA; die Entscheidung trifft das dem zuständigen
AG übergeordnete LG (KG JR **76**, 253). Wenn jedoch der „nächste" Richter
selbständig über den Haftbefehl verfügt hat, ist das ihm übergeordnete LG zustän-
dig (KG aaO; LG Frankfurt a.M. StV **85**, 464; **aM** Kleinknecht/Janischowsky
178). § 159 GVG ist nicht entspr anzuwenden (KG aaO; **aM** Seetzen NJW **72**,
189).

8 **3)** Die **Vorführung vor das zuständige Gericht** (III) zur Vernehmung kann
der Beschuldigte, nicht die StA (AG Bremerhaven MDR **67**, 855), ohne weitere
Begründung verlangen, wenn er nicht freigelassen wird (S. 1). Auf dieses Recht
muß er hingewiesen werden (S. 2). Die Vorführung, für die das Gesetz keine Frist

bestimmt, muß unverzüglich (8 zu § 25) stattfinden; ggf ist ein Einzeltransport anzuordnen (Koch NStZ **95**, 73; Schmitz NStZ **98**, 171). Eine Vernehmung durch das Rechtshilfegericht (§ 157 GVG) ersetzt die Vernehmung nach III nicht (Köln JMBlNW **68**, 129).

Aussetzung des Vollzugs **RiStBV 54, 57**

116 **I Der Richter setzt den Vollzug eines Haftbefehls, der lediglich wegen Fluchtgefahr gerechtfertigt ist, aus, wenn weniger einschneidende Maßnahmen die Erwartung hinreichend begründen, daß der Zweck der Untersuchungshaft auch durch sie erreicht werden kann. In Betracht kommen namentlich**

1. **die Anweisung, sich zu bestimmten Zeiten bei dem Richter, der Strafverfolgungsbehörde oder einer von ihnen bestimmten Dienststelle zu melden,**
2. **die Anweisung, den Wohn- oder Aufenthaltsort oder einen bestimmten Bereich nicht ohne Erlaubnis des Richters oder der Strafverfolgungsbehörde zu verlassen,**
3. **die Anweisung, die Wohnung nur unter Aufsicht einer bestimmten Person zu verlassen,**
4. **die Leistung einer angemessenen Sicherheit durch den Beschuldigten oder einen anderen.**

II Der Richter kann auch den Vollzug eines Haftbefehls, der wegen Verdunkelungsgefahr gerechtfertigt ist, aussetzen, wenn weniger einschneidende Maßnahmen die Erwartung hinreichend begründen, daß sie die Verdunkelungsgefahr erheblich vermindern werden. In Betracht kommt namentlich die Anweisung, mit Mitbeschuldigten, Zeugen oder Sachverständigen keine Verbindung aufzunehmen.

III Der Richter kann den Vollzug eines Haftbefehls, der nach § 112 a erlassen worden ist, aussetzen, wenn die Erwartung hinreichend begründet ist, daß der Beschuldigte bestimmte Anweisungen befolgen und daß dadurch der Zweck der Haft erreicht wird.

IV Der Richter ordnet in den Fällen der Absätze 1 bis 3 den Vollzug des Haftbefehls an, wenn

1. **der Beschuldigte den ihm auferlegten Pflichten oder Beschränkungen gröblich zuwiderhandelt,**
2. **der Beschuldigte Anstalten zur Flucht trifft, auf ordnungsmäßige Ladung ohne genügende Entschuldigung ausbleibt oder sich auf andere Weise zeigt, daß das in ihn gesetzte Vertrauen nicht gerechtfertigt war, oder**
3. **neu hervorgetretene Umstände die Verhaftung erforderlich machen.**

1) Eine **besondere Ausprägung des Verhältnismäßigkeitsgrundsatzes** ist 1
die Vorschrift (BVerfGE **19**, 342, 347 ff = NJW **66**, 243, 244), die für das Jugendstrafverfahren durch § 72 I **JGG** ersetzt wird. Wenn der Zweck der UHaft, auch der nach §§ 230 II, 236, 329 IV S. 1 (KG GA **72**, 127; KK-Boujong 3), durch weniger einschneidende Maßnahmen erreicht werden kann, muß der Vollzug des Haftbefehls ausgesetzt werden, ggf schon bei seinem Erlaß (Kleinknecht MDR **65**, 784). Auch der Dauer solcher, notwendigerweise die Freiheitsrechte des Beschuldigten beschränkenden Maßnahmen sind aber Grenzen gesetzt. Der Haftbefehl muß daher aufgehoben werden, wenn seine Aufrechterhaltung trotz Aussetzung seiner Vollziehung nicht mehr verhältnismäßig ist (BVerfGE **53**, 152 = NJW **80**, 1448; BGH **39**, 233, 236; Bremen StV **94**, 666; erg 5 zu § 120). Bei vermeidbaren Verfahrensverzögerungen ist eine erneute Inhaftierung des Angeklagten vor Urteilserlaß nicht mehr zulässig (Köln StV **88**, 345). Ob die Voraussetzungen des

§ 116 vorliegen, ist bei jeder Haftentscheidung zu prüfen. Aus der Vorschrift folgt die Zulässigkeit der Beschränkung eines Haftbefehls dahin, daß er einem Ersuchen um Auslieferungshaft an einen bestimmten Staat nicht zugrunde gelegt werden darf
2 (Volckart StV **83**, 436). Die **befristete Aussetzung** des Vollzugs eines Haftbefehls ist nicht statthaft; denn die Frage, ob der Zweck der UHaft durch weniger einschneidende Maßnahmen erreicht werden kann, läßt sich nur einheitlich beantworten (Schleswig SchlHA **71**, 69; **aM** LR-Hilger 9; Paeffgen 171 Fn 34; vgl auch Kleinknecht/Janischowsky 188: bei besonderen Sicherheitsmaßnahmen). § 116 darf insbesondere nicht zur Umgehung des Verbots, Urlaub aus der UHaft zu bewilligen (UVollzO 41 III), benutzt werden (Schleswig aaO). Unzulässig ist daher eine kurzfristige Vollzugsaussetzung zu dem Zweck, dem Beschuldigten geschäftliche Besprechungen (**aM** LR-Hilger 9; Kleinknecht/Janischowsky 188) oder die Teilnahme an einer Beerdigung (Stuttgart MDR **80**, 423) oder einen stationären Krankenhausaufenthalt zu ermöglichen (Zweibrücken MDR **79**, 517). Die von dem LG Köln (StV **82**, 374; **84**, 342) für zulässig gehaltene Beurlaubung zu dem Zweck, dem Gefangenen in Begleitung und unter Aufsicht von Mitarbeitern staatlich anerkannter Suchtberatungsstellen ein Vorstellungsgespräch zur Vorbereitung einer Drogentherapie zu ermöglichen, ist in Wahrheit eine nach UVollzO 41 II zugelassene Ausführung mit besonderem Überwachungspersonal.

3 2) **Vollzugsaussetzung bei Fluchtgefahr** (I):

4 A. **Zwingend vorgeschrieben** ist die Aussetzung beim Vorliegen der Voraussetzungen des I. Trifft Fluchtgefahr mit anderen Haftgründen zusammen, so müssen auch die hierfür in II und III bestimmten Voraussetzungen erfüllt sein. Die Erwartung, daß der Zweck der Haft auch durch andere Maßnahmen erreicht werden kann, muß hinreichend begründet sein. Das ist der Fall, wenn mit großer Wahrscheinlichkeit anzunehmen ist, daß der Beschuldigte sich dem Verfahren nicht entziehen werde (vgl dazu Karlsruhe StraFo **97**, 91).

5 B. Nur bei **Anordnung weniger einschneidender Maßnahmen** läßt I die Vollzugsaussetzung zu. Sie können geringfügig sein; der völlige Verzicht auf sie wäre aber gesetzwidrig; denn wenn sie nicht erforderlich sind, muß der Haftbefehl aufgehoben werden (KMR-Wankel 2). Die Maßnahmen müssen ihrer Art nach als Ersatzmittel für die UHaft geeignet und auf die Persönlichkeit des Beschuldigten sowie auf seine Verhältnisse abgestimmt sein. Sie dürfen keinen Sühnecharakter haben (Kleinknecht MDR **65**, 784) und an den Beschuldigten keine unzumutbaren Anforderungen stellen (Saarbrücken NJW **78**, 2460, 2462), insbesondere ihm keine Beschränkungen auferlegen oder Weisungen erteilen, die durch den gegebenen Haftgrund nicht gerechtfertigt sind (Celle StV **88**, 207; Oldenburg OLGSt S. 17). Ein Arbeitszwang darf ebensowenig bestimmt werden wie in der UHaft. In uneinschränkbare Grundrechte darf nicht eingegriffen werden. Daher ist zB die Weisung an den Beschuldigten unzulässig, zu seiner von ihm getrennt lebenden Ehefrau zurückzukehren, wenn weder er noch sie damit einverstanden ist (vgl Heinitz JR **65**, 265). Daß mit einer Maßnahme zugleich eine Berufsbeschränkung verbunden ist, macht sie aber nicht unwirksam.

6 C. **Gesetzliche Beispiele** für weniger einschneidende Maßnahmen (S. 2):

7 a) **Meldepflicht** (Nr 1): In Betracht kommt nicht nur die Pflicht zur regelmäßigen Meldung, dh zur persönlichen Vorstellung, bei Gericht, bei der StA oder, was die Regel ist, bei der Polizei, sondern auch bei anderen Dienststellen, zB beim Landratsamt, beim Bürgermeister oder, wenn der Beschuldigte Soldat ist, bei dem Disziplinarvorgesetzten. Die Meldung bei einer privaten Stelle, zB beim Arbeitgeber, ist keine Maßnahme nach Nr 1, sondern eine sonstige Maßnahme. Sie kann nur in Erwägung gezogen werden, wenn die Privatstelle einverstanden, zuverlässig und vertrauenswürdig ist. Der Richter bestimmt die Meldezeit und die Behörde in dem Haftverschonungsbeschluß. Zeitweise Aussetzung der Meldeauflage ist zulässig

(Hamm StraFo **98**, 423). Die Verständigung der Behörde kann der Richter der StA überlassen.

b) **Aufenthaltsbeschränkungen** (Nr. 2): Da die Anweisung, einen bestimmten Ort nicht ohne Erlaubnis zu verlassen, kaum kontrollierbar ist, kommt die Vollzugsaussetzung unter einer solchen Beschränkung nur bei vertrauenswürdigen Beschuldigten in Betracht (LR-Hilger 20: Entlassung auf Ehrenwort). Die Überwachung durch die Polizei (vgl Kleinknecht JZ **65**, 118) führt idR zu einer unzumutbaren Bloßstellung des Beschuldigten (EbSchmidt Nachtr 7). Hat das Gericht es der StA oder der Polizei überlassen, Ausnahmegenehmigungen zu erteilen, so ist gegen ihre Versagung nicht der Rechtsweg nach §§ 23ff **EGGVG**, sondern die Anrufung des Gerichts zulässig. 8

c) Die **Weisung, die Wohnung nur unter Aufsicht zu verlassen**(Nr 3), ist eine wenig geeignete, weil idR nicht zu überwachende Maßnahme. Sie wird noch am ehesten bei Jugendlichen in Betracht kommen, deren Eltern oder sonstige Erziehungsberechtigte vertrauenswürdig und zur Übernahme der Aufsicht bereit sind. Ständige Begleitung verlangt die Aufsicht nicht; es kann genügen, daß die Aufsichtsperson den Beschuldigten auf dem Weg zur Schule oder zur Arbeitsstelle und zurück begleitet. 9

d) Die **Sicherheitsleistung** (Nr 4) verstößt nicht gegen Art 3 I GG, obwohl sie in 1. Hinsicht den wohlhabenderen Beschuldigten zur Entlassung aus der UHaft verhilft (Bamberg MDR **58**, 788; KK-Boujong 18; Amendt, Die Verfassungsmäßigkeit der strafprozessualen Sicherheitsleistungsvorschriften [§§ 116, 116a; 127a; 132 StPO], 1986, S. 41ff, 142; Tiedemann GA **64**, 373; **aM** Seibert DRiZ **52**, 43; vgl auch Setsevits ZRP **68**, 175). Einzelheiten der Sicherheitsleistung regelt § 116a. Das Gericht darf die Aussetzung des Vollzugs gegen Sicherheitsleistung ohne Antrag (KG GA **72**, 127; LR-Hilger 3, 4 zu § 116a), sogar ohne Einverständniserklärung des Beschuldigten anordnen (vgl Art 5 III S. 3 **MRK**). IdR wird aber ein Angebot des Beschuldigten vorliegen, das ihm der Richter nahelegen kann. Die Sicherheitsleistung dient nicht nur der Sicherung der Durchführung des Strafverfahrens, sondern auch der des Antritts der Strafe (vgl § 124 I), darf aber nicht zu einer Verrechnung mit der zu erwartenden Geldstrafe und den Verfahrenskosten dienen (LG München II StV **98**, 554 mit zust Anm Eckstein). 10

D. **Sonstige Maßnahmen:** Außer den in I S. 2 bezeichneten kommen alle Maßnahmen in Betracht, die geeignet sind, als Ersatz für den Vollzug des Haftbefehls zu dienen. Dazu gehört etwa die Sperre eines Sparbuchs oder Bankkontos, die Abgabe des Führerscheins (KK-Boujong 12) oder die Anweisung an den Beschuldigten, eine bestimmte Wohnung zu nehmen oder sich einer Wohngruppe zur Drogentherapie anzuschließen (Hamm StV **84**, 123 mit Anm Budde). In der Praxis 11
wird vor allem die Weisung erteilt, die **Personalpapiere** zu den Akten zu geben. 12
Die Abgabe des Reisepasses darf auch von Ausländern verlangt werden (Saarbrükken NJW **78**, 2460; KK-Boujong 13; Kleinknecht/Janischowsky 195; Pawlik NJW **78**, 1730; **aM** AG Frankfurt NJW **77**, 1601), denen dann aber wegen der Ausweispflicht nach § 4 AuslG darüber eine Bescheinigung ausgestellt werden muß. Inländern wird idR zur Auflage gemacht, auch den Personalausweis zu den Akten zu geben (Stuttgart Justiz **71**, 330; Fuhrmann JR **64**, 455; Kleinknecht/Janischowsky 195; vgl aber Oske JR **64**, 454, der das für unzulässig hält); auch ihnen muß mit Rücksicht auf die Ausweispflicht nach § 1 I S. 2 PersAuswG hierüber eine Bescheinigung erteilt werden (Stuttgart aaO; KK-Boujong 13).

E. Die **Verbindung mehrerer Weisungen und Auflagen** ist zulässig und oft zweckmäßig. Häufig ermöglicht erst sie die Aussetzung des Vollzugs des Haftbefehls. In Betracht kommt vor allem die Verbindung der Aufenthaltsbeschränkung mit der Anweisung, die Personalpapiere abzugeben. 13

3) Vollzugsaussetzung bei Verdunkelungsgefahr (II): Auch wenn dieser Haftgrund vorliegt, können weniger einschneidende Maßnahmen (oben 5) die 14

Erwartung begründen, daß die Gefahr erheblich vermindert wird. Restlos beseitigt braucht sie nicht zu sein (EbSchmidt Nachtr 12). II ist zwar nur als Kann-Vorschrift ausgestaltet; jedoch erfordert der Verhältnismäßigkeitsgrundsatz die Aussetzung des Vollzugs, wenn er entbehrlich ist (vgl unten 17). Als Beispiel der hierzu geeigneten
15 Maßnahmen nennt S. 2 das **Verbot der Verbindungsaufnahme zu Beweispersonen.** Es umfaßt die Verbindungsaufnahme durch Briefe und durch Mittelspersonen (KK-Boujong 20) und gilt auch für die Verbindung mit Personen, die noch nicht Mitbeschuldigte, Zeugen oder Sachverständige sind, es aber voraussichtlich sein werden. Die darin liegende Einschränkung der Verteidigungsmöglichkeiten ist dadurch gerechtfertigt, daß der Beschuldigte sich schon früher dem Verdacht ausgesetzt hat, die Sachaufklärung zu behindern (Hengsberger JZ **66**, 213; krit Dahs NJW **65**, 83; Schorn NJW **65**, 843: mit Art 6 III Buchst b, c **MRK** schwer vereinbar). Die Verbindung mit einem in der Hausgemeinschaft lebenden Angehörigen darf dem Beschuldigten nicht untersagt werden (Hamburg Rpfleger **66**, 374; M. Amelung StraFo **97**, 15; Kleinknecht MDR **65**, 784). Hat er keinen Verteidiger, so kann ihm der Richter trotz des Verbots die Aufnahme bestimmter Verbindungen zwecks Suche nach Verteidigungsmaterial gestatten (KK-Boujong 20). Die
16 **Sicherheitsleistung** ist keine gesetzlich vorgesehene (vgl § 124 I) und auch keine geeignete Maßnahme zur Herabminderung der Verdunkelungsgefahr (KG JR **90**, 34; Frankfurt NJW **78**, 838; Roxin § 30 E I 2; Tiedemann NJW **77**, 1977; **aM** Hamburg NJW **66**, 1329; MDR **74**, 595; Köln StraFo **97**, 16; LR-Hilger 18; Hohlweck NStZ **98**, 600; Jungfer Meyer-GedSchr 227; Paeffgen 171 und NStZ **92**, 482 hält die Sicherheitsleistung zwar für geeignet, aber im Hinblick auf den eindeutigen Gesetzeswortlaut nicht für zulässig).

17 **4)** Die **Vollzugsaussetzung bei Wiederholungsgefahr (III)** wird nur in besonderen Ausnahmefällen zu verantworten sein. In den Fällen des § 112a I Nr 1 kommt vor allem die Auflage an den Beschuldigten in Betracht, sich in ärztliche Behandlung oder in eine Krankenanstalt zu begeben, in den Fällen des § 112a I Nr 2 die Weisung, einen bestimmten Aufenthalt zu nehmen und nicht zu verlassen. Zulässig ist auch die Weisung, mit bestimmten Personen nicht zu verkehren, und die Unterstellung unter die Aufsicht einer bestimmten Person, etwa unter die eines Bewährungshelfers. Vgl auch § 71 II S. 2 **JGG**. Die Sicherheitsleistung ist bei III ebenso unzulässig wie bei Verdunkelungsgefahr (**aM** KK-Boujong 19).

18 **5)** Die **Vollzugsaussetzung im Fall des § 112 III** sieht § 116 nicht vor. Der Verhältnismäßigkeitsgrundsatz verlangt aber auch hier die Haftverschonung unter bestimmten Auflagen, wenn dadurch erreicht werden kann, daß der Beschuldigte sich dem Verfahren nicht entzieht und auch keine Verdunkelungsmaßnahmen trifft (BVerfGE **19**, 342 = NJW **66**, 243; BVerfG NJW **66**, 772). Daher kann der Vollzug des Haftbefehls nach den Grundsätzen zu I und II ausgesetzt werden (Köln NJW **96**, 1686; Fezer 5/41;; Krey 1/89).

19 **6) Verfahren:** Der Vollzug des Haftbefehls wird von Amts wegen oder auf
20 Antrag der StA oder des Beschuldigten durch **Beschluß** des nach § 126 zuständigen Richters ausgesetzt. Das kann schon in oder zugleich mit dem Erlaß des Haftbefehls geschehen. Die StA ist nach § 33 II zu hören, wenn sie nicht selbst den Antrag gestellt hat. Der Beschluß muß mit Gründen versehen (§ 34) und den Beteiligten formlos bekanntgegeben werden (§ 35 II S. 2). Die dem Beschuldigten auferlegten Pflichten und Beschränkungen müssen in dem Beschluß so genau umschrieben sein, daß er weiß, wie er sich zu verhalten hat, und daß Zuwiderhandlungen gegen sie, die zum Widerruf der Haftverschonung zwingen (IV), eindeutig festgestellt werden können (Kleinknecht MDR **65**, 784). Die nachträgliche
21 **Änderung der Maßnahme,** auch ihre Verschärfung (zB die Erhöhung der Sicherheitsleistung), ist zulässig; nach § 126 II S. 2 kann der Vorsitzende allein sie anordnen.

7) Die **Anordnung des Vollzugs des Haftbefehls** (IV) ist nur zulässig, wenn die Voraussetzungen der Nrn 1–3 vorliegen (KG StraFo **97**, 27; Düsseldorf StV **88**, 207); dann ist sie aber zwingend geboten, im Fall der Nr 3 ohne zeitliches Zuwarten (Stuttgart NStZ **82**, 217 L = OLGSt S. 29; **aM** SK/StPO-Paeffgen 25). Wird der außer Vollzug gesetzte Haftbefehl aufgehoben und durch einen neuen ersetzt, so liegt darin sachlich eine Anordnung nach IV, die nur unter den dort bezeichneten Voraussetzungen zulässig ist (Düsseldorf MDR **83**, 70; StV **93**, 480; Stuttgart aaO). 22

A. **Gröbliches Zuwiderhandeln gegen Pflichten oder Beschränkungen** (Nr 1) erfordert kein absichtliches Handeln. Entscheidend ist vielmehr, ob durch das Zuwiderhandeln der Haftgrund wieder so verstärkt worden ist, daß der Haftbefehl vollzogen werden muß (Frankfurt StV **95**, 476). Bloße Nachlässigkeiten und Versehen genügen dazu nicht (KK-Boujong 28). 23

B. **Entfallen der Vertrauensgrundlage** (Nr 2): Wenn der Beschuldigte Anstalten zur **Flucht** trifft oder entspr Handlungen Dritter kennt und billigt (KMR-Wankel 9), wird ohne weiteres der Vollzug des wegen Fluchtgefahr ergangenen Haftbefehls angeordnet. War Fluchtgefahr bisher nicht angenommen worden, so wird der Vollzug nur angeordnet, wenn nunmehr die Voraussetzungen des § 112 II Nr 2 vorliegen; der Haftgrund der Fluchtgefahr muß dann in den Haftbefehl aufgenommen werden (18 zu § 114). Entgegen dem zu engen Wortlaut der Nr 2 wird der Vollzug selbstverständlich auch dann angeordnet, wenn der Beschuldigte bereits geflohen ist. Der Widerrufsgrund des **Ausbleibens** gilt nur, wenn der Beschuldigte zu einem gerichtlichen Termin oder zu einer Vernehmung bei der StA (nicht bei der Polizei) ordnungsgemäß, auch über einen Zustellungsbevollmächtigten (§ 116 a III), geladen war (vgl dazu 2 zu § 51; 2 ff zu § 216) und entgegen seiner Verpflichtung nach §§ 133, 163 a III, 230 II oder 236 ohne genügende Entschuldigung (dazu 18 ff zu § 329) ausgeblieben ist. Die Generalklausel des **nicht gerechtfertigten Vertrauens** gilt immer, wenn sich nachträglich aufgrund alter oder neu bekanntgewordener Tatsachen herausstellt, daß die Annahme, der Beschuldigte werde Pflichten und Beschränkungen erfüllen und sich dem Verfahren stellen, ein Irrtum war (Kleinknecht/Janischowsky 219). 24 25 26 27

C. Die **neu hervorgetretenen Umstände** (Nr 3) können die Fluchtgefahr wesentlich erhöhende neue Taten oder aber auch Umstände sein, die bei Würdigung des Wesens der Aussetzung zu ihrer Versagung geführt hätten (KG JR **89**, 260; Frankfurt StV **98**, 31; München NJW **78**, 771; Schleswig SchlHA **96**, 91 [L/T]: Verurteilung zu einer weit höheren Strafe als bei Aussetzung erwartet). Dazu gehört etwa die Verstärkung des bisherigen oder das Hinzutreten eines weiteren Haftgrundes (KK-Boujong 32). Daß der dringende Tatverdacht durch weitere Ermittlungen bestätigt worden ist, rechtfertigt aber für sich allein den Widerruf der Haftverschonung nicht (München aaO), auch nicht das Einwirken auf einen Zeugen, wenn es für das vorliegende Verfahren bedeutungslos ist (Düsseldorf StV **84**, 339; **aM** Hamm wistra **98**, 364). 28

D. **Verfahren:** Die Anordnung des Vollzugs erfolgt auf Antrag der StA oder von Amts wegen durch mit Gründen versehenen (§ 34) Beschluß des nach § 126 zuständigen Richters, der auch dann zuständig ist, wenn die Anordnung nach I–III von dem Beschwerdegericht oder im Verfahren nach § 122 von dem OLG getroffen worden ist (dort 19). Zur Aufhebung der Maßnahmen, die der Aussetzung des Haftvollzugs gedient haben, vgl § 123 I Nr 2 (dort 3 ff). Wird der Beschuldigte aufgrund der Anordnung festgenommen, so ist er erneut nach §§ 115, 115 a dem Richter vorzuführen; die Benachrichtigung nach § 114 b ist erforderlich. 29

E. Die **vorläufige Festnahme** durch StA oder Polizei (§ 127 II) ist zulässig, wenn neue tatsächliche Umstände, insbesondere Anstalten zur Flucht, erkennbar sind, die zur Anordnung des Vollzugs nach IV zwingen, und wenn Gefahr im Verzug (19 zu § 127) besteht (Kleinknecht/Janischowsky 215). Der Versuch des 30

Beschuldigten, die Grenze zu überschreiten, berechtigt zur vorläufigen Festnahme nur, wenn eine entgegenstehende Anordnung nach I Nr 2 besteht oder die Fluchtabsicht offensichtlich ist.

31 8) **Beschwerde:** Gegen die Aussetzung des Vollzugs kann die StA Beschwerde nach § 304 I einlegen; das Beschwerdegericht hat dann die gesamten Voraussetzungen des Haftbefehls zu prüfen (Stuttgart NJW **82**, 1296). Der Nebenkläger hat kein Beschwerderecht (1 zu § 400). Ist ein Antrag auf Haftverschonung abgelehnt oder nach IV der Vollzug des Haftbefehls angeordnet worden, so ist der Beschuldigte beschwerdeberechtigt (vgl 8 ff zu § 117). Er kann Beschwerde auch einlegen, wenn er die Weisungen und Beschränkungen für übermäßig belastend hält. Zur Beschwerde gegen den Beschluß des OLG vgl 13 zu § 304, gegen Verfügungen der Ermittlungsrichter des BGH und der OLGe 19 zu § 304 und zur weiteren Beschwerde 7 zu § 310.

Art der Sicherheit; Zustellungsvollmacht

116a **I Die Sicherheit ist durch Hinterlegung in barem Geld, in Wertpapieren, durch Pfandbestellung oder durch Bürgschaft geeigneter Personen zu leisten.**

II Der Richter setzt Höhe und Art der Sicherheit nach freiem Ermessen fest.

III Der Beschuldigte, der die Aussetzung des Vollzugs des Haftbefehls gegen Sicherheitsleistung beantragt und nicht im Geltungsbereich dieses Gesetzes wohnt, ist verpflichtet, eine im Bezirk des zuständigen Gerichts wohnende Person zum Empfang von Zustellungen zu bevollmächtigten.

1 1) **Art und Höhe der Sicherheitsleistung** (I, II): Die Sicherheit nach § 116 I Nr 4 kann nur auf eine der in I bezeichneten Arten geleistet werden (vgl aber BGH **42**, 343, 353 = JR **97**, 471, 473 mit abl Anm Seebode: nur Ordnungsvorschrift). Art und Höhe der Sicherheit setzt der Haftrichter (§ 126) fest; nach Erhebung der öffentlichen Klage ist der Vorsitzende allein zuständig (§ 126 II S. 3). Die Sicherheit ist so zu bemessen, daß sie nach Art und Höhe auf den Beschuldigten einen psychischen Zwang ausübt, sich dem Verfahren zu stellen
2 (Schleswig OLGSt Nr 2). Für die **Hinterlegung von Geld oder Wertpapieren** gilt in 1. Hinsicht die Hinterlegungsordnung vom 10. 3. 1937 (RGBl I 285; BGBl III 300–15), letztes ÄndG vom 20. 8. 1990 (BGBl I 1765). Einer ausdrücklichen Annahme durch die StA bedarf es nicht (Hamm NJW **91**, 2717). Die Hinterlegung ist aber auch bei einem Treuhänder möglich. Trifft der Richter keine anderslautende Anordnung, so können für die Hinterlegung Vermögenswerte dritter
3 Personen verwendet werden (Hamm JMBlNW **91**, 58). Die **Pfandbestellung** iS von I schließt die Sicherungsübereignung und -abtretung sowie die Bestellung von
4 Grundschulden ein. **Bürgschaft** iS der Vorschrift ist nicht die Bürgschaft nach § 765 BGB, sondern die Leistung einer Sicherheit durch einen anderen als den Beschuldigten, und zwar entweder durch aufschiebend bedingtes selbstschuldnerisches Zahlungsversprechen oder, was die Regel ist, durch Hinterlegung von Geld oder Wertpapieren im eigenen Namen (LR-Hilger 5 ff). Die Bürgschaft, die auch von einer Bank geleistet werden kann (dazu M. Amelung StraFo **97**, 301), bedarf nicht der Schriftform; idR wird sie aber schriftlich erklärt. Hält das Gericht diese Form der Sicherheitsleistung für ausreichend (Bedenken dagegen äußert Retemeyer, Sicherheitsleistung durch Bankbürgschaft, 1995, S. 87 ff), so muß das in dem Haftverschonungsbeschluß ausdrücklich angesprochen werden (Düsseldorf NStZ **90**, 97; Rpfleger **86**, 275; Schleswig Rpfleger **55**, 49, 50).

5 2) **Zustellungsbevollmächtigter** (III): Der nicht in der BRep wohnende Beschuldigte kann die Aussetzung des Vollzugs des Haftbefehls gegen Sicherheits-

leistung nach § 116 I Nr 4 nur erreichen, wenn er eine im Bezirk des zuständigen Gerichts (**aM** Düsseldorf VRS **71**, 369; LR-Hilger 15; SK/StPO-Paeffgen 6: auch außerhalb des Gerichtsbezirks; erg 7 zu § 127a) wohnende Person zum Zustellungsbevollmächtigten bestellt. Dabei kommt es nicht auf den Wohnsitz (1 zu § 8) des Beschuldigten an; III gilt auch, wenn er sich für längere Zeit nicht in der BRep aufhält (LR-Hilger 13). Die Auswahl des Bevollmächtigten ist dem Beschuldigten überlassen; sie ist aber nur wirksam, wenn der Bevollmächtigte einverstanden ist, was der Beschuldigte nachweisen muß (Zweibrücken VRS **53**, 280). Ist bei Stellung des Haftverschonungsantrags noch kein Bevollmächtigter bestellt oder der Nachweis seines Einverständnisses noch nicht erbracht worden, so kann der Richter den Antrag ablehnen oder ihm mit der Auflage stattgeben, daß die Bestellung oder der Nachweis nachgeholt wird; er kann dem Beschuldigten aber auch Gelegenheit geben, das Versäumte vor der Entscheidung nachzuholen. Das **Voll-** 6
machtsverhältnis wirkt für die Dauer der Aussetzung des Haftbefehlsvollzugs (vgl § 123 I) und kann nicht widerrufen werden (Düsseldorf VRS **71**, 369; LR-Hilger 23). Der Austausch des Zustellungsbevollmächtigten ist nur mit Zustimmung des Richters möglich (KK-Boujong 7). Der Bevollmächtigte tritt **für alle Zustellun-** 7
gen an die Stelle des Beschuldigten (BGH **10**, 62; RG **77**, 212, 214; Düsseldorf aaO); die Beschränkung des § 145a II S. 1 gilt nicht (Greßmann NStZ **91**, 218). Die Vollmacht schließt die Ermächtigung ein, Mitteilungen für den Beschuldigten in Empfang zu nehmen, die nicht förmlich zugestellt werden (erg 4ff zu § 145a). Das zugestellte Schriftstück oder eine Abschrift davon hat der Bevollmächtigte unverzüglich an den Beschuldigten weiterzuleiten, wobei er die Zeitpunkte des Eingangs und der Weiterleitung vermerken sollte (Greßmann aaO; vgl dort auch zur Wiedereinsetzung bei Fristversäumnis durch den Beschuldigten).

Haftprüfung **RiStBV 54 II**

117 **I Solange der Beschuldigte in Untersuchungshaft ist, kann er jederzeit die gerichtliche Prüfung beantragen, ob der Haftbefehl aufzuheben oder dessen Vollzug nach § 116 auszusetzen ist (Haftprüfung).**

II Neben dem Antrag auf Haftprüfung ist die Beschwerde unzulässig. Das Recht der Beschwerde gegen die Entscheidung, die auf den Antrag ergeht, wird dadurch nicht berührt.

III Der Richter kann einzelne Ermittlungen anordnen, die für die künftige Entscheidung über die Aufrechterhaltung der Untersuchungshaft von Bedeutung sind, und nach Durchführung dieser Ermittlungen eine neue Prüfung vornehmen.

IV Hat der Beschuldigte noch keinen Verteidiger, so wird ihm ein Verteidiger für die Dauer der Untersuchungshaft bestellt, wenn deren Vollzug mindestens drei Monate gedauert hat und die Staatsanwaltschaft oder der Beschuldigte oder sein gesetzlicher Vertreter es beantragt. Über das Antragsrecht ist der Beschuldigte zu belehren. Die §§ 142, 143 und 145 gelten entsprechend.

V Hat die Untersuchungshaft drei Monate gedauert, ohne daß der Beschuldigte die Haftprüfung beantragt oder Haftbeschwerde eingelegt hat, so findet die Haftprüfung von Amts wegen statt, es sei denn, daß der Beschuldigte einen Verteidiger hat.

1) Rechtsbehelfe gegen den Haftbefehl sind der Antrag auf Haftprüfung 1
nach I und die Beschwerde nach § 304 I.

A. Die **Haftprüfung auf Antrag** (I) des Beschuldigten (wegen der Haftprüfung 2
von Amts wegen vgl unten 23) verpflichtet den nach § 126 I zuständigen Richter zu der Prüfung, ob der Haftbefehl nach § 120 aufzuheben oder sein Vollzug nach § 116 auszusetzen ist. Zwar haben StA und Gericht stets von Amts wegen zu

prüfen, ob die Fortdauer der UHaft gerechtfertigt ist (2 zu § 120). Wenn das der Fall ist, wird das Ergebnis der Prüfung aber nicht aktenkundig gemacht. Demgegenüber ist das Verfahren nach I eine förmliche Haftprüfung, die zu einer
3 ausdrücklichen Entscheidung führt. Sie findet auf **Antrag des Beschuldigten,** der darüber nach § 115 IV belehrt worden ist, bei jeder Art von UHaft, auch der nach § 230 II (Stuttgart MDR **90**, 75), §§ 236, 329 IV S. 1, statt (KK-Boujong 2). Zum Antragsrecht vgl 1 zu § 118b, zur Antragsrücknahme 2 zu § 118b. StA und
4 Nebenkläger sind nicht antragsberechtigt. **Antragsvoraussetzung** ist, daß der Haftbefehl vollzogen wird, über dessen Aufrechterhaltung oder Außervollzugsetzung entschieden werden soll (Bremen NJW **51**, 45; KK-Boujong 2). Ist Überhaft vermerkt (13 vor § 112), insbesondere die UHaft zur Strafvollstreckung unterbrochen (14 vor § 112), so ist die Haftprüfung nach I daher unzulässig (Hamburg MDR **74**, 861; Stuttgart Justiz **77**, 103; **89**, 437), sofern nicht das Ende der Strafhaft nahe bevorsteht (Hamburg aaO; Stuttgart aaO); der Antrag kann aber in eine Haftbeschwerde umgedeutet werden (Hohmann NJW **90**, 1649). Eine beson-
5 dere **Form** ist für den Antrag nicht vorgeschrieben. Er kann, etwa bei der richterlichen Vernehmung nach § 115a II, mündlich, sonst schriftlich (Einl 128) oder zu Protokoll des UrkB der Geschäftsstelle (Einl 131 ff) des zuständigen Gerichts erklärt
6 werden; § 299 I ist anwendbar (§ 118b). Die **Entscheidung** ergeht nach mündlicher Verhandlung, wenn der Beschuldigte das beantragt oder das Gericht es für geboten hält (§ 118 I, III, IV), sonst nach Aktenlage, wobei dem Haftrichter nicht verwehrt ist, vor der Entscheidung einzelne Beweise zu erheben, wenn das ohne wesentlichen Zeitverlust möglich ist (KK-Boujong 10; Kleinknecht MDR **65**, 785). Vor der Entscheidung ist die StA nach § 33 II zu hören, der Beschuldigte nur unter den Voraussetzungen des § 33 III (dazu LR-Hilger 23); die Voraussetzungen des § 33 IV liegen nicht mehr vor. Der Haftrichter kann den Haftbefehl aufrechterhalten, nach § 120 aufheben oder seinen Vollzug nach § 116 aussetzen. Er kann ihn auch inhaltlich ändern, insbesondere einzelne Taten ausscheiden und den Haftgrund ändern (KK-Boujong 11; erg 18 zu § 114). Weitere Taten darf er im Ermittlungsverfahren nur auf Antrag der StA einbeziehen (8 zu § 125). Die Entscheidung
7 ergeht durch **Beschluß,** der nach § 34 mit Gründen zu versehen (Bezugnahmen auf den Haftbefehl und auf frühere Haftentscheidungen sind zulässig), dem Beschuldigten und der StA formlos bekanntzugeben (§ 35 II S. 2) und mit der Beschwerde und weiteren Beschwerde anfechtbar ist. Ein Nichtabhilfebeschluß ersetzt die Entscheidung nach I nicht (Celle StV **89**, 253; Schleswig OLGSt Nr 2).

8 B. Die **Haftbeschwerde** nach §§ 304 I ist gegen den Haftbefehl, auch wenn er nach § 116 oder bei Überhaft (13 vor § 112) nicht vollzogen wird, gegen seine Änderung und jede die Haftfortdauer anordnende Entscheidung zulässig, auch gegen Entscheidungen des OLG (§ 304 IV S. 2 Nr 1) und des Ermittlungsrichters des BGH und des OLG (§ 304 V). Anfechtbar ist immer nur die zuletzt ergangene – den Bestand des Haftbefehls betreffende (Hamburg StV **94**, 323) – Haftentscheidung (Düsseldorf MDR **69**, 779; VRS **82**, 352; NStE Nr 4; Schleswig SchlHA **86**, 106 [E/L]), auch des erkennenden Gerichts (§ 305 S. 1). Weitere Beschwerde ist nach § 310 I zulässig. Wird nach Ausschöpfung aller zulässigen Rechtsmittel erneut Beschwerde eingelegt, so ist sie in einen Haftprüfungsantrag nach I umzudeuten (Karlsruhe Justiz **76**, 83), bei Nichtvollzug des Haftbefehls in einen Antrag auf
9 Aufhebung (Karlsruhe Justiz **89**, 437). **Beschwerdeberechtigt** sind der Beschuldigte und sein gesetzlicher Vertreter sowie der Verteidiger, auch die StA zu seinen
10 Gunsten (erg 21 zu § 114). **Beschwerdeziel** kann die Aufhebung des Haftbefehls nach § 120 oder die Aussetzung seines Vollzugs nach § 116 sein, aber auch die Ausscheidung einzelner Tatvorwürfe oder einzelner Haftgründe (KK-Boujong 19 zu § 115; Nürnberg MDR **64**, 943 für den Fall, daß ein Haftgrund durch besonderen Beschluß nachgeschoben worden ist; vgl auch BGH **34**, 34). Gegen die Unterbrechung der UHaft zur Strafvollstreckung (14 vor § 112) hat der Beschuldigte kein Beschwerderecht (Düsseldorf NStZ **84**, 236; Jena NStZ **97**, 510; Schles-

wig SchlHA **96**, 96 [L/T]), wohl aber gegen die Ablehnung der Unterbrechung (Hamburg NStZ **92**, 206). Die **Entscheidung** ergeht idR nach Aktenlage; nach 11 § 118 II kann aber auf Antrag des Beschuldigten oder von Amts wegen auch nach mündlicher Verhandlung entschieden werden. Bei Fehlerhaftigkeit des Haftbefehls entscheidet das Beschwerdegericht in der Sache selbst (§ 309 II; Düsseldorf StV **96**, 440 mit abl Anm Weider). Es darf zB einen nicht aus sich heraus verständlichen Haftbefehl durch einen ordnungsgemäßen ersetzen (Stuttgart NJW **82**, 1296; Justiz **85**, 31), auch den Tatvorwurf und die Haftgründe auswechseln (Stuttgart Justiz **82**, 217). Der Beschwerdebeschluß ist nach § 34 mit Gründen zu versehen und nach § 35 II S. 2 formlos bekanntzumachen. Beim **Übergang der Zuständigkeit** 12 **nach Beschwerdeeinlegung** gilt folgendes: Nach Erhebung der öffentlichen Klage – gleichgültig, zu welchem Gericht (Naumburg NStZ-RR **97**, 307) – ist eine noch nicht erledigte Beschwerde gegen die Haftentscheidung des AG in einen Antrag auf Haftprüfung nach I durch das jetzt mit der Sache befaßte Gericht umzudeuten (Düsseldorf MDR **83**, 152; VRS **83**, 195; **86**, 349; NStE Nr 3 zu § 125; Frankfurt NJW **85**, 1233 mwN; Karlsruhe StV **94**, 664; Schleswig OLGSt Nr 2; SchlHA **81**, 95 [E/L]; vgl auch KG JR **85**, 256). Erst gegen dessen Entscheidung ist Beschwerde zulässig. Das gleiche gilt für den Fall, daß vor der Entscheidung über die weitere Beschwerde Anklage erhoben wird (Düsseldorf NStE Nr 2 zu § 125; Celle NdsRpfl **95**, 111; Schleswig SchlHA **82**, 124 [E/L]), auch wenn über die Beschwerde zuvor bereits entschieden worden ist (Hamm wistra **96**, 321; Schleswig SchlHA **97**, 153 [L/S]; **aM** Karlsruhe Justiz **77**, 433; KK-Boujong 8 zu § 126). Nach Eingang der Akten bei dem Berufungsgericht nach § 321 S. 2 wird die Beschwerde gegen eine Haftentscheidung des 1. Richters als Antrag auf Haftprüfung nach I durch das Berufungsgericht behandelt (Hamm NJW **74**, 1574; Karlsruhe Justiz **86**, 144; Schleswig SchlHA **83**, 110 [E/L]); auch hierbei ist es unbeachtlich, ob das LG schon vorher eine Beschwerdeentscheidung getroffen hatte (Düsseldorf StV **93**, 482). Eine nach dem Zuständigkeitsübergang zu Unrecht erlassene Beschwerdeentscheidung ist als Haftprüfungsentscheidung anzusehen und als solche anfechtbar (Frankfurt NJW **73**, 478). Diese Grundsätze gelten auch, wenn der Vollzug des Haftbefehls nach § 116 ausgesetzt ist oder wenn der Haftbefehl nicht vollzogen wird, weil sich der Beschuldigte in anderer Sache in Strafhaft befindet (Frankfurt NStZ-RR **96**, 302; Stuttgart Justiz **77**, 103). **Gegenstandslos** 13 werden noch nicht beschiedene Haftbeschwerden bei Erlaß der Entscheidung des OLG nach § 122 (dort 18) und nach Eintritt der Urteilsrechtskraft (Düsseldorf StV **88**, 110; Hamburg MDR **77**, 69).

C. **Vorrang vor der Haftbeschwerde** (II S. 1) hat der in zulässiger Weise 14 gestellte (Hamburg MDR **74**, 861) Antrag auf Haftprüfung nach I, wenn er nicht nur für den Fall gestellt ist, daß die Haftbeschwerde erfolglos bleibt (Oldenburg MDR **86**, 163; **aM** Zweibrücken JurBüro **82**, 1857; Saarbrücken wistra **96**, 80 mit krit Anm Mertes hält jedenfalls die weitere Beschwerde für unzulässig, weil mit Verwerfung der Beschwerde die Bedingung eingetreten sei). Die gleichzeitig oder vor oder nach dem Haftprüfungsantrag eingelegte Beschwerde, auch die weitere Beschwerde nach § 310 I (Düsseldorf MDR **69**, 779; Hamburg MDR **84**, 72; Schleswig SchlHA **86**, 104 [E/L]), ist daher unzulässig, wenn mit ihr die Aufhebung des Haftbefehls nach § 120 oder die Aussetzung seiner Vollziehung nach § 116 erstrebt wird (Karlsruhe NStE Nr 5). Das gilt auch, wenn beide Rechtsbehelfe von verschiedenen Berechtigten (1 zu § 118 b) stammen (KK-Boujong 7). Ob die Beschwerde gegen den Haftbefehl oder eine andere, die Haftfortdauer (zB nach §§ 207 IV, 268 b) anordnende Entscheidung eingelegt ist, macht keinen Unterschied. Bei der Unzulässigkeit der Beschwerde bleibt es auch, wenn der Haftprüfungsantrag später zurückgenommen wird (Karlsruhe aaO; Schleswig SchlHA **88**, 109 [L/G]); dann kann aber eine neue Haftbeschwerde eingelegt werden. Eine unter Nichtbeachtung des II S. 1 erlassene Beschwerdeentscheidung ist wirksam, wird aber auf weitere Beschwerde aufgehoben (Schleswig aaO; **aM** Stuttgart NStZ

94, 401: Kein Rechtsschutzbedürfnis). Ist über den Haftprüfungsantrag vor dem Eingang der weiteren Beschwerde entschieden worden, so kann Beschwerde nur gegen diese Entscheidung eingelegt werden (Düsseldorf MDR **69**, 779; NStE Nr 1 und 2; Hamburg MDR **84**, 72; krit Paeffgen NStZ **90**, 432). Die im Haftprüfungsverfahren ergangene Entscheidung kann ohne Beschränkungen mit der Beschwerde angefochten werden (II S. 2).

15 **2) Ermittlungen zur Vorbereitung künftiger Entscheidungen**(III): Die Vorschrift läßt nicht Ermittlungen zur Vorbereitung der Entscheidung über den Haftprüfungsantrag nach I zu, sondern die Anordnung ergänzender Ermittlungen für eine künftige Entscheidung. Das setzt voraus, daß der Haftrichter in dem Verfahren nach I zwar die Haftfortdauer angeordnet, den Vollzug des Haftbefehls also nicht nach § 116 ausgesetzt hat (Kleinknecht MDR **65**, 786), aber der Meinung ist, bei weiterer Aufklärung sei eine dem Beschuldigten günstigere Entscheidung zu erwarten. Die einzelnen Beweiserhebungen, die sich auch darauf beziehen können, ob Verschonungsauflagen nach § 116 in Betracht kommen, müssen genau bezeichnet werden; sie werden von der StA ausgeführt, die sich dazu ihrer Hilfsbeamten (§ 152 GVG) oder der Polizei (§ 161) bedienen kann (KK-Boujong 12; **aM** SK/StPO-Paeffgen 15: nur gerichtliche Beweiserhebungen durch beauftragte und ersuchte Richter). Sie kann die Beweisanordnung mit der Beschwerde anfechten; bleibt sie bestehen, so ist die StA aber an sie gebunden (KK-Boujong 12). Nach Erledigung der Ermittlungen müssen die Akten dem Richter
16 erneut vorgelegt werden; er kann von Amts wegen eine **neue Haftprüfung** durchführen, wenn nunmehr begründete Aussicht auf eine Entscheidung nach § 120 oder nach § 116 besteht (Kleinknecht MDR **65**, 786). Jedoch darf der Richter die UHaft nicht schon vor der erneuten Prüfung zeitlich begrenzen (KK-Boujong 13).
17 Auch das **Beschwerdegericht** kann III anwenden, da sein Verfahren der Sache nach ebenfalls eine Haftprüfung iS von I ist (KK-Boujong 14; Kleinknecht aaO). Es kann die Beweisanordnung im Hinblick auf eine künftige Haftprüfung durch den Haftrichter treffen oder sie mit der Anordnung erneuter Aktenvorlage zur eigenen Nachprüfung der Beschwerdeentscheidung verbinden. Das gleiche gilt für das OLG im Verfahren nach § 122.

18 **3) Verteidigerbestellung** (IV): Für die Dauer der UHaft ist dem Beschuldigten, der noch keinen Verteidiger hat, ein Pflichtverteidiger zu bestellen, wenn der Vollzug der UHaft mindestens 3 Monate gedauert hat und die StA, der Beschuldigte oder sein gesetzlicher Vertreter die Verteidigerbestellung beantragt. In die
19 **3-Monats-Frist** wird jede in der Sache (auch aufgrund verschiedener Haftbefehle) vollzogene UHaft eingerechnet; der Beschuldigte braucht nicht ununterbrochen 3
20 Monate in Haft gewesen zu sein (LR-Hilger 38). Der **Antrag** kann schon kurze Zeit vor Ablauf der 3-Monatsfrist gestellt werden. Über sein Antragsrecht ist der Beschuldigte zu belehren (IV S. 2); auch das geschieht zweckmäßigerweise schon
21 vor Ablauf der Frist. **Zuständig** für die Verteidigerbestellung ist der Haftrichter (§ 126), bei Kollegialgerichten der Vorsitzende (IV S. 2 iVm § 142 I S. 1). Die §§ 142, 143 und (für die mündliche Verhandlung nach §§ 118, 118 a) § 145 gelten
22 entspr (S. 3). Ist erkennbar, daß die Voraussetzungen der **notwendigen Verteidigung** nach § 140 gegeben sind oder demnächst eintreten, so wird der Verteidiger nach § 141 III, IV bestellt; das hat den Vorrang vor IV. Unter den Voraussetzungen des § 140 I Nr 5 bleibt die Bestellung nach IV für das weitere Verfahren wirksam, wenn kein anderer Verteidiger bestellt wird (§ 140 III S. 2).

23 **4)** Eine **Haftprüfung von Amts wegen** (V) findet nur statt, wenn der Beschuldigte keinen Verteidiger hat und die UHaft 3 Monate gedauert hat, ohne daß er oder ein anderer Antragsberechtigter (1 zu § 118 b) eine Haftprüfung beantragt oder eine Haftbeschwerde eingelegt hat, über die sachlich entschieden worden ist. Ohne diese Voraussetzungen darf der Haftrichter von Amts wegen keine förmliche Haftprüfung vornehmen (LR-Hilger 11 ff; **aM** Schröder NStZ **98**, 68, wobei

§ 118 III dann aber keine Anwendung finden soll). Landesrechtliche Vorschriften, die Haftprüfungen von Amts wegen in weiterem Umfang vorschreiben, sind unwirksam (Koblenz GA **84**, 130; OLGSt Nr 1 für Art 5 II S. 2 Verf Rheinland-Pfalz). Die **3-Monats-Frist** wird auch hier unter Berücksichtigung aller in der 24
Sache erlittenen UHaft berechnet; ununterbrochen braucht sie nicht vollzogen worden zu sein (oben 19). Nur wenn der Haftbefehl vor Ablauf der 3-Monatsfrist aufgehoben oder sein Vollzug ausgesetzt worden ist und später ein neuer Haftbefehl erlassen oder eine Anordnung nach § 116 IV getroffen wird, werden in die 3 Monatsfrist die Zeiten der UHaft vor der Unterbrechung nicht eingerechnet (KK-Boujong 18). Die Frist darf das Gericht weder verkürzen noch verlängern (LR-Hilger 46).

Mündliche Verhandlung

118 **I Bei der Haftprüfung wird auf Antrag des Beschuldigten oder nach dem Ermessen des Gerichts von Amts wegen nach mündlicher Verhandlung entschieden.**

II Ist gegen den Haftbefehl Beschwerde eingelegt, so kann auch im Beschwerdeverfahren auf Antrag des Beschuldigten oder von Amts wegen nach mündlicher Verhandlung entschieden werden.

III Ist die Untersuchungshaft nach mündlicher Verhandlung aufrechterhalten worden, so hat der Beschuldigte einen Anspruch auf eine weitere mündliche Verhandlung nur, wenn die Untersuchungshaft mindestens drei Monate und seit der letzten mündlichen Verhandlung mindestens zwei Monate gedauert hat.

IV Ein Anspruch auf mündliche Verhandlung besteht nicht, solange die Hauptverhandlung andauert oder wenn ein Urteil ergangen ist, das auf eine Freiheitsstrafe oder eine freiheitsentziehende Maßregel der Besserung und Sicherung erkennt.

V Die mündliche Verhandlung ist unverzüglich durchzuführen; sie darf ohne Zustimmung des Beschuldigten nicht über zwei Wochen nach dem Eingang des Antrags anberaumt werden.

1) Nach **mündlicher Verhandlung** (I–IV) kann sowohl im Haftprüfungsver- 1
fahren nach § 117 I oder V als auch (als Ausnahme von § 309 I) im Haftbeschwerdeverfahren (8 ff zu § 117) auf Antrag oder nach dem Ermessen des Gerichts von Amts wegen entschieden werden (I, II). Bei der Haftprüfung muß dem Antrag des Beschuldigten oder eines anderen Antragsberechtigten (1 zu § 118 b), der nicht derselbe zu sein braucht, der den Antrag nach § 117 I gestellt hat, stattgegeben werden, im Beschwerdeverfahren nicht (Celle NdsRpfl **65**, 255). Die StA kann eine mündliche Verhandlung nur anregen. Eine **weitere mündliche Verhand-** 2
lung (III) kann der Beschuldigte oder ein anderer Antragsberechtigter (1 zu § 118 b) im Haftprüfungsverfahren nicht verlangen, wenn die UHaft bereits einmal nach (auf Antrag oder von Amts wegen durchgeführter) mündlicher Verhandlung, auch im Beschwerdeverfahren, aufrechterhalten worden ist und danach nicht mindestens 3 Monate und seit der letzten mündlichen Verhandlung nicht mindestens 2 Monate gedauert hat. Das Gericht ist aber nicht gehindert, auch in diesem Fall nach mündlicher Verhandlung zu entscheiden, wenn das geboten erscheint (Schröder NStZ **98**, 69). Für die Fristberechnung gelten die Grundsätze zu § 117 IV S. 1, V (dort 19, 24). War der Haftbefehl zwischenzeitlich aufgehoben oder außer Vollzug gesetzt worden, so ist III nicht anwendbar, wenn ein neuer Haftbefehl oder eine Anordnung nach § 116 IV erlassen worden ist und der Beschuldigte sich seitdem 3 Monate in UHaft befindet (KK-Boujong 3). Im Haftprüfungsverfahren besteht **kein Anspruch auf mündliche Verhandlung** (IV) solange die Hauptver- 3

handlung (im 1. Rechtszug oder in der Berufungsinstanz) andauert, auch wenn der Antrag schon vor ihrem Beginn gestellt worden war. Wird die Hauptverhandlung nach § 229 II unterbrochen, so dauert sie nicht iS von IV an (KK-Boujong 4; SK/StPO-Paeffgen 5; **aM** Celle NStZ-RR **96**, 171, das darauf abstellt, in welcher zeitlichen Nähe zum letzten Hauptverhandlungstermin der Antrag auf mündliche Verhandlung gestellt worden und wie sein Inhalt gestaltet ist). Ein Anspruch auf mündliche Haftprüfung besteht ferner nicht, wenn ein auf Freiheitsentzug (Freiheits- oder Jugendstrafe, Straf- oder Jugendarrest, Sicherungsmaßregeln nach §§ 63, 64 StGB) lautendes Urteil ergangen ist. Rechtskräftig braucht es nicht zu sein.

4 **2) Unverzüglich** (V), dh ohne vermeidbare Verzögerung (8 zu § 25), muß die mündliche Verhandlung durchgeführt werden. Länger als 2 Wochen darf sie grundsätzlich nicht hinausgezögert werden. Die Frist beginnt mit dem Eingang des Antrags bei dem zuständigen Gericht; jedoch ist § 299 anwendbar (LR-Hilger 16; **aM** KK-Boujong 6). Für die Berechnung der Frist gilt § 43. Mit Zustimmung des Beschuldigten oder des sonstigen Antragsberechtigten (1 zu § 118 b), der den Antrag auf mündliche Verhandlung gestellt hat, kann die Verhandlung hinausgeschoben werden, zB wenn vorher noch einzelne Ermittlungen durchgeführt werden sollen. Die Zustimmung muß sich auch auf die Dauer der Verzögerung beziehen. Erklärt sie der Verteidiger, so braucht der Beschuldigte nicht ebenfalls zuzustimmen (KK-Boujong 6; **aM** LR-Hilger 19). Daß der Richter die Frist ohne Zustimmung überschreitet, zwingt nicht zur Entlassung des Beschuldigten aus der UHaft (KK-Boujong 6).

Art der Durchführung

118a **I Von Ort und Zeit der mündlichen Verhandlung sind die Staatsanwaltschaft sowie der Beschuldigte und der Verteidiger zu benachrichtigen.**

II Der Beschuldigte ist zu der Verhandlung vorzuführen, es sei denn, daß er auf die Anwesenheit in der Verhandlung verzichtet hat oder daß der Vorführung weite Entfernung oder Krankheit des Beschuldigten oder andere nicht zu beseitigende Hindernisse entgegenstehen. Wird der Beschuldigte zur mündlichen Verhandlung nicht vorgeführt, so muß ein Verteidiger seine Rechte in der Verhandlung wahrnehmen. In diesem Falle ist ihm für die mündliche Verhandlung ein Verteidiger zu bestellen, wenn er noch keinen Verteidiger hat. Die §§ 142, 143 und 145 gelten entsprechend.

III In der mündlichen Verhandlung sind die anwesenden Beteiligten zu hören. Art und Umfang der Beweisaufnahme bestimmt das Gericht. Über die Verhandlung ist eine Niederschrift aufzunehmen; die §§ 271 bis 273 gelten entsprechend.

IV Die Entscheidung ist am Schluß der mündlichen Verhandlung zu verkünden. Ist dies nicht möglich, so ist die Entscheidung spätestens binnen einer Woche zu erlassen.

1 **1)** Die **Benachrichtigung** (I) von Ort und Zeit der mündlichen Verhandlung erfolgt formlos, notfalls telefonisch (Hamm Rpfleger **49**, 518). Sie wird vom Vorsitzenden angeordnet und von der Geschäftsstelle ausgeführt. Benachrichtigt werden die StA, der Beschuldigte und der Verteidiger, der Antragsteller (1 zu § 118 b), bei jugendlichen Beschuldigten auch die Erziehungsberechtigten und die gesetzlichen Vertreter (§ 67 II **JGG**), nicht jedoch Mitbeschuldigte (Karlsruhe StV **96**, 302 mit Anm Rieß = JR **96**, 434 mit Anm Theisen; von Dellingshausen Stree/Wessels-FS 700; vgl auch BGH **42**, 391 = NStZ **97**, 351 mit Anm Rieß; **aM** Schulz StraFo **97**, 296). Der Nebenkläger wird nicht benachrichtigt, da er im

Haftprüfungsverfahren nicht mitwirken kann (KK-Boujong 1; **aM** SK/StPO-Paeffgen 2).

2) Die **Vorführung des Beschuldigten** (II) aus der UHaft ist die Regel. Unterbleiben darf sie nur bei Verzicht des Beschuldigten oder bei nicht zu beseitigenden Hindernissen (S.1). Der Verzicht ist widerruflich (KK-Boujong 2). Bei Nichtvorführung des Beschuldigten muß für ihn aber ein Verteidiger auftreten (S. 2). Hat er keinen Verteidiger oder ist der Verteidiger verhindert, so muß ihm, unter Beschränkung auf die mündliche Verhandlung (LR-Hilger 18 ff), ein Pflichtverteidiger bestellt werden (S. 3). Hierfür gelten § 142 (Zuständigkeit des Vorsitzenden; Auswahl), § 143 (Zurücknahme bei Auftreten eines Wahlverteidigers) und § 145 (Folgen bei Ausbleiben des Verteidigers) entspr (S. 4). 2

3) Die **mündliche Verhandlung** (III), die nicht öffentl ist, muß der Haftrichter selbst durchführen; ein Rechtshilfeersuchen an das AG des Haftorts ist unzulässig (KG JR **64**, 267; München MDR **58**, 181). Die Verhandlung dient in 1. Hinsicht der Anhörung der Beteiligten (S. 1). Die Anwesenheit der StA ist nicht erforderlich, die des Verteidigers nur, wenn der Beschuldigte nicht vorgeführt worden ist (oben 2); vgl auch § 34 III Nr 5 **EGGVG** für die Haftprüfung während einer Kontaktsperre. Nach dem Ermessen des Gerichts werden **Beweise** im Freibeweis (7, 9 zu § 244) erhoben (BGH **28**, 116, 118). Da das Gericht Art und Umfang der Beweisaufnahme bestimmt (S. 2), sind Beweisanträge der Beteiligten nur Anregungen, für die § 244 III–VI nicht gilt, die insbesondere auch nicht förmlich beschieden werden müssen. Der Beschuldigte kann zwar Zeugen laden oder stellen; ihre Vernehmung steht aber im Ermessen des Gerichts (LR-Hilger 9). Für das **Protokoll** über die mündliche Verhandlung gelten die §§ 271–273 entspr, nicht aber § 274 (S. 3). 3 4 5

4) Die **Entscheidung** (IV) ergeht durch mit Gründen versehenen (§ 34) Beschluß, durch den der Haftbefehl ggf geändert oder neu gefaßt wird (vgl 18 zu § 114; 6 zu § 117). Grundsätzlich ist er am Schluß der Verhandlung zu verkünden (S. 1). Sein Erlaß kann aber bis zu 1 Woche hinausgeschoben werden; dann erhalten die Beteiligten formlos eine Beschlußausfertigung (§ 35 II S. 2). 6

5) **Beschwerde:** Vgl 8 ff zu § 117. Hat die mündliche Verhandlung entgegen II S. 2 ohne Verteidiger stattgefunden, so entscheidet das Beschwerdegericht nicht selbst, sondern verweist die Sache zurück (Bay **53**, 202 = NJW **54**, 204; Hamm Rpfleger **49**, 518; erg 8 zu § 309), es sei denn, das Beschwerdegericht entscheidet nach § 118 II nach mündlicher Verhandlung (SK/StPO-Paeffgen 8). 7

Antragsberechtigte

118b **Für den Antrag auf Haftprüfung (§ 117 Abs. 1) und den Antrag auf mündliche Verhandlung gelten die §§ 297 bis 300 und 302 Abs. 2 entsprechend.**

1) **Antragsberechtigt** nach §§ 117 I, 118 I, II sind neben dem Beschuldigten der Verteidiger, jedoch nicht gegen dessen Willen (§ 297), und der gesetzliche Vertreter (§ 298), dieser auch gegen den Willen des Beschuldigten (erg 2 zu § 298). Auch der Erziehungsberechtigte kann den Antrag stellen (§ 67 I **JGG**). 1

2) **Entsprechend anwendbar** für die Anträge nach §§ 117 I, 118 I, II sind ferner §§ 299 und 300 sowie für die Zurücknahme des Antrags durch den Verteidiger § 302 II. 2

Vollzug der UHaft **RiStBV 58, 59**

119 **I Der Verhaftete darf nicht mit anderen Gefangenen in demselben Raum untergebracht werden. Er ist auch sonst von Strafgefangenen, soweit möglich, getrennt zu halten.**

II Mit anderen Untersuchungsgefangenen darf er in demselben Raum untergebracht werden, wenn er es ausdrücklich schriftlich beantragt. Der Antrag kann jederzeit in gleicher Weise zurückgenommen werden. Der Verhaftete darf auch dann mit anderen Gefangenen in demselben Raum untergebracht werden, wenn sein körperlicher oder geistiger Zustand es erfordert.

III Dem Verhafteten dürfen nur solche Beschränkungen auferlegt werden, die der Zweck der Untersuchungshaft oder die Ordnung in der Vollzugsanstalt erfordert.

IV Bequemlichkeiten und Beschäftigungen darf er sich auf seine Kosten verschaffen, soweit sie mit dem Zweck der Haft vereinbar sind und nicht die Ordnung in der Vollzugsanstalt stören.

V Der Verhaftete darf gefesselt werden, wenn

1. **die Gefahr besteht, daß er Gewalt gegen Personen oder Sachen anwendet, oder wenn er Widerstand leistet,**
2. **er zu fliehen versucht oder wenn bei Würdigung der Umstände des Einzelfalles, namentlich der Verhältnisse des Beschuldigten und der Umstände, die einer Flucht entgegenstehen, die Gefahr besteht, daß er sich aus dem Gewahrsam befreien wird,**
3. **die Gefahr des Selbstmordes oder der Selbstbeschädigung besteht**

und wenn die Gefahr durch keine andere, weniger einschneidende Maßnahme abgewendet werden kann. Bei der Hauptverhandlung soll er ungefesselt sein.

VI Die nach diesen Vorschriften erforderlichen Maßnahmen ordnet der Richter an. In dringenden Fällen kann der Staatsanwalt, der Anstaltsleiter oder ein anderer Beamter, unter dessen Aufsicht der Verhaftete steht, vorläufige Maßnahmen treffen. Sie bedürfen der Genehmigung des Richters.

Übersicht

1 **1) Vollstreckung und Vollzug:** Vollstreckt wird der Haftbefehl durch die StA (§ 36 II), gegen einen Jugendlichen gemäß richterlicher Entscheidung (§ 72 III **JGG**). Ein Vollstreckungshindernis besteht während der Schutzfrist des freien Geleits (§ 295 I; Art 12 EuRHÜbk; Einl 216). Bei der Vollstreckung kann die Polizei (Einl 43) die Wohnung des Beschuldigten durchsuchen, ohne daß es dafür einer besonderen Anordnung bedarf (11 zu § 457). Die Maßnahmen, die den Vollzug betreffen, ordnet der Richter an (VI; UVollzO 2, 77).

Untersuchungshaftvollzugsordnung: Ein Gesetz über den Vollzug der UHaft besteht bisher nicht (zur Notwendigkeit einer gesetzlichen Regelung Baumann JZ **90**, 107). Die §§ 94–101 StVollzG regeln die Voraussetzungen und Grenzen der Anwendung unmittelbaren Zwangs durch die Bediensteten der UHaftanstalt (§ 178 I, II **StVollzG**). Übt der UGefangene eine ihm zugewiesene Arbeit, Beschäftigung oder Hilfstätigkeit aus, so erhält er Arbeitsentgelt wie ein Strafgefangener (§§ 43, 177 StVollzG). Darüber hinaus stellt § 119 für den Vollzug der UHaft lediglich einige Grundsätze auf. Solange ein Gesetz über den Vollzug der UHaft fehlt, sind eine Reihe von Rechtsvorschriften des **StVollzG** auf den Vollzug der UHaft übertragbar, soweit nicht die Verschiedenartigkeit der Haftzwecke dem entgegensteht. Um möglichste Einheitlichkeit im Vollzug zu erreichen und dem Richter die Vollzugsregelung im Einzelfall zu erleichtern, haben die Bundesländer einheitlich die UVollzO erlassen (abgedruckt bei Piller/Herrmann Nr 2 a). Sie ist zum einen Teil eine Sammlung allgemeiner Verwaltungsanordnungen für die Leiter der Vollzugsanstalten, zum anderen Teil Gestaltung des Modellvollzugs nach I–V. In diesem Teil ist sie nur ein nichtbindender (BVerfGE **15**, 288, 293 = NJW **63**, 755; BVerfGE **34**, 369, 379 = NJW **73**, 1451, 1452) Vorschlag an den Richter (Düsseldorf MDR **87**, 341; Karlsruhe Justiz **83**, 57). Dieser setzt sie insoweit bei der Einweisung in die JVA jeweils für den betreffenden Verhafteten in Kraft (VI), soweit er sie nicht von vornherein oder später durch Abstriche oder Zusätze modifiziert (Kleinknecht JZ **53**, 531). Das ist für die JVA bindend (Frankfurt NStZ **82**, 134). Da die UVollzO das Verhältnis zwischen der Anstalt und dem Verhafteten regelt, kann dieser ihre Aushändigung verlangen (Bremen NJW **56**, 922). **Vollzogen** wird 3 die UHaft in einer JVA (vgl dazu im einzelnen Schlothauer/Weider 423 ff). Über Unterbringung in einer Krankenanstalt vgl RiStBV 58, 59. 2

2) **Einzelhaft als Regelvollzug** ist als Vorzug gedacht (Ausfluß der Unschuldsvermutung nach Art 6 II **MRK**; Roxin § 30 D IV), den der Strafgefangene nicht hat. Dieser wird im geschlossenen Vollzug nur während der Ruhezeit allein in seinem Haftraum untergebracht (§ 18 I S. 1 StVollzG). Der Raum in I S. 1 ist die Wohnzelle. S. 2 („auch sonst") bezieht sich auf die Wohnzelle und den Tagesablauf. Der Verhaftete hat keinen Anspruch darauf, daß er sich in einem Freizeitraum aufhalten (Frankfurt 3 VAs 91/75 vom 30. 6. 1976) oder bei der Bewegung im Freien mit anderen sprechen darf (Hamburg NJW **63**, 1840). Bei langer UHaft kann dem UGefangenen auch aus Gründen des menschlichen Kontakts gestattet werden, daß er einen ebenfalls in UHaft befindlichen Mitbeschuldigten in gewissen Zeitabständen für bestimmte Zeit (zB täglich eine Stunde) in der Zelle aufsuchen darf, falls dem nicht der Zweck der UHaft entgegensteht. Über Arbeit vgl unten 28, über strenge Einzelhaft Kleinknecht/Janischowsky 345 ff. 4

3) **Gemeinschaftshaft** (II): Mit anderen UGefangenen darf der Gefangene in derselben Wohnzelle untergebracht werden: 5

A. **Auf ausdrücklichen schriftlichen Antrag** (S. 1): Damit wird berücksichtigt, daß es viele schwer ertragen können, allein zu sein. Das strenge Antragserfordernis und die jederzeitige Zurücknehmbarkeit (S. 2) sollen einen Formblattschematismus ausschließen. Dem Antrag wird entsprochen, wenn keine Ablehnungsgründe erkennbar sind (KK-Boujong 6). Das gilt vor allem, wenn die UHaft schon länger dauert (Hamburg NJW **63**, 1840). Ein Ablehnungsgrund kann sich aus der Person des Antragstellers oder desjenigen UGefangenen ergeben, mit dem die Zusammenlegung in Betracht zu ziehen wäre. Dabei ist an die Gefahr unzulässiger Beeinflussung zu denken, zB an die Gefahr übler Gerüchtemacherei oder systematischer Verdächtigung oder Beleidigung gegen Anstaltsbedienstete. 6

B. **Mit Rücksicht auf seinen Zustand** körperlicher oder geistiger Art (S. 3): 7 Hier kommt es nicht auf den Willen des Beschuldigten an. Ob der Zustand die Ausnahme erfordert, ist idR nach Begutachtung durch den Arzt zu entscheiden.

Wird die Erforderlichkeit bejaht, so muß im Rahmen des Möglichen nach einer Lösung gesucht werden.

8 4) **Art und Maß der Freiheitsbeschränkung** (III): Nur die unvermeidbaren, sich aus der Natur der Sache ergebenden situationsbedingten Beschränkungen sind zulässig, wobei die Generalklauseln des III ausgeschöpft werden dürfen (BVerfGE **35**, 311, 316 = NJW **74**, 26; BVerfGE **42**, 95, 100 = NJW **76**, 1311). Die über die Freiheitsentziehung als solche hinausgehenden Maßnahmen müssen zulässig (daran fehlt es zB für die Anbringung eines Mikrofons in der Zelle) sowie erforderlich sein (bezogen auf das Ob und das Wie). Wo die im Einzelfall generell vom Richter in Kraft gesetzte UVollzO einen Entscheidungsvorbehalt vorsieht und wo in Abweichung vom Modellvollzug oder sonst eine einschränkende Maßnahme erforderlich erscheint, sind Einzelprüfungen und -entscheidungen nach III geboten. In jedem
9 Fall gebietet das Grundrecht der allgemeinen Handlungsfreiheit und der **Grundsatz der Verhältnismäßigkeit**, der den Vollzug der UHaft in besonderem Maß beherrschen muß, eine Abwägung aller Umstände des Einzelfalls (BVerfGE **35**, 5,
10 9 = NJW **73**, 1363; BGH NJW **98**, 3284, 3285; Einl 20). **Ungleichheit** gegenüber anderen UGefangenen aufgrund sachlich vertretbarer Erwägungen ist nicht willkürlich (BVerfGE **35**, 311 = NJW **74**, 26). Daher kann zB dem einen die Teilnahme an allen Gemeinschaftsveranstaltungen gestattet werden, dem anderen nur die Teilnahme an solchen, die durch Aufsichtspersonal überwacht werden.

11 A. **Ausschließliche Rechtsgrundlage:** „Zweck der UHaft" und „Ordnung in der Vollzugsanstalt". Zur Abwehr einer realen Gefahr für diese öffentlichen Interessen muß die Beschränkung erforderlich sein (BVerfGE **35**, 5, 10 = NJW **73**, 1363). Bloße Belästigungen rechtfertigen Freiheitsbeschränkungen noch nicht (BVerfGE **15**, 288, 295 = NJW **63**, 755). Bei jugendlichen und heranwachsenden UGefangenen kommt als weiterer Zweck die erzieherische Einwirkung nach § 93 II, 110 II JGG hinzu (Stuttgart NJW **74**, 759; Brunner/Dölling 6 ff zu § 93 JGG; Schneider NJW **74**, 1207).

12 a) Zum **Zweck der UHaft** gehört auch, daß ein Gefangener, der entwichen ist oder sich sonst ohne Erlaubnis außerhalb der Anstalt aufhält, durch die JVA oder auf ihre Veranlassung hin festgenommen und in die Anstalt zurückgebracht wird, solange die Fahndung und Verfolgung in unmittelbarem Zusammenhang mit der Haft steht. Dieses Festnahmerecht ist bei Flucht eines Strafgefangenen ausdrücklich gesetzlich eingeräumt (§ 87 **StVollzG**). Dabei handelt es sich nicht um eine dem Richter vorbehaltene Maßnahme iS der III, IV. Für die Zulässigkeit der über die bloße Freiheitsentziehung hinausgehenden Beschränkungen im Vollzug der UHaft ist hauptsächlich der im Haftbefehl angewendete Haftgrund maßgebend. Es kann jedoch auch auf die im speziellen Fall nicht herangezogenen Haftgründe zurückgegriffen werden (Stuttgart MDR **73**, 335; Dallinger MDR **51**, 121; Nehm NStZ **97**, 307; H.W.Schmidt SchlHA **64**, 274; **aM** Seebode 111 ff, 129; Veit, Die Rechtsstellung des UGefangenen, 1971, S. 47). Insbesondere ist eine Maßnahme zur Vermeidung von Verdunkelungsgefahr auch zulässig, wenn der Haftbefehl nur auf Fluchtgefahr gestützt ist (Hamm StV **98**, 35 mit eingehender abl Anm Paeffgen); das ist „verfassungsrechtlich nicht zu beanstanden" (BVerfG 2 BvR 485/73 vom 29. 10. 1973). Denn was das Gesetz in Form der Haftgründe als nicht tolerierbar bezeichnet, muß der Richter nicht nur bei der Haftentscheidung, sondern auch bei seinen Einzelentscheidungen nach II beachten. Daher ist auch der Haftbefehl zu berücksichtigen, für den nur Überhaft vorgemerkt ist (Kleinknecht/Janischowsky 359; 13 vor § 112).

13 b) **Ordnung in der Vollzugsanstalt:** Der Begriff ist nicht auf eine formelle Regelung beschränkt und daher auch im materiellen Sinn zu verstehen. Er umfaßt auch die Begriffe der Ruhe (KG JR **67**, 429) und der Sicherheit (Düsseldorf NStZ **86**, 92; Grunau UVollzO Nr 18 Rdn 3), und zwar nicht nur ein Mindestmaß, sondern auch die Rücksicht darauf, daß das Funktionieren des Ablaufs des Lebens

in der Anstalt nicht in Frage gestellt wird (vgl BVerfGE **35**, 311 = NJW **74**, 26; Düsseldorf aaO). Diesen Funktionsablauf kann ein Gefangener zB durch Mißbrauch einer Vertrauensstellung beeinträchtigen (zB als Gefangenensprecher, Hamm 2 Ws 64/80 vom 24. 3. 1980: Verlegungsgrund). Ungehinderter Kontakt mit der Außenwelt würde (wie beim Strafvollzug, BVerfGE **33**, 1, 14 = NJW **77**, 811) eine potentielle Gefahr für den Vollzug auch deshalb darstellen, weil der Verhaftete kriminelle Aktionen planen könnte. Die Pflicht zur Wahrung der Ordnung in der Vollzugsanstalt gebietet es, bereits zu verhindern, daß der UGefangene aus der Anstalt heraus Straftaten von einigem Gewicht begeht (BGH JZ **73**, 128 mit Anm Müller-Dietz; Hamm NJW **74**, 806; vgl BVerfGE **33**, 1, 14 = NJW **77**, 812 für Strafvollzug) oder daß er in der Anstalt Tonbandgeräte (Kassettenrecorder) für Nachrichtenaustausch oder Absprache anstaltsordnungswidrigen Verhaltens verwendet (Karlsruhe MDR **75**, 72; erg unten 27). Der psychiatrischen Untersuchung des Gefangenen durch einen Arzt seines Vertrauens steht die Ordnung in der Anstalt nicht unbedingt entgegen (Köln NJW **85**, 1408; vgl zur ärztlichen Versorgung auch Düsseldorf StV **88**, 430), wohl aber idR der Genehmigung einer homologen Insemination (Frankfurt JR **92**, 255 mit zust Anm Joerden; abl Paeffgen NStZ **92**, 483). Ein Interview mit einem Journalisten oder Film- und Fernsehaufnahmen mit dem Gefangenen dürfen nicht grundsätzlich untersagt werden (BVerfG NStZ **95**, 566; BGH StV **93**, 32; Celle StV **98**, 494; Düsseldorf JMBlNW **92**, 142; NStZ **96**, 354; Schleswig SchlHA **91**, 123 [L/T]; Paeffgen aaO; einschr aber BGH [ER] NStZ **98**, 205 mit abl Anm Tolmein; Hamm NStZ **91**, 559; ausführlich zur Problematik *de lege lata* und *de lege ferenda* Nehm NStZ **97**, 305).

B. **Besuche; fernmündlicher Verkehr; Telegramme** (UVollzO 24 ff, 38): Eine generelle Besuchssperre ist grundsätzlich unzulässig (Düsseldorf StV **94**, 324; Hamm StV **97**, 260), die Ablehnung der Besuchserlaubnis für Familienangehörige nur unter besonders strengen Voraussetzungen zulässig (Hamm StV **96**, 325). Besuchserlaubnisse werden aber idR nur als Einzelerlaubnisse für den jeweiligen Besuch erteilt (Düsseldorf OLGSt Nr 6). Wird dem Antragsteller die Besuchserlaubnis erteilt, so wird zugleich die Dauer des Besuchs bestimmt. Die Überwachungsmaßnahmen richten sich nach dem Risiko für den Zweck der UHaft und die Ordnung in der JVA; Flucht und Verdunkelungsgefahr müssen unterbunden werden (BVerfGE **42**, 95, 100, 101 = NJW **76**, 1311; BGH NStE Nr 13; dazu krit Paeffgen NStZ **90**, 531). Fehlt ein solches Risiko überhaupt, kann (Hamm StV **97**, 259: muß) der Haftrichter für den genehmigten Besuch gestatten, daß er ohne Überwachung stattfindet (Frankfurt StV **83**, 465; Hamm MDR **97**, 283 mwN), so vor allem bei Besuchen von Familienangehörigen (BVerfG NStZ **94**, 52; **96**, 614; Köln StV **95**, 259; vgl auch Kruis/Cassardt NStZ **95**, 522), aber auch bei Besuchen, die einem therapeutischen Gespräch dienen (Frankfurt StV **83**, 289: Drogenberater). Zur Überwachung der Besuche bei ausländischen UGefangenen durch Dolmetscher vgl Schleswig SchlHA **95**, 4 [L/T] und Korte StV **83**, 43; zur Pflicht des Gerichts, die Hinzuziehung von Dolmetschern anzuordnen und sie aus der Staatskasse zu entschädigen, vgl Frankfurt StV **86**, 74; **84**, 427 mit Anm Korte; München StV **96**, 491 mit Anm Degenhard. Das Begehren des UGefangenen, Telefonate mit Personen außerhalb der JVA zu führen oder von solchen zu empfangen, wird – von ganz außergewöhnlichen Umständen abgesehen – idR dem Zweck der UHaft und auch der Ordnung in der JVA widerstreiten (Düsseldorf StV **89**, 254; StraFo **98**, 285; Schleswig SchlHA **92**, 144 [L/T]; LG Mainz wistra **95**, 77; krit Paeffgen NStZ **89**, 421). Telefongespräche mit Familienangehörigen, insbesondere im Ausland, können daher nicht für dauernd (Düsseldorf NStZ **95**, 152; Schleswig SchlHA **97**, 152 [L/S]), sondern nur im Einzelfall bei besonders berechtigtem Interesse gestattet werden (Frankfurt StV **92**, 281 mwN; Hamm NStZ-RR **96**, 303; Stuttgart StV **95**, 260). Wenn die Zustimmung erteilt wird, ist das Gespräch vollständig mitzuhören (UVollzO 38 I S. 3). Telegramme werden wie Schreiben überwacht (UVollzO 38 II). Die Übergabe von Gegenständen bedarf der Erlaubnis 14

(UVollzO 27 II). IdR auszuschließen sind Toilettenartikel, Getränke, Lebensmittel
und sonstige Gegenstände, in denen Drogen enthalten sein könnten; denn es kann
im Vollzug nicht ausgeschlossen werden, daß die eingeschmuggelten Drogen auch
15 an andere Gefangene gelangen. Zur Ermöglichung von **Besuchen von Ehegatten
und Kindern** müssen die zuständigen Behörden die erforderlichen und zumut-
baren Anstrengungen unternehmen (vgl auch Hamburg OLGSt Nr 15). Eine
großzügigere Besuchsregelung als bei anderen UGefangenen ist hier geboten
(BVerfG NJW **93**, 3059; NStZ **94**, 604 mit Anm Rotthaus; Düsseldorf StV **96**, 323
mit Anm Nibbeling). Das gilt auch, wenn beide Teile in UHaft sind, aber der
Haftgrund der Verdunkelungsgefahr bei ihnen nicht besteht (Bremen StV **95**, 645;
Düsseldorf NStZ **89**, 549; Frankfurt MDR **79**, 1042; Paeffgen NStZ **90**, 532), uU
aber auch sogar bei Verdunkelungsgefahr (Bremen StV **98**, 33; Hamburg StV **98**,
34). Es stehen jedoch grundsätzlich nur die allgemeinen Besuchstage zur Verfü-
gung. Nur in besonders gelagerten Ausnahmefällen kann es geboten und für die
JVA zumutbar sein, für solche Besuche Gelegenheit zu anderer Zeit zu schaffen
(BVerfGE **42**, 95 = NJW **76**, 1311). Die Gewährung eines Intimkontaktes mit dem
Ehegatten kann idR nicht verlangt werden (Jena NStZ **95**, 256 = JZ **96**, 157 mit
16 krit Anm Seebode; abl auch Paeffgen NStZ **96**, 73). Für **Besuche von anderen
UGefangenen** gilt III einschließlich der Notwendigkeit der Überwachung eben-
falls (Hamburg NJW **65**, 364; Koblenz NStZ **91**, 207; **aM** Stuttgart OLGSt S. 70).
17 Für **Verteidigerbesuche** gilt § 148 (vgl unten 25). Zulässig ist die vorherige
18 **Durchsuchung** des Besuchers und der etwa von ihm mitgeführten Behältnisse
nach Waffen, zu übermittelnden Nachrichten oder fluchterleichternden Gegen-
ständen, falls es eine bestehende Fluchtgefahr erfordert (BGH NJW **73**, 1656),
auch wenn es sich um den Verteidiger handelt (BVerfGE **38**, 26). Die Anordnung,
daß der Besuch nur in einem durch Trennscheiben gesicherten Raum stattfinden
darf, ist zulässig (Celle NStZ **81**, 196), insbesondere bei früheren Versuchen des
Besuchers, Gegenstände unerlaubt zu übergeben (LG Frankfurt a.M. NStZ **81**,
496).

19 C. **Brief- und Paketkontrolle** (UVollzO 28 ff):

20 a) **Allgemeines:** Briefverkehr und Paketempfang sind mit den sich aus III
ergebenden Beschränkungsmöglichkeiten (Koblenz NStZ **94**, 56; krit dazu Paeff-
gen NStZ **95**, 24) erlaubt. Grundsätzlich wird beides überwacht (UVollzO 30 ff;
Frankfurt NJW **79**, 2525 mit Anm Haß für den Strafvollzug), nach dem Ermessen
des Gerichts auch der Briefverkehr mit Landtagsabgeordneten und Parlaments-
fraktionen (Karlsruhe Justiz **83**, 57). Bloße Überwachungslästigkeiten müssen hin-
genommen werden (BVerfGE **34**, 370, 381 = NJW **73**, 1451 und Zweibrücken
StV **98**, 32 mit krit Anm Seebode StV **98**, 385 für Paketempfang; Veit MDR **73**,
279; oben 11). Bücher und Zeitschriften über die JVA zu bestellen, kann zur
Erleichterung der Kontrolle dem UGefangenen aufgegeben werden. Zulässig ist
die Beschränkung der Zahl der Briefe bei Schriftwechsel in Fremdsprachen (Mün-
chen NStZ **84**, 332; LG Berlin StV **94**, 325) und in extremen Fällen (KG JR **68**,
309; StV **85**, 66; Stuttgart MDR **73**, 335; Hamburg MDR **74**, 248); auch die
Weisung, den Schriftverkehr in deutscher Sprache zu führen, wenn Absender und
Empfänger sie beherrschen, ist zulässig (Düsseldorf NStZ **94**, 559), im übrigen
muß der mit der Übersetzung verbundene Kostenaufwand aber grundsätzlich
hingenommen werden (Brandenburg OLGSt Nr 24). Wenn es durch die besondere
Lage gerechtfertigt erscheint, darf die Briefkontrolle auf Stichproben beschränkt
werden (Hamburg NJW **67**, 1973). Eine Beschränkung des Postverkehrs wegen
Überlastung des Richters ist dann ausgeschlossen (KG NStZ **92**, 558; Zweibrücken
StV **82**, 530). Die in § 29 II **StVollzG** vorgesehenen Ausnahmen können dem
Haftrichter Anlaß geben, von der Briefkontrolle abzusehen. Die Briefe an Gerichte
21 sind von dieser Ausnahmeregelung nicht betroffen. Die von der Rspr entwickelten
Grundsätze für das Anhalten von Schreiben entsprechen dem § 31 **StVollzG,**
wobei lediglich die hier verwendeten allgemeinen, auf den Strafvollzug zugeschnit-

tenen Rechtsbegriffe durch die in III verwendeten zu ersetzen sind (unten 23, 24). Die Gründe, aus denen ein Brief angehalten werden kann (wozu nicht schon der Versuch der Umgehung der Briefkontrolle gehört, Düsseldorf NStZ **91**, 360; Zweibrücken StV **92**, 236), zählt UVollzO 34 auf, zB bei groben Beleidigungen (erg Kleinknecht/Janischowsky 376 ff). Die Beförderung solcher Briefe würde die Anstaltsordnung stören (Bremen JZ **81**, 105 mwN; vgl auch BVerfGE **35**, 311, 317 ff = NJW **74**, 26; Wimmer GA **83**, 145 will nur Berufung auf § 32 StGB zulassen). Bei Briefen des UGefangenen an nahe Angehörige sind andere Maßstäbe als sonst anzulegen (Brandenburg StV **95**, 420; Düsseldorf NStZ **98**, 319; Koblenz NStE Nr 8; vgl auch oben 15). Sie dürfen grundsätzlich nicht wegen unsachlicher Äußerungen über das anhängige Strafverfahren oder beleidigender Angriffe gegen die mit dem Verfahren befaßten Personen angehalten werden (BVerfGE **42**, 234, 237 = NJW **76**, 1629; **57**, 170 = NJW **81**, 1943; BVerfG StV **91**, 306; JR **95**, 379 mit abl Anm Kiesel; NStZ **96**, 509; Düsseldorf StV **96**, 410; München StV **95**, 140; LG Flensburg StV **88**, 210; zusammenfassend zur Rspr des BVerfG Berndt NStZ **96**, 118, 157 ff; Gehrlein Boujong-FS 765; Kruis/Cassardt NStZ **95**, 574; generell gegen die Zulässigkeit des Anhaltens solcher Schreiben mit beachtlichen Gründen Paeffgen NStZ **89**, 420 f). Für Pakete trifft UVollzO 39 eine Regelung, die an § 33 I **StVollzG** und die hierzu erlassenen bundeseinheitlichen VwVen anknüpft. Die Briefkontrolle darf **nur vom Richter** oder mit Einverständnis des UGefangenen vom StA (UVollzO 30) vorgenommen werden; des Einverständnisses des StA bedarf es dazu nicht (LG Aachen NStZ **92**, 407; **aM** LG Hannover NdsRpfl **62**, 143; LG Wuppertal NStZ **93**, 408 mit abl Anm Hohendorf NStZ **94**, 455; KK-Boujong 95; Paeffgen NStZ **93**, 577). Das Anhalten eines Briefes ist allerdings dem Richter vorbehalten (UVollzO 35 I). Beanstandete Briefe werden zur Habe (UVollzO 35 III), beschlagnahmte zu den Akten genommen (Schleswig SchlHA **87**, 109 [L]). Die Prüfung, ob der Briefumschlag noch andere Gegenstände als schriftliche Mitteilungen enthält, darf der Richter anderen Justizbediensteten übertragen (UVollzO 33 III; Frankfurt 3 VAs 8/77 vom 23. 6. 1977). Die Überprüfung der Pakete ist grundsätzlich dem Anstaltsleiter übertragen, der jedoch von sich aus und von vornherein die richterliche Entscheidung einzuholen hat, wenn die Versendung bestimmter Gegenstände das Strafverfahren beeinträchtigen könnte (erg unten 49). 22

b) **Zweck der UHaft** (oben 12): Ein Brief kann schon beanstandet und angehalten werden, wenn er für den Eingeweihten nicht verständliche Passagen enthält und daraus auf eine reale Gefahr zu schließen ist, daß darin verdeckte, den Zweck der UHaft gefährdende Mitteilungen enthalten sind (vgl Hamburg MDR **73**, 243). 23

c) **Ordnung in der Vollzugsanstalt** (oben 13): Ein Brief mit einer Meinungsäußerung, die durch das Grundrecht der Meinungsfreiheit gedeckt ist, darf nicht angehalten werden (BVerfGE **33**, 1, 14 = NJW **72**, 811 für Strafvollzug; KG JZ **71**, 386), idR auch nicht unter dem Gesichtspunkt der Notwehr oder Nothilfe (BVerfGE aaO; von Löbbecke NJW **73**, 528). 24

d) **Verteidigerpost:** Eine Sonderbestimmung für den Verkehr zwischen Verteidiger und UGefangenen enthält § 148 (dort 6 ff). Das Verteidigungsverhältnis muß durch Vollmacht und Angabe der Strafsache, in der der Verteidiger tätig ist, ausgewiesen sein (11 zu § 148). Um Einzelfallentscheidungen handelt es sich bei dem Schriftwechsel zwischen einem UGefangenen und einem RA in Zivilsachen, notariellen Angelegenheiten und Testamentssachen. Erg 3 zu § 148. 25

e) **Beschlagnahme als Beweismittel:** Hat ein Brief Beweisbedeutung iS des § 94 für das laufende Verfahren, so beschlagnahmt ihn der Richter (vgl BGH NJW **61**, 2069). Bezieht sich die Beweisbedeutung auf ein anderes Verfahren, so stellt er den Brief bei fehlender eigener Zuständigkeit (§ 98) einstweilen sicher und leitet ihn (oder wenigstens eine Fotokopie) der StA oder im gerichtlichen Verfahren dem zuständigen Richter zu (5 zu § 98). Soweit dafür nicht auf die Rechtfertigungs- 26 gründe des III zurückgegriffen werden kann, ist § 108 sinngemäß entspr anwendbar (Celle NJW **74**, 805).

27 D. **Zeitungsbezug und Rundfunkbenutzung:** Die Anordnung, daß Zeitungen und Zeitschriften nur in bestimmter Zahl und nur durch Vermittlung der Anstalt bezogen werden dürfen, ist zulässig (BVerfGE **34**, 384, 402 = JZ **74**, 95, 98 mit Anm Müller- Dietz; BVerfG NStZ **82**, 132). Der Bezug einer allgemein im Zeitungshandel erhältlichen Zeitung oder Zeitschrift ist im Regelfall nicht zu verwehren (Stuttgart Justiz **70**, 266). Einzelne Nummern können nach III angehalten werden, falls konkrete Anhaltspunkte dafür vorliegen, daß die Überlassung den Haftzweck oder die Ordnung in der Anstalt gefährden könnte (BVerfG NStZ **94**, 145). Eine allgemeine Pflicht, stattdessen lediglich die beanstandeten Stellen ausschneiden zu lassen, besteht nicht (KG NJW **79**, 175; **aM** Bamberg StV **82**, 774; SK/StPO-Paeffgen 45). Hat die Zensur einer größeren Anzahl aufeinanderfolgender Nummern einer periodisch erscheinenden Zeitschrift deren Eignung zur Störung der Anstaltsordnung ergeben, so ist der generelle Ausschluß dieser Zeitschrift vom weiteren Bezug so lange nicht zu beanstanden, als keine Anhaltspunkte für eine Änderung der Zielsetzung und des Redaktionsstils erkennbar sind (KG NJW **79**, 175; Hamm NJW **77**, 594; KK-Boujong 48; **aM** Frankfurt MDR **78**, 594). Ist der UGefangene ein Jugendlicher oder Heranwachsender, so werden pornographische Schriften aus erzieherischen Gründen angehalten (§§ 93 II, 110 **JGG**; Stuttgart NJW **74**, 750; oben 11) oder, wenn es sich um eine periodische Druckschrift handelt, vom Bezug ausgeschlossen, bei Erwachsenen nur unter besonderen Umständen (Düsseldorf MDR **87**, 76; Koblenz NJW **76**, 985), etwa wenn in einer JVA sowohl Erwachsene als auch Jugendliche untergebracht sind (Koblenz GA **87**, 367 L; MDR **86**, 426); dasselbe gilt für Homophilen-Zeitschriften (SK/StPO-Paeffgen 46; **aM** Hamm NStZ **81**, 320). Mit der Benutzung eines eigenen Rundfunk- oder Fernsehgeräts, die nach UVollzO 40 grundsätzlich gestattet ist (Düsseldorf StV **91**, 221), kann die Gefahr unkontrollierten Kontakts mit der Außenwelt und zugleich innerhalb der Anstalt verbunden sein. Zur Vermeidung von Funkvereinbarungen über Befreiungsaktionen (oben 12) und anderer krimineller Aktionen (oben 13) kann ihre Verwendung in der Zelle untersagt
28 werden. Sonst wird die Benutzung eines eigenen **batteriebetriebenen Kleinrundfunkgeräts** zuzulassen sein, wenn erforderlich unter Auflagen, insbesondere unter Ausschluß anderer von der Mitbenutzung, Anbringung von Plomben, Kontrolle durch Vollzugsbeamte, idR auch unter Ausschluß des UKW-Bereichs (Hamburg MDR **73**, 243; **aM** Frankfurt StV **84**, 339). Die Gefahr, daß das Gerät nicht auf Zimmerlautstärke eingestellt wird, kann meist durch Überwachung und durch vorübergehenden Erlaubnisentzug bei einem Ordnungsverstoß oder auch durch Beschränkung auf Kopfhörer behoben werden. Für die Genehmigung zur Benut-
28 a zung eines eigenen **batteriebetriebenen Fernsehgeräts** gelten grundsätzlich die gleichen Gesichtspunkte (KG NJW **73**, 69; Düsseldorf GA **77**, 119; NStZ **85**, 44; Karlsruhe StV **90**, 269, 555; Koblenz NStZ **83**, 331 mit Anm Boujong; Nürnberg StV **90**, 117; Zweibrücken NStZ **90**, 46; München StV **81**, 183: nur Geräte von weniger als 10 Milliampere, nur mit Kopfhörern, ohne UKW und von der Anstaltsleitung verplombt; **aM** BGH NStZ **85**, 139; Karlsruhe NJW **70**, 291; Koblenz NStZ **82**, 46; **83**, 332 mit Anm Boujong = JR **83**, 434 mit Anm Grunau; OLGSt Nr 8; Stuttgart MDR **73**, 1036; LG Stuttgart Justiz **90**, 337). Bei der Frage der Genehmigung eines eigenen Fernsehgeräts kann die Gefahr eine Rolle spielen, daß das Gerät als Versteck verbotener, sicherheitsgefährdender Gegenstände oder als Waffe benutzt werden kann (Koblenz aaO) oder daß Impulse für Ausbruch, Gewalttätigkeiten oder Gefangenenmeuterei davon ausgehen können (behandelt in BVerfG MDR **74**, 204; vgl auch BVerfG NStZ **83**, 331, das die Versagung der Genehmigung gebilligt hat; eingehend Winkelmann/Engsterhold NStZ **93**, 112).

29 E. **Sonstige Einbringungsgegenstände:** Nach der Rspr der OLGe ist eine Regel-Ausnahme-Abwägung vorzunehmen: Danach ist grundsätzlich der Besitz

solcher Sachen zu untersagen, die nach ihrer bestimmungsgemäßen Verwendung eine Gefahr für Haftzwecke und Ordnung darstellen, bei anderen grundsätzlich zu gestatten (Zweibrücken StV **93**, 593; zur Rspr des BVerfG vgl insoweit Kruis/Cassardt NStZ **95**, 524; vgl auch VO vom 7. 9. 1995 – NdsRpfl **95**, 298: Betrieb von eigenen Hörfunk- und Fernsehgeräten, Kassettenrecordern und CD-Spielern durch Gefangene sowie der Betrieb von Videogeräten in Justizvollzugsanstalten)). Danach gilt im einzelnen: Kassettenrecorder und Rundfunkgeräte mit Kassettenteil sind wegen der Gefahr des Mißbrauchs und wegen der beschränkten Überwachungsmöglichkeiten idR nicht zuzulassen (Düsseldorf NStZ **84**, 333; NStE Nr 12; Hamm JMBlNW **74**, 214; Karlsruhe MDR **75**, 72; Rpfleger **83**, 83; vgl aber auch Paeffgen NStZ **90**, 532). Dagegen wird die Einbringung und Benutzung einer mechanischen Schreibmaschine idR zu gestatten sein (BVerfGE **35**, 5, 10 = NJW **73**, 1363), ebenso eines Walkmans zum Abhören von Sprechkassetten (Celle GA **85**, 424; Koblenz NStZ **85**, 528). Wegen der allgemeinen Befürchtung, daß in ihr Gegenstände versteckt werden, darf die Genehmigung zur Benutzung einer Schreibmaschine nicht versagt werden (Düsseldorf MDR **82**, 1041). Auch die Haltung einer elektronischen Schreibmaschine ist daher nur bei konkreten Anhaltspunkten für eine reale Gefährdung von Sicherheit und Ordnung der Anstalt zu untersagen (BVerfG NStZ **94**, 604 mit Anm Rotthaus; Düsseldorf StV **89**, 351; **93**, 129). Dagegen wird idR nicht gestattet werden die Haltung einer Kaffeefiltermaschine (Düsseldorf NStZ **86**, 93), einer Tischorgel (Düsseldorf NStZ **92**, 148), eines Telespiels (Düsseldorf NStZ **86**, 92; **aM** Düsseldorf OLGSt Nr 17; LG Freiburg StV **96**, 326 L) und eines Computers (Düsseldorf NJW **89**, 2637; Hamm StV **97**, 197; vgl auch Paeffgen NStZ **90**, 533), es sei denn, die Benutzung eines Laptops ist zur ordnungsgemäßen Verteidigung erforderlich (Koblenz StV **95**, 86; ebenso Hamm NStZ **97**, 566 mit Anm Böttger, falls das Diskettenlaufwerk ausgebaut wird; anders noch Hamm StV **97**, 199 mit abl Anm Nibbeling, abl auch Paeffgen NStZ **98**, 73).

F. **Disziplinarmaßnahmen** (UVollzO 67–71) sind als Ordnungsmittel zulässig **30** und setzen schuldhaften Verstoß gegen die Anstaltsordnung voraus (Hamm NJW **53**, 356). Ein solcher kann auch in einer schweren Beleidigung eines Anstaltsbediensteten liegen (Koblenz GA **76**, 121 bei einem Strafgefangenen). Mehrere solche Verstöße bilden beim Erlaß des Hausstrafenbeschlusses – wie im Disziplinarrecht allgemein – eine einheitliche Tat; nachträgliche Bildung einer Art Gesamtstrafe gibt es nicht (KG NStZ **82**, 46; Hamm MDR **69**, 408). Der Anstaltsleiter klärt den Sachverhalt und gibt seine Ermittlungen an den Richter, wenn er eine Hausstrafe für erforderlich hält. Die Aussetzung zur Bewährung ist zulässig (Düsseldorf StV **87**, 255). Wenn die Hausstrafe ihren Zweck, die Ordnung der Vollzugsanstalt aufrechtzuerhalten, nicht mehr erreichen kann, ist sie aufzuheben (Düsseldorf StV **90**, 503 mwN). Für die Verhängung von Hausstrafen wegen Disziplinarverstößen in der vorangegangenen Strafhaft ist der Haftrichter nicht zuständig (KG GA **82**, 85; Hamburg MDR **65**, 505).

G. **Unmittelbare Überleitung von UHaft zur Strafhaft** (15 zu § 120): **31** Wenn sich der Zweck der vorher angeordneten Disziplinarmaßnahme durch den Übergang nicht erledigt, wird sie in der Strafhaft vollstreckt, und zwar auf Ersuchen des Haftrichters vom Leiter der JVA, in der sich der Gefangene in Strafhaft befindet (§ 105 III StVollzG). Für die dabei noch anfallenden Entscheidungen bleibt der Haftrichter zuständig (Hamburg GA **70**, 219). Eine nachträgliche Anordnung des Haftrichters ist nach hM zulässig, wenn der Gefangene kurz nach der Verfehlung in Strafhaft überführt worden ist (KG JR **64**, 310; Nürnberg NStZ **89**, 246; Paeffgen NStZ **90**, 531 mwN zum Streitstand). Hebt der Haftrichter den Haftbefehl auf, so entfällt seine Zuständigkeit, auch wenn der UGefangene in anderer Sache in UHaft bleibt (Celle NStZ **86**, 378).

H. **Zusammentreffen von UHaft und Strafvollzug:** Beide Freiheitsentzie- **32** hungen können nicht gleichzeitig vollzogen werden (12 ff vor § 112). Die UVollzG

(§§ 91 ff) kann als Verwaltungsvorschrift aber nicht die Rechte des Gefangenen beschränken, die er nach dem StVollzG hat. Um aber beim Zusammentreffen von Strafvollstreckung und Haftbefehl eine Unterbrechung der Strafhaft zum Zweck des UHaftvollzugs zu vermeiden, werden gegen den Strafgefangenen Freiheitsbeschränkungen zugelassen, die der Zweck der UHaft erfordert (vgl § 122 **StVollzG;** Hamburg OLGSt Nr 19; Kleinknecht/Janischowsky 359).

33 a) **Zusätzliche Freiheitsbeschränkung zum Zweck der UHaft:** Hierfür kommen beispielsweise die Anordnung von Einzelhaft oder Beschränkung des Schrift- und Besuchsverkehrs in Betracht. Außerdem werden zahlreiche im StVollzG vorgesehene Maßnahmen, wie zB Verlegung in eine offene Anstalt, Anordnung von Lockerungen, wie Außenbeschäftigung, Freigang usw, grundsätzlich entfallen.

34 b) **Notwendige Anordnungen und Entscheidungen** zur Sicherung des Strafverfahrens trifft der Haftrichter (§ 126; § 122 I S. 2 **StVollzG),** zB die Anordnung, daß ihm der gesamte Schriftverkehr oder Teile davon zur Mitprüfung vorgelegt werden oder Besuche von seiner Zustimmung abhängig sind oder daß der UGefangene in einem Krankenhaus unterzubringen sei (RiStBV 58). Schreiben kann der Haftrichter nur zur Sicherung des laufenden Verfahrens anhalten; im übrigen ist nach § 31 **StVollzG** der Anstaltsleiter zuständig (Hamm NStZ **85**, 93). In dringenden Fällen ermächtigt § 122 I S. 3 **StVollzG** den StA, Anstaltsleiter oder einen anderen Beamten, unter dessen Aufsicht der Gefangene steht, zu vorläufigen Maßnahmen. Diese bedürfen aber der nachträglichen Genehmigung durch den nach § 126 zuständigen Richter.

35 J. **Geladen wird der UGefangene** zur richterlichen Beschuldigtenvernehmung schriftlich. Die Androhung nach § 133 II oder § 216 I unterbleibt. Der Richter erläßt einen Vorführungsbefehl (in entspr Anwendung des § 36 II S. 2 **StVollzG).** Dieser ist Bestandteil der Ladung und nicht von der StA zu vollstrecken (§ 36 II). Er bedarf keiner bestimmten Form, kann also auch auf richterliche Anordnung von der Geschäftsstelle weitergeleitet werden, und zwar an den Leiter der JVA, wenn ihre Beamten vorzuführen haben. Besteht ein Vorführungsdienst in der Justiz oder obliegt die Vorführung nach den Abmachungen der Polizei, so geht die Vorführungsanordnung an diese Stelle und nachrichtlich an den Leiter der JVA. Die Vorführungsbeamten haben nach den für sie geltenden Bestimmungen erforderlichenfalls unmittelbaren Zwang anzuwenden, die Bediensteten der JVA nach den §§ 94 I, 178 I **StVollzG.**Das gilt für die Ladung zu einer richterlichen Zeugenvernehmung und für jegliche Ladung durch die StA entspr (obwohl in § 36 II S. 2 **StVollzG** nur der richterliche Vorführungsbefehl genannt ist).

36 **5) Bequemlichkeit und Beschäftigungen** (IV):

37 A. Die **Befugnis** hierzu ergibt sich schon aus III. Sie wird in IV wegen ihrer Bedeutung nochmals klargestellt; wesentlich ist dabei auch die Kostenklausel. Beschäftigung ist iS von Selbstbeschäftigung zu verstehen und umfaßt hier nicht die Berufsausübung mit Wirkung nach außen (Hamburg JZ **76**, 491). Die Genehmigung zum Halten eines Kleintieres ist idR mit Rücksicht auf die Ordnung in der Vollzugsanstalt zu versagen (Stuttgart Justiz **74**, 67).

38 B. **Arbeit für die Vollzugsanstalt:** Der UGefangene ist nicht zur Arbeit verpflichtet (UVollzO 42; Einschränkung § 93 II **JGG**). Er hat im Rahmen des Möglichen ein Recht auf Arbeit (Hamm StraFo **98**, 66), aber keinen Anspruch auf Zuteilung einer bestimmten Beschäftigung oder eines bestimmten Arbeitsplatzes. Die Entscheidung hierüber trifft der Anstaltsleiter, der hierzu nicht der Genehmigung des Richters bedarf (Düsseldorf StV **88**, 68; Hamm GA **70**, 287). Wesentliche Bedeutung kommt dabei der Arbeit in der Zelle zu.

39 C. **Arbeitsentgelt:** Seine Bemessung richtet sich nach den für die Strafgefangenen geltenden Grundsätzen (§ 177 StVollzG). Der Anstaltsleiter ist auch zuständig für die Bemessung des Arbeitsentgelts (Düsseldorf aaO). Jedoch kann der UGefan-

gene über sein Arbeitsentgelt frei verfügen. Ein Haftkostensatz wird nicht einbehalten; denn § 52 StVollzG ist in § 177 StVollzG nicht für entspr anwendbar erklärt. Taschengeld wird nicht gewährt (Celle StV **98**, 495 mit Anm Wünsch; Hamm NStZ **93**, 608; Stuttgart Justiz **94**, 67).

D. **Ausführungen** werden nur zur Erledigung wichtiger und unaufschiebbarer persönlicher, geschäftlicher oder rechtlicher Angelegenheiten bewilligt (Bremen MDR **63**, 158, Koblenz GA **73**, 157; vgl UVollzO 41 II). Dazu gehören nicht Besprechungen mit dem Verteidiger (Stuttgart MDR **81**, 780), auch nicht die Wahrnehmung von Abgeordnetenmandaten (Jekewitz GA **81**, 444). Ausführungen finden auch nicht statt, um dem Gefangenen Geschlechtsverkehr zu ermöglichen (Düsseldorf OLGSt Nr 3) oder zwecks Anwesenheit bei der Geburt seines Kindes (Düsseldorf NJW **90**, 3160). 40

6) Fesselung (V; UVollzO 64): V S. 1 entspricht im wesentlichen dem § 8 UZwG. Der Fesselungsgrund muß in konkreten Tatsachen bestehen (Oldenburg NJW **75**, 2219); die Fesselung muß notwendig sein (Koblenz StV **89**, 209). Für noch nicht überschaubare künftige Ereignisse darf sie nicht angeordnet werden (LG Koblenz StV **83**, 467; LG Stuttgart Justiz **90**, 338). Die Fesselung nach V Nr 3 ist eine Folge der Garantenstellung gegenüber dem UGefangenen (Kühne NJW **75**, 671). Die Anordnung in V S. 2 gehört streng genommen nicht hierher (LR-Hilger 67); denn es handelt sich um eine Maßnahme des § 238 I (dort 4). 41

7) Zwangsmaßnahmen auf dem Gebiet der Gesundheitsfürsorge: Auch für die UGefangenen gilt § 101 **StVollzG** (§ 178 I **StVollzG**). 42

A. Die **Anordnungskompetenz** ergibt sich nicht aus § 101 III **StVollzG**, sondern aus VI, der nach § 178 II **StVollzG** unberührt bleibt, weil die richterliche Zuständigkeit für die Vollzugsmaßnahmen in der UHaft ein wesentlicher Grundsatz ist (vgl Oswald StV **90**, 502). Aus § 101 III **StVollzG** ist aber zu folgern, daß der Arzt vor der Anordnung zu hören ist. Seine Stellungnahme ist eine gutachtliche Äußerung, soweit sie ärztliche Fragen behandelt. Die Einholung eines weiteren Gutachtens ist zulässig. Wenn die Voraussetzungen des § 101 I S. 1 **StVollzG** vorliegen, besteht noch keine Pflicht, die Zwangsmaßnahme anzuordnen, solange von einer freien Willensbestimmung des Gefangenen ausgegangen werden kann (§ 101 I S. 2 **StVollzG).** Zwangsweise Untersuchung auf Haftfähigkeit ist zulässig (Düsseldorf JZ **88**, 984). 43

B. Die **Durchführung der Zwangsmaßnahme** ist Aufgabe der Vollzugsbehörde (§ 101 I S. 2 **StVollzG).** Die Anordnung darf aber nur unter Leitung des für die Vollzugsbehörde tätigen Arztes durchgeführt werden, unbeschadet der Leistung erster Hilfe für den Fall, daß ein Arzt nicht rechtzeitig erreichbar und mit einem Aufschub Lebensgefahr verbunden ist (§ 101 III **StVollzG).**Zur ärztlichen Leitung gehört auch die Überwachung des Zwanges nach Art und Dauer. Deshalb ist schon bei der Anordnung Einvernehmen mit dem Arzt anzustreben. 44

C. Eine **zeitliche Begrenzung der Durchführung** ergibt sich aus dem „solange" des § 101 I S. 2 **StVollzG.** Die Vollzugsbehörde muß die Beendigung alsbald dem Richter mitteilen, damit er über den Fortbestand der Anordnung entscheidet. 45

8) Zuständigkeit des Haftrichters (VI S. 1; § 126). Er ist zuständig für die Maßnahmen, wenn es darum geht, diese im Verhältnis zu einem bestimmten UGefangenen anzuordnen (BVerfG NStZ **95**, 253 mit Anm Sowada NStZ **95**, 563; Frankfurt NStZ-RR **96**, 365: Verlegung in den Vollzug unter gelockerten Haftbedingungen; Hamm NStZ **81**, 156: Dauer der Freistunde; Karlsruhe Justiz **97**, 87). Maßnahmen, die sich gegen alle anstaltsfremden Besucher richten, ordnet die JVA an (BGH **29**, 135). Wenn es erforderlich ist, unter Wahrung der Ordnung in der JVA den Zweck der UHaft zu erreichen (III), können auch Dritte in ihren eigenen Rechten betroffen werden (BGH aaO). Vgl auch 18 zu § 23 **EGGVG.** 46 47

Die erforderlichen Maßnahmen kann der Haftrichter allgemein und von vornherein (oben 2) treffen, bei Bedarf auch ergänzen (erg oben 31; zu den einzelnen in Betracht kommenden Anordnungen vgl Cassardt NStZ **94**, 523). Die Organisation der Vollzugsanstalt darf er jedoch nicht ändern (KG StV **96**, 326). Schriftform ist nicht vorgeschrieben, aber wegen Anfechtbarkeit geboten. Eine fernmündlich eingeholte und gegebene Anordnung wird nachträglich schriftlich getroffen und mitgeteilt, wenn sie den Beschuldigten beschwert oder sonst von erheblicher Bedeutung ist. § 33 II gilt nicht, weil es sich um dem Vollzug angehörende Entscheidungen handelt (für die Disziplinarmaßnahmen **aM** LR-Hilger 62). Jedoch ist die Beteiligung des StA häufig nach der Natur der Sache geboten, zB bei Verlegung des Verhafteten (UVollzO 57; Koblenz GA **76**, 121). Dem UGefangenen ist vor einer vom Regelvollzug abweichenden Einzelanordnung, die für ihn einen Nachteil bedeutet, das **rechtliche Gehör** zu gewähren, was auch über den Anstaltsleiter geschehen kann.

48 **9) Ersatzzuständigkeit in dringenden Fällen** (VI S. 2, 3): Sie gilt nur für vorläufige Maßnahmen, also zB keinesfalls für Disziplinarmaßnahmen (oben 30). Der Anordnende muß von Amts wegen den Richter über die Fortwirkung der Maßnahme entscheiden lassen. Ist die Anordnung bereits erledigt, so ist der Antrag überholt (vgl 17 vor § 296; **aM** zur Fesselung nach V Lüderssen Meyer-GedSchr 273). Hat der Verhaftete dennoch ein rechtliches Interesse an der Überprüfung der Maßnahme, weil er mit Recht ihre Wiederholung befürchtet, so kann er entspr § 28 I S. 4 **EGGVG** den Antrag auf Entscheidung des Haftrichters selbst stellen (KG GA **77**, 148).

49 **10) Beschwerde** (§ 304) gegen richterliche Entscheidungen können der Beschuldigte und die StA einlegen. Das gilt nicht, wenn das im 1. Rechtszug zuständige OLG entschieden hat (§ 304 IV S. 2 Nr 1, dort 11; **aM** SK/StPO-Paeffgen 79). Der Anstaltsleiter hat kein Beschwerderecht. Er kann allenfalls nach fruchtlosen Gegenvorstellungen beim Richter versuchen, die StA zur Beschwerde zu veranlassen (UVollzO 10 I S. 2). Ein Beschwerderecht hat auch der jenige, dessen Antrag auf Kommunikation mit dem UGefangenen (ganz oder teilw) abgelehnt worden ist, zB auf Besuchserlaubnis (BGH **27**, 175 = JR **78**, 83 mit abl Anm Peters; LR-Hilger 156; **aM** Bremen MDR **76**, 686; Karstendiek DRiZ **80**, 106), oder bei allgemeinem Verbot des Schriftverkehrs (Hamm MDR **69**, 161; Nürnberg MDR **80**, 165). Über eine noch nicht beschiedene Beschwerde entscheidet nach Anklageerhebung zum LG gemäß § 126 II S. 3 der Vorsitzende der StrK (KG NStZ-RR **96**, 365). Die Beschwerde wird idR gegenstandslos nach Entlassung aus der UHaft und nach Urteilsrechtskraft (Karlsruhe NStZ **84**, 183). Ausnahmen gelten für Beschwerden gegen Disziplinarmaßnahmen (KG JR **64**, 310; Düsseldorf StV **87**, 255; Hamm JZ **67**, 185; München NJW **56**, 316), auch nach ihrem Vollzug (Düsseldorf StV **98**, 41; Karlsruhe NStZ **84**, 183, 184; **aM** Stuttgart MDR **89**, 183), und Briefbeanstandungen (München StV **95**, 140 mwN) nach Überführung des UGefangenen in Strafhaft. Zum Verbot der Schlechterstellung 5 vor § 304.

50 **11) Rechtsbehelf gegen Maßnahmen der Vollzugsanstalt:** Bei Beschwerde gegen eine Maßnahme der JVA in einer Angelegenheit, für die VI gilt, entscheidet der Richter (UVollzO 75 I; KG GA **77**, 148; Braunschweig NStZ **90**, 608; vgl auch Sowada NStZ **95**, 565), auch nach Aufhebung der Maßnahme bei konkretem Interesse an der Feststellung der Rechtswidrigkeit (KG aaO; Schleswig SchlHA **95**, 4 [L/T]; oben 48). Im übrigen stehen dem UGefangenen Gegenvorstellungen sowie die Dienstaufsichtsbeschwerde zur Verfügung (21 ff vor § 296), auch der Antrag auf gerichtliche Entscheidung nach § 23 I S. 2 **EGGVG**(UVollzO 75 III; LR-Hilger 160). Befindet sich der Beschuldigte, gegen den Haftbefehl besteht, im Strafvollzug (oben 32), so enscheidet über einen Antrag auf gerichtliche Entscheidung gegen einen VerwA die StVollstrK (§ 109 ff **StVollzG;** §§ 78 a, 78 b GVG).

12) **Kontaktsperre:** Nach den §§ 31 ff **EGGVG** kann der Kontakt zwischen dem Verteidiger und dem UGefangenen vorübergehend gesperrt werden, wenn dieser im Verdacht terroristischer Gewalttaten steht. 51

Aufhebung des Haftbefehls **RiStBV 54 I, 55**

120 **I Der Haftbefehl ist aufzuheben, sobald die Voraussetzungen der Untersuchungshaft nicht mehr vorliegen oder sich ergibt, daß die weitere Untersuchungshaft zu der Bedeutung der Sache und der zu erwartenden Strafe oder Maßregel der Besserung und Sicherung außer Verhältnis stehen würde. Er ist namentlich aufzuheben, wenn der Beschuldigte freigesprochen oder die Eröffnung des Hauptverfahrens abgelehnt oder das Verfahren nicht bloß vorläufig eingestellt wird.**

II Durch die Einlegung eines Rechtsmittels darf die Freilassung des Beschuldigten nicht aufgehalten werden.

III Der Haftbefehl ist auch aufzuheben, wenn die Staatsanwaltschaft es vor Erhebung der öffentlichen Klage beantragt. Gleichzeitig mit dem Antrag kann die Staatsanwaltschaft die Freilassung des Beschuldigten anordnen.

1) **Aufhebung des Haftbefehls** (I): 1

A. **Wegfall der Haftvoraussetzungen** (S. 1): Bei jeder Art von UHaft, auch nach §§ 230 II, 236, 329 IV S. 1, ist das Vorliegen der Haftvoraussetzungen stets von Amts wegen zu prüfen (BGH MDR **71**, 547 [D]; RiStBV 54 I). Aber nur bei der Haftprüfung nach §§ 117, 122, beim Erlaß des Eröffnungsbeschlusses (§ 207 IV) und beim Urteilserlaß (§ 268 b) muß das Ergebnis der Prüfung auch dann begründet werden, wenn das Gericht die Haftfortdauer für gerechtfertigt hält. Der Wegfall der Haftvoraussetzungen zwingt den Haftrichter (§ 126) zur sofortigen Aufhebung des Haftbefehls. Wenn zwar die in dem Haftbefehl bezeichneten Haftvoraussetzungen weggefallen, jedoch andere vorhanden sind, wird der Haftbefehl aber nicht aufgehoben, sondern umgestellt oder durch einen neuen ersetzt (KK-Boujong 3; erg 18 zu § 114). Ist der Haftbefehl wegen Verdunkelungsgefahr ergangen, so muß berücksichtigt werden, daß sie nach der vollständigen Aufklärung der Tat meist entfällt; nach Erlaß des Urteils im letzten Tatsachenrechtszug wird der Haftbefehl daher idR aufzuheben sein (Celle NJW **63**, 1264). Der Erlaß eines weiteren Haftbefehls ist kein Aufhebungsgrund, die Verbüßung von Strafhaft in anderer Sache nur in Ausnahmefällen (LR-Hilger 9; **aM** Schumann JR **67**, 340). 2

B. **Fehlen der Verhältnismäßigkeit** (S. 1): Unverhältnismäßig ist die UHaft, deren weiterer Vollzug zur Bedeutung der Sache und den zu erwartenden Rechtsfolgen außer Verhältnis stehen würde (vgl dazu Seetzen NJW **73**, 2001; nach Hamburg StV **93**, 375 auch wegen Verletzung des Beschleunigungsgrundsatzes unabhängig von § 121). Bei der **Abwägung,** der nur die Tatvorwürfe zugrunde gelegt werden dürfen, derentwegen der Haftbefehl erlassen worden ist (Hamm StV **98**, 553), ist davon auszugehen, daß die UHaft nach § 51 I S. 1 StGB angerechnet wird, ebenso nach § 51 III S. 2 StGB die im Ausland vollzogene Auslieferungshaft (München NJW **82**, 1241; Stuttgart StV **94**, 588 mit Anm Deckers). Die Erwartung einer Strafaussetzung zur Bewährung nach § 56 StGB muß berücksichtigt werden, auch die einer späteren Aussetzung des Strafrests nach § 57 StGB (Frankfurt NStZ **86**, 568; Schleswig SchlHA **76**, 44; Schultz JR **63**, 297; LG Köln StraFo **98**, 351 mit zust Anm Münchhalfen). Die Aufrechterhaltung des Haftbefehls gegen einen im 1. Rechtszug zu einer Bewährungsstrafe verurteilten Angeklagten ist nicht unverhältnismäßig, wenn die StA eine aussichtsreiche Berufung mit dem Ziel einer härteren Bestrafung eingelegt hat (Koblenz MDR **74**, 596; KK-Boujong 7; **aM** Luckhaupt MDR **74**, 550; vgl auch Karlsruhe MDR **77**, 775 L). Wird die Strafe demnächst durch UHaft verbüßt sein, so muß der Haftbefehl deswegen nicht

(Randnummern: 3 beim Absatzbeginn „B.“, 4 bei „unabhängig von § 121). Bei der Abwägung“)

aufgehoben werden (KG StV **88**, 208 mit abl Anm Schlothauer; Düsseldorf StV **94**, 86 mit abl Anm Seebode; Hamm MDR **93**, 673; Stuttgart Justiz **90**, 26; krit Paeffgen NStZ **89**, 418; **95**, 73). Daß die UHaft die zu erwartenden Rechtsfolgen bereits übersteigt, zwingt nicht stets zur Aufhebung des Haftbefehls; denn auch die besondere Bedeutung der Sache für die Rechtsgemeinschaft darf berücksichtigt werden (Frankfurt StV **88**, 392 mit krit Anm Jehle; Seetzen NJW **73**, 2002; vgl aber Bremen NJW **60**, 1265, 1266; **aM** Stuttgart Justiz **97**, 62, 63;Schlothauer StV **88**, 208). Dabei darf aber nur auf die Tat abgestellt werden, die Gegenstand des Haftbefehls ist, nicht auf rechtskräftige andere Freiheitsstrafen (BGH StV **86**, 65; Stuttgart Justiz aaO). Zur Verhältnismäßigkeit im Ausland vollzogener Einlieferungshaft vgl München NJW **82**, 1241. Der Haftbefehl muß wegen Unverhältnis-
5 mäßigkeit auch bei **Aussetzung des Vollzugs** nach § 116 aufgehoben werden (BVerfGE **53**, 152, 158 ff = NJW **80**, 1448; BGH **39**, 233, 236; KG StV **85**, 67; **91**, 473; Hamburg JR **83**, 259 mit Anm Rieß; StV **85**, 66; LG Gera StV **97**, 141; LG Hamburg StV **85**, 20). Denn auch die Beschränkungen, denen der Beschuldigte durch die Auflagen und Weisungen nach § 116 ausgesetzt ist, dürfen nicht länger andauern, als es nach den Umständen des Falles erforderlich ist (vgl 1 zu
6 § 116). Entsprechendes gilt, wenn aufgrund des Haftbefehls nur **Überhaft** (13 vor § 112) vermerkt ist; die Strafsache ist dann grundsätzlich ebenso beschleunigt zu bearbeiten wie jede andere Haftsache (KG StV **92**, 523; **93**, 646; Bremen StV **89**, 539 mwN; Frankfurt StV **90**, 310; **94**, 665; Koblenz OLGSt § 116 Nr 2; Stuttgart StV **90**, 213; Karlsruhe MDR **86**, 1048 unterscheidet zwischen Überhaft wegen anderer UHaft und wegen Strafvollstreckung; dagegen Paeffgen NStZ **89**, 423).
7 **Nach Urteilserlaß** kann die Aufhebung des Haftbefehls geboten sein, wenn sich das Rechtsmittelverfahren ungebührlich verzögert (vgl 8 zu § 121).

8 C. Bei **Freispruch, Nichteröffnung oder endgültiger Verfahrenseinstellung** (S. 2), nicht bei Unzuständigkeitserklärung nach § 16 (LR-Wendisch 8 zu § 16; SK/StPO-Rudolphi 6 zu § 16), wird gesetzlich vermutet, daß die Haftvoraussetzungen (bei Freispruch insbesondere der dringende Tatverdacht) weggefallen sind oder die Verhältnismäßigkeit nicht mehr gewahrt ist (Düsseldorf MDR **74**, 686; Hamm NJW **54**, 86; Karlsruhe NStZ **81**, 192; LG Mannheim StV **85**, 287). Auf Richtigkeit und Rechtskraft der Entscheidung kommt es nicht an; I S. 2 gilt auch bei einem offensichtlich fehlerhaften Freispruch (Düsseldorf aaO; Roxin § 30 F I 1 c; Schlüchter 235). Daher muß der Haftbefehl stets aufgehoben werden, bei Urteilserlaß durch besonderen Beschluß, bei Verfahrenseinstellung nach § 206 a in diesem Beschluß; endgültige Verfahrenseinstellung ist auch die nach § 154 b IV S. 1 (Saarbrücken StV **88**, 110 L). Der Fall des § 170 II S. 1 ist nach III zu behandeln (LR-Hilger 22). Mit der Aufhebung des Haftbefehls ordnet das Gericht
9 zugleich die **Freilassung** des Beschuldigten an, wenn keine Überhaft vermerkt ist (RiStBV 55 I), und veranlaßt die Entlassung. Bei Aufhebung in der Hauptverhandlung darf der Angeklagte nicht zwangsweise in die JVA zurückgebracht werden (KK-Boujong 18; LR-Hilger 27; Merz NJW **61**, 1852; **aM** KMR-Wankel 3; Kaiser NJW **67**, 866). Ihm wird zweckmäßigerweise eröffnet, daß er sich zwar frei bewegen könne, daß es sich aber empfiehlt, in die Anstalt zurückzukehren, um die Entlassungsförmlichkeiten zu erledigen (RiStBV 55 II S. 2). Ist gegen das Urteil oder gegen den Beschluß Berufung oder Beschwerde eingelegt worden, so darf
10 schon vor der Rechtsmittelentscheidung ein **neuer Haftbefehl** aufgrund neuer Tatsachen oder Beweise erlassen werden, die geeignet sind, die gesetzliche Vermutung des I S. 2 zu widerlegen (KG StV **86**, 539; JR **89**, 344; Hamm NStZ **81**, 34; Karlsruhe NStZ **81**, 192 mwN). Das gilt aber nicht, wenn das freisprechende Urteil mit der Revision angefochten ist; denn in diesem Stadium des Verfahrens können neue Tatsachen oder Beweise nicht mehr berücksichtigt werden (Düsseldorf aaO; **aM** KK-Boujong 20; KMR-Wankel 4 für den Fall einer offensichtlich begründeten
11 Revision). Wird das freisprechende oder das Verfahren einstellende **Urteil vom Revisionsgericht aufgehoben** und die Sache nach § 354 II an den Tatrichter

zurückverwiesen, so wird die gesetzliche Vermutung, daß keine Haftgründe mehr vorliegen, wieder entkräftet, auch wenn der Aufhebungsgrund nur ein Verfahrensfehler ist (**aM** Wendisch StV **85**, 377). Der Tatrichter kann dann auch bei gleicher Beweislage einen neuen Haftbefehl erlassen (Frankfurt StV **85**, 375 mit krit Anm Wendisch; Hamm NStZ **81**, 34; Karlsruhe NJW **70**, 439; Köln StV **96**, 389; KMR-Wankel 4; Schlüchter 235; **aM** LR-Hilger 37; Paeffgen NStZ **89**, 423; Schlothauer/Weider 482). Bei der Beurteilung des dringenden Tatverdachts sind aber auch die Gründe des Revisionsurteils zu berücksichtigen (Hamm aaO; Karlsruhe aaO).

2) Ein **Rechtsmittel** (II) gegen den Beschluß, durch den der Haftbefehl aufgehoben worden ist (Beschwerde der StA nach § 304 I, weitere Beschwerde nach § 310 I), hat keine die Freilassung aufschiebende Wirkung. Sie kann auch nicht durch eine Anordnung nach § 307 II herbeigeführt werden; die Vorschrift wird durch II ausgeschlossen. War der Haftbefehl nur außer Vollzug gesetzt worden, so gilt II aber nicht; die Anwendung des § 307 II ist zulässig (KK-Boujong 19). 12

3) **Auf Antrag der StA** (III), der keiner Begründung bedarf, muß der Haftrichter, auch das Beschwerdegericht und das OLG oder der BGH im Verfahren nach §§ 121, 122, im Ermittlungsverfahren den Haftbefehl aufheben. An den Antrag, ihn außer Vollzug zu setzen, ist das Gericht nicht gebunden (KK-Boujong 23). Da die Bindungswirkung des III S. 1 nur im Ermittlungsverfahren besteht, braucht der Richter einem zugleich mit der Anklageerhebung gestellten Aufhebungsantrag nicht stattzugeben (KMR-Wankel 8; teilw **aM** LR-Hilger 42). Die **Freilassung des Beschuldigten** kann der StA zugleich mit der Antragstellung anordnen (S. 2). Ein Ermessen ist ihm entgegen dem Wortlaut des Gesetzes nicht eingeräumt; die Aufhebung des Haftbefehls durch das Gericht darf er nicht abwarten (LR-Hilger 46; **aM** KMR-Wankel 11). Die Anordnung soll idR schriftlich erfolgen (vgl im einzelnen UVollzO 17 I). 13 14

4) Mit der **Rechtskraft des Urteils** geht die UHaft ohne weiteres in Strafhaft oder in den Vollzug der Sicherungsmaßregel über (BGH **38**, 63; NStZ **93**, 31 [K]; Karlsruhe NJW **64**, 1085; Köln NJW **66**, 1829; München Rpfleger **64**, 370; Nürnberg JZ **50**, 141 mit zust Anm Kleinknecht; Schleswig SchlHA **86**, 104 [E/L]; vgl auch Bremen MDR **66**, 349; UVollzO 91); auf die Einleitung der Vollstreckung kommt es nicht an (Hamburg MDR **77**, 69; 949; **aM** Braunschweig MDR **50**, 755; NJW **66**, 116; SK/StPO-Paeffgen 14 ff; Lindner MDR **48**, 453; Schlothauer/Weider 406; H. W. Schmidt NJW **59**, 1717; Seebode 97 ff, 105 ff; **aM** auch Celle NJW **63**, 2240, 2242; Düsseldorf NStZ **81**, 366; StV **88**, 110; Bringewat StVollstr 9 zu § 450: Vollstreckungshaft, während derer der Verurteilte wie ein Strafgefangener zu behandeln ist). Der Haftbefehl wird gegenstandslos (BVerfGE **9**, 160 = NJW **59**, 431; Düsseldorf Rpfleger **84**, 73; Hamburg MDR **77**, 949; Karlsruhe MDR **80**, 598; Schleswig GA **83**, 186; Stuttgart Justiz **84**, 213). Gegenstandslos wird auch eine noch nicht beschiedene Haftbeschwerde (13 zu § 117). Ist in dem rechtskräftigen Urteil aber auf eine Bewährungsstrafe oder nicht auf Freiheitsentzug erkannt, so muß der Haftbefehl aufgehoben werden. 15

Fortdauer der UHaft über sechs Monate **RiStBV 56**

121 **I Solange kein Urteil ergangen ist, das auf Freiheitsstrafe oder eine freiheitsentziehende Maßregel der Besserung und Sicherung erkennt, darf der Vollzug der Untersuchungshaft wegen derselben Tat über sechs Monate hinaus nur aufrechterhalten werden, wenn die besondere Schwierigkeit oder der besondere Umfang der Ermittlungen oder ein anderer wichtiger Grund das Urteil noch nicht zulassen und die Fortdauer der Haft rechtfertigen.**

II In den Fällen des Absatzes 1 ist der Haftbefehl nach Ablauf der sechs Monate aufzuheben, wenn nicht der Vollzug des Haftbefehls nach § 116 ausgesetzt wird oder das Oberlandesgericht die Fortdauer der Untersuchungshaft anordnet.

III Werden die Akten dem Oberlandesgericht vor Ablauf der in Absatz 2 bezeichneten Frist vorgelegt, so ruht der Fristenlauf bis zu dessen Entscheidung. Hat die Hauptverhandlung begonnen, bevor die Frist abgelaufen ist, so ruht der Fristenlauf auch bis zur Verkündung des Urteils. Wird die Hauptverhandlung ausgesetzt und werden die Akten unverzüglich nach der Aussetzung dem Oberlandesgericht vorgelegt, so ruht der Fristenlauf ebenfalls bis zu dessen Entscheidung.

IV In den Sachen, in denen eine Strafkammer nach § 74 a des Gerichtsverfassungsgesetzes zuständig ist, entscheidet das nach § 120 des Gerichtsverfassungsgesetzes zuständige Oberlandesgericht. In den Sachen, in denen ein Oberlandesgericht nach § 120 des Gerichtsverfassungsgesetzes zuständig ist, tritt an dessen Stelle der Bundesgerichtshof.

1 **1)** Einen **Anspruch auf beschleunigte Aburteilung** hat der in UHaft befindliche Beschuldigte nach Art 5 III S. 2 **MRK** (dort 10 ff) und aufgrund des aus Art 2 II S. 2 GG herzuleitenden verfassungsmäßigen Grundsatzes der Verhältnismäßigkeit (BVerfGE **20**, 45, 50 = NJW **66**, 1259; BVerfGE **20**, 144, 146 = NJW **66**, 1703; BVerfGE **36**, 264, 270 = NJW **74**, 307; BVerfGE **53**, 152, 158 ff = NJW **80**, 1448). I setzt die zulässige Gesamtdauer der UHaft bis zum Urteil, auch bei Unterbrechung des Vollzugs (LR-Hilger 10; vgl aber Sack NJW **75**, 2240), wegen derselben Straftat (unten 11) auf 6 Monate fest; nur ausnahmsweise und nur auf Anordnung des OLG darf dieser Zeitraum überschritten werden (II). Bereits bei Erlaß des Haftbefehls ist zu beachten, ob die Frist eingehalten werden kann (Düsseldorf StV **88**, 390). Eine absolute Höchstgrenze für die Dauer von UHaft sieht weder die StPO noch die MRK vor (EGMR EuGRZ **93**, 384; dafür aber Gropp JZ **91**, 808); nur § 122 a bestimmt für den Vollzug des auf Wiederholungsgefahr (§ 112 a) gestützten Haftbefehls eine Höchstdauer. Die zeitliche Begrenzung
2 der UHaft nach **I gilt nicht,** wenn der Haftbefehl nach § 230 II (dort 10), § 236 oder § 329 IV S. 1 (dort 45) ergangen ist, auch nicht bei einstweiliger Unterbringung nach § 126 a (dort 10) und bei Überhaft (13 vor § 112; vgl aber Düsseldorf NJW **91**, 2302 und Oldenburg StraFo **98**, 137: Beschleunigungsgebot beachten), in den Fällen der §§ 71 II S. 1, 72 IV **JGG** (Celle NJW **65**, 2069) und des § 26 IRG. Vgl zur Beachtung des Beschleunigungsgebots auch die instruktiven Richtlinien und Hinweise des GStA Celle für die Bearbeitung von Haftsachen StV **97**, 166.

3 **2) Begrenzung der UHaft auf 6 Monate** (I):

4 A. **Fristberechnung:** Die Frist beginnt nicht schon mit der vorläufigen Festnahme nach § 127, sondern erst mit Erlaß des Haftbefehls nach § 128 II S. 2 (Braunschweig NJW **66**, 116). War schon vorher ein Haftbefehl erlassen worden, so ist der Tag der Festnahme maßgebend. Der Tag, an dem die UHaft beginnt, wird immer mitgerechnet (KK-Boujong 6). Für die Fristberechnung werden aber nur die Zeiten berücksichtigt, in denen die UHaft tatsächlich vollzogen worden ist.
5 **Unterbrechungen,** zB nach § 116 oder zur Strafverbüßung, zählen nicht mit (Hamm JMBlNRW **82**, 33; Karlsruhe Justiz **76**, 263; Zweibrücken MDR **78**, 245; vgl aber BVerfG NStZ **95**, 295: auch dann ist das Beschleunigungsgebot zu beachten), auch nicht die Unterbringung zur Beobachtung nach § 81, wenn für ihre Dauer die UHaft ausdrücklich ausgesetzt worden ist (Braunschweig NdsRpfl **66**, 179; **aM** KG NStZ **97**, 148 trotz des Unterschieds zwischen ausgesetzter UHaft
6 und Unterbringung). Mitgerechnet wird die **einstweilige Unterbringung** nach § 126 a, wenn sie durch UHaft ersetzt werden mußte, weil die zunächst angenommenen Voraussetzungen der Vorschrift zweifelhaft geworden sind, und wenn sich

die UHaft unmittelbar an die Unterbringung anschließt (ganz hM, vgl nur Düsseldorf MDR **94**, 192; NStZ **87**, 475 mit zust Anm Schlüchter; Hamburg MDR **76**, 600; Köln NJW **66**, 1087; Nürnberg StV **97**, 537 L; Paeffgen NStZ **89**, 518), nicht aber, wenn der Beschuldigte zwischenzeitlich auf freien Fuß gesetzt (Koblenz MDR **75**, 422; **aM** Celle NStZ **91**, 248; krit auch Sack NJW **75**, 2240), nach dem PsychKG NW untergebracht (Düsseldorf StV **96**, 553 mit Anm Varvatou/Schlothauer; Koblenz NStZ-RR **98**, 21) oder gegen ihn eine Freiheitsstrafe vollstreckt worden war (Düsseldorf MDR **86**, 956; **aM** Starke StV **88**, 223: Anrechnung ohne Rücksicht auf Unterbrechung). Entsprechendes gilt für die Unterbringung in einem **Erziehungsheim**, die nach § 72 IV S. 2 **JGG** nachträglich durch UHaft **6a** ersetzt worden ist, wenn die Unterbringung nach § 72 IV S.1 **JGG** angeordnet worden war (Dresden JR **94**, 377 mit abl Anm Brunner; Karlsruhe NStZ **97**, 452), nicht aber bei unmittelbar vorhergehender Unterbringung nach § 71 II **JGG** (KG JR **90**, 216; Dresden aaO; **aM** Paeffgen NStZ **94**, 424; **96**, 74). Nicht eingerechnet wird eine im Ausland erlittene **Auslieferungshaft** (Hamm NJW **66**, 314; Nürn- **7** berg GA **66**, 90). Ebenso zählt nur die deutsche UHaft, nicht die bei den Behörden des Entsendestaats, wenn das Verfahren nach dem NATO-Truppenstatut auf die deutsche Justiz übergegangen ist (KK-Boujong 13 vor § 112). Mitgerechnet wird aber der Gewahrsam, den die Behörden des Entsendestaats an einem Mitglied der Truppe aufgrund eines Haftbefehls der BRep nach Art V Buchst c NTS iVm Art 22 III des **NTS-ZA** vollzogen haben (Hamm NStZ **81**, 272 L; JMBlNRW **74**, 166; Koblenz NJW **74**, 2193; **aM** Frankfurt NJW **73**, 2218; Marenbach NJW **74**, 396), sofern es sich dabei nicht nur um eine in der Form der „restriction" verhängte Ausgangssperre handelt (Zweibrücken NJW **75**, 2150; Schwenk JZ **76**, 582).

B. **Bis zu einem auf Freiheitsentziehung lautenden Urteil** (Freiheitsstrafe **8** mit oder ohne Bewährung oder freiheitsentziehende Sicherungsmaßregeln) gelten die Beschränkungen der UHaft (Düsseldorf MDR **92**, 1173). Eine versehentlich unterbliebene Haftprüfung wird nach Urteilserlaß nicht nachgeholt (KG JR **67**, 266; Köln JMBlNRW **77**, 140; vgl auch Düsseldorf NJW **91**, 2656: Keine Entscheidung trotz Aufhebung des Haftfortdauerbeschlusses durch das BVerfG). Jedoch kann unabhängig von I ein erheblicher Verstoß gegen das Beschleunigungsgebot durch eine vom Angeklagten nicht zu vertretende Verzögerung des Verfahrens auch nach Erlaß des tatrichterlichen Urteils den Grundsatz der Verhältnismäßigkeit verletzen und daher ebenfalls der Fortdauer der UHaft entgegenstehen (Bamberg StV **94**, 141; Düsseldorf StraFo **98**, 350; Frankfurt NJW **68**, 2117 will dann I entspr anwenden; vgl auch KG StV **85**, 67; Hamburg JR **83**, 259 mit Anm Rieß; Karlsruhe NJW **69**, 1682; Köln MDR **92**, 694; München NJW **70**, 156; Saarbrücken NJW **75**, 941; Paeffgen NStZ **93**, 578; vgl auch LG Gera NJW **96**, 2586: nicht bei besonderer Schwere der Schuld; Seebald NJW **75**, 28: nur unter den Voraussetzungen des § 120 I). Der Wegfall der Haftbeschränkung nach dem Urteilserlaß ist **endgültig,** auch wenn das Urteil auf ein Rechtsmittel durch ein dem I nicht **9** entsprechendes Urteil (zB auf Geldstrafe) ersetzt wird oder wenn das Rechtsmittelgericht die Sache nach §§ 328 II, 354 II, 355 zurückverweist (Hamm NJW **65**, 1818; Karlsruhe Justiz **86**, 144; JZ **65**, 587; Schleswig SchlHA **83**, 110 [E/L]; LR-Hilger 24 mwN in Fn 86; Kleinknecht MDR **65**, 786). Ist der Haftbefehl wegen mehrerer Taten erlassen worden und ergeht das auf Freiheitentziehung lautende Urteil nach **Teilabtrennung** nur wegen eines Teils dieser Taten, so ist das Ver- **10** fahren nach den §§ 121, 122 durchzuführen, wenn die Haft nur wegen der nicht abgeurteilten Taten weiter vollzogen wird (Koblenz StV **98**, 557; vgl auch München NStZ **86**, 423 zur Zusammenrechnung der Haftzeiten in diesem Fall). Betrifft aber der Vollzug des Haftbefehls auch die bereits abgeurteilten Taten, so entfällt die Haftprüfung, die dann keinen Sinn hätte (Koblenz NStZ **82**, 343 mit abl Anm Dünnebier; Hamm NStZ **85**, 425; **aM** Frankfurt NJW **66**, 2423; Stuttgart StV **95**, 201; KK-Boujong 5; LR-Hilger 22; Paeffgen NStZ **89**, 518; Schlüchter 239.1; vgl auch Oldenburg MDR **74**, 60). Die durch Anrechnung auf eine rechtskräftig erkannte Strafe vollständig verbrauchte UHaft ist nicht mit der wegen einer anderen Tat weiterhin vollzogenen UHaft zusammenzurechnen (Karlsruhe MDR **94**, 191; **aM** Paeffgen NStZ **95**, 75).

11 C. Nur **wegen derselben Tat** ist die Dauer der UHaft bis zum Urteil auf 6 Monate begrenzt. Der Begriff Tat muß weit ausgelegt werden. Mit dem des § 264 (dort 2) stimmt er nicht überein (Celle NStZ **87**, 571; Düsseldorf StV **86**, 345; Frankfurt NJW **90**, 2144; KK-Boujong 10; Starke StV **88**, 226 ff; **aM** Karlsruhe NJW **66**, 464; Köln JMBlNW **67**, 259; Gössel 81 ff; Kleinknecht MDR **65**, 788; Roxin § 30 F I 3; Schlüchter 244.4). Maßgebend ist auch nicht, daß es sich um UHaft wegen Taten handelt, die Gegenstand desselben Verfahrens sind (so aber Bremen StV **84**, 340 L; Celle NJW **69**, 245; MDR **84**, 774; Hamm MDR **77**, 426; Koblenz MDR **82**, 953; Schleswig StV **83**, 466; Stuttgart StV **83**, 156 L; Kleinknecht JZ **68**, 342; MDR **65**, 788). Ob die mehreren Verfahren bereits verbunden sind oder ob sie verbunden werden können, spielt ebenfalls keine Rolle (Celle NStZ **87**, 571; Oldenburg NJW **67**, 2371; Starke StV **88**, 226 ff; **aM** Braunschweig
12 NJW **67**, 363; Celle MDR **84**, 774; AK/StPO-Krause 6). Zur **Tat iS des I** gehören vielmehr alle Taten des Beschuldigten von dem Zeitpunkt an, in dem sie bekanntgeworden sind und daher in den Haftbefehl hätten aufgenommen werden können (Bremen NStZ-RR **97**, 334; Celle NStZ **87**, 571; Düsseldorf StV **86**, 345; **89**, 256; **96**, 557; Hamburg StV **89**, 489; Hamm StraFo **98**, 242; Zweibrücken NStZ-RR **98**, 182; Fezer 5/451; Rebmann NJW **65**, 1752; EbSchmidt NJW **68**, 2211); die „Reservehaltung" von Tatvorwürfen, die den Erlaß eines weiteren oder die Erweiterung des bestehenden Haftbefehls rechtfertigen, ist nicht zuzulassen (Frankfurt NJW **90**, 2144; MDR **93**, 1105; Fahl NStZ **97**, 98; JR **97**, 177; vgl auch Hamm StV **95**, 200). Das bedeutet: Wird UHaft vollzogen, so darf sie nicht
13 aufgrund eines weiteren Haftbefehls, der bereits **bei Erlaß des 1. Haftbefehls bekannt gewesene Tatvorwürfe** zum Gegenstand hat, über 6 Monate hinaus fortdauern (Celle NJW **66**, 1574). Das gilt auch dann, wenn Teile der Tat erst im Laufe der Ermittlungen bekannt werden (LR-Hilger 15). Gleichgültig ist, ob der weitere Haftbefehl in demselben oder in einem anderen Verfahren (auch dem einer anderen StA) erlassen worden ist (Schleswig SchlHA **97**, 152 [L/S]; einschr Köln NStZ-RR **98**, 181, dem zust Lange NStZ **98**, 606: „neue Maßstäbe"). Werden
14 dagegen erst **im Laufe des Ermittlungsverfahrens neue Taten bekannt**, so kann die UHaft ohne Rücksicht auf ihre bisherige Dauer aufgrund eines wegen dieser Taten erlassenen Haftbefehls oder aufgrund einer Erweiterung des 1. Haftbefehls bis zur Grenze des I vollzogen werden; die Frist beginnt von dem Zeitpunkt an zu laufen, in dem der Tatverdacht so dringend geworden ist, daß der 2. Haftbefehl hätte erlassen bzw der 1. Haftbefehl hätte ergänzt werden können (Düsseldorf StV **96**, 553 mit krit Anm Varvatou/Schlothauer; Fahl NStZ **97**, 98; JR **97**, 177; Roxin § 30 F I 3). Entsprechendes gilt, wenn der Beschuldigte während des Vollzugs des 1. Haftbefehls, bei einer Unterbrechung des Vollzugs oder nach
15 Aufhebung des Haftbefehls **neue Straftaten begeht.** Auch dann kann der Vollzug des wegen der neuen Taten erlassenen Haftbefehls, hier aber ohne Rücksicht auf den Zeitpunkt seines Erlasses, erneut die 6-Monatsgrenze des I ausschöpfen (KG JR **67**, 231; Celle NJW **69**, 1866; NStE Nr 18; Karlsruhe Justiz **83**, 85; Oldenburg NJW **67**, 2371 = JZ **68**, 341 mit abl Anm Kleinknecht; SK/StPO-Paeffgen 11 und NStZ **89**, 514; **90**, 535; **aM** Celle NStZ **89**, 243; Schleswig StV **83**, 466). In beiden Fällen ist es ohne Bedeutung, ob die Verfahren später zur gemeinsamen Verhandlung verbunden werden oder nicht (KG aaO; Celle aaO).

16 D. **Unmöglichkeit des Urteilserlasses innerhalb der 6-Monats- Frist:**

17 a) Die **besondere Schwierigkeit oder der besondere Umfang der Ermittlungen** führen nur dann zur Aufrechterhaltung der UHaft, wenn dadurch ihre Fortdauer gerechtfertigt, dh im Hinblick auf Art 2 II S. 2 GG nicht unverhältnismäßig ist (BVerfG NJW **91**, 2821; NStZ **91**, 397; StV **98**, 557). Sie ist aufgrund

eines Vergleichs mit einem durchschnittlichen Ermittlungsverfahren zu beurteilen (KK-Boujong 14; Kleinknecht MDR **65**, 788) und kann zB darin liegen, daß eine Vielzahl von Straftaten aufzuklären sind, daß zahlreiche in- oder ausländische Zeugen vernommen (vgl Hamm JZ **65**, 545) oder zeitraubende Gutachten eingeholt werden müssen, daß sich das Verfahren gegen mehrere Mittäter richtet oder daß der Beschuldigte von seiner Aussagefreiheit nach § 136 I S. 2 Gebrauch macht und dadurch die Ermittlungen erschwert. Sein sonstiges Prozeßverhalten (Mißbrauch des Beschwerderechts uä) begründet nicht die besondere Schwierigkeit der Ermittlungen.

b) **Andere wichtige Gründe:** Diese Ausnahmevorschrift ist, wie schon der 18
Gesetzeswortlaut deutlich macht, **eng auszulegen** (BVerfGE **20**, 45, 50 = NJW 19
66, 1259; BVerfGE **36**, 264, 271 = JZ **74**, 582 mit Anm Kleinknecht; BVerfGE **53**, 152, 159 = NJW **80**, 1448, 1449). Die wichtigen Gründe müssen in ihrem Gewicht den beiden besonders genannten Gründen gleichstehen, brauchen ihnen aber der Art nach nicht zu ähneln (Temming/Lange NStZ **98**, 63; Kleinknecht JZ **74**, 586). Entscheidend ist, ob die Strafverfolgungsbehörden und Gerichte alle zumutbaren Maßnahmen getroffen haben, um die Ermittlungen so schnell wie möglich abzuschließen und ein Urteil herbeizuführen (BVerfG aaO; Düsseldorf JMBlNW **84**, 287; Hamm NJW **68**, 1203, 1204; Schleswig SchlHA **84**, 101 [E/L]). Dabei sind um so strengere Anforderungen zu stellen, je länger die UHaft dauert (KG StV **83**, 111; **85**, 116; Düsseldorf NJW **96**, 2587; Frankfurt StV **82**, 584; Karlsruhe NJW **73**, 380; München StV **89**, 351). Die Anforderungen an die Zügigkeit der Bearbeitung von Haftsachen sind daher bei der 1. Haftprüfung nach § 122 I weniger streng als bei den späteren Prüfungen nach § 122 IV (KG aaO; Karlsruhe aaO). UHaft von mehr als 1 Jahr bis zum Urteil ist nur ganz ausnahmsweise gerechtfertigt (Köln MDR **92**, 1070 mwN). Auf eine **Abwägung** zwischen 20
den Interessen der verletzten Rechtsgemeinschaft an der Verfahrenssicherung und dem Beschleunigungsanspruch des inhaftierten Beschuldigten kommt es dabei, anders als bei der Beurteilung der Verhältnismäßigkeit nach Art 2 II S. 2 GG (vgl BVerfGE **20**, 45, 50 = NJW **66**, 1259), im Einzelfall nicht an (LR-Hilger 6; **aM** Hamm JMBlNW **71**, 283; Kleinknecht MDR **65**, 788; Kleinknecht/Janischowsky 252, 260; Seebald NJW **75**, 28). Daher ist die Schwere der dem Beschuldigten vorgeworfenen Tat ohne Bedeutung (Düsseldorf StV **82**, 531; MDR **92**, 796; Stuttgart Justiz **69**, 46); für Kapitalverbrechen gelten keine Ausnahmen (Köln NJW **73**, 1009; KK-Boujong 23; LR-Hilger 6; Dünnebier JZ **66**, 252; **aM** Hamm aaO; JMBlNW **74**, 47; KMR-Müller 7; vgl auch Düsseldorf MDR **84**, 688, das die Wiederholungsgefahr berücksichtigen will). Ein **wichtiger Grund liegt vor,** 21
wenn das Verfahren durch Umstände verzögert wird, denen die Strafverfolgungsbehörden durch geeignete Maßnahmen nicht haben entgegenwirken können (vgl Bamberg NJW **96**, 1222). Dazu gehören insbesondere die Erkrankung des die Sache allein bearbeitenden StA (Hamm NJW **72**, 550), die Verhinderung unentbehrlicher Verfahrensbeteiligter oder Beweispersonen infolge Erkrankung oder Unabkömmlichkeit (BVerfGE **36**, 264, 274 = JZ **74**, 582 mit Anm Kleinknecht; Düsseldorf NJW **93**, 1149 Nr 18; NStE Nr 39; vgl auch Seebald NJW **75**, 28), häufiger Verteidigerwechsel mit Akteneinsichtsgesuchen (Hamm StV **96**, 497), die Notwendigkeit, die Ermittlungen wegen des Wohles von sexuellem Mißbrauch betroffenen Kindern behutsam zu führen (Bamberg NJW **95**, 1689; grundsätzlich zust Meinen NStZ **97**, 110), die von dem Beschuldigten aufgrund seiner besonderen Verteidigungskonzeption (Düsseldorf MDR **87**, 1048) oder durch Mißbrauch des Beschwerderechts verschuldete Verfahrensverzögerung (Schleswig SchlHA **95**, 4 [L/T]; LR-Hilger 28, 34 ff) und die Notwendigkeit, die Hauptverhandlung auszusetzen, etwa weil Beweisanträgen des Verteidigers stattgegeben werden muß oder weil der Verteidiger sich weigert, die (notwendige) Verteidigung zu führen (KG JR **81**, 86; vgl aber auch Köln MDR **91**, 662: Notfalls Beiordnung eines Pflichtverteidigers). Ein wichtiger Grund kann auch die kurzfristige, weder voraussehbare

noch vermeidbare Überlastung der StA oder des Gerichts sein (Braunschweig NJW **67**, 1290; Düsseldorf NJW **93**, 1149 Nr 19; Frankfurt StV **83**, 379; Koblenz OLGSt S. 115; Köln NJW **73**, 912).

22 c) **Kein wichtiger Grund** ist die Überlastung infolge Häufung anhängiger Sachen oder unzulänglicher Besetzung des Spruchkörpers, die schon länger andauert und durch die Besetzung freier Richterstellen (Bartsch NJW **73**, 1303 und Bondzio NJW **73**, 1468 gegen Hamm NJW **73**, 720) oder durch Ausschöpfung aller gerichtsorganisatorischen Mittel und Möglichkeiten, insbesondere durch Geschäftsverteilungsmaßnahmen der StA oder des Präsidiums des Gerichts, notfalls unter Heranziehung von Zivilrichtern (KG StV **85**, 116; **92**, 523; Düsseldorf StV **90**, 168; NJW **93**, 1088; Frankfurt StV **82**, 584; MDR **93**, 787; NJW **96**, 1485; Schleswig StV **85**, 115; vgl auch BVerfGE **36**, 264, 273 = JZ **74**, 582 mit Anm Kleinknecht; BVerfG NJW **91**, 689; **92**, 2280; NStZ **91**, 397; **94**, 93), hätten beseitigt werden können (BGH **38**, 43 = StV **91**, 475 mit Anm Weider; Celle StV **95**, 425; Düsseldorf NJW **91**, 2303; 3046; StV **88**, 390; **91**, 169; StraFo **96**, 185; Frankfurt StV **82**, 584; **83**, 379; **86**, 22; **90**, 310; Hamburg StV **89**, 489; Jena NStZ-RR **97**, 364; Köln MDR **93**, 787; München StV **89**, 351; krit Krey 1/96 und JA **83**, 509; vgl auch BVerfG aaO), auch nicht die zeitweise Abwesenheit des Vorsitzenden (BVerfG NJW **94**, 2081), der Wechsel oder Urlaub des Vorsitzenden (Düsseldorf JMBlNW **94**, 272; Koblenz NStZ **97**, 252 mit zust Anm Hilger), des StA oder des Berichterstatters (BVerfG NStZ **94**, 93; Schleswig SchlHA **96**, 93 [L/T]) oder die Überlastung des Schwurgerichts mit nicht zum Katalog des § 74 II GVG gehörenden Haftsachen (Hamm
23 NStZ **83**, 519). Ein wichtiger Grund liegt auch nicht vor, wenn der **Verzögerung des Verfahrens** nicht von vornherein durch Anlegung von Zweitakten begegnet wird (Bremen StV **93**, 377; Frankfurt MDR **73**, 780; StV **83**, 380; **86**, 22; Hamburg StV **83**, 289; Köln NJW **73**, 1009, 1010; Stuttgart StV **83**, 70; NStE Nr 29;
24 vgl auch RiStBV 12 II), wenn die **StA oder auch die Kriminalpolizei** (BVerfG StV **92**, 121; NStZ **94**, 553; Schleswig SchlHA **88**, 109; **95**, 5 [L/T]) die Akten ohne vernünftigen Grund monatelang nicht bearbeitet (Bamberg StV **92**, 426; Bremen StV **92**, 426; Düsseldorf StV **82**, 531; **90**, 503; Frankfurt StV **84**, 123; **90**, 412; **95**, 141; Koblenz NJW **90**, 1375; Köln StV **92**, 524; Schleswig StV **92**, 525), insbesondere, wenn die StA die Anklage mit wochen- oder monatelanger Verzögerung (KG StV **83**, 111; **93**, 203; Bremen StV **92**, 181 und 182 mit Anm Schlothauer; Celle StV **85**, 331; Frankfurt StV **92**, 124; Jena StraFo **98**, 103; Köln NJW **73**, 1009) oder bei einem unzuständigen Gericht erhebt (BVerfG StV **92**, 522; KG aaO; Frankfurt aaO), wenn die UHaft nur zwecks Ermittlung und Aufklärung weiterer, nicht den Haftbefehl betreffende Taten aufrechterhalten wird (BVerfG NJW **92**, 1749 mwN und 1750; Frankfurt NStZ-RR **96**, 268) oder die StA – ggf in Zusammenarbeit mit der Ausländerbehörde – nicht dafür Sorge trägt, daß ein wichtiger Zeuge zur Verfügung steht (KG NJW **97**, 878), oder wenn die StA nicht um die zügige Erstattung eines Sachverständigengutachtens besorgt ist (Braun-
25 schweig NdsRpfl **98**, 296; Jena StraFo **97**, 318). Dasselbe gilt, wenn das **Gericht** die Eröffnung des Hauptverfahrens ohne Grund mehrere Monate hinauszögert (KG StV **94**, 90; Bamberg StV **91**, 169; Bremen StV **92**, 480; Düsseldorf StV **92**, 21; Frankfurt StV **92**, 426; Hamburg StV **85**, 198; Schleswig SchlHA **95**, 5 [L/T]) oder die Hauptverhandlung erst 6 Monate oder noch später nach Erlaß des Eröffnungsbeschlusses durchführt (Düsseldorf StV **82**, 531; **92**, 586; Frankfurt StV **82**, 584), wenn das Verfahren durch unsorgfältige Terminvorbereitung (Düsseldorf StV **91**, 222; Frankfurt StV **85**, 198; Hamm StV **92**, 385) oder dadurch verzögert wird, daß der Geschäftsverteilungsplan geändert (Bremen StV **94**, 326) oder trotz bekannter Überlastung des zuständigen Spruchkörpers nicht geändert wird (BVerfG StV **97**, 535 mit Anm Herrmann), daß der Richter mehrere Monate dauernde kommissarische Vernehmungen anordnet (Koblenz MDR **68**, 603), ein zeitaufwendiges Rechtshilfeersuchen nicht unverzüglich stellt (Frankfurt NStZ **92**, 145

mit Anm Schwalbe; Karlsruhe NJW **91**, 3106), erforderliche Beiakten nicht unverzüglich beschafft (Koblenz MDR **74**, 60), unnötigerweise weitere Anklagen (Bamberg StV **91**, 29) oder ein schriftliches Gutachten (Düsseldorf NJW **96**, 2588; Köln NJW **73**, 1009) abwartet oder wegen Überlastung des Sachverständigen die Hauptverhandlung um mehrere Monate hinausschiebt (Bremen StV **97**, 143; Düsseldorf StV **92**, 384; Zweibrücken NStZ **94**, 202), wenn sich das Gericht verzögerlich (Frankfurt StV **94**, 328) oder zu Unrecht für unzuständig erklärt (Düsseldorf StV **92**, 425; OLGSt Nr 11; Hamm StV **90**, 168) oder wenn die Hauptverhandlung ohne Grund ausgesetzt wird (Bremen StV **86**, 540; Frankfurt NStZ **88**, 239; StV **81**, 25), insbesondere, wenn sie wenigstens gegen die erschienenen Mitangeklagten hätte durchgeführt werden können (Düsseldorf OLGSt S. 73), uU auch, wenn die Aussetzung wegen begründeter Richterablehnungen erfolgt (BVerfG StV **91**, 565). Auch die Erledigung von Strafsachen, die keine Haftsachen sind, ist kein hinreichender Grund für die Verzögerung der Hauptverhandlung; Haftsachen haben Vorrang (Düsseldorf JMBlNW **84**, 287; StV **88**, 390; Karlsruhe Justiz **86**, 28; Köln NJW **73**, 912; vgl auch die Zusammenstellungen bei Schlothauer/Weider 383 ff und Temming/Lange NStZ **98**, 62 ff); das gilt auch für die Jugendgerichte (Köln NJW **97**, 2252).

d) **Gerechtfertigt** ist die Fortdauer der UHaft trotz verzögerter Sachbehandlung, wenn in dem amtlichen Verschulden keine groben Fehler oder Säumnisse liegen (Düsseldorf wistra **97**, 35; Frankfurt StV **88**, 439 mit abl Anm Prittwitz: Versehentliches Übergehen eines Akteneinsichtsgesuchs des Verteidigers; abl hierzu auch Schlothauer StV **92**, 183), wenn sie durch spätere besonders beschleunigte Bearbeitung ausgeglichen worden ist und daher nicht mehr ins Gewicht fällt (Düsseldorf StV **89**, 113; Jena NStZ **97**, 452 mwN; **aM** Paeffgen NJW **90**, 537: „apokrypher Haftverlängerungsgrund"; Seebode StV **89**, 121) oder wenn auch bei zügiger Sachbehandlung der Erlaß eines Urteils jedenfalls in der Frist des I nicht hätte erreicht werden können (zum Ganzen abl SK/StPO-Paeffgen 18; vgl auch BVerfG NStZ **95**, 459). **26**

3) Die **Anordnung der Haftfortdauer** (II) über 6 Monate hinaus darf nur das OLG in dem Verfahren nach § 122 treffen. Zu diesem Verfahren kommt es aber nur, wenn nicht schon der Haftrichter bei Ablauf der 6-Monatsfrist den Haftbefehl aufhebt oder seinen Vollzug nach § 116 aussetzt. Dabei kann er die Aufhebung des Haftbefehls sowohl darauf stützen, daß die Voraussetzungen des § 120 I vorliegen, als auch darauf, daß die des I nicht vorliegen (Braunschweig NJW **66**, 790; Stuttgart NJW **67**, 66; Hengsberger JZ **66**, 214; Kleinknecht MDR **65**, 787; Pusinelli NJW **66**, 97; Schlüchter 239. 1). Allerdings ist er bei der Haftentlassung aus den Gründen des I auf die Zustimmung der StA angewiesen, die ihn nach § 122 I zwingen kann, die Akten dem OLG vorzulegen (dort 5). Die Ansicht, auch die Haftentlassung aus den Gründen des I sei dem OLG vorbehalten (KK-Boujong 2 zu § 122; Schnarr MDR **90**, 90), trifft nur für den Fall zu, daß das OLG bereits einmal die Haftfortdauer angeordnet hat und nunmehr das Vorliegen der Voraussetzungen des I nach § 122 IV S. 1 erneut geprüft werden muß (23 zu **27**
§ 122). Kein Grund, den Haftbefehl aufzuheben, ist die **verspätete Vorlage der Akten** bei dem OLG nach § 122 I; denn nach jetzt hM ist die Überschreitung der Frist des I unschädlich (BGH MDR **88**, 357 [S]; Bamberg NStZ **81**, 403; Schleswig StV **83**, 466; Stuttgart MDR **82**, 517; LR-Hilger 45 mwN in Fn 183; **aM** Peters 429; Rüping 238; Schorn JR **66**, 454; Sommermeyer NJ **92**, 341; vgl auch BVerfGE **42**, 1, 9 = NJW **76**, 1736, 1737). **28**

4) Das **Ruhen des Fristenlaufs** (III) bis zur Entscheidung des OLG tritt nur **29**
ein, wenn ihm nach § 122 I vor Ablauf der 6-Monats-Frist des I die **Akten** **30**
vorgelegt werden (S. 1). Maßgebend für die Vorlage ist nicht der Tag, an dem sie verfügt wird, sondern der Tag, an dem die Akten beim OLG eingehen (KK-Boujong 28; LR-Hilger 18; **aM** Frankfurt NJW **65**, 1730; KMR-Wankel 10;

Schorn JR **66**, 454). Dabei muß es sich aber um die Originalakten oder um einen Haftband handeln, der die Prüfung nach I ermöglicht (Frankfurt NJW **66**, 2076).
31 Die Frist ruht auch **für die Dauer der Hauptverhandlung**, aber nur, wenn mit ihr schon vor Fristablauf begonnen worden ist (S. 2; vgl dazu Celle NdsRpfl **97**, 34; Düsseldorf NStZ **92**, 402 mwN und zust Anm Keller NStZ **92**, 604; Hamm
32 wistra **98**, 198). Wird sie **ausgesetzt**, so läuft die Frist von der Aussetzung an weiter (BGH NStZ **86**, 422). Die Frist ruht aber bis zur Entscheidung des OLG, wenn ihm die Akten unverzüglich, dh ohne vermeidbare Verzögerung, vorgelegt werden (S. 3).

33 **5) In Staatsschutzsachen** (IV) entscheidet das nach § 120 GVG zuständige OLG über die Haftfortdauer, wenn die Sache zur Zuständigkeit der StaatsschutzStrK gehört, der BGH, wenn das OLG im 1. Rechtszug zuständig ist. Für die Zuständigkeitsfrage kommt es nicht darauf an, ob der Haftbefehl auf den Verdacht einer der in § 74a I GVG bezeichneten Taten gestützt ist, sondern darauf, ob das Verfahren eine solche Straftat zum Gegenstand hat (BGH **28**, 355). Vgl auch § 122 VII.

Haftprüfung durch das OLG **RiStBV 57**

122 **I In den Fällen des § 121 legt das zuständige Gericht die Akten durch Vermittlung der Staatsanwaltschaft dem Oberlandesgericht zur Entscheidung vor, wenn es die Fortdauer der Untersuchungshaft für erforderlich hält oder die Staatsanwaltschaft es beantragt.**

II Vor der Entscheidung sind der Beschuldigte und der Verteidiger zu hören. Das Oberlandesgericht kann über die Fortdauer der Untersuchungshaft nach mündlicher Verhandlung entscheiden; geschieht dies, so gilt § 118a entsprechend.

III Ordnet das Oberlandesgericht die Fortdauer der Untersuchungshaft an, so gilt § 114 Abs. 2 Nr. 4 entsprechend. Für die weitere Haftprüfung (§ 117 Abs. 1) ist das Oberlandesgericht zuständig, bis ein Urteil ergeht, das auf Freiheitsstrafe oder eine freiheitsentziehende Maßregel der Besserung und Sicherung erkennt. Es kann die Haftprüfung dem Gericht, das nach den allgemeinen Vorschriften dafür zuständig ist, für die Zeit von jeweils höchstens drei Monaten übertragen. In den Fällen des § 118 Abs. 1 entscheidet das Oberlandesgericht über einen Antrag auf mündliche Verhandlung nach seinem Ermessen.

IV Die Prüfung der Voraussetzungen nach § 121 Abs. 1 ist auch im weiteren Verfahren dem Oberlandesgericht vorbehalten. Die Prüfung muß jeweils spätestens nach drei Monaten wiederholt werden.

V Das Oberlandesgericht kann den Vollzug des Haftbefehls nach § 116 aussetzen.

VI Sind in derselben Sache mehrere Beschuldigte in Untersuchungshaft, so kann das Oberlandesgericht über die Fortdauer der Untersuchungshaft auch solcher Beschuldigter entscheiden, für die es nach § 121 und den vorstehenden Vorschriften noch nicht zuständig wäre.

VII Ist der Bundesgerichtshof zur Entscheidung zuständig, so tritt dieser an die Stelle des Oberlandesgerichts.

1 **1)** Auf **Aktenvorlage** (I) des Haftrichters muß das OLG, im übrigen kann es, wenn ihm die Akten aus einem sonstigen Grund vorliegen (Düsseldorf StV **91**, 222
2 mwN), über die Haftfortdauer nach § 121 I entscheiden. Die Vorlage **setzt voraus**, daß sich der Beschuldigte zZ in UHaft befindet, findet also nicht statt, wenn er entwichen ist (Hamm JMBlNW **69**, 48), wenn die UHaft zur Strafvollstreckung unterbrochen (Hamm JMBlNW **82**, 33) oder wenn ihr Vollzug nach § 116 ausge-

setzt ist (Hamm NJW **65**, 1730; Köln JMBlNW **86**, 22; Schleswig NJW **65**, 2119; Karlsruhe Justiz **78**, 475 läßt genügen, daß der erneute Vollzug des Haftbefehls unmittelbar bevorsteht; Schleswig SchlHA **83**, 110 [E/L] hält es für ausreichend, daß der erneute Vollzug auf Haftbeschwerde der StA in Betracht kommt), sofern sich der Beschuldigte nicht trotzdem, weil er die Sicherheitsleistung nicht erbracht hat, noch in UHaft befindet (Düsseldorf JMBlNW **85**, 286). **Zuständig** für die 3
Vorlage ist der nach § 126 zuständige Haftrichter, bei Übertragung der Zuständigkeit nach § 126 I S. 3 der neue Haftrichter (dort 3). Die Ansicht, daß auch das Beschwerdegericht zuständig sein könne (LR-Hilger 6), erscheint deshalb bedenklich, weil der Haftrichter, wenn kurz vor Ablauf der Frist des § 121 I Haftbeschwerde eingelegt wird, die Akten nicht dem Beschwerdegericht, sondern nach I dem OLG vorzulegen hat. Der Fall, daß das Revisionsgericht mit der Sache befaßt ist (LR-Hilger 7 ff), hat keine praktische Bedeutung. Zur **Vorbereitung der** 4
Vorlage der Akten (ein Haftband genügt, wenn er dem OLG die Prüfung ermöglicht) hat der Haftrichter den Haftbefehl nach Eröffnung des Hauptverfahrens dem gegenwärtigen Sach- und Verfahrensstand anzupassen; im Ermittlungsverfahren darf er ihn nur auf Antrag der StA auf neue Tatvorwürfe erstrecken, die die Ermittlungen ergeben haben (9 zu § 114). Der **Antrag der StA** verpflichtet den 5
Haftrichter zur Vorlage, auch wenn er die Voraussetzungen des § 121 I nicht für gegeben hält. Eine Stellungnahme zum Vorliegen dieser Voraussetzungen erübrigt sich. Mit Eingang des Antrags der StA verliert der Haftrichter die Befugnis, den Haftbefehl aufzuheben oder seinen Vollzug auszusetzen (Karlsruhe Justiz **71**, 331; Kleinknecht JZ **65**, 119). **Von Amts wegen**, auch entgegen der Stellungnahme 6
der StA, legt der Haftrichter dem OLG die Akten vor, wenn er die Voraussetzungen der §§ 112, 112a weiterhin für gegeben und die Haftfortdauer nach § 121 I für gerechtfertigt hält (27 zu § 121). Die Vorlage erfolgt über die StA beim LG und den GStA beim OLG, unmittelbar an das OLG nur, wenn sonst die Frist des § 121 I nicht eingehalten werden kann. Nach Vorlegung der Akten kann der Haftrichter den Haftbefehl idR nicht mehr aufheben oder außer Vollzug setzen (Schnarr MDR **90**, 92f; **aM** Köln JMBlNW **86**, 22; SK/StPO-Paeffgen 3). Die Vorlage muß so **rechtzeitig** erfolgen, daß die Akten noch vor Ablauf der Frist des 7
§ 121 I beim OLG vorliegen (KK-Boujong 28 zu § 121; Kleinknecht JZ **65**, 119). Nur dann ruht der Fristenlauf bis zur Entscheidung des OLG (30 zu § 121).

2) **Verfahren des OLG** (II): Beschuldigter und Verteidiger müssen vor der 8
Entscheidung **rechtliches Gehör** erhalten (S. 1), der Beschuldigte auch, wenn er 9
einen Verteidiger hat. Ist er noch ohne Verteidiger, so braucht ihm für das Verfahren nach § 122 keiner bestellt zu werden; idR ist aber ein Antrag der StA nach § 117 IV geboten. Die Anhörung veranlaßt das OLG, nicht der vorlegende Richter (LR-Hilger 22 hält das aber für zulässig), auch nicht die StA. Die Stellungnahme des GStA braucht dem Beschuldigten und dem Verteidiger nur mitgeteilt zu werden, wenn neue Tatsachen oder Beweismittel geltend gemacht sind, die das OLG der Entscheidung zugrunde legen will (Kleinknecht/Janischowsky 268). In der Praxis (insbesondere des 3. StS des BGH) ist es vielfach üblich, dem Beschuldigten und dem Verteidiger die Stellungnahme des GStA oder GBA zu übersenden und in der Entscheidung ggf darauf Bezug zu nehmen. Mit der Aufforderung zur Erklärung muß eine Äußerungsfrist bestimmt werden, die idR auf wenige Tage bemessen wird, aber auf Antrag verlängert werden kann. Beginnt vor Ablauf der Frist die Hauptverhandlung vor dem Tatrichter, so entfällt die Entscheidung nach § 122 (BGH MDR **88**, 357 [S]). Eine **mündliche Verhandlung** vor dem OLG ist 10
nicht zwingend vorgeschrieben (S. 2). IdR wird nach Aktenlage entschieden. Ob ausnahmsweise eine mündliche Erörterung angezeigt erscheint, beurteilt das OLG nach pflichtgemäßem Ermessen; an Anträge der StA, des Beschuldigten oder des Verteidigers ist es nicht gebunden. Findet eine Verhandlung statt, so gilt § 118a entspr. Sind **Ermittlungen** zu der Frage erforderlich, weshalb das Urteil noch 11
nicht erlassen werden kann, so nimmt das OLG sie wegen der Eilbedürftigkeit der

Entscheidung selbst im Freibeweis (7, 9, zu § 244) vor, insbesondere durch Einholung von Stellungnahmen der Justizverwaltung oder der Richter oder StA, die mit der Sache befaßt sind oder waren.

12 **3) Entscheidung des OLG** (III S. 1, V):

13 A. **Prüfungsumfang:** Das OLG hat zunächst das Fortbestehen der UHaft (oben 2) und ihrer allgemeinen Voraussetzungen (dringender Tatverdacht, Haftgrund, Verhältnismäßigkeit) festzustellen (Celle NJW **69**, 245; Hamm NJW **65**, 1730; Kleinknecht JZ **65**, 119; Schnarr MDR **90**, 90 mwN). Erst wenn aus allgemeinen Gründen weder die Aufhebung noch die Außervollzugsetzung (unten 15) des Haftbefehls in Betracht kommt, wird geprüft, ob die Fortdauer der UHaft nach § 121 I gerechtfertigt ist. Das OLG ordnet dann entweder die Haftfortdauer an oder hebt den Haftbefehl auf (Schnarr aaO 91; Köln JMBlNW **86**, 22 und LR-Hilger 28 halten es für zulässig, daß die Aufhebung dem Haftrichter überlassen wird). Eine Haftverschonung wegen Fehlens der Voraussetzungen des § 121 I ist unzulässig (unten 15). Für eine Erweiterung des Haftbefehls um zusätzliche Tatvorwürfe, die sich aus den Akten ergeben, fehlt dem OLG die Zuständigkeit; es darf den Haftbefehl daher nicht dem Ermittlungsergebnis entspr ergänzen oder ihn erneuern (2 zu § 125).

14 B. Der **Zeitpunkt der Entscheidung** braucht nicht genau mit dem Ende der Frist des § 121 I übereinzustimmen. Das OLG kann vielmehr die Haftfortdauer schon vorher anordnen (Düsseldorf OLGSt § 121 Nr 4; Hamm MDR **70**, 437). Auch die Aufhebung des Haftbefehls aus den Gründen des § 121 I ist mit sofortiger Wirkung schon einige Tage vor Ablauf der Frist zulässig, nicht aber schon Wochen vorher (Celle NStZ **88**, 517; LR-Hilger 29 ff; **aM** Hamburg NJW **68**, 1535 = JR **69**, 69 mit abl Anm Meyer; KK-Boujong 27 zu § 121).

15 C. **Aussetzung des Vollzugs des Haftbefehls** (V): Das OLG darf die Haftverschonung nicht wegen Fehlens der Voraussetzungen des § 121 I anordnen; denn wenn die UHaft nicht über 6 Monate fortdauern darf, wäre es sinnlos, den Beschuldigten unter Auflagen zu entlassen, deren Nichteinhaltung nicht zum erneuten Vollzug des Haftbefehls führen darf (Braunschweig NJW **67**, 1290; **aM** KMR-Wankel 5). Die Außervollzugsetzung des Haftbefehls kommt daher nur aus den Gründen des § 116 in Betracht. Das OLG sollte sie erst anordnen, wenn es festgestellt hat, daß an sich die Haftfortdauer nach § 121 I gerechtfertigt ist. Ohne diese Feststellung besteht die Gefahr, daß der Haftrichter, wenn er nach § 116 IV den Vollzug wieder anordnet (unten 19), bei der dann sofort erforderlichen Aktenvorlage nach I (Hamburg MDR **69**, 72; KK-Boujong 26 zu § 121) die Frist des § 121 I nicht einhalten kann. Hat das OLG dagegen die Voraussetzungen des § 121 I bejaht, so findet, wenn der Tatrichter den Haftbefehl nach § 116 IV wieder in Vollzug setzt (unten 19), die nächste Haftprüfung vor dem OLG erst 3 Monate später statt (KK-Boujong 26 zu § 121).

16 D. Durch **Beschluß,** der zu begründen ist, entscheidet das OLG. Ordnet es die Haftfortdauer an, so gilt § 114 II Nr 4 entspr (III S. 1). Der Beschluß muß daher die Tatsachen anführen, aus denen sich der dringende Tatverdacht und der Haftgrund ergeben, und er muß Ausführungen zur Frage der Verhältnismäßigkeit enthalten; insoweit ist aber eine Bezugnahme auf den Haftbefehl, auf die Anklageschrift oder auf frühere Beschlüsse des OLG zulässig, auch auf die dem Beschuldigten und Verteidiger bekanntgegebene Stellungnahme des GStA oder GBA (oben 9). Ferner muß der Beschluß im Fall der Anordnung der Haftfortdauer das Vorliegen der Gründe des § 121 I feststellen. Der Beschluß wird dem Beschuldigten und dem Verteidiger nach § 35 II S. 2 formlos bekanntgemacht (KK-Boujong 10); § 145 a gilt. Die StA erfährt seinen Inhalt bei der Rücksendung der Akten. Die unverzügliche Benachrichtigung der Angehörigen des Beschuldigten, der keinen Verteidiger hat, nach § 114 b muß das OLG veranlassen (BVerfGE **38**, 32 = MDR
17 **75**, 30). Ein **Rechtsmittel** gegen die Entscheidung des OLG ist ausgeschlossen

(§ 304 IV S. 2 Hs 1); zur Zulässigkeit der Verfassungsbeschwerde (Einl 230) vgl Bleckmann NJW **95**, 2192.

E. Eine **Haftbeschwerde** des Beschuldigten wird durch die Entscheidung des OLG gegenstandslos; sie ist für erledigt zu erklären; dasselbe gilt für einen Haftprüfungsantrag (Düsseldorf VRS **82**, 193; Schnarr MDR **90**, 94). 18

F. **Änderung der Entscheidung:** Das OLG darf seine Entscheidung nicht ändern, insbesondere wenn es den Haftbefehl wegen Fehlens der Voraussetzungen des § 121 I aufgehoben hat. Eine einmal nach dieser Vorschrift für unzulässig befundene UHaft darf, obwohl das verfassungsrechtlich zulässig wäre (BVerfGE **21**, 189 = MDR **67**, 463), nicht erneut vollzogen werden; die Aufhebung des Haftbefehls ist endgültig (Düsseldorf StV **93**, 376; **96**, 493; München StV **96**, 676 mwN; Paeffgen NStZ **89**, 519; **95**, 74; Roxin § 30 F I 3; Temming/Lange NStZ **98**, 65; **aM** Düsseldorf MDR **83**, 600; 779; Schorn JR **66**, 453; vgl auch Karlsruhe Justiz **82**, 438). Selbstverständlich ist auch dem Haftrichter eine Abänderung der auf § 121 I gestützten OLG-Entscheidung vor dem Urteilserlaß (Schleswig SchlHA **83**, 110 [E/L]) untersagt. Das gilt auch, wenn der Haftbefehl wegen Verdunkelungsgefahr ergangen war und der Beschuldigte weiterhin in unlauterer Weise auf Zeugen einwirkt (Zweibrücken NJW **96**, 3222) oder wenn sich die Verfahrenslage wesentlich geändert hat und die Durchführung des Verfahrens ohne erneute Verhaftung des Beschuldigten gefährdet erscheint (Stuttgart aaO; **aM** Celle NJW **73**, 1988; Frankfurt StV **85**, 196 mit abl Anm Wendisch; Hamburg StV **87**, 256; Kleinknecht/Janischowski 271; vgl auch Düsseldorf aaO und KK-Boujong 31 zu § 121, die dann eine unverzügliche Vorlage für erforderlich halten, damit das OLG den Erlaß des neuen Haftbefehls genehmigt). Auch nach Beginn der Hauptverhandlung kann nichts anderes gelten (**aM** Hamburg StV **94**, 142 mit abl Anm Schlothauer = JR **95**, 72 mit abl Anm Paeffgen; erg aber unten 20). Der Haftrichter ist lediglich befugt, den Vollzug des von dem OLG nach § 116 ausgesetzten Haftbefehls unter den Voraussetzungen des § 116 IV wieder anzuordnen (Schnarr MDR **90**, 94 mwN; vgl auch Mehling NJW **65**, 2360). Dem Erlaß eines **Haftbefehls nach § 230 II** steht die Entscheidung des OLG niemals entgegen (KG StV **83**, 111, 112; Paeffgen aaO). Mit Erlaß des Urteils entfällt die Sperrwirkung einer Haftaufhebungsentscheidung nach § 121; dann kann erneut Haftbefehl ergehen (Düsseldorf StV **94**, 147; Schlothauer StV **94**, 147). 19 20

4) Die **weitere Haftprüfung nach § 117 I** (III S. 2–4) obliegt dem OLG so lange, bis ein auf Freiheitsstrafe oder freiheitsentziehende Sicherungsmaßregeln lautendes Urteil ergeht (S. 2). Einen Anspruch auf mündliche Haftprüfung vor dem OLG hat der Beschuldigte aber nicht (S. 4). Das OLG kann die Haftprüfung dem nach den allgemeinen Vorschriften zuständigen Haftrichter für die Dauer von höchstens 3 Monaten **übertragen** (S. 3). Der Haftrichter hat sich dann mit den Haftvoraussetzungen nach § 121 I nicht zu befassen (IV S. 1), ist aber befugt, den Haftbefehl von Amts wegen aufzuheben, wenn er die Voraussetzungen des § 120 I für gegeben hält; er kann auch seinen Vollzug nach § 116 aussetzen. Denn die Übertragung bezieht sich nur auf die Haftprüfung, die nach § 117 I auf Antrag des Beschuldigten vorzunehmen ist (LR-Hilger 49; Pusinelli NJW **66**, 96). 21 22

5) Die **weitere Haftprüfung nach § 121 I** (IV) ist dem OLG vorbehalten. Sie findet aber nicht von Amts wegen statt, sondern erst, wenn der Haftrichter die Akten wieder vorlegt (LR-Hilger 56; Pusinelli NJW **66**, 96; **aM** EbSchmidt Nachtr 7, SK/StPO-Paeffgen 13, die das OLG für verpflichtet halten, die Akten anzufordern). Das OLG bestimmt, wann innerhalb der 3-Monatsgrenze das zu geschehen hat. Setzt es keine Frist fest, so gilt die 3-Monatsfrist des IV S. 2; sie beginnt mit dem Erlaß des Beschlusses bei der vorangegangenen Haftprüfung. Der Fristenlauf ruht entspr § 121 III S. 2 während der Dauer der Hauptverhandlung (Düsseldorf VRS **89**, 207; Oldenburg NJW **65**, 2120). Wird die UHaft während des Fristenlaufs unterbrochen, so verlängert sich die Frist des IV S. 1 ohne weiteres 23

(Zweibrücken MDR **78**, 245). Das Verfahren richtet sich nach den Vorschriften, die für die 1. Prüfung anzuwenden sind (Zweibrücken aaO).

24 **6)** Bei **mehreren Beschuldigten** (VI) kann das OLG über die Haftfortdauer einheitlich entscheiden, auch wenn die 6-Monatsgrenze des § 121 I noch nicht bei allen erreicht und daher insoweit keine Vorlage nach I erfolgt ist. Dadurch soll ermöglicht werden, daß im weiteren Verfahren einheitliche Haftprüfungsfristen entstehen. Da die Grenze des 121 I auch in dem Verfahren nach VI zu beachten ist, darf das OLG bei einem Beschuldigten, der noch nicht 6 Monate in Haft ist, nur die Haftfortdauer anordnen. Die Aufhebung des Haftbefehls nach § 121 I ist unzulässig (LR-Hilger 44; **aM** Hamburg NJW **68**, 1535; KK-Boujong 14 hält die Entscheidung überhaupt nur für zulässig, wenn schon beurteilt werden kann, ob die Voraussetzungen des § 121 I bei Fristablauf vorliegen).

25 **7)** Der **BGH** (VII) entscheidet über die Haftfortdauer, wenn für die Sache nach § 120 GVG ein OLG im 1. Rechtszug zuständig ist (vgl § 121 IV S. 2).

Höchstdauer der UHaft wegen Wiederholungsgefahr

122a In den Fällen des § 121 Abs. 1 darf der Vollzug der Haft nicht länger als ein Jahr aufrechterhalten werden, wenn sie auf den Haftgrund des § 112 a gestützt ist.

1 **1) Sicherungshaft wegen Wiederholungsgefahr** (§ 122 a) darf wegen derselben Tat (11 ff zu § 121) abweichend von §§ 121 I, 122 IV S. 2 nicht länger als 1 Jahr fortdauern. Der Haftbefehl muß nach Eintritt der Höchstgrenze aufgehoben werden; die Aussetzung des Vollzugs genügt nicht (15 zu § 122). Maßnahmen nach § 71 **JGG** bleiben aber zulässig. Von der Aufhebung des Haftbefehls kann nur abgesehen werden, wenn er auf einen anderen Haftgrund umgestellt wird. Ist der Haftbefehl unzulässigerweise (17 zu § 112 a) auch auf einen Haftgrund nach § 112 gestützt, so findet § 122 a keine Anwendung (KK-Boujong 2). Die Höchstgrenze des § 122 a führt dazu, daß das OLG (oder der BGH) schon bei der 2. Haftprüfung nach §§ 121, 122 den Entlassungszeitpunkt bestimmen muß.

2 **2)** Bei der **Berechnung der Höchstdauer** kommt es nur auf den Vollzug des auf Wiederholungsgefahr gestützten Haftbefehls an; war der Vollzug unterbrochen, so werden alle Haftzeiten zusammengerechnet. Hat der Beschuldigte nach Erlaß des Haftbefehls eine neue Straftat begangen und ist deswegen erneut ein auf § 122 a gestützter Haftbefehl erlassen worden, so werden die Haftzeiten nicht zusammengezählt (LR-Hilger 11). § 121 III ist anwendbar (Frankfurt NStE Nr 1; Knauth DRiZ **78**, 337 für § 121 III S. 2).

Aufhebung der Ersatzmaßnahmen **RiStBV 57 II**

123 I Eine Maßnahme, die der Aussetzung des Haftvollzugs dient (§ 116), ist aufzuheben, wenn

1. der Haftbefehl aufgehoben wird oder

2. die Untersuchungshaft oder die erkannte Freiheitsstrafe oder freiheitsentziehende Maßregel der Besserung und Sicherung vollzogen wird.

II Unter denselben Voraussetzungen wird eine noch nicht verfallene Sicherheit frei.

III Wer für den Beschuldigten Sicherheit geleistet hat, kann deren Freigabe dadurch erlangen, daß er entweder binnen einer vom Gericht zu bestimmenden Frist die Gestellung des Beschuldigten bewirkt oder die Tatsachen, die den

Verdacht einer vom Beschuldigten beabsichtigten Flucht begründen, so rechtzeitig mitteilt, daß der Beschuldigte verhaftet werden kann.

1) Die **Aufhebung der Maßnahmen nach § 116** (I) hat das nach § 126 zuständige Gericht bei Vorliegen der gesetzlichen Voraussetzungen von Amts wegen oder auf Antrag der StA oder des Beschuldigten zu beschließen; die Maßnahmen entfallen nicht von selbst. I bestimmt folgende Aufhebungsgründe: 1

A. **Aufhebung des Haftbefehls** (Nr 1): Die Maßnahmen nach § 116 I–III können nicht bestehen bleiben, wenn der Haftbefehl aufgehoben wird, dessen Außervollzugsetzung sie ermöglichen sollten. Eine Ausnahme gilt für den Fall der Rechtskraft eines auf Freiheitsstrafe ohne Strafaussetzung zur Bewährung lautenden Urteils. Die Aufhebung des Haftbefehls ist dann überflüssig (3 zu § 120). Erfolgt sie gleichwohl, so gilt für die Maßnahmen nach § 116 nicht I Nr 1, sondern Nr 2 (Hamburg MDR **77**, 949; Karlsruhe MDR **80**, 598; **aM** Frankfurt NJW **79**, 665, das aber die Aufhebung des Haftbefehls für unzulässig hält). LG Lüneburg StV **87**, 111 wendet Nr 1 entspr auf den Fall an, daß der Beschuldigte erst geflohen ist, nachdem der Haftbefehl hätte aufgehoben werden müssen. 2

B. **Vollzug** (Nr 2) der UHaft oder der erkannten Freiheitsstrafe oder freiheitsentziehenden Sicherungsmaßregel: Der Vorschrift ist zu entnehmen, daß die Urteilsrechtskraft allein nicht zur Aufhebung der Maßnahmen nach § 116 führt. Das folgt ohne weiteres daraus, daß auch diese Maßnahmen, nicht nur der Haftbefehl (5 vor § 112), der Sicherung der Vollstreckung eines auf Freiheitsstrafe oder freiheitsentziehende Sicherungsmaßregeln (dazu LR-Hilger 11 ff) lautenden Urteils dienen (Bremen NJW **63**, 1024; Hamburg MDR **77**, 949; Karlsruhe MDR **80**, 598; 3
Stuttgart Justiz **84**, 213). Die Maßnahmen werden erst mit **Beginn des Vollzuges,** 4
nicht bereits mit der Anordnung nach § 116 IV oder mit der Verhaftung des Angeklagten oder Verurteilten aufgehoben; maßgebend ist die Einlieferung in die zuständige Anstalt (LR-Hilger 9). Die Maßnahmen sind aber schon bei Urteilsrechtskraft aufzuheben, wenn sie zur Sicherung der Vollstreckung nicht erforderlich erscheinen (Bremen aaO) oder wenn die StA ihre Aufhebung beantragt (Hamburg aaO).

2) Eine **Sicherheit** nach §§ 116 I S. 2 Nr 4, 116 a, die noch nicht nach § 124 I verfallen ist (Hamm NStZ-RR **96**, 270), wird bei Eintritt der Voraussetzungen des I ohne weiteres frei. Zur Aufhebung der amtlichen Verstrickung der hinterlegten Sicherheit ist jedoch ein feststellender Gerichtsbeschluß erforderlich (Frankfurt NJW **83**, 295; Stuttgart MDR **84**, 164). Erst durch ihn erlangt der Hinterleger einen Herausgabeanspruch gegen die Hinterlegungsstelle. Wer Hinterleger ist und ob seinem Herausgabeanspruch Rechte Dritter entgegenstehen, hat nicht das Gericht, sondern die Hinterlegungsstelle zu prüfen (Celle NdsRpfl **87**, 136). Der Anspruch kann in Vollziehung eines dinglichen Arrests nach § 111 d gepfändet werden (dort 11). Wird die Sicherheit erst mit der Rechtskraft des Urteils frei, so kann in sie vollstreckt werden, ohne daß zuvor ein dinglicher Arrest ausgebracht worden ist. 5

3) **Freigabe der Sicherheit eines Dritten** (III): Gemeint ist, wer nach § 116 a I für den Beschuldigten eine Bürgschaft geleistet hat (dort 4), nicht wer dem Beschuldigten oder einem Bürgen die Mittel zur Verfügung gestellt hat, mit denen sie selbst die Sicherheit geleistet haben (Stuttgart Justiz **88**, 373; KK-Boujong 8). Die Sicherheit des Bürgen wird frei, wenn er den Beschuldigten innerhalb einer vom Gericht zu bestimmenden Frist, aber auch unabhängig von einer solchen 6
Fristbestimmung (Hamm NJW **72**, 783; LR-Hilger 18), zur **Gestellung** veranlaßt. 7
Darunter ist nur die psychische Einwirkung auf den Beschuldigten zu verstehen, sich zu stellen; der Bürge darf den Beschuldigten nicht etwa zwangsweise oder mit polizeilicher Hilfe zur UHaft bringen (KK-Boujong 9). Der Bürge kann die Freigabe der Sicherheit ferner durch eine an das Gericht, die StA oder Polizei

8 gerichtete **Fluchtanzeige** erreichen, die er so rechtzeitig erstattet hat, daß bei unverzüglichem Vorgehen der zuständigen Behörden der Aussetzungsbeschluß aufgehoben und die Verhaftung vollzogen werden kann (Düsseldorf NStZ **85**, 38). War sie rechtzeitig, so wird die Sicherheit auch dann frei, wenn dem Beschuldigten dennoch die Flucht gelingt (Dresden JW **23**, 420; Düsseldorf aaO). Der Bürge kann in beiden Fällen die Freigabe der Sicherheit auch dann verlangen, wenn sie
9 schon **nach § 124 I verfallen** war (Hamm NJW **72**, 783; LR-Hilger 19). Auch im
10 Fall des III ist ein feststellender **Gerichtsbeschluß** (oben 5) erforderlich, der einen Antrag des Bürgen voraussetzt (EbSchmidt Nachtr 10, 13 ff).

11 **4) Beschwerde** nach § 304 I steht der StA zu, wenn das Gericht eine Maßnahme aufhebt oder die Freigabe der Sicherheit feststellt, gegen eine ablehnende Entscheidung auch dem Beschuldigten und ggf dem Bürgen. Weitere Beschwerde (§ 310 I) ist ausgeschlossen (HK-Lemke 10; zw LR-Hilger 30; **aM** SK/StPO-Paeffgen 13).

Verfall der Sicherheit

124 **I Eine noch nicht frei gewordene Sicherheit verfällt der Staatskasse, wenn der Beschuldigte sich der Untersuchung oder dem Antritt der erkannten Freiheitsstrafe oder freiheitsentziehenden Maßregel der Besserung und Sicherung entzieht.**

II Vor der Entscheidung sind der Beschuldigte sowie derjenige, welcher für den Beschuldigten Sicherheit geleistet hat, zu einer Erklärung aufzufordern. Gegen die Entscheidung steht ihnen nur die sofortige Beschwerde zu. Vor der Entscheidung über die Beschwerde ist ihnen und der Staatsanwaltschaft Gelegenheit zur mündlichen Begründung ihrer Anträge sowie zur Erörterung über durchgeführte Ermittlungen zu geben.

III Die den Verfall aussprechende Entscheidung hat gegen denjenigen, welcher für den Beschuldigten Sicherheit geleistet hat, die Wirkungen eines von dem Zivilrichter erlassenen, für vorläufig vollstreckbar erklärten Endurteils und nach Ablauf der Beschwerdefrist die Wirkungen eines rechtskräftigen Zivilendurteils.

1 **1) Verfall der Sicherheit** (I): Eine nicht schon nach § 123 II freigewordene Sicherheit verfällt – verfassungsrechtlich unbedenklich (BVerfG NStZ **91**, 142) – der Staatskasse unter den Voraussetzungen des I ohne weiteres. Jedoch ergibt sich aus II, daß eine Gerichtsentscheidung getroffen werden muß, die aber nur feststellende Bedeutung hat (Celle GA Bd **60**, 480; Hamburg Rpfleger **62**, 220; Karlsruhe NStZ **92**, 204). Der Verfall tritt ein, wenn der Beschuldigte sich der Untersuchung oder dem Strafantritt entzieht. Er ist endgültig; daß der Beschuldigte sich
2 später stellt oder verhaftet wird, ist ohne Bedeutung). Die **Untersuchung** beginnt mit der Einleitung des Ermittlungsverfahrens und dauert bis zur Beendigung des Verfahrens durch Einstellung nach §§ 153 ff, 170 II, 206 a, 206 b, Nichteröffnung des Hauptverfahrens (§ 204) oder Rechtskraft des Urteils. Sie umfaßt alle etwa notwendig werdenden verfahrensrechtlichen Maßnahmen, auch die Vollziehung der Entscheidung nach § 116 IV (Braunschweig NJW **64**, 1485; Karlsruhe MDR
3 **85**, 694). Dem **Strafantritt** kann sich nur der zu einer Freiheitsstrafe, auch Jugendstrafe (§ 17 JGG) und Strafarrest (§ 9 WStG), oder einer freiheitsentziehenden Sicherungsmaßregel nach §§ 63, 64, 66 StGB Verurteilte entziehen; Jugendarrest (§ 16 JGG) zählt dazu nicht (KMR-Wankel 3; **aM** LR-Hilger 10), auch nicht die
4 Ersatzfreiheitsstrafe (LR-Hilger 11). Das **Sich-Entziehen** besteht in einem Verhalten, das, wenn auch nur vorübergehend, den Erfolg hat, daß möglicherweise notwendig werdende verfahrensrechtliche Maßnahmen gegen den Beschuldigten nicht mehr jederzeit ungehindert durchgeführt werden können (Düsseldorf StV

87, 110; Frankfurt NJW **77**, 1975, 1976 mit Anm Tiedemann; Frankfurt NJW **78**, 838; Karlsruhe NStZ **92**, 204; München NJW **58**, 311; vgl auch BGH **23**, 380, 384). Dabei genügt, daß der Beschuldigte diesen Erfolg bewußt in Kauf nimmt, absichtlich braucht er nicht zu handeln (Bamberg OLGSt Nr 5; Braunschweig NJW **64**, 1485; Düsseldorf aaO; krit dazu Paeffgen NStZ **89**, 529; **90**, 535); auch Schuldfähigkeit braucht dann nicht gegeben zu sein (BVerfG NStZ **91**, 142; München NStZ **90**, 249; zw Paeffgen NStZ **91**, 425). Gleichgültig ist, ob der Beschuldigte während der Zeit seiner Unauffindbarkeit oder Abwesenheit in der Sache selbst „benötigt" wird; es reicht aus, daß infolge seines Verhaltens neue Verfolgungsmaßnahmen eingeleitet werden (Braunschweig aaO; Hamm NStZ-RR **96**, 270; Karlsruhe aaO). Die bloße Vorbereitung, zB zur Flucht, führt nicht zum Verfall der Sicherheit (Frankfurt NJW **77**, 1975, 1976 mit Anm Tiedemann; KK-Boujong 3), auch nicht der bloße Ungehorsam (Celle GA Bd **60**, 480, 483), insbesondere nicht der gegen die Auflagen nach § 116 (Düsseldorf NStZ **90**, 98 mwN), auch nicht die Nichtbefolgung der Ladung zum Strafantritt (Celle GA **54**, 280; Düsseldorf NStZ **96**, 404). Der Beschuldigte entzieht sich der Untersuchung oder Vollstreckung **nur dadurch,** daß er sich von seiner Wohnung ohne Hinter- 5
lassung einer Anschrift entfernt (Hamm NJW **96**, 736: auch wenn ihm als Ausländer die Ausweisung droht), daß er sich ins Ausland absetzt (Braunschweig NJW **64**, 1485), daß er sonst flüchtig wird oder sich verborgen hält oder daß er, obwohl er an sich zur Verfügung steht, die Vollstreckungsbehörden durch Täuschung davon abhält, Vollstreckungsmaßnahmen einzuleiten oder durchzuführen (Düsseldorf NJW **78**, 1932 L = GA **79**, 111). Der Erfolg des Sich-Entziehens entfällt nicht deshalb, weil das Verfahren, etwa nach § 231 II, ohne den Beschuldigten fortgesetzt werden kann (Celle aaO). Gleichgültig ist, ob die Verfolgungsbehörde das Erforderliche getan hat, um die Flucht des Beschuldigten zu verhindern (Hamburg MDR **80**, 74). Bei Selbstmord verfällt die Sicherheit nicht (KK-Boujong 4; vgl 18 zu § 112).

2) Verfahren (II S. 1): Zuständig ist das Gericht des § 126, nach Rechtskraft der 6
zuletzt mit der Sache befaßt gewesene Tatrichter (Düsseldorf Rpfleger **84**, 73), auch im Fall des § 329 I (Stuttgart Justiz **84**, 213). Die durch II S. 1 vorgeschriebene **Aufforderung zur Erklärung** ist an den Beschuldigten und den Dritten zu 7
richten, der für ihn die Sicherheit geleistet hat, aber nur, wenn dieser gegenüber der Hinterlegungsstelle im eigenen Namen als Hinterleger aufgetreten ist (Düsseldorf NStZ **90**, 97; Hamburg Rpfleger **62**, 220; Karlsruhe NStE Nr 6). Sie wird nach § 35 II S. 1 zugestellt, ggf dem Zustellungsbevollmächtigten (vgl § 116a III) oder, wenn der Aufenthalt des Beschuldigten nicht bekannt ist, öffentl nach § 40 (Hamburg NJW **62**, 2363), und mit einer Fristsetzung verbunden. Die Abtretung der Forderung auf Rückzahlung der Sicherheit an einen anderen ist unbeachtlich (Karlsruhe aaO; Paeffgen NStZ **90**, 432). Die StA ist an dem Verfahren durch Antragstellung, sonst nach § 33 II beteiligt. Das Gericht entscheidet ohne mündliche Verhandlung durch **Beschluß,** der zu begründen (§ 34) und nach § 35 II 8
S. 1 zuzustellen ist. Eine Abänderung des unanfechtbar gewordenen Beschlusses ist unzulässig (Stuttgart MDR **82**, 341).

3) Die **sofortige Beschwerde** (II S. 2, 3) steht dem Beschuldigten und dem 9
Bürgen zu, der für ihn die Sicherheit geleistet hat (dazu oben 7), nicht einem Dritten, der lediglich hinter der von einer Bank zu leistenden Bürgschaft steht (Stuttgart Justiz **88**, 373), auch nicht der Dritte, der im Namen des Beschuldigten einen Geldbetrag hinterlegt hat (Düsseldorf Rpfleger **86**, 275). Bei Fristversäumnis muß sich auch der Beschuldigte das Verschulden des Verteidigers anrechnen lassen (19 zu § 44). Die StA ist zwar in II S. 2 nicht aufgeführt. Das bedeutet aber nicht, daß sie zur Anfechtung nicht berechtigt ist oder nur die einfache Beschwerde erheben kann; auch ihr steht die sofortige Beschwerde zu (Stuttgart Justiz **84**, 213; KK-Boujong 11). War die Aufforderung nach II S. 1, die eine Entscheidungsvoraussetzung ist, unterblieben, so entscheidet das Beschwerdegericht nicht nach

§ 309 II selbst, sondern verweist die Sache zurück (Düsseldorf NStZ **96**, 404; Hamburg NJW **62**, 2363; Hamm MDR **95**, 1161; **aM** Frankfurt NStZ-RR **97**,
10 272 L; KMR-Wankel 10). Eine **mündliche Verhandlung** zur Erörterung der gestellten Anträge und der etwa vom Gericht im Freibeweis (7, 9 zu § 244) geführten Ermittlungen findet vor der Entscheidung über die sofortige Beschwerde statt (II S. 3), sofern sie in zulässiger Weise eingelegt ist (Neustadt JZ **52**, 663 mit abl Anm Niethammer; LR-Hilger 42) und der Beschwerdeführer auf sie nicht verzichtet hat (Düsseldorf OLGSt Nr 1; NStE Nr 3); weitergehend sehen die OLGe teilw von einer mündlichen Verhandlung auch ab, wenn die Entscheidung des Senats dadurch nicht beeinflußt werden kann (Hamm NJW **96**, 736; NStZ-RR **96**, 271; Stuttgart MDR **87**, 867; dagegen Paeffgen NStZ **97**, 118). Die Verhandlung ist nicht öffentl. Das Erscheinen der Beteiligten kann nicht erzwungen werden; nur wenn der Beschuldigte nicht auf freiem Fuß ist, kann er (**aM** LR-Hilger 45: muß er) zum Termin vorgeführt werden. Wenn das ausreichend erscheint, können die mündlichen Erklärungen des Beschuldigten durch einen beauftragten oder ersuchten Richter entgegengenommen werden (vgl 22, 23 zu § 454). Im übrigen steht die Gestaltung des Verfahrens, das gesetzlich nicht geregelt ist, weitgehend im Ermessen des Gerichts. §§ 114 ff ZPO (Prozeßkostenhilfe)
11 gelten entspr (Düsseldorf NStZ **96**, 404). **Weitere Beschwerde** ist ausgeschlossen
11 a (Stuttgart Justiz **63**, 63; KK-Boujong 13 mwN). Auch nach **Wechsel der Zuständigkeit** für die Haftentscheidungen durch Anklageerhebung oder Berufungsvorlage nach § 321 S.2 bleibt die Zuständigkeit des Beschwerdegerichts bestehen (Hamm NStE Nr 7; erg 7 zu § 126).

12 4) Die **Wirkungen eines Zivilurteils** (III) hat der Beschluß, mit dem die Sicherheit für verfallen erklärt wird. Ein Zivilprozeß ist daher ausgeschlossen, jedoch nicht eine Amtshaftungsklage nach § 839 BGB, die darauf gestützt ist, daß die Sicherheit durch Verschulden eines Beamten verfallen sei). Für die Beziehungen zwischen dem Beschuldigten und dem Dritten, der für ihn die Sicherheit geleistet
13 hat, gilt III nicht (KK-Boujong 14). Mit dem Verfall **geht die Sicherheit auf das Land über,** dessen Gericht zZ des Verfalls die Sachherrschaft über das Verfahren hat (LR-Hilger 24). Der Fiskus wird Eigentümer der zur Sicherheit geleisteten Gegenstände und Gläubiger verpfändeter Forderungen; eine Bürgschaft (§ 116 a I) wird fällig (KK-Boujong 7).

Zuständigkeit für Haftbefehl

125 **I Vor Erhebung der öffentlichen Klage erläßt der Richter bei dem Amtsgericht, in dessen Bezirk ein Gerichtsstand begründet ist oder der Beschuldigte sich aufhält, auf Antrag der Staatsanwaltschaft oder, wenn ein Staatsanwalt nicht erreichbar und Gefahr im Verzug ist, von Amts wegen den Haftbefehl.**

II Nach Erhebung der öffentlichen Klage erläßt den Haftbefehl das Gericht, das mit der Sache befaßt ist, und, wenn Revision eingelegt ist, das Gericht, dessen Urteil angefochten ist. In dringenden Fällen kann auch der Vorsitzende den Haftbefehl erlassen.

1 1) **Haftbefehlserlaß vor Erhebung der Klage** (I): Die Vorschrift enthält eine besondere Zuständigkeitsregelung, die von der des § 162 I S. 1 abweicht. Die Regelung des § 162 I S. 2 wird dadurch nicht abgeändert (Hamm MDR **83**, 688; Stuttgart NStZ **91**, 291).

2 A. **Sachlich zuständig** für den Erlaß des Haftbefehls und die Ablehnung eines darauf gerichteten Antrags der StA ist das AG, und zwar der nach dem Geschäftsverteilungsplan zuständige Ermittlungsrichter, in Staatsschutzsachen der Ermittlungsrichter des OLG oder des BGH (§ 169), in Jugendsachen der Jugendrichter

(§ 34 I **JGG**). Findet eine Hauptverhandlung vor dem LG oder OLG statt, so darf dieses Gericht wegen einer nicht zur Anklage stehenden, etwa erst in der Verhandlung begangenen Tat keinen Haftbefehl erlassen (Hamm NJW **49**, 191); anders ist es, wenn die Verhandlung vor dem Strafrichter stattfindet (LR-Hilger 2). Auch die Erstreckung des Haftbefehls auf weitere Straftaten ist dem AG vorbehalten; das OLG darf sie nicht etwa in dem Verfahren nach § 122 vornehmen (Hamm NJW **71**, 1325; MDR **75**, 950; **aM** Kaiser NJW **66**, 436; Schnarr MDR **90**, 93). Das Beschwerdegericht kann den Haftbefehl erlassen, wenn es von der StA angerufen worden ist, weil das AG einen entspr Antrag abgelehnt hat. Es darf aber nicht einen auf § 230 II gestützten Haftbefehl als Haftbefehl nach §§ 112, 112a aufrechterhalten (25 zu § 230).

B. **Örtlich zuständig** ist das AG, in dessen Bezirk ein Gerichtsstand begründet 3
ist oder der Beschuldigte sich aufhält. Ein **Gerichtsstand** (§§ 7–13a, 15) ist in 4
dem AG-Bezirk begründet, wenn das AG selbst für die Sache zuständig ist, aber auch bei sachlicher Zuständigkeit eines Gerichts höherer Ordnung, das in dem
AG-Bezirk liegt. **Aufenthaltsort** iS des I ist der Ort, an dem sich der Beschuldigte 5
zZ des Erlasses des Haftbefehls befindet (Hamm GA **68**, 343; KK-Boujong 2), auch wenn er nur auf der Durchreise ist, auch der Ort, an dem er sich in anderer Sache in Haft befindet. Wird der Beschuldigte nicht dem nach § 128 I S. 1 zuständigen Richter vorgeführt, so ist auch der Ort der Vorführung vor das unzuständige Gericht Aufenthaltsort iS des I (Celle NdsRpfl **56**, 39; LR-Hilger 7; **aM** KMR-Wankel 3).

2) **Nach Anklageerhebung** (II) ist für den Erlaß des Haftbefehls das mit der 6
Sache befaßte Tatgericht zuständig (S. 1), dh das Gericht, bei dem die Anklage erhoben ist, das Berufungsgericht erst nach Vorlegung der Akten nach § 321 S. 1, im Revisionsverfahren nicht das Revisionsgericht, sondern der letzte Tatrichter. In
dringenden Fällen kann der Vorsitzende den Haftbefehl erlassen (S. 2). Dringend 7
ist der Fall, wenn das Zusammentreten des Kollegiums nicht abgewartet werden kann, ohne daß die rechtzeitige Verhaftung in Frage gestellt wird. Das beurteilt der Vorsitzende nach pflichtgemäßem Ermessen. Seine Entscheidung bedarf keiner Bestätigung durch das Kollegialgericht. Dessen Entscheidung kann aber von der StA und dem Angeklagten herbeigeführt werden (KK-Boujong 9). Die Ablehnung eines Haftbefehlsantrags darf, da sie niemals dringend ist, nur das Kollegialgericht aussprechen (LR-Hilger 19).

3) **Mitwirkung der StA:** Vor Erhebung der öffentlichen Klage ist grundsätzlich 8
ein Antrag der StA erforderlich, da sie für das Ermittlungsverfahren verantwortlich ist und die UHaft nach § 120 III jederzeit beenden kann (erg 9 zu § 128). Das gilt auch für die Erweiterung eines Haftbefehls um weitere Tatvorwürfe (Schnarr MDR **90**, 89; erg 18 zu § 114). Der Antrag einer unzuständigen StA genügt (KK-
Boujong 6; Loh MDR **70**, 812). Nur bei **Unerreichbarkeit der StA und Gefahr** 9
im Verzug erläßt das Gericht den Haftbefehl von Amts wegen. Zur Unerreichbarkeit vgl 10 zu § 128. Gefahr im Verzug besteht, wenn ohne sofortigen Erlaß des Haftbefehls die Gefahr besteht, daß die Verhaftung des Beschuldigten nicht mehr
möglich sein wird. **Nach Erhebung der öffentlichen Klage** kann das Gericht 10
einen Haftbefehl von Amts wegen erlassen, muß die StA aber vorher hören (§ 33 I, II).

Zuständigkeit für weitere Entscheidungen **RiStBV 54 II**

126 **[I] Vor Erhebung der öffentlichen Klage ist für die weiteren richterlichen Entscheidungen und Maßnahmen, die sich auf die Untersuchungshaft oder auf die Aussetzung des Haftvollzugs (§ 116) beziehen, der Richter zuständig, der den Haftbefehl erlassen hat. Hat das Beschwerdegericht den Haftbefehl erlassen, so ist der Richter zuständig, der die vorangegangene**

Entscheidung erlassen hat. Wird das vorbereitende Verfahren an einem anderen Ort geführt oder die Untersuchungshaft an einem anderen Ort vollzogen, so kann der Richter, sofern die Staatsanwaltschaft es beantragt, die Zuständigkeit dem Richter bei dem Amtsgericht dieses Ortes übertragen. Ist der Ort in mehrere Gerichtsbezirke geteilt, so bestimmt die Landesregierung durch Rechtsverordnung das zuständige Amtsgericht. Die Landesregierung kann diese Ermächtigung auf die Landesjustizverwaltung übertragen.

II Nach Erhebung der öffentlichen Klage ist das Gericht zuständig, das mit der Sache befaßt ist. Nach Einlegung der Revision ist das Gericht zuständig, dessen Urteil angefochten ist. Einzelne Maßnahmen, insbesondere nach § 119, ordnet der Vorsitzende an. In dringenden Fällen kann er auch den Haftbefehl aufheben oder den Vollzug aussetzen (§ 116), wenn die Staatsanwaltschaft zustimmt; andernfalls ist unverzüglich die Entscheidung des Gerichts herbeizuführen.

III Das Revisionsgericht kann den Haftbefehl aufheben, wenn es das angefochtene Urteil aufhebt und sich bei dieser Entscheidung ohne weiteres ergibt, daß die Voraussetzungen des § 120 Abs. 1 vorliegen.

IV Die §§ 121 und 122 bleiben unberührt.

1 **1)** Für die **weiteren Entscheidungen und Maßnahmen,** die sich auf die UHaft beziehen, auch auf die Haft nach §§ 230 II, 236 (LR-Hilger 5), regelt die Vorschrift die gerichtliche Zuständigkeit. Im wesentlichen handelt es sich um Entscheidungen nach §§ 116, 117, 118, 118 a, 123, 124 und um Maßnahmen und Entscheidungen nach § 119.

2 **2) Vor Erhebung der Klage** (I) besteht die Zuständigkeit nach § 125 I fort (S. 1), wobei aber der Geschäftsverteilungsplan des Gerichts die Zuständigkeit eines anderen Richters bestimmen kann. Wenn das Beschwerdegericht den Haft-
3 befehl erlassen hat, ist der 1. Richter zuständig (S. 2). Die **Übertragung der Zuständigkeit** auf ein anderes Gericht sieht S. 3 für den Fall vor, daß das Ermittlungsverfahren, zB infolge Abgabe der Sache an eine andere StA, an einem anderen Ort geführt oder die UHaft an einem anderen Ort vollzogen wird. Eine weitergehende Regelung trifft § 72 VI **JGG** für das Jugendstrafverfahren. Die Übertragung, zu der auch der Ermittlungsrichter nach § 169 befugt ist (LR-Hilger 10), setzt einen entspr Antrag der StA voraus, der bis zum Erlaß des Übertragungsbeschlusses zurückgenommen werden kann. Das Gericht, dem die Sache übertragen wird, kann die Übernahme nicht ablehnen, weil es sie für unzweckmäßig hält (Hamburg NJW **66**, 606), wird aber nicht zuständig, wenn sie auf einem Irrtum beruht. Wenn später erneut die Voraussetzungen des S. 3 gegeben sind, kann es die Sache seinerseits auf Antrag der StA auf ein anderes Gericht weiter- oder auf das 1. Gericht zurückübertragen. Mit dem Erlaß des Übertragungsbeschlusses wird die Zuständigkeit des neuen Haftrichters begründet (Celle OLGSt S. 1; KK-Boujong 3) und werden das ihm übergeordnete LG und OLG für Entscheidungen über Beschwerden und weitere Beschwerden zuständig (BGH **14**, 180, 185; Celle aaO; Hamburg NJW **66**, 606; München NJW **57**, 760; Dünnebier MDR **68**, 185; **aM** KG JR **85**, 256). Das gilt auch für vor Erlaß des Beschlusses eingelegte Beschwerden (Hamburg aaO). Der Vorlagebeschluß nach § 122 I ist ebenfalls an das OLG zu richten, das dem neuen Haftrichter über-
4 geordnet ist (Köln JMBlNW **66**, 288; LR-Hilger 5 zu § 122; erg 3 zu § 122). Der **Ermittlungsrichter des BGH** kann, nachdem der GBA die Sache nach § 142 a IV GVG an die LandesStA abgegeben hat, die Zuständigkeit für die weiteren Haftentscheidungen entspr I S. 3 auf das AG des Ermittlungs- oder Haftorts übertragen (BGH NJW **73**, 475). Auf Antrag der StA kann der Amtsrichter auch ohne eine solche Übertragung die weiteren Haftentscheidungen übernehmen (BGH aaO).

3) Nach Erhebung der öffentlichen Klage (II–IV): 5

A. Grundsätzlich ist das **mit der Sache befaßte Gericht** zuständig (II S. 1), auch 6
ein an sich unzuständiges Gericht, bei dem Anklage erhoben worden ist (Düsseldorf MDR **81**, 691; LG Lüneburg StV **87**, 111; 4 zu § 170). Bei Zurückverweisung der Sache durch das Revisionsgericht ist mit dem Erlaß dieser Entscheidung das Gericht zuständig, an das zurückverwiesen worden ist, auch wenn ihm die Akten noch nicht zugeleitet worden sind (Schleswig SchlHA **86**, 104 [E/L]; Zweibrücken StV **88**, 70 L). Das Berufungsgericht wird zuständig, wenn ihm die Akten nach § 321 S. 2
vorgelegt werden. Auf **noch unerledigte Beschwerden** ergeht keine Entscheidung 7
des Beschwerdegerichts; vielmehr hat das jetzt zuständige Gericht eine Entscheidung zu treffen (vgl zur Haftprüfung 12 zu § 117; anders nach Hamm NStE Nr 7 zu § 124 beim Verfall einer Sicherheit), im Fall des II S.3 der Vorsitzende (KG NStZ-RR **96**,
365; **aM** Karlsruhe NStZ **84**, 183). Ist eine Haftentscheidung **in der Hauptver-** 8
handlung zu treffen, so wirken die Schöffen mit (Düsseldorf StV **84**, 159; Köln NStZ **98**, 419 mit abl Anm Foth und zust Anm Siegert); das gilt aber nicht für Entscheidungen, die getroffen werden, während die Hauptverhandlung – nicht nur kurzfristig – unterbrochen ist (Hamm StV **98**, 388; **aM** Dehn NStZ **97**, 608; erg 1 zu § 268 b; 3 zu § 30 GVG). Nach Hamburg StV **98**, 143 mit abl Anm Schlothauer = JR **98**, 169 mit teilw zust Anm Katholnigg, zust auch Bertram NJW **98**, 2934 – vom BVerfG NStZ **98**, 418 als verfassungsrechtlich unbedenklich erachtet – muß stets außerhalb der Hauptverhandlung ohne Schöffen entschieden werden (dagegen zutr Kunisch StV **98**, 687); Katholnigg (JR **98**, 36 und 172) will zwischen eilbedürftigen (ohne Schöffen) und nicht eilbedürftigen (mit Schöffen) Haftentscheidungen differenzieren. Das OLG als Gericht 1. Instanz entscheidet allerdings immer in der für die Hauptverhandlung vorgesehenen Besetzung (vgl § 122 II S.2 GVG), also ggf mit 5 Richtern (BGH **43**, 91 = JR **98**, 33 mit abl Anm Katholnigg; abl auch Foth NStZ **98**,
262). **Nach Einlegung der Revision** entscheidet grundsätzlich der letzte Tatrichter 9
(II S. 2). Nur wenn es das angefochtene Urteil aufhebt (Teilaufhebung genügt) und sich ohne weiteres, dh ohne weitere Ermittlungen, ergibt, daß der Haftbefehl nach § 120 I S. 1 nicht länger aufrechterhalten werden kann, ist das Revisionsgericht befugt, ihn zugleich mit dem Erlaß des Revisionsurteils aufzuheben; verpflichtet ist es dazu nur im Fall des § 120 I S. 2. Eine vorherige Aufhebung kommt nur in Betracht, wenn ein Verfahrenshindernis besteht, das zur Einstellung des Verfahrens führt (BGH **41**, 16; NStZ **97**, 145). Eine Befugnis zur Außervollzugsetzung des Haftbefehls (§ 116) hat das Revisionsgericht nicht (I S. 1 mit II S. 2). Nach Erlaß einer das angefochtene Urteil aufhebenden Revisionsentscheidung ist nur noch das Gericht zuständig, an das die Sache zurückverwiesen worden ist (BGH NJW **96**, 2665).

B. Die **Zuständigkeit des Vorsitzenden** (II S. 3) beschränkt sich grundsätzlich 10
auf die Anordnung (und Ablehnung) einzelner Maßnahmen, insbesondere nach § 119. In Betracht kommen außer den Entscheidungen, die sich auf den Vollzug der UHaft beziehen, die Benachrichtigung nach § 114 b I (dort 7), die Festsetzung oder Anordnung einer Sicherheitsleistung nach § 116 a (dort 1), der Erlaß eines Steckbriefs (3 zu § 131) und die Genehmigung zur Unterbrechung der UHaft zur Strafvollstreckung (Düsseldorf MDR **85**, 603; JMBlNW **96**, 138; **aM** KK-Boujong 12; Kleinknecht/Janischowsky 156). Entscheidet anstelle des funktionell ausschließlich zuständigen Vorsitzenden das Kollegialgericht, so ist das zwar nicht „unschädlich" (Frankfurt StV **88**, 536 mwN; München StV **95**, 140; Veit MDR **73**, 279; **aM** Düsseldorf NJW **68**, 1343; Hamburg NJW **65**, 2362; KK-Boujong 13). Die Entscheidung wird aber bestandskräftig, wenn sie nicht angefochten wird; wenn Beschwerde eingelegt wird, verweist das Beschwerdegericht die Sache nicht an den 1. Richter zurück, sondern entscheidet unter Aufhebung des angefochtenen Beschlusses nach § 309 II in der Sache selbst (Düsseldorf MDR **85**, 603; JMBlNW **96**, 138; SK/StPO-Paeffgen 8; vgl auch München aaO; **aM** Bremen Rpfleger **68**, 397; Düsseldorf NJW **82**, 1471; Frankfurt aaO; Karlsruhe NJW **74**, 110; Koblenz
NJW **81**, 1570; 6 zu § 141; 6 zu § 309). **Anfechtbar** ist die Entscheidung des 11

Vorsitzenden nur mit der Beschwerde nach § 304; die Anrufung des Kollegialge-
12 richts gegen seine Maßnahmen ist nicht zulässig. In **dringenden Fällen** (7 zu § 125) kann der Vorsitzende auch den Haftbefehl aufheben oder seinen Vollzug nach § 116 aussetzen, aber nur mit Zustimmung der StA (II S. 4); andernfalls muß er unverzüglich das Gericht entscheiden lassen. Allgemein zur Herbeiführung der Entscheidung des Kollegialgerichts vgl 7 zu § 125.

Einstweilige Unterbringung **RiStBV 59**

126a **I Sind dringende Gründe für die Annahme vorhanden, daß jemand eine rechtswidrige Tat im Zustand der Schuldunfähigkeit oder verminderten Schuldfähigkeit (§§ 20, 21 des Strafgesetzbuches) begangen hat und daß seine Unterbringung in einem psychiatrischen Krankenhaus oder einer Entziehungsanstalt angeordnet werden wird, so kann das Gericht durch Unterbringungsbefehl die einstweilige Unterbringung in einer dieser Anstalten anordnen, wenn die öffentliche Sicherheit es erfordert.**

II Für die einstweilige Unterbringung gelten die §§ 114 bis 115 a, 117 bis 119, 125 und 126 entsprechend. Hat der Unterzubringende einen gesetzlichen Vertreter, so ist der Beschluß auch diesem bekanntzugeben.

III Der Unterbringungsbefehl ist aufzuheben, wenn die Voraussetzungen der einstweiligen Unterbringung nicht mehr vorliegen oder wenn das Gericht im Urteil die Unterbringung in einem psychiatrischen Krankenhaus oder einer Entziehungsanstalt nicht anordnet. Durch die Einlegung eines Rechtsmittels darf die Freilassung nicht aufgehalten werden. § 120 Abs. 3 gilt entsprechend.

1 1) Dem **Schutz der Allgemeinheit** vor gemeingefährlichen Rechtsbrechern dient die Vorschrift. Sie soll nicht, wie § 112, die Verfahrenssicherung, sondern die Vorwegnahme der Unterbringung nach §§ 63, 64 StGB ermöglichen (Frankfurt NStZ **85**, 284). Ähnliche vorbeugende Maßnahmen lassen §§ 111 a, 112 a, 132 a zu. Die einstweilige Unterbringung kann auch gegen Jugendliche und Heranwach-
2 sende angeordnet werden (Düsseldorf MDR **84**, 603). Die **UHaft** gegen vermindert Schuldfähige (§ 21 StGB) wird durch § 126 a auch dann nicht ausgeschlossen, wenn mit der Unterbringung nach §§ 63, 64 StGB zu rechnen ist. Die einstweilige Unterbringung ist aber idR die angemessenere Maßnahme, weil sie die Möglichkeit der ärztlichen Behandlung bietet (KG JR **89**, 476), die ohne richterliche Genehmigung zulässig ist (Baumann NJW **80**, 1879; Koch NJW **69**, 177). Da UHaft und einstweilige Unterbringung nicht gleichzeitig vollzogen werden können, darf wegen derselben Tat immer nur eine dieser Maßnahmen angeordnet werden (LR-Hilger 4, 5)).

3 2) **Voraussetzungen der einstweiligen Unterbringung** (I):

4 A. **Dringende Gründe** (dazu 2 zu § 111 a) müssen die Annahme rechtfertigen, daß der Beschuldigte eine rechtswidrige Tat (§ 11 I Nr 5 StGB) im Zustand der Schuldunfähigkeit (§ 20 StGB) oder der verminderten Schuldfähigkeit (§ 21 StGB) begangen hat und daß das Gericht in dem Urteil seine Unterbringung in einem psychiatrischen Krankenhaus (§ 63 StGB) oder in einer Entziehungsanstalt (§ 64 StGB) anordnen wird. Ob die Voraussetzungen des § 20 StGB oder nur die des § 21 StGB vorliegen, braucht noch nicht festzustehen (KMR-Wankel 2).

5 B. Die **öffentliche Sicherheit** muß die einstweilige Unterbringung des Beschuldigten erfordern, und zwar zZ des Erlasses des Unterbringungsbefehls. Das ist der Fall, wenn die Wahrscheinlichkeit dafür spricht, daß der Beschuldigte weitere rechtswidrige Taten von solcher Schwere begehen wird, daß der Schutz der Allgemeinheit die einstweilige Unterbringung gebietet. Daran fehlt es, wenn weniger einschneidende Maßnahmen auf anderer Rechtsgrundlage genügen. Die bereits vollzogene Unterbringung nach einem landesrechtlichen Unterbringungsgesetz

steht aber nicht entgegen (Düsseldorf OLGSt Nr 2; **aM** EbSchmidt Nachtr 10). Der Grundsatz der Verhältnismäßigkeit (Einl 20, 21) ist zu beachten (Starke, Die einstweilige Unterbringung in einem psychiatrischen Krankenhaus nach der StPO, 1991, S. 76 ff, 127 f).

3) Durch einen **Unterbringungsbefehl** wird die einstweilige Unterbringung 6
von dem nach § 125 zuständigen Gericht (II S. 1) angeordnet. Für seinen **not-** 7
wendigen Inhalt gilt § 114 entspr (II S. 1). Anstelle der schuldhaften Tat (§ 114 II Nr 2) ist die rechtswidrige Tat zu bezeichnen, anstelle des dringenden Tatverdachts (§ 114 **II** Nr 4) die dringenden Gründe für die Annahme der rechtswidrigen Tat. Ein Haftgrund (§ 114 II Nr 3) entfällt; statt dessen sind die Tatsachen anzugeben, die die Annahme rechtfertigen, daß die öffentliche Sicherheit die einstweilige Unterbringung erfordert. § 114 III gilt nicht (**aM** LR-Hilger 12). Die Art der Anstalt (psychiatrisches Krankenhaus oder Entziehungsanstalt) muß bezeichnet werden. Stehen nach dem Einweisungsplan (UVollzO 14) mehrere Anstalten zur
Verfügung, so wählt der Richter eine von ihnen aus. Für die **Bekanntmachung** 8
des Unterbringungsbefehls gilt § 114 a entspr (II S. 1), für die Benachrichtigung der Angehörigen § 114 b. Hat der Beschuldigte einen gesetzlichen Vertreter, so muß der Unterbringungsbefehl auch ihm bekanntgegeben werden (II S. 2), zu den
Mitteilungspflichten vgl 19 zu § 114. Der **Vollzug** des Unterbringungsbefehls 9
wird aufgrund des richterlichen Aufnahmeersuchens (UVollzO 15, 90 I) von der StA veranlaßt (§ 36 II S. 1). In Betracht kommt nur der Vollzug in einer öffentlichen Kranken- oder Entziehungsanstalt. Der Vollzug in einer Haftanstalt ist unzulässig, auch wenn sie über eine psychiatrisch-neurologische Abteilung verfügt (KK-Boujong 6; **aM** Hamm SJZ **50**, 213 mit abl Anm EbSchmidt; LR-Hilger 15Hartung SJZ **50**, 516). In einer JVA ist auch sonst die Unterbringung nur für höchstens 24 Stunden und nur dann zulässig, wenn eine sofortige Überführung in ein öffentliches psychiatrisches Krankenhaus oder in eine öffentliche Entziehungsanstalt nicht möglich ist (UVollzO 89 II S. 1). Im übrigen gelten die Vorschriften über den Vollzug der Unterbringung nach §§ 63, 64 StGB entspr (UVollzO 90 II), wobei aber der Schutz der Allgemeinheit vor einem gemeingefährlichen Täter im Vordergrund steht (Frankfurt NStZ **85**, 284). Sinngemäß anwendbar ist nach II S. 1 auch § 119. Der schriftliche und mündliche Verkehr des Betroffenen mit der Außenwelt wird von der Anstalt kontrolliert. Die sonstigen Beschränkungen nach § 119 III werden nach dem Zweck der Unterbringung ausgerichtet. Darüber hinaus darf durch entspr Ausgestaltung des Vollzuges auch einer etwa bestehenden Verdunkelungsgefahr begegnet werden (LR-Hilger 5).

4) Für das **weitere Verfahren** gelten die in II S. 1 bezeichneten Vorschriften 10
entspr, insbesondere §§ 115, 115 a. Eine Außervollzugsetzung des Unterbringungsbefehls entspr §§ 116, 116 a ist ausgeschlossen (KMR-Wankel 4; Starke [oben 5] 129; **aM** Celle NStZ **87**, 524; SK/StPO-Paeffgen 8). Die Fortdauer der einstweiligen Unterbringung wird entspr §§ 117–118 b geprüft (Düsseldorf MDR **95**, 950). Für die Ausgestaltung des Vollzugs gilt § 119 (Celle NdsRpfl **95**, 275). Eine Haftprüfung durch das OLG entspr §§ 121, 122 findet nicht statt (Nürnberg NStZ **82**, 297; krit dazu SK/StPO-Paeffgen 14; Schäfer ZRP **89**, 130; Starke [oben 5] 122 ff und StV **88**, 225; 2 zu § 121). Für die gerichtliche Zuständigkeit gilt § 126.
Die **Aufhebung des Unterbringungsbefehls** ist zwingend vorgeschrieben, wenn 11
die Voraussetzungen des III S. 1 vorliegen. Durch eine Rechtsmitteleinlegung darf (wie im Fall des § 120 II) die Freilassung nicht aufgehalten werden (III S. 2). § 120 III gilt entspr (III S. 3). Auch der Verhältnismäßigkeitsgrundsatz kann die
Aufhebung gebieten (oben 5). Zulässig ist die **Umwandlung des Unterbrin-** 12
gungsbefehls in einen Haftbefehl, wenn sich herausstellt, daß nicht die Voraussetzungen des § 126 a, sondern die der §§ 112, 112 a vorliegen. Im umgekehrten Fall gilt dasselbe (KG JR **89**, 476). Vor der Entscheidung müssen StA und Beschuldigter gehört werden. Die Umwandlung kann auch das Beschwerdegericht vornehmen, gleichgültig, wer das Rechtsmittel eingelegt hat (Bremen JZ **51**, 465 L;

13 KK-Boujong 9). Mit dem Eintritt der **Rechtskraft des Urteils,** das die Unterbringung anordnet, endet die einstweilige Unterbringung und beginnt der Vollzug der Sicherungsmaßnahme, auch wenn die Vollstreckung des Urteils noch nicht eingeleitet worden ist (Hamm OLGSt § 67 e StGB S. 3; erg 15 zu § 120).

14 **5) Anfechtung:** Gegen den Unterbringungsbefehl und die Ablehnung seines Erlasses ist nach § 304 I Beschwerde, auch gegen Entscheidungen des OLG (§ 304 IV S. 2 Nr 1) und des Ermittlungsrichters des BGH oder OLG (§ 304 V), und nach § 310 I weitere Beschwerde zulässig. Mit der Beschwerde kann auch geltend gemacht werden, daß statt eines Unterbringungsbefehls ein Haftbefehl hätte erlassen werden müssen (KMR-Wankel 6). Anfechtbar ist auch die Umwandlung des Unterbringungsbefehls in einen Haftbefehl und die umgekehrte Entscheidung (KK-Boujong 10; **aM** Kleinknecht/Janischowsky 303). Wegen der Rechtsbehelfe gegen Maßnahmen der Vollzugsanstalt vgl 50 zu § 119. Wendet sich der Beschuldigte gegen die gemeinsame Verwahrung mit anderen Untergebrachten, so entscheidet entspr § 119 VI der Haftrichter (Hamm NJW **67**, 693).

15 **6)** Für die **Immunität** gelten die gleichen Beschränkungen wie beim Erlaß eines Haftbefehls (vgl 22 zu § 114).

Vorläufige Festnahme

127 **I Wird jemand auf frischer Tat betroffen oder verfolgt, so ist, wenn er der Flucht verdächtig ist oder seine Identität nicht sofort festgestellt werden kann, jedermann befugt, ihn auch ohne richterliche Anordnung vorläufig festzunehmen. Die Feststellung der Identität einer Person durch die Staatsanwaltschaft oder die Beamten des Polizeidienstes bestimmt sich nach § 163 b Abs. 1.**

II Die Staatsanwaltschaft und die Beamten des Polizeidienstes sind bei Gefahr im Verzug auch dann zur vorläufigen Festnahme befugt, wenn die Voraussetzungen eines Haftbefehls oder eines Unterbringungsbefehls vorliegen.

III Ist eine Straftat nur auf Antrag verfolgbar, so ist die vorläufige Festnahme auch dann zulässig, wenn ein Antrag noch nicht gestellt ist. Dies gilt entsprechend, wenn eine Straftat nur mit Ermächtigung oder auf Strafverlangen verfolgbar ist.

1 **1)** Die **vorläufige** Festnahme geht dem Erlaß eines Haftbefehls idR voraus. § 127 läßt sie in 2 Fällen zu: Wird jemand auf frischer Tat betroffen oder verfolgt, so ist jedermann, Polizeibeamte und Privatpersonen, zur Festnahme berechtigt (I S. 1). Die Vorschrift überträgt dem Bürger eine öffentliche Aufgabe (RG **17**, 127, 128; KK-Boujong 6; Roxin § 31 A I 2 d; vgl auch Arzt Kleinknecht-FS 3: „Hilferuf des Staates"); eine Rechtspflicht zur vorläufigen Festnahme begründet sie nicht (KK-Boujong 6; Zipf IV 2.5252). Bei Gefahr im Verzug sind die StA und die Beamten des Polizeidienstes zur vorläufigen Festnahme befugt, wenn die Voraussetzungen eines Haft- oder Unterbringungsbefehls vorliegen (II). Weitere Fälle der vorläufigen Festnahme regeln § 127 b (zur Anordnung der Hauptverhandlungshaft) und (im Gerichtssaal) § 183 S. 2 GVG. Die Verschonung von der vorläufigen Festnahme sieht § 127 a vor. Das Verfahren nach der Festnahme richtet sich nach §§ 128, 129.

2 **2) Vorläufige Festnahme auf frischer Tat** (I):

3 A. **Tat** iS des I S. 1 ist eine Straftat, die zum Erlaß eines Haftbefehls (§ 112) oder Unterbringungsbefehls (§ 126 a) berechtigen würde. Der Versuch genügt, wenn er strafbar ist (BGH NJW **81**, 745; Hamm NJW **77**, 590), nicht aber eine straflose Vorbereitungshandlung; auch nicht die Begehung einer OWi (§ 46 III S. 1
3 a OWiG). **Strafunmündige Kinder** (§ 19 StGB) dürfen nicht festgenommen wer-

den, auch nicht zu dem Zweck, die Feststellung ihrer Personalien oder diejenigen ihrer Aufsichtspflichtigen zu ermöglichen (KK-Boujong 8; Borchert JA **82**, 343; Eisenberg StV **89**, 556; Frehsee ZStW **100**, 303; **aM** KG JR **71**, 30; erg 4 zu § 163 b). Dem wird neuerdings unter Hinweis darauf widersprochen, daß § 127 ja nur das Betreffen auf frischer Tat verlange, die vorläufige Festnahme zudem erzieherisch sinnvoll und ein Nichteinschreiten gegenüber einem *in flagranti* erwischten Kind dem allgemeinen Rechtsbewußtsein abträglich wäre (Bottke Geerds-FS 278 Fn 58; Krause Geerds-FS 495). Diesen an sich zutr Erwägungen steht jedoch entgegen, daß § 127 die Begehung einer Straftat voraussetzt (unten 4) und Zweck der Festnahme nur ist, den Täter der Strafverfolgung zuzuführen (unten 8); Abhilfe kann daher nur der Gesetzgeber schaffen, soll es nicht nur bei den außerstrafrechtlichen (Erziehungs- und Fürsorge-)Maßnahmen verbleiben.

B. Nur wenn **wirklich eine Straftat begangen** worden ist, ist die Festnahme 4 nach I S. 1 zulässig (KG VRS **45**, 35; Hamm NJW **72**, 1826; **77**, 590; Kramer 60; Rüping 244; Schlüchter 255 und JR **87**, 309; Schumann JuS **79**, 559). Nicht erkennbare Rechtfertigungs- und Schuldausschließungsgründe lassen das Festnahmerecht unberührt (Stuttgart OLGSt Nr 3). Dringender Tatverdacht oder ein anderer hoher Verdachtsgrad genügt aber nicht (**aM** BGH – 6. ZS – NJW **81**, 745; Bay **86**, 52 = MDR **86**, 956; OLGSt S. 11; Hamm NStZ **98**, 370; Stuttgart aaO; Zweibrücken NJW **81**, 2016; LR-Hilger 9 ff mwN zum Streitstand; offengelassen bei BGH VRS **44**, 437). Denn der Eingriff in die Freiheitsrechte eines anderen nach I S. 1 darf dem Bürger nur gestattet werden, wenn er sicher ist, daß der andere alle Merkmale einer Straftat verwirklicht hat; andernfalls muß er die Festnahme oder Identifizierung den staatlichen Behörden überlassen (EbSchmidt Nachtr 8). Es geht nicht an, einem Unschuldigen das Recht der Notwehr (unten 17) gegen freiheitsbeschränkende Angriffe von Privatpersonen zu nehmen. Bei Verkehrsstraftaten werden die Voraussetzungen des I nur selten vorliegen (BGH VRS **44**, 437). Insbesondere die Feststellung der Fahruntüchtigkeit eines Kraftfahrers ist einer Privatperson nur möglich, wenn schwere Ausfallerscheinungen offensichtlich sind (BGH aaO; Zweibrücken NJW **81**, 2016; vgl dazu auch Marxen Stree/Wessels-FS 705, der den Begriff der „frischen Tat" in materiell-rechtlicher Hinsicht näher zu bestimmen versucht).

C. **Auf frischer Tat betroffen** ist, wer bei der Begehung einer rechtswidrigen 5 Tat oder unmittelbar danach am Tatort oder in dessen unmittelbarer Nähe gestellt wird. **Verfolgung auf frischer Tat** liegt vor, wenn sich der Täter bereits vom 6 Tatort entfernt hat, sichere Anhaltspunkte (zB Tatspuren) aber auf ihn als Täter hinweisen und seine Verfolgung zum Zweck seiner Ergreifung aufgenommen wird (Hamburg GA **64**, 341; vgl auch 3 zu § 104). Unmittelbar an die Tatentdeckung braucht sich die Verfolgung nicht anzuschließen; der Verfolgende, der nicht der Entdecker der Tat zu sein braucht, kann sich zunächst Hilfskräfte oder -mittel beschaffen. Auf Sicht oder Gehör braucht der Täter nicht verfolgt zu werden; eine Rast ist unschädlich (RG **58**, 226). Die Dauer der Verfolgung ist nicht begrenzt; sie kann bis zur Ergreifung des Täters fortgesetzt werden.

D. **Zur Festnahme berechtigt** ist jedermann, nicht nur der durch die Straftat 7 Verletzte. Volljährigkeit ist nicht erforderlich. Die Festnahmeberechtigung nach I S. 1 setzt voraus, daß keine Polizeibeamten zugegen sind, und endet daher mit deren Eintreffen. Gegen den Willen der Polizei dürfen Privatpersonen nicht tätig werden. Das Festnahmerecht nach I S. 1 haben auch die Beamten der StA und der Polizei, auch außerhalb ihres Amtsbezirks (Kramer NJW **93**, 111), jedoch nicht zum Zweck der Identitätsfeststellung (Benfer MDR **93**, 828; **aM** Kramer aaO); insoweit gelten § 163 b I (vgl I S. 2) und (obwohl I S. 2 die Vorschrift nicht erwähnt) § 163 c (LR-Hilger 25 Fn 85; Borchert JA **82**, 339).

E. Der **Zweck der Festnahme** darf nur darin bestehen, den Täter der Straf- 8 verfolgung zuzuführen. Wer diese Absicht nicht hat, besitzt zwar uU ein Festnahmerecht nach § 229 BGB (Bay **90**, 113 = JR **91**, 518 mit Anm Laubenthal;

Düsseldorf NStZ **91**, 599 mit krit Anm Paeffgen NStZ **92**, 532), ist aber zur vorläufigen Festnahme nach § 127 nicht berechtigt (Lampe GA **78**, 7). I S. 1 erlaubt daher nicht die Festnahme zu dem Zweck, weitere Straftaten zu verhindern (BGH VRS **40**, 104, 106) oder den Täter wegen seines Fehlverhaltens zur Rede zu stellen (Hamm VRS **4**, 446; **9**, 215, 218). Auch die Blutalkoholuntersuchung ist kein zulässiger Festnahmezweck (vgl aber 29 zu § 81 a).

9 F. **Festnahmegründe** sind Fluchtverdacht und die Unmöglichkeit der soforti-
10 gen Identitätsfeststellung. Für den **Fluchtverdacht** genügt, daß nach den erkennbaren Umständen des Falles unter Berücksichtigung allgemeiner Erfahrungen vernünftigerweise die Annahme gerechtfertigt ist, der Betroffene werde sich der Verantwortung durch die Flucht entziehen, wenn er nicht alsbald festgenommen wird (BGH VRS **38**, 115; **40**, 104; NStZ **92**, 27 [K]). Die strengeren Voraussetzungen der Fluchtgefahr nach § 112 II Nr 2 (dort 17 ff) brauchen nicht vorzuliegen (LR-Hilger 21; Kramer 61 Fn 120; Schlüchter 250; **aM** Naucke NJW **68**,
11 1225; Rüping 243). Zur **Feststellung der Identität** ist die Festnahme zulässig, wenn der Betroffene, weil er Angaben zur Person verweigert oder sich nicht ausweisen kann, nicht ohne Vernehmung oder Nachforschungen identifiziert werden kann, die Feststellung an Ort und Stelle aber nicht möglich ist (RG **27**, 198, 199). Fluchtverdacht muß nicht bestehen. Daß der Name des Betroffenen bekannt ist, macht die Festnahme idR unzulässig (RG **67**, 351, 353; Köln VRS **75**, 104, 106), aber nicht in jedem Fall (Hamburg MDR **64**, 778). Das Kennzeichen eines Kraftwagens ermöglicht meist keine genügende Feststellung der Identität seines Führers (KG VRS **16**, 112; Oldenburg VRS **32**, 274; Schleswig NJW **53**, 275). Etwas anderes gilt idR für Fahrzeuge öffentlicher Verkehrsbetriebe (LR-Hilger 24; **aM** Hamm VRS **9**, 215). Die Identifizierung durch einen Dritten reicht selbst dann nicht aus, wenn er sich genügend ausweisen kann (RG **72**, 300; KK-Boujong 17).

12 G. Die **Festnahme** ist ein Realakt ohne Anordnung und bedarf weder einer bestimmten Form noch einer näheren Begründung (Koblenz VRS **54**, 357, 359). Jedoch muß dem Betroffenen erkennbar gemacht werden, daß es sich um eine vorläufige Festnahme handelt und welche Tat dazu Anlaß gibt (Bay **60**, 66 = NJW **60**, 1583; Bay **64**, 34 = VRS **27**, 189; Oldenburg NJW **66**, 1764). Die Befugnis zur Festnahme, die auch während der Nachtzeit besteht (RG **40**, 65), schließt das Recht ein, den Betroffenen festzuhalten, ihn vorübergehend in der Privatwohnung zu verwahren, um von dort telefonisch die Polizei herbeizurufen (KG JR **71**, 30; KK-Boujong 26), und ihn zur nächsten Polizeiwache zu bringen (BGH VRS **38**, 115; Bay **64**, 34 = VRS **27**, 189). Die Durchsuchung bei dem Verdächtigen
13 (§ 102) wird durch die Ermächtigung des I S. 1 aber nicht gedeckt. Die **Anwendung von Zwang,** die vorher nicht angekündigt zu werden braucht (Bay **59**, 38, 41 = DÖV **60**, 130; Bay **60**, 66 = NJW **60**, 1583), ist auch Privatpersonen gestattet (Karlsruhe NJW **74**, 806; Stuttgart NJW **84**, 1694). Erlaubt ist zB das Anhalten des Fahrzeugs, dessen Führer auf frischer Tat betroffen worden ist, durch Bereiten von Fahrthindernissen (RG **34**, 443, 446; KG VRS **17**, 358; Hamm VRS **9**, 215, 217; **16**, 136; Oldenburg VRS **32**, 274; Schleswig NJW **53**, 275) oder durch Wegnahme des Zündschlüssels (Saarbrücken NJW **59**, 1190). Bei der Festnahme des Betroffe-
14 nen ist auch die **Anwendung körperlicher Gewalt** mit der Gefahr oder Folge körperlicher Verletzungen zulässig (Karlsruhe NJW **74**, 806), insbesondere das feste Zupacken, auch wenn es Schmerzen verursacht (RG **34**, 443, 446; Bay **86**, 52, 55; Stuttgart NJW **84**, 1694; **aM** Arzt Kleinknecht-FS 11: nur durch § 32 StGB gedeckt), und das Anlegen von Fesseln, wenn es im Verhältnis zur Bedeutung der Sache nicht unangemessen ist (RG **17**, 127, 128). Freiheitsberaubung, Nötigung und Körperverletzung sind durch I S. 1 gerechtfertigt (RG aaO; **65**, 392; LR-Hilger 28; vgl aber Arzt Kleinknecht-FS 10 ff, der die Körperverletzung ausnimmt), nicht aber eine ernsthafte Beschädigung der Gesundheit. Daher können
15 zwar das Drohen mit einer **Schußwaffe** und die Abgabe von Warnschüssen

gerechtfertigt sein, nicht aber das gezielte Schießen auf den fliehenden Täter zum Zweck der Festnahme (BGH NJW **81**, 745; BGHR StGB § 32 I Putativnotwehr 1; Borchert JA **82**, 344; Fezer 5/32), auch nicht das Schießen mit einer Gaspistole aus geringer Entfernung (KG VRS **19**, 114). Das gilt ausnahmslos, auch wenn der Betroffene eine schwerwiegende Straftat begangen hat (AK/StPO-Krause 14; Arzt Kleinknecht-FS 12; Peters 438; Roxin § 31 A II 2 a; **aM** BGH MDR **79**, 985 [H]; KK-Boujong 28; LR-Hilger 29; offen gelassen von BGH NStZ-RR **98**, 50). I S. 1 enthält auch keinen Rechtfertigungsgrund für eine **Gefährdung des Straßenverkehrs** (Celle MDR **58**, 443; Hamm VRS **23**, 452; Oldenburg VRS **32**, 274). Im übrigen gilt auch für Eingriffe von Privatpersonen das Übermaßverbot (Bay **59**, 38, 41 = DÖV **60**, 130; Celle aaO; Oldenburg aaO; LR-Hilger 19; Naucke SchlHA **66**, 101; einschr KK-Boujong 19; Schlüchter 252: nur bei offensichtlichem Mißverhältnis; **aM** Arzt Kleinknecht-Fs 8: Verhältnismäßigkeitsgrundsatz gilt nicht). 16
Notwehr (§ 32 StGB) gegen gerechtfertigte Maßnahmen des Festnehmenden darf der Betroffene nicht üben (RG **72**, 300). Dagegen ist der Festnehmende zur Notwehr berechtigt, wenn der Betroffene sich gegen eine rechtmäßige Maßnahme zur Wehr setzt (Hamm NJW **72**, 1826; Arzt Kleinknecht-FS 10). 17

3) Die **Festnahme bei Gefahr im Verzug** (II) ist der StA und den Beamten des Polizeidienstes, die nicht Hilfsbeamte der StA zu sein brauchen, gestattet, wenn die Voraussetzungen der §§ 112, 112 a, 126 a vorliegen. Für das Steuerstrafverfahren sehen §§ 399 I, 402 I, 404 S. 1 **AO** ein Festnahmerecht der Finanzbehörden und -beamten vor. Vgl ferner §§ 12, 14 ff BGSG. **Gefahr im Verzug** (vgl 6 zu § 98) besteht, wenn die Festnahme infolge der Verzögerung gefährdet wäre, die durch das Erwirken eines richterlichen Haft- oder Unterbringungsbefehls eintreten würde (KK-Boujong 35; Borchert JA **82**, 345). Das beurteilt der Beamte aufgrund pflichtgemäßer Prüfung der Umstände des Falles (RG **38**, 373, 375; Schlüchter 261. 1), soweit sie ihm zZ seines Einschreitens erkennbar sind (BGH **3**, 241, 243). Hat der Richter den Erlaß eines Haftbefehls bereits abgelehnt, so schließt das die vorläufige Festnahme nach II wegen derselben Straftat nur dann nicht aus, wenn die früheren Ablehnungsgründe durch neue Umstände ausgeräumt sind (KK-Boujong 37). Zur **Durchführung** der vorläufigen Festnahme vgl oben 12 ff. Die Grenzen der Festnahmemittel werden für Polizeibeamte nach hM durch das Polizeirecht, insbesondere die Landesgesetze über die Anwendung unmittelbaren Zwangs bestimmt (Bay **88**, 72 = NStZ **88**, 519 mit Anm Molketin NStZ **89**, 488; Karlsruhe NJW **74**, 806, 807; Koblenz VRS **54**, 357; Achenbach JA **81**, 661; **aM** Borchert JA **82**, 346, der mit Rücksicht auf § 6 **EGStPO** nur das UZwG des Bundes für anwendbar hält; Schmidt/Schöne NStZ **94**, 218 leiten die Befugnis zum Zwangsmitteleinsatz direkt aus II her; ausführlich zur Problematik unter Ablehnung der hM SK/StPO-Paeffgen 28 ff). Die Wohnung des Verdächtigen darf durchsucht werden, wenn konkrete Anhaltspunkte dafür bestehen, daß er dort aufzufinden ist (Kaiser NJW **80**, 876). 18 19 20

4) Das **Fehlen des Strafantrags** (III), der Ermächtigung oder des Strafverlangens hindert die vorläufige Festnahme ebensowenig wie den Erlaß eines Haftbefehls (§ 130). Nur wenn die Beseitigung des vorläufigen Prozeßhindernisses, zB wegen Ablaufs der Antragsfrist, wegen Verzichts auf die Antragstellung oder wegen Zurücknahme des Antrags, rechtlich nicht möglich oder wenn unwahrscheinlich ist, daß der Antrag gestellt wird, muß die vorläufige Festnahme unterbleiben (Geerds GA **82**, 238 ff). Für I hat das praktisch keine Bedeutung (vgl LR-Hilger 49). Wegen eines **Privatklagedelikts** darf ein Haftbefehl erst erlassen werden, wenn die **StA** nach §§ 376, 377 die Verfolgung übernommen hat (5 zu § 384). Gleichwohl ist die vorläufige Festnahme nach I nicht nur zur Identifizierung, sondern auch wegen Fluchtverdachts zulässig (Geerds GA **82**, 239, 248 ff; **aM** KK-Boujong 47; SK/StPO-Paeffgen 25). Der Beschuldigte ist dann aber in dem Verfahren nach § 128 auf freien Fuß zu setzen, wenn die StA nicht sofort erklärt, daß sie die Verfolgung 21 22 übernimmt. Entsprechendes gilt für die vorläufige Festnahme durch Polizeibeamte nach II (Geerds GA **82**, 249; **aM** KK-Boujong 47).

23 **5) Anfechtung:** Wenn der Betroffene die Festnahme selbst beanstanden will, gilt § 128; danach hat der Richter nur über die Fortdauer der Freiheitsentziehung zu entscheiden (dort 12). Über die Rechtmäßigkeit einer beendeten vorläufigen Festnahme nach II entscheidet entspr § 98 II der mit der Sache befaßte Richter (BGH NJW **98**, 3653 mwN); die abweichende Meinung, die § 23 EGGVG anwenden wollte, ist durch die neuere Rspr überholt. Dasselbe wird nun (entgegen früherer Auffassung: BVerwG **47**, 255 = NJW **75**, 893; Brandenburg OLG-NL **95**, 190) auch gelten müssen, wenn es um die Art und Weise des Vollzugs der Festnahme geht (vgl. 23 zu § 98; 17 zu § 105; 10 zu § 23 EGGVG).

24 **6) Immunität:** Die vorläufige Festnahme steht der Verhaftung iS des Art 46 II GG gleich (Maunz/Dürig 50 zu Art 46 GG; KK-Boujong 46). Sie ist daher ohne Genehmigung des Parlaments nur zulässig, wenn der Abgeordnete auf frischer Tat betroffen wird, nach Verfolgung auf frischer Tat nur, wenn die Festnahme im Laufe des Tages nach der Tat gelingt. Die vorläufige Festnahme zur Identitätsfeststellung ist ohne Einschränkung zulässig (**aM** LR-Hilger 4; RG **59**, 113).

Freilassung gegen Sicherheit **RiStBV 60**

127a

I Hat der Beschuldigte im Geltungsbereich dieses Gesetzes keinen festen Wohnsitz oder Aufenthalt und liegen die Voraussetzungen eines Haftbefehls nur wegen Fluchtgefahr vor, so kann davon abgesehen werden, seine Festnahme anzuordnen oder aufrechtzuerhalten, wenn

1. **nicht damit zu rechnen ist, daß wegen der Tat eine Freiheitsstrafe verhängt oder eine freiheitsentziehende Maßregel der Besserung und Sicherung angeordnet wird und**
2. **der Beschuldigte eine angemessene Sicherheit für die zu erwartende Geldstrafe und die Kosten des Verfahrens leistet.**

II § 116 a Abs. 1 und 3 gilt entsprechend.

1 **1)** Eine **Ergänzung des § 127 II** enthält die (ihrerseits durch § 132 ergänzte) Vorschrift. Unter den Voraussetzungen des I kann der Beschuldigte ohne Mitwirkung eines Richters von den in § 127 II bezeichneten Polizeibeamten, auch wenn sie nicht Hilfsbeamte der StA sind, von der vorläufigen Festnahme gegen Sicherheitsleistung verschont, aber auch von dem Richter, dem er nach § 128 vorgeführt worden ist, entlassen werden (LR-Hilger 11; Dünnebier NJW **68**, 1754). Dadurch sollen vor allem durchreisende Ausländer, die in der BRep eine geringfügige Straftat begangen haben, die Möglichkeit erhalten, die Festnahme abzuwenden.

2 **2)** Für **Beschuldigte ohne festen Wohnsitz** oder ohne festen Aufenthalt in der BRep gilt I, nach seinem Sinn aber nur für Ausländer, nicht für nicht seßhafte Bürger der BRep (LR-Hilger 3). Zu den Begriffen Wohnsitz und gewöhnlicher Aufenthalt vgl 1, 3 zu § 8. Fester Wohnsitz und fester Aufenthalt (vgl § 113 II Nr 2) setzen die Niederlassung oder das Verbleiben für eine längere Zeit voraus, als sie für Besuch, Erholung oder vorübergehende berufliche Zwecke aufgewendet zu werden pflegt (erg 6 zu § 113).

3 **3) Voraussetzungen für die Freilassung:**

4 A. Nur der **Haftgrund der Fluchtgefahr** (§ 112 II Nr 2) darf vorliegen. Besteht nur oder auch Verdunkelungsgefahr (§ 112 II Nr 3), so ist I unanwendbar, ebenso, wenn nur die Voraussetzungen des § 126 a vorliegen.

B. Ferner dürfen **keine Freiheitsstrafe** und keine freiheitsentziehende Sicherungsmaßregel zu erwarten sein (I Nr 1), auch kein Jugendarrest nach § 16 JGG. Daß neben der zu erwartenden Geldstrafe andere Maßnahmen, zB Fahrverbot, Entziehung der Fahrerlaubnis, Verfall oder Einziehung, zu erwarten sind, hindert die Freilassung nicht (LR-Hilger 6). 5

C. Eine **angemessene Sicherheit** muß der Beschuldigte leisten (I Nr 2). Der Polizeibeamte oder Richter bemißt sie unter Zugrundelegung der Strafzumessungspraxis der Gerichte (KK-Boujong 5) so, daß sie voraussichtlich die Geldstrafe und die Kosten des Verfahrens (§ 464 a I) deckt; andere Maßnahmen (oben 5) dürfen nicht berücksichtigt werden (LR-Hilger 6, 8). Für die Art der Sicherheitsleistung gilt § 116 a I entspr (II). Die Sicherheit kann auch durch Dritte geleistet werden, zB durch Konsulate, Kraftfahrverbände, Banken, Versicherungsgesellschaften. Die Sicherheit und die dazu gehörenden Belege werden von der Behörde, der der anordnende Beamte angehört, an die StA weitergegeben, die dafür sorgt, daß die Sicherheit bei der Strafvollstreckung wie eine gepfändete Sache behandelt wird. 6

D. Einen **Zustellungsbevollmächtigten** (II) muß der Beschuldigte entspr § 116 a III bestellen (dort 5 ff). Der Bevollmächtigte, der im Bezirk des zuständigen Gerichts wohnen (KMR-Wankel 8; Geppert GA **79**, 295; **aM** gegen den Wortlaut des § 116 a III: Düsseldorf JMBlNW **86**, 249; LR-Hilger 10; SK/StPO-Paeffgen 6; Dünnebier NJW **68**, 1754), handlungsfähig (Einl 98) und mit dem Auftrag einverstanden sein muß (Düsseldorf aaO; Zweibrücken VRS **53**, 280), kann ein RA, ein Verwandter oder Bekannter des Beschuldigten sein, aber auch ein Spediteur, ein Vertreter eines Automobilklubs, auch ein Beamter der Strafverfolgungsbehörde, sogar der Beamte, der den Beschuldigten gestellt hat und die Anordnung trifft (Geppert GA **79**, 295 Fn 51; **aM** KK-Boujong 6: nicht sachgerecht), nicht aber eine Behörde oder eine exterritoriale Person (Botschafts- oder Konsulatsangehöriger). Die **Zustellungsvollmacht** muß schriftlich erteilt und zu den Akten genommen werden, ebenso, wenn das möglich ist, die Einverständniserklärung des Bevollmächtigten. Es genügt aber, daß sie festgestellt und aktenkundig gemacht ist (Zweibrücken aaO). Notfalls kann der Beamte daher das Einverständis telefonisch einholen und das in den Akten vermerken. § 145 a I gilt entspr (Bay **88**, 134 = JR **90**, 36 mit zust Anm Wendisch). 7 8

4) **Weiteres Verfahren:** Hat der Beschuldigte die Sicherheit hinterlegt und einen Zustellungsbevollmächtigten mit dessen Einverständnis bestellt, so wird die vorläufige Festnahme (§ 127 II) nicht angeordnet oder nicht aufrechterhalten. Der Beschuldigte kann das Gebiet der BRep verlassen. Der Strafbefehl oder, falls eine Hauptverhandlung stattfindet, die Ladung, wird dem Zustellungsbevollmächtigten zugestellt (vgl § 145 a II S. 2). Die Sicherheit wird als Vorschuß auf die in dem Strafbefehl oder Urteil festgesetzte Geldstrafe und die Verfahrenskosten behandelt; §§ 123 II, III und 124 sind nicht anzuwenden. Eine in Bargeld geleistete Sicherheit wird also einfach auf die Geldstrafe und die Kosten verrechnet. Ein sie übersteigender Betrag wird erstattet. Ist die Sicherheit in Form einer Bürgschaft geleistet worden, so wird der Anspruch gegen den Bürgen geltend gemacht. 9

Vorläufige Festnahme und Hauptverhandlungshaft

127b **I Die Staatsanwaltschaft und die Beamten des Polizeidienstes sind zur vorläufigen Festnahme eines auf frischer Tat Betroffenen oder Verfolgten auch dann befugt, wenn**

1. **eine unverzügliche Entscheidung im beschleunigten Verfahren wahrscheinlich ist und**
2. **auf Grund bestimmter Tatsachen zu befürchten ist, daß der Festgenommene der Hauptverhandlung fernbleiben wird.**

II Ein Haftbefehl (§ 128 Abs. 2 Satz 2) darf aus den Gründen des Absatzes 1 gegen den der Tat dringend Verdächtigen nur ergehen, wenn die Durchführung der Hauptverhandlung binnen einer Woche nach der Festnahme zu erwarten ist. Der Haftbefehl ist auf höchstens eine Woche ab dem Tage der Festnahme zu befristen.

III Über den Erlaß des Haftbefehls soll der für die Durchführung des beschleunigten Verfahrens zuständige Richter entscheiden.

1 **1) Zweck der Regelung**: Die 1997 neu in die StPO eingefügte Vorschrift soll – wie bereits das Verbrechensbekämpfungsgesetz vom 28. 10. 1994 (BGBl I 3186) – StA und AG zu einer stärkeren Nutzung des beschleunigten Verfahrens (§§ 417 ff) veranlassen (BT-Drucks 13/2576 S. 1), indem sie die Möglichkeit schafft, Täter vorläufig festzunehmen, auch wenn die Voraussetzungen des § 127 I oder II nicht vorliegen, und einen (zeitlich befristeten) Haftbefehl zu erlassen, auch wenn dies nach §§ 112 ff nicht möglich wäre. Sie zielt damit auf „reisende Straftäter", Wohnungslose, Ausländer (Scheffler NJW **94**, 2192), also insgesamt auf Personen, bei denen entweder aus sozialen Gründen oder aus Gründen, die in ihrer Persönlichkeit liegen, zu befürchten ist, daß sie einer beschleunigt anberaumten Hauptverhandlung fernbleiben würden (Wächtler StV **94**, 160). Daher kann sozusagen „vorsorglich" die (befristete) Haft angeordnet werden (Neumann StV **94**, 276; Wächtler aaO). Wie schon gegen das gesamte beschleunigte Verfahren (vgl
2 3 ff vor § 417) bestehen auch gegen diese Neuregelung **Bedenken** (eingehend dazu Stintzing/Hecker NStZ **97**, 569 ff; scharf abl auch Hartenbach ZRP **97**, 227; Herzog StV **97**, 215; zur verfassungsrechtlichen Problematik Grasberger GA **98**, 530): Da das beschleunigte Verfahren nur in Fällen der kleineren und mittleren Kriminalität anwendbar ist (höchstmögliche Freiheitsstrafe nach § 419 II: 1 Jahr), wird hiermit gerade in leichteren Fällen die Möglichkeit einer Verhaftung eröffnet, die in schwerer wiegenden Fällen nicht gegeben ist (vgl auch Asbrock StV **97**, 43; Scheffler aaO). Im übrigen war eine Verhaftung bisher nach § 230 II nur bei erfolgtem Fernbleiben von der Hauptverhandlung zulässig und dies auch nur dann, wenn der Erlaß eines Vorführungsbefehls nicht genügte (19 zu § 230); nunmehr ist die einschneidende Maßnahme der Verhaftung bereits auf den bloßen Verdacht hin, der Beschuldigte könne der Hauptverhandlung fernbleiben, möglich (Neu-
3 mann aaO). Schließlich ist sehr zu bezweifeln, ob die Hauptverhandlungshaft **überhaupt sinnvoll** ist (so auch Stintzing/Hecker aaO): Der Richter erhält dadurch zwar etwas mehr Zeit für die Ansetzung der Hauptverhandlung im beschleunigten Verfahren, erkauft dies aber mit der Notwendigkeit einer weiteren Anhörung des Beschuldigten in derselben Woche (nach III sollen Haftrichter und Richter der Hauptverhandlung identisch sein); bei Antrag auf Haftprüfung oder Haftbeschwerde ergeben sich aufwendige Zwischenverfahren (1 ff zu § 117). Da die Anordnung der Hauptverhandlungshaft in der Praxis ohnehin nur funktionieren kann, wenn hierfür jeweils ein StA und ein Richter bereitstehen (dazu unten 9), erscheint es sinnvoller, das beschleunigte Verfahren – bei dem der Sachverhalt einfach oder (dh idR aber *und*) die Beweislage klar sein müssen (16 zu § 417) – sogleich nach Vorführung des Beschuldigten (§ 418 II S.1) durchzuführen und hiermit nicht einige Tage zu warten.

4 **2) Vorläufige Festnahme:**

5 A. **Tat** iSd I ist jede Straftat (nicht eine OWi) eines Heranwachsenden oder Erwachsenen, nicht eines Jugendlichen (wegen § 79 **JGG**: beschleunigtes Verfahren gegen Jugendliche unzulässig) oder eines Kindes (3 a zu § 127), für die keine höhere Strafe als Geldstrafe oder Freiheitsstrafe bis zu 1 Jahr zu erwarten ist; auch die Anordnung einer Maßregel der Besserung und Sicherung mit Ausnahme der Entziehung der Fahrerlaubnis darf nicht in Betracht kommen (vgl § 419 I). Versuch der Straftat genügt (3 zu § 127).

B. **Auf frischer Tat betroffen oder verfolgt** muß die Person sein. Hierzu gelten die Ausführungen 5 und 6 zu § 127 entspr. **6**

C. **Zur Festnahme berechtigt** sind anders als in § 127 nur StA und Beamte des Polizeidienstes, die nicht Hilfsbeamte der StA zu sein brauchen. Allerdings ist es möglich, gegen einen nach § 127 I oder II vorläufig Festgenommenen unter den Voraussetzungen von I Nr 1 und 2 einen Haftbefehl nach II zu erlassen. **7**

D. **Festnahmegründe** sind die in I Nr 1 und 2 aufgeführten, die kumulativ vorliegen müssen: **8**

a) Die unverzügliche **Entscheidung im beschleunigten Verfahren** (§§ 417 ff) muß **wahrscheinlich** sein; unverzüglich ist in Verbindung mit II dahin auszulegen, daß die Hauptverhandlung binnen einer Woche stattfindet. Unverzügliche Entscheidung im Normalverfahren genügt auch dann nicht, wenn in diesem auf die Einhaltung aller Fristen (§§ 201 I, 217, 218) verzichtet wird. Ob eine unverzügliche Entscheidung im beschleunigten Verfahren wahrscheinlich ist, wird für StA und Polizei aber nur dann abzusehen sein, wenn zur Durchführung dieses Verfahrens ein Richter bereitsteht; denn ob der normalerweise zuständige Richter am AG bereit und in der Lage sein wird, innerhalb einer Woche ein beschleunigtes Verfahren durchzuführen, ist für StA und Polizei nicht absehbar, da diesen ja die Belastung des Richters nicht bekannt ist, falls sie sich nicht mit dem jeweils zuständigen Richter absprechen wollen und können (Keller/Schairer Polizei **97**, 312). IdR wird das Verfahren daher nur in Großstädten praktikabel sein (vgl auch Hellmann NJW **97**, 2149). **9**

b) **Befürchtung des Fernbleibens** in der Hauptverhandlung bedeutet, daß die Möglichkeit des Ausbleibens ernsthaft in Betracht kommen muß (Hellmann NJW **97**, 2147). Das Gesetz verlangt insoweit „bestimmte Tatsachen". Diese festzustellen, wird regelmäßig schwierig sein (ebenso LR-Hilger 14). Zu denken ist in 1. Linie daran, daß der Betroffene schon früher einer Hauptverhandlung ferngeblieben ist oder daß ihm mangels festen Wohnsitzes eine Ladung nicht zugestellt werden kann, wobei auch die Anwendung der §§ 127 a, 132 ausgeschlossen sein muß. **10**

E. Zur **Festnahme** gelten die Ausführungen 12 ff zu § 127 mit der Maßgabe entspr, daß die auf Privatpersonen bezüglichen Erörterungen entfallen (oben 7). Da I eine vorläufige Bewertung durch die StA und die Polizei hinsichtlich der unverzüglichen Entscheidung im beschleunigten Verfahren und der Befürchtung des Fernbleibens voraussetzt und gestattet, darf sich der Betroffene gegen die vorläufige Festnahme auch dann nicht zur Wehr setzen, wenn er hinsichtlich der unverzüglichen Durchführung der Hauptverhandlung berechtigte Bedenken hat oder bereit ist, zum Hauptverhandlungstermin zu erscheinen. Auch hierin zeigt sich aber die Fragwürdigkeit der Vorschrift. **11**

F. **Fehlen des Strafantrages**: Zwar enthält § 127 b insoweit keine ausdrückliche Regelung; da es sich hierbei aber um einen weiteren Anwendungsfall einer vorläufigen Festnahme handelt und die Interessenlage gleich ist, kann § 127 III entspr angewendet werden (vgl 21 zu § 127; erg aber unten 19). **12**

3) Erlaß eines Haftbefehls: **13**

A. **Vorführung vor den Richter**: Es gilt § 128 mit der Besonderheit, daß der Festgenommene nicht dem sonst für vorläufige Festnahmen zuständigen Haftrichter, sondern nach III dem Richter vorgeführt werden soll, der für die Hauptverhandlung zuständig sein wird (zur Praktikabilität dieser Bestimmung vgl oben 3). Nur „in begründeten Ausnahmefällen" (BT-Drucks 13/2576 S.3) soll hiervon unter Berücksichtigung der örtlichen Gegebenheiten abgesehen werden dürfen. **14**

B. Für die **Vernehmung durch den Richter** ist über § 128 I S.2 auch hier § 115 III anzuwenden (vgl 7 zu § 128; 6 ff zu § 115). **15**

C. **Freizulasssen** ist der Beschuldigte, wenn die Durchführung der Hauptverhandlung nicht binnen einer Woche nach der Festnahme zu erwarten ist (II S.1); **16** hierüber sollten sich StA und Polizei mit dem Richter allerdings schon vorher verständigt haben (oben 9). Darüber hinaus muß die Freilassung aber auch dann erfolgen, wenn selbst eine nur wenige Tage dauernde Haft unverhältnismäßig wäre (§ 112 I S.2 gilt auch hier), weil zB nur eine geringfügige Geldstrafe zu erwarten ist (**aM** Keller Kriminalistik **98**, 679). Schließlich muß nicht nur hinreichender (2 zu § 203), sondern dringender Tatverdacht (5 zu § 112) bestehen (LR-Hilger 8; Hellmann NJW **97**, 2146, der im übrigen [S.2148] die Hauptverhandlungshaft auch dann für unzulässig hält, wenn durch eine Vorführung die Anwesenheit des Beschuldigten in der Hauptverhandlung sichergestellt werden kann).

17 D. **Haftbefehl:**

18 a) **Binnen einer Woche** muß die Durchführung der Hauptverhandlung zu erwarten sein; deshalb ist der Haftbefehl auf höchstens eine Woche ab dem Tage der Festnahme – nicht dem des Haftbefehlerlasses – zu befristen. Für die Berechnung der Frist gilt § 43 I; § 43 II ist nicht anwendbar, so daß bei Festnahme an einem Sonntag die Frist auch am nächsten Sonntag abläuft. Läßt sich der Tag der Hauptverhandlung wie idR schon bei Haftbefehlserlaß bestimmen, ist der Haftbefehl bis dahin zu begrenzen. Wird die Hauptverhandlung über die im Haftbefehl bestimmte Zeit durch Unterbrechung ausgedehnt oder muß sie ausgesetzt werden (§ 228 I), ist der Angeklagte freizulassen. Der Haftbefehl wird damit gegenstandslos; einer Aufhebung bedarf es nicht (**aM** LR-Hilger 15: deklaratorische Aufhebung). Wird der Angeklagte rechtskräftig zu einer Freiheitsstrafe ohne Bewährung verurteilt, kann sogleich die Strafvollstreckung eingeleitet werden (§§ 449 ff); ein „automatischer" Übergang von Hauptverhandlungs- in Strafhaft, wie bei der UHaft (vgl 15 zu § 120), erfolgt hier aber nicht.

19 b) Die **Anordnung der Haft** setzt weder Flucht- noch Verdunkelungs- noch Wiederholungsgefahr, sondern nur die Befürchtung des Fernbleibens in der Hauptverhandlung (oben 10) voraus (Hellmann NJW **97**, 2147); §§ 112, 112a, 113 gelten insoweit nicht. Dagegen sind §§ 114 ff anwendbar. Auch die Außervollzugsetzung des Haftbefehls soll nach dem Willen des Gesetzgebers (vgl BT-Drucks 13/2576 S. 3) zulässig sein, obwohl § 116 einen wegen Fluchtgefahr (§ 116 I), Verdunkelungsgefahr (§ 116 II) oder Wiederholungsgefahr (§ 116 III) erlassenen Haftbefehl voraussetzt; entspr § 116 ist die Außervollzugsetzung eines nach II erlassenen Haftbefehls demnach möglich, wenn durch geeignete Maßnahmen das Erscheinen des Beschuldigten in der – auch dann binnen einer Woche durchzuführenden – Hauptverhandlung sichergestellt werden kann. Eine Wiederinvollzugsetzung des Haftbefehls bei Nichterscheinen des Beschuldigten in der Hauptverhandlung kann aber nur dann erfolgen, wenn die im Haftbefehl bestimmte Frist noch nicht abgelaufen und die erneute Ansetzung der Hauptverhandlung in der Frist möglich ist. Falls eine Freiheitsstrafe von mindestens 6 Monaten zu erwarten ist, muß dem unverteidigten Beschuldigten sogleich ein Verteidiger beigeordnet werden (§ 418 IV). Bei Fehlen des Strafantrags gilt § 130 entspr (vgl dort und oben 12); die nach jener Bestimmung zu setzende Frist muß aber noch mindestens einen Tag geringer als die nach I S. 2 bestimmte sein, da mit der Hauptverhandlung ohne Vorliegen eines Strafantrages sinnvollerweise nicht begonnen werden kann.

20 **4) Anfechtung:**

21 A. Zur Überprüfung der **vorläufigen Festnahme** nach I vgl 23 zu § 127.

22 B. Gegen den **Haftbefehl** sind die gleichen Rechtsbehelfe gegeben wie bei Anordnung der UHaft nach §§ 112 ff, also Antrag auf Haftprüfung und Haftbeschwerde (vgl §§ 117 ff). Hierüber ist der Beschuldigte zu belehren (§ 115 IV). Wird Haftbeschwerde eingelegt, ist wegen der Wochenfrist nach II S.2 die Anlegung von Doppelakten unumgänglich (2 zu § 160). Ist der Haftbefehl vor der Entscheidung des LG wegen Fristablaufs gegenstandslos, ist die Beschwerde prozessual überholt; zur Anfechtung in diesem Fall vgl 17 ff vor § 296.

Weiteres Verfahren **RiStBV 51**

128 **[I] Der Festgenommene ist, sofern er nicht wieder in Freiheit gesetzt wird, unverzüglich, spätestens am Tage nach der Festnahme, dem Richter bei dem Amtsgericht, in dessen Bezirk er festgenommen worden ist, vorzuführen. Der Richter vernimmt den Vorgeführten gemäß § 115 Abs. 3.**

[II] Hält der Richter die Festnahme nicht für gerechtfertigt oder ihre Gründe für beseitigt, so ordnet er die Freilassung an. Andernfalls erläßt er auf Antrag der Staatsanwaltschaft oder, wenn ein Staatsanwalt nicht erreichbar ist, von Amts wegen einen Haftbefehl oder einen Unterbringungsbefehl. § 115 Abs. 4 gilt entsprechend.

1) Das **Verfahren nach der vorläufigen Festnahme** nach § 127 I, II (nicht zur Feststellung der Identität nach § 127 1) regelt § 128 für den Fall, daß die öffentliche Klage noch nicht erhoben worden ist. Die Vorschrift wird durch § 129 ergänzt. In beiden Vorschriften wird vorausgesetzt, daß noch kein Haftbefehl erlassen ist oder daß sein Erlaß der Polizei bei der Festnahme nach § 127 II unbekannt war (LR-Hilger 4); andernfalls gelten die §§ 115, 115a. 1

2) **Freizulassen** ist der vorläufig Festgenommene, wenn er nicht innerhalb der Frist des I S. 1 dem Richter vorgeführt werden kann oder wenn sich schon vorher ergibt, daß die Festnahmegründe nicht oder nicht mehr bestehen. Die Frist des I S. 1 darf dann nicht abgewartet werden (vgl Frankfurt SJZ **50**, 53). Die Anordnung der Freilassung steht vor der Vorführung nur der StA oder Polizei zu, nicht etwa dem Richter nach telefonischer Unterrichtung über den Fall; er ist erst zuständig, nachdem ihm der Festgenommene vorgeführt worden ist (KK-Boujong 2). Selbst dann kann aber die StA noch die Freilassung anordnen, solange kein Haft- oder Unterbringungsbefehl erlassen worden ist (KK-Boujong 10). 2

3) **Vorführung vor den Richter** (I): 3

A. Die **Vorführung** ist erforderlich, wenn der Festgenommene weder freigelassen noch nach § 127a mit der Festnahme verschont wird. IdR führt die Polizei den Festgenommenen vor, nachdem sie ihn vernommen hat (§ 163a IV), ausnahmsweise die Privatperson, die nach § 127 I S. 1 tätig geworden ist. Sie braucht den Festgenommenen nicht unmittelbar zu einem Richter zu bringen, sondern kann ihn auch bei dem nächsten Polizeirevier abliefern, dessen Beamte ihn dann entweder freilassen oder dem Richter vorführen (RG **29**, 136). Wird der Festgenommene zunächst einer JVA zugeführt, so sorgt deren Leiter für die Vorführung vor den Richter (UVollzO 86). Die Vorführung erfolgt nach I S. 1 vor das **AG des Festnahmeortes.** Die Vorführung vor das nach § 125 I zuständige Gericht wird dadurch aber nicht ausgeschlossen (Celle JZ **56**, 125). In Staatsschutzsachen nach § 120 I, II GVG ist der Festgenommene nach Möglichkeit dem Ermittlungsrichter nach § 169 vorzuführen. Jugendliche und Heranwachsende können dem zuständigen Jugendrichter vorgeführt werden (§ 34 I **JGG**). Ist der Festgenommene erkrankt, so muß er mindestens symbolisch, dh durch Vorlegung der Akten, vorgeführt werden (RiStBV 51). **Unverzüglich** (8 zu § 25) muß die Vorführung erfolgen, spätestens am Tage nach der Festnahme, dh mit Ablauf dieses Tages, auch wenn er ein Sonnabend, Sonn- oder Feiertag ist. Diese Frist des I S. 1, die mit der des Art 104 III S. 1 GG übereinstimmt, ist die äußerste Frist (BGH NStE Nr 3); sie darf nicht zur Regel gemacht werden (Dvorak StV **83**, 514). Landesverfassungen können nicht wirksam kürzere Fristen bestimmen (Koblenz OLGSt Nr 1; **aM** SK/StPO-Paeffgen 5). Die Dauer einer anderweitigen Freiheitsentziehung ohne richterliche Entscheidung ist nach Art 104 II GG in die Vorführungsfrist einzurechnen (BGH **34**, 365 = NStZ **88**, 233 mit Anm R. Hamm). Die Ermittlungsbehörde ist – anders als bei § 115 (dort 4) – nicht gehindert, vor der (fristgerechten) Vorführung notwendige Ermittlungen vorzunehmen (BGH NStZ **90**, 195 = JR **91**, 84 mit

Margin numbers in paragraph A: 4 (line 1), 5 (at "AG des Fest-"), 6 (at "Unverzüglich").

Anm Fezer; krit Deckers NJW **91**, 1155; Nelles StV **92**, 389; Paeffgen NStZ **92**, 533).

7 B. Die **richterliche Vernehmung** (II S. 2) richtet sich nach § 115 III (dort 6 ff). Sie ist entbehrlich, wenn schon der Festnahmebericht das Fehlen von Haftgründen ergibt oder wenn ein Antrag der StA nach § 120 III S. 1 vorliegt. Sonst muß sie frühzeitig vorbereitet werden, da StA und Verteidiger nach § 168 c I, V vom Termin benachrichtigt werden müssen (9 zu § 115). Die Vernehmung muß so rechtzeitig stattfinden, daß die Entscheidung spätestens am Tage nach der Festnahme erfolgen kann (unten 13).

8 **4) Entscheidung des Gerichts** (II):

9 A. **Beteiligung der StA:** Wie im Fall des § 125 I ist grundsätzlich die StA zu beteiligen (Kaiser NJW **69**, 1097); denn nach II S. 2 hängt der Erlaß eines Haftbefehls idR von einem Antrag der StA ab. Der Richter muß die StA aber nach § 33 II auch anhören, wenn er den Festgenommenen freilassen will (KK-Boujong 11; Kaiser aaO). Sie muß daher von jeder Vorführung unterrichtet werden. Das besorgt zweckmäßigerweise schon die Polizei durch Aktenvorlage, fernschriftlich oder telefonisch. Liegen dem StA die Akten nicht vor, so kann er die Polizeibehörde beauftragen, seinen Antrag in den Akten zu vermerken, die dem AG vorzulegen sind. Ist erkennbar, daß das Ermittlungsverfahren schon von einer StA betrieben wird, so ist möglichst diese StA zu beteiligen, sonst die für den Bezirk der Festnahme zuständige StA. In Staatsschutzsachen wird die für die Sache zustän-
10 dige StA beteiligt (§§ 74 a, 120, 142 a GVG). Bei **Nichterreichbarkeit der StA** ist der Richter berechtigt und verpflichtet, von Amts wegen einen Haft- oder Unterbringungsbefehl zu erlassen, wenn die Voraussetzungen dafür gegeben sind. Unerreichbar ist die StA, wenn sie nicht rechtzeitig vor Ablauf der Vorführungsfrist, auch nicht telefonisch oder durch Fernschreiben, gehört werden kann (LR-Hilger 16; erg 3 zu § 165), aber auch, wenn sie infolge ungenügender Unterrichtung nicht in der Lage ist, zu der Frage der Verhaftung oder einstweiligen Unterbringung Stellung zu nehmen (KK-Boujong 12). Ist der StA erreichbar, so
11 steht die **fehlende Antragstellung** dem Erlaß eines Haft- oder Unterbringungsbefehls entgeen. Wird er gleichwohl erlassen, so ist er zwar nicht unwirksam (Kleinknecht/Janischowsky 329); die StA kann aber nach § 120 III S. 1 seine Aufhebung verlangen. Wenn das Gericht einen Antrag der StA auf Erlaß eines Haft- oder Unterbringungsbeschlusses ablehnt, muß es einen mit Gründen versehenen (§ 34) Beschluß erlassen, den die StA mit der Beschwerde nach § 304 I anfechten kann.

12 B. **Entscheidungsmöglichkeiten:** Der Richter hat die Rechtmäßigkeit der vorläufigen Festnahme nicht zu prüfen; er entscheidet nur über die Fortdauer der Freiheitsentziehung (Krey 1/478). Er kann den Festgenommenen freilassen, nach § 127 a mit der Festnahme verschonen (dort 1) oder einen Haft- oder Unterbringungsbefehl erlassen (§§ 112 ff, 126 a); den Vollzug des Haftbefehls kann er zugleich nach § 116 aussetzen. Nach II S. 3 gilt wegen der Rechtsbehelfsbelehrung § 115 IV entspr (dort 12).

13 C. Über den **spätesten Zeitpunkt der Entscheidung** bestimmt § 128 nichts. Im Fall des § 129 S. 2 ist spätestens am Tage nach der Festnahme zu entscheiden. Das muß auch für § 128 gelten, da in beiden Fällen insoweit nur eine einheitliche Regelung denkbar ist (KK-Boujong 7; LR-Hilger 11; **aM** KMR-Wankel 4). Ist die vollständige schriftliche Abfassung des Haft- oder Unterbringungsbefehls nicht rechtzeitig möglich, so reicht es aus, daß dem Betroffenen sein wesentlicher Inhalt zunächst mündlich bekanntgemacht wird. Die vollständige Abfassung und Übergabe des Haftbefehls an ihn (§ 114 a II), bei Unterbringungsbefehl auch an den gesetzlichen Vertreter (§ 126 a II S. 2), kann dann nachgeholt werden. Nicht aufschiebbar ist aber die Benachrichtigung nach § 114 b.

Vorführung nach der Klageerhebung

129 **Ist gegen den Festgenommenen bereits die öffentliche Klage erhoben, so ist er entweder sofort oder auf Verfügung des Richters, dem er zunächst vorgeführt worden ist, dem zuständigen Gericht vorzuführen; dieses hat spätestens am Tage nach der Festnahme über Freilassung, Verhaftung oder einstweilige Unterbringung des Festgenommenen zu entscheiden.**

1) Das **Verfahren nach der vorläufigen Festnahme** durch Beamte der StA oder der Polizei nach § 127 II regelt § 129 für den Fall, daß bereits die öffentliche Klage erhoben ist (vgl erg 1 zu § 128). Wird der Festgenommene nicht freigelassen (2 zu § 128), so ist er sofort, dh unmittelbar durch den Festnehmenden, dem mit der Strafsache befaßten Gericht vorzuführen, sofern das innerhalb der auch für § 129 geltenden Frist des § 128 I S. 1 möglich ist (KK-Boujong 2). Andernfalls ist er dem AG des Festnahmebezirks (§ 128 I S. 1) oder dem nach § 125 I zuständigen AG (5 zu § 128) vorzuführen; die Wahl trifft nicht der Festgenommene, sondern der vorführende Beamte nach pflichtgemäßem Ermessen. Der Richter, dem der Festgenommene zunächst vorgeführt worden ist, kann seine Vorführung vor das mit der Sache befaßte Gericht verfügen, wenn er entgegen der vorführenden Behörde der Ansicht ist, daß sie noch innerhalb der Frist des § 128 II S. 1 bewerkstelligt werden kann. 1

2) **Entscheidung des Gerichts:** Spätestens am Tage nach der Festnahme, dh mit Ablauf dieses Tages (6 zu § 128), hat das Gericht über die Aufrechterhaltung der Freiheitsentziehung zu entscheiden (Hs 2). Wird der Festgenommene rechtzeitig dem **mit der Sache befaßten Gericht** vorgeführt, so entscheidet es, in dringenden Fällen der Vorsitzende allein (§§ 125 II S. 2, 126a II S. 1), innerhalb der Frist des Hs 2 über die Freilassung, Verhaftung oder einstweilige Unterbringung des Festgenommenen, nachdem es ihn vernommen hat. Die StA kann den Festgenommenen, anders als im Fall des § 128 (dort 2), nach der Vorführung nicht mehr auf freien Fuß setzen und auch nicht die Aufhebung des Haftbefehls erzwingen. Wird der Festgenommene zunächst einem **anderen als dem mit der Sache befaßten Gericht** vorgeführt, so ist auch dieses Gericht befugt, ihn freizulassen, wenn es, nachdem es ihn vernommen hat, die Voraussetzungen für den Erlaß eines Haft- oder Unterbringungsbefehls nicht für gegeben erachtet. Hält es sie für gegeben, so darf es gleichwohl keinen Haft- oder Unterbringungsbefehl erlassen, sondern ist darauf beschränkt, den Schwebezustand der vorläufigen Festnahme aufrechtzuerhalten und dessen förmlichen Übergang in die UHaft oder einstweilige Unterbringung dem mit der Sache befaßten Gericht zu überlassen, auch wenn die Entscheidung dieses Gerichts nicht innerhalb der Frist des Hs 2 herbeigeführt werden kann (LR-Hilger 6; **aM** KK-Boujong 4; Schlüchter 261.5). 2 3 4

Haftbefehl bei Antragsdelikten RiStBV 7

130 **Wird wegen Verdachts einer Straftat, die nur auf Antrag verfolgbar ist, ein Haftbefehl erlassen, bevor der Antrag gestellt ist, so ist der Antragsberechtigte, von mehreren wenigstens einer, sofort von dem Erlaß des Haftbefehls in Kenntnis zu setzen und davon zu unterrichten, daß der Haftbefehl aufgehoben werden wird, wenn der Antrag nicht innerhalb einer vom Richter zu bestimmenden Frist, die eine Woche nicht überschreiten soll, gestellt wird. Wird innerhalb der Frist Strafantrag nicht gestellt, so ist der Haftbefehl aufzuheben. Dies gilt entsprechend, wenn eine Straftat nur mit Ermächtigung oder auf Strafverlangen verfolgbar ist. § 120 Abs. 3 ist anzuwenden.**

1) **Haftbefehl ohne Strafantrag:** Die vorläufige Festnahme wegen eines Antragsdelikts ist nach § 127 III schon vor Stellung des Strafantrags zulässig. Folge- 1

richtig darf nach § 130 auch ein Haftbefehl erlassen werden, zunächst aber nur, um dem Antragsberechtigten Gelegenheit zu geben, die Prozeßvoraussetzungen des Strafantrags zu schaffen. Beide Maßnahmen beruhen auf der Erwartung, daß das zunächst bestehende Verfahrenshindernis alsbald beseitigt wird. Steht von vornherein fest, daß kein Strafantrag gestellt werden kann (21 zu § 127) oder ist unwahrscheinlich, daß er gestellt wird, so ist ein Haftbefehl daher unzulässig (KK-Boujong 2; KMR-Müller 1; Geerds GA **82**, 249 ff). Die Regelung des § 130 ist vor allem für den Fall gedacht, daß gegen den vorläufig festgenommenen Beschuldigten ein Haftbefehl erlassen und alsbald vollzogen wird. Sie gilt aber auch, wenn der Vollzug des Haftbefehls nach § 116 ausgesetzt worden ist, und in den (seltenen) Fällen, in denen zunächst der Haftbefehl wegen des Antragsdelikts erlassen und der Beschuldigte erst dann zur Festnahme gesucht wird (KK-Boujong 1). Denn wenn und solange der Strafantrag fehlt, muß nicht nur die Freiheitsentziehung aufgrund eines Haftbefehls auf das mögliche Mindestmaß beschränkt werden. S. 3 dehnt die Regelung des § 130 (entspr § 127 III S. 2) auf den Fall aus, daß eine Tat nur mit Ermächtigung oder auf Strafverlangen verfolgt wird.

2 **2) Unterrichtung des Antragsberechtigten** (S. 1): Der Antragsberechtigte muß unmittelbar nach Erlaß des Haftbefehls davon unterrichtet werden, daß ein Haftbefehl ergangen ist und daß er aufgehoben wird, wenn der Strafantrag nicht innerhalb einer gleichzeitig bestimmten Frist (unten 4) gestellt wird. Die Benachrichtigung muß die Angaben enthalten, die der Antragsteller benötigt, um entscheiden zu können, ob er einen Strafantrag stellen will. Im wesentlichen handelt es sich dabei um die Angaben nach § 114 II Nrn 1, 2; die Angabe des Haftgrundes (§ 114 II Nr 3) ist idR entbehrlich. Die Unterrichtung ordnet (ebenso wie die Benachrichtigung nach § 114b I S. 2) der Richter an, der den Haftbefehl erlassen hat; die Geschäftsstelle des Gerichts führt die Anordnung aus. Als Adressaten für den Strafantrag bezeichnet sich das Gericht idR selbst, weil dadurch die sofortige Aufhebung des Haftbefehls gewährleistet wird, wenn der Antrag nicht gestellt wird. Es kann sich empfehlen, auf die Möglichkeit der telegrafischen Antragstellung (11 zu § 158) hinzuweisen oder dem Berechtigten anheimzustellen, den Strafantrag bei einer für ihn leicht erreichbaren zur Entgegennahme befugten Stelle (§ 158 II) anzubringen und das Gericht hiervon durch Eilbrief oder Telegramm zu benach-
3 richtigen. Sind **mehrere Antragsberechtigte** vorhanden, so muß nach S. 1 wenigstens einer unterrichtet werden. Grundsätzlich sind aber alle Antragsberechtigten zu unterrichten, die bekannt und sofort erreichbar sind (Geerds GA **82**, 240). Werden nur einzelne Antragsberechtigte oder nur einer von ihnen verständigt, so entspricht es dem Sinn der Regelung, nach Möglichkeit den durch die Straftat am stärksten Betroffenen oder denjenigen zu unterrichten, von dem der Antrag am ehesten zu erwarten ist.

4 **3)** Die **Fristbestimmung** (S. 1) erfolgt in der Unterrichtungsverfügung. Die vom Gesetz vorgeschlagene Wochenfrist kann überschritten werden, wenn das geboten erscheint (zB bei Abwesenheit oder Erkrankung des Antragsberechtigten), insbesondere, wenn eine Behörde über die Ermächtigung oder das Strafverlangen zu entscheiden hat (KK-Boujong 10). Da der Haftbefehl nicht von selbst entfällt, wenn der Strafantrag nicht rechtzeitig gestellt wird, kann die Frist auch nach ihrem Ablauf verlängert werden (LR-Hilger 4).

5 **4)** Die **Aufhebung des Haftbefehls** (S. 2) erfolgt, wenn innerhalb der gesetzten Frist kein Strafantrag gestellt wird. Liegt ein Antrag vor, so ist gleichgültig, ob der Antragsberechtigte, der nach S. 1 benachrichtigt worden ist, oder ein anderer Berechtigter ihn gestellt hat. Ist der Strafantrag zwar verspätet gestellt, der Haftbefehl bei seinem Eingang aber noch nicht aufgehoben worden, so bleibt der Haftbefehl bestehen; war er schon aufgehoben, so ist ein neuer zu erlassen. Die Aufhebungsgründe des § 120 bleiben unberührt; S. 4 bestimmt das überflüssigerweise für

§ 120 III. Der Haftbefehl muß insbesondere aufgehoben werden, wenn alle Antragsberechtigten ihre Strafanträge zurücknehmen.

5) Bei **Zusammentreffen mit einem Offizialdelikt** sollte der Haftbefehl nicht auf das Antragsdelikt gestützt werden, solange der Strafantrag nicht gestellt ist (KK-Boujong 9). Wird der Haftbefehl wegen beiden Taten erlassen, so ist nach § 130 zu verfahren. Dabei ist zu unterscheiden: Liegt das Schwergewicht bei dem Antragsdelikt, muß der Haftbefehl also aufgehoben werden, wenn kein Strafantrag gestellt wird, so muß der Antragsberechtigte entspr unterrichtet werden. Andernfalls wird in die Mitteilung nach S. 1 nur aufgenommen, daß die Tat, soweit ihre Verfolgung von einem Strafantrag abhängig ist, aus dem Haftbefehl ausgeschieden werden muß, wenn kein Antrag gestellt wird. 6

Steckbrief **RiStBV 41**

131 **I Auf Grund eines Haftbefehls oder eines Unterbringungsbefehls können die Staatsanwaltschaft oder der Richter einen Steckbrief erlassen, wenn der Beschuldigte flüchtig ist oder sich verborgen hält.**

II Ohne Haft- oder Unterbringungsbefehl ist eine steckbriefliche Verfolgung nur zulässig, wenn ein Festgenommener entweicht oder sich sonst der Bewachung entzieht. In diesen Fällen kann auch die Polizeibehörde einen Steckbrief erlassen.

III In dem Steckbrief ist der Verfolgte zu bezeichnen und soweit möglich zu beschreiben. Die Tat, deren er verdächtigt ist, sowie Ort und Zeit ihrer Begehung sind anzugeben.

IV Die §§ 115 und 115 a gelten entsprechend.

1) Der **Steckbrief** ist die Aufforderung, nach einem flüchtigen oder sich verbergenden Beschuldigten zu fahnden und ihn festzunehmen. Er richtet sich in 1. Hinsicht an die Strafverfolgungsbehörden, insbesondere an die Polizei. Andere Behörden und Privatpersonen sind ebenfalls aufgefordert und können auch ausdrücklich ersucht werden, den Strafverfolgungsbehörden durch geeignete Hinweise zu helfen (Ostendorf GA **80**, 451). Da der Steckbrief ihnen aber keine prozessualen Befugnisse übertragen kann, die sie nicht schon nach der StPO haben, sind sie zur Festnahme nicht befugt (KK-Boujong 1; Roxin § 32 B). Der Steckbrief führt idR zu einer öffentlichen Bloßstellung des Verfolgten, der nach Art 6 II **MRK** noch als unschuldig gilt. Daher muß in besonderem Maße der **Verhältnismäßigkeitsgrundsatz** (Einl 20, 21) beachtet werden. Von einer steckbrieflichen Verfolgung wegen einer geringfügigen Tat ist abzusehen. Sie ist auch unzulässig, wenn weniger einschneidende Fahndungsmittel denselben Erfolg versprechen. 1 2

2) **Aufgrund eines Haft- oder Unterbringungsbefehls** (I) und zu seiner Vollstreckung, also nicht zur Fahndung nach einem unbekannten Täter, kann der Streckbrief von dem StA oder von dem Haftrichter (§ 126), und zwar nach § 126 II S. 3 von dem Vorsitzenden allein (KK-Boujong 6; erg 10 zu § 126), erlassen werden, wenn der Beschuldigte (vor oder nach Anklageerhebung) flüchtig ist oder sich verborgen hält, wenn also die Voraussetzungen des § 112 II Nr 1 vorliegen. Der Richter ist zum Erlaß des Steckbriefs nicht verpflichtet; er kann ihn der StA überlassen, sie dazu aber nicht anweisen (Karlsruhe Rpfleger **68**, 288). Erläßt er den Steckbrief, so ist dessen Vollstreckung nach § 36 II S. 1 Sache der StA. 3

3) **Gegen einen entwichenen Festgenommenen** (II): Gemeint ist nur der Beschuldigte, der nach seiner vorläufigen Festnahme nach § 127 aus dem amtlichen Gewahrsam, bei Festnahme durch eine Privatperson nach § 127 I also erst nach seiner Übergabe an die Polizei (Krause/Nehring 3), entwichen ist, bevor das Verfahren nach § 128 durchgeführt werden konnte. Da der Erlaß eines Steckbriefs 4

nach II die Verhaftung des Beschuldigten bezweckt, ist er nur zulässig, wenn die Voraussetzungen eines Haft- oder Unterbringungsbefehls vorliegen (LR-Hilger 16). Wenn ein Untersuchungsgefangener entweicht, gilt I (KK-Boujong 7; **aM** LR-Hilger 14 Fn 26); für die Entweichung aus dem Straf- oder Maßregelvollzug gelten §§ 457 III, 463 I. Die Festnahme aufgrund eines Vorführungsbefehls fällt ebenfalls nicht unter II. Zuständig zum Erlaß des Steckbriefs ist im Fall des II außer Gericht und StA auch die Polizei. Das Gericht erläßt idR zugleich mit dem Steckbrief einen Haft- oder Unterbringungsbefehl, so daß dann der Fall des I vorliegt; StA und Polizei beantragen seinen Erlaß, wenn sie einen Steckbrief erlassen.

5 **4) Inhaltlich** (III) sind die Anforderungen an den Steckbrief geringer als nach §§ 114 II, 126 a II S. 1 die an den Haft- oder Unterbringungsbefehl. Er muß die Personalien des Verfolgten und, um ungenügende Angaben zur Person zu ergänzen und auch sonst die Fahndung zu erleichtern, eine Personenbeschreibung enthalten, sofern sie möglich ist. Begehungsort und -zeit der dem Verfolgten zur Last gelegten Tat sind anzugeben; im übrigen genügt eine summarische Bezeichnung der Tat („Bankraub in München"). Die Angabe des Haftgrundes ist entbehrlich (KK-Boujong 9).

6 **5) Nach der Ergreifung** (IV) des Beschuldigten aufgrund des Steckbriefs gelten im Fall des I die §§ 115, 115 a unmittelbar; für den Fall des II bestimmt IV ihre entspr Anwendung. Bedeutung hat das nur für den Fall, daß der fehlende Haft- oder Unterbringungsbefehl noch nicht beschafft worden ist. Dann wird trotzdem so verfahren, als sei der Verfolgte aufgrund eines richterlichen Haft- oder Unterbringungsbefehls ergriffen worden. Das Verfahren nach §§ 128, 129 ist daher ausgeschlossen; es gelten nur die §§ 115, 115 a (EbSchmidt Nachtr 19; **aM** KMR-Müller 9).

7 **6)** Wegen der **Fahndungsmaßnahmen** aufgrund des Steckbriefs vgl RiStBV 41. Für die internationale Fahndung (RiStBV 43) gelten die hierfür erlassenen Richtlinien (RiVASt 85). Das Einverständnis des Haftrichters mit der Fahndung im Ausland braucht die StA nicht einzuholen. Nach § 27 **BZRG** können Steckbrief-
8 nachrichten im BZR niedergelegt werden. Die Fahndung unter **Einschaltung öffentlicher Kommunikationsmittel** (RiStBV 40 II iVm Anl B) ist zulässig, setzt aber eine nach Art und Umfang schwerwiegende Straftat und dringenden Tatverdacht voraus (Hamm NStZ **93**, 139; vgl auch Soiné ZRP **94**, 392). Insoweit bestehen gegen die Fernsehsendung „Aktenzeichen XY – ungelöst" keine rechtlichen Bedenken (vgl Frankfurt NJW **71**, 47; München NJW **70**, 1745; Krause/Nehring Einl 180; **aM** KK-Boujong 12; SK/StPO-Paeffgen 10; Fezer 5/62 f; Ostendorf GA **80**, 452; Roxin § 32 C, die in § 131 eine abschließende Regelung sehen; vgl auch Bottke ZStW **93**, 425, der die Sendung unter bestimmten Voraussetzungen in entspr Anwendung des § 131 für zulässig hält). Zur Beachtung des
9 Art 6 II **MRK** vgl dort 13. Zur **Fahndung über Internet** (vgl dazu Soiné NStZ **97**, 166 ff, 321 ff) fehlt bisher eine gesetzliche Grundlage, die aber geschaffen werden soll (vgl BR-Drucks 961/96); Pätzel (NJW **97**, 3131 ff) hält eine solche Fahndung für zulässig, wenn der Beschuldigte aufgrund eines Haftbefehls wegen einer erheblichen Straftat gesucht wird, konkrete Anhaltspunkte für einen Auslandsaufenthalt vorliegen, mehrere Staaten hierfür in Betracht kommen und eine Auslieferungsersuchen beabsichtigt ist.

9 a. Abschnitt. Sonstige Maßnahmen zur Sicherstellung der Strafverfolgung und Strafvollstreckung

RiStBV 60

132 **I Hat der Beschuldigte, der einer Straftat dringend verdächtig ist, im Geltungsbereich dieses Gesetzes keinen festen Wohnsitz oder Aufent-**

halt, liegen aber die Voraussetzungen eines Haftbefehls nicht vor, so kann, um die Durchführung des Strafverfahrens sicherzustellen, angeordnet werden, daß der Beschuldigte

1. **eine angemessene Sicherheit für die zu erwartende Geldstrafe und die Kosten des Verfahrens leistet und**
2. **eine im Bezirk des zuständigen Gerichts wohnende Person zum Empfang von Zustellungen bevollmächtigt.**

§ 116 a Abs. 1 gilt entsprechend.

II Die Anordnung dürfen nur der Richter, bei Gefahr im Verzuge auch die Staatsanwaltschaft und ihre Hilfsbeamten (§ 152 des Gerichtsverfassungsgesetzes) treffen.

III Befolgt der Beschuldigte die Anordnung nicht, so können Beförderungsmittel und andere Sachen, die der Beschuldigte mit sich führt und die ihm gehören, beschlagnahmt werden. Die §§ 94 und 98 gelten entsprechend.

1) **Zweck der Vorschrift** ist es, die Durchführung des Strafverfahrens, einschließlich der Vollstreckung, gegen in der BRep nicht ansässige Beschuldigte sicherzustellen. Sie ergänzt den § 127 a, regelt aber im Unterschied zu dieser Vorschrift den Fall, daß gegen den Beschuldigten kein Haftbefehl erlassen werden kann. In Betracht kommen insbesondere Verfahren gegen durchreisende ausländische Kraftfahrer (vgl Geppert GA **79**, 281), solange sie sich noch im Inland befinden (Jakoby StV **93**, 448). Eine durch Art 6 EGV verbotene, versteckte Diskriminierung aufgrund der Staatsangehörigkeit liegt darin nicht (LG Erfurt NStZ-RR **96**, 180). 1

2) **Anordnung der Sicherheitsleistung** (I): 2

A. Die **Anordnung setzt voraus,** daß der Beschuldigte in der BRep **keinen** 3
festen Wohnsitz oder Aufenthalt hat (dazu 2 zu § 127 a), daß er einer Straftat 4
dringend verdächtig ist (dazu 5 ff zu § 112), daß aber die sonstigen **Voraussetzun-** 5
gen eines Haftbefehls nicht vorliegen, also entweder kein Haftgrund nach § 112 II besteht oder der Verhältnismäßigkeitsgrundsatz (§ 112 I S. 2) dem Erlaß des Haftbefehls entgegensteht, und daß schließlich eine **Geldstrafe als Haupt-** 6
strafe zu erwarten ist (vgl I S. 1 Nr 1). Eine daneben zu erwartende Freiheitsstrafe oder freiheitsentziehende Sicherungsmaßregel schließt die Anwendung des § 132 aus (Dünnebier NJW **68**, 1753). Daß neben der Geldstrafe andere Maßnahmen, zB Fahrverbot, Entziehung der Fahrerlaubnis, Verfall oder Einziehung, zu erwarten sind, steht der Anordnung aber nicht entgegen (5 zu § 127 a).

B. **Inhaltlich** besteht die Anordnung aus 2 Teilen: Es wird eine angemessene 7
Sicherheit festgesetzt, die so hoch ist, daß sie die zu erwartende Geldstrafe und die 8
Verfahrenskosten deckt (I S. 1 Nr 1). Für die Art der Sicherheitsleistung gilt § 116 a I entspr (I S. 2). Wegen der Einzelheiten vgl 6 zu § 127 a. Ferner wird angeordnet, daß der Beschuldigte einen **Zustellungsbevollmächtigten** zu bestel- 9
len hat (dazu 5 ff zu § 116 a; 7, 8 zu § 127 a).

C. Im **pflichtgemäßen Ermessen** der Strafverfolgungsbehörden steht die An- 10
ordnung; sie wird aber idR zu treffen sein, wenn die Voraussetzungen des I vorliegen (Geppert GA **79**, 299 ff). Einer Begründung bedarf die Ermessensausübung nicht (Geppert aaO). Der **Verhältnismäßigkeitsgrundsatz** kann der An- 11
ordnung entgegenstehen, insbesondere wenn die Einstellung nach § 153 naheliegt. Kommt die Einstellung nach § 153 a in Betracht, so ist es zweckmäßig, den Beschuldigten vorweg zu befragen, ob er mit dieser Sachbehandlung und mit der Verrechnung der Sicherheit oder des beschlagnahmten Vermögenswerts auf die Auflage einverstanden ist (KK-Boujong 5; krit SK/StPO-Paeffgen 3; Geppert GA **79**, 287).

12 **3)** Die **Anordnungsbefugnis** (II) ist die gleiche wie bei der Beschlagnahme (3 ff zu § 98), die im Fall des III ohnehin zu beachten ist. Zuständig ist der Richter bei dem AG, in dessen Bezirk die Handlung vorzunehmen ist (§ 162 I); aber auch das AG des § 125 I ist zuständig (Dünnebier NJW **68**, 1754). Das Gericht, das die Anordnung selten treffen wird, weil idR Gefahr im Verzug (6 zu § 98) vorliegt, entscheidet durch Beschluß nach Anhörung der StA und des Beschuldigten (§ 33 II, III). Hilfsbeamte der StA (§ 152 GVG), die meist nicht rechtzeitig zu erreichen sein wird, können die Anordnung auch mündlich treffen; dann ist aber eine schriftliche Bestätigung geboten. Gegen ihre Anordnung ist entspr § 98 II S. 2 der Antrag auf gerichtliche Entscheidung zulässig (KK-Boujong 8; Dünnebier NJW **68**, 1755; Geppert GA **79**, 302; **aM** KMR-Müller 9: kein Rechtsbehelf; SK/StPO-Paeffgen 6: § 23 EGGVG), die nach § 304 I mit der Beschwerde angefochten werden kann. Polizeibeamten, die keine Hilfsbeamten der StA sind, dürfen, anders als im Fall des § 127 a (dort 1), die Anordnung nicht treffen.

13 **4) Beschlagnahme** (III): Kommt der Beschuldigte der Anordnung nach, leistet er also die Sicherheit und bestellt er einen Zustellungsbevollmächtigten, so darf er das Gebiet der BRep verlassen. Das Strafverfahren wird fortgesetzt, wobei idR durch Strafbefehl oder nach § 232 entschieden wird. Vgl erg 9 zu § 127 a.

14 A. **Leistet der Beschuldigte die Sicherheit nicht,** so können Beförderungsmittel und andere Sachen (auch Bargeld), die er bei sich führt und die ihm allein gehören (wirtschaftliches Eigentum reicht nicht aus), beschlagnahmt werden. Die beschlagnahmten Gegenstände treten an die Stelle der Sicherheitsleistung und dürfen nach dem Verhältnismäßigkeitsgrundsatz den Wert der angeordneten Sicherheit nicht wesentlich überschreiten (LR-Hilger 16). Sachen, die nach den §§ 111 b, 111 c beschlagnahmt werden, sind dabei nicht zu berücksichtigen. Beweismittel können dagegen zugleich nach III als Ersatz für nicht geleistete Sicher-
15 heit beschlagnahmt werden. Auch die **Weigerung, einen Zustellungsbevollmächtigten zu bestellen,** kann zu einer Beschlagnahme führen. Dadurch soll der Beschuldigte, gegen den kein unmittelbarer Zwang angewendet werden darf, zur
16 Erfüllung der Anordnung veranlaßt werden. Wird ein Gegenstand für **beide Zwecke** beschlagnahmt, so ist das kenntlich zu machen, weil die Beschlagnahmen
17 zu verschiedenen Zeitpunkten enden können (KK-Boujong 10). Die **Beendigung der Beschlagnahme** kann der Beschuldigte dadurch erreichen, daß er die geforderte Sicherheit nachträglich leistet (Geppert GA **79**, 297), daß er den Zustellungsbevollmächtigten nachträglich bestellt oder daß er bei Rechtskraft des Urteils Strafe und Kosten bezahlt. Die Beschlagnahme endet ferner, wenn der Beschuldigte freigesprochen oder das Verfahren eingestellt wird. Bei rechtskräftiger Verurteilung wird wegen der Geldstrafe und der Verfahrenskosten in die beschlagnahmten Gegenstände vollstreckt; sie werden wie gepfändete Sachen verwertet. Für die
18 **Anordnung der Beschlagnahme** gelten nach III S. 2 die §§ 94, 98 entspr. Die formlose Sicherstellung (12 zu § 94) kommt nicht in Betracht. Für das Verfahren ist vor allem § 98 II von Bedeutung.

19 B. Das **Suchen nach Beschlagnahmegegenständen** ist durch die Beschlagnahmebefugnis nach III gedeckt (Geppert GA **79**, 297). Insbesondere, wenn auf das Fahrzeug oder die Ladung zurückgegriffen werden kann (zB bei Fernlastfahrern oder Fahrern von Wohnwagengespannen) und der Beschuldigte behauptet, kein Geld und keine sonstigen beschlagnahmefähigen Sachen bei sich zu führen, ist eine Durchsuchung des Fahrzeugs und der mitgeführten Sachen einschließlich der Ladung sowie eine Durchsuchung der Personen unter Beachtung des Verhältnismäßigkeitsgrundsatzes zulässig. Auch die für die Weiterfahrt nicht unbedingt benötigten Kleidungsstücke und Gepäckteile können beschlagnahmt werden.

9 b. Abschnitt. Vorläufiges Berufsverbot

132a **I Sind dringende Gründe für die Annahme vorhanden, daß ein Berufsverbot angeordnet werden wird (§ 70 des Strafgesetzbuches), so kann der Richter dem Beschuldigten durch Beschluß die Ausübung des Berufs, Berufszweiges, Gewerbes oder Gewerbezweiges vorläufig verbieten. § 70 Abs. 3 des Strafgesetzbuches gilt entsprechend.**

II Das vorläufige Berufsverbot ist aufzuheben, wenn sein Grund weggefallen ist oder wenn das Gericht im Urteil das Berufsverbot nicht anordnet.

1) Einen **Vorgriff auf das Urteil,** in dem nach § 70 StGB im gewöhnlichen 1
Strafverfahren oder nach § 71 StGB im Sicherungsverfahren nach §§ 413 ff ein Berufsverbot angeordnet wird, erlaubt die Vorschrift. Entsprechende Regelungen enthalten die §§ 111 a, 126 a. Da der Beschuldigte nach §§ 2 II Nr 6, 4 I Nr 2 **StrEG** einen Entschädigungsanspruch gegen die Staatskasse hat, wenn im Urteil die Sicherungsmaßregel nach § 70 StGB nicht oder nur für einen kürzeren Zeitraum angeordnet wird, als das vorläufige Berufsverbot bestanden hat, müssen Strafverfahren, in denen eine Anordnung nach § 132 a getroffen worden ist, mit ähnlicher Beschleunigung wie Haftsachen durchgeführt werden (Bremen StV **97**, 9). Auf das endgültige Berufsverbot wird die Zeit eines vorläufigen Berufsverbots nur angerechnet, soweit sie nach Verkündung des letzten tatrichterlichen Urteils verstrichen ist (§ 70 IV S. 2 StGB).

2) **Voraussetzung der Maßnahme** (I S. 1) sind dringende Gründe für die An- 2
nahme, daß im Urteil ein Berufsverbot nach § 70 StGB angeordnet wird. Das verlangt einen dringenden Tatverdacht (5 zu § 112) für die in § 70 I S. 1 StGB vorausgesetzte rechtswidrige Tat und einen hohen Grad von Wahrscheinlichkeit, daß das Gericht die Voraussetzungen des § 70 I S. 1 StGB bejahen und es für erforderlich halten wird, ein Berufsverbot anzuordnen, weil die Gesamtwürdigung des Täters und der Tat die Gefahr der Begehung weiterer Straftaten der in § 70 I S. 1 StGB bezeichneten Art ergibt (Koblenz LRE **10**, 64; KK-Boujong 1; LR-Hanack 5).

3) Eine **Kann-Bestimmung** ist I S. 1. Gleichwohl ist die Anordnung nach 3
§ 132 a idR zu treffen, wenn die Voraussetzungen dafür vorliegen (KK-Boujong 4). Die zusätzliche Feststellung, daß die sofortige Unterbindung weiterer Berufsausübung zur Abwehr konkreter Gefahren für wichtige Gemeinschaftsgüter in der Zeit bis zur Rechtskraft des Urteils erforderlich ist, wird nicht vorausgesetzt (BGH **28**, 84, 86; **aM** unter Übernahme der von BVerfGE **44**, 105 = NJW **77**, 892; BVerfGE **48**, 292 = NJW **78**, 1479 zu § 150 I BRAO aufgestellten Grundsätze: Düsseldorf NStZ **84**, 379; Karlsruhe StV **85**, 49 für RAe; KMR-Müller 3; SK/StPO-Paeffgen 5; Roxin § 36 D I; vgl auch LR-Hanack 7: Prüfung, ob überwiegende Interessen die Sofortmaßnahme erforderlich machen). Die Anordnung kann unterbleiben (aber nicht mit aufschiebender Wirkung getroffen werden), wenn das erkennende Gericht das Wirksamwerden des Berufsverbots nach § 456 c I aufschieben könnte (KK-Boujong 4; Roxin § 36 D II). Gesichtspunkte, die es dem erkennenden Gericht gestatten, von der Anordnung der Sicherungsmaßregel abzusehen, obwohl die Voraussetzungen des § 70 StGB vorliegen, können schon bei der Entscheidung nach § 132 a berücksichtigt werden. **Nicht zu** 4
berücksichtigen ist, daß der Beschuldigte auch in einem berufs- oder ehrengerichtlichen Verfahren aus seinem Berufsstand ausgeschlossen (BGH **28**, 84; NJW **75**, 1712; M. J. Schmidt ZRP **75**, 79) oder daß gegen ihn in einem solchen Verfahren ein Berufsverbot verhängt werden kann (KK-Boujong 2), daß der Beschuldigte bereits seinen Beruf gewechselt hat oder nicht mehr berufstätig ist (BGH bei Herlan MDR **54**, 529), daß er sich zZ der Anordnung in UHaft befindet (BGH **28**, 84) oder daß die Verwaltungsbehörde schon ein Berufsverbot verhängt oder das Ruhen der Approbation des beschuldigten Arztes angeordnet hat (BGH

NJW **75**, 2249; Naser/Zrenner NJW **82**, 2103; krit LK-Hanack 79 zu § 70 StGB;
5 Weber/Droste NJW **90**, 2291). Der **Verhältnismäßigkeitsgrundsatz** (vgl § 62 StGB) ist zu beachten. Daher ist ggf das vorläufige Berufsverbot auf bestimmte Tätigkeiten im Rahmen des Berufs oder der Gewerbeausübung zu beschränken (vgl BGH bei Herlan MDR **54**, 529: Verbot, weibliche Lehrlinge auszubilden; vgl aber auch BGH MDR **58**, 783).

6 **4)** Für die **Anordnung der Maßnahme** ist nur der Richter zuständig, im Ermittlungsverfahren der Richter beim Amtsgericht (§ 162), in Staatsschutzsachen auch der Ermittlungsrichter nach § 169. Örtlich zuständig ist jedes Amtsgericht, in dessen Bezirk ein Gerichtsstand nach § 7 ff begründet ist (LR-Hanack 9); § 162 I S. 2 und 3 gilt nicht. Nach Anklageerhebung ist das Gericht zuständig, bei dem die Sache anhängig ist, das Berufungsgericht erst nach Vorlegung der Akten nach § 321 S. 2, anstelle des Revisionsgerichts, das ein die Anordnung der Maßregel nach § 70 StGB ablehnendes Urteil aufhebt und die Sache zurückver-
7 weist, der Tatrichter (4 zu § 98; 7 zu § 111 a). Das Gericht entscheidet durch **Beschluß,** der mit Gründen zu versehen ist (§ 34), aufgrund der Aktenlage. Ermittlungen stellt es nicht an; rechtfertigt der Akteninhalt die Anordnung nicht, so ist der darauf gerichtete Antrag der StA abzulehnen. Die vorherige Anhörung des Beschuldigten ist erforderlich, wenn Tatsachen oder Beweisergebnisse berücksichtigt werden sollen, zu denen er noch nicht gehört worden ist (§ 33 III). Sonst braucht ihm die Absicht, die Anordnung nach § 132 a zu treffen, nicht angekündigt zu werden (**aM** LR-Hanack 12, der allerdings für seine Auffassung keine
8 gesetzliche Grundlage nennt; ihm zust aber SK/StPO-Paeffgen 8). **Bekanntgemacht** wird der Beschluß der StA formlos (§ 35 II S. 2). Dem Beschuldigten ist er im Hinblick auf die Strafvorschrift des § 145 c StGB, auf die hingewiesen werden sollte (LR-Hanack 13), durch förmliche Zustellung bekanntzumachen (KK-Boujong 8; vgl auch LR-Hanack 13: empfehlenswert). Mit der Bekanntgabe
9 an den Beschuldigten tritt das vorläufige Berufsverbot in Kraft. **Inhaltlich** muß der Beschluß den Beruf oder Berufszweig, das Gewerbe oder den Gewerbezweig, dessen Ausübung dem Beschuldigten verboten wird, genau bezeichnen. Nicht genügend bestimmte Anordnungen sind unwirksam (vgl BGH GA **60**, 183; **67**, 153; MDR **79**, 455 [H]; Karlsruhe NStZ **95**, 446: Untersagung jeder selbständigen Berufstätigkeit; BGH MDR **56**, 143 [D]: Verbot der Ausübung des Kaufmannsgewerbes; BGH MDR **58**, 139 [D]: Verbot, als Manager zu arbeiten; BGH MDR **56**, 144 [D]: Verbot, sich als Erfinder zu betätigen). Wirksam ist dagegen das Verbot der Ausübung jeden Handelsgewerbes (BGH NJW **58**, 1404 L; **65**,
10 1388) und des Vertreterberufs im weitesten Sinne (Celle NJW **65**, 265). Die **Wirkung der Anordnung** besteht darin, daß der Beschuldigte die ihm verbotene Tätigkeit nicht mehr ausüben darf, nach I S. 2 iVm § 70 III StGB auch nicht für einen anderen oder durch eine weisungsabhängige Person; andernfalls macht er sich nach § 145 c StGB strafbar.

11 **5) Aufhebung der Maßnahme** (II): Während des ganzen Verfahrens ist von Amts wegen zu prüfen, ob der Grund für das vorläufige Berufsverbot noch besteht; ist er weggefallen, so muß die Anordnung nach § 132 a unverzüglich aufgehoben werden. Die Nichtanordnung des Berufsverbots im Urteil zwingt zur Aufhebung durch das erkennende Gericht, auch wenn das Urteil noch nicht rechtskräftig ist. Eine erneute Anordnung nach § 132 a ist dann vor der Entscheidung des Rechtsmittelgerichts nur zulässig, wenn neue Tatsachen oder Beweismittel vorliegen, die die Anordnung einer Sicherungsmaßregel nach § 70 StGB wahrscheinlich machen (KK-Boujong 13; **aM** LR-Hanack 19: erst nach Urteilsaufhebung durch das
12 Rechtsmittelgericht; vgl auch 13 zu § 111 a). Der bloße **Zeitablauf** ist kein Aufhebungsgrund, sofern es nicht wegen der ungewöhnlich langen Dauer des Verfahrens nicht mehr genügend wahrscheinlich ist, daß das Gericht die Anordnung nach § 70 StGB noch für erforderlich halten wird. Entsprechendes gilt für den Zeitablauf während des Berufungsverfahrens (LR-Hanack 17) und des Revi-

sionsverfahrens (KK-Boujong 12; **aM** LR-Hanack 18, SK/StPO-Paeffgen 13, die den letzten Tatrichter für verpflichtet halten, die Anordnung nach § 132a von Amts wegen aufzuheben, wenn während des Revisionsverfahrens die Zeit des vorläufigen Berufsverbots verstrichen ist). **Zuständig** für die Aufhebung ist im 13 Ermittlungsverfahren das AG, das die Anordnung getroffen hat; an den Aufhebungsantrag der StA ist es nicht gebunden. Nach Anklageerhebung entscheidet das mit der Sache befaßte Gericht, das Berufungsgericht erst, nachdem ihn die Akten nach § 321 S. 2 vorgelegt worden sind. Das Revisionsgericht hebt die Anordnung selbst auf, wenn es das in dem Urteil angeordnete Berufsverbot endgültig beseitigt oder das Verfahren einstellt. Hebt es das Urteil auf und verweist es die Sache zurück, so hat der Tatrichter, nicht das Revisionsgericht, das vorläufige Berufsverbot aufzuheben, wenn eine erneute Anordnung der Sicherungsmaßregel nach § 70 StGB nicht mehr wahrscheinlich ist.

6) **Beschwerde** nach § 304 I (ohne aufschiebende Wirkung, § 307 I) ist zulässig 14
gegen den Beschluß, mit dem das vorläufige Berufsverbot angeordnet oder aufgehoben oder seine Anordnung oder Aufhebung abgelehnt worden ist. Anfechtbar sind auch Entscheidungen des erkennenden Gerichts (§ 305 S. 2), nicht aber des OLG (§ 304 IV S. 2) und der Ermittlungsrichter des BGH und der OLGe (§ 304 V). Weitere Beschwerde ist ausgeschlossen (§ 310 II).

7) **Immunität:** Obwohl es sich um keine freiheitsbeschränkende Maßnahme 15
handelt, kann das vorläufige Berufsverbot gegen Abgeordnete aufgrund der vom BTag erteilten allgemeinen Genehmigung nicht angeordnet werden (LR-Hanack 24; RiStBV 192a II Buchst e S. 1).

8) **Mitteilungspflichten**: Gegen Angehörige bestimmter Berufe sind von Amts 16
wegen Pflichten zur Mitteilung der Anordnung oder Aufhebung eines vorläufigen Berufsverbots zu beachten, zB MiStra 23 I Nr 2, 24 I Nr 2, 26 I Nr 2; erg §§ 12ff **EGGVG.**

10. Abschnitt. Vernehmung des Beschuldigten

Ladung **RiStBV 44**

133 **I Der Beschuldigte ist zur Vernehmung schriftlich zu laden.**

II Die Ladung kann unter der Androhung geschehen, daß im Falle des Ausbleibens seine Vorführung erfolgen werde.

1) **Für richterliche Vernehmungen** des Beschuldigten (3 zu § 136) im Vor- 1
verfahren (auch nach § 173 III) und im Zwischenverfahren nach § 202 (Schleswig SchlHA **58**, 290) gilt die Vorschrift. Die Ladung zur Hauptverhandlung und zu Vernehmungen nach § 233 II S. 1 regelt § 216. Für Vernehmungen durch die StA ist § 133 entspr anwendbar (§ 163a III S. 2). Ein Vorführungsrecht der Polizei besteht nur unter den Voraussetzungen der §§ 127, 163a, 163b (BGH NJW **62**, 1020; Bay **56**, 170; **62**, 177 = JR **63**, 67 mit Anm Dünnebier; Hust NJW **69**, 21).

2) **Ladung** (I). Eine Ladungsfrist besteht nicht. Die Ladung muß regelmäßig 2
schriftlich erfolgen, und zwar durch Brief, nicht durch Postkarte (vgl RiStB V 3
44 I S. 3). Die telegrafische Ladung steht der schriftlichen gleich. Zustellung ist nicht vorgeschrieben, aber wegen des erforderlichen Nachweises (unten 7) zweckmäßig. Eine Vernehmung ohne schriftliche Ladung schließt I nicht aus; sie kann daher auch aufgrund mündlicher oder telefonischer Ladung oder ohne Ladung (unaufgefordertes Erscheinen) stattfinden. Wenn der Beschuldigte der Ladung nicht folgt, ist dann aber eine Vorführung ausgeschlossen. Zur Ladung von UGefangenen

4 vgl 35 zu § 119. **Inhaltlich** muß die Ladung den Vernehmungsort, der nicht die Gerichtsstelle zu sein braucht (LR-Hanack 3), und den Vernehmungstermin angeben und erkennen lassen, daß eine Beschuldigtenvernehmung stattfinden soll (vgl RiStBV 44 I S. 1). Der Gegenstand der Beschuldigung muß nicht bezeichnet werden (LR-Hanack 3; **aM** KK-Boujong 5; SK/StPO-Rogall 4; vgl RiStBV 44 I S. 2). Ein Hinweis auf die Aussagefreiheit nach § 136 I S. 2 ist nicht unzulässig (Düsseldorf JZ **74**, 137; EbSchmidt JZ **68**, 357), aber überflüssig.

5 **3) Zum Erscheinen verpflichtet** ist der schriftlich, nach Vernehmungsunterbrechung auch der mündlich geladene Beschuldigte, auch wenn er sich nicht zur Sache äußern will (LG Aachen JMBlNW **70**, 57; LG Krefeld MDR **68**, 68) und auch, wenn er dies schon ausdrücklich angekündigt hat (LG Hannover NJW **67**, 791; LG Nürnberg-Fürth NJW **67**, 2126; SK/StPO-Rogall 9; Fezer 3/41; EbSchmidt JZ **68**, 354; Lampe MDR **74**, 538; Roxin § 31 C II 2 a).

6 **4)** Die **Androhung der Vorführung** (II) steht im Ermessen des Gerichts (LG Mönchengladbach JZ **70**, 192) und kommt nur in Betracht, wenn sie auch wahrgemacht werden soll (vgl RiStBV 44 II). Ist mit dem Erscheinen des Beschuldigten sicher zu rechnen, so kann sie entfallen. Der Verhältnismäßigkeitsgrundsatz (Einl 20) steht der Androhung nicht entgegen (SK/StPO-Rogall 12; EbSchmidt JZ **68**, 360; **aM** KK-Boujong 9). Bei mündlicher Ladung zur Fortsetzung der Vernehmung wirkt die Androhung fort; sie kann dann auch ausgesprochen werden, wenn sie in der schriftlichen Ladung nicht enthalten war.

7 **5)** Der **Erlaß des Vorführungsbefehls** ist ebenfalls Ermessenssache (BayVerfGH MDR **63**, 739). Er setzt die Androhung der Vorführung in einer schriftlichen Ladung, deren Zugang nachgewiesen ist (nur im Fall der Vernehmungsunterbrechung genügt die mündliche Ladung), und das unentschuldigte Ausbleiben des Beschuldigten voraus, dem das Erscheinen im selbstverschuldetem Zustand der Verhandlungsunfähigkeit gleichsteht (Kaiser NJW **68**, 188). Eine genügende Entschuldigung muß nicht vorliegen; das Gericht hat alle ihm bekannten Hinderungsgründe zu berücksichtigen (KK-Boujong 12). Der Verhältnismäßigkeitsgrundsatz steht der Vorführung niemals entgegen (LR-Hanack 13; EbSchmidt JZ **68**, 360); zulässig ist sie auch bei geringfügigem Schuldvorwurf (LG Krefeld MDR **68**, 68; vgl aber Zweibrücken NStZ **81**, 534 für ein ausländisches Rechtshilfeersuchen wegen einer OWi) und auch, wenn der Beschuldigte angekündigt hat, daß er nicht aussagen werde (LG Nürnberg-Fürth NJW **67**, 2126 mit Anm Sauer NJW **68**, 167; KK-Boujong 13; LR-Hanack 13; SK/StPO-Rogall aaO; EbSchmidt JZ **68**,
8 357 ff; **aM** LG Hannover NJW **67**, 691; LG Köln NJW **67**, 1873). Wegen **Form, Inhalt und Bekanntgabe** des Vorführungsbefehls vgl 2 ff zu § 134.

9 **6) Beschwerde** nach § 304 I gegen die Ladung ist zulässig, wenn sie eine Vorführungsandrohung enthält (LG Hannover aaO; LR-Hanack 17; Fezer 3/43; **aM** KK-Boujong 15; SK/StPO-Rogall 16; Gössel GA **76**, 62; EbSchmidt JZ **68**, 362: anfechtbar ist schon die Ladung; KMR-Müller 7: nur die Ladung). Der StA steht die Beschwerde zu, wenn das AG die Vorführung ablehnt (LG Aachen JMBlNW **70**, 57; LG Köln NJW **67**, 1873); das Beschwerdegericht darf die Vorführung aber nicht selbst anordnen (LG Mönchengladbach JZ **70**, 192). Weitere Beschwerde ist nach § 310 II ausgeschlossen (Köln MDR **52**, 378).

Vorführung

134 **I Die sofortige Vorführung des Beschuldigten kann verfügt werden, wenn Gründe vorliegen, die den Erlaß eines Haftbefehls rechtfertigen würden.**

II In dem Vorführungsbefehl ist der Beschuldigte genau zu bezeichnen und die ihm zur Last gelegte Straftat sowie der Grund der Vorführung anzugeben.

1) Die **sofortige Vorführung** (I), dh die Vorführung ohne vorangegangene Ladung und Androhung (LR-Hanack 1), ist unter den Voraussetzungen der §§ 112, 112a, auch des § 126a (KK-Boujong 1; LR-Hanack 4; SK/StPO-Rogall 3), zulässig. Dadurch soll dem Richter ein Mittelweg zwischen sofortiger Verhaftung und Ladung zur Vernehmung eröffnet werden. Er kommt etwa in Betracht im Fall des § 165 (EbSchmidt JZ **68**, 354) oder wenn die StA den Erlaß eines Haftbefehls beantragt oder sich gegen seine Aufhebung beschwert hat (LR-Hanack 3). 1

2) Den **Vorführungsbefehl** (II) darf nur der nach §§ 125, 126, 162, 165, 169 zuständige Richter erlassen (RG **56**, 234). Eine vorherige Anhörung unterbleibt (§ 33 IV). Schriftform ist erforderlich. 2

A. **Inhalt:** Der Beschuldigte muß so genau bezeichnet werden, daß Verwechslungen ausgeschlossen sind. Die gesetzliche Bezeichnung der ihm vorgeworfenen Straftat, nicht der tatsächliche Vorgang (SK/StPO-Rogall 11), und der Grund der Vorführung sowie Vorführungsort und -zeit sind anzugeben. Der Haftgrund ist ebenso zu bezeichnen wie in einem Haftbefehl (13 zu § 114). Jedoch müssen die Tatsachen nicht angegeben werden, aus denen sich dringender Tatverdacht und Haftgrund ergeben. Im Fall des § 133 müssen die Ladung, das Ausbleiben und das Fehlen ausreichender Entschuldigungsgründe dargetan werden. 3

B. Die **Bekanntmachung** des Vorführungsbefehls an den Beschuldigten ist Voraussetzung für seine Vollstreckung (BGH NStZ **81**, 22), erfolgt aber erst unmittelbar vor deren Beginn. Auf Verlangen (LR-Hanack 7; **aM** KK-Boujong 7: stets, sofern möglich) ist der Vorführungsbefehl dem Beschuldigten vorzuzeigen. Einen Anspruch auf Aushändigung einer Abschrift hat er nicht (LR-Hanack 7). Wird der Vorführungsbefehl in einem Eilfall telefonisch oder durch Fernschreiben veranlaßt, so gilt § 114a I S. 2 entspr (Stuttgart Justiz **82**, 339). 4

C. Die **Vollstreckung** erfolgt nach § 36 II S. 1 (Wendisch JR **78**, 447). Wegen der UGefangenen vgl 35 zu § 119, wegen der Strafgefangenen § 36 II S. 2 **StVollzG.** Der Vorführungsbefehl berechtigt die Polizei zum Betreten der Wohnung des Beschuldigten, nicht eines Dritten, zum Zweck seiner Ergreifung (KK-Boujong 8; LR-Hanack 8; SK/StPO-Rogall 13; Kaiser NJW **64**, 759; **aM** KMR-Müller 7; erg 6 zu § 105) und zur Festnahme des Beschuldigten (RG **12**, 162). Unmittelbarer Zwang darf auch sonst angewendet werden (BGH NStZ **81**, 22: Aufbrechen der Wohnungstür; Kaiser NJW **65**, 1217: Anlegung von Fesseln). 5

D. Die **Wirksamkeit** des Vorführungsbefehls endet mit dem Abschluß der Vernehmung (KK-Boujong 8; LR-Hanack 10; SK/StPO-Rogall 14; Roxin § 31 C II 2c; **aM** Enzian NJW **57**, 451; Lampe MDR **74**, 535: schon mit deren Beginn). Bis dahin darf der Beschuldigte festgehalten werden. Nach der Vernehmung ist er zu entlassen, wenn kein Haftbefehl erlassen wird. Für eine neue Ladung ist ein neuer Vorführungsbefehl erforderlich (Enzian aaO; **aM** Rasehorn DRiZ **56**, 269). 6

3) Beschwerde nach § 304 I ist gegen den Vorführungsbefehl zulässig. Da sie keine aufschiebende Wirkung hat (§ 307 I), ist sie aber regelmäßig überholt, bevor sie dem Beschwerdegericht zugeht; zur Anfechtung in diesem Fall vgl 17ff vor § 296. 7

4) Abgeordnete: Die zwangsweise Vorführung, nicht schon ihre Androhung, bedarf der Genehmigung des BTages (Anl 6 Abschn A Nr 14 Buchst k BT-GeschO). 8

Unverzügliche Vorführung und Vernehmung

135 **Der Beschuldigte ist unverzüglich dem Richter vorzuführen und von diesem zu vernehmen. Er darf auf Grund des Vorführungsbefehls**

nicht länger festgehalten werden als bis zum Ende des Tages, der dem Beginn der Vorführung folgt.

1 **1)** Der **Geltungsbereich der Vorschrift** erstreckt sich auf Vorführungen nach §§ 133, 134 I; in den Fällen der §§ 51 I S. 3, 163a III S. 2, 161a II S. 1 gilt sie entspr. Die §§ 115, 115a sind nicht anzuwenden; § 135 geht vor (LR-Hanack 1). Hinter §§ 230, 236, 329 IV tritt die Vorschrift zurück.

2 **2) Beschleunigungsgebot** (S. 1): Der Vorführungsbefehl berechtigt nur zur Freiheitsbeschränkung nach Art 104 I S. 1 GG, nicht zur Freiheitsentziehung iS Art 104 II–IV GG (KK-Boujong 2; LR-Hanack 2; SK/StPO-Rogall 2; Lampe MDR **74**, 536; **aM** Baumann EbSchmidt-FS 541; Moritz NJW **77**, 796; Schnickmann MDR **76**, 363). Der Beschuldigte muß daher, was schon bei der Wahl des
3 Vorführungszeitpunkts zu berücksichtigen ist, **unverzüglich** vernommen werden. Das erfordert ein Handeln ohne jede nach den Umständen vermeidbare Säumnis (LR-Hanack 3). Gerechtfertigt sind nur Verzögerungen, deren Gründe in rechtli-
4 chen oder tatsächlichen Hindernissen liegen. **Vorführung** bedeutet nicht die persönliche Gegenüberstellung mit dem Richter, sondern das Unterstellen des Beschuldigten unter dessen unmittelbare Verfügungsgewalt (vgl 3 zu § 115). Schon das Verbringen in das Gerichtsgebäude und die Einlieferung in das Gerichtsgefängnis ist daher Vorführung (LR-Hanack 4). Die Ergreifung des Beschuldigten mehrere Stunden vor dieser Vorführung verbietet I nicht. Er darf schon am Vorabend festgenommen werden, wenn nur das verhindert, daß er sich der Vorführung
5 entzieht (BayVerfGHE 3 II 63). Die **Vernehmung** muß unmittelbar nach der Vorführung stattfinden, sofern nicht Gründe in der Person des Richters (Erkrankung, unaufschiebbare Dienstgeschäfte) oder des Beschuldigten (Ermüdung durch den Transport) oder in der Gerichtsorganisation entgegenstehen (EbSchmidt 3; Lampe MDR **74**, 537). Der Richter muß die möglichen und zumutbaren organisatorischen Maßnahmen zur Einhaltung des I treffen (KK-Boujong 8; Lampe MDR **74**, 539). Auch die Verhinderung des teilnahmeberechtigten StA oder Verteidigers kann ein Hindernisgrund sein (LR-Hanack 6; SK/StPO-Rogall 5).

6 **3)** Die **zeitliche Grenze für das Festhalten** des Beschuldigten ist nach S. 2 das Ende des nächsten Tages, auch wenn einer der beiden Tage ein Sonnabend, Sonntag oder Feiertag ist (LR-Hanack 7), gerechnet vom Beginn der Vorführung, dh der Ergreifung (KMR-Müller 2). Ein längeres Festhalten des Beschuldigten ist unzulässig, auch wenn die Vernehmung noch nicht möglich war, nicht aber, wenn sie innerhalb der Frist des S. 2 begonnen hat, aber nicht abgeschlossen werden konnte (**aM** KK-Boujong 6; KMR-Müller 2; LR-Hanack 8; SK/StPO-Rogall 7,
7 die dann den Abbruch der Vernehmung verlangen). Über die **Art des Festhaltens** entscheidet das Gericht (Kaiser NJW **65**, 1216). Zulässig ist die Bewachung oder Einschließung im Vernehmungsraum, uU aber auch die Aufnahme in eine Arrestzelle oder in das Gerichtsgefängnis (KK-Boujong 7). Die für UGefangene geltenden Erleichterungen (§ 119) müssen gewahrt werden.

Erste richterliche Vernehmung **RiStBV 45**

136 **I Bei Beginn der ersten Vernehmung ist dem Beschuldigten zu eröffnen, welche Tat ihm zur Last gelegt wird und welche Strafvorschriften in Betracht kommen. Er ist darauf hinzuweisen, daß es ihm nach dem Gesetz freistehe, sich zu der Beschuldigung zu äußern oder nicht zur Sache auszusagen und jederzeit, auch schon vor seiner Vernehmung, einen von ihm zu wählenden Verteidiger zu befragen. Er ist ferner darüber zu belehren, daß er zu seiner Entlastung einzelne Beweiserhebungen beantragen kann. In geeigneten Fällen soll der Beschuldigte auch darauf hingewiesen werden, daß er sich schriftlich äußern kann.**

[II] **Die Vernehmung soll dem Beschuldigten Gelegenheit geben, die gegen ihn vorliegenden Verdachtsgründe zu beseitigen und die zu seinen Gunsten sprechenden Tatsachen geltend zu machen.**

[III] **Bei der ersten Vernehmung des Beschuldigten ist zugleich auf die Ermittlung seiner persönlichen Verhältnisse Bedacht zu nehmen.**

1) **Erste Vernehmung** iS von I S. 1, III ist die erste richterliche Vernehmung 1
vor und außerhalb der Hauptverhandlung. Die Belehrungen nach I müssen trotz vorangegangener Vernehmung durch StA oder Polizei, nicht aber bei erneuter richterlicher Vernehmung (KMR-Müller 1; **aM** SK/StPO-Rogall 3), wiederholt werden. II enthält allgemeine Anweisungen für jede richterliche Vernehmung. Die Vernehmung durch den Haftrichter regeln §§ 115 III, 115 a II S. 2; in der Hauptverhandlung gilt § 243 II–IV. Wegen Vernehmungen durch StA und Polizei vgl
§ 163 a III S. 2, IV S. 2. **Sachverständige** haben keine Vernehmungsbefugnis (2 2
zu § 80); § 136 hat daher für sie keine Bedeutung (BGH NJW **68**, 2297 = JR **69**, 231 mit zust Anm. Peters; NStZ **97**, 296 mit Anm Eisenberg/Kopatsch; KK-Boujong 3; SK/StPO-Rogall 15; Fincke ZStW **86**, 656; Rogall 194 ff; **aM** LG Oldenburg StV **94**, 646; LR-Hanack 3; Arzt JZ **69**, 438; Hanack JZ **71**, 169; Rieß JA **80**, 296; Roxin § 25 III 5; Weigend JZ **90**, 49; BGH NStZ **88**, 142 mit Anm Dörig hat zu dieser Frage nicht Stellung genommen, sondern erwähnt nur eine dort erfolgte ordnungsgemäße Belehrung durch den Sachverständigen; vgl auch Spöhr NZV **93**, 334); zu erwägen ist allerdings, ob eine Belehrungspflicht angenommen werden sollte, wenn der Sachverständige Zusatztatsachen (11 zu § 79) erhebt (vgl Schmidt-Recla NJW **98**, 800). Für die Gerichtshelfer (§ 160 III) gilt die Vorschrift entspr (25 zu § 160), nicht aber für die Bewährungshelfer, die nach § 56 d StGB erst nach der Verurteilung tätig werden (**aM** Schipholt NStZ **93**, 470).

2) Die **Vernehmung des Beschuldigten** regelt § 136. Zum Begriff Beschul- 3
digter und zur Abgrenzung vom Tatverdächtigen vgl Einl 76 ff. Der Richter ist an die Entscheidung der StA gebunden, daß der zu Vernehmende als Beschuldigter zu behandeln ist (LR-Hanack 8). Er darf ihn auch dann nicht als Zeugen vernehmen, wenn er Tatverdacht nicht für gegeben hält. Hält er umgekehrt einen Zeugen für tatverdächtig, darf er die Zeugenvernehmung nicht fortführen; erforderlichenfalls hat er ihn sogleich als Beschuldigten zu vernehmen (AK/StPO-Schöch 6 zu § 162; LR-Hanack 8, von Gerlach NJW **69**, 779; Montenbruck ZStW **89**, 889; **aM** Lenckner Peters-FS 341; zw LR-Rieß 33 zu § 162). Will ihn die StA gleichwohl nur als Zeugen vernehmen lassen, steht ihm die Äußerungsfreiheit nach §§ 136, 163 a zu; Maßregeln nach § 70 sind dann unzulässig (BGH NStZ **97**, 398 mit Anm Rogall). Für Kinder gilt, da sie keine Beschuldigten sein können (Einl 76), § 136 nicht (vgl Frehsee ZStW **100**, 298 ff).

3) Der **Gang der Vernehmung** ergibt sich aus der nachstehenden Reihenfolge. 4

A. Die **Vernehmung zur Person** steht am Beginn jeder Vernehmung. Sie 5
dient der Feststellung der Identität des Beschuldigten. Die darüber hinausgehende Ermittlung seiner persönlichen Verhältnisse (unten 16) gehört zur Sachvernehmung (erg 12 zu § 243). Obwohl sich das verfahrensrechtlich nicht erzwingen läßt, ist der Beschuldigte nach § 111 OWiG zu Angaben über seine Person verpflichtet (BGH **21**, 334; 364; **25**, 13, 17; Bay **69**, 79 = NJW **69**, 2057; Stuttgart MDR **87**, 521; **aM** Dingeldey JA **84**, 411; Rüping 101 und JR **74**, 137; Seebode MDR **70**, 185), auch wenn das auf eine Selbstbelastung hinausläuft (KK-Boujong 7; LR-Hanack 13; Krey 1/785; **aM** KMR-Müller 2; Fezer 3/12; SK/StPO-Rogall 71 vor § 133), sofern die Angaben nicht ausnahmsweise (Beruf, Staatsangehörigkeit) auch für die Schuldfrage von Bedeutung sind (Bay **80**, 79; 111). Anzugeben sind Vor-, Familien- und Geburtsnamen, Ort und Tag der Geburt, Familienstand, Beruf, Wohnort, Wohnung und Staatsangehörigkeit (vgl RiStBV 13 I S. 1). Nach der Religion wird im Hinblick auf Art 140 GG iVm Art 136 III S. 1 WeimRV nur

gefragt, wenn der Sachverhalt dazu Anlaß gibt (RiStBV 13 V). Das gleiche gilt für Fragen nach Abstammung und politischer Gesinnung. Über Vorstrafen vgl unten 16.

6 B. Die **Eröffnung des Tatvorwurfs** (I S. 1) erfolgt nach der Feststellung der Identität und vor der Belehrung nach I S. 2 (LR-Hanack 15; SK/StPO-Rogall 27; EbSchmidt JZ **68**, 356). Schlagwortartige Angaben (Diebstahl, Raub, Betrug) genügen nicht. Der Sachverhalt muß dem Beschuldigten so weit bekanntgegeben werden, daß er sich verteidigen kann (Fincke ZStW **95**, 959 ff), aber nicht so weit, daß die wirksame Verbrechensbekämpfung Schaden leidet (Eser ZStW **86**, Beih 151). Die Strafvorschriften werden nur zu Beginn der Vernehmung angegeben. Wenn danach neue rechtliche Gesichtspunkte auftreten, müssen sie nicht berichtigt werden (EbSchmidt Nachtr 12; **aM** KK-Boujong 9; LR-Hanack 20; SK/StPO-Rogall 30). Bei der Vernehmung über mehrere Taten kann die Vernehmung zunächst auf eine von ihnen beschränkt werden. Daß sich das Ermittlungsergebnis ändert, zwingt zu keiner neuen Vernehmung (Schäfer wistra **87**, 165).

7 C. **Belehrung über die Aussagefreiheit** (I S. 2): Durch die Belehrung soll gegenüber dem Beschuldigten eindeutig klargestellt werden, daß es ihm freisteht, nicht auszusagen, obwohl ihn ein Richter, StA oder Polizeibeamter in amtlicher Eigenschaft befragt (BGH GrS **42**, 139, 147; zust Popp NStZ **98**, 95; **aM** Roxin NStZ **95**, 466; **97**, 18: Schutz vor staatlich veranlaßter irrtumsbedingter Selbstbelastung). Das Belehrungsgebot stellt klar, daß niemand verpflichtet ist, gegen sich selbst auszusagen (BGH **14**, 358, 364; allg dazu: Dingeldey JA **84**, 407; Günther GA **78**, 193; Haas GA **95**, 230; Rogall 67 ff, 104 ff; vgl auch BVerfGE **56**, 37, 49 = NJW **81**, 1541; erg Einl 29 a). Der Beschuldigte braucht nicht Zeuge gegen sich selbst zu sein (BGH **25**, 325, 331). Es steht ihm frei, sich zu der Beschuldigung zu äußern oder, was nicht immer die zweckmäßigste Art der Verteidigung ist (BGH aaO), nicht zur Sache auszusagen. Von einem Schweige„recht" sollte man nicht sprechen; wer schweigt, verzichtet auf das Recht, sich redend zu verteidigen (KG VRS **45**, 287; Meyer JR **66**, 310). Der Beschuldigte hat die Aussagefreiheit, die auch die Tatbeteiligung anderer umfaßt, so daß die Belehrung nach § 52 III S. 1 sinnlos ist (Bay **77**, 129 = NJW **78**, 387). I S. 2 begründet die Aussagefreiheit nicht, sondern setzt sie voraus (Fezer 3/10 und JuS **78**, 106; Rogall 104 ff; zur sytemati-
8 schen Bedeutung der Aussagefreiheit Pawlik GA **98**, 379 ff). Der **Hinweis nach I S. 2** ist vor jeder ersten richterlichen Vernehmung (zum Begriff 4 zu § 136 a) zu erteilen, auch wenn er schon bei früheren Vernehmungen durch StA oder Polizei erfolgt war (Eisenberg BR 563). Er ist von dem Vernehmenden, der damit keinen Dritten beauftragen darf (LR-Hanack 22), an den Beschuldigten selbst zu richten, nicht an den gesetzlichen Vertreter oder den Erziehungsberechtigten (KK-Boujong 11). Für den Hinweis sollten die Worte des Gesetzes benutzt werden; eine andere Fassung ist unschädlich, wenn sie dem Beschuldigten Klarheit über die Aussagefreiheit verschafft (BGH NJW **66**, 1718; Meyer JR **67**, 308; str). Die Aussageverweigerung des Beschuldigten muß der Vernehmende nicht einfach hinnehmen. Er muß sich zwar jeder Beeinträchtigung der Willensentschließung des Beschuldigten enthalten (Günther JR **78**, 92), darf ihm aber, wenn dazu Anlaß besteht, die Nachteile eines Verteidigungsverzichts vor Augen führen (SK/StPO-Rogall 34). Die richterliche Fürsorgepflicht (Einl 155 ff) kann sogar zur unverhüllten Empfehlung zwingen, zur Sache auszusagen (Kleinknecht JZ **65**, 156; Peters 207). Der Beschuldigte kann seine Bereitschaft zur Äußerung von vornherein auf bestimmte Fragenkomplexe beschränken (Rogall 45). Er kann sie jederzeit zurücknehmen (Eser ZStW **79**, 576); auch die Beantwortung einzelner Fragen kann er ablehnen (BGH **5**, 332, 334). Zur Berücksichtigung des Schweigens des Beschuldigten bei der Beweiswürdigung vgl 15 ff zu § 261. Das versehentliche Unterlassen des Hinweises nach I S. 2 kann durch erneute Vernehmung nach nachgeholter Belehrung
9 **geheilt** werden (BGH **22**, 129; **27**, 355, 359). Die neue Belehrung sollte den Hinweis auf die Unverwertbarkeit der früheren Aussage enthalten; nach einer im

Schrifttum weithin vertretenen Meinung (Neuhaus NStZ **97**, 315 mwN; ebenso LG Bad Kreuznach StV **94**, 293; zust Artkämper Kriminalistik **96**, 398; vgl auch LG Dortmund NStZ **97**, 356) wird eine solche „qualifizierte Belehrung" als zwingend angesehen (eingehend zum Problem mwN Geppert Meyer-GedSchr 93). Auch das Unterlassen einer „qualifizierten Belehrung" würde die neue Aussage jedoch nicht schlechthin unverwertbar machen (Geppert aaO 119 f; erg unten 21 und 30 zu § 136 a).

D. Der **Hinweis auf das Recht zur Verteidigerkonsultation** (I S. 2) ist zugleich mit der Belehrung über die Aussagefreiheit zu erteilen. Denn gerade die Frage, ob der Beschuldigte aussagen oder schweigen will, kann die Beratung mit einem Verteidiger erfordern (KK-Boujong 14). Das Recht auf Verteidigerkonsultation steht selbständig neben dem Schweigerecht (Beulke NStZ **96**, 258). Wird dem Beschuldigten das Recht auf Zugang zu einem Verteidiger verweigert, liegt ein Verstoß gegen Art 6 I, III c **MRK** vor (EGMR EuGRZ **96**, 587, 592; dazu Kühne EuGRZ **97**, 571). Erklärt der Beschuldigte, daß er erst mit einem Verteidiger sprechen wolle, so muß die beabsichtigte Vernehmung aufgeschoben und die weitere Entscheidung des Beschuldigten, ob er sich zur Sache einlassen will, abgewartet werden (BGH **38**, 372 = JR **93**, 332 mit Anm Rieß = JZ **93**, 425 mit Anm Roxin; Strate/Ventzke StV **86**, 30; vgl auch BGH NJW **92**, 2903, 2904); ihm ist Gelegenheit zu geben, sich telefonisch mit dem Verteidiger in Verbindung zu setzen. Eine Fortsetzung der Vernehmung ohne Verteidiger ist nur zulässig, wenn der Beschuldigte damit nach erneutem Hinweis auf sein Recht der Verteidigerkonsultation ausdrücklich einverstanden ist und wenn dem ernsthafte Bemühungen vorausgegangen waren, dem Beschuldigten bei der Herstellung des Kontaktes zu einem Verteidiger zu helfen (BGH **42**, 15 mit zust Anm Müller StV **96**, 358; auch R.Hamm NJW **96**, 2185 stimmt dem BGH zu, möchte aber zu weitgehend vom Vernehmungsbeamten sogar den Rat zur Verteidigerkonsultation verlangen). BGH **42**, 170 (ebenso BGH NStZ **97**, 251, 252 mit abl Anm Wollweber NStZ **98**, 311) gestattet demgegenüber aber eine Fortsetzung der Vernehmung bereits dann, wenn Bemühungen um einen Verteidiger „wegen der mitternächtlichen Stunde" erfolglos erscheinen; die Entscheidung wird mit Recht im Schrifttum abgelehnt (Herrmann NStZ **97**, 209; Roxin JZ **97**, 343; Ventzke StV **96**, 524). Hat sich bereits ohne Wissen des Beschuldigten ein Verteidiger gemeldet, darf ihm dies nicht vorenthalten und die Vernehmung nicht fortgesetzt werden (BGH NStZ **97**, 502; Hiebl StraFo **98**, 412). Der Hinweis entfällt, wenn der Beschuldigte für dieses (nicht für ein anderes) Verfahren bereits einen Wahl- oder Pflichtverteidiger hat (KMR-Müller 11; **aM** LR-Hanack 29; SK/StPO-Rogall 36: nur, wenn er auch sein Recht kennt, sich mit dem Verteidiger zu beraten). Wegen der Anwendung des I S. 2 bei Vernehmungen nach § 115 vgl dort 6. **10**

E. Der **Hinweis auf das Beweisantragsrecht** (I S. 3) steht im Zusammenhang mit §§ 163 a II, 166 I. Um ein Antragsrecht ieS handelt es sich nicht (ANM 335 ff). Der Hinweis erfolgt im Anschluß an die Belehrung über die Aussagefreiheit, kann aber im Lauf der Vernehmung nachgeholt werden. Er ist auch erforderlich, wenn der Beschuldigte erklärt, daß er sich zur Sache nicht äußern wolle; denn Beweisanträge kann er trotzdem stellen. **11**

F. **Schriftliche Äußerung zur Sache** (I S. 4): Da der Beschuldigte sich zur Sache nicht zu äußern braucht, ist er auch berechtigt, mündliche Angaben abzulehnen und sich schriftlich zu erklären. Darüber ist er vor Beginn der Vernehmung, nicht schon in der Ladung (KK-Boujong 16; LR-Hanack 33; **aM** SK/StPO-Rogall 40), zu belehren, sofern es sich um einen für schriftliche Äußerungen geeigneten Fall handelt. Geeignet sind Fälle, in denen der Beschuldigte voraussichtlich bereit und hinreichend fähig ist, eine sachgerechte schriftliche Äußerung abzugeben (LR-Hanack 33; Kleinknecht JZ **65**, 157). Die Belehrung entfällt, wenn die Vernehmung die Gewinnung einer nach § 254 verlesbaren Niederschrift bezweckt oder der Beschuldigte ersichtlich so ungewandt ist, daß ihm eine schriftliche **12**

Äußerung nicht zugetraut werden kann. Der Hinweis kann vor allem angebracht sein, wenn die Einlassung sehr umfangreich ist, wenn die Auswertung umfangreicher Unterlagen erforderlich ist oder wenn der Beschuldigte erklärt, er wolle sich vor der Vernehmung mit einem Verteidiger beraten. Eine Ergänzung der mündlichen Aussage durch eine schriftliche Äußerung steht dem Beschuldigten immer frei.

13 G. Die **Mitteilung der Verdachtsgründe** (II) ist bei jeder Vernehmung erforderlich, weil dem Beschuldigten Gelegenheit gegeben werden soll, sie zu beseitigen. Das setzt voraus, daß er sie kennt. Die Erklärung des Beschuldigten, er wolle nicht aussagen, macht die Mitteilung nicht überflüssig; vielleicht entschließt er sich zur Aussage, nachdem er erfahren hat, was ihm vorgeworfen wird. Die Mitteilung der Verdachtsgründe unterbleibt in dem Umfang, in dem sie dem Beschuldigten im Interesse der Sachaufklärung verheimlicht werden müssen. Die Strafverfolgungsbehörden sind nicht etwa mit Rücksicht auf II gezwungen, vor der Vernehmung alles bekanntzugeben, was sie über den Fall wissen (KK-Boujong 8; LR-Hanack 34).

14 **4)** Durch die **Vernehmung zur Sache** wird dem Beschuldigten rechtliches Gehör gewährt (BGH **25**, 325, 332). Er hat Gelegenheit, die Verdachtsgründe zu beseitigen und Entlastungstatsachen geltend zu machen (II). Diese Richtlinie prägt die Art der Vernehmung; in ihrem Rahmen ist die Vernehmung aber auf Ermittlung der Wahrheit und Beweissicherung ausgerichtet (Bay **77**, 126; LR-Hanack 35; Eser ZStW **79**, 620); denn die Angaben des Beschuldigten können als Beweis herangezogen werden (2 zu § 244). Eine Vernehmung iS des § 136 liegt nur vor,
15 wenn er sich selbst, nicht durch seinen Verteidiger (Bay **82**, 156 = VRS **64**, 134), **mündlich** äußert (LR-Hanack 36; SK/StPO-Rogall 12; vgl auch BGHR StGB § 78 c I Nr 1 Bekanntgabe 1). Die Verlesung von Niederschriften ist keine solche Äußerung (BGH **3**, 368). Um eine Vernehmung handelt es sich auch nicht, wenn der Richter Niederschriften über Vernehmungen durch Polizei oder StA verliest und der Beschuldigte nur ihre Richtigkeit bestätigt (BGH **7**, 73; MDR **74**, 725 [D]; NStZ **87**, 85). Nur zur Vereinfachung der Protokollierung ist es zulässig, nach der Äußerung des Beschuldigten die frühere Vernehmungsniederschrift zu verlesen und in das Protokoll nur aufzunehmen, daß der Beschuldigte sie als Bestandteil seiner Erklärung vor dem Richter betrachtet wissen wolle (BGH **6**, 279, 281; NJW **52**, 1027). Empfehlenswert ist auch dieses Verfahren nicht (vgl BGH **7**, 73; Fezer
16 JZ **89**, 348). Bei der ersten Vernehmung sollen die **persönlichen Verhältnisse** des Beschuldigten ermittelt werden (III), sofern das bisher nicht geschehen ist. Dazu gehören Vorleben, Werdegang, berufliche Ausbildung und Tätigkeit, familiäre und wirtschaftliche Verhältnisse und sonstige Umstände, die für die Beurteilung der Tat und für die Rechtsfolgenfrage von Bedeutung sein können (vgl auch RiStBV 13 I S. 3, 4; erg 12, 29 zu § 243). Vorstrafen werden nur erörtert, wenn sie für die Sache von Bedeutung sind (KK-Boujong 22; vgl RiStBV aaO; erg 27 zu § 243). Allgemein gilt der Vorbehalt, daß die persönlichen Verhältnisse nur ermittelt werden, soweit das nach der Schwere des Vorwurfs und nach dem Grad des Verdachts kein unangemessenes Eindringen in die Privatsphäre des Beschuldigten bedeutet (Einl
17 20, 21). Die **Art der Vernehmung** regelt das Gesetz nicht. Insbesondere ist nicht vorgeschrieben, daß der Beschuldigte, wie der Zeuge nach § 69 I S. 1, Gelegenheit zur zusammenhängenden Äußerung haben muß (**aM** offenbar BGH **13**, 358, 361). Zwar wird es oft (weitergehend LR-Hanack 40: idR) zweckmäßig sein, ihn erst zu befragen, nachdem er sich so geäußert hat (OGH **3**, 141). Die Vernehmung kann aber auch von vornherein in Form von Fragen und Antworten erfolgen (Köln MDR **56**, 694; KK-Boujong 19; Hammerstein Middendorff-FS 112; **aM** Schleswig SchlHA **73**, 186 [E/J]; SK/StPO-Rogall 21; Roxin § 25 III 1 d; Wegemer
18 NStZ **81**, 247; erg 22 zu § 243). Eine **Wahrheitspflicht** hat der Beschuldigte nicht (BGH **3**, 149, 152; KK-Boujong 20; Rieß JA **80**, 296; Wessels JuS **66**, 173; **aM** Henkel 177; Peters 207). Er hat aber auch kein Recht zur Lüge (LR-Hanack 41;

Keller JR **86**, 30; **aM** Fezer Stree/Wessels-FS 678, soweit sich der Beschuldigte nicht durch Lüge strafbar macht). Es ist daher zulässig, ihn zur Wahrheit zu ermahnen (**aM** Fezer aaO 683; einschr auch Ransiek StV **94**, 345), ihn, wenn er die Unwahrheit sagt, in Widersprüche zu verwickeln und auf die strafmildernde Wirkung eines Geständnisses hinzuweisen (Braunschweig NJW **47/48**, 150). Zum **Recht auf Anwesenheit** bei der Vernehmung vgl § 168 c; zum **Protokoll** 19
§§ 168, 168 a.

20 **5) Verwertungsverbot:** Der Verstoß gegen I S. 2 begründet – ebenso wie der gegen § 243 IV S. 1 (39 zu § 243) – grundsätzlich ein Verwertungsverbot. Auch der BGH (**38**, 214 = JR **92**, 381 mit Anm Fezer = JZ **92**, 918 mit Anm Roxin = NStZ **92**, 294 mit Anm Bohlander; zust auch Kiehl NJW **93**, 501) hat sich für den Fall des unterbliebenen Hinweises auf das Schweigerecht dieser seit langem in der Literatur nahezu einhellig vertretenen Ansicht (Nw bei BGH aaO 218/219; vgl ferner Ransiek, Die Rechte des Beschuldigten in der Polizeivernehmung, 1990, S. 88; rechtsvergleichend Salditt GA **92**, 51 zur Entscheidung des Supreme Court der USA im Fall „Miranda“) angeschlossen und auf erneute Vorlegung der Rechtsfrage durch das OLG Celle (StV **91**, 249 mit Anm Amelung StV **91**, 454) seine frühere entgegenstehende Rspr (BGH **31**, 395 = JR **84**, 340 mit abl Anm Fezer = JZ **83**, 717 mit abl Anm Grünwald = NStZ **83**, 565 mit abl Anm Meyer) aufgegeben. Das Verwertungsverbot besteht jedoch nicht, wenn feststeht, daß der Beschuldigte sein Recht zu schweigen ohne Belehrung gekannt hat, oder wenn der verteidigte Angeklagte in der Hauptverhandlung ausdrücklich der Verwertung zugestimmt oder ihr nicht widersprochen hat (dazu näher unten 21 a). Ob diese Grundsätze uneingeschränkt auch im OWi-Verfahren gelten, ist str (bejahend Brüssow StraFo **98**, 294; Hecker NJW **97**, 1833; verneinend Göhler NStZ **94**, 72). Läßt sich nicht klären, ob die Belehrung erfolgt ist oder nicht, und hat der Beschuldigte seine Aussagefreiheit nicht gekannt, so ist die Aussage ebenfalls nicht verwertbar (**aM** BGH **38**, 214, 224; NStZ **97**, 609; dagegen zutr Hauf MDR **93**, 195; Roxin JZ **92**, 923; vgl auch BezG Meiningen DAR **92**, 393 mit Anm Beck; dem BGH zust aber Bauer wistra **93**, 99). BGH **39**, 349 = JZ **94**, 686 mit Anm Fezer (dazu auch Kiehl NJW **94**, 1267) wendet die in BGH **38**, 214 aufgestellten Grundsätze entspr auf den Fall an, daß der Beschuldigte die Belehrung infolge seines geistig-seelischen Zustandes nicht verstanden hat. Ein Verwertungsverbot besteht nach der Rspr aber nicht, wenn der Beschuldigte ohne Zutun des Vernehmungsbeamten vor der beabsichtigten Belehrung spontan eine Äußerung abgegeben hat (BGH NJW **90**, 461 = StV **90**, 194 mit krit Anm Fezer; mit Recht krit auch Artkämper Kriminalistik **96**, 396; vgl ferner Haas GA **95**, 230). Das Verwertungsverbot gilt nicht im Verfahren gegen einen Dritten, in dem der fehlerhaft nicht Belehrte ausschließlich Zeuge ist (Bay **93**, 207 = NJW **94**, 1296; dagegen Dencker StV **95**, 232). Daß ein Mitbeschuldigter nicht belehrt worden ist, hindert nach Ansicht des BGH entspr den von der Rspr zu § 55 entwickelten Grundsätzen (dort 17) die Verwertung gegen einen anderen Beschuldigten nicht (**aM** Brüssow StraFo **98**, 298; Dencker aaO; R.Hamm NJW **96**, 2189); ob das Verwertungsverbot auch bei ausländischen Beschuldigtenvernehmungen ohne Belehrung gilt, ist in dieser Entscheidung offengelassen worden (BGH NJW **94**, 3364 mit Anm Wohlers NStZ **95**, 43 und Anm Britz NStZ **95**, 607 = JR **95**, 251 mit Anm Hauser). Zur Verwertbarkeit von Angaben des Beschuldigten ohne Belehrung, die unter der Geltung der StPO-DDR stattgefunden haben, vgl BGH **38**, 263; abl Kiehl NJW **93**, 503; zu Vernehmungen ohne Belehrung, die vor der Entscheidung BGH **38**, 214 erfolgt sind, vgl Celle NJW **93**, 545; NZV **93**, 42; zust Kiehl aaO; Roxin JZ **97**, 346. Ein Verwertungsverbot besteht auch, wenn der Beschuldigte
über das **Recht der Verteidigerkonsultation** nicht belehrt worden ist (offen 20 a
gelassen von BGH NStZ **97**, 609 mit insoweit abl Anm Kaufmann) oder wenn ihm nach Belehrung über dieses Recht trotz einer entspr Bitte eine Rücksprache mit seinem Verteidiger verweigert und er zur Sache vernommen worden ist (BGH **38**,

372 = JR **93**, 332 mit Anm Rieß = JZ **93**, 425 mit Anm Roxin; vgl auch Ransiek StV **94**, 343). Verstöße gegen I S. 3, 4, II, III begründen kein Verwertungsverbot in
20 b Bezug auf die gemachten Angaben. Ob das Verwertungsverbot auch eine **Fernwirkung** entfalten und damit zur Unverwertbarkeit eines durch die Aussage gewonnenen weiteren Ermittlungsergebnisses führen kann, ist fraglich (bejaht von Oldenburg NStZ **95**, 412; erg 31 zu § 136 a). Das Vorliegen der Voraussetzungen
20 c eines Verwertungsverbots ist im **Freibeweisverfahren** vom Gericht festzustellen (BGH NStZ **97**, 609; **aM** Kaufmann NStZ **98**, 474).

21 **6) Revision:** Ein revisibler Verstoß ist gegeben bei – nicht geheiltem (oben 9) – Unterlassen der nach I S. 2 erforderlichen Belehrungen über die Aussagefreiheit (oben 20) oder über die Möglichkeit der Verteidigerkonsultation (Kaufmann NStZ **98**, 474; offen gelassen von BGH NStZ **97**, 609); auch die Verweigerung der Rücksprache mit einem Verteidiger (oben 20 a) kann die Revision begründen (BGH **38**,
21 a 372 = JZ **93**, 425 mit Anm Roxin). Nach der vom BGH vertretenen **Widerspruchslösung** muß der verteidigte Angeklagte der Verwertung der Aussage aber rechtzeitig widersprochen haben (BGH **38**, 214; **42**, 15, 22 mit zust Anm Müller StV **96**, 358); dem verteidigten Angeklagten steht ein solcher gleich, der vom Gericht über die Möglichkeit des Widerspruchs unterrichtet worden ist. Der Widerspruch ist bis zu dem in § 257 genannten Zeitpunkt zulässig; er kann bis zum Ende der Beweisaufnahme zurückgenommen werden (BGH **42**, 15, 23). Widerspruch vor der Hauptverhandlung genügt nicht (BGH NStZ **97**, 502). Wurde gegen die Verwertung kein Widerspruch erhoben, kann er auch im Berufungsverfahren (Stuttgart NStZ **97**, 405) oder nach Zurückverweisung der Sache durch das Revisionsgericht nicht mehr geltend gemacht werden (Bay **96**, 112 = NJW **97**, 404; Celle StV **97**, 68; Oldenburg StV **96**, 416; krit Fezer StV **97**, 59; abl Hartwig JR **98**, 359). Dieses Erfordernis eines Widerspruchs, das die Rspr allerdings schon früher (vom Schrifttum unbeanstandet) bei fehlerhaften kommissarischen (§ 224) und ermittlungsrichterlichen (§ 168 c V) Vernehmungen verlangt hat (dazu Meyer-Goßner/Appl StraFo **98**, 258), wird in der Literatur heftig kritisiert (Dahs StraFo **98**, 253; Brüssow StraFo **98**, 298; Feigen Rudolphi-Symp 163; Fezer StV **97**, 58; Grünwald BewR 150; Kiehl NJW **94**, 1267; Kindhäuser NStZ **87**, 530; Tolksdorf Graßhof-FG 255; Ventzke StV **97**, 543; vgl auch Maul/Eschelbach StraFo **96**, 66; Roxin JZ **97**, 346), hat aber auch Zustimmung erfahren (Meyer-Goßner/Appl aaO; R.Hamm NJW **96**, 2187; Wohlers NStZ **95**, 46); es darf freilich nicht ohne weiteres auf andere Fälle als die Verletzung von Belehrungs- und Benachrichtigungspflichten ausgeweitet werden (vgl 33 zu § 136 a; 12 zu § 252). Auf dem Verstoß gegen die Belehrungspflichten
21 b kann das **Urteil beruhen**, wenn in der Hauptverhandlung nach § 254 ein Geständnis oder nach § 251 die Aussage eines Mitbeschuldigten verlesen oder hierüber ein Zeuge gehört worden ist. Das Beruhen ist ausgeschlossen, wenn die Aussage im Urteil nicht verwertet worden ist oder wenn feststeht, daß der Beschuldigte seine Aussagefreiheit auch ohne die Belehrung gekannt oder der Verwertung zugestimmt
21 c oder ihr nach Belehrung nicht widersprochen hat. Die **Revisionsbegründung** muß darlegen, daß eine Belehrung unterblieben ist und daß der Verwertung nicht zugestimmt bzw ihr (ggf nach Belehrung) widersprochen worden ist (BGH **38**, 214, 226/227); außerdem sind der Inhalt der angeblich zu Unrecht verwerteten Aussage und die Umstände, aus denen sich die Verwertung sowie die Rechtzeitigkeit des Widerspruchs ergeben, anzuführen (BGH NJW **93**, 2125, 2127; NStZ **97**, 614 mit Anm Müller-Dietz).

Verbotene Vernehmungsmethoden

136a [I] **Die Freiheit der Willensentschließung und der Willensbetätigung des Beschuldigten darf nicht beeinträchtigt werden durch Mißhandlung, durch Ermüdung, durch körperlichen Eingriff, durch Verabreichung von Mitteln, durch Quälerei, durch Täuschung oder durch Hypnose. Zwang**

darf nur angewandt werden, soweit das Strafverfahrensrecht dies zuläßt. Die Drohung mit einer nach seinen Vorschriften unzulässigen Maßnahme und das Versprechen eines gesetzlich nicht vorgesehenen Vorteils sind verboten.

II Maßnahmen, die das Erinnerungsvermögen oder die Einsichtsfähigkeit des Beschuldigten beeinträchtigen, sind nicht gestattet.

III Das Verbot der Absätze 1 und 2 gilt ohne Rücksicht auf die Einwilligung des Beschuldigten. Aussagen, die unter Verletzung dieses Verbots zustande gekommen sind, dürfen auch dann nicht verwertet werden, wenn der Beschuldigte der Verwertung zustimmt.

Übersicht

1 **1) Allgemeines:** Die Vorschrift enthält eine Ausprägung des Art 1 I GG (Peters 337). Der Beschuldigte ist Beteiligter, nicht Gegenstand des Verfahrens (BGH **5**, 332); den Anspruch auf Achtung seiner Menschenwürde verliert er nicht, weil er einer Straftat verdächtig ist (BGH **14**, 358, 364; Kleinknecht NJW **64**, 2185; Nüse JR **66**, 284). Daher ist jede Beeinträchtigung seiner Willensentschließung und -betätigung durch Zwang, Täuschung, Drohung und ähnliche Mittel verboten. § 136 a gilt auch für Zeugen (§ 69 III) und Sachverständige (§ 72) und für Vernehmungen durch StA und Polizei (§§ 161 a I S. 2, 163 a III S. 2, IV S. 2, V). Der Vorschrift ist der allgemeine Grundsatz zu entnehmen, daß die Wahrheit im Strafverfahren nicht um jeden Preis, sondern nur auf „justizförmige" Weise, dh in einem rechtsstaatlich geordneten Verfahren, erforscht werden darf (BVerfG NJW **84**, 428; BGH **14**, 358, 365; **31**, 304, 309; Köln NJW **79**, 1216, 1217).

2 **2) Adressaten der Vorschrift** sind in 1. Hinsicht die mit der Strafverfolgung beauftragten Staatsorgane (BGH **17**, 14, 19; Oldenburg NJW **53**, 1237). Sie dürfen die nach I, II verbotenen Vernehmungsmethoden weder selbst anwenden noch durch andere anwenden lassen (SK/StPO-Rogall 7; Kohlhaas JR **60**, 249), den Beschuldigten zB nicht durch eine Privatperson aushorchen lassen, die dabei Täuschungshandlungen begeht (LG Hannover StV **86**, 521; Kohlhaas DAR **71**, 67; vgl auch BGH GA **81**, 89: Verschweigen des behördlichen Auftrags ist keine Täuschung), oder ihn mit einem anderen Untersuchungsgefangenen, der ihn aushorchen soll, in eine Zelle sperren (BGH **34**, 362 = NStZ **89**, 33 mit Anm Wagner = JR **88**, 426 mit Anm Seebode = JZ **87**, 936 mit Anm Fezer = StV **87**, 283 mit Anm Grünwald StV **87**, 470; BGH NJW **98**, 3506, anders aber, wenn er sich freiwillig einem Mitgefangenen offenbart, BGH NJW **89**, 844). § 136 a gilt ferner für Sachverständige (BGH **11**, 211; NJW **68**, 2297; VRS **29**, 203; LR-Hanack 8; Fezer 3/28; Geppert DAR **80**, 319 mwN; **aM** SK/StPO-Rogall 8; Fincke ZStW **86**, 658; Rüping 104) und Augenscheinsgehilfen (LR-Hanack 8; EbSchmidt NJW **62**, 665). Eine **Drittwirkung** hat die Vorschrift grundsätzlich nicht (BGH **27**, 355, 357; KK-Boujong 3). Sie hat keine Bedeutung für den Verteidiger (BGH **14**, 189, 192 = JR **61**, 70 mit Anm EbSchmidt; Nürnberg OLGSt § 302 S. 15), für den eigenmächtig handelnden Dolmetscher (BGH 2 StR 712/77 vom 21. 4. 1978) und für Privatpersonen, die Straftaten ohne amtlichen Auftrag erforschen (Oldenburg NJW **53**, 1237; EbSchmidt 22; Kohlhaas DAR **71**, 67; Roxin § 24 D V; **aM**

(margin number 3 stands beside the line "62, 665). Eine Drittwirkung …")

Gössel 192; Rogall ZStW **91**, 41; ausführlich dazu Bockemühl 120 ff; vgl auch Frank, Zur Verwertbarkeit rechtswidriger Tonbandaufnahmen Privater, 1996). Unverwertbar ist nur, was sie unter besonders krassem Verstoß gegen die Menschenwürde (Folter, Marter, Einkerkerung) zutage gefördert haben (Celle NJW **85**, 640; Bockemühl 227; Fezer 3/51; ANM 484; Kleinknecht NJW **66**, 1543; Nüse JR **66**, 285; Otto GA **70**, 305 Roxin aaO; **aM** KK-Senge 52 vor § 48; Rüping 496; vgl auch SK/StPO-Rogall 10 ff; Eisenberg BR 395 ff; 630 ff; Grünwald BewR 162). Die Strafverfolgungsbehörden dürfen unzulässige Einwirkungen Dritter, auch von Behörden fremder Staaten (Schroeder ROW **69**, 199), aber auch sonst nicht ausnutzen, um von dem Beschuldigten Erklärungen zu erlangen (KK-Boujong 4; KMR-Müller 12; einschr LR-Hanack 11; SK/StPO-Rogall 16).

4 **3)** Nur auf **Vernehmungen** bezieht sich § 136 a. Eine Vernehmung liegt vor, wenn der Vernehmende dem Beschuldigten in amtlicher Funktion gegenübertritt und in dieser Eigenschaft von ihm Auskunft verlangt (BGH GrS NJW **42**, 139, 145 mwN); einen „funktionalen Vernehmungsbegriff" in dem Sinne, daß hierzu alle Äußerungen des Beschuldigten gehören, welche ein Strafverfolgungsorgan direkt oder indirekt herbeigeführt hat, lehnt die Rspr ab (BGH aaO; unrichtig auch Gusy StV **95**, 450: „jede Anhörung des Bürgers gegen seinen Willen aus strafprozessualen Gründen", dagegen zutr Widmaier StV **95**, 621). Daraus folgt, daß Äußerungen des Beschuldigten vor Begründung der Beschuldigteneigenschaft (Einl 76) oder außerhalb von Vernehmungen (BGH **34**, 365, 369 = NStZ **88**, 233 mit Anm R. Hamm: überwachtes Privatgespräch; BGH MDR **70**, 14 [D]), auch bei Tests zur Glaubwürdigkeitsuntersuchung durch § 136 a ebensowenig geschützt werden wie prozessuale Willenserklärungen (LR-Hanack 14; dazu Einl 110). Keine Vernehmung ist auch das Telefongespräch eines Polizeibeamten mit einer Partnervermittlung, die ihre Telefonnummer öffentl zwecks Kundenwerbung angegeben hat, auch wenn der Beamte seine amtliche Eigenschaft verschweigt (Wieczorek Kriminalistik **86**, 170; **aM** LG Stuttgart NStZ **85**, 568 mit Anm Hilger). § 136 a erfaßt auch nicht den Fall, daß ein Beschuldigter über einen nach § 100 a überwachten Anschluß selbstbelastende Telefongespräche führt (BGH **33**, 217 = StV **86**, 185 mit
4 a abl Anm Kühl; SK/StPO-Rogall 19). Die Frage, wie eine sog **„Hörfalle"** zu beurteilen ist, dh, ob ein von einer Privatperson auf Veranlassung der Ermittlungsbehörden mit dem Tatverdächtigen zwecks Erlangung von Angaben zum Untersuchungsgegenstand ohne Aufdeckung der Ermittlungsabsicht geführtes belauschtes Gespräch verwertbar ist, ist heftig umstritten (vgl aus der Diskussion im Schrifttum Achenbach/Perschke StV **94**, 577; Ackemann [14 zu § 58] S.51 ff; Bockemühl 77; Dencker StV **94**, 680; Duttge JZ **96**, 556; Fezer NStZ **96**, 289; Lagodny StV **96**, 167; Neuhaus Kriminalistik **95**, 787; Rothfuß StraFo **98**, 289; Roxin NStZ **95**, 465; **97**, 18; Schlüchter/Radbruch NStZ **95**, 354; Schneider JR **96**, 405; Seitz NStZ **95**, 519; Sternberg-Lieben Jura **95**, 299; Weiler GA **96**, 101). Der GrS des BGH (BGH **42**, 139, krit dazu Bernsmann StV **97**, 116, Derksen JR **97**, 167 und Rieß NStZ **96**, 505; abl auch Roxin NStZ **97**, 18; im wesentlichen zust aber König Kriminalistik **97**, 179; Pawlik GA **98**, 385: „es gibt keine allgemeine Vertraulichkeitsvermutung"; Popp NStZ **98**, 95; Verrel NStZ **97**, 415; vgl ferner Weßlau ZStW **110**, 1) hat die Frage dahin entschieden, daß der Inhalt des Gesprächs im Zeugenbeweis jedenfalls dann verwertet werden darf, wenn es um die Aufklärung einer Straftat von erheblicher Bedeutung geht und die Erforschung des Sachverhalts unter Einsatz anderer Ermittlungsmethoden erheblich weniger erfolgversprechend oder wesentlich erschwert gewesen wäre; wann eine Straftat von erheblicher Bedeutung vorliege, lasse sich aus der – nicht abschließenden – Aufzählung in §§ 98 a, 100 c, 110 a entnehmen. Dies wurde im Vorlegungsfall (schwerer Raub) bejaht (BGH 5 StR 680/94 vom 22. 8. 1996). Ergänzend zu dieser Rspr wird aber daran festzuhalten sein, daß ein Verwertungsverbot auch dann angenommen werden muß, wenn ein solches Gespräch nach erklärter Verweigerung, Angaben zur Sache zu machen, mittels einer Täuschung durch die Ermittlungsbeamten her-

beigeführt wird (vgl BGH **39**, 335, 348; **40**, 66, 72; vgl auch Beulke StV **90**, 184; Eisenberg BR 638; Odenthal NStZ **95**, 580; Popp NStZ **98**, 95; Schlüchter StP 43 Fn 198 a; Schneider GA **97**, 371). Auf den Einsatz (Scheingeschäfte) von **agents** 4 b **provocateurs und V-Leuten** ist § 136 a nicht anwendbar (BGH GA **75**, 333; Frankfurt NJW **76**, 985, 986; SK/StPO-Rogall 19; ANM 482; Berz JuS **82**, 416; Körner StV **82**, 384; Küper GA **74**, 321; Schünemann StV **85**, 430; **aM** LR-Hanack 4; Lüderssen Peters-FS 367; vgl auch Maul/Fischer NStZ **92**, 7 ff); anders liegt es beim Verdeckten Ermittler (vgl 2 zu § 110 c). Auch für § 81 a hat die Vorschrift keine Bedeutung (BGH **24**, 125, 129).

4) **Willensentschließung und -betätigung** dürfen nicht beeinträchtigt wer- 5 den. § 136 a verlangt aber nicht die Rücksichtnahme auf jeden Zustand einer körperlichen oder seelischen Beeinträchtigung, der sich auf Entschließungen des Beschuldigten nachteilig auswirkt (Bay **78**, 153 = JR **80**, 432 mit Anm Hanack; SK/StPO-Rogall 25; EbSchmidt NJW **62**, 666). Vernehmungen sind daher nur untersagt, wenn der Beschuldigte nicht mehr in der Lage ist, frei über seine Aussage, ihren Umfang und ihren Inhalt zu entscheiden (KK-Boujong 8; Eb-Schmidt SJZ **49**, 450).

5) **Verbotene Mittel** (I): Die Aufzählung ist nicht abschließend; I enthält nur 6 Beispiele unzulässiger Beeinträchtigungen (BGH **5**, 332, 334; LR-Hanack 17; Degener GA **92**, 464). Verboten sind alle Methoden, mit denen derselbe Zweck verfolgt wird wie mit den in I ausdrücklich genannten Mitteln (Bay aaO; KMR-Müller 2; Erbs NJW **51**, 387; Kohlhaas JR **60**, 247).

A. **Mißhandlung** ist jede erhebliche Beeinträchtigung der körperlichen Unver- 7 sehrtheit oder des körperlichen Wohlbefindens (vgl § 223 StGB), zB das Beibringen von Verletzungen, Fußtritte, Schläge, grelle Beleuchtung bei Vernehmungen, Lärmverursachung, ständiges Stören im Schlaf, Hungern- und Frierenlassen (LR-Hanack 18; Erbs aaO).

B. **Ermüdung** (allg H. W. Schmidt MDR **62**, 358) hindert die Vernehmung 8 nur in Extremfällen, zB bei Dauerverhören oder nach 30 Stunden ohne Schlaf (BGH **13**, 60; vgl auch BGH NStZ **84**, 15 [Pf/M]: 24 Stunden Schlaflosigkeit unschädlich). Ermüdende Vernehmungen sind zulässig und oft unvermeidbar (BGH **38**, 291; Erbs NJW **51**, 387). Auch sachlich gerechtfertigte nächtliche Vernehmungen schließt § 136 a nicht aus (BGH **1**, 376 = JZ **52**, 86 mit Anm Bader). Verboten ist nur das Beeinträchtigen der Willensfreiheit durch Vernehmungen bis zur Erschöpfung der Willenskraft oder unter Ausnutzung eines solchen Zustands (BGH **12**, 332; **13**, 60; **38**, 291, 293; BGHR § 136 a I Ermüdung 2). Dabei kommt es auf den objektiven Zustand der Ermüdung an; ob der Vernehmende ihn herbeigeführt oder überhaupt erkannt hat, ist gleichgültig (BGH **1**, 376, 379; **12**, 332; Frankfurt VRS **36**, 366; **aM** SK/StPO-Rogall 33). In der Hauptverhandlung ist nur die Verhandlungsfähigkeit des Beschuldigten von Bedeutung (**aM** BGH **12**, 332, der für den Fall einer nächtlichen Hauptverhandlung einen Verstoß gegen § 136 a erörtert; SK/StPO-Rogall 36; **aM** auch LR-Hanack 22, der sogar die Vernehmung eines Verhandlungsfähigen für unzulässig zu halten scheint).

C. **Körperliche Eingriffe** sind Maßnahmen, die sich unmittelbar auf den 9 Körper des Beschuldigten auswirken. Untersagt sind auch schmerzfreie und folgenlose Eingriffe. Meist werden Eingriffe schon als Mißhandlung, Verabreichung von Mitteln oder Quälerei verboten sein.

D. **Verabreichung von Mitteln** ist jede Einführung von festen, flüssigen oder 10 gasförmigen Stoffen in den Körper. In welcher Form das geschieht (Einatmen, Einspritzen, Einführen in Körperöffnungen, Beimischen in Speisen und Getränke), ist gleichgültig (Erbs NJW **51**, 387). In Betracht kommen betäubende, hemmungslösende, einschläfernde und Weckmittel (BGH **11**, 211: Pervitin), insbesondere Rauschgifte und Alkohol. Hemmungslösende Mittel werden bei der Narkoanalyse verabreicht (sog Wahrheitsserum); sie ist daher ausnahmslos verboten (Hamm DRZ **50**, 212; Less DRZ **50**, 322; Niese ZStW **63**, 199; Radbruch Sauer-FS 123; EbSchmidt/Schneider SJZ **49**, 449; Schönke DRZ **50**, 145; **aM** Sauer JR **49**, 500; Schaumann Pfenninger-FS 139; Siegert DRiZ **53**, 99). Die Verabreichung von Mitteln, die nur der Stärkung oder Erfrischung dienen (Traubenzucker, Schokolade) und von Kaffee, Tee, Zigaretten und anderen Tabakwaren ist ebensowenig untersagt (BGH **5**, 290) wie die Weigerung, sie dem Beschuldigten zu geben. Wie bei der Ermüdung (oben 8) ist unerheblich, ob die Mittel von dem Vernehmenden verabreicht oder von dem Beschuldigten vor oder während der Vernehmung selbst eingenommen worden sind und ob der Vernehmende die dadurch eingetretenen Folgen erkannt hat (Frankfurt VRS **36**, 366; LG Mannheim NJW **77**, 346; LG Marburg MDR **93**, 565; LR-Hanack 27; Eisenberg BR 643; **aM** Celle VRS **41**, 206; SK/StPO-Rogall 40). Beschuldigte unter Alkoholeinwirkung können vernommen werden, solange sie verhandlungsfähig sind und ihre Willensfreiheit nicht ernsthaft beeinträchtigt ist (BGH MDR **70**, 14 [D]: trotz 2‰ Blutalkohol; Köln StV **89**, 520: nicht mehr bei 4‰; **aM** Kramer Kriminalistik **91**, 309: Kein Fall des § 136 a; vgl auch Brüssow StraFo **98**, 297).

11 E. **Quälerei** ist das Zufügen länger andauernder oder sich wiederholender körperlicher oder seelischer Schmerzen oder Leiden, zB durch entwürdigende Behandlung (fortwährende Beschimpfungen und dgl), Dunkelhaft, Erzeugung von Angst und Hoffnungslosigkeit. Das Hinführen zur Leiche des Opfers kann wegen § 88 S. 2 nur unter besonderen Umständen Quälerei sein (vgl aber BGH **15**, 187; AK/StPO-Maiwald 5; LR-Hanack 32; 2 zu § 88). Lichtbilder der Opfer dürfen dem Beschuldigten gezeigt werden (BGH 5 StR 19/79 vom 27. 7. 1979).

12 F. Die **Täuschung** des Beschuldigten bei der Vernehmung berührt zwar weder dessen Menschenwürde (Otto GA **70**, 290) noch die Freiheit seiner Willensentschließung, ist aber eines Rechtsstaates unwürdig. Daher ist sie verboten. Der Begriff ist jedoch zu weit gefaßt und muß einschr ausgelegt werden (BGH GrS **42**, 139, 149 mwN; Baumann GA **59**, 34; Otto GA **70**, 294; **aM** Eisenberg BR 655).
13 **Unbeabsichtigte Irreführungen** fallen darunter nicht (BGH **31**, 395, 400; **35**, 328, 329 = JR **90**, 164 mit Anm Bloy; NStZ **90**, 195; Oldenburg NJW **67**, 1096; KMR-Müller 10; LR-Hanack 42; **aM** Bremen NJW **67**, 2022; JZ **55**, 680; Düsseldorf NJW **60**, 210; Hamm NJW **60**, 1967; Grünwald NJW **60**, 1942; differenzierend Puppe GA **78**, 295; ausführlich zum Streitstand mwN Achenbach StV **89**, 516). Das gilt aber nur für tatsächliche Fragen. Falsche Rechtserklärungen des Vernehmenden stehen Täuschungen stets gleich (Bremen aaO; LR-Hanack 42; Knauth NJW **78**, 744; Rüping 106; **aM** SK/StPO-Rogall 48; wohl auch BGH StV
14 **89**, 515 mit abl Anm Achenbach). **Gegenstand der Täuschung** können Rechtsfragen sein, zB daß der Beschuldigte als Zeuge vernommen werden soll, daß er zur Aussage verpflichtet sei (Bay **78**, 153 = NJW **79**, 2625; Oldenburg NJW **67**, 1096), daß er die Wahrheit sagen müsse oder daß sein Schweigen als Schuldbeweis gewertet werden könne (Wessel JuS **66**, 171). Es kann sich auch um tatsächliche Umstände handeln, zB daß eine erdrückende Beweiskette vorliege (BGH **35**, 328 = JR **90**, 164 mit Anm Bloy = JZ **89**, 347 mit Anm Fezer; Frankfurt StV **98**, 119), daß der Mittäter schon gestanden habe oder anderes Beweismittel gefunden worden sei, aber auch um Absichten des Vernehmenden, zB daß er aus der Aussage keine nachteiligen Folgen ziehen werde (BGH MDR **54**, 17 [D]). Täuschung ist auch die Befragung zur Schuldfrage unter dem Vorwand der Vernehmung zur Person (Hamburg MDR **76**, 601), nicht aber das Vorspiegeln einer freundlichen Gesin-
15 nung (BGH NJW **53**, 1114; LR-Hanack 34). **Kriminalistische List** (allg Puppe GA **78**, 289; Dahle Kriminalistik **90**, 431) verbietet § 136 a nicht (Kleinknecht JZ **53**, 534; krit LR-Hanack 33; SK/StPO-Rogall 45; Degener GA **92**, 464). Sie darf aber nur darin bestehen, daß Fangfragen gestellt (KK-Boujong 20) und doppeldeutige Erklärungen abgegeben werden. Falsche Angaben über Rechtsfragen und bewußtes Vorspiegeln oder Entstellen von Tatsachen sind immer untersagt (BGH

37, 48; NStZ **97**, 251; Köln MDR **72**, 965; Kleinknecht aaO). Das gilt auch für geringfügige Verdrehungen der Wahrheit (Beulke StV **90**, 182). Das **Verschweigen von Rechten und Tatsachen** ist keine Täuschung (BGH **39**, 335, 348; NStZ **97**, 251). Wird eine gesetzlich vorgeschriebene Belehrung (§§ 136 I S. 2, 163 a III S. 2, IV S. 2, 243 IV S. 1) unterlassen, so beurteilen sich die Rechtsfolgen nach diesen Vorschriften (KK-Boujong 21). Auf die Verwertbarkeit von Angaben, die der Beschuldigte außerhalb der Vernehmung macht, braucht er nicht hingewiesen zu werden (BGH DAR **77**, 177 [Sp]; LG Verden MDR **75**, 950). Auch was der Vernehmende vom Sachverhalt weiß, braucht er dem Beschuldigten nicht zu offenbaren (Bremen NJW **67**, 2022; VRS **36**, 182; Köln MDR **72**, 965; Laux SchlHA **51**, 39). Der **Irrtum des Beschuldigten** über die Kenntnis des Richters von den Tatsachen und das Vorliegen von Beweisen muß nicht berichtigt (Köln aaO; LR-Hanack 38; Erbs NJW **51**, 388), darf aber nicht durch zusätzliche Erklärungen ausgeweitet und vertieft werden (BGH MDR **86**, 978 [H]; KK-Boujong 22; SK/StPO-Rogall 50; vgl auch BGH StV **88**, 419 mit Anm Günther, der zutr der Ansicht ist, der BGH habe eine Vertiefung des Irrtums zu Unrecht verneint). Beseitigt werden muß dagegen ein erkennbarer Irrtum des Beschuldigten über seine Aussagefreiheit (LR-Hanack 36; EbSchmidt JR **61**, 71). **Heimliche Tonbandaufnahmen** bei der Vernehmung sind grundsätzlich unzulässig. Die Vernehmung ist nichtöffentlich iS des § 201 StGB (Frankfurt NJW **77**, 1547 = JR **78**, 168 mit Anm Arzt) und darf daher nicht ohne Einwilligung des Beschuldigten aufgenommen werden, auch wenn er weiß, daß seine Äußerungen in einer Niederschrift festgehalten werden (ANM 517; EbSchmidt JZ **56**, 208).

16 17 18

19 G. **Hypnose** ist die Einwirkung auf einen anderen, durch die unter Ausschaltung des bewußten Willens eine Einengung des Bewußtseins auf die von dem Hypnotisierenden gewünschte Vorstellungsrichtung erreicht wird (KK-Boujong 28). § 136 a verbietet sie ausnahmslos (KK-Boujong 28; Erbs NJW **51**, 388; Schönke DRZ **49**, 204; **aM** LR-Hanack 45; SK/StPO-Rogall 59; Less DRZ **50**, 322; Peters 337: Lösung von posthypnotischen Hemmungen), auch wenn sie zur Auffrischung des Gedächtnisses von Zeugen mit deren Einwilligung angewendet werden soll (Erbs aaO; **aM** Fuchs Kriminalistik **83**, 6).

20 H. **Zwang** ist zB in §§ 51, 70, 77, 112 ff, 134, 163 a III zugelassen, darf aber nur für die dort vorgesehenen Zwecke angewendet werden. Darüber hinaus ist er verboten. Maßgebend sind aber die objektiven Umstände (zB Festnahme ohne Festnahmegrund, LG Bremen StV **95**, 515); daß der Beschuldigte irrig glaubt, er befinde sich in einer Zwangslage, ist ohne Bedeutung (LR-Hanack 47). Insbesondere sind unangenehme Fragen nicht untersagt (LG Bremen MDR **52**, 122). Ein Verwertungsverbot besteht im übrigen nur, wenn der Zwang gezielt als Mittel zur Herbeiführung einer Aussage angewandt worden ist, also darauf gerichtet war, ob überhaupt oder wie ausgesagt werden sollte (BGH NJW **95**, 2933, 2936 = StV **96**, 73 mit abl Anm Fezer; abl auch Paeffgen NStZ **97**, 119). Kein unzulässiger Zwang liegt in der Vernehmung eines vorläufig Festgenommenen vor Vorführung nach § 128 I S. 1 (BGH NStZ **90**, 195 = JR **91**, 84 mit Anm Fezer; krit Nelles StV **92**, 390).

21 J. Die **Drohung mit einer verfahrensrechtlich unzulässigen Maßnahme** besteht im Inaussichtstellen einer Maßnahme, auf deren Anordnung der Vernehmende Einfluß zu haben behauptet (Achenbach StV **89**, 515; Grünwald NJW **60**, 1941), zB die Festnahme wegen Verdunkelungsgefahr (BGH MDR **71**, 18 [D]; Volk NJW **96**, 882) oder die Einleitung einer Entziehungskur (LG Mannheim NJW **77**, 346). Warnungen, Belehrungen und Hinweise sind keine Drohungen. Verboten sind auch nicht Vorhaltungen, die vernünftigerweise das Prozeßverhalten des Beschuldigten nicht beeinflussen (BGH **1**, 387 = JZ **52**, 87 mit Anm Bader; BGH **14**, 189, 191 = JR **61**, 70 mit Anm EbSchmidt). Mit **zulässigen Maßnahmen** darf gedroht werden, sofern der Vernehmende zugleich zum Ausdruck bringt, daß er seine Entschließung nur von sachlichen Notwendigkeiten abhängig 22

machen werde. Zulässig ist daher die Androhung der (gerechtfertigten) vorläufigen Festnahme (BGH GA **55**, 246; MDR **53**, 723 [D]; **56**, 527 [D]; **aM** Erbs NJW **51**, 388), der Abschiebung ins Ausland (BGH MDR **79**, 637 [H]), eines Strafverfahrens nach § 164 StGB oder, bei einem offenbar falsch aussagenden Zeugen, nach §§ 153 ff StGB (BGH MDR **56**, 527 [D]).

23 K. Das **Versprechen von gesetzlich nicht vorgesehenen Vorteilen,** dh die Abgabe einer bindenden Zusage, auf deren Einhaltung der Empfänger vertrauen kann (BGH **14**, 189, 191; Hamm NJW **68**, 954; StV **84**, 456; **aM** LR-Hanack 50; Grünwald NJW **60**, 1941: Inaussichtstellen des Vorteils genügt), für eine Aussage oder ihren besonderen Inhalt (BVerfG NJW **84**, 428) ist stets verboten, sofern es sich nicht um einen Bagatell„vorteil" handelt (BGH **5**, 290: Raucherlaubnis). Versprechen von Vorteilen, die dem Beschuldigten erst nach der Vernehmung zugute kommen sollen, sind dagegen zulässig, wenn sie nur Hinweise darauf enthalten, welche Änderungen der Verfahrenslage durch die Aussage eintreten werden. Die Haftentlassung bei Ablegung eines Geständnisses darf zugesagt werden, wenn die Haft nur wegen Verdunkelungsgefahr begründet ist (BGH MDR **52**, 532 [D]; **aM** LG Aachen NJW **78**, 2256), nicht aber bei Fluchtgefahr (BGH **20**, 268 = JZ **66**, 197 mit Anm Bader; vgl auch AG Hannover StV **86**, 523). Statthaft ist auch die Zusage der Einstellung nach § 154 (BGH NStZ **87**, 217 [Pf/M]; vgl aber Hamm StV **84**, 456; krit Volk NJW **96**, 879) und der Vergünstigung nach § 31 BtMG (BGH NStZ **87**, 217 [Pf/M]), die Erklärung, der Beschuldigte werde, wenn er gestehe, nicht ins Ausland abgeschoben (BGH MDR **79**, 637 [H]), und der Hinweis auf die nach einem Geständnis eintretenden Strafmilderungsmöglichkeiten (BGH **1**, 387; **14**, 189; **20**, 268; Schmidt-Hieber NJW **82**, 1021; vgl auch BGH NJW **90**, 1921), nicht aber die bindende Zusage einer Strafmilderung (Schmidt-Hieber Wassermann-FS 1002) und das Versprechen des Vernehmenden, daß im Fall des Geständnisses von einer namentlichen Anzeige abgesehen werde (BGH MDR **54**, 17 [D]). Unzulässig ist auch die Zusage der Straffreiheit oder sonstiger Vergünstigungen gegenüber dem „Kronzeugen" (LR-Hanack 53; Füllkrug Kriminalistik **85**, 410; MDR **89**, 121; vgl aber §§ 1 ff **KronzG** bei terroristischen oder organisiert begangenen Straftaten). Die Zusage der Übernahme der einem aussagebereiten Zeugen durch einen anwaltlichen Beistand entstehenden Kosten enthält nicht das Versprechen von Vorteilen iS I (BVerfG NJW **84**, 428).

24 L. Die **Anwendung des Polygraphen** (Lügendetektor) ist in entspr Anwendung von I unzulässig (BGH **5**, 332; Hamm DRZ **50**, 212; LG Düsseldorf StV **98**, 647; SK/StPO-Rogall 75 ff; Frister ZStW **106**, 303; Metz NJW **51**, 752; Niese ZStW **63**, 199). Zwangsweise kann sie ohnehin nicht angewendet werden (Delvo, Der Lügendetektor im Strafprozeß der USA, 1981, 327 ff; Schwabe NJW **79**, 577); sie kommt aber auch mit Einwilligung des Beschuldigten, der damit seine Unschuld beweisen will, nicht in Betracht (BVerfG NJW **82**, 375; **98**, 1938; offen gelassen von BVerfG StraFo **98**, 16 mit Anm Scherer; Frankfurt NStZ **88**, 425; Karlsruhe StV **98**, 530; LG Wuppertal NStZ-RR **97**, 75; Eisenberg BR 696; Fezer 3/37; Grünwald BewR 73; Peters 331; Volckart Recht und Psychiatrie 1998 S. 138; **aM** Amelung NStZ **82**, 38; Klimke NStZ **81**, 433; Prittwitz MDR **82**, 886; Schwabe aaO und NJW **82**, 367; Wegner, Täterschaftsermittlung durch Polygraphie, 1981, 184 ff; vgl auch Achenbach NStZ **84**, 350; ferner Schünemann Kriminalistik **90**, 131: Anwendung nur im Ermittlungsverfahren; sehr krit aus psychophysiologischer und psychodiagnostischer Sicht Rill/Vossel NStZ **98**, 481). Denn bei seiner Verwendung wird die Vernehmung weitgehend durch körperliche Eingriffe zu Versuchszwecken ersetzt (Walder ZStW **95**, 888 ff); der Beschuldigte wird bloßes Objekt der Ermittlungen (Rieß Schäfer-FS 181 Fn 100; Schlüchter 98), weil er damit einem willentlich nicht kontrollierbaren Zugriff auf sein Wissen ausgesetzt ist (Frister aaO 323). Für die Verwendung psychologischer Tests gilt das nicht (KK-Boujong 34). Zum Ganzen eingehend jetzt BGH 1 StR 156/98 vom 17. 12. 1998: „Völlig ungeeingnetes Beweismittel".

6) **Erinnerungsvermögen und Einsichtsfähigkeit** (II) des Beschuldigten dürfen nicht beeinträchtigt werden. Das Erinnerungsvermögen ist die Fähigkeit, vergangene Tatsachen mittels Denkarbeit zu vergegenwärtigen, Einsichtsvermögen die Fähigkeit des Beschuldigten, die inhaltliche und wertmäßige Bedeutung seiner Aussage zu erkennen, sich seiner Verantwortung bewußt zu bleiben (Erbs NJW **51**, 389). Neben den Verboten des I hat II wenig praktische Bedeutung. Insbesondere verbietet er nicht Fang- und Suggestivfragen (Schlüchter 97; erg 9 zu § 163 a). 25

7) Die **Einwilligung des Beschuldigten** (III S. 1), auch die des gesetzlichen Vertreters und des Verteidigers, ist unbeachtlich. Das betrifft vor allem die Anwendung des Lügendetektors, der Narkoanalyse und der Hypnose. 26

8) Ein **Verwertungsverbot** (III S. 2) ist die Folge des Verstoßes gegen I, II (vgl allg ANM 481 ff). Es besteht bei belastenden und entlastenden (KK-Boujong 37; LR-Hanack 63; Peters 337; **aM** Dencker 73 ff; Erbs NJW **51**, 389: nur bei belastenden Aussagen), falschen und richtigen Aussagen (BGH **5**, 290; Baumann GA **59**, 41; **aM** Erbs aaO) und, im Gegensatz zu anderen Verboten dieser Art, auch bei nachträglicher Einwilligung des Beschuldigten in die Benutzung seiner Aussage. Nur weil diese weitergehende Rechtsfolge bestimmt werden sollte, erwähnt III S. 2 entgegen der sonstigen Technik des Gesetzes das Verwertungsverbot ausdrücklich (Fezer JuS **78**, 105; Grünwald JZ **83**, 719; Hanack JZ **71**, 169). Einen **ursächlichen Zusammenhang** zwischen Verstoß und Aussage setzt das Verbot voraus. Daran fehlt es zB, wenn der Beschuldigte ausgesagt hat, obwohl er die Täuschung erkannt hatte (Meyer JR **66**, 311; Rieß JA **80**, 301; vgl auch BGH **22**, 170, 175). Erwiesen muß der Ursachenzusammenhang nicht sein; es genügt, daß er nicht auszuschließen ist (BGH **5**, 290; **13**, 60; **34**, 365, 369; LG Mannheim NJW **77**, 346; KMR-Müller 22; LR-Hanack 62; Herdegen NStZ **90**, 518; Meyer NStZ **83**, 567; **aM** BGH **31**, 395, 400; SK/StPO-Rogall 84). Bezieht er sich nur auf einen abtrennbaren Teil der Aussage, so besteht auch das Verwertungsverbot nur in diesem Umfang. Die **unmittelbare und die mittelbare Verwertung** der Aussage ist verboten (Rogall JZ **96**, 950), auch die strafmildernde Beachtung eines unverwertbaren Geständnisses (**aM** Wesemann/Müller StraFo **98**, 113). Unzulässig sind die Verlesung der Niederschrift über die Vernehmung (EbSchmidt 22), das Abspielen von Tonbandaufnahmen von der Vernehmung (ANM 481), Vorhalte aus der Vernehmung (BGH MDR **73**, 371 [D]; Schroth ZStW **87**, 103), die Anhörung der Vernehmungsperson (Rogall MDR **77**, 979; Spendel NJW **66**, 1107) oder eines bei der Vernehmung anwesenden Dritten als Zeugen (Baumann GA **59**, 43; Heinitz JR **64**, 443) und die Verwertung des durch verbotene Mittel erlangten Gutachtens (BGH **11**, 211). Eine **Fortwirkung** hat der Verstoß gegen § 136 a grundsätzlich nicht (**aM** für durch Drohung und Quälerei erzielte Aussagen: BGH **15**, 187; **17**, 364; zw BGH **22**, 129, 134). Der Beschuldigte kann daher erneut vernommen, und die neue Aussage kann verwertet werden (BGH **1**, 376, 379; **22**, 129, 134; **27**, 355, 359; **37**, 48; MDR **51**, 658 [D]; **72**, 199 [D]; Hamburg MDR **76**, 601; Otto GA **70**, 293), auch wenn die jetzige Aussagebereitschaft ohne die unzulässige Vernehmung nicht entstanden wäre (Peters 338). Dabei kommt es nur darauf an, daß der Beschuldigte sich bei der 2. Aussage seiner Entscheidungsmöglichkeit bewußt war (BGH **37**, 48, 53; NStZ **88**, 419); demgegenüber verlangt das Schrifttum überwiegend eine sog „qualifizierte Belehrung" dahin, daß die vorangegangenen Angaben nicht verwertet werden dürfen (Neuhaus NStZ **97**, 315 mwN; erg 9 zu § 136). IdR ist von fehlender Fortwirkung auszugehen, wenn die unverwertbare Aussage schon länger zurückliegt und die Beeinträchtigung der Willensfreiheit nicht allzu schwerwiegend war (**aM** Neuhaus aaO); für eine Fortwirkung kann es aber sprechen, wenn die frühere Aussage nur pauschal bestätigt oder auf sie lediglich Bezug genommen worden ist (BGH NJW **95**, 2047). Wer mit der Revision behauptet, der Verstoß habe fortgewirkt, muß das in der Revisionsbegründung näher darlegen (BGH NStZ **81**, 298 [Pf]; **88**, 419, 420; **aM** Neuhaus

27 (line 1 of para 8); 28 (at "Einen ursächlichen Zusammenhang"); 29 (at "Die unmittelbare und die mittelbare Verwertung"); 30 (at "Eine Fortwirkung")

31 aaO). Eine **Fernwirkung** in der Weise, daß auch die bei der Aussage bekanntgewordenen Beweismittel nicht benutzt werden dürfen, besteht nicht (Hamburg MDR **76**, 601; Stuttgart NJW **73**, 1941; ANM 486 mwN in Fn 437; Ranft Spendel-FS 735); die Frage ist äußerst streitig (vgl dazu eingehend Eisenberg BR 714 ff; erg Einl 57). Beulke (ZStW **103**, 669) spricht sich für eine Fernwirkung aus, will aber entspr der amerikanischen *hypothetical clean path doctrine* eine Verwertung des Beweismittels zulassen, das im konkreten Fall sowieso auch „auf sauberem Weg" hätte gefunden werden können. Reinecke (Die Fernwirkung von Beweisverwertungsverboten, 1990, S. 247) ist der Ansicht, daß die Verletzung eines bestehenden Verwertungsverbots grundsätzlich die Unverwertbarkeit der daraus resultierenden Beweisprodukte nach sich ziehen muß.

32 **9)** Der **Beweis des Verfahrensverstoßes** muß von Amts wegen geführt werden (BGH MDR **51**, 658 [D]). Dabei gilt Freibeweis (BGH **16**, 164, 166 = JR **62**, 108 mit Anm EbSchmidt; BGH NJW **94**, 2904, 2905; SK/StPO-Rogall 83; ANM 124 mwN; **aM** Eisenberg BR 708; Fezer JZ **89**, 349; Peters 339; krit auch LR-Hanack 68; zum Freibeweis vgl 7, 9 zu § 244). Der Grundsatz *in dubio pro reo* gilt nicht; ist der Verstoß nicht erwiesen, so ist die Aussage verwertbar (BGH aaO; SK/StPO-Rogall 83; Kleinknecht NJW **66**, 1544; **aM** LR-Hanack 69; Fezer 3/67; Peters 339; vgl auch Montenbruck 163 ff, der Glaubhaftmachung ausreichen lassen will). Wegen des Ursachenzusammenhangs vgl aber oben 28.

33 **10) Revision:** Nur auf eine zulässige Verfahrensrüge (BGH **1**, 376; DAR **77**, 179 [Sp]) wird der Verstoß berücksichtigt (BGH wistra **88**, 70; StV **94**, 62; Hanack JZ **71**, 171). Die Revision muß die den Verstoß gegen § 136 a enthaltenden Tatsachen und diejenigen Tatsachen mitteilen, aus denen sich die Möglichkeit eines Ursachenzusammenhangs mit der Aussage ergibt (Neustadt NJW **64**, 313; LR-Hanack 70), ggf auch darlegen, wieso der Verstoß fortgewirkt hat (BGH NStZ **81**, 298 [Pf]; NJW **95**, 2047; StV **94**, 62; **96**, 360). Daß der Verwertung der Aussage in der Hauptverhandlung widersprochen worden ist, ist – anders als bei § 136 (dort 21 a) – nicht erforderlich (BGH 1 StR 458/95 vom 22. 8. 1995; zw BGH StV **96**, 360 mit abl Anm Fezer StV **97**, 57). Das Revisionsgericht stellt den Verfahrensverstoß im Freibeweis (7, 9 zu § 244) fest (BGH **14**, 189, 191; **16**, 164, 166 = JR **62**, 108 mit Anm EbSchmidt; BGH wistra **88**, 70; Frankfurt VRS **36**, 366). Auch hier gilt der Grundsatz *in dubio pro reo* nicht (BGH **16**, 164, 167; VRS **29**, 204; BGH bei Herlan MDR **55**, 652; **aM** LR-Hanack 70; Sarstedt/Hamm 962). Der Angeklagte kann auch die unzulässige Herbeiführung der Aussagen von Zeugen und Sachverständigen (Grünwald JZ **66**, 490; Rogall JZ **96**, 950) und des Geständnisses von Mitangeklagten rügen (BGH MDR **71**, 18 [D]). Ist der Beschwerdeführer der Ansicht, das Gericht sei zu Unrecht von einem Verwertungsverbot ausgegangen, muß er die Verletzung der Aufklärungspflicht (§§ 244 II, 245) rügen; ggf muß dabei dargelegt werden, daß ein Verstoß gegen § 136 a nicht fortgewirkt hat (BGH NJW **95**, 2047; erg oben 30).

11. Abschnitt. Verteidigung RiStBV 106–108

Vorbemerkungen

1 **1) Aufgabe und Rechtsstellung des Verteidigers:** Der Verteidiger, gleichgültig, ob der Beschuldigte ihn gewählt hat (§§ 137, 138) oder ob er vom Gericht bestellt worden ist (§§ 140–142), hat einen gesetzlichen Auftrag zu erfüllen, der nicht nur im Interesse des Beschuldigten, sondern auch in dem einer am Rechtsstaatsgedanken ausgerichteten Strafrechtspflege liegt (BGH **29**, 99, 106; krit LR-Lüderssen 33 ff unter Hervorhebung des Vertragsprinzips; erg 1 zu § 140). Nach hM ist er ein selbständiges, dem Gericht und der StA gleichgeordnetes Organ der

Rechtspflege (BVerfGE **38**, 105, 119 = NJW **75**, 103; BVerfGE **53**, 207, 214 = NJW **80**, 1677; BGH **9**, 20, 22; **15**, 326; Augstein NStZ **81**, 52; Beulke 163 ff, 200; JR **94**, 117; Krey 1/536 ff; Roxin § 19 A II 3; Rüping 118; Vehling StV **92**, 89; erg Einl 82) in dem Sinne, daß er Teilhaber, nicht Gegner einer funktionsfähigen Strafrechtspflege ist (Dahs 11; ähnlich Hassemer ZRP **80**, 331; Schlüchter 101). Auch ihn trifft daher die Pflicht, dafür zu sorgen, daß „das Verfahren sachdienlich und in prozessual geordneten Bahnen durchgeführt wird" (BGH **38**, 111, 115; **aM** Eisenberg NJW **91**, 1257; vgl auch Maatz und Widmaier NStZ **92**, 513 ff sowie Basdorf StV **97**, 488 ff), so daß er auch den Angeklagten in der Hauptverhandlung nicht „nach Belieben schalten und walten lassen darf" (BGH aaO). Eine Mitwirkungspflicht an einem justizförmigen Verfahren trifft den Verteidiger im übrigen aber nur insoweit, als er keine Verfahrensobstruktion betreiben, also insbesondere die ihm eingeräumten Rechte nicht mißbräuchlich ausnutzen darf (Dornach NStZ **95**, 61; erg Einl 111). Der Verteidiger ist unabhängig, handelt also unter eigener Verantwortung (BGH **13**, 337, 343; Hammerstein NStZ **90**, 264) und untersteht nicht der Kontrolle des Gerichts (BVerfGE **34**, 293, 302 = NJW **73**, 696; Dahs 15), ist aber auch an Weisungen des Beschuldigten nicht gebunden (BGH aaO). Er ist nicht Vertreter, sondern Beistand des Beschuldigten (BGH **9**, 356; **12**, 367, 369; Bremen AnwBl **64**, 288; Celle NStZ **88**, 426; Düsseldorf StV **84**, 327; Hamm MDR **67**, 856; EbSchmidt 14 ff; Dahs 13; Fezer 4/5; Krey 1/547 ff; Roxin § 19 A II 3 a; krit LR-Lüderssen 90 ff). Seine Aufgabe besteht darin, die Rechte des Beschuldigten allseitig zu wahren, zur Beachtung aller ihm günstigen rechtlichen und tatsächlichen Umstände beizutragen und auf strenge Justizförmigkeit des Verfahrens hinzuwirken (BGH **12**, 367, 369; **15**, 326, 327; NJW **64**, 2402, 2403; Hamm MDR **77**, 1038; München NJW **76**, 252, 253; KK-Laufhütte 4; Dahs 3; Gössel ZStW **94**, 30; Welp ZStW **90**, 814). Dabei ist er nicht zur Unparteilichkeit, sondern zur Einseitigkeit zugunsten des Beschuldigten gegenüber den Strafverfolgungsbehörden und dem Gericht verpflichtet (Krekeler NStZ **89**, 146; Liemersdorf MDR **89**, 204; Peters 213; Krey 1/535; Seelmann NJW **79**, 1130).

2) Rechte und Pflichten des Verteidigers: Die StPO enthält nur wenige 2
Vorschriften über die Rechte des Verteidigers (vgl etwa §§ 79 I S. 2, 147, 148, 163 a III S. 2, 239, 240 II, 249 II S. 2, 251 I Nr 4, 297). Sie ergeben sich im übrigen aus seiner gesetzlichen Aufgabe. Der Verteidiger ist zu allen Handlungen berechtigt, die dem Schutz und der Verteidigung des Beschuldigten dienen; ihre Grenzen findet seine Tätigkeit an den Vorschriften des StGB, insbesondere des § 258 StGB (vgl Wassmann, Strafverteidigung und Strafvereitelung, Diss Hamburg 1982), und an den Grundsätzen für das anwaltliche Standesrecht (vgl auch R.Hamm NJW **93**, 289, der 6 Verteidigungsgrundrechte aufstellt, für die er ausnahmslose Geltung beansprucht). Der Verteidiger ist berechtigt, eigene Ermittlungen zu führen (Bockemühl 42; Fezer 4/21; Rückel Peters-FG 265), insbesondere Zeugen, Mitbeschuldigte und Sachverständige vor und außerhalb der Hauptverhandlung zu befragen (BGH AnwBl **81**, 115; Frankfurt NStZ **81**, 144; Köln NJW **75**, 459; ANM 40; Dahs 166, 255; Leipold StraFo **98**, 79; Rüping 137). Andererseits darf er die Rechtspflege nicht dadurch behindern, daß er die Wahrheitsforschung erschwert (BGH **9**, 20, 22), Beweisquellen trübt oder verfälscht (Dahs 15; Seelmann NJW **79**, 1130), die Flucht oder Verdunkelungsmaßnahmen des Angeklagten fördert (dazu krit Krekeler NStZ **89**, 149) oder ihn vor einer bevorstehenden Verhaftung oder vor anderen Zwangsmaßnahmen warnt (BGH **29**, 99, 103). Der Verteidiger darf sich immer nur der prozessual und standesrechtlich erlaubten Mittel bedienen (dazu Fezer 4/38 ff; Ignor Schlüchter-FG 39; Liemersdorf MDR **89**, 204 ff; Mehle Koch-FG 179). Ein Recht zur Lüge hat er nicht (Beulke StV **90**, 182; Bottke ZStW **96**, 726; Dahs 15, 83; Isele 782; Krekeler NStZ **89**, 147 und Friebertshäuser-FG 59; Pfeiffer DRiZ **84**, 341; Roxin § 19 A II 3 b; **aM** Paulus NStZ **92**, 305; dagegen Haas NStZ **93**, 173); er

ist aber trotz eines ihm gegenüber vom Beschuldigten abgelegten Geständnisses nicht gehindert, Freispruch zu beantragen (dazu Hammerstein NStZ **97**, 12). Zur Pflicht des Verteidigers, an der Rekonstruktion verlorengegangener Akten mitzuwirken, vgl Rösmann NStZ **83**, 446; Waldowski NStZ **84**, 448; zur rechtlichen Bewertung des Verteidigerhandelns vgl Beulke, Die Strafbarkeit des Verteidigers, 1989, mit tabellarischer Übersicht über zulässiges und unzulässiges Verhalten. Die
3 **Verletzung seiner Rechtspflichten** kann im Verfahren gegen den verteidigten Beschuldigten nicht geahndet werden; das Gericht darf auch nicht etwa gar von einer Verurteilung des Angeklagten absehen, weil die Verteidigung ihre Rechte mißbraucht (verfehlt daher LG Wiesbaden NJW **95**, 409 = StV **95**, 239 mit abl Anm Asbrock; abl auch Malmendier NJW **97**, 235 und Kempf Friebertshäuser-FG 83). Das Gericht ist aber ermächtigt, den Verteidiger beim Vorliegen bestimmter Voraussetzungen von dem Verfahren auszuschließen (§§ 138 a ff). Von der Teilnahme an einer Sitzung kann er ausgeschlossen werden, wenn er sich weigert, die vorgeschriebene Robe zu tragen (11 zu § 176 GVG). Die Ungehorsamsfolgen des § 177 GVG treffen ihn nicht (dort 3); Ordnungsmittel nach § 178 GVG sind unzulässig.

4 **3) Beginn und Beendigung der Verteidigerstellung:** Wird die Verteidigung entgeltlich übernommen, was bei einem RA stets der Fall ist, so entsteht ein Geschäftsbesorgungsvertrag iS des § 675 BGB (BGH NJW **64**, 2402; Hamburg NJW **83**, 464; Hamm NJW **78**, 177; Kaiser NJW **82**, 1367; Schnarr NStZ **86**, 488), bei unentgeltlicher Übernahme (zB im Fall des § 138 II) ein Auftragsverhältnis nach § 662 BGB (Weiß NJW **83**, 90). Zur Begründung der Verteidigerstellung genügt nicht die Wahl durch den Beschuldigten, auch nicht die Ausstellung einer Vollmachtsurkunde; vielmehr ist erforderlich, daß der gewählte Verteidiger gegenüber dem Beschuldigten die Wahl annimmt (§ 151 BGB). Nach außen kommt das üblicherweise dadurch zum Ausdruck, daß er sich im Verfahren durch ausdrückliche Erklärung oder durch schlüssiges Verhalten als Verteidiger des Beschuldigten meldet (vgl BVerfGE **43**, 79, 94 = NJW **77**, 99, 100). Eine Voraussetzung für die Begründung der Verteidigerstellung ist das aber nicht (Schnarr aaO; Weiß NJW **83**, 89). Das Verteidigerverhältnis erstreckt sich auf alle in dem Verfahren gegen den Beschuldigten erhobenen Vorwürfe (BGH **27**, 148, 150) und, wenn es nicht auf bestimmte Prozeßhandlungen (zB auf die Akteneinsicht) oder Verfahrensab-
5 schnitte (zB auf das Revisionsverfahren) beschränkt ist, auf das **gesamte Verfahren** bis zu dessen rechtskräftigem Abschluß, darüber hinaus auf Nachtragsentscheidungen, auf das Verfahren nach § 8 **StrEG** (dort 4), auf das Vollstreckungsverfahren (Hamm NJW **55**, 1201; Schleswig SchlHA **92**, 12), auf Strafvollzugsangelegenheiten (Hamm NJW **80**, 1404; München NJW **78**, 654), auf das Gnadenverfahren und auf die Wiederaufnahme des Verfahrens bis zum Wiederaufnahmebeschluß nach § 370 II (2 zu § 364 a), nicht aber auf das Kostenfestsetzungsverfahren nach
6 § 464 b (dort 2) und das Verfahren nach § 10 **StrEG** (dort 3). Die **Beendigung** des Verteidigerverhältnisses kann von dem Beschuldigten jederzeit durch Kündigung herbeigeführt werden. Der Verteidiger kann das Mandat niederlegen (BGH MDR **78**, 461 [H]), aus standesrechtlichen Gründen aber nicht zur Unzeit (§ 34 IV RichtlRA), insbesondere nicht kurz vor der Hauptverhandlung mit dem Ziel, seine Bestellung als Pflichtverteidiger unter Zeitdruck zu erreichen (Isele 766; erg 7 zu § 142). Wird der Verteidiger zum Pflichtverteidiger bestellt, so endet
7 damit die Wahlverteidigung (7 zu § 142). Mit dem **Tod des Beschuldigten,** dem die Todeserklärung gleichsteht, erlischt nach § 672 S. 1 BGB das Verteidigungsverhältnis im Zweifel nicht (Hamburg NJW **71**, 2183; **83**, 464; Hamm NJW **78**, 177; Kühl NJW **78**, 981; auch Düsseldorf MDR **93**, 162 [2. StS] jedenfalls für den Fall, daß in eine noch zu Lebzeiten des Beschuldigten entstandene verfahrensrechtliche Position eingegriffen wird; **aM** Bay JR **62**, 226; KG JR **68**, 432; Celle NJW **71**, 2182; Düsseldorf NJW **93**, 546 [1. StS] mwN; erg 14 und 22 zu § 464, 2 zu § 464 b).

4) Vollmacht: 8

A. Eine besondere **Form** ist für die Beauftragung des Wahlverteidigers nicht vorgeschrieben (Hamm AnwBl **81**, 31; LG Hagen StV **83**, 145; Kaiser NJW **82**, 1367; Weiß NJW **83**, 89). Der Verteidiger muß die, mißverständlich so bezeichnete (vgl Weiß aaO), „Verteidigervollmacht" demgemäß nicht unbedingt schriftlich beibringen; die Wirksamkeit der Verteidigerbestellung hängt von der Vorlage einer Vollmachtsurkunde nicht ab (Bay DAR **86**, 249 [R]; LG Bremen StV **82**, 515; LG Dortmund AnwBl **77**, 118; Schnarr NStZ **86**, 490). Für den Nachweis des Verteidigerverhältnisses genügt die Anzeige des Beschuldigten oder des Verteidigers (oben 4), insbesondere auch das gemeinsame Auftreten in der Hauptverhandlung (BGH NStZ-RR **98**, 18; 4 StR 139/84 vom 17. 5. 1984; vgl aber 9 zu § 145 a). Die Vermutung spricht für die Bevollmächtigung des RA, der sich als Verteidiger meldet und eine Prozeßhandlung für den Beschuldigten vornimmt (Bay **80**, 69 = MDR **81**, 161; DAR **86**, 249 [R]; LG Bremen aaO; LG Hagen StV **83**, 145; Kaiser NJW **82**, 1368; Weiß NJW **83**, 90). Wenn im Einzelfall Zweifel an der Bevollmächtigung bestehen, kann aber die Vorlage einer Vollmachtsurkunde verlangt werden (Hamm AnwBl **81**, 31; LG Hagen aaO). 9

B. **Vertretungsvollmacht:** Der Verteidiger ist grundsätzlich nicht befugt, den Beschuldigten in dessen Abwesenheit in der Hauptverhandlung zu vertreten. Er kann dazu aber durch besondere Vollmacht ermächtigt werden; wegen der Einzelheiten vgl 2, 3 zu § 234. Vgl auch §§ 329 I, 350 II, 387 I, 411 II S. 1. 10

C. **Untervollmacht:** Der Wahlverteidiger kann, im Gegensatz zum Pflichtverteidiger (15 zu § 142), einen unterbevollmächtigten Verteidiger auswählen und bevollmächtigen, wenn ihn der Beschuldigte hierzu ermächtigt hat (Hamm JMBlNW **80**, 83; Dahs 91; Kaiser NJW **82**, 1368; M. J. Schmid MDR **79**, 804). Die Ermächtigung wird idR formularmäßig in der Vollmachtsurkunde erteilt. Auch ohne eine besondere Ermächtigung ist der Wahlverteidiger berechtigt, zur Einlegung befristeter Rechtsmittel, die er nicht selbst vornehmen kann oder will, einen Unterbevollmächtigten zu bestellen (RG **41**, 14; KG JR **81**, 168). Die Untervollmacht braucht, wie die Hauptvollmacht (oben 9), nicht unbedingt schriftlich nachgewiesen zu werden (Düsseldorf StraFo **98**, 227; Hamm NJW **63**, 1793; Köln VRS **60**, 441). Der Unterbevollmächtigte wird zusätzlicher Verteidiger, wenn er neben dem bevollmächtigten Wahlverteidiger auftritt, nicht aber, wenn er nur an dessen Stelle tätig wird (5 zu § 137). Eine etwaige Beschränkung auf den Verhinderungsfall gilt nur im Innenverhältnis (M. J. Schmid MDR **79**, 805). Die Untervollmacht erlischt, wenn dem Hauptbevollmächtigten das Mandat entzogen wird oder wenn es aus anderen Gründen endet (BGH MDR **78**, 111 [H]). 11

5) Sonstige Bevollmächtigte: Außer durch einen Verteidiger kann sich der Beschuldigte bei der Abgabe von Willenserklärungen außerhalb der Hauptverhandlung oder ihr gleichstehender Termine durch sonstige Bevollmächtigte in der Erklärung, aber auch im Willen vertreten lassen, sofern gesetzlich nichts anderes bestimmt ist. Solche Bevollmächtigten können insbesondere für den Beschuldigten Anträge stellen und Rechtsmittel einlegen (RG **66**, 209; Bay **64**, 85 = JR **64**, 427 mit Anm Dünnebier; Bay **75**, 104 = NJW **76**, 156, 157; Bremen NJW **54**, 46; Hamburg MDR **69**, 598; Hamm NJW **52**, 1150; W. Schmid Rpfleger **62**, 301; SchlHA **81**, 105; erg Einl 134; 7 zu § 297). Sie müssen verhandlungsfähig, brauchen aber nicht geschäftsfähig nach bürgerlichem Recht zu sein (Bay aaO; KMR-Paulus 20 zu § 345; **aM** W. Schmid SchlHA **81**, 109). Die Vollmacht, die schriftlich, mündlich oder durch schlüssige Handlung erteilt werden kann (RG **66**, 209, 212), muß bei der Vornahme der Prozeßhandlung bestehen, kann aber später nachgewiesen werden (Bremen NJW **54**, 46). 12

Wahl eines Verteidigers **RiStBV 91**

137 [I] **Der Beschuldigte kann sich in jeder Lage des Verfahrens des Beistandes eines Verteidigers bedienen. Die Zahl der gewählten Verteidiger darf drei nicht übersteigen.**

[II] **Hat der Beschuldigte einen gesetzlichen Vertreter, so kann auch dieser selbständig einen Verteidiger wählen. Absatz 1 Satz 2 gilt entsprechend.**

1 **1) Verteidigerwahl durch den Beschuldigten** (I):

2 A. Das **Recht, sich des Beistands eines Verteidigers zu bedienen**(I S. 1), ist dem Angeklagten verfassungsrechtlich verbürgt (BVerfGE **39**, 156, 163 = NJW **75**, 1013; BVerfGE **39**, 238, 243 = NJW **75**, 1015; BVerfGE **66**, 313, 319 = NJW **84**, 2403). Es handelt sich um einen Ausdruck des Rechts auf faires Verfahren (BVerfGE **68**, 237, 255 = NJW **85**, 727, 729; BVerfG NJW **84**, 862; erg Einl 19, 82). Bei nicht notwendiger Verteidigung wird dieses Recht durch § 228 II eingeschränkt (Düsseldorf GA **79**, 226). Denn einen Anspruch darauf, daß das Gericht unter allen Umständen mit der Verhandlung innehalten muß, wenn der Wahlverteidiger verhindert ist, hat der Angeklagte nicht (BVerfG NJW **84**, 862; BGH
3 NStZ **81**, 231; erg 10 zu § 228; 43 zu § 265). § 137 gilt **in jeder Lage des Verfahrens,** auch im Ermittlungsverfahren (vgl §§ 136 I S. 2, 163a III S. 2, IV S. 2; erg 10 zu § 136) und nach Rechtskraft des Urteils im Strafvollstreckungs-, Gnaden- und Wiederaufnahmeverfahren. Zum Privatklageverfahren vgl § 387 I. Über die Befugnisse des Verteidigers sagt § 137 nichts. Vgl zur Stellung des Verteidigers Einl 82 ff; 1 ff vor § 137.

4 B. Die **Beschränkung der Zahl der Wahlverteidiger** (I S. 2), die mit dem GG vereinbar ist (BVerfGE **39**, 156 = NJW **75**, 1013), soll verhindern, daß das Verfahren durch die Mitwirkung einer Vielzahl von Verteidigern verschleppt oder vereitelt wird (BGH **27**, 124, 128). Der Beschuldigte darf aber immer 3 Verteidiger haben; scheidet einer aus, so kann er durch einen anderen ersetzt werden. Bei der
5 **Berechnung** zählen mit der Unterbevollmächtigte, wenn er neben dem Hauptbevollmächtigten, nicht nur an dessen Stelle, tätig wird (BGH MDR **78**, 111 [H]; KK-Laufhütte 11 vor § 137; Kaiser NJW **82**, 1368; ohne diese Einschränkung: KG NJW **77**, 912 mit abl Anm Sieg NJW **77**, 1975; M. J. Schmid MDR **79**, 804; vgl auch München NJW **76**, 252, 254), und der nach § 138 II zugelassene Verteidiger (BGH MDR **80**, 273 [H]; Dünnebier NJW **76**, 1), nicht aber der zusätzlich bestellte (1 zu § 141) Pflichtverteidiger (BGH aaO; Bay StV **87**, 97; KK-Laufhütte
6 6; KMR-Müller 3; **aM** LR-Lüderssen 78). Bei einer **Anwaltssozietät** (vgl auch 8 zu § 146) sind deren Mitglieder Verteidiger (BVerfGE **43**, 79, 91 = NJW **77**, 99; Weiß NJW **83**, 90); ihre Zahl darf daher 3 nicht überschreiten (Düsseldorf JZ **76**, 491; KK-Laufhütte 3). Daß die Vollmacht nicht (durch Streichung des Namens oder auf andere Weise) auf höchstens 3 Mitglieder der Sozietät beschränkt ist, beweist allein nicht, daß sie alle den Auftrag übernommen haben (vgl BVerfG aaO; BGH **27**, 124, 127; Hamm MDR **80**, 513; Stuttgart Justiz **84**, 429). Es dürfen aber nicht mehr als 3 RAe die Wahl durch ausdrückliche Erklärung oder schlüssiges
7 Verhalten annehmen (Hamm aaO). Die **Zurückweisung** des unter Verstoß gegen § 137 I S. 2 gewählten Verteidigers schreibt § 146a I vor; die Prozeßhandlungen des zurückgewiesenen Verteidigers sind wirksam (§ 146a II).

8 **2) Verteidigerwahl durch gesetzliche Vertreter** (II);

9 A. Ein **selbständiges Recht** (II S. 1) auf Wahl eines Verteidigers für den Beschuldigten hat der gesetzliche Vertreter (zum Begriff 19 zu § 52); vom Willen des Beschuldigten ist er unabhängig. Das gleiche Recht hat im Jugendstrafverfahren der Erziehungsberechtigte (§ 67 III **JGG**). Auch der Beschuldigte kann selbständig einen Verteidiger wählen, sich aber ohne den gesetzlichen Vertreter nicht zur Honorarzahlung verpflichten (Schleswig NJW **81**, 1681). Der von dem gesetz-

lichen Vertreter aus eigenem Recht beauftragte Verteidiger steht in demselben Vertrauensverhältnis zu dem Beschuldigten wie der Verteidiger, den er selbst gewählt hat.

B. **Beschränkung der Zahl der Verteidiger** (II S. 2): Bei der Verteidigerwahl 10
gilt I S. 2 entspr. Bei wörtlicher Auslegung würde das bedeuten, daß der gesetzliche Vertreter wie der Beschuldigte 3 Verteidiger wählen darf, insgesamt also 6 Verteidiger von ihnen beauftragt werden dürfen. Das entspricht nicht dem Zweck der zahlenmäßigen Beschränkung der Wahlverteidiger. II S. 2 ist daher dahin auszulegen, daß „von der Seite des Beschuldigten", zu der auch der gesetzliche Vertreter (und der Erziehungsberechtigte nach § 67 III **JGG**) gehört, insgesamt nur 3 Verteidiger gewählt werden dürfen (KK-Laufhütte 5; KMR-Müller 3; **aM** LR-Lüderssen 75; Blaese/Wielop 50; Dünnebier NJW **76**, 1; Gössel 153; Herrmann ZStW **89**, 755). Dabei tritt aber das Wahlrecht des gesetzlichen Vertreters und des Erziehungsberechtigten hinter dem Recht des Beschuldigten zurück, wenigstens einen Anwalt seines Vertrauens selbst zu wählen; ggf muß einer der anderen Verteidiger zurückgewiesen werden.

3) Revision: Auf der Mitwirkung von mehr als 3 Verteidigern kann das Urteil 11
nicht beruhen (BGH 4 StR 7/98 vom 26. 2. 1998). Vgl im übrigen 9 zu § 146 a.

Wahlverteidiger **RiStBV 106**

138 **I Zu Verteidigern können die bei einem deutschen Gericht zugelassenen Rechtsanwälte sowie die Rechtslehrer an deutschen Hochschulen gewählt werden.**

II Andere Personen können nur mit Genehmigung des Gerichts und, wenn der Fall einer notwendigen Verteidigung vorliegt und der Gewählte nicht zu den Personen gehört, die zu Verteidigern bestellt werden dürfen, nur in Gemeinschaft mit einer solchen als Wahlverteidiger zugelassen werden.

1) Zugelassene Verteidiger (I): 1

A. **Rechtsanwälte** können zu Verteidigern gewählt werden, wenn sie bei einem 2
Gericht der BRep zugelassen sind (BGH **8**, 194, 200). Sie dürfen die Verteidigung vor jedem Gericht führen; nur die beim BGH zugelassenen RAe unterliegen Beschränkungen (§ 172 I BRAO). Ist gegen einen zugelassenen RA ein Berufs- oder Vertretungsverbot (§ 132 a, § 70 StGB, §§ 114 I Nr 4, 150, 161 a BRAO) verhängt worden, so weist ihn das Gericht entspr § 146 a I zurück (KK-Laufhütte 4; Krey 1/567); die Wirksamkeit von Prozeßhandlungen eines solchen RA richtet sich nach § 146 a II (vgl auch Celle NStZ **89**, 41 mit Anm Feuerich NStZ **89**,
338). Der **Fachanwalt für Strafrecht** ist durch § 1 S.2 der Fachanwaltsordnung 2 a
vom 11. 3. 1997 (abgedruckt in der Beilage zu NJW Heft 19/1997) eingeführt worden; er muß über nachzuweisende besondere Kenntnisse im Strafrecht verfügen. Ein **Anwalt eines anderen EG-Mitgliedstaats** darf nach §§ 1, 2, 4 RADG 3
unter seiner Berufsbezeichnung als Verteidiger tätig werden, jedoch nur im – bei Vornahme der ersten Handlung schriftlich nachzuweisenden – Einvernehmen mit einem deutschen RA. Fehlender Nachweis des Einvernehmens bei ihrer Vornahme macht die Handlung unwirksam. Der deutsche RA muß nicht selbst in dem Verfahren Bevollmächtigter oder Verteidiger sein (§ 4 I S. 3 RADG nF im Anschluß an EuGH NJW **88**, 887 = JZ **88**, 506 mit Anm Bleckmann; erg 5 zu § 148). Nach Ablegung einer Eignungsprüfung kann ein Anwalt eines EG-Mitgliedsstaates zur RAschaft in der BRep zugelassen werden (vgl dazu Oberheim NJW **94**, 1846).

B. **Rechtslehrer an Hochschulen** sind alle hauptberuflichen (auch die ent- 4
pflichteten) Professoren, Honorarprofessoren und Privatdozenten, die an einer Universität der BRep (**aM** LR-Lüderssen 8) oder einer gleichrangigen wissen-

schaftlichen Hochschule dem juristischen Fachbereich angehören und rechtswissenschaftliche (nicht unbedingt strafrechtliche) Vorlesungen halten oder halten dürfen (vgl BVerwG NJW **70**, 2314). Sie können zum Verteidiger gewählt werden, auch wenn sie iS Art 1 § 1 RBerG (vgl BVerfG NJW **88**, 2535: § 138 I stellt eine Durchbrechung des Verbots dar) geschäftsmäßig als Verteidiger auftreten und dafür keine besondere Erlaubnis besitzen oder erhalten können (VGH München NJW **87**, 460; Erbs/Kohlhaas/Meyer 1 zu Art 1 § 1 RBerG; **aM** Bornemann MDR **85**, 192; Chemnitz NJW **82** 272; **87**, 2421; Ostler AnwBl **87**, 263). Keine Rechtslehrer iS von I sind die Fachhochschullehrer (BGH **34**, 85, 87; BVerwG NJW **75**, 1899 mit abl Anm Wochner und zust Anm Bieler NJW **75**, 2356; BVerwG NJW **79**, 1174; OVG Münster NJW **80**, 1590; Krey 1/569; vgl auch BVerfG NJW **75**, 2340) und die Lehrbeauftragten und wissenschaftlichen Assistenten, selbst wenn sie einen Lehrauftrag haben (KG JZ **56**, 288 mit abl Anm Peters; vgl auch BVerwG NJW **70**, 2314; **aM** KK-Laufhütte 5; KMR-Müller 1; H. Müller JZ **56**, 524). Sie können nur nach II zugelassen werden. Wechselt der Hochschullehrer nach Übernahme des Mandats an eine ausländische Universität, so bleibt er Wahlverteidiger (Koblenz NStZ **81**, 403; **aM** KMR-Müller 1; Bergmann MDR **82**, 97, der die Entscheidung aber dahin mißverstanden hat, daß auch die Annahme neuer Mandate zulässig ist), nicht aber, wenn er die Stellung als Rechtslehrer wegen Mängel der Amtsführung verliert (Koblenz aaO; H. Müller aaO).

5 C. **Angehörige steuerberatender Berufe** (Steuerberater, Steuerbevollmächtigte, Wirtschaftsprüfer und vereidigte Buchprüfer) können im Ermittlungsverfahren wegen Steuerstraftaten nach § 369 **AO** abweichend von I zu Verteidigern gewählt werden, soweit die Finanzbehörde das Verfahren nach § 386 II **AO** selbständig durchführt; im übrigen können sie die Verteidigung nur in Gemeinschaft mit einem RA oder Hochschullehrer führen (§ 392 I **AO).**

6 D. Eine **Selbstbestellung** ist unzulässig. Ein Beschuldigter, der RA oder Rechtslehrer an einer Hochschule ist, darf sich nicht selbst zum Verteidiger wählen (Krey 1/615; vgl BVerfGE **53**, 207 = NJW **80**, 1677; BVerfG NJW **98**, 2205). Er kann auch nicht nach II als sein eigener Verteidiger oder Mitverteidiger zugelassen werden (Karlsruhe Justiz **97**, 378). Vgl auch 14 zu § 464 a.

7 2) **Andere Personen** (II):

8 A. Nur **natürliche Personen** können außer RAen und Rechtslehrern mit Genehmigung des Gerichts zu Verteidigern gewählt werden (Bay **52**, 267 = NJW **53**, 354; AG Kaiserslautern AnwBl **69**, 254 mit zust Anm Chemnitz; vgl auch BVerfGE **43**, 79, 91 = NJW **77**, 99). Sie müssen geschäftsfähig sein (Seibert JZ **51**, 440). In Betracht kommen insbesondere ausländische Rechtsanwälte (Brangsch NJW **81**, 1180), Rechtsbeistände, die nach § 209 BRAO Mitglied der RAK sind (BGH **32**, 326, 329), Angehörige der steuerberatenden Berufe im Steuerstrafverfahren (§ 392 II **AO),** auch Familienangehörige, Freunde und Bekannte, nicht jedoch Mitangeklagte (Bay **53**, 15 = NJW **53**, 755). Wer durch die Übernahme der
9 Verteidigung gegen **Art 1 §§ 1, 8 RBerG** verstoßen würde, kann nicht nach II zugelassen werden (Dresden NJW **98**, 90); die Zulassung ersetzt nicht die nach diesen Vorschriften erforderliche Erlaubnis (Bay **71**, 177 = GA **72**, 276).

10 B. Die **Genehmigung des Gerichts** ist Voraussetzung für die Entstehung eines wirksamen Verteidigungsverhältnisses (Karlsruhe NJW **88**, 2549 = JR **87**, 387 mit Anm Hammerstein; vgl aber Hilla NJW **88**, 2525). Eine Vollmacht berechtigt vorher allenfalls zur Vertretung (12 vor § 137). Die Genehmigung wird nur für den
11 Einzelfall und nur auf **Antrag** erteilt, der auch stillschweigend gestellt werden kann (KK-Laufhütte 9), zB durch Einlegung eines Rechtsmittels (RG **55**, 213). Über die Genehmigung entscheidet das Gericht nach Anhörung der StA (§ 33 II) durch
12 **Beschluß,** der nach § 34 mit Gründen versehen werden muß, wenn der Antrag abgelehnt wird. In der Entgegennahme von Verfahrenshandlungen, Gewährung von Akteneinsicht, Ladung zur Verhandlung uä kann die stillschweigende Erteilung

der Genehmigung liegen (BGHR § 138 III Zulassung 1; Bay DAR **94**, 385 [B]; Düsseldorf OLGSt Nr 1; Hamm RPfleger **54**, 522; Kaiser NJW **82**, 1369), aber es muß feststehen, daß sich das Gericht hierbei des Erfordernisses einer Genehmigung unter Abwägung der Interessen des Angeklagten gegen die Bedürfnisse der Rechtspflege bewußt war (Bay **91**, 1 = VRS **81**, 28). Die Entscheidung über den Genehmigungsantrag trifft das Gericht nach **pflichtgemäßem Ermessen.** Es hat 13
das Interesse des Beschuldigten an der Zulassung einer Person seines Vertrauens als Verteidiger gegen die Bedürfnisse der Rechtspflege abzuwägen (Bay **54**, 53 = NJW **54**, 1212). Die Genehmigung darf nicht auf besondere Ausnahmefälle beschränkt werden (Bay **78**, 27 = VRS **55**, 190; **aM** Nürnberg MDR **68**, 944; Oldenburg NJW **58**, 33). Sie muß vielmehr erteilt werden, wenn der Gewählte genügend sachkundig und vertrauenswürdig erscheint und auch sonst keine Bedenken gegen sein Auftreten als Verteidiger bestehen (Bay aaO; Bremen NJW **51**, 123; Zweibrücken NZV **93**, 493).Insbesondere zugelassenen Rechtsbeiständen, die das Vertrauen des Beschuldigten genießen, muß die Genehmigung erteilt werden (Düsseldorf OLGSt Nr 3), bei genügender Sachkunde auch in Lebensmittelsachen (Koblenz NStZ **81**, 489 L). Verwandtschaftliche und freundschaftliche Beziehungen des Gewählten zu dem Beschuldigten und ein Interesse dieser Person am Ausgang des Verfahrens allein stellen seine Fähigkeit, die Verteidigung sachgerecht zu führen, nicht von vornherein in Frage (Hamm MDR **78**, 509). Die **Genehmigung** 14
erstreckt sich, wenn sie nicht entspr dem Antrag auf einzelne Verfahrenshandlungen oder -abschnitte beschränkt wird (vgl RG **9**, 78, 80), auf das ganze Verfahren (Düsseldorf OLGSt Nr 3; Neustadt MDR **56**, 437). Eine **nachträgliche Geneh-** 15
migung, die so lange erteilt werden kann, wie das Gericht mit der Sache befaßt und der Verfahrensabschnitt, für den die Prozeßhandlung bestimmt ist, noch nicht abgeschlossen ist, wirkt, rechtzeitige Antragstellung vorausgesetzt (Schleswig SchlHA **86**, 104 [E/L]), auf eine vorher vorgenommene Prozeßhandlung zurück mit der Folge, daß sie als von Anfang an formgerecht zu behandeln ist (RG **55**, 213; Bay **78**, 27, 28 = VRS **55**, 190; Hamburg JZ **55**, 218; Hamm MDR **51**, 503). Die Versagung der Genehmigung macht die zuvor erklärte Prozeßhandlung unzulässig (RG **62**, 250). **Zuständig** für die Entscheidung ist das mit der Sache 16
befaßte Gericht, nicht der Vorsitzende allein. Mit dieser Maßgabe ist im Ermittlungsverfahren § 141 IV entspr anwendbar. Der Ermittlungsrichter ist zuständig, wenn die Zulassung auf die Mitwirkung bei einer Untersuchungshandlung nach § 162 beschränkt ist (BGHR § 138 II Zulassung 1). Das Rechtsmittelgericht ist zuständig, wenn ihm die Akten nach §§ 321 S. 2, 347 II vorgelegt worden sind (8 zu § 347). Die Versagung der Genehmigung durch das untere Gericht bindet das Rechtsmittelgericht nicht, auch wenn eine dagegen eingelegte Beschwerde erfolglos war (Bay **78**, 27 = VRS **55**, 190). Die **Zurücknahme der Genehmigung** ist 17
zulässig (KK-Laufhütte 11), wenn sich herausstellt, daß die Genehmigung rechtsfehlerhaft war (Bay **53**, 15 = NJW **53**, 755), oder wenn die Genehmigungsvoraussetzungen nachträglich entfallen. Zuständig für die Zurücknahme ist das Gericht, das in diesem Zeitpunkt für die Erteilung der Genehmigung zuständig wäre (KK-Laufhütte 11). Liegen die Voraussetzungen der §§ 138 a, 138 b vor, ist nach §§ 138 c, 138 d zu verfahren, nicht die Bestellung zurückzunehmen (3 zu § 138 a; KK-Laufhütte 11; **aM** Ulsenheimer GA **75**, 109).

C. Bei **notwendiger Verteidigung** nach §§ 140, 231 IV dürfen Personen, die 18
nicht nach I zum Verteidiger gewählt oder nach § 142 II bestellt werden dürfen, nur gemeinschaftlich mit einem solchen Verteidiger zugelassen werden (Bay **91**, 1 = VRS **81**, 28; KG JR **88**, 391 mit Anm Hammerstein). Auch sonst sind ihre **Rechte eingeschränkt.** Zwar dürfen sie die Akten einsehen, in und außerhalb der 19
Hauptverhandlung Ausführungen tatsächlicher oder rechtlicher Art machen und in der Hauptverhandlung den Angeklagten sowie Zeugen und Sachverständige befragen. Sie dürfen Erklärungen abgeben und Anträge, insbesondere Beweisanträge, stellen. Bei widersprüchlichen Erklärungen ist jedoch die des RA oder Hochschul-

lehrers maßgebend. Diese Verteidiger sind auch berechtigt, Erklärungen des nach
II zugelassenen Verteidigers zu widersprechen und dessen Anträge zurückzuneh-
men, allerdings nur bis zu dem Zeitpunkt, in dem die Erklärung nach allgemeinen
Verfahrensgrundsätzen widerrufen und der Antrag zurückgenommen werden kann
20 (KK-Laufhütte 12). **Rechtsmittel** können die nach II zugelassenen Verteidiger
nur gemeinsam mit dem RA oder Hochschullehrer einlegen. Bei mündlichen Erklärungen genügt die Abgabe einer gemeinsamen Erklärung. Wenn Schriftlichkeit erforderlich ist, muß der RA oder Hochschullehrer aber entweder die Erklärung mitunterzeichnen oder innerhalb der Rechtsmittelfrist gegenüber dem Gericht eine eigene Erklärung abgeben, aus der hervorgeht, daß er einverstanden ist (KG NJW **74**, 916; Hamburg BB **81**, 658 = NJW **81**, 934 L; KK-Laufhütte 12; **aM** KMR-Müller 7). Das gilt auch für den Fall, daß die Verteidigung nur nach § 140 **II** notwendig ist (KG JR **83**, 83). Verlangt das Gesetz, wie in § 345 II, die Unterzeichnung der Rechtsmittelerklärung, so ist die Erklärung des nach **II** zugelassenen Verteidigers nur wirksam, wenn der mitverteidigende RA oder Hochschullehrer die Schrift ebenfalls und ohne Zusätze, mit denen er seine Verantwortung ausschließt oder einschränkt, formgerecht unterschreibt (BGH **32**, 326; KG aaO; KK-Laufhütte 12; Blaese/Wielop 37; **aM** KMR-Müller 7). Das gilt auch für Erklärungen eines Rechtsbeistands, der Mitglied der RAK ist (BGH aaO). Bei der Urteilsverkündung genügt die Anwesenheit des nach II zugelassenen Verteidigers (Bremen VRS **65**, 36).

21 **3) Beschwerde:** Gegen den Beschluß, der einen Verteidiger mit der Begrün-
22 dung zurückweist, er könne nicht nach **I** gewählt werden, ist Beschwerde nach
§ 304 zulässig; beschwerdeberechtigt ist auch der Verteidiger (BGH **8**, 194; Hamburg MDR **69**, 598). Entscheidungen der OLGe und der Ermittlungsrichter sind
nach §§ 304 II S. 2, V unanfechtbar. Gegen die Versagung oder Zurücknahme der
23 Genehmigung nach **II,** auch durch das erkennende Gericht (§ 305 S. 1 steht nicht
entgegen), können der Beschuldigte und der zum Verteidiger Gewählte Beschwerde einlegen (Bay **53**, 15 = NJW **53**, 755; Bay **54**, 53 = NJW **54**, 1212; Bremen NJW **51**, 123; Düsseldorf NStZ **88**, 91; Oldenburg NJW **58**, 33; KK-Laufhütte 17; **aM** Hamburg MDR **69**, 598: nur der Beschuldigte). Gegen die Erteilung der Genehmigung nach II steht der StA die Beschwerde zu (KK-Laufhütte 17). Das Beschwerdegericht prüft die Entscheidung in vollem Umfang, nicht nur auf Rechtsfehler (Bay aaO; Bremen aaO; Oldenburg aaO; KMR-Müller 17; **aM** Düsseldorf NStZ **88**, 91, 92; MDR **83**, 600).

Ausschließung des Verteidigers

138a **I Ein Verteidiger ist von der Mitwirkung in einem Verfahren auszuschließen, wenn er dringend oder in einem die Eröffnung des Hauptverfahrens rechtfertigenden Grade verdächtig ist, daß er**

1. **an der Tat, die den Gegenstand der Untersuchung bildet, beteiligt ist,**
2. **den Verkehr mit dem nicht auf freiem Fuß befindlichen Beschuldigten dazu mißbraucht, Straftaten zu begehen oder die Sicherheit einer Vollzugsanstalt erheblich zu gefährden, oder**
3. **eine Handlung begangen hat, die für den Fall der Verurteilung des Beschuldigten Begünstigung, Strafvereitelung oder Hehlerei wäre.**

II Von der Mitwirkung in einem Verfahren, das eine Straftat nach § 129 a des Strafgesetzbuches zum Gegenstand hat, ist ein Verteidiger auch auszuschließen, wenn bestimmte Tatsachen den Verdacht begründen, daß er eine der in Absatz 1 Nr. 1 und 2 bezeichneten Handlungen begangen hat oder begeht.

III Die Ausschließung ist aufzuheben,

1. sobald ihre Voraussetzungen nicht mehr vorliegen, jedoch nicht allein deshalb, weil der Beschuldigte auf freien Fuß gesetzt worden ist,
2. wenn der Verteidiger in einem wegen des Sachverhalts, der zur Ausschließung geführt hat, eröffneten Hauptverfahren freigesprochen oder wenn in einem Urteil des Ehren- oder Berufsgerichts eine schuldhafte Verletzung der Berufspflichten im Hinblick auf diesen Sachverhalt nicht festgestellt wird,
3. wenn nicht spätestens ein Jahr nach der Ausschließung wegen des Sachverhalts, der zur Ausschließung geführt hat, das Hauptverfahren im Strafverfahren oder im ehren- oder berufsgerichtlichen Verfahren eröffnet oder ein Strafbefehl erlassen worden ist.
Eine Ausschließung, die nach Nummer 3 aufzuheben ist, kann befristet, längstens jedoch insgesamt für die Dauer eines weiteren Jahres, aufrechterhalten werden, wenn die besondere Schwierigkeit oder der besondere Umfang der Sache oder ein anderer wichtiger Grund die Entscheidung über die Eröffnung des Hauptverfahrens noch nicht zuläßt.

IV Solange ein Verteidiger ausgeschlossen ist, kann er den Beschuldigten auch in anderen gesetzlich geordneten Verfahren nicht verteidigen. In sonstigen Angelegenheiten darf er den Beschuldigten, der sich nicht auf freiem Fuß befindet, nicht aufsuchen.

V Andere Beschuldigte kann ein Verteidiger, solange er ausgeschlossen ist, in demselben Verfahren nicht verteidigen, in anderen Verfahren dann nicht, wenn diese eine Straftat nach § 129 a des Strafgesetzbuches zum Gegenstand haben und die Ausschließung in einem Verfahren erfolgt ist, das ebenfalls eine solche Straftat zum Gegenstand hat. Absatz 4 gilt entsprechend.

1) Eine **abschließende Regelung** der strafprozessualen Ausschließungsgründe, 1
die zwingend (BGH **37**, 395, 396) und mit dem GG vereinbar ist (BVerfG NJW **75**, 2341; Stuttgart AnwBl **75**, 213), enthalten die §§ 138 a, 138 b (dazu allg Rieß NStZ **81**, 328; Remagen-Kemmerling, Der Ausschluß des Strafverteidigers in Theorie und Praxis, 1992). Andere Verfehlungen des Verteidigers, auch wenn sie grob standeswidrig oder sogar strafbar sind (Beleidigung, Bedrohung des Gerichts uä), rechtfertigen die Ausschließung nicht, ebensowenig seine Vernehmung als
Zeuge (18 vor § 48). Die Ausschließungsgründe gelten **in jeder Lage des Verfahrens,** 2
auch nach Rechtskraft des Urteils (vgl § 138 c III S. 2) im Vollstreckungs-, Strafvollzugs-, Gnaden- und Wiederaufnahmeverfahren, sowie entspr im Bußgeldverfahren (BGH wistra **92**, 228) und im anwaltsgerichtlichen Verfahren (BGH **37**,
395). Ausgeschlossen werden können **alle Verteidiger** (§ 138 I), auch die mit 3
Zustimmung des Beschuldigten unterbevollmächtigten Verteidiger (Rieß NStZ **81**, 331), und die nach § 392 I **AO** zu Verteidigern gewählten Angehörigen steuerberatender Berufe (Karlsruhe NJW **75**, 943), ferner die nach § 138 II zugelassenen und die nach § 141 bestellten Verteidiger (BGH **42**, 94 = NStZ **97**, 46 mit krit Anm Weigend; AK/StPO-Stern 9 mwN). Zwar wird im Anschluß an BVerfGE **39**, 238, 244 = NJW **75**, 1015 die Ansicht vertreten, die §§ 138 aff seien auf Pflichtverteidiger nicht anwendbar (Koblenz NJW **78**, 2521 = AnwBl **78**, 321 mit abl Anm Krekeler = JR **79**, 36 mit abl Anm Rieß; Köln NStZ **82**, 129; Beulke 247; Dahs 36; Krey 1/721; Ulsenheimer GA **75**, 109). Nach der Neufassung des § 142 I durch das StVÄG 1987 ist die verfahrensrechtliche Stellung von Pflicht- und Wahlverteidiger jedoch nahezu gleich (Düsseldorf NStZ **88**, 519 = JR **89**, 250 mit Anm Rogall; Parigger Koch-FG 204; **aM** Weigend NStZ **97**, 48). Die vom OLG Koblenz (aaO) und OLG Köln (aaO) vorgetragenen Argumente für eine Ungleichbehandlung sind daher überholt; sie ist auch wegen der unterschiedlichen Entscheidungskompetenz (§ 138 c I S. 1: OLG; § 143: Vorsitzender des Gerichts) und wegen der nach § 138 a IV, V eintretenden Folgen nicht angezeigt. §§ 138 aff enthalten daher gegenüber § 143 die speziellere Regelung (Düsseldorf aaO; KK-Laufhütte 2; LR-Lüderssen 4 ff; Dencker NJW **79**, 2176; Fezer 4/52 ff; Roxin § 19

D I 2; **aM** KMR-Müller 1: gelten neben § 143; offengelassen von BGH **42**, 94,
3 a 97). Wird nach Eröffnung des Hauptverfahrens ein **mitangeklagter RA als Verteidiger** gewählt, ist er durch Beschluß des erkennenden Gerichts zurückzuweisen; §§ 138 a ff sind nicht anwendbar (BGH 2 ARs 441/95 vom 26. 1. 1996; **aM** Stuttgart Justiz **87**, 80, 81).

4 2) **Ausschließungsgründe** (I, II):

5 A. **Das Tatgeschehen** muß als Straftat zu qualifizieren (**aM** Milzer MDR **90**, 587: Strafbarkeit des Beschuldigten nicht zu prüfen) und die Tatbeteiligung dem Verteidiger vorwerfbar sein (BGH NStZ **86**, 37 mit Anm Hammerstein). Sie kann in der Form der Mittäterschaft, der mittelbaren Täterschaft oder der Teilnahme (Anstiftung, Beihilfe) bestehen (§§ 25–27 StGB). Eine darüber hinausgehende Beteiligung iS des § 60 Nr 2 (dort 12) reicht nicht aus (Zweibrücken wistra **95**, 319 mwN; Parigger Koch-FG 205; Ulsenheimer GA **75**, 112; **aM** Roxin § 19 D I 1 a; Schlüchter 125 Fn 392; vgl auch BGH MDR **77**, 984 [H]). Beteiligt iS von I Nr 1 ist der Verteidiger aber auch, wenn er der Haupttäter und der Beschuldigte der Teilnehmer ist (Fezer 4/47). Bei Beteiligung an einem nur auf Antrag zu verfolgenden Delikt wird nicht vorausgesetzt, daß auch gegen den Verteidiger Strafantrag gestellt ist (Hamburg NStZ **83**, 426); es genügt, daß die Tat im anwaltsgerichtlichen Verfahren geahndet werden kann (BGH NJW **84**, 316). Zur Ausschließung kann bei Dauerdelikten auch eine Beteiligung nach Anklageerhebung führen (Stuttgart AnwBl **75**, 213). Zum erforderlichen Verdachtsgrad vgl unten 12 ff.

6 B. **Mißbrauch des ungehinderten Verkehrs mit dem Beschuldigten**(I Nr 2): Dieser Ausschließungsgrund gilt nur, wenn der Beschuldigte nicht auf freiem Fuß (dazu 13 zu § 35) ist. Ob der Mißbrauch (zum Begriff vgl Kröpil JR **97**, 316) des freien schriftlichen oder mündlichen Verkehrs mit dem Beschuldigten (§ 148 I) zu einem der in I Nr 2 bezeichneten verfahrensfremden Zwecke mit oder ohne Wissen des Mandanten geschehen ist, spielt keine Rolle. Beim Mißbrauch
7 zur **Begehung von Straftaten** muß sich der Verdacht (unten 12 ff) darauf beziehen, daß eine Straftat in der Form der Täterschaft oder Teilnahme vorwerfbar begangen oder daß jedenfalls mit ihrer Begehung begonnen worden ist (KK-Laufhütte 11 mit zutr Hinweis auf den Wortlaut von II; **aM** LR-Lüderssen 118). Der Verdacht, daß der Verteidiger erst künftig Straftaten begehen werde, reicht nicht aus. Bei Antragsdelikten setzt die Ausschließung voraus, daß mit der Stellung eines Strafantrags gerechnet werden kann; andernfalls ist die Ausschließung nicht verhältnismäßig (KK-Laufhütte 11). Auf die sofortige Verfolgbarkeit im Zeitpunkt der Ausschließung kommt es aber nicht an (KMR-Müller 10; **aM** LR-Lüderssen
8 122). Die **Sicherheit einer Vollzugsanstalt** ist gefährdet, wenn konkrete Gefahren für Personen und Sachen (Gebäude und Einrichtungen) in der Anstalt oder einem wesentlichen Teil der Anstalt (LR-Lüderssen 125) oder für den durch den Freiheitsentzug begründeten Gewahrsam drohen, zB durch Einbringung von Waffen, Sprengstoff oder Ausbruchsmaterial (KK-Laufhütte 12). Eine Störung der Sicherheit braucht noch nicht eingetreten zu sein; es genügt die naheliegende Möglichkeit, daß sie eintreten wird (Parigger Koch-FG 206). Es muß aber der dringende Verdacht (unten 12 ff) begründet sein, daß die Handlung, die hierzu führen wird, bereits begonnen hat. Störungen, die nach Art, Wirkung oder Dauer nicht erheblich ins Gewicht fallen, rechtfertigen die Ausschließung nicht.

9 C. **Begünstigung, Strafvereitelung, Hehlerei** (I Nr 3): Vgl §§ 257–260 StGB. Dieses strafbare Verhalten muß sich, wie die Tatbeteiligung nach I Nr 1, auf die Tat beziehen, die iS des § 264 Gegenstand des Verfahrens ist. Ob eine Verur-
10 teilung des Beschuldigten wegen der **Haupttat** wahrscheinlich ist, braucht das Gericht nicht zu prüfen. Es unterstellt, daß er alle Tatbestandsmerkmale erfüllt hat und daß seiner Verurteilung keine Prozeßhindernisse entgegenstehen, und prüft nur, ob der Verteidiger, wenn diese Unterstellung zutrifft, einer Straftat nach

§§ 257 ff StGB verdächtig ist (Braunschweig StV **84**, 500; Bremen NJW **81**, 2711). Zum Verdachtsgrad vgl unten 12 ff. **Versuchte Strafvereitelung** nach § 258 StGB genügt für die Ausschließung (BGH 2 ARs 88/79 vom 4. 5. 1979; KG NStZ **83**, 556 mit Anm Mehle; Köln NJW **75**, 459; Beulke NStZ **83**, 504; vgl auch Düsseldorf JZ **86**, 408, das mit Recht die verspätete Stellung eines Beweisantrags nicht für strafbar hält, Krekeler NStZ **89**, 152), nicht aber die (straflose) erfolglose Anstiftung eines Zeugen zur Falschaussage (Bremen NJW **81**, 2711; Frankfurt StV **92**, 360; **aM** Beulke NStZ **82**, 331) oder die Anwendung prozessual zulässiger Mittel (Düsseldorf NJW **91**, 996), anders möglicherweise beim Einsatz prozessual unzulässiger Mittel (Malmendier NJW **97**, 232). Allerdings kann bereits in der Benennung eines Zeugen, auf den der Verteidiger zuvor mit dem Ziel eingewirkt hat, ihn zu einer Falschaussage zu veranlassen, der Versuch der Strafvereitelung liegen (BGH NJW **83**, 2712 = JR **84**, 299 mit Anm Bottke = NStZ **83**, 503 mit Anm Beulke; **aM** BGH **31**, 10 = NStZ **82**, 329 mit abl Anm Beulke; Rudolphi Kleinknecht-FS 387). Das setzt aber voraus, daß der Zeuge die Falschaussage zugesichert und der Verteidiger mit seiner Benennung alles getan hat, was seiner Meinung nach ohne weiteres in die Vollendung des Tatbestandes des § 258 StGB einmünden würde (KG StV **84**, 336). 11

D. **Verdacht:** Die Ausschließung setzt voraus, daß der Verteidiger einer der in Nrn 1–3 bezeichneten Taten entweder dringend oder in einem die Eröffnung des Hauptverfahrens rechtfertigenden Grade verdächtig ist. Das bedeutet aber nicht, daß beide Verdachtsgrade wahlweise zur Verfügung stehen. Gemeint ist folgendes: 12
Der **dringende Verdacht** genügt immer. Er liegt vor, wenn der Ausschließungsgrund mit großer Wahrscheinlichkeit gegeben ist (vgl 6 zu § 112); dabei ist eine Gesamtwürdigung aller Umstände erforderlich (BGH NJW **84**, 316; Hamburg NStZ **83**, 426). 13
Der **hinreichende Verdacht** verlangt nur eine geringere Wahrscheinlichkeit für das Bestehen des Ausschließungsgrundes (vgl 2 zu § 203). Er genügt aber nur, wenn dem Verteidiger strafbares Verhalten vorgeworfen wird, setzt hingegen nicht voraus, daß wegen dieses Vorwurfs gegen ihn ein Ermittlungsverfahren eingeleitet und bis zur Anklagereife gediehen ist (BGH **36**, 133 gegen die frühere Rspr = JR **90**, 77 mit insoweit zust Anm Fezer = NStZ **90**, 91 mit abl Anm Mehle = StV **93**, 227 mit abl Anm Scholderer; BGH StV **96**, 470; Fezer JZ **96**, 614). 14

E. In **Verfahren wegen Straftaten nach § 129 a StGB** (II) ist für die Ausschließungsgründe nach I Nrn 1 und 2 weder dringender noch hinreichender Tatverdacht erforderlich. Es genügt, wie bei § 100 a (dort 6), der auf bestimmte Tatsachen gestützte Verdacht für das rechtlich zu mißbilligende Verteidigerverhalten (KG NJW **78**, 1538; Rieß NStZ **81**, 332; Seelmann NJW **79**, 1129). Daher ist nicht erforderlich, daß in dem Strafverfahren ein Haftbefehl auf § 129 a StGB gestützt ist. Wenn das Verfahren aber (nach Teilrechtskraft, Teileinstellung, Beschränkung der Verfolgung nach § 154 a) nicht mehr wegen der Tat nach § 129 a StGB anhängig ist, kommt die Anwendung des II nicht in Betracht (KK-Laufhütte 16). 15

3) Die **Aufhebung der Ausschließung** (III) ist zwingend vorgeschrieben, wenn die Voraussetzungen des III Nr 1 oder 2 vorliegen. Im Fall der Nr 3 gilt die Einschränkung des III S. 2. Vgl auch 3 zu § 138 b. 16

A. **Wegfall der Ausschließungsvoraussetzungen** (III S. 1 Nr 1): Eine Änderung der tatsächlichen Grundlagen der Ausschließungsentscheidung, die den Ausschließungsgrund entfallen läßt, zwingt zu ihrer Aufhebung. Daß die Tatsachengrundlage abweichend beurteilt wird, ist kein Aufhebungsgrund. **Im** Fall des I Nr 2 führt die Entlassung des Beschuldigten aus dem Gewahrsam allein nicht zur Aufhebung. Das gilt erst recht, wenn der Beschuldigte aus dem Gewahrsam entwichen ist oder sich sonst ohne Erlaubnis außerhalb der Gewahrsamsanstalt aufhält. 17

18 B. **Freispruch des Verteidigers** (III S. 1 Nr 2): Schon der in der Vorschrift bezeichnete günstige Ausgang des Straf-, Ehren- oder Berufsgerichtsverfahrens zwingt zur Aufhebung; auf die Rechtskraft der Entscheidung kommt es nicht an (Stuttgart Justiz **87**, 80; KK-Laufhütte 19). Wird die Eröffnung des Hauptverfahrens abgelehnt oder das Verfahren endgültig eingestellt, so kommt nur die Aufhebung nach III S. 1 Nr 1 in Betracht; dann muß die Rechtskraft der Entscheidung abgewartet werden (KMR-Müller 18).

19 C. **Verzögerung des Verfahrens gegen den Verteidiger** (III S. 1 Nr 3): Die Jahresfrist beginnt mit dem Wirksamwerden der Ausschließung (unten 22) und endet mit dem Erlaß (5 ff vor § 33) des Eröffnungsbeschlusses oder Strafbefehls. Ausnahmsweise kann die Ausschließung nach III S. 2 unter den dort bestimmten Voraussetzungen für ein Jahr verlängert werden; die Voraussetzungen hierfür knüpfen an die für die UHaft-Verlängerung nach § 121 an.

20 D. **Verfahren:** Die Aufhebung tritt, auch im Fall des III S. 1 Nr 3, nicht kraft Gesetzes ein, sondern erfolgt durch Beschluß des in diesem Zeitpunkt nach I zuständigen Gerichts (Karlsruhe Justiz **81**, 446; KK-Laufhütte 29 zu § 138 c). Sie kann sowohl von dem ausgeschlossenen Verteidiger oder dem Beschuldigten als auch, entspr § 138 c II S. 1, 2, von der StA oder dem Gericht beantragt werden. Der Antrag der StA und der Vorlegungsbeschluß des Gerichts sind zu begründen. Die Beteiligung der RAK richtet sich nach § 138 c II S. 3, 4. Der BGH und das OLG entscheiden idR schriftlich, können aber entspr § 138 d I auch eine mündliche Verhandlung anberaumen. Die Entscheidung ist unanfechtbar (13 zu § 138 d).

21 4) **Wirkung der Ausschließung:**

22 A. **Von jeder Tätigkeit** in dem Strafverfahren bis zu dessen vollständiger Beendigung, also auch im Vollstreckungs-, Vollzugs-, Gnaden- und Wiederaufnahmeverfahren, ist der Verteidiger ausgeschlossen. Er darf nicht Verteidiger sein, nicht aufgrund einer Untervollmacht (11 vor § 137) auftreten und den Angeklagten auch nicht aufgrund einer besonderen Vollmacht bei einer bestimmten Prozeßhandlung, zB bei der Rechtsmitteleinlegung, vertreten (Karlsruhe Justiz **81**, 446).
23 **Wirksam** wird der Ausschluß nicht schon mit der Zustellung des Ausschließungsbeschlusses (LR-Lüderssen 172; **aM** KMR-Müller 21), sondern erst mit seiner Rechtskraft (15 zu § 138 d). Vorher kann aber angeordnet werden, daß die Rechte
24 des Verteidigers aus den §§ 147, 148 ruhen (§ 138 c III). **Prozeßhandlungen** des ausgeschlossenen Verteidigers sind unwirksam, ohne daß das besonders festgestellt werden muß (KK-Laufhütte 5). Der Verteidiger, der sich an die Ausschließung nicht hält, wird förmlich zurückgewiesen (unten 28).

25 B. Das **Verbot der Verteidigung in anderen gerichtlichen Verfahren** (IV) soll verhindern, daß die Ausschließung umgangen wird. Es tritt mit dem Wirksamwerden der Ausschließung (oben 23) kraft Gesetzes ein. Andere gesetzlich geordnete Verfahren iS des IV sind Bußgeld-, Ehren- und Berufsgerichtsverfahren sowie sonstige rechtlich geregelte Disziplinarverfahren. IV S. 1 gilt auch, wenn die Ausschließung auf I Nr 2 beruht, der Beschuldigte aber nicht mehr in Haft ist, zB deshalb, weil er aus dem Gewahrsam entwichen ist oder sich sonst ohne Erlaubnis
26 außerhalb der Anstalt befindet (vgl oben 8). **In sonstigen Angelegenheiten** (IV S. 2), zB in Zivil- und Verwaltungsgerichtsprozessen, darf der ausgeschlossene Verteidiger für den Beschuldigten tätig sein; er darf ihn aber nicht aufsuchen, wenn er sich in einer JVA befindet.

27 C. Die **Unzulässigkeit der Verteidigung anderer Beschuldigter**(V) folgt schon aus § 146; das Verbot wird in V nur vorsorglich aufgestellt. In anderen Verfahren darf der ausgeschlossene Verteidiger einen Mitbeschuldigten grundsätzlich verteidigen, wenn nicht andere Hinderungsgründe entgegenstehen. Davon gilt eine Ausnahme für den Fall, daß beide Verfahren eine Straftat nach § 129 a StGB zum Gegenstand haben; um dieselbe terroristische Vereinigung braucht es sich

dabei nicht zu handeln. Dann ist der Verteidiger, auch wenn sein Mandant nicht nach § 129 a StGB angeklagt ist, als Verteidiger auch in dem anderen Verfahren ausgeschlossen. Die entspr Anwendung von IV, die V S. 2 bestimmt, bedeutet, daß der Verteidiger die Mitbeschuldigten, von deren Verteidigung er nach V S. 1 ausgeschlossen ist, auch in anderen Verfahren nicht verteidigen darf.

D. **Zurückweisung des Verteidigers:** Die Unzulässigkeit der Verteidigung 28
nach IV, V tritt kraft Gesetzes ein und führt, wenn sie von dem ausgeschlossenen Verteidiger nicht beachtet wird, zur Zurückweisung wie im Fall des § 146 a (KK-Laufhütte 28; Dahs NJW **76**, 2149). Im Ermittlungsverfahren weist die StA den Verteidiger zurück (**aM** Dahs aaO: das nach § 138 c I zuständige Gericht). Prozeßhandlungen des ausgeschlossenen Verteidigers sind ohne weiteres unwirksam.

Ausschließung in Staatsschutzsachen

138b **Von der Mitwirkung in einem Verfahren, das eine der in § 74 a Abs. 1 Nr. 3 und § 120 Abs. 1 Nr. 3 des Gerichtsverfassungsgesetzes genannten Straftaten oder die Nichterfüllung der Pflichten nach § 138 des Strafgesetzbuches hinsichtlich der Straftaten des Landesverrates oder einer Gefährdung der äußeren Sicherheit nach den §§ 94 bis 96, 97 a und 100 des Strafgesetzbuches zum Gegenstand hat, ist ein Verteidiger auch dann auszuschließen, wenn auf Grund bestimmter Tatsachen die Annahme begründet ist, daß seine Mitwirkung eine Gefahr für die Sicherheit der Bundesrepublik Deutschland herbeiführen würde. § 138 a Abs. 3 Satz 1 Nr. 1 gilt entsprechend.**

1) Einen **zusätzlichen Ausschließungsgrund in Staatsschutzsachen** nach 1
§§ 74 a I Nr 3, 120 I Nrn 3, 7 GVG bestimmt die Vorschrift. Auch sie gilt in jeder Lage des Verfahrens und nach Urteilsrechtskraft (2 zu § 138 a). Die Ausschließung setzt den auf bestimmte Tatsachen gestützten Verdacht (Parigger Koch-FG 209; 15 zu § 138 a) voraus, daß die Mitwirkung des Verteidigers eine **Gefahr für die** 2
Sicherheit der BRep herbeiführen werde. Wie in § 92 III Nr 2 StGB kommt eine Gefährdung sowohl der äußeren als auch der inneren Sicherheit der BRep in Betracht. Sie betrifft die Fähigkeit, sich nach innen oder außen gegen Störungen zur Wehr zu setzen (KK-Laufhütte 2). Die Ausschließung ist nur zulässig, wenn die naheliegende Möglichkeit eines Schadenseintritts besteht. Das ist unter Abwägung aller Umstände des Falles zu beurteilen; die politische Gesinnung des Verteidigers allein besagt nichts (KK-Laufhütte 3).

2) Die **Aufhebung der Ausschließung** (S. 2 iVm § 138 a III S. 1 Nr 1) ist 3
zwingend vorgeschrieben, wenn sich zur Überzeugung des Gerichts ergibt, daß die Tatsachengrundlage des Beschlusses nachträglich wegfällt (LR-Lüderssen 8; 17 zu § 138 a).

Verfahren **RiStBV 138 III**

138c **I Die Entscheidungen nach den §§ 138 a und 138 b trifft das Oberlandesgericht. Werden im vorbereitenden Verfahren die Ermittlungen vom Generalbundesanwalt geführt oder ist das Verfahren vor dem Bundesgerichtshof anhängig, so entscheidet der Bundesgerichtshof. Ist das Verfahren vor einem Senat eines Oberlandesgerichtes oder des Bundesgerichtshofes anhängig, so entscheidet ein anderer Senat.**

II Das nach Absatz 1 zuständige Gericht entscheidet nach Erhebung der öffentlichen Klage bis zum rechtskräftigen Abschluß des Verfahrens auf Vorlage des Gerichts, bei dem das Verfahren anhängig ist, sonst auf Antrag der Staatsanwaltschaft. Die Vorlage erfolgt auf Antrag der Staatsanwaltschaft oder von Amts wegen durch Vermittlung der Staatsanwaltschaft. Soll ein Verteidiger

ausgeschlossen werden, der Mitglied einer Rechtsanwaltskammer ist, so ist eine Abschrift des Antrages der Staatsanwaltschaft nach Satz 1 oder die Vorlage des Gerichts dem Vorstand der zuständigen Rechtsanwaltskammer mitzuteilen. Der Verteidiger kann sich im Verfahren äußern.

III Das Gericht, bei dem das Verfahren anhängig ist, kann anordnen, daß die Rechte des Verteidigers aus den §§ 147 und 148 bis zur Entscheidung des nach Absatz 1 zuständigen Gerichts über die Ausschließung ruhen; es kann das Ruhen dieser Rechte auch für die in § 138 a Abs. 4 und 5 bezeichneten Fälle anordnen. Vor Erhebung der öffentlichen Klage und nach rechtskräftigem Abschluß des Verfahrens trifft die Anordnung nach Satz 1 das Gericht, das über die Ausschließung des Verteidigers zu entscheiden hat. Die Anordnung ergeht durch unanfechtbaren Beschluß. Für die Dauer der Anordnung hat das Gericht zur Wahrnehmung der Rechte aus den §§ 147 und 148 einen anderen Verteidiger zu bestellen. § 142 gilt entsprechend.

IV Legt das Gericht, bei dem das Verfahren anhängig ist, gemäß Absatz 2 während der Hauptverhandlung vor, so hat es zugleich mit der Vorlage die Hauptverhandlung bis zur Entscheidung durch das nach Absatz 1 zuständige Gericht zu unterbrechen oder auszusetzen. Die Hauptverhandlung kann bis zu dreißig Tagen unterbrochen werden.

V Scheidet der Verteidiger aus eigenem Entschluß oder auf Veranlassung des Beschuldigten von der Mitwirkung in einem Verfahren aus, nachdem gemäß Absatz 2 der Antrag auf Ausschließung gegen ihn gestellt oder die Sache dem zur Entscheidung zuständigen Gericht vorgelegt worden ist, so kann dieses Gericht das Ausschließungsverfahren weiterführen mit dem Ziel der Feststellung, ob die Mitwirkung des ausgeschiedenen Verteidigers in dem Verfahren zulässig ist. Die Feststellung der Unzulässigkeit steht im Sinne der §§ 138 a, 138 b, 138 d der Ausschließung gleich.

VI Ist der Verteidiger von der Mitwirkung in dem Verfahren ausgeschlossen worden, so können ihm die durch die Aussetzung verursachten Kosten auferlegt werden. Die Entscheidung hierüber trifft das Gericht, bei dem das Verfahren anhängig ist.

1 **1) Zuständigkeit** (I): Die Ausschließung des Verteidigers berührt in 1. Hinsicht das Strafprozeßrecht, nicht das anwaltliche Berufsrecht (vgl BVerfGE **16**, 214, 217 = NJW **63**, 1771; BVerfGE **34**, 293, 306 = NJW **73**, 696; BGH **15**, 326, 331; zur Struktur des Verfahrens Fezer Meyer-GedSchr 81, der eine Parallele zum Zwischenverfahren nach §§ 201 ff zieht). Daher entscheidet über sie ein Strafgericht, jedoch nicht das Gericht, das für das Strafverfahren zuständig oder bei dem es anhängig ist, sondern das OLG (I S. 1). In bestimmten Fällen (I S. 2) entscheidet der BGH; dazu gehören aber nicht solche Fälle betreffende Strafvollzugssachen
2 (BGH **38**, 52). Im Fall des I S. 3 ist ein anderer Senat zuständig. **Örtlich zuständig** ist im Ermittlungsverfahren das dem Gericht, das für das Hauptverfahren zuständig wird, übergeordnete OLG, bei Vorlegung durch den Tatrichter das diesem übergeordnete OLG und nach Urteilsrechtskraft das OLG, in dessen Bezirk die den Antrag stellende StA ihren Sitz hat, im Verfahren zur Vorbereitung der Wiederaufnahme das dem Wiederaufnahmegericht (1 zu § 367) übergeordnete
3 OLG. Das OLG entscheidet in der **Besetzung** mit 3 Richtern (§ 122 I GVG), der BGH mit 5 Richtern (§ 139 I GVG).

4 **2)** Ein **Vorlegungsverfahren** (II S. 1, 2) setzt die Ausschließung voraus; BGH und OLG entscheiden nicht von Amts wegen.

5 A. **Vor Rechtshängigkeit und nach Urteilsrechtskraft:** Ist das Verfahren bei Gericht noch nicht oder nicht mehr anhängig, so entscheidet das nach **I** zuständige Gericht auf Antrag der StA, im Fall des § 386 II **AO** der Finanzbehörde (Karlsruhe NJW **75**, 943). Zur Begründung des Antrags vgl unten 9. Im Vollstreckungsver-

fahren stellt die für dieses Verfahren zuständige StA den Antrag, bei der Vorbereitung eines Wiederaufnahmeverfahrens die StA bei dem Gericht, das nach § 367, § 140 a GVG über den Wiederaufnahmeantrag zu befinden hat. Die StA beim LG legt die Akten der StA beim OLG vor, die sie mit ihrer Stellungnahme an das OLG weiterleitet; sie kann den Antrag zurücknehmen (§ 145 GVG).

B. Im **gerichtlichen Verfahren** erläßt das mit der Sache befaßte Gericht auf 6 Antrag der StA oder von Amts wegen einen Vorlegungsbeschluß, den es durch Vermittlung der StA an das nach I zuständige Gericht weiterleitet. Der Beschluß kann zurückgenommen werden, solange noch nicht über die Ausschließung entschieden worden ist, wenn er auf Antrag der StA ergangen ist, aber nur mit deren Zustimmung.

a) **Auf Antrag der StA** (II S. 1, 2): Hält die das Verfahren in dem betreffenden 7 Verfahrensabschnitt betreibende StA die Ausschließung für notwendig, so stellt sie bei dem mit der Sache befaßten Gericht unter Darlegung der Ausschließungsgründe (unten 9) den Antrag auf Vorlegung der Sache. Das Gericht ist nicht berechtigt, den Antrag zu prüfen und abzulehnen; es ist zum Erlaß eines Vorlegungsbeschlusses und zur Vorlegung der Akten an das OLG verpflichtet, auch wenn es das aus sachlichen Gründen nicht für geboten hält (Düsseldorf StraFo **97**, 333 mwN; Karlsruhe NStZ **83**, 281 mit zust Anm Bohnert). Den Vorlegungsbeschluß braucht es daher nicht zu begründen; die Bezugnahme auf den Antrag der StA genügt. Jedoch wird das Gericht idR zu diesem Antrag in dem Beschluß Stellung nehmen.

b) **Von Amts wegen** (S. 2) erläßt das Gericht, wenn es die Ausschließung für 8 geboten hält, einen mit Gründen versehenen (unten 9) Vorlegungsbeschluß. In der Hauptverhandlung entscheidet das Gericht in der durch §§ 30 I, 76 S. 1, 122 GVG, außerhalb der Hauptverhandlung, auch wenn sie nur unterbrochen ist, in der dafür durch §§ 30 II, 76 S. 2, 122 I GVG vorgeschriebenen Besetzung (KK-Laufhütte 8; KMR-Müller 6; **aM** Dünnebier NJW **76**, 3, der einen Vorlegungsbeschluß während der Unterbrechung für unzulässig hält).

C. **Erforderliche Begründung:** In dem Antrag der StA und dem von Amts 9 wegen erlassenen Vorlegungsbeschluß müssen dem OLG die Tatsachen mitgeteilt werden, aus denen sich im Fall ihres Nachweises das die Ausschließung des Verteidigers rechtfertigende Verhalten ergeben soll; außerdem sind die Beweismittel anzugeben (Düsseldorf VRS **82**, 35 mwN; wistra **97**, 359; StraFo **98**, 119; 304; Hamm StraFo **98**, 415; Karlsruhe NJW **75**, 943 = JR **76**, 205 mit Anm Rieß; Koblenz OLGSt § 138 a Nr 2; Rieß NStZ **81**, 332). Fehlt es an einer solchen Darlegung, die durch Bezugnahme auf andere Schriftstücke nicht ersetzt werden kann (Hamm aaO), so kann der Ausschließungsantrag vom OLG zur Nachbesserung zurückgegeben (Fezer Meyer-GedSchr 87) oder als unzulässig abgelehnt werden (1 zu § 138 d); denn es ist nicht Aufgabe des OLG, von sich aus nach den Grundlagen für eine etwaige Ausschließung zu forschen (Düsseldorf wistra **97**, 239).

D. **Mitteilung an die Beteiligten:** II S. 3 schreibt die Mitteilung einer Ab- 10 schrift des Ausschließungsantrags der StA oder der Vorlage, dh des Vorlegungsbeschlusses des Gerichts, nur an den Vorstand der RAK für den Fall vor, daß der Verteidiger Mitglied einer RAK ist. Daß dem Verteidiger selbst und dem Beschuldigten der Antrag oder Beschluß ebenfalls bekanntzugeben ist, versteht sich von selbst. Die Mitteilungen ordnet nicht die StA oder der Tatrichter, sondern das nach I zuständige Gericht an (LR-Lüderssen 16; **aM** KMR-Müller 7 für den Vorlegungsbeschluß). Sie werden regelmäßig mit der Ladung oder Terminsnachricht verbunden (3 zu § 138 d). Zu dem mitgeteilten Antrag bzw Beschluß können sich der Vorstand der RAK und der Verteidiger **äußern**. II S. 4 stellt diese Selbst- 10 a
verständlichkeit für den Verteidiger fest. Bis zur Änderung des S. 4 durch Ges vom 31. 8. 1998 (BGBl I 2585, 2598) wurde das Äußerungsrecht ausdrücklich nur dem Vorstand der RAK gegeben; dafür, daß ihm dieses Recht durch die Gesetzesän-

derung genommen werden sollte, ergibt sich aus den Gesetzesmaterialien nichts, so daß weiter von einem der Mitteilungspflicht entsprechenden Äußerungsrecht auch des Vorstands der RAK auszugehen ist.

11 3) **Vorläufige Maßnahmen des Gerichts** (III):

12 A. Das **Ruhen der Verteidigerrechte** aus den §§ 147, 148 (S. 1–3), wenn der Beschuldigte auf freiem Fuß ist, nur der Rechte aus § 147, kann das Gericht anordnen, wenn es das für erforderlich hält. Zulässig ist die Anordnung nur, wenn zu befürchten ist, daß der Verteidiger andernfalls die zu seiner Ausschließung zwingenden unerlaubten Tätigkeiten fortsetzen werde (Stuttgart AnwBl **75**, 170; 243; KK-Laufhütte 19). In die Anordnung können nach III S. 1 Hs 2 auch die Verfahren einbezogen werden, auf die sich die Ausschließung nach § 138 a IV, V erstreckt. Zuständig ist vor Erhebung der öffentlichen Klage und nach rechtskräftigem Verfahrensabschluß das nach I für die Ausschließung zuständige OLG oder der BGH (III S. 2), während des gerichtlichen Verfahrens das Tatgericht, bei dem es anhängig ist (III S. 1). Vor der Anordnung ist die StA zu hören, wenn sie nicht selbst den Antrag gestellt hat (§ 33 II). Der Verteidiger und der Beschuldigte werden nach § 33 III gehört, sofern nicht § 33 IV eingreift. Der Beschluß, der nicht begründet zu werden braucht (**aM** KK-Laufhütte 19; LR-Lüderssen 30), ist unanfechtbar (III S. 3). Er hat zur Folge, daß dem Verteidiger Akteneinsicht und der Zugang zu dem in UHaft befindlichen Angeklagten verwehrt wird. Briefe des Verteidigers werden dem Angeklagten nicht ausgehändigt, Briefe des Angeklagten an den Verteidiger nicht befördert, sondern zurückgegeben.

13 B. Die **Bestellung eines Pflichtverteidigers** (III S. 4, 5) ist für die Dauer der Anordnung, also bis zur Rechtskraft der Entscheidung über die Ausschließung, zwingend vorgeschrieben, auch wenn die Verteidigung nicht notwendig ist oder der Beschuldigte noch andere Verteidiger hat (Lampe MDR **75**, 530). Sie erfolgt nicht in dem Gerichtsbeschluß; vielmehr ist es Aufgabe des Vorsitzenden, den Verteidiger unverzüglich zu bestellen (KMR-Müller 13; Dünnebier NJW **76**, 6). Der „andere" Verteidiger kann auch ein dem Beschuldigten bereits bestellter Pflichtverteidiger sein (Stuttgart AnwBl **75**, 170). Seine Aufgabe beschränkt sich auf die Wahrnehmung der ruhenden Verteidigerrechte. Dabei muß er mit dem in seinen sonstigen Verteidigerfunktionen nicht beschränkten Verteidiger zusammenwirken, bei dieser Tätigkeit aber darauf bedacht sein, daß er dem Ausschließungsgrund keinen Vorschub leistet. Der Sinn seiner Einschaltung besteht vor allem darin, mit dem Beschuldigten das, was zur ordnungsmäßigen Verteidigung notwendig ist, auf schriftlichem oder mündlichem Weg zu erörtern; er ist Mittelsmann und Informant (KMR-Müller 13; weitergehend KK-Laufhütte 18: Recht auf Vornahme von Prozeßhandlungen; krit Dünnebier NJW **76**, 6). Die Ansicht, daß dem Beschuldigten in den Fällen des § 140 I, II und auch sonst, wenn das geboten erscheint, ein neuer Verteidiger zu bestellen ist, der nicht nur beschränkte Aufgaben hat (AK/StPO-Stern 21; LR-Lüderssen 35), hat im Gesetz keine Stütze (vgl Oellerich StV **81**, 434). Vielmehr folgt aus § 140 I Nr 8, daß ein Pflichtverteidiger mit unbeschränktem Aufgabenbereich erst nach rechtskräftigem Ausschluß des Wahlverteidigers zu bestellen ist.

14 4) **Unterbrechung oder Aussetzung der Hauptverhandlung**(IV): Hat das Gericht einen Vorlegungsbeschluß nach **II** S. 2 während der Hauptverhandlung erlassen, so darf es sie nicht fortsetzen, auch wenn der Beschuldigte noch andere Verteidiger hat (LR-Lüderssen 20). Es muß zugleich mit der Vorlage, dh mit Erlaß des Vorlegungsbeschlusses, die Hauptverhandlung nicht nur bis zur Entscheidung durch das nach I zuständige Gericht, sondern bis zu deren Rechtskraft (**aM** KMR-Müller 16) unterbrechen oder aussetzen. Die Unterbrechung darf höchstens 30 Tage dauern (vgl auch § 229 II). Wird während dieser Zeit die Ausschließung des Verteidigers rechtskräftig abgelehnt, so kann die Hauptverhandlung fortgesetzt werden. Wird der Verteidiger rechtskräftig ausgeschlossen, so ist die Fortsetzung

nur möglich, wenn die Verteidigung durch schon vorher tätige Mitverteidiger oder durch den Eintritt eines neuen Verteidigers, der sich kurzfristig einarbeiten kann, sichergestellt ist (KK-Laufhütte 22). Andernfalls muß die Verhandlung ausgesetzt und später neu begonnen werden.

5) Das **Feststellungsverfahren** (V) soll dem Verteidiger die Möglichkeit nehmen, durch Niederlegung des Mandats die Einstellung des Ausschließungsverfahrens zu erreichen, dann aber erneut die Verteidigung des Beschuldigten zu übernehmen. Es soll auch verhindern, daß die Ausschließungsfolgen des §§ 138 a IV, V umgangen werden (BGH NStZ **94**, 23 [K]). Daher ist das Gericht befugt, das Ausschließungsverfahren auch dann weiterzuführen, wenn der Verteidiger erst ausscheidet, nachdem die StA vor Anklageerhebung oder nach Urteilsrechtskraft den Antrag nach II S. 1 gestellt oder im gerichtlichen Verfahren das Gericht die Sache dem nach I zuständigen Gericht vorgelegt, nicht jedoch, wenn der Verteidiger schon vorher das Mandat niedergelegt hat (Düsseldorf NStZ **94**, 450). Vorgelegt ist die Sache nicht erst mit dem Eingang der Akten bei diesem Gericht, sondern schon mit der Verkündung des Vorlegungsbeschlusses in der Hauptverhandlung oder, bei Vorlegung außerhalb der Hauptverhandlung, mit dem Ausgang des Beschlusses aus dem Geschäftsbereich des vorlegenden Gerichts (9 vor § 33). Dementsprechend ist auch der Antrag der StA bereits gestellt, wenn er den Geschäftsbereich der StA verlassen hat (KK-Laufhütte 26). Die **Entscheidung,** ob das Verfahren nach V weiterzuführen ist, trifft das nach I zuständige Gericht nach Anhörung der StA, des Verteidigers und des Beschuldigten nach pflichtgemäßem Ermessen. Die Weiterführung kommt nur in Betracht, wenn Anhaltspunkte dafür vorliegen, daß der Verteidiger in dem Verfahren, in dem er ausgeschlossen werden soll, erneut tätig werden will, oder wenn nach den Umständen und nach der Persönlichkeit des Verteidigers und des Beschuldigten Konflikte zu erwarten sind, denen durch die Verteidigungsverbote nach § 138 a IV, V begegnet werden muß (Rieß NStZ **81**, 332; nur den zuletzt genannten Gesichtspunkt berücksichtigen Koblenz JR **80**, 477 mit Anm Rieß; LR-Lüderssen 42; vgl auch BGH NJW **92**, 3048; Düsseldorf NJW **95**, 739: Einstellung, falls der Verteidiger ausgeschieden und ein Bedürfnis für seine weitere Ausschließung entfallen ist). Ein **Gerichtsbeschluß,** der die Weiterführung des Verfahrens ausdrücklich bestimmt, ist gesetzlich nicht vorgeschrieben, aber empfehlenswert (KK-Laufhütte 28). Er bedarf keiner Begründung und kann wieder aufgehoben werden, wenn der Anlaß zur Weiterführung entfallen ist. Ist die Sache entscheidungsreif, so wird die Feststellung getroffen, daß die Mitwirkung des Verteidigers in dem Verfahren zulässig oder daß sie unzulässig ist. Die Feststellung der Unzulässigkeit steht iS der §§ 138 a, 138 b, 138 d der Ausschließung gleich (V S. 2).

15 16 17

6) **Kosten** (VI): Die dem § 145 IV angeglichene Regelung gilt nur für das Ausschließungsverfahren, nicht für das Feststellungsverfahren nach V (KK-Laufhütte 33). Die Belastung des ausgeschlossenen Verteidigers mit den Kosten setzt voraus, daß er die Ausschließung verschuldet hat (was im Fall des § 138 b nicht der Fall sein muß), daß die Hauptverhandlung ausgesetzt, nicht nur unterbrochen worden ist und daß es unbillig wäre, die Staatskasse oder den Angeklagten mit den Kosten zu belasten. Die Entscheidung trifft nicht das nach I zuständige Gericht, sondern der Tatrichter, bei dem das Verfahren anhängig ist (VI S. 2). Eine Entscheidung darüber, wer die Kosten und die notwendigen Auslagen des Verteidigers zu tragen hat, die in dem Zwischenverfahren über die Ausschließung oder deren Aufhebung entstehen, ergeht in diesem Verfahren (10 zu § 138 d). 18

7) **Beschwerde** ist nach § 304 I, II zulässig gegen die Ablehnung des Antrags der StA auf Erlaß eines Vorlegungsbeschlusses (Karlsruhe NStZ **83**, 281 mit Anm Bohnert) und gegen die Kostenentscheidung nach VI, die die StA und der Verteidiger mit der Beschränkung des § 304 III anfechten können, der Angeklagte nur, wenn dem Verteidiger Kosten nicht auferlegt worden sind. 19

Mündliche Verhandlung; Rechtsmittel

138d **I Über die Ausschließung des Verteidigers wird nach mündlicher Verhandlung entschieden.**

II Der Verteidiger ist zu dem Termin der mündlichen Verhandlung zu laden. Die Ladungsfrist beträgt eine Woche; sie kann auf drei Tage verkürzt werden. Die Staatsanwaltschaft, der Beschuldigte und in den Fällen des § 138 c Abs. 2 Satz 3 der Vorstand der Rechtsanwaltskammer sind von dem Termin zur mündlichen Verhandlung zu benachrichtigen.

III Die mündliche Verhandlung kann ohne den Verteidiger durchgeführt werden, wenn er ordnungsgemäß geladen und in der Ladung darauf hingewiesen worden ist, daß in seiner Abwesenheit verhandelt werden kann.

IV In der mündlichen Verhandlung sind die anwesenden Beteiligten zu hören. Den Umfang der Beweisaufnahme bestimmt das Gericht nach pflichtgemäßem Ermessen. Über die Verhandlung ist eine Niederschrift aufzunehmen; die §§ 271 bis 273 gelten entsprechend.

V Die Entscheidung ist am Schluß der mündlichen Verhandlung zu verkünden. Ist dies nicht möglich, so ist die Entscheidung spätestens binnen einer Woche zu erlassen.

VI Gegen die Entscheidung, durch die ein Verteidiger aus den in § 138 a genannten Gründen ausgeschlossen wird oder die einen Fall des § 138 b betrifft, ist sofortige Beschwerde zulässig. Dem Vorstand der Rechtsanwaltskammer steht ein Beschwerderecht nicht zu. Eine die Ausschließung des Verteidigers nach § 138 a ablehnende Entscheidung ist nicht anfechtbar.

1 **1)** In **mündlicher Verhandlung** (I) wird über die Ausschließung entschieden. Kommt eine Entscheidung zuungunsten des Verteidigers von vornherein nicht in Betracht, so ist eine solche Verhandlung aber entbehrlich. Das ist der Fall, wenn der Ausschließungsantrag der StA oder der gerichtliche Vorlegungsbeschluß unzulässig ist, weil das Gericht unzuständig ist (BGH **38**, 52) oder weil die erforderliche Begründung (9 zu § 138 c) fehlt (Bamberg AnwBl **80**, 33 mit Anm Demmer; Düsseldorf NStZ **83**, 185; Hamm StraFo **98**, 415; Karlsruhe NJW **75**, 943 = JR **76**, 205 mit krit Anm Rieß; Karlsruhe NStZ **83**, 281, 282; KK-Laufhütte 1; **aM** LR-Lüderssen 3; Fezer Meyer-GedSchr 91), aber auch, wenn schon der Beschluß oder der Antrag ergibt, daß eine Ausschließung aus Rechtsgründen nicht zulässig ist (Bremen NJW **81**, 2711 = JR **81**, 474 mit zust Anm Müller-Dietz; Düsseldorf NJW **91**, 996 mwN; Stuttgart NJW **87**, 2883; AK/StPO-Stern 4). Die mündliche Verhandlung ist keine Hauptverhandlung vor dem erkennenden Gericht iS des
2 § 169 GVG; sie ist daher **nicht öffentlich** (BGH NStZ **81**, 95 [Pf]; Stuttgart NJW **75**, 1669; Lampe MDR **75**, 529; Rieß NStZ **81**, 331; erg 1 zu § 169 GVG).

3 **2) Ladung** (II): Der Verteidiger muß unter Einhaltung der Ladungsfrist des II S. 2 und mit dem Hinweis nach III förmlich geladen werden. Erscheint er in der Verhandlung, so sind Ladungsmängel und die Nichteinhaltung der Ladungsfrist unschädlich, wenn er sie nicht rügt. Die StA, der Beschuldigte und in den Fällen des § 138 c II S. 3 der Vorstand der RAK werden nur formlos benachrichtigt (II S. 3). Spätestens mit der Ladung oder Terminsbenachrichtigung ist den Beteiligten der Ausschließungsantrag der StA oder der Vorlegungsbeschluß des Gerichts zur Kenntnis zu bringen (10 zu § 138 c).

4 **3)** In der **Verhandlung** (III, IV) sind die anwesenden Beteiligten zu hören (IV S. 1). Sie kann ohne Mitwirkung der StA, in Abwesenheit des Beschuldigten und des Vorstands der RAK, unter den Voraussetzungen des III auch ohne den Verteidiger stattfinden, der ausgeschlossen werden soll, nicht aber, wenn er nachweist,
5 daß ihm das Erscheinen unmöglich ist (vgl LR-Lüderssen 2). Eine **Vertretung des Verteidigers** durch einen anderen RA ist ausgeschlossen. Auch in Anwesenheit

des betroffenen Verteidigers darf ein anderer RA nicht als dessen „Verteidiger" an der Verhandlung mitwirken; § 137 ist nicht anwendbar (KG AnwBl **81**, 116 mit abl Anm H. Schmidt; **aM** offenbar BGH AnwBl **79**, 44; Dünnebier NJW **76**, 3 will § 137 I entspr anwenden). Der Verteidiger kann aber in der Verhandlung im Beistand eines RA erscheinen, der wie der Zeugenbeistand (11 vor § 48) kein Verfahrensbeteiligter ist und kein Antragsrecht hat (KG aaO; KK-Laufhütte 6). Den **Umfang der Beweisaufnahme** bestimmt das Gericht nach pflichtgemäßem 6 Ermessen (IV S. 2). Die Aufklärungspflicht beschränkt sich auf den in dem Ausschließungsantrag der StA oder dem Vorlegungsbeschluß bezeichneten Sachverhalt; es ist nicht Aufgabe des Gerichts, ihn durch zusätzliche Ermittlungen zu erweitern (BGH NJW **91**, 2780, 2781; Karlsruhe NJW **75**, 943; Fezer JR **90**, 80, jedoch weitergehend in Meyer- GedSchr 89; erg 9 zu § 138 c). Die Beweise werden im **Freibeweisverfahren** (7, 9 zu § 244) erhoben (BGH **28**, 116; NStZ **81**, 95 [Pf]; 7 **83**, 503; KK-Laufhütte 7; ANM 125; Rieß NStZ **81**, 332; Ulsenheimer GA **75**, 111; **aM** LR-Lüderssen 8; Dünnebier NJW **76**, 3; Bottke JR **84**, 301; Schlüchter 126 Fn 396). Für das **Verhandlungsprotokoll** gelten die §§ 271–273 sinngemäß 8 (IV S. 3); die Ergebnisse der Vernehmung werden entspr § 273 II nicht beurkundet (**aM** Dünnebier NJW **76**, 4).

4) Die **Entscheidung** (V) ergeht durch Beschluß, der mit Gründen zu versehen 9 (§ 34) und möglichst am Schluß der Verhandlung zu verkünden, spätestens binnen 1 Woche (§ 43) zu erlassen ist. Wird der Verteidiger ausgeschlossen, so sind er und der Beschuldigte bei der Bekanntgabe der Entscheidung nach § 35 a über die zulässigen Rechtsmittel (VI S. 1) zu belehren. Andernfalls wird nicht der Antrag der StA verworfen, sondern die Ausschließung abgelehnt (Fezer Meyer-GedSchr 86). Der Beschluß schließt ein Zwischenverfahren ab und ist daher mit einer **Kostenentscheidung** zu versehen (6 zu § 464). Wird der Verteidiger ausgeschlos- 10 sen, so trägt er entspr § 465 I die Kosten (Köln OLGSt § 258 StGB Nr 1 S. 5; **aM** Rieß JR **80**, 480; NStZ **81**, 332). Wird die Ausschließung abgelehnt, so sind der Staatskasse entspr § 467 I die Kosten und die notwendigen Auslagen des Verteidigers aufzuerlegen (BGH NJW **91**, 2917; Bremen NJW **81**, 2711; Karlsruhe NJW **75**, 943, 946; Koblenz JR **80**, 477 mit zust Anm Rieß; Rieß NStZ **81**, 332 mwN). Die Kosten für die Hinzuziehung eines anderen RA (oben 5) werden ihm nicht erstattet (10 zu § 464 a).

5) Anfechtung (VI): 11

A. **Sofortige Beschwerde** (VI S. 1) gegen den Ausschließungsbeschluß des 12 OLG (nicht des BGH) steht dem Verteidiger, dem Beschuldigten, für den der ausgeschlossene Verteidiger das Rechtsmittel einlegen kann (KK-Laufhütte 14; **aM** KMR-Müller 7; vgl auch BGH **26**, 291, 295), und der StA zu. Der Vorstand der RAK hat kein Beschwerderecht (VI S. 2). Im Fall des § 138 b kann die StA sofortige Beschwerde auch einlegen, wenn das OLG die Ausschließung abgelehnt hat. Über das Rechtsmittel entscheidet der BGH (§§ 135 II, 139 II GVG) ohne mündliche Verhandlung. Einstellung des Verfahrens ist wie bei § 138 c (dort 16) möglich (BGH NJW **92**, 3048). **Nicht anfechtbar** ist der Beschluß des OLG, 13 durch den die Ausschließung des Verteidigers nach § 138 a abgelehnt worden ist (VI S. 3). Auch der Beschluß, mit dem es das OLG ablehnt, die Ausschließung wieder aufzuheben, kann nicht angefochten werden (BGH **32**, 231).

B. Eine **Revisionsrüge** ist nach § 336 S. 2 ausgeschlossen. 14

6) Mit der **Rechtskraft** des Beschlusses wird die Ausschließung wirksam (23 zu 15 § 138 a); dem Beschuldigten muß nunmehr ein Pflichtverteidiger bestellt werden (§ 140 I Nr 8). Die Rechtskraft ist aber nur beschränkt. Der Aufhebung der Ausschließung steht sie nicht entgegen (§§ 138 a III, 138 b S. 2). Auch eine Wiederholung des Ausschließungsverfahrens ist zulässig, wenn neue Tatsachen oder Beweise vorliegen (Düsseldorf StraFo **98**, 305; Fezer Meyer-GedSchr 91). Dabei können die im 1. Ausschließungsverfahren bekannt gewesenen Tatsachen unterstützend herangezogen werden (KK-Laufhütte 18).

Referendare

139 **Der als Verteidiger gewählte Rechtsanwalt kann mit Zustimmung dessen, der ihn gewählt hat, die Verteidigung einem Rechtskundigen, der die erste Prüfung für den Justizdienst bestanden hat und darin seit mindestens einem Jahr und drei Monaten beschäftigt ist, übertragen.**

1 **1)** Die **Übertragung der Verteidigung auf einen Referendar,** der die 1. Staatsprüfung bestanden hat und sich seit mindestens 1 Jahr und 3 Monaten im Vorbereitungsdienst befindet, ist nur dem RA als Wahlverteidiger gestattet, nicht dem Hochschullehrer, auch nicht dem Pflichtverteidiger (BGH NJW **58**, 1308; **67**, 165; **75**, 2351, 2352; Stuttgart NJW **55**, 1291). Sie darf nicht den Zweck verfolgen, dem Referendar die Verteidigung in eigener Sache zu ermöglichen (Karlsruhe MDR **71**, 320). Die Übertragung erfolgt durch Untervollmacht (erg
2 11 vor § 137) und bedarf nicht der Genehmigung des Gerichts, aber der **Zustimmung des Angeklagten,** die schon in der allgemeinen Vollmachtsurkunde erteilt werden kann (KK-Laufhütte 2; LR-Lüderssen 10; einschr KG JR **72**, 206: für den Laien unverständlich und daher ohne nähere Erläuterung nicht bindend). Hat den Verteidiger der gesetzliche Vertreter gewählt (§ 137 II), so muß dieser zustimmen (LR-Lüderssen 11), bei Wahl durch den Erziehungsberechtigten
3 (§ 67 III JGG) ist dessen Zustimmung erforderlich. Die **Übertragung der Verteidigung auf einen Assessor**, der nicht als Vertreter nach § 53 BRAO bestellt ist (vgl 17 zu § 142), oder auf andere Rechtskundige, die nicht mehr im Justiz-
4 dienst sind, läßt § 139 nicht zu (BGH **26**, 319; Bay **91**, 1 = NJW **91**, 2434). Im **Privatklageverfahren** gilt die Vorschrift auch für den Anwalt des Privatklägers (§ 387 II).

5 **2)** Schon **vor Eröffnung des Hauptverfahrens** ist die Übertragung zulässig. Der früher überwiegend vertretenen Gegenansicht (BGH NJW **73**, 64 = AnwBl **73**, 50 mit abl Anm Wessel; Dünnebier JR **73**, 367) ist durch die Neufassung der Vorschrift der Boden entzogen (Meyer-Goßner NJW **87**, 1162; krit Dünnebier Pfeiffer-FS 266).

6 **3)** Alle **Verteidigerrechte** hat der Referendar, dem die Verteidigung übertragen ist. Er darf insbesondere anstelle des RA in der Hauptverhandlung auftreten. Seine Prozeßhandlungen sind ohne weiteres wirksam. Auch Zustellungen können an ihn vorgenommen werden (§ 145a I), aber nur über die Kanzlei des RA, nicht an seine Privatadresse. Der RA ist zur Überwachung der Verteidigertätigkeit des Referendars verpflichtet.

7 **4) Unabhängigkeit von § 139** kann sich der Verteidiger eines Referendars zu seiner Unterstützung bedienen, auch schon in einem früheren Ausbildungsstadium. Das gilt auch für die Hauptverhandlung, an der der RA selbst verantwortlich teilnimmt. Will der Referendar neben ihm mit eigenen Fragen und Erklärungen auftreten, so ist die Zustimmung des Gerichts (entspr § 138 II) erforderlich, obgleich der Verteidiger die Verantwortung für die Ausführungen des Referendars trägt. Erg 18 zu § 142.

Notwendige Verteidigung

140 **I Die Mitwirkung eines Verteidigers ist notwendig, wenn**

1. die Hauptverhandlung im ersten Rechtszug vor dem Oberlandesgericht oder dem Landgericht stattfindet;

2. dem Beschuldigten ein Verbrechen zur Last gelegt wird;
3. das Verfahren zu einem Berufsverbot führen kann;
4. (aufgehoben)
5. der Beschuldigte sich mindestens drei Monate auf Grund richterlicher Anordnung oder mit richterlicher Genehmigung in einer Anstalt befunden hat und nicht mindestens zwei Wochen vor Beginn der Hauptverhandlung entlassen wird;
6. zur Vorbereitung eines Gutachtens über den psychischen Zustand des Beschuldigten seine Unterbringung nach § 81 in Frage kommt;
7. ein Sicherungsverfahren durchgeführt wird;
8. der bisherige Verteidiger durch eine Entscheidung von der Mitwirkung in dem Verfahren ausgeschlossen ist.

II In anderen Fällen bestellt der Vorsitzende auf Antrag oder von Amts wegen einen Verteidiger, wenn wegen der Schwere der Tat oder wegen der Schwierigkeit der Sach- oder Rechtslage die Mitwirkung eines Verteidigers geboten erscheint oder wenn ersichtlich ist, daß sich der Beschuldigte nicht selbst verteidigen kann, namentlich, weil dem Verletzten nach den §§ 397 a und 406 g Abs. 3 und 4 ein Rechtsanwalt beigeordnet worden ist. Dem Antrag eines tauben oder stummen Beschuldigten ist zu entsprechen.

III Die Bestellung eines Verteidigers nach Absatz 1 Nr. 5 kann aufgehoben werden, wenn der Beschuldigte mindestens zwei Wochen vor Beginn der Hauptverhandlung aus der Anstalt entlassen wird. Die Bestellung des Verteidigers nach § 117 Abs. 4 bleibt unter den in Absatz 1 Nr. 5 bezeichneten Voraussetzungen für das weitere Verfahren wirksam, wenn nicht ein anderer Verteidiger bestellt wird.

1 1) Eine **Konkretisierung des Rechtsstaatsprinzips** (Einl 19) enthält die Vorschrift (BVerfGE **46**, 202, 210 = NJW **78**, 151; BVerfGE **63**, 380, 390 = NJW **83**, 1599; BVerfG NJW **86**, 767, 771). Mit dem Institut der notwendigen Verteidigung und mit der Bestellung eines Verteidigers ohne Rücksicht auf die Einkommens- und Vermögensverhältnisse des Angeklagten sichert der Gesetzgeber das Interesse, das der Rechtsstaat an einem prozeßordnungsgemäßen Strafverfahren und zu diesem Zweck nicht zuletzt an einer wirksamen Verteidigung des Beschuldigten hat (BVerfGE **39**, 238, 241; **65**, 171, 174 = NJW **84**, 113; BVerfGE **68**, 237, 254; BGH **3**, 395, 398). § 140 gilt auch im Privatklageverfahren (BVerfGE **63**, 380 = NJW **83**, 1599). Für das Jugendstrafverfahren wird die Vorschrift durch § 68 **JGG** ergänzt. Die Notwendigkeit der Verteidigung
2 nach § 140 besteht auch bei einem **Rechtskundigen,** selbst wenn er zu den nach § 138 **I** zu Verteidigern wählbaren Personen gehört (BGH MDR **54**, 564), da sie sich als Beschuldigte nicht selbst zum Verteidiger bestellen können (6 zu
3 § 138). Die **Bestellung eines Pflichtverteidigers** (dazu auch §§ 141, 142) schreibt I für die dort bezeichneten Fälle zwingend vor. Für Verfahren vor dem AG und vor dem LG im Berufungsrechtszug wird diese Regelung durch die Generalklausel des II ergänzt. Sie ermöglicht die Pflichtverteidigerbestellung, wenn sie unter Abwägung der Besonderheiten des Einzelfalls erforderlich erscheint. Den Sonderfall einer auf das Strafbefehlsverfahren beschränkten Verteidigerbestellung regelt § 408 b, eine auf das beschleunigte Verfahren beschränkte Verteidigerbestellung enthält § 418 IV, im Vollstreckungsverfahren ist sie in
4 § 463 III S.5 vorgesehen. **Von Amts wegen** muß der für die Bestellung zuständige Vorsitzende (§ 141 IV) den Verteidiger bestellen, auch im Fall des II. Ein Antrag des Beschuldigten oder der StA ist (anders als nach §§ 117 IV und 350 III) nicht erforderlich (krit mit Änderungsvorschlägen unter Berücksichtigung des Selbstbestimmungsrechts des Beschuldigten Herrmann StV **96**, 396 ff; dagegen Schellenberg StV **96**, 641). Die Prüfung von Amts wegen wird zweckmäßigerweise aktenkundig gemacht.

5 2) **Umfang:** Ist die Mitwirkung eines Verteidigers nach I notwendig, so ist sie es
für das gesamte Verfahren (Düsseldorf MDR **84**, 669), einschließlich des Verfahrens
vor dem beauftragten oder ersuchten Richter (BGH NJW **52**, 1426) und des
Adhäsionsverfahrens (Schleswig NStZ **98**, 101), auch wenn sich in einem späteren
Verfahrensabschnitt herausstellt, daß die Voraussetzungen nicht mehr vorliegen
(RG **70**, 317, 320). Sind mehrere Sachen wegen des persönlichen Zusammenhangs
nach § 2 ff verbunden, so ist nach § 5 die Verteidigung insgesamt notwendig, wenn
sie es wegen einer der Sachen ist (BGH NJW **56**, 1766, 1767 aE; RG **67**, 3, 12;
Celle NdsRpfl **50**, 96; erg 1 zu § 5). Bei Mitangeklagten sind die Voraussetzungen
6 des § 140 dagegen bei jedem von ihnen zu prüfen. Die Bestellung nach II **kann**
beschränkt werden, zB auf den 1. Rechtszug (RG **62**, 22; KMR-Müller 7 zu
§ 141; **aM** Wasserburg GA **82**, 312), was eine neue Bestellung im Berufungsrechts-
zug aber nicht hindert, oder auf die Revisionsbegründung (Hamm MDR **76**,
7 1038; Koblenz wistra **83**, 122; unten 29). **Bis zur Urteilsrechtskraft** gilt die
tatrichterliche Bestellung eines Verteidigers nach I oder II (unten 33). Sie erstreckt
sich daher, wenn sie nicht beschränkt wird, auch auf Einlegung und Begründung
8 der Revision (BGH wistra **88**, 233) und auf das **Revisionsverfahren** (Hamburg
NJW **66**, 2323; Wasserburg GA **82**, 309). Selbst wenn nur ein Fall des II vorliegt,
darf der Angeklagte auch während dieses Verfahrens (auch nach Einlegung und
Begründung der Revision) nicht ohne Verteidiger gelassen werden (KG StV **90**,
298; Hamm NJW **70**, 440; StV **84**, 66; Stuttgart MDR **79**, 780). Daher muß ein
anderer Verteidiger bestellt werden, wenn der bisherige Wahl- oder Pflichtverteidi-
ger wegfällt und die Voraussetzungen des I oder II vorliegen. Die Bestellung eines
Pflichtverteidigers darf in solchen Fällen (in anderen Fällen gilt II; vgl unten 29)
nicht mit der Begründung abgelehnt werden, der Angeklagte könne das Rechts-
mittel zu Protokoll der Geschäftsstelle begründen (Düsseldorf StV **86**, 143; Ham-
burg NJW **66**, 2323; Hamm StV **84**, 66; Karlsruhe NJW **69**, 2028). Lehnt der
Pflichtverteidiger die Begründung der vom Angeklagten eingelegten Revision aber
wegen Aussichtslosigkeit ab, so hat der Angeklagte keinen Anspruch auf Beiord-
nung eines anderen Verteidigers (Stuttgart NJW **79**, 1373 L). Auf die Mitwirkung
9 an der **Revisionsverhandlung** erstreckt sich die Beiordnung nicht (BGH **19**, 258
= NJW **64**, 1035 mit abl Anm Seydel; BGH NJW **84**, 2480, 2481 aE; KG JR **51**,
217, 220; Hamm NJW **58**, 1934; StV **84**, 66; Stuttgart MDR **79**, 780; **aM**
Hamburg NJW **64**, 418). Für sie bestellt der Vorsitzende des Revisionsgerichts
dem Angeklagten einen Verteidiger, wenn dazu Anlaß besteht (Oldenburg StV **92**,
558 L; 7 ff zu § 350).

10 3) **Notwendige Verteidigung nach dem Katalog des I:** Vgl auch § 231 a IV, § 34 III Nr 1 **EGGVG.**

11 A. Findet die **Hauptverhandlung vor dem OLG oder LG im 1. Rechtszug**(Nr 1) statt, so ist die Verteidigung auch dann notwendig, wenn ein AG sachlich zuständig ist.

12 B. **Vorwurf des Verbrechens** (Nr 2): Die Verteidigung ist notwendig, wenn die Tat schon in der zugelassenen Anklage als Verbrechen (§ 12 I StGB) beurteilt worden ist oder wenn wegen eines Verbrechens Nachtragsanklage nach § 266 erhoben wird, aber auch, wenn in der Hauptverhandlung auf die Möglichkeit dieser Beurteilung nach § 265 I hingewiesen wird (RG **33**, 302; **65**, 246; KG StV **85**, 184; Düsseldorf MDR **84**, 689). Liegen diese Voraussetzungen nicht vor und ist der Angeklagte wegen eines Vergehens verurteilt worden, so hat der Tatrichter nicht deshalb gegen Nr 2 verstoßen, weil das Revisionsgericht die Bewertung der Tat in der Anklage als bloßes Vergehen bedenklich findet (unrichtig daher Bremen StV **84**, 13). War die Verteidigung nach Nr 2 notwendig, so bleibt sie es, selbst wenn der Angeklagte nur wegen eines Vergehens verurteilt wird (Düsseldorf aaO; Oldenburg StV **95**, 345), auch im Berufungsrechtszug, es sei denn, der Schuldspruch ist rechtskräftig und die Verurteilung wegen eines Verbrechens daher ausgeschlossen (Bay **93**, 173 = NZV **94**, 204; LR-Lüderssen 25).

13 C. **Mögliche Anordnung des Berufsverbots** (Nr 3): Notwendig ist die Verteidigung, wenn eine solche Anordnung mit einiger Wahrscheinlichkeit zu erwarten ist (vgl BGH **4**, 320; RG **70**, 317). Nr 3 setzt daher voraus, daß § 70 StGB in der Anklageschrift aufgeführt ist (RG aaO; **68**, 397) oder daß auf die Vorschrift nach § 265 II hingewiesen wird oder daß in der Hauptverhandlung sonst Umstände auftreten, die dem Gericht Anlaß geben, sich mit der Maßregelfrage zu befassen (Celle NJW **64**, 877 L), zB wenn der StA die Anordnung beantragt. Wird die Hauptverhandlung nach diesem Antrag unterbrochen und steht zu Beginn des zur Urteilsverkündung anberaumten Termins schon fest, daß das Berufsverbot nicht angeordnet wird, so braucht aber in diesem Termin kein Verteidiger mitzuwirken (BGH MDR **57**, 141 [D]).

14 D. **Blinde, taube oder stumme Beschuldigte** (Nr 4): Vgl § 186 GVG. Nr 4 ist aufgehoben durch Gesetz zur Änderung der StPO vom 17. 5. 1988. Es gilt II S. 2. Zur Neuregelung und zur notwendigen Verteidigung bei behinderten Beschuldigten vgl R. Hamm NJW **88**, 1820; Werner NStZ **88**, 346.

15 E. **Behinderung der Verteidigung infolge Anstaltsunterbringung** (Nr 5). Die Freiheitsentziehung aufgrund richterlicher Anordnung oder mit richterlicher Genehmigung muß vor der Hauptverhandlung ununterbrochen 3 Monate gedauert haben (Hamburg MDR **73**, 336; KMR-Müller 14; **aM** Bremen StV **84**, 13; Düsseldorf JMBlNW **70**, 237; LR-Lüderssen 33; Oellerich StV **81**, 436: Gesamtdauer ist maßgebend; vermittelnd LG Frankfurt a.M. NStZ **91**, 600: Umstände des Einzelfalls entscheidend). Die Frist, deren Ablauf bei der Verteidigerbestellung nicht abgewartet werden muß (Nürnberg StV **87**, 191), zählt erst von dem Zeitpunkt an, in dem der Verwahrte Beschuldigter (Einl 76) geworden ist (KK-Laufhütte 13). Ist sie erst nach der Haupt- oder Berufungsverhandlung, wenn auch vor Ablauf der Revisionsbegründungsfrist, abgelaufen, so braucht nach Nr 5 kein Verteidiger bestellt zu werden (Düsseldorf MDR **88**, 695; Oldenburg NStZ **84**, 523 = JR **85**, 256 mit Anm Dahs; KK-Laufhütte 13; **aM** Karlsruhe NJW **69**, 2028); jedoch kommt die Anwendung des II in Betracht (unten 32). Zu der
16 **Anstaltsunterbringung iS Nr 5** gehören insbesondere Straf- und UHaft, auch im Ausland (Koblenz NStZ **84**, 522), Strafarrest, Auslieferungshaft und die Unterbringung nach §§ 63, 64, 66 StGB, nach den Unterbringungsgesetzen der Länder oder mit vormundschaftsgerichtlicher Genehmigung nach §§ 1631 b, 1800 BGB (vgl Celle NJW **65**, 2069). Auch Freigänger (§ 11 I Nr 1 StVollzG) befinden sich in einer Anstalt iS der Nr 5 (KG JR **80**, 348). Bei stationärer Behandlung in einer Drogentherapie- Einrichtung nach § 35 BtMG ist Nr 5 entspr anzuwenden (LG Gießen StV **91**, 204 mwN und zust Anm Nix), ebenso bei die persönliche Freiheit erheblich einschränkendem Aufenthalt in einem Erziehungsheim (LG Braunschweig StV **86**, 472) oder in einer stationären Alkohol-Entziehungsbehandlung (LG Traunstein StV **95**, 126). Ist der Angeklagte spätestens **2 Wochen vor der**
17 **Hauptverhandlung** entlassen worden, so besteht keine notwendige Verteidigung nach Nr 5; eine bereits angeordnete Verteidigerbestellung kann dann zurückgenommen werden (unten 36). Zur Rechtslage, wenn schon nach § 117 IV ein Verteidiger bestellt war, vgl unten 37. Im Strafbefehlsverfahren gilt Nr 5 erst nach Einlegung des Einspruchs (LG Münster MDR **80**, 335; vgl aber auch § 408 b).

18 F. **Unterbringung nach § 81** (Nr 6): Die Vorschrift gilt schon, wenn über einen ernst gemeinten Antrag auf Unterbringung zur Beobachtung zu entscheiden ist (RG **67**, 259), auch wenn er keinen Erfolg hat. Die Verteidigung bleibt für das weitere Verfahren notwendig, auch wenn es nicht zur Anstaltsunterbringung kommt (BGH NJW **52**, 797; RG aaO).

19 G. Im **Sicherungsverfahren nach §§ 413 ff** (Nr 7) ist die Verteidigung immer notwendig, auch wenn es vor dem AG mit dem Ziel der Unterbringung nach § 64 StGB oder der Entziehung der Fahrerlaubnis nach § 69 StGB durchgeführt wird; in den anderen Fällen ist nach § 24 I Nr 2 GVG das AG nicht zuständig. Erg 9 zu § 413.

20 H. **Ausschließung des Wahlverteidigers** (Nr 8): Die Notwendigkeit der Mitwirkung eines Verteidigers nach der Rechtskraft des Beschlusses, mit dem der bisherige Verteidiger nach §§ 138aff ausgeschlossen worden ist (15 zu § 138d), besteht unabhängig davon, ob die Verteidigung sonst notwendig gewesen wäre. Ist nur einer von mehreren Wahlverteidigern ausgeschlossen worden, so gilt Nr 8 nicht.

21 **4) Notwendige Verteidigung nach der Generalklausel des II:**

22 A. Für **Vergehenssachen vor dem AG und dem Berufungsgericht** gilt die Vorschrift. Im Gegensatz zu den Fällen des I entscheidet der Vorsitzende über die Verteidigerbestellung nach pflichtgemäßem Ermessen (BGH NJW **63**, 1114; Bay **94**, 169, 170 = VRS **88**, 287, 288; KG StV **83**, 186; **aM** LR-Lüderssen 42); er hat einen Beurteilungsspielraum (vgl aber S. 2: „ist zu entsprechen"), dem allerdings durch den Rechtsbegriff der Schwere der Tat Grenzen gesetzt sind (Celle StV **88**, 379; Hamm NStZ **82**, 298; Köln NJW **72**, 1432; Stuttgart Justiz **64**, 317; NStZ **81**, 490; Zweibrücken NStZ **86**, 135). Ob die Verteidigung nach II notwendig ist, richtet sich idR nach dem Gewicht des ganzen Verfahrens, nicht nur nach der Bedeutung des Verfahrensteils, für den der Verteidiger fehlt (KG StV **83**, 186; **aM** Hamm AnwBl **81**, 199; vgl auch unten 30). Eine dem II entspr Regelung enthalten §§ 434 II, 442, 444 I für den Verfalls- und Einziehungsbeteiligten sowie die JP und PV, deren Verfahrensbeteiligung angeordnet ist. Zur Anwendung des II bei Verkehrsdelikten und in der neueren Rspr vgl Molketin NZV **89**, 93 sowie AnwBl **91**, 615, **98**, 175, zur Anwendung in Jugendstrafsachen Radbruch StV **93**, 553; AG Saalfeld NStZ **95**, 150 mit krit Anm Bärens NStZ **96**, 52, insbesondere bei Verhängung einer Einheitsjugendstrafe KG StV **98**, 325, bei ausländischen Jugendlichen LG Hamburg StV **98**, 327 mit abl Anm Sättele.

23 B. Die **Schwere der Tat** beurteilt sich vor allem nach der zu erwartenden Rechtsfolgenentscheidung (BGH **6**, 199; KG StV **85**, 448; Celle wistra **86**, 233 mit Anm Molketin; Frankfurt StV **83**, 497; Hamburg NStZ **84**, 281; Koblenz VRS **69**, 293; Köln StV **86**, 238; Stuttgart NStZ **81**, 490; Zweibrücken NStZ **86**, 135 mit Anm Molketin; H. W. Schmidt MDR **58**, 644; vgl aber auch Herzig NJW **80**, 164; Oellerich StV **81**, 437: stets bei dem Vorwurf der fahrlässigen Tötung), auch in Jugendsachen (Düsseldorf OLGSt Nr 13; Hamm NStZ **82**, 298; Oldenburg VRS **78**, 292; weitergehend LG Gera StraFo **98**, 342). Nicht schon jede zu erwartende Freiheitsstrafe (**aM** LR-Lüderssen 49ff; Oellerich aaO; Peters 217), aber eine Straferwartung von 1 Jahr Freiheitsstrafe sollte idR Anlaß zur Beiordnung eines Verteidigers geben (Bay NStZ **90**, 142; KG StV **82**, 412; **85**, 448; Düsseldorf NStZ **95**, 147; Frankfurt StV **95**, 628; Karlsruhe StV **92**, 23; München wistra **92**, 237; Nürnberg StV **87**, 191; **aM** Bay DAR **83**, 251 [R]; Hamburg NJW **78**, 1172; Koblenz VRS **69**, 293; KK-Laufhütte 21; KMR-Müller 21). II wird bei weitem zu eng ausgelegt, wenn eine Straferwartung von 2 Jahren verlangt wird (so aber Celle StV **85**, 184; Frankfurt StV **83**, 497; **84**, 370; Krey 1/686; vgl auch Zweibrücken NStZ **87**, 89 mit Anm Molkentin). Daß mehr als 2 Jahre Freiheitsstrafe ohne Mitwirkung eines Verteidigers nicht verhängt werden dürfen, ist unstreitig (Bay NStZ **90**, 250 mwN; Stuttgart NStZ **81**, 490); daher ist nach der Änderung der §§ 24, 25 GVG durch das RpflEntlG beim SchG nunmehr stets ein Verteidiger zu bestellen (Weider StV **95**, 220; vgl 3 zu § 25 GVG). Die Grenze für die Straferwartung gilt auch, wenn sie nur wegen einer erforderlichen Einheitsjugendstrafe (Hamm NStZ-RR **97**, 78; Köln StV **91**, 151) oder einer Gesamtstrafenbildung erreicht wird (KG StV **85**, 448; Hamm NStZ **82**, 298; Stuttgart NStZ **81**, 490). Zu beachten ist, daß es sich um keine starren Grenzen handelt (KG aaO; Celle MDR **85**, 164; StV **86**, 184; Düsseldorf OLGSt Nr 13; Zweibrücken NStZ **86**, 135 mit Anm Molketin). In einfachen Fällen kann zB auch bei einer Strafmaßberufung gegen ein Urteil, das auf Freiheitsstrafe von mehr als 1 Jahr lautet, die Mitwirkung eines Verteidigers entbehrlich erscheinen (vgl auch Koblenz VRS **69**, 293). Auch
24 die **Verteidigungsfähigkeit** des Angeklagten ist zu berücksichtigen (KG StV **85**,

448; Karlsruhe NStZ **91**, 504; Hamburg NStZ **84**, 281; Stuttgart NStZ **81**, 490 = AnwBl **82**, 32 mit Anm Molketin; Zweibrücken NStZ **86**, 135 mit Anm Molketin), ferner **sonstige schwerwiegende Nachteile,** die der Angeklagte infolge der 25 Verurteilung zu gewärtigen hat (KG StV **83**, 186; Molketin AnwBl **81**, 217; wistra **86**, 97; H. W. Schmidt MDR **58**, 644; einschr Hamburg NStZ **84**, 281: nur wenn sie mit Bestimmtheit zu erwarten sind), zB die drohende Entlassung aus dem Beamtenverhältnis (KG aaO), die Unterbringung nach § 64 StGB (Bremen NZV **96**, 250; Karlsruhe VRS **84**, 38), die Entziehung der Fahrerlaubnis bei einem Berufskraftfahrer (H. W. Schmidt aaO) oder die dem Ausländer nach § 45 AuslG drohende Ausweisung (Bay StV **93**, 180; Strate StV **81**, 46) oder drohender Bewährungswiderruf (Bay **95**, 56 = NJW **95**, 2738; Düsseldorf VRS **89**, 367; StraFo **98**, 341; Frankfurt StV **95**, 628; Hamburg NStE Nr 20; Hamm StraFo **97**, 142; **98**, 164; Karlsruhe NStZ **91**, 505; Köln StV **93**, 402; einschr Naumburg OLGSt Nr 19).

C. **Schwierigkeit der Sach- oder Rechtslage:** Eine schwierige Sachlage be- 26 steht nicht stets bei längerer Dauer der Hauptverhandlung oder bei schwieriger Beweislage (Hamm StV **85**, 447 L), zB weil ein Indizienbeweis zu führen ist (Koblenz GA **79**, 276 L), auch nicht deshalb, weil die Untersuchung des Angeklagten auf seine Schuldfähigkeit angeordnet worden ist (LG Dortmund MDR **83**, 864; **aM** LG Osnabrück StV **82**, 515; vgl auch KG StV **90**, 298), kann aber vorliegen, wenn in einem länger dauernden Verfahren zahlreiche Zeugen zu vernehmen sind (Stuttgart StV **87**, 8), wenn Vorgänge der Betriebsführung, Buchhaltung und Bilanzierung zu überprüfen sind (LG Hildesheim wistra **89**, 320), wenn es notwendig ist, schwierige Beweise zur inneren Tatseite zu erheben (LG Hamburg StV **85**, 453), die Glaubwürdigkeit eines kindlichen Zeugen mit sachverständiger Hilfe zu beurteilen (Koblenz MDR **76**, 776) oder schwierige Indizienbeweise mit Hilfe von Sachverständigen zu führen (Celle GA **72**, 84; Hamm StV **84**, 66). Bei Berufung der StA gegen ein freisprechendes oder einstellendes Urteil wird idR ein Verteidiger beizuordnen sein (Bremen NJW **57**, 151; Düsseldorf wistra **90**, 323; Frankfurt StV **90**, 12; Hamburg StV **93**, 66 L; vgl auch EGMR EuGRZ **92**, 472), ebenso bei sonstiger unterschiedlicher Beurteilung der Sach- oder Rechtslage (Bay NStZ **90**, 142; Frankfurt StV **92**, 220 mit Anm Temming) oder der Rechtsfolgenerwartung (Düsseldorf StV **88**, 290; Köln StraFo **98**, 382). Für die Anwendung des II spielt es auch eine Rolle, daß nach § 147 nur der Verteidiger zur **Akteneinsicht** berechtigt ist (Koblenz StV **93**, 461). Die Sache ist 27 daher für den Angeklagten schwierig, wenn ein wichtiger Zeuge seine Aussage in wesentlichen Punkten wiederholt geändert hat und ihm das vorzuhalten ist (Zweibrücken StV **86**, 240; H. W. Schmidt MDR **58**, 644), wenn sich in den Akten ein Sachverständigengutachten über die Schuldfähigkeit des Angeklagten befindet, mit dem er sich auseinandersetzen muß (Köln VRS **78**, 118; Schleswig SchlHA **97**, 153 [L/S]), oder ein Sachverständigengutachten als entscheidendes Beweismittel gegen den Angeklagten (LG Bochum StV **87**, 383) oder wenn es sonst zur sachdienlichen Verteidigung gehört, daß einem Verteidiger der Akteninhalt bekannt ist (BGH JR **55**, 189 Düsseldorf VRS **83**, 193; Hamm MDR **88**, 340; Karlsruhe StV **87**, 518; Köln StV **86**, 238; Oellerich StV **81**, 437). Bei **Anklageerhebung vor** 28 **dem erweiterten Schöffengericht** wird – falls nicht nur wegen der Vielzahl von Angeklagten ein 2. Richter zugezogen wird (AG Berlin-Tiergarten MDR **93**, 72) – idR davon auszugehen sein, daß die Sachlage schwierig ist (Bremen NJW **55**, 1529; Düsseldorf AnwBl **84**, 262; LG Hagen StV **87**, 193; **aM** Düsseldorf OLGSt Nr 10; Hamm JMBlNW **78**, 113), ebenso bei einer Berufungsverhandlung vor der WirtschaftsStrK (Düsseldorf aaO; Molketin wistra **86**, 99; 235); vgl im übrigen zum SchG oben 23. Eine Verteidigerbestellung für die **Revisionsbegründung** 29 kann, auch wenn sonst die Voraussetzungen des § 140 nicht vorliegen, verlangt werden, wenn sie besondere Schwierigkeiten macht (Koblenz Rpfleger **84**, 366), sonst nicht (Hamm NStZ **82**, 345 mit abl Anm Dahs; Koblenz wistra **83**, 122;

Schleswig SchlHA **95**, 6 [L/T]), aber nicht zum Aufspüren bisher nicht erkannter Verfahrensfehler (Köln VRS **78**, 119; Oldenburg JR **85**, 256 mit abl Anm Dahs; Schleswig SchlHA **91**, 124 [L/T]; **aM** Dahs NStZ **82**, 345). Dasselbe wird für die
29 a Begründung einer **Annahmeberufung** (§ 313) zu gelten haben (vgl Rieß AnwBl **93**, 56).

30 D. **Unfähigkeit der Selbstverteidigung:** Die Verteidigungsfähigkeit des Angeklagten richtet sich nach seinen geistigen Fähigkeiten, seinem Gesundheitszustand und den sonstigen Umständen des Falles (KG StV **85**, 449; Hamburg NStZ **84**, 281; Stuttgart NStZ **81**, 409; vgl auch Celle StV **91**, 151: jugendliches Alter; Düsseldorf NJW **64**, 877: fortgeschrittene Schwangerschaft). II ist schon anwendbar, wenn an der Fähigkeit zur Selbstverteidigung erhebliche Zweifel bestehen (Frankfurt StV **84**, 370). Das ist zB der Fall, wenn der Angeklagte seelisch abartig (Hamm StV **84**, 66) oder Analphabet ist (Celle StV **83**, 187; **94**, 8 L; VRS **78**, 286) oder wenn das Prozeßverhalten des Angeklagten unverständlich und für ihn nachteilig ist (Zweibrücken NStZ **86**, 135) oder er die prozessuale Situation verkennt
30 a (Celle StV **97**, 624 L: § 358 I). Wenn der Angeklagte als **Ausländer** Verständigungsschwierigkeiten hat, ist die Anwendung des II zu prüfen (Bay StV **90**, 103; KG StV **85**, 448; Celle NStZ **87**, 521; Karlsruhe NStZ **87**, 522; Koblenz MDR **94**, 1137; Köln wistra **89**, 157 mit Anm Molketin; München StV **86**, 422; Schleswig StV **90**, 12; Zweibrücken StV **88**, 379; **aM** LG Koblenz MDR **87**, 431; vgl auch BVerfGE **64**, 135, 150 = NJW **83**, 2762, 2764); ihm wird dann regelmäßig, aber nicht ausnahmslos (Düsseldorf NJW **89**, 677; Hamm NStZ **90**, 143; StV **95**, 64; Köln NJW **91**, 2223; Stuttgart Justiz **94**, 245; Basdorf Meyer-GedSchr 30; Hilger NStZ **90**, 405; **aM** Zweibrücken StV **88**, 379; LG Freiburg StV **90**, 458; LG Köln StV **90**, 59), ein Verteidiger beizuordnen sein. Das gilt jedenfalls dann, wenn der Fall in tatsächlicher oder rechtlicher Hinsicht Schwierigkeiten von Gewicht aufweist, die unter Heranziehung eines Dolmetschers nicht ohne weiteres ausräumbar erscheinen (Frankfurt StV **97**, 573), so insbesondere, wenn die Anwendung der §§ 20, 21 StGB in Frage kommt und dazu Gutachten einzuholen sind (Hamm
31 JMBlNW **96**, 236). Den Fall, daß dem **Verletzten ein RA beigeordnet** worden ist, hebt das Gesetz besonders hervor. Es geht davon aus, daß die Fähigkeit des Beschuldigten, sich selbst zu verteidigen, erheblich beeinträchtigt sein kann, wenn er sich einem verfahrensbeteiligten Verletzten gegenübersieht, der sich des fachkundigen Rats eines RA bedient. Das muß zwar nicht immer so sein; jedoch wird idR die Beiordnung eines Verteidigers geboten sein (Hamm NStZ-RR **97**, 78). II erwähnt nur den Fall, daß der RA dem Verletzten nach §§ 397 a, 406 g III, IV vom Gericht beigeordnet worden ist. Ebenso kann es sich aber auch verhalten, wenn der Verletzte sich auf eigene Kosten eines RA als Beistands bedient. Auch dann wird dem Angeklagten idR ein Pflichtverteidiger beizuordnen sein (Köln MDR **89**, 183; NStZ **89**, 542).

32 E. **Über den Wortlaut des II hinaus** ist die Bestellung eines Verteidigers auf Antrag stets erforderlich, wenn die Ablehnung der Beiordnung aus anderen Gründen den Anspruch des Angeklagten auf ein faires Verfahren (Einl 19) verletzen würde (BVerfGE **56**, 185 = NJW **81**, 1034; BVerfGE **63**, 380, 391 = NJW **83**, 1599). Vgl dazu insbesondere 8 zu § 350. Die Notwendigkeit der Verteidigerbestellung kann sich auch daraus ergeben, daß eine Verständigung zwischen dem Angeklagten und seinem Verteidiger nicht möglich ist, der Angeklagte aber die erforderlichen Mittel für einen Dolmetscher nicht aufbringen kann (KG StV **85**, 184; LG Berlin StV **84**, 237); denn dem bestellten Verteidiger werden die notwendigen Auslagen für den von ihm herangezogenen Dolmetscher aus der Staatskasse erstattet, dem gewählten nicht (25 zu Art 6 MRK). Daß der Privatkläger anwaltlich vertreten ist, gibt dem Angeklagten keinen Anspruch auf Beiordnung eines Pflichtverteidigers (BVerfGE **63**, 380 = NJW **83**, 1599).

33 F. **Entsprechende Anwendung von II im Vollstreckungsverfahren:** Die Rechtswirkung der Verteidigerbestellung endet grundsätzlich mit der Rechtskraft

des Urteils (BGH NJW **52**, 797; Celle NStZ **85**, 519; Düsseldorf AnwBl **82**, 259; Hamburg StV **81**, 349; Hamm NStZ **83**, 189; Saarbrücken NJW **73**, 1010, 1012; **aM** Hartmann-Hilter StV **88**, 312; Peters 218; ausführlich Litwinski/Bublies 146 ff); sie gilt nur für Nachtragsentscheidungen, zB nach § 460 (Bamberg StV **85**, 140), § 57 JGG (Karlsruhe Justiz **98**, 292) und für das Wiederaufnahmeverfahren fort (2 zu § 364 a). Im Vollstreckungsverfahren sieht § 463 III S.5 eine Verteidigerbestellung vor zur Vorbereitung der Entscheidung über die Erledigungserklärung der Unterbringung in der Sicherungsverwahrung nach 10jährigem Vollzug (§ 67 d III StGB) und – bei Ablehnung der Erledigung – für die nachfolgenden Entscheidungen nach § 67 d II StGB (Aussetzung der weiteren Vollstreckung zur Bewährung). Im übrigen muß in entspr Anwendung von II ein Verteidiger bestellt werden, wenn die Schwierigkeit der Sach- oder Rechtslage oder die Unfähigkeit des Verurteilten, seine Rechte sachgemäß wahrzunehmen, das gebietet (Düsseldorf NStE Nr 35; Karlsruhe StV **94**, 552 L; Dahs/Feigen NStZ **84**, 66; Oellerich StV **81**, 440; Schwenn StV **81**, 203; **aM** Bremen StV **83**, 187 mit abl Anm Schwenn; Hamm JMBlNW **63**, 109; einschr auch Karlsruhe NJW **72**, 220 mit Anm Steinhilper; Maetzel NJW **71**, 874, die den Nachweis der Mittellosigkeit verlangen). Die **Verteidigerbestellung ist insbesondere zulässig** im Verfahren mit dem 33 a Ziel des Widerrufs der Strafaussetzung nach § 56 f StGB (Bamberg NStZ **85**, 39 mit abl Anm Pöpperl; Schütz NStZ **85**, 347) oder nach § 57 III S. 1 iVm § 56 f StGB (Celle StV **88**, 112 L), über die bedingte Entlassung aus der Strafhaft nach § 57 StGB (Schleswig SchlHA **85**, 130 [E/L]), § 57 a StGB (hier nach BVerfG NJW **92**, 2947, 2954 sogar idR geboten; zust Rotthaus NStZ **93**, 220; noch weitergehend Karlsruhe Justiz **94**, 66: unverzichtbar), über die Aussetzung der Vollstreckung einer Maßregel nach §§ 67 c I, 67 d II, III (oben 33), 67 e StGB (BVerfG NJW **86**, 767, 771; Düsseldorf StV **83**, 407; **85**, 377; **96**, 221; NStZ **89**, 92; AnwBl **89**, 676 mwN; Hamm StV **84**, 105; Jena StV **97**, 540; Karlsruhe StV **97**, 314; Stuttgart StV **93**, 378; vgl auch Celle StV **82**, 262: Entscheidung über die Erledigterklärung der Unterbringung nach § 64 StGB) und über den Widerruf der Aussetzung nach § 67 g StGB (Bremen NStZ **86**, 379; Celle StV **87**, 400 L; Koblenz StV **83**, 93 L); bei Überprüfung der weiteren Vollstreckung der Unterbringung nach § 63 StGB ist die Beiordnung eines Verteidigers idR notwendig (Brandenburg NStZ-RR **97**, 96 L; erg 13 zu Art 5 MRK). Die Beiordnung gilt aber nur für den jeweiligen Vollstreckungsabschnitt, nicht für das gesamte Verfahren (Schleswig SchlHA **89**, 105 [L/G]). Keine analoge Anwendung findet II im **Strafvollzugsverfahren** 33 b (Bremen NStZ **84**, 91; vgl aber Litwinski/Bublies 165 ff; Müller-Dietz in Jung/Müller-Dietz 116 ff).

G. **Zurücknahme der Bestellung:** Durch die Bestellung nach II wird für den 34 Angeklagten ein Recht auf Verteidigung begründet. Der Vorsitzende darf die Bestellung daher nicht allein deshalb zurücknehmen, weil er seine Ansicht über die Schwierigkeit der Sach- oder Rechtslage geändert hat (BGH **7**, 69). Nur wenn sich die Umstände wesentlich verändert haben, ist eine Zurücknahme der Bestellung zulässig (BGH aaO; Düsseldorf StV **95**, 117; Schleswig SchlHA **96**, 93 [L/T]; Stuttgart StV **85**, 140; Fezer 4/40; Hilgendorf NStZ **96**, 3).

5) Besonderheiten bei der Verteidigerbestellung nach I Nr 5 (III). 35

A. Die **Bestellung kann aufgehoben werden** (S. 1), wenn der Beschuldigte 36 mindestens 2 Wochen vor der Hauptverhandlung aus der Verwahrung entlassen wird und die Verteidigung nicht aus einem anderen Grund notwendig ist. Das gilt entspr für den Fall, daß die Hauptverhandlung verlegt oder ausgesetzt und der Beschuldigte rechtzeitig vor dem neuen Termin auf freien Fuß gesetzt wird, ebenso nach Erlaß eines erstinstanzlichen Urteils und Aufhebung des Haftbefehls vor der Berufungsverhandlung (Düsseldorf StV **95**, 117).. Das Gericht muß aber stets prüfen, ob die Beiordnung des Verteidigers aufrechtzuerhalten ist, weil die auf der Freiheitsentziehung beruhende Behinderung trotz der Freilassung nachwirkt; das wird idR der Fall sein (Celle StV **92**, 151; Frankfurt StV **83**, 497; **90**, 487; **97**, 573,

574; Oellerich StV **81**, 436; Hamburg StV **94**, 176: auch bei Flucht des Beschuldigten). Wird die Bestellung aufgehoben, so muß dem Angeklagten genügend Zeit bleiben, sich vor der Hauptverhandlung um einen Wahlverteidiger zu bemühen (Koblenz OLGSt Nr 9).

37 B. **Weitergelten der Bestellung im Vorverfahren** (S. 2). Dem länger als 3 Monate inhaftierten Beschuldigten wird idR schon nach § 117 IV im Vorverfahren ein Verteidiger beigeordnet. Sofern kein anderer Verteidiger bestellt wird, was zB angezeigt sein kann, wenn die Anklage in einem anderen Gerichtsbezirk erhoben wird (KK-Laufhütte 16; **aM** Eisenberg NJW **91**, 1262), bleibt diese Bestellung für das weitere Verfahren wirksam.

38 **6) Anfechtung:** Wegen der Beschwerde vgl 9 ff zu § 141, wegen der Revision 11 zu § 141; 41 zu § 338.

Bestellung des Verteidigers

141 **I In den den Fällen des § 140 Abs. 1 und 2 wird dem Angeschuldigten, der noch keinen Verteidiger hat, ein Verteidiger bestellt, sobald er gemäß § 201 zur Erklärung über die Anklageschrift aufgefordert worden ist.**

II Ergibt sich erst später, daß ein Verteidiger notwendig ist, so wird er sofort bestellt.

III Der Verteidiger kann auch schon während des Vorverfahrens bestellt werden. Die Staatsanwaltschaft beantragt dies, wenn nach ihrer Auffassung in dem gerichtlichen Verfahren die Mitwirkung eines Verteidigers nach § 140 Abs. 1 oder 2 notwendig sein wird. Nach dem Abschluß der Ermittlungen (§ 169 a) ist er auf Antrag der Staatsanwaltschaft zu bestellen.

IV Über die Bestellung entscheidet der Vorsitzende des Gerichts, das für das Hauptverfahren zuständig oder bei dem das Verfahren anhängig ist.

1 **1)** Dem **Angeschuldigten, der noch keinen Verteidiger hat,** wird in den Fällen des § 140 I, II ein Pflichtverteidiger bestellt; dabei spielt die Frage, ob der Angeklagte genügend Mittel für die Bezahlung eines Wahlverteidigers hat, keine Rolle (EGMR EuGRZ **92**, 542). Die Beiordnung eines Verteidigers (auch mehrerer) neben einem Wahlverteidiger ist gesetzlich nicht vorgesehen, aber zulässig (BGH **15**, 306, 309; NJW **73**, 1985; KG JR **80**, 436; Hamm JMBlNW **83**, 100; Krey 1/731; vgl auch BVerfGE **39**, 238, 246 = NJW **75**, 1015, 1017; BVerfGE **66**, 313, 331 = NJW **84**, 2403; Welp ZStW **90**, 122; **aM** Fezer 4/42 f; Römer ZRP **77**, 92; Rudolph Schmidt-Leichner-FS 168). Sie ist, uU auch neben mehreren Wahlverteidigern (Hamm NJW **75**, 1238), geboten, wenn anders der zügige Fortgang des Verfahrens und vor allem der Hauptverhandlung nicht gesichert werden kann (Koblenz NStZ **82**, 43; Rpfleger **88**, 116; **aM** Peters 220), zB wenn zu befürchten ist oder schon feststeht, daß der Wahlverteidiger in der Hauptverhandlung nicht ständig anwesend sein wird oder sonst die zur reibungslosen Durchführung des Hauptverfahrens erforderlichen Maßnahmen nicht treffen kann oder will (BGH **15**, 306, 309; NJW **73**, 1985; Frankfurt NJW **72**, 2055; StV **87**, 379; **94**, 288; Hamm NJW **75**, 1238; Stuttgart NJW **79**, 559 = JR **79**, 170 mit Anm Pelchen), insbesondere, wenn er schon früher mehrmals die Verteidigung niedergelegt hat (Düsseldorf NStZ **86**, 137), oder wenn in einem Großverfahren wegen des Umfangs und der Schwierigkeit der Sache sowie der langen Verfahrensdauer ein unabweisbares Bedürfnis für die Mitwirkung mehrerer Verteidiger besteht (Hamm NJW **78**, 1986; Karlsruhe NJW **78**, 1172) oder sonstige Gründe der prozessualen Fürsorge (Einl 155 ff) sie gebieten (Düsseldorf JurBüro **86**, 887: Mittellosigkeit des Angeklagten), nicht aber, weil in einer 4-Tages-Sache dem Ausfall des Wahlverteidigers vorgebeugt werden soll (Frankfurt StV **86**, 144), weil der Wahlverteidiger aus terminlichen Gründen verhindert ist, eine Hauptverhandlung

wahrzunehmen (Celle StV **88**, 100; Köln StraFo **98**, 267), oder weil die beantragte Beiordnung des Wahlverteidigers abgelehnt worden ist, der von auswärts kommt (Frankfurt StV **83**, 234), oder weil der Wahlverteidiger in der Hauptverhandlung nicht vorschriftsmäßig gekleidet ist (Zweibrücken NStZ **88**, 144). Die Bestellung eines **weiteren Pflichtverteidigers oder eines Pflichtverteidigers neben einem Wahlverteidiger** kann in besonders schwierigen und umfangreichen Sachen geboten sein (Frankfurt StV **93**, 348). Sie kommt auch in anderen Fällen in Betracht, wenn es zur Sicherung des weiteren Verfahrens erforderlich ist (Hamburg NStZ-RR **97**, 203; LG Koblenz NStZ **95**, 250 mit krit Anm Wasserburg). Erfolgt sie gegen den Willen des Angeklagten und des Wahlverteidigers („Zwangsverteidiger"), kann sie zwar zum Wegfall der Einheitlichkeit der Verteidigung führen (Rudolph DRiZ **75**, 210; Welp ZStW **90**, 122; 823 ff; vgl auch Römer ZRP **77**, 92); das muß aber im Interesse einer wirkungsvollen staatlichen Strafrechtspflege in Kauf genommen werden (**aM** Neumann NJW **91**, 264). Vor Urteilsrechtskraft darf die Beiordnung des Pflichtverteidigers nur zurückgenommen werden, wenn sie gegen den Willen des Angeklagten erfolgt ist (Jena StV **95**, 346 L; M. Amelung NStZ **81**, 341; **aM** Koblenz wistra **84**, 82) oder wenn der Anlaß hierfür weggefallen ist (Düsseldorf StV **90**, 348). 1a

2) Ein Verteidiger wird dem Angeklagten bestellt. Das schließt nicht aus, mehrere Verteidiger beizuordnen (§ 137 I S. 2 gilt nicht), wenn dafür wegen des Umfangs oder der Schwierigkeit des Verfahrens ein unabweisbares Bedürfnis besteht, insbesondere wenn sonst die Durchführung eines Großverfahrens nicht sichergestellt werden kann (Celle StV **88**, 379; Frankfurt NJW **80**, 1703; Karlsruhe wistra **93**, 279 mwN), nicht aber zu dem Zweck, die Vertretung der Verteidiger untereinander zu ermöglichen (Frankfurt StV **95**, 68 und 68/69). Unzulässig ist die Beiordnung zweier Verteidiger mit der Maßgabe, daß nur eine Verteidigervergütung gezahlt wird (Frankfurt NJW **80**, 1703). Die Beiordnung des 2. Verteidigers darf vor Urteilsrechtskraft nicht zurückgenommen werden, wenn keine wesentliche Änderung des Verfahrens eintritt (Frankfurt StV **84**, 502). 2

3) Zeitpunkt der Bestellung (I): Schon bei Anklagezustellung (§ 201 I) muß der Verteidiger bestellt werden. Er soll den Angeschuldigten schon beraten, welche Erklärungen nach § 201 abzugeben sind. Damit das erreicht wird und dem Verteidiger ebenfalls die Erklärungsfrist voll zur Verfügung steht, müssen nicht Verteidigerbestellung und Zustellung der Anklageschrift verbunden werden. Empfehlenswerter ist vielmehr, dem Angeschuldigten zunächst nur die Anklageschrift mit der durch § 142 I S. 2 vorgeschriebenen Aufforderung zuzustellen, innerhalb einer bestimmten Frist einen RA seines Vertrauens zu bezeichnen, und den Pflichtverteidiger erst nach Ablauf der Frist, aber noch innerhalb der Erklärungsfrist nach § 201 I zu bestellen (Oellerich StV **81**, 441; **aM** LR-Lüderssen 19; Eisenberg NJW **91**, 1261; erg 10 zu § 142). 3

4) Die **spätere Bestellung** (II) ist erforderlich, wenn sich die Notwendigkeit der Verteidigung erst später ergibt, zB wenn Nachtragsanklage wegen eines Verbrechens erhoben (BGH **9**, 243), die Tat erst in der Hauptverhandlung als Verbrechen beurteilt wird (12 zu § 140) oder sich die Schwere der Tat oder die Schwierigkeit der Sach- und Rechtslage (§ 140 II) erst dort ergibt. Die Hauptverhandlung muß dann nach Beiordnung des Verteidigers in ihren wesentlichen Teilen wiederholt werden (BGH aaO). 4

5) Schon während des Vorverfahrens (III) kann der Verteidiger bestellt werden, aber nur auf Antrag der StA (**aM** LR-Lüderssen 24; vgl auch Karlsruhe NStZ **98**, 315). Der Antrag des Beschuldigten ist nur eine Anregung an die StA, ihrerseits den Antrag zu stellen; die Ablehnung der Antragstellung durch die StA ist nicht anfechtbar (Karlsruhe aaO mwN; Oldenburg StV **93**, 511 mit Anm Köster; erg 39 zu § 147). Sonderregelungen enthalten §§ 117 IV, 118 a II S. 3, 138 c III S. 4, 408 b S.2, 418 IV. Die StA stellt den Antrag, wenn und sobald nach ihrer Auffas- 5 sung die Verteidigung im (künftigen) gerichtlichen Verfahren notwendig sein wird. Ein Anlaß zu möglichst frühzeitiger Mitwirkung eines Verteidigers kann zB darin liegen, daß der Beschuldigte zu wichtigen Gutachten Stellung zu nehmen hat, die nach § 147 nur der Verteidiger einsehen kann. Der Umstand allein, daß im späteren gerichtlichen Verfahren die Verteidigung notwendig sein wird, zwingt weder für einzelne Untersuchungshandlungen noch für das ganze Vorverfahren zur Beiordnung eines Verteidigers (BGH **29**, 1, 5; **aM** Eisenberg NJW **91**, 1262). Der Antrag der StA kann daher abgelehnt werden, aber nicht mehr, wenn er nach Abschluß der Ermittlungen (§ 169 a) gestellt oder wiederholt wird (III S. 3).

6 **6) Zuständig** (IV) für die Entscheidung über die Verteidigerbestellung ist (auch in der Hauptverhandlung) der Vorsitzende des für das Hauptverfahren zuständigen Gerichts oder des Gerichts, bei dem die Sache anhängig ist, des letzten Tatgerichts auch für die Beiordnung eines Verteidigers für die Revisionsbegründung (Hamm NJW **63**, 1513) oder sonst für das Revisionsverfahren (BGH DAR **98**, 175 [T]; vgl aber 9 zu § 350; BGH NStZ **97**, 48: zusätzliche Bestellung eines Pflichtverteidigers durch den Vorsitzenden des Revisionsgerichts „wegen Besonderheiten im Ablauf des Revisionsverfahrens"; zw). Der Vorsitzende entscheidet auch (durch Beschluß, der nach § 34 mit Gründen zu versehen und nach § 35 bekanntzumachen ist) über die Ablehnung eines Antrags auf Verteidigerbestellung (Celle NdsRpfl **74**, 234; Düsseldorf MDR **67**, 515; Hamm NJW **73**, 818; Karlsruhe NJW **74**, 110; Zweibrücken StV **82**, 128; VRS **50**, 437) und über die Zurücknahme der Bestellung (1 zu § 143). Es ist nicht „unschädlich", wenn an seiner Stelle das Kollegialgericht entscheidet (Düsseldorf JMBlNW **98**, 22; Karlsruhe aaO; Wagner JR **86**, 259; **aM** BVerwG NJW **69**, 2029; Nürnberg OLGSt § 350 Nr 1). Das Beschwerdegericht verweist die Sache wegen des Fehlers aber nicht zurück, sondern entscheidet nach § 309 II in der Sache selbst (vgl 10 zu § 126; 6 zu § 309). Die Bestellung erfolgt
7 durch **ausdrückliche Verfügung.** Allerdings kann die Aufforderung, für den Angeklagten als Verteidiger tätig zu werden, als Bestellung durch schlüssiges Verhalten gewertet werden (Hamburg NJW **98**, 621; LG Saarbrücken AnwBl **79**, 280), ebenso die gesetzlich gebotene Inanspruchnahme eines Verteidigers, der nicht Wahlverteidiger ist (Düsseldorf NStZ **84**, 43; Hamm Rpfleger **98**, 440; Koblenz
8 StraFo **97**, 256; erg 9 zu § 350). Eine **rückwirkende Bestellung** ist schlechthin unzulässig und unwirksam (Celle NdsRpfl **86**, 19; Düsseldorf NStZ **84**, 43 mwN), auch wenn der Antrag rechtzeitig gestellt, aber versehentlich nicht über ihn entschieden worden ist (Celle NdsRpfl **91**, 120; Düsseldorf JMBlNW **98**, 22 mwN; Karlsruhe Rpfleger **86**, 149; **aM** Koblenz StV **95**, 537; vgl auch LG Berlin NStZ-RR **98**, 116 zu § 37 II BtMG). Zu prüfen bleibt aber, ob eine stillschweigende Beiordnung erfolgt ist (Celle aaO; Düsseldorf aaO).

9 **7) Beschwerde:** Die Beiordnung des Verteidigers kann der Angeklagte idR mangels Beschwer nicht anfechten (Celle NStZ **88**, 39; StV **88**, 100; Düsseldorf MDR **86**, 604; München AnwBl **80**, 466). Er hat aber gegen die Bestellung eines Pflichtverteidigers neben einem Wahlverteidiger (oben 1) die Beschwerde nach § 304 (Celle aaO; Frankfurt NJW **72**, 2055; StV **89**, 384; **94**, 288; Köln StV **89**, 242; Zweibrücken NStZ **88**, 144; Oellerich StV **81**, 441; **aM** Düsseldorf aaO; JMBlNW **89**, 259; KMR-Müller 10), ebenso gegen die Ablehnung eines darauf gerichteten Antrags (München NJW **81**, 2208), nicht aber gegen die Ablehnung der Beiordnung eines zweiten Pflichtverteidigers (Celle NStZ **98**, 637); der Wahlverteidiger hat kein Beschwerderecht (Düsseldorf AnwBl **88**, 178; NStZ **86**, 138). Die StA kann stets die gesetzwidrige Beiordnung eines Verteidigers rügen (entgegen LG Essen NJW **91**, 856 auch noch nach längerer Mitwirkung des Verteidigers
10 im Verfahren). Gegen die **Ablehnung der Bestellung** durch den Vorsitzenden steht dem Angeklagten die Beschwerde nach § 304 I zu (Köln MDR **90**, 462); der nicht beigeordnete RA hat kein eigenes Beschwerderecht (Düsseldorf aaO; Hamburg NJW **78**, 1172; Koblenz wistra **86**, 118; Schleswig SchlHA **92**, 166 [L/T]); **95**, 7 [L/T]). Streitig ist, ob der Angeklagte auch Beschwerde gegen Entscheidun-

gen des Vorsitzenden des erkennenden Gerichts (6 zu § 28; 2 zu § 305) einlegen kann. Eine Mindermeinung hält das Rechtsmittel dann nach § 305 S. 1 für unzulässig (Hamburg NStZ **85**, 88; Naumburg NStZ-RR **96**, 41; Ellersiek 125; Schlüchter 656). Nach **aM** ist die Beschwerde jedenfalls gegen Entscheidungen in der Hauptverhandlung ausgeschlossen; dann soll nach § 238 II nur der Antrag auf gerichtliche Entscheidung zulässig sein, die ebenfalls nicht mit der Beschwerde anfechtbar ist (Hamburg JR **86**, 257 mit abl Anm Wagner; Hamm NJW **73**, 818; Karlsruhe MDR **79**, 780; NStZ **88**, 287; Koblenz NStZ-RR **96**, 206; Köln NStE Nr 6; StraFo **95**, 25 mit abl Anm Münchhalffen; Zweibrücken VRS **50**, 437; NStZ **87**, 477; Stuttgart MDR **90**, 174: jedenfalls, wenn die Beiordnung nur für die Dauer der Hauptverhandlung erfolgen sollte; Erker 129). Nach zutr hM handelt es sich dagegen um keine iS des § 305 S. 1 der Urteilsfällung vorausgehende Entscheidung; sie ist stets nach § 304 I anfechtbar (KG StV **86**, 239; Celle NStZ **85**, 519 mit abl Anm Paulus; Düsseldorf NStZ **86**, 138; Frankfurt StV **97**, 573; Hamm NStZ **90**, 143; Koblenz wistra **83**, 122; Köln StV **89**, 241; NStZ **91**, 248 mwN und Anm Wasserburg; München NJW **81**, 2208; Nürnberg StV **87**, 191; Schleswig SchlHA **89**, 105 [L/G]; Stuttgart NStZ-RR **96**, 207; StV **98**, 123; erg 5 zu § 305). Ein Antrag nach § 238 II ist ausgeschlossen (BGH **39**, 310, 312 mwN). Entscheidungen des Vorsitzenden des StS eines OLG sind nach § 304 IV S. 2 unanfechtbar. Nach rechtskräftigem Abschluß des Verfahrens ist die Beschwerde allgemein unzulässig (Düsseldorf wistra **92**, 320; **aM** Schleswig SchlHA **87**, 109 [L]; **93**, 226 [L/T]; erg 17 vor § 296).

8) Revision: Entscheidungen über die Bestellung des Verteidigers unterliegen 11
nach § 336 S. 1 der Prüfung des Revisionsgerichts auf Rechtsfehler (BGH **39**, 310, 313; NStZ **92**, 292 mwN).

Auswahl **RiStBV 107**

142 **I Der zu bestellende Verteidiger wird durch den Vorsitzenden des Gerichts möglichst aus der Zahl der bei einem Gericht des Gerichtsbezirks zugelassenen Rechtsanwälte ausgewählt. Dem Beschuldigten soll Gelegenheit gegeben werden, innerhalb einer zu bestimmenden Frist einen Rechtsanwalt zu bezeichnen. Der Vorsitzende bestellt den vom Beschuldigten bezeichneten Verteidiger, wenn nicht wichtige Gründe entgegenstehen.**

II In den Fällen des § 140 Abs. 1 Nr. 2 und 5 sowie des § 140 Abs. 2 können auch Rechtskundige, welche die vorgeschriebene erste Prüfung für den Justizdienst bestanden haben und darin seit mindestens einem Jahr und drei Monaten beschäftigt sind, für den ersten Rechtszug als Verteidiger bestellt werden, jedoch nicht bei dem Gericht, dessen Richter sie zur Ausbildung überwiesen sind.

1) Auswahl des Verteidigers durch das Gericht (I S. 1): 1

A. **Zuständig** ist der Vorsitzende (§ 141 IV). Auch das Beschwerdegericht 2
kann einen bestimmten Verteidiger bestellen, wenn sich das Rechtsmittel dagegen richtet, daß der Vorsitzende dessen Beiordnung abgelehnt hat (KG StV **85**, 448; Düsseldorf StV **86**, 239; Karlsruhe NJW **78**, 1064). In anderen Fällen hat es die Auswahl dem Vorsitzenden zu überlassen.

B. **Allgemeine Auswahlgrundsätze** enthält das Gesetz nicht. Nach I S. 3 ist 3
jedoch der vom Beschuldigten bezeichnete Verteidiger zu bestellen, wenn nicht wichtige Gründe entgegenstehen (Düsseldorf StV **95**, 573). Dadurch wird das dem Vorsitzenden grundsätzlich zustehende Ermessen (BVerfGE **39**, 238 = NJW **75**, 1015) stark eingeschränkt (weitergehend Barton StV **92**, 407: Konkretisierung eines unbestimmten Rechtsbegriffs). Ein Rechtsanwalt, der keine Gewähr für eine sachgerechte und ordnungsgemäße Verteidigung des Angeklagten bietet, kann aber

nicht zum Pflichtverteidiger bestellt werden (KG JR **87**, 524; Hilgendorf NStZ **96**, 3). Ist zu befürchten, daß ein RA nicht in dieser Richtung wirken, sondern verfahrensfremde Zwecke verfolgen wird, so darf er nicht bestellt werden (KG JR **78**, 346). Daß der RA mit dem Beschuldigten verwandt oder dessen Vormund ist, steht grundsätzlich der Beiordnung nicht entgegen (Düsseldorf NJW **90**, 528). Das Verbot der Mehrfachverteidigung nach § 146 ist zu beachten (dort 6). Die Beiordnung ist auch unzulässig, wenn zwar die Voraussetzungen des § 146 nicht vorliegen, aber gleichwohl ein Interessenwiderstreit besteht (BGH StV **92**, 406 mit
4 Anm Barton; Koblenz NJW **80**, 1058). Die **Bestellung eines Hochschullehrers** (4 zu § 138) ist zulässig, aber nur mit seinem Einverständnis (KK-Laufhütte 3; **aM** KMR-Müller 3).

5 C. **Möglichst aus der Zahl der örtlichen RAe** soll der Verteidiger ausgewählt werden. Die Gerichtsnähe des Verteidigers ist idR eine wesentliche Voraussetzung für eine sachdienliche Verteidigung, und zwar sowohl für den Beschuldigten als auch für den Verfahrensablauf (Düsseldorf JZ **85**, 100; Frankfurt StV **85**, 315; München StV **84**, 67; Zweibrücken StV **84**, 193). Im Fall der UHaft ist die Ortsnähe zur JVA besonders wichtig (Stuttgart NJW **70**, 1466; LG Bielefeld StV **87**, 193 L). Daher steht I der Beiordnung eines auswärtigen RA nicht entgegen, wenn der Beschuldigte am Ort des Kanzleisitzes inhaftiert ist (München aaO). Der Gesichtspunkt der Gerichtsnähe tritt zurück, wenn ein RA in praktischer Reichweite zur Verfügung steht, der die Sprache des beschuldigten Ausländers beherrscht. Zur Beiordnung eines auswärtigen RA, der das besondere Vertrauen des
6 Beschuldigten genießt, vgl unten 12. Eine Beiordnung unter **Beschränkung auf die Vergütung eines ortsansässigen RA** ist unzulässig (Celle AnwBl **81**, 196; Düsseldorf MDR **85**, 343; Frankfurt StV **89**, 241; Hamm NJW **54**, 1541; **68**, 854; Saarbrücken AnwBl **82**, 214; StV **83**, 362; Zweibrücken AnwBl **79**, 440; Pohlmann NJW **55**, 1507), sofern sich der RA damit nicht ausdrücklich einverstanden erklärt hat (Hamm JurBüro **79**, 1668; Koblenz MDR **79**, 427 L; Köln OLGSt § 97 BRAGO Nr 3; LG Duisburg MDR **90**, 76; weitergehend LG Frankfurt a.M. StV **87**, 158 mit abl Anm Krehl: auch bei Nichtanfechtung des Beiordnungsbeschlusses); das Einverständnis kann – allerdings nur mit Wirkung für die Zukunft (Zweibrücken NStZ-RR **97**, 287) – lediglich zur Sicherung einer wirksamen Verteidigung, nicht zum Schutz der wirtschaftlichen Interessen des RA, zurückgenommen werden (Nürnberg NStZ **97**, 358; Karlsruhe Justiz **86**, 51). Eine Beschwerde des Anwalts nach Urteilsrechtskraft ist unzulässig (LG Frankfurt a.M. aaO).

7 D. Der **bisherige Wahlverteidiger** kann als Pflichtverteidiger beigeordnet werden, wenn er das Mandat niedergelegt hat. Sein Antrag, ihn zum Pflichtverteidiger zu bestellen, enthält die Erklärung, die Wahlverteidigung solle mit der Beiordnung enden (BGH StV **81**, 12; Düsseldorf NStZ **86**, 137, StV **86**, 143; Frankfurt StV **83**, 408; Köln NStZ **91**, 248 mit Anm Wasserburg; München wistra **92**, 237; Nürnberg AnwBl **87**, 236). Mit der Beiordnung erlischt seine Vollmacht (BGH NStZ **91**, 94; **aM** Schnarr NStZ **86**, 488; **96**, 217). Die Bestellung des bisherigen Wahlverteidigers kann insbesondere dann sachgemäß sein, wenn er schon längere Zeit für den Beschuldigten tätig war und dessen Vertrauen genießt (Frankfurt StV **85**, 315), sie ist aber auch dann zulässig, wenn der Beschuldigte ihm aus unzutreffenden Gründen das Mandat entzogen hat (BGH **39**, 310). Die Beiordnung des Wahlverteidigers kommt jedoch idR nicht in Betracht, wenn er zuvor einen Kollegen aus seiner Stellung als Pflichtverteidiger verdrängt hat (§ 143); dann ist nach Niederlegung der Wahlverteidigung der frühere Pflichtverteidiger wieder beizuordnen (KG JR **74**, 433 mit abl Anm Lantzke; KG StV **87**, 428; Düsseldorf JMBlNW **88**, 34; Koblenz MDR **86**, 604; Zweibrücken NStZ **82**, 298; **aM** LG Düsseldorf StV **85**, 453 für den Fall, daß der Angeklagte bei Beiordnung des Pflichtverteidigers keinen RA seines Vertrauens benennen konnte; Münchhalffen StraFo **97**, 235).

2) **Auswahlrecht des Beschuldigten** (I S. 2, 3): 8

A. Einen **Rechtsanspruch auf Beiordnung des gewünschten RA** hat der Beschuldigte nicht (BVerfGE **9**, 36, 38 = NJW **59**, 571; BVerfGE **39**, 238, 243 = NJW **75**, 1015; BGH MDR **69**, 902 [D]; **79**, 108 [H]; Celle StV **82**, 360; Düsseldorf NStZ **86**, 137; **87**, 41; Karlsruhe NJW **78**, 1064; Koblenz GA **86**, 422; OLGSt § 305 Nr 4; Stuttgart NJW **70**, 1466, 1467). Auch der RA kann nicht verlangen, in einer bestimmten Sache zum Verteidiger bestellt zu werden (BVerfGE **39**, 238, 242 = NJW **75**, 1015; Köln NStZ **82**, 129). Da jedoch ein Vertrauensverhältnis zwischen Verteidiger und Beschuldigtem eine wesentliche Voraussetzung für die sachdienliche Verteidigung ist, muß dem Beschuldigten ein RA seines Vertrauens beigeordnet werden, wenn nicht wichtige Gründe entgegenstehen; das ergibt sich aus dem grundgesetzlich geschützten (Einl 19) Anspruch auf ein faires Verfahren (BVerfGE **39**, 238, 243 = NJW **75**, 1015; BVerfGE **68**, 237, 256 = NJW **85**, 727, 729; BGH NJW **88**, 3273). S. 2 und 3 tragen dieser verfassungsrechtlichen Lage Rechnung. 9

B. **Gelegenheit zur Bezeichnung eines RA** (S. 2) soll dem Beschuldigten gegeben werden. Das gilt auch bei der Bestellung eines weiteren Verteidigers (1 a zu § 141; KG StV **93**, 628; Düsseldorf NStZ **98**, 55; Stuttgart StV **90**, 55). Der Vorsitzende teilt dem Beschuldigten unmißverständlich mit, daß er einen Verteidiger benennen kann (Frankfurt NStZ-RR **96**, 271; Hamm StV **87**, 478) und setzt ihm dafür eine angemessene Frist (Düsseldorf StV **90**, 536). Für den Regelfall der Pflichtverteidigerbestellung (§ 141 I) wird die Aufforderung zur Benennung eines RA zweckmäßigerweise mit der Zustellung der Anklageschrift (§ 201 I) verbunden. Dabei ist die Frist für die Benennung des Verteidigers kürzer zu bemessen als die zur Erklärung über die Anklage (3 zu § 141). In Eilfällen findet die Anhörung telefonisch statt (Bay StV **88**, 97). Läßt der Beschuldigte die ihm gesetzte Frist verstreichen, so kann der Vorsitzende, sofern der Beschuldigte nicht schon früher zum Ausdruck gebracht hat, durch welchen Verteidiger er verteidigt werden möchte (LG Hagen StV **87**, 432), davon ausgehen, daß er keinen Verteidiger bezeichnen will oder kann. Der Vorsitzende ordnet ihm dann nach den Grundsätzen zu I S. 1 (oben 3 ff) einen Verteidiger bei. Die Aufforderung nach I S. 2 ist entbehrlich, wenn der Beschuldigte schon früher den Wunsch nach Beiordnung eines bestimmten Verteidigers geäußert hat (Bay StV **88**, 97). Sie unterbleibt auch, wenn eine Verfahrenslage vorliegt, in der die sofortige Bestellung eines Pflichtverteidigers notwendig erscheint (BGH JR **98**, 251 mit Anm Rogat), oder wenn erkennbar ist, daß der Beschuldigte keinen Vorschlag machen wird. Einer erneuten Anhörung bei Ablehnung der Bestellung des gewünschten Verteidigers aus wichtigem Grund (unten 13) bedarf es nicht (**aM** Hamm StV **94**, 8 L); das schließt aber nicht aus, einen anderen vom Beschuldigten gewünschten Verteidiger zu bestellen. 10

C. Die **Bestellung des vom Beschuldigten bezeichneten Verteidigers** (S. 3) setzt grundsätzlich voraus, daß sich der Beschuldigte bei seinem Vorschlag innerhalb des in I S. 1 bezeichneten Personenkreises gehalten hat. Benennt er einen RA außerhalb des Gerichtsbezirks, so kann er dessen Beiordnung idR nicht verlangen (Koblenz Rpfleger **92**, 215; Stuttgart MDR **88**, 77; Meyer-Goßner NJW **87**, 1162). Wenn Gerichtsort und Sitz des RA nicht weit voneinander entfernt sind, hat aber die **Rücksicht auf das Vertrauensverhältnis** den Vorrang vor der Ortsnähe (BGH **43**, 153; Düsseldorf StV **85**, 450; **90**, 254 mit Anm Deckers; NJW **90**, 527; StV **95**, 573; Frankfurt StV **83**, 408; **85**, 449; **87**, 286; Hamm StV **89**, 242; **90**, 395; Koblenz NStZ **89**, 386 mwN; Schleswig SchlHA **88**, 109 [L/G]; Stuttgart StV **89**, 521), auch bei der Beiordnung eines zweiten Verteidigers zur Sicherung der Hauptverhandlung, vgl 1 a zu § 141 (Düsseldorf NStZ **94**, 599; Frankfurt StV **91**, 9; **aM** Düsseldorf NStZ **90**, 47). Das gleiche gilt, wenn auch sonst durch die Beiordnung eines auswärtigen RA die Kosten nicht oder nur unwesentlich erhöht werden (Schleswig StV **87**, 478). Der früher vertretenen weitergehenden Ansicht, der Vorsitzende müsse dem Beschuldigten 11 12

den Anwalt seines Vertrauens stets beiordnen, auch wenn er nicht bei einem Gericht des Gerichtsbezirks zugelassen ist (Düsseldorf StV **86**, 143; **87**, 240; Frankfurt StV **85**, 315; Zweibrücken StV **84**, 193; **aM** aber schon Düsseldorf NStZ **87**, 41), ist durch die Verbindung des 1987 in die Vorschrift eingefügten I S. 3 mit dem unverändert gebliebenen I S. 1 die Grundlage entzogen (Nürnberg NStZ **97**, 51, 52). Will der Beschuldigte erreichen, daß ihm ein auswärtiger RA als Pflichtverteidiger beigeordnet wird, so muß er, sofern das nicht auf der Hand liegt (Verteidigung in früheren Verfahren, langjähriger Wahlverteidiger, zuvor Wahlverteidiger in diesem Verfahren, vgl Koblenz StV **95**, 118), substantiert darlegen, wieso ihn mit diesem Verteidiger ein besonderes Vertrauenverhältnis verbindet (Frankfurt StV **85**, 449; Koblenz OLGSt Nr 1; Nürnberg aaO). Trotz großer Entfernung des Sitzes des RA vom Gerichtsort ist aber dem Vertrauensverhältnis dann der Vorrang zu geben, wenn der Beschuldigte ebenfalls nicht dort, sondern in der Nähe des RA wohnt (München StV **93**, 180). Ausgeschlossen ist
13 die Bestellung des von dem Beschuldigten gewünschten RA, wenn dem **wichtige Gründe entgegenstehen** (EGMR EuGRZ **92**, 542: zulässige Einschränkung). In Betracht kommt zB das Verbot der Mehrfachverteidigung nach § 146 (dort 3), die Weigerung des RA, die Verteidigung zu übernehmen, oder das Fehlen der für die Verteidigung erforderlichen Spezialkenntnisse (Schleswig StV **87**, 478, 479; Meyer-Goßner NJW **87**, 1162). Auch die dem Gericht bekannte Unfähigkeit des RA, einen Angeklagten sachgerecht zu verteidigen, steht seiner Bestellung entgegen (oben 3). Die für die Abberufung eines bestellten Verteidigers entwickelten Grundsätze (3, 4 zu § 143) gelten entspr (Köln NStZ **91**, 248 mit Anm Wasserburg). Ein wichtiger Grund iS I S. 3 liegt aber nicht allein schon in einem objektiv unzweckmäßigen oder prozeßordnungswidrigen Verhalten des Verteidigers, vielmehr muß es sich um ein Fehlverhalten von besonderem Gewicht handeln und Wiederholungsgefahr bestehen (KG StV **93**, 236 mwN); auch eine einmalige Verhinderung beim vorgesehenen Hauptverhandlungstermin reicht idR nicht aus (Frankfurt NStE Nr 9), ebensowenig, daß der Verteidiger früher einen Mitangeklagten verteidigt hat (BGH NStZ **98**, 263).

14 **3)** Die **Wirkung der Beiordnung** besteht in der Begründung einer öffentlichrechtlichen Pflicht des Verteidigers, bei der ordnungsgemäßen Durchführung des Strafverfahrens und insbesondere in der Hauptverhandlung durch sachdienliche Verteidigung des Angeklagten mitzuwirken (Frankfurt NJW **72**, 1964; München Rpfleger **82**, 486; vgl auch BVerfG AnwBl **87**, 194). Der RA ist zur Übernahme der Pflichtverteidigung verpflichtet; nur aus wichtigem Grund kann er nach §§ 48 II, 49 BRAO Befreiung verlangen (dazu LR-Lüderssen 30 ff). Die Bestel-
15 lung ist **auf die Person beschränkt.** Unterbevollmächtigung (11 vor § 137) ist nicht zulässig (BGH NStZ **83**, 208 [Pf/M]; 354 [Pf/M]; **95**, 356 mit insoweit zust Anm Ehrlicher; **96**, 21 [K]; StV **81**, 393; **82**, 213; KG JR **81**, 86; Hamburg NStZ **83**, 88 L; **aM** LR-Lüderssen 35). Auch der Sozius des beigeordneten RA darf die Verteidigung nicht führen (BGH StV **81**, 12; Bay **80**, 97 = NJW **81**, 1629; StV **83**, 55 L). Bei vorübergehender Verhinderung wird die Vertretung mit Zustimmung des Vorsitzenden für zulässig gehalten (Frankfurt NJW **80**, 1703; Dahs 115); richtiger erscheint es, den Vertreter vorübergehend beizuordnen. Einem
16 **Referendar** darf die Verteidigung nicht übertragen werden (1 zu § 139). Der Vorsitzende kann aber gestatten, daß der dem Pflichtverteidiger zugeteilte Referendar unter dessen Aufsicht (weitergehend Stuttgart NJW **55**, 1291: auch an seiner Stelle) zu Ausbildungszwecken in der Hauptverhandlung wie ein Verteidiger auftritt; die Erlaubnis kann jederzeit widerrufen werden (BGH NJW **58**, 1308). Der nach § 53 BRAO amtlich oder vom Verteidiger selbst bestellte **all-**
17 **gemeine Vertreter,** auch ein Referendar, darf anstelle des beigeordneten RA die Verteidigung führen (BGH NJW **75**, 2351; NStZ **92**, 248; Bay **80**, 97 = NJW **81**, 1629; StV **89**, 469; Düsseldorf NJW **94**, 1296; Frankfurt NJW **80**, 1703; StV **88**, 195; NStZ **88**, 239; Schleswig SchlHA **91**, 165 [L/T]); erscheint der Vertreter

nicht geeignet, so muß der Vorsitzende notfalls die gesamte Beiordnung zurücknehmen (BGH aaO).

4) Die **Bestellung eines Referendars** ist nach II nur in den Fällen des § 140 I Nrn 2 und 5 und des § 140 II für den 1. Rechtszug, also nur vor dem AG zulässig. Beim LG und OLG darf der Referendar als bestellter Verteidiger nicht auftreten, auch nicht nur bei einer Ortsbesichtigung (BGH StV **89**, 465). Beigeordnet werden darf nur ein Referendar, der die 1. Staatsprüfung bestanden hat und sich mindestens seit 1 Jahr und 3 Monaten im Vorbereitungsdienst befindet. Wer aus dem Vorbereitungsdienst ausgeschieden ist, darf nicht zum Verteidiger bestellt werden (BGH **20**, 95, 96). Bei der Abteilung des AG, der der Richter angehört, dem er zur Ausbildung zugewiesen ist, darf der Referendar nicht verteidigen. Auf das ganze Gericht bezieht sich das Verbot nicht (KK-Laufhütte 6). 18

5) **Beschwerde** kann der Angeklagte, nicht der nicht beigeordnete RA im eigenen Namen (Koblenz GA **86**, 422; Schleswig SchlHA **84**, 107 [E/L]), gegen die Auswahl des Pflichtverteidigers einlegen (Frankfurt NJW **72**, 2055; Karlsruhe NJW **78**, 1064; Koblenz OLGSt Nr 1; München AnwBl **80**, 466; Ostendorf StV **86**, 311). Das gilt auch, wenn der Vorsitzende des erkennenden Gerichts die Auswahl getroffen hat (10 zu § 141). 19

6) Die **Revision** kann eine Verletzung des § 142 I auch rügen, ohne beim Tatgericht einen Antrag auf Aussetzung der Hauptverhandlung gestellt zu haben (BGH NJW **92**, 850). Das Urteil kann auf einer Verletzung des I S. 2 oder 3 aber nur beruhen, wenn der gegen den Wunsch des Angeklagten ohne wichtigen Grund bestellte Verteidiger nicht bereit oder nicht in der Lage war, den Angeklagten zu verteidigen (BGH aaO; StV **92**, 406 mit krit Anm Barton; NStZ **87**, 217 [PF/M]), es sei denn, die Bestellung eines anderen als des vom Angeklagten bezeichneten Verteidigers kam wegen der besonderen Umstände des Falles nicht in Betracht (BGH **43**, 153; NStZ **98**, 311). 20

Zurücknahme der Bestellung

143 **Die Bestellung ist zurückzunehmen, wenn demnächst ein anderer Verteidiger gewählt wird und dieser die Wahl annimmt.**

1) **Die Zurücknahme** gehört wie die Bestellung (6 zu § 141), die Auswahl (2 zu § 142) und der Widerruf (unten 3 ff) in die Zuständigkeit des Vorsitzenden, nicht des Gerichts (Koblenz OLGSt S. 5). Sie kann noch in der Hauptverhandlung verfügt werden, aber nicht zur Unzeit (BGH **3**, 327). Die Zurücknahme ist zu begründen (§ 34) und nach § 35 bekanntzumachen. 1

2) Die **Beauftragung eines Wahlverteidigers,** der die Wahl angenommen hat, beendet die Pflichtverteidigung nicht ohne weiteres (Hamm JMBlNW **59**, 197), zwingt aber zur Zurücknahme der Beiordnung. Eine Ausnahme gilt nur, wenn ein unabweisbares Bedürfnis dafür besteht, den Pflichtverteidiger neben dem Wahlverteidiger tätig bleiben zu lassen (1 zu § 141), zB wenn zu befürchten ist, daß der Wahlverteidiger das Mandat alsbald wegen Mittellosigkeit des Angeklagten wieder niederlegen werde (Düsseldorf StV **97**, 576 mit abl Anm Barton; Stuttgart NStZ-RR **96**, 207; Zweibrücken NStZ **82**, 298; LG Mainz Rpfleger **87**, 477; **aM** LR-Lüderssen 6; vgl auch Molketin MDR **89**, 503 zur Übernahme eines Wahlmandats zwecks späterer Beiordnung als Pflichtverteidiger). 2

3) Der **Widerruf der Bestellung aus wichtigem Grund** ist gesetzlich nicht vorgesehen, nach ganz hM aber zulässig, wenn Umstände vorliegen, die den Zweck der Pflichtverteidigung, dem Beschuldigten einen geeigneten Beistand zu sichern und den ordnungsgemäßen Verfahrensablauf zu gewährleisten, ernsthaft gefährden (BVerfGE **39**, 238, 244 = NJW **75**, 1015; KG JR **82**, 349; Stuttgart MDR **79**, 780; 3

aM Weigend NStZ **97**, 48). Dazu gehören Krankheit oder sonstige Verhinderung des Verteidigers (Karlsruhe Justiz **80**, 338), nicht aber unvorschriftsmäßige Kleidung (BGH NStZ **88**, 510), jedoch auch sein unberechtigtes Verlangen nach Beiordnung eines 2. Pflichtverteidigers (Frankfurt NJW **72**, 1964), insbesondere
4 aber **grobe Pflichtverletzungen** (Frankfurt StV **85**, 225; 450 mit abl Anm Sieg; **aM** Müller JR **96**, 125; Münchhalffen StraFo **97**, 236), nicht aber jedes unzweckmäßige oder prozeßordnungswidrige Verhalten (KG JR **82**, 349; Nürnberg StV **95**, 287 mit zust Anm Barton; LG Bremen StV **89**, 475; Hilgendorf NStZ **96**, 4; Hamburg NStZ **98**, 586 mit zust Anm Kudlich verlangt zudem zutr vor dem Widerruf eine Abmahnung); denn das Gericht ist nicht verpflichtet, die Tätigkeit des bestellten Verteidigers darauf zu überwachen, ob er seine Verteidigungstätigkeit ordnungsgemäß erfüllt (BGH NStZ **96**, 21 [K]; KG aaO; Nürnberg aaO; Stuttgart MDR **79**, 780). Nur wenn klar erkennbar ist, daß der Verteidiger unfähig ist, den Angeklagten sachgemäß zu verteidigen, kann es die Fürsorgepflicht (Einl 162) gebieten, ihn abzulösen (vgl auch BVerfG StV **98**, 356 mit abl Anm Lüderssen). Auch die ernsthafte und definitive Weigerung des Verteidigers, den Angeklagten zu verteidigen, kann als grobe Pflichtverletzung zum Widerruf führen (Frankfurt NStZ-RR **97**, 77), nicht aber, daß der Verteidiger sich weigert, eine vom Angeklagten eingelegte, offensichtlich aussichtslose Revision zu begründen (Bremen AnwBl **64**, 288; Düsseldorf StV **84**, 327; Stuttgart MDR **79**, 780), da der Verteidiger berechtigt ist, seine Mitwirkung an der Begründung einer solchen Revision zu verweigern (BGH DAR **86**, 202 [Sp]; Dahs 782, 797). Dagegen ist die
5 Beiordnung aufzuheben, wenn das **Vertrauensverhältnis** zwischen Angeklagtem und Verteidiger gestört ist (Hamburg MDR **72**, 799; Hamm MDR **67**, 856; StV **82**, 510; Karlsruhe NJW **78**, 1172; enger Krey 1/722 ff: weder stets noch idR Aufhebungsgrund; **aM** auch Hilgendorf NStZ **96**, 5: nur bei Unzumutbarkeit weiterer Verteidigung). Das ist vom Standpunkt eines vernünftigen und verständigen Beschuldigten aus zu beurteilen (Düsseldorf StV **93**, 6; Hamburg aaO; Hamm aaO); die ernsthafte Störung des Vertrauensverhältnisses muß der Angeklagte oder der Verteidiger substantiiert darlegen (BGH JR **96**, 124 mit zust Anm Müller; StV **97**, 565; KG StV **87**, 428; StV **90**, 347; Karlsruhe NStZ **88**, 239, dazu Molketin NStZ **89**, 87; Münchhalffen StraFo **97**, 235; KG NStZ **93**, 201 macht davon eine Ausnahme bei Wechsel zwischen 1. und 2. Instanz ohne Verfahrensverzögerung und ohne Belastung der Staatskasse mit Mehrkosten; zust Barton StV **97**, 577; ebenso Hamburg StraFo **98**, 307 mit Anm Moore). Pauschale, nicht näher belegte Vorwürfe des Angeklagten gegen den Verteidiger rechtfertigen die Entpflichtung nicht (Bamberg StV **84**, 234; Düsseldorf AnwBl **87**, 495; MDR **85**, 249; Hamburg NStZ **85**, 518; Koblenz OLGSt S. 3; Köln StV **94**, 234 mit abl Anm Münchhalffen; Schleswig SchlHA **83**, 111 [E/L]; **86**, 105 [E/L]; **90**, 117 [L/G]; vgl auch BGH MDR **79**, 108 [H]). Unüberbrückbare Auffassungsgegensätze ideologischer oder politischer Art sind kein Aufhebungsgrund (Karlsruhe NJW **78**, 1172; vgl aber Hamm NJW **75**, 1238). Der Angeklagte kann den Widerruf der Bestellung auch nicht dadurch erreichen, daß er den Verteidiger beschimpft oder bedroht (Schleswig SchlHA **82**, 122 [E/L]; Hilgendorf NStZ **96**, 4) oder tätlich angreift (KG AnwBl **78**, 241; **aM** Hilgendorf aaO); hat dieser aber deswegen Strafanzeige
6 erstattet, ist dem Entpflichtungsantrag idR stattzugeben (BGH **39**, 310). Die **Ausschließungsgründe der §§ 138a, 138b** führen zum Ausschließungsverfahren nach den §§ 138c, 138d (3 zu § 138a).

7 **4) Beschwerde:** Gegen die Zurücknahme und den Widerruf sowie dessen Ablehnung (**aM** Düsseldorf StV **97**, 576 mit abl Anm Barton, soweit es sich um den oben 2 aE erwähnten Ausnahmefall handelt) kann der Angeklagte Beschwerde nach § 304 I einlegen (Düsseldorf StraFo **98**, 228), auch noch nach Urteilsrechtskraft (Koblenz MDR **83**, 252; **aM** LR-Lüderssen 16; Hilgendorf NStZ **96**, 6), auch wenn der Vorsitzende des erkennenden Gerichts sie verfügt hat (10 zu § 141). Der Pflichtverteidiger hat kein eigenes Beschwerderecht (Bamberg MDR **90**, 460;

Hamburg NJW **98**, 621 mwN; Karlsruhe Justiz **80**, 338; Schleswig SchlHA **87**, 117 [L]; **aM** Hilgendorf aaO; Krey 1/726; vgl auch Düsseldorf NStZ **86**, 138; Köln NStZ **82**, 129: bei Willkür); seine Rechte aus Art 12 GG werden durch die Abberufung nicht beeinträchtigt (BVerfG StV **98**, 356 mit abl Anm Lüderssen). Auch der Wahlverteidiger ist nicht beschwerdeberechtigt (Koblenz StV **81**, 530). Erg 9 zu § 141.

5) Die **Revision** kann auf die Zurücknahme oder den Widerruf nicht gestützt 8 werden, wenn dem Angeklagten ein anderer Pflichtverteidiger bestellt worden ist (20 zu § 142). Die Verfügung des Vorsitzenden, mit der die Aufhebung der Beiordnung des Pflichtverteidigers abgelehnt wird, unterliegt gemäß § 336 S. 1 unmittelbar der Überprüfung durch das Revisionsgericht; die Statthaftigkeit der Rüge hängt nicht davon ab, daß der Angeklagte zuvor eine Entscheidung des Gerichts herbeigeführt hat (BGH **39**, 310, 311; NStZ **95**, 296).

144 (weggefallen)

Ausbleiben des Verteidigers

145

I Wenn in einem Falle, in dem die Verteidigung notwendig ist, der Verteidiger in der Hauptverhandlung ausbleibt, sich unzeitig entfernt oder sich weigert, die Verteidigung zu führen, so hat der Vorsitzende dem Angeklagten sogleich einen anderen Verteidiger zu bestellen. Das Gericht kann jedoch auch eine Aussetzung der Verhandlung beschließen.

II Wird der notwendige Verteidiger gemäß § 141 Abs. 2 erst im Laufe der Hauptverhandlung bestellt, so kann das Gericht eine Aussetzung der Verhandlung beschließen.

III Erklärt der neu bestellte Verteidiger, daß ihm die zur Vorbereitung der Verteidigung erforderliche Zeit nicht verbleiben würde, so ist die Verhandlung zu unterbrechen oder auszusetzen.

IV Wird durch die Schuld des Verteidigers eine Aussetzung erforderlich, so sind ihm die hierdurch verursachten Kosten aufzuerlegen.

1) Bestellung eines Pflichtverteidigers (I S. 1): 1

A. Eine **Ergänzung der §§ 140 I, II, 231 a IV** enthält die Vorschrift. Sie regelt 2 den Fall, daß bei notwendiger Verteidigung zwar ein Verteidiger gewählt oder bestellt worden ist, daß er aber die Verteidigung in der Hauptverhandlung nicht führt. Der Vorsitzende hat dem Angeklagten dann sogleich, dh ohne weitere Verhandlung in der Sache (RG **44**, 16), nicht unbedingt ohne Unterbrechung der Verhandlung, einen **anderen Verteidiger zu bestellen;** das kann auch der bishe- 3 rige Wahlverteidiger sein, auch wenn er das Mandat niedergelegt oder der Angeklagte ihm das Mandat entzogen hatte (BGH NStZ **92**, 292; Stuttgart NJW **79**, 559 = JR **79**, 170 mit Anm Pelchen; vgl aber unten 9). Dem I S. 1 ist der Grundsatz zu entnehmen, daß bei notwendiger Verteidigung der Verteidiger zu den Personen gehört, deren ununterbrochene Anwesenheit in der Hauptverhandlung erforderlich ist, daß aber nicht stets derselbe Verteidiger anwesend sein muß (vgl 10 zu § 226). Daher kann mit dem neu bestellten Pflichtverteidiger die Verhandlung grundsätzlich ohne Wiederholung einzelner Teile weitergeführt werden (BGH **13**, 337, 340; RG **33**, 330, 333; Börker MDR **56**, 578; Krey 1/695; **aM** EbSchmidt Nachtr 12 ff; Fezer 11/55). Ein **Pflichtverteidiger wird nicht be-** 4 **stellt,** wenn der Angeklagte sofort einen anderen Verteidiger wählt (KK-Laufhütte 6) oder wenn die Verhandlung nach I S. 2 oder nach § 265 IV (unten 12) ausgesetzt wird. Wegen des Ausbleibens des Wahlverteidigers bei nicht notwendiger Verteidigung vgl § 228 II.

5 B. **Ausbleiben in der Hauptverhandlung:** Gemeint ist das Ausbleiben trotz ordnungsgemäßer Ladung (RG **53**, 264) und ohne Befreiung nach § 231 c. Der Grund des Ausbleibens ist gleichgültig. Mangelnde Verhandlungsfähigkeit des Verteidigers steht seiner Abwesenheit gleich (LR-Lüderssen 14; erg 3 zu § 51; 14 zu § 329). Das verspätete Erscheinen fällt nicht unter die Vorschrift. I gilt auch nicht, wenn von mehreren Verteidigern wenigstens einer erscheint (KK-Laufhütte 3).

6 C. **Sichentfernen zur Unzeit** ist das Weggehen während der Hauptverhandlung oder das Ausbleiben nach einer Unterbrechung, wenn Prozeßhandlungen vorgenommen werden, die wesentliche Vorgänge der Hauptverhandlung (dazu 36 ff zu § 338) darstellen (RG **44**, 16, 18; **63**, 248; Koblenz NStZ **82**, 43). Zulässig ist das Sichentfernen, wenn es nach § 231 c genehmigt ist oder wenn sich der Verteidiger mit Zustimmung des Angeklagten von einem Unterbevollmächtigten (11 vor § 137) vertreten läßt.

7 D. Die **Weigerung, die Verteidigung zu führen,** braucht nicht ausdrücklich erklärt zu werden. Es genügt, daß der Verteidiger untätig bleibt, obwohl ein Tätigwerden nach den Umständen geboten wäre (BGH StV **93**, 566). Dauernde Ungebühr reicht nicht aus (LR-Lüderssen 18; vgl aber Hamm NJW **54**, 1053).

8 **2) Unterbrechung oder Aussetzung der Verhandlung:**

9 A. **Anstelle der Pflichtverteidigerbestellung** (I S. 2) kann das Gericht eine Unterbrechung verlängern (Schleswig SchlHA **96**, 94 [L/T]) oder die Verhandlung aussetzen. Letzteres ist idR geboten, wenn der Verteidiger nur kurzfristig ausfällt, zB wegen Erkrankung, und dem Angeklagten ein Verteidigerwechsel erspart werden soll. Kommt eine Aussetzung nicht in Betracht, hat sich das Gericht um einen mit dem Pflichtverteidiger abgestimmten Termin zur Fortsetzung der Hauptverhandlung ernsthaft zu bemühen (BGH NJW **92**, 849).

10 B. Bei **Bestellung des Verteidigers erst im Lauf der Hauptverhandlung** (II) nach § 141 II kann das Gericht die Aussetzung von Amts wegen beschließen. Dazu besteht Anlaß, wenn die Hauptverhandlung nicht, was unerläßlich ist (4 zu § 141), in Anwesenheit des neu bestellten Verteidigers in ihren wesentlichen Teilen wiederholt werden oder wenn der Verteidiger sich während der laufenden Verhandlung nicht genügend vorbereiten kann.

11 C. **Auf Verlangen des neu bestellten Verteidigers** (III) muß die Verhandlung unterbrochen oder ausgesetzt werden. Der Verteidiger muß selbst beurteilen, ob er für die Erfüllung seiner Aufgabe hinreichend vorbereitet ist; das Gericht prüft dies grundsätzlich nicht nach (BGH JR **98**, 251 mit Anm Rogat). Verneint er dies, muß er die Erklärung dahin abgeben, ihm verbleibe nicht die zur Vorbereitung der Verteidigung erforderliche Zeit. Das kann er aber nur bei Übernahme der Verteidigung geltend machen; er kann die Unterbrechung oder Aussetzung nicht etwa zu einem beliebigen späteren Zeitpunkt erzwingen (BGH **13**, 337, 339; NJW **73**, 1985). Ob die Verhandlung ausgesetzt werden muß oder ob eine Unterbrechung
12 genügt, entscheidet das Gericht nach **pflichtgemäßem Ermessen** (BGH **13**, 337, 343; Eisenberg NJW **91**, 1263; Krey 1/583, 696; **aM** LR-Lüderssen 26; Peters JR **74**, 248: Wahlrecht des Verteidigers). Die Unterbrechung kommt nur in Betracht, wenn der durch § 229 begrenzte Zeitraum für die Vorbereitung der Verteidigung ausreicht und sich der Verteidiger über den Verlauf und die wesentlichen Ergebnisse der bisherigen Verhandlung zuverlässig unterrichten kann (BGH **13**, 337, 344). Dann hat aber die Unterbrechung den Vorrang vor der Aussetzung (KK-Laufhütte 10; vgl BGH NJW **73**, 1985). Unabhängig von dem Verlangen des Verteidigers
13 kann die **Aussetzung nach § 265 IV** geboten sein (BGH NJW **65**, 2164 mit Anm Schmidt-Leichner; BGH NJW **73**, 1985 = JR **74**, 247 mit Anm Peters; BGH
14 NStZ **81**, 231). Der **Angeklagte selbst** kann aufgrund des III weder eine Unter-
15 brechung noch eine Aussetzung erzwingen (BGH NJW **63**, 1114; **73**, 1985). **III**

gilt entsprechend, wenn kein Pflichtverteidiger bestellt zu werden braucht, weil der Angeklagte sogleich einen anderen Verteidiger wählt (Karlsruhe StV **91**, 199; Krey 1/586).

3) **Auferlegung der Kosten** (IV): 16

A. Nur **bei Aussetzung der Verhandlung** nach I S. 2 oder III gilt die Vorschrift, nicht bei Aufhebung des Hauptverhandlungstermins (Nürnberg AnwBl **71**, 25) oder bei bloßer Unterbrechung nach § 229 (Celle MDR **79**, 864). IV ist ferner nur bei notwendiger Verteidigung nach §§ 140 I, II, 231 a IV anwendbar (Hamm NJW **63**, 1416), dann aber sowohl auf den Pflichtverteidiger als auch auf den Wahlverteidiger (Bay **52**, 156 = NJW **52**, 1066; München MDR **79**, 779); die Kosten können jedoch nicht dem ausgebliebenen Wahlverteidiger auferlegt werden, wenn der Pflichtverteidiger erscheint (Köln StV **97**, 122). Die Aussetzung muß aus einem der Gründe des I S. 1 erfolgt sein. Auf **andere Fälle** kann IV nicht entspr angewendet werden (Frankfurt JR **50**, 570: verspäteter Beweisantrag; Hamm NJW **63**, 1416; NStZ **83**, 186: Aussetzung wegen unzulänglicher Führung der Verteidigung; Nürnberg StV **98**, 584: Unmöglichkeit des Verteidigergesprächs mit dem Angeklagten wegen Erkrankung; **aM** Frankfurt NJW **77**, 913: Entpflichtung des Verteidigers wegen prozeßordnungswidrigen Verhaltens; Hamburg NStZ **82**, 171 = AnwBl **82**, 161 mit abl Anm Chemnitz: schuldhafte Herbeiführung der Verhandlungsfähigkeit des Angeklagten; LR-Lüderssen 36: Aussetzung wegen fortgesetzter Ungebühr des Verteidigers; vgl auch Bamberg StV **89**, 470). 17 18

B. Durch die **Schuld des Verteidigers** muß die Aussetzung erforderlich geworden sein; er muß sich prozeßordnungswidrig und pflichtwidrig verhalten haben (Hamm NJW **63**, 1416; Koblenz NStZ **82**, 43). Das setzt zunächst voraus, daß er Kenntnis nicht nur von dem Termin hatte (Hamm JMBlNW **78**, 57), sondern insbesondere die **Notwendigkeit der Verteidigung kannte.** Der Pflichtverteidiger hat diese Kenntnis stets; der Wahlverteidiger kann sie in den Fällen des § 140 I ohne weiteres aus Anklageschrift oder Eröffnungsbeschluß gewinnen. Im Fall des § 140 II bedarf es idR einer Feststellung des Vorsitzenden darüber, daß die Verteidigung notwendig ist (Hamm NJW **74**, 328; StraFo **97**, 79; München MDR **79**, 779; LG Berlin StV **95**, 295; vgl auch Bay **52**, 156 = NJW **52**, 1066). Erforderlich ist eine entspr Erklärung in der Hauptverhandlung oder eine richterliche Entschließung, die aktenkundig gemacht und dem Verteidiger bekanntgegeben werden muß (Hamm aaO). Nur wenn die Voraussetzungen des § 140 II offensichtlich vorliegen (zB bei Verhandlung über die Berufung des zu 3 Jahren Freiheitsstrafe verurteilten Angeklagten), handelt der Verteidiger auch ohne eine solche Feststellung schuldhaft (vgl Saarbrücken JBl Saar **62**, 14). **Im einzelnen** ist ein Verschulden des Verteidigers an der Aussetzung angenommen worden, wenn er ausgeblieben ist, weil er den Termin vergessen hatte (Düsseldorf JMBlNW **82**, 235), weil er ohne Rückfrage beim Gericht von einer Terminsabsetzung ausgegangen ist (Düsseldorf VRS **77**, 363) oder weil er die Vorbereitungszeit für zu kurz hielt (Düsseldorf AnwBl **81**, 201), wenn er das Mandat unmittelbar vor der Hauptverhandlung niedergelegt hat, weil der Mandant seiner Zahlungspflicht nicht nachgekommen ist (Düsseldorf AnwBl **72**, 63; JurBüro **97**, 372; Koblenz MDR **75**, 773; Saarbrücken JBl Saar **62**, 14), oder wenn er es in der Hauptverhandlung ohne Angabe von Gründen (Saarbrücken StV **89**, 5) oder wegen Spannungen mit dem Gericht niederlegt (Hamm NJW **67**, 897), wenn er einem Referendar Untervollmacht erteilt und selbst ausgeblieben ist, ohne sich rechtzeitig der Zustimmung des Angeklagten zu vergewissern (KG JR **72**, 206), wenn er sich aus der Hauptverhandlung entfernt hat, weil der Angeklagte sich abfällig über ihn geäußert hat (Köln MDR **77**, 598 mit abl Anm Terhorst), weil seinem Aussetzungsantrag nach § 222 a II nicht stattgegeben worden ist (Frankfurt StV **81**, 289; vgl aber RAK Frankfurt StV **81**, 210) oder weil der Vorsitzende uniformierte Polizeibeamte zu seinem Schutz hinzugezogen hat (Schleswig MDR **77**, 775). Verspätetes Erscheinen ist nicht stets schuldhaft (Düsseldorf StV **84**, 372: Vertrauen auf Zuwarten des Gerichts). Die rechtzeitige 19 20 21

Anzeige der Verhinderung (notfalls durch Telefon oder Telefax) ist erforderlich (Jena OLG-NL **95**, 48 L: auch bei kurzfristiger Pflichtverteidigerbestellung); erfolgt sie, schließt sie das Verschulden aus (Frankfurt StV **87**, 8; Hamm StV **95**, 514). Zur Überprüfung der Verhandlungsfähigkeit des Verteidigers, der sich, angeblich aus Krankheitsgründen, zur Unzeit entfernt hat, kann eine amtsärztliche Untersuchung angeordnet werden (Hamburg NStZ **82**, 172).

22 C. **Verfahren:** Die Entscheidung nach IV wird sofort getroffen; sie wird nicht bis zur Kostenentscheidung nach den §§ 464 ff aufgeschoben (erg 23 zu § 51; 2 zu § 467). Zuständig ist das Gericht, nicht der Vorsitzende allein (Hamm StV **95**,
23 514). Ist der Verteidiger anwesend, so erhält er vorher **rechtliches Gehör;** der ausgebliebene Verteidiger kann es sich nachträglich durch Beschwerde nach § 304 II verschaffen. Im Ergebnis gilt § 51 II S. 3 entspr; der ausgebliebene Verteidiger hat die Möglichkeit, sich nachträglich zu entschuldigen (Düsseldorf StV **84**, 8; erg 24 zu § 51).

24 D. **Kostentragungspflicht:** IV begründet einen Schadensersatzanspruch der Staatskasse (Stuttgart NStZ **82**, 130). Seine Höhe wird nicht in dem Beschluß nach IV, sondern erst in dem Verfahren nach § 464 b festgesetzt (vgl 14 zu § 51). Zu erstatten sind die durch die ausgesetzte Verhandlung entstandenen Kosten (§ 464 a I) in dem Umfang, in dem der Angeklagte sie nach § 465 I S. 1 bei Verurteilung oder die Staatskasse nach § 467 I bei Freispruch zu tragen hätte (Karlsruhe NJW **80**, 951). Dabei ist der wirkliche Verfahrensablauf entscheidend, nicht hypothetische Überlegungen über einen anderen Verlauf der Hauptverhandlung (Karlsruhe aaO).

25 **4)** Für die **Anfechtung** der Verteidigerbestellung gelten 9 zu § 141, 19 zu § 142. Die Entscheidungen über Unterbrechung oder Aussetzung sind nach § 305 S. 1 der Anfechtung entzogen. Der Beschluß nach IV ist mit der einfachen Beschwerde nach § 304 II anfechtbar (LR-Lüderssen 39); die Wertgrenze des § 304 III gilt.

26 **5) Revision:** Wird ohne oder mit einem nicht-verteidigungsbereiten Verteidiger weiterverhandelt, begründet das die Revision (BGH NJW **93**, 340; StV **93**, 566; AK/StPO-Stern 34; erg 41 zu § 338).

Zustellungsvollmacht **RiStBV 108, 154**

145a

I Der gewählte Verteidiger, dessen Vollmacht sich bei den Akten befindet, sowie der bestellte Verteidiger gelten als ermächtigt, Zustellungen und sonstige Mitteilungen für den Beschuldigten in Empfang zu nehmen.

II Eine Ladung des Beschuldigten darf an den Verteidiger nur zugestellt werden, wenn er in einer bei den Akten befindlichen Vollmacht ausdrücklich zur Empfangnahme von Ladungen ermächtigt ist. § 116 a Abs. 3 bleibt unberührt.

III Wird eine Entscheidung dem Verteidiger nach Absatz 1 zugestellt, so wird der Beschuldigte hiervon unterrichtet; zugleich erhält er formlos eine Abschrift der Entscheidung. Wird eine Entscheidung dem Beschuldigten zugestellt, so wird der Verteidiger hiervon zugleich unterrichtet, auch wenn eine schriftliche Vollmacht bei den Akten nicht vorliegt; dabei erhält er formlos eine Abschrift der Entscheidung.

1 **1) Zustellung an den Verteidiger** (I):

2 A. Eine **gesetzliche Zustellungsvollmacht,** auch gegen den Willen des Beschuldigten (Bay **69**, 110 = VRS **38**, 194), neben der außerdem möglichen rechtsgeschäftlichen Zustellungsvollmacht (BGH NStZ **97**, 293; Schnarr NStZ **97**, 15 ff)

begründet die Vorschrift, um das Zustellungswesen zu vereinfachen. Die Zustellungsvollmacht dauert so lange fort, bis ihr Widerruf aktenkundig geworden ist; sie kann aber auch bei Fortbestehen des Verteidigungsmandats widerrufen werden (Hamm NJW **91**, 1317). Hat der Beschuldigte mehrere Verteidiger, so gilt I für
jeden von ihnen. Zur Zustellung an RAe vgl 19 zu § 37. Ein **wirksames Ver-** 3
teidigungsverhältnis setzt I voraus: er gilt also nicht beim Fehlen der nach § 138 II erforderlichen Genehmigung und nach Zurückweisung des Verteidigers nach § 146 a. Ist eine Sozietät von mehr als 3 RAen bevollmächtigt, so darf an sie nicht zugestellt werden, wenn unter Verstoß gegen § 137 I S. 2 alle das Mandat angenommen haben (Bay **76**, 1 = NJW **76**, 861; Hamm JMBlNW **82**, 58; MDR
80, 513; erg 6 zu § 137). I gilt für **jede Art von Zustellungen,** also nicht nur für 4
die Zustellung von gerichtlichen Entscheidungen, auch im Fall des § 232 IV, sondern zB auch für die Zustellung der Anklageschrift nach § 201 I. Die gesetz-
liche Zustellungsvollmacht ermächtigt auch zum Empfang **sonstiger Mitteilun-** 5
gen in Strafsachen für den Beschuldigten, selbst wenn sie nicht förmlich zugestellt zu werden brauchen (BGH **26**, 379, 381; Bay **74**, 66 = VRS **47**, 301: Hinweis nach § 72 I S. 2 OWiG; Kleinknecht JZ **65**, 155). Das gilt auch für Mitteilungen der StA (BGH EzSt § 33 a Nr 1; NStZ **81**, 95 [Pf]: Anträge nach § 349 III S. 1, IV). Wenn eine Mitteilung nur an den Verteidiger zu richten ist (zB nach § 222 a I S. 2), liegt kein Fall des I vor. Die Vorschrift ermächtigt im übrigen zwar zu
Zustellungen an den Verteidiger, begründet aber **keine Rechtspflicht,** Zustellun- 6
gen für den Beschuldigten an ihn zu bewirken. Zustellungen an den Beschuldigten sind wirksam und setzen die Rechtsmittelfristen in Lauf (BGH **18**, 352, 354; Bay **75**, 150 = VRS **50**, 292; **81**, 193 = MDR **82**, 774; **88**, 162 = VRS **76**, 307; Düsseldorf NStZ **89**, 88; Frankfurt StV **86**, 288; Koblenz Rpfleger **82**, 307; Köln VRS **42**, 125; vgl aber auch RiStBV 154 I für die Urteilszustellung). Wird sowohl dem Verteidiger als auch dem Beschuldigten zugestellt, so gilt § 37 III.

B. **Aktenkundigkeit der Verteidigerstellung:** Die Bestellung des Pflichtver- 7
teidigers ergibt sich stets aus den Akten. Bei Wahlverteidigung genügt grundsätzlich nicht das Bestehen einer schriftlich oder mündlich erteilten Vollmacht; viel-
mehr muß sich die **Vollmachtsurkunde in den Akten** befinden. Ausreichend ist 8
die Einreichung einer unbeglaubigten Abschrift oder Ablichtung (Bay DAR **83**, 252 [R]). Wird die Vollmachtsurkunde erst nach der Anordnung der Zustellung vorgelegt, so ist die Zustellung an den Verteidiger wirksam, wenn die Urkunde sich bei deren Ausführung in den Akten befindet (Hamm OLGSt S. 15), nicht aber, wenn sie dorthin erst nach der Zustellung gelangt (Düsseldorf VRS **93**, 169; Schleswig StV **90**, 12 mwN). Da das Gesetz eine schriftliche Bevollmächtigung
nicht verlangt (9 zu § 137), ist I auch anwendbar, wenn die **Vollmacht in der** 9
Hauptverhandlung mündlich erteilt und das im Sitzungsprotokoll beurkundet worden ist (Bay **75**, 150 = VRS **50**, 292; DAR **85**, 244 [R]; Celle NJW **84**, 444; Düsseldorf VRS **68**, 461). Ist das nicht geschehen, so reicht allein das aus der Sitzungsniederschrift ersichtliche Auftreten des Verteidigers in Anwesenheit des Angeklagten nicht aus (BGH **41**, 303, 304 mwN; Bay **92**, 157 = VRS **84**, 447;
Karlsruhe NStZ-RR **96**, 237). Die **Untervollmacht** des Wahlverteidigers (11 vor 10
§ 137) enthält für den bevollmächtigten RA eine Zustellungsvollmacht nach I (Koblenz VRS **64**, 275). Der allgemeine Vertreter des RA (§ 53 I BRAO) kann Zustellungen für den Beschuldigten ohne Untervollmacht entgegennehmen (Kaiser aaO). Der Pflichtverteidiger darf keine Untervollmacht erteilen (15 zu § 142). Die
Zustellungsvollmacht nach I besteht **nach Beendigung des Mandats** fort, bis die 11
Anzeige des Beschuldigten oder des Verteidigers über das Erlöschen des Verteidigerverhältnisses zu den Akten gelangt ist (Bay **69**, 110 = VRS **38**, 194; Koblenz VRS **71**, 203); allerdings ist bei Stellung eines Wiederaufnahmeantrags durch einen neuen Verteidiger idR davon auszugehen, daß nunmehr nur noch dieser zur weiteren Verteidigung berechtigt sein soll (Düsseldorf NStZ **93**, 403). Übernimmt der Verteidiger nach Niederlegung des Mandats erneut die Verteidigung, so gilt I

nur, wenn eine neue Vollmacht zu den Akten gegeben wird (Bay DAR **85**, 224 [R]). Beim Pflichtverteidiger endet die Zustellungsvollmacht mit der Aufhebung der Beiordnung; erfolgt diese nicht, gilt die Zustellungsvollmacht daher auch noch im Wiederaufnahmeverfahren (Düsseldorf MDR **94**, 936).

12 **2)** Eine **Ladung des Beschuldigten** (II) darf dem Verteidiger nur aufgrund einer ausdrücklichen Vollmacht, die in der allgemeinen Vollmachtsurkunde enthalten sein (einschr Düsseldorf StV **90**, 536; Köln StV **93**, 402) oder sich sonst aus den Akten ergeben kann (Celle NdsRpfl **94**, 314), zugestellt werden; die allgemeine Vollmacht zur Entgegennahme von „Zustellungen aller Art" genügt nicht (Karlsruhe MDR **80**, 687; Köln NStZ-RR **98**, 240). Eine besondere Vollmacht zur Entgegennahme von Ladungen kann auch dem Pflichtverteidiger erteilt werden (Düsseldorf StV **82**, 127). Wird der Wahlverteidiger zum Pflichtverteidiger bestellt, so ist eine erneute ausdrückliche Bevollmächtigung erforderlich (Düsseldorf aaO). Liegt eine solche Vollmacht vor, so gilt sie auch für das Berufungsverfahren, obgleich hier die Säumnisfolgen der §§ 329, 330 eintreten können (3 zu § 323). Die Mitteilung von Ort und Zeit eines Termins, zu dem der Beschuldigte nicht zu erscheinen braucht (zB nach §§ 224 I, 350 I S. 1), ist keine Ladung iS des III; sie kann, auch wenn sie formlos ergeht, an die Adresse des Verteidigers gerichtet werden. Die Vorschrift des § 116a III wird durch II S. 1 nicht berührt (II S. 2).

13 **3) Benachrichtigung von der Zustellung** (III): Die Vorschrift ist Ausdruck der prozessualen Fürsorgepflicht des Gerichts (Einl 155 ff). Sie soll sicherstellen, daß der Beschuldigte bei Zustellung an den Verteidiger und der Verteidiger bei Zustellung an den Beschuldigten unverzüglich von der zugestellten Entscheidung Kenntnis erlangen (Stuttgart VRS **67**, 39). Bei der Zustellung von Anträgen und Mitteilungen, die keine Entscheidungen sind, gilt III nicht (BGH EzSt § 33a Nr 1; NStZ **81**, 95 [Pf]). Der Verteidiger erhält nach III S. 2 formlos eine Abschrift der Entscheidung, auch wenn seine Vollmacht nicht bei den Akten, das Verteidi-
14 gungsverhältnis aber auf andere Weise bekanntgeworden ist. III ist nur eine **Ordnungsvorschrift** (BGH NJW **77**, 640). Unterbleibt die Benachrichtigung, so ist die Zustellung gleichwohl wirksam; für den Fristenablauf ist nur die Zustellung, nicht die Benachrichtigung nach III maßgebend (BGH aaO; EzSt § 341 Nr 2; Bay **75**, 150 = VRS **50**, 292; **81**, 193 = MDR **82**, 774; **92**; 79 = NJW **93**, 150; Düsseldorf VRS **64**, 269; Frankfurt NJW **82**, 1297; Hamburg NJW **65**, 1614; Stuttgart VRS **67**, 39; vgl auch BVerfG NJW **78**, 1575). Das gilt insbesondere, wenn dem Verteidiger zugestellt worden und die Benachrichtigung des Angeklagten nicht möglich ist, weil sein Aufenthalt nicht festgestellt werden kann (BGH NStZ **91**, 28 [M/K]; Hamburg MDR **71**, 775). Jedoch ist das Fehlen der Benachrichtigung idR ein Wiedereinsetzungsgrund nach § 44 (dort 17; vgl dazu auch Martin GA **95**, 128); uU kann es sogar die Revision begründen (vgl Frankfurt NStZ **90**, 556; Stuttgart aaO). Für die Ladung des Beschuldigten gilt III nicht, auch nicht für Mitteilungen der StA (BGH NStZ **81**, 95 [Pf]).

15 **4)** Ein **RA als Vertreter des Privat- oder Nebenklägers** ist nach §§ 378 S. 2, 379 I S. 2 iVm § 378 S. 2 zustellungsbevollmächtigt. Für Ladungen gilt II entspr (7 zu § 378).

Verbot der Mehrfachverteidigung

146 **Ein Verteidiger kann nicht gleichzeitig mehrere derselben Tat Beschuldigte verteidigen. In einem Verfahren kann er auch nicht gleichzeitig mehrere verschiedener Taten Beschuldigte verteidigen.**

1 **1)** Das **Verbot der Mehrfachverteidigung** soll den Beschuldigten, auch gegen seinen Willen, davor schützen, daß der Verteidiger in einen Interessenwiderstreit gerät und dadurch seine Beistandsfunktion, die es auch im öffentlichen Interesse zu

bewahren gilt, beeinträchtigt wird (BVerfGE **45**, 354, 358 = NJW **77**, 1767). Das Verbot der Mehrfachverteidigung besteht bei Tatidentität (S. 1) und bei Verfahrensidentität (S. 2); die sukzessive Mehrfachverteidigung, die die Rspr aufgrund der früheren Fassung des § 146 überwiegend für unzulässig gehalten hatte, ist nicht mehr verboten (BGH NStZ **94**, 500). § 146 kann auch nicht mehr entspr auf den Fall angewendet werden, daß ein Verteidiger, Bevollmächtigter oder sonstiger Beistand durch die Wahrnehmung von Interessen Dritter in einen Interessenwiderstreit gerät; nach dem Willen des Gesetzgebers (vgl BT-Drucks 10/1313 S. 22) muß der Verteidiger einen solchen Konflikt (schon wegen § 356 StGB) selbst lösen (BGH NStZ **92**, 292; Düsseldorf NStZ **91**, 352 mwN). Die Vorschrift ist auch nicht auf den Fall entspr anwendbar, daß der Bewährungshelfer als Bevollmächtigter sofortige Beschwerde einlegt (Bringewat MDR **88**, 617 gegen Düsseldorf NStZ **87**, 340).

2) **Allgemeine Grundsätze:** 2

A. Die mehrfache **Verteidigung** untersagt § 146. Für den angeklagten RA, der 3
einen an derselben Tat beteiligten Mitangeklagten verteidigt, gelten die §§ 138 aff (Stuttgart Justiz **87**, 80). Verteidigung iS des § 146 ist bereits die **Anbahnung** 4
eines Mandats (KG StV **85**, 405 mit abl Anm Hassemer; München NJW **83**, 1688; **aM** Düsseldorf StV **84**, 106; KK-Laufhütte 3; KMR-Müller 7; Beulke 126; Kratzsch JA **83**, 675; vgl auch BVerfG NJW **76**, 231; BGH **28**, 67).

B. **Verteidiger** iS § 146 ist nicht nur der Wahlverteidiger, sondern auch der 5
Pflichtverteidiger; er darf nicht bestellt werden, wenn er bereits Verteidiger eines 6
Mitbeschuldigten ist (BGH **26**, 335; **27**, 22; 3 zu § 142). Es macht keinen Unterschied, ob der Verteidiger die Verteidigung als Hauptverteidiger oder nur als 7
Unterbevollmächtigter oder allgemeiner Vertreter nach § 53 I, II BRAO führt (BGH **27**, 154, 158). Auf den Umfang der Tätigkeit kommt es dabei nicht an; § 146 gilt auch, wenn sich die Tätigkeit des Unterbevollmächtigten auf die Erledigung bestimmter Aufgaben beschränkt, zB auf Kontaktgespräche mit dem Beschuldigten (BVerfG NJW **76**, 231; München NJW **76**, 252), auf die Vertretung im Haftprüfungstermin (BGH NStZ **84**, 15 [Pf/M]; Hamburg MDR **77**, 776) oder auf Besuche in der UHaft (**aM** LG Bremen StV **85**, 143). Auch die **Mitglieder** 8
einer Anwaltssozietät (vgl auch 6 zu § 137) dürfen nicht mehrere Beschuldigte verteidigen (Karlsruhe NJW **76**, 248; MDR **77**, 69; Köln NStZ **83**, 560). Das gilt aber nur, wenn sich alle Sozietätsanwälte als Verteidiger bestellt haben (BGH NStZ **83**, 228; Karlsruhe aaO; Schleswig SchlHA **84**, 102 [E/L]). Eine nachträgliche Beschränkung auf jeweils einen Beschuldigten schließt die Anwendung des § 146 aus (Celle StV **89**, 471). Es ist zulässig, daß von den in der Sozietät zusammengeschlossenen RAen aufgrund entspr Einzelvollmachten jeder einen anderen Mitbeschuldigten verteidigt (BVerfGE **43**, 79 = NJW **77**, 99; BVerfGE **45**, 272, 295 ff = NJW **77**, 1629; Krey 1/712). Dabei ist unschädlich, daß in der Vollmachtsurkunde keiner der darin genannten RAe durch Streichung seines Namens oder in anderer Weise ausgeschlossen ist; maßgebend ist, daß sich die Anwälte jeweils als Verteidiger nur eines Mitbeschuldigten bestellen (BVerfGE aaO; BGH **27**, 124, 127; Frankfurt NStZ **83**, 472; Krey 1/712). Ob wegen der Gefahr eines Interessenkonflikts darin aber ein Verstoß gegen § 43 a IV BRAO, § 3 I, II BerufsO liegt, ist str (bejahend Eylmann StraFo **98**, 145, verneinend Kleine-Cosack StraFo **98**, 149; vgl auch Lüderssen StV **98**, 357). Eine Pflichtverteidigerbestellung kommt aber bei einer Anwaltssozietät idR nicht in Betracht (LG Frankfurt a.M. StV **98**, 358).

C. **Unwiderleglich vermutet** wird der Interessenwiderstreit bei Mehrfachver- 9
teidigung (Düsseldorf JMBlNW **84**, 234; Karlsruhe MDR **77**, 777). Denn die Gefahr, daß es bei der gleichzeitigen Verteidigung mehrerer Beschuldigter durch einen RA zum Interessenwiderstreit kommt, läßt sich in keinem Fall ausschließen (vgl BVerfGE **39**, 156, 164 = NJW **75**, 1013, 1014). Auch die verdeckte Interessenkollision, die weder der Verteidiger noch einer der Beschuldigten aufdecken

kann oder will und die dem Gericht daher nicht erkennbar wird, soll von vornherein verhindert werden. Ob tatsächlich ein Interessenwiderstreit besteht, hat das Gericht daher nicht zu prüfen (BGH **27**, 22, 24; 148, 151; Düsseldorf NStZ **88**, 289; Frankfurt NJW **80**, 898; Hamm NJW **80**, 1059; Karlsruhe NJW **76**, 249; München NJW **80**, 1477; Beulke NStZ **85**, 293; Dünnebier NJW **76**, 7; Günther JZ **81**, 818; **aM** Frankfurt NStZ **83**, 472 mit abl Anm Paulus).

10 D. **In allen Verfahrensabschnitten** gilt das Verbot, also schon im Ermittlungsverfahren (vgl § 146 a I S. 2), sofern die Beschuldigteneigenschaft (Einl 76) bereits begründet ist (Karlsruhe MDR **86**, 605), und noch im Vollstreckungsverfahren (Düsseldorf NStZ **85**, 521; München NJW **80**, 1477; Schleswig SchlHA **85**, 131 [E/L]; Dünnebier Pfeiffer-FS 282). § 146 ist im Privatklageverfahren (Karlsruhe Justiz **78**, 114; vgl auch BVerfG AnwBl **77**, 223 mit krit Anm Krämer) und im Bußgeldverfahren anzuwenden (Bay NJW **77**, 820; Karlsruhe NJW **77**, 161; Koblenz NJW **78**, 2608; Köln NStZ **83**, 560; Stuttgart MDR **77**, 686; vgl auch BVerfGE **45**, 272 = NJW **77**, 1629). Zur Bedeutung des § 146 im Steuerstrafver-
11 fahren vgl Streck MDR **78**, 893. Die Vorschrift gilt auch für die **Vertretung mehrerer Strafgefangener** in den Verfahren nach den §§ 23 ff **EGGVG** und §§ 109 ff **StVollzG** (München NStZ **85**, 383), nicht aber allgemein in Strafvollzugssachen (Nestler-Tremel NStZ **86**, 534; **aM** Celle StV **86**, 108 mit abl Anm
12 Nestler-Tremel/Prittwitz; vgl auch BVerfG NJW **86**, 1161). Im **Auslieferungsverfahren** (vgl §§ 2 ff IRG) ist § 146 nicht anwendbar; denn dieses Verfahren ist Teil des Strafverfahrens des fremden Staates, der um die Auslieferung ersucht (vgl Rebmann NStZ **81**, 45). Wenn dagegen mehrere Beschuldigte wegen derselben Tat in die BRep eingeliefert werden sollen, gilt § 146 auch für die Verteidigung in dem Einlieferungsverfahren, das bereits zum Strafverfahren in der BRep gehört.

13 3) **Verbot der Mehrfachverteidigung bei Tatidentität** (S. 1): Mehrere derselben Tat Beschuldigte darf der Verteidiger nicht gleichzeitig (unten 18 ff) verteidigen. 146 erfaßt jedoch, obwohl auch das mit dem GG vereinbar wäre (BVerfGE **45**, 354 = NJW **77**, 1767), nicht den Fall, daß den Beschuldigten in verschiedenen Verfahren (unten 16) verschiedene verfahrensrechtlich unabhängige Straffälle zur Last gelegt werden (Bay NJW **77**, 820; Celle VRS **67**, 347; Stuttgart GA **79**, 395; NStZ **85**, 326). Maßgebend dafür, ob dieselbe Tat iS des S. 1 vorliegt, ist vielmehr
14 der **strafprozessuale Tatbegriff** des § 264 (dort 2). Eine Ausnahme kann auch nicht für den Fall gemacht werden, daß zwar keine verfahrensrechtliche Tatidentität besteht, die Taten aber in engem Sachzusammenhang stehen, wie zB bei Begünstigung, Hehlerei und Strafvereitelung (Schleswig SchlHA **93**, 226). Zur Frage der
15 Anwendung des § 146 in **Verfahren nach § 129 a StGB** vgl BGH **27**, 148; KG NStZ **81**, 75; Düsseldorf AnwBl **81**, 22; Frankfurt StV **96**, 84; Nestler-Tremel NStZ **86**, 534; Rebmann NStZ **81**, 44. Für die Anwendung des S. 1 macht es, verfassungsrechtlich unbedenklich (BVerfG NJW **76**, 231; **82**, 1803), keinen Un-
16 terschied, ob auch **Verfahrensidentität** besteht. Bei Tatidentität ist die Mehrfachverteidigung vielmehr auch verboten, wenn gegen die mehreren Beschuldigten getrennte Verfahren geführt werden und der Verteidiger in jedem dieser Verfahren einen von ihnen verteidigen will (BGH **26**, 291, 296; **27**, 148, 150; 154, 155; Bremen NStZ **85**, 89; Düsseldorf NJW **75**, 2220; Hamm NStZ **84**, 425; Koblenz MDR **77**, 335; München NJW **76**, 252; Beulke 126 ff und NStZ **85**, 289). Auch in diesem Fall ist nicht zu prüfen, ob ein Interessenwiderstreit tatsächlich vorliegt (BGH **26**, 367, 370, Frankfurt NJW **80**, 898; Koblenz aaO; vgl auch LG Hamburg MDR **90**, 652).

17 4) **Verbot der Mehrfachverteidigung bei Verfahrensidentität** (S. 2): Auf Tatidentität (oben 13 ff) kommt es nicht an, wenn die Verfahren gegen die mehreren Beschuldigten verbunden worden sind. Ihre gleichzeitige (unten 18 ff) Verteidigung ist dann immer unzulässig, auch schon im Ermittlungsverfahren. Wenn nicht zugleich Tatidentität vorliegt und die Mehrfachverteidigung daher nicht auch

nach S. 1 verboten ist, beginnt die Unzulässigkeit der Verteidigung nach S. 2 mit der Verfahrensverbindung und endet von selbst, wenn die Verfahren wieder getrennt werden. Eine Verbindung nach § 237, die keine Verfahrensidentität schafft (BGH **36**, 348), genügt nicht (Stuttgart NStZ **85**, 326; **aM** KK-Laufhütte 8; Beulke NStZ **85**, 289).

5) Nur die **gleichzeitige Verteidigung** mehrerer Beschuldigter verstößt gegen § 146. Die sukzessive Mehrfachverteidigung, dh die Übernahme oder Fortführung der Verteidigung des Beschuldigten, nachdem die des Mitbeschuldigten erledigt ist, verbietet die Vorschrift nicht (oben 1). Nicht mehr gleichzeitig iS des § 146 ist die Verteidigung nur dann, wenn der Verteidiger rechtlich nicht in der Lage ist, für seinen früheren Mandanten weiterhin als Verteidiger tätig zu werden (Karlsruhe NStZ **88**, 567). Der Abschluß des Verfahrens gegen den früher verteidigten Beschuldigten ist dazu weder erforderlich noch ausreichend. Denn auch nach Einstellung des Verfahrens durch die StA und nach Rechtskraft des Verfahrens ist eine Verteidigung noch möglich (vgl 2 zu § 364 a). Gleichzeitig ist die Verteidigung daher nur dann nicht, wenn die Verteidigerbeziehung zu dem früheren Mandanten **rechtlich beendet** ist, sei es, daß er verstorben ist, sei es, daß er dem Verteidiger das Mandat entzogen oder dieser es niedergelegt hat. Wenn der Verteidiger dem Gericht diese Beendigung nicht schon früher angezeigt hat, muß er bei Übernahme oder Fortführung der Verteidigung des anderen Beschuldigten erklären, daß er den früher verteidigten Beschuldigten nicht mehr verteidigt. Fehlt es an der rechtlichen Beendigung der früheren Verteidigertätigkeit, so gilt § 146 **ohne Rücksicht auf den Umfang der früheren Tätigkeit** des Verteidigers (BGH **28**, 67). Eine Unterscheidung zwischen Verteidigung auf materiellem oder formellem Gebiet kennt die Vorschrift nicht; die spätere Verteidigung ist bei Fehlen der rechtlichen Beendigung der früheren auch dann unzulässig, wenn die frühere sich auf unwesentliche Prozeßhandlungen beschränkt hat (Düsseldorf NStZ **83**, 471: Sachstandsanfrage; **aM** Frankfurt NStZ **83**, 472 mit abl Anm Paulus, das sogar die Berufungseinlegung für unschädlich hält). § 146 gilt aber nicht, wenn der Verteidiger für den früheren Mandanten überhaupt nicht tätig geworden ist (Karlsruhe MDR **77**, 777; Rebmann NStZ **81**, 45).

18 19 20

6) **Unzulässigkeit der gegen § 146 verstoßenden Verteidigung:** Ist der Verteidiger von den mehreren Beschuldigten **gleichzeitig beauftragt** worden, so sind sämtliche Verteidigungen unzulässig (Celle StV **86**, 108; Düsseldorf NStZ **84**, 235; Hamm NJW **80**, 1059; Koblenz MDR **80**, 514; VRS **65**, 372; Köln NStZ **83**, 560). Beim Fehlen sonstiger Anhaltspunkte ist für die Auftragserteilung das Datum der Vollmachtsurkunde maßgebend (Düsseldorf JMBlNW **86**, 34; Hamm aaO; Koblenz NJW **78**, 2609). Lassen sich die Daten der Verteidigungsübernahme nicht feststellen, so sind beide Verteidigungen unzulässig (Koblenz MDR **80**, 514; VRS **65**, 372). Bei **nicht gleichzeitiger Beauftragung** ist grundsätzlich nur die Verteidigung unzulässig, durch deren Übernahme der Verteidiger gegen das Verbot des § 146 verstoßen hat, also die später übernommene (BGH **26**, 291, 297; **27**, 148, 150; Bremen NStZ **85**, 89; Hamm NStZ **84**, 425; Koblenz VRS **65**, 372; Schleswig SchlHA **85**, 131 [E/L]; Stuttgart NStZ **85**, 326, 327; **aM** Hamm NStZ **83**, 378; **85**, 327 mit abl Anm Bottke; Beulke 126; Dünnebier NJW **76**, 7, die beide Verteidigungen für unzulässig halten). Die zuerst übernommene Verteidigung bleibt zulässig und darf fortgeführt werden. Eine Ausnahme soll nach Düsseldorf NStZ **83**, 88 gelten, wenn nicht auszuschließen ist, daß die Übernahme der späteren Verteidigung die Führung der zuerst übernommenen beeinflußt hat. Die Unzulässigkeit der Verteidigung **schließt aus,** daß der Verteidiger die Interessen des Beschuldigten in dem Strafverfahren in anderer Weise (als Unterbevollmächtigter, Beauftragter) wahrnehmen darf (BGH **26**, 335, 337; 367, 373; Bay **76**, 153 = MDR **77**, 336; **aM** M. J. Schmid MDR **79**, 805); lediglich eine interne Mitarbeit bei einem anderen Verteidiger ist möglich (BGH NStZ **91**, 398).

21 22 23 24

25 7) Die **Zurückweisung** des Verteidigers, dessen Tätigkeit gegen § 146 verstößt, regelt § 146 a.

Zurückweisung des Verteidigers

146a [I] **Ist jemand als Verteidiger gewählt worden, obwohl die Voraussetzungen des § 137 Abs. 1 Satz 2 oder des § 146 vorliegen, so ist er als Verteidiger zurückzuweisen, sobald dies erkennbar wird; gleiches gilt, wenn die Voraussetzungen des § 146 nach der Wahl eintreten. Zeigen in den Fällen des § 137 Abs. 1 Satz 2 mehrere Verteidiger gleichzeitig ihre Wahl an und wird dadurch die Höchstzahl der wählbaren Verteidiger überschritten, so sind sie alle zurückzuweisen. Über die Zurückweisung entscheidet das Gericht, bei dem das Verfahren anhängig ist oder das für das Hauptverfahren zuständig wäre.**

[II] **Handlungen, die ein Verteidiger vor der Zurückweisung vorgenommen hat, sind nicht deshalb unwirksam, weil die Voraussetzungen des § 137 Abs. 1 Satz 2 oder des § 146 vorlagen.**

1 1) **Zurückweisung des Verteidigers** (I): Die Folgen des Verstoßes gegen §§ 137 I S. 2, 146 treten nicht kraft Gesetzes ein; die Verteidigung wird nicht ohne weiteres unwirksam. § 146 a bestimmt vielmehr, daß der Verteidiger ausdrücklich zurückgewiesen werden muß, sobald erkennbar ist, daß die Verteidigung unzulässig ist. Erst wenn der Zurückverweisungsbeschluß unanfechtbar ist, verliert er seine Verteidigerbefugnisse. Bei der Zurückweisung hat das Gericht keinen Ermessensspielraum; beim Vorliegen der gesetzlichen Voraussetzungen muß es sie anordnen (vgl BGH **26**, 291; NJW **77**, 156; H. W. Schmidt MDR **77**, 530). Diese Grund-
2 sätze gelten nach S. 1 Hs 2 auch wenn im **Fall des § 146 S. 2** die Voraussetzungen des § 146 erst dadurch eintreten, daß Verfahren gegen mehrere Beschuldigte verbunden werden, die denselben Verteidiger gewählt haben. Der Zurückweisung, die beide Verteidigungen betrifft, kann der Verteidiger dann allerdings dadurch entgegen, daß er die Verteidigerbeziehung zu einem der Beschuldigten beendet (19
3 zu § 146). Der **Pflichtverteidiger** wird nicht zurückgewiesen. Stellt sich heraus, daß seine Tätigkeit gegen § 146 verstößt, so wird seine Beiordnung aufgehoben
4 und ein anderer Pflichtverteidiger bestellt (vgl BT-Drucks 10/1313 S. 23). **Als Verteidiger zurückzuweisen** ist im Fall des § 137 I S. 2 derjenige, der zum Verteidiger gewählt wird, obwohl bereits 3 Verteidiger tätig sind (KG NJW **77**, 912). Maßgebend ist grundsätzlich das Datum der Vollmachtsurkunde. Wenn mehrere Verteidiger gleichzeitig ihre Wahl anzeigen und dadurch die Höchstzahl der wählbaren Verteidiger überschritten wird, müssen alle zurückgewiesen werden (S. 2). Das Gericht darf nicht etwa einen von ihnen als Verteidiger zulassen und nur die anderen zurückweisen; denn es muß dem Angeklagten überlassen bleiben, von wem er verteidigt werden will. Im Fall des § 146 ist der Verteidiger zurückzuweisen, dessen Verteidigung nach den Grundsätzen 21 ff zu § 146 unzulässig ist.
5 Durch mit Gründen zu versehenen (§ 34) **Beschluß,** vor dessen Erlaß die StA nach § 33 II und der betroffene Verteidiger nach § 33 III zu hören sind (vgl Bay StV **88**, 97), wird über die Zurückweisung entschieden. Zuständig ist das Gericht, nicht der Vorsitzende allein, bei dem das Verfahren anhängig ist, das Rechtsmittelgericht erst nach Vorlage der Akten nach §§ 321 S. 2, 347 II. Im Vorverfahren entscheidet das Gericht, das für das Hauptverfahren zuständig wäre, bei Zuständigkeitswahl nach § 24 I Nrn 2, 3 GVG das Gericht, bei dem die StA die Anklageerhebung beabsichtigt; es kann die Entscheidung entspr § 209 dem AG übertragen (23 zu § 81). Tritt der Verteidiger gegenüber der StA auf, so führt sie die Entscheidung des danach zuständigen Gerichts herbei (Dünnebier Pfeiffer-FS 282).

2) **Wirksamkeit der Prozeßhandlungen** (II): Die Zurückweisung des Verteidigers wirkt nur für die Zukunft. Prozeßhandlungen des Verteidigers vor der Zurückweisung bleiben (trotz Nichtigkeit des Mandatsvertrages, vgl Wasmuth NStZ **89**, 349 ff) wirksam. Daher kann der Fall eintreten, daß sich für die Revisionsbegründung eine Vielzahl von Verteidigern bestellt (krit dazu Foth NStZ **87**, 441). Das Revisionsgericht ist dann verpflichtet, sich mit jeder Revisionsbegründungsschrift auseinanderzusetzen; nur in der Hauptverhandlung über die Revision braucht es nicht mehr als 3 Verteidiger zuzulassen. 6

3) **Anfechtung:** Der StA steht gegen den Beschluß, mit dem ihr Antrag auf 7
Zurückweisung eines Verteidigers abgelehnt wird, die **Beschwerde** nach § 304 I 8
zu (16 vor § 296). Das gleiche Rechtsmittel hat im Fall der Zurückweisung jeder davon betroffene Beschuldigte und der zurückgewiesene Verteidiger im eigenen Namen (BGH **26**, 291; Köln NStZ **82**, 129; München NJW **76**, 863), aber auch namens und im Auftrag des Beschuldigten (BGH aaO; **27**, 148; Stuttgart Justiz **84**, 430; H. W. Schmidt MDR **77**, 529): § 305 S. 1 steht nicht entgegen (Karlsruhe AnwBl **89**, 54; aM Hamm NStZ **87**, 476). Der Zurückweisungsbeschluß des OLG ist nach § 304 IV S. 2 unanfechtbar (BGH NJW **77**, 156). Die **Revision** kann auf 9
das Unterlassen der Zurückweisung nach § 146 a mit Erfolg nur gestützt werden, wenn die Verteidigung der mehreren Angeklagten der Aufgabe der Verteidigung im Einzelfall tatsächlich widerstritten hat und der Beschwerdeführer die Tatsachen darlegt, aus denen sich das ergibt (BGH **27**, 22 = JR **77**, 211 mit Anm Meyer; BGH **27**, 154, 159; NStZ **81**, 190; **86**, 513, 514; vgl auch Koblenz NJW **80**, 1058; KK-Laufhütte 11 zu § 146; **aM** Dünnebier Pfeiffer-FS 278: maßgebend ist allein der Verstoß gegen § 146; erg 41 zu § 338). Ob dem Tatrichter der Verstoß gegen § 146 bekannt war, ist gleichgültig (Koblenz aaO; **aM** BGH **27**, 22, 24 = JR **77**, 211 mit insoweit abl Anm Meyer; erg 9 zu § 337). Daß der Verteidiger eines Mitangeklagten nach § 146 hätte zurückgewiesen werden müssen, kann nicht gerügt werden (BGH NStZ **85**, 205 [Pf/M]; Bremen NStZ **85**, 89). Ist ein Verteidiger zurückgewiesen worden, ohne daß die Voraussetzungen des § 146 vorgelegen haben, so begründet das die Revision nicht, wenn der Angeklagte anderweit ordnungsgemäß verteidigt war (BGH **27**, 154, 159).

Akteneinsicht **RiStBV 160, 182 ff, 213**

147 **I Der Verteidiger ist befugt, die Akten, die dem Gericht vorliegen oder diesem im Falle der Erhebung der Anklage vorzulegen wären, einzusehen sowie amtlich verwahrte Beweisstücke zu besichtigen.**

II Ist der Abschluß der Ermittlungen noch nicht in den Akten vermerkt, so kann dem Verteidger die Einsicht in die Akten oder einzelne Aktenstücke sowie die Besichtigung der amtlich verwahrten Beweisstücke versagt werden, wenn sie den Untersuchungszweck gefährden kann.

III Die Einsicht in die Niederschriften über die Vernehmung des Beschuldigten und über solche richterlichen Untersuchungshandlungen, bei denen dem Verteidiger die Anwesenheit gestattet worden ist oder hätte gestattet werden müssen, sowie in die Gutachten von Sachverständigen darf dem Verteidiger in keiner Lage des Verfahrens versagt werden.

IV Auf Antrag sollen dem Verteidiger, soweit nicht wichtige Gründe entgegenstehen, die Akten mit Ausnahme der Beweisstücke zur Einsichtnahme in seine Geschäftsräume oder in seine Wohnung mitgegeben werden. Die Entscheidung ist nicht anfechtbar.

V Über die Gewährung der Akteneinsicht entscheidet während des vorbereitenden Verfahrens die Staatsanwaltschaft, im übrigen der Vorsitzende des mit der Sache befaßten Gerichts.

[VI] **Ist der Grund für die Versagung der Akteneinsicht nicht vorher entfallen, so hebt die Staatsanwaltschaft die Anordnung spätestens mit dem Abschluß der Ermittlungen auf. Dem Verteidiger ist Mitteilung zu machen, sobald das Recht zur Akteneinsicht wieder uneingeschränkt besteht.**

Übersicht

1 **1) Allgemeine Grundsätze:**

2 A. **Zur Akteneinsicht berechtigt** ist der Verteidiger (§ 147), der Prozeßbevollmächtigte des Privatklägers (§ 385 III), des Nebenklägers (§ 397 I S. 2 iVm § 385 III), des Einziehungs- oder Verfallsbeteiligten (§§ 434 I S. 2, 442 I) sowie der bußgeldbeteiligten JP oder PV (§ 444 II S. 2). Ferner hat das Akteneinsichtsrecht der Bevollmächtigte des Verletzten (§ 406 e) und (ohne gesetzliche Regelung) des Antragstellers in den Verfahren nach den §§ 23 ff **EGGVG,** 109 ff **StVollzG.**
3 Zur Akteneinsicht durch Sachverständige vgl § 80 II. Der **Beschuldigte selbst** hat keinen Anspruch auf Akteneinsicht (RG **72**, 268, 275; KG JR **65**, 69; Düsseldorf JZ **86**, 508; **aM** Frohn GA **84**, 564), auch wenn er RA oder Richter ist (Bode MDR **81**, 287; Klussmann NJW **73**, 1965; Krey 1/615; Lüttger aaO; vgl aber LG Hamburg NZV **93**, 495: anders ausnahmsweise im Bußgeldverfahren). Unter besonderen Umständen kann es jedoch geboten sein, ihm die Akteneinsicht im Beisein seines Verteidigers zu gestatten (Schleswig SchlHA **86**, 165 [E/L]; Zweibrücken NJW **77**, 1699; Beulke 142; Krekeler wistra **83**, 47; Krey 1/595). Der Vorsitzende entscheidet hierüber nach pflichtgemäßem Ermessen, das durch Fürsorgepflicht und Anspruch auf rechtliches Gehör begrenzt ist (BGH 5 StR 585/63 vom 18. 2. 1964; vgl auch Hammerstein JR **85**, 140; Welp Peters-FG 312 ff). Erforderlichenfalls können dem Beschuldigten Abschriften oder Ablichtungen von Aktenteilen zur Verfügung gestellt werden (LG Ravensburg NStZ **96**, 100 mwN); einen Rechtsanspruch darauf hat er nicht (Düsseldorf JZ **86**, 508). Die Akten dürfen ihm niemals überlassen werden (Frankfurt NJW **65**, 2312). Kann er sich ohne Aktenkenntnis nicht hinreichend verteidigen, so ist ihm ein Pflichtverteidiger beizuordnen (27 zu § 140); ist das wegen des geringfügigen Vorwurfs untunlich, muß ihm allerdings Akteneinsicht gewährt werden (EGMR NStZ **98**, 429 mit zust
4 Anm Deumeland). Die **Akteneinsicht an Nichtverfahrensbeteiligte** regelt RiStBV 185. Das Fehlen einer gesetzlichen Regelung ist mit Rücksicht auf das Volkszählungsurteil des BVerfG (BVerfGE **65**, 1 = NJW **84**, 419: Recht auf informationelle Selbstbestimmung) bedenklich (Hamm NStZ **86**, 236; LG Regensburg NJW **85**, 816: nur für eine gewisse Übergangsfrist; die Übergangsfrist ist nach Ansicht des AG Wolfratshausen NJW **94**, 2774 (vgl dazu Anm Peglau NStZ **95**,

100 und Krehl NJW **95**, 1072) inzwischen jedoch abgelaufen, anders Hamburg NJW **95**, 3399; Karlsruhe NStZ **94**, 50 = JR **95**, 79 mit Anm Otto; vgl auch Koblenz NJW **85**, 2038, 2040; **86**, 3093, 3095; Dahs NJW **85**, 1116; Schäfer NStZ **85**, 201; Hamm NStZ-RR **96**, 11 leitet das Akteneinsichtsrecht aus § 16 I c NWDSG her; dazu zw Frankfurt NJW **96**, 1484, das im übrigen auf den Einzelfall abstellt). Allerdings erscheint zweifelhaft, ob sich die Forderung des BVerfG, die Weitergabe personenbezogener Daten gesetzlich zu regeln, auch auf Daten bezieht, die nicht elektronisch gespeichert sind (vgl SK/StPO-Rudolphi 45 vor § 94; Rogall GA **85**, 9; NStZ **86**, 388). Die Übermittlung personenbezogener Daten (aus Dateien oder Akten) von Amts wegen an öffentliche Stellen des Bundes oder eines Landes für andere Zwecke als die des Verfahrens, für die die Daten erhoben worden sind, ist, soweit keine bereichsspezifischen Normen bestehen, in den §§ 12 ff **EGGVG** (iVm der MiStra) geregelt; ein solcher Fall liegt auch vor, wenn eine nicht am Verfahren beteiligte öffentliche Stelle eine Mitteilung von Amts wegen anregt (KK-Kissel 12 zu § 13 EGGVG). Bei der Gewährung von Akteneinsicht an Behörden und Bevollmächtigte von Firmen und Privatpersonen nach RiStBV 185 II S. 1, III gilt der Grundsatz, daß die in den Akten enthaltenen Einzelheiten über den Beschuldigten und die Zeugen nur offenbart werden dürfen, wenn ein **berechtigtes Interesse** an der Akteneinsicht dargetan ist (dazu Hamburg 5
NJW **95**, 1440; Karlsruhe MDR **93**, 1229; Hilger NStZ **84**, 541); die StA ist grundsätzlich nicht verpflichtet, dem durch die Akteneinsicht Betroffenen vorher rechtliches Gehör zu gewähren (Karlsruhe JR **95**, 79, 82 mit insoweit abl Anm Otto). Unbedenklich ist zB die Gewährung von Akteneinsicht an einen RA als Bevollmächtigten einer Versicherungsgesellschaft (Düsseldorf NJW **65**, 1033; LG Regenburg NJW **86**, 816). Auskünfte aus dem Zentralregister werden in derartigen Fällen aus den Akten genommen (RiStBV 16 II S. 2). Die Akteneinsicht kann auch auf einzelne Aktenteile beschränkt werden (RiStBV 187 I). Zum Akteneinsichtsrecht parlamentarischer Untersuchungsausschüsse vgl BVerfGE **67**, 100 = NJW **84**, 2271; Düsseldorf NJW **80**, 1293; Köln NJW **85**, 336; Stuttgart NJW **96**, 1908; Hilf NVwZ **87**, 541; Jekewitz NStZ **85**, 395; Schäfer NStZ **85**, 203; Schröer DÖV **86**, 85). Privatpersonen erhalten keine Akteneinsicht (RiStBV 185 IV). Personen, die nicht am Verfahren beteiligt sind, darf Einsicht in bei Dritten beschlagnahmten Akten nicht gewährt werden (Koblenz NJW **86**, 3093). Das Akteneinsichtsrecht für wissenschaftliche Vorhaben regelt RiStBV 185 a (vgl dazu Kaiser Meyer-GedSchr 715 ff und Peglau NJ **93**, 441).

B. Die **Erteilung von Abschriften und Ablichtungen** aus den Akten ist ein 6
Unterfall der Akteneinsicht (Hamm NJW **85**, 2040; Köln NJW **85**, 336, 337); mindestens gilt § 147 sinngemäß (so RiStBV 182 II; Hofmann Rpfleger **81**, 341 hält die Vorschrift für rechtswidrig). Der Verteidiger hat allerdings keinen Anspruch darauf, daß ihm Abschriften oder Ablichtungen ausgehändigt werden (BGH MDR **73**, 371 [D]; Bay **53**, 28 = JR **53**, 465; KG Rpfleger **83**, 325; Hamburg NJW **63**, 1024; KMR-Müller 20); zur Erteilung einer Abschrift der Sitzungsniederschrift vgl aber 6 aE zu § 35. Der Verteidiger kann sich jedoch, wenn nicht besondere Gründe entgegenstehen, Abschriften oder Ablichtungen **selbst anfertigen** 7
oder auf seine Kosten anfertigen lassen (BGH **18**, 369, 371; Bay aaO; Hamburg aaO; Bode MDR **81**, 287; Dahs 224; Lüttger NJW **51**, 745), grundsätzlich aber nur durch sein eigenes Büropersonal (KK-Laufhütte 6; Isele 754; vgl auch § 14 RichtlRA). Entsprechendes gilt für die Aufnahme von Tonaufzeichnungen auf ein eigenes Tonband und für Bildaufnahmen (Schlewig NJW **80**, 352, 353). Dabei muß der Verteidiger dafür sorgen, daß Mißbrauch ausgeschlossen ist. Seinen an der Bearbeitung der Sache beteiligten juristischen Mitarbeitern darf er den Aktenauszug überlassen (Dahs 231). Er darf ihn auch einem Dolmetscher oder einem von ihm herangezogenen Sachverständigen, soweit erforderlich, zur Verfügung stellen. Der Presse dagegen darf er den Inhalt der Akten nicht preisgeben, erst recht keine Abschriften überlassen (Dahs 231).

8 **2) Akteneinsichtsrecht des Verteidigers** (I):

9 A. Der **Verteidiger** darf die Akten einsehen, sobald er gewählt (4 vor § 137) oder bestellt (§ 141) ist. Daß er als Zeuge benannt ist, steht nicht entgegen (Celle NdsRpfl **60**, 259). Die Akteneinsicht ist einem RA auch zur Prüfung, ob er das Mandat übernehmen will (Anbahnungsfall), zu gestatten (Danckert StV **86**, 171); er muß dann aber die Aufforderung des Beschuldigten, die Vertretung zu übernehmen, vorweisen (KMR-Müller 1). Der Wahlverteidiger, der seine Bevollmächtigung nachweisen muß, kann mit der Akteneinsicht einen Unterbevollmächtigten beauftragen oder sie ggf einem juristischen Mitarbeiter oder Sachverständigen übertragen (Brandenburg NJW **96**, 67 = JR **96**, 169 mit insoweit zust Anm Krack = StraFo **96**, 21 mit zust Anm Hiebl). Das Akteneinsichtsrecht endet mit dem Erlöschen der Vollmacht, dem Widerruf der Bestellung (§ 143), der Zurückweisung nach § 146 a, der Anordnung des Ruhens der Rechte aus §§ 147, 148 nach § 138 c III S. 1 und der Rechtskraft des Beschlusses über die Ausschließung nach §§ 138 aff.

10 B. **Im gesamten Verfahren** kann der Verteidiger die Akten einsehen, im Vorverfahren mit der Beschränkungsmöglichkeit nach II (unten 24 ff). Während der Hauptverhandlung kann die Einsicht nicht verlangt werden (**aM** LR-Lüderssen 100), sofern der Verteidiger nicht erst in ihrem Verlauf gewählt oder bestellt worden ist (Stuttgart NJW **79**, 559, 560) oder zuvor keine ausreichende Akteneinsicht erhalten hat (KK-Laufhütte 14). **Nach rechtskräftigem Abschluß des Verfahrens** muß Akteneinsicht gewährt werden, wenn sie der Vorbereitung von Prozeßhandlungen, insbesondere von Anträgen im Vollstreckungsverfahren oder von Wiederaufnahmeanträgen nach §§ 359 ff dient; § 147 gilt aber nicht, wenn der frühere Beschuldigte Akteneinsicht für Zwecke begehrt, die mit seiner Verteidigung in der Strafsache nicht mehr zusammenhängen (Schäfer MDR **84**, 454 gegen Hamm NJW **84**, 880). Die Akteneinsicht muß **ausreichend und in zumutbarer** Weise gewährt werden (Hamburg JR **66**, 274; Hamm NJW **72**, 1096, 1097; Köln VRS **23**, 295), uU mehrfach, wenn der Akteninhalt umfangreicher geworden ist (Hamburg aaO; Hamm aaO; VRS **49**, 113). Die Dauer der Überlassung der Akten und Unterlagen richtet sich nach den Umständen des Einzelfalls (BGH bei Herlan MDR **55**, 530).

(11 und 12 beginnen im Text: 11 bei „Nach rechtskräftigem Abschluß", 12 bei „Die Akteneinsicht muß")

13 C. Die **Akten,** die dem Gericht vorliegen oder bei Anklageerhebung vorzulegen wären, darf der Verteidiger einsehen (BGH StV **88**, 193, 194), also nicht die Handakten der StA (Kleinknecht Dreher-FS 721; Krey 1/626; RiStBV 187 II) und andere innerdienstliche Vorgänge, zB vom Vorsitzenden nicht unterschriebene „Nebenprotokolle", die nur technische Hilfsmittel sind (BGH 3 StR 449/450/81 vom 8. 10. 1981; Karlsruhe NStZ **82**, 299), Entwürfe von Urkunden, die erst nach Fertigstellung Bestandteile der Akten werden (BGH **29**, 394), und vom Gericht in der Hauptverhandlung hergestellte Tonbandaufnahmen, die nur als Gedächtnisstütze verwendet werden sollen (BGH 2 StR 280/67 vom 20. 2. 1969; Praml MDR **77**, 16; erg 11 zu § 169 GVG). Auch auf nach § 119 III angehaltene und zur Habe des Angeklagten genommene Schreiben bezieht sich das Akteneinsichtsrecht nicht (BGH MDR **88**, 357 ff [S]). Im übrigen gilt der **Grundsatz der Aktenvollständigkeit.** Schriftstücke, Ton- oder Bildaufnahmen, Videoaufzeichnungen (Bay **90**, 128 = NJW **91**, 1070), aus denen sich schuldspruch- oder rechtsfolgenrelevante Umstände ergeben können, dürfen den Akten nicht ferngehalten werden (LG Itzehoe StV **91**, 555), insbesondere auch nicht die UHaft betreffende Unterlagen (BGH **37**, 204 mit Anm Foth StV **91**, 337). Was für das Verfahren geschaffen worden ist, darf der Akteneinsicht nicht entzogen werden (BGH aaO; Koblenz NJW **81**, 1570; Peters 231); andernfalls wäre der Anspruch auf rechtliches Gehör verletzt (BVerfGE **18**, 405 = NJW **65**, 1171). Eine Ausnahme gilt nur für nach § 96 gesperrte Akten oder Aktenteile (Celle StV **82**, 264; Hamm NJW **84**, 880); zur Verpflichtung der Verteidigung zur Geheimhaltung in Verschlußsachen vgl RiStBV 213 und abl dazu Zieger StV **95**, 107. Demnach muß Einsicht in **alle**

Akten gewährt werden, die dem Gericht nach § 199 II S. 2 vorzulegen sind, dh in alle vom 1. Zugriff der Polizei (§ 163) an gesammelten be- und entlastenden Schriftstücke einschließlich etwaiger Bildaufnahmen (Karlsruhe AnwBl **81**, 18; Schleswig NJW **80**, 352, 353), Tonaufnahmen (Köllner StraFo **95**, 50; Marxen NJW **77**, 2188; Schäfer NStZ **84**, 205), Fahndungsnachweisen (Hamburg NStZ **92**, 50), auch in die Strafregisterauszüge (BVerfGE **62**, 338 = NJW **83**, 1046; Frankfurt NJW **60**, 1731; Krey 1/618; **aM** LG Hildesheim NStZ **83**, 88 mit abl Anm K.-H. Schmid), ferner in die nach Anklageerhebung entstandenen Aktenteile und in die vom Gericht herbeigezogenen oder von der StA nachgereichten Beiakten (BGH **30**, 131, 138; KG JR **65**, 69; Karlsruhe AnwBl **81**, 18; NStZ **82**, 299; Koblenz NJW **81**, 1570; Schleswig StV **89**, 95); das Ergebnis während der Hauptverhandlung durchgeführter verfahrensbezogener Ermittlungen ist mitzuteilen
(BGH **36**, 305; erg 9 zu § 101). Auch in die **Akten anderer Behörden** (RG **42**, 16
291; EbSchmidt Nachtr 7; Rieß Peters-FG 121 Fn 39; **aM** Schäfer NStZ **84**, 206: Beweisstücke) ist Einsicht zu gewähren, es sei denn, sie sind nur zur vertraulichen Behandlung übersandt worden (vgl RiStBV 187 II S. 2; **aM** BGH **42**, 71 = NStZ **97**, 43 mit Anm Gillmeister: Vertraulichkeitsbitte ist unbeachtlich); das schließt aber ihre Verwertung durch das Gericht in der Hauptverhandlung nach Gewährung rechtlichen Gehörs nicht aus (BGH aaO), denn dafür wäre eine Sperre nach § 96
erforderlich. Teil der Akten sind auch **Beweismittelordner,** die nur Ablichtungen 17
von sichergestellten Urkunden enthalten (vgl Köln NJW **85**, 336, 337; Schäfer NStZ **84**, 205), die vorläufigen Aufzeichnungen der Protokolle nach § 168 a II (vgl
Kurth NJW **78**, 2484) und polizeiliche **Spurenakten,** soweit sie bei der Verfol- 18
gung einer bestimmten Tat gegen einen bestimmten – bekannten oder unbekannten – Täter angefallen sind, falls ihr Inhalt für die Feststellung der dem Beschuldigten vorgeworfenen Tat und für etwaige gegen ihn zu verhängende Rechtsfolgen von (bei großzügigster Auslegung, BGH NStZ **83**, 228) irgendeiner Bedeutung sein kann (BVerfGE **63**, 45 = NStZ **83**, 273 mit abl Anm Peters; BGH **30**, 131 = StV **81**, 500 mit abl Anm Dünnebier; Hamm NStZ **84**, 423 mit Anm Meyer-Goßner; Fezer JZ **96**, 614; Odersky Rebmann-FS 350; **aM** alle Spurenakten ohne Rücksicht auf Zahl, Umfang und Bezug zum Beschuldigten AK/StPO-Stern 20; Bender/Nack ZRP **83**, 1; Kleinknecht Dreher-FS 722; Peters 231; Wasserburg NJW **80**, 2440 und NStZ **81**, 211; Welp Peters-FG 310; ausführlich zum Problem Beulke Dünnebier-FS 285; Meyer-Goßner NStZ **82**, 353; erg 24 zu § 163; 2 zu
§ 199). Von der StA erstellte **Computerausdrucke** sind zu den Akten zu nehmen 18 a
und werden deren Bestandteil; Dateien und Programme können ebenfalls zu Aktenbestandteilen werden (Fetzer DRiZ **90**, 489; StV **91**, 142; Schäfer wistra **89**, 8), falls sie nicht lediglich als technische Hilfsmittel (oben 13) anzusehen sind
(Meier/Böhm wistra **92**, 170). Ein Anspruch auf Vorlage sämtlicher **Arbeitsun-** 18 b
terlagen eines Sachverständigen, die zur Vorbereitung seines Gutachtens gedient haben, besteht nicht; das Gericht kann allerdings im Rahmen seiner Aufklärungspflicht gehalten sein, auf deren Offenlegung zu dringen (BGH StV **95**, 565).

D. **Besichtigung amtlich verwahrter Beweisstücke:** Das Besichtigungsrecht 19
ist kein Teil des Akteneinsichtsrechts, sondern ergänzt es (Rieß Peters-FG 120; vgl auch Schäfer NStZ **84**, 203). Beweisstücke sind in den Akten oder anderswo aufbewahrte Gegenstände, die nach den §§ 94 ff durch Beschlagnahme oder durch Sicherstellung in anderer Weise in amtlichen Gewahrsam gelangt sind, ferner die nach §§ 111 b ff sichergestellten Gegenstände, soweit sie zugleich als Beweismittel dienen können, auch wenn sie nicht in dieser Eigenschaft sichergestellt worden sind (2 zu § 94). In Betracht kommen Urkunden und Urkundensammlungen (Köln NJW **85**, 336, 337; einschr Rieß aaO S. 122: nur wenn ihre Beschaffenheit beweiserheblich ist) sowie Augenscheinsgegenstände und Gegenstände, die Grundlage für einen Sachverständigenbeweis sein oder für Vorhalte bei Zeugen- oder Beschuldigtenvernehmungen verwendet werden können (Rieß aaO), nicht aber beigezogene Gerichtsakten in ihrer Gesamtheit (KG JR **92**, 123) oder Akten

anderer Behörden (oben 16). Der Verteidiger darf die Beweisstücke an ihrem Verwahrungsort besichtigen; dazu ist ihm aber rechtzeitig vor der Hauptverhandlung (KG StV **89**, 9; Schlag Koch-FG 238) und ohne Rücksicht darauf Gelegenheit zu geben, ob sie in ihr möglicherweise einem Verwertungsverbot unterliegen (Rieß aaO Fn 44; **aM** Schäfer NStZ **84**, 203). Sind sie auf andere Weise als durch amtliche Verwahrung sichergestellt (16 zu § 94), so muß dafür Sorge getragen werden, daß dem Verteidiger die Besichtigung ermöglicht wird, notfalls durch Umwandlung der Sicherstellung in eine amtliche Verwahrung (Rieß aaO S. 123). Bei der Besichtigung darf der Verteidiger Aufzeichnungen machen, Lichtbilder herstellen und Sachverständige hinzuziehen (Rieß aaO S. 124; eingehend zu letzterem Schlag Koch-FG 234 ff). Die „Besichtigung" von Tonbandaufnahmen und Videoaufzeichnungen (dazu Kintzi DRiZ **96**, 188) erfolgt in der Weise, daß der Verteidiger sie sich in der Geschäftsstelle vorspielen, ggf auch eine Kopie fertigen läßt (LG Bonn StV **95**, 632 mit zust Anm Köllner StraFo **96**, 26); sind sie für den Verteidiger ohne Erklärungen des Angeklagten und/oder eines Dolmetschers unverständlich, ist deren Anwesenheit beim Abhören zu gestatten (Köln StV **95**, 12). Einen Anspruch auf Übersetzung in fremder Sprache geführter Telefongespräche, die gemäß §§ 100 a, 100 b aufgezeichnet wurden, gibt die Vorschrift nicht (Koblenz NStZ **95**, 611).

20 E. Zur **Weitergabe der durch die Akteneinsicht erlangten Kenntnisse an den Beschuldigten** ist der Verteidiger berechtigt und idR auch verpflichtet (BGH **29**, 99, 102 = JR **81**, 73 mit Anm Müller-Dietz; Frankfurt NStZ **81**, 144; Bode MR **81**, 287; Dahs 227 ff; Fezer 4/29; Krekeler wistra **83**, 47; Krey 1/601 ff; Lüttger NJW **51**, 744; Welp Peters-FG 316). Im gleichen Umfang, wie er ihn über den Akteninhalt mündlich unterrichten darf, ist er prozessual auch berechtigt, dem Beschuldigten Abschriften oder Ablichtungen des Akteninhalts auszuhändigen (BGH aaO; GA **68**, 307; Krekeler aaO; Lüttger aaO; vgl auch § 15 II RichtlRA); auch die Aushändigung einer vollständigen Aktenkopie ist grundsätzlich zulässig (Welp aaO). Das gilt, abgesehen von dem Sonderfall der Verschlußsachen (BGH
21 **18**, 369, 371 ff), aber nicht, wenn durch die Aushändigung eine **Gefährdung des Untersuchungszwecks** eintreten würde (BGH **29**, 99, 103; KK-Laufhütte 8; Beulke 90; Krey 1/609; Liemersdorf MDR **89**, 207; **aM** Dahs 227; Fezer 4/29; Krekeler aaO; Mehle NStZ **83**, 557; Tondorf StV **83**, 257; Welp Peters-FG 316 ff) oder wenn zu befürchten ist, daß die Ablichtungen oder Abschriften zu verfahrensfremden Zwecken, zB für eine private Veröffentlichung, mißbraucht werden (BGH **29**, 99, 103; Krey 1/603 ff; Welp aaO; vgl auch § 14 RichtlRA). Der Untersuchungszweck ist zB gefährdet, wenn der Beschuldigte aus einem Aktenauszug erfährt, daß eine Durchsuchung seiner Wohnung bevorsteht oder daß die StA einen Haftbefehl gegen ihn beantragt hat (BGH aaO; **aM** Schlothauer/Weider 147 mwN). Dagegen reicht die nur selten auszuschließende Möglichkeit, daß sich der Beschuldigte zur Verdunkelung der Sache, etwa zum Aufbau eines falschen Alibis, entschließen könnte, nicht aus (BGH aaO). Das Informationsrecht besteht aber
22 nicht in **Angelegenheiten, die nicht mehr im Rahmen der Verteidigung** liegen (Dahs 228), zB wenn es sich um Einzelheiten handelt, die ausschließlich die Mitbeschuldigten oder persönliche Kontroversen zwischen Justizangehörigen be-
23 treffen (Lüttger NJW **51**, 746). Zur **Rückforderung der dem Beschuldigten überlassenen Aktenauszüge** ist der Verteidiger nicht verpflichtet (Bode MDR **81**, 287); dennoch sollte er dem Mandanten stets aufgeben, die Auszüge und Abschriften nach Erledigung der Strafsache zurückzugeben, und ihn, am besten schriftlich, davor warnen, die Unterlagen Dritten zu zeigen (Dahs 227).

24 **3) Beschränkung des Akteneinsichtsrechts des Verteidigers**(II, III, VI): Die Akteneinsicht kann dem Verteidiger nach II verweigert werden, wenn der Abschluß der Ermittlungen noch nicht nach § 169 a in den Akten vermerkt ist und
25 wenn sie den **Untersuchungszweck gefährden** würde. Eine konkrete Gefahr wird dabei nicht vorausgesetzt (Pfeiffer Odersky-FS 459; **aM** Burkhard wistra **96**,

173; Eisenberg NJW **91**, 1260; Groh DRiZ **85**, 52: Vorliegen konkreter Anhaltspunkte, die objektiv geeignet erscheinen, den Untersuchungszweck zu gefährden); andererseits genügt für die Beschränkung nicht nur eine vage und entfernte Möglichkeit der Gefährdung (Krey 1/599). Befindet sich der Beschuldigte in UHaft (BVerfG NStZ-RR **98**, 108: nicht bei noch nicht vollzogenem Haftbefehl; vgl aber Köln StV **98**, 269 zum Haftbefehl gegen einen im Ausland ansässigen Beschuldigten), sind an die Beschränkung des Einsichtsrechts besonders strenge Anforderungen zu stellen; ein uneingeschränktes Akteneinsichtsrecht besteht aber auch dann nicht (BVerfG NJW **94**, 573; BGH NJW **96**, 734; KG NStE Nr 6; Frankfurt StV **93**, 292 mit abl Anm Taschke und StV **93**, 297; Saarbrücken NJW **95**, 1440; Nehm Graßhof-FG 240; Pfeiffer aaO 460; **aM** Schmitz wistra **93**, 319 und Zieger StV **93**, 320, die dies aus Art 5 IV bzw 6 III Buchst b MRK, Art 103 I GG herleiten wollen und auf EGMR wistra **93**, 333 = StV **93**, 283 verweisen; dagegen zutr Nehm aaO; vgl auch Deckers NJW **94**, 2263; LG Aschaffenburg StraFo **97**, 121 wendet die Rspr des BVerfG auch auf den Fall des steckbrieflich gesuchten Beschuldigten an). Allerdings muß dem Verteidiger das Einsichtsrecht – uU durch Teilakteneinsicht – gewährt werden, wenn eine mündliche Mitteilung der Tatsachen und Beweismittel nicht ausreicht, um auf die gerichtliche Haftentscheidung einwirken zu können; andernfalls darf das Gericht seine Haftentscheidung hierauf nicht stützen und muß ggf den Haftbefehl aufheben (BVerfG NStZ **94**, 551; Brandenburg OLGSt Nr 1 zu § 114; sehr krit dazu Bohnert GA **95**, 468). Wenn aber zB bestimmte Untersuchungshandlungen vorbereitet werden, die nur durch Überraschung erfolgreich sein können (vgl § 33 IV), kann die Akteneinsicht immer versagt werden (Krey aaO). Die Beschränkung muß wieder aufgehoben werden, wenn ihr Grund entfallen ist. **Ausgenommen von der Beschränkung** 26 sind die in III bezeichneten Niederschriften und Gutachten. Sachverständigengutachten iS III sind nicht die in den Akten befindlichen Übersetzungen fremdsprachiger Urkunden (Hamburg StV **86**, 422; **aM** Welp StV **86**, 450). Bei den Beschuldigtenvernehmungen kommt es nicht darauf an, ob sie von der Polizei, der StA oder einem Richter durchgeführt worden sind. Die Beschränkung gilt insbesondere nicht für polizeiliche Vernehmungen, auf die bei richterlichen Vernehmungen Bezug genommen worden ist (Hamm NStZ **87**, 572). III gilt entspr für schriftliche Äußerungen des Beschuldigten nach §§ 136 I S. 4, 163 a I S. 2, IV S. 2 und auch für Vernehmungen, bei denen der nunmehr Beschuldigte noch als Zeuge vernommen worden war (Hamm StV **95**, 571 mit zust Anm Mehle/Hiebl). Für Niederschriften über richterliche Untersuchungshandlungen, bei denen dem Verteidiger (zu Recht oder zu Unrecht) die Anwesenheit gestattet worden ist, gilt III auch dann, wenn sie nicht die Vernehmung des Beschuldigten, zu dem das Verteidigerverhältnis besteht, zum Gegenstand haben, sondern die von Mitbeschuldigten, Zeugen oder Sachverständigen oder einen richterlichen Augenschein. Diese Ausnahmen werden zweckmäßigerweise in der Versagungsanordnung durch Aufzählung klargestellt. Eine Ausnahme von III bestimmt § 34 III Nr 2 S. 3 **EGGVG.**
Spätestens bei der **Anbringung des Vermerks nach § 169 a** muß die Beschrän- 27 kung aufgehoben werden (VI). Das dadurch erlangte volle Einsichtsrecht des Verteidigers darf später nicht mehr eingeschränkt werden (BGH NStZ **98**, 97), auch nicht bei Wiederaufnahme der Ermittlungen. Von der Aufhebung der Beschränkung ist der Verteidiger unverzüglich zu unterrichten (VI S. 2). War bereits ein Antrag auf Akteneinsicht abgelehnt worden, so muß ihm nunmehr entsprochen werden; erst danach darf Anklage erhoben werden (Meyer-Goßner NStZ **82**, 357).

4) **Mitgabe der Akten in die Geschäftsräume oder Wohnung** (IV): Die 28 Akteneinsicht wird grundsätzlich in den Diensträumen der StA oder des Gerichts gewährt (RiStBV 189 III). Der Verteidiger hat keinen Rechtsanspruch auf Aktenaushändigung zur Mitnahme in sein Büro oder seine Wohnung (BGH DRiZ **90**, 455; NStZ **85**, 13 [Pf/M]; **94**, 227 [K]; Koblenz VRS **70**, 282, 284; Krey 1/627). Wenn keine wichtigen Gründe (unten 29) entgegenstehen, sollte einem Antrag auf

Mitgabe der Akten jedoch stattgegeben werden (Rieß Peters-FG 127 hält dann sogar einen Rechtsanspruch für gegeben). Ist die Mitgabe nach S. 1 geboten, so schließt das nicht die Pflicht des Gerichts ein, dem Verteidiger die Akten zuzusenden (Frankfurt NStZ **81**, 191; Stuttgart NJW **79**, 559, 560; vgl aber RiStBV 189 II; Eisenberg NJW **91**, 1259). Werden die Akten dem Verteidiger auf seinen Antrag hin übersandt (also nicht nur an ihn ausgehändigt, vgl LG Detmold NJW **95**, 2801; AG Göttingen NdsRpfl **96**, 61), so wird hierfür nach Nr 9003 KVGKG – verfassungsrechtlich unbedenklich (BVerfG NJW **95**, 3177; **96**, 2222) – sogleich (Koblenz NStZ-RR **96**, 96; LG Göttingen StV **96**, 166; NdsRpfl **96**, 43; Schäpe DAR **96**, 336; **aM** AG Soest DAR **95**, 177: erst nach Verfahrensabschluß) eine Gebühr von 15 DM erhoben; es haftet der Verteidiger (LG Frankenthal NJW **95**, 2801; MDR **96**, 104: auch der Pflichtverteidiger), nicht der Beschuldigte (LG Göttingen aaO; LG Koblenz NJW **96**, 1223; Schäpe aaO; **aM** AG Beckum StraFo **96**, 29 mit zust Anm Brüssow; AG Leverkusen und AG Oldenburg AnwBl **96**, 295; AG Tecklenburg StV **96**, 167; vgl auch Enders JurBüro **97**, 393; Kotz NStZ **97**,
29 24 ff; D. Meyer JurBüro **96**, 231). Ein **wichtiger Grund,** der der Mitgabe entgegensteht, kann zB darin liegen, daß die Akten als Verschlußsache gekennzeichnet sind (vgl RiStBV 213 IV und KG StV **97**, 624: keine gesetzliche Grundlage für die Verpflichtung eines Verteidigers zur Verschwiegenheit), daß die Gefahr der Einsichtnahme oder Beeinträchtigung durch Dritte besteht oder daß die Akten für die beschleunigte Durchführung des Verfahrens benötigt werden. Vorläufige Tonbandaufzeichnungen nach § 168 a II werden idR von der Mitgabe auszuschließen sein (Kurth NJW **78**, 2484), ebenso behördliche Beiakten vertraulicher Art (Personalakten uä). Aus Gründen des Datenschutzes wird die Mitgabe idR hingegen nicht
30 verweigert werden können (vgl Groß/Fünfsinn NStZ **92**, 107). **Beweisstücke** (oben 19) dürfen niemals aus dem amtlichen Gewahrsam entlassen werden (BGH NStZ **81**, 95 [Pf]; KK-Laufhütte 5; teilw **aM** LR-Lüderssen 115; krit Schlag Koch-FG 232). Das gilt auch für Beweisstücke mit Urkundenqualität (Rieß Peters-FG 125 ff; **aM** Krekeler wistra **83**, 47). Wenn das technisch möglich ist, muß dem Verteidiger aber Gelegenheit gegeben werden, von Urkunden und Urkundensammlungen Ablichtungen herzustellen. Einen Anspruch darauf, daß das Gericht ihm Ablichtungen zur Verfügung stellt, hat er nicht (**aM** Krekeler aaO; Rieß aaO S. 122 ff). Die Übersendung der Beweisstücke an das AG des Kanzleisitzes des Verteidigers, damit dieser Einsicht nehmen kann, ist nicht **unzulässig** (LG Heil-
31 bronn StV **88**, 293 L). Die Akten werden dem Verteidiger nach I nur zu **treuen Händen** zugänglich gemacht. Er darf sie selbst einsehen, aber weder dem Beschuldigten noch dritten Personen überlassen (§ 15 I RichtlRA) oder ihnen Einsicht gewähren (Dahs 229; Lüttger NJW **51**, 747), sie auch nicht einem Sachverständigen zur Erstattung eines Gutachtens zur Verfügung stellen (Isele 753). In all diesen
32 Fällen muß er Ablichtungen oder Abschriften aus den Akten fertigen lassen. Der **Ausschluß der Anfechtbarkeit** (IV S. 2) bezieht sich nicht auf die Dienstaufsichtsbeschwerde gegen die Ablehnung des Antrags nach IV S. 1 durch die StA. Richterliche Entscheidungen bedürfen wegen ihrer Unanfechtbarkeit keiner Begründung (Karlsruhe Justiz **79**, 341).

33 **5) Zuständigkeit** (V): Im vorbereitenden Verfahren und nach Einstellung des
34 **Ermittlungsverfahrens** entscheidet die StA über die Akteneinsicht (RiStBV 183 Buchst a). Die Polizei darf keine Akteneinsicht gewähren; die Entscheidung trifft immer die StA (KMR-Müller 12; Krey 1/628; Welp Peters-FG 324). Das gilt auch für Unfall- und Tatortskizzen oder -aufnahmen, die bei der Beschuldigtenvernehmung verwendet worden sind (**aM** Kleinknecht Kriminalistik **65**, 454). Das Gericht ist im Ermittlungsverfahren niemals zuständig, auch wenn sich die Akten bei ihm zur Vornahme einer richterlichen Handlung befinden (Hamm NStZ **82**, 348; Stuttgart Justiz **70**, 113; KK-Laufhütte 17; Pfeiffer Odersky-FS 461; **aM** Welp
35 aaO). Vom **Eingang der Anklage bei Gericht** an bis zum rechtskräftigen Abschluß des Verfahrens, auch in der Hauptverhandlung (§ 238 II gilt nicht), ist der

Vorsitzende des jeweils mit der Sache befaßten Gerichts zuständig (RiStBV 183 Buchst b). Er entscheidet in richterlicher Unabhängigkeit auch dann, wenn der Antrag von einer am Verfahren nicht beteiligten Person gestellt ist (Düsseldorf NJW **65**, 1033; **80**, 1293; Hamburg NStZ **82**, 482; Hamm NJW **68**, 169; MDR **77**, 686; KK-Laufhütte 21; **aM** Altenhain DRiZ **70**, 107; JZ **65**, 757: Justizverwaltungsakt). **Nach rechtskräftigem Abschluß des Verfahrens** ist die JVerwB **36** zuständig, bei der oder auf deren Veranlassung die Akten verwahrt werden (RiStBV 183 Buchst c). Jedoch entscheidet über die Akteneinsicht zur Vorbereitung eines Antrags im Vollstreckungs- oder Gnadenverfahren und zur Vorbereitung eines Wiederaufnahmeverfahrens nach §§ 359 ff der Vorsitzende des für einen solchen Antrag zuständigen Gerichts (vgl Bremen NJW **64**, 2175; Koblenz NJW **81**, 1570; KK-Laufhütte 19). Der Antragsteller hat Anspruch auf **ermessensfehlerfreie** **37** **Entscheidung** (Hamm NJW **84**, 880; KMR-Müller 15). Die Versagung der Akteneinsicht erfordert einen mit kurzer Begründung versehenen Bescheid (RiStBV 188 I; Burkhard wistra **96**, 173); § 147 ist insoweit weder direkt noch entspr anwendbar (Karlsruhe NJ **96**, 265).

6) Anfechtung: **38**

A. **Entscheidungen der StA** über die Akteneinsicht Verfahrensbeteiligter im **39** Ermittlungsverfahren sind nach hM, die verfassungsrechtlich unbedenklich ist (BVerfG NJW **85**, 1019), Prozeßhandlungen, gegen die zwar Dienstaufsichtsbeschwerde (22 vor § 296) zulässig ist, aber nicht der Antrag nach §§ 23 ff **EGGVG** (Hamburg StV **86**, 422; Hamm NStZ **84**, 280 mwN; Karlsruhe NStZ **97**, 49; Koblenz NJW **85**, 2038; Saarbrücken NJW **95**, 1440; Schleswig SchlHA **87**, 117 [L]; KK-Laufhütte 18; Meyer-Goßner NStZ **82**, 357; **aM** Celle NStZ **83**, 379; Bottke StV **86**, 123; Burkhard wistra **96**, 175; Groh DRiZ **85**, 54; Keller GA **83**, 497; Schenke NJW **76**, 1816; Wasserburg NJW **80**, 2444; Welp StV **86**, 446 und Peters-FG 323 ff; Zieger StV **93**, 323; **aM** auch Frankfurt StV **89**, 96; **93**, 292; 297; NStZ-RR **96**, 40, das aber über § 23 III EGGVG wegen der Beschwerdemöglichkeit gegen die richterliche Entscheidung zu demselben Ergebnis kommt; abl zu diesem Lösungsweg Taschke StV **93**, 294; Welp StV **89**, 194; zu einer Ausnahme bei überlanger Dauer des Ermittlungsverfahrens vgl Hamm NStZ-RR **97**, 179 L und NStE Nr 13 zu § 23 EGGVG). Der Rechtsweg nach §§ 23 ff **EGGVG** ist aber gegeben im Fall des III (Hamm NStZ **87**, 572; StV **95**, 571 mit Anm Mehle/Hiebl; Karlsruhe NJW **96**, 151 L = StraFo **96**, 56 mwN; Theisen JR **96**, 436) und zur Erzwingung der Einsicht in die den Ermittlungsakten nicht beigefügten Spurenakten gegeben (BVerfGE **63**, 45 = NJW **83**, 1043; Hamm NStZ **84**, 423 mit Anm Meyer-Goßner) sowie nach Einstellung des Ermittlungsverfahrens (Hamburg NJW **97**, 3255 mwN). Auch für Entscheidungen der StA über die **Akteneinsicht** **40** **Dritter** steht der Rechtsweg nach §§ 23 ff **EGGVG** offen (KG NStZ **93**, 403; Celle NJW **90**, 1802; Karlsruhe NStZ **97**, 49; Koblenz NJW **85**, 2083; NStZ **88**, 89; Hilger NStZ **84**, 541; Peglau NJ **93**, 442), ebenso dem dadurch beschwerten Beschuldigten (Celle NJW **92**, 253; Koblenz NStZ **90**, 604; NJW **86**, 3093, 3094; Hilger aaO). Eine Sonderregelung, die für § 147 keine Bedeutung hat, enthält § 406 e IV S. 2. Zu Mitteilungen von Amts wegen vgl unten 42.

B. **Richterliche Entscheidungen,** auch des OLG im 1. Rechtszug, über die **41** Akteneinsicht können nach § 304 I, IV S. 2 Nr 4 mit der Beschwerde angefochten werden (Hamburg NJW **63**, 1024; Hamm NJW **68**, 169; JMBlNW **77**, 129; Karlsruhe Justiz **84**, 108; **aM** Altenhain DRiZ **70**, 107; JZ **65**, 757: Rechtsweg nach § 23 **EGGVG).** Das gilt auch für Entscheidungen des erkennenden Gerichts; § 305 S. 1 steht nicht entgegen (Brandenburg NJW **96**, 67 mwN = JR **96**, 169 mit insoweit abl Anm Krack = StraFo **96**, 21 mit zust Anm Hiebl; Stuttgart NJW **96**, 1908; offengelassen von Frankfurt NStZ **96**, 238 mwN zum Streitstand). Nichtverfahrensbeteiligte haben das Beschwerderecht nach § 304 II, nicht das Antragrecht nach §§ 23 ff **EGGVG**(Düsseldorf NJW **65**, 1033; Hamburg NStZ **82**, 482; Hamm NStZ-RR **96**, 210 mwN; Köln NJW **85**, 336; LG Regensburg NJW **85**,

816; Hilger NStZ **84**, 541). Eine Ausnahme von der Anfechtbarkeit bestimmt IV S. 2 (oben 32).

42 C. **Entscheidungen der JVerwB** über die Einsicht in weggelegte Akten sind nach §§ 23 ff **EGGVG** anfechtbar (Bremen NJW **64**, 2175; Karlsruhe NStZ **94**, 50 = JR **95**, 79 mit Anm Otto; Altenhain DRiZ **64**, 297; Wasserburg NJW **80**, 2446). Das gilt auch für Entscheidungen der StA nach Abschluß des Ermittlungsverfahrens (Hamm NJW **84**, 880; Kissel 45 zu § 141 GVG); zu den dabei anzustellenden Erwägungen vgl Karlsruhe NJ **96**, 265. Soweit die Übermittlung personenbezogener Daten von Amts wegen an öffentliche Stellen von den §§ 12 **EGGVG** erfaßt wird, ist die Anfechtung in § 22 **EGGVG** geregelt (vgl dort).

43 D. Die **Revision** kann auf die Verweigerung der Akteneinsicht nicht gestützt werden (vgl Hamm NJW **72**, 1096). Nur wenn deswegen in der Hauptverhandlung ein Antrag auf Unterbrechung oder Aussetzung gestellt und durch Gerichtsbeschluß abgelehnt worden ist, kann der Revisionsgrund des § 338 Nr 8 geltend gemacht werden (vgl BGH NStZ **85**, 87; StV **88**, 193; KG StV **82**, 10; VRS **83**, 428; Hamm VRS **49**, 113); zum notwendigen Revisionsvorbringen vgl Bay NJW **92**, 2242; Rpfleger **94**, 178.

Verkehr mit dem Verteidiger

148 **I Dem Beschuldigten ist, auch wenn er sich nicht auf freiem Fuß befindet, schriftlicher und mündlicher Verkehr mit dem Verteidiger gestattet.**

II Befindet sich der Beschuldigte nicht auf freiem Fuß und ist Gegenstand der Untersuchung eine Straftat nach § 129 a des Strafgesetzbuches, so sind Schriftstücke und andere Gegenstände zurückzuweisen, sofern sich der Absender nicht damit einverstanden erklärt, daß sie zunächst einem Richter vorgelegt werden. Das gleiche gilt unter den Voraussetzungen des Satzes 1 für den schriftlichen Verkehr zwischen dem Beschuldigten und einem Verteidiger in einem anderen gesetzlich geordneten Verfahren. Ist der schriftliche Verkehr nach Satz 1 oder 2 zu überwachen, so sind für das Gespräch zwischen dem Beschuldigten und dem Verteidiger Vorrichtungen vorzusehen, die die Übergabe von Schriftstücken und anderen Gegenständen ausschließen.

1 **1)** Den **Grundsatz der freien Verteidigung** stellt I auf.

2 A. Ein **ungehinderter Verkehr** zwischen Verteidiger und Beschuldigten gehört zu den unabdingbaren Voraussetzungen einer solchen Verteidigung (vgl Welp GA **77**, 132, NStZ **86**, 295 und Gallas-FS 417 ff). Der Verkehr zwischen Verteidiger und Beschuldigten ist daher von jeder Behinderung und Erschwerung freigestellt (BGH **27**, 260, 262; NJW **73**, 2035, 2036). Unüberwachter mündlicher und schriftlicher Verkehr ist gewährleistet, gleichviel, ob der Beschuldigte inhaftiert oder auf freiem Fuß ist (BGH **33**, 347, 349; LG Mainz NStZ **86**, 473; Schmidt StV **89**, 421; erg Einl 56 a). Die Telefonüberwachung nach § 100 a ist unzulässig (dort 13), und bei einem nicht auf freiem Fuß befindlichen Beschuldigten bestehen grundsätzlich (Ausnahmeregelungen enthalten II und §§ 31 ff **EGGVG)** die Beschränkungsmöglichkeiten nach § 119 III nicht (Saarbrücken NJW **78**, 1446; KK-Laufhütte 3). Der Verteidiger hat ein eigenes Recht auf ungehinderten Verkehr mit seinem inhaftierten Mandanten (BGH **33**, 347, 349; NJW **73**, 1656; KG JR **77**, 213; Frankfurt NJW **77**, 2177; NStZ **82**, 134; vgl auch § 138 c II S. 1). Der unbeschränkte Verkehr ist ihm aber nur zum Zweck der Verteidigung gestattet (BVerfGE **46**, 1, 12 = NJW **77**, 2157; BVerfG **49**, 24, 48 = NJW **78**, 2235; BGH **26**, 304, 307; NJW **73**, 2035, 2036). Dem Verteidiger als Organ der Rechtspflege wird grundsätzlich vertraut, daß er die ihm zu diesem Zweck eingeräumten Rechte

nicht mißbraucht (BGH **27**, 260, 265; Hamburg NJW **79**, 1724; Saarbrücken NJW **78**, 1446, 1448).

B. Nur der **Verteidiger** im Strafverfahren hat die Rechte aus I, nicht der 3
Beistand nach § 149, auch nicht der Verteidiger in einem Disziplinarverfahren (LG Koblenz MDR **81**, 72). Ein RA oder Notar, der sich außerhalb eines Strafverfahrens mit einem Gefangenen in Verbindung setzen will, unterliegt den üblichen Beschränkungen (Bremen NJW **63**, 1465 mit abl Anm Tiedemann NJW **63**, 1841; Hamm NJW **71**, 1852; Nürnberg JR **71**, 120 mit abl Anm Sebode; Saarbrücken JBl Saar **61**, 47; Welp GA **77**, 132; **aM** Seebode MDR **71**, 98; vgl auch BT-Drucks 7/2989 S. 4). Von der Überwachung des Besuchs wird aber idR abgesehen (UVollzO 36 IV S. 2). Die Bevorrechtigung nach I setzt ein bereits durch gerichtliche Beiordnung oder durch Annahme des Verteidigungsauftrags (4 vor § 137)
bestehendes Verteidigungsverhältnis voraus (Hamm NJW **71**, 1852). Wer mit 4
einem Beschuldigten ohne jeden Auftrag in Verbindung treten will, um über ein Mandat zu verhandeln (Anbiederungs- oder Angebotsfall), darf sich nicht als Verteidiger und seine Post nicht als Verteidigerpost bezeichnen. Ein Verteidigungsverhältnis besteht auch nicht in dem sog Anbahnungsfall, in dem der Beschuldigte oder einer seiner Angehörigen den RA zu einem Besuch auffordert, um die Übernahme der Verteidigung zu besprechen (KG JR **79**, 40; StV **85**, 405 mit abl Anm Hassemer; LG Mannheim AnwBl **76**, 357; KK-Laufhütte 5; Beulke 237 Fn 133 a; Krey 1/651; **aM** Düsseldorf StV **84**, 106; Danckert StV **86**, 171; Fezer StV **93**, 255; Hanack JR **86**, 36). Denn dem Mißbrauch wäre Tür und Tor geöffnet, wenn die JVA verpflichtet wäre, für jeden Gefangenen eine Vielzahl von „Anbahnungsgesprächen" unbeaufsichtigt zuzulassen; insbesondere könnte so ständig das Verbot des § 146 umgangen werden. Wenn ein Mißbrauch im Einzelfall auszuschließen ist, kann der Richter dem RA aber ein unbewachtes Gespräch mit dem Beschuldigten gestatten (KG StV **91**, 307; 524; Krey 1/652).

C. Den **Verkehr mit dem nicht auf freiem Fuß befindlichen Beschuldigten** regelt I. Wo der Beschuldigte verwahrt wird (JVA, Entziehungsanstalt, psychiatrisches Krankenhaus), spielt keine Rolle. In UHaft braucht er sich nicht zu befinden; I gilt auch für den Verkehr mit Strafgefangenen, sofern und solange eine Verteidigungstätigkeit ausgeübt wird (Zweibrücken GA **65**, 380). In Betracht kommt die Verteidigung eines Strafgefangenen in einem neuen Strafverfahren, in einer Strafvollstreckungssache (KG JR **77**, 213), in einer Gnadensache und in einem Wiederaufnahmeverfahren (Hamm NJW **80**, 1404), aber auch im Zusammenhang mit einem Antrag auf gerichtliche Entscheidung nach § 23 **EGGVG** (Bremen NJW **63**, 1465) oder § 109 **StVollzG** (Hamm aaO; München NJW **78**, 654). Einem Anwalt eines anderen EG-Mitgliedstaates ist der Verkehr nur im Einvernehmen mit einem deutschen RA erlaubt. Das Gericht kann Ausnahmen gestatten, wenn eine Gefährdung der Sicherheit nicht zu besorgen ist; §§ 138 a bis d, 146, 146 a, 148 gelten für den deutschen RA, der nicht selbst Verteidiger ist, entspr (§ 4 III RADG; erg 3 zu § 138). 5

D. Der **Schriftverkehr** des Beschuldigten mit dem Verteidiger (Briefe, Tele- 6
gramme) darf in seinem Umfang nicht beschränkt und, von der Ausnahmeregelung des II abgesehen, inhaltlich nicht überwacht werden (vgl auch UVollzO 37 I; § 29 II S. 1 **StVollzG**). Der Beschuldigte darf der JVA seine Schreiben an den Verteidiger verschlossen zur Beförderung übergeben; die als Verteidigerpost bezeichneten Schreiben des Verteidigers werden ihm ungeöffnet ausgehändigt (vgl UVollzO 37 I). Pakete werden überprüft (UVollzO 39), nicht aber die einliegenden
Briefe, wenn sie als Verteidigerpost gekennzeichnet sind. Die **Briefkontrolle** darf 7
sich, wenn die Voraussetzungen des II nicht vorliegen, nur darauf beziehen, ob es sich nach den äußeren Merkmalen wirklich um einen Schriftwechsel mit dem Verteidiger handelt (Düsseldorf NJW **83**, 186; Krey 1/649). Mit dieser Prüfung kann die JVA beauftragt werden. Die Anordnung, daß jeder Brief erst dem Richter vorgelegt werden muß, ist idR überflüssig (Düsseldorf aaO hält sie sogar für

unzulässig). Auch aus Sicherheitsgründen ist die Öffnung der Verteidigerpost zur
Feststellung der Absenderidentität und zur Überprüfung auf unzulässige Einlagen
nicht statthaft, auch nicht im Beisein des Gefangenen (Karlsruhe NStZ **87**, 188;
Koblenz NStZ **86**, 332; Stuttgart NStZ **83**, 384; NJW **92**, 61; Krey 1/649; **aM**
8 Koblenz StV **82**, 427 mit abl Anm Dünnebier). Einer **Beschlagnahme** der Schrift-
stücke, die vom Verteidiger herrühren und sich in der Hand des Beschuldigten
befinden, steht I grundsätzlich entgegen (37 zu § 97). Nur wenn gewichtige
Anhaltspunkte dafür vorliegen, daß der Verteidiger sich an der dem Beschuldigten
zur Last gelegten Tat beteiligt hat, hindert § 148 die Beschlagnahme der Verteidi-
gerpost nicht, die als Beweismittel für das Verfahren gegen den Beschuldigten, für
ein Strafverfahren gegen den Verteidiger oder für das Ausschließungsverfahren nach
den §§ 138 aff von Bedeutung sein kann (erg 38 zu § 97).

9 E. **Unüberwachte Besuche** seines Mandanten in der Haftanstalt sind dem
Verteidiger grundsätzlich ohne Einschränkung in bezug auf Zeit (Dauer) und Häu-
10 figkeit gestattet. Der Verteidiger ist aber an die **anstaltsüblichen Besuchszeiten**
gebunden, wenn sie im Rahmen des Zumutbaren den organisatorischen Möglich-
keiten der JVA entsprechen (KG JR **77**, 213; Hamm NStZ **85**, 432; Karlsruhe
NStZ **97**, 407 mit abl Anm Schriever NStZ **98**, 159; vgl auch UVollzO 36 VII).
Die Festsetzung solcher Besuchszeiten verstößt nur dann gegen I, wenn sie den
Verkehr mit dem Verteidiger nicht mehr regelt, sondern nur wesentlich erschwert
11 (KG aaO; Stuttgart NStZ **98**, 212). Der Verteidiger muß der JVA das **Verteidi-
gungsverhältnis nachweisen** (KG JR **77**, 213, 214). Das geschieht idR durch
Vorlage der Vollmacht des Gefangenen oder der Bestellungsanordnung des Gerichts
(UVollzO 36 II, III). Eine besondere Sprecherlaubnis darf die JVA nur verlangen,
wenn an dem Verteidigerverhältnis Zweifel bestehen, insbesondere, wenn nicht
sicher ist, ob ein Fall des § 137 I S. 2, **II** S. 2 oder des § 146 vorliegt (**aM** LR-
Lüderssen 11). Sonst darf die JVA die Vorlage eines Dauersprechscheins nur auf
besondere Anweisung des Richters oder StA fordern (Frankfurt NStZ **82**, 134; **aM**
12 LG Würzburg NJW **72**, 1824 mit abl Anm Seebode). **Durchsuchungen** des
Verteidigers sind unzulässig, weil sie den freien Verkehr mit dem Mandanten
einschränken und den Beschuldigten möglicherweise in seiner Verteidigung beein-
trächtigen. Aus Sicherheitsgründen, insbesondere bei erhöhter Fluchtgefahr, darf
der Haftrichter, bei Strafhaft des Mandanten (abgesehen von dem Fall des § 122
StVollzG) der Leiter der JVA den Besuch des Verteidigers aber davon abhängig
machen, daß er sich und die mitgeführten Behältnisse nach Waffen und anderen
gefährlichen Gegenständen durchsuchen läßt (BVerfGE **38**, 26, 30 = MDR **75**, 29;
BGH NJW **73**, 1656; KG NJW **71**, 476 mit abl Anm Schmidt-Leichner; Hamm
NJW **80**, 1404, 1405; KK-Laufhütte 3; Beulke 196; Krey 1/646 ff; einschr Saar-
brücken NJW **78**, 1446; Hanack JR **71**, 273; vgl auch § 26 S. 2 iVm § 24 III
StVollzG). Von dem Inhalt der Verteidigerakten darf bei einer solchen Durch-
suchung keine Kenntnis genommen werden (BGH aaO). Das Besuchsrecht des
13 Verteidigers schließt weder die **Mitnahme einer Schreibkraft** noch die eines
Dolmetschers nach seiner Wahl ein (LG Köln NStZ **83**, 237). Das Mitführen eines
Diktiergeräts ist erlaubt (Frankfurt AnwBl **80**, 307). Auch die Urkunden und
Gegenstände, die er für die Unterredung mit seinem Mandanten benötigt, darf der
Verteidiger unüberwacht in die JVA einbringen (BGH NJW **73**, 1656, 1657;
Hamm NJW **80**, 1404). Für das Gespräch können der Beschuldigte und der
14 Verteidiger die **Zurverfügungstellung eines Raumes** verlangen, in dem Ge-
spräche mit gewöhnlicher Lautstärke geführt werden können, ohne daß unter
normalen Bedingungen ein Mithören möglich ist (Hamm StV **85**, 241; Krey 1/
643). Der Verteidigerbesuch darf weder akustisch noch optisch überwacht werden
15 (vgl auch UVollzO 36 I; § 27 III **StVollzG**). Die **Übergabe von Verteidigungs-
unterlagen** ist dem Verteidiger gestattet. Er darf dem Beschuldigten Schriftstücke
und sonstige Gegenstände, die unmittelbar der Vorbereitung oder Durchführung
der Verteidigung dienen, ohne Kontrolle und ohne besondere Erlaubnis übergeben

(BGH **26**, 304; Dresden NStZ **98**, 535; Fezer 4/59; Krey 1/645; Welp GA **77**, 141; vgl auch UVollzO 36 V; § 27 IV S. 2 **StVollzG**). Dabei darf er aber die richterliche Briefkontrolle nicht umgehen; Schreiben Dritter, die an den Beschuldigten gerichtet sind, darf er ihm ohne besondere Erlaubnis selbst dann nicht übergeben, wenn sie der Verteidigung dienen (BGH **26**, 304, 308).

F. Der **Fernsprechverkehr** gehört nicht zu dem mündlichen Verkehr iS des I (Oldenburg NJW **64**, 215; **aM** KK-Laufhütte 7; Schlothauer/Weider 84). Der Gefangene und der Verteidiger haben keinen Anspruch auf die Benutzung anstaltseigener Fernsprechanlagen. Ferngespräche des Gefangenen mit seinem Verteidiger können aber zugelassen werden (vgl UVollzO 38 I). Steht fest, daß es sich um ein solches Gespräch handelt, so darf es nicht durch Mithören überwacht werden (vgl BGH **33**, 347, 350; Waldowski AnwBl **75**, 106; Welp NStZ **86**, 295; vgl auch UVollzO 38 I S. 3 Hs 2; § 32 S. 2 **StVollzG**). Spricht der Gefangene von einem Geschäftszimmer der JVA aus, so kann er aber nicht verlangen, während des Gesprächs allein gelassen zu werden. 16

2) Die **besondere Überwachung nach II** soll verhindern, daß der einer Straftat nach § 129 a StGB verdächtige Gefangene sich aus der JVA heraus weiterhin für die terroristische Vereinigung betätigt und so zu deren Fortbestand beiträgt (BGH NStZ **84**, 177). Zur Anwendung des II bei der Vollstreckung einer wegen einer Straftat nach § 129 a StGB verhängten Strafe vgl §§ 26 S. 4, 27 IV S. 3, 29 I S. 2, 3 **StVollzG.** Die Regelung des II ist als Ausnahme von dem Grundsatz des I abschließend und darf auf ähnliche Fallgestaltungen nicht entspr angewendet werden (BGH **30**, 38, 41; krit zu II und § 148 a Gohl Rebmann-FS 199). 17

A. **Voraussetzung** der besonderen Überwachung des Beschuldigten ist, daß gegen ihn wegen des Verdachts der Straftat nach § 129 a StGB ein Ermittlungsverfahren eingeleitet ist, nicht, daß er sich deswegen in UHaft befindet. Die Überwachung ist auch bei UHaft in anderer Sache, bei Unterbrechung der UHaft zur Strafvollstreckung (§ 122 **StVollzG**) und bei Strafhaft zulässig (Celle NJW **80**, 1118; Stuttgart Justiz **96**, 25). In diesen Fällen setzt die Anwendung des II dringenden Tatverdacht wegen einer Straftat nach § 129 a StGB voraus (BGH **36**, 205 mwN zum Streitstand gegen BGH StV **84**, 211 mit abl Anm Sauer); das Vorliegen eines Haftbefehls ist hingegen wegen der Prüfungsbefugnis des Gerichts (Rdn 19) nicht erforderlich (**aM** Neufeld NStZ **84**, 156; offen gelassen bei BGH **36**, 205, 210). 18

B. Einer **richterlichen Anordnung** bedarf die Überwachung nach II (BGH **36**, 205 mwN), es sei denn, der Beschuldigte befinde sich wegen einer Straftat nach § 129 a StGB in UHaft (BGH aaO; KK-Laufhütte 18). 19

C. **Überwachung des Schriftverkehrs** (II S. 1): Sendungen des Verteidigers an den Gefangenen oder des Gefangenen an den Verteidiger werden zurückgewiesen, wenn sich der Absender nicht damit einverstanden erklärt, daß sie zunächst einem Richter vorgelegt werden. Die Weitergabe an den Adressaten ist nur über die Kontrolle des Überwachungsrichters (§ 148 a) möglich. Das Einverständnis kann allgemein oder bei der Vorlegung der einzelnen Sendung erklärt werden. IdR werden Verteidiger und Beschuldigter von dem Haftrichter aufzufordern sein, die Erklärung abzugeben. Liegt die Erklärung vor, so wird die Sendung unmittelbar an den Überwachungsrichter weitergeleitet (2 zu § 148 a). 20

D. Ein **anderes gesetzlich geordnetes Verfahren** (II S. 2) ist jedes Verfahren, in dem es einen Beschuldigten und einen Verteidiger gibt (erg 25 zu § 138 a). Auch in einem solchen Verfahren wird der Schriftverkehr zwischen dem Verteidiger und dem inhaftierten Beschuldigten kontrolliert, gegen den ein Verfahren wegen einer Tat nach § 129 a StGB anhängig ist. Dadurch soll eine Umgehung der Kontrolle nach II S. 1 verhindert werden. 21

E. **Trennvorrichtungen beim Verteidigerbesuch** (II S. 3): Die Regelung, die rechtsgültig ist (KG JR **79**, 519; Hamm NJW **80**, 1404), zwingt zur Ausstattung 22 der Sprechzellen mit Trennscheiben, durch die die Übergabe von Gegenständen ausgeschlossen wird (vgl dazu KG aaO). Andere Vorrichtungen kommen praktisch nicht in Betracht. Eine zusätzliche optische Überwachung ist unzulässig (KMR-Müller 12; LR-Lüderssen 41 a; Krey 1/656; Welp GA **77**, 142 Fn 59).

23 3) **Anfechtung:** Gegen einzelne Maßnahmen der JVA, die in die Rechte nach
24 **I eingreifen, können der Gefangene und der Verteidiger die Entscheidung des Haftrichters herbeiführen** (§§ 119 III, VI, 126). Allgemeine Anordnungen der JVA können nur mit einem Antrag auf gerichtliche Entscheidung nach § 23 **EGGVG** angefochten werden (BGH **29**, 135: Durchsuchung der Besucher; KG aaO: Besuchssperre; Hamm NStZ **85**, 432: Festsetzung von Besuchszeiten; erg 18 zu § 23 EGGVG), im Strafvollzug nach § 109 **StVollzG.** Hat der Haftrichter die Maßnahme selbst angeordnet, so ist Beschwerde nach § 304 I zulässig; der Verteidiger kann sie im eigenen Namen einlegen (BGH **29**, 135, 137; NJW **73**, 1656, 1657; KG JR **77**, 213; erg 49 zu § 119). Über die Rechtmäßigkeit von Maßnah-
25 men nach **II** entscheidet der Ermittlungsrichter des BGH oder OLG (BGH NStZ **84**, 177; StV **84**, 211), auch wenn der Beschuldigte sich in Strafhaft befindet (Hamm NStZ **84**, 284; **aM** Celle NJW **80**, 1118; NStZ **82**, 527 mit Anm Hilger: Rechtsweg nach § 109 **StVollzG.** Der Ermittlungsrichter ist zur Nachprüfung berechtigt, ob zureichende tatsächliche Anhaltspunkte für einen Tatverdacht nach § 129 a StGB gegeben sind (BGH NStZ **89**, 333). Die Entscheidung ist unanfechtbar (§ 304 IV S. 1, V). Wird die Art der Ausgestaltung der Sprechzellen beanstandet, so ist nur der Antrag nach § 23 **EGGVG** zulässig (KG JR **79**, 519; **aM** KK-Laufhütte 3 zu § 148 a: Zuständigkeit des Überwachungsrichters).

Durchführung der Überwachung

148a **I Für die Durchführung von Überwachungsmaßnahmen nach § 148 Abs. 2 ist der Richter bei dem Amtsgericht zuständig, in dessen Bezirk die Vollzugsanstalt liegt. Ist eine Anzeige nach § 138 des Strafgesetzbuches zu erstatten, so sind Schriftstücke oder andere Gegenstände, aus denen sich die Verpflichtung zur Anzeige ergibt, vorläufig in Verwahrung zu nehmen; die Vorschriften über die Beschlagnahme bleiben unberührt.**

II Der Richter, der mit Überwachungsmaßnahmen betraut ist, darf mit dem Gegenstand der Untersuchung weder befaßt sein noch befaßt werden. Der Richter hat über Kenntnisse, die er bei der Überwachung erlangt, Verschwiegenheit zu bewahren; § 138 des Strafgesetzbuches bleibt unberührt.

1 1) **Zuständiger Überwachungsrichter** (I S. 1): Für die Kontrollmaßnahmen nach § 148 II ist das AG zuständig, in dessen Bezirk die Vollzugsanstalt liegt, und zwar der Richter, der vom Präsidium bei der Geschäftsverteilung mit dieser Aufgabe betraut worden ist (§ 21 e I S. 1 GVG).

2 2) Die **Überwachungsmaßnahmen** nach § 148 II S. 1, 2 bestehen in der Kontrolle der dem Richter von der JVA, dem Verteidiger oder dem Beschuldigten vorgelegten Schriftstücke und anderen Gegenstände. Der Überwachungsrichter kann ihre Weiterbeförderung an den Verteidiger oder die JVA zur Aushändigung an den Beschuldigten anordnen oder durch mit Gründen versehenen Beschluß ablehnen (dann gibt er sie dem Absender zurück); er kann auch Strafanzeige nach § 138 StGB erstatten (unten 5). Weitere Entscheidungsmöglichkeiten hat er nicht. Die
3 **Beförderungserlaubnis wird versagt,** wenn sich der Schriftverkehr auf die Förderung einer terroristischen Vereinigung bezieht. Aber auch Schriftstücke und Gegenstände, die keine solche Zweckbestimmung haben, jedoch sonst für verteidigungsfremde Zwecke bestimmt sind, können von der Beförderung ausgeschlossen werden (Bay **79**, 65, 69 = MDR **79**, 862; Hamburg NJW **79**, 1724; LG Baden-Baden NStZ **82**, 81; KK-Laufhütte 8; **aM** KG JR **79**, 216; LG Köln NJW **79**,

1173 L; Beulke 196; Fezer 4/66; Welp GA **77**, 142); denn es muß nicht geduldet werden, daß der Verteidiger unter den Augen des Gerichts seine Rechte mißbraucht. Was den Verteidigungszwecken dient, bestimmt aber in 1. Hinsicht der Verteidiger selbst (LG Stuttgart StV **85**, 67); die Beförderung darf nur in klaren Mißbrauchsfällen verweigert werden (LR-Lüderssen 6 mwN). Von der Beförderung ausgeschlossen sind auch Gegenstände, die die Sicherheit der Anstalt beeinträchtigen (Stuttgart NStZ **83**, 384). Die zurückgehaltene Sendung wird an den Absender zurückgeleitet (vgl aber auch unten 5). Vor der Entscheidung wird die 4 **StA nicht gehört;** § 33 II gilt nicht, da von dem Inhalt der Sendung außer dem Überwachungsrichter niemand Kenntnis nehmen darf (Bay **79**, 65 = MDR **79**, 862).

3) Zur **Erstattung einer Strafanzeige** (I S. 2) ist der Überwachungsrichter 5 verpflichtet, wenn er aus dem Schriftverkehr von dem Vorhaben oder der Ausführung einer der in § 138 I, II StGB bezeichneten Straftaten erfährt. Bei der Anzeigeerstattung darf er die bei der Überwachung erlangten Kenntnisse an die StA weitergeben (II S. 2 Hs 2). Die Schriftstücke und sonstigen Gegenstände, die den Verdacht begründen, muß er vorläufig in Verwahrung nehmen, bis über ihre Beschlagnahme nach §§ 94, 98 entschieden wird, wobei aber § 97 hier nicht gilt (BGH NStZ **90**, 93: Redaktionsversehen). Erst wenn sie beschlagnahmt worden sind, gibt er sie an die StA weiter. Erfolgt in angemessener Frist keine Beschlagnahme, so werden die Schriftstücke und Gegenstände dem Adressaten ausgehändigt, wenn sie nicht aus anderen Gründen von der Beförderung auszuschließen sind (KMR-Müller 3). Die Beschlagnahme kann ggf auch in einem wegen § 129 a StGB bereits anhängigen Ermittlungsverfahren erfolgen (BGH StV **90**, 146 mit abl Anm Nestler-Tremel).

4) **Ausschluß des Überwachungsrichters** (II S. 1): Der mit Überwachungs- 6 maßnahmen nach § 148 II S. 1, 2 betraute Richter darf mit der Sache sonst weder befaßt sein noch befaßt werden. **Betraut** mit den Überwachungsmaßnahmen ist 7 der Richter beim AG nicht schon deshalb, weil er für sie nach dem Geschäftsverteilungsplan zuständig ist, sondern erst, wenn es zur Prüfung eines vorgelegten Schriftstücks oder anderen Gegenstandes gekommen ist. **Als Überwachungsrich-** 8 **ter ausgeschlossen** ist der Haftrichter, solange er nach § 126 I S. 1 für die weiteren richterlichen Entscheidungen und Maßnahmen zuständig ist (KK-Laufhütte 5). Ausgeschlossen ist nicht der Richter, der früher einmal mit der Sache befaßt war, es aber jetzt nicht mehr ist, zB der früher tätig gewesene Haftrichter, wenn nach Erhebung der Anklage die Zuständigkeit für Haftentscheidungen nach § 126 II S. 1, § 120 I Nr 6 GVG auf das OLG übergegangen ist. Auch wer als Ermittlungsrichter eine inzwischen abgeschlossene Untersuchungshandlung vorgenommen hat, ist nicht ausgeschlossen, selbst wenn die Möglichkeit besteht, daß weitere Anträge bei ihm gestellt werden. **Von der Mitwirkung in der Strafsache** 9 **ausgeschlossen** ist der Überwachungsrichter. Der Ausschluß erstreckt sich auf alle wegen derselben Tat iS des § 264, auch gegen andere Tatbeteiligte, zu treffenden Entscheidungen, nicht nur auf die Mitwirkung in der Hauptverhandlung (LR-Lüderssen 15 f). II S. 1 ergänzt insoweit den § 23, geht aber in der Ausschlußwirkung weiter; denn der Tätigkeit als Überwachungsrichter steht auch eine spätere Mitwirkung am Verfahren als StA oder Verteidiger entgegen (KK-Laufhütte 6; **aM** KMR-Müller 8 für die Mitwirkung als Verteidiger). Der Ausschluß gilt nur für den Überwachungsrichter selbst, nicht für die Beschwerderichter (BGH MDR **82**, 282 [H]; KG NJW **79, 771;** KK-Laufhütte 12; offengelassen bei BGH **29**, 196, 199; erg unten 12). Für das Verfahren gelten die §§ 22, 24, 28 entspr.

5) Die **Verschwiegenheitspflicht des Überwachungsrichters** (II S. 2) be- 10 steht gegenüber jedermann, auch gegenüber dem mit der Sache befaßten Gericht und der StA, sofern nicht die Voraussetzungen des § 138 StGB vorliegen (oben 5). Zur Zeugnisverweigerung ist der Richter nicht nur berechtigt, sondern verpflich-

tet (Welp GA **77**, 134 Fn 31). Die Pflicht zur Verschwiegenheit bezieht sich aber nur auf den Inhalt der Schriftstücke und Gegenstände, nicht auf Zeit, Art und sonstige Umstände des technischen Vorgangs der Vorlegung, auch nicht auf die
11 Zahl der Gegenstände. Der Verschwiegenheitspflicht unterliegen auch die **Gehilfen des Richters,** zB die Geschäftsstellenbeamten und Schreibkräfte (KK-Laufhütte 10), auch die von dem Richter herangezogenen Sachverständigen (Stuttgart NStZ **83**, 384), Dolmetscher (deren Zuziehung als geringerer Eingriff gegenüber einer Sperre jeglichen Schriftverkehrs eines Ausländers anzusehen und daher zulässig ist, vgl LG Baden-Baden NStZ **82**, 82; LG Köln StV **88**, 536; **aM** Kreitner NStZ **89**, 5) und sonstigen Hilfspersonen (Stuttgart Justiz **83**, 240).

12 6) **Anfechtung:** Gegen die Maßnahmen des Richters beim AG bei der Durchführung der Überwachung können der Beschuldigte und der Verteidiger Beschwerde nach § 304 I einlegen, über die das LG entscheidet (BGH **29**, 196; Bay **90**, 1), ohne daß die StA gehört wird (Bay aaO; oben 4). Die Mitwirkung eines nach II S. 1 ausgeschlossenen Richters in der Strafsache ist ein zwingender Aufhebungsgrund nach § 338 Nr 2. Der Verwertung von unter Verletzung der Schweigepflicht offenbarten Kenntnissen als Urteilsgrundlage kann mit der Revision nach § 337 gerügt werden.

Beistände

149 [I] **Der Ehegatte eines Angeklagten ist in der Hauptverhandlung als Beistand zuzulassen und auf sein Verlangen zu hören. Zeit und Ort der Hauptverhandlung sollen ihm rechtzeitig mitgeteilt werden.**

[II] **Dasselbe gilt von dem gesetzlichen Vertreter eines Angeklagten.**

[III] **Im Vorverfahren unterliegt die Zulassung solcher Beistände dem richterlichen Ermessen.**

1 1) Die **Zulassung** des Ehegatten oder des gesetzlichen Vertreters als Beistand (vgl dazu Kaum 44 ff) kann nur auf dessen Antrag, nicht von Amts wegen (RG **41**, 348) und nicht auf Antrag des Beschuldigten erfolgen (Düsseldorf NJW **79**, 938). Dessen Zustimmung ist nicht erforderlich (RG **38**, 106; KK-Laufhütte 1; KMR-Müller 2; **aM** LR-Lüderssen 4 und Köhler FamRZ **55**, 241 für den Ehegatten).
2 **Im Vorverfahren entscheidet** über den Zulassungsantrag, entspr § 141 IV, der Vorsitzende des für das Hauptverfahren zuständigen Gerichts (LR-Lüderssen 12), und zwar nach pflichtgemäßem Ermessen (III). Für die Hauptverhandlung, auch für vorweggenommene Beweiserhebungen nach §§ 223, 225 (EbSchmidt 7), besteht ein Rechtsanspruch auf die Zulassung (Köln VRS **79**, 53), auch wenn der Antragsteller ein Mitangeklagter (LR-Lüderssen 14) oder wenn er als Zeuge geladen und erschienen ist (BGH **4**, 205). Für die Entscheidung ist der Vorsitzende des Gerichts zuständig. Sie muß sofort nach Antragstellung (BGH aaO) und ausdrücklich getroffen werden.

3 2) **Rechtsstellung:** Der Beistand kann zugleich Zeuge sein (BGH **4**, 205; ANM 186; erg 23 vor § 48); dann muß er aber der Hauptverhandlung zeitweise fernbleiben (§§ 58 I, 243 II–IV; vgl aber 4 zu § 58). Er kann auch neben einem Verteidiger und in Anwesenheit des Angeklagten auftreten, hat aber keinen Anspruch auf Bewilligung von Prozeßkostenhilfe und Beiordnung eines RA (BGH MDR **78**, 626 [H]). Allerdings kann er, wie der Zeuge, einen RA als Beistand hinzuziehen (BGH aaO; erg 11 vor § 48). Sein Recht erschöpft sich aber auch dann in der Beratung des Angeklagten und in der Stellungnahme zur Sache; prozessuale Rechte des Angeklagten kann er, anders als der Beistand im Jugendstrafverfahren nach § 69 **JGG,** nicht wahrnehmen (BGH aaO; erg 30 zu § 244), auch keine Rechtsmittel einlegen (Düsseldorf NJW **97**, 2533). Zum Fragerecht vgl 3 zu § 240. Das dem Verteidiger in § 148 I gewährte Recht auf ungehinderten

Verkehr mit dem Beschuldigten hat der Beistand nicht; der Grundsatz des fairen Verfahrens (Einl 19) kann aber eine Überwachung aller Gespräche verbieten (BGH NJW **98**, 2296).

3) Die **Benachrichtigung von der Hauptverhandlung** (I S. 2) soll so rechtzeitig erfolgen, daß der Beistand in ihr erscheinen kann. Eine förmliche Ladung ist nicht vorgeschrieben (EbSchmidt 4; Schorn JR **66**, 8). **4**

4) Anfechtung: Antragsteller und Beschuldigter können gegen die Ablehnung und den Widerruf der Zulassung Beschwerde nach § 304 I einlegen, StA und Beschuldigter auch gegen die Zulassung; § 305 S. 1 steht nicht entgegen. Die Ablehnung des Zulassungsantrags und die verspätete Zulassung können nach § 337 die Revision begründen, wenn das Urteil darauf beruht (BGH **4**, 205; LR-Lüderssen 19). Das gleiche gilt für eine zu weitgehende Einschränkung der Beistandsrechte (BGH NJW **98**, 2296) und für das Unterlassen der Benachrichtigung nach I S. 2 (offen gelassen von BGH aaO, dort wN). **5**

150 (weggefallen)

Zweites Buch. Verfahren im ersten Rechtszug

1. Abschnitt. Öffentliche Klage

Anklageprinzip

151 **Die Eröffnung einer gerichtlichen Untersuchung ist durch die Erhebung einer Klage bedingt.**

1 **1) Akkusationsprinzip** (Anklagegrundsatz): Nur auf Anklage kann es zur gerichtlichen Untersuchung kommen.

2 **2)** Die **gerichtliche Untersuchung** tritt nicht automatisch mit der Erhebung der Klage ein. Sie entsteht erst durch förmlichen Eröffnungsbeschluß (§ 203; vgl auch § 156). Erst dieser macht die Strafsache rechtshängig (Einl 63; 1 zu § 156).

Offizial- und Legalitätsprinzip

152 **I Zur Erhebung der öffentlichen Klage ist die Staatsanwaltschaft berufen.**

II Sie ist, soweit nicht gesetzlich ein anderes bestimmt ist, verpflichtet, wegen aller verfolgbaren Straftaten einzuschreiten, sofern zureichende tatsächliche Anhaltspunkte vorliegen.

1 **1)** Das **Offizialprinzip** (I) bedeutet, daß die Strafverfolgung grundsätzlich dem Staat (für die Rechtsgemeinschaft) obliegt, nicht dem einzelnen Bürger. Ausnahme: Privatklageverfahren (§§ 374 ff). Von dem Anklagemonopol der StA bestehen auch im Offizialverfahren noch Ausnahmen, in denen es zur gerichtlichen Untersuchung ohne Mitwirkung der StA kommen kann: Strafbefehlsantrag der FinB in Steuerstrafverfahren (§ 400 **AO;** Einl 11 ff). Vgl auch Einl 37, 38; §§ 155 II, 160 I, 163. Aus I ergibt sich nicht die Pflicht der StA zur Auskunft, ob eine beabsichtigte Handlung strafbar ist (Hamburg NJW **65**, 776 = JR **65**, 189 mit Anm Kohlhaas).

2 **2)** Das **Legalitätsprinzip** (II) bedeutet Verfolgungszwang, und zwar gegen jeden Verdächtigen (BVerfG NStZ **82**, 430 mit krit Anm Kuhlmann NStZ **83**, 130: Aktualisierung des Willkürverbots), und, wenn die Voraussetzungen dafür bestehen, Anklagezwang (BGH **15**, 155; Geerds SchlHA **62**, 181). Es ist für die StA das notwendige Korrelat zu ihrem Anklagemonopol (I). Mit ihm sollen die Grundsätze der Gleichheit vor dem Gesetz (Art 3 I GG) und der Gerechtigkeit im Rahmen des Möglichen verwirklicht werden (Eckl ZRP **73**, 139). II wird durch § 170 I ergänzt. Die Erhebung der öffentlichen Klage gehört ebenfalls zur Erfüllung des Legalitätsprinzips, wie sich aus den §§ 172 ff ergibt. Die weitere Beteiligung der StA am gerichtlichen Verfahren nach der Klageerhebung ist eine prozessuale Aufgabe eigener Art, nicht mehr Teil des Legalitätsprinzips (Strate StV **85**, 338). Dieses beeinflußt das weitere Prozeßverhalten der StA nur noch mittelbar (Kleinknecht Bruns-FS 180; **aM** Geppert GA **79**, 300; vgl auch LR-Rieß 17). Über die Entwicklung des Legalitätsprinzips vgl Hanack Gallas-FS 339; Jung, Straffreiheit für den Kronzeugen?, 1974, S. 44 ff; Kerner Miyazawa-FS 571 ff; Küper in: Handwörterbuch zur deutschen Rechtsgeschichte, Bd 2 (1977), Sp 1665 ff.

3 A. Es **berechtigt und verpflichtet** (vgl auch § 163), mangels gegenteiliger gesetzlicher Bestimmungen (zB § 393 II **AO**), wegen verfolgbarer (vgl Einl 147; § 376) Straftaten bei zureichenden Anhaltspunkten einzuschreiten. Dazu gehört auch, daß die StA verpflichtet ist, von ihren Zwangsbefugnissen Gebrauch zu machen (Schroeder JZ **85**, 1033). In diesem Sinn ist II auch eine Kompetenznorm. Der Verfolgungszwang und die dazu gehörende Kompetenz besteht bei Steuerstraf-

taten auch für die FinB (§§ 385, 386, 399 II **AO**). Über Bindung an höchstrichterliche Rspr vgl 11 vor § 141 GVG.

B. Der **Anfangsverdacht** muß schon in konkreten Tatsachen bestehen (Hamburg GA **84**, 289, 290; Geerds GA **65**, 327; Lüttger GA **57**, 193; Walder ZStW **95**, 867 ff). Die Frage, ob zureichende tatsächliche Anhaltspunkte vorliegen, ist keine Ermessensentscheidung (vgl unten 9), wenngleich ein gewisser Beurteilungsspielraum besteht (BGH NJW **70**, 1543; NStZ **88**, 510; München NStZ **85**, 549; Sailer NJW **77**, 1138; vgl auch BVerfG NJW **84**, 1451; **aM** Störmer ZStW **108**, 516; eingehend hierzu Eisenberg/Conen NJW **98**, 2241). Bei ihrer Beurteilung können auch offenkundige Tatsachen des Zeitgeschehens eine Rolle spielen (Willms JZ **57**, 465). Der Anfangsverdacht muß es nach den kriminalistischen Erfahrungen als möglich erscheinen lassen, daß eine verfolgbare Straftat vorliegt (Bruns H. Kaufmann-GedSchrift 866; Freund GA **95**, 13; Hund ZRP **91**, 464; Kuhlmann NStZ **83**, 130). Dazu genügen auch entfernte Indizien (vgl 25 zu § 261). Bloße Vermutungen rechtfertigen es nicht, jemandem eine Tat zur Last zu legen (Hamburg NJW **84**, 1635: Prostituierte stehen nicht allgemein im Verdacht der Steuerhinterziehung; vgl auch LR-Rieß 22; Geerds GA **65**, 327; SchlHA **64**, 60). Sie können zu besonderer Achtsamkeit und zu Beobachtungen veranlassen; jedoch ergibt sich die Grundlage für dieses der Strafverfolgung vorgelagerte Verhalten nicht aus der StPO. Auch auf Strafanzeigen hin, die noch keinen konkreten Anfangsverdacht begründen, kommt die Einleitung eines Ermittlungsverfahrens nicht in Betracht (Bay **85**, 71, 75; Dahs NJW **85**, 1114). Der Anfangsverdacht braucht aber weder dringend (vgl §§ 111 a, 112) noch hinreichend (vgl § 203) zu sein (Bay aaO; München NStZ **85**, 549); de facto braucht er auch das Maß noch nicht zu erreichen, das für schwerwiegende Eingriffe, zB nach §§ 80–81 c, 94, 99, 100 a, notwendig ist (BVerfGE **17**, 117, 118; Einl 20, 21). Zu der Prüfung des Sachverhalts kommt eine rechtliche Prüfung hinzu. Die StA muß zur Vermeidung von Staatshaftung (BGHZ **20**, 178 = NJW **56**, 1028; BGH NStZ **88**, 510) prüfen, ob der angezeigte oder sonst bekanntgewordene Sachverhalt überhaupt unter ein Strafgesetz fällt und von ihr zu verfolgen ist (vgl dazu die „Richtlinien für die Prüfung eines Anfangsverdachts wegen einer Straftat" des GStA Brandenburg, JMBl **98**, 106). Der Anfangsverdacht kann daher zu verneinen sein, wenn ohne Zweifel ein Rechtfertigungsgrund vorlag, zB ein Fall der Nothilfe nach § 32 StGB bei Tötung eines Luftpiraten zur Rettung einer unter Todesdrohung als Geisel festgehaltenen Stewardeß (Geerds ArchKrim **151**, 52; Wittschier in Jung/Müller-Dietz 42). Zur Notwehr des Polizeibeamten vgl Schwabe JZ **74**, 634 mwN; zum Einsatz von Lockspitzeln und verdeckt ermittelnden Polizeibeamten in diesem Zusammenhang vgl BGH StV **89**, 518. 4

C. **Ermittlungsverfahren gegen Unbekannt:** Richtet sich der Anfangsverdacht noch nicht gegen eine bestimmte Person, so wird das Ermittlungsverfahren zunächst gegen Unbekannt geführt (LR-Rieß 23). Daß es ein Ermittlungsverfahren gibt, in dem ein Beschuldigter noch nicht vorhanden ist, zeigt zB § 69 I S. 2. Ist eine oder sind mehrere bestimmte Personen zureichend verdächtig, so wird das Ermittlungsverfahren gegen sie geführt; sie müssen daher zu Beschuldigten gemacht (Einl 76) und bei der StA im Js-Register geführt werden. Aus diesem Beschuldigtenverhältnis, das sich aus den Akten ergeben muß (weil das Ermittlungsverfahren ein schriftliches Verfahren ist), kann nur die StA förmlich wieder entlassen (§ 170 II), selbst wenn sich schon frühzeitig, vielleicht sogar noch im ersten Zugriff der Polizei (§ 163), ergeben hat, daß in Wirklichkeit kein zureichender Verdacht gegen die Person (mehr) besteht. 5

D. **Güter- und Pflichtenabwägung:** Das Übermaßverbot (Einl 20, 21) kann die StA nicht vom Einschreiten abhalten, um dem Beschuldigten vermeintlich unverhältnismäßig schweren Nachteil zu ersparen (BGH bei Steffen DRiZ **72**, 154). Jedoch kann das erkennbare Einschreiten zeitweise aufgeschoben werden, zB aus kriminaltaktischen Gründen, etwa um die Hintermänner, Drahtzieher oder 6 sonstigen wichtigen Beteiligten ausfindig machen zu können, oder auch, wenn es bei Abwägung aller Umstände zum Schutz besonders gewichtiger Rechtsgüter gerechtfertigt und erforderlich ist, zB um eine akute schwere Gefahr von Geiseln abzuwehren (vgl Krause/Nehring 82). Bei Geiselnahme kann erforderlichenfalls Vorsprung versprochen und sogar erleichtert werden. Ein solches Versprechen ist rechtlich nicht bindend (§ 134 BGB; §§ 258, 258 a StGB).

7 **3)** Das sog **Opportunitätsprinzip,** die Ausnahme vom Verfolgungszwang trotz an sich bestehender Verfolgungsvoraussetzungen (Baumann Grundbegriffe 2/3 b; Hassemer StASchlH-FS 529; Weigend ZStW **109**, 103), ist – zumindest im wesentlichen – nur die negative Seite des Legalitätsprinzips, weil die Nichtverfolgung von konkreten Wertungs- und Beurteilungskriterien abhängig gemacht ist (zB „Schuld gering“, „öffentliches Interesse“, § 153; „nicht beträchtlich ins Gewicht fällt“, § 154 I Nr. 1, auch § 153 c I Nr. 3). Wenn die Nichtverfolgung von der Anwendung solcher unbestimmten Rechtsbegriffe abhängig ist, handelt es sich nicht um Ermessensentscheidungen iS eines echten Wahlrechts zwischen Verfolgung oder Nichtverfolgung – trotz des Ausdrucks „Ermessen“ in § 467 IV –, sondern um Rechtsanwendung (KK-Schoreit 25); wesentlich ist jedoch, daß dabei ein weiter Beurteilungsspielraum (Steffen DRiZ **72**, 154), eine größere Bandbreite der Entscheidungsmöglichkeiten (Redeker DÖV **71**, 762) besteht und aus diesem Grund abweichende Entscheidungen möglich sind (Opportunitätsprinzip ieS; vgl auch 1
8 zu § 170; 5 ff vor § 141 GVG). Ganz **ausnahmsweise** steht die Verfolgung im echten – pflichtgemäß auszuübenden – Ermessen (zB § 153 c I Nr. 1, 2; § 45 I S. 1 **JGG**; § 47 I OWiG für OWien; Opportunitätsprinzip iwS). Über die verfas-
9 sungsrechtlichen **Grenzen** des Opportunitätsprinzips vgl Faller Maunz-FG 69; krit zur terminologischen Unterscheidung Schroeder Peters-FS 411 ff.

10 **4) Behebbare Verfahrenshindernisse** versucht die StA zu beseitigen, wenn es im öffentlichen Interesse liegt (LR-Rieß 30). Dieser Versuch kann zur Verfolgungspflicht gehören (vgl auch Einl 145, 150 ff), zB bei Immunität (Karlsruhe Justiz **62**, 82; vgl. 9 zu § 152 a).

11 **5) Von neuem gilt das Legalitätsprinzip (II),** wenn nach Anklageerhebung und nach einer rechtskräftigen Abschlußentscheidung des Gerichts neue Strafverfolgung zulässig wird (zB 5 zu § 211; 39 zu § 153; 1 zu § 362; Kleinknecht Bruns-FS 475 ff). Jedoch kann von der neuen Strafverfolgung nach einer Bestimmung des Opportunitätsprinzips abgesehen werden.

Immunität der Abgeordneten **RiStBV 191–192 b**

152a

Landesgesetzliche Vorschriften über die Voraussetzungen, unter denen gegen Mitglieder eines Organs der Gesetzgebung eine Strafverfolgung eingeleitet oder fortgesetzt werden kann, sind auch für die anderen Länder der Bundesrepublik Deutschland und den Bund wirksam.

1 **1) Abgeordnete:** Den bayer Landtagsabg stehen die Mitglieder des bayer Senats während der Tagung gleich (Art 38 II BayVerf). § 152 a verleiht den Landesregelungen denselben Geltungsbereich, wie er dem Art 46 GG zugunsten der BTagsAbg zukommt. Vgl Bockelmann, Die Unverfolgbarkeit der Abgeordneten nach deutschem Immunitätsrecht, 1951.

2 **2)** Ein **Verfahrenshindernis –** Einl 145 – (mit Verfassungsrang) ist die Immunität. Mit dieser ist nicht die Indemnität (= materielle Immunität) gemeint („darf zu keiner Zeit zur Verantwortung gezogen werden“, Art 46 I GG), sondern nur die formelle (oder prozessuale) Immunität („darf nur mit Genehmigung zur Verantwortung gezogen werden“, Art 46 II, III GG). Das Verfahrenshindernis beginnt idR mit der Annahme der Wahl beim Wahlleiter (vgl §§ 45, 48 I BWG); es entfällt

durch die Genehmigung der Strafverfolgung oder das Ende des Mandats (BGH NStZ **92**, 94). Vgl aber Art 49 GG. Denn die Immunität **schützt das Parlament.** 3
Dieses entscheidet über die Genehmigung völlig frei; der Abg hat nicht einmal den Anspruch auf rechtliches Gehör; ein von ihm selbst gestellter Antrag ist unbeachtlich (Anl 6 zur BT-GeschO Abschn A Nr 3; unten 4). Soweit ein Abg ohne Genehmigung des Parlaments verfolgt werden darf (vgl Art 46 II Hs 2 GG; Uhlitz DVBl **62**, 123), kann das Parlament nach den einschlägigen Bestimmungen das Verfahrenshindernis schaffen, indem es die Aussetzung des Verfahrens verlangt (Art 46 IV GG).

3) Einzelheiten: RiStBV 191 ff; Grundsätze in Immunitätsangelegenheiten 4
(Anl 6 zur BT-GeschO), die vom BT-Ausschuß für Wahlprüfung, Immunität und Geschäftsordnung aufgestellt worden sind und jeweils bei Beginn einer Wahlperiode beschlossen werden (vgl § 107 II BT-GeschO). Die Durchführung von Ermittlungsverfahren gegen BTags-Abg, sofern es sich nicht um Beleidigungen politischen Charakters handelt, ist allgemein genehmigt (vgl BGBl 1980 I 1264); die Genehmigung umfaßt aber nicht die Erhebung der öffentlichen Klage (vgl RistBV 192 a II). Bußgeldverfahren fallen nicht unter Art 46 II GG (Düsseldorf NJW **89**, 2207; vgl RiStBV 298).

A. Ist die **Ablehnung oder Einstellung eines Verfahrens** (§§ 170 II, 153 I) 5
gegen einen Abg ohne weitere Beweiserhebung zur Sache möglich, dann zieht die StA den Abg nicht zur Verantwortung (iS des Art 46 II GG), wenn sie eine solche Verfügung trifft. Anders im Fall des § 153 a I, wenn ein Ermittlungsverfahren durchzuführen ist (7 zu § 153 a). Zur Klärung der Frage, ob es sich um eine querulatorische, vexatorische, absolut unernste oder absolut unbegründete Anzeige handelt, können gewisse Ermittlungen über die Persönlichkeit des Anzeigenden vorgenommen werden.

B. Die **Mitteilung der Anschuldigung** oder des Verdachts an den Abg mit 6
dem Anheimstellen, sich zu äußern, ist der StA ohne Aufhebung der Immunität zur Vorbereitung einer Entscheidung darüber gestattet, ob ein Ersuchen auf Entscheidung über die Genehmigung zur Strafverfolgung gestellt werden soll. Einer Beschuldigtenvernehmung aber und anderen Ermittlungen gegen den Abg steht dessen Immunität entgegen. Die Polizei gibt dem Abg die Gelegenheit zur Stellungnahme nur im unmittelbaren Anschluß an die Tat an Ort und Stelle, überläßt dies aber sonst der StA. Ein polizeilicher Aktenvermerk über Äußerungen des Abg ersetzt in aller Regel nicht die Mitteilung des Verdachts an ihn durch die StA.

C. **Verhaftung iS des Art 46 II GG** sind nur die UHaft (§§ 112 ff) und die 7
vorläufige Festnahme (§§ 127 II, 127 b I), die zum Haftbefehl führen soll. Durchsuchung zur Ergreifung nach § 102 ist nur im Rahmen des Art 46 II GG (oder der entspr landesverfassungsrechtlichen Bestimmung) zulässig (18 zu § 102). Führt sie zur Festnahme, so wird zugleich der Weg für weitere Durchsuchung nach § 102 frei (unter Beachtung des § 97 III, IV). Die Verhaftung zur Vollstreckung bedarf der besonderen Genehmigung (Anl 6 zur BT-GeschO Abschn A Nr 7 Buchst b, 8). Eine erneute Verhaftung nach vorheriger Freilassung und Verstreichen des der Tat folgenden Tages bedarf wieder der Genehmigung (Anl 6 zur BT-GeschO Abschn A Nr 6 II). Stets umschließt die Genehmigung zur Verhaftung die Genehmigung zur zwangsweisen Vorführung, nicht umgekehrt. Über die Verbringung zur Blutentnahme nach § 81 a vgl dort 35.

D. **Gegen Tatbeteiligte** (einschl Hehler und Begünstiger), die selbst nicht 8
Immunität genießen, darf ein Strafverfahren eingeleitet und durchgeführt werden. Der Abg darf als Zeuge vernommen werden, wobei die §§ 53 I Nr 4, 53 a, 55 zu beachten sind. Es darf bei ihm auch nach den §§ 103, 104 unter Beachtung des § 97 III, IV durchsucht werden.

9 E. Die **Entscheidung des Parlaments** führt die StA oder das Gericht herbei (auf dem Dienstweg; RiStBV 192); der Privatkläger wendet sich unter Nachweis der Privatklageerhebung unmittelbar an das Parlament.

10 **4)** Die sog **mitgebrachten Strafverfahren:** Der Immunitätsausschuß des BTags hat folgenden Grundsatz aufgestellt: Bei Übernahme des Abg-Mandats anhängige Strafverfahren sowie jede Haft, Vollstreckung einer Freiheitsstrafe oder sonstige Beschränkung der persönlichen Freiheit sind von Amts wegen auszusetzen, da alle diese Maßnahmen gegen einen Abg der Genehmigung des Parlaments bedürfen (Anl 6 zur BT-GeschO Abschn A Nr 16).

11 **5) Inhalt und Umfang** der Genehmigung des Parlaments ergeben sich aus dessen Verhandlungen iVm dem von der StA gestellten Antrag. Das Gericht hat seiner Entscheidung dem von der Genehmigung erfaßten Vorgang so zugrunde zu legen, wie er sich nach dem Ergebnis der Hauptverhandlung darstellt. An die rechtliche Beurteilung, die die StA bei ihrem Antrag an das Parlament vertreten hat, ist es nicht gebunden (BGH **15**, 274).

12 **6) Mitglieder des Europäischen Parlaments:** Ihre Immunität bestimmt sich nach Art 9, 10 des Protokolls über die Vorrechte und Befreiungen der EG (BGBl 1965 II 1453, 1482). Mitglieder, die zugleich BTags-Abg sind, verlieren im Geltungsbereich des EuAbgG ihre Immunität nur, soweit das Europäische Parlament und der BTag die Immunität aufheben (§ 5 II EuAbgG). Zur Aufhebung der Immunität vgl RiStBV 192 b.

13 **7)** Ein **Verwertungsverbot** für unter Verstoß gegen die Immunität erlangte Beweismittel wird idR nicht anzunehmen sein (LR-Rieß 48), nach BGH NStZ **92**, 94 jedenfalls dann nicht, wenn das Abg-Mandat inzwischen beendet ist.

14 **8)** Die **Übermittlung** der das Verfahren abschließenden Entscheidung an den Präsidenten der Körperschaft, der der Abg angehört, regelt § 8 **EGStPO** (vgl dort). Für die Mitteilung schreibt RiStBV 192 V die Einhaltung des Dienstwegs vor.

Einstellung wegen Geringfügigkeit **RiStBV 93, 211**

153 **I Hat das Verfahren ein Vergehen zum Gegenstand, so kann die Staatsanwaltschaft mit Zustimmung des für die Eröffnung des Hauptverfahrens zuständigen Gerichts von der Verfolgung absehen, wenn die Schuld des Täters als gering anzusehen wäre und kein öffentliches Interesse an der Verfolgung besteht. Der Zustimmung des Gerichts bedarf es nicht bei einem Vergehen, das nicht mit einer im Mindestmaß erhöhten Strafe bedroht ist und bei dem die durch die Tat verursachten Folgen gering sind.**

II Ist die Klage bereits erhoben, so kann das Gericht in jeder Lage des Verfahrens unter den Voraussetzungen des Absatzes 1 mit Zustimmung der Staatsanwaltschaft und des Angeschuldigten das Verfahren einstellen. Der Zustimmung des Angeschuldigten bedarf es nicht, wenn die Hauptverhandlung aus den in § 205 angeführten Gründen nicht durchgeführt werden kann oder in den Fällen des § 231 Abs. 2 der §§ 232 und 233 in seiner Abwesenheit durchgeführt wird. Die Entscheidung ergeht durch Beschluß. Der Beschluß ist nicht anfechtbar.

Übersicht

1) Opportunitätsprinzip bei Vergehen (7 zu § 152): Die Vorschrift gilt nicht für Verbrechen, sondern nur, wenn das Verfahren ein Vergehen (§ 12 II StGB) zum Gegenstand hat. Das ist auch der Fall, wenn die Tat zunächst als Verbrechen geprüft worden, dieser rechtliche Gesichtspunkt aber dann wieder entfallen ist. Das gilt sowohl bei der Anwendung des I als auch im Fall des II (im Ergebnis ebenso LR-Rieß 7 ff). Im Prinzip setzen das Absehen von der Verfolgung und die Einstellung des Verfahrens Übereinstimmung zwischen StA und Gericht voraus. Der Zustimmung des Nebenklägers bedarf es nicht, weil er kein Mitverfügungsrecht über das Legalitätsprinzip hat. Das Absehen von der Verfolgung oder der öffentlichen Klage durch die StA bedarf nach der Änderung des I S. 2 durch das RpflEntlG der Zustimmung des Gerichts nicht bei Vergehen mit einer im Mindestmaß nicht erhöhten Strafe, wenn die durch die Tat verursachten Folgen gering sind (unten 14 ff). Teileinstellung wegen einer von mehreren Taten (§ 264) ist zulässig. Wird das Verfahren rechtsirrig wegen eines Teils der Tat oder bei Tateinheit wegen einer der mehreren Gesetzesverletzungen eingestellt, so handelt es sich in Wahrheit um Anwendung des § 154 a (KG VRS **67**, 123; LR-Rieß 6). Im Privatklageverfahren verdrängt § 383 II als Spezialvorschrift die §§ 153, 153 a. 1

2) Geringe Schuld (I S. 1): 2

A. **Als gering anzusehende Schuld:** Ist die Tat nicht strafbar oder nicht verfolgbar (vgl §§ 152 II, 170 II S. 1), so scheidet eine Anwendung des § 153 von vornherein aus, ebenso bei fehlender Schuld des Beschuldigten. Jedoch setzt die Anwendung des § 153 nicht voraus, daß die Schuld nachgewiesen ist. Es genügt vielmehr, daß für sie eine gewisse Wahrscheinlichkeit besteht, jedenfalls die Unwahrscheinlichkeit eines Freispruchs, falls das Verfahren durchgeführt würde. Das Gesetz verlangt eine nur hypothetische Schuldbeurteilung (BVerfGE **82**, 106 = NJW **90**, 2741). Es muß also mit Wahrscheinlichkeit anzunehmen sein, daß die Schuld des Täters als gering anzusehen wäre. Die Strafsache braucht nicht weiter aufgeklärt zu werden, als es für diese Prognose notwendig ist (LR-Rieß 32 ff), falls nicht das öffentliche Interesse an der Strafverfolgung (unten 7, 8) die Durchführung des Verfahrens gebietet. Auch wenn zu erwarten ist, daß sich eine dem Beschuldigten günstigere Erledigungsart als die Einstellung nach § 153 ergeben könnte, zB Einstellung nach § 170 II, ist diese zusätzliche Klärung nicht geboten (LR-Rieß 33; Ranft 1148; **aM** Vogler ZStW **89**, 785; erg Einl 8, 20 ff). 3

B. **Maß der Schuld:** Die Schuld ist gering, wenn sie bei Vergleich mit Vergehen gleicher Art nicht unerheblich unter dem Durchschnitt liegt (LR-Rieß 21; Eckl JR **75**, 99; Hobe Leferenz-FS 633 ff; M-K. Meyer GA **97**, 409/410; krit Boxdorfer NJW **76**, 317). Ein absolutes Mindestmaß kann nicht bestimmt werden. Jedoch muß eine Strafe im untersten Bereich des in Betracht kommenden Strafrahmens angemessen sein (Rieß NStZ **81**, 8). Die Art der Tatausführung, verschuldete Auswirkungen der Tat, das Maß der Pflichtwidrigkeit und andere die Größe der Schuld des Täters betreffende Gesichtspunkte (§ 46 II StGB) sind zu berücksich- 4 tigen (Boxdorfer aaO; Hobe aaO). Das Verschulden kann auch durch eine schon bei der Tat in Gang befindliche Rechtsentwicklung verringert werden (Cramer Maurach-FS 495), weil durch eine solche Entwicklung „die Gesinnung, die aus der Tat spricht, und der bei der Tat aufgewandte Wille" (§ 46 II StGB) an Vorwerfbarkeit verlieren können, ferner durch die überlange Verfahrensdauer (BGH NJW **90**, 1000; **95**, 737).

5 C. **Zusammentreffen von Offizial- und Privatklagedelikt:** Die StA kann zwar auf den Privatklageweg verweisen, wenn hinsichtlich des Offizialdelikts die Voraussetzungen des § 170 II vorliegen (4 zu § 171). Sie darf aber nicht wegen des Offizialdelikts das Verfahren nach § 153 einstellen und wegen der damit zusammentreffenden Straftat auf den Privatklageweg verweisen (KK-Schoreit 13; Kuhlmann MDR **74**, 897; 10 zu § 376).

6 D. **Zusammentreffen von Straftat und OWi:** Wenn die Schuld für die Straftat gering ist und kein öffentliches Interesse an ihrer Verfolgung besteht, kann die Einstellung auf sie beschränkt werden. Dann wird „eine Strafe nicht verhängt" (§ 21 II OWiG). Wenn die StA das Verfahren dann nicht auch wegen der OWi mangels hinreichenden Tatverdachts oder mangels Verfolgungsinteresses einstellt, sondern die Verfolgung der OWi für erforderlich hält (§ 43 I OWiG), gibt sie die Sache insoweit an die VerwB ab (Göhler 2 zu § 43 OWiG; anders im Fall des § 153 a, dort 35).

7 3) **Kein öffentliches Verfolgungsinteresse** (I S. 1): Trotz geringer Schuld kann das öffentliche Interesse anzunehmen sein (**aM** M-K. Meyer GA **97**, 404), und zwar aus Gründen der Spezial- und der Generalprävention (LR-Rieß 28; Boxdorfer NJW **76**, 317; Hanack Gallas-FS 339 ff; Hobe Leferenz-FS 637 ff, 640; Naucke Maurach-FS 197 ff; Wagner GA **72**, 43) oder auch wegen des Interesses der Allgemeinheit an der konkreten Straftat, zB zur Klärung des kriminogenen Hintergrundes (KK-Schoreit 25; einschr LR-Rieß 26 Fn 70) oder zur Verhinderung weiteren Schadens für den Verletzten oder wegen der Stellung des Verletzten im öffentlichen Leben; ferner wegen außergewöhnlicher Tatfolgen, auch soweit sie dem Täter nicht als verschuldet zuzurechnen sind (BGH **10**, 259). Durch Zeitablauf zwischen der Tat und ihrer Entdeckung kann das öffentliche Interesse verringert werden (BGH NStZ **97**, 543). Zur Berücksichtigung völlig unangemessener Verzögerung des Verfahrens vgl 9 zu Art 6 MRK. Das Justizinteresse an
8 der Herbeiführung einer gerichtlichen Entscheidung **aus reinen Rechtsgründen,** zB über die Gültigkeit einer Vorschrift, genügt im allgemeinen nicht; anders, wenn die Größe der Schuld davon abhängt oder die Entscheidung geboten erscheint, um zu verhindern, daß sich Ungesetzlichkeiten im Sozialleben einbürgern (Boxdorfer NJW **76**, 317; einschr Hobe Leferenz-FS 643). Ist die Tat bereits disziplinar geahndet, so kann dies den Ausschlag für die Verneinung des öffentlichen Interesses an der Strafverfolgung geben (Einl 179).

9 4) **Absehen von der Verfolgung durch die StA** (I): Die Polizei ist nicht befugt, in eigener Zuständigkeit von der Verfolgung nach § 153 I abzusehen. Sie muß nach ihrem Zugriff die Akten stets der StA vorlegen (§ 163 II S. 1), die allein für die Abschlußverfügung zuständig ist. Jedoch darf die Polizei ihre aus eigener Initiative begonnenen Ermittlungen (nach der erforderlichen Beweissicherung) abbrechen, wenn sie der Meinung ist, die StA werde das Verfahren nach § 153 I einstellen (LR-Rieß 37; Geppert GA **79**, 287 Fn 16). Die StA kann, falls sie es für geboten hält, weitere Ermittlungen durchführen oder veranlassen (§ 161). Über Fühlungnahme der StA mit anderen Behörden vgl RiStBV 93 I S. 1, II. Wenn die FinB das Ermittlungsverfahren führt (Einl 12), kann sie es (anstatt der StA) einstellen (§§ 399 I, 398 **AO**). Gegenvorstellungen und Dienstaufsichtsbeschwerde des Verletzten sind zulässig (erg 22 ff vor § 296).

10 5) **Zustimmung des Gerichts** (I S. 1): Die Ausnahme von dem Legalitätsprinzip soll grundsätzlich vom Gericht mitverantwortet werden (vgl aber unten 14 ff),

zumal dem Verletzten bei Einstellung des Verfahrens durch die StA nach I (wie in anderen Fällen des Opportunitätsprinzips) das Klageerzwingungsverfahren nicht offensteht (§ 172 II S. 3). Ist in einer Steuerstrafsache das AG Zustimmungsgericht, so gilt im Ermittlungsverfahren § 391 I S. 2 **AO.** Die Zustimmung des Gerichts ändert nichts daran, daß die Abschlußverfügung eine solche der StA ist. Das Fehlen dieser Zustimmung macht die Einstellung nicht unwirksam (Einl 104; vgl § 44 III Nr 4 VwVfG für VerwAe; **aM** Wagner ZStW **109**, 589). Hält sich das von der StA angegangene Gericht nicht für zuständig, so erläßt es einen Unzuständigkeitsbeschluß, der mit der Beschwerde anfechtbar ist (§ 304; LG Itzehoe StV **93**, 537 mit Anm Ostendorf). Die Erteilung oder Versagung der Zustimmung des Gerichts ist **keine Entscheidung,** sondern nur eine Prozeßerklärung; daher bedarf es nicht des **11**
rechtlichen Gehörs (§ 33 II). Die Erklärung ist auch nicht mit der Beschwerde anfechtbar (BGH **38**, 381, 382; LG Ellwangen JZ **80**, 365; LR-Rieß 43; **aM** Gössel 95; Wagner ZStW **109**, 587; vgl auch unten 33). Will der StA im Verfahren gegen einen **Jugendlichen** von der Verfolgung absehen, weil die Voraussetzungen des **12**
§ 153 I vorliegen, so bedarf es dazu nach § 45 I **JGG** nicht der Zustimmung des Richters. Zum Verhältnis zwischen beiden Vorschriften vgl Brunner/Dölling 17 ff zu § 45 JGG; Bohnert NJW **80**, 1927; Nothacker JZ **82**, 57, 60 ff. Die richterliche Zustimmung ist auch entbehrlich bei einem Heranwachsenden, wenn die StA Jugendstrafrecht für anwendbar hält (§ 109 II iVm § 45 I **JGG**). Die Zustimmung des **Beschuldigten** ist bei der Anwendung des I nicht erforderlich, nicht einmal **13**
seine Anhörung, falls die Schuldfrage (oben 2) ohne sie zu beurteilen ist (LR-Rieß 38; EbSchmidt Nachtr 16; **aM** Dahs NJW **85**, 1115).

6) **Bei geringfügigen Vergehen ohne gerichtliche Zustimmung** (I S. 2): **14**

A. **Nicht mit einer im Mindestmaß erhöhten Strafe** darf die Straftat be- **15**
droht sein. Daher bedarf zB eine Einstellung bei § 244 StGB der richterlichen Zustimmung. Da § 243 StGB nur eine Strafzumessungsregel enthält, handelt es sich in diesen Fällen nicht um ein Vergehen mit einer im Mindestmaß erhöhten Strafdrohung; I S. 2 ist hier also anwendbar (KK-Schoreit 41; LR-Rieß 47). Hinzu kommt, daß in § 243 II StGB selbst die Strafzumessungsregel für den Fall aufgehoben wird, daß die gestohlene Sache geringwertig ist.

B. **Geringe Folgen der Tat:** Das RpflEntlG hat die Voraussetzung, daß es sich **16**
um ein Vermögensvergehen handeln müsse, gestrichen. Daher kann der StA nunmehr bei geringen Tatfolgen auch in sonstigen Bagatellfällen, zB bei §§ 229, 240 I, III, 267 I, II, § 21 StVG von der Verfolgung ohne richterliche Zustimmung absehen (krit dazu Schlüchter – RpflEntlG 18). Gleichwohl wird der Anwendungsbereich der Vorschrift weiterhin im wesentlichen bei den als Antragsdelikte ausgestalteten Bagatellfällen des Diebstahls und der Unterschlagung (§ 248 a StGB), der Hehlerei (§ 259 II StGB), des Betrugs (§ 263 IV StGB), des Erschleichens von Leistungen (§ 265 a III StGB) und der Untreue (§ 266 II StGB) liegen (vgl Böttcher/Mayer NStZ **93**, 154: Gedankliche Verknüpfung mit § 248 a StGB und den dazu entwickelten Maßstäben soll erhalten bleiben). In all diesen Fällen setzt die Anwendung des § 153 voraus, daß wirksam Strafantrag gestellt ist. Darüber hinaus ist I S. 2 auch anwendbar bei anderen Vermögens- und Eigentumsdelikten, bei denen Fälle mit ähnlich geringem Unrechtsgehalt vorkommen, zB unbefugter Gebrauch eines Fahrzeugs (§ 248 b StGB), Entziehung elektrischer Energie (§ 248 c StGB). Ob die durch die Tat verursachten **Folgen gering** sind, richtet **17**
sich bei Vermögensdelikten vornehmlich nach dem entstandenen Schaden; die Wertgrenze dürfte etwa bei 75 DM (KK-Schoreit 43: bei 100 DM) liegen, unabhängig von den jeweiligen Währungsverhältnissen ausgedrückt, etwa bei dem Netto-Tagesverdienst eines durchschnittlichen Arbeiters. Das Affektionsinteresse wird nicht berücksichtigt (zB großer Erinnerungswert eines objektiv geringwertigen Gegenstandes; Tröndle 5 zu § 248 a StGB). Jedoch kann dieses bei der Frage des öffentlichen Interesses eine Rolle spielen (zB bei Gegenständen im Museum oder von Museumswert). Bei der Beurteilung des öffentlichen Interesses darf die

kriminologische Erkenntnis nicht vernachlässigt werden, daß viele Schwerkriminelle mit kleinen Delikten beginnen (Schlüchter aaO). Das Merkmal „geringe Tatfolgen" läßt sich bei abstrakten Gefährdungsdelikten und ohne Erfolg im Versuch steckengebliebenen Taten nur schwer ausfüllen (Rieß AnwBl **93**, 55 Fn 76); hierbei könnte eine nur geringe (auch seelische) Auswirkung der Tat auf das Opfer einen Maßstab liefern (so Schlüchter aaO; vgl im übrigen zum Begriff „geringe Tatfolgen" Siegismund/Wickern wistra **93**, 83).

18 C. **Grenzfälle:** Gelangt die StA zu der noch vertretbaren Auffassung, die Mitwirkung des Gerichts sei nicht erforderlich, so braucht sie sich nicht an das Gericht zu wenden. Es ist ihr aber unbenommen, das Gericht in einem Grenzfall einzuschalten. Hält dieses seine Mitwirkung nicht für notwendig, so beschließt es, die Sache mit dieser Begründung ohne Stellungnahme zur Zustimmungsfrage zurückzugeben (KMR-Müller 10; **aM** LR-Rieß 52, der das Gericht zur Entscheidung für verpflichtet hält). Verweigert das Gericht die Zustimmung aus sachlichen Gründen, so kann die StA neu um die Zustimmung nachsuchen, wenn sich die Sachlage ändert, von der das Gericht ausgegangen war (LR-Rieß 52). Hat das Gericht ein öffentliches Interesse an der Strafverfolgung angenommen, so kann die StA noch
19 prüfen, ob § 153 a anzuwenden ist. Kommt die StA bei einer **neuerlichen Überprüfung** ihrer zunächst vertretenen Auffassung zu dem Ergebnis, daß es der richterlichen Mitwirkung nicht bedarf, so ist durch die vorangegangene Zustimmungsverweigerung des Gerichts kein rechtliches Hindernis eingetreten, von I S. 2 Gebrauch zu machen (**aM** LR-Rieß 44).

20 D. **Steuerstraftaten** (Zollstraftaten): Nach § 398 **AO** kann die StA oder nach § 399 I **AO** die FinB bei einigen Steuer-(Zoll-)straftaten, bei denen nur eine geringwertige Verkürzung der fiskalischen Einnahmen eingetreten ist oder der Täter nur geringwertige Vorteile erlangt hat, ebenfalls ohne Zustimmung des Gerichts von der Verfolgung unter den Voraussetzungen des § 153 I S. 1 absehen. Die Einschränkungen nach § 398 **AO** haben gegenüber § 153 I S. 1 keine Bedeutung mehr (Siegismund/Wickern wistra **93**, 84; im einzelnen str, vgl einerseits Malms wistra **94**, 338, andererseits Weber-Blank wistra **95**, 134). Auch ein Absehen von der Verfolgung mit Auflagen ist ohne Zustimmung des Gerichts nun möglich (§ 153 a I S. 6).

20 a E. Bei **Betäubungsmittelstraftaten** läßt § 31 a BtMG unter den Voraussetzungen des § 153 I S. 1 das Absehen von der Verfolgung ohne Zustimmung des Gerichts zu, wenn bei einem Vergehen nach § 29 Abs 1, 2 oder 4 BtMG der Täter die Betäubungsmittel lediglich zum Eigenverbrauch in geringer Menge anbaut, herstellt, einführt, ausführt, durchführt, erwirbt, sich in sonstiger Weise verschafft oder besitzt (vgl dazu zB die Richtlinien des Leitenden OStA beim LG Hamburg vom 10. 11. 1992, StV **93**, 279, und den GemRdErl des MJ und des MI Niedersachsens vom 24. 11. 1994, NdsRpfl **94**, 351 mit Änd vom 17. 11. 1995, NdsRpfl **95**, 382, sowie AV JMBW vom 3. 8. 1995, Justiz **95**, 366). Nach BVerfGE **90**, 145 = NJW **94**, 1577 ist in diesen Fällen grundsätzlich von der Verfolgung abzusehen (krit dazu Nelles/Velten NStZ **94**, 366). Für die gerichtliche Einstellung nach § 31 a II BtMG gilt hingegen dasselbe wie in § 153 II (unten 21 ff).

21 **7) Einstellung durch Gerichtsbeschluß** (II): Nach Erhebung der öffentlichen Klage (§ 170 I) geht die Zuständigkeit zur Einstellung auf das Gericht über, zunächst auf das Eröffnungsgericht, im Hauptverfahren auf das erkennende Gericht des 1. Rechtszugs und nach Einlegung eines Rechtsmittels auf das Rechtsmittelgericht (vgl unten 25).

22 A. **Prüfung des Gerichts:** Die Möglichkeit der Einstellung bedeutet die Pflicht, darauf zu achten, ob sie sich im Lauf des Verfahrens abzeichnet (unten 25; Einl 20, 21). Diese Verpflichtung des Gerichts besteht unabhängig von der Initiative oder Auffassung der Verfahrensbeteiligten (unten 23).

B. **Anregung eines Verfahrensbeteiligten:** StA und Angeschuldigter haben lediglich ein Zustimmungsrecht und durch Versagung der Zustimmung ein Verhinderungsrecht, aber nicht das Recht, die Einstellung im gerichtlichen Verfahren mit der Folge zu beantragen, daß das Gericht einen förmlichen Beschluß erlassen müßte. Alle Verfahrensbeteiligten haben aber die Befugnis, die Einstellung anzuregen. In einer solchen Anregung des StA oder des Angeschuldigten liegt zugleich die Zustimmung (unten 26, 27). Hat der Angeschuldigte einen gesetzlichen Vertreter, so bedarf es dennoch nur der Zustimmung des Angeschuldigten selbst. Der Angeschuldigte, der die Einstellung anregt, gibt damit in der Regel ein Indiz für seine Schuld (vgl Dahs 265). Jedoch ist dabei zu berücksichtigen, daß die Anregung auch – uU allein – auf dem Bestreben beruhen kann, das Verfahren möglichst schnell einem Ende zuzuführen. 23

C. **Beschluß** (II S. 3): Die Beschlußform ist für die gerichtliche Einstellung in allen Fällen vorgeschrieben, also auch für den Fall, daß mit ihr die Hauptverhandlung abgeschlossen wird. Wird in diesem Fall versehentlich die Form des Urteils gewählt, so wird dieses wie ein Beschluß behandelt (11 ff zu § 296). Die Begründung des Einstellungsbeschlusses ist nicht vorgeschrieben (anders in § 47 II S. 3 **JGG**). Sie ist auch nicht nach § 34 erforderlich, kann jedoch geboten sein, um die Rechtskraftwirkung (unten 37) klarzustellen. Erfolgt die Einstellung erst nach dem letzten Wort des Angeklagten (§ 258 II, III), kann das Gericht die aus seiner Sicht feststehende (geringe) Schuld im Beschluß aussprechen (BVerfGE **82**, 106 = NJW **90**, 2741). 24

8) In jeder Lage des Verfahrens (II): Von der Erhebung der öffentlichen Klage an; doch nicht mehr nach deren zulässiger Zurücknahme (§ 156), weil diese wieder I anwendbar macht. II gilt bis zum rechtskräftigen Abschluß des Erkenntnisverfahrens, auch für das Revisionsgericht (2 zu § 353), selbst noch bei horizontaler Teilrechtskraft (LR-Rieß 59; Naucke StASchlH-FS 466), zB bei Rechtskraft des Schuldspruchs (vgl Gössel JR **82**, 273; Einl 185; zur vertikalen Teilrechtskraft 9 zu § 449). 25

9) Zustimmung der StA (II): Mit diesem Erfordernis wird ihrem Anklagemonopol (Einl 37) Rechnung getragen (BGHZ **64**, 347, 350 = NJW **75**, 1829). Sein Zweck besteht insbesondere darin, daß die Beurteilung des öffentlichen Interesses an der Strafverfolgung der Strafverfolgungsbehörde nicht entzogen wird (vgl aber Terbach, Einstellungserzwingungsverfahren, 1996, S. 197 und NStZ **98**, 174, der aus Art 19 IV GG die Befugnis des Gerichts herleitet, bei rechtswidriger Verweigerung der Zustimmung diese zu substituieren und das Verfahren gleichwohl einzustellen). Im übrigen liegt dem Erfordernis der Übereinstimmung zwischen Gericht und StA bei Beendigung des Verfahrens nach Opportunitätsgrundsätzen (oben 1) der Rechtsgedanke der gegenseitigen Kontrolle (oben 10) zugrunde. Stimmt die StA der Einstellung zu (zB in der Form einer Anregung; oben 23), und kommt es nicht zu einem Einstellungsbeschluß, so kann sie in einem späteren Stadium des Verfahrens (zB nach weiterer Beweiserhebung) ihre Zustimmung versagen, auch in der Form der Zurücknahme der vorher erklärten, nicht zum Tragen gekommenen Zustimmungserklärung. Über die Verbindung mit einer Anregung zu den Nebenentscheidungen vgl unten 31. Nicht erforderlich ist die Zustimmung des Nebenklägers (18 zu § 396) oder, wenn es sich um ein Steuerstrafverfahren handelt (Einl 11 ff), der FinB (LR-Rieß 72, 73). 26

10) Zustimmung des Angeschuldigten (II): Er hat, nachdem er einmal in den Status des Angeschuldigten versetzt oder gar schon die Hauptverhandlung gegen ihn im Gang ist, die Befugnis, die Durchführung zum Zweck einer ihm günstigen Entscheidung (Freispruch oder Einstellung wegen eines Verfahrenshindernisses) zu erzwingen, wobei er das Risiko der Verurteilung in Kauf nimmt. Eine bedingte Zustimmung (Einstellung ohne Kostentragungspflicht) ist unwirksam (**aM** Düsseldorf MDR **89**, 932); die Erklärung ist bedingungsfeindlich (Schleswig 27

SchlHA **83**, 111 [E/L]; KK-Schoreit 53; KMR-Müller 17; **aM** LR-Rieß 67; unten 31). Die Zustimmung enthält kein Schuldeingeständnis (BVerfGE **82**, 106 = NJW **90**, 2741). Hat er zugestimmt und ist es nicht zur Einstellung gekommen, so kann er in einem fortgeschrittenen Stadium des Verfahrens seine Zustimmung zurücknehmen oder bei neuer Befragung versagen. Ist mit seiner Zustimmung Einstellungsbeschluß ergangen, so kann er seine Erklärung nicht mehr widerrufen (KG JR **78**, 524). Eine Ausnahme von dem Zustimmungserfordernis schafft II S. 2, der auch dann gilt, wenn der anwesende Verteidiger des ausgebliebenen Angeklagten der Einstellung widerspricht (Düsseldorf MDR **92**, 1174); die Vorschrift entspr auch für den Fall anzuwenden, daß gegen den Angeklagten nach § 231 b I verhandelt wird und der Grund hierfür noch nicht entfallen ist, wenn der Einstellungsbeschluß erlassen werden soll, wäre zwar sachgerecht, erscheint aber in Anbetracht der Gesetzesfassung unzulässig (vgl LR-Rieß 70). Auch bei überlanger Verfahrensdauer (oben 4; 9 zu Art 6 MRK) bedarf es zur Einstellung der Zustimmung des Angeklagten (Frankfurt NStZ-RR **98**, 52).

28 **11) Entscheidungen über die Verfahrenskosten und Entschädigung:**

29 A. **Kosten und notwendige Auslagen:** Die Verfügung der StA, von der Verfolgung abzusehen (I), wird nicht mit einer Kostenentscheidung verbunden (§ 464 I). Dieser Verfügung kann nur unter den Voraussetzungen des § 467 a eine Kostenentscheidung des Gerichts folgen. Für den gerichtlichen Einstellungsbeschluß gilt § 464 I iVm § 467 I–IV (mit Ausnahme von III S. 2 Nr 2). Zur Anwendung des § 467 IV vgl dort 19.

30 B. **Entschädigung:** Ist eine entschädigungsfähige Strafverfolgungsmaßnahme vollzogen worden (§ 2 **StrEG),** so ist mit dem gerichtlichen Einstellungsbeschluß eine förmliche Entscheidung über die Entschädigung zu verbinden (§ 8 **StrEG;** dort 1, 2). Im Fall der Einstellung des Ermittlungsverfahrens durch die StA ergeht eine gerichtliche Entscheidung nach Maßgabe des § 9 **StrEG.** Materiell-rechtlich gelten § 3 (dort 1) und § 5 II, III **StrEG.** Der Grundsatz des § 6 I Nr 1 **StrEG** ist bei der Entscheidung nach § 3 **StrEG** zu berücksichtigen.

31 C. **Einfluß der StA und des Angeschuldigten:** Der gerichtlichen Einstellung müssen beide zustimmen (Ausnahmen für den Angeklagten: II S. 2). Bei der Befragung nach der Zustimmung können sie sich im gerichtlichen Verfahren auch zur Kosten- und Entschädigungsentscheidung äußern. Sie dürfen ihre Zustimmung aber nicht nur für den Fall erklären, daß eine bestimmte Nebenentscheidung ergeht (KK-Schoreit 53; oben 27). Die Zustimmung ist auch gültig, wenn der Stellungnahme zur Auslagenentscheidung nicht entsprochen wird (KG JR **78**, 524). Ein Zustimmungsmangel steht der Verwarnung mit Strafvorbehalt (§ 59 StGB) nicht entgegen (Horn NJW **80**, 106).

32 D. **Begründung:** Da die Nebenentscheidungen nicht anfechtbar sind (unten 36), bedürfen sie auch keiner Begründung (§ 34).

33 **12) Beschwerde** (II S. 4):

34 A. **Hauptentscheidung:** Die gerichtliche Einstellung ist für StA und Angeschuldigten nicht anfechtbar, auch nicht für den Nebenkläger (§ 400 II S. 2; vgl auch LG Mönchengladbach StV **87**, 335). Jedoch ist die Beschwerde (§ 304) zulässig, wenn eine prozessuale Voraussetzung fehlte, selbst wenn der Beschwerdeführer der Einstellung zunächst zugestimmt hatte (LG Krefeld NJW **76**, 815 zu §§ 45, 47 **JGG**). Das gilt zB, wenn das Verfahren ein Verbrechen zum Gegenstand hat (oben 1) oder wenn eine erforderliche Zustimmung nicht oder nicht wirksam erklärt worden ist (Köln NJW **52**, 1029; LR-Rieß 79). Fehlt die erforderliche Zustimmung des Angeschuldigten, so hat er das Beschwerderecht nach § 304 (Frankfurt NStZ-RR **98**, 52; Schleswig SchlHA **83**, 111 [E/L]; **aM** LR-Rieß 79). Zwar beschwert ihn die Einstellung als solche nicht (8 ff vor § 296), aber es ist sein verfahrensrechtliches Mitspracherecht verletzt (oben 27). Die gerichtliche Erteilung

oder Versagung der Zustimmung zur Einstellung des Ermittlungsverfahrens ist als bloße Prozeßerklärung nicht anfechtbar (oben 11). **Lehnt das Gericht eine beantragte Einstellung ab,** so haben die Beteiligten dagegen nicht das Recht der Beschwerde (LR-Rieß 78). Dafür sprechen zwei Gründe: a) Die Einstellung nach § 153 II ist Sache des jeweils mit dem Verfahren insgesamt befaßten Gerichts (oben 21). b) Wie der Eröffnungsbeschluß, der zugleich eine Ablehnung der Einstellung des Verfahrens nach II im Zwischenverfahren in sich schließt, nicht angefochten werden kann (§ 210), kann auch im Erkenntnisverfahren dessen Fortsetzung nicht vom Beschwerdegericht durch Einstellung nach II verhindert werden. 35

B. **Nebenentscheidungen** (oben 28 ff): Unanfechtbar ist die Kosten- und Auslagenentscheidung (17 zu § 464), nicht aber die Entscheidung über die Entschädigung (§ 8 III S. 1 **StrEG**). 36

13) Beschränkter Strafklageverbrauch: Die Verfügung der StA nach I, die trotz richterlicher Zustimmung zurücknehmbar ist, verbraucht die Strafklage nicht (LR-Rieß 54; erg Einl 182). Bei Einstellung durch das Gericht kann eine mit dem Vergehen zusammentreffende OWi noch nach § 21 II OWiG verfolgt werden (anders im Fall des § 153 a II; dort 35; oben 6). Neue Verfolgung ist auch möglich, wenn sich herausstellt, daß ein Verbrechen vorliegt (Hamm GA **93**, 231). Im übrigen können **neue Tatsachen und Beweismittel,** die dem Einstellungsbeschluß die Grundlage entziehen und daher den Strafklageverbrauch entfallen lassen, zur neuen Entstehung des Legalitätsprinzips (§ 152 II, dort 11; 5 zu § 211) führen. Jedoch kann das neue Verfahren neuerlich nach §§ 153 ff eingestellt werden. Mit dieser Maßgabe ist auch das Klageerzwingungsverfahren zulässig (36 zu § 172). Die Nova müssen aber zu einer Änderung der rechtlichen Beurteilung der Tat führen (Bay **64**, 173 = JR **65**, 350 mit abl Anm Kleinknecht; **aM** LR-Rieß 87; Roxin § 14 B II 4 c: nicht erforderlich; dagegen noch weiter einschr KK-Schoreit 63 ff: nur bei Verbrechen oder fortgesetzter Handlung; ähnlich Radtke [Einl 182] 350: richtet sich auch hier nach § 153 a I S.4). Das ist – anders als bei § 47 III **JGG,** § 211 – geboten, weil sonst die Wirkungen der Einstellung nach § 153 II und nach § 153 a (dort 52: neue Verfolgung nur bei Verbrechen) zu unterschiedlich wären, was mit dem Systemgefüge der §§ 153 ff unvereinbar erscheint (ausführlich LR-Meyer-Goßner[23] 87). Ergibt sich, daß das Vergehen entgegen der Annahme bei Einstellung lediglich ein Einzelakt einer fortgesetzten Handlung war, so ist wegen des neuen Sachverhalts die Strafklage nicht verbraucht (BGH NJW **63**, 549). Entfällt der Strafklageverbrauch nach richterlichem Einstellungsbeschluß (II), so wird neue Anklage erhoben, wie sich auch aus § 47 III **JGG** ergibt. Die Existenz der Nova ist Prozeßvoraussetzung für das neue Verfahren (7 zu § 211). 37 38

14) Die **Revision** kann nicht auf die Nichtanwendung des § 153 II gestützt werden (5 zu § 336). Jedoch kann das Revisionsgericht bei zulässiger Revision das Verfahren – mit Zustimmung der bei ihm bestehenden StA und des Angeklagten – selbst einstellen (2 zu § 353; oben 25). 39

15) Nachträgliches objektives Verfahren: Wenn die StA von der Erhebung der öffentlichen Klage abgesehen (I) oder das Gericht das Verfahren eingestellt (II) hat, kann die StA nachträglich das objektive Verfahren betreiben mit dem Ziel der Einziehung, des Verfalls oder der Unbrauchbarmachung (§ 76 a I, III StGB; §§ 440, 442 I). Dieses Verfahren kommt insbesondere in Betracht, wenn es sich um die Einziehung gefährlicher Gegenstände (§ 74 II Nr 2 StGB) oder um die Einziehung von Schriften mit strafbarem Inhalt und die Unbrauchbarmachung der Vervielfältigungsvorrichtungen handelt (§ 74 d I S. 1, 2 StGB). Der Antrag nach § 440 ist aber auch zulässig, wenn die Einziehung Strafcharakter hat (§ 74 I, II Nr 1 StGB). Der Verfall kann das Ziel des objektiven Verfahrens namentlich dann sein, wenn ein anderer den Vermögensvorteil erlangt hat (§ 73 III StGB). Dagegen wird im allgemeinen das objektive Verfahren nicht angebracht sein, wenn die Voraussetzung des § 73 I S. 2 StGB vorliegt. 40

41 16) **Mitteilungspflichten**, die von Amts wegen zu beachten sind, können an die Einstellung anknüpfen, zB nach der MiStra 15 I Nr 4, II, III, 19 I S. 1 Nr 4, II, III, 22 II Nr 4, III, IV, 42 I S. 1 Nr 2, 43 Nr 3, 44 Nr 3; vgl aber § 14 II S. 1, 4 **EGGVG** (dort 14, 16).

42 17) **Das (DDR-)Gesetz über die Schiedsstellen in den Gemeinden** vom 13. 9. 1990, nach dem statt der Einstellung nach § 153 bei Vergehen mit geringfügigen Folgen die Abgabe an eine Schiedsstelle zulässig ist, falls der Beschuldigte zustimmt und kein öffentliches Interesse an der Verfolgung besteht, galt nach dem EV (Anl I Kap III Sachgebiet A Abschn III Nr 14 b) in den Ländern des Beitrittsgebiets fort. Es ist inzwischen jedoch in Brandenburg durch Ges vom 28. 5. 1993 (GVBl 194) und vom 14. 10. 1996 (GVBl 283) abgeändert worden. In Sachsen-Anhalt wurde es durch das Schiedsstellengesetz vom 1. 1. 1997 (GVBl 131), geändert am 15. 4. 1998 (GVBl 179), in Thüringen durch das Schiedsstellengesetz vom 17. 5. 1996 (GVBl 61) ersetzt. In (Gesamt-)Berlin gilt statt dessen das Berliner Schiedsamtsgesetz vom 7. 4. 1994 (GVBl 109).

Einstellung nach Erfüllung von Auflagen **RiStBV 93, 93 a, 211**

153a **I Mit Zustimmung des für die Eröffnung des Hauptverfahrens zuständigen Gerichts und des Beschuldigten kann die Staatsanwaltschaft bei einem Vergehen vorläufig von der Erhebung der öffentlichen Klage absehen und zugleich dem Beschuldigten auferlegen,**

1. zur Wiedergutmachung des durch die Tat verursachten Schadens eine bestimmte Leistung zu erbringen,
2. einen Geldbetrag zugunsten einer gemeinnützigen Einrichtung oder der Staatskasse zu zahlen,
3. sonst gemeinnützige Leistungen zu erbringen,
4. Unterhaltspflichten in einer bestimmten Höhe nachzukommen oder
5. an einem Aufbauseminar nach § 2 b Abs. 2 Satz 2 oder § 4 Abs. 8 Satz 4 des Straßenverkehrsgesetzes teilzunehmen,

wenn diese Auflagen und Weisungen geeignet sind, das öffentliche Interesse an der Strafverfolgung zu beseitigen, und die Schwere der Schuld nicht entgegensteht. Zur Erfüllung der Auflagen und Weisungen setzt die Staatsanwaltschaft dem Beschuldigten eine Frist, die in den Fällen des Satzes 1 Nr. 1 bis 3 und 5 höchstens sechs Monate, in den Fällen des Satzes 1 Nr. 4 höchstens ein Jahr beträgt. Die Staatsanwaltschaft kann Auflagen und Weisungen nachträglich aufheben und die Frist einmal für die Dauer von drei Monaten verlängern; mit Zustimmung des Beschuldigten kann sie auch Auflagen und Weisungen nachträglich auferlegen und ändern. Erfüllt der Beschuldigte die Auflagen und Weisungen, so kann die Tat nicht mehr als Vergehen verfolgt werden. Erfüllt der Beschuldigte die Auflagen und Weisungen nicht, so werden Leistungen, die er zu ihrer Erfüllung erbracht hat, nicht erstattet. § 153 Abs. 1 Satz 2 gilt in den Fällen des Satzes 1 Nr. 1 bis 4 entsprechend.

II Ist die Klage bereits erhoben, so kann das Gericht mit Zustimmung der Staatsanwaltschaft und des Angeschuldigten das Verfahren bis zum Ende der Hauptverhandlung, in der die tatsächlichen Feststellungen letztmals geprüft werden können, vorläufig einstellen und zugleich dem Angeschuldigten die in Absatz 1 Satz 1 bezeichneten Auflagen und Weisungen erteilen. Absatz 1 Satz 2 bis 5 gilt entsprechend. Die Entscheidung nach Satz 1 ergeht durch Beschluß. Der Beschluß ist nicht anfechtbar. Satz 4 gilt auch für eine Feststellung, daß gemäß Satz 1 erteilte Auflagen und Weisungen erfüllt worden sind.

[III] **Während des Laufes der für die Erfüllung der Auflagen und Weisungen gesetzten Frist ruht die Verjährung.**

Übersicht

1) Die **Zurückdrängung des Strafens im Bereich der kleineren Kriminalität** hatte mit der durch das EGStGB 1974 eingefügten Vorschrift des § 153 a zu einem neuen Verfahren geführt (vgl Kausch, Der StA, ein Richter vor dem Richter?, 1980, S. 225 ff mwN; allg zur Entwicklung und Bedeutung des § 153 a vgl Bloy GA **80**, 175; Herrmann ZStW **96**, 467; Rieß ZRP **83**, 93 und Koch-FG 215). Die Praxis hat den Anwendungsbereich der Vorschrift im Laufe der Zeit immer mehr auch über den Bereich der kleineren in den der mittleren Kriminalität ausgedehnt. Dieser extensiven Auslegung der Vorschrift ist der Gesetzgeber gefolgt und hat durch das RpflEntlG die Voraussetzung, daß die Schuld gering sein müsse, dahin abgeändert, daß die Schwere der Schuld dem Absehen von der Erhebung der öffentlichen Klage nicht entgegenstehen dürfe (der Gesetzesänderung zust Lorenzen StASchlH-FS 550; krit Schlüchter-RpflEntlG 21; Werle JZ **91**, 795; entschieden abl Schoreit DRiZ **91**, 404). Wegen der Besonderheiten dieser Verfahrensart sollte sie **aus dem Zusammenhang der §§ 153 ff herausgelöst** werden (Meyer- 1 a Goßner ZRP **82**, 242; Rieß Koch-FG 222), zumal das RpflEntlG die normative Bindung zu § 153 aufgelöst hat – hier: keine entgegenstehende Schwere der Schuld, dort: geringe Schuld, vgl Fezer ZStW **106**, 24 ff). 1

A. **Zweck des § 153 a:** Es handelt sich um ein zweckmäßiges vereinfachtes Erledigungsverfahren im Bereich der kleineren und mittleren Kriminalität mit Beschleunigungs- und Entlastungseffekt (LR-Rieß 3; Eckl JR **75**, 99; Weinmann DRiZ **76**, 278), um verurteilungslose Friedensstiftung in diesem Bereich ohne Verzicht auf Sanktionen, aber ohne Strafe und Vorbestraftsein. Es als eine Art Freikauf vom Verfolgungsrisiko anzusehen (Schmidhäuser JZ **73**, 529; Walter ZStW **95**, 57), geht zu weit (LR-Rieß 10). Kriminalpolitisch ist das Verfahren eine 2

Variante zur Strafaussetzung zur Bewährung, die allerdings rechtstechnisch ganz anders ausgestaltet ist. Die Unschuldsvermutung nach Art 6 II **MRK** ist bei einer Einstellung nach § 153 a nicht widerlegt (BVerfG MDR **91**, 891; NStZ-RR **96**, 168; Frankfurt NJW **96**, 3353, 3354; Fezer ZStW **106**, 33).

3 B. **Einstellung des Verfahrens in zwei Etappen** (I, II): Nach § 153 a wird das Verfahren, das nur ein Vergehen zum Gegenstand hat (1 zu § 153), zunächst vorläufig mit Anordnung von Auflagen und Weisungen und nach deren Erfüllung endgültig eingestellt. Während die endgültige Einstellung nach § 153 I, II voraussetzt, daß die Schuld des Täters als gering erscheint, ist nach der Änderung des § 153 a I S. 1 durch das RpflEntlG nur noch erforderlich, daß die Schwere der Schuld der vorläufigen Einstellung nicht entgegensteht (hierzu unten 7). Die vorläufige Einstellung ist nur zulässig, wenn die Voraussetzungen für die sofortige Einstellung nach § 153 lediglich deshalb nicht gegeben sind, weil ein öffentliches Interesse an der Strafverfolgung besteht. Dieses darf aber nur so stark sein, daß es durch die Anordnung von Auflagen und Weisungen und deren Erfüllung beseitigt werden kann (unten 6). Werden die Auflagen und Weisungen erfüllt, so tritt das Verfahrenshindernis des I S. 4 ein (unten 43, 52). Sodann bedarf es nur noch einer förmlichen endgültigen Einstellung (unten 45, 53). Mit der vorläufigen Einstellung ist nur ein bedingtes Verfahrenshindernis verbunden (für die Fortsetzung desselben und die Einleitung eines anderen Verfahrens gegen denselben Beschuldigten wegen derselben Tat), das, falls es nicht durch Aufhebung der vorläufigen Einstellung endet, sich später entweder in ein endgültiges umwandelt oder durch Nichterfüllung auferlegter und übernommener Pflichten entfällt (unten 24, 25).

4 C. **Jugendstrafverfahren:** Das Verhältnis zwischen § 153 a und §§ 45, 47, 109 II **JGG** ist zweifelhaft. Nach einer Ansicht wird § 153 a durch diese Vorschriften verdrängt (Brunner/Dölling 3 zu § 45 JGG; Böhm Spendel-FS 783), nach anderer Ansicht bleibt § 153 a anwendbar, wenn dies für den Jugendlichen günstiger ist (Eisenberg NStZ **91**, 450 gegen LG Aachen ebenda). Zutr erscheint es, die Anwendung des § 153 a auf den Fall zu beschränken, daß der Beschuldigte nicht geständig ist, so daß eine Anordnung nach § 45 III **JGG** unzulässig ist (Nothacker
5 JZ **82**, 62; vgl auch Bohnert NJW **80**, 1930 ff). Wird gegen einen **Heranwachsenden** nicht materielles Jugendstrafrecht, sondern Erwachsenenstrafrecht angewandt, so kann aber ohne diese Beschränkung nach § 153 a verfahren werden.

6 **2) Zu beseitigendes öffentliches Interesse** (I, II): Vgl Boxdorfer NJW **76**, 317; Hobe Leferenz-FS 640 ff. Bei der Frage, ob das öffentliche Interesse an der Strafverfolgung besteht (und daher § 153 ausscheidet, dort 7, 8), sind etwaige von dem Beschuldigten vor der Einleitung des Verfahrens oder vor der Entscheidung erbrachte Leistungen von der in Nrn 1–4 bezeichneten Art zu berücksichtigen. Mit Rücksicht einerseits auf die besondere Problematik des § 153 a und andererseits auf seinen kriminalpolitischen Grundgedanken ist es geboten, ihn möglichst einheitlich anzuwenden. Dabei ist stets die kriminologische Erfahrung zu berücksichtigen, daß am Anfang der schweren Kriminalität sehr häufig leichte Vergehen stehen.

7 **3) Keine entgegenstehende Schwere der Schuld** (I, II): In § 153 ist darauf abgestellt, daß die Schuld des Täters als gering anzusehen wäre (dort 3 ff). Bei § 153 a kommen auch gewichtigere Fälle in Betracht; jedoch darf es sich höchstens um eine Schuld im mittleren Bereich handeln (weiter einschr Loos Remmers-FS 570: nur anwendbar, wenn im gerichtlichen Verfahren nur mit einer Geldstrafe zu rechnen wäre). Das Maß der Schuld muß mindestens aufgrund eines in dieser Frage durchgeführten Ermittlungsverfahrens als nicht zu schwer beurteilt werden können (Siegismund/Wickern wistra **93**, 86). Es muß insoweit hinreichender Tatverdacht bestehen (vgl unten 46; weitergehend Düsseldorf VRS **68**, 263, 266); denn nur dann kann dem Beschuldigten die (freiwillige) Übernahme besonderer Pflichten zugemutet werden. Die Vorschrift wird insbesondere (aber nicht nur) gegen Erst-

täter Anwendung finden (vgl Schlüchter-RpflEntlG 23). **Typische Anwendungsfälle** sind nicht zu schwerwiegende Eigentums- und Vermögensdelikte, die keine Antragsdelikte mehr sind (vgl 16 zu § 153), leichte und mittelschwere Verkehrsstraftaten und die Verletzung der Unterhaltspflicht. Auch bei fahrlässiger Tötung kommt § 153 a in besonders gelagerten Fällen in Betracht. Bei Wirtschafts- und Steuerstraftaten kann von der Verfolgung abgesehen werden, wenn der Schaden nicht zu erheblich ist und es sich um ein einmaliges Fehlverhalten handelt (vgl auch Böttcher/Mayer NStZ **93**, 154). 8

4) Zustimmung des Gerichts (I S. 1): Bei geringfügigen Vergehen ist sie nicht notwendig (I S. 6 iVm § 153 I S. 2, dort 14). Das gilt auch für geringfügige Steuerstraftaten (20 zu § 153), jedoch nicht im Fall des I S.1 Nr 5 (I S. 6). Das Fehlen der erforderlichen Zustimmung steht der Entstehung eines Verfahrenshindernisses bei Erfüllung der Auflage oder Weisung (unten 45) nicht entgegen (Karl NStZ **95**, 535; **aM** Schroeder NStZ **96**, 319, der dann das Klageerzwingungsverfahren nach § 172 für zulässig erachtet). Erg 10 zu § 153). 9

5) Zustimmung des Beschuldigten (I S. 1): Sie ist – anders als im Fall des § 153 I – für die vorläufige Einstellung des Ermittlungsverfahrens nach I deshalb erforderlich, weil der Beschuldigte bereit sein muß, die Auflagen und Weisungen zu akzeptieren und zu erfüllen (vgl auch unten 12). Er kann auch die Anregung zur Anwendung des § 153 a geben (23 zu § 153). Über das Verfahren zur Herbeiführung der Zustimmung vgl unten 27. Die Zustimmung bezieht sich auch auf die Auflagen und Weisungen, zu deren Konkretisierung auch die Fristen gehören (LR-Rieß 33). Eine Zustimmung, die an Bedingungen geknüpft ist (Kostenfrage), ist unwirksam (LG Koblenz NJW **83**, 2458; erg 27 zu § 153). 10

6) Wesen und Art der Auflagen und Weisungen: 11

A. **Kein Strafcharakter:** Die Pflichten werden dem Beschuldigten auferlegt. Da er aber zustimmen muß (oben 10) und die Erfüllung auch dann noch unterlassen kann, wenn er der vorläufigen Einstellung zugestimmt hatte, handelt es sich nicht um strafähnliche Sanktionen (BGH **28**, 174, 176). Es handelt sich um ein Beendigungsverfahren mit Selbstunterwerfung, wobei die Auflagen den Charakter besonderer nichtstrafrechtlicher Sanktionen haben (LR-Rieß 9 und Koch FG 218). Denn sie sind Leistungen, die der Genugtuung für das begangene Unrecht dienen, wie sich aus § 56 b III StGB und § 23 II JGG ergibt. 12

B. **Kompensation des öffentlichen Interesses** (oben 8): Die Eignungsprüfung läßt nur ein Abwägen von Umständen unter dem Generalnenner „öffentliches Interesse an der Strafverfolgung" zu. Die Wirkung der Einstellung des Strafverfahrens auf das subjektive Empfinden des Beschuldigten spielt dabei allenfalls nur eine mittelbare Rolle. Dagegen gehört es zum öffentlichen Interesse, die Resozialisierung des Täters, wenn möglich, mit den weniger einschneidenden Maßnahmen nach § 153 a zu erreichen. Das öffentliche Interesse wird im allgemeinen nicht kompensierbar sein bei erschwerenden Umständen, bei Vorstrafe oder nicht weit zurückliegender Behandlung nach § 153 a wegen einer ähnlichen Tat (Eckl JR **75**, 100), wohl aber bei lange zurückliegender Tatzeit und überlanger Dauer des Strafverfahrens (vgl LG Frankfurt a.M. NJW **97**, 1994). 13

7) Katalog der Auflagen und Weisungen (I S. 1): In Nrn 1–3 handelt es sich um Auflagen (vgl § 56 b I StGB), in Nr 4 um Weisungen (vgl § 56 c II Nr 5 StGB). Es können mehrere Pflichten in verschiedener Kombination auferlegt werden, jedoch nur solche, die durch den Katalog Nrn 1–4 gedeckt sind (Frankfurt MDR **80**, 515; Stuttgart NJW **80**, 1009). Dabei spielt Nr 1 eine besonders wichtige Rolle, wobei dem Täter-Opfer-Ausgleich (vgl dazu Rundverfügung des GStA SchlHA **91**, 153 = StV **92**, 42, ferner Erl des Thüringer JM JMBl 1994, 109 und Rautenberg NJ **94**, 300, für das Jugendstrafverfahren vgl Gemeinsamen RdErl JMBlNW **95**, 97) besondere Bedeutung zukommt. Wenn nur eine im Katalog 14 nicht vorgesehene Auflage oder Weisung festgesetzt wird, hat der Beschluß nicht die Wirkung einer vorläufigen Einstellung nach § 153 a (Düsseldorf OLGSt § 153 Nr 1; Stuttgart aaO; **aM** Sieg MDR **81**, 200).

15 A. **Wiedergutmachung (Nr 1):** Die Wiedergutmachung „nach Kräften" aufzuerlegen (vgl § 56 b II Nr. 1 StGB; 15 I Nr 1 JGG), ist nicht zulässig. Die Leistung muß so konkret bestimmt werden, daß nach Ablauf der Frist die Erfüllung oder Nichterfüllung und damit der Eintritt oder Nichteintritt des Verfahrenshindernisses (I S. 4) klar auf der Hand liegt. Um weder bei dem Beschuldigten noch bei dem Verletzten den Eindruck entstehen zu lassen, der festgesetzte Wiedergutmachungsbetrag sei eine endgültige Fixierung des Schadens, empfiehlt sich der Zusatz, dem Verletzten werde nicht die Möglichkeit abgeschnitten, im Zivilrechtsweg den nach seiner Meinung entstandenen weitergehenden Schaden geltend zu machen. Die Wiedergutmachungsauflage sollte, falls dafür sachlicher Anlaß besteht, regelmäßig gemacht werden (LR-Rieß 41). Daß der Beschuldigte trotz des hinreichenden Verdachts (oben 7) die strafrechtliche Schuld bestreitet, macht die Wiedergutmachungsauflage nicht unzulässig (unten 47; **aM** Tröndle 12 zu § 248 a StGB; Dreher Welzel-FS 938). Denn die Schadloshaltung des Verletzten ist auch sonst Verfahrensziel (zB § 111 b IV, dort 13, 16). Handelt es sich nicht nur um eine einmalige Leistung, so wird ein Erfüllungsplan (Leistungsplan) aufgestellt (vgl unten 20, 23).

16 a) **Vermögensschaden:** Es handelt sich um zivilrechtlichen Schadenersatz, bei dem sich die Verursachung nach der Adäquanztheorie richtet. Es kann sich auch um mittelbaren Schaden handeln, zB fahrlässige Tötung des Kindes – Nervenzusammenbruch der Mutter; Unfall-Krankenhausaufenthalt mit dort erlittener Infektion. Die Ursächlichkeit fehlt, soweit der Schaden auch ohne die Tat eingetreten wäre. Mitwirkendes Verschulden des Verletzten mindert die Pflicht zum Schadenersatz (§ 254 BGB). Die Auflage, die Gerichtskosten oder die notwendigen Auslagen des Nebenklägers zu übernehmen, ist unzulässig (Frankfurt MDR **80**, 515; vgl auch BGH **9**, 365). Wenn der Schaden nicht genau feststeht, darf er zwar geschätzt werden, aber die auferlegte Wiedergutmachung darf jedenfalls die Schadenersatzpflicht nicht übersteigen (Lackner 3 zu § 56 b StGB). Die Auflage ist aber auch bei Verjährung des Anspruchs möglich (LR-Rieß 42; Tröndle 6 zu § 56 b StGB). Erhält der Verletzte Ersatz von einer Versicherung, so wird die Anordnung nach Nr 1 idR nicht angebracht sein, weil der Verletzte sonst doppelt entschädigt würde (KK-Schoreit 16).

17 b) **Immaterieller Schaden:** Bei Beleidigung kann eine (mündliche oder schriftliche) Ehrenerklärung gegenüber dem Verletzten auferlegt werden (LR-Rieß 43). In den Fällen, in denen bei Durchführung des Verfahrens die Anordnung der öffentlichen Bekanntmachung einer Erklärung zu erwarten wäre, kann auch die Pflicht zu solcher Bekanntmachung auferlegt werden (zB §§ 200, 165 StGB). Auch die Zahlung von Schmerzensgeld (§ 847 BGB) kann zur Auflage gemacht werden (LR-Rieß 43; vgl auch LG Bremen NJW **71**, 153 bei Strafaussetzung); bei Persönlichkeitsverletzungen auch für immateriellen Schaden. § 254 BGB ist auch hier zu berücksichtigen. Ein neuer Weg bei leichten und mittelschweren Gewalthandlungen ist die Auflage, an Beratungsstunden in einer sozialen Betreuungsstelle teilzunehmen (Beulke MSchrKrim **94**, 360; vgl auch Beulke/Theerkorn NStZ **95**, 474).

18 B. **Geldzahlung (Nr 2):** Zugunsten einer gemeinnützigen Einrichtung: Die Einrichtung muß nicht steuerrechtlich als gemeinnützig anerkannt sein (LR-Rieß 45; **aM** KMR-Müller 6). Die Leistung an eine Einzelperson, zB an den Verletzten oder seine Angehörigen (über die Wiedergutmachung nach Nr 1) hinaus, kann nach Nr 2 nicht angeordnet werden (vgl LG Bremen NJW **71**, 153). Ein Rechtsverhältnis zwischen dem Beschuldigten und der Einrichtung entsteht nicht. Von
19 der Auflage der **Zahlung an die Staatskasse** kann eher Gebrauch gemacht werden als bei Bewährungsauflagen, weil die Geldzahlung hier als Sanktion an die Stelle einer Geldstrafe tritt. Dem Beschuldigten können zwar im Fall des I die

Auslagen der Staatskasse nicht auferlegt werden (vgl auch unten 55); aber das Entstehen größerer Auslagen dieser Art kann ein Grund dafür sein, den Geldbetrag an die Staatskasse zahlen zu lassen (LR-Rieß 46). Für den Betrag besteht kein gesetzliches Höchstmaß (vgl aber Fünfsinn NStZ **87**, 97). Eine Grenze bildet die Unzumutbarkeit bei offensichtlichem Mißverhältnis zur Tatschuld oder zu den wirtschaftlichen Verhältnissen des Beschuldigten. Auch bei der Anwendung der Nr 2 ist, falls es sich nicht nur um eine einmalige Leistung handelt, ein **Tilgungsplan** (mit Raten und Fristen) angebracht. Über das Verfahren bei Zuweisung von Geldbeträgen im Strafverfahren zugunsten gemeinnütziger Einrichtungen haben die LJVen eine einheitliche Regelung getroffen, die am 1. 1. 1975 in Kraft getreten ist (vgl zB Justiz **74**, 35; BayJMBl **75**, 3, 26; **77**, 220; NdsRpfl **74**, 9; JMBlNW **74**, 109). 20

C. **Sonstige gemeinnützige Leistungen (Nr 3):** Beispiele: Hilfsdienst in einem Krankenhaus, Pflegeheim, Altenheim oder im Umweltschutz (Tröndle 8 zu § 56 b StGB) nach einem Leistungsplan unter Berücksichtigung der Zumutbarkeit. 21

D. **Unterhaltszahlungen (Nr 4):** Diese Weisung kommt insbesondere bei Verfahren nach § 170 StGB in Betracht, aber auch etwa bei Betrug oder falscher Aussage in einem Unterhaltsprozeß. Regelmäßig wird eine Geldzahlung auferlegt werden; ausnahmsweise können aber auch Naturalleistungen in Betracht kommen (LR-Rieß 49; **aM** AK/StPO-Schöch 33). Es können mehrere Weisungen nach Nr 4 (gegenüber mehreren Berechtigten) zusammentreffen. 22

Aufbauseminar (Nr 5): Die Teilnahme an einem solchen Seminar (früher „Nachschulung" genannt), die sowohl bei einer auf Probe erteilten Fahrerlaubnis (§ 2 b StVG) als auch im Rahmen des Punktsystems (§ 4 VIII StVG) vorgesehen ist, soll den besonderen Bedürfnissen des Straßenverkehrs Rechnung tragen. Aus § 69 II StGB folgt aber, daß allein die Teilnahme an einem Aufbauseminar in den dort genannten Fällen für eine Einstellung nicht ausreicht (BT-Drucks 13/6914 S.94). 22 a

8) Erfüllungsfrist (I S. 2): Eine Fristbestimmung ist nur wirksam, wenn der Beschuldigte der Einstellung zugestimmt hatte (Bay **83**, 69 = VRS **65**, 288). Aus der Bestimmung von Höchstfristen ergibt sich, daß die Leistungsfristen für die im Einzelfall auferlegten mehreren Auflagen und Weisungen unterschiedlich bemessen werden können. IdR sollen sie unter dem Höchstmaß liegen und möglichst 3 Monate nicht übersteigen. Sind verschieden lange Fristen bestimmt, so ist für den Eintritt des endgültigen Verfahrenshindernisses (I S. 4) die längste maßgebend, falls der Beschuldigte nicht schon vorher alle Pflichten erfüllt hat. 23

9) Widerruf und Verfallklausel: Erklärt der Beschuldigte, die übernommenen Pflichten nicht erfüllen zu wollen, oder ergibt sich der mangelnde Erfüllungswille aus seinem Verhalten, so kann die vorläufige Aussetzung wegen Entfallens ihrer Grundlage widerrufen werden, falls auch nachträgliche Änderungen (unten 39) nicht angebracht sind (Analogie zu § 56 f I, II StGB). In geeigneten Fällen kann auch schon von vornherein klargestellt werden, unter welchen Voraussetzungen die vorläufige Einstellung entfällt (Verfallklausel; Analogie zu § 42 S. 2 StGB). Auf das **Verschulden der Nichterfüllung** der Auflagen und Weisungen kommt es nicht an (Düsseldorf MDR **76**, 423; LR-Rieß 58). Um nachträglich entstehende Umstände, die die Erfüllung unmöglich machen, durch Änderung der Pflichten oder Fristen berücksichtigen zu können, falls dies gerechtfertigt erscheint, empfiehlt es sich, dem Beschuldigten bei der vorläufigen Einstellung die alsbaldige Mitteilung solcher Umstände anzuraten. 24 25

10) Überwachung: Die Erfüllung der übernommenen Pflichten ist Aufgabe des Beschuldigten, daher nicht Vollstreckung (§ 36 II). Sie wird im Fall des I von der StA (BGH **38**, 381, 382), im Fall des II von dem Gericht überwacht, wobei den Geschäftsstellen im Verwaltungsweg die technische Mithilfe aufgetragen werden 26 kann (LR-Rieß 50). Es empfiehlt sich, die besonderen Pflichten so auszugestalten, daß der Beschuldigte den Nachweis für die Erfüllung erbringen oder die begünstigte Stelle den Empfang der Leistung der überwachenden Stelle gegenüber bestätigen muß.

27 **11) Vorbereitung der Entscheidung der StA:**

28 A. **Zuständigkeit:** Da § 153 a nur der Tatrichter anwenden darf (II S. 1; unten 47; anders bei § 153, dort 25), fehlt auch der StA beim Revisionsgericht die Zuständigkeit.

29 B. **Vorklärung:** Zeichnet sich nach den durchgeführten Ermittlungen zur Schuldfrage (oben 7) die Möglichkeit einer Anwendung des I ab, so legt die Polizei die Sache der StA vor (9 zu § 153), falls dies noch nicht geschehen ist; die StA klärt die Höhe des Schadens und die Leistungsfähigkeit des Beschuldigten, zB durch Vernehmung des Verletzten und des Beschuldigten. Dann folgt die Konkretisierung der Auflagen und Weisungen (oben 14 ff).

30 C. **Befragung des Beschuldigten:** IdR wird eine Frist zur Erklärung des Einverständnisses mit den konkretisierten besonderen Pflichten gesetzt. Die Frist muß Raum lassen für die Befragung eines Verteidigers (KK-Schoreit 29). Hat der Beschuldigte schon einen Verteidiger, so kann die Befragung an seine Adresse gerichtet werden (§ 145 a). In geeigneten Fällen kann der Beschuldigte auch auf die (ihm ohnehin unbenommene) Möglichkeit eines Abänderungsvorschlags hingewiesen werden. Die StA darf es aber nicht zu einem unsachgemäßen Feilschen kommen lassen (KK-Schoreit 26). Zunächst nicht richtig oder unvollständig erkennbare oder erkannte relevante Umstände können auch durch nachträgliche Änderung (I S. 3) berücksichtigt werden.

31 D. **Befragung des Gerichts:** Wenn die Zustimmung des Gerichts erforderlich ist (oben 9), stellt die StA einen entspr Antrag mit Angabe der vorgesehenen Pflichten und Fristen. Das angegangene Gericht gibt die Sache (ohne Entscheidung über die Zustimmung) zurück, wenn nach seiner Auffassung ein anderes Gericht über die Eröffnung des Hauptverfahrens zu entscheiden hätte oder wenn es seine Zustimmung nicht für erforderlich hält (I S. 6 iVm § 153 I S. 2). Es kann noch kleinere Änderungen, insbesondere genauere Konkretisierung anregen (weitergehend LR-Rieß 75: Vorschlag anderer Auflagen und Weisungen zulässig), entscheidet im übrigen aber nur, ob es die Prozeßerklärung der Zustimmung abgeben soll (10 zu § 153).

32 E. **Reihenfolge der Befragungen** (vgl oben 30, 31): Im allgemeinen wird – schon aus praktischen Gründen – zunächst die Zustimmung des Gerichts eingeholt und dann erst der Beschuldigte befragt werden (LR-Rieß 78). Der umgekehrte Weg kann sich aber zB empfehlen, wenn erhebliche Zweifel bestehen, ob der Beschuldigte einer angemessenen Lösung iS des § 153 a zustimmen werde oder wenn seine Leistungsfähigkeiten und -möglichkeiten erst geprüft werden müssen (zB im Fall des I S. 1 Nr 3), bevor das Gericht um Zustimmung zu einem konkreten Vorschlag angegangen werden kann.

33 **12) Entscheidung der StA** (I):

34 A. **Zusammentreffen mit einem Privatklagedelikt:** Eine auf das Offizialdelikt beschränkte Anwendung des § 153 a ist nicht zulässig (LR-Rieß 17; erg 5 zu § 153).

35 B. **Zusammentreffen mit einer OWi:** Obwohl die Anwendung des § 153 a keine Strafverhängung ist, kann nicht für das Vergehen § 153 a angewandt und die OWi geahndet werden (§§ 21, 43 OWiG; LR-Rieß 20; Göhler 27 zu § 21 OWiG; grundsätzlich **aM** Rüth DAR **75**, 7). Denn anders als im Fall des § 153 (dort 6) handelt es sich bei der Anwendung des § 153 a um eine Art Sachentscheidung mit strafrechtlicher Sanktion. Diese ist zwar nicht Strafe; dennoch kann sich die Kompensierung des öffentlichen Interesses an der Verfolgung durch die Auflagen

und Weisungen (oben 8) nur auf die ganze Tat beziehen. Das nach der Erfüllung der übernommenen Pflichten entstehende Verfahrenshindernis bezieht sich auch auf den rechtlichen Gesichtspunkt der OWi (Bay **83**, 69 = VRS **65**, 288; Frankfurt NJW **85**, 1850; Nürnberg NJW **77**, 1787; unten 52).

C. **Mitteilung:** Die Verfügung wird entweder förmlich zugestellt (wobei § 145 a gilt) oder formlos mit der Bitte um Empfangsbekenntnis mitgeteilt. Eines förmlichen Nachweises des Zugangs bedarf es nicht, wenn sich auf andere Weise, zB aus dem Schriftwechsel, eindeutig ergibt, daß der Beschuldigte die übernommenen besonderen Pflichten genau kennt und auch von der vorläufigen Einstellung Kenntnis hat. Auch der Anzeigeerstatter erhält (formlos) Mitteilung von der Verfügung. Er kann gegen diese aber nur mit Gegenvorstellungen und Dienstaufsichtsbeschwerde (6, 9 vor § 296) vorgehen. **36**

D. **Verfügung der FinB:** Soweit die FinB das Ermittlungsverfahren führen darf und führt und Strafbefehlsantrag stellen kann (§§ 399 I, 400 **AO**), darf sie nach I verfahren, ggf auch ohne Zustimmung des Gerichts (oben 9). **37**

E. **Rechtsbehelfe:** Ist die Verfügung der StA ordnungsgemäß zustande gekommen, so kann auf Gegenvorstellungen oder Dienstaufsichtsbeschwerde des Verletzten (9 zu § 153) ohne Widerrufsgrund (oben 24) das vorläufige Absehen von der Anklage nicht rückgängig gemacht werden, weil der Beschuldigte auf die von ihm akzeptierte strafrechtliche Friedensregelung vertrauen darf. Anders ist es jedoch, wenn sich ergibt, daß es sich um ein Verbrechen handelt, weil dann das endgültige Verfahrenshindernis nicht entstehen kann (oben 3, unten 45). Ein weiterer Spielraum besteht hinsichtlich der einzelnen Auflagen und Weisungen. Das Klageerzwingungsverfahren ist ausgeschlossen (§ 172 II S. 3; Karlsruhe Justiz **90**, 28). **38**

13) Nachträgliche Änderungen (I S. 3): **39**

A. **Unterscheidung von neuer vorläufiger Einstellung:** Eine solche ist zulässig und kann in Ausnahmefällen angebracht sein. Änderungen sind zulässig, auch wenn die Frist bereits abgelaufen ist (LR-Rieß 52; Eckl JR **75**, 101), sofern die vorläufige Einstellung noch nicht widerrufen oder sonstwie entfallen ist (oben 24, 25, 38). Nach dem Eintritt eines dieser Ereignisse muß das Verfahren fortgesetzt werden, falls es nicht von neuem vorläufig eingestellt wird. Hierbei besteht kein Verschlechterungsverbot. **40**

B. **Mitwirkung bei nachträglicher Änderung:** Die Aufhebung einer Auflage oder Weisung bedarf nicht der Zustimmung des Beschuldigten, wohl aber eine Änderung, selbst wenn sie in einer Erleichterung für den Beschuldigten besteht. Die gesetzten Fristen können aus wichtigem Grund nur einmal verlängert werden (KK-Schoreit 37; LR-Rieß 54). Einen Anspruch auf nachträgliche Änderung hat der Beschuldigte nicht. **41**

14) Keine Mitwirkung des Gerichts bei nachträglicher Änderung durch die StA: Der gerichtlichen Zustimmung bedarf es für die Änderungen auch dann nicht, wenn die vorläufige Einstellung vom Gericht durch Zustimmung gebilligt worden war (KK-Schoreit 38; **aM** LR-Rieß 53). Jedoch darf die StA bei nachträglichen Änderungen die Pflichten und Auflagen im Gesamtquantum nur so weit verändern, daß sie noch geeignet sind, das öffentliche Interesse an der Strafverfolgung zu beseitigen (oben 6). Dabei darf bei gleichbleibender Sachlage die vom Gericht mitverantwortete Bemessungsgrundlage nicht wesentlich geändert werden (Düsseldorf VRS **88**, 437; LR-Rieß 51; **aM** KK-Schoreit 38 ff; KMR-Müller 14). Eine nachträgliche wesentliche Verschlechterung der Leistungsfähigkeit des Beschuldigten kann eine wesentliche Erleichterung der Auflagen und Weisungen rechtfertigen. **42**

15) Entstehung eines Verfahrenshindernisses (I S. 4): **43**

A. **Schwebezustand:** Die vorläufige Einstellung hindert nicht das Fortbestehen eines Haftbefehls, der nach § 116 ausgesetzt ist, und die weitere Gültigkeit der **44** angeordneten weniger einschneidenden Maßnahmen (vgl auch 1 zu § 205); häufig wird allerdings der Aufhebungsgrund der Unverhältnismäßigkeit bestehen. Das gleiche gilt für die Aufrechterhaltung einer Beschlagnahme von Beweismitteln (§ 94). Entsteht dadurch Schaden, so ist durch geeignete Maßnahmen die Sicherstellung des Beweiswertes für ein etwa noch folgendes Strafverfahren anzustreben, so daß die Sachen selbst herausgegeben werden können. Dagegen muß eine vorläufige Maßnahme zur Sicherung einer bei späterer Durchführung des Verfahrens zu erwartenden Rechtsfolge aufgehoben werden (zB die vorläufige Entziehung der Fahrerlaubnis nach § 111 a oder die Sicherstellung nach § 111 b).

45 B. Ein **endgültiges Verfahrenshindernis – beschränkter Strafklageverbrauch –** (I S. 4) entsteht, wenn und sobald der Beschuldigte die Pflichten voll, nicht nur teilw, erfüllt hat (Düsseldorf VRS **72**, 193; Frankfurt NJW **85**, 1850), ohne daß die vorläufige Einstellung vorher entfallen ist (oben 24, 25, 38). Hingegen entsteht kein Verfahrenshindernis, wenn der Beschuldigte eine Auflage erfüllt, die einen Mitbeschuldigten betrifft und nur durch ein Kanzleiversehen in seine Hand geraten ist (LR-Rieß 67; **aM** AG Grevenbroich JR **84**, 302 mit abl Anm Gössel). Das Prozeßhindernis ergreift die gesamte Tat iS des § 264 (Karlsruhe Justiz **90**, 38), auch die davon umfaßten OWien (Frankfurt aaO; oben 35), bezieht sich aber nach I S. 4 nicht auf eine Strafverfolgung wegen derselben Tat unter dem rechtlichen Gesichtspunkt eines Verbrechens. Die endgültige Einstellung ist durch die StA ausdrücklich auszusprechen (KK-Schoreit 43). Sie ist nicht mit einer Entscheidung über Kosten und Auslagen oder Entschädigung für eine Strafverfolgungsmaßnahme verbunden; jedoch kommt § 9 **StrEG** in Betracht. Über die Verfolgbarkeit einer mit dem Vergehen zusammentreffenden OWi vgl oben 35, unten 52.

46 16) **Durchführung des Strafverfahrens** (I S. 5): Entfällt die vorläufige Einstellung (oben 24, 25, 38), so erhebt die StA die öffentliche Klage. Der hinreichende Tatverdacht ist ja bereits festgestellt (oben 7). Das Gericht ist dann nicht gehindert, nach II zu verfahren. Wird das Verfahren aber durchgeführt, so werden die in Teilerfüllung der Auflagen und Weisungen erbrachten Leistungen nicht erstattet. Das Gericht kann sie jedoch, wie im Falle des § 56 f III StGB, auf die Strafe anrechnen (KK-Schoreit 40; Hanack Gallas-FS 362), auch auf eine Freiheitsstrafe (wie § 26 III S. 2 JGG zeigt: „auf Jugendstrafe anrechnen"). Nach Fristablauf erbrachte Leistungen sind zu erstatten (Kalomiris NStZ **98**, 500; **aM** LR-Rieß 59). Wurde versehentlich trotz rechtzeitiger und vollständiger Leistung ein Strafbefehl erlassen, ist das Verfahren nach Einspruch wegen Strafklageverbrauchs (oben 45) einzustellen; bei rechtskräftigem Strafbefehl ist Wiederaufnahme des Verfahrens (§ 359 Nr 5) zulässig (Kalomiris aaO).

47 17) **Vorläufige Einstellung des gerichtlichen Verfahrens**(II): Die materiellen Voraussetzungen sind in I genannt: Bestehendes, aber durch Auflagen und Weisungen zu beseitigendes öffentliches Interesse an der Strafverfolgung (oben 6, 11) und keine entgegenstehende Schwere der Schuld (oben 7). Förmliche Voraussetzungen sind: Erhobene öffentliche Klage, die Zustimmung der StA, die sich auch auf die Auflagen (LG Frankfurt a.M. NJW **85**, 2601 L; LR-Rieß 92) einschließlich des Empfängers des Geldbetrages im Fall des I S. 1 Nr 2 (Düsseldorf VRS **88**, 437; **aM** LG Zweibrücken NJW **90**, 1247) beziehen muß, und deren Verweigerung nicht anfechtbar ist (Hamm NStZ **85**, 472: jedenfalls nicht nach § 23 **EGGVG**), und die Zustimmung des Angeschuldigten (oben 10). Die Befugnis nach II hat nicht das Revisionsgericht (oben 28), sondern nur der Tatrichter, und zwar von dem Zeitpunkt an, in dem das Verfahren durch die Klageerhebung bei Gericht anhängig wird. Nach Zurückverweisung der Sache (§ 354 II) entsteht die Einstellungsmöglichkeit nach II von neuem; für den Tatrichter in jeder Lage des Verfahrens (II), also auch, wenn das Urteil teilw rechtskräftig ist (LR-Rieß 91; **aM** Gössel JR **82**, 273; erg 25 zu § 153).

18) Durchführung des gerichtlichen Einstellungsverfahrens (II): Anlaß zur Prüfung kann die Anregung eines Verfahrensbeteiligten oder die eigene Initiative des Gerichts sein (vgl 22, 23 zu § 153). Da die Anwendung des § 153 a schon im Vorverfahren (I) und nach Anklageerhebung im Zwischenverfahren geprüft wird, rechtfertigt sich die vorläufige Einstellung nach II in der Hauptverhandlung nur, wenn sich die frühere Beurteilungsgrundlage nach dem Ergebnis der Hauptverhandlung entscheidend geändert hat. 48

A. **Befragung der Beteiligten:** Im Zuge der etwa erforderlichen Vorklärung (oben 29) kann das Gericht die StA um Ermittlungen ersuchen, die sich dabei der Gerichtshilfe bedienen kann, soweit es sich um Klärung in deren speziellen Aufgabenbereich handelt (20 zu § 160). Nach der Konkretisierung der beabsichtigten Auflagen und Weisungen (oben 11, 14 ff) durch das Gericht befragt der Vorsitzende den StA, ob er zustimme. Konkrete Anträge, die der StA mit seiner Zustimmungserklärung für die zu erteilenden Auflagen und Weisungen stellt, bedeuten eine Einschränkung der Zustimmung. Daher hat sie das Gericht, wenn es nach II verfahren will, bei deren Gestaltung als Mindestgrundlage zu berücksichtigen (Hamm JMBlNW **77**, 201). Ist der StA einverstanden, so wird der Angeschuldigte befragt (vgl oben 30). Vor dem Einstellungsbeschluß erhält der Nebenkläger das rechtliche Gehör (18 zu § 396); seine Zustimmung ist jedoch nicht erforderlich (LG Koblenz NJW **83**, 2458). Fehlt die Zustimmung der StA oder des Angeschuldigten, so ist das Gericht nicht gehindert, nach § 59 StGB auf Verwarnung mit Strafvorbehalt zu erkennen (Horn NJW **80**, 106). Die Vorschrift darf jedoch nicht allein deshalb angewendet werden, weil der Richter über die Verweigerung der Zustimmung der StA verärgert ist (Düsseldorf NStZ **85**, 362 mit Anm Horn). 49

B. **Beschluß** (II S. 3): Die Beschlußform gilt auch, wenn das Verfahren in der Hauptverhandlung vorläufig eingestellt wird (vgl 24 zu § 153). Eine Entscheidung über die Kosten und Auslagen und über eine etwaige Entschädigung für eine Strafverfolgungsmaßnahme ist erst mit dem Beschluß zu verbinden, mit dem das Verfahren endgültig eingestellt wird (unten 55). Zur Erfüllungskontrolle vgl oben 26, auch 20. 50

19) Nachträgliche Änderung des Beschlusses (II S. 2 iVm I S. 3): Die nachträgliche Änderung bedarf der Zustimmung des Angeschuldigten nach Maßgabe des I S. 3 (vgl oben 41), nicht aber der des StA (vgl oben 42). Die nachträgliche Änderung ist von der ebenfalls zulässigen neuen Einstellung zu unterscheiden, die im gerichtlichen Verfahren aber nur in ganz besonderen Ausnahmefällen in Betracht kommt. Ihr müssen StA und Angeschuldigter in allen Punkten zustimmen. 51

20) Bedingtes und endgültiges Verfahrenshindernis (II S. 2 iVm I S. 4): Bis zur Erfüllung der Auflagen und Weisungen besteht noch kein endgültiges, sondern nur ein bedingtes Verfahrenshindernis. Bei Nichterfüllung wird das Verfahren fortgesetzt. Dies muß mindestens in der Ladung zum Ausdruck kommen. Jedoch empfiehlt es sich, dem vorangegangenen Beschluß (oben 50) einen förmlichen Wiederaufnahmebeschluß mit Begründung entgegenzusetzen (Stuttgart MDR **80**, 250). Endgültig entsteht das Verfahrenshindernis – ganz von selbst – mit der Erfüllung der Auflagen und Weisungen (Düsseldorf MDR **76**, 423), auch wenn die festgesetzte Frist noch nicht abgelaufen war (oben 45), aus Gründen des Vertrauensschutzes auch bei fehlender Zustimmung der StA (Karlsruhe NStZ **87**, 42; LG Hamburg NStE Nr 6). Waren die Auflagen teilw unzulässig, so führt auch die Erfüllung der zulässigen Auflagen zu keinem Prozeßhindernis (Düsseldorf MDR **85**, 956; aM Frankfurt MDR **80**, 515, 516). Das Prozeßhindernis bezieht sich nur auf die Verfolgung der Tat als Vergehen ohne Rücksicht auf die rechtliche Subsumtion in diesem Bereich (oben 45). Insofern ist hier der Strafklageverbrauch stärker als bei der Einstellung nach § 153 II (dort 37, 38), weil es sich um eine Verfahrensbeendigung mit Sanktionen handelt. Das Wirkungskriterium „nicht mehr als Ver- 52 gehen“ bedeutet nur eine Abgrenzung nach oben (zum Verbrechen hin). Im übrigen gilt das Verfahrenshindernis für die ganze Tat, also auch für eine in ihr enthaltene OWi (oben 35) und auch dann, wenn sich nachträglich herausstellt, daß die Tat einen größeren Schuldumfang als ursprünglich angenommen aufweist oder wenn sich die vermeintliche Einzeltat als Teil einer Dauerstraftat oder gesetzlichen Handlungseinheit erweist (Düsseldorf NStZ-RR **97**, 123; vgl aber auch BGH NStZ **98**, 251 mit Anm Erb). Das Verfahrenshindernis geht als Spezialregelung dem § 21 II OWiG vor (vgl Frankfurt NJW **85**, 1850; Nürnberg MDR **77**, 599). Neue Strafverfolgung des Beschuldigten wegen derselben Tat ist zulässig, wenn sich der Verdacht eines Verbrechens ergibt. Neue Tatsachen oder Beweismittel sind dafür nicht erforderlich (KMR-Müller 26; LR-Rieß 69; unten 54; vgl auch Achenbach ZRP **77**, 89).

53 **21) Endgültiger Einstellungsbeschluß:** Dieser ist in § 467 V ausdrücklich vorgesehen und rechtlich geboten (Stuttgart MDR **80**, 250). Er findet seine Grundlage nicht in § 206 a, sondern in der Sonderregelung des § 153 a (Düsseldorf MDR **76**, 423; Frankfurt MDR **80**, 515; Zweibrücken MDR **86**, 165; LR-Rieß 71). Der Beschluß hat aber nur deklaratorische Bedeutung; er stellt das endgültige Verfahrenshindernis fest (Frankfurt aaO). Das gilt im Vergehensbereich sogar dann, wenn die Einstellungsvoraussetzungen durch die neuen Tatsachen oder Beweismittel nachträglich ganz und gar widerlegt erscheinen (Kleinknecht Bruns-FS 186).

54 Ist der **Verbrechensvorwurf lediglich übersehen** worden, obwohl er nach dem gesamten Akteninhalt begründet war, so ist die neue Strafverfolgung wegen des Verbrechens dennoch zulässig (Radtke [Einl 182] 351; **aM** Kleinknecht aaO). Für die möglich gewordene neue Strafverfolgung als Verbrechen gilt wiederum das

55 Legalitätsprinzip (11 zu § 152). Mit dem Beschluß wird die **Nebenentscheidung** verbunden, daß die Kosten des Verfahrens der Staatskasse zur Last fallen (§ 467 I). Die notwendigen Auslagen des Angeschuldigten dürfen nicht der Staatskasse auferlegt werden (§ 467 V). Die notwendigen Auslagen des Nebenklägers hat idR der Angeschuldigte zu tragen (§ 472 II S. 2). Eine Entscheidung ergeht ggf über die Entschädigung für eine Strafverfolgungsmaßnahme (vgl 1 zu § 3 **StrEG**).

56 **22) Verjährung** (III): Die Regelung ergänzt § 78 b I StGB (in Anlehnung an § 79 a Nr 2 Buchst b StGB, der die Vollstreckungsverjährung betrifft). Sie gilt gleichermaßen in den Fällen des I und des II. Das Ruhen der Verjährung beginnt mit dem (aktenmäßigen) Erlaß der Einstellungsverfügung nach I oder des Beschlusses nach II (6, 7 vor § 33). Hatte der Beschuldigte seine Zustimmung nicht erteilt, so tritt die Rechtsfolge des III nicht ein (Bay **83**, 69 = VRS **65**, 288). Der Zustand des Ruhens endet mit dem Ende der vorläufigen Einstellung. Bei neuer vorläufiger Einstellung (oben 40) beginnt eine neue Spanne des Ruhens der Verjährung.

57 **23) Rechtsbehelfe:** Die vorläufige Einstellung nach II ist nicht anfechtbar (II S. 4). Das gilt auch für den Nebenkläger (9 zu § 400). Dieser kann nur, falls er das rechtliche Gehör nicht erhalten hatte (oben 49), einen Antrag nach § 33 a stellen. Jedoch können die StA und der Angeschuldigte einfache Beschwerde (§ 304) einlegen, wenn sie nicht oder nicht wirksam (Hamm MDR **77**, 949) oder nicht hinsichtlich aller Auflagen und Weisungen in ihrer wesentlichen Ausgestaltung zugestimmt haben (Düsseldorf VRS **88**, 438 mwN; Karlsruhe NStZ **87**, 42; oben 47, 49; ferner 34, 35 zu § 153). Wie der Einstellungsbeschluß nach II ist auch die Ablehnung der Einstellung nicht anfechtbar (34, 35 zu § 153). Die endgültige Einstellung (oben 53) ist nicht anfechtbar (II S. 4), Beschwerde nach § 304 I ist aber zulässig, wenn dem Einstellungsbeschluß unverzichtbare prozessuale Voraussetzungen fehlen (zB rechtliches Gehör oder Zustimmung der StA) oder die angeordneten Maßnahmen jeder rechtlichen Grundlage entbehren (LG Koblenz NJW **83**, 2458). Die Feststellung, daß erteilte Auflagen und Weisungen erfüllt sind, ist – auch iVm einer endgültigen Verfahrenseinstellung – nicht anfechtbar (II S. 5; LG Kiel NStZ-RR **98**, 343) Die Anfechtung des Wiederaufnahmebeschlusses

(oben 52) ist nach § 305 S. 1 ausgeschlossen (Düsseldorf MDR **85**, 867; Stuttgart MDR **80**, 250). Wenn sich der Verdacht eines Verbrechens ergibt (oben 54), leitet die StA zu dessen Verfolgung ein neues Verfahren ein, ohne durch den Einstellungsbeschluß gehindert zu sein, weil für die Verfolgung der Tat als Verbrechen kein Verfahrenshindernis besteht. Die Revision kann nicht auf die unterlassene Anwendung des § 153 a gestützt werden (vgl 39 zu § 153). § 359 ist nicht analog anwendbar (Frankfurt NJW **96**, 3353; **aM** Hellmann MDR **89**, 952; erg 5 zu
§ 359). Unanfechtbar ist die **Entscheidung über die Kosten und Auslagen** (17 58
zu § 464), nicht aber die über die Entschädigung nach dem StrEG (§ 8 III S. 1 **StrEG**).

59 **24) Nachträgliches objektives Verfahren** (§ 76 a I, III StGB iVm §§ 440, 442): Hat die StA nach I vorläufig von der Erhebung der öffentlichen Klage abgesehen oder das Gericht nach II das Verfahren vorläufig eingestellt, so kann die StA dennoch ein objektives Verfahren betreiben (40 zu § 153). Sie braucht dafür nicht abzuwarten, bis das endgültige Verfahrenshindernis eingetreten ist. Sie wird allerdings bei der Ausübung des Ermessens berücksichtigen müssen, ob der Beschuldigte nach Sachlage darauf vertrauen darf, daß gegen ihn selbst keine strafähnliche Maßnahme mehr ergriffen wird, wenn er die übernommenen Pflichten erfüllt (2 vor § 430; 1 zu § 440).

60 **25) Eintragungen ins Zentralregister: In** das BZR werden die Entscheidungen nach § 153 a nicht eingetragen.

61 **26) Mitteilungspflichten**, die von Amts wegen zu beachten sind, können an die endgültige (§ 20 I S. 1 **EGGVG**, dort 1) Einstellung anknüpfen, zB nach der MiStra; vgl dazu 41 zu § 153.

62 **27) Neue Bundesländer**: In diesen Ländern ist statt der Einstellung nach § 153 a bei Vergehen mit geringfügigen Folgen die Abgabe an eine Schiedsstelle zulässig, falls der Beschuldigte zustimmt und kein öffentliches Interesse an der Verfolgung besteht (EV Anl I Kap III Sachgebiet A Abschn III Nr 14 b). Vgl 42 zu § 153.

Einstellung bei Absehen von Strafe

153b **I Liegen die Voraussetzungen vor, unter denen das Gericht von Strafe absehen könnte, so kann die Staatsanwaltschaft mit Zustimmung des Gerichts, das für die Hauptverhandlung zuständig wäre, von der Erhebung der öffentlichen Klage absehen.**

II Ist die Klage bereits erhoben, so kann das Gericht bis zum Beginn der Hauptverhandlung mit Zustimmung der Staatsanwaltschaft und des Angeschuldigten das Verfahren einstellen.

1 **1) Von Strafe absehen** kann das Gericht bei einigen Straftaten, zB in den Fällen der §§ 83 a, 84 IV, V, 85 III, 86 IV, 86 a III, 87 III, 89 III, 98 II, 99 III, 113 IV, 129 V, VI, 129 a IV, V, 139 I, 157, 158 I, 174 IV, 182 IV, 218 a IV S. 2, 314 a, 315 VI, 315 b VI, 330 b I StGB, § 20 II VereinsG, §§ 29 V, 31 BtMG, § 2 **KronzG.** Auch im Fall des § 46 a StGB kann § 153 b angewendet werden (Bernsmann ZRP **94**, 332), ferner bei § 60 StGB (Ranft 1174 ff; Wagner GA **72**, 33, 50; **aM** Schroeder Peters-FS 411, 421), aber nicht, wenn an der Herbeiführung eines Schuldspruchs ein öffentliches Interesse besteht. § 153 b gilt auch in den Fällen des § 199 StGB, wenn Straffreierklärung zu erwarten ist (LR-Rieß 3).

2 **2) Im Ermittlungsverfahren** trifft die StA die Entscheidung mit Zustimmung des Gerichts (10 zu § 153), nach § 1 **KronzG** der GBA mit Zustimmung eines Strafsenats des BGH. Mit der Klausel „für die Hauptverhandlung zuständig" ist wie in den Fällen der §§ 153 I, 153 a I das Gericht gemeint, das für die Eröffnung des

Hauptverfahrens zuständig wäre. Die §§ 153 I, 153a I und 153b I schließen einander nicht aus (teilw **aM** LR-Rieß 7). Das Absehen hat keine Rechtskraftwirkung (vgl 37 zu § 153). Die Anwendung von I stellt kein Verfahrenshindernis für die Erhebung einer Privatklage dar. Bleibt bei der Einstellung noch ein Verdacht für ein Privatklagedelikt, so besteht dennoch keine Pflicht der StA, auf die Möglichkeit der Privatklage hinzuweisen. Es ist nur zweckmäßig und üblich, dies zu tun. Über Kosten und Entschädigung vgl 28 ff zu § 153.

3 3) **Nach Klageerhebung** (II): „Beginn der Hauptverhandlung": § 243 I S. 1. Ist der Ausschlußgrund einmal eingetreten, so entfällt er im weiteren Verfahren nicht mehr. Auch der Angeschuldigte muß zustimmen (wie im Fall des § 153 II). Bei Nebenklage gilt § 396 III entspr (dort 18); der Nebenkläger erhält das rechtliche Gehör vor der Einstellung nach II (§ 33 III). Nach § 2 S. 2 **KronzG** muß statt der StA der GBA zustimmen. Für die Entscheidung über die Verfahrenskosten und die notwendigen Auslagen und über die Entschädigung des Angeklagten sowie für den Strafklageverbrauch des gerichtlichen Einstellungsbeschlusses gilt das gleiche wie bei der Einstellung nach § 153 II (dort 28 ff, 37 f). Der Strafklageverbrauch des gerichtlichen Einstellungsbeschlusses betrifft auch die Privatklage.

4 **4) Selbständige Anordnung von Verfall und Einziehung:** Nach der Einstellung des Verfahrens durch die StA nach I oder durch das Gericht nach II kann die StA das selbständige Verfalls- oder Einziehungsverfahren beantragen (§§ 440, 441; § 76a I, III StGB; 40 zu § 153).

5 5) **Jugendstrafrecht:** § 153b bezieht sich im Jugendstrafrecht nur auf Jugendstrafe. Er ist daher nur anzuwenden, wenn diese Strafe in Betracht kommt (**aM** Brunner/Dölling 3 zu § 45 JGG); dann auch, wenn der Beschuldigte ein Heranwachsender ist, für den Jugendstrafrecht gilt. Bei den Möglichkeiten nach den §§ 45, 47, 109 II **JGG** braucht in diesen Fällen im allgemeinen nicht auf § 153b zurückgegriffen zu werden (KK-Schoreit 13; LR-Rieß 6; Brunner/Dölling aaO; Eisenberg 13 zu § 45 JGG hält § 153b für nicht anwendbar; **aM** wohl Bohnert NJW **80**, 1931).

6 6) **Beschwerde** (§ 304): Bei gesetzmäßigem Verfahren hat keiner die Beschwerde (BGH **10**, 88, 91). Nur bei fehlender Einverständniserklärung ist Beschwerde zulässig (KK-Schoreit 9). Erg 33 ff zu § 153; § 400 II S. 2.

Nichtverfolgung von Auslandstaten **RiStBV 94–97, 99**

153c

I Die Staatsanwaltschaft kann von der Verfolgung von Straftaten absehen,

1. **die außerhalb des räumlichen Geltungsbereichs dieses Gesetzes begangen sind oder die ein Teilnehmer an einer außerhalb des räumlichen Geltungsbereichs dieses Gesetzes begangenen Handlung in diesem Bereich begangen hat,**
2. **die ein Ausländer im Inland auf einem ausländischen Schiff oder Luftfahrzeug begangen hat,**
3. **wenn wegen der Tat im Ausland schon eine Strafe gegen den Beschuldigten vollstreckt worden ist und die im Inland zu erwartende Strafe nach Anrechnung der ausländischen nicht ins Gewicht fiele oder der Beschuldigte wegen der Tat im Ausland rechtskräftig freigesprochen worden ist.**

II Die Staatsanwaltschaft kann auch von der Verfolgung von Straftaten absehen, die im räumlichen Geltungsbereich dieses Gesetzes durch eine außerhalb dieses Bereichs ausgeübte Tätigkeit begangen sind, wenn die Durchführung des Verfahrens die Gefahr eines schweren Nachteils für die Bundesrepublik

Deutschland herbeiführen würde oder wenn der Verfolgung sonstige überwiegende öffentliche Interessen entgegenstehen.

III Ist die Klage bereits erhoben, so kann die Staatsanwaltschaft in den Fällen des Absatzes 1 Nr. 1, 2 und des Absatzes 2 die Klage in jeder Lage des Verfahrens zurücknehmen und das Verfahren einstellen, wenn die Durchführung des Verfahrens die Gefahr eines schweren Nachteils für die Bundesrepublik Deutschland herbeiführen würde oder wenn der Verfolgung sonstige überwiegende öffentliche Interessen entgegenstehen.

IV Hat das Verfahren Straftaten der in § 74a Abs. 1 Nr. 2 bis 6 und § 120 Abs. 1 Nr. 2 bis 7 des Gerichtsverfassungsgesetzes bezeichneten Art zum Gegenstand, so stehen diese Befugnisse dem Generalbundesanwalt zu.

1) Die **StA** allein entscheidet (ebenso wie im Fall des § 153 d), und zwar unter 1
Abwägung des öffentlichen Interesses an der Verfolgung (7, 8 zu § 153) gegen widerstreitende Interessen, zB Rückwirkungen auf das Ansehen der BRep. Im Gegensatz zu §§ 153 I S. 1, 153a I S. 1–4, 153b I, 153e I bedarf es dabei keiner Mitwirkung des Gerichts, weil vielfach politische Gesichtspunkte zu berücksichtigen sind. Mit der Entscheidung wird die im Ausland begangene Straftat Gegenstand eines inländischen Ermittlungsverfahrens (BGH NJW **90**, 1428). Eine Rechtskraftwirkung hat die Entscheidung der StA, von der Verfolgung abzusehen, nicht (LG Gießen StV **84**, 327 gegen AG Gießen StV **84**, 238). Allg zu § 153c vgl Krauth/Kurfess/Wulf JZ **68**, 732.

2) Das **Absehen** ist zulässig, bevor das Ermittlungsverfahren gegen einen be- 2
stimmten Beschuldigten geführt wird (6 zu § 160), ja sogar, bevor überhaupt Ermittlungen eingeleitet werden (KK-Schoreit 3). Es ist gerechtfertigt, wenn ein öffentliches Interesse an der Strafverfolgung nicht oder nicht mehr besteht oder wenn diese zu unbilligen Härten führen würde. Etwa zu erwartende Nebenstrafen und Nebenfolgen stehen nicht entgegen (Oehler JR **79**, 218). Wenn eine Anwendung des § 153c in Frage kommt, muß die Polizei beim 1. Zugriff der StA unverzüglich die Möglichkeit der Entscheidung geben (23 zu § 163); umgekehrt muß die StA die Polizei unverzüglich, ggf vorweg unterrichten, wenn die Absicht des Absehens besteht.

3) Tatort außerhalb der BRep (I Nr 1): Die Bestimmung, die auf ähnlichen 3
Erwägungen beruht wie § 91 StGB, berücksichtigt insbesondere den Fall, daß der Täter oder der Teilnehmer einer anderen Rechtsordnung untersteht, andererseits nach dem StGB strafbar ist und dadurch in Konfliktsituationen geraten kann. Sowohl der Tätigkeitsort als auch der Erfolgsort müssen außerhalb des Bereiches liegen (2ff zu § 7; § 9 StGB). Wenn nach zwischenstaatlichen Rechtsvereinbarungen bestimmte Taten, die außerhalb des Geltungsbereichs der StPO begangen sind, so zu behandeln sind wie im Geltungsbereich begangene, gilt Nr 1 nicht. Über solche Verpflichtungen vgl RiStBV 94 II. Nr 1 gilt auch, wenn die Straftat an Bord
eines **deutschen Schiffes oder Luftfahrzeugs** (§ 4 StGB) außerhalb des Gel- 4
tungsbereichs der StPO begangen wird. Zum Staatsgebiet der BRep gehören auch
deren **maritime Eigengewässer** (die durch feste Bauten abgegrenzten Seehäfen 5
und die vom Staatsgebiet umgebenen Meeresbuchten) sowie das dem Festland der BRep und ihren Eigengewässern vorgelagerte Küstenmeer in einer Breite von drei Seemeilen (Wille, Die Verfolgung strafbarer Handlungen an Bord von Schiffen und Luftfahrzeugen, 1974, S. 7, 12, 13). In solchen Fällen kommt nur Nr 2 in Betracht.

**4) Ausländertaten im Inland auf ausländischen Schiffen oder Luftfahr- 6
zeugen** (I Nr 2): Da der ausländische Heimatstaat des Fahrzeugs idR die Tat seiner Staatsangehörigen verfolgen kann und wird, rechtfertigt sich das Opportunitätsprinzip. Angelegenheiten, die nur die innere Ordnung des Fahrzeugs berühren und den Ordnungsbereich der BRep nicht tangieren, geben grundsätzlich keinen Anlaß zu Strafverfolgungsmaßnahmen. Ein Verzicht auf Strafverfolgung kommt in den

Fällen der Nr 2 insbesondere in Betracht, wenn die Tat nicht gegen einen Staatsangehörigen der BRep oder einen ihrer Amtsträger (§ 11 I Nr 2 StGB) oder Interessen der BRep begangen ist, falls sie auch nicht den Frieden oder die gute Ordnung in den Küstengewässern der BRep gestört oder gefährdet hat.

7 A. **Ausländer:** Wer die Tat begangen hat, muß vor dem Absehen von der Strafverfolgung soweit ermittelt sein, daß wenigstens mit großer Wahrscheinlichkeit festgestellt werden kann, daß es ein Ausländer war, dh ein Nichtdeutscher, der auch ein Staatenloser sein kann (erg unten 12).

8 B. **Ausländische Schiffe oder Luftfahrzeuge:** Das sind diejenigen, die nicht zu den deutschen iS des § 4 StGB und des § 10 gehören (vgl zu § 10).

9 C. **Strafprozessuale Zwangsmaßnahmen im Inland an Bord eines ausländischen Schiffes:** Wenn die Straftat verfolgt wird, darf das völkerrechtlich gewährleistete Recht auf ungehinderte Durchfahrt durch die Küstengewässer (oben 5) durch strafprozessuale Maßnahmen (Einl 208) grundsätzlich nicht gestört werden (näher Wille [oben 5] 78 ff mwN). Jedoch muß dieses Recht den berechtigten Interessen der BRep am Schutz seiner Bürger und an der Wahrung seiner Rechtsordnung weichen, falls der Verhältnismäßigkeitsgrundsatz nicht entgegen-
10 steht (Einl 20). Das **Recht auf Nacheile** gestattet, das Schiff noch auf der hohen See zu verfolgen, wenn die Straftat in den Hoheitsgewässern der BRep begangen wurde. Dieser völkerrechtliche Grundsatz kommt in Art 23 des Übereinkommens über die Hohe See vom 29. 4. 1958 (BGBl 1972 II 1089; 1975 II 843) zum Ausdruck.

11 D. **Strafprozessuale Zwangsmaßnahmen im Inland an Bord eines ausländischen Luftfahrzeugs:** Völkerrechtliche Schranken für solche Maßnahmen bestehen nicht (Dahm, Völkerrecht, Bd 1, S. 722). Ein Recht auf freie Überquerung fremden Luftraums kann nur vertraglich vereinbart werden. Einzelheiten ergeben sich aus dem Abkommen von Tokio vom 14. 9. 1963 (BGBl 1969 II 121; dazu Wille [oben 5] 155 ff).

12 5) **Ausland** (I Nr 3) ist jedes Gebiet außerhalb des Inlands (vgl oben 3). Die Auslandsbestrafung verbraucht die Strafklage im Geltungsbereich der StPO nicht (vgl aber Einl 177). Die vollstreckte Auslandsstrafe ist jedoch auf die Inlandsstrafe anzurechnen (§ 51 III StGB). „Nicht ins Gewicht fiele": Die Rechtsfolgendifferenz muß relativ gering sein und darf das generelle Strafverfolgungsinteresse nicht erheblich beeinträchtigen (vgl 7 zu § 154). Einer zu erwartenden Bestrafung mit Strafaussetzung zur Bewährung kommt dabei weniger Gewicht zu als einer nicht ausgesetzten Strafe. Der rechtskräftige ausländische Freispruch ist grundsätzlich (vgl Einl 177) kein Verfahrenshindernis. Daher läßt Nr 3 auch nach ihm das Opportunitätsprinzip gelten.

13 6) **Distanztat** (II): Die Vorschrift ergänzt I Nr 1, knüpft an die Regelung des § 9 StGB an und gilt für Straftaten, bei denen der Tätigkeitsort außerhalb, der Erfolgsort – dh das betroffene Rechtsgut – innerhalb des Geltungsbereichs des Gesetzes liegen, und setzt die angegebene Interessenkollision voraus.

14 A. **Gefahr eines schweren Nachteils für die BRep:** Es genügt die Gefahr für eines der Bundesländer. Sie kann die äußere Sicherheit betreffen (vgl §§ 93 I, 94 I, 97 a StGB), aber auch die innere, oder sonst das Wohl, zB das wirtschaftliche Wohl, den inneren politischen Frieden, den Arbeitsfrieden.

15 B. **Sonstige entgegenstehende überwiegende öffentliche Interessen:** Die Gefahr des schweren Nachteils ist das Hauptbeispiel eines entgegenstehenden Interesses. Sie überwiegt grundsätzlich das Verfolgungsinteresse. Durch die Anführung des Beispiels ist zum Ausdruck gebracht, daß die sonstigen Interessen etwa von gleichem Rang sein müssen (BT-Drucks V/2860 S. 29). Beispiel hierfür: Es soll eine Freilassungsaktion in einem anderen Machtbereich erreicht oder nicht gehindert werden. Das Besondere in II ist, daß nur das öffentliche Interesse berück-

sichtigt werden darf, das Interesse eines Beschuldigten oder Verletzten nur soweit, als es mit dem öffentlichen Interesse zusammenfällt. Die Interessenkollision zwischen dem öffentlichen Interesse an der Strafverfolgung (Spezial- und Generalprävention, Gleichbehandlung) und dem entgegenstehenden öffentlichen Interesse macht eine Abwägung notwendig. Das Opportunitätsprinzip gilt nur, wenn das entgegenstehende insgesamt das größere Gewicht hat.

7) Nach Anklageerhebung (III): Über § 156 hinaus kann die StA die Klage in 16
jeder Lage des Verfahrens (hierzu 25 zu § 153; 19 zu § 154) durch einseitige Erklärung zurücknehmen, das Verfahren dadurch in das Stadium des Ermittlungsverfahrens zurückversetzen und einstellen. Das mit der Sache befaßte Gericht kann der StA eine entspr Anregung geben. Die Einstellung verbraucht nicht die Strafklage (9 zu § 170; 37, 38 zu § 153), selbst wenn schon ein (horizontal) teilrechtskräftiges Urteil vorlag (Einl 185). In allen Fällen, in denen die StA nach § 153 c verfährt, ist das Klageerzwingungsverfahren unzulässig (§ 172 II S. 2 Hs 2).

A. Die **Voraussetzungen des II** (oben 16, 17) müssen bestehen, auch wenn es 17
sich um Fälle des I Nr 1 oder 2 handelt, in denen die StA vor Anklageerhebung freier gestellt ist.

B. **Ausgenommen** sind die Fälle des I Nr 3 (vgl oben 13). Hier darf die StA die 18
Klage nur zurücknehmen, soweit es § 156 gestattet, wenn sie nach Anklageerhebung feststellt, daß die zu erwartende Mehrstrafe nicht ins Gewicht fällt.

8) In Staatsschutzsachen (IV; §§ 74 a, 120 GVG), ausgenommen Friedens- 19
verrat und Völkermord, stehen die Befugnisse nach I–III ausschließlich dem GBA zu, und zwar unabhängig von der Zuständigkeit für das Verfahren im staatsanwaltschaftlichen und gerichtlichen Bereich. Diese Zuständigkeitskonzentration beruht darauf, daß die §§ 153 d, 153 e mit § 153 c konkurrieren können, und soll die Gewähr geben, daß das Opportunitätsprinzip im Staatsschutzbereich gleichmäßig angewendet wird. Führt das Verfahren eine Landes-StA, so unterrichtet sie unverzüglich den GBA, wenn die Anwendung des § 153 c in Betracht kommen könnte. Der GBA kann sich auch selbst informieren; das Gericht kann der StA oder dem GBA eine Anregung geben, diesem notfalls auch von sich aus die Akten übersenden. Durch die Einschaltung des GBA bleibt die Anhängigkeit des Verfahrens im Land unberührt. Verfügt er das Absehen von der Strafverfolgung ggf iVm der Zurücknahme der Klage, so beendet er damit das im Land anhängige Verfahren (Müller/Wache Rebmann-FS 339).

9) Kosten, Auslagen und Entschädigung: Es gelten § 467 a (vgl Düsseldorf 20
NStZ **96**, 245) und § 9 **StrEG**.

10) Nachträgliches objektives Verfahren (§ 76 a I, III StGB iVm §§ 440, 21
442): Den Antrag nach § 440 kann nur die StA stellen, die das Verfahren beendet hat; im Fall des IV also der GBA (KK-Schoreit 20; **aM** LR-Rieß 27).

Nichtverfolgung von politischen Straftaten **RiStBV 98, 99**

153d

[I] Der Generalbundesanwalt kann von der Verfolgung von Straftaten der in § 74 a Abs. 1 Nr. 2 bis 6 und in § 120 Abs. 1 Nr. 2 bis 7 des Gerichtsverfassungsgesetzes bezeichneten Art absehen, wenn die Durchführung des Verfahrens die Gefahr eines schweren Nachteils für die Bundesrepublik Deutschland herbeiführen würde oder wenn der Verfolgung sonstige überwiegende öffentliche Interessen entgegenstehen.

[II] Ist die Klage bereits erhoben, so kann der Generalbundesanwalt unter den in Absatz 1 bezeichneten Voraussetzungen die Klage in jeder Lage des Verfahrens zurücknehmen und das Verfahren einstellen.

1 **1) Über das in § 153 c IV gewährte Maß hinaus** wird im Staatsschutz das Opportunitätsprinzip erweitert. § 153 d betrifft zwar dieselben Staatsschutzdelikte, die in § 153 c IV genannt sind, und enthält auch die gleiche Zuständigkeitskonzentration beim GBA (21 zu § 153 c). Er enthält aber im Fall der Interessenkollision (16, 17 zu § 153 c) nicht die Einschränkung, daß der Tätigkeitsort außerhalb des Geltungsbereiches des Gesetzes liegt. § 153 d gilt also auch, wenn Tätigkeits- und Erfolgsort in diesem Bereich liegen. Zu § 153 d vgl Bernsmann JZ **88**, 544 ff; Krauth/Kurfess/Wulf JZ **68**, 734. Die Vorschrift kommt in der Praxis beim Austausch von Spionen sowie dann in Betracht, wenn ein früherer Spion inzwischen in seinem Land eine hohe öffentliche Stellung einnimmt (Müller/Wache Rebmann-FS 340).

2 **2) Nachträgliches objektives Verfahren** (§ 76 a I, III StGB iVm §§ 440, 442): 23 zu § 153 c.

Tätige Reue bei Staatsschutzdelikten **RiStBV 100**

153e **I Hat das Verfahren Straftaten der in § 74 a Abs. 1 Nr. 2 bis 4 und in § 120 Abs. 1 Nr. 2 bis 7 des Gerichtsverfassungsgesetzes bezeichneten Art zum Gegenstand, so kann der Generalbundesanwalt mit Zustimmung des nach § 120 des Gerichtsverfassungsgesetzes zuständigen Oberlandesgerichts von der Verfolgung einer solchen Tat absehen, wenn der Täter nach der Tat, bevor ihm deren Entdeckung bekanntgeworden ist, dazu beigetragen hat, eine Gefahr für den Bestand oder die Sicherheit der Bundesrepublik Deutschland oder die verfassungsmäßige Ordnung abzuwenden. Dasselbe gilt, wenn der Täter einen solchen Beitrag dadurch geleistet hat, daß er nach der Tat sein mit ihr zusammenhängendes Wissen über Bestrebungen des Hochverrats, der Gefährdung des demokratischen Rechtsstaates oder des Landesverrats und der Gefährdung der äußeren Sicherheit einer Dienststelle offenbart hat.**

II Ist die Klage bereits erhoben, so kann das nach § 120 des Gerichtsverfassungsgesetzes zuständige Oberlandesgericht mit Zustimmung des Generalbundesanwalts das Verfahren unter den in Absatz 1 bezeichneten Voraussetzungen einstellen.

1 **1) Einstellung nach Beitrag zur Gefahrenabwendung:** § 153 e gilt auch bei den entspr Straftaten gegen das NATO-Truppenstatut (Art 8 des 4. StÄG). Zu § 153 e vgl Bernsmann JZ **88**, 543; Krauth/Kurfess/Wulf JZ **68**, 735.

2 **2)** Die **Mitwirkung des Gerichts** ist in beiden Fällen zur Verfahrensbeendigung notwendig, weil hier nicht das politische Interesse mit Strafverfolgungsinteressen abgewogen wird, die Ausnahme vielmehr von den gesetzlich umschriebenen Voraussetzungen abhängt, die im Verhalten des Beschuldigten liegen.

3 **3)** Die **Zuständigkeit des GBA und des OLG** besteht nicht nur, wenn sie mit der Sache befaßt sind, sondern auch, wenn das Verfahren von einer Landes-StA betrieben wird oder bei einem anderen Gericht anhängig ist. In diesem Fall wird, falls die Anwendung des § 153 e in Betracht kommt, die Entscheidung auf Anregung der Landes-StA oder des mit der Sache befaßten Gerichts in einem Zwischenverfahren getroffen (BGH **11**, 52; Kleinknecht JZ **57**, 409), das allerdings ggf zum Abschluß des Verfahrens führt. Die Zustimmung des OLG ist keine Entscheidung iS des § 33 III; aber auch vor einem Einstellungsbeschluß nach II braucht dem Beschuldigten nicht das rechtliche Gehör gewährt zu werden (LR-Rieß 16, 18; EbSchmidt Nachtr 20 zu § 153 c aF; **aM** KMR-Müller 21). Denn die Einstellung des Verfahrens ist eine justizinterne Angelegenheit; sie ist zudem keine Entscheidung zum Nachteil des Beschuldigten.

4) Die **dem Täter bekanntgewordene Entdeckung seiner Tat** bildet die maßgebliche zeitliche Zäsur zwischen dem 1. und dem 2. Fall. In jedem Fall muß der Beschuldigte einen Beitrag geleistet haben. 4

A. Der **Beitrag** setzt stets ein aktives Handeln voraus. Im 1. Fall genügt ein Wirken ohne Behörden, zB das Abhalten anderer von weiteren Gefährdungshandlungen. Im 1. Fall genügt auch, im 2. Fall genügt nur das Offenbaren bei einer Dienststelle. 5

B. Die **Gefahr,** zu deren Abwendung der Täter beiträgt, braucht nicht von ihm verursacht zu sein. Im Fall des S. 2 ist nicht Voraussetzung, daß der Beschuldigte jegliches Wissen über Bestrebungen der angeführten Art offenbart; andererseits genügt es nicht, wenn er sein Wissen von der Tat selbst offenbart. Er muß vielmehr sein gesamtes wesentliches Wissen über derartige Bestrebungen offenbaren, das mit der Tat irgendwie zusammenhängt. 6

5) **Umfang der Einstellung:** Die Einstellung kann auf weniger schwere Straftaten ausgedehnt werden, für die § 153 e an sich nicht gilt, die aber in Idealkonkurrenz mit dem Staatsschutzdelikt stehen (BGH 6 BJs 588/59 vom 12. 1. 1961; KK-Schoreit 11). Andererseits ist ihre Einschränkung auf selbständige, ja sogar auf unselbständige Teilakte einer rechtlich oder tatsächlich einheitlichen Tat zulässig, wenn Trennbarkeit (1 ff zu § 318) besteht und die Voraussetzungen des § 153 e nur für den Teil bestehen. 7

6) Der **Gerichtsbeschluß** (II) kann nach Erhebung der öffentlichen Klage in jeder Lage des Zwischen- und Hauptverfahrens (Einl 63, 64), auch noch in der Revisionsinstanz (LR-Rieß 21), ergehen. Er hat im Gegensatz zur Einstellungsverfügung des GBA als gerichtliche Sachentscheidung eine beschränkte materielle Rechtskraft (KK-Schoreit 15; vgl 37, 38 zu § 153). Kosten, Auslagen und Entschädigung: vgl 29, 30, 32 zu § 153. 8

7) **Nachträgliches objektives Verfahren** (§ 76 a I, III StGB iVm §§ 440, 442): 23 zu § 153 c. 9

Mehrfachtäter **RiStBV 5, 101**

154

I Die Staatsanwaltschaft kann von der Verfolgung einer Tat absehen,

1. **wenn die Strafe oder die Maßregel der Besserung und Sicherung, zu der die Verfolgung führen kann, neben einer Strafe oder Maßregel der Besserung und Sicherung, die gegen den Beschuldigten wegen einer anderen Tat rechtskräftig verhängt worden ist oder die er wegen einer anderen Tat zu erwarten hat, nicht beträchtlich ins Gewicht fällt oder**
2. **darüber hinaus, wenn ein Urteil wegen dieser Tat in angemessener Frist nicht zu erwarten ist und wenn eine Strafe oder Maßregel der Besserung und Sicherung, die gegen den Beschuldigten rechtskräftig verhängt worden ist oder die er wegen einer anderen Tat zu erwarten hat, zur Einwirkung auf den Täter und zur Verteidigung der Rechtsordnung ausreichend erscheint.**

II Ist die öffentliche Klage bereits erhoben, so kann das Gericht auf Antrag der Staatsanwaltschaft das Verfahren in jeder Lage vorläufig einstellen.

III Ist das Verfahren mit Rücksicht auf eine wegen einer anderen Tat bereits rechtskräftig erkannten Strafe oder Maßregel der Besserung und Sicherung vorläufig eingestellt worden, so kann es, falls nicht inzwischen Verjährung eingetreten ist, wieder aufgenommen werden, wenn die rechtskräftig erkannte Strafe oder Maßregel der Besserung und Sicherung nachträglich wegfällt.

IV Ist das Verfahren mit Rücksicht auf eine wegen einer anderen Tat zu erwartende Strafe oder Maßregel der Besserung und Sicherung vorläufig eingestellt

worden, so kann es, falls nicht inzwischen Verjährung eingetreten ist, binnen drei Monaten nach Rechtskraft des wegen der anderen Tat ergehenden Urteils wieder aufgenommen werden.

V Hat das Gericht das Verfahren vorläufig eingestellt, so bedarf es zur Wiederaufnahme eines Gerichtsbeschlusses.

1 **1) Verfahrensbeschleunigung durch Teilverzicht** auf Strafverfolgung bei mehreren Taten (§ 264) ist das Ziel des § 154, der durch § 154a ergänzt wird. Er ermöglicht insbesondere die Beschränkung oder Vermeidung von Großverfahren. Die materiell-rechtlichen Strafzwecke dürfen dabei in ihrem Kern nicht tangiert und nicht wesentlich beeinträchtigt werden. Die Möglichkeit der Abtrennung einer der verbundenen Strafsachen (11 zu § 4) bleibt als weitere Möglichkeit voll erhalten (Kurth NJW **78**, 2482). § 154 gilt auch im JGG-Verfahren (Brunner/Dölling 3 zu § 45 JGG; Nothacker JZ **82**, 62; **aM** Bohnert NJW **80**, 1930). Ausländische Verfahren oder Verurteilungen rechtfertigen, wie sich aus dem Regelungszusammenhang mit §§ 153c, 154b II ergibt, die Anwendung der Vorschrift nicht (KK-Schoreit 7; LR-Rieß 8; **aM** LG Aachen NStZ **93**, 505; LG Bonn NJW **73**, 1566; LG Essen StV **92**, 223; Dauster NStZ **86**, 145).

2 **2) Wegen einer anderen Tat rechtskräftig verurteilt:** Die Einstellung nach § 153a steht einem Urteil nicht gleich (**aM** Bandemer NStZ **88**, 297). Wenn die Einwirkung durch die Vollstreckung des bereits rechtskräftigen Urteils für die (Wieder-)Eingliederung des Verurteilten ausreicht, ist der Verzicht auf die Durchführung eines weiteren Verfahrens wegen einer anderen Tat und damit auf kumulierte Strafvollstreckung unter den näher bezeichneten Voraussetzungen vertretbar.

3 **3) Wegen einer anderen Tat zu erwarten:** Wenn die Durchführung des bzw. der Verfahren wegen der mehreren Taten noch bevorsteht und die Rechtsfolgen, die wegen der minder bedeutenden Tat zu erwarten sind, in der Relation zu dem, was der Beschuldigte wegen der anderen Taten zu erwarten hat, voraussichtlich nicht erheblich ins Gewicht fallen werden, ist der Verzicht auf die Strafverfolgung wegen der weniger bedeutenden Tat unter bestimmten Voraussetzungen ebenfalls vertretbar.

4 **4) Verbundene und getrennte Verfahren:** Die Anwendung des § 154 ist nicht davon abhängig, daß die Verfahren wegen der mehreren Taten aufgrund des persönlichen Zusammenhangs verbunden sind (vgl §§ 2–4). Sind sie verbunden, so kann schon ihre Trennung ein Mittel dazu sein, ein Großverfahren sowie die gegenseitige Behinderung im Fortgang der mehreren Strafsachen zu vermeiden, um wenigstens in dem einen Teil rasch zu einem rechtskräftigen Urteil zu gelangen. Mit der Trennung der Verfahren ist aber noch kein partieller Verzicht auf Strafverfolgung verbunden. Diesen ermöglicht erst § 154. Die mehreren Taten zum Gegenstand getrennter Verfahren zu machen, kann auch angebracht sein, um frühzeitig die Grundlage für die Entscheidung über die vorläufige Einstellung wegen einer der mehreren Taten nach § 154 zu gewinnen (erg 4 zu § 163).

5 **5) Bei einer Vielzahl von Taten** kann auch im Hinblick auf die Rechtsfolgen der schwersten oder mehrerer schwererer Taten der Verzicht auf die Verfolgung mehrerer anderer minderschwerer Taten vertretbar sein. Dies kann sogar bei mehreren gleichgewichtigen Taten der Fall sein, wenn eine Gesamtstrafe zu bilden wäre (Sack NJW **76**, 606; unten 8).

6 **6) Ermittlungsverfahren** (I): Die StA soll in weitem Umfang und in einem möglichst frühen Verfahrensstadium von I Gebrauch machen und prüft die Möglichkeit vom Beginn der Ermittlungen an (RiStBV 101; 4 zu § 163). Sie bedarf nicht der Zustimmung des Gerichts, die nach § 153 I S. I und § 153a I S. 1 erforderlich ist. Wenn die StA wegen einer der mehreren Taten keine Anklage erhebt, ist das Gericht nicht mit ihr befaßt; es kann diese Tat auch im gerichtlichen

Verfahren wegen der anderen Tat nicht einbeziehen, weil es insoweit an der Prozeßvoraussetzung der Anklageerhebung fehlt (Einl 148; 2 zu § 200). Der Verzicht auf die Strafverfolgung wegen der einen Tat ist auch nicht im Klageerzwingungsverfahren nachprüfbar (§ 172 II S. 3). Der Ausdruck „vorläufig" (unten 15) wird in der Einstellungsverfügung nicht verwendet. Über den Bescheid an den Anzeigenden vgl RiStBV 101 II. Zu den von Amts wegen zu beachtenden Mitteilungspflichten vgl 41 zu § 153.

7) Nicht beträchtlich ins Gewicht fällt (I Nr 1): Die in I Nr 2 ausdrücklich 7
vorgesehene Einstellungseinschränkung, daß die Einwirkung auf den Täter und die Verteidigung der Rechtsordnung nicht Schaden leiden dürfen, gilt nach dem Sinn der Regelung auch bei Anwendung des I Nr 1. In Vergleich zu setzen sind auf beiden Seiten die Strafen oder/und die Maßregeln der Besserung und Sicherung (KK-Schoreit 6). Darüber hinaus können und müssen aber auch die übrigen Maßnahmen (§ 11 I Nr 8 StGB) berücksichtigt werden (LR-Rieß 14). Auch die Verurteilung zu einer Verwarnung mit Strafvorbehalt kann genügen (LG Berlin NStZ **94**, 450). Ob das durch den Strafverfolgungsverzicht entfallende Rechtsfolgenquantum im Vergleich zu dem bereits rechtskräftig Festgesetzten oder zu dem in der anderen Sache zu Erwartenden beträchtlich ins Gewicht fällt, ist im Einzelfall unter Berücksichtigung aller Umstände zu beurteilen. Ein Prozentsatz läßt sich dafür nicht festlegen. Beträchtlich ins Gewicht fällt grundsätzlich der Wegfall einer zur Einwirkung auf den Täter erforderlichen Maßregel der Besserung und Sicherung. Ebenso scheidet die Anwendung des § 154 aus, wenn nur die Strafverfolgung wegen der mehreren Taten voraussichtlich zu einer Freiheitsstrafe führen würde. Jedenfalls ist § 154 nicht anzuwenden, soweit die wegen der nicht verfolgten Tat(en) zu erwartenden Rechtsfolgen nicht mehr deutlich hinter den wegen der anderen Tat(en) zu erwartenden (oder verhängten) Rechtsfolgen zurückbleiben (Kurth NJW **78**, 2482). Ein solches Zurückbleiben besteht aber noch bei einem Rechtsfolgenminus von etwas mehr als einem Viertel (KMR-Müller 3; Kurth aaO).

8) Bei zu erwartender Gesamtstrafe ist bei der Abwägung nur das Rechts- 8
folgenminus relevant, das durch den Wegfall der auszuscheidenden Tat entsteht (LR-Rieß 18). Daher ist § 154 ggf sogar anwendbar, wenn für die Tat, deren Ausscheidung erwogen wird, ein schwererer Strafrahmen besteht als für die andere Tat. Es darf aber auch hierbei nicht zur Gleichgewichtigkeit von ausgeschiedenen und verbleibenden Rechtsfolgen kommen (Kurth NJW **78**, 2482).

9) Darüber hinaus (I Nr 2), also auch, wenn das Rechtsfolgenminus beträcht- 9
lich ins Gewicht fällt, kann auf die Strafverfolgung wegen einer der mehreren Taten verzichtet werden, wenn es unangemessen lange dauern würde, bis ein Urteil in dieser Sache zu erwarten ist (Kurth NJW **78**, 2482). Wenn allerdings ein Urteil in angemessener Frist durch Verfahrenstrennung erreicht werden kann, ist dieser Weg vorzuziehen (LR-Rieß 21). Wie alle anderen materiellen Voraussetzungen der Anwendbarkeit des § 154 setzt auch die Unangemessenheit der Verfahrensdauer einen Vergleich mit der anderen Strafsache voraus. Dabei ist die mit dem zeitlichen Abstand der Urteile abnehmende Effizienz der Einwirkung auf den Mehrfachtäter wesentlich. Auch I Nr 2 gestattet keinen prinzipiellen Eingriff in das materielle Strafrecht und befreit namentlich nicht von der Berücksichtigung der Schuld
(Kurth aaO). Ist das **andere Verfahren bereits rechtskräftig abgeschlossen,** so 10
ist die Dauer des Verfahrens wegen der anderen Tat schon dann unangemessen, wenn die aus ihm zu erwartende Aufstockung der strafrechtlichen Sanktionen und der Einwirkung auf den Mehrfachtäter nach Erledigung der ersten Strafsache an
Effizienz unverhältnismäßig gering einzuschätzen ist. **Sind beide Strafsachen** 11
erst durchzuführen, so ist es ebenfalls wesentlich, wie weit bei getrennten Verfahren die beiden Urteile auseinanderliegen würden. Je geringer die zusätzliche

Einwirkung auf den Mehrfachtäter durch das spätere Urteil einzuschätzen ist, desto eher ist der Verzicht auf dieses länger dauernde Verfahren vertretbar.

12 **10) Ausschließungsgründe für I Nr 2:** Die Verfahrenstrennung nach § 4 hat Vorrang (KK-Schoreit 12; LR-Rieß 21), auch wenn wegen des abgetrennten Verfahrensteils voraussichtlich eingestellt werden muß (Rieß NStZ **84**, 427 in Anm zu LG Kaiserslautern, das unter Urteil iS I Nr 2 zu Unrecht nur ein Sachurteil versteht). Ob auf die Strafverfolgung einer der mehreren Taten, mit der ein beträchtliches Weniger an Rechtsfolgen verbunden wäre, verzichtet werden kann, ist – wie das Absehen nach I Nr 1 – nach pflichtgemäßem Ermessen zu beurteilen; die Strafzwecke müssen durch die Verurteilung wegen der anderen Tat(en) erreichbar erscheinen (Kurth NJW **78**, 2482; oben 1, 9); sich hieraus ergebenden ungeschriebenen Ausschließungsgründen sind in I Nr 2 zwei absolute Grenzen für das
13 Ermessen gesetzt. Ist die **Einwirkung auf den Täter** durch die Summe der Rechtsfolgen erforderlich, um ihm zu seiner Wiedereingliederung zu verhelfen, so ist ein Teilverzicht hierauf und damit die Nichtverfolgung einer der mehreren Taten unzulässig. Das gilt zB, wenn durch den Verfolgungsverzicht eine Maßregel der Besserung und Sicherung ausscheiden würde, deren Vollstreckung geboten
14 erscheint. Die **Verteidigung der Rechtsordnung** darf durch den Teilverzicht ebenfalls nicht leiden. Daher scheidet eine Anwendung des I Nr 2 aus, wenn die Verfolgung wegen der Tat, deren Ausscheidung erwogen wird, notwendig ist, um künftigen ähnlichen Rechtsverletzungen durch andere vorzubeugen. Das gleiche gilt, wenn durch die Nichtverfolgung der Tat die Bevölkerung in ihrem Vertrauen auf das Funktionieren der Rechtsordnung erschüttert würde (vgl BGH **24**, 63; Lange NJW **78**, 786: Raison des Rechts).

15 **11) Vorläufig** ist das Absehen nach I, weil die StA die Ermittlungen jederzeit wiederaufnehmen kann (9 zu § 170), wenn es ihr geboten erscheint, zB bei Unrichtigkeit ihrer Prognose über Ablauf und Ergebnis des anderen Verfahrens (erg aber unten 21). Die Ermittlungen brauchen nicht weiter ausgedehnt zu werden, als notwendig ist, um eine sachgerechte Entscheidung über die Einstellung treffen und das Verfahren ggf später ohne Beweisverlust wiederaufnehmen zu können (Kurth NJW **78**, 2483; Volk NJW **96**, 880; 15 zu § 160). Eine mit der Straftat tateinheitlich zusammentreffende Ordnungswidrigkeit kann trotz Einstellung des Verfahrens hinsichtlich der Straftat nach § 154 I von der VerwB weiter verfolgt werden (BGH **41**, 385; Göhler wistra **96**, 132; Kindhäuser JZ **97**, 102; **aM** Schmidt wistra **98**, 211; erg 6 zu § 153; 35 zu § 153 a).

16 **12) Nach Erhebung der öffentlichen Klage** (II), dh im Zwischenverfahren (BGH **36**, 361: auch wenn in derselben Sache bei einem anderen Gericht Anklage erhoben worden ist) und im Hauptverfahren (Einl 63, 64), kann das Gericht, auch das Revisionsgericht (2 zu § 353), das Verfahren einstellen, aber nur auf Antrag der StA, nicht von Amts wegen. Ein Antrag oder die Zustimmung des Nebenklägers ist nicht erforderlich, auch nicht, wenn nur er Berufung eingelegt hat (Celle NStZ **83**, 328; mit zust Anm von Stackelberg; erg 18 zu § 396). Der Angeschuldigte braucht zu der beabsichtigten Einstellung nicht angehört zu werden (BGH NStZ **95**, 18 [K]). Die Einstellung erfolgt durch Beschluß (BGH DAR **97**, 181 [T]); das Wort „vorläufig" sollte im Beschluß nicht enthalten sein (vgl unten 17, 18). Zu den von Amts wegen zu beachtenden Mitteilungspflichten vgl 41 zu § 153.

17 A. **Keine endgültige Einstellung mehr:** Das vorläufig eingestellte Verfahren ist einer endgültigen Einstellung nicht mehr zugänglich, nur der (weitgehenden) Wiederaufnahme (III–V; Bay **66**, 74 = MDR **66**, 1020; LR-Rieß 40; unten 21, 22). Die vorläufige Einstellung durch Gerichtsbeschluß ist endgültig gemeint und beendet die gerichtliche Anhängigkeit (BGH **30**, 197; Düsseldorf MDR **83**, 252; **88**, 164; Frankfurt NStZ **88**, 328 mit Anm Dörr/Taschke), auch iS des § 154 e (dort 4 ff), und hat sogar (anders als im Fall des § 205) beschränkte materielle Rechtskraft (BGH **10**, 88, 94; Einl 182; 37, 38 zu § 153). Der Einstellungsbeschluß

schafft ein Verfahrenshindernis (BGH **30**, 197, 198; Bay **92**, 32 = NStZ **92**, 403); die StA kann die Anklage auch dann nicht mehr zurücknehmen, wenn der Beschluß vor Eröffnung des Hauptverfahrens ergangen ist (BGH **36**, 361, 363). Beweissicherungen (für den Fall der Verfahrensfortsetzung nach III, IV) sind trotz der Rechtskraft des Beschlusses zulässig (LR-Rieß 50; Beulke JR **86**, 52; weitergehend Celle NStZ **85**, 218 mit abl Anm Schoreit, das sogar die Terminsanberaumung zwecks Verjährungsunterbrechung zuläßt).

B. **Kosten- und Entschädigungsentscheidung:** Da es sich bei der gerichtlichen Einstellung trotz des mißverständlichen Wortlauts des II in Wahrheit um eine endgültige (nur unter dem Vorbehalt einer Wiederaufnahme des Verfahrens stehende) Einstellung handelt (oben 17), ist sie mit einer Entscheidung über die Verfahrenskosten und die notwendigen Auslagen des Beschuldigten (6 zu § 464) zu versehen (BGH NJW **96**, 2518, 2519); ggf ist auch über die Entschädigung für Strafverfolgungsmaßnahmen (2 zu § 8 StrEG) zu befinden. Beim BGH werden idR bei einer dort erfolgenden Einstellung die notwendigen Auslagen des Angeklagten nach § 467 I, IV der Staatskasse auferlegt (vgl aber 19 zu § 467). 18

13) In jeder Lage des Verfahrens (vgl § 153 II) gilt § 154, also auch im Berufungsrechtszug (erg 11 zu § 302) und auch noch in der Revisionsinstanz (oben 16; 3 zu § 354), sogar bei (horizontaler) Teilrechtskraft (Köln NJW **52**, 1029), mit der noch keine Teilvollstreckbarkeit verbunden ist (Einl 185; 5 zu § 449). Es ist auch zulässig, in der Hauptverhandlung das Verfahren wegen einer Tat abzutrennen und auszusetzen, wenn die Sache wegen der anderen Tat entscheidungsreif ist (BGH MDR **75**, 25 [D]; 11 zu § 4). § 154 gilt nicht mehr im Vollstreckungsverfahren (Einl 65). Dagegen steht die Vollstreckung der wegen der anderen Tat erkannten Strafe der Einstellung nicht entgegen. Jedoch ist § 154 nach seinem Sinn nicht mehr anwendbar, wenn die neue Tat erst nach Abschluß des Vollstreckungsverfahrens wegen der anderen Tat begangen worden ist (LR-Rieß 13). 19

14) Beschwerde: Ist der Beschluß nach II ordnungsgemäß ergangen, so ist Beschwerde gegen ihn nicht zulässig (BGH **10**, 88; Celle NStZ **83**, 328 mit Anm von Stackelberg; Düsseldorf MDR **81**, 338; München DAR **81**, 24; **aM** Zweibrükken NJW **96**, 866). Der Beschuldigte ist durch die Einstellung nicht beschwert (BGH aaO; Bamberg StV **81**, 402; Zweibrücken aaO; vgl auch Baukelmann JR **84**, 392; 8 ff vor § 296), selbst wenn das Verfahren wegen eines Prozeßhindernisses (Einl 141 ff) hätte eingestellt werden müssen (Maatz MDR **86**, 884); anders ist es nur, wenn die Unschuld des Beschuldigten eindeutig feststand (BVerfG NJW **97**, 46). Auch die Kostenentscheidung ist nicht anfechtbar (Düsseldorf JurBüro **91**, 854). Der Beschuldigte kann sich auch nicht gegen die Ablehnung der vorläufigen Einstellung beschweren, weil § 154 nicht seinem Schutz dient. Auch eine Beschwerde der StA gegen die Ablehnung eines Einstellungsantrags ist unzulässig (KK-Schoreit 32; **aM** KMR-Müller 13). Wird das Verfahren gesetzwidrig, zB ohne Antrag der StA, eingestellt (Düsseldorf AnwBl **79**, 40), so kann sie sich beschweren (§ 304 I; LG Regensburg NJW **90**, 1742 = JR **90**, 255 mit Anm Hilger), nicht aber schon dann, wenn das Gericht rechtsfehlerhaft die Voraussetzungen des I bejaht hatte (Düsseldorf NStE Nr 6). 20

15) Wiederaufnahme: 21

A. **Im Falle des I:** Die StA kann das Verfahren jederzeit – bis zur Verjährung – wiederaufnehmen, sogar trotz einer entgegenstehenden „Zusage" (BGH **37**, 10 = JR **91**, 256 mit Anm Weigend und Anm Gatzweiler NStZ **91**, 46 sowie Anm Scheffler wistra **90**, 319). Für sie enthalten III, IV nur Richtlinien, jedoch keine Beschränkung, insbesondere keine Bindung an die Frist des IV (BGH **30**, 165; NJW **86**, 3217; NStZ **86**, 469; 5 StR 194/91 vom 16. 7. 1991; LR-Rieß 33; **aM** Mombert NStZ **84**, 535; vgl auch BGH NJW **84**, 2169). Bei Serienstraftaten, bei denen früher der Beschuldigte durch die Annahme einer fortgesetzten Handlung 21a (vgl dazu 14 zu § 260) vor ständig neuer Strafverfolgung geschützt war (vgl Einl 175), wird eine erneute Verfolgung wegen bisher nicht angeklagter Taten aber nur als zulässig erachtet werden können, wenn die Voraussetzungen des IV vorliegen; etwas anderes würde kein faires Verfahren (Einl 19) darstellen (vgl auch Arzt JZ **94**, 1001: Stückweise Anklage könnte Rechtsmißbrauch bedeuten; vgl ferner Erb GA **95**, 440: Interessante Verhandlungsmöglichkeit für Beschuldigten und StA).

22 B. **Im Fall des II:** Den Wiederaufnahmebeschluß (III, IV) muß das Gericht erlassen, dessen Einstellungsbeschluß rückgängig gemacht werden soll (BGH GA **81**, 36; MDR **73**, 192 [D]; LG Heilbronn StV **86**, 52). Stillschweigende Wiederaufnahme, zB durch Anberaumung eines Termins zur Hauptverhandlung, genügt nicht (Bay **92**, 32 = NStZ **92**, 403; Schleswig SchlHA **90**, 117 [L/G]; **aM** Celle NStZ **85**, 218 mit abl Anm Schoreit). Der Beschluß ist auch nach Ablauf der Frist des IV zulässig, wenn sich herausstellt, daß das eingestellte Verfahren kein Vergehen, sondern ein Verbrechen zum Gegenstand hat (BGH NStZ **86**, 36 mit Anm Rieß; LR-Rieß 59; weitergehend KK-Schoreit 47, der schwerwiegende Gründe genügen läßt). Stellt sich nachträglich heraus, daß das eingestellte Verfahren in Wirklichkeit nur einen Teilakt der untersuchten fortgesetzten Handlung betraf, so ist dieser Teil ohne Wiederaufnahmebeschluß in das Verfahren einzubeziehen (BGH bei Hürxthal DRiZ **78**, 86; Einl 175). Hat das AG eine Tat nach § 154 ausgeschieden und die Strafsache dann an das LG verwiesen (§ 270), so darf nicht das LG den Wiederaufnahmebeschluß erlassen; es kann nur bei dem AG die Wiederaufnahme und die Abgabe der Sache an sich anregen (BGH MDR **73**, 192 [D]). Im Berufungsverfahren ist die Wiederaufnahme nicht mehr zulässig (Hamm JMBlNW **69**, 258). Der Zustimmung der StA bedarf die Wiederaufnahme durch das Gericht in keinem Fall (BGH **13**, 44; **30**, 197; Frankfurt NStZ **85**, 39); jedoch ist die Anhörung der StA vor der Entscheidung notwendig (§ 33 II).

23 C. Die **Dreimonatsfrist** des IV ist eine Ausschlußfrist zugunsten des Angeklagten. Sie beginnt mit dem rechtskräftigen Abschluß des anderen Verfahrens, gleichviel, ob dieser in Verurteilung oder Freispruch besteht oder in Einstellung – durch Urteil (§ 260 III) oder Beschluß (§§ 153 II, 204, 206 a) – (RG **73**, 308). Ist der Beschluß nach II im Hinblick auf mehrere noch nicht abgeschlossene Strafsachen ergangen, so beginnt die Frist, wenn das letzte der Verfahren rechtskräftig abgeschlossen ist. Das Verfahren kann auch schon vor dem rechtskräftigen Abschluß des anderen Verfahrens wiederaufgenommen werden (Celle NStZ **85**, 218; LR-Rieß 69).

24 D. **Beschwerde** steht dem Angeschuldigten gegen den Wiederaufnahmebeschluß nicht zu (Düsseldorf JR **83**, 471 mit Anm Meyer-Goßner; Karlsruhe NJW **80**, 2367; München NJW **78**, 1449; LR-Rieß 73), und zwar im Eröffnungsverfahren analog § 210 I, im Hauptverfahren nach § 305 (Rieß NStZ **85**, 40). Auch die StA kann weder gegen den Wiederaufnahmebeschluß noch gegen die Ablehnung der Wiederaufnahme Beschwerde einlegen (Düsseldorf aaO; Frankfurt NStZ **85**, 39 mit abl Anm Rieß; Stuttgart MDR **84**, 73; LG Düsseldorf NJW **83**, 1008 L; KK-Schoreit 46; **aM** Bamberg NStZ-RR **97**, 44; LR-Rieß 75: eingeschränkte Prüfungsbefugnis auf Ermessensmißbrauch, wobei aber nach Bamberg aaO kein Ermessen besteht, wenn hinsichtlich der „anderen Tat" Freispruch erfolgt ist).

25 **16)** Zur **Berücksichtigung** gem § 154 II **eingestellter Taten** bei der Beweiswürdigung oder der Strafzumessung gelten die Ausführungen in Rdn 2 zu § 154 a entspr (vgl BGH NStZ **98**, 51 mwN; NStZ-RR **98**, 264 [K]). Ob dies auch bei Einstellung selbständiger Taten nach § 154 I durch die StA anzunehmen ist, ist str (bejahend BGH NStZ **83**, 20; verneinend BGH **30**, 165). Zur Anrechnung von in dem nach § 154 eingestellten Verfahren erlittener UHaft auf eine in einem anderen Verfahren verhängte Strafe vgl BGH **43**, 112; StV **98**, 664.

26 **17)** Die **sachliche Zuständigkeit** kann sich aufgrund einer Einstellung nach II ändern, wenn dadurch das die bisherige Zuständigkeit begründende Delikt entfällt

(erg 17 zu § 154 a; 2 zu § 209). Werden im Fall des § 32 **JGG** die nach Jugendstrafrecht zu beurteilenden Straftaten von der Verfolgung ausgenommen, steht damit die Zuständigkeit des Erwachsenengerichts fest und umgekehrt, weswegen der Teil nach § 154 behandelt werden sollte, bei dem nicht das Schwergewicht der Straftaten liegt; eine Erhaltung der Zuständigkeit des JugG trotz danach nur noch abzuurteilender Erwachsenenstraftaten kommt entgegen Drees NStZ **95**, 482 nicht in Betracht.

Beschränkung der Strafverfolgung **RiStBV 5, 101, 101 a**

154a **I Fallen einzelne abtrennbare Teile einer Tat oder einzelne von mehreren Gesetzesverletzungen, die durch dieselbe Tat begangen worden sind,**

1. für die zu erwartende Strafe oder Maßregel der Besserung und Sicherung oder
2. neben einer Strafe oder Maßregel der Besserung und Sicherung, die gegen den Beschuldigten wegen einer anderen Tat rechtskräftig verhängt worden ist oder die er wegen einer anderen Tat zu erwarten hat,

nicht beträchtlich ins Gewicht, so kann die Verfolgung auf die übrigen Teile der Tat oder die übrigen Gesetzesverletzungen beschränkt werden. § 154 Abs. 1 Nr. 2 gilt entsprechend. Die Beschränkung ist aktenkundig zu machen.

II Nach Einreichung der Anklageschrift kann das Gericht in jeder Lage des Verfahrens mit Zustimmung der Staatsanwaltschaft die Beschränkung vornehmen.

III Das Gericht kann in jeder Lage des Verfahrens ausgeschiedene Teile einer Tat oder Gesetzesverletzungen in das Verfahren wieder einbeziehen. Einem Antrag der Staatsanwaltschaft auf Einbeziehung ist zu entsprechen. Werden ausgeschiedene Teile einer Tat wieder einbezogen, so ist § 265 Abs. 4 entsprechend anzuwenden.

1) Der **Vereinfachung und Beschleunigung des Verfahrens** bei einer Tat 1
(§ 264) dient § 154 a (BGH **32**, 84, 87). Bei § 154 handelt es sich um das Absehen von der Strafverfolgung einer (ganzen) Tat eines Mehrfachtäters. § 154 a gestattet eine Beschränkung der sonst allgemein geltenden umfassenden Kognitionspflicht (10 zu § 264), wobei aber die gesamte Tat nach §§ 155, 264 Gegenstand der Urteilsfindung bleibt (BGHR Beschränkung 2), so daß verfahrensrechtlich nur ein Urteil möglich ist (BGH **29**, 341, 342). Wie im Fall des § 154 sind dem partiellen Strafverfolgungsverzicht Grenzen gesetzt, das eine Mal durch die Beträchtlichkeitsklausel (I S. 1), das andere Mal durch das Gebot, daß trotz der Einschränkung die Einwirkung auf den Täter und die Verteidigung der Rechtsordnung noch hinreichend sein müssen (I S. 2 iVm § 154 I Nr 2). Hinter den Interessen des Nebenklägers tritt § 154 a zurück (§ 397 II). Im JGG-Verfahren gilt § 154 a ebenso wie § 154 (dort 1).

2) Der **Berücksichtigung des ausgeschiedenen Verfahrensstoffes** bei der 2
Strafzumessung steht die Beschränkung nicht entgegen, wenn das Gericht ihn prozeßordnungsgemäß festgestellt und den Angeklagten zuvor auf diese Möglichkeit hingewiesen hat (BGH **30**, 147, 148; 197, 198; NJW **87**, 509; MDR **86**, 1039, 1040; NStZ **81**, 100; **83**, 20; **84**, 20; **94**, 195; **aM** AK/StPO-Schöch 30; Beulke StP 340; Appl, Die strafschärfende Verwertung von nach §§ 154, 154 a StPO eingestellten Nebendelikten und ausgeschiedenen Tatteilen bei der Strafzumessung, 1987, zugl Diss Gießen 1987). Das gleiche gilt für die Berücksichtigung bei der Beweiswürdigung (BGH **31**, 303 = JR **84**, 170 mit Anm Terhorst; BGH StV **88**,

191). Das Unterlassen des Hinweises muß mit der Verfahrensrüge in der Form des § 344 II S. 2 gerügt werden (BGH NJW **87**, 509; NStZ **93**, 501; Rieß NStZ **87**, 134; Schimansky MDR **86**, 283; vgl auch BVerfG NStZ **95**, 76). Ein ausdrücklicher Hinweis ist entbehrlich, wenn der Angeklagte durch den Ablauf der Hauptverhandlung auf die beabsichtigte Heranziehung der ausgeschiedenen Tatteile aufmerksam geworden sein muß, ein Vertrauenstatbestand somit nicht geschaffen worden ist (BVerfG aaO; BGH NStZ **87**, 133; NJW **96**, 2585) oder wenn das Verteidigungsverhalten des Angeklagten durch die Heranziehung nicht beeinflußt werden kann (BGH NStZ **87**, 134 mit Anm Rieß; NStZ **92**, 225 [K]). Umgekehrt ist eine Berücksichtigung ausgeschlossen, wenn der Angeklagte nach dem Gang der Hauptverhandlung auf die Nichtwiedereinbeziehung vertrauen durfte (BGH NStZ **96**, 611). Können und sollen die ausgeschiedenen Tatteile verwertet werden, ist ihre Darstellung in den Urteilsgründen erforderlich; Bezugnahme auf die Anklageschrift genügt nicht (BGH StV **95**, 520).

3 3) **Ergänzende Regelungen:** Beim Zusammentreffen von Straftat und OWi (§ 21 OWiG) wird kraft Gesetzes nur das StrafG angewandt, der Bußgeldtatbestand also von der Strafverfolgung ausgenommen. Auf Nebenfolgen aus dem OWi-Recht kann aber neben der strafrechtlichen Sanktion erkannt werden (§ 21 I S. 2 OWiG).

4 4) Die **Ausklammerung bestimmter strafrechtlicher Rechtsfolgen** ist in § 154 a nicht vorgesehen. Insofern wird die Bestimmung für Einziehung, Verfall, Vernichtung und Unbrauchbarmachung durch die §§ 430, 442 ergänzt. Aber der Verzicht auf die Verfolgung einer bestimmten Rechtsverletzung nach § 154 a kann mit der Wirkung verbunden sein, daß eine strafrechtliche Rechtsfolge ausscheidet (unten 6).

5 5) **Abtrennbare Teile der Tat** (I): Abtrennbar sind zB Teile einer falschen Zeugenaussage oder Teile einer Dauerstraftat (LR-Rieß 6; erg 6 zu § 264). Ein einzelnes Tatbestandsmerkmal dagegen ist kein abtrennbarer Teil der Tat (BGH MDR **80**, 985 [H]; KK-Schoreit 5). Die Hauptbedeutung dieser Verfolgungsbeschränkung liegt darin, daß solche Tatteile aus der Verfolgung ausgeklammert werden können, die von vornherein aus tatsächlichen oder rechtlichen Gründen besondere Beweisschwierigkeiten bereiten würden, ferner darin, daß solche Teile ausgeschieden werden, die erst sehr spät, etwa erst in der Hauptverhandlung, bekannt werden (9 zu § 264). Bei einer sonstigen Tat ist ein Teil insbesondere dann abtrennbar, wenn er nur durch die Einheitlichkeit des Lebensvorgangs mit dem anderen verbunden ist (2 zu § 264). Die Abtrennung ändert nichts daran, daß mit der Erhebung der Anklage die ganze Tat anhängig wird; für den abgetrennten Teil handelt es sich allerdings um „latente“ Anhängigkeit, die sich durch die jederzeit zulässige Wiedereinbeziehung des abgetrennten Tatteils (unten 24, 25) in eine „normale“ verwandelt.

6 6) **Einzelne von mehreren Gesetzesverletzungen** (I): Ausscheidbar sind insbesondere einzelne von mehreren in Tateinheit zusammentreffenden Gesetzesverletzungen (§ 52 StGB); nach den konkreten Umständen des Falles kann dann uU sogar auch die Gesetzesverletzung ausgeschieden werden, die einen höheren Strafrahmen enthält (vgl auch Kurth NJW **78**, 2483). Ausscheidbar sind auch Straf-
7 erhöhungstatbestände (18 zu § 265; 15 zu § 267). Nur **bestimmte Teile oder Gesetzesverletzungen** können aus der Untersuchung ausgeschieden werden. Das ergibt sich daraus, daß Gegenstand der Untersuchung nach der Ausscheidung die übrigen Teile oder die übrigen Gesetzesverletzungen bleiben müssen (BGHR Beschränkung 2). Es ist grundsätzlich nicht zulässig, die Untersuchung auf bestimmte Teile oder Gesetzesverletzungen zu beschränken. Die sog Umgestaltung der Strafklage (8 ff zu § 264) muß in dem verbleibenden Verfolgungsbereich möglich sein. Bei fortgesetzter Handlung (vgl dazu 14 zu § 260) aber kann die Verfolgung auch auf wenige Teilakte oder gar auf einen einzelnen beschränkt werden

(RiStBV 101 a II), wenn der Umfang der gewollten Beschränkung dabei klargestellt wird (LR-Rieß 6). Die Beschränkung wird in der Anklageschrift zum Ausdruck gebracht (14 zu § 200). Über die Mitteilung an den Anzeigenden vgl RiStBV 101 a IV.

7) Verhältnis der beiden Ausscheidungsmöglichkeiten zueinander: Mit der Ausscheidung eines Tatteils braucht keine Ausscheidung einer Gesetzesverletzung verbunden zu sein. Anders ist es bei Ausscheidung einer Gesetzesverletzung. Wenn mit ihr nicht ein bestimmter Sachverhalt entfällt, führt sie nicht zu der durch § 154 a bezweckten Verfahrensvereinfachung und – beschleunigung und hat dann keinen Sinn. Die Prüfung, ob eine Gesetzesverletzung und mit ihr ein bestimmter Sachverhalt ausgeschieden werden sollen, hat daher den Vorrang, weil damit zugleich ein Tatteil ausgeschieden wird, der nicht beschrieben zu werden braucht. Beide Ausscheidungsmöglichkeiten stehen aber nebeneinander zur Verfügung. 8

8) Nicht beträchtlich ins Gewicht fallen (I): Ob das durch die gewillkürte Reduzierung der Untersuchung entstehende Rechtsfolgenminus beträchtlich ins Gewicht fällt, richtet sich nach dem Einzelfall (7 zu § 154). 9

A. **I S. 1 Nr 1:** Wenn das erwartete Rechtsfolgenminus bei Verurteilung wegen der Tat nicht beträchtlich ist, besteht für die Einschränkung der Strafverfolgung in diesem Punkt kein Hindernis. Wäre es beträchtlich, so ist I S. 1 Nr 1 unanwendbar. 10

B. **I S. 1 Nr 2:** § 154 läßt bei einem Mehrfachtäter die Nichtverfolgung einer ganzen Tat zu, wenn das dadurch entstehende Rechtsfolgenminus nicht beträchtlich ist. Diesen Gedanken dehnt I S. 1 Nr 2 auf den Fall aus, in dem die Verfolgung wegen einer von mehreren Taten lediglich beschränkt wird. In Fällen, in denen wegen einzelner Tatteile oder einzelner Gesetzesverletzungen ein Urteil in angemessener Frist nicht zu erwarten ist, kann daher die Verfolgung auf die übrigen Teile oder Gesetzesverletzungen beschränkt werden (Kurth NJW **78**, 2483). Bei **Verbindung mehrerer Strafsachen** gegen denselben Beschuldigten ist die Verfolgungsreduzierung auch dann zulässig, wenn das zu erwartende Rechtsfolgenminus im Verhältnis zu der wegen der anderen Tat(en) zu erwartenden Strafen oder Maßregeln nicht beträchtlich ist. Entscheidend ist in diesem Fall die Relation zu dem Gesamtergebnis. Bei **getrennten Strafverfahren** gegen denselben Beschuldigten wegen mehrerer Taten kann sich die Nichtbeträchtlichkeit auch aus dem Vergleich mit dem in den anderen Verfahren erwarteten Strafausspruch ergeben. Auch **aus einer bereits rechtskräftigen Verurteilung** wegen einer anderen Tat kann abgeleitet werden, daß durch die Anwendung des § 154 a entstehende Rechtsfolgenminus nicht beträchtlich ist. Eine frühere Verurteilung, die zur Zeit der gegenwärtig untersuchten Tat bereits vollständig erledigt war, scheidet für den Vergleich jedoch aus (vgl dazu 2 zu § 154). 11 12 13 14

9) Zur Vermeidung einer unangemessen langen Verfahrensdauer (I S. 2 iVm § 154 I Nr. 2) ist die Ausscheidung eines Teils der Tat oder einer Gesetzesverletzung in gewissen Grenzen ebenfalls zulässig, wenn gerade wegen dieses Teils ein Urteil in angemessener Frist nicht zu erwarten ist (Kurth NJW **78**, 2483). Die beiden **absoluten Ausschließungsgründe** (12 zu § 154) für diese Strafverfolgungsbeschränkung bestehen darin, daß die Einwirkung auf den Täter (13 zu § 154) und die Verteidigung der Rechtsordnung (14 zu § 154) keinen Schaden leiden dürfen. 15 16

10) Die **gerichtliche Zuständigkeit** kann sich infolge der Verfahrensbeschränkung ändern (erg 26 zu § 154; 2 zu § 209). Beschränkt etwa das OLG, bei dem ua wegen Vergehens gegen § 129 a StGB Anklage erhoben worden ist, die Untersuchung zugleich mit der Zulassung der Anklage auf Gesetzesverletzungen, die seine erstinstanzliche Zuständigkeit nicht begründen, so hat es das Hauptverfahren vor dem zuständigen Gericht niedriger Ordnung zu eröffnen (BGH **29**, 341 mit 17

Anm Dünnebier NStZ **81**, 152; BGH **41**, 385, 392; Kurth NJW **78**, 2484; **aM** Köln JMBlNW **77**, 258), das nach einer für notwendig gehaltenen Wiedereinbeziehung nach III die Sache aber nach §§ 225 a, 270 erneut vor das höhere Gericht bringen kann (BGH aaO; KK-Schoreit 11; LR-Rieß 16; **aM** KMR-Müller 10: das nach der Wiedereinbeziehung zuständige Gericht).

18 **11) Im Ermittlungsverfahren** soll die StA von der Kann- Vorschrift des I in weitem Umfang und in einem möglichst frühen Verfahrensstadium Gebrauch machen (RiStBV 101 a I; 6 zu § 154; 4 zu § 163). Das Aktenkundigmachen (I S. 3) der staatsanwaltschaftlichen Verfolgungsbeschränkung nach I bezweckt die Unterrichtung aller Ermittlungsorgane und des Verteidigers.

19 A. **Eine vorläufige Maßnahme** ist die Verfolgungsbeschränkung nach I durch die StA. Denn sie kann sie bis zur Anklageerhebung jederzeit wieder aufheben (15 zu § 154).

20 B. **In der Anklageschrift** und im Strafbefehlsantrag weist die StA auf die von ihr angeordnete Beschränkung hin (RiStBV 101 a III).

21 **12)** Das **Gericht** (II), das mit der Sache befaßt ist, kann die Beschränkung nach I nur auf Antrag oder mit Zustimmung der StA vornehmen. Diese soll bei der Abweichung von der Regel der umfassenden Beurteilung der Tat in gleicher Weise wie das Gericht beteiligt sein (vgl 26 zu § 153). Wenn die StA nicht von sich aus den Antrag gestellt oder die Zustimmung erklärt hat, kann das Gericht bei ihr anfragen, ob sie zustimmen würde.

22 A. **In jeder Lage des Verfahrens** (II), nicht nur im Eröffnungsbeschluß (§ 207 II Nrn 2, 4), kann das Gericht die Beschränkung mit Zustimmung der StA vornehmen (25 zu § 153), ggf auch erst zugleich mit dem Urteil (BGH NStZ **96**, 324 [K]). Daraus ergibt sich, daß dieser Weg auch dann offensteht, wenn ein Antrag der StA auf Beschränkung im gerichtlichen Verfahren vorher abgelehnt worden ist. Der erforderliche Antrag oder die Zustimmung der StA ist im Revisionsverfahren Sache der StA bei dem Revisionsgericht. Die Beschränkung durch das Revisionsgericht kann eine Zurückverweisung der Sache im Schuldspruch überflüssig machen. Erg 3 zu § 354. Der abgetrennte Verfahrensteil scheidet vorbehaltlich III aus dem weiteren Verfahren aus (Düsseldorf MDR **88**, 769). Eine Kosten- und Auslagenentscheidung ergeht grundsätzlich nicht; sie kommt nur ausnahmsweise bei Beschränkung auf einzelne materiell-rechtlich selbständige Teile der Tat iSd § 264 (oben 1) in Betracht (BGHR Kostenentscheidung 1; LR-Rieß 27).

23 B. **Beschwerde** gegen die mit dem Eröffnungsbeschluß oder durch einen späteren Gerichtsbeschluß vorgenommene Beschränkung ist für den Angeklagten nicht zulässig, weil er nicht beschwert ist (20 zu § 154); gegen die Ablehnung eines Beschränkungsantrags kann er sich nicht beschweren, weil I nicht seinem Schutz dient (5 zu § 304). Für die StA ist die Beschwerde nach § 305 S. 1 unzulässig.

24 **13)** Die **Wiedereinbeziehung des Ausgeschiedenen** (III S. 1) im gerichtlichen Verfahren ist in jeder Lage des Verfahrens (oben 22) zulässig, weil die Beschränkungsvoraussetzungen jederzeit in der einen oder anderen Richtung sich verändern können. Daß die StA wegen der Gesetzesverletzung keine Anklage erhoben hat, steht der Wiedereinbeziehung nicht entgegen, wenn sie in der Anklageschrift mitgeteilt und zugleich die Strafverfolgungsbeschränkung erklärt worden ist (BGH NStZ **85**, 515); anders ist es, wenn sie in der Anklageschrift nicht einmal erwähnt ist (BGH StV **81**, 397). Kann dem Angeklagten die Gesetzesverletzung, auf die die Verfolgung beschränkt worden ist, nicht nachgewiesen werden, so muß das Gericht, um seiner Pflicht nach § 264 zu genügen, auch ohne Antrag den ausgeschiedenen Teil wiedereinbeziehen (BGH **22**, 105; **29**, 315; **32**, 84 = JR **84**, 478 mit Anm Maiwald = NStZ **84**, 129 mit Anm Bruns; BGH NStZ **82**, 517; **85**, 515; **95**, 540; BGHR Beschränkung 3; Bay JR **90**, 382 mit Anm Geerds), kann aber den Freispruch bei gleicher Sach- und Rechtslage auch ohne förmliche

Wiedereinbeziehung darauf erstrecken (BGH NJW **89**, 2481; StV **97**, 566; Celle NdsRpfl **90**, 315). Im Eröffnungsverfahren ist für die Wiedereinbeziehung ein Beschluß notwendig (§ 207 II Nrn 2, 4). Sonst ist ein Beschluß ratsam (KK-Schoreit 22), aber – im Gegensatz zu § 154 V – nicht vorgeschrieben. Zumindest muß die Einbeziehung deutlich zum Ausdruck gebracht werden (BGH NJW **75**, 1749), zB durch entspr Hinweis nach § 265 I (BGH NStZ **94**, 495). Die Zustimmung der StA ist für die Wiedereinbeziehung nicht notwendig.

A. Einem **Antrag der StA** (III S. 2) muß das Gericht entsprechen. Dem liegt der Gedanke zugrunde, daß eine vom Legalitätsprinzip abweichende Sacherledigung eine Ausnahme ist, bei der der Einfluß der StA nicht ausgeschaltet werden darf (oben 21). Zulässig ist auch ein bedingter Antrag, etwa für den Fall des Freispruchs oder des Unterschreitens einer bestimmten Strafhöhe (BGH **29**, 396; LR-Rieß 36). **25**

B. Die **Aussetzung** des Verfahrens nach der Wiedereinbeziehung (III S. 3 iVm § 265 IV) ist nicht obligatorisch, auch nicht, wenn der Angeklagte oder der StA den Antrag stellt (38 ff zu § 265). **26**

14) Revision: Ist die Strafverfolgung infolge falscher Anwendung der Rechtsbegriffe des I zu Unrecht beschränkt worden, so kann die StA den Mangel als Verstoß gegen die Pflicht zu umfassender Aufklärung und rechtlicher Beurteilung der Tat rügen (§ 336 S. 1; 10, 12 zu § 264), auch der Nebenkläger, wenn das Nebenklagedelikt betroffen ist (§ 397 III S. 2). Hat der Tatrichter den Angeklagten freigesprochen, aber eine Wiedereinbeziehung der ausgeschiedenen Teile unterlassen und will die StA dies beanstanden, muß sie eine ordnungsgemäße Verfahrensrüge erheben (BGH NStZ **96**, 241; LR-Rieß 47; **aM** BGH NStZ **95**, 540, 541: Sachrüge genügt); die Revision führt dann aber nur zur Wiedereinbeziehung durch das Revisionsgericht und zur Zurückverweisung, hingegen nicht zur Aufhebung der die Freisprechung tragenden rechtsfehlerfreien Feststellungen (BGH **32**, 84 = NStZ **84**, 129 mit Anm Bruns; BGHR Beschränkung 3). Im übrigen ist § 154 a auch im Revisionsrechtszug anwendbar (oben 22). **27**

15) Der **Strafklageverbrauch** durch eine rechtskräftige gerichtliche Sachentscheidung erstreckt sich auch auf die ausgeschiedenen Teile der Tat und Rechtsverletzungen (KK-Schoreit 17; LR-Rieß 43; erg Einl 171). Das gilt bereits bei Rechtskraft des Schuldspruchs (Hamm JMBlNW **69**, 140). Eine Beschränkung auf einen Teilakt einer fortgesetzten Tat (vgl dazu 14 zu § 260) durch die StA verbraucht bei Verurteilung wegen dieser einen Tat nicht die Strafklage hinsichtlich der anderen Teilakte (**aM** BGH NJW **89**, 1288; erg Einl 175), anders bei Verurteilung wegen fortgesetzter Handlung (LR-Rieß 43). **28**

Auslieferung und Ausweisung

154b **I Von der Erhebung der öffentlichen Klage kann abgesehen werden, wenn der Beschuldigte wegen der Tat einer ausländischen Regierung ausgeliefert wird.**

II Dasselbe gilt, wenn er wegen einer anderen Tat einer ausländischen Regierung ausgeliefert wird und die Strafe oder die Maßregel der Besserung und Sicherung, zu der die inländische Verfolgung führen kann, neben der Strafe oder der Maßregel der Besserung und Sicherung, die gegen ihn im Ausland rechtskräftig verhängt worden ist oder die er im Ausland zu erwarten hat, nicht ins Gewicht fällt.

III Von der Erhebung der öffentlichen Klage kann auch abgesehen werden, wenn der Beschuldigte aus dem Geltungsbereich dieses Bundesgesetzes ausgewiesen wird.

IV Ist in den Fällen der Absätze 1 bis 3 die öffentliche Klage bereits erhoben, so stellt das Gericht auf Antrag der Staatsanwaltschaft das Verfahren vorläufig ein. § 154 Abs. 3 bis 5 gilt mit der Maßgabe entsprechend, daß die Frist in Absatz 4 ein Jahr beträgt.

1 **1) Der gleiche Grundgedanke** ist in § 456 a und § 17 StVollstrO enthalten. In I ist dieselbe Tat gemeint, in II sind es zwei verschiedene Taten. Der Auslieferung ist in III die Ausweisung (vgl §§ 45 ff AuslG) gleichgestellt. Dieser ist das amtliche Abschieben eines Beschuldigten in einen anderen Staat gleichzustellen, zB durch den Entsendestaat iS des **NTS.** Ein Deutscher darf weder ausgeliefert noch ausgewiesen werden (Art 16 II GG).

2 **2)** Die **StA** kann von der Klage nach I–III absehen, und zwar ohne Zustimmung des Gerichts (vgl dazu die Hinweise des JM BW Justiz **96**, 500 und des GStA SchlH SchlHA **94**, 85 sowie die AV JM NdsRpfl **97**, 194). Sie kann das Ermittlungsverfahren jederzeit wiederaufnehmen, wenn Grund dafür besteht und kein Verfahrenshindernis (zB Verjährung) entgegensteht (vgl 15 zu § 154).

3 **3)** Das **Gericht** muß dem Antrag der StA auf Einstellung stattgeben (IV; Düsseldorf MDR **90**, 568; Karlsruhe JW **33**, 1671), wenn der Beschuldigte tatsächlich ausgeliefert oder ausgewiesen ist; dasselbe gilt, wenn die Auslieferung oder Ausweisung bestandskräftig angeordnet worden ist (Düsseldorf NStE Nr 1; LR-Rieß 4; **aM** RG **69**, 54). Vorher kann die StA die Aussetzung des Strafverfahrens beantragen (§ 228; Grützner GA **54**, 383) und ggf einen Auslieferungshaftbefehl beantragen.

4 **4)** Die **Wiederaufnahme** nach IV S. 2 ist zulässig, wenn die Voraussetzungen der gerichtlichen Einstellung entfallen oder sich als fehlend erwiesen, insbesondere also, wenn der Angeschuldigte wieder im Geltungsbereich der StPO ist und bei Berücksichtigung des Legalitätsprinzips und des § 153 Ic Nr 3 noch ein Bedürfnis für die Strafverfolgung besteht. Die in IV S. 2 bestimmte entspr Anwendung des § 154 III–V bezieht sich nur auf den Fall des II. Lediglich bei Absehen von Anklageerhebung mit Rücksicht auf eine im Ausland zu erwartende Strafe ist die Wiederaufnahme an eine Frist gebunden; da Strafnachrichten aus dem Ausland oft verspätet eingehen, verlängert IV S. 2 die Frist des § 154 IV für diesen Fall auf 1 Jahr.

5 **5) Kosten- und Entschädigungsentscheidung:** Obwohl II S. 1 gerichtliche Entscheidung als vorläufig bezeichnet, handelt es sich hier wie bei § 154 (dort 17) in Wahrheit um eine endgültige Einstellung (Düsseldorf NStE Nr 1). Ebenso wie bei § 154 (dort 18) ist daher über Kosten und notwendige Auslagen (6 zu § 464) und Entschädigung für Strafverfolgungsmaßnahmen (2 zu § 8 StrEG) zu entscheiden (Düsseldorf MDR **90**, 568 mwN; vgl auch Hamburg MDR **81**, 604 mit Anm zur Megede; Hamburg MDR **85**, 604).

Ermessensfreiheit bei Nötigung oder Erpressung **RiStBV 102**

154c

Ist eine Nötigung oder Erpressung (§§ 240, 253 des Strafgesetzbuches) durch die Drohung begangen worden, eine Straftat zu offenbaren, so kann die Staatsanwaltschaft von der Verfolgung der Tat, deren Offenbarung angedroht worden ist, absehen, wenn nicht wegen der Schwere der Tat eine Sühne unerläßlich ist.

1 **1)** Für die **Begehung durch Drohung** genügt der Versuch (§ 240 III StGB). Für die Drohung reicht schon die Androhung einer Strafanzeige oder sonstigen Mitteilung (zB an Arbeitgeber, Ehegatten), aus der ein empfindliches Übel für den Täter erwächst oder entstehen würde. Zur Bedeutung des § 154 c vgl Krause MSchrKrim **69**, 214 und Spendel-FS 547.

2) Kann-Bestimmung: § 154 c läßt eine Ausnahme vom Legalitätsprinzip zu, von der entgegen RiStBV 102 I nicht nur Gebrauch gemacht werden soll, wenn die Nötigung oder Erpressung strafwürdiger ist als die Tat des Genötigten oder Erpreßten (LR-Rieß 8). Dem Täter, der genötigt oder erpreßt worden ist oder werden sollte, soll die Aussage erleichtert werden. Ist die Nötigung oder Erpressung durch die Drohung begangen worden, eine OWi zu offenbaren, so berücksichtigt die VerwB den Rechtsgedanken des § 154 c bei der Ausübung ihres pflichtgemäßen Ermessens nach § 47 OWiG. Zu den Mitteilungspflichten 41 zu § 153. 2

3) Dem **Gericht** gibt § 154 c die Einstellungsmöglichkeit nicht. Ihm bleibt aber in geeigneten Fällen die Anwendung der §§ 153 II, 153 a II. Die Anwendung des § 154 c durch die StA ist auch nicht von richterlicher Zustimmung abhängig. 3

4) Die **Wiederaufnahme** des eingestellten Ermittlungsverfahrens ist zulässig, da die Strafklage nicht verbraucht ist; sie wird aber nur bei veränderter Sachlage ausnahmsweise in Betracht kommen (KK-Schoreit 5; LR-Rieß 12; anders Radtke [Einl 182] 255 ff, 388: zulässig, wenn sich aufgrund neuer Tatsachen und Beweismittel ergibt, daß die Bestrafung der Tat des Genötigten unerläßlich ist). Gegen die Einstellung ist Dienstaufsichtsbeschwerde (22 vor § 296), aber nicht das Klageerzwingungsverfahren zulässig (§ 172 II S. 3). 4

Entscheidung einer Vorfrage

154d Hängt die Erhebung der öffentlichen Klage wegen eines Vergehens von der Beurteilung einer Frage ab, die nach bürgerlichem Recht oder nach Verwaltungsrecht zu beurteilen ist, so kann die Staatsanwaltschaft zur Austragung der Frage im bürgerlichen Streitverfahren oder im Verwaltungsstreitverfahren eine Frist bestimmen. Hiervon ist der Anzeigende zu benachrichtigen. Nach fruchtlosem Ablauf der Frist kann die Staatsanwaltschaft das Verfahren einstellen.

1) Zweck der Bestimmung: Die StA soll nicht durch Strafanzeige gezwungen werden, über komplizierte Vorgänge (zB Urheberrechtsverletzungen, vgl Letzgus Rebmann-FS 300), die in erster Linie zivil- oder verwaltungsrechtliche Bedeutung haben, schwierige Beweiserhebungen durchzuführen, wenn es dem Anzeigenden darauf ankommt, das Strafverfahren als Druckmittel auf einen Gegner oder zur Vorbereitung eines anderen Verfahrens zu benutzen. Rechtliche Schwierigkeiten reichen für die Anwendung nicht aus (vgl Groß GA **96**, 152; Haas MDR **90**, 684; weitergehend D. Meyer JurBüro **90**, 1403; vgl auch Brandenburg OLGSt Nr 1). 1

2) Nur für Vergehen (§ 12 II StGB) gilt § 154 d, nicht auch für Verbrechen. Bei OWien wird im Hinblick auf § 47 OWiG die an sich zulässige sinngemäße Anwendung des § 154 d (§ 46 I, II OWiG) kaum praktische Bedeutung gewinnen. 2

3) Die **zivil- oder verwaltungsrechtliche Vorfrage** ist eine solche Frage materiell-rechtlicher Art, die bei Durchführung des Strafverfahrens zunächst von der StA entschieden werden müßte. Für arbeits- und sozialgerichtliche Verfahren gilt § 154 d entspr (KK-Schoreit 4). Eine Vorfrage, über die nicht im Strafverfahren zu entscheiden wäre, scheidet hier aus. Das gleiche gilt für Fragen, deren Klärung für die Entschließung der StA nicht entscheidend sein kann, wie zB die Frage eines zivilrechtlichen Anspruches aufgrund der Straftat. In geeigneten Fällen darf die StA ihre Entscheidung nach § 170 bis zum rechtskräftigen Abschluß des anderen Verfahrens zurückstellen (Kaiser NJW **63**, 1190; vgl § 262 II; § 396 **AO**). In Verfahren wegen Unterhaltspflichtverletzung (§ 170 StGB) kommt § 154 d in Betracht, wenn der Beschuldigte negative Abstammungsklage (§ 640 ZPO) erheben will (KK-Schoreit 2; Krause GA **69**, 99). 3

4 4) **Anfechtbar** ist die Fristsetzung nach S. 1 nur mit der Dienstaufsichtsbeschwerde (KG JR **59**, 29). Das Klageerzwingungsverfahren nach § 172 ist nicht schon gegen die Fristsetzung zulässig, sondern erst gegen die endgültige Einstellung nach S. 3 (Brandenburg OLGSt Nr 1; Hamm NJW **59**, 154; KK-Schoreit 6; **aM** Schneidewin JZ **59**, 307), wobei sich die Prüfung des OLG aber darauf beschränkt, ob die gesetzlichen Voraussetzungen der Vorschrift erfüllt sind (Brandenburg aaO; LR-Rieß 20).

Falsche Verdächtigung; Beleidigung **RiStBV 103**

154e **I Von der Erhebung der öffentlichen Klage wegen einer falschen Verdächtigung oder Beleidigung (§§ 164, 185 bis 188 des Strafgesetzbuches) soll abgesehen werden, solange wegen der angezeigten oder behaupteten Handlung ein Straf- oder Disziplinarverfahren anhängig ist.**

II Ist die öffentliche Klage oder eine Privatklage bereits erhoben, so stellt das Gericht das Verfahren bis zum Abschluß des Straf- oder Disziplinarverfahrens wegen der angezeigten oder behaupteten Handlung ein.

III Bis zum Abschluß des Straf- oder Disziplinarverfahrens wegen der angezeigten oder behaupteten Handlung ruht die Verjährung der Verfolgung der falschen Verdächtigung oder Beleidigung.

1 1) **Zweck der Bestimmung:** Das wegen der angezeigten oder behaupteten Handlung anhängige andere Verfahren soll den Vorrang haben, weil es sich mit dem der falschen Verdächtigung oder Beleidigung zugrunde liegenden Sachverhalt befaßt und sein Ergebnis möglicherweise Einfluß auf die Entscheidung über die falsche Verdächtigung oder Beleidigung haben kann. Damit sollen zugleich widersprechende Entscheidungen über denselben Sachverhalt möglichst ausgeschlossen werden (BGH **8**, 133, 135; **10**, 88, 89 zu § 164 VI StGB aF). § 154 e gilt auch, wenn der Vorwurf der falschen Verdächtigung nur alternativ erhoben wird (Karlsruhe JR **89**, 82).

2 2) **Anhängigkeit des anderen Verfahrens** (I): Das Strafverfahren beginnt mit der Einleitung des Ermittlungsverfahrens (BGH GA **79**, 223; 5 zu § 160) oder der Erhebung der Privatklage. Die Möglichkeit zur Privatklage genügt nicht (**aM** StA Mosbach NStE Nr 1; Milzer MDR **90**, 20); in solchen Fällen kommt Einstellung nach § 153 I oder § 170 II mit eventueller späterer Wiederaufnahme des Ermittlungsverfahrens (37 zu § 153; 9 zu § 170) in Betracht. Die Anhängigkeit entfällt mit der Einstellung nach § 170 II (BGH **10**, 88, 90) oder mit einer Einstellung nach dem Opportunitätsprinzip (zB §§ 153 I, 153 a I, 154 I). Wenn der Anzeigende als Verletzter den Antrag nach § 172 II stellen kann, dauert das Verfahrenshindernis längstens bis zum fruchtlosen Ablauf der Antragsfrist oder bis zur Verwerfung des Antrags fort (BGH GA **79**, 223); durch eine neue Anzeige wegen derselben Tat nach dem endgültigen Verfahrensabschluß lebt das Verfahrenshindernis nicht wieder auf (BGH aaO; LR-Rieß 8). Das gerichtliche Verfahren endet mit dessen rechtskräftigem Abschluß (vgl. II), auch durch einen Beschluß der in § 467 IV bezeichneten Art (dort 19), zB nach §§ 153 II, 153 a II, auch nach
3 § 154 II (BGH **10**, 88, 90). Nicht nur das **förmliche Disziplinarverfahren** ist in § 154 e gemeint (zB §§ 33 ff BDO), schon das Vorermittlungsverfahren des Dienstvorgesetzten nach §§ 26 ff BDO genügt (Bay **61**, 80 = MDR **61**, 707; Bremen StV **91**, 252 mwN).

4 3) **Vorübergehende Einstellung durch die StA** (I):

5 A. **Soll-Vorschrift:** Das Absehen von der Erhebung der öffentlichen Klage (vgl auch § 153 a I) bezieht sich nicht auf die Einleitung oder Fortführung des Ermittlungsverfahrens. Nach dem Sinn der Bestimmung (oben 1) soll das Nebeneinander

zweier paralleler Ahndungsverfahren möglichst vermieden werden. Daher wird das Ermittlungsverfahren wegen der falschen Verdächtigung oder Beleidigung idR schon vor seinem Abschluß einzustellen sein. Aber die StA kann (zumindest) in außergewöhnlichen Fällen ihre Ermittlungen zu Ende führen, zB wegen drohenden Beweisverlustes. In derartigen Fällen ist die StA, da das Absehen von der öffentlichen Klage nur eine Soll-Vorschrift ist, nicht gehindert, ihre Ermittlungen durch Einstellungsverfügung oder auch die öffentliche Klage abzuschließen. Eine ausdrückliche Verfügung ist geboten, um die Verzögerung dem Verletzten und etwaigen sonstigen interessierten Personen zu erklären, bei voraussichtlich längerer Aussetzungsdauer auch, um das Ruhen der Verjährung (III) sicherzustellen.

B. Die **Entscheidungsbefugnis** (nach 4, 5) steht der StA zu. Die Polizei, die wegen der angezeigten oder behaupteten Handlung ermittelt (§ 163) gibt daher die Vorgänge an die StA, allerdings nach Sicherung gefährdeter Beweise, zB durch Vernehmungen oder durch Beschlagnahme von Beweismitteln (§§ 94, 98 I), und nach Sicherstellung gefährdeter Verfalls- oder Einziehungsgegenstände (§§ 111 b, 111 e I). Der Ermittlungsrichter ist nicht befugt, einen Antrag (§ 162) mit der Begründung zurückzuweisen, dieser sei nach I unzulässig. 6

C. **Verfügung:** Ist das Ermittlungsverfahren noch nicht abgeschlossen, so stellt die StA das Verfahren vorübergehend für die Dauer der Anhängigkeit des anderen Verfahrens ein. Aber auch wenn die Ermittlungen schon beendet sind, das Verfahren aber nicht eingestellt wird, ist die Formulierung „von der Erhebung der öffentlichen Klage" vorübergehend abzusehen im allgemeinen nicht ratsam, weil für die endgültige Abschlußverfügung ja gerade das Ergebnis des anderen Verfahrens abgewartet werden soll (oben 1). Die Verfügung wird dem Anzeigenden mitgeteilt (RiStBV 103). 7

D. **Zusammentreffen mit anderen Straftaten:** Werden dem Beschuldigten in demselben Verfahren außer der falschen Verdächtigung oder Beleidigung noch andere Straftaten vorgeworfen und handelt es sich dabei um eine andere Tat (§ 264), so wird das Verfahren wegen dieser fortgeführt, erforderlichenfalls nach Abtrennung (LR-Rieß 4). Handelt es sich bei den mehreren Vorwürfen um eine Tat, so gibt es nur eine einheitliche Fortführung des Verfahrens im Rahmen des I oder eine einheitliche vorübergehende Einstellung. Im Fall der Ausscheidung der falschen Verdächtigung oder der Beleidigung nach § 154 a kann das Verfahren, auch das gerichtliche, fortgeführt werden, solange der ausgeschiedene Teil nicht wieder einbezogen wird (LR-Rieß 4). 8

4) Widerruf der Einstellung durch die StA: Die Einstellung durch die StA ist nicht obligatorisch. Daher handelt es sich nicht um ein Verfahrenshindernis für das Ermittlungsverfahren (einschließlich Abschlußverfügung), sondern nur um Richtlinien für die Verfahrensgestaltung (vgl 21 a zu § 154). Die StA kann daher ihre Einstellungsverfügung widerrufen, zB wegen drohenden Beweisverlustes (KK-Schoreit 12; LR-Rieß 19). 9

5) Aussetzung des gerichtlichen Verfahrens (II): 10

A. **Beim Gericht des 1. Rechtszugs:** Nach Erhebung der Klage durch die StA oder den Privatkläger ist die Anhängigkeit des anderen Verfahrens ein vorübergehendes Verfahrenshindernis (BGH **8**, 151; **10**, 88, 89 zu § 164 VI StGB aF; Einl 151), das nach hM von Amts wegen zu beachten ist (Bremen StV **91**, 252 mwN). Es führt aber nur zu einem Beschluß mit Einstellung bis zum Abschluß des anderen Verfahrens, dh zur Aussetzung des gerichtlichen Verfahrens (BGH **8**, 133); § 260 III ist nicht anzuwenden (BGH GA **79**, 223, 224). Denn die Einstellung wegen des Verfahrenshindernisses würde zu einem nicht gebotenen Abschluß des gerichtlichen Verfahrens (samt Entscheidung über Kosten und Auslagen) führen und nach Wegfall des Verfahrenshindernisses die Erhebung einer neuen Anklage notwendig machen, obwohl die erhobene Klage zulässig war (oben 2). Das **zeit-** 11
weilige Verfahrenshindernis des II ist auch noch in anderer Beziehung einge- 12

schränkt: Es zieht nicht die Unzulässigkeit gerichtlicher Entscheidungen nach sich, die die Sachentscheidung nur vorbereiten (LR-Rieß 15).

13 B. **Beim Rechtsmittelgericht:** Auch das Berufungsgericht verfährt nach II, wenn dessen Voraussetzungen vorliegen. Das Revisionsgericht verweist die Sache nach § 354 II an den Tatrichter zurück, wenn II nicht beachtet worden ist (BGH **8**, 151 zu § 164 VI StGB aF; Karlsruhe JR **89**, 82).

14 **6) Ruhen der Verjährung** (III; Ergänzung des § 78 b I S. 1 StGB): Das Ruhen beginnt erst mit der förmlichen vorübergehenden Einstellung nach I oder II (LR-Rieß 21). Dabei kommt es auf den Zeitpunkt des aktenmäßigen Erlasses der Entscheidung an (6, 7 vor § 33). Das Ruhen dauert bis zum (aktenmäßigen) Erlaß der das andere Verfahren abschließenden Entscheidung; falls diese anfechtbar ist, bis zu deren Rechtskraft. Ausnahme: Wenn die StA ihre Einstellungsverfügung widerruft (oben 9), wird deren verjährungshemmende Wirkung beendet (KK-Schoreit 18).

15 **7) Rechtsbehelfe:** Gegen die vorübergehende Einstellung des Ermittlungsverfahrens oder ihre Unterlassung ist nur die Dienstaufsichtsbeschwerde zulässig (18 zu § 172). Die gerichtliche Entscheidung nach II ist nach § 304 anfechtbar, soweit nicht § 305 entgegensteht (KMR-Müller 5). Die Verletzung des II durch den Tatrichter ist Revisionsgrund nach § 337 (BGH **8**, 133; 151; beide zu § 164 VI StGB aF; oben 13).

Umfang der Untersuchung

155 **I Die Untersuchung und Entscheidung erstreckt sich nur auf die in der Klage bezeichnete Tat und auf die durch die Klage beschuldigten Personen.**

II Innerhalb dieser Grenzen sind die Gerichte zu einer selbständigen Tätigkeit berechtigt und verpflichtet; insbesondere sind sie bei Anwendung des Strafgesetzes an die gestellten Anträge nicht gebunden.

1 **1)** Das **Anklageprinzip** (1 zu § 152) wird hier ergänzt durch die Pflichten des Gerichts, die Anklage erschöpfend zu behandeln (unten 2), über sie aber auch nicht hinauszugehen (BGHR § 264 I Tatidentität 18), weder in sachlicher (vgl zu § 264, auch § 266) noch in persönlicher Beziehung. „Tat" bedeutet das gleiche wie in § 264 (LR-Rieß 3; Oehler Schröder-FS 439, 443).

2 **2) Prinzip der materiellen Wahrheitserforschung** (II S. 1; §§ 244 II, 384 III), Ermittlungsgrundsatz, Untersuchungsgrundsatz, auch als Instruktions- oder Inquisitionsprinzip bezeichnet: Für die StA und ihre Organe ergibt sich die Pflicht zur Wahrheitserforschung insbesondere aus den §§ 152 II, 160, 163 (vgl Einl 23, 37, 38), für die FinB im Steuerstrafverfahren aus denselben Vorschriften iVm §§ 385 I, 386, 399 **AO** (vgl Einl 11 ff).

3 **3) Beweislast:** Der Beschuldigte hat nicht seine Unschuld zu beweisen (Einl 80). Eine Verurteilung setzt voraus, daß das Gericht (mit Hilfe der StA) nachweist, was zur Verurteilung erforderlich ist (§ 244 II). Über den Grundsatz *in dubio pro reo* vgl 26 ff zu § 261.

4 **4) Bei der Anwendung des Strafgesetzes** (II S. 2) ist das Gericht nicht an die Anträge der StA (§ 150 GVG) oder anderer Prozeßbeteiligter gebunden. Bei der Anwendung des Prozeßrechts ist die Regelung verschieden. Das Gericht ist insbesondere verpflichtet, über Anträge zu entscheiden (zB über Rechtsmittel, Beweisanträge).

Klagerücknahme

156 **Die öffentliche Klage kann nach Eröffnung des Hauptverfahrens nicht zurückgenommen werden.**

1) Die **Rechtshängigkeit** entsteht mit der Eröffnung des gerichtlichen Verfahrens nach Anklageerhebung (13 zu § 207) oder mit dem Verfahrensereignis, das dieser Eröffnung bei den besonderen Verfahrensarten entspricht (Hamm VRS **58**, 363, 365). Mit ihr verliert die StA grundsätzlich (Ausnahmen unten 3 bis 5) die Dispositionsbefugnis über die Klage (BGH **29**, 224, 229). Das ist eine Folge des Legalitätsprinzips (Roxin § 14 B III; zw LR-Rieß 1 Fn 1). Mit der Rechtshängigkeit entsteht auch ein Verfahrenshindernis für ein anderes Verfahren gegen denselben Beschuldigten wegen derselben Tat (13 zu § 207). Nach Erlaß des Beschlusses über die Nichteröffnung des Hauptverfahrens ist die Zurücknahme der Anklage ebenfalls ausgeschlossen (Frankfurt JR **86**, 470 mit Anm Meyer-Goßner = StV **86**, 330 mit Anm Temming; LR-Rieß 17 zu § 204). 1

2) Die **Zurücknahme** versetzt das Verfahren in den Stand des Ermittlungsverfahrens zurück (Karlsruhe Justiz **82**, 438). Das Legalitätsprinzip (§ 152 II) wird durch § 156 nicht berührt. Die Rücknahme kann darauf beruhen, daß die Klage nachträglich als unbegründet erscheint. In diesem Fall kann die StA das Verfahren nach der Rücknahme der Klage einstellen. Andernfalls muß sie die Klage neu erheben; hierfür gelten die Formvorschriften des § 200 (Karlsruhe aaO). Die Rücknahme kann aber auch den Zweck haben, das Verfahren nach den Opportunitätsbestimmungen der §§ 153 ff einzustellen oder die Strafsache vom unzuständigen Gericht an das zuständige (Bay NJW **73**, 2312), auch vor einen anderen Spruchkörper desselben Gerichts (BGH NStZ **84**, 132 mit Anm Hilger), zu bringen oder die Verbindung mehrerer zusammenhängender Sachen zu erreichen (3 ff zu § 2; 2 ff zu § 4). Über das Verbot, den Beschuldigten dem gesetzlichen Richter zu entziehen, vgl Art 101 I S. 2 GG; 3 ff zu § 16 GVG. 2

3) **Strafbefehlsverfahren:** Der Antrag kann nicht mehr zurückgenommen werden, wenn der Strafbefehl rechtskräftig ist (§ 410 III). Bei rechtzeitigem Einspruch ist die Klage bis zum Beginn der Hauptverhandlung (zur Sache), danach noch bis zur Urteilsverkündung mit Zustimmung des Angeklagten zurücknehmbar (§ 411 III S. 1). In der nach § 408 III S. 2 anberaumten Hauptverhandlung kann die StA die Klage nur bis zum Beginn der Verhandlung zur Sache zurücknehmen (Düsseldorf MDR **84**, 70; 8 zu § 411). Im **Steuerstrafverfahren** kann der von der 4
FinB gestellte Antrag von dieser zurückgenommen werden, bis Hauptverhandlung nach § 408 II anberaumt oder Einspruch gegen den Strafbefehl erhoben wird (§§ 400, 406 I **AO**). Von diesem Zeitpunkt an geht die Rücknahmebefugnis auf die StA über. 3

4) **Sonderregelungen** enthalten die §§ 153 c III, 153 d II, 411 III. Auch zu dem Zweck, das Verfahren nach § 153 I einzustellen, darf die StA die Klage zurücknehmen (LR-Rieß 8). Das gleiche gilt, wenn das Verfahren nach § 153 a I eingestellt werden soll. 5

Angeschuldigter; Angeklagter

157 **Im Sinne dieses Gesetzes ist**

Angeschuldigter der Beschuldigte, gegen den die öffentliche Klage erhoben ist,

Angeklagter der Beschuldigte oder Angeschuldigte, gegen den die Eröffnung des Hauptverfahrens beschlossen ist.

1 **1)** Der **Begriff Beschuldigter** ist hier nicht definiert. Über ihn und seine Abgrenzung zum Verdächtigen vgl Einl 77.

2 **2) Mit der Erhebung der öffentlichen Klage** (Einl 60) wird der Beschuldigte zum Angeschuldigten.

3 **3) Mit der Eröffnung des Hauptverfahrens,** bei den besonderen Verfahrensarten mit dem ihr entspr Prozeßereignis (Einl 64), wird der Beschuldigte zum Angeklagten.

4 **4)** Der **Oberbegriff** ist der des Beschuldigten. Zur Begründung und Beendigung der Beschuldigteneigenschaft vgl Einl 76, 81. Dieser Oberbegriff wird daher auch verwendet, wenn er für alle Verfahrensstadien gelten soll (vgl zB 2 zu § 102).

5 **5)** Als **Verurteilten** bezeichnet das Gesetz den Beschuldigten nach Rechtskraft eines verurteilenden Erkenntnisses (vgl §§ 449 ff). Die Regelungen über die Wiederaufnahme des Verfahrens sprechen zT vom Verurteilten (§§ 359, 364 a, 364 b I, 367 I S. 2, 373 II), zT aber auch vom Angeklagten (§§ 362, 366 II, 367).

2. Abschnitt. Vorbereitung der öffentlichen Klage

Strafanzeige und -antrag **RiStBV 6 IV, 8, 9**

158 **I Die Anzeige einer Straftat und der Strafantrag können bei der Staatsanwaltschaft, den Behörden und Beamten des Polizeidienstes und den Amtsgerichten mündlich oder schriftlich angebracht werden. Die mündliche Anzeige ist zu beurkunden.**

II Bei Straftaten, deren Verfolgung nur auf Antrag eintritt, muß der Antrag bei einem Gericht oder der Staatsanwaltschaft schriftlich oder zu Protokoll, bei einer anderen Behörde schriftlich angebracht werden.

1 **1) Allgemeines:**

2 A. Die **Strafanzeige** ist die Mitteilung eines Sachverhalts, der nach Meinung des Anzeigenden Anlaß für eine Strafverfolgung bietet. Sie ist eine bloße Anregung des Verletzten oder einer anderen Person, es möge geprüft werden, ob Anlaß zur Einleitung eines Ermittlungsverfahrens besteht (Bay **85**, 71, 73 = NJW **86**, 441, 442; Koblenz VRS **71**, 37). Sie verpflichtet zur Prüfung (§§ 152 II, 160 I, 163). Ein Anspruch auf Unterlassung einer Strafanzeige besteht grundsätzlich nicht (vgl
3 unten 9). Die Anzeige kann aber auch mit einem **Antrag auf Strafverfolgung** verbunden sein, der keine Prozeßfähigkeit voraussetzt (Einl 98). Ein Nebenbeteiligter (Einl 73) ist der Anzeigende nicht (KK-Wache 5; Röhl NJW **64**, 275); anders in den Fällen der §§ 172 (vgl § 175 S. 1), 395 II Nr 2, 406 g, 469.

4 B. Der **Strafantrag** (II, §§ 77–77 d StGB) ist die ausdrückliche oder durch Auslegung zu ermittelnde Erklärung des nach dem Gesetz zum Strafantrag Befugten, daß er die Strafverfolgung wünsche (BGH NJW **51**, 368; MDR **74**, 13 [D]; Braunschweig OLGSt Nr 1; Düsseldorf MDR **86**, 165). Er ist eine in jeder Lage des Verfahrens zu prüfende Prozeßvoraussetzung (Einl 145). Die Tat (1 ff zu § 264) muß genügend gekennzeichnet sein (Schlichter GA **66**, 354), nicht der Täter (vgl unten 21). Das Fehlen des Strafantrags ist aber, wenn die Behebung des Mangels zu erwarten ist, kein absolutes Verbot des strafrechtlichen Vorgehens, wie sich aus §§ 127 III, 130 ergibt. Der Strafantrag kann mit einer Strafanzeige verbunden sein und umgekehrt (BGH NStE Nr 2); entscheidend ist nur, daß der Verfolgungswille unmißverständlich und schriftlich zum Ausdruck gebracht wird (BGH NStZ **95**, 353). Es kann zB in der Anzeige wegen Einbruchsdiebstahls zugleich ein Strafantrag wegen Hausfriedensbruch liegen (BGH GA **57**, 17). Eine Vermißtenmeldung enthält für sich allein aber noch keinen Strafantrag (BGH NStZ **90**, 25 [M]).

Der Strafantrag kann auch gestellt werden, wenn das Verfahren – zu Recht oder zu Unrecht – schon im Gang ist. Er setzt nicht voraus, daß der Täter bekannt ist.

C. Die **Antragsfrist** (§ 77 b StGB) beginnt erst, wenn dem Antragsberechtigten 5
Tat und Täter bekanntgeworden sind. Über das Ende der Frist vgl 1 zu § 43. Sind die Eltern antragsberechtigt (§ 77 II StGB), so beginnt die Frist für sie, sobald der Vater oder die Mutter die Kenntnis hat (BGH **22**, 103). Im Fall des § 77 III StGB wird die Frist für jeden einzelnen Berechtigten durch seine Kenntnis in Lauf gesetzt. Die Frist wird nur durch rechtzeitigen Eingang bei einer deutschen Behörde gewahrt (Bay **72**, 78 = NJW **72**, 1631; Stuttgart OLGSt S. 1). Der Strafantrag ist auch schon zulässig, wenn eine Tat unmittelbar bevorsteht und sich bereits so abzeichnet, daß man sie genügend konkretisieren kann (BGH **13**, 363; Düsseldorf NJW **87**, 2526 = JR **87**, 520 mit Anm Keller). Der Strafantrag eines Minderjährigen ist nicht allein deshalb wirksam, weil der Minderjährige noch vor Ablauf der Antragsfrist volljährig geworden ist (BGH NJW **94**, 1165).

2) Eine **behördliche oder dienstliche Anzeigepflicht** besteht nicht allge- 6
mein. So besteht außerhalb des Bereichs, der den Amtsträgern der Strafverfolgung zugewiesen ist, keine allgemeine Pflicht, ihnen bekanntgewordene Straftaten anzuzeigen (BGH NStZ **97**, 597 mit Anm Rudolphi; erg 9, 10 zu § 160; 9, 10 zu § 163). Sie besteht aber, wenn auch eine Privatperson anzeigepflichtig ist (vgl § 138 StGB), oder aufgrund besonderer Bestimmungen (zB § 163 I; § 183 GVG; § 41 I OWiG; § 116 AO; § 6 SubvG). Der Dienstvorgesetzte eines Soldaten (§ 40 WStG) gibt die Sache – unabhängig von der disziplinaren Prüfung – an die StA ab, wenn das Dienstvergehen eine Straftat ist und die Abgabe entweder zur Aufrechterhaltung der militärischen Ordnung oder wegen der Art der Tat oder der Schwere des Unrechts oder der Schuld geboten ist (§ 29 III WDO). Als besondere Bestimmungen genügen auch Dienstvorschriften (RG **53**, 108; **73**, 266; offengelassen von BGH aaO). Eine andere Behörde ist zur Anzeige bei erheblichen Straftaten verpflichtet, falls die disziplinare Ahndung nicht ausreicht oder nicht in Betracht kommt und das öffentliche Interesse die Strafverfolgung erfordert (vgl RG **73**, 265; **74**, 180), falls nicht eine andere Vorschrift entgegensteht, wie zB § 30 **AO.** Dieser Ermessensspielraum gilt auch für den Gemeindevorsteher, der zugleich Polizeiorgan ist, wenn er seine Kenntnisse bei Verwaltungsgeschäften erlangt. Wer nur Polizeibeamter ist, muß polizeilich behandeln, was ihm dienstlich zur Kenntnis gelangt (BGH **4**, 167, 170; **38**, 388, 391).

3) Die **Adressaten** der Anzeige sind in I, des Strafantrags in II bezeichnet. Der 7
Begriff der „anderen Behörde" in II ist iS der Behörde des Polizeidienstes nach I zu verstehen (RG **67**, 125, 128; Koblenz OLGSt S. 1). Bei einer Tat, die ausschließlich eine Steuerstraftat darstellt, kann Adressat anstatt der StA auch die FinB sein (§§ 369, 386 I, II, 399 I **AO**). Soweit das Gericht als Adressat in Betracht kommt, sind in I nur die AGe genannt; der Strafantrag dagegen kann nach II „bei cinem Gericht" angebracht werden, dh bei einem AG oder einem mit der Sache befaßten Gericht, also auch bei dem LG, das die Untersuchung führt (KK-Wache 39), oder beim Revisionsgericht zur Behebung des Verfahrenshindernisses. Die
Zuständigkeit zur Entgegennahme enthält **auch eine Verpflichtung** hierzu 8
(Krause/Nehring 201). Das schließt aber nicht aus, daß dem Anzeigenden, der eine mündliche Anzeige erstattet, nahegelegt wird, sich an die für die Bearbeitung zuständige Stelle zu wenden, falls das ohne erheblichen Aufwand an Zeit und Mühe und ohne Gefahr der Fristversäumung möglich ist. Ein Strafantrag, der bei einer anderen Stelle angebracht ist, wird durch die Weiterleitung an eine zuständige Stelle wirksam, falls er vom Antragsteller unterschrieben ist und ihn die zuständige Stelle innerhalb der Antragsfrist erhält. Die angegangene Stelle leitet die Anzeige oder den Antrag beim Fehlen der eigenen Kompetenz für die Sachbearbeitung an das mit der Sache befaßte oder für die Sache zuständige Rechtspflegeorgan weiter.

9 4) **Formvorschriften:**

10 A. **Anzeige** (I): Wird sie mündlich oder telefonisch angebracht, so wird sie in ihrem wesentlichen Inhalt beurkundet (KK-Wache 17), wofür keine besondere Form vorgeschrieben ist (Koblenz VRS **71**, 37; KK-Wache 17). Bei mündlichen Anzeigen empfiehlt es sich, das aufzunehmende Schriftstück unterzeichnen zu lassen. Bei der Aufnahme einer Anzeige gegen einen Angehörigen gilt § 163 a V noch nicht, sondern erst bei einer Vernehmung des Anzeigenden. Jedoch wird sich die Belehrung nach § 52 III meist schon bei der Anzeige empfehlen.

11 B. Der **Strafantrag** (II) ist schriftlich, auch telegrafisch oder durch Fernschreiben (Einl 128, 139), zu stellen; bei der StA oder dem Gericht kann er auch zu Protokoll angebracht werden (Einl 132, 138). Der Anschluß als Nebenkläger genügt den Formerfordernissen des II (BGH **33**, 114, 116). Die telefonische Antragstellung ist unwirksam (BGH NJW **71**, 903; erg Einl 140). Die Schriftform verlangt die Unterschrift des Antragstellers (KG NStZ **90**, 144; Hamm NJW **86**, 734; AK/StPO-Schöch 30; **aM** Düsseldorf NJW **82**, 2566; Hamm MDR **90**, 847). Es genügt nicht, daß der Beamte über den Strafantrag und der darauf beruhenden Vernehmung einen Aktenvermerk anlegt (Bay NStZ **94**, 86), wohl aber, daß er den Strafantrag in Stenogramm oder auf Tonband aufgrund mündlicher Erklärung aufnimmt und später in Reinschrift überträgt (Bay **97**, 68 = JR **97**, 523 mit abl Anm Stree; **aM** Voraufl). Es reicht auch aus, daß eine der StA oder der Polizeidienststelle vorgesetzte Behörde einen bei ihr eingegangenen Strafantrag in beglaubigter Abschrift weiterleitet (Bay NJW **57**, 919). Das gleiche gilt, wenn eine Behörde den Antrag eines ihrer Beamten weiterleitet (RG **71**, 358; **72**, 388). Sonst muß grundsätzlich die Urschrift an das zuständige Rechtspflegeorgan gelangen (Koblenz OLGSt S. 1, 3).

12 C. Die **Anzeige eines Handlungsunfähigen** (Einl 98) oder eine **anonyme Anzeige** sind nicht gegenstandslos, falls sie Verdacht begründen. Hieran fehlt es idR bei der Anzeige eines offensichtlichen Querulanten (vgl BVerfGE **1**, 87 = NJW **52**, 177). Soll die Anzeige zugleich Antrag des Verletzten nach § 171 sein, so muß der gesetzliche Vertreter handeln (1 zu § 171).

13 D. **Antragsunmündigkeit** (§ 77 III S. 1 StGB) macht den Strafantrag wirkungslos. Ein solcher Antrag kann aber Anlaß zur Verfolgung wegen eines anderen Delikts sein (oben 12). Wer das Antragsdelikt selbst begangen oder sich daran beteiligt hat, kann nicht für den antragsunmündigen Berechtigten Strafantrag stellen, wie sich aus § 181 BGB ergibt, der auch für das öffentliche Recht gilt (BGH **6**, 155, 157; KK-Wache 35). Dies bestätigt auch § 77 II S. 3 StGB. Zur Verhinderung des gesetzlichen Vertreters bei Stellung eines Strafantrags vgl Stuttgart NJW **71**, 2237; Sch/Sch-Stree 21 ff zu § 77 StGB.

14 E. Die **Vertretung des Anzeigenden** ist zulässig, und zwar sowohl in der Erklärung (Vertreter = Bote) als auch im Willen (Einl 127). Die Vollmacht bedarf keiner bestimmten Form. Ihr Nachweis ist nur notwendig, wenn die Anzeige ein Antrag nach § 171 sein soll.

15 F. Die **Vertretung des Strafantragstellers** ist ebenfalls zulässig (erg 12 vor § 137; 6 zu § 374; Einl 127).

16 5) Auch eine **vertrauliche Anzeige** ist zulässig. Der Polizei darf nicht vorgeschrieben werden, die Entgegennahme von Anzeigen, die unter der Bedingung der Geheimhaltung des Anzeigeerstatters angeboten werden, mit dem Hinweis abzulehnen, seine Geheimhaltung könne nicht zugesichert werden (BGH MDR **52**, 659 [D]; Krüger Polizei **83**, 77). Im allgemeinen bezwecken das Begehren und die Zusage der Vertraulichkeit lediglich, daß der Name dessen, der die Hinweise gibt, dem Betroffenen nicht bekanntgegeben werden soll, nicht aber, daß von den mitgeteilten Tatsachen als solchen bei den weiteren Ermittlungen kein Gebrauch zu machen sei (BGH 2 StR 337/65 vom 27. 10. 1965). Wenn andere Umstände auf den Mitteilenden als Zeugen hinlenken, darf er vernommen werden. Das

Begehren, auch nicht als Zeuge in das Verfahren hineingezogen zu werden, darf nur für den Fall berücksichtigt werden, daß der Mitteilende als Zeuge entbehrlich ist und nicht andere Umstände auf ihn als Zeugen hinlenken (Geißer GA **85**, 247; **aM** Geerds Krause-FS 461: konkrete Beweissituation entscheidend). Wenn jemand – zB durch eine für die Polizei tätige Vertrauensperson (Kohlhaas JR **57**, 41) – schon vor seiner Auskundschaftung um Geheimhaltung seines Namens bittet, kann die Behörde unter der bezeichneten Einschränkung **von vornherein vertrauliche** 17 **Behandlung zusichern**(Krause/Nehring 237; Krüger Polizei **83**, 77; Wetterich Middendorff-FS 273), idR aber nur nach vorheriger Einwilligung der StA, der Herrin des Ermittlungsverfahrens (3 zu § 163). Die Preisgabe des Namens entgegen der Zusicherung ist höchstens dann zu rechtfertigen, wenn sie zum Schutz höherwertiger Rechtsgüter geboten ist oder starker Anhalt dafür besteht, daß die Auskunftsperson den Angezeigten bewußt wahrheitswidrig oder leichtfertig belastet hat (BVerwG DÖV **65**, 488; einschr Geerds aaO 457). Nach Zusicherung der Vertraulichkeit kann uU die Genehmigung zur Aussage über den Namen des Gewährsmannes versagt werden (vgl 12, 13 zu § 96). Soweit Vertraulichkeit zugesichert ist, wird die Anzeige, die den Anzeigenden erkennen läßt, nicht zu den Ermittlungsakten genommen.

6) **Zurücknahme; Verzicht:** Die Erklärung der Zurücknahme (§ 77 d StGB) 18 bedarf keiner bestimmten Form, muß aber dem mit der Sache befaßten Strafrechtspflegeorgan zugehen. Die Ankündigung, der Antrag werde möglicherweise zurückgenommen, kann der Vermeidung unnötiger Ermittlungen dienen; sie ist keine Bedingung des Antrags (KK-Wache 54). Die Rücknahme enthält zugleich einen Verzicht auf den Strafantrag. Dieser kann im übrigen auch von vornherein erklärt werden (Einl 117). Die Zurücknahme kann auch unter der Bedingung einer bestimmten Kosten- und Auslagenentscheidung erklärt werden (Einl 118; 5, 6 zu § 470).

7) **Beschränkbar** ist der Strafantrag, und zwar auf einzelne Personen, aber auch 19 sachlich und rechtlich auf einzelne abtrennbare Teile einer Tat oder einzelne von mehreren Gesetzesverletzungen, die durch eine und dieselbe Handlung begangen worden sind (Kriterien für die Beschränkbarkeit der Untersuchung in § 154 a). Ist eine Beschränkung nicht erkennbar, so bezieht sich der Antrag auf die ganze Tat iS des § 264 (BGH **33**, 114, 116) und auf alle in Betracht kommenden Täter und Teilnehmer sowie auf alle Antragsdelikte, die in der Tat zu sehen sind (RG **62**, 83, 89; KG JR **56**, 351). Eine Beschränkung der Anzeige als solcher (I) ist zwar zulässig, aber rechtlich ohne Bedeutung. **In tatsächlicher Hinsicht** kann der 20 Antrag zB auf einen Teil einer fortgesetzten Handlung beschränkt werden (RG **74**, 205) oder auf bestimmte Äußerungen innerhalb eines beleidigenden Schriftstücks. Im übrigen bleibt es dabei, daß sich das Strafverfahren auf die ganze Tat (§ 264) bezieht. Bei Beleidigung durch eine Druckschrift bezieht sich der Strafantrag auf die gesamte Verteilungsaktion mit ihren Ausläufern, auch soweit sie zZ des Antrags noch nicht in Gang waren. Erst wenn spätere Verteilungshandlungen nicht mehr im natürlichen Zusammenhang mit den früheren stehen, sind sie eine neue Tat, deren Verfolgung von einem Strafantrag abhängig ist. **In persönlicher Hinsicht** 21 kann sich der Antragsberechtigte darauf beschränken, jeweils binnen drei Monaten gegen die ihm bekanntwerdenden Täter und Beteiligten Strafantrag zu stellen (vgl oben 4). Das schließt aber nicht den allgemeinen Strafantrag aus, der zu einem Ermittlungsverfahren gegen Unbekannt führt. Wird in diesem Fall ein Täter ermittelt, dessen Bestrafung der Antragsteller nicht wünscht, so kann er den Antrag insoweit zurücknehmen. **In rechtlicher Hinsicht** ist eine Beschränkung auf eine 22 von mehreren rechtlich zusammentreffenden Gesetzesverletzungen (§ 52 StGB) zulässig (Frankfurt NJW **52**, 1388).

8) **Auslegungs- und ergänzungsfähig** ist der Strafantrag. Dabei können au- 23 ßerhalb des Wortlauts liegende Tatsachen mitberücksichtigt werden, sofern ihr

Zusammenhang und ihre Bedeutung erkennbar sind (vgl RG **64**, 106; **75**, 257, 259; Düsseldorf VRS **71**, 28, 31).

24 **9)** Ein **Anspruch auf Unterlassung** einer Strafanzeige (§§ 823 II, 1004 BGB) besteht nicht. Anders ist es nur hinsichtlich einer beeinträchtigenden Äußerung, die offensichtlich ohne jeden inneren Zusammenhang mit der Ausführung oder Verteidigung von Rechten steht, der die Anzeige dienen soll, oder wenn bewußt unwahre oder leichtfertige tatsächliche Behauptungen aufgestellt werden, deren Unhaltbarkeit ohne weiteres auf der Hand liegt (LG Heidelberg AnwBl **77**, 23).

25 Wer im guten Glauben eine Strafanzeige erstattet hat, macht sich **nicht schadensersatzpflichtig**, auch wenn sich die Behauptung als unrichtig oder unaufklärbar erweist (BVerfGE **74**, 257 = NJW **87**, 1929; dazu Müller-Dietz Tröndle-FS 567).

Unnatürlicher Tod **RiStBV 33–38**

159 **I Sind Anhaltspunkte dafür vorhanden, daß jemand eines nicht natürlichen Todes gestorben ist, oder wird der Leichnam eines Unbekannten gefunden, so sind die Polizei- und Gemeindebehörden zur sofortigen Anzeige an die Staatsanwaltschaft oder an das Amtsgericht verpflichtet.**

II Zur Bestattung ist die schriftliche Genehmigung der Staatsanwaltschaft erforderlich.

1 **1)** Der **Beweissicherung** dient § 159 für den Fall, daß der Tod durch eine Straftat eines anderen herbeigeführt worden ist. Die „Leichensache" ist kein Ermittlungsverfahren iS des § 160 (KK-Wache 1).

2 A. **Nicht natürlich** ist der durch Selbstmord, Unfall, durch eine rechtswidrige Tat (dh eine solche, die den Tatbestand eines Strafgesetzes verwirklicht, § 11 I Nr 5 StGB) oder sonst durch Einwirkung von außen herbeigeführte Tod. Der Tod nach Operation fällt nur unter § 159, wenn wenigstens entfernte konkrete Anhaltspunkte für einen Kunstfehler oder für sonstiges Verschulden des behandelnden Personals vorliegen (Maiwald NJW **78**, 563).

3 B. **Unbekannt** ist ein Toter, der nicht sofort identifiziert werden kann. Stirbt eine nicht identifizierte Person nach längerer Behandlung im Krankenhaus, so wird ihr Leichnam nicht „gefunden"; anders, wenn jemand unter den Augen anderer gestorben ist, aber eine sofortige Identifizierung nicht möglich ist (KK-Wache 3; LR-Rieß 4). Wird jemand in unzweifelhafter Nothilfe (§ 32 II StGB) zur Rettung einer unter Todesdrohung festgehaltenen Geisel oder sonst mit offensichtlichem Rechtfertigungsgrund erschossen, so bedarf es keines Ermittlungsverfahrens (4 zu § 152).

4 C. Die **Polizei** sorgt unverzüglich zur Sicherung der Ermittlungen dafür, daß die Leiche geborgen und bewacht oder sicher untergebracht wird. Bis zum Eintreffen des Arztes, der zur Leichenschau zugezogen wird, dürfen keine Veränderungen vorgenommen werden, die nicht aus Gründen der öffentlichen Sicherheit zwingend erforderlich sind.

5 **2)** Die **Anhaltspunkte** für den unnatürlichen Tod müssen konkret sein und wenigstens auf eine entfernte Möglichkeit einer Straftat hinweisen, zB Spuren, die auf Gewaltanwendung hindeuten. Sie können sich auch aus dem Ort der Auffindung ergeben, bei jüngeren Menschen sogar aus dem Fehlen von Anhaltspunkten für einen natürlichen Tod (LR-Rieß 3).

6 **3) Polizei- und Gemeindebehörden** jeder Art sind verpflichtet, und zwar der Leiter oder ein nach der Geschäftsverteilung beauftragter Angehöriger der Behörde (KK-Wache 4; LR-Rieß 5). Wenn eine Meldung gemacht ist, entfällt die Pflicht der anderen Behörde. Der leitende Arzt eines gemeindlichen Krankenhauses ist als solcher nicht Behörde. Ist die Leitung eines solchen Krankenhauses zur Vertretung

der Gemeinde berechtigt, so ist sie Behörde. Das gilt auch, wenn dabei die Anzeigepflicht einen Arzt trifft. Die Erfüllung der Anzeigepflicht ist in diesem Fall nicht unbefugt und fällt daher nicht unter § 203 I Nr 1 StGB (LR-Rieß 5; **aM** Kleinewefers/Wilts NJW **64**, 428).

4) **Adressat** der „sofortigen Anzeige", die keine Strafanzeige, sondern eine Information darstellt (Einl 79), ist die StA oder, insbesondere, wenn diese nicht alsbald zu erreichen ist, das AG des Ortes, wo sich die Leiche befindet. Über die Zuständigkeit für die Sektionsanordnung vgl 7 ff zu § 162. Die Anzeige sollte möglichst an die StA gerichtet werden, da der Richter beim AG nur die Rolle eines NotStA spielt (§ 165). Wenn nicht Gefahr im Verzug ist, gibt er daher die Anzeige an die StA ab. Über die Identifizierung der Leiche vgl § 88 (dort 1). Zur Ermittlungspflicht der StA in Todesfällen vgl Maiwald NJW **78**, 561 ff. 7

5) Die **Überführung** der Leiche von der Unfallstelle an einen anderen Ort ist nicht von der Genehmigung der StA oder des Richters abhängig. Jedoch muß die Polizei zB Maßnahmen zur Identifizierung des Toten treffen (1 zu § 88), Lichtbilder von der Unfallstelle fertigen, bevor die Leiche weggebracht wird, oder die Einnahme eines Augenscheins durch den StA oder den Richter (§ 86) anregen. Zur Vermeidung einer wesentlichen Erschwerung der Leichenschau oder -öffnung, etwa durch Überführung zur Unzeit, kann die Leiche beschlagnahmt werden (4 zu § 94). 8

6) **Bestattungsschein** (II): Die schriftliche Genehmigung muß dem Standesbeamten auf schnellstem Weg zugeleitet werden. Wenn Eilbrief (ggf mit fernmündlicher Vorankündigung) im Einzelfall nicht genügen sollte, kann auch so verfahren werden: Anruf des freigebenden StA bei der dem Standesamt nächstgelegenen Polizeibehörde, Bitte um Rückruf (zwecks Ausschluß von Mißbrauch zur Beseitigung eines Beweismittels), Bitte und Ermächtigung, dem Standesamt die Genehmigung der StA schriftlich zu überbringen. Aus dem Bestattungsschein muß sich ergeben, ob auch die Feuerbestattung genehmigt wird (RiStBV 38). 9

Ermittlungsverfahren **RiStBV 1–109**

160

I Sobald die Staatsanwaltschaft durch eine Anzeige oder auf anderem Wege von dem Verdacht einer Straftat Kenntnis erhält, hat sie zu ihrer Entschließung darüber, ob die öffentliche Klage zu erheben ist, den Sachverhalt zu erforschen.

II Die Staatsanwaltschaft hat nicht nur die zur Belastung, sondern auch die zur Entlastung dienenden Umstände zu ermitteln und für die Erhebung der Beweise Sorge zu tragen, deren Verlust zu besorgen ist.

III Die Ermittlungen der Staatsanwaltschaft sollen sich auch auf die Umstände erstrecken, die für die Bestimmung der Rechtsfolgen der Tat von Bedeutung sind. Dazu kann sie sich der Gerichtshilfe bedienen.

1) Der **Verfolgungszwang nach I** ergibt sich bereits aus § 152 II. Über das Ermittlungsverfahren vgl Einl 60, 62. Die StA ist verantwortlich für die Rechtmäßigkeit und Ordnungsmäßigkeit, Gründlichkeit und Zuverlässigkeit des Ermittlungsverfahrens (EbSchmidt 3 vor § 158; Gössel GA **80**, 325; 3 ff zu § 163; 1 ff vor § 141 GVG) und nicht zuletzt für die Beachtung des Beschleunigungsgrundsatzes (BVerfGE **36**, 264, 272 = NJW **74**, 307; Einl 160), vor allem in Haftsachen. Ein wesentliches Mittel zur Beschleunigung ist die gleichzeitige Vornahme mehrerer Ermittlungen, wozu Hilfs- und **Doppelakten** anzulegen sind (RiStBV 12 II, 2
54 III, 56 III). In größeren Sachen werden erforderlichenfalls **mehrere Sachbearbeiter** (unter einheitlicher Leitung) zu beauftragen sein (BVerfGE **20**, 45, 50 = 1 2 3

NJW **66**, 1259), auch soweit die StA den Sachverhalt nicht selbst aufklärt, sondern andere Stellen damit beauftragt (RiStBV 3 II sowie Anlage A).

4 A. **An § 152 II** knüpft I auch insofern an, als der Verfolgungszwang nur bei zureichenden tatsächlichen Anhaltspunkten gilt, die den Verdacht einer Straftat begründen. Für den sog ersten Zugriff der Strafverfolgung setzt § 163 I die Polizei der StA gleich.

5 B. Die **Einleitung eines Ermittlungsverfahrens** wird notwendig mit der Erlangung der Kenntnis nach I, mit dem Entstehen des Anfangsverdachts (4 zu § 152). Die Einleitung des Ermittlungsverfahrens unterbricht die Strafverfolgungsverjährung noch nicht (vgl § 78 c I Nr 1 StGB). Bereits zu diesem Zeitpunkt können Mitteilungspflichten von Amts wegen zu beachten sein, zB nach der MiStra 32 Nr 1, 34 II S. 1 Nr 1, 41 I a, 42 I S. 1 Nr 1, 43 Nr 1, 44 Nr 1, 51 I Nr 1; vgl ferner §§ 12 ff **EGGVG**. Zu Folgemitteilungen verpflichtet § 20 **EGGVG** (MiStra 7).

6 a) **Zum Beschuldigten** wird der Verdächtige gemacht durch eine Maßnahme, die erkennbar darauf abzielt, gegen ihn strafrechtlich vorzugehen (Einl 76). Richtet sich der konkrete Verdacht aber noch nicht gegen eine bestimmte Person, dann ist es zunächst ein Verfahren gegen Unbekannt.

7 b) Bei **Steuerstraftaten** (vgl unten 13) muß die Einleitung eines Strafverfahrens (das Ermittlungsverfahren ist bereits Strafverfahren, Einl 59 ff) gegen eine bestimmte Person unverzüglich unter Angabe des Zeitpunkts durch Aktenvermerk über die erste strafrechtliche Maßnahme festgestellt werden (§ 397 I, II **AO**), gleichviel, ob sie von der FinB (vgl § 386 **AO**), der Polizei oder der StA (auch nach § 165) getroffen wird. Die Maßnahme kann auch in einer Einleitungsverfügung bestehen, etwa auf eine Anzeige hin. Der Vermerk ist nicht konstitutiv für die Einleitung, dient vielmehr nur der Beweissicherung für den Zeitpunkt des Beginns des Strafverfahrens. Diese Regelung erklärt sich daraus, daß das Steuerstrafverfahren meist aus dem Besteuerungsverfahren hervorgeht und mit der Einleitung des ersteren die Anwendbarkeit von Zwang nach § 328 **AO** unzulässig wird (§ 393 I S. 2 **AO**). Mit der Eröffnung (durch Mitteilung oder schlüssige Handlung) an den
8 Beschuldigten (§ 397 II **AO**) erlischt dessen Befugnis, sich durch **Selbstanzeige** für leichtfertige, uU auch für vorsätzliche Steuerverkürzung Straf- oder Bußgeldfreiheit zu verschaffen (§§ 371, 378 III **AO**). Daher muß der Vermerk die Beschuldigten und die Tat möglichst vollständig und genau angeben. Wird die Untersuchung später auf weitere Taten (1 ff zu § 264) oder weitere Beschuldigte ausgedehnt, so ist ein entspr Nachtragsvermerk anzubringen.

9 C. **Durch eine Anzeige** iS von Strafanzeige oder Strafantrag (§ 158 I, II): Die Anzeige begründet die Erforschungspflicht, wenn sich aus ihr der Verdacht einer Straftat schlüssig ergibt. Fehlt es daran, sind aber Anhaltspunkte dafür vorhanden, daß möglicherweise nur der Sachverhalt ungenau oder lückenhaft angegeben ist, so muß geklärt werden, ob der Verdacht bei Heilung dieses Mangels schlüssig erscheint (vgl Einl 79). Bei schlüssiger Anzeige gilt dann § 170 I, II. Auch anonyme Anzeigen und Selbstanzeigen können den Verdacht begründen (Koblenz VRS **71**, 37; KK-Wache 11), sind aber mit Vorsicht zu behandeln (RiStBV 8; 9 zu § 163). Zu den „anderen Wegen" gehören zB die Erlangung der Kenntnis aus Akten oder Schriftstücken anderer Behörden oder aus Nachrichten von Presse oder Rundfunk, die mit bestimmten und nachprüfbaren Tatsachen belegt sind, sowie Mitteilungen
10 nach § 183 GVG. Das **außerdienstlich erlangte Wissen** soll den StA nach der Rspr zur Strafverfolgung verpflichten, falls es sich um Straftaten handelt, die nach Art oder Umfang „die Belange der Öffentlichkeit und der Volksgesamtheit in besonderem Maße berühren" (so BGH **12**, 277, 281 unter Bezugnahme auf RG **70**, 251; Karlsruhe JR **89**, 210 mit abl Anm Geerds; Köln NJW **81**, 1794; einschr – aber noch immer zu weitgehend – BGH **38**, 388 = NStZ **93**, 383 mit abl Anm Mitsch = JR **95**, 165 mit abl Anm Rudolphi; dazu auch Koblenz NStZ-RR **98**,

332). Dem kann nicht zugestimmt werden: Eine so unklare Differenzierung ist zu unbestimmt, um darauf prozessuale Verfolgungspflichten (und bei Nichtanzeige eine Strafbarkeit nach § 258 a StGB) zu gründen (Anterist, Anzeigepflicht und Privatsphäre des StA, 1968: Geerds Schröder-FS 389 ff; Krause GA **64**, 110 und JZ **84**, 548; LR-Rieß 29). Lediglich die beamtenrechtliche Treuepflicht (mit disziplinarrechtlichen Folgen bei ihrer Verletzung) kann den StA bei außerdienstlich erlangter Kenntnis schwerer Straftaten zum Einschreiten verpflichten (ähnlich AK/StPO-Schöch 10; vgl auch Krey 2/210, der eine Verfolgungspflicht nur bei Verbrechen bejaht).

D. **Ziel der Ermittlungen** ist die Entschließung der StA darüber, ob, wieweit und nach welcher Strafbestimmung die öffentliche Klage geboten erscheint oder ob das Verfahren einzustellen ist (§ 170 I, II). Weiter sind sie zunächst nicht auszudehnen (vgl Hilger JR **85**, 94). Dabei ist Konzentration auf das Wesentliche notwendig. Wenn und sobald zu erwarten ist, daß das Verfahren nicht eingestellt wird, erstrecken sich die Ermittlungen – wenn auch in zweiter Linie – auch auf die in III bezeichneten Umstände. **11**

E. **Gegenüber dem Beschuldigten** hat die StA die Pflicht zur Prüfung, ob die Tat überhaupt strafbar ist, zur Aufklärung des Sachverhalts, zur beschleunigten Anklageerhebung oder Einstellung (Einl 160). Säumnis kann Schadenersatzpflicht erzeugen (BGHZ **20**, 178 = NJW **56**, 1028; BGH AnwBl **58**, 152). **12**

F. Bei **Steuerstraftaten** ist grundsätzlich die FinB Ermittlungsbehörde (§§ 386, 399 I **AO**). Die StA ist dadurch nicht von der Pflicht befreit, dafür zu sorgen, daß einem Verdacht nachgegangen wird; sie kann die Sache jedoch an die FinB abgeben. Die FinB darf das Ermittlungsverfahren nur dann führen, wenn ausschließlich der Verdacht einer Steuer- oder Zollstraftat besteht. Bei Tateinheit zwischen einer solchen Straftat und einer anderen Straftat führt die StA, mit der Einschränkung des § 386 II Nr 2 **AO,** das Ermittlungsverfahren auch dann, wenn die Strafe nach § 52 II StGB dem Steuerstrafgesetz zu entnehmen wäre. Die StA kann die FinB um die Durchführung der Ermittlungen jedoch auch dann nach § 161 ersuchen, wenn die Steuerstraftat mit einer allgemeinen Straftat tateinheitlich zusammentrifft (BGH **36**, 283 mit abl Anm Reiche wistra **90**, 90; zust aber Pütz wistra **90**, 212); Braunschweig wistra **98**, 71 bejaht dies auch für eine Tat iSd § 264 (zw; abl Bender wistra **98**, 93). **13**

2) Belastende und entlastende Umstände (II) hat die StA gleichermaßen zu ermitteln. Denn nur dies entspricht ihrer Stellung als ein zu Gerechtigkeit und Objektivität verpflichtetes Rechtspflege- und Justizorgan (Einl 37, 38; 1 ff vor § 141 GVG) und gehört zum fairen Verfahren (Kuhlmann DRiZ **76**, 11, 13; Einl 156). Diese Pflicht gilt auch für die Umstände nach III und § 43 **JGG,** und zwar auch für die Hauptverhandlung (BGH bei Steffen DRiZ **72**, 153, 154). **14**

3) Die **Beweissicherung** (II) besteht in erster Linie in der Erhebung der Beweise, deren Verlust zu befürchten ist, gleichviel, ob es sich um persönliche Beweismittel (Einl 49) oder sachliche Beweismittel (Urkunden und andere Schriftstücke, § 249, und Augenscheinsobjekte, 4 ff zu § 86) handelt. Ist ein Zeuge lebensgefährlich erkrankt, so besteht die Beweissicherung darin, daß eine verlesbare Äußerung durch richterliche Vernehmung (§§ 223, 251 I Nrn 1, 2), notfalls wenigstens durch staatsanwaltschaftliche oder polizeiliche Vernehmung (§ 251 II) veranlaßt wird. Die sachlichen Beweismittel werden vor allem nach § 94 gesichert (KK-Wache 25; **aM** Schroeder JZ **85**, 1030), erforderlichenfalls durch vorgeschaltete Durchsuchung (§§ 102–104). Der Verlust des Beweismittels droht stets und muß durch Untersuchung nach § 81 a abgewendet werden, wenn der Grad der Trunkenheit des Beschuldigten festgestellt werden muß. **15**

4) Verkehr mit ausländischen Behörden, Befreiungen, Rechtshilfe: RiStBV 24, 193–199; §§ 18–20 GVG. **16**

17 **5) Umstände, die für die Bestimmung der Rechtsfolgen der Tat von Bedeutung sind** (III S. 1; RiStBV 14–17): Die Rechtsfolgenumstände betreffen die Täterpersönlichkeit, bei schwereren Taten auch die Entwicklung der Persönlichkeit und die Umstände, die zur Tat geführt haben. Was erforderlich ist, ergibt sich insbesondere aus § 46 StGB, auch aus § 47 I StGB („Einwirkung auf den Täter") und § 56 I, II (Sozialprognose). Zu diesem Zweck bedarf es auch der Feststellung von Eintragungen im BZR (hierzu RiStBV 16; aber auch unten 21).

18 Bei Jugendlichen gilt der weitergehende § 43 **JGG**. **Kommt eine Geldstrafe in Betracht** und verweigert der Beschuldigte die Auskunft oder macht er nur allgemeine Angaben über seine wirtschaftlichen Verhältnisse (zB „geordnet") oder sind seine Angaben zweifelhaft, so führt bei Arbeitnehmern idR eine Befragung des Arbeitgebers zu der gewünschten Auskunft. Die Einholung einer Auskunft bei der FinB scheitert an deren Pflicht zur Wahrung des Steuergeheimnisses (5 zu § 161). Bei freiberuflich Tätigen spielt daher die Schätzung (§ 40 III StGB) eine besondere Rolle. Im übrigen soll durch die Möglichkeit der Schätzung der Höhe des Tagessatzes gerade eine unvertretbare Belastung durch Ermittlungen der Beweisgrundlage vermieden werden. Aber eine gewisse Schätzgrundlage muß angestrebt werden. Bei Schülern, Studenten und Hausfrauen kommt die Feststellung in Betracht, welche Einkünfte die Beschuldigten bei zumutbarem Einsatz ihrer Arbeitskraft oder auf Grund von Unterhaltsansprüchen haben könnten. Ermittlungen bei Banken sind nicht unzulässig (4 zu § 161).

19 A. **Einordnung in die Gesamtermittlungen:** Nach III S. 1 wird gezielt und systematisch idR erst dann ermittelt, wenn sich abzeichnet, daß es zu einer Verurteilung kommen wird. Diese Reihenfolge ergibt sich nicht nur aus der Natur der Sache, sondern auch aus der gebotenen Rücksicht auf den Persönlichkeitsschutz des Beschuldigten (vgl 29 zu § 243).

20 B. **Aufgabe der StA** (III S. 1): Sie kann dazu eigene Vernehmungen durchführen, Sachverständige einschalten (vgl 1 zu § 73) oder auch einen Augenscheinsgehilfen (4 zu § 86). S. 2 erwähnt ausdrücklich die Gerichtshilfe (dazu unten 23 ff). Über die Aufklärung der tatsächlichen Grundlage für die Rechtsfolgenentscheidung durch die Polizei vgl 20, 21 zu § 163. Ergänzende Ermittlungsaufträge werden möglichst der Gerichtshilfe erteilt, weil es sich um deren Spezialaufgabe handelt. Voraussetzung dafür ist, daß die beschleunigte Durchführung gewährleistet erscheint.

21 C. **Grenzen der Ermittlungen** setzen das Verwertungsverbot nach §§ 51, 66 **BZRG** (dazu 33 zu § 243; 14 zu § 261) und – insbesondere für das Eindringen in die Intim- und Privatsphäre des Beschuldigten – der Verhältnismäßigkeitsgrundsatz iVm der Bedeutung der Sache (Einl 20, 21).

22 D. **Nachholung:** Nehmen die Ermittlungen nach III S. 1 und die Beschaffung des Auszugs aus dem Zentralregister und der Akten längere Zeit in Anspruch, so kann Anklage erhoben werden mit der Ankündigung, daß das noch Ausstehende nachgereicht wird (KK-Wache 27; weitergehend KMR-Müller 3 vor § 158). Stehen die früheren Strafakten nicht zur Verfügung, so genügt es – mindestens in aller Regel –, eine beglaubigte Urteilsabschrift zu beschaffen (vgl RiStBV 73).

23 **6) Gerichtshilfe** (III S. 2; § 463 d): Ihre Einrichtung ist nach Art 294 EGStGB Sache der LJV. In manchen Gegenden gibt es aber auch Vereinigungen, die sich der Gerichtshilfe widmen. Die Jugendgerichtshilfe (dazu Eisenberg StV **98**, 304), die auch in Verfahren gegen Heranwachsende tätig wird (§ 107 **JGG**), ist Verfahrensbeteiligte (§§ 38 III, 50 III S. 2 **JGG**), die Erwachsenengerichtshilfe nicht.

24 A. **Aufgaben der Gerichtshilfe:** Sie hat nicht zur Überführung oder zur Nichtüberführung beizutragen, sondern nur mitzuhelfen bei der Gewinnung der Tatsachengrundlage für die richtige Rechtsfolgenentscheidung sowie für künftige resozialisierende Behandlung. Ihre Einschaltung liegt nahe, wenn der Einsatz der Mittel der Sozialarbeit für den genannten Zweck besondere Erkenntnisse verspricht

und in angemessenem Verhältnis zur Bedeutung der Sache steht. Zur Bedeutung der Gerichtshilfe vgl Bruns, Strafzumessungsrecht, 2. Aufl (1974), S. 186; Geiter/Schuldzinski/Walter BewHi **94**, 425; Rahn NJW **76**, 838; Schöch Leferenz-FS 127; Sonnen und Thier StASchlH-FS 431, 447; zur Jugendgerichtshilfe Schaffstein/Beulke § 34. Zum Einsatz der Gerichtshilfe im Ermittlungsverfahren vgl zB RV GStA SchlHA **95**, 184.

B. **Auftrag an die Gerichtshilfe:** In der Mehrzahl der Fälle bedarf es keiner über III S. 1 hinausgehenden Konkretisierung des Auftrags. In besonders einfachen und besonders schwierigen Fällen besteht aber Anlaß, das Maß der Ermittlungen der Gerichtshilfe zu konkretisieren, damit je nach Fall nicht übertrieben und nichts Notwendiges unterlassen wird (vgl auch 21). Da das Maß der notwendigen Ermittlungen oft nicht von Anfang an richtig abzuschätzen ist, kann ein Stufenplan angezeigt sein, bei dem der Auftrag zu weiteren Ermittlungen von dem Ausgang der Ermittlungen der ersten Stufe abhängig gemacht wird. Der Gerichtshelfer, der mit der Ausführung des Auftrags betraut ist, wird in aller Regel – vor oder nach anderen Ermittlungen – auch mit dem Beschuldigten Kontakt aufzunehmen haben. Bei Befragungen muß er den Beschuldigten nach § 136 I S. 2 belehren, Zeugen nach §§ 52 III S. 1, 55 II (LR-Hanack 2 zu § 136; LR-Rieß 92 ff; Roxin § 25 III 5; Bottke MSchrKrim **81**, 71; Schöch Leferenz-FS 137 mwN). Ein Recht auf Akteneinsicht (vgl dazu Groß/Fünfsinn NStZ **92**, 109) und auf Verkehr mit dem inhaftierten Beschuldigten ohne besondere Erlaubnis der StA hat er nicht (**aM** Schöch aaO S. 138). 25

C. **Einführung in die Hauptverhandlung:** Im allgemeinen genügt es, die im Bericht festgehaltenen Tatsachen zum Gegenstand von Fragen an den Angeklagten und die Beweispersonen zu machen (16 zu § 200). Es ist rechtlich auch nicht unzulässig, den Bericht selbst zum Gegenstand des Vorhalts zu machen (Brunner NStZ **84**, 468; Rahn NJW **73**, 1358; Sontag NJW **76**, 1436; **aM** Rüping 201; erg 28 zu § 249). Die Verlesung des Berichts durch den anwesenden Vertreter der Gerichtshilfe ist stets zulässig (BGH NStZ **84**, 467 mit abl Anm Brunner; **aM** auch Eisenberg NStZ **85**, 84), bei dessen Abwesenheit nur unter den Voraussetzungen des § 251 II (KK-Wache 37; Eisenberg aaO; **aM** LR-Rieß 101). Dagegen ist die Verlesung nach § 256 nicht zulässig, weil es sich um eine Äußerung eines einzelnen Gerichtshelfers oder auch um die Äußerung mehrerer Angehöriger der Gerichtshilfe handelt, nicht aber um eine solche einer öffentlichen Behörde (LR-Rieß 101; ANM 299; Bottke MSchrKrim **81**, 73; Schöch Leferenz-FS 140; Sontag NJW **76**, 1437; **aM** Eisenberg aaO, der die Anwendung des § 256 nur deshalb für unzulässig hält, weil die Berichte Leumundszeugnisse sind; vgl auch 6 zu § 256). Wird die Vernehmung des Gerichtshelfers als Zeuge beantragt, so kann das Gericht dem Antrag, falls er nicht abgelehnt wird, dadurch entsprechen, daß es die Personen, von denen der Gerichtshelfer sein Wissen hat, vernimmt (47 zu § 244). Wenn der Informant das Zeugnis in der Hauptverhandlung befugt verweigert, sind die Auskünfte, die er dem Gerichtshelfer erteilt hat, nicht verwertbar (3 zu § 252). Die Anhörung des Gerichtshelfers als Sachverständigen ist rechtlich zulässig, wird aber selten in Betracht kommen (vgl Schöch aaO S. 139). Diese Grundsätze gelten auch für die Jugendgerichtshilfe (oben 23). 26

D. **Kein Recht auf Anwesenheit** und Anhörung in der Hauptverhandlung hat der Gerichtshelfer nach der StPO (im Gegensatz zu § 50 III **JGG;** Rahn NJW **76**, 838). 27

Ermittlungen

161 **Zu dem im vorstehenden Paragraphen bezeichneten Zweck kann die Staatsanwaltschaft von allen öffentlichen Behörden Auskunft verlan-**

gen und Ermittlungen jeder Art entweder selbst vornehmen oder durch die Behörden und Beamten des Polizeidienstes vornehmen lassen. Die Behörden und Beamten des Polizeidienstes sind verpflichtet, dem Ersuchen oder Auftrag der Staatsanwaltschaft zu genügen.

1 **1)** Die **behördliche Auskunft** (S. 1) kann unmittelbar eingeholt werden, selbst wenn die geforderten Nachrichten erst noch durch (zumutbare) Materialsammlung oder Beobachtung dienstlicher Vorgänge gewonnen werden müssen; denn die Behörde muß möglichst gute Beweise zur Verfügung stellen (BGH **29**, 109, 112; vgl auch BVerfGE **57**, 250, 283 = NJW **81**, 1719, 1723). Die Behörden sind der StA gegenüber zur Auskunft rechtlich verpflichtet (Karlsruhe NJW **86**, 145; Erdsiek NJW **60**, 616; Kurth NStZ **83**, 543; Meyer JR **86**, 172), ebenso gegenüber der FinB in Steuerstrafsachen (§§ 386, 399 I **AO**; vgl 31 zu § 163); erst recht gegenüber dem Gericht (§§ 202, 244 II; BGH **36**, 328, 337). Für die Weitergabe von Daten an die StA gilt § 15 I iVm § 14 II Nr 7 BDSG. Wenn die in § 97 I Nrn 1–3 bezeichneten Unterlagen im Gewahrsam einer Behörde sind, darf die StA keine Auskunft daraus verlangen, falls die Beschlagnahme unzulässig wäre. Wenn nicht eine ausdrückliche gesetzliche Vorschrift die Auskunftspflicht einschränkt (unten 3–5), darf die Auskunft nicht verweigert werden, sofern nicht die oberste Dienstbehörde erklärt, daß das Bekanntwerden ihres Inhalts dem Wohl des Bundes oder eines deutschen Landes Nachteile bereiten würde; das gilt insbesondere für Auskünfte über Namen und Anschrift von Gewährsleuten (BGH **29**, 390, 393; NJW **81**, 1052; erg 12 zu § 96). Die auch nur teilw Verweigerung der Auskunft muß begründet werden (BGH **29**, 109, 112; vgl auch BVerfGE **57**, 250, 281 ff = NJW **81**, 1719, 1725). Auskunftsverlangen der StA an die ermittelnden Polizeibehörden sind in § 161 S. 1 nicht gemeint; insoweit gilt § 152 I GVG (Füllkrug ZRP **84**, 193; Geißer GA **83**,
2 392). **Von anderen Stellen oder Personen** kann ebenfalls Auskunft verlangt werden (RiStBV 67). Dabei handelt es sich um eine formlose Art der Zeugenvernehmung (LG Frankfurt a.M. NJW **54**, 688 mit Anm Sichtermann). Bei Verweigerung kann die förmliche Vernehmung erzwungen (§§ 161 a, 51), uU auch die Herausgabe verlangt (§ 95) oder die Durchsuchung und Beschlagnahme angeordnet werden. Soweit Anlaß dafür besteht, kann auf die in Betracht kommende Möglichkeit dieser Art bei dem Auskunftsverlangen hingewiesen werden.

3 **2) Post und Telekommunikation:** Von den Unternehmen dieses Wirtschaftssektors (einschließlich der Nachfolger der Deutschen Bundespost) kann keine „behördliche" Auskunft verlangt werden. Soweit das Post- und Fernmeldegeheimnis nach Art 10 GG, § 39 PostG, § 85 TKG berührt wird, gelten § 99 (dort 13) und § 12 FAG. Bei der Deutschen Postbank AG befindliche Unterlagen fallen nicht unter das Postgeheimnis, sondern unter das Bank„geheimnis" (unten 4).

4 **3)** Ein **Bank„geheimnis"** steht dem Auskunftsverlangen nicht entgegen (LG Frankfurt a.M. NJW **54**, 688; LG Hamburg NJW **78**, 958; LG Hof NJW **68**, 65; KK-Wache 8; ANM 476 mwN; Bilsdorfer DStR **84**, 498)); vgl aber § 30 a **AO.** Zur Auskunft verpflichtet sind aber nur öffentlich-rechtliche Kreditinstitute (KK-Wache 8; Tiedemann NJW **72**, 665; zw Sichtermann, Bankgeheimnis und Bankauskunft, 1984, S. 341). Privatbanken können zu Auskünften nicht gezwungen werden (LG Hof aaO; Müller NJW **63**, 836; Selmer, Steuerrecht und Bankgeheimnis, 1981, S. 76; Sichtermann aaO S. 340), sind aber ihren Kunden gegenüber berechtigt, die Auskunft zur Abwendung einer Beschlagnahme freiwillig zu erteilen (LR-Rieß 28; Müller NJW **63**, 836; **68**, 65; Probst NJW **76**, 214; **aM** Selmer aaO S. 78; Sichtermann aaO S. 341).

4) Das **Steuergeheimnis** (§ 30 **AO**) steht der Auskunftserteilung entgegen, sofern seine Offenbarung nicht gesetzlich zugelassen ist oder der Betroffene zustimmt (§ 30 IV Nrn 2, 3 **AO**). Den Amtsträgern (§ 30 I **AO**) und den ihnen nach § 30 III **AO** gleichgestellten Personen ist es untersagt, die in § 30 II **AO** bezeichneten Tatsachen unbefugt zu offenbaren; sie dürfen darüber weder als Zeuge aussagen noch amtliche Auskünfte geben oder Akten und andere Schriftstücke herausgeben. Ausnahmen bestimmt § 30 IV **AO** (vgl dazu Hamburg NStZ **96**, 43 mit Anm Hellmann NStZ **96**, 556). Ausführlich zum Steuergeheimnis im Strafverfahren Blesinger wistra **91**, 239, 294; vgl auch Lührs MDR **96**, 21. 5

5) Das **Sozialgeheimnis** (§ 35 SGB I) verbietet die Auskunft durch Behörden nach § 67 S. 1 SGB X nur dann nicht, wenn der Betroffene einwilligt oder eine gesetzliche Offenbarungspflicht nach §§ 68–77 SGB X besteht (vgl dazu Lührs MDR **96**, 21; Riekenbrauk StV **92**, 37). Aus § 35 III SGB I ergibt sich ein auch im Strafverfahren geltendes Zeugnisverweigerungsrecht und Beschlagnahmeverbot zugunsten der Sozialbehörde (LG Braunschweig CR **88**, 229). Dasselbe gilt nach § 61 I SGB VIII nunmehr auch für die Jugendgerichtshilfe, insbesondere sind nach § 76 SGB X in deren Akten enthaltene der ärztlichen Schweigepflicht unterliegende Daten geschützt (LG Hamburg NStZ **93**, 401 mit zust Anm Dölling; vgl auch Eisenberg NStZ **86**, 308; zur Beschlagnahme ärztlicher Abrechnungsunterlagen bei Krankenkassen vgl Seibert NStZ **87**, 398); im übrigen ist die Jugendgerichtshilfe aber nach § 61 III SGB VIII zur Weitergabe erhobener Daten an das JugG berechtigt und verpflichtet (Dölling BewHi **93**, 128). Im Rahmen der Amtshilfe (Art 35 I GG) müssen die Personalien des Betroffenen sowie Namen und Anschrift seines derzeitigen Arbeitgebers offenbart werden, soweit kein Grund zu der Annahme besteht, daß dadurch schutzwürdige Belange des Betroffenen beeinträchtigt werden (§ 68 I SGB X). Solche Belange stehen der Auskunftserteilung an die StA zur Aufklärung einer Straftat idR nicht entgegen (KG JR **85**, 25; vgl auch Köln VRS **64**, 198; LG Stuttgart NStZ **91**, 551). Ohne die Einschränkungen des § 68 müssen nach § 73 SGB X, aber nur auf richterliche Anordnung (Celle NJW **97**, 2964), personenbezogene Daten des Beschuldigten und anderer Personen zur Aufklärung eines Verbrechens iS § 12 I StGB offenbart werden, zur Aufklärung eines Vergehens iS § 12 II StGB nur, soweit sich das Auskunftsersuchen auf die in § 72 I S. 1 SGB X bezeichneten Angaben und auf Angaben über erbrachte und demnächst zu erbringende Geldleistungen beschränkt (LG Frankfurt a.M. NJW **88**, 84). Darüber hinaus ermächtigt § 69 I Nr 1 SGB X die Sozialbehörde zur Offenbarung personenbezogener Daten, soweit sie zur Erfüllung einer sozialgesetzlichen Aufgabe oder für die Durchführung eines damit zusammenhängenden gerichtlichen Verfahrens einschließlich eines Strafverfahrens erforderlich ist. Ohne Einschaltung des Gerichts kann die StA daher die Offenbarung personenbezogener Daten zur Aufklärung eines Arbeitsunfalles (LG Stuttgart NStZ **93**, 552), eines Betruges durch Erschleichen von Sozialleistungen, insbesondere aber einer Straftat nach § 170 StGB verlangen, die dazu geführt hat, daß die Sozialbehörde für den Unterhaltsverpflichteten einspringen mußte (vgl im einzelnen Hardtung NJW **92**, 211; Kerl NJW **84**, 2444; **aM** offenbar LG Hamburg NJW **84**, 1570). Nach § 78 S. 1 SGB X dürfen die Stellen, denen personenbezogene Daten, Betriebs- und Geschäftsgeheimnisse mitgeteilt worden sind, sie nur zu dem Zweck verwenden, zu dem sie ihnen befugt offenbart worden sind. In einem anderen Strafverfahren als dem, in dem die richterliche Anordnung ergangen ist, dürfen die Angaben daher nicht verwertet werden. Jedoch kann in dem anderen Verfahren eine besondere richterliche Anordnung getroffen werden, deren Inhalt sich darauf beschränken kann, daß die Verwertung der Daten auch in diesem Verfahren zulässig ist (ANM 475). 6

6) Der **Grundsatz der freien Gestaltung des Ermittlungsverfahrens** (vgl auch 47 zu § 163) ergibt sich aus § 161. Alle zulässigen Maßnahmen sind zu ergreifen, die geeignet und erforderlich sind, zur Aufklärung der Straftat beizutra- 7 gen (BVerfG NStZ **96**, 45). Eingriffe in die Rechtssphäre anderer bedürfen der gesetzlichen Grundlage (Rogall GA **85**, 6 mwN). Die Heimlichkeit eines polizeilichen Vorgehens ist kein Umstand, der für sich allein schon die Unzulässigkeit der ergriffenen Maßnahmen begründet (BGH GrS **42**, 139, 150). Über die Anlegung von Karteien und Dateien vgl Walder ZStW **95**, 884, über Fahndung RiStBV 39 ff; erg unten 17; über die Beiziehung von Vorstrafakten RiStBV 73. Über Zusammenarbeit in Angelegenheiten des Verfassungsschutzes vgl Bundesverfassungsschutzgesetz vom 20. 12. 1990 (BGBl I 2970), ÄndG vom 20. 4. 1994 (BGBl I 867, 876); RiStBV 205 I; Welp DÖV **70**, 267. „Grundsätze über die Zusammenarbeit von StA und Polizei" enthält zB für Niedersachsen der Gemeinsame RdErl vom 16. 6. 1996 (NdsRpfl 262).

8 A. **Kriminaltaktische Gesichtspunkte:** Es ist möglich und oft zweckmäßig, erst einmal Ermittlungen durchzuführen, ohne daß der Beschuldigte davon erfährt, um zunächst zu klären, ob der Vorwurf sich nicht rasch erledigt (vgl auch 3 zu § 163 a), oder um dem Beschuldigten das Ergebnis schon bei seiner ersten Vernehmung vorhalten zu können. Der Aufschub der Vernehmung des Beschuldigten (§ 163 a I S. 1) kann auch deshalb angebracht sein, weil überraschende Durchsuchung oder Festnahme anzustreben ist (vgl § 33 IV S. 1).

9 B. **Übermaßverbot** (vgl 6 zu § 152): Es wirkt auf Art, Maß und Reihenfolge (19 zu § 160) der Ermittlungen und namentlich der Eingriffsmaßnahmen ein (Einl 20, 21).

10 **7)** Die **Ermittlungen** kann die StA selbst vornehmen (RiStBV 3 I) oder durch die Polizei vornehmen lassen (RiStBV 11), bei Steuerstraftaten auch durch die FinB oder deren Hilfsorgane (§§ 402 I, 404 **AO**; vgl 13 zu § 160). Die eigenen Vernehmungen des StA sind entweder Ermittlungsvernehmungen, wenn die Auskunftsperson vorher noch nicht oder noch nicht vollständig oder nur mangelhaft vernommen worden ist, oder Bestätigungsvernehmungen, bei denen es hauptsächlich auf eine prüfende und abwägende Erörterung ankommt. Die StA kann auch um (uneidliche oder eidliche) Vernehmung im Ausland durch einen Konsularbeamten der BRep ersuchen (§ 15 KonsG).

11 **8) Ersuchen und Aufträge der StA** (S. 2; § 152 I GVG; erg 1, 3 zu § 163): Der Grundsatz des S. 2 gilt nicht nur für das Ermittlungsverfahren, sondern für das gesamte Strafverfahren (Einl 43; 1 zu § 152). Die Anordnungen richten sich an die Polizeibehörde, solange noch kein bestimmter Beamter mit der Bearbeitung in dem konkreten Fall befaßt ist (Schulz/Händel 38; 2 zu § 152 GVG). Zu der vielfach üblichen, allerdings von RiStBV 11 I mißbilligten Praxis, die gesamten Akten nur „m.d.B. um Ermittlungen" zu übersenden, vgl Groß/Fünfsinn NStZ **92**, 108. Bei Gefahr im Verzug wendet sich die StA an einen einzelnen Beamten (zB am Tatort oder bei besonderer Eile). Dem Wunsch der StA, die Sache von einem bestimmten (besonders sachkundigen) Beamten bearbeiten zu lassen, trägt die Polizei iS der gebotenen engen Zusammenarbeit (3 zu § 163) Rechnung. Wenn einmal ein bestimmtes Dezernat oder ein bestimmter Beamter bei der Polizei mit der Sache befaßt ist, kann die StA ihre Ersuchen unmittelbar dorthin richten. Der Leitungsbefugnis der StA (3 zu § 163) unterliegen nicht nur die Ermittlungshandlungen ieS, sondern alle Maßnahmen zur Förderung des Strafverfahrens, also auch zB Beschlagnahme, Durchsuchung, vorläufige Festnahme. Führt die FinB das Ermittlungsverfahren wegen einer Steuerstraftat (§ 386 **AO**), so tritt sie bei Anwendung des § 161 an die Stelle der StA (§ 399 I **AO**); sonst hat sie die Pflichten der Polizei (§§ 401 I, 404 **AO**). Über unmittelbaren Zwang zur Durchsetzung von Strafverfolgungsmaßnahmen vgl unten 14. Die Leitungsbefugnis schließt ein, daß die StA der Polizei im Detail dort freie Hand läßt, wo diese die bessere Sachkunde hat, häufig also auf dem Gebiet der Kriminaltechnik und Kriminaltaktik. Allerdings besitzt die Polizei heute auch insbesondere aufgrund ihrer umfangreichen Daten-

sammlungen vielfach einen Informationsvorsprung, der es der StA erschwert, ihre Leitungsbefugnis auszuüben (vgl dazu ausführlich Lilie ZStW **106**, 625).

9) Das **Bundeskriminalamt** (§ 4 BKAG; RiStBV 30–32) nimmt die polizeilichen Aufgaben nach § 161 wahr bei bestimmten international organisierten Straftaten und (mit Zustimmung des BMI) bei Straftaten gegen Leben oder Freiheit des BPräs, der Mitglieder der BReg oder des BTages ua (LR-Rieß 49). Die Verpflichtung anderer Polizeibehörden zum 1. Zugriff bleibt unberührt, ebenso die Sachleitungsbefugnis der StA nach S. 2 (§ 4 III S. 2 BKAG). 12

10) Zu **präventivpolizeilichen Maßnahmen** darf die StA der Polizei keine Weisung erteilen (KK-Wache 32; vgl auch RiStBV Anl A Abschn A II), zB nicht zum Gebrauch der Schußwaffe zum Zweck der Befreiung von Geiseln (Krey ZRP **71**, 224; Krey/Meyer ZRP **73**, 1; 17 zu § 163). 13

11) Anwendung unmittelbaren Zwangs durch Polizeibeamte auf Anordnung des StA: RiStBV Anl A. Die Beurteilung der Zweck- und Verhältnismäßigkeit durch die StA ist für die Polizei bindend. 14

12) Kontakte mit Presse und Rundfunk: 15

A. **Information:** Die Unterrichtung findet eine Grenze in dem Ermittlungsgeheimnis. Das bedeutet, daß die Aufklärung der Straftat nicht durch Unterrichtung der Publikationsorgane beeinträchtigt werden darf. Mit dieser Einschränkung hat die aktuelle Berichterstattung über schwere Straftaten im allgemeinen den Vorrang vor dem Persönlichkeitsschutz des Beschuldigten. Jedoch ist neben der Rücksicht auf den unantastbaren innersten Lebensbereich der Grundsatz der Verhältnismäßigkeit zu beachten. Danach ist eine Namensnennung, Abbildung oder sonstige Identifikation des Täters nicht immer zulässig (BVerfGE **35**, 201 = NJW **73**, 1226). Diesen Grundsätzen hat auch die Polizei, soweit sie die Informationsbefugnis hat, zu beachten; im Zweifel muß sie die Entscheidung der StA herbeiführen (vgl auch Krause/Nehring 180). Die Veröffentlichung des Lichtbilds des Verdächtigen in der Presse ist nur bei schwerwiegenden Straftaten zulässig (Hamm NStZ **82**, 82). 16

B. **Inanspruchnahme zur Fahndung:** RiStBV Anl B. Die Öffentlichkeit kann auch durch Plakatanschläge und Aussetzung von Belohnung (nach den Bestimmungen der Länder und nach RiStBV 220) eingeschaltet werden. 17

13) Zur **Auskunft über den Fernmeldeverkehr vgl** 13 zu § 99. 18

Zeugen- und Sachverständigenvernehmung durch die StA **RiStBV 64–72**

161a **I Zeugen und Sachverständige sind verpflichtet, auf Ladung vor der Staatsanwaltschaft zu erscheinen und zur Sache auszusagen oder ihr Gutachten zu erstatten. Soweit nichts anderes bestimmt ist, gelten die Vorschriften des sechsten und siebenten Abschnitts des ersten Buches über Zeugen und Sachverständige entsprechend. Die eidliche Vernehmung bleibt dem Richter vorbehalten.**

II Bei unberechtigtem Ausbleiben oder unberechtigter Weigerung eines Zeugen oder Sachverständigen steht die Befugnis zu den in den §§ 51, 70 und 77 vorgesehenen Maßregeln der Staatsanwaltschaft zu. Jedoch bleibt die Festsetzung der Haft dem Richter vorbehalten; zuständig ist das Amtsgericht, in dessen Bezirk die Staatsanwaltschaft ihren Sitz hat, welche die Festsetzung beantragt.

III Gegen die Entscheidung der Staatsanwaltschaft nach Absatz 2 Satz 1 kann gerichtliche Entscheidung beantragt werden. Über den Antrag entscheidet, soweit nicht in § 120 Abs. 3 Satz 1 und § 135 Abs. 2 des Gerichtsverfassungsgesetzes etwas anderes bestimmt ist, das Landgericht, in dessen Bezirk die Staatsanwaltschaft ihren Sitz hat. Die §§ 297 bis 300, 302, 306 bis 309, 311 a sowie die

Vorschriften über die Auferlegung der Kosten des Beschwerdeverfahrens gelten entsprechend. Die Entscheidung des Gerichts ist nicht anfechtbar.

IV Ersucht eine Staatsanwaltschaft eine andere Staatsanwaltschaft um die Vernehmung eines Zeugen oder Sachverständigen, so stehen die Befugnisse nach Absatz 2 Satz 1 auch der ersuchten Staatsanwaltschaft zu.

1 **1) Bedeutung:** § 161 a dient der Konzentration des Ermittlungsverfahrens in der Hand der StA (3 ff zu § 163), der Straffung und Beschleunigung des Ermittlungsverfahrens sowie der optimalen Aufklärung des Sachverhalts. Den Befugnissen der StA entspricht deren Pflicht, von ihren Rechten Gebrauch zu machen (LG Tübingen MDR **89**, 1015). Im Hauptverfahren gilt die Vorschrift nicht (Odenthal StV **91**, 446).

2 **2) Zeugenvernehmung** (I; erg 1 zu § 68): Die Klausel „auf Ladung" bezieht sich nur auf die Pflicht zu erscheinen. Zur Aussage ist der Zeuge auch verpflichtet, wenn er vom StA zur Vernehmung aufgesucht wird (unten 17). Nach S. 2 gelten die §§ 48–71, sofern nichts anderes bestimmt ist, entspr, dh soweit ihre Anwendung mit den Besonderheiten des Ermittlungsverfahrens vereinbar ist. § 57 gilt nur hinsichtlich der Ermahnung zur Wahrheit. Alle Bestimmungen, die sich auf die Vereidigung beziehen (I S. 3), sind nicht anwendbar. Für die Maßregelung enthalten II und III Sonderregelungen. Über die Einholung einer schriftlichen Aussage des Zeugen vgl RiStBV 67, einer behördlichen Auskunft RiStBV 68. Zur Protokollierung vgl § 168 b II.

3 A. Die **Ladung** (I S. 2 iVm § 48) führt die StA selbst aus; § 38 gilt für sie nicht. Die Ladung muß die Strafsache, erforderlichenfalls mit kurzer Bezeichnung der Tat, erkennbar machen und zum Ausdruck bringen, daß der Adressat als Zeuge vernommen werden soll. Mit der formlosen Ladung kann der Hinweis auf die gesetzliche Pflicht nach S. 1 verbunden werden. Verspricht diese Art der Ladung keinen Erfolg oder soll möglichst große Sicherheit dafür geschaffen werden, daß der Zeuge zu dem festgesetzten Termin erscheint, so wird er unter Hinweis auf die gesetzlichen Folgen seines Ausbleibens gegen Nachweis (§ 37) geladen. Die Androhung ist Aufforderung, bei Verhinderung Entschuldigungsgründe vorzubringen (§ 51 II S. 1, 2; unten 16). Befindet sich der Zeuge in Straf- oder UHaft, so unterbleibt der Hinweis; der StA ordnet aber die Vorführung aus der JVA an (30 zu § 119; § 36 II S. 2 **StVollzG,** der auch für Vernehmungstermine der StA gilt; 17 zu § 163 a). Der Verteidiger hat bei der Vernehmung kein Anwesenheitsrecht und wird daher nicht von dem Vernehmungstermin benachrichtigt (KK-Wache 6); anders bei der Vernehmung des Beschuldigten durch den StA (20 zu § 163 a).

4 B. **Inhalt des Hinweises:**

4 a a) **Kostenfolge und Ordnungsgeld:** Mit dem Hinweis auf diese Folgen muß die Belehrung über die spätere Eventualfolge der Festsetzung einer Ersatzordnungshaft durch den Richter (II S. 2 iVm § 51 I S. 2) nicht verbunden werden. Zur Geltung des § 51 für Kinder und strafrechtlich nicht verantwortliche Personen vgl 15 zu § 51.

5 b) **Zwangsweise Vorführung** (§ 51 I S. 3 Hs 1): Der Hinweis auf diese Möglichkeit ist bei der Ladung zur gerichtlichen Zeugenvernehmung vorgeschrieben, ohne daß es darüber einer Entscheidung im Einzelfall bedarf. Denn diese Vernehmung muß grundsätzlich durchgesetzt werden. Das gilt nach dem Grundsatz der freien Gestaltung des Ermittlungsverfahrens (7 zu § 161) nicht für die Ladung eines Zeugen durch die StA. Diese kann oft auf die Vernehmung des widerstrebenden Zeugen verzichten und dafür von anderen Beweismitteln Gebrauch machen. Die StA kann sich in geeigneten Fällen auch mit einer schriftlichen Äußerung des Zeugen begnügen (vgl 25 zu § 163 a). Vor allem kann sie das Widerstreben des Zeugen dazu veranlassen, die StA, in deren Bezirk er wohnt, oder auch den Ermittlungsrichter um die Vernehmung zu ersuchen (IV; § 162). Daher ist die

Androhung der Vorführung im Hinblick auf die Besonderheiten des Ermittlungsverfahrens (oben 1) nicht obligatorisch, sondern der Entscheidung im Einzelfall vorbehalten.

3) Durchführung der Zeugenvernehmung (I): Die Vernehmung von Zeugen ist trotz der Wichtigkeit von Sachbeweisen und des damit häufig verbundenen Sachverständigenbeweises eine wichtige und mitunter sogar die einzige Beweismöglichkeit. Über Vernehmungstechnik und Protokollierung der Aussage vgl Gerds Vernehmungstechnik IX, XI, über die Vernehmung von Kindern, Jugendlichen und Heranwachsenden VII. 6

A. **Zur Person und Generalfragen** (§ 68): Grundsätzlich wird zwischen der Vernehmung hierzu und der Vernehmung zur Sache (§ 69) unterschieden. Das Zeugnisverweigerungsrecht (I S. 2 iVm §§ 52–54) bezieht sich nur auf letztere. Die Generalfragen dienen hauptsächlich der Klärung, ob ein Zeugnisverweigerungsrecht nach § 52 I besteht (21 zu § 68); ggf auch der Frage, ob die Mitwirkung des gesetzlichen Vertreters notwendig ist (§ 52 II). Wenn eine dieser Fragen oder beide zu bejahen sind, wird nach § 52 III belehrt (24, 25 zu § 163 a für die Polizei). Sagt der Zeuge nicht aus, so erübrigen sich weitere Generalfragen. 7

B. **Zur Sache** (§ 69; dort 3): Die Berichtsform besteht darin, daß der Zeuge in freier, ungezwungener, durch möglichst wenig Zwischenfragen unterbrochener Rede Auskunft gibt (5 zu § 69). Danach folgen die Erläuterungs- und Ergänzungsfragen. Unterstützende Fragen sind allerdings idR bei dem Bericht notwendig, um zu verhindern, daß der Zeuge von der Sache abschweift, sich verrennt oder sogar „festlügt" (5 zu § 69). Wesentlich ist dabei, daß immer gleich festgestellt wird, was der Zeuge selbst beobachtet hat oder nur vom Hörensagen weiß. Über die Verwendung von schriftlichen Unterlagen vgl 8 zu § 69. 8

C. **Art der Fragen:** Fragen und Antworten müssen konkrete Tatsachen zum Gegenstand haben (2 vor § 48). Persönliche Schlußfolgerungen und Urteile des Zeugen gehören zur Aussage nur, soweit sie sich von den Tatsachen nicht trennen lassen oder für die Persönlichkeit des Beschuldigten oder des Verletzten oder für die Glaubwürdigkeit eines Zeugen Bedeutung haben können. Die Vernehmungsmethoden des § 136 a sind verboten (I S. 2 iVm § 69 III). Unzulässig sind Suggestivfragen, mit denen eine Aussage in bestimmter Richtung nahegelegt wird, wenn sie auf eine Täuschung mit dem Risiko der Verursachung einer falschen Aussage hinauslaufen (erg 25 zu § 136 a). Dagegen sind sie statthaft, wenn dieses Risiko ausgeschaltet wird, zur Prüfung, ob der Zeuge beeinflußbar und glaubwürdig ist (14, 15 zu § 241). 9

D. **RA als Beistand des Zeugen:** Vgl §§ 406 f, 406 g für Verletzte und 11 vor § 48 für sonstige Zeugen. Die Grundsätze 11 vor § 48 gelten auch für Zeugenvernehmungen durch die StA (Granderath MDR **83**, 798). 10

4) Sachverständigengutachten (I; 7 vor § 72): Nach S. 2 gelten die §§ 73–76, 78, 80 entspr. 11

A. **Auswahl: Im** Vorverfahren zieht die StA den Sachverständigen zu, im Stadium des § 163 auch die Polizei (1 zu § 73). Die Erfüllung der Pflicht, ein Gutachten zu erstatten (§ 75 I, II), kann mit den Mitteln des II iVm § 77 erzwungen werden. Der StA gibt dem Verteidiger, falls vorhanden, zweckmäßigerweise Gelegenheit, vor der Auswahl eines Sachverständigen Stellung zu nehmen, es sei denn, daß der Gegenstand der Untersuchung ein häufig wiederkehrender tatsächlich gleichartiger Sachverhalt (zB Blutalkoholgutachten) oder eine Gefährdung des Untersuchungszweckes (vgl § 147 II) oder eine Verzögerung des Verfahrens zu besorgen ist (RiStBV 70 I). Auch kann eine Fühlungnahme mit dem Vorsitzenden des künftigen erkennenden Gerichts, falls die Zuständigkeitsfrage schon beurteilt werden kann, zweckmäßig sein (BGH NJW **98**, 2458, 2461). 12

13 B. **Auftrag und Fristabsprache:** Der Auftrag muß genau umgrenzt sein (RiStBV 72). Die verfügbaren Anknüpfungstatsachen werden dem Sachverständigen mitgeteilt (1 zu § 80). Wenn geboten, wird ihm weitere Aufklärung nach § 80 verschafft, sei es auf sein Verlangen, sei es bei der Leitung der Tätigkeit des Sachverständigen (§ 78). Die Fristabsprache spielt sich in der für den Richter erläuterten Art und Weise ab (vgl 12 zu § 73) und ist aktenkundig zu machen.

14 C. **Schriftlich oder mündlich** (§ 82): Die StA wird sich häufig mit einem mündlichen Gutachten begnügen können. Bei der Vernehmung braucht dann nur das Ergebnis mit den Hauptargumenten festgehalten zu werden (§ 168 b II). Das wird vielfach als Grundlage für die Abschlußverfügung nach § 170 I, II genügen. Bei beabsichtigter Klageerhebung kann die StA mit dem Sachverständigen schon bei seiner Vernehmung eine weitere Frist für die Nachreichung eines schriftlichen Gutachtens absprechen. In der Zwischenzeit kann das Gericht idR auf Grund der Vernehmung des Sachverständigen das Hauptverfahren eröffnen und den Termin für die Hauptverhandlung bestimmen.

15 D. **Ladung und Vernehmung:** Die Sachverständigenvernehmung spielt in der Hauptverhandlung eine wesentlich größere Rolle als im Vorverfahren. Denn in diesem Stadium werden Sachverständige idR lediglich beauftragt, ihr Gutachten schriftlich zu den Akten zu geben. Soweit es dann noch einer Erörterung bedarf, wird häufig das Ergebnis in einem Vermerk niedergelegt werden können. Bei möglichen Verständigungsschwierigkeiten und Fehlerquellen ist die Vernehmung notwendig, auch wenn ein schriftliches Gutachten vorliegt. Über die Vernehmung und ihre Protokollierung vgl Geerds Vernehmungstechnik X, XI. Nach S. 2 iVm § 72 gilt § 48 entspr (oben 4). Da zwangsweise Vorführung des Sachverständigen unzulässig ist (§ 77 I), scheidet ein Hinweis auf dieses Zwangsmittel (oben 5) von vornherein aus. Der Verteidiger hat kein Anwesenheitsrecht (vgl oben 3).

16 **5) Unberechtigtes Ausbleiben des Zeugen** (II iVm § 51; vgl dort): Voraussetzung für die Maßnahmen ist der Hinweis in der Ladung (oben 3 ff). Die StA trifft die gleichen Anordnungen wie der Richter. Nur die Ersatzordnungshaft muß er beim Richter beantragen (II S. 2). Das ist erst notwendig, wenn das Ordnungsgeld nicht beigetrieben werden konnte. Die zwangsweise Vorführung braucht die StA auch dann nicht anzuordnen, wenn sie den Hinweis auf diese Möglichkeit gegeben hatte (Welp, Zwangsbefugnisse der StA, 1976, S. 24). Die Kosten der Vorführung und des Vollzugs einer etwaigen Ersatzordnungshaft gehören zu den Kosten, mit denen der Zeuge belastet wird.

17 **6) Unberechtigte Zeugnisverweigerung** (§ 70; vgl. dort): Die Anordnungen nach § 70 I, II, IV sind unabhängig davon, wie der Zeuge geladen worden ist. Sie sind auch zulässig, wenn der Zeuge überhaupt nicht geladen, sondern vom StA zur Vernehmung aufgesucht worden ist (oben 2). Wenn sich der Zeuge noch informieren muß (8 zu § 69), muß ihm hierfür die erforderliche Zeit eingeräumt werden. Zeichnen sich ihre Voraussetzungen ab, so erhält der Zeuge unter Hinweis auf die drohenden Folgen das rechtliche Gehör. Die Festsetzung der Haft durch den Richter erfolgt erst nach dem Hinweis auf die Grundlosigkeit der Weigerung und deren Folge (17 zu § 70). Die Vollstreckung der Erzwingungshaft erfolgt durch die StA (LR-Rieß 46); gegen deren Anordnungen über den weiteren Vollzug der Haft, insbesondere über das Bestehen von Vollstreckungshindernissen, kann entspr § 98 II S. 2 die Entscheidung des Ermittlungsrichters beantragt werden (BGH **36**, 155; erg 14 zu § 36). Zu den Kosten gehören die Auslagen für die Ladung, für die Herbeischaffung anderer Beweismittel zu dem Termin (zB Ladung oder Vorführung von Gegenüberstellungspersonen, § 58 II) sowie die Kosten des Vollzugs einer etwaigen Ersatzordnungs- oder Erzwingungshaft (KK-Wache 13).

18 **7) Maßregelung des Sachverständigen** (II iVm § 77): Der Hinweis in der Ladung (oben 15) ist Voraussetzung im Fall des Nichterscheinens (oben 3). Bei der Verweigerung des Gutachtens des erschienenen Sachverständigen wird der Hinweis

und damit das rechtliche Gehör vor der Anordnung gegeben. Bei Verweigerung der Absprache einer angemessenen Frist oder der Einhaltung eines abgesprochenen Termins für das mündliche oder schriftliche Gutachten gilt II S. 1 iVm § 77 II.

8) Antrag auf gerichtliche Entscheidung (III): Zum Antrag befugt ist der betroffene Zeuge oder Sachverständige, aber auch der Beschuldigte, wenn er beschwert ist (28 zu § 51). Das LG (§ 73 I GVG) entscheidet über den Antrag auch dann, wenn für das Hauptverfahren das AG zuständig wäre. Die StaatsschutzStrK entscheidet, wenn das Ermittlungsverfahren eine Katalogtat nach § 74 a I GVG betrifft (§ 74 a IV iVm § 73 I GVG), die WirtschaftsStrK, wenn sie für die Aburteilung der Tat nach dem Stand der Ermittlungen voraussichtlich zuständig wäre (§ 74 c II iVm § 73 I GVG). Soweit der GBA die Anordnung getroffen hat, entscheidet nach §§ 120 III, 135 II GVG der Beschwerdesenat des BGH (BGH **39**, 96). 19

A. **Beschwerdevorschriften** (III S. 3): § 304 III gilt nicht entspr, wenn die Belastung mit den Kosten angefochten wird (KMR-Müller 5). Die Beschwerde kann auch auf einen bestimmten Beschwerdepunkt beschränkt werden (KK-Wache 23; 4 zu § 304). 20

B. **Gegen die Entscheidung der StA:** Auch die Androhung der Vorführung in der Zeugenladung ist eine Entscheidung (oben 5; BGH **39**, 96; offen gelassen von BGH NStZ **89**, 539). In ihr liegt auch eine Beschwer für den Zeugen, weil er, falls er die Ladung nicht befolgt, mit der Anordnung der Vorführung und deren überraschender Ausführung rechnen muß (§ 33 III). Da der nach Beginn der Vorführung gestellte Antrag keine aufschiebende Wirkung hat (III S. 3 iVm § 307), ist er mit der Beendigung der Vorführung (§ 135) prozessual überholt; zur Anfechtung in diesem Fall vgl 17 ff vor § 296. 21

9) Nicht anfechtbar (III S. 4): Der Ausschluß einer Beschwerde bezieht sich auf die Entscheidung des LG im Ganzen, also auch auf die Kosten des Antrags, über die in entspr Anwendung des § 473 (vgl III S. 3) vom LG mitentschieden wird, und schließt daher nach § 464 III S. 1 Hs 2 auch die sofortige Beschwerde gegen die Kostenentscheidung aus (LR-Rieß 66). 22

10) Ersuchen an eine andere StA (IV): Es handelt sich um Amtshilfe (Art 35 GG; 1 vor § 156 GVG); § 162 und der darin enthaltene Grundsatz bleiben unberührt. Die Bedeutung des IV besteht nur darin, daß die ersuchte StA die bezeichneten Befugnisse erhält, obwohl sie das Ermittlungsverfahren nicht selbst führt. Von der Amtshilfe wird – wie allgemein – nur aus besonderen Gründen Gebrauch gemacht. Ein solcher Grund kann zB darin bestehen, daß die andere StA aus anderen Verfahren oder Vorgängen mit der Sache und den Zusammenhängen vertraut ist. Ist dies auch bei der Polizei der Fall, so kann das Ersuchen, falls zweckmäßig, zunächst an sie gerichtet werden, ggf. mit dem Zusatz, es bei Nichtausführbarkeit an die für den Wohn- oder Aufenthaltsort des Zeugen zuständige StA zur Erledigung weiterzuleiten. Ob die Akten – ganz oder teilw – beigefügt werden müssen, richtet sich nach dem Einzelfall. Handelt es sich um Zeugenvernehmung, so kann die ersuchende StA darum bitten, von einer zwangsweisen Vorführung abzusehen (vgl. oben 5). Um die Fristabsprache mit dem Sachverständigen kann die andere StA nicht ersucht werden. In dem Ersuchen kann die andere StA aber gebeten werden, von Anordnungen, die im Ermessen der StA stehen (§ 77 I S. 3, II), abzusehen. 23

Ermittlungsrichter

RiStBV 10

162 **I Erachtet die Staatsanwaltschaft die Vornahme einer richterlichen Untersuchungshandlung für erforderlich, so stellt sie ihre Anträge bei dem Amtsgericht, in dessen Bezirk diese Handlung vorzunehmen ist. Hält sie**

richterliche Anordnungen für die Vornahme von Untersuchungshandlungen in mehr als einem Bezirk für erforderlich, so stellt sie ihre Anträge bei dem Amtsgericht, in dessen Bezirk sie ihren Sitz hat. Satz 2 gilt nicht für richterliche Vernehmungen sowie dann, wenn die Staatsanwaltschaft den Untersuchungserfolg durch eine Verzögerung für gefährdet erachtet, die durch einen Antrag bei dem nach Satz 2 zuständigen Amtsgericht eintreten würde.

II Die Zuständigkeit des Amtsgerichts wird durch eine nach der Antragstellung eintretende Veränderung der sie begründenden Umstände nicht berührt.

III Der Richter hat zu prüfen, ob die beantragte Handlung nach den Umständen des Falles gesetzlich zulässig ist.

1 **1) Ermittlungshandlungen und Anordnungen von Zwangsmaßnahmen** kann die StA beantragen. Im 1. Fall handelt es sich um bloße Amtshilfe, im 2. funktionell um Akte der Rspr (Rieß NStZ **83**, 521; **91**, 513). Die antragstellende StA braucht dem AG nicht nach § 143 GVG zugeordnet zu sein (Loh MDR **70**, 812). Anträge kann die StA auch schon im Rahmen sog Vorermittlungen stellen (LG Offenburg NStZ **93**, 506). Ferner sind der Amtsanwalt im Rahmen seiner Zuständigkeit (§ 142 I Nr 3, II GVG) und in Steuerstrafsachen die FinB, falls sie das Ermittlungsverfahren selbständig führt (§§ 386, 399 I **AO**), antragsbefugt. Zur Antragsbefugnis der Polizei vgl 26 zu § 163. Bei Gefahr im Verzug und Unerreichbarkeit des StA greift der Richter beim AG von Amts wegen ein (§ 165; vgl ferner § 166).

2 A. **Anlaß** kann sein Beweissicherung, auch bessere Aufklärung, insbesondere im Hinblick auf die richterliche Vereidigung der Zeugen (§ 65).

3 B. Wo der **Antrag vermeidbar** ist, sollte die StA andere Mittel anwenden (Fuhrmann JR **65**, 253). Einen Antrag auf richterliche Vernehmung eines Zeugen zu stellen, ist idR nur noch dann erforderlich, wenn dieser vereidigt werden soll (§ 65) oder zur Beweissicherung eine verlesbare Vernehmungsniederschrift angestrebt wird (15 zu § 160). Die richterliche Vernehmung des Beschuldigten kann zur Erlangung eines zum Zweck der Beweisaufnahme verlesbaren Geständnisprotokolls (§ 254) beantragt werden. In anderen Fällen wird das Ersuchen an das AG bei Ausnutzung der §§ 161 a, 163 a III entbehrlich sein. Erg unten 17.

4 **2) Untersuchungshandlung** ist jede im Zusammenhang mit einem Strafverfahren vor Anklageerhebung anfallende zulässige (vgl III) Handlung zur Förderung des Verfahrens oder zur Sicherung oder Vorwegnahme einer im Straferkenntnis zu erwartenden Maßnahme, zB das Verlangen einer Auskunft nach § 161 S. 1 (LG Bonn JZ **66**, 33 mit Anm Rupp), auch gegenüber einer Bank (LG Frankfurt a.M. NJW **54**, 688 mit Anm Sichtermann; Müller NJW **68**, 1996; erg 1 ff zu § 161). Es sind zu unterscheiden Anordnungen (S. 2; zB §§ 81, 81 a, 81 c, 98, 105, 111 e, 114, 116, 120, 126 a II S. 1, 132 a) und „Verhandlungen" mit Ausnahme von Niederschriften (§§ 168, 168 a). Dabei darf der Richter beim AG Ermittlungs-
5 handlungen, die die **StA nicht beantragt hat,** nicht vornehmen; eine Ausnahme bestimmt § 165. Ist die Anordnung einer Zwangsmaßnahme beantragt, so darf der Richter nicht selbständig ermitteln; fehlt es an den tatsächlichen Grundlagen, so ist der Antrag ohne weiteres abzulehnen (LG Stuttgart NStZ **83**, 520 mit Anm Rieß).
6 **Aus verfahrenspsychologischen Gründen,** die der prozessualen Fürsorgepflicht zuzurechnen sind (Einl 156), kann es angebracht sein, daß eine Untersuchungshandlung beim Ermittlungsrichter beantragt wird, obwohl sie die StA selbst vornehmen könnte, falls die Aufklärung der Sache dadurch nicht in schädlicher Weise verzögert wird. Dieser Fall kann zB eintreten bei der Einholung einer behördlichen Auskunft nach § 161 S. 1 (LG Bonn JZ **66**, 33 mit Anm Rupp) oder bei dem Verlangen der Herausgabe von Bankunterlagen (§ 95).

7 **3) Zuständig ist der sog Ermittlungsrichter,** der für diese Aufgabe (nach § 21 e GVG; unten 13) bestellte Richter beim AG (oder der besondere Ermitt-

lungsrichter in den Fällen des § 169). Die Vornahme der Untersuchungshandlung besteht bei einer „Verhandlung" in deren Ansetzung und Durchführung, bei einer „Anordnung" in dem Erlaß des Beschlusses und seiner Vollstreckung (§ 36 II). Über Zeugenladung vgl § 48.

A. **Normale Zuständigkeit** (I S. 1): Es gibt auch Sonderregelungen, zB für den Haft- und Unterbringungsbefehl (§§ 125 I, 126 a II) und für den Unterbringungsbeschluß (§ 81 I S. 2). Die normale Zuständigkeit gilt auch, wenn in einem und demselben auswärtigen AGBezirk gleichzeitig oder nacheinander mehrere Anordnungen notwendig werden (LR-Rieß 24; **aM** Frankfurt StV **88**, 241 mit abl Anm Ullrich). Ist die Anordnung schon ihrem Inhalt nach in mehreren AGBezirken durchzuführen, so ist jedes dieser AGe örtlich zuständig. Die StA wird in diesem Fall idR das AG bevorzugen, in dessen Bezirk sie ihren Sitz hat. Das gilt zB bei allgemeiner Beschlagnahme (12 zu § 111 b). Erst wenn eine weitere Anordnung in irgendeinem anderen AGBezirk erforderlich wird, gilt I S. 2, 3. Wohnt ein Zeuge im Rahmen von polizeilichen Zeugenschutzmaßnahmen an einem geheimgehaltenen Ort, ist das AG zuständig, in dessen Bezirk sich die Polizeidienststelle befindet, über die der Zeuge geladen werden kann (LG Karlsruhe NStZ **97**, 509). 8

B. **Zuständigkeitskonzentration** (I S. 2, 3): Die Vernehmungen sind hier außer Betracht zu lassen (S. 3). Die Konzentration, die ihre Hauptbedeutung in Fällen der überörtlichen Kriminalität hat, tritt daher erst ein, wenn mehrere richterliche Anordnungen erforderlich werden, die nach der Normalzuständigkeit in mehreren AGBezirken durchzuführen wären. I S. 2 setzt nicht voraus, daß die Anträge für mindestens zwei solcher Anordnungen gleichzeitig gestellt werden (LR-Rieß 24; **aM** Frankfurt StV **88**, 241 mit abl Anm Ullrich). Die Vorschrift gilt auch bei § 125 (dort 2). Hält die StA mehrere Anordnungen für erforderlich, die nach S. 2 in mehr als einem Bezirk vorzunehmen wären, will sie aber **zunächst nur eine** davon beantragen, weil sie für die anderen erst noch zusätzliches Material sammeln will, so darf sie nicht schon den 1. Antrag bei dem AG stellen, in dessen Bezirk sie ihren Sitz hat (KK-Wache 11; LR-Rieß 25). 9 10

C. **Ausnahme von der Zuständigkeitskonzentration** (I S. 3): Hat sich zB ein StA zu Ermittlungen vom Dienstsitz seiner Behörde entfernt und hält er nun die Anordnung einer Untersuchungshandlung durch den Richter für dringend erforderlich, so könnte die Einschaltung des AG am Sitz der StA geeignet sein, den Untersuchungszweck zu verzögern oder gar zunichte zu machen. In diesem Fall kann er seinen Antrag bei demjenigen AG stellen, in dessen Bezirk die Untersuchungshandlung vorzunehmen ist. Für den Ermittlungsrichter ist die Beurteilung der Voraussetzung für das Abweichen von der Zuständigkeitskonzentration bindend. Ist die Anordnung so eilbedürftig, daß sie weder bei dem einen noch bei dem anderen AG eingeholt werden kann, ohne daß ihr Erfolg gefährdet würde, so kann die StA (soweit zulässig, auch ein Hilfsbeamter der StA) die Anordnung treffen. 11

D. **Änderung der Umstände** (II): Der Ermittlungsrichter verliert seine Zuständigkeit zB nicht dadurch, daß die Anordnung aufgrund der Änderung jetzt in einem anderen AGBezirk zu vollziehen ist (Stuttgart NStZ **91**, 291). Dem Rechnung zu tragen, ist dann Aufgabe der StA (§ 36 II). II hindert die StA nicht, den Antrag vor der richterlichen Erledigung zurückzunehmen und bei dem durch die Änderung zuständig gewordenen AG zu stellen. 12

E. **Geschäftsverteilung:** Der Ermittlungsrichter wird durch den Geschäftsverteilungsplan bestimmt. Zu den ihm zugewiesenen Untersuchungshandlungen im Ermittlungsverfahren gehören, sofern nichts anderes bestimmt ist, auch die Entscheidungen über die UHaft, soweit nicht der Jugendrichter zuständig ist (§§ 33, 107 **JGG**). Dies ist nicht nur deshalb zweckmäßig, weil der Ermittlungsrichter auch am Wochenende verfügbar sein muß, sondern auch deshalb, weil in den Ermittlungsverfahren, in denen sowohl über die UHaft Jugendlicher oder Her- 13 anwachsender als auch über die Erwachsener entschieden werden muß, die Kompetenz im Ermittlungsverfahren bei einem Richter zusammengefaßt wird.

14 4) **Richterliche Prüfung** (III): Nur die Zulässigkeit der Untersuchungshandlung hat der Richter zu prüfen (unten 17), trotz der Befugnisse der StA nach § 161 a nicht die Zweckmäßigkeit und Notwendigkeit (KG JR **65**, 268; Stuttgart MDR **83**, 955; LG Essen DRiZ **75**, 376; LG Zweibrücken VRS **90**, 126; Nelles, Kompetenzen und Ausnahmekompetenzen in der StPO, 1980, S. 54 ff; vgl auch BVerfGE **31**, 43 = NJW **71**, 1308; BVerfG DRiZ **76**, 216; Prechtel, Das Verhältnis der StA zum Ermittlungsrichter, Diss München 1995). Die Zulässigkeit fehlt allenfalls bei offensichtlichem Verstoß gegen den Verhältnismäßigkeitsgrundsatz (Einl 21, 22; Zweibrücken GA **81**, 418; LG Saarbrücken NStZ **89**, 132 mit Anm Weyand; LG Verden StV **86**, 427; vgl aber BayVerfGH MDR **63**, 739), nicht aber, wenn der Richter die Strafverfolgung als solche für unzulässig oder unbegründet hält (LR-Rieß 36). Andererseits darf der Richter bei Veränderung der Lage so verfahren, wie es dem mutmaßlichen Willen der StA entspricht (BGH 3 StR 39/63 vom 29. 11. 1963; Rieß NStZ **91**, 514; **aM** Geppert DRiZ **92**, 407). Bei Handlungen, die wegen des mit ihnen verbundenen Zwangseingriffs in verfassungsrechtlich geschützte Rechte dem Richter vorbehalten sind (zB §§ 102, 103, 105), ist das richterliche Ermessen hingegen nicht beschränkt (Düsseldorf NStZ **90**, 145; Rieß aaO). Das Ersuchen um Vernehmung des Beschuldigten, der bisher nicht ausgesagt hat (2 zu § 163 a), ist grundsätzlich zulässig. Eine Ausnahme ist denkbar, wenn er offenbar wohl überlegt erklärt hat, er wolle auch beim Richter keine Aussage machen oder wenn dies nach den Umständen sicher anzunehmen ist (Düsseldorf NStZ **90**, 144). Ist der Vernehmungsantrag zulässig, so kann in Bagatellsachen doch die Vorführung (§ 133) unzulässig sein (Einl 20, 21). Die Berechtigung einer Zeugnisverweigerung ist zu prüfen und kann zur Ablehnung des
15 Vernehmungsantrags führen (BGH **36**, 298, 300). Es ist **keine Ausführung des Ersuchens** der StA, wenn der Richter dem Beschuldigten bei der Ladung mitteilt, er könne sich schriftlich äußern (§ 136 I S. 2; vgl auch Hamm JMBlNW **74**, 53), oder in seinem Nichterscheinen werde die Erklärung gesehen, schweigen zu wollen. Der Vernehmungsbehelf des § 163 a I S. 2 gilt nicht für den Richter, der um Vernehmung (mit Ladung und richterlichem Protokoll, §§ 133, 168, 168 a) ersucht worden ist (11 zu § 163 a). Gegen die Ablehnung hat die StA die Beschwerde nach § 304.

16 5) **Nach Erhebung der öffentlichen Klage** ist § 162 grundsätzlich unanwendbar (Düsseldorf NJW **81**, 2133). Die Zuständigkeit des Ermittlungsrichters geht mit der Anklageerhebung auf das mit der Sache befaßte Gericht über (BGH **27**, 253). Die StA ist zwar weiterhin berechtigt und ggf verpflichtet, belastende und entlastende Spuren zu verfolgen (was zB § 98 III bestätigt), ohne die gerichtliche Untersuchung zu stören (RG **60**, 263; Stuttgart MDR **83**, 955; **aM** Wohlers 222; erg Einl 87; 5 zu § 202), insbesondere, wenn das Gericht die Hauptverhandlung für weitere Ermittlungen ausgesetzt hat (1 ff zu § 228). Hält sie aber eine richterliche Untersuchungshandlung für geboten, wendet sie sich an das mit der Sache befaßte Gericht (LG Coburg MDR **53**, 120 mit Anm Kleinknecht); gegen dessen Willen kann sie Untersuchungshandlungen nicht erzwingen (Stuttgart aaO).

17 6) **Erachtet die StA für erforderlich:** Da die StA die Möglichkeiten der §§ 161 a, 163 a III hat, wird sie den Antrag nach I nur noch stellen, wenn besondere Gründe es geboten erscheinen lassen, zB weil der Zeuge vereidigt werden soll. Dasselbe gilt für die FinB (oben 1). Jedoch darf der Ermittlungsrichter den Antrag nicht mit dem Hinweis auf die Möglichkeiten nach §§ 161 a, 163 a III ablehnen (LG Düsseldorf NStZ **85**, 377 mwN; LG Freiburg NStZ **93**, 146; LG Köln MDR **95**, 1252; LG Tübingen MDR **89**, 1015; **aM** LG Köln NStZ **89**, 41). Über die Erforderlichkeit der richterlichen Untersuchungshandlung entscheidet allein die StA (LG Saarbrücken wistra **93**, 280; Geppert DRiZ **92**, 407; Rieß NStZ

91, 516 mwN; **aM** Schellenberg NStZ **91**, 72 für „willkürliche oder aus sachfremden Erwägungen gestellte" Vernehmungsanträge). Der Ermittlungsrichter prüft nur seine Zuständigkeit, zB im Fall des I S. 2, ob die beantragte Anordnung in mehreren AG-Bezirken zu vollstrecken ist oder ob bereits früher eine in einem anderen Bezirk durchzuführende Anordnung beantragt worden ist (Rieß NJW **75**, 84 Fn 59), und die rechtliche Zulässigkeit der Untersuchungshandlung (Rieß NStZ **91**, 514). Ob die StA von der richterlichen Anordnung Gebrauch macht, die sie im Ermittlungsverfahren erwirkt hat, ist ihre Sache (Benfer NJW **81**, 1245 für die Durchsuchungsanordnung).

7) Beschwerde: Wird gegen eine Entscheidung des Ermittlungsrichters Beschwerde eingelegt, so ist für diese das ihm übergeordnete Beschwerdegericht zuständig. Dorthin richtet die sachbearbeitende StA ihre Anträge und Stellungnahmen ohne Einschaltung der dem Beschwerdegericht zugeordneten örtlichen StA (KK-Wache 20; Loh MDR **70**, 813). Denn § 143 I GVG gilt hier nicht, weil es sich auch noch in der Beschwerdeinstanz um Amtshilfe für die das Verfahren führende StA handelt (vgl BVerfGE **31**, 43 = NJW **71**, 1308). **Nach Erhebung der öffentlichen Klage** (oben 16) geht die Haftkontrolle auf das mit der Sache befaßte Gericht über. Die Beschwerde ist daher, wenn vorher nicht das dem Ermittlungsrichter übergeordnete Beschwerdegericht eine Entscheidung getroffen hat, umzudeuten in einen Antrag an das erstinstanzliche Gericht (Karlsruhe Justiz **98**, 130; 12 zu § 117; 7 zu § 126; 7 zu § 169). 18 19

Erster Zugriff der Polizei **RiStBV 13–21, 43, 101, 101 a**

163 **I Die Behörden und Beamten des Polizeidienstes haben Straftaten zu erforschen und alle keinen Aufschub gestattenden Anordnungen zu treffen, um die Verdunkelung der Sache zu verhüten.**

II Die Behörden und Beamten des Polizeidienstes übersenden ihre Verhandlungen ohne Verzug der Staatsanwaltschaft. Erscheint die schleunige Vornahme richterlicher Untersuchungshandlungen erforderlich, so kann die Übersendung unmittelbar an das Amtsgericht erfolgen.

1) Erforschungspflicht (I): Im Rahmen des gesetzlichen Mandats wird die (Kriminal-)Polizei (erg unten 12) tätig, ohne Aufträge der StA (11 zu § 161) abzuwarten (Düsseldorf VRS **69**, 235, 237). In diesem Rahmen ist ihr gesetzlicher Auftrag gleich dem der StA (§ 160 I). Die Behörden und Beamten des Polizeidienstes sind auch bei ihren Ermittlungen nach § 163 „verlängerter Arm der StA" (BVerwGE **47**, 255, 263 = NJW **75**, 893). Sie haben nur eine „Durchgangszuständigkeit" (Ernesti NStZ **83**, 61; ZRP **86**, 59; Krey 1/471). Ungeachtet der organisatorischen Selbständigkeit der Polizei bilden ihre Ermittlungen und die der StA stets eine Einheit, auch soweit sie ohne Auftrag der StA durchgeführt werden (Geißer GA **83**, 388; Rüping ZStW **95**, 894; Ulrich ZRP **77**, 158). § 163 gibt keine Zwangsbefugnisse (KK-Wache 1; vgl unten 33; Einl 46). Für Maßnahmen der Polizei mit Eingriffscharakter bedarf es einer besonderen gesetzlichen Ermächtigung (LR-Rieß 6; SK/StPO-Rudolphi 20 vor § 94; Krey 1/468; Riegel JZ **80**, 225; Rogall GA **85**, 5 ff; Steinke MDR **80**, 456 mwN). Der Verstoß gegen das Legalitätsprinzip ist nach §§ 258, 258 a StGB (EbSchmidt I 399), die Verfolgung eines Unschuldigen nach § 344 StGB strafbar. Wenn das **Opportunitätsprinzip** ieS (echtes Wahlrecht, 8 zu § 152) gilt, ermittelt die Polizei nur beim Bestehen von Anhaltspunkten dafür, daß die StA ein öffentliches Interesse bejahen könnte (zB bei Privatklagedelikten; RiStBV 86). In den Fällen, in denen lediglich die StA darüber zu befinden hat, ob die Strafverfolgung durchzuführen ist (3 zu § 152), ermittelt die Polizei so weit, daß die StA ihre Entscheidung treffen kann (erg unten 4). 1 2

3 A. Die **Lenkung des Ermittlungsverfahrens** (Einl 41, 60 ff) ist Aufgabe der StA (§ 152 I, II, § 160), der Herrin des Verfahrens in diesem Stadium (BVerfG NJW **76**, 231; Krey 1/470; **aM** Knemeyer Krause-FS 471; dagegen Bindel DRiZ **94**, 166), im Steuerstrafverfahren auch der FinB (§§ 386, 399 I **AO**). Die (Kriminal-)Polizei ist Ermittlungsorgan der StA (§ 161; vgl auch § 152 GVG). Aus dem Verhältnis zwischen § 160 und § 163 folgt, daß die Polizei auf das StA-Ermittlungsverfahren hinarbeitet (zur Entscheidung nach § 170). Daher ist die StA grundsätzlich zur justizgemäßen Sachleitung der polizeilichen Ermittlungen verpflichtet (KK-Wache 2; Bindel aaO; Roxin DRiZ **97**, 119; **aM** Knemeyer/Deubert NJW **92**, 3131; vgl auch Einl 41; 11 zu § 161). Sie hat die Rechtskontrolle (BGH **34**, 214, 216; Füllkrug ZRP **84**, 193; Roxin DRiZ **69**, 385; Rüping ZStW **95**, 909) und trägt die Grundverantwortung für die richtige Beschaffung und Zuverlässigkeit des im Justizverfahren benötigten Beweismaterials (Görgen DRiZ **76**, 296; Kuhlmann DRiZ **76**, 265; Rüping aaO; *de lege ferenda* Rieß Schäfer-FS 195 ff; Gössel GA **80**, 325, 346 ff). Daher dürfen Zeugen, außer in Eilfällen (vgl RiStBV Anl D Nr 5.1), Vertraulichkeitszusagen nur im Einverständnis mit der StA gemacht werden (Füllkrug aaO; Geerds Krause-FS 464; Geißer GA **83**, 409; **85**, 261; J. Meyer ZStW **95**, 843 ff; Rebmann NJW **85**, 5; erg 17 zu § 158). Das Gericht ist an diese Zusage nicht gebunden (BGH **35**, 82). Bei dieser Aufgabe gibt es grundsätzlich keinen staatsanwaltsfreien Raum (Geißer GA **83**, 385). Bei der Bestimmung des Maßes seiner Einschaltung muß der StA die Erkenntnis berücksichtigen, daß weitgehend im Ermittlungsverfahren die Weichen auf das richtige oder falsche Urteil hin gestellt werden (KK-Wache 2). Um der StA die Erfüllung
4 ihrer Aufgaben zu ermöglichen, muß die Polizei in schwierigen Fällen **von vornherein im Kontakt mit dem StA** vorgehen. Dieser kann vom Beginn der Ermittlungen an auch auf die Gestaltung der einzelnen Ermittlungshandlungen Einfluß nehmen, zB dahin wirken, daß ein Sachverständiger eingeschaltet wird, etwa zur Spurensicherung oder auch zur ersten Vernehmung des Beschuldigten. Allein die StA kann aufgrund ihrer forensischen Erfahrung in schwierigen Fällen beurteilen, was für das Strafverfahren notwendig ist. Ihre Sache ist es auch, frühzeitig den Stoff des Verfahrens nach den §§ 154, 154 a zu beschränken und der Polizei allgemein oder im Einzelfall die erforderlichen Weisungen zu erteilen (RiStBV
5 101 I, 101 a I). Das gilt auch für die **Trennung oder Verbindung** zusammenhängender Strafsachen nach § 2 (BGH MDR **87**, 249). Aus diesen Gründen muß sie sich in schwierigen Sachen von Anfang an aktiv einschalten (Heimeshoff DRiZ **72**, 164). Daher hat sie auch die Befugnis, das Ermittlungsverfahren jederzeit an sich zu ziehen. Die Polizei wird dann nur noch nach § 161 S. 2 tätig oder in einer stets bleibenden Notzuständigkeit für eilige Untersuchungshandlungen. Die StA darf auch an Ermittlungshandlungen der Polizei jederzeit teilnehmen (KMR-Müller 1 zu § 168 c), in einer Steuerstrafsache auch die FinB (§ 403 I S. 1 **AO**); anders, wenn die Polizei in Ausführung einer richterlichen Anordnung nach Erhebung der Klage tätig wird, zB nach § 202 (vgl Einl 44). Das auf der Leitungsbefugnis beruhende einseitige Anwesenheitsrecht der StA im Ermittlungsverfahren ist kein Verstoß gegen den Grundsatz der sog Waffengleichheit zwischen StA und Beschul-
6 digtem (Einl 88). Dem **Verteidiger,** der um Auskunft ersucht, muß die Polizei das mitteilen, was sie dem Beschuldigten bei Beginn der Vernehmung über den Vorwurf sagen müßte (§ 163 a IV S. 1; Kleinknecht Kriminalistik **65**, 454). Die Akteneinsicht gewährt nur die StA (33 zu § 147).

7 B. **Zuständigkeiten:** Die Behörden und Beamten des Polizeidienstes sind nebeneinander genannt. Die Polizeibehörden müssen alle Maßnahmen zur Erfüllung der Pflicht nach I treffen, insbesondere geeignete Beamte zur Verfügung stellen, einteilen, entspr ausrüsten und überwachen. Über das Recht zur Nacheile (§ 167
8 GVG) hinaus besteht folgende Ermächtigung: Nach dem **Abkommen über die erweiterte Zuständigkeit der Polizei** der Länder bei der Strafverfolgung vom 8. 11. 1991 (abgedr zB in BWGABl 93, 719) sind die Polizeivollzugsbeamten der

vertragsschließenden Bundesländer ermächtigt, Amtshandlungen auch in anderen Bundesländern vorzunehmen, wenn einheitliche Ermittlungen, insbesondere wegen der räumlichen Ausdehnung der Tat oder der in der Person des Täters oder in der Tatausführung liegenden Umstände, notwendig erscheinen. Das gilt nicht nur bei Sammelverfahren (unten 19). Der einzelne Beamte muß andere relevante Erkenntnisse an den zuständigen Beamten weitergeben. Der dienstfreie und in Zivilkleidung befindliche Beamte wird nicht sachlich unzuständig (Celle NdsRpfl **64**, 258). **Über die Grenzen der BRep hinaus** dürfen die Beamten der Polizeien des **8 a**
Bundes und der Länder nach Art 40 I des SDÜ (vgl Einl 216) bei auslieferungsfähigen Straftaten die Observation eines Verdächtigen auf dem Hoheitsgebiet einer anderen Vertragspartei (zZ Benelux-Staaten, Frankreich, Griechenland, Italien, Österreich, Portugal und Spanien) fortsetzen, wenn diese einem zuvor gestellten Rechtshilfeersuchen zugestimmt hat; bei bestimmten besonders schweren – in Art 40 VII aufgezählten – Straftaten darf nach Art 40 II eine Observation bei „besonderer Dringlichkeit der Angelegenheit" auch ohne vorherige Zustimmung über die Grenzen hinweg fortgesetzt werden. Nach Art 41 ist eine Nacheile gegenüber einer verfolgten oder aus der Haft entflohenen Person unter ähnlichen Voraussetzungen zulässig; die BRep hat in ihrer Erklärung zu Art 41 IX (BGBl 1993 II 1093) Frankreich und den Benelux-Staaten sowie Österreich gestattet, das Recht der Nacheile ohne räumliche und zeitliche Begrenzung für alle auslieferungsfähigen Straftaten und unter Einräumung des Festhalterechts auszuüben (vgl dazu ferner Heinrich NStZ **96**, 365). Die LJVen, das BMI und das BMJ haben Richtlinien über die internationale Fahndung nach Personen, einschließlich der Fahndung nach Personen im Schengener Informationssystem (SIS; Einl 40) vereinbart (zB für das Saarland in Kraft gesetzt am 1. 10. 1993, Gemeinsames MBl 1994, 131). Vgl auch RiStBV 43. **Europol** (vgl das Übk vom 26. 7. 1995 aufgrund von **8 b**
Art K.3 des Vertrags über die EU über die Errichtung eines Europäischen Polizeiamts, BGBl 1997 II 2153) hat demgegenüber keine Exekutivbefugnisse in den Mitgliedstaaten der EU.

C. **Voraussetzung für den sog ersten Zugriff** ist für die Polizei ebenso wie **9**
für die StA, daß zureichende tatsächliche Anhaltspunkte bestehen, die den Verdacht einer Straftat begründen (4 zu § 160). Eine im Gesetz nicht erwähnte, der Einleitung des Ermittlungsverfahrens vorgeordnete Phase ist das „Herumfragen", eine informatorische, formlose Befragung zur Gewinnung eines groben Bildes, ob wirklich der Verdacht einer Straftat besteht und wer als Beschuldigter oder als Zeuge in Betracht kommt (Geppert Oehler-FS 323; Kleinknecht Kriminalistik **65**, 451; Krause/Nehring 160; Einl 79; 24 zu § 163 a). Bei **außerdienstlich erlangter** **10**
Kenntnis von Verdachtsgründen gilt für den Polizeibeamten dasselbe wie für den StA (10 zu § 160).

D. Ein **Auftrag,** der dem I in positiver oder negativer Richtung widerspricht, **11**
darf weder aus dem Polizeisektor noch von der StA erteilt werden; er dürfte nicht befolgt werden (vgl 3 ff zu § 146 GVG).

E. Beim **Verdacht einer OWi** gilt § 53 OWiG. Wenn der Sachverhalt aufge- **12**
klärt wird, wobei das Opportunitätsprinzip gilt, legt die Polizei die bei ihr anfallenden Ermittlungsakten der VerwB vor (§ 53 I S. 3 OWiG), weil sie für dieses Verfahren die Grundverantwortung trägt (vgl. oben 3), sofern die StA nicht die Verfolgung übernommen hat (§§ 42, 63 OWiG).

F. **Besondere Zuständigkeiten:** Das Bundeskriminalamt (§ 4 BKAG; RiStBV **13**
30–32) nimmt bei bestimmten Straftaten (12 zu § 161) die Aufgaben nach § 163 wahr. Jedoch werden dadurch die anderen Polizeibehörden nicht ihrer Pflicht enthoben, zunächst zuzugreifen (vgl auch 2 zu § 143 GVG). **Sonstige Träger von** **14**
Polizeiaufgaben, für die in ihrem Zuständigkeitsbereich § 163 gilt: Der Bundesgrenzschutz nach dem BGSG (dazu Schwabe NJW **98**, 3698), dem nicht nur der Grenzschutz (§ 2) obliegt, sondern der u.a. auch als Bahnpolizei (§ 3) tätig wird, zur Luftsicherheit (§ 4), zum Schutz von Bundesorganen (§ 5), zu Maßnahmen auf

See (§ 6) und zur Unterstützung von anderen Bundesbehörden (§§ 9, 10, 11) eingesetzt werden kann, zur Verhinderung unerlaubter Einreise in das Bundesgebiet (§ 22) und zur Identitätsfeststellung einer Person (§ 23) tätig wird, insbesondere aber auch die polizeilichen Aufgaben auf dem Gebiet der Strafverfolgung bei bestimmten „grenzbezogenen“ Vergehen wahrnimmt (§ 12); die Hauptzollämter und Zollfahndungsämter, soweit es sich um bestimmte Straftaten nach der AO (§§ 369, 404 **AO**; vgl Kramer wistra **90**, 169; Pütz wistra **90**, 212), dem AWG und dem MOG handelt (§ 37 II AWG, § 37 II MOG; BGH **36**, 283); die Angehörigen der VerwB bei der Erforschung von Straftaten nach dem WiStG 1954 (§ 13 II iVm § 63 I S. 1 OWiG); die Beauftragten der zuständigen Behörden in Eichsachen nach § 34 EichG idF vom 22. 2. 1985 (BGBl I 410; III 7141–6); die für die Ausführung des BBergG zuständigen Landesbehörden nach § 147 BBergG; die Beamten des Hydrographischen Instituts, die Polizeivollzugsbeamten des Bundes, die Beamten des Zollgrenzdienstes und der Wasser- und Schiffahrtsverwaltungen des Bundes bei Straftaten nach § 146 BBergG im Bereich des Festlandsockels (§ 148 II BBergG).

15 G. **Andere Verfahrensbeteiligte** als den StA, die nicht selbst vernommen werden oder sonst Gegenstand der Ermittlungshandlung sind, darf die Polizei zu ihrer Ermittlungshandlung zulassen, obgleich sie keinen Anspruch auf Anwesenheit haben (Kion NJW **66**, 1800), wenn es Ermittlungsgründe geboten erscheinen lassen. Auch
16 der **Verteidiger hat kein Recht auf Anwesenheit** bei den polizeilichen Vernehmungen (Krause/Nehring 227 ff; Krüger Kriminalistik **74**, 392). Das gilt auch bei der Vernehmung des Beschuldigten (LR-Rieß 95 zu § 163 a mwN; Krause StV **84**, 173; **aM** Beulke 48; Gössel ZStW **94**, 35; Nelles StV **86**, 75; Plagemann NJW **77**, 565; Riegel ZRP **78**, 20; Schaefer MDR **77**, 980). Dies bestätigt § 163 a III S. 2 iVm § 168 c I, V, wonach der Verteidiger bei der Vernehmung des Beschuldigten durch die StA anwesend sein darf, während eine entspr Regelung für die polizeiliche Vernehmung fehlt. Jedoch kann die Polizei auch dem Verteidiger die Anwesenheit gestatten, wenn hierfür besondere Gründe vorliegen, weil sonst der Zwang zur Gleichbehandlung zu einer Übung führt, die das Gesetz durch Versagung eines Anwesenheitsrechts nicht einführen wollte (Kleinknecht Kriminalistik **65**, 454). Soweit dem Verteidiger die Anwesenheit gestattet wird, hat er ein Hinweis- und Fragerecht, weil die Beschränkung auf eine reine Zuhörerrolle nicht zumutbar und mit seiner Verteidigerfunktion nicht vereinbar wäre (LR-Rieß aaO). Da der Verteidiger kein Recht auf Anwesenheit hat, darf die Polizei erst recht den RA, der als Beistand eines Zeugen erscheint (§§ 406 f, 406 g; 11 vor § 48; 10 zu § 161 a), zurückweisen (KK-Wache 19; erg 23 zu § 163 a). Einer Vertrauensperson des verletzten Zeugen kann auf dessen Antrag die Anwesenheit gestattet werden (§ 406 f III).

17 H. **Kollision zwischen Strafverfolgung und Präventivmaßnahmen:** Die StA ist nur Strafverfolgungsorgan (1 ff vor § 141 GVG), also für Präventivmaßnahmen nicht zuständig, soweit das Gesetz nichts anderes bestimmt (1 zu § 112 a). Zum Zusammentreffen von Strafverfolgung und Gefahrenabwehr vgl RiStBV Anl A Abschn B III. Im Hinblick auf die neu in die StPO eingefügten Zwangsmaßnahmen (§§ 98 a, 98 c, 100 c, 110 aff, 163 b, 163 c, 163 d), die sich ähnlich oftmals auch in den Polizeigesetzen der Länder befinden und dort schon zuvor enthalten waren, wird aber neuerdings bereits von einer „Verpolizeilichung“ des Strafprozeßrechts gesprochen (Paeffgen Rudolphi-Symp 13).

18 I. Ein **schriftliches Verfahren** ist das Ermittlungsverfahren. Daher müssen alle Beweiserhebungen und alle relevanten Beobachtungen der Ermittlungsbeamten in irgendeiner Form aktenkundig gemacht werden (Einl 62). Das gilt auch für auffällige Verhaltensweisen von Auskunftspersonen und für andere konkrete Beobachtungen, die für die Glaubwürdigkeit Bedeutung haben können. Aktenkundig ist auch die Mitwirkung von V-Leuten oder Informanten zu machen (LG Berlin StV **86**, 96). Die mündlichen Vernehmungen von Zeugen und Beschuldigten werden grundsätzlich protokolliert (29 zu § 163 a), je nach Eignung nach Anhörung der

gesamten Aussage oder in Teilen oder in einem Zug-um-Zug-Protokoll mit weitgehender wörtlicher Wiedergabe der Aussage. Zur Bild-Ton-Aufzeichnung einer polizeilichen Zeugenvernehmung vgl 2 zu § 58 a.

K. Über **Sammelverfahren** vgl 9, 11 zu § 2; RiStBV 25–29. Die Zusammen- 19
fassung mehrerer Verfahren, die einzeln zu verschiedenen StAen gehören würden, zu einem Sammelverfahren ist idR Aufgabe der beteiligten StAen (3 zu § 143 GVG). Im Verfahrensstadium nach § 163 kann die Initiative hierzu auch von der Polizei ausgehen (erg RiStBV 28).

2) **Beginn der Erforschungspflicht:** Diese entsteht für die Polizei wie für die 20
StA, sobald sie Kenntnis von dem Verdacht erhält (5 zu § 160). Der Auftrag, die zur Verhütung der Verdunkelung erforderlichen Anordnungen zu treffen, bedeutet keine Beschränkung der Erforschungspflicht. Auch die Ermittlungen der Polizei dienen der Vorbereitung der staatsanwaltschaftlichen Entscheidung, mit der das Ermittlungsverfahren abzuschließen ist (11 zu § 160). Die Erforschungspflicht der Polizei ist nach dem Gesetz nicht anders beschränkt als die der StA (§ 160). Auch § 160 II gilt für die Polizei entspr. Ein Geständnis muß durch Kontrollvernehmungen und kontrollierende Sachbeweise auf Richtigkeit geprüft werden (Peters Kriminalistik **70**, 428). Die (grobe, sich in diesem Verfahrensstadium aufdrängende) Persönlichkeitserforschung und sonstige Klärung der **Tatsachengrundlage für** 21
die Rechtsfolgenentscheidung (§ 160 III S. 1) ist – unbeschadet der Pflicht nach II – ebenfalls Aufgabe der Polizei, jedoch nur so weit, wie sie unzweifelhaft notwendig und zulässig ist (Rössmann Kriminalistik **68**, 194; 20 zu § 160).

3) **Beweissicherung und Unterbrechung der Verfolgungsverjährung:** 22
Beide obliegen der Polizei ebenso wie der StA (§ 160 II; § 78 c I Nr 1 StGB). Die Bekanntgabe, daß ein Ermittlungsverfahren eingeleitet ist, muß eine schriftliche oder mündliche amtliche Mitteilung an den Beschuldigten sein. Sie kann auch mit anderen Mitteilungen verbunden werden, zB im Fall des § 163 a I S. 2 iVm den erforderlichen Belehrungen (dort 4, 5). Bei der schriftlichen Mitteilung und bei der Anordnung der Vernehmung tritt die Unterbrechung bereits mit der Unterzeichnung ein (§ 78 c II StGB).

4) Die **Vorlage der Verhandlungen** (II S. 1), dh der entstandenen Ermittlungs- 23
vorgänge (Akten, sachliche Beweismittel, Verfalls- und Einziehungsgegenstände) an die zuständige StA muß ohne Verzug, dh nach der unaufschiebbaren Beweissicherung (oben 22), und nach den gebotenen Untersuchungshandlungen in sachgemäßer Berücksichtigung der in 3 genannten Grundsätze der engen Zusammenarbeit, geschehen. In Staatsschutzsachen, in denen im 1. Rechtszug das OLG zuständig ist (§ 120 I, II S. 1 GVG), werden die Akten dem GBA vorgelegt (§ 142 a I GVG; RiStBV 202 IV). Die von der Polizei über den Straffall für den eigenen Gebrauch angelegten Kriminalakten darf der Beschuldigte nur mit Genehmigung der StA einsehen (Schoreit NJW **85**, 169 gegen VGH München NJW **84**, 2235, das den Rechtsweg vor den Verwaltungsgerichten für zulässig hält). **Von allen verfolgten** 24
Spuren (oben 18) muß die StA Kenntnis erhalten, auch wenn sie von der Polizei nicht weiter verfolgt worden sind. Eine solche Spur kann sich später als wichtig erweisen oder bei Wiederaufnahme Bedeutung erlangen (Peters Kriminalistik **70**, 426). Daher hat die Polizei der StA sämtliche Spurenakten (zum Begriff vgl Wieczorek Kriminalistik **84**, 598) vorzulegen, die bei den Ermittlungen entstanden sind, allerdings nur, soweit sie irgendeinen Bezug zu Tat und Täter haben; sonst verbleiben sie als verfahrensfremde Vorgänge bei der Polizei, sind aber der StA auf Aufforderung hin vorzulegen (str, vgl dazu 18 zu § 147). Größere Gegenstände kann die Polizei unter Verständigung der StA in Verwahrung nehmen oder an geeigneten Orten aufbewahren. Wegen der Vorlegung gespeicherter Daten vgl Ernesti NStZ **83**, 62. Mit der Aktenübersendung endet die Erforschungspflicht der Polizei nicht; sie darf aber die Ermittlungen der StA nicht stören (vgl 16 zu § 162). Nach näherer Maßgabe des JuMiG (MiStra 11) teilt die StA der Polizei ihr Akten-

zeichen und den Ausgang des Verfahrens mit (zur Verwendung zur vorbeugenden Verbrechensbekämpfung vgl 5 zu § 19 **EGGVG**).

25 5) **Jede Ermittlungssache** ist vorzulegen, gleichviel, ob sie auf Strafanzeige oder Strafantrag (§ 158) oder von Amts wegen (I) begonnen worden ist. Das gilt auch, wenn nach der Einleitung eines Ermittlungsverfahrens der Verdacht schlechthin entfällt oder der Verdächtige nicht ermittelt wird. Wenn es zweckmäßig ist, den Beschuldigten aus diesem Verhältnis alsbald zu entlassen, zB um ihn als Zeugen zur Verfügung zu haben oder ihn zu rehabilitieren, so werden die Akten der StA zur Teileinstellung zugeleitet (8 zu § 170). Der polizeiliche Vorgesetzte darf die nach seiner Meinung zu Unrecht von einem Polizeibeamten aufgenommene Sache, für die nach ihrer Art das Legalitätsprinzip gilt, nicht aus dem Geschäftsgang entfernen. Er kann nur etwaige Zweifel in einem Begleitbericht ausdrücken (BGH MDR **56**, 563). Bei Steuerstraftaten legt die Polizei ihre Akten unter den Voraussetzungen des § 386 II **AO** der FinB, in „gemischten" Fällen der StA vor.

26 6) **Auch unmittelbar an das AG** (II S. 2) kann die Polizei die Akten leiten, wenn sie eine besonders eilige richterliche Untersuchungshandlung (4 ff zu § 162) für geboten hält. Einen Antrag auf eine bestimmte Untersuchungshandlung kann an sich nur der StA stellen; die Polizei kann aber eine Anregung geben. Der Richter wird dann nach § 165 tätig. Die Spezialregelung des II S. 2 und § 165 heben § 33 II für den Fall auf, daß die StA nicht rasch genug erreichbar ist (3 zu § 165). II S. 2 gibt der Polizei nicht die Befugnis, eine Beschwerde zum LG einzulegen (18 zu § 162).

27 7) Die **Ermittlungsbefugnis der Polizei** umfaßt die Erhebung aller zulässigen Beweise. Auf einzelnen Gebieten sind ihr dabei Schranken gesetzt, auf der anderen Seite hat sie Möglichkeiten, die praktisch nur ihr offenstehen. Vgl hierzu Perschke, Zur Zulässigkeit nicht spezialgesetzlich geregelter Ermittlungsmethoden im Strafverfahren, 1997 (zugleich Diss Osnabrück 1995).

28 A. **Allgemeine Ermittlungen:** Vernehmung des Beschuldigten (§ 163 a I, II, IV) und der Zeugen (§ 163 a V; 6 zu § 161 a; 24, 25 zu § 163 a); Herausgabeverlangen (§ 95 I; dort 1, 3); Heranziehung eines Sachverständigen (1 zu § 73) und die vorläufige Festnahme (§§ 127 II, 127 b I). Zu nennen sind ferner außer den Maßnahmen für das Strafverfahren nach § 81 b auch die Anfertigung von Lichtbildern vom Tatort und vom Auffindungsort und der Art der Gegenstände, die bei der Tat eine Rolle gespielt haben. Zulässig ist auch das Photographieren von Ansammlungen, wenn es naheliegt, dadurch bisher unbekannte oder gesuchte Täter früherer Straftaten ermitteln zu können (BGH NJW **75**, 2075 = JZ **76**, 31 mit Anm W. Schmidt). Ebenso wichtig ist es, daß von den Opfern der Tat Aufnahmen gemacht werden. Bei unbekannten Toten kann das Röntgen- Identifizierungsverfahren von Erfolg sein, das auf dem Vergleich von Röntgenaufnahmen einer Leiche mit solchen Aufnahmen beruht, die bei Lebzeiten der Person aufgenommen worden sind, um die es sich bei dem Opfer mutmaßlich handelt. Dabei können Auskünfte der Krankenversicherungen von Wert sein (vgl 5 zu § 161). Auch Einholung behördlicher Auskunft ist zulässig (§ 161 S. 1; Hennes Polizei **62**,
28 a 17). Für Bagatellstraftaten sehen Richtlinien der Länder ein **Vereinfachtes Ermittlungsverfahren** vor; vgl für Niedersachsen Gemeinsamen RdErl vom 5. 7. 1995 (NdsRpfl **95**, 266) und für Sachsen-Anhalt Gemeinsamen RdErl vom 27. 4.
29 1995 (MBl 1154). **Aus verfahrenspsychologischen Gründen** kann es angebracht sein, bei einer Untersuchungshandlung, die voraussichtlich besonderes öffentliches Aufsehen erregen wird, die StA oder den Ermittlungsrichter (oben 26) einzuschalten, wenn die Aufklärung der Sache dadurch nicht in schädlicher Weise verzögert wird (6 zu § 162).

30 B. **Notwehr und Nothilfe:** Neben ihren sonstigen Befugnissen stehen den Strafverfolgungsbeamten auch das Notwehr- und Nothilferecht nach den §§ 32, 35 StGB zu (Maurach/Zipf § 26 II B 4; Schultz MDR **80**, 816; so ausdrücklich zB

Art 60 II BayPAG, § 35 PolGNW). § 34 StGB ist ebenfalls öffentlich-rechtliche Eingriffsnorm (BGH **27**, 260; Lange NJW **78**, 784; Schwabe NJW **77**, 1902; **aM** Amelung NJW **78**, 623; Lisken ZRP **90**, 19), soweit die allgemeine Bestimmung nicht durch besondere Regelungen verdrängt wird (zB nach §§ 34 ff **EGGVG;** so allgemein auch Seelmann, Das Verhältnis von § 34 StGB zu anderen Rechtfertigungsgründen, 1978, S. 72). Die **Eingriffskompetenz** steht häufig nur den Hilfs- 31
beamten der StA (§ 152 GVG) zu. Vor allem die Beschlagnahme einer beweglichen Sache (§§ 98 I, 111 b I, 111 e I S. 2), die Durchsuchung (§§ 105 I, 111 b III), die körperliche Untersuchung des Beschuldigten (§ 81 a) oder von Zeugen (§ 81 c II) sowie die Anordnung einer Sicherheitsleistung (§ 132 II) dürfen – außer dem Richter und StA – nur die Hilfsbeamten der StA anordnen; bei Steuerstraftaten auch die FinB und deren Hilfsorgane (§§ 399 I, II, 402, 404 **AO**). Die Durchführung dieser Maßnahmen dagegen kann auch Polizeibeamten ohne Hilfsbeamteneigenschaft überlassen werden, gleichviel wer die (zulässige) Anordnung getroffen hat.

C. **Zwang** anzuwenden, gestattet I nicht (Einl 45, 46). Zwang zur Identitätsfest- 32
stellung kann nach den §§ 163 b, 163 c angewendet werden, auch nach § 127 I. Diese Regelungen lassen die polizeilichen Normen mit Ermächtigung zum Zwang unberührt (1 zu § 6 EGStPO; §§ 9, 10 MEPolG; Art. 13, 14 BayPAG; §§ 9, 10 PolGNW).

D. **Razzia:** Die §§ 163 b, 94, 95, 102, 103, 111 b ergeben eine Rechtsgrundlage 33
(Brodag 469; vgl auch Schultz JR **66**, 207). Eine Razzia zur Straftataufklärung kann mit einer zur Gefahrenabwehr (§ 9 I Nr 3 MEPolG; Art 13 I Nr 3 BayPAG; § 9 I Nr 3 PolGNW) kombiniert werden (oben 17; vgl aber Ernesti NStZ **83**, 61). Besteht zB der konkrete Verdacht (§ 152 II), daß in den Räumen einer Drogenberatungsstelle (§ 203 I Nr 4 StGB) mit Rauschgift gehandelt wird, so kann durch eine Razzia mit großem Polizeiaufgebot und vorübergehender Straßenabsperrung in jenen Räumen nach Rauschgifthändlern gefahndet werden (BVerfGE **44**, 357, 370 = NJW **77**, 1489).

E. **Fahndungsmaßnahmen:** RiStBV 39–43 und Anlage B. Von wesentlicher 34
Bedeutung sind die nunmehr (Einfügung durch das OrgKG) in §§ 98 a, b geregelte Rasterfahndung, die in § 100 c erlaubte Herstellung von Lichtbildern und Bildaufnahmen, der Einsatz besonderer technischer Mittel zur Obversation und die Aufzeichnung des nichtöffentlich gesprochenen Wortes, der nach §§ 110 a ff zulässige Einsatz Verdeckter Ermittler sowie die polizeiliche Beobachtung nach § 163 e.
Eine gesetzliche Regelung der **Observation,** also der planmäßigen – ggf unter 34 a
Einsatz technischer Mittel (1 zu § 100 c) – unauffälligen Beobachtung von Personen oder Objekten (BGH NJW **98**, 1237 = JZ **98**, 794 mit Anm Rogall), hat der Gesetzgeber bisher nicht für erforderlich gehalten; aus der Nichtregelung durch das OrgKG kann daher nicht geschlossen werden, der Gesetzgeber sehe diese notwendige, seit jeher übliche Ermittlungsmaßnahme als unzulässig an (Düsseldorf NStZ **98**, 268 – das auch keine Bedenken gegen die „Kumulation" verschiedener Observationsmaßnahmen hat, abl dazu Comes StV **98**, 569 –; Rieß NJ **92**, 497 Fn 98; **aM** Bernsmann/Jansen StV **98**, 229;vgl ferner Gropp ZStW **105**, 415: auch in andern Ländern keine gesetzliche Grundlage, da als selbstverständliche Standardmaßnahme ohne Zwangscharakter betrachtet). Auch in der Literatur wird die Notwendigkeit einer gesetzlichen Regelung verneint und die Befugnis der Polizei hierfür unmittelbar aus §§ 161, 163 I hergeleitet (Kramer NJW **92**, 2734; Krey/Haubrich JR **92**, 315). Dem ist zuzustimmen, soweit es sich um eine zeitlich vorübergehende, nicht allzu eingehende Beobachtung handelt. Hingegen erscheint eine langfristige, intensive Observation als schwerwiegender Eingriff in die Privatsphäre einer gesetzlichen Grundlage bedürftig (LR-Rieß 51). Der BGH (NJW **91**, 2651 = NStZ **92**, 44 mit Anm Rogall und Anm Schön NStZ **92**, 504 = StV **91**, 403 mit Anm Gusy StV **91**, 499; vgl auch von Hippel/Weiß JR **92**, 316, die das Vorliegen eines Grundrechtseingriffs entschieden bestreiten, ganz entgegengesetzt

hingegen Malek StV **92**, 342, Merten NJW **92**, 354; Riegel Meyer-GedSchr 356; Wolter Jura **92**, 520 und NStZ **93**, 2, 9) hatte die Bedenken gegen das Fehlen einer speziellen gesetzlichen Eingriffsnorm für eine länger andauernde, mit einer Video-Überwachung verbundene Observation – auch unter Hinweis auf Art 8 **MRK** – zunächst geteilt, es dabei jedoch als erforderlich bezeichnet, dem Gesetzgeber zur Schaffung einer entspr Bestimmung einen Übergangszeitraum einzuräumen (vgl auch BVerwG NJW **90**, 2765; BayVerfGH BayVBl **85**, 652; AG Hamburg NStE Nr 1; abl Merten aaO); nunmehr sieht er in § 100 c (dort 1) dafür jedoch eine ausreichende Rechtsgrundlage (BGH NStZ **98**, 629 mit zust Anm Amelung und abl Anm Asbrock = JZ **98**, 794 mit Anm Rogall; vgl auch Satzger JA **98**, 539). Eine Reihe von Bundesländern hat polizeirechtliche Bestimmungen erlassen, zB Bayern (GVBl 90, 397), Hessen (GVBl 90, 197) und Nordrhein-Westfalen (GVBl
34 b 90, 70). Auch die Einschaltung von **Kontaktpersonen oder Lockspitzeln** mit dem Ziel, stärkere Beweise zu gewinnen, ist zulässig, ebenso der Einsatz von V-Leuten (BVerfGE **57**, 250, 284 = NJW **81**, 1719, 1724; BVerfG NJW **87**, 1874; BGH **32**, 115, 121 ff [GSSt]; allg zur sog V-Mann-Problematik: Lüderssen Jura **85**, 113); auch insoweit wird aber zunehmend die Schaffung einer gesetzlichen Ermächtigung gefordert (vgl Fezer JZ **95**, 972; Lilie/Rudolph NStZ **95**, 515, je mwN). Die Polizeibehörde ist berechtigt, ihnen vor ihrem Einsatz zuzusichern, daß ihre Identität in dem zum Schutz vor Leibes- und Lebensgefahren erforderlichen Maße geheimgehalten wird (BGH **33**, 83, 91). Vgl allg zum Einsatz von V-Leuten RiStBV Anl D I; erg 4 zu § 110 a. Die für die Strafverfolgungsbehörde tätig werdende Person darf nicht gegen § 136 a verstoßen. Sie muß die Grundrechte achten und darf diese Schranken nur mit einem anerkannten Rechtfertigungsgrund übersteigen, weil ein Verstoß dem Staat zuzurechnen wäre (Krause/Nehring 245; Einl 18 ff, 55). Ein *agent provocateur* darf jedenfalls dann eingeschaltet werden, wenn der bereits bestehende starke Verdacht schwerwiegenden strafbaren Verhaltens auf seine Richtigkeit getestet werden soll (BGH **32**, 345; NJW **80**, 1761; NStZ **81**, 104), nicht aber, um den Täter erst durch nachhaltige Einwirkung zur Tatbegehung zu bestimmen (BGH NJW **81**, 1626; vgl auch Bruns NStZ **83**, 49; Dencker Dünnebier-FS 447; Körner StV **82**, 382; Fischer/Maul NStZ **92**, 7). Über die Mitwirkung der Polizei im Strafverfahren vgl erg Einl 39.

35 8) **Grenzen der Befugnisse:** Kein Zweifel besteht darüber, daß die Polizei eine Person zur Vernehmung (vgl § 163 a) schriftlich oder mündlich vorladen kann, wenn Tatsachen die Annahme rechtfertigen, die Person werde sachdienliche Angaben zu der Tat machen können, die geklärt werden soll (über vorherige informatorische Befragung vgl Einl 79, 24 zu § 163 a). Das gleiche gilt, wenn gegen die Person erkennungsdienstliche Maßnahmen (§ 81 b) durchzuführen sind. Nicht im ersteren, aber im letzteren Fall kann unmittelbarer Zwang angewendet werden, wenn der Betroffene der Ladung ohne hinreichenden Grund keine Folge leistet, auch unmittelbar nach der mündlichen Vorladung (erg 15 zu § 81 b).

36 A. Der **Beschuldigte** ist nicht verpflichtet, zur Sache Aussagen zu machen (§ 163 a III). Zur Person muß er im Rahmen des § 111 I OWiG aussagen (5 zu § 136).

37 B. Der **Zeuge** ist zwar zum Zeugnis verpflichtet (5 vor § 48). Jedoch gelten bei der Aussage zur Sache die gesetzlichen Weigerungsrechte (§ 163 a V). Aber der Zeuge kann nicht zum Erscheinen bei der Polizei und erst recht nicht zur Aussage bei dieser gezwungen werden. Jedoch hat die Polizei die Befugnis zur Identitätsfeststellung nach den Polizeigesetzen (vgl auch oben 32). Erscheint der Zeuge nicht oder sagt er nicht aus, so wendet sich die Polizei an die StA (§ 161 a; Ausnahme II S. 2), die den Zeugen dann vernimmt (Schulz/Händel 16 vor § 48). Das gilt auch, wenn die Polizei den Zeugen im Auftrag der StA vernehmen soll (**aM** Prost NJW **76**, 214).

38 C. **Schutz der Wohnung:** Sucht der Polizeibeamte den Beschuldigten oder Zeugen in seiner Wohnung auf, so darf er sich, da er keine Zwangsbefugnis hat,

nur so lange dort aufhalten, wie der Wohnungsinhaber damit einverstanden ist (Schleswig NJW **56**, 1570). In Betracht kommt aber ein Betreten aus polizeilichen Gründen nach den Landespolizeigesetzen (vgl § 19 MEPolG; Art 23 BayPAG; § 19 PolGNW); zum Betreten einer Wohnung durch einen Verdeckten Ermittler vgl § 110 b III.

D. Der **Sachverständige,** der schon im polizeilichen Ermittlungsverfahren herangezogen werden darf (1 zu § 73), kann der Polizei gegenüber durch seine Stellung im öffentlichen Dienst oder durch allgemeine Vereinbarung oder durch Annahme eines Auftrags zur Begutachtung verpflichtet sein. Die Polizei kann diese Verpflichtung jedoch nicht mit Ordnungs- und Zwangsmitteln durchsetzen. Dies kann aber die StA (§ 161 a II). Über Belehrungspflichten gegenüber dem Sachverständigen § 163 a V (dort 26). **39**

E. **Ton- und Bildaufnahmen:** **40**

a) **Als Ermittlungshandlungen:** Die heimliche Aufnahme durch Lichtbilder oder Bildaufzeichnungen gestattet § 100 c I Nr 1 a, die des nichtöffentlich gesprochenen Wortes erlaubt § 100 c I Nr 2 und Nr 3 unter den dort jeweils bezeichneten Voraussetzungen (vgl 1, 4 und 10 ff zu § 100 c). Im übrigen gilt: **41**

I. **Erklärungen gegenüber der Strafverfolgungsbehörde:** Das wissentlich an die Adresse eines Strafverfolgungsorgans gerichtete Wort (bei schriftlichen, mündlichen oder telefonischen Hinweisen oder Anzeigen, bei einer Vernehmung, einer Augenscheinseinnahme, einem informatorischen Gespräch, 24 zu § 163 a) gehört nicht der Privatsphäre oder gar der Intimsphäre an, die in Art 2 I iVm Art 1 I GG vor Einwirkung der öffentlichen Gewalt geschützt ist (BVerfGE **34**, 238 = NJW **73**, 891; Schleswig NJW **80**, 352) und auch in § 201 StGB (Tröndle 2; Lackner/Kühl 1; beide zu § 201 StGB; **aM** Frankfurt JR **78**, 168 mit zust Anm Arzt unter Ablehnung der historischen Interpretation; zum Meinungsstreit Arzt, Der strafrechtliche Schutz der Intimsphäre, 1970, 237). Auf jeden Fall ist die Aufnahme zulässig, wenn besondere Umstände sie rechtfertigen. Denn es ist nicht vorgeschrieben, wie die Äußerungen der Auskunftspersonen von den Vernehmungsbeamten festzuhalten sind. Keiner Einwilligung bedarf auch die Videoaufzeichnung nach § 58 a (dort 2 und 8). **42**

II. **Privatgespräche:** Grundsätzlich unzulässig und unverwertbar ist die heimliche Aufnahme eines Privatgesprächs, das der Sprechende außerhalb der Strafverfolgungsmaßnahmen nichtöffentlich führt (§ 201 StGB). Zulässig ist sie aber in den Fällen der §§ 100 a, 100 c sowie bei Rechtfertigung nach den §§ 32, 34 StGB. **43**

b) **Protokollbedeutung:** Das aufgenommene Wort wird in einen Aktenvermerk oder ein Protokoll umgesetzt. Die Aufnahme ist dabei Hilfsmittel (oben 18). **44**

c) **Verwertung als Beweismittel:** Die Ton- und Bildaufnahmen sind Augenscheinsobjekte (10, 11 zu § 86; 1 zu § 255 a). Zum Vorhalt einer Tonaufnahme genügt idR die Fixierung in den Akten, notfalls mit Abspielen (BGH JZ **56**, 227; MDR **56**, 527 [D]; 9 zu § 69; 29 zu § 249). **45**

d) **Heimliche Aufnahmen durch einen Dritten** dürfen, soweit sie nach § 100 c gestattet sind, verwertet werden. Sonst kommt eine Verwertung höchstens dann in Betracht, wenn überwiegende Interessen der Allgemeinheit dies zwingend gebieten und demgegenüber das schutzwürdige Interesse des Sprechenden an der Nichtverwertung zurücktreten muß (BVerfGE **34**, 238 mit krit Anm Arzt JZ **73**, 506; Bay NJW **90**, 197); auch der EGMR schließt die Verwendung solcher Aufnahmen nicht grundsätzlich aus (NJW **89**, 654). Das ist insbesondere der Fall bei Beweisbeschaffung, wenn daran bei Güter- und Pflichtenabwägung ein überwiegendes Interesse besteht (Tröndle 7 zu § 201 StGB; Arzt JZ **73**, 506, 508), zB bei Notwehr (BGH **14**, 358) oder notwehrähnlicher Lage (Celle NJW **65**, 1677; Frankfurt NJW **67**, 1047; vgl auch § 7 II RichtlRA). **46**

47 **9)** Der **Grundsatz der freien Gestaltung** des Ermittlungsverfahrens (7 zu § 161) gilt auch für die Polizei, und zwar im Rahmen der Verfassung (Einl 20, 21), der Gesetze und anderer Vorschriften und unter Berücksichtigung dessen, was sich zwangsläufig aus der Natur der Sache ergibt. Der Ablauf des Ermittlungsverfahrens kann nicht gesetzlich schematisiert werden, weil Spielraum für Taktik und richtigen Einsatz der Kriminaltechnik bleiben muß.

48 **10) Schlußvermerk:** Einer zusammenfassenden Darstellung der Ermittlungen in Form eines Schlußberichts bedarf es nach der StPO nicht. In schwierigen, umfangreichen oder unübersichtlichen Fällen muß aber eine knappe Übersicht über die Ermittlungen in einem Schlußvermerk gegeben werden, zum einen zur Selbstkontrolle des Beamten und zur Erleichterung der Aufsicht des Vorgesetzten, zum anderen aus Ordnungsgründen, insbesondere in umfangreichen Sachen, bei zahlreichen Tatbeteiligten oder Beweispersonen. Dabei wird auf wichtige Einzelheiten und besondere Vorkommnisse hingewiesen (die jeweils unverzüglich in den Akten festzuhalten sind). Im Hinblick auf die §§ 111 b IV, 111 e III, IV kommt der Angabe der Verletzten und etwaiger Beschlagnahmemitteilungen an sie besondere Bedeutung zu. Auch wenn die Polizei einem förmlichen Beweisantrag des Beschuldigten nicht entsprochen hat, erscheint idR ein Hinweis hierauf geboten (15 zu
49 § 163 a). Eine **rechtliche Würdigung unterbleibt** grundsätzlich, erst recht eine Stellungnahme zur Schuldfrage (Schulz/Händel 28). Dagegen kann im Einzelfall ein Hinweis darauf sachgemäß sein, unter welchen rechtlichen Gesichtspunkten die Ermittlungen geführt worden sind und welche Zweifel sich dabei ergeben haben.

50 **11) Beschwerde** gegen polizeiliche Maßnahmen im Ermittlungsverfahren ist zulässig, und zwar als Sachaufsichtsbeschwerde, soweit die eigentliche Sachbehandlung beanstandet wird, oder als Aufsichtsbeschwerde ieS, die lediglich das Verhalten des Beamten als solches beanstandet (vgl 22 vor § 296). In beiden Fällen ist der Dienstvorgesetzte für die Entscheidung zuständig. Erg 8 zu § 152 GVG. Über den
51 **Antrag auf gerichtliche Entscheidung** gegen eine polizeiliche Maßnahme vgl 23 zu § 98; 9, 10 zu § 23 EGGVG.

Vernehmungen im Ermittlungsverfahren **RiStBV 45, 65–67, 70 V**

163a

I Der Beschuldigte ist spätestens vor dem Abschluß der Ermittlungen zu vernehmen, es sei denn, daß das Verfahren zur Einstellung führt. In einfachen Sachen genügt es, daß ihm Gelegenheit gegeben wird, sich schriftlich zu äußern.

II Beantragt der Beschuldigte zu seiner Entlastung die Aufnahme von Beweisen, so sind sie zu erheben, wenn sie von Bedeutung sind.

III Der Beschuldigte ist verpflichtet, auf Ladung vor der Staatsanwaltschaft zu erscheinen. Die §§ 133 bis 136 a und 168 c Abs. 1 und 5 gelten entsprechend. Über die Rechtmäßigkeit der Vorführung entscheidet auf Antrag des Beschuldigten das Gericht; § 161 a Abs. 3 Satz 2 bis 4 ist anzuwenden.

IV Bei der ersten Vernehmung des Beschuldigten durch Beamte des Polizeidienstes ist dem Beschuldigten zu eröffnen, welche Tat ihm zur Last gelegt wird. Im übrigen sind bei der Vernehmung des Beschuldigten durch Beamte des Polizeidienstes § 136 Abs. 1 Satz 2 bis 4, Abs. 2, 3 und § 136 a anzuwenden.

V Bei der Vernehmung eines Zeugen oder Sachverständigen durch Beamte des Polizeidienstes sind § 52 Abs. 3, § 55 Abs. 2 und § 81 c Abs. 3 Satz 2 in Verbindung mit § 52 Abs. 3 und § 136 a entsprechend anzuwenden.

1 **1)** Die **Vernehmung des Beschuldigten** (I S. 1; § 136 II, III) im Ermittlungsverfahren ist obligatorisch. Sie dient sowohl seiner Information über das eingeleitete Verfahren als auch der Sachaufklärung (LR-Rieß 27, 28; Rieß Geerds-FS

514). Der Betroffene muß spätestens mit dem Beginn dieser Vernehmung zum Beschuldigten gemacht werden (Einl 76, 77; 17 zu 6 MRK). Bei Nichtgewährung des rechtlichen Gehörs im Ermittlungsverfahren kann nach Anklageerhebung der Vorsitzende des Gerichts die Nacholung bei der StA anregen; im übrigen wird der Mangel durch die Aufforderung zur Erklärung nach § 201 geheilt (LR-Rieß 118; **aM** Wagner ZStW **109**, 577).

A. **Wer den Beschuldigten vernimmt,** ist Angelegenheit der Strafverfolgungsbehörden. IdR wird es die Polizei im Rahmen des ersten Zugriffs (§ 163) tun, in Steuerstrafsachen die Behörden und Beamten der Finanzverwaltung (3 zu § 163). Hat die StA das Ermittlungsverfahren eingeleitet, so vernimmt sie den Beschuldigten selbst oder ersucht die Polizei (§ 161 S. 1) oder bei besonderem Anlaß eine andere StA (vgl § 161 a IV) oder ausnahmsweise den Ermittlungsrichter (§ 162 I; dort 3) um die Vernehmung. Ob diese früher oder später vorzunehmen ist, hängt vom Einzelfall ab (7, 8 zu § 161; 47 zu § 163). Da der Beschuldigte kein Recht hat, das Vernehmungsorgan zu wählen, ist rechtlich dem Erfordernis des I genügt, wenn ihm die Gelegenheit zur Äußerung bei der Polizei gegeben wird (**aM** Wagner ZStW **109**, 577). Erklärt der Beschuldigte, nur auszusagen, wenn er eine Protokollabschrift erhält, so kann sie ihm gegeben werden, wenn Mißbrauch nicht zu befürchten ist (Brodag 105; 36 zu § 163; unten 17 ff). 2

B. **Ist die Sache einstellungsreif,** gleichviel aufgrund welcher Bestimmungen (§§ 170 II S. 1, 153 I, 153 b I, 153 c I, II, 153 d I, 153 e I; oder wegen Verfahrenshindernisses, Einl 146), so bedarf es der Beschuldigtenvernehmung nicht mehr (8 zu § 161; erg 5 zu § 152 a; **aM** Wagner ZStW **109**, 574: nur bei § 170 II); anders im Fall des § 153 a I (LR-Rieß 32; **aM** KK-Wache 5). Liegt nach Meinung der Polizei ein Einstellungsfall vor, gibt sie die Sache an die StA ab (§ 163 II S. 1). 3

2) **Beschuldigtenvernehmung durch die Polizei** (IV): Die Bestimmung des § 136 I S. 1 wird bei der polizeilichen Vernehmung (nicht bei einer informatorischen Befragung, vgl Einl 79) durch IV S. 1 ersetzt. Der vernehmende Polizeibeamte ist rechtlich nicht verpflichtet, dem Beschuldigten zu eröffnen, welche Strafvorschriften im einzelnen in Betracht kommen, weil ihm eine präzise Angabe hierüber in manchen Fällen Schwierigkeiten bereiten kann (KK-Wache 25). Das gleiche gilt, wenn in Steuerstrafsachen ein Finanzbeamter vernimmt, der dem Polizeibeamten gleichsteht (3 zu § 163). Daß der Beschuldigte als solcher zu einem Vorwurf vernommen werden soll, muß ihm schon bei der Vorladung, falls eine solche nicht stattfindet, spätestens am Beginn der Vernehmung eröffnet werden. Die nähere Bezeichnung der Tat (IV S. 1; 4 zu § 152) kann bis zum Beginn der Vernehmung zur Sache aufgeschoben werden. Von den Hinweispflichten nach IV S. 2 iVm § 136 I S. 2–4 wird die Polizei nur befreit, wenn die Hinweise schon vorher ein Polizeibeamter oder, wie hier bei sinnvoller Auslegung hinzugefügt werden muß, ein StA oder Richter gegeben hat. Die Hinweise sind nicht nur förmliche Vorgänge, müssen vielmehr **echte Belehrungen** über die Bedeutung 5
der Befugnisse sein, ggf mit Gespräch hierüber unter Beachtung der Entschließungsfreiheit des Beschuldigten (8 zu § 136). 4

A. **Hinweis auf die Aussagefreiheit** (§ 136 I S. 2; 7 zu § 136): Die Belehrungspflicht ist nur für Vernehmungen eingeführt, gilt aber auch für Tests, an denen der Beschuldigte nicht mitzuwirken braucht (vgl Einl 80; 12 zu § 81 a). Das Recht, keine Angaben zu machen, bezieht sich nicht auf die Personalien im Rahmen des § 111 OWiG (5 zu § 136; 36 zu § 163). Über die Würdigung des Schweigens vgl 15 ff zu § 261. 6

B. Der **Hinweis auf das Recht der Verteidigerkonsultation** (§ 136 I S. 2; dort 10) muß auch nach der vorläufigen Festnahme oder Verhaftung gegeben werden, hier jedoch mit dem Zusatz, daß der Beschuldigte auf jeden Fall unverzüglich dem Richter vorgeführt werden müsse (§§ 128 I S. 1, 115 I, 115 a I). IS des I ist es noch keine Vernehmung, wenn der Beschuldigte erklärt, er wolle vorher 7 einen Verteidiger befragen. In diesem Fall muß der Versuch der Vernehmung zur Sache im Ermittlungsverfahren wiederholt werden. Dieser erübrigt sich jedoch, wenn der Beschuldigte endgültig erklärt, nicht aussagen zu wollen, oder wenn er oder sein Verteidiger eine schriftliche Äußerung abgibt, die erkennbar an die Stelle einer Einlassung bei der Vernehmung treten soll. Über die Anwesenheit des Verteidigers bei polizeilicher Beschuldigtenvernehmung vgl 16 zu § 163.

8 C. Der **Hinweis auf das Recht zu Entlastungsbeweisanträgen** (§ 136 I S. 3; dort 11) soll dem Beschuldigten klarmachen, daß ihm auch in dieser Form Gelegenheit zur Entlastung bei der Vernehmung gegeben werden soll, selbst wenn er persönlich sonst zur Sache keine Angaben machen will. Zur Behandlung der Beweisanträge vgl unten 15.

9 D. Der **Hinweis auf die Möglichkeit der schriftlichen Äußerung**(§ 136 I S. 4) soll in geeigneten Fällen gegeben werden (12 zu § 136). Dabei handelt es sich um den Hinweis auf ein Recht des Beschuldigten, der von Amts wegen nur zu geben ist, wenn er nach Art des Falls und der Persönlichkeit des Beschuldigten sinnvoll ist (Kleinknecht Kriminalistik **65**, 455). Um einen geeigneten Fall handelt es sich idR nicht, wenn der Beschuldigte nach Verhaftung oder vorläufiger Festnahme erstmals polizeilich vernommen werden soll (vgl oben 7).

10 E. **Inhalt und Gestaltung des Protokolls:** Das Protokoll muß Inhalt und Gang der Vernehmung bis in die Kleinigkeiten hinein wiedergeben, und zwar möglichst in direkter Rede. Das Protokoll wird zweckmäßigerweise jeweils auf dem gleichen Stand gehalten wie die Vernehmung.

11 **3) Schriftliche Vernehmung des Beschuldigten** (I S. 2): Das schriftliche Verfahren bei der Vernehmung im Vorverfahren kann in einfachen Sachen von dem Vernehmenden gewählt werden, jedoch nicht von dem um Vernehmung ersuchten Ermittlungsrichter (15 zu § 162).

12 A. Die **Hinweise** nach § 136 I S. 1, 2 werden dann ebenfalls schriftlich gegeben. Für den Hinweis nach § 136 I S. 4 ist in diesem Fall kein Raum.

13 B. **Aufklärungsgrundsatz:** Erklärt der Beschuldigte auf den Versuch der schriftlichen Vernehmung, keine Angaben machen zu wollen, oder gibt er in der ihm (zweckmäßigerweise) gesetzten Frist keine Antwort, so ist mit dem Eingang der Äußerung oder mit dem Fristablauf die Forderung des I S. 1 zwar erfüllt, der Beschuldigte vernommen; aber der Aufklärungsgrundsatz kann im Einzelfall gebieten, noch eine mündliche Vernehmung zu versuchen, ggf nach § 161 a oder § 162.

14 C. **Verlesbare Urkunde:** Gibt der Beschuldigte – mit oder ohne Aufforderung – eine eigene schriftliche Äußerung ab, anstatt oder in Ergänzung einer protokollierten Aussage, so handelt es sich um eine in der Hauptverhandlung verlesbare Urkunde (13 zu § 249), auch wenn der Angeklagte in der Hauptverhandlung nicht zur Sache auszusagen bereit ist. Nicht verlesbar dagegen ist eine Erklärung, die der Verteidiger in seiner Formulierung für den Beschuldigten abgegeben hat (Celle NStZ **88**, 426).

15 **4) Beweisanträge** (II; oben 8): Die beantragten Beweise sind zu erheben, wenn sie von Bedeutung sind; § 244 III–V gilt nicht (ANM 336; Schreiber Baumann-FS 387). Die Beweiserheblichkeit beurteilt die StA nach pflichtgemäßem Ermessen (KK-Wache 8); nach **aM** hat der Beschuldigte einen Beweiserhebungsanspruch und ist das Merkmal „von Bedeutung" als unbestimmter Rechtsbegriff aufzufassen (AK/StPO-Achenbach 8; LR-Rieß 107, 112; Krekeler NStZ **91**, 367; Nelles StV **86**, 77). Wird ein Beweisantrag während einer richterlichen Vernehmung im Ermittlungsverfahren (§§ 115 III, 162) oder in einer mündlichen Verhandlung nach § 118 a gestellt, so handelt es sich gegenüber dem Richter meist um Anregungen; die StA muß die Anträge nach II behandeln. In den Fällen des § 166 jedoch muß der Richter beim AG den beantragten Beweis selbst erheben. Die Zeit der Beweiserhebung steht im Ermessen der Strafverfolgungsbehörde (7 zu § 161; 47 zu

§ 163). Entspricht die Polizei einem Beweisantrag nicht, so empfiehlt es sich, im Schlußvermerk (48 zu § 163) bei der Vorlage der Akten an die StA hierauf hinzuweisen, weil eine endgültige Ablehnung Sache der StA ist (ANM 337; Nelles StV **86**, 76; 1 ff zu § 160). Einem **Beweisermittlungsantrag** (25 zu § 244) ist ebenfalls 16
nachzugehen, wenn er von Bedeutung ist.

5) Durchsetzung der Beschuldigtenvernehmung durch die StA(III): Wie 17
der Zeuge und der Sachverständige (§ 161 a), ist auch der Beschuldigte verpflichtet, auf Ladung vor der StA zu erscheinen (S. 1). Wenn der nicht auf freiem Fuß befindliche Beschuldigte nicht in der JVA aufgesucht (unten 18) und dort vernommen wird, ist mit seiner Ladung – wie beim Zeugen (3 zu § 161 a) – der an die JVA gerichtete Vorführungsbefehl zu verbinden (35 zu § 119; § 36 II S. 2 **StVollzG,** der auch für Vernehmungstermine bei der StA gilt; vgl auch 13 zu § 214). Die StA muß vor ihrer ersten Vernehmung dem Beschuldigten die in § 136 angeführten Hinweise geben, auch wenn dies die Polizei schon vorher getan hat (oben 6 ff). Nur das Erscheinen bei der StA, nicht bei der Polizei oder bei einer anderen Stelle, kann erzwungen werden (BGH **39**, 96 = JR **94**, 36 mit Anm Welp).

A. **Ladung des Beschuldigten zur staatsanwaltschaftlichen Vernehmung** 18
(III S. 2): Die Bezugnahme auf § 133 schließt die öffentliche Zustellung der Ladung an den Beschuldigten (§ 40 I) aus, steht aber dem Unterbleiben einer förmlichen Ladung nicht entgegen. Der Beschuldigte kann vom StA zur Vernehmung aufgesucht werden. Es genügt auch formlose Aufforderung, wenn davon ausgegangen werden kann, daß er erscheinen wird, zB telefonische oder durch einen Polizeibeamten übermittelte Aufforderung. Wenn aber Zweifel bestehen, ob der auf freiem Fuß befindliche Beschuldigte auf formlose Ladung erscheinen wird und sein Erscheinen wichtig ist, wird er zum Vernehmungstermin schriftlich durch Brief und mit der Androhung geladen, daß er im Fall des Ausbleibens zwangsweise vorgeführt werde (III S. 2 iVm § 133; RiStBV 44 I S. 1, 2). Die Androhung unterbleibt, wenn sie voraussichtlich nicht durchgeführt würde (RiStBV 44 II; unten 22).

B. **Vorführungsbefehl:** Er ist gegen den auf freiem Fuß befindlichen Beschul- 19
digten (vgl oben 17) nur nach der Androhung der Vorführung in der Ladung zulässig (III S. 2 iVm §§ 133 II, 134 II). Ohne diese Androhung kommt ein Vorführungsbefehl nur in Betracht, wenn die Voraussetzungen für einen Haftbefehl vorliegen (§ 134 I). Von diesem Fall abgesehen, handelt es sich um eine im Einzelfall zu treffende Entscheidung, ob die StA in der Ladung des Beschuldigten für den Fall unberechtigten Ausbleibens die Vorführung androhen will oder nicht (vgl 5, 16 zu § 161 a). Die Vorführung ist auch gegen den Beschuldigten, der Angaben zur Sache verweigert, zulässig, um ihn Zeugen gegenüberzustellen (BGH **39**, 96 = JR **94**, 36 mit abl Anm Welp). III gilt für jede StA, die einen Beschuldigten vernimmt, also auch für die ersuchte StA (§ 161 a IV).

C. **Verständigung des Verteidigers:** Wenn der Beschuldigte einen (gewählten 20
oder bestellten) Verteidiger hat, ist ihm die Anwesenheit bei der Vernehmung des Beschuldigten durch die StA gestattet (III S. 2 iVm § 168 c I). Von dem Vernehmungstermin ist der Verteidiger auch vorher zu benachrichtigen, wenn dadurch nicht der Untersuchungserfolg gefährdet wird (III S. 2 iVm § 168 c V S. 1, 2). Diese Benachrichtigung bedarf keiner bestimmten Form. Macht der Verteidiger geltend, an der Wahrnehmung des Termins verhindert zu sein, so kann der Termin verlegt werden, wenn dadurch nicht eine Gefährdung des Untersuchungserfolges oder eine schädliche Verzögerung des Verfahrens entsteht. Einen Anspruch auf Verlegung des Termins hat der Verteidiger nicht (III S. 2 iVm § 168 c V S. 3).

D. **Antrag des Beschuldigten auf gerichtliche Entscheidung**(III S. 3): 21
Über die Rechtmäßigkeit der Vorführung entscheidet auf Antrag des Beschuldigten das Gericht. Aus dieser Formulierung darf nicht geschlossen werden, daß es sich

um eine StPO-widrige nachträgliche Prüfung der Rechtmäßigkeit handelt (18 vor § 296). Daß das Gesetz in III S. 3 Hs 1 keine Ausnahme von diesem Grundsatz machen wollte, ergibt sich schon daraus, daß nicht einmal gegen Freiheitsentziehung durch vorläufige Festnahme oder Haftbefehl eine nachträgliche gerichtliche Überprüfung ihrer Rechtmäßigkeit in Form einer strafprozessualen Entscheidung zulässig ist. Da der Vorführungsbefehl nicht vor der Vollstreckung mitgeteilt wird, das Gesetz es vielmehr genügen läßt, daß die Vorführung angedroht wird und der Antrag auf gerichtliche Entscheidung keine aufschiebende Wirkung hat (III S. 3 Hs 2 iVm § 161 a III S. 3, § 307), wird die Antragsbefugnis nur dann nicht aus-
22 gehöhlt, wenn er **bereits gegen die Androhung** in der Ladung zulässig ist (LR-Rieß 67; Gössel GA **76**, 62). Denn eine Pflicht, den Vorführungsbefehl dem Beschuldigten – außer bei sofortiger Vorführung (§ 134 I) – vor der Vollstreckung (§ 36 II) mitzuteilen, besteht nicht; sie widerspräche dem Grundsatz, daß Entscheidungen, deren Vollstreckung durch vorherige Mitteilung gefährdet werden kann, nicht vor ihrer Vollstreckung mitgeteilt zu werden brauchen. Die Androhung in der Ladung ist eine Einzelfallentscheidung über die Vorführung (oben 18). Obwohl sie die StA nicht bindet, ist der Beschuldigte durch sie beschwert, wenn er ohne oder mit vielleicht nicht ausreichender Entschuldigung nicht zum Vernehmungstermin erscheint, da er dann jederzeit mit der Vorführung rechnen muß (21 zu § 161 a; zur Problematik vgl Welp, Zwangsbefugnisse der StA, 1976, S. 23, 28).

23 **6) Polizeiliche Belehrungen und Vernehmungsmethoden**(V): Die Belehrungspflichten gelten nicht nur, wenn die Polizei aus eigener Initiative tätig wird, sondern auch dann, wenn sie auf Ersuchen der StA (§ 161) oder auch des Gerichts (Einl 44) handelt. Für die Vernehmungsmethoden gilt § 136 a entspr. Neben diesen beiden Regelungen des V gilt aber für die Polizei auch die prozessuale Fürsorgepflicht (Einl 161). Außerdem haben die Regeln für die Vernehmung durch den Richter oder StA für die Polizei weitgehend Richtliniencharakter, insbesondere die §§ 68–69. Jedoch ist die Aufnahme der in § 68 I bezeichneten Angaben zur Person in die polizeiliche Vernehmungsniederschrift nicht in jedem Fall geboten, insbesondere nicht, wenn der Zeuge vor Leibes- oder Lebensgefahr geschützt werden muß (BGH **33**, 83, 86 = JZ **85**, 494 mit Anm Fezer = NStZ **85**, 278 mit abl Anm Arloth; vgl § 68 III; erg 30 zu § 251).

24 A. **Belehrung der Zeugen:** Erst wenn es zur Vernehmung des Zeugen kommt, entsteht die Belehrungspflicht, also noch nicht bei einer vorgeordneten allgemein gehaltenen, formlosen informatorischen Nachfrage, ob die Person überhaupt als Zeuge in Betracht kommt (Einl 79; 9 zu § 163). Im Fall des § 52 I ist ggf auch die Belehrung der in § 52 II genannten Personen notwendig; denn § 52 III enthält seinerseits die Bezugnahme auf diese Vorschrift. Auf das Aussageverweigerungsrecht muß bei gegebenem Anlaß hingewiesen werden (14 zu § 55).

25 B. **Bei schriftlicher Vernehmung,** die im Ermittlungsverfahren genügen kann (vgl auch 2 zu § 161), muß der Zeuge in der Aufforderung zur Aussage ggf. über ein Zeugnisverweigerungsrecht nach § 52 und bei nicht fernliegender Möglichkeit einer Selbstbelastung oder einer Belastung von Angehörigen auf das Auskunftsverweigerungsrecht nach § 55 hingewiesen werden.

26 C. Der **Sachverständige,** der von der Polizei hinzugezogen wird (39 zu § 163), ist ggf mündlich oder schriftlich (oben 25) über sein Gutachtensverweigerungsrecht nach § 52 I, III zu belehren (1 zu § 76); ebenso falls Anhaltspunkte für die Angemessenheit einer solchen Belehrung bestehen, über sein Recht, die Auskunft über Tatsachen oder Schlußfolgerungen zu verweigern, wenn durch die Angabe eine Verfolgungsgefahr iS des § 55 I entstehen würde (V iVm § 55 II; 1 zu § 76).

27 D. **Bei Untersuchung nach § 81 c** ist die Belehrung des Betroffenen über sein Untersuchungsverweigerungsrecht (§ 81 c III) Aufgabe der Polizei, wenn ein Hilfsbeamter die Anordnung getroffen hat (§ 81 c V). Denn die Polizei ist in diesem Fall der Auftraggeber für die Untersuchung (13 zu § 36; 24 zu § 81 c). Der die Unter-

suchung Veranlassende muß den Betroffenen auch dann vor der Untersuchung belehren, wenn dieser sich freiwillig untersuchen läßt (4, 7 zu § 81 c).

E. **Vernehmungsmethoden:** Aus § 136 a ergibt sich, daß zulässig ist, was nicht unter ein solches Verbot fällt, allerdings nur, sofern im Einzelfall nicht ein anderes Verbot eingreift (47 zu § 163). Für die polizeiliche Vernehmung unter Verstoß gegen § 136 a I, II gilt auch das Verwertungsverbot nach § 136 a III S. 2 (dort 27 ff). 28

7) Niederschriften über Untersuchungshandlungen: 29

A. **StA:** § 168 b. 30

B. **Polizei:** § 168 b I, II gelten entspr (BGH NStZ **97**, 611). Wesentlich ist, daß die gesetzlich vorgeschriebenen Belehrungen vermerkt werden (vgl RiStBV 45, 65 S. 2). Jedoch bedarf es der Mitwirkung eines Protokollführers nicht. Bei weniger wichtigen oder ergebnislosen Vernehmungen kann auch ein Aktenvermerk genügen. Die Notwendigkeit der Festhaltung in den Akten ergibt sich auch aus § 147 (Einl 62), ferner aus Gründen der Beweissicherung (§ 251 II; vgl auch 1 zu § 82). Wird eine Niederschrift aufgenommen, so wird nach § 168 a III verfahren. Auch von den Möglichkeiten des § 168 a II kann Gebrauch gemacht werden. Die Unterschrift des Vernommenen ist kein wesentliches Erfordernis der polizeilichen Niederschrift. 31

C. **Aushändigung einer Abschrift:** Das Gesetz gewährt nicht ausdrücklich einen Anspruch hierauf. Jedoch wird dem Beschuldigten im Interesse seiner Verteidigung auf sein ausdrückliches Verlangen und seine Kosten (**aM** KG Rpfleger **95**, 226) eine Abschrift auszuhändigen sein, wenn der Untersuchungszweck dadurch nicht gefährdet wird (Arzt JR **78**, 170, 171; 3 zu § 168 b). Dies gilt nicht bei Zeugen, weil es bei ihnen auf die Fixierung ihrer jeweiligen Erinnerung ankommt. Bei polizeilicher Vernehmung ist im Zweifel die Entscheidung der StA herbeizuführen (3 zu § 163). Bei richterlicher Vernehmung im Ermittlungsverfahren ist für die Entscheidung und Aushändigung stets die StA zuständig. 32

8) Revision: Vgl 21 zu § 136. 33

Identitätsfeststellung

163b **I Ist jemand einer Straftat verdächtig, so können die Staatsanwaltschaft und die Beamten des Polizeidienstes die zur Feststellung seiner Identität erforderlichen Maßnahmen treffen; § 163 a Abs. 4 Satz 1 gilt entsprechend. Der Verdächtige darf festgehalten werden, wenn die Identität sonst nicht oder nur unter erheblichen Schwierigkeiten festgestellt werden kann. Unter den Voraussetzungen von Satz 2 sind auch die Durchsuchung der Person des Verdächtigen und der von ihm mitgeführten Sachen sowie die Durchführung erkennungsdienstlicher Maßnahmen zulässig.**

II Wenn und soweit dies zur Aufklärung einer Straftat geboten ist, kann auch die Identität einer Person festgestellt werden, die einer Straftat nicht verdächtig ist; § 69 Abs. 1 Satz 2 gilt entsprechend. Maßnahmen der in Absatz 1 Satz 2 bezeichneten Art dürfen nicht getroffen werden, wenn sie zur Bedeutung der Sache außer Verhältnis stehen; Maßnahmen der in Absatz 1 Satz 3 bezeichneten Art dürfen nicht gegen den Willen der betroffenen Person getroffen werden.

1) Für Zwecke der Strafverfolgung geben die §§ 163 b, 163 c eine Grundlage für Identitätsfeststellung von Verdächtigen (I) und Unverdächtigen (II). Die polizeirechtlichen Regelungen bleiben unberührt (§ 9 MEPolG; Art 13 BayPAG; § 9 PolGNW; 1 zu § 6 EGStPO; vgl Geerds Jura **86**, 10). 1

2 **2) In jedem Stadium des Strafverfahrens** kann es zur Anwendung des I kommen, jedoch nur gegen einen Tatverdächtigen (unten 4). Gegen den Unverdächtigen sind die Maßnahmen davon abhängig, daß sie zur Aufklärung einer Straftat erforderlich sind (II). Daraus ergibt sich die Einschränkung, daß II nicht mehr anwendbar ist, wenn es in dem Verfahren nicht mehr um die Aufklärung der Straftat geht.

3 **3) Belehrung:** Bei Beginn der ersten Maßnahme zum Zweck der Feststellung der Identität wird dem zu Prüfenden, wenn er zu den Verdächtigen (I) gehört, eröffnet, welcher Straftat er verdächtig ist (I S. 1 Hs 2 iVm § 163a IV S. 1). Die in Betracht kommenden Strafvorschriften brauchen dabei nicht bezeichnet zu werden. Der Unverdächtige (II) ist darüber zu unterrichten, welche Straftat durch seine Identifizierung aufgeklärt werden soll (II S. 1 Hs 2 iVm § 69 I S. 2). Die Belehrung braucht sich nicht auf den Namen des Beschuldigten zu erstrecken und kann unterbleiben, wenn der Grund der Maßnahme dem Betroffenen bekannt ist (Kurth NJW **79**, 1379).

4 **4) Maßnahmen gegen Tatverdächtige** (I S. 1): Der Betroffene braucht noch nicht die Stellung eines Beschuldigten (Einl 76 ff) erlangt zu haben. Ein Verdacht besteht schon, wenn der Schluß auf die Begehung einer Straftat, auch des Versuchs, gerechtfertigt ist und Anhaltspunkte vorliegen, die die Täterschaft oder Teilnahme des Betroffenen als möglich erscheinen lassen (BVerfGE **92**, 191 = StV **96**, 143, 145; LG Amberg StV **90**, 541; KK-Wache 9; LR-Rieß 10; Achenbach JA **81**, 662; Geerds Jura **86**, 10; Kurth NJW **79**, 1378). Tatverdächtig iS I S. 1 können auch Schuldunfähige sein, nicht aber Strafunmündige (§ 19 StGB). Ein Kind, dem man sofort ansieht, daß es noch im Kindesalter steht, zählt daher nicht zu den Verdächtigen (LR-Rieß 11; Kurth NJW **79**, 1378 Fn 24; **aM** Riegel BayVBl **78**, 591). Maßnahmen zu seiner Identifizierung können aber nach II geboten sein, sofern nicht nur das Kind tatverdächtig ist (erg 1 zu § 103).

5 **5) Erforderliche Maßnahmen** (I S. 1) gegen den Verdächtigen: Diese Generalklausel wird in S. 2 und S. 3 für schwerwiegendere Eingriffe ergänzt und eingeschränkt. In der Voraussetzung der Erforderlichkeit, die durch den Verhältnismäßigkeitsgrundsatz begrenzt wird (Einl 20 ff), liegt zugleich das Erfordernis der Eignung der Maßnahme.

6 A. **Im einzelnen:** Die Identität kann mit vielerlei Mitteln festgestellt werden. Im wesentlichen ist hervorzuheben: Der Verdächtige wird angehalten, nach Belehrung (oben 3) nach seinen Personalien (vgl § 111 I OWiG) gefragt und aufgefordert, sich auszuweisen. Dabei kann der Beamte verlangen, daß ihm die mitgeführten Ausweispapiere ausgehändigt werden. Oft müssen auch Feststellungen aus den polizeilichen Unterlagen getroffen oder Erkundigungen bei anderen Stellen oder Personen eingezogen oder die Echtheit der Ausweispapiere geprüft werden (Kurth NJW **79**, 1379 Fn 38).

7 B. **Festhalten** (I S. 2) ist Freiheitsentziehung (Art. 104 II GG; § 163c III; vgl dort 5), aber noch keine vorläufige Festnahme iS §§ 127 II, 127b I. Das Anhalten zwecks Befragung nach Namen und Anschrift und die Einsicht in die freiwillig ausgehändigten Ausweispapiere ist noch keine Freiheitsentziehung. Diese beginnt erst mit der Verhinderung der Person, sich zu entfernen, wozu schon die Aufforderung, sich nicht zu entfernen, genügt (KK-Wache 16; Kurth NJW **79**, 1380). Das Verbringen zur polizeilichen Dienststelle ist gegenüber dem Festhalten am Ort der Überprüfung wiederum eine weitere Stufe in den Kontrollmaßnahmen (Riegel
8 ZRP **78**, 16). **Zulässigkeitsvoraussetzung** für die Festhaltung ist, daß die Identität sonst nicht oder nur unter erheblichen Schwierigkeiten festgestellt werden kann (BVerfG StV **92**, 210). Dies kann seine Ursache in der Schwierigkeit der Beschaffung zuverlässiger Unterlagen haben (zB bei einem Ausländer) oder in dem Klärungsbedürfnis bei wechselnden und widersprüchlichen Angaben des Kontrollierten oder anderer Auskunftspersonen.

C. Die **Durchsuchung der Person und der mitgeführten Sachen** ist als Identifikationsmittel ebenfalls nur zulässig, wenn die Identität sonst nicht oder nur unter erheblichen Schwierigkeiten festgestellt werden kann. Sie kann die erkennungsdienstliche Behandlung (unten 13) und das damit verbundene Festhalten der kontrollierten Person überflüssig machen. **9**

a) Das **Durchsuchen der Person** besteht in dem Suchen in der Kleidung und auf der Körperoberfläche nach Gegenständen oder Zeichen, die zur Identifikation beitragen können (zB Ausweise oder sonstige Papiere, Leberflecke, Muttermale, Tätowierungen; erg 9 zu § 102). Die Durchsuchung kann auch auf Waffen, andere gefährliche Werkzeuge und Explosivstoffe erstreckt werden, wenn dies nach den Umständen zum Schutz des Polizeibeamten oder eines Dritten gegen eine Gefahr für Leib oder Leben erforderlich ist. **10**

b) Zu den **mitgeführten Sachen** gehören zB eine Brieftasche, eine Aktentasche, ein Koffer. Auch ein Fahrzeug, in dem sich der Verdächtige befindet, kann dazu gehören (LR-Rieß 40). Das ist jedoch nicht der Fall, wenn er von dem Inhaber des Fahrzeugs lediglich mitgenommen worden ist. In diesem Fall gilt für die Durchsuchung des Fahrzeugs § 103 oder das Polizeirecht (§ 18 I Nr 6 MEPolG; Art 22 I Nr 6 BayPAG; § 18 I Nr 6 PolGNW). **11**

c) **Von Personen gleichen Geschlechts** wird nach dem Polizeirecht die Durchsuchung durchgeführt. Das gilt nicht, wenn ein Arzt durchsucht, aber auch sonst nicht, wenn die sofortige Durchsuchung zum Schutz gegen eine Gefahr für Leib oder Leben erforderlich ist (vgl § 17 III MEPolG; Art 50 IV BayPAG; § 17 III PolGNW). **12**

D. **Erkennungsdienstliche Maßnahmen** (I S. 3; 8 zu § 81 b) gegen den Verdächtigen sind ebenfalls nur zulässig, wenn die Identität sonst nicht oder nur unter erheblichen Schwierigkeiten festgestellt werden kann (oben 8, 9). Diese Voraussetzung gilt aber nicht, wenn gegen den Verdächtigen schon ein Strafverfahren geführt wird und die erkennungsdienstlichen Maßnahmen zur Durchführung dieses Verfahrens notwendig werden, weil dann nach § 81 b (1. Altern) verfahren wird. Zur Durchführung der erkennungsdienstlichen Maßnahmen ist die Verbringung zu einer Polizeidienststelle mit den erforderlichen Einrichtungen notwendig. **13**

6) Maßnahmen gegen Unverdächtige (II): Die Duldungspflicht des Unverdächtigen ist mit der des § 81 c verwandt und gehört iwS zur Zeugenpflicht (7 vor § 48). **14**

A. **Zur Aufklärung einer Straftat geboten** (II S. 1): Das ist der Fall, wenn im Zeitpunkt der beabsichtigten Identitätsfeststellung konkrete Anhaltspunkte dafür bestehen, daß die Person als Zeuge oder als Augenscheinsobjekt (14 zu § 86) benötigt wird. Hauptfall: Ein Unverdächtiger, der als Zeuge in Betracht kommt, will sich gerade vom Tatort entfernen. **15**

B. Die **erforderlichen Maßnahmen** sind zulässig. Die Generalklausel des I S. 1 gilt auch hier (erg oben 4, 5), jedoch mit stärkeren Einschränkungen. **16**

C. Das **Festhalten** (II S. 2 Hs 1; oben 7) ist nur zulässig, wenn die in I S. 2 genannte Voraussetzung vorliegt und die Maßnahme zur Bedeutung der Sache nicht außer Verhältnis steht (Einl 20, 21). Es kommt also nicht auf die Bedeutung der zu erwartenden Aussage an, die idR ohnehin zum Kontrollzeitpunkt nicht beurteilt werden kann, sondern auf die Bedeutung der Strafsache im Ganzen. Daher darf zB ein Passant, der einen Verkehrsunfall ohne größere Folgen beobachtet hat, nicht nach II festgehalten werden (Kurth NJW **79**, 1379). Im übrigen darf das Festhalten nicht eine Art Beugehaft sein, muß vielmehr auf die Durchführung von bestimmten Identifizierungsmaßnahmen abzielen. Wenn der (potentielle) Zeuge entgegen § 111 OWiG seine Personalien nicht angibt, wird er insoweit zum Verdächtigen. **17**

18 D. Die **Durchsuchung des Unverdächtigen und seiner Sachen** (II S. 2 Hs 2; oben 11) ist nur zulässig, wenn und soweit sie zu seiner Identifizierung erforderlich ist (oben 2, 5, 16), jedoch nicht gegen den Willen des Betroffenen (erg unten 19). Das Hindernis des entgegenstehenden Willens kann durch ein aufklärendes Gespräch mit erlaubten Mitteln (vgl § 136 a) behoben werden. Wenn es erst während der Durchsuchung entsteht oder hervortritt, muß die Durchsuchung beendet werden.

19 E. **Erkennungsdienstliche Behandlung des Nichtverdächtigen** (II S. 2 Hs 2) darf, falls zu seiner Identifizierung erforderlich (oben 5, 16), wie die Durchsuchung nicht gegen seinen Willen durchgeführt werden (KK-Wache 31; LR-Rieß 37; **aM** Achenbach JA **81**, 663). Nicht erforderlich ist die Einwilligung des Unverdächtigen (**aM** SK/StPO-Wolter 53). Seine ablehnende Erklärung kann auch in schlüssigen Handlungen bestehen (Einl 126). Unmittelbarer Zwang zur Durchführung der erkennungsdienstlichen Maßnahmen (15 zu § 81 b) darf gegen den Unverdächtigen nicht angewendet werden. Denn Zwang wäre nur bei Weigerung zulässig; diese steht aber den Maßnahmen überhaupt entgegen (Brodag 453).

20 **7) Entsteht der Verdacht einer Straftat** während des Identifizierungsvorgangs (zB durch Angabe der geprüften Person oder durch eingehende Auskünfte), so entfallen die besonderen Zulässigkeitseinschränkungen des II; es gilt dann I. Das ist vor allem für die Durchsuchung und die erkennungsdienstlichen Maßnahmen von Bedeutung, weil diese dann auch gegen den Willen der Person und unter Anwendung von Zwang durchgeführt werden können (15 zu § 81 b).

21 **8)** Die **StA und die Beamten des Polizeidienstes** (I S. I) sind befugt, die Maßnahmen durchzuführen, und zwar auch im Fall des II, der an I anknüpft. Eine richterliche Anordnung ist aus Praktikabilitätsgründen nicht vorgesehen. Wenn die StA die Anordnung trifft, beauftragt sie die Polizei mit der Ausführung (Einl 41, 43). Führt die FinB ein Ermittlungsverfahren wegen einer Steuer- oder Zollstraftat, so tritt sie an die Stelle der StA (Einl 12, 42). Die polizeilichen Befugnisse haben auch die sonstigen Träger der polizeilichen Strafverfolgungsaufgaben (13, 14 zu § 163). Sie können die allgemeine Polizei um Amtshilfe ersuchen (Art 35 GG; § 25 III MEPolG; Art 29 IV BayPAG; § 25 III PolGNW).

22 **9) Zufallsfunde** (§ 108): Werden bei der Durchsuchung der Person und der mitgeführten Sachen (I S. 3, II S. 2 Hs 2) Beweismittel gefunden, die für die Aufklärung der Strafsache von Bedeutung sind, so werden sie nach § 94 sichergestellt (Kurth NJW **79**, 1379 Fn 38). Wenn sie auf die Begehung einer anderen Straftat hindeuten, gleichviel, ob diese schon Gegenstand eines anderen Verfahrens ist oder nicht, werden sie einstweilen in Beschlag genommen und die StA hiervon verständigt (§ 108 I S. 1, 2). Dafür spricht auch § 111 III. Hiernach gilt § 108 für die Zufallsfunde, die bei einer Durchsuchung an der Kontrollstelle auftauchen (**aM** SK/StPO-Wolter 8). Dieses Durchsuchen ist auch ein solches nach § 163 b.

Festhalten zur Identitätsfeststellung

163c **I Eine von einer Maßnahme nach § 163 b betroffene Person darf in keinem Fall länger als zur Feststellung ihrer Identität unerläßlich festgehalten werden. Die festgehaltene Person ist unverzüglich dem Richter bei dem Amtsgericht, in dessen Bezirk sie ergriffen worden ist, zum Zwecke der Entscheidung über Zulässigkeit und Fortdauer der Freiheitsentziehung vorzuführen, es sei denn, daß die Herbeiführung der richterlichen Entscheidung voraussichtlich längere Zeit in Anspruch nehmen würde, als zur Feststellung der Identität notwendig wäre.**

II Die festgehaltene Person hat ein Recht darauf, daß ein Angehöriger oder eine Person ihres Vertrauens unverzüglich benachrichtigt wird. Ihr ist Gelegen-

heit zu geben, einen Angehörigen oder eine Person ihres Vertrauens zu benachrichtigen, es sei denn, daß sie einer Straftat verdächtig ist und der Zweck der Untersuchung durch die Benachrichtigung gefährdet würde.

III Eine Freiheitsentziehung zum Zwecke der Feststellung der Identität darf die Dauer von insgesamt zwölf Stunden nicht überschreiten.

IV Ist die Identität festgestellt, so sind in den Fällen des § 163 b Abs. 2 die im Zusammenhang mit der Feststellung angefallenen Unterlagen zu vernichten.

1) **Nur soweit unerläßlich** (I S. 1) darf die Festhaltung (7 zu § 163 b) im Rahmen des III ausgedehnt werden. Unerläßlich bedeutet soviel wie unverzichtbar (14 zu § 231 a), enthält also das Gebot möglichster Beschleunigung. Sobald die Festhaltung für die Identitätsfeststellung nicht mehr erforderlich ist, muß der Festgehaltene auf freien Fuß gesetzt werden (KK-Wache 1; LR-Rieß 1). 1

2) Die **Vorführung vor den Richter** (I S. 2; Art 104 II S. 2 GG) ist von Amts wegen durchzuführen. Sie besteht in der persönlichen Verbringung des Festgehaltenen zum AG, oder in dem Vorführen im Polizeigebäude, wenn der Richter dorthin kommt. 2

3) **Unverzüglich** muß der Festgehaltene vorgeführt werden, gleichviel, ob er einen Antrag auf richterliche Entscheidung stellt oder nicht. Unverzüglich ist nicht gleichzusetzen mit „ohne schuldhaftes Zögern" (§ 121 BGB), sondern bedeutet, daß bei der Herbeiführung der richterlichen Entscheidung jede Verzögerung, die sich nicht sachlich oder rechtlich rechtfertigen läßt, vermieden werden muß (BVerwG NJW **74**, 808, 810). Solange **kein Richter entscheidungsbereit** ist, zB wenn bei dem AG außerhalb der allgemeinen Dienststunden kein Bereitschaftsdienst eingerichtet ist, liegt ein Rechtfertigungsgrund für den Aufschub der Vorführung vor (BVerwG aaO). 3 4

4) **Verzicht auf Vorführung** befreit an sich nicht von der Vorführungspflicht. Wenn der Festgehaltene jedoch erklärt, er wolle freiwillig im Dienstgebäude der Polizei so lange warten, bis die Identität festgestellt ist oder bis er wegen des Fristablaufs nach III ohnehin auf freien Fuß gesetzt werden muß, fehlt es an einer Freiheitsentziehung und braucht der Wartende nicht vorgeführt zu werden (einschr KK-Wache 4; LR-Rieß 7). Denn Freiheitsentziehung ist das Ingewahrsamhalten gegen den Willen der Person, sofern sie sich nicht im Zustand der Willenlosigkeit befindet (§ 2 I FEVG). 5

5) Eine **Ausnahme von der Vorführungspflicht** sieht I S. 2 Hs 2 für den Fall vor, daß bis zur Erlangung der richterlichen Entscheidung voraussichtlich längere Zeit vergeht als bis zur Feststellung der Identität. Das ist keine Einschränkung des Art 104 II S. 2 GG, sondern eine verfassungskonforme Regelung für die Fälle, in denen eine Anrufung des Richters zu einer sachlich nicht mehr gebotenen Verlängerung der Festhaltung führen würde. Stellt sich während der Festhaltung heraus, daß die Freiheitsentziehung (im Rahmen des III) doch länger ausgedehnt werden muß, als zunächst angenommen, so ist im Zeitpunkt dieser Erkenntnis von neuem zu prüfen, ob nunmehr die richterliche Entscheidung noch vor der Entlassung des Festgehaltenen erreichbar ist. 6

6) **Gerichtliches Verfahren:** Die Vorführung zum AG ist Aufgabe der Polizeibehörde, weil ihre Maßnahme überprüft wird. 7

A. **Sachliche Zuständigkeit:** Das AG ist unabhängig davon zuständig, in welchem Verfahrensstadium die Entscheidung über die Festhaltung notwendig wird (2 zu § 163 b). 8

B. **Funktionell zuständig** ist der Richter, dem die Geschäftsverteilung (§ 21 e GVG) die Entscheidung als Aufgabe zuweist. Das wird idR derselbe Richter sein, der über die Festhaltung zu entscheiden hat, wenn diese präventiv-polizeilichen 9

Zwecken dient (§ 14 II MEPolG; Art 18 III BayPAG; § 14 II PolGNW). Fehlt es an einer Regelung im Geschäftsverteilungsplan, so gilt § 162 (vgl 4 zu § 162).

10 C. **Örtlich zuständig** (I S. 2) ist das AG des Ergreifungsortes. Ergreifung ist nicht identisch mit dem Auffinden der zu kontrollierenden Person und auch nicht mit dem Beginn des Identifizierungsvorgangs. Der Begriff Ergreifung steht hier für den Entschluß zur Festhaltung (7 zu § 163 b; oben 5). Dieser fällt mit dem Beginn der Festhaltung zusammen. Das Verbringen des Festgehaltenen zu einer Polizeidienststelle in einem anderen AGBezirk ändert die Zuständigkeit nicht (anders bei der gerichtlichen Überprüfung der präventiv-polizeilichen Festhaltung, bei der das AG zuständig ist, in dessen Bezirk die Person festgehalten wird; § 14 II S. 1 MEPolG; Art 18 III S. 1 BayPAG; § 14 II S. 1 PolGNW).

11 D. **Am Verfahren beteiligt** sind der Festgehaltene, der das rechtliche Gehör erhält (Einl 23 ff), und die Polizeibehörde. Diese muß dem Richter die Entscheidungsgrundlage unterbreiten. Soweit das nicht durch Unterlagen möglich ist, muß sie die Festhaltungsgründe darlegen. Von der Beteiligung der StA (§ 33 II) kann wegen des Beschleunigungsgebotes (oben 1) abgesehen werden, wenn ein StA nicht sofort erreichbar ist (Kurth NJW **79**, 1380; weitergehend KK-Wache 11; LR-Rieß 14; vgl auch 26 zu § 163). Der Verteidiger ist zur Anwesenheit berechtigt (LR-Rieß 15; Krause StV **84**, 171; **aM** Kurth aaO Fn. 68; Riegel BayVBl **78**, 593).

12 **7)** Die **richterliche Entscheidung** ergeht über Zulässigkeit und Fortdauer der Festhaltung (Art 104 II S. 1 GG). Das bedeutet nicht, daß für die Vergangenheit festgestellt wird, ob das Festhalten zulässig war. Es wird nur die Zulässigkeit der gegenwärtigen Festhaltung als Voraussetzung für eine etwaige Fortdauer geprüft. Der Entscheidungstenor befaßt sich nur mit der Frage der Fortdauer (LR-Rieß 16). Der Richter ordnet entweder an, den Festgehaltenen alsbald auf freien Fuß zu setzen, oder er läßt die weitere Festhaltung für eine bestimmte Anzahl von Stunden oder bis zur Höchstdauer des III zu.

13 **8) Angehörigenverständigung** (II; 2 zu § 114 b): Das Recht nach S. 1 ist verzichtbar (KK-Wache 14). Der Festgehaltene darf selbst benachrichtigen (S. 2), sofern nicht einer der gesetzlichen Ausnahmegründe vorliegt. Im letzteren Fall übernimmt die Verständigung die Polizei. Das soll sie auch, wenn der Festgehaltene selbst nicht dazu in der Lage ist (§ 15 II S. 3 MEPolG, Art 19 II S. 3 BayPAG, § 15 II S. 3 PolGNW bei Festhaltung aus präventiv-polizeilichen Gründen) oder
14 aus triftigen Gründen den Wunsch äußert. Eine **Benachrichtigungspflicht** von Amts wegen sieht II nicht vor. Aber wenn das AG die Fortdauer der Festhaltung für zulässig erklärt, entsteht die Benachrichtigungspflicht nach Art 104 IV GG. Diese entfällt aber, wenn die Nachricht den Adressaten nicht mehr vor der Entlassung des Festgehaltenen erreichen würde.

15 **9) Insgesamt 12 Stunden** (III) ist die Höchstdauer der Festhaltung (7 zu 163 b). Dieser Zeitraum ist kürzer als bei präventiv-polizeilicher Festhaltung nach den meisten Polizeigesetzen (§ 16 Nr 3 MEPolG; Art 20 I Nr 3 BayPAG; anders § 16 I Nr 3, II PolGNW). Die Frist beginnt auch, wenn der Betroffene seine zunächst bestehende Freiwilligkeit (oben 5) erkennbar aufgibt (Kurth NJW **79**, 1380). Der Ausdruck „insgesamt" trägt dem Umstand Rechnung, daß der erste Teil der Festhaltung auf polizeilicher (7 zu § 163 b) und ein weiterer Teil ggf auf richterlicher Entschließung (oben 12) beruht. Die Frist muß unbedingt eingehalten werden. Es müssen daher alle nötigen Vorkehrungen getroffen werden, um sie nicht zu überschreiten; längeres Festhalten verstößt gegen Art 5 I c **MRK** (EGMR EuGRZ **98**, 129).

16 **10) Behandlung der Unterlagen** (IV): Sowohl bei der Aufbewahrung als auch hinsichtlich der Vernichtung ist der Unterschied zwischen einem Verdächtigen und einem Unverdächtigen wesentlich.

A. **Fall der Verdächtigenüberprüfung** (§ 163 b I): Die dabei gewonnenen Identifizierungsunterlagen werden zu den Strafakten genommen. Sie können zugleich in die polizeilichen Unterlagen aufgenommen werden (2 zu § 81 b; **aM** SK/StPO-Wolter 29). Der Verdächtige darf die Entfernung der Unterlagen aus dieser Sammlung und ihre Vernichtung unter den gleichen Voraussetzungen verlangen, als wenn sie nach § 81 b gewonnen worden wären (dort 16 ff). Die Entfernung und Vernichtung der bei den Strafakten abgelegten Unterlagen kann er nicht fordern (16 zu § 81 b). 17

B. **Fall der Unverdächtigenüberprüfung** (§ 163 b II): Zu den im Zusammenhang mit der Feststellung angefallenen Unterlagen gehören nicht die Ergebnisse der Identifizierung (zB Personalien; Achenbach JA **81**, 664; Vogel NJW **78**, 1227), auch nicht die gesondert aufzubewahrenden bei der Vorführung entstandenen richterlichen Akten (LR-Rieß 28). Die übrigen, insbesondere durch die erkennungsdienstliche Behandlung angefallenen Unterlagen werden durch die Ermittlungsbehörde vernichtet, dürfen also nicht zu den polizeilichen Sammlungen genommen werden. 18

C. **Rechtsbehelfe:** Die Vernichtung der nach § 163 b I gewonnenen Unterlagen (oben 17) aus den polizeilichen Sammlungen kann der Betroffene verlangen, wenn die Notwendigkeit ihrer weiteren Verwahrung völlig entfallen ist (19 zu § 81 b). Wird sein Verlangen abgelehnt, so steht ihm die Klage zum VerwG offen (23 zu § 81 b). Verlangt der Betroffene von der StA, die bei den Ermittlungsakten befindlichen, nach § 163 b II gewonnenen Unterlagen (oben 18) zu vernichten, so betrifft diese Angelegenheit nicht das weitere Strafverfahren. Bei Ablehnung des Antrags ist § 23 **EGGVG** anwendbar (KK-Wache 19; Merten/Merten ZRP **91**, 215; vgl Stuttgart NJW **77**, 2276 für den Fall der Vernichtung von Ablichtungen inzwischen freigegebener Beweisgegenstände). 19

Netzfahndung

163d

I Begründen bestimmte Tatsachen den Verdacht, daß

1. eine der in § 111 bezeichneten Straftaten oder

2. eine der in § 100 a Satz 1 Nr 3 und 4 bezeichneten Straftaten

begangen worden ist, so dürfen die anläßlich einer grenzpolizeilichen Kontrolle, im Falle der Nummer 1 auch die bei einer Personenkontrolle nach § 111 anfallenden Daten über die Identität von Personen sowie Umstände, die für die Aufklärung der Straftat oder für die Ergreifung des Täters von Bedeutung sein können, in einer Datei gespeichert werden, wenn Tatsachen die Annahme rechtfertigen, daß die Auswertung der Daten zur Ergreifung des Täters oder zur Aufklärung der Straftat führen kann und die Maßnahme nicht außer Verhältnis zur Bedeutung der Sache steht. Dies gilt auch, wenn im Falle des Satzes 1 Pässe und Personalausweise automatisch gelesen werden. Die Übermittlung der Daten ist nur an Strafverfolgungsbehörden zulässig.

II Maßnahmen der in Absatz 1 bezeichneten Art dürfen nur durch den Richter, bei Gefahr im Verzug auch durch die Staatsanwaltschaft und ihre Hilfsbeamten (§ 152 des Gerichtsverfassungsgesetzes) angeordnet werden. Hat die Staatsanwaltschaft oder einer ihrer Hilfsbeamten die Anordnung getroffen, so beantragt die Staatsanwaltschaft unverzüglich die richterliche Bestätigung der Anordnung. Die Anordnung tritt außer Kraft, wenn sie nicht binnen drei Tagen von dem Richter bestätigt wird.

III Die Anordnung ergeht schriftlich. Sie muß die Personen, deren Daten gespeichert werden sollen, nach bestimmten Merkmalen oder Eigenschaften so genau bezeichnen, wie dies nach der zur Zeit der Anordnung vorhandenen

Kenntnis von dem oder den Tatverdächtigen möglich ist. Art und Dauer der Maßnahmen sind festzulegen. Die Anordnung ist räumlich zu begrenzen und auf höchstens drei Monate zu befristen. Eine einmalige Verlängerung um nicht mehr als drei weitere Monate ist zulässig, soweit die in Absatz 1 bezeichneten Voraussetzungen fortbestehen.

IV Liegen die Voraussetzungen für den Erlaß der Anordnung nicht mehr vor oder ist der Zweck der sich aus der Anordnung ergebenden Maßnahmen erreicht, so sind diese unverzüglich zu beenden. Die durch die Maßnahmen erlangten personenbezogenen Daten sind unverzüglich zu löschen, sobald sie für das Strafverfahren nicht oder nicht mehr benötigt werden; eine Speicherung, die die Laufzeit der Maßnahmen (Absatz 3) um mehr als drei Monate überschreitet, ist unzulässig. Über die Löschung ist die Staatsanwaltschaft zu unterrichten. Die gespeicherten personenbezogenen Daten dürfen nur für das Strafverfahren genutzt werden. Ihre Verwendung zu anderen Zwecken ist nur zulässig, soweit sich bei Gelegenheit der Auswertung durch die speichernde Stelle Erkenntnisse ergeben, die zur Aufklärung einer anderen Straftat oder zur Ermittlung einer Person benötigt werden, die zur Fahndung oder Aufenthaltsfeststellung aus Gründen der Strafverfolgung oder Strafvollstreckung ausgeschrieben ist.

V Von den in Absatz 1 bezeichneten Maßnahmen sind die Personen, gegen die nach Auswertung der Daten weitere Ermittlungen geführt worden sind, zu benachrichtigen, es sei denn, daß eine Gefährdung des Untersuchungszwecks oder der öffentlichen Sicherheit zu besorgen ist.

1 1) Eine **computergestützte Fahndungsmaßnahme** gestattet die Vorschrift (eingehend hierzu Göhring, Polizeiliche Kontrollstellen und Datenverarbeitung, 1992, S. 9 ff und Wittig JuS **97**, 961 ff; zur Entstehungsgeschichte der Vorschrift vgl KK-Schoreit 2; Rogall NStZ **86**, 385). Da hierbei Datenmassen verarbeitet werden müssen, von denen in weitem Umfang auch unbescholtene Bürger betroffen sind, gegen die keinerlei Tatverdacht besteht, war nach den Grundsätzen des Urteils des BVerfG zum Volkszählungsgesetz (BVerfGE **65**, 1 = NJW **84**, 419: Recht auf informationelle Selbstbestimmung) die Schaffung ausdrücklicher gesetzlicher Grundlagen erforderlich. Der Gesetzgeber hat dem durch die Einfügung des § 163 d für einen Teilbereich der computergestützten Fahndung, die sog Netz-
2 fahndung (LR-Rieß 3 nennt sie „Kontrollfahndung"), Rechnung getragen. Die **Vorschrift ermöglicht** die Errichtung von Kurzzeit- Dateien für die automatische Speicherung und Verarbeitung der Daten, die bei bestimmten Massenkontrollen (Personenkontrollen an der Grenze oder an Kontrollstellen nach § 111) anfallen, deren erschöpfende Auswertung an Ort und Stelle aber, auch durch Abfrage in den Fahndungsdateien des polizeilichen Informationssystems, nicht möglich ist. Durch die in § 163 d vorgesehene Speicherung und spätere Auswertung der Daten in einer EDV-Anlage soll die Möglichkeit, Straftaten aufzuklären und Straftäter zu ergreifen, vergrößert werden. Bei Massenkontrollen anderer Art (zB nach § 36 V StVO, § 55 I Nr 4 GüKG und nach allgemeinem Polizeirecht) ist eine Datenspeicherung zum Zweck der Strafverfolgung ausgeschlossen; § 163 d enthält eine abschließende Regelung (LR-Rieß 6). Die Einstellung des § 163 d in die StPO bedeutet nicht, daß andere computergestützte Fahndungsmaßnahmen ausgeschlossen sind. Vielmehr sind die Rasterfahndung und die Polizeiliche Beobachtung nunmehr ausdrücklich in §§ 98 a, b und § 163 e geregelt.

3 2) **Datenspeicherung und Auswertung** (I):

4 A. **Zulässige Maßnahmen** (I S. 1) sind die zeitweilige Speicherung und die Auswertung von Daten über Personen mit bestimmten (mutmaßlich mit denen des Täters übereinstimmenden) Merkmalen oder Eigenschaften (unten 17) in einer Datei, dh in einem automatischen Informationssystem (LR-Rieß 34). Gespeichert

und verarbeitet werden dürfen jedoch nur solche Daten, die bei einer Kontrollstelle nach § 111 oder bei einer grenzpolizeilichen Kontrolle nach §§ 2, 23 BGSG anfallen, in Bayern nach den für die bayerische Grenzpolizei, in Bremen und Hamburg nach den dort für die Wasserschutzpolizei geltenden Bestimmungen (vgl KK-Schoreit 10). Aus welchem Anlaß die Personenkontrolle durchgeführt worden ist, spielt keine Rolle. Bei grenzpolizeilichen Kontrollen dürfen Daten zur Aufklärung jeder möglichen Katalogtat (unten 9) gespeichert werden, an Kontrollstellen nach § 111 nur zur Aufklärung der in dieser Vorschrift bezeichneten Taten (LR-Rieß 10). Gleichgültig ist auch, in welcher Weise (Beobachtung bei Sichtkontrollen, Einsicht in die Personalpapiere oder automatisches Ablesen dieser Papiere) die
Daten erhoben worden sind (LR-Rieß 23). Bei den **Daten,** die gespeichert und 5
verarbeitet werden dürfen, handelt es sich in 1. Hinsicht um die persönlichen Identitätsmerkmale (Name, Geburtstag, Wohnort), die sich aus den Ausweispapieren ergeben (KK-Schoreit 12). Darüber hinaus können Umstände gespeichert und verarbeitet werden, die für die Aufklärung der Tat oder für die Ergreifung des Täters, auch des Teilnehmers (KK-Schoreit 13), von Bedeutung sein können (krit Kühl NJW **87**, 742; Riegel CR **86**, 143: „kaum mehr eingrenzbar"), zB Typ und Kennzeichen des benutzten Kraftwagens, Erkenntnisse über den Ort, die Art und Weise sowie die sonstigen Umstände der Identitätsfeststellung, auch die Ergebnisse von Durchsuchungen und erkennungsdienstlichen Behandlungen (LR-Rieß 27;
Rogall NStZ **86**, 390). Die **Dateien,** in denen Speicherung und Verarbeitung 6
stattzufinden haben, werden im Gesetz nicht näher gekennzeichnet. Die Ansicht, daß nur die StA berechtigt sei, die Dateien zu betreiben (KK-Schoreit 14 ff, 21), erscheint unrichtig (LR-Rieß 35); sie wird durch IV S. 3 (der nach dieser Meinung überflüssig wäre) widerlegt (Wittig JuS **97**, 966 Fn 76). Die StA darf, wie stets im Strafverfahren, die Ermittlungen der Polizei übertragen oder überlassen. Auch bei der Speicherung und Auswertung der Daten nach I darf sie sich der Polizei bedienen, die hierfür (im Wege der Auftragsdatenverarbeitung nach § 11 BDSG) ihre örtlichen, landes- oder bundesweiten EDV-Systeme einsetzt (Rogall NStZ **86**, 390; vgl auch Baumann StV **86**, 497; Kühl NJW **87**, 740). Verfügt die StA über die erforderlichen technischen Voraussetzungen, so kann sie die Datenspeicherung
auch selbst vornehmen. Die **Auswertung der Daten** erfolgt durch Verarbeitung 7
in einem automatischen Informationssystem (Wittig JuS **97**, 966; **aM** LR-Rieß 39: auch mit herkömmlichen Mitteln). In Betracht kommt der Abgleich, dh die programmgesteuerte Durchführung von Suchläufen, mit anderen Dateien der Strafverfolgungsbehörden (KK-Schoreit 23; Rogall NStZ **86**, 389, 390; vgl § 98 c). Ein Datenabgleich mit anderen behördlichen oder privaten Dateien ist nur unter den Voraussetzungen der §§ 98 a, b zulässig; denn eine Ermächtigung zur Rasterfahndung enthält § 163 d I selbst nicht (vgl auch Rogall GA **85**, 1; NStZ **86**, 390). Begründen die ausgewerteten Daten einen Tatverdacht, so sind sie in die Ermittlungsvorgänge gegen den Beschuldigten aufzunehmen (unten 21).

B. **Voraussetzung der Maßnahmen** (I S. 1) ist der Verdacht, daß ein noch 8
nicht ermittelter Straftäter, von dem aber schon eine Beschreibung möglich ist, eine der in I S. 1 bezeichneten Taten begangen hat. Bestimmte Tatsachen (vgl 6 zu
§ 100 a; 22 zu § 112) müssen den **Verdacht** begründen, daß einer der in § 100 a 9
S. 1 Nrn 3, 4 bezeichneten schwerwiegenden Fälle des gewerbsmäßigen und organisierten illegalen Rauschgift- und Waffenhandels oder (vgl § 111 I S. 1) eine Straftat nach § 129 a StGB, eine der in dieser Vorschrift bezeichneten Straftaten, eine Straftat nach § 250 I Nr 1 StGB oder eine räuberische Erpressung unter Führung von Schußwaffen nach § 255 StGB (vgl 3 zu § 111) begangen worden ist. Teilnahme und Versuch genügen (LR-Rieß 9; Rogall NStZ **86**, 388, 389), nicht aber die versuchte Beteiligung nach § 30 StGB, auch nicht eine Vorbereitungshandlung (Schnarr NStZ **90**, 260). Ferner müssen die Maßnahmen in ihrer konkreten räumlichen und zeitlichen Gestaltung (unten 18) eine **Erfolgsaussicht** 10
haben. Die Annahme muß gerechtfertigt sein, daß es gelingen könnte, durch Aus-

wertung der gespeicherten Daten den Täter, auch den Teilnehmer (KK-Schoreit 8, 13; Rogall NStZ **86**, 389), zu ergreifen oder die Tat aufzuklären. Die Erfolgserwartung muß aber nicht schon aufgrund bestimmter Tatsachen bestehen (**aM** LR-Rieß 16). Es genügt eine gewisse Wahrscheinlichkeit, die sich auch auf Erfahrungswissen, insbesondere auf die kriminalistische Erfahrung, stützen kann (erg 5 zu
11 § 111). Schließlich muß der **Verhältnismäßigkeitsgrundsatz** gewahrt sein. Abzuwägen sind die Schwere der Tat und das Ausmaß der Belastung der Betroffenen durch die Maßnahme (Kühl NJW **87**, 742; Rogall NStZ **86**, 389), auch der Grad der Erfolgsaussicht und die Notwendigkeit der Netzfahndung (LR-Rieß 19). Eine Subsidiaritätsklausel (wie § 100 a S. 1) enthält § 163 d nicht. Wenn die Maßnahmen erforderlich und nicht unverhältnismäßig sind, können sie angeordnet werden, auch wenn Ermittlungen auf andere Weise weder ausgeschlossen noch wesentlich erschwert sind (LR-Rieß 8; Rogall aaO)

12 C. Auch bei **automatischer Ablesung** (I S. 2) von Pässen und Personalausweisen an den Kontrollstellen ist I anwendbar. Die Vorschrift enthält eine (überflüssige) Klarstellung, daß § 163 d eine gesetzliche Ausnahme von dem grundsätzlichen Verbot der § 3 a II PersAuswG, § 17 II PaßG ist, wonach personenbezogene Daten, soweit gesetzlich nichts anderes bestimmt ist, beim automatischen Lesen des Passes oder Personalausweises nicht in Dateien gespeichert werden dürfen.

13 D. **Zweckbestimmung der Datenverarbeitung** (I S. 3): Die gespeicherten Daten dürfen nur anderen Strafverfolgungsbehörden (StA einschließlich GBA, Polizei) übermittelt werden. Ein Datentransfer an andere Behörden, auch und insbesondere an die Nachrichtendienste, ist ausgeschlossen (Rogall NStZ **86**, 390). Weitere Beschränkungen ergeben sich daraus, daß die gespeicherten Daten außer für das anhängige Strafverfahren nur für die Strafverfolgung aufgrund von Zufallsfunden benutzt werden dürfen (unten 23 ff). Auch ein beliebiger Datentransfer an andere Strafverfolgungsbehörden ist daher nicht statthaft (KK-Schoreit 27; LR-Rieß 38).

14 **3) Zuständig** (II) für die Anordnung der Maßnahme ist, wie nach § 111 II (dort 15), grundsätzlich der Ermittlungsrichter (§§ 162, 169); er wird nur auf Antrag der StA tätig. Bei Gefahr im Verzug können die StA und, wenn kein StA erreichbar ist (LR-Rieß 44), ihre Hilfsbeamten (§ 152 GVG) die Anordnung treffen. Gefahr im Verzug liegt vor, wenn die richterliche Anordnung nicht eingeholt werden kann, ohne daß der mit der Datenspeicherung und -verarbeitung verfolgte Zweck gefährdet wird (vgl auch 6 zu § 98). Das wird insbesondere der Fall sein, wenn die Polizei unmittelbar nach kriminellen Anschlägen wegen Gefahr im Verzug Kontrollstellen nach § 111 errichtet hat, die unverzüglich durch die Netzfahndung nach § 163 d ergänzt werden sollen. Wird die Anordnung von der StA oder deren Hilfsbeamten getroffen, so muß die StA unverzüglich, dh ohne
15 vermeidbare Verzögerung (8 zu § 25), die **richterliche Bestätigung** der Anordnung beantragen (II S. 2). Bestätigt sie der Richter nicht binnen 3 Tagen (dazu 7 zu § 100), so tritt sie ohne weiteres außer Kraft (II S. 3), und zwar mit der Folge, daß die Maßnahmen unverzüglich zu beenden und die bis dahin gespeicherten Daten zu löschen oder zu vernichten sind. Auch Zufallsfunde (unten 24) dürfen dann nicht mehr verwertet werden (Rogall NStZ **86**, 391). Hebt die StA die Anordnung vor Ablauf der 3-Tagesfrist auf oder sind nach deren Ablauf keine Daten mehr vorhanden, so entfällt die richterliche Kontrolle (KK-Schoreit 30; LR-Rieß 48; Rogall aaO; **aM** SK/StPO-Wolter 59). Das Gesetz verbietet der StA aber nicht, die vor der Aufhebung der Anordnung gespeicherten Daten nach IV S. 2–5 ohne richterliche Prüfung auszuwerten (vgl dazu Riegel CR **86**, 145).

16 **4)** Die **Anordnung der Maßnahme** (III) muß schriftlich ergehen (III S. 1); die telegrafische und die fernschriftliche Anordnung stehen gleich, nicht aber die tele-
17 fonische (KK-Schoreit 32; **aM** Kühl NJW **87**, 743; Rogall NStZ **86**, 390). **Inhaltlich** muß die Anordnung das Verfahren, in dem sie ergeht, und den Verfahrens-

gegenstand bezeichnen (LR-Rieß 52), ferner die Verdachtsmerkmale bezeichnen (III S. 2). Der Personenkreis, der von der Maßnahme erfaßt werden soll, muß nach bestimmten Merkmalen oder Eigenschaften so genau beschrieben werden, wie das nach den zZ der Anordnung vorhandenen Kenntnissen über den oder die Tatverdächtigen möglich ist. Werden neue Merkmale oder Eigenschaften bekannt, so ist ihre Beschreibung nachzuliefern (KK-Schoreit 34; Rogall aaO). Wenn eine hinreichend konkrete Beschreibung nicht möglich ist, muß die Anordnung unterbleiben (LR-Rieß 28). In der Anordnung müssen auch **Art und Dauer** (III S. 3) der 18 Maßnahmen festgelegt werden, ferner ihr Umfang und ihre räumliche Erstreckung. Es muß insbesondere bestimmt werden, bei welchen Kontroll- oder Grenzübergangsstellen die Daten zu erheben sind und welche Stelle sie zu speichern und auszuwerten hat (KK-Schoreit 34; **aM** LR-Rieß 52). Grundsätzlich müssen die Maßnahmen auf **höchstens 3 Monate** befristet werden (III S. 4); eine einmalige 19 Verlängerung um höchstens 3 Monate ist zulässig (III S. 5), darüber hinaus auch dann nicht, wenn die 1. Anordnung auf weniger als 3 Monate befristet war (KK-Schoreit 36). Die zeitlichen Beschränkungen beziehen sich aber nur auf die Einspeicherung neuer Daten. Die bisher gespeicherten Daten dürfen in der Datei belassen und auch noch später ausgewertet und übermittelt werden, solange nicht nach IV S. 2 ihre Löschung erforderlich ist (**aM** LR-Rieß 30).

5) **Beendigung; Löschung** (IV S. 1–3): Fallen die Anordnungsvoraussetzungen 20 nach I S. 1 weg, ist die Frist des III S. 4, 5 abgelaufen oder ist der mit der Anordnung verfolgte Zweck erreicht, so müssen die Maßnahmen unverzüglich, dh ohne vermeidbare Verzögerung (8 zu § 25), beendet werden (IV S. 1). Einspeicherung, Auswertung und Übermittlung der Daten sind einzustellen. Die **Löschung der Daten** ist aber erst 21 erforderlich, wenn die durch die Maßnahmen erlangten Daten für das Strafverfahren nicht oder nicht mehr benötigt werden (IV S. 2 Hs 1). Das ist insbesondere der Fall, wenn die Auswertung ergibt, daß tatverdächtige Personen nicht entdeckt worden sind (Rogall NStZ **86**, 391). Entsteht oder verstärkt sich der Tatverdacht gegen eine oder mehrere bestimmte Personen, so werden die Daten aus der Datei in die Ermittlungsakten übernommen (oben 7); auch dann sind sie, ggf die ganze Datei, zu löschen (Schnarr ZRP **90**, 296). Auf die in die Akten aufgenommenen Erkenntnisse bezieht sich das Löschungsgebot nicht (Hilger NStZ **97**, 372). Insgesamt darf die Speicherung die Laufzeit der Maßnahmen nicht um mehr als 3 Monate überschreiten (IV S. 2 Hs 2); sie darf also niemals länger als 9 Monate aufrechterhalten werden. Über die Löschung ist die **StA zu unterrichten** (IV S. 3), wenn sie nicht selbst die Datei 22 errichtet hat. IdR wird sie sich von der Polizei ein Löschungsprotokoll vorlegen lassen und es zu den Akten nehmen (Rogall NStZ **86**, 391).

6) Die **Verwendung der Daten** (IV S. 4, 5) ist nur für das Strafverfahren 23 zulässig, das wegen der Tat eingeleitet worden ist, in der die Maßnahmen nach I getroffen worden sind (LR-Rieß 67; Rogall NStZ **86**, 392; zw Baumann StV **86**, 499). Nur zum Zweck der Aufklärung dieser Straftat sind Datenverarbeitungsmaßnahmen zulässig (IV S. 4), aber auch wenn sich später herausstellt, daß sie nicht mehr den Straftatbestand einer Katalogtat nach I S. 1 erfüllt. Die Verarbeitung der Daten mit dem Ziel der Feststellung, ob andere Taten begangen worden sind oder auf diese Weise aufgeklärt werden können, ist nicht zulässig. Auch zur Überprüfung anderer Datensammlungen aus dem Strafverfolgungsbereich im Wege des systematischen Datenabgleichs dürfen die nach I gewonnenen Daten nicht verwendet werden, selbstverständlich auch nicht zur Auswertung für präventiv- polizeiliche Zwecke (KK-Schoreit 23). **Zufallsfunde** (IV S. 5), dh bei der Datenaus- 24 wertung durch die speichernde Stelle gewonnene Erkenntnisse, die sich auf andere als die in dem anhängigen Verfahren verfolgten Straftaten beziehen (vgl § 108 I S. 1), sind verwertbar, und zwar zur Aufklärung jeder beliebigen anderen Straftat (um eine Katalogtat iS I S. 1 braucht es sich nicht zu handeln) und zur Ermittlung einer Person, die zum Zweck der Strafverfolgung oder – vollstreckung zur Fahndung oder Aufenthaltsfeststellung ausgeschrieben ist. Allerdings ist bei der Daten-

verarbeitung mit EDV-Anlagen mit echten Zufallsergebnissen idR nicht zu rechnen (vgl KK-Schoreit 42).

25 **7) Benachrichtigungspflicht** (V): Von den Maßnahmen nach I S. 1 brauchen nur Personen benachrichtigt zu werden, die nach Abschluß der Datenverarbeitungsmaßnahmen von weiteren Ermittlungen betroffen sind, weil die Auswertung der Daten einen Tatverdacht gegen sie ergeben hat, der bestätigt oder ausgeräumt werden muß. Die Benachrichtigung muß entspr § 101 I erfolgen, sobald das ohne Gefährdung des Ermittlungszwecks geschehen kann. Sie ist Sache des Gerichts, der StA nur, wenn sie oder ihre Hilfsbeamten die Anordnung getroffen haben (**aM** LR-Rieß 81: stets StA). Die Betroffenen, gegen die ein Tatverdacht nicht entstanden oder erhärtet worden ist, brauchen nicht benachrichtigt zu werden (LR-Rieß 78). Bei Gefährdung des Untersuchungszwecks oder der öffentlichen Sicherheit entfällt auch die Benachrichtigung der Tatverdächtigen.

26 **8) Beschwerde** (§ 304 I) ist gegen die richterliche Anordnung (die des Ermittlungsrichters des BGH oder OLG ist nach § 304 V ausgenommen) zulässig; ist die Maßnahme bereits erledigt, kommt dabei die Feststellung der Rechtswidrigkeit in Betracht (vgl 17 ff vor § 296). Die Rechtswidrigkeit von Anordnungen der StA und ihrer Hilfsbeamten ist nach hM – verfassungsrechtlich unbedenklich (BVerfG MDR **90**, 980) – entspr § 98 II S. 2 geltend zu machen (BGHR Datenspeicherung 1; LR-Rieß 84; Kühl NJW **87**, 743; Rogall aaO; erg 23 zu § 98).

Polizeiliche Beobachtung

163e **I Die Ausschreibung zur Beobachtung anläßlich von polizeilichen Kontrollen, die die Feststellung der Personalien zulassen, kann angeordnet werden, wenn zureichende tatsächliche Anhaltspunkte dafür vorliegen, daß eine Straftat von erheblicher Bedeutung begangen wurde. Die Anordnung darf sich nur gegen den Beschuldigten richten und nur dann getroffen werden, wenn die Erforschung des Sachverhalts oder die Ermittlung des Aufenthaltsortes des Täters auf andere Weise erheblich weniger erfolgversprechend oder wesentlich erschwert wäre. Gegen andere Personen ist die Maßnahme zulässig, wenn auf Grund bestimmter Tatsachen anzunehmen ist, daß sie mit dem Täter in Verbindung stehen oder eine solche Verbindung hergestellt wird, daß die Maßnahme zur Erforschung des Sachverhalts oder zur Ermittlung des Aufenthaltsortes des Täters führen wird und dies auf andere Weise erheblich weniger erfolgversprechend oder wesentlich erschwert wäre.**

II Das Kennzeichen eines Kraftfahrzeugs kann ausgeschrieben werden, wenn das Fahrzeug für eine nach Absatz 1 ausgeschriebene Person zugelassen ist oder von ihr oder einer bisher namentlich nicht bekannten Person benutzt wird, die einer Straftat mit erheblicher Bedeutung verdächtig ist.

III Im Falle eines Antreffens können auch personenbezogene Informationen eines Begleiters der ausgeschriebenen Person oder des Führers eines ausgeschriebenen Kraftfahrzeugs gemeldet werden.

IV Die Ausschreibung zur polizeilichen Beobachtung darf nur durch den Richter angeordnet werden. Bei Gefahr im Verzug kann die Anordnung auch durch die Staatsanwaltschaft getroffen werden. Hat die Staatsanwaltschaft die Anordnung getroffen, so beantragt sie unverzüglich die richterliche Bestätigung der Anordnung. Die Anordnung tritt außer Kraft, wenn sie nicht binnen drei Tagen von dem Richter bestätigt wird. Die Anordnung ist auf höchstens ein Jahr zu befristen. § 100 b Abs. 2 Satz 5 gilt entsprechend.

1 **1) Ausschreibung zur Beobachtung:** Unter dem Begriff Polizeiliche Beobachtung wird die planmäßige, grundsätzlich heimliche Beobachtung einer Person

(oder eines Objekts) zwecks Erstellung eines vollständigen Bewegungsbildes verstanden. Sie ist nicht mit der durch das OrgKG nicht geregelten (kurzfristigen oder längeren) Observation einer Person durch die Polizei zu verwechseln (Möhrenschlager wistra **92**, 328; Rieß NJ **92**, 497; zu dieser vgl 34 a zu § 163) und auch von der Herstellung von Bildaufzeichnungen nach § 100 c I Nr 1 a zu unterscheiden. Die Polizeiliche Beobachtung ist seit langem üblich; sie wurde früher auf §§ 161, 163 I iVm der Polizeilichen Dienstanweisung 348.2 gestützt und im übrigen als gewohnheitsrechtlich zulässig erachtet (vgl Krey 1/481 ff). Demgegenüber wurde die Polizeiliche Beobachtung aber vielfach als Eingriff in die durch Art 2 I GG garantierte Freiheit des Beobachteten bezeichnet und mit Rücksicht auf das vom BVerfG betonte Recht auf informationelle Selbstbestimmung (BVerfGE **65**, 1 = NJW **84**, 411) die Schaffung einer ausdrücklichen gesetzlichen Ermächtigungsgrundlage gefordert (vgl LR-Rieß 53 zu § 163; zusammenfassend zur Problematik Bottke Meyer- GedSchrift 37 ff). Das OrgKG hat mit § 163 e eine entspr Eingriffsnorm geschaffen (vgl eingehend Krahl NStZ **98**, 339), die die Polizeiliche Beobachtung aber nicht schlechthin und uneingeschränkt zuläßt, sondern sie an strenge Voraussetzungen knüpft und Beschränkungen unterwirft. Soweit Polizeiliche Beobachtungen nach Polizeirecht zulässig sind, dürfen dabei zulässig gewonnene Erkenntnisse auch im Strafverfahren verwendet werden (vgl BGH NJW **91**, 2651, 2652 aE; zust Rogall NStZ **92**, 47 „jedenfalls, wenn die Informationen von der Polizei in Wahrung ihrer doppelten Aufgabenstellung gleichzeitig erhoben worden sind").

2) Ziel der Polizeilichen Beobachtung ist die von der betroffenen Person unbemerkte, unauffällige Ermittlung und Sammlung von Erkenntnissen, um sich ein „Bewegungsbild" von ihr zu verschaffen (Hilger NStZ **92**, 525; LR-Rieß 52 zu § 163). Darüber hinaus dient die Beobachtung dazu, Zusammenhänge und Querverbindungen zwischen dieser und anderen Personen zu erfassen (Hilgendorf-Schmidt wistra **89**, 210), um damit kriminelle Strukturen aufspüren und insbesondere die organisierte Kriminalität bekämpfen zu können. Ihre Praktikabilität für die Strafverfolgung ist allerdings zu bezweifeln (Krahl NStZ **98**, 341). 2

3) Anordnung gegen einen Beschuldigten 3

A. **Anläßlich von polizeilichen Kontrollen,** die die Feststellung der Personalien zulassen, kann die Ausschreibung zur Beobachtung angeordnet werden. Die Kontrollstellen werden nicht für die Polizeiliche Beobachtung errichtet, sondern bereits bestehende Kontrollstellen werden hierfür genutzt (Hilger NStZ **92**, 525 Fn 167). In Betracht kommen Kontrollstellen nach §§ 111, 163 b, ferner solche nach den Polizeigesetzen der Länder und Grenzkontrollstellen. Zur Feststellung der Personalien gehören auch Erkenntnisse über sonstige Umstände wie Begleiter, Reiseweg, Transportmittel und mitgeführte Gegenstände (Hilger aaO). Alle diese Informationen dürfen erfaßt, der ausschreibenden Behörde gemeldet, von dieser ausgewertet, gespeichert und ggf an zur Erfassung solcher Daten errichtete Zentralbehörden weitergemeldet werden. 4

B. Es muß um eine **Straftat von erheblicher Bedeutung** gehen. Der Begriff deckt sich insoweit mit dem in §§ 98 a I,110 a I verwendeten, allerdings ist er hier nicht durch einen Straftatenkatalog oder in sonstiger Weise eingeschränkt, so daß grundsätzlich wegen jeden Straftatbestandes, der diese Voraussetzung erfüllt (vgl dazu 5 zu § 98 a), die Polizeiliche Beobachtung angeordnet werden darf. Einschränkungen ergeben sich nur aus der Notwendigkeit des Vorhandenseins eine polizeilichen Kontrollstelle (oben 4) sowie aus der Subsidiaritätsklausel (unten 7). 5

C. **Zureichende tatsächliche Anhaltspunkte** müssen für die bedeutsame Straftat bestehen. Das bedeutet, daß zumindest ein Anfangsverdacht (vgl auch II: Straftat . . . verdächtig) bestehen muß (Krahl NStZ **98**, 340); hinreichender oder dringender Tatverdacht ist nicht erforderlich, in diesem Verfahrensstadium auch 6 kaum gegeben. Das Verfahren muß sich aber gegen einen bestimmten Beschuldigten richten.

7 D. Eine **Subsidiaritätsklausel** wie in § 98 a I S. 2 (Rasterfahndung) ist auch hier vorgesehen (I S. 2 2.Hs). Zu den Merkmalen „erheblich weniger erfolgversprechend" (Erfolgsprognose) und „wesentlich erschwert" (Verfahrensverzögerung) vgl 3 zu § 98 a.

8 **4) Anordnung gegen andere Personen:** Auch hier müssen zureichende tatsächliche Anhaltspunkte dafür bestehen, daß durch eine bereits bekannte, als Täter verdächtigte Person eine Straftat von erheblicher Bedeutung begangen worden ist. Zusätzliche Voraussetzungen (wie in § 100 c I S.2, dort 17) sind jedoch, daß aufgrund bestimmter Tatsachen (22 zu § 112) anzunehmen ist, die zu beobachtende Person (Kontaktperson) habe bereits eine Verbindung zum Täter oder wolle diese herstellen. Die Polizeiliche Beobachtung ist nur zur Erforschung des Sachverhalts oder zwecks Ermittlung des Aufenthaltsortes des Täters zulässig. Auch hier gilt die Subsidiaritätsklausel (oben 7).

9 **5)** Die **Ausschreibung eines Kfz-Kennzeichens,** das auf den Beschuldigten (oben 3 ff) oder eine Kontaktperson (oben 8) zugelassen ist oder von diesen benutzt wird, regelt II. Aber nicht nur ein Kfz einer nach I ausgeschriebenen Person, sondern darüber hinaus auch das einer namentlich bisher nicht bekannten Person, die einer Straftat von erheblicher Bedeutung (oben 5) verdächtig ist, darf danach ausgeschrieben werden; eine solche Ausschreibung kommt in Betracht, wenn außer dem Kfz-Kennzeichen kein Ansatz für Ermittlungen gegeben ist (Hilger NStZ **92**, 525 Fn 172).

10 **6) Weitere Personen:** Auch der Begleiter einer nach I ausgeschriebenen Person oder der Führer eines nach II ausgeschriebenen Kfz dürfen im Fall des Antreffens an der Kontrollstelle erfaßt und der ausschreibenden Strafverfolgungsbehörde gemeldet werden. Damit wird die polizeiliche Erfassung in nicht unbedenklicher Weise (SK/StPO-Wolter 12; Krahl NStZ **98**, 341; Strate StV **89**, 410) auf Personen ausgedehnt, die möglicherweise in keinerlei Zusammenhang mit der angenomme-
11 nen Straftat stehen. Schließlich kann auch gegen einen unter **Führungsaufsicht** stehenden Verurteilten die Ausschreibung zur Polizeilichen Beobachtung nach § 463 a II angeordnet werden.

12 **7) Verfahren:**

13 A. **Zuständigkeit:** Grundsätzlich trifft der Ermittlungsrichter (§§ 162, 169) die Anordnung. Lediglich bei Gefahr im Verzug (6 zu § 98) besteht eine Kompetenz der StA. Hilfsbeamte der StA (§ 152 GVG) dürfen die Polizeiliche Beobachtung nicht anordnen; eine solche Zuständigkeitserweiterung hielt der Gesetzgeber nicht für erforderlich (vgl BT-Drucks 12/2720 S. 48). Die Anordnung der StA muß – wie in anderen Fällen der Eilkompetenz auch (vgl §§ 98 b I S. 2, 100 b VI S. 1) – unverzüglich (8 zu § 25) richterlich bestätigt werden; sie tritt außer Kraft, wenn die Bestätigung nicht binnen 3 Tagen erfolgt (zur Fristberechnung vgl 1 zu § 100 b). Zwischenzeitlich erlangte Erkenntnisse dürfen grundsätzlich verwertet werden (Rieß NJ **92**, 497; vgl auch 11 zu § 98 b). Erg 15 zu § 163 d.

14 B. **Anordnung:** Der Richter oder StA wird sie idR schriftlich erteilen (vgl § 98 a I S. 4), notfalls darf sie aber auch mündlich ergehen. In der Anordnung ist die auszuschreibende Person (I) so genau wie möglich zu bezeichnen (Hilger NStZ **92**, 525 Fn 173) bzw das Kfz-Kennzeichen anzugeben. Es kann auch festgelegt werden, daß die Beobachtung nur an bestimmten Kontrollstellen oder nur zu bestimmten Zeiten stattfinden soll. Die richterliche Bestätigung bedarf der Schriftform.

15 C. **Geltungsdauer:** Unter kriminalistischen Gesichtspunkten erscheint eine zu kurze Beobachtungsphase idR wenig erfolgversprechend (Hilgendorf-Schmidt wistra **89**, 210); eine zu lange andauernde Beobachtung kann unverhältnismäßig sein.

IV S. 5 schreibt daher eine Befristung der Anordnung auf höchstens 1 Jahr vor. Mehrmalige Verlängerung um jeweils nicht mehr als 3 weitere Monate ist zulässig (IV S. 6 mit § 100 b II S. 5; SK/StPO-Wolter 27; **aM** Rieß NJ **92**, 497: Verlängerung um jeweils 1 Jahr). Wird die Anordnung nicht verlängert, tritt sie ohne weiteres außer Kraft.

8) **Beschwerde:** Die Ausführungen 26 zu § 163 d gelten entspr. 16

Festhalten von Störern

164 **Bei Amtshandlungen an Ort und Stelle ist der Beamte, der sie leitet, befugt, Personen, die seine amtliche Tätigkeit vorsätzlich stören oder sich den von ihm innerhalb seiner Zuständigkeit getroffenen Anordnungen widersetzen, festnehmen und bis zur Beendigung seiner Amtsverrichtungen, jedoch nicht über den nächstfolgenden Tag hinaus, festhalten zu lassen.**

1) Das **amtliche Selbsthilferecht** gilt bei zulässigen Amtshandlungen strafpro- 1
zessualer Art (Bay **62**, 316) in allen Verfahrensstadien (Einl 58; EbSchmidt NJW **69**, 394) für alle im Strafprozeß amtlich Handelnden (insbesondere Polizei, StA, Gericht) gegen Störung, dh strafprozessual rechtswidriges Verhalten (vgl Geerds Maurach-FS 517). Die Festnahme und Festhaltung kommt zB in Betracht bei Einnahme eines Augenscheins außerhalb der Diensträume des Beamten, bei Durchsuchung einer Wohnung oder eines Geschäftsraumes, bei Durchsuchung einer Person, falls diese Amtshandlung von einem Dritten gestört wird. Das Festnahme- und Festhalterecht darf nur ausgeübt werden, wenn die Störung nicht mit weniger einschneidenden Maßnahmen behoben werden kann, und nur so lange, bis die Störung beseitigt ist (Celle MDR **55**, 692; Einl 20, 21), längstens bis zum Ende des nächsten Tages (Art 104 II S. 3 GG), selbst wenn die Festnahme richterlich angeordnet worden ist. Es richtet sich gegen Dritte (zB Neugierige), auch gegen Personen, die zu der Amtshandlung zuzuziehen (zB § 106 I) oder zugelassen sind (15, 16 zu § 163; Krüger Kriminalistik **74**, 444). Ein bestehendes Anwesenheitsrecht geht für die Dauer der Festnahme unter (LR-Rieß 14). Für Richter gilt außerdem § 180 GVG. Das nach den Polizeigesetzen bestehende Recht der Polizei zur Platzverweisung zwecks Abwehr einer Gefahr bleibt unberührt (§ 12 MEPolG; Art 16 BayPAG; § 12 PolGNW; 1 zu § 6 EGStPO).

2) **Abgrenzung zum unmittelbaren Zwang:** Wenn eine Person einen Ein- 2
griff rechtlich zu dulden hat und seine Durchführung stört, wird die Maßnahme mit unmittelbarem Zwang bewirkt (Einl 46). Wenn sich der Betroffene zwar dem Eingriff selbst nicht widersetzt, aber andere zugleich stattfindende Amtshandlungen stört, kann es aus diesem Grund geboten sein, ihn zunächst in entspr Entfernung nach § 164 festzuhalten.

3) **Abgrenzung zu den Abwehrmitteln des Hausrechts:** Wenn die weniger 3
einschneidenden Mittel des Hausrechts genügen, sind sie schon nach dem Verhältnismäßigkeitsgrundsatz (Einl 20, 21) anzuwenden, bevor von dem Festnahme- und Festhalterecht nach § 164 Gebrauch gemacht wird. Die Klausel „an Ort und Stelle" bedeutet nur, daß es sich um eine Störung handeln muß, die am Ort der Amtshandlung vorgenommen wird oder sich unmittelbar störend dort auswirkt (KK-Wache 3). Ein vor oder bei der Amtshandlung eintreffender Drohbrief oder eine ähnliche mittelbare Einwirkung ist kein Fall des § 164. Die Klausel bedeutet auch nicht, daß überall, wo der Beamte oder sein Behördenleiter das Hausrecht ausüben kann, § 164 ausscheidet (EbSchmidt NJW **69**, 394; vgl auch Hamburg VRS **28**, 196; **30**, 440; **aM** Geerds Maurach-FS 517; Schulz/Händel 7). Denn es gibt Fälle, in denen diese Mittel nicht ausreichen oder nicht alsbald und vor allem nicht genügend wirksam gemacht werden können, in denen daher die Störung der Amtshandlung im dienstlichen Areal nur mit Hilfe des § 164 verhindert werden

kann. Dabei ist auch an den Fall zu denken, daß das Dienstgebäude mehrere Zugänge hat, die wegen des sonstigen Dienstbetriebs nicht verschlossen, aber auch nicht so bewacht werden können, daß der Störer ferngehalten werden kann. Auch wenn der Störer von der Straße aus die ordnungsgemäße Durchführung der Amtshandlung im dienstlichen Areal mit Hilfe eines Megaphons oder durch sonstigen Lärm oder durch Werfen von Gegenständen verhindert, kommt die Anwendung des § 164 in Betracht.

4 **4) Die Anordnung** der Festnahme trifft der die Amtshandlung leitende Beamte oder Richter. Der Beamte braucht – ebenso wie im Fall des § 127 – nicht Hilfsbeamter der StA (§ 152 II GVG) zu sein (KK-Wache 10).

5 **5) Vollzogen** wird die Anordnung in einer den Störer möglichst wenig belastenden Weise, die auch für den Vollzugsbeamten zumutbar ist, zB durch Absonderung in einem Raum des durchsuchten Hauses oder durch bewachte Absonderung in einem Kraftwagen. Bei länger andauernder Amtshandlung kommt auch die vorübergehende Verbringung in einen Arrestraum in Betracht, falls dies erforderlich und angemessen erscheint. Während einer Unterbrechung der Amtshandlung (zB während der Nacht) muß der Störer idR freigelassen werden. Bei Wiederbeginn muß geprüft werden, ob die Fortsetzung der Festnahme geboten ist.

6 **6) Rechtsbehelf:** Gegen die Ausübung des Selbsthilferechts durch die Polizei oder StA sieht die StPO keinen Rechtsbehelf vor. Daher gelten §§ 23, 28 I S. 4 **EGGVG**(Amelung NJW **79**, 1688). Die Beschwerde (§ 304) gegen die richterliche Anwendung des § 164 ist mit dem Ende der Festhaltung prozessual überholt; zur Anfechtung in diesem Fall vgl 17 ff vor § 296.

Notstaatsanwalt

165 Bei Gefahr im Verzug kann der Richter die erforderlichen Untersuchungshandlungen auch ohne Antrag vornehmen, wenn ein Staatsanwalt nicht erreichbar ist.

1 **1)** Der **Richter** wird nach § 165 vorübergehend (§ 167) für die StA tätig, falls die StA nicht rasch genug erreichbar ist (unten 3) und Gefahr im Verzug besteht (6 zu § 98), dh durch den Verzug die Aufklärung der Sache oder die Sicherung eines Beweismittels (§ 94) oder eines Verfalls- oder Einziehungsgegenstandes (§ 111 b) gefährdet wird. Dies gilt selbst dann, wenn die StA schon Ermittlungen eingeleitet hat. Der Richter darf jedoch dann nicht als Not-StA tätig werden, wenn ihm bekannt ist, daß die StA nicht handeln will (KK-Wache 1; LR-Rieß 8).

2 **2) Zuständig ist** jedes AG, in dessen Bezirk die Amtshandlung nötig wird; nach außen kommt es dabei auf den Geschäftsverteilungsplan nicht an (§ 22 d GVG).

3 **3) Unerreichbarkeit des StA:** Vgl 10 zu § 128. Nicht erreichbar ist der StA auch, wenn er aus anderen Gründen die Untersuchungshandlung nicht rechtzeitig beantragen oder selbst vornehmen kann. Das kann auch darauf beruhen, daß er telefonisch nicht hinreichend informiert werden kann, sei es wegen der Schwierigkeit des Sachverhalts, der nur durch Augenschein richtig beurteilt werden kann, sei es aus Geheimhaltungsgründen oder wegen gestörter Telefonverbindung (KK-Wache 3; Krauth/Kurfess/Wulf JZ **68**, 736).

4 **4) Richterlicher Art** sind die Untersuchungshandlungen ebenso wie im Fall des § 162. § 165 begründet die Pflicht für den Richter, ohne Antrag nach § 162 tätig zu werden, was auch im Fall des § 163 II S. 2 auf Anregung der Polizei geschieht (dort 26). Daher gelten die §§ 168, 168 a, 168 c, 168 d, auch § 22 Nr 4 (dort 12).

Beweisanträge

166 **I Wird der Beschuldigte von dem Richter vernommen und beantragt er bei dieser Vernehmung zu seiner Entlastung einzelne Beweiserhebungen, so hat der Richter diese, soweit er sie für erheblich erachtet, vorzunehmen, wenn der Verlust der Beweise zu besorgen ist oder die Beweiserhebung die Freilassung des Beschuldigten begründen kann.**

II Der Richter kann, wenn die Beweiserhebung in einem anderen Amtsbezirk vorzunehmen ist, den Richter des letzteren um ihre Vornahme ersuchen.

1) Eine **Notbeweisaufnahme** zugunsten des Beschuldigten durch den Richter sieht die Vorschrift vor; einer weitgehenden Verlagerung der Beweiserhebung im Vorverfahren von der StA auf den Richter dient sie aber nicht, wie der Zusammenhang mit § 165 ergibt (**aM** Schlothauer StV **95**, 158, der dem Beschuldigten hiernach einen Anspruch auf richterliche Vernehmung zwecks Beantragung von Beweiserhebungen geben will). Unerheblich ist es hingegen, aus welchem Anlaß der Beschuldigte vernommen wird; Hauptfälle sind §§ 126 I, 162, 165. 1

2) **Zuständig** ist jeder den Beschuldigten vernehmende Richter in den Fällen der §§ 115 II, III, 115 a II, 126 a II, 128 I, 162, 165, auch im Fall des § 118 a I, II (LR-Rieß 3; Schlothauer StV **95**, 161; **aM** ANM 338), nicht jedoch in dem des § 122 II S. 2 oder im Beschwerdeverfahren nach § 118 II (Rieß aaO). 2

3) **Beweiserhebung:** Erheblich ist hinsichtlich der Freilassung des Beschuldigten alles, was zur Aufhebung oder Außervollzugsetzung des Haftbefehls führen kann (Schlothauer StV **95**, 159), hinsichtlich des drohenden Beweisverlustes kommt es darauf an, ob ein Beweismittel verlorenzugehen droht (LR-Rieß 6; weitergehend Schlothauer aaO 160). Die Leitungsbefugnis der StA darf durch die beantragten Beweiserhebungen nicht beeinträchtigt werden (LR-Rieß 9). 3

4) Die **Aufhebung des Haftbefehls** ist Sache des Richters, der ihn erlassen hat (§§ 115 a II, 126 I; vgl 3 zu § 115 a). § 166 selbst gibt kein Freilassungsrecht (KK-Wache 7; ANM 340), wohl aber § 120 III S. 2 für die zuständige StA (§ 167). Bei vorläufiger Festnahme ermöglichen die §§ 128 II, 129 die Freilassung. 4

5) **Beschwerde** gegen die Ablehnung einer beantragten Beweiserhebung kommt nicht in Betracht (**aM** Schlothauer StV **95**, 164). Bei angeblich drohendem Beweismittelverlust kann die abgelehnte Beweiserhebung bei der StA erneut beantragt werden (§ 163 a II), gegen die Haftentscheidung sind die Rechtsbehelfe nach § 117 I, II gegeben (LR-Rieß 13). 5

Weitere Verfügung

167 **In den Fällen der §§ 165 und 166 gebührt der Staatsanwaltschaft die weitere Verfügung.**

1) Der **Richter** hat in den Fällen der §§ 165, 166 nur als Vertreter der StA gehandelt (vgl Schnarr NStZ **91**, 211 mwN; Einl 60 ff). 1

Protokoll

168 **Über jede richterliche Untersuchungshandlung ist ein Protokoll aufzunehmen. Für die Protokollführung ist ein Urkundsbeamter der Geschäftsstelle zuzuziehen; hiervon kann der Richter absehen, wenn er die Zuziehung eines Protokollführers nicht für erforderlich hält. In dringenden Fällen kann der Richter eine von ihm zu vereidigende Person als Protokollführer zuziehen.**

1 1) Der **Begriff der richterlichen Untersuchungshandlung** (S. 1) ist hier identisch mit dem Begriff Verhandlung (§ 168 a I). Zu ihm gehören – anders als im Fall des § 162 (dort 4) – nicht auch Beschlüsse nach Aktenlage und Anordnungen, die ohne Verhandlung getroffen werden. Anders als bei den staatsanwaltschaftlichen Untersuchungshandlungen (§ 168 b) genügt es nicht, daß das Ergebnis aktenkundig gemacht wird. Würde sich der Richter hierauf beschränken, so würde das Ergebnis der Verhandlung zwar nicht von der Verwertung ausgeschlossen, der Vermerk könnte aber nur wie eine Aktennotiz eines anderen Ermittlungsorgans über ein Untersuchungsergebnis gewertet werden (vgl BGH **27**, 339). Für das Protokoll über die Hauptverhandlung gelten die §§ 271–274.

2 2) Die **Zuziehung eines UrkB** (S. 2 Hs 1; 3 zu § 153 GVG) ist die Regel. Er braucht nicht demselben Gericht anzugehören (BGH NJW **86**, 390, 391). Wenn er mitwirkt, muß er während der ganzen Verhandlung, soweit er sie zu protokollieren hat (unten 3), anwesend sein (KK-Wache 3). Jedoch kann er während der Untersuchungshandlung mit einem anderen ausgetauscht werden. Das Protokoll muß in diesem Fall erkennen lassen, wieweit es von dem einen und wieweit es von dem anderen aufgenommen worden ist, zumal jeder seinen Teil unterschreiben muß (§ 168 a IV S. 1).

3 3) **Ohne Protokollführer** (S. 2 Hs 2) kann der Richter das Protokoll fertigen, wenn ihm die Mitwirkung eines Protokollführers nicht erforderlich erscheint. Die Aufteilung des Protokolls in einen Teil mit und einen Teil ohne Protokollführer ist nicht ausgeschlossen. Soweit er das Protokoll allein fertigt, ist der Richter allein verantwortlich. Insofern besteht nur die Einschränkung des § 168 a IV S. 4 für den Übertragungsgehilfen. Über die Erforderlichkeit der Zuziehung eines Protokollführers entscheidet der Richter nach seinem Ermessen (KK-Wache 4). Seine Entscheidung kann grundsätzlich auch nicht Gegenstand einer Maßnahme der Dienstaufsicht sein (BGH DRiZ **78**, 281). Die JV ist verpflichtet, nicht nur die notwendige technische Ausstattung, sondern auch weiterhin eine genügende Anzahl von Protokollführern zur Verfügung zu halten (Kurth NJW **78**, 2484).

4 4) **Eine andere Person als ein UrkB** (S. 3): Wenn der Richter die Zuziehung eines Protokollführers für erforderlich hält, ihm aber ein UrkB seines oder eines anderen Gerichts nicht zur Verfügung steht, kann er in einem dringenden Fall eine andere Person für diese Aufgabe zuziehen, zB einen Gerichtsbediensteten, der nicht generell UrkB ist, aber diese Funktion wahrnehmen kann (1, 3 zu § 153 GVG); oder mit Einverständnis des Dienstherrn eine Person, die bei der StA tätig oder sonst Angehöriger des öffentlichen Dienstes ist (zB bei der Polizei oder im Gemeindedienst). Es kann aber auch auf eine Privatperson zurückgegriffen werden (KK-Wache 5), wenn sie geeignet erscheint und auf Vergütung verzichtet, es sei denn, daß die JV die Vergütungsfrage im speziellen Fall oder allgemein vorher geregelt hat. Das gilt nicht für die Hauptverhandlung (BGH NStZ **81**, 31).

5 A. **Dringend ist der Fall,** wenn die Untersuchungshandlung bei ordnungsgemäßer Erledigung keinen Aufschub verträgt und dem Richter ein UrkB seines oder eines anderen Gerichts nicht zur Verfügung steht.

6 B. **Zu vereidigen** ist die andere Person für die Wahrnehmung der Protokollführerfunktion, weil sie nicht in der besonderen Verpflichtung des UrkB steht (1 zu § 153 GVG). Bei einem UrkB der StA fehlt dieser Grund. Daher braucht er für die Aufnahme des Protokolls über die richterliche Untersuchungshandlung nicht besonders vereidigt zu werden (**aM** KK-Wache 6). Wenn die Vereidigung erforderlich ist, wird sie nicht durch allgemeine oder andersartige Vereidigung ersetzt. Die fehlende Vereidigung steht der Verlesung des Protokolls, nicht jedoch der Vernehmung des Richters als Zeuge über den Inhalt der Aussage entgegen (Düsseldorf StV **95**, 9 L).

C. **In jedem Einzelfall** einer richterlichen Untersuchungshandlung muß die jeweils zugezogene andere Person vereidigt werden. Eine allgemeine Vereidigung als Protokollführer gibt es nicht, selbst dann nicht, wenn dem Richter (zB von einer polizeilichen Dienststelle) bei Bedarf häufig eine bestimmte Person als Protokollführer zur Verfügung gestellt wird. Die Vereidigung bezieht sich immer nur auf den einzelnen Fall der Heranziehung, den der Richter als dringend beurteilt. Sie kann auch nicht durch einen Hinweis auf eine frühere Vereidigung ersetzt werden (BGH **27**, 339 = JR **78**, 525 mit Anm Meyer-Goßner). 7

D. **Ausnahmsweise** können mehrere Verhandlungen zusammen einen einzigen dringenden Heranziehungsfall ausmachen, zB wenn mehrere Zeugen vorgeladen oder mehrere vorläufig Festgenommene vorgeführt sind, die trotz des Fehlens des UrkB alsbald zu vernehmen sind (vgl BGH aaO). 8

E. **Aus jedem Protokoll** muß die Vereidigung der anderen Person als wesentliche Förmlichkeit ersichtlich sein (§ 168 a I). Wenn die mehreren Verhandlungen zusammen einen einzigen dringenden Heranziehungsfall bilden (oben 8) und der Protokollführer nur einen Eid geleistet hat, wird die Vereidigung in jedem der mehreren Protokolle als geschehen vermerkt, weil sie sich auf jede der Untersuchungshandlungen bezogen hat. 9

5) **Art der Protokollierung:** Im allgemeinen diktiert der Richter das Protokoll, das außerhalb der Hauptverhandlung aufgenommen wird. Dabei kann er zunächst zuwarten, bis er über den Inhalt der Erklärungen der Auskunftsperson oder über das Ergebnis des Augenscheins gewisse Klarheit gewonnen hat. In geeigneten Fällen kann er die Formulierung auch mehr oder weniger dem Protokollführer überlassen. Ebenso kann er die Auskunftsperson bitten, gewisse Teile ihrer Aussage zu diktieren. Er selbst muß dabei aber stets auf Klarheit in den Formulierungen hinwirken. 10

6) Die **Verlesung einer Niederschrift** über eine frühere richterliche Vernehmung in der Hauptverhandlung ist unter den Voraussetzungen des § 251 I nur zulässig, wenn sie die wesentlichen Förmlichkeiten erfüllt (BGHR § 274 Beweiskraft 17; 18 zu § 251). Bei zu Unrecht unterlassener Vereidigung der anderen Person als Protokollführer (S. 3) ist eine wesentliche Förmlichkeit der Aufnahme des Protokolls nicht erfüllt. Daher scheidet die Verlesung nach § 251 I aus (dort 18). Daran ändert es nichts, daß der Richter von der Zuziehung eines Protokollführers überhaupt hätte absehen können. Die Niederschrift darf aber unter den Voraussetzungen des § 251 II verlesen werden. 11

Art der Protokollierung **RiStBV 5 a**

168a

I Das Protokoll muß Ort und Tag der Verhandlung sowie die Namen der mitwirkenden und beteiligten Personen angeben und ersehen lassen, ob die wesentlichen Förmlichkeiten des Verfahrens beobachtet sind. § 68 Abs. 2, 3 bleibt unberührt.

II Der Inhalt des Protokolls kann in einer gebräuchlichen Kurzschrift, mit einer Kurzschriftmaschine, mit einem Tonaufnahmegerät oder durch verständliche Abkürzungen vorläufig aufgezeichnet werden. Das Protokoll ist in diesem Fall unverzüglich nach Beendigung der Verhandlung herzustellen. Die vorläufigen Aufzeichnungen sind zu den Akten zu nehmen oder, wenn sie sich nicht dazu eignen, bei der Geschäftsstelle mit den Akten aufzubewahren. Tonaufzeichnungen können gelöscht werden, wenn das Verfahren rechtskräftig abgeschlossen oder sonst beendet ist.

III Das Protokoll ist den bei der Verhandlung beteiligten Personen, soweit es sie betrifft, zur Genehmigung vorzulesen oder zur Durchsicht vorzulegen. Die Genehmigung ist zu vermerken. Das Protokoll ist von den Beteiligten zu unter-

schreiben oder es ist darin anzugeben, weshalb die Unterschrift unterblieben ist. Ist der Inhalt des Protokolls nur vorläufig aufgezeichnet worden, so genügt es, wenn die Aufzeichnungen vorgelesen oder abgespielt werden. In dem Protokoll ist zu vermerken, daß dies geschehen und die Genehmigung erteilt ist oder welche Einwendungen erhoben worden sind. Das Vorlesen oder die Vorlage zur Durchsicht oder das Abspielen kann unterbleiben, wenn die beteiligten Personen, soweit es sie betrifft, nach der Aufzeichnung darauf verzichten; in dem Protokoll ist zu vermerken, daß der Verzicht ausgesprochen worden ist.

IV Das Protokoll ist von dem Richter sowie dem Protokollführer zu unterschreiben. Ist der Inhalt des Protokolls ohne Zuziehung eines Protokollführers ganz oder teilweise mit einem Tonaufnahmegerät vorläufig aufgezeichnet worden, so unterschreiben der Richter und derjenige, der das Protokoll hergestellt hat. Letzterer versieht seine Unterschrift mit dem Zusatz, daß er die Richtigkeit der Übertragung bestätigt. Der Nachweis der Unrichtigkeit der Übertragung ist zulässig.

1 **1)** Die **Namen der mitwirkenden und beteiligten Personen** (I) müssen neben dem Ort und dem Tag der Untersuchungshandlung angegeben werden. Die Mitwirkenden sind außer dem Richter die Verfahrensbeteiligten, die ein Anwesenheits- und Mitwirkungsrecht haben (§ 168 c; § 67 **JGG**), der Dolmetscher und der Protokollführer, wenn und soweit sie mitwirken. Zur Nennung der Namen gehört auch – wie im Protokoll über die Hauptverhandlung (§ 272 Nr 2) – die Angabe der prozessualen Funktion, in der die Anwesenden mitwirken. Das gleiche gilt für die sonstigen beteiligten Personen, zB für die zu vernehmende Auskunftsperson oder für den zugezogenen Sachverständigen. Zu Einschränkungen aus Gründen des Zeugenschutzes (I S. 2) vgl 10 ff zu § 68.

2 **2)** Die **wesentlichen Förmlichkeiten** (I) sind die Fakten und Vorgänge, die für die Gesetzmäßigkeit des Protokolls von Bedeutung sind (vgl 6 zu § 273). Sind für die Protokollierung mehrere Gestaltungsmöglichkeiten zulässig, so muß die angewendete ersichtlich sein, zB die Zuziehung eines Protokollführers oder deren Unterlassung. Wesentlich sind ferner die Förmlichkeiten, die für die Verhandlung vorgeschrieben sind, zB bei Vernehmungen die erforderlichen Hinweise und Belehrungen, die Aufteilung der Vernehmung in eine solche zur Person und eine solche zur Sache (§§ 68, 69) sowie die Frage der Vereidigung (§ 66 a).

3 **3)** Der **sachliche Inhalt** des Protokolls ist in § 168 a nicht näher bezeichnet. Er ergibt sich aus der Art der Untersuchungshandlung. Bei einer Vernehmung sind zB deren Ergebnisse festzuhalten (§§ 68, 69, 136), bei Augenschein dessen Ergebnis (§ 86). Anlagen können zum Bestandteil des Protokolls gemacht werden, zB vom Zeugen übergebene Schriftstücke oder das schriftliche Gutachten, das der Sachverständige mündlich vorträgt. Besondere Beobachtungen, die nicht Teil der Vernehmung sind, werden in geeigneter Weise (zB einem Zusatz) festgehalten (vgl Einl 62).

4 **4) Vorläufige Aufzeichnung** (II): Der Protokollführer oder, wenn ein solcher nicht zugezogen wird, der Richter selbst kann vorläufige Aufzeichnungen über den Inhalt des Protokolls (einschließlich der Angaben nach I) machen. Hiervon soll möglichst weitgehend Gebrauch gemacht werden (RiStBV 5 a). Die Entscheidung hierüber trifft der Richter (KK-Wache 5). Die vorläufigen Aufzeichnungen sind noch nicht das Protokoll, bilden aber dessen verbindliche Grundlage. Der Zustimmung der zu vernehmenden Person bedarf es für die vorläufige Aufzeichnung nicht, auch nicht bei Verwendung eines Tonbands (BGH **34**, 39, 52; Kurth NJW **78**, 2484 Fn 40; vgl auch Koblenz NStZ **88**, 42; **aM** Kühne StV **91**, 103) oder bei Anfertigung einer Bild-Ton-Aufnahme nach §§ 58 a, 168 e S.4 (vgl 8 zu § 58 a; ein
5 vollständiges Protokoll ist auch in diesem Fall erforderlich, erg 9 zu § 58 a). **Unverzüglich** nach der Beendigung der Verhandlung ist das Protokoll herzustellen (II

S. 2), dh ohne vermeidbare Verzögerung (8 zu § 25). Die vorläufigen Aufzeichnungen bleiben aufbewahrt (II S. 3), weil der Nachweis der Unrichtigkeit der Übertragung zulässig ist (IV S. 4). Das gilt auch für Tonbänder. Diese können jedoch bereits nach Beendigung des Verfahrens gelöscht und neu verwendet werden. Für Videobänder verweist § 58 a II S. 2 auf § 100 b VI.

5) Die **Protokollgenehmigung durch die Beteiligten** (III S. 1) ist anzustreben. Nach der Klausel „soweit es sie betrifft" ist die Genehmigung nur von den Personen einzuholen, die protokollierte Erklärungen abgegeben haben oder Gegenstand des Augenscheins waren. Zugleich ergibt sich aus ihr, daß die Beteiligten das Protokoll nur jeweils in dem Teil zu genehmigen brauchen, der sie betrifft. Eine darüber hinausgehende Protokollgenehmigung ist aber unschädlich. Die **Verfahrensbeteiligten** können auf die Formulierungen während der Verhandlung Einfluß nehmen. Ihre Genehmigung ist nicht vorgeschrieben. Der Richter und der Protokollführer müssen die Niederschrift unterschreiben und dadurch die Gewähr für die Richtigkeit übernehmen. 6 7

6) Das **Genehmigungsverfahren** besteht bei dem bereits fertigen Protokoll darin, daß es dem Betroffenen vorgelesen oder zur Durchsicht vorgelegt wird (III S. 1). Dabei braucht es von den Urkundspersonen noch nicht unterschrieben zu sein (IV S. 1), zumal noch auf Einwendungen oder ohne solche im Genehmigungsverfahren Änderungen vorgenommen werden können. Wenn und soweit erst vorläufige Aufzeichnungen bestehen, werden sie vorgelesen oder abgespielt. Werden sie genehmigt, so bedeutet dies noch nicht, daß nicht noch rein stilistische Änderungen bei der endgültigen Fassung des Protokolls vorgenommen werden dürfen. Nur der Inhalt muß erhalten bleiben. Der Schutz vor unzutreffender Veränderung ist durch die Aufbewahrung der Unterlagen (oben 5) und die Zulässigkeit des Nachweises der Unrichtigkeit der Übertragung (IV S. 4) gewährleistet. Die Erteilung der Genehmigung oder ihre Verweigerung ist im Protokoll zu vermerken (III S. 2, 4). 8

7) Einwendungen des Betroffenen gegen die Formulierungen werden, soweit sie berechtigt sind, berücksichtigt und führen noch bei der Bekanntgabe des bisher für das Protokoll Vorgesehenen zu einer Fassungsänderung. Wenn sie der Betroffene wegen Nichtberücksichtigung oder trotz Fassungskorrektur nicht fallen läßt, werden sie im Protokoll vermerkt. Trotzdem wird der Betroffene gefragt, ob er im Hinblick auf die festgehaltenen Einwendungen das Protokoll – gewissermaßen eingeschränkt – genehmige (obwohl III S. 5 nur von einem Entweder-Oder ausgeht). 9

8) Der **Verzicht** auf die Mitteilung des Inhalts des Protokolls oder der vorläufigen Aufzeichnungen ist zulässig. Dieser Verzicht und die Genehmigung des Protokolls müssen nicht zusammentreffen. Der Verzicht wirkt nur so weit wie das Betroffensein. Ein darüber hinausgehender genereller Verzicht ist unschädlich, befreit insoweit aber nicht von der Mitteilungspflicht. 10

9) Unterschriften (IV S. 1–3): Bei Zuziehung eines Protokollführers genügt es für die Verantwortung des Richters und damit für seine Unterschrift, daß er das Protokoll auf seine inhaltliche Richtigkeit und Vollständigkeit im Gesamtzusammenhang überprüft hat (Kurth NJW **78**, 2484). Der Mangel einer erforderlichen Unterschrift kann später durch Nachholung geheilt werden (LR-Rieß 44; Einl 159), zB um die Verlesbarkeit nach § 251 I zu sichern (vgl 11 zu § 168). 11

10) Beweiskraft des Protokolls (IV S. 4): Ganz allgemein hat das Protokoll nicht die Beweiskraft des § 274 (BGH **26**, 281; **32**, 25, 30). Daher kann die Unrichtigkeit des Protokolls eingewendet und der Einwand im Freibeweisverfahren geprüft werden (BGHR § 274 Beweiskraft 17; 7, 9 zu § 244; 4 zu § 274). Ein Verfahrensbeteiligter kann sich auch auf die vorläufigen Aufzeichnungen über die Verhandlung berufen und behaupten, diese seien bei der Protokollfertigung nicht 12 richtig übertragen worden. Wenn diese Behauptung durch den Vergleich bestätigt wird, ist das Protokoll, soweit die Widersprüche reichen, entkräftet. Insoweit wird es dann durch die vorläufigen Aufzeichnungen ersetzt (Stuttgart NStZ **86**, 41; vgl hierzu Rieß NStZ **87**, 444).

Niederschriften der StA **RiStBV 5 a**

168b **I Das Ergebnis staatsanwaltschaftlicher Untersuchungshandlungen ist aktenkundig zu machen.**

II Über die Vernehmung des Beschuldigten, der Zeugen und Sachverständigen soll ein Protokoll nach den §§ 168 und 168 a aufgenommen werden, soweit dies ohne erhebliche Verzögerung der Ermittlungen geschehen kann.

1 1) **Aktenkundig zu machen** (I): Der Obersatz in I trägt dem Prinzip Rechnung, daß in den Akten alle wesentlichen Vorgänge festgehalten werden müssen, damit jedes weitere mit der Sache befaßte Ermittlungsorgan, namentlich auch das Gericht, wenn es im Vorverfahren oder im gerichtlichen Verfahren tätig wird, sowie der Verteidiger (vgl § 147) die Entwicklung und das bisherige Ergebnis des Verfahrens erkennen können (Karlsruhe NStZ **91**, 50 L). Das Aktenkundigmachen kann bestehen in Aktenvermerken, in Beifügung von Fotos, Skizzen, Zeichnungen oder von eingeholten Auskünften. I gilt auch für Untersuchungshandlungen, die in Anordnungen bestehen (4 zu § 162), zB für die Anordnung einer Beschlagnahme nach den §§ 98 I, 111 c I S. 1.

2 2) **Protokoll** (II): Die Einhaltung der Soll-Vorschrift, die auch bei polizeilichen Vernehmungen beachtet werden sollte (BGH NStZ **95**, 353), ist die Regel. Kleinere Verzögerungen müssen dabei in Kauf genommen werden. Das Abweichen von der Soll-Vorschrift und die Anwendung von I sind aber auch zulässig, soweit dies im Einzelfall aus begründetem Anlaß, zB wegen völliger Bedeutungslosigkeit der Aussage, gerechtfertigt ist. Über den Einsatz technischer Hilfsmittel (§ 168 a II) entscheidet der StA. Er soll möglichst weitgehend von ihnen Gebrauch machen (RiStBV 5 a).

3 3) Über **Aushändigung einer Abschrift** des Protokolls vgl 32 zu § 163 a.

Anwesenheitsrechte

168c **I Bei der richterlichen Vernehmung des Beschuldigten ist der Staatsanwaltschaft und dem Verteidiger die Anwesenheit gestattet.**

II Bei der richterlichen Vernehmung eines Zeugen oder Sachverständigen ist der Staatsanwaltschaft, dem Beschuldigten und dem Verteidiger die Anwesenheit gestattet.

III Der Richter kann einen Beschuldigten von der Anwesenheit bei der Verhandlung ausschließen, wenn dessen Anwesenheit den Untersuchungszweck gefährden würde. Dies gilt namentlich dann, wenn zu befürchten ist, daß ein Zeuge in Gegenwart des Beschuldigten nicht die Wahrheit sagen werde.

IV Hat ein nicht in Freiheit befindlicher Beschuldigter einen Verteidiger, so steht ihm ein Anspruch auf Anwesenheit nur bei solchen Terminen zu, die an der Gerichtsstelle des Ortes abgehalten werden, wo er in Haft ist.

V Von den Terminen sind die zur Anwesenheit Berechtigten vorher zu benachrichtigen. Die Benachrichtigung unterbleibt, wenn sie den Untersuchungserfolg gefährden würde. Auf die Verlegung eines Termins wegen Verhinderung haben die zur Anwesenheit Berechtigten keinen Anspruch.

1) Richterliche Beschuldigtenvernehmung (I): Für die Beschuldigtenvernehmung durch den StA ist ein Anwesenheitsrecht des Verteidigers vorgesehen (§ 163 a III S. 2 iVm I), auch wenn nur eine Identifizierungsgegenüberstellung (9 zu § 58) stattfindet (Odenthal NStZ **85**, 435), nicht aber für die Vernehmung von Mitbeschuldigten (BGH **42**, 391 = NStZ **97**, 351 mit krit Anm Rieß = JR **98**, 165 mit zust Anm Theisen = JZ **97**, 1016 mit abl Anm Fezer; **aM** von Dellingshausen Stree/Wessels-FS 685; Schulz StraFo **97**, 294; offengelassen von Karlsruhe StV **96**, 302 mit Anm Rieß). Der Verteidiger hat bei der Vernehmung durch den Richter oder den StA ein Fragerecht. Ungeeignete oder nicht zur Sache gehörende Fragen werden entspr § 241 II zurückgewiesen (KK-Wache 15). Das Vernehmungsprotokoll des StA ist jedoch in der Verlesbarkeit in der Hauptverhandlung nicht dem richterlichen gleichgestellt (§§ 249, 251 I, 254). 1

2) Richterliche Zeugen- oder Sachverständigenvernehmung (II): Die angeführten Anwesenheitsrechte bestehen nicht bei der Vernehmung durch den StA (§ 161 a). Die unterschiedliche Regelung beruht vor allem auf dem Unterschied in der Verlesbarkeit der Niederschriften (oben 1) und der unterschiedlichen Behandlung der Strafbarkeit unrichtiger Aussagen (§§ 153, 154 StGB). Die anwesenden Verfahrensbeteiligten haben ein Fragerecht (Dahs 249; oben 1), das aber nach dem Ermessen des Richters eingeschränkt oder ausgeschlossen werden kann. Die Ausnahmevorschrift des § 241 a gilt (abgesehen von § 168 e S. 4) nur für die Hauptverhandlung, aber ihrem Schutzzweck muß auch im Ermittlungsverfahren möglichst Rechnung getragen werden. Daß ein Anwesenheitsrecht nur bei einer Zeugen- oder Sachverständigenvernehmung besteht, ist verfassungsrechtlich unbedenklich (BVerfGE **96**, 68 = NJW **98**, 50). 2

3) Ausschließung des Beschuldigten (III): Die Klausel „wenn zu befürchten ist", die der Beispielsfall des S. 2 enthält, gilt auch im Fall des S. 1. Die Gefährdung des Untersuchungszwecks nach S. 1 ist zu befürchten, wenn nach den Umständen des Einzelfalls in nicht geringem Maß zu erwarten ist, der Beschuldigte werde das, was er bei der Vernehmung erfährt, möglicherweise für Verdunkelungsmaßnahmen verwerten (KK-Wache 6; LR-Rieß 15; Krause NJW **75**, 2283). Gegen den Ausschließungsbeschluß ist Beschwerde zulässig (§ 304); sie wird jedoch nach dem Termin gegenstandslos (17 zu § 296). 3

4) Nicht in Freiheit befindliche Beschuldigte (IV; 13 zu § 35): Eine entspr Regelung enthält § 224 II. Hat der Beschuldigte keinen Verteidiger, zeichnet sich aber ab, daß ihm ein solcher zu bestellen ist (§ 141 III), so wird dies zweckmäßig vor der richterlichen Vernehmung des Zeugen oder Sachverständigen veranlaßt (KK-Wache 8). Erklärt der Beschuldigte, der keinen Verteidiger hat, daß er auf Anwesenheit bei der Vernehmung verzichte, so kann diese auch ohne ihn an einem anderen Ort als dem Vollzugsort durchgeführt werden. Wird sein Antrag auf Vorführung abgelehnt, so kann er hiergegen Beschwerde einlegen (§ 304); diese wird nach der Vernehmung gegenstandslos (vgl 17 vor § 296). 4

5) Die **Benachrichtigung** (V) darf nicht schon dann unterbleiben, wenn sie zu einer Verzögerung des Verfahrens führen würde (KK-Wache 17; Meyer-Goßner JR **77**, 258), sondern nur dann, wenn die Gefahr besteht, daß der Untersuchungserfolg vereitelt oder verschlechtert würde. Untersuchungserfolg iS des V ist die Gewinnung einer Aussage, die in einem späteren Verfahrensabschnitt verwertet werden kann (BGH **29**, 1 = JR **80**, 252 mit Anm Meyer-Goßner). Die Gefährdung beurteilt der vernehmende Richter, der darüber einen Aktenvermerk zu fertigen hat (BGH **31**, 140, 142 = JZ **83**, 354 mit Anm Fezer; **aM** Dölp NStZ **90**, 117), später das erkennende Gericht (BGH NStZ **90**, 136; unten 6), und zwar nach tatrichterlichem Ermessen (BGH MDR **80**, 456 [H]). Die Gefährdung kann Folge einer zeitlichen Verzögerung sein, sich aber auch aus anderen Umständen ergeben, zB aus Anhaltspunkten dafür, daß der Zeuge mit Nachdruck zu einer Falschaussage angehalten (BGH **29**, 1, 3; **32**, 125, 129 [GSSt]; KK-Müller 17; **aM** LR-Rieß 44; 5

Dahs 252; Fezer 3/48; Grünwald Dünnebier-FS 361; Krause StV **84**, 172; Nelles StV **86**, 75; Welp JZ **80**, 134; Zaczyk NStZ **87**, 536) oder unter Druck zur Ausübung seines Zeugnisverweigerungsrechts veranlaßt werden soll (Bay **77**, 130 = JR **78**, 173 mit krit Anm Peters). Die Benachrichtigung des Verteidigers darf nicht schon aus Gründen unterlassen werden, die allein in der Person des Beschuldigten liegen (BGH **29**, 1, 4). V S. 3 schließt nicht aus, daß einem begründeten Verlegungswunsch unter Berücksichtigung des Beschleunigungsgebotes und der Bedeutung der Vernehmung für das Verfahren und für die Verteidigung im Einzelfall Rechnung getragen wird. Das Unterlassen der Benachrichtigung hindert die Anwesenheit des Verteidigers nicht, der auf andere Weise von der Vernehmung Kenntnis bekommen hat (19 zu § 223).

6 **6) Verwertungsverbot bei Verstoß gegen V:** Wenn keine Anhaltspunkte für die Ausnahme nach V S. 2 vorlagen, die Benachrichtigungspflicht also verletzt worden ist, darf die Niederschrift ohne Einverständnis des Angeklagten und des Verteidigers nicht als richterliches Protokoll gemäß § 251 I in der Hauptverhandlung verlesen werden (18 zu § 251). Ausgeschlossen ist damit auch die Vernehmung des Ermittlungsrichters (BGH **26**, 332, 335; NStZ **86**, 207 [Pf/M]; KG StV **84**, 68); denn diese stünde der verbotenen Verlesung einer richterlichen Vernehmungsniederschrift gleich. Zulässig bleibt es aber, die Niederschrift nach Maßgabe des § 251 II als schriftliche Äußerung, auch als Niederschrift über eine „andere" Vernehmung zu verlesen (BGH NStZ **98**, 312 mit zust Anm Wönne; **aM** Widmaier Friebertshäuser-FG 185, der wegen des Verstoßes jeden inhaltlichen Zugriff auf die Aussage verwehrt); demnach muß es auch erlaubt sein, aus der Niederschrift Vorhalte zu machen (BGH **34**, 231 = StV **87**, 233 mit abl Anm Fezer = JR **88**, 80 mit teilw abl Anm Hanack; **aM** BGH **31**, 140 = JZ **83**, 354 mit Anm Fezer; vgl auch 31 zu § 251). Wird der Benachrichtigungsmangel vor der Hauptverhandlung entdeckt, so kann zur Beweissicherung Wiederholung der Vernehmung geboten sein (Einl 159; 39 zu § 337). Dasselbe gilt für eine ohne Benachrichtigung des Verteidigers durchgeführte Beschuldigtenvernehmung (BGH NStZ **89**, 282 mit Anm Hilger; dort auch zu einem möglichen Verlust des Rechts, der Verwertung zu widersprechen).

7 **7)** Für die **Zuziehung eines Dolmetschers** gilt § 185 GVG (dort 1, 4). War er notwendig und zugezogen, ist er aber nicht vereidigt worden, so ist die Verlesung des richterlichen Protokolls nach § 251 I nicht zulässig (dort 18), wohl aber nach Maßgabe des § 251 II (dort 31).

8 **8) Rechtshilfevernehmung im Bereich einer fremden Rechtsordnung:** Hier stellt das Unterbleiben der Benachrichtigung keinen Rechtsfehler dar, soweit die fremde Rechtsordnung kein Anwesenheitsrecht einräumt. Soweit sie den in § 168 c genannten Beteiligten aber die Anwesenheit bei der Rechtshilfevernehmung erlaubt, muß das Rechtshilfeersuchen mit der Bitte verbunden werden, die ersuchende Behörde von dem Termin so rechtzeitig zu benachrichtigen, daß die Beteiligten von dem Zeitpunkt der Vernehmung verständigt werden und an ihr teilnehmen können (RiVASt 29 II S. 2; BGH **42**, 86, 91 = JZ **97**, 45; erg 20 zu § 251).

9 **9) Revision:** Der Verwertung der Niederschrift muß in der Hauptverhandlung widersprochen worden sein (BGH NJW **96**, 2239, 2241; erg 18 zu § 251 aE). Hat der Tatrichter die Vernehmungsniederschrift durch Verlesung nach § 251 I verwertet (oben 6), weil er unter Würdigung aller Umstände die Unterlassung der Benachrichtigung (oben 5) für gerechtfertigt hielt, so darf das Revisionsgericht bei entspr Verfahrensrüge nur prüfen, ob dem Tatrichter dabei ein Rechtsfehler, insbesondere eine Überschreitung der dem tatrichterlichen Ermessen gesetzten Schranken, unterlaufen ist (BGH **29**, 1, 3; **42**, 86, 91/92; ANM 161; Krause StV **84**, 173). Hat der Tatrichter aber die Prüfung unterlassen, so darf das Revisionsgericht nicht prüfen, ob die Voraussetzungen von V S. 2 vorlagen (BGH **31**, 140 = JZ **83**, 354

mit abl Anm Fezer; Krause aaO). Wenn das Gegenteil nicht nachgewiesen ist, muß davon ausgegangen werden, daß die Benachrichtigung unterblieben ist (Bay **53**, 62; Bremen OLGSt § 224 S. 1; Frankfurt NJW **52**, 1068).

Teilnahme am richterlichen Augenschein

168d **I Bei der Einnahme eines richterlichen Augenscheins ist der Staatsanwaltschaft, dem Beschuldigten und dem Verteidiger die Anwesenheit bei der Verhandlung gestattet. § 168 c Abs. 3 Satz 1, Abs. 4 und 5 gilt entsprechend.**

II Werden bei der Einnahme eines richterlichen Augenscheins Sachverständige zugezogen, so kann der Beschuldigte beantragen, daß die von ihm für die Hauptverhandlung vorzuschlagenden Sachverständigen zu dem Termin geladen werden, und, wenn der Richter den Antrag ablehnt, sie selbst laden lassen. Den vom Beschuldigten benannten Sachverständigen ist die Teilnahme am Augenschein und an den erforderlichen Untersuchungen insoweit gestattet, als dadurch die Tätigkeit der vom Richter bestellten Sachverständigen nicht behindert wird.

1) **Wie bei der Vernehmung von Zeugen oder Sachverständigen**(§ 168 c) 1 sind das Anwesenheitsrecht und die Benachrichtigung geregelt. § 168 d gilt nicht für den Fall, daß die Leichenöffnung auch im Beisein eines Richters stattfindet. Denn § 87 enthält eine Sonderregelung über die Anwesenheit bei der Leichenöffnung. Bei der Einnahme eines Augenscheins durch den StA hat keiner der Verfahrensbeteiligten ein Anwesenheitsrecht. Es steht im Ermessen des StA, ob er einen Verfahrensbeteiligten oder einen Sachverständigen zuzieht, den der Beschuldigte in das Verfahren als Beweisperson einführen will.

2) **Richterlicher Augenschein unter Zuziehung eines Sachverständigen** 2 (II): Wird der Beschuldigte von dem Termin benachrichtigt (I S. 2 iVm § 168 c V S. 1), so muß ihm mitgeteilt werden, daß von dem Richter ein Sachverständiger zugezogen wird, da er sonst nicht von seinem Recht nach II Gebrauch machen kann. Er kann dies auch, wenn nur sein Verteidiger und nicht er selbst geladen wird. Der Richter kann den Antrag auf Ladung des vom Beschuldigten vorgeschlagenen Sachverständigen ablehnen, wenn durch die Mitwirkung dieses Sachverständigen die Tätigkeit des zum richterlichen Augenschein herangezogenen Sachverständigen behindert würde (II S. 2). Selbst laden bedeutet unmittelbar laden lassen (§ 220 I, II). Auch der auf eine solche Ladung erscheinende Sachverständige kann bei gegebenem Anlaß nach II S. 2 von der Mitwirkung ausgeschlossen werden. Vgl ANM 340 ff.

Getrennte Durchführung der Zeugenvernehmung **RiStBV 19, 19 a**

168e **Besteht die dringende Gefahr eines schwerwiegenden Nachteils für das Wohl des Zeugen, wenn er in Gegenwart der Anwesenheitsberechtigten vernommen wird, und kann sie nicht in anderer Weise abgewendet werden, so soll der Richter die Vernehmung von den Anwesenheitsberechtigten getrennt durchführen. Die Vernehmung wird diesen zeitgleich in Bild und Ton übertragen. Die Mitwirkungsbefugnisse der Anwesenheitsberechtigten bleiben im übrigen unberührt. Die §§ 58 a und 241 a finden entsprechende Anwendung. Die Entscheidung nach Satz 1 ist unanfechtbar.**

1) **Beschränkungen der Anwesenheitsrechte** der Beteiligten, zB nach 1 §§ 168 c II, 406 g II S. 2, sieht die durch das ZSchG eingefügte Bestimmung für die Vernehmung besonders schutzbedürftiger Zeugen (1 zu § 58 a) durch den

Ermittlungsrichter vor (in der Hauptverhandlung gilt § 247 a; zur kommissarischen Vernehmung vgl 20 zu § 223; bei polizeilichen und staatsanwaltschaftlichen Zeugenanhörungen fehlt es an einer „Parteiöffentlichkeit"). Durch die Anwesenheit etwa einer Vielzahl von Verfahrensbeteiligten können insbesondere kindliche Opferzeugen massiven psychischen Belastungen ausgesetzt werden, wodurch deren Vernehmung erheblich erschwert wird. Die Problematik kann sich in vergleichbarer Weise aber auch bei anderen Zeugen, die Opfer einer Sexualstraftat oder eines Gewaltdelikts geworden sind und bei psychisch geschädigten oder sonst kranken oder gebrechlichen Zeugen stellen. Im Interesse des Wohls besonders schutzbedürftiger Zeugen und der Wahrheitsfindung gestattet die Bestimmung daher, daß sich der Richter mit dem Zeugen während der Vernehmung in einem gesonderten Zimmer aufhält. Die übrigen Verfahrensbeteiligten können die Anhörung mit Hilfe einer Videosimultanübertragung zeitgleich in einem anderen Raum mitverfolgen. Die Bestimmung dient damit vornehmlich dem Zweck des ZSchG, eine sekundäre Traumatisierung schutzbedürftiger Zeugen durch Maßnahmen der Strafverfolgung zu vermeiden, auch belastenden Mehrfachvernehmungen durch eine umfassende richterliche Anhörung entgegenzuwirken (vgl 1 zu § 58 a). Der den Zeugen entlastende Effekt wird jedoch gering bleiben, wenn der vernehmende Richter ihn nicht in geeigneter Weise unterstützt und auf seine Bedürfnisse Rücksicht nimmt (vgl Busse/Volbert/Steller 205). Anzustreben ist eine tatnahe, von Suggestionen freie Schilderung des Erlebten (vgl die Hinweise bei Zschockelt/Wegner NStZ **96**, 306 und bei Eisenberg BR 1375 ff, 1413 ff; für eine aufzuzeichnende richterliche Vernehmung gegen Ende des Ermittlungsverfahrens Weigend, Gutachten zum 62. DJT, C 64 Fn 204). Bei gefährdeten und gemäß §§ 96 analog, 110 b III zu sperrenden Zeugen kann die vorgesehene Videosimultanübertragung dem Interesse an der Geheimhaltung ihrer Person zuwiderlaufen (vgl KK-Wache 4; Schlüchter/Greff Kriminalistik **98**, 534), so daß die Anwendung der Vorschrift die besonderen Risiken und Gefahren einer Vernehmung insoweit nicht ausgleichen wird (für die Hauptverhandlung vgl 1 zu § 247 a).

2 2) **Nur in Ausnahmefällen** (BT-Drucks 13/7165 S. 9) wird wegen der Anlehnung des S. 1 an Voraussetzungen des § 247 S. 2 Anlaß für eine Beschränkung der Anwesenheitsrechte bei einer ermittlungsrichterlichen Zeugenvernehmung sein. Erforderlich ist, daß die dringende Gefahr eines schwerwiegenden Nachteils für das Wohl des Zeugen besteht; das Gesetz kombiniert damit Kriterien des § 247 S. 2, die dort für Zeugen aus unterschiedlichen Altersstufen gelten (vgl im einzelnen 11 und 12 zu § 247). Die Ursache der Gefahr muß in einer Vernehmung in Gegenwart der Anwesenheitsberechtigten liegen, so daß überhaupt erst deren tatsächliches Erscheinen Anlaß für Schutzmaßnahmen bietet. Der Begriff der Vernehmung ist in S. 1 und 2 genauso wie in § 58 a zu verstehen (dort 4). Die getrennte Durchführung der Vernehmung ist subsidiär gegenüber anderen Schutzmaßnahmen, etwa dem Ausschluß des Beschuldigten nach § 168 c III (vgl aber KK-Wache 6, der dem Interesse des Beschuldigten, an einer Vernehmung nach § 168 e teilzunehmen, uU entgegen dem Gesetzeswortlaut Vorrang geben will; zu Recht **aM** KK-Diemer 11 zu § 247 a zur gleichgelagerten Frage in der Hauptverhandlung) oder dem Unterlassen der Benachrichtigung gemäß § 168 c V, aber auch zeugenschonenden Maßnahmen nach §§ 68 I S. 2, II, III, 68 a, 68 b, 241 a entspr (2 zu § 168 c), 406 f (RiStBV 19 a I S. 2), 406 g; zur Bedeutung der Mitwirkungsbefugnisse des Angeklagten und seines Verteidigers im Falle einer Aufzeichnung nach § 58 a I vgl § 255 a II S. 1 und dort 8.

3 3) **Getrennte Durchführung der Zeugenvernehmung:**

4 A. **Liegen die Voraussetzungen des S. 1 vor**, wird der Ermittlungsrichter im allgemeinen aufgrund seiner Fürsorgepflicht gehalten sein, die getrennte Vernehmung anzuordnen („soll"), es sei denn, der Zeuge legt hierauf keinen Wert; eines Antrags bedarf es nicht. Auch wenn es zur audiovisuellen Zeugenvernehmung

kommt, kann der Beschuldigte gemäß § 168 c III von der Anwesenheit bei der Übertragung der Vernehmung ausgeschlossen werden; dies kommt in Betracht, wenn zu befürchten ist, der Zeuge werde die Wahrheit nicht sagen, wenn der Beschuldigte seine Aussage am Bildschirm mitverfolgt. Auch §§ 168 c V S. 2, 406 g II S. 3 bleiben anwendbar. Hatten danach der Angeklagte und sein Verteidiger keine Gelegenheit zur Mitwirkung an der getrennten Zeugenvernehmung, kann eine nach S. 4 erstellte Aufzeichnung nicht unter den erleichterten Voraussetzungen des § 255 a II S. 1 in die Hauptverhandlung eingeführt werden (vgl dort 8).

B. Als **Folge seiner Anordnung** vernimmt der Richter den Zeugen – anders als nach § 247 a – in Abwesenheit der übrigen Verfahrensbeteiligten getrennt, dh an einem – ggf kindgerecht ausgestatteten – Ort, der sich nicht notwendig in dem Gebäude befinden muß, in dem sich die anderen Beteiligten aufhalten; es kommt lediglich darauf an, daß die technischen Voraussetzungen (unten 6, 7) gegeben sind. Der Zeuge kann von einem Beistand oder (als Verletzter) von einer Vertrauensperson nach § 406 f III begleitet werden – letzteres, wenn der Richter ihr die Anwesenheit gestattet; allerdings kann eine solche Unterstützung bereits die Voraussetzungen der Bestimmung entfallen lassen (vgl oben 2). 5

C. **Zeitgleich in Bild und Ton** wird den (erschienenen) Anwesenheitsberechtigten die Vernehmung per Standleitung (Videodirektschaltung) übertragen (S. 2). 6
Die Videokamera sollte Richter und Zeugen gleichzeitig erfassen. Die **Mitwirkungsbefugnisse der Beteiligten**, insbesondere das Fragerecht, dürfen nach S. 3 nicht mehr als durch die technischen Gegebenheiten bedingt in Mitleidenschaft gezogen werden. Der Gesetzentwurf läßt offen, ob hierzu eine Tonübertragungsanlage in das Vernehmungszimmer ausreicht (BT-Drucks 13/7165 S. 9). Die Vernehmung eines Zeugen unter 16 Jahren wird nach dem gemäß S. 4 entspr anwendbaren § 241 a grundsätzlich vom Richter allein durchgeführt. Wird den Beteiligten die unmittelbare Befragung nach § 241 a II S. 2 nicht gestattet, so genügt eine sog Ohrknopfverbindung zum Richter; andernfalls – und in den übrigen Fällen – bedarf es jedenfalls zeitweise darüber hinaus einer unmittelbaren Sprechverbindung zum Vernehmungszimmer. 7

D. Ein **Protokoll** der Vernehmung ist nach §§ 168, 168 a zu erstellen; eine Videoaufzeichnung (unten 9) kann hierfür Grundlage sein (vgl § 168 a II S. 1). Ansonsten ist die Vernehmung mit einem Tonaufnahmegerät aufzuzeichnen oder durch einen Protokollführer, der sich nicht im Vernehmungszimmer aufhalten darf, aufzunehmen (KK-Wache 8). 8

4) Für die **Aufzeichnung der Vernehmung** auf Bild-Ton-Träger gilt § 58 a entspr (S. 4). Wenn die Voraussetzungen der getrennten Vernehmung nach S. 1 vorliegen, sollte in der Regel aufgezeichnet werden, um dem Zeugen im Rahmen der §§ 58 a II S. 1, 255 a Mehrfachvernehmungen zu ersparen (vgl 1 zu § 58 a); zur Bedeutung der Mitwirkungsbefugnisse des Beschuldigten und des Verteidigers vgl oben 4. Von § 58 a kann jedoch auch unabhängig von den Voraussetzungen des § 168 e Gebrauch gemacht werden (Rieß NJW **98**, 3241 Fn 31); zur Aufnahme der Aussage eines entspr § 96 oder nach § 110 b III zu sperrenden Zeugen vgl 7 zu § 58 a. 9

5) Anfechtbarkeit: Die Entscheidung des Ermittlungsrichters über die getrennte Durchführung der Vernehmung ist unanfechtbar und damit zugleich – soweit überhaupt Revisibilität nach § 336 S. 1 in Betracht kommt – gemäß § 336 S. 2 einer revisionsgerichtlichen Nachprüfung entzogen (erg 3 zu § 336; LR-Hanack 6, 7 zu § 336); das gilt nach dem Wortlaut und dem Zweck des S. 5, die Vernehmung des schutzbedürftigen Zeugen nicht mit prozessualen Unsicherheiten zu belasten und das Verfahren zu beschleunigen, entgegen einer mißverständlichen Wendung in der Begründung des Gesetzentwurfs („Anordnung", BT-Drucks 13/7165 S. 9) auch für die Ablehnung eines Antrags auf Videovernehmung. Wegen der Rechtsbehelfe gegen die Entscheidung über die Videoaufzeichnung vgl 12 zu § 58 a; die Zulassung oder Nichtzulassung einer (mittelbaren) Frage im Rahmen 10 des § 241 a unterliegt der Beschwerde, in der Regel aber nicht der Revision (3 zu § 336; LR-Hanack 6 zu § 336).

Ermittlungsrichter des OLG und des BGH **RiStBV 202, 203**

169 **I In Sachen, die nach § 120 des Gerichtsverfassungsgesetzes zur Zuständigkeit des Oberlandesgerichts im ersten Rechtszug gehören, können die im vorbereitenden Verfahren dem Richter beim Amtsgericht obliegenden Geschäfte auch durch Ermittlungsrichter dieses Oberlandesgerichts wahrgenommen werden. Führt der Generalbundesanwalt die Ermittlungen, so sind an deren Stelle Ermittlungsrichter des Bundesgerichtshofes zuständig.**

II Der für eine Sache zuständige Ermittlungsrichter des Oberlandesgerichts kann Untersuchungshandlungen auch dann anordnen, wenn sie nicht im Bezirk dieses Gerichts vorzunehmen sind.

1 1) **Ermittlungsrichter des OLG und des BGH** sind – jeweils neben dem allgemein zuständigen Ermittlungsrichter des AG (7 ff zu § 162) – alternativ zuständig, soweit es sich um eine Strafsache nach § 120 I GVG oder um eine aus der Zuständigkeit der StA bei der Staatsschutzkammer des LG durch den GBA in Ausübung seines Evokationsrechts herausgenommene Strafsache nach § 74 a GVG handelt (§ 120 II GVG).

2 2) Der **Ermittlungsrichter des BGH** (I S. 2; über die Institution Martin NJW **69**, 713 ff) ist nur zuständig, wenn und solange die staatsanwaltschaftliche Kompetenz des GBA besteht (§ 142 a GVG), also im Fall der primären Zuständigkeit des GBA (dh in den Fällen des § 120 I GVG) bis zu einer etwaigen Abgabe an den GStA bei dem zuständigen OLG; in den Strafsachen nach § 74 a GVG von der Übernahme durch ihn bis zu einer etwaigen Abgabe an die Landes-StA (BGH NJW **73**, 475); die Zuständigkeit als Haftrichter überträgt er entspr § 126 I S. 3 (BGH aaO).

3 3) Der **Ermittlungsrichter des OLG** (I S. 1) ist nur zuständig, wenn und solange die StA beim OLG die staatsanwaltschaftliche Kompetenz hat.

4 4) Der **Ermittlungsrichter des AG** (§ 162) wird nach dem Sinn des § 169 nur eingeschaltet, wenn zur Ausführung des Ersuchens keine besondere Erfahrung in Staatsschutzsachen notwendig ist. Jedoch darf er ein an ihn gerichtetes Ersuchen nicht wegen Unzuständigkeit ablehnen, auch nicht ein notwendiges Eingreifen als NotStA (§ 165). Er ist ausschließlich zuständig in Staatsschutzsachen nach § 74 a I GVG, solange sie nicht der GBA nach § 74 a II GVG übernommen hat; er wird wieder allein zuständig, wenn der GBA die übernommene Sache an die für die Staatsschutzkammer zuständige StA zurückgibt (§ 142 a IV GVG).

5 5) Der **für eine Sache zuständige Ermittlungsrichter des OLG**(II) ist derjenige, der nach der Geschäftsverteilung sachlich und örtlich zuständig ist. II erweitert seine Kompetenz im Vergleich zum Ermittlungsrichter des AG (7 ff zu § 162). II gilt insbesondere auch, wenn von vornherein feststeht, daß die Anordnung nur außerhalb des Bezirks durchzuführen ist. Soweit richterliche Ausführungshandlungen notwendig werden, kann ein Ermittlungsrichter außerhalb des Bezirks um Ausführung ersucht werden (§ 157 GVG), falls der Anordnende sie nicht selbst dort ausführen will (§ 166 GVG). Den Ermittlungsrichter des BGH erwähnt II nicht, weil sein Bezirk ohnehin das Bundesgebiet ist oder sein kann. Ist
6 die Zuständigkeit des Ermittlungsrichters des OLG oder des BGH aber **regional unter mehreren Richtern aufgeteilt,** so gilt II in beiden Fällen analog, wenn die Anordnung zwar im Bezirk ihres Gerichts, aber außerhalb ihres eigenen Zuständigkeitsbereichs durchzuführen ist.

6) Über **Beschwerden** gegen die in § 304 V bezeichneten Verfügungen und Beschlüsse des Ermittlungsrichters des AG oder des OLG in den Sachen, die zur Zuständigkeit des OLG im 1. Rechtszug gehören, entscheidet dieses Gericht (§ 120 III S. 1 iVm § 73 I GVG). Ist aber in den in § 304 V bezeichneten Fällen eine Verfügung des Ermittlungsrichters des BGH angefochten, so entscheidet der BGH (§ 135 II GVG). Wenn der GBA die Sache inzwischen nach § 142a II, IV GVG abgegeben hat, entfällt sowohl die Zuständigkeit des Ermittlungsrichters des BGH als auch die Beschwerdezuständigkeit des BGH (BGH NJW **73**, 477). Das gleiche gilt, wenn inzwischen Klage bei einem OLG (§ 120 GVG) erhoben worden ist (BGH **27**, 253). 7

Abschluß der Ermittlungen **RiStBV 109**

169a **Erwägt die Staatsanwaltschaft, die öffentliche Klage zu erheben, so vermerkt sie den Abschluß der Ermittlungen in den Akten.**

1) Der **Abschluß der Ermittlungen** wird durch den Vermerk zu einer Zäsur für das Ermittlungsverfahren, sofern es nicht eingestellt wird. Durch den Vermerk werden der Ermittlungsteil und der Entschließungsteil getrennt. Der Abschlußvermerk ist nicht Prozeßvoraussetzung (Einl 141). Für ihn gilt auch nicht § 23 **EGGVG** (Bottke StV **86**, 123). 1

2) **Bedeutung:** Für die Akteneinsicht des Verteidigers: § 147 II, VI. Für die Verteidigerbestellung auf Antrag der StA: § 141 III S. 3. Diese beiden Folgen des Abschlußvermerks bleiben auch bestehen, wenn weitere Ermittlungen vorgenommen werden müssen. Richtet sich das Verfahren gegen mehrere Beschuldigte, so wird der Abschlußvermerk erst angebracht, wenn die Ermittlungen gegen alle diejenigen abgeschlossen sind, gegen die die StA Anklage zu erheben erwägt. 2

Abschluß des Ermittlungsverfahrens **RiStBV 87, 88, 90, 91, 211**

170 **I Bieten die Ermittlungen genügenden Anlaß zur Erhebung der öffentlichen Klage, so erhebt die Staatsanwaltschaft sie durch Einreichung einer Anklageschrift bei dem zuständigen Gericht.**

II Andernfalls stellt die Staatsanwaltschaft das Verfahren ein. Hiervon setzt sie den Beschuldigten in Kenntnis, wenn er als solcher vernommen worden ist oder ein Haftbefehl gegen ihn erlassen war; dasselbe gilt, wenn er um einen Bescheid gebeten hat oder wenn ein besonderes Interesse an der Bekanntgabe ersichtlich ist.

1) **Genügender Anlaß:** Er setzt voraus, daß ein Verfahrenshindernis nicht besteht (Einl 141), das Verfahren nicht nach einer Bestimmung des Opportunitätsprinzips (§§ 153 ff) eingestellt wird (unten 5) und daß der Beschuldigte der Straftat hinreichend verdächtig ist (§ 203; Lüttger GA **57**, 193). Der unbestimmte Rechtsbegriff „hinreichender Tatverdacht" läßt einen nicht unerheblichen Beurteilungsspielraum (BGH NJW **70**, 1543; Sailer NJW **77**, 1138; **aM** Störmer ZStW **108**, 517; erg 4, 7 zu § 152), zumal es sich um eine Prognose handelt (27 zu § 261). Die Aufklärung von Widersprüchen zwischen den Angaben des Beschuldigten und den vorhandenen Beweisergebnissen darf der Hauptverhandlung überlassen werden (BGH aaO). Es muß also nach dem gesamten Akteninhalt bei vorläufiger Tatbewertung (BGH **23**, 304, 306) die Verurteilung des Beschuldigten mit Wahrscheinlichkeit zu erwarten sein. Dabei gilt der Grundsatz *in dubio pro reo* nicht; er kann nur mittelbar eine Rolle spielen (Bamberg NStZ **91**, 252; krit dazu Weiland 1
NStZ **91**, 574; 26 ff zu § 261). Es kommt auf die **eigene Prognose des StA** an, 2
ob er selbst nach Sach- und Rechtslage wahrscheinlich am Ende einer Hauptver-

handlung zum Antrag auf Verurteilung gelangen würde (Roxin DRiZ **97**, 114; zum Problem der Bindung der StA an die ständige oder gefestigte höchstrichterliche Rspr vgl 11 vor § 141 GVG). Er kann jedoch eine der bisherigen Praxis widersprechende Auffassung durch Anklage zur Entscheidung stellen, auch bei
3 zweifelhafter Aussicht (LR-Rieß 23). **Besondere Arten** der Klage sind der Strafbefehlsantrag (§ 407), die mündliche Klageerhebung im beschleunigten Verfahren (§ 418 III S.2) und die mündliche Nachtragsanklage (§ 266 II S.1).

4 2) Die **Erhebung der öffentlichen Klage** ist Prozeßvoraussetzung für die gerichtliche Untersuchung (§ 151; Einl 146). Mit ihr wird das Gericht mit der Sache befaßt, auch wenn es nicht zuständig ist (Düsseldorf MDR **81**, 691). Die StA muß die Anklage zwar zum zuständigen Gericht erheben; aber das Gericht kann die Zuständigkeit anders beurteilen und die Sache an das nach seiner Auffassung sachlich zuständige Gericht bringen (§§ 209, 209 a). Die Rechtshängigkeit tritt aber erst mit der Eröffnung der gerichtlichen Untersuchung ein (1 zu § 156).

5 **3) Einstellung des Verfahrens** (II S. 1):

6 A. **Einstellungsgründe:** Das Fehlen eines genügenden Anlasses zur Erhebung der öffentlichen Klage (oben 1) kann sachliche oder rechtliche Gründe haben. Die Einstellung kann zB beruhen auf dem Fehlen hinreichenden Tatverdachts oder auf einem Verfahrenshindernis (oben 1) oder auf dem Opportunitätsprinzip (7 ff zu § 152; § 172 II S. 2 Hs 2). Der Einstellung nach II S. 1 steht nicht entgegen, daß der Beschuldigte der Einstellung nach § 153 a nicht zugestimmt hat (LG München I AnwBl **82**, 36). Die Einstellung ist ohne Verzögerung zu verfügen; sie darf nicht in der Schwebe gehalten werden (Hilger JR **85**, 93 mwN in Fn 20; Rieß Geerds-FS 506).

7 B. **Verweisung auf den Privatklageweg** (RiStBV 87, 89 II): Bei Einstellung des Verfahrens wegen Verneinung des öffentlichen Interesses bei Privatklagedelikten (§ 376) wird ein Verfahrenshindernis für das Offizialverfahren festgestellt (Einstellungsverfügung mit der Begründung, daß kein öffentliches Interesse an der Strafverfolgung bestehe – RiStBV 89 II –, im Bescheid iVm der sog. Verweisung auf den Privatklageweg). Das Klageerzwingungsverfahren ist hier ebensowenig zulässig wie bei Verneinung des hinreichenden Tatverdachts wegen des Privatklagedelikts (§ 172 II S. 3). Die Einstellung mit Verweisung auf den Privatklageweg kann mit der Abgabe an die VerwB nach § 43 OWiG verbunden werden.

8 C. **Teileinstellung** bei verbundenen Strafsachen ist zulässig. Dabei handelt es sich um eine Trennung der mehreren Strafsachen, die vorher verbunden worden waren. Durch die Teileinstellung kann eine Tat (§ 264) oder ein Beschuldigter schon im Ermittlungsstadium aus dem Verfahren ausgeschieden werden (vgl v. Heintschel-Heinegg JA **90**, 111 ff). Dadurch kann der bisherige Beschuldigte Zeuge werden und zu frühzeitiger Rehabilitation oder ggf zu frühzeitiger Entschädigung (§ 9 **StrEG**) kommen.

9 D. **Strafklageverbrauch** tritt durch die Einstellung nach II S. 1 nicht ein (Einl 168 ff). Das Ermittlungsverfahren kann vielmehr jederzeit wiederaufgenommen werden, wenn Anlaß dazu besteht (RG **67**, 315; Hamm VRS **58**, 33; Koblenz OLGSt § 84 OWiG Nr 1; zw LR-Rieß 45 ff). Ein Vertrauensschutz auf den Bestand der Einstellungsverfügung besteht nicht (Loos JZ **78**, 594).

10 **4)** Die **Mitteilung an den Beschuldigten** (II S. 2) ist vorgeschrieben, wenn er in der bezeichneten Weise in das Verfahren verstrickt war. Sie kann auch in anderen Fällen zweckmäßig sein (Gillmeister StraFo **96**, 115: wegen der „Subjektstellung des Beschuldigten" stets erforderlich). Hat sich die Unschuld des Beschuldigten ergeben oder ist jeglicher begründete Verdacht entfallen, so wird ihm dies in der Einstellungsverfügung bescheinigt (RiStBV 88 S. 2). Sonst braucht der Bescheid im allgemeinen nicht mit Gründen versehen zu werden (RiStBV 88 S. 1). Zur Belehrung über den Entschädigungsanspruch vgl § 9 I S. 4 **StrEG.**

5) Eine **Behörde** oder Körperschaft des öffentlichen Rechts, die Strafanzeige erstattet hat oder die sonst am Ausgang des Verfahrens interessiert ist, soll der StA vor der Einstellung des Verfahrens anhören (RiStBV 90). Über die Anhörung oberster Staatsorgane des Bundes und der Länder in Staatsschutzsachen vgl RiStBV 211 I, III Buchst a; über die Anhörung der FinB, falls die StA das Ermittlungsverfahren in Steuerstrafsachen selbst durchführt, vgl § 403 IV **AO.** Im übrigen können von Amts wegen zu beachtende Mitteilungspflichten bestehen, zB nach der MiStra 15 III, 19 III, 32 Nr 7, 36 II Nr 4, 36 a I c, 37 II Nr 3, 42 I S. 1 Nr 2, 43 Nr 3, 44 Nr 3; vgl aber § 14 II S. 1, 4 **EGGVG** (dort 14, 16). 11

6) In **Steuerstrafsachen** stellt die FinB das Verfahren ein (oben 5 ff), wenn sie das Ermittlungsverfahren anstelle der StA geführt hat (§§ 386, 399 **AO**). Hält sie die öffentliche Klage für gerechtfertigt und stellt sie keinen Antrag auf Erlaß eines Strafbefehls (§ 400 **AO**), so gibt sie die Sache an die StA ab, in umfangreichen Sachen möglichst mit einem Vermerk über das Ermittlungsergebnis. 12

7) **Anfechtung:** Die Einstellung ist unter den Voraussetzungen des § 172 anfechtbar, sonst nicht, insbesondere nicht nach § 23 **EGGVG** (dort 9). 13

Bescheid an den Antragsteller **RiStBV 89, 91**

171 Gibt die Staatsanwaltschaft einem Antrag auf Erhebung der öffentlichen Klage keine Folge oder verfügt sie nach dem Abschluß der Ermittlungen die Einstellung des Verfahrens, so hat sie den Antragsteller unter Angabe der Gründe zu bescheiden. In dem Bescheid ist der Antragsteller, der zugleich der Verletzte ist, über die Möglichkeit der Anfechtung und die dafür vorgesehene Frist (§ 172 Abs. 1) zu belehren.

1) Der **Antrag auf Erhebung der öffentlichen Klage** ist eine Strafanzeige nach § 158 I mit dem erkennbaren Willen, die Strafverfolgung zu veranlassen (KK-Schmid 1; LR-Rieß 2). Er kann in einem Strafantrag, in einer Ermächtigung zur Strafverfolgung oder im Strafverlangen (§§ 77, 77 e StGB) enthalten sein. Der Bescheid ist dem Antragsteller ohne Rücksicht darauf zu erteilen, ob er gleichzeitig Verletzter (S. 2) und prozeßfähig ist (vgl aber 7, 9 zu § 172). Er muß nur handlungsfähig sein (12 zu § 158). Erhebt die StA nur wegen eines Teils der Tat (§ 264) Anklage, so wird die Tat damit im Ganzen Gegenstand des gerichtlichen Verfahrens (vgl aber § 154 a). Hinsichtlich des in der Anklage nicht enthaltenen Teils bedarf es daher keiner Einstellungsverfügung. Ergeht sie dennoch, so handelt es sich nicht um einen Fall der §§ 171, 172 (Karlsruhe NJW **77**, 62 mit Anm Ries NJW **77**, 860 = JR **77**, 215 mit Anm Meyer-Goßner; erg 1, 37 zu § 172). Hat das Ermittlungsverfahren mehrere Taten iS des § 264 zum Gegenstand und wird das Verfahren wegen einer von ihnen eingestellt, so wird dem Antragsteller hierüber Bescheid gegeben (LR-Rieß 6). 1

2) Der **Bescheid** ist obligatorisch (Solbach NStZ **87**, 352), es sei denn, daß der Anzeigende bloß eine Anregung geben wollte und erkennbar auf Nachricht verzichtet hat oder ein Fall hartnäckiger und uneinsichtiger Querulanz vorliegt (Franzheim GA **78**, 142; Solbach DRiZ **79**, 183). 2

A. **Inhaltlich** ist er verschieden, je nachdem, ob Ermittlungen durchgeführt worden sind oder nicht. Im 1. Fall (vgl § 170 I, II) teilt die StA mit, daß sie das Verfahren eingestellt hat. Hat der Antrag von vornherein keinen konkreten Verdacht begründet (§ 160 I) und daher nicht zu Ermittlungen geführt, so erteilt die StA den Bescheid, daß sie dem Antrag auf Durchführung eines Verfahrens keine Folge gebe oder es ablehne, Ermittlungen durchzuführen (oder in Ermittlungen einzutreten). Die Begründung muß in einer dem Antragsteller verständlichen 3

Weise die tatsächlichen und rechtlichen Gründe angeben, auf denen der Bescheid beruht.

4 B. Wenn ein **Privatklagevergehen** angezeigt ist und die StA das öffentliche Interesse an der Strafverfolgung (nach oder ohne Ermittlungen) verneint, so verbindet sie mit ihrer Einstellungsverfügung die Verweisung des Antragstellers, falls dieser zur Erhebung der Privatklage befugt ist, auf den Privatklageweg (7 zu § 170). Stellt die StA ihr Ermittlungsverfahren aus anderen Gründen ein, so unterläßt sie die Verweisung auf den Privatklageweg, obwohl dieser durch die Einstellung rechtlich nicht abgeschnitten wird (Solbach DRiZ **77**, 182).

5 **3) Förmliche Mitteilung an den Antragsteller** (S. 1): Über die Mitteilung an den Beschuldigten vgl § 170 II. Der Antragsteller (oben 1) erhält die Einstellungsverfügung formlos, wenn er nicht Verletzter ist (9 ff zu § 172), weil dann nur die nicht an bestimmte Fristen gebundenen Rechtsbehelfe der Gegenvorstellungen und Dienstaufsichtsbeschwerde zulässig sind (22 ff vor § 296). Ist er aber Verletzter, so wird er über sein Recht zur förmlichen Einstellungsbeschwerde (S. 2) belehrt. In diesem Fall ist die Einhaltung der Beschwerdefrist eine Zulässigkeitsvoraussetzung für einen etwaigen späteren Antrag zum OLG (34 zu § 172). Da es aber in verhältnismäßig wenigen Fällen später zu einem solchen Antrag durch den Verletzten kommt, enthält RiStBV 91 II eine flexible Regelung über die Form der Mitteilung. Die förmliche Zustellung der Einstellungsverfügung an den Verletzten ist gesetzlich nicht vorgeschrieben (Schleswig OLGSt § 172 Nr 11; AK/StPO-Moschüring 5; **aM** Celle NStZ **90**, 505 mit abl Anm Nöldeke NStZ **91**, 52; Wagner NStZ **91**, 201 schlägt die entspr Anwendung von § 41 II VwVfG vor), empfiehlt sich aber, wenn mit einem späteren Antrag zum OLG zu rechnen ist. Mit der Wahl der ebenfalls zulässigen brieflichen Mitteilung (iVm einem vorbereiteten Empfangsbekenntnis und der Bitte um Ausfüllung und Rücksendung) ist das Risiko verbunden, daß bei einem Antrag an das OLG eine Sachentscheidung deshalb getroffen werden muß, weil die Verspätung der förmlichen Einstellungsbeschwerde nicht nachgewiesen werden kann.

6 **4) Einstellungsbeschwerde** (§ 172 I S. 1): Die Beschwerde ist nicht nur ein Rechtsbehelf zur Erlangung einer Entscheidung des GStA, sondern Vorschaltbeschwerde im Klageerzwingungsverfahren (6 zu § 172).

7 **5) Beschwerdebelehrung** (S. 2): Sie ist auch dann notwendig, wenn mit einem späteren Antrag an das OLG nicht zu rechnen ist. Sie wird aber nur gegeben, wenn das Klageerzwingungsverfahren zulässig ist (6, 8 zu § 172), also nicht in den Fällen des § 172 II S. 3 (vgl Nürnberg MDR **59**, 1030). Sie wird in konkreter Form erteilt und muß eindeutig sein. Über das Recht zur Erhebung der Dienstaufsichtsbeschwerde wird der Antragsteller nicht belehrt (KK-Schmid 12), auch nicht darüber, daß er uU Privatklage erheben kann (Solbach DRiZ **84**, 476).

8 A. Ihr **Gegenstand** ist nur die Vorschaltbeschwerde, nicht der Antrag an das Gericht nach § 172 II, über den erst mit dem Beschwerdebescheid belehrt wird. Zur Belehrung nach S. 2 gehört auch der Hinweis, daß die Beschwerde an den GStA bei dem OLG zu richten ist und innerhalb der Frist bei der StA oder dem GStA eingelegt sein muß. Unterbleibt die Belehrung zu Unrecht oder ist sie in einem wesentlichen Punkt mangelhaft (14 zu § 35 a), so läuft die Beschwerdefrist nicht (§ 172 I S. 2).

9 B. Die **Belehrung unterbleibt,** wenn die StA das Verfahren eingestellt hat, weil sie keinen in Betracht kommenden Täter ermitteln konnte. Denn in diesem Fall wäre das Klageerzwingungsverfahren (8 zu § 172) auf einen unmöglichen Erfolg gerichtet und daher unzulässig (34, 35 zu § 172).

Klageerzwingungsverfahren **RiStBV 105**

172 **[I] Ist der Antragsteller zugleich der Verletzte, so steht ihm gegen den Bescheid nach § 171 binnen zwei Wochen nach der Bekanntmachung die Beschwerde an den vorgesetzten Beamten der Staatsanwaltschaft zu. Durch die Einlegung der Beschwerde bei der Staatsanwaltschaft wird die Frist gewahrt. Sie läuft nicht, wenn die Belehrung nach § 171 Satz 2 unterblieben ist.**

[II] Gegen den ablehnenden Bescheid des vorgesetzten Beamten der Staatsanwaltschaft kann der Antragsteller binnen einem Monat nach der Bekanntmachung gerichtliche Entscheidung beantragen. Hierüber und über die dafür vorgesehene Form ist er zu belehren; die Frist läuft nicht, wenn die Belehrung unterblieben ist. Der Antrag ist nicht zulässig, wenn das Verfahren ausschließlich eine Straftat zum Gegenstand hat, die vom Verletzten im Wege der Privatklage verfolgt werden kann, oder wenn die Staatsanwaltschaft nach § 153 Abs. 1, § 153 a Abs. 1 Satz 1, 6 oder § 153 b Abs. 1 von der Verfolgung der Tat abgesehen hat; dasselbe gilt in den Fällen der §§ 153 c bis 154 Abs. 1 sowie der §§ 154 b und 154 c.

[III] Der Antrag auf gerichtliche Entscheidung muß die Tatsachen, welche die Erhebung der öffentlichen Klage begründen sollen, und die Beweismittel angeben. Er muß von einem Rechtsanwalt unterzeichnet sein; für die Prozeßkostenhilfe gelten dieselben Vorschriften wie in bürgerlichen Rechtsstreitigkeiten. Der Antrag ist bei dem für die Entscheidung zuständigen Gericht einzureichen.

[IV] Zur Entscheidung über den Antrag ist das Oberlandesgericht zuständig. § 120 des Gerichtsverfassungsgesetzes ist sinngemäß anzuwenden.

Übersicht

1) Das **Klageerzwingungsverfahren** sichert das Legalitätsprinzip auf Initiative des Verletzten, der die Strafverfolgung des Beschuldigten wünscht, aber wegen des Anklagemonopols der StA (Einl 37) selbst kein gerichtliches Strafverfahren gegen den Rechtsbrecher in Gang setzen darf. Das Anklagemonopol der StA wird dadurch nicht durchbrochen; der Antragsteller kann nur erreichen, daß die StA zur Anklage gezwungen wird (§ 175). Das Klageerzwingungsverfahren ist grundsätzlich nur bei einer Einstellung nach § 170 II zulässig (LR-Rieß 12; 21 ff; erg unten 3). 1

A. **Privatklagevergehen:** Der Ausschluß des Klageerzwingungsverfahrens gilt stets, wenn es sich um eine Straftat von der Art handelt, derentwegen die StPO das Privatklageverfahren prinzipiell zuläßt (§ 374). Unter dieser Voraussetzung ist das Klageerzwingungsverfahren auch dann unzulässig, wenn der Antragsteller die Verneinung des öffentlichen Interesses an der Strafverfolgung (§ 376) für rechtlich unzutr hält (KK-Schmid 39). Zulässig ist es hingegen, wenn die StA das Verfahren 2 gegen einen Jugendlichen nach § 170 II eingestellt hat, nicht aber bei Einstellung nur wegen Fehlens der Verfolgungsgründe des § 80 I S. 2 **JGG** (Stuttgart NStZ **89**, 136 mwN zum Streitstand und abl Anm Brunner). Betrifft die angezeigte Tat iS § 264 auch ein Offizialdelikt, so ist das Klageerzwingungsverfahren für beide Delikte zulässig, wenn der Antragsteller auch durch das Offizialdelikt verletzt ist (Koblenz VRS **63**, 359, 360; KK-Schmid 40 mwN); besteht aber hinsichtlich des Offizialdelikts kein hinreichender Tatverdacht, wird das Klageerzwingungsverfahren unzulässig (Stuttgart OLGSt Nr 29).

3 B. **Geltungsbereich des Opportunitätsgrundsatzes:** In den Fällen, in denen die StA nach einer der in II S. 3 genannten Bestimmungen von der Verfolgung der Tat absieht (Düsseldorf wistra **93**, 200) oder die Anklage beschränkt, ist das Klageerzwingungsverfahren auch dann unzulässig, wenn sie ihre Entscheidung ohne gerichtliche Mitwirkung trifft. Dies ist der Fall bei der Anwendung der §§ 153 I S. 2, 153 a I S. 6, 153 c I–IV, 154 b I–III, 154 c. Das gilt im Grundsatz auch bei der Anwendung des § 45 **JGG**; denn das Klageerzwingungsverfahren gilt nur, wenn es sich um die Sicherung des Legalitätsprinzips handelt (Nürnberg MDR **65**, 845; oben 1). Der Ausschluß des Klageerzwingungsverfahrens nach II S. 3 gilt nicht, wenn die StA in Überschreitung ihrer Befugnis das Verfahren trotz Verbrechensverdachts eingestellt hat (Hamm MDR **93**, 460). Im Fall des § 153 a I ist das Klageerzwingungsverfahren bereits während des vorläufigen Absehens von der Erhebung der Klage nach I S. 1, 6 ausgeschlossen; später besteht das Verfahrenshindernis des
4 § 153 a I S. 4 (erg dort 52). **Zusammentreffen von Verbrechens- und Vergehensverdacht:** Hat die StA den hinreichenden Tatverdacht unter dem Gesichtspunkt eines Verbrechens verneint und das Ermittlungsverfahren wegen des Vergehens nach dem Opportunitätsprinzip eingestellt, so gilt zur Erzwingung der Anklage unter dem Gesichtspunkt des Verbrechens § 172 (Hamm MDR **97**, 285 mwN); anders aber, wenn die StA gar keine konkreten Anhaltspunkte für ein Verbrechen hatte und das Ermittlungsverfahren deshalb legitim nicht auf diesen rechtlichen Gesichtspunkt erstreckt hat. In diesem Fall müßte ggf erst ein Ermittlungsverfahren wegen des Verbrechensverdachts durchgeführt werden. Wird nach Beendigung des gerichtlichen Verfahrens nach einer Opportunitätsbestimmung neue Strafverfolgung gegen denselben Beschuldigten wegen derselben Tat zulässig, weil neue Tatsachen oder Beweismittel dem Einstellungsbeschluß die Grundlage entzogen haben, so gelten wiederum § 152 II (dort 11) und § 172 (Zweibrücken MDR **91**, 79).

5 **2) Dreistufigkeit:**

5 a A. **Antrag** (1 zu § 171): Nur der Antragsteller ist legitimiert, das Klageerzwingungsverfahren zu betreiben, und zwar nur, wenn er zugleich Verletzter ist (vgl unten 9 ff). Antragsteller ist derjenige, der sich schon bei der StA mit dem Antrag nach § 171 eingeschaltet hat (Hamm JZ **62**, 171; Karlsruhe Justiz **92**, 187; Oldenburg MDR **87**, 431); dabei muß es sich bei Antragsdelikten um einen förmlichen Strafantrag (§ 158) gehandelt haben, so daß ein erst mit der Beschwerde nach I (Oldenburg aaO) oder dem Antrag nach II (Düsseldorf NStE Nr 32) gestellter Strafantrag nicht genügt. Das Antragsrecht ist ein persönliches Recht; es geht nicht auf die Angehörigen oder Erben des Verletzten über (Celle NStZ **88**, 568 = OLGSt Nr 24 mit Anm Rieß; Düsseldorf VRS **76**, 370 mwN; NJW **92**, 2370; **aM** Weber A. Kaufmann-GedSchr 781).

6 B. **Einstellungsbeschwerde** (I): Sie ist eine Vorschaltbeschwerde auf dem Weg zum OLG (Kleinknecht JZ **52**, 488, 490; Solbach DRiZ **77**, 181). Sie entfällt in Staatsschutzverfahren, in denen der GBA oder GStA zuständige StA ist (§§ 120 I, II, 142 a I, II GVG). Diese Beschwerde ist auch zulässig, wenn der Bescheid nach § 171 stillschweigend ergeht (Einl 123), die StA also endgültig untätig bleibt.

7 C. **Antrag an OLG** (II): Das Klageerzwingungsverfahren findet vor dem OLG statt. Es ist ein prozessual selbständiges Verfahren (BVerfGE **42**, 172, 175 = NJW

76, 1629). Der Antragsteller muß prozeßfähig sein, weil der Antrag vermögensrechtliche Folgen haben kann (§§ 176, 177; Düsseldorf MDR **89**, 377 mwN; Nürnberg MDR **64**, 944). Das ergibt sich auch daraus, daß der Antragsteller in dem OLG-Verfahren in einer tragenden Prozeßrolle ist, die mit der des Privatklägers im Privatklageverfahren verglichen werden kann (§ 374 III). Ist der Antragsteller nicht prozeßfähig, so muß für ihn der gesetzliche Vertreter tätig werden.

D. Das **Ziel der Beschwerde und des Antrags** ergibt sich aus III und aus den 8 §§ 174, 175 (Erhebung der öffentlichen Klage). Das gilt auch, wenn die StA nach Auffassung des Antragstellers das Ermittlungsverfahren zu Unrecht wegen eines behebbaren Verfahrenshindernisses (10 zu § 152) eingestellt hat. In einem solchen Fall kann es zu einer Teilanordnung des OLG kommen (Karlsruhe MDR **63**, 523: Anweisung, die Aufhebung der Immunität zu betreiben). Nach Meinung von Bremen (OLGSt § 175 Nr 1) und Zweibrücken (GA **81**, 94) ist, wenn die Ermittlungen unzureichend sind oder wenn die StA die Einleitung eines Ermittlungsverfahrens von vornherein abgelehnt hat, auch die Anweisung des OLG zulässig, die Ermittlungen aufzunehmen oder fortzusetzen (vgl 2 zu § 175).

3) Verletzter ist, wer durch die behauptete Tat – ihre tatsächliche Begehung 9 unterstellt – unmittelbar in einem Rechtsgut verletzt ist (Hamm NStZ **86**, 327; Karlsruhe Justiz **88**, 400; Koblenz NJW **85**, 1409; wistra **85**, 83; Köln NJW **72**, 1338; München NJW **85**, 2430; 6 ff zu § 22; vgl auch Frisch JZ **74**, 7, der auf das Genugtuungsinteresse abstellt, und Haas GA **88**, 493, der bei Eigentums- und Vermögensdelikten „zivilrechtliche Wertungen" berücksichtigen will). Dabei wird nur das von der Strafrechtsordnung anerkannte Interesse berücksichtigt (Celle NdsRpfl **62**, 141). Der Begriff des Verletzten wird hier **weit ausgelegt,** weil der 10 Schutz des Legalitätsprinzips innerhalb des gesetzlichen Rahmens des § 172 umfassend sein soll. Keinesfalls reicht es jedoch aus, daß der Antragsteller durch die Tat lediglich wie jeder andere Staatsbürger betroffen ist, zB dadurch, daß der Beschuldigte pornographische Schriften verbreitet (Hamburg NJW **66**, 1933; MDR **72**, 342 zu § 184 StGB aF) oder ein Staatsschutzdelikt begeht (Düsseldorf JZ **87**, 836). Verletzt kann auch eine JP sein oder ein Personenverein (§ 374 III), eine Behörde oder sonstige Stelle, die Aufgaben der öffentlichen Verwaltung wahrnimmt (§ 194 III S. 2 StGB), auch eine Behörde einer Kirche und anderen Religionsgesellschaft (§ 194 III S. 3 StGB); ebenso eine Regierung (§§ 90 b, 102 ff StGB) oder ein Gesetzgebungsorgan (§§ 90 b, 105 ff StGB). **Beispiele:** Verletzt ist das Kreis- 11 wehrersatzamt bei Wehrpflichtentziehung (Hamm GA **73**, 156); die Person, die durch einen falschen Eid oder eine falsche uneidliche Zeugenaussage betroffen ist, zB dadurch, daß ihre Stellung im Prozeß erschwert worden ist (Bremen NStZ **88**, 39; Düsseldorf JZ **89**, 404; OLGSt Nr 6; Koblenz VRS **79**, 437 mwN), oder daß bei abgeschlossenem Verfahren sich die Aussage zu ihrem Nachteil ausgewirkt hat (Düsseldorf NStZ **95**, 49), aber nicht schon ein anderer Zeuge (Stuttgart Justiz **89**, 68), ebenso bei falscher eidesstattlicher Versicherung nach § 156 StGB (Düsseldorf MDR **88**, 695; Frankfurt MDR **74**, 1036); ein Arrestbeklagter bei einer sein Vermögen gefährdenden falschen eidesstattlichen Versicherung (Bremen NJW **50**, 960), der in Not Geratene bei § 323 c StGB (Celle OLGSt Nr 25 mit Anm Rieß; nicht aber dessen Angehörige, Düsseldorf NJW **92**, 2370) und die nach § 395 nebenklageberechtigten Angehörigen des durch die Straftat Getöteten, zB der Ehegatte bei Tötung des anderen Ehegatten (Hamm MDR **52**, 247); ferner das Kind des getöteten Elternteils (KG JR **57**, 71; Celle NJW **54**, 1660); die Eltern des getöteten minderjährigen oder volljährigen Kindes (Frankfurt NJW **63**, 1368; Hamburg NJW **55**, 1770). Dagegen sind die Geschwister des Getöteten nicht ohne weiteres als Verletzte anzusehen (Koblenz MDR **77**, 950). Verletzter ist ferner der Dienstvorgesetzte, der ein Antragsrecht nach § 194 III S. 1 StGB hat (BGH **9**, 266, und im Falle des Erschleichens von Prozeßkostenhilfe im Klageerzwingungsverfahren die Staatskasse, nicht der Anzeigeerstatter (Düsseldorf MDR **88**, 77). **Nicht zu** 12 **den Verletzten gehören** die Tatbeteiligten (Hamburg NJW **80**, 848 mit Anm

Bloy JR **80**, 480) oder die erfolglos zu einer Straftat Angestifteten (Düsseldorf MDR **90**, 568), hinsichtlich der Strafvereitelung das Opfer der Vortat (Frankfurt NStZ-RR **98**, 279; Schleswig SchlHA **96**, 94 [L/T]), auch nicht die verkuppelte Person, selbst bei Ausbeutung (§§ 180 a, 181 a StGB; BGH GA **73**, 117; Hamm NJW **72**, 1874; dazu Frisch JZ **74**, 7); ferner die Ärztekammer bei unerlaubter Ausübung des ärztlichen Berufs (Stuttgart NJW **69**, 569); die Ausländerbehörde bei Verstößen gegen das Ausländergesetz (Karlsruhe NJW **87**, 1835); die Naturschutzbehörde bei Straftat gegen das NaturschutzG (Celle OLGSt S. 54); ein Tierschutzverein bei Tierquälerei (Hamm MDR **70**, 946); der Dienstherr eines bestochenen Amtsträgers (Nürnberg NJW **97**, 1320) oder die durch eine Straftat nach §§ 331 ff StGB betroffenen Bürger (Koblenz wistra **85**, 83; zu § 336 StGB vgl Dresden NStZ-RR **98**, 338); die mittelbar durch eine Straftat nach § 130 StGB verletzten Mitglieder einer Religionsgemeinschaft oder eines Bevölkerungsteils (München NJW **85**, 2430; Stuttgart Justiz **92**, 186; **aM** Karlsruhe NJW **86**, 1276; KK-Schmid 23 bezüglich § 130 I und II StGB) oder der durch eine Straftat nach § 315 c StGB konkret Geschädigte (Stuttgart NJW **97**, 1320). Zu den Verletzten gehören auch nicht die mittelbar geschädigten späteren Erben (Düsseldorf wistra **94**, 155 mwN; erg oben 5). Grundsätzlich sind auch die einzelnen Aktionäre einer AG nicht Verletzte iSd § 172 (Braunschweig wistra **93**, 31; **aM** Zielinski wistra **93**, 6).

13 **4) Beschwerdeentscheidung** (I):

13 a A. **Abhilfe durch die StA:** Die StA kann die Beschwerde durch Aufhebung ihres Bescheides nach § 171 gegenstandslos machen (RiStBV 105 II). Hilft die StA der Beschwerde nicht ab, so legt sie die Sache dem GStA vor (unten 14). Nimmt sie die Ermittlungen wieder auf und stellt sie das Verfahren dann erneut ein, so gelten wieder die §§ 171, 172, und zwar auch, wenn die Beschwerde verspätet war und daher als Dienstaufsichtsbeschwerde behandelt worden ist (vgl unten 16, 18).

14 B. Der **GStA** entscheidet, wenn oder soweit die StA nicht abhilft. Ist die Beschwerde bei ihm eingereicht worden und hat er um Bericht und Aktenvorlage ersucht, so prüft die StA nach Erhalt der Beschwerde die Frage der Abhilfe (oben 13; RiStBV 105 III). Wird die Beschwerde nicht gegenstandslos, so verwirft sie der GStA als unzulässig, wenn sie nicht fristgemäß, nicht vom Antragsteller, von einem nicht handlungsfähigen Antragsteller oder von einem Antragsteller, der nicht Verletzter ist, eingelegt worden ist, ferner in den Fällen des II S. 3. Zugleich trifft er aber eine Sachentscheidung über das Begehren des Beschwerdeführers, da auch die unzulässige Beschwerde subsidiär eine Dienstaufsichtsbeschwerde darstellt, auf die ein Bescheid erteilt wird, es sei denn, daß der Beschwerdeführer nicht handlungsfähig ist (unten 18). Hebt der GStA den Bescheid der StA auf die zulässige förmliche Beschwerde oder im Dienstaufsichtswege auf, so gelten bei neuer Einstellung des Verfahrens durch die StA die §§ 171, 172 so, als wäre es die erste Einstellung.

15 **5)** Die **Beschwerdefrist** beginnt mit der Bekanntmachung des Bescheides (5 zu § 171; 1 zu § 43), falls richtige und vollständige Beschwerdebelehrung (I S. 2) erteilt worden ist.

16 A. Die **Frist beginnt** unter dieser Voraussetzung (oben 15) – und nur dann – mit dem Zugehen der Zustellung oder der formlosen Mitteilung (5 zu § 171), nicht erst mit der tatsächlichen Kenntnisnahme (Schleswig OLGSt Nr 11; **aM** Hamburg JR **55**, 193). Bei wiederholter Einstellung nach Aufhebung der ersten Einstellungsverfügung und Wiedereintritt in das Ermittlungsverfahren ist das erste Beschwerdeverfahren überholt. Für die Zulässigkeit des Klageerzwingungsverfahrens kommt es dann nur darauf an, ob die formellen Voraussetzungen für die Beschwerde gegen die letzte Einstellungsverfügung erfüllt sind (Celle OLGSt Nr 26; Hamm NJW **57**, 1730; LR-Rieß 128; **aM** Düsseldorf NStZ **89**, 193 mwN und abl Anm Rieß; vgl auch oben 13).

B. **Wiedereinsetzung in den vorigen Stand** kann analog §§ 44 ff gewährt werden (10 vor § 42). Nach der einen Ansicht ist hierfür anstatt des Gerichts der GStA zuständig (abweichend von § 46 I; Hamm NJW **73**, 1055; München NJW **77**, 2365; Oldenburg NJW **67**, 1814; Stuttgart Justiz **96**, 347; KK-Schmid 11), nach der anderen, zutreffenden Meinung das OLG (KG JR **82**, 209; Hamm NStZ **90**, 450 mit abl Anm Schmid; dagegen Asper NStZ **91**, 146; Koblenz OLGSt Nr 10; Nürnberg MDR **72**, 67; Stuttgart Justiz **88**, 404; MDR **85**, 75; LR-Rieß 132 ff; **aM** Celle MDR **72**, 67 mit Anm Kleinknecht; vgl auch Düsseldorf OLGSt Nr 3; Köln MDR **72**, 623; Stuttgart NJW **77**, 61; Celle MDR **80**, 335: jedenfalls, wenn der GStA bereits sachlich entschieden hat und die Wiedereinsetzung iVm dem Antrag nach II, III begehrt wird; Bischoff NJW **86**, 2097: nur dann). Bewilligt das OLG die Wiedereinsetzung, so entscheidet es sogleich über den Klageerzwingungsantrag, auch wenn der GStA die Beschwerde nur als Dienstaufsichtsbeschwerde behandelt hatte (Düsseldorf aaO; **aM** Stuttgart NStZ-RR **96**, 143). Unschädlich ist, daß der Klageerzwingungsantrag noch nicht gestellt, sondern erst angekündigt ist (Stuttgart Justiz **88**, 404; LR-Rieß 134; **aM** Düsseldorf NJW **88**, 431 = OLGSt § 44 Nr 12 mit Anm Wendisch). 17

6) Die **Dienstaufsichtsbeschwerde,** die an keine Frist gebunden ist, ist neben der förmlichen Beschwerde zulässig. Über sie entscheidet der GStA beim OLG, wenn eine Entscheidung der StA angegriffen ist und diese der Beschwerde nicht abgeholfen hat. Gegen den Beschwerdebescheid des GStA ist Dienstaufsichtsbeschwerde an den JM zulässig (1 zu § 147 GVG), gleichviel, ob der Antrag nach II gestellt wird oder nicht. Die Dienstaufsichtsbeschwerde steht jedem, der handlungsfähig ist, zu, ohne daß er prozeßfähig zu sein braucht (Einl 98). Gegen jede staatsanwaltschaftliche Entscheidung sind auch Gegenvorstellungen zulässig (vgl 23 vor § 296); ebenso gegen eine Entscheidung, die der JM in Ausübung seiner Dienstaufsicht getroffen hat. 18

7) Bei ablehnendem Beschwerdebescheid nach I ist der Beschwerdeführer nach II S. 1 über das Recht zum Antrag nach II sowie über die dafür vorgesehene Form (III) und Frist (II S. 1) zu belehren; einer Belehrung über die Notwendigkeit, die antragsbegründenden Tatsachen und Beweismittel anzugeben (unten 27 ff), bedarf es aber nicht (Nürnberg NStZ-RR **98**, 143 mwN). Bei fehlender oder in wesentlichen Punkten unvollständiger Belehrung läuft die Frist nicht (vgl 8 zu 19
§ 171). Die Belehrung entfällt in den Fällen des II S. 3. **Bei Verwerfung der Einstellungsbeschwerde aus formellen Gründen** (7 zu § 174) richtet sich der Antrag auf gerichtliche Entscheidung nicht gegen die ablehnende Sachentscheidung, die im Dienstaufsichtsweg getroffen worden ist (oben 18). Das OLG prüft daher im Rahmen seiner Zulässigkeitsprüfung, ob die formellen Voraussetzungen, die zu dem ablehnenden Beschwerdebescheid geführt haben, zutreffen. Aus dieser Rechtsauffassung ergibt sich: Auch bei Verwerfung der förmlichen Einstellungsbeschwerde als unzulässig muß der Antragsteller über die Zulässigkeit des Antrags an das Gericht belehrt werden (Hamm NStZ **90**, 450 mit abl Anm Schmid; gegen ihn Asper NStZ **91**, 146; Stuttgart Justiz **96**, 347). 20

8) Prozeßkostenhilfe (III S. 2 Hs 2): 21

A. Den **Antrag** auf Bewilligung der Prozeßkostenhilfe für das gerichtliche Verfahren kann der prozeßfähige Antragsberechtigte stellen, bei mangelnder Prozeßfähigkeit der gesetzliche Vertreter, und zwar schriftlich oder zu Protokoll der Geschäftsstelle des OLG, wobei Vertretung zulässig ist (12 ff vor § 137). Der Antrag muß vor Ablauf der Frist nach II S. 1 gestellt werden (Bremen NJW **62**, 169; Hamm Rpfleger **61**, 81; Koblenz MDR **85**, 957; Stuttgart Justiz **83**, 342; **aM** Celle NdsRpfl **95**, 73; Düsseldorf JMBlNW **88**, 215; LR-Rieß 169: Antrag ist nicht fristgebunden; vgl auch BGH JZ **57**, 183). Innerhalb dieser Frist muß der Antragsteller die Erklärung über seine persönlichen und wirtschaftlichen Verhältnisse auf dem vorgeschriebenen Vordruck einreichen (Koblenz aaO; Stuttgart Justiz **84**, 21 a

368). Es gelten die §§ 114 ff ZPO (vgl dazu im einzelnen Kaster MDR **94**, 1073), jedoch nur so weit, wie sie die Voraussetzungen und Wirkungen der Prozeßkostenhilfe (Stuttgart Justiz **83**, 342) sowie das Bewilligungsverfahren betreffen; die Beschwerde richtet sich nach der StPO (vgl 8, 17 zu § 379). Eine kurze Angabe des Sachverhalts und der wesentlichen Beweismittel ist notwendig (Celle NdsRpfl **87**, 37, 39; Düsseldorf VRS **83**, 272; Hamm NStZ-RR **98**, 279 mwN; Koblenz MDR **72**, 886; Schleswig SchlHA **93**, 227 [L/T]; vgl § 117 I S. 2 ZPO).

22 B. **Anhörungen:** Die StA ist vor der Entscheidung zu hören (§ 33 II). Der Beschuldigte muß rechtliches Gehör erhalten, bevor die Prozeßkostenhilfe bewilligt wird, weil damit eine ihm nachteilige Vorentscheidung getroffen wird (BayVerfGH JR **62**, 316; Röhl NJW **64**, 275; 2 zu § 173; vgl auch § 118 ZPO).

23 C. **Beiordnung eines RA** (unten 32): Die Bewilligung der Prozeßkostenhilfe umfaßt außer den Kosten des Verfahrens (§ 464 a I S. 1) die Beiordnung eines RA (Kaster MDR **94**, 1073; Müller NJW **55**, 1181). Behauptet der Verletzte, keinen RA zu finden, so kann ihm ohne Bewilligung der Prozeßkostenhilfe ein solcher durch das OLG in entspr Anwendung des § 78 b ZPO beigeordnet werden (Koblenz NJW **82**, 61; Saarbrücken NJW **64**, 1534; LR-Rieß 157 und Rieß NStZ **86**, 433; **aM** Bremen NStZ **86**, 475; Celle NStZ **85**, 234 mit abl Anm Meyer-Goßner; Düsseldorf MDR **88**, 165; NStZ **85**, 571; VRS **84**, 450; Frankfurt NStZ **81**, 491; Hamburg MDR **65**, 407; Hamm NStZ **95**, 562; Stuttgart Justiz **97**, 404; AK/StPO-Moschüring 101; KK-Schmid 55; Meyer NJW **64**, 1972; H. W. Schmidt MDR **65**, 872). Das folgt aus der Gesetzeslogik, da das Gesetz bei Anwaltszwang auch sicherstellen muß, daß jeder Antragsteller einen RA bekommen kann. Der Rechtsschutz darf nicht am Fehlen eines postulationsfähigen Vertreters scheitern (BVerfG 2 BvR 17/90 vom 21. 6. 1990). Der Antragsteller muß aber glaubhaft machen, daß er trotz intensiver Suche keinen zur Vertretung bereiten RA gefunden hat; sonst ist sein Antrag unzulässig (Schleswig SchlHA **95**, 6 [L/T]; **96**, 94 [L/T]; Stuttgart Justiz **95**, 23). Die Entscheidung des OLG ist entgegen § 78 b II ZPO wegen § 304 IV S. 2 unanfechtbar.

24 D. **Kostenbeitrag des Antragstellers:** Hat der Antragsteller aus seinem Einkommen oder Vermögen zu den Prozeßkosten beizutragen, so setzt das Gericht zugleich mit der Bewilligung der Prozeßkostenhilfe die zu zahlenden Monatsraten und aus dem Vermögen zu zahlende Beträge fest (§§ 115 I, II, 120 I ZPO).

25 **9)** Die **Antragsfrist** von einem Monat (II S. 1) beginnt mit der Bekanntmachung der Beschwerdeentscheidung nach I (vgl 5 zu § 171; § 43), falls mit ihr eine ordnungsgemäße Belehrung nach II S. 2 verbunden ist, und wird durch rechtzeitigen Eingang der Antragsschrift bei dem zuständigen OLG gewahrt (III S. 2; 11 ff vor § 42; erg oben 16). Sie kann nicht verlängert werden (Düsseldorf NJW **87**, 2453; erg 5 vor § 42). Gegen ihre Versäumung ist Wiedereinsetzung zulässig (1, 3 zu § 44). Das Verschulden des RA, der den Antrag gestellt hat, ist dem Antragsteller zuzurechnen (19 zu § 44). Ist die Prozeßkostenhilfe rechtzeitig beantragt (vgl oben 21) und wird nach der Entscheidung darüber der Antrag an das OLG unverzüglich, aber erst nach Ablauf der Monatsfrist gestellt, so wird Wiedereinsetzung gewährt (BVerfG NJW **93**, 720 mwN).

26 **10) Form des Antrags nach III:**

27 A. **Inhalt** (III S. 1): Notwendig ist eine aus sich heraus verständliche Schilderung des Sachverhalts, der bei Unterstellung des hinreichenden Tatverdachts die Erhebung der öffentlichen Klage in materieller und formeller Hinsicht rechtfertigen würde. Die Sachdarstellung muß auch in großen Zügen den Gang des Ermittlungsverfahrens, den Inhalt der angegriffenen Bescheide und die Gründe für deren behauptete Unrichtigkeit mitteilen (KG NJW **69**, 108; JR **83**, 345; Düsseldorf NJW **81**, 934; **88**, 1337; **89**, 3296; VRS **82**, 36; Koblenz NJW **77**, 1461; wistra **85**, 83; München MDR **80**, 250; Schleswig NStZ **89**, 286 mit Anm Wohlers NStZ **90**, 98; Langer JR **89**, 96; **aM** Celle MDR **87**, 518; NStZ **89**, 43 = OLGSt Nr 25 mit

Anm Rieß; LR-Rieß 143 ff, 151; Schulz-Arenstorff NJW **78**, 1302; einschr auch Bamberg NStZ **89**, 544 mit Anm Rieß); dabei ist jedoch eine wörtliche Wiedergabe der Bescheide nicht erforderlich, wenn sich deren Inhalt aus dem Klageerzwingungsantrag erschließt (BVerfG NJW **93**, 382 mit zust Anm Stoffers NStZ **93**, 497). Diese Auslegung von III verstößt weder gegen das Willkürverbot noch gegen Art 19 IV GG (BVerfG NJW **79**, 364). Das OLG soll dadurch in die Lage versetzt werden, ohne Rückgriff auf die Ermittlungsakten (einschließlich Beiakten) und Eingaben eine Schlüssigkeitsprüfung vorzunehmen (Düsseldorf StV **83**, 498; VRS **82**, 352; Koblenz MDR **77**, 950; vgl auch BVerfG aaO). Der Antragsschrift muß – verfassungsrechtlich unbedenklich (BVerfG NJW **88**, 1773: folgerichtig, jedenfalls aber gut vertretbar) – die Wahrung der Frist des I zu entnehmen zu sein (KG JR **89**, 260; Düsseldorf VRS **84**, 450; NStZ-RR **98**, 365; Hamm NStZ **92**, 250 mit abl Anm Asper NStZ **92**, 555; NStZ-RR **97**, 309; Karlsruhe NStZ **82**, 520; Schleswig SchlHA **91**, 125 [L/T]; LR-Rieß 145; **aM** Celle NJW **90**, 60 L = OLGSt Nr 26), wobei es aber bei offensichtlicher Fristwahrung der genauen Angabe eines Eingangsdatums nicht bedarf (BVerfG NJW **93**, 382 mit zust Anm Stoffers NStZ **93**, 497). Verletzteneigenschaft und Antragsbefugnis müssen, sofern sie nicht ohne weiteres ersichtlich sind, begründet werden (Braunschweig NdsRpfl **92**, 268; Düsseldorf AnwBl **86**, 156; OLGSt Nr 17; Hamburg NJW **70**, 1561; Stuttgart OLGSt Nr 23). Es genügt zB nicht die Angabe, der Antragsteller gehöre zu den Angehörigen des durch die Tat Getöteten, selbst nicht die Angabe, er sei dessen Bruder oder Schwester (Koblenz aaO; oben 9 ff). Bei **Antragsdelikten** 28
muß dargelegt werden, daß der Antrag innerhalb der Frist des § 77 b StGB gestellt worden ist (Karlsruhe wistra **95**, 154 mwN). Dazu gehört ggf auch die Angabe des Zeitpunktes, in dem der Antragsteller von der Tat und der Person des Täters Kenntnis erlangt hat (Celle GA **62**, 152; Düsseldorf JMBlNW **83**, 30). Beruht die Einstellung darauf, daß **Strafverfolgungsverjährung** eingetreten ist, so muß auch 29
dargelegt werden, daß und aus welchem Grund trotzdem die Tat noch verfolgbar sein soll. Das gleiche gilt, wenn die Verjährung nach dem Sachvortrag des Antragstellers normalerweise eingetreten sein müßte (Hamburg MDR **85**, 75; München NJW **73**, 2120). Eine **Bezugnahme** auf die Akten, frühere Eingaben oder andere 30
Schriftstücke ist weder zur Darlegung der Verletzteneigenschaft (Düsseldorf OLGSt Nr 6) noch zur Darstellung des Sachverhalts zulässig (Koblenz NJW **77**, 1461). Auch auf Anlagen zu dem Klageerzwingungsantrag darf nicht Bezug genommen werden, wenn erst durch die Kenntnisnahme vom Inhalt dieser Anlagen die erforderliche geschlossene Sachdarstellung (oben 27) erreicht wird (KG NStE Nr 28; Düsseldorf StV **83**, 498; Saarbrücken wistra **95**, 36; Schleswig SchlHA **88**, 109 [L/G]; **aM** Bamberg NStZ **90**, 202 zur Feststellung der Wahrung der Fristen). Das gilt auch, wenn Schriftstücke nicht als Anlagen beigefügt, sondern als Ablichtungen in die Antragsschrift aufgenommen worden sind und sich die eigene „Sachdarstellung" nur auf verbindende Sätze beschränkt (Celle NStZ **97**, 406; Koblenz OLGSt Nr 15). Allenfalls können Anlagen mit klarer Sachdarstellung zur Ergänzung des Antrags verwendet werden (Köln JR **54**, 390). Diese werden dadurch Teil der Antragsschrift unter der Voraussetzung, daß der RA ersichtlich die Verantwortung für sie übernimmt (Koblenz NJW **77**, 1461). Im Fall des § 211 (dort 5) muß die tatsächliche und rechtliche Begründung des nach § 204 ergangenen Beschlusses wiedergegeben werden (KG JR **83**, 345). Schließlich müssen die **Beweismittel** 31
angeführt werden, mit denen nach Auffassung des Antragstellers der hinreichende Tatverdacht bewiesen wird (Celle NStZ **88**, 568). In dem Antrag können auch neue Tatsachen oder Beweismittel vorgebracht werden.

B. Nur ein **RA** (III S. 2), der bei einem Gericht im Geltungsbereich der StPO 32
zugelassen ist (Hamburg NJW **62**, 1689), kann das Gericht für den verletzten Antragsteller anrufen, nicht eine andere Person, auch wenn sie als Verteidiger auftreten könnte (§ 138). Er muß innerhalb der Monatsfrist bevollmächtigt sein (Düsseldorf MDR **83**, 153); jedoch genügt der spätere Nachweis der rechtzeitig

erteilten Vollmacht (LR-Rieß 139; vgl 9 zu § 138). Eine Befreiung vom Anwaltszwang ist ausgeschlossen (Koblenz NJW **82**, 61). Der Antrag nach II kann nicht zu Protokoll der Geschäftsstelle des OLG gestellt werden.

33 C. Zur **Unterzeichnung** (III S. 2) durch den RA vgl Einl 129. Sie setzt Mitprüfung und Übernahme der Verantwortung – für den gesamten Antrag einschließlich der Anlagen – voraus (Hamburg GA **58**, 116; MDR **83**, 780 L); ist deren Fehlen aus einem Zusatz, zB „keine Haftung für die Vorgehensweise" (Düsseldorf VRS **91**, 182), oder aus sonstigen Umständen, zB nur Stempel und Unterschrift auf dem vom Antragsteller selbst verfaßten Schriftsatz (Düsseldorf NJW **90**, 1002), ersichtlich, so ist die Unterschrift unwirksam und der Antrag unzulässig (KG JR **56**, 431; Düsseldorf NJW **89**, 3296; Karlsruhe Justiz **80**, 207; München NStZ **84**, 281 verlangt darüber hinaus „gestaltende Mitwirkung"; vgl 14 zu § 345). Nach Ablauf der Frist des II S. 1 kann der Mangel nicht mehr geheilt werden (München aaO).

34 **11) Unzulässig** ist der Antrag, wenn eine förmliche Voraussetzung fehlt, insbesondere, wenn die Fristen nach I oder nach II nicht eingehalten worden sind; ebenso wenn der Beschuldigte nicht bezeichnet ist (Düsseldorf VRS **77**, 226; Hamburg JR **61**, 32; MDR **93**, 1226; Köln JR **54**, 390; Oldenburg MDR **86**, 692; Stuttgart Justiz **98**, 176) oder wenn ein Beschuldigter fehlt (Düsseldorf VRS **83**, 431 und 434; Solbach DRiZ **77**, 181), wenn der Antragsteller unter keinem rechtlichen Gesichtspunkt Verletzter (oben 9 ff) ist, wenn der Verletzte die Beschwerde nach I zurückgenommen hatte (Düsseldorf JMBlNW **90**, 178), ferner
35 soweit das **Opportunitätsprinzip** gilt (oben 3). Dies gilt auch dann, wenn die StA die Tat bei Bejahung des öffentlichen Interesses verfolgen kann, wie nach § 376, und zwar selbst dann, wenn sie zunächst das Verfahren betrieben, später aber eingestellt hat (KG JR **67**, 392 mit Anm Kohlhaas). Gegenstandslos wird der Antrag, wenn die Tat, derentwegen der Antragsteller die Erhebung der öffentlichen Klage anstrebt, inzwischen Gegenstand eines gerichtlichen Strafverfahrens geworden ist, sei es auf Anklage einer anderen StA, sei es durch Übergang von einem gerichtlichen Bußgeld- zu einem Strafverfahren nach § 81 OWiG. Das gleiche gilt, wenn er vor der Entscheidung zurückgenommen wird (Einl 116). In diesen Fällen
36 ergeht entspr Feststellungsbeschluß ohne Kostenentscheidung (§ 177). Die **Wiederaufnahme der Ermittlungen** durch die StA auf Grund des Antragsvorbringens ist zulässig (Bamberg NStZ **89**, 543 mit zust Anm Rieß), erledigt den Antrag aber nicht (Bamberg aaO; erg 2 zu § 175). Wird jedoch Anklage erhoben, ist der Antrag gegenstandslos; der Antragsteller wird damit aber nicht so gestellt, als sei sein Antrag erfolgreich gewesen (**aM** München NStZ **86**, 376; erg 6 zu § 395).

37 **12)** Die **Wiederholung** des gesamten Klageerzwingungsverfahrens ist uU zulässig, wenn die StA das Ermittlungsverfahren nach der Verwerfung des Antrags auf gerichtliche Entscheidung wiederaufgenommen und dann erneut eingestellt (Nürnberg MDR 524; Zweibrücken MDR **87**, 341 L), aber nicht schon, wenn sie die Wiederaufnahme von Ermittlungen abgelehnt hat (Düsseldorf NStE Nr 26). Diese Wiederaufnahme ist ohne weiteres zulässig, wenn der Antrag vom OLG als unzulässig verworfen worden ist. Bei Verwerfung nach § 174 I jedoch kann die StA das Ermittlungsverfahren nur aufgrund neuer Tatsachen oder Beweismittel wiederaufnehmen (§ 174 II; Kleinknecht Bruns-FS 179, 189), sei es von Amts wegen, sei es auf erneute Vorstellungen des Antragstellers. Nur wenn der Antragsteller die Wiederaufnahme durch Nova veranlaßt hat, kann er nach erneuter Einstellung des Ermittlungsverfahrens wiederholt von I und II Gebrauch machen, um nachprüfen zu lassen, ob die Nova genügen (Braunschweig NJW **61**, 934; Hamburg NJW **63**, 1121; Hardwig GA **59**, 229; **aM** Düsseldorf NJW **61**, 2321; vgl auch 5 zu § 211).

38 **13) Teilantrag:** Für einen Teil der Tat (§ 264) ist der Antrag nicht zulässig (Karlsruhe NJW **77**, 62; Bliesener NJW **74**, 874; Meyer-Goßner JR **77**, 216; Solbach DRiZ **84**, 476; **aM** Hamm NJW **74**, 68, 69; MDR **65**, 765); ebensowenig zur Einbeziehung eines bestimmten rechtlichen Gesichtspunktes (Karlsruhe aaO).

Denn die Prüfung im Eröffnungsverfahren (§ 203) und das weitere Verfahren beziehen sich auch auf den nach Meinung des Verletzten zu Unrecht nicht berücksichtigten Teil, soweit nicht § 154 a angewandt wird. Ein Mangel der Aufklärung dieses Teils wird nach § 202 behoben (9, 10 zu § 264).

14) In **Staatsschutzsachen,** die zur Zuständigkeit des OLG im 1. Rechtszug gehören (§ 120 GVG), ist keine förmliche Einstellungsbeschwerde zulässig, wohl aber der Antrag auf gerichtliche Entscheidung an das OLG, gleichviel, ob die Einstellungsverfügung vom GStA bei diesem OLG oder vom GBA (§ 142 a GVG) erlassen worden ist. Eine Beschwerde gegen den Beschluß des OLG ist nicht zulässig (BGH MDR **92**, 549 [S]). 39

Verfahren des Gerichts

173 **I Auf Verlangen des Gerichts hat ihm die Staatsanwaltschaft die bisher von ihr geführten Verhandlungen vorzulegen.**

II Das Gericht kann den Antrag unter Bestimmung einer Frist dem Beschuldigten zur Erklärung mitteilen.

III Das Gericht kann zur Vorbereitung seiner Entscheidung Ermittlungen anordnen und mit ihrer Vornahme einen beauftragten oder ersuchten Richter betrauen.

1) Das **Verfahren** des Gerichts steht in seinem pflichtgemäßen Ermessen. Der GStA ist stets vor der Entscheidung zu hören (§ 33 II). Er kann seine Entscheidung, gegen die sich der Antrag richtet, ändern, solange das OLG nicht entschieden hat. 1

2) Die **Beteiligung des Beschuldigten** (II) zu Beginn des gerichtlichen Verfahrens ist in der vorgesehenen Form Ermessensentscheidung. Seine Anhörung ist aber erforderlich, bevor dem Antrag stattgegeben wird, wie sich aus § 175 S. 1 ergibt (BVerfGE **42**, 172 = NJW **76**, 1629). Ist das rechtliche Gehör zu Unrecht unterblieben, so kann der Mangel in dem auf die Anklage eingeleiteten gerichtlichen Verfahren nicht mehr geheilt werden (BVerfG aaO). Er muß vielmehr ggf nach § 33 a im gerichtlichen Klageerzwingungsverfahren selbst behoben werden. Entbehrlich ist die Beteiligung insbesondere, wenn der Antrag unzulässig ist. 2

3) Lückenschließende Beweiserhebungen (III) werden vom OLG veranlaßt, wenn sie erwarten lassen, daß sich der hinreichende Tatverdacht ergibt (Düsseldorf VRS **77**, 226; vgl auch KG NStZ **90**, 355). Wie die Ermittlungen geführt werden können, legt III abschließend fest. Zu dem Beweisergebnis muß der Antragsteller gehört werden, bevor es zu seinem Nachteil verwertet wird (§ 33 III; Einl 23 ff). 3

Verwerfungsbeschluß

174 **I Ergibt sich kein genügender Anlaß zur Erhebung der öffentlichen Klage, so verwirft das Gericht den Antrag und setzt den Antragsteller, die Staatsanwaltschaft und den Beschuldigten von der Verwerfung in Kenntnis.**

II Ist der Antrag verworfen, so kann die öffentliche Klage nur auf Grund neuer Tatsachen oder Beweismittel erhoben werden.

1) Nur bei Verwerfung des zulässigen Antrags gilt § 174. Ergibt die vorgeordnete Zulässigkeitsprüfung (34, 35 zu § 172), daß der Antrag als unzulässig zu verwerfen ist, so erhalten der Antragsteller und der GStA den Beschluß, der Beschuldigte nur, wenn er beteiligt worden ist (§ 173 II). Vor allem kommt der Verwerfung des Antrags als unzulässig nicht die Wirkung des II zu (AK/StPO-Moschüring 13; LR-Rieß 15; **aM** Hamm MDR **65**, 930; Stuttgart MDR **91**, 79 1 unter Verwechslung von Sperrwirkung und Antragsrecht, vgl LR-Meyer-Goßner[23] 14; unten 6).

2 2) **Kein genügender Anlaß:** Dazu 1 ff zu § 170; auch hier ist also hinreichender Tatverdacht erforderlich (Rostock NStZ-RR **96**, 272). Der Antrag wird bei dessen Fehlen als unbegründet verworfen, verbunden mit der Kostenentscheidung nach § 177. Betrifft der Antrag eine Straftat, die von Amts wegen zu verfolgen ist, und ist er schlüssig begründet (§ 172 III S. 1), stellt das OLG aber nur den hinreichenden Tatverdacht für ein Privatklagedelikt oder eine OWi fest, so wird der Antrag als unbegründet (nicht als unzulässig) verworfen (Celle NdsRpfl **63**, 258). Wenn sich dagegen schon aus der Begründung ergibt, daß kein strafrechtliches Offizialdelikt in Betracht kommt, ist der Antrag unzulässig. Beruht die Antragsberechtigung nur auf einer Straftat oder Rechtsverletzung von mehreren, die in der Tat enthalten sind (1 ff zu § 264), so ist diese doch ganz und in jeder Beziehung Gegenstand der Prüfung (1, 37 zu § 172).

3 3) Eine **Einstellung des Verfahrens** in entspr Anwendung des § 153 II (mit Zustimmung des GStA) ist nicht zulässig (Hamburg VRS **38**, 442; KK-Schmid 4; LR-Rieß 9; **aM** Braunschweig NJW **58**, 1361; Celle MDR **85**, 249; Hamm NJW **75**, 1984; Stuttgart MDR **82**, 954). Sie wäre systemwidrig (LR-Meyer-Goßner[23] 5) und nicht sachgerecht, nachdem StA und GStA von dieser Möglichkeit keinen Gebrauch gemacht hatten (LR-Rieß 10). Die Geringfügigkeit berechtigt auch nicht zur Verwerfung des Antrags als unzulässig oder unbegründet (**aM** Köln NJW **91**, 764 mwN). Auch § 153 a II darf das OLG nicht entspr anwenden (AK/StPO-Moschüring 8; **aM** Stuttgart NJW **97**, 3103).

4 4) **Bekanntzumachen** ist der Beschluß nach § 174 dem Antragsteller, der StA und dem Beschuldigten; diesem auch, wenn er von dem Ermittlungsverfahren oder dem Klageerzwingungsverfahren nichts weiß, weil er von der Schutzwirkung des II Kenntnis erhalten soll. Förmliche Zustellung ist nicht vorgeschrieben (§ 35 II; LR-Rieß 12; EbSchmidt 4).

5 5) **Unanfechtbar** ist der Beschluß nach § 174 (vgl Einl 115). Auch Gegenvorstellungen (23 vor § 296) sind durch II ausgeschlossen (Nürnberg MDR **66**, 351; LR-Rieß 13). Jedoch kann der Antrag auf gerichtliche Entscheidung uU wiederholt werden (36 zu § 172).

6 6) **Wirkung** (II): Bei Verwerfung aus sachlichen Gründen kann die StA die Klage nur aufgrund neuer Tatsachen und Beweismittel erheben (Einl 182). Dieser (beschränkte) Strafklageverbrauch tritt nur wegen der Offizialdelikte ein – insoweit aber gegen alle durch die Tat Verletzten (Koblenz NStZ-RR **98**, 339) –, nicht hinsichtlich der Privatklagedelikte, die durch die Entscheidung nicht berührt werden (Celle NdsRpfl **63**, 258; Gössel 103). „Neu": dem OLG bei seinem Beschluß nicht bekannt (3, 4 zu § 211; 30 zu § 359). Ein neues Beweismittel liegt auch dann vor, wenn ein bereits früher vernommener Zeuge entgegen seiner früheren Aussage andere, für die Entscheidung bedeutsame Angaben macht (Hamburg NJW **63**, 1121). Das neue Material muß erheblich sein (RG **57**, 159). Vgl zu § 211 und zu § 359 Nr 5. Macht der Verletzte bei der StA neue Tatsachen und Beweismittel geltend, so prüft die StA, ob das Vorbringen im Zusammenhang mit den früheren Ermittlungen einen durch tatsächliche Anhaltspunkte konkretisierten Verdacht begründet, der durch weitere Ermittlungen zum hinreichenden Verdacht werden kann (4 zu § 160). Über Wiederholung
7 des Klageerzwingungsverfahrens vgl 37 zu § 172. Wenn ein **Verfahrenshindernis** zur Verwerfung des Antrags führt, entsteht zwar kein Strafklageverbrauch (Einl 172); die Entscheidung steht aber einer neuen Strafverfolgung entgegen, wenn und solange ihr nicht durch Nova die Grundlage entzogen ist (vgl Einl 166; 1 zu § 211).

Anordnung der Klageerhebung

175 Erachtet das Gericht nach Anhörung des Beschuldigten den Antrag für begründet, so beschließt es die Erhebung der öffentlichen Klage. Die Durchführung dieses Beschlusses liegt der Staatsanwaltschaft ob.

1) **Nach Anhörung des Beschuldigten:** Für ihre Form gilt § 173 II. Die Anhörung ist notwendig, wenn das OLG erwägt, dem Antrag stattzugeben; sonst gilt die Kann-Vorschrift des § 173 II. Hat der Beschuldigte einen Verteidiger, so kann die Mitteilung mit dem Anheimgehen der Äußerung an diesen gerichtet werden (§ 145 a). Dem Antragsteller braucht die Stellungnahme des GStA nicht mitgeteilt zu werden, es sei denn, daß es nach § 33 III notwendig ist (BVerfGE **19**, 36; Einl 28, 29). 1

2) **Anordnung der öffentlichen Klage:** Der Beschluß des OLG muß das Wesentliche enthalten, das die StA in ihre Klage aufzunehmen hat (§ 200). Mit der Anordnung, die Ermittlungen wieder aufzunehmen, kann das Klageerzwingungsverfahren nicht beendet werden, es sei denn, die StA habe rechtsirrtümlich bisher von der Durchführung von Ermittlungen abgesehen (KG NStZ **90**, 356 mit abl Anm Wohlers NStZ **91**, 300 = JZ **91**, 46 mit zust Anm Eisenberg; Braunschweig wistra **93**, 33; Koblenz NStZ **95**, 50; Zweibrücken GA **81**, 94; LR-Rieß 17 und NStZ **86**, 437; **90**, 10; Stoffers NStZ **93**, 499; **aM** AK/StPO-Moschüring 4; KK-Schmid 3; Kuhlmann NStZ **81**, 193). 2

3) **Auszuführen** hat die StA den Beschluß. Ihr obliegt auch die Auswahl des Gerichts nach den §§ 24 ff GVG (Koblenz VRS **63**, 359, 361). Sie ist an den Beschluß in tatsächlicher und rechtlicher Hinsicht gebunden und kann das Verfahren nicht mehr nach § 153 I einstellen, auch nicht nach § 153 a I. Jedoch sind das Gericht und die StA nach Klageerhebung nicht gehindert, § 153 II anzuwenden oder nach § 153 a II zu verfahren. Zurücknehmen darf die StA die Klage nicht mehr, weil sie dadurch den Beschluß des OLG vereiteln würde, es sei denn, daß sie die Klage nur alsbald bei einem anderen zuständigen Gericht erheben will. Ist die Erhebung der Klage angeordnet, so stehen dem Strafbefehlsverfahren idR Bedenken entgegen. 3

4) **Nach Erhebung der Anklage** bindet der Inhalt des Beschlusses weder die StA noch das Gericht (Karlsruhe NJW **77**, 62), auch nicht das OLG, selbst wenn es nach § 210 II erneut mit der Sache befaßt wird. Der Beschluß des OLG wird gegenstandslos, wenn die Tat, derentwegen Anklage erhoben werden soll, inzwischen Gegenstand eines gerichtlichen Strafverfahrens geworden ist (35 zu § 172). 4

Sicherheitsleistung

176 I Durch Beschluß des Gerichts kann dem Antragsteller vor der Entscheidung über den Antrag die Leistung einer Sicherheit für die Kosten auferlegt werden, die durch das Verfahren über den Antrag voraussichtlich der Staatskasse und dem Beschuldigten erwachsen. Die Sicherheitsleistung ist durch Hinterlegung in barem Geld oder in Wertpapieren zu bewirken. Die Höhe der zu leistenden Sicherheit wird vom Gericht nach freiem Ermessen festgesetzt. Es hat zugleich eine Frist zu bestimmen, binnen welcher die Sicherheit zu leisten ist.

II Wird die Sicherheit in der bestimmten Frist nicht geleistet, so hat das Gericht den Antrag für zurückgenommen zu erklären.

1) **Durch besonderen Beschluß,** der einen zulässigen Antrag voraussetzt, kann vor der Entscheidung in der Sache Sicherheit verlangt werden, bei deren Nicht- 1

leistung der Antrag vom OLG für zurückgenommen erklärt wird (II). Dies gilt nicht, wenn dem Antragsteller Prozeßkostenhilfe bewilligt ist (§ 122 I Nr 2 ZPO iVm § 172 III S. 2 Hs 2).

2 2) **Für die Kosten des Klageerzwingungsverfahrens** kann Sicherheit verlangt werden, also zur Sicherung der Vollstreckung der Kostenentscheidung nach § 177. Solche Kosten können durch Untersuchungshandlungen nach § 173 III entstehen, zB durch Sachverständigengutachten.

Kosten

177 **Die durch das Verfahren über den Antrag veranlaßten Kosten sind in den Fällen der §§ 174 und 176 Abs. 2 dem Antragsteller aufzuerlegen.**

1 1) **Antrag ohne Erfolg:** In den angegebenen Fällen ergeht die Kostenentscheidung, nicht bei Erledigung des Antrags infolge Wiederaufnahme der Ermittlungen durch die StA (Schleswig SchlHA **86**, 106 [E/L]; Koblenz NStZ **90**, 48; zw Rieß NStZ **90**, 9 f), jedoch auch dann, wenn der Antrag zurückgenommen wird (Celle NdsRpfl **61**, 210; Düsseldorf GA **83**, 219; JZ **89**, 452; Koblenz OLGSt § 172 Nr 9; LR-Rieß 2 und NStZ **90**, 9; **aM** KG NStE Nr 1; Celle OLGSt Nr 3 mit abl Anm Rieß; München JurBüro **83**, 1209; Zweibrücken MDR **85**, 250; KK-Schmid). Wird der Antrag aus formellen Gründen als unzulässig verworfen, so werden dem Antragsteller ebenfalls keine Kosten auferlegt (Bremen MDR **84**, 164; Koblenz NJW **77**, 1461, 1462; NJW **85**, 1409; wistra **85**, 83). Das hat seinen Grund darin, daß in diesem Fall eine Gebühr nach dem KVGKG nicht anfällt und der Antragsteller seine notwendigen Auslagen ohnehin selbst zu tragen hat. Stirbt der Antragsteller vor der Entscheidung des OLG, so ist das Verfahren einzustellen (**aM** Weber A. Kaufmann-GedSchr 781); eine Kostenentscheidung ergeht nicht (Düsseldorf GA **84**, 129).

2 2) **Die veranlaßten Kosten:** Es handelt sich um die Gebühr nach Nr 6400 KVGKG, die Kosten etwaiger Ermittlungen (§ 173 III) und die notwendigen Auslagen des Beschuldigten im OLG-Verfahren (§ 464 a II; Koblenz NStZ **90**, 48 mwN; Stoffers JurBüro **93**, 644); zur Frage, inwieweit Verteidigerkosten geltend gemacht werden können, vgl Rieß NStZ **90**, 8.

3 3) **Antrag mit Erfolg:** Es ergeht keine Entscheidung über die durch das Verfahren beim OLG veranlaßten Kosten. Der Antragsteller kann sich aber als Nebenkläger dem gerichtlichen Verfahren anschließen (§ 395 I Nr 3). Seine notwendigen Auslagen fallen bei Verurteilung – und nur dann – idR dem Angeklagten zur Last (§ 472 I). Dazu gehören auch die durch den Antrag veranlaßten Kosten. Denn es kommt bei den notwendigen Auslagen des Nebenklägers nur auf deren Notwendigkeit für die Rechtsverfolgung, nicht auf den Zeitpunkt der Entstehung an (vgl KG GA Bd **61**, 363; erg 8 zu § 472). Das gilt auch, wenn das Verfahren durch Strafbefehl erledigt wird (Rieß NStZ **90**, 9). Bei Anordnung der Wiederaufnahme der Ermittlungen durch das OLG (2 zu § 175) ergeht keine Kostenentscheidung (Stoffers JurBüro **93**, 645).

3. Abschnitt. Gerichtliche Voruntersuchung

178–197 (weggefallen)

4. Abschnitt. Entscheidung über die Eröffnung des Hauptverfahrens

Vorbemerkungen

1) Im **Eröffnungsverfahren** (Zwischenverfahren) – Einl 63 – prüft das Gericht, welche Verfahren aufgrund der Anklage durchgeführt und welche zur Vermeidung unnötiger Hauptverfahren schon vorher beendet werden sollen. Mit der Eröffnung des Hauptverfahrens, dh mit der Zulassung der Anklage (§ 207), wird der Verfahrensstoff bestimmt und die Rechtshängigkeit erzeugt (1 zu § 156). 1

198 (weggefallen)

Vorlegung der Anklageschrift

199 **I Das für die Hauptverhandlung zuständige Gericht entscheidet darüber, ob das Hauptverfahren zu eröffnen oder das Verfahren vorläufig einzustellen ist.**

II Die Anklageschrift enthält den Antrag, das Hauptverfahren zu eröffnen. Mit ihr werden die Akten dem Gericht vorgelegt.

1) Die **StA wendet sich** stets an das nach ihrer Beurteilung für das Hauptverfahren zuständige Gericht (§ 200 I S. 2). Die Anklageschrift ist Voraussetzung für das weitere Verfahren (BGH **5**, 227; Einl 148). 1

2) **Mit den Akten** wird die Anklageschrift dem Gericht vorgelegt. Dazu gehören alle Vorgänge, die die Polizei nach § 163 II S. 1 übersandt hat (dort 23, 24), sowie die bei der StA entstandenen Vorgänge mit Ausnahme der Handakten. Die StA hat insoweit kein Auswahlrecht, sie darf kein be- und entlastendes Material zurückhalten, braucht aber die für diesen Beschuldigten bedeutungslosen Vorgänge nicht vorzulegen (str, ausführlich dazu Meyer-Goßner NStZ **82**, 356; erg 18 zu § 147). Dementsprechend sind Beiakten nur beizufügen, wenn ihr Inhalt von Bedeutung für die Schuld- oder Rechtsfolgenfrage sein kann (BGH **30**, 131, 139 = StV **81**, 500 mit abl Anm Dünnebier; Frankfurt NJW **82**, 1408; vgl auch LR-Rieß 14); unter den Voraussetzungen des § 96 kann allerdings die Herausgabe von Akten oder Aktenteilen verweigert werden (Frankfurt aaO; Geißer GA **83**, 400; Schäfer NStZ **90**, 46; **aM** SK-Rudolphi 4 zu § 96 und LR-Lüderssen 53 ff zu § 147 je mwN; Taschke, Die behördliche Zurückhaltung von Beweismitteln im Strafprozeß, 1989, S. 249 f; vgl auch BVerfG aaO; SK/StPO-Paeffgen 5). Zur Dauer der Aufbewahrung von Spurenakten nach vorläufiger Einstellung des Ermittlungsverfahrens vgl Schnarr ZRP **96**, 128. 2

3) **Entscheidung:** Für beide angegebenen Entscheidungsmöglichkeiten gibt es mehrere Entscheidungsformen (1 ff zu § 204). 3

Inhalt der Anklageschrift **RiStBV 110–113, 280**

200 **I Die Anklageschrift hat den Angeschuldigten, die Tat, die ihm zur Last gelegt wird, Zeit und Ort ihrer Begehung, die gesetzlichen Merkmale der Straftat und die anzuwendenden Strafvorschriften zu bezeichnen (Anklagesatz). In ihr sind ferner die Beweismittel, das Gericht, vor dem die Hauptverhandlung stattfinden soll, und der Verteidiger anzugeben. Bei der Benennung von Zeugen genügt in den Fällen des § 68 Abs. 1 Satz 2, Abs. 2 Satz 1 die Angabe der ladungsfähigen Anschrift. Wird ein Zeuge benannt,**

dessen Identität ganz oder teilweise nicht offenbart werden soll, so ist dies anzugeben; für die Geheimhaltung des Wohn- oder Aufenthaltsortes des Zeugen gilt dies entsprechend.

II In der Anklageschrift wird auch das wesentliche Ergebnis der Ermittlungen dargestellt. Davon kann abgesehen werden, wenn Anklage beim Strafrichter erhoben wird.

1 **1) Funktion und Aufbau der Anklageschrift** (dazu Heghmanns 355 ff; Kroschel/Meyer-Goßner 389 ff):

2 A. **Bezeichnung des Verfahrensgegenstandes:** Die Anklageschrift unterrichtet den Angeschuldigten über den gegen ihn erhobenen Vorwurf (Informationsfunktion) und bezeichnet in persönlicher und sachlicher Hinsicht den Gegenstand, über den das Gericht im Eröffnungsverfahren zu entscheiden hat (Umgrenzungsfunktion; BGH **40**, 390, 392; Bay wistra **91**, 195; Frankfurt OLGSt Nr 3; LR-Rieß 3; Schlüchter JR **90**, 12). Bei Zulassung der Anklage (§ 207) bezeichnet die Anklageschrift in persönlicher und sachlicher Hinsicht den Gegenstand des Hauptverfahrens (§§ 207, 243 III, 264). Eine weitere Anklageschrift kann nachgereicht werden, wenn die Verbindung beider Sachen nach § 4 beantragt wird. Bei der Abfassung muß der Eindruck vermieden werden, als handele es sich um ein endgültiges Untersuchungsergebnis.

3 B. **Adressat:** Die Anklageschrift wird adressiert an das AG – Strafrichter – im Fall des § 25 GVG und sonst an den Vorsitzenden des für die Entscheidung über die Eröffnung des Hauptverfahrens zuständigen Gerichts (§ 199); auch der Spruchkörper (zB WirtschaftsStrK, JugK) ist zu bezeichnen (RiStBV 110 III S.2). Hält die StA bei Anklage zum LG die Mitwirkung eines 3. Richters für geboten (§ 76 II GVG), ist dies anzuregen (RiStBV 113 III).

4 C. **Inhalt:** Der Hauptteil der Anklageschrift ist der Anklagesatz (I S. 1). Ihm folgt die Angabe der Beweismittel (I S. 2) und der 2. Teil, zu dem das wesentliche Ergebnis der Ermittlungen gehört (II S. 1). Am Ende enthält die Anklageschrift die Anträge der StA auf Eröffnung des Hauptverfahrens (§ 199 II S. 1) und ggf auf Erlaß oder Aufrechterhaltung eines Haft- oder Unterbringungsbefehls (§ 207 IV). Vor diesen Anträgen werden zweckmäßigerweise die Bestimmungen des GVG angegeben, aus denen sich die Zuständigkeit des angegangenen Gerichts ergibt.

5 **2)** Der **sog Anklagesatz** (I S. 1) ist der wesentliche Inhalt der Anklageschrift, was vor allem § 243 III zeigt (vgl auch §§ 114 II Nr 1, 2, 270 II, 383 I S. 2). Zur Unzulässigkeit eines zu langen (weil Beweiswürdigung enthaltenden) Anklagesatzes vgl BGH NJW **87**, 1209 = JR **87**, 389 mit Anm Rieß = StV **88**, 282 mit Anm Danckert; erg 2 zu § 30 GVG.

6 A. Die **Angaben zur Person** (§ 409 I S. 1 Nr 1) enthalten die in RiStBV 110 II Buchst a bezeichneten Daten. Auch der Name des Verteidigers ist in geeigneter Weise anzugeben (RiStBV 110 II Buchst b).

7 B. Die **Tat** im strafprozessualen Sinn (1 ff zu § 264) wird mit Zeit und Ort als historisches Ereignis in der Weise geschildert, daß die Identität des gemeinten geschichtlichen Vorgangs (BGH **5**, 227) klargestellt wird (BGH **16**, 47, 48; **29**, 124, 126; Stuttgart Justiz **83**, 266). Die Tat muß sich von anderen gleichartigen strafbaren Handlungen desselben Täters unterscheiden lassen (BGHR Tat 3). Dabei muß die Schilderung um so konkreter sein, je größer die allgemeine Möglichkeit ist, daß der Angeschuldigte verwechselbare weitere Straftaten gleicher Art verübt hat (BGHR Tat 4 und 7). Unrichtigkeiten bei der Tatzeitangabe können unschädlich sein (Karlsruhe MDR **82**, 248), uU auch das völlige Fehlen der Angaben (LR-Rieß 12; Krause/Thon StV **85**, 253; strenger LG Freiburg StV **85**, 497). Auf eine Verfolgungsbeschränkung nach § 154 a I wird in der Anklageschrift hingewiesen (RiStBV 101 a III). Kommt wahldeutige Verurteilung (27 zu § 260) in Betracht, so müssen sowohl bei gleichartiger (BGH **32**, 146) als auch bei ungleichartiger (Celle

NJW **88**, 1225; dazu Kröpil NJW **88**, 1188) Wahlfeststellung beide Taten angeklagt werden, falls es sich um selbständige Taten iS des § 264 handelt (Schröder NJW **85**, 780: 2 zu § 264). Anklage in Wahlfeststellung setzt aber voraus, daß die beiden Sachverhalte im Verhältnis exklusiver Alternativität stehen (Stuttgart NJW **96**, 2879).

a) **Jedes gesetzliche Merkmal** des (äußeren und inneren) Tatbestandes wird mit dem entspr (äußeren oder inneren) Vorgang oder Zustand belegt. Die Darstellung der Tat wird gestrafft, da sie nur das Thema der Hauptverhandlung in tatsächlicher Hinsicht angeben soll. Einzelheiten des Tatgeschehens, die hierfür entbehrlich sind, werden in dem Anklagesatz nicht aufgenommen. Eine Anklageschrift, die hiergegen verstößt, darf das Gericht nicht zulassen (BGH JZ **87**, 316). Ob im Steuerstrafverfahren nur die Höhe oder auch die Berechnung der verkürzten Steuer angegeben werden muß, ist str (verneinend Bay **92**, 32 = NStZ **92**, 403, bejahend Düsseldorf NJW **89**, 2145 = JR **89**, 435 mit Anm Rieß; NStZ **91**, 99), vgl dazu – unter Darstellung der bisherigen Rspr – Karlsruhe wistra **94**, 319. 8

b) **Vielzahl von Handlungen oder Verletzten:** Bei einer Vielzahl von Handlungen gegenüber demselben Geschädigten müssen die einzelnen Taten deutlich voneinander abgegrenzt werden (BGH NStZ **97**, 331 [K]; Deckers NJW **96**, 3110; Ruppert MDR **94**, 976). Bei einer Serie von Straftaten muß daher zunächst versucht werden, die einzelnen Taten nach konkreten Tatbildern zu beschreiben (BGH NStZ **94**, 352), vgl zB bei Anklage wegen Bestechung BGHR § 200 I S.1 Tat 10, wegen sexueller Handlungen gegenüber Kindern BGH NStZ **95**, 200; 245; **96**, 294; StV **96**, 362; **98**, 469; Düsseldorf NStZ **96**, 298; Koblenz NJW **95**, 3066 (dazu auch Bamberg NJW **95**, 1167 mit Anm Schäpe NStZ **95**, 612), wegen Verstößen gegen das BtMG Düsseldorf JMBlNW **95**, 237, wegen Fahrens ohne Fahrerlaubnis Köln VRS **90**, 288; Zweibrücken MDR **96**, 956. Wenn das nicht möglich ist, die einzelnen Taten nach Tatbegehung oder Tatort also nicht individualisierbar sind, weil sie sich stets in derselben Weise am selben Ort abgespielt haben, muß eine zeitliche Eingrenzung vorgenommen werden (vgl Düsseldorf StraFo **96**, 151). Lassen sich auch insoweit keine genauen Feststellungen mehr treffen, ist nach dem Zweifelsgrundsatz von Mindestzahlen auszugehen (zB mindestens 10 Mal von Mai bis Juli 1994; unklar BGH **40**, 44 mit abl Anm Peters NStZ **94**, 591: Höchstzahl angeben). Ist eine Vielzahl von Personen verletzt oder getötet worden, so müssen die festgestellten Geschädigten aufgezählt oder so bezeichnet werden, daß die Tat insgesamt genügend konkretisiert ist; eine sonstige Generalklausel genügt nicht (vgl BGH **10**, 137; JZ **67**, 643; NStZ **84**, 229; Stuttgart Justiz **93**, 266). Jedoch kann der Mangel einer solchen Rahmenklage durch § 154 a geheilt werden (Bauer JZ **67**, 625, 628; Bruns Grützner-GebGabe 473). Was die Tatzeit angeht, muß wenigstens der Zeitraum angegeben werden, über den sich die Tat insgesamt erstreckt hat (BGH MDR **72**, 752 [D]). 9

c) **Rechtsfolgenrelevante Tatsachen:** Zur Schilderung der Tat iS RiStBV 110 II Buchst c gehören nicht die einer gesetzlichen Strafzumessungs- oder Sanktionsregelung entspr Tatsachen (BGH **16**, 47, 48; **22**, 336, 338; **29**, 124, 126; KK-Tolksdorf 9 ff). Auch von den Voraussetzungen für eine angestrebte Maßregel der Besserung und Sicherung werden nur die tatbezogenen in die Tatschilderung aufgenommen; die übrigen gehören in den 2. Teil der Anklageschrift, zB in den Fällen der §§ 63, 66 StGB. 10

C. **Gesetzliche Merkmale** der Straftat sind die abstrakten Tatbestandsmerkmale der anzuwendenden materiell-rechtlichen Strafvorschriften. Ihre Angabe bezweckt, dem Beschuldigten aufzuzeigen, daß sich die Schilderung der vorgeworfenen Tat und die tatbezogenen gesetzlichen Strafbarkeitsvoraussetzungen decken. Bei der Angabe der gesetzlichen Merkmale sind auch die Bestimmungen zu berücksichtigen, die den nach der Auffassung der StA zu erwartenden Schuldspruch qualifizieren, zB Versuch, Teilnahmeform, Tateinheit, Tatmehrheit, fortgesetzte Handlung (Kaiser NJW **81**, 1028; Solbach MDR **78**, 900). Ein reiner Rechtsfolgenzu- 11 messungstatbestand dagegen wird zwar bei der Tatschilderung, nicht aber bei der Angabe der gesetzlichen Merkmale der Straftat berücksichtigt, zB §§ 21, 61 StGB iVm der in Betracht kommenden besonderen Bestimmung (**aM** KK-Tolksdorf 12; LR-Rieß 19 ff). Das gleiche gilt für den besonders schweren Fall oder einen mit besonderen Merkmalen beschriebenen minder schweren Fall (**aM** Solbach aaO).

12 D. **Anzuwendende Strafvorschriften:** Dazu gehören 2 Teile:

13 a) Die **rechtliche Bezeichnung** der Straftat, wie sie in der Urteilsformel zur Bezeichnung des Schuldspruchs nach § 260 IV S. 1, 2 enthalten sein muß. Ob die Straftat ein Vergehen oder Verbrechen ist (§ 12 I, II StGB), muß nicht, sollte aber – zumindest bei Verbrechen – angegeben werden. Da der Anklagesatz – wie im Fall der späteren Verurteilung der Schuldspruch – den strafrechtlichen Vorwurf enthält, sollten für die rechtliche Bezeichnung der Tat die für den Schuldspruch geltenden Regeln angewendet werden (22 ff zu § 260). Hat ein Tatbestand mehrere Begehungsformen, so muß angegeben werden, welche Tatbestandsalternative gemeint ist (BGH NStZ **84**, 133; **85**, 464; LR-Rieß 17).

14 b) Die **gesetzliche Bezeichnung** wie beim Urteil (§ 260 V, dort 54) und beim Strafbefehl (§ 409 I S. 1 Nr 4). Für die Anklageschrift ist die gesonderte Zusammenstellung der anzuwendenden Strafbestimmungen in einer Liste nicht vorgeschrieben, aber zu empfehlen. Vorschriften über bloße Straffolgen der tatbestandsmäßigen Handlung, Hinweise auf die gesetzliche Strafdrohung der Tat und andere Bestimmungen, die gleichermaßen für alle in Betracht kommenden Straftaten gelten, müssen in die Anklageschrift nicht aufgenommen werden (BGH **29**, 124, 126). Das gilt insbesondere für Nebenstrafen und -folgen nach §§ 44, 45 StGB und Maßnahmen nach §§ 73 ff StGB (vgl BGH **22**, 336, 338; **aM** KMR-Paulus 22). Rechtsfolgen, die außer der Tat besondere tatsächliche Umstände voraussetzen (vgl etwa §§ 63 ff, 125 a, 243 StGB), sind jedoch entspr § 265 II mit der Gesetzesbezeichnung anzuführen; auch auf § 57 a StGB ist hinzuweisen, falls die besondere Schuldschwere bejaht werden soll (vgl Kintzi DRiZ **93**, 343). Die Liste der anzuwendenden Strafvorschriften steht am besten am Ende des Anklagesatzes. Sie wird in die Verlesung des Anklagesatzes (§ 243 III S. 1) miteinbezogen. Auf eine Ausscheidung einzelner Gesetzesverletzungen nach § 154 a I weist die StA in der Anklageschrift hin (RiStBV 101 a III Hs 2).

15 E. **Nebenbeteiligte** (Einl 73) sind mit identifizierenden Angaben zur Person anzuführen. Soweit ihre Beteiligung am gerichtlichen Verfahren von deren Anordnung abhängt, wird sie in der Anklageschrift beantragt. Ferner ist die tatsächliche und rechtliche Grundlage für die gegen sie in Betracht kommende Maßnahme darzulegen. Das gilt für den Einziehungsbeteiligten (§ 431 I S. 1), den Verfallsbeteiligten (§ 442 II S. 1) und die JP oder PV (§ 444; dort 4). Ihnen wird die Anklageschrift auch mitgeteilt (7 zu § 201; 4 zu § 432).

16 **3) Beweismittel** (I S. 2 bis 4): Verzeichnet werden die wesentlichen persönlichen und sachlichen Beweismittel (Einl 49). Bei den Zeugen und Sachverständigen sind die Namen und Anschriften anzugeben, wie sich aus § 222 ergibt (Celle NJW **70**, 580). Der StA gibt nur die Beweismittel an, deren Verwendung in der Hauptverhandlung er für notwendig hält (RiStBV 111 I). Soll nach seiner Auffassung ein Zeuge oder Sachverständiger nicht geladen, sondern anstelle seiner Vernehmung eine Niederschrift oder Erklärung verlesen werden (§§ 251 I, II, 256), so wird nur das Schriftstück unter den Urkunden als Beweismittel aufgeführt. Wenn der Vorsitzende (§ 214) nicht alle benannten oder noch andere Zeugen oder Sachverständige lädt, erhalten die Beteiligten durch die Mitteilung nach § 222 I Kenntnis hiervon. Der Gerichtshelfer wird – von besonderen Ausnahmefällen abgesehen – nicht als Zeuge und sein Bericht nicht als Urkunde angeführt (26 zu § 160). Aus
16 a Gründen des **Zeugenschutzes** kann statt des Wohnortes eine ladungsfähige Anschrift angegeben werden (vgl 2, 10 zu § 68); falls der Wohnort oder die Identität des Zeugen ganz oder teilweise geheimgehalten werden sollen (vgl 14 ff zu § 68),

ist dies anzugeben. Angeklagter und Gericht werden dadurch schon mit der Anklage unterrichtet, daß auch Aussagen geschützter Zeugen in die Hauptverhandlung eingeführt werden sollen (Hilger NStZ **92**, 459).

4) Der **2. Teil der Anklageschrift** enthält das wesentliche Ergebnis der Ermittlungen (ieS, § 200 II) und die täterbezogenen Rechtsfolgentatsachen, und zwar in dieser Reihenfolge, die auch bei der Beweisaufnahme einzuhalten ist. Er ist bestimmt einerseits für den Angeklagten und seinen Verteidiger (vgl unten 21), andererseits für das über die Eröffnung des Hauptverfahrens entscheidende Gericht. **17**

A. **Anzuführen sind** die Tatsachen samt Beweisgrundlage, aus denen sich der hinreichende Tatverdacht (1 zu § 170, § 203) ergibt. Dabei können Nebenumstände der Tat, ihre Vorgeschichte und Daten aus der Lebensgeschichte des Beschuldigten angeführt werden, soweit sie von Bedeutung sind. Bloß formelhafte Wendungen genügen nicht, wie zB: „Der Angeschuldigte leugnet zwar, wird aber durch die Beweismittel überführt werden." Aufzunehmen sind ferner die **persönlichkeitsbezogenen Rechtsfolgenumstände** (RiStBV 110 II Buchst g; oben 10). Dazu gehören auch, falls Geldstrafe in Betracht kommt, die Grundlagen für die Bestimmung der Höhe des Tagessatzes (§ 40 II StGB); ferner die Tatsachen, die für die Anordnung einer Nebenstrafe, Maßregel oder Nebenfolge (die nach der Liste der Strafvorschriften [oben 14] in Betracht kommt) von Bedeutung sind; ebenso die verwertbaren Vorstrafen oder sonstigen Erkenntnisse aus dem Zentralregister und dem Erziehungsregister. Rechtliche Ausführungen gehören im allgemeinen nicht in diesen Abschnitt. Sie sind aber angebracht, wenn es sich um Streitfragen von wesentlicher Bedeutung handelt (vgl auch LR-Rieß 29). Der **Bericht des Gerichtshelfers** (§ 160 III S. 2) wird nicht in das wesentliche Ergebnis der Ermittlungen aufgenommen. Daß rechtsfolgenrelevante Umstände (auch) in diesem Bericht erwähnt sind, hindert aber nicht ihre Anführung im wesentlichen Ergebnis der Ermittlungen. **18** **19** **20**

B. **Auch zur Vorbereitung des rechtlichen Gehörs** (§ 33 III) im Wege des § 201 I vor einem etwaigen Eröffnungsbeschluß dient die Angabe des wesentlichen Ergebnisses der Ermittlungen. Daher ist von der Ausnahme des II S. 2 für Strafrichtersachen (§ 25 GVG) nur dann Gebrauch zu machen, wenn bei einfacher Beweislage die Mitteilung des Anklagesatzes zusammen mit der Angabe der Beweismittel den Erfordernissen des § 33 III genügt. Darauf beruht RiStBV 111 I. **21**

C. **Für die Schöffen** ist der 2. Teil der Anklageschrift nicht bestimmt (BGH **13**, 73; GA **60**, 314; RiStBV 126 II S. 3; 7, 40 zu § 261). Die Trennung dieses Teils vom Anklagesatz ist nach hM auch notwendig, weil durch Beweiswertungen ein Schöffe befangen werden könnte (vgl aber 2 zu § 30 GVG). **22**

5) Weitere Förmlichkeiten: I S. 2; § 199 II; RiStBV 110 III, IV. Die Angaben über UHaft werden in der Praxis idR im Kopf der Anklageschrift an auffälliger Stelle vermerkt, ggf mit Angabe des nächsten Haftprüfungstermins. Sie gehören aber nicht zum Anklagesatz und dürfen nicht mit diesem in der Hauptverhandlung verlesen werden (15 zu § 243). Der Antrag zur Frage der Fortdauer einer gegenwärtig vollzogenen UHaft (§ 207 IV) wird mit dem Antrag auf Eröffnung des Hauptverfahrens verbunden. Die Anklageschrift muß vom StA unterschrieben sein (Einl 128). **23**

6) Ein **Geheimvermerk** der StA auf der Anklageschrift ist zulässig, auch mit einem auf den konkreten Fall zugeschnittenen, für den Beschuldigten bestimmten Hinweis auf Strafbestimmungen, erforderlichenfalls mit Auflagen zum Schutz des Geheimnisses (vgl BGH **18**, 369, 373; RiStBV 213). Jedoch darf die Verteidigung, zB die Akteneinsicht (§ 147), dadurch nicht beschränkt werden; äußerstenfalls ist von § 153 d Gebrauch zu machen. Vgl auch 8 zu § 35; ferner zu § 174 III GVG. **24**

25 **7) Mängel der Anklageschrift:** Es ist zu unterscheiden zwischen Nichterfüllung der Funktion der Anklageschrift und bloß äußeren oder aufteilungsmäßigen Mängeln (vgl dazu Kuckein StraFo **97**, 33 ff).

26 A. **Funktioneller Mangel:** Fehlt es an der genügenden Identifizierung des Angeschuldigten, so gibt das Gericht die Anklageschrift zurück; dasselbe gilt bei mangelnder Identifizierung der Tat (BGH NJW **54**, 360, 361; BGHR § 200 I S.1 Anklagesatz 4; Oldenburg NJW **52**, 990), sofern nicht Auslegung nach dem in der Anklageschrift niedergelegten wesentlichen Ermittlungsergebnis genügt (BGH **5**, 227; **10**, 137; Düsseldorf VRS **87**, 358; dazu Puppe NStZ **82**, 230). Auf die mündliche Ergänzung in der Hauptverhandlung braucht sich das Gericht nicht verweisen zu lassen (Stuttgart Justiz **83**, 266). Verweigert die StA eine „Nachbesserung", wird die Eröffnung des Hauptverfahrens abgelehnt (LR-Rieß 57). Wird der Mangel weder im Eröffnungsverfahren noch in der Hauptverhandlung durch entspr Klarstellung behoben (vgl Schlüchter JR **90**, 14), so sind Anklageschrift und der Eröffnungsbeschluß unwirksam, was zur Einstellung des Verfahrens führt (BGH GA **73**, 111; MDR **80**, 107 [H]; NJW **91**, 2716; NStZ **92**, 553; Karlsruhe NStZ **93**, 147; LG Tübingen Justiz **93**, 120; vgl auch Krause/Thon StV **85**, 252; 11, 12 zu § 207; 16 zu § 243).

27 B. **Sonstige Mängel:** Sind im Anklagesatz Teile enthalten, die nicht hineingehören, so kann dies dem Sitzungs-StA Anlaß geben, sie bei der Verlesung wegzulassen (16 zu § 243). Ein Mangel, der nur die Informationsfunktion (oben 2) der Anklage betrifft (Stuttgart Justiz **93**, 266), sowie Mängel im Aufbau, in der Darstellung des wesentlichen Ergebnisses der Ermittlungen (BGH **40**, 390) oder im Äußeren der Anklageschrift (zB das versehentliche Unterlassen der Unterschrift, Düsseldorf MDR **94**, 85) machen die Anklageschrift nicht unwirksam (BGH **40**, 44; 390; **aM** Düsseldorf JR **98**, 37 mit abl Anm Rieß; Schleswig StV **95**, 455 = SchlHA **95**, 214 mit abl Anm Ostendorf; LG Dresden StV **96**, 203) und führen deswegen auch nicht zu einem Verfahrenshindernis (Einl 148, 154). Mängel dieser Art können daher auch weder die Ablehnung der Eröffnung des Hauptverfahrens zur Folge haben (**aM** Rieß JR **98**, 41) noch mit der Revision geltend gemacht werden (BGH NStZ **95**, 19 [K]). Der Vorsitzende des Gerichts sollte aber die Anklage zur Mängelbeseitigung an die StA zurückgeben und bei Beharren der StA die Mitteilung der Anklageschrift (§ 201 I) ablehnen (**aM** Schleswig SchlHA **96**, 95 [L/T]); dagegen steht der StA die Beschwerde zu (Karlsruhe Justiz **98**, 535; Häger Meyer-GedSchr 174).

28 **8) Auf eine Ordnungswidrigkeit** erstreckt die StA die öffentliche Klage bei Zusammenhang mit der Straftat nach Maßgabe der §§ 42, 64 OWiG (vgl RiStBV 280). Beide sind dann besondere Anklagepunkte mit gesonderten Anklagesätzen. Bei rechtlichem Zusammentreffen mit einer Straftat gelten die §§ 21, 40 OWiG. In diesem Fall wird die OWi in den Anklagesatz nur aufgenommen, wenn Nebenfolgen angestrebt werden (§ 21 I S. 1 OWiG).

29 **9)** Eine Vielzahl von **Mitteilungspflichten**, etwa in Strafverfahren gegen Beamte nach § 125 c I, II BRRG (MiStra 15 I Nr 2, II) und gegen Ärzte, Zahnärzte sowie Tierärzte wegen Verstößen gegen das BtMG gemäß § 27 III S.1 Nr 2 BtMG (MiStra 50 I Nr 2), oder Mitteilungsermächtigungen, insbesondere nach §§ 12 ff **EGGVG**, hat die StA bei Anklageerhebung zu beachten; die Einzelheiten ergeben sich aus der MiStra (vgl die Erl zu §§ 12 ff EGGVG).

Mitteilung der Anklageschrift

201 **I Der Vorsitzende des Gerichts teilt die Anklageschrift dem Angeschuldigten mit und fordert ihn zugleich auf, innerhalb einer zu bestimmenden Frist zu erklären, ob er die Vornahme einzelner Beweiserhebungen vor der Entscheidung über die Eröffnung des Hauptverfahrens beantragen**

oder Einwendungen gegen die Eröffnung des Hauptverfahrens vorbringen wolle.

II Über Anträge und Einwendungen beschließt das Gericht. Die Entscheidung ist unanfechtbar.

1) Die **Mitteilung der Anklageschrift** mit der Aufforderung zur Erklärung (I) dient der Gewährung rechtlichen Gehörs (Einl 23 ff). Sie trägt auch dem Art 6 III **MRK** Rechnung; zur Notwendigkeit der Beifügung einer fremdsprachigen Übersetzung vgl dort 18. Ein Verzicht auf die Mitteilung ist unbeachtlich (Hamburg NStZ **93**, 53 mwN = StV **94**, 65 mit Anm Kühne); die Mitteilung ist auch dann erforderlich, wenn die Eröffnung des Hauptverfahrens voraussichtlich (zB wegen Vorliegens eines Verfahrenshindernisses) abgelehnt wird (SK/StPO-Paeffgen 4; **aM** Schleswig SchlHA **96**, 95 [L/T]; KK-Tolksdorf 3; LR-Rieß 7), es sei denn, der Vorsitzende gibt die Anklage zur „Nachbesserung" (26 zu § 200) zurück. In Staatsschutzsachen kann entspr § 174 III GVG ein Schweigegebot verhängt werden (KK-Tolksdorf 9 mwN; LR-Rieß 9; 24 zu § 200). 1

A. Dem **Angeschuldigten** muß die Anklageschrift mitgeteilt werden. Hat er einen Verteidiger, so gilt § 145 a I, III; zum Verfahren bei Notwendigkeit der Verteidigerbestellung vgl 3 zu § 141; 10 zu § 142. Im Verfahren gegen Jugendliche erfolgt die Mitteilung auch an Erziehungsberechtigte und gesetzliche Vertreter (§ 67 II **JGG**). Dem Nebenkläger braucht die Anklageschrift nicht mitgeteilt zu werden. Nebenbeteiligte (Einl 73) erhalten nach §§ 435 II, 440 III, 444 II S. 1, 2 die Anklageschrift erst mit der Terminsnachricht. 2

B. Der **Vorsitzende** trifft die Anordnung nach I; bewirkt wird sie durch den UrkB. Unterläßt er die Mitteilung, daß er auf richterliche Anordnung handelt, so ist das unschädlich (Bremen JZ **55**, 680). Die förmliche Zustellung ist erforderlich, da die Fristbestimmung nach I eine richterliche Entscheidung iS des § 35 ist (Celle StV **98**, 531; Karlsruhe NJW **74**, 709, 712). 3

C. Die **Erklärungsfrist** muß angemessen sein. Maßgebend sind Umfang und Schwierigkeit der Sache (Krekeler wistra **85**, 56). Eine Wochenfrist ist idR mindestens erforderlich. Die Frist kann verlängert werden (Krekeler aaO). Da sie keine Ausschlußfrist ist, werden Einwendungen und Anträge berücksichtigt, die nach ihrem Ablauf, aber vor Erlaß (5 ff vor § 33) der Entscheidung nach §§ 203, 204 eingehen (Schleswig SchlHA **54**, 109; Krekeler aaO). Sie müssen dann aber nicht mehr nach II S. 1 beschieden werden (Bay **51**, 379; KMR-Paulus 10; **aM** LR-Rieß 18; Krekeler aaO). 4

2) **Einwendungen und Beweisanträge:** 5

A. **Einwendungen** gegen die Eröffnung des Hauptverfahrens können etwa darin bestehen, daß das Fehlen des Tatverdachts aus tatsächlichen oder rechtlichen Gründen oder das Bestehen von Verfahrenshindernissen geltend gemacht, insbesondere der Zuständigkeitseinwand nach §§ 6 a, 16 erhoben wird. Beweisanträge müssen entspr § 219 I S. 1 bestimmte Tatsachen und Beweismittel angeben (ANM 344; **aM** LR-Rieß 22); sie dürfen nur zu dem Zweck gestellt werden, die Entscheidung nach den §§ 203, 204 vorzubereiten (vgl § 202 S. 1). 6

B. Ein **Beschluß des Gerichts** (II S. 1) in der durch §§ 30 II, 76 I GVG vorgeschriebenen Besetzung, beim OLG in der Fünferbesetzung des § 122 II GVG (SK/StPO-Paeffgen 14; ANM 344; Schlüchter 411; **aM** KK-Tolksdorf 15; LR-Rieß 26 und hM: Dreierbesetzung), ist zur Entscheidung über Einwendungen und Anträge erforderlich. Vor der Entscheidung ist die StA zu hören (§ 33 II). Äußert sich der Angeschuldigte schon vor Fristablauf, so kann sofort entschieden werden. Die Ablehnungsentscheidung, die nach § 34 begründet werden muß, kann mit der über die Eröffnung des Hauptverfahrens in einem gemeinsamen Beschluß verbunden werden (KMR-Paulus 14; ANM 345). Einwendungen gegen die Annahme des hinreichenden Tatverdachts können stillschweigend durch den Erlaß des Eröff- 7 nungsbeschlusses abgelehnt werden, nicht aber Beweisanträge (RG **44**, 380; LR-Rieß 32).

8 C. Die **Ablehnung von Beweisanträgen** ist stets gerechtfertigt, wenn die Beurteilung des hinreichenden Tatverdachts keine weiteren Beweiserhebungen erfordert. Eine Ablehnung mit dieser Begründung genügt (Köln JMBlNW **60**, 221). Die Ablehnungsgründe des § 244 III, IV gelten nicht (KK-Tolksdorf 19; ANM 344; **aM** KMR-Paulus 19; LR-Rieß 30; Fezer 9/72). Unzulässig ist die Ablehnung mit der Begründung, die Beweise würden ohnehin in der Hauptverhandlung erhoben, die Entscheidung werde dem Vorsitzenden nach § 219 vorbehalten (RG **72**, 231; LR-Rieß 30), die Beweistatsache werde in der Hauptverhandlung als wahr unterstellt (RG **73**, 193; ANM 345). Ein Hinweis auf das Antragsrecht nach §§ 219, 244 III ist nicht vorgeschrieben (**aM** KMR-Paulus 22), kann aber zweckmäßig sein. Nur die unzulässige Ablehnung löst Hinweispflichten aus. Der Vorsitzende, dem die Entscheidung nach § 219 vorbehalten wurde, muß den Angeklagten darauf aufmerksam machen, daß der Antrag wiederholt werden muß (RG **72**, 231, 233; ANM 347). Bei unzulässiger Wahrunterstellung ist ein Hinweis an den Angeklagten erforderlich, wenn das erkennende Gericht die Tatsache nicht als wahr behandeln will (RG **73**, 193; LR-Rieß 30).

9 **3) Unanfechtbar** ist die Entscheidung (II S. 2), auch soweit Einwände nach §§ 6 a, 16 zurückgewiesen werden. Die Einwände können aber in der Hauptverhandlung wiederholt werden. Die Unanfechtbarkeit bezieht sich auch auf die Ablehnung des Antrags auf Verlängerung der Erklärungsfrist (Hamm NJW **77**, 210; Krekeler wistra **85**, 56), nicht aber auf die Entscheidung über die Eröffnung des Hauptverfahrens; für sie gilt § 210. Der Mangel der Mitteilung der Anklageschrift berechtigt den Angeklagten, die Aussetzung der Hauptverhandlung und Nachholung der unterlassenen Mitteilung zu verlangen; die Ablehnung begründet die
10 **Revision** (Celle StV **98**, 531). Werden solche Anträge nicht gestellt, so ist davon auszugehen, daß der Angeklagte auf die Geltendmachung des Mangels verzichtet hat (BGH NStZ **82**, 125; LR-Rieß 39). Entsprechendes gilt für den Fall, daß ein ausländischer Angeklagter keine Übersetzung der Anklageschrift erhalten hat (Düsseldorf JZ **85**, 200). Daß ein Aussetzungsantrag gestellt und abgelehnt worden ist, muß in der Revisionsbegründungsschrift dargetan werden (Düsseldorf aaO). Die unzulässige Ablehnung von Beweisanträgen kann mit der Revision nicht gerügt werden, da das Urteil darauf nicht beruht. Die Verletzung von Hinweispflichten (oben 8) kann aber die Aufklärungsrüge (§ 244 II) begründen (7 zu § 219).

Weitere Aufklärung

202 **Bevor das Gericht über die Eröffnung des Hauptverfahrens entscheidet, kann es zur besseren Aufklärung der Sache einzelne Beweiserhebungen anordnen. Der Beschluß ist nicht anfechtbar.**

1 **1) Einzelne Beweiserhebungen** kann das Gericht, nicht der Vorsitzende allein, von Amts wegen, ausnahmsweise schon vor der Mitteilung der Anklageschrift nach § 201 I (Celle MDR **66**, 781; LR-Rieß 8), oder auf Antrag (6 zu § 201) anordnen, soweit sie ihm vor der Entscheidung über die Eröffnung des Hauptverfahrens notwendig erscheinen (Meyer-Goßner NJW **70**, 415) und ihrer Art nach gesetzlich statthaft sind (Hamm MDR **74**, 509). Verpflichtet ist das Gericht dazu nicht (Siewert/Mattheus DRiZ **93**, 357); es darf dann aber auch nicht wegen fehlender besserer Aufklärung die Eröffnung des Hauptverfahrens ablehnen (**aM** Siewert/Mattheus aaO). Über die Fortdauer der Ermittlungspflicht der StA vgl 16 zu § 162.

2 A. Die **Anordnung** bezeichnet die Zeugen und Sachverständigen, die noch zu hören sind, und das Beweisthema. Das Gericht kann auch das Aufsuchen von Zeugen oder die Beschaffung anderer Beweismittel (zB Lichtbilder, Skizzen) an-

ordnen. Auch die Vernehmung des Beschuldigten zu einer bestimmten Beweisfrage kann angeordnet werden (Celle MDR **66**, 781).

B. **Ausgeführt** wird die Anordnung durch Beweiserhebungen in entspr Anwendung der §§ 223 ff (BGH VRS **36**, 356; Schleswig SchlHA **58**, 290; **aM** AK/StPO-Loos 8; LR-Rieß 13); über eine Vernehmung ist ein Protokoll aufzunehmen (Hamburg StV **96**, 418; vgl 24 zu § 223). Das Gericht kann auch die StA bitten, selbst oder durch Hilfsbeamte die erforderlichen Ermittlungen vorzunehmen. Verpflichtet ist die StA hierzu nicht (KG JR **66**, 230; Fezer 9/73; Schlüchter 411; Siewert/Mattheus DRiZ **93**, 355; **aM** Celle GA Bd **59**, 365; LG Münster JR **79**, 40 mit zust Anm Peters; LR-Rieß 12; SK/StPO-Paeffgen 7; Strate StV **85**, 340: Grundsätze der Amtshilfe gelten). Zulässig ist auch der Weg der Rechtshilfe (§§ 157–159 GVG). Ergeben sich in dem Zwischenverfahren nach § 202 neue Tatsachen oder Beweismittel, so ist § 33 III zu beachten. 3

2) Auch eine **kommissarische Vernehmung** nach §§ 223, 224 zur Beweissicherung für die Hauptverhandlung ist schon im Eröffnungsverfahren zulässig (10 zu § 223). 4

3) Nach der Eröffnung des Hauptverfahrens gelten die §§ 219–221. Über weitere Beweiserhebungen durch den Vorsitzenden im Zuge der Vorbereitung der Hauptverhandlung vgl 2 zu § 221. Auch die StA darf, ohne das gerichtliche Verfahren zu stören, noch weiterhin von sich aus ermitteln, wenn sich dies aufdrängt (LG Münster JR **79**, 40 mit zust Anm Peters; **aM** Strate StV **85**, 337; einschr auch Odenthal StV **91**, 441: nur zum Zweck der Beweissicherung oder -sammlung). 5

4) Die Unanfechtbarkeit der Anordnung (S. 2) erfaßt auch die in einer solchen Anordnung etwa enthaltene Auswahl eines bestimmten Sachverständigen (Düsseldorf VRS **80**, 353). 6

Eröffnung des Hauptverfahrens **RiStBV 115**

203 **Das Gericht beschließt die Eröffnung des Hauptverfahrens, wenn nach den Ergebnissen des vorbereitenden Verfahrens der Angeschuldigte einer Straftat hinreichend verdächtig erscheint.**

1) Die **Grundlage** für den Eröffnungsbeschluß bilden im Rahmen der Anklage (Einl 37; 2 zu § 200) die vorangegangenen Ermittlungen, also die ganzen Akten, nicht bloß die Anklageschrift. Über besondere Verfahrensarten vgl Einl 63. Daß ein Eröffnungsbeschluß ergangen ist, stellt eine Prozeßvoraussetzung (Einl 146) für das weitere Verfahren dar (BGH **10**, 278; **29**, 341, 342; NStZ **86**, 276). 1

2) Hinreichender Verdacht besteht bei vorläufiger Tatbewertung (BGH **23**, 304, 306; Bay NStZ **83**, 123; Karlsruhe wistra **85**, 163, 164) in der Wahrscheinlichkeit der späteren Verurteilung (vgl 1 zu § 170). Die gleiche hohe Wahrscheinlichkeit wie beim dringenden Tatverdacht iS §§ 112 I S. 1, 126a I wird nicht vorausgesetzt (Koblenz OLGSt § 212 StGB Nr 1; KK-Tolksdorf 5; Schlüchter 400; **aM** LR-Rieß 12). Dabei besteht ein gewisser Beurteilungsspielraum (BGH NJW **70**, 1543; Sailer NJW **77**, 1138; **aM** Störmer ZStW **108**, 517). Für *in dubio pro reo* (26 ff zu § 261) ist bei einem Wahrscheinlichkeitsurteil noch kein Raum. Jedoch kann der hinreichende Verdacht mit der Begründung verneint werden, daß nach Aktenlage bei den gegebenen Beweismöglichkeiten am Ende wahrscheinlich das Gericht nach diesem Grundsatz freisprechen wird (Bay NStZ **83**, 123). Es muß also für eine Straftat des Angeschuldigten einschließlich der Rechtswidrigkeit und der Schuld (§ 20 StGB) wahrscheinlich genügender Beweis vorliegen, ohne daß ein persönlicher Strafausschließungs- oder -aufhebungsgrund gegeben ist (Celle NStE Nr 5). Auch darf kein Hindernis der Strafverfolgung vorliegen (Einl 141 ff). Andere 2

Gesichtspunkte, insbesondere außerprozessuale Interessen an der öffentlichen Erörterung bestimmter Vorgänge, bleiben außer Betracht (vgl dazu Bockelmann NJW **60**, 217; Güde NJW **60**, 519). Entfällt der hinreichende Tatverdacht nach Eröffnung des Hauptverfahrens, so berechtigt das nicht zur Aufhebung des Eröffnungsbeschlusses (LG Lüneburg NStZ **85**, 41; KK-Tolksdorf 15 zu § 207; LR-Rieß 34 zu § 207; Fezer 9/194; Meyer JR **83**, 257 gegen LG Nürnberg-Fürth ebenda; Krey 2/116; Rieß NStZ **83**, 248); der Angeklagte hat dann Anspruch auf ein freisprechendes Urteil (**aM** Hohendorf NStZ **85**, 399; Hecker JR **97**, 4 und Ulsenheimer NStZ **84**, 440 wollen die Zurücknahme des Eröffnungsbeschlusses bis zum Beginn der Hauptverhandlung zulassen; vgl auch SK/StPO-Paeffgen 14 zu § 206 a).

3 **3) Fehlender Eröffnungsbeschluß:** Wenn dieser verlorengegangen ist, wird er durch einen seinen Inhalt feststellenden neuen Gerichtsbeschluß (zB mit Hilfe der Anklageschrift der StA) ersetzt (RG **55**, 160); es ist nicht etwa das Verfahren einzustellen (RG **65**, 250). Ist ein Eröffnungsbeschluß überhaupt noch nicht erlassen worden, so kann er nach neuerer Rspr in der Hauptverhandlung nachgeholt werden (BGH **29**, 224; krit dazu Meyer-Goßner JR **81**, 214; **aM** auch SK/StPO-Paeffgen 4; Beulke StP 284; Dahs/Dahs 236; Krey 2/104 ff mwN). Diese kann mit Zustimmung des Angeklagten und des Verteidigers – nach Belehrung über die Möglichkeit, die Aussetzung der Hauptverhandlung zu beantragen (§§ 217 I, 218) – danach sogleich fortgesetzt werden (BGH aaO). Das soll auch gelten, wenn bereits mehrere Termine ohne Eröffnungsbeschluß stattgefunden haben, aber vertagt worden sind (Köln JR **81**, 213 mit abl Anm Meyer-Goßner, das dann aber Nachholung vor der letzten Hauptverhandlung verlangt). In der Berufungsverhandlung kann der Eröffnungsbeschluß nicht mehr nachgeholt werden (BGH **33**, 167 = JR **86**, 119 mit Anm Naucke). Bei der Entscheidung über die Revision zwingt das Fehlen des Eröffnungsbeschlusses zur Einstellung des Verfahrens; eine Zurückverweisung kommt nicht in Betracht (BGH **10**, 278, 279; NStZ **86**, 276; **87**, 239; **94**, 227 [K]; StV **83**, 2, 3; Bay **85**, 141 = MDR **86**, 427; **aM** BGH **29**, 224, 228).

Nichteröffnung

204 **I Beschließt das Gericht, das Hauptverfahren nicht zu eröffnen, so muß aus dem Beschluß hervorgehen, ob er auf tatsächlichen oder auf Rechtsgründen beruht.**

II Der Beschluß ist dem Angeschuldigten bekanntzumachen.

1 **1) Nur bei Ablehnung der Eröffnung** des Hauptverfahrens gilt § 204, nicht dagegen, wenn das Gericht lediglich eine Unzuständigkeitserklärung wegen fehlender örtlicher Unzuständigkeit abgibt (4 zu § 16) oder ein Gericht höherer Ordnung oder höheren Rangs für zuständig hält (§§ 209 II, 209 a). Der Nichteröffnungsbeschluß ist, wenn er wegen Fehlens einer Verfahrensvoraussetzung ergeht, eine Prozeßentscheidung (vgl 47 zu § 260), sonst eine Sachentscheidung. Ob das eine oder das andere der Fall ist, gehört nicht in den Entscheidungssatz, sondern in die Begründung. Die Ablehnung der Eröffnung durch die aufgrund eines Zuständigkeitsstreits von dem Präsidium bestimmte StrK wegen fehlender „Eröffnungszuständigkeit" ist unzulässig (Düsseldorf MDR **84**, 73).

2 A. **Rechtsgründe:** Aus rechtlichen Gründen ist die Eröffnung abzulehnen, wenn die Anklage funktionelle Mängel enthält (vgl 26 zu § 200), wenn ein Verfahrenshindernis vorliegt, wenn der Sachverhalt keinen Straftatbestand erfüllt oder wenn aufgrund rechtlicher Erwägungen – zB weil ein Rechtfertigungs-, Schuldausschließungs- oder Strafaufhebungsgrund eingreift – eine Verurteilung des Angeschuldigten ausscheidet (Martin NStZ **95**, 528). Der nur vorübergehend unbekannte Aufenthalt des Angeschuldigten führt zur vorläufigen Einstellung nach

§ 205 (Schleswig SchlHA **84**, 102 [E/L]). Die ungewöhnlich lange Dauer des Ermittlungs- und Zwischenverfahrens kann im Extremfall die Ablehnung der Eröffnung zur Folge haben (LG Bad Kreuznach NJW **93**, 1725).

B. Aus **tatsächlichen Gründen** wird das Hauptverfahren nicht eröffnet, wenn die Beweise keinen hinreichenden Tatverdacht gegen den Angeschuldigten zu begründen vermögen. Vgl dazu 1 ff zu § 170; 2 zu § 203. **3**

C. Eine **Doppelbegründung** – Ablehnung sowohl aus tatsächlichen als auch aus rechtlichen Gründen – ist unzulässig (hM; **aM** Martin NStZ **95**, 528); wegen § 211 muß klargestellt sein, worauf die Ablehnung beruht. Stehen sowohl tatsächliche als auch Rechtsgründe der Eröffnung entgegen, ist es eine Frage der Praktikabilität, welchen von ihnen der Vorzug gegeben wird (LR-Rieß 8; Martin aaO). Auch das Fehlen einer Verfahrensvoraussetzung geht anderen Ablehnungsgründen nicht unbedingt vor (Martin aaO; anders die hM, vgl Rieß aaO); denn zB bei Verneinung des Tatbestandes einer Sachbeschädigung sollte nicht auf den ebenfalls fehlenden Strafantrag abgestellt werden müssen. Eine – deutlich als solche zu bezeichnende – Hilfsbegründung ist hingegen zulässig. **4**

2) **Auch andere Entscheidungen** kommen in Betracht, wenn das Hauptverfahren nicht eröffnet wird, insbesondere die Einstellung des Verfahrens nach §§ 153 II, 153 a II, 153 b II, 153 c III, ferner die vorläufige Einstellung nach §§ 154 II, 154 b IV, 154 e II oder nach § 205. **5**

3) **Erschöpfend und gleichzeitig** muß die Entscheidung im Eröffnungsverfahren den Anklagestoff behandeln (Düsseldorf GA **86**, 37; MDR **79**, 695; Köln StraFo **95**, 55; Nürnberg MDR **72**, 967; 3 zu § 207). Erforderlichenfalls beantragt die StA eine Ergänzung der Beschlußfassung. **6**

4) **Der Nichteröffnungsbeschluß** muß in einer Verwechslungen ausschließenden Weise erkennen lassen, welche Tat (1 ff zu § 264) er betrifft, damit keine Zweifel über den Verbrauch der Strafklage entstehen (§ 211). Er muß außerdem die Ablehnungsgründe angeben (§ 34 iVm § 210 II). **7**

5) **Nebenentscheidungen** können erforderlich sein: **8**

A. **Aufhebung des Haftbefehls** (§ 120 I S. 2, der auch im Fall des I gilt) oder des Unterbringungsbefehls (§ 126 a III). **9**

B. **Aufhebung einer Beschlagnahme,** sofern sie nicht für ein etwa zulässiges neues gerichtliches Strafverfahren (vgl zu § 211) oder für ein objektives Verfahren (§§ 440–442) aufrechtzuerhalten ist. **10**

C. **Kosten und Entschädigung: §§** 464, 467, 469, 470; § 8 **StrEG.** **11**

6) **Bekanntmachung** (§ 35 II): Dem StA ist der Beschluß nach § 204 zuzustellen (§§ 35 II S. 1, 36 I). Dadurch wird die Frist des § 210 II in Lauf gesetzt. Daher gilt § 41 S. 2. Auch dem Nebenkläger wird zugestellt (§§ 397 I S. 2 iVm 385 I S. 2), und zwar mit Rechtsmittelbelehrung (§ 35 a; 6 zu § 210). Die Bekanntmachung an den Angeschuldigten nach II bedarf der förmlichen Zustellung, wenn der Beschluß selbständig anfechtbare Nebenentscheidungen (zB § 8 III **StrEG**) enthält; auch sonst sollte er aber wegen der urteilsgleichen Wirkung zugestellt werden. Die Benachrichtigung des Verletzten regelt § 406 d I. **12**

Vorläufige Einstellung **RiStBV 104**

205 **Steht der Hauptverhandlung für längere Zeit die Abwesenheit des Angeschuldigten oder ein anderes in seiner Person liegendes Hindernis entgegen, so kann das Gericht das Verfahren durch Beschluß vorläufig einstellen. Der Vorsitzende sichert, soweit nötig, die Beweise.**

1 **1) Bei vorübergehenden Hindernissen** tatsächlicher oder rechtlicher Art für das Hauptverfahren gilt § 205, zB bei vorübergehender Verhandlungsunfähigkeit (Einl 97) und bei anderen vorübergehenden, in der Person des Beschuldigten liegenden Hindernissen, zB bei der Rückkehr eines Ausländers in seine Heimat (Koblenz VRS **68**, 364) und Unmöglichkeit seiner Gestellung (vgl § 276; BGH **37**, 145, 146). Dabei handelt es sich nicht um Verfahrenshindernisse im technischen Sinn (Einl 141; unten 3). Der Existenz, ja sogar dem Erlaß eines Haftbefehls steht die vorläufige Einstellung nach § 205 daher nicht entgegen (Hanack JR **77**, 435). Auch kann Strafbefehl beantragt und erlassen werden. Jedoch entsteht ein Verfahrenshindernis, das zur Einstellung des Verfahrens führt (§ 206 a), bei endgültiger Verhandlungsunfähigkeit des Angeschuldigten (BGH NJW **70**, 1981; Einl 97; vgl aber § 413).

2 **2) Vorab ist zu prüfen,** ob nicht aus anderen Gründen ein endgültiger Beschluß auf Nichteröffnung des Hauptverfahrens nach § 204 zu erlassen ist, zB wenn die Geisteskrankheit schon bei der Tat vorlag. Ist in einem solchen Fall das Hauptverfahren bereits eröffnet, so ist durch Urteil in der Hauptverhandlung freizusprechen oder, wenn es dazu wegen Verhandlungsunfähigkeit des Angeklagten nicht kommen kann, das Strafverfahren endgültig nach § 206 a einzustellen, was den Weg für das Sicherungsverfahren nach § 413 freimacht (dort 1).

3 **3) Einen allgemeinen Grundsatz** enthält § 205, der in jeder Lage des Verfahrens gilt. Im vorbereitenden Verfahren gilt er für die StA (Krause GA **69**, 97; RiStBV 104 I). Von der Kann-Bestimmung wird nur Gebrauch gemacht, wenn das Hindernis für längere Zeit besteht. Sonst genügt – unter Berücksichtigung des Beschleunigungsgebotes (Bay NJW **78**, 176; Einl 160) – Zuwarten oder eine Entscheidung nach §§ 228, 229. Hat der Angeschuldigte seine Verhandlungsunfähigkeit selbst herbeigeführt, so kann § 231 a die Fortsetzung des Verfahrens ermöglichen. Besteht das Hindernis in Abwesenheit, so kann, falls zulässig, das Verfahren durchgeführt werden nach §§ 232 I, 233, 350, 412. Die Möglichkeit, ein Berufungsverfahren nach §§ 40 III, 329 I abzuschließen, geht der Einstellung nach § 205 vor (Stuttgart MDR **82**, 775). Bei Auslandsaufenthalt kommt auch ein Ersuchen an den Aufenthaltsstaat um Übernahme des Verfahrens in Betracht, zB bei fahrlässiger Tötung durch Auslandsverkehrsdelikt (Oppe NJW **66**, 2239). Zur Unterbrechung der Verjährung vgl § 78 c I Nr 11 StGB. Über Mitteilung an den Verletzten vgl § 406 d I, an den Anzeigenden vgl RiStBV 104 III iVm 103. Bestellung eines Verteidigers (§ 141) ist zulässig (LG Heilbronn StV **92**, 509).

4 **4) Mit der einfachen Beschwerde** (§ 304) ist der gerichtliche Einstellungsbeschluß für die StA und den Angeschuldigten anfechtbar, auch wenn er im Hauptverfahren ergeht (Düsseldorf StV **96**, 84); unanfechtbar ist er aber für den Nebenkläger (9 zu § 400). Das gleiche gilt für die gerichtliche Ablehnung einer beantragten Einstellung, wenn der Beschluß im Eröffnungsverfahren ergeht; wird er im Hauptverfahren erlassen, so steht der Beschwerde § 305 S. 1 entgegen (Frankfurt NJW **69**, 570). Dafür kann ggf ein Revisionsgrund nach § 338 Nr 8 bestehen (LR-Rieß 34). Die vorläufige Einstellung kann nicht mit dem Ziel angefochten werden, das Beschwerdegericht prüfen und erstmals entscheiden zu lassen, ob § 206 a anzuwenden ist (Celle MDR **77**, 161; 10 zu § 206 a).

5 **5)** Die **Fortsetzung des Verfahrens** ist jederzeit möglich, und zwar von Amts wegen oder auf Antrag der StA, selbst stillschweigend durch Vornahme neuer Ermittlungen, also ohne besonderen Aufhebungsbeschluß (LR-Rieß 28). Während der Einstellung wird von Zeit zu Zeit geprüft, ob der Einstellungsgrund entfallen ist. Bei dieser Prüfung ist auch jeweils die Haftfrage miteinzubeziehen und ggf sicherzustellen, daß das Verfahren alsbald fortgesetzt wird, wenn der Einstellungsgrund wegfällt (Frankfurt 4 Ws 3/74 vom 13. 3. 1974). Zu diesem Zweck kann auch die Aussetzung eines Haftbefehls nach § 116 aufgehoben werden, und zwar unabhängig davon, ob der Haftbefehl wegen Verstoßes gegen die Auflagen wieder

in Vollzug gesetzt werden könnte (30 zu § 116). Auch wird, falls erforderlich, die Verjährung unterbrochen (§ 78 c StGB).

6) **Beweissicherung** (S. 2): Der Vorsitzende kann die Beweise selbst erheben oder eine Anordnung treffen, die wie eine solche nach § 202 ausgeführt wird (dort 3). Die Beweissicherung kann ihre Schranken in anderen Verfahrenshindernissen finden, zB in der Immunität (vgl zu § 152 a; Nau NJW **58**, 1670). 6

7) **Mehrere Beschuldigte:** Wenn die Voraussetzungen des § 205 nur für einen von ihnen vorliegen, ist die vorläufige Einstellung hinsichtlich der anderen nicht zulässig. IdR wird dies ein Fall der Trennung der verbundenen Strafsachen sein (§§ 2 II, 4). 7

8) Bei **nicht in der Person des Beschuldigten liegenden Hindernissen** oder Verfahrenshemmnissen anderer Art, zB Unauffindbarkeit, Verhinderung oder Vernehmungsunfähigkeit eines wesentlichen Zeugen, ist § 205 entspr anwendbar (AK/StPO-Loos 9; LR-Rieß 22 mwN; Meyer-Goßner JR **84**, 436; Ranft 1310; **aM** Düsseldorf JR **84**, 435; Frankfurt NStZ **82**, 218; Koblenz StV **93**, 513; München NJW **78**, 176). Die entgegenstehende Rspr der OLGe unterscheidet nicht zwischen der prozessualen Befugnis und der sachlichen Berechtigung der Einstellung (Meyer-Goßner aaO; zust Loos JR **98**, 344): Steht ein Zeuge oder Sachverständiger in absehbarer Zeit nicht zur Verfügung, kommt die Einstellung nicht in Betracht; vielmehr ist dann seine frühere Aussage nach § 251 zu verlesen (BGH NStZ **85**, 230; Düsseldorf StV **96**, 84) bzw das Verfahren ohne den Zeugen fortzusetzen (Hamm NJW **98**, 1088 = JR **98**, 344 mit Anm Loos; Koblenz aaO). 8

Freiheit des Gerichts

206 **Das Gericht ist bei der Beschlußfassung an die Anträge der Staatsanwaltschaft nicht gebunden.**

1) **Anträge und Auffassung der StA** binden das Gericht nicht, soweit es eigene Entscheidungsbefugnis hat, die zB fehlt hinsichtlich der Bestimmung des Beschuldigten und der Tat oder des öffentlichen Interesses nach §§ 230 I, 248 a StGB oder § 376. Das Gericht ist weder an die Beweiswürdigung noch an die rechtliche Beurteilung der StA gebunden (vgl § 264 II); auch nicht an die Beurteilung der Zuständigkeit durch die StA (§ 209 II), soweit diese nicht der StA vom Gesetz überlassen sind (zB die Auswahl unter mehreren Gerichtsständen, 10 vor § 7). 1

Einstellung bei Verfahrenshindernissen

206a **I Stellt sich nach Eröffnung des Hauptverfahrens ein Verfahrenshindernis heraus, so kann das Gericht außerhalb der Hauptverhandlung das Verfahren durch Beschluß einstellen.**

II Der Beschluß ist mit sofortiger Beschwerde anfechtbar.

1) Ein **Verfahrenshindernis** (Einl 141 ff) berechtigt außerhalb der Hauptverhandlung zur Einstellung des Verfahrens durch Beschluß. Ein angefochtenes Urteil verliert dann seine Wirkung, ohne daß es aufgehoben wird. In der Hauptverhandlung muß ein Einstellungsurteil nach § 260 III erlassen werden, auch wenn diese nach § 229 unterbrochen ist (KG NStZ **93**, 297; NJW **93**, 673 mit Anm Jahntz NStZ **93**, 299; Bartlsperger DVBl **93**, 339; **aM** Hohmann NJ **93**, 296; Paeffgen NJ **93**, 161 und SK/StPO 5). Die Auslegung eines außerhalb der Hauptverhandlung ergangenen Einstellungsbeschlusses als Einstellungsurteil ist nicht möglich (Hohmann aaO, Jahntz aaO, Meurer JR **93**, 95 gegen KG aaO). Da die Vorschrift nur 1

bei Vorliegen eines Verfahrenshindernisses anwendbar ist, berechtigt sie nicht zur Einstellung des Verfahrens aus anderen Gründen, etwa wegen „Unzumutbarkeit" (so aber LG Ellwangen JR **93**, 257 mit abl Anm Otto).

2 A. **Nicht nur für längere Zeit** (§ 205): Die Einstellung nach § 206 a setzt voraus, daß zunächst, falls es die prozessuale Fürsorgepflicht gebietet, versucht wird, den Mangel zu heilen (Einl 159). Eine konkrete Ausprägung dieses Gedankens ist auch in § 130 enthalten. Die Einstellung setzt nicht voraus, daß das Verfahrenshindernis für immer besteht (vgl aber LR-Rieß 3). Es muß aber erheblich weiter wirken als das vorläufige und dadurch zu einem dauernden werden. Das bestätigt auch § 416 III.

3 B. Die **Einstellung des Verfahrens** ist stets geboten, wenn das Verfahrenshindernis dem Verfahren schlechthin entgegensteht (Einl 154), zB bei Verhandlungsunfähigkeit (Einl 97), bei übermäßiger Gefahr für Leib oder Leben des Beschuldigten (BVerfGE **51**, 324 = NJW **79**, 2349) oder bei nicht aufgehobener Immunität (§ 152 a). Besteht das Verfahrenshindernis in Unzuständigkeit, so gibt es eine Reihe von Sonderregelungen, insbesondere die §§ 6, 6 a, 16, 209, 225 a, 269, 270. Auf bestimmte Verfahrensabschnitte kann die Einstellung nicht beschränkt werden (Bay
4 **85**, 52, 56 = JR **86**, 430 mit Anm Ranft). Betrifft das Verfahrenshindernis **nur eine der mehreren Taten** (§ 264), die Gegenstand des Verfahrens sind, oder nur einen der mehreren Mitbeschuldigten, so wird das Verfahren aber nur insoweit
5 eingestellt. Bei **horizontaler Teilrechtskraft des Urteils** führt ein entstehendes Verfahrenshindernis zur Einstellung des ganzen Verfahrens (erg 12 zu § 449), auch noch dann, wenn das Verfahren nur noch im Rechtsfolgenausspruch (ganz oder teilw) anhängig ist (Bay DAR **74**, 181 [R]; Einl 154). Betrifft das Verfahrenshindernis nur die Verfolgbarkeit nach einem von mehreren Strafgesetzen (§ 52 StGB), so wird dem ohne Einstellungsbeschluß Rechnung getragen. Ein gleichwohl erlassener Einstellungsbeschluß ist unwirksam (Düsseldorf VRS **65**, 39).

6 C. **In jeder Lage des Verfahrens** gilt § 206 a (BGH **24**, 208, 212; Bohnert GA **82**, 166; Einl 152), auch im Revisionsverfahren (Bay NJW **87**, 1711; erg 29 zu § 349) und im Wiederaufnahmeverfahren (Frankfurt NJW **83**, 2398; erg 3 zu § 371). Im Rechtsmittelverfahren ist die Vorschrift allerdings nur anwendbar, wenn das Verfahrenshindernis erst dort eintritt, zB infolge Verjährung, Rücknahme des Strafantrags oder durch neues Gesetz (BGH **21**, 369). Hatte der Erstrichter das Vorliegen eines Verfahrenshindernisses übersehen, so ist das eingelegte Rechtsmittel begründet und es ist nicht eine Erstentscheidung nach § 206 a, sondern unter Aufhebung des angefochtenen Urteils (wozu § 206 a nicht berechtigt: die Einstellung macht nur entgegenstehende Urteile gegenstandslos) eine Rechtsmittelentscheidung zu treffen (KK-Tolksdorf 4; SK/StPO-Paeffgen 8; Meyer-Goßner GA **73**, 366; JR **82**, 391; Volk 68; Zipf 102). Die hM (BGH **24**, 208, 212; **32**, 275, 290; Frankfurt NJW **91**, 2849 = JR **92**, 348 mit Anm Wendisch; LR-Rieß 14 f mwN) wendet demgegenüber § 206 a auch in diesen Fällen an, bringt damit das Rechtsmittelsystem der StPO durcheinander (vgl zur Berufung 8 zu § 329; zur Revision 6 zu § 354 und 5 zu § 357, zur Wiederaufnahme 6 zu § 371) und gibt § 206 a eine Bedeutung, die der Vorschrift nicht zukommt. Zur Prüfung der Verfahrensvoraussetzungen bei der Berufung vgl im übrigen 4 zu § 319, bei der Revision 11 zu § 346.

7 D. Tatsächliche **Zweifel** darüber, ob ein Verfahrenshindernis gegeben ist, die nicht behoben werden können, müssen ebenfalls zur Einstellung des Verfahrens führen. Das folgt aus der Funktion der Prozeßvoraussetzung als Bedingung für die Zulässigkeit eines Sachurteils (AK/StPO-Loos Anh 25; LR-Rieß 30; SK/StPO-Paeffgen 19; LR-Meyer-Goßner[23] 23). Die hM stellt demgegenüber auf den Grundsatz *in dubio pro reo* ab (zB bei Zweifel über den Verjährungseintritt, vgl BGH NJW **95**, 1297, 1299), kommt dabei aber idR zu demselben Ergebnis (LR-Schäfer Einl Kap 11 Rdn 53); der BGH warnt vor einer „schablonenhaften Antwort" (BGH **18**, 274 = JZ **63**, 605 mit Anm EbSchmidt = MDR **63**, 855 mit Anm

Dreher). Auch die Verhandlungsfähigkeit des Angeklagten muß sicher gegeben sein (vgl dazu Hamburg JR **79**, 384 mit Anm Meyer-Goßner; erg 34 zu § 261); bei Zweifeln an dauernder Verhandlungsunfähigkeit kommt aber nur Einstellung nach § 205 in Betracht (BGH NStZ **96**, 242).

E. Der **Tod des Beschuldigten** schließt eine Sachentscheidung aus (BGH NJW **83**, 463 mwN; Hamburg NJW **83**, 464; Schleswig MDR **78**, 508). Das Verfahren muß jedoch zu einem ordnungsgemäßen Abschluß gebracht werden; es ist daher – wie auch sonst bei Vorliegen eines unbehebbaren Verfahrenshindernisses – nach § 206 a einzustellen (BGH 5 StR 527/72 v 19. 12. 72; Frankfurt NStZ **82**, 480 mit zust Anm Kühl; LG Frankfurt a.M. MDR **94**, 400; LG Köln MDR **92**, 598; LR-Rieß 55; SK/StPO-Paeffgen Anh 7; Laubenthal/Mitsch NStZ **88**, 108; Pflüger NJW **83**, 1894; **88**, 675; GA **92**, 20; Ranft 1132; **aM** BGH **34**, 184 = JR **87**, 346 mit zust Anm Bloy = NStZ **87**, 336 mit abl Anm Kühl; BGH NStZ **83**, 179 mit Anm Schätzler; KG GA **74**, 81; Hamm NJW **70**, 1030; Stuttgart Justiz **85**, 176; KK-Tolksdorf 9; zur gesamten Problematik Kühl NJW **78**, 977 ff); vgl auch 14 zu § 464. Dem Tod steht die Todeserklärung gleich (Hamm NJW **78**, 177). Ist in Unkenntnis des Todes eine abschließende Sachentscheidung ergangen, so ist sie aufzuheben und das Verfahren einzustellen (vgl auch Schleswig NJW **78**, 1016: Erledigterklärung). 8

2) **Weitere Besonderheiten:** Die Einstellung des subjektiven Strafverfahrens wegen Verhandlungsunfähigkeit des Beschuldigten steht einem Sicherungsverfahren nach §§ 413 ff nicht entgegen. Ergibt sich in diesem Verfahren nach der Eröffnung des Hauptverfahrens, daß der Beschuldigte nicht oder nicht mehr verhandlungsunfähig ist, so wird das Verfahren in ein Strafverfahren übergeleitet (§ 416 III). 9

3) **Sofortige Beschwerde** (II, § 311) ist nur gegen den Einstellungsbeschluß zulässig. Der die beantragte Einstellung ablehnende Beschluß ist nicht anfechtbar, auch nicht nach § 304 (Bay **51**, 490; Celle MDR **78**, 161). Die sofortige Beschwerde steht der StA zu, ebenso dem Nebenkläger, (§ 400 II S. 1), nicht aber dem Anzeigeerstatter (Braunschweig NdsRpfl **62**, 166), weil er als solcher – abgesehen von §§ 469, 470 – im Hauptverfahren nicht beteiligt ist (Einl 70), auch nicht dem Angeschuldigten, und zwar mangels Beschwer (Düsseldorf OLGSt Nr 1; Köln OLGSt Nr 3; KK-Tolksdorf 13; LR-Rieß 68; **aM** Hamburg MDR **67**, 688; SK/StPO-Paeffgen 28; Gössel 273; Vogler ZStW **89**, 785). Der Angeschuldigte wäre nur beschwert, wenn der Vorrang des § 206 b nicht berücksichtigt worden ist (7 zu § 206 b). Die Beschwer fehlt auch bei Einstellung, die mit dauernder Verhandlungsunfähigkeit infolge Geisteskrankheit (zB Querulantenwahn) begründet ist (Nürnberg OLGSt S. 11; **aM** Hamburg JR **62**, 228 mit Anm Schneidewin; JZ **67**, 546). Hebt das LG als Beschwerdegericht den Beschluß des AG auf, stellt es aber in Verbindung damit das Verfahren nach § 205 vorläufig ein, so ist hiergegen die Beschwerde nach § 304 zulässig (Hamburg GA **69**, 145; 4 zu § 205). Für die Anfechtung der Auslagenentscheidung in dem Einstellungsbeschluß gilt § 464 III S. 1 Hs 1 (dort 19). 10

4) Der **formell rechtskräftige Beschluß** bedeutet die bindende Feststellung des Verfahrenshindernisses (Einl 166). Er kann daher nicht deshalb wieder aufgehoben werden, weil er auf einem Irrtum über verfahrenserhebliche Tatsachen beruht (Köln NJW **81**, 2208). Ein solcher Widerruf wäre wirkungslos (Bay **70**, 115 = JR **70**, 391 mit Anm Peters). Wird das festgestellte Verfahrenshindernis später beseitigt, zB durch nachträgliche Stellung eines wirksamen Strafantrags, oder ergeben sich neue Tatsachen oder Beweismittel, die dem früheren Beschluß die Grundlage entziehen, so kann die StA neu anklagen (BGH **7**, 64; StV **86**, 92 L; Kleinknecht Bruns-FS 477; **aM** SK/StPO-Paeffgen 31 mwN; erg 1 zu § 211). Für die mögliche neue Strafverfolgung gilt das Legalitätsprinzip (11 zu § 152). 11

Einstellung wegen Gesetzesänderung

206b Wird ein Strafgesetz, das bei Beendigung der Tat gilt, vor der Entscheidung geändert und hat ein gerichtlich anhängiges Strafverfahren eine Tat zum Gegenstand, die nach dem bisherigen Recht strafbar war, nach dem neuen Recht aber nicht mehr strafbar ist, so stellt das Gericht außerhalb der Hauptverhandlung das Verfahren durch Beschluß ein. Der Beschluß ist mit sofortiger Beschwerde anfechtbar.

1 **1)** Die **weitgehend verfehlte Vorschrift** (zur Kritik vgl insbesondere LR-Rieß 3 ff), mit der die Übergangsbestimmung des Art 96 des 1. StrRG zum Dauerrecht erhoben worden ist, will das Verfahren vereinfachen und dem Angeklagten die Hauptverhandlung ersparen. Sie läßt (systemwidrig) die Einstellung des Verfahrens durch Beschluß zu, wenn die Tat nach § 2 III StGB nicht mehr strafbar ist. Es
2 handelt sich also um eine **sachlich-rechtliche Entscheidung** (München NJW **74**, 873; KMR-Paulus 2; LR-Rieß 3; Küper NJW **75**, 1330; unrichtig Bay **69**, 143 = JR **70**, 270 mit insoweit abl Anm Küper: Prozeßhindernis), mit der richtigerweise nicht die Einstellung, sondern die Freisprechung des Angeklagten ausgesprochen werden müßte. Der Sache nach ist der Beschluß nach § 206 b ein freisprechendes Erkenntnis (Bloy GA **80**, 164; Bohnert GA **82**, 174; Küper JR **70**, 273 und Pfeiffer-FS 439).

3 **2) Nach Eröffnung des Hauptverfahrens** ist die Vorschrift anwendbar (LR-Rieß 5 ff; das Wort „anhängig" statt „rechtshängig" ist ein Redaktionsversehen). Ist es noch nicht eröffnet, so führt der Wegfall der Strafbarkeit zur Nichteröffnung
4 nach § 204. **Im 1. Rechtszug** ist § 206 b ohne Rücksicht darauf anzuwenden, ob die Gesetzesänderung vor oder (solange das Verfahren dort anhängig ist) nach Erlaß des Urteils eingetreten ist. Nur wenn das Gericht sie im Urteil übersehen hat, darf der 1. Richter keinen Beschluß nach § 206 b erlassen (LR-Rieß 8). In der Hauptverhandlung führt der Wegfall der Strafbarkeit zum Erlaß eines freisprechenden
5 Urteils (München NJW **74**, 873; Bohnert GA **82**, 175). **Im Berufungsrechtszug** ist die Vorschrift anwendbar, auch wenn schon Teilrechtskraft eingetreten ist (KMR-Paulus 17; LR-Rieß 9; erg 5 zu § 354 a), jedoch nur, wenn die Strafbarkeit erst hier entfallen ist, denn § 206 b gibt ebensowenig wie § 206 a (dort 6) die Befugnis zu einer Urteilsaufhebung; vielmehr ist sonst eine Entscheidung durch Urteil (Aufhebung und Freispruch) zu treffen (Düsseldorf NJW **91**, 711; KK-
6 Tolksdorf 4; KMR-Paulus 10; **aM** LR-Rieß 9). Im **Revisionsrechtszug** ist für die Anwendung der Vorschrift kein Raum: Tritt die Gesetzesänderung erst hier ein, gilt § 354 a (**aM** KMR-Paulus 9: § 206 b geht vor; KK-Tolksdorf 2; LR-Rieß 10; SK/StPO-Paeffgen 8; Küper Pfeiffer-FS 442: Wahlrecht zwischen § 206 b und § 354 a); war sie im 1. Urteil übersehen worden, so ist nach § 349 IV bzw § 354 I zu verfahren (anders hM, die auch hier verfehlt – dazu 29 zu § 349 – ein Wahlrecht zwischen § 206 b und § 349 II annimmt, was zu Streitfragen hinsichtlich der Notwendigkeit einer zulässigen Revisionsbegründung und der Erhebung der Sachrüge führt, vgl KK-Tolksdorf 4; LR-Rieß 11; Bohnert GA **82**, 176; Küper NJW **75**, 1329; JR **70**, 273 und Pfeiffer-FS 431 ff, 441).

7 **3)** Die **Strafbarkeit der Tat ist entfallen,** wenn sie nach der Gesetzesänderung unter keinem rechtlichen Gesichtspunkt mehr verfolgt werden kann. Ist sie nunmehr als OWi zu ahnden, so gilt § 206 b nicht (Saarbrücken NJW **74**, 1009); vielmehr geht das Verfahren entspr § 82 OWiG in ein Bußgeldverfahren über (Bay **69**, 17 = JR **69**, 350 mit Anm Kohlhaas; KK-Tolksdorf 6; LR-Rieß 12; Göhler 27 zu § 82 OWiG). Ist die OWi wegen eines Prozeßhindernisses (zB wegen Verjährung) nicht mehr verfolgbar, so muß das Verfahren nach § 206 a eingestellt werden (BGH **20**, 77; Saarbrücken aaO; KMR-Paulus 12). Wäre die Tat wegen eines Prozeßhindernisses auch ohne die Gesetzesänderung nicht mehr verfolgbar, so

erfolgt die Einstellung aber nach § 206 b (KMR-Paulus 11; LR-Rieß 13; Bohnert GA **82**, 175).

4) Die **Entscheidung** ergeht nach Anhörung der StA (§ 33 II), nicht des Angeklagten (LR-Rieß 14; **aM** KMR-Paulus 14), durch nach § 34 mit Gründen zu versehenden Beschluß in der für Entscheidungen außerhalb der Hauptverhandlung vorgeschriebenen Gerichtsbesetzung; das OLG entscheidet daher nur mit 3 Richtern (LR-Rieß 14 mwN; SK/StPO-Paeffgen 12; erg 4 zu § 122 GVG). Die **Kostenentscheidung** richtet sich nach § 467 I, II, III S. 1; die Vorschrift des § 467 III S. 2 Nr 2 ist nicht anwendbar (dort 17). Zur **Entschädigung nach § 2 StrEG** vgl 1 vor § 1 StrEG. 8 9 10

5) Sofortige Beschwerde (S. 2) gegen den Einstellungsbeschluß steht der StA, dem Privatkläger und dem zugelassenen Nebenkläger (§ 400 II S. 1) zu; der Angeklagte ist mangels Beschwer nicht beschwerdeberechtigt (KK-Tolksdorf 10; LR-Rieß 18). Beschlüsse des OLG im 1. Rechtszug sind entspr § 304 IV S. 2 Nr 2 unanfechtbar (LR-Rieß 17). Die Beschwerde gegen den die Einstellung ablehnenden Beschluß ist nach § 305 S. 1 ausgeschlossen (KK-Tolksdorf 10; KMR-Paulus 21). 11

6) Die **Rechtskraft** des Beschlusses entspricht der eines freisprechenden Urteils. Sie hat daher den Verbrauch der Strafklage zur Folge (KK-Tolksdorf 11; LR-Rieß 20; SK/StPO-Paeffgen 15; **aM** AK/StPO-Loos 9; KMR-Paulus 18: Anwendung des § 211). 12

Eröffnungsbeschluß **RiStBV 115 II**

207 **I In dem Beschluß, durch den das Hauptverfahren eröffnet wird, läßt das Gericht die Anklage zur Hauptverhandlung zu und bezeichnet das Gericht, vor dem die Hauptverhandlung stattfinden soll.**

II Das Gericht legt in dem Beschluß dar, mit welchen Änderungen es die Anklage zur Hauptverhandlung zuläßt, wenn

1. **wegen mehrerer Taten Anklage erhoben ist und wegen einzelner von ihnen die Eröffnung des Hauptverfahrens abgelehnt wird,**
2. **die Verfolgung nach § 154 a auf einzelne abtrennbare Teile einer Tat beschränkt wird oder solche Teile in das Verfahren wieder einbezogen werden,**
3. **die Tat rechtlich abweichend von der Anklageschrift gewürdigt wird oder**
4. **die Verfolgung nach § 154 a auf einzelne von mehreren Gesetzesverletzungen, die durch dieselbe Straftat begangen worden sind, beschränkt wird oder solche Gesetzesverletzungen in das Verfahren wieder einbezogen werden.**

III In den Fällen des Absatzes 2 Nr. 1 und 2 reicht die Staatsanwaltschaft eine dem Beschluß entsprechende neue Anklageschrift ein. Von der Darstellung des wesentlichen Ergebnisses der Ermittlungen kann abgesehen werden.

IV Das Gericht beschließt zugleich von Amts wegen über die Anordnung oder Fortdauer der Untersuchungshaft oder der einstweiligen Unterbringung.

1) Durch **Zulassung der Anklage** (I) zur Hauptverhandlung wird das Hauptverfahren aufgrund vorläufiger Tatbewertung unter den Voraussetzungen des § 203 eröffnet. Dabei umschreibt das Gericht den Verfahrensgegenstand idR nicht selbst; durch die Zulassung macht es vielmehr den Anklagesatz zum integrierenden Bestandteil des Eröffnungsbeschlusses (BGH GA **80**, 108). Zugleich bezeichnet der Eröffnungsbeschluß das Gericht, vor dem die Hauptverhandlung stattfindet (vgl zu § 209), bei mehreren Spruchkörpern gleicher Art auch den nach der Geschäfts- 1 verteilung zur Entscheidung berufenen. Über den Erlaß des Beschlusses vgl 5 ff vor § 33, über Unterschrift auch Einl 128; 6 vor § 33.

2 **2)** Mit **Änderungen** (II) kann das Gericht die Klage zulassen. Es kann jedoch weder einen weiteren Angeklagten noch eine neue Tat (§ 264), die nicht Gegenstand der Anklage ist, in die Untersuchung einbeziehen (BGH NStE Nr 5; erg Einl 37, 38). Das Gericht legt die Änderungen in dem Beschluß dar. Damit kommt zum Ausdruck, daß es sich um eine Gesamtentscheidung über den Anklagestoff in persönlicher und sachlicher Beziehung handelt. Selbst wenn diese Gesamtentscheidung aus Gründen der Praktikabilität aufgeteilt wird in einen Beschluß, der Grundlage für die Hauptverhandlung sein soll, und einen weiteren, der einen Teil des Anklagestoffes aus der Hauptverhandlung ausscheidet, müssen beide Beschlüsse jedenfalls gleichzeitig ergehen (vgl Nürnberg MDR **72**, 967; zw LR-Rieß 8).

3 A. **Nur teilweise Eröffnung des Hauptverfahrens** (II Nr 1): Sind mehrere Strafsachen miteinander zu einem Verfahren verbunden, so kann in der einen eröffnet und in der anderen die Eröffnung abgelehnt werden (erg 6 zu § 204). Das Ausscheiden einer Tat kann auch in der vorläufigen Einstellung nach § 154 II bestehen. Ist wegen zweier Taten nach § 42 I OWiG Anklage erhoben, wegen der Haupttat aber das Verfahren unter keinem rechtlichen Gesichtspunkt (vgl auch unten 6) zu eröffnen, so entfällt die Zuständigkeit des Gerichts für die Zusammenhangstat; das Gericht lehnt die Eröffnung des Hauptverfahrens aus diesem Grund ab und die StA gibt die Sache an die VerwB ab (Göhler 8 zu § 82 OWiG). Keine teilw Ablehnung, sondern ein Fall des II Nr 3 liegt vor, wenn bei Eröffnung wegen einer Tat nach § 129 StGB der Tatverdacht hinsichtlich eines in Tateinheit dazu stehenden Vergehens verneint wird (BGH NStZ **89**, 190; vgl auch BGHR § 264 I Ausschöpfung 3).

4 B. **Abtrennbare Teile der Tat** (II Nr 2): Der Änderungsbeschluß ist nicht erforderlich, wenn die Beschränkung schon von der StA angeordnet worden ist (20 zu § 154a; 7, 14 zu § 200) und vom Gericht übernommen wird. Die Wiedereinbeziehung kann das Gericht von sich aus beschließen. Will die StA im Eröffnungsverfahren – etwa aufgrund der nach § 202 durchgeführten zusätzlichen Ermittlungen – die von ihr in der Anklageschrift vorgenommene Ausscheidung eines Teils der Tat rückgängig machen, so muß das Gericht ihrem Antrag entsprechen (§ 154a III S. 2). Vor dieser Wiedereinbeziehung muß dem Angeschuldigten, soweit noch nicht geschehen, das rechtliche Gehör nach § 33 III gewährt werden. Vgl im übrigen zu §§ 154a, 397 II.

5 C. **Andere rechtliche Würdigung** (II Nr 3): Der Beschluß muß iVm der Anklageschrift auch erkennen lassen, welche Tatsachen nach Auffassung des Gerichts die gesetzlichen Merkmale des anderen Tatbestands erfüllen (BGH **23**, 304). Aus der anderen rechtlichen Beurteilung kann sich auch eine andere sachliche Zuständigkeit für das Hauptverfahren ergeben (§§ 209, 209a). Wenn die andere rechtliche Beurteilung nicht eindeutig ist, kann das Gericht im Eröffnungsbeschluß auch die Belehrung nach § 265 I vorwegnehmen und auf die Möglichkeit einer anderen rechtlichen Beurteilung hinweisen (BGH aaO). Es ist auch nicht gehindert, in Anwendung des II Nr 3 besonders vorgesehene Rechtsfolgenumstände hervorzuheben, die nicht in der Anklageschrift enthalten sind (10 zu § 200), und
6 den Hinweis nach § 265 II vorwegzunehmen (32 zu § 265). Nur **unter dem rechtlichen Gesichtspunkt einer OWi** läßt das Gericht die Klage nach II Nr 3 zu, wenn es abweichend von der Anklage den hinreichenden Tatverdacht hinsichtlich der Straftat verneint, ihn aber für eine OWi bejaht und deren Verfolgung für geboten hält (§§ 82, 47 II OWiG; Göhler 5 zu § 82 OWiG). Die Strafsache wird damit in ein Bußgeldverfahren übergeleitet (§ 82 II OWiG). Gegen die Ausscheidung des strafrechtlichen Gesichtspunktes im Eröffnungsbeschluß hat die StA kein Beschwerderecht (vgl 5 zu § 210); sie kann aber, falls sie Anlaß dazu hat, den

Übergang zum Strafverfahren nach § 81 II S. 1 OWiG erzwingen (vgl Göhler aaO).

D. **Einzelne Gesetzesverletzungen** (II Nr 4): Auch hier handelt es sich um die Ausscheidung oder Wiedereinbeziehung einzelner Rechtsverletzungen (vgl oben 4). Sie können mit der Zulassung der Anklage nach § 154 a auf Antrag der StA ausgeschieden oder mit oder ohne deren Zustimmung wieder einbezogen werden. Der Begriff Straftat ist hier iS von Tat (§ 264) zu verstehen, was in § 154 a I klargestellt worden ist (LR-Rieß 18). **7**

E. **Form des Eröffnungsbeschlusses:** Der Beschluß muß schriftlich abgesetzt werden (Einl 128). Ist dies unterblieben, so besteht ein Verfahrenshindernis (Einl 146), das durch die nachträgliche Erklärung des Richters, die Eröffnung des Hauptverfahrens beschlossen zu haben, nicht beseitigt wird (BGH DRiZ **81**, 343). Entscheidend sind nicht Wortlaut und äußere Form. Es genügt die schlüssige und eindeutige schriftliche Willenserklärung des Gerichts, daß es eine bestimmt bezeichnete Anklage zur Hauptverhandlung zuläßt (Bay **91**, 6 = wistra **91**, 195; LR-Rieß 42). Das kann zB der Fall sein, wenn das Gericht eine neue Strafsache mit einer bereits anhängigen verbindet und gleichzeitig Termin zur Hauptverhandlung bestimmt (BGH MDR **75**, 197 [D]; Bay **97**, 113 = wistra **98**, 37) oder eine entspr Entscheidung im Rahmen eines Haftprüfungsverfahrens (Hamm NStZ **90**, 146 mit Anm Rieß JR **91**, 34) oder den Besetzungsbeschluß nach § 76 II GVG iVm einem gleichzeitig ergangenen Haftbefehl erläßt (BGHR § 203 Beschluß 4). Die Termins- und Ladungsverfügung allein genügt aber idR nicht (Karlsruhe StraFo **97**, 305 mwN). Ein Beschluß, mit dem das LG vom SchG ein Verfahren übernimmt, kann den Eröffnungsbeschluß nicht ersetzen (BGH NStZ **84**, 520), auch nicht die mit einem Eröffnungsbeschluß herbeigeführte Verbindung mit einem von einem anderen Gericht abgegebenen Verfahren (BGH NStZ **87**, 239). Ein Verbindungsbeschluß oder ein Verweisungsbeschluß nach § 270 können den Eröffnungsbeschluß nur ersetzen, wenn das verbindende bzw das verweisende Gericht die Eröffnungsvoraussetzungen geprüft hat (BGH NStZ **88**, 236; **94**, 24 [K]; vgl auch Düsseldorf NStZ **96**, 298). **8**

3) Eine neue Anklageschrift (III), die dem Beschluß entspricht und somit die zugelassene Anklage enthält, muß die StA einreichen, wenn der Eröffnungsbeschluß am sachlichen Gegenstand des Verfahrens etwas geändert hat (II Nrn 1, 2). Diese Anklageschrift hat nur deklaratorische Bedeutung und wird daher nicht mehr nach § 201 behandelt (EbSchmidt Nachtr 17). Sie soll lediglich Verwirrung vermeiden und insbesondere dem Angeklagten klarmachen, welche tatsächlichen Vorgänge Gegenstand der Hauptverhandlung sind. Daher ist sie ihm zuzustellen (§ 215 S. 2). Zugleich soll ein Anklagesatz geschaffen werden, der sich zur Verlesung in der Hauptverhandlung eignet (§ 243 III S. 1). **9**

4) Über die **UHaft** (IV) oder die einstweilige Unterbringung nach § 126 a bedarf es einer ausdrücklichen Entscheidung nur, wenn ein Haft- oder ein Unterbringungsbefehl besteht und vollzogen wird (KMR-Paulus 18; **aM** LR-Rieß 24) oder wenn er erlassen oder außer Vollzug oder wieder in Vollzug gesetzt werden soll. Befindet sich der Angeklagte in UHaft, so ist der Gegenstand der Prüfung der gleiche wie bei der Haftprüfung nach § 117. Über die Bestellung eines Verteidigers vgl §§ 117 IV, 140 I Nr 5, III. **10**

5) Mängel des Eröffnungsbeschlusses: Schwere formelle oder sachliche Mängel können den Eröffnungsbeschluß unwirksam machen (BGH GA **80**, 108; NStZ **84**, 133; Einl 104 ff; zur revisionsrechtlichen Kontrolle der Mangelhaftigkeit von Anklage und Eröffnungsbeschluß zusammenfassend Kuckein StraFo **97**, 33), zB wenn den Beschluß die StrK nur mit einem (BGH StV **86**, 329) oder mit zwei Richtern gefaßt hat (BGH **10**, 278; StV **83**, 2; 401; NStZ **95**, 19 [K]), wobei es nicht auf die Zahl der Unterschriften ankommt, oder wenn der Vorsitzende ohne förmliche Beratung allein unterschrieben hat (BGH StV **81**, 329; **83**, 318) oder **11**

wenn und soweit die Beschränkung einer Auslieferungsbewilligung durch den Fremdstaat entgegensteht (BGH **29**, 94). Ein Eröffnungsbeschluß des AG kann trotz fehlender Unterschrift gültig sein, falls er tatsächlich gefaßt worden ist und nicht bloß ein Entwurf war (Bay NJW **58**, 2027 = JR **59**, 68 mit Anm Sarstedt; Bay **89**, 102 = StV **90**, 395 mit Anm Naucke; Düsseldorf StV **83**, 408 mit Anm Fuchs; Zweibrücken NStZ-RR **98**, 75 mwN; **aM** Frankfurt NJW **91**, 2849 = JR **92**, 348 mit zust Anm Wendisch). Unrichtige Besetzung der Abteilung oder Kammer macht den Beschluß nicht unwirksam (BGH NStZ **81**, 447 mit Anm Rieß; 1 zu § 22 d GVG), ebensowenig die Mitwirkung eines nach §§ 22, 23 ausgeschlossenen Richters (BGH **29**, 351 = JR **81**, 377 mit Anm Meyer-Goßner; BGH NStZ **85**, 464; **aM** LR-Rieß 51; Nelles NStZ **82**, 96) oder die Unzuständigkeit des Eröffnungsgerichts (Bay JR **75**, 200), zB wenn das SchG anstatt des JugSchG entschieden hat (Koblenz GA **77**, 374). Daß der Eröffnungsbeschluß auf unvollständiger Aktengrundlage ergangen ist, hat auf seine Wirksamkeit ebenfalls keinen Einfluß (LR-Rieß 36; Meyer JR **83**, 257; Rieß NStZ **83**, 247; erg 2 zu § 203), auch nicht die unzulässige Würdigung der Ermittlungen (BGH NStZ **84**, 15 [Pf/M]) oder die unterlassene Bestellung eines Verteidigers (Düsseldorf VRS **82**, 126). Der funktionelle Mangel einer zugelassenen Anklage (26 zu § 200), im Eröffnungsbeschluß nicht behoben, haftet auch diesem an (BGH GA **73**, 111; **80**, 108). Zum Nachweis, daß ein nicht mehr vorhandener Eröffnungsbeschluß ergangen ist, vgl BGH NStZ **85**, 420.

12 **6) Heilung des Mangels:** Wenn die Behebung des Mangels möglich ist, gehört sie zu den Aufgaben des Gerichts (Einl 159). Die Behebung des Mangels ist auch noch in der Hauptverhandlung möglich (BGH GA **80**, 108), nach der Rspr sogar die Nachholung des Eröffnungsbeschlusses (3 zu § 203). Der Vorgang muß aus dem Protokoll ersichtlich sein (§§ 273, 274; BGH GA **73**, 111, 112). In der Hauptverhandlung kann ein Mangel der Anklageschrift, der sich im Eröffnungsbeschluß fortgesetzt hat, durch den StA bei der Verlesung des Anklagesatzes (16 zu § 243) geheilt werden, wenn der Vorsitzende dem zustimmt, oder durch dessen entspr Erklärung (BGH NStZ **84**, 133). Es handelt sich dabei um eine wesentliche Förmlichkeit, die im Protokoll zu beurkunden ist (BGH aaO). Die Entscheidung, ob der Verdacht zu Recht als hinreichend beurteilt wurde, hat das Gericht in der Hauptverhandlung nicht mehr zu prüfen (BGH MDR **80**, 107 [H]; Meyer JR **83**, 257; 2 zu § 203); insofern scheidet daher auch eine Heilung dieses etwaigen Mangels aus. Bei offensichtlichen Versehen äußerer Art ist Berichtigungsbeschluß zulässig (Bremen JR **58**, 190 mit Anm EbSchmidt; 10 zu § 268), aber nicht, wenn sich der Eröffnungsbeschluß aufgrund einer Personenverwechslung gegen eine andere Person als den Tatverdächtigen richtet (BGH NStZ **90**, 290). Kommt es nicht zur Heilung des Mangels, so muß das Verfahren wegen Fehlens einer Prozeßvoraussetzung eingestellt werden (§§ 206 a, 260 III; 26 zu § 200). Die Einstellung erfaßt das gesamte Verfahren, das damit abgeschlossen ist und nicht mehr fortgeführt werden kann. Soll der in dem eingestellten Verfahren erhobene Vorwurf erneut gegenüber dem Angeklagten geltend gemacht werden, muß daher eine neue Anklage erhoben werden, deren Zulässigkeit andererseits das Einstellungsurteil nicht entgegensteht (BGH JR **57**, 69; LM Nr 5 mit Anm Martin; Bay JR **86**, 430, 431 mit insoweit zust Anm Ranft; Düsseldorf NStZ **96**, 298, 300; Frankfurt GA **88**, 226; Meyer-Goßner JR **81**, 216; **aM** von Steuber MDR **78**, 889; LR-Rieß 67).

13 **7) Rechtshängigkeit** (1 zu § 156) tritt vor dem im Beschluß bezeichneten Gericht, vor dem die Hauptverhandlung stattfinden wird, mit dem Erlaß des Eröffnungsbeschlusses ein (BGH **29**, 341, 343). Mit ihr erlangt dieses Gericht die Eigenschaft des erkennenden Gerichts (6 zu § 28; 2 zu § 305). Mit der Rechtshängigkeit entsteht ein Verfahrenshindernis für die Verfolgung der Tat in einem anderen Verfahren (Bay MDR **88**, 77; erg Einl 145). Dabei handelt es sich nicht um Strafklageverbrauch (Einl 171 ff). Die Rechtshängigkeit eines einzelnen Teil-

aktes einer fortgesetzten Handlung als selbständige Tat hindert nicht die Verfolgung der übrigen Teile (BGH bei Hürxthal DRiZ **78**, 86; Einl 175). Jedoch hat das umfassendere Verfahren den Vorrang (2 zu § 12).

8) **Anfechtung:** Vgl § 210 I, II. Mit der Revision kann die Fehlerhaftigkeit des Eröffnungsbeschlusses wegen § 336 S. 2 vom Angeklagten nicht gerügt werden (BGH NStZ **81**, 447 mit zust Anm Rieß; BGH NStZ **85**, 464; LR-Rieß 71), von der StA nur, soweit ihr eine einfache Beschwerde gegen den Eröffnungsbeschluß zustand (4 zu § 210; Meyer-Goßner NStZ **89**, 89). Seine Unwirksamkeit ist als Mangel einer Prozeßvoraussetzung von Amts wegen zu beachten (Einl 150; 1 zu § 203). 14

208 (weggefallen)

Zuständigkeit im Eröffnungsverfahren

209

I Hält das Gericht, bei dem die Anklage eingereicht ist, die Zuständigkeit eines Gerichts niedrigerer Ordnung in seinem Bezirk für begründet, so eröffnet es das Hauptverfahren vor diesem Gericht.

II Hält das Gericht, bei dem die Anklage eingereicht ist, die Zuständigkeit eines Gerichts höherer Ordnung, zu dessen Bezirk es gehört, für begründet, so legt es die Akten durch Vermittlung der Staatsanwaltschaft diesem zur Entscheidung vor.

1) **Zuständigkeitsprüfung:** Die StA erhebt die Anklage bei dem zuständigen Gericht (§ 170 I). Das Gericht ist aber an den Antrag der StA nicht gebunden (§ 206), sondern muß die Zuständigkeit selbst prüfen. Für die örtliche Zuständigkeit gelten dabei § 16 und § 42 **JGG,** für die Zuständigkeit der besonderen StrK § 6a, des JugG die §§ 39–41, 108 **JGG,** für die sonstige Zuständigkeit im 1. Rechtszug der Geschäftsverteilungsplan (§ 21e GVG; dort 22). Hält sich das Gericht nicht für sachlich zuständig, so soll es nach dem Zweck des § 209 nicht nur eine Unzuständigkeitserklärung abgeben oder die Eröffnung des Hauptverfahrens vor sich wegen eines Prozeßhindernisses ablehnen, sondern die Sache an das nach seiner Auffassung sachlich zuständige Gericht bringen (1 zu § 6). Das gleiche gilt für die Zuständigkeit besonderer StrKn, soweit es in diesem Bereich eine Rangfolge gibt (§ 209a). 1

2) **Bei Zuständigkeit eines Gerichts niedrigerer Ordnung**(I; 2 vor § 1) eröffnet das Gericht, an das die StA die Anklage adressiert hat, das Hauptverfahren bei diesem mit bindender Wirkung. Die Strafsache wird dadurch bei diesem Gericht rechtshängig. Erst in der Hauptverhandlung kann sie nach § 270 wieder an das höhere Gericht verwiesen werden, wenn die Voraussetzungen dieser Vorschrift gegeben sind (Karlsruhe Justiz **88**, 74; LR-Rieß 30). Die StrK kann das Verfahren nach I vor dem AG eröffnen, und zwar vor dem Strafrichter oder dem SchG (§§ 24, 25 GVG). Ist die Anklage beim SchG erhoben, so kann dieses, nämlich sein Vorsitzender (§ 30 II GVG), das Hauptverfahren bei dem nach der Geschäftsverteilung zuständigen Strafrichter desselben Gerichts eröffnen. Ist die Anklage zum OLG erhoben (§ 120 I, II S. 1 GVG), so kann es das Hauptverfahren vor jedem der nachgeordneten Gerichte eröffnen, wenn hinreichender Tatverdacht hinsichtlich der Strafvorschrift fehlt, die die Zuständigkeit des OLG begründet (Bay StV **87**, 392), oder wenn das OLG die Verfolgung nach § 154a auf die nicht zu seiner Zuständigkeit gehörende Gesetzesverletzung beschränkt (BGH **29**, 341 = NStZ **81**, 151 mit Anm Dünnebier; erg 17 zu § 154a). I wird noch durch § 120 II S. 2 GVG ergänzt. 2

3 **3) Bei Zuständigkeit eines Gerichts höherer Ordnung**(II; 2 vor § 1) legt das Gericht, zu dem die Anklage erhoben ist, die Akten diesem durch Vermittlung der StA nach Durchführung des Verfahrens nach § 201, idR bei Entscheidungsreife, vor (BGH **6**, 109; KMR-Paulus 18). Das gilt auch, wenn der Strafrichter die Zuständigkeit des SchG für gegeben erachtet (LG Lübeck SchlHA **66**, 46). Das Gericht der höheren Ordnung prüft sodann seine Zuständigkeit. Hält es ein noch höheres Gericht für zuständig, so verfährt es ebenfalls nach II (Meyer-Goßner JR **86**, 473). Sonst eröffnet es das Hauptverfahren, ggf. nach weiteren Beweiserhebungen (§ 202), vor sich oder nach I bei dem zuständigen Gericht niedrigerer Ordnung. Dabei hat es in beiden Fällen die Möglichkeiten des § 207 II (vgl aber 17 zu § 154 a). Hält es die Voraussetzungen für die Eröffnung nicht für erfüllt, so verfährt es nach § 204. Hält die StaatsschutzStrK die besondere Bedeutung nach § 120 II GVG für gegeben, so führt sie eine Entscheidung des GBA über die Übernahme herbei (LR-Rieß 46). Die Vorlage allein zu dem Zweck, ein beim Landgericht anhängiges Berufungsverfahren mit dem vorgelegten Verfahren zu verbinden und sodann ein (einheitliches) erstinstanzliches Verfahren durchzuführen, ist unzulässig (BGH **37**, 15, 19). Eröffnet das höhere Gericht das Verfahren vor sich, obwohl seine Zuständigkeit offenkundig nicht gegeben ist, so entzieht es den Angeschuldigten seinem gesetzlichen Richter (BGH **38**, 212).

4 **4) Innerhalb desselben Gerichts** unter gleichrangigen Spruchkörpern kann eine Strafsache wegen geschäftsplanmäßiger Unzuständigkeit formlos abgegeben werden (BGH **25**, 242; LR-Rieß 8; vgl 6 zu § 269). Über Kompetenzkonflikte vgl 14 ff vor § 1.

5 **5) Innerhalb desselben Gerichtsbezirks** spielt sich die Zuständigkeitsverschiebung nach I und II ab. Die Verschiebung der Strafsache in einen anderen Gerichtsbezirk würde die örtliche Zuständigkeit des Eingangsgerichts betreffen, für die nicht § 209 gilt, sondern § 16. Wegen örtlicher Unzuständigkeit kommt es nicht zu einer unmittelbaren Abgabe der Sache an ein anderes Gericht, sondern zu einer Unzuständigkeitserklärung des mit der Sache befaßten Gerichts (4 zu § 16). Zu dieser Entscheidung kommt es wegen der Vielzahl der Gerichtsstände und des Wahlrechts der StA (10 vor § 7) selten.

6 **6) Erstinstanzliche bezirkliche Zusammenfassung:** Das gemeinsame SchG (§ 58 II GVG) kann das Verfahren nach I nicht nur bei einem Strafrichter desselben AG, sondern auch bei einem Strafrichter eines anderen AG, das zu seinem Bezirk gehört, eröffnen (LR-Rieß 15). Umgekehrt kann ein Strafrichter dieses Bezirks die Sache nach II an das gemeinsame SchG vorlegen. Diese Grundsätze gelten bei allen Zusammenfassungen dieser Art (vgl 1, 2 zu § 58 GVG), auch in den Fällen der §§ 74 a, 74 c, 74 d GVG (KK-Tolksdorf 12).

7 **7) Beschluß nach I:** Mit seinem Erlaß (5 ff vor § 33) wird das Gericht, das in dem Eröffnungsbeschluß als dasjenige bezeichnet ist, vor dem die Hauptverhandlung stattfinden soll (§ 207 I), erkennendes Gericht, die Strafsache bei ihm rechtshängig (1 zu § 156; 12 zu § 207; 21 zu § 270). Eine Vorlage nach § 225 a (bzw eine Verweisung nach § 270) an ein höheres Gericht auf Grund veränderter Sachlage bleibt aber zulässig (Karlsruhe NStZ **90**, 100 = JR **91**, 36 mit Anm Gollwitzer). Der Beschluß wird den Verfahrensbeteiligten mitgeteilt, dem Angeklagten zugestellt (§§ 35, 215; dort 1).

8 **8) Beschluß nach II:** Der Anhörung der Beteiligten nach § 33 I, III bedarf es nicht (KK-Tolksdorf 16; LR-Rieß 39), weil mit dem Beschluß lediglich die nächste Entscheidung dem anderen Gericht übertragen wird. Dagegen ist der Beschluß eine Entscheidung iS des § 35, weil sich mit ihm der Adressat weiterer Anträge und Einwendungen (5 ff zu § 201) ändert. Den Beteiligten wird der Beschluß daher formlos mitgeteilt (§ 35 II), der StA durch Übersendung der von ihr weiterzuleitenden Akten (II).

9) **Beschwerde** (§ 304) ist gegen den Vorlegungsbeschluß (II) nicht zulässig (KK-Tolksdorf 16; LR-Rieß 47), und zwar mangels Beschwer (8 vor § 296) und außerdem, weil ihr der Sinn und Zweck des Beschlusses entgegenstehen würde und sogar der Eröffnungsbeschluß unanfechtbar ist (§ 210 I). 9

Strafkammern mit besonderer Zuständigkeit

209a **Im Sinne des § 4 Abs. 2, des § 209 sowie des § 210 Abs. 2 stehen**

1. **die besonderen Strafkammern nach § 74 Abs. 2 sowie den §§ 74 a und 74 c des Gerichtsverfassungsgesetzes für ihren Bezirk gegenüber den allgemeinen Strafkammern und untereinander in der in § 74 e des Gerichtsverfassungsgesetzes bezeichneten Rangfolge und**
2. **die Jugendgerichte für die Entscheidung, ob Sachen**
   a) **nach § 33 Abs. 1, § 103 Abs. 2 Satz 1 und § 107 des Jugendgerichtsgesetzes oder**
   b) **als Jugendschutzsachen (§ 26 Abs. 1 Satz 1, § 74 b Satz 1 des Gerichtsverfassungsgesetzes)**

   vor die Jugendgerichte gehören, gegenüber den für allgemeine Strafsachen zuständigen Gerichten gleicher Ordnung

   Gerichten höherer Ordnung gleich.

1) **Zweck:** Unter Spruchkörpern gleichen Ranges iS der sachlichen Zuständigkeit (2 vor § 1) gibt es besondere Zuständigkeiten. Die Spruchkörper mit besonderer Zuständigkeit haben im Eröffnungsverfahren den Vorrang. Die **beiden** 1 2 **Gleichstellungsklauseln** des § 209 a sollen den Vorrang wegen seiner Bedeutung im Eröffnungsverfahren wirksam werden lassen. Nr 1 betrifft den Vorrang der besonderen StrKn in der Rangfolge des § 74 e GVG (8 vor § 1), Nr 2 den Vorrang der JugGe vor den Erwachsenengerichten (10 ff vor § 1).

2) **Nach der Eröffnung des Hauptverfahrens** gelten die Gleichstellungsklauseln des § 209 a in einigen Fällen weiter: Die beiden Klauseln gelten für die Zuständigkeit bei Verbindung (§ 4 II). Für die Verweisung der Strafsache vor Beginn der Hauptverhandlung oder während dieser gilt nur noch die Gleichstellungsklausel der Nr 2 Buchst a, also der Vorrang des JugG als Spezialgericht für Jugendliche und Heranwachsende (vgl Karlsruhe NStZ **87**, 375). Im Vorverfahren kann die WirtschaftsStrK eine Haftbeschwerde in entspr Anwendung des § 209 a an die allgemeine StrK abgeben (Koblenz NStZ **86**, 327; 425 mit Anm Rieß). 3

3) Der **Vorrang der besonderen StrKn** (Nr 1; 7, 8 vor § 1) untereinander und gegenüber den allgemeinen StrKn: Die besondere Zuständigkeit ist im Eröffnungsverfahren so anzusehen, als handele es sich um eine sachliche Zuständigkeit höherer Ordnung. Dabei ist der Rang der besonderen StrKn im Verhältnis zueinander in § 74 e GVG festgelegt. 4

A. **Auswirkungen im Fall des § 209 I:** Das SchwurG (§ 74 II GVG) kann das Hauptverfahren eröffnen vor der WirtschaftsStrK (§ 74 e Nr 2 GVG); wenn diese nicht in Betracht kommt, vor der StaatsschutzStrK (§ 74 e Nr 3 GVG); wenn auch deren Zuständigkeit nicht gegeben erscheint, vor der allgemeinen StrK. Die WirtschaftsStrK kann das Hauptverfahren eröffnen vor der StaatsschutzStrK; falls diese ausscheidet, vor einer allgemeinen StrK. Die StaatsschutzStrK kann das Verfahren vor der allgemeinen StrK eröffnen. Dabei erfolgt aber keine Zuweisung an eine bestimmte allgemeine StrK (BGH StV **90**, 97 L); welche StrK zuständig ist, richtet sich nach dem Geschäftsverteilungsplan (LR-Rieß 12). 5

B. **Auswirkungen im Fall des § 209 II:** Wegen eigener Unzuständigkeit können innerhalb des LG über die StA vorlegen: Das SchwurG an keine andere StrK; 6

die WirtschaftsStrK an das SchwurG; die StaatsschutzStrK an das SchwurG oder, falls dieses nicht in Betracht kommt, an die WirtschaftsStrK. Die allgemeine StrK kann vorlegen an das SchwurG; falls dessen Zuständigkeit ausscheidet, an die WirtschaftsStrK; wenn auch diese nicht in Betracht kommt, an die StaatsschutzStrK. Die besondere StrK, der vorgelegt wird, darf ggf nicht nur ihre Unzuständigkeit feststellen, sondern entscheidet stets über die Eröffnung des Hauptverfahrens, auch wenn sie der Auffassung ist, daß die allgemeine StrK zuständig ist (Rieß NJW **79**, 1536).

7 **4) Vorrang der JugGe vor den Erwachsenengerichten** (Nr 2): Im Eröffnungsverfahren wird das JugG im Verhältnis zu einem gleichrangigen Erwachsenengericht so angesehen, als wäre es ein Gericht höherer Ordnung (2 zu § 1). Das gilt nicht nur für den Fall, daß sich das Verfahren gegen einen Jugendlichen oder Heranwachsenden richtet (Nr 2 Buchst a), sondern auch für den Fall, daß es eine Jugendschutzsache betrifft (Nr 2 Buchst b), selbst wenn es sich dabei um eine SchwurG-Sache handelt (BGH **42**, 39 = JR **96**, 390 mit zust Anm Brunner; **aM** Katholnigg NStZ **96**, 346).

8 A. **Auswirkungen im Fall des § 209 I** (12 vor § 1): Wenn das JugG, zu dem Anklage erhoben ist, das Erwachsenengericht für zuständig hält, kann das Hauptverfahren eröffnen der Jugendrichter (§ 33 II **JGG**) vor dem Strafrichter (§ 25 GVG), das JugSchG vor dem SchG, die JugK vor einer anderen StrK, und zwar in der Reihenfolge, die sich aus § 74 e GVG ergibt.

9 B. **Auswirkungen im Fall des § 209 II:** Wegen eigener Unzuständigkeit können über die StA vorlegen: Der Strafrichter an den Jugendrichter, das SchG an das JugSchG, die allgemeine oder besondere StrK an die JugK.

10 C. **Auswirkung bei Verbindung von Sachen des JugG und des Erwachsenengerichts** (§§ 103 I, II S. 1, 112 S. 1 **JGG**): Werden Sachen dieser Art verbunden anhängig gemacht (§§ 103 I S. 1, 112 S. 1 **JGG** iVm § 2 I), so ist die Klage zum JugG zu erheben. Dieses hat die Kompetenz-Kompetenz (12 vor § 1) für den Verbindungsbeschluß und ist im Fall der Verbindung zuständig, wenn für die Strafsache gegen den Erwachsenen ein Gericht gleicher Ordnung zuständig wäre. Seine Zuständigkeit bleibt nach § 47 a **JGG** (vgl 13 vor § 1), der dem § 103 III **JGG** vorgeht, auch nach Erledigung oder Abtrennung des Verfahrens gegen den Jugendlichen nach Eröffnung des Hauptverfahrens und Weiterführung nur gegen den Erwachsenen bestehen (BGH **30**, 260; Bay MDR **80**, 958). Ein Beschluß über die Abtrennung des Verfahrens gegen den Erwachsenen und die Abgabe an das für allgemeine Strafsachen zuständige Gericht darf nur zugleich mit einer Entscheidung über die Eröffnung des Hauptverfahrens in der abgegebenen und in der behaltenen Sache ergehen (KG StV **85**, 408; Düsseldorf NStZ **91**, 145; Hamm
11 NStE Nr 1 zu § 103 JGG). Eine **Ausnahme** enthält § 103 II S. 2, 3 **JGG.** Wenn für die Erwachsenensache die WirtschaftsStrK oder StaatsschutzStrK (§§ 74 c, 74 a GVG) zuständig ist, hat diese den Vorrang vor der JugK (LR-Rieß 37). Wenn für die Erwachsenenstrafsache das SchwurG zuständig wäre, hat bei der Verbindung die JugK den Vorrang (vgl dazu eingehend Meyer-Goßner NStZ **89**, 297).

Anfechtung

210 **I Der Beschluß, durch den das Hauptverfahren eröffnet worden ist, kann von dem Angeklagten nicht angefochten werden.**

II Gegen den Beschluß, durch den die Eröffnung des Hauptverfahrens abgelehnt oder abweichend von dem Antrag der Staatsanwaltschaft die Verweisung an ein Gericht niederer Ordnung ausgesprochen worden ist, steht der Staatsanwaltschaft sofortige Beschwerde zu.

III Gibt das Beschwerdegericht der Beschwerde statt, so kann es zugleich bestimmen, daß die Hauptverhandlung vor einer anderen Kammer des Gerichts, das den Beschluß nach Absatz 2 erlassen hat, oder vor einem zu demselben Land gehörenden benachbarten Gericht gleicher Ordnung stattzufinden hat. In Verfahren, in denen ein Oberlandesgericht im ersten Rechtszug entschieden hat, kann der Bundesgerichtshof bestimmen, daß die Hauptverhandlung vor einem anderen Senat dieses Gerichts stattzufinden hat.

1) **Unanfechtbarkeit für den Angeklagten** (I): Sie besteht auch bei Eröffnung 1
vor einem Gericht niederer Ordnung (Hamm MDR **82**, 691). Es gilt jedoch § 33 a (Hamburg NJW **65**, 2417; vgl auch LG Nürnberg-Fürth NStZ **83**, 136; Rieß NStZ **83**, 249). Die Haftentscheidung nach § 207 IV ist mit der einfachen Beschwerde anfechtbar (§ 304). Eine Verfassungsbeschwerde gegen den Eröffnungsbeschluß ist ausgeschlossen (BVerfG NJW **95**, 316; erg Einl 234).

2) **Sofortige Beschwerde der StA** (II) ist zulässig bei Ablehnung, die auf 2
Verneinung des hinreichenden Tatverdachts (BGH **35**, 39: Maßstab tatrichterlicher Überzeugungsbildung beachten), oder auf einem Verfahrenshindernis beruht, das nicht in den Bereich des § 209 fällt, und zwar bei gleichzeitiger Teileröffnung und Teilablehnung (6 zu § 204) nur gegen den letzteren Teil. Sie ist ferner zulässig gegen die Verweisung der Strafsache an ein Gericht niederer Ordnung nach § 209 I; dabei prüft das Beschwerdegericht die Eröffnungsentscheidung ohne Beschränkung auf die von der StA geltend gemachten Beschwerdepunkte (Bay **86**, 125 = NJW **87**, 511 = OLGSt Nr 3 mit Anm Rieß), die Prüfung erstreckt sich hier aber grundsätzlich nicht auf den hinreichenden Tatverdacht (KG OLGSt Nr 4). Eine bloße Verweisung an ein anderes Gericht ist, ebenso wie eine bloße Unzuständigkeitserklärung (1 zu § 209), nicht zulässig, weil § 209 I eine Muß-Vorschrift ist. Würde eine solche Verweisung ausgesprochen, so hätte die StA das Recht der einfachen Beschwerde (unten 4). Die entspr Anwendung von II hält Stuttgart (MDR **82**, 252) für geboten, wenn die WirtschaftsStrK in der Berufungsinstanz eine Sache an eine allgemeine StrK verweist. Die Möglichkeit der sofortigen Beschwerde nach II schließt nach § 336 S. 2 die Revision aus (BGH GA **81**, 321 mit Anm Rieß; **aM** Nelles NStZ **82**, 96). Im Rahmen des Beschwerdeverfahrens darf das Beschwerdegericht das Verfahren nicht vor sich eröffnen oder an ein noch höheres Gericht weiterreichen (Meyer-Goßner JR **86**, 472; **aM** LR-Rieß 23 Fn 36; anders ist es bei § 209, dort 3); die allgemeine StrK darf auch nicht selbst vor einem JugG eröffnen (offen gelassen von Zweibrücken NStZ **94**, 48). Die
Gleichstellungsklauseln des § 209 a Nrn 1 und 2 gelten auch bei der Anwen- 3
dung des Begriffs des Gerichts niederer Ordnung in II. Hat eine besondere StrK das Hauptverfahren entgegen dem Antrag nicht vor sich eröffnet, sondern vor einer besonderen StrK, die ihr in der Rangfolge des § 74 e GVG nachsteht, oder vor einer allgemeinen StrK, so kann die StA gegen diesen Eröffnungsbeschluß sofortige Beschwerde einlegen. Das gleiche gilt, wenn das JugG entgegen dem Antrag der StA das Hauptverfahren vor einem gleichrangigen Erwachsenengericht eröffnet hat.

3) **Einfache Beschwerde** nach § 304 kann die StA einlegen, wenn die JugK das 4
Verfahren an die allg StrK formlos abgibt (Koblenz JR **82**, 479 mit Anm Brunner), das Gericht abweichend von der StA das Verfahren vorläufig einstellt (5 zu § 204) oder sich für sachlich unzuständig erklärt, statt nach § 209 II zu verfahren (RG **32**, 52; LR-Rieß 32); ebenso, wenn der Eröffnungsbeschluß die Anklage nicht völlig erschöpft und ein Ergänzungsantrag der StA abgelehnt wird oder wenn das Gericht entgegen § 155 I durch Einbeziehung einer anderen Tat oder eines anderen Täters über die Anklage hinausgeht (KK-Tolksdorf 4; SK-StPO-Paeffgen 9), nicht aber bei Eröffnung vor einem Gericht höherer Ordnung, es sei denn, es liege Willkür vor (Meyer-Goßner NStZ **89**, 88 zu LG Göttingen ebenda). Die formlose Abgabe

an einen gleichrangigen Spruchkörper innerhalb des Gerichts kann die StA mangels Beschwer nicht anfechten. Zur Beschwerde gegen die Erklärung der örtlichen Unzuständigkeit vgl 7 zu § 16.

5 **4) Unzulässig** ist die Beschwerde, wenn das Gericht die Tat nur rechtlich anders qualifiziert (vgl auch 6 zu § 207). Hier muß die StA ihren abweichenden Standpunkt in der Hauptverhandlung oder mit der Revision geltend machen (München NStZ **86**, 183).

6 **5)** Der **Nebenkläger** kann wie die StA sofortige Beschwerde einlegen, wenn die Eröffnung des Hauptverfahrens abgelehnt worden ist (§ 400 II S. 1), aber nur wegen des Nebenklagedelikts (Celle OLGSt Nr 1; vgl auch München NStZ **86**, 183 mit Anm Dahs und weiterer Anm Meyer-Goßner NStZ **86**, 328). Ist das Hauptverfahren vor einem niedrigeren Gericht eröffnet worden, so steht dem Nebenkläger die sofortige Beschwerde nicht zu (8 zu § 400). Der Verletzte, der nicht Nebenkläger ist, hat kein Beschwerderecht (Oldenburg NdsRpfl **54**, 35).

7 **6) Wahlrecht nach III:**

8 A. **„Vor einer anderen Kammer"** (S. 1) ist auszulegen iS von „andere Abteilung oder Kammer", wie es in § 354 III heißt (Oldenburg NStZ **85**, 473 mit Anm Rieß; KMR-Paulus 42; LR-Rieß 24 ff; Roxin § 40 C III 2). Denn die Verweisungsmöglichkeit in beiden Altern soll nicht nur dem OLG, sondern auch dem LG als Beschwerdegericht eingeräumt sein (Oldenburg aaO). Vor einer bestimmten StrK wird auch dann nicht eröffnet, wenn der Geschäftsverteilungsplan keine Ausweichkammer vorsieht (**aM** Koblenz OLGSt § 212 Nr 1; vgl auch 38 zu § 354).

9 B. Das **andere Gericht** muß benachbart sein (anders als in § 354 II), dh in der Nähe liegend, wenn auch nicht angrenzend (LR-Rieß 26). Jedoch muß es zum Bezirk des Beschwerdegerichts gehören (Hamm MDR **82**, 691; erg 41 zu § 354). Nach Abschluß des Hauptverfahrens tritt die ursprüngliche Zuständigkeit wieder ein (47 zu § 354).

10 C. **Besondere Gründe** müssen für die Anwendung des III bestehen (vgl zu § 16 S. 2 GVG). Sie ist zB gerechtfertigt, wenn nur an einem anderen Gerichtsort eine unvoreingenommene Verhandlung zu erwarten ist oder von dem bisherigen Richter nach der Art seiner Meinungsäußerung im angefochtenen Beschluß nicht erwartet werden kann, daß er sich die Auffassung des Beschwerdegerichts innerlich voll zu eigen machen wird (Düsseldorf OLGSt S. 5; Frankfurt NStE Nr 5; Hamburg JR **79**, 384; krit Marcelli NStZ **86**, 59). Eine Bindung wie im Fall des § 358 I besteht aber nicht. Das Gericht, vor dem eröffnet worden ist, kann sich nicht mit der Begründung für unzuständig erklären, die Voraussetzungen von III hätten nicht vorgelegen (Meyer-Goßner JR **79**, 385; **aM** Marcelli aaO). Eine analoge Anwendung des III auf andere Beschlußentscheidungen ist grundsätzlich unzulässig (Meyer-Goßner aaO; **aM** Hamburg JR **79**, 383 zu § 206 a II); lediglich in dem ganz ähnlichen Fall der Anordnung der Wiederaufnahme des Verfahrens durch das Beschwerdegericht sollte III entspr angewendet werden (erg 18 zu § 370).

11 D. In der **Geschäftsverteilung** müssen die verschiedenen Möglichkeiten berücksichtigt werden (Düsseldorf StV **85**, 407; erg 4 zu § 21 e GVG). Es gelten die Grundsätze 38 zu § 354. Eine Änderung des Beschlusses, weil das Gericht, vor dem eröffnet worden ist, keinen Auffangspruchkörper hat, ist unzulässig (Oldenburg NStZ **85**, 473 mit Anm Rieß). Kann ein solcher Spruchkörper ausnahmsweise nicht gebildet werden, so muß nach § 15 verfahren werden (Oldenburg aaO; erg 38 zu § 354). Ein Richter, der an der früheren Entscheidung mitgewirkt hat, ist nicht ausgeschlossen (39 zu § 354).

Wirkung der Ablehnung

211 Ist die Eröffnung des Hauptverfahrens durch einen nicht mehr anfechtbaren Beschluß abgelehnt, so kann die Klage nur auf Grund neuer Tatsachen oder Beweismittel wieder aufgenommen werden.

1) **Beschränkte Sperrwirkung für neue Strafverfolgung:** § 211 gilt für jeden Fall der Nichteröffnung des Hauptverfahrens (1 ff zu § 204), also sowohl bei Sachentscheidung durch Verneinung des hinreichenden Tatverdachts (Einl 182) als auch bei Nichteröffnung wegen eines Verfahrenshindernisses, das der Strafverfolgung im Ganzen entgegensteht (BGH **7**, 64; Einl 172). Hat sich das Gericht lediglich für unzuständig erklärt, so gilt § 211 nicht (LR-Rieß 5). Bei der Ablehnung wegen eines Verfahrenshindernisses handelt es sich nicht um Strafklageverbrauch; aber § 211 verleiht diesem Beschluß die gleiche Sperrwirkung. Wie die Anknüpfungspunkte des Beschlusses sind dann auch die Voraussetzungen für neue Strafverfolgung verschieden. Bei der Verneinung des hinreichenden Tatverdachts ist die neue Strafverfolgung nur zulässig, wenn die Nova der Sachentscheidung die Grundlage entziehen; bei der Ablehnung wegen eines Verfahrenshindernisses ist ein neues Verfahren zulässig, wenn die Nova der Feststellung des Prozeßhindernisses den Boden entziehen oder, was dem gleichsteht, wenn das angenommene Verfahrenshindernis beseitigt wird (LR-Rieß 13; Kleinknecht Bruns-FS 475 ff; zB durch nachträglichen wirksamen Strafantrag); oder wenn es seine Wirkung auf andere Weise verliert (zB dadurch, daß die StA für die neue Strafverfolgung das öffentliche Interesse nach § 230 I StGB bejaht). **Unanfechtbar** ist der Beschluß, 2 falls die Beschwerde nach § 210 vergeblich eingelegt oder ihre Frist verstrichen ist. Seine Sperrwirkung erfaßt auch eine Privatklage, die anstelle der durch § 211 ausgeschlossenen öffentlichen Klage erhoben werden soll (Köln NJW **52**, 1152).

1 (margin)

2) **Neue Tatsachen oder Beweismittel** (vgl auch § 174 II) rechtfertigen die neue Anklage, wenn sie der rechtskräftigen Ablehnung als Sachentscheidung oder bei Ablehnung wegen eines Verfahrenshindernisses diesem den Boden entziehen. Ist die Ablehnung auf Unwirksamkeit der Anklageschrift gestützt (26 zu § 200), so stellt die Behebung des Mangels in der neuen Anklage eine die Sperrwirkung beseitigende neue Tatsache dar (Düsseldorf NStZ **82**, 335; vgl auch 11 zu § 206 a). Im übrigen kommt es nur darauf an, ob die neuen Tatsachen oder Beweismittel dem damaligen Beschlußgericht nicht bekannt waren, gleichviel, ob sie ihm hätten bekannt sein können oder damals schon bestanden (BGH **7**, 64, 66; RG **60**, 99). Beruhte der Ablehnungsbeschluß auf einem Irrtum, so kann er daher nicht widerrufen werden (Bay **70**, 115 = JR **70**, 391 zu § 206 a), weil das Erfordernis der Nova dadurch umgangen würde. Ob die Grundlage des früheren Beschlusses durch die Nova entfallen ist, wird **vom Rechtsstandpunkt des früheren Richters** beurteilt (BGH StV **90**, 7 L). Der neue Beschlußrichter ist – auch wenn er derselbe ist – an eine als falsch erkannte Rechtsauffassung, auf der der frühere Beschluß beruht, gebunden (BGH **18**, 225). Wenn er aber aufgrund dieser Rechtsauffassung wiederaufnehmen kann, legt er dem neuen Eröffnungsbeschluß die richtige Auffassung zugrunde (Hanack JZ **71**, 218). Auch ein neues Sachverständigengutachten genügt (BGH aaO). Die abweichende Aussage eines früheren Zeugen ist kein neues Beweismittel, aber eine neue Tatsache (RG **60**, 99); dasselbe gilt, wenn ein Zeuge nunmehr auf sein Zeugnisverweigerungsrecht verzichtet (BGHR Neue Tatsachen 2).

3) Eine **neue Anklage** wird beim Wegfall der Sperre erhoben (Nürnberg OLGSt S. 1; LR-Rieß 14, 16). Dies bestätigt auch der rechtsähnliche § 47 III **JGG.** Für die neue Strafverfolgung gilt wiederum das Legalitätsprinzip (Rieß NStZ **83**, 248), solange die Nova nicht entfallen (11 zu § 152); insoweit ist dann auch § 172 anwendbar (KG JR **83**, 345; KK-Tolksdorf 9; KMR-Paulus 22; LR-Rieß

17; **aM** Düsseldorf NJW **61**, 1594; Hamm GA **68**, 58). Die neue Klage kann zurückgenommen werden, solange kein neuer Eröffnungsbeschluß erlassen ist
6 (§ 156). Die **Zuständigkeit des Gerichts** für das neue Verfahren richtet sich nach der neuen Sach- und Rechtslage. In der neuen Anklage muß auf den früheren Nichteröffnungsbeschluß Bezug genommen werden. Dabei sind die neuen Tatsachen und Beweismittel besonders zu bezeichnen, die die Sperrwirkung beseitigen. Nur insofern besteht eine Verbindung des neuen Verfahrens mit dem früheren, die allerdings während des ganzen neuen Verfahrens besteht (unten 7).

7 **4) Neues Eröffnungsverfahren:** Ein Eröffnungsbeschluß kann in dem neuen Verfahren nur erlassen werden, wenn die neuen Tatsachen oder Beweismittel so erheblich sind, daß sie dem früheren Ablehnungsbeschluß die Grundlage entziehen. Dieser wird mit dem neuen Eröffnungsbeschluß nicht aufgehoben (LR-Rieß 19; **aM** RG **43**, 153). Denn das frühere Verfahren bleibt abgeschlossen, das neue ist selbständig und nur hinsichtlich der Sperrklausel von dem früheren abhängig. Da die Neuheit der Tatsachen oder Beweismittel Voraussetzung für das neue Verfahren ist, obliegt ihre Prüfung auch später dem jeweils mit der Sache befaßten Gericht
8 (BGH **18**, 225; RG **57**, 158; LR-Rieß 21; Einl 150). Auch **die früheren Nebenentscheidungen** werden nicht aufgehoben. War eine Entschädigungsentscheidung getroffen worden, so gilt § 14 I **StrEG.** Entsprechend der Regelung in § 14 I S. 1 **StrEG** kann die Entscheidung über die Kosten des Verfahrens, die in dem früheren Nichteröffnungsbeschluß getroffen worden ist, später korrigiert werden (KK-Tolksdorf 11; **aM** KMR-Paulus 26).

9 **5) Nebenklage:** Eine im vorausgegangenen Verfahren begründete Nebenklägerstellung lebt nicht wieder auf. Der Anschluß (§ 396 I S. 1) im neuen Verfahren geschieht unabhängig von dem früheren Verfahren (LR-Rieß 20).

10 **6)** Das **Sicherungsverfahren** nach §§ 413 ff kann trotz der Ablehnung nach § 211 eingeleitet werden (RG **72**, 145).

212-212b (weggefallen)

5. Abschnitt. Vorbereitung der Hauptverhandlung

Vorbemerkungen

1 **1)** Dem **Vorsitzenden** obliegt im wesentlichen die Vorbereitung der Hauptverhandlung. Das Gericht wirkt nur in den gesetzlich vorgeschriebenen Fällen (vgl §§ 223, 225, 233) mit. Aufgabe des Vorsitzenden ist nicht nur die Terminsanberaumung (§ 213) und die Ladung des Angeklagten und der Beweispersonen zur Hauptverhandlung (§ 214 I S. 1), sondern auch die Anordnung, im Freibeweis (7, 9 zu § 244) Ermittlungen nach unerreichbaren Zeugen vorzunehmen, weitere sachliche Beweismittel herbeizuschaffen (§ 221), ggf auch die zum Schutz der Zeugen oder zur Sicherung der Hauptverhandlung vor Störungen erforderlichen Maßnahmen vorzubereiten. Darüber hinaus ist der Vorsitzende verpflichtet, sich bis
2 zur Hauptverhandlung eine noch gründlichere **Aktenkenntnis** zu verschaffen, als er sie für die Mitwirkung bei der Entscheidung über die Eröffnung des Hauptverfahrens (§§ 203 ff) brauchte. Zur Vorbereitung der Hauptverhandlung kann er nicht nur die bei den Akten befindlichen Lichtbilder und Urkunden in Augenschein nehmen, sondern auch Örtlichkeiten (Tatort, Unfallstelle usw) informatorisch besichtigen (6 zu § 86).

3 **2) Keine erschöpfende Regelung** der zur Vorbereitung der Hauptverhandlung erforderlichen und zulässigen Anordnungen enthalten die §§ 213 ff. Zu beachten

sind auch die §§ 205, 230 II, 231 a, 232 I und 233. Dencker (StV **94**, 503) weist auf die Möglichkeit hin, den Prozeßbeteiligten vor der Hauptverhandlung einen Bericht zukommen zu lassen, in dem das nach Aktenlage „Unstreitige" dargestellt wird; ob ein solcher – einen erheblichen Aufwand erfordernder – Bericht zur Vereinfachung des Verfahrens beitragen kann, erscheint aber sehr fraglich. Zur Vorbereitung der Hauptverhandlung gehört auch die Zahlung von **Reisekosten-** 4 **vorschüssen** an mittellose Zeugen und Sachverständige nach § 14 ZSEG (vgl 3 zu § 71) und an mittellose Angeklagte nach Abschn I des bundeseinheitlich geltenden Verwaltungsvorschriften über die Bewilligung von Reiseentschädigungen an mittellose Personen und Vorschußzahlungen an Zeugen und Sachverständige in der ab 1. 8. 1977 geltenden Fassung (abgedruckt bei Piller/Hermann unter 10 d). Die Entscheidung trifft in beiden Fällen das Gericht; wegen der Anfechtbarkeit vgl § 16 ZSEG und 14 zu § 23 EGGVG.

3) **Beweiserhebungen** zur Schuld- oder Rechtsfolgenfrage darf das Gericht 5 vor und außerhalb der Hauptverhandlung grundsätzlich nur vornehmen, wenn und soweit das Gesetz (vgl §§ 223, 225, 231 a I S. 2, 233 II) eine Vorwegnahme der Hauptverhandlung vorsieht. Sonst sind die Anhörung des Angeklagten zur Sache und die Vernehmung oder Beschaffung von schriftlichen Unterlagen von Zeugen und Sachverständigen nur in ganz besonders gelagerten Ausnahmefällen zulässig (vgl BGH MDR **66**, 427 mit krit Anm Dallinger; RG **65**, 322; Hamm MDR **74**, 419; Meyer-Goßner NJW **70**, 415; unrichtig LG Nürnberg-Fürth NJW **83**, 584 = JR **83**, 257 mit abl Anm Meyer: Anordnung von „Nachermittlungen" durch den Vorsitzenden). Dabei müssen die Vorschriften beachtet werden, die den Prozeßbeteiligten die Mitwirkung an vorweggenommenen Beweiserhebungen sichern (Hamm aaO; erg 1 zu § 244).

4) **Ermittlungen der StA** zur Vorbereitung der Hauptverhandlung sind nach 6 Rechtshängigkeit der Sache nicht unzulässig (Hahn GA **78**, 331), müssen aber auf Eilfälle (Beweissicherung und dgl) beschränkt bleiben (eingehend dazu Odenthal StV **91**, 441). Ihr notwendig erscheinende richterliche Untersuchungshandlungen darf die StA nicht bei dem Ermittlungsrichter (§§ 162, 169), sondern nur bei dem Vorsitzenden des erkennenden Gerichts beantragen (Stuttgart MDR **83**, 955; LG Coburg MDR **53**, 120 mit zust Anm Kleinknecht; LR-Gollwitzer 18).

5) **Ermittlungen des Verteidigers** sind ebenfalls nicht unzulässig, insbesondere 7 zur Informationsbeschaffung, aber auch zur Entwicklung einer Verteidigungsstrategie (vgl dazu eingehend Schlothauer, Vorbereitung der Hauptverhandlung, 2. Aufl 1998, S. 36 ff und in AK/StPO 7 ff; König StraFo **96**, 98 ff; erg 2 vor § 137).

Terminsbestimmung RiStBV 116

213 **Der Termin zur Hauptverhandlung wird von dem Vorsitzenden des Gerichts anberaumt.**

1) **Terminsanberaumung** ist die Festsetzung von Ort, Tag und Stunde der 1 Hauptverhandlung (Köln VRS **69**, 451). Zur Ortsangabe gehört auch die Bezeichnung des Gerichtssaals (Holch JR **79**, 350). **Verhandlungsort** ist idR ein Raum 2 im Gerichtsgebäude, nicht das Amtszimmer des Richters (RiStBV 124 I). Aus triftigen Gründen kann der Vorsitzende die Hauptverhandlung oder einen Teil von ihr aber auch am Tatort, in einer JVA (Hamm NJW **74**, 1780: aus Sicherheitsgründen), am Aufenthaltsort (Wohnung oder Krankenhaus) eines reiseunfähigen Angeklagten oder Zeugen oder in einem anderen Raum (vgl Hamm NJW **60**, 785: Gastwirtschaft) stattfinden lassen (erg 6 zu § 169 GVG). Die gesamte Hauptverhandlung kann außerhalb des Gerichtsbezirks durchgeführt werden (BGH **22**, 250; KMR-Paulus 9; erg 1 zu § 166 GVG). Der **Terminstag** kann notfalls ein 3

Sonn- oder Feiertag sein. Jedoch ist bei der Terminsanberaumung auf konfessionelle Verhältnisse Rücksicht zu nehmen (RiStBV 116 II); ein Termin an einem nichtstaatlichen Feiertag, an dem dem Angeklagten aus religiösen Gründen jede Einlassung verboten ist, kann die Gewährung des rechtlichen Gehörs in Frage
4 stellen (BGH **13**, 123). Die **Terminsstunde** ist so festzusetzen, daß ein reibungsloser Ablauf der Hauptverhandlung gesichert ist und den Beteiligten jeder vermeidbare Zeitverlust erspart bleibt (vgl RiStBV 116 III). Sie kann außerhalb der Dienstzeiten des Gerichts liegen. Falls das sachdienlich ist (zB im Anschluß an eine Augenscheinseinnahme am Unfallort), kann der Termin auch zur Nachtzeit stattfinden (BGH **12**, 332); jedoch muß die Verhandlungszeit dann so bemessen werden, daß eine Übermüdung der Beteiligten ausgeschlossen ist (BGH aaO; vgl auch Hanack JZ **71**, 170). Ein Verbot, den Termin so anzuberaumen, daß gegen
5 den Angeklagten **2 Hauptverhandlungen vor verschiedenen Gerichten** parallel zueinander stattfinden, besteht nicht (BGH NStZ **84**, 274).

6 **2) Im Ermessen des Vorsitzenden** (dh des Richters, der bei der Terminsbestimmung den Vorsitz in dem Spruchkörper führt), vor dem das Verfahren eröffnet worden ist, liegt die Terminsanberaumung. Sie muß, falls keine besonderen Gründe entgegenstehen, alsbald nach Eröffnung des Hauptverfahrens, im Berufungsrechtszug nach Vorlage der Akten nach § 321 S. 2 stattfinden. Das Gebot der Verfahrensbeschleunigung (Einl 160) macht es notwendig, daß die Hauptverhandlung baldmöglichst durchgeführt wird, insbesondere in Haftsachen (10 zu Art 5 MRK). Andererseits muß der Termin so weit hinaus anberaumt werden, daß alle Verfahrensbeteiligten ausreichend Zeit zur Vorbereitung haben. Der Vorsitzende hat das Recht, die anfallenden Sachen auf die verfügbaren Sitzungstage so zu verteilen, wie es eine zweckmäßige Erledigung der Geschäfte erfordert (BGH **15**, 390, 392). Bei der Ermessensausübung können außer der Belastung des Gerichts und der Reihenfolge des Eintritts der Rechtshängigkeit auch berechtigte Wünsche der Prozeßbeteiligten berücksichtigt werden (BGH GA **81**, 37; NStZ **98**, 311). Rechtliches Gehör braucht ihnen jedoch nicht gewährt zu werden (Frankfurt NStZ-RR **97**, 6). Der Vorsitzende ist nicht etwa verpflichtet, mit sämtlichen Prozeßbeteiligten vor der Terminsanberaumung Fühlung zu nehmen, um etwaige Verhinderungsgründe zu ermitteln und zu berücksichtigen; das gilt insbesondere für die Schöffen (BGH aaO). Eine Absprache des Termins mit dem Verteidiger ist aber zumindet zweckmäßig (vgl Brandenburg OLG-NL **96**, 71; Brause Kriminalistik **95**, 351; Neuhaus StraFo **98**, 84), kann sich in Verfahren mit schwieriger Beweislage und einem seit langem in dieses eingearbeiteten Verteidiger als notwendig erweisen (Frankfurt StV **97**, 402; LG Braunschweig StV **97**, 403) und ist daher in größeren Sachen in der Praxis üblich (erg 10 ff zu § 228).

7 **3)** Auf eine **Verlegung des Termins** haben die Prozeßbeteiligten grundsätzlich keinen Anspruch. Der Vorsitzende entscheidet über solche Anträge nach pflichtgemäßem Ermessen unter Berücksichtigung der Interessen der Beteiligten, des Gebots der Verfahrensbeschleunigung und der Terminsplanung des Gerichts (Frankfurt StV **95**, 11; LG Hamburg StV **89**, 340; LG Bonn StraFo **96**, 174; erg 10 zu § 228).

8 **4) Beschwerde** gegen die Bestimmung oder Aufhebung eines Hauptverhandlungstermins, insbesondere gegen die Ablehnung des Antrags auf Terminsverlegung ist grundsätzlich nach § 305 S. 1 ausgeschlossen. Sie kann nur dann ausnahmsweise als zulässig angesehen werden, wenn sie darauf gestützt ist, daß die Entscheidung des Vorsitzenden rechtswidrig ist, wozu auch die fehlerhafte Ausübung seines Ermessens gehört; die Beurteilung der Zweckmäßigkeit der Entscheidung ist dem Beschwerdegericht entzogen (Frankfurt StV **95**, 9; Hamburg StV **95**, 11; Hamm MDR **75**, 245; Karlsruhe StV **91**, 509; München NStZ **94**, 451; Stuttgart Justiz **73**, 357; LG Berlin StV **95**, 239; LG Hamburg StV **88**, 195; **96**, 659; LG Magdeburg StraFo **97**, 112; LG München II NJW **95**, 1439; LG Tübingen StV **96**, 658;

aM – Beschwerde stets unstatthaft – Celle NStZ **84**, 282 L = NdsRpfl **84**, 72; Düsseldorf JMBlNW **95**, 248; Hamm NStZ **89**, 133; Karlsruhe StV **82**, 560 mit abl Anm Moos; Stuttgart MDR **80**, 954; SK/StPO-Schlüchter 14; Krey 2/546; vgl auch Düsseldorf JZ **86**, 864 für die Beschwerde des Zeugen). Das Beschwerdegericht kann den Termin zwar nicht anstelle des Vorsitzenden festsetzen; es kann aber die Rechtmäßigkeit oder Rechtswidrigkeit der angefochtenen Verfügung feststellen (Frankfurt StV **90**, 201; **93**, 6; LG Hildesheim NJW **89**, 1174). Zur Frage, wann eine Beschwerde Aussicht auf Erfolg hat, vgl die Zusammenstellung von Einzelfällen bei Neuhaus StraFo **98**, 87.

5) Revision kann auf die Ablehnung des Vorsitzenden, den Termin zu verlegen, nicht gestützt werden; gerügt werden kann nur die Ablehnung eines deswegen in der Hauptverhandlung gestellten Aussetzungsantrags (Düsseldorf JMBlNW **95**, 248; Koblenz VRS **45**, 284; Julius StV **90**, 56). Wird allerdings die rechtzeitig vorgetragene Bitte um Terminsverlegung so spät abgelehnt, daß es Angeklagten und Verteidigern nicht möglich war, für ein Erscheinen zu dem neuen Termin irgendwelche Vorkehrungen zu treffen, so kann mit der Revision Verletzung des Anwesenheitsrechts gerügt werden (Hamm JR **71**, 471 mit Anm Kohlhaas). 9

Ladungen **RiStBV 116 IV, V, 117**

214 **I Die zur Hauptverhandlung erforderlichen Ladungen ordnet der Vorsitzende an. Die Geschäftsstelle sorgt dafür, daß die Ladungen bewirkt werden.**

II Ist anzunehmen, daß sich die Hauptverhandlung auf längere Zeit erstreckt, so kann der Vorsitzende die Ladung sämtlicher oder einzelner Zeugen und Sachverständigen zu einem späteren Zeitpunkt als dem Beginn der Hauptverhandlung anordnen.

III Der Staatsanwaltschaft steht das Recht der unmittelbaren Ladung weiterer Personen zu.

IV Die Staatsanwaltschaft bewirkt die Herbeischaffung der als Beweismittel dienenden Gegenstände. Diese kann auch vom Gericht bewirkt werden.

1) Anordnung und Ausführung der Ladung (I): 1

A. In der **Ladung,** dh der Aufforderung, in der Hauptverhandlung zu erscheinen (1 zu § 48), müssen das Gericht, der Sitzungssaal (oder ein anderer Verhandlungsort), der Zeitpunkt der Verhandlung, die Strafsache, in der verhandelt werden soll, und die Eigenschaft (Angeklagter, Zeuge, Sachverständiger usw) angegeben werden, in der die geladene Person erscheinen soll (Hamburg NStZ-RR **98**, 183). 2

B. Die **Ladung aller Beteiligten** richtet sich nach I. Die Vorschrift gilt für die Ladung des Angeklagten (§ 216), des Verteidigers (§ 218), des Privatklägers (§ 385 I S. 1, II), des Nebenklägers (§ 397 I S. 2 iVm § 385 I S. 1, II), der Nebenbeteiligten (§§ 453, 442 I, II S. 1, 444 I S. 1) sowie der Zeugen und Sachverständigen. Über die Ladung von Kindern und Jugendlichen vgl 7 zu § 48. Im Fall des § 52 II ist auch der mitwirkungsberechtigte gesetzlicher Vertreter zu laden, selbst wenn er die erforderliche Zustimmung bereits erteilt hat (KK-Tolksdorf 3). **Im Verfahren gegen Jugendliche und Heranwachsende** sollen neben dem Angeklagten auch der Erziehungsberechtigte und der gesetzliche Vertreter geladen werden (§ 50 II S. 1 **JGG**), und zwar unter Hinweis auf die Folgen des Ausbleibens wie bei Zeugen (§ 50 II S. 2 **JGG** iVm §§ 48, 51). Für **Sonderfälle** vgl 6 zu § 48 (Ladungen im Ausland), 8 zu § 48 (Seeleute), 10 zu § 48 (Soldaten), Art 37 **NTS-ZA** (Soldaten der ausländischen NATO-Truppen), RiStBV 197 (Diplomaten). 3 4 5

C. Eine **Mitteilung vom Termin** erhalten die StA und die Behörden, die am Verfahren zu beteiligen sind (vgl RiStBV 117 II S. 2), im Verfahren gegen Jugend- 6 liche und Heranwachsende auch die Jugendgerichtshilfe (§§ 50 III S. 1, 109 I S. 1 **JGG**). Auch der als Beistand zugelassene Ehegatte des Angeklagten und der gesetzliche Vertreter sollen vom Termin benachrichtigt werden (§ 149 I S. 2, II).

7 D. Die **Anordnung der Ladung** (S. 1) trifft der Vorsitzende, hinsichtlich der Zeugen und Sachverständigen ohne Bindung an Anträge der StA in oder außerhalb der Anklageschrift, des Angeklagten und des Verteidigers. Die Anordnung ergeht idR schriftlich; erfolgt sie mündlich, so muß sie aktenkundig gemacht werden (LR-Gollwitzer 8). Der Vorsitzende bestimmt auch die besonderen Hinweise (§§ 216 I, 232 I), die die Ladung enthalten soll. Eine Ladung ohne Anordnung des Vorsitzenden löst keine Säumnisfolgen (zB nach §§ 51, 230 II, 329 I, 412) aus,
8 führt aber zur Entschädigung nach § 1 ZSEG (LR-Gollwitzer 9). Ist der **Angeklagte nicht auf freiem Fuß, so** ordnet der Vorsitzende auch seine Vorführung an. Für Strafgefangene gilt § 36 II S. 2 **StVollzG;** für UGefangene ist die Vorschrift entspr anwendbar (**aM** Düsseldorf NJW **81**, 2768 unter Hinweis auf Art 6 II **MRK;** erg 35 zu § 119).

9 E. Die **Ausführung der Ladung** (S. 2) ist Aufgabe der Geschäftsstelle des Gerichts, sofern die Ladung nicht gegenüber der geladenen Person mündlich angeordnet oder von dem Vorsitzenden schon selbst bewirkt worden ist. Bei der Ladung des Angeklagten ist § 216 I, beim Zeugen § 48 iVm § 51 (vgl aber dort 32), beim Sachverständigen § 72 iVm § 48 und § 77 zu beachten. Den Nebenbeteiligten (Einl 73) sind mit der Ladung die vorgeschriebenen Hinweise zu geben (§§ 435 III, 442 I, II S. 1, 444 II S. 2). Die Geschäftsstelle muß auf Einhaltung der Ladungsfrist (§§ 217, 218 S. 2) bedacht sein und darauf hinwirken, daß der Vorsitzende die Zustellung des Eröffnungsbeschlusses anordnet, sofern das bisher nicht geschehen ist. Eine bestimmte Form ist für die Ladung nicht vorgeschrieben (vgl zur Ladung im Ausland BGH NStZ **90**, 226 [M]; dazu Julius StV **90**, 484 und Rose wistra **98**, 13; erg 63 zu § 244); dem auf freiem Fuß befindlichen Angeklag-
10 ten, den Zeugen und den Sachverständigen soll sie jedoch **förmlich zugestellt** werden, damit sie nachweisbar ist; bei Zeugen und Sachverständigen kann aber eine einfachere Form der Ladung gewählt werden (RiStBV 117 I). Zur Ladung von Ausländern, die der deutschen Sprache nicht mächtig sind, vgl 3 zu § 184
11 GVG. Die Geschäftsstelle erledigt auch **Vorführungsersuchen** des Vorsitzenden (§ 36 II gilt insoweit nicht), indem sie sie der Stelle zuleitet, der die Vorführung obliegt (Vorführungsdienst der Justiz, Leiter der JVA oder Polizei). Der Leiter der JVA muß in jedem Fall verständigt werden (KMR-Paulus 16).

12 **2) Ladungsplan** (II): Der Vorsitzende muß für länger dauernde Verhandlungen eine sinnvolle Reihenfolge der beabsichtigten Beweiserhebungen festlegen. Zu diesem Zweck muß er sich frühzeitig einen Verhandlungsplan zurechtlegen, dem schon bei der Ladung Rechnung getragen werden soll. Wegen der Ladung von Zeugen „auf Abruf" vgl RiStBV 116 IV.

13 **3) Unmittelbare Ladung durch die StA** (III): Die Anordnung trifft der StA, die Geschäftsstelle führt sie aus; § 38 gilt nicht. Die unmittelbare Ladung durch die StA, die nach § 222 I S. 2 zur rechtzeitigen Namhaftmachung der Beweispersonen verpflichtet, kommt insbesondere in Betracht, wenn der Vorsitzende nicht alle in der Anklageschrift aufgeführten Beweispersonen lädt (was aus der Mitteilung nach § 222 I S. 1 erkennbar ist) oder wenn der StA nachträglich die Ladung weiterer, in der Anklageschrift noch nicht benannten Beweispersonen für erforderlich hält. Dieser Fall kann auch noch während der Hauptverhandlung eintreten. Im Fall des III gilt § 245 II. Ist der Zeuge, der geladen werden soll, nicht auf freiem Fuß, so ordnet der StA die Vorführung in entspr Anwendung des § 36 II S. 2 StVollzG an.

14 **4) Herbeischaffung der Beweisgegenstände**: IV betrifft in 1. Hinsicht die bereits bei Anklageerhebung vorhandenen Beweisstücke. Befinden sie sich nicht bei den Akten, sondern in einem Asservatenraum oder in anderweitiger Verwahrung, so hat die StA sie zur Hauptverhandlung herbeizuschaffen. Der Vorsitzende

kann ferner nach § 221 die Herbeischaffung weiterer Beweisstücke anordnen; nach IV kann er das selber bewirken oder die StA darum ersuchen. IV ergänzt die für persönliche Beweismittel geltende Vorschrift des III dahin, daß die StA zur Hauptverhandlung weitere Beweisgegenstände herbeischaffen kann (erg 4 zu § 245).

5) Eine **Beschwerde** gegen die Ladungsanordnung ist nach § 305 S. 1 ausge- 15
schlossen (Hamm MDR **78**, 690 L; Köln NJW **81**, 2480). Das gilt auch für den Zeugen, der befugt oder verpflichtet ist, nicht auszusagen (Hamm aaO). Auch die Beschwerde gegen die vorläufige Ablehnung von Ladungsanträgen ist unzulässig; denn der Antragsteller ist hierdurch nicht beschwert, weil III und § 220 zur unmittelbaren Ladung berechtigen und weil der Antrag in der Hauptverhandlung nach § 244 III–V der Entscheidung des Gerichts unterstellt werden kann.

Zustellung des Eröffnungsbeschlusses

215 **Der Beschluß über die Eröffnung des Hauptverfahrens ist dem Angeklagten spätestens mit der Ladung zuzustellen. Entsprechendes gilt in den Fällen des § 207 Abs. 3 für die nachgereichte Anklageschrift.**

1) Zustellung des Eröffnungsbeschlusses (S. 1): 1

A. Dem **Angeklagten** ist der Beschluß zuzustellen; hat er einen Verteidiger, so 2
gilt § 145a I, III. Daß der Beschluß auch der StA mitzuteilen ist, folgt aus § 35 II. Für den Privatkläger gilt § 385 I S. 2, für den Nebenkläger § 397 I S. 2 iVm § 385 I S. 2. Im Verfahren gegen Jugendliche erhalten auch die Erziehungsberechtigten und gesetzlichen Vertreter Abschriften (§ 67 II **JGG**). **Spätestens** 3
mit der Ladung muß der Eröffnungsbeschluß zugestellt werden. Kann bei Erlaß des Beschlusses noch kein Termin zur Hauptverhandlung bestimmt werden, so wird aber mit der Zustellung nicht bis zur Ladung gewartet; denn der Angeklagte muß möglichst frühzeitig Gelegenheit erhalten, seine Verteidigung vorzubereiten).

B. Die **Anordnung** der Zustellung trifft der Vorsitzende. Sie muß ausdrücklich 4
erfolgen. Die Anordnung der Ladung nach § 214 I S. 1 ersetzt sie nicht (KK-Tolksdorf 1). Die Zustellung wird durch die Geschäftsstelle ausgeführt; nach § 35 II S. 1 muß förmlich zugestellt werden. Der **Mangel der Zustellung** ist kein 5
Verfahrenshindernis (BGH **33**, 183, 186; MDR **75**, 197 [D]). Er kann dadurch geheilt werden, daß der Beschluß in der Hauptverhandlung bekanntgemacht wird (Karlsruhe MDR **70**, 438; LR-Gollwitzer 7). Ein **Verzicht auf die Zustellung** ist 6
möglich (45 zu § 337). Er kann stillschweigend erklärt werden, zB durch Unterlassen eines Aussetzungsantrags in der Hauptverhandlung (RG JW **29**, 1044 mit Anm Oetker; KK-Tolksdorf 2; LR-Gollwitzer 7 will auf die Umstände des Einzelfalls abstellen; erg unten 8).

2) Die **nachgereichte Anklageschrift** (S. 2) nach § 207 III muß ebenfalls 7
entspr diesen Grundsätzen zugestellt werden. Ist der Eröffnungsbeschluß nicht schon vorher zugestellt worden, so können beide Zustellungen verbunden werden.

3) Die **Revision** kann nicht auf das Unterbleiben der Zustellung, sondern nur 8
darauf gestützt werden, daß ein deswegen gestellter Aussetzungsantrag zu Unrecht zurückgewiesen worden ist (RG **55**, 159; KMR-Paulus 7; vgl auch BGH **15**, 40, 45). War die Anklage zugestellt und unverändert zugelassen worden, so ist der Angeklagte durch die Zurückweisung des Aussetzungsantrags aber nicht iS des § 338 Nr 8 in seiner Verteidigung beschränkt (BGH LM Nr 1; LR-Gollwitzer 9).

Ladung des Angeklagten **RiStBV 117, 120**

216 **I Die Ladung eines auf freiem Fuß befindlichen Angeklagten geschieht schriftlich unter der Warnung, daß im Falle seines unentschuldigten Ausbleibens seine Verhaftung oder Vorführung erfolgen werde. Die Warnung kann in den Fällen des § 232 unterbleiben.**

II Der nicht auf freiem Fuß befindliche Angeklagte wird durch Bekanntmachung des Termins zur Hauptverhandlung gemäß § 35 geladen. Dabei ist der Angeklagte zu befragen, ob und welche Anträge er zu seiner Verteidigung für die Hauptverhandlung zu stellen habe.

1 **1)** Die **Ladung des Angeklagten zur Hauptverhandlung** regelt die Vorschrift. Zu laden ist auch der nach § 233 vom Erscheinen entbundene Angeklagte (dort 19). Im Zwischenverfahren (§§ 201 ff) wird nach § 133 geladen (dort 1). Auch sprachunkundige Ausländer werden in deutscher Sprache geladen (3 zu § 184 GVG). Unter den Voraussetzungen des § 145 a II kann die Ladung an den Verteidiger zugestellt werden, auch wenn der Angeklagte nicht auf freiem Fuß ist. Bei Unterbrechung der Hauptverhandlung gilt § 216 nicht für den Fortsetzungstermin (12 zu § 229).

2 **2)** Dem **auf freiem Fuß befindlichen Angeklagten** (I) wird die Ladung förmlich zugestellt (vgl RiStBV 117 I S. 1); Ersatzzustellung (6 ff zu § 37) ist zulässig. Formlose Mitteilung der Ladung genügt nur, wenn die Ladungsfrist des § 217 I nicht beachtet zu werden braucht (LR-Gollwitzer 5). Jedoch muß dem Angeklagten auch in diesem Fall ein Schriftstück ausgehändigt und überlassen werden, in dem Zeit, Ort und Terminsstunde, auch der Sitzungssaal (Bay **69**, 104 = JR **70**, 33; Düsseldorf MDR **87**, 868), bezeichnet sind. Das bloße Vorzeigen einer solchen Terminsnachricht genügt nicht, auch wenn der Angeklagte sie gelesen und unterschrieben hat (Bay **62**, 99 = NJW **62**, 1928). Die Warnung (unten 4) bedarf
3 ebenfalls der Schriftform (KMR-Paulus 11; erg 3 zu § 323). Der **Verzicht** auf die Zustellung der Ladung ist zulässig (Düsseldorf aaO); er kann stillschweigend darin zum Ausdruck kommen, daß der Angeklagte sich zur Sache einläßt, ohne das Fehlen der Ladung zu rügen (Hamburg HESt **3**, 28). Die in I S. 1 vorgeschriebene
4 **Warnung** ist Voraussetzung für die Anwendung der Zwangsmittel des § 230 II. Daher kann sie unterbleiben, wenn das Gericht nach § 232 in Abwesenheit des Angeklagten verhandeln kann und will (I S. 2); dann erfolgt in der Ladung der Hinweis nach § 232 I S. 1. Die Warnung unterbleibt auch im Fall des § 233 (dort 19) und in den Fällen der §§ 329 I, 412; jedoch ist dann auf die anderen Folgen des Ausbleibens hinzuweisen (§ 323 I S. 2). Im übrigen ist ein Haftbefehl gegen den Angeklagten auch ohne Warnung möglich, wenn die Voraussetzungen der §§ 112, 113 vorliegen.

5 **3)** Der **nicht auf freiem Fuß befindliche Angeklagte** (II) wird nach § 35 II S. 1 durch förmliche Zustellung geladen. Nicht auf freiem Fuß ist jeder, dem die Freiheit auf Anordnung des Gerichts oder einer Behörde entzogen und der dadurch in der Wahl seines Aufenthalts beschränkt ist (BGH **4**, 308; **13**, 209, 212). Unzulässig ist (wegen der Notwendigkeit der Befragung nach II S. 2) die Ersatzzustellung durch Niederlegung bei der Post (Bay **28**, 178 = JW **29**, 1488; Saarbrücken VRS **43**, 39), nicht aber an den Anstaltsleiter als Hauswirt iS des § 181 II ZPO (24 zu § 37). Im Fall des II entfällt die Warnung nach I. Sie ist aber nachzuholen, wenn der Angeklagte vor dem Termin auf freien Fuß gesetzt wird. Der Vorsitzende erläßt
6 zugleich mit der Ladungsanordnung einen **Vorführungsbefehl** nach § 36 II S. 2 **StVollzG.** Die Weitergabe des Vorführungsbefehls an die ausführende Stelle gehört zum Bewirken der Ladung (§ 214 I S. 2). Führen Beamte der JVA vor, so dürfen
7 sie unmittelbaren Zwang nach §§ 94 I, 178 I **StVollzG** anwenden. Die **Befragung** nach II S. 2, die bei, aber nicht unbedingt zugleich mit der Zustellung erfolgen muß, soll dem Angeklagten Gelegenheit geben, förmliche Anträge zu

stellen. Daß er schon Anträge nach § 201 gestellt hat, spielt keine Rolle (KMR-Paulus 16). Die Befragung nimmt idR der Zustellungsbeamte vor, der auch ein bevollmächtigter Beamter der JVA sein kann (vgl 24 zu § 37). Sie kann aber auch einem anderen Beamten übertragen werden. Der Wortlaut der Befragung und die Anträge des Angeklagten müssen beurkundet werden (RG **48**, 386; Bay **28**, 178 = JW **29**, 1488; LR-Gollwitzer 11). Einen allgemeinen Anspruch darauf, Anträge zu Protokoll der Geschäftsstelle des Gerichts zu erklären, hat der Angeklagte nicht (KK-Tolksdorf 7; **aM** KMR-Paulus 17); eine Ausnahme gilt, wenn die Anträge auf andere Weise nicht wirksam gestellt werden können (LR-Gollwitzer 11). Bei unmittelbarer Ladung über den Verteidiger entfällt die Befragung nach II S. 2; denn die Ermächtigung nach § 145 a II gilt als Verzicht auf sie.

4) Ladungsmängel hindern die Säumnisfolgen. Das gilt aber nur, wenn der 8
Mangel ursächlich dafür war, daß der erscheinungswillige Angeklagte an der Verhandlung nicht hat teilnehmen können (KG GA **75**, 148; KK-Tolksdorf 10). Das ist auch der Fall, wenn es der Angeklagte unterlassen hat, den in der Ladung falsch bezeichneten Sitzungssaal (Bay **69**, 104 = JR **70**, 33) oder bei widersprüchlichen Zeitangaben die richtige Zeit zu erfragen (Frankfurt NStZ-RR **96**, 75).

5) Die **Revision** kann auf Ladungsmängel nur gestützt werden, wenn der Ange- 9
klagte sie in der Hauptverhandlung geltend gemacht und deren Aussetzung beantragt hat (RG **48**, 386; LR-Gollwitzer 16 ff). Daß der Angeklagte irrtümlich zum SchG statt zur StrK geladen worden ist, begründet die Revision auch dann nicht, wenn er vorbringt, er habe in der Annahme, noch einen 2. Tatsachenrechtszug vor sich zu haben, Verteidigungsvorbringen zurückgehalten (BGH **16**, 389).

Ladungsfrist

217 **I Zwischen der Zustellung der Ladung (§ 216) und dem Tag der Hauptverhandlung muß eine Frist von mindestens einer Woche liegen.**

II Ist die Frist nicht eingehalten worden, so kann der Angeklagte bis zum Beginn seiner Vernehmung zur Sache die Aussetzung der Verhandlung verlangen.

III Der Angeklagte kann auf die Einhaltung der Frist verzichten.

1) Die **Ladungsfrist** (I) soll dem Angeklagten ausreichend Gelegenheit zur 1
Vorbereitung seiner Verteidigung gewähren (BGH **24**, 143, 146, 150). Für den Verteidiger gilt § 217 entspr (§ 218 S. 2). Die anderen Prozeßbeteiligten haben
keinen Anspruch auf Einhaltung einer Ladungsfrist. Bei der **Berechnung der** 2
Wochenfrist sind der Zustellungstag und der für die Hauptverhandlung vorgese-
hene Tag nicht mitzurechnen; § 43 II gilt nicht (allg M). Die **Ladungsfrist gilt** 3
auch für die Verhandlung nach Zurückverweisung der Sache durch das Revisionsgericht nach § 354 II (RG **42**, 407) und für die Berufungsverhandlung (§ 323 I S. 1), nicht aber für die Revisionsverhandlung (1 zu § 350). Im beschleunigten
Verfahren gilt § 418 II S. 3. Ist die **Hauptverhandlung ausgesetzt** worden, muß 4
die Ladungsfrist auch beim neuen Termin eingehalten werden (Bay **78**, 98 = MDR **79**, 159; **aM** BGH **24**, 143, 145; Hamm JMBlNW **82**, 19; KK-Tolksdorf 3; SK/StPO-Schlüchter 5). Die Ladungsfrist muß aber nicht eingehalten werden bei
Verlegung der Verhandlung auf einen späteren Zeitpunkt (Bay **62**, 99 = NJW 5
62, 1928). Anders ist es bei Vorverlegung des Termins (RG **25**, 74; LR-Gollwitzer 4), sofern er nicht nur auf eine frühere Stunde desselben Tages verlegt wird (KK-
Tolksdorf 4; **aM** RG JW **28**, 2250 mit abl Anm Mamroth). Bei **Fortsetzung einer** 6
unterbrochenen Hauptverhandlung ist keine förmliche Ladung erforderlich (12 zu § 229), daher auch nicht die Einhaltung einer Ladungsfrist (BGH NJW **82**, 248;

JZ **57**, 673 mit zust Anm EbSchmidt; Bay **78**, 98 = MDR **79**, 159; Koblenz VRS **52**, 428).

7 **2)** Den **Aussetzungsantrag wegen Nichteinhaltung der Ladungsfrist** II), dem das Gericht stattgeben muß, wenn er rechtzeitig gestellt ist, kann nur der Angeklagte persönlich oder für ihn der dazu bevollmächtigte Verteidiger stellen; der Verteidiger ist aus eigenem Recht nicht antragsberechtigt (KMR-Paulus 9). Der Angeklagte soll nach § 228 III auf sein Antragsrecht hingewiesen werden. Er muß nicht zum Zweck der Antragstellung in der Hauptverhandlung erscheinen, sondern kann den Antrag schon vor ihrem Beginn schriftlich anbringen (BGH **24**, 143, 151 = JR **72**, 159 mit insoweit zust Anm Cramer; Celle NJW **74**, 1258;
8 Koffka JR **67**, 191; **aM** Köln NJW **55**, 1243). Nur **bis zur Vernehmung des Angeklagten** zur Sache nach § 243 IV S. 2 kann der Antrag gestellt werden: es handelt sich um eine befristete Verfahrenseinrede (Fuhrmann NJW **63**, 1320; Jescheck JR **52**, 400). Bei mehreren Angeklagten ist der Beginn der jeweiligen Sachvernehmung maßgebend (LR-Gollwitzer 7). Ein verspäteter Antrag kann nur zur Aussetzung führen, wenn die Voraussetzungen des § 265 IV vorliegen. Über
9 den Aussetzungsantrag **entscheidet das Gericht** durch Beschluß (Bay **87**, 55, 56 = OLGSt § 212 Nr 1).

10 **3)** Den **Verzicht auf die Einhaltung der Ladungsfrist** (III) kann der Angeklagte auch gegen den Widerspruch seines Verteidigers erklären (KK-Tolksdorf 8; KMR-Paulus 14; **aM** Rieß NJW **77**, 883). Der Verteidiger braucht eine besondere Ermächtigung des Angeklagten (RG JW **30**, 3325; vgl auch BGH **12**, 367, 370). Der Verzicht, der unwiderruflich ist, kann durch schlüssiges Verhalten erklärt werden, zB durch den Antrag nach § 233 und durch Unterlassen des Aussetzungsantrags nach II bei Mitwirkung eines Verteidigers, auch wenn der Hinweis nach § 228 III unterlassen worden ist (BGH MDR **52**, 532 [D]; **aM** EbSchmidt Nachtr 11). Hat der Angeklagte keinen Verteidiger, so setzt der stillschweigende Verzicht voraus, daß er seine Rechte kennt oder über sie belehrt worden ist (Hamburg NJW **67**, 456 = JR **67**, 193 mit zust Anm Koffka; vgl auch BGH **24**, 143, 145).

11 **4)** Die **Erscheinungspflicht des Angeklagten,** auch wenn er vor Beginn der Hauptverhandlung einen schriftlichen Aussetzungsantrag gestellt hat, über den noch nicht entschieden worden ist (oben 7), wird durch die Nichteinhaltung der Ladungsfrist nicht berührt (BGH **24**, 143, 150 ff). Die Fristeinhaltung ist daher keine Voraussetzung für Maßnahmen, die das Gesetz (zB in § 230 II, 232, 329 I, 412) an das Ausbleiben des Angeklagten knüpft (BGH **24**, 143, 149 = JR **72**, 159 mit insoweit abl Anm Cramer; Bay NJW **67**, 457 = JR **67**, 190 mit abl Anm Koffka; KG VRS **17**, 139; Bremen JR **59**, 391; Köln NJW **55**, 1243; Ordemann MDR **60**, 190; **aM** SK/StPO-Schlüchter 12 mwN; vgl. auch LR-Gollwitzer 13 ff, der Zwangsmaßnahmen nach § 230 II idR für ausgeschlossen hält). Die Nichteinhaltung der Frist kann – muß aber nicht (vgl KG VRS **87**, 130) – das Ausbleiben des Angeklagten entschuldigen (Bremen aaO; Köln aaO), und zwar nicht nur, wenn die Ladung so spät zugestellt worden ist, daß er nicht mehr rechtzeitig erscheinen konnte, sondern auch dann, wenn die Nichteinhaltung der Frist iVm mit weiteren Umständen, die dem Gericht erkennbar sind (Abwesenheit, Krankheit), das Ausbleiben entschuldigt (BGH aaO; Bay aaO).

12 **5)** Die **Revision** kann auf die Nichteinhaltung der Ladungsfrist, die allein mit dem Antrag nach II beanstandet werden kann, nicht gestützt werden (BGH **24**, 143; Bay **87**, 55, 56 = OLGSt § 212 Nr 1; NJW **67**, 457 = JR **67**, 190 mit Anm Koffka; Celle NJW **74**, 1258; Koblenz VRS **52**, 358; Saarbrücken VRS **44**, 190; **aM** Hamburg NJW **67**, 456 = JR **67**, 193 mit zust Anm Koffka; Hamm NJW **54**, 1856; Schlüchter Meyer-GedSchr 461 f); das gilt selbst dann, wenn die Belehrung nach § 228 III unterblieben ist (BGH MDR **52**, 532 [D]; KK-Tolksdorf 10). Dagegen ist die unrichtige, auch stillschweigende, Ablehnung des rechtzeitig gestellten Aussetzungsantrags nach II ein Revisionsgrund (Bay **87**, 55, 56 = OLGSt

§ 212 Nr 1), auf dem das Urteil meist beruhen wird (vgl Bay NStZ **82**, 172 L). Der vom Angeklagten selbst erklärte Verzicht auf die Einhaltung der Ladungsfrist enthält nicht schon den Verzicht auf die Geltendmachung eines Verstoßes gegen § 140 II (Hamm NStZ-RR **98**, 243).

Ladung des Verteidigers

218 **Neben dem Angeklagten ist der bestellte Verteidiger stets, der gewählte Verteidiger dann zu laden, wenn die Wahl dem Gericht angezeigt worden ist. § 217 gilt entsprechend.**

1) Ladung des Verteidigers (S. 1): 1

A. **Jeder Verteidiger** ist von Amts wegen zur Hauptverhandlung zu laden, der 2
Pflichtverteidiger, solange seine Bestellung nicht widerrufen worden ist (RG **19**, 3
373; **21**, 266; KMR-Paulus 4), der von dem Angeklagten oder einem anderen
Berechtigten (vgl § 137 II S. 1) **gewählte Verteidiger,** wenn seine Wahl (vgl dazu 4
4 vor § 137) dem Gericht, im Ermittlungsverfahren auch der StA (Hamm VRS **41**,
133), angezeigt worden ist; das Fehlen der Anschrift ist unschädlich, wenn sie leicht
festgestellt werden kann (Köln DAR **82**, 24). S. 1 gilt auch, wenn der Angeklagte
nach § 233 vom Erscheinen entbunden ist (Köln NJW **60**, 736). Die Vorlage einer
Vollmacht setzt die Vorschrift nicht voraus (BGH **36**, 259; Bay **84**, 133 = StV **85**,
140). Daher ist auch der Verteidiger zu laden, der in einer früheren Hauptver-
handlung mit Billigung des Angeklagten aufgetreten ist (RG **25**, 152; KK-Tolks-
dorf 3) oder der seine Wahl sonst durch schlüssiges Verhalten angezeigt hat (Köln
DAR **82**, 24: telegrafische Rechtsmitteleinlegung; vgl auch LR-Gollwitzer 6). Hat
der Angeklagte **mehrere Verteidiger,** so sind sie, sofern nicht die Zurückweisung 5
nach § 146a geboten ist, grundsätzlich alle zu laden (BGH **36**, 259, 260 mwN;
NStZ **95**, 298). Nur wenn mehrere Anwälte einer Sozietät bestellt sind, genügt
idR die Ladung dessen, der die Wahl angezeigt hat (RG **48**, 377; LR-Gollwitzer
10, **aM** EbSchmidt Nachtr 3). S. 1 **gilt entsprechend** für den Beistand oder 6
Vertreter des Nebenklägers (Celle MDR **66**, 256; Karlsruhe VRS **50**, 119; 8 zu
§ 397), für den gewählten oder bestellten Vertreter des Einziehungsbeteiligten
(§ 434 I, II) oder des Verfallsbeteiligten (§ 442 I, II S. 1) und für den Vertreter der
JP oder PV (§ 444 II S.2 iVm § 434 I S.2).

B. Durch **förmliche Zustellung** ist der Verteidiger zu laden. Das gilt auch, 7
wenn zwar die Ladungsfrist nicht eingehalten werden kann (unten 11), aber eine
förmliche Ladung zeitlich noch möglich ist (Bay **84**, 133 = StV **85**, 140; Hamm
MDR **71**, 320; Karlsruhe GA **79**, 347). Ist das nicht der Fall, so muß formlos,
notfalls telefonisch, geladen werden (LR-Gollwitzer 16; vgl auch Hamburg HESt
1, 165: Anzeige der Wahl erst in der Hauptverhandlung). Dem S. 1 ist genügt,
wenn die Ladung den Verteidiger bei Beginn der Hauptverhandlung erreicht hat
(BGH MDR **75**, 369 [D]). Durch den Geschäftsstellenvermerk über die Ausfüh-
rung der Ladungsverfügung wird sie nicht bewiesen (Bay DAR **74**, 186 [R]; Köln
DAR **85**, 125; Zweibrücken NStZ **81**, 355). **Kein Ersatz für die förmliche** 8
Ladung ist die aktenkundig gemachte Kenntnis des Verteidigers vom Termin (Bay
84, 133 = StV **85**, 140; Celle VRS **47**, 299, 301; LR-Gollwitzer 14; **aM** KG VRS
28, 438; Celle NJW **74**, 1258; Hamburg MDR **72**, 168; VRS **40**, 38; Hamm NJW
69, 705; Koblenz VRS **41**, 208). Noch weniger genügt es, daß der Verteidiger auf
andere Weise vom Termin erfahren hat (Frankfurt StV **83**, 268; Hamm NJW **55**,
233; **69**, 705; MDR **71**, 320), etwa weil er von seinem Mandanten unterrichtet
worden ist (Hamm VRS **45**, 442; Köln VRS **44**, 110) oder weil er die Akten
eingesehen hat und daher rechtzeitig von dem Termin Kenntnis nehmen konnte
(BGH NStZ **85**, 229; **95**, 298; Bay **84**, 133 = StV **85**, 140; Frankfurt StV **83**, 268;
Hamm VRS **45**, 442; Karlsruhe NJW **68**, 855; Köln DAR **85**, 125).

9 C. Ein **Verzicht auf die Ladung ist möglich.** Er kann auch stillschweigend erklärt werden (Bay **84**, 133 = StV **85**, 140), etwa indem der Verteidiger bei der Anzeige seiner Wahl mitteilt, er habe von dem Termin Kenntnis (Hamm JMBlNW **53**, 260; NJW **55**, 233), oder indem er einen Vertagungsantrag stellt. Die Zustimmung des Angeklagten ist nicht erforderlich (**aM** Hamm NJW **54**, 1856). Bleibt der Verteidiger in der Hauptverhandlung aus, so kann, sofern die Verteidigung nicht notwendig ist, auch der Angeklagte nachträglich auf dessen Ladung verzichten (RG **43**, 161; Koblenz MDR **68**, 944; Schleswig SchlHA **53**, 269), wenn er weiß, daß der Verteidiger nicht ordnungsgemäß geladen worden ist (Brandenburg StV **96**, 368 L; Karlsruhe NJW **68**, 855; Justiz **74**, 135). Das setzt aber grundsätzlich eine eindeutige Erklärung voraus (Brandenburg aaO; Köln VRS **44**, 110). Ein stillschweigender Verzicht kommt nur in Betracht, wenn dem Angeklagten bekannt ist, daß er die Aussetzung der Hauptverhandlung verlangen kann (BGH **36**, 259, 261; Hamm NJW **69**, 705; JZ **56**, 258; Karlsruhe GA **79**, 347; Koblenz VRS **41**, 208; Oldenburg VRS **40**, 203). Daß sich der rechtsunkundige Angeklagte ohne Einwand oder Aussetzungsantrag (unten 12) auf die Verhandlung einläßt, rechtfertigt den Schluß auf einen Verzicht auf die Ladung nicht (Köln aaO).

10 **2) Ladungsfrist** (S. 2 iVm § 217):

11 A. Die **Einhaltung der Ladungsfrist** des § 217 I ist nur erforderlich, wenn der Verteidiger in dem Zeitpunkt, in dem sie für den Angeklagten beginnt, seine Wahl angezeigt hat oder wenn er bereits gerichtlich bestellt ist (BGH NJW **63**, 1114; NStZ **83**, 209 [Pf/M]; Bay **84**, 133 = StV **85**, 140; Hamm MDR **71**, 320). Anders ist es, wenn die verspätete Beiordnung von dem Vorsitzenden verschuldet worden ist (RG **20**, 38; KK-Tolksdorf 5). Unnötig ist die Einhaltung der Ladungsfrist, wenn der Verteidiger auf sie verzichtet hat (LR-Gollwitzer 17).

12 B. Ob er den **Aussetzungsantrag** nach S 2 iVm § 217 II, III stellen oder auf ihn verzichten will, entscheidet der in der Hauptverhandlung erschienene Verteidiger selbst (BGH **18**, 396; NStZ **85**, 229; KK-Tolksdorf 8; **aM** EbSchmidt Nachtr 7; Beulke 137; Hanack JZ **71**, 220: nicht gegen den Willen des Angeklagten). Er kann den Antrag auch schon vor der Hauptverhandlung schriftlich stellen (Celle NJW **74**, 1258; Koblenz VRS **52**, 357; Köln JMBlNW **86**, 275; erg 7 zu § 217). Die vor dem Termin gegenüber dem Vorsitzenden mündlich geäußerte Bitte um Aussetzung ist aber kein wirksamer Antrag (Celle aaO). Hatte der Verteidiger zwischen den Sitzungstagen einer mehrmonatigen Verhandlung ausreichend Gelegenheit zur ergänzenden Vorbereitung, so kann der Aussetzungsantrag abgelehnt werden (BGH NStZ **83**, 209 [Pf/M]), ebenso, wenn er zu einem Zeitpunkt, in dem eine Ladung noch rechtzeitig gewesen wäre, zuverlässige Kenntnis von dem Termin hatte (BGH StV **85**, 133 mit Anm Sieg StV **86**, 2). Im Fall des § 329 hat der Verteidiger keinen Anspruch auf Aussetzung (vgl KG VRS **63**, 126). Das
13 Recht, die Aussetzung zu verlangen, **geht auf den Angeklagten über,** wenn er allein in der Hauptverhandlung erscheint (Celle NJW **74**, 1258). Auf das Recht, einen Aussetzungsantrag zu stellen, muß der rechtsunkundige Angeklagte dann
14 idR entspr § 228 III hingewiesen werden (Celle aaO; Köln MDR **73**, 70). **Spätestens bis zum Beginn der Vernehmung des Angeklagten zur Sache** nach § 243 IV S. 2 muß der Antrag gestellt werden (S. 2 iVm § 217 II). Wenn der Verteidiger aber erst später erscheint, gilt diese Begrenzung nicht (Hamm JZ **56**, 528; LR-Gollwitzer 22; **aM** EbSchmidt Nachtr 6). In diesem Fall muß er den Antrag aber, wie sich aus dem Sinn des § 217 II ergibt, unverzüglich nach seinem Erscheinen stellen (KK-Tolksdorf 8; vgl auch Celle MDR **66**, 256 für den RA eines Nebenklägers). Mit dem Beginn der Urteilsverkündung endet diese Befugnis.

15 **3) Revision:** Der nicht geheilte Verstoß gegen S. 1 begründet die Revision (Bay DAR **86**, 247 [R]; Hamburg MDR **71**, 70; Koblenz VRS **41**, 208; Stuttgart Justiz **90**, 407), auch wenn die Ladung ohne Verschulden des Gerichts unterblieben war (KG StV **96**, 10; Köln OLGSt S. 15); zum notwendigen Revisionsvorbringen

vgl Bay **96**, 17 = NStZ-RR **96**, 245; Hamm StraFo **98**, 235. IdR wird nicht ausgeschlossen werden können, daß die Hauptverhandlung in Anwesenheit des Verteidigers für den Angeklagten günstiger verlaufen wäre (BGH **36**, 259, 262; Bay **84**, 133 = StV **85**, 140; KG aaO; Hamm NJW **55**, 233; **69**, 705; AnwBl **81**, 200; Düsseldorf StV **83**, 269). Das gilt auch, wenn sich der Verstoß nur auf einen der mehreren Verteidiger des Angeklagten bezieht (BGH NStZ **95**, 298; Karlsruhe NJW **68**, 855), sofern nicht ersichtlich die Aufgaben dieses Verteidigers nach dem Willen des Angeklagten von dem erschienenen Verteidiger mit übernommen worden sind. Die **Nichteinhaltung der Ladungsfrist** kann ebensowenig wie im Fall 16
des § 217 I mit der Revision gerügt werden (dort 12). Die Nichtbeachtung eines vor der Hauptverhandlung gestellten **Aussetzungsantrags** ist auch dann ein Revi- 17
sionsgrund nach § 338 Nr 8, wenn der Richter ihn nicht kannte (Bay DAR **74**, 186 [R]; Koblenz VRS **52**, 357).

Beweisanträge des Angeklagten

219 **I Verlangt der Angeklagte die Ladung von Zeugen oder Sachverständigen oder die Herbeischaffung anderer Beweismittel zur Hauptverhandlung, so hat er unter Angabe der Tatsachen, über die der Beweis erhoben werden soll, seine Anträge bei dem Vorsitzenden des Gerichts zu stellen. Die hierauf ergehende Verfügung ist ihm bekanntzumachen.**

II Beweisanträge des Angeklagten sind, soweit ihnen stattgegeben ist, der Staatsanwaltschaft mitzuteilen.

1) **Beweisanträge zur Vorbereitung der Hauptverhandlung** ermöglicht die 1
Vorschrift. Antragsberechtigt sind (vgl allg ANM 352; Oske MDR **71**, 797) Angeklagte, Verteidiger, gesetzliche Vertreter, Erziehungsberechtigte und Nebenbeteiligte mit denselben Rechten wie der Angeklagte. Der Beweisantrag muß schriftlich (Einl 128) oder zu Protokoll der Geschäftsstelle (Einl 131 ff) gestellt werden (ANM 353) und die Beweistatsachen und Beweismittel angeben. Ein Antrag, der nicht auf Benutzung des Beweismittels in der Hauptverhandlung abzielt, ist kein Beweisantrag iS des § 219 (KK-Tolksdorf 2). Bedingte Anträge, insbesondere Hilfsbeweisanträge (22 zu 244), sind zulässig (vgl Celle VRS **17**, 281, 284), können aber nur Erfolg haben, wenn schon vor der Hauptverhandlung beurteilt werden kann, ob das Gericht die Voraussetzungen für gegeben hält, von denen der Antragsteller die Herbeischaffung des Beweismittels abhängig macht (ANM 353). Der Antrag auf Augenscheinseinnahme (§ 225) fällt nicht unter § 219 (Celle NJW **57**, 1812); über ihn muß das ganze Gericht entscheiden (ANM 352 Fn 2).

2) **Zuständig** für die Entscheidung über den Antrag ist allein der Vorsitzende. 2
Gerichtsbeschlüsse sind unzulässig (Celle NJW **57**, 1812; Köln MDR **53**, 376 sieht darin – zu weitgehend [LR-Gollwitzer 37; ANM 354] – sogar einen Revisionsgrund). Die Entscheidung ist nur vorläufig (RG **75**, 165; Oske MDR **71**, 797); sie nimmt die des erkennenden Gerichts nicht vorweg (ANM 354). Die Anhörung der StA ist vor der Entscheidung ist gesetzlich nicht vorgeschrieben (§ 33 II gilt für Verfügungen des Vorsitzenden nicht), ist aber zweckmäßig. Der Vorsitzende ist zur Entscheidung verpflichtet, sofern sie zeitlich möglich ist (ANM 355). Er muß den Antrag ablehnen oder ihm stattgeben; die „Verweisung" der Entscheidung an das erkennende Gericht ist unzulässig (BGH **1**, 286 = JZ **51**, 725 mit Anm. Oehler; ANM 355 mwN in Fn 23). Nur Beweisermittlungsanträge (25 zu § 244) brauchen nicht beschieden zu werden (ANM 353). Der Vorsitzende darf jedoch einen ernsthaft gestellten Beweisantrag nicht in einen Beweisermittlungsantrag umdeuten (BGH NStZ **82**, 189 [Pf]).

3) **Zulässige Ablehnungsgründe:** Ein Antrag, der den Erfordernissen des I 3
S. 1 nicht entspricht, wird unter Bezeichnung dieser Mängel abgelehnt (ANM

355). Ein vorheriger Hinweis darauf ist nicht erforderlich; denn der Angeklagte kann den Antrag, dessen Mangelhaftigkeit er aus dem Ablehnungsbeschluß ersieht, in vervollständigter Form wiederholen. Für den Antrag gelten im übrigen die Ablehnungsgründe des § 244 III (Köln MDR **53**, 376; LR-Gollwitzer 2, 11; ANM 356; Nierwetberg Jura **84**, 633; **aM** Peters 308). Anträge auf Sachverständigenladung können unter Hinweis auf die eigene Sachkunde des Gerichts (§ 244 IV S. 1), die der Vorsitzende vorläufig beurteilen darf, abgelehnt werden (LR-Gollwitzer 15; ANM 356). Unzulässig ist die Ablehnung mit der Zusage, das erkennende Gericht werde die Beweistatsache als wahr unterstellen (BGH **1**, 51, 53; RG **75**, 165, 167; ANM 357 mwN in Fn 31; Peters 308; Roxin § 41 B I 3 c). Abgelehnte Anträge kann der Antragsteller in der Hauptverhandlung wiederholen. Das erkennende Gericht entscheidet über sie ohne Bindung an die Ablehnungsgründe des Vorsitzenden (RG aaO; ANM 359; Nierwetberg Jura **84**, 633; Oske MDR **71**, 797).

4 **4)** Die **Bekanntgabe der Verfügung** an den Antragsteller (I S. 2) ist erforderlich, auch wenn dem Antrag stattgegeben wird (Köln JMBlNW **62**, 201; ANM 357; Oske MDR **71**, 797). Die formlose Bekanntgabe nach § 35 II S. 2 genügt (LR-Gollwitzer 18). Sie muß so rechtzeitig erfolgen, daß der Antragsteller noch von seinem Ladungsrecht nach § 220 Gebrauch machen kann. Eine Mitteilung an andere Beteiligte ist überflüssig, auch die an Mitangeklagte (ANM 357; **aM** KK-Tolksdorf 9; LR-Gollwitzer 19). Beweisanträge, denen stattgegeben wird, müssen aber der StA mitgeteilt werden (II), nach § 397 I S. 2 iVm § 385 I auch dem Nebenkläger (ANM 358). Die ablehnende, nicht die stattgebende, Verfügung muß begründet werden. Dabei genügt die Mitteilung, daß die Beweiserhebung entbehrlich erscheint (ANM 358; weitergehend LR-Gollwitzer 17); ein Hinweis auf §§ 220, 244 III–V ist nicht vorgeschrieben (ANM 358). Der Vorsitzende kann seine Verfügung von Amts wegen oder auf Antrag ändern.

5 **5)** Bei **unterlassener oder unzulässiger Entscheidung** über den Antrag treffen den Vorsitzenden in der Hauptverhandlung Fürsorgepflichten gegenüber dem Antragsteller (ANM 359 ff). Bei unterlassener Bescheidung muß er ihn befragen, ob er den Antrag aufrechterhalten wolle, und ihn ggf darauf hinweisen, daß der Antrag wiederholt werden muß (Bay **64**, 25 = GA **64**, 334; KG JR **50**, 567; Bremen VRS **36**, 180, 181; ANM 360 mwN in Fn 52). Ist der Angeklagte nicht anwesend, so muß der Antrag dem Gericht vorgelegt werden (Bay **55**, 267 = NJW **56**, 1042; Oske MDR **71**, 798). Das gilt entspr, wenn die Ladungsverfügung des Vorsitzenden nicht ausgeführt worden oder der geladene Zeuge nicht erschienen ist (Celle MDR **62**, 236; Hamburg JR **56**, 28 mit Anm Nüse; ANM 361). Bei unzulässiger „Verweisung" an das erkennende Gericht (oben 2) muß der Vorsitzende dafür sorgen, daß es den Antrag bescheidet (BGH **1**, 286 = JZ **51**, 725 mit Anm Oehler; LR-Gollwitzer 26; ANM 362 mwN in Fn 66). Die unzulässige Wahrunterstellung (oben 3) zwingt den Vorsitzenden dazu, dem Gericht den Inhalt seiner Verfügung bekanntzumachen und dem Antragsteller eine abweichende Ansicht des Gerichts mitzuteilen (BGH **1**, 51; ANM 363). Das gilt auch, wenn der Verteidiger den Antrag gestellt hat (ANM 363; Oske MDR **71**, 797).

6 **6) Anfechtung:** Die Beschwerde ist nach § 305 S. 1 unzulässig. Die **Revision**
7 kann auf die Verletzung des § 219 nicht gestützt werden, da das Urteil darauf nicht beruhen kann (RG **75**, 165; KK-Tolksdorf 12; **aM** Düsseldorf JMBlNW **87**, 101, 103 für den Fall, daß eine Entscheidung des Vorsitzenden unterblieben ist). Nur die Verletzung der Fürsorgepflichten des Vorsitzenden (oben 5) kann nach § 244 II gerügt werden (Köln NJW **54**, 46; Saarbrücken VRS **29**, 292), insbesondere bei Nichteinhaltung der zugesagten Wahrunterstellung (BGH **1**, 51; anders BGH **32**, 44, 47 = JR **84**, 172 mit abl Anm Meyer, das den fair trial- Grundsatz [Einl 19] für verletzt hält), sofern nicht in der Nichtwiederholung des Antrags in der Hauptverhandlung ein Verzicht auf weitere Aufklärung zu sehen ist (dazu Hamm BZV **98**,

425). Zum notwendigen Revisionsvorbringen vgl Bay **64**, 25 = GA **64**, 334; Bremen VRS **36**, 180; Düsseldorf aaO; Hamm aaO; ANM 860.

Ladung durch den Angeklagten

220 **I Lehnt der Vorsitzende den Antrag auf Ladung einer Person ab, so kann der Angeklagte sie unmittelbar laden lassen. Hierzu ist er auch ohne vorgängigen Antrag befugt.**

II Eine unmittelbar geladene Person ist nur dann zum Erscheinen verpflichtet, wenn ihr bei der Ladung die gesetzliche Entschädigung für Reisekosten und Versäumnis bar dargeboten oder deren Hinterlegung bei der Geschäftsstelle nachgewiesen wird.

III Ergibt sich in der Hauptverhandlung, daß die Vernehmung einer unmittelbar geladenen Person zur Aufklärung der Sache dienlich war, so hat das Gericht auf Antrag anzuordnen, daß ihr die gesetzliche Entschädigung aus der Staatskasse zu gewähren ist.

1) Die **unmittelbare Ladung von Zeugen und Sachverständigen** (I) (zu 1
letzteren vgl insbesondere BGH **43**, 171 mit Anm Witting StV **98**, 174) zur Hauptverhandlung (nicht zur kommissarischen Vernehmung nach § 223) ermöglicht es dem Angeklagten, auf den Umfang der Beweisaufnahme einen größeren Einfluß zu nehmen als durch die Stellung von Beweisanträgen nach § 244 III–V; denn die Vernehmung der unmittelbar geladenen Beweispersonen kann das Gericht nur unter den engeren Voraussetzungen des § 245 II S. 2, 3 ablehnen. Statt Beweispersonen förmlich zu laden, kann der Angeklagte sie auch in der Hauptverhandlung stellen (vgl § 222 II), dh zur Sitzung mitbringen; § 245 gilt dann aber nicht (dort
16). Im Rahmen ihrer Beteiligungsbefugnisse haben auch **andere Verfahrens-** 2
beteiligte das Recht der unmittelbaren Ladung, insbesondere der Nebenkläger (10 zu § 397), der Einziehungsbeteiligte (§ 433 I), der Verfahrensbeteiligte (§ 442 I, II S. 1 und die JP oder PV bei Bußgeldbeteiligung im Fall des § 444 I, II. IdR ist die
unmittelbare Ladung erst angebracht, wenn ein **Antrag nach § 219** auf Ladung 3
der Beweisperson gestellt und von dem Vorsitzenden abgelehnt worden ist (I S. 1). Jedoch kann der Angeklagte die Beweisperson auch ohne einen solchen erfolglosen
Antrag unmittelbar laden (I S. 2). Das **Verfahren** der unmittelbaren Ladung regelt 4
§ 38. Zu welchem Beweisthema sie vernommen werden soll, braucht der Angeklagte der Beweisperson bei der Ladung nicht mitzuteilen. Gericht und StA muß er zwar von der Ladung verständigen (§ 222 II); aber auch ihnen muß er das Beweisthema nicht angeben (9 zu § 222). Die Selbstladung von Auslandszeugen ist nicht möglich, weil die StPO dafür keine Regelung enthält (Fezer StV **95**, 266; Siegismund/Wickern wistra **93**, 86; **aM** Hartwig StV **96**, 629, der nach § 37 I iVm §§ 199 ff ZPO ein Zustellungsgesuch an das Prozeßgericht für zulässig erachtet; dagegen auch Rose wistra **98**, 17, der seinerseits aber auf § 51 Nr 1 iVm § 20 II S. 2 der bundeseinheitlich gültigen Geschäftsanweisung für für Gerichts-
vollzieher vom 1. 7. 1983 verweist). Für **Urkunden und Augenscheinsgegen-** 5
stände gibt es keine dem § 220 vergleichbare Regelung. Der Angeklagte kann das Beweismittel zur Hauptverhandlung mitbringen, aber auch seine Vorlegung durch den Verfügungsberechtigten veranlassen.

2) Eine **Pflicht zum Erscheinen** (II) besteht für den unmittelbar geladenen 6
Zeugen oder Sachverständigen nur im selben Umfang wie auf gerichtliche Ladung (LR-Gollwitzer 9 unter Hinweis auf §§ 49, 50, 75, 76) und ferner nur, wenn ihm der Gerichtsvollzieher bei der Ladung nach § 38 (bei wiederholter Ladung erneut) die gesetzliche Entschädigung für Reisekosten und Versäumnis in bar angeboten oder deren Hinterlegung bei der Geschäftsstelle, praktisch bei der Gerichtskasse oder -zahlstelle (LR-Gollwitzer 16), nachgewiesen hat. Die Vorschrift ist mit Art 6

7 Abs 3 Buchst d **MRK** vereinbar (Schorn DRiZ **63**, 340). Die **Höhe der Entschädigung** muß der Angeklagte nach dem ZSEG selbst berechnen (KK-Tolksdorf 9). Dem Sachverständigen, der durch die Ladung übrigens zu irgendwelchen Vorarbeiten nicht verpflichtet wird, muß er einen Betrag anbieten, der dessen voraussichtlichen Zeitaufwand mit dem Stundensatz des § 3 ZSEG entspricht (LR-Gollwitzer 20 ff; vgl auch Jessnitzer NJW **74**, 1311, der eine gesetzliche Regelung befürwortet). Einen Vorschuß aus der Staatskasse für diese Auslagen kann der Angeklagte nicht verlangen (BGH MDR **76**, 841 [H]). Weist die Beweisperson das Angebot zurück oder verzichtet sie darauf, so beseitigt das ihre Erscheinungspflicht nicht (LR-Gollwitzer 13, 14). Sie muß auch erscheinen, wenn der angebotene
8 Betrag zu niedrig ist, sie ihn aber angenommen hat (KK-Tolksdorf 9). Bei **unentschuldigtem Ausbleiben** des nach II zum Erscheinen verpflichteten Zeugen oder Sachverständigen sind die Maßnahmen nach §§ 51, 77 von Amts wegen zu verhängen, wenn mit der Ladung nach § 48 der Hinweis auf sie verbunden war (LR-Gollwitzer 12). Das gilt ohne Rücksicht darauf, ob ein Antrag auf Vernehmung der Beweisperson nach § 245 II S. 1 Erfolg gehabt hätte (KMR-Paulus 3; LR-Gollwitzer 12; **aM** D. Meyer MDR **79**, 814). Die ordnungsmäßige Ladung und die Voraussetzungen des II muß der Angeklagte dem Gericht nachweisen. Einem
9 **Mißbrauch des Ladungsrechts** ist durch § 245 II vorgebeugt (LR-Gollwitzer 11; vgl auch BGH NJW **98**, 2458, 2461).

10 3) **Entschädigung aus der Staatskasse** (III) wird nur auf Antrag der Beweisperson, des Angeklagten oder der StA angeordnet, der Antrag kann noch nach dem Ende der Hauptverhandlung gestellt werden (Köln MDR **58**, 622; LG Aachen NJW **60**, 735 mit Anm Pentz); für Zeugen gilt jedoch die 3-Monatsfrist des § 15 II ZSEG (Schleswig SchlHA **57**, 276; LG Mainz NJW **56**, 1848; KK-Tolksdorf 11). Sachverständige werden für die vor ihrer Ladung erstellten schriftlichen Gutachten nicht entschädigt (München NStZ **81**, 450). Voraussetzung für die
11 Entschädigung ist die **Sachdienlichkeit der Vernehmung** für die Sachaufklärung; dadurch soll Mißbräuchen des Selbstladungsrechts vorgebeugt werden (BGH MDR **76**, 814 [H]). Bei der Beurteilung der Sachdienlichkeit, über die das Gericht in tatrichterlicher Würdigung des Ergebnisses und Verlaufs der Hauptverhandlung entscheidet (Düsseldorf MDR **85**, 1050), ist ein von den Vorstellungen und Meinungen des Angeklagten unabhängiger objektiver Maßstab anzulegen (Düsseldorf aaO). Sachdienlichkeit ist nicht gleichbedeutend mit Entscheidungserheblichkeit (Hamburg MDR **78**, 952). Sachdienlich ist die Beweiserhebung daher schon, wenn sie das Verfahren gefördert, also die Entscheidung oder den Verfahrensgang irgendwie beeinflußt hat (Düsseldorf aaO; JurBüro **86**, 886; Hamburg aaO; München StV **96**, 491 mit Anm Degenhard). Das kann auch der Fall sein, wenn schon andere geeignete Beweismittel vorhanden waren (EbSchmidt 9; vgl aber LR-Gollwitzer 29). Wegen mangelnder Glaubwürdigkeit des vernommenen Zeugen darf die Entschädigung nicht abgelehnt werden (KK-Tolksdorf 14; **aM** EbSchmidt 9; zw LR-Gollwitzer 29), auch nicht, weil das Gericht dem Gutachten des Sachverständigen nicht gefolgt ist (Widmaier StV **85**, 528). Andererseits besteht ein Entschädigungsanspruch nicht schon deshalb, weil die Beweisperson auf einen Antrag nach § 245 II S. 1 vernommen worden ist (Düsseldorf MDR **85**, 1050; Stuttgart MDR **81**, 1038). Wird ihre Aussage in den Urteilsgründen erwähnt, so deutet das aber auf die Sachdienlichkeit der Vernehmung hin (Schleswig SchlHA
12 **57**, 276). Eine **Entschädigungspflicht der Staatskasse nach III besteht nicht,** wenn der Zeuge oder Sachverständige bereits von dem Angeklagten voll entschädigt worden ist (Düsseldorf VRS **86**, 449 mwN; KK-Tolksdorf 15; H. Schmidt MDR **67**, 966; **aM** Widmaier StV **85**, 528; vgl auch Detter Salger-FS 242; D.Meyer JurBüro **84**, 655). Das gilt aber nicht, wenn der Entschädigungsbetrag nur hinterlegt ist (KK-Tolksdorf 15; H. Schmidt aaO; **aM** Bremen GA **55**, 60; KMR-Paulus 15; Pentz NJW **60**, 735). Die Anordnung nach III gibt lediglich der Beweis-
13 person einen Anspruch gegen die Staatskasse, berührt aber das **Verhältnis zwi-**

schen dem Angeklagten und der Staatskasse nicht; insoweit gelten die §§ 465 ff (RG **16**, 212; Karlsruhe MDR **85**, 694). Die nach III gezahlten Beträge gehören zu den Kosten des Verfahrens, die der verurteilte Angeklagte der Staatskasse nach §§ 465 I S. 1, 464 a I S. 1 zu erstatten hat. Wird der Angeklagte freigesprochen, so trägt die Staatskasse dagegen die nach III gezahlte Entschädigung selbst (RG **16**, 212, 214; LR-Gollwitzer 25). Wird keine Anordnung nach III getroffen, so kann der Angeklagte die Erstattung seiner Aufwendungen nur in dem Verfahren nach § 464 b erreichen (Düsseldorf Rpfleger **85**, 324). **III gilt entsprechend** für die von dem Angeklagten in der Hauptverhandlung gestellten Zeugen und Sachverständigen (KMR-Paulus 10; LR-Gollwitzer 26; **aM** LG Limburg NJW **57**, 722). 14

4) **Beschwerde** gegen die Ablehnung der Entschädigung nach III können die Beweisperson, die StA und der Angeklagte einlegen, sofern § 305 S. 1 nicht entgegensteht (vgl Bremen GA **55**, 60; krit LR-Gollwitzer 39). An der Beschwer des Angeklagten fehlt es, wenn in dem Urteil der Staatskasse die Verfahrenskosten in vollem Umfang auferlegt worden sind (Pentz NJW **60**, 735) oder wenn der Angeklagte inzwischen rechtskräftig verurteilt ist und die gesamten Verfahrenskosten zu tragen hat (Karlsruhe MDR **85**, 694). 15

Herbeischaffung von Beweisgegenständen

221 **Der Vorsitzende des Gerichts kann auch von Amts wegen die Herbeischaffung weiterer als Beweismittel dienender Gegenstände anordnen.**

1) Eine **Ergänzung des § 214 IV S. 2** enthält die Vorschrift (LR-Gollwitzer 1). Für das Gericht übt der Vorsitzende die Befugnis aus, die als Beweismittel dienenden Gegenstände heranzuschaffen. Nach § 221 kann er auch die Herbeischaffung von Beweisgegenständen anordnen, die in der Anklageschrift nicht aufgeführt sind; das gilt vor und in der Hauptverhandlung. 1

2) Mit der **Ausführung der Anordnung** beauftragt der Vorsitzende idR die StA (vgl § 214 IV S. 1). Er kann sie aber auch der Geschäftsstelle des Gerichts übertragen (LR-Gollwitzer 6). Die StA darf das Ersuchen nur ablehnen, wenn sie die Anordnung für unzulässig, nicht, wenn sie sie nur für unzweckmäßig hält (Frankfurt NJW **82**, 1408; Stuttgart Justiz **82**, 406; KK-Tolksdorf 3; erg 2 zu § 199). Kommt sie einem Ersuchen des Gerichts nicht nach, so ist nur die Dienstaufsichtsbeschwerde gegeben (Stuttgart aaO; LR-Gollwitzer 8). 2

3) Die **Unterrichtung der Prozeßbeteiligten** von der Herbeiziehung neuer sachlicher Beweismittel schreibt das Gesetz nicht vor (vgl § 222 I S. 1). Die Fürsorgepflicht erfordert aber die Unterrichtung (KK-Tolksdorf 4; LR-Gollwitzer 7 hält die Unterrichtung wenigstens für zweckmäßig; erg 2 zu § 222). 3

4) **Anfechtung:** Beschwerde gegen die Anordnung des Vorsitzenden ist nach § 305 S. 1 ausgeschlossen. Die Revision kann auf die Verletzung des § 221 nicht gestützt werden (KK-Tolksdorf 5; LR-Gollwitzer 9). 4

Ladungsmitteilung; Namhaftmachung **RiStBV 118**

222 **I Das Gericht hat die geladenen Zeugen und Sachverständigen der Staatsanwaltschaft und dem Angeklagten rechtzeitig namhaft zu machen und ihren Wohn- oder Aufenthaltsort anzugeben. Macht die Staatsanwaltschaft von ihrem Recht nach § 214 Abs. 3 Gebrauch, so hat sie die geladenen Zeugen und Sachverständigen dem Gericht und dem Angeklagten rechtzeitig**

namhaft zu machen und deren Wohn- oder Aufenthaltsort anzugeben. § 200 Abs. 1 Satz 3 und 4 gilt sinngemäß.

II Der Angeklagte hat die von ihm unmittelbar geladenen oder zur Hauptverhandlung zu stellenden Zeugen und Sachverständigen rechtzeitig dem Gericht und der Staatsanwaltschaft namhaft zu machen und ihren Wohn- oder Aufenthaltsort anzugeben.

1 **1)** Zur **Vorbereitung der Hauptverhandlung** müssen das Gericht und die Verfahrensbeteiligten rechtzeitig erfahren, welche Zeugen und Sachverständigen vernommen werden sollen. Dem Gericht muß die Planung der Hauptverhandlung, insbesondere die zutreffende Einschätzung ihrer Dauer (Stuttgart Justiz **71**, 312), ermöglicht werden. Die Verfahrensbeteiligten müssen in die Lage versetzt werden, rechtzeitig Erkundigungen über die Beweisperson einzuholen (BGH **23**, 244, 245), und der Angeklagte muß beurteilen können, ob und welche Beweismittel er ggf selbst beibringen soll (Hamm MDR **71**, 1029). Das Unterlassen der Benachrichtigung oder ihre Verspätung gibt den Verfahrensbeteiligten das Recht, die Ausset-
2 zung der Verhandlung zu beantragen (§ 246 II, III). Auf **Urkunden und Augenscheinsgegenstände** ist § 222 nicht anwendbar (3 zu § 221). Um eine Aussetzung oder Unterbrechung nach § 246 II zu vermeiden, sollen dem Angeklagten aber mit der Ladung auch die als Beweismittel dienenden Gegenstände bezeichnet werden, soweit sie nicht in der Anklageschrift bezeichnet sind (RiStBV 118 III).

3 **2) Mitteilungspflichten:**

4 A. **Gericht** (I S. 1): Sämtliche geladenen Zeugen und Sachverständigen müssen den Prozeßbeteiligten (unten 6) namhaft gemacht werden, auch wenn sie bereits in der Anklageschrift aufgeführt sind (Hamm NJW **96**, 534). Die Mitteilung erfolgt zweckmäßigerweise in der Ladung oder in der Terminsmitteilung für die StA (RiStVB 118 I S. 1). Das Gericht kann die Mitteilung allgemein der Geschäftsstelle übertragen (LR-Gollwitzer 4).

5 B. **StA und Angeklagte** (I S. 2, II) sowie andere Prozeßbeteiligte, die das Recht der unmittelbaren Ladung haben (2 zu § 220), müssen dem Gericht und einander diejenigen Zeugen und Sachverständigen namhaft machen, die sie nach §§ 214 III, 220 I selbst laden, der Angeklagte auch diejenigen, die er in der Hauptverhandlung stellen will. Bei zu erwartender längerer Verhandlungsdauer werden StA und Angeklagte den Zeitpunkt, zu dem die Beweispersonen erscheinen sollen, zweckmäßigerweise mit dem Vorsitzenden absprechen. Andernfalls kann der Vorsitzende den Beweispersonen mitteilen, daß sie erst zu einem späteren Zeitpunkt zu erscheinen brauchen (LR-Gollwitzer 16).

6 C. **Mitteilungsempfänger:** Das Gericht unterrichtet die StA, den Angeklagten und die anderen Prozeßbeteiligten (Nebenkläger, Nebenbeteiligte). Die Mitteilung an den Verteidiger ist nicht vorgeschrieben, idR aber zweckmäßig. Die Mitteilung an den Angeklagten kann an den Verteidiger gerichtet werden, wenn er zum Empfang bevollmächtigt ist (KK-Tolksdorf 3). Bei mehreren Angeklagten wird die Mitteilung jedem von ihnen gemacht, sofern die Aussagen einzelner Beweispersonen nicht offensichtlich nur für einen oder einige von ihnen von Bedeutung sind (KMR-Paulus 7); im Zweifel werden alle benachrichtigt. Die StA hat das Gericht und den Angeklagten zu benachrichtigen (I S. 2), der Angeklagte das Gericht und die StA (II). Mitangeklagte braucht er nicht zu unterrichten; ihre Unterrichtung (auch durch das Gericht) kann aber zweckmäßig sein, wenn die Beweispersonen auch für diese Angeklagten von Bedeutung sind (LR-Gollwitzer 10).

7 D. **Rechtzeitig** muß die Mitteilung erfolgen. Den Verfahrensbeteiligten muß genügend Zeit bleiben, Erkundigungen einzuziehen (vgl § 246 II) und Gegenzeugen zu laden oder ihre Ladung nach § 219 zu beantragen (KK-Tolksdorf 5). Wieviel Zeit dazu benötigt wird, richtet sich nach den Umständen des Einzelfalls.

E. Eine bestimmte **Form** ist für die Benachrichtigung nicht vorgeschrieben. Sie erfolgt idR schriftlich, in Eilfällen auch mündlich oder telefonisch. **Inhaltlich** muß die Benachrichtigung den Vor- und Nachnamen, Wohn- oder Aufenthaltsort enthalten. Durch das OrgKG ist nunmehr mit der Verweisung in I S. 3 auf § 200 I S. 3, 4 klargestellt, daß aus Gründen des Zeugenschutzes von der Angabe des Wohnortes eines Zeugen abgesehen werden kann (erg 10 ff zu § 68; 16 a zu § 200; zur früheren Rechtslage vgl BGH **37**, 1; NJW **90**, 1125 = StV **90**, 197 mit Anm Odenthal; Stuttgart NStZ **90**, 356). Sind die Beweispersonen schon in der Anklageschrift benannt, so kann auf sie Bezug genommen werden (RiStBV 118 I S. 2). Die Angabe des Beweisthemas, zu dem der Zeuge oder Sachverständige vernommen werden soll, ist gesetzlich nicht vorgeschrieben (RG **67**, 180, 182), kann aber gelegentlich sachdienlich sein, um eine Aussetzung der Verhandlung zu vermeiden. 8 9

3) Die **Revision** kann der Angeklagte, der in der Hauptverhandlung anwesend oder vertreten war, nicht auf die Verletzung des § 222 stützen, sondern nur darauf, daß er einen Aussetzungsantrag nach § 246 II, III gestellt hat, dessen Ablehnung auf Rechtsirrtum oder Ermessensmißbrauch beruht (BGH **1**, 284; **37**, 1, 2; NJW **90**, 1124 = StV **90**, 196 mit abl Anm Odenthal; Hamm MDR **71**, 1029; Koblenz VRS **44**, 433). Anders ist es, wenn befugt in Abwesenheit des Angeklagten verhandelt worden ist (Hamburg JW **28**, 2292; Koblenz VRS **46**, 447) oder wenn der Vorsitzende den rechtsunkundigen, nicht verteidigten Angeklagten nicht über sein Recht nach § 246 II belehrt hat (Hamm aaO; KK-Tolksdorf 11; erg 3 zu § 246). IdR wird das Urteil auf dem Mangel beruhen (KK-Tolksdorf 12; vgl auch LR-Gollwitzer 24). Die StA kann die Revision ebenfalls darauf stützen, daß ihr Sitzungsvertreter einen zu Unrecht abgelehnten Aussetzungsantrag nach § 246 II, III gestellt hat. 10

Mitteilung der Gerichtsbesetzung

222a **I Findet die Hauptverhandlung im ersten Rechtszug vor dem Landgericht oder dem Oberlandesgericht statt, so ist spätestens zu Beginn der Hauptverhandlung die Besetzung des Gerichts unter Hervorhebung des Vorsitzenden und hinzugezogener Ergänzungsrichter und Ergänzungsschöffen mitzuteilen. Die Besetzung kann auf Anordnung des Vorsitzenden schon vor der Hauptverhandlung mitgeteilt werden; für den Angeklagten ist die Mitteilung an seinen Verteidiger zu richten. Ändert sich die mitgeteilte Besetzung, so ist dies spätestens zu Beginn der Hauptverhandlung mitzuteilen.**

II Ist die Mitteilung der Besetzung oder einer Besetzungsänderung später als eine Woche vor Beginn der Hauptverhandlung zugegangen, so kann das Gericht auf Antrag des Angeklagten, des Verteidigers oder der Staatsanwaltschaft die Hauptverhandlung zur Prüfung der Besetzung unterbrechen, wenn dies spätestens bis zum Beginn der Vernehmung des ersten Angeklagten zur Sache verlangt wird.

III In die für die Besetzung maßgebenden Unterlagen kann für den Angeklagten nur sein Verteidiger oder ein Rechtsanwalt, für den Nebenkläger nur ein Rechtsanwalt Einsicht nehmen.

1) Die **Vorverlegung der Besetzungsrüge** nach § 338 Nr 1 in die Hauptverhandlung regeln die §§ 222 a, 222 b. Die unrichtige Gerichtsbesetzung darf grundsätzlich nicht erst mit der Revision gerügt, sondern muß schon bei dem Tatrichter beanstandet werden. Wer dort keinen Einwand erhebt, verwirkt die Revisionsrüge (§ 338 Nr 1 Hs 2). Dadurch soll im Interesse der Verfahrensbeschleunigung die Urteilsaufhebung wegen eines behebbaren Verfahrensmangels vermieden werden. Das Recht auf den gesetzlichen Richter (Art 101 I S. 2 GG) wird dadurch nicht angetastet (BVerfG NStZ **84**, 370; BGH **33**, 126, 129; KK-Tolksdorf 2; **aM** R. 1

2 Hamm NJW **79**, 137; Ranft NJW **81**, 1479; Sarstedt/Hamm 313). Auf **LG- und OLG-Strafsachen im 1. Rechtszug** ohne Rücksicht auf die voraussichtliche Dauer der Verhandlung ist die Regelung beschränkt. Sie gilt auch nach Aussetzung einer früheren Hauptverhandlung und nach Zurückverweisung durch das Revisionsgericht, nicht aber nach Änderung der Gerichtsbesetzung auf den Einwand eines Prozeßbeteiligten (§ 222 b II S. 3). In Bußgeldverfahren vor dem OLG wegen KartellOWien (§ 82 GWB), sind die §§ 222 a, 222 b entspr anwendbar, in ehren- und berufsgerichtlichen Verfahren nach dem StBerG, der BRAO, der PatAO und WPO nicht (BT-Drucks 8/976 S. 45).

3 **2) Mitteilung der Gerichtsbesetzung** (I S. 1):

4 A. Der **Vorsitzende** macht die Mitteilung, sofern sie nicht bereits nach I S. 2 allen Verfahrensbeteiligten vor der Hauptverhandlung schriftlich zugegangen ist. Sie erfolgt mündlich; ihr Aushang vor der Tür des Sitzungssaals genügt nicht (BGH **29**, 162). Die Mitteilung ist eine wesentliche Förmlichkeit der Hauptverhandlung iS des § 273 I (KK-Tolksdorf 7).

5 B. **Spätestens zu Beginn der Hauptverhandlung** muß die Mitteilung erfolgen, jedoch nicht unbedingt unmittelbar nach Aufruf der Sache (§ 243 I S. 1). Zunächst kann die Anwesenheit der Prozeßbeteiligten und der Beweismittel nach § 243 I S. 2 festgestellt werden. Es genügt, daß die Mitteilung vor der Vernehmung des 1. Angeklagten zur Sache gemacht wird (BGH MDR **80**, 631 [H]). Ist die
6 Mitteilung **verspätet**, so bleibt den Beteiligten die Besetzungsrüge erhalten (§ 338 Nr 1 Hs 2 Buchst a). Der Fehler kann nicht durch Wiederholung der Hauptverhandlung von der Vernehmung des 1. Angeklagten zur Person an „geheilt" werden (BGH DAR **98**, 175 [T]). Erscheinen Nebenkläger oder Nebenbeteiligte erst, nachdem die Mitteilung erfolgt ist, oder liegt ihre Zulassung oder die Anordnung ihrer Beteiligung nach diesem Zeitpunkt, so wird die Mitteilung ihretwegen nicht wiederholt (vgl aber LR-Gollwitzer 4). Die Rüge nach § 338 Nr 1 steht ihnen aber nicht zu, wenn sie trotz ordnungsgemäßer Ladung nicht rechtzeitig erschienen waren.

7 C. **Inhalt der Mitteilung:** Erforderlich ist die Bekanntgabe der Namen (nicht der Anschriften) der Berufsrichter und Schöffen einschließlich der Ergänzungsrichter und -schöffen (§ 192 II, III GVG) und die Bezeichnung der Eigenschaft, in der sie mitwirken, insbesondere unter Hervorhebung des Vorsitzenden, nicht aber des Berichterstatters. Die Gründe für die Mitwirkung (Regelbesetzung, Vertretungsfall, Eintritt von Hilfsschöffen) werden nicht bekanntgegeben (LR-Gollwitzer 3). Die Beteiligten müssen sich hiervon durch Einsichtnahme in die Besetzungsunterlagen selbst Kenntnis verschaffen. Eine Belehrung darüber sieht das Gesetz nicht vor. Auch ein Hinweis auf die Bedeutung der Mitteilung nach I S. 1 und auf die Rügepräklusion nach § 338 Nr 1 Hs 2 ist nicht erforderlich (KK-Tolksdorf 5; LR-Gollwitzer 10; **aM** KMR-Paulus 23).

8 **3) Vorgezogene Mitteilung** (I S. 2):

9 A. **Anordnung, Inhalt und Zeitpunkt** stehen im Ermessen des Vorsitzenden (I S. 2 Hs 1). Die Mitteilung kann mit der Ladungsanordnung (§ 214 I S. 1) verbunden werden (LR-Gollwitzer 7). Ist zu dieser Zeit noch mit einer Besetzungsänderung zu rechnen, so sollte aber, um die Mitteilung einer Änderung (I S. 3) zu vermeiden und den Beteiligten überflüssige Nachforschungen zu ersparen, abgewartet werden, bis Klarheit über die endgültige Besetzung besteht (KK-Tolksdorf 7; LR-Gollwitzer 6). Anzustreben ist, daß die Mitteilung spätestens eine Woche vor Beginn der Hauptverhandlung dem Empfänger zugeht (II).

10 B. Die **Ausführung der Anordnung,** die der Schriftform bedarf (Celle NJW **91**, 2848), obliegt wie die der Ladung (§ 214 I S. 2) der Geschäftsstelle des Gerichts, nicht der StA nach § 36 II. Die Mitteilung sollte wegen ihrer verfahrens-

rechtlichen Bedeutung förmlich zugestellt werden (KMR-Paulus 19; LR-Gollwitzer 9), dem RA gegen Empfangsbekenntnis nach § 212 a ZPO (vgl 19 zu § 37).

C. **Adressaten** der vorgezogenen Mitteilung, mit der der Unterbrechungsantrag 11
abgeschnitten wird, sind die Verfahrensbeteiligten, die mit der Revision die fehlerhafte Gerichtsbesetzung rügen können. Der **Angeklagte** hat in den in Betracht 12
kommenden Verfahren stets einen Verteidiger (§ 140 I Nr 1); an diesen, bei einer Mehrheit von Verteidigern an jeden von ihnen, ist die Mitteilung zu richten (I S. 2 Hs 2). Eine zusätzliche Mitteilung an den Angeklagten ist überflüssig; § 145 a III gilt nicht entspr. Ein Verteidigerwechsel zwingt nicht zur Wiederholung der Mitteilung (allg M). Die Mitteilung an die **StA** wird an die Behörde adressiert, nicht an den Sachbearbeiter. Eine Mitteilung erhalten ferner der zugelassene **Neben-** 13
kläger und die Einziehungs- und Verfallsbeteiligten (§§ 431 I S. 1, 442 II). 14
Haben sie einen Prozeßbevollmächtigten, so kann die Mitteilung an diesen gerichtet werden; I S. 2 Hs 2 gilt entspr (LR-Gollwitzer 15). Der **Antragsteller im** 15
Adhäsionsverfahren ist nach § 406 a I nicht rechtsmittelberechtigt; er erhält die Mitteilung nach I S. 1 daher nicht (LR-Gollwitzer 15).

D. Bei einer **Änderung der mitgeteilten Besetzung** (I S. 3) wird die Mittei- 16
lung berichtigt. Das sollte unverzüglich geschehen, damit den Beteiligten überflüssige Erhebungen erspart werden. Wenn die Berichtigung eine Woche vor der Hauptverhandlung bei dem Adressaten eingeht, hat es bei dem Ausschluß des Unterbrechungsantrags (II) sein Bewenden. Aber auch eine Berichtigung wenige Tage vor der Hauptverhandlung hat noch einen Sinn. Denn wenn die Zeit bis zum Beginn der Verhandlung ausreicht, um die Vorschriftsmäßigkeit der Änderung zu prüfen, kann der Unterbrechungsantrag abgelehnt werden. Zumindest kann der Zeitraum, der den Verfahrensbeteiligten vor Beginn der Hauptverhandlung zur Verfügung steht, auf die Unterbrechungsfrist angerechnet werden (unten 22). Spätestens muß die Änderung zu Beginn der Hauptverhandlung (oben 5) mitgeteilt werden. Bei umfangreichen oder wiederholten Änderungen empfiehlt sich die nochmalige vollständige Mitteilung der Gerichtsbesetzung (LR-Gollwitzer 12).

4) **Unterbrechung der Hauptverhandlung** (II): 17

A. **Antrag:** Die Unterbrechung dient der Vorbereitung der Entscheidung dar- 18
über, ob Anlaß besteht, den Besetzungseinwand (§ 222 b) zu erheben; sie setzt daher den Antrag eines zu diesem Einwand befugten Prozeßbeteiligten voraus. Dazu gehören außer den in II bezeichneten Beteiligten der zugelassene Nebenkläger und der Einziehungs- und Verfallsbeteiligte (1 zu § 433). Der Antrag ist nur zulässig, wenn die Mitteilung nach I (auch die Änderungsmitteilung nach I S. 3) später als eine Woche vor Beginn der Hauptverhandlung zugegangen oder erst in der Hauptverhandlung erfolgt ist (vgl aber unten 21); die Frist wird nach § 43 I berechnet. Eine Belehrung über das Antragsrecht sieht § 222 a nicht vor. Daß bereits ein anderer Beteiligter die Unterbrechung beantragt hat, steht dem Antrag nicht entgegen (LR-Gollwitzer 23). Der Antrag muß von jedem Beteiligten bis zum Beginn der Vernehmung des 1. Angeklagten (vgl 7 zu § 6 a; 2 zu § 25) mündlich gestellt werden und ist nach § 273 I im Protokoll zu beurkunden. Ein **Verlegungsantrag vor der Hauptverhandlung** zum Zweck der Prüfung der 19
Besetzung wird durch II an sich nicht ausgeschlossen, gibt aber keinen Sinn. Denn wenn die Hauptverhandlung auf einen späteren Termin verlegt wird, kann sich auch die Gerichtsbesetzung, insbesondere die Beteiligung der Schöffen, ändern. Der Verlegungsantrag ist daher nur als vorgezogener Unterbrechungsantrag nach II zu behandeln, über den das Gericht, nicht der Vorsitzende allein, in der Hauptverhandlung entscheidet (KMR-Paulus 36; Schroeder NJW **79**, 1529; **aM** Rieß NJW **78**, 2269).

B. Die **Entscheidung** über den Unterbrechungsantrag muß vor Beginn der 20
Vernehmung des 1. Angeklagten zur Sache getroffen werden, weil nach diesem Zeitpunkt der Besetzungseinwand nicht mehr zulässig wäre (§ 222 b I S. 1). Die

Entscheidung trifft das Gericht, nicht der Vorsitzende allein, nach Anhörung der übrigen Beteiligten (§ 33 II) unter Mitwirkung der Schöffen; § 228 I S. 2 gilt nicht (KMR-Paulus 36; LR-Gollwitzer 22; **aM** Rieß NJW **78**, 2269). Eine Begründung ist nicht erforderlich (LR-Gollwitzer 24). Wird die Entscheidung unterlassen (was R. Hamm NJW **79**, 137 aus rechtsstaatlichen Gründen empfiehlt), so bleibt die Besetzungsrüge nach § 338 Nr 1 Hs 2 Buchst c zulässig (dort 19).
21 **Nach pflichtgemäßem Ermessen** entscheidet das Gericht über den Antrag. Die Hauptverhandlung kann entgegen dem zu engen Wortlaut des II S. 1 auch unterbrochen werden, wenn die Wochenfrist des II S. 1 gewahrt war, aber feststeht oder wenigstens glaubhaft gemacht ist, daß dem Antragsteller die Besetzungsunterlagen nicht oder nicht vollständig zur Verfügung gestellt worden sind (LR-Gollwitzer 20; **aM** Bohnert 58/59). Im übrigen richtet sich die Entscheidung danach, ob der Aufschub zur Prüfung der Besetzung erforderlich ist. Wenn ein Besetzungsfehler ausgeschlossen erscheint, kann der Antrag ohne Begründung abgelehnt werden (Bremen StV **86**, 540). Der Antragsteller wird dadurch nicht benachteiligt; denn
22 die Besetzungsrüge bleibt ihm dann erhalten (§ 338 Nr 1 Hs 2 Buchst c). **Regelmäßig für 1 Woche** ist nach Meinung des BGH die Hauptverhandlung zu unterbrechen, wenn die Besetzung erst zu deren Beginn mitgeteilt worden ist; die Zeitspanne kann nur dann kürzer bemessen werden, wenn der Antragsteller damit einverstanden ist oder wenn die kürzere Frist aufgrund besonderer Umstände nach in jeder Hinsicht sicherer Abschätzung genügt (BGH **29**, 283 = NStZ **81**, 31 mit krit Anm Katholnigg; ebenso Bohnert 59; R. Hamm NJW **79**, 136; weitergehend Ranft NJW **81**, 1477: immer 1 Woche). Nach zutr Ansicht kommt es dagegen auf die Umstände des Einzelfalls an (KMR-Paulus 39; LR-Gollwitzer 25; Rieß JR **81**, 91 ff; Schlüchter 729.1). Die Frist ist so zu bemessen, daß die Prüfung aller tatsächlichen Vorgänge möglich ist, die für die Besetzungsfrage von Bedeutung sind (BGH **29**, 283, 285; NStZ **88**, 36). War die Besetzung oder ihre Änderung zwar vor der Hauptverhandlung, aber nicht 1 Woche vorher mitgeteilt worden, so kann berücksichtigt werden, daß dem Antragsteller diese Zeit schon zur Verfügung gestanden hat (BGH **29**, 283, 286 rechnet sie auf die Wochenfrist an). Die nachträgliche Verlängerung der Frist ist stets zulässig (Katholnigg NStZ **81**, 32; Rieß JR **81**, 93).

23 5) **Einsicht in die Besetzungsunterlagen** (III): Zur Zulässigkeit des Besetzungseinwands gehört die Angabe der Tatsachen, aus denen sich die vorschriftswidrige Besetzung ergibt (§ 222 b I S. 2). Wer den Einwand erheben will, muß sich daher idR erst darüber unterrichten, auf welche Weise es zu der Gerichtsbesetzung gekommen ist. Zu diesem Zweck kann er bei dem Vorsitzenden mündlich oder schriftlich Auskunft einholen. Hält er das nicht für zweckmäßig oder ausreichend, so kann er Einsicht in die Besetzungsunterlagen nehmen (BGH **33**, 126, 130; Rieß NJW **78**, 2269), auch in die der JV, insbesondere in die Geschäftsverteilungspläne nach §§ 21 e, 21 g GVG, die Schöffen- und Hilfsschöffenlisten (3 zu § 44 GVG) und die Unterlagen über die Schöffenwahl nach §§ 36 ff GVG (BGH aaO; Ranft NJW **81**, 1475) sowie über Verhinderungen und Vertreterbestellungen (LR-Gollwitzer 17). Es ist aber nicht Aufgabe des Vorsitzenden, Unterlagen der JV zu beschaffen und bereitzustellen. Die Beteiligten können und müssen sich unmittelbar an die JV wenden (Düsseldorf MDR **79**, 1043; KK-Tolksdorf 14; **aM** Hamm NJW **80**, 1009). Deren Weigerung, die Unterlagen offenzulegen, ist nicht anfechtbar, insbesondere nicht nach § 23 **EGGVG** (Hamm aaO; Kissel 67 zu § 12 GVG), sondern erhält dem Beteiligten die Besetzungsrüge nach § 338 Nr 1. Das gleiche gilt, wenn die Unterlagen nur unvollständig oder für zu kurze Zeit zur
24 Verfügung gestellt werden (17 zu § 338). Ein **Rechtsanspruch** auf Einsicht in die Unterlagen besteht für die StA, den Verteidiger und den von ihm oder von dem Angeklagten zu diesem Zweck besonders bevollmächtigten RA. Nebenkläger und Nebenbeteiligte können ebenfalls durch einen RA Einsicht nehmen lassen. Der Angeklagte und diese Verfahrensbeteiligten selbst haben keinen Anspruch auf die Einsicht.

6) **Anfechtung.** Maßnahmen des Vorsitzenden im Zusammenhang mit Auskünften oder Einsichtnahmen in Besetzungsunterlagen sind nicht anfechtbar; auch § 238 II gilt nicht. Die Beschwerde gegen die Ablehnung des Unterbrechungsantrags oder die zu kurze Bemessung der Unterbrechung ist nach § 305 S. 1 ausgeschlossen. Auch dem Gegner des Prozeßbeteiligten, der die Unterbrechung erfolgreich beantragt hatte, steht gegen den Unterbrechungsbeschluß keine Beschwerde zu. Mit der Revision kann nur nach § 338 Nr 1 die unrichtige Gerichtsbesetzung, nicht aber das Unterlassen der Mitteilung über die Besetzung (BGH DAR **98**, 175 [T]) oder die Fehlerhaftigkeit von Maßnahmen und Entscheidungen nach § 222 a gerügt werden (Rieß NJW **78**, 2269 Fn 89). 25

Besetzungseinwand

222b **I Ist die Besetzung des Gerichts nach § 222 a mitgeteilt worden, so kann der Einwand, daß das Gericht vorschriftswidrig besetzt sei, nur bis zum Beginn der Vernehmung des ersten Angeklagten zur Sache in der Hauptverhandlung geltend gemacht werden. Die Tatsachen, aus denen sich die vorschriftswidrige Besetzung ergeben soll, sind dabei anzugeben. Alle Beanstandungen sind gleichzeitig vorzubringen. Außerhalb der Hauptverhandlung ist der Einwand schriftlich geltend zu machen; § 345 Abs. 2 und für den Nebenkläger § 390 Abs. 2 gelten entsprechend.**

II Über den Einwand entscheidet das Gericht in der für Entscheidungen außerhalb der Hauptverhandlung vorgeschriebenen Besetzung. Hält es den Einwand für begründet, so stellt es fest, daß es nicht vorschriftsmäßig besetzt ist. Führt ein Einwand zu einer Änderung der Besetzung, so ist auf die neue Besetzung § 222 a nicht anzuwenden.

1) **Besetzungseinwand:** 1

A. **Kein Ausschluß der Amtsprüfung:** Der Einwand dient nur dem Zweck, die Besetzungsrüge nach § 338 Nr 1 zu erhalten. Daß die Beteiligten ihn erheben können, schließt die Prüfung von Amts wegen daher nicht aus (BGH NStZ **96**, 48), auch nicht nach dem in I S. 1 bezeichneten Zeitpunkt (**aM** Celle NdsRpfl **91**, 151; KMR-Sax Einl III 19; Wagner JR **80**, 53). Sie findet auch statt, wenn der Einwand nicht oder verspätet erhoben worden ist; denn unabhängig von Anträgen der Beteiligten hat das Gericht, und zwar abweichend von II S. 1 in der für die Hauptverhandlung vorgeschriebenen Besetzung, in jeder Lage des Verfahrens die Rechtmäßigkeit seiner Zusammensetzung zu prüfen (KG MDR **80**, 688; Bohnert 64 ff; Rieß JR **81**, 94; erg unten 12). Dazu kann es ohne Rücksicht auf eine bereits eingetretene Präklusion der Besetzungsrüge von den Prozeßbeteiligten angeregt werden (KG aaO; Bohnert 65). 2

B. Die **Zulässigkeit** des Einwands, auf den verzichtet werden kann (KK-Tolksdorf 10), hängt nicht davon ab, daß die Besetzungsmitteilung nach § 222 a erfolgt ist oder daß sie ordnungsmäßig war (LR-Gollwitzer 4). In diesen Fällen ist der Einwand aber nicht erforderlich, um die Besetzungsrüge nach § 338 Nr 1 zu erhalten. Der Einwand setzt auch keinen Unterbrechungsantrag nach § 222 a II voraus. Zum Einwand berechtigt sind alle Beteiligten, die gegen das Urteil Revision einlegen und die Besetzungsrüge erheben können (11 zu § 222 a), der Angeklagte und der Verteidiger ohne Rücksicht auf den Willen des anderen (KMR-Paulus 7). 3

C. **Zeitpunkt:** Nach Beginn der Vernehmung des 1. Angeklagten zur Sache (§ 243 IV S. 2; erg 7 zu § 6 a) ist der Einwand für alle Beteiligten ausgeschlossen, auch bei unrichtiger oder unvollständiger Besetzungsmitteilung (LR-Gollwitzer 6). Wird ohne den Angeklagten verhandelt, so kann der Einwand bis zum Beginn der Verlesung der die Vernehmung zur Sache ersetzenden Äußerung des Angeklagten 4 erhoben werden (erg 9 zu § 6 a). Wiedereinsetzung gegen die Versäumung der Frist ist ausgeschlossen (KK-Tolksdorf 4; LR-Gollwitzer 15; **aM** R. Hamm NJW **79**, 137; erg 3 zu § 44).

5 D. **Form** (I S. 4): Außerhalb der Hauptverhandlung ist der Einwand in der gleichen Form geltend zu machen wie die Besetzungsrüge der Revision (§§ 345 II, 390 II). In der Hauptverhandlung wird er mündlich erhoben und begründet, zweckmäßigerweise unter gleichzeitiger Übergabe der schriftlichen Abfassung, was die nach § 273 I erforderliche Protokollierung erleichtert und die Beanstandungen klarstellt. Der Einwand kann auch in der Weise geltend gemacht werden, daß sich ein Beteiligter den Einwendungen eines anderen anschließt.

6 E. Zu **begründen** ist der Einwand (I S. 2) wie nach § 344 II S. 2 die Besetzungsrüge der Revision (BGH StraFo **98**, 377; 21 zu § 338). Fehlt die erforderliche Begründung, so ist der Einwand nicht zulässig erhoben. Das Gericht ist in diesem Fall nicht verpflichtet, aber befugt, die Vorschriftswidrigkeit der Besetzung zu prüfen (oben 1).

7 F. **Alle Beanstandungen,** auch soweit sie Ergänzungsrichter und -schöffen betreffen (LR-Gollwitzer 19), sind gleichzeitig geltend zu machen (I S. 3). Das Nachschieben von Tatsachen oder gar eines Einwands gegen die Besetzung in der Person eines anderen Richters ist auch dann nicht zulässig, wenn die Sachvernehmung des 1. Angeklagten noch nicht begonnen hat (LR-Gollwitzer 18). Das gilt auch, wenn dem Beteiligten weitere Gründe für die schon anfänglich bestehende Fehlerhaftigkeit der Besetzung erst später bekanntgeworden sind (KK-Tolksdorf 7; LR-Gollwitzer 18; **aM** R. Hamm NJW **79**, 137; Ranft NJW **81**, 1476; vgl auch BVerfG NStZ **84**, 370). Denn wenn ihm alle Besetzungsunterlagen zur Einsicht vorgelegt worden waren, kann an dieser verspäteten Kenntnis nur er selbst (oder sein Verteidiger oder Prozeßbevollmächtigter) schuld sein (grundsätzlich **aM** Ranft aaO, der sogar die Unzumutbarkeit rechtzeitiger Ermittlungen für möglich hält); waren die Unterlagen unvollständig, so bleibt ihm die Besetzungsrüge nach § 338 Nr 1 erhalten. Der Einwand kann innerhalb der Frist des I S. 1 wiederholt werden, wenn er, etwa wegen Formmangels, als unzulässig zurückgewiesen worden war (LR-Gollwitzer 21).

8 2) **Entscheidung** (II):

9 A. **Gerichtsbesetzung** (II S. 1): Die Schöffen sind von der Mitwirkung bei der Entscheidung über die vorgezogene Besetzungsrüge ausgeschlossen (§ 76 S. 2 GVG). Das OLG entscheidet mit 3 Richtern (§ 122 I GVG; KK-Tolksdorf 11; **aM** Voraufl). Richter, gegen deren Mitwirkung sich der Besetzungseinwand richtet, wirken bei der Entscheidung mit. Der Anrufung des Präsidiums bedarf es auch zur Frage der Verhinderung eines Richters nicht (BGH NStZ **89**, 9).

10 B. **Zeitpunkt:** Die Entscheidung ergeht nach Anhörung der Prozeßbeteiligten (§ 33 II) zu dem frühest möglichen Zeitpunkt, möglichst noch vor Beginn der Vernehmung des 1. Angeklagten zur Sache. In entspr Anwendung des § 29 II darf das Gericht aber mit der Entscheidung so lange warten, bis sie ohne Verzögerung des Fortgangs der Hauptverhandlung möglich ist (KMR-Paulus 21; LR-Gollwitzer 31). Die Dauer eines solchen Aufschubs hängt von den Erfolgsaussichten des Einwands ab. Der Aufschub muß in jedem Fall möglichst kurz sein, weil dem Beteiligten, der den Einwand erhoben hat, das Gericht nicht richtig besetzt erscheint.

11 C. **Inhalt** (II S. 2): Ist der Einwand von einem dazu nicht befugten Beteiligten erhoben oder nicht formgerecht begründet worden, so wird er als unzulässig abgelehnt. Bei der Sachentscheidung gibt es 2 Möglichkeiten:

12 a) Ist der **Einwand begründet,** so beschränkt sich der Beschluß auf die Feststellung, daß das Gericht nicht vorschriftsmäßig besetzt ist, und auf ihre Begründung. Es ist dann Sache der zuständigen Organe (Vorsitzender, Präsidium, Präsi-

dent), die weiter erforderlichen Maßnahmen herbeizuführen oder zu treffen (Bohnert 59). Ist der Mangel unschwer zu beheben, so wird alsbald die ordnungsmäßige Besetzung herbeigeführt und unmittelbar nach der Entscheidung über den Einwand mit der Hauptverhandlung in richtiger Besetzung ohne erneute Ladung von neuem begonnen. Auch die Nachholung der erforderlichen Feststellung der Verhinderung des durch einen Vertreter ersetzten Richters ist noch zulässig (BGH **30**, 268; **33**, 234, 237; **aM** Kissel Rebmann-FS 73). In allen anderen Fällen muß die Hauptverhandlung ausgesetzt werden (**aM** KK-Tolksdorf 16; LR-Gollwitzer 34: Hauptverhandlung ist ohne weiteres beendet); denn eine Fortsetzung in anderer Besetzung scheidet aus (§ 226). Für die neue Hauptverhandlung gilt § 222a nicht mehr (II S. 3; unten 15). Die Besetzungsentscheidung des 1. Gerichts ist bindend (Bohnert 61).

b) Ist der **Einwand unbegründet,** so wird er durch mit Gründen versehenen Beschluß zurückgewiesen und die Hauptverhandlung fortgesetzt, sofern § 229 I das nicht ausschließt. Das Gericht ist an den Beschluß aber nicht gebunden, wenn es später, und zwar in der Besetzung nach II S. 2, zu der Auffassung kommt, daß es doch vorschriftswidrig besetzt ist (KG MDR **80**, 688; KK-Tolksdorf 15; KMR-Paulus 7; Bohnert 64; Rieß JR **81**, 93; Schlüchter 435; Vogt/Kurth NJW **85**, 105; **aM** LR-Gollwitzer 38; Boergen MDR **80**, 619; Wagner JR **80**, 54; erg oben 1). 13

D. **Bekanntgegeben** wird der Beschluß dem Beteiligten, der den Einwand erhoben hat (**aM** KK-Tolksdorf 14; KMR-Paulus 22: allen Prozeßbeteiligten), schriftlich (§ 35 II S. 2), wenn die Hauptverhandlung noch unterbrochen ist, sonst durch Verkündung in der Hauptverhandlung (§ 35 I S. 1). 14

3) Anfechtung: Beschwerde ist gegen den Beschluß nicht zulässig (§ 305 S. 1), anders nur bei von Amts wegen festgestellter (oben 2) fehlerhafter Besetzung (Celle NdsRpfl **91**, 150). Mit der Revision kann nicht Verletzung des § 222b gerügt, sondern nur die Besetzungsrüge erhoben werden, sofern die Voraussetzungen des § 338 Nr 1 Hs 2 Buchst b–d vorliegen (dort 16ff). Eine weitere Ausnahme bestimmt II S. 3: Wenn der Besetzungseinwand zu einer Änderung der Besetzung des Gerichts geführt hat, nicht aber bei einer Änderung von Amts wegen (Rieß JR **81**, 91; **aM** Bohnert 65), unterbleibt bei Beginn der neuen Hauptverhandlung die Mitteilung nach § 222a, so daß auch § 338 Nr 1 Hs 2 nicht gilt (R. Hamm NJW **79**, 137). 15

Kommissarische Vernehmung **RiStBV 121**

223 **I Wenn dem Erscheinen eines Zeugen oder Sachverständigen in der Hauptverhandlung für eine längere oder ungewisse Zeit Krankheit oder Gebrechlichkeit oder andere nicht zu beseitigende Hindernisse entgegenstehen, so kann das Gericht seine Vernehmung durch einen beauftragten oder ersuchten Richter anordnen.**

II Dasselbe gilt, wenn einem Zeugen oder Sachverständigen das Erscheinen wegen großer Entfernung nicht zugemutet werden kann.

III Die Vernehmung von Zeugen hat eidlich zu erfolgen, soweit nicht Ausnahmen vorgeschrieben oder zugelassen sind.

1) Die **Vorwegnahme eines Teils der Hauptverhandlung** ist die kommissarische Vernehmung nach §§ 223, 224 (BGH **9**, 24, 27; **aM** KMR-Paulus 2: nur Beweissicherung). Ihr Zweck ist die Gewinnung einer Niederschrift über die Vernehmung eines Zeugen oder Sachverständigen, nicht eines Mitbeschuldigten (RG **16**, 232), die in der Hauptverhandlung nach § 251 I Nrn 2, 3 oder 4 verlesen werden kann. Ob die Verlesung zulässig ist, entscheidet das Gericht endgültig aber erst in der Hauptverhandlung (4 zu § 251). Liegt bereits eine zur Verlesung geeignete richterliche Vernehmung vor, so bedarf es idR keiner weiteren kom- 1 missarischen Vernehmung. Seit der Einfügung des § 58 a durch das ZSchG kommt als weiterer Zweck die Erstellung einer Bild-Ton-Aufzeichnung hinzu, die nach § 255 a, der die Vorführung auf frühere Zeugenvernehmungen beschränkt, in die Hauptverhandlung eingeführt werden kann.

2 **2) Voraussetzungen der kommissarischen Vernehmung:**

3 A. **Dem Erscheinen der Beweisperson entgegenstehende Hindernisse** (I): Diese Voraussetzungen stimmen mit geringen Abweichungen mit denen überein, unter denen nach § 251 I Nr 2 die Verlesung der Vernehmungsniederschrift zuläs-
4 sig ist. **Krankheit** ist ein krankhafter körperlicher Zustand, der das Erscheinen der Auskunftsperson in der Hauptverhandlung unmöglich macht. Schlechthin ausgeschlossen braucht es nicht zu sein, die Gefahr der erheblichen Verschlechterung des
5 Zustands genügt (BGH **9**, 297, 300; ANM 261; erg 6 zu § 251). **Gebrechlichkeit** liegt vor, wenn die Beweisperson zwar nicht krank ist, aber wegen ihres körperlichen Zustands oder wegen ihres Alters in der Hauptverhandlung nicht erscheinen
6 kann (EbSchmidt 7). **Andere nicht zu beseitigende Hindernisse sind** zB eine bevorstehende längere Auslandsreise (RG **66**, 213), Schwangerschaft, bei Kindern oder jugendlichen Zeugen auch die berechtigte Weigerung der Erziehungsberechtigten, sie zum Erscheinen zu veranlassen (Saarbrücken NJW **74**, 1959 mit Anm Eschke NJW **75**, 354; erg 15 und 20 zu § 51). Ein Hindernis dieser Art liegt auch in den Fällen der §§ 49, 50 vor (LR-Gollwitzer 12), ebenso wenn die Verwaltungsbehörde einen Zeugen für die Vernehmung in der Hauptverhandlung aus Gründen des § 96 oder des § 54 iVm § 39 BRRG (7 zu § 54) endgültig „gesperrt" hat (BGH **29**, 390, 391; **32**, 115, 126 [GSSt]; NStZ **82**, 40). Nicht unter den Begriff fallen die berufliche Inanspruchnahme (KK-Tolksdorf 8), die Ableistung des Wehrdienstes (ANM 262), Ordensregeln oder Lebensgewohnheiten (RG JW **14**, 430) und Urlaub (Dresden HRR **28**, 396; KMR-Paulus 9). Der Aufenthalt im Ausland ist nur dann ein Hindernis iS des I, wenn es nicht gelingt, die Beweisperson zum Erscheinen vor Gericht zu veranlassen (BGH **7**, 15; DAR **78**, 156 [Sp]; Hamm DAR **59**, 192; Karlsruhe VRS **51**, 61; 7 zu § 251), oder wenn es ihr nicht erlaubt wird, aus ihrem Heimatstaat in die BRep einzureisen (Hamm aaO). Wegen der Anstrengungen, die das Gericht unternehmen muß, um das Erscheinen des Zeugen oder Sachverständigen zu erreichen, gelten die gleichen Grundsätze wie im Fall der Unerreichbarkeit iS des § 244 III S. 2 (dort 62 ff; vgl auch BGH **32**, 68, 72 ff = JR
7 **84**, 514 mit Anm Schlüchter; Julius NStZ **86**, 61; erg 7 zu § 251). Für **längere oder ungewisse Zeit** muß das Erscheinen der Beweisperson unmöglich sein. Krankheit ist daher kein Hinderungsgrund, wenn die Genesung bevorsteht (BGH 1 StR 447/53 vom 3. 11. 1953; ANM 262); eine Erkrankung an Grippe soll aber genügen können (BGH bei Herlan MDR **55**, 529; erg 8 zu § 251).

8 B. Die **Unzumutbarkeit des Erscheinens** wegen großer Entfernung (II) kann nicht mit Streckenmaßen abgegrenzt werden. Zu berücksichtigen sind außer der geographischen Lage die persönlichen Verhältnisse der Beweisperson (BGH GA **64**, 275; RG **44**, 8; KK-Diemer 9 zu § 251) und die Verkehrsverhältnisse (Köln GA **53**, 186). Die Interessen der Beweisperson sind gegen die Bedeutung der Sache, die Wichtigkeit der Aussage und die Notwendigkeit der beschleunigten Durchführung des Verfahrens abzuwägen (BGH DAR **78**, 156 [Sp]; **80**, 206 [Sp]; MDR **79**, 989 [H]; NStZ **81**, 271; StV **89**, 468). Je wichtiger der Aufklärungswert der Aussage oder des Gutachtens ist, desto weniger kommt es auf die Entfernung der Beweisperson vom Gerichtssitz an (BGH NJW **86**, 1999, 2000; StV **83**, 444; Köln VRS **70**, 143; ANM 263); der einzige Belastungszeuge wird idR erscheinen müssen (Düsseldorf NJW **91**, 2781). Der Beweisperson ist es uU sogar zuzumuten, aus Übersee anzureisen (BGH **9**, 230). Bei Unzumutbarkeit der Unterbrechung des Urlaubs des Zeugen muß das Gericht notfalls die Hauptverhandlung um 1 oder 2 Sitzungstage verlängern (BGH StV **83**, 444). Auch die Unzumutbarkeit muß für
9 **längere oder ungewisse Zeit** bestehen. Daher muß stets geprüft werden, ob zu erwarten ist, daß der Beweisperson auch noch im Zeitpunkt der Hauptverhandlung

das Erscheinen für längere oder ungewisse Zeit nicht zugemutet werden kann (LR-Gollwitzer 19). Erg 9 zu § 251.

10 3) Die **Anordnung der kommissarischen Vernehmung** kann bereits im Eröffnungsverfahren nach §§ 201 ff (BGH VRS **36**, 356; RG **66**, 213; Schleswig SchlHA **58**, 290; 4 zu § 202) und noch in der Hauptverhandlung getroffen werden (LR-Gollwitzer 7). Sie erfolgt von Amts wegen oder auf Antrag. **Antragsberech-** 11
tigt ist neben dem StA, dem Angeklagten und den anderen Verfahrensbeteiligten auch der zur Hauptverhandlung geladene Zeuge oder Sachverständige (KMR-Paulus 17). Der **Gerichtsbeschluß** muß die Beweisperson mit Namen und An- 12
schrift bezeichnen; er muß auch angeben, welcher Hinderungsgrund nach I oder II vorliegt. Weshalb er vorliegt, muß nur dargelegt werden, wenn sich die Gründe dafür erst aus weiteren Umständen ergeben (BGH bei Herlan MDR **55**, 529: längere Dauer der Erkrankung; RG **18**, 261, 264: Unzumutbarkeit iS des II; vgl auch KK-Tolksdorf 14; LR-Gollwitzer 23). Der Beschluß muß ferner das Vernehmungsthema bezeichnen, wenn es sich nicht aus früheren polizeilichen oder staatsanwaltschaftlichen Vernehmungen ergibt. Auf den Anklagesatz kann Bezug genommen werden. Der Beschluß wird in der Hauptverhandlung durch Verkündung, sonst durch formlose Mitteilung bekanntgemacht (§ 35 I S. 1, II S. 2). Die **Über-** 13
sendung an den ersuchten Richter erfolgt mit einem Anschreiben des Vorsitzenden, in dem bei umfangreichen Sachen die Aktenteile bezeichnet werden, die für die Vernehmung wichtig sind (RiStBV 121 III), und in das auch ein Katalog der Fragen aufgenommen werden kann, die an die Beweisperson gestellt werden sollen. Sind mehrere Beweispersonen von verschiedenen Gerichten zu vernehmen, so kann es sich empfehlen, die Gerichte möglichst gleichzeitig unter Übersendung von Aktenauszügen um die Vernehmung zu ersuchen (RiStVB 121 II).

4) Durchführung der kommissarischen Vernehmung: 14

A. Durch einen **beauftragten oder ersuchten Richter** (1 zu § 66 b) wird der 15
Zeuge oder Sachverständige vernommen. Der beauftragte Richter braucht später in der Hauptverhandlung nicht mitzuwirken (BGH **2**, 1). Die Vernehmung durch die ganze StrK ist keine kommissarische Vernehmung (BGH **31**, 236 = JR **83**, 474 mit Anm J. Meyer). Die Vernehmung durch alle 3 Berufsrichter der erkennenden StrK ist zulässig (BGH NStZ **83**, 182; 421; SK/StPO-Schlüchter 37 mwN; **aM**
Peters 548). Um die Vernehmung kann auch ein **ausländischer Staat** ersucht 16
werden (vgl Art 3 ff EuRHÜbk; RiVASt 25 ff). Zu den einzuhaltenden Zuständigkeits- und Verfahrensvorschriften vgl 20 zu § 251. Wegen der Teilnahme deutscher Richter an ausländischen Vernehmungen vgl RiVASt 140 ff, wegen der **konsulari-** 17
schen Vernehmungen 19 zu § 251.

B. In **nichtöffentlicher Sitzung** wird der Zeuge oder Sachverständige ver- 18
nommen. Die §§ 176–179 GVG über Sitzungspolizei, Ungehorsamsfolgen und Ordnungsmittel wegen Ungebühr gelten entspr (§ 180 GVG). Die Verfahrensbeteiligten sind mit den in § 224 bestimmten Einschränkungen zur **Teilnahme** 19
berechtigt, der Verteidiger auch, wenn die Benachrichtigung nach § 224 I S. 1 unterblieben ist (BGH **31**, 148, 153; **32**, 115, 129 [GSSt]). Wegen Gefährdung des Zeugen darf der Verteidiger nicht ausgeschlossen werden (BGH **32**, 115 [GSSt] = JZ **84**, 430 mit Anm Fezer = NStZ **84**, 36 mit Anm Frenzel; dazu auch Bruns MDR **84**, 177; Tiedemann/Sieber NJW **84**, 758; erg 22 zu Art 6 MRK); das gilt auch für die Vernehmung inländischer oder ausländischer Polizeibeamter (BGH NStZ **84**, 178). Die **zeitweilige Entfernung des Angeklagten** nach § 247 ist 20
zulässig (BGH **32**, 32 = JZ **84**, 45 mit Anm Geerds; erg 1 zu § 247). Jedoch besteht keine Unterrichtungspflicht nach § 247 I S. 4 (BGH NJW **67**, 404; KK-Diemer 18 zu § 247). Der Zeuge kann unter Einsatz der Videotechnologie vernommen werden; das Verfahren richtet sich nach § 247 a, nicht nach § 168 e. Gegenüber § 58 a iVm § 168 e S. 4 schränkt die Spezialregelung (2 zu § 58 a) des § 247 a S. 4 zwar die Voraussetzungen für eine Bild-Ton-Aufzeichnung der Aussage gerade bei

besonders schutzbedürftigen Zeugen ein; die Anwendung des § 247a ist aber aus systematischen Erwägungen (oben 1) geboten. Die Direktübertragung einer unter den Voraussetzungen der §§ 223, 247a durchgeführten kommissarischen Vernehmung in die Hauptverhandlung ist nicht zulässig (Rieß NJW **98**, 3242; **aM** KK-Diemer 3 zu § 247a; Schlüchter/Greff Kriminalistik **98**, 532; Weigend, Gutachten zum 62. DJT, C 56, dieser sogar für Vernehmungen durch den beauftragten
21 Richter). Bei der Vernehmung **gilt § 68;** dem Zeugen muß zunächst Gelegenheit gegeben werden, seine Wahrnehmungen im Zusammenhang wiederzugeben
22 (BGH **32**, 115 [GSSt]; Bruns MDR **84**, 177). Über die **Zulassung von Fragen** entscheidet der vernehmende Richter; er kann aber auch entspr § 242 die Entscheidung des erkennenden Gerichts herbeiführen (BGH NStZ **83**, 421; Frankfurt NJW **47/48**, 395). Der Verteidiger, der an der kommissarischen Vernehmung nicht teilnehmen kann oder will, ist berechtigt, schriftlich formulierte Fragen einzureichen, die der Zeuge neben den von dem vernehmenden Richter gestellten beantworten soll (BGH MDR **78**, 460 [H]; **85**, 448 [H]; KK-Tolksdorf 20; Gollwitzer Meyer-GedSchr 163). Von der vorherigen Erörterung der Fragen in der Hauptverhandlung darf die Befragung nicht abhängig gemacht werden (BGH NStZ **83**, 421).

23 C. **Eidlich** muß die Vernehmung erfolgen, soweit nicht nach §§ 60 ff, 63 Ausnahmen vorgeschrieben oder zugelassen sind (III; BGH NStZ **96**, 609 mwN und zust Anm Rose NStZ **98**, 154). Für den Sachverständigen gilt § 79. Vgl auch § 251 IV S. 3, 4.

24 D. Für die **Vernehmungsniederschrift** gelten die §§ 168, 168a und § 64. Der vernehmende Richter darf in das Protokoll auch Feststellungen über das Verhalten der Beweisperson bei der Vernehmung aufnehmen, etwa daß der Zeuge bestimmte Angaben erst auf nachdrückliche Vorhalte gemacht hat. Er darf sogar Wertungen, die sich für ihn aus solchen Feststellungen ergeben, im Protokoll vermerken (KK-Tolksdorf 22; LR-Gollwitzer 34; **aM** KMR-Paulus 37). Den persönlichen Eindruck, den der beauftragte Richter von dem Vernommenen gewonnen hat, darf er ebenfalls im Protokoll festhalten. Das Gericht darf derartige Feststellungen und Wertungen aufgrund der Verlesung der Sitzungsniederschrift bei der Beweiswürdigung berücksichtigen (vgl 17 zu § 251). Protokolle über kommissarische Vernehmungen sind herbeigeschaffte Beweismittel iS des § 245 I S. 1 (dort 5).

25 5) **Beschwerde** gegen die Anordnung oder Ablehnung der kommissarischen Vernehmung ist nach § 305 S. 1 ausgeschlossen (KK-Tolksdorf 26; LR-Gollwitzer 43; **aM** LG Düsseldorf NStZ **83**, 42 und KMR-Paulus 73 für den Fall der Ablehnung trotz drohenden Beweisverlusts). Auch die Beweisperson hat kein Beschwerderecht; denn sie hat keinen Anspruch auf kommissarische Vernehmung (allg M).
26 **Revision** kann nur auf Verletzung des § 251 bei der Verlesung der Vernehmungsniederschrift gestützt werden. Die Entscheidung des Tatrichters unterliegt nur in eingeschränktem Umfang (wie 16 zu § 337) der revisionsgerichtlichen Überprüfung (BGH NStE Nr 134 zu § 244).

Terminsnachricht **RiStBV 121 IV**

224 **I Von den zum Zweck dieser Vernehmung anberaumten Terminen sind die Staatsanwaltschaft, der Angeklagte und der Verteidiger vorher zu benachrichtigen; ihrer Anwesenheit bei der Vernehmung bedarf es nicht. Die Benachrichtigung unterbleibt, wenn sie den Untersuchungserfolg gefährden würde. Das aufgenommene Protokoll ist der Staatsanwaltschaft und dem Verteidiger vorzulegen.**

II Hat ein nicht in Freiheit befindlicher Angeklagter einen Verteidiger, so steht ihm ein Anspruch auf Anwesenheit nur bei solchen Terminen zu, die an der Gerichtsstelle des Ortes abgehalten werden, wo er in Haft ist.

1) Die **Vorschrift ergänzt § 223** dahin, daß StA, Angeklagte und Verteidiger von dem Vernehmungstermin zu benachrichtigen sind; sie setzt also einen Anspruch auf Anwesenheit bei der Vernehmung voraus. Das gilt für alle Vernehmungen nach § 223, auch wenn sie im Ausland stattfinden (BGH NStZ **88**, 563 mit Anm Naucke). Das Fehlen einer im ausländischen Recht nicht vorgesehenen oder nicht zulässigen Benachrichtigung ist aber unschädlich (20 zu § 251). Allerdings darf das deutsche Gericht bei der ausländischen Behörde nicht darauf hinwirken, daß die Benachrichtigung unterbleibt (Bay **51**, 113, 116 = HESt **3**, 29, 31). Ist die Anwesenheit von Prozeßbeteiligten in dem ausländischen Recht bei der Vernehmung gestattet, so ist der Vorsitzende sogar verpflichtet, in dem Rechtshilfeersuchen darum zu bitten, daß er von dem Vernehmungstermin so rechtzeitig verständigt wird, daß er Angeklagte und Verteidiger rechtzeitig vom Zeitpunkt der Beweisaufnahme benachrichtigen kann (BGH **35**, 82). § 224 gilt entspr für die Vernehmung des Angeklagten vor der Hauptverhandlung (Hamm MDR **74**, 419), nicht aber für die Vernehmung von Mitangeklagten (BGH MDR **76**, 988 [H]). 1

2) Benachrichtigungspflicht (I S. 1, 2): 2

A. Die **Benachrichtigung obliegt** dem beauftragten oder ersuchten Richter. Stehen Zeit und Ort der Vernehmung durch den beauftragten Richter fest, so kann sie schon in den Beschluß nach § 223 aufgenommen werden (BGH VRS **26**, 211). 3
Zu benachrichtigen sind außer der StA, dem Angeklagten, auch wenn er in Haft ist, und dem Verteidiger auch der Privatkläger (§ 385 I S. 1) und der Nebenkläger (§ 397 I S. 2 iVm § 385 I S. 1), die Nebenbeteiligten (Einl 73), im Verfahren gegen Jugendliche die gesetzlichen Vertreter und die Erziehungsberechtigten (§ 67 II **JGG**), im Steuerstrafverfahren der Vertreter der FinB (§ 407 I S. 3 **AO**). Die Benachrichtigung des nach § 145 a I zustellungsbevollmächtigten Verteidigers genügt; der Angeklagte muß nicht besonders verständigt werden. Die Benachrichtigung des Angeklagten ersetzt aber nicht die des Verteidigers. Vom Vernehmungstermin müssen auch die Mitangeklagten benachrichtigt werden, nicht aber die Verteidiger von Angeklagten, denen in einem anderen Verfahren die gleiche Tat zur Last gelegt wird (BGH NJW **86**, 1999, 2000). 4

B. So **rechtzeitig** müssen die Beteiligten benachrichtigt werden, daß ihnen die Anwesenheit oder die Regelung der Vertretung bei der Vernehmung möglich ist (BGH GA **76**, 242, 244; RG **59**, 280; 299, 301; Bay **51**, 113, 116 = HESt **3**, 29, 31). Notfalls muß die Benachrichtigung telegrafisch oder telefonisch erfolgen. 5

C. Durch **förmliche Zustellung** oder eine andere Art der Mitteilung, die die Benachrichtigung beweist, werden die Beteiligten verständigt. Denn es muß ein Nachweis dafür geschaffen werden, daß sie die Benachrichtigung erhalten haben (Bay **53**, 62 = NJW **53**, 1316). Der Nachweis der Absendung der Benachrichtigung genügt nicht (Bay aaO; Bremen OLGSt S. 1; Frankfurt NJW **52**, 1068). 6

D. Die **Benachrichtigungspflicht entfällt,** wenn der Prozeßbeteiligte auf sie verzichtet (Bremen StV **92**, 59 mwN; Bohnert NStZ **83**, 345 ff), insbesondere 7
aber, wenn eine **Gefährdung des Untersuchungserfolgs** zu befürchten ist (I S. 2). Diese Gefahr besteht nicht schon wegen einer zu erwartenden Verzögerung der Sache (Bay **51**, 113 = HESt **3**, 29; KK-Tolksdorf 9), sondern nur, wenn die mit der Benachrichtigung verbundene Verzögerung zum Verlust oder zur Wertminderung des Beweismittels führen würde (BGH NJW **80**, 2088; RG **43**, 336; Hamm VRS **24**, 391; erg 5 zu § 168 c) oder wenn bestimmte Anhaltspunkte dafür bestehen, daß der Angeklagte oder der Verteidiger die Benachrichtigung zur Vornahme von Verdunkelungsmaßnahmen ausnützen könnte (BGH **29**, 1, 3; **32**, 115, 122 [GSSt]; erg 5 zu § 168 c). Die Gründe für das Unterlassen der Benachrichtigung werden zweckmäßigerweise aktenkundig gemacht (LR-Gollwitzer 22). Zum Anwesenheitsrecht des nicht benachrichtigten Verteidigers vgl 19 zu § 223. 8

3) Ein **Anwesenheitsrecht** bei der Vernehmung haben die Prozeßbeteiligten (19 zu § 223). Erforderlich ist ihre Anwesenheit jedoch nicht (I S. 2 Hs 2), auch 9 nicht bei Vernehmungen im Ausland (BGH NStZ **92**, 394); das gilt auch für den notwendigen Verteidiger (BGH NJW **52**, 1426). Daher haben sie auch keinen Anspruch auf Terminsverlegung (BGH **1**, 284; vgl § 168 c V S. 3), gleichgültig, ob und aus welchem Grund sie verhindert sind (BGH VRS **26**, 211; RG **59**, 299), selbst beim Zusammenfallen mehrerer Vernehmungstermine bei verschiedenen Gerichten (BGH NJW **52**, 1426). Zur Anwendung des § 247 vgl dort 1 und 20 zu

10 § 223. Eine **Ausnahme** von dem Anwesenheitsrecht bestimmt II für den Fall, daß der nicht auf freiem Fuß befindliche Angeklagte einen Verteidiger hat und der Vernehmungstermin nicht an der Gerichtsstelle des Ortes stattfindet, wo er in Haft gehalten wird, also bei allen Terminen, die nicht im Gerichtsgebäude stattfinden (BGH **1**, 271). Die Benachrichtigungspflicht nach I S. 1 bleibt aber unberührt (BGH MDR **76**, 814 [H] zu § 168 c V). II gilt entspr, wenn der Angeklagte an einer Vernehmung im Ausland nicht teilnehmen kann, weil er nach § 116 I Nr 2 die Auflage hat, die BRep nicht zu verlassen (Bamberg MDR **84**, 604).

11 **4)** Die **Vorlegung des Protokolls** (I S. 2) an StA und Verteidiger obliegt dem Vorsitzenden. Die Vorlegungspflicht besteht unabhängig davon, ob StA und Verteidiger bei der Vernehmung anwesend waren (BGH **25**, 357). Dem Verteidiger wird entweder eine Abschrift oder Ablichtung übersandt oder mitgeteilt, daß er die Akten einsehen könne (BGH aaO S. 359). Der StA werden die Akten zur Kenntnisnahme von dem Protokoll zugeleitet. Der Angeklagte, auch wenn er sich selbst verteidigt, hat keinen Anspruch auf Vorlegung des Protokolls.

12 **5)** Die **Revision** kann auf einen Verstoß gegen § 224 nur gestützt werden, wenn der Beschwerdeführer der Verlesung des Protokolls in der Hauptverhandlung ausdrücklich widersprochen hat (BGH **1**, 284, 286; **9**, 24, 28; **25**, 357, 359; NJW **84**, 65, 66; Bay **53**, 62 = NJW **53**, 1316; Koblenz VRS **50**, 32; Köln VRS **60**, 441; 42 zu § 251; 45 zu § 337), wobei Widerspruch in 2. Instanz genügt (Bremen StV **92**, 59). Etwas anderes gilt nur, wenn der Angeklagte keinen Verteidiger hat und seine Rechte nicht kannte (vgl LR-Gollwitzer 33). War die Verlesung gegen den Widerspruch des Beschwerdeführers erfolgt, so beruht das Urteil idR auf dem Mangel (BGH **9**, 24, 29; **26**, 332, 335). Das gilt auch für den Fall, daß die Protokollvorlegung nach I S. 3 unterblieben (BGH **25**, 357, 359) oder die Benachrichtigung eines Angeklagten unterlassen worden ist, der nach II nicht zur Anwesenheit berechtigt war (BGH MDR **76**, 814 [H]). Der Verstoß gegen § 224 ist in einem anderen Verfahren, das gegen einen anderen Angeklagten wegen Beteiligung an der Tat geführt wird, aber kein Revisionsgrund (BGH NJW **86**, 1999 mit abl Anm Fezer StV **86**, 372).

Richterlicher Augenschein

225 **Ist zur Vorbereitung der Hauptverhandlung noch ein richterlicher Augenschein einzunehmen, so sind die Vorschriften des § 224 anzuwenden.**

1 **1) Vor und in der Hauptverhandlung** kann die Augenscheinseinnahme (1 zu § 86) einem beauftragten oder ersuchten Richter (1 zu § 66 b) übertragen werden (2 zu § 86). Die Anordnung trifft stets das Gericht; § 219 gilt nicht (dort 1).

2 **2)** Ein **vorweggenommener Teil der Hauptverhandlung** ist die Augenscheinseinnahme nach § 225. Daher bestimmt die Vorschrift die Anwendung des § 224, insbesondere die Benachrichtigungspflicht nach § 224 I S. 1. Die Anwesenheitsrechte der Prozeßbeteiligten regeln §§ 168 d, 224 II. Der Angeklagte kann nach § 168 d II die Hinzuziehung eines von ihm beauftragten Sachverständigen verlangen. Augenscheinseinnahmen durch den beauftragten Richter sind auch außerhalb des Gerichtsbezirks zulässig (§ 166 GVG).

3) Das **Protokoll über die Augenscheinseinnahme,** das inhaltlich den §§ 86, 3
168 a genügen muß, ist den Verfahrensbeteiligten nach § 224 I S. 3 vorzulegen (KK-Tolksdorf 4; LR-Gollwitzer 8). In der Hauptverhandlung wird es nach § 249 I S. 2 im Urkundenbeweis verlesen (dort 12).

4) **Beschwerde** gegen den die Augenscheinseinnahme anordnenden oder ableh- 4
nenden Beschluß ist nach § 305 S. 1 ausgeschlossen (25 zu § 223). Für die Zuläs-
sigkeit der **Revision** wegen Verletzung der Benachrichtigungspflicht und des An- 5
wesenheitsrechts gelten die Grundsätze 12 zu § 224.

Zuständigkeitsverschiebung vor Hauptverhandlung

225a **I Hält ein Gericht vor Beginn einer Hauptverhandlung die sachliche Zuständigkeit eines Gerichts höherer Ordnung für begründet, so legt es die Akten durch Vermittlung der Staatsanwaltschaft diesem vor; § 209 a Nr. 2 Buchstabe a gilt entsprechend. Das Gericht, dem die Sache vorgelegt worden ist, entscheidet durch Beschluß darüber, ob es die Sache übernimmt.**

II Werden die Akten von einem Strafrichter oder einem Schöffengericht einem Gericht höherer Ordnung vorgelegt, so kann der Angeklagte innerhalb einer bei der Vorlage zu bestimmenden Frist die Vornahme einzelner Beweiserhebungen beantragen. Über den Antrag entscheidet der Vorsitzende des Gerichts, dem die Sache vorgelegt worden ist.

III In dem Übernahmebeschluß sind der Angeklagte und das Gericht, vor dem die Hauptverhandlung stattfinden soll, zu bezeichnen. § 207 Abs. 2 Nr. 2 bis 4, Abs. 3 und 4 gilt entsprechend. Die Anfechtbarkeit des Beschlusses bestimmt sich nach § 210.

IV Nach den Absätzen 1 bis 3 ist auch zu verfahren, wenn das Gericht vor Beginn der Hauptverhandlung einen Einwand des Angeklagten nach § 6 a für begründet hält und eine besondere Strafkammer zuständig wäre, der nach § 74 e des Gerichtsverfassungsgesetzes der Vorrang zukommt. Kommt dem Gericht, das die Zuständigkeit einer anderen Strafkammer für begründet hält, vor dieser nach § 74 e des Gerichtsverfassungsgesetzes der Vorrang zu, so verweist es die Sache an diese mit bindender Wirkung; die Anfechtbarkeit des Verweisungsbeschlusses bestimmt sich nach § 210.

1) Die **Abgabe an das sachlich zuständige Gericht** außerhalb der Hauptver- 1
handlung ermöglicht die Vorschrift. Sie ergänzt §§ 209 II, 209 a über die Abgabe vor Eröffnung des Hauptverfahrens und § 270 über die bindende Verweisung in
der Hauptverhandlung. Nur an ein **Gericht höherer Ordnung** (dazu 2 zu § 1) 2
kann, von der Ausnahme des IV S. 2 abgesehen, eine Sache abgegeben werden; im übrigen gilt § 269. Als Gerichte höherer Ordnung gelten, da I S. 1 Hs 2 den § 209 a Nr 2 Buchst a für entspr anwendbar erklärt, auch die JugGe (vgl 11 zu § 270), nicht aber die Jugendschutzgerichte; denn auf § 209 a Nr 2 Buchst b ist nicht verwiesen (BGH **42**, 39 = JR **96**, 390 mit Anm Brunner). Die Abgabe von dem JugG an ein allgemeines Strafgericht schließt § 47 a **JGG** grundsätzlich aus; eine Ausnahme bestimmt § 103 II S. 2, 3 **JGG.** Die Abgabe an eine StrK mit besonderer Zuständigkeit (§§ 74 II, 74 a, 74 c GVG) regelt IV. Zur Anwendung des
§ 225 a im Berufungsverfahren vgl 14 zu § 6 a; 6 zu § 74 c GVG. § 225 a **gilt nicht** 3
entsprechend für die geschäftsplanmäßige Zuständigkeit und die örtliche Zuständigkeit (erg 3 zu § 270).

2) Die **Vorlegung** (I S. 1) kann auf Antrag oder von Amts wegen vor Beginn 4
„einer" Hauptverhandlung beschlossen werden, also nicht nur vor Beginn der 1. Hauptverhandlung, sondern im 1. Rechtszug auch, wenn schon eine Hauptverhandlung stattgefunden hat und ausgesetzt worden ist (Hohendorf NStZ **87**, 393),

ferner nach Zurückverweisung der Sache durch das Revisionsgericht nach § 354 II
(LR-Gollwitzer 5). Während der Hauptverhandlung wird immer nach § 270 ver-
fahren, auch wenn der Angeklagte nicht erschienen (Hamm MDR **93**, 1002) oder
5 die Hauptverhandlung unterbrochen ist. Die Vorlegung ist bei **sachlicher Unzu-
ständigkeit** zwingend (§ 6). Sachliche Zuständigkeitsmerkmale, deren Prüfung
mit der Eröffnung des Hauptverfahrens endet, wie die besondere Bedeutung des
Falls iS der §§ 24 I Nr 3, 74 I GVG und die Rechtsfolgenerwartung nach § 25
Nr 2 GVG bleiben dabei außer Betracht (5 zu § 270). Daher ist eine Vorlegung der
Sache durch den Strafrichter an das SchG unzulässig (KMR-Paulus 6; **aM** Hohen-
6 dorf NStZ **87**, 393 ff; vgl auch AG Höxter NStZ **84**, 474). Den **Vorlegungsbe-
schluß** erläßt das Gericht in der für Entscheidungen außerhalb der Hauptverhand-
lung vorgeschriebenen Besetzung. Der Beschluß zielt nur auf eine gerichtsinterne
Richtigstellung ab und ist daher keine Entscheidung iS § 33 II, III, vor dessen
Erlaß rechtliches Gehör gewährt werden muß (LR-Gollwitzer 16). Inhaltlich muß
der Beschluß das Gericht bezeichnen, dem die Sache vorgelegt wird. Da dieses
Gericht die Gründe kennen muß, aus denen das untere Gericht sich für sachlich
unzuständig hält, muß der Beschluß auch begründet werden (LR-Gollwitzer 14).
Der Beschluß wird den Verfahrensbeteiligten formlos bekanntgemacht; der StA
werden die Akten mit dem Beschluß übersandt. Sie ist verpflichtet, sie mit ihrer
7 Stellungnahme an das in dem Beschluß bezeichnete höhere Gericht **weiterzulei-
ten** (I S. 1 Hs 1), auch wenn sie die Abgabe für unbegründet hält (LR-Gollwitzer
18). Ist für dieses Gericht eine andere StA zuständig, so legt sie dieser lediglich die
Akten vor. Die zuständige StA leitet sie dann mit ihrer Stellungnahme an das in
8 dem Beschluß bezeichnete Gericht weiter. Die **Zuständigkeit** des abgebenden
Gerichts für Haft- und andere Nebenentscheidungen bleibt so lange bestehen, bis
das höhere Gericht den Übernahmebeschluß (unten 26) erlassen hat (LR-Gollwit-
zer 57).

9 **3) Beweisantragsrecht** (II): Für den Fall, daß ein Strafrichter (§ 25 GVG) oder
ein SchG die Akten einem höheren Gericht vorlegt, nicht bei Abgabe an das JugG
oder das JugSchG (ANM 366; **aM** KK-Tolksdorf 20; KMR-Paulus 18; LR-Goll-
witzer 35), auch nicht im Fall des IV S. 1 (unten 22), gibt II dem Angeklagten das
Recht, innerhalb einer bei der Vorlage zu bestimmenden Frist die Vornahme
einzelner Beweiserhebungen zu beantragen. Damit wird dem Umstand Rechnung
getragen, daß zu der Abgabe vor allem ein neuer rechtlicher Gesichtspunkt oder
ein in der Anklageschrift nicht besonders erwähntes, nach § 264 aber zur Abur-
teilung stehendes Tatgeschehen führen kann, zu dem der Angeklagte sich noch
nicht hat äußern können und zu dessen tatsächlicher Beurteilung er noch keine
Beweisanträge nach § 201 I hat stellen können, weil er sich der Notwendigkeit
dieser Verteidigungsmaßnahme nicht bewußt war (ANM 365). Die Möglichkeit,
die Entscheidung des höheren Gerichts über die Übernahme des Verfahrens zu
beeinflussen, soll dem Angeklagten mit dem Beweisantragsrecht nicht gegeben
werden (ANM 366; **aM** KK-Tolksdorf 20; KMR-Paulus 18). Für die Stellung des
Beweisantrags wird dem Angeklagten durch den Strafrichter oder den Vorsitzenden
10 des SchG eine **Frist** gesetzt, und zwar bei der Vorlage nach I S. 1. Zweckmäßiger-
weise wird sie in den Vorlegungsbeschluß aufgenommen, der dem Angeklagten
dann zuzustellen ist (ANM 367). Die Frist, die von Amts wegen oder auf Antrag
verlängert werden kann, muß so bemessen werden, daß der Angeklagte ausreichend
Zeit für die Prüfung hat, ob und inwieweit Beweiserhebungen vor der Hauptver-
handlung seiner Verteidigung dienen können (LR-Gollwitzer 39). Ein verspäteter
Antrag wird berücksichtigt, wenn über die Übernahme noch nicht entschieden
worden ist. Andernfalls wird er nach § 219 behandelt (KMR-Paulus 20; ANM
367). Eine Belehrung darüber, wo der Antrag zu stellen ist, schreibt das Gesetz
nicht vor (LR-Gollwitzer 38; ANM 368; **aM** KMR-Paulus 19); sie wird aber idR
11 zweckmäßig sein (vgl 24 zu § 270). Der **Beweisantrag** ist bei dem Vorsitzenden
des höheren Gerichts zu stellen, dem die Sache vorgelegt wird; das vorlegende

Gericht leitet ihn weiter, wenn der Antrag bei ihm gestellt wird (ANM 368). Der Antrag bedarf keiner besonderen Form, muß aber das Beweismittel, dessen Benutzung der Angeklagte erstrebt, und die Tatsachen bezeichnen, die durch die Beweiserhebung aufgeklärt werden sollen. Bloße Beweisanregungen sind unzulässig (ANM 367; **aM** LR-Gollwitzer 36). Die **Entscheidung über den Antrag** trifft, 12
sofern das Gericht nicht eine kommissarische Vernehmung nach § 223 oder eine Augenscheinseinnahme nach § 225 beschließen muß (vgl 26 zu § 270), nach Anhörung der StA (ANM 369) der Vorsitzende des Gerichts, dem die Akten vorgelegt worden sind (II S. 2). Die Entscheidung ergeht nach pflichtgemäßem Ermessen. Eine ablehnende Entscheidung muß nach § 34 mit Gründen versehen werden; dabei genügt der Hinweis, daß die beantragte Beweiserhebung vor der Hauptverhandlung nicht geboten erscheint. Maßgebend für die Entscheidung ist, ob zur Vorbereitung der Hauptverhandlung vor dem höheren Gericht noch eine weitere Sachaufklärung erforderlich erscheint. Das ist der Fall, wenn Beweise zu sichern sind, einzelne Beweiserhebungen eine umfangreiche Beweisaufnahme in der Hauptverhandlung ersparen können oder die Möglichkeit weiterer Sachaufklärung erforscht werden soll, damit eine Aussetzung der Hauptverhandlung vermieden werden kann (ANM 368). Die Ablehnungsgründe des § 244 III, IV haben nur geringe Bedeutung; jedoch ist die Ablehnung mit der Begründung zulässig, das Beweismittel sei völlig ungeeignet oder unerreichbar oder die Beweistatsache sei unerheblich. Eine Wahrunterstellung ist ebenso unzulässig wie im Fall des § 219 (ANM 369; erg 3 zu § 219). Die Entscheidung muß so **rechtzeitig** getroffen 13
werden, daß der Angeklagte sein Prozeßverhalten (Antrag nach § 219, Selbstladung nach § 220) danach einrichten kann (LR-Gollwitzer 45). Vor Erlaß des Übernahmebeschlusses darf die Entscheidung aber nicht getroffen werden. Sie erübrigt sich, wenn das Gericht die Übernahme der Sache nach I S. 2 ablehnt (LR-Gollwitzer 49; ANM 369).

4) Die **Entscheidung des höheren Gerichts über die Übernahme** ergeht 14
durch Beschluß (I S. 2) nach Anhörung der Verfahrensbeteiligten (§ 33 II, III) in der für Entscheidungen außerhalb der Hauptverhandlung vorgeschriebenen Besetzung. Erst mit Erlaß des Übernahmebeschlusses wird die Sache beim höheren Gericht rechtshängig (BGH wistra **98**, 312). Den fehlenden Eröffnungsbeschluß kann der Beschluß nicht ersetzen (vgl BGH NStZ **84**, 520).

A. Die **Sache wird übernommen,** wenn das höhere Gericht den hinreichen- 15
den Tatverdacht wegen der seine Zuständigkeit begründenden Gesetzesverletzung bejaht (BGH **29**, 341, 348). Ob hinreichender Tatverdacht auch wegen der angeklagten Tat besteht, wird nicht mehr geprüft (LR-Gollwitzer 22). In dem **Über-** 16
nahmebeschluß sind der Angeklagte und das Gericht zu bezeichnen, vor dem die Hauptverhandlung stattfinden soll (III S. 1). Nach § 207 II Nrn 2–4, der nach III S. 2 entspr anwendbar ist, darf das Gericht die nach dieser Vorschrift zulässigen Änderungen, Beschränkungen und Erweiterungen vornehmen; im Fall des § 207 II Nr 2 kann es die StA zur Einreichung einer neuen Anklageschrift auffordern (§ 207 III). Hat das Verfahren mehrere Taten iS des § 264 zum Gegenstand, so kann unter Trennung der verbundenen Sachen (11 zu § 4) die Übernahme auf eine oder einzelne von ihnen beschränkt werden. Die förmliche **Zustellung** des 17
Übernahmebeschlusses an den Angeklagten ist entspr § 215 geboten, an die übrigen Prozeßbeteiligten nur, soweit sie beschwerdeberechtigt sind (LR-Gollwitzer 26). Bereits mit dem Erlaß (5 ff vor § 33) des Übernahmebeschlusses wird die Sache bei dem übernehmenden Gericht anhängig (LR-Gollwitzer 31) und das Gericht damit für alle weiteren Entscheidungen zuständig. § 207 IV gilt entspr (III S. 2). Eine **Weiterverweisung** der Sache nach §§ 225 a, 270 ist nicht ausgeschlossen 18
(LR-Gollwitzer 32). Nur die Zuständigkeit des JugG kann grundsätzlich nicht mehr abgeändert werden (§ 47 a **JGG**).

B. Bei **Ablehnung der Übernahme** muß die Beschlußbegründung ergeben, 19
aus welchen tatsächlichen oder rechtlichen Erwägungen sich das höhere Gericht

nicht für zuständig hält (LR-Gollwitzer 25). Es bleibt dann bei der Rechtshängig-
keit vor dem unteren Gericht. Der Beschluß wird den Beteiligten formlos bekannt-
gemacht (§ 35 II S. 2); der StA muß er nach § 35 II S. 1 zugestellt werden, wenn
sie die Übernahme beantragt hatte. Die Akten werden an das vorlegende Gericht
zurückgeleitet. Das Gericht, dem die Sache vorgelegt worden ist, darf sie nicht
etwa an ein anderes Gericht weiterleiten, dem die Sache nach seiner Meinung hätte
vorgelegt werden müssen. Hält es einen solchen Fall für gegeben, so lehnt es die
20 Übernahme ab (KK-Tolksdorf 14). Eine **Verfolgungsbeschränkung nach
§ 154 a** darf das Gericht, dem die Sache vorgelegt worden ist, erst vornehmen,
wenn es sie übernommen hat. Es kann der Übernahme nicht dadurch aus dem
Weg gehen, daß es nach § 154 a verfährt (erg 17 zu § 154 a); denn das niedere
Gericht könnte die ausgeschiedenen Tatteile oder Gesetzesverletzungen jederzeit
wieder einbeziehen und die Sache dann nach I S. 1 erneut vorlegen (SK/StPO-
Schlüchter 22). Entsprechendes gilt für die Trennung vom niederen Gericht ver-
bundener Verfahren durch das höhere Gericht (Stuttgart NStZ **95**, 248). Eine
21 **Bindung an den Ablehnungsbeschluß** besteht nur bei gleichbleibender Sach-
lage. Aufgrund neuer Erkenntnisse kann in der Hauptverhandlung nach § 270 an
das Gericht verwiesen werden, das die Übernahme nach § 225 a abgelehnt hatte
(LR-Gollwitzer 33).

22 **5) Vorlegung an eine besondere StrK** (IV S. 1): Notwendig ist die Vorlegung
für die allgemeine StrK, wenn der Angeklagte mit Recht nach § 6 a geltend macht,
daß eine besondere StrK nach §§ 74 II, 74 a oder 74 c GVG zuständig sei. Die
Vorlegungspflicht entsteht ferner für eine besondere StrK, wenn der Angeklagte
nach § 6 a mit Recht einwendet, daß eine höherrangige (§ 74 e GVG) besondere
StrK zuständig sei. Die JugK hat auch gegenüber den besonderen StrKn den
Vorrang (§ 209 a Nr 2 Buchst a); jedoch gilt die Einschränkung des § 103 II S. 2
JGG.Für das Verfahren gelten keine Besonderheiten. Nur das Beweisantragsrecht
nach II entfällt, da es sich nicht um eine Zuständigkeitsänderung infolge neu
hervorgetretener tatsächlicher oder rechtlicher Umstände, sondern nur um die
Einhaltung von besonderen Bestimmungen über die gesetzliche Zuständigkeits-
verteilung bei den LGen handelt. Daß IV S. 1 gleichwohl auf II Bezug nimmt,
kann nur ein Redaktionsversehen sein (ANM 366; Meyer-Goßner NStZ **81**, 169;
23 **aM** KK-Tolksdorf 20; KMR-Paulus 18; LR-Gollwitzer 51). Eine **Verweisung
mit bindender Wirkung** (IV S. 2) findet statt, wenn das Gericht, das die Zustän-
digkeit einer anderen StrK auf einen Einwand nach § 6 a für begründet hält, vor
dieser StrK nach § 74 e GVG den Vorrang hat. Der Verweisungsbeschluß, vor
dessen Erlaß die StA und die anderen Verfahrensbeteiligten zu hören sind (§ 33 II,
III), muß den Anforderungen des III S. 1 entsprechen. Dem Angeklagten wird er
zugestellt, den übrigen Beteiligten nur, wenn sie ein Anfechtungsrecht haben (KK-
Tolksdorf 26). Anders als bei der Übernahme nach I–III (oben 20) kann das
Gericht im Fall des IV S. 2 die Gesetzesverletzung, die seine Zuständigkeit begrün-
det, nach § 154 a ausscheiden (KMR-Paulus 23).

24 **6) Beschwerde:** Der Vorlegungsbeschluß ist als gerichtsinterne Maßnahme un-
anfechtbar (Bohnert 38). Der Übernahmebeschluß kann in den Grenzen des § 210
angefochten werden (III S. 3, IV S. 1). Für den Angeklagten ist er nach § 210 I
unanfechtbar; die StA ist nach § 210 II nur beschwerdeberechtigt, wenn ihrem
Antrag nicht entsprochen worden ist. Gegen den die Übernahme ablehnenden
Beschluß hat die StA kein Beschwerderecht, auch dann nicht, wenn sie sich für die
Zuständigkeit des höheren Gerichts ausgesprochen hatte (Zweibrücken NStZ **98**,
211; Meyer-Goßner NStZ **81**, 169; **aM** KK-Tolksdorf 30; LR-Gollwitzer 64). Der
Angeklagte ist durch den Beschluß nicht beschwert; der Nebenkläger kann ihn
schon wegen § 400 II nicht anfechten (Zweibrücken MDR **92**, 1072). Gegen den
Verweisungsbeschluß nach IV S. 2 steht der StA die sofortige Beschwerde zu, wenn
er entgegen ihrem Antrag erlassen worden ist (LR-Gollwitzer 63). Gegen die
Verfügung des Vorsitzenden über die Erhebung oder Nichterhebung einzelner

Beweise nach II ist weder der Antrag nach § 238 II noch Beschwerde zulässig (ANM 370).

7) **Revision:** Nach § 336 S. 2 kann weder geltend gemacht werden, daß ein Übernahmebeschluß nach § 225 a zu Unrecht ergangen, noch daß die Verweisung nach IV S. 2 unzulässig gewesen sei. Das Fehlen eines Übernahmebeschlusses (oben 14 ff) begründet aber die Revision (BGH wistra **98**, 312). 25

6. Abschnitt. Hauptverhandlung RiStBV 123–145

Vorbemerkungen

1) Das **Kernstück des Strafprozesses** ist die Hauptverhandlung. In ihr wird nach dem mehr summarischen Vor- und Zwischenverfahren der Sachverhalt endgültig aufgeklärt und festgestellt, und zwar in einer Weise, die nach allgemeiner Prozeßerfahrung größte Gewähr für die Erforschung der Wahrheit und zugleich für die bestmögliche Verteidigung des Angeklagten und damit für ein gerechtes Urteil bietet (vgl BVerfGE **74**, 358, 372 = NStZ **87**, 421). 1

2) Die **Begriffe Hauptverhandlung und Verhandlung** stimmen nicht überein. Denn auch außerhalb der Hauptverhandlung gibt es mündliche Verhandlungen (vgl etwa §§ 118 I, 138 d I, 441 III S. 1). Innerhalb der Hauptverhandlung beginnt das Verhandeln, die Verhandlung ieS, erst nach den in § 243 I–III bezeichneten förmlichen Vorgängen. Sie endet vor der Urteilsverkündung (§ 260 I). 2

3) Die **wesentlichen Verfahrensgrundsätze** für die Hauptverhandlung sind der Öffentlichkeitsgrundsatz (1 zu § 169 GVG), der Mündlichkeitsgrundsatz (7 zu § 261) und der Unmittelbarkeitsgrundsatz bei der Vernehmung von Zeugen und Sachverständigen (1 ff zu § 250). Zum Beschleunigungsgrundsatz, der für das gesamte Strafverfahren, nicht nur für die Hauptverhandlung gilt, vgl 10 zu Art 5 MRK und 7 ff zu Art 6 MRK, zur Sachaufklärungspflicht des Gerichts § 244 II. 3

Ununterbrochene Gegenwart **RiStBV 124, 127, 128**

226 **Die Hauptverhandlung erfolgt in ununterbrochener Gegenwart der zur Urteilsfindung berufenen Personen sowie der Staatsanwaltschaft und eines Urkundsbeamten der Geschäftsstelle.**

1) Den **Grundsatz der Verhandlungseinheit,** stellt die Vorschrift als Ausfluß des Mündlichkeitsgrundsatzes (7 zu § 261) auf (KK-Tolksdorf 1); im Fall des § 27 JGG wird er durchbrochen. Die **Hauptverhandlung** beginnt mit dem Aufruf der Sache (§ 243 I S. 1) und endet mit der Urteilsverkündung (§ 268 II). Die Anwesenheitspflicht gilt für die gesamte Hauptverhandlung, auch für deren unwesentliche Teile (vgl aber 36 ff zu § 338). **Gegenwart** iS des § 226 erfordert auch die geistige Anwesenheit. Wer der Hauptverhandlung geistig nicht folgen kann, etwa weil er schläft, gilt daher als abwesend (14 ff zu § 338). Das Fehlen der **gleichzeitigen Anwesenheit** der in § 226 bezeichneten Personen ist unschädlich, wenn sie aus räumlichen Gründen (Ortsbesichtigung, Probefahrt mit einem Kraftwagen und dgl) nicht durchführbar ist (RG HRR **37**, 489). In diesem Fall muß aber der Ablauf des betreffenden Teils der Hauptverhandlung bei deren Fortsetzung mit den Verfahrensbeteiligten erörtert werden (Köln JMBlNW **54**, 167 = VRS **6**, 461; KK-Tolksdorf 2; vgl. auch EbSchmidt 9). 1 2 3 4

2) Die **Richter,** auch die Schöffen, dürfen bis zur Urteilsverkündung nicht wechseln; andernfalls muß die ganze Hauptverhandlung wiederholt werden (RG **62**, 198; LR-Gollwitzer 1). Jedoch kann ein Ergänzungsrichter (§ 192 GVG) für 5

einen ausgefallenen Richter eintreten, wenn er an der Hauptverhandlung von Anfang an teilgenommen hat.

6 **3)** Die **StA** muß bis zum Schluß der Hauptverhandlung, auch bei der Urteilsverkündung (RG **9**, 275), vertreten sein. Mehrere StAe können sich im Lauf der Verhandlung ablösen und nacheinander tätig werden (BGH **13**, 337; 341; **21**, 85, 89 = JR **67**, 227 mit Anm Hanack; RG **16**, 180; KK-Tolksdorf 5). Daß sie auch nebeneinander tätig werden können, bestimmt § 227 ausdrücklich. Über die Vernehmung des StA als Zeugen vgl 17 vor § 48, über Referendare als Sitzungsvertreter der StA § 142 III GVG.

7 **4) Urkundsbeamte** (§ 153 GVG) müssen während der ganzen Hauptverhandlung anwesend sein; § 168 S. 2 Hs 2 gilt für die Hauptverhandlung nicht (BGH NStZ **81**, 31 L). Dem erkennenden Gericht braucht der Urkundsbeamte nicht anzugehören (BGH NStZ **83**, 213 [Pf/M]; KK-Tolksdorf 6: Sitzung außerhalb des Gerichtssitzes). Ein als Protokollführer vereidigter Verwaltungsbeamter darf aber nicht mitwirken (BGH NStZ **81**, 31 L). Mehrere Urkundsbeamte können entspr § 227 nebeneinander tätig werden und ihre Aufgaben untereinander aufteilen; sie können auch nacheinander tätig werden (BGH **21**, 85, 89; Braunschweig NdsRpfl **47**, 89); zur Unterzeichnung der Sitzungsniederschrift in diesem Fall vgl 13 zu § 271.

8 **5) Sonstige Personen:** Für einzelne Prozeßbeteiligte ist die Anwesenheit in der
9 Hauptverhandlung nicht vorgeschrieben. Insbesondere **Nebenkläger und Nebenbeteiligte** müssen in der Hauptverhandlung nicht erscheinen und brauchen demgemäß auch nicht ununterbrochen anwesend zu sein. Die ununterbrochene
10 Anwesenheit des **Verteidigers** ist bei notwendiger Verteidigung nach §§ 140, 231 a IV erforderlich, wie sich aus § 145 I S. 1 ergibt (dort 3). Die Anwesenheitspflicht gilt dann auch bei der Erörterung der Anordnung, Fortsetzung oder Aussetzung der UHaft, obwohl das nicht notwendig ein wesentlicher Teil der Hauptverhandlung ist; denn diese Fragen sind auch für die Entscheidung in der Hauptsache wesentlich (BGH 5 StR 524/64 vom 18. 12. 1964). Die ununterbrochene Anwesenheit eines und desselben Verteidigers verlangt das Gesetz nicht. Mehrere Verteidiger können einander daher im Laufe der Hauptverhandlung ablösen und nacheinander tätig werden (BGH **13**, 337, 341; Frankfurt StV **88**, 211; 3 zu § 145). Zur gleichzeitigen Mitwirkung mehrerer Verteidiger vgl 2 zu § 227. Über die Vernehmung des Verteidigers als Zeugen vgl 18 vor § 48, über seine Beurlaubung
11 von einem Teil der Hauptverhandlung § 231 c. Über **Sachverständige** vgl 5 zu § 80, über **Dolmetscher** 7 zu § 185 GVG.

12 **6) Revision:** Vgl 21 und 36 zu § 338. Daß die Hauptverhandlung in ununterbrochener Gegenwart der zur Urteilsfindung berufenen Personen stattgefunden hat, wird durch das Hauptverhandlungsprotokoll, nicht durch das Urteilsrubrum bewiesen (vgl BGHR § 345 I Fristbeginn 2 und 6).

Mehrere Staatsanwälte und Verteidiger

227 **Es können mehrere Beamte der Staatsanwaltschaft und mehrere Verteidiger in der Hauptverhandlung mitwirken und ihre Verrichtungen unter sich teilen.**

1 **1) Mehrere Beamte der StA** können in der Hauptverhandlung nebeneinander mitwirken und ihre Verrichtungen untereinander teilen; eine solche Teilung ist jedoch keine Voraussetzung der gleichzeitigen Mitwirkung mehrerer StAe (BGH **13**, 337, 341).

2 **2) Mehrere Verteidiger** desselben Angeklagten können ebenfalls nebeneinander tätig werden. Auch sie können dann ihre Verrichtungen unter sich teilen; dabei

ist grundsätzlich nicht erforderlich, daß alle Verteidiger in der Hauptverhandlung ununterbrochen anwesend sind (BGH MDR **66**, 200 [D]; **81**, 457 [H]). Über die Mitwirkung von Wahl- und Pflichtverteidigern nebeneinander oder von mehreren Pflichtverteidigern vgl 1 zu § 141.

3) Auch bei **Teilung der Verrichtungen** unter mehreren StAen steht die StA dem Gericht als Einheit gegenüber. Jeder von mehreren nebeneinander tätigen Verteidigern nimmt dagegen seine Aufgabe selbständig war (LR-Gollwitzer 10). Stellt einer von ihnen einen Antrag, so ist über ihn zu entscheiden, auch wenn der andere von der Antragstellung absieht. Erklärt einer sein Einverständnis mit einer Prozeßhandlung, widerspricht aber der andere, so gilt der Widerspruch (KK-Tolksdorf 3). 3

Aussetzung und Unterbrechung **RiStBV 137**

228 **I Über die Aussetzung einer Hauptverhandlung oder deren Unterbrechung nach § 229 Abs. 2 entscheidet das Gericht. Kürzere Unterbrechungen ordnet der Vorsitzende an.**

II Eine Verhinderung des Verteidigers gibt, unbeschadet der Vorschrift des § 145, dem Angeklagten kein Recht, die Aussetzung der Verhandlung zu verlangen.

III Ist die Frist des § 217 Abs. 1 nicht eingehalten worden, so soll der Vorsitzende den Angeklagten mit der Befugnis, Aussetzung der Verhandlung zu verlangen, bekanntmachen.

1) **Aussetzung und Unterbrechung der Hauptverhandlung** (I): 1

A. Die **Abgrenzung** richtet sich nach der tatsächlichen Dauer der Unterbrechung, nicht danach, wie das Gericht sie bezeichnet und was es beabsichtigt (BGH NJW **82**, 248; RG **58**, 357, 358; LR-Gollwitzer 1). Aussetzung ist daher jedes Abbrechen der Verhandlung über den nach § 229 I oder II höchstzulässigen Zeitraum hinaus, Unterbrechung der verhandlungsfreie Zeitraum, der die zeitlichen Grenzen des § 229 nicht überschreitet. 2

B. Die **Aussetzung** bedeutet den Abbruch der Verhandlung mit der Folge, daß später eine neue selbständige Verhandlung stattfinden muß. Die Aussetzung ist zT gesetzlich vorgeschrieben (vgl §§ 138 c IV, 145 III, 217 II, 265 III, IV); sonst kann sich ihre Notwendigkeit aus der Fürsorgepflicht des Gerichts (Celle NJW **61**, 1319; LR-Gollwitzer 9) oder aus der Sachaufklärungspflicht (vgl etwa 29 zu § 54) ergeben. Zu beachten ist, daß die Notwendigkeit, das Strafverfahren zügig und ohne vermeidbare Verzögerungen durchzuführen, die Aussetzung **nur ausnahmsweise** zuläßt (Frankfurt MDR **83**, 253; KK-Tolksdorf 3). Insbesondere muß stets geprüft werden, ob eine Unterbrechung nach § 229 ausreicht (Düsseldorf StV **97**, 282 mit Anm Zieschang). Wenn mehrere Taten iS des § 264 Gegenstand des Verfahrens sind, kann es uU ausreichen, das Verfahren nur teilw auszusetzen (BGH MDR **75**, 23 [D]). **Aussetzungsanträge** können vor oder in der Hauptverhandlung gestellt werden. Ist ein Antrag schon vorher eingegangen, so muß das Gericht in der Hauptverhandlung mindestens klären, ob er aufrechterhalten wird (Bremen GA **64**, 211). Ausdrücklich als Aussetzungsantrag braucht der Antrag nicht bezeichnet zu sein. Es genügt, daß er sinngemäß das Begehren nach Aussetzung der Verhandlung enthält (Hamburg GA **65**, 60). Die **Entscheidung** des Gerichts ergeht von Amts wegen oder auf Antrag durch Beschluß, auch wenn der Antrag nicht näher begründet worden ist (RG **23**, 136). Sie muß vor der Urteilsverkündung getroffen werden, damit die Prozeßbeteiligten Gelegenheit haben, weitere Ausführungen zu machen und andere Anträge zu stellen (RG aaO; KK-Tolksdorf 7). Nur hilfsweise gestellte Anträge können in den Urteilsgründen abgelehnt 3 4 5 6

werden (Schleswig SchlHA **56**, 298; LR-Gollwitzer 15). Im Fall des § 329 I kann der Aussetzungsantrag des Verteidigers durch Erlaß des Verwerfungsurteils abge-
7 lehnt werden (5 zu § 329). Der Ablehnungsbeschluß bedarf idR der **Begründung** (§ 34), die erkennen lassen muß, daß das Gericht die vorgetragenen oder von Amts wegen zu beachtenden Tatsachen zutr gewürdigt und sein Ermessen fehlerfrei ausgeübt hat. Handelt es sich um eine reine Ermessensentscheidung, so ist die Begründung entbehrlich (Celle NJW **61**, 1319; LR-Gollwitzer 17; erg 5 zu § 34).

8 C. **Zuständig** für die Entscheidung über die Aussetzung der Hauptverhandlung oder deren Unterbrechung nach § 229 II ist das Gericht (I S. 1). Der Gerichtsbeschluß nach § 229 II wird idR in der Hauptverhandlung erlassen, kann aber auch außerhalb der Hauptverhandlung in der dafür vorgeschriebenen Besetzung ergehen (BGH **34**, 154, 155 = JR **88**, 36 mit Anm Böttcher). War die Verhandlung schon unterbrochen und ist die Unterbrechungsfrist oder die 10-Tagefrist nach § 229 I verstrichen, ohne daß danach weiterverhandelt worden ist, so kann die Unterbrechung nach § 229 II auch noch nach Ablauf der Unterbrechungsfrist, nicht aber rückwirkend nach Ablauf der Frist des § 229 II beschlossen werden (BGH aaO), es sei denn, der Fristablauf war nach § 229 III gehemmt (offengelassen von BGH
9 NStZ **92**, 550). **Kürzere Unterbrechungen**, dh kurze Pausen oder Unterbrechungen für Stunden oder Tage bis zur Höchstgrenze von 10 Tagen nach § 229 I ordnet der Vorsitzende an (I S. 2), der nach pflichtgemäßem Ermessen entscheidet, dabei jedoch die Fürsorgepflicht des Gerichts und den Grundsatz des fairen Verfahrens (Einl 156) beachten muß (Zweibrücken StV **90**, 57: Unterbrechung zur Ermittlung einer Zeugenanschrift). Die Unterbrechungsverfügung ergeht in der Hauptverhandlung. Außerhalb der Hauptverhandlung besteht sie in der Verlegung des Fortsetzungstermins; die Beteiligten müssen davon unterrichtet werden. Hat der Vorsitzende entgegen I eine Unterbrechung von mehr als 10 Tagen angeordnet, so wird der Mangel dadurch geheilt, daß er noch rechtzeitig einen Fortsetzungstermin im Rahmen des § 229 I bestimmt oder daß das Gericht einen entspr Unterbrechungsbeschluß erläßt.

10 2) **Verhinderung des Verteidigers** (II): Die Vorschrift betrifft nicht den Fall der nach §§ 140, 231 IV notwendigen Verteidigung; insoweit gilt § 145 I. Durch II soll einer Verzögerung des Verfahrens durch den Angeklagten vorgebeugt werden. Es geht grundsätzlich zu seinen Lasten, wenn er keinen Verteidiger findet, der bereit oder in der Lage ist, ihn zu verteidigen (Düsseldorf GA **79**, 226; Stuttgart NJW **67**, 944, 945; StV **88**, 145). Einen Rechtsanspruch auf Aussetzung des Verfahrens hat er (auch bei Wechsel oder Hinzutritt eines weiteren Verteidigers, BGH NJW **91**, 1622, 1623) nicht; andererseits ist sie nicht ausgeschlossen, wenn das Gericht sie aus besonderen Gründen für angezeigt hält (Bay **62**, 226; Hamm GA **77**, 310; erg 6 zu § 213; 43 zu § 265). II ist insbesondere dann nicht anzuwenden, wenn das mit dem Grundsatz eines fairen Verfahrens (Einl 19) nicht vereinbar wäre (Bay **88**, 179 = StV **89**, 94; Frankfurt StV **98**, 13; Hamm VRS **41**, 45; Köln VRS **42**, 284; Zweibrücken NZV **96**, 162; Burmann NZV **96**, 165; Neuhaus StraFo **98**, 84; vgl auch 9 zu § 145); eine Aussetzung kommt aber bei Verhinderung des Wahlverteidigers nicht in Betracht, wenn der Angeklagte durch
11 einen Pflichtverteidiger ausreichend verteidigt wird (Bay **96**, 94). Bei einer **Verspätung des Verteidigers** muß das Gericht eine angemessene Zeit warten. Für ihre Dauer gelten die zu § 329 (dort 13) und § 412 (dort 3) entwickelten Grundsätze (vgl auch Kaiser NJW **77**, 1955; zum Bußgeldverfahren vgl Hamm NStZ-RR **97**, 179). Wenn der Angeklagte erklärt, daß er auf seinen Verteidiger warten wolle, wird idR eine Wartezeit von 15 Minuten angezeigt sein (Bay AnwBl **78**, 154; VRS **60**, 304; Düsseldorf VRS **64**, 276; Hamm VRS **55**, 368; **59**, 449; Koblenz VRS **45**, 455; Köln VRS **42**, 284; vgl auch Köln StV **84**, 147 zu dem Fall, daß eine Gegenüberstellung beabsichtigt ist). Eine längere Wartezeit ist erforderlich, wenn es sich um einen auswärtigen Verteidiger handelt (Frankfurt AnwBl **84**, 108) oder wenn das Gericht weiß, daß der Verteidiger auf dem Weg zu ihm ist (Bay

VRS **67**, 438; Düsseldorf StV **95**, 454). Einem Antrag des Verteidigers auf Terminsverschiebung um 20 Minuten ist idR stattzugeben (Hamburg MDR **81**, 165; vgl auch Bay DAR **85**, 244 [R]; VRS **60**, 304 für den Fall der telefonischen Nachricht des Verteidigers, daß er sich verspäten werde). Eine Wartepflicht besteht auch, wenn bekannt ist, daß der Verteidiger im Hause noch einen anderen Termin wahrnimmt (Hamm VRS **68**, 49). Die **Verhinderung des Verteidigers,** die ihre 12
Ursache darin hat, daß das Gericht mit der Verhandlung verspätet beginnt, kann zur Aussetzung der Verhandlung zwingen (Bay StV **84**, 13; Hamburg MDR **64**, 524). Durfte sich der Angeklagte verständigerweise darauf verlassen, daß der Verteidiger mitwirken werde, und ist er durch dessen Fehlen in seiner Verteidigung erheblich beschränkt, so kommt die Aussetzung des Verfahrens nach § 265 IV (dort 43 ff) in Betracht (zum Verhältnis zwischen II und dieser Vorschrift vgl Heubel NJW **81**, 2678).

3) Die **Belehrungspflicht** (III) ergänzt den § 217 II über den Anspruch des 13
Angeklagten auf Aussetzung bei Nichteinhaltung der Ladungsfrist. Hat der Angeklagte schon vorher auf die Fristeinhaltung verzichtet (§ 217 III), so entfällt die Belehrung (LR-Gollwitzer 25).

4) **Rechtsbehelfe:** Gegen die Anordnung des Vorsitzenden auf **Unterbre-** 14
chung des Verfahrens ist der Antrag nach § 238 II idR mangels Beschwer unzuläs- 15
sig; auch Beschwerde ist nicht statthaft (LR-Gollwitzer 27). Dagegen kann gegen die Ablehnung eines Antrags auf Unterbrechung das Gericht nach § 238 II angerufen werden. Der die **Aussetzung** ablehnende Beschluß ist nach § 305 S. 1 16
unanfechtbar (Bay **53**, 86; KG JR **59**, 350; Düsseldorf HESt **3**, 72; Hamm NJW **78**, 283; LR-Gollwitzer 29). Gegen den Aussetzungsbeschluß ist Beschwerde nach § 304 zulässig, wenn er mit der Urteilsfindung in keinem inneren Zusammenhang steht, sondern das Verfahren nur hemmt und verzögert (Bay aaO; KG JR **66**, 231 mit Anm Kleinknecht; Braunschweig StV **87**, 332; Düsseldorf NStZ-RR **96**, 142; Frankfurt MDR **83**, 253; StV **88**, 195; Karlsruhe Justiz **77**, 227; Zieschang StV **97**, 286; vgl auch Karlsruhe NStZ **85**, 227). Der Beschluß, mit dem das Verfahren zwecks Anstellung weiterer Ermittlungen ausgesetzt wird, ist daher unanfechtbar (Düsseldorf MDR **93**, 461; Köln StV **91**, 551 mwN; **91**, 552 mit Anm Müller; **aM** Frankfurt NJW **54**, 1012; vgl auch Odenthal StV **91**, 447), ebenso ein Beschluß nach § 265 IV (KG StV **89**, 8 mit Anm Danckert).

5) Die **Revision** kann, da § 228 keinen Aussetzungsanspruch gewährt, nur 17
darauf gestützt werden, daß die Ablehnung der Aussetzung nach § 338 Nr 8 die Verteidigung unzulässig beschränkt hat (vgl KG StV **82**, 10). Dabei ist das Übergehen eines Aussetzungsantrags ebenso zu behandeln wie dessen ausdrückliche Ablehnung (60 zu § 338). Zum notwendigen Revisionsvorbringen gehört die inhaltliche Mitteilung des Aussetzungsantrags und des ihn ablehnenden Gerichtsbeschlusses (Koblenz VRS **49**, 278) sowie die Darlegung der dadurch erfolgten unzulässigen Beschränkung der Verteidigung in einem wesentlichen Punkt (BGH NJW **96**, 2383 = JR **96**, 473 mit zust Anm Gollwitzer). Entscheidet anstelle des nach I S. 1 zuständigen Gerichts der Vorsitzende, so beruht das Urteil auf dem Mangel jedenfalls dann nicht, wenn dem Verfahren nicht widersprochen worden ist (BGH **33**, 217). Auf die Unterlassung der Bekanntmachung nach III kann die Revision nicht gestützt werden, da es sich nur um eine Ordnungsvorschrift handelt (BGH **24**, 143, 146; MDR **52**, 532 [D]; KK-Tolksdorf 15; erg 4 zu § 337).

Höchstdauer der Unterbrechung RiStBV 137

229 **I Eine Hauptverhandlung darf bis zu zehn Tagen unterbrochen werden.**

II Hat die Hauptverhandlung bereits an mindestens zehn Tagen stattgefunden, so darf sie unbeschadet der Vorschrift des Absatzes 1 einmal auch bis zu dreißig Tagen unterbrochen werden. Ist die Hauptverhandlung sodann an mindestens zehn Tagen fortgesetzt worden, so darf sie ein zweites Mal nach Satz 1 unterbrochen werden. Zusätzlich zu den Unterbrechungen nach Absatz 1 und Absatz 2 Satz 1 und 2 kann eine Hauptverhandlung nach Ablauf von zwölf Monaten seit ihrem Beginn jeweils einmal innerhalb eines Zeitraumes von zwölf Monaten bis zu dreißig Tagen unterbrochen werden, wenn sie davor an mindestens zehn Tagen stattgefunden hat.

III Kann ein Angeklagter zu einer Hauptverhandlung, die bereits an mindestens zehn Tagen stattgefunden hat, wegen Krankheit nicht erscheinen, so ist der Lauf der in Absatz 1 und 2 genannten Fristen während der Dauer der Verhinderung, längstens jedoch für sechs Wochen, gehemmt; diese Fristen enden frühestens zehn Tage nach Ablauf der Hemmung. Beginn und Ende der Hemmung stellt das Gericht durch unanfechtbaren Beschluß fest.

IV Wird die Hauptverhandlung nicht spätestens am Tage nach Ablauf der in den vorstehenden Absätzen bezeichneten Frist fortgesetzt, so ist mit ihr von neuem zu beginnen. Ist der Tag nach Ablauf der Frist ein Sonntag, ein allgemeiner Feiertag oder ein Sonnabend, so kann die Hauptverhandlung am nächsten Werktag fortgesetzt werden.

1 **1)** Der **Grundsatz der Konzentration der Hauptverhandlung** verlangt eine zügige Verhandlung ohne längere Unterbrechungen, durch die der lebendige Eindruck der mündlichen Verhandlung abgeschwächt und die Zuverlässigkeit der Erinnerung beeinträchtigt wird (BGH **23**, 224, 226; NJW **96**, 3019; Karlsruhe Justiz **88**, 72). Andererseits muß Vorsorge dagegen getroffen werden, daß die Hauptverhandlung schon deshalb ausgesetzt und wiederholt werden muß, weil ein in wenigen Tagen zu beseitigendes Hindernis ihrer Fortsetzung entgegensteht. In Großverfahren, die monate- oder sogar jahrelang andauern, sind längere Unterbrechungen unvermeidlich, um die physische und psychische Belastung der Beteiligten in erträglichen Grenzen zu halten (KK-Tolksdorf 1; LR-Gollwitzer 2). Daher gestattet § 229 Unterbrechungen der Hauptverhandlung von unterschiedlicher Länge, je nachdem, wie lange sie bereits gedauert hat (krit Bertram NJW **94**, 2187, da die Regelung die Gerichte zu sog „Schiebeterminen" zwinge; vgl auch Schlüchter GA **94**, 419). Der Gesetzgeber geht davon aus, daß bei Einhaltung dieser Fristen noch die Einheitlichkeit und Unmittelbarkeit der Hauptverhandlung gewahrt und der Gefahr begegnet ist, daß die Urteilsberatung nicht mehr ausschließlich auf dem Ergebnis der Hauptverhandlung beruht (BGH **33**, 217, 218). Besondere Unterbrechungsregelungen enthalten §§ 138 c IV S. 2, 231 a III S. 4 und § 34 III Nr 6 **EGGVG.**

2 **2) Jede Hauptverhandlung** (I) darf bis zu 10 Tagen unterbrochen (2 zu § 228) werden. Wie lange sie vorher gedauert hat, spielt keine Rolle. Auch der Unterbrechungsgrund ist gleichgültig. Wiederholte Unterbrechungen sind zulässig (RG **60**, 163). Die Einschaltung von jeweils 1 Verhandlungstag erlaubt daher ständige Unterbrechungen von 10 Tagen.

3 **3) Hauptverhandlungen von bisher mindestens 10 Verhandlungstagen** (II) dürfen einmal auch bis zu 30 Tagen unterbrochen werden (S. 1), nach weiteren 10 Verhandlungstagen ein 2. Mal (S. 2). Die Unterbrechungsmöglichkeit nach I wird dadurch nicht berührt; andererseits stehen Unterbrechungen nach I der Anwendung des II nicht entgegen (KK-Tolksdorf 5). Es kommt nur darauf an, daß insgesamt 10 Verhandlungstage stattgefunden haben. Schließt sich die Unterbrechung nach II einer Unterbrechung nach I an, ohne daß es dazwischen zu einer Sachverhandlung kommt (6 zu § 228), so läuft die Frist des II aber vom Beginn der 1. Unterbrechung an. Mehr als 2 Unterbrechungen nach II von jeweils 11–30

Tagen sind auch dann nicht zulässig, wenn sie zusammen die Frist von insgesamt 60 Tagen nicht ausgeschöpft haben (LR-Gollwitzer 9; Rieß NJW **75**, 86); eine kürzer bemessene Unterbrechung kann jedoch auf die vollen 30 Tage verlängert werden (BGH **34**, 154, 156 = JR **88**, 36 mit Anm Böttcher; erg 8 zu § 228). Für die Urteilsverkündung hat II keine Bedeutung; insoweit gilt § 268 III S. 2 (BGH StV **82**, 4 mit Anm Peters; RG **57**, 266; Rieß aaO). Bei **Hauptverhandlungen von** 4
mehr als 12 Monaten Dauer ist jeweils innerhalb eines Zeitraums von 12 Monaten, dh in jedem 2., 3., 4. usw Hauptverhandlungsjahr, eine weitere Unterbrechung bis zu 30 Tagen zulässig (S. 3), sofern die Hauptverhandlung davor an mindestens 10 Tagen stattgefunden hat, wobei Unterbrechungen nach I unschädlich sind (KK-Tolksdorf 4; Krey 2/629; Rieß/Hilger NStZ **87**, 149). Auch die Unterbrechungen nach II sind nicht vom Vorliegen eines bestimmten Unterbrechungsgrundes abhängig.

4) Fristhemmung (III): 5

A. Die **Erkrankung des Angeklagten** (zum Begriff Krankheit vgl 7 zu 6
§ 223) kann die Durchführung der Hauptverhandlung trotz der Unterbrechungsmöglichkeiten nach I, II gefährden. Die Fristhemmung, die nach § 268 III S. 3 auch für die Frist des § 268 III S. 2 gilt, soll daher verhindern, daß eine Hauptverhandlung ausgesetzt und wiederholt werden muß, weil der Angeklagte am Tage nach Ablauf einer Unterbrechungsfrist wegen Krankheit (auf Verhandlungsunfähigkeit kommt es nicht an) vor Gericht nicht erscheinen, weil von ihm also aus medizinischer Sicht nicht gefordert werden kann, das Gericht aufzusuchen und an einer Verhandlung an dem Ort mitzuwirken, an dem es tagt. Ob eine Verhandlung am Krankenbett möglich wäre, ist gleichgültig. Die Fristhemmung setzt außer der Krankheit des Angeklagten (die uU auch schon länger bestehen kann, vgl Düsseldorf StV **97**, 282 mit Anm Zieschang) voraus, daß die Hauptverhandlung schon an mindestens 10 Tagen stattgefunden hat. Wird sie gegen mehrere Angeklagte geführt, so genügt es, daß einer von ihnen wegen Krankheit nicht erscheinen kann (KK-Tolksdorf 11); oft wird es dann aber geboten sein, das Verfahren gegen den erkrankten Angeklagten abzutrennen und gegen die anderen fortzusetzen (Meyer- Goßner NJW **87**, 1163). Bei erneuter Erkrankung des Angeklagten kann die Unterbrechungsfrist mehrfach gehemmt sein; es genügt, wenn zwischen den Unterbrechungen an einem Tag verhandelt worden ist (SK/StPO-Schlüchter 19; **aM** Zieschang StV **96**, 115; in den von ihm angeführten Extremfällen wird allerdings neu mit der Hauptverhandlung zu beginnen sein, erg
oben 1). Eine **entsprechende Anwendung** des III auf Hauptverhandlungsunter- 6a
brechungen infolge der Erkrankung anderer Verfahrensbeteiligter ist nicht möglich (BGH NStZ **97**, 503).

B. **Kraft Gesetzes** tritt die Fristhemmung ein, und sie dauert so lange, bis der 7
Angeklagte wieder vor Gericht erscheinen kann, aber nicht länger als 6 Wochen. Dabei ist zu unterscheiden: Erkrankt der Angeklagte während einer Unterbrechung der Hauptverhandlung nach I oder II, so läuft die Frist von 10 oder 30 Tagen nicht weiter, solange die Erkrankung so schwerwiegend ist, daß der Angeklagte nach Ablauf der Frist nicht vor Gericht erscheinen könnte (BGH NStZ **92**, 550). Nach Wegfall der Verhinderung, längstens nach 6 Wochen, läuft die Unterbrechungsfrist von selbst weiter. Erkrankt der Angeklagte dagegen während einer nicht unterbrochenen Hauptverhandlung, so kann der Vorsitzende eine Unterbrechung nach I oder das nach § 228 I S. 1 dafür zuständige Gericht, falls das rechtlich noch zulässig ist, eine Unterbrechung nach II anordnen. Die Unterbrechungsfrist nach diesen Vorschriften beginnt dann erst mit dem Wegfall der Verhinderung des Angeklagten zu laufen, spätestens nach 6 Wochen (BGH NStZ **98**, 633). Nach dem Ende der Hemmung dauert die Unterbrechungsfrist nach I oder II in jedem Fall noch 10 Tage an (S. 2 Hs 2); sie wird um diese Frist verlängert, um dem Gericht die Vorbereitung der Fortsetzung der Hauptverhandlung zu ermöglichen.

8 C. Durch unanfechtbaren **Gerichtsbeschluß,** der aber nur deklaratorische Bedeutung hat (BGH NStZ **92**, 550, 551), müssen Beginn und Ende der Hemmung festgestellt werden (S. 2). Der Beschluß wird idR außerhalb der Hauptverhandlung ohne Mitwirkung der Schöffen gefaßt (Rieß/Hilger NStZ **87**, 149 Fn 100). Wenn bei Feststellung des Beginns schon abzusehen ist, wann die Verhinderung enden wird, genügt ein einziger Beschluß; andernfalls müssen 2 Beschlüsse erlassen werden. Um Beginn und Ende der Hemmung feststellen zu können, muß das Gericht im Freibeweisverfahren (7, 9 zu § 244) prüfen, ob, ab wann und bis wann der Angeklagte wegen seiner Erkrankung nicht vor Gericht erscheinen kann. Meist wird ein ärztliches Gutachten eingeholt werden müssen. Ist eine entspr Feststellung aus medizinischen oder aus anderen Gründen zunächst nicht möglich, so muß mit der Feststellung des Beginns der Hemmung bis kurz vor das rechnerische Ende der jeweiligen Unterbrechungsfrist gewartet werden. Ein Beschluß über das Ende der Hemmung erübrigt sich, wenn die Prüfung ergibt, daß der Angeklagte bereits einen Tag nach Ablauf der rechnerischen Unterbrechungsfrist nach I oder II vor Gericht erscheinen kann. In diesem Fall ist trotz der zeitweiligen Verhinderung des Angeklagten keine Hemmung eingetreten (BGH NStZ **92**, 550 mwN; StV **94**, 5; vgl auch LG Düsseldorf StV **97**, 284 mit Anm Zieschang).

9 **5) Fristberechnung** (IV S. 2): Da die Fristen des § 229 keine Fristen iS des § 43 sind (RG **57**, 266), bestimmt die Vorschrift ausdrücklich, daß die Hauptverhandlung am nächsten Werktag fortgesetzt werden kann, wenn der Tag nach Fristablauf ein Sonntag, allgemeiner Feiertag oder Sonnabend ist (dazu 2 zu § 43).

10 **6) Weiteres Verfahren:**

11 A. Die **Fortsetzung der Hauptverhandlung** in derselben Gerichtsbesetzung muß nach spätestens 10 oder 30 verhandlungsfreien Tagen erfolgen. Die Frist wird nur durch Verhandlung zur Sache gewahrt (BGH NJW **52**, 1149; RG **62**, 263); die Erörterung von Verfahrensfragen oder Prozeßhindernissen kann genügen (BGHR § 229 I Sachverhandlung 4), nicht dagegen die Prüfung, ob und wann weiterverhandelt werden kann (BGH 1 StR 824/75 vom 4. 5. 1976; Celle StV **92**, 101); daher erscheint es fraglich, ob die Erörterung der Verhandlungsfähigkeit des Angeklagten (so BGHR § 229 I Sachverhandlung 1, während nach BGH NStZ **90**, 228 Nr 14 [M] dies aber kein Weiterverhandeln ist; vgl auch LG Düsseldorf StV **97**, 284 mit insoweit zust Anm Zieschang StV **97**, 288: nur bei Bejahung der Verhandlungsfähigkeit) oder eines Ablehnungsgesuchs (so BGH 7. 11. 1978 – 1 StR 470/78) genügt. Die Verlesung des BZR-Auszuges oder einer sonstigen Urkunde reicht aus, allerdings darf die Verlesung nicht willkürlich auf mehrere Sitzungstage verteilt werden (BGH NJW **96**, 3019; StV **98**, 359; vgl auch Koblenz StV **97**, 288: lediglich Verlesung einer Urkunde, die später sicher nocheinmal verlesen werden muß, genügt nicht); zum notwendigen Revisionsvorbringen in solchen Fällen vgl BGH NStZ-RR **98**, 335. Sind Sachen gegen mehrere Angeklagte verbunden, so genügt es, daß Vorwürfe gegen Mitangeklagte erörtert werden (BGH MDR **75**, 23
12 [D]). Zum Fortsetzungstermin braucht nicht förmlich geladen zu werden; die **mündliche Bekanntmachung des neuen Termins** bei der Unterbrechung der Hauptverhandlung genügt (BGH NStZ **88**, 421 mit Anm Meurer; JZ **57**, 673 mit Anm EbSchmidt; Düsseldorf NJW **70**, 1889; Hamburg NJW **53**, 235; Hilger NStZ **84**, 42; Meyer JR **85**, 32; RiStBV 137 I; erg 6 zu § 217). Auch wenn der Fortsetzungstermin außerhalb der Hauptverhandlung bestimmt wird, ist eine schriftliche Bekanntmachung nicht erforderlich (SK/StPO-Schlüchter 9; ebenso BGH **38**, 271 für den Fall, daß der Verteidiger benachrichtigt wurde; **aM** BGH NStZ **84**, 41 mit abl Anm Hilger). Ist der auf freiem Fuß befindliche Angeklagte bereits zur Anklage vernommen worden, so ist es zweckmäßig, ihn darüber zu belehren, daß nach § 231 II auch ohne ihn weiterverhandelt werden kann (Düsseldorf NJW **70**, 1889). Ist der Angeklagte nicht auf freiem Fuß, so wird der mündlichen Ladung der klarstellende Hinweis an die Vorführungsbeamten zugefügt, daß

der Angeklagte zum Fortsetzungstermin wieder vorzuführen ist (5 zu § 216). Eine **Ladungsfrist** besteht für die Fortsetzungsverhandlung nicht (6 zu § 217). 13

B. Die **Wiederholung der Hauptverhandlung** ist erforderlich, wenn sie nicht spätestens am Tage nach Ablauf der in I–III bezeichneten Fristen fortgesetzt wird (IV S. 1). Es muß eine völlig neue Hauptverhandlung stattfinden, zu der der Angeklagte und der Verteidiger schriftlich zu laden sind (§ 216). Die Ladungsfrist muß dann erneut eingehalten werden (vgl 4 zu § 217). Wegen der mündlichen Ladung von Zeugen und Sachverständigen vgl RiStBV 137 II. 14

7) Revision: Die Fristüberschreitung ohne Wiederholung der Hauptverhandlung ist zwar kein zwingender Urteilsaufhebungsgrund; idR beruht das Urteil aber auf dem Verfahrensmangel (BGH **23**, 224 = JR **70**, 309 mit Anm EbSchmidt; BGH StV **90**, 52; **97**, 282; Celle StV **92**, 101; Karlsruhe StV **93**, 66). Nur in ganz besonderen Ausnahmefällen ist der Verstoß gegen § 229 für das Urteil ohne Bedeutung (BGH aaO; StV **82**, 4, 5 mit Anm Peters; Düsseldorf StV **94**, 362 mwN). Der Tatrichter selbst darf die Frist selbstverständlich nicht mit der Begründung überschreiten, das Urteil werde nicht auf der Gesetzesverletzung beruhen (BGH NStZ **86**, 518). Auf die fehlerhafte Feststellung des Beginns und des Endes der Fristhemmung nach II kann die Revision nach § 336 S. 2 nicht gestützt werden. Sie kann aber rügen, daß die Voraussetzungen für die Hemmung überhaupt nicht vorgelegen haben (vgl Rieß/Hilger NStZ **87**, 149). 15

Ausbleiben des Angeklagten

230 **I Gegen einen ausgebliebenen Angeklagten findet eine Hauptverhandlung nicht statt.**

II Ist das Ausbleiben des Angeklagten nicht genügend entschuldigt, so ist die Vorführung anzuordnen oder ein Haftbefehl zu erlassen.

1) Anwesenheit des Angeklagten in der Hauptverhandlung (I): 1

A. **Anwesenheitspflicht:** Zwingend vorgeschrieben ist die Anwesenheit des Angeklagten, sofern das Gesetz nicht Ausnahmen zuläßt, wie in §§ 231 II, 231 a, 231 b, 231 c, 232, 233, 247, 329 II, 350 II, 387 I, 411 II S. 1. Der Angeklagte kann auf seine Anwesenheit nicht wirksam verzichten (BGH **3**, 187, 191; **22**, 18, 20; **25**, 317, 318; NJW **76**, 1108); ein in Haft befindlicher Angeklagter muß, notfalls zwangsweise, vorgeführt werden (LR-Gollwitzer 10). Das Gericht kann den Angeklagten von seiner Anwesenheitspflicht auch nicht entbinden (BGH **22**, 18, 20; **25**, 317, 318; NJW **73**, 522; KG StV **85**, 52). Denn sie soll nicht nur dem Angeklagten das **rechtliche Gehör** gewährleisten (Lampe MDR **74**, 539; Rieß JZ **75**, 266 und ZStW **90**, Beih 183 ff), sondern ihm auch die Möglichkeit allseitiger und uneingeschränkter Verteidigung sichern; außerdem soll dem Tatrichter im Interesse der Wahrheitsermittlung ein unmittelbarer Eindruck von der Person des Angeklagten, seinem Auftreten und seinen Erklärungen vermittelt werden (BGH **3**, 187, 190; **26**, 84, 90; Hamburg JR **87**, 78 mit Anm Foth; KMR-Paulus 3; Roxin § 42 F I 1; **aM** Stein ZStW **97**, 303: nur Anwesenheitszwang rechtfertigt das staatliche Interesse an der Vermeidung von Fehlurteilen; für Einschränkung des Teilnahmegebots auch Julius GA **92**, 295). Der Anwesenheitspflicht entspricht das **Anwesenheitsrecht** des Angeklagten (BGH **19**, 144, 147; **26**, 84, 90; Rieß JZ **75**, 266 und ZStW **90**, Beih 182). Er ist zur Anwesenheit auch dann berechtigt, wenn ausnahmsweise keine Anwesenheitspflicht besteht (BGH **26**, 228, 234; **28**, 35, 37; StV **81**, 510). Das Gericht darf ihm die Teilnahme an der Hauptverhandlung daher nicht verwehren, auch wenn es ohne ihn verhandeln könnte (BGH MDR **80**, 631 [H]: selbst herbeigeführte Verhandlungsunfähigkeit; vgl auch 18 zu § 231 a). Es darf insbesondere dann nicht ohne ihn verhandeln, wenn er zu erkennen gibt, daß er die Teilnahme ernsthaft beabsichtigt, daran aber schuldlos verhindert ist. 2 3 4

5 B. Die **ununterbrochene Anwesenheit** des Angeklagten während der gesam-
ten Hauptverhandlung verlangt I, soweit nicht Ausnahmen bestimmt sind, wie in
6 §§ 231 II, 231 b 231 c, 247, 329, 411, 51 **JGG.** Das gilt auch für **Ortsbesichti-
gungen** (BGH **3**, 187; **25**, 317, 318; RG **47**, 197; Hamburg GA **61**, 177).
Demonstriert der Angeklagte zB bei einer Augenscheinseinnahme sein Tatverhal-
ten außerhalb der Hörweite des Gerichts, so darf währenddessen nicht weiter zur
Sache verhandelt werden (LR-Gollwitzer 8; **aM** Braunschweig NJW **63**, 1322 mit
abl Anm Kleinknecht). Ist eine Ortsbesichtigung durch das Gericht in Anwesenheit
des Angeklagten nicht möglich, so muß sie unterbleiben (Hamburg JR **87**, 78 mit
Anm Foth: Weigerung des Hauseigentümers, dem Angeklagten Zutritt zu gewäh-
ren); das Gericht muß dann idR einen Augenscheinsgehilfen (4 zu § 86) beauf-
tragen (Foth aaO). Während der Urteilsberatung, also in Abwesenheit des Ange-
klagten, darf der Augenschein nicht wiederholt werden (RG **66**, 28, Hamm NJW
7 **59**, 1192). Zur Hauptverhandlung gehört auch die **Urteilsverkündung** nach
§ 268 (dort 14); der Angeklagte muß daher anwesend sein (RG **42**, 244, 246; LR-
Gollwitzer 7).

8 C. **Verhandlungsfähig** (dazu Einl 97) muß der Angeklagte in der Hauptver-
handlung sein; seine körperliche Anwesenheit genügt nicht (BGH **23**, 331, 334;
OGH **2**, 375, 377; Rieß JZ **75**, 267). Schon bei Zweifeln an seiner Verhandlungs-
fähigkeit darf die Hauptverhandlung gegen ihn nicht durchgeführt werden (BGH
NStZ **84**, 520; KK-Tolksdorf 3). Hat er seine Verhandlungsunfähigkeit selbst her-
beigeführt, so kann nach II oder nach § 231 a verfahren werden (Düsseldorf NStZ
9 **90**, 295). Eine **Erkrankung** des Angeklagten zwingt grundsätzlich nur dazu, Ort,
Zeit und Dauer der Hauptverhandlung so einzurichten, daß er ihr folgen kann
(Seetzen DRiZ **74**, 259). Auch eine Verhandlung am Krankenbett ist nicht aus-
geschlossen (LR-Gollwitzer 9).

10 D. Findet die **Hauptverhandlung gegen mehrere Angeklagte** statt, so müs-
sen grundsätzlich (vgl aber § 231 c) alle anwesend sein, auch wenn ausschließlich
über die Tat eines Mitangeklagten verhandelt wird, an der sie nicht beteiligt waren
und die sie auch sonst nicht betrifft (BGH StV **87**, 189; LR-Gollwitzer 1 zu
11 § 231). In diesem Fall verstößt aber die **vorübergehende Abtrennung** des Ver-
fahrens gegen einen von ihnen nach § 4, deren Zulässigkeit durch die Regelung
des § 231 c nicht berührt wird (11 zu § 4), und die Weiterverhandlung gegen die
Mitangeklagten in seiner Abwesenheit nicht gegen I, sofern in der weitergeführten
Hauptverhandlung ausschließlich Vorgänge erörtert werden, die mit dem abge-
trennten Verfahren in keinem inneren Zusammenhang stehen und daher die Anwe-
senheit des Angeklagten, gegen den das Verfahren abgetrennt worden ist, nicht
erfordern (BGH **24**, 257; RG **69**, 363; **70**, 68, 69). Unzulässig ist die vorüber-
gehende Abtrennung dagegen, wenn die Verhandlung in Abwesenheit des Ange-
klagten Vorgänge zum Gegenstand hat, die die gegen ihn erhobenen Vorwürfe
berühren (BGH aaO; **30**, 74 = JR **82**, 33 mit Anm Maiwald; BGH **32**, 100; 270,
273; StV **82**, 252; **86**, 465). Etwas anderes gilt nur, wenn die Verhandlung auf einen
Punkt beschränkt wird, der den abwesenden Angeklagten nicht betrifft (BGH **32**,
270). Die Abtrennung des Verfahrens gegen einen Mitangeklagten zu dem Zweck,
es durch Urteil zu beenden, ist keine vorübergehende Abtrennung in diesem Sinn,
auch wenn die Verfahren wieder verbunden werden, weil wider Erwarten das
Verfahren gegen den Mitangeklagten nicht beendet werden konnte (BGH **33**,
119). Vgl erg 5 ff zu § 231; 40 zu § 338.

12 E. **Heilung des Verstoßes gegen I:** Vgl 3 zu § 338.

13 **2) Zwangsmittel beim Ausbleiben des Angeklagten** (II):

14 A. **Ausgeblieben** ist der Angeklagte, wenn er beim Aufruf der Sache (2 zu § 243) nicht im Gerichtssaal ist oder nicht alsbald eintrifft oder wenn er sich im Sitzungssaal nicht zu erkennen gibt (LR-Gollwitzer 9). Wenn er den Gerichtssaal nicht betreten will, läßt ihn der Vorsitzende entspr § 231 I S. 2 hereinbringen;

gelingt das nicht, so ist II anwendbar (Lemke NJW **80**, 1494). Dem Ausbleiben **steht gleich,** daß der Angeklagte in selbst verschuldetem verhandlungsunfähigen Zustand erscheint (14 zu § 329; **aM** Welp JR **91**, 267: verfassungsrechtlich unzulässige Analogie), daß er sich während der Hauptverhandlung entfernt oder daß er in einem Fortsetzungstermin nicht erscheint (vgl § 231 II). 15

B. **Nicht entschuldigt** ist der Angeklagte, wenn weder er selbst noch ein anderer für ihn eine genügende Entschuldigung vorgebracht hat und auch sonst keine Entschuldigungsgründe bekanntgeworden sind. Wie bei § 329 (dort 19) kommt es nicht darauf an, ob sich der Angeklagte entschuldigt hat, sondern nur darauf, ob er entschuldigt ist (LR-Gollwitzer 23). Maßgebend ist, ob dem Angeklagten wegen seines Ausbleibens unter Abwägung aller Umstände des Falles billigerweise ein Vorwurf gemacht werden kann (KK-Tolksdorf 10). Im einzelnen gelten die Grundsätze 21 ff zu § 329. Bei nachträglicher genügender Entschuldigung gilt § 51 II S. 2 entspr; die bereits beschlossenen Zwangsmaßnahmen müssen umgehend, auch außerhalb der Hauptverhandlung, aufgehoben werden (KMR-Paulus 28). 16

C. **Zwangsmittel:** 17

a) **Allgemeine Voraussetzungen:** Das Gericht ist verpflichtet, die Zwangsmittel des II anzuwenden, wenn anders das Verfahren nicht durchgeführt werden kann (Hamburg GA **61**, 177). Voraussetzung ist eine ordnungsgemäße Ladung (Celle NdsRpfl **63**, 238; Karlsruhe MDR **80**, 868), die die Warnung nach § 216 I enthält (KMR-Paulus 13; weitergehend Welp JR **91**, 268, der bei Anordnung wegen schuldhaft herbeigeführter Verhandlungsunfähigkeit [oben 8, 15] einen entspr Hinweis in der Ladung verlangt); der Hinweis auf eine frühere Ladung genügt nicht (Zweibrücken StV **92**, 101). Die Nichteinhaltung der Ladungsfrist des § 217 I ist unschädlich (11 zu § 329). Der **Grundsatz der Verhältnismäßig-** 18
keit (Einl 20) muß gewahrt sein (dazu Welp JR **91**, 269). Wenn das Erscheinen des Angeklagten schon mit einfacheren Mitteln sicher erreichbar ist, dürfen die Zwangsmittel des II nicht angewendet werden. Der Vorführungsbefehl hat als weniger einschneidende Maßnahme den Vorrang vor dem Haftbefehl, wenn er ausreicht (BVerfGE **32**, 87; Düsseldorf NStZ **90**, 295 mwN; LG Zweibrücken NJW **96**, 737). Stellt sich das erst nach Erlaß des Haftbefehls heraus, so ist er in einen Vorführungsbefehl umzuwandeln (Köln JMBlNW **59**, 114). Der Verhältnismäßigkeitsgrundsatz schließt aber die Anwendung des II nicht deshalb aus, weil die Freisprechung des Angeklagten sicher zu erwarten ist (KMR-Paulus 15; **aM** Franz NJW **63**, 2264); in Betracht kommt dann idR nur ein Vorführungsbefehl. 19

b) Der **Vorführungsbefehl,** der eine neue Ladung überflüssig macht, bedarf der Schriftform (Lemke NJW **80**, 1494) und muß die in § 134 II bezeichneten Angaben enthalten. Bekanntgegeben wird er dem Angeklagten erst bei einem Vollzug (KK-Tolksdorf 12; erg 4 zu § 134). Der Vorführungsbefehl setzt keine Aussetzung der Hauptverhandlung voraus, sondern kann auch erlassen werden, um das Erscheinen des Angeklagten in derselben Sitzung zu erzwingen (Lemke aaO; Rasehorn DRiZ **56**, 269), auch wenn der in Haft befindliche Angeklagte sich weigert, gefesselt an einer Augenscheinseinnahme teilzunehmen (Hamburg GA **61**, 177). Für die Vollstreckung gilt § 36 II S. 1 (dazu 5 zu § 134). Der Vorführungsbefehl darf nicht früher vollstreckt werden, als notwendig ist, um den Angeklagten rechtzeitig zur Hauptverhandlung zu bringen; im übrigen gilt § 135 S. 2 (Welp JR **91**, 270). Der Vorführungsbefehl ist vollstreckt und wird, anders als bei der Vorführung zur Vernehmung nach § 134 (dort 6), gegenstandslos, wenn der Angeklagte in den Sitzungssaal geführt worden ist (Düsseldorf JMBlNW **83**, 41; KMR-Paulus 27; **aM** Rasehorn DRiZ **56**, 269: Weitergeltung für alle Termine der Instanz). Von da an besteht das Festhalterecht nach § 231 I S. 2 (KK-Tolksdorf 11; Enzian NJW **57**, 450). 20

21 c) Der **Haftbefehl** nach II, der auch gegen einen schuldunfähigen Angeklagten erlassen werden kann (Hamm NJW **58**, 2125; EbSchmidt Nachtr 7), im Privatklageverfahren aber unzulässig ist (§ 387 III), dient nur der Sicherung der Weiterführung und Beendigung des Strafverfahrens. Er setzt daher keinen dringenden Tatverdacht und keinen Haftgrund nach §§ 112, 112a voraus, sondern nur die Feststellung, daß der Angeklagte nicht erschienen und sein Ausbleiben nicht genügend entschuldigt ist (Düsseldorf JMBlNW **83**, 41; Karlsruhe MDR **80**, 868; vgl auch BVerfGE **32**, 87, 93). In ihm den Beginn der Vollstreckbarkeit festzusetzen, ist zulässig (Düsseldorf NStZ **90**, 295) und uU aus Gründen der Verhältnismäßigkeit notwendig (Welp JR **91**, 270). Für die Vollstreckung gilt § 36 II S. 1. Der Haftbefehl muß inhaltlich § 114 II entsprechen (Frankfurt StV **95**, 237; **aM** LG Chemnitz StV **96**, 255 mit abl Anm Gollwitzer); er wird dem Angeklagten entspr § 114a bei der Verhaftung bekanntgemacht. Für die Vorführung vor das Gericht gelten die §§ 115, 115a entspr (Stuttgart MDR **90**, 75). In entspr Anwendung des § 116
22 kann das Gericht die **Aussetzung des Vollzugs** beschließen, wenn eine weniger einschneidende Maßnahme genügende Gewähr dafür bietet, daß der Angeklagte an der Hauptverhandlung teilnehmen wird (KG GA **72**, 127; Düsseldorf JMBlNW **83**, 41). Eine Sicherheitsleistung (§ 116 I Nr 4) verfällt mit der Nichtbefolgung der Ladung, die dem Sich-Entziehung iS des § 124 I gleichsteht (KK-Tolksdorf 14).

23 **Zeitlichen Beschränkungen** unterliegt der Haftbefehl, abgesehen von dem Übermaßverbot (BVerfGE **32**, 87, 94; Hamburg MDR **87**, 78: Hauptverhandlung ist in angemessener Zeit durchzuführen; LG Dortmund StV **87**, 335: Nicht später als nach 7 Wochen), nicht, insbesondere nicht nach § 121 I (KG NStZ-RR **97**, 75; Karlsruhe Justiz **82**, 438; Oldenburg NJW **72**, 1585 mit Anm Güldenpfennig NJW **72**, 2008; **aM** Rupp NStZ **90**, 577: nicht über einen Hauptverhandlungstag hinaus). Er wirkt aber keinesfalls über die Hauptverhandlung hinaus (Düsseldorf aaO; Saarbrücken NJW **75**, 791). Mit ihrem Abschluß wird er gegenstandslos (Karlsruhe MDR **80**, 868; Saarbrücken aaO); seine Aufhebung durch Gerichtsbeschluß hat nur feststellende Bedeutung (LR-Gollwitzer 41). Die Freiheitsentziehung aufgrund des Haftbefehls nach II ist, anders als die Freiheitsbeschränkung aufgrund eines Vorführungsbefehls, nach § 51 StGB auf die Strafe anzurechnen (LR-Gollwitzer 48; **aM** Pohlmann/Jabel/Wolf 74 zu § 39 StVollstrO).

24 d) Das **Gericht,** nicht der Vorsitzende allein, erläßt den Vorführungs- oder Haftbefehl durch Beschluß, an dem nach § 30 I GVG grundsätzlich die Schöffen mitwirken (Bremen MDR **60**, 244). Soll allerdings die vorgebrachte Entschuldigung geprüft oder der Eingang des glaubhaft angekündigten Nachweises abgewartet werden, so kann das Gericht, statt in einer zu diesem Zweck neu anberaumten Hauptverhandlung mit Schöffen zu entscheiden, den Beschluß nach II für einen späteren Zeitpunkt außerhalb der Hauptverhandlung (ohne Schöffen) vorbehalten (Hamm GA **59**, 314; Welp JR **91**, 271; str, vgl zum Streitstand LG Gera NStZ-RR **96**, 239), sonst aber nicht (LG Zweibrücken NStZ-RR **98**, 112).

25 e) **Beschwerde** ist gegen den Vorführungs- und Haftbefehl zulässig; § 305 S. 1 steht nicht entgegen. Der Haftbefehl kann mit der weiteren Beschwerde nach § 310 I angefochten werden (Celle NJW **57**, 393; Hamburg NJW **63**, 1167; Karlsruhe NJW **69**, 1546), der Vorführungsbefehl nicht (Celle MDR **66**, 1022). Das Beschwerdegericht kann den Haftbefehl in einen Vorführungsbefehl umwandeln (vgl Celle NJW **57**, 393), aber nicht als Haftbefehl nach §§ 112, 112a aufrechterhalten; die Erstzuständigkeit nach § 125 II darf nicht umgangen werden (Karlsruhe MDR **80**, 868; KK-Tolksdorf 18; vgl aber Celle NdsRpfl **63**, 238, das nur die Gewährung rechtlichen Gehörs verlangt). Zur Anfechtung im Falle der Erledigung des Vorführungs- oder Haftbefehls vgl 17 ff vor § 296.

26 **3) Revision:** Bei Verletzung von I gilt § 338 Nr 5, sofern der Angeklagte in einem wesentlichen Teil der Hauptverhandlung abwesend war (36 zu § 338). Die vorschriftswidrige Abwesenheit muß nach § 344 II als Verfahrensmangel gerügt werden; sie ist kein von Amts wegen zu beachtendes Prozeßhindernis (BGH **26**,

84; erg Einl 146). Zum notwendigen Revisionsvorbringen gehört die Angabe des Verhandlungsteils, bei dem der Angeklagte gefehlt hat (BGH **26**, 84, 91; MDR **81**, 457 [H]; NStZ **83**, 36). Die Abwesenheit eines Mitangeklagten kann nicht mit Erfolg gerügt werden (erg 4 zu § 338). Ist das Urteil aufgrund einer **Personenver-** 27
wechslung nicht gegen den nach dem Eröffnungsbeschluß Angeklagten, sondern gegen eine andere Person ergangen, ist es auf Revision des gemeinten Angeklagten aufzuheben. War es rechtskräftig geworden, ist es nach § 359 Nr 5 zu beseitigen, jedenfalls nach § 458 nicht zu vollstrecken (erg Einl 105); gegen den anderen wirkt das Urteil nicht (LG Lüneburg MDR **49**, 767 mit abl Anm Grobler; LR-Schäfer Einl Kap 12 Rdn 62, der aber annimmt, die Rechtskraft heile den Mangel; **aM** KK-Tolksdorf 7; LR-Gollwitzer 11; EbSchmidt 7; Roxin § 50 C II 2: Unwirksamkeit des Urteils gegen beide).

Anwesenheitspflicht des Angeklagten

231 **I Der erschienene Angeklagte darf sich aus der Verhandlung nicht entfernen. Der Vorsitzende kann die geeigneten Maßregeln treffen, um die Entfernung zu verhindern; auch kann er den Angeklagten während einer Unterbrechung der Verhandlung in Gewahrsam halten lassen.**

II Entfernt der Angeklagte sich dennoch oder bleibt er bei der Fortsetzung einer unterbrochenen Hauptverhandlung aus, so kann diese in seiner Abwesenheit zu Ende geführt werden, wenn er über die Anklage schon vernommen war und das Gericht seine fernere Anwesenheit nicht für erforderlich erachtet.

1) Die **Pflicht des Angeklagten zur ununterbrochenen Anwesenheit** (I) 1
während der gesamten Hauptverhandlung (5 zu § 230), auch in der Berufungsverhandlung (§ 332), schließt das Verbot ein, sich aus der Hauptverhandlung zu entfernen. S. 1 stellt das ausdrücklich klar. Der Vorsitzende kann **geeignete Maß-** 2
nahmen zur Verhinderung des Sich-Entfernens des Angeklagten treffen (S. 2 Hs 1), insbesondere den Angeklagten in die umfriedete Anklagebank verweisen oder ihn durch Justiz- oder Polizeibeamte ständig bewachen lassen. Auch eine Fesselung kann zulässig sein (BGH NJW **57**, 271; KK-Tolksdorf 2; **aM** EbSchmidt 4: nur zur Abwehr von Gewalttätigkeiten); dann gilt § 119 V entspr (LR-Gollwitzer 7). Die **Ingewahrsamnahme des Angeklagten** während einer Unterbre- 3
chung der Verhandlung läßt S. 2 Hs 2 zu. Sie setzt voraus, daß Anlaß zu der Annahme besteht, der Angeklagte wolle sich der weiteren Verhandlung entziehen. Die Dauer der Unterbrechung spielt grundsätzlich keine Rolle; auch bei einer Unterbrechung, die sich über die Nachtstunden erstreckt, und bei einer wiederholten Unterbrechung ist die Maßnahme zulässig (LR-Gollwitzer 8). Bei einer mehrtägigen Unterbrechung wird aber zu prüfen sein, ob nicht ein Haftbefehl nach §§ 112 ff erlassen werden muß (zum Verhältnis der §§ 231, 231 a zu §§ 112 ff vgl Wendisch StV **90**, 166); auf S. 2 Hs 2 kann er nicht gestützt werden (BVerfGE **21**, 184, 188). Die Vollstreckung der Anordnung ist Sache des Vorsitzenden; die StA ist nicht beteiligt. Der Vollzug obliegt dem Justizwachtmeister, der Polizei nur, wenn sie zur Wahrung der öffentlichen Sicherheit und Ordnung zugezogen worden und anwesend ist. Wenn der Angeklagte von Beamten der JVA vorgeführt worden ist, so ist die Ingewahrsamnahme deren Aufgabe. Vollzogen wird sie durch Bewachung oder Einschließung, auch durch Unterbringung in einer JVA.

2) Fortsetzung der Verhandlung ohne den Angeklagten (II): 4

A. **Maßgebend für die Vorschrift** ist die Erwägung, daß es gegen die Inter- 5
essen der Strafrechtspflege verstieße, wenn dem Angeklagten die Möglichkeit gegeben würde, eine begonnene und vielleicht schon dem Abschluß nahe Hauptverhandlung dadurch unwirksam zu machen, daß er sich entfernt oder bei ihrer Fortsetzung ausbleibt (vgl BGH **19**, 144, 147; **25**, 317, 319; RG **22**, 247, 249). II

6 ist eine eng auszulegende **Ausnahmevorschrift** (BGH **3**, 187, 190; **19**, 144, 148; **25**, 317, 320; NJW **77**, 1928; RG **42**, 197; KG StV **85**, 52; Düsseldorf NJW **70**, 1889; Frankfurt NJW **74**, 2065), deren Anwendung aber nicht davon abhängt, daß der Vorsitzende zuvor nach I versucht hat, die Anwesenheit des Angeklagten zu
7 erzwingen. II gilt auch im **Berufungsverfahren** (Bremen MDR **79**, 864; Düsseldorf aaO).

8 B. **Voraussetzungen der Weiterführung der Verhandlung:**

9 a) **Sich-Entfernen aus der Hauptverhandlung:** Nur das eigenmächtige Verlassen der Verhandlung ist gemeint (BGH **10**, 304, 305 = JZ **57**, 673 mit Anm EbSchmidt; BGH **25**, 317, 319 = JR **75**, 75 mit Anm Gollwitzer; BGH NJW **73**, 522; **77**, 1928; MDR **79**, 989 [H]; NStZ **84**, 41; Köln VRS **67**, 353; **70**, 16).
10 **Eigenmächtig** in diesem Sinne handelt der Angeklagte, der ohne Rechtfertigungs- oder Entschuldigungsgründe wissentlich seiner Anwesenheitspflicht nicht genügt (BGH **37**, 249; NStZ **98**, 476). Daß er versucht haben müsse, durch Mißachtung seiner Anwesenheitspflicht den Gang der Rechtspflege zu stören und die Hauptverhandlung unwirksam zu machen, wie die Rspr früher angenommen hatte (vgl dazu BGH NStZ **88**, 422 mwN und mit Anm Meurer), ist – wie BGH **37**, 249 unter Hinweis auf die Regelung in § 231a zutr feststellt – nicht erforderlich (so aber noch BGH NJW **91**, 1367 [3. und 5. StS]). Dabei ist es nicht Sache des Angeklagten, den Verdacht der Eigenmächtigkeit auszuräumen (Karlsruhe NStE Nr 9); sie muß ihm vielmehr, auch noch im Zeitpunkt der Revisionsverhandlung (unten 25), zur Überzeugung des Gerichts nachgewiesen werden (BGH **10**, 304, 305; **16**, 178, 180; NJW **87**, 2592; MDR **79**, 281 [H]; 909 [H]; NStZ **84**, 209 [Pf/M]; Bremen StV **85**, 50; Hamm MDR **73**, 427). Wiedereinsetzung entspr § 235, bei der die Säumnisgründe glaubhaft zu machen wären (§ 45 II S. 1), ist daher ausgeschlossen (BGH **10**, 304 = JZ **57**, 673 mit zust Anm EbSchmidt). Die
11 **Eigenmächtigkeit fehlt,** wenn der Angeklagte sich mit ausdrücklicher oder stillschweigender Billigung des Gerichts entfernt (BGH StV **93**, 285; NJW **73**, 522) oder wenn er weggeht, ohne daß das Gericht ihn entspr der Aufforderung der StA auf seine Anwesenheitspflicht hinweist (KG StV **85**, 52). Nicht eigenmächtig handelt auch der in Haft befindliche Angeklagte, der sich weigert, an einer Ortsbesichtigung gefesselt teilzunehmen; das Gericht hat die Macht, seine Teilnahme zu erzwingen (BGH **25**, 317 = JR **75**, 75 mit Anm Gollwitzer; **aM** Küper NJW **74**, 2218). Auch eine persönliche Konfliktlage kann der Eigenmächtigkeit entgegenstehen (Stuttgart OLGSt Nr 1).

12 b) **Ausbleiben in der Fortsetzungsverhandlung:** Die Anwendung von II hängt nicht davon ab, ob und wann der Angeklagte sein Fernbleiben entschuldigt hat (BGH StV **82**, 356; Frankfurt StV **87**, 380). Maßgebend ist vielmehr, ob eine
13 **Eigenmächtigkeit** des Angeklagten vorliegt und ihm nachgewiesen werden kann (oben 10); daß das Gericht Grund zu der Annahme hat, der Angeklagte habe den Termin vorsätzlich nicht wahrgenommen, genügt nicht (BGH NJW **80**, 950; **87**, 2592; NStZ **83**, 355 [Pf/M]; **84**, 209 [Pf/M] mwN; Bremen StV **85**, 50; Frankfurt
14 StV **87**, 380). Die Eigenmächtigkeit setzt zunächst den Nachweis **ordnungsgemäßer Ladung** (BGH **38**, 271, 273; Karlsruhe NJW **81**, 934) und der Belehrung über die Folgen des Ausbleibens voraus (Düsseldorf NJW **70**, 1889). Denn wer nicht wirksam geladen worden ist, muß auch nicht erscheinen (BGH NStZ **84**, 41 mit Anm Hilger). War der Angeklagte aber in einer unterbrochenen Hauptverhandlung nach ordnungsgemäßer Ladung eigenmächtig ausgeblieben, so muß er nicht nochmals geladen werden, wenn die Hauptverhandlung abermals unterbrochen und an einem anderen Tag fortgesetzt wird (Karlsruhe MDR **84**, 690 = JR **85**, 31 mit zust Anm Meyer; KK-Tolksdorf 3; **aM** Karlsruhe NJW **81**, 934; EbSchmidt 4 zu § 216; vgl auch BGH NJW **87**, 2592: jedenfalls, wenn ein Verteidiger anwesend ist); denn II gestattet es, die Hauptverhandlung, nicht nur den Sitzungstag, an dem der Angeklagte ausgeblieben ist, in seiner Abwesenheit zu Ende zu führen. Daß der Angeklagte an einem Verhandlungstag eigenmächtig

ausgeblieben ist, erlaubt die weitere Fortsetzung der Verhandlung ohne ihn aber nicht, wenn er an einem späteren Verhandlungstag unverschuldet nicht erschienen ist (BGH NStZ **86**, 422; KK-Tolksdorf 3). An der **Eigenmächtigkeit fehlt** es, 15
wenn dem Angeklagten in der mündlichen Ladung ohne Einschränkung erklärt wird, bei seinem Nichterscheinen werde ohne ihn verhandelt (Köln StV **85**, 50; vgl auch Bremen StV **92**, 558: fehlerhafte Belehrung durch Verteidiger), oder wenn das Gericht ihm sogar freigestellt hatte, ob er zur Fortsetzungsverhandlung erscheinen wolle (BGH StV **87**, 189; Köln aaO; Stuttgart NJW **70**, 343), wobei es genügt, daß er dem Verhalten des Gerichts ein derartiges Einverständnis entnehmen konnte (BGH NStZ **89**, 284; MDR **90**, 489 [H]). Das Ausbleiben ist ferner nicht eigenmächtig, wenn der Angeklagte nur verschlafen hat (BGH StV **88**, 185; NJW **91**, 1367) oder wenn er am Erscheinen durch Krankheit, nicht nur wegen unbedeutender Unpäßlichkeiten (Stuttgart NJW **67**, 944), oder andere von seinem Willen unabhängige Umstände verhindert ist (BGH NStZ **91**, 28 [M/K]), etwa weil er in anderer Sache in UHaft genommen worden ist (BGH VRS **36**, 212; Frankfurt StV **87**, 380). Bei einem nicht auf freiem Fuß befindlichen Angeklagten kann von einem eigenmächtigen Ausbleiben auch sonst keine Rede sein, weil das Gericht die Pflicht und die Macht hat, seine Anwesenheit an Gerichtsstelle durch Vorführung sicherzustellen (BGH **3**, 187, 190; **25**, 317, 319 = JR **75**, 75 mit Anm Gollwitzer; BGH NStZ **93**, 446; NJW **77**, 1928; GA **70**, 281; Roxin § 42 F II 3 a; **aM** Küper NJW **74**, 2218; **78**, 251; Lüderssen Meyer-GedSchr 276). **An der** 16
Eigenmächtigkeit kann es auch fehlen, wenn der Angeklagte verspätet erscheint, das aber glaubhaft mit einem Irrtum über Terminstag oder -stunde erklärt (BGH StV **81**, 393; Bay **88**, 54 = NStE Nr 5; Bremen StV **85**, 50). Auch dringende berufliche Gründe können die Eigenmächtigkeit ausschließen (weitgehend Frankfurt NJW **74**, 2065; vgl dagegen BGH bei H. W. Schmidt MDR **81**, 976: bei einem RA nicht wegen Strafverteidigung in anderer Sache), zB die Notwendigkeit der Teilnahme an einer Betriebsratssitzung (Köln VRS **70**, 16). Insbesondere kann die Eigenmächtigkeit bei besonderen Konfliktslagen entfallen, zB wenn bei Teilnahme an der Verhandlung der Verlust des Arbeitsplatzes droht (BGH NJW **80**, 950; StV **84**, 325). Dem **eigenmächtigen Ausbleiben steht** 17
gleich, daß der Angeklagte sich nach seiner Vernehmung zur Sache (vorher gilt § 231 a) in einen seine Verhandlungsfähigkeit (Einl 97) ausschließenden Zustand versetzt (BGH NJW **81**, 1052; NStZ **81**, 95 [Pf]; MDR **80**, 631 [H]; Rieß JZ **75**, 271 und ZStW **90**, Beih 193), insbesondere daß er sich, um das Verfahren zu verhindern, bewußt in eine krankhafte seelische Erregung hineinsteigert, die ihn verhandlungsunfähig macht (BGH **2**, 300, 304; erg 7 zu § 231 a), auch bei Verhandlungsunfähigkeit infolge Alkoholgenusses (BGH NStZ **86**, 372) oder ernsthaften Selbstmordversuchs (BGH **16**, 178; NJW **77**, 1928; KK-Tolksdorf 5; **aM** SK/StPO-Schlüchter 16 mwN; Franzheim GA **61**, 108; Hanack JZ **72**, 81; Rieß ZStW **90**, Beih 194; Roxin § 42 F II 3 a; Schneidewin JR **62**, 308; vgl auch Koblenz NJW **75**, 322; AK/StPO-Keller 10; erg 7 zu § 231 a). Ebenso wie bei § 231 a (dort 5) kann zeitweilige Verhandlungsunfähigkeit genügen, wenn sie die Beendigung des Verfahrens in vernünftiger Frist hindert (BGH NJW **81**, 1052), nicht aber, wenn sie sie nur in noch hinzunehmender Weise verzögert (BGH **19**, 144 mit abl Anm Pawlik NJW **64**, 779). Die Pflicht des Angeklagten, die **Ver-** 18
handlung am Krankenbett zu dulden, läßt sich aus II nicht herleiten (Meurer NStZ **88**, 423; Schreiner NJW **77**, 2303; **aM** Laier NJW **77**, 1139: „innere Mitwirkungspflicht"; vgl auch BGH NJW **87**, 2592).

c) **Abschluß der Sachvernehmung:** Der Angeklagte muß über die Anklage, 19
dh über den zugelassenen Anklagesatz, schon abschließend vernommen sein, im Berufungsverfahren nur, soweit sie noch Gegenstand des Verfahrens ist (Bremen MDR **79**, 864). Das bedeutet aber nicht, daß er Angaben zur Sache gemacht haben muß (KK-Tolksdorf 7). Er muß nur in der Hauptverhandlung nach § 243 IV S. 2 Gelegenheit zur umfassenden Äußerung gehabt haben (BGH **27**, 216; NJW **87**,

2592; MDR **72**, 18 [D]). Sein Vorbehalt, er wolle erst zu einem späteren Zeitpunkt Erklärungen abgeben, ist unbeachtlich (BGH NJW **87**, 2592). Die Vorstrafen brauchen während der Sachvernehmung noch nicht erörtert worden zu sein (BGH **27**, 216).

20 d) **Entbehrlichkeit der weiteren Anwesenheit des Angeklagten:** Darüber entscheidet das Gericht, nicht der Vorsitzende allein, nach pflichtgemäßem Ermessen. Maßgebend sind die besonderen Umstände des Einzelfalls. Dabei kommt es immer auf die Prozeßlage nach dem Ausbleiben des Angeklagten an; im voraus kann die Entbehrlichkeit seiner Anwesenheit nicht beurteilt werden (RG **58**, 149, 153).

21 C. **Ausgeschlossen ist die Fortsetzung der Verhandlung** ohne den Angeklagten, wenn es notwendig ist, ihm rechtliche Hinweise nach § 265 I, II zu geben (BGH MDR **69**, 360 [D]; erg 18 zu § 232). In seiner Abwesenheit sind solche Hinweise unwirksam (BGH aaO). Etwas anderes gilt, wenn ein Verteidiger mitwirkt (§ 234a Hs 1). Daß das Gesetz Verzichts- oder Einverständniserklärungen des Angeklagten verlangt, wie in §§ 61 Nr 5, 245 I S. 2, 251 I Nr 4, II, hindert die Fortsetzung der Verhandlung ohne ihn nicht. Denn durch sein Ausbleiben hat der Angeklagte das Recht verwirkt, in dieser Weise gestaltend auf das Verfahren einzuwirken (allg M; vgl auch BGH **3**, 206). § 234a Hs 2 ändert daran nichts (dort 5).

22 D. **Verfahren:** Ein besonderer Beschluß des Gerichts, nach II zu verfahren, ist nicht vorgeschrieben; es genügt, daß das Gericht seine Absicht, die Hauptverhandlung in Abwesenheit des Angeklagten fortzusetzen, schlüssig zum Ausdruck bringt (BGH MDR **75**, 198 [D]; NStZ **81**, 95 [Pf]; Hamburg NJW **53**, 235; Köln StV **85**, 50; KK-Tolksdorf 11; **aM** Fuhrmann GA **63**, 80). Wird ein Beschluß erlassen, was zweckmäßig sein kann (Poppe NJW **54**, 1915), so kann er jederzeit wieder aufgehoben werden. Auch das Urteil braucht die Anwendung des II nicht zu rechtfertigen (Köln aaO; **aM** KK-Tolksdorf 13; LR-Gollwitzer 31). Die Urteilszustellung richtet sich nach § 35 II; die Zustellung an den Verteidiger ist nach § 145a I zulässig (LR-Gollwitzer 31).

23 E. **Kehrt der Angeklagte in die Verhandlung zurück** oder erscheint er verspätet in der Fortsetzungsverhandlung, so nimmt er seine Stellung mit allen Rechten und Pflichten wieder ein (BGH NStZ **86**, 372: letztes Wort). Die Zulässigkeit des in seiner Abwesenheit durchgeführten Teils der Hauptverhandlung wird durch die Rückkehr nicht berührt (LR-Gollwitzer 13). Da eine den §§ 231a II, 247 S. 4 entspr Vorschrift fehlt, muß der Angeklagte nicht über den wesentlichen Inhalt des in seiner Abwesenheit Verhandelten unterrichtet werden (BGH **3**, 187, 189; RG **52**, 68; KK-Tolksdorf 12; **aM** Rieß JZ **75**, 271, der §§ 231a II, 231b entspr anwenden will). Im Einzelfall kann die Mitteilung aber zur Aufklärung der Sache (§ 244 II) oder, insbesondere bei einem nicht verteidigten Angeklagten, aufgrund der prozessualen Fürsorgepflicht (Einl 117) geboten sein. Auf das weitere Verfahren hat das eigenmächtige Ausbleiben des Angeklagten keinen Einfluß. Entfernt er sich abermals eigenmächtig, so darf die Verhandlung in seiner Abwesenheit daher nur weitergeführt werden, wenn die Voraussetzungen des II erneut vorliegen (BGH **19**, 144 mit abl Anm Pawlik NJW **64**, 779).

24 **3) Rechtsbehelfe:** Die Anrufung des Gerichts gegen Anordnungen des Vorsitzenden ist nach § 238 II zulässig (**aM** BGH NJW **57**, 271; differenzierend LR-Gollwitzer 33). Die Beschwerde gegen solche Maßnahmen ist zulässig, solange die Beschwer besteht; zur Anfechtung bei Erledigung der Maßnahme vgl 17ff vor § 296. Weitere Beschwerde gegen die Ingewahrsamnahme nach I S. 2 Hs 2 findet nicht statt (Oldenburg NdsRpfl **54**, 193).

25 **4) Revision:** Maßnahmen nach I S. 2 können grundsätzlich nicht mit der Revision angegriffen werden (KMR-Paulus 29); allenfalls kann geltend gemacht werden, daß die Anordnung des Vorsitzenden die Verteidigung in unzulässiger Weise beschränkt habe (BGH NJW **57**, 271: Fesselung). Der Verstoß gegen II ist

ein zwingender Urteilsaufhebungsgrund nach § 338 Nr. 5. Zum notwendigen Revisionsvorbringen vgl 26 zu § 230. Die Eigenmächtigkeit (oben 9 ff) muß auch im Zeitpunkt der Revisionsentscheidung nachgewiesen sein (BGH MDR **79**, 281 [H]; StV **84**, 326). Das Revisionsgericht prüft das im Freibeweis selbständig nach (BGH **16**, 178, 181; NJW **87**, 1776, 1777; NStZ **83**, 355 [Pf/M]; **84**, 209 [Pf/M] mwN; **88**, 421 mit Anm Meurer; **89**, 284; Karlsruhe NStE Nr 9); die Revisionsrechtfertigungsschrift muß ihm aber eine erste Nachprüfung ermöglichen (BGH MDR **84**, 628 [H] = StV **84**, 326: **aM** Köln StV **85**, 50, das entgegen § 344 II auch nicht vorgetragene Umstände berücksichtigt). An die Feststellungen des Tatrichters ist das Revisionsgericht nicht gebunden (BGH **10**, 304; NStZ **97**, 295; Stuttgart NJW **67**, 944, 946). Nur wenn eine weitere Klärung nicht möglich ist, legt es seiner Entscheidung die nicht zu erschütternde Überzeugung des Tatrichters zugrunde (BGH MDR **79**, 281 [H]; **aM** Maatz DRiZ **91**, 200, der eine weitergehende Prüfungskompetenz des Revisionsgerichts verneint, was aber wegen der fehlenden Möglichkeit einer Wiedereinsetzung in den vorigen Stand bei unverschuldetem Ausbleiben bedenklich erscheint, vgl BGH **10**, 304).

Herbeigeführte Verhandlungsunfähigkeit **RiStBV 122**

231a **I Hat sich der Angeklagte vorsätzlich und schuldhaft in einen seine Verhandlungsfähigkeit ausschließenden Zustand versetzt und verhindert er dadurch wissentlich die ordnungsmäßige Durchführung oder Fortsetzung der Hauptverhandlung in seiner Gegenwart, so wird die Hauptverhandlung, wenn er noch nicht über die Anklage vernommen war, in seiner Abwesenheit durchgeführt oder fortgesetzt, soweit das Gericht seine Anwesenheit nicht für unerläßlich hält. Nach Satz 1 ist nur zu verfahren, wenn der Angeklagte nach Eröffnung des Hauptverfahrens Gelegenheit gehabt hat, sich vor dem Gericht oder einem beauftragten Richter zur Anklage zu äußern.**

II Sobald der Angeklagte wieder verhandlungsfähig ist, hat ihn der Vorsitzende, solange mit der Verkündung des Urteils noch nicht begonnen worden ist, von dem wesentlichen Inhalt dessen zu unterrichten, was in seiner Abwesenheit verhandelt worden ist.

III Die Verhandlung in Abwesenheit des Angeklagten nach Absatz 1 beschließt das Gericht nach Anhörung eines Arztes als Sachverständigen. Der Beschluß kann bereits vor Beginn der Hauptverhandlung gefaßt werden. Gegen den Beschluß ist sofortige Beschwerde zulässig; sie hat aufschiebende Wirkung. Eine bereits begonnene Hauptverhandlung ist bis zur Entscheidung über die sofortige Beschwerde zu unterbrechen; die Unterbrechung darf, auch wenn die Voraussetzungen des § 229 Abs. 2 nicht vorliegen, bis zu dreißig Tagen dauern.

IV Dem Angeklagten, der keinen Verteidiger hat, ist ein Verteidiger zu bestellen, sobald eine Verhandlung ohne den Angeklagten nach Absatz 1 in Betracht kommt.

1) Eine **Ergänzung des § 231 II** für den Fall, daß der Angeklagte noch nicht 1
zur Sache vernommen worden ist, enthält die mit dem GG zu vereinbarende (BVerfGE **41**, 246, 249 = JZ **76**, 766 mit abl Anm Grünwald; BVerfGE **51**, 324, 343 = NJW **79**, 2349, 2350) Vorschrift. Führt der Angeklagte seine Verhandlungsunfähigkeit erst nach Abschluß der Sachvernehmung herbei, so gilt ausschließlich § 231 II (BGH NJW **81**, 1052; NStZ **81**, 95 [Pf]; Rieß JZ **75**, 269). Im Gegensatz
zu dieser Vorschrift ist § 231 a eine **Mußvorschrift** (BGH **26**, 228, 234; Rieß JZ 2
75, 270; Warda Bruns-FS 427). Sie ist aber nur in Ausnahmefällen anwendbar (BGH **26**, 228, 241); bei leicht behebbarer vorübergehender Verhandlungsunfähigkeit kommt sie nicht in Betracht (Rieß ZStW **90**, Beih 196).

3 **2) Voraussetzungen der Abwesenheitsverhandlung:**

4 A. **Vorsätzliche und schuldhafte Herbeiführung der Verhandlungsunfä-
higkeit** (I S. 1): Aufgrund eines ärztlichen Gutachtens und im Freibeweis (7, 9 zu
5 § 244) muß die **Verhandlungsunfähigkeit** (dazu Einl 97) festgestellt werden (III
S. 1). Daß ihr späterer Wegfall ausgeschlossen erscheint, hindert die Anwendung
des I nicht (KK-Tolksdorf 3; einschr Rieß JZ **75**, 270). Absolute Verhandlungsun-
fähigkeit wird nicht vorausgesetzt. Verhandlungsunfähig iS von I kann der Ange-
klagte vielmehr auch sein, wenn er nur für kürzere Zeitspannen, die zur Erledigung
des Verfahrens in vernünftiger Frist nicht ausreichen, an der Verhandlung teilneh-
men kann (BVerfGE **41**, 246 = JZ **76**, 766 mit abl Anm Grünwald; BGH **26**, 228
= JZ **76**, 763 mit abl Anm Grünwald; BGH NJW **81**, 1052; **aM** Roxin § 42 F II
6 3 b; Rudolphi JA **79**, 7; erg unten 9). **Vor Abschluß der Sachvernehmung** (vgl
19 zu § 231) muß die Verhandlungsunfähigkeit eingetreten sein. Ebensowenig wie
bei § 231 (dort 19) gehört die Erörterung der Vorstrafen zur Sachvernehmung. Bei
mehreren Angeklagten kommt es darauf an, ob der Angeklagte, gegen den nach
7 § 231 a verfahren werden soll, bereits zur Anklage vernommen worden ist. **Mittel
der Herbeiführung der Verhandlungsunfähigkeit** können sein Medikamen-
tenmißbrauch, Genuß von Rauschgift, Nichtinanspruchnahme der Behandlungs-
möglichkeiten während der UHaft (KK-Tolksdorf 3), bewußtes Sich-Hineinstei-
gern in einen psychischen Ausnahmezustand (vgl Hamm NJW **77**, 1739), Hunger-
streik (BGH **26**, 228, 239 ff) und andere Selbstbeschädigungen (vgl BVerfGE **51**,
324, 344 = NJW **79**, 2349), wie im Fall des § 231 II (dort 17) auch ein ernst-
gemeinter Selbstmordversuch (KK-Tolksdorf 9; **aM** SK/StPO-Schlüchter 7 mwN;
einschr auch Rieß JZ **75**, 269: nur wenn Selbsttötung nicht die „dominierende
Triebfeder“ darstellt). Zur Bekämpfung seiner Verhandlungsunfähigkeit durch ak-
tive Maßnahmen, die über das allgemein zur Erhaltung der Gesundheit übliche
Maß hinausgehen, ist der Angeklagte nicht verpflichtet (Rieß ZStW **90**, Beih 197).
Insbesondere braucht er sich nicht ärztlich behandeln zu lassen, um die volle
8 Verhandlungsfähigkeit wiederherzustellen (BGH **26**, 228, 234; erg Einl 97). **Vor-
sätzlich und schuldhaft** muß der Angeklagte seine Verhandlungsunfähigkeit her-
beigeführt haben; bedingter Vorsatz genügt (BGH **26**, 228, 239; KK-Tolksdorf 5;
aM Roxin § 42 R II 3 b). Das Herbeiführen der Verhandlungsunfähigkeit wird
dem Angeklagten aber nicht zugerechnet, wenn er aus einem der Gründe des § 20
StGB nicht schuldfähig ist.

9 B. **Wissentliche Verhinderung der Durch- oder Fortführung der Haupt-
verhandlung** (I S. 1): Auf Dauer braucht die ordnungsgemäße Hauptverhandlung
nicht verhindert zu werden. Es genügt, daß der Angeklagte eine nach dem Be-
schleunigungsgebot nicht vertretbare langfristige Verzögerung verursacht (BGH
26, 228, 232 = JZ **76**, 763 mit abl Anm Grünwald; KMR-Paulus 12; Rieß JZ **75**,
269). Dazu gehört insbesondere der Fall, daß er bei langer Verhandlungsdauer
jeweils nur kurze Zeit verhandlungsfähig ist, diese Zeitspannen aber nicht aus-
reichen, um das Verfahren ordnungsgemäß, insbesondere in angemessener Zeit, zu
Ende zu führen (BVerfGE **41**, 246, 247 = JZ **76**, 766 mit abl Anm Grünwald;
BGH aaO; NJW **81**, 1052; LR-Gollwitzer 3; Schlüchter 444 Rn 91; Warda Bruns-
FS 415; **aM** Rieß JZ **75**, 269; Roxin § 42 F II 3 b; Rudolphi JA **79**, 7; oben 5).
Entsprechendes gilt, wenn in kurzen Zeitabständen immer wieder ärztliche Unter-
stützungsmaßnahmen oder unzumutbare ärztliche Überwachungen notwendig wä-
ren. Kurzfristige Verzögerungen rechtfertigen die Anwendung des § 231 a nicht
10 (oben 1). **Wissentlich** verhindert der Angeklagte die Hauptverhandlung in seiner
Gegenwart, wenn er bei der Herbeiführung der Verhandlungsunfähigkeit weiß
oder als sicher voraussieht, daß dieser Erfolg eintreten werde (BGH **26**, 228, 240);
bedingter Vorsatz reicht insoweit nicht aus (LR-Gollwitzer 8; Rieß JZ **75**, 269 und
ZStW **90**, Beih 197). Absicht ist nicht erforderlich (Rieß aaO).

11 C. **Äußerung zur Anklage** (I S. 2): Die Gelegenheit zur Äußerung kann dem
Angeklagten schon alsbald nach der Eröffnung des Hauptverfahrens (nicht früher)

gegeben werden, wenn dann schon abzusehen ist, daß eine Verhandlung in seiner Abwesenheit in Betracht kommt. Der Beschluß nach III S. 1 braucht noch nicht erlassen worden zu sein; die Anhörung sollte ihm sogar vorausgehen (LR-Gollwitzer 13). Die Gelegenheit zur Äußerung gibt der Strafrichter, der Vorsitzende des SchG und im Verfahren vor dem LG oder OLG das Gericht in der Besetzung außerhalb der Hauptverhandlung oder eines seiner Mitglieder als beauftragter Richter; die Vernehmung durch einen ersuchten Richter (1 zu § 66 b) genügt nicht (KK-Tolksdorf 13). Ergibt sich die Notwendigkeit der Anhörung erst in der Hauptverhandlung, so kann auch das erkennende Gericht die Anhörung durchführen (LR-Gollwitzer 16). I S. 2 verlangt eine **Vernehmung zu der zugelassenen Anklage,** bei der dem Angeklagten Gelegenheit gegeben werden muß, die 12
Verdachtsgründe zu beseitigen und die zu seinen Gunsten sprechenden Tatsachen geltend zu machen (§ 136 II). Der Angeklagte muß daher trotz seiner Verhandlungsunfähigkeit vernehmungsfähig, dh in der Lage sein zu entscheiden, ob er sich äußern will, Fragen und Vorhalte geistig zu verarbeiten, seine Verteidigung vorzubringen und den Inhalt seiner Aussage zu überblicken (Dresden NStE Nr 1; Rieß JZ **75**, 270). Der spätere Wegfall dieser Fähigkeit ist ohne Bedeutung (Rieß aaO). Daß der Angeklagte, der nach § 136 I S. 2 über seine Aussagefreiheit belehrt werden muß, sich zu dem Anklagevorwurf äußert, verlangt I S. 2 nicht. Die Anhörung kann daher beendet werden, wenn erkennbar wird, daß er sich nicht zur Sache oder nicht sachlich äußern will. Bei der Vernehmung haben StA und Verteidiger ein **Anwesenheitsrecht;** § 168 c I, V gilt entspr (LR-Gollwitzer 17). 13
Die Verlesung der nach §§ 168, 168 a hergestellten Vernehmungsniederschrift in der Hauptverhandlung schreibt das Gesetz nicht ausdrücklich vor; daß sie notwendig ist, ergibt sich aus dem Sinn der gesetzlichen Regelung (KMR-Paulus 20; Rieß JZ **75**, 270).

3) Die **Unerläßlichkeit der Anwesenheit des Angeklagten** schließt nach I 14
S. 1 die Anwendung des § 231 a aus. Ob sie vorliegt, was nur ganz ausnahmsweise der Fall sein wird (LR-Gollwitzer 11), entscheidet das Gericht nach pflichtgemäßem Ermessen, wobei das Anwesenheitserfordernis nur in begrenztem Maß mit dem Interesse an der Sachaufklärung gerechtfertigt werden kann (Rieß JZ **75**, 270). Die Anwesenheit des Angeklagten kann ausnahmsweise unerläßlich sein, wenn das Gericht wegen der besonderen Sachgestaltung ohne unmittelbaren Eindruck von dem Angeklagten oder ohne Gegenüberstellung mit Zeugen oder Mitangeklagten kein richtiges Urteil finden zu können glaubt. In aller Regel besteht die Rechtspflicht, ohne den Angeklagten zu verhandeln (Rieß aaO). Der Ausdruck **„soweit"** 15
macht deutlich, daß die Anwendung des I S. 1 bei Mehrfachtätern nach Abtrennung des übrigen Verfahrens auf einen der iS des § 264 selbständigen Straffälle und bei einer einheitlichen Tat auf die Verhandlung über den Schuldspruch beschränkt werden kann (KMR-Paulus 16).

4) **Notwendige Verteidigung** (IV): Schon wenn eine Verhandlung ohne den 16
Angeklagten auch nur in Betracht kommt, aber noch nicht im Ermittlungsverfahren, hat ihm der Vorsitzende (vgl § 141 IV) ohne Rücksicht auf das Vorliegen der Voraussetzungen des § 140 I, II einen Pflichtverteidiger zu bestellen, wenn er noch keinen Verteidiger hat. Die Verteidigerbestellung geht also der Anhörung des Arztes nach III S. 1 und der Vernehmung des Angeklagten nach I S. 2 voraus. Sie gilt für das gesamte Verfahren und entfällt daher auch dann nicht, wenn der Angeklagte wieder an der Verhandlung teilnimmt.

5) Durch **Beschluß** (III S. 1) ordnet das Gericht die Verhandlung in Abwesen- 17
heit des Angeklagten an, nachdem es zur Frage seiner Verhandlungsunfähigkeit einen Arzt, nicht notwendigerweise einen Amtsarzt (LR-Gollwitzer 22), im Freibeweis (7, 9 zu § 244) als Sachverständigen gehört hat. Die Prozeßbeteiligten werden vor der Beschlußfassung nach § 33 gehört. Erfolgt die Anhörung schriftlich, so kann das Anhörungsschreiben für den Angeklagten an den Verteidiger

gerichtet werden (5 zu § 145 a). Ist die Verhandlungsunfähigkeit schon geraume Zeit vor der Hauptverhandlung eingetreten und ist zu erwarten, daß sie fortdauert, so wird der Beschluß schon vor Beginn der Hauptverhandlung (S. 2) möglichst frühzeitig erlassen, um die Aufschiebung oder Verlegung des Termins durch die sofortige Beschwerde nach III S. 3 zu verhindern. Sonst ergeht der Beschluß in oder während der Unterbrechung der Hauptverhandlung (KMR-Paulus 25). Der Beschluß ist nach § 34 mit Gründen zu versehen und nach § 35 unverzüglich bekanntzumachen; in der Hauptverhandlung genügt die unverzügliche Mitteilung allein an den Verteidiger, wenn die Bekanntmachung an den Angeklagten wegen seiner Verhandlungsunfähigkeit nur verspätet möglich ist (BGH **39**, 110 = JR **94**, 341 mit zust Anm Gollwitzer).

18 6) Die **Durchführung der gesamten Hauptverhandlung ohne den Angeklagten,** bis er wieder imstande ist, der Hauptverhandlung uneingeschränkt zu folgen (BGH **26**, 228, 233 ff), ist zulässig, wenn der Beschluß nach III rechtskräftig ist (vgl unten 24). Hinweise nach § 265 I, II werden dem Verteidiger erteilt (§ 234 a Hs 1); der Verzicht des Angeklagten nach § 61 Nr 5 und sein Einverständnis nach §§ 245 I S. 2, 251 I Nr 4, II sind nicht erforderlich (§ 234 a Hs 2). Die Befugnis, ohne den Angeklagten zu verhandeln, schließt nicht das Recht ein, ihn gegen seinen Willen von der Verhandlung fernzuhalten (BGH **26**, 228, 234 = JZ **76**, 763 mit krit Anm Grünwald; BGH MDR **80**, 631 [H]; 4 zu § 230; vgl auch BVerfGE **41**, 246 = JZ **76**, 766 mit Anm Grünwald; Roxin § 42 F II 3 b und krit Warda Bruns-FS 415 ff). Er ist zur Abwesenheit berechtigt (Rieß ZStW **90**, Beih 198; **aM** Warda aaO) und wird an der Verhandlung beteiligt, soweit er ihr folgen kann und äußerungsfähig ist. Das wird idR nur der Fall sein, wenn seine Verhandlungsfähigkeit nicht völlig entfallen ist (vgl oben 5, 9). Stört der Angeklagte die Verhandlung, so kann nach § 177 GVG verfahren werden.

19 7) Nach **Wiedererlangung der Verhandlungsfähigkeit** (II) muß der Angeklagte, ohne daß es einer förmlichen Aufhebung des Beschlusses nach III S. 1 bedarf (KK-Tolksdorf 24), zur Hauptverhandlung wieder zugezogen werden. Voraussetzung dafür ist, daß die Verhandlungsfähigkeit nicht nur für kurze Zeitspannen, sondern in einem Maße besteht, daß eine ordnungsgemäße Fortsetzung der Hauptverhandlung in seiner Gegenwart möglich macht. Ist der Angeklagte in Haft, so hat das Gericht in geeigneter Weise dafür zu sorgen, daß es von der Wiederer-
20 langung der Verhandlungsfähigkeit **alsbald erfährt,** zB durch den Arzt der JVA (LR-Gollwitzer 30). Die Weiterverhandlung ohne den Angeklagten ist von dem Zeitpunkt ab unzulässig, in dem das Gericht die Mitteilung erhalten hat oder bei pflichtgemäßer Kontrolle hätte erhalten müssen (KK-Tolksdorf 24). Befindet sich der Angeklagte auf freiem Fuß, so obliegt es dagegen in 1. Hinsicht ihm selbst, sich das rechtliche Gehör durch entspr Mitteilung zu verschaffen (LR-Gollwitzer 30; vgl auch Dahs 416). Zur Kontrolle ist das Gericht allenfalls in Ausnahmefällen verpflichtet (LR-Gollwitzer 30; enger KMR-Paulus 32; **aM** Bohnert 165: keine Kontrollpflicht). Ohne den Angeklagten kann daher so lange weiterverhandelt werden, bis er die Wiedererlangung seiner Verhandlungsfähigkeit mitteilt oder in der Hauptverhandlung erscheint (Düsseldorf StV **97**, 282 mit Anm Zieschang). Die
21 **Unterrichtung** des Angeklagten über den wesentlichen Inhalt des in seiner Abwesenheit Verhandelten ist Sache des Vorsitzenden. Sie muß alsbald, ohne vermeidbare Verzögerung, erfolgen. Für die Unterrichtungspflicht gelten im übrigen die gleichen Grundsätze wie bei § 247 I S. 4 (dort 14 ff). Eine erweiternde Auslegung des II dahin, daß die Unterrichtungspflicht auch besteht, wenn der noch verhandlungsunfähige Angeklagte an der Verhandlung gelegentlich und nicht nur kurzfristig wieder teilnimmt (oben 18), ist unangebracht (KK-Tolksdorf 25).

22 8) **Beschwerde:** Gegen den Beschluß, der den Antrag auf Verhandlung ohne den Angeklagten ablehnt, ist die einfache Beschwerde nach § 304 I zulässig (**aM** KMR-Paulus 37); § 305 S. 1 steht nicht entgegen (KK-Tolksdorf 27; Rieß JZ **75**,

271; **aM** Bohnert 161). Der Beschluß, der die Abwesenheitsverhandlung anordnet, ist mit der **sofortigen Beschwerde** anfechtbar (III S. 3 Hs 1). Beschwerdeberech- 23
tigt sind der StA, der durch den Beschluß betroffene Angeklagte, sein Verteidiger und der gesetzliche Vertreter, nicht aber Mitangeklagte (KK-Tolksdorf 26). Wird der Angeklagte vor der Beschwerdeentscheidung wieder verhandlungsfähig, so ist die Beschwerde gegenstandslos (**aM** LR-Gollwitzer 44; nur, wenn noch nicht in Abwesenheit des Angeklagten verhandelt worden war). Nach Abschluß der Hauptverhandlung ist die Beschwerde nicht mehr statthaft (BGH **39**, 110 = JR **94**, 341 mit zust Anm Gollwitzer; vgl aber unten 25 aE). Die sofortige Beschwerde hat
abweichend von § 307 I **aufschiebende Wirkung** (III S. 3 Hs 2). Eine noch nicht 24
begonnene Hauptverhandlung ist so weit hinauszuschieben, bis das Vorliegen einer Beschwerdeentscheidung erwartet werden kann. Eine schon begonnene Hauptverhandlung muß bis zur Entscheidung über die sofortige Beschwerde unterbrochen werden (III S. 4 Hs 1). Die Unterbrechung, die nach § 228 I S. 2 vom Gericht zu beschließen ist, darf bis zu 30 Tagen dauern, auch wenn die Voraussetzungen des § 229 II nicht vorliegen (III S. 4 Hs 2). Die Frist steht in voller Länge auch dann zur Verfügung, wenn der Beschluß nach I während einer Unterbrechung nach einer anderen Vorschrift (zB nach §§ 229 I, II, 138 c IV oder 34 VI **EGGVG**) ergeht (KMR-Paulus 36). Sie rechnet vom Tag der Beschwerdeeinlegung bis zu dem Tag, an dem die Hauptverhandlung fortgesetzt wird. Wann das Beschwerdegericht entschieden hat, spielt bei der Fristberechnung keine Rolle; denn die Frist gilt nicht für die Herbeiführung der Beschwerdeentscheidung, sondern begrenzt die zulässige Unterbrechung der Hauptverhandlung bei der Anwendung des § 231 a.

9) Revision: Die Anfechtbarkeit des Beschlusses nach III S. 1 mit der sofortigen 25
Beschwerde schließt die Revisionsrüge aus, das Gericht habe die Voraussetzungen des I zu Unrecht angenommen (§ 336 S. 2). Die Rüge, der Angeklagte hätte nach II während der Hauptverhandlung wieder zugezogen werden müssen, ist zulässig (LR-Gollwitzer 48; Bohnert 164), aber erfolglos, wenn er seine Verhandlungsfähigkeit bei ihrem vermeintlichen Wiedereintritt dem Gericht nicht mitgeteilt hat (oben 20). Wurde der Beschluß nach III S. 1 erst verspätet bekanntgemacht (oben 17), kann dies uU die Revision begründen (vgl BGH **39**, 110 = JR **94**, 341 mit Anm Gollwitzer).

Abwesenheit wegen ordnungswidrigen Benehmens

231b **I Wird der Angeklagte wegen ordnungswidrigen Benehmens aus dem Sitzungszimmer entfernt oder zur Haft abgeführt (§ 177 des Gerichtsverfassungsgesetzes), so kann in seiner Abwesenheit verhandelt werden, wenn das Gericht seine fernere Anwesenheit nicht für unerläßlich hält und solange zu befürchten ist, daß die Anwesenheit des Angeklagten den Ablauf der Hauptverhandlung in schwerwiegender Weise beeinträchtigen würde. Dem Angeklagten ist in jedem Fall Gelegenheit zu geben, sich zur Anklage zu äußern.**

II Sobald der Angeklagte wieder vorgelassen ist, ist nach § 231 a Abs. 2 zu verfahren.

1) Der **Sicherung des Ablaufs der Hauptverhandlung** dient die Vorschrift, 1
nicht der Sanktionierung des Ordnungsverstoßes (LR-Gollwitzer 1; Rieß JZ **75**, 271; Vogel NJW **78**, 1225). Daß der Angeklagte von Beruf RA ist, steht der Anwendung der Vorschrift nicht entgegen (BVerfGE **53**, 207, 215 = NJW **80**, 1677, 1678). Die **Dauer der Abwesenheitsverhandlung** kann auf einen be- 2
stimmten Verfahrensabschnitt oder auf bestimmte Sitzungstage beschränkt werden. Gesetzlich ist sie nicht begrenzt (KMR-Paulus 3; Rieß aaO). Wenn die Befürchtung einer schwerwiegenden Beeinträchtigung des Ablaufs der Hauptverhandlung nicht vorher entfällt (vgl unten 7), kann die Verhandlung ohne den Angeklagten zu

Ende geführt werden (RG **35**, 433, 436; KK-Tolksdorf 2; Römel JA **76**, 663). Auch die Urteilsverkündung ist dann in seiner Abwesenheit zulässig (LR-Gollwitzer 2).

3 2) **Voraussetzungen der Abwesenheitsverhandlung** (I S. 1):

4 A. Ein **Beschluß nach § 177 GVG,** durch den der Angeklagte wegen ordnungswidrigen Benehmens aus dem Sitzungssaal entfernt oder zur Haft abgeführt worden ist, muß ergangen sein oder (vgl unten 9) gleichzeitig mit der Anordnung nach § 231 b getroffen werden.

5 B. **Nicht unerläßlich** darf die weitere Anwesenheit des Angeklagten sein. Dabei ist, wie bei § 231 a (dort 14), die Erschwerung der Sachaufklärung kein hinreichender Grund, auch nicht die Beeinträchtigung der Verteidigungsmöglichkeiten des Angeklagten, selbst wenn er sich als RA selbst verteidigt (LR-Gollwitzer 5).

6 C. Die **Befürchtung einer schwerwiegenden Beeinträchtigung des Ablaufs der Hauptverhandlung** muß bestehen. Das gesamte Verhalten des Angeklagten muß die Besorgnis rechtfertigen, daß er auch künftig nicht nur die ordnungsgemäße Durchführung der Hauptverhandlung stören werde, sondern daß auch Beeinträchtigungen von erheblichem Gewicht zu erwarten sind (LR-Gollwitzer 7). Daß der Angeklagte den Willen oder auch nur das Bewußtsein hat, den Ablauf der Hauptverhandlung zu beeinträchtigen, wird dabei nicht vorausgesetzt (KMR-Paulus 8; Rieß JZ **75**, 271 Fn 103). Sobald schwerwiegende Störungen
7 nicht mehr zu besorgen sind, muß der Angeklagte zur **Verhandlung wieder zugelassen** werden (RG **54**, 110, 115). Bei länger andauernden Verhandlungen muß idR versucht werden, den Angeklagten nach einiger Zeit wieder an der Verhandlung teilnehmen zu lassen (RG **35**, 433, 435; KG StV **87**, 519; KK-Tolksdorf 6). Davon kann aber abgesehen werden, wenn die Annahme gerechtfertigt ist, daß er das störende Verhalten fortsetzen werde (BGH **9**, 77, 81; Rieß JR **75**, 271; Röhmel JA **76**, 664). Zur Frage, ob der Angeklagte jedenfalls zum letzten Wort wieder zugelassen werden muß, vgl 20 zu § 258.

8 3) **Gelegenheit zur Äußerung zu der Anklage** (I S. 2) hat der Angeklagte idR in der Hauptverhandlung nach § 243 IV S. 1, 2 erhalten. Ist er schon vorher aus dem Sitzungssaal entfernt worden, so darf nach § 231 b nur verfahren werden, wenn er zuvor durch das erkennende Gericht in der Hauptverhandlung zu der zugelassenen Anklage gehört worden ist; die Anhörung durch einen beauftragten oder ersuchten Richter genügt nicht (all M). Stört der Angeklagte die Verhandlung auch bei seiner Anhörung, so wird sie abgebrochen. Das Gericht ist dann nicht verpflichtet, ihm in anderer Weise Gelegenheit zur Äußerung zu geben (LR-Gollwitzer 20; **aM** Röhmel JA **76**, 664 ff).

9 4) **Gerichtsbeschluß:** Im Gegensatz zu § 231 a schreibt das Gesetz hier den Erlaß eines Beschlusses nicht ausdrücklich vor. Er ist auch entbehrlich, weil das Gericht durch Fortsetzung der Hauptverhandlung nach dem Erlaß des Beschlusses nach § 177 GVG und der Entfernung des Angeklagten durch sein Vorgehen hinreichend deutlich macht, daß es für die weitere Hauptverhandlung die Anwesenheit des Angeklagten nicht für unerläßlich hält (BGH **39**, 72, 73).

10 5) **Unterrichtung des wieder vorgelassenen Angeklagten** (II): Sobald der Angeklagte wieder an der Hauptverhandlung teilnehmen darf, muß er entspr § 231 a II unterrichtet werden; die Grundsätze 16 ff zu § 247 gelten sinngemäß. Von der Unterrichtung kann abgesehen werden, wenn sie im Hinblick auf das vorangegangene ungebührliche Verhalten des Angeklagten nicht möglich erscheint (BGH NJW **57**, 1326; RG **35**, 433); ob das der Fall ist, muß besonders sorgfältig geprüft werden. Bei erneuten schwerwiegenden Störungen wird die Unterrichtung abgebrochen.

6) **Rechtsbehelfe:** Die Beschwerde gegen den Beschluß, daß nach § 231 b in Abwesenheit des Angeklagten verhandelt werden soll, ist nach § 305 S. 1 ausgeschlossen (LR-Gollwitzer 22; Röhmel JA **76**, 666). Mit der **Revision** kann nach § 338 Nr 5 gerügt werden, daß die Voraussetzungen des § 231 b nicht vorgelegen haben oder entfallen waren. Soweit es um die Unerläßlichkeit der Anwesenheit des Angeklagten und der Dauer der Befürchtung weiterer schwerwiegender Störungen geht, kann das Revisionsgericht (auf entspr Rüge) nur prüfen, ob der Tatrichter die Rechtsbegriffe verkannt oder sein Ermessen mißbraucht hat (BGH **39**, 72, 74). Nach § 337 können Verstöße gegen I S. 2 und II gerügt werden (Röhmel aaO). Auf einer verspäteten Unterrichtung nach II wird das Urteil idR nicht beruhen (LR-Gollwitzer 24). 11 12

Beurlaubung des Angeklagten

231c **Findet die Hauptverhandlung gegen mehrere Angeklagte statt, so kann durch Gerichtsbeschluß einzelnen Angeklagten, im Falle der notwendigen Verteidigung auch ihren Verteidigern, auf Antrag gestattet werden, sich während einzelner Teile der Verhandlung zu entfernen, wenn sie von diesen Verhandlungsteilen nicht betroffen sind. In dem Beschluß sind die Verhandlungsteile zu bezeichnen, für die die Erlaubnis gilt. Die Erlaubnis kann jederzeit widerrufen werden.**

1) **Zweck der Bestimmung:** In umfangreichen Hauptverhandlungen gegen mehrere Angeklagte kann die Pflicht zur ständigen Anwesenheit solche Mitangeklagte unnötig belasten, die in einzelnen längeren Abschnitten von der Verhandlung überhaupt nicht betroffen sind. Auch der Zeitaufwand des Verteidigers ist insoweit nutzlos. § 231 c ermöglicht es in solchen Fällen, den **Angeklagten und den notwendigen Verteidiger,** nicht unbedingt beide zugleich (KMR-Paulus 5), zeitweise von der Anwesenheit freizustellen. Obwohl der nicht notwendige Verteidiger der Verhandlung ohne weiteres fernbleiben kann, soll es zulässig sein, auch ihn von der Teilnahme ausdrücklich zu entbinden (LR-Gollwitzer 6; Rieß NJW **78**, 2270 Fn 9). Der § 231 c **erspart den Umweg der Abtrennung** und Wiederverbindung des Verfahrens; jedoch schließt die Vorschrift die kurzfristige Abtrennung des Verfahrens gegen einen Mitangeklagten nach den allgemeinen Vorschriften nicht aus (11 zu § 4). Im Gegensatz zur Abtrennung macht aber die Beurlaubung nach § 231 c den Angeklagten nicht zum Zeugen (21 ff vor § 48). Die Vorschrift ist mit **großer Vorsicht** anzuwenden, weil sie leicht Revisionsgründe schafft (BGH MDR **79**, 807 [H]; NStZ **81**, 111; **89**, 219 [M]). 1 2 3 4

2) **Voraussetzungen der Freistellung:** 5

A. Nur auf **Antrag** erfolgt die Beurlaubung. Der Antrag wird idR in der Hauptverhandlung mündlich gestellt, ist aber auch beachtlich, wenn er schon vor deren Beginn schriftlich eingereicht wird (LR-Gollwitzer 9). Wer von einer versehentlich bewilligten Beurlaubung Gebrauch macht, holt den Antrag dadurch stillschweigend nach (BGH **31**, 323, 329 ff). **Antragsberechtigt** sind der Angeklagte und der Verteidiger, der den Antrag für den Angeklagten, aber nicht gegen dessen Widerspruch, und im eigenen Namen stellen kann. Wirken mehrere Verteidiger mit, so hat jeder das Antragsrecht unabhängig von den anderen. Die Antragsrechte des Angeklagten und des notwendigen Verteidigers sind ebenfalls voneinander unabhängig und stehen selbständig nebeneinander; der Widerspruch des Angeklagten hindert daher nicht, den notwendigen Verteidiger auf dessen Antrag zu beurlauben (LR-Gollwitzer 7). **Inhaltlich** muß der Antrag den Verhandlungsteil bezeichnen, von dem die Freistellung gewünscht wird. Denn eine Beurlaubung ist immer nur in dem beantragten Umfang zulässig (LR-Gollwitzer 8). Der allgemeine Antrag auf Beurlaubung von allen Verhandlungsteilen, die den 6 7 8

9 Antragsteller nicht betreffen, genügt nicht (vgl auch LR-Gollwitzer 8). **Wiederholte Antragstellung** für verschiedene Verhandlungsteile derselben Hauptverhandlung ist zulässig.

10 B. Nur für einen **Teil der Verhandlung** ist die Freistellung möglich. Sie kann schon für die Dauer der Vernehmung von Mitangeklagten über ihre persönlichen Verhältnisse nach § 243 II S. 2 bewilligt werden (BGH **31**, 323, 330). Unzulässig ist sie für die Urteilsverkündung nach § 268. Dagegen gehören die Schlußvorträge noch zur Verhandlung (1 zu § 258). Ein Angeklagter kann daher für die Zeit freigestellt werden, in der der StA oder der Verteidiger ausschließlich zu den gegen
11 Mitangeklagte erhobenen Vorwürfen plädiert. Die **Dauer der Freistellung** ist, da es sich um keine Verhandlungsunterbrechung handelt, grundsätzlich nicht begrenzt; an die Fristen des § 229 ist sie nicht gebunden (Rieß NJW **78**, 2270).

12 C. **Nicht betroffen** von den Verhandlungsteilen muß der Antragsteller sein. Das ist der Fall, wenn gegen die Mitangeklagten auch unter Abtrennung des Verfahrens weiterverhandelt werden könnte (BGH **31**, 323, 331), insbesondere, wenn der beurlaubte Angeklagte an den von ihnen begangenen Taten nicht beteiligt ist (vgl BGH **32**, 100). Bei einem einheitlichen Tatgeschehen ist eine Beurlaubung grundsätzlich nicht möglich (BGH NStZ **83**, 34), sofern nicht in Abwesenheit des beurlaubten Angeklagten nur Umstände erörtert oder Beweise erhoben werden, die für ihn weder im Schuld- noch im Rechtsfolgenausspruch von Bedeutung sind, zB bei der Erörterung von Einzelakten einer fortgesetzten Handlung, an denen er nicht beteiligt war, bei der Vernehmung eines Mitangeklagten über seine persönlichen Verhältnisse (BGH **31**, 323, 330 ff) und bei der Verhandlung über die Schuldfähigkeit eines Mitangeklagten und der Anhörung eines Sachverständigen zu dieser Frage (KMR-Paulus 8). Sind die Vorgänge auch nur teilw oder mittelbar für den Antragsteller von Bedeutung, so scheidet seine Beurlaubung aus (BGH 5 StR 588/85 vom 15. 10. 1985), insbesondere, wenn im Zusammenhang mit dem gegen ihn erhobenen Tatvorwurf Beweise erhoben (BGH StV **84**, 102), wenn in seiner Abwesenheit Zeugen vernommen werden, die die Glaubwürdigkeit eines ihn belastenden Mitangeklagten stützen (BGH NStZ **85**, 205 [Pf/M]; Schlothauer Koch-FG 254), wenn auch ihn berührende Beweisanträge (auch rechtsfehlerfrei) abgelehnt werden (BGH MDR **89**, 1054 [H]) oder wenn der Schlußvortrag des Mitverteidigers sich auf ein einheitliches Tatgeschehen bezieht (BGH NStZ **83**, 34).

13 **3)** Durch **Beschluß des erkennenden Gerichts** in der Hauptverhandlung nach Anhörung der StA (§ 33 I), nicht der Mitangeklagten (**aM** KMR-Paulus 11), muß über den Antrag entschieden werden. Der Vorsitzende allein ist nicht zuständig; die Beurlaubung durch ihn ist wirkungslos (BGH NStZ **85**, 375). Auch eine stillschweigende Befreiung durch schlüssige Handlung kommt nicht in Betracht (BGH aaO; LR-Gollwitzer 10; **aM** BGH NStZ **95**, 27; KMR-Paulus 11). Die Entschei-
14 dung steht im **Ermessen des Gerichts.** Es hat einerseits den Zweck der Regelung (oben 1) und den Gesichtspunkt der Verfahrensvereinfachung zu beachten, andererseits die Gefahr zu berücksichtigen, daß während der Verfahrensteile, von denen die Freistellung gewünscht wird, doch Umstände zur Sprache kommen könnten, die den Antragsteller, wenn auch nur mittelbar, betreffen (LR-Gollwitzer 11).
15 **Inhaltlich** muß der Beschluß die Verhandlung, für die die Beurlaubung erfolgt, genau bezeichnen (S. 2). Das geschieht möglichst durch Angabe der Verhandlungsvorgänge (Vernehmung bestimmter Zeugen oder Sachverständiger, Beweisaufnahme über einen bestimmten Tatsachenkomplex, Verhandlung über einen bestimmten Anklagevorwurf usw) und ihrer voraussichtlichen Zeitdauer (KK-Tolksdorf 10). Es ist aber auch zulässig, in dem Beschluß nur den Beurlaubungszeitraum zu bestimmen (KMR-Paulus 11; LR-Gollwitzer 12; **aM** Schlothauer Koch-FG 246), auch in der Weise, daß von einem bestimmten Tag an wieder mit der
16 Zuziehung zu rechnen ist. Einer **Begründung** bedarf der Freistellungsbeschluß nicht. Der den Antrag ablehnende Beschluß muß dagegen erkennen lassen, ob die

Voraussetzungen des § 231 c nicht vorliegen oder ob das Gericht die Freistellung nach seinem Ermessen nicht für angebracht hält.

4) **Folgen der Freistellung:** Der Beurlaubte braucht an der Verhandlung während des Beurlaubungszeitraums nicht teilzunehmen. Diese zeitweilige Befreiung **17**
von der Anwesenheitspflicht läßt sein **Anwesenheitsrecht** aber unberührt (4 zu **18**
§ 230), auch wenn die Verhandlung unter Ausschluß der Öffentlichkeit stattfindet (KMR-Paulus 14; Rieß NJW **78**, 2270). Der beurlaubte Angeklagte und sein Verteidiger sind befugt, während der Befreiung in der Hauptverhandlung Prozeßerklärungen abzugeben, sofern sie sich auf Prozeßgegenstände beziehen, die für die Strafsache gegen den Beurlaubten von Bedeutung sind (KK-Tolksdorf 14; Rieß aaO). Eine Verhandlung gegen den beurlaubten Angeklagten ist aber trotz dessen Anwesenheit erst nach Widerruf des Freistellungsbeschlusses (unten 21) zulässig
(LR-Gollwitzer 17). Die **Mitwirkungsrechte** in der Form der Zustimmung nach **19**
den §§ 61 Nr 5, 245 I S. 2, 251 I Nr 4, II entfallen, weil der Beurlaubte von
diesen Beweiserhebungen nicht betroffen sein kann (Rieß aaO). Eine **Unterrich-** **20**
tung des Angeklagten und des Verteidigers über das in ihrer Abwesenheit Verhandelte findet nicht statt. Der Vorsitzende ist allerdings nicht gehindert, ihnen darüber einen Überblick zu verschaffen (LR-Gollwitzer 22).

5) Der **Widerruf der Freistellung** (S. 3) ist jederzeit möglich; er bewirkt, daß **21**
die Verhandlung ohne den bisher beurlaubten Angeklagten oder Verteidiger nicht fortgesetzt werden darf (Rieß NJW **78**, 2270). Der Widerruf erfolgt durch Gerichtsbeschluß, vor dessen Erlaß nach § 33 die Verfahrensbeteiligten, auch der beurlaubte Angeklagte und sein Verteidiger, zu hören sind (KMR-Paulus 12). Der Beschluß muß in der Hauptverhandlung verkündet und sollte dem beurlaubten Angeklagten und Verteidiger durch Zustellung bekanntgemacht werden (LR-Gollwitzer 15). Der Termin, an dem sie wieder teilnehmen müssen, wird ihnen mitgeteilt. Eine förmliche Ladung ist nicht erforderlich (Rieß aaO Fn 101); die Ladungsfristen der §§ 217 I, 218 S. 2 gelten nicht (KMR-Paulus 12).

6) **Im Sitzungsprotokoll** sind nach § 273 I der Freistellungsantrag, der Ge- **22**
richtsbeschluß, der Beginn und das Ende der Freistellung und der Abwesenheit des Angeklagten oder Verteidigers sowie der Widerruf und der Zeitpunkt des darauf folgenden Wiedererscheinens zu beurkunden (KK-Tolksdorf 13; LR-Gollwitzer 20).

7) **Rechtsbehelfe:** Die Beschwerde gegen den die Freistellung gewährenden **23**
oder ablehnenden Beschluß und den Widerrufsbeschluß ist nach § 305 S. 1 aus-
geschlossen (KMR-Paulus 18). Auch die **Revision** kann auf die Fehlerhaftigkeit **24**
dieser Beschlüsse nicht gestützt werden. Mit der Revision kann aber, sofern der Fehler nicht durch teilw Wiederholung der Verhandlung, auch in Anwesenheit des notwendigen Verteidigers, geheilt worden ist (3 zu § 338), nach § 338 Nr 5 gerügt werden, daß in Abwesenheit des Angeklagten oder des notwendigen Verteidigers Umstände erörtert worden sind, die den Angeklagten mindestens mittelbar betrafen (BGH NStZ **83**, 34; **85**, 205 [Pf/M]; **92**, 27 [K]; StV **84**, 102; **88**, 370; **91**, 97). Der zwingende Aufhebungsgrund des § 338 Nr 5 liegt auch vor, wenn die Verhandlung in Abwesenheit des Angeklagten oder des Verteidigers ohne entspr Gerichtsbeschluß stattgefunden hat (BGH NStZ **85**, 375) oder wenn sie auf einen Verfahrensteil erstreckt worden ist, den der Beschluß nicht bezeichnet hat (BGH StV **86**, 418 L; **88**, 370). Vgl zum Ganzen Schothauer Koch-FG 245 ff, dort auch zu den nach § 344 II S. 2 an die Begründung der Rüge zu stellenden Anforderungen.

Hauptverhandlung trotz Ausbleibens **RiStBV 131**

232 I **Die Hauptverhandlung kann ohne den Angeklagten durchgeführt werden, wenn er ordnungsgemäß geladen und in der Ladung darauf**

hingewiesen worden ist, daß in seiner Abwesenheit verhandelt werden kann, und wenn nur Geldstrafe bis zu einhundertachtzig Tagessätzen, Verwarnung mit Strafvorbehalt, Fahrverbot, Verfall, Einziehung, Vernichtung oder Unbrauchbarmachung, allein oder nebeneinander, zu erwarten ist. Eine höhere Strafe oder eine Maßregel der Besserung und Sicherung darf in diesem Verfahren nicht verhängt werden. Die Entziehung der Fahrerlaubnis ist zulässig, wenn der Angeklagte in der Ladung auf diese Möglichkeit hingewiesen worden ist.

II Auf Grund einer Ladung durch öffentliche Bekanntmachung findet die Hauptverhandlung ohne den Angeklagten nicht statt.

III Die Niederschrift über eine richterliche Vernehmung des Angeklagten wird in der Hauptverhandlung verlesen.

IV Das in Abwesenheit des Angeklagten ergehende Urteil muß ihm mit den Urteilsgründen durch Übergabe zugestellt werden, wenn es nicht nach § 145 a Abs. 1 dem Verteidiger zugestellt wird.

1 1) Eine **Vereinfachung des Verfahrens** in Strafsachen von geringer Bedeutung ermöglicht die Vorschrift. Das Gericht braucht in solchen Fällen die Anwesenheit des Angeklagten nicht zu erzwingen, sondern kann unter den in I S. 1 bezeichneten Voraussetzungen ohne den ausgebliebenen Angeklagten verhandeln. Dabei handelt es sich um ein Ungehorsamsverfahren (EbSchmidt 1; **aM** KMR-Paulus 2; Rieß ZStW **90**, Beih 201: vom Gericht gestattetes Fernbleiben); das Recht, der Hauptverhandlung fernzubleiben, begründet die Vorschrift nicht (BGH **25**, 165,
2 167; KK-Tolksdorf 9; LR-Gollwitzer 1; **aM** Stein ZStW **97**, 329). § 232 **gilt auch** im Berufungsverfahren (BGH **25**, 165; Bay **60**, 273 = JR **61**, 103; Stuttgart NJW **62**, 2023; Küper GA **71**, 289) und im JGG-Verfahren (§ 50 I **JGG**), nicht aber im Revisionsverfahren (vgl § 350 II). Die Vorschrift ist nicht deshalb unanwendbar, weil sich der ordnungsgemäß geladene Angeklagte im Ausland aufhält (1 zu § 285).

3 **2) Voraussetzungen der Abwesenheitsverhandlung:**

4 A. Ordnungsgemäße Ladung: Vgl 9 zu § 329. Eine Ladung im Ausland genügt, auch wenn die Androhung von Zwangsmitteln unterbleiben mußte. Die Nichteinhaltung der Ladungsfrist steht der Anwendung des § 232 nicht entgegen (allg M; 11 zu § 329). Aufgrund einer **öffentlichen Ladung** (§ 40) darf ohne den Angeklagten nicht verhandelt werden (II); über § 232 hinaus hat diese Einschränkung aber keine Bedeutung (9 zu § 329).

5 B. Der **Hinweis auf die Möglichkeit der Abwesenheitsverhandlung** ist eine unverzichtbare Zulässigkeitsvoraussetzung für das Abwesenheitsverfahren (RG **27**, 380; LR-Gollwitzer 6). Das Einverständnis des Angeklagten oder seines Verteidigers mit der Verhandlung in seiner Abwesenheit kann ihn nicht ersetzen (Frankfurt NJW **52**, 1107; LR-Gollwitzer 17; SK/StPO-Schlüchter 15; **aM** Zweibrücken NJW **68**, 1977; KMR-Paulus 7; Küper NJW **73**, 1334). Das Gericht fügt der Ladung den Hinweis nur bei, wenn es die Möglichkeit in Betracht zieht, ohne den
6 Angeklagten zu verhandeln. Anderenfalls **sieht es von dem Hinweis ab,** und der Angeklagte ist dann verpflichtet, in der Hauptverhandlung zu erscheinen (BGH **25**, 165, 166). Da in diesem Fall die Hauptverhandlung in seiner Abwesenheit nicht stattfinden darf, kann er sich auch nicht nach § 234 durch einen Verteidiger vertreten lassen (BGH **25**, 165 = JR **74**, 28 mit zust Anm Gollwitzer und abl Anm Küper NJW **73**, 1334; Bay **60**, 273 = JR **61**, 103; NJW **70**, 1055 mit Anm Küper NJW **70**, 1562; Oldenburg NJW **52**, 1151; erg 15 zu § 329). Der Hinweis muß
7 **klar und unmißverständlich** sein; die bloße Bezugnahme auf den Hinweis in einer früheren Ladung genügt nicht (Köln NStE Nr 2). Im Berufungsverfahren wird er durch den Hinweis nach § 323 I S. 2 nicht ersetzt (Bay **60**, 273 = JR **61**, 103; Oldenburg aaO; NdsRpfl **54**, 17; Zweibrücken NJW **68**, 1977). Ein Hinweis auf § 234 ist nicht vorgeschrieben, kann aber zweckmäßig sein (LR-Gollwitzer 7).

Kommt die **Entziehung der Fahrerlaubnis** in Betracht, so ist auch hierauf hinzuweisen (I S. 3). 8

C. Die **zu erwartenden Rechtsfolgen** dürfen die in I S. 1 bezeichneten nicht übersteigen. Dabei ist nicht die gesetzliche Strafandrohung maßgebend, sondern die nach den Umständen des Einzelfalls zu erwartende Strafe und Nebenfolge (Bay **60**, 273 = JR **61**, 103; Hamm NJW **54**, 1131; Oldenburg NdsRpfl **54**, 17; Stuttgart NJW **62**, 2023). Daher ist § 232 auch anwendbar, wenn eine Geldstrafe nur nach § 47 II StGB verhängt werden kann. Im Berufungsverfahren entspricht die zu erwartende Rechtsfolge wegen des Verschlechterungsverbots nach § 331 der im 1. Urteil erkannten Strafe (Stuttgart aaO). Bei Tatmehrheit kommt es auf die Gesamtstrafe an (Düsseldorf NJW **91**, 2781, 2782). Eine Geldstrafe von mehr als 180 Tagessätzen darf in keinem Fall verhängt werden. Auf die **Nebenfolgen** des Verfalls, der Einziehung, Vernichtung und Unbrauchbarmachung darf ohne Rücksicht auf ihren wirtschaftlichen Wert erkannt werden. Die Anordnung des Verfalls von Wertersatz und der Einziehung des Wertersatzes ist zulässig, obwohl I S. 1 sie nicht aufführt (LR-Gollwitzer 11). Andere dort nicht bezeichnete Nebenfolgen dürfen dagegen nicht angeordnet werden, insbesondere nicht die Bekanntmachungsbefugnis nach §§ 165, 200 StGB (KK-Tolksdorf 8). 9 10

D. **Schuldhaftes Ausbleiben des Angeklagten:** Nur das eigenmächtige Ausbleiben (dazu 13 ff zu § 231) des Angeklagten rechtfertigt die Anwendung des § 232 (Karlsruhe NStZ **90**, 505 mwN). Daran fehlt es, wenn ein rechtzeitig gestellter Vertagungsantrag nicht beschieden worden ist (Köln NJW **52**, 637). Wie bei § 231 (dort 12) und § 329 (dort 18) kommt es nicht darauf an, ob sich der Angeklagte entschuldigt hat, sondern ob er entschuldigt ist (LR-Gollwitzer 14). Von seinem eigenmächtigen Ausbleiben kann ausgegangen werden, wenn er nicht rechtzeitig erscheint und angemessene Zeit (vgl 14 zu § 329; 3 zu § 412) auf ihn gewartet worden ist. Dem eigenmächtigen Ausbleiben steht das eigenmächtige **Sich-Entfernen aus der Hauptverhandlung** gleich (KMR-Paulus 10). Die Verhandlung darf dann ohne den Angeklagten fortgesetzt werden, auch wenn die Voraussetzungen des § 231 II nicht vorliegen; diese Vorschrift enthält keine abschließende Regelung (LR-Gollwitzer 18; vgl auch Bay **72**, 17 = MDR **72**, 709 L). 11 12

3) Die **Entscheidung des Gerichts** darüber, ob es ohne den Angeklagten verhandeln will, braucht nicht durch förmlichen Beschluß getroffen zu werden (LR-Gollwitzer 22). Es handelt sich um eine Ermessensentscheidung. Das Gericht muß von der Abwesenheitsverhandlung insbesondere absehen, wenn die Sachaufklärungspflicht (§ 244 II) die Anwesenheit des Angeklagten erfordert (KK-Tolksdorf 11; LR-Gollwitzer JR **74**, 29). 13

4) Dic **Hauptverhandlung ohne den Angeklagten** wird nach den allgemeinen Regeln durchgeführt. Da keine Sachvernehmung stattfindet, muß das Gericht die ihm erkennbare Einlassung des Angeklagten zur Sprache bringen. **Niederschriften über richterliche Vernehmungen des Angeklagten** als Beschuldigter in dem anhängigen Verfahren müssen verlesen werden (III), sofern der Angeklagte nicht nach § 234 durch einen Verteidiger vertreten wird, der seine Sachdarstellung vorträgt (Bay **74**, 35 = VRS **47**, 115; KK-Tolksdorf 14). Die richterliche Vernehmung ist aber keine Voraussetzungen für die Abwesenheitsverhandlung (Bay aaO; Köln JMBlNW **59**, 72; Schleswig SchlHA **56**, 298; KK-Tolksdorf 10). Niederschriften über Zeugenvernehmungen des Angeklagten in einem anderen Verfahren und über staatsanwaltschaftliche und polizeiliche Vernehmungen sind von der Verlesung ausgeschlossen. Jedoch darf aus solchen Niederschriften die Art der Einlassung des Angeklagten zur Sache festgestellt werden (LR-Gollwitzer 29 und Tröndle-FS 464; **aM** SK/StPO-Schlüchter 21). Der in der nach III verlesenen Niederschrift enthaltene **Einwand der örtlichen Unzuständigkeit** gilt unabhängig vom Zeitpunkt der Verlesung als rechtzeitig erhoben (KK-Tolksdorf 13; vgl 14 15 16

17 auch RG **40**, 356 zu § 233). Ein in der Niederschrift enthaltener **Beweisantrag**
gilt dagegen nicht als in der Hauptverhandlung gestellt, weil die Vernehmung,
anders als die nach § 233 II S. 1, kein vorweggenommener Teil der Verhandlung
ist (KK-Tolksdorf 13). Für Beweisanträge gilt daher § 244 III nicht; sie sind nur im
Rahmen der Sachaufklärungspflicht nach § 244 II zu beachten (Hamm JMBlNW
18 **62**, 203; LR-Gollwitzer 27 und Tröndle-FS 466). Werden **Hinweise nach**
§ 265 I, II notwendig, so können sie dem Verteidiger erteilt werden (§ 234 a Hs
1); wirkt kein Verteidiger mit, so muß die Hauptverhandlung abgebrochen und
fortgesetzt werden, nachdem dem Angeklagten der Hinweis gegeben worden ist
19 (RG **35**, 65; KK-Tolksdorf 16; erg 21 zu § 231). Die **Zustimmungsrechte** nach
§§ 61 Nr 5, 245 I S. 2, 251 I Nr 4, II übt ebenfalls der Verteidiger aus (§ 234 a Hs
2). Ist keiner erschienen, so entfällt das Erfordernis der Zustimmung des Angeklag-
20 ten (erg 21 zu § 231). Der **Abbruch der Hauptverhandlung** ist auch erforder-
lich, wenn sich herausstellt, daß die Sachaufklärungspflicht eine Erörterung der
Sache mit dem Angeklagten gebietet, oder wenn die Hauptverhandlung ergibt, daß
der in I S. 1 festgelegte Rahmen für eine schuldangemessene Ahndung der Tat
nicht ausreicht.

21 **5)** Das **nachträgliche Erscheinen des Angeklagten** in der Verhandlung
zwingt den Vorsitzenden dazu, ihn zur Person und zur Sache zu vernehmen
(§ 243 II S. 2, IV S. 1, 2) und ihm mitzuteilen, was die bisherige Verhandlung
ergeben hat (KK-Tolksdorf 15; KMR-Paulus 23; einschr Gollwitzer Tröndle-FS
465). Die Verhandlung braucht aber nicht wiederholt zu werden, selbst wenn sie
schon weit fortgeschritten ist (LR-Gollwitzer 33). Die Beschränkungen des I S. 1
22 gelten nicht mehr. Ist der Angeklagte **genügend entschuldigt, so** kann ihm auf
seinen Antrag, über dessen Möglichkeit er ggf zu belehren ist, durch alsbaldigen
Beschluß, der nicht zur Hauptverhandlung gehört, nach § 235 Wiedereinsetzung
gewährt und die Hauptverhandlung sofort in seiner Anwesenheit wiederholt wer-
den (KMR-Paulus 24).

23 **6)** In dem **Urteil** darf nur eine Strafe oder Nebenfolge verhängt werden, die dem Katalog des I S. 1 entspricht. Das Urteil muß darlegen, daß und weshalb die Voraussetzungen des § 232 vorgelegen haben (KK-Tolksdorf 17). Auf von dem Angeklagten vorgebrachte oder sonst erkennbare Entschuldigungsgründe für sein Ausbleiben muß eingegangen werden (LR-Gollwitzer 34; erg 33 zu § 329).

24 **7)** Die **Zustellung des vollständigen Urteils** (IV) erfolgt an den Pflichtver-
teidiger oder an den Wahlverteidiger, dessen Vollmacht sich bei den Akten befindet
(§ 145 a I), sonst an den Angeklagten. Andere Zustellungsempfänger sind grund-
sätzlich ausgeschlossen (BGH **11**, 152, 156); eine Ausnahme gilt für den nach
§ 116 a III bestellten Zustellungsbevollmächtigten (RG **77**, 212; München MDR
95, 405 mwN) und für die nach § 132 I Nr 2 bevollmächtigte Person (Bay **95**, 94
= NStZ **95**, 561; München aaO). Sofern nicht an den Verteidiger zugestellt wird,
25 ist nach IV die Zustellung **durch Übergabe** erforderlich. Das bedeutet aber nicht,
daß die Übergabe an den Angeklagten stattfinden muß; auch die Übergabe an
einen gesetzlich vorgesehenen Ersatzempfänger ist zulässig, insbesondere nach
§ 181 ZPO (BGH **11**, 152, 156; **22**, 52, 55; erg 7 zu § 37). Ausgeschlossen ist
dagegen die Zustellung durch Niederlegung nach den §§ 182, 195 a ZPO (BGH
11, 152) und die öffentliche Zustellung nach § 40 II (KMR-Paulus 20). IV ist eine
26 nur für das Abwesenheitsurteil nach § 232 geltende **Ausnahmevorschrift.** Auf
andere Fälle der Verhandlung und Urteilsverkündung in Abwesenheit des Ange-
klagten ist sie nicht anwendbar, insbesondere nicht auf das Urteil nach § 233 (BGH
11, 152; Hamm NJW **56**, 1809; **aM** Düsseldorf NJW **56**, 641; Janetzke NJW **56**,
620) und nach §§ 329, 412 (Bay **57**, 79 = NJW **57**, 1119; Celle NJW **60**, 930;
Köln NJW **80**, 2720; LG Frankfurt a.M. MDR **68**, 1030; Meyer JR **78**, 393; **aM**
27 Janetzke aaO; erg 34 zu § 329). Die mit dem Urteil zuzustellende **Rechtsmittel-**

belehrung nach § 35 a muß neben dem Hinweis auf die Möglichkeit der Berufung und Revision den auf die Wiedereinsetzung enthalten (§ 235 S. 2).

8) **Rechtsbehelfe:** Beschwerde gegen die Abwesenheitsverhandlung und den Beschluß, mit dem sie abgelehnt wird, ist nach § 305 S. 1 ausgeschlossen. Berufung ist wie gegen andere Urteile zulässig. Die **Revision** kann nach § 338 Nr 5 darauf gestützt werden, daß die Voraussetzungen des § 232 nicht vorgelegen haben. Von Amts wegen wird das nicht geprüft, auch nicht das Fehlen des Hinweises nach I S. 1 (Köln JMBlNW **59**, 72). Die Rüge, das Gericht habe zu Unrecht angenommen, daß der Angeklagte eigenmächtig ausgeblieben sei, kann sich nur auf den Urteilsinhalt stützen. Dem Gericht unbekannte Gründe können nur mit dem Wiedereinsetzungsantrag nach § 235 geltend gemacht werden (Düsseldorf NJW **62**, 2022; KK-Tolksdorf 24; **aM** LR-Gollwitzer 43; erg 48 zu § 329). Die Rüge, die Niederschrift sei entgegen III nicht verlesen worden, ist nur nach § 337 zulässig. Daß bei der Entscheidung über einen Mitangeklagten gegen § 232 verstoßen worden ist, kann nicht mit Erfolg gerügt werden (EbSchmidt 21; 26 zu § 230). Mängel der Urteilszustellung können mit der Verfahrensrüge geltend gemacht werden, Verfahrenshindernisse sind sie nicht (Bay **95**, 99 = MDR **95**, 1252). 28 29

9) Der **Antrag auf Wiedereinsetzung** (§ 235) kann unabhängig von der Anfechtung des Urteils mit Berufung oder Revision gestellt werden. Beim Zusammentreffen mit dem Wiedereinsetzungsantrag ist die Berufung oder Revision unter der Rechtsbedingung der Verwerfung des Wiedereinsetzungsantrags eingelegt (§§ 315 II, 342 II). Vgl im übrigen bei § 235. 30

Entbindung vom Erscheinen **RiStBV 120**

233 **I Der Angeklagte kann auf seinen Antrag von der Verpflichtung zum Erscheinen in der Hauptverhandlung entbunden werden, wenn nur Freiheitsstrafe bis zu sechs Monaten, Geldstrafe bis zu einhundertachtzig Tagessätzen, Verwarnung mit Strafvorbehalt, Fahrverbot, Verfall, Einziehung, Vernichtung oder Unbrauchbarmachung, allein oder nebeneinander, zu erwarten ist. Eine höhere Strafe oder eine Maßregel der Besserung und Sicherung darf in seiner Abwesenheit nicht verhängt werden. Die Entziehung der Fahrerlaubnis ist zulässig.**

II Wird der Angeklagte von der Verpflichtung zum Erscheinen in der Hauptverhandlung entbunden, so muß er durch einen beauftragten oder ersuchten Richter über die Anklage vernommen werden. Dabei wird er über die bei Verhandlung in seiner Abwesenheit zulässigen Rechtsfolgen belehrt sowie befragt, ob er seinen Antrag auf Befreiung vom Erscheinen in der Hauptverhandlung aufrechterhalte.

III Von dem zum Zweck der Vernehmung anberaumten Termin sind die Staatsanwaltschaft und der Verteidiger zu benachrichtigen; ihrer Anwesenheit bei der Vernehmung bedarf es nicht. Das Protokoll über die Vernehmung ist in der Hauptverhandlung zu verlesen.

1) Die **Entbindung von der Teilnahme an der Hauptverhandlung** kommt für Angeklagte in Betracht, die weit vom Gerichtsort entfernt wohnen oder wegen Krankheit oder Gebrechlichkeit oder aus beruflichen oder anderen privaten Gründen nicht oder nur unter Schwierigkeiten vor Gericht erscheinen können. § 233 **gilt auch** im Verfahren nach Einspruch gegen einen Strafbefehl (Hamm NJW **69**, 1129) und im Berufungsverfahren (RG **61**, 278; **62**, 259; **66**, 364; Bay NJW **70**, 1055; Köln NJW **69**, 705; Küper JR **71**, 325). Die Entbindung durch das AG wirkt aber für dieses Verfahren nicht fort; es bedarf eines neuen Antrags und einer Entscheidung des Berufungsgerichts (RG **64**, 239, 244; Bay **56**, 20; Schleswig NJW **66**, 67; LR-Gollwitzer 2). Im JGG-Verfahren gilt § 50 I **JGG.** Daß sich der 1 2

Angeklagte im Ausland aufhält, steht der Anwendung des § 233 nicht entgegen (1 zu § 285).

3 **2) Voraussetzungen der Entbindung** (I):

4 A. Nur **auf Antrag des Angeklagten** darf die Entbindung ausgesprochen werden; es kann im Einzelfall angebracht sein, ihn vor der Ladung zur Hauptverhandlung über das Antragsrecht zu belehren (RiStBV 120 I). Auch ein in derselben oder in anderer Sache in Haft befindlicher Angeklagter kann den Antrag stellen.
5 Der **Verteidiger** braucht für die Antragstellung eine über die Verteidigervollmacht hinausgehende Vertretungsvollmacht (BGH **12**, 367; Hamm NJW **69**, 1129). Dabei genügt die allgemeine Vollmacht, den Angeklagten in dessen Abwesenheit zu vertreten (Hamm VRS **49**, 207; Köln NJW **69**, 705; KK-Tolksdorf 2; Hanack JZ **72**, 82; **aM** RG **54**, 210; **64**, 239, 245; Düsseldorf NJW **60**, 1921 mwN; Frankfurt DAR **63**, 24; Schleswig SchlHA **64**, 70; Dahs 391: Besondere Vollmacht zur
6 Stellung des Antrags erforderlich). Der Vertreter kann den Antrag **noch in der Hauptverhandlung** stellen (Hamm NJW **69**, 1129; Schleswig SchlHA **64**, 70), auch noch am Beginn der Berufungsverhandlung (BGH **25**, 281; Bay **72**, 47, 50 = VRS **43**, 195, 197; NJW **70**, 1055; Karlsruhe Justiz **69**, 127; Köln NJW **69**, 705; Zweibrücken NJW **65**, 1033; Küper JR **71**, 325); wird der Antrag abgelehnt, so
7 darf sofort nach § 329 I verfahren werden (dort 5). Der **Widerruf des Antrags** ist zulässig, solange über ihn nicht entschieden worden ist (LR-Gollwitzer 9). Danach kann der Angeklagte jederzeit erklären, daß er auf die Entbindung verzichte. Das hat zur Folge, daß der Entbindungsbeschluß aufgehoben werden muß (KMR-Paulus 14) und danach, wenn das nicht durch andere Vorschriften gestattet ist, nicht ohne den Angeklagten verhandelt werden darf; die Zwangsmittel des § 230 II können angewendet werden (Köln NJW **52**, 637).

8 B. **Begrenzte Straferwartung:** Die Entbindung ist nur zulässig, wenn keine anderen als die in I S. 1, 3 bezeichneten Rechtsfolgen zu erwarten sind. Wie bei § 232 (dort 9) kommt es dabei nicht auf die abstrakte Strafandrohung, sondern auf die im Einzelfall zu erwartende Strafe an.

9 **3)** Durch **Gerichtsbeschluß** muß über den Antrag entschieden werden, in der Hauptverhandlung in der dafür vorgesehenen Besetzung; ein schon vorher für den Fall der Antragstellung gefaßter Beschluß ist nicht unzulässig (**aM** Frankfurt NJW **91**, 2849 = JR **92**, 348 mit abl Anm Wendisch). Die Entscheidung, die keiner
10 Begründung bedarf (LR-Gollwitzer 11), steht im **Ermessen** des Gerichts, das nicht nur die Interessen des Angeklagten (vgl oben 1), sondern auch die Bedeutung der Sache und die Erfordernisse der Sachaufklärung zu berücksichtigen hat (KK-
11 Tolksdorf 5). Die Entbindung gilt grundsätzlich **für die ganze Verhandlung;** ausnahmsweise kann sie auf einen zeitlich oder örtlich begrenzten Teil der Hauptverhandlung beschränkt werden, etwa wenn sie teils am Gerichtsort, teils an einem anderen Ort stattfindet (LR-Gollwitzer 10). eine Entbindung nur für einzelne sachliche Abschnitte der Hauptverhandlung ist aber unzulässig (Schleswig SchlHA
12 **78**, 188). Der **Widerruf** des Entbindungsbeschlusses ist jederzeit möglich, wenn sich herausstellt, daß die persönliche Anwesenheit des Angeklagten notwendig oder auch nur sachdienlich ist oder daß eine höhere als die nach I S. 1 zulässige Strafe zu verhängen ist (LR-Gollwitzer 10; vgl auch Hamburg MDR **68**, 344). Die Entscheidung über den Entbindungsantrag wird nach § 35 II S. 1 durch Verkün-
13 dung in der Hauptverhandlung **bekanntgemacht,** wenn der Angeklagte anwesend ist oder wenn der Verteidiger den Antrag erst in der Hauptverhandlung gestellt hat; die Zustellung des Beschlusses an den Angeklagten ist in diesem Fall nicht erforderlich (BGH **25**, 281; vgl auch Küper NJW **74**, 1927; JR **71**, 325). Ein außerhalb der Hauptverhandlung ergangener Beschluß muß dem Angeklagten förmlich zugestellt werden, wobei § 145 a I gilt (KK-Tolksdorf 9; LR-Gollwitzer 12), und zwar so rechtzeitig, daß er sich über sein weiteres Verhalten schlüssig werden kann (Bay NJW **70**, 1055). Das gilt auch für den stattgebenden Beschluß.

4) Die **Vernehmung des Angeklagten** (II, III) ist zwingend vorgeschrieben, auch wenn bereits im Ermittlungsverfahren eine richterliche Vernehmung stattgefunden hat (Schleswig NJW **66**, 67; LR-Gollwitzer 18), im Berufungsrechtszug auch, wenn der Angeklagte schon im 1. Rechtszug nach II vernommen worden war (Schleswig aaO; KMR-Paulus 23). Die Vernehmung ist ein **vorweggenommener Teil der Hauptverhandlung** (BGH **25**, 42; Bay **74**, 35, 37 = VRS **47**, 115, 117; Hamburg NJW **72**, 2322; GA **68**, 375). Sie muß dem Angeklagten so weit wie möglich die Verteidigungsmöglichkeiten eröffnen, die er sonst in der Hauptverhandlung hat. Dem Angeklagten muß daher, nachdem er über seine persönlichen Verhältnisse gehört worden ist (§ 243 II S. 2), nach Belehrung über seine Aussagefreiheit (§ 243 IV S. 1) Gelegenheit gegeben werden, zu allen Tatsachen und Beweismitteln Stellung zu nehmen, die in der Anklageschrift aufgeführt sind. Außer der Sachvernehmung ist nach II S. 2 Gegenstand der Vernehmung auch die Befragung des Angeklagten, ob er den Entbindungsantrag aufrechterhalten wolle, und zwingend (Oldenburg NdsRpfl **55**, 140) die Belehrung über die in seiner Abwesenheit zulässigen Rechtsfolgen. Einer **Wiederholung der Vernehmung** bedarf es, wenn in der Hauptverhandlung neue Tatsachen oder Beweise zum Nachteil des Angeklagten berücksichtigt werden sollen, zu denen er sich noch nicht hat äußern können (Bay DAR **86**, 248 [R]; Hamm VRS **19**, 374; DAR **94**, 410; Schleswig SchlHA **81**, 89 [E/L]), oder wenn der Angeklagte zu erkennen gibt, daß er seine früheren Angaben ergänzen oder berichtigen will (Bay **56**, 20). Ist ein Hinweis nach § 265 I, II erforderlich, so muß ebenfalls eine neue Vernehmung stattfinden, auch wenn ein Verteidiger mitwirkt (3 zu § 234 a), selbst wenn er vertretungsberechtigt ist (11 zu § 234). Durch einen **beauftragten oder ersuchten Richter** (vgl 1 zu § 66 b) muß der Angeklagte vernommen werden (II S. 1). Auch die Vernehmung durch einen deutschen Konsul nach § 15 IV KonsG und durch einen ausländischen Richter ist statthaft (LR-Gollwitzer 25). Das Vernehmungsersuchen nach II ist nicht deshalb unzulässig, weil der Antrag nach I S. 1 noch nicht gestellt ist. Das erkennende Gericht kann den Angeklagten vielmehr von dem ersuchten Richter über seine Antragsbefugnis belehren lassen (BGH **25**, 42; erg 2 zu § 158 GVG). Dann sind aber die Zwangsmittel nach § 230 II, die der ersuchte Richter sonst anwenden darf (Hamburg GA **68**, 375), nicht zulässig (BGH aaO; Bremen GA **62**, 344; Frankfurt NJW **74**, 430; Hamburg NJW **72**, 2322). Das Ersuchen wird auch nicht dadurch unzulässig (vgl § 158 GVG), daß der Angeklagte bei Beginn der Vernehmung erklärt, er wolle sich in der Hauptverhandlung selbst verteidigen (Bremen GA **62**, 344; Koblenz Rpfleger **73**, 61; LR-Gollwitzer 25). Anders ist es, wenn er den Antrag zurücknimmt (oben 7). Von dem Vernehmungstermin zu **benachrichtigen sind** entgegen III S. 1 Hs 1 nicht nur der StA und der Verteidiger, sondern alle Prozeßbeteiligten, auch der Mitangeklagte, gegen den die Aussage verwendet werden soll (RG **57**, 271, 272). Anwesend brauchen sie bei der Vernehmung nicht zu sein (III S. 1 Hs 2). Das Fehlen der Benachrichtigung macht die Vernehmungsniederschrift unverlesbar, wenn der nicht verständigte Prozeßbeteiligte ihr widerspricht (Braunschweig DAR **92**, 392).

14 15 16 17 18

5) Zur **Hauptverhandlung** muß auch der vom Erscheinen entbundene Angeklagte geladen werden (Schleswig SchlHA **77**, 181 [E/J]; LR-Gollwitzer 29; vgl auch RiStBV 120 III S. 1); er hat ein Anwesenheitsrecht (BGH **12**, 367, 371; RG **21**, 100; 4 zu § 230). In der Ladung wird die Warnung nach § 216 I weggelassen (RG aaO; KMR-Paulus 29); statt dessen wird der Angeklagte darüber belehrt, daß er nicht zu erscheinen braucht (RiStBV 120 III S. 2). In der Hauptverhandlung ist an der Stelle, an der sonst die Sachvernehmung des Angeklagten stattfindet, ohne besonderen Gerichtsbeschluß (KMR-Paulus 29) die **Vernehmungsniederschrift zu verlesen** (III S. 2). Andere Vernehmungsprotokolle, auf die der Angeklagte Bezug genommen hat, werden ebenfalls verlesen (LR-Gollwitzer 31). Anders als bei § 232 (dort 15) darf von der Verlesung nicht deshalb abgesehen werden, weil der vertretungsberechtigte Verteidiger in der Hauptverhandlung die Einlassung des

19 20

Angeklagten vorträgt (Bay **74**, 35, 37 = VRS **47**, 115; Spendel JZ **59**, 739/740).
21 Hat der Angeklagte bei der Vernehmung den **Einwand der örtlichen Unzuständigkeit** erhoben, so ist darüber ohne Rücksicht auf den Zeitpunkt zu entscheiden, in dem der Vorsitzende ihn in der Hauptverhandlung zur Sprache bringt (16 zu
22 § 232). **Beweisanträge,** die der Angeklagte bei der Vernehmung gestellt hat, ebenso Fragen, die er an Zeugen, Sachverständige oder Mitangeklagte gerichtet wissen will (Gollwitzer Meyer-GedSchr 161), gelten, anders als im Fall des § 232 (dort 17), als in der Hauptverhandlung selbst gestellt (Bay **55**, 267 = NJW **56**, 1042; ANM 390 mwN in Fn 76; erg 34 zu § 244). Das gilt auch, wenn der Verteidiger, der den Angeklagten nach § 234 vertritt, sie nicht wiederholt (RG **10**, 135, 138; LR-Gollwitzer 32; ANM 391). Der Verteidiger ist aber befugt, den Antrag zurückzunehmen (ANM aaO). Über den Beweisantrag muß das Gericht in der Hauptverhandlung entscheiden; lehnt ihn der unzuständige Vorsitzende vor der Hauptverhandlung ab, so ist das ohne rechtliche Wirkung (ANM aaO). Dem Angeklagten muß die Entscheidung vor der Urteilsfällung nicht bekanntgegeben werden (LR-Gollwitzer 32). Stellt der Angeklagte außerhalb der Vernehmung nach II schriftliche Beweisanträge, so wird über sie nur nach § 219 entschieden (Bay **55**, 267 = NJW **56**, 1042; ANM 391/392; Oske MDR **71**, 799; erg 34 zu § 244). Die
23 **Zustimmungsrechte** nach §§ 61 Nr 5, 245 I S. 2, 251 I Nr 4, II übt der Verteidiger aus (§ 234 a Hs 2); wirkt keiner mit, so muß die Zustimmung des Ange-
24 klagten eingeholt werden (LR-Gollwitzer 35; erg 10 zu § 245). Wegen der **Hinweise nach § 265 I, II** vgl oben 16.

25 6) Im **Urteil** dürfen keine höheren oder anderen als die in I S. 1, 3 bezeichneten
26 Rechtsfolgen verhängt werden (I S. 2). Die **Zustellung** des Urteils erfolgt an den Verteidiger (§ 145 a I) oder an den Angeklagten (Frankfurt NJW **82**, 1297); § 232 IV gilt nicht (dort 26).

27 7) **Rechtsbehelfe:** Die Beschwerde gegen den Beschluß über die Entbindung oder über die Ablehnung des Entbindungsantrags ist nach § 305 S. 1 ausgeschlossen (Bay **52**, 116 = JZ **52**, 691; NJW **70**, 1055; Celle NJW **57**, 1163; Hamm NJW **69**, 1129). Das gleiche gilt für den Widerrufsbeschluß (Hamburg MDR **68**, 344). Eine Ausnahme besteht, wenn der Tatrichter über einen Entbindungsantrag nicht sachlich entschieden, sondern ihn als unzulässig abgelehnt hat (Köln NJW **57**, 153;
28 LR-Gollwitzer 15). Mit der **Revision** kann nach § 338 Nr 5 gerügt werden, daß die Abwesenheitsverhandlung unzulässig, insbesondere kein wirksamer Entbindungsantrag gestellt war (RG **62**, 259), auch daß die durch I S. 1, 3 bestimmten Grenzen der zulässigen Rechtsfolgen überschritten worden sind; von Amts wegen wird das nicht geprüft (KK-Tolksdorf 22 und NStZ **83**, 234; LR-Gollwitzer 40; **aM** Hamm JR **78**, 120; Köln GA **71**, 27: Verfahrenshindernis). Nur nach § 337 kann gerügt werden, daß die Vernehmung nach II S. 1 (Schleswig NJW **66**, 67) oder die Belehrung über die zulässigen Rechtsfolgen nach II S. 2 unterblieben (Oldenburg NdsRpfl **55**, 140) oder das Vernehmungsprotokoll in der Hauptver-
29 handlung nicht verlesen worden ist. Die **Wiedereinsetzung** in entspr Anwendung des § 235 kommt nicht in Betracht (KK-Tolksdorf 21; LR-Gollwitzer 42; **aM** LG Frankfurt a.M. NJW **54**, 167 für den Fall, daß der Verteidiger nicht geladen worden ist).

Vertretung

234 **Soweit die Hauptverhandlung ohne Anwesenheit des Angeklagten stattfinden kann, ist er befugt, sich durch einen mit schriftlicher Vollmacht versehenen Verteidiger vertreten zu lassen.**

1 1) **Verteidiger als Vertreter des Angeklagten:** Der Verteidiger hat die Rechtsstellung eines Beistandes des Angeklagten (1 vor § 137); Vertreter des Ange-

klagten ist er idR nicht. Nach § 234 kann sich der Angeklagte aber, wenn befugt (vgl 6 zu § 232) in seiner Abwesenheit verhandelt wird (vgl §§ 231 II, 231 a, 231 b, 232, 233), durch einen mit schriftlicher Vollmacht versehenen Verteidiger vertreten lassen. Die Anordnung seines persönlichen Erscheinens nach § 236 steht dem nicht entgegen (dort 1; 15 zu § 329; 4 zu § 411). **Besondere Vorschriften** enthalten 2
für das Berufungsverfahren § 329 I, für das Revisionsverfahren § 350 II, für das Privatklageverfahren § 387 I, für die Hauptverhandlung nach rechtzeitigem Einspruch gegen den Strafbefehl § 411 II S. 1 und für die Nebenbeteiligten §§ 434 I S. 1, 444 II S. 2). Daß in der Abwesenheitsverhandlung auch ein **Verteidiger** 3
ohne Vertretungsvollmacht mitwirken kann, ergibt sich aus § 137 I S. 1; er kann dann aber nur Erklärungen abgeben, zu denen er keine Vertretungsvollmacht benötigt (Bay **80**, 69 = MDR **81**, 161). Die **Vertretung des anwesenden Ange-** 4
klagten ist unzulässig (KMR-Paulus 5; Roxin § 19 A II 3 a; **aM** SK/StPO-Schlüchter 3; erg 27 zu § 243) und auch überflüssig; denn Erklärungen des Verteidigers, denen der Angeklagte nicht widerspricht, gelten als Erklärungen des Angeklagten selbst.

2) Schriftliche Vollmacht: Die wirksame Vertretung setzt grundsätzlich eine 5
schriftliche Vertretungsvollmacht voraus, die aufgrund mündlicher Ermächtigung auch von einem Dritten unterzeichnet werden kann (Bay **62**, 282 = NJW **63**, 872) und die dem Gericht schon bei Beginn der Hauptverhandlung vorliegen muß (Koblenz MDR **72**, 801; Köln MDR **64**, 435). Die gewöhnliche Verteidigervollmacht (8 ff vor § 137) reicht nicht aus (Bay NJW **56**, 838; Düsseldorf JMBlNW **79**, 246; Köln StV **81**, 119; Stuttgart NJW **68**, 1733); die Vertretungsvollmacht kann aber zugleich in oder mit der Verteidigervollmacht erteilt werden (BGH **9**, 356). Sie muß nur klar zum Ausdruck bringen, daß der Verteidiger mit der Vertretung des Angeklagten beauftragt ist. Dabei genügt, daß die Vollmacht den Verteidiger dazu allgemein ermächtigt; eine Vollmacht zur Vertretung des Angeklagten „in dessen Abwesenheit" ist nicht erforderlich (BGH aaO; Düsseldorf VRS **81**, 292;Zweibrücken StV **81**, 539; einschr KMR-Paulus 10). Einer **schriftlichen** 6
Vollmacht bedarf es nicht, wenn der Angeklagte die Vollmacht bei einer kommissarischen Vernehmung vor der Hauptverhandlung zu Protokoll erklärt (Hamm NJW **54**, 1856; KK-Tolksdorf 5). Auf die Vorlage der schriftlichen Vollmacht kann auch verzichtet werden, wenn das Bestehen der Vertretungsvollmacht aus anderen schriftlichen Erklärungen des Angeklagten gegenüber dem Gericht sicher festgestellt werden kann (Düsseldorf NStZ **84**, 524; Hamburg NJW 68, 1687; Koblenz MDR **72**, 801; Köln MDR **64**, 435). Eine von dem vertretungsberechtigten Verteidiger einem anderen RA erteilte **Untervollmacht** (11 vor § 137) bedarf 7
nicht der Schriftform (Bay **91**, 41 = VRS **81**, 34; Hamm NJW **63**, 1793; Karlsruhe NStZ **83**, 43; Köln VRS **60**, 441); es genügt, daß sie auf andere Weise nachgewiesen ist (Hamm MDR **85**, 957).

3) Zur **Vertretung in der Erklärung und im Willen** berechtigt die Vertre- 8
tungsvollmacht (BGH **9**, 356). Der Verteidiger hat neben seinen Befugnissen als Beistand auch die Befugnisse des abwesenden Angeklagten (LR-Gollwitzer 11). Im Rahmen der Vollmacht, die auf einzelne Prozeßhandlungen beschränkt werden kann (KK-Tolksdorf 8), darf er alle **zum Verfahren gehörenden Erklärungen** 9
abgeben und entgegennehmen (BGH aaO; Bay **70**, 228 = VRS **40**, 271; **82**, 156 = VRS **64**, 134). Er kann zB den Einwand nach §§ 6 a, 16 erheben, Ablehnungsanträge nach § 24 stellen, die Zustimmung nach §§ 153 II S. 1, 153 a II, 153 b II, 265 a, 303 S. 1 erklären oder verweigern, für den Angeklagten auf die Einhaltung der Ladungsfrist nach § 217 I oder auf das Aussetzungsverlangen nach § 217 II, III verzichten (Hamm NJW **54**, 1856), die Zustimmung nach §§ 61 Nr 5, 251 I Nr 4, II, 245 I S. 2 erklären (vgl § 234 a Hs 2, der dazu sogar den nicht vertretungsberechtigten Verteidiger ermächtigt) sowie Anerbieten nach § 56 b III StGB und Zusagen nach § 56 c IV StGB erklären. Der Vertreter kann für den Angeklagten auch **Erklärungen zur Sache** abgeben, die in gleicher Weise wie die Ein- 10

lassung oder das Geständnis des Angeklagten als Urteilsgrundlage verwertbar sind (Bay **70**, 228 = VRS **40**, 271; **74**, 35 = VRS **47**, 115; **82**, 156 = VRS **64**, 134; krit SK/StPO-Schlüchter 10). Vorher ist er nach § 243 IV S. 1 zu belehren (Bay **74**, 35 = VRS **47**, 115; **82**, 156 = VRS **64**, 134). Zur Aussage verpflichtet ist er ebensowenig, wie der Angeklagte selbst (KG VRS **33**, 448; erg 6 zu § 411). Der
11 **Hinweis nach § 265 I, II** kann dem Verteidiger erteilt werden, selbst wenn er keine Vertretungsvollmacht hat (§ 234 Hs 1). Das gilt jedoch nicht in der Abwesenheitsverhandlung nach § 233; denn sie setzt voraus, daß der Angeklagte zur Anklage vernommen worden ist (§ 233 II S. 1). Daraus folgt, daß seine erneute Vernehmung (auf die er allerdings verzichten kann) erforderlich ist, wenn die Anklage umgestaltet wird (RG **12**, 45; Bay **55**, 186 = JZ **56**, 68 L; LR-Gollwitzer 15; **aM** Karlsruhe DAR **60**, 144; erg 16 zu § 233; 3 zu § 234 a). Zur Frage, ob der
12 Angeklagte iS des § 234 vertreten ist, wenn der Verteidiger **keine Erklärungen** abgibt, vgl 16 zu § 329; 6 zu § 411.

13 4) Mit der **Revision** kann gerügt werden, daß eine wirksame Vertretungsvollmacht nicht bestanden hat, daß der Vertreter nicht zur Hauptverhandlung geladen worden ist (Köln NJW **60**, 736) und daß das Gericht sich unter Verstoß gegen seine Aufklärungspflicht nach § 244 II mit dem Erscheinen des Vertreters begnügt hat, statt den Angeklagten selbst zu hören.

Verteidigerbefugnisse bei Abwesenheitsverhandlungen

234a **Findet die Hauptverhandlung ohne Anwesenheit des Angeklagten statt, so genügt es, wenn die nach § 265 Abs. 1 und 2 erforderlichen Hinweise dem Verteidiger gegeben werden; der Verzicht des Angeklagten nach § 61 Nr. 5 sowie sein Einverständnis nach § 245 Abs. 1 Satz 2 und nach § 251 Abs. 1 Nr. 4, Abs. 2 sind nicht erforderlich, wenn ein Verteidiger an der Hauptverhandlung teilnimmt.**

1 1) **Hauptverhandlungen in Abwesenheit des Angeklagten** können (ganz oder teilw) nach §§ 231 II, 231 a I, 231 b I, 232, 233, 329 II, 387 I und 411 II S. 1 durchgeführt werden. § 234 a will in diesen Fällen das Verfahren dadurch vereinfachen, daß der anwesende Verteidiger allgemein zur Wahrnehmung der Informations- und Zustimmungsbefugnisse des Angeklagten ermächtigt wird. Für die Verhandlung in Abwesenheit eines nach § 231 c zeitweilig beurlaubten Angeklagten hat die Vorschrift keine Bedeutung, weil während der Beurlaubung nicht über Dinge verhandelt werden darf, durch die der Angeklagte betroffen ist (12 zu 231 c). Wird der Angeklagte nach § 247 zeitweilig aus dem Sitzungszimmer entfernt, so ist § 234 a ebenfalls nicht anwendbar; denn in diesem Fall findet die Hauptverhandlung nicht iS der Vorschrift ohne Anwesenheit des Angeklagten statt.

2 2) **Hinweise nach § 265 I, II** (Hs 1) können in allen Fällen gegeben werden (vgl aber unten 3), in denen zulässigerweise in Abwesenheit des Angeklagten verhandelt werden darf und ein Wahl- oder Pflichtverteidiger mitwirkt. Eine besondere Vertretungsvollmacht braucht der Verteidiger nicht. Kann er im Einzelfall die Verteidigung nach dem Hinweis ohne zusätzliche Information des Angeklagten nicht mehr sachgerecht führen, so hat er die Möglichkeit, nach § 265 III, IV die Unterbrechung oder Aussetzung der Verhandlung zu beantragen. Für die
3 **Abwesenheitsverhandlung nach § 233** gilt Hs 1 nicht. Denn sie setzt voraus, daß der Angeklagte zur Anklage vernommen worden ist (§ 233 II S. 1). Daraus folgt, daß seine erneute Vernehmung (auf die er allerdings verzichten kann) erforderlich ist, wenn die Anklage umgestaltet wird (16 zu § 233). Der Hinweis an den Verteidiger genügt daher nicht (KK-Tolksdorf 5; 11 zu § 234; **aM** Gollwitzer Tröndle-FS 470).

3) Zustimmungs- und Verzichtserklärungen (Hs 2): Prozeßerklärungen nach §§ 61 Nr 5, 245 I S. 2, 251 I Nr 4, II brauchen von dem Angeklagten, abgesehen von dem Fall des § 233 (dort 23), nicht eingeholt zu werden, wenn zulässigerweise in seiner Abwesenheit verhandelt wird und ein Wahl- oder Pflichtverteidiger an der Verhandlung teilnimmt. Das gleiche gilt für die Zustimmung nach § 325 Hs 2, die in § 234 a nur deshalb nicht erwähnt ist, weil ihr neben § 251 I Nr 4 keine selbständige Bedeutung zukommt. Für die Zustimmung zur Nachtragsanlage nach § 266 I gilt § 234 a nicht; die Beteiligung des Angeklagten ist hier unerläßlich (Gollwitzer Tröndle-FS 470). **Hs 2 bedeutet nicht,** daß die Zustimmungs- und Verzichtserklärungen des Angeklagten nur dann entbehrlich sind, wenn für ihn ein Verteidiger mitwirkt; denn der Angeklagte hat in den Fällen des § 231 II (dort 29) und des § 232 (dort 19) sein Zustimmungs- und Verzichtsrecht verwirkt (KK-Tolksdorf 7; Gollwitzer aaO 469). 4 5

Wiedereinsetzung in den vorigen Stand

235 **Hat die Hauptverhandlung gemäß § 232 ohne den Angeklagten stattgefunden, so kann er gegen das Urteil binnen einer Woche nach seiner Zustellung die Wiedereinsetzung in den vorigen Stand unter den gleichen Voraussetzungen wie gegen die Versäumung einer Frist nachsuchen; hat er von der Ladung zur Hauptverhandlung keine Kenntnis erlangt, so kann er stets die Wiedereinsetzung in den vorigen Stand beanspruchen. Hierüber ist der Angeklagte bei der Zustellung des Urteils zu belehren.**

1) Der **Anwendungsbereich der Vorschrift** ist auf das Abwesenheitsurteil nach § 232 beschränkt. Sie gilt nicht in den Fällen der §§ 231 II (dort 10), 231 a, 231 b und 233 (KK-Tolksdorf 1; LR-Gollwitzer 1). Entsprechend anwendbar ist sie weder im Revisionsverfahren (11 zu § 350) noch auf den Fall, daß der von dem nach § 233 entbundenen Angeklagten benannte Verteidiger zur Hauptverhandlung nicht geladen worden ist (29 zu § 233). 1

2) **Sachliche Voraussetzung der Wiedereinsetzung** ist außer der Versäumung des Termins, die nicht vorliegt, wenn der abwesende Angeklagte nach § 234 vertreten war (Bay **65**, 4, 5; KK-Tolksdorf 3; KMR-Paulus 3), das **fehlende Verschulden** des Angeklagten an der Säumnis (S. 1 Hs 1 iVm § 44). Bei Versäumung des Termins infolge falscher Auskunft des Verteidigers über seine Verlegung wird Wiedereinsetzung idR zu bewilligen sein (EbSchmidt 5; **aM** LG Köln MDR **82**, 73 mit abl Anm Schmellenkamp). Bei **Unkenntnis von der Ladung** kommt es auf das Verschulden nicht an (S. 1 Hs 2); die fehlende Kenntnis muß aber – wie bei § 44 S. 2 (dort 22) – für die Säumnis ursächlich geworden sein (Stuttgart OLGSt Nr 1, das daneben sogar eine Verwirkung der Wiedereinsetzung annimmt). Kenntnis von der Ladung iS der Vorschrift hat der Angeklagte noch nicht erlangt, wenn er weiß, daß sie ihm zugegangen ist; erforderlich ist auch die Kenntnnis von ihrem Inhalt (KK-Tolksdorf 4; LR-Gollwitzer 7; **aM** EbSchmidt 6). Verhindert der Angeklagte arglistig den Zugang der Ladung, so ist Wiedereinsetzung ausgeschlossen. Das gleiche gilt, wenn er arglistig von dem Inhalt der ihm zugegangenen Ladung keine Kenntnis nimmt (KK-Tolksdorf 4; LR-Gollwitzer 7). 2 3 4

3) **Nur auf Antrag** wird Wiedereinsetzung gewährt; denn der Angeklagte muß nach S. 1 Hs 1 um sie „nachsuchen". Wiedereinsetzung von Amts wegen nach § 45 II S. 3 ist daher ausgeschlossen (dort 12). Der Antrag muß binnen einer Woche nach Zustellung des Abwesenheitsurteils gestellt werden (S. 1 Hs 1), und zwar bei dem Gericht, das das Urteil erlassen hat (KK-Tolksdorf 7). Wegen der notwendigen Begründung vgl § 45 II S. 1. 5

4) Die **Belehrung über die Wiedereinsetzungsmöglichkeit** (S. 2) muß bei der Urteilszustellung nach § 232 IV erteilt werden (dort 27). Fehlt sie, so kann der 6

Angeklagte entspr § 44 S. 2 Wiedereinsetzung gegen die Versäumung der Wiedereinsetzungsfrist verlangen (KK-Tolksdorf 8; LR-Gollwitzer 9; **aM** EbSchmidt 8: Frist wird nicht in Lauf gesetzt).

7 **5)** Die **Entscheidung über den Antrag** trifft das Gericht, das das Abwesenheitsurteil erlassen hat, durch Beschluß, bei Bewilligung der Wiedereinsetzung mit
8 der Kostenentscheidung nach § 473 VII (dort 38). Die **Wiedereinsetzung beseitigt das Abwesenheitsurteil** ohne weiteres; in dem Beschluß braucht das nicht ausdrücklich ausgesprochen zu werden (Bay **72**, 43, 45; VRS **61**, 137; Oldenburg VRS **68**, 282; erg 24 zu § 44). In der neuen Verhandlung muß stets ein neues Urteil erlassen werden, auch wenn es den gleichen Inhalt hat wie das frühere Abwesenheitsurteil (KMR-Paulus 14).

9 **6)** Wegen der **sofortigen Beschwerde** vgl § 46 II, III.

Persönliches Erscheinen

236 **Das Gericht ist stets befugt, das persönliche Erscheinen des Angeklagten anzuordnen und durch einen Vorführungsbefehl oder Haftbefehl zu erzwingen.**

1 **1)** Nur **bei zulässiger Abwesenheitsverhandlung** nach §§ 231 II, 231 a (bei zeitweiliger Verhandlungsfähigkeit), 231 b, 232, 233 gilt die Vorschrift, und zwar in allen Rechtszügen. Die Berufung kann bei unentschuldigtem Ausbleiben trotz der Anordnung nach § 236 verworfen werden (5 zu § 329). Im Verfahren nach einem Einspruch gegen den Strafbefehl hindert § 411 II S.1 die Anwendung des § 236 nicht (dort 4; 15 zu § 329). Im Revisionsrechtszug ist die Anordnung nach § 236 zulässig, wenn der Angeklagte im Freibeweis zu Verfahrensfragen vernommen werden soll (3 zu § 350). Im Privatklageverfahren gilt § 387 III, für Einziehungs- und Verfallsbeteiligte §§ 433 II, 442 I. Eine gesetzlich vorgesehene Befugnis des Angeklagten, sich in der Hauptverhandlung vertreten zu lassen (§§ 234, 329 I, 411 II S. 1) wird durch die Anordnung nach § 236 nicht berührt (KK-Tolksdorf 2 zu § 234; LR-Gollwitzer 3; **aM** Bay **72**, 47, 51 = VRS **43**, 195; Bay NJW **70**, 1055 mit abl Anm Küper NJW **70**, 1562; SK/StPO-Schlüchter 12; erg 1 zu § 234; 15 zu § 329; 4 zu § 411).

2 **2)** Die **Entscheidung** trifft das Gericht, nicht der Vorsitzende allein, durch
3 Beschluß. Sie **setzt zunächst voraus,** daß die Anwesenheit des Angeklagten in der Hauptverhandlung einen Beitrag zur Aufklärung des Sachverhalts erwarten läßt (BGH **30**, 172, 175 zu § 73 II OWiG). Ist das der Fall, so steht die Entscheidung
4 darüber, ob das persönliche Erscheinen angeordnet wird, im **Ermessen des Gerichts.** Die pflichtgemäße Ermessensausübung verlangt eine sachgerechte und umfassende Würdigung aller für und gegen die Anordnung sprechenden Gesichtspunkte. Die berechtigten Interessen des Angeklagten und das Interesse an möglichst vollständiger Sachaufklärung sind gegeneinander abzuwägen (BGH aaO); auch die Bedeutung der Sache fällt ins Gewicht (Bay **73**, 112 = VRS **45**, 382 zu § 73 II OWiG; Düsseldorf NStZ-RR **98**, 180: Strafbefehlsverfahren; Stuttgart NStE Nr 1). Der Verhältnismäßigkeitsgrundsatz und das Übermaßverbot (Einl 20, 21) sind zu beachten. Die Anordnung ist auch zulässig, wenn der Angeklagte sich im
5 Ausland befindet (Schleswig SchlHA **64**, 70). Der **Anordnung steht nicht entgegen,** daß der Angeklagte nicht gezwungen werden kann, zur Sache auszusagen (Bay **72**, 47, 51/52 = VRS **43**, 195), auch nicht der Umstand, daß er bereits mitgeteilt hat, er werde zur Sache keine Angaben machen (BGH **38**, 251, 257
6 mwN; Stuttgart aaO; str). Die **Aufhebung des Anordnungsbeschlusses** ist jederzeit von Amts wegen oder auf Antrag möglich.

3) Die **Zustellung** des Beschlusses an den Angeklagten erfolgt idR zugleich mit 7
der Ladung zum Termin (Schleswig SchlHA **64**, 70; LR-Gollwitzer 14). Die Zwangsmittel des § 236 müssen in der Ladung angedroht werden (§ 216 I).

4) Zwangsmittel (17 ff zu § 230) braucht das Gericht auch dann nicht anzu- 8
wenden, wenn der Angeklagte trotz der Anordnung nach § 236 nicht erscheint. Es kann vielmehr ohne den Angeklagten verhandeln, wenn es nunmehr meint, seine Anwesenheit sei zur Sachaufklärung nicht erforderlich (LR-Gollwitzer 12; **aM** Bay **72**, 47, 51 = VRS **43**, 195; NJW **70**, 1055 mit abl Anm Küper NJW **70**, 1562: Anordnung nach § 236 beseitigt Befugnis zur Abwesenheitsverhandlung). Zu dieser Ansicht kann es auch noch nach einem erfolglosen Versuch gelangen, die Anwesenheit des Angeklagten zu erzwingen (Celle NJW **70**, 906; Hamburg NJW **68**, 1687; LR-Gollwitzer 12; vgl auch Schleswig SchlHA **64**, 70).

5) Rechtsbehelfe: Die Beschwerde gegen die Anordnung nach § 236 schließt 9
§ 305 S. 1 aus (Bay **52**, 116 = JZ **52**, 691). Beschwerde gegen die Verhängung von Zwangsmitteln ist zulässig (§ 305 S. 2), gegen den Haftbefehl auch die weitere
Beschwerde nach § 310 I (dort 5). Die **Revision** kann darauf gestützt werden, daß 10
das Unterlassen der Anordnung nach § 236 die Sachaufklärungspflicht (§ 244 II) verletzt habe. Dabei muß der Beschwerdeführer im einzelnen darlegen, aus welchen Gründen und in welcher Hinsicht eine weitere Sachaufklärung durch die Anwesenheit des Angeklagten in der Hauptverhandlung möglich gewesen wäre (KK-Tolksdorf 8).

Verbindung von Strafsachen

237 **Das Gericht kann im Falle eines Zusammenhangs zwischen mehreren bei ihm anhängigen Strafsachen ihre Verbindung zum Zwecke gleichzeitiger Verhandlung anordnen, auch wenn dieser Zusammenhang nicht der in § 3 bezeichnete ist.**

1) Der **Verfahrensvereinfachung** dient die Vorschrift (BGH **19**, 177, 182; **26**, 1
271, 273; Düsseldorf MDR **85**, 252: prozeßtechnische Erleichterung). Anders als nach §§ 2, 4, 13 II werden die verbundenen Strafsachen nicht zu einem einzigen Verfahren verschmolzen; weder die sachliche noch die örtliche Zuständigkeit wird verändert. Die Verbindung bezweckt nur die gleichzeitige Verhandlung; jede der verbundenen Sachen folgt weiterhin ihren eigenen Gesetzen (unten 8; erg 1 zu § 5).

2) Voraussetzungen der Verbindung: 2

A. **Bei demselben Gericht** müssen die Sachen anhängig sein. Gericht iS des 3
§ 237 ist der einzelne Spruchkörper, nicht das Gericht als administrative Einheit, als Zusammenfassung aller bei ihm errichteten Spruchkörper (KK-Tolksdorf; Fezer 9/56; Meyer-Goßner DRiZ **90**, 286; Steinmetz JR **93**, 228; **aM** BGH **26**, 271, 273; offengelassen von BGH **38**, 376; vgl ferner Stuttgart NStZ **95**, 248 mit Anm Meyer-Goßner NStZ **96**, 51; LR-Gollwitzer 1). Eine Verbindung von bei verschiedenen Spruchkörpern desselben Gerichts anhängigen Verfahren kommt nur nach § 4 in Betracht (vgl 6 ff zu § 4). In den zu verbindenden Sachen muß das Hauptverfahren eröffnet sein (KK-Tolksdorf 4; **aM** BGH **20**, 219, 221); allerdings
brauchen sie sich nicht im selben **Verfahrensstadium** zu befinden. Im 1. Rechts- 4
zug anhängige Sachen können mit Sachen, die nach §§ 328 II, 354 II, III, 355 zurückverwiesen worden sind, verbunden werden. Die große JugK kann eine erstinstanzliche Sache auch mit einem bei ihr anhängigen Berufungsverfahren verbinden (vgl auch zur Rechtslage vor Inkrafttreten des RpflEntlG BGH **19**, 177, 182; **29**, 67; NStZ **88**, 211 [M]; Meyer-Goßner DRiZ **85**, 242). Eine Strafsache gegen
Jugendliche oder Heranwachsende kann nach §§ 103, 104, 112 **JGG** von dem 5

JugG mit einer Erwachsenensache verbunden werden (dazu BGH **29**, 67 = JR **80**, 262 mit Anm Brunner; BGH MDR **82**, 972 [H]; Karlsruhe MDR **81**, 693).

6 B. Ein **Zusammenhang** muß zwischen den Strafsachen bestehen, braucht aber nicht so eng zu sein, wie § 3 für die Verbindung nach §§ 2, 4, 13 vorschreibt. Es genügt, daß eine gleichzeitige Verhandlung unter irgendeinem Gesichtspunkt zweckmäßig erscheint, zB weil derselbe Personenkreis als Täter oder Verletzte beteiligt ist, weil die Beweismittel übereinstimmen oder weil gleichartige Vorwürfe oder gleichartige Rechtsfragen zu klären sind (Roxin § 20 B III).

7 **3) Verbindungsbeschluß:** Die Verbindung erfolgt von Amts wegen oder auf Antrag, der nach freiem Ermessen und ohne Begründung abgelehnt werden kann (BGH NJW **53**, 836; RG **57**, 44). Denn einen Anspruch darauf, daß alle gegen ihn anhängigen Strafsachen in einer Hauptverhandlung erledigt werden, hat der Angeklagte nicht (BGH MDR **94**, 241 [S]; 10 zu § 4). Die Entscheidung ergeht durch Beschluß, der keiner Begründung bedarf und formlos bekanntgemacht wird. Auch eine stillschweigende Verbindung, etwa durch gemeinsame Terminsanberaumung, ist wirksam (KMR-Paulus 28; **aM** Hamm Rpfleger **61**, 411 mit Anm Tschischgale; LR-Gollwitzer 8).

8 **4) Wirkung der Verbindung:** § 237 bewirkt lediglich für die Dauer der Hauptverhandlung (KG JR **69**, 349) eine lose Verfahrensverbindung, durch die die Selbständigkeit der verbundenen Sachen nicht berührt wird. Jede Sache folgt weiterhin ihren eigenen Gesetzen (BGH **19**, 177, 182; **26**, 271, 275; **36**, 348, 351). Eine Berufungssache bei der großen JugK, die mit einer erstinstanzlichen Sache verbunden ist (oben 4), bleibt eine Berufungssache (BGH aaO); eine vor der Verhandlung vorgenommene Berufungsbeschränkung bleibt wirksam (BGH NStZ **88**, 211 [M]). Mehrere Angeklagte werden aber durch die Verbindung stets zu Mitangeklagten; als Zeugen können sie nicht vernommen werden (21 vor § 48). Der in einer der Sachen erforderliche Ausschluß der Öffentlichkeit gilt für das ganze Verfahren. Die Entscheidung sollte nicht durch einheitlichen Urteilsausspruch ergehen (BGH **37**, 42; SK/StPO-Schlüchter 9; Meyer-Goßner DRiZ **85**, 245). Muß eine Gesamtstrafe nach § 53 StGB oder eine Einheitsstrafe nach § 32 JGG gebildet werden, was einen (persönlichen) Zusammenhang nach § 3 voraussetzt, so reicht dafür die nur zeitweilige Verbindung nach § 237 nicht aus; die Sachen müssen dann nach § 4 I verbunden werden (BGH aaO gegen die frühere Rspr; SK/StPO-Schlüchter 9; abl Bringewat JR **91**, 75; Steinmetz JR **93**, 232). Die entspr Anwendung des § 5 ist ausgeschlossen; daher erstreckt sich die Zuständigkeit des BGH zur Entscheidung über die Revision nicht auf eine nach § 237 verbunden gewesene Berufungssache; das gilt nicht nur dann, wenn kein Zusammenhang nach § 3 besteht (BGH **35**, 195 = JR **88**, 385 mit Anm Meyer) oder wenn in dem die erstinstanzliche Sache betreffenden Teil Freispruch (BGHR Revision 2) oder Einstellung erfolgte, sondern in jedem Falle (BGH **36**, 348, 351; **37**, 42, 43; MDR **90**, 890 [H]; KG JR **69**, 349; erg 8 zu § 4; 1 zu § 135 GVG).

9 **5)** Auch über die **Trennung** der verbundenen Sachen entscheidet das Gericht nach freiem Ermessen (RG **70**, 65, 67). Nach Urteilserlaß ist die Trennung zwingend. Da sie kraft Gesetzes eintritt (KG JR **69**, 349; SK/StPO-Schlüchter 12), ist ein entspr Gerichtsbeschluß nicht erforderlich. Zur vorübergehenden Abtrennung zwecks Vernehmung eines Mitangeklagten als Zeugen vgl 22 vor § 48.

10 **6) Anfechtung:** Vgl 16, 17 zu § 4.

Verhandlungsleitung

238 **I Die Leitung der Verhandlung, die Vernehmung des Angeklagten und die Aufnahme des Beweises erfolgt durch den Vorsitzenden.**

II Wird eine auf die Sachleitung bezügliche Anordnung des Vorsitzenden von einer bei der Verhandlung beteiligten Person als unzulässig beanstandet, so entscheidet das Gericht.

1) Aufgabe des Vorsitzenden in der Hauptverhandlung ist grundsätzlich die gesamte Prozeßleitung. Das ist zT in gesetzlichen Einzelregelungen bestimmt (zB in §§ 228 I S. 2, III, 231 I S. 2, 231 a II, 231 b II, 239, 240, 241, 241 a, 243 I S. 2, II S. 2, 247 S. 4, 248, 249 II, 266 III); im übrigen gilt die allgemeine Aufgabenzuweisung nach I. Andererseits sind bestimmte Anordnungen dem Gericht vorbehalten (zB §§ 4 II, 6 a S. 2, 27 I, 51, 70, 77, 228 I S. 1, 230 II, 231 II, 231 a III, 231 b I, 231 c, 233, 236, 237, 244 VI, 247, 251 IV, 265 IV, 266, 270). 1

2 **Vorabentscheidungen** des Vorsitzenden anstelle des an sich zuständigen Gerichts läßt die Rspr bei der Entscheidung über die Vereidigung von Zeugen zu (7 zu § 59; 4 zu § 60; 29 zu § 61). Im Gegensatz zu solchen Entscheidungen trifft der Vorsitzende die Maßnahmen nach I in der Hauptverhandlung **aus eigenem Recht** 3 (RG **44**, 65, 67; KMR-Paulus 3; Fuhrmann GA **63**, 64). Sie bedürfen nicht der Billigung durch das Gericht (KMR-Paulus 3; LR-Gollwitzer 2; W. Schmid H. Mayer-FS 544). Soweit es sich um Maßnahmen handelt, die unmittelbar die Urteilsfindung berühren, ist das Gericht an sie aber nicht gebunden; solche Maßnahmen sind nur vorläufiger Art (LR-Gollwitzer 2).

2) Dem Vorsitzenden zugewiesene Aufgaben (I): 4

A. **Verhandlungsleitung:** Dazu gehören alle Maßnahmen zur Durchführung 5 der Hauptverhandlung (LR-Gollwitzer 3), insbesondere die Eröffnung, Durchführung (ausnahmsweise auch ohne Akten: Hamm VRS **40**, 204), Unterbrechung und Schließung der Verhandlung und die Bestimmung des Verfahrensgangs, soweit er nicht durch § 243 festgelegt ist (KK-Tolksdorf 2), auch die Urteilsverkündung (BGH MDR **75**, 24 [D]). Der Vorsitzende bestimmt die Reihenfolge, in der die Prozeßbeteiligten gehört werden (BGH MDR **57**, 53; krit dazu Hammerstein Schmitt-FS 323), erteilt ihnen das Wort und entzieht es ihnen, wenn sie es mißbrauchen; ob und in welchem Umfang er ein „Eingangs-Statement" des Verteidigers zulassen will, unterliegt seiner Entscheidung (Dahs Odersky-FS 329). Er bestimmt auch den Zeitpunkt, zu dem den Antragstellern Gelegenheit zur Anbringung und Begründung ihrer Anträge gegeben wird (BGH aaO). Er kann dem Angeklagten aber grundsätzlich nicht verbieten, während der Hauptverhandlung Aufzeichnungen zu machen (Salditt StV **93**, 443; **aM** BGH **1**, 322 = JZ **52**, 43 mit abl Anm EbSchmidt). Zur Verhandlungsleitung gehört auch die Sitzungspolizei nach § 176 GVG (LR-Gollwitzer 12; Fuhrmann GA **63**, 68; **aM** Jahn NStZ **98**, 392; erg unten 11). Die **Zurücknahme** prozeßleitender Anordnungen 6 ist von Amts wegen oder auf Antrag möglich (KMR-Paulus 29 f; Bohnert 178).

B. **Vernehmung des Angeklagten und Aufnahme der Beweise:** Zur Vernehmung gehören die Vernehmung des Angeklagten zu seinen persönlichen Verhältnissen (10 ff zu § 243) und die Vernehmung zur Sache (24 ff zu § 243). Der Vorsitzende ordnet die Beweiserhebungen an (BGH NStZ **82**, 432; KK-Herdegen 57 zu § 244; LR-Gollwitzer 11; ANM 752 mwN in Fn 2) und führt sie durch. Er entläßt auch die Zeugen nach § 248. 7

C. **Persönlich** muß der Vorsitzende die Verhandlung leiten; er darf seine Aufgaben grundsätzlich weder ganz noch teilw einem anderen Gerichtsmitglied überlassen (RG **9**, 310; LR-Gollwitzer 15). Das gilt auch für die Erhebung von Beweisen. Wegen der Verlesung von Urkunden vgl aber 15 zu § 249. Ist der Vorsitzende wegen Heiserkeit am Sprechen gehindert, so liegt ein Fall der Verhinderung am Vorsitz nach § 21 f GVG vor; als Beisitzer kann er an der Verhandlung mitwirken (Kissel 14 zu § 21 f GVG); ist dem Vorsitzenden trotz körperlicher Beschwerden die Verhandlungsführung (ggf für kürzere Zeiten) möglich, darf er sie nicht an den Vertreter abgeben (offengelassen von BGH MDR **94**, 764 [H]). 8

9 3) **Antrag auf gerichtliche Entscheidung** (II):

10 A. **Auf die Sachleitung bezügliche Anordnungen** können mit dem Zwi-
11 schenrechtsbehelf des II beanstandet werden. Der Begriff **Anordnung** ist in weite-
stem Sinne zu verstehen. Darunter fallen alle Maßnahmen, mit denen der Vorsit-
zende auf den Ablauf des Verfahrens und die Verfahrensbeteiligten einwirkt (Erker
64; Fuhrmann GA **63**, 68), auch Maßnahmen der Sitzungspolizei (Fuhrmann GA
63, 71; Gössel 170; W. Schmid H. Mayer-FS 558), Fragen, Vorhalte, Ermahnungen
und Belehrungen (KK-Tolksdorf 7; W. Schmid H. Mayer-FS 551). Das bewußte
Unterlassen einer beantragten Entscheidung steht einer Maßnahme iS des II nicht
gleich (Erker 68 ff; Fuhrmann GA **63**, 68 ff; **aM** LR-Gollwitzer 18). Der Begriff
12 **Sachleitung** stimmt mit dem der Verhandlungsleitung nach I (oben 5) überein.
Die früher vielfach übliche, aber an Abgrenzungsschwierigkeiten leidende (vgl
Erker 26 ff; W. Schmid H. Mayer-FS 547) Unterscheidung zwischen formeller
Leitung der Verhandlung (die allein die äußere Gestaltung des Verfahrens betrifft)
und der Sachleitung ieS (vgl BGH NJW **57**, 271; RG **42**, 157; Hamm NJW **72**,
1246; Roesen NJW **58**, 977; vgl auch Roxin § 42 D I 2 a, der aber zur formellen
Verhandlungsleitung nur die allein unter dem Gesichtspunkt der Zweckmäßigkeit
beanstandbaren Maßnahmen rechnet), ist mit Recht überwiegend aufgegeben wor-
den (vgl LR-Gollwitzer 19 ff; Erker 52; Fuhrmann GA **63**, 69 ff; Gössel 170; W.
Schmid H. Mayer-FS 552, 558; vgl auch Bohnert 171). Denn auch bei der
formellen Verhandlungsleitung kommen Maßnahmen in Betracht, die den Ange-
13 klagten oder andere Prozeßbeteiligte beschweren. Die **Anrufung des Gerichts**
setzt demnach nicht eine bestimmte Art von Anordnungen oder Maßnahmen des Vorsitzenden voraus, sondern nur, daß der Prozeßbeteiligte, der sich an das Gericht wendet, schlüssig dartut, daß die Anordnung ihn beschwert (Erker 51 ff; Fuhrmann GA **63**, 73; Gössel 171; W. Schmid H. Mayer-FS 557 ff). Es gibt grundsätzlich (vgl aber 10 zu § 141; 25 zu § 222 a; 28 zu § 265) keine von dem Antrag nach II ausgeschlossene Verfügungen und Maßnahmen des Vorsitzenden (LR-Gollwitzer 21 ff; vgl auch die Zusammenstellung in SK/StPO-Schlüchter 11). Das gilt auch noch für Anordnungen nach Schluß der Beweisaufnahme bis zum Beginn der Urteilsverkündung (BGH NStZ **92**, 346; krit Scheffler MDR **93**, 3; erg 33 zu § 244); auch Maßnahmen der Sitzungspolizei unterliegen der Prüfung durch das Gericht (LR-Gollwitzer 23; Erker 68; Krey 2/676 Fn 262; **aM** KK-Diemer 7 zu § 176 GVG).

14 B. **Zur Beanstandung berechtigt** sind alle Prozeßbeteiligten, die von der
Anordnung betroffen sind (**aM** Ebert StV **97**, 275; auch ohne Beschwer jederzeit),
auch Zeugen und Sachverständige wegen der an sie gerichteten Fragen (8 zu
§ 68 a; 20 zu § 241), nicht aber Zuhörer (Erker 75 ff). Beanstandungsberechtigt
sind auch nicht die beisitzenden Berufsrichter und die Schöffen (Bohnert 179 ff;
Erker 54 ff, 71; Ranft 1452; **aM** SK/StPO-Schlüchter 13 mwN); sie können eine
gerichtliche Entscheidung ohne weiteres herbeiführen indem sie eine Beratung
verlangen. Der Vorsitzende selbst kann nicht seine eigenen Maßnahmen beanstan-
den (**aM** KMR-Paulus 45); er kann aber jederzeit die Entscheidung des Gerichts
15 herbeiführen (Erker 71). Eine Rechtspflicht zum **Hinweis auf das Beanstan-
dungsrecht** besteht nicht (KK-Tolksdorf 11; **aM** LR-Gollwitzer 30: aus Gründen
der Fürsorgepflicht).

16 C. Eine bestimmte **Form** ist für die (nach § 273 I in der Sitzungsniederschrift zu beurkundende) Beanstandung nicht vorgeschrieben. Das Wort Beanstandung braucht nicht verwendet zu werden. Es genügt, daß ausdrücklich oder durch schlüssiges Verhalten (vgl Hamburg NJW **53**, 434) das Verlangen nach einer Gerichtsentscheidung geäußert (W. Schmid H. Mayer-FS 560) und die Unzulässigkeit der Maßnahmen sowie eine Beschwer des Antragstellers behauptet wird (Erker 78). Welche Anforderungen an die Substantiierung dieses Vorbringens zu stellen sind, richtet sich nach den Umständen des Einzelfalls (Erker 52).

D. Nur die **Beanstandung der Maßnahme als unzulässig** läßt II zu. Daß sie unzweckmäßig oder unangebracht gewesen sei, kann mit dem Antrag nicht geltend gemacht werden (RG **44**, 65, 66; Seibert JR **52**, 470). Unzulässig iS von II sind Maßnahmen des Vorsitzenden, wenn sie gegen gesetzliche Vorschriften oder ungeschriebene Verfahrensgrundsätze verstoßen (Fuhrmann GA **63**, 73; W. Schmid H. Mayer-FS 558), aber auch, wenn Ermessensmißbrauch vorliegt (Fuhrmann GA **63**, 74; Erker 83). Bei der Beanstandung von Vorabentscheidungen des Vorsitzenden über Vereidigungsfragen (oben 2) handelt es sich nicht um einen Fall des II, sie sind daher auch auf ihre Zweckmäßigkeit zu prüfen (8 zu § 59). 17

E. Auch **Anordnungen des Strafrichters** (§ 25 GVG) können und müssen zum Erhalt der Revisionsrüge (unten 22) nach II beanstandet werden, obwohl hier Vorsitzender und Gericht identisch sind (Düsseldorf StV **96**, 252 mwN; AK/StPO-Schöch 38; Bohnert 182; Erker 113 ff; **aM** Ebert StV **97**, 269 und NStZ **97**, 565, der zwar II für anwendbar hält, jedoch einen Rügeverlust bei Nichtbeanstandung verneint). 18

F. Die **Entscheidung des Gerichts** ergeht nach Anhörung der Prozeßbeteiligten (Erker 98) durch Beschluß, der nach § 273 I in das Hauptverhandlungsprotokoll aufzunehmen und in der Hauptverhandlung unverzüglich (KMR-Paulus 50 f; Erker 100; W. Schmid H. Mayer-FS 561), spätestens vor Beginn der Urteilsverkündung bekanntzumachen ist. Schlüssiges Verhalten des Gerichts kann den Beschluß nicht ersetzen (LR-Gollwitzer 34; Erker 34; aM KMR-Paulus 50; vgl auch Neustadt GA **61**, 186). Der Beschluß braucht nur dann begründet zu werden, wenn er den Antrag als unzulässig oder unbegründet ablehnt (KK-Tolksdorf 13; LR-Gollwitzer 33; **aM** KMR-Paulus 50: auch bei stattgebender Entscheidung). Der Vorsitzende ist an die Gerichtsentscheidung gebunden, auch wenn sich nachträglich neue Tatsachen ergeben (LR-Gollwitzer 35; **aM** RG **32**, 339; KMR-Paulus 53; Erker 100; W. Schmid H. Mayer-FS 561: nur rebus sic stantibus). Das Gericht kann seine Entscheidung jedoch ändern, wenn es seine rechtliche Beurteilung berichtigt oder wenn sich die Sachlage geändert hat (Erker 112). 19

4) Rechtsbehelfe: 20

A. **Beschwerde** gegen die Anordnung des Vorsitzenden nach § 304 ist nicht zulässig; der Zwischenrechtsbehelf des II schließt sie aus (Erker 60; KK-Tolksdorf 15; **aM** KMR-Paulus 55; LR-Gollwitzer 38: Ausschluß nach § 305 S. 1; differenzierend SK/StPO-Schlüchter 21). Der Beschluß des Gerichts nach II ist grundsätzlich nach § 305 S. 1 unanfechtbar (KK-Tolksdorf 15); Entscheidungen, durch die dritte Personen betroffen sind, können angefochten werden (§ 305 S. 2). 21

B. Die **Zulässigkeit der Revision** setzt grundsätzlich voraus, daß der Beschwerdeführer von dem Zwischenrechtsbehelf des II Gebrauch gemacht hat; wer davon absieht, verwirkt das Recht auf Revision (vgl BGH **1**, 322, 325 = JZ **52**, 43 mit abl Anm EbSchmidt; BGH **3**, 368; **4**, 364, 366; NStZ **82**, 432; Bay **62**, 267 = JR **63**, 105; Hamburg MDR **79**, 74; KK-Tolksdorf 17; Fuhrmann NJW **63**, 1230; **aM** LR-Gollwitzer 47; Ebert StV **97**, 273; Erker 147 ff, 173; Roxin § 42 D II 2; vgl auch Bohnert 172 ff; SK/StPO-Schlüchter 29 prägt den Begriff der „normativen Zerschlagung des normativen Zusammenhangs"; erg 11 zu § 59; 31 zu § 60; 30 zu § 61). Für den Angeklagten, der ohne Verteidiger ist oder den Nebenkläger, der nicht den Beistand eines RA hat und die Beanstandungsmöglichkeit des II nicht kennt, gilt das nicht (Koblenz StV **92**, 263; Köln NStZ-RR **97**, 366; Stuttgart NStZ **88**, 240). Die Revision ist auch sonst ohne vorherige Anrufung des Gerichts zulässig, wenn der Vorsitzende eine von Amts wegen vorzunehmende unverzichtbare Handlung unterlassen (BGH **38**, 260, 261; NStZ **81**, 71; Hamburg MDR **79**, 74; Köln NJW **54**, 1820; erg 11 zu § 59) oder wenn er sich über Verfahrensvorschriften, die keinerlei Entscheidungsspielraum zulassen, hinweggesetzt (BGH **42**, 73, 77) oder wenn sich der Fehler des Vorsitzenden bei der Urteilsfindung fortgesetzt hat (BGH **7**, 281; **20**, 98; MDR **58**, 14 [D]; Köln NJW **57**, 22

1373; vgl auch BGH **3**, 368; JR **65**, 348: Nichterteilung oder Beschränkung des
23 letzten Wortes). Ist eine **Entscheidung nach II unterblieben,** so beruht das Urteil nur dann auf dem Mangel, wenn die Maßnahme des Vorsitzenden unzulässig war (BGH MDR **55**, 397 [D]; NJW **98**, 2296, 2298; weitergehend W. Schmid H. Mayer-FS 562 ff: schon wenn das Unterlassen der Entscheidung zur Irreführung des Beschwerdeführers geeignet war).

Kreuzverhör

239 **I Die Vernehmung der von der Staatsanwaltschaft und dem Angeklagten benannten Zeugen und Sachverständigen ist der Staatsanwaltschaft und dem Verteidiger auf deren übereinstimmenden Antrag von dem Vorsitzenden zu überlassen. Bei den von der Staatsanwaltschaft benannten Zeugen und Sachverständigen hat diese, bei den von dem Angeklagten benannten der Verteidiger in erster Reihe das Recht zur Vernehmung.**

II Der Vorsitzende hat auch nach dieser Vernehmung die ihm zur weiteren Aufklärung der Sache erforderlich scheinenden Fragen an die Zeugen und Sachverständigen zu richten.

1 1) **Kreuzverhör:** In der Praxis wird von der Möglichkeit dieser Art des Verhörs, die an den anglo-amerikanischen Strafprozeß anknüpft, so gut wie kein Gebrauch gemacht. In der Hauptverhandlung des bundesdeutschen Strafprozesses ist sie ein Fremdkörper (vgl Roxin § 42 D III 2); das Schwergewicht liegt in diesem Verfahren bei der Sachaufklärung durch den Vorsitzenden und das Gericht. StA und Verteidiger sind idR weder daran interessiert noch darauf vorbereitet, die Verneh-
2 mung der von ihnen benannten Zeugen vollständig zu übernehmen. Ein **informelles Kreuzverhör** in der Weise, daß der Vorsitzende unmittelbar oder alsbald nach Entgegennahme des Berichts des Zeugen (§ 69 I S. 1) zunächst den StA und den Verteidiger Fragen stellen läßt (§ 240 II) und seinerseits erst anschließend nochmals fragt, falls das erforderlich ist, kann in geeigneten Fällen zweckmäßig sein und ist jedenfalls nicht unzulässig (vgl KK-Tolksdorf 2; SK/StPO-Schlüchter 3; Dencker Kleinknecht-FS 79).

3 2) **Voraussetzungen** (I S. 1):

4 A. Nur **die von der StA und dem Angeklagten benannten Beweispersonen** können ins Kreuzverhör genommen werden. Benannt iS I S. 1 sind auch Zeugen und Sachverständige, die das Gericht auf bloße Anregung von StA oder Angeklagten geladen hat oder die von ihnen selbst geladen oder in der Hauptverhandlung gestellt worden sind (LR-Gollwitzer 2). Auf die vom Privatkläger, Nebenkläger und den Nebenbeteiligten benannten Zeugen und Sachverständigen ist § 239 nicht anwendbar (LR-Gollwitzer 4 und Schäfer-FS 83 ff). Bei Jugendlichen unter 16 Jahren ist das Kreuzverhör nach § 241 a ausgeschlossen. Bei der kommissarischen Vernehmung nach § 223 ist es zulässig (KK-Tolksdorf 6; LR-Gollwitzer 5; **aM** KMR-Paulus 6).

5 B. Nur auf **übereinstimmenden Antrag von StA und Verteidiger,** dem das Gericht selbst dann stattgeben muß, wenn der Angeklagte widerspricht (KMR-Paulus 10), findet ein Kreuzverhör statt. Wenn kein Verteidiger mitwirkt, ist es ausgeschlossen. Hat der Angeklagte mehrere Verteidiger, so müssen alle den Antrag stellen (**aM** KMR-Paulus 10). Wirken für mehrere Angeklagte mehrere Verteidiger mit, so gilt das nur, wenn alle Angeklagten von dem Vernehmungsgegenstand betroffen sind (KMR-Paulus 10; LR-Gollwitzer 7). Der Antrag, der auf die Vernehmung einzelner Beweispersonen beschränkt werden kann (KK-Tolksdorf 4), muß vor Beginn der Vernehmung des Zeugen oder Sachverständigen gestellt werden (KMR-Paulus 11); das bereits begonnene Verhör kann dem Vorsitzenden nicht entzogen werden (LR-Gollwitzer 8).

3) Durchführung des Kreuzverhörs (I S. 2, II): Mit dem Verhör beginnt, wer die Beweisperson benannt hat (I S. 2). Hat er es abgeschlossen, so setzt der Prozeßgegner die Vernehmung fort. Ein zusammenhängender Bericht des Zeugen nach § 69 I S. 1 muß auch beim Kreuzverhör herbeigeführt werden (KK-Tolksdorf 7; **aM** KMR-Paulus 13). Die anderen Prozeßbeteiligten haben das Fragerecht nach § 240 II; das Kreuzverhör dürfen sie nicht fortführen. Der Vorsitzende ist verpflichtet, nach Beendigung des Kreuzverhörs die zur Sachaufklärung erforderlichen weiteren Fragen an die Beweispersonen zu richten (II). Den Mißbrauch des Fragerechts kann er nach § 241 I verhindern, einzelne Fragen kann er nach § 241 II zurückweisen. Den Antrag dazu kann auch der befragte Zeuge oder Sachverständige stellen; wird er abgelehnt, so kann er nach § 238 II auf gerichtliche Entscheidung antragen. Zum Beschwerderecht vgl 22 zu § 241. 6

Fragerecht

240 **I Der Vorsitzende hat den beisitzenden Richtern auf Verlangen zu gestatten, Fragen an den Angeklagten, die Zeugen und die Sachverständigen zu stellen.**

II Dasselbe hat der Vorsitzende der Staatsanwaltschaft, dem Angeklagten und dem Verteidiger sowie den Schöffen zu gestatten. Die unmittelbare Befragung eines Angeklagten durch einen Mitangeklagten ist unzulässig.

1) Das **Fragerecht der Prozeßbeteiligten** soll ihnen ermöglichen, auf die vollständige Erörterung des Prozeßstoffs und auf die Ausschöpfung der persönlichen Beweismittel hinzuwirken (LR-Gollwitzer 1). Nur (anwesende) Angeklagte, Zeugen und Sachverständige können befragt werden; die „Befragung" der Richter und des StA ist unzulässig (KMR-Paulus 4; Gollwitzer Meyer-GedSchr 158). Die Befragung von Belastungszeugen gehört zu den Mindestrechten des Angeklagten nach Art 6 III Buchst d **MRK.** §240 **gilt auch** bei kommissarischen Vernehmungen (22 zu § 223). Für die Vernehmung von Zeugen unter 16 Jahren ist § 241 a die Sondervorschrift. 1 2

2) Die **frageberechtigten Prozeßbeteiligten** zählen I, II S. 1 nicht erschöpfend auf (BGH NJW **69**, 437, 438). Zu ihnen gehören außer den Mitgliedern des erkennenden Gerichts (Berufsrichter und Schöffen) auch die Ergänzungsrichter und Ergänzungsschöffen (vgl RG **67**, 276, 277; Celle NdsRpfl **73**, 110), der Privatkläger (§ 385 I S. 1), der Nebenkläger (§ 397 I S. 3) und ihre Rechtsbeistände oder Vertreter, die Erziehungsberechtigten und gesetzlichen Vertreter eines Jugendlichen (§ 67 **JGG**), der Beistand nach § 149 (**aM** Bay **97**, 165 = NJW **98**, 1655) und der nach § 407 I S. 5 **AO** zur Anwesenheit berechtigte Vertreter der FinB im Steuerstrafverfahren (vgl Celle NdsRpfl **69**, 190). Die Verfalls- und Einziehungsbeteiligten (§§ 433 I, 442 I, II S. 1) und die Vertreter der bußgeldbeteiligten JP und PV (§ 444 II) haben das Fragerecht im Rahmen ihrer Beteiligung, ebenso ihre Prozeßbevollmächtigten (§ 434). Kein Fragerecht hat der RA als Beistand des Zeugen oder Verletzten (§§ 406 f, 406 g; 11 vor § 48). Zum Fragerecht des Sachverständigen vgl § 80 II. Ausnahmsweise kann der Vorsitzende einem Zeugen gestatten, einen anderen Zeugen zu befragen und ihm Vorhalte zu machen (RG GA **50**, 274; KMR-Paulus 12; vgl auch RG **48**, 247, 250). 3

3) Ausübung des Fragerechts: 4

A. Die **Befragung** braucht sich nicht unbedingt in der äußeren Form von Einzelfragen zu vollziehen; auch kurze Vorhalte sind zulässg (KK-Tolksdorf 5; LR-Gollwitzer 15). Grundsätzlich müssen aber einzelne und genau umrissene Fragen gestellt werden. Zusammenhängende Erklärungen über einen Tatsachenkomplex können nicht verlangt werden; denn die Befragung ist keine Vernehmung. Kurze Ausführungen zum besseren Verständnis der Frage sind erlaubt (Dahs 431). 5

6 B. Den **Zeitpunkt,** in dem das Fragerecht ausgeübt werden darf, bestimmt der Vorsitzende im Rahmen seiner Verhandlungsleitung (BGH **16**, 67, 70; NJW **69**, 437, 438). IdR ist die Ausübung des Fragerechts erst möglich, wenn der Vorsitzende die Vernehmung beendet hat. Ob er vorher schon Zwischenfragen zuläßt,
7 steht in seinem Ermessen. Wollen **mehrere Prozeßbeteiligte** den Angeklagten oder eine Beweisperson befragen, so wird der Vorsitzende das Wort zunächst den Richtern, dann dem StA und dem Verteidiger oder dem Prozeßbeteiligten geben, der die Beweisperson benannt hat. Rechtlich ist er jedoch an keine bestimmte
8 Reihenfolge gebunden (BGH NJW **69**, 437; LR-Gollwitzer 11). Das **Fragerecht endet** mit der Entlassung des Zeugen oder Sachverständigen nach § 248; in dem Verlangen, eine bereits vernommene und entlassene Beweisperson nochmals über eine bestimmte Frage zu hören, kann ein Beweisantrag nach § 244 III liegen (BGH **15**, 161, GA **58**, 305; ANM 106).

9 C. Das **Recht auf unmittelbare Befragung** bedeutet, daß die Fragen ohne Vermittlung des Vorsitzenden an den Angeklagten oder die Beweisperson gestellt werden dürfen. Der Vorsitzende ist, vorbehaltlich seiner Beanstandungsbefugnis und -pflicht nach § 241 II nicht berechtigt, die Fragen an sich zu ziehen und in einer ihm als richtig erscheinenden Form zu stellen (KMR-Paulus 14; Dahs 431) oder das gewährte Fragerecht ohne sachlichen Grund wieder zu entziehen (Hamm StV **93**, 462); liegt ein solcher vor, so darf er jedoch die begonnene Befragung unterbrechen (stark einschr aber BGH NStZ **95**, 143: Vorsitzender bestimmt Beginn, Fortsetzung und Ende der Befragung allein). Er darf grundsätzlich auch nicht verlangen, daß ihm der Inhalt der Fragen vorher mitgeteilt (LR-Gollwitzer 5) oder das Schriftstück, aus dem dem Zeugen Vorhalte gemacht werden sollen, vor der Befragung vorgelegt wird (BGH **16**, 67 = JR **61**, 429 mit Anm EbSchmidt). Etwas anderes gilt nur, wenn der Fragende sein Fragerecht schon vorher mißbraucht hat; zur Abwendung weiteren Mißbrauchs kann dann von ihm verlangt werden, daß er weitere Fragen zuvor mündlich oder schriftlich mitteilt (BGH NStZ **82**, 158; **83**, 209 [Pf/M]; LR-Gollwitzer 5; Wagner JuS **72**, 316; vgl auch § 257 a; **aM** Miebach DRiZ **77**, 140; vgl auch ter Veen StV **83**, 168 Fn 27). Das Recht auf unmittelbare Befragung schließt nicht aus, den Vorsitzenden zu bitten, für den Fragenden eine bestimmte Frage zu stellen; verpflichtet ist der Vorsitzende dazu aber nicht (RG **29**, 147, 149). Lehnt er die Bitte ab, so muß er den Antragsteller aber auf dessen eigenes Fragerecht verweisen (KK-Tolksdorf 6; ANM 107). Zur Befragung von Zeugen durch den Angeklagten im Fall des § 247 vgl dort 18.

10 D. **Ausgeschlossen von der unmittelbaren Befragung** (II S. 2) sind – verfassungsrechtlich unbedenklich (BVerfG NJW **96**, 3408) – nur Angeklagte, die einen Mitangeklagten befragen wollen, auch wenn sie zugleich Nebenkläger oder wenn sie von Beruf RA sind (BVerfGE **53**, 207, 215 = NJW **80**, 1677, 1678). Die unmittelbare Befragung von Zeugen darf der Vorsitzende ihnen nicht unter Hinweis auf das Fragerecht des Verteidigers verwehren (BGH wistra **85**, 27). Sonst müssen sie sich an den Vorsitzenden wenden, der die Frage an den Mitangeklagten richtet. Weigert er sich, so kann nach § 238 II das Gericht angerufen werden (KMR-Paulus 7). Die unmittelbare Befragung des Mitangeklagten ist schlechthin unzulässig; der Vorsitzende darf sie auch nicht ausnahmsweise gestatten (KK-Tolksdorf 7; KMR-Paulus 10; EbSchmidt 8; **aM** LR-Gollwitzer 15). Der Verteidiger unterliegt der Einschränkung des II S. 2 nicht; er kann Mitangeklagte unmittelbar befragen (BGH **16**, 67, 58; KMR-Paulus 7).

Zurückweisung von Fragen

241 **I Dem, welcher im Falle des § 239 Abs. 1 die Befugnis der Vernehmung mißbraucht, kann sie von dem Vorsitzenden entzogen werden.**

[II] In den Fällen des § 239 Abs. 1 und des § 240 Abs. 2 kann der Vorsitzende ungeeignete oder nicht zur Sache gehörende Fragen zurückweisen.

1) Die **Entziehung des Fragerechts beim Kreuzverhör** (I) ist zulässig, wenn 1
die Befugnis zur Vernehmung mißbraucht wird. Ein **Mißbrauch** liegt vor, wenn 2
Art oder Inhalt der Vernehmung die Wahrheitsfindung gefährdet, wenn schutz-
würdige Interessen des Vernommenen verletzt oder gefährdet werden oder wenn
der vernehmende StA oder Verteidiger nur sachfremde Zwecke verfolgt (LR-
Gollwitzer 2; vgl auch Kröpil JR **97**, 315; Wagner JuS **72**, 316). Zur Entziehung
des Fragerechts ist der **Vorsitzende** berechtigt; er ist dazu verpflichtet, wenn 3
wesentliche Interessen eines Verfahrensbeteiligten oder die Menschenwürde ver-
letzt werden (LR-Gollwitzer 3). Die **Wirkung der Entziehung** des Fragerechts 4
besteht darin, daß anstelle des StA oder Verteidigers der Vorsitzende die Verneh-
mung fortsetzt (§ 239 II); derjenige, dem das Fragerecht entzogen ist, darf aber
einzelne Fragen stellen (KMR-Paulus 6; LR-Gollwitzer 4; EbSchmidt 4; **aM** RG
18, 365, 367). Die gegen einen Verteidiger ausgesprochene Entziehung des Frage-
rechts wirkt nicht gegen den oder die Mitverteidiger (LR-Gollwitzer 4).

2) Zurückweisung von Fragen (II): 5

A. Das **Fragerecht als Ganzes** darf im Fall des § 240 II S. 1 grundsätzlich nicht 6
entzogen werden (RG **38**, 57; Dahs/Dahs 311). Einem Mißbrauch des Fragerechts
muß zunächst dadurch begegnet werden, daß der Vorsitzende die vorherige Mittei-
lung der Fragen verlangt (9 zu § 240), sodann durch Zurückweisung einzelner
Fragen (Karlsruhe NJW **78**, 436; Gollwitzer Meyer-GedSchr 164 ff; erg unten 7 ff).
Bei fortgesetztem erheblichen Mißbrauch kann der Vorsitzende (als letztes Mittel)
auch das Stellen weiterer Fragen für bestimmte Abschnitte der Beweisaufnahme
ganz unterbinden (BGH MDR **73**, 371 [D]; Karlsruhe aaO; KK-Tolksdorf 1; LR-
Gollwitzer 22 und Meyer-GedSchr 169; **aM** RG **38**, 57; KMR-Paulus 3; Miebach
DRiZ **77**, 140; Roxin § 42 D III 1 a; ter Veen StV **83**, 167). Das erfordert aber
entspr den Grundsätzen für die Ablehnung von Beweisanträgen (41 ff zu § 244)
einen ausführlich begründeten Beschluß, aus dem klar hervorgeht, auf welche
Umstände sich der die weiteren Fragen unterbindende Beschluß stützt (BGH aaO;
Karlsruhe aaO; Frister StV **94**, 452; Gollwitzer aaO; Roxin aaO; erg unten 21).

B. **Zurückweisung einzelner Fragen:** 7

a) **Allgemeine Grundsätze:** Die Zurückweisung ist ausgeschlossen bei einer 8
Befragung durch einen der Berufsrichter; denn in II ist § 240 I nicht aufge- 9
führt. Hält der Vorsitzende die Frage für bedenklich, so muß er daher einen
Gerichtsbeschluß nach § 242 herbeiführen (KK-Tolksdorf 2; LR-Gollwitzer 5;
Seibert JZ **59**, 349; **aM** RG **42**, 157, 159: Befragung ist unüberprüfbar). Die
Zurückweisung einer Frage unter **Wahrunterstellung** der Tatsache, auf die sie 10
abzielt, ist unzulässig (LR-Gollwitzer 7; ANM 675). Die **Zulassung erst zu** 11
einem späteren Zeitpunkt ist keine Zurückweisung (KMR-Paulus 19; LR-
Gollwitzer 16).

b) **Nicht zur Sache gehörig** sind Fragen, die sich nicht einmal mittelbar auf 12
die zur Aburteilung stehende Tat und ihre Rechtsfolgen beziehen (BGH **2**, 284,
287; NStZ **84**, 133; **85**, 183). Erwägungen, die nach § 244 III S. 2 zur Ablehnung
eines Beweisantrags wegen **Bedeutungslosigkeit** führen können (dort 54 ff), 13
rechtfertigen aber die Zurückweisung nach II noch nicht (BGH NStZ **84**, 133; **85**,
183; Bay **64**, 16 = JR **64**, 389 mit Anm Peters). Gleichgültig ist, ob die Frage nach
Ansicht des Gerichts unerheblich ist; denn ein Urteil hierüber soll sich das Gericht
erst bilden, wenn es die Antwort gehört hat (BGH **2**, 284, 288; NStZ **81**, 71; **84**,
133; **85**, 183; StV **84**, 60 L; **87**, 239; Bay aaO). Fragen, die sich ersichtlich ernsthaft
darum bemühen, die **Glaubwürdigkeit eines Zeugen** zu prüfen, müssen zuge- 14
lassen werden (BGH **2**, 284, 289; **13**, 252, 255; NStZ **90**, 400: Frage nach intimen

Beziehungen bei Vorwurf der Vergewaltigung), ebenso Fragen, die die Erinnerungsfähigkeit des Zeugen betreffen (Celle StV **85**, 7).

15 c) **Ungeeignet** sind Fragen, die in tatsächlicher Hinsicht nichts zur Wahrheitsfindung beitragen können oder aus rechtlichen Gründen nicht gestellt werden dürfen (BGH **13**, 252, 253; **21**, 334, 360; Koblenz wistra **83**, 42; Peters JR **64**, 389), zB Fragen nach dem Wohnort des Zeugen im Fall des § 68 II, III und entehrende oder den privaten Lebensbereich betreffende Fragen nach § 68 a (BGH **13**, 252, 254; **21**, 334, 360; NStZ **82**, 170; Hamm VRS **31**, 50; erg 8 zu § 68 a). Ungeeignet sind auch Fang- und Suggestivfragen (LR-Gollwitzer 11; Dahs/Dahs 312) und die Wiederholung schon beantworteter Fragen (BGH **2**, 284, 289; NStZ **81**, 71), sofern sich nicht die Prozeßrolle des Befragten (jetzt Zeuge statt Mitangeklagter) geändert hat (BGH NStZ **91**, 228 [M/K]) oder Widersprüche aufzuklären sind oder klarzustellen ist, ob eine vorausgegangene allgemeine Bekundung auch für einen erst danach zur Sprache gebrachten Einzelfall gilt (BGH aaO). Fragen nach einem Geschäfts-, Betriebs- oder Erfindungsgeheimnis sind nicht schon ihrer Art wegen unzulässig (Koblenz wistra **83**, 42: Sachaufklärung hat immer Vorrang); jedoch kommt bei Erörterung solcher Umstände die Ausschließung der Öffentlichkeit in Betracht (§ 172 Nrn 2, 3 GVG). Ungeeignet sind schließlich Fragen an den Zeugen, die reine Werturteile betreffen (2 vor § 48), Fragen an den Sachverständigen, die über den Gutachterauftrag hinausgehen (BGH GA **83**, 361 = NStZ **84**, 16 [Pf/M]; KK-Tolksdorf 4; LR-Gollwitzer 13; **aM** KMR-Paulus 13; EbSchmidt 11; vgl auch 6 zu § 245), und Fragen an Zeugen oder Sachverständige über die rechtliche Beurteilung des Falles (LR-Gollwitzer 13).

16 **3)** Durch **prozeßleitende Verfügung des Vorsitzenden** wird die Beschränkung des Fragerechts auf Antrag oder von Amts wegen angeordnet; der Vorsitzende kann aber in den Fällen des II sogleich die Entscheidung des Gerichts nach § 242 herbeiführen (LR-Gollwitzer 18; erg 1 zu § 242). Ob der Vorsitzende, bevor er die Frage zurückweist, den Fragesteller auf die Bedenken hinweist und ihm eine Abänderung oder Zurücknahme der Frage empfiehlt, steht in seinem Ermessen (LR-Gollwitzer 17; erg auch KK-Tolksdorf 5). Die Verfügung des Vorsitzenden
17 bedarf einer (kurzen) **Begründung,** damit der Fragesteller sein weiteres Verhalten auf diese Gründe einstellen kann; eine ausführliche Begründung erhält der Fragesteller erst in dem nach § 238 II ergehenden Gerichtsbeschluß (vgl unten 21).

18 **4)** In der **Sitzungsniederschrift** müssen die Zurückweisung einer Frage und andere Beschränkungen sowie die Anrufung des Gerichts nach § 238 II und der darauf ergehende Gerichtsbeschluß beurkundet werden. Wird die Zurückweisung nicht beanstandet, so kann von der Protokollierung abgesehen werden (KK-Tolksdorf 5; **aM** SK/StPO-Schlüchter 12). Zum Protokollvermerk bei der Entziehung des Fragerechts für bestimmte Abschnitte der Beweisaufnahme vgl oben 6.

19 **5) Rechtsbehelfe:**

20 A. Der **Antrag auf gerichtliche Entscheidung nach § 238 II** (**aM** Erker 115: § 242 ist die Sondervorschrift) ist gegen alle Verfügungen des Vorsitzenden zulässig, mit denen die Befugnis zum Kreuzverhör entzogen, eine Frage zurückgewiesen oder das Fragerecht sonst beschränkt wird. Den Antrag kann auch der Zeuge oder Sachverständige stellen, der eine an ihn gerichtete und vom Vorsitzenden zugelassene Frage für unzulässig hält (Granderath MDR **83**, 799; Humborg JR
21 **66**, 451; Wulf DRiZ **81**, 381). Die **Entscheidung des Gerichts** ergeht durch Beschluß, der ausführlich zu begründen ist, wenn er die Verfügung des Vorsitzenden bestätigt. Denn der Antragsteller muß in die Lage versetzt werden, sein weiteres Prozeßverhalten danach einzurichten, und dem Revisionsgericht muß die Prüfung ermöglicht werden, ob der Beschluß dem Gesetz entspricht (BGH **2**, 284, 286; StV **90**, 199). Die Grundsätze für die Begründung eines den Beweisantrag ablehnenden Beschlusses (41 ff zu § 244) gelten entspr (BGH aaO; **13**, 252, 255, 257; DAR **78**, 154 [Sp]; MDR **73**, 371 [D]).

B. **Beschwerde** ist nach § 305 S. 1 grundsätzlich ausgeschlossen. Nur Zeugen und Sachverständige können die Zulassung einer Frage, die sie für unzulässig halten, mit der Beschwerde anfechten (§ 305 S. 2). Die Beschwerdeentscheidung bindet das erkennende Gericht, nicht aber das Revisionsgericht (KK-Tolksdorf 8; LR-Gollwitzer 28; vgl auch BGH **21**, 334, 359). 22

C. Die **Revision** kann unter der Voraussetzung, daß ein Gerichtsbeschluß nach § 238 II herbeigeführt worden ist (Bay **62**, 267 = VRS **24**, 300; Dahs/Dahs 312; **aM** LR-Gollwitzer 32; erg 22 zu § 238), darauf gestützt werden, daß das Fragerecht fehlerhaft entzogen oder beschränkt oder eine Einzelfrage unberechtigt oder mit unzureichender Begründung (BGH MDR **75**, 726 [H]; KMR-Paulus 29, 30) zurückgewiesen worden ist. Das Fehlen der Begründung ist ausnahmsweise unschädlich, wenn der Grund für alle Prozeßbeteiligten auf der Hand liegt (BGH 5 StR 180/75 vom 4. 5. 1976). Der Angeklagte kann auch durch die Zurückweisung der Frage eines Mitangeklagten beschwert sein (BGH StV **82**, 204; zw BGH NStZ **91**, 228 [M/K]; erg 18 zu § 337). Auf der fehlerhaften Zurückweisung beruht das Urteil nicht, wenn eine uferlose Fortsetzung der bereits stattgefundenen langwierigen Befragung durch den Beschwerdeführer ersichtlich nichts mehr zur Sachaufklärung hätte beitragen können (BGH NStZ **82**, 158). 23

Zeugen unter 16 Jahren

241a **I Die Vernehmung von Zeugen unter sechzehn Jahren wird allein von dem Vorsitzenden durchgeführt.**

II Die in § 240 Abs. 1 und Abs. 2 Satz 1 bezeichneten Personen können verlangen, daß der Vorsitzende den Zeugen weitere Fragen stellt. Der Vorsitzende kann diesen Personen eine unmittelbare Befragung der Zeugen gestatten, wenn nach pflichtgemäßem Ermessen ein Nachteil für das Wohl der Zeugen nicht zu befürchten ist.

III § 241 Abs. 2 gilt entsprechend.

1) Die **Vorschrift bezweckt** den größtmöglichen Schutz kindlicher und jugendlicher Zeugen vor den psychischen Belastungen, die mit einer Vernehmung vor Gericht verbunden sind. Mittelbar dient sie, wie § 247 S. 2 und § 172 Nr 4 GVG, der besseren Erforschung des wahren Sachverhalts. Sie gilt entspr, wenn der Ermittlungsrichter eine Zeugenvernehmung getrennt durchführt (§ 168 e S. 4) und findet auch im Falle des § 247 a Anwendung (dort 10). Zur Vernehmung sexuell mißbrauchter Kinder vgl die „Handreichung für die Bearbeitung von Strafverfahren wegen sexueller Straftaten an Kindern", herausgegeben vom JMBW, bei Bölter DRiZ **96**, 273; vgl auch die Bek des JM Niedersachsen vom 23. 8. 1997 (NJW **98**, 359). Zum Einsatz der Videotechnologie in diesen Fällen vgl §§ 58 a, 168 e, 247 a und 255 a. 1

2) **Vernehmung allein durch den Vorsitzenden** (I): Kindliche und jugendliche Zeugen unter 16 Jahren sollen aus vernehmungspsychologischen Gründen grundsätzlich nur einem Gesprächspartner gegenüberstehen. Das ist nach dem Gesetz der Vorsitzende, der die größte Gewähr dafür bietet, daß er eine behutsame, dem jeweiligen Entwicklungsstand des Kindes angepaßte Vernehmung durchführt und keine unsachgemäßen oder aggressiven Fragen stellt. Er allein darf den Zeugen vernehmen; eine Übertragung dieser Befugnis auf einen anderen Prozeßbeteiligten sieht das Gesetz nicht vor (krit dazu Meier JZ **91**, 644). Das Kreuzverhör (§ 239) ist ausgeschlossen, grundsätzlich auch (vgl aber unten 5) die unmittelbare Befragung durch die Prozeßbeteiligten. Die Befragung durch den Sachverständigen nach § 80 II ist kein Teil der Vernehmung; die Vorschrift bleibt daher unberührt (KK-Tolksdorf 3; LR-Gollwitzer 10). 2

3 **3) Befragung durch die anderen Prozeßbeteiligten** (II):

4 A. Ein **Recht auf mittelbare Befragung** (S. 1) haben die nach § 240 I, II S. 1 frageberechtigten Richter und Prozeßbeteiligten. Der Vorsitzende ist, aber erst nach Abschluß seiner eigenen Vernehmung auf ihr Verlangen verpflichtet, weitere Fragen an den Zeugen zu stellen, sofern sie nicht unzulässig sind (unten 6). Er darf die Frage in der ihm angemessen erscheinenden Form stellen, inhaltlich aber nicht verändern (KMR-Paulus 7).

5 B. Die **unmittelbare Befragung** (S. 2) kann der Vorsitzende einem nach § 240 I, II S. 1 Frageberechtigten, nicht aber anderen Personen (KK-Tolksdorf 7; **aM** LR-Gollwitzer 9), auf Antrag gestatten, wenn er nach pflichtgemäßem Ermessen meint, daß dadurch kein Nachteil für das Wohl des Zeugen zu befürchten ist. Ob das der Fall ist, beurteilt sich nach den Umständen des Einzelfalls; auch die Person des Fragestellers ist zu berücksichtigen (KK-Tolksdorf 6). Der Vorsitzende kann daher einzelnen Frageberechtigten, etwa den beisitzenden Richtern, die unmittelbare Befragung gestatten, anderen aber verwehren (LR-Gollwitzer 6). Ein Anspruch auf die unmittelbare Befragung besteht selbst dann nicht, wenn kein Nachteil für das Wohl des Zeugen zu befürchten ist. Die Erlaubnis kann der Vorsitzende jederzeit wieder entziehen. Ihre Gewährung und Versagung sind Maßnahmen nach § 238 I.

6 **4)** Die **Zurückweisung von Fragen** (III) ist unter den Voraussetzungen des § 241 II sowohl bei der mittelbaren als auch bei der unmittelbaren Befragung zulässig. Das gilt entspr, wenn der Fragesteller im Fall des II S. 1 auf dem von ihm gewählten Wortlaut der Frage besteht, obwohl er mit dem Schutzzweck des § 241 a nicht vereinbar ist (KK-Tolksdorf 4). War das Verlangen von einem beisitzenden Richter gestellt und hat der Vorsitzende Zweifel an der Zulässigkeit der Frage, so gilt § 242 (LR-Gollwitzer 11).

7 **5) Rechtsbehelfe:** Gegen die Zurückweisung von Fragen (oben 6) und die Ablehnung einer mittelbaren oder unmittelbaren Befragung kann nach § 238 II auf gerichtliche Entscheidung angetragen werden. Soweit die Ermessensausübung des Vorsitzenden nach II S. 2 in Betracht kommt (oben 5), kann das Gericht aber nur prüfen, ob der Vorsitzende den Rechtsbegriff des Nachteils zum Wohl des Kindes verkannt oder rechtsmißbräuchlich entschieden hat (KK-Tolksdorf 9; LR-Gollwitzer 13). Wegen der Beschwerde vgl 22 zu § 241, wegen der Revision 23 zu § 241.

Zweifel an der Zulässigkeit

242 **Zweifel über die Zulässigkeit einer Frage entscheidet in allen Fällen das Gericht.**

1 **1)** Der **Anwendungsbereich der Vorschrift** ist auf die Fälle beschränkt, in denen das Gericht nicht schon nach § 238 II entscheiden kann. Das ist der Fall bei Fragen der beisitzenden Richter (9 zu § 241) und bei von einem Verfahrensbeteiligten geäußerten Zweifeln an der Zulässigkeit einer Frage des Vorsitzenden (LR-Gollwitzer 1; Roesen NJW **58**, 978; Seibert JR **52**, 470; **aM** RG **42**, 157, 159; Dölp NStZ **93**, 419: unüberprüfbar; dagegen zutr Frister StV **94**, 451; Schünemann StV **93**, 607). § 242 ist auch anwendbar, wenn der Vorsitzende nicht selbst nach § 241 II entscheiden will (dort 16); dann muß er die Bedenken, die er gegen die Zulässigkeit der Frage hat, dem Fragesteller aber mitteilen, um ihm das rechtliche Gehör zu gewähren (KK-Tolksdorf 1).

2 **2)** Über **Zweifel an der Zulässigkeit einer Frage** entscheidet das Gericht. Unzulässig sind nicht zur Sache gehörige oder ungeeignete Fragen iS des § 241 II

(dort 12 ff, 15). Die Zweckmäßigkeit einer Frage hat das Gericht nicht nach § 242 zu prüfen (KK-Tolksdorf 3; LR-Gollwitzer 5).

3 **3)** Die **Entscheidung des Gerichts** können der Vorsitzende, die Mitglieder des Gerichts, die Prozeßbeteiligten und der befragte Angeklagte, Zeuge oder Sachverständige herbeiführen. Sie ergeht nach Anhörung der Prozeßbeteiligten (§ 33 I), insbesondere des Fragestellers (KMR-Paulus 6), durch Beschluß, der ausführlich begründet werden muß, wenn er die Zulässigkeit der Frage verneint (21 zu § 241).

4 **4)** Wegen der **Rechtsbehelfe** vgl 19 ff zu § 241.

Gang der Hauptverhandlung **RiStBV 123, 134**

243 **I Die Hauptverhandlung beginnt mit dem Aufruf der Sache. Der Vorsitzende stellt fest, ob der Angeklagte und der Verteidiger anwesend und die Beweismittel herbeigeschafft, insbesondere die geladenen Zeugen und Sachverständigen erschienen sind.**

II Die Zeugen verlassen den Sitzungssaal. Der Vorsitzende vernimmt den Angeklagten über seine persönlichen Verhältnisse.

III Darauf verliest der Staatsanwalt den Anklagesatz. Dabei legt er in den Fällen des § 207 Abs. 3 die neue Anklageschrift zugrunde. In den Fällen des § 207 Abs. 2 Nr. 3 trägt der Staatsanwalt den Anklagesatz mit der dem Eröffnungsbeschluß zugrunde liegenden rechtlichen Würdigung vor; außerdem kann er seine abweichende Rechtsauffassung äußern. In den Fällen des § 207 Abs. 2 Nr. 4 berücksichtigt er die Änderungen, die das Gericht bei der Zulassung der Anklage zur Hauptverhandlung beschlossen hat.

IV Sodann wird der Angeklagte darauf hingewiesen, daß es ihm freistehe, sich zu der Anklage zu äußern oder nicht zur Sache auszusagen. Ist der Angeklagte zur Äußerung bereit, so wird er nach Maßgabe des § 136 Abs. 2 zur Sache vernommen. Vorstrafen des Angeklagten sollen nur insoweit festgestellt werden, als sie für die Entscheidung von Bedeutung sind. Wann sie festgestellt werden, bestimmt der Vorsitzende.

1 **1)** Die **regelmäßige Reihenfolge der Verfahrensvorgänge in der Hauptverhandlung** des 1. Rechtszugs (für die Berufungsverhandlung gilt § 324) bis zur Beweisaufnahme bestimmt die Vorschrift. Abweichungen sind zulässig, wenn dafür triftige Gründe vorliegen, der Aufbau der Hauptverhandlung im Ganzen gewahrt bleibt und die Prozeßbeteiligten nicht widersprechen (BGH **3**, 384; **13**, 358, 360; **19**, 93, 97; NStZ **86**, 371 mwN; StV **91**, 148; RG **60**, 179, 182; Bay **53**, 130 = MDR **53**, 755; KG StV **82**, 10), wobei dem Angeklagten aber nicht das Recht beschnitten werden darf, sich im Zusammenhang zum Schuldvorwurf zu äußern (BGH StV **90**, 245). Ohne Zustimmung kann von der in § 243 bestimmten Reihenfolge abgewichen werden, wenn eine Vielzahl von Einzeltaten zu verhan-
2 deln ist (sog **Punktesachen**). Dann kann in der Weise verfahren werden, daß zunächst eine allgemeine Äußerung des aussagebereiten Angeklagten herbeigeführt, sodann die Verhandlung auf jeweils eine oder mehrere Taten beschränkt wird und zu jedem dieser Teilkomplexe der Angeklagte gehört und die Beweise erhoben werden (BGH **10**, 342; **19**, 93, 96; MDR **55**, 397 [D]; Roxin § 42 B II). In diesem
3 Fall muß die **Sitzungsniederschrift,** in der jede wesentliche Abweichung von der Reihenfolge des § 243 beurkundet werden muß (KK-Tolksdorf 7), aber ergeben, auf welchen Abschnitt sich die jeweilige Vernehmung des Angeklagten bezieht (BGH **10**, 342).

4 **2)** Mit dem **Aufruf der Sache** (I S. 1) beginnt die Hauptverhandlung. Der Vorsitzende kann die Sache selbst aufrufen oder anordnen, daß der Gerichtswacht-

meister oder der Protokollführer sie aufruft. Der Aufruf der Sache ohne eine solche Anordnung hat keine Rechtswirkung (LR-Gollwitzer 16). Unterbleibt der Aufruf versehentlich, so gilt als Beginn der Hauptverhandlung diejenige Handlung des Gerichts oder des Vorsitzenden, die den Beteiligten als erste erkennbar macht, daß die Sache verhandelt wird (LR-Gollwitzer 17; ähnlich KK-Tolksdorf 10).

5 3) **Präsenzfeststellung** (I S. 2): Die Anwesenheit des StA wird im Offizialverfahren vorausgesetzt. Der Vorsitzende hat daher nur festzustellen, ob der Angeklagte, der Verteidiger und die anderen Verfahrensbeteiligten (Nebenkläger, Nebenbeteiligte) erschienen sind. Der Aufruf der Zeugen und Sachverständigen beschränkt sich auf diejenigen Beweispersonen, die bereits für den Beginn der Hauptverhandlung geladen sind. Ihr Aufruf mit den Namen (BGH **24**, 280, 282) und die Präsenzfeststellung dienen der Klärung, ob die Hauptverhandlung durchgeführt werden kann, ob noch Beweispersonen geladen und ob Zwangsmittel angewendet werden müssen. Die Präsenzfeststellung erstreckt sich ferner auf die herbeigeschafften sachlichen Beweismittel (14 zu § 214), für die § 245 I gilt. Die Präsenzfeststellung ist keine wesentliche Förmlichkeit der Hauptverhandlung iS des § 273 I (KK-Tolksdorf 13; Dallinger MDR **66**, 966; **aM** KMR-Paulus 8; offengelassen in BGH **24**, 280); gleichwohl ist es zweckmäßig, in der Sitzungsniederschrift festzuhalten, wer erschienen ist (LR-Gollwitzer 22).

6 4) **Abtreten der Zeugen** (II S. 1): Die Zeugen werden idR erst gemeinschaftlich nach § 57 ermahnt und belehrt (dort 1). Danach müssen sie den Sitzungssaal verlassen, weil die Beweisaufnahme erst nach der Vernehmung des Angeklagten stattfindet (§ 244 I) und jeder Zeuge einzeln vernommen werden muß (§ 58 I).
7 **Abtreten müssen auch** Erziehungsberechtigte und gesetzliche Vertreter als Begleitpersonen kindlicher Zeugen (7 zu § 48), der RA als Beistand des Zeugen (§ 406f II S. 1; 11 vor § 48) und der Beistand des Angeklagten nach § 149 (3 zu § 58). Ebensowenig wie der Zeuge selbst dürfen sie sich vor Abschluß der Vernehmung im Zuhörerraum aufhalten. Das Abtreten kann nach § 176 GVG sitzungs-
8 polizeilich erzwungen werden (LR-Gollwitzer 31; erg 5 zu § 58). Ein **Anwesenheitsrecht** haben trotz ihrer beabsichtigten Zeugenvernehmung der Sitzungsstaatsanwalt, solange er die Anklage in der Hauptverhandlung vertritt (17 vor § 48), der Verteidiger (18 vor § 48), der Nebenkläger (3 zu § 58), der Beistand des nebenklageberechtigten Verletzten (§ 406g II S. 1) und, mit der Einschränkung des § 51 II **JGG,** der gesetzliche Vertreter und der Erziehungsberechtigte (BGH NJW **56**, 520 L). Wie weit der Sachverständige, der zugleich Zeuge ist (23 vor § 48), an der Hauptverhandlung teilnehmen darf, bestimmt der Vorsitzende (BGH NJW **98**, 2458, 2460). Abweichend von II S. 1 kann der Vorsitzende einem Zeugen die
9 **Anwesenheit gestatten** (RG **54**, 297). Auch sonst hindert die Anwesenheit entgegen II S. 1, der nur eine Ordnungsvorschrift ist, die Vernehmung des Zeugen nicht (RG aaO; OGH **2**, 19; Bay **51**, 49; KG VRS **38**, 56; KK-Tolksdorf 17; erg 5 zu § 58).

10 5) Die **Vernehmung des Angeklagten über seine persönlichen Verhältnisse** (II S. 2) muß der Verlesung des Anklagesatzes (III) vorausgehen (LR-Goll-
11 witzer 33). Ihr Zweck ist in 1. Hinsicht die **Identitätsfeststellung;** sie bezieht sich daher nur auf die in § 111 I OWiG bezeichneten Angaben. Nur insoweit ist der Angeklagte, ebenso wie bei der Vernehmung durch StA oder Polizei, zur Aussage verpflichtet (5 zu § 136). Neben der Identitätsfeststellung dient die Feststellung der Personalien der Klärung von Prozeßvoraussetzungen (Verhandlungsfähigkeit des Angeklagten; Vorliegen einer gegen ihn gerichteten Anklage) und der Vergewisserung, daß der Angeklagte nach dem Eindruck, den er bei der Befragung macht, sich selbst verteidigen kann (LR-Gollwitzer 35). Verweigert der Angeklagte die Angaben zur Person, so kann das Gericht ohne weiteres aufgrund freibeweislicher Würdigung des Akteninhalts (7 ff zu § 244) von den im Vorverfahren festgestellten Personalien ausgehen (LR-Gollwitzer 47). Eine über die Identitätsfeststellung hin-

ausgehende **Ermittlung der persönlichen Verhältnisse des Angeklagten,** insbesondere von Vorleben, Werdegang, beruflicher Ausbildung und Tätigkeit, familiärer und wirtschaftlicher Verhältnisse sowie sonstiger Umstände, die für die Beurteilung der Tat und den Rechtsfolgenausspruch von Bedeutung sein können, gehört zur Vernehmung zur Sache nach IV S. 2 (Bay **83**, 153 = MDR **84**, 336; LR-Gollwitzer 39 ff; Dencker MDR **75**, 365; Fezer JuS **78**, 107; Roxin § 25 III 1 b; offengelassen in BGH **25**, 325, 328). Der Angeklagte braucht wegen seiner Aussagefreiheit (7 zu § 136) hierzu keine Angaben zu machen (BGH StV **84**, 190, 192; Bay aaO; **71**, 44 = MDR **71**, 775; Blau ZStW **81**, 35; Dencker aaO; Fezer 11/10; Peters 559; **aM** BGH MDR **75**, 368 [D]; EbSchmidt Nachtr 18). Macht er bei der Vernehmung nach II S. 2 auf Verlangen Angaben, die sich auf die Schuld- oder Straffrage beziehen, so dürfen sie nicht verwertet werden, wenn er danach auf den Hinweis nach IV S. 1 die Einlassung verweigert (Bay **83**, 153 = MDR **84**, 336; Hamburg MDR **76**, 601; Stuttgart NJW **73**, 1941; **75**, 703). Macht der Angeklagte dagegen über die Angaben zur Person hinaus keine Angaben über seine persönlichen Verhältnisse, so muß das Gericht versuchen, sich mit anderen Erkenntnisquellen, insbesondere durch Vernehmung von Verwandten, ein Bild von seiner Persönlichkeit zu verschaffen (BGH StV **84**, 190, 192; **86**, 287 L). 12

6) Durch die **Verlesung des Anklagesatzes** (III S. 1) werden dem Angeklagten nochmals die gegen ihn erhobenen Vorwürfe zur Kenntnis gebracht und die Richter über den Gegenstand der Verhandlung unterrichtet, wenn sie ihn nicht schon kennen (Krekeler NStZ **95**, 299). Den Schöffen kann eine Abschrift des Anklagesatzes nach Verlesung ausgehändigt werden (Häger Meyer-GedSchr 172). Die Verlesung muß immer im Ganzen erfolgen; auch in Punktesachen (oben 2) ist eine stückweise Verlesung unzulässig (KK-Tolksdorf 4; LR-Gollwitzer 5; **aM** RG **44**, 312; Häger aaO 175). Sind mehrere Strafsachen verbunden, so werden alle Anklagesätze verlesen. Die Verlesung muß nach der Vernehmung des Angeklagten zur Person und vor seiner Vernehmung zur Sache nach IV S. 2 stattfinden (BGH MDR **75**, 368 [D]). Wird der Anklagesatz versehentlich erst nach der Sachvernehmung verlesen, so muß sie (in ausführlicher Form) wiederholt werden (RG **23**, 310). **Anstelle des Anklagesatzes** wird im Sicherungsverfahren nach §§ 413 ff der zur Hauptverhandlung zugelassene Antrag (§ 414 III), im objektiven Verfahren (§§ 440, 444 II) die Antragsschrift ohne das wesentliche Ergebnis der Ermittlungen verlesen (10 zu § 440; 5 zu § 441). Nach Einspruch gegen einen Strafbefehl (§ 441 I) trägt der StA nicht den gesamten Strafbefehl (so aber Koblenz VRS **38**, 56), sondern die sich aus Strafbefehlsantrag (5 ff zu § 407) und Strafbefehl ergebende Beschuldigung unter Weglassung der beantragten und festgesetzten Rechtsfolgen vor (vgl aber KK-Tolksdorf 24: Inhalt des Strafbefehlsantrags; Gegenfurtner DRiZ **65**, 334: Inhalt des Strafbefehlsantrags, soweit er nach § 200 I S. 1 in einem Anklagesatz stehen müßte; erg 3 zu § 411). Ist die Sache durch Verweisungsbeschluß nach § 270 vor das Gericht gelangt, so wird dieser Beschluß mit dem darin enthaltenen Anklagesatz vorgetragen (BGH MDR **72**, 387 [D]); fehlt ein Anklagesatz (vgl 15 zu § 270), so wird er aus der Anklageschrift verlesen (LR-Gollwitzer 60). Nach einer Vorlegung nach § 225 a werden der Anklagesatz und der Übernahmebeschluß verlesen; nicht verlesen wird jedoch ein Vorlagebeschluß nach § 209 II (offen gelassen von BGH **43**, 360). Bei erneuter Hauptverhandlung nach Urteilsaufhebung (§§ 328 II, 354 II, III, 355) oder im Wiederaufnahmeverfahren wird der Anklagesatz erneut vorgetragen, und zwar mit den Einschränkungen (zB infolge von Teilrechtskraft) oder Erweiterungen, von denen in der neuen Verhandlung auszugehen ist. Wenn die Sache nur noch im Rechtsfolgenausspruch anhängig ist, wird statt des Anklagesatzes das zurückverweisende Urteil verlesen. 13 14

Bei der **Verlesung** ersetzt der StA das Wort Angeschuldigter, das jetzt nicht mehr paßt, durch das Wort Angeklagter (Rautenberg NStZ **85**, 256). Die im Anklagesatz aufgeführten Personalien läßt er weg, da sie bereits nach II S. 2 festgestellt worden sind (KMR-Paulus 48). Angaben über die UHaft des Angeklagten und die Sicher- 15

stellung des Führerscheins dürfen nicht verlesen werden (LR-Gollwitzer 51). Die
Verlesung des Eröffnungsbeschlusses ist überflüssig, aber nicht verboten (BGH **43**,
16 360). **Unklarheiten des Anklagesatzes** beseitigt der StA durch zusätzliche Erklä-
rungen darüber, welcher Vorwurf dem Angeklagten gemacht wird; auch der
Vorsitzende ist dazu berechtigt und verpflichtet (BGH GA **73**, 111; NStZ **84**, 133).
Auch Mängel des Anklagesatzes, die nicht so schwer wiegen, daß der Eröffnungs-
beschluß unwirksam wäre, kann der StA oder der Vorsitzende in der Hauptver-
handlung durch Klarstellung der Unvollständigkeiten oder Ungenauigkeiten behe-
ben (BGH aaO; MDR **80**, 107 [H]). Für den Verteidiger fordert Hammerstein
17 (Salger-FS 299) ein Recht auf Gegenerklärung zur Anklage. Bei **Zulassung der
Anklage mit Änderungen** verliest der StA im Fall des § 207 II Nrn 1, 2 den
Anklagesatz aus der nach § 270 III eingereichten neuen Anklageschrift. Im Fall des
§ 207 II Nr 3 trägt er den Anklagesatz mit der rechtlichen Würdigung des Eröff-
nungsbeschlusses vor; dabei kann er seine abweichende Auffassung äußern (III
S. 3). In den Fällen des § 207 II Nr 4 berücksichtigt er die vom Gericht bei der
Zulassung der Anklage beschlossenen Änderungen, dh er läßt im Anklagesatz den
ausgeschiedenen rechtlichen Gesichtspunkt und die dazu gehörenden Tatsachen
weg oder er ergänzt den Anklagesatz in rechtlicher, falls erforderlich auch in
tatsächlicher Hinsicht (LR-Gollwitzer 55). Die Verlesung des Anklagesatzes ist eine
wesentliche Förmlichkeit der Hauptverhandlung und muß daher nach § 273 I in
18 die **Sitzungsniederschrift** aufgenommen werden (BGH MDR **74**, 368 [D];
NStZ **84**, 521; **86**, 39; 374). Das gleiche gilt für Hinweise des StA oder des
Vorsitzenden zur Klarstellung oder Behebung eines Mangels des Anklagesatzes
(BGH GA **73**, 111; NStZ **84**, 133).

19 **7)** Der **Hinweis auf die Aussagefreiheit** (IV S. 1) kann mehreren Angeklagten
gleichzeitig erteilt werden (LR-Gollwitzer 68). Der Vorsitzende muß den Hinweis
in der Hauptverhandlung selbst erteilen; andere Personen darf er damit nicht
beauftragen (KMR-Paulus 25). Wird der abwesende Angeklagte nach § 234 durch
einen Verteidiger vertreten, so wird diesem der Hinweis gegeben (Bay **82**, 156 =
20 VRS **64**, 134, 135). **Verfalls- und Einziehungsbeteiligte** sowie Organe der JP
oder PV, die in der Hauptverhandlung die Befugnisse eines Angeklagten haben
(§§ 433 I, 442 I, II S. 2, 444 II S. 2), werden vor ihrer Vernehmung ebenfalls
darauf hingewiesen, daß es ihnen nach dem Gesetz freisteht, zu Fragen, auf die sich
ihre Beteiligung bezieht, auszusagen oder nicht auszusagen. Das gleiche gilt für die
Nebenbeteiligten im Nachverfahren und im objektiven Verfahren (§§ 439, 440 III,
21 442 II S. 1, 2, 444 III S. 1). Der Hinweis muß in der Hauptverhandlung **wieder-
holt werden,** gleichviel, wie oft er schon vorher nach §§ 115 III, 128 I S. 3,
136 I S. 2, 163a III S. 2, IV S. 2 oder in einer ausgesetzten Hauptverhandlung
erteilt worden ist. Er muß auch in der Berufungsverhandlung (Stuttgart NJW **75**,
703) und in der neuen Hauptverhandlung nach Zurückverweisung der Sache nach
§§ 328 II, 354 II, III wiederholt werden. Wurde der Hinweis in der Hauptver-
handlung vergessen, ist er mit Belehrung über die Unverwertbarkeit der bisherigen
Angaben nachzuholen (Geppert Meyer-GedSchr 107; erg 9 zu § 136). Der Hin-
22 weis sollte mit dem **Wortlaut** des IV S. 1 erteilt werden; eine andere Fassung ist
aber unschädlich, sofern sie dem Angeklagten nur Klarheit über seine Aussagefrei-
23 heit verschafft (LR-Gollwitzer 67; erg 8 zu § 136). Der Hinweis ist eine **wesent-
liche Förmlichkeit der Hauptverhandlung** iS des § 273 I; er (nicht sein ge-
nauer Wortlaut) muß daher in der Sitzungsniederschrift beurkundet werden (KK-
Tolksdorf 39).

24 **8) Vernehmung des Angeklagten zur Sache** (IV S. 2):

25 A. Erst **nach Verlesung des Anklagesatzes** und nach dem Hinweis nach IV
S. 1 darf der Angeklagte zur Sache vernommen werden (BGH MDR **75**, 368 [D]).
Vor dem Hinweis darf er auch nicht veranlaßt werden, durch Kopfschütteln oder
-nicken zum Ausdruck zu bringen, ob er sich zu den ihm vorgeworfenen Taten

bekennt (BGH NStZ **88**, 85). Die Vernehmung muß stets **vor der Beweisaufnahme** stattfinden (Bay **53**, 130 = MDR **53**, 755; KG StV **82**, 10). Eine Zurückstellung der Sachvernehmung bis nach der Beweisaufnahme ist unzulässig (vgl aber unten 29); auch über sein Verhältnis zu den Mitangeklagten und Belastungszeugen muß der Angeklagte vorher vernommen werden (BGH NStZ **81**, 111). Mit Zustimmung des Angeklagten kann aber während seiner Vernehmung ein Teil der Beweisaufnahme vorweggenommen werden, insbesondere die Verlesung von Vernehmungsprotokollen (Neustadt NJW **64**, 313) und andere Urkunden oder eine Augenscheinseinnahme (BGH **19**, 93, 97). Hatte der Angeklagte zunächst die Einlassung verweigert, so ist das Gericht verpflichtet, auf sein Verlangen die Sachvernehmung in Unterbrechung der nicht unaufschiebbaren weiteren Beweisaufnahme vorzunehmen (BGH NStZ **86**, 370). Eine **Vertretung des abwesenden** 27
Angeklagten nach § 234 ist auch bei der Einlassung möglich (Bay **82**, 156 = VRS **64**, 134; erg 10 zu § 234). Dagegen kann sich der in der Hauptverhandlung anwesende Angeklagte bei seiner Einlassung nicht durch den Verteidiger vertreten lassen (BGH **39**, 305 = NStZ **94**, 184 mit zust Anm Seitz; Bay aaO; **80**, 111 = VRS **60**, 120; Celle NStZ **88**, 426; Fezer 11/20; Roxin § 19 A II 3 a; **aM** Hamm JR **80**, 82 mit abl Anm Fezer; Salditt StV **93**, 443; erg 4 zu § 234).

B. **Äußerung zur Anklage:** Der Vorsitzende, dessen Aufgabe die Vernehmung ist (§ 238 I), muß dem Angeklagten Gelegenheit geben, sich gegen den Anklagevorwurf zu verteidigen, dh die gegen ihn vorliegenden Verdachtsgründe zu beseitigen und die zu seinen Gunsten sprechenden Tatsachen geltend zu machen (§ 136 II). Die Vorschrift des IV S. 2 zielt insgesamt darauf ab, es dem Angeklagten vorweg zu ermöglichen, seine Verteidigung zusammenhängend zu führen und das Gericht zu veranlassen, bei der folgenden Beweisaufnahme den von ihm geltend gemachten Gesichtspunkten Rechnung zu tragen (BGH NJW **57**, 1527; NStZ **81**, 111; **86**, 370; Bay **53**, 130 = MDR **53**, 755; KG StV **82**, 10). **Gegenstand der** 29
Vernehmung ist der dem Angeklagten in der Anklageschrift zur Last gelegte geschichtliche Vorgang. Zur Sachvernehmung gehören aber auch die für die Rechtsfolgenfrage erheblichen Umstände, insbesondere die persönlichen Verhältnisse des Angeklagten (oben 12). Die Zurückstellung der Vernehmung zu diesen Umständen bis nach der Beweisaufnahme kann zweckmäßig sein, um für den Fall der Freisprechung oder Einstellung des Verfahrens unnötige Bloßstellungen des Angeklagten und überflüssige Erörterungen zu vermeiden (BGH NStZ **85**, 561; LR-Gollwitzer 46).

C. **Form der Vernehmung:** Will der Angeklagte sich äußern, so muß er das mündlich tun (vgl aber BGH MDR **80**, 986 [H]). Die Vorlegung oder Verlesung einer Verteidigungsschrift ist nicht zulässig (BGH **3**, 368; 1 StR 83/94 vom 21. 7. 1994; BayVerfGHE **24**, 178 = MDR **72**, 209; **aM** Salditt StV **93**, 444). Notizen kann er verwenden (LR-Gollwitzer 88). Dem Angeklagten muß Gelegenheit gegeben werden, sich **möglichst im Zusammenhang** zu äußern (BGH **13**, 358, 31
360). Hiervon kann aber abgesehen werden, wenn der Angeklagte zu einer zusammenhängenden Einlassung ohne Abschweifungen nicht in der Lage ist. Denn anders als für Zeugen (§ 69 I S. 1) schreibt das Gesetz nicht vor, daß der Angeklagte veranlaßt werden muß, das, was ihm vom Gegenstand seiner Vernehmung bekannt ist, im Zusammenhang anzugeben (OGH **3**, 141, 147 ff; **aM** KMR-Paulus 34; Wegener NStZ **81**, 247). Eine Vernehmung in der Form von Fragen und Antworten ist daher nicht unzulässig (Köln MDR **56**, 654; vgl auch RG **58**, 110, 111: grundsätzlich nur im Austausch von Rede und Gegenrede; erg 17 zu § 136).

9) Feststellung der Vorstrafen (IV S. 3, 4): Darunter fallen nicht nur frühere Verurteilungen, sondern auch andere Entscheidungen, die im BZR, im Erziehungsregister (§§ 3, 59 **BZRG**) oder im Verkehrszentralregister (§§ 28–30 StVG, 13 StVZO) eingetragen sind. Ihre Feststellung gehört nicht zur Vernehmung des Angeklagten zur Person (LR-Gollwitzer 91; Dahs 442). **Für die Entscheidung** 33
von Bedeutung (S. 3) ist die Vorstrafe nicht, wenn sie nach §§ 51, 66 **BZRG**

unverwertbar ist. Im Einzelfall können Vorstrafen schon für den Schuldspruch von Bedeutung sein, zB zur Feststellung der Gewohnheitsmäßigkeit des Handelns oder weil sie eine bestimmte Verbrechensmethode erkennen lassen, die ein Beweisanzeichen für die Begehung der neuen Tat sein kann. Dann werden die Vorstrafen schon bei der Vernehmung des Angeklagten zur Sache erörtert (LR-Gollwitzer 92). IdR sind die Vorstrafen aber nur für die Rechtsfolgenentscheidung von Bedeutung. Ist das der Fall, so müssen sie zur Sprache gebracht werden, sofern der Angeklagte nicht freizusprechen oder die Vorstrafe wegen einer Tat ergangen ist, die für die Ahndung der jetzt abzuurteilenden Tat keine Bedeutung hat. Frühester
34 **Zeitpunkt der Feststellung** ist die Vernehmung des Angeklagten zur Sache (BGH VRS **34**, 219; Stuttgart NJW **73**, 1941; Kleinknecht JZ **65**, 159). Im übrigen bestimmt der Vorsitzende den Zeitpunkt (S. 4); er soll so spät wie möglich liegen (LR-Gollwitzer 94). Bei schwerwiegenden Vorverurteilungen, die nur für den Rechtsfolgenausspruch von Bedeutung sind, wird es idR geboten sein, ihre Feststellung so lange zurückzustellen, bis abzusehen ist, daß ein Freispruch oder die Einstellung des Verfahrens nicht in Betracht kommt (Kleinknecht aaO). Das gilt selbst für die richterliche Feststellung der Voraussetzungen des § 66 StGB. Die
35 Befugnis zur **Stellung von Beweisanträgen** über frühere Strafverfahren, über ihren Inhalt und über frühere Bestrafungen wird durch S. 3, 4 nicht eingeschränkt. Der Angeklagte kann solche Beweisanträge schon bei seiner Vernehmung zur Sache stellen (BGH **27**, 216, 220). Der StA sollte sie erst stellen, wenn eine Verurteilung wahrscheinlich ist. Der Vorsitzende ist immer berechtigt, die Herbeiführung der Entscheidung über den Antrag so lange zurückzustellen, bis die Beweiserhebung von Bedeutung ist (LR-Gollwitzer 94).

36 **10) Revision:** Auf Verstöße gegen I und II S. 1 kann die Revision nicht gestützt
37 werden (oben 9 zu II S. 1). Auf einer unterlassenen oder **unvollständigen Befragung zur Person** nach II S. 2 wird das Urteil im allgemeinen nicht beruhen (Köln NStZ **89**, 44). Ein Revisionsgrund, auf dem das Urteil idR beruht, ist
38 dagegen das **Unterlassen der Verlesung des Anklagesatzes** oder des (oben 14) an seine Stelle tretenden Strafbefehls usw (BGH MDR **74**, 368 [D]; NStZ **84**, 521; **86**, 39; 374; vgl auch BGH **8**, 283) sowie die unterlassene Übersetzung bei einem fremdsprachigen Angeklagten (BGH StV **93**, 2; erg 18 zu Art 6 **MRK**). Das Beruhen ist nur auszuschließen, wenn ausnahmsweise wegen der Einfachheit der Sach- und Rechtslage weder der Gang der Hauptverhandlung noch das Urteil irgendwie von dem Verfahrensmangel berührt worden ist (BGH NJW **82**, 1057; NStZ **82**, 431; 518; **84**, 521; **86**, 39; 374; **91**, 28 [M/K]; **95**, 200 mit abl Anm Krekeler NStZ **95**, 299; Koblenz VRS **38**, 56) oder wenn die Prozeßbeteiligten über den Gegenstand des Verfahrens auf andere Weise, zB durch Verlesung des Revisionsurteils, unterrichtet worden sind (BGH MDR **70**, 777; OGH **3**, 70, 71). Die Verlesung eines nicht dem Gesetz entspr Anklagesatzes ist ein Verfahrensverstoß, auf dem das Urteil regelmäßig nicht beruht (BGH NJW **87**, 1209 = JR **87**, 389 mit Anm Rieß = StV **88**, 282 mit abl Anm Danckert: Anklagesatz mit
39 Beweiswürdigung). Auf die **Unterlassung des Hinweises nach IV S. 1** kann die Revision gestützt werden; es handelt sich nicht um eine bloße Ordnungsvorschrift. Das Urteil beruht aber nicht auf dem Verstoß, wenn der Angeklagte seine Aussagefreiheit gekannt hat (BGH NStZ **83**, 210 [Pf/M]; LR-Gollwitzer 110; im Ergebnis ebenso BGH **25**, 325, wo aber [S. 331] die Beruhensprüfung durch die Prüfung ersetzt wird, ob durch den Verstoß „der Zweck des Hinweisgebots vereitelt worden ist"). Deswegen aber eine erweiterte Darlegungspflicht des Angeklagten im Revisionsverfahren zu fordern (so BGH **25**, 325, 333), läßt sich mit den Grundsätzen des Revisionsrechts, das ein Rügevorbringen zur Frage des Beruhens nicht verlangt, schwerlich vereinbaren (abl daher SK/StPO-Schlüchter 72 mwN; Bernsmann StraFo **98**, 75; Bohnert NStZ **82**, 10; Dencker MDR **75**, 362; Hanack JR **75**, 340; Hegmann NJW **75**, 915; Herdegen NStZ **90**, 518; offengelassen von
40 BGH **38**, 214, 227; erg 21 zu § 136; 27 zu § 344). Eine **unzulängliche Verneh-**

mung des Angeklagten zur Sache nach IV S. 2 kann idR ebensowenig gerügt werden wie die unvollständige Befragung eines Zeugen (vgl Koblenz OLGSt Nr 1; erg 82 zu § 244), setzt jedenfalls voraus, daß gegen die Anordnung des Vorsitzenden nach § 238 II das Gericht angerufen worden ist (BGH NStZ **97**, 198). Daß eine verwertbare **Vorstrafe** nach IV S. 3, 4 nicht oder nur in einem späteren **41**
Zeitpunkt hätte festgestellt werden dürfen, kann die Revision nicht mit Erfolg rügen (Bay MDR **72**, 626; KK-Tolksdorf 57); das gilt selbst dann, wenn nach § 238 II ein Gerichtsbeschluß herbeigeführt worden ist. **Mitangeklagte** können **42**
aus einer Verletzung des § 243 zum Nachteil eines anderen Angeklagten keine Rechte herleiten (BGH MDR **73**, 192 [D]; LR-Gollwitzer 108, 113).

Beweisaufnahme **RiStBV 130, 135**

244 **I Nach der Vernehmung des Angeklagten folgt die Beweisaufnahme.**

II Das Gericht hat zur Erforschung der Wahrheit die Beweisaufnahme von Amts wegen auf alle Tatsachen und Beweismittel zu erstrecken, die für die Entscheidung von Bedeutung sind.

III Ein Beweisantrag ist abzulehnen, wenn die Erhebung des Beweises unzulässig ist. Im übrigen darf ein Beweisantrag nur abgelehnt werden, wenn eine Beweiserhebung wegen Offenkundigkeit überflüssig ist, wenn die Tatsache, die bewiesen werden soll, für die Entscheidung ohne Bedeutung oder schon erwiesen ist, wenn das Beweismittel völlig ungeeignet oder wenn es unerreichbar ist, wenn der Antrag zum Zweck der Prozeßverschleppung gestellt ist oder wenn eine erhebliche Behauptung, die zur Entlastung des Angeklagten bewiesen werden soll, so behandelt werden kann, als wäre die behauptete Tatsache wahr.

IV Ein Beweisantrag auf Vernehmung eines Sachverständigen kann, soweit nichts anderes bestimmt ist, auch abgelehnt werden, wenn das Gericht selbst die erforderliche Sachkunde besitzt. Die Anhörung eines weiteren Sachverständigen kann auch dann abgelehnt werden, wenn durch das frühere Gutachten das Gegenteil der behaupteten Tatsache bereits erwiesen ist; dies gilt nicht, wenn die Sachkunde des früheren Gutachters zweifelhaft ist, wenn sein Gutachten von unzutreffenden tatsächlichen Voraussetzungen ausgeht, wenn das Gutachten Widersprüche enthält oder wenn der neue Sachverständige über Forschungsmittel verfügt, die denen eines früheren Gutachters überlegen erscheinen.

V Ein Beweisantrag auf Einnahme eines Augenscheins kann abgelehnt werden, wenn der Augenschein nach dem pflichtgemäßen Ermessen des Gerichts zur Erforschung der Wahrheit nicht erforderlich ist. Unter derselben Voraussetzung kann auch ein Beweisantrag auf Vernehmung eines Zeugen abgelehnt werden, dessen Ladung im Ausland zu bewirken wäre.

VI Die Ablehnung eines Beweisantrages bedarf eines Gerichtsbeschlusses.

Übersicht

1 **1) Beweisaufnahme:**

2 A. **Begriff:** Beweisaufnahme ist der Teil der Hauptverhandlung, in dem mit den gesetzlich zugelassenen Beweismitteln (Einl 49) von Amts wegen oder auf Antrag eines Prozeßbeteiligten vergangene oder gegenwärtige Tatsachen und Erfahrungssätze aufgeklärt werden (Einl 47 ff). Aus I ergibt sich, daß die Vernehmung des Angeklagten nicht zur Beweisaufnahme gehört. Er ist aber ein Beweismittel in weiterem Sinn, wenn er aussagt (BGH **2**, 269; **28**, 196, 198; Dencker ZStW **102**, 54; Fezer JuS **77**, 234), in Augenschein genommen wird (KG NJW **79**, 1668) oder sonst ein Bild von dem Geschehensablauf abgibt, zB in einer Verkehrssache durch Vorführen seiner Fahrweise am Tatort.

3 B. **Beweisbedürftigkeit:** Beweis muß erhoben werden über entscheidungserhebliche Tatsachen, die der Angeklagte nicht glaubhaft eingesteht, und über Erfahrungssätze, die nicht allgemeingültig sind. Die Tatsachen können unmittelbar beweiserheblich oder nur mittelbar von Bedeutung (Indiztatsachen) sein (25 zu § 261). Privates Wissen darf der Richter als Beweisquelle nur verwenden, wenn es sich um offenkundige Tatsachen oder Erfahrungssätze handelt (dazu unten 50 ff). Er darf dem Angeklagten und den Beweispersonen aber aufgrund seines privaten Wissens Vorhalte machen; dann ist für das Urteil verwertbar, was sie auf den Vorhalt erklären (vgl 28 zu § 249). Verwertet das Gericht offenkundige Tatsachen oder Erfahrungssätze, so muß es sie in der Hauptverhandlung zur Sprache bringen (BVerfGE **10**, 177, 183 = NJW **60**, 31; BVerfGE **48**, 206; BGH **6**, 292, 295; StV **81**, 223 mit Anm Schwenn/Strate; **88**, 514; **94**, 527; Bay **94**, 89 = NJW **95**, 976; Hamm StV **85**, 225; ausführlich dazu Keller ZStW **101**, 381; erg 24 zu § 261); eine Ausnahme gilt für Tatsachen, die so allgemein bekannt sind, daß die Beteiligten vernünftigerweise damit rechnen müssen, daß sie zur Grundlage der Entscheidung gemacht werden (BSG NJW **79**, 1063; BGHZ **31**, 43 = NJW **59**, 2213; Hamm VRS **41**, 49).

4 C. **Inländisches gesetztes Recht** kann nicht Gegenstand der Beweisaufnahme sein (unten 49), wohl aber, im Freibeweis (unten 7), ausländisches Recht und inländisches Gewohnheitsrecht (ANM 138 ff).

5 **2) Streng- und Freibeweis:**

6 A. **Strengbeweis** ist das Beweisverfahren nach den §§ 244 bis 256 unter Beachtung der Grundsätze der Mündlichkeit (§ 261) und Öffentlichkeit der Verhandlung (§ 169 GVG). Das Gesetz verlangt ihn nur für die Feststellung der Schuld- und Rechtsfolgentatsachen in der Hauptverhandlung (KK-Herdegen 6). Sonst gilt Freibeweis, auch soweit es um die Schuldfrage geht, zB im Haftprüfungsverfahren nach § 117. Das vorgeschriebene Strengbeweisverfahren darf nicht durch ein Freibeweisverfahren ersetzt, ein Beweisantrag daher nicht mit der Begründung abgelehnt werden, die Beweisfrage sei bereits im Freibeweisverfahren geklärt (BGH StV **95**, 339). Der Ausschluß des Beweisantragsrechts in §§ 384 III, 420 IV; 436 II sowie in § 78 III S. 1 **JGG** und seine Einschränkung in § 77 OWiG läßt die sonstigen Grundsätze des Strengbeweises unberührt.

B. **Freibeweis** gilt für alle Beweiserhebungen außerhalb der Hauptverhandlung sowie in und während der Hauptverhandlung für die Feststellung von Prozeßvoraussetzungen (Einl 141 ff) und sonstigen prozeßerheblichen Tatsachen, auch wenn sie die Urteilsgrundlagen unmittelbar beeinflussen (BGH 3 StR 256/98 vom 26. 8. 1998; KK-Herdegen 7). Dazu gehören die tatsächlichen Voraussetzungen der Verwertungsverbote (Einl 51 ff), insbesondere nach § 136 a III (dort 32), der Eidesverbote nach § 60 (dort 1), der §§ 231 II, 231 a (BGH **26**, 228, 238) und § 329 I (dort 19) sowie der Ablehnung eines Beweisantrags (BGH MDR **81**, 338; NJW **93**, 2881, 2882). Im Freibeweis wird auch in der Verhandlung nach § 138 d (dort 7) und bei der Beweisaufnahme über ausländisches Recht (BGH NJW **94**, 3364) und inländisches Gewohnheitsrecht verfahren (6 vor § 72). Dem Revisionsgericht steht nur diese Beweisart zur Verfügung (erg 3 zu § 351). 7

C. **Doppelrelevante,** dh sowohl für die Schuld- oder Rechtsfolgenfrage als auch für Prozeßentscheidungen erhebliche Tatsachen, wie etwa im Hinblick auf § 173 Abs. 1 StGB und § 52 die verwandtschaftlichen Beziehungen zwischen Zeugen und Angeklagten, müssen an sich im Strengbeweis festgestellt werden (BGH StV **82**, 101; **91**, 148; 5 StR 538/91 vom 10. 3. 1992; Többens NStZ **82**, 185; vgl auch Bay **95**, 107 = VRS **90**, 198). Wenn die Beweisaufnahme aber zunächst nur der Entscheidung über Prozeßtatsachen dient, ist Freibeweis zulässig (KK-Herdegen 8; Willms Heusinger-EG 407 ff), selbst wenn die Bedeutung der Tatsache für den Tatvorwurf schon abzusehen ist (BGH **26**, 228, 238). Wird später eine Beweisaufnahme im Strengbeweis erforderlich, so muß die Prozeßentscheidung dem etwa abweichenden Beweisergebnis angepaßt werden (ANM 132; Többens aaO). Denn dem Urteil müssen einheitliche Feststellungen zugrunde liegen, und die im Strengbeweis getroffenen gehen vor (Willms aaO). 8

D. Das **Freibeweisverfahren** ist kein Verfahren nach Gutdünken (KK-Herdegen 12; Willms Heusinger-EG 395 ff). Zu beachten sind die Aufklärungspflicht (BVerfG NJW **86**, 767, 768; BGH **26**, 281, 284; Frankfurt NJW **83**, 1208), der Grundsatz des rechtlichen Gehörs (BGH **21**, 85, 87; DAR **79**, 186 [Sp]; MDR **74**, 367 [D]), Beweisverbote zum Schutz bestimmter Personen, zB § 97 (KMR-Paulus 362) und § 252 (KK-Herdegen 12), die Zeugnisverweigerungsrechte nach §§ 52 ff (W. Schmid SchlHA **81**, 2), die Vereidigungsverbote nach § 60 (Willms Heusinger-EG 399) und die Aussagefreiheit des Angeklagten nach § 136 I S. 2 (ANM 151). Für die Beweiswürdigung gelten keine Besonderheiten (LR-Gollwitzer 7). Dagegen finden die Grundsätze der Mündlichkeit, Unmittelbarkeit und Öffentlichkeit keine Anwendung (BGH **16**, 164, 166; ANM 143). Das Gericht kann alle ihm zugänglichen Erkenntnisquellen benutzen, insbesondere schriftliche und telefonische Auskünfte einholen (BGH NStZ **84**, 134; Bay **59**, 315 = NJW **60**, 687; Bay **66**, 58, 60 = NJW **66**, 1981; Hamm NJW **65**, 410). Zeugen müssen nicht vereidigt (RG **66**, 113; KK-Herdegen 10), Urkunden nicht verlesen werden. Beweisantrage der Prozeßbeteiligten sind nur Anregungen, über die ohne Bindung an III–IV und § 245 II im Rahmen der Aufklärungspflicht entschieden werden kann (BGH **16**, 164, 166; DAR **77**, 172 [Sp]; NStZ **84**, 18 [Pf/M]; Frankfurt NJW **83**, 1208; Nürnberg MDR **84**, 74; ANM 148 mwN; vgl auch BVerfGE **7**, 275, 279 = JR **58**, 433 mit Anm Peters). Auch VI gilt nicht; die Mitteilung der Ablehnungsgründe durch den Vorsitzenden genügt (BGH NStZ **84**, 18 [Pf/M]; Frankfurt NJW **83**, 1208; Hamm OLGSt § 329 S. 87; Willms Heusinger-EG 397; **aM** KK-Herdegen 12). Die im Freibeweis gewonnenen Ergebnisse müssen aber zum Gegenstand der mündlichen Verhandlung gemacht werden (ANM 150; offengelassen von Bay **95**, 87 = VRS **90**, 193). 9

3) Amtsaufklärungspflicht: 10

A. **Ermittlungsgrundsatz:** Die Ermittlung des wahren Sachverhalts ist das zentrale Anliegen des Strafprozesses (BVerfGE **57**, 250, 275 = NJW **81**, 1719, 1722; BVerfGE **63**, 45, 61 = NJW **83**, 1043; BVerfG MDR **84**, 284). Die Amtsauf- 11 klärungspflicht begründet für die Prozeßbeteiligten einen unverzichtbaren Anspruch darauf, daß die Beweisaufnahme auf alle Tatsachen und alle tauglichen und erlaubten Beweismittel erstreckt wird, die für die Entscheidung von Bedeutung sind (BGH **1**, 94, 96; **32**, 115, 124 [GSSt]). In rechtlich unanfechtbarer Weise gewonnene Beweismittel müssen in das Verfahren eingeführt werden, wenn sie zur Sachaufklärung beitragen können (Schleswig NJW **80**, 352). Von den Anträgen und Wünschen der Beteiligten ist die Aufklärungspflicht unabhängig (BGH NJW **66**, 1524; **67**, 299; MDR **81**, 455 [H]; NStZ **84**, 210 [Pf/M]; StV **83**, 495; Düsseldorf VRS **66**, 148; Stuttgart Justiz **82**, 406; KK-Herdegen 20). Das gilt auch gegenüber der StA (BGHR § 244 II Aufdrängen 5). Das Gericht darf aber aus dem Verhalten desjenigen, der Beweisanträge stellen könnte, Anhaltspunkte für die Beantwortung der Frage gewinnen, ob eine weitere Beweisaufnahme geboten ist (BGH MDR **85**, 629 [H]). Zur Frage, inwieweit die Aufklärungspflicht die Vernehmung eines Verdeckten Ermittlers gebietet, vgl BGH NStZ **97**, 294.

12 B. **Umfang:** Die Aufklärungspflicht reicht so weit, wie die dem Gericht oder wenigstens dem Vorsitzenden aus den Akten, durch Anträge oder Anregungen oder sonst durch den Verfahrensablauf (BGH **30**, 131, 140) bekanntgewordenen Tatsachen zum Gebrauch von Beweismitteln drängen oder ihn nahelegen (BGH **3**, 169, 175; **10**, 116, 118; **23**, 176, 187; **30**, 131, 140; NStZ **83**, 210 [Pf/M]; StV **81**, 164; **91**, 337; Hamm NStZ **84**, 462, 463; zur BGH-Rspr vgl auch Maul Peters-FG 47). Daß das Gericht alle Beweismittel erschöpfen müsse, wenn auch nur die entfernte Möglichkeit einer Änderung der bisher begründeten Vorstellung von dem zu beurteilenden Sachverhalt bestehe (so BGH **23**, 176, 188; **30**, 131, 143; NStZ **83**, 210 [Pf/M]), geht für den Normalfall zu weit (zutr Widmaier NStZ **94**, 248: nur in Grenzfällen wie in den zitierten Entscheidungen); sonst ist eine „verständige Würdigung der Sachlage" vorzunehmen (BGH NStZ-RR **96**, 299; NStZ **98**, 50; Herdegen NStZ **84**, 98; offengelassen von BGH **40**, 3 = NStZ **94**, 247 mit Anm Widmaier = StV **94**, 169 mit Anm Strate = JR **94**, 288 mit Anm Wohlers, wo aber betont wird, daß die Wichtigkeit der Beweiserhebung für die Wahrheitsfindung mit dem Beschleunigungsgebot abzuwägen sei). Das Gericht muß somit nur allen erkennbaren und sinnvollen Möglichkeiten zur Aufklärung des Sachverhalts nachgehen (BGHR § 244 VI Beweisantrag 23). Je weniger gesichert ein Beweisergebnis erscheint, desto größer ist der Anlaß, weitere Beweismöglichkeiten zu nutzen (BGH StV **96**, 249; NStZ-RR **96**, 299). Der Grundsatz des II schließt ein, daß das Gericht sich um den bestmöglichen Beweis bemühen muß, verbietet aber nicht, mittelbare Beweise zu erheben (BVerfGE **57**, 250, 277 = NJW **81**, 1719, 1722; KK-Herdegen 25; vgl auch BGH NJW **93**, 803, 804: Urkundenbeweis nach § 253 bei Erinnerungsverlust des Zeugen nötig), und zwingt auch nicht stets dazu, neben dem mittelbaren Zeugen denjenigen, der den Vorgang selbst wahrgenommen hat (4 zu § 250) oder einen Mitangeklagten nach Abtrennung des Verfahrens erneut als Zeugen zu vernehmen (**aM** Bay StV **89**, 522). Die Aufklärungspflicht geht nicht so weit wie die Pflicht, Beweise auf Antrag zu erheben; eine Beweisantizipation (unten 46) ist in gewissen Grenzen zulässig (SK/StPO-Paeffgen 13 ff zu § 420; ANM 29 ff; Frister ZStW **105**, 357; Herdegen NStZ **84**, 97; Julius NStZ **86**, 61; Widmaier NStZ **94**, 416). Liegt andererseits einer der Ablehnungsgründe des III, IV vor, so zwingt idR auch die Aufklärungspflicht nicht zur Beweiserhebung. Ausnahmen gelten für unerreichbare Zeugen (unten 66) und für weitere Sachverständige (unten 77). Zu Urteilsausführungen darüber, weshalb er keine weiteren Beweise erhoben hat, ist der Tatrichter nicht verpflichtet. Für das Revisionsgericht sind solche Ausführungen ohne Bedeutung; es prüft die Notwendigkeit weiterer Aufklärung aus seiner Sicht (BGH NStZ **85**, 324; **92**, 450; NStZ-RR **96**, 299; StV **96**, 581).

13 C. Eine **überschießende Aufklärung** überschreitet grundsätzlich den Zweck des Strafverfahrens; zu „ausufernder Aufklärung" ist der Richter nicht verpflichtet (BGH **40**, 3 = NStZ **94**, 247 mit Anm Widmaier = StV **94**, 169 mit Anm Strate =

JR **94**, 288 mit Anm Wohlers; erg 11 zu § 264). Eigene Ermittlungen zur Aufdeckung fremder Taten zwecks Anwendung des § 31 Nr 1 BtMG muß der Richter nicht anstellen (BGH NStZ **98**, 90). Steht fest, daß der Angeklagte freigesprochen werden muß, so findet keine weitere Beweisaufnahme über seine Unschuld statt (Einl 8). Jedoch ist die Verwendung präsenter Beweismittel (§ 245) und uU auch der Gebrauch sofort oder leicht erreichbarer anderer Beweismittel im Rahmen der prozessualen Fürsorgepflicht (Einl 156) zulässig und geboten (LR-Schäfer Einl Kap 11 Rdn 56).

D. **Schätzklauseln** schränken die Aufklärungspflicht ein: 14

a) **Schätzklauseln nach sachlichem Recht** (§§ 40 III, 43a I S. 3, 73b, 73d II, 74c III StGB, § 29a III S. 1 OWiG; § 38 IV S. 2 GWB, § 8 III S. 1 WiStG) bedeuten, daß das Gericht nicht alle für die Berechnung der Rechtsfolgen notwendigen Einzelheiten zu klären braucht, sondern sich mit der Ermittlung von Anhaltspunkten begnügen darf, die nach der Lebenserfahrung eine hinreichend sichere Beurteilung erlauben (BGH NJW **98**, 1723, 1727; LR-Gollwitzer 21 ff; zu den strafrechtlichen Vorschriften im einzelnen Hellmann GA **97**, 506 ff). Solche tatsächlichen Anhaltspunkte, bei § 40 III StGB zB Art, Umfang und Ort der Berufstätigkeit und der allgemeine Lebenszuschnitt, müssen immer ermittelt und im Urteil dargelegt werden (Koblenz NJW **76**, 1275; Rüth DAR **75**, 1). **Im übrigen** kann von weiteren Ermittlungen abgesehen werden, wenn der damit verbundene Aufwand, die eintretenden Verfahrensverzögerungen oder die Belastung für den Angeklagten unangemessen erscheinen (Bay DAR **78**, 206 [R]; Bremen OLGSt § 40 III StGB S. 1; Celle NJW **84**, 185 = JR **83**, 203 mit Anm Stree; vgl auch Endriß StV **97**, 82 zur Festlegung des Umrechnungsmaßstabes in § 51 IV S.2 StGB). Das hängt von der Bedeutung der Sache und dem Maß der durch die Schätzung festzusetzenden Rechtsfolgen ab. Bei Serienstraftaten wird eine Schätzung namentlich dann unumgänglich sein, wenn Belege über kriminelle Geschäfte abhanden gekommen sind oder von vornherein fehlten (BGH **40**, 374, 376 mit abl Anm Bohnert NStZ **95**, 460; abl auch Geppert NStZ **96**, 63). Präsente und unschwer erreichbare Beweise müssen erhoben werden (LR-Gollwitzer 24, 32). Den Prozeßbeteiligten ist Gelegenheit zu geben, zu der beabsichtigten Schätzung und ihren Grundlagen Stellung zu nehmen und Anträge zu stellen (KMR-Paulus 232; LK-Tröndle 63 zu § 40 StGB). Beweisanträge zu den Schätzungsgrundlagen können nur aus den Gründen des III, IV abgelehnt werden. Anderen Beweisanträgen braucht das Gericht dagegen nicht stattzugeben, wenn sie zu übermäßig belastenden, im Hinblick auf die Bedeutung der Sache und die Höhe der Rechtsfolgen unvertretbaren Beweiserhebungen führen würden (LR-Gollwitzer 27). Für Anträge auf Erhebung der von dem Antragsteller herbeigeschafften Beweise gilt § 245 II S. 2, 3. 15 15a

b) **Schätzung im Verfahren nach §§ 403 ff:** Die Aufklärungspflicht erstreckt sich auch auf den Entschädigungsanspruch (LR-Wendisch 9 zu § 404). Das Gericht kann aber den ursächlichen Zusammenhang zwischen dem konkreten Haftungsgrund und dem daraus entstandenen Schaden sowie die Schadenshöhe entspr § 287 ZPO nach freiem Ermessen schätzen (ANM 852; 11 zu § 404). Beweisanträgen zur Höhe des Schadens braucht nicht entsprochen zu werden, wenn es für die Entscheidung nach Schätzungsgrundlagen darauf nicht ankommt (vgl RG **44**, 294). 16

4) Beweisantrag: 17

A. **Begriff:** Der Beweisantrag ist das ernsthafte, unbedingte oder an eine Bedingung geknüpfte Verlangen eines Prozeßbeteiligten, über eine die Schuld- oder Rechtsfolgenfrage betreffende Behauptung durch bestimmte, nach der StPO zulässige Beweismittel Beweis zu erheben (BGH **1**, 29, 31; **6**, 128, 129; NStZ **81**, 361; StV **82**, 55; ANM 36 mwN; vgl auch § 219 I S. 1). Dazu genügt nicht der Hinweis auf eine Beweismöglichkeit, die Beweiserhebung muß vielmehr beantragt werden 18

(BGH 4 StR 118/90 vom 29. 5. 1990). Ein Beweisantrag muß der sinnvollen Anwendung der Ablehnungsgründe von III und IV zugänglich sein (BGH **37**, 162, 165; **39**, 251; **43**, 321; Widmaier NStZ **93**, 602; **94**, 248). Mehrere in einem Antrag behauptete Tatsachen dürfen sich nicht widersprechen (BGH NStZ **98**, 209).

19 B. **Notwendiger Inhalt:** Der Antragsteller muß deutlich machen, daß er die Beweiserhebung verlangt und nicht in das gerichtliche Ermessen stellt (ANM
20 38 ff). Der Antrag muß eine bestimmte **Beweistatsache** bezeichnen (BGH **39**, 251); dabei genügt die Wiedergabe der Tatsache in ihren allgemeinen Umrissen (vgl BGH MDR **76**, 815 [H]; ANM 41). Die Beweistatsache kann sich aber auch schon aus den Umständen, unter denen der Beweisantrag gestellt ist, ergeben (Köln StV **95**, 293). Schlagwortartige Verkürzungen (Glaubwürdigkeit, Verwahrlosung von Zeugen) und einfache Rechtsbegriffe (Kauf, Miete, Anstiftung) können benutzt werden (BGH **1**, 137), jedoch kann das Gericht verlangen, daß der Antragsteller die seiner Wertung zugrundeliegenden Tatsachen darlegt (BGH **37**, 162 = JR **91**, 470 mit Anm Gollwitzer und Anm Schulz NStZ **91**, 449; BGH NStZ **91**, 547). Die Beweistatsache muß bestimmt behauptet werden (vgl BGH NJW **95**, 1501, 1503 aE). Es darf zB nicht offenbleiben, an welchem Tag sich die Beweistatsache ereignet hat (Köln VRS **64**, 279, 281). Der Antragsteller muß aber ihre Wahrheit nicht versichern; er kann Beweis über Tatsachen verlangen, die er nur vermutet oder für möglich hält (BGH **21**, 118, 125; NJW **83**, 126; **87**, 2384; StV **81**, 166; **89**, 237 f; KG StV **83**, 95; Köln NStZ **87**, 341; ANM 43). Wenn allerdings Anhaltspunkte für eine solche Vermutung offensichtlich fehlen und die Beweistatsache aufs Geratewohl behauptet wird, liegt nur ein Beweisermittlungsantrag (unten 25) vor (BGH NStZ **92**, 397 mit Anm R. Peters NStZ **93**, 293; StV **93**, 3 mwN; **97**, 567 mit Anm Wohlers; Köln NStZ-RR **97**, 309; OLGSt Nr 10 mit Anm Julius; ANM 45; **aM** Herdegen Meyer-GedSchr 206; StV **90**, 518; NStZ **95**, 202; **98**, 447; K. Gollwitzer StV **90**, 420: nur bei Kenntnis, daß die Behauptung nicht zutrifft; vgl auch BGH NJW **83**, 126; **87**, 2384 = JR **88**, 387 mit Anm Welp; Julius MDR **89**, 116); dies ist aus der Sicht eines verständigen Antragstellers auf der Grundlage der von ihm selbst nicht in Frage gestellten Tatsachen zu beurteilen (BGH NStZ **89**, 334; Köln VRS **81**, 285). Mit dieser Begründung darf der Antrag aber nur abgelehnt werden, wenn der Antragsteller bei einer solchen Sachlage auf Befragen keine plausible Antwort über seine Wissensquellen oder die Gründe für seine Vermutung geben kann (BGH StV **85**, 311 mit abl Anm Schulz). Daß es – auch für den Antragsteller – zweifelhaft ist, ob sich die benannten Zeugen an die Beweistatsache erinnern, macht den Beweisantrag nicht zum Beweisermittlungsantrag (BGH NJW **88**, 1859 mit Anm Julius NStZ **88**, 468; NStZ **93**, 247), ebensowenig, daß die Behauptung dem bisherigen Beweisergebnis widerspricht (BGH StV **93**, 3). Um einen bloßen Beweisermittlungsantrag handelt es sich aber, wenn keine bestimmte Tatsache behauptet, sondern Beweis darüber verlangt wird, ob, warum, wann, wie oder wo sie eingetreten ist (BGH **8**, 76); jedoch muß dann zunächst klargestellt werden, ob es sich nicht nur um einen Formulierungsmangel handelt (ANM 46/47; erg unten 35). Keine hinreichend bezeichnete Tatsache ist es idR, wenn behauptet wird, ein bestimmtes Ereignis habe nicht stattgefunden (BGH **39**, 251, 254 mwN; vgl hierzu die abl Anm Hamm StV **93**, 455 und die zust Anm Widmaier NStZ **93**, 602; vgl auch BGH StV **96**, 248; Bay **95**, 72 = NJW **96**,
20 a 331). Von der Beweistatsache ist das **Beweisziel** zu unterscheiden (**aM** Herdegen NStZ **98**, 449); dies ist das Beweisergebnis, das sich der Antragsteller aus dem begehrten Beweis erhofft (BGH aaO; NStZ **95**, 96); ob das Beweisziel erreicht wird, hängt von den vom Gericht aus der Beweistatsache gezogenen Schlüssen ab
21 (erg unten 71). Für die zu beweisende Tatsache muß ein bestimmtes **Beweismittel** angegeben werden, wobei ein Konnex zwischen beiden erforderlich ist (BGH NStZ **98**, 97 mit abl Anm Rose NStZ **98**, 633; Widmaier NStZ **93**, 602). Bei der Benennung eines Zeugen genügt der Vortrag derjenigen Tatsachen, die es dem

Gericht ermöglichen, ihn zu identifizieren und zu ermitteln (BGH MDR **60**, 329; **71**, 547 [D]; **77**, 984 [H]; NStZ **81**, 309; NStZ **95**, 246; KG StV **93**, 349; Köln StV **96**, 368). Ein Zeuge, der erst aus einem Personenkreis herausgefunden werden soll, ist aber noch nicht individualisiert (BGH **40**, 3 = NStZ **94**, 247 mit Anm Widmaier = StV **94**, 169 mit Anm Strate = JR **94**, 288 mit Anm Wohlers; dort auch weitere Beispiele zur Frage der ausreichenden Bezeichnung eines Zeugen). Beim Antrag auf Sachverständigenbeweis muß im Hinblick auf § 73 I kein bestimmter Sachverständiger bezeichnet werden (Celle MDR **59**, 950; Hamm MDR **76**, 338). Ein Beweismittelkreis kann benannt werden, wenn jedes einzelne Beweismittel Aufschlüsse zur Sache geben soll (ANM 54); andernfalls liegt ein Beweisermittlungsantrag vor (unten 25).

C. **Bedingte Beweisanträge; Hilfsbeweisanträge; Eventualbeweisanträge:** 22
Ein Beweisantrag kann unter der Bedingung gestellt werden, daß eine bestimmte Prozeßlage eintritt (Schlothauer StV **88**, 548), daß ein anderer Beteiligter bestimmte Anträge stellt oder nicht stellt, daß das Gericht zu einer bestimmten Auffassung gelangt (Michalke StV **90**, 185), etwa einen Zeugen für glaubwürdig (BGH NStZ **89**, 191) oder für unglaubwürdig hält oder dessen früher gemachte Angaben für erwiesen erachtet (Zweibrücken StV **95**, 347), oder daß es eine bestimmte Entscheidung trifft (BGH **29**, 396), etwa einen anderen Antrag ablehnt, einem Antrag des Prozeßgegners stattgibt oder einen bestimmten Zeugen vereidigt (ANM 58). Über einen solchen Antrag ist nur zu entscheiden, wenn die Bedingung
eintritt. Demgegenüber wird der **Hilfsbeweisantrag** von der Entscheidung über 22 a
einen (unbedingt gestellten) verfahrensabschließenden Hauptantrag abhängig gemacht (Michalke aaO), insbesondere, aber nicht notwendig, von der Freisprechung oder der Verurteilung des Angeklagten zu einer bestimmten Rechtsfolge (Schlothauer aaO 543). Solche Anträge sind grundsätzlich zulässig; unzulässig ist jedoch ein Hilfsbeweisantrag, der sich nach der zu beweisenden Behauptung gegen den Schuldspruch richtet, aber nur für den Fall einer bestimmten Rechtsfolgenentscheidung als gestellt gelten soll (BGH **40**, 287 mit zust Anm Herdegen NStZ **95**, 202; NStZ **95**, 246; NStZ-RR **98**, 50; vgl aber andererseits BGH NStZ **98**, 209). Anträge im Schlußvortrag sind im Zweifel Hilfsbeweisanträge (BGH MDR **51**, 275 [D]; Hamm GA **72**, 59; VRS **38**, 293; Karlsruhe MDR **66**, 948). Die verfahrensrechtliche Besonderheit von Hilfsanträgen liegt darin, daß sie grundsätzlich erst in den Urteilsgründen beschieden werden müssen (BGHR § 244 VI Hilfsbeweisantrag 6). Das gilt auch für einen **Eventualbeweisantrag,** der irreführend teilw dem 22 b
Hilfsbeweisantrag (Hamm Peters-FG 173; Michalke aaO), teilw dem bedingten Beweisantrag (Schlothauer aaO 546) gleichgesetzt wird. Es handelt sich dabei um eine Kombination von bedingtem Beweisantrag (oben 22) und Hilfsbeweisantrag (oben 22 a), nämlich um einen bedingten Beweisantrag, der im Schlußvortrag als Hilfsantrag gestellt wird (BGH StV **90**, 149; ähnlich Niemöller JZ **92**, 885; vgl aber auch Widmaier Salger-FS 422 mit anderen Abgrenzungen). Erg unten 44 a.

5) Beweisanregungen (ANM 65 ff) unterscheiden sich von den Beweisanträgen 23
dadurch, daß eine Beweiserhebung in das Ermessen des Gerichts gestellt wird, weil der Antragsteller einen Beweisantrag nicht stellen will oder aus tatsächlichen oder rechtlichen Gründen nicht stellen kann. Das Gericht entscheidet über solche Anregungen im Rahmen seiner Aufklärungspflicht nach II (BGH **6**, 128; **30**, 131, 142; NJW **68**, 1293; NStZ **81**, 309; Koblenz VRS **65**, 441, 443; ANM 73, 87).

A. Das **Beweiserbieten** ist der Hinweis auf die Möglichkeit einer Beweiserhe- 24
bung, die der Prozeßbeteiligte dem Gericht für den Fall anheimstellt, daß die Aufklärungspflicht zu ihr zwingt (BGH VRS **41**, 203, 206; RG **49**, 358, 361). Die Auslegung der Erklärung wird meist ergeben, daß in Wahrheit ein Beweisantrag vorliegt (ANM 72).

B. **Beweisermittlungsanträge** (vgl Bergmann MDR **80**, 987; Schulz GA **81**, 25
301; NStZ **91**, 449) dienen der Vorbereitung von Beweisanträgen, die der Antrag-

steller noch nicht stellen kann, weil er die Beweistatsache nicht kennt oder das Beweismittel nicht bestimmt bezeichnen kann (vgl BGH **30**, 131, 142; GA **81**, 228; StV **83**, 185; RG **64**, 432; ANM 77 mwN). Es geht ihm zunächst nur um das Auffinden brauchbaren Verteidigungsmaterials. Solche Anträge sind stets zulässig. Beweisermittlungsanträge sind zB Anträge auf Sachverständigengutachten mit unbestimmtem Ausgang (BGH JR **51**, 509; NStZ **85**, 205 [Pf/M]: Untersuchung auf den Geisteszustand; Köln NStZ **87**, 341: Verwechslung einer Blutprobe) oder auf Augenscheinseinnahmen, deren Ergebnis ungewiß ist (KG JR **54**, 272 mit Anm Sarstedt; Koblenz VRS **49**, 40). Ein Antrag, durch Nachforschungen geeignete Beweismittel aufzufinden (vgl BGH MDR **60**, 329), liegt zB vor, wenn Zeugen nur unbestimmt bezeichnet werden können (Saarbrücken VRS **49**, 45: Zeuge NN aus der Nachbarschaft), insbesondere aber, wenn erst aus einer Vielzahl gleichartiger Beweismittel dasjenige ermittelt werden soll, das die Beweisbehauptung bestätigen kann. Das ist der Fall bei der Benennung eines Kreises von Zeugen (BGH NStZ **83**, 210 [Pf/M]; StV **96**, 581; Hamm DAR **61**, 234; Bergmann MDR **76**, 889) oder einer Urkundensammlung (BGH **6**, 128; **18**, 347; **30**, 131, 142; ANM 84 mwN) oder bei dem Antrag auf Beiziehung von Akten, denn insoweit ist für einen Beweisantrag die genaue Kennzeichnung des zu Beweiszwecken zu verwertenden Dokuments erforderlich (BGH NStZ-RR **98**, 276). Beweisermittlungsanträge iwS sind Anträge, mit denen das Gericht zu Maßnahmen, wie der Aussetzung des Hauptverfahrens, der Zurverfügungstellung von Akten uä, veranlaßt werden soll, die der Antragsteller zur Gewinnung von Beweismaterial benutzen will (BGH NStZ **97**, 562: Beiziehung von „Krankenunterlagen"; vgl auch ANM 86).

26 C. **Beweisanregungen ieS** sind Anträge, die aus Rechtsgründen nicht als Beweisanträge gestellt werden können, weil sie nicht den Umfang, sondern nur die Art und Weise der Beweisaufnahme betreffen, die durch Beweisanträge nicht beeinflußt werden kann. Dazu gehören Anträge auf Gegenüberstellungen (BGH NJW **60**, 2156; MDR **74**, 275 [D]; NStZ **81**, 96 [Pf/M]; **88**, 420, 421), auch wenn die Zeugenvernehmung im Ausland stattfindet (BGH NStZ **92**, 394), auf Wiederholung einer Beweiserhebung zu derselben Beweisfrage (BGH **14**, 21, 22; NJW **60**, 2156; MDR **74**, 725 [D]; NStZ **83**, 375; **88**, 18 [Pf/M]; StV **91**, 2; anders aber bei Vernehmung zu einer neuen Behauptung: BGH StV **95**, 566), wozu nicht die Vernehmung eines Zeugen rechnet, der bisher nur als Mitbeschuldigter vernommen worden ist (BGH NJW **85**, 76; NStZ **81**, 487; **83**, 468; StV **84**, 498), sowie Anträge auf Vornahme von Versuchen und Experimenten (BGH NJW **61**, 1486; NStZ **87**, 218 [Pf/M]; VRS **28**, 190; Hamm NJW **57**, 921; ANM 97 ff) und auf Unterbringung zur Beobachtung nach § 81 (dort 3).

27 D. **Verfahrensrechtliche Besonderheiten:** Beweisanregungen sind, mit Ausnahme der Beweiserbieten (oben 24), in das Sitzungsprotokoll aufzunehmen (Nürnberg MDR **84**, 74; Bergmann MDR **76**, 892). Die Ablehnung des Antrags erfordert keinen Gerichtsbeschluß (BGH**6**, 128; MDR **80**, 987 [H]; NStZ **82**, 296; 477; Düsseldorf VRS **64**, 216, 219). Ausreichend, aber auch erforderlich ist die Ablehnung durch den Vorsitzenden (KK-Herdegen 55; KMR-Paulus 406); die Anrufung des Gerichts nach § 238 II ist zulässig (LR-Gollwitzer 131; Dahs/Dahs 218; Erker 131; Schulz AnwBl **83**, 492; **aM** ANM 90). Daß sich die Ablehnung „mit den Für und Gegen eine Beweistätigkeit des Gerichts sprechenden Umständen auseinandersetzen müsse" (so Herdegen Meyer-GedSchr 196), verlangt die Rspr aber nicht.

28 **6) Stellung von Beweisanträgen:**

29 A. **Antragsrecht:** Das Beweisantragsrecht folgt aus dem Anspruch auf rechtliches Gehör nach Art 103 I GG (BVerfGE **46**, 315, 319 = NJW **78**, 413; BVerfGE **50**, 32 = NJW **79**, 413; BVerfGE **65**, 305 = NJW **84**, 1026; BVerfG NJW **86**, 833; Dahs/Dahs 111; Einl 28). Das Gericht muß den Antrag entgegennehmen und

prozeßordnungsgemäß bescheiden (ANM 371). Auch bei offensichtlichem Mißbrauch des Antragsrechts darf die Annahme des Antrags nicht abgelehnt (BGH JR **80**, 218 mit zust Anm Meyer) und der Antrag nicht ohne inhaltliche Prüfung als unzulässig zurückgewiesen werden (BGH **29**, 149; Weber GA **75**, 299; vgl auch BGH NStZ **86**, 371). **Berechtigt zur Antragstellung** (allg ANM 373 ff) sind der 30
StA, der Anträge zur Be- und Entlastung und, unabhängig von diesen Gesichtspunkten, zur Sachaufklärung stellen kann (BGH NJW **52**, 273), der Privatkläger (vgl aber 14 zu § 384), der Nebenkläger (§ 397 I S. 3) im Rahmen seiner Anschlußberechtigung (vgl ANM 374; Gollwitzer Schäfer-FS 67 ff), der Antragsteller im Anhangsverfahren nach §§ 403 ff, soweit seine vermögensrechtlichen Ansprüche betroffen sind (BGH NJW **56**, 1767). Angeklagte können Beweisanträge selbst bei Geschäftsunfähigkeit stellen, auch im Widerspruch zu ihrer bisherigen Einlassung (BGH MDR **77**, 461 [H]), Nebenbeteiligte nach §§ 433 I S. 1, 440 III, 442, 444 II S. 2 mit der sich aus § 436 II ergebenden Einschränkung. Der Verteidiger, auch der Pflichtverteidiger, hat ein selbständiges Antragsrecht (BGH NJW **53**, 1314; **69**, 281), das vom Willen des Angeklagten unabhängig ist (BGH NJW **53**, 1314; Hamm VRS **42**, 115, 117; Köln OLGSt S. 55; VRS **24**, 217; Beulke 129; Einl 84); die Anträge können auch im Widerspruch zur Einlassung des Angeklagten (BGH **21**, 118, 124; MDR **77**, 461 [H]; Köln VRS **17**, 140) und sogar zu seinem Geständnis stehen (KMR-Paulus 374). Antragsberechtigt sind ferner Erziehungsberechtigte und gesetzliche Vertreter (§ 67 I **JGG**) und Beistände nach § 69 **JGG,** nicht aber nach § 149 (BGH MDR **78**, 626 [H]), auch nicht der nach § 407 I **AO** teilnahmeberechtigte Finanzamtsvertreter. **Gemeinsame An-** 31
tragstellung mehrerer Berechtigter ist zulässig, auch von Prozeßgegnern (RG JW **32**, 2729), sofern sie mit der Beweisführung nicht entgegengesetzte Interessen verfolgen (RG **17**, 375). Möglich ist auch der Anschluß an den Antrag eines anderen Beteiligten (RG **58**, 141; KMR-Paulus 375), selbst stillschweigend (RG **64**, 30, 32; ANM 385). Jedoch liegt eine gemeinschaftliche Antragstellung oder ein stillschweigender Anschluß nicht schon wegen der gleichen Interessenlage mehrerer Prozeßbeteiligter vor (ANM 385 ff; Gollwitzer Sarstedt-FS 28; **aM** BGH NJW **52**, 273; NStZ **81**, 96 [Pf] **84**, 42; VRS **28**, 378, 380; KK-Herdegen 52); in einem solchen Fall ist der Beteiligte, der sich dem Antrag nicht angeschlossen hat, jedoch durch die unterlassene oder fehlerhafte Ablehnung beschwert (ANM 386; unten 84).

B. **Form:** Beweisanträge müssen in der Hauptverhandlung (unten 34) und 32
mündlich (vgl aber § 257 a) gestellt werden. Die Vorlegung schriftlicher Anträge kann den mündlichen Vortrag nicht ersetzen (Frankfurt NStZ-RR **98**, 210; ANM 380 ff). Der Vorsitzende muß daher ggf auf die Verlesung hinwirken (RG **59**, 420, 422; Sarstedt DAR **64**, 310; **aM** BGH NJW **53**, 35; LR-Gollwitzer 103) oder sie selbst vornehmen. Üblicherweise überreicht der Antragsteller von sich aus einen Schriftsatz und verliest ihn (Hamm JMBlNW **70**, 251). Sonst kann der Vorsitzende um schriftliche Niederlegung ersuchen; der Antragsteller muß dem aber nicht nachkommen (Bay DAR **79**, 240 [R]; Hamm aaO). Einen Anspruch darauf, einen Beweisantrag in das Sitzungsprotokoll zu diktieren, haben die Prozeßbeteiligten nicht (Hamm JMBlNW **70**, 251; Köln VRS **70**, 370; ANM 400).

C. **Zeitpunkt:** Beweisanträge sind bis zum Beginn der Urteilsverkündung zu- 33
lässig (BGH **16**, 389, 391; **21**, 118, 124; DAR **80**, 207 [Sp]; NStZ **82**, 41; Köln VRS **64**, 279; erg 1 zu § 246), auch im Verkündungstermin (BGH NStZ **81**, 311; KG StV **91**, 59). Sogar nachdem das Gericht zur Urteilsverkündung im Sitzungssaal erschienen ist, können noch Anträge gestellt werden (RG **66**, 88; Schleswig SchlHA **76**, 171 [E/J]). Lehnt der Vorsitzende die Entgegennahme des Antrags ab, gilt § 238 II (BGH NStZ **92**, 346; erg 13 zu § 238), es sei denn, der Vorsitzende läßt den Antragsteller überhaupt nicht zu Wort kommen (BGH NStZ **92**, 248). Nach Beginn der Urteilsverkündung bis zum Schluß der mündlichen Begründung (BGH **25**, 333, 335) steht es im Ermessen des Vorsitzenden, ob weitere Anträge

entgegengenommen werden (BGH MDR **75**, 24 [D]; NStZ **86**, 182; VRS **36**, 368; Neustadt NJW **62**, 1632); er braucht seine ablehnende Entscheidung nicht zu begründen (BGH NStZ **86**, 182). Die Anrufung des Gerichts nach § 238 II ist jetzt ausgeschlossen (BGH MDR **75**, 24 [D]; Scheffler MDR **93**, 5; erg 4 zu 268). Maßgebend ist die Aufklärungspflicht nach II (BGH aaO; Saarbrücken OLGSt § 244 II S. 45; Scheffler aaO). Wenn aber die Urteilsbegründung zur Entgegen-
34 nahme des Antrags unterbrochen worden ist, gelten III–V (BGH StV **85**, 398). **Vor der Hauptverhandlung gestellte Anträge** müssen in der Hauptverhandlung wiederholt werden (RG **73**, 193; LR-Gollwitzer 100; ANM 388), sofern nicht unzulässigerweise die Wahrunterstellung zugesagt worden ist (8 zu § 201; 5 zu § 219). Die Wiederholung ist auch nach Aussetzung (nicht bei bloßer Unterbrechung nach § 229) der Hauptverhandlung (Bay DAR **64**, 242 [R]) und nach Zurückverweisung durch das Revisionsgericht erforderlich. Anträge, die der vom Erscheinen entbundene Angeklagte bei seiner Vernehmung nach § 233 II S. 1 gestellt hat, gelten als in der Hauptverhandlung selbst gestellt (RG **40**, 354, 356; Bay **55**, 267 = NJW **56**, 1042; ANM 390), auch wenn dort ein Verteidiger mitwirkt (LR-Gollwitzer 32 zu § 233). Über schriftliche Anträge des vom Erscheinen Entbundenen vor der Hauptverhandlung wird dagegen nur nach § 219 entschieden (Bay aaO; LR-Gollwitzer 33 zu § 233).

35 D. **Fürsorgepflicht des Gerichts** (Einl 155 ff): Aus II folgt die Pflicht des Gerichts, die Prozeßbeteiligten zur Stellung sachdienlicher Anträge zu veranlassen und bei der Stellung ihrer Beweisanträge zu unterstützen (BGH **22**, 118, 122; ANM 393). Erkennbare Mißverständnisse sind durch entspr Hinweise auszuräumen (BGH NStZ **93**, 228 [K]; **94**, 483). Auf die mündliche Wiedergabe schriftlich gestellter Anträge (oben 32) und auf die Vervollständigung unzulänglicher Beweisanträge muß hingewirkt werden (BGH MDR **51**, 659 [D]; StV **81**, 330; **96**, 362; VRS **41**, 203, 206; ANM 396 mwN), sofern das nicht von vornherein zwecklos erscheint (RG **51**, 42; Bergmann MDR **76**, 889). Eine Fragepflicht besteht vor allem, wenn der Sachverhalt die Vermutung nahelegt, daß der Antragsteller den Antrag aus Ungeschick, ungenügender Überlegung, infolge eines Versehens oder aus ähnlichen Gründen nicht so genau und vollständig gefaßt hat, wie er dazu an sich in der Lage wäre (BGH NStZ **85**, 205 [Pf/M]; NStZ **95**, 356; ANM 396), insbesondere, wenn er die Beweistatsachen nicht (BGH GA **60**, 315) oder nicht deutlich genug angibt (BGH **19**, 24, 25; Bay VRS **59**, 266; Köln VRS **64**, 279) und wenn das Ziel des Antrags nicht erkennbar (BGH **1**, 137, 138; BGH NJW **59**, 396) oder das Beweismittel nicht ausreichend bezeichnet ist (Saarbrücken VRS **38**, 59). Das gilt für Hilfs- und Eventualbeweisanträge (oben 22 a, 22 b) genauso (offengelassen in BGHR § 244 VI Hilfsbeweisantrag 6). Diese Pflichten bestehen auch gegenüber StA (RG GA Bd **67**, 440; LR-Gollwitzer 114), Privat- und Nebenkläger sowie Verteidiger (BGH **22**, 118, 122; vgl auch BGH **19**, 24, 25; Hamm VRS **40**, 205).

36 E. **Protokollierung:** Nach § 273 I muß der Beweisantrag, auch der Hilfsantrag (BGH MDR **68**, 552 [D]; **75**, 468 [D]), nicht aber eine mündliche Begründung, die der Antragsteller dem Antrag hinzufügt (Nürnberg MDR **84**, 74), im Sitzungsprotokoll beurkundet werden (10 zu § 273). Es muß den Antragsteller und den Inhalt des Antrags ausweisen (BGH GA **60**, 315). War der Antrag aus einem dem Gericht überreichten Schriftsatz verlesen worden, so genügt in der Sitzungsniederschrift die Bezugnahme auf das als Anlage zum Protokoll genommene Schriftstück (ANM 401).

37 F. Die **Zurücknahme des Beweisantrags** und der Verzicht (vgl ANM 402 ff) auf die bereits beschlossene Beweiserhebung sind zulässig, solange das Beweismittel nicht im Sitzungssaal präsent ist; dann gilt § 245 I S. 2. Die Zurücknahme muß eindeutig erklärt werden (BGH MDR **71**, 18 [D]; Koblenz wistra **84**, 122); eine schlüssige Handlung kann aber genügen (BGH NStZ **93**, 28 [K]). Sie liegt idR nicht in der Erklärung des Antragstellers, er stelle keine weiteren Beweisanträge

(BGH aaO; NStZ **83**, 212 [Pf/M]; StV **87**, 189), er verzichte auf eine weitere Beweisaufnahme (ANM 403; **aM** Arndt DRiZ **56**, 31), er sei mit dem Schluß der Beweisaufnahme einverstanden (Köln NJW **54**, 46; Dahs/Dahs 354). Kein Verzicht bedeutet das Unterlassen der Wiederholung eines versehentlich nicht beschiedenen Antrags (vgl jedoch Hamm JR **71**, 516). Ein Verzicht kann aber angenommen werden, wenn der Antragsteller auf den Antrag nicht mehr zurückkommt, nachdem ein Beweis erhoben worden ist, den er als gleichwertig ansehen kann (BGH MDR **57**, 268 [D]), oder wenn von 8 Zeugen, deren Vernehmung zum selben Beweisthema er beantragt hatte, 5 erschienen sind und die Beweistatsache nicht bestätigt haben (KG StV **87**, 80). Die Zurücknahme kann auf einen Teil des Antrags beschränkt (BGH aaO; RG **75**, 165, 168), aber nicht unter einer Bedingung erklärt werden. Sie wirkt nur gegen den Beteiligten, der sie erklärt, nicht gegen einen anderen, der sich dem Antrag angeschlossen hatte. Die Erklärung ist unwiderruflich (Einl 116), hindert aber nicht die erneute Stellung des Antrags (RG **27**, 152; Oldenburg NdsRpfl **79**, 110). Zurücknahme und Verzicht müssen nach § 273 I im Sitzungsprotokoll beurkundet werden (BGH StV **83**, 319).

7) **Entscheidung über Beweisanträge:** 38

A. **Auslegung des Antrags:** Wie jede strafprozessuale Willenserklärung ist 39
auch der Beweisantrag der Auslegung fähig (BGH JR **51**, 509; Koblenz VRS **49**, 273; LR-Gollwitzer 111; ANM 749), auch wenn er vom StA (BGH MDR **76**, 815 [H]) oder Verteidiger stammt (Arndt DRiZ **56**, 31). Wenn die Befragung des Antragstellers nicht möglich ist, muß daher durch Auslegung versucht werden, den Sinn und Inhalt eines unklaren Antrags zu ermitteln. Das gilt gleichermaßen für Beweistatsachen (BGH NJW **68**, 1293) wie für Beweismittel (Koblenz VRS **47**, 180). Auszugehen ist vom Wortlaut. Zur Auslegung sind alle dazu geeigneten Umstände heranzuziehen, insbesondere der Gang der Hauptverhandlung (BGH JR **51**, 509; OGH NJW **50**, 434; Celle NdsRpfl **82**, 66), die übrigen Ausführungen des Antragstellers (Bay VRS **62**, 450; Bergmann MDR **76**, 889) oder seines Verteidigers (Schleswig DAR **61**, 310), vorbereitende Schriftsätze und der sonstige Akteninhalt (Schleswig SchlHA **70**, 198 [E/J]; Dahs/Dahs 316). Bei mehreren Auslegungsmöglichkeiten muß die dem Antragsteller günstigere gewählt werden (Hamm VRS **21**, 368; KK-Herdegen 47).

B. **Entscheidungsbefugnis des Vorsitzenden:** Die beantragte Beweisauf- 40
nahme kann der Vorsitzende nach § 238 I anordnen (BGH NStZ **82**, 432; KMR-Paulus 406), sofern nicht eine Aussetzung oder Unterbrechung der Verhandlung erforderlich ist (§ 228 I S. 1). Gegen seine Anordnung, die nicht begründet zu werden braucht (KK-Herdegen 57), kann nach § 238 II das Gericht angerufen werden, auch wenn nur die Notwendigkeit und Sachdienlichkeit der Beweiserhebung bestritten wird (RG LZ **14**, 1863; KK-Herdegen 56; **aM** LR-Gollwitzer 142; Erker 96 ff).

C. **Entscheidung des Gerichts:** 41

a) Die **Ablehnung des Antrags** erfordert einen Gerichtsbeschluß (VI), der mit 41 a
Gründen versehen werden muß (§ 34). Der Hinweis des Vorsitzenden, die StrK halte einen Zeugen für unerreichbar, erfüllt die Funktion eines solchen Beschlusses nicht (BGH NStZ **83**, 568). Das Fehlen eines Beschlusses ist aber unschädlich, wenn sich aus dem Verhalten des Antragstellers ergibt, daß er den Beweisantrag nicht aufrechterhalten will (BGHR Entscheidung 2 mwN), oder er nach den Umständen nicht im unklaren darüber sein konnte, daß von der beantragten Beweiserhebung Abstand genommen wird und er dies widerspruchslos hingenommen hat (Düsseldorf Rpfleger **93**, 460), oder wenn sonst das Beruhen des Urteils auf dem fehlenden Ablehnungsbeschluß ausgeschlossen werden kann (zB weil die behauptete Beweistatsache mit den angebotenen Beweismitteln nicht zu beweisen ist, Koblenz OLGSt Nr 17). Das Erfordernis eines begründeten Ablehnungsbeschlusses besteht hingegen auch bei nicht ernstgemeinten Beweisanträgen (unten

67 ff) und bei der Teilablehnung eines Beweisantrags, die auch vorliegt, wenn anstelle des benannten Beweismittels ein schlechteres (BGH StV **96**, 411; **aM** BGH StV **83**, 6 mit abl Anm Schlothauer), nicht aber, wenn ein gleichwertiges verwendet wird (dazu Schultz StV **83**, 349 ff; vgl BGH **34**, 355, 357; NStZ **92**, 225 [K]). Der Vorsitzende darf nicht anstelle des Gerichts entscheiden, auch nicht im Einverständnis der Prozeßbeteiligten (BGH MDR **57**, 268 [D]; NStZ **83**, 422; wistra **94**, 66). Maßgebend für die Entscheidung des Gerichts ist der Verfahrensstand im Zeitpunkt der Beschlußfassung (ANM 755). Die Begründung des Ablehnungsbeschlusses soll den Antragsteller davon unterrichten, wie das Gericht den Antrag beurteilt, damit er in der Lage ist, sich in seiner Verteidigung auf die Verfahrenslage einzustellen, die durch die Antragsablehnung entstanden ist, insbesondere weitere Anträge zu stellen (BGH **19**, 24, 26; NStZ **83**, 568; StV **82**, 253; VRS **35**, 132; KG VRS **48**, 432; Köln VRS **49**, 283). Auch soll dem Revisionsgericht die rechtliche Prüfung der Ablehnung ermöglicht werden (BGH **2**, 284, 286; NJW **94**, 1484; Bay DAR **56**, 165; KG VRS **29**, 204). Eine über den Gesetzeswortlaut nicht hinausgehende Beschlußbegründung genügt daher nicht (BGH **13**, 252, 257; NStZ **81**, 96 [Pf]; VRS **16**, 424; Düsseldorf MDR **80**, 868); bei einfacher Sachlage kann ein Verstoß gegen diesen Grundsatz aber unschädlich sein (LR-Gollwitzer 146; vgl aber BGH DAR **81**, 199 [Sp]; NStZ **81**, 309; **82**, 170; StV **81**, 4; Frankfurt NJW **52**, 638; Koblenz VRS **45**, 367, 369; **73**, 52, 54; KMR-Paulus 407, die dann keine Begründung verlangen).

42 b) **Unter jedem in Betracht kommenden Gesichtspunkt** muß der Ablehnungsbeschluß den Antrag würdigen (Frankfurt NJW **53**, 198; Hamm NJW **63**, 603). Die Beschlußbegründung muß den Antrag nach seinem wirklichen Inhalt und Sinn (BGH NStZ **81**, 96 [Pf]) und ohne Umdeutung oder Verkürzung in seiner vollen Tragweite erledigen (BGH NStZ **83**, 210 [Pf/M]; StV **83**, 90). Bei mehreren Anträgen müssen die Ablehnungsgründe für jeden Antrag dargelegt werden (BGH **21**, 118, 124; **22**, 124, 126; NJW **64**, 2118; MDR **70**, 560 [D]). Entsprechendes gilt, wenn in dem Antrag mehrere Beweismittel benannt waren (BGH StV **87**, 236). Ein und derselbe Antrag kann auch aus mehreren Gründen abgelehnt werden (BGH NJW **53**, 1314; LR-Gollwitzer 147). Der Beschluß ist auslegungsfähig (BGH **1**, 29, 32; Düsseldorf DAR **66**, 249; Stuttgart NJW **67**, 1627 = JR **68**, 151 mit Anm Koffka; einschr KK-Herdegen 58), aber nicht aus den Urteilsgründen. Ein unvollständig oder mangelhaft begründeter Beschluß kann auch nicht in den Urteilsgründen ergänzt oder geändert werden (BGH **19**, 24, 26; **29**, 149, 152; NJW **85**, 76; NStZ **82**, 213; **84**, 16 [Pf/M]; 17 [Pf/M]; ANM 758 mwN). Entnimmt der Antragsteller aber aus der Ablehnungsbegründung,daß das Gericht seinen Antrag mißverstanden hat, muß er dies sogleich und nicht erst mit der Revision rügen (BGH StV **89**, 465 mit krit Anm Schlothauer).

43 c) **Im einzelnen** müssen in dem Ablehnungsbeschluß die rechtlichen und tatsächlichen Erwägungen dargelegt werden, aus denen der Beweisantrag abgelehnt
43 a wird (Bay DAR **64**, 242 [R]; Koblenz VRS **45**, 367, 369). Im Fall der **Bedeutungslosigkeit** (unten 54) muß – wogegen in der Praxis häufig verstoßen wird – angegeben werden, ob sie auf tatsächlichen oder rechtlichen Gründen beruht und auf welchen (BGH **2**, 284, 286; NJW **80**, 1533, 1534; NStZ **82**, 213; MDR **81**, 101 [H]; NStZ **83**, 211 [Pf/M]; **84**, 16 [Pf/M]; **85**, 14 [Pf/M]; **87**, 218 [Pf/M]; ANM 760 mwN; Schweckendieck NStZ **97**, 258). Wird die Unerheblichkeit aus tatsächlichen Umständen gefolgert, müssen diese daher mitgeteilt werden (BGH wistra **95**, 30); das ist insbesondere deshalb erforderlich, damit sich der Antragsteller auf die dadurch geschaffene Verfahrenslage einstellen kann (BGH StV **90**, 246; **91**, 408; **93**, 3 je mwN). Geht es um die Glaubwürdigkeit eines Zeugen, ist zu begründen, warum die zu beweisende Tatsache das Gericht auch im Falle ihres Nachweises unbeeinflußt lassen würde (BGH StV **90**, 340; Frankfurt StV **95**, 346).
43 b Die **Unerreichbarkeit** (unten 62) muß mit Tatsachen belegt werden (BGH StV **83**, 185 L; NStZ **93**, 50; Schleswig SchlHA **76**, 170). Es muß ggf dargetan werden,

daß und welche Ermittlungen stattgefunden haben, um das Beweismittel zur Hauptverhandlung herbeizuschaffen (BGH aaO; NStZ **87**, 218 [Pf/M]). Wenn das Gericht eine kommissarische Vernehmung nicht für ausreichend hält, müssen die Gründe dafür dargelegt werden (BGH GA **71**, 85; NStZ **83**, 325 = JR **84**, 129 mit Anm Meyer). Bei Ablehnung wegen **Verschleppungsabsicht** (unten 67) müssen **43 c**
die Umstände eingehend gewürdigt werden, aus denen das Gericht auf das Vorliegen dieser Absicht schließt (BGH **21**, 118, 123; **29**, 149, 151; NJW **69**, 281; NStZ **82**, 213; 291; **84**, 230; Koblenz wistra **84**, 122; KK-Herdegen 90; ANM 762 mwN; Meyer JR **83**, 37; Schweckendieck NStZ **91**, 111; vgl aber auch Gollwitzer JR **80**, 35); das Revisionsgericht muß die Rechtsanwendung allein aufgrund der Antragsablehnung prüfen können (**aM** BGH **1**, 29, 32; Hamburg JR **80**, 32, die diese Prüfung selbständig aufgrund des Akteninhalts vorgenommen haben). Bei Ablehnung eines Antrags auf **Vernehmung eines Sachverständigen** (unten 72) **43 d**
nach IV S. 1 muß die eigene Sachkunde im Ablehnungsbeschluß nicht näher begründet werden (EbSchmidt JZ **59**, 132; **aM** LR-Gollwitzer 146); ergibt sie sich nicht aus der Lebenserfahrung, so wird sie im Urteil dargelegt (unten 73). Im Fall des IV S. 2 ist eine nähere Begründung erforderlich, wenn einer der dort bezeichneten Umstände behauptet wird (BGH **10**, 116, 118; Celle NJW **74**, 616; Düsseldorf NJW **70**, 1984; KK-Herdegen 103). Der Antrag auf **Einnahme eines Au-** **43 e**
genscheins nach V S. 1 kann mit den unten 78 ausgeführten Gründen abgelehnt werden. Die **Vernehmung eines Auslandszeugen** (unten 63) kann nach dem **43 f**
durch das RpflEntlG eingefügten V S. 2 – verfassungsrechtlich unbedenklich (StV **97**, 1 mit krit Anm Kinzig) – unter den gleichen Voraussetzungen abgelehnt werden wie die Einnahme eines Augenscheins, wenn also nach dem pflichtgemäßen Ermessen des Gerichts die Beweiserhebung zur Erforschung der Wahrheit nicht erforderlich ist (vgl dazu Herdegen NStZ **98**, 445 ff). Der Regelung liegt der Gedanke zugrunde, daß sich das Gericht außerhalb seiner Amtsaufklärungspflicht (oben 10) auf die Beweismittel beschränken soll, die es aus seinem eigenen Hoheitsbereich herbeischaffen kann (BR-Drucks 314/91 S. 103; abl Asbrock ZRP **92**, 13; Herdegen NJW **96**, 27; Kugler JurBüro **91**, 1301; Schlüchter-RpflEntlG 47, 49; Schomburg/Klip StV **93**, 210; Schulz StV **91**, 354; Werle JZ **91**, 793). Damit ist eine vorweggenommene Beweiswürdigung erlaubt und erforderlich (BGH **40**, 60 mit Anm Kintzi NStZ **94**, 448; BGH NStZ **94**, 554 = JZ **95**, 209 mit Anm Perron; Werle aaO; krit Herdegen Boujong-FS 785). Wie nach V S.1 (unten 78) ist die Beweisantizipation zulässig (BGH aaO), wobei aber die von der Rspr zu V S.1 entwickelten Grundsätze über die – engeren – Grenzen zulässiger Beweisantizipation nicht gelten (BGH StV **94**, 283; NStZ **94**, 593); die Ladung eines Auslandszeugen darf also auch abgelehnt werden, wenn dadurch die Aussage eines einzigen – nach Ansicht des Gerichts glaubwürdigen – Zeugen widerlegt werden soll (zw Fezer JZ **96**, 659). Der Ablehnungsgrund der Prozeßverschleppung (unten 67) wird hier überflüssig (BGH StV **94**, 635 mit Anm Müller; KK-Herdegen 85). Das Gericht muß die Gründe dafür, warum es die Vernehmung des – angeblich erreichbaren – Zeugen (nur hierfür ist die Vorschrift von praktischer Bedeutung, vgl Oldenburg NdsRpfl **94**, 315; zum unerreichbaren Zeugen vgl unten 63) für entbehrlich erachtet, im Ablehnungsbeschluß darlegen (Schulz StV **91**, 357), also insbesondere die Erwägungen mitteilen, auf die sich seine Überzeugung stützt, die beantragte Beweiserhebung werde keinen Einfluß auf die Feststellungen haben (BGH **40**, 60; NStZ **98**, 158; Perron JZ **95**, 212). Hierbei kommt es auf die Ergebnisse der bereits durchgeführten Beweisaufnahme an; der Antrag ist danach abzulehnen, wenn die Richtigkeit der Beweisbehauptung durch sonstige Beweismittel geklärt werden kann (Böttcher/Mayer NStZ **93**, 155) oder die beantragte Zeugenvernehmung keine weitere wesentliche Aufklärung verspricht (krit dazu Schoreit DRiZ **91**, 405) oder der Zeuge bereits polizeilich vernommen wurde, dabei nichts zur Aufklärung beitragen konnte und andere Angaben nicht zu erwarten sind. Die Amtsaufklärungspflicht setzt der Ablehnung enge Grenzen (Siegismund/Wickern wistra **93**, 86) und verwehrt sie, wenn die Aussage des

Zeugen nach dem Inhalt des Beweisantrages von ausschlaggebender Bedeutung sein kann (Maatz Remmers-FS 586; Rieß AnwBl **93**, 55). Dem Gericht steht zur Prüfung der Voraussetzungen des V S.2 das Freibeweisverfahren (oben 7, 9) offen (BGH StV **97**, 511; Maatz aaO 588 Fn 66); es ist deshalb auch befugt, sich unmittelbar (zB telefonisch) mit dem Zeugen in Verbindung zu setzen, um herauszufinden, ob er Sachdienliches zur Klärung der Beweisfrage beitragen kann (BGH NStZ **95**, 244). Bei der Entscheidung sind auch die Schwierigkeiten einer Ladung zu berücksichtigen (Rieß aaO); sofern eine einfache Zustellung der Ladung nach § 37 II (dort 25) möglich ist, sollte die Ladung des Zeugen auf diesem Wege versucht werden. V S. 2 gilt auch dann, wenn der Zeuge im Ausland im Rechtshilfeweg – ggf nach § 247 a (dort 6, 9) – vernommen werden soll; das Gericht ist bei Vorliegen der Voraussetzungen also auch nicht verpflichtet, den Zeugen im Ausland selbst zu vernehmen (BGH **98**, 3363). In den Urteilsgründen darf sich das Gericht nicht mit der Beschlußentscheidung in Widerspruch setzen (BGH StV **97**, 511). Das Revisionsgericht prüft im übrigen nur, ob die vom Tatrichter nach seinem pflichtgemäßen Ermessen zu treffende Entscheidung Rechtsfehler aufweist (BGH NJW **98**, 3363).

44 D. **Bekanntgegeben** werden muß der Beschluß spätestens vor dem in § 258 I bezeichneten Schluß der Beweisaufnahme (BGH **19**, 24, 26). Bis dahin kann die Entscheidung zurückgestellt werden (Sarstedt DAR **64**, 310; Schulz StV **83**, 342). Den Urteilsgründen darf die Mitteilung der Ablehnungsgründe nicht vorbehalten werden (BGH NJW **51**, 412; NStZ **84**, 17 [Pf/M]; VRS **35**, 132; Köln VRS **49**, 183). Der Antragsteller kann auf die Bekanntgabe vor Urteilserlaß aber verzichten; der Vermerk des Protokolls, daß auf ausdrückliches Befragen keine Beweis- oder Beweisermittlungsanträge mehr gestellt wurden und die Beweisaufnahme im allseitigen Einverständnis geschlossen wurde, weist idR jedoch keine eindeutige Verzichtserklärung aus (BGH StV **87**, 189; Zweibrücken StV **95**, 347). Ein Verzicht liegt hingegen bei dem nach § 233 entbundenen Angeklagten darin, daß er weder erscheint noch einen Vertreter entsendet (KK-Herdegen 60; ANM 768 mwN).

44 a Über einen **Hilfs- oder einen Eventualbeweisantrag** (oben 22 a, 22 b) wird erst im Urteil entschieden. Das folgt aus der Abhängigkeit des Hilfs- vom Hauptantrag (BGH StV **90**, 149; Brause NJW **92**, 2868; Niemöller JZ **92**, 884 ff); eine andere Auffassung würde zu einer teilweisen Bekanntgabe der Urteilsgründe vor der Urteilsverkündung führen (BGH NStZ **91**, 47 mit abl Anm Scheffler NStZ **91**, 348 = StV **91**, 349 mit abl Anm Schlothauer; eingehend dazu Niemöller aaO, der ferner der Ansicht ist, daß eine sich auf die dem Urteil vorausgehende Überzeugungsbildung beziehende Bedingung nicht Gegenstand eines Hilfs- oder Eventualbeweisantrags sein kann). Demgegenüber geht die Gegenansicht (früher hM) von einem in dem Hilfsantrag liegenden Verzicht auf die Bekanntgabe vor Urteilserlaß aus (BGH **32**, 10, 13 = NStZ **84**, 372 mit Anm Schlüchter; BGH StV **90**, 149; KK-Herdegen 50 a) und schließt daraus konsequent (und unter allerdings unzutreffender Berufung auf BGH MDR **51**, 275, dort von Dallinger verkürzt und mißverständlich wiedergegeben), daß dieser Verzicht auch widerrufen und damit Entscheidung vor Urteilserlaß verlangt werden könne. Das ist abzulehnen (vgl BGH NStZ **91**, 47; **95**, 98; StV **96**, 529; Niemöller aaO; Widmaier Salger-FS 431, der zutr darauf hinweist, daß sonst der Hilfsbeweisantrag dem Antragsteller mehr Informationen verschaffen würde als ein unbedingt gestellter Beweisantrag). Die Ablehnungsbegründung kann somit zwar auch schon in der Verhandlung, wird aber idR erst in der Urteilsbegründung erfolgen (vgl ANM 769 mwN; vgl aber auch BGH NStZ **85**, 494 [Pf/M]: ausdrückliche Erwähnung des Antrags ist nicht erforderlich). Das gilt auch, wenn dem Antrag stattgegeben wird, die Beweiserhebung aber nicht durchgeführt werden kann und das Gericht den Antrag nunmehr ablehnt (BGH **32**, 10). Nur wenn der Hilfsbeweisantrag wegen Verschleppungsabsicht abgelehnt wird, muß die Ablehnungsbegründung schon in der Hauptverhandlung mitgeteilt werden, damit der Antragsteller den Vorwurf entkräften kann (BGH NStZ **86**, 372;

StV **86**, 418; **90**, 394; Schlothauer StV **86**, 227; **aM** Schrader NStZ **91**, 225). Das gilt sowohl für Anträge des Verteidigers (KG NJW **54**, 770 = JR **54**, 231 mit Anm Sarstedt; KG VRS **44**, 113; Koblenz VRS **49**, 116; Köln VRS **61**, 272) als auch des Angeklagten (BGH **22**, 124 = JR **68**, 388 mit Anm Faller; NStZ **86**, 372; Bay **76**, 6 = MDR **76**, 510; Oldenburg VRS **65**, 41) und des Nebenklägers (Oldenburg NdsRpfl **79**, 110). Im übrigen kann lediglich dann, wenn der Hilfsantrag in einen Hauptantrag geändert wird, das Gericht zu einer Entscheidung vor Urteilserlaß gezwungen werden (BGH **32**, 10, 14).

E. **Änderung der Entscheidung:** Das Gericht kann den Ablehnungsbeschluß in der Hauptverhandlung, vor allem in der Urteilsberatung, erneut prüfen und ggf die Ablehnungsgründe ändern oder ergänzen. Hierüber müssen die Prozeßbeteiligten vor Schluß der Beweisaufnahme, notfalls unter Wiedereröffnung einer bereits geschlossenen Verhandlung, durch einen mit Gründen versehenen Beschluß unterrichtet werden (BGH **19**, 24, 26; **32**, 44, 47; Bay DAR **72**, 205 [R]; Schleswig SchlHA **77**, 182 [E/J]; Schlothauer StV **86**, 227). Das Unterlassen dieser Unterrichtung steht der ungerechtfertigten Ablehnung eines Antrags gleich (RG **57**, 165; KK-Herdegen 62). Entsprechendes gilt, wenn von einer durch Gerichtsbeschluß angeordneten (BGH NJW **83**, 2396) Beweisaufnahme abgesehen wird. Auch dann muß ein mit Gründen versehener Beschluß verkündet werden (BGH StV **85**, 488; ANM 774), so daß die bloße Feststellung der Unerreichbarkeit des Zeugen nicht genügt (BGH **32**, 10, 12; StV **83**, 318). Entscheidet sich das Gericht nachträglich dafür, einen abgelehnten Beweis doch zu erheben, so bedarf das weder der förmlichen Aufhebung des Ablehnungsbeschlusses noch einer besonderen Begründung (ANM 775). 45

8) Verbot der Beweisantizipation: Die zulässigen Ablehnungsgründe sind in III, IV erschöpfend aufgezählt (BGH **29**, 149, 151; Hamm VRS **42**, 208). Ob es daneben in Ausnahmefällen eine Ablehnung wegen groben Mißbrauchs des Antragsrechts geben kann, wie BGH NStZ **86**, 371 erwogen hat, ist fraglich (vgl Bottke NStZ **94**, 82; Herdegen Meyer-GedSchr 199; Metzger in Jung/Müller-Dietz 96). Ein Beweisantrag darf nicht mit der Begründung abgelehnt werden, das Gegenteil der Beweistatsache sei schon erwiesen, die Beweiserhebung verspreche keinen Erfolg (BGH StV **86**, 418; **94**, 62; **97**, 567 mit Anm Wohlers sowie Anm Herdegen NStZ **97**, 505; ANM 413 ff). Das Verbot der Beweisantizipation, der Vorwegnahme der Beweiswürdigung, bezieht sich auf Beweismittel und Beweistatsachen. Das Gericht darf nicht von vornherein annehmen, daß das Beweismittel die Beweisbehauptung nicht bestätigen werde, etwa weil die Angaben des Zeugen nur auf Schätzungen beruhen (BGH NStZ **83**, 468), oder (von dem Fall der völligen Ungeeignetheit abgesehen) daß es wertlos sei (BGH **23**, 176, 188; NJW **66**, 1524; NStZ **84**, 42), und es darf auch nicht davon ausgehen, daß die Beweistatsache nicht beweisbar oder durch die bisherige Beweisaufnahme schon widerlegt sei (BGH StV **93** 621; MDR **74**, 16 [D]; VRS **39**, 95; Düsseldorf VRS **84**, 453; ANM 414 mwN; Frister ZStW **105**, 347 ff). Ein **Austausch des benannten Beweismittels** (allg dazu Schulz StV **83**, 341) ist beim Antrag auf Beweis durch Sachverständigen (§ 73 I S. 1) und Augenschein (V) zulässig (zur Ersetzung des Augenscheins durch Urkundenbeweis vgl BGH **27**, 135). Sonst gilt der Grundsatz, daß das Gericht stets ein besseres oder gleichwertiges Beweismittel benutzen darf (BGH **22**, 347 = JR **70**, 104 mit Anm Peters; BGH NJW **83**, 126; Köln NStZ **87**, 341; NStZ-RR **97**, 309; LR-Gollwitzer 157 ff; ANM 420 ff; **aM** Hanack JZ **70**, 564; **71**, 55; **72**, 114; Schulz StV **83**, 345; vgl auch KK-Herdegen 63 und Köln OLGSt Nr 10 mit krit Anm Julius), beim Zeugenbeweis aber nur, wenn der Zeuge nicht über ein eigenes Erlebnis, sondern über Feststellungen Auskunft geben soll, die von subjektiven Vorstellungen und der eigenen Beobachtungsgabe unabhängig sind (BGH aaO; Köln aaO; Dahs/Dahs 263; ANM 421; vgl auch Kratzsch JA **83**, 231; Schulz StV **83**, 437; Sieg MDR **83**, 505). 46 47

48 **9) Unzulässigkeit der Beweiserhebung:** Zu unterscheiden ist die Unzulässigkeit des Beweisantrags von der der Beweiserhebung (ANM 425). Unzulässige Anträge sind zB Anträge von nichtberechtigten Antragstellern (oben 30). Unzulässige „Ausforschungsbeweisanträge" gibt es nicht (**aM** BGH DAR **76**, 95 [Sp]; **80**, 205 [Sp]; Schleswig SchlHA **77**, 181 [E/J]); sie sind zulässige Beweisermittlungsan-
49 träge (oben 25). Der **zwingende Ablehnungsgrund des III S. 1** betrifft nur Anträge auf unzulässige Beweiserhebungen. Der Begriff ist ebenso auszulegen wie in § 245 I S. 1, II S. 2 (dort 7, 23). Unzulässig ist zB die Beweiserhebung mit in der StPO nicht zugelassenen Beweismitteln (Mitangeklagte, Privatkläger, erfolgreich abgelehnte Sachverständige) und über Themen, die nicht Gegenstand einer Beweisaufnahme sein können (ANM 428 ff), wie die Wahrnehmungen der erkennenden Richter oder sonstiger Verfahrensbeteiligter in der laufenden Verhandlung (BGHR Unzulässigkeit 4, 7, 9, 10 und 12; BGH NStZ **95**, 219 [K]; Köln OLGSt Nr 1; Bottke NStZ **94**, 81; Michel MDR **92**, 1026; Rissing-van Saan MDR **93**, 310), Bestand und Auslegung des inländischen Rechts und seine Anwendung auf den Entscheidungsfall (BGH NJW **68**, 1293; KG VRS **17**, 358; Hamm VRS **11**, 59; KK-Herdegen 3; **aM** LR-Dahs 9 vor § 72), die schuldangemessene Höhe der Strafe (BGH **25**, 207 mit krit Anm Schroeder JR **74**, 340), die Prognose nach § 56 I StGB (Bremen OLGSt S. 87; Celle JR **85**, 32 mit Anm J. Meyer; **aM** LG Frankfurt a.M. StV **84**, 120) oder die Frage, ob die Verteidigung der Rechtsordnung der Strafaussetzung nach § 56 III StGB entgegensteht (Celle JR **80**, 256 mit Anm Naucke). BGH StV **91**, 99 (ebenso LR-Gollwitzer 207; SK/StPO-Schlüchter 64; ähnl schon BGH **7**, 330) hält auch einen zu verfahrensfremden Zwecken gestellten Beweisantrag für unzulässig; aber eine Beweiserhebung dazu wäre nicht verboten, vielmehr nur nicht sachdienlich, die Ablehnung unterfällt daher nicht III S. 1 sondern III S. 2 (erg unten 67). Hauptsächlich kommt die Ablehnung nach III S. 1 in Betracht, wenn ein Beweisthema- oder Beweismittelverbot (Einl 51 ff) besteht. Das Beweisthema unterliegt zB einem Beweisverbot, wenn in dem anhängigen Verfahren insoweit schon eine Bindungswirkung eingetreten ist (Einl 187; 5 ff zu § 327; 20 zu § 353) oder wenn die Beweistatsache wegen Geheimhaltungsbedürftigkeit nicht aufgeklärt werden darf (vgl zB § 43 **DRiG**). Beweismittelverbote bestehen in den Fällen der § 52 (dort 2, 24), § 53 (dort 1), §§ 53 a, 54 (dort 25), §§ 81 c, 96, 250 (dort 9 ff), § 252 (dort 12 ff). Ferner ist die Beweiserhebung unzulässig, wenn der Beweis durch verbotene Methoden (§§ 136 a, 69 III), durch Unterlassen gesetzlich vorgeschriebener Belehrungen (§§ 52 III S. 1, 81 c III S. 2 Hs 2) oder durch andere Verstöße gegen gesetzliche Vorschriften erlangt worden ist. Ist der Schuldspruch rechtskräftig, sind Beweisanträge, die auf Feststellung der Unschuld oder der Schuldunfähigkeit des Angeklagten gerichtet sind, unzulässig (BGH StraFo **98**, 343; erg 21 zu § 353). Wegen der verfassungsrechtlichen Beweisverbote vgl Einl 56.

50 **10) Offenkundigkeit** der Beweistatsache oder ihres Gegenteils (BGH **6**, 292, 296; Bay **66**, 4 = JR **66**, 227; Düsseldorf MDR **80**, 868; NStE Nr 115; Hamburg NJW **68**, 2303; **aM** Grünwald BewR 93; eingehend Graul, Sytematische Untersuchungen zur Offenkundigkeit im Strafprozess, 1996) macht die Beweiserhebung überflüssig. Offenkundigkeit ist der Oberbegriff für Allgemein- und Gerichtskundigkeit (ANM 534). Zur Pflicht des Gerichts, offenkundige Tatsachen in der Hauptverhandlung zu erörtern, vgl oben 3.

51 A. **Allgemeinkundig** sind Tatsachen und Erfahrungssätze, von denen verständige und erfahrene Menschen regelmäßig ohne weiteres Kenntnis haben oder über die sie sich aus allgemein zugänglichen zuverlässigen Quellen unschwer unterrichten können (BVerfGE **10**, 177, 183 = NJW **60**, 31; BVerwG NVwZ **83**, 99; KG NJW **72**, 1909; Roxin § 24 C II 1), und zwar ohne besondere Fachkenntnisse (BGH **6**, 292, 293; **26**, 56, 59; DAR **81**, 199 [Sp]; VRS **58**, 374; ANM 536). Die Allgemeinkundigkeit kann örtlich, zeitlich und persönlich beschränkt sein (BGH **6**, 292, 293; DAR **81**, 199 [Sp]). Quellen der Allgemeinkundigkeit, die das Gericht

jederzeit benutzen darf, sind vor allem Zeitungen (ANM 537; vgl aber KG NJW **72**, 1909), Hör- und Fernsehfunk, Land- und Straßenkarten (Brandenburg StraFo **97**, 205), Nachschlagwerke, Geschichtsbücher uä. Allgemeinkundig können insbesondere Naturvorgänge, Daten, geographische Verhältnisse, geschichtlich erwiesene Tatsachen (zB der millionenfache Judenmord in den Gaskammern der Konzentrationslager während des 2. Weltkriegs, vgl BGH **40**, 97, 99 mwN) sein. Die Merkmale des gesetzlichen Tatbestands und andere unmittelbar beweiserhebliche Tatsachen können niemals allgemeinkundig sein (ANM 541; vgl auch LR-Gollwitzer 232 für Schriften mit strafbarem Inhalt).

B. **Gerichtskundig** sind Tatsachen und Erfahrungssätze, die der Richter im 52
Zusammenhang mit seiner amtlichen Tätigkeit zuverlässig in Erfahrung gebracht hat (BVerfGE **10**, 177, 183 = NJW **60**, 31; BGH **6**, 292, 293; Bay VRS **66**, 33; KG JR **56**, 387; Düsseldorf VRS **73**, 210; Frankfurt StV **83**, 192; Köln VRS **44**, 211; **65**, 450; ANM 545; krit Kahlo StV **91**, 52). Gleichgültig ist, ob er diese Kenntnisse in dem anhängigen oder in einem anderen Verfahren gewonnen hat (BGH **6**, 292, 293; Köln VRS **65**, 450). Auch die Feststellungen anderer Richter, von denen das Gericht amtlich erfahren hat, können gerichtskundig sein (BGH aaO; EbSchmidt 44). In ausgesetzten Hauptverhandlungen des anhängigen Verfahrens erworbene Kenntnisse sind niemals gerichtskundig (Nüse GA **55**, 72), auch nicht Tatsachen, die unmittelbar das Vorliegen oder Nichtvorliegen von Merkmalen des äußeren oder inneren Tatbestands ergeben (BGH **6**, 292, 295; RG **67**, 417; Stuttgart MDR **83**, 153). Die Gerichtskundigkeit beschränkt sich ebenso wie die Allgemeinkundigkeit (oben 51) auf mittelbar beweiserhebliche Tatsachen, vor allem auf sog Hintergrundmaterial (BGH aaO; ANM 548 ff).

C. Bei **Kollegialgerichten** erfordert die Offenkundigkeit nicht die Kenntnis 53
aller Richter (LR-Gollwitzer 233; Dahs/Dahs 420). Das gilt auch für die Gerichtskundigkeit (BGH **34**, 209, 210; SK/StPO-Schlüchter 94; ANM 565; **aM** KK-Herdegen 72; Roxin § 24 C II 2). Es genügt, daß die Kenntnis einer Tatsache bei einem Gerichtsmitglied vorhanden ist, das sie aber an alle anderen Mitglieder vermitteln muß; für die Überzeugung des Gerichts von der Offenkundigkeit genügt die Mehrheit der Mitglieder (ausführlich dazu Keller ZStW **101**, 414; Meyer-Goßner Tröndle-FS 558; vgl auch Hiegert, Die Sphäre der Offenkundigkeit in der StPO, 1989, S. 233 ff). Erg unten 73.

11) Bedeutungslosigkeit der Beweistatsache: Eine Tatsache ist für die Ent- 54
scheidung ohne Bedeutung, wenn ein Zusammenhang zwischen ihr und der abzuurteilenden Tat nicht besteht; der Umfang der Aufklärungsbemühungen des Gerichts ist insoweit auch an seiner Pflicht zur Beschleunigung und Konzentration der Hauptverhandlung zu messen (BGH NStZ-RR **96**, 334; weshalb entgegen Foth NStZ **95**, 375 das Gericht idR auch nicht verpflichtet ist, sonstige – in der Anklage nicht enthaltene – behauptete oder verjährte Straftaten aufzuklären; zur Verwertung solcher „überschießender" Feststellungen vgl aber 11 zu § 264). Bedeutungslos ist eine Beweistatsache auch dann, wenn sie trotz eines bestehenden Zusammenhangs nicht geeignet ist, die Entscheidung irgendwie zu beeinflussen (BGH NJW **53**, 35; **61**, 2069, 2070; MDR **76**, 815 [H]; Köln VRS **64**, 200; ANM 579). Die Bedeu-
tungslosigkeit kann sich aus rechtlichen oder tatsächlichen Gründen ergeben. **Aus** 55
Rechtsgründen ist eine Tatsache bedeutungslos, wenn eine Verurteilung schon aus anderen (bereits erwiesenen) Gründen nicht möglich ist, zB wegen Vorliegens von Prozeßhindernissen, Strafausschließungs- oder Strafaufhebungsgründen (Stuttgart Justiz **97**, 177). Der schon bewiesene Mangel am inneren Tatbestand macht Feststellungen zum äußeren Geschehensablauf nur ausnahmsweise überflüssig (BGH **16**,
374, 379; GA **74**, 61; MDR **56**, 272 [D]). **Aus tatsächlichen Gründen** bedeu- 56
tungslos sind Indiztatsachen (25 zu § 261), wenn zwischen ihnen und dem Gegenstand der Urteilsfindung keinerlei Sachzusammenhang besteht (Fall des § 245 II S. 2; vgl dort 25) oder wenn sie trotz eines solchen Zusammenhangs selbst im Fall ihres Erwiesenseins die Entscheidung nicht beeinflussen könnten, weil sie nur

mögliche, nicht zwingende Schlüsse zulassen und das Gericht den möglichen Schluß nicht ziehen will (BGH NJW **88**, 501; NStZ **82**, 126; **83**, 211 [Pf/M]; **85**, 516; **88**, 18 [Pf/M]; **88**, 211 [M]; StV **81**, 271; **92**, 259; NStE Nr 128; KG StV **88**, 380; MDR **93**, 722 [H]; NStE Nr 120; vgl auch BGH wistra **83**, 33; **93**, 29; Schwekendieck NStZ **97**, 259). Das Gericht beurteilt das auf der Grundlage des bisherigen Beweisergebnisses (mißverständlich BGH DAR **78**, 155 [Sp]; GA **56**, 384; MDR **70**, 778; StV **81**, 271; **82**, 58; wistra **83**, 33). Es darf aber die Beweiswürdigung nicht in der Weise vorwegnehmen, daß es die Beweiserheblichkeit der Indiztatsache mit der Begründung verneint, das Gegenteil sei bereits erwiesen (oben 46) oder erklärt, auch wenn der Zeuge die Behauptung bestätige, müsse dies nicht richtig sein (BGH StV **81**, 167; NStZ **84**, 564; **97**, 503 mit Anm Herdegen sowie Anm Wohlers StV **97**, 570) oder daß es die mögliche Aufklärung zugunsten des Angeklagten sprechender Umstände unterläßt (BGH StV **90**, 291 und 292). Im Urteil darf sich das Gericht mit der Ablehnungsbegründung nicht in Widerspruch setzen (BGH NStZ **88**, 38; **94**, 195; StV **83**, 90; **92**, 147 mit Anm Deckers; **93**, 622; **97**, 338), insbesondere die Urteilsgründe nicht auf das Gegenteil der unter Beweis gestellten Tatsache stützen (BGH StV **96**, 648; **97**, 237).

57 **12) Erwiesensein der Beweistatsache:** Wenn das Gericht von der Richtigkeit der Beweistatsache aufgrund des bisherigen Ergebnisses der Beweisaufnahme schon so überzeugt ist, daß es sie dem Urteil ohne weitere Beweisaufnahme zugrunde legen will, braucht es keinen Beweis zu erheben. Wird deswegen ein Beweisantrag abgelehnt, dürfen sich die Urteilsfeststellungen dazu nicht in Widerspruch setzen (BGH NStZ **89**, 83). Gleichgültig ist, ob die Tatsache zugunsten des Angeklagten oder zu seinen Ungunsten wirkt (BGH StV **83**, 319 L; RG **61**, 359; LR-Gollwitzer 235). Beweiserheblich muß die Tatsache nicht sein (Dahs/Dahs 332).

58 **13) Völlige Ungeeignetheit des Beweismittel:** Der Richter muß keine Beweise erheben, deren Gelingen infolge völliger Ungeeignetheit des benannten Beweismittels von vornherein ausgeschlossen erscheint (BGH **14**, 339; NJW **52**, 191; MDR **73**, 372 [D]). Die Ablehnung von Beweisanträgen setzt dann aber voraus, daß das Gericht ohne jede Rücksicht auf das bisher gewonnene Beweisergebnis im Freibeweis (vgl LR-Gollwitzer 277) feststellen kann, daß sich mit dem angebotenen Beweismittel das in dem Beweisantrag in Aussicht gestellte Ergebnis nach sicherer Lebenserfahrung nicht erzielen läßt (BGH StV **90**, 98 mwN; NStZ **95**, 45); eine Beweisantizipation derart, der Zeuge werde die Beweisbehauptung nicht bestätigen, vermag eine Ungeeignetheit des Beweismittels aber idR nicht zu begründen (BGH NStZ-RR **97**, 302). Die „relative" Ungeeignetheit des Beweismittels genügt nicht (BGH NJW **83**, 404; MDR **78**, 988 [H]; StV **83**, 7; **84**, 232; VRS **47**, 19; Bay MDR **81**, 338; KG StV **93**, 120; Düsseldorf NStZ **90**, 506). Ein geminderter, geringer oder zweifelhafter Beweiswert darf somit nicht mit völliger Ungeeignetheit gleichgesetzt werden (BGH StV **93**, 508; zw BGH NStZ **97**, 503, 504 mit insoweit abl Anm Herdegen NStZ **97**, 505; ebenfalls abl Wohlers StV **97**,
59 570). **Völlig ungeeignet** ist ein **Zeuge,** der wegen dauernder körperlicher oder geistiger Gebrechen oder wegen einer vorübergehenden geistigen Störung, insbesondere infolge Trunkenheit, die in sein Wissen gestellte Wahrnehmung nicht machen konnte (LR-Gollwitzer 281), der wegen seiner feindseligen Einstellung zu Staat und Justiz nicht gewillt ist, vor Gericht Angaben zu machen, und von dem daher nur eine Störung der Hauptverhandlung zu erwarten ist (BGH bei H. W. Schmidt MDR **83**, 4), oder der zu Vorgängen aussagen soll, die sich im Innern eines anderen Menschen abgespielt haben; obwohl er keine äußeren, einen Schluß auf die inneren Tatsachen ermöglichenden Umstände bekunden kann (BGH StV **84**, 61; **87**, 236; Schleswig SchlHA **75**, 190 [E/J]; ANM 604; erg 2 vor § 48) oder die nur ein Sachverständiger zuverlässig wahrnehmen kann (BGH VRS **21**, 429, 431). Der BGH (BGHR Ungeeignetheit 18) nimmt auch bei beständiger Zeug-
59 a nisverweigerung völlige Ungeeignetheit an (zw). **Sachverständige** sind ungeeignet, wenn sie zu ohne besondere Sachkunde wahrnehmbaren Vorgängen gehört

werden sollen (KG VRS **48**, 432; Düsseldorf VRS **60**, 122; Koblenz VRS **48**, 35), wenn ihnen die für das verlangte Gutachten erforderliche Sachkunde fehlt, wenn die dazu erforderlichen Anknüpfungstatsachen nicht bekannt sind (BGH **14**, 339; MDR **77**, 108 [H]; **78**, 627 [H]; StV **82**, 102; Bay VRS **59**, 266; anders aber, wenn die Stellungnahme des Sachverständigen für die Feststellung von Anknüpfungstatsachen bedeutsam werden kann, BGH StV **90**, 98; 246, oder ihm das zur Verfügung stehende Material Schlußfolgerungen ermöglicht, ob die Beweisbehauptung zutrifft, BGH NStZ **95**, 97, oder wenn das Gutachten die unter Beweis gestellte Behauptung wenn auch nicht sicher erweisen, so doch wahrscheinlich machen kann, BGH 4 StR 45/97 vom 13. 3. 1997) und nach Meinung des Gerichts, das dazu erforderlichenfalls im Freibeweis (oben 7, 9) sachkundigen Rat einholen muß (BGH NJW **83**, 404), auch nicht beschafft werden können (BGH NStZ **83**, 211 [Pf/M]; StV **90**, 7), oder wenn das Gutachten zu keinem verwertbaren Beweisergebnis führen kann, zB wenn es auf unausgereiften Untersuchungsmethoden beruhen würde (BGH NStZ **85**, 515), wenn es auf der Grundlage der Parapsychologie erstellt werden soll (BGH NJW **78**, 1207; Wimmer NJW **76**, 1133) oder wenn nicht mehr rekonstruierbare Vorgänge durch Experimente oder Versuche aufgeklärt werden sollen (Bay **66**, 4 = JR **66**, 227: Zuverlässigkeit eines Radargeräts beim Einsatz zur Tatzeit; BGH VRS **50**, 115: Individueller Abbauwert der Blutalkoholkonzentration zur Tatzeit; BGH VRS **35**, 264, 266; **36**, 189; Spiegel DAR **82**, 372: Fahrversuche zur Prüfung der Reaktionsfähigkeit; BGH MDR **77**, 108 [H]: Libidoverlust infolge Trunkenheit zur Tatzeit), nicht aber, weil das Gutachten keine sicheren Schlüsse auf die Richtigkeit der Beweistatsache zuläßt (BGH NJW **83**, 404; MDR **78**, 988; NStZ **84**, 564; **85**, 14 [Pf/M]; StV **84**, 232; VRS **47**, 19). Der Augenschein ist ungeeignet, wenn er nicht rekonstruierbare örtliche Verhältnisse zur Tatzeit beweisen soll (BGH DAR **62**, 74 [M]; Schleswig SchlHA **84**, 104 [E/L]). Niederschriften über Telefongespräche (bei der Überwachung nach § 100 a), sind als Beweismittel völlig ungeeignet, wenn die Originaltonbänder abhanden gekommen sind und daher die Übereinstimmung zwischen Urkundeninhalt und Tonband nicht festgestellt werden kann (LG Frankfurt a.M. StV **87**, 144). **Für lange zurückliegende Vorgänge benannte Zeugen** können völlig 60
ungeeignet sein, wenn es unmöglich, nicht nur unwahrscheinlich (BGH GA **56**, 384; KK-Herdegen 77) erscheint, daß sie sie zuverlässig in ihrem Gedächtnis behalten haben (BGH DAR **83**, 203 [Sp]; MDR **73**, 372 [D]; StV **82**, 339, 341; NStZ **93**, 295). Das ist nach der Lebenserfahrung unter Berücksichtigung der Umstände des Einzelfalls unter Anlegung eines strengen Maßstabs (vorweggenommene Beweiswürdigung!) zu beurteilen (BGH NStZ **89**, 219 [M]; Köln StV **95**, 293). Maßgebend sind der Gegenstand der Beweisbehauptung, die Persönlichkeit des Zeugen, die Bedeutung des Vorgangs für ihn und die Länge des Zeitablaufs (BGH DAR **83**, 203 [Sp]; Bay **64**, 135 = VRS **28**, 214; Hamm DAR **61**, 203). Wenn Anhaltspunkte dafür vorhanden sind, daß der Zeuge sich noch erinnert, darf der Antrag nicht abgelehnt werden; grundsätzlich ist es Sache des Antragstellers, solche Anhaltspunkte darzutun (BGH NStZ-RR **97**, 331). Die **besonderen persönli-** 61
chen Verhältnisse des Zeugen machen ihn nur in besonderen Ausnahmefällen zu einem völlig ungeeigneten Beweismittel (BGH NStZ **84**, 42; StV **85**, 356; ANM 611 mwN; Dahs/Dahs 333). Ohne Hinzutreten besonderer Umstände genügen insbesondere nicht verwandtschaftliche Beziehungen zu dem Angeklagten (BGH DAR **77**, 174 [Sp]; ANM 611 mwN), der Verdacht der Tatbeteiligung (BGH DAR **81**, 198 [Sp]; Hamm NJW **68**, 954, 955), die rechtskräftige Aburteilung als Teilnehmer an der dem Angeklagten vorgeworfenen Tat (Hamburg NJW **53**, 917), Vorstrafen, auch nach §§ 153 ff StGB (RG JW **28**, 2255; KG JR **83**, 479). Ebensowenig darf die Beweiserhebung abgelehnt werden, weil der Zeuge nach § 55 die Auskunft verweigern darf (BGH MDR **78**, 281 [H]; **81**, 196 [H]; StV **90**, 394; anders aber, wenn er sich zweifelsfrei auf § 55 berufen hat, vgl BGHR Unerreichbarkeit 17), weil er mit dem Angeklagten verfeindet (Hamm JMBlNW **50**, 62) oder von ihm wirtschaftlich abhängig ist (RG JW **32**, 404).

62 **14) Unerreichbarkeit des Beweismittels:**

62 a A. Wenn alle **Bemühungen des Gerichts**, die der Bedeutung und dem Wert des Beweismittels entsprechen, zu dessen Beibringung erfolglos geblieben sind und keine begründete Aussicht besteht, es in absehbarer Zeit herbeizuschaffen, ist das Beweismittel unerreichbar (BGH **29**, 390; NJW **79**, 1788; **90**, 398; NStZ **82**, 78; 212; **83**, 180; 422; **84**, 211 [Pf/M]; **85**, 375; **87**, 218 [Pf/M]; StV **86**, 418, 419; ANM 621 mwN; Herdegen NStZ **84**, 338; zur BGH-Rspr vgl ter Veen StV **85**, 295 und ferner zur Gesamtproblematik Julius, Die Unerreichbarkeit von Zeugen im Strafprozeß, 1988). Nur ausnahmsweise darf das Gericht solche Bemühungen als von vornherein aussichtslos unterlassen (BGH GA **64**, 374; **68**, 19; **87**, 218 [Pf/M]). Daß ein Zeuge unbekannt verzogen ist, macht ihn nicht ohne weiteres unerreichbar (BGH bei Herlan MDR **54**, 341; Hamm VRS **74**, 365; Koblenz GA **74**, 121), auch nicht der Umstand, daß ihn Polizeibeamte über das Wochenende nicht angetroffen haben (BGH StV **84**, 5) oder daß er auf Ladung nicht erschienen ist (Schleswig SchlHA **87**, 118 [L]). Hausermittlungen genügen nicht, wenn eine Nachfrage bei der Ausländer- oder Meldebehörde Erfolg verspricht (BGH StV **83**, 319; **96**, 581: auch hinsichtlich solcher Personen beim BZR und beim Ausländerzentralregister möglich, deren Geburtsort und -datum nicht bekannt sind), Auskünfte von Behörden nicht, wenn die Befragung von Verwandten oder Bekannten aussichtsreich erscheint (Frankfurt StV **86**, 468). Maßgebend ist auch nicht, ob der Zeuge am Terminstag verfügbar ist, sondern ob er in absehbarer Zeit vernommen werden kann (BGH NStZ **83**, 180). Jedoch muß nicht durch Zeitungsanzeigen nach ihm gesucht werden (Dahs/Dahs 334). Das Maß der erforderlichen Nachforschungen richtet sich immer nach der Bedeutung des Beweismittels für die Wahrheitsfindung (BGH **22**, 118, 120; MDR **88**, 819 [H]; NStZ **82**, 127; StV **82**, 507; **83**, 7; Frankfurt StV **84**, 147; ANM 622 mwN), der Schwere der dem Angeklagten vorgeworfenen Tat (BGH StV **81**, 602; KG StV **83**, 95; Hamm OLGSt § 251 S. 9; Schleswig SchlHA **79**, 144; **aM** Herdegen NStZ **84**, 338) und der bereits zur Sachaufklärung aufgewendeten Bemühungen (Hamburg VRS **56**, 457, 461). Auch der Beschleunigungsgrundsatz (Einl 160) darf beachtet werden (BGH GA **75**, 237; NStZ **82**, 127; BGHR § 251 II Unerreichbarkeit 3; Schleswig StV **82**, 11). Eine nur vorübergehende Unerreichbarkeit berechtigt nicht zur Ablehnung des Beweisantrags (Celle NJW **61**, 1490).

63 B. **Zeugen im Ausland** (dazu eingehend Rose, Der Auslandszeuge im Beweisrecht des deutschen Strafprozesses, 1999, zugl Diss München 1998) brauchen unter den in V S. 2 iVm S. 1 bezeichneten Voraussetzungen nicht geladen zu werden (erg oben 43 f). Falls dem Gericht ihre Vernehmung zur Erforschung der Wahrheit erforderlich erscheint, hat es zu prüfen, ob sie erreichbar sind. Von Unerreichbarkeit ist auszugehen, wenn die bisherigen Bemühungen, sie zum Erscheinen zu veranlassen, erfolglos geblieben sind und auch in Zukunft nicht zu erwarten ist, daß sie erscheinen werden (BGH NJW **79**, 1788; GA **80**, 355; NStZ **83**, 276; **84**, 16 [Pf/M]; 179; 210 [Pf/M]; **93**, 294; Karlsruhe Justiz **88**, 134; Köln VRS **65**, 40; vgl Bay StV **88**, 56: Ermittlungen über zuständige Botschaft im Ausland und Interpol). Ein Zeuge, der im Verdacht der Tatbeteiligung steht, darf nicht von vornherein als unerreichbar angesehen werden (BGH NJW **82**, 2738; **83**, 528). Auch die Mitteilung des Zeugen, daß er nicht erscheinen werde, genügt nicht (BGH NStZ **85**, 281), selbst wenn sie auf Befragen der Polizei oder eines Beamten der Haftanstalt erfolgt (BGH NStZ **85**, 206 [Pf/M]); das Gericht kann aber mit dem Zeugen unmittelbar Kontakt aufnehmen, um seine Aussagebereitschaft festzustellen (dazu Rose wistra **98**, 12/13). Eine andere Möglichkeit ist ggf die Vernehmung des Zeugen, falls er damit einverstanden ist, durch ein deutsches grenznahes Gericht (2 zu § 157 GVG). Soweit entspr völkerrechtliche Vereinbarungen bestehen, ermöglicht § 37 II eine vereinfachte Ladung durch Einschreiben mit Rückschein (vgl 25 zu § 37). Ist das nicht der Fall, muß versucht werden, den Zeugen durch den Aufenthaltsstaat zu laden (BGH NJW **53**, 1522; **83**, 527; GA **55**, 123, 126; NStZ

84, 375; StV **82**, 57; **84**, 408; Herdegen NStZ **84**, 339); das ist auch bei Fehlen eines Rechtshilfeabkommens nicht unmöglich (BGH NStZ **90**, 27 [M]). Einfacher und idR schneller ist aber die Ladung über die deutschen Konsularvertretungen (Angabe der hierfür in Betracht kommenden Länder bei Julius StV **90**, 484 Fn 1). Die durch die Ladung eintretende Verfahrensverzögerung begründet die Unerreichbarkeit nicht (BGH NJW **85**, 391, 392 aE; StV **86**, 418). Ggf ist der Zeuge in der Ladung auf das durch Art 12 EuRHÜbk gewährte sichere Geleit hinzuweisen (BGH **32**, 68, 74; NJW **79**, 1788; **82**, 2738; **83**, 528; NStZ **81**, 146; **82**, 171; **85**, 206 [Pf/M]; 281; 375; StV **84**, 408, 409). Im Einzelfall kann gemäß § 247 a eine grenzüberschreitende Vernehmung unter Inanspruchnahme audiovisueller Verfahren im Rechtshilfeweg zu erwägen sein (vgl 6, 9 zu § 247 a). Die erfolglose Ladung ist nur eine hinreichende, keine notwendige Bedingung für die Feststellung, daß der ausländische Zeuge unerreichbar ist (BGH **7**, 15; GA **65**, 209; NStZ **82**, 212; **85**, 15 [Pf/M]; 375).

C. Auch **ohne Ladungsversuch** kann das Gericht unter besonderen Umständen zu der Überzeugung gelangen, daß der Zeuge auf diese Weise nicht zum Erscheinen bewogen werden kann (BGH NStZ **85**, 375; NStZ **87**, 17 [Pf/M]; NJW **90**, 1124, 1125; NStZ **91**, 143; StV **92**, 216 mit abl Anm Münchhalffen). Das Fehlen der Ladung ist jedoch von Bedeutung, wenn nicht auszuschließen ist, daß der Zeuge bei Einhaltung des vorgeschriebenen Verfahrens erschienen wäre (BGH StV **84**, 60). Das gilt auch für den Fall, daß das Gericht ihn unzulässigerweise unmittelbar telegrafisch geladen hat; eine solche Ladung braucht der Zeuge nicht zu beachten (BGH StV **85**, 48). Befindet sich der Zeuge im Ausland in Haft, so ist zu erwägen, ob der ausländische Staat nach Art 11 Abs 1 EuRHÜbK um seine zeitweilige Überstellung zu ersuchen ist (BGH NStZ **81**, 146; Karlsruhe Justiz **88**, 134). **64**

D. Die **Möglichkeit der kommissarischen Vernehmung** macht einen Zeugen, dessen Erscheinen vor Gericht nicht erzwungen werden kann, nicht stets erreichbar. Das Gericht muß prüfen, ob eine solche Vernehmung möglich und sinnvoll ist (BGH NJW **91**, 186). Es darf die mögliche Herabsetzung des Beweiswerts der Aussage durch die besonderen Umstände einer solchen Vernehmung berücksichtigen und den Zeugen für unerreichbar halten (BGH **13**, 300; **22**, 118, 122; NJW **83**, 527; 2396; JR **84**, 128 mit Anm Meyer; NStZ **83**, 211 [Pf/M]; **85**, 14 [Pf/M]; 375, 376; Bay VRS **57**, 28; Hamburg JR **80**, 32 mit Anm Gollwitzer; Köln VRS **65**, 40; ANM 633 mwN). Das gilt insbesondere, wenn eine Gegenüberstellung (BGH GA **66**, 123, 125; **75**, 237) oder der persönliche Eindruck von dem Zeugen erforderlich ist. Zu einer Beweisaufnahme im Ausland oder zur Teilnahme an ihr ist das Gericht nicht verpflichtet (BGH NStZ **85**, 14 [Pf/M]; 375, 376; StV **81**, 601; NStE Nr 134; **aM** Karlsruhe Justiz **88**, 134). Will das Gericht aber eine frühere nichtrichterliche Vernehmungsniederschrift zu Beweiszwecken verlesen, muß idR erörtert werden, warum eine frühere Aussage Beweiswert haben soll, eine neue kommissarische Aussage jedoch zur Aufklärung nichts beitragen könne (BGH StV **93**, 232; Köln StV **95**, 574). **65**

E. **Rechtliche Hinderungsgründe,** zB die Zeugnisverweigerungsrechte nach §§ 52 ff und die Nichterteilung der Aussagegenehmigung nach § 54, machen die Beweiserhebung unzulässig (oben 48 ff), nicht das Beweismittel unerreichbar (LR-Gollwitzer 260; **aM** BGH MDR **80**, 987 [H]). Dagegen sind Gefangene während der Kontaktsperre nach §§ 31 ff **EGGVG** (ANM 620 Fn 8) und V-Leute der Polizei und der Nachrichtendienste unerreichbar, wenn die Behörde Namen und Anschrift nicht preisgibt (BGH **32**, 115, 126 [GSSt]; Geißer GA **83**, 398; Rebmann NStZ **82**, 317; einschr BGH **31**, 148, 154: nur wenn Entscheidung der Behörde gerechtfertigt ist). Ein Beweisantrag darf aber nur abgelehnt werden, nachdem das Gericht die zuständige Behörde (12 zu § 96) zu einer substantiierten Äußerung über ihre Sicherheitsbedenken veranlaßt und wenigstens versucht hat, das Einverständnis mit einer Vernehmung zu erlangen, die diesen Bedenken Rechnung trägt (BVerfGE **57**, 250, 287 = NJW **81**, 1719, 1724; BGH **29**, 109, 113; **66**

390, 391; **30**, 34; **35**, 82, 84; **36**, 159; NStZ **83**, 325; **87**, 518; vgl auch Gribbohm NJW **81**, 305; Meyer JR **81**, 478), insbesondere unter Ausschluß der Öffentlichkeit (BGH **29**, 109, 113; NJW **80**, 2088; **81**, 770), in Abwesenheit des Angeklagten (18 ff zu § 247), mit Hilfe audiovisueller Verfahren nach § 247 a (dort 1), unter Verlegung an einen anderen Ort (BGH **22**, 311, 313) oder im Wege der kommissarischen Vernehmung (BGH **29**, 109, 113; 390, 391), aber nicht unter Ausschluß des Angeklagten und des Verteidigers (18 ff zu § 223). Zur Zulässigkeit der Vernehmung anonymer, pseudonymer und vermummter Zeugen vgl 14 ff zu § 68. Die Aufklärungspflicht kann dazu zwingen, Vernehmungsbeamte über frühere Vernehmungen zu hören, selbst wenn der Informant zu Unrecht nach § 96 gesperrt worden ist (BGH **36**, 159 gegen BGH **33**, 83, 92, anders nur bei willkürlicher oder offensichtlich rechtsfehlerhafter Sperrung) oder Polizeibeamte mit der Vernehmung zu beauftragen und als Zeugen vom Hörensagen zu hören (BGH NJW **81**, 770 = JR **81**, 344 mit Anm Franzheim; Karlsruhe Justiz **81**, 366, 368; Rebmann NStZ **82**, 315, 319; **aM** Strate StV **85**, 340 ff) oder schriftliche Äußerungen des Zeugen einzuholen und nach § 251 II zu verlesen (dort 30; vgl auch BVerfG aaO). Die Vernehmung einer Person als Zeuge ist nicht schon deshalb unzulässig, weil sie mit einer gesperrten Person identisch sein kann, es sei denn, es bestünde durch die Vernehmung Gefahr für Leib oder Leben des Zeugen (BGH **39**, 141 = JZ **93**, 1012 mit zust Anm Beulke/Satzger = JR **94**, 250 mit zust Anm Siegismund). Wegen der nach § 96 gesperrten Behördenakten vgl dort 2 und 10.

67 **15) Verschleppungsabsicht:** Unter diesen Begriff fallen alle Scheinbeweisanträge, auch diejenigen, mit denen der Antragsteller sein Antragsrecht zu dem Zweck mißbraucht, Zeugen bloßzustellen (Köhler NJW **79**, 350), Propaganda zu machen (RG **65**, 304, 306) oder Richter dadurch auszuschalten, daß er sie als Zeugen benennt (AK/StPO-Schöch 78; ANM 426; Krey 1/284; vgl aber oben 49). In diesem Fall kann der Beweisantrag unter Beteiligung des benannten Richters abgelehnt werden (BGH **7**, 330 = JZ **56**, 31 mit Anm Kleinknecht = JR **55**, 391 mit Anm Nüse; BGH **11**, 206; MDR **77**, 107 [H]; ANM 628 mwN; Rissing-van Saan MDR **93**, 310). Verschleppungsabsicht ieS liegt vor, wenn der Antragsteller nur die Verfahrungsverzögerung erstrebt. Die Ablehnung setzt dann aber voraus, daß eine nicht nur unerhebliche Verzögerung eintreten würde (BGH NJW **58**, 1789; **82**, 2201; NStZ **84**, 230; StV **86**, 418; Köln NStZ **83**, 90 mit Anm Dünnebier; **aM** KK-Herdegen 87; Schrader NStZ **91**, 226: jede Verzögerung genügt). Das bedarf bei am Gerichtsort wohnenden Zeugen besonderer Begründung (BGH NStZ **85**, 494 [Pf/M]). Eine Verzögerung auf unbestimmte Zeit muß nicht zu erwarten sein (**aM** BGH **21**, 118, 121; **22**, 124, 126; VRS **38**, 58; Hamburg VRS **56**, 457, 461); es genügt, daß eine Aussetzung iS § 228 I (BGH GA **68**, 19); Schweckendieck NStZ **91**, 109) oder eine Unterbrechung nach § 229 II nicht zu vermeiden wäre (vgl Schleswig StV **85**, 225). Daß die Hauptverhandlung schon längere Zeit gedauert hat, ist nicht notwendig (BGH NJW **92**,
68 2711). Die **Antragsablehnung** setzt aber voraus, daß das Gericht, das zu diesem Zweck das voraussichtliche Beweisergebnis vorwegwürdigen darf (BGH **21**, 118; Köln NStZ **83**, 90 mit Anm Dünnebier; ANM 642 mwN; Herdegen Boujong-FS 787), der Überzeugung ist, daß die Beweiserhebung nichts zugunsten des Antragstellers ergeben wird und daß auch der Antragsteller sich dessen bewußt ist und den Antrag ausschließlich zur Verfahrensverzögerung gestellt hat (BGH aaO; **29**, 149, 151; NJW **82**, 2201 = JR **83**, 35 mit Anm Meyer; BGH NStZ **84**, 230; **86**, 519; **98**, 207 mit Anm Sander; ANM 642 mwN). Maßgebend ist die Einstellung des Antragstellers zZ der Beschlußfassung (KMR-Paulus 413). Das Gericht darf den Antrag nur ablehnen, wenn es, nach Art eines Indizienbeweises, die Verschleppungsabsicht des Antragstellers aufgrund der äußeren Umstände sicher nachweisen kann (vgl Gollwitzer JR **80**, 34; Meyer JR **83**, 36). Dabei ist insbesondere das Prozeßverhalten des Antragstellers von Bedeutung (BGH NStZ **86**, 519; StV **89**, 234 mit krit Anm Michalke und krit Anm Frister StV **89**, 380: Verweigerung einer

Begründung zum Beweisantrag; vgl dazu Herdegen Meyer-GedSchr 204). Die für und gegen die Verschleppungsabsicht sprechenden Umstände müssen für jeden einzelnen Beweisantrag und für jede einzelne Beweisfrage (BGH **22**, 124) gegeneinander abgewogen werden (BGH NStZ **84**, 230; Karlsruhe StV **93**, 405; Schleswig StV **85**, 225). Für diese Absicht kann die Wiederholung eines zurückgenommenen Antrags (BGH NJW **82**, 2201 = JR **83**, 35 mit Anm Meyer) oder ein sonst nicht erklärlicher Wechsel des Verteidigungsvorbringens sprechen (BGHR 5; Hamm JMBlNW **57**, 131; Karlsruhe Justiz **76**, 440), insbesondere, wenn frühere Entlastungsbeweise mißlungen waren (BGH NJW **53**, 1314). Die verspätete Antragstellung allein genügt nicht (BGH **21**, 118, 123; NJW **64**, 2118; NStZ **82**, 41; **84**, 230; VRS **38**, 58; Koblenz VRS **73**, 52, 54; Schleswig StV **85**, 225; ANM 645; vgl aber die Fälle BGH NStZ **86**, 519 und Hamburg JR **80**, 32 mit Anm Gollwitzer), kann aber uU bei einer dem Angeklagten seit langer Zeit bekannten erdrückenden Beweislage für eine Verschleppungsabsicht sprechen (BGH NStZ **90**, 350 mit zust Anm Wendisch = StV **90**, 391 mit Anm Strate; vgl auch BGH StV **97**, 567 mit insoweit abl Anm Wohlers; zust aber Sander NStZ **98**, 207). Zur Darlegung der Verspätungsgründe ist der Antragsteller nicht verpflichtet (BGH NStZ **86**, 371). Die **Absicht des Antragstellers** ist maßgebend. Ist der Antrag vom Verteidiger gestellt, so kommt es auf dessen Absicht an (BGH **21**, 118, 121; NJW **53**, 1314; **64**, 2118; **69**, 281; ANM 647 mwN), sofern er nicht die Verantwortung ablehnt (BGH GA **68**, 19; Karlsruhe Justiz **76**, 440) oder sich von dem Angeklagten ersichtlich als Werkzeug mißbrauchen läßt (BGH NJW **53**, 1314; **69**, 281; NStZ **84**, 466 = JR **85**, 35 mit Anm Meyer; NStZ **93**, 229 [K]; Köln VRS **24**, 217). Rechtfertigen die äußeren Umstände den Schluß auf die Verschleppungsabsicht des Verteidigers, so kann der Antrag stets abgelehnt werden; ein Grundsatz, daß sogar dann noch eine Vermutung gegen diese Absicht besteht, wenn der Verteidiger der Antragsteller ist, läßt sich nicht aufstellen (ANM 648; Meyer JR **83**, 37). Vgl auch die Rspr-Übersicht bei Schweckendieck NStZ **91**, 109; eingehend hierzu unter Darlegung der BGH-Rspr und krit – im wesentlichen jedoch zust – Würdigung ter Veen, Beweisumfang und Verfahrensökonomie im Strafprozeß, 1995, S. 235 ff. 69

Falls **der Angeklagte selbst** das Recht zur Stellung von Beweisanträgen mißbraucht, kann das Gericht anordnen, daß er in Zukunft Beweisanträge nur noch über seinen Verteidiger stellen darf (BGH **38**, 111 = JR **93**, 169 mit Anm Scheffler; vgl auch Brause Kriminalistik **95**, 352). 69 a

16) Wahrunterstellung: Eine Beweiserhebung ist überflüssig, wenn das Gericht die Beweistatsache so behandelt, als wäre sie wahr. Da nur entlastende Tatsachen in Betracht kommen, muß der Beweisantrag zugunsten des Angeklagten gestellt sein. Tatsachen, aus denen Schlüsse zuungunsten des Angeklagten gezogen werden können, dürfen von vornherein nicht als wahr unterstellt werden (BGH NStE Nr 133). Umgekehrt gilt: Aus als wahr unterstellten Tatsachen dürfen keine Schlüsse zuungunsten des Angeklagten gezogen werden (BGH **1**, 137; LR-Gollwitzer 242; **aM** – vereinzelt – BGH NJW **76**, 1950 mit abl Anm Tenckhoff). Sowohl unmittelbar beweiserhebliche als auch Indiztatsachen (25 zu § 261) können als wahr unterstellt werden (Bringewat MDR **86**, 356; Herdegen NStZ **84**, 341; einschr Schweckendieck NStZ **97**, 259), jedoch keine Rechtsfragen (BGHR StGB § 21 Erheblichkeit 1). Immer geht die Aufklärungspflicht vor (BGH NJW **59**, 396; **61**, 2069; Bay DAR **81**, 249 [R]), zB wenn die Beweisbehauptung wegen ungeklärter Umstände für eine Wahrunterstellung ungeeignet ist (BGH StV **96**, 648). Eine Wahrunterstellung ist regelmäßig auch nicht zulässig, wenn der Angeklagte zur Prüfung der Glaubwürdigkeit eines Zeugen Tatsachen unter Beweis stellt, die dieser bestreitet (BGH MDR **90**, 98 [H]; **93**, 722 [H]; NStZ **92**, 28 [K]; StV **90**, 294; **96**, 647; ANM 672; **aM** BGH NStZ **87**, 218 [Pf/M]; Hamm NStZ **83**, 522), oder wenn die Voraussetzungen des § 31 BtMG dargetan werden sollen (vgl BGHR § 244 III S. 2 Wahrunterstellung 24). Das Gesetz sieht die Wahrunterstellung nur für erhebliche Beweistatsachen vor; Bedeutungslosigkeit und Wahr- 70

unterstellung schließen einander als Ablehnungsgründe aus. Maßgebend für die Beurteilung der Erheblichkeit ist jedoch der Zeitpunkt des Beschlußerlasses (BGH NJW **61**, 2069, 2070; GA **72**, 272; MDR **79**, 282 [H]; Hamm NStZ **83**, 522; Karlsruhe Justiz **77**, 357). Eine Zusage, daß die Tatsache auch im Urteil als erheblich behandelt wird, liegt in der Wahrunterstellung nicht. Daher ist auch eine Unterrichtung des Antragstellers darüber, daß das Gericht die Tatsache aufgrund der Urteilsberatung als unerheblich behandeln will, nicht erforderlich (BGH DAR **79**, 190 [Sp]; **80**, 209 [Sp]; MDR **79**, 281 [H]; NStZ **81**, 96 [Pf]; 296 [Pf]; **83**, 357 [Pf/M]; Celle NStZ **86**, 91 = StV **86**, 423 mit abl Anm Tenckhoff; KK-Herdegen 92 mwN; Bauer MDR **94**, 956; **aM** Bringewat MDR **86**, 357; Fezer 12/69; Gillmeister StraFo **97**, 11; Sarstedt/Hamm 694 ff; Schlothauer StV **86**, 227; Schweckendieck NStZ **97**, 260). Davon machen BGH **30**, 383 und Hamm NStZ **83**, 522 zu Unrecht (vgl ANM 659 Fn 58; Herdegen NStZ **84**, 342 Fn 142) eine Ausnahme, wenn es naheliegt, daß der Angeklagte wegen der Wahrunterstellung weitere Beweisanträge unterläßt (abl auch Müller Meyer-GedSchr 290). Auf die
71 **Beweistatsache selbst,** nicht nur darauf, daß das Beweismittel sie bekunden oder sonst ergeben werde, bezieht sich die Zusage der Wahrunterstellung (BGH NStZ **84**, 210 [Pf/M]; StV **95**, 5; Bay **95**, 72 = NJW **96**, 331; Koblenz VRS **52**, 125; ANM 677 mwN); dem als Beweismittel benannten Zeugen darf daher nicht im Wege einer vorweggenommenen Beweiswürdigung die Glaubhaftigkeit abgesprochen werden (BGH StV **95**, 172). Die behaupteten Tatsachen müssen in ihrem wirklichen Sinn ohne jede Einengung, Verschiebung oder sonstige Änderung als wahr behandelt werden (BGH NJW **68**, 1293; NStZ **82**, 213; **83**, 211 [Pf/M]; **84**, 211 [Pf/M]; **86**, 207 [Pf/M]; **89**, 129 mit Anm Volk; wistra **90**, 196; NStE Nr 125; Karlsruhe VRS **56**, 467; Köln VRS **59**, 350; ANM 677 mwN). Dabei ist nicht der Wortlaut, sondern der Sinn und Zweck des Antrags maßgebend (BGH NJW **59**, 396; MDR **78**, 112 [H]; NStZ **86**, 207 [Pf/M]), wie er nach dem Gesamtvorbringen des Antragstellers in der Hauptverhandlung zu beurteilen ist (BGH GA **84**, 21; BGHR § 244 III S. 2 Wahrunterstellung 23). Die Urteilsfeststellungen und die Beweiswürdigung dürfen der Wahrunterstellung nicht widersprechen (BGH **32**, 44, 47; StV **88**, 91; Koblenz VRS **72**, 441), auch dann nicht, wenn der Beweisantrag nicht genügend konkretisiert war oder mit anderer Begründung hätte abgelehnt werden können (BGH NStZ-RR **98**, 13; das Gericht braucht aber aus der als wahr unterstellten Indiztatsache nicht die Schlußfolgerungen zu ziehen, die der Antragsteller gezogen wissen will. Sie untersteht der freien Beweiswürdigung wie alle anderen Tatsachen (BGH NJW **59**, 396; **76**, 1950; DAR **57**, 68 [M]; **80**, 201 [Sp]; **83**, 204 [Sp]; MDR **80**, 986 [H]; NStZ **82**, 213; **83**, 211 [Pf/M]; **85**, 206 [Pf/M]; StV **86**, 467; VRS **21**, 113; **29**, 26; ANM 684 mwN). Grundsätzlich müssen die Urteilsgründe erkennen lassen, was das Gericht als wahr unterstellt (BGH NStZ **96**, 562); eine Auseinandersetzung mit der als wahr unterstellten Tatsache in den Urteilsgründen ist aber nur erforderlich, wenn die übrigen Feststellungen dazu drängen (BGH **28**, 310; NJW **61**, 2069; NStZ **83**, 211 [Pf/M]; **85**, 206 [Pf/M]; StV **81**, 601; **88**, 91; VRS **21**, 113, 115; **66**, 20; NStE Nr 117; **aM** KK-Herdegen 96; Fezer 12/69; Herdegen NStZ **84**, 342), insbesondere, wenn sonst nicht ersichtlich ist, wie Beweiswürdigung und Wahrunterstellung in Einklang gebracht werden können (BGH NStZ **84**, 211 [Pf/M]; StV **83**, 441; **84**, 142; Koblenz VRS **72**, 441). Auch insoweit bestehen keine Besonderheiten gegenüber den durch die Beweisaufnahme festgestellten Tatsachen (vgl ANM 686).

72 **17) Anträge auf Sachverständigenbeweis:**

73 A. **Auch wegen eigener Sachkunde** (IV S. 1) kann das Gericht Sachverständigenbeweisanträge ablehnen, soweit nicht (zB in §§ 80 a, 81, 246 a, § 73 **JGG**) etwas anderes bestimmt ist. In 1. Hinsicht gelten aber die Ablehnungsgründe des III. Woher der Richter die eigene Sachkunde bezieht, ist gleichgültig. Es kann sich um beruflich oder außerberuflich erworbenes Spezialwissen handeln, insbesondere um Kenntnisse aufgrund von Gutachten, die in gerichtlichen Verfahren erstattet wor-

den sind (BGH 1 StR 633/75 vom 18. 11. 1975). Der Richter kann sich das erforderliche Wissen auch während des Prozesses aneignen (BGH DAR **77**, 175 [Sp]; NStZ **83**, 325), insbesondere aufgrund von Aussagen eines sachverständigen Zeugen (BGH DAR **83**, 205 [Sp]) oder des Gutachtens eines Sachverständigen (Koblenz OLGSt § 529 RVO S. 3), auch wenn er sich ihm nicht anschließt (BGH NStZ **84**, 467), aber nicht durch Befragung eines Sachverständigen außerhalb der Hauptverhandlung, wenn dessen förmliche Vernehmung aufgrund eines Beweisantrags geboten wäre (KK-Herdegen 27; Roxin § 43 C II 2 a; Schlüchter 554.1; **aM** Hamm NJW **78**, 1210). Bei Kollegialgerichten genügt es, wenn einer der mitwirkenden Richter seine Sachkunde den anderen vermittelt (BGH **12**, 18 mit Anm EbSchmidt JZ **59**, 131; BGH NStZ **83**, 325; Stuttgart DAR **76**, 23; ANM 714 mwN; Fezer 12/18; str); einer Erörterung der Sachkunde in der Hauptverhandlung bedarf es dazu nicht (BGH StV **98**, 248). Im Ablehnungsbeschluß muß nicht dargelegt werden, aus welchen Gründen sich das Gericht die erforderliche Sachkunde zutraut (oben 43), im Urteil nur, wenn es sich um Fachwissen handelt, das idR nicht Allgemeingut aller Richter ist (BGH **12**, 18; NStZ **83**, 325; StV **84**, 232; NStE Nr 116; ANM 715 mwN). Die Ausführlichkeit, mit der das zu geschehen hat, richtet sich nach der Schwierigkeit der Beweisfrage (BGH **12**, 18; StV **89**, 331 mit Anm Wasserburg; Düsseldorf VRS **65**, 375; Herdegen Boujong-FS 787). Besondere Ausführungen sind nötig, wenn zunächst ein Sachverständiger bestellt war und sich das Gericht erst nach dessen erfolgreicher Ablehnung nach § 74 (BGH 3 StR 349/78 vom 4. 10. 1978) oder nach dessen Nichterscheinen (BGH NStZ-RR **97**, 171) auf seine eigene Sachkunde besonnen oder wenn das Gericht die vom Sachverständigen erörterte Frage im Widerspruch zu dessen Gutachten gelöst hat (BGH StV **93**, 234; NStZ-RR **97**, 172). Stellt das Gericht auf Umstände ab, die dem gehörten Sachverständigen unbekannt waren, so muß es grundsätzlich dem Sachverständigen Gelegenheit geben, sich mit den abweichenden Anknüpfungstatsachen auseinanderzusetzen und sie in seine Begutachtung einzubeziehen
(BGH NStZ **95**, 201). Bei der **Beurteilung der Glaubwürdigkeit** von Zeugen **74**
kann sich das Gericht eigene Sachkunde zutrauen (BGH **8**, 130; NJW **61**, 1636; NStZ **82**, 170; **85**, 229; **87**, 182; Hamm NJW **70**, 907), sofern nicht besondere Umstände vorliegen (BGH NStZ **82**, 42; **95**, 558; DAR **80**, 209 [Sp]; StV **82**, 205 mit Anm Schlothauer; BGH StV **85**, 398; **90**, 8; Bay StV **96**, 476: Zeugen leiden an einer Psychose; BGH StV **90**, 532; **91**, 405 mit Anm Blau: Zeugen waren hochgradig medikamentenabhängig; BGH StV **91**, 245: Zeugin litt an Epilepsie). Das gilt auch für kindliche und jugendliche Zeugen (BGH **3**, 52; NStZ **81**, 400; **85**, 420; **97**, 355), insbesondere wenn die Aussage durch andere Umstände erhebliche Unterstützung findet (BGH **7**, 82, 85; Köln NJW **66**, 1183; Tröndle JZ **69**, 375) oder entwertet wird (BGH StV **95**, 115; BGHR Sachkunde 4), aber nicht, wenn das Kind jünger als 4 1/2 Jahre ist (Zweibrücken StV **95**, 293), wenn Besonderheiten in der Person des Zeugen bestehen (BGH NStZ **90**, 228 [M]; NStZ-RR **97**, 171; BGHR Sachkunde 6; NStE Nr 121; Düsseldorf StV **90**, 13) oder bei Auffälligkeiten im Aussageverhalten (BGH StV **91**, 547; Düsseldorf JR **94**, 379 mit Anm Blau). Zur Beurteilung eines Glaubwürdigkeitsgutachtens vgl BGH StV **98**, 116; zur Glaubwürdigkeitsuntersuchung vgl eingehend Schleswig SchlHA
97, 137; Eisenberg BR 1860 ff. Die **Frage der Schuldfähigkeit** (§ 20 StGB) kann **74 a**
das Gericht mangels Anzeichen dafür, daß der Angeklagte in geistiger Hinsicht von der Norm abweicht, aufgrund der Beobachtung in der Hauptverhandlung mit seinem medizinischen Allgemeinwissen beurteilen (BGH VRS **39**, 101). Sonst darf es sich die zur Beurteilung des Geisteszustandes erforderlichen Fachkenntnisse idR nicht zutrauen (BGH NJW **64**, 2213; NStZ **83**, 357 [Pf/M]; **85**, 14 [Pf/M]; **90**, 27 [M]; **97**, 296; VRS **34**, 273; NStZ Nr 135; Düsseldorf StV **84**, 236; Schmitt Geerds-FS 541), so insbesondere wenn der Angeklagte einmal schwere Hirnverletzungen erlitten hat (BGH MDR **90**, 95 [H]; NStZ **92**, 225 [K]; NJW **93**, 1540; wistra **94**, 29; StV **94**, 634; erg 8 zu § 73), es sei denn, diese liegen schon sehr lange zurück und Anhaltspunkte für eine bleibende Gehirnschädigungen fehlen (Frank-

74 b furt NStZ-RR **97**, 366). Ob eine **Spielsucht** zur erheblichen Verminderung oder Aufhebung der Schuldfähigkeit geführt hat, kann das Gericht idR selbst beurteilen; eine Spielleidenschaft kann nämlich allenfalls dann beachtlich sein und die Zuziehung eines Sachverständigen erforderlich machen, wenn feststeht, daß der Angeklagte seine Straftat zwecks Fortsetzung des Spielens begangen hat (BGH NStZ **94**, 501; Hamm NStZ-RR **98**, 241).

75 B. Die **Anhörung eines weiteren Sachverständigen** kann nach IV S. 2 Hs 1 auch abgelehnt werden, wenn bereits nach den Gutachten anderer Sachverständiger (BGH **34**, 355 = NStZ **88**, 85 mit Anm Meyer: „weiterer" Sachverständiger kann ausnahmsweise auch der Angehörige einer anderen Fachrichtung sein; BGH NJW **90**, 2945: Sexualwissenschaftler gegenüber einem Psychiater; BGH **39**, 49 = JR **93**, 335 mit Anm Graul = StV **93**, 343 mit Anm Herzog: Blutgruppen- gegenüber DNA-Sachverständigem; BGHR Zweitgutachter 3: Rechtsmediziner gegenüber Gynäkologem; BGH NStE Nr 126: nicht aber Gynäkologe gegenüber Psychiater), nicht aufgrund anderer Beweismittel (BGH VRS **35**, 207; Bay DAR **69**, 236 [R]) oder einer Gesamtwürdigung aller eingeholten Gutachten und der sonstigen Beweisumstände (BGH MDR **93**, 165), das Gegenteil der behaupteten Tatsache erwiesen ist. Das Gericht kann den Antrag aber auch ablehnen, weil es durch diese Gutachten genügend sachkundig geworden ist, um die Beweisfrage beurteilen zu können (BGH DAR **78**, 157 [Sp]; **82**, 205 [Sp]; **87**, 203 [Sp]; EzSt Nr 11; MDR **72**, 925 [D]; **75**, 24 [D]; NStZ **82**, 189 [Pf]; **84**, 467; **85**, 421). Es muß dann aber die Ausführungen des Sachverständigen im einzelnen wiedergeben und seine Gegenansicht unter Auseinandersetzung mit ihnen näher begründen (vgl 13 zu § 267). Hat sich der Richter aufgrund des Gutachtens eines psychiatrischen Sachverständigen die nötige Sachkunde verschafft, daß Auffälligkeiten in der Person des Zeugen auf dessen Zeugentüchtigkeit keinen Einfluß haben, braucht er nicht noch einen Psychologen als weiteren Sachverständigen zur Glaubwürdigkeit des Zeugen zu hören (BGH NStZ **98**, 366). Daß die bereits gehörten Gutachter zu voneinander abweichenden Ergebnissen gekommen sind, zwingt nicht zur Anhörung weiterer Sachverständiger (BGH DAR **80**, 206 [Sp]; MDR **70**, 732 [D]). Bei
76 **Zweifeln an der Sachkunde** des 1. Gutachters muß dem Beweisantrag stattgegeben werden (IV S. 2 Hs 2). Solche Zweifel sind nicht schon berechtigt, weil der Sachverständige bestimmte Untersuchungsmethoden nicht angewendet (BGH GA **61**, 241), weil er Schwierigkeiten bei der Auslegung einer Gerichtsentscheidung hat (BGH **23**, 176, 185), idR auch nicht, weil er nur Psychiater und nicht auch Psychologe (BGH NStZ **90**, 400) oder Neurologe (BGH StV **91**, 244) ist. Geht es aber um die Frage, ob eine Erkrankung Auswirkungen auf die Aussagetüchtigkeit hat, darf sich das Gericht nicht mit der Beauftragung eines Psychologen begnügen, sondern muß (zusätzlich) einen Psychiater heranziehen (BGH StV **97**, 60; NStZ **97**, 199). Weicht das mündliche Gutachten von dem schriftlich erstatteten ab, zwingt dies noch nicht zur Anhörung eines weiteren Sachverständigen (BGH **8**, 113, 116), es sei denn, im entscheidenden Punkt bestehe gegenüber dem schriftlichen Gutachten ein nicht erklärbarer Widerspruch (BGH NStZ **90**, 244; **91**, 448). Widersprüche innerhalb des mündlichen Gutachtens zwingen ebenfalls zur Anhörung eines weiteren Sachverständigen (BGH **23**, 176, 185; DAR **88**, 230 [Sp]; ANM 733). Dem Antrag muß ferner entsprochen werden, wenn die Auffassung des Sachverständigen mit den Erkenntnissen der Wissenschaft nicht in Einklang steht (BGH StV **89**, 335 mit Anm Schlothauer) oder wenn ein anderer Sachverständiger über überlegene Forschungsmittel verfügt. Damit sind nur die Hilfsmittel gemeint, deren sich ein Sachverständiger für seine wissenschaftlichen Untersuchungen zu bedienen pflegt (BGH **23**, 176, 186; DAR **78**, 157 [Sp]; GA **61**, 241; **62**, 371; NStZ **88**, 373; MDR **56**, 398 [D]), nicht aber persönliche Kenntnisse und Fähigkeiten, größere Berufserfahrung, höheres Lebensalter, größerer Umfang des zur Verfügung stehenden Beobachtungsmaterials, wissenschaftliche Veröffentlichungen (BGH aaO; **34**, 355, 358; Koblenz VRS **45**, 367, 370). Kein

überlegenes Forschungsmittel ist auch die Beobachtung nach § 81 (BGH **8**, 76; **23**, 176, 187; 311). Hat ein Sachverständiger bestimmte Untersuchungsmethoden nicht angewendet, so beweist das nicht, daß er über sie nicht verfügt (BGH GA **61**, 241; StV **85**, 489). Ein Sachverständiger verfügt nicht deshalb über überlegene Forschungsmittel, weil sich der Angeklagte nur von ihm untersuchen lassen will; mit einer Untersuchungsverweigerung gegenüber anderen Sachverständigen kann daher die Begutachtung durch einen bestimmten psychiatrisch/psychologischen Sachverständigen nicht erzwungen werden (BGH NJW **98**, 2458). Die **Aufklä-** 77
rungspflicht kann bei besonderer Schwierigkeit der Beweisfrage zur Anhörung weiterer Sachverständiger auch zwingen, wenn ein darauf gerichteter Antrag nach IV S. 2 abgelehnt werden könnte (vgl BGH **23**, 176, 187: Extremer Fall der Sexualpathologie; BGH **10**, 116, 119; Celle NJW **74**, 616: Schriftgutachten; BGH NStZ-RR **97**, 42: Widersprüchliche Gutachten; vgl auch Düsseldorf JMBlNW **87**, 101, 104; StV **86**, 376; ANM 737; Wasserburg StV **89**, 333).

18) Anträge auf Augenscheinsbeweis (V S. 1): Für die Ablehnung solcher 78
Anträge ist allein die Sachaufklärungspflicht der maßgebende Gesichtspunkt (BGH NStZ **81**, 310; **84**, 565; **88**, 88; ANM 740). Drängt sie nicht zur Augenscheinseinnahme durch das Gericht, so kann die Benutzung anderer Beweismittel genügen, insbesondere die Besichtigung von Lichtbildern der Örtlichkeit (BGH aaO; VRS **37**, 55; Koblenz VRS **49**, 273) und die Anhörung von Zeugen, insbesondere von Augenscheinsgehilfen (4 zu § 86). Das Verbot der Beweisantizipation (oben 46) gilt für den Antrag auf Augenscheinseinnahme nicht; er kann auch mit der Begründung abgelehnt werden, daß die Beschaffenheit des Augenscheinsgegenstandes schon aufgrund der in der Hauptverhandlung erhobenen Beweise feststehe (BGH **8**, 177, 180; NStZ **85**, 206 [Pf/M]; Bay DAR **81**, 249 [R]; Köln NJW **66**, 606; krit Weskat, Der richterliche Augenschein im deutschen Strafprozeß, 1988, S. 294). Das gilt grundsätzlich auch für den Fall, daß Zeugen hierüber ausgesagt haben (BGH VRS **20**, 202, 204; Koblenz VRS **45**, 28; **49**, 40; Köln StV **83**, 451). Nur wenn der Augenschein gerade zu dem Zweck beantragt ist, die Aussage eines Zeugen zu widerlegen, muß er idR erhoben werden (BGH **8**, 177, 181; DAR **79**, 189 [Sp]; NStZ **84**, 565; StV **94**, 411; Köln VRS **65**, 450; ANM 745 mwN). Das gilt auch, wenn mehrere Mitglieder eines wesentlich gleichartigen Erlebnis- und Interessenkreises ausgesagt haben (BGH NJW **61**, 280; Koblenz VRS **49**, 40), nicht aber für Zeugen, die nur ein gemeinsamer Pflichtenkreis verbindet, zB Polizeibeamte (Celle MDR **65**, 227; Schleswig SchlHA **79**, 205 [E/J]; Zweibrücken OLGSt § 17 OWiG Nr 1; **aM** Koblenz VRS **48**, 120). Eine Augenscheinsnahme iSd V S. 1 kann auf fremdem Staatsgebiet nicht durchgeführt werden (BGH NStZ **91**, 121 [M/K]).

19) Revision: 79

A. Die **Aufklärungsrüge** (allg Wessels JuS **69**, 1) ist zulässig, wenn das Gericht 80
Ermittlungen unterlassen hat, zu denen es sich aufgrund seiner Sachaufklärungspflicht nach II gedrängt sehen mußte (oben 12). Wenn ein Beweisantrag gestellt und abgelehnt worden war, ist statt der Erhebung einer Aufklärungsrüge die Verletzung von III–VI zu beanstanden. Die Aufklärungsrüge kommt hingegen in Betracht, wenn ein Beweisantrag nicht gestellt oder als unzulässig abgelehnt worden war (vgl ANM 26; ebenso BGH NStZ **84**, 210 [Pf/M]). **In zulässiger Form** ist 81
die Aufklärungsrüge nur erhoben, wenn die Revision die Tatsache, die das Gericht zu ermitteln unterlassen hat, und das Beweismittel bezeichnet, dessen sich der Tatrichter hätte bedienen sollen (BGH **2**, 168). Ferner muß angegeben werden, welche Umstände das Gericht zu weiteren Ermittlungen hätten drängen müssen (BGH StV **98**, 635 mwN; Bay **95**, 163 = NStZ-RR **96**, 145) und welches Ergebnis von der unterbliebenen Beweiserhebung zu erwarten gewesen wäre (BGH 2 StR 342/91 vom 6. 11. 1991). Dabei kann auch das Verhalten desjenigen, der einen Beweisantrag hätte stellen können, bewertet werden (BGH MDR **85**, 629 [H]; 1

StR 595/91 vom 7. 1. 1992; Widmaier NStZ **94**, 418). Umstände, die zu einer weiteren Beweiserhebung drängten, können sich aus Beweisanregungen (Beweiserbieten, Beweisermittlungsanträge), schriftlichen Hinweisen auf Beweisquellen oder anderen Hinweisen in den Akten ergeben. Die Aktenstellen müssen genau bezeichnet werden (BGH VRS **32**, 205). Wird beanstandet, daß das Gericht einen Zeugen nach Ablehnung eines Beweisantrags nicht vernommen hat, muß die Revision hierzu den Beweisantrag und die Begründung des ablehnenden Gerichtsbeschlusses vortragen; denn an die Aufklärungsrüge können nicht geringere Anforderungen gestellt werden als an die Rüge fehlerhafter Ablehnung eines Beweisantrags (BGH NStZ **84**, 329; NJW **98**, 2229; Bay **94**, 256 = Rpfleger **95**, 378). Daß die nicht aufgeklärten Tatsachen sich zugunsten des Beschwerdeführers ausgewirkt hätten, muß dargetan werden (Dahs/Dahs 481); eine Aufklärungsrüge, die eine Feststellung verlangt, „ob" etwas so geschehen sei oder die ein günstiges Ergebnis nur für
82 „möglich" erachtet, ist daher unzulässig (BGH 1 StR 320/95 vom 18. 7. 1995). **Unzulässig ist die Aufklärungsrüge,** wenn sie auf Widersprüche zwischen Urteilsfeststellungen und Sitzungsniederschrift (BGH MDR **66**, 384 [D]; KG JR **68**, 195) oder darauf gestützt ist, daß der Tatrichter ein benutztes Beweismittel nicht voll ausgeschöpft, insbesondere einem Zeugen bestimmte Fragen nicht gestellt oder bestimmte Vorhalte nicht gemacht habe (BGH **4**, 125; **17**, 351; NStZ **81**, 96 [Pf]; **85**, 13 [Pf/M]; **97**, 296; 450). Eine Ausnahme gilt, wenn das Unterlassen der Befragung oder des Vorhalts sich aus dem Urteil (BGH **17**, 351; NStZ **85**, 14 [Pf/M]; StV **84**, 231) oder die Nichtbefragung aus dem Protokoll ergibt (vgl dazu eingehend Pelz NStZ **93**, 364 ff).

83 B. Die **rechtsfehlerhafte Behandlung eines Beweisantrags** kann in dem Unterlassen der Bescheidung, in der Nichtausführung einer auf den Antrag beschlossenen Beweiserhebung oder in der mangelhaften Ablehnung des Antrags bestehen. In allen Fällen ist die Rüge der Verletzung von III–V oder VI zu erheben; die Rüge des Verstoßes gegen § 338 Nr 8 bringt keine Vorteile (vgl ANM 867). Auch ein Widerspruch zwischen Urteilsgründen und Ablehnungsbeschluß kann Revisionsgrund sein (BGH **19**, 24, 26), zB bei Abweichung von der Ablehnung wegen Bedeutungslosigkeit (BGH StV **93**, 173) oder Wahrunterstellung. Wird eine zugesagte Wahrunterstellung nicht eingehalten, so ist allein III S. 2 verletzt; der Antragsteller hat nicht etwa die Wahl, stattdessen Verletzung des fair trial-Grundsatzes (Einl 19) zu rügen (Herdegen NStZ 84, 343; **aM** BGH **32**, 44 = JR **84**, 172 mit abl Anm Meyer). Gleichgültig ist aber, ob das Beweisbegehren als Beweis- oder Beweisermittlungsantrag einzustufen ist (BGH NStZ **85**, 14 [Pf/M]). Die Rüge der StA, das Gericht habe durch eine Wahrunterstellung seine Aufklärungspflicht verletzt, setzt idR voraus, daß die StA der Wahrunterstellung bereits in der Haupt-
84 verhandlung entgegengetreten ist (BGH NJW **92**, 2838). **Rügeberechtigt** sind außer dem Antragsteller auch solche Prozeßbeteiligte, die mit dessen Interessen so erkennbar übereinstimmen, daß das Gericht auch ihnen gegenüber zur rechtlich einwandfreien Behandlung des Antrags verpflichtet war (BGH NStZ **84**, 372; StV
85 **87**, 189; **98**, 523; ANM 871 mwN). Zum **notwendigen Revisionsvorbringen** gehört bei der Rüge der Nichtbescheidung des Antrags die inhaltliche Mitteilung des Beweisantrags (Stuttgart NJW **68**, 1732; ANM 876; Sarstedt/Hamm 616 mit Fn 1298). Wird die fehlerhafte Ablehnung gerügt, so müssen außer dem Inhalt des Antrags (Beweistatsache und Beweismittel) auch der Inhalt des gerichtlichen Ablehnungsbeschlusses und die die Fehlerhaftigkeit des Beschlusses ergebenden Tatsachen mitgeteilt werden (BGH **3**, 213; NJW **69**, 281; NStZ **84**, 330; **86**, 209 [Pf/M]; 519, 520; ANM 878 mwN; Krause StV **84**, 488; letzteres offengelassen von BGH NStZ **93**, 50), wenn auch nicht unbedingt wörtlich (BGH NStZ **86**, 519; Koblenz VRS **52**, 125), so doch inhaltlich vollständig (BGH 4 StR 549/91 vom 13. 2. 1992). Ist gleichzeitig die Sachrüge erhoben, so genügt eine (auch stillschweigende) Bezugnahme auf die Urteilsgründe, wenn dort der Inhalt des Antrags oder des Ablehnungsbeschlusses wiedergegeben, insbesondere wenn ein Hilfsbe-

weisantrag in den Urteilsgründen abgelehnt worden ist (BGH StV **82**, 55; Stuttgart OLGSt Nr 3 zu § 265 mwN). Läßt der Tatsachenvortrag mehrere Möglichkeiten der Fehlerhaftigkeit der Beweisantragsablehnung zu, so muß der Beschwerdeführer die „Angriffsrichtung" klar herausstellen (24 zu § 344). Der Inhalt des Beweisantrags und die Beweistatsachen müssen auch dann dargelegt werden, wenn Ablehnung wegen Prozeßverschleppung (BGH NStZ **94**, 47), wegen Unerreichbarkeit (**aM** BGH NJW **82**, 2738; Hamm MDR **88**, 695; LR-Gollwitzer 348) oder wegen Ungeeignetheit des Beweismittels (**aM** KG VRS **11**, 277; Celle NdsRpfl **82**, 66; Schleswig SchlHA **59**, 156) erfolgt ist (so zutr KK-Herdegen 108; ähnlich SK/StPO-Schlüchter 182). Die Rüge, der Tatrichter sei von einer Wahrunterstellung in den Urteilsgründen abgerückt, erfordert den Vortrag, ob und ggf wie er sich nach der Zurückweisung des Beweisantrags weiterhin mit diesem befaßt hat (BGH NStZ **94**, 140). Das **Revisionsgericht prüft** die tatsächlichen Umstände, auf 86 denen der Ablehnungsbeschluß beruht, nicht nach (BGH JR **83**, 35 mit Anm Meyer; NStZ **84**, 466; ANM 898 ff; **aM** BGH **21**, 118, 123). Die Auswechslung der Ablehnungsgründe durch das Revisionsgericht kommt idR nicht in Betracht (BGH NJW **53**, 35; VRS **36**, 213, 215; KG VRS **48**, 432; Köln StV **96**, 368; vgl aber BGH StV **94**, 635 mit abl Anm Müller: Ablehnungsgrund der Prozeßverschleppung umfaßt die Ablehnung nach V S.2; BGH NStZ **97**, 286: Ablehnung nach § 244 V S.2 statt wegen völliger Ungeeignetheit). Das Beruhen des Urteils auf der rechtsfehlerhaften Antragsablehnung kann ausgeschlossen werden, wenn der Tatrichter die Beweistatsache als wahr unterstellt hat (BGH 5 StR 786/76 vom 26. 5. 1977; ANM 909 mwN; **aM** KK-Herdegen 59 mwN; Scheffler NStZ **89**, 159). Wenn ein Hilfsbeweisantrag in zulässiger Weise erst in den Urteilsgründen beschieden worden ist, kann das Revisionsgericht die Ursächlichkeit eines Verstoßes gegen § 244 III–V mit der Begründung verneinen, daß der Tatrichter den Antrag mit anderer Begründung rechtsfehlerfrei hätte ablehnen können (BGH NStZ **93**, 229 [K]; StV **98**, 248; Hamm NZV **93**, 122; ANM 911), wobei sich die Gesichtspunkte, die für die Ersetzung oder Ergänzung maßgebend sind, aber aus den Urteilsgründen selbst ergeben oder auf der Hand liegen müssen (Stuttgart OLGSt Nr 16). Auf dem Übergehen eines Hilfsbeweisantrages beruht ein Urteil nicht, wenn die Urteilsgründe ergeben, daß das Tatgericht die Beweisbehauptung für unerheblich hält oder halten durfte oder daß es sie wie eine erwiesene oder als wahr unterstellte Tatsache behandelt hat (BGHR § 267 III S.1 Strafzumessung 14). Zur Kontrolle der tatrichterlichen Entscheidungen zum Beweisantragsrecht in der revisionsgerichtlichen Rspr mit Untersuchung der einzelnen Ablehnungsgründe eingehend ter Veen (oben 69 aE) S. 83 ff. Mit der **Sachrüge** kann nicht geltend 87 gemacht werden, ein am Verfahren nicht beteiligter Sachverständiger vertrete zu den entscheidenden Beweisfragen eine von dem gehörten Sachverständigen abweichende Auffassung (BGH NJW **98**, 3654). Auch die fehlerhafte Annahme eigener Sachkunde (oben 73 ff) kann nur mit einer Verfahrensbeschwerde beanstandet werden, falls sich die fehlende Sachkunde nicht unmittelbar aus den Urteilsausführungen ergibt (offen gelassen von BGH 1 StR 338/98 vom 11. 8. 1998).

Präsente Beweismittel

245 **I Die Beweisaufnahme ist auf alle vom Gericht vorgeladenen und auch erschienenen Zeugen und Sachverständigen sowie auf die sonstigen nach § 214 Abs. 4 vom Gericht oder der Staatsanwaltschaft herbeigeschafften Beweismittel zu erstrecken, es sei denn, daß die Beweiserhebung unzulässig ist. Von der Erhebung einzelner Beweise kann abgesehen werden, wenn die Staatsanwaltschaft, der Verteidiger und der Angeklagte damit einverstanden sind.**

II Zu einer Erstreckung der Beweisaufnahme auf die vom Angeklagten oder der Staatsanwaltschaft vorgeladenen und auch erschienenen Zeugen und Sachverständigen sowie auf die sonstigen herbeigeschafften Beweismittel ist das

Gericht nur verpflichtet, wenn ein Beweisantrag gestellt wird. Der Antrag ist abzulehnen, wenn die Beweiserhebung unzulässig ist. Im übrigen darf er nur abgelehnt werden, wenn die Tatsache, die bewiesen werden soll, schon erwiesen oder offenkundig ist, wenn zwischen ihr und dem Gegenstand der Urteilsfindung kein Zusammenhang besteht, wenn das Beweismittel völlig ungeeignet ist oder wenn der Antrag zum Zwecke der Prozeßverschleppung gestellt ist.

1 **1) Präsente Beweismittel:** § 245 unterscheidet zwischen den vom Gericht geladenen Zeugen und Sachverständigen sowie den nach § 214 IV vom Gericht oder der StA herbeigeschafften sachlichen Beweismitteln (I) und den vom Angeklagten oder der StA geladenen Zeugen und Sachverständigen und den sonstigen herbeigeschafften Beweismitteln (II). Im Fall des I ist das Gericht grundsätzlich von Amts wegen zur Beweiserhebung verpflichtet, im Fall des II nur auf Antrag. Im Privatklageverfahren gilt § 245 nicht (14 zu § 384).

2 **2) Beweiserhebungspflicht** (I):

3 A. **Gerichtlich geladene Zeugen und Sachverständige** müssen ohne Antrag vernommen werden. Dem liegt die Erwägung zugrunde, daß die Prozeßbeteiligten möglicherweise mit Rücksicht auf die gerichtliche Ladung einen Beweisantrag nach § 219 oder die Ladung der Beweisperson nach § 220 unterlassen haben. Der Zeitpunkt der Ladung ist gleichgültig. Die Beweiserhebungspflicht setzt nur voraus, daß die Beweisperson nicht wieder abbestellt worden, daß sie vor Schluß der Beweisaufnahme erschienen (RG **56**, 432; Bay DAR **82**, 253 [R]; Schleswig SchlHA **69**, 152 [E/J]; Häner JR **84**, 496), daß dem Gericht ihr Erscheinen erkennbar (BGH **24**, 280, 282; RG **40**, 138; Dallinger MDR **66**, 965) und daß sie noch in dem Zeitpunkt anwesend ist, zu dem sie vernommen werden soll (Düsseldorf MDR **81**, 161), sich also nicht vorzeitig entfernt hat, nicht bereits entlassen (BGH NStZ **86**, 207 [Pf/M]) oder in sofort vollstreckte Ordnungshaft genommen worden ist (BGH MDR **54**, 17 [D]; LR-Gollwitzer 14). Die Beweiserhebungspflicht entfällt, wenn die Vernehmung nicht möglich ist. Das ist der Fall, wenn ein Zeuge sich auf sein Weigerungsrecht nach §§ 52 ff beruft; tut er das aufgrund irriger Belehrung durch das Gericht, so ist § 245 verletzt (BGH MDR **74**, 16 [D]). Dem Nichterschienenen steht gleich, wer wegen Alkohol- oder Drogengenusses (RG **35**, 398; Düsseldorf MDR **81**, 161) oder wegen Gefahr für Gesundheit oder Leben (BGH MDR **76**, 634 [H]) nicht vernehmbar ist. Kann ein Sachverständiger ohne weitere Vorbereitung sein Gutachten nicht erstatten, so ist er ebenfalls kein präsentes Beweismittel (BGH **6**, 289, 291). Das Gericht ist dann nicht gehalten, ihm deswegen weitere Vorbereitungen oder Untersuchungen zu gestatten (BGH NStZ **93**, 395), es sei denn, dies ist ohne Verzögerung der Hauptverhandlung möglich; dabei darf die Untersuchungshaft nicht als Hindernis betrachtet werden (BGH **43**, 171 mit Anm Witting StV **98**, 174).

4 B. **Sonstige herbeigeschaffte Beweismittel** iS von I S. 1 sind Urkunden und Augenscheinsgegenstände (nicht aber mitgebrachte schriftliche Zeugenaussagen und Sachverständigengutachten; für sie gelten §§ 251 II, 256). Die Verweisung auf § 214 IV ist irreführend (ANM 789 ff). Denn unter I fallen auch die bereits bei der Vorlage nach § 199 II S. 2 in den Akten vorhandenen Beweisstücke, deren besondere „Herbeischaffung" zur Hauptverhandlung nicht erforderlich ist. Daneben fallen unter I diejenigen Urkunden und Augenscheinsgegenstände, die das Gericht bis zum Schluß der Beweisaufnahme und die die StA vor der Hauptverhandlung herbeizieht (**aM** für von der StA von sich aus herbeigeschaffte Beweismittel Fezer JR **92**, 36). Sachliche Beweismittel, die die StA erst in der Hauptverhandlung
5 vorlegt, fallen unter II (krit LR-Gollwitzer 24 Fn 53). **Ohne besonderen Antrag** werden sachliche Beweismittel nur benutzt, wenn das Gericht ihre Präsenz nach § 243 I S. 2 festgestellt oder wenn es sie selbst zu Beweiszwecken herbeigezogen hat, wie Protokolle über kommissarische Vernehmungen (BGH MDR **54**, 151

[D]; LR-Gollwitzer 26; ANM 791 mwN). Das bloße Vorhandensein der Beweisgegenstände an der Gerichtsstelle macht sie noch nicht zu Beweismitteln iSd I; dazu werden sie erst, wenn das Gericht zu erkennen gegeben hat, daß von ihnen in der Beweisaufnahme Gebrauch gemacht werden soll (BGH **37**, 168 = JR **92**, 34 mit zust Anm Fezer = StV **92**, 3 mit krit Anm Köhler). Sonst hängt die Beweiserhebungspflicht von einem Antrag eines Prozeßbeteiligten ab. Der Antrag ist nicht deshalb entbehrlich, weil der Prozeßbeteiligte schon vor der Hauptverhandlung das Beweismittel zu den Akten eingereicht (RG **41**, 4, 13) oder seine Benutzung beantragt hat oder weil es bereits in der Anklageschrift aufgeführt ist (BGH aaO). Es handelt sich um einen Beweisantrag; daher müssen nicht nur die Urkunden in den Akten oder anderen Urkundensammlungen, deren Verwendung der Beteiligte wünscht, genau bezeichnet und ihre Fundstelle angegeben (BGH **18**, 347; ebenso für abzuspielende Tonbänder, KG NJW **80**, 952), vielmehr muß auch das Beweisthema konkret bezeichnet werden (Fezer JR **92**, 37).

C. Der **Umfang der Beweiserhebungspflicht** wird bei persönlichen Beweis- 6
mitteln durch die Ladung bestimmt. Als Zeuge Geladene brauchen nicht als Sachverständige vernommen zu werden (Stuttgart Justiz **71**, 312; KMR-Paulus 9). Wer in beiden Eigenschaften geladen worden ist, muß aber als Zeuge und Sachverständiger gehört werden. Ein Sachverständiger, der sich dazu sofort äußern kann, muß auch Fragen beantworten, die nicht Inhalt seines Gutachtenauftrags waren (BGH **6**, 289, 291). In dem Antrag, bestimmte Fragen zuzulassen, liegt aber nicht zugleich der Antrag, den Sachverständigen zu einem anderen als dem ursprünglich vorgesehenen Gegenstand zu hören (BGH GA **83**, 361).

D. **Wegfall der Beweiserhebungspflicht wegen Unzulässigkeit der Be- 7
weisbenutzung** (I S. 1): Die Beweiserhebung nach I ist nur unzulässig, wenn auch ein Beweisantrag nach II S. 2 und nach § 244 III S. 1 als unzulässig abgelehnt werden müßte (dort 49). Die Bedeutungslosigkeit der Beweistatsache fällt darunter nicht; I zwingt daher zur Erhebung von Beweisen, die aus rechtlichen oder tatsächlichen Gründen für die Entscheidung ohne Bedeutung sind (BGH NStZ **97**, 610). Die frühere Rspr, wonach unzulässig iS von I auch solche Beweiserhebungen sind, die in keinem Sachzusammenhang mit dem Gegenstand der Urteilsfindung stehen (vgl BGH **17**, 28, 30; 337, 345), ist durch die jetzige Fassung des § 245 überholt. Besteht ein Prozeßbeteiligter auf der Erhebung solcher Beweise oder beantragt er sie ausdrücklich, so kann die Beweiserhebung daher nur wegen Mißbrauchs von Verteidigungsrechten abgelehnt werden (ANM 801; **aM** KG NJW **80**, 953; KK-Herdegen 8: wegen Unzulässigkeit). Unterbleibt die Beweisaufnahme wegen ihrer Unzulässigkeit, so ist ein Vermerk darüber unter Angabe der Gründe in dem Sitzungsprotokoll zweckmäßig. Gegen die Entscheidung des Vorsitzenden, ein Beweismittel nicht zu verwenden oder es entgegen einem Beweisverbot zu benutzen, ist der Antrag nach § 238 II zulässig (KMR-Paulus 44).

E. **Wegfall der Beweiserhebungspflicht bei allseitigem Verzicht** (I S. 2): 8
Die Präsenz des Beweismittels gibt jedem Prozeßbeteiligten einen Anspruch auf Beweiserhebung. Nur bei allseitigem Einverständnis darf von ihr abgesehen werden.

a) Der **allseitige Verzicht** verlangt einen Verzicht der StA, des Angeklagten, 9
dem Nebenbeteiligte (§§ 434, 442, 444) insoweit gleichstehen, als die Beweiserhebung den Gegenstand ihrer Beteiligung wenigstens mittelbar berühren kann (KMR-Paulus 20), und des Verteidigers, nicht aber des Nebenklägers (12 zu § 397). Hat der Angeklagte mehrere Verteidiger, so müssen alle zustimmen (vgl LR-Gollwitzer 11 zu § 227); die Zustimmung des nach § 138 II zugelassenen Verteidigers und des Verteidigers nach § 392 **AO** ist weder ausreichend noch neben der des RA oder Hochschullehrers erforderlich. Im Jugendstrafverfahren müssen gesetzliche Vertreter und Erziehungsberechtigte nicht zustimmen, wohl aber der Beistand nach § 69 **JGG.** Die Zustimmung des Beistands nach § 149 und der Prozeßbevollmächtigten von anwesenden Nebenbeteiligten ist nicht erforderlich,

auch nicht die von Mitangeklagten, für deren Verteidigung die Beweiserhebung bedeutungslos ist, zB im Fall der Verfahrensverbindung nach §§ 2 ff bei Beweisaufnahme über eine Tat, an der der Mitangeklagte nicht beteiligt war (KMR-Paulus 21), oder über Strafzumessungstatsachen, die nur einen der Angeklagten betreffen
10 (LR-Gollwitzer 33). Bei **Abwesenheit des Angeklagten** nach § 233 darf ohne dessen Zustimmung von der Beweiserhebung nicht abgesehen werden (Bay **63**, 171 = NJW **63**, 2239 = JZ **64**, 328 mit zust Anm Kleinknecht). In den Fällen der §§ 231 II, 329 II S. 1 braucht das Einverständnis des Angeklagten nicht vorzuliegen; er hat sein Mitwirkungsrecht verwirkt (LR-Gollwitzer 35; vgl auch BGH **3**, 206). Wirkt an der Abwesenheitsverhandlung ein Verteidiger mit, so ist der Verzicht des Angeklagten in keinem Fall erforderlich (§ 234 a Hs 2). Im Fall des § 247 ist er stets notwendig (BGH MDR **83**, 282 [H]).

11 b) Die **Verzichtserklärung** kann in einer schlüssigen Handlung liegen (vgl. BGH NJW **78**, 1815; GA **76**, 115), etwa in dem Einwirken auf einen Zeugen, nichts auszusagen (Hamm VRS **45**, 123). Bloßes Stillschweigen ist kein Verzicht, insbesondere nicht das Unterlassen des Widerspruchs gegen Erklärungen anderer Prozeßbeteiligter (OGH **1**, 133, 135; KMR-Paulus 24) oder das Unterlassen der Antragstellung, auch nach ausdrücklicher Befragung durch das Gericht. Im Schweigen des Angeklagten zu dem Verzicht des Verteidigers liegt aber die eigene Zustimmung (Bay **78**, 17, 20 = NJW **78**, 1817; Beulke 136), auch wenn ihm selbst keine ausdrückliche Gelegenheit zur Äußerung gegeben worden ist. Entsprechendes gilt im umgekehrten Fall (KK-Herdegen 9; Rieß NJW **77**, 883). Erg 3 zu § 303.

12 c) **Ganz oder teilweise** kann auf Beweismittel verzichtet werden (ANM 809 ff), dh auf sämtliche präsenten Beweismittel (KMR-Paulus 25), deren Existenz und Präsenz dem Verzichtenden aber bewußt sein müssen, auf eines oder mehrere davon oder auf die teilw Benutzung eines Beweismittels, zB auf die teilw Verlesung einer Urkunde oder eines Gutachtens oder, wenn ein Zeuge zu mehreren Tatkomplexen aussagen soll, auf seine Vernehmung zu einem von ihnen (LR-Gollwitzer 38 f). Bei unterschiedlichem Ausmaß des Verzichts der Prozeßbeteiligten ist die zulässigerweise am stärksten beschränkte Einverständniserklärung maßgebend (KK-Herdegen 10). Hat ein Zeuge bereits mit der Aussage begonnen, so kann auf seine weitere Vernehmung zu demselben Tatkomplex nicht mehr verzichtet werden (RG **67**, 252; LR-Gollwitzer 39; **aM** RG **37**, 194).

13 d) **Bedingungsfeindlich** ist die Erklärung (Einl 118). Sie kann nicht nur für den Fall abgegeben werden, daß das Gericht eine Verurteilung überhaupt oder mit bestimmtem Inhalt unterläßt. Zulässig ist aber ein zunächst unter Vorbehalt oder ein befristet erklärter Verzicht (RG **64**, 339; LR-Gollwitzer 40).

14 e) **Endgültigkeit des Einverständnisses:** Der Verzicht kann weder zurückgenommen noch widerrufen werden (Oldenburg NdsRpfl **79**, 110; LR-Gollwitzer 41); eine Ausnahme gilt, wenn er dem Erklärenden abgenötigt worden ist. Im Widerruf des Verzichts liegt aber idR ein Beweisantrag nach § 244 III (EbSchmidt 19). Der Verzicht berechtigt das Gericht, vorbehaltlich der Aufklärungspflicht nach § 244 II (BGH MDR **81**, 455 [H]; StV **83**, 495; Koblenz VRS **71**, 238, 240), von der Beweiserhebung abzusehen, aber nur in dem Rechtszug, für den er erklärt wurde (LR-Gollwitzer 42). Die spätere Stellung von Beweisanträgen nach § 244 III hindert der Verzicht nicht (KMR-Paulus 26). Hatte der Prozeßbeteiligte einen solchen Antrag schon gestellt, so erstreckt sich der Verzicht nach I S. 2 auch auf ihn.

15 **3) Beweiserhebungspflicht auf Antrag** (II):

16 A. **Präsente Beweispersonen** iS von II S. 1 sind die von der StA nach § 214 III und von anderen Prozeßbeteiligten nach § 220 geladenen und erschienenen (oben 3) Zeugen und Sachverständigen (BGH StV **95**, 567: nicht ein anwesender Verteidiger). Die StA kann formlos, auch mündlich und telefonisch, laden. Andere Beteiligte müssen die Form des § 38 wahren (BGH NJW **52**, 836; NStZ

81, 401; ANM 815 ff mwN); andernfalls, insbesondere bei ohne Ladung erschienenen (gestellten) Beweispersonen, müssen sie einen Beweisantrag nach § 244 III stellen. Präsent sind auch die vom Nebenkläger (Hamm VRS **11**, 59) und, sofern die Vernehmung für den sie betreffenden Verhandlungsteil von Bedeutung sein kann, von Nebenbeteiligten nach §§ 433 I S. 1, 442 I sowie von einer JP oder PV nach § 444 geladenen Beweispersonen. Dem Privatkläger steht zwar das Recht der unmittelbaren Ladung zu (§ 386 II); jedoch ist § 245 nicht anwendbar (oben 1). Das Fehlen der Entschädigung nach § 220 II steht der Anwendung des II nicht entgegen (RG **54**, 257). Auch das Unterlassen der rechtzeitigen Namhaftmachung nach § 222 I S. 2 berechtigt nur zu dem Aussetzungsantrag nach § 246 II (LR-Gollwitzer 48; ANM 817). Der Antragsteller mit Ausnahme der StA muß dem Gericht die Ladung in der Hauptverhandlung nachweisen (EbSchmidt 5).

B. **Sonstige herbeigeschaffte Beweismittel** (II S. 1) sind die von der StA in der Hauptverhandlung vorgelegten (oben 4) und die von anderen Prozeßbeteiligten vor oder in der Hauptverhandlung eingereichten sachlichen Beweismittel, also Urkunden, wobei Ablichtungen nicht genügen (BGH NStZ **94**, 593; erg 6 zu § 249) und Augenscheinsgegenstände. Die Vorlegung erfolgt formlos; es genügt, daß die Beweismittel dem Gericht überreicht werden (BGH MDR **53**, 723 [D]; **75**, 369 [D]; NStZ **93**, 28 [K]). 17

C. Ein **Beweisantrag** ist Voraussetzung für die Beweiserhebungspflicht (II S. 1). Das schließt die Beweisbenutzung ohne Antrag aber nicht aus (LR-Gollwitzer 5; ANM 820; Rudolphi JuS **78**, 866). 18

a) **Antragsberechtigt** ist außer dem Beteiligten, der das Beweismittel herbeigeschafft hat, jeder andere Verfahrensbeteiligte im Rahmen seiner Beteiligung (KMR-Paulus 32; LR-Gollwitzer 56). 19

b) **Form und Inhalt** des Antrags unterscheiden sich nicht von dem des Beweisantrags nach § 244 III (dort 19, 32). Bedingte Anträge, insbesondere Hilfsbeweisanträge, sind zulässig (KMR-Paulus 31; LR-Gollwitzer 60). Die Beweistatsachen müssen bestimmt behauptet werden; das gilt auch für persönliche Beweismittel (ANM 822; **aM** KK-Herdegen 13; Köhler NJW **79**, 350). Die bloße Überreichung einer Urkunde ist kein Beweisantrag, verpflichtet das Gericht aber, auf die Antragstellung hinzuwirken. Der Antrag muß spätestens bei Schluß der Beweisaufnahme gestellt werden. Das Beweismittel muß nicht schon bei der Antragstellung präsent sein; es genügt, daß der Antragsteller in diesem Zeitpunkt das zur Herbeischaffung Erforderliche veranlaßt (LR-Gollwitzer 50). Die Zurücknahme des Antrags ist zulässig, seine Wiederholung nur, wenn er wegen fehlender Präsenz des Beweismittels abgelehnt worden war (LR-Gollwitzer 58). 20

D. **Zulässige Ablehnungsgründe** (II S. 2, 3): 21

a) Der **Katalog der sachlichen Ablehnungsgründe** ist enger als der des § 244 III–V. Eine Ablehnung wegen Unerreichbarkeit, die bei präsenten Beweismitteln sinnlos wäre, und unter Wahrunterstellung ist unzulässig. Der Ablehnungsgrund der Unerheblichkeit gilt nur in begrenztem Umfang. Die Ablehnung eines Antrags auf Anhörung eines Sachverständigen wegen eigener Sachkunde des Gerichts ist ausgeschlossen (BGH NStZ **94**, 400); auch das Auswahlrecht des Gerichts nach § 73 I S. 1 besteht nicht (ANM 825; Schulz StV **83**, 342). Für weitere Sachverständige gilt die in § 244 IV S. 2 bestimmte Ausnahme vom Verbot der Beweisantizipation nicht (eingehend zu den von der Verteidigung geladenen Sachverständigen Detter Salger-FS 231). Auf präsente Augenscheinsgegenstände findet § 244 V S. 1 keine Anwendung. 22

b) Bei **Unzulässigkeit der Beweiserhebung** (II S. 2) ist die Ablehnung zwingend. Die Unzulässigkeitsgründe sind dieselben wie bei § 244 III S. 1 (dort 49). 23

c) **Offenkundige und schon erwiesene Tatsachen** brauchen nicht weiter aufgeklärt zu werden. Anders als bei § 244 III S. 2 (dort 50) ist aber die Offenkundigkeit des Gegenteils der behaupteten Beweistatsache kein zulässiger Ablehnungs- 24 grund (LR-Gollwitzer 69). Durch §§ 220, 245 II soll den Prozeßbeteiligten gerade Gelegenheit gegeben werden, das Gegenteil der vom Gericht für offenkundig gehaltenen Tatsachen oder Erfahrungssätze zu beweisen (vgl BT-Drucks 8/976 S. 53).

25 d) **Fehlender Sachzusammenhang:** Der Begriff ist wesentlich enger als der der Bedeutungslosigkeit in § 244 III S. 2 (dort 54). Die Ablehnung ist nur zulässig, wenn jede Sachbezogenheit zwischen Beweistatsache und Gegenstand der Urteilsfindung fehlt (Marx NJW **81**, 1415). Bloße Unerheblichkeit aus rechtlichen oder tatsächlichen Gründen genügt nicht (LR-Gollwitzer 72).

26 e) **Völlige Ungeeignetheit** ist wie bei § 244 III S. 2 (dort 58) ohne jeden Rückgriff auf das Ergebnis der bisherigen Beweisaufnahme ausschließlich nach den Eigenschaften des Beweismittels selbst zu beurteilen. Dabei ist ein strenger Maßstab anzulegen. Die Ablehnung wird nur in Betracht kommen, wenn Prozeßbeteiligte versuchen, dem Gericht einen offensichtlich unfähigen oder nach seinem Fachgebiet ungeeigneten Sachverständigen aufzudrängen (LR-Gollwitzer 75; ANM 829). Bloße Zweifel an seiner Geeignetheit berechtigen nicht zur Ablehnung. Die Ungeeignetheit von Zeugen ist idR durch ihre Vernehmung festzustellen.

27 f) **Prozeßverschleppung:** Eine Verfahrensverzögerung ist auch bei Präsenz der Beweismittel möglich, zB wenn der Antragsteller ein Massenaufgebot von Zeugen lädt oder ein Übermaß von Urkunden zum Beweis vorlegt. Die Voraussetzungen für die Ablehnung des Beweisantrags nach § 244 III S. 2 (dort 67 ff) gelten dann auch für II S. 3 (Dünnebier NStZ **83**, 91). Häufiger wird Verschleppungsabsicht iwS (67 zu § 244) in Betracht kommen. Allerdings wird es dann meist auch am Sachzusammenhang fehlen.

28 E. Das **Ablehnungsverfahren** entspricht dem des § 244 VI. Der Vorsitzende kann die Beweise ohne weiteres erheben (LR-Gollwitzer 81). Die Ablehnung bedarf eines mit Gründen versehenen Gerichtsbeschlusses, der in der Hauptverhandlung vor Schluß der Beweisaufnahme bekanntgemacht werden muß (KK-Herdegen 16; ANM 830; Rieß NJW **78**, 2270).

29 F. Der **stattgebende Beschluß** führt zur Beweiserhebung nur über die in dem Antrag behauptete Beweistatsache. Zu anderen Tatsachen und in anderer Eigenschaft (oben 6) braucht das Gericht das Beweismittel nicht zu benutzen. Eine kurze Befragung des Zeugen genügt; das Fragerecht nach § 240 II gestattet dem Antragsteller die Ausübung seiner Verteidigungsrechte (LR-Gollwitzer 82). Er kann trotz des stattgebenden Beschlusses noch auf die Beweiserhebung verzichten. Das Einverständnis der anderen Prozeßbeteiligten ist dazu nicht erforderlich; sie können aber ihrerseits die Beweiserhebung beantragen (oben 19).

30 **4) Revision:** Das unberechtigte Unterlassen der Benutzung eines präsenten Beweismittels kann im Fall des I die Revision begründen. Daß es sich um herbeigeschaffte (und nicht nur bei Gericht liegende, vgl oben 5) Beweismittel gehandelt hat, ist in der Begründung darzulegen (BGH **37**, 168, 174; vgl zu den Rügeerfordernissen auch Celle StV **89**, 243); die Revision muß bei der Rüge der unterlassenen Vernehmung eines Zeugen auch vortragen, zu welchen Beweisthemen der Zeuge im Ermittlungsverfahren bisher vernommen wurde und zu welchen Tatsachen er nach Aktenlage bei seiner Vernehmung in der Hauptverhandlung Angaben machen sollte (BGH NJW **96**, 1685). Entsprechendes gilt im Fall des II, wenn ein Beweisantrag übergangen, in unzulässiger Weise oder mit rechtsfehlerhafter Begründung abgelehnt worden ist. Das Urteil beruht auf dem Verfahrensmangel nur dann nicht, wenn mit Sicherheit auszuschließen ist, daß die unterlassene Beweiserhebung die Entscheidung beeinflußt haben könnte (BGH NJW **96**, 1685; GA **85**, 566; MDR **75**, 369 [D]; Detter Salger-FS 244), zB wenn feststeht, daß der Zeuge von seinem Aussageverweigerungsrecht Gebrauch gemacht hätte (BGH MDR **78**, 459 [H]).

Verspätete Beweisanträge

246 **I Eine Beweiserhebung darf nicht deshalb abgelehnt werden, weil das Beweismittel oder die zu beweisende Tatsache zu spät vorgebracht worden sei.**

II Ist jedoch ein zu vernehmender Zeuge oder Sachverständiger dem Gegner des Antragstellers so spät namhaft gemacht oder eine zu beweisende Tatsache so spät vorgebracht worden, daß es dem Gegner an der zur Einziehung von Erkundigungen erforderlichen Zeit gefehlt hat, so kann er bis zum Schluß der Beweisaufnahme die Aussetzung der Hauptverhandlung zum Zweck der Erkundigung beantragen.

III Dieselbe Befugnis haben die Staatsanwaltschaft und der Angeklagte bei den auf Anordnung des Vorsitzenden oder des Gerichts geladenen Zeugen oder Sachverständigen.

IV Über die Anträge entscheidet das Gericht nach freiem Ermessen.

1) Eine **Ergänzung des § 244 III** enthält I. Den Verfahrensbeteiligten kann 1
nicht vorgeschrieben werden, wann sie in der Hauptverhandlung einen Beweisantrag zu stellen haben (BGH NStZ **90**, 350). Beweisanträge können daher bis zum Beginn der Urteilsverkündung gestellt werden (33 zu § 244). Daß sie schon früher hätten angebracht werden können, ist kein Ablehnungsgrund, auch wenn nach den früheren Erklärungen des Antragstellers ein Antrag nicht mehr zu erwarten war (BGH NStZ **86**, 371). Hätte der Antrag allerdings schon lange vor der Hauptverhandlung gestellt werden können, kann dies uU für eine Verschleppungsabsicht sprechen, so daß eine Ablehnung nach § 244 III in Betracht kommen kann (BGH NStZ **90**, 350 mit Anm Wendisch = StV **90**, 391 mit Anm Strate; vgl 68 zu § 244).

2) Einen **Aussetzungsantrag** (II–IV) können Prozeßbeteiligte stellen, denen 2
infolge verspäteter Namhaftmachung der geladenen Beweispersonen (§ 222) die Möglichkeit genommen ist, deren Glaubwürdigkeit und die sachliche Zuverlässigkeit ihrer Aussage zu prüfen und etwaige Gegenbeweise anzubieten. Das gleiche gilt, wenn ihnen Beweistatsachen, deren Bedeutung für das Verfahren vorher nicht erkennbar war, nicht rechtzeitig bekanntgegeben werden. Für sachliche Beweismittel, deren Vorhandensein den Beteiligten nicht rechtzeitig zur Kenntnis gebracht worden ist, gelten II–IV entspr (Hamm VRS **49**, 113). Die Vorschrift findet keine Anwendung bei der Vernehmung von Zeugen an hierfür nicht vorgesehenen Terminstagen (Odenthal NStZ **88**, 540, der aber § 265 IV anwenden will). Eine
Belehrung über das Antragsrecht ist nicht vorgeschrieben, wird aber ausnahms- 3
weise aufgrund der Fürsorgepflicht (Einl 156 ff) bei einem Angeklagten ohne Verteidiger geboten sein (Köln OLGSt S. 1; KMR-Paulus 5; LR-Gollwitzer 12).
Antragsberechtigt ist der Gegner des Antragstellers (dazu 3 zu § 303), aber nicht 4
der Nebenkläger (11 zu § 397), im Fall des III jeder betroffene Verfahrensbeteiligte.
Die **Entscheidung** über den Antrag, als den ein bloßer „Protest" nicht angesehen 5
werden kann (Frankfurt NJW **47/48**, 395), trifft das Gericht (nicht der Vorsitzende allein) nach pflichtgemäßem Ermessen (BGH MDR **84**, 278 [H]; Stuttgart NStZ **90**, 356) unter Beachtung der Aufklärungspflicht (§ 244 II) und der berechtigten Interessen der Prozeßbeteiligten, insbesondere des Angeklagten (BGH VRS **19**, 132). II und III beziehen sich nur auf Umstände von verfahrenserheblicher Bedeutung (BGH **37**, 1, 3; NJW **90**, 1124). Die Ablehnung ist gerechtfertigt, wenn die Beweisperson bereits bekannt war (BGH StV **82**, 457) oder Nachforschungen nach ihr offensichtlich nicht nötig sind (BGH MDR **84**, 278 [H]) oder allgemein keine Umstände erkennbar sind, die das Verlangen als begründet erscheinen lassen; dabei ist auch der verfassungsrechtlich gebotene Schutz des Zeugen zu beachten (BGH **37**, 1; Schnarr Kriminalistik **90**, 295). Darf der Wohnort des Zeugen nach § 68 I S. 2, II, III geheimgehalten werden und wird er daher bei der Ladungsmitteilung nach § 222 nicht angegeben, besteht kein Anspruch auf Aussetzung aus diesem

Grund (Hilger NStZ **92**, 459). Wird dem Antrag stattgegeben, so ist § 145 III auf den Prozeßgegner nicht anzuwenden (Frankfurt JR **50**, 570). Zur Begründung des
6 Ablehnungsbeschlusses vgl 3 zu § 34. Die Aussetzung kann auch von **Amts wegen** angeordnet werden. Die kürzere Unterbrechung durch den Vorsitzenden (§ 228 I S. 2) hat den Vorzug, wenn sie genügt und der Antragsteller sich mit ihr zufrieden gibt (KMR-Paulus 10). Bei Änderung der Sachlage gilt § 265 IV.

7 **3) Anfechtung:** Die Entscheidung nach IV ist mit der Beschwerde nicht anfechtbar (§ 305 S. 1). Mißbrauch des Ermessens bei der Ablehnung des Aussetzungsantrags begründet aber die Revision (BGH NJW **90**, 1124; Bay **54**, 156; LR-Gollwitzer 23), zB bei Ablehnung mit der Begründung, der Verteidiger hätte sich die fehlenden Kenntnisse durch Akteneinsicht verschaffen können (Hamm JMBlNW **68**, 236). Vgl erg 10 zu § 222.

Zuziehung eines Sachverständigen

246a Ist damit zu rechnen, daß die Unterbringung des Angeklagten in einem psychiatrischen Krankenhaus, einer Entziehungsanstalt oder in der Sicherungsverwahrung angeordnet werden wird, so ist in der Hauptverhandlung ein Sachverständiger über den Zustand des Angeklagten und die Behandlungsaussichten zu vernehmen. Hat der Sachverständige den Angeklagten nicht schon früher untersucht, so soll ihm dazu vor der Hauptverhandlung Gelegenheit gegeben werden.

1 **1)** Die **Zuziehung eines Sachverständigen** verlangt die Vorschrift, wenn mit der Anordnung einer Maßregel nach §§ 63, 64 oder 66 StGB zu rechnen ist, dh wenn sie möglich erscheint (LR-Gollwitzer 5). Im Sicherungsverfahren nach §§ 413 ff gilt § 415 V. Der Sachverständige muß kein Arzt sein; idR wird aber die Anhörung eines anderen Sachverständigen nicht ausreichen (BGH MDR **76**, 17 [D]; LR-Gollwitzer 2). Im Fall des § 63 StGB ist ein Psychiater zu hören (Müller-Dietz NStZ **83**, 204); im Fall des § 66 StGB hat der Gutachter sich zu den einen Hang ausmachenden Persönlichkeitsmerkmalen sachverständig zu äußern (BGH MDR **90**, 97 [H]). § 246 a stellt nur Mindestanforderungen; die Aufklärungspflicht (§ 244 II) kann die Zuziehung mehrerer Sachverständiger gebieten (BGH **18**, 374).

2 **2) In der Hauptverhandlung** muß der Sachverständige vernommen werden (S. 1). Die Verlesung einer Vernehmungsniederschrift nach § 251 oder eines schriftlichen Gutachtens nach § 256 genügt nicht (BGH MDR **53**, 723 [D]; RG HRR **38**, 791). Der Sachverständige muß aber nicht während der ganzen Hauptverhandlung anwesend sein (BGH **27**, 166, 167; NStZ **87**, 219 [Pf/M]). Ergibt sich erst in der Hauptverhandlung, daß eine Maßregel in Betracht kommt, so braucht der bereits durchgeführte Teil der Verhandlung nicht wiederholt zu werden (BGH NStZ **87**, 219 [Pf/M]; das Gericht ist dann aber zu ganz besonderer Sorgfalt bei der weiteren Sachbehandlung verpflichtet (BGH NJW **68**, 2298). Bei der Vernehmung muß der Sachverständige stets umfassend gehört werden; er muß den gesamten Sachverhalt kennen und würdigen, der den Zustand des Angeklagten und die Behandlungsaussichten betrifft und den das Gericht der Entscheidung zugrunde legen will (BGH **27**, 166).

3 **3)** Eine **Untersuchung,** die im Vorverfahren auch von der StA angeordnet worden sein kann (BGH **18**, 374), soll der Vernehmung vorausgehen (vgl auch §§ 80 a, 414 III). Das Wort „soll" bedeutet nur, daß die Untersuchung auch während der Hauptverhandlung vorgenommen werden darf, wobei die Beobachtung des Angeklagten in der Hauptverhandlung allein aber nicht genügt (BGHR § 246 a S. 1 Untersuchung 1); denn die Untersuchung selbst ist unerläßlich (BGH **9**, 1; NStZ **90**, 27: zwingende Verfahrensvorschrift). Verweigert der Angeklagte die

Mitwirkung, so ist sie nach §§ 81, 81 a anzuordnen (BGH NJW **72**, 348), es sei denn, die verweigerte Untersuchung setze ihrer Art nach die freiwillige Mitwirkung des Angeklagten voraus und ihre zwangsweise Vornahme könne deswegen kein verwertbares Ergebnis erbringen; das bedeutet aber nicht, daß damit auch auf die Einholung des Gutachtens verzichtet werden dürfte (BGH NStZ **94**, 95). Die Erklärung des Angeklagten, er sei gesund, befreit von der Untersuchung nicht (RG **68**, 198, 200). Eine weit zurückliegende Untersuchung in einem anderen Strafverfahren wird – vor allem, wenn es um eine Unterbringung nach §§ 63, 64 StGB geht – idR nicht genügen (BGH 1 StR 190/66 vom 3. 5. 1966); die Untersuchung muß aber nicht unmittelbar vor der Hauptverhandlung stattgefunden haben (BGH **18**, 374). Ihrem Gegenstand nach muß sie unter dem Gesichtspunkt der in Betracht kommenden Maßregel oder Maßregeln durchgeführt werden (RG **68**, 327; **69**, 129, 133), also „maßnahmespezifisch" sein, so daß eine allgemeine psychiatrische Untersuchung nicht genügt (BVerfG NJW **95**, 3047 gegen BGH NStZ **94**, 592).

4) Revision: Der Verstoß gegen S. 1 ist Revisionsgrund nach § 337 (BGH **9**, 1; 4
27, 166, 168; NStZ **87**, 219 [Pf/M]; Hamm MDR **78**, 864; **aM** BGH MDR **53**, 723 [D]; RG HRR **35**, 993: nach § 338 Nr 5). Das gilt auch, wenn der Sachverständige nicht genügend über den für sein Gutachten erheblichen Sachverhalt unterrichtet worden ist (BGH **27**, 166). Das Unterlassen der Untersuchung (S. 2) begründet ebenfalls die Revision; es kann auch mit der Aufklärungsrüge (80 ff zu § 244) geltend gemacht werden (BGHR StGB § 66 I Hang 5; erg 5 zu § 80 a). Mit ihr kann auch die Nichtzuziehung eines weiteren Sachverständigen gerügt werden (BGH **18**, 374).

Vorübergehende Entfernung des Angeklagten

247 **Das Gericht kann anordnen, daß sich der Angeklagte während einer Vernehmung aus dem Sitzungszimmer entfernt, wenn zu befürchten ist, ein Mitangeklagter oder ein Zeuge werde bei seiner Vernehmung in Gegenwart des Angeklagten die Wahrheit nicht sagen. Das gleiche gilt, wenn bei der Vernehmung einer Person unter sechzehn Jahren als Zeuge in Gegenwart des Angeklagten ein erheblicher Nachteil für das Wohl des Zeugen zu befürchten ist oder wenn bei einer Vernehmung einer anderen Person als Zeugen in Gegenwart des Angeklagten die dringende Gefahr eines schwerwiegenden Nachteils für ihre Gesundheit besteht. Die Entfernung des Angeklagten kann für die Dauer von Erörterungen über den Zustand des Angeklagten und die Behandlungsaussichten angeordnet werden, wenn ein erheblicher Nachteil für seine Gesundheit zu befürchten ist. Der Vorsitzende hat den Angeklagten, sobald dieser wieder anwesend ist, von dem wesentlichen Inhalt dessen zu unterrichten, was während seiner Abwesenheit ausgesagt oder sonst verhandelt worden ist.**

1) Ausnahmen von der Anwesenheitspflicht des Angeklagten (§ 231 I 1
S. 1), auch wenn er RA ist (BVerfGE **53**, 207, 215 = NJW **80**, 1677, 1678), läßt § 247 im Interesse der Sachaufklärung, des Schutzes kindlicher und jugendlicher Zeugen (vgl auch § 51 I **JGG**), erwachsener Zeugen und des Angeklagten selbst zu (vgl Meyer-Goßner Pfeiffer-FS 311). Die Vorschrift gilt auch bei Vernehmungen nach §§ 223, 224 (BGH **32**, 32 = JZ **84**, 45 mit Anm Geerds; KMR-Paulus 7), muß aber als Ausnahmebestimmung eng ausgelegt werden (BGH **15**, 194, 195; **21**, 332, 333; **22**, 18, 20; **26**, 218, 220; NJW **57**, 1161; StV **87**, 377; Koblenz MDR **77**, 777). Die Ausschließung des Nebenklägers rechtfertigt sie nicht (RG **25**, 177; LR-Gollwitzer 10; erg 2 zu § 397), auch nicht die Abwesenheit des bei der Rekonstruktion des Unfallgeschehens mitwirkenden Angeklagten von der Verhandlung bei der Augenscheinseinnahme (LR-Gollwitzer 8; **aM** Braunschweig

NJW **63**, 1322 mit abl Anm Kleinknecht). Von der Ermächtigung des § 247 ist idR Gebrauch zu machen, wenn die Voraussetzungen der Vorschrift vorliegen.

2 **2) Entfernung des Angeklagten bei Wahrheitsgefährdung**(S. 1):

3 A. Eine **konkrete Gefahr** für die Wahrheitsfindung muß bestehen („wenn zu befürchten ist"), zu deren Abwendung die zeitweise Entfernung des Angeklagten notwendig und unvermeidbar erscheint (BGH **3**, 384, 386). Die Bereitschaft des Zeugen oder Mitangeklagten, in Gegenwart des Angeklagten auszusagen, ist ohne Bedeutung (BGH MDR **72**, 199 [D]). Maßgebend ist die dem Gericht bekannte Sachlage bei der Beschlußfassung; wenn spätere Erkenntnisse zu einer abweichenden Beurteilung führen, muß die Vernehmung nicht wiederholt (KK-Diemer 5; LR-Gollwitzer 37; **aM** Hamburg NJW **75**, 1573; KMR-Paulus 21), dem Angeklagten aber die eingehende Befragung der Auskunftsperson ermöglicht werden (Fischer NJW **75**, 2034). § 247 darf, soweit er der Sachaufklärung dient, nicht engherzig angewendet werden (Granderath MDR **83**, 800). Es genügt, daß sich die Gefahr der Beeinträchtigung der Wahrheitsfindung auf bestimmte Tatkomplexe oder Punkte beschränkt, zB auf die Angaben zur Person (RG **38**, 10, aber nicht zur Umgehung der in BGH **32**, 32, 35 f aufgestellten Grundsätze, vgl BGHR Abwesenheit 7) oder auf den Vorhalt einer Urkunde. Die Entfernung des Angeklagten ist
4 zB **zulässig,** wenn ein Zeuge ankündigt, daß er in Gegenwart des Angeklagten von seinem Zeugnisverweigerungsrecht Gebrauch machen werde (BGH **22**, 18; BGHR § 247 S.2 Begründungserfordernis 3), oder wenn die Zeugenvernehmung aus den in § 96 und § 54 iVm § 39 III S. 1 BRRG (7 zu § 54) anerkannten Gründen in Gegenwart des Angeklagten von der obersten Dienstbehörde nicht ermöglicht wird (BGH **32**, 32 = JZ **84**, 45 mit Anm Geerds; GrS **32**, 115, 125 ; GrS **42**, 175, 176 = NStZ **96**, 608 mit zust Anm Geerds; NJW **85**, 1478; krit Hassemer JuS **86**, 25; vgl auch BVerfGE **57**, 250, 286/287 = NJW **81**, 1719,
5 1724). **Nicht ausreichend** ist der bloße Wunsch des Zeugen, in Abwesenheit des Angeklagten auszusagen (BGH **22**, 18, 21), oder die Befürchtung, mehrere Mitangeklagte würden ihre Aussagen einander anpassen (BGH **15**, 194; 195; NJW **57**, 1161; LR-Gollwitzer 14; **aM** Hanack JZ **72**, 81, der das zu Unrecht als „überstreng" bezeichnet).

6 B. **Während der Vernehmung** darf der Angeklagte ausgeschlossen werden, auch während eines Teils der Vernehmung, zB für die Beantwortung einer einzigen Frage (BGH MDR **75**, 544 [D]; KK-Diemer 6). Die Anordnung ist so auszulegen, daß der Ausschluß sich auf alle Verfahrensvorgänge bezieht, die mit der Vernehmung oder dem bezeichneten Teil der Vernehmung in enger Verbindung stehen oder sich daraus entwickeln (BGH aaO); allerdings darf es sich dabei nicht um Verfahrensvorgänge mit selbständiger verfahrensrechtlicher Bedeutung handeln (BGH StV **87**, 377; Strate NJW **79**, 909). Es geht daher zu weit, wenn BGH NJW **79**, 276 (= JR **79**, 434 mit Anm Gollwitzer) und BGH StV **95**, 250 (mit abl Anm Stein) die Verhandlung über den Ausschluß der Öffentlichkeit in Abwesenheit des Angeklagten tolerieren (ebenso Park NJW **96**, 2215: inakzeptabel); allerdings kann der Fehler die Revision nicht begründen, wenn die Öffentlichkeit nach § 171 b II GVG ausgeschlossen werden mußte (BGHR Abwesenheit 13). Der Ausschluß umfaßt aber immer die Vernehmung zur Person und die Belehrung nach § 52 III S. 1 (BGH MDR **72**, 199 [D]) sowie den Vorhalt von Urkunden (BGH **21**, 332, 333; MDR **52**, 18 [D]). Entfällt der Entfernungsgrund vor Abschluß der Vernehmung, so ist der Angeklagte sofort wieder zuzulassen; einer Wiederholung der Vernehmung bedarf es aber grundsätzlich nicht (LR-Gollwitzer 37). Die Entscheidung trifft das Gericht durch Beschluß (KMR-Paulus 21); die formlose Zulassung
7 kann aber ausreichen (SK/StPO-Schlüchter 14). **Andere Beweisvorgänge** sind während der Abwesenheit des Angeklagten untersagt, auch wenn sie der sachdienlichen Vernehmung des Zeugen oder Mitangeklagten förderlich wären. Sie müssen daher, wenn sie trotzdem stattgefunden haben, nach Wiedereintritt des Angeklagten wiederholt werden (BGH NStZ **85**, 496 [Pf/M]; vgl auch W. Schmid

JZ **69**, 760). Das gilt insbesondere für die Vernehmung weiterer Zeugen (BGH NStZ **93**, 350), für die Verlesung von Urkunden (BGH **21**, 332; MDR **83**, 450 [H]; StV **84**, 102; **92**, 550 mwN; NStZ **97**, 402) und für Augenscheinseinnahmen (BGH MDR **69**, 17 [D]; NStZ **86**, 564; StV **81**, 57 mit Anm Strate; StV **84**, 102; **86**, 418; NJW **88**, 429; vgl aber auch BGH JR **89**, 254 mit krit Anm Hanack). Zur **Verhandlung über die Vereidigung des Zeugen** muß der Angeklagte stets 8 zugezogen werden (BGH **22**, 289, 297; **26**, 218, 220; NJW **76**, 1108; **85**, 1478; **86**, 267; MDR **78**, 160 [H]; NStZ **83**, 181; **85**, 493 [Pf/M]; **86**, 209 [Pf/M]; **87**, 17 [Pf/M]; 335; 519; **88**, 19 [Pf/M]; StV **83**, 3; **84**, 102; **88**, 6). War er wegen der Gefahr der Enttarnung des Zeugen oder wegen der Gefahr der gesundheitlichen Schädigung ausgeschlossen, so muß die Verhandlung in Abwesenheit dieses Zeugen geführt werden (BGH **22**, 289, 297; NJW **85**, 1478). Auch bei der **Zeugen-** 9 **vereidigung** muß der Angeklagte anwesend sein (BGH **26**, 218 = JR **76**, 340 mit Anm Gollwitzer; BGH NJW **86**, 267; NStZ **82**, 256; **83**, 181; **86**, 133; **88**, 19 [Pf/M]), sofern er nicht wegen Enttarnung oder Gefährdung des Zeugen ausgeschlossen war (BGH **37**, 48; NJW **85**, 1478), ebenso bei der **Verhandlung über die** 10 **Entlassung des Zeugen** (BGH NJW **86**, 267; NStZ **97**, 402).

3) **Entfernung des Angeklagten bei Vernehmung von Kindern oder Ju-** 11 **gendlichen** (S. 2): Der Begriff Wohl des Kindes umfaßt das körperliche und seelische Wohl. Erheblich ist der Nachteil nur, wenn er über die Vernehmung hinaus noch eine gewisse Zeit andauert (KMR-Paulus 17; LR-Gollwitzer 24). Auch bei der Anwendung des S. 2 muß die Befürchtung durch konkrete Umstände begründet sein, zB durch ein Abhängigkeitsverhältnis zwischen dem Zeugen und dem Angeklagten oder durch Furcht des Zeugen vor Rache oder anderen Nachteilen. Das Gericht entscheidet hierüber nach pflichtgemäßem Ermessen (KK-Diemer 10). Auf die Gefährdung der Wahrheitsfindung kommt es bei S. 2 nicht an. Der Begriff Vernehmung stimmt mit dem in S. 1 überein (oben 6 ff); Angaben der Eltern zur Person des Kindes sind keine Zeugeneinvernahme der Eltern, sondern nur ein Vernehmungsbehelf bei Vernehmung des Kindes (BGH NStZ **94**, 354). Dem Schutz kindlicher und jugendlicher Zeugen dienen auch § 241 a und § 172 Nr 4 GVG.

4) **Entfernung des Angeklagten bei Vernehmung erwachsener Zeugen** 12 (S. 2): Die Entfernung des Angeklagten ist zulässig, wenn seine Gegenwart bei dem Zeugen zu einer erheblichen Gesundheitsgefährdung mit der Folge der Vernehmungsunfähigkeit führen kann (BGH **22**, 289; Hamburg NJW **75**, 1573). Der Angeklagte kann entfernt werden, wenn seine Gegenwart bei der Vernehmung des Zeugen, bei dem es sich nicht um das Tatopfer zu handeln braucht, einen Gesundheitsnachteil für den Zeugen befürchten läßt, gleichviel aus welchem Grund. Der Gesundheitsnachteil braucht nur vorübergehend (Nervenzusammenbruch bei der Vernehmung), muß aber schwerwiegend sein; in Betracht kommen im wesentlichen nur schwere psychische Beeinträchtigungen. Geringfügige und daher noch hinnehmbare Beeinträchtigungen des Wohlbefindens reichen nicht aus (vgl Hanack JR **89**, 255). Auch die bloße Möglichkeit der Gesundheitsgefährdung genügt nicht. Vielmehr muß eine dringende Gefahr, eine auf tatsächliche Umstände gestützte hohe Wahrscheinlichkeit für den Gesundheitsnachteil des Zeugen vorliegen. Wenn das der Fall ist, erfordert es die richterliche Fürsorgepflicht, von Amts wegen die Entfernung des Angeklagten anzuordnen, sofern nicht der Zeuge selbst darauf keinen Wert legt. Auch die Vereidigung darf dann ggf in Abwesenheit des Angeklagten erfolgen (BGH **37**, 48, 49). Insbesondere bei V-Leuten kann den Zeugen in Lebens- oder Leibesgefahr auch bringen, daß der Angeklagte von ihrem Aussehen Kenntnis erlangt (vgl Rieß/Hilger NStZ **87**, 150).

5) **Entfernung des Angeklagten zum eigenen Schutz** (S. 3): Für die Dauer 13 der Erörterungen über seinen Zustand und die Behandlungsaussichten bei der Beweisaufnahme (gleichgültig, mit welchen Beweismitteln) oder in den Schlußvor-

trägen (LR-Gollwitzer 27) darf die Entfernung des Angeklagten angeordnet werden, wenn sonst ein erheblicher Nachteil für seine Gesundheit zu befürchten ist. Das Gericht kann hierüber im Freibeweis (7, 9 zu § 244) einen anwesenden Sachverständigen hören (LR-Gollwitzer 26). Sonstige Gründe – etwa der Wunsch des Angeklagten, ein Gutachten nicht mitanhören zu müssen – reichen nicht aus (BGH StV **93**, 285). Die Ausschließung des Angeklagten ist gerechtfertigt, wenn die Aussicht besteht, daß der Nachteil bei Einzelerörterungen in seiner Abwesenheit nicht oder in erheblich geringerem Maße eintreten wird; von dem wesentlichen Inhalt der Erörterungen muß der Angeklagte ohnehin nachträglich unterrichtet werden (S. 4). Zur Frage einer weiter gehenden Unterrichtung über den Inhalt des Gutachtens durch den Verteidiger oder den Sachverständigen vgl Tzschaschel NJW **90**, 749. Beruht die in S. 3 bezeichnete Befürchtung auf der Anwesenheit der Öffentlichkeit, so kann sie nach § 171 b GVG ausgeschlossen werden.

14 **6)** Durch **Gerichtsbeschluß,** nicht durch Verfügung des Vorsitzenden allein, wird der vorübergehende Ausschluß des Angeklagten angeordnet (BGH **1**, 346, 350; **15**, 194, 196; **22**, 18, 20; StV **93**, 285). Die Prozeßbeteiligten sind nach § 33 I zu hören. Aus dem nach § 35 I S. 1 zu verkündenden Beschluß muß hervorgehen, für welchen Teil der Hauptverhandlung der Angeklagte sich entfernen muß, welchen Fall des § 247 das Gericht für gegeben hält und welche konkreten Anhaltspunkte für die entspr Befürchtung bestehen (Koblenz GA **81**, 475 L; vgl auch BGH **15**, 194; MDR **52**, 18 [D]; Koblenz MDR **77**, 777). Das Einverständnis der Beteiligten entbindet nicht von der Beschlußfassung und der Begründungspflicht (BGH **22**, 18, 20; NStZ **91**, 296; StV **93**, 285). Die Bekanntgabe des Beschlusses in Anwesenheit des Angeklagten (BGH NStZ-RR **98**, 51 L) und seine Entfernung sind nach § 273 I im Sitzungsprotokoll zu beurkunden (Hamburg NJW **65**, 1242).

15 **7)** Die **Unterrichtung des Angeklagten** (S. 4) muß, auch wenn sie schon der Verteidiger vorgenommen hat (BGH NJW **57**, 1326), alsbald nach seiner Wiederzulassung vor jeder weiteren Verfahrenshandlung erfolgen (BGH **3**, 384; NJW **53**, 1112; NStZ **98**, 263 mit Anm Widmaier), auch wenn die Vernehmung des Zeugen nur unterbrochen wird (BGH **38**, 260 = JZ **93**, 270 mit Anm Peters; BGH NStZ **92**, 346; MDR **95**, 445 [H]); insbesondere ist sie notwendig vor der Vernehmung eines weiteren Zeugen (BGH NJW **88**, 429; ob das auch gilt, wenn mehrere Zeugen nacheinander in Abwesenheit des Angeklagten vernommen werden, hat BGH 4 StR 490/96 vom 5. 11. 1996 offengelassen) und der Vereidigung und Entlassung der vernommenen Beweisperson (BGH NJW **57**, 1161; **85**, 1478; NStZ **83**, 181; **87**, 519; StV **92**, 550; **96**, 471; Stuttgart OLGSt Nr 1), aber nicht, wenn die Entlassungsanordnung sofort zurückgenommen wird (BGH 2 StR 574/91 vom 15. 4. 1992). Die Unterrichtung muß nicht unbedingt in Gegenwart der vernommenen Beweispersonen erfolgen (BGH NJW **85**, 1478; MDR **69**, 17 [D]; 5 StR 334/93 vom 25. 8. 1993; Gollwitzer JR **76**, 341). Nach Vernehmung mehrerer Mitangeklagter jeweils in Abwesenheit der anderen muß die Unterrichtung in Gegenwart der anderen Angeklagten stattfinden (BGH **15**, 194; NJW **57**,
16 1161). Die Unterrichtung beschränkt sich auf den **wesentlichen Inhalt** der Aussagen. Was wesentlich ist, bestimmt der Vorsitzende nach pflichtgemäßem Ermessen (BGH MDR **57**, 267 [D]; RG **32**, 88; Hamburg JR **50**, 413). Dem Angeklagten muß alles mitgeteilt werden, was er wissen muß, um sich sachgerecht verteidigen zu können (BGH **1**, 346, 350; NStZ **83**, 181; StV **93**, 287; Dallinger MDR **57**, 267), insbesondere auch die in seiner Abwesenheit gestellten Anträge und abgegebenen Erklärungen (BGH NStZ **83**, 181; Frankfurt StV **87**, 9: Zurücknahme eines Beweisantrags), nicht aber die Begründung der Anträge (RG **32**, 88). Die Unterrichtung muß sich auch auf inzwischen ergangene Beschlüsse und Anordnungen und sonstige wesentliche Prozeßhandlungen erstrecken (LR-Gollwitzer 39), zB auf die Ablehnung einer Frage nach § 242 (Gollwitzer JR **79**, 435). Zur Unterrichtung über den Inhalt einer Zeugenaussage und zur Wiederholung

einer Augenscheinseinnahme, wenn beide Beweiserhebungen im Zusammenhang vorgenommen wurden, vgl BGH NJW **88**, 429. In der **Sitzungsniederschrift** 17 muß die Unterrichtung, aber nicht ihr Inhalt beurkundet werden (BGH MDR **57**, 267 [D]; KMR-Paulus 28).

8) Eine **ergänzende Befragung durch den Angeklagten** ist zu gestatten, aber 18 nicht immer eine unmittelbare Befragung. Wenn der Ausschluß des Angeklagten während der ganzen Vernehmung des Zeugen geboten ist, kann er zwar Fragen stellen, muß aber wieder abtreten, bevor der Zeuge sie beantwortet (BGH **22**, 289, 296; NJW **85**, 1478; GA **70**, 111; MDR **69**, 17 [D]; Gollwitzer JR **76**, 341). Soll eine Gefährdung oder Enttarnung des Zeugen verhindert werden, so muß er bei der Entgegenahme der Frage des Angeklagten den Gerichtssaal verlassen (BGH NJW **85**, 1478).

9) Revision: Der zwingende Aufhebungsgrund nach § 338 Nr 5 ist gegeben, 19 wenn der Beschluß über den zeitweiligen Ausschluß des Angeklagten fehlt (BGH **4**, 364; NJW **76**, 1108; GA **68**, 281; vgl auch BGH NStZ **83**, 36), beim Fehlen einer ausreichenden Begründung des Beschlusses nur, wenn die sachlichen Voraussetzungen des § 247 nicht vorliegen oder wenn zweifelhaft bleibt, ob das Gericht von zulässigen Erwägungen ausgegangen ist (BGH **15**, 194, 196; **22**, 18, 20; NStZ **87**, 84; BGHR § 247 S.2 Begründungserfordernis 2); die Revision ist danach ferner begründet, wenn die im Beschluß festgesetzte Dauer der Entfernung des Angeklagten erheblich überschritten ist oder wenn in Abwesenheit des Angeklagten Verfahrensvorgänge stattgefunden haben, die nicht zur Vernehmung gehören (oben 7 ff), insbesondere eine Augenscheinseinnahme (BGH **15**, 194, 196; **21**, 332, 333; NJW **88**, 429; JR **89**, 254 mit Anm Hanack; StV **81**, 57; **84**, 102; **89**, 192), die Vereidigung des Zeugen (BGH **26**, 218; NStZ **82**, 256; **86**, 133; **aM** Basdorf Salger-FS 215) oder die Verhandlung darüber (BGH **22**, 289, 297; NJW **76**, 1108; NStZ **86**, 209 [Pf/M]; **87**, 17 [Pf/M]; StV **96**, 530; **aM** Basdorf aaO), sofern nicht von der Vereidigung nach § 60 Nr 1 (BGH NJW **86**, 267; NStZ **87**, 335; MDR **78**, 460 [H]) abgesehen wird (anders bei § 61 Nr 2, BGH NStZ **86**, 133; **88**, 469; NStZ-RR **97**, 105; **aM** BGH **22**, 289, 297; vgl dazu Meyer-Goßner Pfeiffer-FS 318), oder die Verhandlung über die Entlassung des Zeugen (BGH NJW **86**, 267; NStZ **92**, 28 [K]; **93**, 28 [K]; **95**, 557; Düsseldorf VRS **91**, 365; **aM** Basdorf aaO; zw BGH NStZ **98**, 425, dagegen BGH 2 StR 481/98 vom 28. 10. 1998; erstere auch zum hierfür notwendigen Revisionsvorbringen). Ein Revisionsgrund nach § 337 liegt vor, wenn die Unterrichtung nach S. 4 unterlassen worden oder verspätet erfolgt ist (BGH StV **84**, 103; **91**, 451; **92**, 359; NStZ **95**, 557; NStZ-RR **98**, 261 [K]). Auf die Rüge, die Unterrichtung sei nicht ausreichend gewesen, prüfen einige Revisionsgerichte im Freibeweis deren Inhalt (BGH MDR **57**, 267 [D]; Koblenz OLGSt S. 9; **aM** Hamburg JR **50**, 413).

Audiovisuelle Zeugenvernehmung **RiStBV 222**

247a **Besteht die dringende Gefahr eines schwerwiegenden Nachteils für das Wohl des Zeugen, wenn er in Gegenwart der in der Hauptverhandlung Anwesenden vernommen wird, und kann sie nicht in anderer Weise, namentlich durch eine Entfernung des Angeklagten sowie den Ausschluß der Öffentlichkeit, abgewendet werden, so kann das Gericht anordnen, daß der Zeuge sich während der Vernehmung an einem anderen Ort aufhält; eine solche Anordnung ist auch unter den Voraussetzungen des § 251 Abs. 1 Nr. 2, 3 oder 4 zulässig, soweit dies zur Erforschung der Wahrheit erforderlich ist. Die Entscheidung ist unanfechtbar. Die Aussage wird zeitgleich in Bild und Ton in das Sitzungszimmer übertragen. Sie soll aufgezeichnet werden, wenn zu besorgen ist, daß der Zeuge in einer weiteren Hauptverhandlung nicht vernom-**

men werden kann und die Aufzeichnung zur Erforschung der Wahrheit erforderlich ist. § 58 a Abs. 2 findet entsprechende Anwendung.

1 **1)** Im Interesse einer **schonenden Vernehmung** besonders schutzbedürftiger Zeugen (1 zu § 58 a) und damit zugleich der Wahrheitsfindung sieht S. 1 Hs 1 Ausnahmen von der Pflicht des Zeugen, in der Hauptverhandlung zu erscheinen und unmittelbar vor den Verfahrensbeteiligten auszusagen (vgl KK-Diemer 8), vor. Die Vielzahl der in der Hauptverhandlung Anwesenden kann insbesondere (aber nicht nur) kindliche Opferzeugen massiv belasten und eine unbefangene Aussage erheblich erschweren (vgl § 168 e für richterliche Vernehmungen im Ermittlungsverfahren sowie 20 zu § 223, auch zu einer Verknüpfung der Anwendung der §§ 223, 247 a). In S. 1 Hs 2 treten Erwägungen der Prozeßökonomie und der Verfahrensbeschleunigung hinzu (vgl unten 6, 7). Mit der Bestimmung hat das ZSchG den Einsatz der Videotechnologie in der Hauptverhandlung geregelt und dabei auf das besonders in Großbritannien erprobte und bewährte Modell zurückgegriffen, bei dem der Vorsitzende und die übrigen Verfahrensbeteiligten (erg unten 10) den Sitzungssaal nicht verlassen und der Zeuge, der sich an einem anderen Ort aufhält, mittels einer Bild-Ton-Direktübertragung vernommen wird (zu den Erfahrungen im anglo-amerikanischen Rechtskreis vgl Bohlander ZStW **107**, 82 und Köhnken StV **95**, 376; krit zur Videovernehmung Strate Friebertshäuser-FG 203). Der Gesetzgeber ist damit den Bedenken gegen das sog „Mainzer Modell" gefolgt (vgl BT-Drucks 13/7165 S. 10; Voraufl 16 ff zu § 250). In dieser Form kann die audiovisuelle Zeugenvernehmung bei allen Spruchkörpern zur Anwendung kommen. Die Vorschrift ist als Ausnahmebestimmung zu § 250 S. 1 eng auszulegen (erg unten 4, 7; vgl zur Systematik auch KK-Diemer 8). Bei gefährdeten und für eine unmittelbare Vernehmung in der Hauptverhandlung nach §§ 96 analog, 110 b III gesperrten Zeugen kann die Videosimultanübertragung dem Interesse an der Geheimhaltung ihrer Person zuwiderlaufen (KK-Wache 4 zu § 168 e; Schlüchter/Greff Kriminalistik **98**, 533; **aM** KK-Diemer 2, 14, der konsequent eine akustische und optische Abschirmung zuläßt; dagegen 18 zu § 68 mwN und im Zusammenhang mit § 247 a Caesar NJW **98**, 2318; Jung GA **98**, 326; Schlüchter Schneider-FS 456 ff; Schünemann StV **98**, 397). Anders mag es sich verhalten, wenn der Zeuge gerade durch die Vernehmung in der Hauptverhandlung in Leibes- oder Lebensgefahr gerät und dort nicht durch geeignete und zulässige Vorkehrungen geschützt werden kann (Griesbaum NStZ **98**, 440).

2 **2) Audiovisuelle Vernehmung besonders schutzbedürftiger Zeugen** (S. 1 Hs 1):

3 A. Die **dringende Gefahr eines schwerwiegenden Nachteils** für das körperliche oder seelische Wohl des Zeugen muß bestehen; auf eine Gefährdung der Wahrheitsfindung stellt S. 1 Hs 1 nicht ab. Die Bestimmung kombiniert damit Kriterien des § 247 S. 2, die dort für Zeugen aus unterschiedlichen Altersstufen gelten (vgl im einzelnen 11 und 12 zu § 247). Im Unterschied zu § 247 S. 2 muß die Gefahr nicht allein von der Gegenwart des Angeklagten, sondern von der Präsenz der in der Hauptverhandlung Anwesenden ausgehen. Das Verfahren nach S. 1 Hs 1 ist subsidiär und gelangt nur zur Anwendung, wenn der Gefahr nicht in anderer Weise, zB nach §§ 68 I S. 2, II, III, 68 a, 68 b; §§ 241 a, 397 I, 397 a, 406 f und 406 g sowie § 176 GVG begegnet werden kann. Eine Urkundenverlesung gemäß § 251 I oder II sowie insbesondere die Vorführung einer Bild-Ton-Aufzeichnung nach § 255 a können in geeigneten Fällen eine erneute Vernehmung überhaupt entbehrlich machen (vgl auch RiStBV 222 II: Vermeidung der Vernehmung eines Kindes bei glaubhaftem richterlichem Geständnis). Das Gesetz hebt als Beispiele zeugenschonender Maßnahmen neben dem Ausschluß der Öffentlichkeit
4 nach §§ 171 b ff GVG die **Entfernung des Angeklagten** (im wesentlichen nach § 247 S. 1 oder 2) hervor. Darin kommt seine Entscheidung für einen Vorrang der unmittelbaren persönlichen Vernehmung des Zeugen im Gerichtssaal (§ 250 S. 1)

gegenüber dem Anwesenheitsrecht des Angeklagten (und den damit verbundenen Verteidigungsinteresssen) sowie der Öffentlichkeitsmaxime zum Ausdruck. S. 1 Hs 1 gestattet es nicht, die Videovernehmung anzuordnen, um den Ausschluß des Angeklagten abzuwenden (KK-Diemer 11). Da nur § 247 anwendbar ist, wenn die Gefahr ausschließlich von der Gegenwart des Angeklagten ausgeht, meint das Gesetz mit dem Hinweis auf diese Bestimmung in der Subsidiaritätsklausel den Fall, daß die verbleibende Belastung für das Wohl des Zeugen nach Entfernung des Angeklagten nicht mehr die in S. 1 Hs 1 vorausgesetzte Schwere erreicht. Da die Voraussetzungen des § 247 S. 2 Hs 1 für die Vernehmung eines Zeugen unter 16 Jahren weiter sind, ist, wenn auch die Schwelle des S. 1 Hs 1 erreicht ist, gleichwohl stets vorrangig an eine Entfernung des Angeklagten zu denken und eine audiovisuelle Zeugenvernehmung nur anzuordnen, wenn sein Ausschluß – auch im Zusammenwirken mit anderen Maßnahmen – nicht genügt. Bei Zeugen, die das 16. Lebensjahr vollendet haben, gilt entspr allerdings nur, wenn iS des § 247 S. 2 Hs 2 die dringende Gefahr eines schwerwiegenden Nachteils für die Gesundheit des Zeugen besteht (vgl 12 zu § 247). Falls „lediglich“ das Wohl des Zeugen gefährdet ist und auch die Voraussetzungen des § 247 S. 1 unter dem Gesichtspunkt der Wahrheitsgefährdung nicht vorliegen, ist nur das Verfahren nach S. 1 Hs 1 eröffnet, sofern der Zeugenschutz nicht auf andere Weise gewährleistet werden kann. Der Umstand, daß der Vernehmungsbegriff in § 247 (vgl dort 6 ff) enger ist als in § 247 a (unten 5), vermag eine weitergehende Anwendung der letztgenannten Vorschrift im allgemeinen nicht zu begründen: Selbst bei einer Vereidigung, die bei Personen unter 16 Jahren ohnehin ausgeschlossen ist (§ 60 Nr 1), kann in den Fällen des § 247 S. 2 Hs 2 jede Konfrontation des Zeugen mit dem Angeklagten vermieden werden (vgl BGH **37**, 48; BGHR StPO § 247 Abwesenheit 15; 12 zu § 247). Ist ein Augenschein am Körper des Zeugen einzunehmen (vgl Rieß NJW **98**, 3242), kann allerdings eine Videovernehmung nach S. 1 Hs 1 in Betracht kommen, da § 247 insoweit nicht (auch nicht kumulativ) anwendbar ist (vgl unten 5 sowie 7 zu § 247 und BGH JR **89**, 254 mit Anm Hanack). Wird ein Zeuge, der das 16. Lebensjahr vollendet hat, ausschließlich durch die Anwesenheit des Angeklagten der dringenden Gefahr eines schwerwiegenden Nachteils „nur“ für sein Wohl ausgesetzt, kommen Maßnahmen weder nach § 247 S. 2 Hs 2 noch nach § 247 a S. 1 Hs 1 in Betracht.

B. Während der **Vernehmung des Zeugen** erlaubt die Bestimmung die Bild-Ton-Direktübertragung in die Hauptverhandlung. Anders als in § 247 (vgl dort 6 ff) umfaßt der Begriff – wie in § 58 a I (dort 4) und § 168 e S. 1 und 2 (dort 2) – alle Verfahrensvorgänge, die mit der Vernehmung in enger Verbindung stehen oder sich aus ihr entwickeln und daher zu diesem Verfahrensabschnitt gehören, auch wenn es sich um Verfahrensvorgänge mit selbständiger verfahrensrechtlicher Bedeutung handelt, etwa eine Augenscheinseinnahme, die im Zusammenhang mit der Aussage steht, zB am Körper des Zeugen (vgl oben 4) oder die Verhandlung und Entscheidung über die Vereidigung sowie die Vereidigung selbst (vgl auch 17 zu § 172 GVG). Diese Auslegung entspricht dem Zweck der Norm, die Konfrontation des besonders schutzbedürftigen Zeugen mit den in der Hauptverhandlung Anwesenden zu vermeiden sowie der mit der Wendung „an einem anderen Ort“ angestrebten größeren Flexibilität in räumlicher Hinsicht (BT-Drucks 13/9063 S. 4); hinzu kommt, daß die Verteidigungsrechte des Angeklagten und die verfahrensrechtlichen Anforderungen an anderweitige Beweiserhebungsakte sowie die Entscheidungen des Gerichts einschließlich der darauf bezogenen Erörterungen durch die Videodirektschaltung nicht berührt werden. Fehlt ein Zusammenhang mit der Vernehmung des Zeugen, kann die Übertragung notfalls auch unterbrochen werden. 5

3) Audiovisuelle Zeugenvernehmung aus den Gründen des § 251 I Nrn 2 bis 4 (S. 1 Hs 2): Je nach den Umständen des Einzelfalls auch aus Gründen des Zeugenschutzes, jedenfalls aber im Interesse der Wahrheitsfindung sowie zur Er- 6 leichterung und Beschleunigung des Verfahrens (auch zur Kostenersparnis) ermöglicht S. 1 Hs 2 eine – die unmittelbare Vernehmung in der Hauptverhandlung ersetzende – Videovernehmung via Standleitung unter den Voraussetzungen des § 251 I Nr 2 (dort 6 bis 8), 3 (dort 9) oder 4 (dort 10 bis 14; zw Rieß NJW **98**, 3242). Die Bezugnahme auf die Anordnung in Hs 1 beschränkt die audiovisuelle Vernehmung auf Personen, die im Zeitpunkt ihrer Anhörung in der Hauptverhandlung die Position eines Zeugen einnehmen, mag es sich auch um frühere Mitbeschuldigte handeln. Die Verweisung auf § 251 I Nr 2 kann in Einzelfällen die audiovisuelle Vernehmung besonders gefährdeter Zeugen, die wegen konkreter Leibes- oder Lebensgefahr für eine unmittelbare Anhörung in der Hauptverhandlung gemäß §§ 96 analog, 110 b III gesperrt sind (vgl BGH **36**, 159), erlauben (so Griesbaum NStZ **98**, 440), wenn dem nicht die Videosimultanübertragung nach S. 3 entgegensteht (oben 1). Zulässig ist eine Videovernehmung nach S. 1 Hs 2 jedoch nur, soweit dies zur Erforschung der Wahrheit erforderlich ist. Mit diesem – wohl überflüssigen (Seitz JR **98**, 312) – Einschub betont das Gesetz die nach § 244 II und dem Gedanken der Prozeßökonomie ohnehin erforderliche Prüfung, ob nicht insbesondere die Vorführung einer etwa vorhandenen Bild-Ton-Aufzeichnung nach § 255 a oder die Verlesung richterlicher oder – das Einverständnis nach § 251 II S. 1 vorausgesetzt – nichtrichterlicher Vernehmungsprotokolle bzw schriftlicher Erklärungen, auch iVm anderen Beweismitteln, zur Erforschung der Wahrheit genügt. Umgekehrt kann je nach Lage des Einzelfalls, vor allem bei kritischer Beweislage, mangelbehaftetem oder unvollständigem Protokoll oder wenn die Amtsaufklärungspflicht der Anwendung des § 251 I Nr 4, II S. 1 widerstreitet (vgl 10 und 25 zu § 251), die Vernehmung des Zeugen mit Hilfe einer Videosimultanübertragung in der Hauptverhandlung erforderlich sein. Die Regelung des S. 1 Hs 2 ist auch mit Blick auf internationale Tendenzen, insbesondere zum Schutz von Zeugen grenzüberschreitende Vernehmungen im Wege der Rechtshilfe unter Inanspruchnahme audiovisueller Verfahren zuzulassen, in das Gesetz eingefügt worden (vgl BT-Drucks 13/9063 S. 4; Seitz JR **98**, 311). Zur Zulässigkeit einer Verbindung mit einer kommissarischen Vernehmung vgl 20 zu § 223.

7 **4)** Nach **pflichtgemäßem Ermessen** entscheidet das Gericht über das Vorliegen der Voraussetzungen des S. 1 (vgl zu § 247 BGH NStZ **87**, 84, 85) und, falls es dies bejaht, über die Anordnung der Videovernehmung („kann"). Im Rahmen seines Rechtsfolgeermessens wird es vornehmlich die nachfolgenden konfligierenden Aspekte zu gewichten und gegeneinander abzuwägen haben: die berechtigten Interessen des Zeugen, denen insbesondere im Falle des S. 1 Hs 1 das Gebot prozessualer Fürsorge korrespondiert; das Recht des Angeklagten auf ein faires Verfahren, insbesondere sein Anspruch auf rechtliches Gehör und sein Fragerecht; das durch den Verzicht auf die körperliche Anwesenheit des Zeugen beeinträchtigte Unmittelbarkeitsprinzip nach § 250 S. 1 (Fischer JZ **98**, 820); das Aufklärungsgebot des § 244 II, das einerseits durch die Einbeziehung eines technischen Mediums in die Kommunikation der Verfahrensbeteiligten leidet, andererseits unter dem Gesichtspunkt des bestmöglichen Beweises (12 zu § 244; KK-Herdegen 25 zu § 244) die unmittelbare Befragung des Zeugen gegenüber einer Verlesung des Protokolls oder einer Vorführung der Aufzeichnung einer früheren Vernehmung vorzuziehen nahelegen kann; in erster Linie in den Fällen des S. 1 Hs 2 Gesichtspunkte der Prozeßökonomie und der Verfahrensbeschleunigung (vgl auch KK-Diemer 4 ff). Auch die Anforderungen an die technische Ausgestaltung sind zu berücksichtigen (unten 10).

8 **5)** Durch **Gerichtsbeschluß**, nicht durch Verfügung des Vorsitzenden allein, wird angeordnet, daß der Zeuge sich während seiner Anhörung an einem anderen Ort aufhält und mittels einer Bild-Ton-Direktübertragung vernommen wird, während das Gericht einschließlich des Vorsitzenden mit den anderen Verfahrensbeteiligten (vgl aber unten 10) im Sitzungssaal verbleibt. Die Prozeßbeteiligten sind

nach § 33 I zu hören. Das Einverständnis der Beteiligten entbindet nicht von der Beschlußfassung. Aus dem nach § 35 I S. 1 zu verkündenden und nach § 273 I im Sitzungsprotokoll zu beurkundenden Beschluß muß aus Gründen der Rechtsklarheit hervorgehen, welchen Fall des S. 1 das Gericht für gegeben hält. Gemäß § 34 ist eine weitergehende Begründung wegen des Rechtsmittelausschlusses nach S. 2 iVm § 336 S. 2 (unten 13) nicht erforderlich (**aM** KK-Diemer 15, der die Grundsätze, die zu § 247 bzw § 251 gelten, anwenden will). Keiner Begründung bedarf eine Entscheidung, mit der das Gericht einen Antrag auf Videovernehmung ablehnt (vgl unten 13 und allgemein 3 zu § 34). Die Bestimmung des **genauen** 9
Vernehmungsorts, dh des Vernehmungszimmers, kann das Gericht dem Vorsitzenden überlassen, der ihn gemäß § 214 I S. 1 in die Anordnung der Ladung aufnimmt. Unter dem „anderen Ort" versteht das Gesetz nicht nur ein gerichtliches Vernehmungszimmer in unmittelbarer Nähe des Sitzungssaales; vielmehr kommt auch ein entspr – ggf kindgerecht – hergerichteter Raum in einem anderen Gebäude, das sich außerhalb des Gerichtsortes befinden kann, in Betracht. Der Ort kann auch im Ausland liegen (vgl oben 6), wobei die Regeln des internationalen Rechtshilfeverkehrs zu beachten sind (Rieß NJW **98**, 3241). Bei in ein Zeugenschutzprogramm aufgenommenen gefährdeten Zeugen kommt auch ein dem Gericht unbekannter Ort im In- oder Ausland in Betracht (Caesar NJW **98**, 2315; Schlüchter Schneider-FS 448); die Ladung erfolgt in diesem Fall über die zuständige polizeiliche Dienststelle. Entscheidend ist, daß eine unbeeinflußte Vernehmung möglich und eine einwandfreie Bild-Ton-Übertragung in den Gerichtssaal gewährleistet ist. Das gilt insbesondere auch für die Fälle des S. 1 Hs 2.

6) Die **Durchführung der Vernehmung** hat das Gesetz in den technischen Einzelheiten nicht geregelt; es fordert lediglich, daß die Aussage zeitgleich in Bild und Ton in das Sitzungszimmer übertragen wird (S. 3). Erforderlich ist, daß die Simultanübertragung allen Verfahrensbeteiligten eine möglichst umfassende Wahrnehmung der verbalen und körperlichen Äußerungen des Zeugen (KK-Diemer 17; krit Fischer JZ **98**, 820) und eine unbeeinträchtigte Ausübung ihrer prozessualen Rechte erlaubt. Umgekehrt dürfte im allgemeinen anzustreben sein, daß der Zeuge ebenfalls die Vorgänge im Gerichtssaal – über Monitor – sieht und nicht nur die an ihn gestellten Fragen – über Kopfhörer oder Telefon – hört; nur bei entspr ausgestalteter wechselseitiger Bild-Ton- Übertragung ist zB eine Gegenüberstellung möglich. Dem Gesetz liegt die Erwartung zugrunde, daß eine entspannte Vernehmungsatmosphäre auch dann geschaffen werden kann, wenn der Zeuge nur über einen Bildschirm vernommen wird; dies soll insbesondere für im Umgang mit den neuen Medien wesentlich unbefangenere Kinder gelten (BT-Drucks 13/9063 S. 5; krit Caesar NJW **98**, 2315). Insoweit bleiben die Erfahrungen der Praxis abzuwarten. Der Zeuge kann am Vernehmungsort von seinem Beistand – auch nach § 397 a, da der Nebenkläger kein notwendiger Verfahrensbeteiligter ist (vgl 9 zu § 226) – und (als Verletzter) von einer zugelassenen Vertrauensperson nach § 406 f III begleitet werden (Rieß NJW **98**, 3241). Ob diese Personen allerdings den Vorsitzenden dabei unterstützen dürfen, seine Fragen in eine kindgerechte Sprache zu übertragen (so BT-Drucks 13/7165 S. 10), erscheint bedenklich (Weigend, Gutachten zum 62. DJT, C 56; vgl auch BGH **43**, 63; NStZ **94**, 354). Im übrigen gelten die allgemeinen Bestimmungen über die Zeugenvernehmung, insbesondere auch §§ 241 a, 247. So kann der Angeklagte aus dem Sitzungszimmer entfernt werden, wenn zu befürchten ist, daß der Zeuge – in dem Bewußtsein, daß der Angeklagte seine Aussage vor dem Bildschirm mitverfolgt – nicht die Wahrheit sagen wird; allerdings gilt insoweit der engere Vernehmungsbegriff des § 247 (dort 6 ff), der Angeklagte ist rechtzeitig wieder vorzulassen und zu unterrichten, damit er selbst noch Fragen an den Zeugen stellen (lassen) kann (vgl 15 bis 18 zu § 247). Zu bedenken ist auch, daß das Abspielen einer nach S. 4 erstellten Aufzeichnung in einer weiteren Hauptverhandlung gemäß § 255 a II S. 1 nicht zulässig ist, wenn neben S. 1 von § 247 Gebrauch gemacht wird (vgl 8 zu § 255 a). Nach §§ 171 b, 10

172 GVG kann die Öffentlichkeit auch von der audiovisuellen Zeugenvernehmung ausgeschlossen werden.

11 **7)** Die **Aufzeichnung der Aussage** soll unter den Voraussetzungen des S. 4 angeordnet werden; mit dieser Einschränkung gegenüber § 58 a I, der in der Hauptverhandlung nicht anwendbar ist (2 zu § 58 a), nimmt das Gesetz einerseits Rücksicht auf das Persönlichkeitsrecht des Zeugen, andererseits dient es seinem Schutzbedürfnis, indem es ihm ggf eine weitere Vernehmung erspart. Liegen die Voraussetzungen der Bestimmung allerdings vor, bedarf es nicht seines Einverständnisses mit der Aufzeichnung (zur Aufnahme für justizinterne Zwecke vgl aber 11, 13 zu § 169 GVG). Die in S. 4 geforderte Prognose erfordert (entgegen Seitz JR **98**, 312) nicht die Beurteilung, ob es zu einer weiteren Hauptverhandlung kommen wird. Die Besorgnis, der Zeuge könne in einer solchen für eine erneute Vernehmung nicht zur Verfügung stehen, setzt konkrete Anhaltspunkte voraus, die die Vermutung rechtfertigen, einer weiteren Anhörung des Zeugen werden Hindernisse tatsächlicher oder rechtlicher Art – etwa die absehbare Weigerung der Erziehungsberechtigten, eine weitere Einvernahme ihres Kindes zu gestatten – entgegenstehen (erg 7 zu § 58 a). Lediglich Bezugspunkt dieser Prognose ist eine weitere Hauptverhandlung: Eine solche kann sich vor allem nach Einlegung der Berufung oder nach Aufhebung und Zurückverweisung durch das Revisionsgericht ergeben; der Wortlaut deckt aber ferner (über die Vorstellungen im Gesetzgebungsverfahren hinaus, vgl BT-Drucks 13/7165 S. 5, 10) eine nachfolgende Verhandlung gegen einen Mittäter (KK-Diemer 18), wobei, bestimmt man zutreffenderweise den additiven Sinn des Worts „weitere" aus der Sicht des Zeugen, um dessen Schutz es bei S. 4 auch geht, noch nicht einmal ursprüngliche Verfahrensidentität notwendig ist. Zur Erforschung der Wahrheit (in einer weiteren Hauptverhandlung) erforderlich kann die Aufzeichnung insbesondere sein, wenn es sich um eine umfangreiche Aussage handelt, Gegenstand der Vernehmung ein komplexes Tatgeschehen ist oder sich die Einvernahme besonders schwierig gestaltet. Das gilt zB, wenn der Zeuge erstmals vor dem LG aussagt und daher kein Inhaltsprotokoll seiner Aussage erstellt wird; im übrigen wird zur Beweiserheblichkeit gerade einer Bild-Ton-Aufzeichnung im Verhältnis zu einer Vernehmungsniederschrift auf 7 zu § 58 a verwiesen. Der mit § 58 a I S. 2 Nr 2 insoweit übereinstimmende Wortlaut der Bestimmung läßt keinen Zweifel an der Übertragbarkeit der dortigen Grundsätze zu (anders KK-Diemer 19, der sich zu Unrecht auf eine mit § 255 a korrespondierende Fassung beruft). Die Formulierung des Gesetzes („soll") stellt sicher, daß bei Vorliegen der Voraussetzungen eine Aufzeichnung im Interesse des schutzbedürftigen Zeugen und der Wahrheitsfindung idR erstellt wird. Mangels
12 ausdrücklicher Regelung könnte die **Entscheidung nach S. 4** Sache des Vorsitzenden gemäß § 238 I sein. Jedoch spricht der enge sachliche Zusammenhang zwischen den Entscheidungskriterien nach S. 1 und nach S. 4 – auf Tatbestands- wie auf Rechtsfolgenseite – dafür, die in S. 1 vorgesehene Zuständigkeit des Gerichts auf die Entscheidung über eine Aufzeichnung der Aussage zu erstrecken (ähnlich KK-Diemer 20). Die nach § 35 I S. 1 zu verkündende und gemäß § 273 I zu protokollierende Anordnung der Aufzeichnung ergeht nach Anhörung der Beteiligten (§ 33 I) und ist gemäß § 34 zu begründen. Für die Verwendung der Bild-Ton-Aufzeichnung, für Akteneinsicht und Löschung verweist S. 5 auf § 58 a II (vgl dort 10, 11). Eine Vorführung kommt nach § 255 a I, auch nach II S. 1 in Betracht, wenngleich dessen zu erwartende Anwendung die in S. 4 vorausgesetzte Besorgnis nicht rechtfertigt (oben 11 und 7 zu § 58 a).

13 **8) Rechtsbehelfe:** Die Unanfechtbarkeit der Entscheidung nach S. 1 ordnet S.2 für alle Verfahrensbeteiligten an; der Rechtsmittelausschluß gilt nach dem Wortlaut und dem Zweck, Verfahrensverzögerungen und Unsicherheiten im Prozeß zu vermeiden, entgegen einer mißverständlichen Wendung in der Entwurfsbegründung („Anordnung", vgl BT-Drucks 13/7165 S. 10) auch für den Fall, daß eine ablehnende Entscheidung des Gerichts ergangen ist. Wenn die Auswahl des Ver-

nehmungsorts dem Vorsitzenden überlassen wurde (vgl oben 9), kann dessen Verfügung nach § 238 II beanstandet werden; der gerichtliche Beschluß ist nach S. 2 unanfechtbar. Gemäß § 336 S. 2 ist die Entscheidung nach S. 1 damit zugleich revisionsgerichtlicher Kontrolle entzogen. Dem kann – jedenfalls bei Erscheinen des Zeugen in der Hauptverhandlung – nicht mit der auf § 244 II gestützten Rüge der Boden entzogen werden, dieser hätte bei gegenteiliger Entscheidung (weiter) zur Sachaufklärung beigetragen (vgl zu § 171 b III GVG BGH NStZ **96**, 243); das gleiche gilt für eine Rüge nach § 338 Nr 8, der Beschluß des Gerichts gemäß S. 1 habe die Verteidigung unzulässig beschränkt (6 zu § 336; LR-Hanack 13 zu § 336 Fn 25; **aM** KK-Diemer 22). Revisibel ist das Fehlen eines die audiovisuelle Zeugenvernehmung anordnenden Beschlusses; dem steht eine Anordnung allein des Vorsitzenden gleich (eine Beanstandung wäre nicht erforderlich, vgl BGH **4**, 364, 366 zu § 247). Im Falle einer unzulänglichen Simultanübertragung liegt ein Verstoß gegen S. 3, jedenfalls gegen § 244 II vor, der die Verfahrensrüge begründen kann. Die revisionsrechtliche Nachprüfung ist auch insoweit eröffnet, als das Gericht kumulativ von § 247 Gebrauch gemacht hat (vgl 19 zu § 247); wegen der Rechtsbehelfe im Zusammenhang mit einer Vernehmung gemäß § 241 a vgl dort 7. Der Zeuge kann sich gegen die Anordnung der Aufzeichnung nach S. 4 beschweren (§§ 304 II, 305 S. 2), nicht aber – mangels Beeinträchtigung eigener Rechte – gegen das Absehen von einer Aufnahme. Für die übrigen Verfahrensbeteiligten schließt § 305 S. 1 die Beschwerde aus (KK-Diemer 20). Die Revision kann auf die Entscheidung über die Aufzeichnung der Aussage grundsätzlich nicht gestützt werden, weil das Urteil hierauf nicht beruhen kann.

Entlassung der Zeugen und Sachverständigen **RiStBV 135**

248 **Die vernommenen Zeugen und Sachverständigen dürfen sich nur mit Genehmigung oder auf Anweisung des Vorsitzenden von der Gerichtsstelle entfernen. Die Staatsanwaltschaft und der Angeklagte sind vorher zu hören.**

1) Das **eigenmächtige Weggehen** der vernommenen Beweisperson von der 1
Gerichtsstelle, dh vom Verhandlungsort, der sich nicht notwendig im Gerichtsgebäude befinden muß (KK-Diemer 1), zieht die Folgen der §§ 51, 77 nach sich (4 zu § 51). Es steht im pflichtgemäßen Ermessen des Vorsitzenden, ob er das Weggehen erlaubt (dann kann die Beweisperson ohne Vergütungsanspruch weiter als Zuhörer anwesend sein) oder anordnet (dann muß sich die Beweisperson entfernen). Seine Entscheidung kann nach § 238 II beanstandet werden (KMR-Paulus 8; LR-Gollwitzer 9). Die Beweisperson kann aus § 248 weder einen Anspruch auf vorzeitigen Weggang noch auf weitere Anwesenheit als Zeuge oder Sachverständiger herleiten (LR-Gollwitzer 3). Zur **vorläufigen Beurlaubung** noch nicht ver- 2
nommener Beweispersonen ist der Vorsitzende nach § 238 I berechtigt; mit § 248 hat das nichts zu tun (RG JW **31**, 1098; KK-Diemer 2).

2) Die **Anhörung der StA und des Angeklagten** vor der Genehmigung oder 3
Anordnung des Weggehens schreibt S. 2 vor. Anzuhören sind auch die anderen frageberechtigten (3 zu § 240) Prozeßbeteiligten. Die Anhörung gibt ihnen Gelegenheit zu der Erklärung, daß sie an die Beweisperson weitere Fragen stellen wollen (RG **46**, 196, 198). Hat ein Zeuge die Aussage befugt verweigert, so gilt S. 2 nicht (RG **41**, 32).

3) Die **Revision** kann auf Verletzung des § 248 nur gestützt werden, wenn das 4
Gericht gegen die Entlassung der Beweisperson erfolglos nach § 238 II angerufen worden war (BGH StV **85**, 355; **96**, 248; str, vgl LR-Gollwitzer 14). Das Urteil kann auf der Verletzung des S.2 nur beruhen, wenn dadurch die Stellung von Fragen oder der Vorhalt bestimmter Umstände an die Beweisperson verhindert

worden ist, was der Revisionsführer im einzelnen vortragen muß (Stuttgart NStZ **94**, 600).

Urkundenbeweis

249 **I Urkunden und andere als Beweismittel dienende Schriftstücke werden in der Hauptverhandlung verlesen. Dies gilt insbesondere von früher ergangenen Strafurteilen, von Straflisten und von Auszügen aus Kirchenbüchern und Personenstandsregistern und findet auch Anwendung auf Protokolle über die Einnahme des richterlichen Augenscheins.**

II Von der Verlesung kann, außer in den Fällen der §§ 253 und 254, abgesehen werden, wenn die Richter und Schöffen vom Wortlaut der Urkunde oder des Schriftstücks Kenntnis genommen haben und die übrigen Beteiligten hierzu Gelegenheit hatten. Widerspricht der Staatsanwalt, der Angeklagte oder der Verteidiger unverzüglich der Anordnung des Vorsitzenden, nach Satz 1 zu verfahren, so entscheidet das Gericht. Die Anordnung des Vorsitzenden, die Feststellungen über die Kenntnisnahme und die Gelegenheit hierzu und der Widerspruch sind in das Protokoll aufzunehmen

1 1) **Urkundenbeweis** bedeutet Ermittlung und Verwertung des gedanklichen Inhalts eines Schriftstücks (LR-Gollwitzer 1). Er ist zulässig, wenn das Gesetz ihn nicht ausdrücklich untersagt (BGH **20**, 160, 162; **27**, 135, 136). § 249 regelt nur die Form, nicht die Notwendigkeit dieses Beweises (BGH MDR **72**, 753 [D]; Schneidewin JR **51**, 481); hierfür sind §§ 244 II, III und 245 maßgebend. Der Inhalt von Urkunden kann daher auch durch andere Beweismittel, insbesondere durch Zeugen, festgestellt werden (BGH NStZ **85**, 464). Ist Urkundenbeweis erforderlich, so wird er durch Verlesung (I) oder Selbstlesung (II) erhoben; ferner ist mit Zustimmung der Beteiligten ein Bericht des Vorsitzenden über den Urkundeninhalt zulässig (unten 25 ff). Für Beweiserklärungen, die für das Verfahren hergestellt worden sind, gilt das Verwertungsverbot des § 250 S. 2; Ausnahmen lassen §§ 251, 253, 254, 256 zu. Wegen der verfassungsrechtlichen Beweisverbote vgl Einl 56. Kein Urkundenbeweis ist der Vorhalt von Urkunden bei der Vernehmung (dazu unten 28, 29).

2 2) **Urkunden und andere als Beweismittel dienende Schriftstücke** (I S. 1):

3 A. **Begriff:** Ein begrifflicher Unterschied zwischen Urkunden und Schriftstükken besteht nicht (LR-Gollwitzer 6). Gemeint sind Schriftstücke jeder Art, die verlesbar und geeignet sind, durch ihren (allgemein verständlichen oder durch Auslegung zu ermittelnden) Gedankeninhalt Beweis zu erbringen (BGH **27**, 135, 136; Krause 113). Die Verlesung muß dazu führen, daß die Schriftzeichen unmittelbar in sinnvolle Worte umgesetzt werden (Krause 116). Mit den sog Beweiszeichen (vgl Tröndle 4 zu § 267 StGB) läßt sich nur Augenscheinsbeweis führen. Anders als bei § 267 StGB kommt es weder auf die Beweisbestimmung noch auf die Echtheit der Urkunde an (Krause 106); auch der Aussteller muß nicht erkennbar sein (ANM 242; Gramse BB **84**, 376; Krause 105; Roxin § 28 B 1).

4 B. **In Geheim- oder Kurzschrift** abgefaßte Texte können nicht Gegenstand des Urkundenbeweises sein (ANM 245; **aM** Gramse BB **84**, 376 und für Kurzschrift KK-Diemer 8). Regelmäßig ist Sachverständigenbeweis erforderlich (LR-Gollwit-
5 zer 36; Krause 117). **Fremdsprachige Schriftstücke** können wegen § 184 GVG ebenfalls nicht im Urkundenbeweis verwertet werden (Krause 117; **aM** LR-Gollwitzer 32 für den Fall, daß alle Beteiligten die Fremdsprache beherrschen). Wenn das Gericht keine eigene Sachkunde hat (vgl § 244 IV S. 1), also keines seiner Mitglieder den Text übersetzen kann (Krause 117 ff), muß ein Sachverständiger (der Übersetzer ist nicht Dolmetscher iS § 185 GVG; vgl BGH **1**, 4, 7) herangezogen werden (ANM 246). Ist schon eine Übersetzung in die deutsche Sprache bei

den Akten, steht § 250 der Verlesung nicht entgegen (BGH **27**, 135, 137 = JR **78**, 117 mit zust Anm Gollwitzer); der Vernehmung des Übersetzers oder eines anderen Sprachkundigen als Sachverständigen bedarf es daher nicht, wenn sich das Gericht von der Richtigkeit der Übersetzung überzeugt hat (BGH GA **82**, 40; NStZ **83**, 357 [Pf/M]; NJW **93**, 3337; **aM** ANM 247).

C. **Abschriften,** Durchschläge, Ablichtungen, mechanische Vervielfältigungen 6
und Mikrofilme dürfen statt des Originals als Beweismittel verwendet werden (BGH **15**, 253; **27**, 135, 137; **33**, 196, 210; NJW **66**, 1719; GA **67**, 282; NStZ **86**, 519). Ihre Beglaubigung ist nicht notwendig (KK-Diemer 12 mwN). Einen Ersatz für die Urschrift bilden sie aber nur, wenn ihre Übereinstimmung mit dem Original feststeht (BGH NStZ **94**, 593; Wömpner MDR **80**, 889), was im Strengbeweisverfahren festgestellt werden muß (BGH NStZ **94**, 227 [K]; SK/StPO-Schlüchter 36). Es gilt aber der Grundsatz der freien Beweiswürdigung (BGH NStZ **86**, 519; ANM 248 mwN; Gramse BB **84**, 377; Wömpner aaO).

3) Gegenstand des Augenscheins, nicht des Urkundenbeweises, ist eine Ur- 7
kunde, wenn es nicht auf ihren Inhalt, sondern auf ihr Vorhandensein oder ihre Beschaffenheit ankommt (BGHR § 249 I Kontoauszüge 1; 13 zu § 86), insbesondere auf die Feststellung von Verfälschungsmerkmalen (Hamm NJW **53**, 839; Krause 114). Augenschein ist auch für eine richterliche Schriftvergleichung erforderlich (RG **65**, 294). Der Inhalt von Tonbandaufnahmen wird zwar durch Augenschein festgestellt (11 zu § 86); jedoch kann auch eine Niederschrift darüber hergestellt und im Urkundenbeweis verwertet werden (BGH **27**, 135 = JR **78**, 117 mit Anm Gollwitzer; erg 3 zu § 86; 15 zu § 100 a; 1 a zu § 251).

4) Beispiele des I S. 2: 8

A. **Strafurteile:** Verlesbar sind Urteile (auch der Zivil-, Verwaltungs- und 9
Finanzgerichte) gegen den Angeklagten und gegen Dritte (BGH **1**, 337, 341), gleichgültig, in welchem Verfahren sie ergangen (KMR-Paulus 11) und ob sie rechtskräftig sind (Düsseldorf StV **82**, 512), aber nicht höchstpersönliche, das Urteil nur vorbereitende handschriftliche Aufzeichnungen eines Richters (SK/StPO-Schlüchter 11; **aM** Flore wistra **89**, 256; vgl auch BGHZ **109**, 260, 265 = NJW **90**, 510, 511). Zweck der Verlesung kann die Unterrichtung über Gang und Stand des Verfahrens sein (Wömpner NStZ **84**, 481), insbesondere durch Verlesung des vom Revisionsgericht aufgehobenen Urteils (BGH GA **76**, 368; RG JW **31**, 1816 mit Anm Alsberg), etwa um die bindend gewordenen Schuldfeststellungen bekanntzumachen (BGH NJW **62**, 59; Bay MDR **82**, 249), und des Revisionsurteils zur Feststellung der Bindungswirkung nach § 358 I (BGH **7**, 6). Auch im Wiederaufnahmeverfahren ist die Verlesung des früheren Urteils zulässig (2 zu § 373). Das Urteil darf aber auch zum Zweck der Tatsachenfeststellung für die Schuld- oder Rechtsfolgenfrage verlesen werden. Insbesondere darf dadurch Beweis darüber erhoben werden, wie der Angeklagte oder ein Zeuge sich früher geäußert hat (BGH **6**, 141; MDR **55**, 121; Hamm NJW **74**, 1880); § 250 S. 1 steht dem nicht entgegen (BGH **31**, 323, 332; KK-Diemer 17; **aM** Wömpner NStZ **84**, 481). Unüberprüft dürfen die tatsächlichen Feststellungen des früheren Urteils aber für die neue Verhandlung nicht übernommen werden (BGH aaO; RG **60**, 297; Düsseldorf StV **82**, 512; Köln StV **90**, 488; Zweibrücken StV **92**, 565); so können die Aufklärungspflicht oder Beweisanträge andere Beweiserhebungen als die bloße Verlesung des Urteils gebieten (BGH **43**, 106 = JR **98**, 117 mit krit Anm Loos). Eine andere Beweiswürdigung als im verlesenen Urteil ist somit zulässig, setzt aber eine umfassende Bewertung aller früheren und neu zutage getretenen Umstände voraus (BGHR § 261 Überzeugungsbildung 19).

B. **Auskünfte aus dem BZR:** Vorstrafen und Vorbelastungen des Angeklagten 10
und der Zeugen dürfen aus den Auszügen nach §§ 41, 61 **BZRG** und § 30 StVG unter Beachtung des § 51 I **BZRG** festgestellt werden. Bestreitet der Betroffene die Richtigkeit des Auszugs oder ergeben sich sonst Zweifel, so ist Beweis nach

allgemeinen Grundsätzen zu erheben (RG **56**, 75; ANM 256). Vgl auch RiStBV 134.

11 C. **Personenstandsregister und Kirchenbücher:** In Betracht kommen insbesondere Personenstandsurkunden des Standesbeamten nach § 61 a PersonenstandsG idF v. 8. 8. 1957 (BGBl I 1125). Dazu gehören Geburts-, Heirats- und Sterbeurkunden sowie Auszüge aus dem Familienbuch. Einfache Abschriften können ausreichen (BGH 5 StR 121/63 vom 14. 5. 1963).

12 D. **Augenscheinsprotokolle:** Nur richterliche Protokolle, die unter Beachtung der §§ 168 d I S. 2, 168 c V, 224, 225 zustande gekommen sind, dürfen verlesen werden (Krause 149; Schneidewin JR **51**, 486). StA und Polizeibeamte müssen über ihre Besichtigungen als Zeugen vernommen werden (18 zu § 86); auch § 256 I S. 1 gilt dafür nicht. Die richterlichen Protokolle müssen aus dem anhängigen Verfahren stammen (LR-Gollwitzer 24; Krause 149; **aM** KK-Diemer 20). Mitprotokollierte Erklärungen von Angeklagten und Zeugen, die lediglich Hinweise zur Augenscheinseinnahme enthalten, dürfen mitverlesen werden (ANM 258; erg 16 zu § 86; 16 zu § 87); zum verwertbaren Beweisstoff gehören sie nicht (BGH **33**, 217, 221 = NStZ **85**, 468 mit Anm Danckert). Augenscheinsprotokolle iS I S. 2 sind auch Protokolle über die Leichenschau nach § 87 I, an der ein Richter mitgewirkt hat (RG **53**, 348; LR-Gollwitzer 25; 7 zu § 87), nicht aber über die Leichenöffnung nach § 87 II (RG aaO; 16 zu § 87).

13 E. **Andere Urkunden** sind zB Schriftstücke mit strafbarem (§§ 184, 185 StGB) Inhalt, Protokolle über nach §§ 153 ff StGB strafbare Aussagen (KMR-Paulus 14), Briefe (BGH GA **67**, 282) und andere vom Angeklagten herrührende Schriftstücke, auch wenn sie ein Geständnis enthalten (1 zu § 254), insbesondere Eingaben in dem anhängigen Verfahren an Gerichte (RG **18**, 23), Polizeibehörden (Hamm VRS **42**, 99; Günter DRiZ **71**, 379), Verwaltungsbehörden (Düsseldorf VRS **41**, 436; Koblenz LRE **15**, 294; Zweibrücken GA **81**, 275; StV **86**, 290) und StA (RG **35**, 234; Hamm JMBlNW **68**, 215; 14 zu § 163 a), Gerichtsbeschlüsse (BGH **31**, 323, 331) und Einstellungsbescheide der StA (RG **24**, 263; **46**, 200). Schriftsätze des Verteidigers, die eine Sachdarstellung enthalten, sind nicht verlesbar (Celle NStZ **88**, 426); das gilt auch, wenn die gedankliche Urheberschaft des Angeklagten feststeht (SK/StPO-Schlüchter 30; **aM** Hamm JR **80**, 82; LR-Gollwitzer 13; Günter DRiZ **71**, 381; erg 27 zu § 243). Für schriftliche Äußerungen von Zeugen, Sachverständigen und Mitbeschuldigten gilt § 251 II, für schriftliche Gutachten auch § 256 I.

14 **5) Formen des Urkundenbeweises:**

15 A. Die **Verlesung** (I) ist die regelmäßige Form des Urkundenbeweises. Sie wird üblicherweise durch den Vorsitzenden angeordnet; das schließt aber nicht aus, daß von vornherein, nicht erst auf Einwendungen nach § 238 II, das Gericht einen entspr Beschluß faßt (BGH NJW **85**, 1848 = StV 85, 402 mit Anm Fezer). Voraussetzung der Verlesung ist beides nicht. Der Vorsitzende oder in seinem Auftrag ein Gerichtsmitglied (Krause 116), auch ein Ergänzungsrichter (RG **27**, 172), oder der Protokollführer (KMR-Paulus 16) verliest die Urkunde. Der Umfang der Verlesung hängt von der Aufklärungspflicht ab (ANM 314); die ganze Urkunde muß nicht unbedingt verlesen werden (BGH **11**, 29, 31; MDR **72**, 753 [D]; NStZ **84**, 211 [Pf/M]), sofern nicht die Voraussetzungen des § 245 I vorliegen oder ein Antrag nach §§ 244 III, 245 II S. 1 nicht abgelehnt werden kann. Bei Gleichartigkeit der Urkunden genügt die Verlesung einer repräsentativen Auswahl. Die Verlesung muß nach § 273 I im Protokoll beurkundet werden; der Vermerk, daß die Urkunde zum Gegenstand der Verhandlung gemacht wurde, reicht zum Nachweis der Verlesung nicht aus (9 zu § 273).

16 B. **Selbstleseverfahren** (II):

17 a) Der **Verfahrensvereinfachung** dient das Selbstleseverfahren. Es gibt praktisch den Mündlichkeitsgrundsatz für den Urkundenbeweis auf (vgl Peters 323, der

die Beseitigung dieser gesetzlichen „Fehlleistung" fordert). Denn Gegenstand der Urteilsfindung ist der Inhalt der selbst gelesenen Urkunden auch, soweit er in der Hauptverhandlung nicht, auch nicht innerhalb der Erklärung nach § 257 I oder durch Fragen, Vorhalte oder Mitteilungen des Vorsitzenden, zur Sprache gekommen ist. Ein **Verzicht** der Prozeßbeteiligten auf die Verlesung nach I ist nicht 18
erforderlich. Der Mitteilung des wesentlichen Inhalts der Schrift durch den Vorsitzenden bedarf es nicht. Wer den Prozeß als Zuhörer verfolgt, erhält daher von dem Inhalt des nach II in die Hauptverhandlung eingeführten Beweismittels keine Kenntnis. Der Gesetzgeber nimmt diese Einbuße an Transparenz der Hauptverhandlung im Hinblick auf die erheblichen prozeßwirtschaftlichen Vorteile des Selbstleseverfahrens in Kauf (BT-Drucks 10/1313 S. 28). Dieses Verfahren **kommt** 19
insbesondere in Betracht, wenn von umfangreichen Schriften oder ganzen Druckwerken nicht nur der Inhalt (dann ist der Bericht des Vorsitzenden vorzuziehen; unten 25 ff), sondern der genaue Wortlaut festgestellt werden muß, auch wenn er unmittelbar entscheidungserheblich ist (ANM 316; **aM** LR-Gollwitzer 70; Schlüchter 531 Fn 450 b). In den Fällen der §§ 253 und 254 ist das Selbstleseverfahren unzulässig, seit Änderung der Vorschrift durch das Verbrechensbekämpfungsgesetz aber nicht mehr in den Fällen der §§ 251, 256 (krit Dahs NJW **95**, 555; Scheffler NJW **94**, 2194). Im übrigen gelten folgende Grundsätze:

b) Auf **Anordnung des Vorsitzenden** findet das Verfahren nach II statt. Ab- 20
weichend von § 238 II können die Prozeßbeteiligten einen **Widerspruch** nur 21
unverzüglich, dh ohne vermeidbare Verzögerung, geltend machen. Obwohl II S. 2 ausdrücklich nur den Widerspruch der StA, des Angeklagten und des Verteidiger zuläßt, sind, wie üblich, auch die Nebenbeteiligten widerspruchsberechtigt, soweit sie von dem Urkundenbeweis betroffen sind, nicht aber der Nebenkläger (11 zu § 397). Über den Widerspruch entscheidet das Gericht durch mit Beschwerde nicht anfechtbaren (§ 305 S. 1) Beschluß.

c) **Selbstlesung des Gerichts** (II S. 1): Die Richter, auch die Ergänzungsrich- 22
ter, müssen die Urkunde lesen, und zwar vor Schluß der Beweisaufnahme (BGH **30**, 10, 11). Das gilt auch für die Schöffen; ihnen darf dazu (anders als nach II S. 2 Hs 2 aF) auch schon vor Verlesung des Anklagesatzes, in der Berufungsverhandlung vor dem Vortrag des Berichterstatters (§ 324 I), Gelegenheit gegeben werden. Ob sie die Schrift tatsächlich gelesen haben, wird nicht geprüft (ANM 321). Grundsätzlich müssen Richter und Schöffen die Urkunden zwischen den Sitzungstagen lesen (Henneberg BB **79**, 588 hält das bei Schöffen für unzumutbar), nicht in den Sitzungspausen. Dazu ist ihnen das Original oder eine Abschrift oder Ablichtung der Schrift zur Verfügung zu stellen. Vorsitzender und Berichterstatter werden die Schrift idR schon bei der Terminsvorbereitung gelesen haben.

d) **Selbstlesung der Prozeßbeteiligten** (II S. 1): Sie sind nicht verpflichtet, 23
die Urkunde zu lesen; das Gericht muß ihnen, dem Angeklagten neben seinem Verteidiger, dazu aber Gelegenheit geben, sofern sie nicht ausdrücklich darauf verzichten. Das gilt auch für Prozeßbeteiligte, die vor der Hauptverhandlung die Akten eingesehen haben, insbesondere für StA und Verteidiger (LR-Gollwitzer 65). Da sie zu dieser Zeit noch mit der Urkundenverlesung nach I rechnen werden, darf ihnen die Gelegenheit zur Selbstlesung nicht mit der Begründung verweigert werden, sie hätten die Schrift schon früher lesen können (ANM 322). Einzelne Prozeßbeteiligte von der Selbstlesung auszuschließen, weil der Inhalt der Urkunde für ihre Verteidigung keine Bedeutung hat, ist ebenfalls unzulässig; das kann und muß jeder Beteiligte selbst beurteilen (Gollwitzer Sarstedt-FS 30). Für die Selbstlesung ist den Beteiligten wie den Schöffen (oben 21) die Schrift für eine angemessene Zeit (LR-Gollwitzer 68) im Original, in Abschrift oder Ablichtung zur Verfügung zu stellen; den nach § 147 zur Akteneinsicht Berechtigten können auch die Akten überlassen werden.

e) **Protokollierung** (II S. 3): Die Urkunde, die Gegenstand des Selbstlesever- 24
fahrens gewesen ist, muß nach § 273 I im Protokoll bezeichnet werden. II S. 3

ergänzt das dahin, daß im Protokoll auch zu beurkunden ist, daß der Vorsitzende die Selbstlesung angeordnet hat, daß die Berufsrichter die Schrift gelesen haben und daß und in welcher Weise den Schöffen und Prozeßbeteiligten Gelegenheit gegeben worden ist, vom Wortlaut der Urkunde Kenntnis zu nehmen. Die Feststellung, daß die Schöffen die Schrift gelesen haben, wird nicht in die Sitzungsniederschrift aufgenommen (**aM** KK-Diemer 39). Erhebt ein Prozeßbeteiligter nach II S. 2 Widerspruch, so ist auch das im Protokoll zu beurkunden. Daß der darauf ergehende Gerichtsbeschluß in die Sitzungsniederschrift aufzunehmen ist, ergibt sich aus § 273 I.

25 C. **Ersatz der Verlesung durch Bericht des Vorsitzenden:**

26 a) **Zulässigkeit:** Die Rspr läßt seit jeher zu, daß die Verlesung im allseitigen Einverständnis durch einen Bericht des Vorsitzenden über den Urkundeninhalt ersetzt wird, wenn die Aufklärungspflicht nicht entgegensteht (BGH **1**, 94; **11**, 29, 159; Düsseldorf VRS **59**, 269; Hamm MDR **64**, 344; Köln VRS **73**, 203, 211; **aM** die überwiegende Ansicht im Schrifttum; vgl ANM 326; Hellmann StV **95**, 123). Mit der Einführung des Selbstleseverfahrens nach II hat der Gesetzgeber diese Art des Urkundenbeweises nicht abschaffen wollen (BGH **30**, 10 mit zust Anm Kurth NStZ **81**, 232 und abl Anm Gollwitzer JR **82**, 83; Dahs/Dahs 291; KK-Diemer 28; **aM** Fezer 13/42; Geerds Blau-FS 71 Fn 17; Wagner StV **81**, 219). Beide Beweisverfahren verfolgen unterschiedliche Zwecke: Das Selbstleseverfahren soll die Beweisaufnahme vor allem vereinfachen, wenn es auf den Wortlaut umfangreicher Schriften ankommt; der Bericht des Vorsitzenden ist ein noch einfacheres Beweisverfahren für den Fall, daß nur der Urkundeninhalt beweiserheblich ist und der genaue Wortlaut nicht Urteilsgrundlage werden soll (vgl ANM 327).

27 b) **Voraussetzungen:** Nur über einzelne Urkunden, deren Verlesung nicht nach §§ 250, 256 ausgeschlossen wäre (RG **64**, 78) und deren Inhalt nicht unmittelbar die dem Angeklagten vorgeworfene Straftat verkörpert (BGH **11**, 29), darf Bericht erstattet werden, nicht über den Inhalt ganzer Akten (BGH 5 StR 188/67 vom 25. 4. 1967), auch nicht über längere Schriftstücke, deren Inhalt wörtlich in das Urteil aufgenommen werden soll (BGH **5**, 278; **11**, 29, 31; 159, 160; MDR **72**, 18 [D]; Bay DAR **83**, 252 [R]). Der Bericht darf nur in einer streng sachlichen Schilderung des Urkundeninhalts bestehen und nicht auf eine Würdigung der Beweisbedeutung der Urkunde hinauslaufen (BGH **1**, 94, 97). Die bloße Erörterung der Urkunde mit dem Angeklagten ist kein „Bericht" (Schleswig OLGSt § 256 Nr 1). Alle Prozeßbeteiligten müssen sich ausdrücklich oder stillschweigend durch Unterlassen eines Widerspruchs mit dem Berichtsverfahren einverstanden erklären (ANM 329). Der Bericht des Vorsitzenden ist ein Akt der Beweisaufnahme; er muß daher im Sitzungsprotokoll beurkundet werden (Düsseldorf VRS **59**, 269, 270; Hamburg VRS **44**, 214; Hamm MDR **64**, 344; Köln VRS **73**, 136; **aM** Köln MDR **55**, 122).

28 **6) Vorhalt aus Urkunden:** Wenn es auf den genauen Wortlaut kurzer und leicht faßlicher Schriftstücke, auch fremdsprachiger (BGH MDR **75**, 369 [D]), nicht ankommt, kann ihr Inhalt durch Vorhalt an den Angeklagten, einen Sachverständigen oder Zeugen in die Hauptverhandlung eingeführt werden. Der Vorhalt ist kein Urkundenbeweis, sondern Vernehmungsbehelf (BGH **14**, 310, 312; **34**, 231, 235; NStZ **85**, 464; Geerds Blau-FS 67; Hanack Schmidt-Leichner-FS 83). Beweisgrundlage ist die Erklärung desjenigen, dem der Vorhalt gemacht wird (BGH **11**, 159, 160; KK-Diemer 42 mwN); nur sie ist für die Entscheidung verwertbar (BGH **21**, 149, 150; NJW **86**, 2063; StV **90**, 485). Daher ist die Einführung von längeren, sprachlich schwierigen oder inhaltlich schwer verständlichen Urkunden durch Vorhalt unzulässig (BGH aaO; MDR **87**, 981 [H]; Bay StV **82**, 412; **aM** KK-Diemer 42). Das gleiche gilt für Gutachten über die Blutalkoholkonzentration und ähnliche Urkunden, zu denen der Angeklagte, dem sie vorgehalten werden, keine Erklärungen abgeben kann (Celle StV **84**, 107; Düsseldorf

NJW **88**, 217, 218; VRS **59**, 269; Hamm MDR **64**, 344; Schleswig OLGSt § 256 Nr 1). Den Vorhalt macht idR der Vorsitzende; er ist aber auch den Prozeßbeteiligten gestattet. Zum Zweck des Vorhalts dürfen Urkunden auch verlesen werden (BGH **21**, 285; KMR-Paulus 8 zu § 250; LR-Gollwitzer 88). Unterliegen sie einem Verwertungsverbot, so ist auch der Vorhalt ausgeschlossen (12 zu § 252). Das Verbot des Urkundenbeweises nach §§ 251, 254 macht den Vorhalt jedoch nicht ohne weiteres unzulässig (BGH **11**, 338, 340; **14**, 310, 312; **34**, 231, 235); er kann auch einer nicht verlesbaren Urkunde entnommen werden (BGH **11**, 160; NStZ **83**, 86). In die Sitzungsniederschrift wird der Vorhalt nicht aufgenommen (BGH **21**, 285, 286; MDR **80**, 631 [H]; Koblenz LRE **16**, 139, 141; VRS **67**, 146; Köln VRS **73**, 136, 137). Für **Tonbandaufnahmen** gilt das entspr (Bay NJW **90**, 29
197). Sie können in der Form der Inhaltsangabe oder des Abspielens vorgehalten werden (vgl BGH **14**, 339; Kleinknecht NJW **66**, 1541; Roxin § 28 C).

7) Revision: Wird der Inhalt einer Urkunde wörtlich in das Urteil aufgenom- 30
men, ohne daß sie im Urkundenbeweis in die Hauptverhandlung eingeführt worden ist, so ist nicht § 249, sondern § 261 verletzt. Ob ein Vorhalt erfolgt ist, muß das Revisionsgericht ggf im Freibeweis feststellen (BGH **22**, 26). Zur ordnungsgemäßen Begründung einer Verfahrensrüge gehört die Behauptung, die Urkunde sei weder durch Vorhalt in die Hauptverhandlung eingeführt (BGH MDR **87**, 981 [H]; Düsseldorf StV **95**, 30 mit abl Anm Hellmann; Köln VRS **73**, 136) noch sei von ihr nach II S. 1 Kenntnis genommen worden (BGH wistra **90**, 197; **92**, 30). Bei Anwendung von II kann die Rüge, die Berufsrichter hätten die Urkunde nicht gelesen, keinen Erfolg haben, wenn das ohne Bruch des Beratungsgeheimnisses nach §§ 43, 45 **DRiG** nicht aufzuklären ist (KK-Diemer 53). Gerügt werden kann, daß den Schöffen keine Gelegenheit gegeben worden ist, die Urkunde zu lesen, nicht aber, daß sie es trotz dieser Gelegenheit unterlassen haben, sie zu lesen (H. W. Schmidt in Anm LM § 249 Nr 1). Ist das Verfahren nach II sonst fehlerhaft, so ist das unschädlich, wenn die Voraussetzungen vorgelegen haben, unter denen die Verlesung durch einen Bericht des Vorsitzenden (oben 25 ff) ersetzt werden kann (BGH **30**, 10, 14 = JR **82**, 82 mit abl Anm Gollwitzer; **aM** SK/StPO-Schlüchter 71; erg 38 zu § 337).

Grundsatz der persönlichen Vernehmung

250 **Beruht der Beweis einer Tatsache auf der Wahrnehmung einer Person, so ist diese in der Hauptverhandlung zu vernehmen. Die Vernehmung darf nicht durch Verlesung des über eine frühere Vernehmung aufgenommenen Protokolls oder einer schriftlichen Erklärung ersetzt werden.**

1) Der **Unmittelbarkeitsgrundsatz,** den § 250 im Interesse möglichst zuver- 1
lässiger Beweisgewinnung aufstellt, gilt nur für Wahrnehmungen von Zeugen und Sachverständigen und nur im Strengbeweisverfahren (6 zu § 244), dort aber grundsätzlich auch, wenn (vgl § 384 III) der Umfang der Beweisaufnahme im Ermessen des Gerichts steht (Bay DAR **74**, 187 [R]; **77**, 211 [R]; Hamm VRS **42**, 369; **43**, 54; **49**, 193); er ist allerdings für das beschleunigte Verfahren nach § 420 I und über § 411 II S.2 auch für das Verfahren nach Einspruch gegen einen Strafbefehl durchbrochen. Die Vorschrift bestimmt ein Beweismittelverbot, das grundrechtlich nicht geschützt ist (BVerfGE **1**, 418, 429 = NJW **53**, 177), auf das die Prozeßbeteiligten aber nur in den Fällen der §§ 251 I Nr 4, II S.1, 255 a I verzichten können (Hamm VRS **49**, 113; Stuttgart NJW **76**, 1852). Der Unmittelbarkeitsgrundsatz
bedeutet den **Vorrang des Personalbeweises** vor dem Urkundenbeweis (BGH 2
15, 253; Wömpner NStZ **83**, 294; **aM** Grünwald Dünnebier-FS 353), aber auch vor dem Augenscheinsbeweis (ANM 459; **aM** KMR-Paulus 7). Den schriftlichen Erklärungen eines Zeugen stehen daher die von ihm angefertigten Skizzen und Zeichnungen über seine Wahrnehmungen gleich (12 zu § 86), auch Tonbandauf-

nahmen, die seine Äußerungen über Wahrnehmungen festhalten (ANM 459; KK-Diemer 3; Dahs/Dahs 290; **aM** Feldmann NJW **58**, 1168), nicht aber, da sie nur den objektiven Zustand einer Sache oder Örtlichkeit wiedergeben, die von dem Zeugen aufgenommenen Lichtbilder und Filme (BGH GA **68**, 305; LR-Gollwitzer 10; ANM 460; Schlüchter 539; **aM** Krause 160; vgl auch Bay **65**, 79 = JR **66**, 389 mit Anm Koffka). Zur Durchbrechung des Unmittelbarkeitsgrundsatzes durch Vorführung einer Bild-Ton-Aufzeichnung vgl § 255 a.

3 2) Ein **weiterreichender Grundsatz,** daß allgemein bei der Beweisaufnahme das sachnächste Beweismittel benutzt werden muß, läßt sich dem § 250 nach hM nicht entnehmen (vgl LR-Gollwitzer 22; ANM 460 mwN). Daher ist die Verneh-
4 mung des **Zeugen vom Hörensagen,** die den Unmittelbarkeitsgrundsatz nicht verletzt (BGH **17**, 382, 384), nicht nur zulässig, wenn die Tatsachen, die ihm von anderen mitgeteilt worden sind, einen Straftatbestand erfüllen (zB den des § 186 StGB), sondern auch, wenn die Mitteilung als Beweisanzeichen für die Richtigkeit der mitgeteilten Tatsachen dienen soll (BGH **1**, 373; **6**, 209; **17**, 382, 384; **22**, 268, 270; DAR **78**, 155 [Sp]; VRS **16**, 202, 205; LR-Gollwitzer 24 ff; SK/StPO-Schlüchter 21; ANM 460 mwN; Geppert Jura **88**, 306 ff; vgl. auch BVerfGE **57**, 250, 292 ff = NJW **81**, 1719, 1722; **aM** Seebode/Sydow JZ **80**, 506 mwN; krit auch Grünwald JZ **66**, 484). Unerheblich ist, ob der Zeuge seine Wahrnehmungen zufällig, im Auftrag der Polizei oder als „gerufener Zeuge" im Auftrag des Gerichts gemacht hat (BGH **33**, 178, 181). Das Gericht kann sich mit der Vernehmung des Zeugen vom Hörensagen selbst dann begnügen, wenn es möglich wäre, daneben den Gewährsmann zu hören (KK-Diemer 11; ANM 461; Schneidewin JR **51**, 482; **aM** OGH **1**, 333; Oldenburg HESt **3**, 36; KK-Herdegen 25 zu § 244; Grünwald JR **66**, 493; Hanack JZ **72**, 235; Peters 317 und JR **69**, 429; **aM** auch Bay StV **82**, 412, das das Vorliegen von Hindernissen rechtlicher oder tatsächlicher Art verlangt). Es ist immer eine Frage der Aufklärungspflicht, ob der Tatrichter die mittelbare Beweisführung für ausreichend halten (BGH **1**, 373, 376; **17**, 382, 384; **32**, 115, 123 [GSSt]; NStZ **83**, 210 [Pf/M]; 355 [Pf/M]; StV **88**, 91 mit Anm Strate; Braunschweig OLGSt § 244 Nr 3) oder ihr mit Rücksicht auf die besonderen Umstände des Falles sogar den Vorzug geben darf (vgl KK-Diemer 11). Auch das
5 Wissen eines **V-Manns der Polizei,** der dem Gericht infolge Verweigerung der Aussagegenehmigung (vgl § 54) oder der Auskunft über Person und Anschrift nicht zur Verfügung steht, kann inhaltlich durch Vernehmung eines Beamten der Polizei oder des Verfassungsschutzamtes in den Prozeß eingeführt werden (BVerfG NJW **92**, 168; BGH **32**, 115, 122 [GSSt] = NStZ **84**, 36 mit Anm Frenzel; BGH **33**, 178, 181; BGH NJW **80**, 1761; **81**, 1626; NStZ **81**, 70; krit Bruns NStZ **83**, 49; Dencker Dünnebier-FS 447; J. Meyer ZStW **95**, 846; Rüping 423; vgl auch BVerfGE **57**, 250, 292 ff = NJW **81**, 1719). Daß die Verhörsperson über die Person ihres Informanten keine Auskunft gibt, steht der Verwertung der von diesem mitgeteilten Tatsachen nicht entgegen (BVerfG NJW **92**, 168; BGH **17**, 382; Herdegen NStZ **84**, 200; **aM** Frenzel NStZ **84**, 40; Joachim StV **92**, 247). Denn grundsätzlich darf ein Zeuge, der von einem anderen etwas erfahren hat, hierüber vernommen werden, selbst wenn er den anderen nicht einmal kennt. Die Urteilsfeststellungen dürfen darauf aber idR nur gestützt werden, wenn diese Bekundungen durch andere wichtige Beweisanzeichen bestätigt worden sind (BVerfG NStZ **95**, 600; StV **97**, 1 mit Anm Kinzig; BGH **17**, 382, 386; **33**, 83, 88; 178, 181; **36**, 159, 166; **42**, 15, 25; StV **89**, 518; **91**, 101; 197; **94**, 413; 638; **96**, 583; NStZ **94**, 502; BGHR § 250 S.1 Unmittelbarkeit 3 und § 261 Überzeugungsbildung 27; Köln NStZ **96**, 355; zw BGHR § 261 Zeuge 13 für den Fall, daß der Gewährsmann namentlich bekannt ist; vgl auch BGH StV **88**, 237 mit Anm Weider; LG Darmstadt StV **91**, 342; erg 22 zu Art 6 MRK). Das Gebot äußerster Vorsicht bei der Beweiswürdigung gilt in besonderem Maße, wenn die Zahl der Zwischenglieder in der Beweisführung wächst (BGH **34**, 15, 18). Welche Anstrengungen das Gericht unternehmen muß, um die Vernehmung des V-Manns zu ermöglichen,

hat mit § 250 nichts zu tun, sondern ist eine Frage der Aufklärungspflicht nach § 244 II und, wenn ein Beweisantrag gestellt ist, des Vorliegens des Ablehnungsgrundes der Unerreichbarkeit (66 zu § 244).

3) Vernehmungsprotokolle und andere schriftliche Erklärungen fallen 6
unter das Beweisverbot. Wer das **Protokoll** aufgenommen hat (Gericht, StA, 7
Polizei, andere Behörde), ist gleichgültig, ebenso, wann und in welchem Verfahren es entstanden ist (BGH **20**, 160 = JZ **65**, 649 mit Anm Peters; LR-Gollwitzer 5).
Schriftliche Erklärungen iS S. 2 sind nur diejenigen, die von vornherein zu 8
Beweiszwecken verfaßt worden sind (BGH **6**, 141, 143; **20**, 160, 161; NStZ **82**, 79; Hamm JMBlNW **64**, 44; LR-Gollwitzer 7; Schneidewin JR **51**, 483; Wömpner NStZ **83**, 294; **aM** RG **71**, 10; Fezer 14/19; Krause 159). In Betracht kommen vor allem Strafanzeigen (Schleswig SchlHA **74**, 187 [E/J]), schriftliche Erläuterungen zu früheren Vernehmungen und Antworten auf Auskunftsersuchen der Strafverfolgungsbehörden (ANM 461). Zweckbestimmung der Urkunde muß aber nicht unbedingt der Beweis in dem vorliegenden Strafverfahren (LR-Gollwitzer 7; ANM 462; Schlüchter 532; **aM** BGH NStZ **82**, 79; offengelassen in BGH **20**, 160, 161; vgl auch BGH JZ **87**, 315) oder überhaupt in einem Strafverfahren sein (**aM** BGH 5 StR 549/63 vom 7. 1. 1964). Schriftstücke, die nicht zu Beweiszwecken angefertigt worden sind, wie Briefe und Tagebücher, fallen nicht unter das Beweisverbot (RG **33**, 35; Schlüchter 532; Schneidewin JR **51**, 483). Denn § 250 bezweckt nicht, aus dem Urkundenbeweis alles auszuscheiden, was Gegenstand des Zeugenbeweises sein kann (ANM 462). Zur Frage der Verlesbarkeit einer schriftlichen Erklärung des die Auskunft nach § 55 Verweigernden vgl BGH NJW **87**, 1093 = JR **87**, 522 mit abl Anm Meyer; dazu Dölling NStZ **88**, 6 und Dahs StV **88**, 169.

4) Wahrnehmungen der Beweisperson dürfen durch die Verlesung nicht in 9
den Prozeß eingeführt werden. Protokolle haben immer solche Wahrnehmungen zum Inhalt, schriftliche Erklärungen vor allem, wenn es sich um den Bericht über einen Vorgang handelt, dessen wahrheitsgemäße Wiedergabe nur durch eine Person möglich ist, die ihn mit einem oder mehreren ihrer 5 Sinne wahrgenommen hat (BGH **15**, 253; **27**, 135), aber auch Wahrnehmungen über innere Empfindungen des Zeugen selbst, die unmittelbar durch sinnlich wahrgenommene Vorgänge ausgelöst worden sind (KK-Diemer 5; erg 2 vor § 48). Eine Ausnahme von dem
Beweisverbot besteht für sinnliche **Wahrnehmungen bei Verrichtungen me-** 10
chanischer Art, die erfahrungsgemäß keinen bleibenden Eindruck in der Erinnerung der damit befaßten Person hinterlassen. Das gilt insbesondere für Hersteller von Buchungs- oder Abrechnungsstreifen, die Rechnungen, Quittungen oder Eintragungen in Geschäftsbüchern zusammenfassen (BGH **15**, 253; KK-Diemer 6), und für Schreibkräfte, die eine Tonbandaufzeichnung in Maschinenschrift übertragen (BGH **27**, 135 = JR **78**, 117 mit Anm Gollwitzer). Hier ist unmittelbar der Urkunden- oder Augenscheinsbeweis zulässig. Für die Tätigkeit des Übersetzers
gilt das nicht (5 zu § 249). **Sachverständigengutachten** fallen ebenfalls unter das 11
Verlesungsverbot (BGH **1**, 4, 7; **22**, 268, 270; Bay **51**, 304; Düsseldorf NJW **49**, 917; ANM 463; Wömpner NStZ **83**, 294). Gleichgültig ist, ob der Sachverständige sein Gutachten aufgrund der von ihm festgestellten Befundtatsachen (10 zu § 79) abgibt, ob er nur abstrakte Erfahrungssätze vermittelt oder ob er seine Sachkunde auf einen Sachverhalt anwendet, der mit anderen Beweismitteln in das Verfahren eingeführt wird (ANM 463; **aM** Stuttgart NJW **76**, 1852 = JR **77**, 205 mit Anm Gollwitzer; Gössel DRiZ **80**, 370: nur für eigene Wahrnehmungen des Sachverständigen). Ein Sachverständiger darf daher auch keine Untersuchungsergebnisse vortragen, die ein anderer Sachverständiger gefunden hat (Bay DAR **65**, 286 [R]).

5) Nur die Ersetzung, nicht die Ergänzung der im Protokoll oder in einer 12
schriftlichen Erklärung festgehaltenen Äußerung der Beweisperson, auch eines Mitangeklagten, verbietet S. 2. Wird der Zeuge oder Sachverständige in der

Hauptverhandlung vernommen, so ist die Verlesung daher zulässig, wenn sie weder ganz noch teilw an die Stelle der Vernehmung treten soll (BGH **1**, 4, 5; **20**, 160, 162 = JZ **65**, 649 mit krit Anm. Peters; BGH NJW **70**, 1558; JZ **87**, 315; MDR **90**, 679 [H]; NStZ **95**, 609; Stuttgart NJW **79**, 559; ANM 464 mwN; Roxin § 44 B I 2e; **aM** RG **22**, 51; Grünwald JZ **66**, 493; Rüping 418; Schneidewin JR **51**, 483). Das gilt nach Ansicht des BGH auch, wenn der Zeuge die Aussage nach § 55 teilw verweigert hat (BGH JZ **87**, 315: jedenfalls bei schriftlichen Erklärungen; vgl BGH NJW **87**, 1093 = JR **87**, 522 mit abl Anm Meyer; dazu Dölling NStZ **88**, 6). Dabei ist gleichgültig, ob durch die Verlesung die Aussage der Beweisperson oder des Mitangeklagten unterstützt oder ihre Wahrheit überprüft (LG Lübeck StV **84**, 111; ANM 464; Peters JZ **65**, 650; Wömpner NStZ **83**, 296) oder ob der Inhalt der Urkunde, und im Wege der freien Beweiswürdigung auch seine Richtigkeit (KK-Engelhardt 23 zu § 261; LR-Gollwitzer 18), festgestellt werden soll, weil der Zeuge erklärt, er erinnere sich nicht mehr, habe aber damals wahrheitsgemäße Angaben gemacht (BGH **23**, 213, 220; NJW **70**, 1558; Hamm NJW **77**, 2090;
13 ANM 464). Auch der **Beweis der Existenz der Urkunde** kann durch ihre Verlesung geführt werden (Wömpner NStZ **83**, 294). Sie darf ferner verlesen werden, wenn ihr strafbarer Inhalt festgestellt werden soll (RG **22**, 51).

14 6) **Vorhalte** an den Angeklagten oder einen Zeugen aus der Vernehmungsniederschrift oder schriftlichen Erklärung eines ausgebliebenen Zeugen schließt § 250 nicht aus (LR-Gollwitzer 15). Bestätigt der Angeklagte oder die Beweisperson die dort bezeichneten Tatsachen, so können sie dem Urteil als Teil der Einlassung oder Zeugenaussage zugrunde gelegt werden (BGH StV **91**, 197 mwN).

15 7) **Revision:** Die Rüge, der Tatrichter habe unter Verletzung der Sachaufklärungspflicht einen sachferneren statt des sachnäheren Zeugen vernommen, muß darlegen, inwiefern sich dem Tatrichter die Vernehmung des sachnäheren Zeugen hätte aufdrängen müssen und was dieser gesagt hätte (BGH StV **88**, 91 mit abl Anm Strate: „Darlegungsmangel", der schon auf die allgemeine Sachrüge zu beachten ist). Wird die unzulässige Verwertung einer Urkunde gerügt, so muß angegeben werden, von wem sie stammt und ob ihr Verfasser in der Hauptverhandlung vernommen worden ist (BGH 5 StR 676/77 vom 20. 12. 1977). Ferner muß der Inhalt des Schriftstücks mitgeteilt werden, damit das Revisionsgericht prüfen kann, ob die Verlesung nicht nach §§ 249, 256 zulässig war (BGH MDR **78**, 989 [H]). Bei möglicher Verlesung zur Ergänzung einer Aussage (oben 12) muß sich die Revision hierzu äußern (BGH NStZ **95**, 609).

Urkundenbeweis mit Protokollen

251 **I Die Vernehmung eines Zeugen, Sachverständigen oder Mitbeschuldigten darf durch Verlesung der Niederschrift über seine frühere richterliche Vernehmung ersetzt werden, wenn**

1. **der Zeuge, Sachverständige oder Mitbeschuldigte verstorben oder in Geisteskrankheit verfallen ist oder wenn sein Aufenthalt nicht zu ermitteln ist;**
2. **dem Erscheinen des Zeugen, Sachverständigen oder Mitbeschuldigten in der Hauptverhandlung für eine längere oder ungewisse Zeit Krankheit, Gebrechlichkeit oder andere nicht zu beseitigende Hindernisse entgegenstehen;**
3. **dem Zeugen oder Sachverständigen das Erscheinen in der Hauptverhandlung wegen großer Entfernung unter Berücksichtigung der Bedeutung seiner Aussage nicht zugemutet werden kann;**
4. **der Staatsanwalt, der Verteidiger und der Angeklagte mit der Verlesung einverstanden sind.**

II Hat der Angeklagte einen Verteidiger, so kann die Vernehmung eines Zeugen, Sachverständigen oder Mitbeschuldigten durch die Verlesung einer Niederschrift über eine andere Vernehmung oder einer Urkunde, die eine von ihm stammende schriftliche Erklärung enthält, ersetzt werden, wenn der Staatsanwalt, der Verteidiger und der Angeklagte damit einverstanden sind. Im übrigen ist die Verlesung nur zulässig, wenn der Zeuge, Sachverständige oder Mitbeschuldigte verstorben ist oder aus einem anderen Grunde in absehbarer Zeit gerichtlich nicht vernommen werden kann.

III Soll die Verlesung anderen Zwecken als unmittelbar der Urteilsfindung, insbesondere zur Vorbereitung der Entscheidung darüber dienen, ob die Ladung und Vernehmung einer Person erfolgen sollen, so dürfen Vernehmungsniederschriften, Urkunden und andere als Beweismittel dienende Schriftstücke auch sonst verlesen werden.

IV In den Fällen der Absätze 1 und 2 beschließt das Gericht, ob die Verlesung angeordnet wird. Der Grund der Verlesung wird bekanntgegeben. Wird die Niederschrift über eine richterliche Vernehmung verlesen, so wird festgestellt, ob der Vernommene vereidigt worden ist. Die Vereidigung wird nachgeholt, wenn sie dem Gericht notwendig erscheint und noch ausführbar ist.

1 1) **Ausnahmen von dem Beweisverbot des § 250** läßt die Vorschrift, ohne Rücksicht auf Art und Schwere des Tatvorwurfs (BGH NStZ **85**, 230), im Interesse der Wahrheitsfindung und zur Erleichterung und Beschleunigung des Verfahrens zu (BGH **10**, 186, 189; **26**, 18, 20; vgl auch BVerfGE **57**, 250, 277 = NJW **81**, 1719, 1722). Ihrer Anwendung steht in Verfahren gegen Angehörige der NATO-Verbände Art VII Abs 9 Buchst c **NTS** nicht entgegen (BGH **26**, 18; **aM** BGH MDR **73**, 729 [D]; vgl auch Marenbach NJW **74**, 1070; Schwenk NJW **63**, 1429). Die Verlesung von Niederschriften über frühere Vernehmungen des Angeklagten richtet sich nicht nach § 251, sondern nach §§ 231 a I S. 2, 233 III S. 2 und 254 (Köln StV **83**, 97).
1 a **Aufnahmen auf Tonträger** dürfen entspr § 251 abgespielt und verwertet werden (SK/StPO-Schlüchter 51: entspr II; **aM** Krause 161; vgl auch LR-Gollwitzer 59). Für die Vorführung von Videoaufnahmen verweist § 255 a I auf § 251. Für Tonbandaufnahmen folgt dies aus einer teleologischen Auslegung der Vorschrift, der deren Wortlaut nicht entgegensteht, weil dem Gesetzgeber die neuen technischen Möglichkeiten nicht bekannt waren: Wenn schon eine „blutleere" Vernehmungsniederschrift verlesen werden darf, muß „erst recht" das Abspielen einer Tonbandaufnahme erlaubt sein (vgl Kintzi JR **96**, 189; Mildenberger, Schutz kindlicher Zeugen im Strafverfahren durch audiovisuelle Medien, Diss Passau 1995, S. 228 f, 260 f).

2 2) **Zeugen, Sachverständige, Mitbeschuldigte:** Für die Zulässigkeit der Verlesung ist nicht die Stellung der Auskunftsperson maßgebend, die sie zZ der Vernehmung hatte, sondern die Rolle, die sie bei einer Vernehmung im gegenwärtigen Verfahren einnehmen würde (BGH **10**, 186). Daher kann auch die Aussage eines früheren Mitbeschuldigten verlesen werden, gegen den das Verfahren abgetrennt worden ist (BGH aaO; RG **32**, 72; KK-Diemer 11; **aM** Schleswig SchlHA **56**, 330). Die Vernehmung eines Zeugen kann durch die Verlesung der Vernehmung als Beschuldigter, deren geringerer Beweiswert aber berücksichtigt werden muß, ersetzt werden, auch wenn sie in einem anderen Verfahren stattgefunden hat (BGH aaO); das Fehlen der Belehrung nach § 136 I S. 2 steht der Verlesung entgegen (EbSchmidt NJW **68**, 1218). Ist der Zeuge früher als Beschuldigter vernommen worden, so darf die Niederschrift aber nicht verlesen werden, wenn ihm ein Zeugnisverweigerungsrecht nach §§ 52 ff, nicht nur ein Auskunftsverweigerungsrecht nach § 55, zustehen würde (BGH **10**, 186, 190; erg 11 zu § 252).

3 **3) Verlesung richterlicher Vernehmungsprotokolle** (I):

4 A. Die **Voraussetzungen der Verlesung** müssen noch in der Hauptverhandlung vorliegen (BGH **1**, 103; **9**, 297, 300). Fallen sie nach der Verlesung weg, so ist das nur von Bedeutung, wenn die Aufklärungspflicht zur Vorladung des Zeugen zwingt. Im einzelnen setzt die Verlesung voraus:

5 a) **Tod, Geisteskrankheit, Unauffindbarkeit** (Nr 1): Der Tod muß erwiesen sein. Das Revisionsgericht prüft ggf, ob der Tatrichter geirrt hat (LR-Gollwitzer 32). Die Geisteskrankheit muß den Zeugen mindestens auf absehbare Zeit vernehmungsunfähig machen, braucht aber nicht unheilbar zu sein (RG **15**, 409, 412). Der Aufenthalt des Zeugen ist nicht zu ermitteln, wenn vergeblich nach ihm gesucht worden ist und weitere Ermittlungen keinen Erfolg versprechen (BGH GA **80**, 422). Der Begriff stimmt insoweit mit dem der Unerreichbarkeit iS des § 244 III S. 2 überein (dort 62). Die nach dieser Vorschrift zu stellenden Anforderungen an die gerichtliche Ermittlungspflicht gelten auch hier.

6 b) **Krankheit, Gebrechlichkeit, andere nicht zu beseitigende Hindernisse** (Nr 2): Die Begriffe stimmen mit denen des § 223 I überein (vgl dort 4 ff). In entspr Anwendung des I Nr 2 dürfen die Protokolle auch verlesen werden, wenn der erschienene Zeuge ohne Gefahr für seinen Gesundheitszustand nicht vernommen
7 werden kann (BGH **9**, 297; erg 4 zu § 223). **Hinderungsgrund** ist nicht die Tatsache allein, daß der Zeuge außerhalb des Geltungsbereichs der StPO wohnt; in diesem Fall muß, soweit angemessen und geboten, erst versucht werden, ihn zum Erscheinen zu veranlassen (BGH **22**, 118; 8 zu § 223; 62 zu § 244). Soweit aber nach § 244 V S. 2 die Vernehmung eines Auslandszeugen abgelehnt worden ist (43 f zu § 244), steht dieser einem unerreichbaren Zeugen gleich; die Vernehmungsniederschrift ist dann also verlesbar (Maatz Remmers-FS 587). Die Weigerung des dauernd außerhalb des Geltungsbereichs der StPO wohnenden Zeugen, zur Vernehmung in der Hauptverhandlung zu erscheinen, ist ein nicht zu beseitigendes Hindernis (BGH **7**, 15; **13**, 300; **32**, 68 = JR **84**, 514 mit Anm Schlüchter; BGH GA **55**, 123, 126; 6 zu § 223). Ihr steht das aus einer allgemein gefaßten Entschuldigung erkennbare Fehlen des Willens zum Erscheinen gleich (BGH 1 StR 586/67 vom 5. 3. 1968). Des aussichtslosen Versuchs einer Ladung bedarf es auch sonst nicht, wenn das Gericht aufgrund gewissenhafter Prüfung davon überzeugt ist, daß der im Ausland wohnende Zeuge nicht erscheinen werde (vgl 63 zu § 244). Ein Fall der Nr 2 kann auch vorliegen, wenn bei einem kindlichen oder jugendlichen Zeugen der Erziehungsberechtigte sich weigert, den Zeugen zum Erscheinen zu veranlassen (Saarbrücken NJW **74**, 1959). Kein Hindernis für die Vernehmung in der Hauptverhandlung ist die Gefährdung des Zeugen, etwa eines V-Manns der Polizei, die durch den Ausschluß der Öffentlichkeit (§ 172 Nr 1 a GVG) oder die Verlegung der Hauptverhandlung an einen anderen Ort beseitigt werden kann (BGH **22**, 311, 313;
8 KMR-Paulus 13 zu § 223). Die **Länge der Zeit,** in der die Auskunftsperson nicht vernommen werden kann, ist danach zu beurteilen, wann sie vor Gericht erscheinen, nicht danach, wann das Verfahren weiterbetrieben werden kann (ANM 262). Daß die Verhandlung nicht innerhalb der Fristen des § 229 fortgesetzt werden und eine neue Verhandlung wegen der Geschäftslage des Gerichts vorerst nicht stattfinden kann, erlaubt die Verlesung daher nicht (BGH 5 StR 510/68 vom 5. 11. 1968; LR-Gollwitzer 14 zu § 223; Kohlhaas NJW **54**, 537; **aM** RG **62**, 318). Maßgebend ist neben dem Beschleunigungsgebot die Bedeutung der Sache und die Wichtigkeit der Aussage (BGH **32**, 68, 73; NStZ-RR **97**, 268; Bay StV **82**, 412).

9 c) **Unzumutbarkeit des Erscheinens** (Nr 3): Der Begriff stimmt mit dem des § 223 II überein (dort 8). Die Unmöglichkeit, einen in Haft befindlichen Zeugen rechtzeitig vorzuführen, steht der Unzumutbarkeit nicht gleich (BGH GA **70**, 183; LR-Gollwitzer 41).

10 d) Das **Einverständnis der Prozeßbeteiligten** (Nr 4), das nach § 273 I im Protokoll beurkundet werden muß (dort 7), gestattet die Verlesung nur, wenn

§ 244 II nicht entgegensteht (unten 25) und keine Beweisverbote bestehen (BGH **42**, 73). Die Verlesung ist daher ausgeschlossen, wenn gegen die Belehrungspflicht nach § 52 III S. 1 (KK-Diemer 14; vgl aber 2 zu § 252 für verstorbene und 11 zu § 252 für flüchtige Zeugen) oder gegen § 69 I S. 1 verstoßen worden war oder wenn die nach §§ 168 a IV S. 1, 271 I S. 1 erforderlichen Unterschriften fehlen (Hamm JMBlNW **83**, 51), wenn der erschienene Zeuge erstmals in der Hauptverhandlung von seinem Zeugnisverweigerungsrecht Gebrauch macht (12 zu § 252) oder unter Berufung auf § 55 nicht aussagt (BGH NStZ **82**, 342; StV **96**, 191; SK/StPO-Schlüchter 23; ANM 264; erg unten 28). Das Einverständnis kann schon **vor** 11
der Hauptverhandlung erklärt werden, zB in der Verhandlung, die zum Zweck der kommissarischen Vernehmung des Zeugen ausgesetzt worden ist (ANM 264; LR-Gollwitzer 47); es kann dann aber in der späteren Verhandlung widerrufen werden (Bay DAR **71**, 206 [R]; KMR-Paulus 36). **Alle Prozeßbeteiligten** müssen 12
einverstanden sein, außer den in Nr 4 genannten Beteiligten auch die Nebenbeteiligten (Einl 73), wenn die Verlesung ihre Beteiligung betrifft (§§ 433 I S. 1, 442 I, II S. 2, 444 II S. 2), nicht aber der Privatkläger (KK-Diemer 10; ANM 264 Fn 123) und der Nebenkläger (12 zu § 397). Hat der Angeklagte einen Verteidiger, so müssen beide zustimmen (Bay **57**, 132 = NJW **57**, 1566 L; Bay **78**, 17 = NJW **78**, 1817; Kohlhaas NJW **54**, 537; Spendel JZ **59**, 739). Das Schweigen des Angeklagten zur Zustimmung des Verteidigers ist aber als Einverständniserklärung zu werten (Bay aaO; KMR-Paulus 37; **aM** Hamm VRS **36**, 51, 53; Stuttgart JR **77**, 343 mit Anm Gollwitzer; erg 11 zu § 245; 3 zu § 303). Erforderlich ist auch die Zustimmung des nach § 233 vom Erscheinen entbundenen Angeklagten (dort 3); wird er nach § 234 vertreten, so genügt aber die des Vertreters (LR-Gollwitzer 49; Kleinknecht JZ **64**, 329; erg 10 zu § 234; 4 zu § 234 a). Der Zustimmung des Angeklagten bedarf es nicht in den Fällen der §§ 231 II, 231 a und 231 b; er hat sein Anhörungsrecht verwirkt (ANM 265; erg 10 zu § 245). Im Fall des § 231 c ist sie nicht erforderlich, weil ihn die Beweisaufnahme nicht betrifft (dort 10). Wirkt an der Abwesenheitsverhandlung ein Verteidiger mit, so ist die Zustimmung des Angeklagten in keinem Fall erforderlich (§ 234 a Hs 2). Wird der Angeklagte nach § 247 zeitweilig ausgeschlossen, so ist seine Zustimmung einzuholen. Das Einverständnis kann **stillschweigend** 13
erklärt werden (BGH **9**, 230, 232; StV **83**, 319 mit abl Anm Schlothauer), zB dadurch, daß der Verlesung nicht widersprochen wird (BGH **9**, 24, 28; **26**, 332; NJW **52**, 1426; NStZ **83**, 325; **85**, 376; Hamm VRS **40**, 197), sofern der Tatrichter vorher klargestellt hat, daß nach I Nr 4 verfahren werden soll (BGH NJW **84**, 65, 66; NStZ **86**, 207 [Pf/M]; Bay StV **90**, 399). Wer sich schon vor der Hauptverhandlung einverstanden erklärt hat, muß ausdrücklich widersprechen, wenn er seine Meinung geändert hat (BGH **3**, 206, 209). In das Sitzungsprotokoll wird die stillschweigende Zustimmung nicht aufgenommen (8 zu § 273). Der **Widerruf** der 14
Einverständniserklärung nach Verlesung des Protokolls ist unwirksam (BGH 1 StR 620/74 vom 14. 1. 1975; Koblenz VRS **57**, 116). Das Fehlen des Einverständnisses kann durch nachträgliche Einholung geheilt werden (KMR-Paulus 36).

B. **Verlesbare Protokolle:** 15

a) **Richterliche Vernehmungsprotokolle** aller Art können verlesen werden, 16
Protokolle der StA und Polizei nur nach II, nach I auch nicht mit Zustimmung der Beteiligten (BGH MDR **76**, 989 [H]; VRS **5**, 212; RG **67**, 252). Verlesbar sind richterliche Protokolle aus dem Ermittlungsverfahren nach §§ 162, 168 c, 169 (BGH **10**, 186), aus dem Zwischenverfahren nach § 202 (BGH MDR **77**, 461 [H]) und aus kommissarischen Vernehmungen nach § 223 (BGH VRS **36**, 356), auch wenn sich der Vernehmungsgrund geändert hat (RG GA Bd **70**, 107), Niederschriften aus einer früheren Hauptverhandlung, auch die nur nach § 273 II protokollierten (BGH **24**, 183 = JR **71**, 512 mit Anm Hanack; Bay MDR **82**, 517; Saarbrücken NJW **74**, 1959), sowie Vernehmungen ohne förmliche Beschlußfassung (RG **58**, 100; **66**, 213, 216; Oldenburg NdsRpfl **54**, 17). Die Vernehmung kann auch in einem anderen Strafverfahren (BGH **10**, 186; Bay **53**, 92 = JZ **53**,

702; StV **81**, 12), in einem Zivil- oder Verwaltungsgerichtsverfahren (RG **10**, 29; **32**, 72, 75; **56**, 257; KMR-Paulus 22) oder in einem Disziplinarverfahren stattgefunden haben. Dann genügt die Einhaltung der für dieses Verfahren geltenden Förmlichkeiten (LR-Gollwitzer 8).

17 b) Die **in dem Protokoll in Bezug genommenen Schriftstücke** (RG GA Bd **48**, 112) und polizeilichen Protokolle (BGH NJW **53**, 35; LR-Gollwitzer 20) dürfen mitverlesen werden, nicht aber die Niederschriften über die Aussagen von Angeklagten oder Zeugen, auf die der Vernommene sich bezogen hat (RG **18**, 24). Vermerke des Richters über den Verfahrensgang und über das Verhalten des Vernommenen dürfen ebenfalls verlesen werden (BGH **2**, 1, 3; NStZ **83**, 182), auch Vermerke über seine persönlichen Eindrücke von dem Zeugen (RG **37**, 212), nicht aber über seine Einschätzung der Identität des Zeugen mit einer bestimmten Person (Hamm VRS **66**, 44, 45). Beobachtungen, die der beauftragte Richter bei der Vernehmung nicht in der Niederschrift selbst festgehalten hat (zB über auffälliges Gebaren oder das äußere Erscheinungsbild), darf er den anderen Gerichtsmitgliedern auch nicht bei der Beratung vermitteln, weil das § 261 widersprechen würde (BGH **2**, 1, 2; MDR **77**, 107 [H]; NStZ **83**, 182; **89**, 382 mit abl Anm Itzel; Koblenz MDR **80**, 689; vgl auch Foth MDR **83**, 176, der mündlichen Bericht in der Hauptverhandlung für zulässig hält).

18 c) Nur ein **ordnungsgemäß errichtetes Protokoll** darf nach I verlesen werden (BGH GA **76**, 218, 220); zur Verlesung fehlerhaft zustande gekommener richterlicher Protokolle nach II vgl unten 31; zur Frage, ob einem Zeugen Vorhalte aus einer richterlichen Vernehmung gemacht werden dürfen, wenn diese unter Verletzung der Benachrichtigungspflicht des § 168 c V zustandegekommen ist, vgl BGH **34**, 231 = JR **88**, 80 mit Anm Hanack. Unzulässig ist die Verlesung zB bei einem Verstoß gegen § 22 (RG **30**, 70), gegen § 68 (BGH StV **84**, 231) und gegen § 69 I (BGH NJW **53**, 35; MDR **81**, 632 [H]; Stuttgart DAR **55**, 67) oder bei Mitwirkung eines Protokollführers, der nicht nach § 153 V GVG mit Aufgaben des UrkB betraut werden durfte (BGH NStZ **84**, 564) oder nicht nach § 168 S. 3 vereidigt worden ist (BGH **27**, 339 = JR **78**, 525 mit Anm Meyer-Goßner; BGH NStZ **81**, 95 [Pf]; **84**, 564), ebenso bei Mitwirkung eines Dolmetschers, dessen nach § 189 GVG erforderliche Vereidigung unterblieben ist (BGH **22**, 118; Bay **77**, 3 = JR **77**, 475 mit abl Anm Peters). Auch das Fehlen der Unterschrift des Richters schließt die Verlesung aus (BGH **9**, 297), ebenso das Fehlen der Unterschrift des Protokollführers sowie des Bestätigungsvermerks und der Unterschrift der Schreibkraft nach § 168 a IV S. 2 und 3 (Stuttgart NStZ **86**, 41 mit krit Anm Mitsch NStZ **86**, 377; vgl auch Rieß NStZ **87**, 444). Unschädlich ist das Fehlen der Unterschrift des Zeugen (RG **34**, 396; vgl auch Düsseldorf StV **84**, 107). Ist die Verlesung nach diesen Grundsätzen unzulässig, so ist ohne Bedeutung, daß Angeklagter und Verteidiger ihr nicht widersprochen haben (RG **53**, 106; Stuttgart aaO). Sind der Angeklagte und der Verteidiger von dem Vernehmungstermin nicht benachrichtigt worden, so darf das Protokoll gleichwohl mit ihrem Einverständnis verlesen werden (BGH **9**, 24; **26**, 332 = JR **77**, 257 mit Anm Meyer-Goßner; BGH **29**, 1, 2; MDR **77**, 461 [H]; StV **85**, 397; Bay **84**, 107 = MDR **85**, 164; KG StV **84**, 68); nur der ausdrücklich im Rahmen des Äußerungsrechts nach § 257 erklärte Widerspruch führt zur Nichtverwertbarkeit der Aussage (BGH NStZ **87**, 132, 133; NJW **96**, 2239, 2241). Wegen des Verstoßes gegen Belehrungspflichten und Beweisverbote vgl unten 27 ff.

19 d) Die **konsularische Vernehmung** (Einl 210), auch die von freiwillig erschienenen ausländischen Zeugen (BGH NStZ **84**, 128), steht der eines inländischen Gerichts gleich (§ 15 IV KonsG), auch wenn ein Honorarkonsul sie durchgeführt hat. Da das Protokoll von dem vernehmenden Konsularbeamten selbst geführt werden kann (§ 15 III S. 3 KonsG), ist die Niederschrift auch verlesbar, wenn kein Protokollführer mitgewirkt hat.

e) Bei **Vernehmungen im Ausland** durch ein Mitglied des Gerichts findet die StPO unmittelbar Anwendung (BGH NStZ **96**, 609 mit zust Anm Rose NStZ **98**, 154); sonst genügt die Einhaltung der dort bestehenden Zuständigkeits- und Verfahrensvorschriften (BGH **1**, 219; **2**, 300, 304; **35**, 82, 83; **42**, 86, 90 = JZ **97**, 45 mit Anm Lagodny und Anm Nagel NStZ **98**, 148; GA **76**, 218; **82**, 40; MDR **84**, 444 [H]; StV **82**, 153; VRS **41**, 203, 206; ANM 268 mwN). Daher können auch Vernehmungsprotokolle der StA, der Polizei und anderer Beamter verlesen werden, die nach dem ausländischen Recht zur Vernehmung ermächtigt sind (BGH **7**, 15; GA **64**, 176; MDR **82**, 282 [H]; NStZ **83**, 181; **85**, 376; Celle NJW **56**, 922). 20

Sieht das ausländische Recht eine **Benachrichtigung** der Prozeßbeteiligten von dem Vernehmungstermin vor, steht die Nichtbeachtung der Vorschrift der Verlesung entgegen (Celle StV **95**, 179). Unschädlich ist hingegen das Fehlen der im ausländischen Recht nicht vorgesehenen oder nicht zulässigen Benachrichtigung (BGH **1**, 219, 221; DAR **78**, 156 [Sp]; GA **64**, 176; MDR **77**, 461 [H]; NStZ **85**, 376; Hamm VRS **24**, 391; vgl auch BGH **35**, 82: Anwesenheitsrecht von Angeklagten und Verteidigern in den Niederlanden; Bay **84**, 107 = MDR **85**, 164: in Österreich; erg 8 zu § 168c; 1 zu § 224), ebenso die Abnahme des Voreids (Koblenz OLGSt Nr 3) und das Fehlen der Vereidigung (BGH VRS **31**, 268; LR-Gollwitzer 24). Jedoch muß das Protokoll (oder wenigstens das Übersendungsschreiben) von dem Vernehmungsbeamten unterschrieben sein (BGH MDR **79**, 637 [H]). 21

Dagegen steht eine fehlende **Belehrung** über ein Zeugnisverweigerungsrecht, die nach deutschem Recht erforderlich gewesen wäre, der Verlesung entgegen, auch wenn das ausländische Recht eine solche Belehrung nicht vorsieht (BGH NStZ **92**, 394); ob das auch bei einer fehlenden Beschuldigtenbelehrung gilt, hat BGH NStZ **94**, 595 mit Anm Wohlers NStZ **95**, 43 offengelassen (verneinend Rogall JZ **96**, 954). Zur Verwertbarkeit von Protokollen über die Vernehmung anonymer Zeugen vgl Düsseldorf StV **92**, 558 mit krit Anm Walther. 21 a

4) Verlesung von nichtrichterlichen Vernehmungsprotokollen und von Schriftstücken (II): 22

A. **Voraussetzungen der Verlesung:** 23

a) Mit **Einverständnis der Prozeßbeteiligten** (S. 1), das nach § 273 I in der Sitzungsniederschrift beurkundet werden muß, wenn es ausdrücklich erklärt wird (7, 8 zu § 273), ist die Verlesung zulässig, vorausgesetzt, daß der Angeklagte einen Wahl- oder Pflichtverteidiger hat, der an der Hauptverhandlung mitwirkt und in dem Zeitpunkt, in dem die Einverständniserklärungen abgegeben werden sollen, auch anwesend ist. Erforderlich ist das Einverständnis der StA, des Verteidigers und des Angeklagten, dem Nebenbeteiligte (§§ 434, 442, 444) insoweit gleichstehen, als die Beweiserhebung den Gegenstand ihrer Beteiligung wenigstens mittelbar berühren kann. Auch das Einverständnis des Privatklägers muß eingeholt werden, nicht dagegen das des Nebenklägers (11 zu § 397). Hat der Angeklagte mehrere Verteidiger, so müssen alle zustimmen. Die Zustimmung des Verteidigers ersetzt die des (anwesenden) Angeklagten nicht; fehlt die Einverständniserklärung eines von ihnen, so ist die Verlesung unzulässig (oben 12). Schweigt der Angeklagte, nachdem der Verteidiger das Einverständnis erklärt hat, so kann darin aber die stillschweigende Erklärung seines eigenen Einverständnisses liegen (vgl oben 12; ANM 806). Das Einverständnis des Angeklagten braucht nicht eingeholt zu werden, wenn zulässig in seiner Abwesenheit verhandelt wird (§ 234a Hs 2); zustimmen muß aber der nach § 247 zeitweilig ausgeschlossene Angeklagte. Mitangeklagte müssen das Einverständnis nur erklären, wenn die Verlesung die Tat betrifft, an der sie beteiligt waren. Im Jugendstrafverfahren muß nur der Beistand nach § 69 **JGG** zustimmen, nicht der gesetzliche Vertreter und der Erziehungsberechtigte. Zur stillschweigenden Einverständniserklärung vgl oben 13, zum Widerruf oben 14. 24

Die **Aufklärungspflicht** nach § 244 II wird durch S. 1 nicht berührt. Sie kann dazu zwingen, die Beweisperson selbst dann persönlich zu hören, wenn die Prozeßbeteiligten mit der Verlesung von Protokollen oder Schriftstücken einver- 25 standen sind (BGH **10**, 186, 191 ff; NStZ **88**, 37; 283; Rieß/Hilger NStZ **87**, 151), insbesondere, wenn die Vernehmungsniederschrift ersichtlich ungenau oder unklar (Celle StV **91**, 294) oder die Beweisperson das alleinige Beweismittel ist (Düsseldorf StV **91**, 294; vgl auch Köln StV **98**, 585).

26 b) Bei **Unmöglichkeit der Vernehmung** (S. 2) ist die Verlesung nach II idR aufgrund der Aufklärungspflicht geboten (LR-Gollwitzer 50). Das gilt beim Tod der Beweisperson oder des Mitbeschuldigten und bei Unmöglichkeit, sie in absehbarer Zeit – sei es auch nur kommissarisch (BGH StV **92**, 548) – zu vernehmen, zB wegen Krankheit, Gebrechlichkeit (5 zu § 223) oder Unerreichbarkeit (62 zu § 244; erg oben 7). Etwa erforderliche Ermittlungen werden im Freibeweis (7, 9 zu § 244) angestellt. Weite Entfernung des Zeugen vom Gerichtsort reicht idR nicht aus (ANM 270). Die Unerreichbarkeit kann sich daraus ergeben, daß die oberste Dienstbehörde (6 zu § 54; 12 zu § 96) sich weigert, Namen und Aufenthalt eines V-Manns mitzuteilen oder eine entspr Aussagegenehmigung für einen Behördenbediensteten zu erteilen (BGH **29**, 109, 111; **33**, 70 = JR **85**, 213 mit Anm Bruns = JZ **85**, 492 mit Anm Fezer = NStZ **86**, 130 mit Anm J. Meyer; BGH **33**, 83; KG StV **95**, 348; KK-Diemer 27; Rebmann NStZ **82**, 317; Tiedemann JuS **65**, 17; vgl auch BVerfGE **57**, 250, 273 = NJW **81**, 1719, 1723; **aM** Engels NJW **83**, 1530; Fezer 14/28 ff und JZ **96**, 610; Grünwald Dünnebier-FS 347; StV **84**, 58; krit auch
27 Bruns MDR **84**, 182). Das Erfordernis, daß in **absehbarer Zeit** keine Vernehmung möglich ist, bezieht sich auf eine Vernehmung vor dem erkennenden Gericht, nicht nach § 223 (BGH NStZ **85**, 561 mwN; **86**, 470). Es muß sich um eine nicht zu kurze Zeitspanne handeln, um die die Hauptverhandlung bei Abwägung aller Umstände, auch der Bedeutung der Beweisfrage und der Schwere der Straftat sowie des Beschleunigungsgrundsatzes, nicht mehr aufgeschoben werden kann (BGH **13**, 300, 302; **22**, 118, 120; MDR **74**, 369 [D]; NStZ **93**, 144; ANM 270 mwN; erg 64 zu § 244). Die Hoffnung, daß der Zeuge irgendwann in ferner Zukunft doch noch erscheinen und vernommen werden kann, steht der Verlesung
28 nicht entgegen (BGH bei Herlan MDR **54**, 656). Bei **rechtlichen Hindernissen** gilt II nicht, zB wenn der Zeuge nach dem Zustandekommen des Protokolls oder der schriftlichen Erklärung befugt das Zeugnis nach §§ 52 ff oder in der Hauptverhandlung nach § 55 die Auskunft verweigert (BGH NJW **84**, 136; NStZ **84**, 211 [Pf/M]; LG Düsseldorf MDR **81**, 249; KK-Diemer 26; **aM** D. Meyer MDR **77**, 543; vgl auch Dölling NStZ **88**, 6 und Meyer JR **87**, 522; Mitsch JZ **92**, 174 hält die Verlesung aufgrund einer allgemeinen Analogie zu § 251 für zulässig). Eine Verlesung ist jedoch zulässig, wenn das Gericht von der Vernehmung absehen muß, weil für den Zeugen oder seine Familie bei wahrheitsgemäßer Aussage konkrete Gefahr für Leib oder Leben besteht; das bedarf aber genauer Prüfung (BGH NStZ **93**, 350 mit abl Anm Eisenberg StV **93**, 624, der statt dessen die Vernehmung der Verhörsperson verlangt).

29 B. **Nichtrichterliche Protokolle** können auch verlesen werden, wenn richterliche Protokolle vorhanden und verlesbar sind (BGH **19**, 354; **27**, 139, 140; NStZ **86**, 469). Gleichgültig ist, von welcher Behörde (StA, Polizei, Finanz-, Bußgeld- oder andere Behörde) und in welchem Verfahren das Protokoll aufgenommen worden ist (ANM 270; D. Meyer MDR **77**, 544). Auch Vernehmungsprotokolle der Polizeibehörden im Ausland dürfen verlesen werden (vgl BGH MDR **78**, 806 [H]; vgl aber BGH **34**, 334, 341: Verlesungsverbot, wenn der ausländische Staat der Verwertung widerspricht und berechtigterweise die Rechtshilfe verweigert). Be-
30 stimmten **Formerfordernissen** braucht das Protokoll nicht zu genügen. Die Verlesung hindert insbesondere nicht das Fehlen der Unterschrift des Vernehmungsbeamten (BGH **5**, 214) oder der Auskunftsperson (Düsseldorf StV **84**, 107). Auch die Person des Zeugen muß nicht feststehen. Die Niederschrift über die Aussage eines Zeugen, der anonym geblieben ist, darf daher verlesen werden (BGH **33**, 83 = JZ **85**, 494 mit Anm Fezer = NStZ **85**, 278 mit Anm Arloth; **aM** Engels NJW **83**, 1530; Taschke StV **85**, 269; Tiedemann/Sieber NJW **84**, 761; erg 23 zu

§ 163 a), auch die eines Zeugen, der einen falschen Namen benutzt hat (AK/StPO-Dölling 40; Fischer NJW **74**, 68; **aM** Frankfurt NJW **73**, 2074). Ein Verstoß gegen die Belehrungspflicht nach §§ 52 III S. 1, 161 a I S. 2, 163 a V steht der Verlesung der Aussage eines noch lebenden Zeugen entgegen (erg 2 zu § 252). Zulässig ist die Verlesung **fehlerhaft zustande gekommener richterlicher Protokolle,** die nach I nicht verwertet werden dürfen (oben 18) als nichtrichterliche Vernehmungsniederschriften, so insbesondere bei unterlassener Benachrichtigung nach § 168 c V (BGHR § 244 III S.2 Unerreichbarkeit 15; Franzheim NStZ **83**, 230; **aM** Krause StV **84**, 173); der Richter muß sich dabei aber des minderen Beweiswertes des Beweismittels bewußt sein und die Verfahrensbeteiligten entspr § 265 I auf die beabsichtigte Verwertung als nichtrichterliche Vernehmung hinweisen (BGH NStZ **98**, 312 mit zust Anm Wönne; erg 6 zu § 168 c).. 31

C. **Schriftstücke:** Gemeint sind Urkunden und schriftliche Äußerungen, die unter das Beweisverbot des § 250 fallen (dort 8). Wenn sie von ihm nicht erfaßt werden, können sie ohne weiteres nach § 249 I verlesen werden (ANM 271). Nach II verlesbar sind etwa dienstliche Äußerungen (Saarbrücken NJW **71**, 1904) und Ordnungswidrigkeitsanzeigen (Köln OLGSt S. 13) verstorbener Beamter sowie Gutachten verstorbener Sachverständiger (RG **71**, 10), nicht aber Aktenvermerke des Vernehmungsbeamten (BGH NJW **92**, 326; Düsseldorf OLGSt Nr 1; D. Meyer MDR **77**, 544). Verlesbar sind auch Urkunden, die nicht von der Beweisperson selbst, aber, klar erkennbar (Köln StV **83**, 97), in ihrem Auftrag und mit ihrem Willen hergestellt worden sind (BGH aaO; Kohlhaas NJW **54**, 538); die Unterschrift des Zeugen kann fehlen (ANM 271). Vor der Hauptverhandlung braucht die Urkunde noch nicht bestanden zu haben. Verlesbar sind vielmehr auch die erst **vom Gericht eingeholten schriftlichen Äußerungen** des Zeugen (BGH GA **54**, 374 mit Anm Grützner; LR-Gollwitzer 58; **aM** J. Meyer ZStW **95**, 856), insbesondere von nach § 96 gesperrten Zeugen (KG StV **95**, 348) oder von V-Leuten der Polizei, die aus anzuerkennenden Gründen nicht einmal für eine kommissarische Vernehmung zur Verfügung stehen (BGH NStZ **81**, 270 mit Anm Fröhlich; KK-Herdegen 25 zu § 244; KMR-Paulus 14 zu § 250; ANM 272; vgl auch BVerfGE **57**, 250, 278 ff = NJW **81**, 1719, 1722). Die Gegenmeinung (vgl Bruns, Neue Wege zur Lösung des strafprozessualen „V-Mann-Problems", 1982, S. 41 ff; Engels NJW **83**, 1530; J. Meyer NStZ **86**, 132; ZStW **95**, 855 ff) nimmt dem Angeklagten die Möglichkeit, in solchen Fällen Entlastungstatsachen durch die schriftliche Anhörung der Beweisperson zu beweisen; die Überführung des Angeklagten aufgrund solcher Äußerungen wird bei rechtsfehlerfreier Beweiswürdigung ohnehin nicht möglich sein (erg 22 zu Art 6 MRK). 32 33

5) Verlesung von Protokollen und Urkunden im Freibeweis (III): Die Vorschrift besagt nur, daß der Grundsatz der Unmittelbarkeit der Beweisaufnahme (1 zu § 250) für die Urkundenverlesung im Freibeweis (7 ff zu § 244) nicht gilt (LR-Gollwitzer 65 ff; Schneidewin JR **51**, 484). Ob in ihr eine gesesetzliche Anerkennung des Freibeweises über den Fall des III hinaus gesehen werden kann, ist zweifelhaft (dazu ANM 114/5). Die Verlesung ordnet der Vorsitzende im Rahmen der Sachleitung an (vgl IV S. 1); eines Gerichtsbeschlusses bedarf es nur im Fall der Beanstandung (§ 238 II). 34

6) Verfahren (IV): 35

A. **In vollem Umfang** muß das Protokoll oder die Urkunde verlesen werden. Die Teilverlesung ist nur mit Zustimmung der Prozeßbeteiligten zulässig (BGH NStZ **88**, 283; 2 StR 715/52 vom 21. 4. 1953; RG **14**, 1; KMR-Paulus 48). Durch einen Bericht des Vorsitzenden (25 ff zu § 249) darf die Verlesung nicht ersetzt werden (LR-Gollwitzer 76). 36

B. Ein **Gerichtsbeschluß** (IV S. 1, 2), der im Sitzungsprotokoll beurkundet werden muß (KMR-Paulus 19), ist erforderlich, auch wenn alle Beteiligten mit der Verlesung einverstanden sind (BGH NStZ **88**, 283; Bay DAR **94**, 386 [B]). Der 37

Vorsitzende allein darf nur das Absehen von der Verlesung anordnen (BGH 1 StR
38 542/59 vom 1. 12. 1959; LR-Gollwitzer 72). Der Beschluß muß **mit Gründen versehen** werden, auch wenn die Prozeßbeteiligten darauf keinen Wert legen (BGH NJW **52**, 1305; NStZ **86**, 325; Koblenz OLGSt Nr 2). Die tatsächlichen Gründe der Verlesung, nicht die Gesetzesbestimmungen (Karlsruhe NJW **73**, 1942), müssen so genau angegeben werden, daß sie rechtlich nachprüfbar sind (BGH aaO; **9**, 230; NStZ **83**, 569; StV **84**, 324; **93**, 144; Bay StV **81**, 12). Im Fall des I Nrn 2, 3 muß erkennbar sein, daß die Voraussetzungen der kommissarischen Vernehmung fortbestehen (ANM 273); dabei kann die Bezugnahme auf den die Vernehmung nach § 223 anordnenden Beschluß ausreichen (BGH StV **83**, 232). Im Fall des I Nr 4 genügt der Hinweis auf die Vorschrift (BGH 5 StR 556/53 vom 15. 12. 1953); das gleiche gilt im Fall des II S. 1.

39 C. **Vereidigung** (S. 3, 4):

40 a) Die **Feststellung** der Nichtvereidigung ist überflüssig, wenn die Auskunftsperson als Beschuldigter vernommen worden ist (LR-Gollwitzer 81) oder eidesunmündig war oder wenn die Nichtvereidigung in dem verlesenen Protokoll vermerkt ist (Stuttgart DAR **55**, 67). Die Feststellung, die in der Sitzungsniederschrift beurkundet werden muß (EbSchmidt 26), kann bis zum Schluß der Hauptverhandlung nachgeholt werden (LR-Gollwitzer 79). Nicht erforderlich ist die Bekanntgabe der Gründe für die frühere Vereidigung oder Nichtvereidigung (LR-Gollwitzer 80).

41 b) **Nachholung:** Eine notwendige und durchführbare Vereidigung ist nachzuholen (S. 4). Im Fall des I Nr 1 ist sie unmöglich (Bay DAR **94**, 386 [B]), in den Fällen der Nrn 2–4 idR nachholbar; im Fall des II gilt IV S.4 nicht (BGH 1 StR 401/93 vom 26. 10. 1993). Die Notwendigkeit der Vereidigung bestimmt sich nach den allgemeinen Vorschriften der §§ 59 ff; IV S. 4 erweitert die Ausnahmen der §§ 60 ff nicht (BGH **1**, 269, 272; NStZ **84**, 179; Stuttgart StV **87**, 55). Das Gericht hat über die Nachholung von Amts wegen durch förmlichen Beschluß zu entscheiden (BGH **1**, 269, 270; Stuttgart aaO). Das ist jedoch nicht erforderlich, wenn der ersuchte Richter nach § 61 von der Vereidigung abgesehen hatte; dann bedarf es eines Beschlusses nur, wenn die Nichtvereidigung beanstandet wird (BGH NStZ **90**, 230 [M]). Wird die Nachholung angeordnet, so muß der Zeuge nochmals kommissarisch vernommen werden (vgl LR-Gollwitzer 85).

42 **7) Revision:** Das Revisionsgericht prüft auf entspr Rüge die Gründe des Verlesungsbeschlusses (oben 35) auf Rechtsfehler (BGH MDR **79**, 990 [H]). Das Fehlen des Beschlusses nach IV S. 1 begründet die Revision (BGH NStZ **88**, 283; **93**, 144; Brandenburg NStZ **96**, 300), auch das Fehlen oder ein Mangel in der Begründung nach IV S. 2 (vgl BGH NStZ **83**, 569). Daß Angeklagter und Verteidiger der Verlesung nicht widersprochen haben, spielt hier keine Rolle (BGH NStZ **86**, 325; NStZ-RR **97**, 268). Das Urteil beruht aber auf dem Verstoß nicht, wenn allen Beteiligten der Grund der Verlesung klar war (BGH StV **83**, 319 mit Anm Schlothauer; BGH NStZ **86**, 325; BGHR § 251 IV S. 1 Anordnung 1; Bay StV **90**, 399; Düsseldorf NStE Nr 15; OLGSt Nr 4; Koblenz OLGSt Nr 2 und 3; ANM 273 mwN). Das gilt nicht im Fall des § 251 II S. 1 (BGH NStZ **88**, 283: allseitiges Einverständnis schließt Beruhen nicht aus). Die Revision begründet auch das Fehlen der Feststellung nach IV S. 3 und des Beschlusses nach IV S. 4 (BGH NStZ **84**, 179, 180). Die Geltendmachung von Mängeln der kommissarischen Vernehmung ist verwirkt, wenn der Verlesung des Vernehmungsprotokolls in der Hauptverhandlung nicht widersprochen wird (BGH **1**, 284, 286; **9**, 24, 28; NJW
42 a **52**, 1426; **84**, 65, 66). Zum **notwendigen Revisionsvorbringen** gehören Angaben über den Inhalt der Niederschrift oder der Urkunde, über den Aussteller einer nach II S.1 verlesenen Urkunde, über die Möglichkeit der Vernehmung der Beweisperson in der Hauptverhandlung und über die Verwertung der Niederschrift oder der Urkunde im Urteil (Düsseldorf NStE Nr 15).

Verbot der Protokollverlesung nach Zeugnisverweigerung

252 **Die Aussage eines vor der Hauptverhandlung vernommenen Zeugen, der erst in der Hauptverhandlung von seinem Recht, das Zeugnis zu verweigern, Gebrauch macht, darf nicht verlesen werden.**

1) Eine **Ergänzung der §§ 52 ff** für den Fall nachträglicher Zeugnisverweigerung enthält § 252; er schließt dann die Verwertung der Aussage des Zeugen, nicht eines Mitangeklagten (BGH **3**, 149; VRS **31**, 453), insbesondere deren Verlesung, auch wenn es sich um eine richterliche Vernehmungsniederschrift handelt (BGH NStZ **97**, 95), aus. Dies gilt auch für von einem Sachverständigen gewonnene Zusatztatsachen (BGH MDR **87**, 625 [H]). Der Aussageverweigerung in der Hauptverhandlung steht der Fall gleich, daß der Zeuge schon vorher mitteilt, er werde nicht aussagen. Ob die Voraussetzungen des § 252 vorliegen, ist im Freibeweisverfahren zu prüfen (BGH NStZ **96**, 295). Im **Fall des § 52** ist gleichgültig, ob das Angehörigenverhältnis vor oder nach der früheren Vernehmung entstanden ist (BGH **22**, 219, 220; **27**, 231; NJW **72**, 1334; **80**, 67; StV **88**, 92). Das Verwertungsverbot besteht aber nicht, wenn der Angehörige, ohne die nachträgliche Aussageverweigerung erklärt zu haben, geisteskrank geworden (RG **9**, 88, 91) oder verstorben ist (BGH **22**, 35; MDR **66**, 384 [D]; Nürnberg HESt **3**, 40; **aM** EbSchmidt 21 zu § 251 und NJW **68**, 1218; Geppert Jura **88**, 310; Peters JR **68**, 430); verstirbt er nach Abgabe der Erklärung, so ist die Aussage unverwertbar (Celle NJW **68**, 415; LR-Gollwitzer 12; Schlüchter 505; **aM** Michaelis NJW **69**, 730). Das Verwertungsverbot wirkt gegenüber allen Angeklagten, auch wenn das Angehörigenverhältnis nur zu einem von ihnen besteht, sofern gegen sie ein sachlich nicht trennbarer Vorwurf erhoben worden ist (BGH **7**, 194, 196; **27**, 139, 141; VRS **65**, 283, 285; Celle NdsRpfl **64**, 279; erg 11 ff zu § 52). Im **Fall der §§ 53, 53 a** ist § 252 nur anwendbar, wenn schon bei der früheren Vernehmung ein Zeugnisverweigerungsrecht bestanden hat (Dresden NStZ-RR **97**, 238), nicht aber, wenn der Zeuge damals nach §§ 53 II, 53 a II von der Schweigepflicht entbunden war (BGH **18**, 146 = JR **63**, 266 mit Anm EbSchmidt; StV **97**, 233 L; **aM** Geppert Jura **88**, 311). Im **Fall des § 54** gilt § 252, wenn der Zeuge in der irrigen Annahme ausgesagt hatte, er sei nicht zum Schweigen verpflichtet (Celle MDR **59**, 414; LR-Gollwitzer 1; **aM** KK-Diemer 8). Der nachträgliche Widerruf der Aussagegenehmigung ist bedeutungslos (KMR-Paulus 5; 23 zu § 54). Für das **Auskunftsverweigerungsrecht nach § 55** hat § 252 keine Bedeutung (BGH **6**, 209, 211; **17**, 337, 350; **83**, 796 [H]; Bay **84**, 1 = NJW **84**, 1256; ANM 467 mwN; Mitsch JZ **92**, 183; **aM** Eisenberg BR 1312; Fezer 15/57 ff; Geppert Jura **88**, 312; Hanack JZ **72**, 238; Rengier 236; Rogall NJW **78**, 2538), auch wenn ausnahmsweise (2 zu § 55) die ganze Aussage verweigert werden darf (BGH **17**, 245). **Entsprechend anwendbar** ist § 252 im Fall des § 76 (ANM 467; **aM** KMR-Paulus 1 zu § 72), nicht im Fall des § 81 c (**aM** Geppert Jura **88**, 365; Rengier Jura **81**, 304; erg 25 zu § 81 c) und auch nicht, wenn der Angehörige eines Mitangeklagten früher als Beschuldigter Angaben gemacht hat, aber als Angeklagter in der Hauptverhandlung die Aussage insoweit verweigert (BGH VRS **31**, 453; erg aber unten 11), oder wenn ein Mitangeklagter, der früher Angaben als Zeuge gemacht hat, jetzt schweigt (BGH **3**, 149; BGHR Verwertungsverbot 9). 1 2 3 4 5 6

2) Auf **Aussagen vor der Hauptverhandlung,** auch in einer früheren Hauptverhandlung (BGH MDR **69**, 18 [D]), in einem anderen Strafverfahren (BGH **20**, 384) oder in einem Zivilprozeß (BGH **17**, 324; ANM 465 mwN; **aM** BGH JR **51**, 349; KMR-Paulus 23; Fezer JuS **77**, 814; Geppert Jura **88**, 367), bezieht sich § 252. Darunter fallen nicht nur Angaben des Zeugen bei einer förmlichen, in ein Protokoll aufgenommenen Vernehmung, sondern auch schriftliche Erklärungen in einem von der Polizei zugesandten Fragebogen (Stuttgart VRS **63**, 52), unprotokolliert gebliebene Angaben gegenüber einem Polizeibeamten (ANM 468) und 7

Angaben bei einer telefonischen Befragung zum Tatgeschehen (Bay DAR **86**, 247 [R]). Die informatorische Anhörung steht insoweit der förmlichen Vernehmung gleich (BGH **29**, 230 = JR **81**, 125 mit Anm Gollwitzer; Bay DAR **76**, 176 [R]; Hamburg StV **90**, 535; Köln VRS **80**, 32 mwN; Stuttgart VRS **63**, 52; Geppert Oehler-FS 330 ff; Gundlach NJW **80**, 2142; krit Haubrich NJW **81**, 803). Auf wessen Initiative die Vernehmung stattfindet, spielt keine Rolle (Bay **82**, 167 = NJW **83**, 1132). Nur Äußerungen, die ein Zeuge vor oder außerhalb der Verneh-
8 mung **aus freien Stücken** getan hat, werden von § 252 nicht erfaßt (BGH **1**, 373; **29**, 230 = JR **81**, 125 mit Anm Gollwitzer; **36**, 384, 389; NStZ **92**, 247; NJW **98**, 2229; Bay aaO; ANM 468 mwN; Geppert aaO und Jura **88**, 366; Lühr Polizei **83**, 47). Das gilt vor allem für den Inhalt einer Strafanzeige, mit der keine Vernehmung verbunden ist (BGH NJW **56**, 1886; NStZ **89**, 15 [M] mit krit Anm Joachim NStZ **90**, 95; **aM** Rengier Jura **81**, 301), für Äußerungen bei der Bitte um polizeiliche Hilfe (BGH GA **70**, 153; NStZ **86**, 232; Bay **51**, 605 = NJW **52**, 517; VRS **65**, 290; **aM** Rengier aaO; vgl auch LG Lüneburg NJW **69**, 442), für Spontanäußerungen im Anschluß an eine Vernehmung (Hamm JMBlNW **72**, 262; **aM** KK-Diemer 20; Schlüchter 501) und für Informationen, die ein V-Mann den von ihm herbeigerufenen Polizeibeamten gibt (LG Frankfurt a.M. MDR **86**, 340 mit abl Anm Sieg; StV **88**, 337 mit abl Anm Nestler-Tremel). Auch die gegenüber einem gezielt eingesetzten V-Mann abgegebenen Äußerungen bleiben verwertbar (BGH **40**, 211; Gollwitzer JR **95**, 469; Krey pE 75; Schlüchter/Radbruch NStZ **95**, 354; Sternberg-Lieben JZ **95**, 844), es sei denn, dieser werde nach einem bereits ausgeübten Zeugnisverweigerungsrecht eingesetzt, um dieses zu unterlaufen (Rogall JZ **96**, 951; Sternberg-Lieben aaO Fn 60; offengelassen von BGH aaO). Ebenfalls verwertbar ist die Mitteilung der Zeugin gegenüber einem Polizeibeamten, der an der Wohnungstür geklingelt hat, ihr Mann sei nicht zu Hause (Stuttgart Justiz **72**,
9 322) oder er fahre ein bestimmtes Fahrzeug (**aM** Frankfurt StV **94**, 117). **Schriftliche Mitteilungen** und Erklärungen des Zeugen in dem anhängigen oder einem anderen Verfahren, auch in einem Zivil- oder Verwaltungsgerichtsverfahren, fallen nicht unter § 252 (BGH GA **70**, 153; NStZ **98**, 26 [K]; **aM** Bay DAR **85**, 245 [R]), ebensowenig Briefe des Zeugen an den Angeklagten (RG **22**, 51; Schlüchter 500.1) und Äußerungen gegenüber anderen Zeugen (BGH **1**, 373; **20**, 384, 385; JR **51**, 349; Bay **82**, 167, 169 = NJW **83**, 1132; Geppert Jura **88**, 363 und Oehler-FS 330) oder gegenüber einer Sozialbehörde, von der der Zeuge Hilfe oder Unter-
10 stützung erlangen will (BGH GA **70**, 153; NStZ **86**, 232). Für **Äußerungen gegenüber Sachverständigen** gilt § 252 ebenfalls nicht, soweit es sich um Befundtatsachen (10 zu § 79) handelt (BGH **11**, 97, 99; KMR-Paulus 28 ff; LR-Gollwitzer 33; Fezer JuS **77**, 815; **aM** KK-Diemer 18; Geppert Jura **88**, 365; Rengier Jura **81**, 305; einschr auch Wohlers StV **96**, 194); dagegen stehen Mitteilungen über Zusatztatsachen (11 zu § 79) einer Aussage gleich (BGH **13**, 1; 250; **18**, 107; **36**, 384, 386; MDR **87**, 625 [H]; StV **83**, 401; **84**, 453; **87**, 328; **96**, 522; NJW **95**, 1501, 1502; Ruß NJW **63**, 385); das gilt auch für frühere Äußerungen im Zivilprozeß oder in einem Verfahren der freiwilligen Gerichtsbarkeit (BGH **36**, 384 = JZ **90**, 874 mit Anm Fezer; BGH NJW **98**, 2229 zu § 50 b FGG). Erg 25 zu § 81 c.

11 3) **War der Zeuge früher Beschuldigter** in demselben oder in einem anderen Verfahren, so ist seine damalige Einlassung unverwertbar, soweit er jetzt als Zeuge die Aussage befugt nach § 52 verweigert oder verweigern könnte (BGH **10**, 186; **20**, 384; **42**, 391 = NStZ **97**, 351 mit Anm Rieß; dazu auch Mitsch Lenckner-FS 721 ff: „partielles Verwertungsverbot"; Bay **82**, 167 = NJW **83**, 1132; Koblenz NJW **83**, 2342; Geppert Jura **88**, 367). Das schließt zugleich aus, daß der vernehmende Richter über die Beschuldigtenvernehmung gehört wird (BGHR Verwertungsverbot 6; vgl unten 13), selbst wenn er den Beschuldigten überflüssigerweise nach § 52 III S. 1 belehrt hatte (BGH GA **79**, 144; Bay **77**, 127 = NJW **78**, 387, Koblenz aaO). Wenn jedoch ein Mitangeklagter flüchtig ist, der sich sonst in

demselben Verfahren hätte verantworten müssen, kann die Niederschrift über seine Vernehmung als Beschuldigter nach § 251 I Nr I oder II verlesen werden. Daß er dabei nicht über das Recht zur Verweigerung des „Zeugnisses" belehrt worden ist, steht dem nicht entgegen, weil diese Belehrung bei der Beschuldigtenvernehmung nicht in Betracht kam (BGH **27**, 139 = JR **77**, 433 mit abl Anm Hanack).

4) Ein **Beweisverbot,** auf das die Beteiligten nicht verzichten können (BGH **10**, 77; NStZ **97**, 95; Karlsruhe OLGSt S. 21), bestimmt § 252. Es gilt nur dann nicht, wenn die Strafbarkeit des Inhalts der Aussage in einem Verfahren gegen den Zeugen oder den Anstifter zum Falscheid festgestellt werden muß (Hamm NJW **81**, 1682; Geppert Jura **88**, 368). Über seinen Wortlaut hinaus verbietet § 252 nicht nur die Verlesung der Aussage einschließlich der Schriftstücke, die der Zeuge bei der Vernehmung übergeben hat und die Bestandteil seiner Aussage geworden sind (BGH **22**, 219; StV **96**, 196; LG Mosbach StV **87**, 334; Schlüchter 500), sondern auch jede andere Verwertung (BGH **2**, 99; **7**, 194; **29**, 230, 232; **32**, 25, 29; ANM 468 mwN; Fezer 15/44; Geppert Jura **88**, 368), wobei es eines Widerspruchs des Angeklagten gegen die Verwertung (anders als bei § 136, dort 21 a) nicht bedarf (BGH StV **98**, 470). Der Inhalt der Aussage darf insbesondere nicht durch Verlesung eines früheren Urteils (BGH **20**, 384, 386; Schlüchter 510), durch Vorhalt (28 zu § 249) der früheren Aussage an Angeklagte oder Zeugen (BGH **2**, 99; **7**, 194; **21**, 149; NJW **56**, 1886; **80**, 67, 68; Geerds Blau-FS 86; Geppert Jura **88**, 369) oder durch Anhörung von Personen festgestellt werden, die bei der Vernehmung zugegen gewesen sind (BGH **13**, 394 = JR **60**, 225 mit Anm Heinitz). Eine Tonbandaufnahme oder eine Videoaufzeichnung (4 zu § 168 a; 1 zu § 255 a) über die frühere Vernehmung darf ebenfalls nicht zu Beweiszwecken abgespielt werden. 12

Grundsätzlich ist auch die **Vernehmung von Verhörspersonen** ausgeschlossen. 13 Beamte der StA, Polizei oder Finanzbehörden dürfen über den Inhalt der Aussage nicht vernommen werden (BGH **21**, 218 = JR **67**, 467 mit abl Anm Peters; Bay DAR **87**, 313 [B]; Braunschweig OLGSt § 244 Nr 3; LR-Gollwitzer 8; ANM 472/3 mwN; **aM** SK/StPO-Schlüchter 25 mwN), auch nicht über ihre Eindrücke bei der Vernehmung (BGH NJW **79**, 1722; KK-Diemer 3, 25), wohl aber über Auffälligkeiten im Verhalten des Zeugen (Hamm JMBlNW **72**, 262: Vernichtung des Protokolls). Eine Ausnahme von dem Vernehmungsverbot gilt für den Fall, daß der Zeuge von einem Straf- oder Zivilrichter vernommen worden ist, der ihn nach § 52 III S. 1 oder der sonst einschlägigen Verfahrensvorschrift ordnungsgemäß, ggf vorsorglich für den Fall der Angehörigeneigenschaft (BGH **32**, 25, 31), über sein Zeugnisverweigerungsrecht belehrt hatte oder nur deshalb nicht belehrt hat, weil der Zeuge das Angehörigenverhältnis verschwiegen hat (Oldenburg NJW **67**, 1872).

Dann ist die **Vernehmung der mitwirkenden Richter,** auch der Schöf- 14 fen (BGH **13**, 394, 398 = JR **60**, 225 mit Anm Heinitz), nicht aber des Urkundsbeamten oder sonstiger Prozeßbeteiligter (BGHR Verhörsperson 1), über den Inhalt der Aussage zulässig (BGH ständige Rspr, zuletzt **32**, 25, 29; **36**, 384, 385; NStZ **85**, 36; 493 [Pf/M]; NJW **96**, 1501, 1503; zust Krey Meyer-GedSchr 243; krit Eisenberg NStZ **88**, 488; Eser NJW **63**, 234; **aM** AK/StPO-Meier 20; Geppert Jura **88**, 306 ff; Fezer 15/45 ff, JZ **90**, 876 und JuS **77**, 670; Grünwald BewR 130; Welp JR **96**, 78; nur bezüglich zivilrichterlicher Vernehmungen **aM** SK/StPO-Schlüchter 32). Zur ordnungsmäßigen Belehrung, die das Gericht, wenn § 274 nicht gilt, im Freibeweis (7, 9 zu § 244) feststellen muß (BGH **26**, 281, 283), gehört auch, daß ein verstandesschwacher Zeuge darüber belehrt wird, daß er trotz Zustimmung seines gesetzlichen Vertreters nicht auszusagen braucht (BGH NStZ **84**, 43). Ein Hinweis darauf, daß die Aussage verwertbar bleibt, wenn der Zeuge später das Zeugnis verweigert, wird jedoch nicht vorausgesetzt (BGH **32**, 25, 31).

Dem Richter dürfen aus der Vernehmungsniederschrift, einschließlich der darin in Bezug genommenen Protokolle, **Vorhalte zur Auffrischung des Gedächtnisses** 15 gemacht, und sie darf zu diesem Zweck auch verlesen werden (BGH **11**, 338, 341; **21**, 149; LR-Gollwitzer 27; **aM** Fezer JuS **77**, 672; Riegner NJW **61**, 63; KMR-

Paulus 33 läßt nur den Vorhalt zu). Erinnert er sich trotzdem nicht an die Vernehmung und erklärt er nur, daß er die Aussage seinerzeit richtig und vollständig aufgenommen habe, so darf ihr Inhalt nicht verwertet werden (BGH **11**, 338, 341; **21**, 149, 150; DAR **80**, 204 [Sp]; StV **94**, 413; Wömpner NStZ **83**, 298).

16 **5)** Der **Verzicht auf das Zeugnisverweigerungsrecht** läßt Beweiserhebungen über den Inhalt der früheren Aussage zu. Solange in der Hauptverhandlung aber Ungewißheit darüber besteht, ob der Zeuge von seinem Weigerungsrecht Gebrauch macht, ist die Vernehmung anderer Verhörspersonen als der Richter unzulässig. Erst muß festgestellt werden, daß auch der Zeuge zur Aussage bereit ist (BGH **2**, 110; **7**, 194, 197; **25**, 176; NJW **96**, 206). Das gleiche gilt für Vorhalte an den Angeklagten (BGH **2**, 110). Hat ein Polizeibeamter dem Angeklagten bei dessen Vernehmung Vorhalte aus der Aussage eines nicht nach § 52 III S. 1 belehrten Zeugen gemacht, so schließt das die Vernehmung des Polizeibeamten als Zeugen über das, was ihm der Angeklagte erklärt hat, nicht aus (BGH NJW **55**, 1289 mit abl Anm Lürken; Nüse JR **66**, 283).

17 **6)** Die Aussage eines vor der Hauptverhandlung vernommenen, in ihr **unerreichbaren Zeugen** darf verlesen werden, wenn er damals ordnungsgemäß belehrt worden war (ob frühere Belehrung erforderlich ist, läßt BGH **27**, 139, 143 mwN offen). Einer vorherigen Einholung einer Erklärung des Zeugen, ob er jetzt von seinem Zeugnisverweigerungsrecht Gebrauch machen wolle, bedarf es nicht; denn § 251 sieht dies nicht vor (vgl Hanack JR **77**, 436, zust KK-Diemer 12, die sich zu Recht gegen die von BGH **25**, 176 insoweit gemachte Einschränkung des „pflichtwidrigen Verhaltens" des Zeugen aussprechen; im Ergebnis ebenso SK/StPO-Schlüchter 31).

18 **7) Revision:** Im Fall der Vernehmung des Richters (oben 14) ist es ein Revisionsgrund, wenn das Urteil nicht ausdrücklich feststellt, ob und wie sich das Gericht von der ordnungsgemäßen Belehrung des Zeugen überzeugt hat (BGH NJW **79**, 1722; **aM** KK-Diemer 32). Revisionsgrund ist es auch, wenn in unzulässiger Weise eine nichtrichterliche Verhörsperson vernommen worden ist. Zum notwendigen Revisionsvorbringen bei der Behauptung, es habe wegen einer aus „freien Stücken" abgegebenen Äußerung kein Verwertungsverbot vorgelegen (oben 8), BGH NJW **98**, 2229.

Protokollverlesung zur Gedächtnisunterstützung

253 **I Erklärt ein Zeuge oder Sachverständiger, daß er sich einer Tatsache nicht mehr erinnere, so kann der hierauf bezügliche Teil des Protokolls über seine frühere Vernehmung zur Unterstützung seines Gedächtnisses verlesen werden.**

II Dasselbe kann geschehen, wenn ein in der Vernehmung hervortretender Widerspruch mit der früheren Aussage nicht auf andere Weise ohne Unterbrechung der Hauptverhandlung festgestellt oder behoben werden kann.

1 **1)** Den **Urkundenbeweis** läßt die Vorschrift in Durchbrechung des Unmittelbarkeitsgrundsatzes des § 250 zu (BGH **3**, 199, 201; 281, 283; **11**, 338, 341; **20**, 160, 162 = JZ **65**, 649 mit Anm Peters; BGH NJW **86**, 2063; MDR **70**, 198 [D]; **83**, 624 [H]; ANM 277; Roxin § 44 B I 2d; Schneidewin JR **51**, 484). Sie regelt nicht nur, wie eine Mindermeinung annimmt (EbSchmidt Nachtr 1 und JZ **64**, 540; Grünwald JZ **66**, 493; Hanack Schmidt-Leichner-FS 86; Krause 186 ff; Peters 322), eine besondere Form des Vorhalts durch Verlesen. Ersetzt wird durch den Urkundenbeweis die Vernehmung des Verhörsbeamten, nicht der Beweisperson (Wömpner NStZ **83**, 296). Außerhalb der Hauptverhandlung gilt § 253 nicht; die Vorschrift ist auch nicht entspr auf Tonbandaufnahmen anwendbar (KK-Diemer
2 10; KMR-Paulus 13; ANM 278; **aM** Hanack aaO S. 96). Die **Entscheidung** über

die Anwendung der Vorschrift trifft der Vorsitzende (§ 238 I), das Gericht nur auf Beanstandung nach § 238 II. Zur Protokollierung vgl § 255.

2) Allgemeine Voraussetzung der Verlesung ist die Anwesenheit des Zeugen oder Sachverständigen in der Hauptverhandlung (BGH MDR **70**, 198 [D]; KG NJW **79**, 1668; Saarbrücken JR **73**, 472 mit Anm Fuhrmann; Wömpner NStZ **83**, 296; **aM** LR-Gollwitzer 21 für den Fall des § 251). Er muß zunächst vollständig vernommen werden. Erforderlichenfalls wird damit ein Vorhalt als Vernehmungsbehelf (28 zu § 249) verbunden oder andere zulässige Hilfe zur Gedächtnisauffrischung (RG **36**, 53; 8 zu § 69) geleistet. Nur wenn das nicht zum Erfolg führt, darf nach § 253 verfahren werden (BGH **3**, 281, 284; **20**, 160, 162; NJW **86**, 2063; Koblenz GA **74**, 222). Die Beweisperson muß sich dann zum Protokollinhalt äußern und seinen Inhalt in ihre Aussage einbeziehen können (LR-Gollwitzer 8). 3

3) Weitere Voraussetzungen der Verlesung: 4

A. **Erklärung, sich nicht erinnern zu können** (I): Die Erklärung, die nicht im Protokoll beurkundet werden muß, braucht nicht ausdrücklich abgegeben worden zu sein (BGH **3**, 281, 285). Wenn die Erinnerungslücken schon durch die Vernehmung erkennbar werden, ist sie sogar entbehrlich (BGH **1**, 337, 340; KK-Diemer 5). Für den Fall, daß der Zeuge erklärt, sich nicht einmal an den Vorgang zu erinnern, zu dem er früher vernommen worden ist, gilt I entspr (RG **20**, 220; LR-Gollwitzer 10). Die Richtigkeit der Erklärung des Zeugen prüft das Gericht nicht nach (RG **59**, 248; KK-Diemer 5; KMR-Paulus 9); es kann nach § 253 auch verfahren, wenn es sie für falsch hält (ANM 278). 5

B. **Widerspruch zwischen jetziger und früherer Aussage**(II), der erst in der Hauptverhandlung, nicht schon bei früheren Vernehmungen, aufgetreten ist und ohne deren Unterbrechung nicht anders als durch die Verlesung behoben werden kann. Die Behebbarkeit ist idR ausgeschlossen, wenn der Richter oder Beamte, der die frühere Vernehmung geleitet hat, nicht als Zeuge geladen worden ist (RG **55**, 223), uU aber sogar im Fall seiner Anwesenheit und Vernehmung (RG **34**, 48). Eine ausdrückliche Feststellung darüber, daß der Widerspruch nur durch die Verlesung behoben werden kann, braucht das Gericht nicht zu treffen (ANM 279). Bestreitet der Zeuge die Richtigkeit des Protokolls, so kann die Aufklärungspflicht die Vernehmung der Verhörsperson erfordern (KK-Diemer 6; LR-Gollwitzer 2). 6

4) Verlesbar sind die unter Einhaltung der Formvorschriften zustande gekommenen Protokolle oder Protokollabschriften (RG **50**, 129) von richterlichen oder nichtrichterlichen (Bay **53**, 215 = NJW **54**, 363) Vernehmungen des Zeugen, nicht des Verhörsbeamten (BGH MDR **83**, 624 [H]), aus jedem Abschnitt des Strafverfahrens, auch aus anderen Strafverfahren und aus Zivil-oder Verwaltungsgerichtsverfahren, auch wenn der Zeuge früher als Beschuldigter vernommen worden ist (RG **55**, 223; KMR-Paulus 12). Die bei der Aussage in Bezug genommenen schriftlichen Erklärungen der Beweispersonen können mitverlesen werden (ANM 280), auch schriftliche Gutachten des Sachverständigen (LR-Gollwitzer 15). Wegen anderer schriftlicher Erklärungen des Zeugen vgl 8 zu § 250. Der **Umfang der Verlesung** wird durch ihren Zweck bestimmt. Das Protokoll darf verlesen werden, soweit es die Gesamtheit der Tatsachen betrifft, die mit der nicht erinnerten Bekundung oder dem Widerspruch in innerem Zusammenhang stehen (RG **1**, 409, 413; LR-Gollwitzer 20; ANM 280). Das ganze Protokoll muß verlesen werden, wenn die Beschränkung auf einen Teil unmöglich erscheint (RG **57**, 377; Koblenz GA **74**, 222). Eine **nochmalige Verlesung** ist erforderlich, wenn das Protokoll bereits zum Zweck des Vorhalts verlesen worden war (Köln NJW **65**, 830; LR-Gollwitzer 7). 7 8 9

5) Unberührt bleibt die Möglichkeit, der Beweisperson aus dem Protokoll Vorhalte (28 zu § 249; oben 3) zu machen (BGH **1**, 4, 8; 337, 339; **3**, 199, 201; 281, 283; krit Beulke StP 421), Vernehmungsniederschriften anderer Art, etwa ein 10

Protokoll über die Aussage eines anderen Zeugen, zum Zweck des Vorhalts zu verlesen (ANM 281) oder Notizen und Aufzeichnungen zu verlesen, die der vernommene Zeuge dem Gericht vorgelegt hat oder die ihm bereits vorliegen (BGH **20**, 160, 162 = JR **65**, 649 mit Anm Peters; 12 zu § 250). Auch die Aussagekonstanz eines Zeugen (zur Beurteilung seiner Glaubwürdigkeit) kann grundsätzlich durch Vorhalt seiner früheren Aussagen überprüft werden (BGH StV **93**, 59 mit abl Anm Weider, gegen ihn Fischer StV **93**, 670; BGH StV **96**, 412 L; **aM** Hamburg StV **90**, 102 L; Stuttgart StV **90**, 257).

Verlesung von Geständnisprotokollen

254 **I Erklärungen des Angeklagten, die in einem richterlichen Protokoll enthalten sind, können zum Zweck der Beweisaufnahme über ein Geständnis verlesen werden.**

II Dasselbe kann geschehen, wenn ein in der Vernehmung hervortretender Widerspruch mit der früheren Aussage nicht auf andere Weise ohne Unterbrechung der Hauptverhandlung festgestellt oder behoben werden kann.

1 1) **Erklärungen des Angeklagten** in einem richterlichen Protokoll können nach § 254 verlesen werden; wegen der Verlesung der vom Angeklagten herrührenden Schriftstücke vgl 13 zu § 249. Wie im Fall des § 253 handelt es sich um einen Urkundenbeweis (BGH **1**, 337; **14**, 310, 313; OGH **1**, 110; KG JR **58**, 369; KK-Diemer 2; KMR-Paulus 2; LR-Gollwitzer 1; **aM** für II: EbSchmidt 10; Krause 188 ff). Im allseitigen Einverständnis kann die Verlesung durch die Bekanntgabe des Geständnisses durch den Vorsitzenden (vgl 25 ff zu § 249) ersetzt werden (BGH VRS **32**, 352, 353; ANM 282). Ob das Gericht sich mit der Verlesung begnügt oder den Vernehmungsrichter als Zeugen vernimmt, ist eine Frage der Aufklärungspflicht nach § 244 II. Für Nebenbeteiligte (Einl 73), gegen die eine Maßnahme angeordnet werden soll (§§ 433 I S. 1, 442 I, II S. 1, 444 II S. 2), gilt § 254 entspr (KMR-Paulus 4; ANM 282 Fn 283). Auf Tonbandaufnahmen ist die Vorschrift nicht anwendbar (LR-Gollwitzer 10; ANM 284; **aM** Hanack JZ **72**, 275; EbSchmidt JZ **64**, 540). Die Verlesung ordnet der Vorsitzende an (2 zu § 253); wegen der Protokollierung vgl § 255.

2 2) **Zum Zweck der Beweisaufnahme über ein Geständnis** (I) ist die Verlesung zulässig. Sie erlaubt dem Gericht die Feststellung, daß der Angeklagte in der vorliegenden Strafsache, nicht in einer anderen (RG **54**, 126; Hamburg StV **97**, 11), ein Geständnis abgelegt, daß es einen bestimmten Inhalt gehabt hat und daß es wahr ist (ANM 283; Schroth ZStW **87**, 110). Geständnis in diesem Sinn ist das Zugestehen der Tat oder einzelner Tatsachen, die für die Entscheidung zur Schuld- oder Rechtsfolgenfrage erheblich sein können (Dencker ZStW **102**, 62, 68; Schneidewin JR **51**, 485), gleichgültig, ob es sich um belastende oder entlastende (BGH MDR **77**, 984 [D]), um unmittelbar beweiserhebliche oder um Indiztatsachen handelt (RG **45**, 196; **54**, 126). Verlesbar sind auch Angaben über die persönlichen Verhältnisse des Angeklagten, über die Vorgeschichte der Tat und über Verbindungen zu Mitangeklagten und Mittelspersonen (BGH aaO). Auch die Tatsache, daß der Angeklagte ein Geständnis nicht abgelegt (RG aaO) oder daß er es widerrufen hat, kann aufgrund der Verlesung festgestellt werden (RG **54**, 126, 128). Widerruft der Angeklagte das Geständnis erst in der Hauptverhandlung, so ist die Verlesung nicht unzulässig, aber überflüssig, weil dann der Vorhalt genügt (RG **23**, 58; **52**, 243; Schleswig SchlHA **54**, 387; ANM 284).

3 3) **Zur Aufklärung von Widersprüchen** (II) ist die Verlesung unter den gleichen Voraussetzungen zulässig wie im Fall des § 253 II (dort 6).

4) Verlesbar sind nur ordnungsgemäß zustande gekommene (vgl BGH StV **85**, 314; Hamburg NJW **75**, 1573: Mitwirkung eines entgegen § 189 GVG nicht vereidigten Dolmetschers; BGH NJW **94**, 596, 600: Unterschrift des Protokollführers) Niederschriften über vor einem Richter (wegen ausländischer und konsularischer Vernehmungen vgl 19 ff zu § 251; BGH NStZ **94**, 595 mit Anm Wohlers NStZ **95**, 45; einschr Britz NStZ **95**, 607) abgegebene Erklärungen des jetzigen Angeklagten (BGH **27**, 13, 17), auch Sitzungsniederschriften über eine frühere Hauptverhandlung (Bay MDR **82**, 517; 16 zu § 251), auch wenn die Erklärungen nur nach § 273 II protokolliert worden sind (16 zu § 251). Ob der Angeklagte sie als Beschuldigter oder als Zeuge abgegeben hat, ist gleichgültig (KMR-Paulus 4; **aM** KK-Diemer 3), ebenso, in welchem Verfahrensabschnitt er sie gemacht hat (BGH **3**, 149, 150). Verlesbar sind auch Erklärungen in einem anderen Strafverfahren (ANM 284) und in Zivil-und Verwaltungsgerichtsverfahren (RG **56**, 257; Schneidewin JR **51**, 485; offengelassen von BGH NStZ **96**, 612). Erklärungen des Angeklagten vor nichtrichterlichen Beamten können mitverlesen werden, wenn er zu erkennen gegeben hat, daß er diese Angaben als Bestandteil seiner Erklärungen vor dem Richter betrachtet wissen will (BGH **6**, 279, 281; **7**, 73, 74; NJW **52**, 1027), und wenn der vernehmende Richter sie darauf vollständig verlesen, nicht nur vorgehalten hat (BGH NJW **96**, 1547, 1550; StV **87**, 49; **89**, 90; **91**, 340). 4

5) Verwertbar ist das verlesene Protokoll auch gegen einen Mitangeklagten, sofern das Geständnis zwar die dem geständigen Angeklagten vorgeworfene Tat betrifft, sich aber auch auf tatsächliche Vorgänge bezieht, mit denen der Anklagevorwurf gegen den Mitangeklagten im inneren Zusammenhang steht (BGH **3**, 149, 153; **22**, 372; KK-Diemer 8; **aM** Roxin § 44 B I 2 d; Schneidewin JR **51**, 486). 5

6) Polizeiliche Protokolle dürfen nicht zum Zweck der Beweisaufnahme über ihren Inhalt verlesen werden; insoweit begründet § 254 ein Verwertungsverbot (BGH **1**, 337, 339; **14**, 310, 311; Frankfurt StV **96**, 202; Köln VRS **63**, 365; Zweibrücken VRS **60**, 442; Wömpner NStZ **83**, 298; **aM** Bohlander NStZ **98**, 396: mit Einverständnis des Beschuldigten verlesbar). Zum Beweis dafür, daß eine solche Urkunde vorhanden ist, sind sie verlesbar (BGH **3**, 149, 150; Wömpner aaO). **Vorhalte** aus polizeilichen Protokollen verbietet § 254 ebenfalls nicht, auch nicht deren Verlesung zu diesem Zweck (BGH **1**, 337, 339; **3**, 149, 150; **14**, 310, 311; **21**, 285; MDR **83**, 624 [H]; ANM 286 mwN; Fezer 13/44; **aM** Roxin § 44 B I 3; 28 zu § 249). Bestreitet der Angeklagte die Richtigkeit der Niederschrift oder äußert er sich nicht zur Sache, so muß der **Vernehmungsbeamte als Zeuge** gehört werden (BGH NJW **66**, 1524); das ist immer zulässig (BGH **3**, 149, 150; **14**, 310, 312; **22**, 170, 171; NJW **66**, 1524; Roxin § 44 B I 3; **aM** Grünwald JZ **69**, 754; Schroth ZStW **87**, 130). Das Protokoll darf ihm dann vorgehalten und zu diesem Zweck auch verlesen werden (BGH **1**, 4, 8; 337, 338; **14**, 310, 312; **aM** Dahs/Dahs 301; Hanack JZ **72**, 274; Riegner NJW **61**, 63). Verwertbar ist aber nur, was er selbst noch von der Vernehmung in Erinnerung hat (BGH **14**, 310, 312; Köln VRS **63**, 365); die bloße Angabe, er habe die Erklärungen des Angeklagten richtig protokolliert, macht den Protokollinhalt nicht verwertbar (BGH **14**, 310; **23**, 213, 220; NStZ **95**, 47; **aM** Wömpner NStZ **83**, 299). Eine Verlesung des Vernehmungsprotokolls als Ergänzung der Vernehmung des Vernehmungsbeamten kommt nicht in Betracht (Langkeit/Cramer StV **96**, 230). 6 7 8

7) Die **Revision** kann die Zulässigkeit der Verlesung nicht mit der Behauptung angreifen, das verlesene Protokoll enthalte kein Geständnis (RG **45**, 196; BGH MDR **75**, 369 [D]); das gleiche gilt für den Widerruf des Geständnisses und den Widerspruch iS II. Anders ist es jedoch, wenn die Voraussetzungen des I oder II rechtsfehlerhaft bejaht worden sind (SK/StPO-Schlüchter 22). Auch die fehlende Übereinstimmung der Urteilsfeststellungen mit dem Inhalt des verlesenen Protokolls kann gerügt werden (14 zu § 337). Die unterbliebene Verlesung nach § 254 kann die Aufklärungsrüge begründen (79 zu § 244), ebenso das Unterlassen der 9

Erhebung weiterer sich aus dem Inhalt der Niederschrift aufdrängender Beweise (LR-Gollwitzer 31).

Protokollierung

255 **In den Fällen der §§ 253 und 254 ist die Verlesung und ihr Grund auf Antrag der Staatsanwaltschaft oder des Angeklagten im Protokoll zu erwähnen.**

1 **1)** Im **Sitzungsprotokoll** muß die Urkundenverlesung schon nach § 273 I beurkundet werden (BGH NJW **86**, 2063 = JR **86**, 524 mit krit Anm Gollwitzer; Köln NJW **65**, 830; LR-Gollwitzer 2; **aM** RG **32**, 315). § 255 erweitert das dahin, daß auf Antrag, der nach § 273 I ebenfalls in das Protokoll aufzunehmen ist (LR-Gollwitzer 3), auch der Grund der Verlesung vermerkt werden muß.

2 **2) Antragsberechtigt** ist außer StA und Angeklagtem der Verteidiger (BGH **12**, 367, 371; Hanack JZ **72**, 275; Rieß NJW **77**, 882), ferner die Nebenbeteiligten (Einl 73) im Rahmen ihrer Beteiligung (1 zu § 433) sowie der Privatkläger, nicht aber der Nebenkläger (11 zu § 397).

3 **3)** Die **Revision** kann auf die fehlende Protokollierung nicht gestützt werden, da das Urteil darauf nicht beruht (26 zu § 344). Das Revisionsgericht muß ggf im Freibeweis (7, 9 zu § 244) feststellen, ob die Voraussetzungen der §§ 253, 254 vorgelegen haben (Schneidewin JR **51**, 489).

Vorführung der Bild-Ton-Aufzeichnung

255a **I Für die Vorführung der Bild-Ton-Aufzeichnung einer Zeugenvernehmung gelten die Vorschriften zur Verlesung einer Niederschrift über eine Vernehmung gemäß §§ 251, 252, 253 und 255 entsprechend.**

II In Verfahren wegen Straftaten gegen die sexuelle Selbstbestimmung (§§ 174 bis 184 c des Strafgesetzbuches) oder gegen das Leben (§§ 211 bis 222 des Strafgesetzbuches) oder wegen Mißhandlung von Schutzbefohlenen (§ 225 des Strafgesetzbuches) kann die Vernehmung eines Zeugen unter sechzehn Jahren durch die Vorführung der Bild-Ton-Aufzeichnung seiner früheren richterlichen Vernehmung ersetzt werden, wenn der Angeklagte und sein Verteidiger Gelegenheit hatten, an dieser mitzuwirken. Eine ergänzende Vernehmung des Zeugen ist zulässig.

1 **1)** Die **Vorführung der Bild-Ton-Aufzeichnung** einer Zeugenvernehmung zum Beweis des Inhalts der Aussage, dh der festgehaltenen Gedankenäußerungen des Zeugen einschließlich seiner – nonverbalen – Reaktionen regelt I für die Hauptverhandlung durch Verweisung; danach finden auf diesen Beweis des Aussageinhalts durch Augenschein die Vorschriften, die sich auf die Verlesung der Niederschrift über eine – richterliche oder nichtrichterliche – Zeugenvernehmung beziehen, uneingeschränkt entsprechende Anwendung (krit zur Beschränkung der Unmittelbarkeit der Beweisaufnahme Fischer JZ **98**, 820). Die durch das ZSchG eingefügte Bestimmung hat insoweit nur klarstellende Bedeutung (zur früheren Rechtslage vgl Voraufl 1 a zu § 251 und Weigend, Gutachten zum 62. DJT, C 61); sie dient neben dem Zeugenschutz (vgl 1 zu § 58 a) der Wahrheitsfindung sowie der Erleichterung und Beschleunigung des Verfahrens. Die Videoaufzeichnung einer Zeugenvernehmung ist vorgesehen in den §§ 58 a, auch iVm 168 e S. 4, und 247 a S. 4. Deren Vorführung wird in I nicht auf einen bestimmten Kreis von Zeugen oder Straftaten beschränkt, andererseits ist die Bestimmung nach Wortlaut, Schutzrichtung des ZSchG und Systematik (Ausnahmevorschrift) einer (analogen) Anwendung auf Sachverständige nicht zugänglich. Insoweit verbleibt es bei der

Möglichkeit einer Verlesung nach §§ 251, 253. Wie bei § 251 (dort 2) kommt es nur auf die verfahrensrechtliche Stellung der Auskunftsperson im Zeitpunkt der Vorführung an (KK-Diemer 6); das gilt zB für eine nach § 247 a S. 4 aufgezeichnete Zeugenaussage eines früheren Mitbeschuldigten (vgl 6 zu § 247 a). Der Tatrichter hat sich die erforderliche Gewißheit über die Beziehung der Aufzeichnung zu dem Verfahrensgegenstand, ggf auch deren Echtheit und Unversehrtheit, zu verschaffen (vgl BGH **14**, 339, 341; **27**, 135, 138). Als **Ausnahme vom Un- 2**
mittelbarkeitsgrundsatz (§ 250) ersetzt in den Fällen des § 251 die Vorführung des in der Aufzeichnung der richterlichen (§ 251 I) oder nichtrichterlichen (§ 251 II) Vernehmung enthaltenen Inhalts der Aussage die gerichtliche Einvernahme des Zeugen über seine Wahrnehmungen. Auch bei der Vorführung der Aufzeichnung einer Zeugenvernehmung sind aber die durch die Aufklärungspflicht gezogenen Grenzen einer Ersetzung zu beachten (vgl 8, 10 und 25 zu § 251 und ferner Jung GA **98**, 325: Verfremdungsgefahr durch mediale Aufzeichnungen; zu Art 6 III d **MRK** vgl dort 22). Darf ein fehlerhaft zustande gekommenes richterliches Protokoll nicht nach § 251 I verlesen werden, kann auch die Aufnahme der Zeugenaussage nur gemäß § 251 II abgespielt werden (vgl BGH NStZ **98**, 312 mit Anm Wönne sowie 6 zu § 168 c, 18 und 31 zu § 251; zum Erfordernis eines rechtzeitigen Widerspruchs bei Verstößen gegen die Benachrichtigungspflicht nach §§ 168 c V, 224 I vgl 12 zu § 224, 18 und 42 zu § 251; Dahs StraFo **98**, 253; Meyer-Goßner/Appl StraFo **98**, 258; Tolksdorf Graßhof-FG 259 f; Hartwig JR **98**, 359; erg 21 a zu § 136). In den Fällen des § 252 ist die Vorführung gleich der Verlesung stets unzulässig (12 ff zu § 252). Steht dem Zeugen jedoch nur ein Auskunftsverweigerungsrecht nach § 55 zu, so hindert das nicht die Vorführung seiner Aussage als früherer Mitbeschuldigter, es sei denn, er war damals nicht nach § 136 I S. 2 belehrt worden (vgl BGH **10**, 186; 2 zu § 251). Hat der Zeuge hingegen ein **Zeugnisverweigerungsrecht nach § 52** und ist er darüber bei 3
seiner früheren Aussage nicht belehrt worden, so ist diese grundsätzlich – auch nach I – unverwertbar (32 zu § 52, dort auch zu Ausnahmen bei Kenntnis, Verzicht oder Tod des Zeugen). Ist der Zeuge jedoch damals belehrt worden, ist im Falle seiner Erreichbarkeit zunächst zu klären, ob der Zeuge zur Aussage bereit ist; solange dies nicht geschehen ist, verbietet § 252 einen Vorhalt an den Angeklagten und jede andere Beweiserhebung – auch nach § 255 a – mit Ausnahme der Vernehmung des Richters als Verhörsperson (vgl BGH NJW **96**, 206 mit Anm Wohlers StV **96**, 192; 16 zu § 252). Will der Angehörige nach erneuter Belehrung von seinem Zeugnisverweigerungsrecht keinen Gebrauch machen, kann statt einer erneuten Vernehmung die Aufzeichnung seiner früheren Aussage abgespielt werden (so auch KK-Diemer 11). Ist der angehörige Zeuge in der Hauptverhandlung unerreichbar, weil sein Aufenthalt nicht ermittelt werden kann, so darf seine frühere Aussage vorgespielt werden, wenn er damals ordnungsgemäß belehrt worden war; einer Erklärung des Zeugen, ob er jetzt vom Zeugnisverweigerungsrecht Gebrauch machen wolle, bedarf es nicht, da § 255 a iVm § 251 solches nicht vorsieht (vgl 17 zu § 252 mwN). Die Vorführung der Aufzeichnung ohne höchstpersönlichen, nach ordnungsgemäßer richterlicher Belehrung erklärten Verzicht auf das Weigerungsrecht nach § 52 ist jedoch unzulässig, wenn die Erziehungsberechtigten sich aus Gründen des Kindeswohls berechtigt weigern, das Kind in der Hauptverhandlung vernehmen zu lassen (BGH NJW **96**, 206; KK-Diemer 11).
Schlüsse aus der **Betrachtung der Person des Zeugen** können in gleichem 4
Umfang wie bei Vernehmungen gezogen werden (vgl 14 zu § 86), wobei die Bedeutung der Abgrenzung in den Hintergrund tritt, weil die Videoaufzeichnung zugleich Gegenstand der Augenscheinseinnahme im herkömmlichen Sinn ist (Laubenthal JZ **96**, 342). Unabhängig von den Voraussetzungen des § 255 a kann die Aufzeichnung zum Zweck des Vorhalts (vgl aber oben 3) oder als Mittel des Augenscheins zum Beweis von Umständen, die außerhalb der den Gegenstand der Vernehmung bildenden Gedankenäußerungen liegen, verwendet werden. Geht es um die äußere Beschaffenheit des Bild-Ton-Trägers, so bedarf es eines gesonderten

5 Augenscheins (vgl zu Urkunden 13 zu § 86; 7 zu § 249). Eine **Gleichstellung** von Bild-Ton-Aufzeichnungen mit Vernehmungsniederschriften enthält I jedenfalls nicht uneingeschränkt (**aM** KK-Diemer 2, 4; Seitz JR **98**, 313). § 58 a II S. 1, auch iVm § 168 e S. 4 oder § 247 a S. 5, macht die Verwendung der Aufnahme nämlich davon abhängig, daß dies zur Erforschung der Wahrheit erforderlich ist. Es gibt keinen Grund, § 255 a I insoweit als Spezialregelung für die Hauptverhandlung anzusehen; vielmehr gebietet die mit der allgemeinen Vorschrift des § 58 a II S. 1 bezweckte Rücksicht auf die schutzwürdigen Interessen des Zeugen, dh vor allem auf sein Persönlichkeitsrecht, die Beachtung der – erkennbar auch auf die Vorführung in der Hauptverhandlung abzielenden (vgl 1 zu § 58 a: Vermeidung von Mehrfachvernehmungen; vgl auch § 247 a S. 4) – Verwendungsbeschränkung. Ihre Begrenzung auf die der Verhandlung vorgelagerten Verfahrensabschnitte ist im Gesetzgebungsverfahren zu keinem Zeitpunkt erwogen worden, die im ursprünglichen Gesetzentwurf der Fraktionen der CDU/CSU und F. D. P. (BT-Drucks 13/7165; Schlüchter Schneider-FS 449 Fn 23) vorgesehene, inhaltlich vergleichbare und daher überflüssige Klausel ist im weiteren Verlauf des Gesetzgebungsverfahrens konsequenterweise in Wegfall gekommen. Folglich ist stets zu prüfen, ob die Vorführung der Aufzeichnung ergiebiger sein wird als die Verlesung der Vernehmungsniederschrift und ob es im konkreten Verfahren auf diesen erhöhten Beweiswert ankommt. Das wird mit Blick auf die Vorzüge der Wiedergabe einer Vernehmung durch Abspielen einer Videoaufnahme häufig, nicht aber gleichsam automatisch der Fall sein (10 zu § 58 a; im Ergebnis wohl wie hier Rieß NJW **98**, 3241 Fn 29; weitergehend Weigend, Gutachten zum 62. DJT, C 63).

6 **2) Ersetzung der Vernehmung eines Zeugen unter 16 Jahren** (II):

7 A. Eine **weitergehende Durchbrechung des Unmittelbarkeitsgrundsatzes** (§ 250) sieht S. 1 zur Vermeidung oder jedenfalls zur Verkürzung einer erneuten Vernehmung junger Zeugen in der Hauptverhandlung unter engen Voraussetzungen vor. Die Vorschrift bezweckt damit, diese Gruppe besonders schutzbedürftiger Zeugen vor den erheblichen psychischen Belastungen und Beeinträchtigungen einer erneuten Vernehmung in der fremden Umgebung einer Hauptverhandlung – regelmäßig (vgl aber § 247 a) in Gegenwart einer Reihe von Verfahrensbeteiligten – zu bewahren, indem sie die Einführung des Inhalts einer früheren richterlichen Aussage durch die Vorführung ihrer Bild-Ton-Aufzeichnung zuläßt (vgl auch 1 zu § 58 a). Dieser Schutzzweck wird durch den auch hier geltenden § 58 a II S. 1 (oben 5) nicht beeinträchtigt. Die durch die Aufklärungspflicht gezogenen Grenzen einer Ersetzung (oben 2) sollten bei den eigentlichen Opferzeugen nicht zu eng gezogen werden. Bei Bedarf kann nach S. 2 verfahren werden (erg unten 10). Die Voraussetzungen des S. 1 müssen im Zeitpunkt der Vorführung vorliegen. Fallen sie danach weg, vollendet etwa der Zeuge im weiteren Verlauf der Hauptverhandlung sein 16. Lebensjahr, so ist das nur von Bedeutung, wenn die Aufklärungspflicht zur Vorladung des Zeugen zwingt.

8 B. **Im einzelnen setzt S. 1 voraus:** Gegenstand der Hauptverhandlung muß eine Straftat aus dem (eigenständigen) Katalog der Vorschrift sein. Mit der Anknüpfung an das „Verfahren" stellt das Gesetz auf die prozessuale Tatidentität ab (1 ff zu § 264). Tritt in diesem Rahmen eine weitere Straftat iS der §§ 52, 53 StGB hinzu, hindert das die Vorführung der Aufzeichnung nicht. Der Schutzzweck der Bestimmung (oben 7) wird nicht dadurch berührt, daß noch eine Nichtkatalogtat hinzutritt. Ist danach aber die Vorführung einheitlich zulässig, darf sie auch zum Zweck der Feststellung der Schuld und des Schuldumfangs des weiteren Delikts verwertet werden (so auch KK-Diemer 8). Der Zeuge, der nicht Opfer der angeklagten Tat zu sein braucht (vgl unten 9), darf im Zeitpunkt der Vorführung noch nicht 16 Jahre alt sein. Ferner setzt die Bestimmung mit Blick auf die Anwesenheitsrechte insbesondere in den §§ 168 c II, 224, 230 iVm 137, 140 die Bild-Ton-Aufnahme einer früheren richterlichen Vernehmung des Zeugen voraus. Eine solche Aufnahme lassen die §§ 58 a, auch iVm 168 e S. 4, und 247 a S. 4 zu. Die Aufzeich-

nung einer nichtrichterlichen Vernehmung nach § 58 a (dort 2) kann allenfalls nach I zum Beweis des Aussageinhalts abgespielt werden. Nur die Aufnahme einer ordnungsgemäßen richterlichen Vernehmung, die die wesentlichen Verfahrensvorschriften gewahrt hat (vgl 18 zu § 251), kann nach II S. 1 vorgeführt werden, da ein „Ausweichen" auf § 251 II hier nicht möglich ist. Im Falle eines nach § 52 zeugnisverweigerungsberechtigten, erreichbaren Zeugen setzt die Vorführung nicht nur eine ordnungsgemäße Belehrung bei der früheren richterlichen Vernehmung voraus (vgl 32 zu § 52, dort auch zu Ausnahmen bei Kenntnis, Verzicht und Tod des Zeugen); der Zeuge muß ferner auch jetzt zur Aussage bereit sein. Bevor sich das Gericht hierüber nicht nach erneuter Belehrung Gewißheit verschafft hat, darf es die Aufzeichnung nicht vorführen (vgl BGH NJW **96**, 206 und oben 3, auch zur Unerreichbarkeit des Zeugen). Schließlich müssen Angeklagter und Verteidiger Gelegenheit gehabt haben, an der Vernehmung mitzuwirken, insbesondere durch Ausübung des Fragerechts (vgl auch Rieß NJW **98**, 3241 Fn 30: Garantie zur effektiven Wahrnehmung prozessualer Rechte); das gilt auch für Vernehmungen im Wege der Rechtshilfe, wenn die ausländische Rechtsordnung eine Teilnahme zuläßt. Die Mitwirkungsbefugnisse im Rahmen der §§ 168 e, 247 a genügen. Das gilt für den Verteidiger nur, wenn der Angeklagte zum damaligen Zeitpunkt einen solchen hatte; andernfalls hindert dessen Nichtbeteiligung das Verfahren nach S. 1 nicht (Seitz JR **98**, 313; erg unten 9).

C. Nach **pflichtgemäßem Ermessen** kann die Vernehmung des jungen Zeu- 9
gen durch die Vorführung ersetzt werden, wenn die Voraussetzungen des S. 1 vorliegen. Dabei ist insbesondere der Schutz des Zeugen, das Aufklärungsgebot und das Verteidigungsinteresse des Angeklagten zu berücksichtigen, während Gesichtspunkte der Verfahrensbeschleunigung und Prozeßökonomie zurücktreten. Mit Blick auf die Durchbrechung des Unmittelbarkeitsprinzips werden die gegen eine Vorführung sprechenden Rechtsgrundsätze besonders zu gewichten sein, wenn der Zeuge nicht zu den Opfern der Straftat zählt bzw durch sie nicht in vergleichbarer Weise betroffen ist (etwa als Hinterbliebener nach einem Tötungsdelikt). Insbesondere in diesen Fällen ist auch an zeugenschonende Alternativen (zB § 247 a) zu denken (vgl KK-Diemer 7, 12). Im Interesse der Wahrheitsfindung wird die Vorführung einer früheren richterlichen Vernehmung oftmals nur genügen, wenn der Verteidiger zuvor Einsicht in die vollständigen Akten nehmen und gleichberechtigt an der Einvernahme mitwirken konnte (Schünemann StV **98**, 400: kommunikative Kontrolle; vgl oben 8).

D. Eine **ergänzende Vernehmung des Zeugen** ist nach S. 2 zulässig. Sie kann 10
nach Maßgabe der gerichtlichen Aufklärungspflicht gemäß § 244 II geboten sein und ist dann vom Gericht von Amts wegen anzuordnen. Mit einer neuen Behauptung, zu der der Zeuge noch nicht gehört worden war, kann auch ein dahingehender Beweisantrag gestellt werden (vgl BGH StV **95**, 566 und 26 zu § 244; so auch Schünemann StV **98**, 400, der weitergehend einen Anspruch der Verteidigung auf ergänzende Zeugenvernehmung bereits bejaht, wenn diese Bedenken gegenüber der Richtigkeit und Vollständigkeit der früheren Aussage substantiieren kann; abl hierzu Schlüchter/Greff Kriminalistik **98**, 534); der Antrag unterliegt allerdings den allgemeinen Ablehnungsgründen. Der Zeuge wird idR in der Hauptverhandlung unter Anwendung zeugenschonender Maßnahmen, ggf in der Form des § 247 a, ergänzend vernommen werden. Es gilt § 241 a; nach dem Zweck des II (oben 7) ist gemäß §§ 241 a III iVm 241 II streng darauf zu achten, daß keine unzulässigen Wiederholungsfragen gestellt werden (vgl 15 zu § 241). Stehen dem Erscheinen des Zeugen Hindernisse iS des § 223 entgegen, etwa die berechtigte Weigerung der Eltern, das Kind oder den Jugendlichen in der Hauptverhandlung aussagen zu lassen (6 zu § 223), so wird im allgemeinen (vgl aber 65 zu § 244) dessen kommissarische Vernehmung anzuordnen sein (zur Videovernehmung in diesem Zusammenhang vgl 20 zu § 223). Eine Bild-Ton-Aufzeichnung dieser Vernehmung kann nach § 255 a vorgeführt werden, regelmäßig nach I iVm

§ 251 I Nr 2, gemäß II S. 1 nur, wenn der Angeklagte und sein Verteidiger Gelegenheit hatten, an der kommissarischen Vernehmung mitzuwirken (oben 8). Nur in eng begrenzten Ausnahmefällen, etwa wenn gravierende Nachteile für das Kindeswohl zu befürchten sind, wird es die Rücksichtnahme auf den Zeugen gebieten, von einer ergänzenden Beweisaufnahme abzusehen, mit der Folge, daß der Grundsatz *in dubio pro reo* eingreift und es ggf zum Freispruch des Angeklagten kommen kann (vgl BGH NJW **93**, 2451; KK-Diemer 13; Meier, Recht der Jugend und des Bildungswesens, 1996, 459). Wenn die ergänzende Vernehmung konkrete Gefahren für Leib oder Leben (Suizidgefahr) des Zeugen begründet, der das Gericht nicht durch andere Schutzmaßnahmen zu begegnen vermag, kann es nach II S. 2 iVm § 244 II, III zu einer erneuten Befragung nicht verpflichtet sein (vgl BGH **39**, 141 = JZ **93**, 1012 mit Anm Beulke/Satzger [Beweisverbot] = JR **94**, 250 mit Anm Siegismund und weiterer Anm Eisenberg StV **93**, 624; vgl ferner BGH NStZ **84**, 31 und 10 vor § 48).

11 **3)** Das **Verfahren** zur Anordnung der Vorführung der Aufzeichnung ergibt sich für I aus den dort in Bezug genommenen Vorschriften. Die Entscheidung über eine Ersetzung der Vernehmung nach II S. 1 trifft gemäß § 238 I der Vorsitzende (**aM** KK-Diemer 14), das Gericht nur auf Beanstandung nach § 238 II. Für die Protokollierung gilt § 273 I, nicht § 255, auf den II S. 1 nicht verweist. Das gleiche gilt – mit Ausnahme der Ablehnung von Beweisanträgen (§ 244 VI; vgl oben 10) – für Entscheidungen nach II S. 2.

12 **4) Beschwerde:** Gegen die Anordnung der Vorführung der Bild-Ton-Aufzeichnung kann der Zeuge – soweit der Vorsitzende entscheidet, nach vorheriger Anrufung des Gerichts (21 zu § 238) – Beschwerde einlegen (§§ 304 II, 305 S. 2), für die übrigen Verfahrensbeteiligten steht der Zulässigkeit des Rechtsmittels (gegen einen Gerichtsbeschluß) § 305 S. 1 entgegen. Einen beschwerdefähigen Anspruch auf Vorführung der Aufzeichnung seiner früheren Vernehmung hat der Zeuge nicht (KK-Diemer 12).

13 **5) Revision:** Hat sich das Gericht mit der Vorführung der Bild-Ton-Aufzeichnung begnügt, obwohl die Umstände zu einer persönlichen (ggf ergänzenden) Vernehmung des Zeugen drängen (12 zu § 244), so ist nicht § 255 a, sondern die Aufklärungspflicht (§ 244 II) verletzt (vgl auch 15 zu § 250 zum notwendigen Revisionsvorbringen). Umgekehrt kann auch das Unterlassen der Vorführung die Aufklärungsrüge begründen, ebenso das Unterbleiben der Erhebung weiterer sich nach ihrem Inhalt aufdrängender Beweise. Bei unzulässiger (ersetzender) Vorführung und Verwertung der Aufzeichnung ist gegen den Grundsatz der persönlichen Vernehmung (§ 250) verstoßen worden; das kann gerügt werden, auch wenn nicht nach § 238 II das Gericht angerufen worden ist. Die Rüge (§ 261), das Beweisergebnis der Vorführung sei im Urteil unrichtig wiedergegeben, ist zulässig, wenn sich die fehlende Übereinstimmung ohne weiteres, dh ohne daß es einer Rekonstruktion bedarf, aus den Akten – der Videoaufzeichnung, die Aktenbestandteil ist (vgl § 58 a II S. 2 und dort 11) – ergibt (vgl 14 zu § 337, OLG Stuttgart NStZ **86**, 41, 42); zu I vgl im übrigen 42, 43 zu § 251, 18 zu § 252 und 3 zu § 255.

Behördliches Zeugnis oder Gutachten **RiStBV 68, 111 III**

256 **I Die ein Zeugnis oder ein Gutachten enthaltenden Erklärungen öffentlicher Behörden sowie der Ärzte eines gerichtsärztlichen Dienstes mit Ausschluß von Leumundszeugnissen sowie ärztliche Atteste über Körperverletzungen, die nicht zu den schweren gehören, können verlesen werden. Dasselbe gilt für Gutachten über die Auswertung eines Fahrtschreibers, die Bestimmung der Blutgruppe oder des Blutalkoholgehalts einschließlich seiner Rückrechnung sowie für ärztliche Berichte zur Entnahme von Blutproben.**

[II] **Ist das Gutachten einer kollegialen Fachbehörde eingeholt worden, so kann das Gericht die Behörde ersuchen, eines ihrer Mitglieder mit der Vertretung des Gutachtens in der Hauptverhandlung zu beauftragen und dem Gericht zu bezeichnen.**

1) Zeugnisse oder Gutachten enthaltende Erklärungen öffentlicher Behörden (I S. 1) können in Durchbrechung des Unmittelbarkeitsgrundsatzes des § 250 im Urkundenbeweis (BGH **1**, 94, 96; ANM 300 mwN) verlesen werden. Wegen der besonderen Autorität von Behörden kann von einer mündlichen Vernehmung ihrer Bediensteten idR abgesehen werden (Koblenz NJW **84**, 2424). Die Aufklärungspflicht (§ 244 II) bleibt unberührt (BGH aaO; vgl auch RiStBV 111 III S. 2 Hs 2). Zwingt sie nicht zur persönlichen Anhörung des Behördenbediensteten, so können entspr Anträge der Prozeßbeteiligten abgelehnt werden (BGH NStZ **81**, 95 [Pf]; Bay **52**, 228 = NJW **64**, 194; Gössel DRiZ **80**, 369). Für das beschleunigte und über § 411 II S.2 für das Verfahren nach Einspruch gegen einen Strafbefehl bestehen gemäß § 420 II erweiterte Verlesungsmöglichkeiten. 1

A. **Öffentliche Behörden** sind nach öffentlichem Recht eingerichtete, in den Organismus der Staatsgewalt eingegliederte, mit der Erfüllung öffentlicher Aufgaben betraute Stellen des Staates oder eines anderen Trägers der öffentlichen Verwaltung, die in ihrem Bestand von dem oder den sie jeweils leitenden Beamten unabhängig sind (BVerfGE **10**, 20, 48; BGH MDR **64**, 68; VRS **11**, 449, 451; Bay **64**, 36, 38 = NJW **64**, 1192; Karlsruhe NJW **73**, 1426; Koblenz NJW **84**, 2424; ANM 296 mwN; vgl auch § 1 IV VwVfG). Obrigkeitliche Befugnisse brauchen sie nicht zu haben (BGHZ **25**, 168, 188 = NJW **57**, 1673; Karlsruhe aaO). In Betracht kommen auch Behörden im Ausland (BGH NJW **92**, 58, 59). **Behörden sind zB** (vgl SK/StPO-Schlüchter 11; ANM 297 ff) öffentliche Kliniken und Krankenhäuser (BGH NStZ **84**, 231; Karlsruhe NJW **73**, 1426), Universitätsinstitute für Rechtsmedizin (BGH NJW **67**, 299; DAR **77**, 176 [Sp]; **78**, 155 [Sp]; VRS **11**, 449; **34**, 344; **44**, 37, 39; **48**, 209), staatliche Gesundheitsämter (BGH **1**, 94, 97; MDR **55**, 397 [D]), chemische Untersuchungsanstalten (BGH NJW **53**, 1801) und Veterinär-Untersuchungsämter (Celle NJW **66**, 1881), meteorologische Institute und Wetterämter (RG Recht **17**, 964), das BKA und die Landeskriminalämter (BGH NJW **68**, 206; Hamburg NJW **69**, 571), die Physikalisch- Technische Bundesanstalt in Berlin (Koblenz NJW **84**, 2424), das Zollkriminalinstitut in Köln (BGH 1 StR 652/77 vom 14. 2. 1978), ferner Handels- und Handwerkskammern (RG **52**, 198), die Deutsche Bundesbank und die Landeszentralbanken (vgl RG **63**, 122), Führer militärischer Einheiten der Bundeswehr (LR-Gollwitzer 9), **nicht aber** in der Rechtsform der GmbH betriebene Krankenhäuser (BGH NStZ **88**, 19 [Pf/M]) und Technische Überwachungsvereine (Bay **55**, 89 = VRS **8**, 467; Hamm BA **81**, 274, 276; Köln MDR **64**, 254), Berufsgenossenschaften (RG **34**, 367) und Notare (ausgenommen die staatlichen Notariate in BW), sowie im Gegensatz zur früheren Rechtslage (vgl KG VRS **14**, 452) idR auch nicht mehr die Nachfolger der Deutschen Bundespost (Deutsche Post AG, Deutsche Postbank AG und Deutsche Telekom AG; vgl zur Neuorganisation der Post Gramlich NJW **94**, 2787). 2 3 4

B. **Ärzte eines gerichtsärztlichen Dienstes,** der keine Behörde ist, stehen den Behörden gleich. Gemeint sind vor allem die bayerischen LG-Ärzte (Ges vom 27. 7. 1950; VO vom 6. 10. 1950 [Bay BS II 55, 56]), nicht die Ärzte der gerichtsmedizinischen Institute (KMR-Paulus 8) und der JVAen (Karlsruhe Justiz **77**, 104). 5

C. **Von der Behörde stammende Erklärungen** können verlesen werden. Der Erklärende muß die Behörde repräsentieren (BGH StV **87**, 285: Polizeipräsident; Bay **64**, 36, 38 = NJW **64**, 1192; Karlsruhe NJW **73**, 1426). Er muß allgemein oder aufgrund besonderer Anordnung zu ihrer Vertretung berechtigt sein (BGH NStZ **84**, 231; StV **84**, 142 L; RG **64**, 78) und darf nicht völlig außerhalb der Zuständigkeit der Behörde handeln (BGH VRS **48**, 209, 210; Karlsruhe aaO; Justiz 6

77, 104; Gössel DRiZ **80**, 369). Die Erklärung muß von dem Behördenleiter oder in dessen Vertretung von einem dazu befugten Sachbearbeiter unterschrieben sein (Hamburg NJW **69**, 570). Das Fehlen eines Zusatzes „iV" oder „iA" spricht dagegen, daß das Gutachten im Namen der Behörde erstattet ist (BGH NStZ **84**, 231; **85**, 36; **88**, 283; Köln StV **95**, 630), nicht aber unbedingt, wenn es unter einem privaten Briefkopf abgegeben worden ist (BGH VRS **11**, 449; **48**, 209); in Zweifelsfällen muß sich das Revisionsgericht darüber im Freibeweis Klarheit verschaffen (Schäfer NStZ **96**, 247). Berichte der Gerichtshilfe und der Jugendgerichtshilfe sind idR nicht für die Behörde abgegeben (26 zu § 160). Formmängel sind unschädlich, insbesondere das Fehlen des Dienstsiegels und des amtlichen Stempels (RG **43**, 405). In Zweifelsfällen muß bei der Behörde zurückgefragt werden (BGH VRS **11**, 449; **44**, 37, 39; Düsseldorf StV **83**, 273; Hamburg NJW **69**, 571).

7 D. **Zeugnisse und Gutachten** können verlesen werden, gleichgültig, an wen sie gerichtet und auf wessen Veranlassung sie ausgestellt worden sind (RG **19**, 264; ANM 300; Gössel DRiZ **80**, 369; Krause 167). Nur darf es sich nicht um innerdienstliche Notizen oder Vermerke oder um Berichte an Vorgesetzte handeln (RG
8 **26**, 138; LR-Gollwitzer 17). Das **behördliche Zeugnis** gibt Auskunft über amtlich festgestellte Tatsachen und über andere Wahrnehmungen von Behördenangehörigen, die ohne § 256 als Zeugen zu vernehmen wären. Dabei kann es sich um Feststellungen aus amtlichen Unterlagen oder über (vor oder nach der Tat entstandene) amtliche Vorgänge oder um Wahrnehmungen handeln, die einzelne Behördenangehörige bei (nicht nur gelegentlich) ihrer Tätigkeit für die Behörde gemacht haben (ANM 301 mwN). Das können auch Mitteilungen anderer Behörden oder dritter Personen sein (RG JW **38**, 2965). Für Äußerungen der mit der Sache befaßten Strafverfolgungsorgane, insbesondere für Aktenvermerke der Polizei und der StA, gilt I S. 1 nicht (BGH NStZ **82**, 79; **88**, 420, 421; **95**, 143), wohl aber für Erklärungen einer mit der Sache nicht befaßten Strafverfolgungsbehörde, zB über Anhängigkeit oder Stand eines anderen Verfahrens oder über die Existenz oder den
9 Aufenthalt bestimmter Personen. **Gutachten** iS I S. 1 ist jede sachverständige Äußerung der Behörde, gleichgültig, ob sie auf dem bereits vorhandenen Tatsachenmaterial oder auf erst nach Eingang des Gutachterauftrags angestellten Untersuchungen beruht (Bay **52**, 228 = NJW **53**, 194; ANM 302; **aM** Frankfurt NJW **52**, 757); auch behördliche Rechtsgutachten sind verlesbar (BGH NJW **96**, 1355, 1358). Außer der gutachtlichen Äußerung der Behörde ist die Mitteilung der ihr zugrunde liegenden Befundtatsachen (10 zu § 79) verlesbar (BGH MDR **55**, 397 [D]), die über Zusatztatsachen (11 zu § 79) nur, wenn darin ein Zeugnis der Behörde iS I S. 2 liegt (BGH aaO; Karlsruhe NJW **73**, 1426); sonst muß der Gutachter als Zeuge vernommen werden (BGH aaO). Zur Vertretung des Gutachtens vor Gericht vgl im übrigen Seyler GA **89**, 559 ff.

10 E. **Leumundszeugnisse** dürfen nicht verlesen werden, gleichgültig, ob sie den Angeklagten, einen Zeugen oder einen Dritten betreffen (RG **30**, 439, 440; LR-Gollwitzer 30) und ob die Prozeßbeteiligten mit der Verlesung einverstanden sind
11 (RG HRR **36**, 856). Der **Begriff** Leumundszeugnis ist weit auszulegen. Darunter fallen nicht nur Äußerungen über den Ruf, den der Angeklagte, Zeuge oder Dritte bei anderen genießt, sondern alle Wertäußerungen über seine Persönlichkeit, insbesondere über Fähigkeiten und Eigenschaften, wie Glaubwürdigkeit, Zuverlässigkeit, sittliche Führung, berufliches Können (vgl RG **53**, 280; **59**, 374; OGH **3**, 80; KK-Diemer 7). Ob der Verfasser seine eigene Ansicht oder die Meinung
12 anderer wiedergibt, spielt keine Rolle (ANM 303). **Leumundszeugnisse sind zB** (vgl SK/StPO-Schlüchter 28) Schulzeugnisse, soweit sie das sittliche Verhalten und die Wahrheitsliebe betreffen, Beurteilungen von Dienstvorgesetzten (OGH **3**, 80, 81), Zeugnisse der Beschäftigungsbehörde über die Einschätzung des Charakters und der sittlichen Eigenschaften (Hamburg StV **85**, 496), Berichte der Jugendämter über die Führung von Jugendlichen (RG JW **30**, 3485) und der JVAen über die

Führung von Gefangenen (ANM 304). Bezieht sich die Äußerung der Behörde nur auf einzelne Leumundstatsachen, so ist die Verlesung zulässig (KMR-Paulus 13). Auch das psychologische Gutachten über die Glaubwürdigkeit ist kein Leumundszeugnis (BGH 5 StR 365/59 vom 20. 10. 1959). In der **Nichtverlesbarkeit** 13
stehen die behördlichen Leumundszeugnisse den privaten (§ 250) gleich; zur Feststellung des Leumunds ist immer Zeugenbeweis erforderlich (RG **53**, 280). Wenn und soweit die behördliche Äußerung ein Leumundszeugnis enthält, ist auch die Bekanntgabe ihres Inhalts durch den Vorsitzenden und ihr Vorhalt gegenüber dem Angeklagten oder einer Beweisperson unzulässig (RG **59**, 374, 375; 28 zu § 249).

2) Ärztliche Atteste (I S. 1) dürfen verlesen werden, wenn sie sich auf Körper- 14
verletzungen (auch nach § 340 I StGB zu verfolgende, Oldenburg MDR **90** 1135) beziehen, die nicht zu den schweren (§§ 226,227 StGB) gehören. Dadurch soll den Ärzten erspart werden, allzu oft vor Gericht erscheinen zu müssen. Gleichgültig ist, auf wessen Veranlassung und zu welchem Zweck das Attest ausgestellt worden ist (RG **19**, 364) und ob der Angeklagte Täter oder Opfer der Körperverletzung ist (RG **35**, 162; KG StV **83**, 237). **Verlesbar** sind nur schriftliche Bestätigungen 15
approbierter Ärzte über eigene Wahrnehmungen bei der Untersuchung und Behandlung von Kranken und Verletzten. Enthält das Attest außer dem Befundbericht eine gutachtliche Äußerung, zB über Schwere und Folgen der Verletzung, Minderung der Erwerbsfähigkeit und voraussichtliche Heilungsmöglichkeiten, so kann es auch insoweit verlesen werden (RG **19**, 364; LR-Gollwitzer 43). Unzulässig ist aber die Verlesung von Tatsachen, die der Arzt bei der Untersuchung ohne besondere Sachkunde festgestellt hat, zB Zustand der Kleidung, Angaben des Verletzten oder eines Dritten über die Ursache der Verletzung (BGH **4**, 155; MDR **55**, 397 [D]; StV **84**, 142). Wenn es nicht auf das bloße Vorhandensein der bescheinigten Körperverletzung, sondern auf die Art der Verletzung ankommt, genügt die Verlesung nicht; der Arzt muß als Zeuge vernommen werden (BGH NStZ **84**, 211 [Pf/M]). Ob eine Körperverletzung nicht zu den schweren gehört, beurteilt sich nach dem **Anklagegegenstand** (LR-Gollwitzer 40; ANM 307). Bei 16
Körperverletzungen nach §§ 223, 224 StGB (BGH **33**, 389, 391) und, ohne Rücksicht auf den Verletzungserfolg (BGH **4**, 155; NJW **80**, 651), § 229 StGB ist das Attest daher auch verlesbar, wenn es sich nach seinem Inhalt um eine schwere Körperverletzung handelt. Hat das Verfahren nicht die Körperverletzung, sondern eine andere Straftat zum Gegenstand, so ist die Verlesung des Attestes immer unzulässig (BGH **4**, 155; NStZ **85**, 36; **88**, 19 [Pf/M]; StV **82**, 59 mit Anm Schwenn; BGH StV **82**, 557; **96**, 649; ANM 307), auch wenn die Verletzungsfolgen nur für die Straffrage von Bedeutung sind (BGH NJW **80**, 651: Vorliegen eines Regelbeispiels des § 176 StGB). Bei Tateinheit zwischen Körperverletzung und einer anderen Straftat ist das Attest ebenfalls nicht verlesbar (BGH **4**, 155; MDR **67**, 174 [D]; NStZ **84**, 211 [Pf/M]; **85**, 206 [Pf/M]; StV **84**, 142), sofern es nicht ausschließlich dem Nachweis der Körperverletzung oder des sie betreffenden Schuldumfangs dient (BGH **33**, 389), insbesondere, wenn die andere Tat schon restlos aufgeklärt ist (ANM 307/308). Ist das Attest nach diesen Grundsätzen nicht verlesbar, so ist auch eine **Verwertung in anderer Weise** ausgeschlossen, insbe- 17
sondere durch Bekanntgabe seines Inhalts und Vorhalt an den Angeklagten oder Beweispersonen (AK/StPO-Rüping 20; **aM** BGH MDR **93**, 9 [H]; SK/StPO-Schlüchter 34); Vorhalte unter Benutzung des Inhalts des Attestes ohne dessen Bekanntgabe sind allerdings zulässig (KMR-Paulus 24), zum Beweis dient dann aber nur die auf den Vorhalt hin abgegebene Erklärung (erg 14 zu § 250). Mit Einverständnis von StA, Verteidiger und Angeklagtem ist jedoch die Verlesung nach § 251 II S.1 zulässig.

3) Sonstige Gutachten und Berichte (I S. 2): Um Gutachten einer öffentli- 18
chen Behörde oder eines Arztes im gerichtsärztlichen Dienst braucht es sich nicht zu handeln. **Fahrtschreiber:** Gemeint ist die Auswertung eines Fahrtschreiberdia- 19
gramms. Das Gutachten darf verlesen werden, soweit es die Ablesung und Aus-

wertung des einprogrammierten Zeichensystems zum Inhalt hat und soweit das Aufzeichnungsergebnis dahin ausgewertet ist, ob der Fahrtschreiber einwandfrei gearbeitet hat, nicht aber, soweit allgemein die Funktionsweise des Geräts beschrie-
20 ben ist (Celle JR **78**, 122 mit Anm Puppe). Die eine **Blutprobe** auswertenden Gutachten sind verlesbar, auch soweit sie sich über deren Qualität äußern (ANM 309). Die Verlesung ist idR ausreichend (BGH **28**, 235, 236); ausnahmsweise kann § 244 II die Vernehmung des Sachverständigen erfordern, zB wenn bei der Bestimmung des Blutalkoholgehalts die der Rückrechnung zugrunde liegenden Um-
21 stände sich bei der Beweisaufnahme nicht bestätigt haben. **Ärztliche Berichte über Blutprobenentnahmen,** die erkennen lassen müssen, von wem sie herrühren (Bay **88**, 89 = StV **89**, 6), sind die dem Gutachten über die Schuldfähigkeit oder Fahrtüchtigkeit zugrunde liegenden Anknüpfungstatsachen über Ort, Zeitpunkt und Verhalten (Bewußtsein, Stimmung, Erscheinungsbild) des Betroffenen bei der Blutprobenentnahme (BGH DAR **79**, 186 [Sp]; Rieß NJW **75**, 87 Fn 86) sowie die Ergebnisse der bei dieser Gelegenheit durchgeführten klinischen Tests (KK-Diemer 9). Die Verwertung der Berichte kann nur durch Verlesung oder Vernehmung des Sachverständigen erfolgen (Düsseldorf VRS **77**, 364; erg oben 17).

22 4) **Kollegiale Fachbehörden** (II): Die Vorschrift ergänzt § 83 III. Sie vereinfacht das Verfahren für den Fall, daß die kollegial organisierte und besetzte Behörde das nach I S. 1 verlesene Gutachten zu erläutern oder zu ergänzen hat oder daß das Gutachten nicht verlesen, sondern in der Hauptverhandlung erstattet wird. Wenn es das Gericht für ausreichend hält, brauchen dann nicht alle Mitglieder des Kollegiums, das die Behörde vertritt, in der Hauptverhandlung zu erscheinen, sondern es genügt, daß auf entsprechendes Ersuchen ein Mitglied von diesem Kollegium beauftragt wird. Dem Ersuchen, das nur das Gericht stellen (RG **39**, 140) und das schon mit dem Gutachtenauftrag oder mit der Ladung (§§ 214, 221) an die Behörde gerichtet werden kann (LR-Gollwitzer 57), braucht die Fachbehörde nicht zu entsprechen. Der Beauftragte hat in der Hauptverhandlung die Stellung eines Sachverständigen (5 zu § 83).

23 5) Die **Anordnung der Verlesung** trifft der Vorsitzende im Rahmen der Sachleitung (§ 238 I); nur auf Beanstandung nach § 238 II entscheidet das Gericht. Der förmlichen Verlesung steht die Inhaltsfeststellung gleich (Düsseldorf VRS **59**, 269, 270; Hamm OLGSt § 274 S. 3; Köln VRS **73**, 136; 25 ff zu § 249).

24 6) **Revision:** Ob die nach I S. 1 verlesene Erklärung für eine Behörde abgegeben worden ist (oben 6), klärt das Revisionsgericht ggf im Freibeweis (BGH VRS **44**, 32, 39; Düsseldorf StV **83**, 273; Köln NStZ-RR **97**, 367, 368). Hat sich das Gericht mit der Verlesung begnügt, obwohl die Umstände zu einer persönlichen Vernehmung des Zeugen oder Gutachters drängten (12, 80 zu § 244), so ist nicht § 256, sondern die Aufklärungspflicht (§ 244 II) verletzt (BGH NStZ **93**, 397). Bei unzulässiger Verlesung und Verwertung des Zeugnisses, Gutachtens oder Attestes ist gegen den Grundsatz der persönlichen Vernehmung (§ 250) verstoßen worden (BGH NJW **80**, 651); das kann gerügt werden, auch wenn nicht nach § 238 II das Gericht angerufen worden ist (KK-Diemer 11).

Befragung des Angeklagten; Erklärungsrecht des Staatsanwalts und des Verteidigers

257 **I Nach der Vernehmung eines jeden Mitangeklagten und nach jeder einzelnen Beweiserhebung soll der Angeklagte befragt werden, ob er dazu etwas zu erklären habe.**

II Auf Verlangen ist auch dem Staatsanwalt und dem Verteidiger nach der Vernehmung des Angeklagten und nach jeder einzelnen Beweiserhebung Gelegenheit zu geben, sich dazu zu erklären.

III Die Erklärungen dürfen den Schlußvortrag nicht vorwegnehmen.

1) Befragung des Angeklagten (I): Die Vorschrift sichert dem Angeklagten 1
das rechtliche Gehör (KK-Diemer 1; Dahs NJW **62**, 2240); sie dient auch der Sachaufklärung (KMR-Paulus 1; LR-Gollwitzer 1). Sie stellt klar, daß der Angeklagte nach jeder Beweiserhebung, auch im Verfahren nach § 249 II und nach der Einnahme des gerichtlichen Augenscheins befragt werden soll, ob er Erklärungen abzugeben hat. Gibt er Erklärungen ab, so müssen auch sie bei der Entscheidung berücksichtigt werden (5 zu § 261). Die Befragung ist Aufgabe des Vorsitzenden.
Obwohl es sich um eine **Sollvorschrift** handelt, darf der Vorsitzende von der 2
Befragung nicht ohne besonderen Grund absehen (LR-Gollwitzer 14). Es steht ihm aber frei, den Angeklagten nicht erst nach jeder Beweiserhebung, sondern bereits bei Beginn der Verhandlung oder der Beweisaufnahme auf sein Recht nach I hinzuweisen (KMR-Paulus 8). Die Befragung ist nicht deshalb überflüssig, weil
schon der Verteidiger Erklärungen abgegeben hat. **I gilt auch** für Nebenbeteiligte, 3
denen die Befugnisse des Angeklagten zustehen, im Rahmen ihrer Beteiligung (§§ 433 II S. 1, 442 I, II, 444 II S. 2). Im Jugendstrafverfahren brauchen Erziehungsberechtigte und gesetzliche Vertreter nicht befragt zu werden (BGH DAR **77**, 176 [Sp]; KK-Diemer 2; Brunner/Dölling 6 zu § 67 JGG; **aM** LR-Gollwitzer
9; Eisenberg 9 zu § 67 JGG). In der **Sitzungsniederschrift** genügt eine allge- 4
meine Feststellung, daß I beachtet worden ist; ein Vermerk nach jedem Beweiserhebungsakt ist nicht erforderlich (BGH MDR **67**, 175 [D]; StV **94**, 468 mit abl Anm Schlothauer für den Fall, daß die Erklärung nach I eine erstmalige Einlassung des bisher schweigenden Angeklagten zur Sache enthält).

2) StA und Verteidiger (II), bei mehreren Verteidigern jeder von ihnen, dürfen 5
sich auf Verlangen äußern, müssen also nicht besonders befragt werden (LR-Gollwitzer 10, 15). Ihre Erklärungen dürfen sie erst abgeben, wenn ihnen der
Vorsitzende dazu ausdrücklich oder durch schlüssige Handlung Gelegenheit gibt. **II** 6
gilt auch für Privatkläger (§ 385 I S. 1), Nebenklage (§ 397 I S. 3; vgl aber Hamburg StV **90**, 153: Ausführungen des zuvor als Zeuge vernommenen Nebenklägers zur Sache sind Zeugenaussagen) und Prozeßbevollmächtigte der Nebenbeteiligten
(§ 434). Die Abgabe einer Erklärung nach II ist in der **Sitzungsniederschrift** zu 7
beurkunden.

3) Grenzen der Erklärungsrechte (III): Der Schlußvortrag darf durch die 8
Erklärungen nach I und II nicht vorweggenommen werden. Sie dürfen sich immer nur auf die unmittelbar vorangegangene Beweiserhebung beziehen (LR-Gollwitzer 7, 11, 18; Rieß NJW **75**, 94), insbesondere zum Beweiswert des Beweismittels kritisch Stellung nehmen, Unklarheiten und Widersprüche aufzeigen und auf Zusammenhänge mit anderen Beweismitteln hinweisen (im einzelnen dazu Hammerstein Rebmann-FS 237). Eine Gesamtwürdigung des bisherigen Verhandlungsergebnisses ist unzulässig (KK-Diemer 4). Das Recht, Anträge zu stellen, schränkt III aber nicht ein (LR-Gollwitzer 22). Überschreitet ein Verfahrensbeteiligter die Grenzen des III, so entzieht ihm der Vorsitzende in Ausübung seiner Sachleitung nach § 238 I das Wort; hiergegen kann nach § 238 II das Gericht angerufen werden.

4) Revision: § 257 ist eine Ordnungsvorschrift, auf deren Verletzung die Revi- 9
sion nicht gestützt werden kann, sofern nur das rechtliche Gehör insgesamt gewährt worden ist (BGH MDR **67**, 175 [D]; VRS **34**, 344, 346; RG **42**, 168; OGH **1**, 110, 111; Koblenz VRS **46**, 449, 453; KMR-Paulus 15; **aM** Hammerstein Rebmann-FS 236; LR-Gollwitzer 25; erg 4 zu § 337).

Anordnung schriftlicher Antragstellung

257a Das Gericht kann den Verfahrensbeteiligten aufgeben, Anträge und Anregungen zu Verfahrensfragen schriftlich zu stellen. Dies gilt nicht für die in § 258 bezeichneten Anträge. § 249 findet entsprechende Anwendung.

1 **1) Anwendungsbereich der Vorschrift:** Den Verfahrensbeteiligten muß rechtliches Gehör gewährt werden (Einl 23 ff). Grundsätzlich ist im Strafverfahren dafür auch Anhörung im wörtlichen Sinne zu fordern (Bandisch StV **94**, 158; Krahl GA **98**, 334; Schlüchter GA **94**, 428 Fn 226), also die sprachliche Äußerung in mündlicher Verhandlung und die Kenntnisnahme der Reaktion des Gerichts auf die Ausführungen (R. Hamm StV **94**, 459). An den Grundprinzipien unseres Strafverfahrens, die durch die Grundsätze der Öffentlichkeit (§ 169 S.1 GVG), der Mündlichkeit (7 zu § 261) und der Unmittelbarkeit (1 zu § 250) gekennzeichnet sind, will und kann eine vereinzelte Vorschrift wie der durch das Verbrechensbekämpfungsgesetz 1994 eingefügte § 257 a nichts ändern (vgl auch Dahs NJW **95**, 556; Krahl aaO 335 ff). Nach der Gesetzesbegründung (BT-Drucks 12/6853 S.19, 34) soll die Vorschrift die „straffere Durchführung" von Groß- und Umfangsstrafverfahren ermöglichen (ob sie dies Ziel erreichen kann, ist aber schon fraglich, vgl dazu Münchhalffen StraFo **95**, 20 und Friebertshäuser-FG 139; bejahend hingegen Nehm/Senge NStZ **98**, 385). Aus der Gesetzesfassung ist dieser Zweck jedoch
2 nicht zu entnehmen. Die Vorschrift bedarf daher der **teleologischen Reduktion**: Nur wenn durch eine Vielzahl von Anträgen oder Anregungen zu Verfahrensfragen oder durch mehrere Anträge außerordentlichen Umfangs der Verfahrensablauf bei mündlichem Vortrag erheblich (um Stunden oder gar Tage) verzögert werden würde, kann eine Anordnung nach § 257 a in Betracht kommen (vgl Schlüchter aaO 427). Für eine Anordnung, die auch sämtliche künftigen Anträge und Anregungen erfaßt, muß die Feststellung eines zuvor erfolgten Mißbrauchs des Antragsrechts verlangt werden (Krahl aaO 340; vgl König Kriminalistik **95**, 477; **aM** Pfeiffer 2). Nur bei einer solchen teleologischen Reduktion der Vorschrift kann sie rechtsstaatlichen Anforderungen genügen und kann die gegen sie erhobene scharfe Kritik, die von der Bezeichnung als „Maulkorb-Paragraph" (Bandisch aaO; R.Hamm aaO 458; Scheffler NJW **94**, 2194) über Einführung einer „Geisterverhandlung" (R. Hamm aaO 457) bis zur Befürchtung einer „Grabesstille" im Gerichtssaal (Scheffler aaO) reicht, entkräftet werden (König/Seitz NStZ **95**, 5 weisen insoweit auf den fair trial-Grundsatz hin); Krahl aaO 342 hält die Vorschrift allerdings selbst dann für rechtswidrig.

3 **2) Anordnung:** Für einen oder mehrere zu stellende Anträge oder Anregungen kann den Verfahrensbeteiligten die Schriftform aufgegeben werden. Wenn eine allgemeine Anordnung für alle auch in Zukunft zu stellenden Anträge und Anregungen, ohne daß deren Inhalt schon bekannt- oder vorherzusehen ist, getroffen werden soll, setzt dies einen festgestellten Mißbrauch des Antragsrechts voraus
4 (oben 2). Die Anordnung steht **im pflichtgemäßen Ermessen** des Gerichts. Sie kann zB auch getroffen werden, wenn der Verfahrensbeteiligte von sich aus schon einen umfangreichen schriftlichen Antrag vorlegen will. Sie kommt nicht in Betracht, wenn dem Verfahrensbeteiligten schriftliche Antragstellung nicht zumutbar oder nicht möglich ist (BT-Drucks 12/6853 S. 34).

5 **3) Anordnender und Adressat:** Nur das Gericht in voller Besetzung, nicht der Vorsitzende allein kann die Anordnung treffen. Der Vorsitzende sollte aber zuvor auf diese Möglichkeit, wenn sie in Betracht kommt (aber natürlich nicht als „Drohung", wie R. Hamm StV **94**, 457 befürchtet), hinweisen. Sie kann gegenüber allen Verfahrensbeteiligten ergehen, also StA, Verteidiger, Angeklagtem, Nebenkläger und Nebenbeteiligten.

4) Inhalt: Die Anordnung kann sich auf alle Arten von Anträgen und Anregungen zu Verfahrensfragen beziehen, insbesondere auf Beweis- und Beweisermittlungsanträge, Anträge auf Einstellung, Unterbrechung oder Aussetzung des Verfahrens. Die Anordnung kann auf bestimmte Anträge (zB nur auf Beweisanträge) oder auch zeitlich (zB nur am heutigen Verhandlungstag) beschränkt werden. Eine Begründung der Anordnung schreibt das Gesetz zwar nicht vor; aus der erforderlichen teleologischen Reduktion der Vorschrift (oben 2) ist aber ein Begründungserfordernis zu schließen. Vor allem, wenn die Anordnung für sämtliche zukünftigen Anträge und Anregungen erfolgt, bedarf sie einer Begründung, warum der Verfahrensbeteiligte mißbräuchlich gehandelt hat (oben 3). Die Anordnung ist **ausgeschlossen** bei den Anträgen nach § 258. Dabei umfaßt der Ausschluß nicht nur die eigentliche Antragstellung, sondern – wie die uneingeschränkte Erwähnung des § 258 in S.2 beweist – den gesamten Schlußvortrag. Auch bei beabsichtigter Ablehnung des Gerichts kann schriftliche Antragstellung nicht gefordert werden (§ 26 I S.2), da sich hier Schwierigkeiten mit der Notwendigkeit unverzüglicher Antragstellung (§ 25 II S.1 Nr 2) ergeben könnten. Für die Ablehnung eines Sachverständigen gilt dies mangels Verweisung in § 74 auf das Richterablehnungsverfahren nicht (vgl 20 zu § 74). § 257 a **gilt auch nicht** für Verlesung der Anklage und Äußerung des Angeklagten zur Anklage (§ 243 III und IV), für Erklärungen der Verfahrensbeteiligten, zB nach §§ 61 Nr 5, 251 I Nr 4 oder § 257 (König/Seitz NStZ **95**, 5), und nicht für Äußerungen zur materiellen Rechtslage; bei letzteren verhindert § 257 III einen Mißbrauch des Erklärungsrechts. 6 7 8

5) Folgen der Anordnung: Anträge und Anregungen dürfen nur noch in geschriebener Form eingereicht werden. Maschinenschrift kann nicht verlangt werden, handschriftlich verfaßte Erklärungen müssen aber lesbar sein. Die schriftliche Einreichung muß im Hauptverhandlungsprotokoll vermerkt werden; es handelt sich um eine wesentliche Förmlichkeit iSd § 273 I. Ggf muß die Hauptverhandlung unterbrochen werden, um dem Verfahrensbeteiligten Gelegenheit zur schriftlichen Antragstellung zu geben (Dahs NJW **95**, 556). Entgegen der Anordnung mündlich gestellte Anträge oder Anregungen braucht das Gericht nicht entgegenzunehmen, ist daran durch den Beschluß aber auch nicht gehindert, wenn der zügige Verfahrensablauf dadurch nicht beeinträchtigt wird. Die **entsprechende Anwendung des § 249** hat insbesondere den Sinn, daß das Gericht von den schriftlich gestellten Anträgen und Anregungen im Selbstleseverfahren (16 ff zu § 249) Kenntnis nehmen kann; denn, wenn statt des Verfahrensbeteiligten das Gericht den Antrag entspr § 249 I S.1 verliest, wird die erwünschte „Verfahrensstraffung" kaum erreicht werden können (Scheffler NJW **94**, 2194). Auch ein zusammenfassender Bericht des Vorsitzenden (25 ff zu § 249) ist möglich und in geeigneten Fällen empfehlenswert, um den Inhalt des Schriftsatzes in der Hauptverhandlung bekanntzumachen. Hinsichtlich der **Entscheidung über die Anträge** gelten keine Besonderheiten. Die Entscheidung muß verkündet werden (§ 35 I S.1) und ist in das Hauptverhandlungsprotokoll aufzunehmen. 9 10 11

6) Anfechtung: Gegen die Anordnung ist eine Beschwerde wegen § 305 S. 1 nicht zulässig. Es bleibt nur die Möglichkeit der Gegenvorstellung (23 ff vor § 296). 12

7) Revision: Wenn die Anordnung unzulässig war, weil kein sachlich einleuchtender Grund für sie angegeben oder erkennbar oder ein Mißbrauch seiner prozessualen Rechte durch den Verfahrensbeteiligten zu Unrecht bejaht worden ist, kann dies nach § 337 – für die Verteidigung nach § 338 Nr 8 – die Revision begründen. Konnte deswegen ein verfahrenserheblicher Beweisantrag nicht gestellt werden, kann uU auch die Aufklärungsrüge (80 ff zu § 244) begründet sein. 13

Schlußvorträge **RiStBV 138, 139**

258 I **Nach dem Schluß der Beweisaufnahme erhalten der Staatsanwalt und sodann der Angeklagte zu ihren Ausführungen und Anträgen das Wort.**

II **Dem Staatsanwalt steht das Recht der Erwiderung zu; dem Angeklagten gebührt das letzte Wort.**

III **Der Angeklagte ist, auch wenn ein Verteidiger für ihn gesprochen hat, zu befragen, ob er selbst noch etwas zu seiner Verteidigung anzuführen habe.**

1 1) Zur **Wahrung des rechtlichen Gehörs** (Einl 23 ff) berechtigt § 258 die Verfahrensbeteiligten, nach genügender Vorbereitung (KG NStZ **84**, 523) zum Ergebnis der Verhandlung in tatsächlicher und rechtlicher Hinsicht Stellung zu nehmen und Anträge zu stellen (BVerfGE **54**, 140 = MDR **80**, 909; Köln VRS **69**, 444; vgl auch BGH **9**, 77, 79). Die Schlußvorträge der StA und des Verteidigers, insbesondere aber das letzte Wort des Angeklagten, das seine Einlassung ergänzt, gehören zum Inbegriff der Hauptverhandlung iS des § 261 und müssen daher bei der Urteilsfindung berücksichtigt werden (BGH **11**, 74, 75; StV **83**, 402; erg 5 zu § 261). Legt der Angeklagte in seinem letzten Wort ein Geständnis ab, so muß idR noch einmal in die Verhandlung eingetreten werden (BGH 2 StR 88/75 vom 11. 6. 1975).

2 2) Nach **Schluß der Beweisaufnahme** werden die Schlußvorträge gehalten und erhält der Angeklagte Gelegenheit zum letzten Wort. Den Schluß der Beweisaufnahme stellt der Vorsitzende idR ausdrücklich fest; ein Gerichtsbeschluß ist gesetzlich nicht vorgesehen (Köln NJW **54**, 46 hält ihn sogar für irreführend; zust EbSchmidt 1). Auch eine stillschweigende Feststellung reicht aus (KK-Engelhardt 2); der Vorsitzende muß nur unmißverständlich zu erkennen geben, daß keine Beweise mehr erhoben werden und die Schlußvorträge gehalten werden können (BGH NStZ **90**, 28 [M]; KG NStZ **84**, 523). Zum Wiedereintritt in die bereits geschlossene Beweisaufnahme vgl unten 27 ff.

3 3) **Schlußvorträge** (I):

4 A. Das **Recht zum Schlußvortrag** haben die StA, der Nebenkläger (§ 397 I S. 3), der Privatkläger (§ 385 I S. 1), an deren Stelle ihre Vertreter sprechen dürfen,
5 der Angeklagte und der **Verteidiger,** der in I nicht genannt ist, weil sich aus III ergibt, daß er den Schlußvortrag für den Angeklagten halten kann (KG NStZ **84**, 523). Daß er von diesem Recht Gebrauch macht, ist selbstverständlich; daher muß er das Wort zum Schlußvortrag nicht besonders beantragen; es wird ihm, wie den übrigen Prozeßbeteiligten (unten 7), von Amts wegen erteilt (Bay **55**, 269; VRS **62**, 374; Hamm VRS **48**, 433; LR-Gollwitzer 12; **aM** RG **42**, 51; KG aaO; KK-Engelhardt 5; KMR-Müller 7). Auch wenn der Verteidiger erst kurz vor der Urteilsberatung erscheint, hat er noch Anspruch auf Gelegenheit zum Schlußvor-
6 trag (Bay VRS **61**, 128; Hamm NJW **70**, 1696). Die **Nebenbeteiligten,** die in der Hauptverhandlung die Befugnisse eines Angeklagten haben (§§ 433 I, 442 I, II S. 1, 444 S. 2), erhalten, wenn sie anwesend sind, das Wort zum Schlußvortrag im Rahmen ihrer Beteiligung. Das gleiche gilt für Beteiligte an einer mündlichen Verhandlung im Nachverfahren (§ 441 III) und im selbständigen Verfahren nach § 444 II S. 1. Für diese Nebenbeteiligten können auch die Vertreter (§ 434) sprechen. Schließlich muß den Erziehungsberechtigten und gesetzlichen Vertretern jugendlicher Angeklagter das Wort erteilt werden (§§ 67, 104 I Nr 9 **JGG**; vgl
7 BGH JR **97**, 79 mit Anm Eisenberg/Düffer). **Gelegenheit zum Schlußvortrag** muß der Vorsitzende diesen Prozeßbeteiligten von Amts wegen geben. Dazu bedarf es nicht unbedingt einer ausdrücklichen Worterteilung; die Gelegenheit müssen die Berechtigten aber unmißverständlich erhalten (Bay VRS **62**, 374), nicht nur durch eine Handbewegung (RG **61**, 317).

B. Die **Reihenfolge** des I bezeichnet die zweckmäßigste Verfahrensgestaltung, ist aber nicht zwingend (RG **64**, 133; Hamburg JR **55**, 233). Nach dem Grundgedanken von I soll dem Nebenkläger das Wort vor dem Verteidiger gewährt werden (BGH 5 StR 121/62 vom 14. 5. 1962; RG aaO). Bei mehreren Angeklagten bestimmt der Vorsitzende die Reihenfolge in der sie und ihre Verteidiger zu Wort kommen (RG **57**, 265; KK-Engelhardt 6). Treten mehrere StAe oder Verteidiger auf, so steht die Aufteilung der Schlußvorträge in ihrem Ermessen (LR-Gollwitzer 13). Für die Berufungsverhandlung gilt § 326 S. 1, für die Revisionsverhandlung § 351 II S. 1. 8

C. Eine **Pflicht zum Schlußvortrag** begründet I nicht. Aufgrund seiner prozessualen Stellung im Offizialverfahren (vgl 1 ff vor § 141 GVG) ist der **StA** aber nicht nur innerdienstlich (vgl RiStBV Nrn 138, 139) verpflichtet, einen Schlußvortrag zu halten. Er muß das Verhandlungsergebnis in tatsächlicher und rechtlicher Hinsicht zusammenfassend würdigen und bestimmte Anträge stellen (BGH NStZ **84**, 468; Düsseldorf NJW **63**, 1167 mit abl Anm Schütz NJW **63**, 1589; Stuttgart NStZ **92**, 98 mwN; offengelassen bei BGH **19**, 377, 378), auch wenn nur über die Berufung des Nebenklägers zu entscheiden ist (3 zu § 401). Ohne den Schlußvortrag der StA darf die Verhandlung nicht fortgesetzt werden (Düsseldorf aaO; LR-Gollwitzer 16; Schlüchter 561.3; **aM** KK-Engelhardt 8); es ist dann der Dienstvorgesetzte des StA zu unterrichten (Stuttgart aaO). Jedoch hat der StA nicht nur die Wahl, Freisprechung oder Verurteilung zu beantragen. Hält er den Sachverhalt nicht für genügend geklärt, so kann er auch den Antrag auf weitere Beweiserhebung stellen (BGHR § 258 I Schlußvortrag 2; AG Bad Oldesloe MDR **76**, 776; LR-Gollwitzer 16; **aM** Düsseldorf aaO; KMR-Paulus 9). Auch auf den Antrag, das Verfahren nach § 154 einzustellen, kann das Gericht ein Sachurteil erlassen (zw BGH NStZ **84**, 468); der StA muß vorher nicht nochmals gehört werden (BGH aaO; **aM** SK/StPO-Schlüchter 17). Der **Verteidiger** nimmt seine Aufgaben zwar idR nicht ordnungsgemäß wahr, wenn er nicht seinerseits einen Schlußvortrag hält, dabei auf die Anträge des StA erwidert und Anträge stellt (**aM** Köln StV **91**, 9, 11). Dazu kann er aber nicht gezwungen werden (LR-Gollwitzer 17; Schlüchter 561.3 will bei notwendiger Verteidigung § 145 anwenden). Das Verfahren wird daher auch fortgesetzt, wenn der Verteidiger den Schlußvortrag verweigert (BGH NStZ **81**, 295 [Pf]; LR-Gollwitzer 17; Dahs/Dahs 159). 9 10 11

D. **Form des Schlußvortrags:** Die Schlußvorträge sollten in freier Rede gehalten werden; die Benutzung schriftlicher Aufzeichnungen darf aber nicht untersagt werden (BGH **3**, 368; MDR **64**, 72; LR-Gollwitzer 19). Eine Verdeutlichung anhand von Skizzen und Modellen ist zulässig (Hamm VRS **35**, 370). 12

E. **Inhaltlich** dürfen sich die Schlußvorträge nur auf Tatsachen und Beweisergebnisse beziehen, die Gegenstand der Hauptverhandlung waren. Das private Wissen dürfen weder StA noch Verteidiger verwerten (LR-Gollwitzer 18; Hellm. Mayer SchlHA **55**, 348 Fn 4). Urkunden dürfen nur verlesen werden, wenn sie bereits in die Verhandlung eingeführt worden sind. War für einen Teil der Hauptverhandlung die Öffentlichkeit nach §§ 171 b, 172 Nrn 2, 3 GVG ausgeschlossen, so dürfen StA und Verteidiger den damit bezweckten Persönlichkeitsschutz nicht ohne besonderen Grund dadurch vereiteln, daß sie die unter Ausschluß der Öffentlichkeit gewonnenen Verhandlungsergebnisse in ihrem Schlußvortrag erörtern (KMR-Paulus 17). Die Schlußvorträge dürfen sich auch nicht über Verwertungsverbote (Einl 55) hinwegsetzen (LR-Gollwitzer 18). Der **StA** muß seinen Schlußvortrag (dazu allg Dahs DRiZ **60**, 106; Heghmanns 449 ff) objektiv und unvoreingenommen halten; von dem Inhalt der Anklageschrift muß er sich lösen, wenn die Hauptverhandlung zu abweichenden Beweisergebnissen geführt hat. Bei der Beurteilung des Sachverhalts muß er die zugunsten und zuungunsten des Angeklagten sprechenden Umstände gleichermaßen berücksichtigen. Im übrigen schreiben RiStBV Nrn 138, 139 vor, zu welchen Fragen der StA Stellung zu nehmen und was er bei der Antragstellung zu beachten hat. Für den Angeklagten hält der 13 14

15 **Verteidiger** den Schlußvortrag (allg dazu Alsberg AnwBl **78**, 1; Dahs 599 ff und AnwBl **59**, 1; Reuß JR **65**, 162) in eigener Verantwortung (KK-Engelhardt 12; erg 1 vor § 137). Er kann einseitig die zugunsten des Angeklagten sprechenden Umstände hervorheben; zur objektiven Würdigung des Verhandlungsergebnisses ist er nicht verpflichtet (**aM** LR-Gollwitzer 24). Auf eine bestimmte Redezeit darf er
16 nicht beschränkt werden (BGH MDR **53**, 598 [D]). Einem **Mißbrauch** des Schlußvortrags hat der Vorsitzende im Rahmen seiner Sachleitung nach § 238 I entgegenzutreten. Ein Mißbrauch liegt insbesondere vor bei ständigen Wiederholungen (BGH MDR **64**, 72), Weitschweifigkeiten und Erörterung abwegiger Umstände (BGH **3**, 368, 369) sowie Herabsetzung des Gerichts, der anderen Prozeßbeteiligten oder dritter Personen. Der Vorsitzende muß in diesen Fällen den StA oder Verteidiger zunächst ermahnen; wenn das erfolglos bleibt, darf er ihm (als letztes Mittel) das Wort entziehen (LR-Gollwitzer 42). Hiergegen kann nach § 238 II das Gericht angerufen werden (KK-Engelhardt 10).

17 F. Die **Aufteilung der Schlußvorträge (Schuldinterlokut)** des StA und des Verteidigers in der Weise, daß nach der Beweisaufnahme zunächst nur zur Schuldfrage gesprochen, sodann zur Rechtsfolgenfrage verhandelt wird und schließlich Schlußvorträge zu diesem Verhandlungsteil gehalten werden, ist im Gesetz nicht vorgesehen und auch nicht üblich. Auch nach geltendem Recht kann aber ein solches „informelles Schuldinterlokut" nicht als unzulässig angesehen werden (Kleinknecht Heinitz-FS 651; vgl auch BGH NStZ **85**, 561; LR-Gollwitzer 9 zu § 243). Im Schrifttum wird die Einführung eines formellen Schuldinterlokuts nach amerikanischem Vorbild befürwortet (Kaiser Lenckner-FS 792; Roxin § 42 G II; vgl auch die Nachw bei LR-Schäfer Einl Kap 13 Rdn 20 a).

18 **4)** Das **Recht auf Erwiderung** (II Hs 1) steht dem StA, dem Privatkläger (§ 385 I S. 1) und dem Nebenkläger zu (10 zu § 397). Einen Anspruch auf mehrmalige Erwiderung haben sie nicht (RG **11**, 135, 136); der Vorsitzende kann sie ihnen aber gestatten, wenn er das für sachlich geboten hält (KK-Engelhardt 13). Das Recht des Angeklagten und seines Verteidigers, auf die Erwiderung seinerseits zu erwidern, folgt aus dem Recht des Angeklagten auf das letzte Wort nach II Hs 2, III (BGH NJW **76**, 1951; RG **42**, 51; Bremen MDR **67**, 608; Koblenz VRS **55**, 278; Oldenburg NJW **57**, 839; Schlüchter 562). So oft der StA, der Privatkläger oder der Nebenkläger zur Erwiderung das Wort erhält, muß anschließend erneut dem Verteidiger und dem Angeklagten das Wort erteilt werden (BGH aaO; MDR **78**, 281 [H]). Hat sich der in Vertretung des Angeklagten erschienene Verteidiger während der Schlußvorträge des StA und Nebenklägers entfernt und ist er bis zur Urteilsberatung nicht zurückgekehrt, so hat er aber sein Recht auf Erwiderung verwirkt (Bay VRS **61**, 128). Über das Verlangen nach Erwiderung entscheidet der Vorsitzende (§ 238 I); lehnt er sie ab, so kann nach § 238 II auf Entscheidung des Gerichts angetragen werden.

19 **5) Letztes Wort des Angeklagten** (II Hs 2, III):

20 A. Der **Angeklagte selbst** hat das Recht, vor der Urteilsberatung als Letzter zu sprechen, auch wenn er vorher schon nach I einen Schlußvortrag gehalten hat oder sonst zu Wort gekommen ist. Das gilt auch in der Berufungsverhandlung (§ 326 S. 2) und in der Revisionsverhandlung (§ 351 II S. 2). Dieses Recht ist nicht übertragbar, insbesondere nicht auf den Verteidiger des in der Hauptverhandlung anwesenden Angeklagten (Schleswig SchlHA **70**, 199 [E/J]; LR-Gollwitzer 28). Auch bei Abwesenheit des Angeklagten kann der Verteidiger nicht verlangen, außer dem Schlußvortrag für den Angeklagten noch das letzte Wort zu erhalten (BGH GA **78**, 376; Bay VRS **61**, 128; KK-Engelhardt 14; Eisenberg BR 810; zw LR-Gollwitzer 28 Fn 95). War die Hauptverhandlung nach § 231 II in Abwesenheit des Angeklagten fortgesetzt worden, kehrt er aber vor der Urteilsberatung zurück, so ist ihm das letzte Wort zu erteilen, auch wenn nur noch die Urteilsverkündung aussteht (BGH NStZ **86**, 372; **90**, 291). Bei einem wegen ordnungs-

widrigen Benehmens nach § 231 b ausgeschlossenen Angeklagten muß idR der Versuch gemacht werden, ihn für die Gewährung des letzten Worts wieder hinzuzuziehen (vgl 7 zu § 231 b). Davon kann nur abgesehen werden, wenn dieser Versuch im Hinblick auf die vorangegangenen Ausschreitungen des Angeklagten von vornherein aussichtslos wäre (BGH **9**, 77; RG **35**, 433, 435; KG StV **87**, 519; Koblenz MDR **75**, 424). Als **letzter Verfahrensbeteiligter** darf der Angeklagte 21
sprechen, bevor das Gericht mit der Beratung beginnt. Das gilt nicht nur im Verhältnis zu StA und Nebenkläger (Saarbrücken VRS **17**, 63), sondern auch zum Verteidiger (III). Sprechen nach dem letzten Wort des Angeklagten andere Verfahrensbeteiligte für ihn, so muß ihm erneut das letzte Wort erteilt werden (LR-Gollwitzer 29; **aM** RG **57**, 265; KK-Engelhardt 20; KMR-Paulus 25; EbSchmidt Nachtr 11). Das gleiche gilt, wenn Nebenbeteiligte nach ihm das letzte Wort gehabt haben (LR-Gollwitzer 29). Die **Reihenfolge,** in der mehrere Angeklagte 22
das letzte Wort haben, bestimmt der Vorsitzende (RG **57**, 265; LR-Gollwitzer 38).
Die **gleichen Rechte wie der Angeklagte** haben im Verfahren gegen jugendliche 23
Angeklagte die Erziehungsberechtigten und gesetzlichen Vertreter nach § 67 I JGG (BGH **21**, 288; NStZ **85**, 230; Brunner/Dölling 6 zu § 67 JGG), auch im Verfahren vor einem Erwachsenengericht (§ 104 I Nr 9 JGG). Das letzte Wort haben auch Nebenbeteiligte im Umfang ihrer Beteiligung, auch die Einziehungsbeteiligten bei der mündlichen Verhandlung im Einziehungsverfahren nach §§ 431 ff (BGH **17**, 28).

B. Ein **Hinweis auf das Recht des letzten Wortes** ist erforderlich, wenn es 24
der Angeklagte nicht schon von sich aus in Anspruch nimmt (BGH **18**, 84; **22**, 278). Auf Form und Wortlaut des Hinweises kommt es nicht an; die Befragung nach III muß nicht mit den Worten des Gesetzes erfolgen. Es genügt, daß dem Angeklagten klar zur Kenntnis gebracht wird, daß er sich als letzter Verfahrensbeteiligter abschließend zur Sache äußern kann (BGH **18**, 84; RG **61**, 317; Hamm NJW **59**, 1933; VRS **41**, 159; **aM** Schleswig SchlHA **56**, 212: ausdrückliche Befragung).

C. **Inhaltlich** steht es dem Angeklagten grundsätzlich frei, was er im Rahmen 25
seines letzten Wortes vorbringen will. Ihm ist weitestgehende Verteidigungsfreiheit zu ermöglichen (BGH **9**, 77, 79; StV **85**, 355; Seibert MDR **64**, 471; Tröndle DRiZ **70**, 217). Er darf auch über Umstände sprechen, auf die das Gericht die Beweisaufnahme nicht zu erstrecken brauchte, insbesondere auf solche, die sich auf die Beweggründe für seine Tat beziehen (BGH StV **85**, 355; vgl auch BGH **31**, 16 = JR **83**, 116 mit Anm Gössel). Auf eine bestimmte Redezeit darf er ebensowenig beschränkt werden wie der Verteidiger (RG **64**, 57; oben 15). Das schließt auch aus, daß ihm das letzte Wort durch vorzeitigen Aufbruch des Gerichts abgeschnitten wird (Neustadt GA **81**, 186). Unzulässig ist es, ihm die Entziehung des Wortes für den Fall anzudrohen, daß er die Unwahrheit sagt (BGH JR **65**, 348; LR-Gollwitzer 31). Zur Benutzung schriftlicher Aufzeichnungen vgl oben 12. Unterbrechungen und Fragen sind zulässig (BGH MDR **57**, 527 [D]). Bei **Mißbrauch** 26
des letzten Wortes, insbesondere bei ständigen Widerholungen, weitschweifigen, abwegigen oder ehrkränkenden Äußerungen, darf der Vorsitzende den Angeklagten ermahnen; wenn das erfolglos bleibt, kann er ihm das Wort entziehen (BGH **3**, 368; RG **64**, 57; EbSchmidt 4; einschr KK-Engelhardt 21: nur nach mehrmaligen vergeblichen Ermahnungen; vgl auch AK/StPO-Dästner 27, 31; erg oben 16).

6) Der **Wiedereintritt in die Beweisaufnahme** verpflichtet das Gericht, nach 27
erneuter Schließung der Beweisaufnahme den Prozeßbeteiligten ohne Rücksicht auf Umfang und Bedeutung der Weiterverhandlung nochmals Gelegenheit zum Schlußwort zu geben und dem Angeklagten abermals das letzte Wort zu erteilen; denn die früheren Schlußvorträge und das letzte Wort haben mit dem Wiedereintritt in die Beweisaufnahme ihre Bedeutung als abschließende Äußerung verloren (KK-Engelhardt 23). Dabei kann das Gericht davon ausgehen, daß StA und Ver-

teidiger ihr Recht kennen, den Schlußvortrag zu erneuern; ein besonderer Hinweis ist nicht erforderlich (BGH **20**, 273; **22**, 278; NStZ **93**, 95). Sehen sie von weiteren Ausführungen ab, so liegt darin eine stillschweigende Bezugnahme auf den vorher gehaltenen Schlußvortrag (Bay **57**, 88 = NJW **57**, 1289; Schlüchter 564). Dagegen muß der Angeklagte ausdrücklich auf sein Recht hingewiesen werden, nochmals als Letzter zu sprechen (BGH **13**, 53, 59; **18**, 84, 85; **22**, 278; NStZ **84**, 521; **87**, 36). Wird nur zu einem von mehreren Anklagevorwürfen erneut in die Beweisaufnahme eingetreten, so muß gleichwohl das letzte Wort in vollem Umfang erteilt werden (BGH **20**, 273, 275; **22**, 278, 280; MDR **66**, 893 [D]; VRS **30**, 121). Der
28 **Wiedereintritt** setzt keinen besonderen Gerichtsbeschluß voraus (Düsseldorf VRS **80**, 461 mwN). Er liegt nicht nur in jeder Prozeßhandlung, die ihrer Natur nach in den Bereich der Beweisaufnahme fällt (so Bay **57**, 88 = NJW **57**, 1289), sondern schon in jeder Handlung, in der der Wille des Gerichts zum Weiterverhandeln in Erscheinung tritt. Daher handelt es sich auch dann um einen Wiedereintritt, wenn keine weitere Beweisaufnahme stattfindet; Wiedereintritt in die Beweisaufnahme ist gleichbedeutend mit Wiedereröffnung der Verhandlung (BGH **20**, 273, 275; MDR **66**, 893 [D]; NStZ **84**, 521; **93**, 551; vgl auch Schlothauer StV **84**, 134). Ein
29 **Wiedereintritt liegt zB vor** (vgl SK/StPO-Schlüchter 5), wenn nach dem letzten Wort des Angeklagten ein Antrag, die Beweisaufnahme wieder zu eröffnen (Bay **57**, 88 = NJW **57**, 1289), ein Beweisantrag (KK-Engelhardt 24) oder ein Unterbrechungs- oder Aussetzungsantrag abgelehnt wird (BGH NStZ **82**, 190 [Pf]; StV **93**, 344; NStZ-RR **97**, 268 L), ein Hilfsbeweisantrag entgegengenommen wird, zu dem der StA Stellung nimmt (Celle StV **85**, 7), eine Urkunde verlesen wird, auch wenn das nicht zu Beweiszwecken geschieht (BGH NStZ **83**, 357 [Pf/M]), ein Zeuge nachträglich vereidigt wird (LR-Gollwitzer 6), ein Beschluß über die Abtrennung von Verfahrensteilen (BGH StV **82**, 4; **83**, 232) oder die Abtrennung des Verfahrens gegen einen Mitangeklagten ergeht (BGH StV **84**, 233; NStZ **88**, 512), ein Einstellungsbeschluß nach § 153 ff erlassen (BGH NStZ **83**, 469; LR-Gollwitzer 6; **aM** BGH 2 StR 473/78 vom 21. 2. 1979; offengelassen bei BGH NStZ **90**, 228 [M] und NJW **85**, 1479, 1480 = JR **86**, 165 mit Anm Pelchen), ein Tatteil nach § 154a ausgeschieden (BGH MDR **66**, 893 [D]), eine Nachtragsanklage nicht zugelassen wird (BGH StV **81**, 221), ein rechtlicher Hinweis nach § 265 I erteilt (BGH **19**, 156; **22**, 278; NStZ **81**, 295 [Pf]; **85**, 495 [Pf/M]) oder auf die rechtliche Möglichkeit einer Nebenfolge hingewiesen wird (BGH NStZ **87**, 36; Düsseldorf VRS **80**, 461), die Invollzugsetzung des Haftbefehls (BGH NStZ **86**, 470) oder allgemein mit der Haftfrage die „Sach- und Rechtslage" erörtert wird (BGH StV **92**, 551), ein Beschluß über den Wegfall der Meldeauflage bei einem außer Vollzug gesetzten Haftbefehl verkündet (BGH StV **88**, 93) oder über einen Antrag auf Wiederinvollzugsetzung des Haftbefehls (BGH StV **97**, 339) oder einen Haftentlassungsantrag entschieden wird (BGH NStZ **84**, 376). Auch die informatorische Frage des Vorsitzenden an den Verteidiger, ob er die im Schlußvortrag bezeichneten Urkunden vorlegen könne, soll ein Wiedereintritt in die
30 Verhandlung sein (BGH NStZ **87**, 423). **Kein Wiedereintritt** liegt vor bei Verwerfung eines unzulässigen Ablehnungsgesuchs nach § 24 (KK-Engelhardt 25; offengelassen bei BGH NStZ **85**, 464), wenn lediglich die Verhandlungsfähigkeit des Angeklagten erörtert wird (BGH NStZ **90**, 228 [M], zw), bei bloßer Entgegennahme eines Hilfsbeweisantrags (BGH NStZ-RR **98**, 261 [K] mwN) oder eines Beweisantrags nach Beginn der Urteilsverkündung (BGH NStZ **86**, 182). Auch die Weigerung der StA, der Einstellung nach § 153 zuzustimmen (Hamm VRS **23**, 54) stellt keinen Wiedereintritt in die Verhandlung dar, das gleiche gilt für den Fall, daß ein Zeuge nach Schluß der Beweisaufnahme unaufgefordert Erklärungen abgibt, auf die niemand eingeht (KK-Hürxthal 25), oder daß der Vorsitzende den Angeklagten beim letzten Wort zu Ergänzungen veranlaßt, ohne damit in eine förmliche Vernehmung einzutreten (BGH 5 StR 550/55 vom 27. 1. 1956) und daß der StA während des letzten Wortes des Angeklagten eine Zwischenbemerkung macht (Saarbrücken JBl Saar **61**, 14).

31 **7) Sitzungsprotokoll:** Zu den wesentlichen Förmlichkeiten der Hauptverhandlung iS des § 273 I gehört, daß den Prozeßbeteiligten das Wort zum Schlußvortrag erteilt (BGH **22**, 278; Koblenz OLGSt S. 5; Schleswig SchlHA **70**, 199 [E/J], Zweibrücken StV **86**, 51), daß der Angeklagte nach III befragt (BGH aaO; NStZ **85**, 494 [Pf/M]; Hamm VRS **41**, 159) oder daß ihm sonst das letzte Wort gewährt worden ist (BGH aaO; StV **82**, 103). Auch die Verweigerung des Schlußvortrags und die Wortentziehung sind im Sitzungsprotokoll zu beurkunden (LR-Gollwitzer 52). Die Beobachtung dieser Förmlichkeiten kann nach § 274 nur durch das Protokoll bewiesen werden (BGH **13**, 53, 59; **22**, 278; NStZ **83**, 212 [Pf/M]; Köln VRS **62**, 281). Ist im Protokoll nur die Erteilung des letzten Wortes beurkundet, so ist der Vermerk so **auszulegen,** daß damit auch die Befragung nach II verbunden 32 war (RG **57**, 265; Hamm NJW **59**, 1933; O. H. Schmidt NJW **59**, 62). Der Protokollvermerk, daß der Angeklagte das letzte Wort hatte, beweist auch, daß dem Verteidiger Gelegenheit gegeben war, vor dem letzten Wort des Angeklagten seinerseits abschließend zu sprechen (BGH NJW **79**, 1668; Köln VRS **57**, 32), und daß er die Möglichkeit der Erwiderung hatte (Koblenz VRS **55**, 278). Das gilt aber nicht bei Abwesenheit des Angeklagten (Bay VRS **61**, 128). Der Vermerk: „Die Beteiligten blieben bei ihren Anträgen", beweist nicht, daß der Angeklagte das letzte Wort gehabt hat (KMR-Paulus 31; LR-Gollwitzer 53; Hanack JZ **72**, 276; **aM** BGH **13**, 53; KK-Engelhardt 17). Ebensowenig beweist der Vermerk: „Die Angeklagten gaben keine weiteren Erklärungen ab", daß ihnen nach Wiedereintritt in die Verhandlung erneut das letzte Wort erteilt worden ist (LR-Gollwitzer 53).

33 **8)** Die **Revision** kann darauf gestützt werden, daß dem Verteidiger zum Schlußvortrag keine Gelegenheit (Köln VRS **69**, 444) oder keine Zeit zur Vorbereitung gegeben worden ist (KG NStZ **84**, 523) oder daß dem anwesenden Angeklagten (seinem Erziehungsberechtigten oder gesetzlichen Vertreter) das letzte Wort nicht erteilt oder in unzulässiger Weise beschränkt worden ist (BGH **3**, 368, 370). Zum notwendigen Revisionsvorbringen gehören nicht Angaben darüber, was der Verteidiger in dem Schlußvortrag oder der Angeklagte in dem letzten Wort vorgebracht hätte (BGH **21**, 288, 290), wohl aber über den Ablauf der Verhandlung, insbesondere falls nach dem letzten Wort wieder in die Verhandlung eingetreten worden war (BGH NStZ **90**, 230 [M]; StV **95**, 176 mit abl Anm Ventzke). Die vorherige Anrufung des Gerichts nach § 238 II setzt die Zulässigkeit der Revision nicht voraus (BGH **3**, 368; **21**, 288, 290). Ein Revisionsgrund liegt nicht darin, daß der Verteidiger keinen Schlußvortrag gehalten hat (BGH MDR **80**, 274 [H]; NStZ **87**, 217 [Pf/M]), wohl aber in der Weiterführung der Verhandlung, nachdem der StA den Schlußvortrag verweigert hat (oben 10; differenzierend Häger Meyer-GedSchr 177; offengelassen von BGHR § 258 I Schlußvortrag 2). Das **Beruhen** 34 **des Urteils** auf Verstößen gegen § 258, insbesondere gegen II Hs 2, III, kann nur in besonderen Ausnahmefällen ausgeschlossen werden (BGH **21**, 288, 290; MDR **66**, 893 [D]; **77**, 639 [H]; NStZ **83**, 357 [Pf/M]; **84**, 376; wistra **85**, 154; Koblenz VRS **47**, 444; Köln VRS **69**, 444; zu solchen Ausnahmefällen vgl BGH **22**, 278, 280 ff = JR **69**, 234 mit Anm EbSchmidt; BGH NStZ **84**, 521; **85**, 464; **96**, 398, 399; StV **96**, 297; NStZ-RR **98**, 15; Düsseldorf VRS **64**, 205; Karlsruhe MDR **66**, 948), jedenfalls nicht deswegen, weil sich der Angeklagte bisher nicht zur Sache eingelassen hat (BGHR § 258 III letztes Wort 1 mwN); bei einem Geständnis des Angeklagten wird der Schuldspruch aber idR aufrechterhalten werden können (BGH NStZ **93**, 29 [K]), ebenso, wenn sich der Hinweis ersichtlich nur auf die gesetzlichen Strafzumessungsgrundlagen bezieht (BGH NStZ **93**, 551).

Dolmetscher

259 **I Einem der Gerichtssprache nicht mächtigen Angeklagten müssen aus den Schlußvorträgen mindestens die Anträge des Staatsanwalts und des Verteidigers durch den Dolmetscher bekanntgemacht werden.**

II **Dasselbe gilt von einem tauben Angeklagten, sofern nicht eine schriftliche Verständigung erfolgt.**

1 **1)** Eine **Einschränkung der §§ 185, 186 GVG** enthält die Vorschrift. Für die Schlußvorträge gilt nicht die Pflicht, dem der Gerichtssprache nicht mächtigen (4 zu § 185 GVG) oder tauben (1 zu § 186 GVG) Angeklagten den gesamten Inhalt bekanntzumachen. Es genügt die Übersetzung der Anträge des StA und des Verteidigers. Die Einschränkung bezieht sich aber nicht auf die eigenen Erklärungen des Angeklagten; sie müssen von dem Dolmetscher durch wörtliche Übersetzung bekanntgemacht werden. Im übrigen steht es im Ermessen des Vorsitzenden, den Dolmetscher zu beauftragen, auch die Schlußvorträge wörtlich zu übertragen oder durch eine gedrängte Inhaltsangabe verständlich zu machen (BGH GA **63**, 148; Kabbani StV **87**, 411; vgl. auch BVerfGE **64**, 135, 148 = NJW **83**, 2762, 2764).

2 **2) In** der **Sitzungsniederschrift** braucht die Beachtung der Mindestanforderungen des § 259 ebensowenig vermerkt zu werden wie jedes einzelne Tätigwerden des Dolmetschers in den sonstigen Teilen der Hauptverhandlung (LR-Gollwitzer 5). Es wird vermutet, daß er seine Aufgaben gesetzmäßig ausgeübt hat (RG **43**, 441; KK-Engelhardt 4).

3 **3)** Die **Revision** kann darauf gestützt werden, daß die Mindestanforderungen des § 259 nicht beachtet worden sind (LR-Gollwitzer 6). Für den Beweis des Verfahrensverstoßes gilt Freibeweis (7, 9 zu § 244), weil es sich um keine wesentliche Förmlichkeit iS des § 273 I handelt (8 zu § 274). Zu den Grenzen der Prüfung durch das Revisionsgericht 10 zu § 185 GVG.

Urteil

260 I **Die Hauptverhandlung schließt mit der auf die Beratung folgenden Verkündung des Urteils.**

II **Wird ein Berufsverbot angeordnet, so ist im Urteil der Beruf, der Berufszweig, das Gewerbe oder der Gewerbezweig, dessen Ausübung verboten wird, genau zu bezeichnen.**

III **Die Einstellung des Verfahrens ist im Urteil auszusprechen, wenn ein Verfahrenshindernis besteht.**

IV **Die Urteilsformel gibt die rechtliche Bezeichnung der Tat an, deren der Angeklagte schuldig gesprochen wird. Hat ein Straftatbestand eine gesetzliche Überschrift, so soll diese zur rechtlichen Bezeichnung der Tat verwendet werden. Wird eine Geldstrafe verhängt, so sind Zahl und Höhe der Tagessätze in die Urteilsformel aufzunehmen. Wird die Strafe oder Maßregel der Besserung und Sicherung zur Bewährung ausgesetzt, der Angeklagte mit Strafvorbehalt verwarnt oder von Strafe abgesehen, so ist dies in der Urteilsformel zum Ausdruck zu bringen. Im übrigen unterliegt die Fassung der Urteilsformel dem Ermessen des Gerichts.**

V **Nach der Urteilsformel werden die angewendeten Vorschriften nach Paragraph, Absatz, Nummer, Buchstabe und mit der Bezeichnung des Gesetzes aufgeführt. Ist bei einer Verurteilung, durch die auf Freiheitsstrafe oder Gesamtfreiheitsstrafe von nicht mehr als zwei Jahren erkannt wird, die Tat oder der ihrer Bedeutung nach überwiegende Teil der Taten auf Grund einer Betäubungsmittelabhängigkeit begangen worden, so ist außerdem § 17 Abs. 2 des Bundeszentralregistergesetzes anzuführen.**

Übersicht

1) Urteilsverkündung (I): 1

A. **Unmittelbar nach der Beratung und Abstimmung** ergeht das Urteil (BGH NJW **51**, 206; **87**, 3210). Zur Beratung und Abstimmung (vgl §§ 192–197 GVG, § 263), die geheim (§§ 43, 45 I S. 2 **DRiG**) und kein Teil der Hauptverhandlung sind, so daß auch eine Protokollierung nach § 273 I nicht in Betracht kommt (8 zu § 273), zieht sich das Gericht idR in das **Beratungszimmer** zurück; eine Beratung nach der Ortsbesichtigung am Tatort ist unzulässig (RG **66**, 28; Hamm NJW **59**, 1192). Der Strafrichter (Einzelrichter) kann das Urteil im Sitzungssaal entwerfen. Wird nach der Beratung nochmals in die Verhandlung eingetreten, so ist erneut nach § 258 zu verfahren (dort 27); danach muß abermals beraten werden (BGH **24**, 170, 171), auch wenn der Wiedereintritt keinen neuen Prozeßstoff ergeben hat (BGH NStZ **88**, 470). Eine solche **Nachberatung im Sitzungssaal** ist andererseits aber auch dann nicht ausgeschlossen, wenn der neue Verhandlungsteil einen sachlichen Gehalt gehabt hat, falls auch insoweit eine rasche Verständigung aller Mitglieder des Gerichts möglich ist (BGH NJW **92**, 3181; krit dazu R.Hamm NJW **92**, 3147; vgl auch 4 zu § 193 GVG). Der Vorsitzende muß sich dann aber unmittelbar an alle Gerichtsmitglieder wenden, auch an die Schöffen, damit sie und die Verhandlungsbeteiligten erkennen können, daß es sich um eine nochmalige Beratung und Abstimmung in abgekürzter Form handelt (BGH **19**, 156; NJW **87**, 3210; **92**, 3182; NStZ-RR **98**, 142; R. Hamm aaO). Eine wesentliche Förmlichkeit iS des § 273 I ist auch die Nachberatung nicht (Karlsruhe Justiz **85**, 173; LR-Gollwitzer 2); jedoch ist es zweckmäßig, die Tatsache, daß sich die Richter im Gerichtssaal verständigt haben, in der Sitzungsniederschrift zu erwähnen (BGH NJW **87**, 3210). Ein Hinweis des Vorsitzenden an die Beisitzer, sie sollten sich melden, wenn sie eine nochmalige Beratung wünschten, genügt nicht (BGH NStZ **88**, 470). 2 3 4

B. Die **Verkündung des Urteils** ist im einzelnen in § 268 geregelt. Mit der Beendigung der Verlesung der Urteilsformel ist das Urteil erlassen (6 zu § 268). Da es bereits mit der Verkündung entstanden ist, ist die durch § 275 vorgeschriebene Urteilsurkunde kein wesentliches Merkmal des Urteils (LR-Gollwitzer 8). Das Urteil führt die Beendigung des Verfahrens insgesamt (wenn es nicht anfechtbar ist oder nicht angefochten wird) herbei oder schließt jedenfalls den Rechtszug ab (LR-Gollwitzer 7; vgl auch RG **65**, 397). Eine **Berichtigung oder Ergänzung** der Urteilsformel ist grundsätzlich ausgeschlossen (9 ff zu § 268). 5 6

2) Zwischen **Sach- und Prozeßurteilen** ist zu unterscheiden. Bloße Prozeßentscheidungen, die ohne sachliche Prüfung des Anklagevorwurfs ergehen, sind im 1. Rechtszug die Einstellungsurteile nach III und § 389 I, im Strafbefehlsverfahren das Verwerfungsurteil nach § 412. Im Berufungsverfahren gehören dazu die auf Verwerfung des Rechtsmittels lautenden Entscheidungen nach §§ 322 I S. 2, 329 I und die Verweisungsurteils nach § 328 II, im Revisionsverfahren die Verwerfungsurteile nach § 349 I, V und die Verweisungsurteile nach § 355. **Teil- und Zwischenurteile** sieht die StPO grundsätzlich nicht vor (LR-Gollwitzer 14 ff); eine Ausnahme besteht im Adhäsionsverfahren (Grund- und Teilurteile nach § 406 I S. 2). Ergänzungsurteile zur Nachholung eines versehentlich unterbliebenen Teils der Entscheidung sind nicht zulässig (LR-Gollwitzer 17). Zur Unwirksamkeit von Strafurteilen vgl Einl 105. 7 8

9 **3) Erschöpfende Erledigung des Eröffnungsbeschlusses:**

10 A. **Grundsatz:** Der Prozeßgegenstand wird durch die in dem Eröffnungsbeschluß unverändert oder mit Abänderungen (§ 207 II) zugelassenen Anklage bestimmt, ggf auch durch eine nach § 266 I einbezogene Nachtragsanklage (LR-Gollwitzer 41). Der Urteilsspruch muß ihn erschöpfend erledigen (BGH NStZ **84**, 212 [Pf/M]; Schlüchter 568). Ob das der Fall ist, beurteilt sich durch einen Vergleich der Urteilsformel mit der zugelassenen Anklage (BGH NStZ **93**, 551). Wird sie durch die Verurteilung nicht ausgeschöpft, muß Teilfreispruch erfolgen. Der rechtliche Hinweis nach § 265 I steht der Anklageerhebung nicht gleich; wird nicht entspr dem Hinweis verurteilt, so ist daher ein Teilfreispruch nicht erforderlich (**aM** Bay OLGSt § 327 Nr 1; Saarbrücken NJW **74**, 375/376).

11 B. **Einzelheiten:**

12 a) **Tateinheit:** Nimmt der Eröffnungsbeschluß Tateinheit (§ 52 StGB) an, wird aber nicht wegen aller Taten verurteilt, so erfolgt kein Teilfreispruch (BGH NJW **84**, 135, 136; LG Bochum MDR **78**, 510); denn wegen einer und derselben Tat kann das Urteil nur einheitlich auf Verurteilung oder Freispruch lauten (BGH NStZ **85**, 15 [Pf/M]; Stuttgart VRS **67**, 356). Das gilt auch, wenn ein alternativ angeklagter Vorwurf in der Verurteilung aufgeht (BGH **36**, 262, 269 = JZ **90**, 195 mit Anm Rudolphi = JR **90**, 203 mit Anm Otto; **aM** Prittwitz/Scholderer NStZ **90**, 387). Ein Teilfreispruch ist jedoch (aus Billigkeitsgründen) geboten, wenn die Annahme von Tateinheit von vornherein oder jedenfalls nach dem Ergebnis der Hauptverhandlung offensichtlich fehlerhaft war und eine der Taten nicht erwiesen ist (BGH NStZ **92**, 398; NJW **93**, 2125, 2126; NStZ-RR **96**, 202, 203; Bay **60**, 116 = NJW **60**, 2014; Hamm VRS **43**, 370; **46**, 338; Köln NJW **58**, 838; Schleswig SchlHA **70**, 200 [E/J]). War eine Dauerstraftat in Tateinheit mit zwei schwereren, rechtlich selbständigen Verstößen angeklagt, so erfolgt kein Teilfreispruch, wenn eines der schweren Delikte entfällt, der Angeklagte aber wegen der Dauerstraftat verurteilt wird (BGH VRS **21**, 341; Hamm VRS **50**, 419). Bei der Erfüllung mehrerer Alternativen des § 244 I oder des § 250 I StGB durch eine Tat, ist auch nur wegen eines Bandendiebstahls bzw eines schweren Raubes und nicht wegen in Tateinheit begangener mehrerer Alternativen zu verurteilen (BGH NJW **94**, 2034 = JR **95**, 122 mit Anm von Hippel; dem BGH zust Altenhain ZStW **107**, 382).

13 b) **Tatmehrheit:** Wird nicht wegen aller Delikte verurteilt, die nach der Anklage in Tatmehrheit (§ 53 StGB) begangen worden sein sollen, so muß insoweit freigesprochen werden (Bay OLGSt § 327 Nr 1; Düsseldorf VRS **74**, 297, 299; Stuttgart Justiz **87**, 160; LR-Gollwitzer 40), auch bei einer einheitlichen Tat iS des § 264 (vgl Saarbrücken NJW **74**, 375; **aM** Roxin § 47 B III). Das gilt selbst dann, wenn das Gericht der Meinung ist, daß bei zutreffender rechtlicher Würdigung nur eine einzige Tat vorliegt (BGH NJW **92**, 989, 991), oder wenn es, falls der weggefallene Vorwurf bewiesen wäre, Tateinheit (BGH NStZ **84**, 212 [Pf/M]; **88**, 212 [M]; Köln VRS **64**, 207), natürliche Handlungseinheit (BGH NJW **69**, 756; VRS **28**, 358; **39**, 187, 190; RG **50**, 351; vgl auch BGH **22**, 67, 76), Bewertungseinheit (BGH 3 StR 252/96 vom 11. 9. 1996) oder Fortsetzungszusammenhang (BGH NStZ **93**, 29 [K]) angenommen hätte. Ein Teilfreispruch unterbleibt, wenn das gesamte Geschehen als *eine* Tat (BGH 4 StR 272/98 vom 24. 9. 1998: Totschlag durch Tun statt durch Unterlassen; BGH 2 StR 514/91 vom 6. 12. 1991: Mord statt Totschlag und Unterschlagung) oder als eine einheitliche Rauschtat nach § 323 a StGB abgeurteilt wird (BGH **13**, 223; Hamm VRS **53**, 125), nicht aber, wenn eine der angeklagten Taten nicht erwiesen ist (Köln VRS **64**, 207). Unzulässig ist ein Teilfreispruch, wenn der Vorwurf des unerlaubten Entfernens vom Unfallort (§ 142 StGB) entfällt und aus der Sicht des Gerichts nur noch eine zusammenhängende Trunkenheitsfahrt (§ 316 StGB) bestehen bleibt (Zweibrükken VRS **85**, 206 mwN). Nimmt das Gericht an, daß nicht mehrere selbständige Handlungen, sondern eine fortgesetzte Handlung (vgl dazu unten 14) vorliegt, so

muß teilw freigesprochen werden, wenn nicht alle Einzelhandlungen erwiesen sind (BGH MDR **80**, 987 [H]; wistra **82**, 226, 227).

14 c) **Fortsetzungstat:** Durch die Entscheidung BGH GrS vom 3. 5. 1994 (BGH **40**, 138) ist die fortgesetzte Handlung als Rechtsfigur in ihrer bisherigen Bedeutung und Ausgestaltung praktisch aufgegeben worden (Geppert NStZ **96**, 59; Gubitz JR **98**, 491; Heintschel-Heinegg JA **94**, 586). Eine fortgesetzte Handlung als Zusammenfassung mehrerer gleichartiger, voneinander abgrenzbarer Einzelstraftaten, die rechtlich als solche erfaßt werden können, zu einer rechtlichen Handlungseinheit kommt danach nicht mehr in Betracht. Der fortgesetzten Handlung ist vielmehr eine grundlegend andere Bedeutung gegeben worden: Sie darf nur noch dann angenommen werden, „wenn die Verbindung mehrerer Verhaltensweisen, die jede für sich einen Straftatbestand erfüllen, zur sachgerechten Erfassung des verwirklichten Unrechts und der Schuld unumgänglich ist". Dies richtet sich aber nicht nach dem zu beurteilenden tatsächlichen Geschehen, sondern „ist am Straftatbestand zu messen". Das bedeutet, daß eine fortgesetzte Handlung „tatbestandsindiziert" sein muß, also nur noch bei solchen Deliktstatbeständen gegeben sein kann, die in erster Linie auf die über den Einzelfall hinausreichenden mehrfachen Tatbestandsverwirklichungen abzielen. Bloße Zweckmäßigkeitserwägungen oder Beweisschwierigkeiten können hingegen die Annahme einer fortgesetzten Handlung nicht begründen. Welche Straftatbestände eine fortgesetzte Handlung „indizieren", hatte der BGH GrS nicht zu entscheiden. Feststeht aber, daß eine solche „tatbestandsbestimmte" fortgesetzte Handlung eine seltene Ausnahme sein wird (vgl R. Hamm NJW **94**, 1636; Ruppert MDR **94**, 973; Zschockelt NStZ **94**, 361; krit dazu Gribbohm Odersky-FS 387 ff). Die Rspr hat inzwischen bei einer Vielzahl von Straftatbeständen die Annahme einer fortgesetzten Handlung ausgeschlossen (vgl die Übersichten bei Geppert NStZ **96**, 60 und Schlüchter/Duttge NStZ **96**, 465; zur Praxis im Bereich des Betäubungsmittelrechts vgl Körner StV **98**, 626); ein Fall, in dem die Rspr eine fortgesetzte Handlung nach den Vorgaben des GrS des BGH bejaht hätte, ist demgegenüber bisher nicht bekanntgeworden. Soweit eine fortgesetzte Handlung neuer Art bei einem Straftatbestand bejaht werden sollte und aus feststellbaren Einzelakten besteht, sind die **bisher gültigen** 14 a **Verfahrensregeln** auf sie anzuwenden. Das bedeutet: Ist eine fortgesetzte Handlung angeklagt, so erfolgt wegen der nicht erwiesenen oder gegen kein Strafgesetz verstoßenden Einzelakte kein Freispruch, wenn gleichwohl wegen fortgesetzter Tat verurteilt wird (BGH **19**, 280, 285), auch wenn zweifelhaft bleibt, ob die nicht erwiesenen Einzelakte überhaupt in den Fortsetzungszusammenhang gehören (RG **57**, 302, 303; KK-Engelhardt 22). Scheiden alle Einzelakte mit einer Ausnahme als nicht erwiesen aus, so wird wegen der Einzeltat verurteilt und im übrigen freigesprochen (BGH NJW **51**, 726; **84**, 501; Hamm NJW **60**, 1025). Wird keiner der Einzelakte nachgewiesen, so muß insgesamt freigesprochen werden, auch wenn andere Einzelakte erwiesen sind, die aber in der Anklageschrift nicht aufgeführt sind (BGH NStZ **85**, 13 [Pf/M]; Bay **63**, 115 = OLGSt § 266 S. 1). Nimmt das Gericht an, daß keine fortgesetzte Handlung, sondern mehrere selbständige Taten vorliegen, von denen aber nur ein Teil bewiesen ist, so muß wegen der unbewiesenen Fälle freigesprochen werden (BGH NStZ **88**, 448 [M]; **93**, 29 [K]). Zu den früher vielfach unzutr als fortgesetzte Handlung angesehenen Serienstraftaten vgl 6 a zu § 267.

15 d) Für die **Dauerstraftat** gelten die gleichen Grundsätze wie für die fortgesetzte Tat (oben 14 a). Beschränkt das Urteil die angeklagte Dauerstraftat auf einen kürzeren Zeitraum, als in der Anklage angenommen ist, so ist daher kein Teilfreispruch erforderlich (BGH **19**, 280, 285; wistra **92**, 184). Bei **eindeutiger Verur-** 15 a **teilung nach wahldeutiger Anklage** (7 zu § 200) ist ein Teilfreispruch nur erforderlich, wenn es sich bei den beiden alternativ angeklagten Taten um selbständige Taten iS des § 264 gehandelt hat (BGH **38**, 172, 173/174 mit krit Anm Rieß NStZ **92**, 548; BGH NStZ **98**, 635; erg 2 zu § 264).

16 **4) Urteilsformel bei Freispruch:**

17 A. Ein **freisprechendes Urteil** ergeht nur, wenn die Unschuld des Angeklagten erwiesen ist oder seine Schuld unter keinem rechtlichen Gesichtspunkt (§ 264) festgestellt werden kann. Zum Vorrang des freisprechenden Urteils vor der Verfahrenseinstellung vgl unten 44 ff. Die Urteilsformel lautet: „Der Angeklagte wird freigesprochen". Bei Teilfreispruch wird auf Freisprechung „im übrigen" erkannt. Die rechtliche Bezeichnung des Tatvorwurfs, von dem freigesprochen wird, ist nicht erforderlich. Auch sonstige Erläuterungen des Freispruchs in der Urteilsformel sind nicht statthaft. Gegen die Unschuldsvermutung nach Art 6 II **MRK** verstoßende Zusätze wie „mangels Beweises", „mangels begründeten Tatverdachts", „wegen erwiesener Unschuld" oder „aus rechtlichen Gründen" sind schlechthin unzulässig (KK-Engelhardt 25).

18 B. **Neben dem Freispruch** ist die Anordnung von Sicherungsmaßregeln (§ 71 StGB) und von Nebenfolgen (§ 76 a StGB) zulässig. Auch in diesen Fällen kommt in der Urteilsformel zum Ausdruck, daß der Angeklagte freigesprochen wird (BGH NStZ-RR **98**, 142).

19 **5) Urteilsformel bei Verurteilung** (II, IV):

20 A. Als **Grundsatz** gilt, daß das Gericht, in dessen Ermessen die Fassung der Urteilsformel gestellt ist, soweit das Gesetz nicht besondere Bestimmungen trifft (IV S. 5), die im Gesetz zum Ausdruck gekommene Zweckbestimmung des Tenors, dh die Kennzeichnung der begangenen Tat und die Verlautbarung der im Urteil getroffenen Anordnungen, berücksichtigen muß. Daher muß die Urteilsformel in knapper, verständlicher Sprache abgefaßt und von allem freigehalten werden, was nicht unmittelbar der Erfüllung seiner Aufgaben dient (BGH **27**, 287, 289; NStZ **83**, 524; Düsseldorf NJW **87**, 1958; Meyer-Goßner NStZ **88**, 529; Willms DRiZ **76**, 82). In der Urteilsformel kommt zB nicht zum Ausdruck, daß ein Strafbefehlsverfahren vorausgegangen (Düsseldorf JMBlNW **72**, 84) oder daß das 1. Urteil vom Revisionsgericht aufgehoben worden ist (KK-Engelhardt 28).

21 B. **Schuldspruch** (IV S. 1, 2):

22 a) **Rechtliche Bezeichnung der Tat:** Die Tat wird in der Urteilsformel nicht nach tatsächlichen Merkmalen als historische Begebenheit, sondern nur rechtlich bezeichnet. Dabei wird ihre rechtliche Einordnung als Verbrechen oder Vergehen (§ 12 I, II StGB) in die Urteilsformel nicht aufgenommen (BGH NJW **86**, 1116).

23 Zur rechtlichen Bezeichnung der Tat soll die **gesetzliche Überschrift des Straftatbestandes** (IV S. 2) verwendet werden. Davon kann abgewichen werden, wenn die Überschrift nicht paßt, zB bei Verurteilung wegen unbefugten Tragens von Uniformen (§ 132 a I Nr 4 StGB); die gesetzliche Überschrift des § 132 a („Mißbrauch von Titeln, Berufsbezeichnungen und Abzeichen") würde die Tat nur ungenau kennzeichnen. Fehlt es, wie häufig im Nebenstrafrecht, an einer gesetzlichen Überschrift, so wird die übliche Bezeichnung der Tat gebraucht. Die Tat ist jedenfalls mit einer anschaulichen und verständlichen Wortbezeichnung so genau wie möglich zu bezeichnen (Granderath MDR **84**, 988; Kroschel/Meyer-Goßner 17 ff; Willms DRiZ **76**, 82). Nur notfalls können auch die Paragraphen der verletzten Bestimmungen genannt werden (LR-Gollwitzer 55). **Zur rechtlichen**

24 **Bezeichnung der Tat gehört** bei Taten, die vorsätzlich und fahrlässig begangen werden können, die Angabe der Schuldform, sofern sie sich nicht bereits aus der gesetzlichen Überschrift ergibt (BGH VRS **65**, 359, 361; Koblenz NStZ **84**, 370; SK/StPO-Schlüchter 25; einschr aus Gründen der Übersichtlichkeit BGH NStZ **92**, 546 bei BtM-Delikten: nur Angabe bei fahrlässiger Begehung), ferner die Angabe, daß nur Versuch vorliegt (LR-Gollwitzer 57). Die Teilnahmeform (Anstiftung, Beihilfe) ist mitzuteilen, nicht dagegen, ob der Angeklagte als Allein- oder Mittäter gehandelt hat (BGH **27**, 287, 289; MDR **77**, 108 [H]; Willms DRiZ **76**, 82). Im Fall des § 30 StGB wird die rechtliche Bezeichnung der geplanten Tat in die Urteilsformel aufgenommen (BGH MDR **69**, 722 [D]; **86**, 271 [H]), im Fall

des § 323 a StGB aber nicht die Rauschtat (RG **69**, 187; Oldenburg NdsRpfl **70**, 239). **Nicht in die Urteilsformel gehören** die gesetzlichen Überschriften von 25
Bestimmungen, die keine eigene Straftat beschreiben, sondern nur eine Strafzumesssungsregelung enthalten, wie § 21 StGB (BGH **27**, 287, 289; KK-Engelhardt 31 ff) oder nur eine andere prozessuale Behandlung zulassen, wie § 248 a StGB (Düsseldorf NJW **87**, 1958), und die Anwendung unbenannter Strafschärfungs- und -milderungsvorschriften (BGH aaO; NStZ **82**, 29; LR-Gollwitzer 60; Granderath MDR **84**, 988). Auch das Vorliegen gesetzlicher Regelbeispiele für besonders schwere oder minder schwere Fälle wird nicht in die Urteilsformel aufgenommen (BGH **23**, 254, 256; **27**, 287, 289; NStZ **84**, 262, 263; die anderslautende Entscheidung BGH MDR **75**, 543 [H] ist überholt [vgl Granderath aaO]; LR-Gollwitzer 61 hält die Aufnahme in die Urteilsformel nicht für unzulässig). Ist dagegen ein eigener Straftatbestand mit bestimmten Qualifikationsmerkmalen verwirklicht worden, so kommt das in der Urteilsformel zum Ausdruck (Granderath MDR **84**, 988; Kroschel/Meyer-Goßner 19). Der Angeklagte wird daher nach § 260 StGB wegen gewerbsmäßiger Hehlerei (BGH NStZ **82**, 29; wistra **86**, 217), nach § 244 I Nrn 1–3 wegen Diebstahls mit Waffen oder wegen Bandendiebstahls oder wegen Wohnungseinbruchdiebstahl (Börtzler NJW **71**, 682) und nach § 250 StGB wegen schweren Raubes verurteilt.

b) Das **Konkurrenzverhältnis** zwischen mehreren Verurteilungen ist in der 26
Urteilsformel kenntlich zu machen, und zwar bei Tateinheit nach § 52 StGB mit den Worten „in Tateinheit mit", bei gleichartiger Tateinheit unter Angabe, wie oft der Tatbestand verwirklicht wurde (BGH NStZ **96**, 610: davon aber absehen, wenn der Tenor dadurch unübersichtlich und unverständlich werden würde), und bei Tatmehrheit nach § 53 StGB durch Verbindung der mehreren Straftatbezeichnungen durch das Wort „und" oder „sowie" (BGH NJW **86**, 1116). Bei Gesetzeskonkurrenz wird allein die angewendete Strafvorschrift bezeichnet, auch wenn aus der verdrängten Bestimmung Nebenfolgen angewendet worden sind (Dünnebier GA **54**, 274; Hartung NJW **54**, 587; Roxin § 47 B I 1 c). Die fahrlässige Begehung eines Delikts gegenüber der am selben Objekt begangenen vorsätzlichen kommt im Schuldspruch nicht zum Ausdruck (BGH **39**, 195, 199 mit Anm Murmann/Rath NStZ **94**, 215). Daß eine fortgesetzte Handlung (vgl dazu oben 14) vorliegt, braucht sich aus der Urteilsformel nicht zu ergeben (BGH **27**, 287, 289; Düsseldorf VRS **74**, 180).

c) Bei der **Wahlfeststellung** (zu den Voraussetzungen vgl Tröndle 12 ff; Sch/ 27
Sch-Eser 58 ff; beide zu § 1 StGB) kommt die gleichartige Wahlfeststellung (Verwirklichung des einen oder anderen von mehreren gleichwertigen Tatbestandsmerkmalen einer Strafvorschrift) in der Urteilsformel nicht zum Ausdruck. Werden dagegen mehrere Strafbestimmungen wahlweise angewendet (Diebstahl oder Hehlerei usw), so muß sich das aus der Urteilsformel ergeben. Mangels besonderer gesetzlicher Regelung unterliegt ihre Fassung dem richterlichen Ermessen (IV S. 5). In der Praxis hat es sich durchgesetzt, daß beide wahlweise angewendeten Vorschriften unter Verbindung mit dem Wort „oder" in die Urteilsformel aufgenommen werden (vgl BGH **25**, 182, 186; KK-Engelhardt 35). Bei einer Postpendenzfeststellung (BGH **35**, 86, 89; NStZ **89**, 266; 574; StV **95**, 522; Hamburg MDR **94**, 712) wird nur das angewendete Strafgesetz (idR § 259 StGB) im Urteilsspruch erwähnt.

C. **Rechtsfolgenausspruch** (II, IV S. 3, 4): 28

a) **Alle Rechtsfolgen** sind in die Urteilsformel aufzunehmen, auch wenn sie 29
neben anderen Rechtsfolgen **nicht vollstreckt werden können.** Soweit es nach 30
§ 53 IV iVm § 52 IV S.2 StGB zulässig ist, neben lebenslanger Freiheitsstrafe als Gesamtstrafe die Sicherungsverwahrung anzuordnen (vgl BGH **34**, 138), wird auch die Sicherungsmaßregel in die Urteilsformel aufgenommen (vgl auch BGH **37**, 160 = StV **91**, 560 mit Anm Schüler-Springorum zu § 64 StGB neben lebenslanger Freiheitsstrafe). Werden **Rechtsfolgen für mehrere Taten** verhängt, so 31

muß die Urteilsformel erkennen lassen, für welche von ihnen die einzelnen Rechtsfolgen festgesetzt sind (LR-Gollwitzer 70).

32 b) **Strafen:** § 39 StGB bedeutet nicht, daß die nach Wochen, Monaten oder
33 Jahren zu bemessende **Freiheitsstrafe** nicht in der Weise festgesetzt werden darf, daß die einen Monat übersteigende Strafe nach Wochen, die 1 Jahr übersteigende Strafe nach Monaten bemessen werden darf. Eine Verurteilung zu 7 Wochen oder 14 Monaten Freiheitsstrafe ist daher zulässig. Nur die Bemessung nach Tagen ist ausgeschlossen. Bei lebenslanger Freiheitsstrafe ist es in Befolgung der Rspr des BVerfG (BVerfGE **86**, 288 = NJW **92**, 2947; krit Meurer JR **92**, 441) in die Formel aufzunehmen, wenn ein Fall der besonderen Schwere der Schuld (§ 57 a I S. 1 Nr 2 StGB; dazu BGH GrS **40**, 360) gegeben ist (BGH **39**, 121 = JR **93**, 250 mit zust Anm Meurer), nicht hingegen die Verneinung der besonderen Schuldschwere (BGH NJW **93**, 2001), auch kein Ausspruch über die Mindestverbüßungsdauer (BGH NJW **97**, 878). Das BVerfG hat sich zwar nur mit Verurteilungen nach § 211 StGB befaßt; konsequenterweise und um Ungereimtheiten zu vermeiden (vgl das abweichende Votum Winter NJW **92**, 2960), muß es aber in allen Fällen der Verurteilung zu lebenslanger Freiheitsstrafe gelten (BGH 5 StR 79/93
34 vom 3. 3. 1993; Meurer aaO; erg 20 a zu § 267). Bei **Geldstrafe** werden nur die Zahl der Tagessätze und die Höhe eines Tagessatzes in die Urteilsformel aufgenommen (IV S. 3), nicht aber der Gesamtbetrag (KMR-Paulus 56; LR-Gollwitzer 72; Zipf JuS **74**, 139; **aM** LK-Tröndle 68 zu § 40 StGB, Naucke NJW **78**, 407; Vogler JR **78**, 353). Die Angabe der Ersatzfreiheitsstrafe ist überflüssig, weil sie durch § 43 StGB festgelegt ist; das gilt aber nicht für die Vermögensstrafe (vgl § 43 a III StGB). Zahlungserleichterungen nach § 42 StGB sind anzugeben (RG **60**, 16; LR-
35 Gollwitzer 72). Daß die **UHaft** angerechnet wird, kommt idR nicht in die Formel (zu Ausnahmefällen vgl BGH **27**, 287, 288; NJW **90**, 1428; Frankfurt NStZ **90**, 147), auch nicht, wenn die Strafe nach Ansicht des Gerichts durch die angerechnete UHaft erledigt ist (BGH NStZ **83**, 524). Wohl aber ist die völlige oder teilw Nichtanrechnung der UHaft nach § 51 I S. 2 StGB in der Formel auszusprechen, ferner bei ausländischer Freiheitsentziehung der Umrechnungsmaßstab nach § 51 IV S. 2 StGB (BGH NStZ **84**, 214). Besonderheiten gelten nach §§ 52, 52 a I S. 2, II S. 2 **JGG** (vgl BGH **37**, 75 mit Anm Walter/Pieplow NStZ **91**, 332).
36 Bei **Gesamtstrafe** (§§ 53, 54 StGB) wird nur diese in die Urteilsformel aufgenommen; die Einzelstrafen werden nur in den Urteilsgründen festgesetzt (Hamm
37 JR **79**, 74; Oldenburg NdsRpfl **51**, 56). Die **Aussetzung zur Bewährung** nach §§ 56 ff, 67 b 70 a StGB, die Verwarnung mit Strafvorbehalt nach § 59 StGB und das Absehen von Strafe nach § 60 StGB müssen nach IV S. 4 in der Urteilsformel
38 zum Ausdruck kommen. Das gleiche gilt, wenn die **Maßregel der Besserung und Sicherung** nach §§ 61 ff StGB angeordnet wird; die Ablehnung der Anordnung erfolgt dagegen nur in den Urteilsgründen (BGH MDR **52**, 530 [D]; LR-Gollwitzer 83). Im Urteilstenor ergeht auch die Anordnung, daß die Strafe vor der Maßregel vollstreckt wird (§ 67 II StGB), und die Bestimmung der Reihenfolge der Vollstreckung nach § 72 III S. 1 StGB. Für die Sicherungsmaßregel des Berufsverbots nach § 70 StGB bestimmt II ausdrücklich die in die Urteilsformel aufzu-
39 nehmenden Einzelheiten (vgl erg 9 zu § 132 a). Bei **Verfall und Einziehung** nach §§ 73 ff StGB sind die Gegenstände so genau zu bezeichnen, daß die Vollstreckung ohne weiteres möglich ist, und zwar durch Aufzählung in der Urteilsformel oder in einer besonderen Anlage dazu (BGH **9**, 88; MDR **54**, 529 [D]; RG **70**, 338, 341), nicht durch Bezugnahme auf die Anklageschrift (BGH NJW **62**, 2019; NStZ **81**, 295 [Pf]; StV **81**, 396). Bei allgemeiner Einziehung kann eine Gattungsbezeichnung verwendet werden. Bei der Einziehung einer Druckschrift ist die Angabe des Titels und des Impressums erforderlich (BGH **9**, 88; NJW **62**, 2019). Wird Wertersatz eingezogen, so muß dessen Betrag in der Urteilsformel bezeichnet werden.
40 Die **Bekanntmachung der Entscheidung** (vgl §§ 165, 200 StGB, § 23 UWG; wN bei Göhler/Buddendiek/Lenzen unter „Urteilsbekanntmachung“) muß unter

Nennung des Namens des Verletzten (RiStBV 231 S. 1) so ausgesprochen werden, daß die Vollstreckung ohne Schwierigkeiten betrieben werden kann. Dazu gehört auch die Angabe der Zeitung oder Zeitschrift, in der veröffentlicht werden soll.

D. **Kosten- und Auslagenentscheidung.** Vgl §§ 464 ff. 41

6) Einstellung des Verfahrens (III): 42

A. **Grundsätzlich geboten,** auch bei Teilrechtskraft (Einl 151), ist die Verfahrenseinstellung bei Vorliegen eines Prozeßhindernisses (Einl 141 ff), sofern das Gesetz nicht eine andere Entscheidung vorsieht (Verweisung nach §§ 270, 328 II, 355) oder ein freisprechendes Urteil den Vorrang hat (unten 44 ff; erg Einl 154, 14 vor § 296). Eine weitere Ausnahme besteht bei kurzfristig behebbaren Prozeßhindernissen (Bay NJW **91**, 3292); in diesem Fall kann es zweckmäßig sein, das Verfahren zu unterbrechen oder auszusetzen (RG **77**, 34, 36; Düsseldorf JMBlNW **61**, 111). Betrifft das Prozeßhindernis nur eine tateinheitlich begangene Gesetzesverletzung, so scheiden diese Tatteile ohne förmliche Einstellung aus dem Verfahren aus (Einl 154). 43

B. **Vorrang des Freispruchs:** Steht in der Hauptverhandlung bereits fest – also nicht, wenn noch eingehende Erörterungen zur Schuldfrage erforderlich sind (BGH NStZ-RR **96**, 299; 5 StR 288/98 vom 29. 10. 1998) –, daß dem Angeklagten **keine Straftat nachzuweisen** ist, so wird, wenn nunmehr ein Prozeßhindernis entsteht oder entdeckt wird, das Verfahren nicht eingestellt, sondern der Angeklagte freigesprochen (BGH **20**, 333, 335; Bay **63**, 44, 47; Oldenburg NJW **82**, 1166; LR-Gollwitzer 100; erg 6 zu § 354). Auch durch die Anwendung eines Straffreiheitsgesetzes darf dem gebotenen Freispruch nicht aus dem Weg gegangen werden (BGH **13**, 268, 273; RG **70**, 193, 196; Düsseldorf NJW **50**, 360). Eine Freisprechung kann ferner erforderlich sein, weil bei **Tateinheit** (§ 52 StGB) wegen des einen rechtlichen Gesichtspunkts keine andere Entscheidung ergehen darf als wegen des anderen (oben 12); dabei hat die Sachentscheidung den Vorrang (Düsseldorf NJW **82**, 2883, 2884; VRS **78**, 115). Den Urteilsausspruch bestimmt der schwerer wiegende Vorwurf (LR-Gollwitzer 103 mwN in Fn 200). Treffen zB 2 Vergehen (§ 12 II StGB) zusammen und müßte wegen des einen freigesprochen, wegen des anderen das Verfahren eingestellt werden, weil insoweit ein nicht mehr behebbares Prozeßhindernis vorliegt, so bestimmt die nach der gesetzlichen Strafandrohung schwerer wiegende Pflichtverletzung den Urteilsspruch (Düsseldorf aaO; Frankfurt NJW **80**, 2824); bei Gleichwertigkeit wird eingestellt (LR-Gollwitzer 104). Entsprechendes gilt beim Zusammentreffen von 2 Verbrechen (§ 12 I StGB). Bei Tateinheit zwischen einem Vergehen und einem Verbrechen wird freigesprochen, wenn das Verbrechen nicht erwiesen ist und das Vergehen wegen eines nicht behebbaren Prozeßhindernisses nicht verfolgt werden kann (BGH **1**, 231, 235; **7**, 256, 261; GA **59**, 17; MDR **51**, 539 [D]; NStZ **85**, 495 [Pf/M]). Bei Tateinheit zwischen einer Straftat und einer OWi wird ebenfalls freigesprochen, wenn die Straftat nicht beweisbar und die OWi verjährt ist (BGH GA **78**, 371; Düsseldorf DAR **77**, 246; VRS **68**, 357, 359; **78**, 115; JR **91**, 252; Karlsruhe VRS **57**, 114; MDR **75**, 426; Oldenburg NJW **85**, 1177). Schließlich ist freizusprechen, wenn der angeklagte Vorwurf einer vorsätzlich begangenen Tat nicht erwiesen und die nachweisbare Fahrlässigkeitstat verjährt ist (BGH **36**, 340). 44 45 46

C. Ein **Prozeßurteil** ist das Einstellungsurteil. Es stellt lediglich das Bestehen eines Prozeßhindernisses fest, dessen Art sich aus den Urteilsgründen ergibt. Das Einstellungsurteil beendet das Strafverfahren ebenso wie ein Sachurteil; es ist der formellen Rechtskraft (Einl 164 ff) fähig. Den **Verbrauch der Strafklage** hat das Einstellungsurteil grundsätzlich nicht zur Folge (Einl 172). Ist das Prozeßhindernis behebbar und behoben, so kann die StA eine neue Anklage erheben (BGH LM Nr 5 zu § 207; wistra **86**, 69; Bay **85**, 52 = JR **86**, 430; Frankfurt NStZ **87**, 573; Köln NJW **62**, 1358; **81**, 2208). Bei einem unbehebbaren Prozeßhindernis (zB 47 48

Ablauf der Strafantragsfrist) hat das Einstellungsurteil allerdings die gleiche Wirkung wie ein die Strafklage verbrauchendes Sachurteil (LR-Gollwitzer 102, 103).

49 **7) Liste der angewendeten Vorschriften** (V):

50 A. **Zweck und Standort der Liste:** Nach § 5 I Nr 6 **BZRG** ist in das BZR
die rechtliche Bezeichnung der Tat, deren der Verurteilte schuldig gesprochen
worden ist, unter Angabe der angewendeten Vorschriften einzutragen. Um die
Urteilsformel von dieser Angabe zu entlasten, gleichwohl aber eine zuverlässige
Erfassung der Verurteilung im BZR und in anderen Registern sicherzustellen,
schreibt S. 1 vor, daß die angewendeten Vorschriften nach der Urteilsformel
aufzuführen sind. Aufgrund dieser Liste erfolgt die Mitteilung der Verurteilung an
51 das BZR nach § 20 **BZRG.** Die Liste ist kein **Teil der Urteilsformel** (Karlsruhe
VRS **54**, 68, 70; **58**, 263); daher wird sie weder bei der Urteilsverkündung nach
§ 268 II verlesen, noch sonst in der Hauptverhandlung bekanntgegeben (BGH
NStZ-RR **97**, 166). Üblich und zweckmäßig ist es, die Liste aufgrund der Urteils-
52 beratung schon in die **Sitzungsniederschrift** aufzunehmen. Rechtlich notwendig
53 ist das aber nicht; sie kann auch später erstellt werden. In der **Urteilsausfertigung**
wird die Liste nach der Urteilsformel aufgeführt. Die Unterschriften der Richter
unter der Urteilsurkunde bestätigen auch die Übereinstimmung der Liste mit dem
Beratungsergebnis.

54 B. **Anzugeben** sind die angewendeten Rechtsvorschriften nach Gesetz, Paragraph, Absatz, Nummer, Buchstabe oder sonstigen vom Gesetzgeber verwendeten
Bezeichnungen, wie Artikel, Abschnitt usw (Meyer-Goßner NStZ **88**, 530). Das
angewendete Gesetz wird in der üblichen Weise abgekürzt, insbesondere mit der
55 vom Gesetzgeber verwendeten Kurzbezeichnung. Bei **mehreren Angeklagten**
muß die Liste für jeden einzelnen gesondert aufgestellt werden (vgl RiStBV 141 I
S. 4). Eine Zusammenfassung ist nur zulässig, wenn die angewendeten Vorschriften
für alle Angeklagten völlig übereinstimmen (LR-Gollwitzer 119).

56 C. Bei **Verurteilung** besteht die Liste aus einem Schuldspruch und einem
Rechtsfolgenteil, die beide aber nicht voneinander getrennt werden. Zuerst wer-
57 den die **Straftatbestände** aufgeführt, die der rechtlichen Beurteilung der Tat
zugrunde liegen. Danach folgen die den Schuldspruch qualifizierenden Bestimmungen und die Vorschriften, die die Art des Verschuldens, der Beteiligung
(§§ 25 II, 26, 27, 30 StGB) und besondere Arten der Tatbestandsverwirklichung
(§ 22 StGB) kennzeichnen, ferner die Angabe des Konkurrenzverhältnisses (§§ 52,
53 StGB). Ist aufgrund eines Blankettgesetzes verurteilt worden, so ist auch die
58 ausfüllende Norm anzugehen (LR-Gollwitzer 121). Wegen der **Rechtsfolgen**
werden die Grundbestimmungen (§§ 38, 39, 40, 46, 47 StGB bei der Freiheitsstrafe, §§ 40, 43 StGB bei der Geldstrafe) nicht angeführt. Anzugeben sind dagegen, falls angewendet, die §§ 41, 42, 43 a StGB, ferner Strafschärfungs- und Milderungsvorschriften (Willms DRiZ **76**, 82), bei Strafaussetzung auch § 56 StGB, bei
Verurteilungen zu lebenslanger Freiheitsstrafe in Fällen besonderer Schwere der
Schuld (oben 33) § 57 a I S. 1 Nr 2 StGB, bei Verwarnung mit Strafvorbehalt § 59
StGB und bei Absehen von Strafe § 60 StGB. Sind Sicherungsmaßregeln oder
Nebenfolgen angeordnet worden, so sind die entspr Vorschriften der §§ 44 ff, 61 ff,
73 ff StGB anzuführen. Bei aufgrund einer Betäubungsmittelabhängigkeit begangenen Taten, die mit nicht mehr als 2 Jahren Freiheitsstrafe geahndet worden sind, ist
59 ferner § 17 II **BZRG** anzugeben. Bestimmungen, die den **Nebenentscheidungen** über Kosten und Auslagen sowie Entschädigung für Strafverfolgungsmaßnahmen oder den gleichzeitig mit dem Urteil erlassenen Beschlüssen zugrunde liegen,
werden nicht in die Liste aufgenommen.

60 D. Bei **Freisprechung** werden die dem Anklagevorwurf zugrunde liegenden
Vorschriften nicht „angewendet" und daher nicht in die Liste aufgenommen.
Dagegen ist bei Freispruch wegen Schuldunfähigkeit der § 20 StGB anzuführen
(vgl auch § 11 I Nr 1 **BZRG**), ferner die neben dem Freispruch ausgesprochenen

selbständigen Rechtsfolgen nach § 71 I, II StGB (Sicherungsmaßregeln) und nach § 76 a StGB (Nebenfolgen). Wegen der Nebenentscheidungen vgl oben 59.

E. Auch für das **Einstellungsurteil** gilt V, obwohl hier eine Mitteilung an das BZR nicht vorgesehen ist. Bei Einstellung wegen Zurücknahme des Strafantrags ist § 77 I StGB, bei Einstellung wegen Verjährung § 78 StGB oder die einschlägige Bestimmung des LandespresseG in die Liste aufzunehmen. Wird neben der Einstellung des Verfahrens Verfall oder Einziehung angeordnet, so wird neben §§ 73 ff StGB auch § 76 a III StGB benannt. Wegen der Nebenentscheidungen vgl oben 59. **61**

8) Die **Berichtigung der Liste** ist bis zur Absendung der Mitteilung an das BZR möglich. Verwirft das Rechtsmittelgericht die Berufung oder Revision, so kann es die Liste berichtigen, um Übereinstimmung mit der Formel und den Gründen des angefochtenen Urteils herzustellen (vgl BGH NJW **79**, 1259, 1260; **86**, 1116, 1117; KK-Engelhardt 56; Meyer-Goßner NStZ **88**, 531). Ändert das Rechtsmittelgericht das Urteil ab, so kann es eine berichtigte Fassung der Liste beifügen. **62**

Freie Beweiswürdigung

261 **Über das Ergebnis der Beweisaufnahme entscheidet das Gericht nach seiner freien, aus dem Inbegriff der Verhandlung geschöpften Überzeugung.**

Übersicht

1) Die **forensische Wahrheit,** die Grundlage für die Sachentscheidung des Strafgerichts, ist das, wovon der Richter aufgrund der Hauptverhandlung, durchgeführt nach den Grundsätzen der Unmittelbarkeit (1 ff zu § 250) und Mündlichkeit (unten 7), voll überzeugt ist (vgl Meurer Tröndle-FS 533 ff; Rieß GA **78**, 257 ff). **1**

A. **Überzeugung:** Es genügt ein nach der Lebenserfahrung ausreichendes Maß an Sicherheit, demgegenüber vernünftige Zweifel nicht mehr aufkommen (BGH VRS **24**, 207, 210; NStZ **88**, 236), eine persönliche Gewißheit des Richters in diesem Sinn (Celle NJW **76**, 2030 mit Anm Peters JR **78, 82;** Hanack JuS **77**, 727 mwN; Fincke GA **73**, 266; abl Stein Rudolphi-Symp 253), wobei sich der Richter mit allen wesentlichen für und gegen den Angeklagten sprechenden Umständen auseinandergesetzt haben muß (BGH NJW **88**, 3273; **90**, 2073; NStE Nr 85; NStZ **90**, 402; wistra **91**, 63); seine Würdigung muß rationaler Argumentation standhalten (Herdegen StV **92**, 527). Ein bloß theoretischer Zweifel an der Schuld bleibt unberücksichtigt (BGH MDR **89**, 371 mwN; NStZ **90**, 28 [M]; NStZ-RR **98**, 275), eine „mathematische Gewißheit“ wird nicht verlangt (BGHR Einlassung 5). Der Richter darf aber nicht von seiner Überzeugung ausgehen, soweit ihr zwingende Gesetze der Logik, feststehende Erkenntnisse der Wissenschaft oder dem Zweifel enthobene Tatsachen der Lebenserfahrung widerstreiten (BGH **29**, **2**

18). Die Verurteilung darf nur auf bewiesene Indiztatsachen gestützt werden (BGH NJW **80**, 2423, 2424; Brandenburg NJW **97**, 1794), keinesfalls auf eine Einlassung des Angeklagten, von deren Richtigkeit das Gericht nicht überzeugt ist (BGH StV **87**, 378; **93**, 74; **94**, 175; **97**, 291; NStZ-RR **97**, 96; Bay **98**, 97 = NStZ-RR **98**, 328; vgl auch BGH NStZ-RR **96**, 73 zum fehlerhaften Ausschluß eines Rechtfertigungsgrundes aufgrund einer als widerlegt angesehenen Einlassung). Bloße Vermutungen genügen nicht (BGH MDR **80**, 849; NStZ **90**, 501; NStE Nr 97; StV **93**, 116; 510; **96**, 5; 81; NStZ-RR **96**, 202; **97**, 42; NStZ **97**, 377 [K]; StraFo **98**, 162), ebensowenig unbestimmte Feststellungen (vgl BGH NStZ **95**, 204 zu Serienstraftaten). An Beweisregeln oder Beweisvermutungen ist der Tatrichter nicht gebunden (BGH **39**, 291, 295; StV **88**, 239); allein hierin liegt die „Freiheit" der Beweiswürdigung, diese darf nicht dahin mißverstanden werden, daß die richterliche Überzeugungsbildung keine rational-objektive Grundlage verlange (Fezer StV **95**, 99), vielmehr folgt erst aus dieser die zur Überzeugung erforderliche persönliche Gewißheit (BGH StV **93**, 510; Celle NJW **76**, 2031). Der Beweis muß mit lückenlosen (BGH StV **88**, 93 mit Anm Sessar; **88**, 138 mit Anm Schlothauer), nachvollziehbaren logischen Argumenten geführt sein (Peters JR **77**, 83; vgl auch Bay **71**, 128 = JR **72**, 30 mit Anm Peters; Köln NJW **77**, 398, 399; VRS **80**, 34), Beweisanzeichen müssen in ihrer Gesamtheit gewürdigt werden (BGH NStZ **88**, 19 [Pf/M]). Die Beweiswürdigung ist somit nur fehlerfrei, wenn sie auf einer tragfähigen, verstandesmäßig einsichtigen Tatsachengrundlage beruht und die vom Gericht gezogene Schlußfolgerung sich nicht nur als bloße Vermutung erweist, die nicht mehr als einen Verdacht zu begründen vermag (BGHR Vermutung 8 und 11, je mwN; BGH StV **95**, 453). Allein dies ist der gesetzliche Nachweis, der die Unschuldsvermutung (Art 6 II **MRK**) widerlegt (Einl 3). Das bedeutet aber nicht, daß in den Urteilsgründen stets in allen Einzelheiten darzulegen ist, auf welche Weise der Richter zu bestimmten Feststellungen gelangt ist (12 zu § 267).

3 B. Die **Beweiswürdigung** (zur BGH-Rspr vgl. Niemöller StV **84**, 431) ist eine ureigene Aufgabe des Tatrichters (dazu Fischer NStZ **94**, 1). Er ist dabei nicht an gesetzliche Beweisregeln gebunden (unten 11, 23) und hat nur seinem Gewissen verantwortlich ohne Willkür zu prüfen, ob er an sich mögliche Zweifel überwinden (unten 26) und sich von einem bestimmten Sachverhalt überzeugen kann oder nicht (BGH **29**, 18). Auch ein Geständnis (zum Begriff BGH **39**, 291, 303) ist in sie einzubeziehen (2 zu § 244). Der Richter ist dabei im allgemeinen nicht auf Sachverständige angewiesen. Insbesondere bei erwachsenen Zeugen darf sich der Tatrichter die nötige Sachkunde zur Beurteilung der Glaubwürdigkeit zutrauen, wenn nicht die Beweislage – etwa infolge unklärbarer Widersprüche mehrerer Zeugen – sehr schwierig ist (74 zu § 244; über Kriterien zur Glaubwürdigkeitsbeurteilung vgl Eisenberg BR 1428 ff). Die erforderliche Sachkunde auf dem
4 Gebiet der **Aussagepsychologie** muß der Tatrichter jedoch haben (Grundzüge Peters 374 ff; vgl vor allem Arntzen, Vernehmungspsychologie, 2. Aufl, 1989 und Psychologie der Zeugenaussage, 3. Aufl, 1993; Bender/Nack Tatsachenfeststellung vor Gericht Bd. I Glaubwürdigkeits- und Beweislehre, Bd. II Vernehmungslehre, 2. Aufl, 1995). Vorsicht ist vor allem geboten, wenn die Aussagen Mitbeschuldigter oder kindlicher oder jugendlicher Zeugen zu würdigen sind, insbesondere, falls sie vor oder in der Geschlechtsentwicklung stehen und über geschlechtsbezogene Dinge aussagen (BGH NStZ **85**, 420). Ob in diesen Fällen ein Sachverständiger notwendig ist, bestimmt sich nach den Besonderheiten des Einzelfalls (RiStBV 222 I S. 2; 74 zu § 244).

5 **2) Inbegriff der Verhandlung:** Als Mittel für die Gewinnung der Überzeugung darf alles verwertet werden, was zum Gegenstand der Verhandlung (einschließlich Schlußvorträgen und letztem Wort, § 258; BVerfG DAR **92**, 253 [N]; BGH **11**, 74; StV **83**, 402) gemacht worden ist (BGH NStZ **88**, 212 [M]). Zur Verhandlung gehören auch Erklärungen und Beweiserhebungen zu einer Sache, die vor dem Urteil abgetrennt worden ist (zB wegen Verhandlungsunfähigkeit eines

der Angeklagten), nicht aber zu Verhandlungsteilen, an denen der Angeklagte nicht teilgenommen hat (BGH NJW **84**, 2172 = JR **85**, 125 mit Anm Gollwitzer; BGH StV **84**, 186). Inhaltlich dürfen nur Beweiserhebungen einschließlich der Einlassung des Angeklagten zur Urteilsgrundlage gemacht werden (Einl 48 ff). Wird der abwesende Angeklagte nach § 234 von einem Verteidiger vertreten, so sind dessen Erklärungen die Urteilsgrundlage (Bay VRS **47**, 115; **64**, 134; erg 10 zu § 234).

A. **Grundsatz der umfassenden Beweiswürdigung:** Wie § 244 II das Gericht verpflichtet, alle bekannten Beweismittel zu verwenden (11 zu § 244), so verpflichtet § 261, alle in der Hauptverhandlung erhobenen Beweise zu würdigen und dem Urteil zugrunde zu legen, sofern nicht im Einzelfall ausnahmsweise ein Beweisverwertungsverbot entgegensteht (BGH **29**, 109, 110; MDR **88**, 101 [H]; Einl 55; 12, 33 zu § 267). Auch die Äußerungen des Angeklagten sind zu würdigen (Bay DAR **87**, 314 [B]), auch die beim letzten Wort nach § 258 III (oben 5). Der Richter ist aber nicht verpflichtet, Angaben des Angeklagten als unwiderlegt hinzunehmen, für die es keine unmittelbaren Beweise gibt; die Zurückweisung einer Einlassung erfordert nicht, daß sich ihr Gegenteil positiv feststellen läßt (BGH NStZ **86**, 208 [Pf/M]; BGHR Einlassung 5 und Überzeugungsbildung 20). Zu bewerten sind auch die sonstigen relevanten Eindrücke, die einem Beweisantrag unzugänglich sind, zB sinnfällige Reaktionen während der Erstattung eines Gutachtens (RG **30**, 403). Auch die Beobachtungen, die beim Betrachten der äußeren Erscheinung und der körperlichen Beschaffenheit gemacht werden, jedenfalls, soweit sie sich offen darbieten, sind als Ergebnisse der Vernehmung zu berücksichtigen (BGH MDR **74**, 368 [D]). Jedoch dürfen solche Beobachtungen des beauftragten Richters, die dieser nicht im Protokoll festgehalten hat und die daher auch nicht durch Verlesung nach § 251 I in die Hauptverhandlung eingeführt worden sind, nicht in der Beratung den anderen Gerichtsmitgliedern mitgeteilt und verwertet werden (17 zu § 251). Aus § 261 ergibt sich ferner, daß eine Zeugenaussage nicht deshalb unberücksichtigt bleiben darf, weil ihre Wertung schwierig ist. Die Richter müssen – unbefangen und unter Vermeidung des Anscheins der Befangenheit (§ 24 II) – während der gesamten Beweiserhebung bereit sein, hinzukommende Beweiseindrücke zu registrieren und zu berücksichtigen. Erkenntnisse, die aus der Beobachtung von Zuhörern im Gerichtssaal gewonnen werden, müssen aber in die Hauptverhandlung eingeführt werden, die Verfahrensbeteiligten müssen Gelegenheit zur Stellungnahme bekommen (BGH NStZ **95**, 609). Soweit Strengbeweis gilt (6 zu § 244), muß der Richter sein sonstiges Wissen „ausblenden" (Arzt Peters-FS 223 ff). 6

B. Der **Grundsatz der Mündlichkeit** findet Ausdruck in den §§ 261, 264 (Roxin § 44 A I). Die §§ 244–256 und alle sonstigen Grundsätze über Beweiserhebung bleiben unberührt; zu § 257 a vgl dort 1. Der Grundsatz der Mündlichkeit besagt lediglich, daß nur der mündlich vorgetragene und erörterte Prozeßstoff dem Urteil zugrunde gelegt werden darf (BGH NStZ **90**, 229 [M]). Darin ist auch der Grundsatz des rechtlichen Gehörs enthalten (Einl 35). Fotos, Ortspläne uä, die Bestandteile der Akten sind, werden dadurch zum Gegenstand der Hauptverhandlung gemacht, daß sie mit den Beteiligten (zB im Rahmen einer Beweiserhebung) erörtert werden (BGH VRS **27**, 192). Auch allgemein- oder gerichtsbekannte Tatsachen (51, 52 zu § 244) müssen, um verwertbar zu sein, erkennbar in die Hauptverhandlung eingeführt werden; den Beteiligten muß Gelegenheit zur Stellungnahme gegeben werden (BGH **6**, 292, 296; **36**, 354, 359; NStZ **98**, 98; Hamburg StV **96**, 84; Schlothauer StV **86**, 228; Einl 28, 29). 7

C. **Sachverständigenbeweis und die sog Anknüpfungstatsachen:** Die **Befundtatsachen,** die der Sachverständige bei Ausführung seines Auftrags aufgrund seiner besonderen Sachkunde feststellt und über die er in seinem Befund dem Gericht berichtet, dürfen aufgrund dieser Einbringung verwertet werden (10 zu § 79), zB die Buchführungsunterlagen in einem Wirtschaftsprozeß, die der Gutachter verwertet hat. Das nur vorbereitende schriftliche Gutachten als solches darf 8 das Gericht bei seiner Urteilsfindung nicht verwerten (BGH NJW **70**, 523, 525). Gibt der Sachverständige dagegen sein mündlich erstattetes Gutachten nachträglich noch schriftlich ab, so schadet die Verwendung der schriftlichen Fassung nicht, wenn sie nur den mündlichen Vortrag wiedergibt und keine zusätzlichen Ausführungen enthält. Erinnert sich der Sachverständige nicht mehr an den Fall (zB der Blutentnahmearzt an die Tests, 11 zu § 81 a), übernimmt er aber bei seiner Vernehmung die volle Verantwortung für seine Aufzeichnungen, so sind die Tatsachen durch den Vorhalt eingeführt und verwertbar (Hamm JMBlNW **68**, 45).

9 **Zusatztatsachen,** die der Sachverständige durch Befragung einer Auskunftsperson ermittelt hat, werden durch seine Vernehmung oder durch Vernehmung des Dritten als Zeuge eingeführt (11 zu § 79).

10 D. **Lichtbilder und Tonaufnahmen:** Ein zulässig in die Hauptverhandlung eingeführtes Beweismittel dieser Art (10, 11 zu § 86) kann und muß das Gericht seiner Überzeugungsbildung ebenfalls zugrunde legen (BGH **29**, 18). Auch Tonbandaufnahmen, die in der Hauptverhandlung ausschließlich für justizinterne Zwecke, insbesondere für die Beratung oder Verteidigung, gefertigt worden sind (11 zu § 169 GVG), dürfen als Beratungsgrundlage verwertet werden (BGH **19**, 193); ebenso Notizen des Vorsitzenden oder eines anderen Richters, ferner ein auf Anordnung des Vorsitzenden aufgenommenes Stenogramm (BGH aaO; RG **65**, 436).

11 **3)** Der **Grundsatz der freien Beweiswürdigung,** der aus dem 19. Jahrhundert stammt, hat das Prinzip der Beweisregeln abgelöst. Es gibt heute keine Vorschriften mehr darüber, unter welchen Voraussetzungen der Richter eine Tatsache für bewiesen bzw. nicht bewiesen zu halten habe (BGH **29**, 18 = JR **80**, 168 mit Anm Peters; BGH NJW **82**, 2882). Der Grundsatz gilt nicht nur für die Würdigung von Zeugenaussagen, gleichgültig, ob der Zeuge vereidigt wurde oder nicht (BGH 1 StR 574/91 vom 5. 11. 1991), sondern auch für die Würdigung der Aussagen des Angeklagten, selbst wenn diese mit Zeugenangaben im Widerspruch stehen (BGH **18**, 238, 241; Bremen VRS **79**, 27; Düsseldorf VRS **81**, 454); dabei werden besonders strenge Anforderungen an die Beweiswürdigung gestellt, wenn Aussage gegen Aussage steht und die Entscheidung allein davon abhängt, welchen Angaben das Gericht folgt (BGH StV **90**, 99; **91**, 451; **92**, 219; 261; 556; **94**, 358; 526; **95**, 6; 62; 115; 340; **98**, 116; NStZ-RR **98**, 15), insbesondere wenn es naheliegt, daß sich ein Mitangeklagter oder tatbeteiligter Zeuge durch die den anderen belastende Aussage selbst entlasten will (BGH StV **91**, 452 mwN; **92**, 97 und 98; 555; **97**, 172 und 173), oder wenn ein Zeuge den Angeklagten erwiesenermaßen teilw zu Unrecht belastet hat (BGH NStZ **90**, 603; **96**, 98; StV **91**, 50; 409; **92**, 149; Zweibrücken NStZ-RR **98**, 209) oder wenn ein Teil der Aussage eines Zeugen für glaubhaft erachtet wird, ein anderer dagegen nicht (BGH NJW **93**, 2451; StV **96**, 365; **98**, 580: „Gründe von Gewicht für die Glaubhaftigkeit erforderlich"; vgl aber auch BGH NStZ-RR **98**, 276). So kann auch eine Häufung von – jeweils für sich erklärbaren Fragwürdigkeiten – bei einer Gesamtschau zu durchgreifenden Zweifeln an der Richtigkeit eines Tatvorwurfs führen (BGH StraFo **97**, 245). Ein Wechsel der Einlassung des Beschuldigten im Laufe des Verfahrens kann ein Indiz für die Unrichtigkeit der Einlassung in der Hauptverhandlung sein und ihre Bedeutung für die Beweiswürdigung verringern oder uU ganz entfallen lassen (BGHR Einlassung 6). Besondere Vorsicht ist geboten beim Wiedererkennen einer Person durch einen Zeugen (BGH **16**, 204; **28**, 310); in Fällen des wiederholten Wiedererkennens kommt dem späteren Wiedererkennen nur ein fragwürdiger Beweiswert zu (BGH NStZ **96**, 350; **97**, 355; Düsseldorf und Oldenburg StV **94**, 8; erg 9 ff zu § 58; 12 zu § 267). Es kann auch erforderlich sein, zwischen der allgemeinen und der speziellen (den Verfahrensgegenstand betreffenden) Glaubwürdigkeit eines Zeugen zu unterscheiden; denn aus der allgemeinen Glaubwürdigkeit folgt nicht ohne weiteres auch die spezielle (BGH StV **94**, 64). Sprechen mehrere Umstände gegen die Zuverlässigkeit einer Zeugenaussage sind diese nicht nur einzeln zu

erörtern, vielmehr ist dann auch eine Gesamtwürdigung aller Beweisanzeichen, die gegen die Richtigkeit der Bekundungen sprechen können, erforderlich (BGH StV **96**, 367). Bei der Aussage kindlicher Zeugen kommt der Entstehungsgeschichte der Beschuldigung besondere Bedeutung zu (BGH StV **94**, 227; **95**, 6, 7; 451; 563; **96**, 366; **98**, 250; NStZ **96**, 98; StraFo **98**, 414). Wegen der weitgehenden Unzuverlässigkeit menschlicher Beobachtungen ist die technische Feststellung und Auswertung von Spuren und anderen Anzeichen (unten 25) von besonders großer Bedeutung (Foth/Karcher NStZ **89**, 166; zum Beweiswert von Faserspuren vgl BGH NStZ **93**, 395; StV **96**, 251; **98**, 470; BGHR Beweiskraft 1; eine stichwortartige alphabetische Literatur-Zusammenstellung zu typischen Sachverständigenproblemen – von „Autoreifenspuren" bis „Werkzeugspuren" – findet sich bei Schlothauer, Vorbereitung der Hauptverhandlung, 2. Aufl 1998, S.90 ff). Auch das Sachverständigengutachten unterliegt der freien Beweiswürdigung (BGH **12**, 311; Hanack JZ **72**, 314; Mösl DRiZ **70**, 110); ebenso eine rechtskräftige Entscheidung, soweit sie nicht ausnahmsweise Feststellungswirkung hat (BGH **17**, 388, 390; Einl 170; 9 zu § 249; 3 zu § 262). Zur richterlichen Überzeugungsbildung bei nicht allgemein gültigem Erfahrungswissen (Streit in Fachkreisen) vgl BGH **41**, 206, 214 = JZ **96**, 315 mit Anm Puppe; R.Hamm StV **97**, 159; Hilgendorf Lenckner-FS 699; Hoyer GA **96**, 160; Volk NStZ **96**, 105; Wohlers JuS **95**, 1023. Bei **unerreichbaren Beweismitteln** (62 ff zu § 244) wird die Würdigung in gewissem Grad in die Würdigung der erreichbaren Beweismittel einbezogen (BGH GA **71**, 85: „notwendig eine gewisse Vorauswürdigung des Beweismittels"; dazu Arzt Peters-FS 228). Aus der Nichterreichbarkeit im Hinblick auf übergeordnete öffentliche Interessen dürfen keine Schlußfolgerungen gezogen werden (10 zu § 96). 12

4) **Beweisverbote** (Beweisverwertungsverbote; Einl 52 ff) bedeuten Ausschluß aus der Beweiswürdigung. Zur Problematik der freien Beweiswürdigung bei Beweisverboten vgl Arzt Peters-FS 223 ff. 13

A. **Verbotene Verwertung früherer Verurteilungen** (§§ 51, 66 **BZRG**): Das Gesetz hat ohne Verstoß gegen das GG dem Resozialisierungsbedürfnis Betroffener den Vorrang eingeräumt gegenüber dem Interesse der Strafrechtspflege an erschöpfender Sachaufklärung (BVerfGE **36**, 174 = NJW **74**, 179). Die Hauptbedeutung des Verwertungsverbots besteht darin, daß die betroffenen Verurteilungen weder als solche noch die zugrunde liegenden Taten bei der Rechtsfolgenzumessung berücksichtigt werden dürfen. Sie dürfen aber auch nicht als Indizien für die Frage des Schuldspruchs verwertet werden (vgl ANM 444 ff). Wenn und soweit sich der Angeklagte zu seiner Verteidigung auf eine schon getilgte frühere Verurteilung nebst der hier zugrundeliegenden Tat beruft, entfällt das Verwertungsverbot. Bezieht er sich nur auf die Tatsache der Verurteilung, so dürfen nur Rubrum und Tenor des früheren Urteils zum Zweck des Urkundenbeweises (§ 249) verlesen und verwertet werden (BGH **27**, 108; Einl 56). Auf Freisprüche oder Einstellungen ist die Regelung nicht entspr anwendbar (Schweckendieck NStZ **94**, 418; str). 14

B. **Schweigen einer Auskunftsperson:** 15

a) Verweigert der **Angeklagte in vollem Umfang** die Einlassung in der Hauptverhandlung, so dürfen daraus keine für ihn nachteiligen Schlüsse gezogen (BVerfG NStZ **95**, 555; BGH **25**, 365, 368; **32**, 140, 144; **34**, 324, 326 = JR **88**, 78 mit Anm J. Meyer; MDR **71**, 18 [D1]; NStZ **84**, 376; **86**, 325; StV **85**, 234; Bay **80**, 79 = VRS **59**, 348; Koblenz VRS **73**, 72; MDR **88**, 168; Stuttgart NStZ **86**, 182; Dahs/Langkeit NStZ **93**, 213; Kühl JuS **86**, 118; Rogall 247 ff), aber auch keine Entlastungsumstände unterstellt werden, für die das Beweisergebnis keinen Anhalt gibt (Bay DAR **69**, 237 [R]; Hamburg VRS **41**, 195; Koblenz VRS **70**, 18, 20; Kleinknecht JR **66**, 271). Nach dem Grund des Schweigens darf nicht gefragt werden (Günther JR **78**, 94; Wessels JuS **66**, 172 Fn 18). Völliges Schweigen bedeutet nicht das Unterlassen jeder Erklärung. Vielmehr steht es dem Schweigen gleich, wenn der Beschuldigte die Täterschaft allgemein bestreitet (BGH **25**, 365, 16

368; **38**, 302, 307 mwN; Wessels JuS **66**, 174; unrichtig LG Frankfurt a.M. StV **85**, 498 mit abl Anm Dencker), wenn er sich als unschuldig bezeichnet (Celle NJW **74**, 202; Hamburg MDR **76**, 864; Hamm NJW **73**, 1708), wenn er, ohne zum Sachverhalt Stellung zu nehmen, die Beweisaufnahme „mit lebhafter Mimik und Gestik" begleitet (BGH StV **93**, 458), wenn er nur Rechtsausführungen des Inhalts macht, daß die ihm vorgeworfene Tat weder eine Straftat noch eine Ordnungswidrigkeit sei (Bay MDR **88**, 882), wenn er nur erklärt, er habe die Tat nicht begangen (BGH **34**, 324, 326 = JR **88**, 78 mit Anm J. Meyer), wenn er nur erklärt, er wolle dazu beitragen, die gegen ihn erhobenen Vorwürfe „zu klären und zu lösen" (BGH NStZ **97**, 147), wenn er vorangegangenen Alkoholgenuß bestreitet und im übrigen schweigt (Düsseldorf MDR **88**, 796), wenn er nur die Haltereigenschaft zugibt (BVerfG NJW **94**, 847; Bay DAR **83**, 252 [R]; **85**, 245 [R]; Köln VRS **61**, 361; **79**, 29), wenn er nur erklärt, ein Verwandter habe das Fahrzeug gelenkt (Stuttgart VRS **69**, 295), oder wenn er sich auf Verjährung (Bay StV **82**, 258) oder andere Verfahrenshindernisse beruft. Kein pauschales Bestreiten ist aber der Widerruf einer umfangreichen früheren Einlassung (BGH NStZ **98**, 109). Läßt der schweigende Angeklagte zu, daß sein Verteidiger tatsächliche Erklärungen abgibt, so sind diese unverwertbar, wenn der Angeklagte nicht ausdrücklich erklärt, daß er sie bestätigen wolle (BGH **39**, 305 = NStZ **94**, 184 mit zust Anm Seitz; Fezer in Anm zu Hamm JR **80**, 82); ggf ist der Verteidiger als Zeuge zu hören (BGH aaO). Das gilt aber nicht (kein Fall des Schweigens), wenn der Verteidiger *für den Angeklagten* Erklärungen zur Sache abgibt (BGH StV **98**, 59 mit abl Anm Park), etwa den Anklagevorwurf „in vollem Umfang einräumt" und nur auf weitere Fragen keine Auskunft geben will (BGH NStZ **94**, 352), oder wenn er eine schriftliche Äußerung des Angeklagten in dessen Anwesenheit verliest und dieser nicht widerspricht (BGH NStZ **94**, 449). Stellt der Verteidiger Beweisanträge, so darf daraus keine Einlassung des schweigenden Angeklagten konstruiert werden (BGH NStZ **90**, 447). Das
17 **teilweise Schweigen** eines Angeklagten (im Vor- oder Hauptverfahren) darf als Beweisanzeichen verwertet werden (BGH **20**, 298 = JR **66**, 351 mit Anm Meyer; **32**, 140, 145 = NStZ **84**, 377 mit Anm Volk; StV **81**, 56; Schleswig SchlHA **85**, 132 [E/L]; Stuttgart NStZ **81**, 272; Zweibrücken StV **86**, 290; Hanack JZ **71**, 169; **aM** EbSchmidt JZ **70**, 341; Kühl JuS **86**, 120; Rogall 250 ff; Rüping JR **74**, 138), vorausgesetzt, daß der Beschuldigte in einigen Teilpunkten an der Aufklärung des Sachverhalts mitwirkt, dann aber einzelne Tat- oder Begleitumstände nicht erwähnt, auf einzelne Fragen oder Vorhalte keine oder lückenhafte Anworten gibt (Celle NJW **74**, 202; Hamm NJW **73**, 1708; **74**, 1880; Oldenburg NJW **69**, 808; **aM** Dahs GA **78**, 90) oder Beweismittel zwar benennt, dem Gericht aber nicht zugänglich macht (BGH **20**, 298; **aM** Düsseldorf StV **90**, 442). Kein Teilschweigen in diesem Sinn ist die Einlassung nur zu einem von mehreren Tatvorwürfen (BGH **32**, 140; Köln VRS **61**, 361; Kleinknecht JR **66**, 270; Kühl JuS **86**, 119; Stree JZ **66**, 598), gleichgültig, ob wegen der verschiedenen Taten überhaupt oder im selben Verfahren Anklage erhoben worden ist (BGH **32**, 140, 145 = JR **85**, 70 mit Anm Pelchen = NStZ **84**, 377 mit Anm Volk; AK/StPO-Maiwald 21). Die Verwertbarkeit bei der Beweiswürdigung hängt weiter davon ab, daß es der Lebenserfahrung entspricht, daß ein Unschuldiger sich auch da verteidigt hätte, wo der Beschuldigte geschwiegen hat (Meyer JR **66**, 352; **aM** Eser ZStW **86**, Beih 160 ff; Dingeldey JA **84**, 413; Günther JR **78**, 94; EbSchmidt JZ **70**, 341, die die Begleitumstände des Teilschweigens für maßgebend halten). Läßt das Teilschweigen mehrere Deutungsmöglichkeiten zu, so müssen alle in Rechnung gestellt werden (Köln
18 VRS **57**, 429). Aus dem **unterschiedlichen Aussageverhalten** des Beschuldigten bei mehreren Vernehmungen (BGH NStZ **86**, 208 [Pf/M]; StV **84**, 143; **88**, 239) oder in mehreren Verfahrensabschnitten dürfen keine nachteiligen Schlüsse gezogen werden (BGH StV **94**, 413; anders bei außerprozessualem Schweigen, vgl Karlsruhe NStZ **89**, 287 mit Anm Rogall). Läßt sich der Angeklagte erst im Vorverfahren oder in der Hauptverhandlung ein, so darf nicht als Beweisanzeichen verwertet werden, daß er vor der Polizei geschwiegen hat (BGH **20**, 281 = JR **66**,

269 mit Anm Kleinknecht; BGH **38**, 302, 305 mwN aus der Rspr des BGH; StraFo **96**, 121; **98**, 413; Stuttgart NStZ **81**, 272; **86**, 182; weitergehend Dahs/Langkeit NStZ **93**, 213: auch bei nur partieller Auskunftsverweigerung). Umgekehrt spricht nicht gegen ihn, daß er früher ausgesagt hat, aber in der Hauptverhandlung die Aussage verweigert (BGH MDR **71**, 18 [D]; Koblenz VRS **45**, 366; Köln NStZ **91**, 52; Zweibrücken StV **86**, 290; Rogall 250), daß er vor dem AG ausgesagt hat, aber in der Berufungsverhandlung schweigt (Celle VRS **31**, 205; Hamm NJW **74**, 1880), oder daß er sich erst nach Aussetzung der Hauptverhandlung zum Schweigen entschlossen hat (BGH MDR **68**, 202 [D]). Jedoch darf dann der Inhalt der früheren Aussage nach § 254 oder durch Vernehmung der Verhörsperson festgestellt und verwertet werden; § 252 gilt nicht entspr (BGH **1**, 337; NJW **66**, 1524; MDR **68**, 202 [D]; **71**, 18 [D]; **76**, 988 [H]; Köln DAR **87**, 157; Kühl JuS **86**, 120).

b) Schweigt ein **Zeuge** unberechtigterweise, so darf diese Tatsache mit der 19
gebotenen Vorsicht zur Überzeugungsbildung verwertet werden (BGH NJW **66**, 211; DAR **85**, 388), ohne daß der Tatrichter zuerst versuchen muß, den Zeugen nach § 70 zu einer Aussage zu veranlassen (vgl aber dort 13). **Schweigt der Zeuge** 20
befugt aufgrund eines Zeugnisverweigerungsrechts nach § 52, so ist dies nicht als belastendes Indiz verwertbar (BGH **22**, 113; **32**, 140, 141; **34**, 324, 327 = JR **88**, 78 mit Anm J. Meyer NJW **80**, 794; NStZ **87**, 182; StV **85**, 485; **91**, 450; **97**, 171; KG NJW **66**, 605), auch wenn er ausdrücklich erklärt, daß er den Angeklagten nicht belasten wolle (Köln VRS **57**, 425), und auch sonst unabhängig von seinem sonstigen Aussageverhalten (BGH NStZ **85**, 87). Das Verbot besteht auch, wenn ein Angehöriger es zunächst unterläßt, von sich aus Angaben zu machen (BGH **34**, 324, 327 = JR **88**, 78 mit abl Anm J. Meyer; MDR **93**, 9 [H]), nach anfänglicher Zeugnisverweigerung doch noch aussagt und nunmehr zu prüfen ist, ob seine den Angeklagten entlastenden Angaben glaubhaft sind (BGH NStZ **81**, 93 [Pf]; **85**, 87; **89**, 281; StV **87**, 182; 188; 281; **92**, 97), und wenn der Zeuge nur zur Tatfrage unwesentliche Angaben macht und sich im übrigen auf sein Weigerungsrecht beruft (BGH JR **81**, 432 mit Anm Hanack). Auffälligkeiten im Verhalten des Zeugen sind ebenfalls unverwertbar (23 zu § 52). In die Beweiswürdigung darf aber einbezogen werden, daß der zur Aussage bereite Zeuge nicht schon im Ermittlungsverfahren auf das angebliche Alibi des Angeklagten verwies (BGH **34**, 324, 327 = JR **88**, 78 mit abl Anm J. Meyer; vgl auch NStZ **87**, 182; **89**, 281). Die gleichen Grundsätze gelten bei der Zeugnisverweigerung nach §§ 53, 53 a und bei der Eidesverweigerung nach § 63 (**aM** KK-Senge 4 zu § 63). Schweigt der Zeuge berechtigt nach § 54, so kann dieses Verhalten theoretisch zwar gewürdigt werden, weil diese Bestimmung nicht den Schutz des Angeklagten bezweckt (3 zu § 54); praktisch wird dies jedoch nur beschränkt möglich sein. Soweit der Zeuge die Auskunft nach § 55 verweigert, können daraus Schlüsse gezogen werden (BGH StV **84**, 233; Hamm HESt **3**, 44; **aM** KMR-Paulus 26 zu § 55; Geerds Stock-FS 180; Rüping 179). Dabei liegen dem Angeklagten günstige Schlüsse nahe. In besonderen Ausnahmefällen ist aber auch der Schluß zu seinen Ungunsten denkbar, zB wenn anzunehmen ist, daß der Zeuge keinesfalls allein, sondern allenfalls mit dem Angeklagten tätig geworden ist. Aus der früheren Auskunftsverweigerung können in dem nun gegen ihn geführten Verfahren ebensowenig Schlüsse gezogen werden, wie wenn er als Beschuldigter keine Angaben zur Sache macht (BGH **38**, 302 mwN = JR **93**, 378 mit Anm Rogall; Stuttgart NStZ **81**, 272). Das **teilweise** 21
Schweigen des Zeugen, insbesondere die Nichtbeantwortung einzelner Fragen, ist in allen Fällen, in denen er die Wahl zwischen Reden und Schweigen hat, ebenso der Beweiswürdigung zugänglich wie das teilw Schweigen des Angeklagten (BGH **32**, 140, 142 = JR **85**, 70 mit zust Anm Pelchen; Hanack JR **81**, 433; **aM** Kühl JuS **86**, 121). Das gilt entspr, wenn ein Zeuge zur Sache aussagt, die Überprüfung der Richtigkeit seiner Angaben aber verhindert, indem er die ihm mögliche und zumutbare Mitwirkung daran verweigert, zB die Blutprobenentnahme unter Beru-

fung auf sein Weigerungsrecht nach § 81c III S. 1 (BGH aaO). Das Verbot, Schlüsse zuungunsten des Angeklagten zu ziehen, gilt aber auch, wenn der Zeuge im Ermittlungsverfahren geschwiegen und den Angeklagten erst in der Hauptverhandlung entlastet hat (BGH NJW **80**, 794; StV **87**, 51), wenn er in der Hauptverhandlung zunächst das Zeugnis verweigert und erst in deren weiteren Verlauf ausgesagt hat (Karlsruhe DAR **83**, 93) oder wenn er im 1. Rechtszug ausgesagt und erst in der Berufungsverhandlung das Zeugnis verweigert hat (Bay NJW **69**, 200).

22 C. **Äußerungen des Beschuldigten außerhalb des Verfahrens** sind nach ordnungsgemäßer Einführung in die Hauptverhandlung verwertbar, auch wenn er im Strafverfahren keine Angaben zur Sache macht. ZB darf sein Unfallbericht an seine Haftpflichtversicherung, der als Beweismittel beschlagnahmt worden ist, nach Verlesung (§ 249) verwertet werden, ebenso nach Einführung durch Zeugenaussage eines Angehörigen der Versicherung (ausführlich dazu KG NZV **94**, 403; BVerfG NStZ **95**, 599: verfassungsrechtlich unbedenklich). Auch Angaben, die ein Asylbewerber im Rahmen der Anhörung nach § 15 I, II Nr 1 AsylVfG über die Modalitäten seiner Einreise macht, dürfen ohne seine Zustimmung verwertet werden (BGH **36**, 328; ebenso Düsseldorf StV **92**, 503 mit krit Anm Kadelbach für Angaben aus einem im Ausland gestellten Asylantrag; **aM** Ventzke StV **90**, 279), ferner Erklärungen im Rahmen der Zollkontrolle bei der Einreise (Oldenburg StV **96**, 416 mit abl Anm Bernsmann). Erkenntnisse aus der nach Umweltschutzgesetzen vorgeschriebenen Eigenüberwachung unterliegen idR keinem Beweisverwertungsverbot (Franzheim NJW **90**, 2049 gegen Michalke NJW **90**, 417). Vgl zum Ganzen Verrel NStZ **97**, 362.

23 **5)** Gesetzliche **Beweisvermutungen** oder widerlegbare Beweisregeln (dazu Sarstedt Hirsch-FS 176ff), die mit den rechtsstaatlichen Grundsätzen nicht in Widerspruch zu stehen brauchen (BVerfGE **9**, 167), bürden dem Angeklagten keine Beweislast auf und schränken auch die freie Beweiswürdigung nicht ein (BGH **6**, 292, 296; Hamm VRS **41**, 49). Sie stellen nur das Beweisthema anders und ändern die Grenzen der notwendigen Beweiserhebung sowie den Beziehungspunkt für die Beweiswürdigung. ZB gestattet und verpflichtet die Beweisvermutung des § 69 II StGB, die Frage der Eignung, Kraftfahrzeuge zu führen, abweichend von der gesetzlichen Regel zu beurteilen, wenn besondere Umstände dies rechtfertigen.

24 **6) Eigenes Wissen** über die zu beweisenden Tatsachen darf der Richter nicht verwenden (BGH MDR **52**, 532 [D]; 6 zu § 86) und auch nicht in der Hauptverhandlung als Richter bekunden. Er darf es aber zum Vorhalt benutzen (7 zu § 69; 3 zu § 244). Auch Erkenntnisse aus anderen Hauptverhandlungen dürfen nicht verwertet werden (Düsseldorf VRS **77**, 137 mwN), es sei denn, es handele sich um allgemeinkundige oder gerichtskundige Tatsachen (51, 52 zu § 244). Jedoch müssen auch sie zum Gegenstand der Verhandlung gemacht werden (BGH NStZ **95**, 246; erg 3 zu § 244). Eigene Sachkunde in Fragen, die sich für den Beweis durch Sachverständige eignen, darf der Richter verwenden (73, 74 zu § 244).

25 **7)** Der **Indizien- oder Anzeichenbeweis** (vgl allg Nack MDR **86**, 366) ist ein Beweis, bei dem von einer mittelbar bedeutsamen Tatsache auf eine unmittelbar entscheidungserhebliche Tatsache geschlossen wird. Hilfstatsachen, die einen Schluß auf den Wert des Beweismittels zulassen, zB frühere Verurteilung des Zeugen wegen falscher Aussage, bilden eine Untergruppe der Indizien. Das Indiz kann durch persönliche oder sachliche Beweismittel festgestellt werden. Es darf nur verwertet werden, wenn es in ordnungsgemäßer Weise in die Hauptverhandlung eingeführt worden ist (BGH NStZ **88**, 212 [M]). Der sog Alibibeweis ist eine Verteidigungsmöglichkeit, keine Pflicht; sein Scheitern ist für sich allein kein Indiz für Täterschaft (BGH StV **82**, 158; 159 mit Anm Strate; MDR **92**, 323 [H]; NStZ-RR **96**, 363; **98**, 303). Dasselbe gilt, wenn der Angeklagte einen Alibibeweis gar nicht erst zu erbringen versucht, sondern sich auf die Erklärung beschränkt, er wisse nicht, wo er zur Tatzeit gewesen sei (BGH **41**, 153, 155). Das Anzeichen

muß selbst unzweifelhaft feststehen, bevor Schlüsse daraus gezogen werden. Bei der Indizienreihe weist jedes einzelne Anzeichen für sich auf die entscheidungserhebliche Tatsache hin; dann muß eine Gesamtwürdigung vorgenommen werden (BGH NStZ **83**, 133 mwN; BGH NStZ **87**, 220 [Pf]; **91**, 596; **98**, 265; StV **87**, 238). Bei der Indizienkette wird von einem Indiz auf ein 2., 3. . . . und am Ende auf die beweiserhebliche Tatsache geschlossen; ihr Wert hängt vom schwächsten Glied ab. Indizien können zB aus dem Verhalten eines Verfahrensbeteiligten oder einer Auskunftsperson gewonnen werden. Sind zwischen einem Indiz und der entscheidungserheblichen Tatsache mehrere Schlußfolgerungen notwendig, so muß die Beweiskette lückenlos sein.

8) Der **Grundsatz** *in dubio pro reo,* dessen Rechtsnatur unterschiedlich beurteilt **26**
wird, ist keine Beweisregel (so aber RG **52**, 319), sondern eine Entscheidungsregel, ein Rechtssatz (Stree JZ **74**, 300), der dem sachlichen Strafrecht angehört (Krey 1/22 und JA **83**, 237). Er besagt nichts darüber, wie der Tatrichter die Beweise zu würdigen hat, sondern greift erst nach abgeschlossener Beweiswürdigung ein (BGHR Einlassung 4; NStE Nr 110; abl Hoyer ZStW **105**, 523; gegen ihn Stein Rudolphi-Symp 254). Für den Fall, daß das Gericht nicht die volle Überzeugung von der Täterschaft des Angeklagten oder von dem Bestehen unmittelbar entscheidungserheblicher Tatsachen (unten 29) gewinnt, schreibt der Zweifelssatz vor, daß die dem Angeklagten jeweils günstigste Rechtsfolge eintreten muß (BVerfG MDR **75**, 468; BayVerfGH NJW **83**, 1600, 1602; Montenbruck S. 59 ff hält den Rückgriff auf den Zweifelssatz weitgehend für entbehrlich). Dabei kommt es nur auf Zweifel an, die der Richter, ausweislich der Urteilsgründe, tatsächlich gehabt hat, nicht auf Zweifel, die er nach Meinung des Angeklagten hätte haben müssen (BVerfG NJW **88**, 477; LR-Gollwitzer 104 mwN in Fn 332). Der Zweifelssatz bedeutet nicht, daß das Gericht von der dem Angeklagten günstigsten Fallgestaltung auch dann ausgehen muß, wenn hierfür keine Anhaltspunkte bestehen (BGH **25**, 365, 367; NStE Nr 110; Koblenz VRS **67**, 267, 268). Ihm darf aber kein Nachteil daraus erwachsen, daß er die Tat bestreitet und damit nicht in der Lage ist, Umstände vorzutragen, die sich zu seinen Gunsten auswirken können (BGH StV
90, 9). **Prognoseentscheidungen** beruhen auf Wahrscheinlichkeitsfeststellung. **27**
Daher gilt für sie selbst der Satz *in dubio pro reo* nicht (Koblenz NJW **78**, 2043, 2044; OLGSt § 352 Nr 2; VRS **53**, 29). Dagegen sind zweifelhafte Tatsachen, die für eine günstige Prognoseentscheidung sprechen können, als Entscheidungsgrundlage zu verwenden (BGH MDR **73**, 900 [D]). Die gleichen Grundsätze gelten für
die dem Urteil vorgelagerten Entscheidungen, bei denen eine **Wahrscheinlichkeit** **28**
genügt (Schöneborn MDR **75**, 443). Jedoch kann der hinreichende Tatverdacht (1 zu § 170), bei dem auf das Ergebnis der späteren Hauptverhandlung abgestellt wird, mit der Begründung verneint werden, daß der Tatrichter höchstwahrscheinlich nach dem Grundsatz *in dubio pro reo* nicht zu einer Verurteilung kommen werde (Karlsruhe MDR **74**, 596). Der Grundsatz gilt auch nicht bei den Sozialprognosen, die für vorläufige Eingriffe (zB §§ 111 a I, 132 a I), für Strafaussetzung zur Bewährung (LR-Schäfer Einl Kap 13 Rdn 54) und bei der Anordnung von Maßregeln der Besserung und Sicherung getroffen werden müssen.

A. Bei **unmittelbar entscheidungserheblichen Tatsachen,** sei es, daß sie **29**
zum Tatbestand gehören oder zum Bereich des Allgemeinen Teils des StGB, kommt dem Angeklagten die Rechtswohltat des nicht behebbaren (12 zu § 244) Zweifels zugute, und zwar auch, soweit es sich um die Straffestsetzung (Strafausschließungs-, Strafaufhebungs- und gesetzliche Strafmilderungsgründe) oder um die Voraussetzungen für eine Maßregel der Besserung und Sicherung handelt (Bruns JZ **58**, 647). Jedoch gilt der Zweifelssatz nicht für Indizien (mißverständlich, weil zu eng auf den Alibibeweis abgestellt: BGH **25**, 285; JR **78**, 348; krit Hanack JR **74**, 383 ff und JuS **77**, 727, 731; Tenckhoff JR **78**, 348 mwN; Roxin § 15 D 1; vgl jetzt BGH NJW **83**, 1865; **36**, 286, 290). Das bedeutet nicht, daß das Urteil auf unbewiesene Indiztatsachen gestützt werden darf (BGH JR **54**, 468; MDR **69**, 194

[D]; NStZ **81**, 33; Herdegen NStZ **84**, 342). Denn der Satz, daß nur Bewiesenes zuungunsten des Angeklagten berücksichtigt werden darf, ergibt sich ohne weiteres aus den Denkgesetzen (**aM** Volk NStZ **83**, 423 Fn 4: „normative Prämisse unserer Rechtskultur"). Nur festgestellte Tatsachen, nicht bloße Möglichkeiten, Wahrscheinlichkeiten oder Vermutungen können die richterliche Überzeugung begründen. Dementsprechend erfordert zB eine Verurteilung wegen Vollrauschs die zweifelsfreie Feststellung, daß sich der Angeklagte schuldhaft berauscht hat, während eine Verurteilung nicht in Betracht kommt, wenn die Berauschung zweifelhaft ist (BGH 1 StR 808/91 vom 4. 2. 1992). Zugunsten des Angeklagten dürfen die Ergebnisse von Messungen, die mittels Atemalkoholtestgeräten gewonnen wurden, verwertet werden (BGH NStZ **95**, 96). Auf die Einlassung des Angeklagten darf das Gericht aber eine Verurteilung stützen, wenn es von ihrer Richtigkeit überzeugt ist (BGH NStZ **86**, 325; StV **88**, 328).

30 a) **Beispiele:** Der Grundsatz gilt für die Frage des Tatbestandsirrtums nach § 16 StGB (RG **64**, 26), für die tatsächliche Grundlage des Verbotsirrtums (§ 17 StGB; Bay NJW **54**, 811), des freiwilligen Rücktritts vom Versuch (BGH StV **95**, 509), des entschuldigenden Notstands nach § 35 StGB (BGH 5 StR 599/55 vom 14. 2. 1956), der Schuldfähigkeit (§§ 20, 21 StGB; BGH **8**, 113; vgl aber BGH **35**, 308; **36**, 286, 290), für die besonderen Umstände des § 56 II StGB (BGH MDR **73**, 900 [D]); ferner bei der Anwendung des § 55 StGB, wenn Zweifel über die Tatzeit bestehen (BGH 2 StR 492/56 vom 7. 11. 1956), bei Anwendung des § 157 StGB (BGH MDR **52**, 407 [D]). Erg unten 36.

31 b) **Tateinheit; Tatmehrheit:** Bei Zweifeln, ob Tateinheit oder Tatmehrheit vorliegt, ist Tateinheit anzunehmen (BGH NStZ **83**, 364; StV **88**, 202; **92**, 54). Haben sich in der Hauptverhandlung keine Anhaltspunkte dafür ergeben, daß mehrere Fälle des Handeltreibens mit Betäubungsmitteln dieselbe Rauschgiftmenge betreffen, so gebietet es der Zweifelsgrundsatz nicht, eine einheitliche Tat anzunehmen (BGH StV **95**, 417); ähnliches galt nach der Rspr des BGH (**23**, 33, 35; **35**, 318, 324) schon für die fortgesetzte Handlung (vgl 14 zu § 260).

32 c) **Zu nicht übereinstimmenden Feststellungen** kann *in dubio pro reo* in einem Urteil führen hinsichtlich verschiedener Angeklagter, zB wenn nicht festgestellt werden kann, ob der Getötete das vorsätzlich gegebene Gift des A oder des B genommen hat und daran gestorben ist, so daß beide nur wegen Versuchs strafbar sind, oder daß beide Angeklagten nur wegen Beihilfe zu verurteilen sind, obwohl einer von ihnen der Täter gewesen sein muß (BGH GA **92**, 470). Ist ein Angeklagter wegen des Zweifelssatzes freigesprochen worden, können gleichwohl hinsichtlich eines Mitangeklagten für diesen günstige Feststellungen geboten sein, die auf dier Annahme der Tatbeteiligung des freigesprochenen Angeklagten beruhen (BGH StV **96**, 81). Auch hinsichtlich ein und desselben Angeklagten ist je nach Feststellungszweck eine unterschiedliche Bewertung möglich; zB wird bei einem Verkehrsunfall für die Feststellung der Schuldfähigkeit des Beschuldigten ein möglichst hoher, bei der Prüfung der Fahrtüchtigkeit ein möglichst geringer Blutalkohol-Abbauwert angenommen (BGH VRS **21**, 54; Martin DAR **62**, 70).

33 B. Bei **verfahrensrechtlich erheblichen Tatsachen,** die im Freibeweisverfahren festgestellt werden (7, 9 zu § 244), gilt der Grundsatz nur zum Teil (Düsseldorf JZ **85**, 300).

34 a) Ob **Verfahrenshindernisse** (Einl 141 ff), erwiesen sein müssen oder der Grundsatz *in dubio pro reo* gilt, läßt sich nach Ansicht der Rspr nicht für alle Verfahrensvoraussetzungen einheitlich bestimmen (BGH **18**, 274, 277 = JR **63**, 605 mit Anm EbSchmidt = MDR **63**, 855 mit Anm Dreher; vgl auch Sulanke, Die Entscheidung bei Zweifeln über das Vorhandensein von Prozeßvoraussetzungen und Prozeßhindernissen im Strafverfahren, 1974, S. 71 ff). Richtigerweise ist der Grundsatz hier nicht anwendbar, da das weitere Prozedieren ohne Rücksicht auf *in dubio pro reo* nur zulässig ist, wenn die Prozeßvoraussetzungen sicher (und nicht nur möglicherweise) vorliegen (vgl 7 zu § 206 a). Da der Angeklagte normalerweise verhandlungsfähig ist, gilt für das Verfahrenshindernis der Verhandlungsunfähigkeit jedenfalls *in dubio pro reo* nicht schlechthin (BGH MDR **73**, 902 [D]; NStZ **88**, 213 [M] mwN; **aM** Meurer JR **90**, 391; 1 zu § 205). Hat der Richter jedoch Zweifel an der Verhandlungsfähigkeit, darf die Hauptverhandlung nicht gegen den Angeklagten geführt werden (BGH NStZ **84**, 520). Erforderlich ist insofern eine hinreichend sichere Prognose, zB bei Verhandlungsunfähigkeit wegen übermäßiger Leibes- oder Lebensgefahr (BVerfGE **51**, 324; Einl 97). Das Antragserfordernis in § 247 StGB gilt auch dann, wenn ein Verlöbnis nicht erwiesen, aber möglich ist (Bay MDR **61**, 873). Bei unbehebbarem Zweifel über die formellen Voraussetzungen eines Straffreiheitsgesetzes (zB über die Tatzeit, auf die es ankommt) wird nach der Rspr zuungunsten des Beschuldigten entschieden, weil es sich hier um einen Ausnahmeeingriff in die Strafrechtspflege handelt (BGH DRiZ **51**, 186 L; GA **56**, 350; bei Herlan MDR **55**, 527; RG **71**, 263). Soweit die Amnestie aber von Schuldumständen abhängt (zB von Vorstrafen, Gewinnsucht, gemeiner Gesinnung), wird der Grundsatz angewandt (BGH JR **54**, 351 mit Anm Nüse).

b) **Bei sonstigen prozeßerheblichen Tatsachen** gilt *in dubio pro reo* nicht (12 zu § 337). Vielmehr ist aus der in Betracht kommenden Verfahrensvorschrift zu entnehmen, welche prozessualen Tatsachen festzustellen sind. Bei Zweifeln an der Verhandlungsfähigkeit des Angeklagten bei der Erklärung des Rechtsmittelverzichts ist der Verzicht als wirksam zu behandeln (BGH MDR **73**, 902 [D]; NStZ **84**, 329; **85**, 207 [Pf/M]; erg 10 zu § 302). Entsprechendes gilt, wenn zweifelhaft bleibt, ob die Rechtsmittelrücknahme durch unrichtige Auskünfte veranlaßt wurde (Düsseldorf MDR **84**, 604). Wegen Zweifels an der Einhaltung der Wiedereinsetzungsfrist vgl 3 zu § 45. Ist zweifelhaft, ob ein anderer Rechtsbehelf fristgemäß eingelegt ist, so ist zugunsten des Angeklagten zu entscheiden; nur die zu seinen Ungunsten eingelegten Rechtsbehelfe sind als unzulässig zu verwerfen (BGH StV **95**, 454; Düsseldorf JZ **85**, 300; Hamburg NJW **75**, 1750 mit Anm Foth JR **76**, 254; SK/StPO-Frisch 187 vor § 296; Sarstedt/Hamm 112; **aM** BGH NJW **60**, 2022; Düsseldorf MDR **85**, 784; Karlsruhe NJW **81**, 138; Stuttgart MDR **81**, 424; Entscheidung stets zugunsten des Rechtsmittels; KG JR **54**, 470 mit abl Anm Sarstedt; Celle NJW **67**, 640: Entscheidung stets zugunsten der Rechtskraft; vgl auch KG VRS **83**, 448 und Celle NdsRpfl **83**, 123; **85**, 173: Entscheidung zugunsten des Beschwerdeführers bei Verschulden der Justizbehörden oder der Post an der Ungewißheit); die zu seinen Gunsten eingelegten gelten als rechtzeitig. Bleibt dagegen zweifelhaft, ob der Schriftsatz überhaupt bei Gericht eingegangen ist, so muß der Rechtsbehelf als unzulässig behandelt werden (BGHR § 345 Frist 1; Düsseldorf JZ **85**, 300; MDR **91**, 986; Hamm NStZ **82**, 43; Stuttgart MDR **84**, 512; Krey 1/27 und JA **83**, 238). Das gleiche gilt bei anderen Anträgen, die als unzulässig verworfen werden können (zB § 368). Hat der Verteidiger ein Rechtsmittel zurückgenommen, nachdem er von dem Angeklagten nach § 302 II dazu ermächtigt worden ist, so ist die Zurücknahme wirksam, wenn die Behauptung, die Rücknahmeermächtigung sei vorher widerrufen worden, nicht voll nachgewiesen werden kann (BGH **10**, 245 = JZ **58**, 177 mit krit Anm Sax). *In dubio pro reo* gilt insbesondere nicht, wenn es sich darum handelt, ob eine prozessuale Ausnahmeregelung eingreift, zB ein Zeugnisverweigerungsrecht (BGH 1 StR 77/62 vom 27. 3. 1962) oder ein Beweisverbot (Einl 51 ff; BGH JR **62**, 109; zur Problematik Dencker 135 ff). **35**

C. **Nach dem leichteren Gesetz** ist bei Zweifeln im Tatsächlichen zu verurteilen, wenn die mehreren möglichen Verhaltensweisen zueinander in einem Stufenverhältnis (Mehr oder Weniger) stehen. Versagt die Unterscheidung zwischen leichterem und schwererem Gesetz, so kommt Verurteilung mit Gesetzesalternativität in Betracht (27 zu § 260). Beispiel für „im Zweifel für das leichtere Gesetz“: Meineid – fahrlässiger Falscheid; Notzucht – Verführung (BGH **22**, 154, 156). Der Tatbestand des leichteren Gesetzes muß aber in vollem Umfang festgestellt sein (BGH aaO; vgl auch Alwart GA **92**, 545). Diese Grundsätze gelten auch für die **36**

Entscheidung, ob Vollendung oder Versuch (BGH aaO), Vorsatz oder Fahrlässigkeit (BGH **23**, 203 mit Anm Schröder JZ **71**, 421) oder ob Täterschaft oder Mitwirkung als Gehilfe anzunehmen (BGH **31**, 136 = NStZ **83**, 165 mit Anm Dingeldey) oder ob beim Heranwachsenden Erwachsenen- oder Jugendstrafrecht anzuwenden ist (BGH **12**, 116 mit Anm Grethlein NJW **59**, 542).

37 D. Bei **Gesetzesauslegung** und sonst in Rechtsfragen gilt *in dubio pro reo* grundsätzlich nicht (BGH **14**, 68, 73; MDR **72**, 572 [D]; Sch/Sch-Eser 53 zu § 1 StGB; Einl 199). Jedoch bei der Auslegung eines Grundrechts ist im Zweifel für den Rechtsanspruch des Bürgers zu entscheiden (BVerfGE **15**, 275, 281; **30**, 162).

38 **9) Revision:** Mit der **Sachrüge** kann geltend gemacht werden, der Tatrichter habe seine Befugnis willkürlich ausgeübt. Das ist zB der Fall, wenn sich die Schlußfolgerungen so sehr von einer festen Tatsachengrundlage entfernen, daß sie letztlich bloße Vermutungen sind (BGH NStZ **81**, 33; **86**, 373). Ferner kann gerügt werden, der Tatrichter habe die Beweise nicht erschöpfend gewürdigt (oben 6; BGH **29**, 18, 20) oder gegen ein Beweisverbot (Einl 52 ff) oder die Gesetze der Logik oder der Lebenserfahrung (oben 2; 30 ff zu § 337) verstoßen (KG NZV **94**, 403). Mit der Sachrüge kann ferner beanstandet werden, daß aus dem unterschiedlichen Aussageverhalten des Beschuldigten (oben 18; vgl BGH NStZ **86**, 325) oder aus einer befugten Zeugnisverweigerung Schlüsse gezogen worden sind (BGH JR **81**, 432; Dahs/Langkeit NStZ **93**, 215; Wagner ZStW **106**, 286; **aM** BGH NStZ
38 a **92**, 448: Verfahrensrüge). Die **Rüge der Verletzung des § 261** verspricht nur Erfolg, wenn ohne Rekonstruktion der Beweisaufnahme der Nachweis geführt werden kann, daß die im Urteil getroffenen Feststellungen nicht durch die in der Hauptverhandlung verwendeten Beweismittel und nicht durch Vorgänge gewonnen worden sind, die zum Inbegriff der Hauptverhandlung gehören (oben 5; BGH NStZ-RR **98**, 17; vgl auch BGH MDR **91**, 704 [H]: Umfang der wörtlich wiedergegebenen Niederschrift schließt Vorhalt aus). Mit der Behauptung, ein Zeuge habe anders ausgesagt oder die Aussage sei anders zu verstehen oder eine Vertragsurkunde sei nicht richtig ausgelegt worden, kann die Revision keinen Erfolg haben; das gilt auch dann, wenn ein Prozeßbeteiligter Aufzeichnungen über den Inhalt der Aussage vorlegt, selbst wenn diese als Anlage zum Protokoll genommen worden sind (BGH **43**, 212; NStZ **90**, 35; Herdegen JZ **98**, 55 und Salger-FS 313). Anders ist es nur, wenn beanstandet wird, das Urteil gebe die Aussage eines Zeugen, die in der Hauptverhandlung verlesen wurde, oder den Wortlaut einer verlesenen Urkunde falsch wieder oder die Urkunde habe einen eindeutig anderen Inhalt (BGH NStZ **87**, 18 [PF/M]; StV **93**, 115; Bay StV **85**, 226; Köln StV **95**, 630; ebenso BGH StV **93**, 459 für die verlesene, bei den Akten befindliche Erklärung des Angeklagten). Denn in diesen Fällen hätte das Gericht eine nichtgemachte Aussage oder eine Urkunde mit anderem Inhalt gewürdigt, so daß der Überzeugungsbildung die äußere Grundlage fehlte (14 zu § 337). Daß in der neueren Rspr des BGH gelegentlich die Rüge zugelassen worden ist, das Urteil setze sich nicht mit einer verlesenen Aussage auseinander (BGH StV **91**, 548; 549; ähnlich Zweibrücken StV **94**, 545: Keine Auseinandersetzung mit Aussage in der 1. Instanz), ist bedenklich (vgl zusammenfassend zur revisionsrechtlichen Kontrolle der Beweiswürdigung Schäfer StV **95**, 147; erg 15 a zu § 337). Die Auswertung von Lichtbildern, zB eines Radarfotos, ist allein Sache des Tatrichters (BGH **29**, 18 = JR **80**, 168 mit Anm Peters; BGH **41**, 376; erg 10 zu § 267). Das gleiche gilt für andere Augenscheinsobjekte. Daß eine in den Urteilsgründen verwertete Urkunde, insbesondere eine Vernehmungsniederschrift, in der Hauptverhandlung nicht verlesen worden sei, kann nur gerügt werden, wenn auszuschließen ist, daß ihr Inhalt nicht anders (zB durch Vorhalt) in die Hauptverhandlung eingeführt worden ist (BGH NJW **90**, 1189, 1190; NStE Nr 73; Düsseldorf StV **95**, 38 mit abl Anm Hellmann; Schleswig SchlHA **92**, 163 [L/T]; StV **98**, 365). Über die Bindung des Revisionsgerichts an die Feststellungen vgl 1 zu § 337; über die Aufklärungsrüge
39 80 ff zu § 244. Der Grundsatz **in dubio pro reo** kann als verletzt nur gerügt

werden, wenn die Urteilsgründe selbst ergeben, daß das Gericht seine Zweifel nicht überwunden hat (BVerfG MDR **75**, 468; oben 26). Die Beweiswürdigung kann auch dann beanstandet werden, wenn sich das Gericht für eine Feststellung entschieden hat, ohne sich mit anderen naheliegenden Möglichkeiten des Geschehensablaufes auseinanderzusetzen (BGH **25**, 365, 367), oder wenn diese Prüfung nicht zu erkennen ist (29 zu § 337). Die Rüge, ein **Schöffe** habe Einsicht in die 40
Anklageschrift mit dem wesentlichen Ergebnis der Ermittlungen genommen (22 zu § 200), hatte als Verstoß gegen die Grundsätze der Mündlichkeit und Unmittelbarkeit (oben 7) nach früherer Ansicht des BGH Erfolg, wenn der Schöffe von dieser Darstellung vor dem Abschluß der Urteilsberatung Kenntnis genommen hatte (BGH **13**, 73, 75; JR **61**, 30 mit zust Anm EbSchmidt; MDR **73**, 19 [D]); die neuere Rspr erkennt dies nur an, wenn besondere Umstände vorliegen, die eine Beeinflussung des Schöffen befürchten lassen (BGH **43**, 360; NJW **87**, 1209; erg 2 zu § 30 GVG). Im Fall eines **Freispruchs** ist auf Sachrüge zu berücksichtigen, daß 41
der Tatrichter überspannte Anforderungen an die für eine Verurteilung erforderliche Gewißheit gestellt hat (oben 2; BGH MDR **78**, 806 [H]; BGHR Überzeugungsbildung 25; Hanack JuS **77**, 731; Jerouschek GA **92**, 493; Peters JR **78**, 84; erg 27 zu § 337).

Vorfragen aus anderen Rechtsgebieten

262 **I Hängt die Strafbarkeit einer Handlung von der Beurteilung eines bürgerlichen Rechtsverhältnisses ab, so entscheidet das Strafgericht auch über dieses nach den für das Verfahren und den Beweis in Strafsachen geltenden Vorschriften.**

II Das Gericht ist jedoch befugt, die Untersuchung auszusetzen und einem der Beteiligten zur Erhebung der Zivilklage eine Frist zu bestimmen oder das Urteil des Zivilgerichts abzuwarten.

1) Die **Entscheidung über bürgerliche Rechtsverhältnisse** (I), von deren 1
Beurteilung die Strafbarkeit abhängt, ist grundsätzlich (wegen der Ausnahmen vgl unten 3, 11) Sache der Strafgerichte. Das gilt über I hinaus auch für auf anderen Rechtsgebieten liegende Vorfragen (RG **39**, 62, 64; **43**, 373, 377; BayVerfGH **16**, II 64 = Rpfleger **63**, 233; Bay **60**, 94 = NJW **60**, 1534; vgl auch § 154 d S. 1). Für das Verfahren und den Beweis gelten die Vorschriften der StPO, insbesondere der Amtsermittlungsgrundsatz und der Grundsatz der freien Beweiswürdigung nach § 261 (RG **43**, 373, 377; LR-Gollwitzer 3), so daß zivilrechtliche Beweisregeln wie §§ 891, 1006 I S.1, 1362 BGB nicht anzuwenden sind (eingehend dazu Weber Trusen-FS 591 ff).

2) Eine **Bindung an rechtskräftige Entscheidungen anderer Gerichte** besteht im Strafverfahren grundsätzlich nicht. 2

A. **Rechtskräftige Zivilurteile** binden den Strafrichter, wenn sie Gestaltungs- 3
urteile (zB Ehescheidungs- oder Aufhebungsurteile) sind (RG **14**, 364, 374; KK-Engelhardt 5; ANM 437; Spendel NJW **66**, 1104) oder sonst für und gegen alle wirken, wie die Urteile, die nach § 1600 d BGB, §§ 640 ff ZPO die Vaterschaft feststellen (BGH **26**, 111; Hamm JMBlNW **74**, 19; Stuttgart NJW **73**, 2305; Zweibrücken MDR **74**, 1034; LG Zweibrücken NStZ **93**, 300; Heimann-Trosien JR **76**, 235; Schwab NJW **60**, 2172; **aM** Bruns in FS für Lent, 1957, S. 140; vgl auch Eggert MDR **74**, 445). Gestaltende Urteile, die die Rechtslage rückwirkend ändern, haben aber insoweit **keine bindende Wirkung** (ANM 437 mwN in Fn 4
79). Eine solche Wirkung fehlt auch allen Feststellungs- und Leistungsurteilen. Wenn der Angeklagte von einem Zivilgericht auf Zahlung von Unterhalt verurteilt oder die Klage gegen ihn rechtskräftig abgewiesen worden ist, enthebt das den Strafrichter daher in dem Verfahren wegen Vergehens gegen § 170 StGB nicht der

Pflicht, über die Frage der Unterhaltspflicht selbständig zu entscheiden, auch wenn das Urteil vor der Tat rechtskräftig geworden ist (BGH **5**, 106; Bay **67**, 1 = NJW **67**, 1287; Bremen NJW **64**, 1286; Celle NJW **55**, 563; Hamm NJW **54**, 1340; Oldenburg NJW **52**, 118; Stuttgart NJW **60**, 2204; Koffka JR **68**, 228; **aM** Braunschweig NJW **53**, 558; Dünnebier JZ **61**, 672; Kaiser NJW **72**, 1847; Rosenberg/Schwab/Gottwald § 10 II 2 a; Schwab NJW **60**, 2169). Entspr gilt für andere Zivilurteile, die nicht für oder gegen alle wirken (RG **14**, 364, 374; LR-Gollwitzer 10; **aM** Schwab aaO). Der Tatrichter muß die Eigentumsfrage daher auch dann selbständig prüfen, wenn darüber schon ein Zivilgericht entschieden hat (ANM 438 mwN in Fn 83 ff).

5 B. Auch an **Urteile anderer Gerichtszweige** ist das Strafgericht grundsätzlich nicht gebunden, selbst wenn sie in einem Verfahren ergangen sind, in dem der Grundsatz der Amtsaufklärungspflicht gilt (LR-Gollwitzer 13). Das gilt für alle Urteile der Finanz- und Verwaltungsgerichte sowie für Urteile über arbeits- und sozialrechtliche Vorfragen, sofern sie keine rechtsgestaltende Wirkung haben.

6 C. Zur **Bindung an rechtskräftige Strafurteile** vgl Einl 170.

7 **3) Verwaltungsakte** haben im sachlichen Strafrecht häufig eine Tatbestandswirkung. ZB setzen § 85 I Nr 2 StGB und § 20 Nr 2 VereinsG voraus, daß die Verwaltungsbehörde ein Vereinsverbot nach § 3 VereinsG ausgesprochen oder eine Feststellung nach § 8 II S. 2 VereinsG getroffen hat. In solchen Fällen steht die Bindung an den Verwaltungsakt außer Frage (LR-Gollwitzer 20). Anders ist es, wenn Schuld- oder Rechtsfolgenausspruch davon abhängen, daß ein Verwaltungsakt ergangen ist, ohne daß das zum gesetzlichen Tatbestand gehört. Hier gilt der
8 Grundsatz, daß der Strafrichter an **rechtsgestaltende Verwaltungsakte** gebunden ist, sofern sie nicht nach § 44 I VwVfG nichtig sind (BayVerfGHE **16**, II 64 = Rpfleger **63**, 233; LR-Gollwitzer 15, 18). Das gilt zB für die Verleihung der Beamteneigenschaft und der deutschen Staatsangehörigkeit (KK-Engelhardt 6), für die Tilgung von Eintragungen im BZR (BGH **20**, 205; RG **56**, 68; LR-Gollwitzer 16), für die Erteilung von Patenten (RG **14**, 262) und die Eintragung in die Warenzeichenrolle (RG **48**, 389, 391). Gestaltende Verwaltungsakte iwS sind auch solche, die ein bestimmtes Handeln gebieten oder verbieten, für den Staatsbürger also Pflichten begründen (LR-Gollwitzer 15). Der Strafrichter ist an sie ebenfalls gebunden, wenn sie nicht nichtig sind (Celle NJW **67**, 743; 1623; Hamburg JZ **70**, 586; Hamm VRS **30**, 478; Karlsruhe NJW **67**, 1625; **aM** Mohrbotter JZ **71**, 213). Wird ein Verwaltungsakt, dessen Nichtbeachtung strafbar ist, von der Widerspruchsbehörde oder vom Verwaltungsgericht aufgehoben, nachdem der Angeklagte gegen die darin enthaltene Weisung verstoßen hat, so ist das für den Strafrichter unbeachtlich; denn die spätere Aufhebung eines strafbewehrten Verwaltungsakts läßt die Strafbarkeit einer bereits vorher begangenen Zuwiderhandlung unberührt (BGH **23**, 86, 91; NJW **82**, 189; Frankfurt GA **87**, 549; Hamburg NJW **80**, 1007; Karlsruhe NJW **78**, 116; KK-Engelhardt 8; ANM 439 mwN in Fn 91; **aM** Gerhards NJW **78**, 86).

9 **4)** Die **Aussetzung des Verfahrens** (II) ist schon vor Erlaß des Eröffnungsbeschlusses (KK-Engelhardt 12) und noch im Berufungsrechtszug zulässig (vgl § 332), die Vorschrift ist aber entgegen der bisher hM auch im Revisionsverfahren entspr anwendbar (Bay **94**, 74 = NJW **94**, 2104; Jörgensen, Die Aussetzung des Strafverfahrens zur Klärung außerstrafrechtlicher Rechtsverhältnisse, 1991, S. 57, 350). Im Ermittlungsverfahren gilt § 154 d. Eine Sonderregelung enthält § 296 **AO.**

10 A. **Voraussetzung** ist, daß die Strafbarkeit einer Handlung von der dem Strafrichter obliegenden Beurteilung eines außerstrafrechtlichen Rechtsverhältnisses abhängt, über das noch nicht rechtskräftig entschieden worden ist (LR-Gollwitzer 2, 26). Gleichgültig ist, ob es sich um ein Rechtsverhältnis des bürgerlichen oder des öffentlichen Rechts handelt (Kaiser NJW **61**, 1190; oben 1). II betrifft aber

nicht den Fall, daß Tatsachen, die für das Strafverfahren erheblich sind, auch in dem anderen Verfahren Bedeutung haben; der Strafrichter darf die Feststellung solcher Tatsachen nicht dem anderen Verfahren überlassen. Auch zu dem Zweck, die Entscheidung eines anderen Strafgerichts abzuwarten, darf die Aussetzung nicht beschlossen werden (Hamm HESt **2**, 102; KK-Engelhardt 7).

B. Im **Ermessen des Gerichts** steht die Verfahrensaussetzung (RG **49**, 309; **11**
BayVerfGHE **16**, II 64 = Rpfleger **63**, 233; Düsseldorf StV **95**, 459 L). Maßgebend sind Art und Bedeutung der Strafsache, das Gebot der Verfahrensbeschleunigung, die Schwierigkeit der Vorfrage und ihre Bedeutung für das anhängige Verfahren (KK-Engelhardt 8; vgl auch Kissel Pfeiffer-FS 196 ff). Eine Rechtspflicht zur Aussetzung besteht, wenn eine entscheidungserhebliche Vorfrage nur von dem anderen Gericht mit bindender Wirkung entschieden werden kann (LR-Gollwitzer 36; vgl auch Saarbrücken JBl Saar **64**, 208).

C. Eine **Frist zur Erhebung der Zivilklage** (Verwaltungsklage usw) kann **12**
nicht nur dem Beschuldigten, sondern jedem Verfahrensbeteiligten gesetzt werden, auch dem am Verfahren beteiligten Verletzten, sogar einem Zeugen (LR-Gollwitzer 38). Da die Klageerhebung keinen besonderen Zeitaufwand erfordert, kann die Frist kurz bemessen werden (LR-Gollwitzer 39). Eine Verpflichtung zur Klageerhebung begründet die Fristsetzung nicht; dem Beteiligten, der die Klageerhebung unterläßt, entstehen Nachteile allenfalls bei der Beweiswürdigung (KK-Engelhardt 10). Nach fruchtlosem Ablauf der Frist wird das Strafverfahren fortgesetzt.

D. Durch **Gerichtsbeschluß** wird die Aussetzung auf Antrag oder von Amts **13**
wegen nach Anhörung der Prozeßbeteiligten (§ 33 I, II) angeordnet. Einer Begründung bedarf der Aussetzungsbeschluß nicht, auch nicht der einen Aussetzungsantrag ablehnende Beschluß (RG **57**, 44; **aM** KK-Engelhardt 9; LR-Gollwitzer 42). Eine Bindung an den formlos bekanntzumachenden Aussetzungsbeschluß besteht nicht. Das Gericht darf das Verfahren jederzeit fortsetzen, wenn es das für angebracht hält (KMR-Paulus 19). Das Ruhen der Verjährung nach § 78 b I StGB bewirkt der Beschluß nicht (LR-Gollwitzer 45).

E. Eine **Bindung an das Urteil des Zivilgerichts,** das nach der Verfahrensaus- **14**
setzung ergangen ist, besteht nur unter den oben 2 ff bezeichneten allgemeinen Voraussetzungen (RG **14**, 364, 374; Bay **52**, 224; KK-Engelhardt 3; ANM 437). Das Strafgericht ist aber berechtigt, sein Urteil auf die Entscheidung des Zivilgerichts zu stützen; es braucht insbesondere die Beweise, auf denen es beruht, nicht nochmals zu erheben, wenn es die Beweisaufnahme für ausreichend hält (LR-Gollwitzer 10; differenzierend Jörgensen [oben 9] S. 331 ff).

5) Rechtsbehelfe: Der Aussetzungsbeschluß kann nur dann mit der **Be- 15**
schwerde nach § 304 angefochten werden, wenn geltend gemacht wird, daß die **16**
rechtlichen und tatsächlichen Voraussetzungen des II nicht vorliegen und die Aussetzung daher nur verfahrensverzögernd wirkt (vgl Düsseldorf MDR **92**, 989; Frankfurt NJW **54**, 1012; **66**, 992; erg 16 zu § 228). Die Anfechtung der Fristsetzung zur Klageerhebung ist mangels Beschwer (LR-Gollwitzer 71) ausgeschlossen, die Anfechtung des einen Aussetzungsantrag ablehnenden Beschlusses des erkennenden Gerichts nach § 305 S. 1 (RG **43**, 179, 181; Hamm NJW **78**, 283;
Köln JMBlNW **56**, 116; KK-Engelhardt 9). Die **Revision** kann darauf gestützt **17**
werden, daß das Gericht irrig von einer Bindung an die Entscheidung über das nichtstrafrechtliche Rechtsverhältnis ausgegangen ist (KK-Engelhardt 13). Daß die Aussetzung nach II abgelehnt worden ist, kann wegen des weiten Ermessens des Gerichts (oben 11) nicht mit Erfolg gerügt werden (RG **18**, 123; Schleswig SchlHA **73**, 187 [E/J]; AK/StPO-Moschüring 48; weitergehend Jörgensen [oben 9] S. 361 ff).

Abstimmung

263 **[I] Zu jeder dem Angeklagten nachteiligen Entscheidung über die Schuldfrage und die Rechtsfolgen der Tat ist eine Mehrheit von zwei Dritteln der Stimmen erforderlich.**

[II] Die Schuldfrage umfaßt auch solche vom Strafgesetz besonders vorgesehene Umstände, welche die Strafbarkeit ausschließen, vermindern oder erhöhen.

[III] Die Schuldfrage umfaßt nicht die Voraussetzungen der Verjährung.

1 **1) Abweichend von § 196 I GVG** bestimmt die Vorschrift, daß bei jeder dem Angeklagten nachteiligen Entscheidung über die Schuld- und Rechtsfolgenfrage eine Zweidrittelmehrheit erforderlich ist. Sonst genügt stets die einfache Mehrheit, auch für die Verfahrensvoraussetzungen (LR-Gollwitzer 14) und die objektiven Bedingungen der Strafbarkeit (KK-Engelhardt 8; KMR-Paulus 3; LR-Gollwitzer 15; **aM** Mellinghoff 117, 144; Roxin § 46 C III 1 b), sowie für Einstellungen nach § 153 a (**aM** Mellinghoff 149). Über Beratung und Abstimmung vgl im übrigen §§ 192–197 GVG. § 263 gilt auch im Berufungsrechtszug (§ 332). Wegen der Abstimmung beim Revisionsgericht vgl 7 zu § 351.

2 **2)** Die **Schuldfrage** ist bei der Abstimmung innerhalb einer Straftat iS der §§ 52 ff StGB (KMR-Paulus 8; LR-Gollwitzer 5 Fn 8) unteilbar; es darf nicht nach einzelnen Tat- oder Rechtsfragen abgestimmt werden (BGH DRiZ **76**, 319; KK-Engelhardt 3; ausführlich EbSchmidt 13 ff zu § 194 GVG; vgl auch Mellinghoff 30 ff, 115 ff). Das schließt zwar die Klärung von Teilfragen, zB über die Glaubwürdigkeit von Zeugen oder die Frage, auf welche Beweismittel oder -anzeichen die Entscheidung gestützt werden soll, bei der Beratung durch Abstimmung (mit einfacher Mehrheit) nicht aus. Jedoch binden solche rein informatorischen Einzelabstimmungen bei der einheitlichen Abstimmung über die Schuldfrage nicht (BGH aaO; RG **8**, 218, 220; **61**, 217, 220 ff; LR-Gollwitzer 5). Abgestimmt werden muß darüber, ob der Angeklagte einer bestimmten Straftat schuldig ist,
3 nicht nur allgemein über seine „Schuld“ (KK-Engelhardt 3). Die Schuldfrage **umfaßt nach II** auch die vom Strafgesetz besonders vorgesehenen Umstände, die die Strafbarkeit ausschließen, vermindern oder erhöhen (Mellinghoff 118 ff). Die Abgrenzung von der Rechtsfolgenfrage stimmt mit der nach § 318 (dort 14 ff) maßgebenden überein (Bremen NJW **53**, 1034; LR-Gollwitzer 2; **aM** Hamm
4 MDR **54**, 631 für § 157 StGB). **Umstände, die die Strafbarkeit ausschließen,** sind alle Rechtfertigungsgründe (Notwehr, rechtfertigender Notstand, Einwilligung, Wahrnehmung berechtigter Interessen usw), auch soweit sie nicht im StGB vorgesehen sind, wie §§ 228, 904 BGB, § 127 I StPO, §§ 758, 758 a ZPO, sowie alle Schuldausschließungsgründe (zB nach §§ 20, 33, 35 StGB) und Strafaufhe-
5 bungsgründe (zB nach §§ 24, 163 II, 306 e, 314 a StGB). Zu den **Umständen, die die Strafbarkeit vermindern,** gehören die im Gesetz tatbestandsmäßig festgelegten Privilegierungen, die die mildere Beurteilung des Grundtatbestandes zulassen (vgl §§ 248 a, 263 IV), sowie die in den §§ 157, 158, 213 1. Alt, 216 StGB bezeichneten Umstände (Bay **51**, 110; Braunschweig NdsRpfl **53**, 166).
6 **Umstände, die die Strafbarkeit erhöhen,** sind die qualifizierend wirkenden Merkmale, zB die §§ 224–227 StGB gegenüber § 223 StGB, die tätliche Begehung der Beleidigung nach § 185 StGB, die öffentliche Begehung der Beleidigung nach §§ 186, 187 StGB (Bay **60**, 248 = NJW **61**, 569), die gewerbs- und gewohnheitsmäßige Begehung der Tat, das Handeln aus Gewinnsucht (BGH **3**, 30) und der Umstand, daß der Angeklagte als Amtsträger gehandelt hat (KK-Engelhardt 6). Regelbeispiele für besonders schwere Fälle rechnen nur dazu, wenn sie als Grund der Straferhöhung tatbestandsmäßig festgestellt sind, Die nur idR straferhöhenden Umstände und die unbenannten besonders schweren Fälle gehören zum Rechtsfol-

genausspruch (LR-Gollwitzer 10). Die **Voraussetzungen der Verjährung** (III) umfaßt die Schuldfrage nicht. 7

8 3) Zum **Rechtsfolgenausspruch** gehören alle Sanktionen, die im Strafverfahren festgesetzt werden können (Strafen, Nebenstrafen, Sicherungsmaßregeln, Geldbußen nach dem OWiG, Erziehungsmaßnahmen und Zuchtmittel nach dem JGG). Darunter fällt auch die Entscheidung, ob Jugend- oder Erwachsenenstrafrecht anzuwenden ist (BGH **5**, 207; Bay **56**, 7 = NJW **56**, 921), ob ein minder schwerer Fall vorliegt oder ein durch Regelbeispiele beschriebener besonders schwerer Fall (LR-Gollwitzer 11), ferner die Frage, ob § 47 StGB anzuwenden, UHaft anzurechnen, von Strafe abzusehen, der Angeklagte für straffrei zu erklären (§ 199 StGB) oder Strafaussetzung zur Bewährung zu versagen ist (KK-Engelhardt 7). Über die Strafe, Strafaussetzung, Maßregeln usw ist erforderlichenfalls gesondert abzustimmen (Mellinghoff 40; 127 ff).

9 4) Das **Offenlegen des Abstimmungsergebnisses** im Urteil oder in sonstiger Weise verstößt idR gegen das Beratungsgeheimnis (§ 43 **DRiG)** und ist daher unzulässig (BGH DRiZ **76**, 319; vgl auch Hamm MDR **64**, 863; Niebler Tröndle-FS 585; **aM** Mellinghoff 175 ff, der sogar die Darlegung von Abstimmungsverfahren und -verhältnis in den Urteilsgründen fordert). Eine Ausnahme gilt, wenn das Tatgericht Abstimmungsfehler selbst entdeckt (KK-Engelhardt 9) oder wenn die Art der Abstimmung den Gegenstand von Meinungsverschiedenheiten unter den erkennenden Richtern bildet. Dann ist es angezeigt und geboten, daß Anlaß und Art der Abstimmung, deren Reihenfolge und die Stimmenverhältnisse in die Urteilsgründe aufgenommen werden, damit das Revisionsgericht das Abstimmungsverfahren prüfen und ggf eine auf einer fehlerhaften Abstimmung beruhende Entscheidung aufheben kann (BGH aaO; RG **60**, 295, 296; ANM 440).

10 5) Die **Revision** kann darauf gestützt werden, daß die Abstimmung fehlerhaft war. Das darf aber nicht nur allgemein gerügt, sondern muß mit bestimmten Tatsachen begründet werden (RG **61**, 217; Celle MDR **58**, 182; KK-Engelhardt 9). IdR steht der Aufklärung der Rüge das Beratungsgeheimnis nach § 43 **DRiG** entgegen. Die beteiligten Richter können aber selbst auf Abstimmungsfehler hinweisen (oben 4) oder auf das Revisionsvorbringen entspr Angaben machen (KMR-Paulus 12). Gerügt werden kann auch, daß eine Beratung und Abstimmung überhaupt nicht stattgefunden habe (BGH **19**, 156; NJW **87**, 3210; Köln StV **96**, 13: auch im Fall des § 329 I). Jedoch unterliegt die Dauer der Urteilsberatung nicht revisionsrechtlicher Kontrolle (BGH **37**, 141 mit abl Anm Rüping NStZ **91**, 193).

Gegenstand des Urteils

264 **I Gegenstand der Urteilsfindung ist die in der Anklage bezeichnete Tat, wie sie sich nach dem Ergebnis der Verhandlung darstellt.**

II Das Gericht ist an die Beurteilung der Tat, die dem Beschluß über die Eröffnung des Hauptverfahrens zugrunde liegt, nicht gebunden.

1 1) Die **Tat im prozessualen Sinn** ist Gegenstand des Strafverfahrens gegen einen Beschuldigten (vgl § 155 I). Der Tatbegriff des § 264 ist grundsätzlich der gleiche wie in Art 103 III GG (BVerfGE **45**, 434 = NJW **78**, 414; BGH **32**, 146, 150; erg Einl 168, 171 ff). Der Strafklageverbrauch reicht daher so weit wie die Aburteilungsbefugnis des Gerichts (BGH **29**, 288, 292 = NStZ **81**, 72 mit Anm Rieß; eingehend dazu Neuhaus MDR **88**, 1012 ff; **89**, 213 ff). Wird das Verfahren gegen mehrere Beschuldigte geführt, so hat es die Taten jedes Beschuldigten zum Gegenstand, selbst wenn sie zu demselben geschichtlichen Vorgang gehören (was zu besonderen gesetzlichen Folgen führen kann, zB §§ 2–4, 60 Nr 2, 466).

2 A. **Im engeren Sinn** ist sie ein „konkretes Vorkommnis", ein einheitlicher geschichtlicher Vorgang, der sich von anderen ähnlichen oder gleichartigen unterscheidet (BGH **22**, 375, 385; StV **91**, 245) und innerhalb dessen der Angeklagte einen Straftatbestand verwirklicht hat oder haben soll (BGH **29**, 341, 342; **32**, 215, 216; NJW **92**, 2838). Eine nach Ort und Zeit völlig unbestimmte und auch im übrigen nicht ausreichend konkretisierte Handlung kann nicht Grundlage für einen Schuldspruch sein (BGH StV **94**, 114). Zur Tat gehört (ohne Rücksicht darauf, ob sachlichrechtlich Tateinheit oder Tatmehrheit vorliegt) das gesamte Verhalten des Täters, soweit es nach natürlicher Auffassung einen einheitlichen Lebensvorgang darstellt (BGH **13**, 320; **23**, 141, 145; **32**, 215, 216 = JR **84**, 344 mit Anm Roxin = JZ **84**, 533 mit Anm Jung; **35**, 14, 17; 60, 62; BGH NJW **81**, 997 mwN; NStZ **83**, 87 mwN; **84**, 469; **95**, 351; StV **85**, 181; Bay NJW **84**, 187; Bay **91**, 51 = NJW **91**, 2360 mit abl Anm Neuhaus NStZ **93**, 202; zum prozessualen Tatbegriff in der neueren Rspr vgl Marxen StV **85**, 472; Bauer wistra **90**, 218; **95**, 170; zum Versuch einer „Verrechtlichung" des Tatbegriffs vgl Schlüchter JZ **91**, 1060 mwN; vgl ferner BGH NStZ **96**, 147 und dazu Schlüchter/Duttge NStZ **96**, 457 ff; abl zur Rspr des BGH Kindhäuser JZ **97**, 101). Entscheidend ist, ob ein enger sachlicher Zusammenhang besteht (BGH NJW **92**, 1776 zum Verrat von Geschäfts- oder Betriebsgeheimnissen); dann kann auch eine größere zeitliche Abweichung der Tat von dem in der Anklage angenommenen Zeitpunkt unschädlich sein (Hamm
2 a NStZ-RR **97**, 79). Es **handelt sich zB um eine Tat**, wenn der Täter bei einer Trunkenheitsfahrt sich unerlaubt vom Unfallort entfernt (BGH **25**, 72), wenn er nach einer räuberischen Erpressung bei der Flucht das Fahrzeug ohne Fahrerlaubnis führt (BGH NStZ **96**, 41) oder wenn ein Kraftfahrer vor der Polizei flieht und nach erzwungenem Anhalten alsbald Widerstand leistet (Stuttgart MDR **75**, 423). Bei enger räumlicher und zeitlicher Verknüpfung wird auch nur eine Tat im prozessualen Sinn vorliegen, wenn der Täter entweder an einem Raub oder einem Betrug beteiligt war oder sich nur bei der Beuteteilung der Hehlerei schuldig gemacht hat (BGH **35**, 86, 88 = NStZ **88**, 455 mit Anm Wolter; BGH NStZ **89**, 266; eingehend hierzu Beulke/Fahl Jura **98**, 262 ff). Umgekehrt kann bei Anklage wegen Hehlerei aber idR nicht eine prozessuale Tat mit dem vorangegangenen Raub angenommen werden (BGH **35**, 60, 64 = JZ **88**, 260 mit zust Anm Roxin; abl Gillmeister NStZ **89**, 4, der aber unzutr davon ausgeht, daß mit der Anklage wegen Hehlerei dem Gericht der gesamte Vortat-Sachverhalt zur Beurteilung unterbreitet ist). Eine einheitliche Betrachtungsweise ist in diesen Fällen entgegen Wolter NStZ **88**, 457 weder möglich noch geboten. Nicht konsequent ist es, wenn die Rspr des BGH stets von einer Tat ausgeht, falls der Täter sich entweder eines Diebstahls oder einer Hehlerei schuldig gemacht hat (BGH **35**, 172, 174): Auch hier kommt es darauf an, ob die beiden Taten nach Tatzeit, Tatort, Tatobjekt und Tatbild (vgl BGH **36**, 151, 154) einen einheitlichen geschichtlichen Vorgang bilden
2 b (Celle NJW **88**, 1225). Handelt es sich danach **um selbständige Taten**, so kann – ebenso wie bei wahldeutiger Verurteilung wegen einer uneidlichen Falschaussage und einer ihr widersprechenden falschen Verdächtigung (BGH **32**, 146; Bay **91**, 3 = NStZ **91**, 405) – eine (auch wahldeutige) Verurteilung wegen Diebstahls oder Hehlerei nur erfolgen, wenn beide Taten angeklagt worden sind (**aM** Schlüchter JR **89**, 48: „Verklammerung" durch die Wahlfeststellung zu *einer* prozessualen Tat). Dasselbe muß bei Anklage wegen Diebstahls und Verurteilung wegen Begünstigung gelten (vgl BGH **35**, 80 = JR **88**, 25 mit Anm Otto = JZ **88**, 260 mit Anm Roxin; Frankfurt NStZ **88**, 92; Köln NJW **90**, 587). Ist das tatsächliche Geschehen aber in der Anklageschrift dargestellt, so ist andererseits auch eine gegensätzliche rechtliche Wertung erlaubt (Bay **89**, 56 = NJW **89**, 2828: Anklage wegen § 99 I StGB, Verurteilung wegen § 145 d StGB; vgl aber BGH NStZ **92**, 555: nicht bei Anklage wegen Betrugs, Verurteilung nach § 145 d StGB, ebenso Celle NdsRpfl **97**, 264: nicht bei Verkehrsstraftat und § 145 d StGB). Die Tat umfaßt alle mit dem Vorgang zusammenhängenden und darauf bezüglichen Vorkommnisse und tatsächlichen Umstände, die geeignet sind, das in diesen Bereich fallende Tun des Ange-

klagten unter irgendeinem rechtlichen Gesichtspunkt als strafbar erscheinen zu lassen, zu qualifizieren oder zu mildern (zB Karlsruhe VRS **92**, 255: statt als Fahrer des Pkw begangenes unerlaubtes Entfernen vom Unfallort das Überlassen des Pkw an fahrerlaubnislosen anderen). Daher kann ein Vorgang zu der Tat gehören, auf den sich der Verfolgungswille der StA (infolge Verkennung der Untrennbarkeit) ursprünglich gar nicht richtet (vgl BGH **16**, 200; **23**, 270, 275; StV **81**, 127; Bay **60**, 160 = MDR **60**, 947; Bay **64**, 95 = NJW **64**, 1813; Düsseldorf NJW **83**, 767, 768; JMBlNW **86**, 93; vgl aber unten 7). Auch strafbares Tun und Unterlassen können zusammengehören (BGH NStZ **84**, 469), zB Körperverletzung und unterlassene Hilfeleistung (§§ 223, 323 c StGB; Celle NJW **61**, 1080), ferner der Vorwurf, eine Katalogtat iSd § 138 StGB nicht angezeigt oder sie begangen zu haben (BGH NStZ **93**, 50 mwN). Der persönliche Zusammenhang iS des § 3 genügt für sich allein nicht (dort 2; BGH **13**, 21, 25; NStZ **84**, 469). Der Umstand, daß der Täter dieselbe Gelegenheit (zB sein Angestelltenverhältnis) oder denselben Partner benutzt hat, um seine Handlungen auszuführen, reicht für sich allein nicht aus, ebenso nicht, das sich die Tat an einem anderen Tag gegen dasselbe Objekt gerichtet hat (BGHR § 264 I Tatidentität 29). Die **innere Verknüpfung** der 3
mehreren Vorgänge muß so sein, daß ihre getrennte Aburteilung in verschiedenen erstinstanzlichen Verfahren einen einheitlichen Lebensvorgang unnatürlich aufspalten würde (BVerfGE **45**, 434 = NJW **78**, 414; BGH **23**, 141; **29**, 288, 293; 35, 14; Bay NJW **84**, 187; Braunschweig NStZ-RR **97**, 80; Celle NJW **92**, 190; Düsseldorf NJW **83**, 768; Hamm NJW **81**, 237; StV **84**, 15; Köln wistra **86**, 273; VRS **77**, 278 und NStZ **88**, 568 zu mehreren Verkehrsvorgängen). Sie muß sich jedoch aus den Ereignissen selbst ergeben, wird also nicht allein dadurch begründet, daß eine Handlung, etwa zum besseren Verständnis der gesamten Umstände, in der Anklageschrift erwähnt wird (BGH **13**, 21, 25; **41**, 292, 297; NStZ **96**, 563; vgl auch BGH **32**, 146, 149: Erwähnung von Angaben des Angeklagten vor der Polizei).

B. **Im weiteren Sinn** umfaßt sie innerhalb des einheitlichen Geschehens auch die Vorgänge, die den Tatbestand einer OWi erfüllen können (§ 82 I OWiG). Jedoch tritt bei Tateinheit mit einer Straftat, derentwegen verurteilt wird, die OWi zurück (§ 21 OWiG). 4

C. Eine **Beschränkung des Verfahrens** auf einen Teil der Tat kann eintreten nach § 154 a, durch Beschränkung des Strafantrags (19, 20 zu § 158) und aufgrund sonstiger Verfahrenshindernisse, die sich nur auf einen Teil der Tat beziehen, zB Verbrauch der Strafklage wegen einer Einzelhandlung, die sich später als Teil einer fortgesetzten Handlung darstellt (BGH NJW **63**, 549; 46 zu § 260). 5

2) Im **Verhältnis zum materiellen Recht** ist der prozessuale Tatbegriff selbständig. Die Prüfung prozessualer Tatidentität hat ebenso wie diejenige der materiellrechtlichen Konkurrenz für jeden Beteiligten gesondert zu erfolgen (BGH VRS **83**, 188). Sachlichrechtlich selbständige Taten sind idR auch prozessual selbständig (BGH **35**, 14, 19; **36**, 151, 154). Was eine einheitliche Handlung iS des § 52 StGB ist, stellt stets auch eine einheitliche prozessuale Tat dar (BGH **8**, 92, 94; **13**, 21, 23; **26**, 284, 285; **29**, 288, 292; **38**, 37; **41**, 385, 389; NJW **81**, 997; NStZ **84**, 135; **91**, 549; StV **84**, 366; wistra **93**, 193; Köln wistra **86**, 273; Bohnert GA **94**, 99), also auch die Dauerstraftat (BGH MDR **89**, 308 [H]; 14 f zu § 260; erg unten 6 a und 9; für völlige Unabhängigkeit des verfahrensrechtlichen vom materiellrechtlichen Tatbegriff aber neuerdings Erb GA **94**, 276 mit dem sehr erwägenswerten Ergebnis, daß mehrfache Anklagen zulässig sein sollen, aber nur *eine* Strafe verhängt werden dürfe; vgl dazu auch unten 13; Schlehofer GA **97**, 101 stellt demgegenüber darauf ab, ob die Gesetzesverletzungen in der Anklageschrift als zeit- und ortgleich bezeichnet worden sind). Eine Ausnahme soll für die sog Organisationsdelikte (zB § 129 StGB) gelten (BGH **29**, 288 mit krit Anm Rieß NStZ **81**, 74 und Anm Werle NJW **80**, 2671; abl Cording, Der Strafklageverbrauch bei Dauer- und Organisationsdelikten, 1993, S.211; vgl auch BVerfGE **56**, 22 = 6

StV **81**, 323 mit Anm Grünwald); zum Strafklageverbrauch bei einer nach dem BtMG angenommenen Bewertungseinheit vgl BGH NStZ **98**, 251 mit Anm Erb und Anm Fürstenau StV **98**, 482). Das Fehlen der „natürlichen Handlungseinheit", das zur Annahme einer Mehrheit von Straftaten nach § 53 StGB führt (BGH **4**, 219; Mitsch NStZ **87**, 457), schließt nicht aus, daß die mehreren Handlungen zur selben Tat im prozessualen Sinn gehören (BGH **23**, 141, 150; **24**, 185, 186 für Unfall und anschließendes unerlaubtes Entfernen vom Unfallort; BGH NStZ **83**, 87; Hamm StV **84**, 15; vgl auch Brückner NZV **96**, 266; über Verschiebungen beim prozessualen Tatbegriff hin zur Handlungseinheit vgl Oehler Schröder-FS 449 ff). Es kann sich aber auch um zwei Taten im prozessualen Sinn handeln, wenn
6 a im Rahmen einer **Dauerstraftat** in Tatmehrheit mit dieser andere Straftaten begangen werden (BVerfGE **45**, 434 = NJW **78**, 414). Diese Aufteilung ist insbesondere dann gerechtfertigt, wenn diese anderen Straftaten das strafrechtliche Gewicht der Dauerstraftat erheblich übersteigen (BGH **36**, 151 = JR **90**, 161 mit Anm Mitsch = StV **90**, 341 mit Anm Neuhaus: Waffenbesitz und schwere räuberische Erpressung; zust Beulke StP 519; abl Cording aaO S. 83; vgl auch R. Peters JR **93**, 265; ebenso BGH 5 StR 717/97 vom 27. 5. 1998 für Übergang von der abstrakten Gefährlichkeit zur konkreten Gefährdung bei einer Rauschtat; Stuttgart NStZ-RR **96**, 173 nimmt jedoch bei an demselben Tag begangenem Raub und Verstoß gegen eine Aufenthaltsbeschränkung nach § 85 Nr 2 AsylVfG *eine* Tat an). Ob eine Dauerstraftat zwei sonst selbständige Taten verfahrensrechtlich zu einer Tat verbinden kann (so BGH **6**, 92, 96, 97), ist im Einzelfall nach natürlicher Betrachtung zu entscheiden. Die Frage ist jedenfalls zu verneinen, wenn die Dauerstraftat im Vergleich zu den anderen Straftaten minder schwerer Art ist. ZB können zwei voneinander unabhängige Unfallgeschehen durch Trunkenheitsfahrt oder zwei schwere Diebstähle durch Fahren ohne Fahrerlaubnis nicht zu einer Tat zusammengefaßt werden (BGH **23**, 141 = JZ **70**, 327 mit krit Anm Grünwald; vgl auch BGH NStZ **97**, 508). Besteht zwischen diesen schwereren Straftaten keine Tatidentität, so kann jede von ihnen – jeweils in Tateinheit mit der minder schweren Dauerstraftat – Gegenstand einer Teilanfechtung (Teilrechtskraft), ja sogar eines besonderen Verfahrens sein (BGH aaO).

7 **3)** Die **in der Anklage bezeichnete** Tat, wie sie sich nach dem Ergebnis der Hauptverhandlung darstellt, ist Gegenstand der Urteilsfindung.

7 a A. Die **Anklage**, die Prozeßvoraussetzung ist, ist **maßgebend** dafür, was dem Gericht zur Untersuchung und Entscheidung unterbreitet ist (BGH **43**, 96; BGHR § 200 I S. 1 Tat 21); die Anklage muß daher die strafbare Handlung nach Ort, Zeit oder sonst in konkretisierbarer Weise schildern (BGH NJW **91**, 2716; **94**, 2966; Hamm NStZ-RR **97**, 139); dabei ist eine unrichtige Bezeichnung der Tatzeit oder des Tatortes unschädlich, wenn die Tat – zB durch die Schilderung des Tathergangs – noch hinreichend individualisiert ist (Celle DAR **98**, 241 mit abl Anm Schäpe). Der Eröffnungsbeschluß bestimmt zwar endgültig, welche Taten das Gericht untersucht; es kann aber keine Tat Gegenstand des Eröffnungsbeschlusses sein, die nicht in der Anklage enthalten ist und auf die sich der Verfolgungswille der StA daher nicht bezieht (BGH NJW **59**, 898; StV **95**, 522); jedoch ist die Schilderung von Tathintergründen oder des Nachtatverhaltens nicht notwendigerweise Gegenstand der Anklage (BGH 1 StR 233/96 vom 15. 5. 1997). Der Verfolgungswille ist aber innerhalb ein und derselben Tat im prozessualen Sinn unteilbar (BGH **16**, 200; **23**, 270; Bay **60**, 160 = MDR **60**, 947; oben 2), soweit das Gesetz nicht Ausnahmen zuläßt und hiervon zulässig Gebrauch gemacht wird (oben 5). Bei Beschränkung der gerichtlichen Untersuchung ohne rechtliches Hindernis verbraucht das rechtskräftige Sachurteil die Strafklage für die Tat auch so weit, wie sie nicht untersucht worden ist (Einl 168 ff; Baumann 5 I 2).

7 b B. Bei einer **Mehrzahl gleichgelagerter oder ähnlicher Straftaten** müssen sich diejenigen, deretwegen eine Verurteilung erfolgt, von anderen gleichartigen Taten, die der Angeklagte begangen haben kann, genügend unterscheiden lassen

(BGH NStZ **92**, 602). Die Verurteilung wegen Taten, die insgesamt nur vage umschrieben sind, ist – insbesondere, wenn der Angeklagte die Vorwürfe bestreitet – mit rechtsstaatlichen Grundsätzen nicht vereinbar (BGH 3 StR 361/93 vom 10. 6. 1994). Deshalb bedarf es der Feststellung einer Mindestzahl ihrer Begehung nach konkretisierter Einzeltaten innerhalb eines bestimmten Zeitraums, zB innerhalb einer bestimmten Woche oder eines bestimmten Monats (BGH **40**, 138; erg 5 zu § 267).

4) Die **sog Umgestaltung der Strafklage** (II), dh eine Änderung der tatsächlichen oder rechtlichen Beurteilung der Tat im Verhältnis zur zugelassenen Anklage, kann nach dem Ergebnis der Hauptverhandlung notwendig und nach § 265 vollzogen werden. 8

A. **In tatsächlicher Hinsicht** hat das Gericht in seine Untersuchung auch die Teile der Tat einzubeziehen, die erst in der Hauptverhandlung bekannt werden. Die Identität der Tat muß dabei aber gewahrt bleiben (BGH NStZ-RR **96**, 203; **98**, 263 [K]). Handelt es sich um sich überschneidende, ineinander übergehende Geschehensabläufe ist es unschädlich, wenn ein Teil des Geschehens in der Anklage nicht erwähnt oder wenn es einem mitangeklagten Mittäter zugeordnet war (BGH NStZ **96**, 243), anders jedoch, wenn es sich um voneinander trennbare Geschehensabläufe handelt (BGH **32**, 215: Anklage wegen Strafvereitelung, Verurteilung wegen Mordes). Wird der Angeklagte freigesprochen, so darf er nicht wegen einer anderen Tat verurteilt werden, auch wenn diese im Fall der Verurteilung mit der angeklagten Tat in Tateinheit stehen würde (BGHR § 264 I Tatidentität 24: Gleichzeitige Ausübung der tatsächlichen Gewalt über 2 verschiedene Waffen). Bei einer fortgesetzten Handlung (vgl dazu 14 zu § 260) oder einer Dauerstraftat sind Gegenstand der Untersuchung alle Einzelhandlungen (BGH **9**, 324, 334; NStZ **82**, 128; 213; 519), selbst wenn nur eine von ihnen Gegenstand der Anklage war (BGH **27**, 115; NStZ **85**, 325); das gilt auch noch in der Berufungsinstanz (BGH **21**, 256, 259). Untersucht wird die fortgesetzte Handlung oder Dauerstraftat in allen Teilen bis zur letzten Tatsachenverhandlung zum Schuldspruch (BGH **9**, 324; StV **86**, 141; Einl 175); denn diese unterbricht die möglicherweise bis dahin bestehende Einheitlichkeit des Tatgeschehens, weil nur Vergangenes Gegenstand der Strafklage sein kann. Ist das Urteil nur im Rechtsfolgenausspruch angefochten worden, so tritt dieser Erfolg mit dem Ersturteil ein (Bay GA **78**, 81).). Voraussetzung für die Einbeziehung ist, daß die Tat schon vor dem Eröffnungsbeschluß begonnen worden ist (BGH **27**, 115, 116). Sie muß als solche und darf nicht nur in einem Teilakt in Tateinheit mit einem schwereren Delikt (zB unerlaubtes Waffenführen bei einem Raub) angeklagt sein (BGH JR **95**, 168 mit Anm Erb). Bei einer Unterlassungstat kommt es idR darauf an, ob zwischen den Situationen, aus denen heraus die Handlungspflicht entsteht, ein enger Zusammenhang besteht (BGH NStZ **95**, 46). § 138 StGB ist durch dem Vorwurf der Beteiligung an einer dort bezeichneten Tat erfaßt (BGH NStZ-RR **98**, 204). 9

B. **In rechtlicher Hinsicht** gilt die allseitige Kognitionspflicht des Gerichts (modifiziert durch § 154a und durch §§ 81, 82 OWiG). Der Unrechtsgehalt der Tat muß ohne Rücksicht auf die dem Eröffnungsbeschluß zugrunde gelegte Bewertung (BGH **32**, 84, 85; NStZ **83**, 174) ausgeschöpft werden, soweit keine rechtlichen Gründe entgegenstehen (BGH **25**, 72, 75), wie die Verjährung oder die sonstige Nichtverfolgbarkeit unter einem rechtlichen Gesichtspunkt (vgl Einl 173). Strafvorschriften, die infolge Subsidiarität zurücktreten (Tröndle 19 vor § 52 StGB), brauchen nur so weit berücksichtigt zu werden, als es für die Strafzumessung oder die Anordnung von Nebenfolgen notwendig ist. Allein nach dem subsidiären Gesichtspunkt wird die Tat beurteilt, wenn der primäre nicht angewandt werden darf, zB weil hierfür nicht ausgeliefert worden ist. Das Gericht muß eine einheitliche Entscheidung treffen. Es darf nicht teils verurteilen, teils die Erledigung einer späteren Entscheidung überlassen (BGH StV **87**, 52). Es darf die Tat auch nicht unter Beschränkung auf einen rechtlichen Gesichtspunkt aburteilen, für den 10 es zuständig ist, und die Erledigung im übrigen einem späteren Urteil vorbehalten oder durch Verweisung nach §§ 225 a, 270 einem Gericht höherer Ordnung überlassen (RG **61**, 225). Die gleichwohl erfolgte Aburteilung unter nur einem rechtlichen Gesichtspunkt (zB nach § 145 c StGB) führt dann zum Strafklageverbrauch auch hinsichtlich des anderen nicht behandelten (zB § 263 StGB, vgl BGH NStZ **91**, 549).

11 **5) Überschießende Feststellungen** über Vorgänge, die nicht zu der zu untersuchenden Tat gehören, sind zulässig, wenn sie mindestens mittelbar für die Beurteilung der Tat oder des Täters von Bedeutung sind (vgl § 160 III S. 1; 13 zu § 244; 11 zu § 267). Daher kann auch eine Straftat, die nicht Gegenstand des Verfahrens ist, festgestellt und als Indiz verwertet werden (BGH **34**, 209, 210; NStZ **81**, 99; erg 14 zu 6 **MRK**). Aus dieser Feststellung können auch Schlüsse für die Strafzumessung gezogen werden; jedoch darf das nicht zur Ahndung dieser Straftat führen, sondern lediglich zur Würdigung der Persönlichkeit und der schädlichen Neigungen des Täters (BGH NJW **51**, 769; **aM** Vogler Kleinknecht-FS 429 unter Hinweis auf Art 6 II **MRK**). Die Tatsache, daß der Angeklagte schon früher einer gleichen Straftat verdächtig war, ist als Indiz für die neue Tat ungeeignet. Aber die in dem früheren Verfahren festgestellten Tatsachen dürfen als zusätzliche Beweisanzeichen für die Täteridentität neben den sonstigen Beweismitteln benutzt werden (BGH 5 StR 181/61 vom 16. 6. 1961).

12 **6)** Die **Revision** kann geltend machen, daß wegen einer Tat verurteilt worden sei, auf die sich die zugelassene Anklage nicht erstreckt. War nur wegen einer solchen Tat verurteilt worden, so spricht das Rechtsmittelgericht, wenn die in der Anklageschrift bezeichnete Tat nicht erwiesen ist, den Angeklagten frei; eine zusätzliche Verfahrenseinstellung erfolgt nicht (Bay VRS **57**, 39; **58**, 432; KG VRS **64**, 42; Koblenz VRS **63**, 372; Stuttgart VRS **71**, 294; **aM** BGH **27**, 115, 117). War auch wegen einer solchen Tat verurteilt worden, so wird das Urteil nur im Schuldspruch geändert (Koblenz VRS **71**, 43). Die StA kann, auch mit der Sachrüge (BGH StV **81**, 127, 128), rügen, daß die Tat im Urteil nicht unter allen tatsächlichen und rechtlichen Gesichtspunkten erschöpfend behandelt worden sei (Bay **86**, 100, 102 = OLGSt § 327 Nr 1; Meyer-Goßner JR **85**, 452). Die Beanstandungen, ein Teil des Verhandlungsstoffes sei ohne Zustimmung der StA nach § 154 a ausgeschieden worden oder trotz Freispruchs sei ein ausgeschiedener Teil nicht wiedereinbezogen worden (24 zu § 154 a), können nur mit der Verfahrensrüge geltend gemacht werden (BGH NStZ **96**, 241 mwN; **aM** BGH NStZ **95**, 540).

13 **7) Aufhebung eines früheren Urteils:** Ist der Angeklagte wegen Hehlerei verurteilt worden und wird er nunmehr wegen des – eine andere Tat iSd § 264 darstellenden – diebischen oder räuberischen Erwerbs derselben Sache verurteilt (vgl Einl 173), so darf die Verurteilung wegen Hehlerei nicht bestehen bleiben. Dem Gericht sollte deswegen die Befugnis zur Aufhebung des wegen Hehlerei ergangenen Urteils (mit der Folge der Anrechnung der dort erkannten Strafe nach § 51 II StGB) zugesprochen werden (Meyer-Goßner Salger-FS 353). BGH **35**, 60, 66 hat hingegen lediglich die wegen Hehlerei erkannte Strafe auf die neue Strafe angerechnet; die Aufhebung der Verurteilung erfolgte erst im Wiederaufnahmeverfahren (LG Saarbrücken NStZ **89**, 546 mit Anm Gössel, der die Entscheidung insgesamt dem Wiederaufnahmeverfahren vorbehalten will).

Veränderung des rechtlichen Gesichtspunkts

265 **I Der Angeklagte darf nicht auf Grund eines anderen als des in der gerichtlich zugelassenen Anklage angeführten Strafgesetzes verurteilt werden, ohne daß er zuvor auf die Veränderung des rechtlichen Gesichtspunk-**

tes besonders hingewiesen und ihm Gelegenheit zur Verteidigung gegeben worden ist.

II Ebenso ist zu verfahren, wenn sich erst in der Verhandlung vom Strafgesetz besonders vorgesehene Umstände ergeben, welche die Strafbarkeit erhöhen oder die Anordnung einer Maßregel der Besserung und Sicherung rechtfertigen.

III Bestreitet der Angeklagte unter der Behauptung, auf die Verteidigung nicht genügend vorbereitet zu sein, neu hervorgetretene Umstände, welche die Anwendung eines schwereren Strafgesetzes gegen den Angeklagten zulassen als des in der gerichtlich zugelassenen Anklage angeführten oder die zu den im zweiten Absatz bezeichneten gehören, so ist auf seinen Antrag die Hauptverhandlung auszusetzen.

IV Auch sonst hat das Gericht auf Antrag oder von Amts wegen die Hauptverhandlung auszusetzen, falls dies infolge der veränderten Sachlage zur genügenden Vorbereitung der Anklage oder der Verteidigung angemessen erscheint.

1) **Hinweis auf Veränderungen des rechtlichen Gesichtspunkts und auf** 1
straferhöhende Umstände (I, II):

A. Der **Sicherung der umfassenden Verteidigung des Angeklagten** und 2
seinem Schutz vor Überraschungen dient die Vorschrift (BGH **23**, 95, 96; **25**, 287, 289; **29**, 274, 278; NJW **80**, 714; NStZ **83**, 34, 35; **85**, 563; Hamm NJW **80**, 1587; Berz NStZ **86**, 86; Küpper NStZ **86**, 249). Sie ist ein gesetzlich geregelter
Fall der **Fürsorgepflicht**, deren es hier bedarf, weil die Befugnis des Gerichts, die 3
Tat ohne Bindung an die Rechtsauffassung der Anklage unter allen in Betracht kommenden rechtlichen Gesichtspunkten umfassend zu beurteilen (§ 264), dazu führen kann, daß der Angeklagte aufgrund eines anderen als des in der Anklage angeführten Strafgesetzes verurteilt wird. Von dieser Möglichkeit muß er, auch im
Interesse der **Aufklärungspflicht** (BGH **28**, 196, 198; RG **76**, 82), unterrichtet 4
werden, damit er seine Verteidigung auch in tatsächlicher Hinsicht darauf einrichten kann. Er muß darauf vertrauen können, daß seiner Verurteilung nur solche Strafbestimmungen zugrunde gelegt werden, auf die er entweder durch die nach § 207 zugelassene Anklage oder durch einen entspr Hinweis in der Hauptverhandlung unterrichtet worden ist (BGH **16**, 47, 49; **29**, 124, 127; 274, 278). Das
gebietet auch der **Grundsatz des rechtlichen Gehörs** (BGH **11**, 88, 91; NJW 5
88, 501; Roxin § 42 D V 2; Schlothauer StV **86**, 214; vgl aber BGH **22**, 336, 339; BayVerfGHE **11**, II 195 = NJW **59**, 285 mit Anm Röhl; LR-Gollwitzer 4: kein Anspruch aus Art 103 I GG). Entsprechendes gilt in den Fällen des II. Verfahrens-
rechtlich ist der Hinweis nach I, II demnach eine **Ergänzung der vom Gericht** 6
zugelassenen Anklage (BGH **13**, 320, 324). Daraus folgt, daß sich die Erforderlichkeit des Hinweises grundsätzlich nach dem Inhalt der Anklage beurteilt. Was nicht nach § 200 I S. 1 zum notwendigen Inhalt der Anklageschrift gehört, kann auch nicht Gegenstand des Hinweises nach I, II sein (BGH **16**, 47, 48; **22**, 336, 338; **29**, 124, 127; KG VRS **53**, 42; Stuttgart VRS **44**, 134). Das gilt insbesondere für die Rechtsfolgen der Tat. Der zugelassenen Anklage stehen die mündliche Anklage in dem Verfahren nach § 418, der Einbeziehungsbeschluß und § 266 I und (nach Einspruch) der Strafbefehl gleich. Ist die Anklage mündlich erhoben, so ist das Sitzungspotokoll maßgebend. Im Fall des § 270 tritt der Verweisungsbeschluß an die Stelle der Anklage; weicht er rechtlich von ihr ab, so ist eine Verurteilung entspr der Anklage daher nur nach vorherigem Hinweis nach I
zulässig (RG **15**, 286, 289; **65**, 363). **Nur bei einer Verurteilung** ist der Hinweis 7
erforderlich, also nicht, wenn das Gericht den Angeklagten freispricht oder das Verfahren einstellt. Der Verurteilung steht aber das Absehen von Strafe (vgl 1 zu § 153b) und die Einstellung aufgrund eines Straffreiheitsgesetzes gleich (BGH
NJW **52**, 1346). Ein **Rechtsgespräch** des Gerichts mit den Verfahrensbeteiligten 7a

ist zulässig und oftmals förderlich, verpflichtet ist das Gericht dazu aber nicht (erg 1 zu § 33). Insbesondere kann ein Verfahrensbeteiligter nicht verlangen, daß sich das Gericht zu Inhalt und Ergebnis einzelner Beweiserhebungen erklärt (BGH **43**, 212 = JZ **98**, 53 mit zust Anm Herdegen und abl Anm König StV **98**, 113; vgl auch König Friebertshäuser-FG 211).

8 B. **Anderes Strafgesetz** (I):

8 a a) **Erforderlich ist der Hinweis**, wenn (infolge anderer rechtlicher Beurteilung bei gleichbleibendem Sachverhalt oder wegen in der Hauptverhandlung neu hervorgetretener Tatsachen) aufgrund eines Strafgesetzes verurteilt werden soll, das anstatt oder neben einem in der Anklage bezeichneten Strafgesetz für den Schuldspruch in Betracht kommt (Küpper NStZ **86**, 249; Schlothauer StV **86**, 216), auch bei Verurteilung wegen § 323 a statt § 316 StGB (Köln NStZ-RR **98**, 370), wegen Tatvollendung statt wegen Versuchs (BGH bei Herlan MDR **54**, 531), nicht aber wegen untauglichen statt wegen tauglichen Versuchs oder bei Verurteilung unter dem Gesichtspunkt der *actio libera in causa* (Bay **92**, 161 = MDR **93**, 567). Der Verurteilung aufgrund eines anderen Strafgesetzes steht der Fall gleich, daß sich die Zahl der Verstöße gegen dasselbe Strafgesetz erhöht (vgl BGH MDR **77**, 461 [H]; NStZ **85**, 563). Zur entspr Anwendung von I bei Änderung der Tatrichtung trotz gleichbleibenden Sachverhalts vgl unten 22. Bloße Schreibfehler in der Anklageschrift machen keinen Hinweis erforderlich.

9 b) Auch das **mildere Strafgesetz** ist idR ein anderes Gesetz iS von I, zB § 212 statt § 211 StGB (BGH NStZ-RR **96**, 10), § 222 statt § 221 III StGB (BGH NStZ **83**, 424; Hamm JMBlNW **68**, 284), Fahrlässigkeit statt Vorsatz (Neustadt JR **58**, 352; **aM** Bay DAR **71**, 207 [R]; vgl auch BGH MDR **52**, 532 [D]; RG **65**, 363: § 163 statt § 154 StGB), Versuch statt Vollendung (BGH **2**, 250; Bay aaO; Köln VRS **56**, 281); das gilt auch im Verhältnis StGB und DDR-StGB für vor dem 3. 10. 1990 begangene Taten (BGHR Hinweispflicht 10). Der Hinweis ist aber entbehrlich, wenn nur ein erschwerender Umstand wegfällt, der die Verteidigung des Angeklagten nicht berührt, zB § 242 statt § 244 I StGB (BGH NJW **70**, 904; RG **53**, 100), § 253 statt § 255 StGB, oder wenn von mehreren Strafgesetzen, die der Angeklagte nach der Anklage tateinheitlich verletzt haben soll, eines entfällt (LR-Gollwitzer 26). Die bei Anwendung des § 21 StGB mögliche Strafmilderung nach § 49 I StGB ist kein anderes Strafgesetz iS I (BGH NJW **88**, 501 = NStZ **88**, 191 mit Anm Hilgendorf- Schmidt). Beim Hinweis auf ein milderes Gesetz bleibt der in der zugelassenen Anklage enthaltene Vorwurf bestehen; Angeklagte und Verteidiger müssen sich hierauf einstellen (BGH MDR **72**, 925 [D]).

10 c) Kommt **Wahlfeststellung** in Betracht, so muß auf den in der Anklage nicht enthaltenen rechtlichen Gesichtspunkt hingewiesen werden (BGH NStZ **90**, 449; NJW **85**, 2488; MDR **77**, 108 [H]; Hamburg NJW **55**, 920), nicht notwendig auch auf die Möglichkeit der Wahlfeststellung (BGH MDR **74**, 369 [D]; LR-
11 Gollwitzer 22). Auch auf eine **Änderung der Schuldform** (Vorsatz statt Fahrlässigkeit; für den umgekehrten Fall vgl oben 9) muß hingewiesen werden (BGH VRS **49**, 184; Bay DAR **77**, 206 [R]; **86**, 248 [R]; Hamm MDR **73**, 783; Koblenz VRS **63**, 50), selbst wenn beide Begehungsweisen im selben Straftatbestand erfaßt werden (LR-Gollwitzer 27). Fehlt in der Anklage die Angabe der Schuldform, so ist ein Hinweis nur erforderlich, wenn Vorsatz angenommen werden soll (vgl Hamm MDR **73**, 783; VRS **61**, 292).

12 d) **Verschiedene Begehungs- oder Teilnahmeformen:** Der Hinweis ist auch erforderlich, wenn eine in ihrem Wesen verschiedene Begehungsform derselben Straftat in Betracht kommt (Küpper NStZ **86**, 249; Schlothauer StV **86**, 217), zB die Tatbegehung durch Tun statt durch Unterlassen und umgekehrt (BGH StV **84**, 367 L), die andere Begehungsform bei § 142 StGB (Bay VRS **61**, 31; Celle VRS **54**, 38; Frankfurt StV **92**, 60; Schleswig SchlHA **85**, 132 [E/L]), bei § 146 (BGH wistra **93**, 193), bei § 211 StGB (BGH **23**, 95; **25**, 287; MDR **81**, 102 [H]; NStZ

85, 16 [Pf/M]; StV **98**, 583; vgl auch BGH MDR **81**, 102 [H]: Mord zur Verdekkung einer anderen als in der Anklage bezeichneten Straftat), bei § 224 StGB (BGH NStZ **84**, 328; StV **97**, 237; Küpper aaO), bei § 266 StGB (BGH NJW **54**, 1616: Übergang vom Mißbrauchs- zum Treubruchstatbestand; einschr für den umgekehrten Fall: BGH NJW **84**, 2539 = JR **85**, 28 mit zust Anm Otto), bei § 308 StGB (BGH StV **89**, 468), bei § 315 c StGB (Hamm VRS **42**, 115), bei § 323 a StGB, wenn sich die Rauschtat ändert (Bay **54**, 45 = NJW **54**, 1579; Schleswig SchlHA **69**, 153 [E/J]). Dagegen bedarf es beim Übergang zu einer anderen **gleichartigen Begehungsform** keines Hinweises (vgl BGH **21**, 1; **23**, 13
95, 96; MDR **53**, 629; NStZ **88**, 212 [M]), zB bei § 224 StGB (RG **30**, 176: mittels gefährlichen Werkzeugs statt mittels Waffe), bei § 225 StGB (RG **70**, 358: Vernachlässigen statt Quälen und Mißhandeln), bei § 226 StGB (BGH JR **89**, 294 mit abl Anm Kratzsch: Lähmung statt Verlust eines Gliedes), bei § 284 I (Düsseldorf JMBlNW **91**, 19); weitere Beispiele aus der Rspr bei SK/StPO-Schlüchter 14.
I gilt auch, wenn eine **andere Teilnahmeform** in Betracht kommt, zB Mittäter- 14
statt Alleintäterschaft (BGH **11**, 18; NStZ **92**, 292 mwN; **94**, 46; StV **96**, 82) und im umgekehrten Fall (BGH **11**, 18; NStZ **83**, 358 [Pf/M]; 569; **84**, 212 [Pf/M]; 328; **90**, 449; StV **84**, 368; wistra **96**, 69), Teilnahme statt Täterschaft oder Mittäterschaft (BGH MDR **77**, 63), Wechsel der Teilnahmeform (Anstiftung statt Beihilfe und umgekehrt), und bei **anderer Beurteilung des Konkurrenzver-** 15
hältnisses, zB wenn Tatmehrheit statt Tateinheit (BGH StV **91**, 102; Koblenz OLGSt S. 29), Tateinheit statt Tatmehrheit, fortgesetzte Handlung (vgl dazu 14 zu § 260) statt mehrerer Einzeltaten (BGH StV **84**, 26) oder umgekehrt (BGH NStZ **94**, 24 [K]) angenommen werden soll. Auf die Möglichkeit der **Bejahung beson-** 15 a
derer Schuldschwere nach § 57 a StGB sollte hingewiesen werden, wenn die Anklageschrift einen solchen Hinweis nicht enthält; eine Verpflichtung hierzu besteht aber nicht (BGH NJW **96**, 3285; **aM** Wollweber NJW **98**, 122).

C. **Straferhöhende oder Sicherungsmaßregeln rechtfertigende Umstände** (II): 16

a) Der **Hinweis auf straferhöhende Umstände** ist nur erforderlich, wenn sie 17
sich erst in der Hauptverhandlung ergeben haben (neu hervorgetreten sind), der Angeklagte sie also nicht bereits der Anklageschrift entnehmen und seine Verteidigung darauf einrichten konnte (BGH **29**, 274, 279; KK-Engelhardt 13; krit Schlothauer StV **86**, 220). Der Wegfall straferhöhender oder das Hervortreten strafmildernder Umstände begründet keine Hinweispflicht (RG **53**, 100; LR-Gollwitzer 42). Das gleiche gilt für den Wegfall eines in der zugelassenen Anklage aufgeführten Milderungsgrundes (BGH NJW **88**, 501: § 21 StGB). **Straferhö-** 18
hende Umstände iS von II sind grundsätzlich die gleichen, für die § 263 II bei der Abstimmung eine Zweidrittelmehrheit verlangt (dort 6). Erforderlich ist, daß die in Betracht kommende Strafschärfung an gesetzlich bestimmte Umstände anknüpft, daß also, wie in §§ 221 II, III, 224, 226, 239 III, IV, 239 a III, 250 I StGB durch Hinzutritt eines weiteren Tatbestandsmerkmals ein neuer gesetzlicher Tatbestand entsteht (vgl BGH **29**, 274, 279/80; NJW **55**, 31; **59**, 996; **77**, 1830) oder eine anderweit gesetzlich festgelegte Strafschärfungsregelung angewendet werden soll (BGH NJW **77**, 1830). An diesen Voraussetzungen fehlt es bei den unbenannten **besonders schweren Fällen (vgl BGH 29**, 274, 279; NJW **59**, 996; **77**, 19
1830). Erläutert das Gesetz – wie nun idR – die besonders schweren Fälle an Regelbeispielen, so ist dagegen ein Hinweis erforderlich, wenn sich erst in der Hauptverhandlung ergibt, daß die Merkmale eines Regelbeispiels verwirklicht sein können (BGH NJW **88**, 501; Arzt JuS **72**, 516; Wessels Maurach-FS 308). Entsprechendes gilt, wenn die Voraussetzungen des Regelbeispiels sich nicht ohne weiteres aus dem äußeren Sachverhalt ergeben, der schon im Rahmen des Schuldvorwurfs Gegenstand der Verhandlung ist (BGH NJW **80**, 714 für den Fall gewerbsmäßigen Handelns; weitergehend KK-Engelhardt 14; Roxin § 42 D V 2 c: stets, wenn die Verurteilung wegen eines besonders schweren Falles aufgrund eines

Regelbeispiels in Betracht kommt). Die Annahme eines besonders schweren Falles außerhalb der Regelbeispiele erfordert dagegen keinen Hinweis (Arzt aaO; **aM** Schlothauer StV **86**, 221).

20 b) Der **Hinweis auf die mögliche Anordnung einer Sicherungsmaßregel,** die nicht bereits in der zugelassenen Anklage erwähnt wird, ist stets erforderlich, gleichgültig, ob in der Hauptverhandlung neue Tatsachen hinzugetreten sind, die erst die Anordnung der Sicherungsmaßregel ermöglichen, oder ob das Gericht bei gleichbleibendem Sachverhalt entgegen der Anklage die Maßregel in Betracht zieht (BGH **2**, 85: Berufsverbot; **18**, 288 = JZ **63**, 514 mit Anm von Weber: Entziehung der Fahrerlaubnis; BGH NStZ **83**, 358 [Pf/M]: Unterbringung im psychiatrischen Krankenhaus; BGH StV **94**, 232: Sicherungsverwahrung; vgl ferner BGH StV **82**, 4; **88**, 329; Koblenz VRS **50**, 30; Schlothauer StV **86**, 216). Der Hinweis ist auch erforderlich, wenn eine andere als die in der Anklageschrift bezeichnete Maßregel in Betracht kommt (BGH **29**, 274, 279; StV **91**, 198). Daß ein Sachverständiger sich dazu geäußert hat, genügt allein nicht (BGH 2 StR 242/93 vom 9. 6. 1993).

21 D. **Zur entsprechenden Anwendung von I, II:**

22 a) Eine **Änderung der gesamten Tatrichtung,** die den rechtlichen Vorwurf unberührt läßt, führt nicht iS von I zur Anwendung eines anderen Strafgesetzes. Gleichwohl ist wegen dieser erheblichen Veränderung entspr I ein Hinweis erforderlich, um dem Angeklagten die umfassende Verteidigung zu ermöglichen. Das gilt zB, wenn sich die tatsächlichen Grundlagen des Schuldvorwurfs ändern (BGH StV **90**, 249), oder wenn das Gericht anstelle nicht näher konkretisierter Taten in einem bestimmten Tatzeitraum nun von nach Zeit, Ort und Tatbegehung bestimmten Taten ausgehen will (BGH **40**, 44, 48; NStZ **96**, 295; NJW **98**, 3654), oder wenn bei einer Anklage wegen Beihilfe die Person des Haupttäters (Hamburg HESt **3**, 54), bei Anklage wegen Mittäterschaft die des Mittäters wechselt (vgl BGH MDR **77**, 108 [H], der die Hinweispflicht aus IV herleitet) oder wenn das Opfer der Straftat ausgewechselt werden soll (Schleswig SchlHA **74**, 183 [E/J]; Stuttgart MDR **67**, 233; vgl auch LR-Gollwitzer 31: unmittelbare Anwendung von I) oder ein weiterer Verletzter hinzutritt (BGH GA **62**, 338).

23 b) **Art des Hinweises bei bloßer Änderung der Sachlage:**Der Angeklagte darf nicht mit der Feststellung einer erheblichen Tatsache überrascht werden, auf die er weder durch die Anklage noch durch den Eröffnungsbeschluß so vorbereitet worden ist, daß er sich äußern konnte (BGH **11**, 88, 91; NJW **87**, 1652; MDR **80**, 107 [H]; StV **88**, 329; NStZ **94**, 46; Einl 28). Das gilt insbesondere, wenn das Gericht eine andere Tatzeit feststellen (BGH **19**, 88 = JR **64**, 65 mit Anm Dünnebier; BGH NJW **88**, 571; NStZ **84**, 422; **87**, 220 [Pf/M]; NStZ **94**, 502; StV **97**, 237; BGHR § 344 II S. 2 Hinweispflicht 2; Bremen StV **96**, 301), von einem wesentlich erweiterten Tatzeitraum ausgehen (Hamm HESt **1**, 187; Schleswig MDR **80**, 516; Köln StV **84**, 414) oder weitere Einzelakte einer fortgesetzten Handlung in die Verurteilung einbeziehen will (BGH NStZ **85**, 325; Düsseldorf JMBlNW **87**, 101). Eine förmliche Hinweispflicht entspr I besteht in solchen Fällen aber nicht (BGH NStZ **84**, 423; StV **91**, 149; NStZ **93**, 30 [K]; **94**, 46; Meyer GA **65**, 257; **aM** BGH **19**, 88 = JR **64**, 65 mit Anm Dünnebier; Hamm aaO; Köln aaO; Schleswig aaO; Gillmeister StraFo **97**, 8; Roxin § 42 D V 2a; Schlothauer StV **86**, 223; offengelassen in BGH NStZ **88**, 190; NJW **91**, 1900, 1902; BGHR § 265 I Hinweispflicht 8). Zwar ist es zweckmäßig, eine veränderte Sachlage in einem wesentlichen Punkt schriftlich zu fixieren und bekanntzugeben (BGH StV **96**, 297); es reicht aber aus, wenn der Angeklagte aus dem Gang der Verhandlung erfährt, daß das Gericht neue tatsächliche Gesichtspunkte in seine die Tatfrage betreffenden Überlegungen einbezogen hat. Allerdings muß der Angeklagte eindeutig, umfassend und unmißverständlich darüber unterrichtet werden, daß das Gericht von der veränderten Sachlage ausgehen will; es genügt nicht, daß die tatsächlichen Umstände lediglich im Rahmen von Vernehmungen angesprochen worden sind (BGH StV **96**, 584; **98**, 381). Der Angeklagte muß Gelegenheit

erhalten, sich dazu zu äußern und Beweisanträge zu stellen oder Beweiserhebungen anzuregen (BGH **19**, 141 = JR **64**, 187 mit zust Anm EbSchmidt; BGH **28**, 196; StV **88**, 329; **91**, 149 mwN; NStZ **91**, 550; Meyer GA **65**, 268; Niemöller, Die Hinweispflicht des Strafrichters bei Abweichungen vom Tatbild der Anklage, 1988, entnimmt dies aus Art 6 IIIa MRK). Das setzt voraus, daß er von Gerichtsseite zu dem neuen tatsächlichen Gesichtspunkt befragt wird (BGH **28**, 196, 198; NJW **88**, 571; NStZ **85**, 325; Frankfurt aaO). Das Unterlassen einer solchen Befragung kann sich schon aus der Darstellung der Einlassung des Angeklagten in den Urteilsgründen ergeben (BGH **28**, 196, 198; vgl auch BGH NStZ **84**, 422). Sonst muß das Revisionsgericht die Frage im Freibeweis (7, 9 zu § 244) klären (BGH aaO; StV **91**, 502; Meyer aaO; EbSchmidt JR **64**, 188). Das Schweigen des Sitzungsprotokolls ist nicht beweiskräftig (BGH **28**, 196, 197; Frankfurt StV **85**, 224).

c) Die **entsprechende Anwendung von I, II auf Nebenstrafen und Nebenfolgen** beschränkt sich auf die Fälle, in denen ihre Verhängung die Feststellung besonderer Umstände zum äußeren oder inneren Tatbestand voraussetzt, die zum Tatbestand hinzutreten müssen (vgl BGH **29**, 274, 279). Sonst gilt der Grundsatz, daß sich der Angeklagte selbst davon unterrichten muß, welche Unrechtsfolgen außer den Hauptstrafen und den Sicherungsmaßregeln in Betracht kommen (KK-Engelhardt 6; LR-Gollwitzer 34; Meyer JR **71**, 518; **aM** KMR-Paulus 30). Auf solche Unrechtsfolgen braucht der Angeklagte daher nicht hingewiesen zu werden, gleichviel, ob sie zwingend vorgeschrieben sind oder im Ermessen des Gerichts stehen (BGH **2**, 85, 88; 22, 336, 338; KG VRS **53**, 42; Stuttgart VRS **44**, 134; **aM** Hanack JZ **72**, 433; Schlothauer StV **86**, 221 für fakultative Nebenfolgen). Eine Hinweispflicht entfällt insbesondere bei dem Fahrverbot nach § 44 StGB (KG aaO, Koblenz NJW **71**, 1472 mit Anm Händel; KK-Engelhardt 15; **aM** Bay **78**, 89 = VRS **55**, 416; Düsseldorf VerkMitt **73**, 14; Hamm JR **71**, 517 mit abl Anm Meyer; Hamm VRS **34**, 418; KMR-Paulus 31; Schlothauer aaO). Anderes gilt für das an zusätzliche Voraussetzungen geknüpfte Fahrverbot nach § 25 StVG (BGH **29**, 274; Düsseldorf VRS **77**, 367; **87**, 203; SK/StPO-Schlüchter 35; aus dem Gesichtspunkt des fairen Verfahrens bejaht Oldenburg NZV **93**, 278 ferner eine Hinweispflicht, wenn der Richter abweichend von seiner vor der Hauptverhandlung erklärten Einschätzung doch – wie im Bußgeldbescheid – ein Fahrverbot verhängen will). Keines Hinweises bedarf es bei Anordnung des Verfalls nach § 73 StGB und der Einziehung nach § 74 StGB (BGH **16**, 47; **aM** BGH StV **84**, 453 mit zust Anm Schlothauer; derselbe StV **86**, 222) und bei der Bekanntmachungsbefugnis nach § 200 StGB (RG **33**, 398) sowie bei der Anordnung nach § 45 StGB (vgl zum früheren Recht auch BGH **18**, 66; **22**, 336). 24

E. **Überflüssig ist der Hinweis** nach I, II, wenn der neue rechtliche Gesichtspunkt schon in dem (dem Angeklagten bekanntgegebenen) Verweisungsbeschluß nach § 270 (BGH **22**, 29, 31; Hanack JZ **72**, 434; oben 6) oder, bei Urteilsaufhebung durch das Revisionsgericht nach § 354 II, in dem aufgehobenen oder in dem aufhebenden Urteil erörtert ist (BGH **22**, 29, 31; JZ **51**, 655; RG **58**, 52; Stuttgart NJW **76**, 2223, 2225; MDR **67**, 233), auch wenn es in der neuen Hauptverhandlung nicht verlesen worden, sondern dem Angeklagten nur durch Zustellung bekanntgemacht worden ist. War die Hauptverhandlung nach Erteilung des Hinweises ausgesetzt worden, so ist seine Wiederholung nicht erforderlich, sofern kein Anhalt dafür besteht, daß der Angeklagte ihn vergessen hat (BGH MDR **71**, 363 [D]; offen gelassen von BGH NStZ **98**, 529). Entsprechendes gilt 25
im **Berufungsrechtszug.** Ein schon im 1. Rechtszug erteilter Hinweis braucht nur wiederholt zu werden, wenn Zweifel daran bestehen, daß der Angeklagte ihn noch in Erinnerung hat (vgl RG **59**, 423; KK-Engelhardt 20; weitergehend LR-Gollwitzer 13). Der Hinweis ist auch entbehrlich, wenn schon der 1. Richter den Angeklagten (unter Verletzung von I) aufgrund des veränderten rechtlichen Gesichtspunkts verurteilt hatte (Köln NJW **57**, 473 L) oder wenn das Berufungsgericht entspr der zugelassenen Anklage, von der der 1. Richter abgewichen war, 26

entscheiden will (Koblenz VRS **52**, 428), nicht aber, wenn das 1. Urteil den neuen rechtlichen Gesichtspunkt nur erörtert hat, ohne den Angeklagten deswegen zu
27 verurteilen (Bay VRS **61**, 31). Im **Wiederaufnahmeverfahren** muß der in der früheren Hauptverhandlung erteilte Hinweis in der neuen Hauptverhandlung wiederholt werden (RG **58**, 52), sofern nicht schon das frühere Urteil den Angeklagten unter dem neuen rechtlichen Gesichtspunkt verurteilt hatte (RG aaO; **57**, 10).

28 F. Die **Erteilung des Hinweises** nach I oder II ist Aufgabe des Vorsitzenden. Nur wenn er den Hinweis ablehnt, gilt § 238 II (LR-Gollwitzer 51). Der Hinweis
29 ist **nicht deshalb entbehrlich,** weil einzelne oder alle Prozeßbeteiligte den neuen rechtlichen Gesichtspunkt in der Hauptverhandlung von sich aus erörtert haben (BGH **19**, 141; **22**, 29, 31; NStZ **98**, 529), auch wenn sich das Gericht an dem Meinungsaustausch beteiligt hat (BGH NJW **64**, 459), oder weil der StA den Hinweis angeregt (BGH NStZ **83**, 358 [Pf/M]) oder die Verurteilung unter dem neuen rechtlichen Gesichtspunkt beantragt hat (BGH MDR **73**, 19 [D]; **76**, 815 [H]; StV **88**, 329; NStZ **94**, 25 [K]; Bay VRS **62**, 129; Koblenz VRS **50**, 30; Köln VRS **56**, 281, 282). Den Hinweis ersetzt auch nicht die Erörterung des neuen rechtlichen Gesichtspunkts in einem Beschluß über die Haftfortdauer (BGH **22**, 29; KK-Engelhardt 16; Hanack JZ **72**, 434) oder über die Ablehnung eines
30 Beweisantrags (KMR-Paulus 11). Der Hinweis ist **dem Angeklagten selbst** zu erteilen, daneben richtet er sich auch an den Verteidiger (BGH NStZ **83**, 35; **93**, 200). Wenn der Angeklagte an der Verhandlung nicht teilnimmt, ist ihm der Hinweis schriftlich zu erteilen, ggf iVm der neuen Ladung zur Hauptverhandlung (KMR-Paulus 40; LR-Gollwitzer 66; vgl BGH MDR **69**, 360 [D] für § 231 II; Bay **55**, 186 = JR **56**, 70 für § 233; erg 21 zu § 231; 16 zu § 233; 3 zu § 234 a). Im Fall des § 231 b I S. 1 kann es genügen, daß dem Angeklagten der Hinweis schriftlich oder durch einen beauftragten Richter mündlich bekanntgegeben wird (KK-Engelhardt 19). Erscheint für den abwesenden Angeklagten ein Verteidiger, so genügt es, außer in den Fällen der §§ 231 II, 233, daß diesem die Hinweise nach I
31 und II erteilt werden (§ 234 a Hs 1). **Inhaltlich** muß der Hinweis den Angeklagten und seinen Verteidiger in die Lage versetzen, die Verteidigung auf den neuen rechtlichen Gesichtspunkt einzurichten (BGH **13**, 320, 324; **18**, 56; MDR **75**, 545 [D]; NStZ **85**, 563; StV **85**, 489). Daher muß für den Angeklagten und den Verteidiger aus dem Hinweis allein oder iVm der zugelassenen Anklage erkennbar sein, welches Strafgesetz nach Auffassung des Gerichts in Betracht kommt und in welchen Tatsachen das Gericht die gesetzlichen Merkmale möglicherweise als erfüllt ansieht (BGH **2**, 371, 373; **11**, 88; **13**, 320, 324 = JZ **60**, 227 mit Anm EbSchmidt; BGH **18**, 56; **22**, 29, 30; MDR **75**, 545 [D]; NStZ **83**, 34; **98**, 529; StV **85**, 489; Hänlein/Moos NStZ **90**, 481). Erforderlich und ausreichend ist jeder Hinweis, der diese Aufgabe erfüllt (BGH **18**, 56; StV **98**, 414 mit abl Anm Park; NJW **85**, 2488; MDR **84**, 444 [H]; NStZ **83**, 569). Wird zB einer von 2 Mittätern darauf hingewiesen, daß er wegen Beihilfe verurteilt werden kann, so erübrigt sich der Hinweis an den anderen, daß für ihn Alleintäterschaft in Betracht kommt (BGH NStZ **83**, 569; **aM** Berz NStZ **86**, 87 mwN). Der Hinweis auf die Möglichkeit der Verurteilung wegen Beihilfe deckt aber nicht den Schuldspruch wegen Mittäterschaft ab (BGH NJW **85**, 2488). Die bloße Bezeichnung der neu in Betracht kommenden Gesetzesbestimmungen reicht regelmäßig nur aus, wenn der Angeklagte durch einen rechtskundigen Verteidiger vertreten ist (BGH **13**, 320, 324; MDR **57**, 653 [D]; vgl aber auch BGH **18**, 56). Das Gericht muß idR die Tatbestandsmerkmale des neuen rechtlichen Gesichtspunkts eindeutig bezeichnen, um dem Angeklagten zu erkennen zu geben, auf welche tatsächlichen Annahmen sich der neue Vorwurf stützt (BGH **13**, 320, 324; **19**, 141, 143; MDR **70**, 198 [D]; NStZ **81**, 190 [Pf]; **93**, 200). Eine Belehrung in Form eines Rechtsgesprächs ist aber nicht erforderlich (BGHR § 265 I Hinweis 2). Nennt ein Strafgesetz mehrere gleichwertig nebeneinander stehende Begehungsformen, wie etwa § 211 StGB, so muß der Hinweis angeben, welche von ihnen nach Ansicht des Gerichts in

Betracht kommt (BGH **2**, 371, 373; **23**, 95, 96; **25**, 287, 288; NJW **85**, 2488; NStZ **83**, 34; **84**, 328; **98**, 529; StV **84**, 367; **91**, 501; erg oben 12); bei rechtlich gleich schwerwiegenden Begehungsarten ist diese Angabe entbehrlich (BGH **21**, 1). Der Hinweis ist in dem **Zeitpunkt** zu erteilen, in dem sich erstmals die 32 Möglichkeit einer anderen rechtlichen Beurteilung ergibt, also frühzeitig. Er kann auch schon bei der Vorbereitung der Hauptverhandlung erteilt werden, auch schon im Eröffnungsbeschluß (BGH **23**, 304; LR-Gollwitzer 52, 64). Der Hinweis ist eine **wesentliche Förmlichkeit der Hauptverhandlung** iS § 273 I; er wird 33 nach § 274 nur durch das Sitzungsprotokoll bewiesen (BGH **2**, 371, 373; **19**, 141; MDR **75**, 545 [D]; Bay VRS **62**, 129; Hamm NJW **80**, 1587). Auch der wesentliche Inhalt des Hinweises ist im Protokoll zu beurkunden (BGH **2**, 371, 373; MDR **70**, 198 [D]). Fehlt dieser Vermerk, so kann das Revisionsgericht den Inhalt des Hinweises aber im Freibeweis (7, 9 zu § 244) feststellen (BGH **13**, 320, 323; **19**, 141, 143; **aM** BGH MDR **70**, 198 [D]; Hänlein/Moos NStZ **90**, 482). Eine Rücknahme des Hinweises, weil das Gericht an der ursprünglichen rechtlichen Bewertung festhalten will, ist nicht erforderlich (BGH NJW **98**, 3654, 3655; SK/StPO-Schlüchter 24; krit dazu unter dem Gesichtspunkt des fairen Verfahrens Scheffler JR **89**, 260; zw auch Burhoff HV 556).

2) **Aussetzung bei veränderter Sach- und Rechtslage** (III): 34

A. Einen **Rechtsanspruch auf Aussetzung der Verhandlung** (§ 228 I S. 1) 35 hat der Angeklagte unter den Voraussetzungen des III im Offizialverfahren, nicht im Privatklageverfahren (§ 384 III). Eine Belehrung über sein Antragsrecht schreibt das Gesetz nicht vor (vgl dazu BGH StV **98**, 252).

B. **Voraussetzung des Aussetzungsanspruchs** ist eine Veränderung der Sach- 36 lage infolge Hervortretens neuer Tatsachen oder tatsächlicher Verhältnisse, die der Angeklagte nicht der Anklageschrift, dem Eröffnungsbeschluß oder einer früheren Verhandlung entnehmen konnte (RG **52**, 249). Ein neues Beweismittel ist kein solcher Umstand (RG aaO). Die neu hervorgetretenen Umstände, die zum äußeren oder inneren Tatbestand gehören können, müssen die Anwendung eines Strafgesetzes zulassen, das nach seiner abstrakten (KK-Engelhardt 26) Strafandrohung schwerer ist als das in der zugelassenen Anklage bezeichnete (zB Mord statt Toschlag, vgl BGH NStZ **93**, 400). Dem steht der Fall gleich, daß neu hervorgetretene Umstände die Strafbarkeit erhöhen oder die Anordnung einer Sicherungsmaßregel begründen können. Der Aussetzungsanspruch setzt ferner voraus, daß der Angeklagte die neu hervorgetretenen Umstände bestreitet, dh ihre Richtigkeit in Abrede stellt (LR-Gollwitzer 91), und daß er behauptet, auf die Verteidigung nicht genügend vorbereitet zu sein. Ob das zutrifft, hat das Gericht nicht zu prüfen (allg M). Es kann aber abweichend von der Auffassung des Angeklagten beurteilen, ob die neu hervorgetretenen Umstände die Anwendung der schwereren Bestimmung überhaupt zulassen (LR-Gollwitzer 93).

C. **Entscheidung über den Aussetzungsantrag:** Die Dauer der Aussetzung 37 bestimmt das Gericht nach pflichtgemäßem Ermessen; es kann auch dahin entscheiden, daß eine bloße Unterbrechung der Verhandlung genügt. Die Entscheidung, die durch Beschluß zu treffen ist, kann bis zum Schluß der Beweisaufnahme zurückgestellt werden, wenn sie von deren Ergebnis abhängt (LR-Gollwitzer 94), muß aber stets noch in der Hauptverhandlung bekanntgegeben und begründet werden. Wird der Antrag abgelehnt, so muß der Angeklagte Gelegenheit erhalten, weitere Ausführungen zu machen und weitere Anträge zu stellen.

3) **Aussetzung bei veränderter Sachlage** (IV): 38

A. **Auf Antrag oder von Amts wegen** kann das Gericht auch in sonstigen 39 Fällen die Verhandlung aussetzen, wenn das zur besseren Vorbereitung der Anklage oder Verteidigung angezeigt erscheint (vgl auch BGH **36**, 210). Die Vorschrift darf nicht eng ausgelegt werden (BGH NJW **58**, 1736; Hamburg NJW **66**, 843; Zweibrücken MDR **84**, 425 = StV **84**, 148; LG Duisburg StV **84**, 19, 20; LR-

Gollwitzer 96). Antragsberechtigt sind alle Prozeßbeteiligten, auch der Privatkläger, nicht aber der Nebenkläger (11 zu § 397). Die entspr Anwendung des IV bestimmt § 154 a III S. 3.

40 B. Bei der **veränderten Sachlage** iS von IV kann es sich um eine Veränderung
41 des Sachverhalts oder der Verfahrenslage handeln. Der **Sachverhalt** ist verändert, wenn in der zugelassenen Anklage nicht erwähnte Handlung oder sonstige Tatsachen nach § 264 zum Gegenstand des Urteils gemacht werden sollen (BGH **8**, 92, 96; StV **92**, 452; vgl auch BGH MDR **77**, 108 [H] und BGH NStE Nr 17: Unbekannte statt in der Anklage benannte Mittäter). Gleichgültig ist, ob die neuen Tatsachen den Schuldumfang, den Strafausspruch oder die Anordnung von Sicherungsmaßregeln betreffen. Sie müssen aber entscheidungserheblich sein. Ob sie die Aussetzung der Verhandlung rechtfertigen, hängt von den Umständen des Einzel-
42 falls ab (dazu LR-Gollwitzer 100). Auch bei Veränderungen der **Verfahrenslage** gilt IV, zB beim Nachschieben bisher von der Verfolgungsbehörde zurückgehaltener Beweismittel in der Hauptverhandlung (Bay **81**, 14 = VRS **61**, 129; StV **81**, 225; VRS **60**, 378: Lichtbilder; LG Duisburg StV **84**, 19: Akten und Beweisstücke; LG-Nürnberg-Fürth JZ **82**, 260: Vernehmungsprotokolle; vgl auch LG Bochum NJW **88**, 1533; Odenthal StV **91**, 446), insbesondere aber, wenn der Angeklagte in
43 seinem Recht, sich des Beistands eines **Verteidigers** zu bedienen, unvorhergesehen beeinträchtigt wird (LR-Gollwitzer 102), zB beim Ausbleiben des Verteidigers wegen plötzlicher Erkrankung (Celle NJW **65**, 2264) oder Niederlegung des Mandats, beim Tod des Verteidigers (Bay StV **83**, 270 mit Anm Weider) oder bei Zurückweisung des ohne Robe erschienenen Verteidigers (Köln VRS **70**, 21: auf Antrag mindestens kurze Unterbrechung), uU entgegen § 228 II auch bei bloßer Verhinderung des Verteidigers (dort 10 ff; zum Verhältnis zwisch IV und § 228 II vgl allg Heubel NJW **81**, 2678), immer vorausgesetzt, daß die Durchführung der Hauptverhandlung dadurch für den Angeklagten unzumutbar wird (Celle aaO; Frankfurt NStZ-RR **96**, 304; Hamm GA **71**, 25; MDR **72**, 254; VRS **47**, 358). Maßgebend ist die prozessuale Fürsorgepflicht (BGH MDR **76**, 988 [D]; Bay **62**, 226; DAR **87**, 312 [B]; Hamm VRS **74**, 36, 38). Dabei müssen die Bedeutung der Sache, die Schwierigkeit der Rechtslage, die Lage des Verfahrens bei Eintritt des Verhinderungsfalls, der Anlaß, die Voraussehbarkeit und die voraussichtliche Dauer der Verhinderung sowie die Fähigkeit des Angeklagten, sich selbst zu verteidigen, berücksichtigt und abgewogen werden (KG NZV **93**, 411; Düsseldorf VRS **63**, 458; wistra **93**, 352; Hamm VRS **41**, 45; **59**, 449; Köln VRS **42**, 284; Stuttgart
44 StV **88**, 145; vgl auch BVerfG NJW **84**, 862; Zweibrücken StV **84**, 148). **IV gilt insbesondere** bei zu Unrecht verweigerter Akteneinsicht (Köln VRS **85**, 443), bei Unmöglichkeit rechtzeitiger Beauftragung eines anderen Verteidigers (Düsseldorf GA **79**, 226, 227), etwa wenn der Antrag auf Bestellung eines Verteidigers für den Angeklagten unerwartet erst kurz vor der Hauptverhandlung abgelehnt worden ist (RG **57**, 147; Hamm NJW **73**, 381), bei vorangegangener Ablehnung einer Terminsverlegung durch den Vorsitzenden (Stuttgart MDR **76**, 510), oder wenn die Verteidigung (zB infolge Mangels an Vorbereitungszeit) durch den Wechsel beeinträchtigt wird (BGH NJW **65**, 2164 mit Anm Schmidt-Leichner; BGH MDR **77**, 767 mit Anm Sieg; NStZ **83**, 281; **98**, 530; Hamm GA **77**, 310; vgl auch BGH NJW **73**, 1985 = JR **74**, 247 mit Anm Peters), in großen Sachen auch beim Ausfall eines von mehreren Verteidigern, wenn ein anderer nicht ohne weiteres einspringen kann (BGH NJW **58**, 1736).

45 C. Das **Gericht entscheidet** über die Aussetzung nach pflichtgemäßem Ermessen; maßgebend ist, ob die Gewährleistung eines fairen Verfahrens (Einl 19) und die Fürsorgepflicht (Einl 155 ff) die Aussetzung gebieten. Die Dauer der Aussetzung bemißt sich danach, welche Zeit StA oder Verteidiger brauchen, um ihre Rechte sachgemäß wahrzunehmen (LR-Gollwitzer 108). Eine bloße Unterbrechung der Verhandlung kann genügen (KK-Engelhardt 30; vgl aber BGH EzSt § 338 Nr 1: kurze Unterbrechung kann ungenügend sein). Ein Aussetzungsantrag

muß noch in der Hauptverhandlung beschieden werden; bis zur Urteilsverkündung darf die Bekanntgabe der Entscheidung nicht hinausgeschoben werden (erg 6 zu § 228).

46 **4)** Die **Revision** kann auf Verletzung von I, II oder III gestützt werden. Als Verletzung von IV kann nur geltend gemacht werden, daß das Gericht die Rechtsbegriffe verkannt oder sein Ermessen fehlerhaft ausgeübt habe (BGH **8**, 92, 96; StV **98**, 252; Koblenz VRS **51**, 288; erg 16 zu § 337), zB durch übermäßige Beschränkung des in § 137 gewährten Rechts (Celle NJW **65**, 2264). Die Verletzung des § 265 zuungunsten des Angeklagten können StA, Privat- und Nebenkläger nicht geltend machen, um eine Urteilsaufhebung zum Nachteil des Angeklagten zu erreichen (4 zu § 339). Zum **notwendigen Revisionsvorbringen** gehört bei der 47 Rüge der Verletzung von I oder II die Mitteilung, welchen Inhalt die zugelassene Anklage insoweit gehabt hat, und die Angabe, daß der Angeklagte ohne den erforderlichen Hinweis anders verurteilt worden ist (Koblenz OLGSt § 258 S. 5; LR-Gollwitzer 113; **aM** Stuttgart OLGSt Nr 3). Umfaßt die Anklage mehrere Straffälle, so muß dargelegt werden, in welchem von ihnen gegen I oder II verstoßen worden ist (BGH MDR **77**, 461 [H]). Die Rüge der Verletzung von III oder IV durch Ablehnung eines Aussetzungsantrags erfordert die Mitteilung des Antrags und des wesentlichen Inhalts des ablehnenden Beschlusses (Koblenz VRS **51**, 288); uU sind auch weitere Angaben notwendig, warum die verbliebene Zeit ungenügend war (vgl BGH NStZ **96**, 99). Bei der Rüge, dem Urteil liege eine veränderte Sachlage zugrunde (oben 22, 23), ist ein entspr Tatsachenvortrag erforderlich (Bay **92**, 161 = MDR **93**, 567). Das **Urteil beruht** idR auf dem Verstoß 48 gegen I, II. Dabei genügt, daß eine andere Verteidigung nicht ausgeschlossen werden kann; nahezuliegen braucht sie nicht (BGH NJW **85**, 2488; MDR **74**, 548 [D]; **89**, 685 [H]). Ausnahmsweise kann das Beruhen verneint werden, wenn StA und Verteidiger sich mit dem neuen Gesichtspunkt in der Hauptverhandlung befaßt haben und daher nicht ersichtlich ist, daß dem Angeklagten eine andere Verteidigungsmöglichkeit offenstand (BGH MDR **77**, 63; NStZ **95**, 247; KG JR **50**, 633; Köln MDR **75**, 164), oder wenn sonst sicher festgestellt werden kann, daß sich der Angeklagte auch bei einem entspr Hinweis nicht anders hätte verteidigen können (BGH **2**, 250; **23**, 95, 98; StV **88**, 329; NStZ-RR **96**, 10; BGHR § 265 I Hinweispflicht 7; Köln VRS **56**, 281, 282), oder der Angeklagte in sonstiger Weise durch das Gericht einen Hinweis erhalten hatte (BGH NStZ **92**, 249: Beschluß nach § 81 a). In Zweifelsfällen sind Ausführungen zur Beruhensfrage in der Revisionsrechtfertigungsschrift erforderlich (BGHR § 265 I Hinweispflicht 9; erg 27 zu § 344).

Befragung nach freiwilligen Bewährungsleistungen

265a **Kommen Auflagen oder Weisungen (§§ 56 b, 56 c, 59 a Abs. 2 des Strafgesetzbuches) in Betracht, so ist der Angeklagte in geeigneten Fällen zu befragen, ob er sich zu Leistungen erbietet, die der Genugtuung für das begangene Unrecht dienen, oder Zusagen für seine künftige Lebensführung macht. Kommt die Weisung in Betracht, sich einer Heilbehandlung oder einer Entziehungskur zu unterziehen oder in einem geeigneten Heim oder einer geeigneten Anstalt Aufenthalt zu nehmen, so ist er zu befragen, ob er hierzu seine Einwilligung gibt.**

1 **1)** Von **Auflagen und Weisungen** nach §§ 56 b, 56 c StGB sieht das Gericht idR ab, wenn der Verurteilte sich zu angemessenen Leistungen verpflichtet, die der Genugtuung für begangenes Unrecht dienen (§ 56 b III StGB), oder wenn er entspr Zusagen für seine künftige Lebensführung macht (§ 56 c IV StGB) und damit zu rechnen ist, daß er die Leistungen erbringen und die Zusagen einhalten wird. Dasselbe gilt bei der Verwarnung mit Strafvorbehalt (vgl § 59 a II S.2 iVm

§ 56 c III, IV StGB). Für den Fall, daß Auflagen und Weisungen in Betracht
2 kommen, schreibt **S. 1** vor, daß der Angeklagte in geeigneten Fällen befragt wird, ob er sich zu freiwilligen Leistungen erbietet und Zusagen macht. Das dient der Vorbereitung der vom Gericht zu treffenden Entscheidung, insbesondere auch der Klärung, welche Auflagen und Weisungen für den Angeklagten zumutbar sind (vgl
3 §§ 56 b I S. 2, 56 c I S. 2 StGB). **S. 2** gilt für den Fall, daß eine der Weisungen nach § 56 c III StGB, die nur mit Einwilligung des Verurteilten zulässig sind, in Betracht kommt; er ist dann zu befragen, ob er diese Einwilligung gibt. Wegen der meist einschneidenden Wirkung der Maßnahmen nach § 56 c III StGB empfiehlt es sich, daß der Vorsitzende den Angeklagten auf die Bedeutung seiner Einwilligung besonders hinweist (KK-Engelhardt 1).

4 **2) Voraussetzungen der Befragung:**

5 A. **In Betracht kommen** müssen die Auflagen oder Weisungen. Das ist der Fall, wenn mit einiger Wahrscheinlichkeit zu erwarten ist, daß der Angeklagte verurteilt, die Strafe zur Bewährung ausgesetzt und eine Auflage oder Weisung angeordnet wird (LR-Gollwitzer 4). Sofern der Angeklagte nicht voll geständig ist, kann das idR erst aufgrund einer Zwischenberatung beurteilt werden, die einen bestimmten Schuldspruch ins Auge faßt. Die Möglichkeit einer solchen Beratung setzt § 265 a stillschweigend voraus (Schmidt-Hieber NJW **82**, 1020).

6 B. Auf **geeignete Fälle** ist die Befragung nach S. 1 beschränkt. Sie setzt voraus, daß nach der Persönlichkeit des Angeklagten mit der Einhaltung seiner Zusagen zu rechnen ist (LR-Gollwitzer 5). Die Befragung unterbleibt, wenn der Angeklagte seine Freisprechung erstrebt und sich mit seinem übrigen Vorbringen in Widerspruch setzen würde, falls er sich zu Leistungen oder Zusagen der in S. 1 bezeichneten Art erböte (Wulf JZ **70**, 161). Sie unterbleibt insbesondere, wenn aus anderen Gründen ein echtes und annehmbares Anerbieten bei der Persönlichkeit des Angeklagten oder den Umständen des Falles nicht zu erwarten ist (KK-Engelhardt 2).
7 Im Fall des **S. 2** ist die Befragung zwingend, sofern der Angeklagte die erforderliche Einwilligung zu der in Betracht gezogenen Maßnahme nicht schon vorher erteilt hatte.

8 **3)** Die **Befragung** ist Aufgabe des Vorsitzenden. Er nimmt sie aber erst vor, nachdem er sich mit den anderen Gerichtsmitgliedern darüber verständigt hat, daß die Befragung nach der Verfahrenslage überhaupt in Betracht kommt (LR-Gollwitzer 6). Dem Angeklagten steht es frei, zu antworten oder zu schweigen (KMR-Paulus 8). Seine Einwilligung kann er bis zur Erteilung der Weisung widerrufen
9 (LR-Gollwitzer 13). Bei **Abwesenheitsverhandlungen,** in denen der Angeklagte nach § 234 vertreten wird, kann der Vertreter befragt werden und Erklärungen für den Angeklagten abgeben (KK-Engelhardt 3; KMR-Paulus 8).

10 **4) Zeitpunkt der Befragung:** Wenn der Angeklagte nicht voll geständig ist, erfolgt die Befragung idR erst nach Schluß der Beweisaufnahme vor dem letzten Wort (§ 258 III) des Angeklagten (LR-Gollwitzer 9; Wulf JZ **70**, 161). Gelangt das Gericht erst in der Urteilsberatung zu dem Ergebnis, daß Auflagen oder Weisungen in Betracht kommen, so muß erneut in die Hauptverhandlung eingetreten (28 zu § 258) und die Befragung vor der Urteilsverkündung nachgeholt werden (KK-Engelhardt 3). Die vorher unterbliebene Befragung kann noch nach der Urteilsverkündung, aber vor Verkündung des Beschlusses nach § 268 a erfolgen; der Beschluß darf dann erst nach erneuter Beratung erlassen werden (Wulf JZ **70**, 161).

11 **5)** In das **Sitzungsprotokoll** müssen die Befragung durch den Vorsitzenden und die darauf abgegebenen Erklärungen des Angeklagten aufgenommen werden; sie sind wesentliche Förmlichkeiten iS des § 273 I (KK-Engelhardt 3; LR-Gollwitzer 15).

12 **6)** Die **Beschwerde** gegen den Beschluß nach § 268 a I kann nicht auf die Unterlassung der Befragung nach S. 1 gestützt werden (§ 305 a I S. 2). Wird eine

Weisung nach § 56c III StGB ohne Einwilligung erteilt, so ist das stets ein Beschwerdegrund.

7) **Revision** ist ausgeschlossen, weil die Auflagen und Weisungen nicht Teil des Urteils sind (LR-Gollwitzer 17). Werden sie versehentlich in das Urteil aufgenommen, so wird dieser Urteilsteil als Beschluß nach § 268a, eine dagegen etwa eingelegte Revision als Beschwerde behandelt (11 zu § 296). **13**

Nachtragsanklage

266 **I Erstreckt der Staatsanwalt in der Hauptverhandlung die Anklage auf weitere Straftaten des Angeklagten, so kann das Gericht sie durch Beschluß in das Verfahren einbeziehen, wenn es für sie zuständig ist und der Angeklagte zustimmt.**

II Die Nachtragsanklage kann mündlich erhoben werden. Ihr Inhalt entspricht dem § 200 Abs. 1. Sie wird in die Sitzungsniederschrift aufgenommen. Der Vorsitzende gibt dem Angeklagten Gelegenheit, sich zu verteidigen.

III Die Verhandlung wird unterbrochen, wenn es der Vorsitzende für erforderlich hält oder wenn der Angeklagte es beantragt und sein Antrag nicht offenbar mutwillig oder nur zur Verzögerung des Verfahrens gestellt ist. Auf das Recht, die Unterbrechung zu beantragen, wird der Angeklagte hingewiesen.

1) Nachtragsanklage (I, II): **1**

A. Auf **weitere Straftaten des Angeklagten** (I), auch auf OWien (vgl §§ 42, **2**
64 OWiG), kann die StA die Anklage erstrecken. Begriffsnotwendig muß es sich um Taten handeln, die nicht nur rechtlich selbständig (§ 53 StGB) sind, sondern mit den angeklagten Taten auch nicht iS des § 264 eine einheitliche Handlung bilden, so daß das Gericht sie nicht schon nach dieser Vorschrift mit aburteilen kann (BGH NJW **70**, 904 = JZ **71**, 105 mit krit Anm Kleinknecht; OGH **1**, 260; Koblenz VRS **46**, 204; Saarbrücken NJW **74**, 375; Achenbach MDR **75**, 19). Auch weitere Teilakte einer fortgesetzten Handlung oder Dauerstraftat sind keine weiteren Straftaten iS des I (BGH NStZ **82**, 128; Hamm HESt **1**, 187; LR-Gollwitzer 3; 9 zu 264). Etwas anderes gilt, wenn bis zum Erlaß des Eröffnungsbeschlusses kein strafbarer Einzelakt nachzuweisen ist; später begangene Handlungen können dann Gegenstand der Nachtragsanklage sein (vgl BGH **27**, 115, 117; Bay **63**, 115 = OLGSt S. 1). Nachtragsanklage kann auch wegen einer erst in der Hauptverhandlung festgestellten Tat erhoben werden, die kein Teilakt der angeklagten fortgesetzten Handlung ist (BGH NStZ **82**, 128; 519; NJW **93**, 3338
mwN). Ein **sachlicher Zusammenhang** iS des § 3 zwischen der angeklagten **3**
und der weiteren Tat ist nicht erforderlich. Auch Gleichartigkeit der Taten wird nicht vorausgesetzt. Die Bildung einer Gesamtstrafe braucht nicht möglich zu sein.

B. Die **Erhebung der Nachtragsanklage** (II) steht im Ermessen der StA; sie **4**
kann auch ein neues Strafverfahren einleiten (Gollwitzer JR **96**, 476; Lüttger GA **57**, 206). Die Nachtragsanklage kann bis zum Beginn der Urteilsverkündung (§ 268 II) erhoben werden (BGH MDR **55**, 397 [D]; KK-Engelhardt 4; Eb-Schmidt 7; **aM** KMR-Paulus 9; LR-Gollwitzer 9: bis zum Schluß der Hauptver-
handlung). Sie muß **mündlich** erhoben werden; S. 1 ist insoweit keine Kannvor- **5**
schrift (KK-Engelhardt 3). Legt der StA dem Gericht eine schriftliche Nachtragsanklage vor, so muß er ihren Inhalt daher erst mündlich in der Hauptverhandlung vortragen, bevor die Erstreckung des Verfahrens zulässig ist (KK-Engelhardt 3). Dabei kann er auf die Schrift Bezug nehmen; fehlt es selbst hieran, so ist die
Nachtragsanklage nicht wirksam erhoben (Bay DAR **85**, 245 [R]). **Inhaltlich** muß **6**
die Nachtragsanklage, auch wenn sie nur mündlich erhoben wird, den Erfordernissen des § 200 I S. 1 entsprechen. Sie muß die dem Angeklagten zur Last gelegte

weitere Tat unter Hervorhebung ihrer gesetzlichen Merkmale und der Zeit und des
Ortes ihrer Begehung sowie das anzuwendende Strafrecht bezeichnen; das wesent-
liche Ermittlungsergebnis braucht nicht mitgeteilt zu werden (LR-Gollwitzer 7).
Die Erhebung der Nachtragsanklage in einer den Mindestanforderungen entspr
Form gehört zu den von Amts wegen zu beachtenden Prozeßvoraussetzungen
(BGH NStZ **86**, 207 [Pf/M]; 276; Bay **53**, 1 = NJW **53**, 674; Koblenz VRS **49**,
7 43). Die Nachtragsanklage wird in die **Sitzungsniederschrift** aufgenommen
(S. 3). Die schriftlich eingereichte Nachtragsanklage kann als Anlage zum Protokoll
genommen und zu seinem Bestandteil gemacht werden (LR-Gollwitzer 8).

8 **2) Voraussetzungen der Einbeziehung** (I):

9 A. **Zuständigkeit des Gerichts:** Gemeint ist die sachliche Zuständigkeit; die
örtliche ist stets gegeben (§ 13). Die Zuständigkeit eines niederen Gerichts hindert
die Einbeziehung nicht (§ 269), die eines höheren Gerichts selbst dann, wenn das
Gericht die Sache von vornherein insgesamt oder jedenfalls wegen der einbezoge-
10 nen Tat nach § 270 an dieses Gericht verweisen will. In der **Berufungsverhand-
lung** kann § 266 nicht angewendet werden, da die kleine StrK, die nur Berufungs-
gericht ist, die weitere Straftat nicht in das Berufungsverfahren einbeziehen kann
(Stuttgart NStZ **95**, 51; HK-Julius 5; Meyer-Goßner JR **85**, 454 ff mwN; Palder
JR **86**, 96; vgl auch SK/StPO-Schlüchter 11; **aM** KK-Engelhardt 5; LR-Gollwit-
zer 11). Eine Nachtragsanklage, die nur den Sinn hat, die im Berufungsverfahren
fehlende Voraussetzung einer zugelassenen Anklage nachzuholen, ist unzulässig, da
sie sich nicht auf eine weitere Straftat iS I bezieht (BGH **33**, 167 = JR **86**, 119 mit
Anm Naucke; Palder JR **86**, 97).

11 B. Nur mit **Zustimmung des Angeklagten** ist die Einbeziehung möglich
(BGH 5 StR 311/98 vom 3. 8. 1998: auch bei Serienstraftaten). Sie muß ausdrück-
lich und eindeutig erklärt werden (BGH NJW **84**, 2172 = JR **85**, 125 mit Anm
Gollwitzer; KG DAR **56**, 334). Das bloße Unterlassen eines Widerspruchs oder die
sachliche Einlassung auf die Nachtragsanklage genügt nicht (BGH aaO; Bay **53**, 1
= NJW **53**, 674; LG München I MDR **78**, 161; LR-Gollwitzer 14). Der Ange-
12 klagte muß die Zustimmung **persönlich erklären.** Eine von dem Verteidiger in
seiner Gegenwart erklärte Zustimmung ist aber wirksam, wenn der Angeklagte ihr
nicht widerspricht (KK-Engelhardt 7; LR-Gollwitzer 16). Der Widerspruch des
Verteidigers gegen die Zustimmungserklärung des Angeklagten ist unbeachtlich
(KK-Engelhardt 7; KMR-Paulus 11; LR-Gollwitzer 16; **aM** Rieß NJW **77**, 883;
Fn 34; Spendel JZ **59**, 741). Findet die Verhandlung in Abwesenheit des Ange-
klagten statt, so genügt es nicht, daß der Verteidiger zustimmt; § 234 a gilt nicht
(dort 3). Die Zustimmung, die nicht widerrufen werden kann (allg M), gehört zu
13 den **wesentlichen Förmlichkeiten der Verhandlung** iS des § 273 I und muß
daher im Sitzungsprotokoll beurkundet werden (BGH NJW **84**, 2172 = JR **85**,
14 125 mit Anm Gollwitzer; MDR **77**, 984 [H]). Das **Fehlen der Zustimmung** ist
kein in jeder Lage des Verfahrens zu beachtendes Prozeßhindernis (BGH 5 StR
311/98 vom 3. 8. 1998; **aM** LG München I MDR **78**, 161), sondern wird im
Rechtsmittelzug nur auf Rüge berücksichtigt, führt dann aber zur Einstellung des
Verfahrens (BGH aaO; MDR **77**, 984 [H]; Hamm StV **96**, 532). Eine Heilung des
Mangels durch nachträgliche Zustimmung ist bis zur Urteilsverkündung möglich
(KMR-Paulus 12; **aM** LG München I aaO).

15 **3)** Der **Einbeziehungsbeschluß** (I) ist eine Ermessensentscheidung, die das
Gericht, nicht der Vorsitzende allein, trifft (BGH StV **95**, 342). Er hat die
Wirkung eines Eröffnungsbeschlusses (unten 21) und muß in der Hauptverhand-
lung bekanntgemacht werden (§ 35 I). Den Erfordernissen des § 207 braucht er
nicht zu entsprechen (Oldenburg MDR **70**, 946; KK-Engelhardt 8); er kann auf
die protokollierte Nachtragsanklage oder die als Anlage zum Protokoll genom-
mene Anklageschrift (oben 7) Bezug nehmen, wenn er nicht von ihr abweicht
(LR-Gollwitzer 18). Erforderlich ist nur, daß allen Prozeßbeteiligten durch das

Gericht deutlich gemacht wird, daß und in welchem Umfang die weitere Tat Gegenstand des Verfahrens wird (Oldenburg JR **63**, 109; KMR-Paulus 15), und daß insbesondere der Angeklagte erkennen kann, welche weitere Handlung ihm zur Last gelegt wird und welchen gesetzlichen Tatbestand sie erfüllt (Bay **53**, 1 = NJW **53**, 674). Dann kann ausnahmsweise auch das Fehlen eines ausdrücklichen Einbeziehungsbeschlusses unschädlich sein (BGH NJW **90**, 1055 mwN; erg unten 20). Der Einbeziehungsbeschluß setzt wie der Eröffnungsbeschluß **hinreichen-** 16
den Tatverdacht voraus (LR-Gollwitzer 19; Hilger JR **83**, 441; Lüttger GA **57**, 206; Meyer-Goßner JR **84**, 53; **aM** Fezer 9/289). Selbst wenn dieser Verdacht besteht, steht die Einbeziehung aber im Ermessen des Gerichts (KK-Engelhardt 8). Daß die Tat vorher nach § 154 I ausgeschieden worden ist, steht nicht entgegen. Der Beschluß muß nach § 273 I im **Sitzungsprotokoll** beurkundet werden 17
(BGH StV **95**, 342). Weder der Einbeziehungsbeschluß noch der ablehnende Beschluß bedarf der **Begründung** (LR-Gollwitzer 24). Insbesondere ist die 18
Begründung überflüssig, es fehle der hinreichende Tatverdacht (vgl Meyer-Goßner JR **84**, 53). Wird sie dennoch gegeben, so tritt die Sperrwirkung des § 211 nicht ein (LR-Gollwitzer 24; Meyer-Goßner aaO; **aM** Hilger JR **83**, 411, der folgerichtig der StA das Beschwerderecht nach § 210 II geben will, wodurch aber der Beschleunigungseffekt des § 266 entfiele). Eine **nicht zulässig erhobene** 19
Nachtragsanklage wird durch Beschluß als unzulässig zurückgewiesen, eine im Hinblick auf § 264 überflüssige (oben 2) vom Vorsitzenden für gegenstandslos erklärt (Kleinknecht JZ **71**, 106; vgl auch Saarbrücken NJW **74**, 375, 376). Eine Beschlußentscheidung ist nur angebracht, wenn über die Tragweite des § 264 Zweifel bestehen (weitergehend BGH NJW **70**, 904 = JZ **71**, 105 mit Anm Kleinknecht: Zurückweisungsbeschluß immer zulässig). Das **Fehlen des Einbe-** 20
ziehungsbeschlusses ist wie das Fehlen des Eröffnungsbeschlusses ein von Amts wegen zu beachtendes Prozeßhindernis, das idR zur Einstellung des Verfahrens führt (BGH StV **96**, 5; Bay **53**, 1 = NJW **53**, 674; Oldenburg JR **63**, 109; zu einem Ausnahmefall vgl BGH NJW **90**, 1055).

4) **Weiteres Verfahren:** Der Erlaß des Einbeziehungsbeschlusses entspricht dem 21
Eröffnungsbeschluß und seiner Verlesung (BGH **9**, 243, 245; RG **66**, 19, 21; Bay **53**, 1 = NJW **53**, 674). Durch ihn wird die einbezogene Tat der Untersuchung und Entscheidung des Gerichts unterstellt; sie wird rechtshängig. Die Einhaltung des regelmäßigen Verfahrensgangs nach §§ 243, 244 I ist idR nicht möglich (BGH MDR **55**, 397 [D]). Eine erneute Belehrung nach § 243 IV S. 1 ist entbehrlich (KK-Engelhardt 9; LR-Gollwitzer 25; **aM** KMR-Paulus 17). Jedoch muß der Angeklagte nach § 243 IV S. 2 zu der Nachtragsanklage vernommen werden; II S. 4 enthält insoweit eine nicht gerechtfertigte Einschränkung (vgl BGH **9**, 243, 245; KK-Engelhardt 9; **aM** Frankfurt HESt **2**, 109). Es genügt insbesondere nicht, daß der Angeklagte vor Erlaß des Einbeziehungsbeschlusses Gelegenheit zur Stellungnahme hatte (LR-Gollwitzer 25). Einer Wiederholung der vor Erhebung der Nachtragsanklage stattgefundenen Beweisaufnahme bedarf es nicht (BGH NJW **84**, 2172 = JR **85**, 125 mit Anm Gollwitzer; BGH MDR **55**, 397 [D]).

5) **Unterbrechung der Verhandlung** (III): Auf Antrag des Angeklagten, der 22
nicht offenbar mutwillig oder nur zur Verfahrensverzögerung gestellt ist, muß die Verhandlung im Rahmen der Höchstdauer des § 229 unterbrochen werden. Eine Aussetzung nach § 228 kommt idR nicht in Betracht, da sie die Prozeßbeschleunigung zunichte machen würde, die § 266 bewirken will (KK-Engelhardt 10). Die Unterbrechung kann auch von Amts wegen angeordnet werden, wenn der Vorsitzende sie für erforderlich hält, zB weil Beweismittel heranzuschaffen sind oder der Angeklagte Gelegenheit erhalten muß, seine Verteidigung vorzubereiten (LR-Gollwitzer 29). Gegen die Entscheidung des Vorsitzenden kann nach § 238 II auf gerichtliche Entscheidung angetragen werden. Den **Hinweis auf das Antrags-** 23
recht schreibt S. 2 vor.

24 **6) Anfechtung:** Weder der Einbeziehungsbeschluß oder der Beschluß, der die Einbeziehung ablehnt, noch die Verfügung des Vorsitzenden, mit der die Unterbrechung der Verhandlung nach III S. 1 angeordnet oder abgelehnt wird, kann mit der Beschwerde angefochten werden (LR-Gollwitzer 35). Mit der Revision kann geprüft werden, daß die nach I erforderliche Zustimmung des Angeklagten nicht erteilt worden ist.

Urteilsgründe

267 **I Wird der Angeklagte verurteilt, so müssen die Urteilsgründe die für erwiesen erachteten Tatsachen angeben, in denen die gesetzlichen Merkmale der Straftat gefunden werden. Soweit der Beweis aus anderen Tatsachen gefolgert wird, sollen auch diese Tatsachen angegeben werden. Auf Abbildungen, die sich bei den Akten befinden, kann hierbei wegen der Einzelheiten verwiesen werden.**

II Waren in der Verhandlung vom Strafgesetz besonders vorgesehene Umstände behauptet worden, welche die Strafbarkeit ausschließen, vermindern oder erhöhen, so müssen die Urteilsgründe sich darüber aussprechen, ob diese Umstände für festgestellt oder für nicht festgestellt erachtet werden.

III Die Gründe des Strafurteils müssen ferner das zur Anwendung gebrachte Strafgesetz bezeichnen und die Umstände anführen, die für die Zumessung der Strafe bestimmend gewesen sind. Macht das Strafgesetz Milderungen von dem Vorliegen minder schwerer Fälle abhängig, so müssen die Urteilsgründe ergeben, weshalb diese Umstände angenommen oder einem in der Verhandlung gestellten Antrag entgegen verneint werden; dies gilt entsprechend für die Verhängung einer Freiheitsstrafe in den Fällen des § 47 des Strafgesetzbuches. Die Urteilsgründe müssen auch ergeben, weshalb ein besonders schwerer Fall nicht angenommen wird, wenn die Voraussetzungen erfüllt sind, unter denen nach dem Strafgesetz in der Regel ein solcher Fall vorliegt; liegen diese Voraussetzungen nicht vor, wird aber gleichwohl ein besonders schwerer Fall angenommen, so gilt Satz 2 entsprechend. Die Urteilsgründe müssen ferner ergeben, weshalb die Strafe zur Bewährung ausgesetzt oder einem in der Verhandlung gestellten Antrag entgegen nicht ausgesetzt worden ist; dies gilt entsprechend für die Verwarnung mit Strafvorbehalt und Absehen von Strafe.

IV Verzichten alle zur Anfechtung Berechtigten auf Rechtsmittel oder wird innerhalb der Frist kein Rechtsmittel eingelegt, so müssen die erwiesenen Tatsachen, in denen die gesetzlichen Merkmale der Straftat gefunden werden, und das angewendete Strafgesetz angegeben werden; bei Urteilen, die nur auf Geldstrafe lauten oder neben einer Geldstrafe ein Fahrverbot oder die Entziehung der Fahrerlaubnis und damit zusammen die Einziehung des Führerscheins anordnen, kann hierbei auf den zugelassenen Anklagesatz, auf die Anklage gemäß § 418 Abs. 3 Satz 2 oder den Strafbefehl sowie den Strafbefehlsantrag verwiesen werden. Den weiteren Inhalt der Urteilsgründe bestimmt das Gericht unter Berücksichtigung der Umstände des Einzelfalls nach seinem Ermessen. Die Urteilsgründe können innerhalb der in § 275 Abs. 1 Satz 2 vorgesehenen Frist ergänzt werden, wenn gegen die Versäumung der Frist zur Einlegung des Rechtsmittels Wiedereinsetzung in den vorigen Stand gewährt wird.

V Wird der Angeklagte freigesprochen, so müssen die Urteilsgründe ergeben, ob der Angeklagte für nicht überführt oder ob und aus welchen Gründen die für erwiesen angenommene Tat für nicht strafbar erachtet worden ist. Verzichten alle zur Anfechtung Berechtigten auf Rechtsmittel oder wird innerhalb der Frist kein Rechtsmittel eingelegt, so braucht nur angegeben zu werden, ob die dem Angeklagten zur Last gelegte Straftat aus tatsächlichen oder rechtlichen Gründen nicht festgestellt worden ist. Absatz 4 Satz 3 ist anzuwenden.

VI **Die Urteilsgründe müssen auch ergeben, weshalb eine Maßregel der Besserung und Sicherung angeordnet oder einem in der Verhandlung gestellten Antrag entgegen nicht angeordnet worden ist. Ist die Fahrerlaubnis nicht entzogen oder eine Sperre nach § 69a Abs. 1 Satz 3 des Strafgesetzbuches nicht angeordnet worden, obwohl dies nach der Art der Straftat in Betracht kam, so müssen die Urteilsgründe stets ergeben, weshalb die Maßregel nicht angeordnet worden ist.**

Übersicht

1) Schriftliche Urteilsgründe sind die durch die Unterschriften der Richter 1
(§ 275) gedeckten Gründe des Gerichts (BGH wistra **87**, 181), die in der Beratung gewonnen worden sind. Umstände, die nach der Beratung hervorgetreten sind, dürfen daher grds nicht berücksichtigt werden (BGH NStZ **88**, 213 [M]). Zwar darf der Vorsitzende bei der mündlichen Urteilsverkündung (§ 268 II S. 1) nur die Gründe erwähnen, die für das Gericht maßgebend waren. Jedoch ist die mündliche Urteilsbegründung ihrer Natur nach nur vorläufiger Art; maßgebend sind die schriftlichen Urteilsgründe (§ 275). Über den Zweck der Begründung vgl 1 zu § 34. Die Urteilsgründe dienen nicht der Dokumentation all dessen, was in der Hauptverhandlung ausgesagt oder verlesen wurde (BGH NStZ **95**, 20 [K]; BGHR § 267 Darstellung 1). Verfahrensrechtliche Vorgänge werden im Urteil nicht erörtert, auch nicht der Verlauf der Urteilsberatung und das Abstimmungsergebnis. Jedoch muß bei Zweifeln über ihr Vorhandensein das Vorliegen der Prozeßvoraussetzungen (Einl 141 ff) dargelegt werden (Hamm GA **86**, 562). **Bezugnahmen** auf 2
Aktenteile (Anklageschrift, Sitzungsprotokoll) sind unzulässig (BGH NStZ **87**, 374), auch soweit es sich um den Einziehungsanspruch handelt (BGH StV **81**, 396). Grundsätzlich muß jedes Strafurteil aus sich selbst heraus verständlich sein (BGH **30**, 225, 227; **33**, 59, 60; NStZ **92**, 49; **94**, 400; NStZ-RR **96**, 109); Anlagen zum Urteil, zB die Berechnung der verkürzten Steuer, sind erlaubt, wenn sie mit dem Urteil eine Einheit bilden (BGH NStZ **87**, 374). Dagegen genügt nicht die Angabe, die in einem Hilfsantrag unter Beweis gestellten Tatsachen seien als wahr unterstellt worden (Celle JR **85**, 32 mit Anm J. Meyer). Bei der Bildung der Gesamtstrafe nach § 55 StGB darf nicht auf die Strafzumessungsgründe des einbezogenen Urteils Bezug genommen werden (BGH NStZ **86**, 208 [Pf/M]; BGHR § 267 III S.1 Gesamtstrafe 2). Jedoch kann ein **Berufungsurteil**, sofern 2 a
dadurch die Gesamtdarstellung nicht unklar wird, in der Weise auf das 1. Urteil Bezug nehmen, daß genau angegeben wird, in welchem Umfang dessen Inhalt übernommen wird (BGH **33**, 59; Celle NdsRpfl **92**, 240; Oldenburg StV **89**, 55). Das erfordert eine genaue Beschreibung des Gegenstandes der Bezugnahme oder die Angabe der Seiten, Absätze und Sätze (Hamm NStZ-RR **97**, 369 mwN). Bei

Änderung des Schuldspruchs (Köln MDR **79**, 865) oder der Beweiswürdigung (Oldenburg NdsRpfl **54**, 35) ist die Bezugnahme unzulässig. Auf die Feststellungen der aufgehobenen amtsgerichtlichen Entscheidung zur Person des Angeklagten (BGH wistra **88**, 33) und die Strafzumessungserwägungen des 1. Richters darf grundsätzlich nicht Bezug genommen werden (BGH NJW **51**, 413; Köln MDR **79**, 865), jedenfalls dann nicht, wenn in der Berufungsverhandlung neue wesentliche Strafzumessungskriterien hervorgetreten sind (Schleswig SchlHA **85**, 33 [E/L]). Auch die Bezugnahme auf Feststellungen in einem vom Revisionsgericht aufgehobenen Urteil ist grundsätzlich unzulässig (46 zu § 354). Wegen der Urteile im wiederaufgenommenen Verfahren vgl 7 zu § 373. Bei Verhängung einer einheitlichen Jugendstrafe nach § 31 II **JGG** müssen die in den einbezogenen Urteilen festgestellten Straftaten dargestellt und gewürdigt werden; Bezugnahme ist auch hier nicht gestattet (BGH **16**, 337; NStZ **83**, 449 [Böhm]).

3 2) **Äußerer und innerer Tatbestand** als das Ergebnis der Beweiswürdigung (nicht der „Inbegriff der Verhandlung", 5 zu § 261) sind bei Verurteilung darzulegen. Beide hängen zusammen. IdR kann der innere Sachverhalt nicht verneint werden, bevor nicht der äußere festgestellt ist (BGH MDR **56**, 272 [D]; NStZ **87**, 362 mit Anm Puppe; Bay NJW **87**, 1654). Wenn die Feststellungen in einem Abschnitt der Urteilsbegründung getroffen werden, in dem sie gewöhnlich nicht ihren Platz haben (zB in einem Abschnitt „rechtliche Würdigung"), wird dadurch ihre Bedeutung nicht beeinträchtigt. Denn die schriftlichen Entscheidungsgründe bilden eine Einheit (BGH AfP **78**, 103).

4 A. Die **persönlichen Verhältnisse** des Angeklagten, sein Werdegang, die für seine Tat wesentlichen Anlagen und Umwelteinflüsse werden üblicherweise am Beginn der Urteilsgründe dargelegt (Meyer-Goßner NStZ **88**, 531). Sie können aber auch an anderen Stellen des Urteils mitgeteilt werden.

5 B. Die **für erwiesen erachteten äußeren Tatsachen** – einschl der Angabe von Ort und Zeit der Tat, soweit zur Identifizierung der Tat notwendig (vgl dazu BGH **22**, 90, 92; 7 ff zu § 200) – werden nach dem Ergebnis der Beweisaufnahme (§ 261), möglichst in einer in sich geschlossenen Darstellung, angeführt (BGH NJW **51**, 325; NStZ **84**, 213 [Pf/M]; **89**, 15 [M]), nicht weitschweifig, aber so vollständig, daß der Rechtskundige in den konkreten Tatsachen den abstrakten Tatbestand erkennt (RG **71**, 25); die Sachdarstellung darf nicht durch eine bloße Tabelle mit pauschalen Angaben zu den einzelnen Taten ersetzt werden (BGH EzSt Nr 9). Das gilt auch bei Wahlfeststellung mit Tatsachenalternativität (BGH NStZ **81**, 331; 27 zu § 260) und Umgestaltung der Strafklage (9 zu § 264). Wenn der Angeklagte einer Vielzahl in Tatmehrheit stehender gleichartiger Vorfälle schuldig ist, müssen die Taten nach Zeit, Ort und ungefährer Begehungsweise festgestellt werden (BGH MDR **85**, 91 [H]; NStZ **92**, 602 mit zust Anm Molketin; vgl auch BGH StV **93**, 508; 528: Keine genügende Bestimmtheit der einzelnen Taten; erg 7 b zu § 264).

6 C. Bei einer **fortgesetzten Handlung** (vgl dazu nun aber 14 zu § 260) oder einer sonstigen rechtlich einheitlichen Tat, die aus mehreren Einzelhandlungen besteht, muß jeder einzelne Akt geschildert werden (BGH NStZ **82**, 128). Eine Zusammenfassung ist nur so weit zulässig, als sie nicht zu Zweifeln über den Umfang der Rechtskraft führen kann (BGH NStZ **84**, 565; **85**, 310 L; Düsseldorf JMBlNW **87**, 287; VRS **74**, 50). Auf die Feststellung der Mindestzahl der Fälle kann in aller Regel nicht verzichtet werden (BGH GA **59**, 371; MDR **71**, 545 [D]; NStZ **83**, 326; Bay DAR **87**, 313 [D]; Düsseldorf VRS **74**, 204). Eine rein mathematische „Hochrechnung" ist unzulässig (BGH MDR **78**, 803 [H]), eine statistische Wahrscheinlichkeitsrechnung zur Ermittlung der Schadenshöhe ist aber
6 a erlaubt (BGH **36**, 320 = StV **90**, 149 mit abl Anm Salditt). Bei **Serienstraftaten**, die früher vielfach unzutr als fortgesetzte Handlung gewertet wurden, ist die größtmögliche Individualisierung und Konkretisierung der Einzeltaten statt einer

Schätzung der Anzahl der Taten erforderlich (BGH **42**, 107; NStZ **94**, 352; 502; 555; StV **95**, 287; **98**, 472; BGHR § 267 I S. 1 Mindestfeststellungen 7, 8); denn auch die serienmäßige Tatbegehung erlaubt keine Abstriche von dem Grundsatz, daß jede abgeurteilte Tat als historisch einmaliger Vorgang darzustellen ist, wobei die Individualisierung über die Angabe von Tatort und -zeit oder durch sonstige Umstände (Tatopfer, Tatbeute o.ä.) erfolgen kann (Erb GA **95**, 437; Kuckein StraFo **97**, 37). Falls sich Feststellungen auf andere Weise nicht treffen lassen, ist es jedoch zulässig, einen rechnerisch bestimmten Teil des Gesamtgeschehens bestimmten strafrechtlich erheblichen Verhaltensweisen im Wege der Schätzung zuzuordnen, wobei die Feststellung der Zahl der Einzelakte und die Verteilung des Gesamtschadens auf diese Einzelakte nach dem Grundsatz *in dubio pro reo* erfolgt (BGH **40**, 374, 377; abl Zschockelt StraFo **96**, 135; erg 15 a zu § 244). Läßt sich die Anzahl der Taten mit im wesentlichen gleichartigen Geschehensablauf aber überhaupt nicht aufklären, ist zugunsten des Angeklagten von nur einer Tat auszugehen (BGH **40**, 374, 377; NStZ **94**, 586; StV **98**, 474 mit krit Anm Hefendehl; 1 StR 319/95 vom 7. 9. 1995).

D. Der **innere Tatbestand** wird zweckmäßig jeweils bei den einzelnen Punkten 7
des äußeren Sachverhalts mitdargestellt, soweit er sich nicht von selbst aus der Schilderung des äußeren Sachverhalts ergibt. Das gilt auch, wenn der Vorsatz nur ein ungeschriebenes Tatbestandserfordernis ist (BGH **5**, 143). Die Rechtsbegriffe, die den inneren Tatbestand betreffen (zB Vorsatz, Fahrlässigkeit) müssen bei der Darstellung in die entspr tatsächlichen Bestandteile aufgelöst werden (KG DAR **62**, 56; Köln VRS **82**, 30; Oldenburg VRS **32**, 274, 276). Das gleiche gilt für die Irrtumsfrage (§§ 15, 16 StGB). Das Urteil muß Ausführungen über das Unrechtsbewußtsein enthalten, falls dessen Fehlen nahelag, und zwar auch dann, wenn sich der Angeklagte auf das Fehlen nicht berufen hatte (BGH 4 StR 96/62 vom 15. 6. 1962; Braunschweig NJW **57**, 639, 640).

3) **Verweisung auf Abbildungen** (I S. 3): Das Urteil muß die Bezugnahme 8
deutlich und zweifelsfrei zum Ausdruck bringen (Celle OLGSt Nr 7); der Hinweis, die Abbildung sei in der Hauptverhandlung in Augenschein genommen worden, genügt nicht (Brandenburg StraFo **98**, 51; Hamm VRS **92**, 418; NStZ-RR **98**, 238; vgl aber auch Hamm StraFo **98**, 52). Die Verweisungserlaubnis und die Ermächtigung zur Bezugnahme in IV S. 1 Hs 2 schließen zugleich das Verbot sonstiger Bezugnahme ein, soweit mit ihr notwendige Teile der schriftlichen Urteilsbegründung (BGH NStZ **91**, 596: auch bei freisprechenden Urteilen) ersetzt
werden sollen (oben 2). **Abbildung** ist eine unmittelbar durch den Gesichts- oder 9
Tastsinn wahrnehmbare Wiedergabe der Außenwelt, vor allem Fotos – auch Radarfotos – und Abzüge von anderen Bildträgern (vgl § 11 III StGB) sowie Zeichnungen. Auch eine Tatort- oder Unfallskizze ist eine Abbildung. Diese kann jedoch idR leicht mit ihrem gesamten Beweisinhalt in den Urteilsgründen beschrieben werden. Eine Bezugnahme auf sie wegen weiterer Einzelheiten ist daher
meist nicht sinnvoll. Nur **wegen der Einzelheiten** ist die Bezugnahme erlaubt. 10
Diese Einschränkung tritt zu der anderen, daß nur auf eine Abbildung verwiesen werden darf, die Bestandteil der Akten ist. Die Schilderung des „Aussagegehalts" der Abbildung darf nicht ganz entfallen (Düsseldorf VRS **74**, 449, 451; JMBlNW **97**, 263, letztere auch zu den Anforderungen an die Urteilsgründe bei Identifizierung durch Stimmenvergleich). Eine Beschreibung des Wesentlichsten in knapper Form ist erforderlich. Wird aber im Bußgeldverfahren wegen einer Verkehrsordnungswidrigkeit auf das bei einer Verkehrsüberwachungsmaßnahme gefertigte Beweisfoto verwiesen, so bedarf es idR keiner näheren Ausführungen, wenn das Foto zur Identifizierung generell geeignet ist. Nur wenn nach Inhalt oder Qualität des Fotos Zweifel an seiner Eignung als Grundlage für eine Identifizierung des Fahrers bestehen, muß der Richter angeben, aufgrund welcher auf dem Foto erkennbaren Identifizierungsmerkmale er die Überzeugung von der Identität des Betroffenen mit dem abgebildeten Fahrzeugführer gewonnen hat (BGH **41**, 376; Bay **96**, 34 =

JR **97**, 38 mit zust Anm Göhler; Hamm DAR **96**, 391 [Bu]); der Richter selbst muß sich überzeugt haben, nicht nur irgendwelche Zeugen (Köln VRS **94**, 112). Eine Beschreibung des Fotos ist natürlich entbehrlich, wenn der Richter das Foto selbst oder eine Ablichtung davon in die Urteilsgründe aufnimmt (Bay NStZ-RR **96**, 211). Durch eine ergänzende Verweisung wird die Abbildung als Ganzes Bestandteil der Urteilsgründe (Rieß NJW **78**, 2270). Das Revisionsgericht kann die bei den Akten befindliche Abbildung aus eigener Anschauung würdigen (BGH aaO; Celle OLGSt Nr 7). Soweit in den Urteilsgründen statt einer Bezugnahme ein Vergleich zwischen dem Angeklagten und dem Foto vorgenommen wird, sind Ausführungen zur Identifizierung (KG OLGSt Nr 9) und zur Bildqualität erforderlich (Bay DAR **98**, 147; Hamm NZV **97**, 89; StraFo 97, 115; JMBlNW **97**, 131), wobei es aber genügt, wenn diese Angaben aus dem Zusammenhang der Urteilsgründe entnommen werden können (Hamm VRS **92**, 271). Dieselben Grundsätze gelten für eine Videoaufnahme (Schleswig SchlHA **97**, 170 [L/S]).

11 4) Die **Indizien** (I S. 2) – die Beweisanzeichen oder „Untertatsachen" – sollen angegeben werden. Diese Sollvorschrift schreibt die Beurkundung nur insoweit vor, als die Rechtfertigung der Beweiswürdigung nach den Umständen des Falles unter dem Gesichtspunkt der Nachprüfbarkeit geboten erscheint (Baldus Heusinger-EG 373 ff). In diesem Rahmen muß sich das Gericht bei der Beweiswürdigung mit allen für den Tathergang wesentlichen und sich etwa weiter aufdrängenden Umständen einzeln und insgesamt befassen und auseinandersetzen (BGH **12**, 311; **14**, 165; Hanack JZ **72**, 488; 25 zu § 261). Auch dabei kann auf Abbildungen in den Akten verwiesen werden (oben 8).

12 **5) Beweiswürdigung im übrigen:** Aus § 261 ergibt sich, daß der Tatrichter den festgestellten Sachverhalt, soweit er bestimmte Schlüsse zugunsten oder zuungunsten des Angeklagten nahelegt, iVm den sonst festgestellten Tatsachen erschöpfend zu würdigen hat (6 zu § 261); diese erschöpfende Würdigung hat er in den Urteilsgründen darzulegen (BGH NJW **80**, 2423; Hamm VRS **69**, 137; Wagner ZStW **106**, 259). Sie müssen eine Gesamtwürdigung aller in der Hauptverhandlung festgestellten Tatsachen enthalten (BGH MDR **74**, 548; NStZ **93**, 501). Die bloße Wiedergabe der Aussagen des Angeklagten und der Zeugen genügt selbst dann nicht, wenn ihr Inhalt breit dargestellt wird (BGH NStZ **85**, 184; **96**, 326 [K]); **98**, 51; JZ **90**, 297); das ist regelmäßig sogar fehlerhaft und kann den Bestand des Urteils gefährden, weil dies eine Beweisdokumentation, aber keine Beweiswürdigung ist (BGH NStZ **97**, 377 [K]; 1 StR 769/96 vom 6. 2. 1997; BGHR § 52 I Nr 3 Mitbeschuldigter 10). Die Beweiswürdigung dient daher auch nicht dazu, für alle Sachverhaltsfeststellungen einen Beleg zu erbringen oder mitzuteilen, welche Beweise in der Hauptverhandlung erhoben worden sind (BGH NStZ-RR **97**, 270; **98**, 277; Meyer-Goßner NStZ **88**, 532). Vielmehr muß die Einlassung des Angeklagten mitgeteilt (BGH NStZ-RR **97**, 172) und unter Berücksichtigung der erhobenen Beweise gewürdigt werden (BGH StV **84**, 64 L; Düsseldorf NStZ **85**, 323; Köln VRS **87**, 205; Stuttgart Justiz **90**, 372); seine bestreitende Einlassung und ihre Widerlegung bestimmen Umfang und Inhalt der Darlegung im Urteil (so zutr v.Schledorn, Die Darlegungs- und Beweiswürdigungspflicht des Tatrichters im Falle der Verurteilung, 1997, S.158; zugl Diss Passau 1997). Um die Beweiswürdigung nachvollziehbar zu machen (2 zu § 261), muß zB dargetan werden, warum der Zeuge und nicht der Angeklagte glaubwürdig (Düsseldorf VRS **66**, 36) und warum einem Zeugen nur teilw geglaubt worden ist (BGH MDR **78**, 988 [H]). Jede ernsthaft in Betracht kommende Fallgestaltung ist abzuhandeln (BGH NStZ **84**, 212 [Pf/M]), besonders wenn der Angeklagte zur Sache geschwiegen hat (BGH MDR **80**, 108 [H]). Eine Auseinandersetzung mit gegenüber dem Vorverfahren abweichender Darstellung eines Zeugen ist erforderlich, wenn sich daraus erhebliche Bedenken gegen seine Glaubwürdigkeit ergeben (BGHR § 261 Inbegriff der Verhandlung 21; vgl auch BGH NStZ **92**, 48 zur wechselnden Einlassung des Angeklagten). Ferner müssen naheliegendes Verteidigungsvorbringen abgehan-

delt und sich aufdrängende Beweisumstände erörtert werden (BGH NStZ **84**, 212 [Pf/M]). Bleibt ein Beweismittel unerwähnt, so ist daraus nicht zu schließen, daß es übersehen worden ist (BGH StV **91**, 340). Das gilt auch, wenn ein verwendetes Beweismittel in der überflüssigen, aber vielfach üblichen formelhaften Aufzählung nicht erwähnt ist (BGH NJW **51**, 325). Wenn sich in der Hauptverhandlung wesentliche neue tatsächliche Gesichtspunkte herausgestellt haben, muß sich aus dem Urteil ergeben, daß der Angeklagte dazu gehört worden ist (BGH **28**, 196; vgl 23 zu § 265). Hat der Angeklagte mit Tatsachen belegte, nicht eindeutig unerhebliche Bedenken gegen einen Beweis oder den Wert eines Beweismittels (zB gegen die Glaubwürdigkeit eines Zeugen) geäußert, so muß sich das Gericht damit auseinandersetzen (BGH NJW **61**, 2069; StV **91**, 410). Im Falle des wiederholten Wiedererkennens (13 zu § 58; 11 zu § 261) müssen die Urteilsgründe erkennen lassen, daß sich der Richter des beschränkten Beweiswerts bewußt war (BGH StV **95**, 452; **98**, 249; NStZ **97**, 355; Köln StV **98**, 640; Rostock StV **96**, 419). In den Urteilsgründen müssen alle Redewendungen vermieden werden, die den Eindruck eines verbleibenden Zweifels in einer wesentlichen Tatfrage machen (26 ff zu § 261). Dem **Gutachten eines Sachverständigen** darf sich das Gericht nicht 13 einfach anschließen (BGH **7**, 238; **8**, 113, 118). Will es sich dem Ergebnis ohne Angabe eigener Erwägungen anschließen, so müssen in der Begründung wenigstens die wesentlichen Anknüpfungstatsachen und Darlegungen des Sachverständigen im Urteil wiedergegeben werden (BGH **12**, 311, 314; **34**, 29, 31; NStZ **86**, 311; **91**, 596 mwN; StV **87**, 528; VRS **31**, 107; Düsseldorf VRS **64**, 208; Koblenz VRS **67**, 442; **75**, 52; Köln VRS **65**, 367; **66**, 352; **68**, 354), wobei bei Blutalkoholgutachten die Angabe des Mittelwerts der Blutalkoholkonzentration genügt (BGH **28**, 235). Dem Revisionsgericht muß es möglich sein, die Berechnung nachzuprüfen (BGH StV **87**, 528). Die Mitteilung des Ergebnisses des Gutachtens kann auch genügen, wenn es sich um ein weithin standardisiertes Verfahren (zB Daktyloskopie) handelt (BGH NStZ **93**, 95); das gilt nicht für ein Schriftsachverständigengutachten (Frankfurt StV **94**, 9). Beruht das Gutachten auf einer noch wenig erprobten oder umstrittenen Methode, so muß der Tatrichter, das Revisionsgericht durch eine Darstellung des Streitstandes in die Lage versetzen zu prüfen, ob die Abwägung der für und gegen die Methode sprechenden Umstände stattgefunden hat (BGH NStZ **94**, 250). Folgt der Tatrichter dem Gutachten nicht, so muß er die Ausführungen des Sachverständigen in nachprüfbarer Weise wiedergeben, sich mit ihnen auseinandersetzen und seine abweichende Auffassung begründen (BGH NStZ **83**, 377; **85**, 421; StV **91**, 410; NStZ **94**, 503; MDR **94**, 436 [H]; ANM 725). Lehnt das Gericht das eine Gutachten ab (BGH **21**, 62) und folgt es – etwa in Berücksichtigung der übrigen Beweisergebnisse – einem anderen (75 zu § 244), so muß es seine Gründe hierfür angeben (BGH StV **83**, 8). Im Fall des § 244 IV S. 1 muß in schwierigen Fällen die Grundlage der eigenen Sachkunde des Gerichts angegeben werden (BGH **12**, 18, 20; MDR **77**, 810 [H]; 73 zu § 244). Die **Ablehnung eines Hilfsbeweisantrags,** über den in der Hauptver- 14 handlung keine Entscheidung mehr verkündet worden ist, muß in der schriftlichen Urteilsbegründung gerechtfertigt werden (22, 44, 86 zu § 244).

6) Besondere Umstände (II; § 263 II; dort 2): Dazu gehören alle Rechtferti- 15 gungs-, Schuld- und Strafausschließungsgründe sowie Strafaufhebungsgründe. II betrifft nur die Fälle, in denen die „besonders vorgesehenen Umstände" gesetzlich nach Art der Tatbestandsschilderung konkretisiert sind. Im Gegensatz zu diesen „benannten" Rechtsfolgenänderungen stehen die „unbenannten", für die III S. 2 gilt. Zu dieser Gruppe gehören auch die Sanktionsänderungsregelungen mit Regelbeispielen (zB § 243 StGB; 18, 19 zu § 265). Unter II fallen insbesondere § 49 (iVm dem auf ihn verweisenden Gesetz, zB § 157), §§ 21, 23 II, 41, 60 StGB, ferner zB § 224 StGB. Ob der Angeklagte in der Hauptverhandlung in seiner Einlassung besondere Umstände iS II behauptet hat, kann das Revisionsgericht nach Ansicht des BGH nicht durch eigene Beweiserhebungen prüfen (BGH **31**,

139 = NStZ **83**, 278 mit zutr abl Anm Fezer; ders Hanack-Symp 89; **aM** auch AK/StPO-Wassermann 13; Herdegen Salger-FS 306, 316; Sieg NJW **83**, 2014; v.Schledorn [oben 12] S.153).

16 **7) Zur Anwendung gebrachtes Strafgesetz und Begründung der Rechtsfolgenentscheidung** (III):

17 A. **Strafgesetz** (III S. 1): Die Liste der angewendeten Vorschriften (§ 260 V, dort 49) ersetzt die Angabe der Vorschriften in der Urteilsbegründung nicht. An Rechtsfragen soll nicht mehr als notwendig abgehandelt und entschieden werden. Die Ablehnung einer nach Sachlage in Betracht zu ziehenden rechtlichen Beurteilung ist aber notwendig, um bei den Beteiligten und dem Revisionsgericht Irrtum oder Zweifel auszuschließen, daß das Problem nicht erkannt worden sei.

18 B. Die **für die Strafe bestimmenden Gründe** (III S. 1), nicht etwa sämtliche Strafzumessungsgründe, müssen angegeben werden. Dazu gehört auch die Angabe der bestimmenden Gründe für die Wahl der einen oder anderen zulässigen Strafart. Zu den anzugebenden Umständen gehören nicht nur die Zumessungstatsachen, sondern auch die Erwägungen, die dazu geführt haben, daß auf diese und keine andere Rechtsfolge erkannt worden ist (vgl BGH NJW **76**, 2220). Bei Verwertung von Vorstrafen sind die Zeit der Verurteilung, Art und Höhe der erkannten Rechtsfolge sowie deren Vollstreckung, darüber hinaus aber auch – in kurzer, präziser Zusammenfassung (BGH NStZ-RR **96**, 266) – der Gegenstand der früheren Verurteilung anzugeben (Köln StV **96**, 321). Wenn zwischen Tat und Urteil eine lange Zeit verstrichen ist und/oder eine vom Angeklagten nicht zu vertretende lange Verfahrensdauer vorliegt, müssen die Gründe ergeben, daß das Gericht diese Umstände bei der Strafzumessung berücksichtigt hat (BGH NStZ **86**, 218; erg 7 ff zu Art 6 **MRK**); das Ausmaß der deshalb gebotenen Strafmilderung ist in den Urteilsgründen konkret zu benennen (BGH NStZ **96**, 328). Wenn auf eine kurzfristige Freiheitsstrafe erkannt worden ist, muß das Vorliegen der Voraussetzungen des § 47 StGB dargelegt werden (BGHR StGB § 47 I Umstände 4). Eine nicht ausschließbare, nicht unerhebliche Mitschuld des Verletzten ist zu berücksichtigen (26 zu § 261). Naheliegende Milderungsgründe, zB § 157 StGB, sind zu erörtern (Bay **96**, 50 = NJW **96**, 2244). Die Begründung muß um so eingehender sein, je mehr sich die Strafe oder andere Rechtsfolge der oberen oder unteren Grenze des zulässigen Rahmens nähert (Karlsruhe NJW **80**, 134; Hanack JZ **73**, 728). Ist die Strafe sehr hoch und weicht sie erheblich von den Strafen anderer Gerichte in vergleichbaren Fällen ab, so muß dies an den Besonderheiten des Falls verständlich gemacht werden (BGH GA **74**, 78; MDR **67**, 898 [D]). Eine besondere Begründung ist auch erforderlich, wenn das Berufungsgericht auf dieselbe Strafe erkennt wie der 1. Richter, obwohl es Umstände feststellt, aufgrund deren ein wesentlich niedrigerer Strafrahmen vorgeschrieben ist (Köln NJW **86**, 2328). Bei Geldstrafe ergibt sich aus § 40 II StGB, welche Umstände bestimmend sind. Die Angabe der bestimmenden Umstände ist aber auch für die Festsetzung, Auswahl und ggf zeit-
19 liche Bemessung anderer Rechtsfolgen notwendig. **Nur das Endergebnis** der Strafzumessung muß zahlenmäßig mitgeteilt werden, nicht dagegen der „Spielraum" nach § 46 I S. 1 StGB (Zipf, Die Strafmaßrevision, 1969, S. 214; str). Denn auch sonst sind Zwischenergebnisse auf dem Weg zur Gewinnung des Endergebnisses nicht mitzuteilen. Jedoch sind bei Tatmehrheit (§ 54 StGB) auch die Einzelstrafen zu begründen. Bei der Abhandlung der Katalogpunkte des § 46 II StGB ist zu bedenken, daß sie je nach Inhalt positive oder negative Wirkung haben können,
20 was nicht unklar bleiben darf. Unzulässig sind **Eventualbegründungen** (BGH **7**, 359), zB die Angabe, das Gericht hätte die Strafe nicht anders bemessen, wenn von einem anderen Zusammentreffen der Straftaten (RG **70**, 403) oder von einem anderen Strafgesetz (RG **71**, 105) hätte ausgegangen werden müssen. Bei Verur-
20 a teilung zu **lebenslanger Freiheitsstrafe** müssen sich in Befolgung der Rspr des BVerfG (vgl 33 zu § 260) die Gründe damit auseinandersetzen, ob ein Fall der besonderen Schwere der Schuld iSd § 57 a I S. 1 Nr 2 StGB gegeben ist; in einer

Gesamtwürdigung sind sämtliche Gesichtspunkte, die für oder gegen diese Annahme sprechen, gegeneinander abzuwägen (BGH **40**, 360; Stree NStZ **92**, 464). Ist die lebenslange Freiheitsstrafe als absolute Strafe vorgesehen (§§ 211 I, 220a I StGB), müssen sich an die Feststellung, daß diese zu verhängen ist, Ausführungen zu § 57a I S. 1 Nr 2 StGB anschließen; in den anderen Fällen, in denen zu lebenslanger Freiheitsstrafe verurteilt werden kann (zB §§ 212 II, 251 StGB), müssen nach den Strafzumessungserwägungen Darlegungen zur Frage der besonderen Schwere der Schuld folgen. III S.1 und die hierzu entwickelten Grundsätze (oben 18) gelten entspr (BGH NStZ-RR **96**, 321).

C. **Minder schwere und besonders schwere Fälle** (III S. 2, 3): Die Annahme eines minder schweren Falls muß als Ausnahme von der Regel begründet werden. Ebenso die Verhängung einer kurzen Freiheitsstrafe nach § 47 I StGB. Liegt aufgrund aller für die Wertung der Tat und des Täters bedeutsamen Umstände die Verneinung eines minder schweren Falls auf der Hand, dann bedarf es hierzu nicht der Erwähnung im Urteil (BGH GA **87**, 226). Wird ein besonders schwerer Fall nicht angenommen, obwohl die Voraussetzungen nach den Regelbeispielen dafür vorliegen, so muß diese Abweichung von der Regel ebenfalls begründet werden. Auch im umgekehrten Fall muß das Abweichen von der Regel begründet werden. In allen genannten Fällen ist auch dann eine Begründung notwendig, wenn das Gericht mit seiner Entscheidung einen in der Hauptverhandlung gestellten Antrag abgelehnt hat (BGH StV **90**, 100 mit Anm Schlothauer). 21

D. Bei **Jugendlichen und Heranwachsenden,** auf die Jugendstrafrecht angewandt wird (§ 105 **JGG**), gilt zusätzlich der Begründungszwang nach § 54 I **JGG.** Bei der Festsetzung der Jugendstrafe muß der Erziehungszweck (§ 18 II **JGG**) als bestimmender Umstand besonders in Betracht gezogen werden (BGH **15**, 224). 22

8) Strafaussetzung zur Bewährung, Verwarnung mit Strafvorbehalt und Absehen von Strafe (III S. 4; § 56 StGB; § 21 JGG; Fälle des Absehens von Strafe: 1 zu § 153b): Die Gewährung der genannten Arten der Erleichterung muß begründet werden, die Nichtgewährung, falls damit ein wenn auch nur hilfsweise gestellter Antrag abgelehnt worden ist (Bay MDR **80**, 951; Düsseldorf StV **97**, 123; Hamm VRS **81**, 20). Der Antrag auf milde Bestrafung gilt als solcher Antrag (Braunschweig NJW **54**, 284; vgl auch Bremen NJW **54**, 613). Die Ablehnung muß jedoch nach allgemeinen Grundsätzen, die für die Urteilsbegründung gelten, auch sonst begründet werden, wenn eine Strafaussetzung naheliegt (BGH **6**, 68; 167, 172; NStZ **86**, 374; Hamm VRS **36**, 177; Köln OLGSt § 56 StGB Nr 4) oder wenn zwar ein Antrag aus verständlichen Gründen nicht gestellt worden ist, zB deshalb, weil sich der Angeklagte mit seiner sonstigen Einlassung (dem Bestreiten der Tat) in Widerspruch gesetzt hätte, aber die besonderen Umstände des Falles zur Prüfung der Vergünstigung drängten (vgl BGH LM § 23 StGB Nr 27; VRS **66**, 443; KG JR **64**, 107; Köln VRS **67**, 119). Eine kumulative Begründung mit mehreren Versagungsgründen ist zulässig, dagegen nicht eine Eventualbegründung, das Gericht hätte die Aussetzung aus einem bestimmten anderen Grund abgelehnt, wenn der herangezogene Grund nicht Bestand hätte (BGH **7**, 359). Das Unterlassen von Ausführungen zu § 56 III StGB (Verteidigung der Rechtsordnung) ist nicht immer fehlerhaft (Köln MDR **85**, 248; vgl aber BGH NStZ **89**, 527). 23

9) Abgekürztes Urteil (IV): Bei mehreren Taten (2 zu § 264) kann für die eine die Abkürzung zulässig, für die andere unzulässig sein. Wird die abgekürzte Form gewählt, so ist es zweckmäßig und üblich, nach dem Wort „Gründe" in Klammern zu vermerken „abgekürzt gemäß § 267 IV StPO". Es müssen alle Anfechtungsberechtigten auf das zulässige Rechtsmittel gegen das Urteil (Berufung oder Revision) verzichtet haben, und zwar hinsichtlich des Schuld- und des Rechtsfolgenausspruchs vollständig (Schleswig SchlHA **83**, 112 [E/L]). Eine Beschwerde nach § 464 III oder nach § 8 III **StrEG** oder gegen einen gleichzeitig mit dem Urteil 24 erlassenen Beschluß steht nicht entgegen. Die Abkürzung der Urteilsgründe ist auch zulässig, wenn das Urteil durch Nichtanfechtung rechtskräftig geworden ist.

25 A. **Mindestinhalt bei Verurteilung:** Anzugeben sind die erwiesenen Tatsachen, die den gesetzlichen Tatbestand abdecken, wie in I. S. 1 vorgeschrieben. Die Vereinfachung besteht darin, daß I S. 2, II und III nicht angewendet werden müssen. Die Rechtsfolgen freilich und die sie tragenden Bestimmungen müssen ebenfalls angeführt werden.

26 B. **Auf Geldstrafe, Fahrverbot oder Fahrerlaubnisentziehung lautende Urteile** (IV S. 1 Hs 2): Bei Ausschöpfung dieser Vereinfachungsmöglichkeit kann es, wenn das Urteil im Schuldspruch der Anklage entspricht, praktisch zu einem vollständigen Verzicht auf gesonderte Abfassung der Urteilsgründe kommen (Rieß NJW **78**, 2271). Denn die in Bezug genommene Anklage wird Bestandteil der Urteilsgründe. Auf diese Weise wird auch die Aufnahme des Urteils mit seiner Begründung in das Protokoll (§ 275 I S. 1) erleichtert (Rieß aaO). Bei Verbindung mehrerer Strafsachen (§§ 4, 237) ist die Verweisung auch wegen einer von ihnen zulässig, jedenfalls dann, wenn nicht auf eine Freiheitsstrafe als Gesamtstrafe erkannt
27 wird (vgl LR-Gollwitzer 131). **Gegenstand der Verweisung im Urteil** ist im Normalfall der Anklagesatz der zugelassenen Anklage (§§ 200 I S. 1, 207), wie er zu Beginn der Hauptverhandlung nach § 243 III S. 2 vorgetragen wird. Ist der Anklagesatz bei der Zulassung der Anklage geändert worden (§ 207 II), so ist zu prüfen, ob mit der Verweisung nicht Unklarheit entsteht und sie daher besser zu unterlassen ist. Bei Klageerhebung im beschleunigten Verfahren wird auf die Anklageschrift oder den Protokollteil (§ 418 III S. 2) verwiesen. Auf den Strafbefehl wird Bezug genommen, wenn er erlassen, dann aber auf Einspruch Hauptverhandlung durchgeführt worden ist. Auf den Strafbefehlsantrag wird verwiesen, wenn es zur Hauptverhandlung nach § 408 III S. 2 gekommen ist. In beiden Fällen wird aber nur der Teil in Bezug genommen, der dem Anklagesatz entspricht. Wenn eine Urteilsausfertigung an eine Person oder Stelle gegeben wird, die das in Bezug genommene Schriftstück nicht in Händen hat, wird dieses, soweit darauf Bezug genommen ist, beigefügt (LR-Gollwitzer 130).

28 C. **Weiterer Inhalt**: In Betracht kommen vor allem die Umstände, die für künftige Entscheidungen (zB späterer Widerruf der Strafaussetzung oder Aussetzung des Strafrestes) und für Wiedereingliederungsbehandlung (zB bei der Bewährungshilfe oder im Strafvollzug) von Bedeutung sein können. Dabei kommt der Feststellung solcher Fakten, Beobachtungen und Prognosen besondere Bedeutung zu, die sich nicht oder nicht genügend schon aus dem Akteninhalt ergeben (Hanack Tröndle-FS 504). In einfachen Fällen, zB bei verhältnismäßig geringer Geldstrafe, zumal wenn der Verurteilte bisher unbestraft war, kann auf weiteren Inhalt verzichtet werden.

29 D. **Einstellungsurteil** (§ 260 III): An Tatsachen braucht nur angegeben zu werden, was zur tatsächlichen und rechtlichen Kennzeichnung des Verfahrenshindernisses notwendig ist. Über die Begründung eines Einstellungsurteils (42 ff zu § 260) oder einer sonstigen Nichtverurteilung, mit der keine Sachentscheidung verbunden ist, enthält § 267 keine Regelung. Jedoch ergibt sich bei Anfechtbarkeit des Urteils aus § 34, daß die Voraussetzungen für die prozessuale Entscheidung darzutun sind (Hamm MDR 86, 778; Köln NJW **63**, 1265).

30 E. **Nach Wiedereinsetzung** (IV S. 3): In diesem Fall muß das Urteil nachträglich nach I–III begründet werden. Die Begründungsfrist beginnt erst mit dem Erlaß (5 ff vor § 33) des die Wiedereinsetzung gewährenden Beschlusses (Bay **77**, 77 = MDR **77**, 778; Bay **79**, 148 = VRS **58**, 34; Düsseldorf OLGSt Nr 3; Köln VRS **63**, 460). Die Dauer der Frist richtet sich nach § 275 I S. 2 Hs 1 und 2. Eine Überschreitung nach § 275 I S. 4 ist unzulässig (Hamburg MDR **78**, 247). Die Urteilsergänzung in entspr Anwendung des IV S. 3 für den Fall, daß das Gericht irrtümlich angenommen hat, das Urteil sei rechtskräftig, ist unzulässig (BGH

MDR **90**, 490 [H]; Bay **81**, 84 = NJW **81**, 2589; **91**, 105 = NStZ **92**, 136 mwN; NStZ **91**, 342; KG VRS **82**, 135; Celle StV **97**, 402; Hamm VRS **69**, 137; Stuttgart MDR **84**, 74; **aM** LR-Gollwitzer 145 und Kleinknecht-FS 169; Rieß NStZ **82**, 445); vgl aber für das Bußgeldverfahren BGH NJW **97**, 1862 = JR **98**, 74 mit zust Anm Gollwitzer).

10) Freispruch (V): Mit dem Freispruch wird im Ergebnis festgestellt, daß die gesetzliche Unschuldsvermutung nicht widerlegt ist (Einl 3). Bei Teilfreispruch wird „im übrigen" freigesprochen. 31

A. **Nicht abgekürzte Urteilsbegründung** (V S. 1): 32

a) **Freispruch aus tatsächlichen Gründen:** Zunächst muß der Anklagevorwurf aufgezeigt (BGH **37**, 21, 22) und sodann der festgestellte Sachverhalt – wie im Fall des I – dargelegt werden (BGH NJW **80**, 2423; NStZ **90**, 448; **91**, 596; wistra **96**, 70; BGHR § 267 V Freispruch 2, 7 und 10; EzSt Nr 4). Im Anschluß daran folgt die entscheidende Beweiswürdigung (BGH MDR **80**, 108 [H]; oben 12). Dabei müssen nicht alle Umstände lückenlos angeführt werden (BGH MDR **78**, 281 [H]). Bei Freispruch aus subjektiven Gründen ist jedoch idR zunächst der äußere Tathergang aufzuklären und darzustellen (BGH NJW **91**, 2094); darauf kann nur ausnahmsweise verzichtet werden (BGH NJW **80**, 2423). Bei Freispruch von dem Vorwurf einer üblen Nachrede aufgrund des § 193 StGB muß aus Gründen des Schutzes des Beleidigten erst die Erweislichkeit der behaupteten oder verbreiteten Tatsache geprüft werden (BGH **11**, 273; zur Prüfungsreihenfolge bei den einzelnen Beleidigungstatbeständen eingehend Graul NStZ **91**, 457). Die Begründung eines Freispruchs muß so abgefaßt sein, daß bei Revision geprüft werden kann, ob dem Tatrichter Rechtsfehler unterlaufen sind (38 ff zu § 261), insbesondere, ob der den Entscheidungsgegenstand bildende Sachverhalt erschöpfend gewürdigt (BGH wistra **91**, 63; BGHR § 267 V Freispruch 8; Köln VRS **65**, 383) und ggf, warum das festgestellte Verhalten nicht strafbar ist (BGH NStZ-RR **97**, 374). 33

b) **Freispruch aus rechtlichen Gründen:** Wenn die Tat zwar nachgewiesen, aber nicht strafbar ist, muß die erwiesene Tat geschildert werden. Einer Darlegung der Beweiswürdigung bedarf es in diesem Fall nicht. Dafür muß sich ergeben, aus welchen Gründen die Tat nicht strafbar ist. 34

B. **Freispruch iVm Anordnung von Maßnahmen** (18 zu § 260): In diesem Fall werden in der Begründung die Anknüpfungstat und die sonstige tatsächliche Grundlage der Anordnung sowie die Rechtsgrundlage dargelegt. 35

C. **Abgekürzte Urteilsbegründung bei Freispruch** (V S. 2, 3): Die dem Angeklagten zur Last gelegte Tat braucht nicht geschildert zu werden, da sie sich aus der zugelassenen Anklage ergibt. Es empfiehlt sich jedoch, den Inhalt des Anklagesatzes wiederzugeben. Zumindest in Urteilen des AG kann diese Wiedergabe durch Verweisung ersetzt werden (oben 27), die sogar bei Verurteilung zulässig ist. Diese Vereinfachungsmöglichkeiten erleichtern die Aufnahme des ganzen Urteils in das Protokoll (oben 26). Entfällt die Rechtskraft durch Wiedereinsetzung in den vorigen Stand (24 zu § 44), so dürfen die Urteilsgründe nachträglich ergänzt werden (V S. 3 iVm IV S. 3; oben 30). Im übrigen genügt die globale Feststellung, daß der Angeklagte aus tatsächlichen Gründen (oben 32) oder aus rechtlichen Gründen (oben 34) freizusprechen war. 36

11) Anordnung einer Maßregel der Besserung und Sicherung(VI): Die Urteilsgründe müssen die tragenden für erwiesen erachteten Tatsachen angeben, und zwar die tatbezogenen Umstände und die Prognosetatsachen, außerdem die Rechtsgrundlage. Das Fehlen der notwendigen Nachprüfungsgrundlage ist aber schon auf die Sachrüge zu beachten (Düsseldorf OLGSt § 69 StGB Nr 1). Wird ein Antrag auf Anordnung abgelehnt, so muß dies begründet werden; ebenso wenn sich die Anordnung aufdrängte. Der Begründungszwang nach S. 2 soll dem Ergeb- 37 nis des Strafverfahrens hinsichtlich der Entziehung der Fahrerlaubnis den Vorrang gegenüber einem Entziehungsverfahren der VerwB sichern, die an den Inhalt des Urteils gebunden ist (§ 4 III StVG; Hamm DAR **72**, 131; Lackner JZ **65**, 125).

38 12) Für **Nebenentscheidungen** im Urteil, wie Verfall, Einziehung (1, 2 vor § 430), Geldbuße gegen eine JP oder PV (§ 444), öffentliche Bekanntmachung der Verurteilung (§ 200 StGB; RiStBV 231) und Kosten- und Entschädigungsausspruch, sind die tatsächlichen und rechtlichen Grundlagen anzugeben. Das gleiche gilt, wenn eine Geldbuße im Strafurteil gegen einen Betroffenen (Einl 93) festgesetzt wird, der in das Strafverfahren nur wegen einer ZusammenhangsOWi miteinbezogen worden ist (§§ 42, 64 OWiG), aber auch sonst, wenn das strafgerichtliche Urteil eine Bußgeldfestsetzung enthält (§§ 82, 83 OWiG).

39 13) **Berichtigung der schriftlichen Urteilsgründe:** Änderungen und Ergänzungen sind bis zu dem Zeitpunkt zulässig, in dem das schriftliche Urteil aus dem inneren Dienstbereich des Gerichts hinausgegeben wird oder die Frist des § 275 I S. 3 abläuft (BGH NJW **97**, 1862, 1863; Bay **81**, 84 = NJW **81**, 2589; DAR **85**, 246 [R]; Düsseldorf MDR **93**, 894 mwN; Hamm MDR **73**, 951). Später ist nur noch eine bloße Urteilsberichtigung, dh die Behebung eines Versehens, das sich zwanglos aus klar zutage liegenden Tatsachen ergibt, zulässig (BGH GA **69**, 119; StV **85**, 401; Düsseldorf MDR **81**, 606), nicht aber, wenn Zweifel auftreten können, ob es sich um die Berichtigung eines Versehens oder eine sachliche Änderung handelt (Koblenz VRS **72**, 194). Diese Möglichkeit geht weiter als bei der Urteilsformel (9 ff zu § 268). Sie wird durch Beschluß der Richter vollzogen, die an dem Urteil mitgewirkt und die Urteilsurkunde unterschrieben haben. Ist einer verhindert, so genügt die Mehrheit und ein Verhinderungsvermerk nach § 275 II S. 2. Ein Richter, der an der Verhandlung nicht teilgenommen hat, kann nicht als Ersatzmann unterschreiben (BGH NStZ **93**, 30 [K]; Oldenburg NStE Nr 16 zu § 260). Die Berichtigung wird erst unzulässig, wenn durch sie Zweifel entstehen können, ob sie über das Beheben eines Versehens hinaus eine Meinungsänderung, eine sachliche Änderung enthält (BGH **12**, 376; NStZ **91**, 195). Hiernach richtet es sich auch, ob die Berichtigung im Revisionsverfahren berücksichtigt werden darf, falls sie einer etwa schon erhobenen Rüge den Boden entziehen würde (BGH JZ **89**, 860; NStZ **91**, 121 [M/K]). Ein echter Widerspruch zwischen Urteilstenor und -gründen kann nicht berichtigt werden; er hebt die gedankliche Einheit des Urteils auf (BGH NStE Nr 29). Ein solcher Widerspruch ist ein materiell-rechtlicher Verstoß und führt idR bei Revision auf Sachrüge zur Aufhebung des Urteils (RG **46**, 326), uU kann das Revisionsgericht aber auch auf die niedrigere von beiden Strafen durcherkennen (BGH 1 StR 801/91 vom 21. 4. 1992). Nur wenn die abweichende Angabe in den Urteilsgründen zur Gewißheit des Revisionsgerichts auf einem Schreibversehen beruht und somit lediglich ein scheinbarer Widerspruch vorliegt, kann dieser berichtigt werden und das Urteil Bestand haben (BGH JZ **52**, 282; 1 StR 631/91 vom 25. 6. 1992; vgl auch 33 zu § 354). Gegen den Berichtigungsbeschluß ist Beschwerde zulässig, wenn das Urteil nicht mehr angefochten werden kann (Schleswig OLGSt § 304 Nr 3). Ist Revision eingelegt, so ist die Beschwerde – auch gegen die Ablehnung eines Berichtigungsantrags – unzulässig (Bay StraFo **98**, 382; Celle NdsRpfl **86**, 137).

40 14) **Revision** kann beschränkt eingelegt (4 ff zu § 344; erg zu den §§ 318, 327) und vor Erledigung ganz oder teilw zurückgenommen werden (§ 302). Im Rahmen unzulässiger Bezugnahme (oben 2) fehlt die Begründung (oben 8, 10, 26, 27) und idR die Überprüfbarkeit (21 zu § 337).

41 A. **Verfahrensrüge** (20 ff zu § 344): Zum Fehlen der Urteilsgründe vgl § 338 Nr 7. Auch die Übergehung eines hilfsweise gestellten Beweisantrages in den Gründen kann gerügt werden (22, 44, 83 zu § 244).

42 B. **Sachrüge** (13 ff zu § 344): a) Auf **allgemeine oder ausgeführte Sachrüge** (17 ff zu § 244) wird das ganze Urteil in materiell-rechtlicher Hinsicht

nachgeprüft, auch im Rechtsfolgenausspruch. Sind die Urteilsgründe lückenhaft, so kann die geltend gemachte Beschwer nicht nachgeprüft werden, was ein Aufhebungsgrund sein kann (21 zu § 337). Fehlende Ausführungen zu den persönlichen Verhältnissen des Angeklagten (oben 4) können zur Aufhebung des Strafausspruchs (BGH NStZ-RR **98**, 17; BGHR § 267 III S. 1 Strafzumessung 8, 9, 17; Stuttgart StV **91**, 340), uU sogar auch zur Aufhebung des Schuldspruchs (BGH StV **90**, 438) führen (einschr aber BGH NStZ **96**, 49). Hatte der Angeklagte sich hierzu nicht geäußert, muß das Urteil erkennen lassen, daß sich das Gericht insoweit um Aufklärung auf anderem Wege (zB Vorstrafenakten, Zeugenvernehmungen) bemüht hat (BGH NStZ **91**, 231; StV **92**, 463 mwN; insofern neigt BGH StV **98**, 636 aber dazu, idR die Erhebung einer Verfahrensrüge zu verlangen). Die Zulässigkeit einer nachträglichen Änderung oder Ergänzung der schriftlichen Urteilsgründe wird auf die Sachrüge geprüft (Köln VRS **63**, 460 mwN).

b) **Rechtsfolgenausspruch:** Eine Verletzung des III S. 1 kann mit der Begründung geltend gemacht werden, das Urteil führe nicht diejenigen Umstände an, die für das Gericht bestimmend gewesen seien (BGH MDR **70**, 899; Bruns 126). Erg 34 zu § 337. 43

c) Zur **Rüge der Beweiswürdigung** vgl oben 12, 13; 38 zu § 261. 44

Urteilsverkündung **RiStBV 142, 143**

268 **I Das Urteil ergeht im Namen des Volkes.**

II Das Urteil wird durch Verlesung der Urteilsformel und Eröffnung der Urteilsgründe verkündet. Die Eröffnung der Urteilsgründe geschieht durch Verlesung oder durch mündliche Mitteilung ihres wesentlichen Inhalts. Die Verlesung der Urteilsformel hat in jedem Falle der Mitteilung der Urteilsgründe voranzugehen.

III Das Urteil soll am Schluß der Verhandlung verkündet werden. Es muß spätestens am elften Tage danach verkündet werden, andernfalls mit der Hauptverhandlung von neuem zu beginnen ist. § 229 Abs. 3 und Abs. 4 Satz 2 gilt entsprechend.

IV War die Verkündung des Urteils ausgesetzt, so sind die Urteilsgründe tunlichst vorher schriftlich festzustellen.

1) Im Namen des Volkes (I) werden die Urteile verkündet. Die Vorschrift, die dem Art 20 II S. 1 GG („Alle Staatsgewalt geht vom Volke aus") entspricht, ist eine Sollvorschrift, deren Nichtbeachtung den Bestand des Urteils nicht gefährdet (RG Recht **34**, 221; KMR-Müller 1). 1

2) Urteilsverkündung (II): 2

A. Ein **einheitliches Ganzes** bildet die nach S. 1 aus der Verlesung der Urteilsformel und der Eröffnung der Urteilsgründe bestehende Urteilsverkündung (BGH **5**, 5, 9; **25**, 333, 335; RG **46**, 326; **61**, 388, 390; Düsseldorf MDR **84**, 604; Hamm VRS **57**, 35, 36). Die Urteilsverkündung ist Aufgabe des Vorsitzenden, der sie aber bei umfangreichen Urteilen oder bei stimmlichen Schwierigkeiten ganz oder teilw auf ein anderes Gerichtsmitglied übertragen kann (KK-Engelhardt 2; LR-Gollwitzer 15; vgl auch Oldenburg NJW **52**, 1310: keine Übertragung auf Referendar). Die Urteilsverkündung erfolgt öffentl (§ 173 I GVG); eine Ausnahme bestimmt § 48 I **JGG.** 3

B. Die **Urteilsformel** (S. 1) muß, da sie stets zu verlesen ist, vor der Urteilsverkündung niedergeschrieben werden. In das Sitzungsprotokoll braucht sie zu diesem Zweck noch nicht aufgenommen zu werden (RG **60**, 270); es genügt, daß 4

sie auf einem Zettel ohne Unterschrift zu Papier gebracht worden ist (RG aaO; Hamm JMBlNW **75**, 165; LR-Gollwitzer 20). Bis zur Verkündung handelt es sich um einen Entwurf, der noch geändert werden kann. Die Verlesung der Urteils-
5 formel ist der **wesentliche Teil der Urteilsverkündung;** fehlt sie, so liegt kein Urteil im Rechtssinne vor (BGH **8**, 41; **15**, 263, 264; RG **71**, 377, 379; Düsseldorf MDR **84**, 604).

6 C. Die **Urteilsgründe** (S. 2) werden verlesen oder in ihrem wesentlichen Inhalt in freier Rede, auch unter Benutzung von Aufzeichnungen, mitgeteilt. Das ist aber keine Wirksamkeitsvoraussetzung für das Urteil; es handelt sich nicht einmal um einen wesentlichen Teil der Hauptverhandlung (38 zu § 338). Das Urteil ist daher wirksam, wenn nach Verlesung der Urteilsformel der Vorsitzende erkrankt oder stirbt (BGH **8**, 41) oder der Angeklagte ins Krankenhaus gebracht und die Urteilsbegründung in seiner Abwesenheit gegeben oder zu Ende geführt wird (BGH **15**, 263) oder die Gründe durch einen Dolmetscher in Abwesenheit des Gerichts mitgeteilt werden (BGHR § 338 Nr 1 Gericht 1; aber uU Revisionsgrund!). Im Jugendstrafverfahren gilt die Einschränkung des § 54 II **JGG.**

7 D. **Reihenfolge** (S. 3): Die Verlesung der Urteilsformel muß der Mitteilung der Urteilsgründe vorausgehen. Denn der Angeklagte soll nicht dadurch belastet werden, daß er den Urteilsausspruch erst nach langwieriger Mitteilung der Gründe erfährt (LR-Gollwitzer 16).

8 E. **Abgeschlossen** ist die Urteilsverkündung mit dem letzten Wort der mündlichen Bekanntgabe der Urteilsgründe (BGH **5**, 5, 9; **15**, 263; **25**, 333, 335; NJW **53**, 155; NStZ **84**, 279; RG **57**, 142; **61**, 388, 390; Düsseldorf MDR **84**, 604; Hamm VRS **57**, 35, 36; Koblenz VRS **49**, 194, 196). Nicht mehr zur Urteilsverkündung gehören die Bekanntgabe der Beschlüsse nach § 268 a (BGH **25**, 333) und 268 b (LR-Gollwitzer 39), auch nicht die Rechtsmittelbelehrung nach § 35 a (BGH NStZ **84**, 279). Zur Wiederholung einer fehlerhaften Urteilsverkündung vgl 3 zu § 338.

9 F. Die **Berichtigung der Urteilsformel** ist möglich, solange die Urteilsverkündung noch nicht abgeschlossen (oben 8) ist (BGH **25**, 333, 336; LR-Gollwitzer 37 mwN in Fn 81). Mit der Verkündung kann dann eingehalten, und sie kann mit der Verlesung der berichtigten, dh neu gefaßten (Koblenz VRS **49**, 194, 196) Urteilsformel und der erneuten Bekanntgabe der Gründe wiederholt werden (KK-Engelhardt 5). Sobald aber das Urteil vollständig verkündet worden ist, dürfen, und zwar sowohl zugunsten als auch zuungunsten des Angeklagten (RG **61**, 388, 392;
10 KK-Engelhardt 13 zu § 260; Vent JR **80**, 403), nur noch **offensichtliche Schreibversehen und offensichtliche Unrichtigkeiten** berichtigt werden (BGH **5**, 5, 7; **25**, 333, 336; MDR **73**, 902 [D]; NStZ **84**, 279; Hamm VRS **57**, 35, 36; vgl auch Seibert NJW **64**, 239). Dabei muß es sich um Fehler handeln, die sich ohne weiteres aus den Tatsachen ergeben, die für alle Verfahrensbeteiligten (weitergehend LR-Gollwitzer 46; Schönfelder JR **62**, 369; für jeden Dritten) klar zutage liegen und jeden Verdacht einer späteren sachlichen Änderung ausschließen (BGH VRS **35**, 418; Koblenz VRS **72**, 194; Vent JR **80**, 403; vgl auch BGH **12**, 374). Es muß auch eindeutig erkennbar sein, was das Gericht tatsächlich gewollt und entschieden hat (RG **28**, 81, 82; **61**, 388, 390). Dabei ist die mündliche Mitteilung der Urteilsgründe von maßgebender Bedeutung (Düsseldorf MDR **81**, 606; Hamm JMBlNW **58**, 32; Neustadt JR **58**, 352 mit abl Anm Sarstedt; vgl auch
11 BGH **5**, 5, 9; Hamburg NJW **68**, 215). Als **unzulässig** ist angesehen worden die Verkündung eines „Nachtragsurteils" über einen versehentlich nicht mitverkündeten Urteilsteil (BGH NStZ **84**, 279; RG **61**, 388, 390), das Auswechseln der in der Urteilsformel angeführten Strafgesetze (BGH **3**, 245; NStZ **83**, 212 [Pf/M]; OGH NJW **50**, 316), die Herabsetzung der Freiheitsstrafe auf das in den Gründen bezeichnete Maß (Düsseldorf VRS **88**, 358; Koblenz VRS **72**, 194), die Herab- oder Heraufsetzung der falsch berechneten Geldstrafe oder Geldbuße (BGH NJW **53**, 155; Oldenburg NdsRpfl **94**, 165; anders bei reinem Multiplikationsfehler, LG

Zweibrücken NStZ-RR **97**, 311), die nachträglich bewilligte Straussetzung zur Bewährung (Düsseldorf VRS **89**, 124), der nachträgliche Ausspruch über den Wegfall der Einbeziehung einer früheren Verurteilung in die Gesamtstrafe (Düsseldorf MDR **81**, 606) und die Ergänzung des Urteils durch Nebenentscheidungen (BGH NJW **53**, 155; RG **5**, 173; **56**, 233), insbesondere durch die Kostenentscheidung (Karlsruhe NStZ-RR **97**, 157; LG Dortmund AnwBl **75**, 367). Die zulässige Berichtigung der Urteilsformel erfolgt außerhalb der Hauptverhandlung
durch **Gerichtsbeschluß,** (BGH **3**, 245, 246; Koblenz Rpfleger **73**, 219; erg 39 12
zu § 267), der mit der einfachen Beschwerde nach § 304 I angefochten werden kann, sofern nicht das Urteil, dessen Bestandteil der Berichtigungsbeschluß ist, mit einem Rechtsmittel angefochten worden ist (Düsseldorf MDR **81**, 606) oder noch angefochten werden kann (Oldenburg MDR **59**, 60; **aM** LR-Gollwitzer 58: ohne diese Einschränkungen). Ein unzulässiger Berichtigungsbeschluß ist unbeachtlich (BGH NJW **91**, 1900; Düsseldorf VRS **88**, 358).

3) Zeitpunkt der Urteilsverkündung (III): 13

A. **Am Schluß der Hauptverhandlung** (S. 1), dh im Anschluß an die Bera- 14
tung, soll das Urteil verkündet werden (vgl auch § 260 I). Da die Urteilsverkündung zur Hauptverhandlung gehört, (Oldenburg NJW **52**, 1310; LR-Gollwitzer 1; vgl auch BGH **4**, 279), muß sie in Gegenwart der in § 226 bezeichneten Personen, des Angeklagten, sofern nicht in seiner Abwesenheit verhandelt werden darf, und (bei notwendiger Verteidigung) des Verteidigers erfolgen (LR-Gollwitzer 5 ff;
Poppe NJW **54**, 1914). Der **Wiedereintritt in die Verhandlung** ist bis zum 15
Abschluß der Urteilsverkündung (oben 8) zulässig (BGH MDR **72**, 199 [D]; erg 27 ff zu § 258), danach nicht mehr (Zweibrücken MDR **97**, 87). Schon nach ihrem Beginn haben die Prozeßbeteiligten aber keinen Anspruch darauf, daß ihnen Gelegenheit zur Antragstellung gegeben wird und daß neue Anträge sachlich beschieden werden (BGH **15**, 263, 264; MDR **75**, 24 [D]; StV **85**, 398; RG **57**, 142; **59**, 420; Neustadt NJW **62**, 1632; Schleswig SchlHA **72**, 161 [E/J]; ANM 387; erg 33 zu § 244). Der Vorsitzende (§ 238 II gilt nicht) kann aber, auch wenn die Urteilsformel bereits vollständig verlesen worden ist (BGH **25**, 333; ANM 388), die Urteilsverkündung unterbrechen und die Verhandlung wieder eröffnen, um die Antragstellung zu ermöglichen. Er kann auch über die Frage des Wiedereintritts in die Hauptverhandlung eine Beratung stattfinden lassen (BGH MDR **75**, 24 [D]; erg 33 zu § 244). Allein in der Entgegennahme eines Antrags liegt keine Wiedereröffnung der Verhandlung (BGH aaO; NStZ **86**, 182). Sachlich maßgebend für die Frage des Wiedereintritts ist die Aufklärungspflicht nach § 244 II (BGH MDR **75**, 24 [D]; NStZ **86**, 182; VRS **36**, 368; ANM 388; Schlüchter 552.1).

B. **Verkündungstermin** (S. 2, 3): Wird das Urteil nicht im Anschluß an die 16
Beratung verkündet, so muß der Vorsitzende einen besonderen Verkündungstermin, der Teil der Hauptverhandlung ist, anberaumen, zu dem in der Hauptverhandlung mündlich, sonst schriftlich geladen wird. Das Urteil darf dann nicht später als am 11. Tag nach dem Schluß der Verhandlung verkündet werden (krit zur Länge der Frist Hammerstein Hanack-Symp 71); andernfalls muß mit der Hauptverhandlung von neuem begonnen werden. Eine weitere Fristverlängerung nach § 229 II kommt nicht in Betracht (dort 3). Die Frist läuft auch während einer zwischenzeitlichen Beratung (LR-Gollwitzer 12; Roxin § 42 C I; **aM** Thier NJW **58**, 1477). Für ihre Hemmung bei Erkrankung des Angeklagten gilt § 229 III entspr (S. 3). Ist der Tag nach Ablauf der Frist ein Sonntag, allgemeiner Feiertag oder Sonnabend, so braucht die Verkündung erst am nächsten Werktag stattzufinden (S. 3 iVm § 229 IV S. 2).

4) Bei **Aussetzung der Urteilsverkündung** (IV) sollen die Urteilsgründe vor- 17
her schriftlich niedergelegt werden, sofern das möglich ist. Dazu gehört die Unterschrift der Berufsrichter, die bei der Entscheidung mitgewirkt haben (RG **13**, 66,

68; **54**, 256; **73**, 217, 219). Solange die unterschriebenen Urteilsgründe nicht zur Hinausgabe bestimmt sind, können sie noch geändert werden (KK-Engelhardt 12; LR-Gollwitzer 25; **aM** RG **44**, 308). Selbst wenn die schriftlichen Gründe vorliegen, braucht der Vorsitzende sie bei der Urteilsverkündung nicht zu verlesen; er kann sich auf die mündliche Mitteilung ihres wesentlichen Inhalts beschränken (KK-Engelhardt 12).

18 **5)** Bestehen **Widersprüche** zwischen der Urteilsformel in der Sitzungsniederschrift und der in der Urteilsurkunde, so ist die Formel im Protokoll maßgebend, da sie nach § 274 als verkündet gilt (BGH **34**, 11, 12; Hamm VRS **60**, 206). Daß die Strafe in der Urteilsformel geringer ist als die in den Gründen als angemessen bezeichnete, beschwert den Angeklagten nicht (BGH aaO). Ein Widerspruch zwischen Urteilsformel und den schriftlichen Urteilsgründen ist, da beide eine Einheit bilden, ein sachlich-rechtlicher Mangel, der mit der Revision gerügt werden kann. Widersprüche zwischen mündlichen und schriftlichen Urteilsgründen sind ohne Bedeutung; maßgebend sind die schriftlichen Gründe (22 zu § 337).

19 **6)** Die **Zustellung des Urteils** ist erforderlich, wenn der Angeklagte bei der Verkündung nicht anwesend war oder sich vor ihrem Abschluß entfernt hatte, auch wenn die Urteilsformel noch in seiner Gegenwart verlesen worden war (7 zu § 314; 9 zu § 341).

20 **7)** Die **Revision** kann nicht darauf gestützt werden, daß die Eingangsformel nach I unterlassen worden ist (oben 1), daß die Urteilsformel nicht durch Verlesen der vorher niedergelegten Entscheidung verkündet worden ist (RG **71**, 377, 379; Düsseldorf VRS **88**, 358; Hamm JMBlNW **75**, 165; VRS **60**, 206), daß die Eröffnung der Urteilsgründe unterblieben ist (oben 6) oder daß von der Reihenfolge des II S. 3 abgewichen worden ist (EbSchmidt 18). Die Überschreitung der Frist des III S. 2 ist ein Mangel, auf dem das Urteil idR beruhen wird (BGH StV **82**, 4 mit Anm Peters; KK-Engelhardt 18). Die Nichtbeachtung des IV kann mit Erfolg nicht gerügt werden (KK-Engelhardt 19; LR-Gollwitzer 24, 63).

Beschluß bei Strafaussetzung uä **RiStBV 140**

268a

I Wird in dem Urteil die Strafe zur Bewährung ausgesetzt oder der Angeklagte mit Strafvorbehalt verwarnt, so trifft das Gericht die in den §§ 56 a bis 56 d und 59 a des Strafgesetzbuches bezeichneten Entscheidungen durch Beschluß; dieser ist mit dem Urteil zu verkünden.

II Absatz 1 gilt entsprechend, wenn in dem Urteil eine Maßregel der Besserung und Sicherung zur Bewährung ausgesetzt oder neben der Strafe Führungsaufsicht angeordnet wird und das Gericht Entscheidungen nach den §§ 68 a bis 68 c des Strafgesetzbuches trifft.

III Der Vorsitzende belehrt den Angeklagten über die Bedeutung der Aussetzung der Strafe oder Maßregel zur Bewährung, der Verwarnung mit Strafvorbehalt oder der Führungsaufsicht, über die Dauer der Bewährungszeit oder der Führungsaufsicht, über die Auflagen und Weisungen sowie über die Möglichkeit des Widerrufs der Aussetzung oder der Verurteilung zu der vorbehaltenen Strafe (§ 56 f Abs. 1, §§ 59 b, 67 g Abs. 1 des Strafgesetzbuches). Erteilt das Gericht dem Angeklagten Weisungen nach § 68 b Abs. 1 des Strafgesetzbuches, so belehrt der Vorsitzende ihn auch über die Möglichkeit einer Bestrafung nach § 145 a des Strafgesetzbuches. Die Belehrung ist in der Regel im Anschluß an die Verkündung des Beschlusses nach den Absätzen 1 oder 2 zu erteilen. Wird die Unterbringung in einem psychiatrischen Krankenhaus zur Bewährung ausgesetzt, so kann der Vorsitzende von der Belehrung über die Möglichkeit des Widerrufs der Aussetzung absehen.

1) Jeder Tatrichter muß den Beschluß nach § 268 a zusammen mit dem Urteil 1
erlassen, wenn es ihn erfordert. Eine Verweisung auf das Nachtragsverfahren nach
§ 453 ist unzulässig (LR-Gollwitzer 9). Das gilt nach § 332 auch für das **Beru-** 2
fungsgericht. Mit Erlaß des Berufungsurteils, durch das das 1. Urteil abgeändert
oder die Berufung als unbegründet verworfen wird, also nicht in den Fällen der
§§ 322 I S. 2, 329 I S. 1, entfällt der Beschluß des 1. Gerichts (Düsseldorf NJW
56, 1889; Hamm MDR **92**, 989; Schlüchter 664.4 Fn 221). Eine gegen ihn
vorsorglich eingelegte Beschwerde ist gegenstandslos (Hamm NJW **67**, 510; **aM**
Bay NJW **56**, 1728 mit abl Anm Schmitt). Das Berufungsgericht muß einen neuen
selbständigen Beschluß nach § 268 a erlassen, wenn auch sein Urteil das erfordert
(Düsseldorf MDR **82**, 1042; LG Osnabrück NStZ **85**, 378); das gilt auch für die
Bestellung des Bewährungshelfers (Köln JR **91**, 473 mit Anm Horn). Die „Bestäti-
gung" des 1. Beschlusses ist eine Entscheidung in diesem Sinn (Celle MDR **70**, 68;
LG Osnabrück aaO). Das **Verbot der Schlechterstellung** gilt nicht (BGH NStZ 3
95, 220 [K]; Bay **56**, 253; Düsseldorf NStZ **94**, 198; Oldenburg NStZ-RR **97**, 9;
aM Frankfurt NJW **78**, 959), gleichgültig, ob auch die §§ 56 e, 59 a II, 68 d StGB
eine Abänderung zulassen (jedenfalls unter dieser Voraussetzung: BGH NJW **82**,
1544 = JR **82**, 338 mit zust Anm Meyer; Hamm NJW **78**, 1596; KK-Engelhardt
14 zu § 305 a; Gollwitzer JR **77**, 346; Horn MDR **81**, 13) oder nicht (Düsseldorf
JMBlNW **86**, 273; Hamburg NJW **81**, 470 mit krit Anm Loos NStZ **81**, 363;
Koblenz NStZ **81**, 154; Meyer aaO; vgl auch Bruns NJW **59**, 1397). Das **Revi-** 4
sionsgericht kann allenfalls die Mindestdauer der Bewährungszeit entspr § 354 I
festsetzen; Auflagen und Belehrung nach III muß es dem Tatrichter überlassen (30
zu § 354).

2) Der **Beschluß** (I, II) hat bei Strafaussetzung zur Bewährung (§ 56 StGB) die 5
in §§ 56 a bis 56 d StGB bezeichneten Entscheidungen zum Inhalt, bei Verwarnung
mit Strafvorbehalt (§ 59 StGB) die Entscheidungen nach § 59 a StGB, bei Aus-
setzung einer Sicherungsmaßregel (§ 67 b StGB) und bei Anordnung der Füh-
rungsaufsicht (§ 68 StGB) die Entscheidungen nach §§ 68 a bis 68 c StGB. Der
Beschluß, an dem die Schöffen mitwirken, wird in der Hauptverhandlung im
Anschluß an das Urteil **verkündet,** wobei es dem Richter freisteht, ob er nach der 6
Verlesung der Urteilsformel sogleich die Urteilsgründe bekanntgibt oder vorher
den Entscheidungssatz des Beschlusses verkündet (BGH **25**, 333). Zur Urteilsver-
kündung gehört die Beschlußverkündung nicht (BGH aaO; 8 zu § 268). Dem
nicht anwesenden Angeklagten wird eine Beschlußausfertigung zugestellt (§ 35 II);
der anwesende Angeklagte erhält eine Abschrift (RiStBV 140 S. 1). Eine **Begrün-** 7
dung des Beschlusses ist nur erforderlich, wenn das Gericht auf Anerbieten und
Zusagen des Angeklagten, die er nach Befragung (§ 265 a) gemacht hat, nicht
eingegangen ist. Die sachlich-rechtlichen Voraussetzungen für die Anordnungen
brauchen nicht dargelegt zu werden (KMR-Müller 5; Pentz NJW **54**, 141; **aM**
KK-Engelhardt 8; LR-Gollwitzer 5).

3) Der **versehentlich unterlassene Beschluß** kann durch das Berufungsgericht 8
(Düsseldorf MDR **82**, 1042), sonst entspr § 453 nachgeholt werden (Düsseldorf
aaO; Koblenz MDR **81**, 423; einschr Frankfurt StV **83**, 24; SK-Horn 34 zu § 56
StGB: nur wenn Urteilsgründe eine Entscheidungsgrundlage bieten; LG Osna-
brück NStZ **85**, 378: keine Nachholung von Auflagen; **aM** LG Kempten NJW **78**,
839; LG Freiburg MDR **92**, 798; StV **94**, 534: nur Festsetzung der Mindestbewäh-
rungsfrist; KMR-Müller 3 zu § 453: nur nach §§ 56 e, 59 a II StGB). Zuständig ist
das Gericht, das den Beschluß hätte erlassen müssen; nach Urteilsrechtskraft gilt
§ 462 a (Köln JR **91**, 473 mit Anm Horn). Die Revision kann auf das Unterlassen
der Beschlußfassung nicht gestützt werden (Koblenz MDR **81**, 423).

4) Die **Belehrung** (III) ist in der Hauptverhandlung nach Verkündung des 9
Beschlusses (S. 3) mündlich zu erteilen. Im Strafbefehlsverfahren gilt § 409 I S. 2.
Die zusätzliche Aushändigung eines Merkblatts ist zweckmäßig (vgl 2 zu § 268 c).

Ist die Belehrung aus Versehen, aus Zweckmäßigkeitsgründen (S. 4) oder wegen Abwesenheit des Angeklagten unterblieben, so wird sie nach § 453 a nachgeholt. Die Belehrung ist eine wesentliche Förmlichkeit der Hauptverhandlung iS § 273 I (LR-Gollwitzer 18).

10 **5)** Die **Anfechtung** des Urteils mit Berufung oder Revision umfaßt nicht die des Beschlusses nach § 268 a. Gegen ihn ist, auch wenn er vom Berufungsgericht erlassen worden ist, Beschwerde nach § 304 I zulässig (vgl § 305 a I). Sinnvoll ist sie aber nur, wenn gegen das Urteil keine oder nur eine auf einen Nebenpunkt beschränkte Berufung oder wenn Revision eingelegt wird (Düsseldorf NJW **56**, 1889; erg 1 zu § 305 a); denn bei Abänderung des Urteils entscheidet das Berufungsgericht ohnehin neu, wenn dazu noch Anlaß besteht (oben 2). Eine mit
11 Gründen versehene **Nichtabhilfeentscheidung** nach § 306 II (dort 7 ff) muß das Gericht erlassen, wenn es der Beschwerde nicht abhilft, der Strafaussetzungsbeschluß nicht begründet ist und das Beschwerdevorbringen erhebliche Tatsachenbehauptungen enthält (BGH **34**, 392).

Haftprüfung bei Verurteilung

268b Bei der Urteilsfällung ist zugleich von Amts wegen über die Fortdauer der Untersuchungshaft oder einstweiligen Unterbringung zu entscheiden. Der Beschluß ist mit dem Urteil zu verkünden.

1 **1)** Die **Prüfung der Haft- oder Unterbringungsvoraussetzungen** nach §§ 112 ff, 126 a erfolgt, solange der Haft- oder Unterbringungsbefehl vollzogen wird, stets von Amts wegen (2 zu § 120), auch während der Hauptverhandlung. Wenn das Gericht feststellt, daß diese Voraussetzungen nicht mehr vorliegen, muß es den Haft- oder Unterbringungsbefehl sofort aufheben (§§ 120 I S. 1, 126 a III S. 1); bis zur Urteilsverkündung darf damit nicht gewartet werden. Wird die Feststellung während einer Unterbrechung der Hauptverhandlung getroffen, so muß der Haft- oder Unterbringungsbefehl sofort und ohne Mitwirkung der Schöffen aufgehoben werden (erg 8 zu § 126; 3 zu § 30 GVG).

2 **2) Bei der Urteilsfällung** muß von Amts wegen durch Gerichtsbeschluß über die Fortdauer der UHaft oder der einstweiligen Unterbringung entschieden werden. Damit ist nicht der Fall gemeint, daß der Angeklagte freigesprochen oder seine Unterbringung nicht angeordnet wird; denn dann muß der Haft- oder Unterbringungsbefehl schon nach §§ 120 I S. 2, 126 a III S. 1 aufgehoben werden. Wird der Angeklagte verurteilt, so hat das Gericht stets das Fortbestehen der Haftgründe, die ggf auszuwechseln sind, und die Frage der Anwendung des § 116 zu prüfen (Schleswig SchlHA **98**, 173 [L/S]). Weicht die Verurteilung von dem Vorwurf des Haftbefehls ab, so muß der Haftbefehl ihr angeglichen werden (Karlsruhe wistra **91**, 277). Die Regelung des S. 1 bedeutet insbesondere, daß das Gericht das Ergebnis seiner Prüfung der Haft- oder Unterbringungsvoraussetzungen auch dann begründen und bekanntgeben muß, wenn es die Fortdauer der Haft oder einstweiligen Unterbringung des verurteilten Angeklagten für erforderlich hält (vgl 2 zu § 120). Das gilt aber nur, wenn der Haftbefehl vollzogen wird; ist sein Vollzug nach § 116 ausgesetzt, so findet § 268 b keine Anwendung (**aM** LR-Gollwitzer 2).

3 **3)** Der **Beschluß,** der nach § 273 I im Sitzungsprotokoll zu beurkunden ist, ergeht unter Mitwirkung der Schöffen (8 zu § 126; 1 zu § 30 GVG; Kunisch StV **98**, 688) und ist nach § 34 zu begründen. S. 2 schreibt vor, daß er „mit dem Urteil" zu verkünden ist. Das ist ungenau; zunächst muß die Urteilsformel verlesen werden (§ 268 II S. 2); ob dann erst die Urteilsgründe eröffnet werden oder zunächst der Beschluß nach § 268 b verkündet wird, steht im Ermessen des Vorsitzenden. Zur Urteilsverkündung gehört die Bekanntgabe des Beschlusses nicht (8 zu § 268).

4) Das **Unterlassen der Beschlußfassung** ist auf den Fortbestand des Haft- oder Unterbringungsbefehls ohne Einfluß (LR-Gollwitzer 8). Ihre Nachholung ist bis zur Rechtskraft des Urteils auf Antrag oder von Amts wegen möglich (KK-Engelhardt 7). Der nach der Hauptverhandlung erlassene Beschluß wird dem Angeklagten zugestellt. Das gleiche gilt, wenn der Beschluß in der Hauptverhandlung zwar gefaßt, aber versehentlich nicht verkündet worden ist (KK-Engelhardt 7). 4

5) **Anfechtung:** Vgl § 117 I, II. Ein Anspruch auf mündliche Haftprüfung besteht nicht (§ 118 IV). Eine Rechtsmittelbelehrung wird nicht erteilt. 5

Belehrung bei Fahrverbot

268c Wird in dem Urteil ein Fahrverbot angeordnet, so belehrt der Vorsitzende den Angeklagten über den Beginn der Verbotsfrist (§ 44 Abs. 3 Satz 1 des Strafgesetzbuches). Die Belehrung wird im Anschluß an die Urteilsverkündung erteilt. Ergeht das Urteil in Abwesenheit des Angeklagten, so ist er schriftlich zu belehren.

1) **Belehrungspflicht** (S. 1): Über den Beginn der Verbotsfrist nach § 44 III S. 1 StGB ist der Angeklagte, gegen den ein Fahrverbot angeordnet worden ist, in seinem eigenen Interesse zu belehren. Die Belehrung soll ihn veranlassen, den Führerschein unverzüglich in amtliche Verwahrung zu geben, um zu verhindern, daß sich das Fahrverbot verlängert. Die Belehrungspflicht gilt auch im Berufungsrechtszug (§ 332), selbst wenn der Angeklagte schon durch den 1. Richter belehrt worden war. Für das Strafbefehlsverfahren schreibt § 409 I S. 2 die Belehrung vor. 1
Der **Vorsitzende** erteilt die Belehrung. Er kann sich ebenso wie bei der Rechts- 2
mittelbelehrung (7 zu § 35 a) eines Merkblatts bedienen, dessen Aushändigung an den Angeklagten die Belehrung aber nur ergänzen, nicht ersetzen kann. **Inhaltlich** 3
sollte sich die Belehrung nicht nur auf den Beginn der Verbotsfrist, sondern auch auf den Zeitpunkt des Wirksamwerdens des Fahrverbots (§ 44 II S.1 StGB, § 25 II S.1, IIa S.1 StVG) erstrecken (Celle VRS **54**, 128). Auch der Hinweis darauf, wo der Führerschein in amtliche Verwahrung zu geben ist, erscheint zweckmäßig. Weitere Belehrungen schreibt das Gesetz nicht vor.

2) **Im Anschluß an die Urteilsverkündung** (S. 2) ist die Belehrung zu erteilen. Ist ein Beschluß nach § 268 a oder § 268 b erlassen worden, so wird erst nach dessen Verkündung belehrt. Die Belehrung sollte vor der Rechtsmittelbelehrung erteilt werden; erfolgt sie erst später, so ist das aber unschädlich (LR-Gollwitzer 7). Die Belehrung ist keine wesentliche Förmlichkeit iS des § 273 I (KK-Engelhardt 8); ihre Beurkundung im Sitzungsprotokoll ist aber zweckmäßig (vgl auch EbSchmidt Nachtr II 4). 4

3) Eine **schriftliche Belehrung** (S. 3) wird erteilt, wenn das Urteil in Abwesenheit des Angeklagten ergeht. Ein Merkblatt mit der Belehrung wird ihm dann zugleich mit dem Urteil zugestellt (LR-Gollwitzer 8). 5

4) Die **Nachholung der unterlassenen Belehrung** durch das Gericht sieht das Gesetz nicht vor (LR-Gollwitzer 9; vgl aber EbSchmidt Nachtr II 4). Nach § 59 a IV S. 1 StVollstrO muß die VollstrB sie aber nachholen, wenn sie den Führerschein zur Vollstreckung einfordert (vgl KK-Engelhardt 7; LR-Gollwitzer 9). 6

Zuständigkeit eines Gerichts niederer Ordnung

269 Das Gericht darf sich nicht für unzuständig erklären, weil die Sache vor ein Gericht niederer Ordnung gehöre.

1 **1)** Eine **Abweichung von § 6** bestimmt die Vorschrift aus Gründen der Prozeßwirtschaftlichkeit und zur Verfahrensbeschleunigung. Sie erklärt das Fehlen der sachlichen Zuständigkeit für unbeachtlich, wenn das Verfahren vor einem Gericht höherer Ordnung eröffnet worden ist. Die größere sachliche Zuständigkeit schließt die geringere ein; die Verhandlung vor einem unzuständigen Gericht höherer Ordnung benachteiligt den Angeklagten nicht (RG **62**, 265, 271). § 269 gibt dem höheren Gericht aber nicht die Befugnis, sich für zuständig zu erklären, obwohl die Sache bei einem Gericht niederer Ordnung anhängig ist (BGH **37**, 15, 20; **38**, 172, 176; wistra **98**, 312; erg unten 4).

2 **2) Im gesamten Hauptverfahren,** nicht nur in der Hauptverhandlung, darf das erkennende Gericht die Sache nicht an ein Gericht niederer Ordnung bringen.
3 Das ist nur für das Eröffnungsverfahren nach § 209 I vorgesehen. **§ 269 gilt auch,** wenn sich die Zuständigkeit eines Gerichts niederer Ordnung schon aus dem Eröffnungsbeschluß ergibt (RG **16**, 39, 41; LR-Gollwitzer 9) oder wenn die Sache durch einen sachlich zu Unrecht erlassenen, aber bindenden Verweisungsbeschluß nach § 270 an das Gericht höherer Ordnung gelangt war (RG **44**, 392, 395; **62**,
4 265, 271; Karlsruhe NStZ **87**, 375). Das **Verbot mehrfacher Rechtshängigkeit** geht der Regelung des § 269 vor. Ist eine Sache schon bei einem Gericht niederer Ordnung anhängig, so muß das Gericht höherer Ordnung, sobald es davon Kenntnis erlangt, sein Verfahren einstellen (BGH **22**, 232, 235; erg 1, 2 zu § 12).

5 **3)** Die **Abgabe an ein Gericht niederer Ordnung** schließt § 269 zwingend aus, auch bei Einverständnis der Prozeßbeteiligten (LR-Gollwitzer 5). Gericht niederer Ordnung (vgl 2 zu § 1) ist der Strafrichter im Verhältnis zum SchG (1 zu § 25 GVG), die kleine StrK gegenüber der großen, nicht das SchG im Verhältnis zum erweiterten SchG (2 zu § 29 GVG), auch nicht die große StrK gegenüber dem SchwurG (BGH **26**, 191, 194; **27**, 99, 101). Das Erwachsenengericht darf die Sache nur an ein gleichrangiges JugG abgeben, nicht an ein JugG niederer Ordnung (BGH **18**, 173). Im Verhältnis der JugG untereinander gilt die Regelung des § 47 a **JGG.** Der Jugendrichter ist gegenüber dem JuSchG ein Gericht niederer Ordnung (BGH **18**, 173, 176), beide gegenüber der JugK, die kleine gegenüber
6 der großen JugK. Einer Abgabe zwischen **gleichrangigen Spruchkörpern** steht § 269 nicht entgegen (BGH **27**, 99, 102; KMR-Müller 2), auch nicht, wenn zwischen ihnen, wie nach § 74 e GVG, eine Reihenfolge festgesetzt ist (LR-Gollwitzer 3). Die Abgabe an ein Gericht höherer Ordnung hindert § 269 ebenfalls nicht (vgl § 225 a).

7 **4)** Nach der **Trennung verbundener Sachen** nach § 4 gilt § 269 ebenfalls. Die abgetrennte Sache fällt daher nicht ohne weiteres an das für sie zuständige niedere Gericht zurück (Hamburg MDR **70**, 523; Stuttgart NStZ **95**, 248 mit Anm Meyer-Goßner NStZ **96**, 51; Mutzbauer NStZ **95**, 214 mwN; str). Bei einer Trennung nach § 237 verbundener Verfahren stellt sich das Problem nicht (vgl 1 zu § 237).

8 **5)** Mit der **Revision** kann grundsätzlich nicht geltend gemacht werden, daß ein Gericht niederer Ordnung sachlich zuständig gewesen wäre (32 zu § 338). Eine Ausnahme besteht, wenn statt zum AG ohne sachlich rechtfertigenden Grund zum LG angeklagt und der Angeklagte dadurch willkürlich seinem gesetzlichen Richter entzogen worden ist (BGH **38**, 172, 176; **38**, 212; StV **95**, 620; zust Rieß NStZ **92**, 549; vgl auch BGH NStZ **92**, 397; Düsseldorf NStZ **90**, 292 mwN; erg 6 zu § 16 GVG). Dann gilt wieder § 6; der Fehler ist also von Amts wegen zu beachten und führt zur Verweisung der Sache an das zuständige Gericht (BGH **40**, 120 = JR **95**, 255 mit zust Anm Sowada = JZ **95**, 261 mit krit Anm Engelhardt; Dietmeier JR **98**, 471; **aM** BGH **43**, 53 [*obiter dictum*] = JZ **98**, 627 mit abl Anm Bernsmann). Einige OLGe haben diese Rspr auf das Verhältnis SchG statt Strafrichter ausgedehnt und die willkürliche Annahme der Zuständigkeit des SchG von Amts wegen beanstandet (Düsseldorf JMBl **96**, 8; 47; Hamm StV **95**, 182; StraFo **96**, 87; Köln

StraFo **96**, 85; Oldenburg NStZ **94**, 449; vgl auch Neuhaus StV **95**, 212). Auf Vorlage durch das OLG Celle (NdsRpfl **95**, 273) hat der BGH (BGH **42**, 205 = JR **97**, 430 mit krit Anm Gollwitzer) jedoch entschieden, daß der Verstoß gegen § 328 II (also die unterlassene Zurückverweisung der Sache im Berufungsverfahren an den Strafrichter) nur auf Rüge zu beachten ist. Wie bei einer Sprungrevision zu entscheiden ist (dazu Düsseldorf NStZ **96**, 206 mit abl Anm Bachem), hat der BGH offen gelassen; er scheint aber auch hier der Verneinung der Prüfung von Amts wegen zuzuneigen. Das dürfte jedoch trotz der in der Entscheidung insoweit aufgezeigten Bedenken unrichtig sein, weil es dann – anders als nach durchgeführtem Berufungsverfahren – allein um die sachliche Zuständigkeit des SchG geht (ebenso KK-Kuckein 66 zu § 338).

Verweisung an ein höheres Gericht

270 **I Hält ein Gericht nach Beginn einer Hauptverhandlung die sachliche Zuständigkeit eines Gerichts höherer Ordnung für begründet, so verweist es die Sache durch Beschluß an das zuständige Gericht; § 209a Nr. 2 Buchstabe a gilt entsprechend. Ebenso ist zu verfahren, wenn das Gericht einen rechtzeitig geltend gemachten Einwand des Angeklagten nach § 6a für begründet hält.**

II In dem Beschluß bezeichnet das Gericht den Angeklagten und die Tat gemäß § 200 Abs. 1 Satz 1.

III Der Beschluß hat die Wirkung eines das Hauptverfahren eröffnenden Beschlusses. Seine Anfechtbarkeit bestimmt sich nach § 210.

IV Ist der Verweisungsbeschluß von einem Strafrichter oder einem Schöffengericht ergangen, so kann der Angeklagte innerhalb einer bei der Bekanntmachung des Beschlusses zu bestimmenden Frist die Vornahme einzelner Beweiserhebungen vor der Hauptverhandlung beantragen. Über den Antrag entscheidet der Vorsitzende des Gerichts, an das die Sache verwiesen worden ist.

1) **Veränderungen der sachlichen Zuständigkeit** und der ihr nach I S. 1 Hs 1
2, S. 2 gleichgestellten Zuständigkeiten nach Beginn der Hauptverhandlung kann nach § 270 auf prozeßwirtschaftliche Weise durch Verweisung an das zuständige Gericht mit bindender Wirkung, also unter Vermeidung der Verfahrenseinstellung und erneuten Anklageerhebung, Rechnung getragen werden. Die Vorschrift ist
entsprechend anwendbar auf den Fall, daß bei der Eröffnung des Hauptverfah- 2
rens das die Zuständigkeit des höheren Gerichts begründende Delikt nach § 154a I ausgeschieden worden ist, von dem niederen Gericht, vor dem das Verfahren eröffnet wurde, dann aber nach § 154a III wieder einbezogen wird (BGH **29**, 341, 344ff). BGH **39**, 202 (zust Odersky Salger-FS 357) hat die Vorschrift entspr auf den Fall angewendet, daß der Kartellsenat des OLG einen Straftatbestand für erfüllt ansieht; der BGH erachtet dann die Verweisung an die WirtschaftsStrK des LG für zulässig (Rieß NStZ **93**, 513 hält diesen Weg zutr für bedenklich und will das Ergebnis über eine Rechtsanalogie zu §§ 6, 6a, 209, 209a, 225a, 269, 270 erreichen; richtiger erscheint eine Analogie zu §§ 17a II, IV, 17b GVG; erg 2 zu § 17b GVG; **aM** auch Göhler wistra **94**, 17 und 260 sowie LR-Schäfer/Harms 23a zu § 121 GVG, die das OLG für zuständig halten, dagegen Wrage-Molkenthin/Bauer wistra **94**, 132; Bauer wistra **94**, 132 spricht sich für eine Einstellung des Verfahrens durch das OLG und Neuanklage durch die StA
beim Strafgericht aus). **§ 270 gilt nicht** entspr für die geschäftsplanmäßige Zustän- 3
digkeit (vgl BGH **27**, 99, 102: formlose Abgabe) und für die örtliche Zuständigkeit (Braunschweig GA **62**, 284; Hamm NJW **61**, 232; JMBlNW **69**, 66; erg 4 zu § 16). Im beschleunigten Verfahren gilt die Sonderregelung des § 419, im Berufungsverfahren § 328 II (vgl aber 13ff zu § 6a), im Privatklageverfahren § 389).

4 **2) Verweisung an das zuständige Gericht** (I):

5 A. Bei **sachlicher Zuständigkeit eines Gerichts höherer Ordnung** (S. 1 Hs
1), die für das Gericht der niederen Ordnung (zur Rangordnung der Gerichte vgl 2
zu § 1; 5 zu § 269) nach § 6 ein von Amts wegen zu berücksichtigendes Verfah-
renshindernis ist, muß die Verweisung von Amts wegen erfolgen (Stuttgart Justiz
95, 99), und zwar wegen des gesamten Anklagevorwurfs, der iS des § 264 eine
einheitliche Tat bildet (RG **61**, 225; KK-Engelhardt 19). Sachliche Zuständigkeits-
merkmale, deren Prüfung mit der Eröffnung des Hauptverfahrens endet, wie die
besondere Bedeutung des Falls iS der §§ 24 I Nr 3, 74 I GVG und die Rechts-
folgenerwartung nach § 25 Nr 2 GVG, bleiben dabei außer Betracht (LR-Gollwit-
zer 8; Rieß NJW **78**, 2267; GA **76**, 11 ff; erg 8 zu § 24 GVG). Die Verweisung darf
6 nur in der **Hauptverhandlung des 1. Rechtszugs** erfolgen, auch wenn sie nach
Aussetzung der Verhandlung (§ 228) oder wegen nicht rechtzeitiger Fortsetzung
nach einer Unterbrechung (§ 229 IV S. 1) oder nach Zurückverweisung durch das
Revisionsgericht nach § 354 II erneut durchgeführt wird. Die Verweisung darf
7 ferner erst **nach Beginn der Hauptverhandlung** (§ 243 I S. 1) beschlossen
werden. Vor der Hauptverhandlung und nach Aussetzung der Hauptverhandlung
bis zum Beginn der neuen Hauptverhandlung wird nach § 225 a verfahren (dort 4).
8 Den Beginn oder die Durchführung der **Beweisaufnahme** setzt die Verweisung
nicht grundsätzlich voraus (LR-Gollwitzer 9); selbst präsente Beweise (§ 245 I)
müssen nicht unbedingt erhoben werden (KMR-Müller 6). Wenn sich die Zustän-
digkeit des höheren Gerichts bereits aus dem Anklagesatz ergibt, ist die Verweisung
daher ohne weiteres möglich (RG **64**, 179, 180; Düsseldorf NStZ **86**, 426; LR-
Gollwitzer 16); der Angeklagte braucht dann vorher nicht einmal nach § 243 IV
S. 2 zur Sache vernommen zu werden (LR-Gollwitzer 9). Wenn die Verweisung
wegen einer vom Eröffnungsbeschluß aufgrund neu hervorgetretener Umstände
9 abweichenden rechtlichen Bewertung beschlossen werden soll, setzt sie **hinrei-
chenden Tatverdacht** voraus (BGH **29**, 216, 219; 341, 344; MDR **72**, 18 [D];
NStZ **88**, 236; RG **64**, 179, 180). Dabei gelten die gleichen Grundsätze wie bei
§ 203 (dort 2). Die Verweisung ist erst zulässig, wenn sich dieser Verdacht genü-
gend verfestigt hat, wenn also nicht zu erwarten ist, daß er bei weiterer Verhand-
lung wieder entfällt (Frankfurt NStZ-RR **97**, 311; Rieß GA **76**, 17). Der volle
Nachweis der Tatsachen, die die Zuständigkeit des höheren Gerichts begründen,
ist nicht erforderlich und darf nicht einmal geführt werden (LR-Gollwitzer 11).
Denn wenn das Gericht den hinreichenden Tatverdacht festgestellt hat, darf es nicht
weiterverhandeln, um ihn zu erhärten oder zu entkräften; vielmehr geht die
Entscheidungskompetenz auf das Gericht der höheren Ordnung über (BGH MDR
72, 18 [D]; Rieß aaO). Das Gericht ist nur berechtigt, den hinreichenden Tatver-
dacht zu verneinen und lediglich die bei ihm angeklagte Tat abzuurteilen (LR-
10 Gollwitzer 14 ff). Wegen **unzureichender Strafgewalt des AG** (§ 24 II GVG)
darf an das LG erst verwiesen werden, wenn die Verhandlung so weit geführt
worden ist, daß der Schuldspruch feststeht, und wenn sich die Straferwartung so
weit verfestigt hat, daß nicht mehr zu erwarten ist, eine mildere Beurteilung werde
noch eine Strafe im Rahmen der Strafgewalt als ausreichend erscheinen lassen
(Karlsruhe JR **91**, 36 mit Anm Gollwitzer; Rieß GA **76**, 17). Die bloße Vermu-
tung, daß das der Fall sein wird, genügt nicht (Düsseldorf NStZ **86**, 426; Frankfurt
StV **96**, 533; Karlsruhe aaO; LG Berlin StV **96**, 16).

11 B. **Verweisung an das zuständige JugG** (S. 1 Hs 2): Die entspr Anwendung
des § 209 a Nr 2 Buchst a bedeutet, daß die JugG bei der Verweisungsfrage all-
gemein den Gerichten höherer Ordnung gleichgestellt sind. Die Verweisung an das
zuständige JugG ist daher auch erforderlich, wenn es nur gleichrangig ist. Dagegen
darf an ein JugG niederer Ordnung nicht verwiesen werden (LR-Gollwitzer 20).
Da S. 1 Hs 2 den § 209 Nr 2 Buchst b nicht aufführt, kommt in einer Jugend-
schutzsache die Verweisung an die gleichrangige JugK nicht in Betracht (KK-
Engelhardt 15).

C. Die **Verweisung von einer oder an eine StrK mit besonderer Zuständigkeit** (S. 2) setzt einen rechtzeitig erhobenen Einwand des Angeklagten nach § 6a voraus. Ist er zu Recht geltend gemacht worden, so ist die Verweisung geboten, auch von der StrK mit besonderer Zuständigkeit an die allgemeine StrK (vgl Rieß NJW **79**, 1536). Wird von einer StrK mit besonderer Zuständigkeit an eine andere StrK dieser Art verwiesen, so ist gleichgültig, ob diese StrK der verweisenden nach § 74a GVG im Rang vorgeht oder nachsteht (KK-Engelhardt 16). Der Grundsatz des § 269 gilt nicht (LR-Gollwitzer 21; Meyer-Goßner NStZ **81**, 171). Zur Verweisung in einem Berufungsverfahren über eine Wirtschaftsstraftat vgl 13ff zu § 6a. Bei der Prüfung, ob die Wirtschafts-StrK zuständig ist, bleibt das in § 74c Nr 6 GVG enthaltene Erfordernis der besonderen Kenntnisse des Wirtschaftslebens als normatives Tatbestandsmerkmal (oben 5; 5 zu § 74 c GVG) außer Betracht (Rieß NJW **78**, 2268; **79**, 1536; erg 4 zu § 6a). **Entscheidungsgrundlage** für die Verweisung ist die Sachlage, wie sie sich zu Beginn der Hauptverhandlung aufgrund des Eröffnungsbeschlusses iVm der Anklage darstellt (KMR-Müller 22; **aM** LR-Gollwitzer 22: bisheriges Verfahrensergebnis). Da es sich nur um die Nachprüfung der Zuständigkeitsbeurteilung im Eröffnungsbeschluß handelt, ist es nicht zulässig, das Ergebnis der Beweisaufnahme abzuwarten. Andernfalls hätte die zeitliche Begrenzung der Einwandsbefugnis durch § 6a S 3 keinen Sinn. 12 13

3) Der **Verweisungsbeschluß** (II) wird in der für die Hauptverhandlung vorgeschriebenen Gerichtsbesetzung nach Anhörung der Verfahrensbeteiligten erlassen. **Inhaltlich** muß der Beschlußausspruch das Gericht bezeichnen, an das die Sache verwiesen wird. Außerdem muß der Beschluß die für den Anklagesatz in § 200 I S. 1 vorgeschriebenen Angaben enthalten, jedoch mit den Veränderungen, aus denen sich die Zuständigkeit des höheren Gerichts ergibt. Das Fehlen dieser Angaben ist aber unschädlich, wenn das AG bei gleichbleibender rechtlicher Beurteilung der Tat die Sache nur deshalb an das LG verweist, weil seine Rechtsfolgenkompetenz nach § 24 II GVG nicht ausreicht (BGH MDR **66**, 894 [D]; LG Hannover StV **83**, 194). Das gleiche gilt, wenn der Verweisungsbeschluß lediglich die Zuständigkeitsentscheidung des Eröffnungsbeschlusses korrigiert (LR-Gollwitzer 25). Eine **Begründung** des Beschlusses ist nicht erforderlich (KMR-Müller 12). Der die Verweisung ablehnende Beschluß muß dagegen mit Gründen versehen werden (§ 34). **Mitgeteilt** wird der Beschluß durch Verkündung (§ 35 I), bei Abwesenheit des Angeklagten zugleich mit der Fristsetzung nach IV S. 1 durch förmliche Zustellung (§ 35 II S. 2). 14 15 16 17

4) Die **Wirkung des Verweisungsbeschlusses** (III S. 1) entspricht der eines Eröffnungsbeschlusses (BGH MDR **72**, 387 [D]). Den fehlenden Eröffnungsbeschluß ersetzt er jedoch nicht (BGH NStZ **88**, 236). Mit seinem Erlaß (5ff vor § 33) macht der Beschluß die Strafsache bei dem Gericht, an das verwiesen wird, unmittelbar rechtshängig (Karlsruher Justiz **84**, 429; MDR **80**, 599; KK-Engelhardt 23; **aM** LR-Gollwitzer 33: erst mit dem Eingang der Akten bei diesem Gericht). Das Verfahren geht in der Lage, in der es sich befindet, auf das Gericht über, an das die Sache verwiesen worden ist. Dieses Gericht ist **an den Verweisungsbeschluß gebunden** (BGH **27**, 99, 103; **29**, 216; NStZ **88**, 236; Frankfurt NStZ-RR **97**, 311; Koblenz NStE Nr 5; Rieß GA **76**, 17), auch wenn er formell oder sachlich fehlerhaft ist (BGH **29**, 216; NStZ **91**, 29 [K]; BGHR § 270 I Wirksamkeit 1; Düsseldorf JMBlNW **79**, 152; Hamm JMBlNW **76**, 106; **96**, 259; Karlsruhe MDR **80**, 599; Schleswig NStZ **81**, 491; vgl aber LG Hannover StV **83**, 194 für den Fall formeller Unzulänglichkeit). Eine Weiterverweisung an ein noch höheres Gericht ist zulässig (BGH **21**, 268, 270; RG **59**, 244). Die **Bindungswirkung entfällt** aber, wenn der Beschluß mit den Grundsätzen rechtsstaatlicher Ordnung in offensichtlichem Widerspruch steht. Das ist der Fall, wenn er auf Willkür beruht (BGH **29**, 216, 219; Düsseldorf StraFo **98**, 274; Stuttgart Justiz **83**, 164; Zweibrücken MDR **92**, 178), insbesondere weil er offensichtlich gesetzwidrig ist (Düsseldorf NStZ **86**, 426; JMBlNW **92**, 57; **95**, 287; StraFo **97**, 115; Frankfurt NStZ-RR **96**, 18 19 20

42; Karlsruhe Justiz **88**, 74; NStZ **90**, 100 mwN; LG Zweibrücken NStE Nr 4; vgl auch BVerfGE **29**, 45, 49 zu § 276 aF ZPO). Die Sache wird dann zurückverwiesen; demgegenüber nimmt die hM Nichtigkeit des Verweisungsbeschlusses an (vgl SK/StPO-Schlüchter 28; dagegen Einl 105); § 269 steht nicht entgegen (**aM** Gollwitzer JR **91**, 39), denn § 270 enthält ihm gegenüber gerade eine Sonderre-
21 gelung (vgl III). Die **Zuständigkeit des verweisenden Gerichts für verfahrensrechtliche Entscheidungen** entfällt mit dem Erlaß des Verweisungsbeschlusses. Es darf zB keine Haftentscheidung mehr treffen; § 207 IV gilt nicht entspr (KK-Engelhardt 21; EbSchmidt Nachtr 16; **aM** LR-Gollwitzer 31). Solange sich die Akten bei ihm befinden, ist das verweisende Gericht aber zur Vorlage nach § 122 I verpflichtet, wenn sie wegen Ablaufs der Frist des § 121 I alsbald geboten ist (Karlsruhe Justiz **84**, 429).

22 **5) Anfechtbarkeit des Verweisungsbeschlusses** (III S. 2): Der Angeklagte kann den Beschluß nicht anfechten (§ 210 I), die StA entspr § 210 II nur, wenn sie die Verweisung an ein noch höheres Gericht beantragt hatte (KK-Engelhardt 25; vgl für einen Sonderfall auch Schleswig SchlHA **85**, 119 [E/L]). Die Ablehnung des Verweisungsantrags (oder der Einwendungen nach § 6a) ist nach § 305 S. 1 unanfechtbar (Braunschweig NJW **58**, 1550 = GA **59**, 89 mit zust Anm Kleinknecht; LR-Gollwitzer 46ff; erg 16 zu § 6a).

23 **6) Beweisanträge** (IV): Die Regelung trägt dem Umstand Rechnung, daß die Sache bei Verweisung vom AG an das LG (nur dann gilt IV) mitunter noch nicht genügend geklärt, der Angeklagte bisher vielleicht noch ohne Verteidiger ist und bei der Anhörung nach § 201 I keinen Anlaß hatte, zu der abweichenden Beurteilung der Sache Stellung zu nehmen oder Beweisanträge zu stellen (LR-Gollwitzer 39; ANM 365). Das Beweisantragsrecht nach IV dient nur der Vorbereitung der
24 neuen Hauptverhandlung. Die **Fristsetzung nach S. 1** ist Aufgabe des Vorsitzenden des verweisenden Gerichts. Die Frist muß zugleich mit der Bekanntmachung des Verweisungsbeschlusses an den Angeklagten bestimmt werden; sie kann schon in den Beschluß aufgenommen werden (KK-Engelhardt 20). Die Frist muß so bemessen werden, daß der Angeklagte ausreichend Zeit hat, sich die Antragstellung zu überlegen (ANM 367); die Frist kann auf Antrag oder von Amts wegen verlängert werden (LR-Gollwitzer 41). Mit der Fristsetzung wird zweckmäßigerweise der Hinweis verbunden, daß die Anträge an das Gericht zu richten sind, an das die Sache verwiesen worden ist (LR-Gollwitzer 43); gesetzlich vorgeschrieben
25 ist der Hinweis nicht (10 zu § 225a). Der **Beweisantrag** bedarf keiner besonderen
26 Form, muß aber die Beweismittel und Beweistatsachen bezeichnen. Die **Entscheidung** über den Antrag trifft der Vorsitzende des Gerichts, an das die Sache verwiesen worden ist (S. 2); kommissarische Vernehmungen nach § 223 ordnet das ganze Gericht an (KK-Engelhardt 29; ANM 368). Für die Entscheidung ist maßgebend, ob zur Vorbereitung der Hauptverhandlung vor dem Gericht, an das verwiesen worden ist, noch eine weitere Sachaufklärung erforderlich erscheint (ANM 368; weitergehend LR-Gollwitzer 43). Ist das nicht der Fall, so können die Anträge ohne die Beschränkungen des § 244 III–V abgelehnt werden. Die Ablehnung mit der Zusage, die Beweistatsache werde als wahr unterstellt, ist unzulässig (ANM 369). Die ablehnende Entscheidung muß begründet werden (§ 34); wird dem Antrag stattgegeben, so ist keine Begründung erforderlich. Die Entscheidung über den Beweisantrag muß so rechtzeitig getroffen werden, daß der Angeklagte weitere Anträge nach § 219 stellen oder von seinem Selbstladungsrecht nach § 220 Gebrauch machen kann (ANM 369). Die Entscheidung ist unanfechtbar (KK-Engelhardt 29).

27 **7) Revision:** Ist die Verweisung nach I zu Unrecht unterblieben und war der Tatrichter auch beim Erlaß des Urteils nicht zuständig, so ist das Verfahrenshindernis der sachlichen Unzuständigkeit bei zulässiger Revision von Amts wegen zu berücksichtigen (32 zu § 338). Das Unterlassen der Verweisung an das JugG muß

nach § 338 Nr 4 gerügt werden. Das gleiche gilt, wenn der zulässige Einwand des Angeklagten nach § 6a zu Unrecht als unbegründet verworfen worden ist. War die Fristsetzung nach IV S. 1 unterblieben, so kann die Revision nur Erfolg haben, wenn der Fehler bereits in der Hauptverhandlung beanstandet worden ist (RG **62**, 265, 272; KMR-Müller 28; LR-Gollwitzer 55).

Verhandlungsprotokoll **RiStBV 144, 161**

271 **I Über die Hauptverhandlung ist ein Protokoll aufzunehmen und von dem Vorsitzenden und dem Urkundsbeamten der Geschäftsstelle zu unterschreiben. Der Tag der Fertigstellung ist darin anzugeben.**

II Ist der Vorsitzende verhindert, so unterschreibt für ihn der älteste beisitzende Richter. Ist der Vorsitzende das einzige richterliche Mitglied des Gerichts, so genügt bei seiner Verhinderung die Unterschrift des Urkundsbeamten der Geschäftsstelle.

1) Verhandlungsprotokoll: 1

A. **Über die Hauptverhandlung** ist ein Protokoll aufzunehmen (I S. 1). Dabei 2 bildet die Niederschrift über den Verlauf der Hauptverhandlung eine Einheit (BGH **16**, 306; **29**, 394; MDR **75**, 725 [D]; NStZ **81**, 297 [Pf]; RG **30**, 205). Umfaßt sie mehrere Tage, so braucht das Protokoll daher nicht täglich abgeschlossen zu werden, selbst wenn der UrkB gewechselt hat (unten 13). Das gilt an sich auch für Hauptverhandlungen von langer Dauer; jedoch ist dann die Anfertigung von Teilprotokollen empfehlenswert (RG **30**, 205), darauf besteht aber kein Anspruch (BGH NStZ **93**, 141). Auch dann bildet aber das Sitzungsprotokoll eine einheitliche Urkunde (BGH **16**, 306), so daß die zu Beginn des Protokolls aufgeführten Personen nach § 274 für die gesamte Hauptverhandlung als anwesend gelten, wenn ihre (vorübergehende) Entfernung nicht protokolliert worden ist (BGH NJW **94**, 3364), und die das Gesamtprotokoll abschließende Unterschrift des Vorsitzenden den gesamten Protokollinhalt umfaßt (BVerfG 2 BvR 1643/91 vom 10. 1. 1992).

B. **Urkundspersonen** sind der Vorsitzende und der bei dieser Tätigkeit grund- 3 sätzlich unabhängige (LR-Gollwitzer 13; EbSchmidt 3; **aM** Köln NJW **55**, 843: an Weisungen des Vorsitzenden gebunden; erg 3 zu § 153 GVG) UrkB, der während der Hauptverhandlung ausgewechselt werden kann (7 zu § 226). Beide tragen zusammen die Verantwortung dafür, daß der Protokollinhalt mit dem übereinstimmt, was in der Hauptverhandlung geschehen ist. Der UrkB nimmt das Protokoll auf; der Vorsitzende überwacht die ordnungsgemäße Beurkundung, prüft das Protokoll auf Richtigkeit und Vollständigkeit und veranlaßt notwendige Abänderungen und Ergänzungen (RiStBV 144 I S. 2, 3) oder nimmt sie selbst vor (LR-Gollwitzer 15). Wegen der Genehmigung der Änderungen durch den UrkB vgl unten 14. Bei **Meinungsverschiedenheiten** über tatsächliche Vorgänge muß der 4 Vorsitzende eine Klärung versuchen, insbesondere durch Befragung der anderen Prozeßbeteiligten. Wird die Meinungsverschiedenheit dadurch nicht beseitigt, so muß das im Protokoll vermerkt werden (KK-Engelhardt 7); die Beweiskraft des § 274 entfällt insoweit (dort 16). Besteht die Meinungsverschiedenheit nur über die Rechtsfrage, ob der Vorgang nach § 273 protokollierungsbedürftig ist, so kann der Vorsitzende den UrkB zur Protokollierung anweisen (KK-Engelhardt 7; LR-Gollwitzer 17; EbSchmidt Nachtr 3; **aM** KMR-Müller 12, der aber im Ergebnis ebenfalls eine Protokollierungspflicht annimmt). Die **Anrufung des Gerichts** 5 nach § 238 II ist ausgeschlossen (Köln NJW **55**, 843; LR-Gollwitzer 70).

C. **Schriftlich** (handschriftlich oder in Maschinenschrift) wird das Protokoll 6 aufgenommen. Es ist auch bei Beteiligung von Ausländern **in deutscher Sprache** 7 abzufassen; Aussagen und Erklärungen in fremder Sprache können aber nach

§ 185 I S. 2 GVG in das Protokoll aufgenommen werden, wenn das angezeigt
8 erscheint (dort 8). **Tonbandaufnahmen** sind keine Protokolle, sondern Hilfsmittel für ihre Fertigung (Koblenz NStZ 88, 42; KMR-Müller 4; Rassow NJW 58, 653; vgl aber Roggemann JR 66, 47: selbständige Ergänzung des Schriftprotokolls;
9 Kühne StV **91**, 103: § 168a II S. 1 gilt auch hier). In **Kurzschrift** darf das Protokoll nicht geführt werden (RG55, 1; LR-Gollwitzer 2); § 168a III gilt für die Hauptverhandlung nicht. Bei der Abfassung des Protokolls, die auch noch nach der Hauptverhandlung zulässig ist (BGH GA **60**, 61; LR-Gollwitzer 2), kann aber ein während der Hauptverhandlung aufgenommenes Stenogramm oder eine andere vorläufige Aufzeichnung verwendet werden (RG **65**, 434; Kroschel/Meyer- Goß-
10 ner 328, 371; Rassow aaO). Die als **Hilfsmittel** verwendeten Tonbandaufnahmen und vorläufigen Aufzeichnungen werden kein Bestandteil der Akten; sie brauchen weder verwahrt noch den Verfahrensbeteiligten zugänglich gemacht zu werden (BGH **29**, 394; MDR **73**, 903 [D]; Koblenz NStZ **88**, 42; LR-Gollwitzer 2, 37; vgl auch Karlsruhe NStZ **82**, 299).

11 D. Die **äußere Beschaffenheit** des Protokolls muß seiner Bedeutung als Beweisquelle (§ 274) entsprechen. Überklebungen und Ausschabungen sind unzulässig (LR-Gollwitzer 4). Überschreibungen, Durchstreichungen, Rasuren und dgl möglichst zu vermeiden. Bei Verwendung von Vordrucken muß auch bei Platzmangel die Übersichtlichkeit gewahrt werden. Durch Verstöße gegen diese Regeln kann die Beweiskraft des betreffenden Teils des Protokolls, wenn auch nicht des gesamten Protokolls, in Frage gestellt werden (RG **27**, 169; LR-Gollwitzer 4; erg 15 zu § 274).

12 E. **Inhaltlich** muß das Protokoll die in § 271 bezeichneten Angaben enthalten und die nach § 273 I protokollierungspflichtigen Vorgänge in der Reihenfolge festhalten, in der sie sich ereignet haben (KMR-Müller 10; LR-Gollwitzer 3). Für einheitliche Verfahrensvorgänge sind aber Zusammenfassungen zulässig (vgl 4 zu § 257). Das Protokoll muß jedenfalls erkennen lassen, daß die für die Hauptverhandlung vorgeschriebene Ordnung des Verfahrensgangs eingehalten ist (LR-Gollwitzer 3).

13 F. **Unterzeichnet** wird das Protokoll von dem Vorsitzenden und dem UrkB (I S. 1). Auch Randvermerke sind von beiden Urkundspersonen zu unterschreiben. Die Unterzeichnung von Protokollanlagen ist zweckmäßig, gesetzlich aber nicht vorgeschrieben (Düsseldorf MDR **86**, 166). Beim Wechsel des UrkB unterschreibt jeder den von ihm beurkundeten Teil (BGH wistra **91**, 272); ein vollständiger Protokollabschluß mit der Unterschrift des Vorsitzenden ist wegen des Wechsels nicht erforderlich (KMR-Müller 11). Auch das Protokoll über die mehrtägige Hauptverhandlung wird nur am Ende unterschrieben (oben 2). Zur Unterschriftsleistung bei Aufnahme des vollständigen Urteils in das Protokoll vgl 1 zu § 275. Für die Anforderungen an die Unterzeichnung gelten die Grundsätze für die
14 Unterschrift des Verteidigers (Einl 129). **Abänderungen** (vgl unten 22) des Vorsitzenden müssen durch die Unterschrift des UrkB gedeckt sein (RG **20**, 425, 427; **22**, 245; Bay **85**, 57 = StV **85**, 360); die schriftliche Genehmigung der Abänderungen am Ende des Protokolls reicht aus (BGH NStZ **81**, 297 [Pf]; Kroschel/Meyer-Goßner 382). Das im voraus erklärte Einverständnis des UrkB mit den
15 Abänderungen ist wirkungslos (LR-Gollwitzer 16). Die **Nachholung** der versehentlich unterbliebenen Unterschrift ist jederzeit zulässig und geboten, auch wenn bereits ein Rechtsmittel eingelegt ist, das ihr Fehlen rügt (BGH **10**, 145; RG **13**, 351). Gegenüber dem Revisionsgericht ist die nachgeholte Unterschrift wirksam, selbst wenn dadurch der Revisionsrüge der Boden entzogen wird (BGH **12**, 270;
16 RG aaO; LR-Gollwitzer 41; krit Hanack JZ **72**, 490). Bei **Verhinderung des Vorsitzenden** unterschreibt für ihn der dienst- (nicht lebens-)älteste Beisitzer (II S. 1; SK/StPO-Schlüchter 20). Eine Verhinderung iS der Vorschrift liegt vor, wenn dem Vorsitzenden die Unterzeichnung aus rechtlichen oder tatsächlichen Gründen dauernd oder jedenfalls voraussichtlich so lange unmöglich ist, daß ein

Warten auf den Wegfall des Hindernisses das Verfahren ungebührlich verzögern würde (KMR-Müller 16; vgl auch KK-Engelhardt 10). In Betracht kommen außer Tod und Ausscheiden aus dem Richterdienst längerer Urlaub und Erkrankung auf nicht absehbare Zeit (vgl Busch JZ **64**, 748), nicht aber dienstliche Überlastung (**aM** KMR-Müller 16) oder Ausscheiden aus dem Spruchkörper bei Beibehaltung der Richterstellung (LR-Gollwitzer 24). Entspr § 21 h S. 2 GVG ist bei der Vertretungsregelung das Dienstalter und nur ersatzweise das Lebensalter maßgebend (KK-Engelhardt 10). Im erweiterten SchG (§ 29 II GVG) vertritt den Vorsitzenden der 2. Richter beim AG. Bei Verhinderung des einzigen richterlichen Mitglieds genügt die Unterschrift des UrkB (II S. 2). Bei **Verhinderung des UrkB** unter- 17
schreibt der Vorsitzende allein (Schleswig SchlHA **97**, 171 [L/S]), wenn auch er verhindert ist, der dienstälteste Beisitzer. Ein **Hinweis auf die Verhinderung** bei 18
der Unterzeichnung durch den Vertreter ist erforderlich (LR-Gollwitzer 27); auch der Verhinderungsgrund muß angegeben werden (Börtzler MDR **72**, 187; Kroschel/Meyer-Goßner 371).

G. Der **Tag der Fertigstellung** muß nach I S. 2 im Protokoll vermerkt werden. 19
Das ist der Tag, an dem das Protokoll mit der letzten Unterschrift der Urkundsperson (oben 13 ff) abgeschlossen wird (BGH **23**, 115 = JR **71**, 208 mit Anm Koffka; BGH **27**, 80; Bay **80**, 140 = NJW **81**, 1795; Düsseldorf OLGSt § 51 BZRG Nr 1; Börtzler MDR **72**, 185; vgl auch RiStBV 144 I S. 4). Vor Fertigstellung kann das Urteil nicht wirksam zugestellt werden (vgl 34 zu § 273). Bei einer mehrtätigen Hauptverhandlung ist das Protokoll erst fertiggestellt, wenn beide Urkundspersonen die ganze Niederschrift unterzeichnet haben (BGH **29**, 394; MDR **75**, 725 [D]; oben 2). An der Fertigstellung fehlt es nicht deshalb, weil das Protokoll unrichtig oder lückenhaft ist oder sonstige formelle Mängel aufweist (BGH NStZ **84**, 89; Bay **80**, 140 = NJW **81**, 1795), wohl aber, wenn der Vorsitzende, bevor er unterschreibt, ohne Kenntnis oder ohne Äußerung des UrkB dazu sachliche Änderungen vornimmt (BGH **37**, 287; wistra **95**, 273; Bay **85**, 57 = StV **85**, 360), oder wenn die Urteilsformel unvollständig ist (Stuttgart MDR **95**, 842). Mit den insgesamt erforderlichen Unterschriften der Urkundspersonen wird das Protokoll Bestandteil der Akten und kann von dem Verteidiger (§ 147 I) und vom RA des Verletzten (§ 406 e I) eingesehen werden (BGH **29**, 394; MDR **75**, 725 [D]). Zur Erteilung von Teilabschriften vgl 6 zu § 35. Der **Vermerk** nach I S. 2 wird am Ende der 20
Protokollurkunde von dem zuletzt Unterzeichnenden, idR also vom Vorsitzenden, angebracht, datiert und unterschrieben (LR-Gollwitzer 36; **aM** Koffka JR **71**, 209, die die Unterschriften beider Urkundspersonen verlangt). Der Vermerk ist kein Bestandteil des Protokolls; sein Fehlen beweist nicht, daß das Protokoll noch nicht fertiggestellt ist (BGH **23**, 115 = JR **71**, 208 mit abl Anm Koffka; Düsseldorf MDR **91**, 557; Köln Rpfleger **70**, 139 mit Anm Reiß; Börtzler MDR **72**, 186).

2) Änderungen und Berichtigungen 21

A. Das **noch nicht fertiggestellte Protokoll** kann und muß geändert und 22
ergänzt werden, wenn beide Urkundspersonen das für erforderlich halten; Beschränkungen bestehen insoweit nicht (vgl BGH GA **54**, 119; **92**, 319). Zur Genehmigung von Änderungen des Vorsitzenden durch den UrkB vgl oben 14. Daß ein Prozeßbeteiligter bereits Revision eingelegt hat, steht der Protokolländerung nicht entgegen (BGH **10**, 145; RG **13**, 351). Das Revisionsgericht hat die Änderung oder Ergänzung auch dann zu berücksichtigen, wenn dadurch einer Verfahrensrüge die Grundlage entzogen wird (Karlsruhe NJW **80**, 716 = JR **80**, 517 mit zust Anm Gollwitzer; ANM 888; Roxin § 49 IV; Schlüchter 591 Fn 664). Die Gegenmeinung (BGH **10**, 145 = JZ **57**, 587 mit Anm Bohne; KK-Engelhardt 26; KMR-Müller 8, 30) ist durch die Einfügung des § 273 IV überholt (vgl LR-Gollwitzer 40; ANM 888; Schlüchter aaO).

B. Die **Berichtigung des fertiggestellten Protokolls** ist, sofern es sich nicht 23
um eine verlesene und genehmigte Niederschrift nach § 273 III handelt (Düsseldorf

OLGSt § 273 Nr 2), auf Antrag oder von Amts wegen ohne zeitliche Beschränkung
(Hamm JMBlNW **74**, 214; Karlsruhe GA **71**, 216), auch noch nach Urteilsrechts-
kraft (Düsseldorf MDR **90**, 359), nicht nur zulässig, sondern geboten, wenn beide
Urkundspersonen darin übereinstimmen, daß das Protokoll unrichtig ist (BGH JZ
52, 281; ANM 886; Busch JZ **64**, 749; Gollwitzer JR **80**, 518). Ggf muß der
Vorsitzende Erhebungen veranlassen, die den Vorgang in die Erinnerung zurück-
rufen können (KG NStZ **90**, 359). Hält eine der beiden Urkundspersonen das
Protokoll für richtig oder erinnert sie sich nicht mehr, so ist eine Berichtigung
ausgeschlossen (Nürnberg MDR **84**, 74; Schleswig MDR **60**, 521; KK-Engelhardt
17). Bei Verhinderung des Vorsitzenden gelten die gleichen Grundsätze wie (oben
16) bei seiner Verhinderung an der Unterschriftsleistung (Hamburg NJW **65**, 1342;
Hamm JMBlNW **62**, 38; Saarbrücken OLGSt S. 5; LR-Gollwitzer 50; **aM** Busch
JZ **64**, 747, der eine Vertretung für ausgeschlossen hält). Die Berichtigung wird idR
nicht im Protokoll, sondern auf einer besonderen Erklärung vermerkt, die von
beiden Urkundspersonen zu unterzeichnen und dem Protokoll anzufügen ist. Die
Berichtigung von Schreibfehlern und offenbaren Unrichtigkeiten ist ohne diese
24 Beschränkungen möglich (Düsseldorf MDR **91**, 557). Die **Ablehnung des An-
trags auf Protokollberichtigung** spricht der Vorsitzende allein aus (Düsseldorf
StV **85**, 359; Schleswig MDR **60**, 521; Busch JZ **64**, 747). Will er den Antrag aus
Rechtsgründen ablehnen, etwa weil der Berichtigungsantrag keine wesentliche
Förmlichkeit iS des § 273 I betrifft und daher unzulässig ist (Hamburg NJW **65**,
1342; Nürnberg MDR **84**, 74; Schleswig NJW **59**, 162), so braucht er den UrkB
nicht vorher anzuhören (Frankfurt StV **93**, 463; Busch JZ **64**, 748). Sonst darf die
Ablehnung erst erfolgen, wenn er eine schriftliche Äußerung des UrkB herbeige-
führt hat (Düsseldorf MDR **90**, 743; NStZ **98**, 477). Ggf muß er zur Auffrischung
des Gedächtnisses Nachforschungen anstellen (Düsseldorf StV **85**, 359; Hamburg
NJW **71**, 1326). Wenn auch nur eine der Urkundspersonen die Berichtigung nicht
25 für gerechtfertigt hält, muß der Antrag abgelehnt werden. **Wirksam** ist die Proto-
kollberichtigung für und gegen alle Verfahrensbeteiligten (LR-Gollwitzer 54).
Wirkt sich die Berichtigung zugunsten des Beschwerdeführers aus, so ist sie auch im
26 **Revisionsverfahren** zu beachten (BGH **1**, 259; OGH **1**, 277, 282; Köln NJW **52**,
758; Saarbrücken VRS **17**, 63; LR-Gollwitzer 60; ANM 886). Anders ist es, wenn
durch die Protokollberichtigung ein Vorgang, dessen Unterlassen ein Prozeßbetei-
ligter bereits mit der Revision gerügt hat, nachträglich beurkundet wird oder wenn
die Beurkundung einer Prozeßhandlung, die schon Gegenstand einer Verfahrens-
rüge ist, infolge der Berichtigung entfällt oder inhaltlich zuungunsten des Beschwer-
deführers abgeändert wird. Der Beschwerdeführer hat ein Recht auf unveränderten
Bestand der Grundlagen seiner Rüge. Eine Protokollberichtigung, durch die einer
zulässigen (BGH **34**, 11, 12) Verfahrensrüge der Boden entzogen würde, darf daher
bei der Revisionsentscheidung nicht berücksichtigt werden (ständige Rspr, vgl
BGH **34**, 11, 12 mwN; ANM 887 mwN in Fn 31). Der maßgebende Zeitpunkt,
von dem ab die Wirksamkeit von Protokollberichtigungen für das Revisionsverfah-
ren entfällt, ist der Eingang der Revisionsbegründung bei Gericht (BGH **2**, 125; **7**,
218; NStZ **84**, 521; Bay **60**, 125; Karlsruhe GA **71**, 214, 216). Haben mehrere
Beteiligte Revision eingelegt, so ist für jeden der Zeitpunkt entscheidend, in dem
seine Rüge bei Gericht eingegangen ist (LR-Gollwitzer 59; ANM 887).

27 C. Die **Wiederherstellung einer verlorengegangenen Sitzungsnieder-
schrift** (vgl die VO vom 18. 6. 1942 [RGBl I 395; BGBl III 315–4]) steht der
Berichtigung gleich (zum Verfahren KG NStZ **90**, 405). Bei der Rekonstruktion
ist das Protokoll so wiederzugeben, wie es die Urkundspersonen in Erinnerung
haben (KG aaO; ANM 888; W. Schmid Lange-FS 796). Ob die Rekonstruktion
auch gegenüber dem Revisionsgericht wirksam ist, richtet sich nach den oben 26
aufgezeigten Grundsätzen.

28 **3) Rechtsmittel:** Gegen die Protokollberichtigung (auch wenn sie von Amts
wegen getroffen worden ist) und ihre Ablehnung durch den Vorsitzenden ist nach

§ 304 I **Beschwerde** zulässig, nicht aber gegen die vor Fertigstellung des Protokolls erfolgte Änderung (oben 22) oder deren Ablehnung (Brandenburg NStZ-RR **98**, 308). Mit der Beschwerde kann keine inhaltliche Änderung des Protokolls verlangt werden, weil es dem Beschwerdegericht nicht möglich ist, die Richtigkeit der beurkundeten Vorgänge zu prüfen (Düsseldorf Rpfleger **91**, 124). Die Beschwerde kann nur auf Rechtsfehler im Verfahren oder auf rechtsfehlerhafte Erwägungen in dem Ablehnungsbeschluß gestützt werden (KG JR **60**, 28 mit Anm Dünnebier; Düsseldorf StV **85**, 359; Karlsruhe GA **74**, 285; Justiz **77**, 387; Busch JZ **64**, 750), zB darauf, daß der Vorsitzende ohne Anhörung des UrkB entschieden hat (Hamm JZ **51**, 466; Schleswig SchlHA **97**, 171 [L/S]), daß er den Antrag in der irrigen Meinung, es handele sich nicht um eine Förmlichkeit iS § 273 I, ohne Prüfung abgelehnt hat oder daß er diese Frage falsch beurteilt hat (Schleswig NJW **59**, 162). Die **Revision** kann weder darauf gestützt werden, daß kein Sitzungsprotokoll vorhanden ist, noch darauf, daß der Inhalt des Protokolls unvollständig oder unrichtig ist (36 zu § 273; 26 zu § 344). 29 30

Protokollinhalt

272 **Das Protokoll über die Hauptverhandlung enthält**

1. **den Ort und den Tag der Verhandlung;**
2. **die Namen der Richter und Schöffen, des Beamten der Staatsanwaltschaft, des Urkundsbeamten der Geschäftsstelle und des zugezogenen Dolmetschers;**
3. **die Bezeichnung der Straftat nach der Anklage;**
4. **die Namen der Angeklagten, ihrer Verteidiger, der Privatkläger, Nebenkläger, Verletzten, die Ansprüche aus der Straftat geltend machen, der sonstigen Nebenbeteiligten, gesetzlichen Vertreter, Bevollmächtigten und Beistände;**
5. **die Angabe, daß öffentlich verhandelt oder die Öffentlichkeit ausgeschlossen ist.**

1) Der **Kopf des Sitzungsprotokolls** muß die in § 272 bezeichneten Angaben enthalten. Treten während der Hauptverhandlung Änderungen ein (Verlegung des Verhandlungsorts, Eintritt von Ergänzungsrichtern oder -schöffen, Wechsel des StA, Verteidigers oder UrkB), so wird das an der Stelle vermerkt, an der sie im Verfahrensgang stattgefunden haben (Kroschel/Meyer-Goßner 340). Die in Nrn 2 und 4 vorgeschriebenen Angaben müssen nach einer Unterbrechung der Hauptverhandlung auch dann nicht wiederholt werden, wenn die Hauptverhandlung an einem anderen Tag fortgesetzt wird (BGH NStZ **85**, 16 [Pf/M]). 1

2) **Erforderliche Angaben:** 2

A. **Ort und Tag der Verhandlung** (Nr 1): Der Ort ergibt sich idR aus dem Sitz des erkennenden Gerichts, das mit der genauen Bezeichnung des Spruchkörpers am Kopf des Protokolls angeführt wird. Wenn die Verhandlung an einen anderen Ort verlegt wird, ist das unter Angaben des betroffenen Verhandlungsteils zu vermerken (LR-Gollwitzer 5). Der Tag der Verhandlung muß kalendermäßig bezeichnet werden. Bei einer mehrtätigen Verhandlung sind alle Verhandlungstage aufzuführen; dabei ist die genaue Angabe (Stunde und Minute) der Unterbrechung und des Wiederbeginns erforderlich (LR-Gollwitzer 6; EbSchmidt 3; **aM** KMR-Müller 3). Kürzere Pausen im Verlauf eines Verhandlungstages brauchen in das Sitzungsprotokoll dagegen nicht aufgenommen werden (BGH VRS **32**, 143; KK-Engelhardt 2). 3

4 B. **Namen der Richter, des Beamten der StA usw** (Nr 2): Aufzuführen sind auch die Ergänzungsrichter oder -schöffen. Die Richter müssen mit ihrer Dienstbezeichnung und Funktion (Vorsitzender, Beisitzer, Ergänzungsrichter) bezeichnet werden. Bei den Schöffen sind Angaben über Beruf und Wohnort entbehrlich (KMR-Müller 4; vgl aber LR-Gollwitzer 9: empfehlenswert); auf ihre Vereidigung wird nicht hingewiesen. Der Wechsel des StA oder UrkB muß im Protokoll an der Stelle vermerkt werden, an der er eingetreten ist (LR-Gollwitzer 10, 11). Ferner ist im Kopf des Sitzungsprotokolls der Dolmetscher aufzuführen; der als Sachverständige anwesende Übersetzer (2 zu § 185 GVG) wird erst an der Stelle erwähnt, an der nach § 243 I S. 2 seine Anwesenheit festgestellt wird.

5 C. Die **Bezeichnung der Straftat** (Nr 3) ist der zugelassenen Anklage (dem Strafbefehl, im Fall des § 418 der schriftlichen oder mündlichen Anklage) zu entnehmen, nicht dem späteren Urteil (LR-Gollwitzer 13). Wie bei § 260 IV S. 1 genügt die rechtliche Bezeichnung der Tat („wegen Diebstahls"). Bei mehreren Taten wird nur die schwerwiegendste aufgeführt („wegen Raubes ua"). Entspr gilt das für die Straftaten mehrerer Angeklagter.

6 D. **Namen der Angeklagten, Verteidiger und anderer Verfahrensbeteiligter** (Nr 4): Der Angeklagte wird, auch wenn er nicht erschienen ist, mit Namen, Vornamen, Geburtstag und -ort sowie Anschrift (auch Untersuchungshaft oder Strafhaft in anderer Sache) bezeichnet. Nur wenn das vollständige Urteil in das Protokoll aufgenommen wird (§ 275 I S. 1), muß das Protokoll auch die anderen für den Urteilskopf erforderlichen Angaben enthalten (LR-Gollwitzer 16). Die Verteidiger sind aufzuführen, wenn sie wenigstens an einem Teil der Verhandlung teilgenommen haben, nicht, wenn sie nicht erschienen sind (KMR-Müller 9; EbSchmidt 4; **aM** KK-Engelhardt 7). Auch die sonstigen Verfahrensbeteiligten und ihre Bevollmächtigten oder Vertreter werden nur aufgeführt, wenn sie in der Hauptverhandlung anwesend sind (KMR-Müller 9; **aM** KK-Engelhardt 7).

7 E. Die **Öffentlichkeit oder Nichtöffentlichkeit der Verhandlung**(Nr 5) wird am Anfang des Protokolls vermerkt. Bei mehrtägiger Verhandlung genügt der am 1. Tag aufgenommene Vermerk (Düsseldorf JMBlNW **63**, 215; LR-Gollwitzer 20). Wird die Öffentlichkeit im Laufe der Verhandlung ausgeschlossen, so muß der Verfahrensabschnitt, in dem nichtöffentlich verhandelt wurde, genau bezeichnet werden (BGH StV **94**, 471).

Beurkundung der Hauptverhandlung **RiStBV 136, 143, 144, 161**

273

I Das Protokoll muß den Gang und die Ergebnisse der Hauptverhandlung im wesentlichen wiedergeben und die Beobachtung aller wesentlichen Förmlichkeiten ersichtlich machen, auch die Bezeichnung der verlesenen Schriftstücke oder derjenigen, von deren Verlesung nach § 249 Abs. 2 abgesehen worden ist, sowie die im Laufe der Verhandlung gestellten Anträge, die ergangenen Entscheidungen und die Urteilsformel enthalten.

II Aus der Hauptverhandlung vor dem Strafrichter und dem Schöffengericht sind außerdem die wesentlichen Ergebnisse der Vernehmungen in das Protokoll aufzunehmen; dies gilt nicht, wenn alle zur Anfechtung Berechtigten auf Rechtsmittel verzichten oder innerhalb der Frist kein Rechtsmittel eingelegt wird.

III Kommt es auf die Feststellung eines Vorgangs in der Hauptverhandlung oder des Wortlauts einer Aussage oder einer Äußerung an, so hat der Vorsitzende von Amts wegen oder auf Antrag einer an der Verhandlung beteiligten Person die vollständige Niederschreibung und Verlesung anzuordnen. Lehnt der Vorsitzende die Anordnung ab, so entscheidet auf Antrag einer an der Verhandlung beteiligten Person das Gericht. In dem Protokoll ist zu vermer-

ken, daß die Verlesung geschehen und die Genehmigung erfolgt ist oder welche Einwendungen erhoben worden sind.

IV **Bevor das Protokoll fertiggestellt ist, darf das Urteil nicht zugestellt werden.**

1) Das **Sitzungsprotokoll dient** in 1. Hinsicht der Nachprüfung der Gesetz- 1
mäßigkeit der Hauptverhandlung durch das Rechtsmittelgericht, nur ausnahmsweise (vgl unten 23) auch Zwecken, die außerhalb des Verfahrens liegen. Für die Einhaltung der wesentlichen Förmlichkeiten des Verfahrens hat das Protokoll die ausschließliche Beweiskraft (§ 274). Seine Verlesung ist nur im Fall des III erforderlich. Die §§ **271–273 gelten auch** für die mündliche Haftprüfung 2
(§ 118 a III S. 3) und die Verhandlung über die Verteidigerausschließung (§ 138 d IV S. 3). Sie **werden ergänzt** durch die §§ 64, 86, 249 II S. 2, 255, 3
§§ 182, 183, 185 I S. 2 GVG und für Vorgänge außerhalb der Hauptverhandlung durch die §§ 168–168 b.

2) Protokollierung der Hauptverhandlung (I): 4

A. **Gang und Ergebnisse der Hauptverhandlung:** Das Protokoll muß die 5
zeitliche Reihenfolge aller wesentlichen Verfahrensvorgänge kenntlich machen (KK-Engelhardt 2), insbesondere Abweichungen vom normalen Verfahrensgang, zB in Punktesachen (2 zu § 243). Ergebnisse der Hauptverhandlung sind nicht die Ergebnisse der Beweisaufnahme; für sie gilt II. Die in der Hauptverhandlung ergangenen Entscheidungen werden am Schluß von I besonders erwähnt (vgl dazu unten 11 ff).

B. **Beachtung der wesentlichen Förmlichkeiten:** Solche Förmlichkeiten 6
sind alle Vorgänge, die für die Gesetzmäßigkeit des Verfahrens von Bedeutung sein können (Bay **51**, 601, KK-Engelhardt 4; Mittelbach JR **55**, 330; vgl im einzelnen Kroschel/Meyer-Goßner 343 ff). Dabei kommt es nur auf das vorliegende Verfahren an; die Bedeutung des Vorgangs für andere Verfahren macht ihn nicht zu einer wesentlichen Förmlichkeit (LR-Gollwitzer 6; **aM** Bay **64**, 141 = JZ **65**, 291 mit abl Anm Sarstedt). **Wesentliche Förmlichkeiten sind insbesondere** die Anga- 7
ben über die Öffentlichkeit der Verhandlung (7 zu § 272), die Verhandlung über ihren Ausschluß (5 zu § 174 GVG) sowie der Ausschließungsbeschluß (8 zu § 174 GVG), seine Durchführung und die Wiederherstellung der Öffentlichkeit (BGH **4**, 279; MDR **77**, 810 [H]; StV **89**, 384 L; **94**, 471), die Anwesenheit der in § 226 bezeichneten Prozeßbeteiligten (BGH **24**, 280; Bremen NJW **75**, 1793) und des Verteidigers im Fall der notwendigen Verteidigung nach §§ 140, 231 a IV (BGH aaO), nicht des Sachverständigen (8 zu § 274), die Hinzuziehung des Dolmetschers und ihr Anlaß (7 zu § 185 GVG), die Abwesenheit des Angeklagten nach §§ 231 II, 231 a, 231 b, 231 c (dort 25), 232, 233 und seine Entfernung nach § 247 (dort 14), die Vorgänge nach § 243 II S. 2–IV S. 2 (vgl BGH MDR **74**, 368 [D]; NStZ **84**, 521; **86**, 39; 374: Verlesung des Anklagesatzes; BGH StV **90**, 245; **92**, 1; Hamburg OLGSt § 247 S. 7; Köln NStZ **89**, 44: Vernehmung des Angeklagten zur Person und Sache; BGH NStZ **95**, 560: auch die erst im Verlauf der Hauptverhandlung – zB bei einer Äußerung nach § 257 oder § 258 – erfolgte Einlassung des Angeklagten zur Sache; Hamm JR **80**, 82; Köln VRS **59**, 349: Vortrag der Einlassung des Angeklagten durch den Verteidiger; BGH **37**, 260: Äußerung zum Antrag nach § 404), die gesetzlich vorgeschriebenen Belehrungen, Hinweise, Unterrichtungen und Aufforderungen zur Stellungnahme, zB nach § 52 III S. 1 (dort 30), § 55 II (dort 15), § 63 Hs 2 (dort 2), § 247 S. 4 (dort 17), § 257 I (dort 4), § 258 III (dort 31), § 265 I, II (dort 33), § 268 a III (dort 3), die Rechtsmittelbelehrung (Düsseldorf NStE Nr 3 zu § 274), prozessuale Einverständnis- oder Verzichtserklärungen, zB nach § 61 Nr 5 (Koblenz StV **92**, 263; erg aber 33 zu § 61) oder nach §§ 245, S. 3, 251 I Nr 4, II, § 266 I (dort 13), § 303 (dort 4), § 325 (dort 5), auch der Widerspruch gegen die Verwertung einer Aussage (vgl 20 zu § 136; Bay **96**, 112 = NStZ **97**, 99; offen gelassen von BGH NStZ **97**, 614 mit

Anm Müller-Dietz), die Vereidigung oder Nichtvereidigung von Zeugen und Sachverständigen (10 zu § 59; 4 zu § 79), die Erhebung von Beweisen, insbesondere der Vernehmung von Zeugen und Sachverständigen, der Verlesung von Urkunden (unten 9) und des Augenscheins (BGH NStZ **95**, 19 [K]; NStZ-RR **98**, 277; erg 17 zu § 86), der Beschluß nach § 244 VI (BGH StV **94**, 635), die Wiederholung eines Teils der Beweisaufnahme zur Heilung des Verstoßes gegen § 226 (Köln NStZ **87**, 244), die Heilung von Vereidigungsfehlern (BGH **4**, 130, 132; RG **72**, 219, 221; Strate StV **84**, 44), gesetzlich vorgesehene Erklärungen von Angeklagten und Zeugen, zB nach § 52 I, II (dort 30), § 63 (dort 1), § 67 (dort 8), § 79 III (dort 7), § 257 (dort 7), und die Erhebung der Nachtragsanklage (7 zu § 266). Auch die Erörterung gerichtskundiger Tatsachen gehört hierher (Frankfurt StV **89**, 97; Meyer-Goßner Tröndle-FS 560 ff; offen gelassen BGH StV **88**, 514; **aM** BGH **36**, 354, aber wegen der unerwünschten Konsequenz des § 274 kann die Eigenschaft als wesentliche Förmlichkeit nicht verneint werden; abl auch Kahlo
8 StV **91**, 52; zw Roxin § 49 I 2 a). **Keine wesentlichen Förmlichkeiten sind** die Vereidigung der Schöffen, für die § 45 **DRiG** gilt (BGH MDR **73**, 372 [D]; 4 StR 97/80 vom 22. 1. 1981), die Beratung des Gerichts (BGH **5**, 294; OGH **3**, 121; Hamm Rpfleger **97**, 230; Schleswig SchlHA **73**, 187 [E/J]; **74**, 184 [E/J]; LR-Gollwitzer 5; **aM** EbSchmidt 10; vgl auch BGH NJW **87**, 3210: Protokollvermerk über die Nachberatung im Sitzungssaal ist zweckmäßig), die Bekanntgabe des versehentlich nicht zugestellten Eröffnungsbeschlusses (Karlsruhe MDR **70**, 438), Maßnahmen der Sitzungspolizei (hierfür gilt § 182 GVG), die Präsenzfeststellung nach § 243 I S. 2 (Dallinger MDR **66**, 965) und das Erscheinen der Zeugen in der Hauptverhandlung (BGH **24**, 280), die Einführung allgemeinkundiger Tatsachen (ANM 573 mwN in Fn 328; anders aber bei gerichtskundigen oder sonstigen nur beschränkt offenkundigen Tatsachen, vgl oben 7; Erörterungs- und Protokollierungspflicht entsprechen sich, vgl 3 zu § 244 und Meyer-Goßner Tröndle-FS 563); die Verwendung von Augenscheinsgegenständen als Vernehmungshilfen (8 zu § 86), die Belehrung des Angeklagten über die gesetzlichen Folgen eigenmächtigen Ausbleibens in einer Fortsetzungsverhandlung (Düsseldorf NJW **70**, 1889), die stillschweigende Zustimmung zur Verlesung nach § 251 I Nr 4 (Bay **78**, 17 = NJW **78**, 1817; Köln NStZ **88**, 31) und zur Rechtsmittelrücknahme nach § 303 (Hamm NJW **69**, 151 = JZ **69**, 269 mit Anm Peters; Köln MDR **54**, 500), die Befragung des Angeklagten nach § 265 a; Vorhalte an Angeklagte und Zeugen, insbesondere aufgrund von Urkunden (28 zu § 249), auch aus polizeilichen Protokollen (BGH DAR **87**, 201 [SP]), Verhandlungspausen (BGH VRS **32**, 143) und Erklärungen über den Rechtsmittelverzicht (vgl aber 11 zu § 274).

9 C. Die **Bezeichnung der verlesenen Schriftstücke** oder derjenigen, von deren Verlesung nach § 249 II abgesehen worden ist (nicht ihr Inhalt), muß in das Protokoll aufgenommen werden (vgl 1 zu § 255). Es muß außer der Anordnung der Verlesung auch mitteilen, daß diese ausgeführt worden ist (BGH wistra **92**, 30; NStZ **93**, 30 [K]). Für die Protokollierung genügt nicht die Feststellung, daß ein Gutachten oder eine Urkunde „zum Gegenstand der Verhandlung" gemacht worden ist (BGH **11**, 29; RG **64**, 78; Celle StV **84**, 107; Düsseldorf NJW **88**, 217; VRS **77**, 228 mwN; NZV **96**, 503); denn das beweist nicht die Art der Verwendung (LR-Gollwitzer 16). Zu protokollieren ist auch der Bericht des Vorsitzenden über den Inhalt der Urkunde (27 zu § 249), nicht aber der bloße Vorhalt (28 zu § 249). Zur Protokollierung im Fall des § 249 II vgl dort 24.

10 D. Die **im Verlauf der Verhandlung gestellten Anträge**(Antragsteller, Antragsinhalt) müssen im Protokoll beurkundet werden, auch die Hilfsanträge (BGH MDR **68**, 552 [D]; **75**, 368 [D]) und die unzulässigen Anträge (KK-Engelhardt 9), nicht aber die Begründung der Anträge (RG **32**, 239, 241; Nürnberg MDR **84**, 74). Wegen der Beweisanregungen vgl 27 zu § 244, wegen der Beweisanträge 36 zu § 244.

E. Die **ergangenen Entscheidungen** (Gerichtsbeschlüsse und Verfügungen des Vorsitzenden) müssen in ihrem vollen Wortlaut und, wenn sie eine Begründung enthalten, mit den Gründen in das Protokoll aufgenommen werden. Wird der Beschluß mit der Begründung gesondert abgefaßt, so braucht er nicht in die Sitzungsniederschrift aufgenommen zu werden, sondern es genügt, daß die mündliche Bekanntmachung im Protokoll vermerkt und auf den Beschluß, der dem Protokoll als Anlage beigefügt wird, ausdrücklich Bezug genommen wird (BGH MDR **91**, 297 [H]; RG **25**, 248; 334; 335; ANM 766 mwN). Das **Urteil** wird mit der in der Verhandlung verkündeten Formel (§ 268 II S. 1) beurkundet. Der Vermerk: „Es wurde das anliegende Urteil verkündet", genügt nicht (RG **58**, 143). Wegen der Urteilsgründe genügt der Vermerk, daß sie eröffnet worden sind. **11** **12**

3) Die **Aufnahme von wesentlichen Ergebnissen der Vernehmung** (II) ist nur für die Verhandlung vor dem Strafrichter und dem SchG vorgeschrieben und nur für Vernehmungen der Angeklagten, Zeugen und Sachverständigen. Für den Augenscheins- und Urkundenbeweis hat II keine Bedeutung (LR-Gollwitzer 32). Die Protokollierung des wesentlichen Vernehmungsergebnisses ist **Aufgabe des UrkB.** Der Vorsitzende kann ihm aber Weisungen darüber erteilen, was als wesentlich iS des II anzusehen ist. Er ist auch rechtlich nicht gehindert, dem UrkB die Zusammenfassung der Aussage ins Protokoll zu diktieren (vgl aber LR-Gollwitzer 34: weder üblich noch angebracht). Die Prozeßbeteiligten haben auf die Niederschrift nach II keinen Einfluß; sie können nur Anregungen geben oder den Antrag nach III stellen. Es genügt stets ein **knappes Inhaltsprotokoll;** ein Wortprotokoll ist nur im Fall des III vorgesehen. Die Bezugnahme auf Niederschriften über frühere Vernehmungen ist zulässig, wenn die Aussage in der Hauptverhandlung von ihnen nicht oder nur unwesentlich abweicht (LR-Gollwitzer 35; vgl auch RiStBV 144 II S. 1). Auch auf ein schriftliches Sachverständigengutachten kann Bezug genommen werden (BGH GA **64**, 275). Zur späteren Verlesung vgl 16 zu § 251; 11 zu § 325. Das **Inhaltsprotokoll kann entfallen,** wenn allseitiger Rechtsmittelverzicht erklärt oder das Urteil in der Rechtsmittelfrist nicht angefochten wird (II Hs 2); entspr wird bei Rücknahme des Einspruchs gegen den Strafbefehl verfahren. Die **Beweiskraft des Protokolls** nach § 274 beschränkt sich auf die Feststellung, daß der Angeklagte oder die Beweisperson vernommen worden ist; für den Inhalt der Aussage ist es nicht beweiskräftig (10 zu § 274; 13 zu § 337). **13** **14** **15** **16** **17**

4) **Vollständige Niederschreibung von Vorgängen, Aussagen und Äußerungen** (III): **18**

A. Nur **Vorgänge in der Hauptverhandlung** können festgestellt werden, nicht Vorgänge vor ihrem Beginn, in einer Sitzungspause oder außerhalb des Sitzungssaals. Zu den wesentlichen Förmlichkeiten der Hauptverhandlung braucht der Vorgang nicht zu gehören; er muß nicht einmal eine Prozeßhandlung sein (KMR-Müller 14), sondern kann in dem besonderen Verhalten des Angeklagten oder eines Zeugen (Erröten, Erbleichen, Mimik, Gestik), auch von Richtern und Schöffen (Schlafen während der Verhandlung) liegen. Der **Wortlaut einer Aussage oder Äußerung** kann insgesamt oder in einem Teil beurkundungsbedürftig sein. Aussagen iS von III S. 1 sind die Einlassung des Angeklagten und die Aussagen von Zeugen und Sachverständigen; Äußerungen können auch von anderen Personen stammen, die sich im Sitzungssaal befinden. Nur **wenn es auf die Feststellung ankommt,** wird die vollständige Niederschreibung angeordnet. Dabei kann sich das Interesse an der Feststellung sowohl auf das laufende als auch auf ein anderes (auch künftiges) Verfahren beziehen (KK-Engelhardt 23). **Für das laufende Verfahren** kommt es auf die Feststellung insbesondere an, wenn die Vorgänge oder Äußerungen Verfahrensfehler enthalten, auf die die Revision gestützt werden kann, wenn sie Anlaß zu Beweisanträgen oder zu weiterer Sachaufklärung bieten oder wenn sie für die Beweiswürdigung von besonderer Bedeutung sind. **19** **20** **21** **22**

Daß eine Aussage entscheidungserheblich ist, genügt allein nicht (LR-Gollwitzer
42; Sieß NJW **82**, 1625; **aM** Krekeler AnwBl **84**, 417; Ulsenheimer NJW **80**,
2276). Ein Protokollierungsbedürfnis ist vielmehr nur anzuerkennen, wenn es nicht
lediglich auf den Inhalt, sondern auf den genauen Wortlaut der Aussage ankommt
(Schleswig SchlHA **76**, 172 [E/J]; Fezer 11/110; Roxin § 49 I 2; Schlüchter 590
Fn 662; M.J.Schmid NJW **81**, 1353; Sieß aaO; **aM** Schröder Schlüchter-FG 97),
insbesondere, wenn verschiedene Deutungsmöglichkeiten mit der Gefahr unter-
23 schiedlicher Folgerungen bestehen (LR-Gollwitzer 42). **Für andere Verfahren**
kommt es auf die Feststellung an, wenn sie die Grundlage für eine strafgerichtliche
Verurteilung (vgl RiStBV 144 II S. 2), für eine disziplinarische Ahndung oder für
ein zivilrechtliches Verfahren bilden kann.

24 B. Von **Amts wegen oder auf Antrag** wird die vollständige Niederschreibung
25 angeordnet. **Von Amts wegen** veranlaßt sie der Vorsitzende, wenn er nach pflicht-
26 gemäßem Ermessen die Voraussetzungen des III S. 1 für gegeben hält. **Antragsbe-
rechtigt sind** die Prozeßbeteiligten mit Ausnahme des Nebenklägers (vgl 11 zu
§ 397) und der Berufsrichter und Schöffen (**aM** SK/StPO-Schlüchter 26; Ulsen-
heimer NJW **80**, 2274; Voraufl), auch nicht die Zeugen und Sachverständigen
(KMR-Müller 17; LR-Gollwitzer 48; **aM** W. Schmid GA **62**, 362; Ulsenheimer
27 aaO). Der Antragsteller muß den zu protokollierenden Vorgang **genau bezeich-
nen** und darlegen, worin sein rechtliches Interesse an der Beurkundung besteht
(Bremen NStZ **86**, 183; LR-Gollwitzer 48). Der Antrag, alle Wahrnehmungen des
Gerichts bei einer Augenscheinseinnahme zu protokollieren, ist unzulässig (Bremen
aaO unter Klarstellung seiner den gegenteiligen Eindruck erweckenden Entschei-
dung NJW **81**, 2827 = JR **82**, 252 mit abl Anm Foth). Im übrigen ist es den
Prozeßbeteiligten unbenommen, selbst oder durch eine Hilfsperson Aussagen im
Stenogramm festzuhalten (BGH **18**, 179, 181; Marxen NJW **77**, 2190; erg 15 zu
28 § 169 GVG). Der Antrag nach S. 1 ist im **Sitzungsprotokoll** zu beurkunden
(LR-Gollwitzer 54), ebenso die Anordnung des Vorsitzenden, mit dem ihm ent-
sprochen wird. Lehnt der Vorsitzende ihn ab, so sind der Inhalt des Antrags, seine
Ablehnung und ihre Begründung im Protokoll festzuhalten (KMR-Müller 19).

29 C. Die **Entscheidung** darüber, ob und wie die Beurkundung erfolgen soll, trifft
auch im Fall des III der Vorsitzende. Er allein, im Fall des S. 2 das Gericht, hat nach
pflichtgemäßem Ermessen zu beurteilen, ob es auf die Feststellung der Vorgänge
oder den Wortlaut der Aussage oder Äußerung ankommt; das Antragsrecht allein
gibt keinen Beurkundungsanspruch (BGH NJW **66**, 63 = JR **66**, 305 mit abl Anm
Lackner; Sieß NJW **82**, 1625). Demgegenüber hält die hM die Frage, ob es auf die
Feststellung ankommt, für eine Rechtsfrage, die keinen Raum für Ermessensen-
tscheidungen läßt. Wenn es auf die Feststellung ankommt, ist nach dieser Ansicht
ein Anspruch auf Niederschreibung gegeben (vgl Bremen NJW **81**, 2827 = JR **82**,
252 mit abl Anm Foth; Schleswig SchlHA **76**, 172 [E/J]; KK-Engelhardt 25; LR-
Gollwitzer 49; EbSchmidt Nachtr 3; M. J. Schmid NJW **81**, 1353; W. Schmid GA
62, 353; Ulsenheimer NJW **80**, 2273; einschr KMR-Müller 18 ff: nur für den
Nachweis von Verfahrensmängeln). Praktisch ist die Streitfrage von geringer Be-
deutung; denn die Ablehnung der vollständigen Niederschreibung wird vom Revi-
sionsgericht ohnehin nicht geprüft (vgl unten 36). Wird die Protokollierung nach
III von einem Prozeßbeteiligten erfolglos beantragt, so können er und jeder andere
30 antragsberechtigte Prozeßbeteiligte (KK-Engelhardt 26) auf **gerichtliche Ent-
scheidung** antragen (S. 2), gleichviel, ob es bei der Protokollierung auf deren
Bedeutung im selben oder in einem anderen, auch künftigen, Verfahren ankommt.
Das Gericht entscheidet durch Beschluß, der alsbald, nicht erst nach der Urteils-
verkündung, bekanntzumachen ist (LR-Gollwitzer 52; W. Schmid GA **62**, 363).
Der Vorsitzende ist an den Beschluß nur insoweit gebunden, als er die Nieder-
schreibung veranlassen muß; Wortlaut und Inhalt bestimmt allein er zusammen mit
dem UrkB (Sieß NJW **82**, 1627). Der Beschluß, der seine ablehnende Entschei-
dung bestätigt, bindet ihn nicht; wenn er seine Meinung ändert, kann er gleich-

wohl die Beurkundung veranlassen (KK-Engelhardt 27). Neben S. 2 ist § 238 II nicht anwendbar; S. 2 ist die Sondervorschrift (Erker 120 ff).

D. **Vollständige Niederschrift, Verlesung und Genehmigung:** Die vollständige Niederschrift ordnet der Vorsitzende an. Er kann sie dem UrkB ins Protokoll diktieren oder sich darauf beschränken, ihn zum Mitschreiben zu veranlassen. Der Antragsteller hat nicht das Recht, etwas ins Protokoll zu diktieren (LR-Gollwitzer 45; erg 32 zu § 244). Die Niederschrift muß nicht unbedingt in der Hauptverhandlung angefertigt werden. Der Vorsitzende kann sie auch in einer Sitzungspause vorbereiten, muß aber ihren Inhalt mit dem UrkB abstimmen (LR-Gollwitzer 46; Sieß NJW **82**, 1627). Ist die Beurkundung für einen außerhalb des anhängigen Verfahrens liegenden Zweck bestimmt, so kann sie auch zur Anlage des Protokolls gemacht werden, die sonst aber allen Erfordernissen des Protokolls entsprechen muß (KK-Engelhardt 29). Die Niederschrift muß in der Verhandlung **vorgelesen und genehmigt** werden. Welche der beiden Urkundspersonen sie verliest, bestimmt der Vorsitzende. Die Genehmigung muß grundsätzlich ausdrücklich erteilt werden. Eine Genehmigung liegt aber auch darin, daß sich die Prozeßbeteiligten auf allgemeines Befragen mit der Art der Protokollierung einverstanden erklären. Im **Sitzungsprotokoll** (S. 3) muß die Verlesung vermerkt und angegeben werden, ob die Genehmigung erteilt oder ob und welche Einwendungen erhoben worden sind. Der Genehmigungsvermerk kann sich darauf beschränken, daß Einwendungen nicht erhoben worden sind (KMR-Müller 22). 31 32 33

5) Die **Fertigstellung des Protokolls** (IV) ist Voraussetzung der Urteilszustellung. Zur Fertigstellung vgl im einzelnen 19 zu § 271; die vorherige Zustellung ist unwirksam und setzt die von der Urteilszustellung abhängigen Fristen, insbesondere die Revisionsbegründungsfrist nach § 345 I S. 2, nicht in Lauf (BGH **27**, 80; Bay **80**, 140 = NJW **81**, 1795; **85**, 57 = StV **85**, 360; Karlsruhe NJW **80**, 716; Stuttgart MDR **95**, 843; Börtzler MDR **72**, 185). Mängel des Protokolls machen die Urteilszustellung nicht unwirksam, wohl aber Unleserlichkeit oder Unvollständigkeit des Urteils (BGHR § 145 a Unterrichtung 1). 34

6) Die **Beschwerde** gegen den Gerichtsbeschluß, mit dem die vollständige Niederschreibung nach III S. 1 abgelehnt worden ist, schließt § 305 S. 1 aus, soweit die Niederschreibung für Zwecke des vorliegenden Verfahrens beantragt war. Sollte sie einen außerhalb dieses Verfahrens liegenden Zweck verfolgen, so ist Beschwerde nach § 304 I zulässig (KK-Engelhardt 36); mit ihr kann aber nur geltend gemacht werden, daß die Protokollierung rechtsfehlerhaft verweigert worden ist (LR-Gollwitzer 58). 35

7) Die **Revision** kann nicht auf einen Mangel des Protokolls gestützt werden (26 zu § 344), auch nicht auf inhaltliche Widersprüche bei der Wiedergabe einer Aussage oder eines Gutachtens in der Niederschrift nach II und in den Urteilsgründen; dagegen läßt sich mit der Niederschrift nach III der Gegenbeweis gegen die Urteilsfeststellungen führen (14 zu § 337; zum notwendigen Revisionsvorbringen vgl Bay NStZ **90**, 508). Ob es im Fall des III rechtsfehlerhaft ist, wenn die Urteilsfeststellungen ergeben, daß es für die Entscheidung gerade auf die beantragte, aber abgelehnte vollständige Niederschrift ankam (so Bremen NJW **81**, 2827 = JR **82**, 252 mit abl Anm Foth; Roxin § 49 I 2), ist revisionsrechtlich im Ergebnis ohne Bedeutung. Denn das Urteil kann auf der Ablehnung des Antrags nicht beruhen (vgl BGH NStZ **94**, 25 [K]; 3 StR 49/93 vom 9. 6. 1993; KG VRS **11**, 436; LR-Gollwitzer 59; **aM** Bremen aaO; AK/StPO-Lemke 26; Ulsenheimer NJW **80**, 2274). Das gilt auch für den Fall, daß der Antrag darauf gerichtet war, die Beweisgrundlagen, insbesondere den Wortlaut einer Aussage, im Protokoll festzuhalten (KK-Engelhardt 35; **aM** Schlüchter 590 und in SK/StPO 47; Ulsenheimer aaO). 36

Beweiskraft des Protokolls **RiStBV 144**

274 **Die Beobachtung der für die Hauptverhandlung vorgeschriebenen Förmlichkeiten kann nur durch das Protokoll bewiesen werden. Gegen den diese Förmlichkeiten betreffenden Inhalt des Protokolls ist nur der Nachweis der Fälschung zulässig.**

1 1) **Formelle Beweiskraft des Sitzungsprotokolls** (S. 1):

2 A. Der **Vereinfachung des Revisionsverfahrens** dient die Vorschrift; sie will dem Revisionsgericht die Prüfung von Verfahrensrügen erleichtern (BGH NJW **76**, 977). Die Förmlichkeiten des Hauptverfahrens sollen nicht Gegenstand von Beweiserhebungen im Rechtsmittelzug sein (KK-Engelhardt 1). S. 1 läßt daher den Grundsatz der freien Beweisermittlung und Beweiswürdigung zurücktreten (BGH **26**, 281, 283) und bestimmt, als gesetzliche Beweisregel (Sarstedt Hirsch-FS 185),
3 die **ausschließliche Beweiskraft des Sitzungsprotokolls.** Durch andere Beweise kann es grundsätzlich nicht ergänzt, ersetzt oder widerlegt werden (BGH **2**, 125, 126; NStZ **93**, 51; KG VRS **43**, 199; ANM 884), insbesondere nicht durch dienstliche Äußerung der Gerichtsmitglieder und der Prozeßbeteiligten (BGH **8**, 283; **13**, 53, 59; **22**, 278, 280; MDR **74**, 548 [D]; **77**, 810 [H]; NStZ **83**, 375; **84**, 133; **92**, 49) oder durch die Urteilsgründe (BGH **2**, 125, 126; NJW **76**, 977; RG **31**, 163; **35**, 61; Frankfurt NJW **53**, 198; Hamm NJW **78**, 2406; ANM 884). Auch das Einverständnis der Prozeßbeteiligten darüber, daß das Protokoll unrichtig ist, kann
4 die Beweiskraft nicht beseitigen (LR-Gollwitzer 22; ANM 884). Die **entsprechende Anwendung des § 274** auf Protokolle über richterliche Untersuchungshandlungen außerhalb der Hauptverhandlung kommt nicht in Betracht (12 zu § 168 a).

5 B. Die **Auslegung der Protokolleintragungen** schließt § 274 nicht aus (BGH **4**, 140; **13**, 53, 59; **31**, 39; JR **61**, 508; MDR **52**, 659 [D]; KG VRS **43**, 199; Hamm JZ **57**, 227; ANM 885). Sie ist stets zulässig und geboten, wenn der Sinn des Protokolls zweifelhaft ist (RG JW **26**, 2761). Das Revisionsgericht kann zur Auslegung alle ihm geeignet erscheinenden Erkenntnisquellen heranziehen, zB dienstliche Äußerungen der Gerichtsmitglieder (RG JW **27**, 126 mit Anm Beling; Bay **94**, 89 = NJW **95**, 976; Celle NJW **47/48**, 394), den Akteninhalt, die Urteilsgründe (BGH NStZ **91**, 143) und die Revisionsbegründungsschrift (KG VRS **43**, 199; ANM 885). Bleibt das Protokoll trotz versuchter Auslegung mehrdeutig, so entfällt seine Beweiskraft (BGH **31**, 39; unten 17).

6 C. **Umfang der Beweiskraft:**

7 a) Nur **im anhängigen Verfahren für das Gericht höherer Instanz,** das die Gesetzmäßigkeit des Verfahrens zu prüfen hat, ist das Protokoll beweiskräftig (BGH **26**, 281, 282), nicht in anderen Verfahren. Eine öffentliche Urkunde mit Beweiskraft für und gegen jedermann ist es nicht (Hamm NJW **77**, 592; LR-Gollwitzer 2). Der Protokollvermerk über die Zeugenvereidigung befreit das Gericht daher in einem Verfahren wegen Meineids nicht von der Prüfung, ob die Vereidigung stattgefunden hat (Sarstedt Hirsch-FS 186).

8 b) Nur **die für die Hauptverhandlung vorgeschriebenen Förmlichkeiten,** dh die wesentlichen Förmlichkeiten iS des § 273 I (RG **53**, 176; Bremen NJW **75**, 1793; LR-Gollwitzer 10; weitergehend KK-Engelhardt 4), werden von der Beweiskraft umfaßt. Andere Verfahrensvorgänge müssen im Freibeweis geklärt werden (BGH **22**, 26 = JZ **68**, 434 mit zust Anm EbSchmidt; Schleswig SchlHA **80**, 20); dabei ist das Sitzungsprotokoll als Beweismittel verwertbar (RG **43**, 438; LR-Gollwitzer 14). Für Angaben nach § 272, die keine wesentlichen Förmlichkeiten sind, wie die Angabe der Personalien und die Bezeichnung der Straftat, gilt § 274 nicht (Düsseldorf MDR **90**, 359). Daher beweist auch der Vermerk, daß öffentl verhandelt wurde (§ 272 Nr 5), nur, daß die Öffentlichkeit nicht ausgeschlossen,

nicht auch, daß sie tatsächlich hergestellt war (KK-Engelhardt 4). Die Abwesenheit von Personen, deren Anwesenheit § 226 nicht vorschreibt (zB Sachverständige), wird nicht dadurch bewiesen, daß das Protokoll ihre Anwesenheit nicht vermerkt (BGH NStZ **85**, 207 [Pf/M]; 455). Beurkundet das Protokoll die Verlesung der Anklageschrift, so ist damit nur die Verlesung des Angeklagesatzes bewiesen, weil nur das die vorgeschriebene Förmlichkeit ist (BGH 1 StR 615/67 vom 29. 2. 1968). Ob das wesentliche Ermittlungsergebnis mitverlesen wurde, ist dem Beweis zugänglich. Nur für **Vorgänge in der Hauptverhandlung,** einschließlich der zur 9 Entscheidungsverkündung gehörenden Rechtsmittelbelehrung nach § 35 a (unten 12), gilt die Beweiskraft des § 274, nicht für Vorgänge vor oder nach der Verhandlung (Hamburg NJW **55**, 1201) oder in einer Sitzungspause (RG JW **15**, 1265; KMR-Müller 2), auch nicht die Vorgänge, die die Beratung oder Abstimmung betreffen (BGH **5**, 294; RG **27**, 3; OGH **3**, 121; Hamburg aaO; Schleswig SchlHA **73**, 187 [E/J]), gleichviel, ob sie sich im Beratungszimmer oder im Sitzungssaal zugetragen haben (Hamburg aaO; LR-Gollwitzer 15). Die Beweiskraft erstreckt sich auch nicht auf den **Inhalt der nach § 273 II protokollierten Aus-** 10 **sagen** (BGH MDR **73**, 557 [D]; **74**, 369 [D]; StV **97**, 455; Bay **94**, 89 = NJW **95**, 976; Hamm NJW **70**, 69; Dahs Schmidt-Leichner-FS 31; Lackner JR **66**, 306); insoweit sind grundsätzlich die Urteilsgründe maßgebend (13 zu § 337). Mit den nach § 273 III wörtlich protokollierten Aussagen kann aber der Gegenbeweis gegen die Urteilsfeststellungen geführt werden (14 zu § 337). Ein im Anschluß an die Urteilsverkündung erklärter **Rechtsmittelverzicht** (Einl 137) nimmt an der 11 Beweiskraft des § 274 teil, wenn er nach § 273 III S. 3 beurkundet worden ist (BGH **18**, 257 = JR **64**, 263 mit abl Anm Stratenwerth, Düsseldorf StV **84**, 108; VRS **92**, 257; Köln JMBlNW **64**, 82; **aM** Frankfurt NJW **71**, 949; LR-Gollwitzer 21 zu § 273: nur erhöhter Beweiswert). Wird dagegen nur die Abgabe der Erklärung im Protokoll vermerkt, so ist die Richtigkeit des Vermerks im Freibeweis zu klären, wobei das Protokoll nur ein Beweisanzeichen für den Verzicht ist (BGH aaO; **19**, 101, 105; NStZ **83**, 213 [Pf/M]; VRS **25**, 266; wistra **94**, 29; DAR **95**, 196 [T]; Düsseldorf JMBlNW **90**, 190; VRS **88**, 41; Hamburg NJW **65**, 1821; Hamm NStZ **86**, 378; Koblenz MDR **81**, 956; OLGSt Nr 2). Das gleiche gilt, wenn die Unterschrift des Richters unter dem nach § 273 III S. 3 errichteten Protokoll fehlt (BGH NStZ **84**, 181) oder erst nach 4 Monaten hinzugefügt worden ist, obwohl der Richter sich an den Sachverhalt nicht mehr erinnern konnte (Bay **96**, 27 = NStZ-RR **96**, 276). Rechtsmittelerklärungen während der Hauptverhandlung im Rechtsmittelzug (Beschränkung; Zurücknahme) nehmen an der Beweiskraft teil (RG **66**, 417; Hamburg NJW **55**, 1201; Koblenz VRS **42**, 135), nicht aber die Beratung mit dem Verteidiger darüber (BGH NStZ **96**, 297).

D. Die **Wirkung der Beweiskraft** kann positiv oder negativ sein. 12

a) Die **positive Beweiskraft** bedeutet, daß die im Protokoll beurkundeten 13 wesentlichen Förmlichkeiten der Hauptverhandlung als geschehen gelten, selbst wenn sie nicht stattgefunden haben (BGH JR **61**, 508). Ein späterer Protokollvermerk über Angaben des Angeklagten zur Sache beweist, daß er sich trotz anfänglichen Schweigens nach der Belehrung (§ 243 IV S. 1) doch noch geäußert hat (BGH NStZ **92**, 49; NStZ-RR **98**, 264 [K]); fehlt jedoch ein solcher Vermerk, ist davon auszugehen, daß er auch im weiteren Verlauf der Hauptverhandlung geschwiegen hat (BGH NStZ **95**, 560). Der Vermerk: „Rechtsmittelbelehrung wurde erteilt", beweist die Belehrung (Düsseldorf NStZ **86**, 233 mit Anm Wendisch; Koblenz OLGSt Nr 2) und ihre Richtigkeit und Vollständigkeit (Köln OLGSt § 35 a Nr 1; D.Meyer JurBüro **85**, 341).

b) Die **negative Beweiskraft** bedeutet, daß als nicht geschehen gilt, was im 14 Protokoll nicht beurkundet ist (BGH **22**, 278, 280; JR **61**, 508; NStZ **93**, 51; Hamburg MDR **73**, 156; Hamm VRS **60**, 206; Saarbrücken VRS **48**, 439; ANM 883 mwN in Fn 5). Daher gilt mangels gegenteiligen Vermerks die Verlesung des Anklagesatzes (BGHR Beweiskraft 6) oder eine Beweiserhebung (Hamm MDR

64, 344) als nicht erfolgt, ein Zeuge nur als uneidlich vernommen (BGH NStZ **86**, 323; Köln NJW **54**, 1820), ein Antrag, zB ein Beweisantrag, auch ein Hilfsbeweisantrag (BGH MDR **75**, 368 [D]; KG VRS **43**, 199; ANM 883), als nicht gestellt, die ausgeschlossene Öffentlichkeit als nicht wiederhergestellt (BGH MDR **77**, 810 [H]; StV **89**, 384 L) und das letzte Wort als nicht erteilt (BGH **22**, 278, 280; Zweibrücken MDR **69**, 780). Ist allerdings ein Vorgang nur deshalb nicht beurkundet worden, weil die Urkundspersonen ihn nicht nach § 273 I für protokollierungsbedürftig gehalten haben, so entfällt insoweit die Beweiskraft (RG **64**, 309; ANM 891).

15 E. **Wegfall der Beweiskraft:** Nur ein ordnungsgemäß errichtetes und entspr § 271 I S. 1 von beiden Urkundspersonen unterzeichnetes Protokoll ist nach § 274 beweiskräftig (BGH GA **62**, 305; Hamm VRS **60**, 206; Saarbrücken VRS **48**, 439;
16 ANM 889). Ergeben sich aus dem Protokoll **Meinungsverschiedenheiten zwischen den Urkundspersonen,** so entfällt die Beweiskraft, soweit es an der erforderlichen Übereinstimmung fehlt (RG **57**, 394, 396; Hamm JMBlNW **54**, 156; LR-Gollwitzer 18 zu § 271). Die Beweiskraft entfällt auch, wenn eine Urkundsperson oder beide den Inhalt des Protokolls nachträglich für unrichtig erklären, so daß es von ihrer Unterschrift nicht mehr gedeckt ist (BGH **4**, 364; GA **63**, 19; StV **88**, 45; Düsseldorf OLGSt §§ 273 Nr 2; Köln NJW **52**, 758; ANM 889 mwN in Fn 49), oder jedenfalls durch eine nachträgliche Erklärung von ihm abrücken (BGH aaO; NJW **69**, 281; GA **70**, 240; RG **57**, 394; **67**, 287; Bay **73**, 200, 202 = MDR **74**, 331; Hamm VRS **60**, 206; Jena NStZ-RR **97**, 10; Saarbrücken VRS **48**, 439). Eine Protokollberichtigung beseitigt dagegen nicht die Beweiskraft des Protokolls, sondern ändert nur dessen Inhalt (LR-Gollwitzer 27; ANM 885). Die
17 Beweiskraft entfällt ferner, wenn das Protokoll erkennbare Fehler wie **offensichtliche Lücken, Unklarheiten oder Widersprüche** aufweist (BGH **16**, 306, 308; **17**, 220; **31**, 39; BGHR Beweiskraft 12; NJW **84**, 2172; GA **62**, 305; ANM 890 mwN in Fn 59). Offensichtlich ist eine Lücke insbesondere, wenn ein protokollierter Vorgang beweist, daß ein anderer geschehen ist, über den das Protokoll schweigt (BGH JR **61**, 508; Bremen NJW **75**, 1793; ANM 891), etwa weil der Beschluß über die Ablehnung eines Beweisantrags beurkundet ist, nicht aber der Antrag selbst (vgl BGH MDR **52**, 659 [D]), oder weil die Wiederherstellung der Öffentlichkeit, nicht aber ihr Ausschluß beurkundet ist (BGH **17**, 220). Vermerkt das Protokoll, daß die Vereidigung eines Zeugen angeordnet worden ist, so ist aber nicht deshalb eine offensichtliche Lücke vorhanden, weil es über die Vereidigung selbst nichts enthält (BGH MDR **74**, 548 [D]; KMR-Müller 10). Ein Widerspruch liegt zB vor, wenn in verschiedenen Teilen des Protokolls verschiedene Richter als Mitwirkende genannt sind (BGH **16**, 306; KK-Engelhardt 11; krit Hanack JZ **72**, 489) oder sich Protokollinhalt und eine Anlage zum Protokoll widersprechen
18 (Brandenburg NStZ **95**, 52). Die **Folge des Wegfalls der Beweiskraft** ist nicht, daß das Vorbringen des Beschwerdeführers als wahr unterstellt wird (BGH **17**, 220, 222; RG **63**, 408, 411; ANM 892 ff mit Nachw der Gegenmeinung in Fn 79). Er hat nur die Möglichkeit, den Nachweis zu führen, daß ein bestimmter Vorgang geschehen oder nicht geschehen ist. Das Rechtsmittelgericht muß im Freibeweis (7, 9 zu § 244) und in freier Beweiswürdigung klären, wie der Verfahrensablauf wirklich war (BGH **4**, 364; **16**, 306, 308; **17**, 220; **31**, 39, 41; NJW **76**, 977; **82**, 1057; MDR **52**, 659 [D]; RG **67**, 287; Bremen NJW **75**, 1793; Köln NJW **52**, 758; Saarbrücken VRS **48**, 439; ANM 893). Dabei kann es sich aller erreichbaren Beweismittel bedienen (BGH **17**, 220, 222; NJW **76**, 977; JR **61**, 508), insbesondere des Urteilsinhalts (RG **48**, 419; Koblenz VRS **63**, 130, 132) und dienstlicher Äußerungen der Gerichtsmitglieder, der Prozeßbeteiligten und des Protokollführers (Bay **53**, 135 = NJW **53**, 1524; KK-Engelhardt 14). Läßt sich der Verfahrensvorgang dadurch nicht aufklären, so muß die Revision nach dem Grundsatz, daß ihr nur erwiesene Verfahrensfehler zum Erfolg verhelfen können (10 zu § 337), verworfen werden (Saarbrücken aaO, ANM 892).

2) Der **Einwand der Fälschung** (S. 2) ist zulässig und hebt die Beweiskraft auf, soweit bewiesen ist, daß das Protokoll entweder eine unechte oder verfälschte Urkunde ist, weil es ganz oder teilw von einem Unbefugten hergestellt worden ist (Düsseldorf StV **84**, 108; KMR-Müller 15), oder daß es zwar von den Urkundspersonen stammt, von ihnen aber bewußt mit falschem Inhalt angefertigt worden ist (Düsseldorf aaO). Bloße Mißverständnisse und Nachlässigkeiten der Urkundspersonen bei der Protokollierung genügen nicht (BGH StV **97**, 455; Düsseldorf NJW **97**, 1718; Kohlhaas NJW **74**, 24), selbst wenn sich die fahrlässig protokollierten Tatsachen nicht oder in anderer Weise ereignet haben (Düsseldorf StV **84**, 108; LR-Gollwitzer 28). Den **Nachweis der Fälschung** hat der Prozeßbeteiligte zu führen, der sich auf sie beruft. Dabei genügt aber, daß dem Gericht die Beweismittel für die konkret behauptete Fälschung bezeichnet werden; es stellt dann Ermittlungen im Freibeweis (7, 9 zu § 244) an. 19 20

Schriftliches Urteil **RiStBV 141**

275 **I Ist das Urteil mit den Gründen nicht bereits vollständig in das Protokoll aufgenommen worden, so ist es unverzüglich zu den Akten zu bringen. Dies muß spätestens fünf Wochen nach der Verkündung geschehen; diese Frist verlängert sich, wenn die Hauptverhandlung länger als drei Tage gedauert hat, um zwei Wochen, und wenn die Hauptverhandlung länger als zehn Tage gedauert hat, für jeden begonnenen Abschnitt von zehn Hauptverhandlungstagen um weitere zwei Wochen. Nach Ablauf der Frist dürfen die Urteilsgründe nicht mehr geändert werden. Die Frist darf nur überschritten werden, wenn und solange das Gericht durch einen im Einzelfall nicht voraussehbaren unabwendbaren Umstand an ihrer Einhaltung gehindert worden ist. Der Zeitpunkt des Eingangs und einer Änderung der Gründe ist von der Geschäftsstelle zu vermerken.**

II Das Urteil ist von den Richtern, die bei der Entscheidung mitgewirkt haben, zu unterschreiben. Ist ein Richter verhindert, seine Unterschrift beizufügen, so wird dies unter der Angabe des Verhinderungsgrundes von dem Vorsitzenden und bei dessen Verhinderung von dem ältesten beisitzenden Richter unter dem Urteil vermerkt. Der Unterschrift der Schöffen bedarf es nicht.

III Die Bezeichnung des Tages der Sitzung sowie die Namen der Richter, der Schöffen, des Beamten der Staatsanwaltschaft, des Verteidigers und des Urkundsbeamten der Geschäftsstelle, die an der Sitzung teilgenommen haben, sind in das Urteil aufzunehmen.

IV Die Ausfertigungen und Auszüge der Urteile sind von dem Urkundsbeamten der Geschäftsstelle zu unterschreiben und mit dem Gerichtssiegel zu versehen.

1) **Aufnahme des Urteils in das Sitzungsprotokoll:** Es steht im Ermessen des Vorsitzenden, ob das Urteil mit den Gründen als besondere Niederschrift zu den Akten gebracht oder ob es schon in die Sitzungsniederschrift aufgenommen wird (KK-Engelhardt 2). Das in das Protokoll aufgenommene Urteil unterliegt denselben Anforderungen wie jedes andere; ein besonderer Urteilskopf mit den nach III erforderlichen Angaben ist aber entbehrlich, wenn sie sich bereits aus dem Protokoll ergeben (vgl RiStBV 141 I S. 2). Die Urteilsformel und die Gründe müssen im Protokoll von sämtlichen mitwirkenden Richtern unterschrieben werden. Danach müssen Vorsitzender und Protokollführer das Protokoll unterzeichnen (RG **64**, 214; LR-Gollwitzer 22 zu § 271; **aM** KMR-Müller 14 zu § 271: Unterschrift des Vorsitzenden ist entbehrlich). Da die Fristen für die Urteilsabsetzung nach I nicht gelten (KG VRS **82**, 135; Düsseldorf MDR **82**, 249; **aM** KMR-Müller 5; 1

LR-Gollwitzer 22), darf das Urteil nachträglich nicht mehr ergänzt oder geändert werden (Düsseldorf aaO).

2 **2) Frist für die Fertigstellung des schriftlichen Urteils**(I):

3 A. Das **vollständige Urteil** muß innerhalb der Fristen des I S. 2 schriftlich zu den Akten gebracht werden (BGHR § 275 I S. 1 Akten 1). Zum Urteil gehören nicht nur die schriftlichen Gründe, sondern auch die Urteilsformel (vgl § 268 II S. 1) und das Rubrum mit den nach III erforderlichen Angaben (Bay DAR **83**, 253 [R]; **87**, 314 [B] Köln NJW **80**, 1405; VRS **64**, 282; Zweibrücken DAR **78**, 194; Rieß NStZ **82**, 442), die, auch soweit es die Anschrift des Angeklagten betrifft, keine das Revisionsgericht bindenden Feststellungen enthalten (BGH NJW **87**, 1776). Die Urteilsurkunde muß in Schriftform, aber nicht notwendigerweise bereits in Reinschrift vorhanden sein (Rostock StV **96**, 253; Dahs/Dahs 210; vgl auch RiStBV 141 II S. 3). Der schriftliche Entwurf des Berichterstatters genügt aber ebensowenig wie das Diktat auf einen Tonträger (Hamm VRS **50**, 121; Karls-
4 ruhe Justiz **76**, 442; Rieß aaO). Vollständig ist das Urteil erst, wenn es die **Unterschriften** aller Berufsrichter trägt (unten 19ff) oder einzelne Unterschriften in zulässiger Weise durch einen Verhinderungsvermerk nach II S. 2 ersetzt worden sind (BGH **26**, 247, 248 = JR **76**, 342 mit Anm Meyer; BGH **28**, 194, 195; **31**, 212, 213; MDR **79**, 638 [H]; NStZ **84**, 378; StV **84**, 275; KG StV **86**, 144; Düsseldorf MDR **81**, 423; VRS **72**, 117; Koblenz MDR **76**, 950). Die Unter-
5 schriften der Richter müssen **Änderungen und Ergänzungen** der Urteilsfassung decken, bevor die Höchstfristen des I S. 2 abgelaufen sind (BGH NStZ **84**, 378; Rieß NStZ **82**, 442). Der Vorsitzende, der die Urteilsgründe ändert oder ergänzt, muß daher die Zustimmung der übrigen Richter vor Fristablauf herbeiführen (BGH **27**, 334; StV **84**, 144); eine vorher erklärte allgemeine Ermächtigung der anderen Richter ist wirkungslos (BGH **27**, 334; NStZ **84**, 378). Nur Urteilsergänzungen ohne sachlichen Gehalt brauchen von den Unterschriften der übrigen Richter nicht gedeckt zu sein (BGH MDR **79**, 638 [H]; **84**, 93 [H]). Der Mangel
6 der fehlenden Unterschrift eines Richters kann **nicht dadurch geheilt** werden, daß er den von dem Vorsitzenden ohne inhaltliche Änderungen unterschriebenen Urteilsentwurf gefertigt hat (Düsseldorf VRS **72**, 117) oder daß er nachträglich der Fassung der Urteilsgründe zustimmt und die fehlende Unterschrift nach Fristablauf nachholt (BGH **28**, 194, 195; MDR **78**, 988 [H]; NStZ **82**, 476; **95**, 220 [K]; StV **84**, 275; Rieß NStZ **82**, 443; **aM** LR-Gollwitzer 5, 37; krit auch Gollwitzer Kleinknecht-FS 166ff). Auch ein unvollständiger Verhinderungsvermerk kann nachträglich nicht wirksam ergänzt werden (Rieß aaO; **aM** LR-Gollwitzer 5).

7 B. **Zu den Akten gebracht** werden muß das fertiggestellte Urteil innerhalb der Frist des I S. 2. Auf der Geschäftsstelle muß es nicht bereits niedergelegt sein (BGH MDR **90**, 99 [H]; Rieß NStZ **82**, 443); es genügt, daß es vor Fristablauf auf den Weg dorthin gebracht ist, insbesondere, daß es (mit den Akten oder ohne sie) im Dienstzimmer des Richters zum Abtrag bereitgelegt wird (BGH **29**, 43; wistra **85**, 72). Daß es in die Akten eingelegt wird, ist nicht erforderlich (BGH NStE Nr 14), reicht aber auch nicht aus (Brunen StV **98**, 641; Köln Rpfleger **77**, 413 mit zust Anm Rieß; Rieß aaO). Wird das Urteil erst kurz vor Ablauf der Frist zu den Akten gebracht, so empfiehlt es sich, daß der Richter vermerkt, an welchem Tag das geschehen ist (BGH **29**, 43, 47). Zum Nachweis der Fristwahrung genügt aber auch eine nachträgliche dienstliche Äußerung des Richters (BGH aaO; unten 18). Läßt sich nicht feststellen, ob das Urteil rechtzeitig zu den Akten gebracht ist, so ist davon auszugehen, daß die Frist des I S. 2 versäumt ist (Koblenz MDR **76**, 950; Stuttgart GA **77**, 26; StV **86**, 144; 55 zu § 338).

8 C. Die **gestaffelten Höchstfristen des I S. 2**, bei deren Berechnung § 43 heranzuziehen ist (BGH MDR **80**, 815 [H]; Rieß NStZ **82**, 442), betragen mindestens 5 Wochen, bei 4–10tägiger Hauptverhandlung 7 Wochen, bei 11–20tägiger Hauptverhandlung 9 Wochen (BGH **35**, 259), bei 21–30tägiger Haupt-

verhandlung 11 Wochen usw (vgl SK/StPO-Schlüchter 12). Die Fristen dürfen nur ausgeschöpft werden, wenn eine frühere Urteilsabsetzung nicht möglich ist. Denn in 1. Hinsicht gilt (auch für rechtskräftige Urteile) das Gebot des I S. 1, daß das Urteil unverzüglich zu den Akten zu bringen ist. Jede unter Berücksichtigung der Geschäftslage nicht gerechtfertigte Verzögerung muß vermieden werden (Rieß aaO). Verfahrensrechtliche Folgen (unten 28) hat aber nur die Überschreitung der Höchstfristen des I S. 2. Der Beschluß des Gemeinsamen Senats der obersten Gerichtshöfe des Bundes vom 27. 4. 1993 – GmS-OBG 1/92 –, wonach für die Urteilsabsetzung eine Höchstfrist von 5 Monaten besteht, gilt nicht für das Strafverfahren (BGH NStZ **94**, 46). Bei der Berechnung der Frist in den Fällen des I S. 2 Hs 2 wird die Zahl der Verhandlungstage **abstrakt berechnet;** auf die einzel- 9
nen Vorgänge an den jeweiligen Sitzungstagen kommt es nicht an (BGH NStZ **84**, 466). Mitgezählt wird daher auch der Verhandlungstag, an dem es nur zum Aufruf der Sache, aber nicht zur Sachverhandlung gekommen ist, zB wegen Ausbleibens des Angeklagten oder des notwendigen Verteidigers (KK-Engelhardt 44), oder an dem unter Verstoß gegen § 231 II zur Sache verhandelt worden ist (BGH aaO). Der Tag der Urteilsverkündung wird mitgerechnet, nicht aber ein Tag, an dem nur beraten worden ist (KK-Engelhardt 45). Bei **mehreren Mitbeschuldigten** gilt für 10
das Urteil eine einheitliche Höchstfrist, auch wenn gegen einen der Angeklagten, infolge Beurlaubung nach § 231 c oder vorübergehender Abtrennung, an einzelnen Tagen nicht verhandelt worden ist (BGH MDR **80**, 631 [H]; Rieß NStZ **82**, 442). Nur wenn gegen einen der Mitangeklagten das Urteil früher ergeht als gegen die anderen, beginnt die Frist für dieses Urteil mit dem Tag seiner Verkündung (Rieß aaO).

D. Die **Unabänderlichkeit der Urteilsgründe** (I S. 3) tritt mit dem Fristablauf 11
auch ein, wenn die Urteilsurkunde noch nicht nach außen bekanntgemacht worden ist. Eine Änderung, auch in der Form einer Ergänzung, hat dann keine rechtliche Wirkung (BGH NStZ **93**, 200; Rieß NStZ **82**, 444). Andererseits steht der Ergänzung oder Änderung der Urteilsgründe nicht entgegen, daß das Urteil bereits zu den Akten gebracht worden ist. Solange die Frist des I S. 2 nicht abgelaufen und das Urteil noch nicht zugestellt worden ist, darf es berichtigt und geändert werden (vgl 39 zu § 267). Berichtigungen des Urteils, die keine sachlichen Änderungen enthalten, sind auch später noch zulässig (Rieß aaO; 39 zu § 267).

E. **Zulässige Fristüberschreitung** (I S. 4): Nur unvorhersehbare und unab- 12
wendbare Umstände rechtfertigen die Überschreitung der Fristen des I S. 2 (dazu allg Rieß NStZ **82**, 444); nicht die irrtümliche Annahme, das Urteil sei rechtskräftig (BGH StV **88**, 193). Dabei dürfen jedoch keine überstrengen Anforderungen gestellt werden (BGH **26**, 247, 249 = JR **76**, 342 mit Anm Meyer; Hamm NJW **88**, 1991). **Unvorhersehbar** ist zB die Erkrankung des Richters bei Gerich- 13
ten, die mit einem einzigen Berufsrichter besetzt sind (Koblenz GA **76**, 251; Rieß aaO und NJW **75**, 88), **nicht aber** der schlechte Gesundheitszustand eines über- 13 a
lasteten Richters (Hamm MDR **77**, 1039) oder der Antritt eines geplanten Urlaubs (dazu eingehend Koblenz DRiZ **89**, 221), auch nicht ein Irrtum bei der Fristberechnung (BGH NStZ **85**, 207 [Pf/M]; StV **84**, 143 L; **97**, 204). Umstände, die die **Organisation des Gerichts** betreffen, rechtfertigen die Fristüberschreitung idR 14
nicht (BGH NJW **88**, 1094; Hamm VRS **53**, 193), insbesondere nicht die allgemeine Arbeitsüberlastung des Richters (BGH NStZ **92**, 398; Bay **82**, 139 = MDR **83**, 340; Hamm MDR **77**, 1039; Koblenz GA **76**, 251; Stuttgart MDR **86**, 602) oder der Kanzlei (Bay StV **86**, 145; Hamm VRS **50**, 121; Koblenz VRS **65**, 451; Köln MDR **78**, 864; Schleswig SchlHA **78**, 188 [E/J]; Zweibrücken VRS **54**, 130; Meyer JR **76**, 343), sofern es sich nicht um einen plötzlich auftretenden Engpaß handelt (Rieß NJW **75**, 88), auch nicht die Abordnung des Richters an die StA (Hamm (NJW **77**, 1303 L = VRS **53**, 193) oder die zeitweilige Versendung (BGH StV **89**, 469 L) oder Unauffindbarkeit der Akten (Celle NJW **82**, 397;

Schleswig SchlHA **88**, 111 [L/G]; **aM** Hamm NJW **88**, 1991 für den Fall, daß die
Akten noch vor Leistung der letzten richterlichen Unterschrift in Verlust geraten)
und andere Versehen des Richters (KG VRS **83**, 278), der Geschäftsstelle oder der
15 Kanzlei (Bay StV **86**, 145). Beim **Ausfall des Berichterstatters** des Kollegialge-
richts ist die Fristüberschreitung gerechtfertigt, wenn er am Tage vor dem Fristab-
lauf an der Abfassung des Urteils gehindert ist (BGH NStZ **86**, 564), nicht aber,
wenn das Urteil schon im Entwurf vorliegt und von den anderen Richtern ohne
besondere Mühe fertiggestellt werden kann (BGH **26**, 247 = JR **76**, 342 mit Anm
Meyer). Sonst kommt es darauf an, ob es dem Vorsitzenden oder dem anderen
Beisitzer möglich und zuzumuten ist, das Urteil abzufassen. Das ist nicht der Fall,
wenn diesen Richtern die notwendigen Aufzeichnungen nicht zur Verfügung
stehen oder wenn sie schon durch ihre sonstige richterliche Tätigkeit erheblich
belastet sind. Ist der Berichterstatter, der schon vor der Hauptverhandlung längere
Zeit dienstunfähig krank war, nach deren Beendigung erneut erkrankt, so muß der
Vorsitzende aber rechtzeitig dafür sorgen, daß der andere Beisitzer das Urteil
16 fristgerecht abfaßt (BGH NStZ **82**, 80; **88**, 513). Nach **Wegfall des Hindernisses**
muß das Urteil mit größtmöglicher Beschleunigung zu den Akten gebracht werden
(BGH NStZ **82**, 519; StV **95**, 514). Denn die Fristüberschreitung ist nur so lange
gerechtfertigt, wie sie durch nicht voraussehbare und unabwendbare Umstände
oder durch neu hervortretende Umstände dieser Art verursacht wird (Bay **82**, 139
17 = MDR **83**, 340). **Aktenkundig** muß der Grund für die Überschreitung der Frist
des I S. 2 nicht gemacht werden. Ein entsprer Vermerk in den Akten ist aber
zweckmäßig, weil er den Anfechtungsberechtigten die Entscheidung, ob die Rüge
des § 338 Nr 7 erhoben werden soll, und dem Revisionsgericht die Prüfung dieser
Rüge erleichtert (BGH NStZ **91**, 297; Rieß NStZ **82**, 444; vgl auch RiStBV
141 III).

18 F. Ein **Vermerk der Geschäftsstelle** (I S. 5) über den Zeitpunkt des Eingangs
und der Änderung der Urteilsgründe ist zwingend vorgeschrieben. Der Vermerk
kann auch noch nach Ablauf der Frist des I S. 2 auf der Urschrift des Urteils, auf
einem besonderen Blatt oder im Hauptverhandlungskalender angebracht werden
(Rieß NStZ **82**, 443). Er hat nicht die Beweiskraft des § 274 und hindert daher
nicht den anderweitigen Nachweis, daß das fertiggestellte Urteil rechtzeitig zu den
Akten gebracht worden ist (BGH **29**, 43, 46; NStZ **88**, 449 [M]; Bay DAR **79**, 241
[R]; Karlsruhe Justiz **77**, 23). Maßgebend ist immer der tatsächliche Zeitpunkt;
notfalls ist er im Freibeweis (7, 9 zu § 244) festzustellen, insbesondere durch
Einholung dienstlicher Erklärungen der Richter. Der Eingangsvermerk ist kein
Bestandteil des Urteils und wird daher nicht in die Urteilsausfertigungen aufge-
nommen (BGH NStZ **81**, 297 [Pf]; Rieß aaO).

19 **3) Unterzeichnung der Urteilsurkunde** (II): Mit der Unterschrift – zu den
Anforderungen an ihr Schriftbild: KG NStE Nr 11; Oldenburg NStZ **88**, 145 –,
die das gesamte Urteil decken muß (vgl Bay **70**, 224 = VRS **40**, 210; oben 5),
beurkunden die Berufsrichter (II S. 3; vgl aber BGH **39**, 281, 285: ehrenamtliche
Richter dürfen mitunterschreiben) die Übereinstimmung der Urteilsgründe mit
dem Beratungsergebnis (BGH **26**, 247, 248; **31**, 212; MDR **79**, 638 [H]). Der
überstimmte Richter darf daher seine Unterschrift nicht verweigern; er bezeugt
20 mit ihr nur die Auffassung der Mehrheit (BGH **26**, 92, 93). Bei **Verhinderung** (II
S. 2) eines Richters ist das Urteil nicht „für den Verhinderten" zu unterschreiben,
sondern die Tatsache der Verhinderung und ihr Grund, der allgemein gehalten
werden kann (Urlaub, Krankheit usw), zu bezeugen (BGH **31**, 212, 214). Der
Richter muß dann zweimal unterschreiben: Urteil *und* Vermerk (BGH NStZ **90**,
229 [M]); ein einziger Richter kann auch die Verhinderung der beiden anderen
beurkunden (BGH aaO; **26**, 247, 248). Ist der Verhinderungsvermerk nicht von
dem dazu befugten mitwirkenden Richter, zB nicht von dem älteren, sondern von
dem jüngsten Beisitzer, angebracht worden, so ist er gleichwohl wirksam (BGH
MDR **80**, 456 [H]); aber nur ein Richter, der an der Hauptverhandlung mit-

gewirkt hat, kann die Verhinderung feststellen (BGH NStZ **93**, 448). Ob der Vorsitzende oder sein Vertreter den Verhinderungsvermerk anbringt oder den **Wegfall der Verhinderung abwartet,** steht in seinem Ermessen (BGH NStZ **93**, 21
96; zw Zweibrücken StV **90**, 14). Die Rückkehr eines beurlaubten Richters braucht nicht abgewartet zu werden (BGH 5 StR 660/80 vom 9. 12. 1980; vgl auch BVerfG DAR **85**, 193 [Sp]). Wegen der **Verhinderungsgründe** bestehen 22
keine Beschränkungen (BGH **31**, 212, 214). In Betracht kommen Urlaub (BGH StV **98**, 477: gleichgültig, wo er verbracht wird), Krankheit, aber auch andere Dienstgeschäfte, zu denen sogar die Teilnahme an einem Betriebsausflug gehören kann (BGH aaO). Nichterreichbarkeit im Gerichtsgebäude am letzten Tag der Frist ist aber kein Verhinderungsgrund (BGH **28**, 194; KG StV **86**, 144), auch nicht die Weigerung eines Richters, das Urteil zu unterschreiben (LR-Gollwitzer 47; Eb-Schmidt 13; **aM** KK-Engelhardt 33). Nicht an der Unterschrift gehindert ist ein **aus dem Spruchkörper ausgeschiedener Richter,** der weiterhin bei demselben 23
Gericht (BGH 2 StR 793/81 vom 17. 3. 1982; Bay **82**, 133 = JR **83**, 261 mit Anm Foth; Busch JZ **64**, 749), bei einem anderen Gericht (BGH NStZ **82**, 476: Versetzung an das OLG; BGH NStZ **93**, 96; Zweibrücken StV **90**, 14: Versetzung an das AG) oder als abgeordneter Richter bei der JV oder bei der StA tätig ist. Dagegen ist an der Unterschrift gehindert, wer aus dem Justizdienst ausgeschieden (Bay **67**, 51 = NJW **67**, 1578; Busch JZ **64**, 748) oder nunmehr bei der StA oder bei der JV als Beamter beschäftigt ist (BGH MDR **94**, 1072 [H]; krit Gollwitzer Kleinknecht-FS 168 ff). Wird ein Richter auf Probe zur StA versetzt, so bleibt er Richter (vgl §§ 12, 13, 19 a II **DRiG)** und kann Urteile, an denen er mitgewirkt hat, noch unterschreiben (BGH StV **92**, 557).

4) Urteilskopf (III): Das schriftliche Urteil besteht aus dem Urteilskopf (Rubrum), der Urteilsformel und den Urteilsgründen (vgl § 268 II S. 1). Im Urteils- 24
kopf ist der Angeklagte zu bezeichnen (vgl RiStBV 141 I S. 1) und der **Tag der Sitzung,** ggf sämtliche Sitzungstage, anzugeben (LR-Gollwitzer 24). Jedoch ge- 25
nügt bei einer Hauptverhandlung, die sich über längere Zeit erstreckt hat, die Angabe des Zeitraums mit der in jedem Fall notwendigen Bezeichnung des Tages der Urteilsverkündung (Koblenz Rpfleger **73**, 219). Die **Namen der Mitwirkenden** müssen stets angegeben werden, die der Ergänzungsrichter nur, wenn sie an 26
dem Urteil mitgewirkt haben. Haben mehrere StAe oder Verteidiger (gemeinsam oder nacheinander) mitgewirkt, so müssen alle genannt werden. Bei dem Namen des Verteidigers wird nicht angegeben, ob er Wahl- oder Pflichtverteidiger ist. Von mehreren Protokollführern braucht nur derjenige bezeichnet zu werden, der am Verkündungstermin teilgenommen hat (KK-Engelhardt 12). Auch Nebenkläger und ihre Prozeßbevollmächtigten sollten aufgeführt werden (**aM** LR-Gollwitzer 27; EbSchmidt Nachtr 4), ferner die Nebenbeteiligten und ihre Prozeßbevollmächtigten, nicht hingegen die Beistände (KK-Engelhardt 16, 19).

5) Die **Urteilsausfertigungen** (IV) kann jeder UrkB des erkennenden Gerichts 27
herstellen, nicht nur der in der Hauptverhandlung tätig gewesene. Die Zustellung des Urteils ist auch wirksam, wenn die zugestellte Abschrift vom UrkB nicht handschriftlich, sondern mit seinem Namensfaksimile beglaubigt ist (LR-Gollwitzer 69; **aM** KK-Engelhardt 61), jedoch unwirksam, wenn die richterliche Unterschrift von der Urschrift abweicht (Karlsruhe NStE Nr 10). Die Urschrift des Urteils ist in den Akten zu belassen (BGHR § 275 I S. 1 Akten 2). Bei Verlust der Urschrift kann eine neue vollwertige Urschrift von den mitwirkenden Richtern hergestellt werden, wenn sie deren Übereinstimmung mit der verlorengegangenen bescheinigen (BGH NJW **80**, 1007); vgl auch die VO vom 18. 6. 1942 (RGBl I 395; BGBl III 315–4).

6) Revision: Auf einem Verstoß gegen das Unverzüglichkeitsgebot des I S. 2 28
kann das Urteil nicht beruhen (Rieß NStZ **82**, 442). Die Rüge, das Urteil sei nicht rechtzeitig mit den richterlichen Unterschriften oder einem zulässigen Verhinde-

rungsvermerk zu den Akten gebracht worden (I S. 2), ist Revisionsgrund nach § 338 Nr 7 (wegen der Einzelheiten vgl dort 54 ff). Gelangen nur Tenor oder Rubrum verspätet zu den Akten, so liegt ein Revisionsgrund nach § 337 vor (Bay DAR **83**, 253 [R]; Köln NJW **80**, 1405; VRS **64**, 282); das Urteil wird idR auf dem Mangel nicht beruhen. Auf eine Unrichtigkeit oder Unvollständigkeit des Rubrums kann die Revision nicht gestützt werden (BGH NStZ **95**, 221 [K]), das gilt – jedenfalls beim LG 1. Instanz wegen §§ 222 a und b – auch bei unvollständiger Bezeichnung der mitwirkenden Richter (BGH NStZ **89**, 584; **94**, 47).

7. Abschnitt. Verfahren gegen Abwesende

Vorbemerkungen

1 **1)** Ein **Verfahren gegen Abwesende** findet seit der Aufhebung der §§ 276 II, 277–284 durch Art 21 Nrn 74, 75 EGStGB nicht mehr statt. Die §§ 285 ff sehen nur noch ein Beweissicherungsverfahren sowie zur Erzwingung oder Sicherung der Gestellung des Beschuldigten die Vermögensbeschlagnahme und das sichere Geleit vor.

2 **2) In allen Verfahrensabschnitten** sind die Vorschriften des 7. Abschnitts anzuwenden, auch in den Rechtsmittelzügen (KK-Engelhardt 1 zu § 276; LR-Gollwitzer 8; **aM** KMR-Müller 2 zu § 276).

Abwesender Beschuldigter

276 **Ein Beschuldigter gilt als abwesend, wenn sein Aufenthalt unbekannt ist oder wenn er sich im Ausland aufhält und seine Gestellung vor das zuständige Gericht nicht ausführbar oder nicht angemessen erscheint.**

1 **1)** Eine **gesetzliche Fiktion der Abwesenheit** stellt die Vorschrift auf. Liegen ihre Voraussetzungen vor, so gilt der Beschuldigte selbst dann als abwesend, wenn
2 er in Wahrheit anwesend ist (LR-Gollwitzer 1). Sein **Aufenthalt ist unbekannt** iS des § 276, wenn die Strafverfolgungsbehörden und das Gericht ihn weder kennen noch mit einem der Bedeutung der Sache entspr Aufwand ermitteln können und auch keine begründete Aussicht besteht, daß der Aufenthaltsort demnächst bekannt
3 wird (KK-Engelhardt 3). Um einen **gestellungshindernden Aufenthaltsort** handelt es sich, wenn die Gestellung, dh das Bewirken des Erscheinens durch Ladung oder das Erzwingen des Erscheinens durch ein Auslieferungsersuchen (Frankfurt NJW **72**, 1875), nicht ausführbar oder nicht angemessen erscheint. Unausführbar ist sie, wenn mit Sicherheit zu erwarten ist, daß der Angeklagte trotz Ladung zur Hauptverhandlung nicht erscheinen wird (KK-Engelhardt 7; vgl auch Oppe NJW **66**, 2237), oder wenn ein Auslieferungsersuchen unmöglich ist oder keinen Erfolg verspricht. Unangemessen ist sie, wenn die mit der Auslieferung aus dem Ausland für den Beschuldigten verbundenen Nachteile oder die mit der Erstellung der Auslieferungsunterlagen verbundenen Schwierigkeiten oder die der Staatskasse durch den Vollzug der Auslieferung entstehenden Kosten außer Verhältnis zu der Bedeutung der Sache stehen (LR-Gollwitzer 9; vgl auch RiVASt 88 I Buchst c).

4 **2) Ausland** iS des § 276 ist jedes nicht zur BRep gehörende Gebiet, auch die offene See (LR-Gollwitzer 12).

277-284 (weggefallen)

Beweissicherung

285 **I Gegen einen Abwesenden findet keine Hauptverhandlung statt. Das gegen einen Abwesenden eingeleitete Verfahren hat die Aufgabe, für den Fall seiner künftigen Gestellung die Beweise zu sichern.**

II Für dieses Verfahren gelten die Vorschriften der §§ 286 bis 294.

1) **Keine Hauptverhandlung** (I S. 1) findet gegen einen iS des § 276 Abwesenden statt. Ein Prozeßhindernis (Einl 143) ist die Abwesenheit aber nicht (KK-Engelhardt 7; **aM** LR-Rieß 33 zu § 206a). Die Möglichkeit der Verhandlung gegen einen ausgebliebenen Angeklagten nach §§ 231 II, 232, 233 wird durch I S. 1 nicht eingeschränkt (AK/StPO-Achenbach 2;; LR-Gollwitzer 2; **aM** KMR-Müller 2 zu § 276), auch nicht das Verfahren nach §§ 329, 412 (KK-Engelhardt 2ff). 1

2) **Zum Zweck der Beweissicherung** (I S. 2) darf gegen den Abwesenden ein gerichtliches Verfahren eingeleitet werden. Ein Ermittlungsverfahren ist bei Abwesenheit des Beschuldigten ohne weiteres zulässig (KK-Engelhardt 8; LR-Gollwitzer 7). Sind in einem solchen Verfahren Beweise zu sichern, so trifft die StA die erforderlichen Anordnungen, wenn sie selbst dafür zuständig ist; andernfalls beantragt sie richterliche Maßnahmen oder Untersuchungshandlungen, auf die §§ 286, 287 anzuwenden sind. Wird das Verfahren nicht nach §§ 153ff, 170 II eingestellt, so erfolgt die vorläufige Einstellung nach § 205 S. 1. Eine Anklageschrift reicht die StA nur ein, wenn die Vermögensbeschlagnahme nach § 290 angeordnet werden soll (KMR-Müller 1). Wenn die Zustellung im Ausland durchführbar erscheint, kann auch ein Strafbefehlsantrag gestellt werden (KMR-Müller; Rieß JZ **75**, 268). War das Verfahren schon bei Gericht anhängig, bevor sich die Abwesenheit des Angeschuldigten herausstellt, so führt das Gericht, wenn die StA die Anklage nicht zurücknimmt, das erforderliche Beweissicherungsverfahren durch, bevor es das Verfahren nach § 205 einstellt. War schon das Hauptverfahren eröffnet, so gilt § 289. 2

Beistand

286 **I Für den Angeklagten kann ein Verteidiger auftreten. Auch Angehörige des Angeklagten sind, auch ohne Vollmacht, als Vertreter zuzulassen.**

II Zeugen sind, soweit nicht Ausnahmen vorgeschrieben oder zugelassen sind, eidlich zu vernehmen.

1) Die **Verteidigung** ist nicht notwendig. Für den Beschuldigten (die Verwendung des Wortes „Angeklagten" in I S. 1 beruht auf einem Redaktionsversehen) kann aber ein von ihm selbst oder von einem Vertreter bevollmächtigter Verteidiger tätig werden. Die §§ 137ff gelten entspr, auch § 145a (LR-Gollwitzer 3). 1

2) **Angehörige** (I S. 2) müssen als Vertreter zugelassen werden, auch wenn sie keine Vollmacht des Beschuldigten nachweisen können. Melden sich mehrere, so kann das Gericht die Zahl der Vertretungsberechtigten entspr § 137 I S. 2 beschränken (LR-Gollwitzer 4). Der **Begriff** Angehörige ist weit auszulegen (KK-Engelhardt 3; LR-Gollwitzer 5; **aM** KMR-Müller 1); über den in § 52 I und § 11 I Nr 1 StGB bezeichneten Personenkreis hinaus gehören dazu auch entfernte Verwandte und Stiefeltern, nicht aber geschiedene Ehegatten (KK-Engelhardt 3; LR-Gollwitzer 5). **Vertretung** iS I S. 2 bedeutet nicht rechtsgeschäftliche Vertretung, sondern Interessenwahrnehmung nach Art der Verteidigung (einschr KMR-Müller 1: keine Antrags- oder Rechtsmittelbefugnis). Vertretungsbefugnis iS des § 234 haben die Angehörigen nicht (KK-Engelhardt 5). 2 3 4

5 **3) Zeugenvernehmungen** (II) erfolgen auch im Vorverfahren eidlich, sofern nicht die Voraussetzungen der §§ 60, 61 vorliegen; die §§ 65, 66 b gelten nicht. II wendet sich an den Richter; die Vorschrift zwingt nicht etwa die StA, sämtliche von ihr oder der Polizei vernommenen Zeugen, bei denen eine Vereidigung in Betracht kommt, richterlich vernehmen zu lassen. Für Sachverständige gilt II nicht entspr (KK-Engelhardt 6).

Benachrichtigung

287 **I Dem abwesenden Beschuldigten steht ein Anspruch auf Benachrichtigung über den Fortgang des Verfahrens nicht zu.**

II Der Richter ist jedoch befugt, einem Abwesenden, dessen Aufenthalt bekannt ist, Benachrichtigungen zugehen zu lassen.

1 **1)** Die **Benachrichtigung des Abwesenden** über den Fortgang des Verfahrens steht im Ermessen des Gerichts. Einen Rechtsanspruch hat der Abwesende auch dann nicht, wenn er eine Zustellungsvollmacht hinterlegt hat (KMR-Müller 2; LR-Gollwitzer 11).

2 **2)** Dem **Verteidiger** und den als Vertreter zugelassenen Angehörigen (§ 286 I S. 2) sind die gesetzlich vorgeschriebenen Mitteilungen nach den allgemeinen Vorschriften zu machen (KK-Engelhardt 2).

Aufforderung zum Erscheinen

288 **Der Abwesende, dessen Aufenthalt unbekannt ist, kann in einem oder mehreren öffentlichen Blättern zum Erscheinen vor Gericht oder zur Anzeige seines Aufenthaltsortes aufgefordert werden.**

1 **1)** Die **öffentliche Aufforderung** an den Abwesenden, vor Gericht zu erscheinen oder seinen Aufenthaltsort anzuzeigen, steht im Ermessen des Vorsitzenden. Sie erfolgt in 1. Hinsicht durch Anzeige in öffentlichen Blättern, dh in Zeitungen, die nicht nur von einem beruflich eng begrenzten Personenkreis gelesen werden (LR-Gollwitzer 12). § 288 schließt die Aufforderung durch Ton- oder Fernseh-Rundfunk nicht aus (KMR-Müller 1), auch nicht den Versuch, mit dem Abwesenden durch andere geeignete Mittel Verbindung aufzunehmen (LR-Gollwitzer 12).

2 **2) Rechtsfolgen** hat die Aufforderung nicht. Sie steht nicht einer Ladung gleich und stellt auch keine öffentliche Zustellung iS des § 40 dar (KK-Engelhardt 1).

Beweisaufnahme

289 **Stellt sich erst nach Eröffnung des Hauptverfahrens die Abwesenheit des Angeklagten heraus, so erfolgen die noch erforderlichen Beweisaufnahmen durch einen beauftragten oder ersuchten Richter.**

1 **1)** Die **Zuständigkeit für die Beweissicherung** nach § 285 I S. 2 richtet sich grundsätzlich nach den allgemeinen Regeln. Im Vorverfahren sichert die StA die Beweise. Nur für die Beweissicherung nach Eröffnung des Hauptverfahrens enthält § 289 eine Sonderregelung. Die erforderlichen Anordnungen trifft das Gericht; die Beweise erhebt ein beauftragter oder ersuchter Richter.

2 **2)** Für die **Durchführung der Beweiserhebung** gelten die §§ 223 ff. Verteidiger und nach § 286 I S. 2 als Vertreter zugelassene Angehörige müssen nach § 224 benachrichtigt werden. Die Benachrichtigung des Abwesenden kann unterbleiben

(§ 287). StA und Verteidiger sind zur Anwesenheit berechtigt, Angehörige als Vertreter im selben Umfang wie der Beschuldigte (KMR-Müller 4).

Vermögensbeschlagnahme

290 **I Liegen gegen den Abwesenden, gegen den die öffentliche Klage erhoben ist, Verdachtsgründe vor, die den Erlaß eines Haftbefehls rechtfertigen würden, so kann sein im Geltungsbereich dieses Bundesgesetzes befindliches Vermögen durch Beschluß des Gerichts mit Beschlag belegt werden.**

II Wegen Straftaten, die nur mit Freiheitsstrafe bis zu sechs Monaten oder mit Geldstrafe bis zu einhundertachtzig Tagessätzen bedroht sind, findet keine Vermögensbeschlagnahme statt.

1 1) **Zweck der Vermögensbeschlagnahme** (vgl auch § 443) ist, die Gestellung des Abwesenden zu erzwingen und dadurch die Durchführung der Hauptverhandlung zu ermöglichen. Daß die Auslieferung des Abwesenden nicht verlangt werden kann, steht der Beschlagnahme nicht entgegen (KK-Engelhardt 2), auch nicht dessen Erklärung, er werde in die BRep trotz Verlustes seines Vermögens nicht zurückkehren (LR-Gollwitzer 2). Die Vermögensbeschlagnahme darf aber nicht angeordnet werden, wenn feststeht, daß ihr Zweck nicht erreichbar ist, zB weil der Abwesende nicht reisefähig ist oder im Ausland gegen seinen Willen festgehalten wird oder weil sein Vermögen so gering ist, daß die Beschlagnahme ihn nicht beeindruckt (LR-Gollwitzer 3).

2 2) **Voraussetzung der Vermögensbeschlagnahme** ist die Erhebung der öffentlichen Klage und das Vorliegen von Verdachtsgründen, die den Erlaß eines Haftbefehls rechtfertigen würden. Ein Haftbefehl muß noch nicht erlassen sein (LR-Gollwitzer 10); ein Haftgrund nach §§ 112 **II,** 112a braucht nicht vorzuliegen (KK-Engelhardt 4; **aM** KMR-Müller 2; LR-Gollwitzer 8; Hilger NStZ **82,** 375 Fn 8).

3 3) Der **Verhältnismäßigkeitsgrundsatz** muß gewahrt werden. Bei Straftaten von geringem Gewicht ist die Vermögensbeschlagnahme unzulässig (II). Auch sonst darf sie nicht angeordnet werden, wenn ihre Auswirkungen außer Verhältnis zu den Rechtsfolgen stehen, mit denen der Abwesende wegen der Tat zu rechnen hat (LR-Gollwitzer 5).

4 4) Durch **Gerichtsbeschluß** wird die Vermögensbeschlagnahme angeordnet. Das Gericht entscheidet von Amts wegen oder auf Antrag der StA nach pflichtgemäßem Ermessen. Der Beschluß ist nach § 34 mit Gründen zu versehen; seine Bekanntmachung regelt § 291. In dem Beschluß muß der Beschuldigte genau bezeichnet werden; im übrigen genügt die abstrakte Anordnung der Vermögensbeschlagnahme ohne Bezeichnung der einzelnen Vermögensgegenstände (KMR-Müller 4). **Zuständig** ist das Gericht, bei dem die Sache anhängig ist, auch das 5
Berufungsgericht, das das Verfahren nach § 205 eingestellt hat (LR-Gollwitzer 13).

6 5) **Beschwerde** gegen den die Vermögensbeschlagnahme anordnenden Beschluß kann der Beschuldigte, gegen den Beschluß, der einen entspr Antrag ablehnt, die StA nach § 304 I, IV S. 2 Nr 1 einlegen.

Bekanntmachung des Beschlagnahmebeschlusses

291 **Der die Beschlagnahme verhängende Beschluß ist durch den Bundesanzeiger bekanntzumachen und kann nach dem Ermessen des Gerichts auch durch andere Blätter veröffentlicht werden.**

1 **1) Voraussetzung der Wirksamkeit** der Vermögensbeschlagnahme (§ 292 I) ist die Bekanntmachung des Beschlusses. Sie muß stets im BAnz erfolgen, nach dem Ermessen des Gerichts auch durch Veröffentlichung in anderen Blättern. Die Art der Bekanntmachung wird bereits in dem Beschlagnahmebeschluß bestimmt (LR-Gollwitzer 2; **aM** KK-Engelhardt 1; SK/StPO-Schlüchter 3: nur die Bekanntmachung in anderen Blättern). Die Veröffentlichung in anderen Blättern kann auch noch durch einen späteren Beschluß angeordnet werden (LR-Gollwitzer 2). Die Beschlagnahme wird mit dem Ablauf des Tages wirksam, an dem der BAnz ausgegeben wird, in dem sie bekanntgemacht ist (KK-Engelhardt 3).

2 **2)** Die **Ausführung der Veröffentlichung** ist keine Vollstreckung iS des § 36 II S. 1 (KK-Engelhardt 1); sie ist daher Sache des Gerichts.

Wirkung der Bekanntmachung

292 **I Mit dem Zeitpunkt der ersten Bekanntmachung im Bundesanzeiger verliert der Angeschuldigte das Recht, über das in Beschlag genommene Vermögen unter Lebenden zu verfügen.**

II Der die Beschlagnahme verhängende Beschluß ist der Behörde mitzuteilen, die für die Einleitung einer Pflegschaft über Abwesende zuständig ist. Diese Behörde hat eine Pflegschaft einzuleiten.

1 **1) Ein absolutes Verfügungsverbot** (I) tritt mit dem Zeitpunkt der 1. Bekanntmachung im BAnz ein; die frühere Bekanntmachung in anderen Blättern ist ohne Bedeutung. Dem Abwesenden wird die Befugnis entzogen, Verfügungen über sein gegenwärtiges oder künftiges Vermögen zu treffen. Gleichwohl getroffene Verfügungen sind nach § 134 BGB nichtig (LR-Gollwitzer 2). Da die Nichtigkeit nicht von der Bösgläubigkeit des Vertragspartners abhängt, ist die Eintragung des Verfügungsverbots im Grundbuch entbehrlich. Verfügungen von Todes wegen fallen nicht unter das Verbot. Bestehende Rechte Dritter an den beschlagnahmten Vermögensgegenständen bleiben unberührt.

2 **2)** Die **Abwesenheitspflegschaft** (II) nach § 1911 BGB dient der Fürsorge für das beschlagnahmte Vermögen. Die Interessen des Beschuldigten dürfen nicht stärker beeinträchtigt werden, als es der Zweck der Beschlagnahme erfordert (BayObLGZ **63**, 257 = NJW **64**, 301). Der Vorsitzende teilt dem zuständigen Vormundschaftsgericht den Beschlagnahmebeschluß mit, damit die Pflegschaft eingeleitet wird. Der Pfleger hat die Aufgabe, das inländische Vermögen des Beschuldigten sicherzustellen und zu verwalten (Einzelheiten bei LR-Gollwitzer 5 ff). Vermögensverfügungen darf er treffen, soweit der Zweck der Beschlagnahme nicht entgegensteht (Bay aaO; vgl auch Hilger NStZ **82**, 374: Erfüllung von Ansprüchen der durch die Straftat Geschädigten). Gesetzlicher Vertreter iS des § 298 I ist der Pfleger nicht (Karlsruhe Justiz **84**, 291).

Aufhebung der Beschlagnahme

293 **I Die Beschlagnahme ist aufzuheben, wenn ihre Gründe weggefallen sind.**

II Die Aufhebung der Beschlagnahme ist durch dieselben Blätter bekanntzumachen, durch welche die Beschlagnahme selbst veröffentlicht worden war.

1 **1)** Die **Aufhebung der Beschlagnahme** (I) ist zwingend geboten, wenn der Abwesende nicht mehr tatverdächtigt ist, wenn die Eröffnung des Hauptverfahrens abgelehnt oder das Verfahren wegen eines Prozeßhindernisses eingestellt wird, wenn der Abwesende nunmehr (infolge Auslieferung, Verhaftung oder Selbstge-

stellung) für das Strafverfahren zur Verfügung steht oder wenn er gestorben ist (LR-Gollwitzer 1). Sie muß ferner aufgehoben werden, wenn mit Sicherheit feststeht, daß die Gestellung des Abwesenden durch die Beschlagnahme nicht erzwungen werden kann (Hamburg HRR **35**, 1571; KK-Engelhardt 1).

2) Erst die **Bekanntmachung der Aufhebung** (II) läßt das absolute Verfügungsverbot (1 zu § 292) entfallen (AK/StPO-Achenbach 2; **aM** KMR-Müller 2). Der Aufhebungsbeschluß ist auch dem Vormundschaftsgericht mitzuteilen, das die Abwesenheitspflegschaft aufzuheben hat (LR-Gollwitzer 5). 2

Verfahren nach Anklageerhebung

294 **I Für das nach Erhebung der öffentlichen Klage eintretende Verfahren gelten im übrigen die Vorschriften über die Eröffnung des Hauptverfahrens entsprechend.**

II In dem nach Beendigung dieses Verfahrens ergehenden Beschluß (§ 199) ist zugleich über die Fortdauer oder Aufhebung der Beschlagnahme zu entscheiden.

1) Das **Verfahren** (I) nach Erhebung der öffentlichen Klage hat nicht nur die Beweissicherung zum Ziel, sondern auch die umfassende Aufklärung des Sachverhalts (LR-Gollwitzer 2; **aM** KMR-Müller 1). Insoweit ist § 202 entspr anwendbar. 1

2) **Entscheidung des Gerichts** (II): Das Gericht lehnt die Eröffnung des Hauptverfahrens ab (§ 204) oder stellt das Verfahren nach § 205 S. 1 vorläufig ein. Die Eröffnung des Hauptverfahrens (§ 207) ist unzulässig (KK-Engelhardt 1; LR-Gollwitzer 3). Zugleich mit der Entscheidung muß über die Fortdauer oder Aufhebung der Beschlagnahme entschieden werden. 2

Sicheres Geleit

295 **I Das Gericht kann einem abwesenden Beschuldigten sicheres Geleit erteilen; es kann diese Erteilung an Bedingungen knüpfen.**

II Das sichere Geleit gewährt Befreiung von der Untersuchungshaft, jedoch nur wegen der Straftat, für die es erteilt ist.

III Es erlischt, wenn ein auf Freiheitsstrafe lautendes Urteil ergeht oder wenn der Beschuldigte Anstalten zur Flucht trifft oder wenn er die Bedingungen nicht erfüllt, unter denen ihm das sichere Geleit erteilt worden ist.

1) Einem **abwesenden Beschuldigten** kann das Gericht sicheres Geleit erteilen (I S. 1 H 1), damit er an dem Strafverfahren persönlich teilnehmen und seine Freisprechung erwirken kann. Das sichere Geleit dient zugleich dem Interesse des Staates an der Durchführung des Strafverfahrens (Hamburg JR **79**, 174 mit Anm Gössel; LR-Gollwitzer 1); zur Teilnahme an einem Zivilrechtsstreit ist es daher nicht zu gewähren (**aM** BGH NJW **91**, 2500). Der spätere Wegfall der Abwesenheit (zum Begriff vgl § 276) berührt das unbeschränkt erteilte sichere Geleit nicht (Köln NJW **54**, 1856; KK-Engelhardt 2). Einem Zeugen kann sicheres Geleit nicht erteilt werden; nur wenn er in einer anderen Sache Beschuldigter ist, kann in diesem Verfahren § 295 angewendet werden (BGH **35**, 216 = EzSt Nr 1 mit Anm Julius = StV **88**, 233 mit Anm Lagodny StV **89**, 92, der auch für Auslandszeugen aus innerstaatlichem Recht ein freies Geleit zu begründen versucht). Wegen des sicheren Geleits für aus dem Ausland erschienene Zeugen vgl im übrigen 63 zu 1
§ 244. **In jedem Verfahrensabschnitt** ist § 295 anwendbar. Das sichere Geleit kann zB gewährt werden für eine Vernehmung durch den StA oder den Ermitt- 2

lungsrichter, für sonstige einzelne prozessuale Vorgänge im Vor- oder Zwischenverfahren, insbesondere aber für die Hauptverhandlung. Sicheres Geleit ist auch
3 noch in den Rechtsmittelzügen zulässig. Es kann an **Bedingungen** geknüpft werden (I S. 1 H 2), aber nicht nachträglich (LR-Gollwitzer 9). Bedingungen sind auch nur zulässig, soweit sie mit dem Zweck des sicheren Geleits im Zusammenhang stehen, insbesondere, soweit sie die Flucht oder Verdunkelung verhindern oder den Strafantritt sichern sollen (LR-Gollwitzer 10). In Betracht kommen Anweisungen über Aufenthaltsort und Reiseweg, über Sicherheitsleistung, Abgabe des Reisepasses und regelmäßige Meldungen. Für Sicherheitsleistungen gilt § 124 nicht; daher muß das Gericht bestimmen, unter welchen Voraussetzungen die Sicherheit verfällt (LR-Gollwitzer 10; Sontag DJZ **28**, 726). Die Bedingung kann nicht darin bestehen, daß dem Beschuldigten untersagt wird, öffentl aufzutreten oder an Versammlungen teilzunehmen (BGH MDR **92**, 549 [S] mwN; **aM** KMR-
4 Müller 5; Sontag aaO). Der **Widerruf** des sicheren Geleits, von dem der Beschuldigte noch keinen Gebrauch gemacht hat, ist zulässig, wenn er den damit verfolgten Zweck vereitelt, zB indem er im Ausland bleibt, Ladungen nicht beachtet (KK-Engelhardt 9) oder sein Erscheinen von unerfüllbaren Bedingungen abhängig macht (Zweibrücken NJW **66**, 1722).

5 **2)** Die **Befreiung von der Untersuchungshaft** (II) bewirkt das sichere Geleit. Daß bereits ein Haftbefehl nach §§ 112 ff besteht, wird nicht vorausgesetzt (Gössel JR **79**, 174). Ist ein bestehender Haftbefehl schon nach § 116 ausgesetzt, so ist sicheres Geleit zwar idR überflüssig (**aM** SK/StPO-Schlüchter 13), aber nicht unzulässig (LR-Gollwitzer 5). Den Erlaß eines Haftbefehls schließt das sichere Geleit nicht aus; er darf aber nicht vollzogen werden (KK-Engelhardt 3). Für andere freiheitsentziehende Zwangsmaßnahmen (Haft nach §§ 230 II, 236) gilt II entspr (KK-Engelhardt 3; LR-Gollwitzer 5; einschr KMR-Müller 1: nur für schon
6 vor Erteilung des sicheren Geleits bestehende Haftbefehle). Nur **für eine bestimmte Straftat** wird sicheres Geleit erteilt; der Begriff ist in dem verfahrensrechtlichen Sinn des § 264 zu verstehen (LR-Gollwitzer 6). Das sichere Geleit
7 **erstreckt sich,** wenn es nicht zeitlich (zB bis zum Abschluß der Vernehmung des Beschuldigten in der Hauptverhandlung) befristet oder auf bestimmte Vernehmungen (zB im Ermittlungsverfahren) beschränkt ist, auf das ganze Strafverfahren bis zum Erlaß eines auf Freiheitsstrafe lautenden Urteils. Die unbefristete Erteilung des sicheren Geleits ist bereits im Ermittlungsverfahren zulässig (KK-Engelhardt 6; **aM** Oldenburg NdsRpfl **72**, 223).

8 **3)** Das **Erlöschen** des sicheren Geleits (III) tritt bei Vorliegen der Erlöschensgründe ohne weiteres ein. Ein Gerichtsbeschluß ist nicht erforderlich, kann aber zweckmäßig sein, wenn der Erlöschensgrund nicht offensichtlich ist (KK-Engelhardt 10). Ein auf Freiheitsstrafe lautendes Urteil führt zum Erlöschen, auch wenn es noch nicht rechtskräftig ist (LR-Gollwitzer 18). Anstalten zur Flucht (vgl auch § 116 IV Nr 2) trifft der Beschuldigte nicht, wenn er die BRep wieder verlassen will, nachdem der Verfahrensteil abgeschlossen ist, auf den das sichere Geleit beschränkt war (KK-Engelhardt 6). Das Nichterfüllen der Bedingungen führt nur zum Erlöschen, wenn der Beschuldigte schuldhaft handelt; eine gröbliche Zuwiderhandlung (wie in § 116 IV Nr 1) wird aber nicht vorausgesetzt.

9 **4)** Durch **Beschluß des Gerichts** (Geleitbrief), der auch von Amts wegen ergehen kann (KMR-Müller 6), wird das sichere Geleit erteilt. Er muß die Straftat, auf die es sich bezieht, genau bezeichnen (LR-Gollwitzer 13); ferner muß das Gericht angegeben werden, vor dem die Prozeßhandlung stattfinden soll, für die sicheres Geleit erteilt wird. Ggf sind die Bedingungen zu beschreiben, an die das
10 sichere Geleit geknüpft ist. **Zuständig** ist im Ermittlungsverfahren der Ermittlungsrichter (§§ 162, 169), wenn das sichere Geleit nicht über dieses Verfahren hinaus wirken soll; andernfalls entscheidet das Gericht, vor dem die Hauptverhandlung stattfinden soll (Hamburg JR **79**, 174; KK-Engelhardt 7). Das von einem

unzuständigen Gericht erteilte sichere Geleit ist wirksam; es darf nicht wegen der Unzuständigkeit abgeändert oder widerrufen werden (LR-Gollwitzer 16).

5) Beschwerde (§ 304 I) können StA und Beschuldigter gegen die Versagung 11
und den Widerruf des sicheren Geleits sowie gegen die Feststellung seines Erlöschens einlegen. Die StA kann auch die Erteilung anfechten, der Beschuldigte nur, wenn er durch Bedingungen beschwert ist (Hamburg JR **79**, 174; Köln OLGSt S. 1; LR-Gollwitzer 26). Weitere Beschwerde ist nach § 310 ausgeschlossen (Frankfurt NJW **52**, 908; Köln MDR **58**, 941; erg 5 zu § 310). Wird der Beschuldigte unter Verletzung des sicheren Geleits verhaftet, so stehen ihm die Rechtsbehelfe des Antrags auf Haftprüfung (§ 117) und der Haftbeschwerde offen.

Drittes Buch. Rechtsmittel

1. Abschnitt. Allgemeine Vorschriften

Vorbemerkungen

1 **1) Rechtsmittel** zur Anfechtung gerichtlicher Entscheidungen sind im Strafprozeß die einfache (§ 304), sofortige (§ 311) und weitere (§ 310) Beschwerde, die Berufung (§§ 312 ff) und die Revision (§§ 333 ff). Wegen der förmlichen Rechtsbehelfe, die keine Rechtsmittel sind, vgl unten 20, wegen der formlosen Rechtsbehelfe unten 21 ff.

2 A. Das **Wesen des Rechtsmittels** besteht darin, daß es eine noch nicht rechtskräftige gerichtliche Entscheidung zur Nachprüfung vor ein Gericht höherer Ordnung bringt (Devolutiveffekt). Berufung und Revision hindern ferner den Eintritt der Rechtskraft des Urteils (§§ 316 I, 343 I) und damit seine Vollstreckbarkeit (Suspensiveffekt); die Beschwerde hat diese Wirkung nicht (§ 307 I).

3 B. **Statthaft** ist ein Rechtsmittel gegen richterliche Entscheidungen nur, wenn das Gesetz es zur Verfügung stellt. Weder Art 19 IV GG noch das Rechtsstaatsprinzip (Einl 18) gewährleisten einen strafprozessualen Rechtsmittelzug (BVerfGE **11**, 232, 233; **28**, 21, 36 = NJW **70**, 851; BVerfGE **40**, 272, 274 = NJW **76**, 141;
4 BVerfGE **41**, 23, 26 = NJW **76**, 513; BGH **28**, 57, 58). Ein Rechtsmittel kann **erst nach Erlaß der angefochtenen Entscheidung** eingelegt werden (BGH **25**, 187, 189; Bay **61**, 138 = NJW **61**, 1637 mit abl Anm Erdsiek; Koblenz MDR **78**, 511; **85**, 955; Köln VRS **47**, 189; Schleswig SchlHA **79**, 229; vgl aber LR-Hanack 3 zu § 341), auch nicht zur „Beseitigung des Rechtsscheins einer nicht-existierenden Entscheidung" (so aber LG Hildesheim NStZ **91**, 401 mit insoweit zust Anm Laubenthal). Zulässig sind Rechtsmittel gegen Urteile somit erst nach der Verkündung (§ 268 II S. 1), gegen Beschlüsse außerhalb der Hauptverhandlung erst nach ihrem Erlaß (5, 8 vor § 33). Dabei kommt es aber nicht darauf an, daß auch der Beschwerdeführer weiß, daß die Entscheidung bereits erlassen ist (BGH aaO; Hamm NJW **57**, 883; NStZ **81**, 200 L; **aM** Bay aaO; Hamm VRS **37**, 61).
5 Unzulässig ist die **bedingte Einlegung von Rechtsmitteln** (BGH **5**, 183; **25**, 187 = JR **74**, 295 mit Anm Hanack; Hamm NJW **73**, 257; Einl 118), zB unter der Bedingung, daß auch ein anderer Prozeßbeteiligter die Entscheidung angefochten hat (Hamm JMBlNW **56**, 190; Köln NJW **63**, 1073), daß dem Beschwerdeführer keine Kosten entstehen (Hamm MDR **74**, 777) oder daß nicht nachträglich Zahlungserleichterungen gewährt werden (Hamm NJW **73**, 257). Die Angabe des Beweggrundes der Rechtsmitteleinlegung ist keine Bedingung (BGH MDR **54**, 18 [D]). Unschädlich sind auch bloße Rechtsbedingungen (Düsseldorf GA **69**, 468; Einl 119), zB daß ein gleichzeitig eingelegtes anderes Rechtsmittel unzulässig (Köln NJW **63**, 1073), ein Rechtsmittelverzicht unwirksam (Bay wistra **97**, 359) oder ein gleichzeitig gestellter Wiedereinsetzungsantrag unbegründet ist (Schleswig SchlHA **73**, 188 [E/J]). Aber schon der durch Auslegung nicht behebbare Zweifel, ob eine andere als eine Rechtsbedingung vorliegt, macht das Rechtsmittel unzulässig (BGH **5**, 183; Hamm MDR **74**, 777; Einl 118). Ausnahmsweise kann ein
6 unbefristeter Rechtsbehelf infolge **Verwirkung** unzulässig werden (dagen Schlüchter Meyer-GedSchr 445), wenn der Berechtigte längere Zeit (Koblenz wistra **87**, 357: ein Antrag nach § 33 a wird nach zwei Jahren und drei Monaten gestellt) hindurch untätig bleibt, obwohl er die Rechtslage kannte oder zumutbarerweise hätte kennen müssen (BVerfGE **32**, 305 = NJW **72**, 675; Koblenz MDR **85**, 344; **aM** Dütz NJW **72**, 1025; Stuttgart OLGSt Nr 1 zu § 235 nimmt sogar bei einem befristeten Rechtsbehelf Verwirkung an). Über Rechtsmittel mit verunglimpfender
7 Begründung vgl 12 vor § 33. Zum **Verzicht** auf Rechtsmittel vgl § 302.

C. Eine **Beschwer** ist Voraussetzung für die Zulässigkeit, nicht erst für die Begründetheit, eines förmlichen Rechtsmittels (BGH **16**, 374; **28**, 327, 330; Bay **77**, 143 = JR **78**, 474 mit Anm Gollwitzer; LR-Hanack 54; Roxin § 51 B II 2 a; **aM** KMR-Plöd 13: Behauptung der Beschwer genügt; vgl auch Bloy JuS **86**, 586). Ein besonderes Rechtsschutzbedürfnis ist daneben nicht erforderlich (Stephan NJW **66**, 2394; LR-Hanack 56; **aM** für Ausnahmefälle: Ellersiek 61 ff). Fehlt die Beschwer hinsichtlich eines Teils der angefochtenen Entscheidung, so ist eine Prüfung insoweit auch dann ausgeschlossen, wenn das Rechtsmittel im übrigen zulässig ist (**aM** BGH **37**, 5 zur fehlenden Unterbringungsanordnung bei alleinigem Rechtsmittel des Angeklagten, wobei es dort aber wegen § 358 II S. 2 auf die Frage der Beschwer gar nicht ankam; vgl auch Fezer JZ **96**, 666). 8

a) Nur eine **unmittelbare Beeinträchtigung** der Rechte oder schutzwürdigen Interessen des Betroffenen durch die Entscheidung begründet eine Beschwer (BGH **7**, 153; **13**, 75, 77; **16**, 374, 376; Düsseldorf JurBüro **86**, 887; NStZ **84**, 326; JMBlNW **88**, 165; Hamburg NJW **98**, 1328 [„Abmahnung"]; Schleswig NJW **57**, 1487; vgl auch 5 zu § 333). Die Beschwer kann auch in der **Unterlassung** einer rechtlich möglichen oder gebotenen Entscheidung bestehen, die für den Betroffenen eine günstigere Rechtslage geschaffen hätte (BGH **28**, 327, 330; KK-Ruß 5; erg 8 zu § 213; 3 zu § 304). Dabei ist die objektive Rechtslage maßgebend, nicht die subjektive Einschätzung des Betroffenen (BGH aaO; Schleswig SchlHA **85**, 133 [E/L]). Eine Beschwer liegt daher für den Angeklagten nicht darin, daß das Urteil nicht die Anordnung einer Maßregel der Besserung und Sicherung enthält, selbst wenn sie seiner Heilung dienen könnte (BGH **38**, 4, 7; Köln NJW **78**, 2350; **aM** LR-Hanack 24 zu § 333; Loos JR **96**, 81; Tolksdorf Stree/Wessels-FS 759). Sie fehlt auch, wenn das Gericht von einem rechtlich nicht gebotenen Teilfreispruch absieht (Bay **86**, 100, 102 = OLGSt § 327 Nr. 1). Nur aus dem **Entscheidungsausspruch,** nicht aus den Gründen des Urteils oder Beschlusses kann sich die Beschwer ergeben (BGH **7**, 153 = MDR **55**, 308 mit Anm H. Meyer; BGH **13**, 75, 77; **16**, 374; MDR **66**, 200 [D]; Düsseldorf JMBlNW **82**, 70; MDR **79**, 956; Karlsruhe NJW **84**, 1975, 1976; unten 13). Das gilt auch dann, wenn die Art der Entscheidungsbegründung Grundrechte verletzt (LR-Hanack 62; **aM** Ellersiek 53; Henrichs MDR **56**, 196). Ein Rechtsmittel kann auch nicht zu dem Zweck eingelegt werden, bloße Fassungsfehler des Urteilsspruchs zu berichtigen (Saarbrücken VRS **28**, 440) oder Unrichtigkeiten des Rubrums (Saarbrücken VRS **21**, 130), des Urteilskopfes oder anderer durch § 275 II vorgeschriebener Angaben (Koblenz VRS **45**, 190) oder der Bezeichnung der angewendeten Vorschriften (§ 260 V S. 1) zu beseitigen. 9 10 11

b) Der **Angeklagte** ist durch jede für ihn nachteilige Entscheidung beschwert, zB durch Verwerfung einer zurückgenommenen Berufung nach § 329 I (Zweibrücken VRS **63**, 57) oder eines in Wahrheit gar nicht eingelegten Rechtsmittels (Saarbrücken VRS **27**, 453), durch Straffreierklärung nach § 199 StGB (RG **42**, 399, 401) oder durch Absehen von Strafe (Dahs/Dahs 35), durch Einziehungsanordnung auch, wenn die Sache einem anderen gehört (Bay **55**, 107 = MDR **55**, 693; VRS **46**, 271, 272; Celle NJW **60**, 1873). Wenn die Strafe durch UHaft verbüßt ist, beschwert den Angeklagten auch die Strafaussetzung zur Bewährung (BGH NJW **61**, 1220); an der Beschwer fehlt es aber, wenn die UHaft nicht auf die Geldstrafe, sondern auf die nicht zur Bewährung ausgesetzte Freiheitsstrafe angerechnet worden ist (Hamm MDR **75**, 334 L). Zur Beschwer durch eine Verurteilung unter einem zu milden rechtlichen Gesichtspunkt, insbesondere bei unrichtiger Annahme einer einheitlichen Tat, vgl 17 zu § 354. Ein **freisprechendes Urteil** kann der dann nur durch die Gründe beschwerte (oben 11) Angeklagte nicht anfechten (BGH **7**, 153 = MDR **55**, 308 mit Anm H. Meyer; BGH **13**, 75, 77; **16**, 374; NJW **66**, 1975; DAR **80**, 209 [Sp]; MDR **66**, 200 [D]; Sarstedt/Hamm 68 ff; vgl auch BVerfGE **6**, 7 = NJW **56**, 1833). Das gilt auch bei Freisprechung wegen Schuldunfähigkeit nach § 20 StGB (BGH **5**, 267; RG **69**, 12; LR- 12 13

Hanack 25 zu § 333; **aM** Bloy JuS **86**, 587; Peters 614; SK/StPO-Frisch 160), selbst wenn das Gericht offenläßt, ob überhaupt eine tatbestandsmäßige, rechtswidrige Tat vorliegt (BGH **16**, 374; LR-Hanack 75; **aM** Schleswig NJW **57**, 1487 = JZ **58**, 374 mit krit Anm EbSchmidt). Anfechtbar ist das Urteil aber, soweit es zugleich Sicherungsmaßregeln oder Nebenfolgen, zB die Einziehung oder Unbrauchbarmachung, anordnet (RG **48**, 17; **61**, 293; **66**, 420, 421). Durch die
14 **Verfahrenseinstellung** wegen eines Prozeßhindernisses ist der Angeklagte idR nicht beschwert (BGH **23**, 257, 259 mit Anm Traub NJW **70**, 1887; BGH NJW **70**, 154, 155; RG **42**, 399; Bay **54**, 109), auch nicht bei Einstellung aufgrund eines Straffreiheitsgesetzes (RG **69**, 124; 157, 160; EbSchmidt 25; Sarstedt/Hamm 75; **aM** BGH **13**, 268, 272; RG **70**, 193); anders aber bei Einstellung wegen eines noch behebbaren Verfahrenshindernisses (Bay **89**, 33 = JR **89**, 477 mit Anm Göhler; Stuttgart NJW **63**, 1417: nachholbarer Strafantrag). Der Angeklagte kann daher nach ganz hM auch nicht verlangen, daß sein Strafverfahren mit dem Ziel des Freispruchs weitergeführt wird (**aM** Sternberg-Lieben ZStW **108**, 754, falls das Prozeßhindernis erst in der Hauptverhandlung entstanden oder zutage getreten ist). Auch eine Beschwer durch den Kostenausspruch berechtigt nicht zur Einlegung eines Rechtsmittels gegen die Einstellungsentscheidung (LR-Hanack 28 zu § 333; vgl auch BGH NStZ-RR **96**, 299). Besteht nach der Verfahrenslage aber ein Anspruch auf Freisprechung (44 zu § 260), so kann gegen das Einstellungsurteil Berufung oder Revision mit dem Ziel der Freisprechung eingelegt werden (BGH GA **59**, 17; Celle MDR **70**, 164; Frankfurt NJW **80**, 2824; Hamburg JZ **67**, 546;
15 Oldenburg NJW **85**, 1177; Stuttgart NJW **57**, 1488; **63**, 1417). Die **Möglichkeit eines Nachtragsverfahrens** beseitigt die Beschwer nicht (5 zu § 333).

16 c) Für die **StA** gelten besondere Grundsätze. Da sie im Strafverfahren nicht Partei ist, sondern allgemein Aufgaben der staatlichen Rechtspflege erfüllt (Einl 87), ist sie berechtigt, nach pflichtgemäßem Ermessen Entscheidungen anzufechten, die, gleichviel, ob sie jemanden beschweren, den Geboten der Rechtspflege nicht entsprechen (RG **48**, 26; **60**, 189, 190; Braunschweig NJW **73**, 2117; Bremen NStZ **89**, 286; Düsseldorf NStZ **90**, 292; Saarbrücken NJW **73**, 1011; Fezer 19/19; Kleinknecht NJW **61**, 87); eine Ausnahme gilt nur für Rechtsmittel zugunsten des Angeklagten (14 zu § 296). Die StA kann daher Revision auch einlegen, wenn sie das 1. Urteil nicht oder nur zugunsten des Angeklagten angefochten oder wenn sie sich im Gegensatz zu dem Angeklagten mit einer Strafmaßberufung begnügt hatte (Koblenz NJW **82**, 1770). Auch daß das Urteil oder der Beschluß dem ausdrücklichen Antrag der StA entsprochen hat, steht der Anfechtung nicht entgegen (RG **48**, 26; KG JR **69**, 349). Sie kann eine Entscheidung aber nicht mit dem Ziel anfechten, sie mit einer anderen Begründung aufrechtzuerhalten (LR-Hanack 21 zu § 333; **aM** Wohlers 285).

17 D. **Prozessuale Überholung:** Die Rechtsmittel der StPO dienen der Beseitigung einer gegenwärtigen, fortdauernden Beschwer. Ihr Ziel ist die Aufhebung einer den Beschwerdeführer beeinträchtigenden Maßnahme. Eine Maßnahme, die aus tatsächlichen oder rechtlichen Gründen nicht mehr ungeschehen gemacht werden kann, ist daher grundsätzlich nicht anfechtbar (BGH NJW **73**, 2035; Düsseldorf JZ **84**, 756). Entsprechendes gilt für den Fall, daß die beschwerende Anordnung zurückgenommen oder die angefochtene Entscheidung aus anderem Anlaß oder durch den Fortgang des Verfahrens gegenstandslos geworden, also prozessual überholt ist (Hamm NStZ **98**, 638). Das an sich statthafte Rechtsmittel ist dann unzulässig. Prozessual überholt ist zB die Haftbeschwerde, nachdem infolge der Rechtskraft des Urteils Strafhaft eingetreten ist, die erst nach Urteilsrechtskraft eingelegte Beschwerde gegen die Zurücknahme der Pflichtverteidigerbestellung (Düsseldorf JZ **84**, 756) oder gegen die Zulassung des Nebenklägers (Hamm VRS **31**, 121). Ein Rechtsmittel, das schon zZ seiner Einlegung prozessual überholt war, wird als unzulässig verworfen. Wird es erst nachträglich gegenstandslos, so ist es durch Beschluß (ohne Kostenentscheidung) für erledigt zu erklären (Bremen MDR

63, 335; Schleswig SchlHA **81**, 95 [E/L]; Peters JR **73**, 343; EbSchmidt JZ **68**, 363). Die **Beschwerde zur Feststellung der Rechtswidrigkeit** einer durch 18 Vollzug oder auf andere Weise erledigten richterlichen Anordnung oder die Weiterführung des Verfahrens zu diesem Zweck ist grundsätzlich unzulässig (vgl Saarbrücken NJW **95**, 1302 zu einer Beschwerde der StA). Hiervon ist allerdings schon immer dann eine Ausnahme zugelassen worden, wenn das Interesse des Betroffenen an der Feststellung der Rechtswidrigkeit der Maßnahme auch nach deren Erledigung fortbesteht, zB bei bestimmten Maßnahmen im Vollzug der UHaft (49 zu § 119) und bei Beschlüssen, mit denen Ordnungsmittel festgesetzt worden sind (28 zu § 51; 3 zu § 181 GVG). Nach der **neueren Rspr des BVerfG** (BVerfGE **96**, 27 18 a = NJW **97**, 2163 = JR **97**, 382 mit Anm Amelung; NJW **98**, 2131; dazu ferner Esskandari StraFo **97**, 289; Rabe von Kühlewein NStZ **98**, 580; Roxin StV **97**, 654; vgl auch Lisken StV **97**, 396 und BVerfG StV **97**, 505 zu präventiven richterlichen Durchsuchungsanordnungen) bleibt entgegen der früheren Rspr (BVerfGE **49**, 329) die Beschwerde nach Art 19 IV GG aber auch zulässig in Fällen tiefgreifender, tatsächlich jedoch nicht mehr fortwirkender Grundrechtseingriffe, wenn sich die Belastung durch die Maßnahme nach dem typischen Verfahrensablauf auf eine Zeitspanne beschränkt, in welcher der Betroffene die gerichtliche Entscheidung im Beschwerdeverfahren kaum erlangen kann. Das hat das BVerfG für die aufgrund richterlicher Anordnung vorgenommene Wohnungsdurchsuchung bejaht; auch für eine Beschlagnahmeanordnung kann es in Betracht kommen (LG Neuruppin StV **97**, 506, dazu krit Roxin StV **97**, 656). Ferner wird es insbesondere bei Eingriffen in die körperliche Unversehrtheit (vgl SK/StPO-Rogall 116 zu § 81 a) und in die persönliche Freiheit (so bei erledigten Vorführungen, Festnahmen und Verhaftungen) idR anzunehmen sein. Die Beschwerde darf dann somit – entgegen der bisher hM (vgl dazu die 43. Aufl) – nicht wegen prozessualer Überholung als unzulässig verworfen werden; vielmehr ist die Rechtmäßigkeit der Maßnahme zu überprüfen und ggf deren Rechtswidrigkeit festzustellen.

E. Die **Zuständigkeit des Rechtsmittelgerichts** richtet sich nach den 19 §§ 73 I, 74 III, 120 III, 121 I, 135 GVG, 41 II **JGG.** Maßgebend ist, welches Gericht die angefochtene Entscheidung erlassen hat, gleichviel, ob es dazu berufen war oder nicht (BGH **22**, 48, 50; KG VRS **79**, 433; Hamm NStE Nr 2 zu § 74 GVG; 9 vor § 1).

2) Andere förmliche Rechtsbehelfe sind der Antrag auf Wiedereinsetzung in 20 den vorigen Stand (§§ 44, 235, 329 III, 412), auf Entscheidung des Rechtsmittelgerichts (§§ 319 II, 346 II) und auf Wiederaufnahme des Verfahrens (§§ 359 ff), der Einspruch gegen einen Strafbefehl (§§ 409 I Nr 7, 410, 411), der Antrag auf gerichtliche Entscheidung nach §§ 111 1 IV, 161 a III, 163 III S. 2, 172 II und 458 sowie nach §§ 23, 37 **EGGVG** und § 109 **StVollzG** und der Antrag auf ein Nachverfahren (§ 439).

3) Formlose Rechtsbehelfe sind die Dienstaufsichtsbeschwerde und die Ge- 21 genvorstellung.

A. Die **Dienstaufsichtsbeschwerde,** die zu den Petitionen iS des Art 17 GG 22 gehört (BVerwG NJW **77**, 118), wendet sich an den die Dienstaufsicht führenden Vorgesetzten. Mit ihr kann sowohl das dienstliche Verhalten des Beamten (Dienstaufsichtsbeschwerde ieS) als auch dessen Sachbehandlung (Sachaufsichtsbeschwerde) beanstandet werden. Sie ist an keine Form oder Frist gebunden. Im Bereich der StA kann Dienstaufsichtsbeschwerde beim GStA (vgl 18 zu § 172) und gegen dessen Entscheidung (oder auch unmittelbar) bei dem JM eingelegt werden (§ 147 GVG). Zur Dienstaufsichtsbeschwerde gegen polizeiliche Maßnahmen im Ermittlungsverfahren vgl 50 zu § 163, im Strafvollzug § 108 III **StVollzG.** Richterliche Entscheidungen unterliegen der Dienstaufsicht nicht (§ 26 I **DRiG**). Auf die Dienstaufsichtsbeschwerde muß die zuständige Behörde einen Bescheid erteilen, aus dem zu erkennen ist, daß die Eingabe geprüft und was veranlaßt worden ist (10 vor § 33; SK/StPO-Frisch 40).

23 B. **Gegenvorstellungen,** auch gegen richterliche Entscheidungen, sind als Erscheinungsform des Petitionsrechts nach § 17 GG zulässig (BVerfGE **9**, 89, 107 = NJW **59**, 427, 430; vgl allg: Matt MDR **92**, 820; Woesner NJW **60**, 2129). Sie sind eine Aufforderung an das Gericht, die eigene Entscheidung aus nachträglich besserer Einsicht von Amts wegen aufzuheben oder abzuändern (Stuttgart Justiz **71**, 148; Ellersieck 29; Hohmann JR **91**, 10; Woesner aaO). Sie können formlos erhoben werden und sind grundsätzlich an keine Frist gebunden (vgl aber Koblenz MDR **85**, 344; OLGSt § 16 ZSEG Nr 3: nicht nach mehr als einem Jahr; erg oben 6). Gegenvorstellungen setzen keine persönliche Beschwer voraus und stehen daher jedem am Strafprozeß Beteiligten für die Anregung offen, eine unrichtige Entschei-
24 dung richtigzustellen (Schleswig NJW **78**, 1016). **Zulässig** sind sie aber nur, wenn das Gericht seine Entscheidung selbst wieder aufheben darf. Das ist der Fall (vgl § 306 II Hs 1), wenn ein Beschluß oder eine Verfügung mit dem Rechtsmittel der einfachen Beschwerde angefochten werden könnte oder nur deshalb nicht angefochten werden kann, weil § 305 S. 1 entgegensteht (Woesner NJW **60**, 2131) oder der Rechtsmittelzug erschöpft ist (BGH MDR **64**, 1019; vgl. ferner Hohmann JR **91**, 12). Die Gegenvorstellung ist dann auch zulässig, wenn der Beschwerdeführer den möglichen Beschwerdeweg nicht oder nicht alsbald beschreiten will (SK/StPO-Frisch 33). Gegen die Entscheidung des Beschwerdegerichts sind Gegenvorstellungen nicht mehr statthaft, wenn die Sache wieder beim 1. Gericht anhängig ist. Der Betroffene muß dann einen Abänderungsantrag bei diesem Gericht stellen (Schleswig SchlHA **89**, 107 [L/G]; **aM** Matt MDR **92**, 826). Eine Ausnahme gilt nur, wenn dem Bechwerdegericht schwerwiegende Verfahrensfehler unterlaufen sind (Stuttgart Justiz **96**, 147). Eine Entscheidung, gegen die sofortige Beschwerde zulässig ist oder bei Vorhandensein einer (weiteren) Beschwerdeinstanz zulässig wäre, darf der Richter nicht ändern (§ 311 II S. 1). Daher sind in diesen
25 Fällen auch Gegenvorstellungen **unzulässig** (Karlsruhe Justiz **84**, 190; München MDR **87**, 782; Schleswig SchlHA **85**, 134 [E/L]; Ellersiek 30; Werner NJW **91**, 20). Das gilt selbst dann, wenn mit den Gegenvorstellungen eine Grundrechtsverletzung behauptet wird und die Aufhebung der rechtskräftigen Entscheidung die Einlegung der Verfassungsbeschwerde (Einl 229 ff) ersparen würde (Henschel Faller-FS 165; Krey 1/291 und JA **84**, 478; Meyer Kleinknecht- FS 280 ff; Zuck JZ **85**, 921; **aM** BVerfGE **63**, 77 = NJW **83**, 1900; Düsseldorf MDR **80**, 335; **82**, 518; Einl 234). Ausnahmen gelten, wenn mit den Gegenvorstellungen beanstandet wird, daß ein befristetes Rechtsmittel nur deshalb als unzulässig verworfen worden ist, weil das Gericht aufgrund Tatsachenirrtums eine nicht bestehende Fristversäumung angenommen hat. Dann kann die Entscheidung aufgehoben werden (Nürnberg MDR **66**, 524; Meyer Kleinknecht-FS 282; Woesner NJW **60**, 2131; erg 13 zu § 346), ohne daß dazu die entspr Anwendung des § 33 a (die Düsseldorf MDR **85**, 956 für erforderlich hält) oder des § 44 (dort 2) notwendig wäre. Auch ein unheilbar unwirksamer Beschluß kann auf Gegenvorstellungen zurückgenommen
26 werden (Einl 105). Wer Gegenvorstellungen erhebt, hat **Anspruch auf Entscheidung des Gerichts** (LR-Hanack 85; Woesner NJW **60**, 2132; **aM** KK-Ruß 4; KMR-Plöd 4). Bei unzulässigen oder unbegründeten Gegenvorstellungen ergeht aber kein förmlicher Beschluß; vielmehr teilt der Vorsitzende dem Beteiligten formlos die ablehnende Entscheidung mit. Sind die Gegenvorstellungen begründet, so ergeht ein neuer Beschluß, dessen Anfechtbarkeit sich nach den gesetzlichen Vorschriften richtet (Hohmann JR **91**, 13).

Anfechtungsberechtigte **RiStBV 147–150**

296 I **Die zulässigen Rechtsmittel gegen gerichtliche Entscheidungen stehen sowohl der Staatsanwaltschaft als dem Beschuldigten zu.**

II **Die Staatsanwaltschaft kann von ihnen auch zugunsten des Beschuldigten Gebrauch machen.**

1) Anfechtungsberechtigte (I) 1

A. Die **StA** kann (mit der Wirkung des § 301) zuungunsten des Beschuldigten Rechtsmittel einlegen, aber auch zu seinen Gunsten (unten 14 ff). Anfechtungsberechtigt ist die StA bei dem Gericht, das die Entscheidung erlassen hat; nur im Vorverfahren können auch Entscheidungen bezirksfremder Gerichte angefochten werden (Loh MDR **70**, 81; erg 1 zu § 162). Die Ersetzungsbefugnis des § 145 GVG ist zu beachten. Wirksam ist die Rechtsmittelerklärung aber auch, wenn sie der StA nach behördeninterner Anweisung nicht ohne Zustimmung des Vorgesetzten hätte abgeben dürfen (BGH **19**, 377, 382). Berufung können auch die **Amtsanwälte** einlegen, da dieses Rechtsmittel nach § 314 I noch an das AG zu richten ist (Amelunxen Berufung 40). Ob dem örtlichen Sitzungsvertreter (9 zu § 142 GVG) neben der Vertretung der StA vor dem Strafrichter auch noch die Einlegung der Berufung übertragen werden kann, richtet sich nach Landesrecht. In Bayern ist er dazu ermächtigt (Art 14 II S. 2 AGGVG iVm § 1 Nr 4 der VO vom 16. 5. 1957 [GVBl 119] mit ÄndVO vom 18. 6. 1970 [GVBl 296], vgl Bay **61**, 75), nicht aber in Hessen (Frankfurt DRiZ **78**, 186) und Schleswig-Holstein (Schleswig SchlHA **72**, 161 [E/J]). Der StA entscheidet nach **pflichtgemäßem Ermessen,** ob er ein Rechtsmittel einlegen will (vgl dazu Amelunxen Revision 20 ff; Leonhardt, Rechtsmittelermessen der Staatsanwaltschaft, 1994; RiStBV 147 I, II); das Legalitätsprinzip gilt hierbei nicht mehr, sondern wirkt auf das Prozeßverhalten des StA nur mittelbar ein (2 zu § 152). 2 3 4

B. Der **Beschuldigte** kann Rechtsmittel ohne Rücksicht auf Alter und Geschäftsfähigkeit einlegen; er darf aber nicht verhandlungsunfähig sein (Hamburg NJW **78**, 602; KK-Ruß 3; **aM** SK/StPO-Frisch 7), sofern er nicht im bisherigen Verfahren als verhandlungsfähig angesehen (LR-Hanack 5) oder, im Fall des § 413, trotz seiner Verhandlungsunfähigkeit gegen ihn verhandelt worden ist. Wegen des gesetzlichen Vertreters vgl § 298 I, wegen der Erziehungsberechtigten § 67 III **JGG.** Beistände nach § 149 I und § 69 I **JGG** sind nicht rechtsmittelberechtigt, auch nicht der Bewährungshelfer (Koblenz NStZ-RR **96**, 300). 5

Rechtsmittel können auch die **Nebenbeteiligten** (vgl §§ 433 I S. 1, 440 III, 442 I, 444 II S. 2) einlegen. Wegen der **Verteidiger** vgl § 297. 6 7

C. **Privat- und Nebenkläger** sind rechtsmittelberechtigt, der Nebenkläger aber nur wegen des Nebenklagedelikts (1 zu § 400). Zugunsten des Beschuldigten können sie kein Rechtsmittel einlegen (Hamburg NJW **58**, 1313), auch nicht zugunsten eines Nebenbeteiligten; vgl aber 2 zu § 301. 8

D. **Antragsteller im Anhangsverfahren** sind nicht rechtsmittelberechtigt (§ 406 a I). 9

E. **Zeugen, Sachverständige und andere von einer Entscheidung betroffene Personen** können nach § 304 II Beschwerde einlegen, aber keine anderen Rechtsmittel. 10

2) Das **zulässige Rechtsmittel** (1 vor § 296) bestimmt sich nicht nach der Bezeichnung der angefochtenen Entscheidung, sondern nach ihrem sachlichen Inhalt (BGH **8**, 383; **18**, 381, 385 = JZ **63**, 714 mit Anm EbSchmidt; BGH **25**, 242; GA **82**, 219 = StV **82**, 61; MDR **66**, 384 [D]). Bezeichnet sich die Entscheidung als Urteil, ist sie aber nach dem Verfahrensrecht ein **Beschluß,** so ist sie nur mit Beschwerde anfechtbar. Das gilt zB für die durch Urteil angeordnete vorläufige Verfahrenseinstellung (BGH **25**, 242 = JR **74**, 522 mit Anm Kohlhaas; Meyer-Goßner JR **77**, 355) und die Einstellung des Privatklageverfahrens nach § 383 II (KG JR **69**, 472; Düsseldorf MDR **62**, 327), für die im Urteil bestimmte Strafaussetzung nach § 57 StGB (BGH StV **82**, 61) und für die Verwerfung der sofortigen Beschwerde nach § 59 **JGG** durch Urteil (Hamm MDR **79**, 253; Koblenz OLGSt 11 12

§ 59 JGG Nr 1). Ist eine als Beschluß bezeichnete Entscheidung ihrem Wesen
13 nach ein **Urteil** richtet sich die Anfechtbarkeit nach dieser Eigenschaft (BGH **18**, 381, 385; Bay **77**, 176 = NJW **78**, 903). Das gilt zB, wenn in der Hauptverhandlung das Verfahren durch Beschluß nach § 206a eingestellt (Celle NJW **60**, 114; Köln NJW **66**, 1935; Stuttgart Justiz **72**, 363; LG Flensburg VRS **68**, 53) oder die Berufung nach § 322 I S. 2 (RG **63**, 246) oder nach § 329 I durch Beschluß verworfen (KG JW **29**, 1894 mit Anm Pestalozza) oder das Urteil aufgehoben und die Sache zurückverwiesen (RG **65**, 397) oder ein verspäteter Einspruch gegen einen Strafbefehl verworfen wird (Bay **59**, 84 = Rpfleger **60**, 62). Hat die Entscheidung eine mündliche Verhandlung und öffentliche Verkündung vorausgesetzt, so bleibt sie auch dann ein Urteil, wenn die Verhandlung unterblieben ist (BGH 8, 383 = JZ **56**, 501 mit Anm Henkel). Andererseits wird eine Entscheidung ihrem Wesen nach nicht dadurch zum Urteil, daß das Gericht entgegen dem Gesetz eine Hauptverhandlung anberaumt und in ihr entscheidet.

14 **3) Rechtsmittel der StA zugunsten des Beschuldigten** (II): Als staatliches Rechtspflegeorgan kann die StA Rechtsmittel auch zugunsten des Beschuldigten einlegen, und zwar ohne dessen Einverständnis, sogar gegen seinen Widerspruch (vgl aber § 302 I S. 2), allerdings nur, wenn der Beschuldigte durch die Entscheidung beschwert ist (RG **42**, 399; Koblenz NJW **82**, 1770; LR-Hanack 7). Bei der Ausübung seines Ermessens ist der StA an RiStBV 147 III S. 1 gebunden. Daß das Rechtsmittel zugunsten des Beschuldigten eingelegt wird, muß spätestens bis zum Ablauf der Begründungsfrist deutlich zum Ausdruck gebracht werden (vgl RiStBV 147 III S. 2). Eine nicht eindeutige Erklärung ist nach ihrem Gesamtinhalt auszulegen (BGH **2**, 41 = NJW **52**, 435 mit Anm Cüppers), nicht aufgrund von Vorgängen und Erklärungen außerhalb dieser Willensäußerung (BGH aaO; **aM** Sarstedt/Hamm 45). Im Zweifel ist anzunehmen, daß das Rechtsmittel zuungunsten des Beschuldigten eingelegt ist (RG **65**, 231, 235; Koblenz MDR **74**, 331). Die Rechtsmitteleinlegung zugunsten des Beschuldigten enthält eine Rechtsmittelbeschränkung in dem Sinne, daß das Berufungs- und Revisionsgericht nicht zu seinen Ungunsten entscheiden darf (§§ 331, 358 II). Die StA kann Rechtsmittel
15 auch zugunsten des Einziehungsbeteiligten und anderer **Nebenbeteiligter** einlegen, auch zugunsten der in § 304 II bezeichneten Personen, etwa des nach § 470 zu den Kosten verurteilten Antragstellers (RG **7**, 409), nicht aber zugunsten des Nebenklägers (LG Dresden NStZ **94**, 251; EbSchmidt 7; **aM** KK-Ruß 7; Sarstedt/
16 Hamm 44). Für **andere Rechtsbehelfe** als Beschwerde, Berufung und Revision gilt II nicht, insbesondere nicht für den Wiedereinsetzungsantrag (9 zu § 44). Nach § 365 (dort 2) ist die Vorschrift aber auf Wiederaufnahmeanträge anwendbar.

Verteidiger

297 **Für den Beschuldigten kann der Verteidiger, jedoch nicht gegen dessen ausdrücklichen Willen, Rechtsmittel einlegen.**

1 **1)** Nur für **Rechtsmittel** (1 ff vor § 296) gilt § 297, nicht für andere Rechtsbehelfe (Kleinknecht NJW **61**, 87: Wiedereinsetzungsanträge; erg 4 zu § 44). Die entspr Anwendung der Vorschrift bestimmen §§ 118b, 365, 410 I S. 2. Für die Prozeßbevollmächtigten und Beistände von Privat- und Nebenklägern gilt § 297 nicht entspr (LR-Hanack 3).

2 **2)** Als **Verteidiger** ist, ohne daß es einer weiteren Vollmacht bedarf (BGH **12**, 367, 370), der im bisherigen Verfahren tätig gewesene Wahl- oder Pflichtverteidiger ausgewiesen, auch der Verteidiger nach §§ 138 II, 139 und der ohne besondere Vollmacht neben dem Angeklagten in der Hauptverhandlung aufgetretene Verteidiger (RG **18**, 346; Koblenz VRS **68**, 51; erg 9 vor § 137; 6 ff zu § 145a). § 297 begründet eine Rechtsvermutung, daß der Verteidiger mit Vollmacht und aufgrund

eines entspr Auftrags des Beschuldigten handelt (Düsseldorf NStZ **97**, 52; W. Schmid SchlHA **81**, 107). Rechtsmittel einlegen kann aber auch, wer erst später zum Verteidiger bestellt worden ist (RG **28**, 430). Die Vollmacht muß dann vor der Rechtsmitteleinlegung erteilt, kann aber später nachgewiesen werden (BGH **36**, 259, 260). Die nachträgliche Genehmigung der Rechtsmitteleinlegung durch den Beschuldigten innerhalb oder außerhalb der Rechtsmittelfrist genügt nicht (RG **66**, 265, 267; LR-Hanack 5). Der Sozius des Pflichtverteidigers ist nicht rechtsmittelberechtigt (Bay **80**, 97 = NJW **81**, 1629; 15 zu § 142).

3) **Aus eigenem Recht und im eigenen Namen** handelt der Verteidiger bei 3
der Anfechtung; er darf dieses Recht aber nicht gegen den Willen des Beschuldigten ausüben (BGH **12**, 367, 370; GA **73**, 46; Bay **77**, 102 = VRS **53**, 362; Düsseldorf MDR **83**, 512; Koblenz VRS **68**, 51). Auch beim Zusammentreffen verschiedenartiger Anfechtung durch den Beschuldigten und den Verteidiger ist der Wille des Beschuldigten maßgebend (Bay aaO; VRS **68**, 469; Koblenz MDR
75, 424). **Beschränkungen des sich aus § 297 ergebenden Rechts** müssen 4
ausdrücklich erklärt werden, entweder schon in der Verteidigungsvollmacht oder durch spätere Erklärung gegenüber dem Verteidiger oder dem Gericht (Düsseldorf NStZ **89**, 289; Koblenz VRS **68**, 51; KK-Ruß 2). Bloße Zweifel an der Beschränkung machen das Rechtsmittel nicht unzulässig; ob es dem Willen des Beschuldig-
ten widerspricht, muß ggf aufgeklärt werden (SK/StPO-Frisch 13). **Unwirksam** 5
ist das Rechtsmittel, wenn das Urteil bereits durch Rechtsmittelverzicht des Angeklagten rechtskräftig geworden ist (BGH NJW **78**, 330; NStZ **86**, 208 [Pf/M]) oder wenn der Angeklagte nach Eingang des Rechtsmittels bei Gericht auf Rechtsmittel verzichtet (BGH GA **73**, 46; Düsseldorf MDR **83**, 512; Karlsruhe Justiz **64**, 270) oder dem Rechtsmittel widerspricht; beides ist als Zurücknahme (§ 302 I S. 1) anzusehen (KK-Ruß 3). Das Recht, für den Beschuldigten Rechts-
mittel einzulegen, **erlischt** mit Entziehung der Vollmacht, die das bereits einge- 6
legte Rechtsmittel idR aber unberührt läßt, Zurücknahme der Bestellung (§ 143) oder Tod des Beschuldigten (14 zu § 138).

4) Auch ein **Vertreter, der nicht Verteidiger ist,** kann für den Beschuldigten 7
Rechtsmittel einlegen (RG **66**, 209, 211; Bay **75**, 104 = NJW **76**, 156; erg 12 vor § 137), auch eine JP, für die deren Vertretungsberechtigter die Erklärung abgeben muß (Hamm NJW **52**, 1150). Dabei kann es sich um Vertretung in der Erklärung oder im Willen handeln (Bay **64**, 85 = JR **64**, 427 mit Anm Dünnebier; einschr W.Schmid SchlHA **81**, 108). Der Vertreter kann die Rechtsmittelurkunde mit dem Namen des Angeklagten unterzeichnen (RG **66**, 209, 211; Hamm aaO); er kann das Rechtsmittel auch zu Protokoll der Geschäftsstelle einlegen und begründen (Einl 134). Der für den Beschuldigten handelnde Vertreter braucht wie der Beschuldigte selbst nur verhandlungsfähig zu sein (Einl 134). Es genügt die mündliche Bevollmächtigung zur Rechtsmitteleinlegung. Die Vollmacht muß bei der Einlegung erteilt worden sein, kann aber später nachgewiesen werden (RG aaO; Bremen NJW **54**, 46; oben 2).

Gesetzlicher Vertreter **RiStBV 154 II**

298 **I Der gesetzliche Vertreter eines Beschuldigten kann binnen der für den Beschuldigten laufenden Frist selbständig von den zulässigen Rechtsmitteln Gebrauch machen.**

II Auf ein solches Rechtsmittel und auf das Verfahren sind die für die Rechtsmittel des Beschuldigten geltenden Vorschriften entsprechend anzuwenden.

1) Ein **eigenes Recht auf Rechtsmitteleinlegung** (I) im Beschwerde-, Beru- 1
fungs- und Revisionsverfahren, nicht im Ordnungsmittelverfahren nach § 51 (KG 3 Ws 22/70 vom 27. 4. 1970), hat der gesetzliche Vertreter (zum Begriff vgl 19 zu

§ 52), aber nur innerhalb der für den Beschuldigten laufenden Frist (anders bei den Begründungsfristen nach §§ 317, 345 I, bei denen es auf die Zustellung an den Beschwerdeführer ankommt) und nur zu dessen Gunsten (Celle NJW **64**, 417; Hamm NJW **73**, 1850; Schleswig SchlHA **95**, 7 [L/T]; vgl auch BGH **19**, 196, 198). Andere Rechtsbehelfe, zB nach §§ 44, 319 II, 346 II, kann er nur für sein eigenes Rechtsmittel einlegen (RG **38**, 9; LR-Hanack 5); vgl aber § 118b (Antrag auf Haftprüfung), 4 zu § 365 (Antrag auf Wiederaufnahme), § 410 I S. 2 (Ein-
2 sprüche im Strafbefehlsverfahren). Der **Widerspruch des Beschuldigten** macht das Rechtsmittel des gesetzlichen Vertreters nicht unzulässig (LR-Hanack 7), auch nicht der vor Ablauf der Anfechtungsfrist erklärte Rechtsmittelverzicht des Beschuldigten oder seines Verteidigers (Schleswig SchlHA **85**, 134 [E/L]), auch wenn der StA ebenfalls auf Anfechtung verzichtet hat; denn die Rechtskraft tritt vor Ablauf der Frist erst ein, wenn alle zur Anfechtung Berechtigten auf Rechtsmittel
3 verzichtet haben (Einl 164). **Zurücknehmen oder nachträglich beschränken** (2, 14 zu § 302) kann der gesetzliche Vertreter sein Rechtsmittel entspr § 302 I S. 2 nur mit Zustimmung des Beschuldigten (Celle NJW **64**, 417; Düsseldorf NJW **57**, 840; Pentz GA **58**, 304; vgl auch § 55 III **JGG**), selbst wenn der Beschuldigte
4 bereits auf Rechtsmittel verzichtet hatte (Celle aaO). Aufgrund einer **Vollmacht** des Beschuldigten kann der gesetzliche Vertreter auch in dessen Namen ein Rechtsmittel einlegen (7 zu § 297). Der gesetzliche Vertreter kann sich von einem Bevollmächtigten vertreten lassen.

5 **2) Verfahren** (II): Ort und Zeit der Hauptverhandlung sollen dem gesetzlichen Vertreter rechtzeitig mitgeteilt werden (§ 149 II). War er in der Hauptverhandlung nicht anwesend, so braucht ihm das Urteil nicht zugestellt zu werden (vgl aber § 67 II **JGG**); daß ihm der Ausgang der Hauptverhandlung nicht mitgeteilt worden ist, gibt ihm daher keinen Anspruch auf Wiedereinsetzung (BGH **18**, 22; Bay **54**, 51 = NJW **54**, 1378; Schleswig SchlHA **85**, 134 [E/L]; Hanack JZ **73**, 660; **aM** Stuttgart NJW **60**, 2353). Nach Einlegung des Rechtsmittels hat er die gleichen Befugnisse wie der Angeklagte. Er wird zur Hauptverhandlung geladen (vgl § 330), darf an ihr teilnehmen, Anträge stellen (vgl 30 zu § 244) und Erklärungen abgeben. Ist er nicht auf freiem Fuß, so muß er auf seinen Antrag vorgeführt werden, wenn die Hauptverhandlung am Haftort stattfindet (RG **64**, 364; vgl auch § 330 II). Zur Kostentragungspflicht des gesetzlichen Vertreters vgl 8 zu § 473. Der Angeklagte ist so zu behandeln, als habe er die Entscheidung selbst angefochten; die Rechtsmitteleinlegung ist ihm bekanntzugeben (vgl auch § 330 I). Ist eine weitere Anfechtung statthaft, so kann er die neue Entscheidung selbst dann anfechten, wenn er auf Rechtsmittel gegen die 1. Entscheidung verzichtet hatte (Hamm NJW **73**, 1850).

6 **3) Endet die gesetzliche Vertretung,** etwa weil der Beschuldigte volljährig geworden ist, vor der Entscheidung über das Rechtsmittel, so wird es nicht unzulässig, sondern verliert nur seine Selbständigkeit (BGH **10**, 174; NJW **64**, 1732). Die Verfügungsbefugnis geht auf den Angeklagten über (BGH aaO); er kann das Rechtsmittel weiterführen, auch wenn er zuvor auf ein eigenes Rechtsmittel verzichtet hatte (BGH **10**, 174, SK/StPO-Frisch 18). Nimmt der Angeklagte es nicht zurück, so wird über das Rechtsmittel auch dann sachlich entschieden, wenn der Angeklagte es nicht übernimmt (BGH **10**, 174, 176; **22**, 321, 326). Wechselt der gesetzliche Vertreter, so tritt der neue in das Verfahren ein (LR-Hanack 17).

7 **4)** Im **Jugendstrafverfahren** stehen die Rechte des gesetzlichen Vertreters nach § 298 auch dem Erziehungsberechtigten zu (§ 67 III **JGG**). Sind mehrere vorhanden, so kann jeder von ihnen diese Rechte ausüben (§ 67 V S. 1 **JGG**).

Beschuldigter in Verwahrung

299 **I Der nicht auf freiem Fuß befindliche Beschuldigte kann die Erklärungen, die sich auf Rechtsmittel beziehen, zu Protokoll der Ge-**

schäftsstelle des Amtsgerichts geben, in dessen Bezirk die Anstalt liegt, wo er auf behördliche Anordnung verwahrt wird.

II Zur Wahrung einer Frist genügt es, wenn innerhalb der Frist das Protokoll aufgenommen wird.

1 1) Eine **Ausnahme** von der allgemeinen Regel, daß eine Verfahrenserklärung erst mit dem Eingang bei dem zuständigen Gericht wirksam wird, bestimmt die Vorschrift. Durch die Rechtsmitteleinlegung beim Gericht des Verwahrungsorts soll der umständliche und zeitraubende Weg vermieden werden, den Inhaftierten dem zuständigen, möglicherweise weit entfernten Gericht vorzuführen oder den Urkundsbeamten dieses Gerichts zum Aufsuchen der Vollzugsanstalt zu zwingen (Düsseldorf NJW **70**, 1890). Die Vorschrift gilt nur **für nicht auf freiem Fuß** 2 **befindliche Beschuldigte.** Das sind alle Beschuldigten, die auf behördliche Anordnung verwahrt werden (erg 13 zu § 35), auch wenn sie sich in einer Haftanstalt des Ortes befinden, in dem das zuständige Gericht seinen Sitz hat (Sarstedt/Hamm 124; W. Schmid Rpfleger **62**, 301). Außer für den Beschuldigten gilt § 299 für den gesetzlichen Vertreter (§ 298 II), nicht aber für Privat- und Nebenkläger (Hamm NJW **71**, 2181; Sarstedt/Hamm aaO).

3 2) **Erklärungen, die sich auf Rechtsmittel beziehen,** sind die Einlegung und Begründung von Rechtsmitteln, der Verzicht auf sie (BGH NJW **58**, 470; MDR **78**, 281 [H]), ihre Zurücknahme (BGH MDR **68**, 18 [D]), Wiedereinsetzungsanträge und Gegenerklärungen, zB nach §§ 347 I S. 3, 349 II S. 2, aber immer nur in Sachen, in denen der Inhaftierte Beschuldigter ist, wenn auch nicht notwendig in der Sache, in der er sich in Haft befindet. **§ 299 gilt nicht** für die schriftliche 4 Einlegung von Rechtsmitteln (BGH NStZ **97**, 560; Düsseldorf NJW **70**, 1890; Rpfleger **83**, 363; Hamm NJW **71**, 2181) und für Anträge anderer Art, zB für Einwendungen nach §§ 6a S. 2, 16 S. 2, Anträge (oder Anträge auf Prozeßkostenhilfe) nach § 172 (KG JR **64**, 28; Düsseldorf MDR **88**, 165; Hamm aaO; Stuttgart Justiz **83**, 242; **aM** Bremen NJW **62**, 169), Erklärungen im Verwaltungsstreitverfahren (OVG Hamburg MDR **70**, 266) und Verfassungsbeschwerden (Bremen Rpfleger **58**, 228). Die **entsprechende Anwendung** der Vorschrift bestimmen 5 §§ 118b, 298 II, 365, 410 I S. 2, ferner § 29 II **EGGVG** und § 120 I **StVollzG**.

6 3) **Kein Wahlrecht** zwischen dem AG des Verwahrungsorts und dem zuständigen Gericht hat der Beschuldigte (Meyer JR **82**, 169). Die Vorführung vor das zuständige Gericht kann er selbst dann nicht verlangen, wenn es sich am Haftort befindet (LR-Hanack 1; **aM** Bremen Rpfleger **56**, 240; Stuttgart NStZ **81**, 492 = JR **82**, 167 mit abl Anm Meyer; W. Schmid Rpfleger **62**, 301), insbesondere dann nicht, wenn sich in der Haftanstalt eine Geschäftsstelle des örtlich zuständigen AG befindet (Meyer aaO; vgl auch SK/StPO-Frisch 4).

7 4) Die **Wirksamkeit der Erklärung** vor dem AG des Verwahrungsorts tritt bereits mit dem Abschluß der Beurkundung ein. Das gilt grundsätzlich auch für Erklärungen nach § 302 I (BGH NJW **58**, 470; MDR **68**, 18 [D]; **78**, 281 [H]; **aM** LR-Hanack 38 zu § 302). Ist die Sache schon beim Rechtsmittelgericht anhängig, so wird die Rücknahmeerklärung aber erst wirksam, wenn sie dort eingeht (BGH MDR **78**, 218 [H]; erg 8 zu § 302).

Falsche Bezeichnung

300 **Ein Irrtum in der Bezeichnung des zulässigen Rechtsmittels ist unschädlich.**

1 1) Einen **allgemeinen Rechtsgedanken** drückt § 300 aus. Der Bürger hat nach Art 19 IV GG einen substantiellen Anspruch auf eine möglichst wirksame gerichtliche Kontrolle in allen ihm von der Prozeßordnung zur Verfügung gestell-

ten Rechtszügen (BVerfGE **35**, 263, 274 = NJW **73**, 1491; BVerfGE **40**, 272, 275 = NJW **76**, 141; Düsseldorf JMBlNW **87**, 71); der bloße Irrtum bei der Erklärung darf daher sein Rechtsmittel nicht unzulässig machen. § 300 gilt für alle Rechtsbehelfe und Anträge im Strafverfahren (RG **67**, 123, 125; KK-Ruß 1) und im Bußgeldverfahren (BGH **23**, 233, 235). Den Übergang von einem Rechtsmittel zum anderen (vgl 9 ff zu § 335) ermöglicht die Vorschrift nicht (Zweibrücken StV **97**, 313).

2 **2) Unschädlich** ist die fehlende oder (auch aus Irrtum über die Zulässigkeit des Rechtsmittels) falsche Bezeichnung des Rechtsmittels, auch der StA und des Verteidigers, wenn nur ein bestimmtes Rechtsmittel statthaft und die Einlegung des zulässigen Rechtsmittels offensichtlich bezweckt ist (KG VRS **35**, 287; Celle VRS **15**, 58; Düsseldorf VRS **59**, 358; Kleinknecht JZ **60**, 674). Daher kann mangels Willen, ein Rechtsmittel einzulegen, zwar ein Kostenfestsetzungsantrag idR nicht in eine sofortige Beschwerde gegen die Kostenentscheidung umgedeutet werden (Düsseldorf NStE Nr 4; zu einem Ausnahmefall vgl jedoch Hamm NStE Nr 6), wohl aber wird zB eine unzulässige sofortige Beschwerde gegen ein Einstellungsurteil als Berufung (Celle NJW **60**, 114), eine Berufung unter Beschränkung auf die Bewährungsauflage als Beschwerde nach § 305 a (Bay VRS **66**, 37), eine Berufung unter Beschränkung auf die Strafaussetzung als sofortige Beschwerde nach § 59 I **JGG** (Hamm MDR **79**, 253) und ein unzulässiger Wiedereinsetzungsantrag gegen ein Berufungsurteil als Revision behandelt (Hamm JMBlNW **65**, 82). Ist nur der Antrag nach § 33 a zulässig, so wird die Eingabe als solcher Antrag behandelt (Düsseldorf OLGSt S. 3). Wenn allerdings der Beschwerdeführer auf der Durchführung des unzulässigen Rechtsmittels besteht, muß es verworfen werden (Düsseldorf MDR **62**, 328; SK/StPO-Frisch 5). Das gleiche gilt, wenn auch das an sich statthafte Rechtsmittel unzulässig ist, weil das Rechtsmittelvorbringen nicht der erforderlichen Form entspricht.

3 **3) Auszulegen** ist die Erklärung, wenn mehrere Rechtsmittel zulässig sind und unklar bleibt, welches eingelegt werden soll (vgl auch 5 zu § 335). Maßgebend sind der Gesamtinhalt der Verfahrenserklärungen und die Erklärungsumstände (BGH **2**, 41, 43; **19**, 273, 275), soweit sie innerhalb der für die Einlegung des Rechtsmittels geltenden Frist erkennbar werden (Bay **73**, 146 = NJW **74**, 199, 200; Düsseldorf NStE NR 5). Das Rechtsmittel ist so zu deuten, daß der erstrebte Erfolg möglichst erreichbar ist (BGH NJW **56**, 756; RG **67**, 123, 125; Düsseldorf JMBlNW **87**, 71; VRS **59**, 358; Hamburg NJW **70**, 1467; Koblenz VRS **65**, 45; Stuttgart Justiz **86**, 27, 28; Kleinknecht JZ **60**, 674). Im Zweifel gilt das Rechtsmittel als eingelegt, das die umfassendere Nachprüfung erlaubt (Hamm JMBlNW **76**, 168; Koblenz aaO; Köln MDR **80**, 690; Schleswig SchlHA **85**, 140 [E/L]; vgl auch 4 ff zu § 335); ebenso ist zu verfahren, wenn zwischen Rechtsmittelerklärungen des Angeklagten und des Verteidigers nach § 297 ein nicht aufklärbarer Widerspruch besteht (Düsseldorf MDR **93**, 676). Eine „Revision", mit der die erneute Prüfung des Sachverhalts erstrebt wird, ist als Berufung (Schleswig SchlHA **87**, 114 [L]), eine unzulässige Rechtsbeschwerde als Berufung, nicht als Revision (Bay **69**, 93 = JR **69**, 470 mit Anm Göhler; Düsseldorf MDR **76**, 75; GA **90**, 567; Hamm VRS **49**, 49), ein „Wiedereinsetzungsantrag" uU als Berufung (Düsseldorf NJW **88**, 153) zu behandeln. Soll ein Urteil sowohl mit Berufung oder Revision als auch, wegen einer Nebenentscheidung, mit der sofortigen Beschwerde angefochten werden, so muß innerhalb der Frist des § 311 II S. 1 die Einlegung auch dieses Rechtsmittels ausdrücklich erklärt werden; die Berufung oder Revision darf nicht als sofortige Beschwerde ausgelegt werden (21 zu § 464). Eine Umdeutung, daß ein für einen Beschwerdeführer eingelegtes Rechtsmittel für einen anderen gelten solle, ist nicht möglich (BGH DAR **96**, 180 [T]). In Zweifelsfällen ist eine Erläuterung durch den Beschwerdeführer einzuholen (BGH **2**, 63, 67). Zur Auslegung von Revisionsrügen vgl 11 zu § 344.

Rechtsmittel der StA **RiStBV 147, 149**

301 **Jedes von der Staatsanwaltschaft eingelegte Rechtsmittel hat die Wirkung, daß die angefochtene Entscheidung auch zugunsten des Beschuldigten abgeändert oder aufgehoben werden kann.**

1) **Zugunsten des Beschuldigten** kann ein Rechtsmittel der StA in den Grenzen der zulässigen Nachprüfung nach §§ 327, 352 (vgl Hamm HESt **2**, 123: keine Schuldspruchänderung bei Strafmaßrevision der StA) auch wirken, wenn es zu seinen Ungunsten eingelegt ist. Das Rechtsmittel muß aber zulässig sein (RG **63**, 184, 186). § 301 ist trotz des mißverständlichen Wortlauts („kann") zwingendes Recht (Hamm NJW **53**, 118). Ist ein Urteil auf die Berufung der StA nach § 301 abgeändert worden, so kann der Angeklagte dagegen Revision einlegen, auch wenn er das 1. Urteil nicht angefochten hatte; da die Sache aber nur zu seinen Gunsten anhängig bleibt, gilt dann das Verbot der Schlechterstellung (11 zu § 358). 1

2) **Entsprechend anwendbar** ist die Vorschrift auch zugunsten der Verfalls- oder Einziehungsbeteiligten (§§ 431 I S. 1, 442 I, II S. 2) und der beteiligten JP oder PV (§ 444), auf das Rechtsmittel des Privatklägers (vgl § 390 I S. 3) und des Nebenklägers (BGH NJW **53**, 1521; NJW **86**, 2716, 2717; EzSt § 401 Nr. 1) sowie im Wiederaufnahmeverfahren (5 zu § 365). 2

3) Die **Entscheidung** lautet bei der Anwendung des § 301 nicht auf Verwerfung des zuungunsten des Angeklagten eingelegten Rechtsmittels, sondern auf Aufhebung oder Abänderung der angefochtenen Entscheidung auf das Rechtsmittel der StA (KMR-Plöd 5; **aM** SK/StPO-Frisch 6; erg 16 zu § 473). Hat schon das von dem Angeklagten oder sonst zu seinen Gunsten eingelegte Rechtsmittel Erfolg, so ist nicht § 301 anzuwenden, sondern das zu seinen Ungunsten eingelegte Rechtsmittel der StA oder des Privat- oder Nebenklägers zu verwerfen (BGH VRS **50**, 369). 3

Zurücknahme und Verzicht **RiStBV 152**

302 **[I] Die Zurücknahme eines Rechtsmittels sowie der Verzicht auf die Einlegung eines Rechtsmittels kann auch vor Ablauf der Frist zu seiner Einlegung wirksam erfolgen. Ein von der Staatsanwaltschaft zugunsten des Beschuldigten eingelegtes Rechtsmittel kann jedoch ohne dessen Zustimmung nicht zurückgenommen werden.**

[II] Der Verteidiger bedarf zur Zurücknahme einer ausdrücklichen Ermächtigung.

1) **Rechtsmittelrücknahme** (I S. 1): 1

A. **Ganz oder teilweise** kann ein Rechtsmittel zurückgenommen werden, auch wenn es unzulässig ist (BGH MDR **57**, 527 [D]; BGHR § 302 II Rücknahme 7; RG **55**, 213). Die in der Teilrücknahme liegende nachträgliche Rechtsmittelbeschränkung ist in gleicher Weise und in gleichem Umfang zulässig wie eine von vornherein nach §§ 318, 344 I erklärte Beschränkung des Rechtsmittels (BGH **33**, 59; KK-Ruß 7). I S. 2 und § 55 III **JGG** gelten auch für die Teilrücknahme. 2

B. **Rücknahmeberechtigt** ist, wer das Rechtsmittel eingelegt hat. Der Angeklagte muß bei Abgabe der Erklärung verhandlungsfähig (Einl 97), aber nicht geschäftsfähig sein (BGH NStZ **83**, 280; **85**, 207 [Pf/M]; Hamburg NJW **78**, 602). Bei fehlender Verhandlungsfähigkeit ist die Rücknahme unwirksam (BGH NStZ **92**, 29 [K]). Bleiben Zweifel, so ist von Verhandlungsfähigkeit auszugehen (BGH NStZ **84**, 329). Der jugendliche Beschuldigte kann sein Rechtsmittel ohne Zustimmung des gesetzlichen Vertreters zurücknehmen. Die Wirksamkeit der Rück- 3

nahmeerklärungen anderer Beteiligter setzt deren Handlungsfähigkeit (Einl 98) voraus. Wegen des gesetzlichen Vertreters und der Erziehungsberechtigten vgl 3, 7
4 zu § 298. Die **Rücknahmeerklärung des Angeklagten** erstreckt sich stets auch auf das Rechtsmittel des Verteidigers (BGH NStZ **85**, 207 [Pf/M]; RG **55**, 213; vgl auch Bay VRS **68**, 469). Haben mehrere Verteidiger Rechtsmittel eingelegt, so führt die im Auftrag des Angeklagten erklärte Zurücknahme des einen zur Zurücknahme des Rechtsmittels insgesamt (BGH NStZ **96**, 202; BGHR § 302 I S.1 Rechtsmittelverzicht 15); anders kann es sein, wenn ein besonderer Auftrag des Angeklagten nicht vorliegt (Koblenz VRS **68**, 213) oder wenn die Rücknahmeerklärung vor ihrem Eingang bei Gericht durch einen anderen Verteidiger wider-
5 rufen wird (LG München I NStE Nr 29). Der **StA** kann, unbeschadet des I S. 2 (unten 27), von dem Vorgesetzten um Zurücknahme ersucht werden (§ 146 GVG); der GStA beim OLG kann das Rechtsmittel der StA beim LG auch selbst zurücknehmen. Der GBA kann nur dem GStA anheimstellen, die Revision der örtlichen StA zurückzunehmen, braucht sie aber beim BGH nicht zu vertreten, wenn er sie für unbegründet hält.

6 C. **Bis zur Entscheidung über das Rechtsmittel** ist, mit der Einschränkung des § 303, die Zurücknahme zulässig (Hamburg MDR **83**, 154; vgl auch Köln JR **76**, 514 mit Anm Meyer), auch noch nach Erlaß, aber vor Rechtskraft eines Verwerfungsbeschlusses nach § 346 I (BGH NStZ **98**, 52). Die Berufung kann noch nach Zurückverweisung der Sache durch das Revisionsgericht (§ 354 II, III) zurückgenommen werden (vgl aber 2 zu § 303), sofern das Urteil (bei bloßem Teilerfolg der Revision) nicht schon im Schuldspruch rechtskräftig geworden ist (Stuttgart NJW **82**, 897; Gössel JR **82**, 273) oder die Feststellungen zum Tatgeschehen (teilw) aufrechterhalten worden sind (Bay **88**, 46 = NStE Nr 4 zu § 318). Der Rechtsmittelrücknahme steht nicht entgegen, daß inzwischen ein Verfahrenshindernis entstanden ist; denn das allein beendet das Verfahren nicht (KK-Ruß 5; LR-Schäfer Einl Kap 11 Rdn 29; Schöneborn MDR **75**, 6; **aM** Bay **74**, 8 = JR **75**, 120 mit abl Anm Teyssen). Eine Berufungsrücknahme kann sich aber nicht auf einen zuvor vom LG nach § 154 II eingestellten Verfahrensteil erstrecken (Frankfurt NStZ **88**, 328 mit unzutr abl Anm Dörr/Taschke).

7 D. Die **Form** für die Zurücknahme ist die gleiche, die für die Einlegung des Rechtsmittels vorgeschrieben ist (Düsseldorf JZ **85**, 300; Hamburg MDR **81**, 424; Köln VRS **70**, 445; unten 18). Ebensowenig wie bei der Einlegung (Einl 140) genügt ein Telefonanruf (Karlsruhe Justiz **86**, 307; Stuttgart NJW **82**, 1472; Sarstedt/Hamm 81 **aM** Hamburg MDR **81**, 424). Die Zurücknahme muß eindeutig – wenn auch nicht unbedingt unter Verwendung dieses Wortes (KK-Ruß 11) – erklärt werden (erg unten 20); sie kann nicht darin gesehen werden, daß der StA die Verwerfung seines eigenen Rechtsmittels beantragt, gleichgültig, ob von ihm ein Freispruch angegriffen oder nur der Strafausspruch angefochten worden ist (Koblenz NStZ **94**, 354 mwN). Die Zurücknahme ist wie die Einlegung des Rechtsmittels bedingungsfeindlich (BGHR § 302 II Rücknahme 2; Einl 118; 5
8 vor § 296). Die **Erklärung wird wirksam,** wenn sie dem mit der Sache befaßten Gericht zugeht (Düsseldorf JZ **85**, 300; Karlsruhe JR **92**, 302 mit abl Anm Sommermeyer), nicht erst mit dem Eingang bei der zuständigen Geschäftsstelle (Neustadt NJW **62**, 359). Eine Besonderheit gilt für Erklärungen nach § 299 (dort 4). Sind die Akten dem Rechtsmittelgericht nach §§ 306 II, 321 S. 2, 347 II vorgelegt worden, so kann das Rechtsmittel nur ihm gegenüber zurückgenommen werden (vgl 6 zu § 347). Zweifel am Eingang der Rücknahmeerklärung gehen zu Lasten dessen, der sie angeblich abgegeben hat (Düsseldorf aaO).

8a E. **Voraussetzung für die Wirksamkeit** der Rücknahme ist, daß der Erklärende sich bei deren Abgabe in einem Zustand geistiger Freiheit und Klarheit befindet, der ihn in die Lage versetzt, die Bedeutung der Erklärung zu erkennen. Dies wird durch Geschäfts- oder Schuldunfähigkeit des Erklärenden nicht notwendig ausgeschlossen; ggf ist es im Freibeweisverfahren zu klären (BGH NStZ **97**, 378 [K]).

F. **Unwiderruflich und unanfechtbar** ist die Rücknahmeerklärung (BGH **5**, 337, 341; **10**, 245, 247; **37**, 15, 17; NStZ **83**, 280; **85**, 207 [Pf/M]; **88**, 213 [M]; KG JR **77**, 34; **81**, 480; Hamburg NJW **78**, 602; erg unten 21). Grundsätzlich ist auch eine auf **Irrtum** beruhende oder durch **Täuschung oder Drohung** herbeigeführte Rücknahmeerklärung nicht nach §§ 119, 123 BGB anfechtbar (BGH StV **94**, 64); § 136a gilt ebenfalls nicht (Einl 110). Jedoch sind Erklärungen unwirksam, die das Gericht mit unlauteren Mitteln erlangt hat (vgl KG JR **77**, 34: Rücknahme der Berufung durch den aufgrund eines rechtswidrigen Haftbefehls festgenommenen Angeklagten, der seine Freilassung erreichen will; Stuttgart Justiz **95**, 448: Nichteingehaltene Inaussichtstellung einer Strafermäßigung bei Berufungsrbeschränkung) oder die auf durch unzutreffende richterliche Auskunft hervorgerufenem Irrtum über die Erfolgsaussichten des Rechtsmittels (Zweibrücken StV **82**, 13) oder über Tragweite und Rechtsfolgen der Rücknahmeerklärung beruhen (Düsseldorf MDR **84**, 604; vgl auch unten 22; Einl 110; Bremen JZ **55**, 680 und Hamm NJW **60**, 1967 wenden noch § 136a an; vgl auch Frankfurt StV **87**, 289). Dies muß aber feststehen; der Grundsatz *in dubio pro reo* gilt nicht (Düsseldorf NStZ-RR **96**, 307). 9 10

G. **Rechtsfolgen der Zurücknahme:** Eine Entscheidung über das zurückgenommene Rechtsmittel ist überflüssig; es ergeht lediglich eine selbständige Kostenentscheidung (13 zu § 464). War der Angeklagte wegen zweier Taten verurteilt worden und wurde, nachdem das Verfahren wegen einer der beiden Taten nach § 154 II eingestellt worden ist, die Berufung zurückgenommen, so ist der Kostenbeschluß mit einem Beschluß zu verbinden, in dem klargestellt wird, daß der Angeklagte nur wegen einer Tat zu der hierfür durch das AG festgesetzten (Einzel-) Strafe verurteilt und die Gesamtstrafe entfallen ist; dasselbe gilt, wenn die Berufung auf den eingestellten Fall beschränkt war. Bleiben mehrere rechtskräftige Einzelstrafen bestehen, hat das LG aus diesen eine neue Gesamtstrafe zu bilden (KG NStZ **90**, 250; Oldenburg NdsRpfl **95**, 135). Wenn die **Wirksamkeit der Rücknahmeerklärung zu Unrecht bestritten** wird, spricht das Gericht durch Beschluß aus, daß das Rechtsmittel durch Zurücknahme erledigt ist (BGH NStZ-RR **98**, 60; RG **55**, 213; KG JR **81**, 480; Düsseldorf MDR **85**, 429). Das Rechtsmittelgericht ist dafür zuständig, nachdem ihm die Akten zur Entscheidung vorgelegt worden sind (oben 8; 7 zu § 347). Gegen den Beschluß ist entspr § 322 II die sofortige Beschwerde zulässig (Düsseldorf aaO; OLGSt Nr 2; Frankfurt NStZ **88**, 328; Hamburg NJW **78**, 602; München NJW **68**, 1000). Die Rücknahmeerklärung enthält den **Verzicht auf die Wiederholung des Rechtsmittels**(BGH **10**, 245, 247 = JZ **58**, 177 mit krit Anm Sax; Sarstedt/Hamm 138; **aM** Specht GA **77**, 72). Daher sind die erneute Einlegung und ein Wiedereinsetzungsantrag grundsätzlich unzulässig (BGH NJW **84**, 1974, 1975; NStZ **82**, 190 [Pf]; **84**, 181; **85**, 207 [Pf/M]; Bay DAR **87**, 311 [B]), auch wenn die Revision unzulässig war (BGH NStZ **95**, 356 mit Anm Ehrlicher; erg oben 2). Ob etwas anderes gelten kann, wenn sich aus einem Vorbehalt oder den Begleitumständen das Fehlen des Verzichtswillens ergibt, erscheint fraglich (so aber Bay **74**, 57 = MDR **74**, 773; offengelassen in BGH **10**, 245, 247; weitergehend LR-Hanack 28 ff: Auslegungsfrage). 11 11a 12

2) Rechtsmittelverzicht (I S. 1): 13

A. **Zulässig** ist der Verzicht, sobald und solange das Rechtsmittel eingelegt werden kann (Köln NJW **80**, 2720; LR-Hanack 7 ff), also schon vor Bekanntgabe der Urteilsgründe (Hamm JMBlNW **76**, 23), aber nicht vor Erlaß der Entscheidung (BGH **43**, 195; erg 4 vor § 296). Der in Abwesenheit verurteilte Angeklagte kann schon vor Beginn der Einlegungsfrist auf das Rechtsmittel verzichten, jedenfalls dann, wenn er sich zuvor über den Inhalt der Entscheidung unterrichten konnte (BGH **25**, 234 = JR **74**, 249 mit abl Anm Peters; BGH NStZ **86**, 208 [Pf/ 14

M]; KK-Ruß 6; **aM** Sarstedt/Hamm 132). Wirksam wird die Verzichtserklärung mit ihrem Eingang bei Gericht (oben 8); damit sind früher eingelegte Rechtsmittel erledigt (BGHR § 302 I S. 1 Rechtsmittelverzicht 7), später eingehende Anfechtungserklärungen sind wegen Eintritts der Rechtskraft unwirksam (KK-Ruß 16) und damit unzulässig. Geht allerdings eine Anfechtungserklärung früher bei dem Gericht ein als eine zuvor abgesandte Verzichtserklärung, ist die Anfechtung wirk-
15 sam (BGH GA **73**, 46; Hamburg NJW **52**, 638). Bei **gleichzeitigem Eingang** von Anfechtungserklärung und Verzicht ist der Verzicht unbeachtlich (BGH NJW **60**, 2202; BGHR Rücknahme 4). Das gleiche gilt, wenn nicht aufgeklärt werden kann, welche der beiden Erklärungen eher bei Gericht eingegangen ist (BGH NStZ **92**, 29 [K]). Stammt aber der Verzicht vom Angeklagten und die Anfechtungserklärung vom Verteidiger, geht der Wille des Angeklagten vor (BGHR
16 § 302 I S. 1 Rechtsmittelverzicht 11; erg unten 26, 35). **Teilverzicht** ist ebenso zulässig wie Teilrücknahme (oben 2). Er liegt aber nicht darin, daß ein Rechts-
17 mittel nur beschränkt eingelegt wird (unten 31; erg 4 zu § 344). Der **Verzicht erstreckt sich** auf alle Rechtsmittel, die gegen die Entscheidung zulässig sind. Wird auf Rechtsmittel gegen ein Urteil verzichtet, so umfaßt das auch die sofortigen Beschwerden nach § 464 III, § 8 III StrEG, wenn über sie belehrt worden oder auf die Belehrung verzichtet worden ist (Hamm MDR **71**, 776; D. Meyer JurBüro **93**, 706: weitergehend Nürnberg NStZ **97**, 302; LG Mönchengladbach MDR **71**, 1031 mit abl Anm Schmidt: ohne diese Einschänkung). Andernfalls muß der Wille des Erklärenden durch Auslegung ermittelt werden (Düsseldorf NStE NR 22; Hamburg MDR **93**, 568; Köln MDR **73**, 516; erg 21 zu § 464).

18 B. Die **Form** des Verzichts richtet sich, wie die der Zurücknahme (oben 7), nach der Form für die Rechtsmitteleinlegung (BGH **18**, 257, 260; **31**, 109, 111; NJW **84**, 1974; Düsseldorf JZ **85**, 960; NStZ **82**, 521; Köln VRS **71**, 54; H. W.
19 Schmidt NJW **65**, 1210). Der Verzicht kann **in der Hauptverhandlung** unmittelbar nach der Urteilsverkündung erklärt und im Protokoll beurkundet werden (BGH aaO; NStZ **86**, 277; Bremen NJW **61**, 2271; Düsseldorf aaO; OLGSt § 273 Nr. 2; Koblenz MDR **81**, 696; OLGSt Nr 2; Einl 137; vgl auch RiStBV 143), auch teilw (BGH NJW **91**, 2847) und auch in einem anderen Verfahren desselben Gerichts (BGH NStZ **89**, 220 [M]). Zur Entgegennahme zuständig sind Protokollführer und Vorsitzender (BGH NStZ **83**, 359 [Pf/M]). Die Erklärung wird sofort wirksam, nicht erst mit der Fertigstellung des Protokolls iS des § 273 IV; zur
20 Beweiskraft vgl 11 zu § 274. Der Verzicht setzt eine **eindeutige, vorbehaltslose und ausdrückliche Erklärung** voraus (Karlsruhe Justiz **65**, 242; Köln NJW **80**, 2720). Daher genügt nicht das Kopfnicken auf Befragen durch das Gericht (Koblenz MDR **81**, 956; Zweibrücken VRS **83**, 358) oder die Verneinung der Frage, ob Berufung eingelegt werden wird (Nürnberg HESt **3**, 57 = NJW **49**, 519). In der Anfrage, wohin die Strafe zu zahlen sei sowie in der Zahlung selbst oder in der Übersendung des Führerscheins bei Verurteilung zu einem Fahrverbot kann aber ein Verzicht zu sehen sein (vgl Köln VRS **41**, 44; Naumburg NZV **97**, 493; Stuttgart NJW **90**, 1494). Die Erklärung, das Urteil werde angenommen, enthält idR einen Rechtsmittelverzicht (BGH JZ **52**, 568 L).

21 C. **Widerruf und Anfechtung** des Verzichts sind ebenso unzulässig wie bei der Rechtsmittelrücknahme (BGH NJW **84**, 1974; **80**, 469; NStZ **84**, 181; 329; **86**, 208 [Pf/M]; 277; **87**, 18 [Pf/M]; 221 [Pf/M]; 97, 148; StV **88**, 372; Bremen NJW **61**, 2271; Düsseldorf NStZ **82**, 521; Frankfurt StV **87**, 289; Koblenz OLGSt Nr 2; oben 9). Auch eine unzulässige Absprache über das Verfahrensergebnis (vgl Einl 119 ff) soll nach der Rspr die Wirksamkeit des absprachegemäß erklärten Rechtsmittelverzichts nicht berühren (BGH NJW **97**, 2691; zw). Nur die noch nicht bei Gericht eingegangene Erklärung kann, auch formlos, widerrufen werden (BGH GA **73**, 46; NStZ **97**, 378 [K]; Hamburg NJW **60**, 1969). Die erwiesene (Düssel-
22 dorf OLGSt Nr 1) **Irreführung des Beschwerdeberechtigten** durch unrichtige amtliche Auskunft macht die Erklärung unwirksam (Bremen JZ **55**, 680 mit Anm

EbSchmidt; Düsseldorf aaO; Hamm NJW **76**, 1952; Köln NJW **68**, 2349 = JR **69**, 392 mit Anm Koffka; Zweibrücken NStZ **82**, 348 L; Schlüchter 650; Einl 110; oben 10), wenn sie hierauf beruht (Koblenz NStZ-RR **96**, 306 mwN). Auch die unrichtige Belehrung durch den Pflichtverteidiger kann uU zur Unwirksamkeit führen (Frankfurt NJW 71, 949; LR-Hanack 54; **aM** BGH GA **96**, 281; NStZ **83**, 213; BGHR Rechtsmittelverzicht 8; Dahs Schmidt-Leichner-FS 28), nicht aber die in dem Antrag der StA auf Erlaß eines Haftbefehls liegende „Drohung" (BGH **17**, 14; Hamburg MDR **64**, 615), nicht die Hoffnung auf Bestehenbleiben eines Haftverschonungsbeschlusses (BGH wistra **94**, 197), auch nicht die Ankündigung des StA, er werde Revision einlegen, wenn kein Rechtsmittelverzicht erfolgt (BGH NStZ **86**, 277), oder die Anordnung des sofortigen Vollzugs der Strafe durch die StA nach Rechtsmittelverzicht (BGH NStZ **92**, 29 [K]) oder das Auseinanderfallen von mündlicher und schriftlicher Urteilsbegründung (BGH aaO), auch nicht ein falsches oder mißverstandenes Geständnis (BGH NStZ-RR **97**, 173).

D. Auf die **Wirksamkeit des Verzichts** ist das Fehlen der Rechtsmittelbelehrung 23
ohne Einfluß (BGH GA **80**, 469; MDR **73**, 557 [D]; NStZ **84**, 181; 329). Die Wirksamkeit setzt aber voraus, daß der Angeklagte verhandlungsfähig (BGH NStZ **84**, 181; **96**, 297; oben 3; Einl 97) ist; geschäftsfähig iS des bürgerlichen Rechts muß er nicht sein (BGH NStZ **83**, 280; **87**, 18 [Pf/M]; **88**, 213 [M]). Er muß sich ferner der Tragweite seiner Erklärung bewußt sein. Daran kann es insbesondere fehlen,
wenn der **Rechtsmittelverzicht im Anschluß an die Urteilsverkündung** erklärt 24
worden ist. Zu diesem Verzicht sollte der Angeklagte idR vom Vorsitzenden nicht veranlaßt werden (vgl RiStBV 142 II S. 1). Ein Verstoß gegen diesen Grundsatz bewirkt allein nicht die Unwirksamkeit des Verzichts, da der Angeklagte auch bei Verhängung einer hohen Strafe dafür im Einzelfall verständliche Gründe haben kann (BGH NStZ **96**, 297; Köln VRS **48**, 213; vgl auch Dahs Schmidt-Leichner-FS 17: Frage nach Rechtsmittelverzicht begründet „prozessuale Garantenstellung" des Gerichts). Vielmehr ist der Verzicht eines verhandlungsfähigen Angeklagten idR als wirksam anzusehen (Oldenburg NStZ **82**, 520; Schmidt NJW **65**, 1210; vgl auch BGH NStZ **87**, 221 [Pf/M]; NStZ-RR **97**, 305), auch eines Jugendlichen (Düsseldorf MDR **86**, 75) oder Ausländers (Oldenburg aaO; Zweibrücken StV **94**, 362). Jedoch können im Einzelfall Zweifel daran bestehen, daß der Angeklagte sich zu diesem Zeitpunkt der Tragweite seiner Erklärung bewußt war (BGH NStE Nr 28;
Düsseldorf NStZ **82**, 521). In der **Rspr** ist die Unwirksamkeit zB angenommen 25
worden, wenn der Vorsitzende unzuständigerweise eine Zusage abgegeben hat, die nicht eingehalten worden ist (BGH NJW **95**, 2568), wenn der Angeklagte die deutsche Sprache nicht beherrscht (München StV **98**, 646; Schleswig Rpfleger **66**, 214), wenn schon der zuvor erklärte Verzicht auf die Rechtsmittelbelehrung unwirksam war (Hamm NJW **83**, 530), wenn trotz fühlbarer Bestrafung die Verzichtserklärung entgegengenommen worden ist, ohne daß sich der Angeklagte mit seinem Verteidiger beraten konnte (BGH **18**, 257, 260 = JZ **64**, 263 mit Anm Stratenwerth; BGH **19**, 101; NStZ **84**, 18 [Pf/M]; Köln NStZ **81**, 490), oder wenn entgegen § 140 I (Frankfurt StV **91**, 296) oder § 140 II (Bay NStE Nr 20; KG StV **98**, 646 L; Düsseldorf StV **93**, 237; NStZ **95**, 147; StraFo **98**, 384; Frankfurt NStZ **93**, 507; Köln NStZ-RR **97**, 336 je mwN; **aM** unzutr Hamburg NStZ **97**, 53 mit zust Anm Rogall, denn § 140 ist nicht nur vor, sondern auch nach der Urteilsverkündung von Bedeutung) kein Verteidiger mitgewirkt hat. Der von einem erwachsenen Angeklagten erklärte Verzicht ist aber idR auch dann wirksam, wenn der Verteidiger widerspricht (Oldenburg NStZ **82**, 520) oder infolge Gerichtsverschuldens nicht anwesend ist (Hamm OLGSt S. 47; Schleswig SchlHA **83**, 113 [E/L]; H. W. Schmidt NJW **65**, 1212; **aM** Hamm NJW **83**, 530; VRS **53**, 367; Schleswig NJW **65**, 312).

E. **Folgen des Verzichts:** Der Verzicht des Angeklagten macht ein Rechts- 26
mittel des Verteidigers wirkungslos (5 zu § 297). Wird die Wirksamkeit des Verzichts zu Unrecht bestritten, spricht das Gericht durch Beschluß aus, daß das Rechtsmittel durch Verzicht erledigt ist (BGH NStE Nr 26; vgl oben 11). All-

gemein schließt der Verzicht die Einlegung des Rechtsmittels und die Wiedereinsetzung aus (BGH NJW **78**, 330; GA **69**, 281; NStZ **87**, 18 [Pf/M]). Ein trotzdem eingelegtes Rechtsmittel wird als unzulässig verworfen (BGH NJW **84**, 1974, 1975; NStZ **84**, 181; Bay **60**, 238 = Rpfleger **61**, 46). War der Verzicht aber unwirksam, kann dies die Wiedereinsetzung in den vorigen Stand wegen Versäumung einer Rechtsmittelfrist begründen (BGH NJW **95**, 2568).

27 **3) Rechtsmittel zugunsten des Beschuldigten** (I S. 2): Vgl 14 zu § 296. Die Zustimmung kann der Beschuldigte formlos erklären; bloßes Schweigen genügt nicht. Zur Anwendung des I S. 2 auf Rechtsmittel des gesetzlichen Vertreters vgl 3 zu § 298. Eine dem I S. 2 entspr Regelung enthält § 55 III **JGG.**

28 **4) Rücknahmebefugnis des Verteidigers** (II):

29 A. Für die **Zurücknahme** des Rechtsmittels des Verteidigers gilt II, erst recht natürlich für die des Rechtsmittels des Beschuldigten durch den Verteidiger. Die Ermächtigung kann nur ein verhandlungsfähiger Angeklagter (Einl 97) erteilen (BGH NStZ **83**, 280; oben 3, 23). Ihr Fehlen macht die Erklärung des Verteidigers unwirksam. Zum Nachweis vgl unten 33. Zurücknahme ist auch die in der Teilrücknahme liegende nachträgliche Rechtsmittelbeschränkung (OGH **1**, 74; oben 2), aber nicht das Fallenlassen einer bestimmten Rechtsmittelbegründung, zB einer Verfahrensrüge (7 zu § 352). Keine Teilrücknahme (und auch kein Teilverzicht, dazu unten 30 f) liegt aber in der Beschränkung des Rechtsmittels nach unbeschränkter Rechtsmitteleinlegung; denn die Anfechtungserklärung selbst enthält noch keine Aussage darüber, in welchem Umfang das Urteil angefochten wird, vielmehr wird erst durch die Beschränkungserklärung der Umfang der Anfechtung konkretisiert (BGH **38**, 4 gegen frühere Rspr; NStZ **92**, 126; SK/StPO-Frisch 10; erg unten 31). Allerdings bedarf eine nicht eindeutige Erklärung, vor allem, wenn sie ohne juristischen Beistand erfolgt ist, der Auslegung, ob mit ihr tatsächlich eine Beschränkung gewollt ist (BGH NJW **92**, 516). Aufgrund der Ermächtigung nach II kann der Verteidiger das Rechtsmittel des Angeklagten auch in dessen Abwesenheit ohne weiteres zurücknehmen (aber nicht aufgrund allgemeiner Prozeßvollmacht, unten 32). Die Rücknahmeerklärung in seiner Anwesenheit ist für den Angeklagten bindend, wenn er nicht widerspricht (BGH GA **68**, 86; Frankfurt NStZ-RR **97**, 45; **aM** Zweibrücken NStZ **87**, 573 mwN; LR-Hanack 71: ausdrückliche Zustimmung des Angeklagten erforderlich; erg 3 zu § 303).

30 B. Den **Verzicht** auf Rechtsmittel kann der Verteidiger ebenfalls nur mit besonderer Ermächtigung erklären. In der Ermächtigung zur Zurücknahme ist sie nicht enthalten (BGH **3**, 46; **10**, 320, 321; NJW **52**, 273; RG **64**, 164). Wie für die Teilrücknahme (oben 29) ist die Ermächtigung auch für den Teilverzicht erforderlich. Der nach der Urteilsverkündung spontan vom Verteidiger erklärte Verzicht bedarf zu seiner Wirksamkeit der ausdrücklichen Zustimmung des Angeklagten (Bay **94**, 130 = NStZ **95**, 142; Zweibrücken StV **89**, 11), so daß allein das Nichtwidersprechen idR nicht genügt (Bay aaO). Da der Verteidiger auch ohne besondere Ermächtigung von der Rechtsmitteleinlegung überhaupt absehen kann, ist er
31 auch befugt, ein **beschränktes Rechtsmittel** ohne Ermächtigung nach II einzulegen (BGH **38**, 4 mwN gegen die frühere Rspr; vgl oben 29). Der nicht angefochtene Teil der Entscheidung wird erst mit Ablauf der Rechtsmitteleinlegungsfrist rechtskräftig; bis dahin kann die Anfechtung erweitert werden (BGH **38**, 366; vgl auch Bay **67**, 146 = JR **68**, 108 mit zust Anm Sarstedt; erg 31 zu
31 a § 318; 1 zu § 343; 4 zu § 344). Wird vom Verteidiger **aber ohne die nach II erforderliche Ermächtigung** tatsächlich ein Teilverzicht (oder eine Teilrücknahme, oben 29) erklärt, hat die Unwirksamkeit dieser Erklärung zur Folge, daß das Urteil insgesamt angefochten ist (Mayer MDR **79**, 196; Meyer- Goßner MDR **79**, 809; EbSchmidt Nachtr 13; Spendel ZStW **67**, 563; **aM** BGH **3**, 46; **10**, 320, 321: Teilrechtskraft hinsichtlich des nichtangefochtenen Teils; dies ist aber unlogisch – Mayer aaO – und steht im Widerspruch zur ständigen Rspr des BGH bei

der Teilrücknahme, da dort bei auf II beruhender Unwirksamkeit von unbeschränkter Anfechtung ausgegangen wird, wobei die Revision wegen Fehlens der Begründung dann teilw unzulässig sei, vgl BGHR Beschränkung 2 mwN).

C. Eine bestimmte **Form** ist für die Ermächtigung, die auch nicht ausdrücklich erklärt zu werden braucht (RG **77**, 234), nicht vorgeschrieben; sie kann schriftlich, mündlich, auch fernmündlich erteilt werden (BGH **10**, 245, 246; NJW **52**, 273; DAR **85**, 198 [Sp]; GA **68**, 86; NStZ **87**, 18 [Pf/M]; Düsseldorf AnwBl **81**, 288; München NJW **68**, 1000). Die bei Übernahme des Mandats erteilte allgemeine Prozeßvollmacht kann jedoch nicht als ausdrückliche Ermächtigung angesehen werden, es sei denn, das Mandat wurde erst zur Durchführung des Rechtsmittelverfahrens erteilt (BGHR § 302 II Rücknahme 5; BGH StV **98**, 531); sonst muß sich die Ermächtigung auf ein bestimmtes Rechtsmittel beziehen (AK/StPO-Achenbach 10; KK-Ruß 22; LR-Hanack 70; Roxin § 51 B V 3; offengelassen bei BGH **10**, 245; MDR **78**, 461 [H]; BGH NStE Nr 25; in den Entscheidungen BGH NJW **67**, 1046 und NStZ **83**, 469 kam es auf die Frage nicht an; **aM** Bay **84**, 9 = VRS **66**, 283; KG JR **81**, 480; vgl auch BVerfG NJW **93**, 456: verfassungsrechtlich unbedenklich). Auch ein Unterbevollmächtigter des Pflichtverteidigers kann aber mit Einverständnis des Angeklagten die Rücknahme erklären (BGH NStZ **95**, 356 mit insoweit abl Anm Ehrlicher, hierin dem BGH aber zust Schnarr NStZ **96**, 215). Der **Nachweis** der Ermächtigung kann noch nach Abgabe der Erklärung geführt werden (BGH **36**, 259, 260; Bay DAR **87**, 314 [B]; MDR **82**, 249), auch noch vor dem Revisionsgericht, nachdem über die als wirksam behandelte Berufung entschieden worden ist (Bay aaO; Meyer-Goßner MDR **79**, 810; ebenso im Rechtsbeschwerdeverfahren, vgl Brandenburg NStZ-RR **98**, 309). Als Nachweis kann das Gericht die anwaltliche Versicherung des Verteidigers genügen lassen (BGH NJW **52**, 273; DAR **85**, 198 [Sp]; NStZ-RR **97**, 28 [K]; Kaiser NJW **82**, 1368). 32 33

D. Der **Widerruf** der Ermächtigung ist zulässig. Er ist schon wirksam, wenn ihn der Beschuldigte mündlich oder fernmündlich dem Gericht (RG **64**, 164, 167; Bay **84**, 9 = VRS **66**, 283) oder dem Verteidiger gegenüber erklärt (BGH **10**, 245, 247 = JZ **58**, 177 mit Anm Sax; Düsseldorf NStZ **89**, 289), der davon unverzüglich das Gericht benachrichtigen muß, wenn er eine Verzichts- oder Rücknahmeerklärung bereits abgegeben hat (Dahs 727). Der Widerruf ist formlos möglich. Er muß nicht ausdrücklich erklärt werden und kann zB darin liegen, daß der Angeklagte einen anderen Verteidiger mit der Rechtsmittelbegründung beauftragt (Celle aaO; vgl aber München NStZ **87**, 342) oder daß er selbst ein Rechtsmittel einlegt (BGH NJW **67**, 1046; Bay **94**, 244 = NJW **95**, 1230: Widerruf der Verzichtsermächtigung; vgl aber KG JR **81**, 480: kein Widerruf der Rücknahmeermächtigung) oder begründet (Bay **84**, 9 = VRS **66**, 283). Der Widerruf ist nur **wirksam,** wenn die Rücknahme- oder Verzichtserklärung noch nicht bei Gericht eingegangen ist (BGH **10**, 245 = JZ **58**, 177 mit Anm Sax; BGH NStZ **83**, 469; Bay aaO; München NJW **68**, 1000). Ist dem Verteidiger die Ermächtigung erteilt worden, läßt sich aber nicht feststellen, ob sie ihm gegenüber rechtzeitig zurückgenommen worden ist, so bleibt es bei der Zurücknahme des Rechtsmittels oder dem Verzicht (BGH NStZ **97**, 28 [K]; Dahs 727; 35 zu § 261). 34 35

E. Die **Ermächtigung des Wahlverteidigers endet** mit dem Mandat (Köln VRS **57**, 356; KK-Ruß 23), auch wenn die Verteidigung niedergelegt wird, um die Bestellung als Pflichtverteidiger zu erreichen (BGH EzSt Nr 2; MDR **78**, 461 [H]; 5 StR 493/86 vom 7. 10. 1986). Der Widerruf der Zulassung zur RAschaft führt zur Unwirksamkeit einer danach erklärten Rücknahme (Karlsruhe NStZ **97**, 169). 36

Zustimmung des Gegners

303 **Wenn die Entscheidung über das Rechtsmittel auf Grund mündlicher Verhandlung stattzufinden hat, so kann die Zurücknahme nach Be-**

ginn der Hauptverhandlung nur mit Zustimmung des Gegners erfolgen. Die Zurücknahme eines Rechtsmittels des Angeklagten bedarf jedoch nicht der Zustimmung des Nebenklägers.

1 **1) Anwendungsbereich:** Die Vorschrift, die der materiellen Gerechtigkeit dient, nicht der Würde des Gerichts oder dem Schutz des Rechtsmittelgegners (BGH **23**, 277, 279; vgl aber Rieß JR **86**, 443), gilt auch für nachträgliche Beschränkungen (Teilrücknahme) des Rechtsmittels (RG **65**, 231, 235; Frankfurt VRS **50**, 416; Koblenz BA **86**, 458, 459). In der Berufungsverhandlung gegen den abwesenden Angeklagten ist sie idR nicht anwendbar (§ 329 II S. 2), auch nicht auf die Beschwerde, da über sie nicht, wie über Berufung und Revision, nach mündlicher Verhandlung entschieden wird (§ 309 I).

2 **2) Beginn der Hauptverhandlung** ist nach §§ 243 I S. 2, 324, 351 der Aufruf der Sache. Vorher kann das Rechtsmittel, abgesehen von dem Fall des § 302 I S. 2, ohne weiteres zurückgenommen werden (Bay wistra **94**, 118). Die Beschränkung des § 303 tritt mit Beginn der 1. Hauptverhandlung endgültig für das gesamte Verfahren ein. Wird sie ausgesetzt, so lebt daher die Befugnis des Beschwerdeführers, über sein Rechtsmittel allein zu verfügen, nicht wieder auf (BGH **23**, 277; Rieß JR **86**, 441). Wenn das Revisionsgericht ein Berufungsurteil aufhebt und die Sache nach §§ 354 II, III, 355 zurückverweist, kann das Rücknahmerecht (vgl 4 zu § 302) auch vor Beginn der neuen Verhandlung nur mit Zustimmung des Gegners ausgeübt werden (Bay **73**, 125 = JR **74**, 251 mit Anm Peters; Bay **84**, 116 = NJW **85**, 754; Stuttgart Justiz **90**, 469; SK/StPO-Frisch 6).

3 **3)** Als **Gegner** stehen sich auf der einen Seite StA, Privatkläger und Nebenkläger (dessen Zustimmung nach S. 2 aber nicht erforderlich ist), auf der anderen Angeklagte, Verteidiger, gesetzliche Vertreter und Nebenbeteiligte (Einl 73) gegenüber. Das Rechtsmittel des gesetzlichen Vertreters kann ohne Zustimmung des Angeklagten zurückgenommen werden; das gleiche gilt im umgekehrten Fall. Die Zustimmung zur Zurücknahme eines Rechtsmittels der StA, des Privat- oder Nebenklägers ist eine dem Angeklagten selbst vorbehaltene Entscheidung (Bay **51**, 562; Hamm NJW **69**, 151 = JZ **69**, 269 mit krit Anm Peters; Koblenz NJW **51**, 933); nur im Fall des § 234 genügt die Zustimmung des Verteidigers (allgM). Ist der Angeklagte anwesend, so ist sein Schweigen zur Zustimmung des Verteidigers idR als eigene Zustimmung zu werten (Bay **84**, 116 = NJW **85**, 754; LR-Gollwitzer 11; **aM** Koblenz NJW **51**, 933 mit zust Anm Pusinelli; Sarstedt/Hamm 140; erg 11 zu § 245; 12 zu § 251; 29 zu § 302).

4 **4)** Die **Zustimmung,** die unwiderruflich und unanfechtbar ist, muß dem Gericht gegenüber erklärt werden, zwar nicht sofort, aber innerhalb einer angemessenen Überlegungsfrist. Bei einer mehrtägigen Hauptverhandlung genügt ohne Rücksicht auf die Dauer der Unterbrechung die Zustimmung zu Beginn des nächsten Verhandlungstages (Düsseldorf MDR **83**, 1045). Hält der Gegner nach Ablauf angemessener Frist seine Rücknahmebereitschaft nicht mehr aufrecht, so kann die Zustimmung nicht mehr wirksam erklärt werden (Hamm NJW **69**, 151 = JR **69**, 269 mit krit Anm Peters). Wird die Zustimmung ausdrücklich erklärt, so ist sie im Protokoll zu beurkunden (Bay **84**, 116 = NJW **85**, 754; Köln MDR **54**,
5 500). Sie kann aber auch in **schlüssigen Handlungen** liegen (BGH AnwSt [R] 7/80 vom 6. 10. 1980; RG **64**, 17, 20), zB darin, daß der Angeklagte die Berufung ebenfalls auf das Strafmaß beschränkt, nachdem die StA eine solche Beschränkung erklärt hatte (Bay **51**, 562; Schleswig SchlHA **84**, 106 [E/L]). Auch das bloße
6 **Schweigen** kann als Zustimmung gewertet werden, sofern dem Rechtsmittelgegner durch die Zurücknahme nur Vorteile erwachsen (KG VRS **65**, 59; Düsseldorf MDR **76**, 1040; Hamm aaO; Köln aaO; Rpfleger **77**, 105; Schleswig SchlHA **73**, 188 [E/J]); eine ausdrückliche Befragung ist aber vorzuziehen. In beiden Fällen gilt nicht die negative Beweiskraft nach § 274 (Bay **84**, 116 = NJW **85**, 754; Hamm

aaO; Köln aaO); das Vorliegen der Zustimmung muß im Freibeweis festgestellt werden (Hamm aaO; KK-Ruß 4).

5) Bei **Streit über die Wirksamkeit** der Zurücknahme erläßt das Gericht, wenn es sie verneint, das Sachurteil; eine vorherige Wiedereinsetzung in den vorigen Stand nach § 44 ist weder möglich noch nötig (**aM** LG Osnabrück StraFo **97**, 309, 311). Wenn die Wirksamkeit bejaht wird, lautet das Urteil dahin, daß das Rechtsmittel durch Zurücknahme erledigt ist (vgl RG **67**, 281; 11 zu § 302). 7

2. Abschnitt. Beschwerde

Vorbemerkungen

1) Das **Rechtsmittel gegen Beschlüsse und Verfügungen** ist die Beschwerde. 1
Nur ausnahmsweise können auch Nebenentscheidungen des Urteils mit der Beschwerde angefochten werden (1 zu § 304). Die Zulässigkeit der Beschwerde regeln nicht nur die §§ 304 ff, sondern auch zahlreiche Einzelvorschriften der StPO und anderer Gesetze (vgl etwa §§ 56 II S. 3, 159 I S. 2, 181 GVG). Entsprechendes gilt für den Ausschluß der Beschwerde, der sich nicht nur aus §§ 305 S. 1, 310 II, sondern aus vielen Vorschriften der StPO (2 zu § 304) und anderer Gesetze (vgl etwa § 54 III S. 1 GVG, § 63 I **JGG**) ergibt.

2) **Arten der Beschwerde** sind die (unbefristete) einfache Beschwerde und die 2
(befristete) sofortige Beschwerde (§ 311), die das Gesetz vorsieht, wenn aus Gründen der Rechtssicherheit eine schnelle und endgültige Klärung erforderlich ist. Eine weitere Beschwerde ist nur in den Fällen des § 310 I zulässig. Die Beschwerde
nach §§ 304 ff ist eine **Tatsachen- und Rechtsbeschwerde;** sie stellt sowohl die 3
Tatsachengrundlage der angefochtenen Entscheidung als auch die Rechtsanwendung zur Nachprüfung des Beschwerdegerichts. Neue Tatsachen können vorgebracht und berücksichtigt werden. Dabei kann Beschwerdegrund nicht nur die Unrechtmäßigkeit, sondern, sofern das nicht gesetzlich ausgeschlossen ist (wie in § 305 a), auch die Unangemessenheit der Entscheidung sein (vgl 29 zu § 81; 4 zu
§ 309). Zur **Rechtskraft** der Beschwerdeentscheidung vgl Einl 166, zur Abänder- 4
barkeit 24 vor § 296.

3) **Die Schlechterstellung des Beschwerdeführers** durch die Beschwerdeent- 5
scheidung ist nach zutr hM grundsätzlich nicht verboten (KG JR **81**, 391, 392; Schleswig JurBüro **85**, 1372; KK-Engelhardt 13 zu § 309; LR-Gollwitzer 19 ff zu § 309; Bloy JuS **86**, 589; Schlüchter 663; **aM** Wittschier, Das Verbot der reformatio in peius im strafprozessualen Beschlußverfahren, 1985, S. 185 ff). Denn das Gesetz enthält entspr Vorschriften nur für Berufung (§ 331), Revision (§ 358 II) und Wiederaufnahme (§ 373 II), und allein der Gesetzgeber hat darüber zu bestimmen, wann dem Beschwerdeführer die Rechtswohltat des Verbots der Schlechterstellung zugute kommt (1 zu § 331). Eine Ausnahme gilt nur für Beschlüsse, die Rechtsfolgen endgültig festsetzen und der materiellen Rechtskraft fähig sind (Celle NStE Nr 23 zu § 51 StGB; SK/StPO-Frisch 23; Meyer JR **82**, 338), zB Beschlüsse nach § 51 (dort 28), nach § 460 (dort 24), Beschlüsse, durch die Disziplinarmaßnahmen gegen UGefangene festgesetzt (Düsseldorf StV **85**, 65), Beschlüsse, durch die bei Widerruf der Strafaussetzung Leistungen zu Unrecht nach § 56 f III S. 2 StGB angerechnet worden sind (Hamm NStZ **96**, 303; München MDR **80**, 517), und Beschlüsse nach § 57 a StGB, durch die eine besondere Schwerde der Schuld verneint worden ist (Hamm NStZ **94**, 53). Das Verschlechterungsverbot gilt aber nicht für die UHaft betreffende Haftverschonungsbeschlüsse (**aM** Düsseldorf StV **93**, 480). Erg 3 zu § 268 a; 4 zu § 305 a.

Zulässigkeit der Beschwerde

304 **I Die Beschwerde ist gegen alle von den Gerichten im ersten Rechtszug oder im Berufungsverfahren erlassenen Beschlüsse und gegen die Verfügungen des Vorsitzenden, des Richters im Vorverfahren und eines beauftragten oder ersuchten Richters zulässig, soweit das Gesetz sie nicht ausdrücklich einer Anfechtung entzieht.**

II Auch Zeugen, Sachverständige und andere Personen können gegen Beschlüsse und Verfügungen, durch die sie betroffen werden, Beschwerde erheben.

III Gegen Entscheidungen über die Verpflichtung, Kosten oder notwendige Auslagen zu tragen, ist die Beschwerde nur zulässig, wenn der Wert des Beschwerdegegenstandes zweihundert Deutsche Mark übersteigt. Gegen andere Entscheidungen über Kosten und notwendige Auslagen ist die Beschwerde nur zulässig, wenn der Wert des Beschwerdegegenstandes einhundert Deutsche Mark übersteigt.

IV Gegen Beschlüsse und Verfügungen des Bundesgerichtshofes ist keine Beschwerde zulässig. Dasselbe gilt für Beschlüsse und Verfügungen der Oberlandesgerichte; in Sachen, in denen die Oberlandesgerichte im ersten Rechtszug zuständig sind, ist jedoch die Beschwerde zulässig gegen Beschlüsse und Verfügungen, welche

1. **die Verhaftung, einstweilige Unterbringung, Unterbringung zur Beobachtung, Beschlagnahme oder Durchsuchung betreffen,**
2. **die Eröffnung des Hauptverfahrens ablehnen oder das Verfahren wegen eines Verfahrenshindernisses einstellen,**
3. **die Hauptverhandlung in Abwesenheit des Angeklagten (§ 231 a) anordnen oder die Verweisung an ein Gericht niederer Ordnung aussprechen,**
4. **die Akteneinsicht betreffen oder**
5. **den Widerruf der Strafaussetzung, den Widerruf des Straferlasses und die Verurteilung zu der vorbehaltenen Strafe (§ 453 Abs. 2 Satz 3), die Anordnung vorläufiger Maßnahmen zur Sicherung des Widerrufs (§ 453 c), die Aussetzung des Strafrestes und deren Widerruf (§ 454 Abs. 3 und 4), die Wiederaufnahme des Verfahrens (§ 372 Satz 1) oder den Verfall, die Einziehung oder die Unbrauchbarmachung nach den §§ 440, 441 Abs. 2 und § 442 betreffen;**

§ 138 d Abs. 6 bleibt unberührt.

V Gegen Verfügungen des Ermittlungsrichters des Bundesgerichtshofes und des Oberlandesgerichts (§ 169 Abs. 1) ist die Beschwerde nur zulässig, wenn sie die Verhaftung, einstweilige Unterbringung, Beschlagnahme oder Durchsuchung betreffen.

1 1) Gegen **Beschlüsse und Verfügungen** läßt I die Beschwerde zu. Sie kann darüber hinaus gegen alle richterlichen Maßnahmen (nicht gegen JV-Maßnahmen) eingelegt werden, die nicht mit Berufung oder Revision anfechtbar sind (KK-Engelhardt 1). Gegen ein Urteil ist die Beschwerde zulässig, soweit es über die Kosten und Auslagen (§ 464 III S. 1 Hs 1), über die Entschädigungspflicht der Staatskasse (§ 8 III S. 1 **StrEG**) und über die Aussetzung der Jugendstrafe (§ 59 I
2 **JGG**) entschieden hat. Im **1. Rechtszug oder im Berufungsverfahren** müssen die Entscheidungen ergangen sein; sind sie auf Beschwerde hin erlassen worden, so wird ihre Anfechtbarkeit durch § 310 II eingeschränkt. Entscheidungen im 1. Rechtszug sind auch Beschlüsse im Wiederaufnahmeverfahren (2 zu § 372), nicht aber nach § 12 II (dort 9), 13 II S. 2 (dort 8), § 14 (dort 4) und § 15 (dort 8). Auch für Entscheidungen, die dem Gericht des 1. Rechtszugs im Rahmen der Strafvollstreckung übertragen sind, gilt I nicht (Celle MDR **85**, 344; Hamm NStZ

89, 443 mwN; Stuttgart NStZ **89**, 492 mit Anm Katholnigg). Die **Unterlassung einer rechtlich gebotenen Entscheidung,** auch wenn sie von Amts wegen zu treffen ist, kann ebenso angefochten werden wie eine für den Beschwerdeführer ungünstige Entscheidung (BGH NJW **93**, 1279 mwN; MDR **94**, 240 [S]; Bay **58**, 183 = NJW **58**, 1693; Stuttgart Justiz **86**, 27; Ellersiek 65; erg 10 vor § 296; 1 zu § 311; 16 zu § 464). Eine reine „Untätigkeitsbeschwerde" ist der StPO jedoch fremd (BGH aaO; LG Stuttgart NStZ **91**, 204; Scheffler 84; **aM** Braunschweig StraFo **96**, 59 mit zust Anm Stern; AK/StPO-Altenhain/Günther 18). Für die **Teilanfechtung** von Beschlüssen gelten die allgemeinen Grundsätze über die Rechtsmittelbeschränkung (§§ 318, 344 I). Der angefochtene Teil der Entscheidung muß gegenüber dem nicht angefochtenen derart selbständig sein, daß er eine gesonderte Prüfung und Beurteilung erlaubt (KG JR **82**, 114; Frankfurt NJW **80**, 2535; Koblenz NStZ **87**, 24 mit Anm M.-K. Meyer; Ellersiek 36, 104; vgl auch 28 zu § 51; 28 zu § 81; 6 zu § 318). Eine unwirksame Beschränkung ist unbeachtlich; der Beschluß wird in vollem Umfang geprüft (KG aaO; 32 zu § 318). 3 4

2) Der **Ausschluß der Beschwerde** (vgl Giesler, Der Ausschluß der Beschwerde gegen richterliche Entscheidungen im Strafverfahren, 1981, S. 163 ff) ist, außer in IV und V, ausdrücklich vorgesehen in den §§ 28 I, 46 II, 81 c III S. 4, 100 III S. 3, 138 d VI S. 3, 153 II S. 4, 153 a II S. 4, 161 a III S. 4, 163 a III S. 3, 201 II S. 2, 202 S. 2, 229 III Hs 2, 305 S. 1, 310 II, 348 II, 419 II S. 2, 464 III S. 1 Hs 2, 467 a III, 469 III und in §§ 41 S. 2, 52 IV, 53 II, 54 III S. 1 GVG, teilw (oder nicht für alle Prozeßbeteiligte) auch in §§ 210 I, II, 225 a III S. 3, IV S. 2 Hs 2, 270 III S. 2, 372 S. 2, 431 V S. 1 und neben dem Haftprüfungsantrag in § 117 II S. 2. In einigen Fällen kann die Entscheidung zwar nicht mit Beschwerde, aber mit dem Rechtsmittel gegen das Urteil angefochten werden (§§ 28 II S. 2, 305 S. 1 iVm § 336). Auch Sonderregelungen über Rechtsbehelfe schließen die Anwendung des § 304 aus (BGH **10**, 88, 91; Düsseldorf JZ **86**, 864; KK-Engelhardt 25), zB §§ 319 II (dort 2), 346 II (dort 14), 410 I S. 1. Der ausdrücklichen Ausschließung der Beschwerde steht es gleich, wenn Sinn und Zweck der Entscheidung einer Anfechtung von vornherein entgegenstehen (BGH aaO; Hamm NJW **77**, 210), zB die Nichtverlängerung der Erklärungsfrist nach § 201 I (dort 9) oder gerichtsinterne Angelegenheiten (8 zu § 30). 5

3) **Beschwerdeberechtigt** (I, II) ist, wer durch die Maßnahme in seinen Rechten verletzt, dh in Freiheit, Vermögen oder einem sonstigen Recht in sachlichrechtlicher oder verfahrensrechtlicher Art beeinträchtigt ist (Bay **52**, 232, 233 = NJW **53**, 714; erg 19 zu § 464; allg zur Beschwer vgl 8 ff vor § 296). Das sind in 1. Hinsicht die Verfahrensbeteiligten (Hamm wistra **98**, 38: also nicht der Richter; dazu Einl 70 ff), der Verteidiger auch, wenn seine eigenen Rechte betroffen sind, zB durch Zurückweisung nach § 146 a (dort 9), Verweigerung des ungehinderten Verkehrs mit dem Mandanten nach § 148 I (dort 24), Ausschließung nach §§ 138 a ff (§ 138 d VI S. 1) oder wegen der Weigerung, die Amtstracht anzulegen (Karlsruhe NJW **77**, 309 wendet dann II an), nicht aber der Wahlverteidiger gegen die Beiordnung eines zusätzlichen Pflichtverteidigers (9 zu § 141). Nach II sind auch **andere von einer Entscheidung betroffene Personen** beschwerdeberechtigt, wobei eine Unterscheidung in unmittelbar und mittelbar Betroffene weder geboten noch durchführbar ist (BGH **27**, 175; Ellersiek 112), zB Zeugen und Sachverständige gegen die Anordnung von Ordnungsmitteln nach §§ 51, 77 oder § 178 GVG, Eigentümer beschlagnahmter Sachen (Celle NJW **65**, 362), wer durch eine Maßnahme nach § 119 III beschwert ist (dort 49) oder für den Beschuldigten Sicherheit geleistet hat (§ 124 II S. 2), Personen, denen die Genehmigung zur Verteidigung nach § 138 II verweigert worden ist (dort 23), Schöffen im Fall des § 56 GVG, nicht aber die Jugendgerichtshilfe (Frankfurt NStZ-RR **96**, 251) oder die Verwandten des Gefangenen, dessen bedingte Entlassung nach § 57 StGB abgelehnt worden ist (Bay **52**, 232 = NJW **53**, 714: Eltern; Schleswig SchlHA **58**, 288: 6 7

Ehefrau); weitere Beispiele bei LR-Gollwitzer 56. Die Beschränkungen des § 305 S. 1 gelten für die dritten Personen nicht (§ 305 S. 2).

8 4) **Beschwerdegerichte:** Vgl §§ 73, 74 a III, 74 b, 121 I Nr 2, 135 II GVG. Über die Beschwerde gegen eine Entscheidung des Vorsitzenden oder des beauftragten Richters entscheidet nicht das Gericht, dem der Richter angehört, sondern das übergeordnete Gericht. Örtlich zuständig ist stets nur dieses Gericht. Die Unzuständigkeit des Beschwerdegerichts führt aber nicht zur Unwirksamkeit der Entscheidung (Einl 104 ff).

9 **5)** Durch die **Wertgrenze** (III) wird die Zulässigkeit der Beschwerde für den Fall beschränkt, daß lediglich die Kosten- und Auslagenentscheidung (der Höhe oder dem Grunde nach) angefochten wird (vgl auch § 108 I S. 2 Hs 2 OWiG und § 16 II S. 1 ZSEG sowie § 567 II ZPO). S. 1 betrifft die Kostengrundentscheidungen nach § 464 I, II oder in selbständigen Kosten- und Auslagenbeschlüssen (vgl 13 zu § 464; 2 zu § 467). S. 2 bezieht sich auf die Kostenfestsetzung nach § 464 b (SK/StPO-Frisch 49). Der Beschwerdewert bemißt sich nach dem Unterschiedsbetrag zwischen dem in der angefochtenen Entscheidung zugebilligten und dem mit der Beschwerde verlangten Betrag (vgl Hamm Rpfleger **68**, 90). Maßgebend ist der Wert zZ der Beschwerdeeinlegung; spätere Wertminderungen bleiben außer Betracht (Düsseldorf MDR **86**, 341). Hat der angefochtene Beschluß nur über den Grund des Anspruchs entschieden, so kommt es darauf an, ob seine Höhe den Betrag von 100 DM wahrscheinlich übersteigen wird (Celle NdsRpfl **62**, 263). Die Mehrwertsteuer ist mitzurechnen (vgl KG AnwBl **80**, 467; MDR **58**, 701; Bremen NJW **56**, 72). Für die Beschwerde nach § 8 III **StrEG** gilt III nicht (dort 20).

10 **6) BGH-Entscheidungen** (IV S. 1) sind mit der Beschwerde nicht anfechtbar; es gibt kein übergeordnetes Gericht. Beschwerde ist jedoch zulässig gegen bestimmte Verfügungen des Ermittlungsrichters des BGH (unten 19).

11 **7) OLG-Beschlüsse** (IV S. 2) und Verfügungen des Senatsvorsitzenden, auch die im Urteil getroffenen Entscheidungen über Kosten und Auslagen nach § 464 und über die Entschädigungspflicht der Staatskasse nach §§ 2 ff **StrEG** (BGH **26**, 250; vgl auch 10 zu § 9 StrEG), sind grundsätzlich unanfechtbar, auch wenn sie in Staatsschutzsachen ergangen sind, in denen das OLG nach § 120 I, II GVG im 1. Rechtszug zuständig ist (erg 3, 8 zu § 28; 26 zu § 338). In diesen Fällen gelten
12 jedoch die in S. 2, 3 bezeichneten **Ausnahmen,** in denen die Beschwerde an den BGH (§ 135 II GVG) zulässig ist (vgl ferner § 159 I S. 2 GVG). Der Katalog des IV S. 2 Hs 2 enthält eine für die StPO abschließende Aufzählung (BVerfGE **45**, 363, 374 = NJW **77**, 1815, 1816; Schmidt MDR **79**, 709 mwN). Die Vorschrift ist eng auszulegen (BGH **25**, 120; **26**, 270; **27**, 344; **29**, 394; **30**, 32, 33; 168, 170; 250; **32**, 365, 366; **34**, 34, 35); der BGH läßt jedoch eine entspr Anwendung auf andere Fälle im engsten Rahmen zu (BGH **27**, 96, 97; **30**, 168, 171; StV **95**, 628). Im einzelnen gelten folgende Ausnahmen:

13 A. **Verhaftungen und andere Eingriffe** (S. 2 Nr 1): Vgl §§ 112 ff, 126 a, 81, 98, 105, 111 c. Bei Verhaftungen ist die Beschwerde nur im selben Umfang zulässig wie die weitere Beschwerde nach § 310 I (dort 5, 7), also nicht, wenn nur über Auflagen nach § 116 I S. 2 (BGH **25**, 120) oder Beschränkungen nach § 119 III (BGH **26**, 270) zu entscheiden ist (vgl auch BGH NJW **80**, 140; BGHR Haftbefehl 2; gegen die BGH-Rspr SK/StPO-Paeffgen 22 zu § 116) oder wenn der Beschwerdeführer nur einen von mehreren Haftgründen beanstandet, dessen Wegfall nicht zur Haftentlassung führen würde (BGH **34**, 34; krit Baumann Pfeiffer-FS 258 ff), oder wenn lediglich die Erweiterung des Tatvorwurfs bei einem bestehenden Haftbefehl erstrebt wird (BGH **37**, 347). Auch Erzwingungshaft nach § 70 ist aber eine Verhaftung (BGH **36**, 192 gegen **30**, 52; **aM** Wedel MDR **90**, 786, 787; dagegen Kutzer MDR **90**, 787), nicht jedoch Ersatzordnungshaft (BGH NStZ **94**, 198; vgl 11 zu § 70). Die Beschlagnahme umfaßt auch den Arrest nach § 111 d, jedenfalls soweit er

der Sicherstellung der Einziehung und des Verfalls von Wertersatz dient (BGH **29**, 13; NStZ **82**, 190 [Pf]), nicht aber die einstweilige Beschlagnahme nach § 108 (BGH **28**, 349). Die Telefonüberwachung nach § 100 a steht der Beschlagnahme nicht gleich (10 zu § 100 b). Der BGH neigt dazu, bei einer mit einer längeren Unterbringung verbundenen Maßnahme nach § 81 a die weitere Beschwerde für zulässig zu erachten (BGH StV **95**, 628; zust SK/StPO-Frisch 63).

B. **Ablehnung der Eröffnung und Einstellung des Verfahrens** (S. 2 Nr 2): Vgl §§ 210 II 1. Altern, 206 a. Die Verfahrensabtrennung bezüglich eines von mehreren Mitangeschuldigten steht dem nicht gleich, wenn die Eröffnungsentscheidung möglich bleibt (BGH NJW **93**, 1279; MDR **94**, 240 [S]). 14

C. **Anordnung der Abwesenheitsverhandlung; Verweisung an niederes Gericht** (S. 2 Nr 3): Vgl §§ 210 II 2. Altern, 231 a. Anfechtbar ist auch die Eröffnung des Hauptverfahrens vor einem Gericht niederer Ordnung nach § 209 I wegen einer Straftat, die kein Staatsschutzdelikt ist (KK-Engelhardt 10 mwN). Beschlüsse nach § 231 II sind auch dann nicht anfechtbar, wenn sie auf § 231 a I Bezug nehmen (BGH NStZ **81**, 95 [Pf]). 15

D. **Akteneinsicht** (S. 2 Nr. 4): Die Beschwerdemöglichkeit besteht nur für Verfahrensbeteiligte (BGH **36**, 338). Vgl im übrigen § 147. Die Ausnahme, die § 147 IV S. 2 unberührt läßt, betrifft nicht die Ausstattung des Angeklagten mit Abschriften oder Ablichtungen aus den Akten (BGH **27**, 244) oder mit der Kopie eines Videofilms (BGHR Akteneinsicht 2), die Überlassung von Ablichtungen der Aufzeichnungen des Urkundsbeamten vor Fertigstellung des Protokolls (BGH **29**, 394) und Modalitäten der weiteren Tätigkeit des Verteidigers nach Akteneinsicht, wie die Bedingungen, unter denen er den Akteninhalt mit dem Angeklagten erörtern darf (BGH **27**, 244). 16

E. **Widerruf der Strafaussetzung und des Straferlasses; Wiederaufnahme ua** (S. 2 Nr 5): Anfechtbar ist die Versagung von Strafaussetzung in Gesamtstrafenbeschlüssen nach § 460 (BGH **30**, 168 = JR **83**, 84 mit zust Anm Gollwitzer), nicht aber die mit der Strafaussetzung verbundenen Entscheidungen über die Dauer der Bewährungszeit und die Auflagen (BGH **25**, 120, 122; **30**, 32; BGHR Strafrest 1) sowie die auf § 68 f II StGB gestützten Entscheidungen (BGH **30**, 250), auch nicht die Aussetzung der Entscheidung über den Antrag des Verurteilten auf Erlaß der Reststrafe bis zum Abschluß eines schwebenden Verfahrens (BGH **32**, 365). Im Wiederaufnahmeverfahren ist nur gegen die nach § 372 S. 1 anfechtbaren Entscheidungen Beschwerde zulässig; unanfechtbar sind ablehnende Entscheidungen nach §§ 364 a, 364 b (BGH NJW **76**, 431). 17

F. **Entscheidungen über den Verteidigerausschluß** (S. 2 Hs 3) sind nach § 138 d VI S. 1 (dort 12 ff) mit sofortiger Beschwerde anfechtbar, auch wenn sie von dem OLG erlassen sind. Die Zurückweisung eines Verteidigers nach §§ 137 I S. 2, 146 ist dagegen nicht anfechtbar (BGH NJW **77**, 156). 18

8) Verfügungen des Ermittlungsrichters des BGH und des OLG (V), auch in Beschlußform (BGH **29**, 13) sind nur in den bezeichneten Fällen (vgl dazu oben 13) anfechtbar (BGH MDR **93**, 508 [S]), auch wenn ein Antrag auf Anordnung einer solchen Maßnahme abgelehnt worden ist; das gilt jedoch nicht bei Ablehnung der Anordnung von Erzwingungshaft (BGH NJW **98**, 467). Auf andere Maßnahmen ist V nicht entspr anwendbar (BGH **29**, 13, 14; NJW **94**, 465; NStZ **96**, 484 [S]). Über die Beschwerde entscheidet der BGH (§ 135 GVG) oder das OLG (§ 120 III S. 2 GVG). 19

Einschränkung der Beschwerde im Hauptverfahren

305 **Entscheidungen der erkennenden Gerichte, die der Urteilsfällung vorausgehen, unterliegen nicht der Beschwerde. Ausgenommen sind**

Entscheidungen über Verhaftungen, die einstweilige Unterbringung, Beschlagnahmen, die vorläufige Entziehung der Fahrerlaubnis, das vorläufige Berufsverbot oder die Festsetzung von Ordnungs- oder Zwangsmitteln sowie alle Entscheidungen, durch die dritte Personen betroffen werden.

1 1) **Grundsätzlich der Beschwerde entzogen** (S. 1) sind die der Urteilsfällung vorausgehenden Entscheidungen des erkennenden Gerichts. Die Vorschrift ist prozessual notwendig. Sie soll Verfahrensverzögerungen verhindern, die eintreten würden, wenn Entscheidungen der erkennenden Gerichte sowohl auf eine Beschwerde als auch auf das Rechtsmittel gegen das Urteil überprüft werden müßten (LR-Gollwitzer 2). Der Ausschluß der Beschwerde gilt entspr diesem Gesetzeszweck nur, wenn das Urteil anfechtbar ist (Hamm NStZ **86**, 328), und nur für Entscheidungen, die in innerem Zusammenhang mit der Urteilsfällung stehen, ausschließlich ihrer Vorbereitung dienen, bei der Urteilsfällung selbst der nochmaligen Prüfung des Gerichts unterliegen (RG **67**, 310, 312; KG JR **59**, 350; Braunschweig StV **87**, 332; Frankfurt NJW **54**, 1012; MDR **83**, 253; StV **88**, 195; Karlsruhe GA **74**, 285; Wagner JR **86**, 259) und keine weiteren Verfahrenswirkungen äußern (Düsseldorf MDR **85**, 693; VRS **69**, 445; Frankfurt GA **73**, 51; Karlsruhe NJW **77**, 309; Stuttgart NJW **76**, 1647; Ellersiek 123). Die Änderung der Entscheidung vor dem Urteil verbietet S. 1 nicht (RG **59**, 241). Die Vorschrift steht jedoch einer Verfassungsbeschwerde (Einl 230 ff) entgegen (BVerfGE **1**, 9 = NJW **52**, 60; BVerfGE **9**, 261, 265).

2 A. **Erkennendes Gericht** (vgl auch 6 zu § 28) ist das Gericht, bei dem das Hauptverfahren anhängig ist (BGH **2**, 1, 2; Hamm NStE Nr 1 zu § 103 JGG mwN; Stuttgart NStZ **85**, 524). S. 1 gilt für die Entscheidungen dieses Gerichts von der Eröffnung des Hauptverfahrens (13 zu § 207) bis zur Urteilsfällung (RG **43**, 179), auch für gleichzeitig mit dem Eröffnungsbeschluß erlassene Entscheidungen (Bay **55**, 113 = MDR **55**, 629), selbst bei Eröffnung vor einem anderen Gericht (KG JR **79**, 479; LR-Gollwitzer 6; **aM** Bremen JR **58**, 189; Schleswig SchlHA **54**, 64; KK-Engelhardt 2). Das Berufungsgericht, für dessen Entscheidungen § 305 ebenfalls gilt (Köln NJW **56**, 803 L), ist erkennendes Gericht, sobald ihm die Akten nach § 321 S. 2 vorgelegt sind (6 zu § 28), das Gericht, an das die Sache nach §§ 328 II, 354 II, III, 355 zurückverwiesen worden ist, nach Eingang der Akten. Zum beschleunigten Verfahren nach §§ 417 ff und zum Strafbefehls-
3 verfahren vgl 6 zu § 28. Entscheidungen des **Vorsitzenden des erkennenden Gerichts** sind unter den oben 1 genannten Voraussetzungen ebenfalls von der Anfechtung ausgenommen (Düsseldorf NStZ **86**, 138; Hamm MDR **88**, 696; Köln NJW **81**, 1523; Stuttgart NJW **76**, 1647; Zweibrücken StV **81**, 288; **88**, 519 mit abl Anm Gatzweiler; KK-Engelhardt 4; Wagner JR **86**, 259; **aM** Koblenz wistra **83**, 122; KK-Laufhütte 12 zu § 141; einschr LR-Gollwitzer 10: nur Entscheidungen anstelle des erkennenden Gerichts).

4 B. **Unzulässig** ist die Beschwerde gegen Entscheidungen, die dem Urteil zeitlich und sachlich vorausgehen (vgl bei den einzelnen Bestimmungen), wenn sie mit ihm in einem inneren Zusammenhang stehen (Hamm MDR **87**, 868), insbesondere die Beweisaufnahme vorbereiten (18 zu § 73; 20 zu § 74; 6 zu § 219), auch durch Aussetzung der Verhandlung zum Zweck weiterer Sachaufklärung (16 zu § 228) oder nach § 262 (dort 7). Der Beschwerde entzogen sind ferner Entscheidungen, die den Fortgang und die Gestaltung des Verfahrens betreffen, zB die Verbindung von Sachen anordnen oder ablehnen (16 zu § 4), den Antrag auf Entbindung nach § 233 ablehnen (dort 6), das persönliche Erscheinen nach § 236 (dort 3) oder die Durchführung der Hauptverhandlung ohne den Beschuldigten anordnen (12 zu § 415), idR auch die Terminsanberaumung durch den Vorsitzenden (8 zu § 213) oder die Entscheidung über die Zurückweisung eines Verteidigers wegen möglicher Mehrfachverteidigung (Hamm MDR **88**, 868). Hat eine Ent-
5 scheidung nur oder auch **prozessuale Bedeutung in anderer Richtung,** so ist

sie wegen dieser selbständigen Bedeutung anfechtbar. Das gilt zB von dem Beschluß über die Ablehnung der Bestellung eines Pflichtverteidigers (10 zu § 141) oder eines bestimmten Verteidigers (19 zu § 142), über die Zurückweisung des Verteidigers nach § 146 a (dort 9) und die Nichtzulassung des Nebenklägers (19 zu § 396).

2) Die **Ausnahmen** (S. 2) betreffen Maßnahmen, die bei der Urteilsfällung 6
nicht geprüft werden, weil sie weder rückwirkend beseitigt noch nachgeholt werden können. Die Anfechtbarkeit wird daher schon durch S. 1 nicht ausgeschlossen. S. 2 verdeutlicht das nur für einige Beispielsfälle, bei denen es sich überwiegend um Grundrechtseingriffe handelt. Daraus darf nicht geschlossen werden, daß nur die Anordnung, nicht auch die Ablehnung der Maßnahme anfechtbar ist. Auch die StA kann gegen die Ablehnung ihres Antrags auf Erlaß eines Haftbefehls, Beschlagnahmebeschlusses usw Beschwerde einlegen (vgl 31 zu § 98; 21 zu § 114), der Angeklagte auch, wenn seinem Antrag auf Beschlagnahme eines Beweismittels nicht stattgegeben worden ist (**aM** Hamburg JR **85**, 300 mit abl Anm Meyer). S. 2
enthält **keine abschließende Aufzählung** (Koblenz NStZ **94**, 355; Amelung 7
20 ff; Bloy JuS **86**, 588; Ellersiek 124). Anfechtbar mit der Beschwerde sind zB auch die Durchsuchungsanordnung und ihre Ablehnung (15 zu § 105). Der Begriff Verhaftungen ist nicht, wie bei §§ 304 IV S. 2 Nr 2, 310 I, einschränkend auszulegen; alle Entscheidungen im Zusammenhang mit der UHaft fallen darunter (Karlsruhe StV **97**, 312; LR-Gollwitzer 22; **aM** KK-Engelhardt 10). Mit der einstweiligen Unterbringung ist nur die nach § 126 a gemeint (wegen § 81 vgl dort 28, wegen § 81 a dort 30). Zu den Ordnungs- und Zwangsmitteln gehört auch die Vorführung des Beschuldigten (zB nach §§ 134, 230 II). Wegen der Entscheidungen, durch die dritte Personen betroffen werden, vgl 7 zu § 304.

Eingeschränkte Beschwerde gegen Strafaussetzungsbeschluß

305a **I Gegen den Beschluß nach § 268 a Abs. 1, 2 ist Beschwerde zulässig. Sie kann nur darauf gestützt werden, daß eine getroffene Anordnung gesetzwidrig ist.**

II Wird gegen den Beschluß Beschwerde und gegen das Urteil eine zulässige Revision eingelegt, so ist das Revisionsgericht auch zur Entscheidung über die Beschwerde zuständig.

1) Die **Anfechtung** des Urteils mit Berufung oder Revision erstreckt sich nicht 1
auf den Beschluß nach § 268 a (dort 10); gegen ihn muß ausdrücklich (vgl 21 zu § 464) Beschwerde nach § 304 I eingelegt werden (I S. 1 hat nur klarstellende Bedeutung), die aber nach I S. 2 nur zu einer eingeschränkten Prüfung führt. Die gleiche Einschränkung enthält § 453 II S. 2 für nachträgliche Entscheidungen. Für die Abhilfe nach § 306 II gilt die Einschränkung nicht. Wann Entscheidungen nach § 268 a gesetzwidrig sind, ergibt das sachliche Recht (§§ 56 a ff, 59 a, 68 b, 68 c StGB). Eine Prüfung der Ermessensausübung durch das untere Gericht ist dem Beschwerdegericht verwehrt (Hamburg MDR **71**, 66); gesetzwidrig ist aber auch ein auf Ermessensüberschreitung oder -mißbrauch beruhender Beschluß, insbesondere, wenn die Anordnung einen einschneidenden unzumutbaren Eingriff in die
Lebensführung des Verurteilten enthält (BGH StV **98**, 658; Köln StV **98**, 176). 2
Beschwerdeberechtigt sind, auch nach Rechtskraft des Urteils (KG NJW **57**, 275; Braunschweig MDR **70**, 69; Hamm NJW **64**, 937; **aM** Pusinelli NJW **62**, 903), der Angeklagte (Verteidiger, gesetzlicher Vertreter) und die StA (Nürnberg NJW **59**, 1451), auch zu seinen Ungunsten (LR-Gollwitzer 8; **aM** Hamm NJW **69**, 890). Der Nebenkläger ist entspr § 400 I zur Anfechtung nicht berechtigt (dort
3). Einen Zwang zur **Begründung der Beschwerde** enthält I S. 2 trotz des 3
mißverständlichen Wortlauts („gestützt werden") nicht (LR-Gollwitzer 6; Ellersiek 67).

4 2) Die **Entscheidung des Beschwerdegerichts** ergeht stets durch besonderen Beschluß (BGH LM Nr 1 L) und in der Sache selbst. Das gilt auch, wenn das Berufungsgericht, statt selbst nach § 268 a zu entscheiden (dort 2), den 1. Beschluß nur nach I S. 2 geprüft hat (KK-Engelhardt 15; **aM** Hamm GA **71**, 125). Ist der Beschluß nicht gesetzwidrig, so wird die Beschwerde als unbegründet, nicht als unzulässig verworfen (Nürnberg NJW **59**, 1451). Eine Schlechterstellung des Beschwerdeführers kommt bei der eingeschränkten Prüfungsbefugnis des Beschwerdegerichts praktisch nicht in Betracht (vgl Meyer JR **82**, 338); unzulässig ist sie nicht (LR-Gollwitzer 12; **aM** Sch/Sch-Stree 5 zu § 56 e StGB; einschr auch KK-Engelhardt 12: nur unter den Voraussetzungen des § 56 e StGB; erg 3 zu § 268 a).

5 **3) Zuständig** ist bei Berufung das Berufungsgericht (vgl aber 2 zu § 268 a), nach Urteilsrechtskraft das Beschwerdegericht. Wenn gegen das Urteil Revision eingelegt ist, entscheidet, wie nach § 464 III S. 3, § 59 V **JGG**, § 8 III S. 2 **StrEG,** aus Gründen der Verfahrensvereinfachung das Revisionsgericht (BGHR § 305 a I Zuständigkeit 1). Es bleibt auch nach Abschluß des Revisionsverfahrens zuständig, wenn es über die Beschwerde versehentlich nicht mitbefunden hat (BGH NStZ **86**, 422). Seine Zuständigkeit besteht aber nicht oder nicht mehr, wenn die Revision unzulässig oder bereits durch Entscheidung (BGH **10**, 19) oder Zurücknahme (Bay **60**, 186 = MDR **70**, 866) erledigt ist, wenn die Beschwerde dem Revisionsgericht erst nach Erlaß der Revisionsentscheidung zur Kenntnis gelangt oder wenn sie bei Erlaß der Entscheidung – zB mangels erforderlicher Abhilfeentscheidung nach § 306 II – noch nicht entscheidungsreif ist (BGH **34**, 392; NJW **92**, 2169; erg 25 zu § 464; 16 zu § 8 StrEG); dann ist das Beschwerdegericht zuständig (BGH aaO).

Einlegung der Beschwerde

306 **I Die Beschwerde wird bei dem Gericht, von dem oder von dessen Vorsitzenden die angefochtene Entscheidung erlassen ist, zu Protokoll der Geschäftsstelle oder schriftlich eingelegt.**

II Erachtet das Gericht oder der Vorsitzende, dessen Entscheidung angefochten wird, die Beschwerde für begründet, so haben sie ihr abzuhelfen; andernfalls ist die Beschwerde sofort, spätestens vor Ablauf von drei Tagen, dem Beschwerdegericht vorzulegen.

III Diese Vorschriften gelten auch für die Entscheidungen des Richters im Vorverfahren und des beauftragten oder ersuchten Richters.

1 **1) Einlegung der Beschwerde** (I):

2 A. **Bei dem Gericht, das die Entscheidung erlassen hat,** ist die Beschwerde einzulegen. Die früher bestehende Möglichkeit, sie in dringenden Fällen auch bei dem Beschwerdegericht einzulegen, ist entfallen.

3 B. **Form:** Die Beschwerde, die nicht an Bedingungen geknüpft werden darf (Einl 118; 5 vor § 296), kann in deutscher Sprache (2 zu § 184 GVG) schriftlich (Einl 128), telegrafisch oder durch Fernschreiber (Einl 139) oder zu Protokoll der Geschäftsstelle (Einl 131 ff) eingelegt werden. Die telefonische Einlegung ist unzulässig (Einl 140). Zur Einlegung zu Protokoll der Hauptverhandlung vgl Einl 137. Beschwerden in verunglimpfender Form werden sachlich nicht beschieden (12 vor § 33).

4 C. Eine **Frist** besteht, anders als bei der sofortigen Beschwerde (§ 311 II), für die einfache Beschwerde nicht. Jedoch ergibt sich eine zeitliche Beschränkung daraus, daß sie durch den Fortgang des Verfahrens gegenstandslos werden kann (17

vor § 296). Zur Verwirkung vgl 6 vor § 296. Vor Erlaß der Entscheidung (dazu 5 ff vor § 33) kann die Beschwerde nicht eingelegt werden (4 vor § 296).

D. Eine **Beschwerdebegründung** ist nicht vorgeschrieben, aber zulässig und zu empfehlen. Kündigt der Beschwerdeführer bei der Beschwerdeeinlegung eine nachträgliche Begründung an, so muß das Beschwerdegericht im Hinblick auf Art 103 I GG für deren Anbringung entweder eine Frist setzen oder angemessene Zeit mit der Entscheidung warten (BVerfGE **8**, 89 = NJW **58**, 1436; BVerfGE **17**, 191, 193; **18**, 399, 406; **24**, 23, 25; BayVerfGHE **33** II 101; Bremen NJW **63**, 1321; Karlsruhe MDR **83**, 250; vgl auch Köln MDR **84**, 1033), und zwar so lange, wie es nach den Umständen, insbesondere unter Berücksichtigung der Schwierigkeit und des Umfangs des Entscheidungsstoffes, der Notwendigkeit etwaiger Besprechungen oder Unterlagenbeschaffung angebracht erscheint (BVerfGE **4**, 190, 192 = NJW **55**, 1145; BayVerfGHE **17** II 13 = Rpfleger **64**, 171). Das Beschleunigungsgebot (Einl 160) ist aber zu beachten. Setzt das Beschwerdegericht eine **Frist,** so muß sie in diesem Sinn angemessen sein (BVerfGE **12**, 6) und vor der Entscheidung abgewartet werden (BVerfGE **42**, 243 = NJW **76**, 1837; BVerfGE **46**, 313; Karlsruhe MDR **83**, 250). Einem Verlängerungsantrag braucht das Gericht nur zu entsprechen, wenn die Frist so knapp bemessen ist, daß sie nicht eingehalten werden kann (BayVerfGHE **15** II 51; **16** II 1 = MDR **63**, 376; Röhl NJW **64**, 277). Wiedereinsetzung ist nicht möglich (3 zu § 44); § 33 a findet keine Anwendung (Bamberg MDR **91**, 665). Eine Beschwerdebegründung ist bei der Entscheidung stets zu berücksichtigen, wenn sie eingeht, bevor über die Beschwerde entschieden worden ist (Karlsruhe aaO; LR-Gollwitzer 15); maßgebend ist der Erlaß (5 ff vor § 33) der Entscheidung (BayVerfGHE **16** II 1 = MDR **63**, 376). Gegen Art 103 I GG wird verstoßen, wenn ein beim unteren Gericht eingereichter Schriftsatz nicht rechtzeitig an das Beschwerdegericht weitergeleitet und daher nicht berücksichtigt wird (BVerfGE **62**, 347 = NJW **83**, 2187).

5 (margin, at start of D.) and 6 (margin, at „Frist,")

2) Das **Abhilfeverfahren** (II Hs 1) soll dem Gericht, dem Vorsitzenden oder den in III bezeichneten Richtern, wenn diese die angefochtene Verfügung erlassen haben, bei begründeter einfacher Beschwerde (für die sofortige gilt § 311 III) die Berichtigung seiner Entscheidung ermöglichen und dem Beschwerdegericht die Befassung mit der Sache ersparen (BGH NJW **92**, 2169). Insbesondere ist ein Mangel des rechtlichen Gehörs zu beheben, wenn er der Grund für die Einlegung der Beschwerde ist (5 zu § 33 a). 7

A. Die **Abhilfeentscheidung,** zu der der Richter bei begründeter Beschwerde verpflichtet ist, ergeht in derselben Form wie die durch sie berichtigte Entscheidung; sie bildet mit ihr verfahrensrechtlich eine Einheit (Ellersiek 32, 170; Gollwitzer JR **74**, 206). Sie muß begründet (§ 34) und den Beteiligten bekanntgegeben werden (§ 35 II). Das gilt auch bei Teilabhilfe, die möglich ist, soweit Teilbeschwerde hätte erhoben werden können (4 zu § 304). Werden neue Tatsachen oder Beweisergebnisse berücksichtigt, so muß der Beschwerdegegner gehört werden (§ 33 III), sonst nicht (Rahn NJW **59**, 1167; Röhl MDR **55**, 522; **aM** LR-Gollwitzer 24; Ellersiek 172); ihm verbleibt die Möglichkeit, die Abhilfeentscheidung anzufechten. Bei **Nichtabhilfe** braucht nur das Ergebnis der Prüfung in den Akten vermerkt zu werden (München NJW **73**, 1143). Bei Kollegialgerichten kann der Vorsitzende den Vermerk allein unterzeichnen. Eine Begründung ist zulässig, aber nicht erforderlich (KG VRS **38**, 127), auch nicht, wenn neue Tatsachen oder Beweise zu berücksichtigen sind (KK-Engelhardt 17; **aM** Hamm StV **96**, 421; München aaO; SK/StPO-Frisch 26; Schoene GA **80**, 420; vgl für Beschwerden gegen Beschlüsse nach § 268 a Abs 1: BGH **34**, 392). Ist überflüssigerweise ein förmlicher Beschluß erlassen worden, so wird er nicht zugestellt (KG aaO); er ist auch nicht anfechtbar (LR-Gollwitzer 21 und JR **74**, 206).

B. Eine **Zurückverweisung zur Nachholung des Abhilfeverfahrens** kommt nur in Betracht, wenn dadurch das Verfahren beschleunigt wird (vgl München 10

NJW **73**, 1143 = JR **74**, 204 mit Anm Gollwitzer: leichtere Durchführung notwendiger Ermittlungen durch den 1. Richter; vgl aber KK-Engelhardt 20) oder wenn das Beschwerdegericht an einer sofortigen eigenen Sachentscheidung gehindert ist (Ellersiek 171; weitergehend LR-Gollwitzer 27: immer zulässig), nicht aber, um eigene Ermittlungen zu ersparen. Das Abhilfeverfahren ist für die Entscheidung des Beschwerdegerichts keine Verfahrensvoraussetzung (LR-Gollwitzer 27 und JR **74**, 207; Schlüchter 664.3).

11 **3)** Die **Vorlage an das Beschwerdegericht** (II Hs 2) erfolgt, wenn die Beschwer vorher nicht behoben wird, über die StA (Ausnahme: 12 zu § 148 a). Die Einhaltung der Dreitagesfrist, innerhalb deren die Sache vorgelegt, dh die Vorlegung verfügt werden soll, ist nicht zwingend vorgeschrieben; es handelt sich um eine Sollvorschrift. Die Frist, die mit dem Eingang der Beschwerde beginnt, sollte aber nach Möglichkeit eingehalten werden. Sind weitere Ermittlungen geboten, aber in der Frist nicht möglich, so überläßt sie der Richter daher dem Beschwerdegericht (KK-Engelhardt 18; **aM** München NJW **73**, 1143 = JR **74**, 204 mit zust Anm Gollwitzer; SK/StPO-Frisch 30; Ellersiek 175). Da die Akten dem Beschwerdegericht mit größtmöglicher Beschleunigung zuzuleiten sind, ist das untere Gericht nicht befugt, sie zurückzuhalten, weil eine Beschwerdebegründung angekündigt ist, oder dem Beschwerdeführer gar für deren Anbringung eine Frist zu setzen (**aM** LR-Gollwitzer 13); auch die StA darf die Weiterleitung nicht verzögern.

12 **4)** Die **unzulässige Beschwerde** darf der 1. Richter nicht selbst verwerfen (RG **43**, 179; Karlsruhe Justiz **96**, 233). Er muß sie aber als Gegenvorstellung (23 ff vor § 296) behandeln und prüfen, ob sie zur Änderung der Entscheidung Anlaß gibt (KG JR **57**, 430; KK-Engelhardt 12). Ändert er die Entscheidung nicht, so legt er die Beschwerde dem Beschwerdegericht vor. Aus Gründen der prozessualen Fürsorgepflicht (Einl 157) kann es gelegentlich geboten sein, den Beschwerdeführer auf die Unzulässigkeit hinzuweisen; ihm darf dann auch angekündigt werden, daß von der Vorlage an das Beschwerdegericht abgesehen wird, wenn er nicht ausdrücklich auf ihr besteht (LR-Gollwitzer 28).

Keine Vollzugshemmung

307 **I Durch Einlegung der Beschwerde wird der Vollzug der angefochtenen Entscheidung nicht gehemmt.**

II Jedoch kann das Gericht, der Vorsitzende oder der Richter, dessen Entscheidung angefochten wird, sowie auch das Beschwerdegericht anordnen, daß die Vollziehung der angefochtenen Entscheidung auszusetzen ist.

1 **1) Keine aufschiebende Wirkung** (I) hat die Beschwerde, soweit nicht (wie in §§ 81 IV S. 2, 231 a III S. 3, 454 II S. 2, 462 III S. 2 sowie § 181 II GVG, § 65 II S. 3 **JGG**) etwas anderes bestimmt ist. Wenn allerdings die Vollstreckbarkeit oder weitere Vollstreckung eines Urteils oder einer abschließenden Beschlußentscheidung von dem Ergebnis einer Beschwerde abhängt, ist entspr § 449 diese Entscheidung abzuwarten, hat die Beschwerde also aufschiebende Wirkung (LR-Gollwitzer 2). Das gilt insbesondere in den Fällen der §§ 453 II S. 3 (dort 8), 462 III und 464 III.

2 **2)** Die **Aussetzung der Vollziehung** (II) von Amts wegen oder auf Antrag, der nicht vor Beschwerdeeinlegung gestellt werden kann (**aM** KK-Engelhardt 8), ist eine Ermessensentscheidung (Karlsruhe NJW **76**, 2274), bei der das öffentliche Interesse an sofortiger Vollziehung gegen die dem Beschwerdeführer drohenden Nachteile abgewogen werden muß (Frankfurt NJW **76**, 303). Maßgebend sind insbesondere die Aussichten des Rechtsmittels. Die Aussetzung ist anzuordnen,

wenn der Richter die Unrichtigkeit seiner Entscheidung nachträglich erkennt, der Beschwerde aber nach § 311 III S. 1 nicht abhelfen kann. Unzulässig ist sie, wenn die sofortige Vollziehung gesetzlich bestimmt ist (vgl § 120 II). Die Dauer der Aussetzung, die nachträglich verkürzt oder verlängert werden kann, richtet sich nach den Umständen des Falles. Die nicht befristete Aussetzung entfällt mit der Entscheidung über die Beschwerde ohne weiteres. **Zuständig** ist sowohl der iudex 3
a quo als auch das Beschwerdegericht, bei einem Kollegialgericht des 1. Rechtszugs auch der Vorsitzende allein. Ist die Sache bereits an das Beschwerdegericht abgegeben, so ist nur dieses zuständig (LR-Gollwitzer 9; **aM** KK-Engelhardt 4). Eine ausdrückliche Entscheidung nach II ist nur erforderlich, wenn ein Antrag gestellt ist; die vorherige Anhörung des Gegners des Beschwerdeführers ist entbehrlich (LR-Gollwitzer 7; Ellersiek 160; Rahn NJW **59**, 1167; **aM** SK/StPO-Frisch 10).
Gegen einen Ablehnungsbeschluß des iudex a quo ist **Beschwerde** nach § 304 I 4
zulässig, solange nicht über die Beschwerde entschieden worden ist (LR-Gollwitzer 11). Mit der Entscheidung wird das Rechtsmittel gegenstandslos. Lehnt das Beschwerdegericht eine Anordnung nach II ab, so ist hiergegen Beschwerde nur in Haft- und Unterbringungssachen zulässig (§ 310 I).

Befugnisse des Beschwerdegerichts

308 **I Das Beschwerdegericht darf die angefochtene Entscheidung nicht zum Nachteil des Gegners des Beschwerdeführers ändern, ohne daß diesem die Beschwerde zur Gegenerklärung mitgeteilt worden ist. Dies gilt nicht in den Fällen des § 33 Abs. 4 Satz 1.**

II Das Beschwerdegericht kann Ermittlungen anordnen oder selbst vornehmen.

1 **1)** Die **Anhörung des Beschwerdegegners** (I) geht über die Gewährung des rechtlichen Gehörs hinaus, weil sie sich nicht nur, wie nach Art 103 I GG, § 33 III, auf Tatsachen und Beweisergebnisse, sondern auf das gesamte Beschwerdevorbringen bezieht.

2 A. **Gegner des Beschwerdeführers** (S. 1) sind die durch die erstrebte Entscheidung in ihren rechtlichen Interessen beeinträchtigten Verfahrensbeteiligten (LR-Gollwitzer 7; erg 3 zu § 303; 1 zu § 347). Zu Beschwerden des Angeklagten sind StA, Privat- und Nebenkläger zu hören (Ausnahme: 12 zu § 148a), zu Beschwerden der StA der Angeklagte, der Verteidiger, auch der gesetzliche Vertreter (KK-Engelhardt 2; LR-Gollwitzer 8; **aM** KMR-Plöd 2), zu Beschwerden Drittbeteiligter die StA (Ellersiek 181), der Beschuldigte nur, wenn seine Interessen unmittelbar berührt sind, wie bei der Beschwerde gegen eine Kostenentscheidung nach § 51 I S. 1 (BayVerfGHE **18** II 134 = JR **66**, 195). Nur bei Abänderung der Entscheidung zum **Nachteil des Gegners** ist die Anhörung erforderlich, nicht bei 3
vollständiger Verwerfung der Beschwerde (Düsseldorf NStE Nr 1). Ein Nachteil liegt in jeder Beeinträchtigung der rechtlichen Interessen des Gegners, auch durch Änderung der Beschlußbegründung (KK-Engelhardt 4ff). Die StA ist durch jede Entscheidung „benachteiligt", die die Entscheidung oder ihre Begründung ganz oder teilw zugunsten des Beschwerdeführers ändert. Die Eröffnung des Hauptverfahrens vor dem LG statt vor dem SchG benachteiligt den Angeklagten nicht (vgl § 269).

4 B. **Zur Gegenerklärung mitzuteilen** (S. 1) sind Einlegung und Begründung der Beschwerde (BVerfGE **17**, 188 = NJW **64**, 293), auch spätere Ergänzungen. Die Mitteilung, die nicht wiederholt werden muß, wenn sie bereits das untere Gericht oder die StA veranlaßt hat (Röhl MDR **55**, 522), kann formlos erfolgen; ihr Zugang muß aber feststehen (BVerfGE **36**, 85 = NJW **74**, 133). Für die Abgabe der Gegenerklärung ist dem Beschwerdegegner eine angemessene Frist zu setzen (Röhl aaO), vor deren Ablauf nicht entschieden werden darf (BVerfG MDR **88**,

553); ohne eine solche Fristsetzung muß mit der Entscheidung angemessene Zeit gewartet werden (BVerfGE 4, 190 = NJW **55**, 1145; BVerfGE **24**, 23; Ellersiek 183; erg 5 zu § 306). Eine Form ist für die Gegenerklärung nicht vorgeschrieben. Dem Beschwerdeführer muß sie nur zur Kenntnis gebracht werden, wenn sie neue Tatsachen oder Beweisergebnisse enthält, die das Beschwerdegericht ohne weiteres verwerten will (§ 33 III). Die Rechtsgründe, die für die Entscheidung des Beschwerdegerichts maßgebend sind, erfahren die Beteiligten durch die Beschwerdeentscheidung; vorher werden sie ihnen nicht mitgeteilt (LR-Gollwitzer 14).

5 C. Bei **notwendig überraschenden Maßnahmen** (S. 2) unterbleibt die Anhörung des Beschwerdegegners nach § 33 IV S. 1, zB bei Beschwerde der StA gegen den einen Haftbefehlserlaß ablehnenden Beschluß. Das gleiche gilt, wenn der Angeklagte die Anhörung durch seine Flucht vereitelt hat (Düsseldorf JurBüro **86**, 1216; Hamburg MDR **79**, 865). Die Maßnahme ist dann vollziehbar, ihrem Wesen nach aber nur vorläufiger Art (BVerfGE **9**, 89, 106 = NJW **59**, 427), bis die Anhörung im Verfahren der weiteren Beschwerde (§ 310 I), sonst nach § 311 a nachgeholt ist (Gehrlein Boujong-FS 771).

6 **2) Ergänzende Ermittlungen** (II) können sich als notwendig erweisen, bevor das Beschwerdegericht entscheidet; denn es prüft die Entscheidung des unteren Gerichts, soweit angefochten, auch in tatsächlicher Hinsicht (2 zu § 309). Es kann, ohne insoweit an Anträge gebunden zu sein (Bay **52**, 8; 54; KG JR **69**, 194), die Ermittlungen selbst vornehmen, ihre Durchführung durch einen beauftragten oder ersuchten Richter anordnen, die StA darum bitten, die dieser Bitte aber nicht zu entsprechen braucht (KG JR **67**, 69; LR-Gollwitzer 18), oder die Polizei darum ersuchen (vgl Einl 44), zB um eine Vernehmung oder um die Anfertigung von Lichtbildern oder Skizzen; zur Unanfechtbarkeit solcher Anordnungen vgl 3 zu § 310. Im Ermittlungsverfahren ist die Aufklärungsbefugnis eingeschränkt; sie erstreckt sich nur auf Umstände und Beweismittel, die die Ermittlungsbehörde zur Grundlage einer beantragten gerichtlichen Entscheidung gemacht wissen will (KG JR **67**, 69; LG Köln StV **83**, 275; KK-Engelhardt 18; LR-Gollwitzer 19). Von dem Ergebnis der Ermittlungen müssen die Verfahrensbeteiligten nach § 33 III unterrichtet werden, wenn sie zu ihrem Nachteil verwertet werden sollen.

Entscheidung

309 **I Die Entscheidung über die Beschwerde ergeht ohne mündliche Verhandlung, in geeigneten Fällen nach Anhörung der Staatsanwaltschaft.**

II Wird die Beschwerde für begründet erachtet, so erläßt das Beschwerdegericht zugleich die in der Sache erforderliche Entscheidung.

1 **1)** Im **schriftlichen Verfahren** nach Aktenlage ergeht die Entscheidung (BGH **13**, 102, 108) durch Beschluß, der nach § 34 zu begründen ist. Eine mündliche Verhandlung ist, abgesehen von den Fällen der §§ 118 II, 124 II S. 3, nicht zulässig (Bay **53**, 202 = NJW **54**, 204). Das Beschwerdegericht kann aber aus besonderen Gründen mündliche Erklärungen entgegennehmen oder herbeiführen (LR-Gollwitzer 1; Peters 621).
2 Die **Anhörung der StA,** die beim Zustandekommen der angefochtenen Entscheidung mitgewirkt hat, ist unter der Voraussetzung des § 308 I S. 2 vor der Entscheidung erforderlich. Die StA beim Beschwerdegericht (dieselbe StA, der GStA beim OLG oder der GBA) braucht nur in geeigneten Fällen gehört zu werden; I schränkt insoweit den § 33 II ein (dort 10). Die Anhörung steht im Ermessen des Gerichts; von ihr wird aber nur abgesehen werden können, wenn der Beschwerde der StA stattgegeben oder die Beschwerde eines anderen Verfahrensbeteiligten verworfen wird (KK-Engelhardt 3).

2) Beschwerdeentscheidung: Wenn die Beschwerde gesetzlich ausgeschlossen, mangels Beschwer nicht statthaft (8 ff vor § 296), verspätet oder nicht formgerecht eingelegt ist, wird sie als unzulässig verworfen. Bei der sachlichen Prüfung, deren Umfang durch das Beschwerdevorbringen nur beschränkt wird, wenn die Beschwerde selbst in zulässiger Weise (4 zu § 304) beschränkt ist (KG JR **82**, 114; München MDR **74**, 332), muß das Beschwerdegericht alle für die Entscheidung wesentlichen Tatsachen prüfen und aufklären, auch soweit das bisher nicht geschehen ist (BGH NJW **64**, 2119; KG aaO; Koblenz MDR **75**, 241), insbesondere wenn sie erst durch das Beschwerdevorbringen bekanntgeworden sind. Die Aufhebung der Entscheidung mit der Anweisung an das untere Gericht, die Sache weiter aufzuklären, ist unzulässig (KK-Engelhardt 7). Ergibt die Prüfung, daß der angefochtene Beschluß zutr ist, so wird die Beschwerde als unbegründet verworfen. Ist sie begründet, so muß das Beschwerdegericht eine **eigene Sachentscheidung** anstelle des 1. Richters treffen (BGH NJW **64**, 2119), auch in Ermessensfragen (Hamburg MDR **70**, 255; Schleswig NJW **76**, 1467; D. Meyer JurBüro **85**, 344; **aM** Bloy JuS **86**, 588; Ellersiek 34 ff: Nachprüfung nur auf Ermessensfehler; erg 22 zu § 8 StrEG), soweit die Prüfungsaufgabe des Beschwerdegerichts nicht gesetzlich eingeschränkt ist, wie in §§ 305 a I S. 2, 453 II S. 2 (zu § 229 III vgl Düsseldorf StV **97**, 282 mit abl Anm Zieschang). Es erläßt auch den aus sachlichen Gründen nicht ergangenen Haft- oder Vorführungsbefehl und den Eröffnungsbeschluß oder ordnet eine Beschlagnahme an (BGH MDR **64**, 1019). Zur Abfassung der Beschwerdeentscheidung vgl Kroschel/Meyer-Goßner 314 ff, zum Verschlechterungsverbot 5 vor § 304. Bei der **Beschwerde gegen eine Unterlassung** fehlt eine nachprüfbare Entscheidung und daher auch die Entscheidungsbefugnis des Beschwerdegerichts (vgl RG **19**, 332, 337). Jedoch kann in dem Untätigbleiben eine beschwerdefähige stillschweigende Entscheidung liegen (Einl 123; 3 zu § 304). Ist das der Fall, und war die Unterlassung rechtswidrig und enthielt sie eine Beschwer für den Beschwerdeführer, so spricht das Gericht die Verpflichtung des für die unterlassene Entscheidung zuständigen Richters aus, die Entscheidung zu erlassen, wenn die Sache entscheidungsreif ist (Ellersiek 194). Bei **Unzuständigkeit des unteren Gerichts** gilt folgendes: War das Gericht örtlich unzuständig, so muß das Beschwerdegericht den Beschluß grundsätzlich aufheben und eine Entscheidung über den gestellten Antrag ablehnen; eine Verweisung an das örtlich zuständige Gericht ist ausgeschlossen (KG StV **98**, 384 mwN; Ellersiek 195). Nur wenn das zuständige Gericht ebenfalls im Bezirk des Beschwerdegerichts liegt, kann in der Sache entschieden werden (vgl RG **19**, 332, 338). Daß statt des sachlich zuständigen AG das LG im 1. Rechtszug entschieden hat, ist nach dem Rechtsgedanken des § 269 unschädlich (vgl auch 2 zu § 355); das Beschwerdegericht entscheidet in der Sache selbst (LR-Gollwitzer 15; **aM** Hamburg NJW **64**, 1913; Koblenz VRS **67**, 120: Aufhebung und Zurückverweisung; einschr auch Frankfurt NJW **80**, 1639 L). War für die angefochtene Entscheidung nicht das AG oder LG, sondern das Beschwerdegericht zuständig, so hebt es den Beschluß auf und entscheidet als Gericht des 1. Rechtszugs. In der Sache selbst entscheidet es auch bei einem Verstoß gegen die geschäftsplanmäßige Zuständigkeit (**aM** München MDR **74**, 332) und gegen die funktionelle Zuständigkeit (8 vor § 1), insbesondere, wenn statt des allein zuständigen Vorsitzenden das ganze Gericht entschieden hat (4 zu § 126; 6 zu § 141). Zurückverweisung ist aber erforderlich, wenn das OLG im Fall des § 122 II S. 1 GVG statt mit 5 nur mit 3 Richtern entschieden hat (BGH **38**, 312). Zum Verstoß gegen die Zuständigkeitsvorschrift des § 78 b I GVG vgl dort 8.

3 (line 1), 4 (at "eigene Sachentscheidung"), 5 (at "Beschwerde gegen eine Unterlassung"), 6 (at "Unzuständigkeit")

3) Eine **Zurückverweisung der Sache an das untere Gericht** ist nur in eng begrenzten Ausnahmefällen zulässig (BGH NJW **64**, 2119; LR-Gollwitzer 11; eingehend dazu AK/StPO-Renzikowski/Günther 19 ff), nicht stets schon, weil die Entscheidung entgegen § 34 keine Begründung enthält (KG StV **86**, 142; Schleswig SchlHA **85**, 120; LR-Gollwitzer 14; **aM** Köln JMBlNW **60**, 44; Oldenburg 7

NJW **71**, 1098; Schleswig SchlHA **93**, 223 [L/T]; LG Zweibrücken MDR **92**, 891; KK-Maul 11 zu § 34; LR-Wendisch 10 zu § 34) oder nicht ordnungsgemäß zustande gekommen ist (Karlsruhe VRS **68**, 360; **aM** Hamburg NJW **62**, 2363;
8 Peters 622). Sie kommt in Betracht, wenn ein **Verfahrensmangel** vorliegt, den das Beschwerdegericht nicht beheben kann (KK-Engelhardt 11 und Roxin § 54 C III halten das für den einzigen zulässigen Grund), wie das Unterlassen einer zwingend vorgeschriebenen mündlichen Anhörung (Bay **53**, 202 = NJW **54**, 204; Düsseldorf StV **87**, 257; Koblenz NStZ **84**, 189; LG Bonn NStZ **86**, 574; erg 7 zu § 118 a; 15 zu § 454) oder eine unzulässige Teilentscheidung über die Eröffnung des Hauptverfahrens (Düsseldorf GA **86**, 37; Nürnberg MDR **72**, 967), oder der so schwer wiegt, daß von einer ordnungsgemäßen Justizgewährung nicht mehr gesprochen werden kann, zB bei Nichtbeteiligung des Betroffenen im selbständigen Einziehungsverfahren (Karlsruhe NJW **74**, 709, 712) oder bei Mitwirkung eines nach § 22 ausgeschlossenen Richters (KG JR **67**, 266; Bremen NJW **66**, 605; Saarbrükken NJW **66**, 167; **aM** KK-Engelhardt 11; LR-Gollwitzer 17; erg 21 zu § 22), nicht aber eines nach § 24 wegen Befangenheit abgelehnten Richters (Hamm JMBlNW **82**, 222; erg. 4 zu § 28). Eine Zurückverweisung erfolgt auch nicht
9 deshalb, weil das untere Gericht bestimmte **Tatsachen oder Beweismittel nicht berücksichtigt** hat und das Beschwerdegericht daher weitgehend über einen anderen Sachverhalt entscheiden muß (Karlsruhe NJW **74**, 709, 712). Der Gesichtspunkt, daß dem Beschwerdeführer andernfalls eine Instanz „verlorenginge" (vgl BGH **8**, 194, 195; Bremen NJW **51**, 84; **66**, 605; Hamburg GA **63**, 215; Koblenz MDR **75**, 241; Oldenburg NJW **71**, 1098), hätte den Gesetzgeber veranlassen können, die Zurückverweisung wie in § 354 II vorzusehen. Statt dessen hat er in § 309 das Beschwerdegericht beauftragt, selbst zu entscheiden; daran sind die Gerichte gebunden (Düsseldorf MDR **93**, 375; Hanack JZ **67**, 223; vgl auch LR-Gollwitzer 13). Eine Zurückverweisung kommt aber in Betracht, wenn das untere Gericht den Antrag zu Unrecht als unzulässig abgelehnt hat (zB wegen vermeintlicher örtlicher Unzuständigkeit, Stuttgart NStZ **91**, 291) und eine sachliche Entscheidung daher völlig fehlt (vgl Frankfurt NStZ **83**, 426; Koblenz MDR **75**, 241). Die Zurückverweisung unterbleibt stets, wenn der Antrag, über den entschieden
10 worden ist, ohne sachliche Prüfung verworfen werden muß. Eine **Bindung an die Aufhebungsansicht** des Beschwerdegerichts besteht nach der Zurückverweisung nicht; § 358 I gilt nicht entspr (M.-K. Meyer NStZ **87**, 27; Mohrbotter ZStW **84**, 621).

Weitere Beschwerde

310 **I Beschlüsse, die von dem Landgericht oder von dem nach § 120 Abs. 3 des Gerichtsverfassungsgesetzes zuständigen Oberlandesgericht auf die Beschwerde hin erlassen worden sind, können, sofern sie Verhaftungen oder die einstweilige Unterbringung betreffen, durch weitere Beschwerde angefochten werden.**

II Im übrigen findet eine weitere Anfechtung der auf eine Beschwerde ergangenen Entscheidungen nicht statt.

1 **1) Grundsätzlich ausgeschlossen** ist die weitere Beschwerde. Der Beschwerdeführer, dessen Rechtsmittel erfolglos war, kann das nächsthöhere Gericht nicht anrufen, auch wenn er erstmals durch die Beschwerdeentscheidung beschwert ist (Bremen NStZ **86**, 524 mwN; Celle MDR **96**, 1284; Koblenz VRS **65**, 144; Schleswig SchlHA **87**, 120 [L]) oder jedenfalls ein neuer Beschwerdegrund vorliegt (KG JR **69**, 194; Hamm NJW **70**, 2127; Neustadt MDR **60**, 604) oder ein Verstoß gegen Verfassungsrecht geltend gemacht wird (Düsseldorf NJW **91**, 2434). Auch der Gegner des Beschwerdeführers hat gegen die ihm ungünstige Beschwerdeentscheidung keine Beschwerde (KG JR **62**, 311; Bremen Rpfleger **63**, 15; Karlsruhe

Justiz **74**, 98; Koblenz OLGSt Nr 5; Neustadt NJW **60**, 257). Der Ausschluß gilt aber nicht für alle Entscheidungen des Beschwerdegerichts, sondern nur für **Beschlüsse, die auf Beschwerde hin erlassen sind,** wobei es genügt, daß eine Erklärung vertretbar als Beschwerde ausgelegt worden ist (Köln MDR **80**, 600). Sie müssen denselben Verfahrensgegenstand betreffen wie die 1. Entscheidung (Hamm NJW **70**, 2127; GA **76**, 58); maßgebend dafür ist nicht allein der Entscheidungssatz (**aM** Schleswig SchlHA **50**, 17), sondern die gesamte Prozeßlage (Celle MDR **77**, 74; LR-Gollwitzer 5; Ellersiek 89). Nicht auf eine Beschwerde ergangen ist ein Beschluß, wenn gar keine Beschwerde eingelegt war (Saarbrücken VRS **27**, 453; Schleswig SchlHA **95**, 35 [L/T]; Stuttgart Justiz **71**, 270), wenn das Beschwerdegericht im 1. Rechtszug, nicht nur vermeintlich (Hamm GA **72**, 186), zuständig gewesen wäre (Bremen NJW **67**, 1975; Düsseldorf MDR **82**, 518; Frankfurt NJW **80**, 1808; Hamm MDR **81**, 425), wenn das LG zur Entscheidung über die (Rechts-)Beschwerde nicht zuständig war (Celle NJW **73**, 1710; Hamm NJW **72**, 1725; vgl auch Dresden OLGSt Nr 11: Beschwerde gegen Beschluß der früher dem KrG zugeordneten StVollstrK) oder wenn weder das AG noch das Beschwerdegericht zuständig waren (Frankfurt NJW **80**, 1808). Anfechtbar sind auch Entscheidungen, die auf einen erst im Beschwerderechtszug gestellten **außerhalb oder neben der eigentlichen Beschwerde** liegenden Antrag ergangen sind (Bay **51**, 340; Hamm GA **62**, 381; Ellersiek 89), zB auf Wiedereinsetzung gegen die Versäumung der Beschwerdefrist (Bay **52**, 8; KG NJW **66**, 991; LR-Gollwitzer 10) oder auf Beiordnung eines Verteidigers (Bamberg NStZ **85**, 39 mit abl Anm Pöpperl); das gleiche gilt, wenn das LG eine weitere selbständige Entscheidung über das Rechtsmittelbegehren hinaus trifft (Bay **57**, 40; Celle NdsRpfl **75**, 222; Hamburg MDR **78**, 864). Unanfechtbar ist dagegen ein Beschluß, mit dem das Beschwerdegericht nach § 308 II weitere Ermittlungen, zB die Herbeiziehung bestimmter Aufklärungsmittel, anordnet (KG JR **69**, 194) oder seine Entscheidung auf Gegenvorstellungen oder von Amts wegen in unzulässiger Weise berichtigt oder ändert (Hamm GA **62**, 381; **aM** Oldenburg NdsRpfl **85**, 44).

Randnummern: 2 (bei „Beschlüsse“), 3 (bei „außerhalb“)

2) **Verhaftung und einstweilige Unterbringung** können mit der weiteren Beschwerde angefochten werden (I); es handelt sich um eine eng auszulegende Ausnahmevorschrift (BGH **25**, 120; KG NJW **79**, 2626 mit abl Anm Kopp). Sie enthält eine erschöpfende Regelung, die durch Landesrecht nicht erweitert werden kann (BVerfGE **48**, 367, 376 = NJW **78**, 1911). 4

A. **Verhaftung:** Gemeint ist der Haftbefehl nach §§ 112 ff, 230 II (dort 25), § 236 (dort 9) und § 329 IV S. 1. Nicht unter den Begriff fallen die Haft nach § 453 c (dort 17) und § 457 (dort 10, 16), die Ingewahrsamnahme nach § 231 I S. 2 (dort 24), die Ordnungshaft nach § 51 (dort 28), die Erzwingungshaft nach § 70 II (dort 20), § 95 (dort 12), nach § 96 OWiG (Hamm MDR **74**, 688; VRS **43**, 282; NStZ **92**, 443; Göhler 22 zu § 96 OWiG), der Vorführungsbefehl nach § 230 II (dort 25) und die Ablehnung des sicheren Geleits nach § 295 (dort 11). Vgl auch 13 zu § 304. 5

B. **Einstweilige Unterbringung** ist die nach § 126 a und § 71 I **JGG** (Hamburg NJW **63**, 1167), nicht die Unterbringung nach § 81 (dort 28). 6

C. **Bestand und Vollzug des Haft- oder Unterbringungsbefehls** kann der Beschuldigte zur Prüfung des Beschwerdegerichts stellen (KG NJW **79**, 2626; vgl auch BGH **25**, 120; 13 zu § 304). Zwar spricht der Begriff Verhaftung (allg dazu Wendisch Dünnebier-FS 239) an sich dafür, daß die weitere Beschwerde nur zulässig ist, wenn der Beschuldigte sich in Haft befindet (vgl §§ 114 a I S. 1, 114 b I, II, 119 V, VI S. 2). Jedoch gilt I seinem Sinn nach stets, wenn es um den Bestand eines Haft- oder Unterbringungsbefehls geht, auch wenn die Auswechslung des einen gegen den anderen in Frage steht (12 zu § 126 a). Der Haft- oder Unterbringungsbefehl ist ein Rechtstitel für die Verhaftung. Für die Klärung, ob er erlassen oder aufrechterhalten werden soll, muß nicht abgewartet werden, bis es zu 7 seinem Vollzug kommt (LR-Gollwitzer 11). I gilt daher auch, wenn der Haftbefehl noch nicht oder nicht mehr vollzogen wird, insbesondere, wenn sein Vollzug zum Zweck der Strafvollstreckung in anderer Sache unterbrochen (Karlsruhe Justiz **80**, 208; **aM** Koblenz MDR **78**, 339), wenn nur Überhaft (13 vor § 112) notiert ist (**aM** Koblenz OLGSt Nrn 3, 4) oder wenn der Vollzug nach § 116 ausgesetzt ist (sehr str, wie hier zB KG NJW **79**, 2626 mit Anm Kopp; Hamburg StV **94**, 323; Koblenz NStZ **90**, 102 mit zust Anm Hohmann NStZ **90**, 507; Köln StV **94**, 321; Paeffgen NStZ **89**, 420; **91**, 425; **aM** zB Bremen StV **81**, 131 mit Anm Klawitter; Düsseldorf NStZ **90**, 248; StV **90**, 309; Karlsruhe NStZ **83**, 41; Zweibrücken StV **91**, 219 mit abl Anm Wendisch; ausführlich dazu mwN Matt NJW **91**, 1801; vgl auch BGH **29**, 200 zu § 304 IV S. 2 Nr 1). Soweit es nur um die Anordnung, Änderung oder Aufhebung von Auflagen geht, ist die weitere Beschwerde jedoch ausgeschlossen (KG aaO; Frankfurt NJW **73**, 209; Hamburg aaO; **aM** Nürnberg MDR **61**, 619; AK/StPO-Renzikowski/Günther 19; vgl auch BGH **25**, 120; **26**, 270; **29**, 200). Das gleiche gilt bei Vollzug des Haftbefehls für die Gestaltung der Haftverhältnisse (KG aaO; JR **67**, 192; Hamburg GA **66**, 187).

8 D. Bei **Nichterlaß oder Aufhebung eines Haft- oder Unterbringungsbefehls** steht der StA die weitere Beschwerde zu (BGH **36**, 396, 398; Stuttgart JR **67**, 431; LR-Gollwitzer 12; **aM** Braunschweig NJW **65**, 1288 = JR **65**, 473 mit abl Anm Kleinknecht; Ellersiek 99). Das gleiche gilt, wenn der Vollzug nach § 116 ausgesetzt worden ist.

9 **3) Zuständig** für die Entscheidung ist idR das OLG (§ 121 I Nr 2 GVG). Über Beschwerdebeschlüsse des OLG nach § 120 III GVG entscheidet der BGH
10 (§ 135 II GVG). Die **Abhilfeentscheidung** nach § 306 II trifft das Beschwerdegericht (KK-Engelhardt 13); gegen sie ist weitere Beschwerde zulässig. Für die Nachholung des rechtlichen Gehörs gilt § 311 a.

Sofortige Beschwerde

311 **I Für die Fälle der sofortigen Beschwerde gelten die nachfolgenden besonderen Vorschriften.**

II Die Beschwerde ist binnen einer Woche einzulegen; die Frist beginnt mit der Bekanntmachung (§ 35) der Entscheidung.

III Das Gericht ist zu einer Abänderung seiner durch Beschwerde angefochtenen Entscheidung nicht befugt. Es hilft jedoch der Beschwerde ab, wenn es zum Nachteil des Beschwerdeführers Tatsachen oder Beweisergebnisse verwertet hat, zu denen dieser noch nicht gehört worden ist, und es auf Grund des nachträglichen Vorbringens die Beschwerde für begründet erachtet.

1 **1)** Die **sofortige Beschwerde** unterscheidet sich von der einfachen (§ 304) durch die Einlegungsfrist (II) und das Abhilfeverbot (III S. 1). Sofortig ist die Beschwerde nur, wenn das ausdrücklich bestimmt ist (Bay **55**, 154 = NJW **56**, 32; Köln NJW **57**, 1204; Oldenburg NJW **59**, 2275; LR-Gollwitzer 2; Ellersiek 71; **aM** Hamm NJW **61**, 135; vgl auch 11 zu § 302); ein Sonderfall ist § 181 GVG (dort 1). Eine „weitere" sofortige Beschwerde gibt es nicht. Für das Verfahren gelten außer den besonderen Vorschriften des § 311 die §§ 304 ff, soweit sie mit ihnen vereinbar sind, auch § 304 III, IV. Sofortige Beschwerde ist auch gegen eine stillschweigend erlassene Entscheidung (vgl Einl 123) und gegen das gesetzwidrige Unterlassen einer Entscheidung zulässig, falls sie beim förmlichen Erlaß der Entscheidung zulässig wäre (LG Braunschweig NJW **73**, 210; erg 10 vor § 296; 3 zu § 304; 5 zu § 309; 16 zu § 464).

2 **2)** Die **Beschwerdefrist** (II S. 1) von einer Woche (zur Berechnung vgl § 43) beginnt mit der Bekanntmachung (Verkündung oder förmlichen Zustellung) der angefochtenen Entscheidung. Bei formloser oder unterlassener Bekanntmachung

wird sie nicht in Lauf gesetzt (10 zu § 35). Zur Wahrung der Frist vgl 11 ff vor § 42; 21 zu § 464. Eine verspätet eingelegte sofortige Beschwerde darf nur das Beschwerdegericht als unzulässig verwerfen; die §§ 319 I, 346 I gelten nicht entspr. Wiedereinsetzung ist nach § 44 möglich. Bei Zweifeln an der Fristwahrung gelten die Grundsätze 35 zu § 261.

3) **Schriftlich oder zu Protokoll** der Geschäftsstelle (§ 306 I) ist die sofortige 3
Beschwerde bei dem Gericht anzubringen (3 zu § 306), das die angefochtene Entscheidung erlassen hat (vgl 2 zu § 306). Für die **Begründung** des Rechts- 4
mittels, die noch nach Ablauf der Einlegungsfrist möglich ist, gelten dieselben Grundsätze wie bei § 306 (dort 5).

4) **Abhilfe** durch das untere Gericht ist grundsätzlich nicht möglich (III S. 1). 5
Der Richter darf seine Entscheidung auf die Beschwerde weder abändern noch ergänzen (München MDR **87**, 782). Zur Unzulässigkeit der Abänderung des Beschlusses von Amts wegen oder auf Gegenvorstellungen vgl 24 ff vor § 296. Eine Ausnahme gilt bei **Verletzung des rechtlichen Gehörs** (III S. 2). Hat das Gericht 6
Tatsachen oder Beweisergebnisse verwertet, zu denen der Beschwerdeführer noch nicht gehört worden war, und hält es aufgrund des Beschwerdevorbringens die sofortige Beschwerde für begründet, so hilft es ihr ab, vorausgesetzt, daß sie fristgemäß eingelegt und auch sonst zulässig ist (Düsseldorf MDR **86**, 341; KK-Engelhardt 7; **aM** KMR-Plöd 6; LR-Gollwitzer 14: auch bei Unzulässigkeit wegen Verspätung). Dabei muß, wie im Fall des § 33 a (dort 9), der Mangel für die Unrichtigkeit der Entscheidung ursächlich gewesen sein; nur eine auf dem Beschwerdevorbringen beruhende neue tatsächliche oder rechtliche Würdigung der Tatsachen oder Beweisergebnisse, zu denen der Beschwerdeführer nicht gehört worden ist, rechtfertigt die Änderung der Entscheidung (KK-Engelhardt 6; LR-Gollwitzer 13). Die Abänderung erfolgt durch einen neuen Beschluß, der den Beteiligten nach § 35 II bekanntgemacht wird und erneut mit der sofortigen Beschwerde anfechtbar ist. Liegen die Voraussetzungen des III S. 2 nicht vor, so ist ein **Nichtabhilfebeschluß** überflüssig. Nur wenn das Gericht trotz der Verletzung des 7
rechtlichen Gehörs die Beschwerde für unbegründet hält, vermerkt es das in den Akten, bevor es sie dem Beschwerdegericht zuleitet.

5) **Wirkung der Rechtsmitteleinlegung:** Die sofortige Beschwerde hat auf- 8
schiebende Wirkung, wenn das besonders bestimmt ist (1 zu § 307), sonst nicht (§ 307 I). Es gilt aber § 307 II. Die Rechtskraft des angefochtenen Beschlusses ist bis zum Ablauf der Frist des II S. 1 gehemmt, wenn sie nicht schon vorher durch Verzicht (§ 302) herbeigeführt worden ist. Die sofortige Beschwerde bewirkt eine weitere Hemmung, bis das Rechtsmittel durch Abhilfe, Zurücknahme oder Verwerfung erledigt ist.

Nachholen des rechtlichen Gehörs

311a **I Hat das Beschwerdegericht einer Beschwerde ohne Anhörung des Gegners des Beschwerdeführers stattgegeben und kann seine Entscheidung nicht angefochten werden, so hat es diesen, sofern der ihm dadurch entstandene Nachteil noch besteht, von Amts wegen oder auf Antrag nachträglich zu hören und auf einen Antrag zu entscheiden. Das Beschwerdegericht kann seine Entscheidung auch ohne Antrag ändern.**

II Für das Verfahren gelten die §§ 307, 308 Abs. 2 und § 309 Abs. 2 entsprechend.

1) Die **Nichtanhörung des Beschwerdegegners** (2 zu § 308), gleichgültig, 1
ob sie gegen § 308 I S. 1 verstößt oder nach dessen S. 2 zulässig war, zwingt zu einem an keine Frist gebundenen Nachverfahren, sofern der Beschwerde stattgegeben worden, die Entscheidung nach § 310 nicht weiter anfechtbar ist und der dem

Beschwerdeführer entstandene Nachteil (3 zu § 308) noch besteht, die Entscheidung also nicht aus anderen Gründen aufgehoben worden oder durch den Fortgang des Verfahrens überholt ist (KK-Engelhardt 6; erg 6 zu § 33 a). Verletzt die Nichtanhörung auch das rechtliche Gehör, weil Tatsachen oder Beweisergebnisse berücksichtigt worden sind, zu denen der Beschwerdegegner sich nicht hat äußern können (§ 33 III), so gilt zugleich § 33 a. Über diese Vorschrift hinaus ermöglicht § 311 a stets die Nachholung des Gehörs zu Rechtsfragen (Bay MDR **83**, 689). Im Revisionsverfahren gilt die Vorschrift nicht (26 zu § 349). Sie ist auch nicht anwendbar, wenn die StA der Beschwerdegegner ist (vgl 3 zu § 33 a).

2 **2) Nachverfahren:** Der Beschwerdegegner wird auf Antrag oder, zweckmäßigerweise mit Fristsetzung, von Amts wegen nachträglich zu der Beschwerde gehört (Nachholungsverfahren). Die §§ 307, 308 II, 309 II gelten entspr (II). Wenn der Beschwerdegegner das beantragt, muß das Beschwerdegericht neu entscheiden (Überprüfungsverfahren). Erweist sich die Beschwerdeentscheidung als zutr, so wird sie bestätigt. War sie zum Nachteil des Beschwerdeführers unrichtig, so wird sie abgeändert; das ist auch von Amts wegen zulässig (I S. 2). Erg 8 zu § 33 a.

3 **3) Beschwerde:** Wird der Antrag auf Durchführung des Nachverfahrens abgelehnt, so ist gegen diesen – als erstinstanzliche Entscheidung anzusehenden – Beschluß die Beschwerde nach § 304 zulässig (KG NJW **66**, 991). Das gleiche gilt für die Entscheidung über die Aussetzung der Vollziehung nach § 307 (KK-Engelhardt 14; **aM** Celle MDR **96**, 1284; LR-Gollwitzer 11 zu § 307). Die Überprüfungsentscheidung ist unanfechtbar (KG aaO; erg 10 zu § 33 a).

3. Abschnitt. Berufung RiStBV 147–158

Vorbemerkungen

1 **1)** Die **Berufung** führt, wenn sie zulässig ist, im Umfang der Anfechtung (§ 318) zu einer völligen Neuverhandlung der Sache. Es findet eine neue Hauptverhandlung statt, in der nicht das angefochtene Urteil geprüft, sondern auf der Grundlage des Eröffnungsbeschlusses über alle Tat- und Rechtsfragen nach dem Ergebnis der Berufungsverhandlung neu entschieden wird (RG **62**, 130, 132; 401, 402; Düsseldorf NJW **83**, 767, 768; Karlsruhe NJW **79**, 2415, 2416; LR-Gollwitzer 1; Amelunxen Berufung 101; Bloy JuS **86**, 591; Gössel JR **82**, 270). Der Berufungsrechtszug ist „gewissermaßen eine 2. Erstinstanz" (Roxin § 52 E III). Für den Prozeßstoff gilt § 264 (Koblenz VRS **45**, 289; Köln VRS **62**, 283); im Rahmen dieser Vorschrift dürfen auch Tatsachen herangezogen werden, die der 1. Richter nicht gekannt oder nicht gewürdigt hat (RG aaO). Die Grundsätze der Mündlichkeit und der Unmittelbarkeit der Beweisaufnahme gelten im Berufungsverfahren grundsätzlich im selben Umfang wie im Verfahren des 1. Rechtszugs (Bremen MDR **79**, 865); eine Ausnahme läßt § 325 zu.

2 **2)** Eine **Nachprüfung des Verfahrens** des 1. Richters ist nicht notwendig (Bay **56**, 249 = NJW **59**, 599), sofern es nicht ausnahmsweise auch für die Entscheidung des Berufungsgerichts von Bedeutung ist (LR-Gollwitzer 5 zu § 327; Gössel JR **82**, 271). Daher fehlt eine dem § 336 entspr Vorschrift.

Zulässigkeit

312 **Gegen die Urteile des Strafrichters und des Schöffengerichts ist Berufung zulässig.**

1 **1)** Gegen **Urteile** des Strafrichters (§ 25 GVG) und des SchG (§ 24 GVG) ist die Berufung zulässig (auch wenn im Strafverfahren nur Verurteilung wegen einer

OWi erfolgte, vgl § 313 I S. 1; BGH **35**, 290; Düsseldorf GA **90**, 567), im Jugendstrafverfahren gegen Urteile des Jugendrichters (§ 39 **JGG**) und des JugSchG (§ 40 **JGG**). Ob die angefochtene Entscheidung als Urteil bezeichnet ist, spielt keine Rolle; maßgebend ist ihr sachlicher Inhalt (11 zu § 296). Zur Behandlung der Revision als Berufung vgl § 335 III S. 1, der Berufung als Rechtsbeschwerde § 83 II S. 1 OWiG. Gegen **Nebenentscheidungen im Urteil** ist statt der Beru- 2
fung die sofortige Beschwerde zulässig (vgl 3 zu § 333). Die **Anfechtungsberech-** 3
tigung richtet sich nach den allgemeinen Vorschriften (2 ff zu § 296; 3 ff zu § 297;
1 zu § 298). Zur **Beschwer** vgl 8 ff vor § 296; 5 zu § 333. 4

2) Berufungsgericht ist nach der Änderung des § 76 I S. 1 GVG durch das RpflEntlG sowohl bei Berufungen gegen Urteile des Strafrichters als auch gegen Urteile des SchG die kleine StrK des LG (§ 74 III GVG); die große StrK, die früher (auch) für Berufungen gegen Urteile des SchG zuständig war, entscheidet nunmehr nur noch als Gericht 1. Instanz. Lediglich über Berufungen gegen Urteile des JugSchG entscheidet noch eine große Jugendkammer in der Besetzung mit drei Richtern und zwei (Jugend-)Schöffen (§ 33 b I **JGG**). Gegen Berufungsurteile ist nach § 333 Revision zulässig. 5

Annahmeberufung **RiStBV 158 a**

313 **I Ist der Angeklagte zu einer Geldstrafe von nicht mehr als fünfzehn Tagessätzen verurteilt worden, beträgt im Falle einer Verwarnung die vorbehaltene Strafe nicht mehr als fünfzehn Tagessätze oder ist eine Verurteilung zu einer Geldbuße erfolgt, so ist die Berufung nur zulässig, wenn sie angenommen wird. Das gleiche gilt, wenn der Angeklagte freigesprochen oder das Verfahren eingestellt worden ist und die Staatsanwaltschaft eine Geldstrafe von nicht mehr als dreißig Tagessätzen beantragt hatte.**

II Die Berufung wird angenommen, wenn sie nicht offensichtlich unbegründet ist. Andernfalls wird die Berufung als unzulässig verworfen.

III Die Berufung gegen ein auf Geldbuße, Freispruch oder Einstellung wegen einer Ordnungswidrigkeit lautendes Urteil ist stets anzunehmen, wenn die Rechtsbeschwerde nach § 79 Abs. 1 des Gesetzes über Ordnungswidrigkeiten zulässig oder nach § 80 Abs. 1 und 2 des Gesetzes über Ordnungswidrigkeiten zuzulassen wäre. Im übrigen findet Absatz 2 Anwendung.

1) Zulässigkeitsvoraussetzungen: 1

A. Eine **zusätzliche Zulässigkeitsvoraussetzung** für Berufungen im Bereich der Bagatellkriminalität stellt die durch das RpflEntlG eingefügte Vorschrift auf (Rieß AnwBl **93**, 55), die auch für nach einer gemäß § 420 IV durchgeführten Hauptverhandlung erlassene Urteile gilt (Frankfurt NStZ-RR **97**, 273). Sie schränkt damit § 312 in nicht unbedenklicher Weise ein, weil sie dem Richter am AG (abgesehen von dem Fall eines nur eine OWi betreffenden Strafverfahrens, unten 7) durch Bestimmung der Strafhöhe Einfluß auf die Zulässigkeit des Rechtsmittels eröffnet, und den StA bei der Überlegung, eine wie hohe Strafe er beantragen soll, beeinflussen kann (Werle JZ **91**, 792). Gegenüber dem „normalen" Berufungsverfahren, das auf Neuverhandlung und nicht auf Überprüfung des erstinstanzlichen Verfahrens angelegt ist (1, 2 vor § 312), stellt die Annahmeberufung eine systemwidrige Regelung dar (Fezer NStZ **95**, 265; Frister StV **97**, 155). Die Vorschrift gilt auch für das Privatklageverfahren (vgl BT-Drucks 12/1217 S. 40; **aM** Hettenbach, Die Annahmeberufung nach § 313 StPO, Diss Konstanz 1997 S. 113), in Jugendsachen wird sie aber als unanwendbar erachtet (Schäfer NStZ **98**, 334). 2

B. Bei **Verurteilung** zu einer nach § 40 StGB verhängten oder nach § 59 StGB 3
vorbehaltenen Geldstrafe von nicht mehr als 15 Tagessätzen ist die Berufung nur

zulässig, wenn sie vom Berufungsgericht angenommen wird (I S. 1). Das gilt unabhängig davon, wer die Berufung einlegt (Angeklagter, StA, Nebenkläger oder Nebenbeteiligter) und für die StA auch dann, wenn sie eine Geldstrafe von mehr als 15 Tagessätzen beantragt hatte (Feuerhelm StV **97**, 100). Demgegenüber ist Tolksdorf (Salger-FS 393 ff) der Auffassung, S.1 gelte nur für den Angeklagten und für die zu seinen Gunsten von der StA eingelegte Berufung, die zu seinen Ungunsten von der StA eingelegte Berufung sei annahmefrei; er schließt dies aus „Sinn und Zweck" der Vorschrift und weist auf die Entstehungsgeschichte hin, muß aber einräumen, daß der Wortlaut der Vorschrift dagegen spricht und diese Auslegung zu ungereimten Ergebnissen führt (wie hier auch AK/StPO-Dölling 3;
3a KK-Ruß 2). Beim **Absehen von Strafe** nach § 60 StGB gilt § 313 nicht (Oldenburg NStZ-RR **98**, 309).

4 C. Bei **Freispruch oder Einstellung** ist eine Berufung des Angeklagten mangels Beschwer ohnehin vom LG als unzulässig zu verwerfen (1 zu § 322); die Berufung der StA oder des Nebenklägers ist nur zulässig, wenn die StA Verurteilung zu einer Geldstrafe von mehr als 30 Tagessätzen beantragt hatte (I S. 2).
4a Hatte die **StA selbst Freispruch beantragt** und will sie nun gleichwohl Berufung einlegen (16 vor § 296), kommt es darauf an, ob sie für den Fall der Verurteilung eine höhere Strafe als Geldstrafe von 30 Tagessätzen beantragt hätte und demgemäß im Berufungsverfahren beantragen will. Das läßt sich leicht feststellen, wenn sie zuvor im Strafbefehl eine Strafe beantragt hatte (so Hamm NStZ **96**, 455) oder nach Antragstellung in der Hauptverhandlung nocheinmal in die Beweisaufnahme eingetreten wurde und die StA erst danach Freispruch beantragte; im übrigen muß das LG von der diesbezüglichen Erklärung der StA, die sie in ihrer Berufungsbe-
4b gründung (§ 317) darzulegen hat, ausgehen (zust Ebert JR **98**, 269, 270). Die **hM** hält demgegenüber in einem solchen Fall I S. 2 für unanwendbar, so daß die Berufung nicht der Annahme bedürfe (Celle NdsRpfl **95**, 358; Karlsruhe MDR **96**, 517; Koblenz NStZ **94**, 601; Köln NStZ **96**, 150 mit Anm Schneider; Oldenburg NdsRpfl **95**, 135; Feuerhelm StV **97**, 101; Tolksdorf Salger-FS 401); dasselbe soll in diesem Fall auch für die Berufung des Nebenklägers gelten (Hamm VRS **95**, 382; Zweibrücken MDR **96**, 732). Die hM setzt sich damit aber in Widerspruch zu den Vorstellungen des Gesetzgebers, der in Bagatellfällen auch der StA gerade kein uneingeschränktes Recht, Berufung einzulegen, zugebilligt hat, wie sich eindeutig aus I S.2 ergibt (so zutr auch Ebert aaO 267, 268).

5 D. Bei einer **Gesamtgeldstrafe** kommt es auf deren Höhe an; ob die Summe der einbezogenen Einzelgeldstrafen über 15 Tagessätze beträgt (also zB zweimal 10 Tagessätze, Gesamtstrafe 14 Tagessätze), ist unbeachtlich. Wurden mehrere Geldstrafen oder mehrere Gesamtgeldstrafen verhängt, die untereinander nicht gesamtstrafenfähig sind, sind die verhängten (oder bei Freispruch beantragten) Strafen zusammenzurechnen; die Berufung bedarf also nicht der Annahme, wenn zwei nicht-gesamtstrafenfähige Geldstrafen zu je 10 Tagessätzen ausgesprochen worden sind (**aM** Hettenbach [oben 2] S. 48). Das folgt aus dem Wortlaut des I S. 1 („einer" Geldstrafe) und daraus, daß eine § 79 II OWiG entspr Vorschrift fehlt und zudem diese Vorschrift in III nicht für entspr anwendbar erklärt worden ist (vgl auch BR-Drucks 314/91 S. 113).

6 E. Wenn eine **Maßregel der Besserung und Sicherung** nach § 61 Nr 2, 4, 5, 6 StGB (vgl § 24 II GVG), eine Nebenstrafe (zB Fahrverbot nach § 44 StGB) oder eine sonstige Maßnahme (zB nach §§ 73 ff StGB) gegen den Angeklagten verhängt oder von der StA gegen den nicht-verurteilten Angeklagten beantragt worden ist, ist die Berufung stets (ohne Annahme) zulässig (Hettenbach [oben 2] S. 84).
6a Gleichzeitige Verurteilung im **Adhäsionsverfahren** macht die Berufung jedenfalls dann nicht annahmefrei, wenn die Anfechtung eines zivilrechtlichen Urteils wegen Nichterreichen der Berufungssumme ebenfalls verwehrt wäre (Jena NStZ **97**, 274).

7 F. Soweit nur wegen einer **OWi** verurteilt wurde, weil die Tat im Strafverfahren nach § 82 OWiG nur als OWi qualifiziert wurde oder weil eine Überleitung nach

§ 81 OWiG vom OWi- ins Strafverfahren erfolgte, dann aber im Urteil doch nur eine OWi angenommen wurde (Rieß AnwBl **93**, 56 Fn 88), oder lediglich im Hinblick auf eine OWi der Angeklagte freigesprochen oder das Verfahren eingestellt worden ist, kommt es auf die Höhe der verhängten oder beantragten Geldbuße nicht an. Hier bedarf die Berufung stets der Annahme, wobei aber für die Annahmeentscheidung besondere Vorschriften bestehen (III, vgl unten 9). Ist der Angeklagte sowohl zu einer Geldstrafe von nicht mehr als 15 Tagessätzen als auch zu einer Geldbuße wegen einer OWi verurteilt worden, so sind für Geldstrafe und Geldbuße die Annahmevoraussetzungen getrennt zu prüfen (Göhler JR **95**, 524). Stellt die OWi gegenüber der Straftat eine prozessual selbständige Tat dar, gilt § 83 II OWiG, dh die gegen die Verurteilung wegen einer OWi zulässige Rechtsbeschwerde wird, wenn sie und wenn die die Straftat betreffende Berufung angenommen wird, als Berufung behandelt. Wird die Berufung hinsichtlich der Straftat nicht angenommen, kann die Verurteilung wegen der OWi nur mit der Rechtsbeschwerde angefochten werden; es liegt dann dieselbe Situation vor wie bei einer sonstigen unzulässigen Berufung (vgl Göhler 10 zu § 83 OWiG). Handelt es sich hingegen um eine Tat iS des § 264, muß die Annahme der Berufung wegen der Geldstrafe oder die Annahme wegen der Geldbuße zur Zulässigkeit der Berufung insgesamt führen, weil dann eine getrennte Aburteilung in 2 verschiedenen Verfahrensstufen oder -arten ausgeschlossen ist (vgl BGH **35**, 290; Böttcher/Mayer NStZ **93**, 155); demgegenüber hält Celle StV **95**, 179 = JR **95**, 522 mit Anm Göhler wegen des Wortes „oder" statt „und" in I S. 1 in diesem Fall eine Annahme der Berufung nicht für erforderlich, wobei diese Wortauslegung aber nicht überzeugt (ebenso Hettenbach [oben 2] S. 46), zumal dadurch die Berufung in Bagatellfällen uneingeschränkt gestattet wird, was § 313 gerade verhindern will.

2) Annahme der Berufung: Nach II ist die Berufung anzunehmen, wenn sie nicht offensichtlich unbegründet ist (dazu unten 9); das gilt auch bei Verurteilung nur wegen einer OWi (III S. 2). Soweit das Verfahren eine OWi betrifft, ist die Berufung nach III darüber hinaus aber auch dann anzunehmen, wenn eine Rechtsbeschwerde zulässig oder die Rechtsbeschwerde zuzulassen wäre. Das bedeutet, daß entspr § 79 I Nr 1 bis 3 OWiG (Nr 4 und 5 betreffen das hier nicht angewandte OWi-Verfahren) bei einer Verurteilung zu einer Geldbuße von mehr als 500 DM oder Anordnung einer Nebenfolge vermögensrechtlicher Art (Einziehung, Verfall) in dieser Höhe oder nicht-vermögensrechtlicher Art die Berufung angenommen werden muß; bei Freispruch oder Einstellung muß eine Geldbuße von mehr als 1200 DM von der StA beantragt worden sein. Ist der Angeklagte zu einer Geldbuße von mehr als 500 DM verurteilt worden, bedarf die zu seinen Ungunsten eingelegte Berufung der StA nicht der Annahme; die Grenze von 1200 DM ist insoweit ohne Belang (vgl BGH **37**, 316). Bei Verurteilung wegen mehrerer OWien sind – wie bei mehreren Geldstrafen – entgegen der Regelung im OWi-Verfahren – die Geldbußen zusammenzurechnen (Hettenbach [oben 2] S. 41); übersteigen sie 500 DM, muß die Berufung angenommen werden (vgl oben 5). Ferner ist die Berufung unter den Voraussetzungen des § 80 I, II OWiG zuzulassen. Im übrigen gilt II; somit kann eine Berufung auch dann angenommen werden, wenn die Rechtsbeschwerde unzulässig wäre (Pfeiffer 3). 8

3) Offensichtlich unbegründet muß die Berufung sein, wenn sie nicht angenommen wird. Der Gesetzgeber hat hier bewußt an die Regelung in § 349 II angeknüpft (krit dazu Fezer NStZ **95**, 267). Danach muß für jeden Sachkundigen an Hand der Urteilsgründe und einer ev vorliegenden Berufungsbegründung (1 zu § 317) und des Protokolls der Hauptverhandlung ohne längere Prüfung erkennbar sein, daß das Urteil sachlich-rechtlich nicht zu beanstanden ist und daß keine Verfahrensfehler begangen worden sind, die die Revision begründen würden (erg 10 zu § 349). Die in § 328 II aF enthaltene (durch das StVÄG 1987 abgeschaffte) Regelung, wonach eine Zurückverweisung an das AG durch das Berufungsgericht wegen eines Mangels, der die Revision begründen würde, erfolgen konnte, erlangt 9

jetzt in diesem Zusammenhang wieder Bedeutung: Zwar ist eine Zurückverweisung an das AG aus diesem Grunde nicht mehr zulässig; die Zurückverweisungsmöglichkeit wurde aber gerade wegen der Neuverhandlung beim LG gestrichen. Daraus folgt, daß in solchen Fällen – insbesondere bei Vorliegen eines absoluten Revisionsgrundes nach § 338 (zw Hartwig NStZ **97**, 113) – eine Berufungsverhandlung ermöglicht werden muß. Bei Ankündigung neuer Beweismittel darf die Annahme der Berufung nur abgelehnt werden, wenn an der Richtigkeit der bisherigen Feststellungen vernünftigerweise kein Zweifel bestehen kann (BVerfG NJW **96**, 2785). Neue Tatsachen werden im Annahmeverfahren aber nicht ermittelt (Tolksdorf Salger-FS 408; **aM** Hartwig NStZ **97**, 112 Fn 14). Soweit in III auf § 80 II OWiG verwiesen wird, wonach die Rechtsbeschwerde wegen eines Verfahrensfehlers nicht zugelassen wird, ist damit die Annahme der Berufung nur bei OWien eingeschränkt; auf Verurteilungen oder Freisprüche und Einstellungen
10 wegen einer Straftat kann diese Regelung nicht ausgedehnt werden. **Anders als bei der Revision,** die bei der Sachrüge nur die Urteilsgründe zur Grundlage der Prüfung machen (22 zu § 337) und Beweiswürdigung und Rechtsfolgenausspruch nur auf rechtliche Fehler überprüfen darf (26 ff, 34 ff zu § 337), ist dem Berufungsgericht eine weitergehende Überprüfungsbefugnis zuzusprechen, weil die Berufungsverhandlung zu einer völligen Neuverhandlung der Sache führt (1 vor § 312). Daher ist die Berufung auch dann nicht offensichtlich unbegründet, wenn sich aus der Sicht des LG, das hierfür den gesamten Akteninhalt berücksichtigen darf (Rieß AnwBl **93**, 56), Bedenken gegen die Beweiswürdigung oder die Strafzumessung des AG ergeben (KK-Ruß 5; Feuerhelm StV **97**, 103; vgl auch Tolksdorf aaO 407: Merkmal eng auszulegen). Demzufolge ist die Prüfung auf Verfahrensfehler auch nicht von einer ordnungsgemäßen Rüge entspr § 344 II S. 2 abhängig. Allein die Anregung in der Berufungsbegründung, das Verfahren nach § 153 a II einzustellen, kann die Annahme der Berufung nicht rechtfertigen (Tolksdorf aaO 408).

11 **4) Entscheidung:** Wie bei jeder Berufung prüft das AG die fristgerechte Einlegung und verwirft eine verspätete Berufung nach § 319 I als unzulässig. Andernfalls legt es die Berufung dem LG vor. Zu dessen Entscheidung vgl § 322 a.

12 **5)** Zur Möglichkeit der **Sprungrevision** vgl 21 zu § 335.

Einlegung **RiStBV 150, 157**

314 **I Die Berufung muß bei dem Gericht des ersten Rechtszuges binnen einer Woche nach Verkündung des Urteils zu Protokoll der Geschäftsstelle oder schriftlich eingelegt werden.**

II Hat die Verkündung des Urteils nicht in Anwesenheit des Angeklagten stattgefunden, so beginnt für diesen die Frist mit der Zustellung.

1 **1) Berufungseinlegung** ist jede Erklärung, die deutlich erkennen läßt, daß der Beschwerdeführer das 1. Urteil anfechten will; das Wort Berufung braucht nicht verwendet zu werden (Peters 625; erg 1 zu § 341). Vgl auch 2 zu § 335. Unzulässig ist die Einlegung der Berufung vor Erlaß des 1. Urteils und die bedingte Berufung
2 (vgl Einl 118; 4 ff vor § 296; 4 ff zu § 341). Legen **mehrere Beschwerdeführer** Berufung ein, mit denen dasselbe Ziel verfolgt wird, so handelt es sich um ein einheitliches Rechtsmittel, über das nur einheitlich entschieden werden kann (4 zu
3 § 322; 2 zu § 341). Zur **Vertretung** bei der Einlegung vgl Einl 134; 3 zu § 341.

4 **2) Adressat der Anfechtungserklärung** (I) ist das Gericht, dessen Urteil angefochten wird, nicht das Berufungsgericht. Eine Ausnahme gilt nach § 45 I S. 2 (dort 4). Stammt das Urteil von einer aufgrund der VO vom 20. 3. 1935 (RGBl I 403; BGBl III 300–5) gebildeten Zweigstelle des AG oder von einem auswärtigen Gerichtstag, so kann die Berufung sowohl dort als auch bei dem Stammgericht

eingelegt werden (Bay **75**, 9 = NJW **75**, 946; VRS **53**, 433; Zweibrücken MDR **85**, 345 für Zweigstellen; Schleswig SchlHA **53**, 70 für Gerichtstage). Entspr gilt im umgekehrten Fall (Kissel 2 zu § 22 GVG).

3) Form: Die Berufung muß in deutscher Sprache (2 zu § 184 GVG) schriftlich 5
(Einl 128), auch telegrafisch, durch Fernschreiber oder durch Telekopie (Einl 139), oder zu Protokoll der Geschäftsstelle (Einl 131 ff) eingelegt werden. Die telefonische Einlegung ist wirkungslos (Einl 140). Für inhaftierte Angeklagte gilt § 299. Berufung kann auch im Anschluß an die Hauptverhandlung zu Protokoll der Sitzungsniederschrift erklärt, sollte dort aber nicht entgegengenommen werden (Einl 137; 7 zu § 341). Ob Berufungsschriften mit beleidigendem Inhalt als unzulässig verworfen werden dürfen, erscheint fraglich (vgl 12 vor § 33; 7 zu § 341).

4) Frist: Die Wochenfrist (I), die nicht verlängert werden kann (5 vor § 42) 6
beginnt mit der Urteilsverkündung (§ 268 II S. 1) und wird nach § 43 berechnet.
Das Fehlen der Rechtsmittelbelehrung (§ 35 a) ist für den Fristablauf ohne Bedeu-
tung (dort 12). In **Abwesenheit des Angeklagten** (II) ist das Urteil verkündet, 7
wenn er bei der Verkündung auch nur zeitweise abwesend war (KG JR **92**, 304;
München MDR **90**, 847; Stuttgart NStZ **86**, 520 mit abl Anm Paulus; erg 9 zu
§ 341). Die Anwesenheit des Verteidigers bei der Verkündung ist für II ohne
Bedeutung, auch wenn er zur Vertretung berechtigt ist (9 zu § 341). Wegen der
Anwendung des II auf StA und Privatkläger vgl 10 zu § 341. **In Lauf gesetzt** wird 8
die Frist des II erst mit der Zustellung des vollständigen Urteils mit Gründen (BGH
15, 263, 265; Lintz JR **77**, 127); die Zustellung der Urteilsformel allein reicht nicht
aus. Die Berufung kann aber auch vor Urteilszustellung wirksam eingelegt werden
(11 zu § 341). Zur **Fristwahrung** vgl 11 ff vor § 42, zur Rechtslage bei Zweifeln 9
an der Fristwahrung 35 zu § 261.

Wiedereinsetzung und Berufung

315 **I Der Beginn der Frist zur Einlegung der Berufung wird dadurch nicht ausgeschlossen, daß gegen ein auf Ausbleiben des Angeklagten ergangenes Urteil eine Wiedereinsetzung in den vorigen Stand nachgesucht werden kann.**

II Stellt der Angeklagte einen Antrag auf Wiedereinsetzung in den vorigen Stand, so wird die Berufung dadurch gewahrt, daß sie sofort für den Fall der Verwerfung jenes Antrags rechtzeitig eingelegt wird. Die weitere Verfügung in bezug auf die Berufung bleibt dann bis zur Erledigung des Antrags auf Wiedereinsetzung in den vorigen Stand ausgesetzt.

III Die Einlegung der Berufung ohne Verbindung mit dem Antrag auf Wiedereinsetzung in den vorigen Stand gilt als Verzicht auf die letztere.

1) Das **Zusammentreffen von Berufung und Wiedereinsetzung** ist in den 1
Fällen der §§ 235 I S. 1, 412 S. 1 möglich. Eine mit § 315 übereinstimmende Regelung enthält § 342 für die Revision. Neben dem Wiedereinsetzungsantrag kann vorsorglich (Einl 118) Berufung eingelegt werden; dann fallen beide Einlegungsfristen zusammen. Mit der Berufungseinlegung darf nicht etwa gewartet werden, bis über die Wiedereinsetzung entschieden ist (1 zu § 342). Unklare Erklärungen des Angeklagten sind durch Rückfrage bei ihm aufzuklären. Im Zweifel ist anzunehmen, daß beide Rechtsbehelfe gemeint sind (LR-Gollwitzer 6).

2) Das **weitere Verfahren** erledigt zunächst den Wiedereinsetzungsantrag. Erst 2
nach dessen rechtskräftiger (§ 46 III) Ablehnung ist auf die Berufung einzugehen. Wird Wiedereinsetzung bewilligt, so wird die Berufung gegenstandslos (2 zu § 342).

3 **3) Als Verzicht auf die Wiedereinsetzung** (III) gilt die Einlegung der Berufung ohne gleichzeitigen (dazu 3 zu § 342) oder vorausgegangenen Wiedereinsetzungsantrag. Der Verzicht wird unwiderlegbar gesetzlich vermutet. Wegen der Einzelheiten vgl 3 ff zu § 342.

Hemmung der Rechtskraft **RiStBV 154**

316 **I Durch rechtzeitige Einlegung der Berufung wird die Rechtskraft des Urteils, soweit es angefochten ist, gehemmt.**

II Dem Beschwerdeführer, dem das Urteil mit den Gründen noch nicht zugestellt war, ist es nach Einlegung der Berufung sofort zuzustellen.

1 **1) Hemmung der Rechtskraft** (I): Vgl auch 1 zu § 343. Nur die rechtzeitige Berufung hemmt die Rechtskraft, nicht die verspätete. Deren Verwerfung nach §§ 319 I, 322 I führt daher nicht die Rechtskraft herbei, sondern hat nur feststellende Wirkung (1 zu § 319; 2 zu § 322; 5 zu § 346). Die Hemmung der Rechtskraft tritt auch ein, wenn die Berufung aus anderen Gründen als wegen verspäteter Einlegung unzulässig, nicht aber, wenn sie, etwa nach § 55 I S. 1 **JGG**, von vornherein unstatthaft ist oder allseits auf Rechtsmittel verzichtet worden war (vgl 1 zu § 343). Bei wirksam beschränkter Berufung erstreckt sich die Hemmung der Rechtskraft nur auf die angefochtenen Urteilsteile (31 zu § 318). Die Hemmung bewirkt, daß das Verfahren rechtshängig bleibt und das Urteil noch nicht vollstreckbar ist (§ 449). Sie erstreckt sich auf Mitangeklagte, die keine Berufung eingelegt haben, aber von der Entscheidung mitbetroffen sind (Celle NJW **60**, 1873: Einziehung von Gegenständen). Die Hemmung dauert bis zur endgültigen Entscheidung nach § 322 (dort 2) oder bis zur Sachentscheidung des Berufungsgerichts.

2 **2) Zugestellt** (II) wird das Urteil an den Beschwerdeführer, falls das nicht bereits nach § 314 II geschehen ist, auch wenn die Berufung bereits nach § 317 begründet worden ist. Von der Zustellung ist abzusehen, wenn die Berufung nicht statthaft (oben 1) oder verspätet eingelegt worden ist, nicht aber, wenn andere
3 Vorschriften über die Einlegung nicht beachtet sind (2 zu § 343). Die **nachträgliche Zustellung** ist erforderlich, wenn das Berufungsgericht einem Antrag nach § 322 II stattgibt oder dem Beschwerdeführer Wiedereinsetzung gegen die Versäumung der Einlegungsfrist gewährt. Die nach § 267 IV S. 3 ergänzten Urteilsgründe werden zugestellt, auch wenn das Urteil schon vorher zugestellt war (3 zu
4 § 343). Das **Unterbleiben der Urteilszustellung** begründet, auch für das Berufungsverfahren, kein Prozeßhindernis (BGH **33**, 183 = JR **86**, 300 mit Anm Meyer = NStZ **85**, 563 mit Anm Bruns), berechtigt den Beschwerdeführer aber, die Aussetzung der Berufungsverhandlung zu beantragen (Köln NStZ **84**, 475; Meyer JR **86**, 302).

5 **3) Zustellungsverfahren:** Die Anordnung trifft der Vorsitzende; die Geschäftsstelle führt sie aus (§ 36 I). Zuzustellen ist eine Urteilsausfertigung; die Zustellung einer beglaubigten Abschrift ist aber nicht unwirksam (1 zu § 37; 4 zu § 343). Zugestellt wird, ausgenommen bei öffentlicher Zustellung (40 II S. 2), das Urteil
6 mit den Gründen. Ein **in Verlust geratenes Urteil** ist möglichst mit den Gründen wiederherzustellen (RG JW **17**, 52; Hamm GA Bd **62**, 210), mindestens die Urteilsformel. Die Wiederherstellung vernichteter Aktenteile regelt die VO vom 18. 6. 1942 (RGBl I 395; BGBl III 315–4). Eine Verfahrensvoraussetzung des Berufungsverfahrens ist das Vorhandensein der Akten nicht (Saarbrücken NJW **94**, 2711; W.Schmid Lange-FS 783). Wegen der Einzelheiten vgl LR-Gollwitzer 16 ff.

Berufungsbegründung RiStBV 150 I S. 4, 156 I

317 Die Berufung kann binnen einer weiteren Woche nach Ablauf der Frist zur Einlegung des Rechtsmittels oder, wenn zu dieser Zeit das Urteil noch nicht zugestellt war, nach dessen Zustellung bei dem Gericht des ersten Rechtszuges zu Protokoll der Geschäftsstelle oder in einer Beschwerdeschrift gerechtfertigt werden.

1) Die **Berufungsbegründung** ist gesetzlich nicht vorgeschrieben; die StA ist aber nach RiStBV 156 I gehalten, das Rechtsmittel zu begründen. Zweck der Begründung ist die vorläufige Unterrichtung des Gerichts und des Beschwerdegegners über Richtung und Umfang der Berufung. Soweit die Berufung nach § 313 der Annahme bedarf, ist eine Berufungsbegründung zwar ebenfalls nicht erforderlich, aber dringend zu empfehlen, um dem Berufungsgericht darzulegen, daß die Berufung nicht offensichtlich unbegründet ist (Siegismund/Wickern wistra **93**, 88; erg 4 und 9 zu § 313) oder bei Verurteilung wegen einer OWi die Voraussetzungen der §§ 79 I, 80 I, II OWiG vorliegen (vgl 8 zu § 313). Eine Stellungnahme des Gegners zur Berufungsbegründung sollte dem Berufungsführer mitgeteilt werden, wenn das Berufungsgericht erwägt, die Berufung nicht anzunehmen (Siegismund/Wickern aaO). Zur Notwendigkeit einer Berufungsbegründung bei der Nebenklage vgl 5 zu § 400. 1

2) Die **Begründungsfrist** beträgt eine Woche und beginnt mit Ablauf der Einlegungsfrist des § 314, spätestens mit Zustellung des Urteils im Fall des § 316 II. Die Versäumung der nach § 43 zu berechnenden Frist ist aber rechtlich bedeutungslos; denn das Berufungsgericht muß auch Ausführungen berücksichtigen, die erst nach Fristablauf gemacht werden. Daher kann die Begründungsschrift auch bei diesem Gericht eingereicht werden. Gegen die Versäumung der Frist gibt es keine Wiedereinsetzung (Dresden OLG-NL **98**, 216; erg 3 zu § 44). 2

3) **Form:** Die Berufung kann schriftlich (Einl 128) in einer Beschwerdeschrift oder zu Protokoll der Geschäftsstelle des Gerichts des 1. Rechtszugs (Einl 131 ff) begründet werden. Die StA kann auch einen Aktenvermerk fertigen und dem Beschwerdegegner zur Kenntnis bringen (LR-Gollwitzer 7). 3

Beschränkung der Berufung RiStBV 150 I

318 Die Berufung kann auf bestimmte Beschwerdepunkte beschränkt werden. Ist dies nicht geschehen oder eine Rechtfertigung überhaupt nicht erfolgt, so gilt der ganze Inhalt des Urteils als angefochten.

1) Die **Beschränkung der Berufung,** die nicht von einer Bedingung abhängig gemacht werden darf (Einl 118), kann schon bei ihrer Einlegung erklärt, aber auch später durch Teilrücknahme (2 zu § 302) herbeigeführt werden, für die § 303 gilt (dort 1). Die zunächst beschränkte Einlegung kann innerhalb der Einlegungsfrist (§ 314) zur unbeschränkten erweitert werden (Bay **67**, 146 = JR **68**, 108 mit Anm Sarstedt), sofern nicht in der Beschränkung der Wille zum Teilverzicht zum Ausdruck gekommen war (16 zu § 302; 4 zu § 344). 1
2 Fehlt eine entspr **Erklärung,** so gilt der gesamte Urteilsinhalt als angefochten (S. 2). Ausdrücklich braucht die Beschränkung aber nicht erklärt zu werden. Sie kann sich insbesondere aus Wortlaut und Sinn der Berufungsbegründung ergeben (Schleswig SchlHA **80**, 20; erg 6 zu § 344). Daß die (nach § 317 nicht vorgeschriebene) Begründungsschrift das Urteil nur teilw angreift, bedeutet aber, anders als bei der Revision (6 zu § 344), idR keine Beschränkung (Oldenburg VRS **23**, 46, 48; LR-Gollwitzer 20; Amelunxen Berufung 68). Bei Unklarheiten ist bei dem Beschwerdeführer zurückzufragen, notfalls die Erklärung auszulegen. Dabei ist, auch bei der Berufung der StA (Bay wistra **94**, 118; **aM** Oldenburg NStZ-RR **96**, 77), nicht am Wortlaut zu

haften, sondern der Sinn der Erklärung zu erforschen (BGH **29**, 359, 365; Koblenz VRS **49**, 379; Köln VRS **70**, 445). Führt die Auslegung zu keinem eindeutigen Ergebnis, so gilt keine Beschränkung (BGH aaO; NJW **56**, 756; Koblenz VRS **67**,
3 284; Köln aaO; Oldenburg aaO). **Beispiele aus der Rspr:** Legt ein teilw freigesprochener Angeklagter unbeschränkt Berufung ein, so ist das idR dahin zu verstehen, daß er nur den verurteilenden Teil des Erkenntnisses anfechten will (Bay **80**, 115 = JR **81**, 436 mit zust Anm Stein; Köln VRS **62**, 283, 284). Die Einlegung der Berufung mit der Begründung, die Strafe erscheine zu hoch, enthält eine Beschränkung auf den Strafausspruch, wenn sie von einem Juristen stammt; andernfalls kann darin die bloße Angabe des Beweggrunds für die Berufungseinlegung liegen (Bay DAR **87**, 314 [B]; Hamm JMBlNW **53**, 69; **74**, 118; Stuttgart Justiz **84**, 404; vgl auch Köln VRS **70**, 445; einschr Düsseldorf VRS **76**, 447). Wer nur die Annahme eines minder schweren Falles anstrebt, beschränkt die Berufung idR auf das Strafmaß (Köln NStZ **89**, 339). Die Erklärung, die Berufung ziele allein auf eine Strafaussetzung zur Bewährung, enthält nicht ohne weiteres eine entspr Berufungsbeschränkung (Bay DAR **87**, 315 [B]; Koblenz VRS **71**, 446). Bei Einlegung der Berufung „allein wegen der Anzahl der Tagessätze" liegt aber immer eine Strafmaßberufung vor (Bay DAR **86**, 249 [R]). Eine nachträgliche Beschränkung liegt nicht darin, daß im Schlußantrag nur die Änderung des Rechtsfolgenausspruchs
4 beantragt wird (Hamm JMBlNW **57**, 58). Zur **Beschränkungsbefugnis** des Verteidigers vgl 31 zu § 302; 5 zu § 344. Die in der Hauptverhandlung erklärte Rechtsmittelbeschränkung des entgegen § 140 I, II unverteidigten Angeklagten ist – wie ein Rechtsmittelverzicht (25 zu § 302) – unwirksam (Köln StraFo **97**, 49).

5 2) **Auf bestimmte Beschwerdepunkte** kann die Berufung beschränkt werden, aber nicht auf die Frage der rechtlichen Würdigung der tatsächlichen Feststellungen durch das AG (entgegen Milzer NStZ **93**, 69 darf bei einem Geständnis des Angeklagten in der Berufungshauptverhandlung das LG auch nur dieses und nicht die „glaubhaft eingestandenen tatsächlichen Feststellungen des AG" seinem Urteil zugrundelegen). Die Wirksamkeit der Beschränkung beurteilt sich in 1. Hinsicht
6 nach der sog **Trennbarkeitsformel:** Die Beschränkung ist nur möglich, wenn sie sich auf Beschwerdepunkte bezieht, die nach dem inneren Zusammenhang des Urteils losgelöst von seinem nicht angegriffenen Teil rechtlich und tatsächlich selbständig beurteilt werden können, ohne eine Prüfung der Entscheidung im übrigen erforderlich zu machen (BGH **5**, 252; **10**, 100, 101; **16**, 237, 239; **19**, 46, 48; **21**, 256, 258; **22**, 213, 217; **24**, 185, 187; **27**, 70, 72; **29**, 359, 364). In engem
7 Zusammenhang damit steht das **Erfordernis der Widerspruchsfreiheit:** Die trotz ihres stufenweisen Zustandekommens als einheitliches Ganzes anzusehende abschließende Entscheidung des Verfahrens darf nicht in sich widerspruchsvoll sein. Eine Berufungsbeschränkung ist daher unwirksam, wenn sie zu Widersprüchen zwischen den nicht angefochtenen Teilen des Urteils und der Entscheidung des Rechtsmittelgerichts führen kann (BGH **7**, 283, 285; **10**, 71, 72; **24**, 185, 188; **29**,
8 359, 365; Düsseldorf wistra **88**, 118). Ob diese Voraussetzungen vorliegen, **prüft das Rechtsmittelgericht** von Amts wegen (BGH NJW **80**, 1807; 4 zu § 352), nach hM endgültig erst aus der Sicht des Ergebnisses der Beratung über die zu treffende Entscheidung (BGH **27**, 70, 72; Celle MDR **71**, 322, 323; Hamburg JZ **78**, 665; Köln NStZ **84**, 379; KK-Ruß 1). Im einzelnen gilt (auch für die Revisionsbeschränkung nach § 344 I, die des Zusammenhangs wegen hier einbezogen wird) folgendes:

9 A. **Verfahrensrechtlich voneinander unabhängige Straffälle:** Jeder Angeklagte kann unabhängig von den Mitangeklagten selbständig Berufung einlegen (KK-Ruß 1). Ist ein Angeklagter wegen mehrerer Taten iS des § 53 StGB verurteilt worden, die auch verfahrensrechtlich (§ 264) mehrere Straffälle bilden, so kann er die Berufung auf die Verurteilung wegen eines oder mehreren von ihnen beschränken, ohne daß es insoweit auf Widerspruchsfreiheit (oben 7) ankommt (Bay **59**, 126 = JZ **60**, 30 mit Anm Heinitz; Bay **66**, 84, 86 = NJW **66**, 2369; Düsseldorf

VRS **74**, 366; Karlsruhe JR **89**, 82: nicht, wenn die mehreren Taten zueinander im Verhältnis der Alternativität (vgl BGH **32**, 146) stehen; LR-Hanack 19 zu § 344; Meyer JR **72**, 205; **aM** OGH 1, 74, 78 = SJZ **49**, 60 mit abl Anm Hartung; Celle NJW **59**, 399, 400). Der Beschränkung steht auch nicht entgegen, daß die Vollstreckung aller Strafen zur Bewährung ausgesetzt (Bay aaO), daß eine Gesamtstrafe gebildet ist oder daß das Urteil Rechtsfolgen anordnet, die alle abgeurteilten Straffälle zur Grundlage haben (Bay aaO; **66**, 64 = JZ **66**, 582: Fahrverbot und Fahrerlaubnisentziehung; RG HRR **38**, 264: Sicherungsverwahrung). Die Gesamtstrafe und die anderen Rechtsfolgen sind dann aber immer mitangefochten (BGH **8**, 268, 271 = JZ **56**, 417 mit Anm Jescheck; BGH MDR **78**, 282 [H]), sofern nicht die angefochtene Einzelstrafe ersichtlich für sie bedeutungslos ist (Koblenz VRS **55**, 194; LR-Hanack 20 zu § 344).

B. Bei **sachlich-rechtlich selbständigen Straftaten** (§ 53 StGB), die verfah- 10
rensrechtlich (§ 264) eine einheitliche Tat bilden, ist die Berufungsbeschränkung ebenfalls wirksam (BGH **21**, 256, 258; **24**, 185; Bay **80**, 115 = JR **81**, 436 mit Anm Stein; Köln VRS **62**, 283; **aM** Hamm VRS **40**, 19; 457; **41**, 28; 155; Köln NJW **71**, 156). Der Richter ist aber in dem weiteren Verfahren (nach Zurückverweisung durch das Revisionsgericht) an die Feststellungen zu dem nicht angefochtenen Urteilsteil gebunden (BGH **24**, 185 = JR **72**, 203 mit abl Anm Meyer; BGH **28**, 119, 121 = JR **79**, 299 mit abl Anm Grünwald; Karlsruhe MDR **76**, 71; Köln VRS **62**, 283; **aM** LR-Hanack 22 zu § 344). Eine Berufungsbeschränkung
ist aber **nicht wirksam,** wenn jeder der in Tatmehrheit stehenden Straftaten ihrer- 11
seits in Tateinheit (§ 52 StGB) mit demselben leichteren Delikt steht (BGH **25**, 72, 75; Bay **57**, 108 = NJW **57**, 1485; Bay **66**, 84, 86 = NJW **66**, 2369; Celle NJW **59**, 399; Koblenz VRS **74**, 196, 198; Köln MDR **64**, 525; LR-Hanack 23 zu § 344; **aM** BGH **23**, 141, 150 = JZ **70**, 327 mit abl Anm Grünwald). Entscheidet erst die Begründetheit des Rechtsmittels darüber, ob überhaupt mehrere Straftaten iS des § 53 StGB vorliegen, so kann die Berufung ebenfalls nicht beschränkt werden, zB wenn die mehreren Straftaten eine einheitliche Tat des Vollrauschs nach § 323 a StGB (Hamm VRS **39**, 190) oder eine fortgesetzte Handlung (Bay NJW **91**, 2582) bilden können oder wenn eine einheitliche Trunkenheitsfahrt vorliegt, die nur durch die Straftat nach § 142 StGB sachlich-rechtlich in 2 Teile aufgespalten wird, aber als einheitliche Tat zu beurteilen ist, wenn kein Verstoß gegen § 142 StGB vorliegt (BGH **25**, 72; Bay **71**, 46 = MDR **71**, 508; DAR **86**, 249 [R]; VRS **59**, 336; Düsseldorf VRS **63**, 462; Köln VRS **62**, 283; Stuttgart VRS **72**, 186, 187). Sind Gegenstand der Anklage mehrere Delikte in Wahlfeststellung, so kann die Berufung nicht auf die Verurteilung wegen eines von ihnen beschränkt werden (Karlsruhe JR **89**, 82; krit dazu Schlüchter JR **89**, 48).

C. **Verurteilung wegen einheitlicher Tat:** 12

a) Auf **einzelne rechtliche Gesichtspunkte des Schuldspruchs** kann die 13
Berufung nicht beschränkt werden, bei Tateinheit auch dann nicht, wenn das AG irrtümlich Tatmehrheit angenommen hat (BGH **6**, 229, 230; **21**, 256, 258; NStZ **96**, 203; Bay **88**, 62 = NStZ **88**, 570; Stuttgart VRS **45**, 128; LR-Gollwitzer 59 mwN), also nicht auf die Nachprüfung einzelner Gesetzesverletzungen (BGH aaO; **24**, 185, 189; Düsseldorf VRS **63**, 462), auch nicht auf die Frage, ob Tateinheit oder Tatmehrheit vorliegt (Hamm VRS **40**, 191; Sarstedt/Hamm 150), innerhalb eines einheitlichen Schuldspruchs nicht auf einzelne Tatbestandsmerkmale (BGH **19**, 46, 48). Eine Ausnahme macht BGH **39**, 390 = JR **95**, 71 mit Anm Geerds bei Dauerdelikten; dort ist bei Verurteilung wegen Zuhälterei in Tateinheit mit Vergewaltigung die Beschränkung auf § 181 a StGB zugelassen worden. Auch die Frage, ob die Strafklage verbraucht, ein wirksamer Strafantrag gestellt oder die Auslieferungsbedingungen eingehalten sind, kann selbständig geprüft werden (Einzelheiten bei LR-Hanack 18 zu § 344), in Ausnahmefällen auch die Frage der Verjährung
(Frankfurt NStZ **82**, 35). Die **Anfechtung des Schuldspruchs erfaßt** stets alle 14
weiteren Urteilsteile. Zur Schuldfrage gehören die Voraussetzungen eines minder

schweren oder besonders schweren Falles, wenn sie zugleich den Schuldumfang betreffen oder mit den Schuldfeststellungen untrennbar verknüpft sind. Entsprechendes gilt für die Regelbeispiele des § 243 I Nrn 1, 2, 4 StGB (BGH **29**, 359; Schleswig NJW **79**, 2057 = JR **80**, 302 mit abl Anm Grünwald; Schleswig SchlHA **82**, 96), aber nicht des § 243 I Nr 3 (Düsseldorf OLGSt Nr 8). Zum Schuldspruch gehören auch Strafänderungsgründe, zB die Gewerbsmäßigkeit bei der Hehlerei nach § 260 StGB (BGH NStZ **82**, 29), sowie die Frage des Mitverschuldens des Tatopfers, sofern eine neue Beweisaufnahme über den Unfallhergang erforderlich
15 ist (Bay **66**, 155 = VRS **32**, 382; Hamm DAR **57**, 303). **Kein Teil der Schuldfrage** sind dagegen die Frage der verminderten Schuldfähigkeit nach § 21 StGB (BGH **7**, 283 = MDR **55**, 433 mit Anm Kleinknecht; Köln NStZ **81**, 63; **84**, 379); die Anwendung des § 157 StGB (BGH **2**, 379; RG **60**, 106; Hamm MDR **54**, 631; Stuttgart NJW **78**, 711), der §§ 158, 163 II StGB (BGH NJW **62**, 2164) und des § 213 StGB (BGH NJW **56**, 756).

16 b) Die **Beschränkung auf den Rechtsfolgenausspruch** ist wirksam (BGH **19**, 46, 48; **24**, 185, 188; **29**, 359, 364; **33**, 59; zur Bindung an die Schuldfeststellungen vgl 5 ff zu § 327), setzt aber voraus, daß das angefochtene Urteil seine Prüfung ermöglicht. Die Beschränkung ist daher nicht möglich, wenn das Urteil keine Gründe enthält (Düsseldorf VRS **72**, 117; Köln MDR **69**, 864) oder die Feststellungen zur Tat, sei es auch nur zur inneren Tatseite (Düsseldorf VRS **70**, 137; Koblenz VRS **53**, 337), so knapp, unvollständig, unklar oder widersprüchlich sind, daß sie keine hinreichende Grundlage für die Prüfung der Rechtsfolgenentscheidung bilden (BGH **33**, 59; NStZ **94**, 130; Bay **68**, 94 = MDR **69**, 242; DAR **86**, 248 [R]; **87**, 315 [B]; StV **83**, 418; VRS **67**, 357; KG NJW **76**, 813; Düsseldorf NStZ **92**, 298; VRS **64**, 36; 82, 39; Hamm VRS **74**, 444; Koblenz VRS **70**, 144; **75**, 34, 35; **75**, 46, 47; Köln VRS **65**, 45; **67**, 45, 46; **68**, 278, 280; **73**, 385; **77**, 452; Schleswig SchlHA **85**, 136 [E/L]; Stuttgart NJW **78**, 711; NStE Nr 13; zu weitgehend aber Bay NStZ **97**, 359: Beschränkung unwirksam bei Verurteilung nach § 316 I StGB, weil keine Feststellungen zu den Umständen der Alkoholauf-
17 nahme getroffen wurden). Insbesondere ist die **Beschränkung ausgeschlossen,** wenn das Revisionsgericht das Berufungsurteil zwar in vollem Umfang aufgehoben, darin getroffene Feststellungen aber aufrechterhalten hat (Bay MDR **88**, 883: innerprozessuale Bindungswirkung; andernfalls aber Beschränkung möglich, Stuttgart Justiz **90**, 469), wenn das Urteil das angewendete Strafgesetz nicht genau erkennen läßt (Düsseldorf DAR **70**, 191), wenn ungeklärt ist, ob ein Strafantrag erforderlich ist (Bay **94**, 98 = wistra **94**, 322), wenn das Konkurrenzverhältnis nicht bestimmt ist (Köln NStE Nr 14), wenn nicht ersichtlich ist, welche von mehreren Tatmodalitäten festgestellt sind (Köln OLGSt § 11 BtMG S. 47; VRS **82**, 39), wenn das AG die Schuldform nicht festgestellt (Düsseldorf VRS **67**, 271; **69**, 50; **89**, 218) oder die Frage der Schuldfähigkeit nicht geprüft hat, obwohl dazu Anlaß bestand (Bay **94**, 253 = VRS **89**, 128; Celle NdsRpfl **81**, 254; Frankfurt NJW **68**, 1638; Koblenz VRS **70**, 14; **75**, 46; Köln NStZ **84**, 379; VRS **65**, 384; StraFo **98**, 120). Eine Berufungsbeschränkung ist ferner unbeachtlich, wenn die Tat überhaupt nicht mit Strafe bedroht ist (Bay **54**, 159 = JR **55**, 151 mit Anm Sarstedt; **92**, 52 = wistra **92**, 280), wenn der Schuldspruch auf einem nicht oder nicht mehr gültigen Gesetz beruht (BGH MDR **78**, 282 [H]; Bay **53**, 263 = NJW **54**, 611; Bay **61**, 23, 27 = NJW **61**, 688; Bay **62**, 216 = NJW **62**, 13; erg 5 zu § 354 a), wenn eine neue Entscheidung über die Schuldfrage aufgrund der für die Strafbemessung festgestellten Tatsachen zur Verneinung der Schuld führen könnte (BGH NJW **96**, 2663, 2664: Rücktritt vom Versuch; Düsseldorf NStZ **84**, 90; Köln NStZ **84**, 379; Zweibrücken MDR **86**, 75; **aM** Hamm JMBlNW **73**, 141; Hettinger JZ **87**, 386; gegen ihn Köln NStZ **89**, 25), wenn keine Feststellungen über den Wirkstoffgehalt eines Betäubungsmittels getroffen sind (Bay **97**, 95 = NStZ-RR **98**, 55) oder wenn die beanstandete Annahme oder Nichtannahme eines die Strafbarkeit erhöhenden oder mindernden Umstandes einen untrennbaren Teil der Schuldfrage bildet

(BGHR § 344 I Beschränkung 2; StGB § 163 Aussage 1; BGH NStZ **94**, 47). **Nicht ausgeschlossen** ist die Beschränkung aber, wenn das AG das geltende Recht nur falsch angewendet (BGH NStZ-RR **96**, 352 mwN; Bay **87**, 69 = VRS **73**, 384; Celle NJW **63**, 64; Düsseldorf NStE Nr 16 zu § 344; Hamm NJW **54**, 613; **aM** Saarbrücken NStZ **97**, 149; LR-Gollwitzer 41 ff) oder fehlerhaft Tatmehrstatt Tateinheit angenommen hat (BGH NStZ-RR **96**, 267 L) oder die Beweisaufnahme zur Straffrage ergibt, daß der Angeklagte nicht schuldig ist (BGH **7**, 283; **aM** Peters 498 ff; Roxin § 51 B III 2 b). Vgl erg 21 zu § 353. **17 a**

c) **Innerhalb des Rechtsfolgenausspruchs** sind weitere Beschränkungen auf abtrennbare Urteilsteile (oben 6) möglich: **18**

Bei der **Geldstrafe** auf die Zahl des Tagessatzes (Koblenz NJW **76**, 1275; Kadel GA **79**, 465; KK-Ruß 8 a; Schall JuS **77**, 309; **aM** Horn JR **77**, 97; Lackner 19 zu § 40 StGB) oder auf seine Höhe (BGH **27**, 70 = JR **78**, 70 mit Anm Grünwald; BGH **34**, 90, 92; Bay **79**, 130 = NJW **80**, 849; KG VRS **52**, 113; Düsseldorf OLGSt § 352 Nr 1; Koblenz VRS **54**, 48) und auf die Entscheidung über Zahlungserleichterungen nach § 42 StGB (vgl RG **64**, 207, 208; **aM** Bremen NJW **54**, 522), auf die Verhängung der Geldstrafe oder der Vermögensstrafe neben einer Freiheitsstrafe (§§ 41, 43 a StGB) nur, wenn ihre Unzulässigkeit geltend gemacht wird (RG **33**, 371, 378; Grünwald JR **78**, 72; **aM** Köln OLGSt § 41 S 1). **19**

Bei der **Freiheitsstrafe** auf die Strafbemessung, auf das Unterlassen der Gesamtstrafenbildung (Düsseldorf VRS **68**, 365) und auf die Bemessung der Gesamtstrafe (Hamburg MDR **76**, 419), wobei Fehler bei der Bemessung der Einzelstrafen der Beschränkung nicht entgegenstehen (BGHR Strafausspruch 2), auf die Anrechnung oder Nichtanrechnung der UHaft nach § 51 StGB (BGH **7**, 214 = JZ **55**, 383 mit abl Anm Würtenberger; wistra **90**, 350), auch auf die Strafaussetzung zur Bewährung, sofern nicht eine innere Abhängigkeit von der gesamten Straffrage besteht (BGH **24**, 164; NJW **83**, 1624; NStZ **82**, 285, 286; Hamburg JR **79**, 258 mit Anm Zipf; Karlsruhe NJW **80**, 133; VRS **95**, 225; Koblenz VRS **59**, 298; Köln NStZ **89**, 91; differenzierend SK/StPO-Frisch 65 ff). Wird die Nachprüfung **20**
der Strafbemessung verlangt, so **erstreckt sich das Rechtsmittel** stets auf die Gesamtstrafe (BGH 4 StR 612/98 vom 3. 12. 1998), auf die Anrechnung oder Nichtanrechnung der UHaft, auf die Frage der Strafaussetzung zur Bewährung (Düsseldorf NJW **56**, 1889), auf die Einziehung als Nebenstrafe (Düsseldorf VRS **51**, 439), auf Sicherungsmaßregeln, auch auf die Entziehung der Fahrerlaubnis nach § 69 StGB, wenn sie wegen charakterlicher Ungeeignetheit angeordnet worden ist (BGH **10**, 379; Bay DAR **85**, 246 [R]; Koblenz VRS **57**, 107). **21**

Bei **Nebenstrafen und Nebenfolgen** nicht auf die Verhängung des Fahrverbots (§ 44 StGB), da diese Rechtsfolge mit der Hauptstrafe, insbesondere der Geldstrafe, untrennbar verknüpft ist (Düsseldorf VRS **84**, 336 mwN; Schleswig NStZ **84**, 90; **aM** Bay **66**, 64 = VRS **31**, 186; DAR **85**, 239 [R]), dagegen idR auf die Aberkennung der Rechte nach § 45 II StGB. Die Einziehungsanordnung ist gesondert anfechtbar, wenn die Einziehung Sicherungsmaßnahme (Düsseldorf NJW **72**, 1382; VRS **51**, 439; Hamm NJW **75**, 67), nicht aber, wenn sie Nebenstrafe ist (BGH NStZ **93**, 400; Bay DAR **84**, 246 [R]). Eine Beschränkung auf die Anordnung oder Nichtanordnung des (auch des erweiterten) Verfalls ist zulässig (BGH NStZ-RR **97**, 270 mwN). Die Abführung des Mehrerlöses nach §§ 8, 9 WiStG kann gesondert angefochten werden (OGH **1**, 161; Hamburg HESt **1**, 156 = MDR **47**, 103 mit Anm Tesar), ebenso die Anordnung der Urteilsbekanntmachung (RG **42**, 30, 31). **22**

Bei den **Sicherungsmaßregeln** ist die Rechtsmittelbeschränkung auf die An- **23**
ordnung der Unterbringung in einem psychiatrischen Krankenhaus nach **§ 63** **24**
StGB (wegen § 24 II GVG kommt nur die Revision in Betracht) neben einer Strafe möglich (BGH **5**, 267; 312, 313; NJW **63**, 1414; **69**, 1578; **aM** LR-Hanack 53 zu § 344; anders jedoch bei Jugendlichen, vgl BGH NStZ-RR **98**, 188); auch

die StA kann das Rechtsmittel grundsätzlich (jedoch wegen § 5 III **JGG** nicht bei Verurteilung zu Jugendstrafe, vgl Bay **89**, 48 = JR **90**, 209 mit zust Anm Brunner) darauf beschränken, daß die Anordnung neben einem Freispruch oder einer Strafe nicht getroffen worden ist. Legt der freigesprochene Angeklagte Revision ein, so beschränkt sich diese auf die Unterbringungsanordnung, da er durch den Freispruch nicht beschwert ist (Bay **78**, 1 = GA **79**, 61; VRS **67**, 443; Hamm NJW **56**, 560; SK/StPO-Frisch 85; Salger Meyer-GedSchr 422; **aM** LR-Hanack 52 zu § 344: Mitanfechtung des freisprechenden Teils des Urteils). Bei Urteilsaufhebung hat der neu entscheidende Tatrichter unabhängig von dem bestehenbleibenden Freispruch eigene Feststellungen zu treffen (BGH NStZ **89**, 84; zur Bestandskraft der früheren Feststellungen vgl Meyer-Goßner DRiZ **89**, 55; erg 8 zu § 327); ergibt sich nunmehr die (eingeschränkte) Schuldfähigkeit des Angeklagten, darf der Freispruch aber nicht durch einen Schuldspruch (ohne Straffestsetzung) ersetzt werden (Meyer-Goßner aaO; **aM** Salger aaO). Die gleichen Grundsätze gelten für
25 die Anordnung der Unterbringung in einer Entziehungsanstalt nach **§ 64 StGB** (BGH **38**, 362, 364); idR ist daher die Beschränkung möglich (Tolksdorf Stree/Wessels-FS 754). Versagung der Strafaussetzung zur Bewährung und Entscheidung nach § 64 können aber regelmäßig nicht voneinander getrennt werden (BGH NStZ **94**, 449; Köln NStZ-RR **97**, 360, 361). Die Anordnung oder Nichtan-
26 ordnung der Sicherungsverwahrung nach **§ 66 StGB** ist unabhängig von der Schuldfrage anfechtbar (wegen § 24 II GVG nur mit der Revision), unter Ausklammerung des Strafausspruchs nur ausnahmsweise (BGH **7**, 101 = JZ **55**, 384 mit zust Anm Würtenberger; BGH NJW **80**, 1055 = JR **80**, 338 mit Anm Hanack;
26 a BGH NStE Nr 17 zu § 344). Bei **§ 67 II StGB** ist eine Beschränkung auf die Anfechtung der Anordnung über den Vorwegvollzug der Strafe zulässig (BGHR
27 § 260 I Urteilstenor 3). Für die Anordnung der Führungsaufsicht nach **§ 68 StGB** gilt das entspr (vgl LR-Hanack 56 zu § 344). Die Beschränkung des Rechtsmittels
28 auf die Entziehung der Fahrerlaubnis nach **§ 69 StGB** ist unwirksam, wenn Charaktermängel des Angeklagten der Grund der Anordnung sind (BGH NJW **54**, 1167, 1168; Düsseldorf VRS **81**, 184; Frankfurt NZV **96**, 414 mwN; str), nicht aber bei Entziehung wegen körperlicher oder geistiger Ungeeignetheit. Entsprechendes gilt für die isolierte Sperre nach § 69 a I S 3 StGB (Zweibrücken NJW **83**, 1007). Die Beschränkung ist idR unwirksam, wenn die Freiheitsstrafe zur Bewährung ausgesetzt worden ist (Hamm VRS **32**, 17, 18; Köln VRS **16**, 422; vgl auch BGH VRS **29**, 14, 15), oder wenn die StA das Rechtsmittel zuungunsten des Angeklagten eingelegt hat (Bay VRS **81**, 443; vgl im einzelnen dazu Stuttgart
29 MDR **97**, 382). Die Bemessung der Sperre nach **§ 69 a StGB** kann gesondert angefochten werden, wenn die Gründe für ihre Anordnung von denen trennbar sind, die zur Fahrerlaubnisentziehung geführt haben (BGH DAR **80**, 202 [Sp]; VRS **21**, 262; **aM** Düsseldorf VRS **66**, 42); regelmäßig wird das aber nicht der Fall sein (vgl Bay NZV **91**, 397; KG VRS **33**, 265, 266; **40**, 276). Die Anordnung des
30 Berufsverbots nach **§ 70 StGB** ist idR gesondert anfechtbar (BGH **17**, 38; NJW **75**, 2249; Hamm NJW **57**, 1773; **aM** LR-Gollwitzer 101). Auf die Befristung der Anordnung kann das Rechtsmittel nicht beschränkt werden (BGH 5 StR 130/78 vom 25. 7. 1978).

31 **3) Rechtsfolgen der Beschränkung:** Die wirksame Berufungsbeschränkung auf die Verurteilung wegen einer oder mehrerer in Tatmehrheit (§ 53 StGB) begangener Straftaten führt zur Rechtskraft des Urteils wegen der übrigen, auch wenn Tatidentität iS des § 264 vorliegt (Einl 185). Bei Berufungsbeschränkung innerhalb einer einheitlichen Tat tritt die sog horizontale Teilrechtskraft ein (Einl 184 ff), die mit der Vollrechtskraft lediglich den Namen gemeinsam und in Wahrheit nur eine innerprozessuale Bindungswirkung hat (20 zu § 353). Sie hindert weder die Einstellung des Verfahrens wegen eines Prozeßhindernisses (Einl 151) noch die Abänderung des Schuldspruchs mit Freisprechung bei nachträglicher Gesetzesänderung (5 zu § 354 a). Bei Beschränkung auf den Rechtsfolgenausspruch

dürfen Feststellungen des Berufungsgerichts zum Schuldumfang zu den diesbezüglichen Feststellungen des AG nicht in Widerspruch stehen (Frankfurt NStZ-RR **98**, 341 mwN). Bei **unwirksamer Berufungsbeschränkung** gilt das Rechtsmittel als in vollem Umfang eingelegt (BGH **6**, 229, 230; **21**, 256, 258; Koblenz VRS **69**, 298; vgl auch Bay **98**, 91 = NStZ **98**, 532: Auswirkung auf sonst wirksame Beschränkung bei Annahme von Tateinheit durch das Berufungsgericht). 32

4) Das **Revisionsgericht** prüft die Wirksamkeit der Berufungsbeschränkung von Amts wegen (4 zu § 352); denn es handelt sich um die Frage der Rechtskraft der angefochtenen Entscheidung, also eines von Amts wegen zu prüfenden Prozeßhindernisses (Einl 145). 33

Verwerfung durch das AG

319 **I Ist die Berufung verspätet eingelegt, so hat das Gericht des ersten Rechtszuges das Rechtsmittel als unzulässig zu verwerfen.**

II Der Beschwerdeführer kann binnen einer Woche nach Zustellung des Beschlusses auf die Entscheidung des Berufungsgerichts antragen. In diesem Falle sind die Akten an das Berufungsgericht einzusenden; die Vollstreckung des Urteils wird jedoch hierdurch nicht gehemmt. Die Vorschrift des § 35a gilt entsprechend.

1) Bei **verspäteter Berufungseinlegung** (§ 314), idR nicht bei bloßen Zweifeln an der Fristeinhaltung (35 zu § 261), muß das Gericht des 1. Rechtszugs das Rechtsmittel als unzulässig verwerfen (I); das gilt auch im Fall des § 313 (dort 11). Eine gleichlautende, das Verfahren vereinfachende Regelung enthält § 346 für die Revision. Eine Verwerfung aus anderen Gründen ist dem 1. Richter nicht gestattet (KK-Ruß 2; LR-Gollwitzer 4 ff; erg 2 zu § 346). Zur nachträglichen Berücksichtigung von Verfahrenshindernissen vgl 3 zu § 346. Der Verwerfungsbeschluß, der nur feststellende Wirkung hat (1 zu § 316; 5 zu § 346), ergeht von Amts wegen nach Anhörung der StA (§ 33 II), nicht des Beschwerdeführers, ist zu begründen (§ 34) und wird dem Beschwerdeführer, bei Berufung des gesetzlichen Vertreters auch dem Angeklagten (Hamm NJW **73**, 1850), mit der Belehrung über sein Anfechtungsrecht (II S. 3) zugestellt (erg 4 zu § 346). Die Wiederaufhebung des Beschlusses durch das AG ist unzulässig und wirkungslos (6 zu § 346). Bei Verwerfung der sofortigen Beschwerde gegen die Ablehnung eines Wiedereinsetzungsantrags erläßt das OLG zugleich eine noch fehlende Entscheidung nach I (Stuttgart NStZ **90**, 247; **aM** Hamm VRS **87**, 127). 1

2) Der **Antrag auf Entscheidung des Berufungsgerichts** (II) ist keine sofortige Beschwerde, sondern ein Rechtsbehelf eigener Art (8 zu § 346). Er steht nur dem zu, der Berufung eingelegt hat, nicht dem Beschwerdegegner, dem Angeklagten aber auch, wenn die Berufung des gesetzlichen Vertreters oder Erziehungsberechtigten verworfen worden ist (KK-Ruß 6; LR-Gollwitzer 12 und 15 zu § 298; erg 9 zu § 346). Die Beschwerde nach § 304 I wird durch II ausgeschlossen (LR-Gollwitzer 10). 2
Anzubringen ist der Antrag entspr § 306 I bei dem AG, das ihn, auch bei verspäteter Einlegung, an das Berufungsgericht weiterzuleiten hat, ohne daß es ihn verwerfen oder ihm abhelfen darf (Celle JR **49**, 122). Bei dem Berufungsgericht kann der Antrag nicht gestellt werden (KK-Ruß 7; **aM** LR-Gollwitzer 11; EbSchmidt 7; Schlüchter 672. 3). Der Antrag muß schriftlich (Einl 128) gestellt werden, bedarf aber sonst keiner besonderen Form (KK-Ruß 8; 8 zu § 346). Ein Antrag auf Wiedereinsetzung enthält idR auch den Antrag nach II (Bremen GA **54**, 279). 3
Die **Entscheidung des Berufungsgerichts,** das auch im Fall des § 335 (dort 7) zuständig ist (Bremen Rpfleger **58**, 182; Stuttgart Justiz **72**, 208), beschränkt sich nicht auf die Prüfung des angefochtenen Beschlusses, sondern erstreckt sich auf die Zulässigkeit der Berufung insgesamt (LR-Gollwitzer 15; erg 4

10 zu § 346). Zur Berücksichtigung von Prozeßhindernissen vgl 11 zu § 346. Das Berufungsgericht kann den Antrag, ohne Kostenentscheidung (12 zu § 346), als unzulässig oder unbegründet verwerfen oder den angefochtenen Beschluß aufheben. Dann muß das AG über die Berufung neu entscheiden. Zur Wiederaufhebung
5 des Verwerfungsbeschlusses vgl 13 zu § 346. Die **Anfechtung des Beschlusses** ist ausgeschlossen (Bay **51**, 177 = NJW **51**, 371; Celle MDR **54**, 313; Koblenz VRS **64**, 283), es sei denn, das AG war zur Verwerfung nicht befugt (oben 1); denn dann ist der Beschluß des LG der Sache nach eine Entscheidung nach § 322 I (Düssel-
6 dorf VRS **86**, 129). Eine **Hemmung der Vollstreckbarkeit** des Urteils bewirkt der Antrag nicht (II S. 2 Hs 2). Die Aussetzung des Vollzugs nach § 307 II ist nicht zulässig, da es sich um keine Beschwerde handelt. Die Vollstreckung sollte aber möglichst bis zum Beschluß des Berufungsgerichts aufgeschoben werden (15 zu
7 § 346). Zum Zusammentreffen des Antrags nach II mit einem **Wiedereinsetzungsantrag** vgl 16 ff zu § 346.

Mitwirkung der StA **RiStBV 157**

320 **Ist die Berufung rechtzeitig eingelegt, so hat nach Ablauf der Frist zur Rechtfertigung die Geschäftsstelle ohne Rücksicht darauf, ob eine Rechtfertigung stattgefunden hat oder nicht, die Akten der Staatsanwaltschaft vorzulegen. Diese stellt, wenn die Berufung von ihr eingelegt ist, dem Angeklagten die Schriftstücke über Einlegung und Rechtfertigung der Berufung zu.**

1 **1)** Die **Aktenvorlage an die StA** (S. 1) erfolgt, sofern nicht schon vorher eine Berufungsbegründung eingegangen ist, nach Ablauf der Frist des § 317, bei mehreren Beschwerdeführern erst, wenn sie für alle abgelaufen ist. In diesem Fall kann vorher eine der Berufungen nach § 319 I verworfen werden, wenn sie verspätet ist.

2 **2)** Die **Zustellung der Schriftstücke** (S. 2) über Einlegung und Begründung der Berufung ist erforderlich, wenn das Rechtsmittel nicht von dem Angeklagten eingelegt worden ist. Die StA stellt die Schriftstücke über ihre Berufung dem Angeklagten oder dessen zustellungsbevollmächtigtem Verteidiger (§ 145 a I) zu, das Gericht die über die Berufung des Nebenklägers (KK-Ruß 3). Formlose Mitteilung genügt (§ 35 II S. 2). Das Unterlassen der Zustellung der Berufungsrechtfertigungsschrift begründet nicht die Revision (vgl aber Köln MDR **74**, 950: mit ergänzenden Beweiserhebungen begründete Rechtfertigungsschrift der StA), berechtigt den Angeklagten jedoch, die Aussetzung der Verhandlung zu beantragen
3 (Köln NStZ **84**, 475; Koblenz VRS **51**, 98). Eine **Berufungsgegenerklärung** sieht das Gesetz nicht vor; unzulässig ist sie nicht (LR-Gollwitzer 8). Im Fall des § 313 ist sie dem Berufungsgegner zu empfehlen.

Aktenvorlage an das Berufungsgericht **RiStBV 158**

321 **Die Staatsanwaltschaft übersendet die Akten an die Staatsanwaltschaft bei dem Berufungsgericht. Diese übergibt die Akten binnen einer Woche dem Vorsitzenden des Gerichts.**

1 **1)** Die **Aktenübersendung an die StA** beim Berufungsgericht (S. 1) hat nur für selbständige Amtsanwaltschaften praktische Bedeutung (Amelunxen Berufung 75), sonst handelt es sich um eine und dieselbe Behörde (KK-Ruß 1).

2 **2) Aktenvorlage an den StrK-Vorsitzenden** (S. 2): Die StA muß die StrK (allgemeine StrK oder besondere StrK nach § 74 c GVG) genau bezeichnen (Schlüchter 673 Fn 245; Meyer-Goßner NStZ **81**, 171). Bei der Aktenvorlage benennt sie die Zeugen und Sachverständigen, deren Vernehmung sie für erforder-

lich hält (RiStBV 158). Die Vorlage soll binnen 1 Woche erfolgen. Es handelt sich um eine Ordnungsvorschrift (LR-Gollwitzer 2; erg 4 zu § 337), mit der das Verfahren, insbesondere in Haftsachen, beschleunigt werden soll. Erst mit dem Eingang der Akten zur Durchführung des Berufungsverfahrens beim Berufungsgericht, wird die Sache dort anhängig, wird der Berufungsrichter erkennender Richter (5 zu § 28; 2 zu § 305) und geht die Zuständigkeit für die weiteren Entscheidungen auf dieses Gericht über (Fezer JR **96**, 39; erg 6 ff zu § 347).

Beschlußverwerfung durch das LG

322 **I Erachtet das Berufungsgericht die Vorschriften über die Einlegung der Berufung nicht für beobachtet, so kann es das Rechtsmittel durch Beschluß als unzulässig verwerfen. Andernfalls entscheidet es darüber durch Urteil; § 322 a bleibt unberührt.**

II Der Beschluß kann mit sofortiger Beschwerde angefochten werden.

1 1) Die **Verwerfung der unzulässigen Berufung** durch Beschluß gestattet I S. 1 (vgl auch § 349 I für die Revision). Die Vorschriften über die Einlegung der Berufung sind nicht beachtet, wenn die Berufung nicht innerhalb der Frist des § 314 eingelegt, aber deswegen nicht schon vom AG, dessen unrichtige Feststellung der Rechtzeitigkeit das Berufungsgericht nicht bindet (Amelunxen Berufung 71), nach § 319 verworfen worden ist, ferner wenn die Form des § 314 nicht gewahrt, der Beschwerdeführer nicht beschwert (12 vor § 296) oder nach § 55 I S. 1 JGG oder aus anderen Gründen zur Anfechtung nicht befugt ist (vgl Stuttgart NJW **49**, 916), zB als Verteidiger nicht bevollmächtigt oder nicht nach § 138 II zugelassen ist (RG **62**, 250), wenn ein früher eingelegtes Rechtsmittel zurückgenommen (12 zu § 302) oder ein Rechtsmittelverzicht erklärt worden ist (26 zu § 302), aber nicht schon bei Einlegung mit dem alleinigen Ziel, den Führerschein wegen Zeitablaufs zurückzuerhalten (Geppert ZRP **81**, 89; D. Meyer MDR **76**, 629; **aM** LG Berlin VRS **49**, 276; Himmelreich/Hentschel 70 a: unzulässig, da rechtsmißbräuchlich; dagegen spricht jetzt aber auch § 473 V).

2 2) Der **Beschluß nach I S. 1** ist zu begründen (§ 34) und dem Beschwerdeführer mit Rechtsmittelbelehrung (§ 35 a) zuzustellen (§ 35 II S. 1), dem Angeklagten auch, wenn die Berufung des gesetzlichen Vertreters oder Erziehungsberechtigten verworfen worden ist (1 zu § 319). Wird die rechtzeitige Berufung als unzulässig verworfen, so wird das Urteil nicht bereits dadurch, sondern erst mit der Rechtskraft des Beschlusses rechtskräftig (KK-Ruß 3; Schlüchter 674; erg 1 zu § 316). War sie verspätet eingelegt, so hat die Verwerfung hinsichtlich Rechtskraft und Vollstreckbarkeit nur feststellende Bedeutung (1 zu § 316; 1 zu § 319; 5 zu § 346). Ergeht kein Beschluß nach I oder kein Nichtannahmebeschluß nach § 322 a und wird das Verfahren auch nicht außerhalb der Hauptverhandlung nach
3 §§ 153 ff, 206 a eingestellt, so muß in der Hauptverhandlung durch **Urteil** entschieden werden (I S. 2), auch bei Unzulässigkeit der Berufung (§ 260 III), über die nicht nach I entschieden worden ist, etwa weil Zweifel an der Zulässigkeit in
4 der Hauptverhandlung geklärt werden sollten (Celle GA **63**, 380). Über **mehrere Berufungen,** die eine einheitliche Tat (§ 264) desselben Angeklagten betreffen, kann nur durch denselben Beschluß oder dasselbe Urteil entschieden werden (2 zu § 328). Es ist aber zulässig, die eine Berufung nach I S. 1 zu verwerfen und die anderen zur Hauptverhandlung zu bringen (RG **67**, 250; LR-Gollwitzer 10; Amelunxen Berufung 77). Eine von mehreren Berufungen, die das Berufungsur-
5 teil, ohne daß es deswegen angefochten wird, **versehentlich nicht erledigt** hat, wird mit der Rechtskraft des Urteils gegenstandslos (Bay **51**, 593; **59**, 168 = VRS **18**, 298; Bay **68**, 31, 34; LR-Gollwitzer 19 zu § 327).

6 **3) Sofortige Beschwerde** (II) steht dem Angeklagten auch zu, wenn die Berufung des gesetzlichen Vertreters oder Erziehungsberechtigten verworfen worden ist, selbst wenn er nach Erlaß des Urteils auf Rechtsmittel verzichtet hatte (9 zu § 346). Hebt das OLG den Beschluß als unrichtig auf, so kommt die Sache zur Hauptverhandlung. In ihr ist die StrK an die Aufhebungsansicht des OLG nicht gebunden (RG **59**, 241; LR-Gollwitzer 17), auch nicht an die frühere eigene Ansicht bei der Prüfung nach I S. 1 (KK-Ruß 4). Zur Anwendung des § 34 a auf den Verwerfungsbeschluß vgl dort 5, zur Wiederaufhebung des Beschwerdebeschlusses bei Irrtum über tatsächliche Umstände 13 zu § 346 und zur entspr Anwendung des II bei Erledigterklärung der Berufung nach Zurücknahme 11 zu § 302.

7 **4) Revision** (§ 333) ist zulässig, wenn die Berufung durch Urteil als unzulässig verworfen wurde (Bay **96**, 88 = NStZ-RR **96**, 366), ebenso im Fall des § 329 (dort 46 ff). Das gilt auch, wenn insoweit in der Hauptverhandlung fehlerhaft durch Beschluß entschieden worden ist (Zweibrücken JBlRP **98**, 222).

Entscheidung über Annahme der Berufung

322a **Über die Annahme einer Berufung (§ 313) entscheidet das Berufungsgericht durch Beschluß. Die Entscheidung ist unanfechtbar. Der Beschluß, mit dem die Berufung angenommen wird, bedarf keiner Begründung.**

1 **1) Annahmeberufung:** Die durch das RpflEntlG eingefügte Vorschrift bezieht sich auf § 313. Sie trifft Regelungen zu Form und Inhalt der nach § 313 zu treffenden Entscheidung. Bei mehreren Berufungen verschiedener Beschwerdeführer sind für jeden die Voraussetzungen der Annahme getrennt zu prüfen. Berufungsbeschränkungen sind auch hier nach § 318 zulässig und zu beachten.

2 **2) Annahme:**

3 A. Sie erfolgt durch **Beschluß** der kleinen Strafkammer außerhalb der Hauptverhandlung ohne Mitwirkung der Schöffen (§ 76 I S. 2 GVG). Der Beschluß wird zweckmäßigerweise mit der Terminsbestimmung (§§ 332, 213) und der Ladungsanordnung (§ 323 I S. 1) verbunden; erfolgt die Terminsbestimmung ohne Erlaß eines Annahmebeschlusses, kann darin die stillschweigende Annahme der Berufung liegen (Rieß AnwBl **93**, 56). Die Annahme bedarf keiner Begründung (S. 3). Eine Begründung ist aber nicht unzulässig und kann sich empfehlen, um dem Beschwerdeführer deutlich zu machen, worin ein Schwerpunkt der Berufungsverhandlung liegen wird, oder um ihm eine Beschränkung des Rechtsmittels nahezulegen, falls zB nur die Strafzumessung durch das AG bedenklich erscheint. Auch die Teilannahme einer Berufung, zB hinsichtlich einer von mehreren Taten oder nur hinsichtlich des Strafausspruchs, ist zulässig (LG Stuttgart NStZ **95**, 301; Tolksdorf Salger-FS 406). Hält das LG die Berufung wegen eines Verfahrensfehlers für nicht offensichtlich unbegründet (9 zu § 313), sollte es dies darlegen, um dem Beschwerdeführer einen Übergang zur Revision zu ermöglichen (vgl 21 zu § 335).

4 B. Eine **Frist,** innerhalb derer die Annahmeentscheidung ergehen muß, ist nicht vorgeschrieben. Das LG muß aber in jedem Fall die Begründungsfrist von 1 Woche (§ 317) abwarten, um dem Beschwerdeführer Gelegenheit zur Darlegung zu geben, daß die Berufung nicht offensichtlich unbegründet ist. Andererseits sollte das LG noch vor Ablauf eines Monats nach Zustellung des amtsgerichtlichen Urteils mit Gründen entscheiden, um dem Beschwerdeführer den Übergang zur Revision zu ermöglichen (vgl 21 zu § 335).

5 C. **Unanfechtbar** ist die Annahmeentscheidung (S. 2). Daher weist das Verfahren nach Erlaß des Annahmebeschlusses gegenüber anderen Berufungsverfahren

keine Besonderheiten mehr auf. Es wird wie jede andere Berufung behandelt; insbesondere gilt auch § 329.

6 **3) Nichtannahme:**

7 A. Durch **Beschluß** außerhalb der Hauptverhandlung ergeht auch hier die Entscheidung. Da der Beschluß unanfechtbar ist (S. 2), bedürfte er nach § 34 an sich keiner Begründung; der Umkehrschluß aus S. 3 ergibt jedoch, daß hier entgegen § 34 eine Begründungspflicht besteht (Feuerhelm StV **97**, 104). Entspr der Übung zu § 349 II, dem § 313 II nachgebildet ist (9 zu § 313), wird das LG sich aber mit dem Hinweis auf die „offensichtliche Unbegründetheit" beschränken können und dazu § 313 II bzw im Fall des § 313 III diese Vorschrift mit der entspr Bestimmung des OWiG zitieren, falls eine Berufungsbegründung (§ 317) nicht vorgelegt worden ist (Frankfurt NStZ-RR **96**, 78); andernfalls wird kurz auf die Ausführungen der Berufungsbegründung einzugehen sein. Daher ist vor Erlaß des Beschlusses und Fehlen einer mit Einlegung der Berufung gegebenen Begründung die Frist des § 317 abzuwarten (oben 4). Eine nähere Begründung des Nichtannahmebeschlusses ist insbesondere erforderlich, wenn der Beschwerdeführer neue Beweisanträge angekündigt hatte, um die Feststellungen des AG zu entkräften (BVerfG NJW **96**, 2785). Rechtliches Gehör braucht zuvor aber nicht gewährt zu werden (Frankfurt NStZ-RR **97**, 273; Koblenz NStZ **95**, 251; Feuerhelm aaO 102; Tolksdorf Salger-FS 405; **aM** München StV **94**, 237); Anträge des Rechtsmittelgegners sind allerdings gemäß § 33 III zur Stellungnahme mitzuteilen.

8 B. **Unanfechtbar** ist die Nichtannahme (Düsseldorf StV **94**, 122; Schleswig SchlHA **95**, 7 [L/T]). Es muß sich aber tatsächlich um einen Fall des § 313 I gehandelt haben. Hat das LG irrig dessen Voraussetzungen angenommen, obwohl die Berufung der Annahme nicht bedurfte, ist der Nichtannahmebeschluß gegenstandslos und auf Gegenvorstellung (23 vor § 296) oder (einfache) Beschwerde hin aufzuheben (Bay **93**, 232 = StV **94**, 238; Zweibrücken NStZ **94**, 601; **aM** Koblenz NStZ **94**, 601; Köln NStZ **96**, 150; Feuerhelm StV **97**, 104: sofortige Beschwerde).

9 **4)** Eine **Kostenentscheidung** ist bei Annahme der Berufung nicht veranlaßt; die entstandenen Kosten gehören zu denjenigen des Berufungsverfahrens. Bei Nichtannahme der Berufung ergeht eine Kostenentscheidung nach §§ 464 I, 473 I, II.

Vorbereitung der Hauptverhandlung

323 **I Für die Vorbereitung der Hauptverhandlung gelten die Vorschriften der §§ 214 und 216 bis 225. In der Ladung ist der Angeklagte auf die Folgen des Ausbleibens ausdrücklich hinzuweisen.**

II Die Ladung der im ersten Rechtszug vernommenen Zeugen und Sachverständigen kann nur dann unterbleiben, wenn ihre wiederholte Vernehmung zur Aufklärung der Sache nicht erforderlich erscheint.

III Neue Beweismittel sind zulässig.

IV Bei der Auswahl der zu ladenden Zeugen und Sachverständigen ist auf die von dem Angeklagten zur Rechtfertigung der Berufung benannten Personen Rücksicht zu nehmen.

1 **1)** Die **Vorbereitung der Berufungsverhandlung** folgt den Bestimmungen für die Hauptverhandlung im 1. Rechtszug (I S. 1). Da die Sache im Umfang der Anfechtung völlig neu verhandelt wird (1 vor § 312), müssen alle, auch bisher nicht vernommene (III), **Zeugen und Sachverständigen** geladen werden, deren Aus- 2
sage für die Entscheidung von Bedeutung sein kann. Die Ladung, bei der außer dem Vorschlag der StA (2 zu § 321) die Berufungsbegründung des Angeklagten zu

beachten ist (IV), unterbleibt nur dann, wenn die Beweismittel überflüssig sind oder die Verlesung der Niederschrift über ihre Aussage im 1. Rechtszug nach § 325 I genügt (II). In Zweifelsfällen kann der Vorsitzende bei dem Beschwerdeführer anfragen, welches Ziel mit der Berufung verfolgt und für welche Beweispersonen die wiederholte Vorladung (§ 325 I) beantragt wird.

3 **2)** Der **Hinweis auf die Folgen des Ausbleibens** (I S. 2) ist dem Angeklagten schon in der allgemeinen Rechtsmittelbelehrung erteilt worden (§ 35 a S. 2). Bei der Ladung des Angeklagten, die nach § 145 a II auch dem Verteidiger zugestellt werden kann (KK-Ruß 4; LR-Gollwitzer 10; **aM** Küper NJW **74**, 1929; erg 7 zu § 145 a; 9 zu § 329), muß er wiederholt werden. Der Hinweis muß schriftlich erteilt werden (Bay **62**, 99 = NJW **62**, 1928; Düsseldorf MDR **87**, 868) und zutr, vollständig und unmißverständlich sein (Zweibrücken StV **81**, 539). Er muß der jeweiligen Verfahrenslage angepaßt werden und hängt insbesondere davon ab, welcher Verfahrensbeteiligte Berufung eingelegt hat (§§ 329 I, II, 330). Bei Berufung der StA ist ein Hinweis auf § 329 II S. 1, IV S. 1 erforderlich (Stuttgart MDR **86**, 778). Der bloße Hinweis auf die Belehrung in einer früheren Ladung genügt nicht (Bay **75**, 30 = JZ **75**, 332, Koblenz NJW **81**, 2074). Kann sich der Angeklagte in der Berufungsverhandlung vertreten lassen (§ 329 I S. 1), so muß in der Ladung auch hierauf unmißverständlich hingewiesen werden (Bay **78**, 64 = VRS **55**, 281; Bremen StV **89**, 54). Im Fall des § 234 ist neben dem Hinweis nach § 329 auch der nach § 232 I S. 1 erforderlich (Bay **60**, 273; **63**, 27, 29; JZ **61**, 103; Hamm NJW **54**, 1131; erg 15 zu § 329.

Gang der Berufungsverhandlung

324 **I Nachdem die Hauptverhandlung nach Vorschrift des § 243 Abs. 1 begonnen hat, hält ein Berichterstatter in Abwesenheit der Zeugen einen Vortrag über die Ergebnisse des bisherigen Verfahrens. Das Urteil des ersten Rechtszuges ist zu verlesen, soweit es für die Berufung von Bedeutung ist; von der Verlesung der Urteilsgründe kann abgesehen werden, soweit die Staatsanwaltschaft, der Verteidiger und der Angeklagte darauf verzichten.**

II Sodann erfolgt die Vernehmung des Angeklagten und die Beweisaufnahme.

1 **1)** Der **Gang der Berufungsverhandlungen** entspricht nach § 332 dem der Hauptverhandlung im 1. Rechtszug, soweit § 324 nichts anderes bestimmt. Die Verhandlung beginnt mit dem Aufruf der Sache und der Präsenzfeststellung (§ 243 I); darauf erfolgt die Belehrung nach § 57 und, nachdem die Zeugen den Gerichtssaal verlassen haben, die Vernehmung des Angeklagten zur Person (§ 243 II) sowie, falls erforderlich, eine Klärung der mit der Berufung verfolgten Ziele (LR-Gollwitzer 3). Anstelle der Verlesung des Anklagesatzes (§ 243 III) hält sodann der Berichterstatter (unten 3) einen Vortrag über die Ergebnisse des bisherigen Verfahrens (unten 4); wichtigster Teil ist die Verlesung des angefochtenen Urteils (unten 5), von der aber bei allseitigem Verzicht ganz oder teilw abgesehen werden kann (unten 6). Der Vortrag, insbesondere die Urteilsverlesung, soll den Gegenstand der Verhandlung klarstellen und die Verfahrensbeteiligten auf die wesentlichen tatsächlichen und rechtlichen Gesichtspunkte aufmerksam machen (Bay **58**, 84, 88; **73**, 130 = MDR **73**, 1039; MDR **82**, 249; Hamburg NStZ **85**, 379; KMR-Paulus 5; LR-Gollwitzer 6). Sie sind wesentliche Förmlichkeiten der Hauptverhandlung iS § 273 I (Schleswig SchlHA **72**, 161 [E/J]; Amelunxen Berufung 87). Die weitere Verhandlung richtet sich nach den Vorschriften der §§ 243 IV, 244 I (unten 8), 257 ff.

2 **2) Vortrag des Berichterstatters** (I S. 1):

3 A. **Berichterstatter** ist bei der nunmehr für Berufungen – abgesehen von Berufungen gegen Urteile des JugSchG – stets zuständigen (5 zu § 312) kleinen

StrK (§ 76 I S. 1 GVG) notwendigerweise der Vorsitzende. Nur bei der als Berufungsgericht tätig werdenden großen JugK (und im Fall des § 76 III GVG) ist es der Berichterstatter in der Strafsache (vgl 2 zu § 21 g GVG); den Vortrag kann aber auch ein anderer Berufsrichter übernehmen, auch der Vorsitzende (Koblenz VRS **51**, 98, 100; Bloy JuS **86**, 592). Die Urteilsverlesung kann nicht nur jedem Mitglied des Gerichts, sondern auch dem Protokollführer übertragen werden (KK-Ruß 4).

B. **Ergebnisse des bisherigen Verfahrens:** Dazu gehört auch das Ermittlungs- 4
verfahren. Für den Vortrag gilt die in I S. 2 Hs 1 für die Urteilsverlesung enthaltene Einschränkung entspr; er hat sich auf die Einzelheiten zu beschränken, die für die Berufung von Bedeutung sind (KK-Ruß 3). Maßgebend sind die Umstände des Einzelfalls. Zur Unterrichtung über den Verfahrensgegenstand kann, wenn er aus der Urteilsverlesung nicht klar genug hervorgeht, der Vortrag der Anklagevorwürfe einschließlich der Nachtragsanklage erforderlich sein, ferner der Bericht über die Ausscheidung von Verfahrensteilen nach § 154 a und ihre Wiedereinbeziehung, auch nach den §§ 430, 442, sowie über vorangegangene Urteilsanfechtungen und Zuständigkeitsverschiebungen, zB nach §§ 225 a, 270. Nach der Urteilsverlesung (unten 5) sind die Berufungsbegründung, insbesondere soweit sie Beschränkungen enthält, ggf die Bedenken gegen die Zulässigkeit der Berufung oder ihre Beschränkung, und sonstige Anträge vorzutragen. Die Berufungsbegründungen, auch der StA, dürfen verlesen werden (Köln NJW **61**, 1127). Auf nach Berufungseinlegung von der StA durchgeführte Ermittlungen muß hingewiesen werden (Köln MDR **74**, 950).

3) **Verlesung des 1. Urteils** (I S. 2): Das angefochtene Urteil (Urteilsausspruch 5
und Gründe) muß verlesen werden, soweit es für die Berufung von Bedeutung ist und die Verfahrensbeteiligten auf die Verlesung nicht verzichten. Ist es in Verlust geraten, so wird die Verhandlung gleichwohl durchgeführt (RG **65**, 373). Ohne Bedeutung für die Berufung iS I S. 2 Hs 1 sind die Urteilsfeststellungen, die nur Mitangeklagte, gegen die nicht verhandelt wird, betreffen oder die nicht angefochten sind, etwa bei auf einzelne tatmehrheitliche Verurteilungen oder auf den Rechtsfolgenausspruch beschränkter Berufung. Von der Verlesung der angefochtenen Urteilsteile sind die Beweiswürdigung und die Strafzumessungsgründe möglichst auszunehmen. Zwingend ist das aber nicht. Daß die Schöffen hierdurch beeinflußt werden können, hat der Gesetzgeber in Kauf genommen; sie erfahren durch den Vortrag auch die Einwendungen des Beschwerdeführers gegen das Urteil (Köln NJW **61**, 1127). Die bloß teilw Verlesung ordnet der Vorsitzende an; hiergegen kann nach § 238 II auf gerichtliche Entscheidung angetragen werden. Zur Beweisaufnahme gehört die Urteilsverlesung nicht (RG **61**, 287; 399); sie kann daher nicht die Beweiserhebung des Berufungsgerichts darüber ersetzen, was Angeklagte oder Zeugen vor dem 1. Gericht ausgesagt haben. Kommt es hierauf an, so muß das Urteil nochmals nach § 249 verlesen werden (Bay **58**, 84, 88; Hamm NJW **74**, 1880; Schleswig SchlHA **86**, 107 [E/L]; bedenklich Bay MDR **73**, 692).
Bei **Verzicht der Beteiligten** (I S. 2 Hs 2), den herbeizuführen Sache des 6
Vorsitzenden ist (§ 238 I), kann von der Verlesung der Urteilsgründe (nicht des Urteilsausspruchs) auch dann abgesehen werden, wenn sie für die Berufung von Bedeutung sind. Insoweit sind sie dann in den Bericht nach I S. 1 aufzunehmen (vgl LR-Gollwitzer 16; Rieß NJW **78**, 2271). Ein Verlesungsverbot begründet der Verzicht nicht (Rieß aaO). Er hindert insbesondere nicht, die Urteilsfeststellungen zu verlesen, die für das Berufungsgericht bindend sind (unten 4); § 249 II gilt insoweit nicht. Den Verzicht müssen alle Prozeßbeteiligten mit Ausnahme der Nebenkläger (12 zu § 397) erklären. Entsprechendes gilt für Nebenbeteiligte (Einl 73). Im Privatklageverfahren ist der Verzicht des Privatklägers erforderlich (2 zu § 385). Der Verzicht und sein Ausmaß sind nach § 273 I im Sitzungsprotokoll zu beurkunden. Vgl erg 23 zu § 61; 9 zu § 245.

7 **4)** Bei **erneuter Berufungsverhandlung** nach Aufhebung des 1. Berufungsurteils durch das Revisionsgericht und Zurückverweisung der Sache nach §§ 354 II, 355 ist auch die Verlesung des aufgehobenen Urteils zulässig (BGH GA **76**, 368; RG JW **31**, 1816). Soweit es für die neue Verhandlung bindende Feststellungen enthält, ist die Verlesung sogar erforderlich (Bay **73**, 130 = MDR **73**, 1039; MDR **82**, 249). Das gilt insbesondere für die Schuldfeststellungen, wenn die Berufung auf den Rechtsfolgenausspruch beschränkt oder nach teilweiser Aufhebung und Zurückverweisung durch das Revisionsgericht nur noch zur Straffrage zu verhandeln ist.

8 **5)** Für die **Vernehmung des Angeklagten und die Beweisaufnahme** (II) gelten die gleichen Grundsätze wie im 1. Rechtszug (dazu 10 ff, 24 ff zu § 243). Auch § 243 IV S. 2, 3 ist anzuwenden (dort 26 ff). Die Vernehmung des Angeklagten zur Sache ist zwingend vorgeschrieben (RG **65**, 373; Bay **56**, 20; Bremen MDR **79**, 864), auch bei Strafmaßberufung (Köln NJW **55**, 1333). Die Beweisaufnahme vollzieht sich, von der Verfahrenserleichterung nach § 325 abgesehen, wie im 1. Rechtszug (1 vor § 312). Von der gesetzlichen Reihenfolge kann abgewichen werden (vgl 1 zu § 243). Die Beweisaufnahme kann vorgezogen werden (Schleswig SchlHA **54**, 331; **aM** LR-Gollwitzer 4), aber nicht vor den Vortrag und die Urteilsverlesung (Köln NJW **59**, 1551; Saarbrücken VRS **22**, 54).

9 **6) Revision:** Das Unterlassen des Vortrags und der Urteilsverlesung kann die Revision begründen (Hamburg NStZ **85**, 379), nicht aber die angebliche Unvollständigkeit des Berichts (KK-Ruß 10; LR-Gollwitzer 31), auch nicht die bloße Teilverlesung des Urteils trotz fehlenden Verzichts. Revisionsgrund kann es sein, daß Teile des Berichts wie Beweisergebnisse verwertet worden sind, ohne daß sie Gegenstand der Beweisaufnahme waren (oben 5). Die unterlassene Vernehmung des Angeklagten zur Sache zwingt idR zur Urteilsaufhebung (Köln NJW **55**, 1333).

Verlesung von Schriftstücken

325 **Bei der Berichterstattung und der Beweisaufnahme können Schriftstücke verlesen werden; Protokolle über Aussagen der in der Hauptverhandlung des ersten Rechtszuges vernommenen Zeugen und Sachverständigen dürfen, abgesehen von den Fällen der §§ 251 und 253, ohne die Zustimmung der Staatsanwaltschaft und des Angeklagten nicht verlesen werden, wenn die wiederholte Vorladung der Zeugen oder Sachverständigen erfolgt ist oder von dem Angeklagten rechtzeitig vor der Hauptverhandlung beantragt worden war.**

1 **1)** Die **Verlesung von Schriftstücken** (Hs 1) bei der Beweisaufnahme ist schon nach §§ 249–256, 332 zulässig. Die Voraussetzungen dafür werden durch I Hs 1 nicht erweitert (KK-Ruß 4; LR-Gollwitzer 6). Die Vorschrift stellt nur klar, daß auch beim Bericht nach § 324, der nicht zur Beweisaufnahme gehört (5 zu § 324), Schriftstücke verlesen werden dürfen. Dabei muß, auch im Interesse der Unbefangenheit der Schöffen, der Eindruck vermieden werden, daß es sich um eine Beweiserhebung handelt.

2 **2) Verlesung von Vernehmungsniederschriften** (Hs 2): Die Vorschrift gestattet in Durchbrechung des Unmittelbarkeitsgrundsatzes (§ 250) unter bestimmten Voraussetzungen die – nicht nur auszugsweise (Hamburg MDR **73**, 871) – Verlesung von Niederschriften über die Vernehmung von Beweispersonen im 1. Rechtszug auch dann, wenn sie nach §§ 251, 253 nicht zulässig wäre. Dem liegt die Erwägung zugrunde, daß die Verlesung des Sitzungsprotokolls des 1. Rechtszugs die Vernehmung der Auskunftspersonen vor dem Berufungsgericht ersetzen kann (zu den Bedenken gegen die Verlesung dieser den Vernommenen nicht

vorgelesenen und von ihnen nicht genehmigten Niederschriften vgl Meyer-Goßner NJW **87**, 1165). Im Interesse der Sachaufklärung (§ 244 II) darf von dieser Befugnis nur zurückhaltend Gebrauch gemacht werden (RG **63**, 228, 229; Bay **72**, 227 = JR **73**, 467 mit Anm Hanack; ANM 288; unten 12). Zur Anwendung des Hs 2 im Privatklageverfahren vgl 3 zu § 386.

A. **Mit Zustimmung der Prozeßbeteiligten** ist die Verlesung, von den sich 3
aus § 244 II ergebenden Einschränkungen abgesehen, stets zulässig. Insoweit wird § 250 zu einer dispositiven Gesetzesvorschrift abgeschwächt (ANM 291). Die Verlesung ist auch statthaft, wenn die Ladung wegen verspäteter Antragstellung nicht mehr ausgeführt werden konnte oder wenn der Zeuge oder Sachverständige zwar geladen, aber nicht erschienen ist, selbst wenn die Ladung ihn möglicherweise nicht erreicht hat (Celle NJW **61**, 1490). Außer der StA und dem Angeklagten
müssen **sämtliche Prozeßbeteiligte** zustimmen, die eigene prozessuale Rechte 4
haben, auch die Nebenbeteiligten (Einl 73), soweit sie durch die Beweiserhebung betroffen sind (KMR-Paulus 12), der Verteidiger (ANM 291; Gollwitzer JR **77**, 345; **aM** KK-Ruß 6; KMR-Paulus 12 und offenbar auch Stuttgart JR **77**, 343, 344), der Beistand nach § 69 III **JGG,** der Privatkläger, nicht aber Nebenkläger (12 zu § 397), Erziehungberechtigte und gesetzliche Vertreter. Wie auch sonst (11 zu § 245), macht die in Gegenwart des Angeklagten abgegebene Zustimmungserklärung des Verteidigers die des Angeklagten überflüssig und umgekehrt (Bay **78**, 17 = NJW **78**, 1817; ANM 291; LR-Gollwitzer 17). Zum Zustimmungserforder-
nis bei Abwesenheitsverhandlungen vgl 4ff zu § 234a; 12 zu § 251. Die **Zustim-** 5
mung muß grundsätzlich ausdrücklich erklärt werden (LR-Gollwitzer 16), kann aber auch in schlüssigem Verhalten liegen (Bay aaO; Stuttgart JR **77**, 343, 344 mit Anm Gollwitzer; ANM 292). Die ausdrückliche Zustimmung muß nach § 273 I im Protokoll beurkundet werden, die stillschweigende nicht (dort 7, 8). Wenn Prozeßbeteiligte ihr Recht zum Widerspruch nicht kennen, müssen sie darüber belehrt werden, daß sie nicht zuzustimmen brauchen. Die nachträgliche Einholung der Zustimmung ist zulässig. Ausgeschlossen ist der Widerruf der Zustimmung (LR-Gollwitzer 18).

B. **Ohne Zustimmung der Prozeßbeteiligten** darf die Niederschrift nur 6
verlesen werden, wenn folgende negativen Voraussetzungen erfüllt sind:

a) **Keine Ladung:** Der Zeuge oder Sachverständige darf zur Berufungsverhand- 7
lung nicht geladen worden sein. Von wem und auf wessen Veranlassung die Ladung erfolgt ist, spielt keine Rolle. Gleichgültig ist auch, ob die Ladung die Beweisperson erreicht (Celle NJW **61**, 1490, 1491) und weshalb sie der Ladung nicht Folge geleistet hat. Die bloße Gestellung des Zeugen oder Sachverständigen in der Hauptverhandlung steht der Ladung gleich (LR-Gollwitzer 11; J. Meyer MDR **62**,
540). Die **Abbestellung** eines von Amts wegen geladenen Zeugen steht der 8
Nichtladung gleich, sofern der Angeklagte davon benachrichtigt worden ist, damit er selbst die Ladung vornehmen oder beantragen kann (Bay **57**, 99 = JZ **57**, 552; Stuttgart JR **77**, 343 mit Anm Gollwitzer; ANM 289).

b) **Kein Antrag auf Ladung:** Die Verlesung ist ferner unzulässig, wenn der 9
Angeklagte die Ladung der Beweisperson beantragt hatte. Er soll darauf vertrauen können, daß ihre Vernehmung dann auch stattfindet (Stuttgart JR **77**, 343 mit Anm Gollwitzer). Antrag iS des I Hs 2 ist jede Eingabe, die das Verlangen auf Vorladung der Auskunftsperson erkennen läßt und nicht nur hilfsweise gestellt ist (Hamburg NJW **62**, 880; ANM 289; LR-Gollwitzer 12; zw Hanack JR **73**, 468 Fn 2). Anträge von Nebenbeteiligten, die die gleichen Rechte wie der Angeklagte haben, stehen gleich, auch Anträge des Verteidigers, nicht aber der StA, auch nicht der Privat- und Nebenkläger (ANM 290; **aM** KMR-Paulus 11), der Erziehungsbe-
rechtigten und gesetzlichen Vertreter (ANM 290). Nur der **rechtzeitig vor der** 10
Hauptverhandlung gestellte Ladungsantrag hindert die Verlesung. Rechtzeitig ist er, wenn das Gericht die Ladung, notfalls telefonisch (KMR-Paulus 11; LR-Gollwitzer 15; **aM** KK-Ruß 5), ohne Verschiebung der Hauptverhandlung veran-

lassen kann. Auf die Erfolgsaussichten der Ladung (Krankheit des Zeugen uä) kommt es nicht an (ANM 290). Weshalb sie nicht bewirkt worden oder erfolglos geblieben ist, spielt ebenfalls keine Rolle.

11 C. **Verlesbar sind** nur die nach § 273 II, III gefertigten Vernehmungsprotokolle aus der Hauptverhandlung des 1. Rechtszugs, in der das Urteil ergangen ist (KK-Ruß 4, 8), nicht Protokolle aus einer ausgesetzten oder sonst vorangegangenen Hauptverhandlung oder aus einer kommissarischen Vernehmung (Bay **57**, 132 = NJW **57**, 1566 L; StV **90**, 399; Hamm JMBlNW **63**, 214). Schriftstücke, auf die sich der Zeuge bei seiner Vernehmung bezogen hat, dürfen mitverlesen werden (Hamm DAR **56**, 166), nicht aber die ihm vorgehaltenen Protokolle über Vernehmungen im Vorverfahren (KMR-Paulus 16). Die Verletzung wesentlicher Formvorschriften macht die Sitzungsniederschrift unverwertbar (RG JW **27**, 1492; Stuttgart NJW **70**, 343; KK-Ruß 8; ANM 293), nicht jedoch der Umstand, daß der Zeuge ein Weigerungsrecht nach §§ 52 ff hat, von dem er im 1. Rechtszug keinen Gebrauch gemacht hatte (RG aaO; KK-Ruß 10). Ist es erst nach der Vernehmung entstanden oder teilt der Zeuge dem Berufungsgericht mit, daß er nunmehr die Aussage verweigern wolle, so darf die Niederschrift dagegen nicht verlesen werden (KK-Ruß 10; ANM 293).

12 D. Die **Sachaufklärungspflicht** (§ 244 II) kann zum Absehen von der Urkundenverlesung und zur persönlichen Anhörung der Beweisperson zwingen (Bay NJW **67**, 312; Koblenz StV **82**, 65, 66; VRS **63**, 130, 133; Saarbrücken OLGSt § 244 S. 28, 30; vgl § 323 II). Bei Aussagen von prozeßentscheidender Bedeutung kommt eine Verlesung nicht in Betracht (Celle StV **94**, 474 L; Karlsruhe Justiz **88**, 95, 96; Zweibrücken NStZ **92**, 147 mwN; Gollwitzer JR **77**, 345). Das gleiche gilt, wenn Zweifel daran bestehen, ob die Aussage richtig protokolliert worden ist (Köln GA **70**, 248), wenn einander widersprechende Zeugenaussagen zu beurteilen sind (Frankfurt StV **87**, 524; Koblenz StV **82**, 65), wenn das Berufungsgericht die Glaubwürdigkeit des Zeugen anders beurteilen will als der 1. Richter (Bay **72**, 227 = JR **73**, 467 mit Anm Hanack; StV **92**, 152) und wenn der persönliche Eindruck des Zeugen für die Entscheidung von Bedeutung ist (LR-Gollwitzer 18). Daß auch sonst nur die Protokolle über die Aussagen nebensächlicher Zeugen oder Sachverständiger verlesen werden dürfen (Zweibrücken NJW **82**, 117; KK-Ruß 2), ist dem Gesetz, auch § 244 II, aber nicht zu entnehmen. Nach den Erfordernissen der Sachaufklärung ist auch der Antrag zu bescheiden, den im 1. Rechtszug vernommenen Zeugen oder Sachverständigen unter Verzicht auf die Verlesung nach I Hs 2 in der Berufungsverhandlung erneut zu hören (ANM 294).

13 **3) Vereidigung:** Das Berufungsgericht muß nach der Verlesung über die Frage der Vereidigung eines im 1. Rechtszug uneidlich vernommenen Zeugen neu entscheiden (Hamm NJW **65**, 1344; MDR **80**, 953). Dabei bedarf es aber nicht stets einer förmlichen Beschlußfassung (LR-Gollwitzer 22), jedenfalls dann nicht, wenn die Entscheidung des 1. Richters zutrifft und ausreichend (§ 64) begründet ist (Hamm MDR **80**, 953; KMR-Paulus 17). Eine unrichtige oder unvollständige Begründung muß ergänzt oder berichtigt werden (Hamm aaO; Stuttgart Justiz **61**, 234; LR-Gollwitzer 22). Ist der Zeuge zu vereidigen, so muß er geladen oder
14 kommissarisch vernommen und vereidigt werden. War der Zeuge **im 1. Rechtszug verbotswidrig vereidigt** worden, so darf die verlesene Aussage nach entsprechendem Hinweis an die Beteiligten als uneidliche gewertet werden (vgl 30 zu § 60). Ist ein Sachverständiger im 1. Rechtszug nach § 79 I S. 1 unvereidigt geblieben, so kann jeder Beteiligte die Verlesung dadurch verhindern, daß er in der Berufungsverhandlung die Vereidigung nach § 79 I S. 2 beantragt.

15 4) Die **Revision** kann auf Verlesung einer Sitzungniederschrift unter Verstoß gegen I Hs 2 gestützt werden. Mit der Aufklärungsrüge (§ 244 II) kann geltend gemacht werden, daß statt der Verlesung die persönliche Anhörung der Beweisperson hätte erfolgen müssen.

Schlußanträge

326 **Nach dem Schluß der Beweisaufnahme werden die Staatsanwaltschaft sowie der Angeklagte und sein Verteidiger mit ihren Ausführungen und Anträgen, und zwar der Beschwerdeführer zuerst, gehört. Dem Angeklagten gebührt das letzte Wort.**

1) **Die Reihenfolge der Schlußvorträge** regelt S. 1 abweichend von § 258 I dahin, daß der Beschwerdeführer zuerst gehört wird. Von mehreren Beschwerdeführern hält derjenige den Schlußvortrag zuerst, der das Urteil am weitestgehenden angefochten hat; bei gleichartiger Anfechtung gilt § 258 I (KK-Ruß 1). StA und Nebenkläger (§ 397 I S. 2) haben das Recht zur Erwiderung (§§ 258 II Hs 1, 332); erg 8 zu § 258. 1

2) Das **letzte Wort** (19 ff zu § 258) gebührt nach S. 2 stets dem anwesenden Angeklagten. Das gilt auch, wenn vorher der Verteidiger einen Schlußvortrag gehalten hat; § 258 III ist anzuwenden (§ 332). Das letzte Wort müssen auch die anwesenden Nebenbeteiligten (Einl 73) im Rahmen ihrer Beteiligung erhalten, und zwar vor dem Angeklagten (erg 23 zu § 258). 2

3) **Revision:** S. 1 ist eine nicht revisible Ordnungsvorschrift (RG **64**, 133; Oldenburg NJW **57**, 839). Dagegen kann ein Verstoß gegen S. 2 die Revision begründen. Wie im Fall des § 258 III (dort 18) ist ein Beruhen des Urteils auf dem Verfahrensmangel idR nicht auszuschließen. 3

Prüfung des Gerichts

327 **Der Prüfung des Gerichts unterliegt das Urteil nur, soweit es angefochten ist.**

1) **Bei jeder Berufung,** auch wenn sie nach § 318 wirksam beschränkt ist, hat das Berufungsgericht die Zulässigkeit des Rechtsmittels (1 zu § 322) und das Vorliegen der Prozeßvoraussetzungen (Einl 141 ff) zu prüfen. 1

2) **Bei unbeschränkter Berufung** ist die gesamte Tat iS des § 264 Gegenstand des Berufungsverfahrens (1 vor § 312). Die von dem 1. Gericht unter Verstoß gegen § 264 nicht abgeurteilten Tatteile muß das Berufungsgericht in das Urteil einbeziehen (Düsseldorf NJW **83**, 767; Meyer-Goßner JR **85**, 452; vgl auch Bay **86**, 100 = OLGSt Nr 1); denn durch das 1. Urteil wird der Prozeßstoff nicht begrenzt. Auch die nach dem 1. Urteil begangenen Teilakte einer Dauerstraftat oder einer fortgesetzten Handlung sind in die Verurteilung aufzunehmen (vgl 10 zu 2
§ 331). Das Berufungsgericht **prüft das 1. Urteil** nicht lediglich auf Rechtsfehler, 3
sondern entscheidet ohne Bindung an die Berufungsbegründung (§ 317), aber in den durch das Verschlechterungsverbot des § 331 gezogenen Grenzen über alle Tat- und Rechtsfragen nach dem Ergebnis der Berufungsverhandlung als 2. Tatsacheninstanz (1 vor § 312). Die tatsächlichen Feststellungen des 1. Urteils darf es nicht einfach übernehmen, auch wenn der Beschwerdeführer sie nicht angreift (Hamm VRS **39**, 278) oder (bei Berufung der StA) der Angeklagte sich ihnen durch Rechtsmittelverzicht „unterworfen" hat (Bay MDR **74**, 250). Hatte das 1.
Gericht einen verfahrensrechtlich (§ 264) **selbständigen Straffall übersehen,** der 4
Gegenstand des Eröffnungsbeschlusses ist, und fehlt es daher insoweit an einer erstinstanzlichen Entscheidung, so darf das Berufungsgericht sie nicht nachholen; die Sache ist in diesem Umfang noch beim AG anhängig (BGH NStZ **93**, 551; AK/StPO-Dölling 3; Meyer-Goßner JR **85**, 452).

3) **Bei wirksam beschränkter Berufung** (§ 318) hat das Berufungsgericht die 5
eingetretene Teilrechtskraft oder (bei horizontaler Teilanfechtung) die Bindungs-

wirkung der nicht angefochtenen Feststellungen zu beachten (Einl 187; 31 zu § 318). Es kann und darf diejenigen Entscheidungsteile nicht prüfen, deren Nachprüfung der Beschwerdeführer nicht verlangt (BGH **29**, 359, 364) oder mangels Beschwer nicht verlangen kann (Bay VRS **72**, 76). Das gilt auch für die sog doppelrelevanten Tatsachen, die sowohl dem angefochtenen als auch dem nicht angefochtenen Urteilsteil zugrunde liegen (BGH **24**, 274, 275; NStZ **81**, 448; Bay VRS **71**, 291; DAR **87**, 314 [B]; Bremen MDR **63**, 432; Karlsruhe Justiz **83**, 127; **aM** Mortzfeld NJW **56**, 1586; erg 20 zu § 353), auch für solche, aus denen sich das Vorliegen eines Regelbeispiels nach § 243 I S. 2 Nrn 1, 2, 4 StGB ergibt (BGH
6 **29**, 359). Bei der **auf den Rechtsfolgenausspruch beschränkten Berufung** darf das Berufungsgericht daher zur Schuldfrage (zum Mitverschulden vgl Bay DAR **87**, 315 [B]) zwar zusätzliche (Celle VRS **42**, 20; Köln VRS **32**, 344), aber keine abweichenden Feststellungen treffen (BGH **10**, 71; KG VRS **25**, 130; Düsseldorf JMBlNW **84**, 106; Hamburg VRS **25**, 351; Hamm NJW **68**, 998; VRS **37**, 295; **41**, 103; Koblenz VRS **70**, 14). Es darf zB bei einem rechtskräftigen Schuldspruch wegen einer fortgesetzten Tat die Anzahl der Einzelakte nicht in Frage stellen (BGH **30**, 340, 343), keine abweichenden Feststellungen über die Schuldart (Hamm VRS **13**, 363: Verurteilung wegen Fahrlässigkeit, wenn 1. Urteil die Schuldart offenläßt; Frankfurt NStZ-RR **97**, 45: keine Verurteilung wegen bedingten Vorsatzes statt wegen Fahrlässigkeit), über die Vorsatzart (BGH **10**, 71; **30**, 340, 343; Bay VRS **63**, 280), über den Grad des Fahrlässigkeitsvorwurfs (BGH **10**, 71; Celle VRS **42**, 20), über das Maß der Pflichtwidrigkeit (Bay VRS **60**, 211; Hamm VRS **41**, 103), den Beweggrund der Tat (Hamburg VRS **25**, 351; **aM** Koblenz VRS **47**, 256) oder die festgestellte Schadenshöhe treffen (BGH **30**, 340, 343; NStZ **81**, 448). Das Berufungsgericht darf nicht entgegen dem Ersturteil eine vorverlegte Schuld (*actio libera in causa*) annehmen (Bay **94**, 9 = NJW **94**, 1358; Stuttgart Justiz **96**, 26); umgekehrt darf es auch von den Feststellungen zur Frage der vorverlegten Schuld nicht abweichen (Bay **68**, 70 = NJW **68**, 2299; Hamm VRS **37**, 295; Koblenz MDR **72**, 622), ebensowenig von denen zur Schuldfähigkeit nach § 20 StGB (Bay aaO, Hamm JMBlNW **73**, 141). Auch die dem rechtskräftigen Schuldspruch zugrunde liegenden Feststellungen, die das Tatgeschehen lediglich näher beschreiben, binden den Richter, der erneut über die Strafzumes-
7 sung zu entscheiden hat (BGH **30**, 340; erg 21 zu § 353). Auf das **Prozeßgeschehen** bezieht sich die Bindung nicht (Hamm VRS **68**, 441: Inhalt der Einlassung des Angeklagten). Ist gegen den nach § 20 StGB freigesprochenen Angeklagten
8 eine **Sicherungsmaßregel nach § 64 oder § 69 StGB** angeordnet worden, so muß das Berufungsgericht ohne Bindung an die Feststellungen des 1. Urteils das Vorliegen einer rechtswidrigen Tat (BGH NStZ **89**, 84; Bay **84**, 74 = NStZ **85**, 90; Hamm NJW **56**, 560) und die Schuldunfähigkeit des Angeklagten selbständig nachprüfen (Bay **77**, 80 = JR **78**, 348 mit Anm Zipf; Bay **78**, 1 = VRS **55**, 135; Meyer-Goßner DRiZ **89**, 55; erg 24 zu § 318).

9 **4) Revision:** Das Revisionsgericht prüft von Amts wegen, ob das Berufungsgericht über alle Bestandteile des 1. Urteils entschieden hat, die von der Berufung erfaßt worden sind (3 zu § 352). Hat das Berufungsgericht in Verkennung der Berufungsbeschränkung oder der Bindungswirkung der nicht angefochtenen Urteilsfeststellungen über die Schuldfrage neu entschieden, so ist das Urteil auch ohne ausdrückliche Rüge auf die Revision aufzuheben (Bay **57**, 107; **78**, 1 = VRS **55**, 135; VRS **60**, 211; Bremen JZ **58**, 546; Hamm NJW **68**, 998; Oldenburg NJW **59**, 1983; erg 4 zu § 352).

Inhalt des Berufungsurteils

328 I **Soweit die Berufung für begründet befunden wird, hat das Berufungsgericht unter Aufhebung des Urteils in der Sache selbst zu erkennen.**

II Hat das Gericht des ersten Rechtszuges mit Unrecht seine Zuständigkeit angenommen, so hat das Berufungsgericht unter Aufhebung des Urteils die Sache an das zuständige Gericht zu verweisen.

1) Die **Entscheidungsmöglichkeiten des Berufungsgerichts** regelt die Vorschrift. Sie setzt eine zulässige Berufung (unzulässige Berufungen werden nach §§ 319, 322, in der Hauptverhandlung durch Urteil nach § 260 I verworfen) und das Fehlen von Prozeßhindernissen voraus, das in der Hauptverhandlung idR zum Einstellungsurteil nach § 260 III führt (vgl Einl 154). Die Möglichkeit der Verfahrenseinstellung nach §§ 153 ff läßt § 328 unberührt (LR-Gollwitzer 7). Die Vorschrift wird durch § 329 I ergänzt. 1

2) **Eigene Sachentscheidung des Berufungsgerichts** (I). Führt die Berufungsverhandlung zum selben Ergebnis wie die Verhandlung im 1. Rechtszug, so muß die Berufung mit der Kostenentscheidung nach § 473 I als unbegründet verworfen werden; die bloße Wiederholung des 1. Urteils genügt nicht (Saarbrücken VRS **28**, 439). Wird bei einer Verbindung einer Berufungssache mit einer erstinstanzlichen (8 zu § 4) die Urteilsgewalt des AG überschritten, so wird die Berufung nicht verworfen, sondern das 1. Urteil, das durch die neue erstinstanzliche Entscheidung gegenstandslos wird, aufgehoben (BGH NStZ **86**, 210 [Pf/M]). Wenn und soweit das Berufungsgericht zu einer abweichenden Entscheidung gelangt, die durch bloße Änderung des Urteilsausspruchs nicht klargestellt werden kann, hebt es das Urteil auf und erläßt ein eigenes Urteil, dessen Kosten- und Auslagenentscheidung sich auf das gesamte bisherige Verfahren im 1. und 2. Rechtszug beziehen muß (Hamburg NJW **71**, 2183, 2185); ggf ist eine neue Entscheidung nach § 268 a (dort 2) und nach § 8 **StrEG** (dort 15) zu treffen. Auch bei Teilerfolg der Berufung kann es zur Klarstellung zweckmäßig sein, das Urteil in vollem Umfang aufzuheben und neu zu fassen (vgl § 329 I S. 3 Hs 1). Über mehrere Berufungen (zB der StA und des Angeklagten) ist, von den Fällen der §§ 322, 329 I abgesehen, durch ein und dasselbe Urteil zu entscheiden (RG **67**, 250; Celle JR **49**, 122; Karlsruhe Justiz **80**, 484; LR-Gollwitzer 13 zu § 322); dabei ist die Verwerfung der einen Berufung und die Urteilsaufhebung oder -änderung aufgrund der anderen möglich. Nach Verwerfung der Berufung des Angeklagten und Aufhebung des Urteils auf die zuungunsten des Angeklagten eingelegte Berufung der StA bildet die zunächst verhängte Strafe aber für die neue Berufungsverhandlung keine Strafuntergrenze (BGH 4 StR 442/93 vom 17. 8. 1993). Hielt das AG die angeklagte Tat für nicht erwiesen und hat es wegen einer nicht-angeklagten Tat verurteilt, ist unter Aufhebung des Ersturteils freizusprechen; daneben ist eine Einstellung nicht erforderlich (Bay VRS **57**, 39; **58**, 432; Stuttgart VRS **71**, 294; **aM** BGH **27**, 115, 117; Braunschweig VRS **87**, 143). Für die Abfassung der Urteilsgründe gilt § 267; Bezugnahmen auf das 1. Urteil sind in gewissem Umfang zulässig (2 zu § 267). Die Liste der angewendeten Vorschriften (§ 260 V S. 1) stellt das Berufungsgericht bei Abänderung des 1. Urteils selbst auf, soweit nicht die Ergänzung oder Berichtigung der Liste des 1. Richters ausreicht. 2

3) Eine **Ergänzung des Urteils** ist zulässig und verstößt nicht gegen § 331, wenn es der 1. Richter unterlassen hat, bei tatmehrheitlicher Verurteilung eine Einzelstrafe (BGH **4**, 345; NJW **79**, 936 = JR **79**, 386 mit Anm Meyer; Frankfurt NJW **73**, 1057; Karlsruhe Justiz **74**, 396; Köln VRS **62**, 283, 285) oder die Tagessatzhöhe (§ 40 I S. 2 StGB) einer Einzelgeldstrafe festzusetzen (BGH VRS **60**, 192; Bay DAR **80**, 262 [R]; D. Meyer MDR **78**, 894; **aM** Hamm MDR **78**, 420 = JR **79**, 74 mit Anm Gössel; LG Würzburg MDR **79**, 421; vgl auch BGH **30**, 93); eine Ergänzung scheidet aber aus, wenn insoweit schon Rechtskraft eingetreten ist (BGH 4 StR 348/98 vom 5. 11. 1998). 3

4) Die **Zurückverweisung der Sache an das AG** läßt das Gesetz seit der Streichung des früheren II durch das StVÄG 1987 grundsätzlich nicht mehr zu. 4

Das Berufungsgericht muß somit auch dann in der Sache selbst entscheiden, wenn grobe Verfahrensfehler dem Angeklagten im 1. Rechtszug die Verteidigungsmöglichkeiten in erheblichem Umfang verkürzt haben oder wenn absolute Revisionsgründe vorliegen würden (LG Zweibrücken MDR **91**, 894). Das kann aber nicht gelten, wenn das AG aus Rechtsirrtum von einer Sachentscheidung abgesehen hat, so bei irrtümlicher Annahme des nicht genügend entschuldigten Ausbleibens nach § 412 (dort 10) oder bei Verfahrenseinstellung wegen eines (nicht vorliegenden) Verfahrenshindernisses (Koblenz NStZ **90**, 296; Stuttgart NStZ **95**, 301).

5 5) Die **Verweisung an das zuständige Gericht** (II) ist bei örtlicher oder sachlicher Unzuständigkeit des 1. Richters zwingend vorgeschrieben (LR-Gollwitzer 17; Gössel GA **68**, 356). Voraussetzung ist allerdings, daß der Angeklagte in der Berufungshauptverhandlung erscheint (vgl 8 zu § 329). Die bloße Unzuständigkeit nach dem Geschäftsverteilungsplan des AG ist nach allgM unbeachtlich. Die Verweisung erfolgt durch Urteil (BGH **26**, 106, 108), in dem zugleich das 1. Urteil aufzuheben ist. Auch ohne ausdrückliche Aufhebung entfällt dieses Urteil notwendigerweise von selbst (BGH **21**, 245). Der verweisende Teil des Urteils braucht nicht den Formerfordernissen des § 270 II zu genügen (Koblenz GA **77**, 374; LG Verden NJW **74**, 759, 761; Gollwitzer JR **78**, 477; **aM** LR-Wendisch 15 zu § 6).

6 A. Die **örtliche Unzuständigkeit** des 1. Gerichts berücksichtigt das Berufungsgericht ohne besonderen Einwand (Bay **87**, 33 = NJW **87**, 3091), falls der Angeklagte sie im 1. Rechtszug rechtzeitig (§ 16 S. 3) geltend gemacht hatte. Nimmt er den Einwand nicht zurück, so verweist das Berufungsgericht die Sache an das örtlich zuständige Gericht, auch wenn es nicht zu seinem Bezirk gehört (**aM** KMR-Paulus 25). Erg 6 zu § 355.

7 B. Die **sachliche Unzuständigkeit** des 1. Gerichts, die das Berufungsgericht von Amts wegen zu beachten hat (§ 6; vgl aber 8 zu § 329), zwingt nur dann zur Zurückverweisung, wenn der Strafrichter seine Kompetenz überschritten hat; die Unterschreitung der sachlichen Zuständigkeit ist wegen § 269 kein Zurückverweisungsgrund, es sei denn, die Annahme der Zuständigkeit sei willkürlich (Koblenz StV **96**, 588; vgl 8 zu § 269). II erfaßt nicht nur den Fall des im 1. Rechtszug unterlaufenen Rechtsirrtums über die sachliche Zuständigkeit, also etwa die irrtümliche Verhandlung vor dem Strafrichter, obwohl die Sache zum SchG angeklagt war (Naumburg NStZ **96**, 248); II gilt vielmehr auch dann, wenn sich die Unzuständigkeit erst aufgrund der Beweisaufnahme in der Berufungsverhandlung herausstellt (RG **23**, 234, 236; **74**, 139, 140; Gössel GA **68**, 357; Meyer JR **85**, 522). Entscheidend ist immer, ob der 1. Richter nach der objektiven Rechtslage, wie sie sich dem Berufungsgericht darstellt, zuständig war oder nicht (RG aaO; LR-Gollwitzer 21). Die Verweisung der Sache an ein höheres Gericht zur Aburteilung wegen einer schwereren Straftat setzt voraus, daß der Angeklagte dieser Tat hinreichend verdächtig ist (Bay **77**, 143 = JR **78**, 474 mit zust Anm Gollwitzer;
8 **aM** KMR-Paulus 19). Die **Zuständigkeit der Jugendgerichte** steht der sachlichen Zuständigkeit gleich (Oldenburg NJW **81**, 1384 mit Anm Rieß NStZ **81**, 304).

9 C. Die **sachliche Zuständigkeit des Berufungsgerichts** geht nicht weiter als die des 1. Richters (BGH **31**, 63, 66; **34**, 159, 160; 204, 206; NJW **70**, 155; Krey 1/222 und JA **84**, 289; Hamm JMBlNW **90**, 91 zur Anordnung der Unterbringung nach § 63 StGB; 4 zu § 6). Hält die kleine StrK eine Rechtsfolge für erforderlich, die das AG gemäß § 24 II GVG nicht anordnen durfte und steht das Verschlechterungsverbot (§ 331) der Anordnung nicht entgegen (vgl dazu BGH **31**, 63; NStZ **85**, 208 [Pf/M]; **91**, 122 [M/K]; NStE Nr 7: Beschränkung der Berufung der StA auf den Strafausspruch), so muß sie die Sache an die große StrK zur erstinstanzlichen Verhandlung verweisen.
10 Die Möglichkeit, sogleich selbst als **Gericht des 1. Rechtszuges** zu verhandeln, die von der Rspr als zulässig angesehen wurde, besteht nunmehr, nachdem die Zuständigkeit der großen StrK als Berufungsgericht

durch das RpflEntlG beseitigt worden ist (vgl § 76 I S. 1 GVG), nicht mehr; die kleine StrK ist stets nur Berufungsgericht. Das gilt auch für die erweiterte kleine StrK nach § 76 III GVG (erg 6 zu § 76 GVG); sie kann nicht als erstinstanzliche große StrK weiterverhandeln (vgl Steinmetz JR **93**, 232). Die Problematik kann jetzt somit **nur noch bei der großen JugK** auftreten, wenn diese als Berufungsge- 11
richt (§ 33b I **JGG**) das Vorliegen einer Schwurgerichtssache bejaht (§ 41 I Nr 1 **JGG**) oder wenn in einer gegen Jugendliche und Erwachsene verbundenen Strafsache für den Erwachsenen die große StrK zuständig wäre (§ 41 I Nr 3 **JGG**). Im ersteren Fall wird eine Überleitung schon deswegen ausscheiden, weil die große JugK als Berufungsgericht idR in der Besetzung mit nur 2 Berufsrichtern, als SchwurG jedoch mit 3 Berufsrichtern entscheidet (§ 33b II JGG; erg 2 zu § 76 GVG); auch im letzteren Fall sollte besser eine Verweisung an die große JugK als Gericht 1. Instanz erfolgen, um die nach § 33b II **JGG** erforderliche Entscheidung über die Mitwirkung des 3. Richters nicht im Berufungsverfahren zu treffen. Da es sich hierbei aber um Fragen des jugendgerichtlichen Verfahrens handelt und der Fall zudem praktisch nur sehr selten vorkommen dürfte, wird von einer näheren Darstellung der vielfältigen, sich aus einer solchen Überleitung ergebenden Probleme abgesehen und insoweit auf die Ausführungen in der 40. Aufl verwiesen (vgl auch AK/StPO-Dölling 15 ff). Es erscheint erwägenswert, ob nicht besser von der Möglichkeit der Überleitung eines Berufungs- in ein erstinstanzliches Verfahren auch beim jugendgerichtlichen Verfahren abgesehen werden sollte; der BGH hat allerdings hieran festgehalten (BGHR § 328 I Überleitung 2). Hat die kleine StrK die **Beschränkung der Rechtsfolgenkompetenz nicht beachtet,** so hebt das 12
OLG auf Revision das Urteil mangels Zuständigkeit der kleinen StrK auf. Eine notwendige Gesamtstrafenbildung nach § 55 StGB, die die Strafgewalt des Berufungsgerichts überschreitet, ist im Verfahren nach § 460 vorzunehmen (vgl BGH **34**, 204, 206; NStZ **90**, 29 [M]).

D. **Folgen der Verweisung:** Die Rechtshängigkeit geht mit dem Erlaß des 13
Verweisungsurteils auf das Gericht über, an das verwiesen wird. Eine Beschränkung der Berufung (§ 318) wird, soweit durch sie keine Teilrechtskraft eingetreten ist (Einl 184 ff), gegenstandslos, weil sie im 1. Rechtszug nicht fortwirken kann (BGH MDR **56**, 146 [D]; Hamm JMBlNW **90**, 91); eine Rücknahme der Berufung ist ausgeschlossen (BGH **34**, 204 = JR **87**, 515 mit Anm Wendisch). Das Verschlechterungsverbot (§ 331) besteht dagegen weiter (dort 4). Die Verweisung bindet das Gericht nicht, an das verwiesen worden ist. Ggf muß es nach §§ 225a, 270 verfahren oder sich für unzuständig erklären (LR-Gollwitzer 48).

6) Mit der **Revision** ist jedes Berufungsurteil anfechtbar, auch das Verweisungs- 14
urteil nach II (1 zu § 333).

Ausbleiben des Angeklagten

329 **I Ist bei Beginn einer Hauptverhandlung weder der Angeklagte noch in den Fällen, in denen dies zulässig ist, ein Vertreter des Angeklagten erschienen und das Ausbleiben nicht genügend entschuldigt, so hat das Gericht eine Berufung des Angeklagten ohne Verhandlung zur Sache zu verwerfen. Dies gilt nicht, wenn das Berufungsgericht erneut verhandelt, nachdem die Sache vom Revisionsgericht zurückverwiesen worden ist. Ist die Verurteilung wegen einzelner von mehreren Taten weggefallen, so ist bei der Verwerfung der Berufung der Inhalt des aufrechterhaltenen Urteils klarzustellen; die erkannten Strafen können vom Berufungsgericht auf eine neue Gesamtstrafe zurückgeführt werden.**

II Unter den Voraussetzungen des Absatzes 1 Satz 1 kann auf eine Berufung der Staatsanwaltschaft auch ohne den Angeklagten verhandelt werden. Eine Berufung der Staatsanwaltschaft kann in diesen Fällen auch ohne Zustimmung

des Angeklagten zurückgenommen werden, es sei denn, daß die Voraussetzungen des Absatzes 1 Satz 2 vorliegen.

III Der Angeklagte kann binnen einer Woche nach der Zustellung des Urteils die Wiedereinsetzung in den vorigen Stand unter den in den §§ 44 und 45 bezeichneten Voraussetzungen beanspruchen.

IV Sofern nicht nach Absatz 1 oder 2 verfahren wird, ist die Vorführung oder Verhaftung des Angeklagten anzuordnen. Hiervon ist abzusehen, wenn zu erwarten ist, daß er in der neu anzuberaumenden Hauptverhandlung ohne Zwangsmaßnahmen erscheinen wird.

Übersicht

1 **1) Verwerfung der Berufung des unentschuldigt ausgebliebenen Angeklagten** (I):

2 A. Der **Zweck der Vorschrift** besteht darin, den Beschwerdeführer daran zu hindern, die Sachentscheidung über seine Berufung dadurch zu verzögern, daß er sich der Verhandlung entzieht (BGH **17**, 188; **23**, 331, 334; **25**, 281, 284; **27**, 236, 238; Köln VRS **65**, 47). Die Berufung wird verworfen, gleichviel, ob der Angeklagte die auf seine Veranlassung anberaumte Berufungsverhandlung bewußt oder nur aus Nachlässigkeit versäumt (BGH **27**, 236, 239; **30**, 98, 99). Das Gesetz nimmt dabei aus Gründen der Verfahrensbeschleunigung in Kauf, daß ein unrichtiges Urteil allein wegen des unentschuldigten Ausbleibens des Angeklagten rechtskräftig wird (BGH **17**, 188, 189; **23**, 331, 335). Diese Ausnahme von dem Grundsatz, daß gegen einen abwesenden Angeklagten kein Urteil erlassen werden darf (§§ 230 I, 332), beruht auf der Unterstellung, daß der säumige Angeklagte an der Durchführung der Hauptverhandlung kein Interesse hat und auf das Rechtsmittel und damit auf eine sachliche Prüfung des angefochtenen Urteils verzichtet (BGH **15**, 287, 289; **24**, 143, 150; RG **61**, 278, 280; **64**, 239, 246; Bay **63**, 106 = MDR **63**, 700; KG NJW **69**, 475; Düsseldorf StV **82**, 127; Koblenz NJW **75**, 322; **aM** LR-Gollwitzer 77; Busch JZ **63**, 458; Hanack JZ **73**, 694; Schlüchter 682.1; Schroeder NJW **73**, 308: Verwirkung der Berufung durch Säumnis); nach § 391 II besteht in einem rechtsähnlichen Fall eine Rücknahmevermutung. § 329 ist eine aufs engste auszulegende Ausnahmebestimmung (BGH **17**, 188, 189; RG **61**, 278, 280; Bay **56**, 32, 34; **75**, 30, 32 = JZ **75**, 332; KG JR **69**, 270; Koblenz NJW **75**, 322; LR-Gollwitzer 2).

3 B. **Anwendungsbereich:** Die Verwerfung nach I ist nicht nur in der 1. Berufungsverhandlung zulässig und bei Vorliegen der gesetzlichen Voraussetzungen zwingend, sondern auch, wenn eine Verhandlung ausgesetzt war und dann eine neue Berufungsverhandlung beginnt (BGH **27**, 236, 239) oder wenn eine neue Verhandlung stattfindet, nachdem gegen ein Verwerfungsurteil Wiedereinsetzung nach III bewilligt worden war (KK-Ruß 24; Küper NJW **77**, 1276; JZ **78**, 207)

oder nach vergeblicher Einstellung nach § 153a und Fortsetzung des Verfahrens (Düsseldorf MDR **87**, 517). Dagegen gilt I nicht, wenn die Hauptverhandlung nur unterbrochen worden (§ 229) und der Angeklagte im Fortsetzungstermin nicht erschienen und nicht zulässig vertreten ist (Bay VRS **61**, 131; Bloy JuS **86**, 592); dann kann nur nach §§ 231 II, 332 verfahren werden (Peters 630; 1 zu § 332). Zur Geltung des § 329 bei Berufung des gesetzlichen Vertreters vgl § 330. Nach **Zurückverweisung durch das Revisionsgericht** (§§ 354 II, III, 355) ist die Verwerfung unzulässig (I S. 2); denn auch ein säumiger Angeklagter soll nicht an einem Zwischenergebnis festgehalten werden, das vom Revisionsgericht für unrichtig erklärt worden ist (BGH **27**, 236, 240). Da diese Folge aber nicht eintritt, wenn die Berufung schon durch das aufgehobene Urteil nach I verworfen worden war, kann in diesem Fall nach Zurückverweisung durch das Revisionsgericht erneut nach I verfahren werden (BGH **27**, 236 mit zust Anm Küper JZ **78**, 205; Oldenburg GA **93**, 462). Die Verhandlung auf Berufung der StA (unten 35 ff) schließt I S. 2 ebenfalls nicht aus (Rieß NJW **75**, 89), desgleichen nicht eine erfolgreiche Sprungrevision, denn die Verurteilung beruht dann nicht auf dem beanstandeten, sondern auf dem neuen AG-Urteil (Gollwitzer JR **89**, 345). 4

C. Keine **Hinderungsgründe** für die Anwendung des I sind die fehlende Urteilszustellung (Bay NJW **94**, 1748), die Anordnung des persönlichen Erscheinens des Angeklagten nach § 236 (Bay **63**, 106 = MDR **63**, 700), die Anwesenheit eines nicht vertretungsberechtigten oder -willigen (unten 15) Verteidigers (Köln JMBlNW **86**, 275) und die Abwesenheit des Verteidigers, dessen Mitwirkung nach § 140 notwendig ist (Hamm NJW **70**, 1245). Ein erst in der Berufungsverhandlung gestellter Aussetzungsantrag des Verteidigers kann stillschweigend durch Erlaß des Verwerfungsurteils abgelehnt werden (Saarbrücken NJW **75**, 1613; 1615; Stuttgart GA **62**, 92). Beantragt der Verteidiger die Entbindung des Angeklagten vom Erscheinen nach § 233, so muß die Verhandlung nicht etwa ausgesetzt werden, damit zunächst der verkündete Ablehnungsbeschluß auch dem Angeklagten bekanntgemacht werden kann; vielmehr ist die sofortige Verwerfung nach I zulässig (BGH **25**, 281; Küper NJW **74**, 1927; JR **71**, 325). War der Angeklagte schon vor der Verhandlung nach § 233 vom Erscheinen entbunden, ist § 329 natürlich nicht anwendbar. 5

D. **Voraussetzungen des Verwerfungsurteils:** 6

a) Eine **zulässige Berufung** setzt I voraus. Ist sie unzulässig, so muß sie nach § 322 I S. 2 verworfen werden; diese Entscheidung hat den Vorrang (BGH **30**, 98, 100; Meyer-Goßner NJW **78**, 528). Der Hinweis nach § 323 I S. 2 umfaßt auch diesen Fall der rein prozessualen Entscheidung („ohne Verhandlung zur Sache"). 7

b) Das Fehlen einer **Prozeßvoraussetzung** (Einl 141 ff) steht der Verwerfung nach I nur dann entgegen, wenn das betreffende Verfahrenshindernis erst in der Berufungsinstanz eingetreten ist. In diesem Fall ist keine Berufungs-, sondern eine Erstentscheidung zu treffen und daher das Verfahren nach § 206a bzw § 260 III einzustellen. Hatte das AG aber das Fehlen einer Prozeßvoraussetzung übersehen, so muß dies unberücksichtigt bleiben, da das Berufungsgericht nur bei Erscheinen des Angeklagten die Richtigkeit des amtsgerichtlichen Urteils überprüfen, also nur dann in eine Begründetheitsprüfung eintreten darf (Meyer-Goßner GA **73**, 366, 373 f; NJW **78**, 528; **79**, 201; zust KK-Ruß 13; Pfeiffer 3; erg 6 zu § 206a). Eine Beschlußentscheidung über die Begründetheit der Berufung ist der StPO fremd. Demgegenüber wendet die hM auch in diesem Fall § 206a an (Karlsruhe NJW **78**, 840; Stuttgart Justiz **64**, 64; LR-Rieß 14 zu § 206a mwN) und verändert damit das Berufungsverfahren, das vom Angeklagten das Erscheinen in der Hauptverhandlung fordert, falls er nicht Gefahr laufen will, daß seine (zulässige) Berufung verworfen wird (Meyer-Goßner JR **82**, 391). Die Wirkung, ohne weiteres „zur Beendigung des ganzen Verfahrens zu führen" (Hamm JMBlNW **82**, 107; Köln GA **71**, 27; JMBlNW **67**, 34), hat das Verfahrenshindernis nach richtiger Ansicht eben gerade nicht (BGH **16**, 115, 117; **22**, 213, 216). Daher ist auch die Unzustän- 8 digkeit des 1. Richters nur bei Erscheinen des Angeklagten in der Hauptverhandlung von Amts wegen zu berücksichtigen (HK-Rautenberg 6; **aM** Celle NStZ **94**, 298 mit abl Anm Meyer-Goßner NStZ **94**, 402; erg 5 zu § 328), ebenso ein Verstoß gegen das Verschlechterungsverbot (Pfeiffer/Fischer 7; **aM** Hamburg JR **89**, 345 mit zust Anm Gollwitzer; ersteres stellt zu Unrecht auf die Teilrechtskraft ab, vgl dazu § 331 Rdn 2, letzterer auf I S. 3, wo jedoch nur ein hier nicht einschlägiger Ausnahmefall geregelt ist).

9 c) Die **ordnungsgemäße Ladung des Angeklagten** in der durch §§ 216, 323 I S. 1 vorgeschriebenen Form (2 ff zu § 216) setzt die Verwerfung nach I voraus (BGH **24**, 143, 149; KG JR **76**, 425; Düsseldorf StV **82**, 127; 216; Karlsruhe NJW **81**, 471; Köln VRS **64**, 198; Stuttgart MDR **86**, 778). Ladungsmängel, die für das Ausbleiben nicht ursächlich sind, hindern die Verwerfung aber nicht (KG GA **75**, 148; Düsseldorf StV **82**, 216, 217; Hamm OLGSt S. 95; Oldenburg GA **93**, 462; LG Verden NJW **74**, 2194, 2195). Ordnungsgemäß ist die Ladung auch bei Zustellung an den Verteidiger nach § 145 a II (dort 7; 2 zu § 323) und bei öffentlicher Zustellung nach § 40 (RG **66**, 76, 79; KG NJW **69**, 475; Düsseldorf StV **82**, 127, 128; Frankfurt StV **83**, 233; Hamburg JR **82**, 122; Köln NJW **57**, 153, 154; VRS **59**, 42; Stuttgart MDR **82**, 775; unrichtig Frankfurt JR **78**, 392 mit abl Anm Meyer), sofern der Angeklagte nicht zur Tatzeit Jugendlicher war (Stuttgart StV **87**, 309; Eisenberg 6 zu § 2 JGG; **aM** LG Zweibrücken MDR **91**, 985); Ladung in deutscher Sprache genügt auch bei einem sprachunkundigen Ausländer (Bay **95**, 215 = NStZ **96**, 248; erg 3 zu § 184 GVG). Die Ladung muß den
10 **Hinweis auf die Folgen des Ausbleibens** (§ 323 I S. 2) enthalten (dort 3). Sein Fehlen steht der Anwendung des I entgegen (Bay **75**, 30; **78**, 64 = VRS **55**, 281; Düsseldorf MDR **87**, 868), sofern der Angeklagte nicht bereits durch den Hinweis nach § 35 a S. 2 über die Folgen seines Nichterscheinens ausführlich genug unter-
11 richtet worden ist (LR-Gollwitzer 17). Die **Nichteinhaltung der Ladungsfrist** des § 217 I hindert die Verwerfung nicht (BGH **24**, 143; Bay **66**, 121 = JR **67**, 190 mit abl Anm Koffka; Saarbrücken VRS **44**, 190; LR-Gollwitzer 18; **aM** EbSchmidt Nachtr 2 a), es sei denn, daß ein Aussetzungsantrag nach § 217 II schon vor der Hauptverhandlung schriftlich gestellt worden (vgl 7 zu § 217) und begründet ist. In der Durchführung der Berufungsverhandlung und der Verkündung des Verwerfungsurteils kann die Ablehnung des Aussetzungsantrages gesehen werden (Bay NStZ **82**, 172 L).

12 d) Nur das **Ausbleiben des Angeklagten bei Beginn der Berufungsverhandlung** rechtfertigt die Verwerfung (Karlsruhe NStZ **90**, 297). Entfernt er sich später ohne Erlaubnis, ist I nicht anwendbar (BGH **23**, 331, 332; Bay **80**, 73 =
13 NStZ **81**, 112; KG JR **69**, 270; **85**, 343). Auch das **verspätete Erscheinen** führt nicht zur Verwerfung, wenn bis zum Eintreffen des Angeklagten das Verwerfungsurteil, mit dem, wie in den Fällen des § 228 (dort 11) und § 412 (dort 3), angemessene Zeit zu warten ist (Bay **88**, 103 = VRS **76**, 137; Hamm NStZ-RR **97**, 368; Saarbrücken VRS **44**, 190; Kaiser NJW **77**, 1955; vgl auch Köln JMBlNW **72**, 63: idR 10 Minuten; Bay DAR **87**, 315 [B]; Hamm VRS **54**, 450, 451; Koblenz DAR **80**, 280: idR 15 Minuten), noch nicht ergangen ist (Bay **52**, 80; Oldenburg MDR **85**, 430). Der Angeklagte ist erschienen, selbst wenn er außer der Einlassung zur Sache auch Angaben zur Person verweigert (**aM** LG Berlin NStZ-RR **97**, 338). Der Begriff Nichterscheinen umfaßt jedoch die geistige
14 Abwesenheit bei **Verhandlungsunfähigkeit** infolge schuldhafter Trunkenheit (BGH **23**, 331; Frankfurt NJW **68**, 217; Bloy JuS **86**, 592; Küper JuS **72**, 127; Roxin § 52 F II 4 a; einschr Karlsruhe NStZ **90**, 297; **aM** EbSchmidt JR **69**, 270; vgl auch Warda Bruns-FS 437 ff; erg 8 zu § 230) oder Genusses anderer berauschender Mittel in Kenntnis der dadurch verursachten Vereitelung der Hauptverhandlung (Köln VRS **65**, 47; Seetzen DRiZ **74**, 259). I ist aber nicht entspr anwendbar, wenn der in der Berufungsverhandlung erschienene Angeklagte eine Verhandlung mit der unwahren Behauptung ablehnt, er sei verhandlungsunfähig

(KG JR **69**, 270 mit zust Anm EbSchmidt; Köln MDR **81**, 162), oder sich erst im Laufe der Beweisaufnahme die Verhandlungsunfähigkeit herausstellt (Celle StV **94**, 365; Karlsruhe NStZ **90**, 297).

e) **Nichterscheinen eines Vertreters:** Ist das Verfahren durch einen Strafbefehl eingeleitet worden (also nicht im Fall des § 408 III S. 2; Koblenz RPfleger **90**, 385), so kann sich der Angeklagte nach § 411 II S. 1 (dort 4) auch in der Berufungsverhandlung vertreten lassen, selbst wenn nach § 236 sein persönliches Erscheinen angeordnet worden ist (Bay **69**, 212 = MDR **70**, 608; Bay **77**, 177 = MDR **78**, 510; Celle NJW **70**, 906; Düsseldorf StV **85**, 52; KK-Ruß 6). Die Verwerfung der Berufung nach I ist dann ausgeschlossen. In einer Bagatellsache (§ 232), deren Vorliegen sich nach der im 1. Urteil verhängten Strafe beurteilt (Stuttgart NJW **62**, 2023), ist die Vertretung nach § 234 dagegen nicht zulässig, wenn der Hinweis an den Angeklagten, daß ohne ihn verhandelt werden könne (§ 232 I S. 1), nicht erfolgt oder sein persönliches Erscheinen angeordnet worden ist (Bay **72**, 47 = VRS **43**, 195; NJW **70**, 1055; Schlüchter 682.3 Fn 284; **aM** Küper NJW **70**, 1562; erg 5 zu § 232). Bleibt er dann ohne genügende Entschuldigung aus, so wird seine Berufung verworfen (BGH **25**, 165 = JR **74**, 28 mit zust Anm Gollwitzer und abl Anm Küper NJW **73**, 1334). Der Vertreter muß bei Beginn der Berufungsverhandlung erschienen sein, braucht aber ebensowenig wie der Angeklagte Erklärungen zur Sache abzugeben (6 zu § 411). **Erschienen ist der Verteidiger als Vertreter** nur, wenn er den Mandanten auch vertreten will; die Vertretungsvollmacht genügt nicht. Daher liegt keine Vertretung vor, wenn der Verteidiger nach Beginn der Berufungsverhandlung erklärt, er könne sich mangels ausreichender Information zur Sache nicht äußern, und dann die Verteidigung niederlegt (Burhoff HV 213, 828; **aM** Bay **80**, 73 = NStZ **81**, 112 mit abl Anm Meyer-Goßner; Roxin § 52 F II 4a); dasselbe gilt, wenn der Verteidiger nur zu dem Zweck erscheint, einen auf Verhandlungsunfähigkeit des Angeklagten gestützten Aussetzungsantrag zu stellen (KG JR **85**, 343), nicht aber, wenn er bereit ist, bei Ablehnung des Aussetzungsantrags auch ohne den Angeklagten zu verhandeln (Köln StV **92**, 567). Vgl auch 6 zu § 411. 15 16

f) **Fehlen einer ausreichenden Entschuldigung:** 17

aa) **Alle Entschuldigungsgründe** muß das Gericht beachten, gleichviel, wie sie ihm bekanntgeworden sind. Denn es kommt nicht darauf an, ob sich der Angeklagte entschuldigt hat, sondern ob er entschuldigt ist (BGH **17**, 391, 396; KG JR **78**, 36; Celle StV **87**, 192; Düsseldorf StV **87**, 9; VRS **71**, 292; Frankfurt NJW **74**, 1151; Karlsruhe NJW **69**, 476; Koblenz VRS **64**, 211, 212; Köln VRS **71**, 371; Saarbrücken NJW **75**, 1613). Eine genügende Entschuldigung fehlt daher nicht schon deshalb, weil der Angeklagte einen hinreichenden Entschuldigungsgrund, obwohl er dazu imstande gewesen wäre, nicht rechtzeitig geltend (Düsseldorf NStZ **84**, 331; Köln GA **63**, 58; München MDR **57**, 761) oder nicht glaubhaft gemacht hat (Bay **97**, 145 = NJW **98**, 172; Köln NJW **53**, 1046, 1037; VRS **71**, 371). Die Entschuldigung kann sich aus den Akten, die das Gericht zu diesem Zweck durchzusehen hat, aus Erklärungen des Verteidigers (Köln VRS **71**, 371) oder anwesender Zeugen, aus allgemeinkundigen Tatsachen oder aus naheliegenden Zusammenhängen, zB der Abschiebung des ausländischen Angeklagten (KG StV **92**, 567 mwN), ergeben. Hat das Gericht Anhaltspunkte dafür, daß das Ausbleiben des Angeklagten entschuldigt sein kann, so muß es ihnen durch **Ermittlungen im Freibeweis** (7, 9 zu § 244) nachgehen (Bay **66**, 58 = NJW **66**, 1981; **97**, 145 = NJW **98**, 172; Düsseldorf StV **87**, 9; VRS **71**, 292; OLGSt § 44 Nr 31; Frankfurt NJW **74**, 1151; Hamm NJW **65**, 410; Karlsruhe NJW **69**, 476; Köln NJW **82**, 2617; Nürnberg MDR **84**, 74; Stuttgart Justiz **96**, 110, 111). Das gilt auch, wenn der Angeklagte seine Verhandlungsunfähigkeit mit einer dazu nicht geeigneten Arbeitsunfähigkeitsbescheinigung beweisen will (KG JR **78**, 36; Düsseldorf VRS **87**, 439; Köln aaO). Den Angeklagten trifft keine Mitwirkungspflicht; daß er der Auflage, ein amtsärztliches Zeugnis beizubringen, nicht nachkommt, 18 19

rechtfertigt die Anwendung von I nicht (Bay DAR **86**, 249 [R]; Celle StV **87**, 192; Hamm JMBlNW **70**, 252; Karlsruhe NJW **69**, 476; Schleswig SchlHA **55**, 31). In der Vorlage einer ärztlichen Arbeitsunfähigkeitsbescheinigung liegt idR konkludent die Entbindung des Arztes von der Schweigepflicht (Karlsruhe NStZ **94**, 141). Das
20 Gericht darf im Freibeweis aber nur solche Beweise erheben, die **sofort zur Verfügung stehen** (Hamburg JZ **63**, 480, 481; Köln VRS **71**, 371; Saarbrücken NJW **75**, 1613). Es darf nicht etwa wochenlange Ermittlungen anstellen und erst in einer neuen Verhandlung nach I verfahren (Hamburg JR **59**, 29; vgl auch Hamm GA **58**, 218). Sind keine Umstände ersichtlich, die das Ausbleiben des Angeklagten entschuldigen können, so ist das Gericht zu Nachforschungen nicht verpflichtet (Koblenz NJW **75**, 322).

21 bb) **Genügend entschuldigt** ist das Ausbleiben nur, wenn es glaubhaft (7 zu § 26; 10 zu § 45) erscheint, daß den Angeklagten kein Verschulden trifft. Bloße
22 **Zweifel** an der Richtigkeit des tatsächlichen Vorbringens des Angeklagten und an der Beweiskraft der vorgelegten Urkunden rechtfertigen die Verwerfung nicht (Düsseldorf MDR **88**, 79; StV **87**, 9; VRS **84**, 458; **89**, 132; Frankfurt NJW **88**, 2965: ärztliches Attest; Hamm NJW **65**, 410, 411; Koblenz NJW **75**, 322; Köln StV **89**, 54; NJW **93**, 1345). Denn nur die bestimmte Feststellung, nicht der bloße Verdacht, daß die Entschuldigung unwahr ist, läßt sie als ungenügend erscheinen (Bay DAR **74**, 183 [R]; KG GA **73**, 29; Düsseldorf StV **87**, 9, 10; Hamm NStZ-
23 RR **97**, 240; Saarbrücken NJW **75**, 1613). Bei der **Verschuldensfrage** ist eine weite Auslegung zugunsten des Angeklagten geboten (BGH **17**, 391, 397; RG **62**, 420; Bay **56**, 32 = NJW **56**, 838; Karlsruhe NJW **69**, 476; Stuttgart Justiz **88**, 215). Maßgebend ist, ob dem Angeklagten nach den Umständen des Falles wegen seines Ausbleibens billigerweise ein Vorwurf zu machen ist (Brandenburg NJW **98**, 842; Bremen StV **87**, 242; Düsseldorf NJW **85**, 2207; StV **84**, 148; Koblenz NJW **75**, 322; Nürnberg OLGSt § 44 Nr 2; Saarbrücken NJW **75**, 1613). Ist der Angeklagte ersichtlich unter keinen Umständen bereit, überhaupt zur Berufungsverhandlung zu erscheinen, so ist I nach seinem Sinn auch dann anzuwenden, wenn für den angesetzten Termin ein Entschuldigungsgrund besteht (Karlsruhe
24 MDR **78**, 75). Ist der **Angeklagte in Haft,** so ist sein Ausbleiben nicht ohne weiteres entschuldigt (Düsseldorf VRS **80**, 37; **aM** LR-Gollwitzer 20; EbSchmidt Nachtr 12). Es kommt vielmehr darauf an, ob er in der Berufungssache oder in einer anderen inhaftiert ist. Im 1. Fall hat der Vorsitzende die Vorführung anzuordnen; daß der Angeklagte sie nicht selbst betreibt, stellt kein Verschulden dar (Stuttgart StV **88**, 72). Sein Ausbleiben ist aber unentschuldigt, wenn er ohne Grund die Vorführung verweigert (Karlsruhe MDR **74**, 598; Amelunxen Berufung 90; vgl auch Bremen StV **87**, 11; Stuttgart Justiz **72**, 187). Befindet sich der Angeklagte in anderer Sache in Haft, so bleibt er unentschuldigt aus, wenn er auf die Notwendigkeit seiner Vorführung nicht rechtzeitig hinweist, obwohl er annehmen muß, daß das Berufungsgericht von der Inhaftierung nichts weiß (Celle NdsRpfl **63**, 260; Karlsruhe NJW **69**, 476; vgl auch Köln GA **62**, 63; 382; **63**, 58; KK-Ruß 12; **aM** LR-Gollwitzer 20; Frankfurt MDR **61**, 1036 bei Verhaftung 2 Tage vor der Berufungsverhandlung).

25 cc) **Einzelfälle:** Die weite Entfernung des Angeklagten vom Gerichtsort genügt nicht (vgl LG Bielefeld NStZ-RR **98**, 343: Kurzvisum beantragen), auch nicht die Furcht, bei seinem Erscheinen in Vollstreckungshaft genommen zu werden (Hamm JMBlNW **76**, 9). Die irrtümliche Annahme, daß der Verteidiger zur Vertretung berechtigt ist, kann entschuldigen (Bay **56**, 32 = NJW **56**, 838; DAR **78**, 211 [R]), auch die fehlerhafte Ablehnung (Köln VRS **85**, 443) oder die Nichtbescheidung eines Vertagungs- oder Entbindungsantrags (RG **59**, 277; LR-Gollwitzer 43; vgl aber Schleswig SchlHA **76**, 159 für einen kurz vor der Verhandlung gestellten Antrag), nicht aber die Unkenntnis von der Ladung, die der ortsabwesende Angeklagte selbst verschuldet (Düsseldorf JMBlNW **85**, 286) oder der ausländische Angeklagte sich nicht hat übersetzen lassen (Hamm JMBlNW **81**, 166), uU aber

eine außergewöhnlich lange Ladungsfrist (Saarbrücken NStZ **91**, 147: 1 Jahr; einschr Düsseldorf NStZ-RR **96**, 169: Darlegung erforderlich, daß zumutbare Vorkehrungen gegen das Vergessen des Termins getroffen wurden). Verschulden trifft den Angeklagten, wenn er sich nicht bei seinem Verteidiger oder bei Gericht darüber erkundigt, ob dem Verlegungsantrag stattgegeben worden ist (Karlsruhe NStE Nr 18). **Krankheit** entschuldigt, wenn sie nach Art und Auswirkungen eine 26
Beteiligung an der Hauptverhandlung unzumutbar macht (Düsseldorf NStZ **84**, 331: Abzeß in der Mundhöhle; Hamm StraFo 98, 233: eitrige Entzündungen; Düsseldorf NStE Nr 16: nicht bei nur psychischer Belastung), auch wenn keine Verhandlungsunfähigkeit (Düsseldorf StV **87**, 9; Köln VRS **72**, 442, 444), aber die Gefahr der Verschlimmerung besteht (Düsseldorf MDR **82**, 954). Andererseits entschuldigt Verhandlungsunfähigkeit auch dann, wenn der Angeklagte vor Gericht erscheinen könnte. Eine Operation ist kein Entschuldigungsgrund, wenn sie aufschiebbar ist (Koblenz OLGSt Nr 3), ein Selbstmordversuch nicht, wenn er nur die Verzögerung des Verfahrens bezweckt (Koblenz NJW **75**, 322). Zur Glaubhaftmachung der Krankheit genügt ein privatärztliches Attest (Bremen MDR **55**, 184; Düsseldorf VRS **71**, 292; **84**, 458; **90**, 184; Frankfurt StV **88**, 100), das idR im Original vorgelegt werden muß (Düsseldorf StraFo **97**, 118); das Vertrauen des Angeklagten auf seine entschuldigende Wirkung kann genügen (Düsseldorf NJW **85**, 2207; Hamm StV **93**, 7). Die Wahl des falschen **Verkehrsmittels** und die zu 27
knapp bemessene Reisezeit lassen das Ausbleiben als unentschuldigt erscheinen (Bamberg NJW **95**, 740: bei Fahrstrecke von über 100 km Zeitreserve einplanen; Köln JMBlNW **72**, 63: erkennbar zu spät ankommender Zug). Eine Kraftfahrzeugpanne ist idR nicht voraussehbar und daher zur Entschuldigung geeignet (Bremen DAR **56**, 144; Hamm VRS **7**, 311; Karlsruhe NJW **73**, 1515; Schleswig OLGSt S. 131), nicht aber Parkschwierigkeiten beim Gericht (großzügig jedoch Nürnberg OLGSt § 44 Nr 2) oder üblicherweise zu erwartende Verkehrsstauungen (BVerfG StV **94**, 113 mit abl Anm Sieg). Die **Regelung beruflicher oder privater** 28
Angelegenheiten entschuldigt das Ausbleiben nur, wenn sie unaufschiebbar und von solcher Bedeutung ist, daß dem Angeklagten das Erscheinen billigerweise nicht zugemutet werden kann, so daß die öffentlich-rechtliche Pflicht zum Erscheinen in der Hauptverhandlung ausnahmsweise zurücktreten muß (KG GA **77**, 127; Hamm NJW **60**, 1921, 1922; Karlsruhe VRS **89**, 130; Saarbrücken StraFo **97**, 175), zB aus religiösen Gründen (Köln NJW **93**, 1345), bei drohenden wirtschaftlichen Verlusten (Düsseldorf NJW **60**, 1921), bei Arbeitsbeginn nach langer Erwerbslosigkeit (Hamm VRS **87**, 138; Koblenz OLGSt Nr 5) oder drohendem Verlust des Arbeitsplatzes (Düsseldorf NJW **95**, 207), in einer Bagatellsache bei einer nicht mehr abbestellbaren Urlaubsreise (Düsseldorf NJW **73**, 109), sonst aber nicht deshalb, weil ein Urlaub geplant ist (KG GA **73**, 29; Hamm VRS **39**, 208). Auch die Verschiebung oder Unterbrechung einer Dienst- oder Urlaubsreise ins Ausland ist idR zumutbar (Bay NJW **94**, 1748; Düsseldorf VRS **64**, 438; Koblenz VRS **47**, 359; Saarbrücken NJW **75**, 1613; Schleswig SchlHA **87**, 120 [L]). In derartigen Fällen setzt die Wiedereinsetzung stets voraus, daß der Angeklagte die Art der Geschäfte, ihre Wichtigkeit und ihre unaufschiebbare Dringlichkeit dartut (KG GA **73**, 29; Hamm JMBlNW **62**, 40; VRS **39**, 208). Entschuldigen kann auch das **Vertrauen auf Auskünfte des Verteidigers,** zB wenn dieser eine falsche Uhrzeit 29
für den Verhandlungsbeginn nennt (Hamm VRS **42**, 289; Karlsruhe AnwBl **77**, 224) oder wahrheitswidrig erklärt, der Termin sei vom Gericht abgesetzt worden (Hamm NStZ-RR **97**, 113; Köln NStZ-RR **97**, 208), nicht aber, wenn er mitteilt, die Verhandlung werde wegen eines Vertagungsantrages nicht stattfinden (Hamm JMBlNW **79**, 20; LG Köln MDR **82**, 73 mit abl Anm Schmellenkamp), insbesondere, wenn der Angeklagte bereits eine anderslautende Benachrichtigung des Gerichts erhalten hat (Koblenz VRS **44**, 290), oder wenn der Verteidiger das beabsichtigte Ausbleiben des Angeklagten für genügend entschuldigt (Hamm JMBlNW **78**, 32) oder die Verwerfung der Berufung für rechtlich unzulässig hält, weil er einen Entbindungsantrag nach § 233 stellen will (Saarbrücken NJW **74**,

327 L), oder wenn er nach längerer Wartezeit den Angeklagten zum Verlassen des Gerichtsgebäudes auffordert (Hamm VRS **55**, 275).

30 E. **Verwerfungsurteil:**

31 a) **Zeitpunkt:** Die Verwerfung der Berufung erfolgt idR sofort nach der Feststellung, daß das Ausbleiben des Angeklagten nicht ausreichend entschuldigt ist, ggf nachdem hierüber im Freibeweis Ermittlungen ausgestellt worden sind (oben 19). Hat auch die StA Berufung eingelegt, so ist zunächst das Urteil nach I zu erlassen und sodann über das Rechtsmittel der StA zu verhandeln und zu entscheiden (Bay **56**, 32 = NJW **56,** 838; Stuttgart NJW **61**, 1687); die Urteile müssen dann auf dieselbe Weise zugestellt werden (Karlsruhe NJW **72**, 1871). Beide Entscheidungen können aber auch in einem Urteil getroffen werden (RG **65**, 231; Karlsruhe aaO).

32 b) **Wegfall der Verurteilung wegen einzelner Taten** (I S. 3): Dem Berufungsgericht, das nach I S. 1 verfährt, ist grundsätzlich jede Änderung des angefochtenen Urteils untersagt, auch wenn es auf einem ungültigen Gesetz beruht (Frankfurt NJW **63**, 460; Köln JMBlNW **63**, 96). Nur nach I S. 3 ist eine Klarstellung und eine Gesamtstrafenbildung zulässig. Der Wegfall der Verurteilung wegen einzelner Straftaten kann darauf beruhen, daß das Verfahren nach den §§ 153 ff oder wegen eines Verfahrenshindernisses eingestellt (Rieß NJW **75**, 89) oder ein Verfahrensteil abgetrennt worden ist. Eine vor der Berufungshauptverhandlung erfolgte Verfahrensbeschränkung nach § 154 a hindert die Verwerfung nicht (**aM** Rostock NStZ **94**, 401 mit unrichtigen Folgerungen); eine neue Einzel- oder Gesamtstrafe darf deswegen im Verwerfungsurteil nicht festgesetzt werden. Auch eine entspr Anwendung des I S. 3 auf den Fall, daß infolge Zeitablaufs die Sperre für die Neuerteilung der Fahrerlaubnis nach § 69 a I StGB abgelaufen ist, kommt nicht in Betracht (**aM** LG Kiel NJW **76**, 1326). Ebenso ist eine nachträgliche Gesamtstrafenbildung (§ 55 StGB) ausgeschlossen (Stuttgart Justiz **98**, 572).

33 c) **Notwendiger Inhalt des Urteils:** Da gegen das Verwerfungsurteil die Revision zulässig ist (unten 46), muß es nach § 34 begründet werden, und zwar so, daß der Angeklagte die maßgebenden Erwägungen erkennen und das Revisionsgericht sie prüfen kann (KG StV **87**, 11; Düsseldorf VRS **86**, 453; Hamm NJW **63**, 65). Wenn Entschuldigungsgründe weder vorgebracht noch sonst ersichtlich sind, genügt die formularmäßige Verwerfung ohne nähere Begründung (Celle VRS **26**, 443; Frankfurt NJW **70**, 959; Hamm VRS **39**, 210; Karlsruhe NJW **69**, 476). Andernfalls muß sich das Urteil mit allen geltend gemachten und sonstigen als Entschuldigung in Betracht kommenden Tatsachen auseinandersetzen (KG StV **87**, 11; **95**, 575; Bremen StV **87**, 242; Celle StV **87**, 192; Düsseldorf StV **83**, 193; **87**, 9; Hamburg JZ **63**, 480, 481; Hamm StraFo **98**, 233) und, wenn es ein Attest nicht als genügende Entschuldigung ansieht, seinen wesentlichen Inhalt mitteilen (Frankfurt StV **88**, 100). Wenn dazu Anlaß besteht, muß das Urteil auch die Zulässigkeit der Berufung und das Fehlen von Prozeßhindernissen erörtern.

34 d) Die **Zustellung des Verwerfungsurteils** richtet sich nach den allgemeinen Vorschriften (4 ff zu § 37). Auch Ersatzzustellung (6 ff zu § 37) ist zulässig; § 232 IV gilt nicht (dort 26).

35 **2) Verhandlung auf Berufung der StA** (II): Hat nur (oder auch) die StA Berufung eingelegt, so kann unter den Voraussetzungen des I S. 1 ohne den Angeklagten verhandelt werden. Der Angeklagte soll es auch in diesem Fall nicht in der Hand haben, den weiteren Ablauf des Verfahrens aufzuhalten und seine Weiterführung für längere oder kürzere Zeit zu verhindern (BGH **17**, 391, 395). Die Verhandlung in Abwesenheit des Angeklagten ist aber ausgeschlossen, wenn
36 die **Aufklärungspflicht** (§ 244 II) zu seiner erneuten Anhörung oder dazu drängt, daß sich das Berufungsgericht einen persönlichen Eindruck von ihm verschafft, was in vielen Fällen unumgänglich sein wird (BGH **17**, 391, 398; Stuttgart NStZ **87**, 377), insbesondere bei einer Strafmaßberufung der StA (Bay DAR **87**, 315 [B]; Hamburg StV **82**, 558; Hamm VRS **90**, 443; Koblenz VRS **45**, 189; Köln NJW

63, 1265). Auch das Hervortreten neuer Umstände, die nicht schon nach § 265 I, II zur Belehrung und Anhörung des Angeklagten zwingen, kann einer Verhandlung in dessen Abwesenheit entgegenstehen (BGH **17**, 391, 398). Eine Grenze für die in dem Abwesenheitsurteil zu verhängende **Strafe** besteht dagegen nicht; 37 insbesondere ist das Berufungsgericht nicht an den Strafrahmen des § 233 I gebunden (BGH **17**, 391). Allerdings darf gegen den Angeklagten keine so hohe Strafe verhängt werden, daß seine nochmalige Anhörung geboten erscheint (BGH **17**, 391, 399). Wenn eine Verhandlung in Abwesenheit des Angeklagten nach diesen Grundsätzen unzulässig ist, muß sein Erscheinen nach IV (unten 45) erzwungen werden. **II S. 2** enthält eine Ausnahme von dem Grundsatz des § 303 S. 1; die StA 38 kann ihre Berufung ohne Zustimmung des nicht erschienenen Angeklagten zurücknehmen oder (durch Teilrücknahme) beschränken. Das gilt aber nicht, wenn die Sache erneut verhandelt wird, nachdem sie vom Revisionsgericht zurückverwiesen worden ist. Der **notwendige Urteilsinhalt** richtet sich für den sachlichen 39 Teil nach § 267. Darüber hinaus muß das Urteil nach § 34 zur Frage des unentschuldigten Ausbleibens des Angeklagten Stellung nehmen (Karlsruhe NJW **72**, 1871; Köln NJW **63**, 1265; oben 33). Wegen der Urteilszustellung vgl oben 34.

3) Wiedereinsetzung (III): Der Angeklagte kann gegen Urteile nach I S. 1 und 40 II S. 1 die Wiedereinsetzung unter den Voraussetzungen der §§ 44, 45 „beanspruchen". Er muß sie in der Form des § 45 beantragen; Wiedereinsetzung von Amts wegen nach § 45 II S. 2 ist ausgeschlossen (dort 12). Jedoch kann dem verspätet mit genügender Entschuldigung erschienenen Angeklagten auf seinen Antrag, über dessen Möglichkeit er ggf zu belehren ist (Einl 157), gegen das soeben ergangene Verwerfungsurteil sofort in einem nicht zur Hauptverhandlung gehörenden Beschluß Wiedereinsetzung gewährt werden, falls die Hauptverhandlung noch alsbald durchgeführt (im Fall des II von neuem begonnen) werden kann (LR-Gollwitzer 121). Beim **Fehlen der ordnungsgemäßen Ladung** (oben 9) ist der Angeklagte 41 an sich nicht säumig; gleichwohl ist der Nichtsäumige nach hM dem Säumigen gleichzustellen und ohne Rücksicht auf ein Verschulden des Angeklagten Wiedereinsetzung zu gewähren, wenn das Gericht das Fehlen oder die Unwirksamkeit der Ladung übersehen hat (BGH NJW **87**, 1776, 1777 aE; Celle JR **79**, 121 mit abl Anm Meyer; Düsseldorf MDR **87**, 868; StV **82**, 216; Frankfurt JR **86**, 213 mit Anm Hilger = NStZ **86**, 279 mit abl Anm Meyer; Hamm NStZ **82**, 521 mit abl Anm Meyer; Karlsruhe Justiz **97**, 180; Schleswig SchlHA **97**, 172 [L/S]; Dittmar NJW **82**, 209; Roxin § 52 F II 4 d; einschr Schlüchter 685.4: nicht bei Verschulden des Angeklagten). Dafür sprechen Praktikabilitätsgründe (Gollwitzer Kleinknecht-FS 165). Eine zu starr am Wortlaut des Gesetzes haftende Auslegung will demgegenüber, wenn das Urteil mit der Revision angefochten werden kann (Düsseldorf NStZ **87**, 523), nur diese zulassen (KG JR **76**, 425 mit abl Anm Wendisch; **84**, 78; Saarbrücken MDR **87**, 695; LG Göttingen NdsRpfl **90**, 11; KMR-Paulus 33 vor § 42; 61 zu § 329). Das OLG Karlsruhe (NJW **81**, 471 = JR **81**, 129 mit abl Anm Wendisch; abl auch Dittmar aaO) hält in freier Rechtsfindung einen „Antrag auf Gegenstandslosigkeit" für angemessen. Dieselben Regeln gelten, wenn die Berufung verworfen worden ist, obwohl der Angeklagte wirksam vertreten war (Düsseldorf StV **85**, 52). Die **Wiedereinsetzung setzt voraus,** daß zur Entschul- 42 digung geeignete (oben 23 ff) Tatsachen geltend gemacht werden, die dem Berufungsgericht nicht bekannt waren; ob sie ihm hätten bekannt sein müssen, ist unbeachtlich (Köln StV **89**, 53; München NStZ **88**, 377; **aM** Düsseldorf StV **85**, 52; **87**, 242). Die Rechtsfehlerhaftigkeit der Verwerfung der Berufung kann nicht im Wiedereinsetzungsverfahren, sondern nur mit der Revision geltend gemacht werden (Hamm wistra **97**, 157). Auf Tatsachen, die das Gericht bereits in dem Urteil als zur Entschuldigung nicht geeignet gewürdigt hat, kann der Antrag daher nicht gestützt werden (KG GA **74**, 116; Düsseldorf NJW **62**, 2022; **85**, 2207; StV **87**, 242; Köln GA **63**, 58; VRS **75**, 113; Saarbrücken NJW **69**, 1864). Sie können nur im Zusammenhang mit neuen Tatsachen zur Begründung verwendet werden

(Düsseldorf VRS **90**, 184; wistra **96**, 158). Auch auf neue Beweismittel für die vom Berufungsgericht schon gewürdigten Tatsachen kann der Antrag nicht gestützt werden (Düsseldorf NStZ **92**, 99, 100; Hamburg MDR **91**, 469). Der Angeklagte kann aber Tatsachen geltend machen, die das Berufungsgericht hätte würdigen müssen, die es jedoch im Berufungsurteil nicht gewürdigt hat (Düsseldorf OLGSt § 44 Nr 31; Hamm NStZ-RR **97**, 368, 369; München NStZ **88**, 377). Die
43 **Entscheidung** ergeht – nach Ablauf der in III gesetzten Frist (Düsseldorf NStZ **98**, 637; zur Ausnahme oben 40) – durch Beschluß und wird in der für Entscheidungen außerhalb der Hauptverhandlung maßgebenden Besetzung getroffen. Ge-
44 gen den Beschluß ist nach § 46 III sofortige Beschwerde zulässig. Als **Folge der Wiedereinsetzung** wird das frühere Urteil beseitigt, ohne daß es ausdrücklich aufgehoben zu werden braucht (Stuttgart NJW **61**, 1687, 1688; LR-Gollwitzer 89, 122), zugleich damit wegen der engen Verflechtung auch ein etwa auf die Berufung der StA in derselben Hauptverhandlung ergangenes Urteil (oben 35 ff). Daher ist über beide Berufungen erneut zu entscheiden (RG **61**, 180; **65**, 232, 233; erg
44 a unten 50). Gegen den die Wiedereinsetzung ablehnenden Beschluß ist **sofortige Beschwerde** zulässig (§ 46 III); wird zugleich ein Antrag auf Wiedereinsetzung gegen die Versäumung der Wiedereinsetzungsfrist (3 zu § 45) gestellt, kann das OLG zusammen mit der Beschwerde – abweichend von § 46 I – auch über diesen Antrag entscheiden (KG OLGSt § 46 Nr 7).

45 4) **Vorführung oder Verhaftung** (IV) ist auf die Berufung des Angeklagten nur zulässig, wenn ein Verwerfungsurteil nicht erlassen werden kann, also (I S. 2) wenn die Sache von dem Revisionsgericht zurückverwiesen worden war (oben 4) oder wenn der Angeklagte zwar in zulässiger Weise vertreten wird (oben 15 ff), seine persönliche Anhörung aber geboten erscheint (KG JR **77**, 34; Stuttgart NStZ **82**, 217 mit Anm Sieg NStZ **83**, 40). Bei Berufung der StA darf das Erscheinen des Angeklagten nur erzwungen werden, wenn die Aufklärungspflicht oder andere zwingende Gründe seine Anwesenheit erforderlich machen (Michel MDR **91**, 933; oben 36 ff); sonst sind die Vorführung und der Erlaß eines Haftbefehls unzulässig (Bremen MDR **70**, 165; Stuttgart aaO mwN). Die Beschränkungen nach §§ 121, 122 gelten für die Haft nach IV S. 1 nicht (2 zu § 121).

46 5) **Revision** gegen das Verwerfungsurteil nach I ist zulässig (§ 333), auch neben einem Wiedereinsetzungsantrag (vgl § 342). Unzulässig ist die Revision im Fall des § 55 II **JGG** (Düsseldorf MDR **94**, 1141), auch bei einem Heranwachsenden im Fall des § 109 II **JGG** (BGH **30**, 98).

47 A. Zu den **Verfahrensvoraussetzungen,** die das Revisionsgericht von Amts wegen zu prüfen hat (6 zu § 337), gehört weder die Zustellung des Urteils nach § 316 II (dort 4) noch das unentschuldigte Ausbleiben des Angeklagten zu Beginn der Berufungsverhandlung (BGH **15**, 287).

48 B. **Prüfung durch das Revisionsgericht:** Nur die Verletzung des § 329 kann mit der Revision geltend gemacht werden. Das Revisionsgericht prüft auf entspr Rüge (Saarbrücken VRS **44**, 190; Stuttgart Justiz **96**, 110) im Freibeweis (7, 9 zu § 244), ob der Beschwerdeführer dort geladen worden ist, wo er gewohnt hat (BGH NJW **87**, 1776; KG JR **84**, 78; Düsseldorf StV **90**, 58; oben 41), oder ob die besondere Vollmacht nach § 145 a II vorlag (Düsseldorf StV **82**, 127). Im übrigen kann das Urteil auf die Revision nur darauf überprüft werden, ob das Berufungsgericht seine Aufklärungspflicht (oben 19) verletzt und daher seiner Entscheidung nicht alle in diesem Zeitpunkt erkennbaren Entschuldigungsgründe zugrunde gelegt oder ob es die Rechtsbegriffe des Ausbleibens oder der genügenden Entschuldigung verkannt hat (KG GA **73**, 29; JR **92**, 347; Hamm NJW **63**, 65; Karlsruhe NJW **72**, 1871; Koblenz VRS **47**, 359, 361; Saarbrücken NJW **75**, 1613, 1614 mwN). An die tatsächlichen Feststellungen des Urteils, die in der Revisionsbegründungsschrift nicht wiederholt zu werden brauchen (Brandenburg NStZ **96**, 249; Düsseldorf StV **84**, 148; VRS **78**, 129 mwN), ist das Revisionsgericht

gebunden; es darf sie weder prüfen noch ergänzen (BGH **28**, 384; KG NJW **69**, 475; GA **73**, 29; StV **87**, 11; Bremen StV **87**, 11, 12; 242; Düsseldorf StV **83**, 193; Hamm VRS **68**, 55; Karlsruhe NStZ **82**, 433; **aM** LR-Gollwitzer 104; Busch JZ **63**, 460; Hohendorf GA **79**, 414; Nöldeke Meyer-GedSchr 303). Nachträgliches Entschuldigungsvorbringen ist unbeachtlich (KG GA **73**, 29; Frankfurt NJW **74**, 1151). Nur auf die Rüge, daß das Berufungsgericht seine Ermittlungspflicht verletzt habe, ist dem Revisionsgericht die Möglichkeit des Freibeweises eröffnet (BGH **28**, 384, 386; Celle NdsRpfl **93**, 112; Düsseldorf StV **82**, 216). Zweifel über das Vorliegen einer genügenden Entschuldigung oder über die Wirksamkeit der Ladung führen zur Urteilsaufhebung (Düsseldorf VRS **78**, 130; Stuttgart NStZ **89**, 81; **aM** Nöldeke aaO 307 wegen unzutreffender Gleichsetzung mit allg Verfahrensmängeln). Bei behaupteter nicht ordnungsgemäßer Ladung müssen gemäß § 344 II S.2 alle hierfür maßgeblichen Umstände vorgetragen werden (vgl Karlsruhe NZV **96**, 164). Die **Sachrüge** führt nur zur Prüfung, ob Verfahrenshindernisse vorliegen 49
(BGH **21**, 242; Saarbrücken VRS **44**, 190, 192; LR-Gollwitzer 97; **aM** Saarbrükken NStZ **91**, 147; Kratz in Jung/Müller-Dietz 108). Wird sie neben der Rüge aus § 329 erhoben oder nur mit sachlich-rechtlichen Angriffen gegen das 1. Urteil begründet, so ist sie unzulässig (LR-Gollwitzer 97). Sie kann nach § 300 in die Rüge der Verletzung des § 329 umgedeutet werden, sofern sie den Anforderungen des § 344 II genügt (Brandenburg StraFo **97**, 213; Koblenz NJW **75**, 322 mit zust Anm Krause NJW **75**, 1713; Schlüchter 685.1 Fn 299; erg 11 zu § 344).

C. Bei **Aufhebung des Verwerfungsurteils** entfällt auch das in Abwesenheit des Angeklagten auf die Berufung der StA ergangene Urteil (Celle StV **87**, 192; Karlsruhe NJW **72**, 1871; Stuttgart NJW **61**, 1687; oben 44). Nach der Zurückverweisung wird nicht mehr geprüft, ob die Entschuldigung in der früheren Berufungsverhandlung genügt hat. 50

Verfahren bei Berufung des gesetzlichen Vertreters

330 **I Ist von dem gesetzlichen Vertreter die Berufung eingelegt worden, so hat das Gericht auch den Angeklagten zu der Hauptverhandlung vorzuladen und kann ihn bei seinem Ausbleiben zwangsweise vorführen lassen.**

II Bleibt allein der gesetzliche Vertreter in der Hauptverhandlung aus, so ist ohne ihn zu verhandeln. Ist weder der gesetzliche Vertreter noch der Angeklagte bei Beginn einer Hauptverhandlung erschienen, so gilt § 329 Abs. 1 entsprechend; ist lediglich der Angeklagte nicht erschienen, so gilt § 329 Abs. 2 Satz 1 entsprechend.

1) Auf die **Berufung des gesetzlichen Vertreters** (vgl § 298) oder des Erziehungsberechtigten, der nicht gesetzlicher Vertreter ist (§ 67 III **JGG**) ist, ist der Angeklagte zur Berufungsverhandlung zu laden und zum Erscheinen verpflichtet; das Gericht kann ihn zwangsweise nach §§ 133 II, 134 vorführen lassen (I). 1

2) In Ergänzung des § 329, der im übrigen gilt (vgl näher dazu Schäfer NStZ **98**, 334), regelt II die Folgen des Ausbleibens. Für den Fall, daß sowohl der Angeklagte als auch der gesetzliche Vertreter oder Erziehungsberechtigte unentschuldigt ausgeblieben und auch nicht zulässig vertreten sind (15 zu § 329; zur Vertretung des gesetzlichen Vertreters durch einen RA vgl Bremen NJW **60**, 1171), bestimmt II S. 2 Hs 1 die entspr Anwendung des § 329 I. Ist nur der Angeklagte erschienen, so wird gegen ihn verhandelt (II S. 1). Ist nur der gesetzliche Vertreter anwesend, so gelten nach II S. 2 Hs 1 die Grundsätze des § 329 II S. 1 (dort 35 ff); die Verhaftung des Angeklagten ist dann unzulässig, da I nur die Vorführung vorsieht (LR-Gollwitzer 5; H. W. Schmidt SchlHA **63**, 264). 2

3 **3)** Das **Urteil** ist stets dem Angeklagten zuzustellen, dem gesetzlichen Vertreter nur, wenn es in seiner Abwesenheit verkündet worden ist. Für die Anfechtung gilt die Fristenregelung des § 298 I nicht (LR-Gollwitzer 8).

Verbot der Schlechterstellung

331 **[I] Das Urteil darf in Art und Höhe der Rechtsfolgen der Tat nicht zum Nachteil des Angeklagten geändert werden, wenn lediglich der Angeklagte, zu seinen Gunsten die Staatsanwaltschaft oder sein gesetzlicher Vertreter Berufung eingelegt hat.**

[II] Diese Vorschrift steht der Anordnung der Unterbringung in einem psychiatrischen Krankenhaus oder einer Entziehungsanstalt nicht entgegen.

1 **1)** Das **Verschlechterungsverbot** (vgl auch §§ 358 II, 373 II) ist keine zwingende Folge des Rechtsstaatsprinzips (BGH **9**, 324, 332; BGHZ **85**, 180, 185 = NJW **83**, 174; BayVerfGHE 11 II 190, 195 = NJW **59**, 285; Hamburg NJW **81**, 470; Schleswig MDR **85**, 80; Meyer JR **82**, 338; Meyer-Goßner Kleinknecht-FS 297), sondern eine dem Angeklagten vom Gesetzgeber gewährte Rechtswohltat, der der Gedanke zugrunde liegt, daß er (sein gesetzlicher Vertreter und die Erziehungsberechtigten) von der Einlegung von Rechtsmitteln gegen Urteile nicht durch die Besorgnis abgehalten werden soll, es könne ihm dadurch ein Nachteil entstehen (BGH **7, 86; 11**, 319, 323; **27**, 176, 178; **29**, 269, 270; NJW **73**, 107, 108; Düsseldorf VRS **74**, 297, 300; Frisch MDR **73**, 718). Dem Angeklagten (zur Berufung der StA zu seinen Gunsten vgl 14 zu § 296) sollen die durch das 1. Urteil erlangten Vorteile belassen werden, selbst wenn sie gegen das sachliche Recht verstoßen (vgl BGH **27**, 176: Geldstrafe von weniger als 5 Tagessätzen entgegen § 40 I S. 2 StGB; Düsseldorf NJW **64**, 216; Hamm JMBlNW **58**, 203; Oldenburg NJW **56**, 1730: Jugendstrafe von weniger als 6 Monaten entgegen § 18 I S. 1 JGG; Bay **58**, 47 = NJW **58**, 876: Umwandlung einer unzulässigen Freiheitsstrafe von 2 Wochen in Strafarrest; LG Stuttgart NStZ-RR **96**, 292: Umwandlung unzulässiger Freiheitsstrafen von 1 Woche in Geldstrafen) oder das Gericht unzuständig war (Hamm JMBlNW **90**, 91: Freispruch durch wegen gleichzeitiger Unterbringungs-
2 anordnung nach § 24 II GVG unzuständiges SchG). **Teilrechtskraft** wird durch das Verschlechterungsverbot nicht herbeigeführt (KMR-Paulus 9; LR-Gollwitzer 3; LR-Hanack 23 zu § 358; Hanack JZ **73**, 660; **aM** BGH **11**, 319, 322; **14**, 5, 7; NJW **79**, 936; GA **70**, 84; KK-Ruß 1; KK-Kuckein 23 zu § 358; erg 12 zu § 358).

3 **2)** Nur auf **Urteile** bezieht sich das Verschlechterungsverbot; für Beschwerdeentscheidungen gilt es grundsätzlich nicht (5 vor § 304). Zu beachten ist es nicht
4 nur bei der Entscheidung über die Berufung, sondern **im gesamten weiteren Verfahren.** Bei Verweisung nach § 328 II ist das Gericht, an das verwiesen worden ist, an das Verbot gebunden (RG **8**, 307; LR-Gollwitzer 17; Gössel GA **68**, 368). Das Verbot gilt nicht bei erneuter Anklageerhebung nach Verfahrenseinstellung durch das Berufungsgericht (BGH **20**, 77, 80; AK/StPO-Dölling 12; KK-Ruß 9; Meyer-Goßner JR **78**, 122 und Kleinknecht-FS 287; **aM** Bay **61**, 124 = NJW **61**, 1487; Hamburg NJW **75**, 1473, 1475; LG Zweibrücken StV **97**, 13; LR-Gollwitzer 18; Drees StV **95**, 669), wohl aber für den Fall, daß eine zuungunsten des Angeklagten eingelegte Berufung der StA nach § 301 nur zu dessen Gunsten erfolgreich war (BGH **13**, 41 = JZ **59**, 448 mit Anm Peters; BGH MDR **69**, 904 [D]; Hanack JZ **73**, 661) und beim Übergang vom Sicherungsverfahren nach § 413 in das gewöhnliche Strafverfahren (BGH **11**, 319). Das Verbot gilt auch bei einem Ersturteil nach § 74 II S. 1 OWiG (Oldenburg NStZ **97**, 397).

5 **3) Art und Höhe der Rechtsfolgen** dürfen nicht zum Nachteil des Angeklagten geändert werden (I).

A. **Rechtsfolgen** iS des I sind nur diejenigen, die im Urteil angeordnet sind (Hamburg MDR **80**, 598), also nicht die mit der Strafaussetzung zur Bewährung verbundenen Auflagen und Weisungen nach §§ 56 a ff StGB (3 zu § 268 a). Auch Zahlungserleichterungen nach § 42 StGB dürfen zum Nachteil des Angeklagten geändert werden (Kadel, Die Bedeutung des Verschlechterungsverbots für Geldstrafenerkenntnisse nach dem Tagessatzsystem, 1984, S. 70 ff; einschr Hamburg MDR **86**, 517; Schleswig NJW **80**, 1535 = JR **80**, 425 mit Anm Zipf: nur bei neuen Tatsachen und Beweismitteln). Dem Verschlechterungsverbot unterliegen auch nicht die Entscheidungen über Kosten und Auslagen (23 zu § 464; 8 zu § 464 b) und über die Entschädigung für Strafverfolgungsmaßnahmen (22 zu § 8 StrEG). 6

B. **Im 1. Urteil unterlassene Rechtsfolgenfestsetzungen** darf das Berufungsgericht nachholen; denn wenn es an der Festsetzung der Rechtsfolge fehlt, liegt eine richterliche Entscheidung, die Gegenstand einer Änderung zum Nachteil des Angeklagten sein könnte, überhaupt nicht vor (BGH **30**, 93, 97; **35**, 208, 212). Somit kann das Berufungsgericht bei tatmehrheitlicher Verurteilung die vom 1. Richter versehentlich nicht verhängten Einzelstrafen und die Tagessatzhöhe (§ 40 I S. 2 StGB) von Einzelgeldstrafen festsetzen (dazu 3 zu § 328) oder eine unterlassene Gesamtstrafenbildung nachholen, auch wenn dies zum Verlust einer bewilligten Strafaussetzung zur Bewährung führt (BGH NStZ **97**, 73 [K]). 7

C. **Schuldspruchänderungen** zuungunsten des Angeklagten sind nach hM stets zulässig (BGH **14**, 5, 7; NJW **86**, 332; NStZ **86**, 209 [Pf/M]); wer sein Rechtsmittel nicht auf den Rechtsfolgenausspruch beschränkt, muß sie in Kauf nehmen (BGH **21**, 256, 260 = JZ **68**, 233 mit krit Anm Grünwald; BGH **29**, 63, 66; KMR-Paulus 3; LR-Gollwitzer 7 ff; Amelunxen Berufung 104; Bloy JuS **86**, 590; Fezer 19/44; Kleinknecht JZ **55**, 511; Roxin § 51 B VI 2 a; Schlüchter 627; **aM** Peters 618; krit auch Hanack JZ **73**, 660; vgl auch Wittschier StV **86**, 173: nur bei übereinstimmenden Strafrahmen). Daher ist es zulässig, unter Aufrechterhaltung der Geldbuße wegen einer Straftat statt wegen einer OWi zu verurteilen (LR-Gollwitzer 7). Das Berufungsgericht kann auch eine einheitliche Handlung statt Tatmehrheit annehmen, selbst wenn das AG teilw freigesprochen hatte (BGH **21**, 256 = JZ **68**, 233 mit Anm Grünwald); es darf dann auf eine Strafe in der Höhe der bisherigen Gesamtstrafe erkennen (BGH JR **83**, 210 mit Anm Keller; VRS **66**, 443, 444), wobei es den Freispruch mitaufhebt (BGH NStZ-RR **97**, 331). Die kraft Gesetzes eintretenden Rechtsfolgen des § 45 StGB werden bei Änderung des Schuldspruchs durch das Schlechterstellungsverbot nicht ausgeschlossen. Wird der Schuldspruch zuungunsten des Angeklagten auf dessen Berufung geändert, so 8
gestattet eine daneben eingelegte **Strafmaßberufung der StA** die Erhöhung der Strafe bis zur Obergrenze der im 1. Urteil angewendeten Strafvorschrift, aber nicht darüber hinaus; denn der Angeklagte darf nicht ungünstiger gestellt werden, als wenn allein die StA ein auf den Strafausspruch beschränktes Rechtsmittel eingelegt hätte (BGH NJW **86**, 332; MDR **78**, 417; RG **62**, 401; vgl auch Celle NJW **67**, 2275; Hamburg NJW **61**, 745; Hamm NJW **57**, 1850; Köln MDR **81**, 1038; Stuttgart JZ **66**, 105). Entsprechendes gilt, wenn das unbeschränkt eingelegte Rechtsmittel der StA nur zum Strafausspruch Erfolg hat (BGH NJW **86**, 332). Wird die Berufung der StA verworfen, so gilt § 331 uneingeschränkt (RG **45**, 62, 64). 9

D. Bei **Fortsetzungs- und Dauerstraftaten** gilt das Verschlechterungsverbot nicht für die Tatteile nach dem 1. Urteil. Wegen der späteren Einzelhandlungen darf die Strafe verschärft (BGH 9, 324 = JZ **57**, 479 mit Anm Peters; Bay NStZ **86**, 319, 320), auch die Strafaussetzung aufgehoben werden (Bay **57**, 83 = JR **57**, 303 mit Anm Mittelbach). Straferhöhung ist auch zulässig, wenn der Angeklagte durch das 1. Urteil nur wegen eines als selbständig angesehenen Teilaktes verurteilt worden war, das Berufungsgericht aber wegen der gesamten Tat verurteilt (BGH GA **70**, 84; Bay JZ **82**, 869). 10

11 E. Eine **Verringerung des Schuldumfangs** oder die rechtlich mildere Beurteilung der Tat durch das Berufungsgericht zwingt nicht zur Herabsetzung der Strafe (LR-Gollwitzer 10), auch nicht die Annahme eines minderschweren Falls (BGH MDR **74**, 16 [D]; Köln MDR **53**, 440) oder der Wegfall eines Straferhöhungsgrundes (Schleswig SchlHA **70**, 200 [E/J]; Bloy JuS **86**, 590). Bei tatmehrheitlicher Verurteilung zwingt der Wegfall einer oder mehrere Einzelstrafen ebenfalls nicht zur Herabsetzung der Gesamtstrafe, wenn schon die übrig bleibenden Einzelstrafen sie rechtfertigen (BGH **7**, 86; **14**, 5, 8; RG **47**, 166, 170). Bleibt aber nur eine Einzelstrafe übrig, so darf sie nicht überschritten werden (Düsseldorf StV **86**, 146).

12 F. **Gleichzeitige Milderung anderer Rechtsfolgen:** Ob eine Änderung des Rechtsfolgenausspruchs in Art und Höhe eine Verschlechterung bedeutet, ist bei gleichzeitiger Änderung anderer Rechtsfolgen in „ganzheitlicher Betrachtungsweise" aufgrund eines Gesamtvergleichs des früheren und des neuen Rechtsfolgenausspruchs zu beurteilen (BGH **24**, 11; **29**, 269, 270; NStZ **83**, 168; Celle MDR **76**, 156; Hamburg MDR **82**, 776; KK-Ruß 4). Zulässig ist zB die Verhängung eines Fahrverbots (§ 44 StGB) bei gleichzeitiger Ersetzung einer Freiheitsstrafe durch eine Geldstrafe (Bay MDR **78**, 422) oder bei Herabsetzung der Geldstrafe (Schleswig NStZ **84**, 90), aber nicht bei Herabsetzung einer Geldbuße (Karlsruhe NZV **93**, 450). Die Bemessung des Tagessatzes (nicht die Anzahl der Tagessätze; **aM** LG Köln NStZ-RR **97**, 370, das dabei aber § 43 StGB übersehen hat), darf erhöht werden, wenn zugleich das Fahrverbot entfällt und der Angeklagte wirtschaftlich nicht schlechter gestellt wird als beim Bestehenbleiben der Nebenstrafe (Bay **79**, 127 = NJW **80**, 849; KG VRS **52**, 113; Frankfurt VRS **39**, 73; Hamm NJW **71**, 1190; VRS **50**, 50; Köln VRS **40**, 257; Grebing JR **81**, 1; vgl auch BGH **24**, 11 und Düsseldorf VRS **83**, 441). Zur Verhängung einer Geldbuße statt Einziehung vgl Bay NJW **98**, 3287.

13 **4)** Die **Verschlechterung der Strafart** ist unzulässig. Eine Geldstrafe darf nicht durch eine Freiheitsstrafe ersetzt werden, auch wenn deren Vollstreckung zur Bewährung ausgesetzt wird (Hamburg MDR **82**, 776). An die Stelle einer Freiheitsstrafe kann aber Geldstrafe in beliebiger Höhe treten (RG **66**, 202; LR-Gollwitzer 44), auch wenn die Strafe zur Bewährung ausgesetzt war (Hamm VRS **40**, 22). Es ist auch zulässig, eine Freiheitsstrafe durch Geldstrafe und Fahrverbot nach § 44 StGB zu ersetzen (Bay **77**, 153 = VRS **54**, 45). Beim Austausch mit einer Freiheitsstrafe darf aber die Zahl der Tagessätze (§ 40 I S. 1 StGB) der Geldstrafe die frühere Freiheitsstrafe nicht übersteigen (Düsseldorf NJW **94**, 1016; VRS **72**, 202; Oldenburg MDR **55**, 436, 437). War nach § 41 StGB neben Freiheitsstrafe auch Geldstrafe verhängt worden, so darf die Geldstrafe bei entspr Herabsetzung der Freiheitsstrafe erhöht werden (Schleswig SchlHA **49**, 138; Amelunxen Berufung 106); dasselbe gilt für Freiheitsstrafe und Vermögensstrafe nach § 43 a StGB, nicht aber umgekehrt (BGH NJW **97**, 2335 = JR **98**, 114 mit zust Anm Radtke). Zur Ersetzung einer Verwarnung mit Strafvorbehalt (§ 59 StGB) durch eine Geldbuße nach dem OWiG vgl Zweibrücken MDR **92**, 1072. Anstelle einer
14 Freiheitsstrafe darf nicht auf eine höhere **Jugendstrafe** erkannt werden (BGH **10**, 100, 103; **29**, 269, 271; JZ **56**, 101). Jedoch darf an die Stelle einer Jugendstrafe eine niedrigere Freiheitsstrafe treten, die so bemessen ist, daß die Möglichkeit besteht, den Angeklagten nach derselben Zeit bedingt zu entlassen, wie das bei der Jugendstrafe der Fall wäre (BGH **29**, 269, 274). Wenn die Verurteilung zu Freiheitsstrafe besonders nachteilige Rechtsfolgen nach sich zieht, die die Verurteilung zu Jugendstrafe nicht gehabt hätte, muß das Gericht, sofern das rechtlich möglich ist, auch aussprechen, daß diese Folgen nicht eintreten (BGH aaO). Anstelle von Jugendarrest darf auf Geldstrafe erkannt werden, wenn sie nach den Umständen des Falles nicht schwerer wiegt (Bay **70**, 159 = NJW **70**, 2258; Köln NJW **64**, 1684). Zum Verschlechterungsverbot innerhalb der Sanktionsarten des JGG vgl Brunner/Dölling 21 ff; Eisenberg 73 ff; beide zu § 55 JGG.

5) Verschärfung der Strafhöhe: 15

A. Bei der **Geldstrafe** darf weder die Zahl der Tagessätze noch die Endsumme erhöht werden (Bay **79**, 127 = NJW **80**, 849; DAR **85**, 247 [R]; Celle NJW **76**, 121; Düsseldorf JR **86**, 121, 122 mit Anm Welp; Köln VRS **60**, 46; Horn JR **77**, 97; Kadel GA **79**, 462; **aM** Grebing JR **81**, 1; Schröter NJW **78**, 1302). Die Erhöhung der Tagessätze ist zulässig, wenn zugleich die Anzahl der Tagessätze herabgesetzt und die Endsumme nicht erhöht wird (Celle aaO; Köln aaO; Tröndle 28 zu § 40; D. Meyer NJW **79**, 148; **aM** Kadel [oben 6] S. 36 ff, 54 ff und aaO). 16

B. Die **Freiheitsstrafe** darf nicht erhöht werden, auch nicht, wenn eine daneben verhängte Geldstrafe wegfällt (BGH MDR **75**, 541 [D]; RG **59**, 318, 320) oder wenn die höhere Freiheitsstrafe im Gegensatz zu der im 1. Urteil verhängten zur Bewährung ausgesetzt wird (BGH JZ **56**, 101; Köln VRS **50**, 97; Oldenburg MDR **55**, 436; Kaufmann JZ **58**, 297). Bei gleichbleibender Freiheitsstrafe darf auch nicht weniger UHaft angerechnet werden als im 1. Urteil (BGH JZ **52**, 754; RG **66**, 351, 353; LR-Gollwitzer 61). Die Versagung der im 1. Urteil (zu Recht oder Unrecht) bewilligten Strafaussetzung ist ebenfalls unzulässig (Bay **62**, 1 = NJW **62**, 1261 mit Anm Gutmann; Hamm NJW **55**, 1000; **57**, 1850; LR-Gollwitzer 76, 80; Roxin § 51 B VI 2 d), auch wenn die Freiheitsstrafe erheblich ermäßigt wird (Bay **59**, 143 = NJW **59**, 1838; Frankfurt NJW **64**, 368). 17

C. **Gesamtstrafe:** Das Verschlechterungsverbot gilt sowohl für die Einzelstrafen als auch für die Gesamtstrafe (BGH **1**, 252; **14**, 5, 7; **28**, 119, 122; NStZ-RR **98**, 265 [K]; Frankfurt NJW **73**, 1057; Saarbrücken MDR **70**, 65). Wird statt wegen einer Einheitstat wegen mehrerer selbständiger Handlungen verurteilt, so darf jede Einzelstrafe die Höhe der früheren Einheitsstrafe erreichen; weder eine Einzelstrafe noch die Gesamtstrafe darf sie aber übersteigen (BGHR § 358 II Nachteil 5 mwN; Bay DAR **87**, 316 [B]; Hamm VRS **42**, 99; Stuttgart NJW **65**, 1874; vgl auch BGH MDR **80**, 988 [H]; NStZ **86**, 209 [Pf/M]). Wird Tateinheit statt Tatmehrheit angenommen, so darf auf eine Strafe in Höhe der bisherigen Gesamtstrafe erkannt werden (BGH DAR **85**, 190 [Sp]; JR **83**, 210; NStZ **84**, 262). Zur Strafermäßigung bei Wegfall von Einzelstrafen vgl oben 11. Bei **Einbeziehung von Vorverurteilungen** nach § 55 StGB entfällt die in dem 1. Urteil gewährte Strafaussetzung, wenn sie nicht auch für die neue Gesamtstrafe zu bewilligen ist (BGH **7**, 180). Wenn eine Gesamtstrafe aufgehoben wird und unter Auflösung einer anderen Gesamtstrafe die ihr zugrunde liegenden Einzelstrafen nach § 55 StGB einbezogen werden, darf die neue Gesamtstrafe nicht höher sein als die Summe der beiden ursprünglichen Gesamtstrafen (BGH **15**, 164). Müssen zwei Gesamtstrafen gebildet werden, so dürfen sie die aufgehobene Gesamtstrafe nicht um mehr als die Höhe der einbezogenen Strafe übersteigen (LG Hamburg MDR **65**, 760). Über das Maß der §§ 54, 55 StGB hinausgehende Vorteile darf der Angeklagte nicht verlieren, auch wenn eine neue Gesamtstrafe gebildet wird (BGH **8**, 203). Wird eine **Gesamtstrafe aus Freiheits- und Geldstrafe** (§ 53 II S. 1 StGB) aufgehoben und auf beide Strafarten nebeneinander erkannt (§ 53 II S. 2 StGB), so darf die Summe aus der Freiheitsstrafe und den Tagessätzen die frühere Gesamtstrafe nicht übersteigen (Bay **71**, 7 = MDR **71**, 860 L; Bay **82**, 43, 45 = VRS **62**, 440, 442; Schleswig SchlHA **79**, 56), sofern die Wiederherstellung der Einzelstrafen nicht ihrerseits der Beseitigung einer unzulässigen Verschlechterung dient (Hamburg MDR **82**, 776). Hatte der 1. Richter auf Freiheits- und Geldstrafe nebeneinander erkannt, so steht das Verschlechterungsverbot der Bildung einer Gesamtfreiheitsstrafe stets entgegen (BGH MDR **77**, 109 [H]; Bay **79**, 105 = JR **80**, 378; KG JR **76**, 516, 517; Hamm MDR **72**, 162), selbst wenn diese die Höhe der Freiheitsstrafe des 1. Urteils nicht erreicht (BGH aaO) oder zur Bewährung ausgesetzt wird (Hamburg aaO). War dem Erstrichter aber eine einbeziehungsfähige Geld- oder Freiheitsstrafe unbekannt geblieben oder hatte er die Notwendigkeit der Einbeziehung übersehen, ist das Berufungsgericht nach § 331 I nicht gehindert, eine nachträgliche Gesamtfreiheitsstrafe zu bilden (BGH **35**, 208 = JR **89**, 203 mit zust

18, 19, 20

Anm Böttcher; Düsseldorf JMBlNW **98**, 23; **aM** Maiwald JR **80**, 356; Schlüchter 627 Fn 49).

21 D. **Nebenfolgen:** Unzulässig ist die nachträgliche Anordnung oder Verschärfung der Bekanntmachungsbefugnis (Bay **54**, 71), idR auch die nachträgliche Anordnung des Verfalls oder der Einziehung (BGH NStZ **91**, 122 [M/K]), auch von Wertersatz (Hamm JMBlNW **81**, 107). Wenn sich die nachträgliche Anordnung nur zum Nachteil des Verfalls- oder Einziehungsbeteiligten auswirkt, steht ihr I jedoch nicht entgegen. Die Einziehung eines Gegenstandes, die im 1. Urteil nach § 74 II Nr 1 StGB nicht möglich war, darf daher auf die alleinige Berufung des Angeklagten angeordnet werden, wenn der Gegenstand ihm zZ der Entscheidung nicht mehr gehört (KMR-Paulus 39; **aM** LR-Gollwitzer 105).

22 E. Für **Maßregeln der Besserung und Sicherung** gilt grundsätzlich I. Nur die in II bezeichneten Maßregeln dürfen auch auf alleinige Berufung des Angeklagten angeordnet oder ausgetauscht werden (dazu Bruns JZ **54**, 730). Das gilt auch, wenn die Berufung nur den Strafausspruch angreift (Bay **94**, 258 = JR **96**, 79 mit Anm Loos; **aM** BGH NStZ **92**, 539; Tolksdorf Stree/Wessels-FS 766) oder auf die Frage der Strafaussetzung zur Bewährung beschränkt ist (KK-Ruß 7; **aM** Bay **86**, 59 = JR **87**, 172 mit abl Anm Meyer-Goßner) oder die Nichtanwendung der Maßregel ausdrücklich von dem Rechtsmittelangriff ausnimmt (**aM** BGH **38**, 362; dagegen zutr Hanack JR **93**, 430; zw auch BGH NStZ **98**, 188); denn insoweit fehlt dem Angeklagten gerade die Dispositionsbefugnis. Ein Austausch der Maßregeln nach §§ 63, 64 StGB gegen die Sicherungsverwahrung (§ 66 StGB) ist unzulässig (BGH **25**, 38 = JR **73**, 161 mit Anm Maurach; vgl aber auch BGH **5**, 312). Da auch für das Berufungsgericht die Begrenzung der Rechtsfolgenkompetenz des AG nach § 24 II GVG gilt (9 zu § 328; 9 zu § 24 GVG), muß die kleine StrK, wenn sie die Unterbringung nach § 63 StGB für erforderlich hält, die Sache an die große StrK zwecks Verhandlung 1. Instanz entspr § 328 II verweisen. Ist auf
23 **Entziehung der Fahrerlaubnis** (§ 69 StGB) erkannt worden, so darf statt dessen ein Fahrverbot nach § 44 StGB angeordnet werden (Bay **70**, 159 = NJW **70**, 2258; Düsseldorf VRS **81**, 184 mwN; Cramer NJW **68**, 1764). Das Berufungsgericht darf auch bei vorläufiger Entziehung der Fahrerlaubnis nach § 111 a dieselbe Sperre (§ 69 a I StGB) festsetzen wie der 1. Richter (BGH VRS **21**, 335; Frankfurt VRS **52**, 413; Hamm NJW **73**, 1891; JZ **78**, 656; Karlsruhe VRS **51**, 204; Koblenz BA **85**, 183; OLGSt § 111 a Nrn 1, 2; VRS **50**, 361; **52**, 432; Saarbrücken VRS **42**, 359; Tröndle 9 a zu § 69 a StGB; Himmelreich/Hentschel 236; **aM** Eickhoff NJW **75**, 1007; Gollner GA **75**, 129), sie aber nicht verlängern (BGH **5**, 168, 178; Bay **65**, 140 = NJW **66**, 896; Karlsruhe VRS **48**, 425), auch nicht bei gleichzeitiger Aussetzung der Freiheitsstrafe zur Bewährung (Oldenburg MDR **76**, 162). Unzulässig ist es auch, die irrtümlich oder durch den nachträglichen Erwerb einer Fahrerlaubnis unrichtig gewordene Festsetzung einer isolierten Sperre (§ 69 a I S. 3 StGB) durch die Entziehung der Fahrerlaubnis (Bremen VRS **51**, 278; Dresden OLG-NL **98**, 192; Koblenz VRS **51**, 96; **60**, 431) oder durch ein Fahrverbot nach § 44 StGB zu ersetzen (Frankfurt VRS **64**, 12). Die bei der Anordnung nach § 69 StGB unterlassene Einziehung des Führerscheins kann dagegen nachgeholt werden (BGH **5**, 168 = NJW **54**, 159 mit Anm Schmidt-Leichner; NStZ **93**, 230 [K]).

24 6) **Revision:** Der Verstoß gegen § 331 ist von Amts wegen zu berücksichtigen (BGH **14**, 5, 7; **29**, 269, 270; Düsseldorf StV **86**, 146; VRS **72**, 202; Köln VRS **50**, 97, 98; KK-Ruß 10; LR-Gollwitzer 115; **aM** KMR-Paulus 9, 51; vgl auch BGH **18**, 79, 81; Bay **52**, 66; 12 zu § 358).

Allgemeine Verweisung

332 **Im übrigen gelten die im sechsten Abschnitt des zweiten Buches über die Hauptverhandlung gegebenen Vorschriften.**

1) Von den **Vorschriften über die Hauptverhandlung** gelten im Berufungsverfahren außer den in § 323 I S. 1 bezeichneten Bestimmungen insbesondere §§ 231 bis 232 II, soweit § 329 nicht anwendbar ist (BGH **15**, 287, 290; Bremen MDR **79**, 865; Meyer JR **78**, 393), § 233 (dort 1), §§ 263 bis 265 und §§ 271 bis 274. 1

2) Gegenstand der Urteilsfindung ist nicht der Tatbestand des angefochtenen Urteils, sondern die Tat in dem weiten Umfang des § 264 (1 vor § 312; 2 zu § 327), uU auch erst nach dem 1. Urteil begangene Fortsetzungsdelikte (9 zu § 264). Nur neue selbständige Straftaten dürfen in die Entscheidung nicht einbezogen werden. 2

3) Für das **Urteil** gelten die §§ 260, 267, 268, 275, auch § 268a (dort 2). Auf tatsächliche und rechtliche Ausführungen des 1. Urteils darf in gewissem Umfang Bezug genommen werden (2 zu § 267). 3

Vierter Abschnitt. Revision RiStBV 147–157, 159–169

Vorbemerkungen

1) Das **Wesen der Revision** besteht in dem grundsätzlichen Ausschluß der Tatsachenfeststellungen von der Überprüfung durch das Rechtsmittelgericht. Die Revision ist ein Rechtsmittel mit begrenzten Prüfungsmöglichkeiten. Das Gesetz gestaltet sie als eine Rechtsbeschwerde aus (Willms JR **75**, 55), mit der nur erreicht werden kann, daß das Revisionsgericht auf entspr Rüge das Urteil und das ihm zugrunde liegende Verfahren auf Rechtsfehler prüft. Eine Neuverhandlung der Sache im Revisionsrechtszug ist ausgeschlossen. Da die Beweisaufnahme nicht wiederholt wird, ist das Revisionsgericht an die Feststellungen des Tatrichters gebunden. Es kann nur prüfen, ob sie rechtlich einwandfrei zustande gekommen sind und ob der Tatrichter die Beweise fehlerfrei gewürdigt hat (26 zu § 337). 1

2) Nur für die Vertretbarkeit, nicht für die Richtigkeit der tatrichterlichen Entscheidung über Schuld und Strafe hat das Revisionsgericht einzustehen (W. Schmid ZStW **85**, 367; Teyssen JR **78**, 310; **aM** LR-Hanack 5: nicht einmal für die Vertretbarkeit). Die Aufgabe, die Tatsachen festzustellen, sich eine Überzeugung von der Schuld oder der Nichterweislichkeit der Schuld des Angeklagten zu bilden und eine gerechte Strafe festzusetzen, ist allein dem Tatrichter gestellt. Er hat hierzu innerhalb der allgemeinen rechtlichen Grenzen die Macht und trägt dafür die Verantwortung (BGH **10**, 208, 210; **29**, 18, 20; NJW **65**, 406, 407). Das Revisionsgericht nimmt sie ihm nicht ab, auch wenn ihm das ausnahmsweise möglich wäre. Diese **prozessuale Arbeits- und Verantwortungsteilung** be- 3
stimmt die Grenzen der Prüfungsbefugnisse des Revisionsgerichts (KK-Kuckein 1 vor § 333 und 3 zu § 337; Bloy JuS **86**, 593; Sarstedt/Hamm 9ff; 275ff). Was es „leisten" kann, ist nicht entscheidend (**aM** Peters 639, JR **80**, 169 und ZStW **57**, 69; Rieß GA **78**, 270). Daher ist zB die Auslegung von Urkunden Sache des Tatrichters, und das Revisionsgericht darf sie auch dann nur auf Rechtsfehler prüfen, wenn sie in dem angefochtenen Urteil wörtlich wiedergegeben sind, also auch von dem Revisionsgericht ausgelegt werden können (32 zu § 337). 2

3) Zweck der Revision ist die Wahrung der Rechtseinheit und die Herbeiführung einer gerechten Entscheidung im Einzelfall (LR-Hanack 7ff; Fezer 20/2). Ob einer dieser Zwecke im Vordergrund steht oder ob sie gleichwertig sind, ist streitig. Praktische Bedeutung hat die Frage aber nicht (KMR-Paulus 6; EbSchmidt 39 vor § 296; **aM** LR-Hanack 8). Denn da sich Rechtsanwendung immer nur am Einzelfall vollziehen kann, fördert die Revision zugleich mit der Einzelfallgerechtigkeit die Einheitlichkeit der Rechtsprechung. Die Revisionsgerichte können mit ihrer Rechtsprechung beide Zwecke der Revision, die sich begrifflich ohnehin nicht 4 trennen lassen, in gleichem Maße erfüllen (Cramer Salger-FS 450). Zusätzlich ist ihnen die Aufgabe der Rechtsfortbildung übertragen (vgl § 132 IV GVG).

Zulässigkeit

333 Gegen die Urteile der Strafkammern und der Schwurgerichte sowie gegen die im ersten Rechtszug ergangenen Urteile der Oberlandesgerichte ist Revision zulässig.

1 **1)** Gegen **Urteile** ist Revision zulässig, auch gegen Berufungsurteile, mit denen die Sache nach § 328 II zurückverwiesen worden ist (BGH **26**, 106 mit Anm Foth NJW **75**, 1523; Bay **77**, 143 = JR **78**, 474 mit Anm Gollwitzer; **aM** KG JR **72**, 255). Ob die angefochtene Entscheidung als Urteil bezeichnet ist, spielt keine Rolle; maßgebend ist ihr Inhalt (11 zu § 296; erg 1 zu § 312). Für AG-Urteile wird § 333 durch § 335 ergänzt.

2 **2) Gesetzlich ausgeschlossen** ist die Revision nach § 441 III S. 2, § 55 II
3 **JGG** und § 10 BinSchVfG. Im Urteil zu treffende **Nebenentscheidungen** sind statt mit Revision mit sofortiger Beschwerde anfechtbar, so die Entscheidung über die Kosten nach § 464 III S. 1 (dort 17), über die Aussetzung der Jugendstrafe zur Bewährung (§ 59 I **JGG**) und über die Entschädigung für Strafverfolgungsmaßnahmen (§ 8 III **StrEG).**Nebenentscheidungen im Urteil, die durch besonderen Beschluß hätten getroffen werden müssen, sind ebenfalls nur mit Beschwerde anfechtbar, zB die Entscheidung über die Beschlagnahme (RG **54**, 165), über die Festsetzung von Bewährungsauflagen (Hamm VRS **37**, 263; **aM** Sarstedt/Hamm 19) und über die Aussetzung der Strafvollstreckung nach § 57 StGB (BGH GA **82**, 219).

4 **3)** Die **Anfechtungsberechtigung** richtet sich nach den allgemeinen Vorschriften (1 ff zu § 296; 2 ff zu § 297; 1 zu § 298).

5 **4)** Die **Beschwer** (vgl 8 ff vor § 296) entfällt nicht deshalb, weil ein Nachtragsverfahren nach § 459 a (BGH 2 StR 106/76 vom 23. 4. 1976; 3 StR 230/76 vom 7. 10. 1976; RG **64**, 207, 208; Bremen NJW **54**, 423; LR-Hanack 29) oder nach § 460 möglich ist (BGH **12**, 1 [GSSt] = JZ **59**, 94 mit Anm Kühlwein; BGH **23**, 98; **25**, 382; StV **82**, 569; Düsseldorf VRS **68**, 365; Koblenz VRS **60**, 424; Köln MDR **83**, 423). Allg zur Beschwer des Angeklagten: Blaese/Wielop 74 ff; 12 ff vor § 296.

6 **5)** Die **Zuständigkeit der Revisionsgerichte** bestimmen §§ 121 I Nr 1, 135 I GVG. Für Bayern gilt Art 11 BayAGGVG (1 zu § 9 EGGVG). Zur Zuständigkeit bei Verbindung von erstinstanzlichen und Berufungssachen vgl 1 zu § 135 GVG.

334 (weggefallen)

Sprungrevision

335 I Ein Urteil, gegen das Berufung zulässig ist, kann statt mit Berufung mit Revision angefochten werden.

II Über die Revision entscheidet das Gericht, das zur Entscheidung berufen wäre, wenn die Revision nach durchgeführter Berufung eingelegt worden wäre.

III Legt gegen das Urteil ein Beteiligter Revision und ein anderer Berufung ein, so wird, solange die Berufung nicht zurückgenommen oder als unzulässig verworfen ist, die rechtzeitig und in der vorgeschriebenen Form eingelegte

Revision als Berufung behandelt. Die Revisionsanträge und deren Begründung sind gleichwohl in der vorgeschriebenen Form und Frist anzubringen und dem Gegner zuzustellen (§§ 344 bis 347). Gegen das Berufungsurteil ist Revision nach den allgemein geltenden Vorschriften zulässig.

1) Die **Sprungrevision** (I, II) ist zur Vereinfachung des Verfahrens zugelassen. 1
Wenn es dem Beschwerdeführer nur auf die Klärung von Rechtsfragen ankommt, soll eine 2. Tatsacheninstanz erspart werden können (BGH **2**, 63, 65; **5**, 338, 339). Verfahrensrechtliche Besonderheiten bestehen, von III abgesehen, nicht (vgl aber unten 21 zur Annahmeberufung nach § 313). Die Rügemöglichkeiten sind nicht eingeschränkt; § 357 ist anzuwenden, ebenso § 121 II GVG (BGH **2**, 63; **17**, 280; 382; **29**, 305, 307). Wird das Urteil auf die Revision aufgehoben und die Sache an das AG zurückverwiesen, so kann das neue Urteil auch nach § 312 mit Berufung angefochten werden (vgl auch Celle MDR **92**, 286 zu § 55 II **JGG**).

2) Die **unbestimmte Anfechtung** des Urteils, bei der der Beschwerdeführer 2
die Wahl zwischen Berufung und Revision zunächst offenläßt, ist in Erweiterung des § 335 zulässig, weil der Beschwerdeführer die Entscheidung über das geeignete Rechtsmittel idR erst nach Kenntnis der Urteilsgründe treffen kann (BGH **2**, 63; **5**, 338; **6**, 206). Sie ist aber auch bei in Abwesenheit ergangenen Urteilen statthaft (Bay **57**, 225 = NJW **58**, 561; LR-Hanack 7). Die unbestimmte Anfechtung kann innerhalb der Einlegungsfrist der §§ 314 I, 341 I ohne Benennung des Rechtsmittels oder unter dem ausdrücklichen Vorbehalt seiner späteren Benennung (BGH **2**, 63; **5**, 338, 342; **13**, 388, 393; Bay **83**, 93 = MDR **83**, 1045) oder als „gehäufte" Anfechtung (Einlegung von „Berufung oder Revision") erklärt werden (RG JW **26**, 2198; Köln NJW **54**, 692; Nürnberg MDR **59**, 595). In beiden Fällen wird die Rechtskraft nach §§ 316 I, 343 I gehemmt. Im Zweifel ist anzunehmen, daß das Rechtsmittel nicht endgültig gewählt ist (BGH **17**, 44, 48; **25**, 321, 324; Düsseldorf JZ **84**, 756). Die **endgültige Wahl** kann nur bis zum Ablauf der Revisionsbe- 3
gründungsfrist (§ 345 I) getroffen werden (BGH **2**, 63, 70; **5**, 338, 339; **6**, 206, 207; **13**, 388, 392; **17**, 44, 48; **25**, 321, 324; Düsseldorf NStZ **83**, 471). Wird sie getroffen, so ist sie endgültig; ein späterer Übergang zu dem anderen Rechtsmittel ist nur bis zum Beginn der Revisionsbegründungsfrist möglich (Zweibrücken MDR **85**, 517), danach nicht mehr (Hamm VRS **81**, 35; LR-Hanack 9; **aM** Celle NJW **82**, 397 = JR **82**, 38 mit abl Anm Meyer). Wird **keine Wahl getroffen** oder 4
ist die Erklärung nicht formgerecht, dh ebenso wie die Rechtsmitteleinlegung (Bay NStZ-RR **98**, 51), oder nicht rechtzeitig bei dem zuständigen AG eingegangen, so wird das Rechtsmittel als Berufung durchgeführt (BGH **2**, 63; **5**, 338; **33**, 183, 189 mwN; **40**, 395, 398; Düsseldorf MDR **85**, 518; Stuttgart Justiz **91**, 161 mwN), auch wenn nach Ablauf der Frist des § 345 I Revision gewählt wird (Bay **70**, 158 = JR **71**, 120). Bei Abgabe einer **nicht eindeutigen Erklärung** wird das Rechts- 5
mittel ebenfalls als Berufung behandelt (Köln MDR **80**, 690; Schleswig SchlHA **91**, 126 [L/T]; LR-Hanack 10; **aM** Düsseldorf MDR **72**, 343; Koblenz VRS **65**, 45; Köln NJW **54**, 692: Verwerfung als unzulässig), insbesondere, wenn die Erklärung inhaltlich den Anforderungen an eine Revisionsbegründung entspricht, die Wahl der Revision aber nicht erklärt ist (Bay DAR **83**, 254 [R]) oder bei widersprüchlichen Erklärungen von Angeklagtem und Verteidiger (Düsseldorf MDR **93**, 676). Bei **Wahl der Revision** wird das Rechtsmittel so behandelt, als sei von 6
vornherein Revision eingelegt worden. Wird sie nicht rechtzeitig oder nicht in zulässiger Weise begründet, so wird sie als unzulässig verworfen, nicht als Berufung behandelt (KG JR **87**, 217; KMR-Paulus 8; teilw **aM** LR-Hanack 12). Das gilt auch für den Fall, daß die Form des § 345 II nicht gewahrt ist (KG aaO; zust LR-Hanack 12; **aM** BGH **2**, 63, 71; **13**, 388, 392; KK-Kuckein 6; wohl auch Schleswig SchlHA **77**, 183 [E/J]). Nur bei unwirksamer Wahl der Revision (zB bei Abgabe der Erklärung gegenüber dem unzuständigen LG) wird das Rechtsmittel als Berufung behandelt (Bay **83**, 93 = MDR **83**, 1045; vgl auch Köln NStZ **92**, 204:

7 Unwirksamkeit wegen Verstoßes gegen prozessuale Fürsorgepflicht). Bei **verspätetem Eingang** der Anfechtungserklärung (§§ 314 I, 341 I) verwirft das AG das
8 unbestimmte Rechtsmittel nach § 319 I (KK-Kuckein 5 zu § 346). **Wiedereinsetzung in den vorigen Stand** gegen die Versäumung der Anfechtungsfrist ist zulässig; über den Antrag entscheidet das Berufungsgericht (Bay **62**, 156 = NJW **62**, 1927; DAR **72**, 264 [R]). Keine Wiedereinsetzung wird gegen die Versäumung der Wahl nach rechtzeitiger Rechtsmitteleinlegung gewährt; nach Ablauf der Frist des § 345 I geht die Möglichkeit der Wahl der Revision endgültig unter (Bay **70**, 158 = JR **71**, 120; **83**, 93 = MDR **83**, 1045; DAR **86**, 246 [R]; Düsseldorf MDR **85**, 518; **91**, 78; Schleswig SchlHA **83**, 107 [E/L]; Stuttgart Justiz **91**, 161).

9 3) **Übergang zu einem anderen Rechtsmittel:** Der Beschwerdeführer braucht erst nach Zustellung des Urteils und innerhalb der dadurch in Lauf gesetzten Revisionsbegründungsfrist die Wahl zu treffen, ob das eingelegte Rechtsmittel eine Berufung oder Revision sein soll (oben 2, 3). Dieses Wahlrecht verliert er auch nicht deshalb, weil er bereits vorher das Rechtsmittel anders bezeichnet hat, es sei denn, daß er sich bereits abschließend auf eines der beiden Rechtsmittel festgelegt hat (Düsseldorf OLGSt Nr 3; MDR **95**, 1253). Nach Berufungseinlegung
10 ist innerhalb der Revisionsbegründungsfrist (§ 345 I) der **Übergang zur Revision** zulässig (BGH **5**, 338; **6**, 206; **25**, 321, 324; **33**, 183, 188 mwN; Bay **89**, 107 = MDR **89**, 1124; Zweibrücken VRS **66**, 137), wobei der Übergang gegenüber dem AG erklärt werden muß (BGH **40**, 395 = JR **96**, 37 mit zust Anm Fezer). Vor Fristablauf darf gegen den Willen des Beschwerdeführers noch keine Berufungsverhandlung durchgeführt werden (Frankfurt NStZ **91**, 506). Der Übergang muß klar und eindeutig erklärt werden; andernfalls bleibt es bei der Berufung, auch wenn nach Fristablauf die Wahl der Revision erklärt wird (Celle MDR **60**, 159; Stuttgart
11 OLGSt § 346 S. 1). Innerhalb der Frist des § 345 I ist auch der **Übergang zur Berufung** zulässig (BGH **13**, 388; **17**, 44; **25**, 321, 324; **33**, 183, 188; GA **85**, 279; Düsseldorf JZ **84**, 756), auch wenn zunächst wegen Versäumung dieser Frist Wiedereinsetzung bewilligt werden mußte (unten 13). Das gilt auch für Revisionen der StA (Celle MDR **67**, 421) und des Verteidigers (BGH **17**, 44, 47; **25**, 321;
12 Hanack JZ **73**, 728). Ein **nochmaliger Wechsel** des Rechtsmittels ist ausgeschlossen: Hatte der Rechtsmittelführer das zunächst unbestimmt eingelegte Rechtsmittel später eindeutig bezeichnet oder ist er von der Berufung zur Revision oder umgekehrt übergegangen, ist er an die getroffene Wahl nunmehr gebunden (BGH **13**, 388; Celle NdsRpfl **53**, 232; KK-Kuckein 5; **aM** Celle NJW **82**, 397 = JR **82**, 38 mit abl Anm Meyer; Celle NdsRpfl **93**, 331; vgl auch Köln NStZ-RR **96**, 175:
13 jedenfalls keine Bindung bei Erklärung vor wirksamer Urteilszustellung). **Wiedereinsetzung in den vorigen Stand** ist zulässig, um den Übergang zur Berufung zu ermöglichen (Köln NStZ **94**, 199; Schleswig MDR **81**, 251; Zweibrücken MDR **79**, 957; **85**, 517; LG München I NJW **56**, 1368), nicht aber zur Ermöglichung des Übergangs zur Revision nach Ablauf der Frist des § 345 I (Hamm NStZ **91**, 601 mwN). Zuständig ist das Revisionsgericht (Köln aaO; Schleswig aaO; LR-Wendisch 4 zu § 46; **aM** Zweibrücken aaO: Berufungsgericht).

14 4) **Bei verschiedenartiger Anfechtung** (III) durch mehrere Verfahrensbeteiligte hat die Berufung, auch wenn sie nicht in vollem Umfang eingelegt ist, den Vorrang, da sie das umfassendere Rechtsmittel ist und auch zur Prüfung in tatsächlicher Hinsicht führt. Dadurch wird verhindert, daß eine Sache vor verschiedene Rechtsmittelgerichte kommt (RG **63**, 194, 196; Karlsruhe Justiz **77**, 24). Wenn das auch in anderen Fällen möglich ist, gilt II entspr (BGH **4**, 207; Bay **51**, 398 = JR **52**, 209; Düsseldorf MDR **52**, 313; vgl auch § 83 II OWiG).

15 A. **Dasselbe Urteil** muß von mehreren Beteiligten mit verschiedenartigen Rechtsmitteln angefochten worden sein; auf dieselbe Straftat müssen sich die Rechtsmittel nicht beziehen (RG **63**, 194; LR-Hanack 21). Hatte das AG die verschiedenen Sachen getrennt, so gilt III nicht. Eine Verfahrenstrennung nach

Erlaß des 1. Urteils hindert dagegen die Rechtsfolgen des III nicht (Zweibrücken MDR **86**, 778; Sarstedt/Hamm 23; **aM** KMR-Paulus 14), auch wenn die Trennung sachlich geboten war (Karlsruhe Justiz **77**, 24; **aM** LR-Hanack 21).

B. **Beteiligte** iS III S. 1 sind alle Verfahrensbeteiligten, die ein selbständiges Anfechtungsrecht haben (RG **63**, 194; Bay **51**, 398 = JR **52**, 209), auch Mitangeklagte (RG aaO; Gollwitzer Sarstedt-FS 15). Angeklagte und Verteidiger gelten als derselbe Beteiligte; widersprechen sich ihre Rechtsmittelerklärungen, so ist entspr § 297 die des Angeklagten maßgebend (Bay **77**, 102 = VRS **53**, 362; Koblenz MDR **75**, 424). Ein Beteiligter in mehreren Verfahrensrollen (zB der Mitangeklagte als Nebenkläger) kann für jede von ihnen ein anderes Rechtsmittel mit der Wirkung des III einlegen (Hamm JMBlNW **55**, 99). 16

C. Die **Behandlung der Revision als Berufung** bedeutet, daß dieses Rechtsmittel an die Stelle der Revision tritt, solange es nicht vor oder in der Berufungsverhandlung zurückgenommen oder durch das Berufungsgericht als unzulässig verworfen worden ist. Eine Umwandlung findet aber nicht statt. Die Revision bleibt vielmehr so lange bedingt bestehen, bis das Berufungsgericht sachlich entschieden hat (Bay **93**, 232 = StV **94**, 238; Düsseldorf MDR **88**, 165; Neustadt GA **57**, 422) oder die Berufung nicht mehr zurückgenommen werden kann, auch bei Aufhebung des Berufungsurteils durch das Revisionsgericht und Zurückverweisung der Sache an das LG (Bay **84**, 116, 119). Sie muß daher ordnungsgemäß eingelegt, braucht aber für die Sachbehandlung nach III nicht begründet zu werden (RG **59**, 63; Bay **70**, 41 = NJW **70**, 1202). Ist die Berufung zurückgenommen oder als unzulässig verworfen worden, so wird das Verfahren mit der Revision aber nur fortgesetzt, wenn sie rechtzeitig und formgerecht begründet worden ist (Neustadt aaO); andernfalls wird sie dann als unzulässig verworfen (LR-Hanack 23). Der Zurücknahme und Verwerfung der Berufung als unzulässig steht weder die Einstellung nach § 205 oder nach § 206 a (Schleswig SchlHA **95**, 159) noch die Verwerfung nach § 329 I gleich (RG **59**, 63; LR-Hanack 24; **aM** KK-Kuckein 11; Roxin § 53 A II 2 c; Schroeder NJW **73**, 308), auch nicht die Nichtannahme nach § 322 a (Karlsruhe NStZ **95**, 562; **aM** Bay StV **94**, 238; vgl dazu Hartwig NStZ **97**, 111; Meyer-Goßner NStZ **98**, 19). Trifft das Berufungsgericht unter **Verstoß gegen III** keine Entscheidung über die Revision, so bleibt das Verfahren insoweit bei ihm anhängig. Ggf muß das Revisionsgericht die Sache an das Berufungsgericht zurückverweisen (RG **63**, 194; Bay **51**, 398 = JR **52**, 209; Karlsruhe Justiz **77**, 24; vgl auch Köln VRS **53**, 130; **aM** Hamm NStZ **98**, 270); das gilt auch bei erfolgter Nichtannahme der Berufung (**aM** und inkonsequent Karlsruhe NStZ **95**, 562, das die Nichtannahme der Verwerfung als unzulässig nicht gleichstellt [oben 17 aE]), gleichwohl aber die Revision selbst als unzulässig iSd § 313 II verwirft; dazu Hartwig und Meyer-Goßner aaO). Die **Anfechtung des Berufungsurteils** richtet sich nach den allgemeinen Vorschriften (III S. 3). Auch wer Sprungrevision eingelegt hatte, kann gegen das neue Urteil Berufung oder Revision einlegen. 17 18 19

5) Aktenvorlage: Zunächst entscheidet das AG, ob das Rechtsmittel eine Berufung oder Revision ist (KMR-Paulus 10; **aM** LR-Hanack 27; Kleinknecht JZ **60**, 674). Hat es die Sache dem LG als Berufung vorgelegt, so entscheidet dieses über die Art des Rechtsmittels; es darf die Akten nicht einfach dem OLG zur Entscheidung vorlegen (BGH **13**, 303, 305; **aM** Kleinknecht JZ **60**, 756). Hält es das Rechtsmittel für eine Revision, so gibt es die Sache dem AG zur Einhaltung des Verfahrens nach § 347 zurück (LR-Hanack 27; **aM** KK-Kuckein 8; KMR-Paulus 10: Abgabe an das Revisionsgericht). Das Revisionsgericht, das das Rechtsmittel nur für eine Berufung ansieht, gibt die Sache durch Beschluß an das LG ab (Bay **62**, 166 = JR **63**, 70; VRS **53**, 362; Köln NStZ **92**, 204; Schleswig SchlHA **61**, 307; LR-Hanack 27). Zur entspr Anwendung des § 348 auf diesen Fall vgl dort 5. 20

6) Annahmeberufung: Im Fall des § 313 muß zunächst Berufung eingelegt werden; denn nur, wenn diese angenommen wird, ist sie zulässig. Andernfalls liegt 21

eine unzulässige Berufung vor, die nach I auch die Revision ausschließt (Pfeiffer 5; D.Meyer JurBüro **93**, 456; Meyer-Goßner NStZ **98**, 19; Ostendorf ZRP **94**, 338; Scheffler GA **95**, 455, 458; Frankfurt NStZ-RR **96**, 174 sieht hierfür „gewichtige Gründe", läßt die Frage aber letztlich offen); nach **aM** ist die Sprungrevision auch hier stets zulässig (Düsseldorf VRS **88**, 188; Karlsruhe StV **94**, 292; NStZ **95**, 562; Stuttgart Justiz **95**, 414; Zweibrücken StV **94**, 119; Feuerhelm StV **97**, 102; Siegismund/Wickern wistra **93**, 89; Tolksdorf Salger-FS 402; ebenso Bay **93**, 147 = StV **93**, 572 [zust BGH **40**, 395, 397], das aber irrig davon ausgeht, es selbst müsse sonst im Rahmen der Revision die Zulässigkeit der Berufung nach § 313 überprüfen). Die Zulässigkeit der Sprungrevision von der Annahme der Berufung abhängig zu machen, erscheint auch deswegen sachgerecht, weil es sonst der Rechtsmittelgegner in der Hand hätte, durch Einlegung der Berufung eine annahmefreie Sprungrevision zu einer annahmepflichtigen Berufung zu machen (Meyer-Goßner NStZ **98**, 22). Nach der hier vertretenen Ansicht kann der Beschwerdeführer somit erst nach Annahme der Berufung erklären, daß er zur Revision übergehe; der Übergang ist allerdings nur möglich, wenn die Revisionsbegründungsfrist (§ 345 I) noch nicht abgelaufen ist (oben 9, 10). Wiedereinsetzung in den vorigen Stand zur Ermöglichung des Übergangs zur Revision muß dann – anders als sonst (oben 13) – gewährt werden (Meyer-Goßner aaO; vgl auch Tolksdorf aaO 404). Der Übergang kann sich insbesondere anbieten, wenn das LG die Berufung wegen eines Verfahrensfehlers angenommen hat (10 zu § 313). Jedoch ist das Revisionsgericht an die Beurteilung des LG nicht gebunden; es kann die Revision auch dann als (offensichtlich) unbegründet verwerfen, wenn das LG die Berufung für zulässig, weil nicht offensichtlich unbegründet
22 (§ 313 II S. 1) erachtet hat. Folgt man der **Gegenansicht**, die die Revision stets für zulässig erachtet – und damit dem Zweck des RpflEntlG zuwider läuft (Pfeiffer 5) –, so ist jedenfalls aber ihre Einlegung unter dem Vorbehalt, daß die Berufung nicht angenommen werde, unzulässig (Frankfurt NStZ-RR **96**, 174; Zweibrücken aaO; erg 5 vor § 296). Ist die Berufung durch Beschluß nach § 322 a nicht angenommen worden, kann auch bei noch offener Revisionsbegründungsfrist nicht mehr Revision eingelegt werden (Bay **94**, 86 = StV **94**, 364; Tolksdorf aaO 405; **aM** AK/StPO-Maiwald 2; Feuerhelm aaO; Hettenbach [2 zu § 313] S.126).

Vorausgegangene Entscheidungen

336 **Der Beurteilung des Revisionsgerichts unterliegen auch die Entscheidungen, die dem Urteil vorausgegangen sind, sofern es auf ihnen beruht. Dies gilt nicht für Entscheidungen, die ausdrücklich für unanfechtbar erklärt oder mit der sofortigen Beschwerde anfechtbar sind.**

1 **1) Entscheidungen vor und außerhalb der Hauptverhandlung** unterliegen der Prüfung des Revisionsgerichts im Rahmen seiner allgemeinen Prüfungskompetenz nach § 337 (LR-Hanack 1; Gössel NStZ **82**, 142). S. 1 ist das notwendige Gegenstück zu § 305 S. 1. Entscheidungen iS § 336 sind verfahrensrechtliche Entscheidungen in dem Verfahren, in dem das angefochtene Urteil ergangen ist, auch Anordnungen des Vorsitzenden (BGH **7**, 281, 282; NJW **73**, 1985). Gemeint
2 sind **nur gerichtliche Entscheidungen;** auf fehlerhaften Verfahrenshandlungen der StA kann das Urteil nicht beruhen (BGH **6**, 326, 328; NJW **67**, 1869; MDR **52**, 565; **67**, 14 [D]; BGHR § 349 I Unzulässigkeit 1), grundsätzlich auch nicht
3 auf gerichtlichen **Entscheidungen vor Erlaß des Eröffnungsbeschlusses** (BGH **6**, 326; **15**, 40, 44; GA **80**, 255; MDR **74**, 16 [D]). Eine Ausnahme gilt, wenn die Entscheidung möglicherweise bis zum Urteil fortgewirkt hat, zB bei fehlerhafter Zulassung des Nebenklägers oder unzulässiger Ablehnung des Antrags auf Verteidigerbestellung. War eine solche Entscheidung vom Beschwerdegericht erlassen und gebilligt worden, so ist das Revisionsgericht hieran nicht gebunden (BGH **26**, 191, 192; NJW **73**, 1985; Bloy JuS **86**, 595). Zur Revisibilität ermittlungsrichterlicher

Entscheidungen eingehend Landau/Sander sowie Schlothauer StraFo **98**, 397 ff. 4
Entscheidungen aus früheren Hauptverhandlungen werden grundsätzlich nicht geprüft (Hilger NStZ **83**, 429), zB nicht die Ablehnung eines Beweisantrags in einer ausgesetzten Hauptverhandlung (Koblenz VRS **62**, 287; Saarbrücken VRS **46**, 46, 48). Anders ist es, wenn die Entscheidung in der späteren Verhandlung weiterwirkt, wie die Zurückweisung eines Ablehnungsgesuchs (BGH **31**, 15). Wird ein Berufungsurteil angefochten, so kann die Revision nicht auf Mängel des Verfahrens vor dem AG gestützt werden (RG **59**, 299; **60**, 111, 113; **61**, 399). 5
Einstellungsbeschlüsse nach § 153 II sind mit der Revision nicht angreifbar (Bay **70**, 225 = VRS **40**, 279; KG JR **67**, 430; VRS **33**, 446; Naucke StASchlH-FS 462), ebensowenig Entscheidungen nach § 153 a II (Hamm JMBlNW **80**, 104) und nach § 154 II (BGH MDR **70**, 383 [D]; RG **66**, 326).

2) Unanfechtbare oder mit sofortiger Beschwerde anfechtbare Entscheidungen (S. 2) werden vom Revisionsgericht nicht mehr geprüft, auch nicht nach § 338 (LR-Hanack 13; vgl aber KK-Kuckein 13). Ob sofortige Beschwerde eingelegt war, ist gleichgültig (Dünnebier Dreher-FS 679). Die Anfechtbarkeit mit der einfachen Beschwerde schließt die Revision nicht aus (Rieß NStZ **81**, 447; vgl auch Meyer-Goßner NStZ **89**, 89 zum Eröffnungsbeschluß). Unter S. 2 fallen insbesondere Entscheidungen nach §§ 28, 46, 81, 138 d, 201, 210, 225 a, 231 a, 304 IV S. 2, V und §§ 52, 54 GVG, nicht aber die Unanfechtbarkeit nach § 305 S. 1 (Koblenz VRS **71**, 200; LR-Hanack 18). Die Entziehung des gesetzlichen Richters kann auch dann mit der Revision gerügt werden, wenn gegen die Entscheidung nach S. 2 sonst keine Rüge zulässig ist (8 zu § 16 GVG). 6

Revisionsgründe

337 **I Die Revision kann nur darauf gestützt werden, daß das Urteil auf einer Verletzung des Gesetzes beruhe.**

II Das Gesetz ist verletzt, wenn eine Rechtsnorm nicht oder nicht richtig angewendet worden ist.

Übersicht

1) Eine **begrenzte Prüfungsmöglichkeit** eröffnet die Revision. Das Urteil kann nur auf Rechtsfehler geprüft werden, allerdings auch darauf, ob die festgestellten Tatsachen eine zuverlässige Grundlage für die Prüfung bieten. Mit bloßen Einwendungen gegen die Richtigkeit der Feststellungen und der Beweiswürdigung kann der Beschwerdeführer nicht gehört werden. Denn das Revisionsgericht kann die Beweisaufnahme nicht wiederholen und ist daher außerstande, die aus Rechtsgründen nicht zu beanstandenden Tatsachenfeststellungen des Urteils zu überprüfen. Eine begriffliche Klärung der Abgrenzung der Tatfrage von der Rechtsfrage ist bisher nicht gelungen, aber zur Festsetzung der Grenzen der Revisibilität von Strafurteilen auch nicht erforderlich. Daß sich diese Grenzen danach bestimmen lassen, ob der Tatrichter zur Feststellung des Sachverhalts in unmittelbar-münd- 1 licher Verhandlung nach den Regeln des Strengbeweises verfahren muß (vgl KG JW **29**, 885; EbSchmidt 7 und SJZ **46**, 209; Peters 640; Rieß GA **78**, 270), trifft nicht zu (LR-Hanack 3; erg 2 vor § 333).

2 2) **Gesetz** iS I ist jede Rechtsnorm (II; § 7 **EGStPO**), die in den Verfassungen, Gesetzen und Rechtsverordnungen des Bundes und der Länder niedergelegt ist, auch Gewohnheitsrecht (19 zu § 132 GVG), allgemeine Regeln des Völkerrechts (Art 25 GG), Auslieferungs- und andere Staatsverträge, die sich in formellen Gesetzen niedergeschlagen haben, sowie ausländische Rechtsvorschriften (LR-
3 Hanack 7 ff). **Keine Rechtsnormen** sind Verwaltungsanordnungen (BGH NStZ **82**, 321; Bay NJW **52**, 235; Köln NJW **61**, 1127; **aM** Hamburg NStZ **84**, 273 für den Fall, daß die Anordnung einen Blankettatbestand ausfüllt, der das mit Strafe bedrohte Verhalten nicht konkret beschreibt), Dienstvorschriften der Bundesbahn (BGH VRS **16**, 53; RG **53**, 134; LG Mainz MDR **82**, 597), Vereinssatzungen, Unfallverhütungsvorschriften der Berufsgenossenschaften (RG **52**, 42; Hamm OLGSt § 3 BauONW S. 1; **aM** für die seit 1963 von den Berufsgenossenschaften aufgrund des § 708 RVO erlassenen Unfallverhütungsvorschriften: Bay **86**, 75 = MDR **87**, 80) und allgemeine Geschäftsbedingungen, auch nicht die Geschäftsverteilungspläne der Gerichte (RG **76**, 233; Bay VerfGHE **38** II 90; Bay **77**, 141; vgl auch BayVerfGH NJW **78**, 1515: Rechtssetzungsakte eigener Art), der Grundsatz *in dubio pro reo* (26 zu § 261) sowie die Denkgesetze und Erfahrungssätze (KMR-Paulus 12; LR-Hanack 11; Meurer in FS für Ernst Wolf, 1985, S. 483, 499;
4 Roxin § 53 D I 3). **Soll- oder Ordnungsvorschriften** (dazu allg Bauer wistra **91**, 95; Bohnert NStZ **82**, 5) sind zwar Rechtsnormen iS des § 337; der Tatrichter darf sich über sie nicht hinwegsetzen, sofern dafür kein triftiger Grund besteht (BGH **3**, 384; MDR **55**, 397 [D]). Jedoch ist bei solchen Vorschriften ein Beruhen des Urteils auf der Gesetzesverletzung (unten 36) ausgeschlossen. Der Verstoß kann daher mit der Revision nicht gerügt werden (BGH **30**, 255, 257; DAR **81**, 196 [Sp]; NStZ **81**, 93 [Pf]; Bohnert NStZ **83**, 344;); die Entscheidung BGH **25**, 325, mit der (im Anschluß an Grünwald JZ **68**, 752; Hanack JZ **71**, 169; Rudolphi MDR **70**, 100) die Lehre von folgenlos verletzbaren Ordnungsvorschriften als methodisch veraltet bezeichnet wurde, ist vereinzelt geblieben (vgl aber LR-Hanack 15 ff, 22; Frisch Rudolphi-Symp 201: unbrauchbarer und überflüssiger Begriff; Sarstedt/Hamm 245 ff; siehe auch Weber-Petras Ordnungs- und Sollvorschriften im Strafprozeßrecht, 1992, mit Übersicht der Rspr und Literatur zu den in Frage kommenden Vorschriften in Anh I).

5 3) **Verletzung des Gesetzes:**

6 A. **Verfahrensvoraussetzungen:** Die Prüfung erfolgt von Amts wegen (Einl 150; Karlsruhe NStE Nr 7), auch wenn das Urteil wegen Beschränkung des Rechtsmittels bereits teilw rechtskräftig ist (BGH **6**, 305; **8**, 269 = JZ **56**, 417 mit Anm Jescheck; BGH **11**, 393; **13**, 128; **15**, 203, 207; **21**, 242; Einl 151). Das Revisionsgericht ist weder an die tatsächlichen Feststellungen noch an die Beweiswürdigung des Tatrichters gebunden (BGH **5**, 225; **14**, 137, 139; MDR **55**, 143 [D]; **58**, 142 [D]; Düsseldorf VRS **71**, 28). Es prüft die Prozeßvoraussetzungen selbständig und aufgrund eigener Sachuntersuchung unter Benutzung aller verfügbaren Erkenntnisquellen im Freibeweisverfahren (Einl 152). Eine Ausnahme gilt für die sog doppelrelevanten Tatsachen. Was der Tatrichter zum Schuldspruch im Strengbeweis festgestellt hat, bindet das Revisionsgericht (BGH MDR **56**, 272; Düsseldorf MDR **88**, 253; JMBlNW **88**, 34; Karlsruhe GA **85**, 134; LR-Hanack 35), nach Ansicht des BGH allerdings nicht die Tatzeit, wenn ihre datenmäßige Fixierung für den Schuldspruch und die sichere Erfassung der ihm zugrunde liegenden Tatsachen nicht unerläßlich ist (BGH **22**, 90 = JR **68**, 466 mit Anm Kleinknecht; **aM** LR-Hanack 36). Würde die Ermittlung der maßgebenden Tatsachen eine Beweisaufnahme wie in der Hauptverhandlung vor dem Tatrichter erforderlich machen, so ist dem Revisionsgericht nicht verwehrt, das Urteil auf-

zuheben und die Sache an den Tatrichter zurückzuverweisen (BGH **16**, 399, 403; Celle MDR **60**, 334; Düsseldorf MDR **94**, 716 L; Karlsruhe aaO; krit EbSchmidt Nachtr 4 a vor § 244). Zu Zweifeln an dem Bestehen eines Prozeßhindernisses vgl 7 zu § 206 a, 34 zu 261. Wegen der einzelnen Prozeßvoraussetzungen vgl Einl 141 ff.

B. **Verfahrensrecht:** 7

a) Bei der **Abgrenzung des Verfahrensrechts vom sachlichen Recht** ist nicht entscheidend, ob die Vorschrift in der StPO oder in einem anderen Gesetz steht, sondern ob sie den Weg bestimmt, auf dem der Richter zur Urteilsfindung berufen und gelangt ist (LR-Hanack 66). Dann gehört sie dem Verfahrensrecht an; alle anderen Vorschriften gehören zum sachlichen Recht (BGH **19**, 273, 275; **25**, 100; Karlsruhe OLGSt § 52 S. 1; Doller MDR **74**, 979; Krause StV **84**, 486). Nur auf die Sachrüge geprüft werden insbesondere die Verletzung der Denkgesetze (BGH **3**, 213, 215; str) und des Grundsatzes *in dubio pro reo* (BGH LM Nr 19 zu § 261; Celle MDR **57**, 436; Krey JA **83**, 237), die unzulässige Verwertung des Schweigens des Angeklagten (Bremen OLGSt § 261 S. 93; Eisenberg BR 911; **aM** BGH **32**, 140; Koblenz VRS **45**, 365; Oldenburg NJW **69**, 806; Schleswig SchlHA **85**, 132 [E/L]; LR-Hanack 67: nur Verfahrensregel; Doller MDR **74**, 979: sachlicher und verfahrensrechtlicher Mangel) oder der Zeugnisverweigerung eines Angehörigen (BGH JR **81**, 432 mit krit Anm Hanack; **aM** Karlsruhe GA **75**, 182; LR-Hanack 67: nur Verfahrensmangel) und der Auskunftsverweigerung nach § 55 im Verfahren gegen den Zeugen selbst (Stuttgart NStZ **81**, 272), die Verwertung von Vorstrafen unter Verstoß gegen § 51 **BZRG** (BGH **24**, 378; **25**, 100; **27**, 108; NJW **73**, 65; ANM 443 mwN in Fn 116), nicht aber der Verstoß gegen das zum Verfahrensrecht gehörende Erörterungsverbot des § 51 **BZRG** (Karlsruhe NJW **73**, 291; auch nicht die in dem angegriffenen Urteil nicht erörterte Frage, ob und wie erbrachte Bewährungsleistungen nach § 58 II S. 2 StGB bei der Gesamtstrafenbildung berücksichtigt worden sind (BGH **35**, 238; vgl aber Karlsruhe Justiz **88**, 74). Die Verwertung des nach §§ 154, 154 a ausgeschiedenen Prozeßstoffs ohne Hinweis an den Angeklagten wird nur auf eine entspr Verfahrensrüge geprüft (2 zu § 154 a). Manche Rechtsverstöße verletzen zugleich das Verfahrensrecht und das sachliche Strafrecht (BGH StV **81**, 127: Verletzung der Pflicht zur allseitigen Prüfung des Sachverhalts; Koblenz VRS **72**, 441; wenn nicht ohne weiteres zu ersehen ist, wie Beweiswürdigung und Wahrunterstellung in Einklang gebracht werden können). 8

b) **Verletzt ist das Verfahrensrecht,** wenn eine gesetzlich vorgeschriebene Handlung unterblieben, wenn sie fehlerhaft vorgenommen worden ist oder wenn sie überhaupt unzulässig war (BGH MDR **81**, 157; LR-Hanack 69). Dabei ist die wirkliche Sachlage maßgebend, wie das Revisionsgericht sie ermittelt, nicht die Sachlage, die der Tatrichter gekannt und beurteilt hat (BGH **10**, 304; **16**, 178, 180; LR-Hanack 69; **aM** Hamburg NJW **53**, 235). Ob dem Beschwerdeführer oder dem Tatrichter die den Mangel begründenden Tatsachen bekannt waren, ist gleichgültig (BGH **20**, 98; **22**, 266; StV **88**, 89; Koblenz NJW **80**, 1058; KK-Kuckein 23; LR-Hanack 69; **aM** BGH **27**, 22, 24 = JR **77**, 211 mit insoweit abl Anm Meyer; erg 34 zu § 52). Der seinerzeitige Verfahrensstand ist nur maßgebend, wenn die Verfahrenshandlung sich nach ihm zu richten hatte, wie die Nichtvereidigung eines Zeugen wegen des in der Hauptverhandlung bestehenden Tatverdachts (BGH **10**, 358, 365; vgl auch BVerfG 2 BvR 1574/91 vom 12. 3. 1992). 9

c) **Bewiesen** muß der Verfahrensmangel sein (BGH **16**, 164, 167; NJW **53**, 836; NStZ **93**, 395; Sarstedt/Hamm 297; **aM** LR-Hanack 76; krit auch Roxin NStZ **89**, 378). Ist der Beweis unmöglich, zB bei Vorgängen, für die das Beratungsgeheimnis nach § 43 **DRiG** gilt, so ist die Rüge unzulässig (RG **61**, 217; **67**, 279; Celle MDR **58**, 182). **Beweisgrundlage** ist in 1. Hinsicht die Sitzungsniederschrift (§ 274). Nur wenn sie im Einzelfall ohne Beweiskraft (15 zu § 274) oder wenn sie verlorengegangen ist, kommt Freibeweis (7, 9 zu § 244) in Betracht 10 11

(BGH NJW **76**, 977; DAR **77**, 111 [Sp]; JR **61**, 508); an die Würdigung des Tatrichters ist das Revisionsgericht dann nicht gebunden (BGH NJW **78**, 1390). Auch die Urteilsgründe können den Verfahrensmangel ausweisen, selbst wenn er sich dem Protokoll nicht entnehmen läßt (Bay **53**, 151 = MDR **54**, 121 mit Anm Mittelbach), zB wenn sich aus dem Urteil der Teilnahmeverdacht gegen einen nach § 59 vereidigten Zeugen ergibt. Feststellungen über den Gang der Hauptverhandlung trifft das Revisionsgericht, wenn gerügt ist, daß der Angeklagte während eines Teils der Hauptverhandlung abwesend gewesen oder daß er über sachliche Veränderungen des Anklagevorwurfs nicht ausreichend unterrichtet worden ist (BGH **19**, 141, 143), wegen der vorrangigen Bedeutung des Art 103 I GG auch, wenn der Angeklagte die Versagung des rechtlichen Gehörs durch Unterlassen einer bestimmten Verfahrenshandlung rügt (BGH **22**, 26 = JZ **68**, 434 mit Anm Eb-
12 Schmidt; Düsseldorf VRS **64**, 128; Hanack JZ **73**, 729). **Zweifel an dem Verfahrensverstoß** wirken nicht zugunsten des Beschwerdeführers (35 zu § 261). Läßt sich das Gegenteil nicht beweisen, so wird – verfassungsrechtlich unbedenklich (BVerfG DAR **83**, 208 [Sp]) – davon ausgegangen, daß das Verfahren rechtmäßig war (BGH **16**, 164, 167 = JR **62**, 108 mit Anm EbSchmidt; BGH **17**, 351, 353; **21**, 4, 10; NJW **53**, 836; **78**, 1390; DAR **79**, 186 [Sp]; Krey JA **83**, 237; krit LR-Hanack 76). Eine Ausnahme gilt, wenn der Nachweis infolge Verschuldens der Justizbehörden nicht zu führen ist, wie bei fehlender Zustellung der Anklageschrift (Celle StV **98**, 531) oder bei der Ladung zur Hauptverhandlung (Karlsruhe MDR **74**, 774).

13 d) Eine **Wiederholung oder Ergänzung der Beweisaufnahme** durch das Revisionsgericht ist ausgeschlossen; sie würde der Ordnung des Revisionsverfahrens widersprechen (BGH **15**, 347; **17**, 351, 352; **28**, 384; **29**, 18, 20; **31**, 139, 140; NJW **84**, 1245, 1246). Die Urteilsfeststellungen über die Beweisaufnahme können daher mit Verfahrensrügen nach den §§ 244 II, 261 grundsätzlich nicht bekämpft werden. Es ist Sache des Tatrichters, die Ergebnisse der Beweisaufnahme festzustellen und zu würdigen; der dafür bestimmte Ort ist das Urteil. Was in ihm über das Ergebnis der Verhandlung zur Schuld- und Rechtsfolgenfrage festgestellt ist, bindet das Revisionsgericht (BGH **21**, 149; NJW **69**, 1911, 1912; DAR **77**, 180 [Sp]; MDR **73**, 557 [D]; **74**, 369 [D]) und ist dem Freibeweis nicht zugänglich (BGH **15**, 347; **29**, 18, 20; **31**, 139 = NStZ **83**, 278 mit abl Anm Fezer; BGH DAR **80**, 211 [Sp]; MDR **79**, 638 [H]; Düsseldorf JMBlNW **87**, 101, 104; Schleswig SchlHA **73**, 188 [E/J]; **aM** Fezer Hanack-Symp 108: Beweiserhebung über Hauptverhandlungsvorgänge zur Feststellung von Verfahrensfehlern bei Herstellung der Beweisgrundlage zulässig; vgl auch Herdegen Salger-FS 315; Pelz
14 NStZ **93**, 362). Der **Gegenbeweis gegen die Urteilsfeststellungen** läßt sich daher nur führen, wenn er ohne Rekonstruktion der Hauptverhandlung erbracht werden kann (BGH NStZ **97**, 296), zB wenn im Sitzungsprotokoll der Inhalt einer Aussage nach § 273 III protokolliert worden ist (BGH **38**, 14 mwN = JZ **92**, 106 mit Anm Fezer; KK-Engelhardt 5 zu § 274; Sarstedt/Hamm 291; Ulsenheimer NJW **80**, 2278; **aM** Sarstedt JZ **65**, 293; eingehend zur Problematik Schröder, Das Wortlautprotokoll als revisionsrechtlicher Nachweis eines Widerspruches zwischen tatrichterlichem Strafurteil und dem Inbegriff der mündlichen Hauptverhandlung, Diss Würzburg 1996), hingegen nicht bei Protokollierung nach § 273 II (BGH **29**, 18, 20; **38**, 14, 16; Bay NStZ **90**, 508; **aM** Koblenz VRS **46**, 435, 436; Pelz NStZ **93**, 363; Sieß NJW **82**, 1628; krit auch LR-Hanack 82), wohl aber, wenn die Urteilsfeststellungen einer in der Hauptverhandlung verlesenen Urkunde (BGH NStZ **88**, 212 [M]) oder dem verlesenen Protokoll über eine kommissarische Vernehmung (BGH **29**, 18, 21; NStZ **87**, 18 [Pf/M]; Bay StV **86**, 226; Bremen StV **90**, 536; Hamm MDR **75**, 245; Köln NJW **74**, 1150; **aM** BGH DAR **77**, 180 [Sp]; Willms Heusinger-EG 405) oder einer polizeiliche Vernehmung (BGH StV **83**, 121 L) widersprechen (vgl auch BVerfGE **82**, 236, 259 = NJW **91**, 91, 92). Das kann bei einer Aufzeichnung des Protokollinhalts auf Tonträger nach § 168 a II

durch einen Wortvergleich festgestellt werden (Stuttgart NStZ **86**, 41). Dem inneren Vorgang der Überzeugungsbildung fehlt in solchen Fällen die notwendige äußere Grundlage (BGH **29**, 18, 21). Eine **eigene Bewertung des Beweisergeb- 15 nisses** ist dem Revisionsgericht verwehrt. Es darf nicht prüfen, ob eine Urkunde richtig ausgelegt (unten 32), ob der Inhalt einer Zeugenaussage richtig gewürdigt ist (BGH aaO), wohl aber, ob ein Lichtbild für Beweiszwecke überhaupt „ergiebig" ist (BGH **41**, 376, 382; Herdegen StV **92**, 594; **aM** BGH **29**, 18 = JR **80**, 168 mit abl Anm Peters). Mit der Behauptung, das Gericht habe sich mit einer bestimmten Aussage einer Beweisperson nicht auseinandergesetzt, kann die Revision nicht gehört werden, es sei denn, die Aussage ergibt sich aus dem Urteil selbst (BGH NJW **92**, 2840; NStZ **95**, 27; abl Herdegen StV **92**, 596). Die **Aktenwidrigkeit 15 a der Urteilsgründe** kann nicht mit einer Verfahrensbeschwerde beanstandet werden. Dem Versuch, Widersprüche zwischen dem Inhalt des Urteils und den Akten alternativ auf eine Rüge nach § 244 II (wegen Nichteinführung des Akteninhalts in die Hauptverhandlung) oder nach § 261 (wegen Nichterörterung des Widerspruchs in den Urteilsgründen) zu stützen (so Schlothauer StV **92**, 134, 139; Ziegert StV **96**, 279 bezeichnet es als eine zulässige „prozessuale Wahlfeststellung"; ähnlich Fezer JZ **96**, 665; Herdegen Salger-FS 318), ist der BGH entgegengetreten (NJW **92**, 2840; NStZ **97**, 294; vgl auch Foth NStZ **92**, 446: „Es ist nicht Aufgabe des Revisionsgerichts, Urteil und Akteninhalt zu vergleichen"; erg unten 23). Eine Verletzung der Aufklärungspflicht kann idR auch nicht damit begründet werden, daß die Urteilsgründe sich zu bestimmten Punkten im Zusammenhang mit einer Zeugenvernehmung nicht äußern (BGH NJW **92**, 2838; **aM** Herdegen StV **92**, 596).

e) **Ermessensentscheidungen des Tatrichters** prüft das Revisionsgericht nur 16 darauf, ob der Richter sich der Befugnis, sein Ermessen auszuüben, bewußt gewesen ist und ob er es fehlerhaft ausgeübt hat, weil er die anzuwendenden Rechtsbegriffe verkannt, die Grenzen seiner Ermessensfreiheit durch unzulässige Erwägungen überschritten und sich nicht nach den Grundsätzen und Wertmaßstäben des Gesetzes gerichtet hat, insbesondere willkürlich und grob mißbräuchlich verfahren ist (BGH **6**, 298, 300; **10**, 327, 329; **18**, 238; KG StV **83**, 186). Sein eigenes Ermessen darf das Revisionsgericht nicht an die Stelle des tatrichterlichen Ermessens setzen (BGH **5**, 57, 58; **15**, 390, 393; JR **56**, 426; LR-Hanack 87). Beruht die angegriffene Entscheidung auf der Bewertung tatsächlicher Umstände, bei der dem Tatrichter ein **Beurteilungsspielraum** eingeräumt ist, so ist das 17 Revisionsgericht an die ihr zugrunde liegenden tatsächlichen Feststellungen gebunden. Seine Prüfung beschränkt sich darauf, ob der Tatrichter sich der Möglichkeit einer Ermessensentscheidung bewußt geworden ist (BGH **22**, 266, 267) und ob er die anzuwendenden Rechtsbegriffe verkannt hat (KMR-Paulus 24; ANM 158 ff; **aM** EbSchmidt 11 ff; Beling JW **28**, 2992; vgl auch Köln NJW **86**, 2896). Das gilt zB für die Feststellung des Verlöbnisses des Angeklagten (33 zu § 52), des Teilnahmeverdachts des Zeugen (34 zu § 60), der Befangenheit des Sachverständigen (21 zu § 74), der Voraussetzungen für die Verlesung nach § 251 (dort 39) und des nicht genügend entschuldigten Ausbleibens des Angeklagten in der Berufungsverhandlung (48 zu § 329).

f) **Beschwer:** Jeder Beteiligte kann nur Verfahrensfehler rügen, die ihn selbst 18 beschweren (BGH **12**, 1, 2). Auf Verstöße, die nur andere Beteiligte betreffen, kann er die Revision nicht stützen (BGH **10**, 119, 121; MDR **73**, 192 [D]; StV **84**, 493 L; Saarbrücken VRS **35**, 41, 42, Kleinknecht NJW **66**, 1539); das gilt auch für zwingende Aufhebungsgründe (4 zu § 338). Ausreichend ist aber eine mittelbare Beschwer. Der hiervon betroffene Angeklagte kann zB rügen, daß die Ehefrau eines Mitangeklagten nicht nach § 52 III S. 1 belehrt worden ist (BGH MDR **73**, 902 [D]; Schöneborn NJW **74**, 535), daß ein Brief des Mitangeklagten zu Unrecht beschlagnahmt worden ist (RG **20**, 91, 93) oder daß ein Geständnis des Mitangeklagten nach § 136 a nicht hätte verwertet werden dürfen (BGH MDR **71**, 18

[D]). Die fehlerhafte Ablehnung von Beweisanträgen anderer Prozeßbeteiligter kann er rügen, wenn er sich ihnen zwar nicht angeschlossen hatte, das Gericht aber wegen gleichartiger Interessenlage auch ihm gegenüber zur rechtlich einwandfreien Behandlung verpflichtet war (ANM 871 ff mwN; 84 zu § 244). Das ist bei einem Beweisantrag der StA nur der Fall, wenn er zugunsten des Angeklagten oder zur objektiven Wahrheitserforschung gestellt war (ANM 874). Auf Verfahrensverstöße,
19 die **kein Verwertungsverbot** nach sich ziehen, kann die Revision trotz bestehender Beschwer nicht gestützt werden. Allerdings ist weitgehend ungeklärt, unter welchen Voraussetzungen Beweisergebnisse trotz Mißachtung der gesetzlichen Beweismethodenverbote verwertet werden dürfen (Einl 55; Einzelheiten bei ANM 476 ff). Für den Fall, daß der Verstoß nur die Interessen dritter Personen berührt, hat der BGH die (von Gossrau MDR **58**, 468 so genannte) Rechtskreistheorie entwickelt (BGH **11**, 213 [GSSt]; **17**, 245, 247; eingehend dazu Frisch Rudolphi-Symp 173 ff). Sie bedeutet, daß der Angeklagte den Verstoß gegen nur die Interessen von Zeugen oder des Staates schützende Vorschriften, wie § 54 (dort 32), § 55 (dort 17), § 70 (dort 21), § 81 c I, II S. 1 (dort 32), § 81 d (dort 6), § 95 II S. 2 iVm § 55 (11 zu § 95), nicht rügen kann. Bei den übrigen Verstößen kommt es auf eine Abwägung der Interessen des Angeklagten an der Bewahrung seiner Rechtsgüter gegen das Interesse des Staates an der Tataufklärung und Verfolgung von Straftaten an (ANM 480). Vgl im übrigen die Erläuterungen zu den einzelnen Vorschriften.

20 C. **Sachliches Recht:**

21 a) Die **Prüfung des Revisionsgerichts** auf die Sachrüge beschränkt sich nicht darauf, ob das Recht auf den festgestellten Sachverhalt richtig angewendet worden ist. Es prüft vielmehr auch, ob die Urteilsfeststellungen überhaupt eine tragfähige Grundlage für diese Prüfung bieten (BGH **14**, 162, 165; NJW **78**, 113, 115; OGH 1, 117; Cramer Peters-FS 241; Willms JR **75**, 54), insbesondere, ob sie frei von Lücken, Widersprüchen und Verstößen gegen Denk- und Erfahrenssätze sind. Diese Kontrolle der Voraussetzungen richtiger Rechtsanwendung wird neuerdings im Schrifttum teilw unter dem Begriff Darstellungsrüge zusammengefaßt (vgl LR-Hanack 120 ff; Fezer 20/8 ff und: Die erweiterte Revision, 1974, S. 9, 14). Unzureichende Feststellungen können allerdings idR nur bei einer Verurteilung, nicht bei einem Freispruch aus tatsächlichen Gründen mit der Sachrüge beanstandet werden (Bay **88**, 148 = NStE Nr 57 zu § 244: Aufklärungsrüge nötig).

22 b) **Grundlagen der Prüfung** sind nur die Urteilsurkunde und die Abbildungen, auf die nach § 267 I S. 3 verwiesen worden ist (Rieß NJW **78**, 2270). Alle anderen Erkenntnisquellen sind dem Revisionsgericht verschlossen (BGH **35**, 238, 241; NJW **98**, 3654). Die nach § 268 II S. 2 mündlich mitgeteilten Urteilsgründe sind nicht maßgebend (BGH **2**, 63, 66; **7**, 363, 370; NStZ **96**, 326 [K]); Widersprüche zwischen Urteil und Protokoll sind für die Sachrüge ohne Bedeutung; die Gründe sind maßgebend (36 zu § 273). Unbeachtlich sind auch unzulässige Berichtigungsbeschlüsse (BGH **2**, 248; GA **69**, 119; MDR **73**, 902 [D]) und Urteilsergänzungen, für die § 267 IV S. 3 keine Grundlage bietet (Bay **77**, 137 = JZ **77**, 694) oder die nach Ablauf der dort bestimmten Frist zu den Akten gebracht worden
23 sind (Bay **79**, 148, 152 = VRS **58**, 34, 38). Den **Akteninhalt** darf das Revisionsgericht bei der Prüfung der Sachrüge nicht berücksichtigen (BGH **35**, 238, 241; OGH **1**, 42, 43; Köln MDR **84**, 335; Wagner ZStW **106**, 299; **aM** Peters 647; Rüping 641), selbst wenn er ihm auf eine Verfahrensrüge, zB nach § 244 II, eröffnet ist (BGH GA **55**, 269; LR-Hanack 104; W. Schmid ZStW **85**, 906; **aM** BGH **22**, 282, 289 und BGH StV **93**, 176 mit abl Anm Schlothauer). Die Rüge der „Aktenwidrigkeit" ist unbeachtlich (Koblenz VRS **46**, 440, 441; Dahs/Dahs 92, 392, 505; Fezer 20/7); ein Erörterungsmangel kann nur dann bejaht werden, wenn sich ein Widerspruch aus dem Urteil selbst ergibt, also sich dieses etwa auf Aussagekonstanz beruft, obwohl sich die Aussagen widersprochen haben (BGH StV **92**, 2), oder wenn sonst das Beweisergebnis mit den Mitteln des Revisions-

rechts ohne weiteres feststellbar ist (BGH StV **91**, 549). Dem Revisionsgericht sind, abgesehen von der Anhörung von Sachverständigen zur Feststellung von Erfahrungssätzen (unten 31; 3 zu § 351), **Beweisaufnahmen** nicht gestattet (Gössel JR **83**, 120; W. Schmid ZStW **85**, 893). Insbesondere darf es Lichtbilder und 24
Filmstreifen, deren strafbarer Inhalt Gegenstand des Urteils ist, nicht in Augenschein nehmen (BGH **29**, 18, 22 [anders nur zur Überprüfung der Überzeugungsbildung des Tatrichters, vgl BGH **41**, 376, 382; oben 15]; Hamm VRS **72**, 196 und bei W. Schmid ZStW **85**, 896 Fn 7; Köln AfP **85**, 285; Geppert JR **85**, 432; **aM** RG **61**, 379; Bay **70**, 135 = MDR **70**, 942; Celle Verk Mitt **85**, 53, 54; Hamburg NStZ **81**, 393 = JR **82**, 76 mit abl Anm Bottke; Schleswig SchlHA **70**, 198). Das gleiche gilt für Schallplatten; das Revisionsgericht darf sie nicht abhören (BGH **23**, 64, 78; Köln GA **68**, 344). Neben dem Urteilsinhalt beachtet das Revisionsgericht aber **offenkundige Tatsachen** (50 ff zu § 244; Düsseldorf NJW 25
93, 2452). Es kann mit ihnen Lücken in den Urteilsfeststellungen schließen und Widersprüche ausräumen (Bay **87**, 171, 173 = JZ **88**, 420; LR-Hanack 103; einschr Puppe NStZ **90**, 434). Dasselbe gilt für die Gerichtskundigkeit des Revisionsgerichts (BGH 1 StR 256/96 vom 9. 5. 1996; Meyer-Goßner Tröndle-FS 563; vgl auch Graul [50 zu § 244] S. 306 ff).

c) Die **Beweiswürdigung** des Tatrichters darf das Revisionsgericht nur auf 26
rechtliche Fehler prüfen (38 zu § 261), nicht aber durch seine eigene ersetzen (BGH **10**, 208, 210 = JR **57**, 386 mit Anm EbSchmidt; BGH **29**, 18, 20 = JR **80**, 168 mit abl Anm Peters; BGH StV **81**, 114; **83**, 267; zur BGH-Rspr vgl Maul Pfeiffer-FS 409). Die falsche Würdigung der Beweise kann mit der Revision nicht gerügt werden (BGH VRS **35**, 264). **Rechtsfehlerhaft** ist die Beweiswürdigung, wenn sie 27
in sich widersprüchlich, lückenhaft oder unklar ist oder gegen Denkgesetze und Erfahrungssätze verstößt (BGH DAR **81**, 201 [Sp]; **83**, 205 [Sp]; NStZ **83**, 277; VRS **35**, 264; StV **86**, 421; Düsseldorf JMBlNW **83**, 105; Koblenz NJW **86**, 1003; VRS **59**, 199, 200) oder wenn der Tatrichter überspannte Anforderungen an die für eine Verurteilung erforderliche Gewißheit stellt (BGH MDR **78**, 806 [H]; NStZ **84**, 180; **85**, 15 [Pf/M]; **88**, 212 [M]; StV **86**, 421; VRS **63**, 39, 40). **Widersprüche** 28
und Unklarheiten stehen einer Nachprüfung der Beweiswürdigung durch das Revisionsgericht entgegen und stellen daher einen sachlich-rechtlichen Mangel des Urteils dar (BGH **3**, 213, 215; **14**, 162, 164; **15**, 1, 3; MDR **82**, 948; VRS **63**, 39, 40; Karlsruhe Justiz **82**, 26; Koblenz VRS **65**, 441, 443; Pelz NStZ **93**, 362). Die rechtliche Prüfung ist auch nicht möglich, wenn die Beweiswürdigung **Lücken** 29
aufweist, insbesondere, wenn nicht alle aus dem Urteil ersichtlichen Umstände gewürdigt sind, die Schlüsse zugunsten oder zuungunsten des Angeklagten zulassen (BGH **14**, 162, 164; **25**, 285; NJW **80**, 2423; GA **74**, 61; MDR **78**, 108 [H]; NStZ **84**, 17 [Pf/M]; **85**, 15 [Pf/M]; StV **81**, 114; VRS **53**, 110). Daher ist es fehlerhaft, wenn der Tatrichter, obwohl der Sachverhalt dazu drängt, eine naheliegende Möglichkeit des Tathergangs, auch der inneren Tatseite, außer Betracht läßt (BGH **18**, 204, 207; **25**, 365, 367; NJW **53**, 1441; StV **81**, 508; **82**, 508; **83**, 359; **87**, 423 mit Anm Hannover = NStZ **87**, 473; VRS **55**, 186, 188; **65**, 351, 353). Die Aussagen eines Zeugen vom Hörensagen müssen einer besonders sorgfältigen und kritischen Würdigung unterzogen werden (BGH NStZ **88**, 144; Köln NStZ **90**, 557). Beim Indizienbeweis muß sich der Tatrichter mit allen festgestellten Beweisanzeichen auseinandersetzen (BGH **12**, 311, 315; NJW **67**, 1140; DAR **80**, 197 [Sp]; **82**, 206 [Sp]; GA **74**, 61; JR **54**, 468; MDR **77**, 284 [H]). Der **Verstoß gegen die Denk-** 30
gesetze ist ebenfalls ein sachlich-rechtlicher Mangel (BGH **6**, 70, 72; **19**, 33, 34; KG JR **59**, 106 mit Anm Sarstedt; Klug Möhring-FS 363). Ein solcher Verstoß liegt etwa vor (vgl allg Meurer in FS für Ernst Wolf, 1985, S. 483 ff) bei Kreisschlüssen (BGH StV **96**, 366; Dahs/Dahs 418; Klug, FS der Rechtsw Fakultät z 600-Jahr-Feier der Universität zu Köln, 429; Schneider MDR **62**, 868), Begriffsvertauschungen (Dahs/Dahs 419), Rechenfehlern (Bremen VRS **54**, 65, 68; Geerds Peters-FS 269), bei der irrtümlichen Annahme, eine Schlußfolgerung sei zwingend (KG VRS **63**,

46, 47; Köln VRS **64**, 230; Schleswig SchlHA **56**, 184), oder bei der Verwendung von Nichtbewiesenem als Beweisanzeichen (BGH NJW **80**, 2423, 2424; OGH **1**, 165). Kein Kreisschluß ist aber die Bewertung der Zuverlässigkeit einer Zeugenaussage nach deren strukturellen Elementen (BGH StV **98**, 635). Die Beweiswürdigung
31 ist hingegen fehlerhaft, wenn sie **Erfahrungssätze nicht beachtet,** also die aufgrund allgemeiner Lebenserfahrung oder wissenschaftlicher Erkenntnisse gewonnenen Regeln, die keine Ausnahme zulassen und eine an Sicherheit grenzende Wahrscheinlichkeit zum Inhalt haben, außer acht läßt (BGH **6**, 70, 72; **17**, 382, 385; **29**, 18, 20; **31**, 86, 89; NJW **82**, 2882; VRS **35**, 264). Sie binden den Tatrichter in gleicher Weise wie die Denkgesetze (BGH **5**, 34, 36; **6**, 70, 73; **10**, 208, 211; **25**, 246, 248; **29**, 18, 21; NJW **78**, 1207; Grave/Mühle MDR **75**, 274; Willms JR **75**, 52), sofern nicht neuere Erkenntnisse die früheren widerlegen (Düsseldorf VRS **59**, 287, 289: Darlegungspflicht). Umgekehrt ist es rechtsfehlerhaft, wenn der Tatrichter von einem nicht bestehenden Erfahrungssatz ausgeht (BGH **7**, 82, 83; Düsseldorf StV **93**, 572; Karlsruhe StV **95**, 13), zB „Erkenntnisse" der Parapsychologie berücksichtigt (BGH NJW **78**, 1207) oder einen Erfahrungssatz zugunsten eines anderen Erfahrungssatzes vernachlässigt (BGH NStZ **97**, 376 [K]). Gravierende Fehlbewertungen der Beweiskraft von statistisch belegten Häufigkeitswerten begründen idR einen Rechtsfehler (BGH StV **96**, 583). Das Revisionsgericht kann das Bestehen oder Fehlen von Erfahrungssätzen im Freibeweis (7, 9 zu § 244), auch durch Anhörung von Sachverständigen, prüfen (BGH **7**, 82, 83; **16**, 16, 17; **23**, 156, 164; **25**, 246, 249; **33**, 133, 136).

32 d) Die **Auslegung** von Äußerungen, Erklärungen, Urkunden, Verträgen und bildlichen Darstellungen ist eine Tatsachenwürdigung, die nur dem Tatrichter zusteht (Hamburg JR **83**, 508; Köln NJW **81**, 1280; **82**, 657; NStZ **81**, 183; StV **85**, 113). Dem Revisionsgericht ist eine eigene Würdigung ebenso verboten wie bei der Beweiswürdigung (BGH **3**, 69, 70; **21**, 371, 372; NJW **52**, 1186; Düsseldorf JMBlNW **81**, 223; Köln AfP **85**, 285; OLGSt § 185 StGB Nr 1; vgl aber Volk JR **80**, 292), auch wenn der Inhalt der Äußerung oder Urkunde in dem Urteil wörtlich festgestellt (KG JR **80**, 290 mit Anm Volk; Celle StV **83**, 284; **aM** Celle NdsRpfl **77**, 88; erg 2 vor § 333) oder bildlich festgehalten ist (Köln AfP **85**, 285). Die Prüfung des Revisionsgerichts beschränkt sich darauf, ob die Auslegung auf Rechtsirrtum beruht (BGH **37**, 55, 61; Hamm NJW **71**, 1852, 1853; Köln JMBlNW **83**, 36), ob sie lückenhaft ist (RG JW **24**, 304), weil von mehreren Auslegungsmöglichkeiten nur eine geprüft ist (BGH **25**, 365, 367; Köln NJW **88**, 1802) oder gegen Sprach- und Denkgesetze, Erfahrungssätze und allgemeine Auslegungsregeln verstößt (BGH **21**, 371, 372; Bay NJW **90**, 922; Köln NStZ **81**, 183). Das gilt auch für die Auslegung von Verwaltungsanordnungen (BGH **31**, 314, 316; VRS **16**, 53). Eine allgemeine Auslegungsregel ist zB der Grundsatz, daß der nicht eindeutige Sinn der Gedankenäußerung aus dem Zusammenhang und Zweck zu erforschen ist (BGH MDR **77**, 281 [H]; RG **61**, 151, 154).

33 e) **Gesetzesanwendung:** Das sachliche Recht ist verletzt, wenn eine auf den festgestellten Sachverhalt anzuwendende Norm nicht oder nicht richtig angewendet worden ist oder wenn eine unanwendbare Rechtsnorm oder eine „Norm" angewendet worden ist, die keine Rechtsnorm ist. Der Fehler kann insbesondere in der falschen Auslegung der Rechtsnorm oder in falscher Subsumtion liegen. In beiden Fällen ist das Revisionsgericht von der Auffassung des Tatrichters unabhängig. Bei unbestimmten Rechtsbegriffen ist das Revisionsgericht zwar an die dazu festgestellten Tatsachen, aber nicht an die Ansicht des Tatrichters gebunden. Es kann, wenn die Feststellungen vollständig sind, abschließend im entgegengesetzten Sinn entscheiden wie der Tatrichter (vgl BGH VRS **54**, 436).

34 f) Der **Rechtsfolgenausspruch** ist als Rechtsanwendung von dem Revisionsgericht überprüfbar (Bruns, Das Recht der Strafzumessung, 2. Aufl, 1985, S. 296 ff, und Henkel-FS 287; Dahs/Dahs 437 ff; Frisch NJW **73**, 1345; Sarstedt/Hamm 1198 ff; Zipf, Die Strafmaßrevision, 1969, S. 171 ff; zur BGH-Rspr vgl

Theune Pfeiffer-FS 449). Der Tatrichter muß seine Zumessungserwägungen daher in einem die Nachprüfung ermöglichenden Umfang darlegen (Düsseldorf NStZ **88**, 325). Allerdings trägt die Verantwortung für die Festsetzung der Rechtsfolgen in 1. Hinsicht der Tatrichter; insbesondere die Strafbemessung ist seine Aufgabe (BGH **17**, 35, 36; DAR **77**, 180 [Sp]; **78**, 149 [Sp]; MDR **74**, 721 [D]; wistra **82**, 225). In Zweifelsfällen ist die Wertung des Tatrichters zu respektieren (BGH NStZ **82**, 114; **84**, 360; StV **83**, 502). Das Revisionsgericht darf nur eingreifen, wenn die Strafzumessungserwägungen des Urteils in sich rechtsfehlerhaft sind oder wenn der Tatrichter die ihm nach § 46 StGB obliegende Pflicht zur Abwägung der für und gegen den Angeklagten sprechenden Umstände verletzt, insbesondere rechtlich anerkannte Strafzwecke nicht in den Kreis seiner Erwägungen einbezogen hat (BGH **17**, 35, 36; **27**, 2; DAR **80**, 198 [Sp]; JR **81**, 334 mit Anm Bruns). Es prüft auch, ob die verhängte Strafe noch innerhalb des Rahmens liegt, innerhalb dessen sie schon oder noch als gerecht anerkannt werden kann. Das ist nur dann nicht der Fall, wenn dem Tatrichter ein offensichtlich grober Fehlgriff vorzuwerfen ist (BGH **17**, 35, 37; MDR **74**, 721 [D]; JR **81**, 334 mit Anm Bruns; BGH NStZ **85**, 415; Düsseldorf VRS **59**, 284; Karlsruhe Justiz **81**, 321), die Strafe also bei Berücksichtigung des zur Verfügung stehenden Strafrahmens unvertretbar hoch oder niedrig ist (BGH NJW **77**, 1247 = JR **77**, 159 mit Anm Bruns; NJW **90**, 846; Karlsruhe NJW **80**, 133; krit zu dieser Rspr Foth NStZ **92**, 444). **Rechtsfeh- 35**
lerhafte Strafzumessungserwägungen liegen zB vor, wenn der Tatrichter von einem falschen Strafrahmen ausgegangen ist (BGH NJW **78**, 174; StV **81**, 124; wistra **82**, 225), wenn der Strafzumessung ein nicht eindeutig geklärter Sachverhalt zugrunde liegt (BGH **1**, 51), ohne daß von der dem Angeklagten günstigsten Möglichkeit ausgegangen wurde (BGH StV **86**, 5), wenn die Strafzumessungserwägungen widersprüchlich sind (BGH **16**, 360, 364; MDR **53**, 148 [D]; **72**, 250 [D]; Köln VRS **58**, 23) oder gegen Denkgesetze (Bay HESt. 3, 64; KG VRS 3, 276) oder Erfahrungssätze verstoßen (Hamm VRS **21**, 72; Köln VRS 8, 364; Oldenburg VRS 5, 320) oder wenn hypothetische Strafzumessungserwägungen angestellt sind, zB daß auf dieselbe Strafe auch erkannt worden wäre, wenn die Tat rechtlich anders beurteilt werden müßte (BGH **7**, 359; Schleswig SchlHA **80**, 170 [E/J]), wenn die eine oder andere Rechtsverletzung nicht vorläge (BGH JR **55**, 228) oder wenn die Voraussetzungen des § 21 StGB gegeben wären (BGH StV **81**, 401). Ein fehlender
Ausspruch zur **besonderen Schwere der Schuld** bei Verurteilung zu lebenslanger 35 a
Freiheitsstrafe (vgl 33 zu § 260; 20a zu § 267) beschwert den Angeklagten nicht (BGH NStZ **93**, 134; Meurer JR **92**, 448). Ob der Tatrichter die Tat zu Recht als besonders schwer eingestuft hat oder nicht, unterliegt im übrigen aber revisionsgerichtlicher Kontrolle (BGH **39**, 121; Stree NStZ **92**, 465), und zwar sowohl hinsichtlich der Gewichtung als auch der dieser zugrundeliegenden Feststellungen (Stree JR **94** 166; zw BGH **39**, 208, 210). Die Überprüfung beschränkt sich jedoch darauf, ob der Tatrichter alle maßgeblichen Umstände bedacht hat (BGH aaO); das Revisionsgericht darf seine Wertung nicht an die Stelle derjenigen des Tatrichters setzen (BGH StV **93**, 420).

4) Beruhen des Urteils auf der Gesetzesverletzung: 36

A. **Allgemeines:** Ein Gesetzesverstoß begründet die Revision nur, wenn das 37
Urteil bei richtiger Anwendung des Gesetzes anders ausgefallen wäre. Dieser ursächliche Zusammenhang (Blomeyer JR **71**, 142 stellt auf Finalität ab; vgl auch Bloy JuS **86**, 596; Schlüchter Krause-FS 485: normativer Zusammenhang) zwischen Gesetzesverstoß und Urteil braucht aber nicht erwiesen zu sein. Die bloße Möglichkeit, daß das Urteil auf dem Fehler beruht, reicht aus (BGH **1**, 346, 350; **8**, 155, 158; **9**, 77, 84; 362, 364; **20**, 160, 164; **21**, 288, 290; **22**, 278, 280). Nur wenn sie ausgeschlossen oder rein theoretisch ist, fehlt es an dem ursächlichen Zusammenhang (BGH **14**, 265, 268; **18**, 290, 295; MDR **75**, 369 [D]; NStZ **85**, 135; NJW **88**, 1223, 1224 mwN), insoweit hat das Revisionsgericht eine „Beweislast" (Herdegen NStZ **90**, 516). Bei den zwingenden Aufhebungsgründen des § 338

Nrn 1–7 wird das Beruhen des Urteils auf dem Verfahrensverstoß unwiderlegbar vermutet (dort 1).

38 B. Bei **Verfahrensfehlern** kommt es darauf an, ob ein rechtsfehlerfreies Verfahren zu demselben oder möglicherweise zu einem anderen Ergebnis geführt hätte (RG **52**, 305, 306; **61**, 353; **64**, 379, 380; Hamm StV **84**, 105; Karlsruhe Justiz **85**, 475; LR-Hanack 256). Die Beurteilung dieser Frage hängt von den Umständen des Einzelfalls ab. Erwähnt das Urteil bei der überflüssigen, aber vielfach üblichen zusammenfassenden Aufzählung der benutzten Beweisquellen ein bestimmtes Beweismittel, so bedeutet das nicht ohne weiteres, daß das Urteil auf ihm beruht (BGH NJW **51**, 325; MDR **52**, 17 [D]; Hamm VRS **41**, 123; Schleswig SchlHA **76**, 171 [E/J]). Auf Verfahrensverstößen im Vorverfahren beruht das Urteil idR nicht (vgl 3 zu § 336), auch nicht auf Verfahrensfehlern nach Urteilserlaß (BGH NJW **51**, 970; vgl aber § 338 Nr 7). Die fehlerhafte Anwendung einer Verfahrensvorschrift ist unschädlich, wenn das Verfahren nach einer anderen Vorschrift rechtmäßig ist (BGH **30**, 10, 14; MDR **83**, 624 [H]). Ob das Urteil auf der Verlesung der Übertragung eines Tonbandprotokolls ohne die nach § 168 a IV S. 2, 3 erforderlichen Unterschriften beruht, prüft Karlsruhe Justiz **85**, 475 zu Unrecht
39 durch Abhören des Tonbandes. Die rechtzeitige **Heilung des Verstoßes** schließt das Beruhen aus (allg dazu W. Schmid JZ **69**, 757). Die Heilung, zu der der Tatrichter nicht nur berechtigt, sondern verpflichtet ist (RG **41**, 404, 405; Oldenburg NdsRpfl **54**, 34; Rpfleger **79**, 221; LR-Hanack 261; W. Schmid Maurach-FS 540; Einl 159), erfolgt bei fehlerhaft unterlassenen Verfahrenshandlungen durch Nachholung, zB durch Erlaß des Eröffnungsbeschlusses vor oder nach Beginn der Hauptverhandlung (BGH **29**, 224; Düsseldorf MDR **70**, 783; Köln JR **81**, 213 mit Anm Meyer-Goßner; 3 zu § 203), durch Bekanntgabe des nicht zugestellten Eröffnungsbeschlusses in der Hauptverhandlung (Karlsruhe MDR **70**, 438), durch Nachholen der unterbliebenen Vereidigung eines Zeugen (29 zu § 60) oder durch nachträgliche Gewährung des letzten Wortes nach § 258 II. Ein fehlerhafter Verfahrensvorgang kann durch Wiederholung in einwandfreier Form geheilt werden (BGH **30**, 74, 76; Hamburg NJW **75**, 1573). Die Heilung einer gesetzwidrigen Entscheidung erfolgt dadurch, daß sie zurückgenommen wird (Bay **52**, 270 = NJW **53**, 433; Bay **53**, 214 = VRS **6**, 53; MDR **55**, 56) oder, wenn das nicht möglich ist, nach entsprechendem Hinweis an die Prozeßbeteiligten unberücksichtigt bleibt (W. Schmid JZ **69**, 758; erg 30 zu § 60). Nach der Urteilsverkündung ist die Heilung von Verfahrensfehlern ausgeschlossen (Hamm JMBlNW **55**, 237; Poppe NJW **54**, 1951; W. Schmid JZ **69**, 762). Zur Heilung von zwingenden Urteilsaufhebungsgründen vgl 3 zu § 338.

40 C. Bei **sachlich-rechtlichen Mängeln** ergibt sich das Beruhen ohne weiteres aus dem Urteil. Fehlerhafte Hilfserwägungen sind idR unschädlich. Enthält das Urteil widersprüchliche Feststellungen, so kann oft nicht ausgeschlossen werden, daß auch die übrigen Feststellungen fehlerhaft sind (KG DAR **56**, 331; VRS **14**, 37, 45). Bei fehlerhaften Strafzumessungserwägungen entscheidet das Revisionsgericht nach eigenem Ermessen darüber, ob nach dem Gesamtinhalt des Urteils auszuschließen ist, daß der Mangel Einfluß auf die Strafbemessung gehabt hat (Gribbohm NJW **80**, 1440; vgl auch Bremen MDR **60**, 698; Celle NJW **49**, 600).

41 **5) Verlust von Verfahrensrügen:**

42 A. **Zeitablauf:** Der Beschwerdeführer hat es in der Hand, Verfahrensfehler durch Nichterhebung von Verfahrensrügen hinzunehmen. In mehreren Fällen ist die Geltendmachung von Verfahrenseinreden schon vorher an bestimmte Fristen gebunden (vgl §§ 6 a S. 3, 16 S. 2, 25, 217 II, 218 S. 2, 222 b I S. 1, 246 II S. 2); danach können sie nicht mehr gerügt werden. Das gilt auch für die Revisionsbegründungsfrist des § 345 I. Eine Verfahrensrüge, die erst nach zweimaliger Aufhebung und Zurückverweisung erhoben wird, ist unzulässig (BGH **10**, 278 = JZ **58**, 93 mit Anm Kern).

B. Der **Verzicht** auf die Einhaltung des Verfahrens mit der Folge, daß die Revision auf den Verstoß nicht gestützt werden kann, ist nur in engen Grenzen wirksam (BGH GA **86**, 372; LR-Hanack 269; weitergehend Fuhrmann NJW **63**, 1234; vgl allg: H. Müller, Zum Problem der Verzichtbarkeit und Unverzichtbarkeit von Verfahrensnormen im Strafprozeß, 1984). Denn grundsätzlich kann nicht erlaubt werden, daß Gericht und Prozeßbeteiligte die gesetzliche Verfahrensordnung für den Einzelfall abändern. **Unverzichtbar sind** daher nicht nur die Verfahrensvoraussetzungen (BGH NJW **67**, 2368; GA **65**, 56; MDR **75**, 198 [D]; Steuber MDR **78**, 890) und die Beachtung von Bestimmungen, deren Verletzung zwingende Aufhebungsgründe nach § 338 Nrn 1–6 sind (BGH **22**, 18, 20; **25**, 317, 318; **35**, 164, 165; NJW **53**, 1800, 1801; **67**, 687; **76**, 1108; MDR **78**, 461 [H]; **83**, 282 [H]; Frankfurt MDR **86**, 606 = JR **87**, 81 mit Anm Schlüchter; Zweibrücken StV **86**, 240), sondern auch die Einhaltung der anderen Verfahrensbestimmungen, die allgemein der rechtsstaatlichen Ausgestaltung des Verfahrens dienen. **Verzichtbar** sind zB die Rechtsmittelbelehrung nach § 35 a (dort 4), die Zustellung der Anklageschrift (9 zu § 201) und des Eröffnungsbeschlusses (RG **55**, 159; KK-Tolksdorf 2 zu § 215), die Ladung nach § 216 (Hamburg HESt **3**, 28) und nach § 218 (Hamm JZ **56**, 258; VRS **53**, 367; Koblenz MDR **68**, 944), die Namhaftmachung nach § 222 (BGH 1, 284) und die Benachrichtigung nach § 224 (BGH aaO; **9**, 24, 28; **25**, 357, 359; NJW **52**, 1426) sowie die Urteilszustellung nach § 316 II (Meyer JR **86**, 301). Die **Verzichtserklärung** kann nur nachträglich erfolgen (Bohnert NStZ **83**, 348; **aM** LR-Hanack 274). Sie kann in einer schlüssigen Handlung liegen (RG **58**, 125, 127; Koblenz MDR **68**, 944), insbesondere darin, daß der Angeklagte von seinem Recht, die Aussetzung der Verhandlung zu verlangen, keinen Gebrauch macht (BGH **15**, 40, 45; Meyer aaO). Das bloße Unterlassen eines Widerspruchs oder Gegenantrags ist aber idR kein Verzicht. Zur Rügepräklusion durch Schweigen vgl Kindhäuser NStZ **87**, 529. Der Verzicht ist nur wirksam, wenn der Verfahrensbeteiligte den Mangel und die prozessuale Abwehrbefugnis gekannt hat (RG JW **22**, 1394 mit Anm Alsberg; LR-Hanack 275). Im Stillschweigen eines Angeklagten, der keinen Verteidiger hat, liegt daher idR kein wirksamer Verzicht (BGH **6**, 140; NJW **51**, 205; MDR **61**, 249; erg 10 zu § 217; 7 zu § 224). Der Verzicht des Angeklagten bindet den Verteidiger (LR-Hanack 276). Wird in Abwesenheit des Angeklagten verhandelt, so genügt der Verzicht des Verteidigers (vgl BGH **3**, 206, 210; Hamm NJW **54**, 1856). 43 44 45 46

C. **Verwirkung:** Nicht die Prozeßbeteiligten, sondern die Gerichte tragen die Verantwortung für ein einwandfreies Verfahren (vgl aber Einl 111, 1 vor § 137). Daher steht ihr Schweigen zu einem Verfahrensverstoß der Erhebung der Revisionsrüge nicht entgegen (Frankfurt HESt **3**, 39; Hamm VRS **14**, 370; Dornach NStZ **95**, 61; **aM** Wolff NJW **53**, 1658). Ein Rügeverlust wegen arglistigen Verhaltens (vgl Jescheck JZ **52**, 400; W. Schmid, Die Verwirkung von Verfahrensrügen im Strafprozeß, 1967, S. 297 ff) setzt vielmehr voraus, daß der Prozeßbeteiligte selbst den Verfahrensfehler in der Absicht herbeigeführt hat, ihn ggf mit der Revision zu rügen (Hamm NJW **60**, 1361; VRS **20**, 68; LR-Hanack 282; Jescheck aaO). Handelt es sich um eine verzichtbare Vorschrift (oben 45), so liegt darin ein Verzicht, und auf die Frage der Verwirkung kommt es nicht an. Kann auf die Einhaltung der Vorschrift nicht verzichtet werden, so bedeutet das grundsätzlich, daß die Vorschrift zu wichtig ist, als daß ein arglistiges Verhalten dem Beschwerdeführer das Rügerecht nehmen könnte (vgl BGH **15**, 306, 308; **22**, 83, 85; Frankfurt MDR **86**, 606; Schlüchter Meyer-GedSchr 457; Weber GA **75**, 302; zw BGH NStZ **98**, 267). Das gilt auch, wenn mit dem Verfahrensverstoß einem Antrag des Beschwerdeführers entsprochen worden war (BGH MDR **78**, 461 [H]; NStZ **93**, 198; Mattil GA Bd **77**, 17) oder er sogar ausdrücklich zugesichert hatte, er werde die Revision auf den Mangel nicht stützen (Hamm VRS **11**, 223, 225). Da ferner ein arglistiges Verhalten des Verteidigers dem daran nicht beteiligten Angeklagten nicht entgegengehalten werden kann (vgl BGH **24**, 280, 283; Jescheck JZ **52**, 402), 47

kommt ein Rügeverlust wegen arglistigen Verhaltens praktisch nicht in Betracht (LR-Hanack 285; Schlüchter aaO; vgl aber Dahs 684 ff mwN). Zur Verwirkung
48 durch **Nichtbeanstanden von Anordnungen des Vorsitzenden** nach § 238 II vgl dort 22.

Absolute Revisionsgründe

338 Ein Urteil ist stets als auf einer Verletzung des Gesetzes beruhend anzusehen,

1. wenn das erkennende Gericht nicht vorschriftsmäßig besetzt war; war nach § 222 a die Mitteilung der Besetzung vorgeschrieben, so kann die Revision auf die vorschriftswidrige Besetzung nur gestützt werden, soweit
   a) die Vorschriften über die Mitteilung verletzt worden sind,
   b) der rechtzeitig und in der vorgeschriebenen Form geltend gemachte Einwand der vorschriftswidrigen Besetzung übergangen oder zurückgewiesen worden ist,
   c) die Hauptverhandlung nicht nach § 222 a Abs. 2 zur Prüfung der Besetzung unterbrochen worden ist oder
   d) das Gericht in einer Besetzung entschieden hat, deren Vorschriftswidrigkeit es nach § 222 b Abs. 2 Satz 2 festgestellt hat;

2. wenn bei dem Urteil ein Richter oder Schöffe mitgewirkt hat, der von der Ausübung des Richteramtes kraft Gesetzes ausgeschlossen war;

3. wenn bei dem Urteil ein Richter oder Schöffe mitgewirkt hat, nachdem er wegen Besorgnis der Befangenheit abgelehnt war und das Ablehnungsgesuch entweder für begründet erklärt war oder mit Unrecht verworfen worden ist;

4. wenn das Gericht seine Zuständigkeit mit Unrecht angenommen hat;

5. wenn die Hauptverhandlung in Abwesenheit der Staatsanwaltschaft oder einer Person, deren Anwesenheit das Gesetz vorschreibt, stattgefunden hat;

6. wenn das Urteil auf Grund einer mündlichen Verhandlung ergangen ist, bei der die Vorschriften über die Öffentlichkeit des Verfahrens verletzt sind;

7. wenn das Urteil keine Entscheidungsgründe enthält oder diese nicht innerhalb des sich aus § 275 Abs. 1 Satz 2 und 4 ergebenden Zeitraums zu den Akten gebracht worden sind;

8. wenn die Verteidigung in einem für die Entscheidung wesentlichen Punkt durch einen Beschluß des Gerichts unzulässig beschränkt worden ist.

Übersicht

1 **1) Zwingende Aufhebungsgründe** („absolute" Revisionsgründe) enthält § 338. Die Vorschrift stellt die unwiderlegbare Vermutung auf, daß das Urteil auf einer Verletzung der in Nrn 1–7 bezeichneten Verfahrensbestimmungen beruht (BGH **27**, 96, 98; RG **42**, 105, 107; Cramer Peters-FS 239); wegen Nr 8 vgl unten 58. Die Zulässigkeit der Rüge richtet sich aber nach den allgemeinen Vorschriften
2 (BGH aaO). Von der **Urteilsaufhebung** darf nur abgesehen werden, wenn aus-

nahmsweise das Beruhen denkgesetzlich ausgeschlossen ist (BGH NJW **77**, 443; Dahs/Dahs 118). Allerdings muß, von dem Fall der Nr 6 abgesehen (vgl BGH NJW **77**, 1643, 1644), das Urteil nicht immer in dem Umfang aufgehoben werden, in dem es angefochten ist. Hat sich der Verfahrensmangel nur auf einen abtrennbaren Teil ausgewirkt, so hat das Urteil im übrigen Bestand (BGH GA **75**, 283; NStZ **83**, 375; StV **81**, 3; **84**, 186; LR-Hanack 4; **aM** Widmaier Hanack-Symp 84). Zur **Heilung des Verstoßes** ist der Tatrichter ebenso berechtigt und ver- 3
pflichtet wie bei den anderen Verfahrensfehlern (39 zu § 337). Sie erfolgt idR durch Wiederholung der wesentlichen Teile der Hauptverhandlung, soweit sie fehlerhaft war (BGH **9**, 243; **21**, 332; MDR **79**, 989 [H]; **83**, 450 [H]). Die Bekanntgabe des bisherigen Verfahrensverlaufs durch den Vorsitzenden genügt nicht (BGH **30**, 74, 76 = JR **82**, 33 mit Anm Maiwald; BGH NStZ **82**, 42; Bay NStZ **90**, 250; Köln NStZ **87**, 244; Zweibrücken StV **86**, 240; W. Schmid JZ **69**, 760). Auch die Wiederholung der Urteilsverkündung ist zulässig (RG GA Bd **41**, 45; Bremen StV **85**, 50; Oldenburg NdsRpfl **54**, 34; Poppe NJW **54**, 1915; **55**, 7; **aM** LR-Gollwitzer 61 zu § 268; EbSchmidt 4 zu § 268; W. Schmid JZ **69**, 764). BGH **33**, 99 = NStZ **85**, 422 mit abl Anm Schöch = StV **85**, 402 mit abl Anm Fezer hält das Unterlassen der Wiederholung einer Zeugenvernehmung (bei der gegen § 169 GVG verstoßen worden war) mit Recht für unschädlich, wenn die Prozeßbeteiligten auf sie verzichtet haben, weil sie die Aussage für bedeutungslos hielten. **Rügeberechtigt** sind nur die durch den Verfahrensfehler unmittelbar 4
betroffenen Beteiligten (BGH **10**, 119, 121; MDR **73**, 730 [D]), der Angeklagte daher nicht wegen der unzulässigen Abwesenheit eines Mitangeklagten (BGH **31**, 323, 331; NStZ **81**, 297 [Pf]) oder des Verteidigers eines Mitangeklagten (RG **52**, 188; **57**, 373) oder wegen einer nichtöffentlichen Zeugenaussage, die ihn selbst nicht betrifft (BGH NJW **62**, 261).

2) Vorschriftswidrige Besetzung (Nr 1): 5

A. Das **Recht auf den gesetzlichen Richter** sichert die Vorschrift. Das er- 6
kennende Gericht, dh das Gericht, das in der Hauptverhandlung das Urteil fällt, kann daher nicht nur infolge Verletzung einer die Gerichtsbesetzung ausdrücklich regelnden Vorschrift, insbesondere der §§ 21 aff, 59, 70, 76 II, 78 II, 122 GVG, 18, 19, 28, 29, 37 **DRiG,** unrichtig besetzt sein, sondern unabhängig von solchen Vorschriften auch bei Verletzung des Grundsatzes, daß niemand seinem gesetzlichen Richter entzogen werden darf (Art 101 I S. 2 GG, § 16 GVG). Bei einem solchen Verstoß ist die Rüge nach Nr 1 aber nur begründet, wenn die Fehlbesetzung auf Willkür beruht (BVerfG NJW **92**, 2075; erg 6 zu § 16 GVG). Der BGH macht diese Einschränkung auch sonst und sieht daher von der Urteilsaufhebung ab, wenn ein ausdrückliches gesetzliches Gebot oder Verbot zwar rechtsirrig, aber „vertretbar" ausgelegt worden ist (BGH **25**, 66, 72; 239, 241; **27**, 105, 107; NJW **73**, 476; GA **76**, 142; **80**, 69; MDR **77**, 858; NStZ **82**, 476; StV **81**, 272; ebenso Bay **79**, 140 = MDR **80**, 426; Celle MDR **80**, 426; Staiger JR **78**, 434; vgl auch BGH **33**, 290, 292 ff = JR **86**, 473 mit abl Anm Seebode; BGH **34**, 121, 122). Diese Rspr ist allerdings methodisch problematisch (Rieß GA **76**, 136; JR **77**, 302), manche sehen darin einen Verstoß gegen § 337 (LR-Hanack 11; Mehle StV **87**, 93; P. Müller NJW **77**, 1890; vgl auch BGH GA **78**, 120 mit Anm Katholnigg = JR **78**, 210 mit Anm Meyer; BGH JR **80**, 171 mit Anm Katholnigg).

B. **Mängel der Geschäftsverteilung:** Die fehlerhafte Zusammensetzung des 7
Präsidiums kann die Revision weder allgemein (wegen Verstoßes gegen § 21 b GVG) noch im Einzelfall, zB bei Verstoß gegen § 21 c II GVG, begründen (25 zu § 21 e GVG). Auf Rüge nach Nr 1 wird aber die Gesetzmäßigkeit der Aufstellung und Abänderung des Geschäftsverteilungsplans geprüft (BGH **3**, 353; **11**, 106, 109 = MDR **58**, 253 mit Anm Marquordt; BGH **12**, 402; NJW **58**, 550), ebenso inhaltliche Mängel (25 zu § 21 e GVG). Bei Abweichung vom Geschäftsverteilungsplan gilt Nr 1 nur, wenn Willkür oder sonstiger Rechtsmißbrauch vorliegt (BGH **11**, 106, 110; NJW **75**, 1424; GA **71**, 37; NStZ **84**, 181; Bay VRS **59**, 24;

Köln VRS **70**, 437). Das gilt auch bei Abweichungen von dem internen Geschäftsverteilungsplan nach § 21 g II GVG (BGH **21**, 250, 255; **29**, 162; von Stackelberg Schmidt-Leichner-FS 211; erg 8 zu § 21 g GVG). Der Geschäftsverteilungsplan darf nicht in die gesetzliche Regelung der sachlichen Zuständigkeit eingreifen; wird dagegen verstoßen, ist die Revision nach Nr 1 begründet (BGH **38**, 376 = NStZ **93**, 248 mit Anm Rieß = JR **93**, 477 mit Anm Kindhäuser). Die fehlerhafte Besetzung anderer StrKn führt grundsätzlich nicht zugleich zur fehlerhaften Besetzung des erkennenden Gerichts (BGH **9**, 203, 207 ff; NStZ **81**, 297 [Pf]; **85**, 495 [Pf/M]; KK-Kuckein 53).

8 C. Bei **Verhinderung eines Richters** prüft das Revisionsgericht auf Rüge nach Nr 1 aufgrund der von der Justizverwaltung behaupteten tatsächlichen Umstände im Zeitpunkt der Hauptverhandlung (BGH **14**, 11, 16), ob rechtlich ein Verhinderungsfall vorgelegen (BGH **8**, 17; **14**, 11, 14; **21**, 131; **25**, 54), nicht aber, ob die Verhinderung tatsächlich bestanden hat. Das gleiche gilt für die Rüge der fehlerhaften Vertreterbestellung durch das Präsidium oder den Gerichtspräsidenten (BGH MDR **51**, 539 [D]; **77**, 461 [H]; Hamm JMBlNW **80**, 67, 68),

9 D. **Unrichtige Schöffenbesetzung** kann nicht gerügt werden, wenn sie auf einem außerhalb des Gerichtsbereichs liegenden Fehler beruht (BGH NStE Nr 3 zu § 36 GVG; Jena NStZ **94**, 252; Rieß DRiZ **77**, 292), zB auf einem Verstoß gegen § 36 IV GVG (BGH **22**, 122); dieser Rechtsgedanke ist in den §§ 65, 73 II ArbGG ausdrücklich anerkannt. Auf gerichtliche Fehler kann die Rüge gestützt werden, zB auf einen Verstoß gegen § 35 I S. 1 **JGG** durch Wahl eines Jugendschöffen aus der Vorschlagsliste für Erwachsenenschöffen (BGH **26**, 393 = JR **77**, 299 mit Anm Rieß); vgl auch 7 zu § 32 GVG; 7 zu § 40 GVG; 8 zu § 42 GVG; 3 zu § 43 GVG. Wählt der Schöffenwahlausschuß, obwohl die Vorschlagsliste einer Gemeinde des Bezirks fehlt, so ist die Rüge nach Nr 1 nur begründet, wenn dieses Verfahren sachfremd und willkürlich war. Ein zwingender Aufhebungsgrund liegt vor bei fehlerhafter Auslosung und Verteilung der Schöffen nach §§ 45, 48, 77 GVG sowie bei Mitwirkung eines nicht entspr § 45 II–IV **DRiG** vereidigten Schöffen (BGH **3**, 175; **4**, 158), sofern es sich nicht um einen nicht eingesetzten Ergänzungsschöffen oder einen durch einen Ergänzungsschöffen ersetzten Schöffen handelt (BGH MDR **78**, 282 [H]). Vgl auch die Zusammenstellung bei Dahs/Dahs 149.

10 E. **Mängel in der Person des Richters oder Schöffen** können, etwa bei Handlungsunfähigkeit, deren Anwesenheit iS Nr 5 in Frage stellen. Gleichwohl gilt nur Nr 1 (BGH 4 StR 252/91 vom 7. 11. 1991; Roxin §§ 42 E I 3, 44 B VI 1;
11 **aM** Schroeder NJW **79**, 1530). Die Mitwirkung eines **blinden Richters** beeinträchtigt die Besetzung nicht nur, wenn es in der Hauptverhandlung zur Augenscheinseinnahme kommt (so aber BGH **4**, 191 = JZ **53**, 670 mit Anm Wimmer; BGH **5**, 354; **11**, 74, 78; **18**, 51; MDR **64**, 522; JZ **89**, 156; KK-Kuckein 50; LR-Hanack 39), sondern ist auch sonst in der Tatsacheninstanz unzulässig (BGH **34**, 236 = NStZ **87**, 335 mit Anm Fezer; NStZ **91**, 122 [M/K]; RG **60**, 63, 64; Dahs/Dahs 153; Lesch JA **95**, 692; Roxin § 44B V 2; EbSchmidt JZ **70**, 340; vgl auch BVerfGE **20**, 52, 55; NJW **92**, 2075; **aM** Schulze MDR **88**, 736; **95**, 670; Wolf ZRP **92**, 15). Jedenfalls darf ein blinder Richter nicht als Vorsitzender einer Strafkammer mitwirken (BGH **35**, 164 = NStZ **88**, 374 mit Anm Fezer; JZ **89**, 156; **aM** Zweibrücken NJW **92**, 2437 = MDR **91**, 1083 mit Anm Schulze für den Vorsitzenden einer BerufungsStrK; vgl dazu – auch zum Absehen von der Vorle-
12 gung nach § 121 GVG – BVerfG NJW **92**, 2075). Daß ein **stummer Richter** nicht mitwirken darf, folgt aus dem Grundsatz der Mündlichkeit der Hauptver-
13 handlung (KK-Kuckein 50). Das gleiche gilt für die Mitwirkung eines **tauben
14 Richters** (BGH **4**, 191, 193; RG aaO; Siegert NJW **57**, 1622). Die bloße **Unaufmerksamkeit des Richters** ist nur dann ein Revisionsgrund, wenn sie sich über einen erheblichen Zeitpunkt erstreckt, zB bei Übermüdung (BGH **2**, 14, 15; **11**, 74, 77; RG **60**, 63), Ablenkung durch Aktenstudium oder Durchsicht von Ge-

fangenenbriefen (BGH NJW **62**, 2212 = JR **63**, 228 mit Anm EbSchmidt; vgl Schleswig SchlHA **82**, 115 [E/L]). Das gleiche gilt für den Fall des **schlafenden** 15 **Schöffen** (BGH **2**, 14; **11**, 74, 77; MDR **56**, 398 [D]; **71**, 364 [D]; NStZ **82**, 41; Köln OLGSt Nr 1; **aM** Roxin § 44 B V 3 a: § 337).

16 F. **Rügepräklusion** (Nr 1 Hs 2): In den erstinstanzlichen LG- und OLG-Sachen, in denen die Mitteilung nach § 222 a vorgeschrieben ist (dort 2) hängt die Zulässigkeit der Besetzungsrüge davon ab, daß eine der Voraussetzungen der Buchst a–d vorliegt (allg dazu Ranft NJW **81**, 1473; Rieß JR **81**, 89; erg 1 zu § 222 a). Das gilt auch für den Fall, daß es sich um Mängel des gesamten Schöffenwahlverfahrens des ganzen Gerichtsbezirks handelt (BGH **33**, 126 = JR **85**, 344 mit Anm Katholnigg). Erforderlich ist, daß der Mangel objektiv erkennbar war (BGH NStZ **96**, 48), offensichtlich mußte die Fehlbesetzung jedoch nicht sein (BGH NJW **97**, 403). Auch wenn der Mangel nicht objektiv erkennbar war, kann der Revisionsführer aber die unrichtige Besetzung nicht rügen, wenn er keinen Besetzungseinwand erhoben oder von einer Überprüfung abgesehen hatte (erg 1 zu § 222 a: Verwirkung; **aM** KK-Kuckein 10); das Gesetz hat den Beteiligten nämlich die „prozessuale Prüfungslast" auferlegt (Roxin § 41 C 1) und die Frage, *ob* geprüft werden muß, kann nicht vom Ergebnis der Prüfung (erkennbar oder nicht) abhängig gemacht werden (vgl auch Ranft 1418: Rüge greift nur, wenn der Rechtsfehler trotz Gewährung der Prüfungsmöglichkeit nicht erkennbar war). Der Rügeausschluß **gilt hingegen nicht**, wenn der Mangel erst entstanden oder erkennbar 16 a geworden ist, nachdem er nicht mehr beanstandet werden konnte, zB wenn die auf Einwand geänderte Besetzung des Gerichts als vorschriftswidrig gerügt wird (§ 222 b II S. 3) oder bei Eintritt des Mangels nach dem Zeitpunkt des § 222 b I S. 1 (LR-Hanack 50; Ranft aaO; Rieß NJW **78**, 2269 Fn 95; Schlüchter 729.2; vgl auch BVerfG NStZ **84**, 370), etwa wenn die Mitwirkung eines verhandlungsunfähig gewordenen Richters gerügt wird. Für Mängel in der Person des Richters (Blindheit) gilt die Rügepräklusion auch sonst nicht (BGH **34**, 236; **35**, 164). Ausnahmen von der Rügepräklusion bestehen ferner in folgenden Fällen:

17 a) Bei **Verletzung der Vorschriften über die Mitteilung** nach § 222 a I, die darin bestehen kann, daß die Mitteilung unterlassen oder verspätet (6 zu § 222 a), falsch oder unvollständig ist. In Betracht kommt auch die Verletzung des Anspruchs des Angeklagten auf ausreichenden Einblick in die Besetzungsunterlagen (Rieß NJW **78**, 2269; 23 zu § 222 a; 7 zu § 222 b);

18 b) Bei **Übergehen oder Zurückweisung des Einwands** des Beschwerdeführers, nicht nur eines Mitangeklagten (BGH NStZ **85**, 495 [Pf/M]). Die Besetzungsrüge bleibt dann nur in bezug auf die Tatsachen erhalten, die der Beschwerdeführer mit dem Einwand geltend gemacht hat; neue Tatsachen kann er nicht nachschieben (7 zu § 222 b);

19 c) Bei **Ablehnung der Unterbrechung der Hauptverhandlung** kann die Revision nicht auf Verletzung des § 222 a II gestützt (dort 25), aber die Besetzungsrüge erhoben werden. Das gilt auch, wenn der Unterbrechungsantrag mißbräuchlich gestellt war. Die zeitlich nicht ausreichende Unterbrechung (22 zu § 222 a) steht ihrer Ablehnung gleich (BGH **29**, 283 mit Anm Katholnigg NStZ **81**, 31; BGH NStZ **86**, 209 [Pf/M]; **88**, 36; Rieß NJW **78**, 2269; JR **81**, 91), kann aber nur gerügt werden, wenn der Beschwerdeführer sie bereits in der Hauptverhandlung beanstandet hatte (BGH StV **87**, 3);

20 d) Bei **Entscheidung in unrichtiger Besetzung.** Die Ausnahme betrifft den praktisch kaum vorkommenden Fall, daß sich das Gericht über den Beschluß hinwegsetzt, mit dem die Unrichtigkeit der Besetzung festgestellt worden ist.

21 G. **Notwendiges Revisionsvorbringen:** Die Revision muß darlegen, daß der Einwand der vorschriftswidrigen Besetzung vor dem LG rechtzeitig geltend gemacht worden ist (BGH JR **81**, 122; StV **86**, 516 L; Ruß JR **81**, 90); der Beschluß, durch den der Besetzungseinwand zurückgewiesen wurde, ist wiederzugeben

(BGH NJW **90**, 3219, 3220). Die Tatsachen, aus denen sich eine vorschriftswidrige Besetzung des Gerichts ergibt, müssen genau bezeichnet (BGH **12**, 33; GA **62**, 371; NStZ **95**, 221 [K]), die Namen der Richter und die Gründe, die ihrer Mitwirkung entgegenstanden, müssen angegeben werden (BGH **22**, 169; Bay StV **84**, 414; Koblenz VRS **56**, 38), insbesondere also auch die Regelungen des Geschäftsverteilungsplans (Bay Rpfleger **94**, 178). Die Revision muß ggf mitteilen, welche Schöffen bei richtiger Gesetzesanwendung zur Mitwirkung berufen waren (BGH **36**, 138, 139 = JR **89**, 479; GA **83**, 180, je mit Anm Katholnigg; NJW **91**, 50) oder warum die Änderung des Geschäftsverteilungsplans gesetzeswidrig war (BGH **40**, 218, 240). Bei der Rüge, die Hilfsschöffen hätten nicht an bereitester Stelle gestanden, müssen der für die Heranziehung maßgebende Zeitpunkt und der damalige Stand der Hilfsschöffenliste angegeben werden (BGH GA **81**, 382). Wird die Mitwirkung eines eingeschlafenen Richters gerügt, so muß der in Betracht kommende Verhandlungsabschnitt genau bezeichnet werden (BGH MDR **74**, 725 [D]). Daß ein Richter am Urteil, aber teilw nicht in der Verhandlung mitgewirkt hat, kann wie bei Nr 5 (unten 35) die Revision nur begründen, wenn dargelegt wird, daß die Abwesenheit während eines wesentlichen Teils der Hauptverhandlung andauerte (BGH NStZ-RR **97**, 353).

22 **3) Mitwirkung eines ausgeschlossenen Richters** (Nr 2): Über Ausschließung eines Richters vgl §§ 22, 23, 31 I, 148 a II S. 1. Ein unbedingter Revisionsgrund liegt nur vor, wenn der ausgeschlossene Richter an dem Urteil mitgewirkt hat, nicht aber, wenn er Verfügungen zur Vorbereitung der Hauptverhandlung getroffen hat. Der zwingende Aufhebungsgrund kann unabhängig davon geltend gemacht werden, ob der Richter nach § 24 abgelehnt worden ist (LR-Hanack 61; Bohnert 84) oder ob bei der Ablehnung die jetzt geltend gemachten Tatsachen vorgebracht worden sind. In der Revisionsbegründungsschrift muß der ausgeschlossene Richter namentlich bezeichnet werden (BGH NJW **62**, 500).

23 **4) Mitwirkung eines abgelehnten Richters** (Nr 3):

24 A. **Voraussetzung** der Rüge ist, daß der abgelehnte Richter an dem angefochtenen Urteil, nicht nur an einer Entscheidung vor der Hauptverhandlung, mitgewirkt hat (BGH JZ **56**, 409 mit Anm Kern) und daß er in der Hauptverhandlung, auch in einer ausgesetzten Hauptverhandlung (BGH **31**, 15; Bay StV **88**, 97), wegen Befangenheit abgelehnt worden ist oder trotz erfolgloser Ablehnung weiter mitgewirkt hat. Die Ablehnung vor Eröffnung des Hauptverfahrens oder im 1. Rechtszug (RG **60**, 111) genügt nicht. Rügeberechtigt ist der Angeklagte, der den Richter abgelehnt hat, nicht ein Mitangeklagter (BGH MDR **85**, 981 [H]).

25 B. Eine **sofortige Beschwerde nach § 28 II** ist die Rüge ihrer Natur nach; das Gesetz ändert nur aus Zweckmäßigkeitsgründen den Instanzenzug (BGH **27**, 96, 98). Die Rüge ist aber Teil der Revision (RG **74**, 296). Die Anfechtung nach § 28 II S. 2 „zusammen mit dem Urteil" erfordert nicht etwa, daß außerdem eine besondere sofortige Beschwerde eingelegt wird (vgl 8 zu § 28). Die Rüge setzt
26 jedoch die **Anfechtbarkeit des Ablehnungsbeschlusses** mit der sofortigen Beschwerde voraus (8 zu § 28). Sie ist daher – verfassungsrechtlich unbedenklich (BVerfGE **45**, 363 = NJW **77**, 1815) – unzulässig, wenn sie sich gegen einen nach § 304 IV S. 2 unanfechtbaren Ablehnungsbeschluß des im 1. Rechtszug entscheidenden OLG richtet (BGH **27**, 96; **aM** Schmidt-Leichner NJW **77**, 1804) oder wenn das OLG nach § 27 IV entschieden hatte (**aM** RG **33**, 314; **37**, 112). Nach
27 **Beschwerdegesichtspunkten** behandelt das Revisionsgericht die Rüge (BGH **18**, 200; **21**, 334, 338; NJW **85**, 443; NStZ **84**, 230; StV **88**, 417; wistra **84**, 146; Köln StV **88**, 287). Es prüft die angefochtene Entscheidung auch in tatsächlicher Hinsicht und darf dabei sein eigenes Ermessen an die Stelle des tatrichterlichen Ermessens setzen (BGH **1**, 34, 36; **18**, 200, 203; **23**, 265; **25**, 122, 126), berücksichtigt aber nicht neue, bei der tatrichterlichen Entscheidung noch nicht vorhandene Tatsachen und Beweismittel (BGH **21**, 85, 88; NJW **60**, 2106, 2108; MDR

52, 659 [D]), auch nicht die Aussage eines Zeugen, der seinerzeit die Aussage verweigert hat (Bremen JZ **77**, 442). Bei fehlender Tatsachengrundlage muß das Revisionsgericht im Freibeweis (7, 9 zu § 244) Ermittlungen anstellen (KMR-Paulus 43; LR-Hanack 64 und JZ **73**, 730 Fn 27; **aM** BGH **23**, 200, 203 = JR **70**, 268 mit Anm Peters; BGH **23**, 265, 267: Aufhebung und Zurückverweisung).

C. **Mit Unrecht verworfen** ist das als unbegründet oder unzulässig verworfene 28 Ablehnungsgesuch nur, wenn es sachlich begründet war (LR-Hanack 65). Gleichgültig ist, ob es von einem unzuständigen oder nicht ordnungsmäßig besetzten Gericht (BGH **18**, 200; **21**, 334, 338; Schleswig SchlHA **82**, 31) beschieden oder ob es irrtümlich als unzulässig behandelt worden war (BGH **23**, 200, 202 = JR **70**, 268 mit Anm Peters; **23**, 265, 267 = JR **70**, 467 mit Anm Peters; wistra **84**, 146; NJW **85**, 443; Bay DAR **85**, 244 [R]; **aM** Sieg NJW **78**, 1962; StV **90**, 283; zw BGH NJW **98**, 2458, 2459). Fehlt dem Revisionsgericht die erforderliche Tatsachengrundlage, um die Begründetheit des fehlerhaft als unzulässig verworfenen Antrags prüfen zu können, so soll nach BGH **23**, 200 = JR **70**, 268 mit abl Anm Peters das Urteil nach § 337 aufgehoben und die Sache zurückverwiesen werden. Das ist schon deshalb bedenklich, weil die revisionsrechtliche Folge fehlerhaft behandelter Ablehnungsgesuche in Nr 3 abschließend geregelt ist (LR-Hanack 65; Dahs/Dahs 163).

D. **Notwendiges Revisionsvorbringen:** Die Formvorschrift des § 344 II ist 29 zu beachten (BGH **21**, 334, 340; **27**, 96, 98; DAR **77**, 179 [Sp]; **79**, 191 [Sp]; Düsseldorf VRS **64**, 41; Koblenz MDR **78**, 423). Der Beschwerdeführer muß daher, idR wörtlich (BGH StV **96**, 2), zumindest aber dem ganzen Inhalt nach (Koblenz aaO; Schleswig SchlHA **76**, 172 [E/J]), das Ablehnungsgesuch und den ablehnenden Gerichtsbeschluß mitteilen (BGH NJW **79**, 2160; Düsseldorf NJW **92**, 585 L = Rpfleger **92**, 18), ferner den Inhalt der dienstlichen Äußerung nach § 26 III (BGH StV **81**, 163; **93**, 235 L; **96**, 2), außerdem sonstiges zum Verständnis der Rüge erforderliches Vorbringen (BGHR § 344 II S. 2 Befangenheitsrüge 1: beweiswürdigende Ausführungen eines anderen Urteils, wenn daraus die Befangenheit hergeleitet wird), bei der Rüge, der Antrag sei zu Unrecht nach § 26a I Nr 1 als verspätet verworfen worden, auch den Verfahrensablauf, aus dem sich die Rechtzeitigkeit beurteilen läßt (BGH MDR **77**, 109 [H]).

5) Unzuständigkeit des Gerichts (Nr 4): Die Vorschrift betrifft nur die ört- 30 liche (BGH **11**, 130, 131; RG **40**, 354, 359), sachliche und die besondere Zuständigkeit gleichrangiger Gerichte (§§ 74 II, 74a, 74c GVG). Für die Verteilung der Geschäfte unter den Spruchkörpern desselben Gerichts nach dem Geschäftsverteilungsplan hat sie keine Bedeutung (BGH **31**, 389, 390; NStZ **81**, 297 [Pf]); insoweit gilt Nr 1 (BGH **3**, 353, 355; oben 7).

A. **Örtliche Zuständigkeit:** Die Rüge setzt die rechtzeitige Erhebung des 31 Einwands nach § 16 voraus (dort 18). Die Revision muß nach § 344 II die Tatsachen mitteilen, dic das ergeben (BGH GA **80**, 225; Düsseldorf VRS **71**, 366; Köln VRS **74**, 32 mwN). Das Revisionsgericht prüft dann, ob der Einwand rechtzeitig erhoben und ob er zu Unrecht verworfen worden ist. Die örtliche Zuständigkeit beurteilt es nach den dem Eröffnungsbeschluß zugrunde liegenden Tatsachen (RG **65**, 267). Einer Verfahrensrüge bedarf es jedoch nicht, wenn das AG seine örtliche Zuständigkeit verneint und das Verfahren nach § 260 III eingestellt hat (Köln VRS **74**, 32).

B. Die **sachliche Zuständigkeit** ist eine von Amts wegen zu prüfende Verfah- 32 rensvoraussetzung (§ 6); Nr 4 hat insoweit keine Bedeutung mehr (Bay VRS **68**, 454). Die Entscheidung eines höheren statt eines niedrigeren Gerichts ist (vgl § 269) unschädlich (BGH **1**, 346, 348; **9**, 367, 368; **21**, 334, 358; DAR **83**, 202 [Sp]; NStZ **81**, 296 [P]). Anders ist es, wenn (objektive) Willkür vorliegt (BGH **38**, 172, 176 mit Anm Rieß NStZ **92**, 548; GA **70**, 25; Celle NdsRpfl **95**, 24; Rieß GA **76**, 10; erg 8 zu § 269); dann führt die von Amts wegen vorzunehmende

Prüfung zur Aufhebung des Urteils und zur Verweisung an das zuständige Gericht (BGH **40**, 120 = JR **95**, 255 mit zust Anm Sowada). Auch die unzutreffende Beurteilung der besonderen Bedeutung der Sache (§§ 24 I Nr 3, 74 I S. 1 GVG) ist nur bei Willkür revisibel (BGH GA **81**, 321 mit Anm Rieß; Rieß NJW **78**, 2268). Im übrigen beurteilt sich die sachliche Zuständigkeit des Tatrichters aufgrund der Urteilsfeststellungen (RG **44**, 137) nach objektiven Gesichtspunkten (Celle JR **50**, 414; LR-Hanack 71; Gössel GA **68**, 357). Es kommt darauf an, ob der Tatrichter bei zutreffender Beurteilung der Tat sachlich zuständig war (RG **8**, 248, 252; Dallinger MDR **52**, 118), und zwar beim Erlaß des Urteils (BGH **1**, 346 = MDR **52**, 117 mit abl Anm Dallinger; BGH **10**, 64; MDR **74**, 54; NStZ **87**,
32 a 132; **91**, 503). Die **unterlassene Verweisung nach § 270** wegen des in der Hauptverhandlung entstandenen Verdachts einer schwereren Straftat an ein höheres Gericht nimmt dem niederen Gericht nicht die sachliche Zuständigkeit, wenn dieser Verdacht zur Verurteilung nicht genügt hat; das gilt nicht nur für die Revision des Angeklagten (LR-Hanack 72), sondern auch für diejenige der StA oder des Nebenklägers (**aM** Oldenburg GA **92**, 471). Anders ist es nur, wenn das niedere Gericht auch im Urteil noch den Tatverdacht hinsichtlich der schwereren Straftat bejaht hat (BGH GA **62**, 149; MDR **72**, 18 [D]) oder wenn das Revisionsgericht entgegen der Ansicht des niederen Gerichts einen Tatverdacht für gegeben hält; dann hebt es auf die Revision der StA oder des Nebenklägers das Urteil auf und verweist die Sache an das höhere Gericht (Oldenburg NStZ-RR **96**, 240).

33 C. **Besondere Zuständigkeit gleichrangiger Spruchkörper:** Die Rüge setzt voraus, daß der Angeklagte rechtzeitig den Einwand nach § 6 a erhoben hat (dort 16). Das Revisionsgericht prüft dann die Rechtzeitigkeit und Begründetheit des Einwands. Auf das Erfordernis der besonderen Kenntnisse des Wirtschaftslebens in § 74 c I Nr 6 GVG kann die Rüge nicht gestützt werden (BGH NStZ **85**, 464; 466; LR-Rieß 45 zu § 209 a; Rieß NJW **78**, 2268; 10 zu § 74 c GVG). Auch die
34 Nichtbeachtung der Zuständigkeit der **Jugendgerichte** wird nur auf Rüge nach Nr 4 geprüft (BGH **18**, 79 [GSSt]; **26**, 191, 198; NStZ **96**, 250; Rieß NJW **78**, 2267; GA **76**, 23; NStZ **81**, 304; Brunner/Dölling 8 zu §§ 33–33 b JGG; **aM** Oldenburg NJW **81**, 1384; Eisenberg 39 zu § 33 JGG; erg 11 vor § 1). Ein Einwand nach § 6 a ist keine Voraussetzung für die Rüge; die Vorschrift gilt hier nicht (BGH **30**, 260; StV **81**, 77; KG StV **85**, 408; 2 zu § 6 a). Daß statt des allgemeinen Gerichts ein Jugendgericht entschieden hat, kann wegen § 47 a **JGG** nicht gerügt werden (LR-Rieß 46 zu § 209 a; Eisenberg 40). Dagegen kann die Unzuständigkeit des allgemeinen Gerichts auch der Erwachsene rügen, obwohl ohne die Verbindung mit dem Verfahren gegen einen Heranwachsenden dieses Gericht für seine Aburteilung zuständig gewesen wäre (BGH **30**, 260; MDR **80**, 456 [H]; StV **85**, 357 L; LR-Hanack 77; einschr Koblenz VRS **71**, 141). Daß ein unzuständiges allgemeines Gericht die Verfolgung nach § 154 a auf Straftaten beschränkt hat, für die es zuständig war, beanstandet der BGH nicht (NStZ **91**, 503; **96**, 244; **aM** mit zutr rechtssystematischen Bedenken Eisenberg/Sieveking NStZ **92**, 295).

34 a D. **Notwendiges Revisionsvorbringen:** § 344 II S. 2 ist zu beachten. Es ist daher insbesondere bei der Rüge der örtlichen Unzuständigkeit darzulegen, daß die Rüge rechtzeitig erhoben wurde (§ 16) und wie der Einwand vom Gericht beschieden worden ist. Kann eine abgetrennte Strafsache die Zuständigkeit begründet haben (vgl 1 zu § 13), so müssen die Abtrennung und die für die Zuständigkeit relevanten Umstände mitgeteilt werden (BGH NJW **93**, 2819).

35 **6) Vorschriftswidrige Abwesenheit** (Nr 5):

36 A. Nur die **Abwesenheit bei einem wesentlichen Teil der Hauptverhandlung** begründet die Revision (BGH **26**, 84, 91; GA **63**, 19; MDR **78**, 460 [H]; NStZ **83**, 36; wistra **84**, 113; **aM** EbSchmidt 5 zu § 230; krit auch Maiwald JR **82**, 35; Roxin § 42 F II 3 a; Sarstedt/Hamm 378 ff). Das folgt daraus, daß § 338 nicht

anwendbar ist, wenn das Beruhen des Urteils auf dem Mangel denkgesetzlich ausgeschlossen ist (oben 2). Betrifft der Verfahrensverstoß einen wesentlichen Teil der Hauptverhandlung, so ist eine Prüfung der Beruhensfrage grundsätzlich ausgeschlossen (BGH StV **84**, 102; **86**, 465; Oldenburg StV **95**, 345; vgl aber BGH NStZ **93**, 30 [K]). **Wesentlich** sind die Vernehmung des Angeklagten zur Person 37
und Sache (BGH **9**, 243, 244; NStZ **83**, 375), die Verlesung des Anklagesatzes (BGH **9**, 243, 244) und des Urteils 1. Instanz nach § 324 I S. 2 (Stuttgart Justiz **64**, 172; Zweibrücken StV **86**, 240; **aM** BGH NStZ **87**, 135), der Vortrag nach § 324 (RG HRR **30**, 1178), die Beweisaufnahme (BGH **9**, 243, 244; **15**, 306; **21**, 332, 334; NJW **73**, 522; NStZ **81**, 449; **85**, 375; **86**, 564; KG StV **83**, 186; Hamburg StV **84**, 111; Köln NStZ **87**, 244) einschließlich der Vernehmung der Mitangeklagten (BGH StV **86**, 288), der Vernehmung der Zeugen zur Person (Hamm NJW **92**, 3252) und der Ortsbesichtigung (BGH **3**, 187; **25**, 317, 318; NStZ **82**, 42; StV **81**, 510; **83**, 4), der Verzicht auf präsente Zeugen (BGH NStZ **96**, 351 mit abl Anm Sander), ferner Erörterungen über Beweisanträge von Mitangeklagten (RG HRR **37**, 288) und über die Zeugenvereidigung (BGH StV **88**, 370; vgl aber BGH **22**, 289, 297), sofern die Vereidigung nicht nach § 60 Nr 1 ausgeschlossen ist (BGH NJW **86**, 267; MDR **78**, 460 [H]), die Feststellung der Vorstrafen (BGH NJW **72**, 2006), es sei denn, daß daraus keine Folgerungen zu Lasten des Angeklagten gezogen worden sind (BGH NStZ **93**, 30 [K], die Schlußvorträge (Hamburg StV **84**, 111), auch des Verteidigers des Mitangeklagten (BGH StV **83**, 6) und des Nebenklägervertreters (RG **40**, 230), sowie die Verlesung der Urteilsformel nach § 268 II (BGH **8**, 41; **15**, 263; **16**, 178, 180; NStZ **89**, 284; Hamburg StV **84**, 111). **Nicht wesentlich** sind zB der Aufruf der Zeugen und Sachverständigen 38
(BGH **15**, 263; NJW **53**, 1801), die Belehrung nach § 57 (BGH DAR **81**, 197 [Sp]), die Festsetzung von Ordnungsmitteln nach § 51 (BGH MDR **75**, 23 [D]), die Feststellung der Identität des Angeklagten (Düsseldorf Rpfleger **93**, 460) und seiner Verhandlungsfähigkeit (NStZ **94**, 228 [K]), die nur die Voraussetzungen des § 247 betreffende Befragung eines Zeugen (BGH NStZ **98**, 528), die mündliche Eröffnung der Urteilsgründe (BGH **15**, 263; **16**, 178, 180; NStZ-RR **98**, 237; **aM** Roxin § 42 F II 3 a) und die Verkündung von Beschlüssen nach § 268 a (BGH **25**, 333) und § 268 b (Poppe NJW **54**, 1915).

B. Der **StA** muß ständig anwesend sein (6 zu § 226). Nach Nr 5 kann gerügt 39
werden, daß er sachlich (vgl §§ 142, 142 a GVG), nicht örtlich (RG **73**, 86), unzuständig war. Die unzulässige weitere Vertretung der Anklage nach der Zeugenvernehmung des StA (17 vor § 48) begründet die Revision nur nach § 337 (BGH **14**, 265; Bay VRS **64**, 25; LR-Hanack 87). Auch die Weigerung des StA, einen Schlußvortrag zu halten, ist kein zwingender Aufhebungsgrund (Düsseldorf NJW **63**, 1167; Frankfurt NJW **56**, 1250).

C. Der **Angeklagte** muß nicht nur anwesend, sondern auch verhandlungsfähig 40
(dazu Einl 97) sein. Ist er dauernd verhandlungsunfähig, so besteht ein Prozeßhindernis (Einl 146). Der Aufhebungsgrund der Nr 5 liegt vor, wenn während einer zeitweiligen Abtrennung des Verfahrens in Abwesenheit des Angeklagten Vorgänge erörtert worden sind, die die gegen ihn erhobenen Vorwürfe berühren (BGH **24**, 257; **30**, 74 = JR **82**, 33 mit Anm Maiwald; BGH MDR **79**, 807 [H]; 989 [H]; StV **86**, 465), sonst nicht (BGH **21**, 180; **32**, 100; 270, 273; erg 11 zu § 230), also auch nicht bei Abwesenheit eines Mitangeklagten (BGH NStZ **81**, 95 [Pf]; **96**, 22 [K]; NJW **90**, 846). Ferner ist Nr 5 anzuwenden, wenn das Gericht gegen § 230 (dort 26), § 231 (dort 25), § 231 c (dort 24) oder § 247 (dort 19) verstoßen hat.

D. **Verteidiger:** Nur bei notwendiger Verteidigung nach § 140 ist die Abwesen- 41
heit des Wahlverteidigers und des bereits bestellten Pflichtverteidigers ein zwingender Aufhebungsgrund (BGH **15**, 306; GA **59**, 187; MDR **56**, 11 [D]), sofern sie sich auf einen Zeitraum bezieht, in dem nicht nur über die Tat eines Mitangeklagten verhandelt worden ist (BGH **21**, 180; NStZ **83**, 375; StV **86**, 288). Das gilt auch im Fall der §§ 140 II, 145 I S. 1 (KG StV **83**, 186; **aM** Hamm AnwBl. **81**,

189 mit abl Anm Molketin AnwBl **81**, 217: nur § 337). Hat das Gericht im Fall des § 140 II – ebenso im Fall des § 145 I S. 1 (dort 26) – die Bestellung eines Verteidigers unterlassen, so gilt ebenfalls Nr 5, nicht § 337 (BGH **15**, 306; Düsseldorf AnwBl. **84**, 262; Hamm NStZ **82**, 298; NStZ-RR **97**, 78; **aM** Frankfurt StV **84**, 370); zum Fall der unzulässigen Unterbevollmächtigung (15 zu § 142) vgl Hamm Rpfleger **98**, 440. Die Revision muß darlegen, in welchem – wesentlichen (oben 36, 37; Brandenburg NStZ **97**, 612) – Abschnitt der Hauptverhandlung der Angeklagte nicht verteidigt war (BGH NStZ **83**, 36; StV **86**, 288). Der Verstoß gegen § 146 a begründet die Revision idR nicht (dort 10). Sind mehrere Verteidiger vorhanden, so genügt die Anwesenheit eines von ihnen (BGH MDR **66**, 200 [D]), auch im Fall der Arbeitsteilung (BGH MDR **81**, 457 [H]). War der Verteidiger anwesend, so kann die Revision nicht darauf gestützt werden, daß er die Verteidigung nicht ordnungsgemäß geführt hat (BGH **39**, 310, 314; NJW **64**, 1485; JR **62**, 428; MDR **79**, 108 [H]; erg Einl 99); eine Ausnahme gilt, wenn er erkennbar verhandlungsunfähig war (LR-Hanack 96). Auch die Weigerung, einen Schlußvortrag zu halten, begründet die Revision nicht (BGH MDR **80**, 274 [H]). Das Fehlen des Verteidigers eines Mitangeklagten kann nicht gerügt werden (BGH **31**, 323, 331). Hat sich der Verteidiger eigenmächtig von der Urteilsverkündung entfernt, ist die Rüge verwirkt (BGH NStZ **98**, 209; erg 47 zu § 337).

42 E. **Andere Prozeßbeteiligte:** Für den Privatkläger gilt § 391. Der Nebenkläger braucht in der Hauptverhandlung nicht anwesend zu sein (2 zu § 398). Die Verletzung seines Rechts auf Anwesenheit kann er nur nach § 337 rügen (Karlsruhe Justiz **74**, 345; VRS **50**, 119). Für Beistände (§ 149; § 69 I JGG) gilt Nr 5 ebenfalls nicht.

43 F. **Sachverständige** brauchen nicht ständig anwesend zu sein (5 zu § 80); der Verstoß gegen § 246 a führt nur zu der Rüge nach § 337 (4 zu § 246 a). Der
44 **Dolmetscher** muß nach § 185 GVG grundsätzlich während der ganzen Verhandlung zugegen sein; andernfalls gilt Nr 5 (BGH **3**, 285; vgl auch BVerfGE **64**, 135, 149 = NJW **83**, 2762, 2764). Daß er zeitweilig als Zeuge (BGHR Dolmetscher 1) oder Sachverständiger (BGH 1 StR 631/76 vom 29. 11. 1977) vernommen worden ist, schadet nicht. Kann der Angeklagte sich in der deutschen Sprache verständigen, so ist auch die zeitweilige Abwesenheit des Dolmetschers unschädlich (BGH **3**, 285; BGHR Dolmetscher 3; LR-Hanack 100).

45 7) **Ungesetzliche Beschränkung der Öffentlichkeit** (Nr 6):

46 A. Die **Öffentlichkeit der Gerichtsverhandlung** (§ 169 GVG) ist eine grundlegende Einrichtung des Rechtsstaats (BGH **3**, 386, 387; **7**, 218, 221; **9**, 280, 281; **21**, 72; **22**, 297, 301; **23**, 176, 178). Der Durchsetzung dieses Grundsatzes dient Nr 6. Der Angeklagte kann die Rüge daher auch erheben, wenn er selbst die Ausschließung der Öffentlichkeit verlangt hatte (BGH NJW **67**, 687; MDR **78**, 641 [H]; RG **64**, 385, 388). Da der Angeklagte andererseits keinen Anspruch auf Ausschluß der Öffentlichkeit hat, auch nicht nach Art 1, 2 GG oder Art 6 I S. 2
47 **MRK** (BGH **23**, 82 = JZ **70**, 34 mit Anm EbSchmidt; str), ist Nr 6 bei **unzulässiger Erweiterung der Öffentlichkeit** nicht anwendbar (BGH **10**, 202, 206; **23**, 82, 85; 176, 178; NJW **52**, 153; MDR **79**, 458 [H]; Fezer 14/81; **aM** Kissel 59 zu § 169 GVG; Roxin § 45 C II 2 und Peters-FS 400; Rüping 429; Schilken 196). Die öffentliche Verhandlung unter Verstoß gegen § 48 I **JGG** kann nur nach § 337 gerügt werden (BGH **23**, 176; MDR **88**, 791; NStZ **94**, 230 [K]), ebenso die Ablehnung eines Antrags des Angeklagten auf Ausschließung der Öffentlichkeit (BGH MDR **53**, 149 [D]; KG JR **50**, 119), die Nichtbeachtung eines Ausschließungsbeschlusses (BGH bei Herlan GA **63**, 102), die Duldung der Anwesenheit von Personen in einer nichtöffentlichen Sitzung ohne Zulassung nach § 175 II S. 1 GVG (BGH MDR **80**, 273 [H]; NStZ **85**, 207 [Pf/M]), zB des Vertreters der Finanzverwaltung (BGH NStZ **81**, 297 [Pf]), sowie insbesondere auch der Verstoß gegen § 169 S. 2 GVG (BGH **36**, 119 mwN = JR **90**, 385 mit abl Anm Meurer =

StV **89**, 289 mit Anm Fezer = NStZ **89**, 375 mit abl Anm Roxin unter Hinweisen zum Streitstand; vgl auch Alwart JZ **90**, 883; Beulke StP 576).

B. **Unzulässig beschränkt** iS der Nr 6 ist die Öffentlichkeit sowohl bei Verletzung des § 169 S. 1 GVG iVm §§ 171 a–173, 175, 177 GVG, § 48 **JGG** als auch bei Nichtbeachtung des Verfahrens für die Ausschließung (§ 174 GVG). Zur mündlichen Verhandlung iS der Nr 6 gehört die Urteilsverkündung (BGH **4**, 279; MDR **55**, 246; Roxin § 45 C II 1; str). Über § 169 GVG hinaus ist die Öffentlichkeit unzulässig beschränkt, wenn einzelne Personen, die als Repräsentanten der Öffentlichkeit gelten können, in gesetzwidriger Weise nicht eingelassen oder entfernt worden sind (BGH **3**, 386; **17**, 201, 205; **18**, 179, 180; **24**, 329, 330; **28**, 341; NStZ **82**, 389; krit LR-Hanack 109), nicht aber, wenn sie freiwillig der Bitte des Vorsitzenden, den Saal zu verlassen, Folge leisten (BGH NJW **89**, 465 mit abl Anm Sieg MDR **90**, 69; ausführlich dazu Schneiders StV **90**, 91: Belehrung über Anwesenheitsrecht idR erforderlich); allerdings darf der Vorsitzende eine solche „Bitte“ nicht an alle Anwesenden richten, weil dies zu einer Umgehung des Öffentlichkeitsgrundsatzes führen würde (BGH NStZ **93**, 450), schon gar nicht darf sie mit dem Hinweis verknüpft werden, sonst werde über den Ausschluß der Öffentlichkeit entschieden werden (Braunschweig StV **94**, 474). Nr 6 ist auch anwendbar, wenn die Öffentlichkeit über die in dem Beschluß bestimmte Dauer ausgeschlossen war (BGH **7**, 218; MDR **70**, 562 [D]; **76**, 988 [H]; BGHR Ausschluß 4), wenn kein Gerichtsbeschluß, sondern nur eine Anordnung des Vorsitzenden ergangen ist (BGH **17**, 220, 222; MDR **55**, 653 [D]), wenn der Beschluß entgegen § 174 I S. 2 Hs 1 GVG nicht öffentl verkündet (BGH NJW **80**, 2088; MDR **66**, 728 [D]; **72**, 926 [D]; **76**, 988 [H]; StV **85**, 223) oder entgegen § 174 I S. 3 GVG nicht begründet worden (BGH **1**, 334; **2**, 56; **27**, 117; 187; NStZ **82**, 169; StV **81**, 3; krit Miebach DRiZ **77**, 271), insbesondere nicht aus sich heraus verständlich ist (BGH **1**, 334; **30**, 298; NJW **79**, 276). Das Unterlassen der Anhörung der Beteiligten nach § 174 I S. 1 GVG kann nur nach § 337 gerügt werden (BGH MDR **88**, 791; NJW **79**, 276 = JR **79**, 434 mit Anm Gollwitzer; BGH bei Herlan GA **63**, 102; MDR **75**, 199 [D]; **aM** Dahs/Dahs 200). 48

C. Auf **Verschulden des Gerichts** muß der Verfahrensverstoß beruhen (BGH **21**, 72, 74; **22**, 297; LR-Hanack 113; **aM** Dahs/Dahs 198; Beck NJW **66**, 1976; Fezer 14/80; Kohlmann JA **81**, 582; Roxin § 45 C I). Nr 6 ist nur anwendbar, wenn das Gericht oder der Vorsitzende eine die Öffentlichkeit unzulässig beschränkende Anordnung getroffen oder eine ihnen bekannte Beschränkung nicht beseitigt hat (BGH **22**, 297, 301; DAR **78**, 153 [Sp]; MDR **79**, 247; **90**, 1070 [H]; NStZ **95**, 143), insbesondere infolge unrichtiger rechtlicher Bewertung der ihnen bekannten Tatsachen (BGH JR **79**, 262 mit Anm Foth; Hamm NJW **74**, 1780; Zweibrücken NJW **95**, 3333). Das Verschulden untergeordneter Beamter begründet die Revision nicht (Stürner JZ **72**, 666), erst recht nicht zufällige Geschehnisse, wie das Zuschlagen der Außentür (BGH **21**, 72 mit Anm Beck NJW **66**, 1976). 49
Vorsitzender und Gericht haben aber eine **Aufsichtspflicht** gegenüber den untergeordneten Beamten, und das gröbliche Vernachlässigen dieser Pflicht ist ihnen als eigenes Verschulden zuzurechnen (BGH **22**, 297, 301). Vor allem wenn die Sitzung nicht im Gerichtsgebäude stattfindet, müssen sie sich davon überzeugen, daß die Vorschriften über die Öffentlichkeit beachtet sind (BGH NJW **79**, 2622; StV **81**, 3; Hamm VRS **60**, 452, 454); wenn Einlaßkontrollen angeordnet worden sind, darf mit der Verhandlung erst begonnen werden, wenn den rechtzeitig erschienenen Personen nach Kontrolle der Zutritt gewährt worden ist (BGH NStZ **95**, 181). Die Anforderungen an die Aufsichtspflicht dürfen allerdings nicht überspannt werden (BGH **22**, 297, 301; StV **81**, 3, 4; Bay GA **70**, 242; Kuhlmann NJW **74**, 1231). 50
Zum **notwendigen Revisionsvorbringen** gehört die Angabe der Umstände, aus denen sich ergibt, daß das Gericht den Verfahrensverstoß zu vertreten hat (Bay **94**, 41 = VRS **87**, 139). War der Zugang tatsächlich nicht beschränkt, jedoch ein mißverständliches Schild über die „Öffnungszeiten“ am Gericht angebracht, bedarf 50 a

es der Darlegung, daß sich dadurch tatsächlich jemand von der Teilnahme an der Sitzung hat abhalten lassen (**aM** Zweibrücken NJW **95**, 3333; offengelassen von
50 b BGH 4 StR 411/95 vom 9. 11. 1995). Wie bei Nr 5 (oben 36) ist § 338 **nicht anwendbar**, wenn das Beruhen des Urteils auf dem Fehler denkgesetzlich ausgeschlossen ist (BGH NJW **96**, 138: Hinweis nach § 265 während Öffentlichkeitsausschlusses auf einen später nach § 154 a ausgeschiedenen Tatteil).

51 8) **Fehlende oder verspätete Urteilsbegründung** (Nr 7):

52 A. **Fehlende Gründe** zwingen idR schon zur Urteilsaufhebung auf die Sachrüge (Bay VRS **61**, 130; Celle NJW **59**, 1648; Kleinknecht JZ **69**, 470). Nr 7 hat daher insoweit nur für Prozeßurteile nach §§ 329 I, 412 Bedeutung. Die Vorschrift setzt das völlige Fehlen der Urteilsgründe voraus, etwa weil der Richter vor Urteilsabsetzung verstorben (Celle NJW **59**, 1648) oder aus dem Richterdienst ausgeschieden ist (Bay **67**, 51 = NJW **67**, 1578; **aM** Kohlhaas GA **74**, 147 ff) oder weil die Richter sich nicht darüber einigen können, was das Ergebnis der Beratung war (BGH MDR **54**, 337 [D]). Liegen bei tatmehrheitlicher Verurteilung Gründe nur wegen einer der Taten vor, so beschränkt sich die Urteilsaufhebung auf die übrigen (RG **44**, 28, 29; KK-Kuckein 94; LR-Hanack 116). Unvollständige oder sonst
53 **mangelhafte Entscheidungsgründe** fallen nicht unter Nr 7 (BGH MDR **71**, 548 [D]; Bay DAR **82**, 263 [R]; **85**, 246 [R]). Die Vorschrift hindert auch nicht, die Urschrift des Urteils außerhalb der Akten und dort nur eine beglaubigte Abschrift aufzubewahren (Celle MDR **70**, 608; Koblenz OLGSt § 258 S. 5; vgl auch Stuttgart JR **77**, 126 mit Anm Lintz). Sie ist sinngemäß anwendbar, wenn die Urteilsurkunde nicht zu den Akten gelangt (RG **40**, 184; **65**, 373) oder mit den Akten abhanden gekommen ist und nicht wiederhergestellt werden kann (RG **54**, 101), nicht aber, wenn eine beglaubigte Abschrift zur Verfügung steht (Lintz JR **77**, 128). Eine Wiederherstellung, bei der sich das neue Urteil wesentlich von dem früheren unterscheidet, genügt nicht (BGH MDR **83**, 450 [H]).

54 B. **Unzulässige Fristüberschreitung:** Die verspätete Urteilsabsetzung kann die Richtigkeit und Vollständigkeit der Gründe beeinflussen, obwohl das vielfach nicht nachweisbar ist. Daher besteht, auch auf Revision der StA (BGH NStZ **85**, 184), ein zwingender Aufhebungsgrund ohne Rücksicht darauf, ob das Urteil solche Mängel aufweist (vgl Koblenz OLGSt § 275 Nr 2; Rieß NJW **75**, 88; NStZ **82**, 441) und ob die Frist nur ganz geringfügig überschritten wurde (BGH StV **98**, 477). Das Fehlen des Rubrums oder Tenors ist nur ein Revisionsgrund nach § 337
55 (Köln NJW **80**, 1405; VRS **64**, 282). **Nicht rechtzeitig zu den Akten gebracht** ist das Urteil, wenn sich der Nachweis der Wahrung der Frist des § 275 I S. 2 weder durch den Eingangsvermerk der Geschäftsstelle noch auf andere Weise (18 zu § 275) mit hinreichender Gewißheit erbringen läßt (Stuttgart GA **77**, 26; StV **86**, 144; 6 zu § 275) und eine Fristüberschreitung nach § 275 I S. 4 (dort 12 ff) nicht zulässig war. Ob die Voraussetzung dieser Vorschrift vorliegen, beurteilt allein das Revisionsgericht (vgl BGH **26**, 247 = JR **76**, 342 mit Anm Meyer; Celle NdsRpfl **77**, 64; Karlsruhe Justiz **76**, 442); es kann dazu im Freibeweis (7, 9 zu § 244) Ermittlungen führen (vgl Hamm MDR **77**, 1039). Geht das Urteil nach Fristablauf verloren, so liegt Nr 7 vor, wenn es nicht mehr originalgetreu rekon-
56 struiert werden kann (BGH NJW **80**, 1007). **Nachträgliche Ergänzungen** des Urteils sind unzulässig (§ 275 I S. 3) und werden vom Revisionsgericht nicht beachtet. Auch eine Nachholung der richterlichen Unterschriften hindert die Aufhebung nicht (6 zu § 275). Ist das Urteil nur mit den Gründen zum Schuldspruch fertiggestellt, so gilt Nr 7, falls der Rechtfertigungsgrund für die Fristüberschreitung nicht anerkannt wird, nicht nur für den Rechtsfolgenausspruch, dessen Begründung nachgeliefert wird, sondern für das ganze Urteil (Rieß NStZ **82**,
57 446). Zum **notwendigen Revisionsvorbringen** gehört die Angabe, wann das Urteil verkündet und wann es zu den Akten gebracht worden ist (BGH **29**, 203 = JR **80**, 520 mit abl Anm Peters; BGH MDR **80**, 456 [H]; Rieß aaO), nicht aber die Angabe der Dauer der 3 Tage nicht überschreitenden Hauptverhandlung (BGH

29, 43, 44). Die Feststellung der Verhinderung (§ 275 II S. 2) wird vom Revisionsgericht nicht nachgeprüft, wenn der angegebene Verhinderungsgrund allgemein geeignet ist, den Richter von der Unterschrift abzuhalten (BGH **31**, 212, 214; EzSt § 275 Nr 2; vgl auch BGH NJW **61**, 782; zw Zweibrücken StV **90**, 14); anders ist es, wenn substantiiert geltend gemacht wird, der Verhinderungsvermerk beruhe auf willkürlichen, sachfremden Erwägungen (BGH **31**, 212), oder beanstandet wird, es sei zu Unrecht eine Verhinderung aus rechtlichen Gründen angenommen worden (BGH NStZ **93**, 96). Fehlt die Feststellung, so prüft das Revisionsgericht auf entspr Verfahrensrüge im Freibeweis (7, 9 zu § 244), ob der Richter tatsächlich verhindert war (BGH **28**, 194 mit abl Anm Foth NJW **79**, 1310; **29**, 43, 47; KG StV **86**, 144; Hamm NJW **88**, 1991; Bay **82**, 133 = JR **83**, 261 mit abl Anm Foth und Bay VRS **61**, 130 lassen zu Unrecht die Sachrüge genügen). Die begründete Verfahrensrüge schließt eine abschließende Prüfung des Urteils auf die gleichfalls erhobene Sachrüge hin aus (Celle NdsRpfl **93**, 133).

9) Unzulässige Beschränkung der Verteidigung (Nr 8): Die Vorschrift enthält keinen unbedingten Revisionsgrund (BGH **30**, 131, 135; NStZ **82**, 158; VRS 58
35, 132; **aM** LR-Hanack 125; Dünnebier StV **81**, 506; Gillmeister NStZ **97**, 44; Peters 650 und Schlüchter 743 wollen die abstrakte Eignung ausreichen lassen; ter Veen StV **83**, 169 ff will entscheidungserhebliche Bagatellverstöße ausscheiden). Sie betrifft nur die Verteidigung des Angeklagten, nicht die Interessenwahrung der Verfahrensbeteiligten, die nach § 433 I S. 1 die einem Angeklagten zustehenden Befugnisse haben. Auf Privat- und Nebenkläger ist sie ebenfalls nicht anwendbar (RG JW **31**, 2821). **Unzulässig** ist die Verteidigungsbeschränkung nach hM nur, 59
wenn sie eine besondere Verfahrensvorschrift verletzt (BGH **21**, 334, 360; **30**, 131, 137; NStZ **81**, 361; Hamm GA **77**, 310; Koblenz wistra **83**, 42; Stuttgart NJW **79**, 559). Sie kommt aber insbesondere auch dann in Betracht, wenn das Gericht gegen den Grundsatz des fairen Verfahrens (Einl 19) verstößt (Meyer-Goßner NStZ **82**, 362; vgl auch Roxin § 53 E II 2 d) oder seine Fürsorgepflicht (Einl 155) nicht beachtet hat (Schlüchter 741); vgl BGH **29**, 149: Ablehnung von Beweisanträgen ohne inhaltliche Prüfung; BGH JR **80**, 218 mit Anm Meyer: Weigerung, Anträge des Verteidigers entgegenzunehmen; BGH NJW **64**, 1485: Weigerung, Pressevertreter auszuschließen; Köln NJW **61**, 1127; **80**, 302: Weigerung, dem Verteidiger einen angemessenen Sitzplatz zuzuweisen; Celle StV **89**, 8: Verhandeln entgegen Zusicherung in Abwesenheit des Verteidigers; Hamm NStZ **96**, 454: Überraschung durch ein abweichendes mündliches Sachverständigengutachten in der Berufungshauptverhandlung; vgl auch 43 zu § 147. Auf die Vorschrift selbst, die wie der gesamte § 338 nur die Kausalitätsfrage betrifft, läßt sich der Verfahrensverstoß nicht stützen (**aM** ANM 867; Baldus Heusinger-EG 373; vgl auch KK-Kuckein 100; LR-Hanack 127). Die Beschränkung muß in einem in der Hauptverhandlung ergangenen **Gerichtsbeschluß** enthalten sein; das muß die Revisionsbe- 60
gründung darlegen (BGH NStZ **93**, 31 [K]; NJW **96**, 2383 = JR **96**, 473 mit zust Anm Gollwitzer). Ein Beschluß vor oder außerhalb der Hauptverhandlung genügt nicht (BGH **21**, 334, 359; KK-Kuckein 102), ebensowenig eine Anordnung des Vorsitzenden (RG **17**, 45; Stuttgart StV **88**, 145; LR-Hanack 129). Das Unterlassen des Gerichts, nicht des Vorsitzenden allein (RG **61**, 376, 378), einen Antrag zu bescheiden, steht dem gleich (BGH VRS **35**, 132; Bremen NJW **81**, 2827; Düsseldorf GA **79**, 226; StV **83**, 269; Saarbrücken NJW **75**, 1615).

Rechtsnormen zugunsten des Angeklagten

339 Die Verletzung von Rechtsnormen, die lediglich zugunsten des Angeklagten gegeben sind, kann von der Staatsanwaltschaft nicht zu dem Zweck geltend gemacht werden, um eine Aufhebung des Urteils zum Nachteil des Angeklagten herbeizuführen.

1 **1)** Eine **Einschränkung des § 337** enthält die Vorschrift. Die StA kann eine Revision zuungunsten des Angeklagten nicht auf die Rüge stützen, es seien zu dessen Nachteil Rechtsnormen verletzt, die nur zu seinen Gunsten gegeben sind. IdR wird das Urteil darauf ohnehin nicht zugunsten des Angeklagten beruhen. Die Prüfung der Beruhensfrage wird dem Revisionsgericht aber durch § 339 erspart. Die Vorschrift hat keine Bedeutung für Revisionen der StA zuungunsten des Angeklagten, mit der die fehlerhafte Anwendung von Rechtsnormen zu dessen Vorteil gerügt wird (BGH LM § 339 Nr 1), und für Revisionen der StA zugunsten
2 des Angeklagten (RG **5**, 218, 221; KK-Kuckein 6; LR-Hanack 1). Für **Privat- und Nebenkläger** gilt sie entspr (BGH MDR **68**, 18 [D]; RG **59**, 100; Stuttgart NJW **67**, 1627; Krekeler NStZ **84**, 183; **aM** Momsen, Verfahrensfehler und Rügeberechtigung im Strafprozeß, 1997 [zugl Diss Göttingen 1996], S.428).

3 **2) Rechtsnormen** iS des § 339 sind nur Verfahrensvorschriften (LR-Hanack 2 mwN; Peters 650). In Betracht kommen vor allem Bestimmungen über Verfahrensbefugnisse des Angeklagten (vgl hierzu im einzelnen Momsen [oben 2] S. 153 ff).
4 **Nur zugunsten des Angeklagten** sind zB gegeben §§ 140, 145 (KK-Kuckein 2), § 217 (Sarstedt/Hamm 48), § 244 III S. 2 über das Verbot der Wahrunterstellung zuungunsten des Angeklagten (BGH DAR **94**, 189 [N]; Stuttgart NJW **67**, 1627 = JR **68**, 151 mit Anm Koffka; vgl aber BGH NStZ **84**, 564: Rüge, daß Wahrunterstellung den Sinngehalt der Beweisbehauptung nicht erschöpft, ist zulässig), § 247 S. 4 (Amelunxen Revision 54), § 257 (RG **59**, 100), § 258 II, III (Schlüchter 723.1), § 265 (BGH MDR **68**, 18 [D]; Schleswig SchlHA **74**, 183 [E/J]) sowie die Vorschriften, die, wie §§ 136 I S. 2, 228 III, 243 IV S. 1, Belehrungen und Hin-
5 weise bestimmen (KK-Kuckein 2). **Nicht nur zugunsten des Angeklagten** wirken Vorschriften, auf deren Einhaltung er nicht verzichten kann, weil sie zugleich dem öffentlichen Interesse, insbesondere der Wahrheitsfindung, dienen, zB §§ 22, 23 (RG **59**, 267), § 136 a (LR-Hanack 71 zu § 136 a), §§ 230 I, 231 I (BGH **37**, 249, 250), § 246 a (BGHR Sachverständiger 1), § 264 (Sarstedt/Hamm 47), § 275 (BGH NStZ **85**, 184), § 169 GVG (Köln OLGSt § 169 GVG S. 15) und die Vorschriften über die Gerichtsbesetzung.

6 **3) Über seinen Wortlaut hinaus** ist § 339 der allgemeine Grundsatz zu entnehmen, daß ein Rechtsmittel nicht auf die Verletzung von Verfahrensvorschriften zuungunsten des Prozeßgegners gestützt werden kann, wenn deren rechtsfehlerfreie Anwendung ihm nur einen Vorteil hätte bringen können (BGH NStZ **95**, 610; KK-Kuckein 1; LR-Hanack 6; Sarstedt/Hamm 46; abl Dencker StV **95**, 235). Das gilt auch für Rechtsmittel der StA zuungunsten des Angeklagten (Bay **51**, 136; Bremen NJW **47/48**, 312).

340 (weggefallen)

Revisionseinlegung

341

I Die Revision muß bei dem Gericht, dessen Urteil angefochten wird, binnen einer Woche nach Verkündung des Urteils zu Protokoll der Geschäftsstelle oder schriftlich eingelegt werden.

II Hat die Verkündung des Urteils nicht in Anwesenheit des Angeklagten stattgefunden, so beginnt für diesen die Frist mit der Zustellung.

1 **1) Revisionseinlegung** ist jede Erklärung, die den Anfechtungswillen des Beschwerdeführers erkennen läßt (Düsseldorf VRS **72**, 290; Hamburg NJW **65**, 1147; erg 1 zu § 314), insbesondere nicht als bloße Unmutsäußerung aufzufassen ist (Blaese/Wielop 89). Daß das Wort Revision nicht benutzt oder das Rechtsmittel

falsch bezeichnet ist, spielt keine Rolle (vgl § 300). Keine Revisionseinlegung enthalten aber die Bitte um Urteilsübersendung, der Wiedereinsetzungsantrag nach § 329 III (Bay DAR **79**, 240 [R]) und die Erklärung, das Urteil werde nicht angenommen (RG Recht **21** Nr. 2086). **Die Rechtsmittel mehrerer Verfahrensbeteiligter** sind selbständige Revisionen, auch wenn sie dasselbe Ziel verfolgen. Eine Ausnahme gilt für Revisionen des Angeklagten und des Verteidigers; bei ihnen handelt es sich um ein einziges Rechtsmittel (LG Hamburg NJW **47/48**, 395; KK-Kuckein 5). Die **Vertretung** durch einen Bevollmächtigten ist sowohl bei der Erklärung als auch im Willen zulässig (RG **66**, 211), auch durch eine juristische Person (Hamm NJW **52**, 1150; Sarstedt/Hamm 123; **aM** Stuttgart Justiz **77**, 245). Die Vollmacht muß bei der Erklärung vorhanden sein (Einl 134), kann aber später nachgewiesen werden. Unzulässig ist die **vorsorgliche Revisionseinlegung** vor Erlaß des angefochtenen Urteils; ist das Urteil aber erlassen, so ist die Revision auch zulässig, wenn der Beschwerdeführer davon nichts weiß (4 zu § 296). Auch an **Bedingungen** darf die Revision nicht geknüpft werden (Einl 118; 5 vor § 296). 2 3 4 5

2) Adressat der Anfechtungserklärung (I) ist das Gericht, dessen Urteil angefochten wird, nicht das Revisionsgericht. Eine Ausnahme gilt im Fall des § 45 I S. 2 (dort 4). Die Revision gegen Urteile einer auswärtigen StrK kann bei dieser oder bei dem Stammgericht eingelegt werden (BGH NJW **67**, 107; Hamm GA **81**, 90). Entsprechendes gilt für die aufgrund der VO vom 20. 3. 1935 (RGBl I 403; BGBl III 300–5) gebildeten Zweigstellen (Bay **75**, 9 = NJW **75**, 946; VRS **53**, 433; Zweibrücken VRS **68**, 54) und für auswärtige Gerichtstage (Schleswig SchlHA **53**, 70). Bei auswärtigen Kammern für Handelssachen kann die Revision nicht eingelegt werden (BGH MDR **73**, 557 [D]), auch nicht bei einem auswärtigen Zivilsenat des OLG (Karlsruhe Justiz **80**, 207). 6

3) Form: Die Revision muß in deutscher Sprache (2 zu § 184 GVG) schriftlich (Einl 128), auch telegrafisch oder durch Fernschreiber (Einl 139), oder zu Protokoll der Geschäftsstelle (Einl 131 ff) eingelegt werden. Die telefonische Einlegung ist wirkungslos (Einl 140). Für inhaftierte Angeklagte gilt § 299. Zuständig zur Aufnahme des Protokolls ist nur der Rechtspfleger (§ 24 I Nr. 1 Buchst b RPflG); die von einem unzuständigen Beamten aufgenommene Revisionserklärung kann aber als schriftliche Revisionseinlegung wirksam sein, wenn der Beschwerdeführer das Protokoll unterschrieben hat (Einl 133). Revisionseinlegungen zu Protokoll im Anschluß an die Hauptverhandlung sind zulässig, sollten aber nicht entgegengenommen werden (Einl 137). Revisionsschriften mit Beleidigungen des Gerichts oder der Prozeßbeteiligten als unzulässig zu verwerfen (so Karlsruhe NJW **74**, 915), erscheint bedenklich (vgl 12 vor § 33). 7

4) Frist: Die Wochenfrist (I), die nicht verlängert werden kann (5 vor § 42), beginnt mit der Urteilsverkündung (§ 268 II S. 1) und wird nach § 43 berechnet (dazu Blaese/Wielop 82 ff). Das Fehlen der Rechtsmittelbelehrung nach § 35 a ist auf den Fristablauf ohne Einfluß (dort 12). **In Abwesenheit des Angeklagten** (II) ist das Urteil verkündet, wenn er bei der Verkündung auch nur zeitweise abwesend war, sich etwa vor dem Ende der Urteilsbegründung eigenmächtig entfernt hatte (BGH **15**, 263, 265; Bay MDR **93**, 892; KG JR **92**, 304; Düsseldorf MDR **84**, 604; Stuttgart NStZ **86**, 520 mit abl Anm Paulus; **aM** KMR-Paulus 7 zu § 314; LR-Gollwitzer 27 zu § 314; erg 7 zu § 314) oder infolge Trunkenheit verhandlungsunfähig war (Bay **98**, 87 = VRS **95**, 258); die Anwesenheit des Verteidigers bei der Verkündung ist für II ohne Bedeutung (BGH **25**, 234 = JR **74**, 249 mit Anm Peters; Stuttgart aaO), auch bei Vertretungsberechtigung (Düsseldorf JurBüro **85**, 1352; Karlsruhe Justiz **88**, 314; Köln VRS **41**, 440). Für die StA **gilt II entspr** (Neustadt NJW **63**, 1074; Amelunxen Revision 41, **aM** KK-Kuckein 20), für den Privatkläger nur, wenn ihm der Verkündungstermin nicht bekanntgemacht wurde (KMR-Mutzbauer 79; LR-Hanack 22; **aM** KMR-Paulus 11 zu § 314; Blaese/Wielop 61: II gilt entspr, wenn weder der Privatkläger noch sein Vertreter anwe- 8 9 10

send ist). Für den gesetzlichen Vertreter gilt § 298 I, für den Nebenkläger § 401 II
11 S. 1, für den Einziehungsbeteiligten § 436 IV S. 1. Die Frist des II wird **in Lauf gesetzt** mit der Zustellung des vollständigen Urteils mit Gründen (1 zu § 37); die Zustellung der Urteilsformel allein genügt nicht (8 zu § 314; anders aber im Bußgeldverfahren für die StA: Bay **96**, 61 = JR **96**, 433 mit zust Anm Göhler). Anwendbar sind §§ 37 III, 145 a. Die Revision kann auch eingelegt werden, wenn das Urteil noch nicht zugestellt ist (BGH **25**, 187, 189 = JR **74**, 295 mit Anm
12 Hanack). Die Frist ist nur gewahrt, wenn die Revisionseinlegungsschrift rechtzeitig **bei Gericht eingeht.** Vgl dazu 11 ff vor § 42. Zur Rechtslage bei Zweifeln an der Fristeinhaltung vgl 35 zu § 261.

Wiedereinsetzung und Revision

342 **I Der Beginn der Frist zur Einlegung der Revision wird dadurch nicht ausgeschlossen, daß gegen ein auf Ausbleiben des Angeklagten ergangenes Urteil eine Wiedereinsetzung in den vorigen Stand nachgesucht werden kann.**

II Stellt der Angeklagte einen Antrag auf Wiedereinsetzung in den vorigen Stand, so wird die Revision dadurch gewahrt, daß sie sofort für den Fall der Verwerfung jenes Antrags rechtzeitig eingelegt und begründet wird. Die weitere Verfügung in bezug auf die Revision bleibt dann bis zur Erledigung des Antrags auf Wiedereinsetzung in den vorigen Stand ausgesetzt.

III Die Einlegung der Revision ohne Verbindung mit dem Antrag auf Wiedereinsetzung in den vorigen Stand gilt als Verzicht auf die letztere.

1 **1) Zusammentreffen von Wiedereinsetzung und Revision:** Vgl auch § 315. Beantragt der Angeklagte gegen die Versäumung der Hauptverhandlung die Wiedereinsetzung nach §§ 235 S. 1, 329 III, 412 S. 1, so kann er daneben für den Fall der Verwerfung dieses Antrags vorsorglich (Einl 119) Revision einlegen (I; vgl auch 46 zu § 329). Er muß dabei so verfahren, als wäre der Wiedereinsetzungsantrag nicht gestellt (II S. 1), darf also die Entscheidung über diesen Antrag nicht abwarten, sondern muß die Revision sofort, dh in der Frist des § 341, einlegen und rechtzeitig (§§ 341 II, 345 I) begründen (Celle NJW **59**, 2177; Hamm NJW **55**, 564; Koblenz OLGSt § 345 Nr 5), falls ihm nicht vorher Wiedereinsetzung gewährt wird.

2 **2) Weiteres Verfahren** (II S. 2): Die gerichtliche Entscheidung über die Revision (11 zu § 346) muß bis zur Rechtskraft der Entscheidung über den Wiedereinsetzungsantrag aufgeschoben werden (Bay DAR **84**, 246 [R]). Durch die Gewährung der Wiedereinsetzung wird das Urteil beseitigt und die Revision gegenstandslos (RG **65**, 231, 233; Bay NJW **72**, 1724; VRS **61**, 137; Oldenburg VRS **68**, 282; Küper NJW **77**, 1276; JZ **78**, 207). Wird die Wiedereinsetzung abgelehnt, so entscheidet das Revisionsgericht ohne Bindung an die Gründe dieses Beschlusses (Düsseldorf NJW **88**, 1681, 1682 mwN).

3 **3)** Der **Verzicht auf die Wiedereinsetzung** (III) wird unwiderlegbar (Stuttgart NJW **84**, 2900; Justiz **81**, 244) gesetzlich vermutet, wenn die Revision ohne Verbindung mit dem Wiedereinsetzungsantrag eingelegt wird (nicht im umgekehrten Fall), auch wenn der Beschwerdeführer sich die Antragstellung ausdrücklich vorbehält (Hamm JMBlNW **77**, 214; KK-Kuckein 7). Im selben Schriftsatz muß der Wiedereinsetzungsantrag nicht gestellt werden; er muß aber gleichzeitig mit der Revisionseinlegung bei Gericht eingehen (vgl Stuttgart NJW **84**, 2900: keine Gleichzeitigkeit bei Verspätung von 1 3/4 Stunden). Von einer Rechtsbehelfsbelehrung nach §§ 35 a, 235 S. 2 oder einer Belehrung über die Rechtsfolgen nach III hängt die Vermutung nicht ab (Neustadt NJW **64**, 1868; KK-Kuckein 7). Die
4 Vermutung gilt **ausnahmslos,** auch wenn die Revision, etwa nach § 55 II **JGG,**

unzulässig ist (Stuttgart Justiz **76**, 265), wenn sie schon vor Beginn der Frist des § 341 eingelegt (Düsseldorf VRS **89**, 132 mwN) oder wenn sie zurückgenommen wird (Zweibrücken NJW **65**, 1033; LR-Hanack 8), auch wenn sie dann erneut, diesmal zusammen mit einem Wiedereinsetzungsantrag, eingelegt wird (Neustadt NJW **64**, 1868; Stuttgart aaO). Die Vermutung schließt auch die Wiedereinsetzung von Amts wegen (§ 45 II S. 3) aus (KK-Kuckein 7; Baukelmann NStZ **84**, 300;
aM Düsseldorf NJW **80**, 1704). Der nachträglich gestellte **Wiedereinsetzungs-** 5
antrag ist unzulässig. Eine Wiedereinsetzung gegen seine „Verspätung" ist ausgeschlossen (Stuttgart aaO).

Hemmung der Rechtskraft **RiStBV 154**

343 **I Durch rechtzeitige Einlegung der Revision wird die Rechtskraft des Urteils, soweit es angefochten ist, gehemmt.**

II Dem Beschwerdeführer, dem das Urteil mit den Gründen noch nicht zugestellt war, ist es nach Einlegung der Revision zuzustellen.

1) **Hemmung der Rechtskraft** (I): Vgl auch 1 zu § 316. Sie tritt auch ein, 1
wenn die Revision aus anderen Gründen als wegen verspäteter Einlegung unzulässig ist (BGH **25**, 259, 260), nicht aber, wenn sie (zB nach § 441 III S. 2 oder § 55 II **JGG**) von vornherein unstatthaft ist (KG GA Bd **70**, 46; Hamm NJW **73**, 1517; KK-Kuckein 3; LR-Hanack 1; **aM** Stuttgart MDR **80**, 518 und [für § 79 OWiG] BGH aaO; Bay **72**, 169 = VRS **44**, 50) oder allseits auf Rechtsmittel verzichtet worden war (Karlsruhe NStZ **97**, 301; erg 7 zu § 449). Bei wirksam beschränkter Revision erstreckt sich die Hemmung der Rechtskraft nur auf die angefochtenen Urteilsteile. Die Hemmung dauert bis zur endgültigen Entscheidung nach §§ 346, 349 I, V oder bis zur Sachentscheidung des Revisionsgerichts. Danach ist das Urteil insgesamt rechtskräftig, auch wenn versehentlich über das Rechtsmittel nicht in vollem Umfang entschieden wurde (Bay **68**, 33).

2) **Zugestellt** (II) wird das Urteil an den Beschwerdeführer, falls das nicht bereits 2
nach § 341 II geschehen ist, auch wenn die Revision bereits begründet worden ist. Von der Zustellung ist abzusehen, wenn die Revision nicht statthaft (oben 1) oder verspätet eingelegt worden ist, nicht aber, wenn andere Vorschriften über die Einlegung nicht beachtet sind, zB die Vollmacht fehlt (RG **62**, 250). Dem bisher nicht zugelassenen Nebenkläger wird das Urteil nur zugestellt, wenn die Anschlußbe-
rechtigung feststeht (RG **69**, 244; Bremen OLGSt § 396 S. 41). Die **nachträg-** 3
liche Zustellung ist erforderlich, wenn das Revisionsgericht einem Antrag nach § 346 II stattgibt oder dem Beschwerdeführer Wiedereinsetzung gegen die Versäumung der Einlegungsfrist gewährt (RG **52**, 76). Die nach § 267 IV S. 3 ergänzten Urteilsgründe werden zugestellt, auch wenn das Urteil schon vorher zugestellt war (Düsseldorf JMBlNW **82**, 139; erg 2 zu § 345).

3) **Verfahren:** Die Anordnung trifft der Vorsitzende; die Geschäftsstelle führt sie 4
aus (§ 36 I). Zuzustellen ist eine Urteilsausfertigung; die Zustellung einer beglaubigten Abschrift ist aber nicht unwirksam (BGH **26**, 140, 141; MDR **73**, 19 [D]). Zugestellt wird das Urteil mit den Gründen; bei öffentlicher Zustellung gilt aber § 40 II S. 2 (Hamm JMBlNW **74**, 214). Zum Verfahren beim Verlust des Urteils vgl 6 zu § 316.

Revisionsbegründung **RiStBV 150, 156**

344 **I Der Beschwerdeführer hat die Erklärung abzugeben, inwieweit er das Urteil anfechte und dessen Aufhebung beantrage (Revisionsanträge), und die Anträge zu begründen.**

[II] **Aus der Begründung muß hervorgehen, ob das Urteil wegen Verletzung einer Rechtsnorm über das Verfahren oder wegen Verletzung einer anderen Rechtsnorm angefochten wird. Ersterenfalls müssen die den Mangel enthaltenden Tatsachen angegeben werden.**

1 **1) Revisionsanträge** (I): Das Urteil wird auf die Revision nur geprüft, soweit es angefochten ist (§ 352 I). Der Umfang der Anfechtung muß daher durch die Revisionsanträge bezeichnet werden, die in der Begründungsschrift, nicht erst in der Revisionsverhandlung, zu stellen sind. Die Anträge müssen den erstrebten Umfang der Urteilsaufhebung (§ 353 I) klarstellen; auf die weiteren Entscheidun-
2 gen nach den §§ 354, 355 brauchen sie sich nicht zu beziehen. Das **Fehlen der Anträge** ist unschädlich, wenn das Ziel der Revision aus dem Inhalt der Revisionsschrift (BGH JZ **88**, 367; StV **81**, 393; Hamm StV **82**, 170; Koblenz VRS **71**, 209; Schleswig SchlHA **79**, 56; Gribbohm NStZ **83**, 98; Sarstedt/Hamm 209) oder aus dem Gang des bisherigen Verfahrens (Karlsruhe Justiz **79**, 68; Koblenz VRS **51**, 96: wenn schon die Berufung auf die Straffrage beschränkt war; vgl auch Zweibrücken
3 VRS **46**, 367) eindeutig hervorgeht. Bleiben **Zweifel**, so ist von der Anfechtung in vollem Umfang auszugehen, wenn Gegenstand des Urteils eine einzige Straftat ist (BGH MDR **78**, 282 [H]; NStZ **83**, 359 [Pf/M]; StV **81**, 393; vgl aber auch Düsseldorf JMBlNW **82**, 45; 139; Karlsruhe MDR **85**, 430; Schleswig SchlHA **73**, 189 [E/J]). Auch bei Verurteilung wegen mehrerer selbständiger Handlungen wird aus der Erhebung der allgemeinen Sachrüge auf eine umfassende Urteilsanfechtung zu schließen sein (BGH NStZ **90**, 96; Sarstedt/Hamm 211; vgl auch Blaese/Wielop 165 mwN). Der BGH verfährt hier großzügig (vgl Gribbohm NStZ **83**, 98), während in der Rspr der OLGs vielfach Unzulässigkeit der Revision angenommen wird (Bay DAR **85**, 247 [R]; **89**, 370 [B]; Hamm NJW **76**, 68 mit abl Anm Sarstedt; VRS **33**, 48; Karlsruhe Justiz **71**, 360; Koblenz VRS **50**, 447; Schleswig SchlHA **79**, 56; **81**, 96 [E/L]; Zweibrücken NJW **74**, 659). Unzulässigkeit ist jedoch gegeben, wenn die Revision beschränkt worden, aber unklar ist, auf welche Urteilsfälle (Bay **54**, 84 = JR **55**, 28 mit Anm Sarstedt).

4 **2) Revisionsbeschränkung:** Wie die Berufung (§ 318) kann auch die Revision bei der Einlegung oder bei der Begründung beschränkt werden. Eine nachträgliche Erweiterung der beschränkt eingelegten Revision ist nur in der Frist des § 341 I, nicht mehr in der Frist des § 345 I möglich (BGH **38**, 366 mwN; **aM** LR-Hanack
5 7; erg 31 zu § 302). Der **Verteidiger** braucht keine besondere Vollmacht für die beschränkte Einlegung, wohl aber nach § 302 II für die Teilrücknahme (vgl OGH **1**, 74). Hat der Angeklagte die Revision beschränkt eingelegt, so ist die weitergehende Revision des Verteidigers unbeachtlich (§ 297). Umgekehrt kann der Angeklagte in der Frist des § 341 unbeschränkt Revision einlegen, auch wenn der Verteidiger sie bereits beschränkt hatte (vgl auch Blaese/Wielop 167 mwN). Von den Revisionen mehrerer Verteidiger ist diejenige maßgebend, die am weitesten
6 geht (LR-Hanack 13). Auch **ohne ausdrückliche Erklärung** kann sich die Beschränkung aus der Begründungsschrift ergeben (Stuttgart Justiz **80**, 154), zB wenn die Sachrüge nur Ausführungen zum Rechtsfolgenausspruch enthält (BGH NJW **56**, 757; Koblenz OLGSt § 40 StGB S. 33; Schleswig VRS **54**, 34). Fehlt bei tatmehrheitlicher Verurteilung die Revisionsbegründung für einzelne Urteilsteile, so liegt darin aber keine Beschränkung; die Revision ist insoweit als unzulässig zu verwerfen (BGH LM Nr 1 zu § 302; Karlsruhe Justiz **74**, 308; Blaese/Wielop 121 mwN). Steht die Begründung im Widerspruch zu der ausdrücklich erklärten Beschränkung, so kann sie dahin ausgelegt werden, daß die Revisionsbeschränkung nicht gewollt ist (vgl BGH NJW **56**, 1845; NStZ **85**, 17 [Pf/M]; VRS **17**, 47; Bay VRS **64**, 371; Koblenz VRS **64**, 213). Andererseits kann die Begründung ergeben, daß im Gegensatz zu dem unbeschränkten Antrag eine Revisionsbeschränkung gewollt ist (BGH NJW **56**, 756; Koblenz VRS **51**, 122; Köln VRS **73**, 297; Schleswig VRS **54**, 33, 34); das gilt auch für Revisionen der StA (BGH NStZ **98**,

210; Koblenz OLGSt § 46 StGB Nr 2). Wegen des **zulässigen Umfangs der Beschränkung** gelten dieselben Grundsätze wie bei der Berufung (Koblenz VRS **75**, 34, 35); vgl daher 1 ff zu § 318. Die Beschränkung ist auch möglich, wenn Rügen nach § 338 Nrn 1–7 erhoben werden, die das ganze Urteil zu Fall bringen können (BGH NJW **95**, 1910). Die Revision kann jedoch nicht auf den Rechtsfolgenausspruch beschränkt werden, wenn das LG unzutr von der Beschränkung der Berufung auf diesen ausgegangen ist (Bay **94**, 253 = VRS **89**, 128). Auf die erfolgte oder fehlende Feststellung der **besonderen Schwere der Schuld** iSd § 57 a I S. 1 Nr 2 StGB (vgl 33 zu § 260; 20 a zu § 267; 35 a zu § 337) kann die Revision idR beschränkt werden; denn, obwohl sich die Feststellungen zu Schuld, Strafe und Schuldschwere berühren (Meurer JR **92**, 447), läßt die Bejahung oder Verneinung der besonderen Schuldschwere den Schuldspruch nach § 211 StGB und die Verhängung der lebenslangen Freiheitsstrafe unberührt (BGH **39**, 208 = JR **94**, 164 mit zust Anm Stree; Meurer JR **93**, 252). Die Beschränkung ist auch zulässig, wenn auf Grund der getroffenen Feststellungen die Bejahung eines weiteren Mordmerkmals in Betracht kommt (BGH **41**, 57). Eine Beschränkung auf das Ausmaß der besonderen Schuldschwere ist aber nicht möglich (zw Stree aaO). Eine **wirksame Revisionsbeschränkung** führt zur Teilrechtskraft (Einl 184 ff), wenn sie tatmehrheitliche Verurteilungen betrifft. Bei Verurteilung wegen einer einzigen Tat tritt eine innerprozessuale Bindung an die Feststellungen zu den nicht angefochtenen Urteilsteilen ein (vgl 20 zu § 353). Eine **unwirksame Revisionsbeschränkung** ist unbeachtlich (**aM** Wolf JR **92**, 430); das Urteil wird in vollem Umfang geprüft (32 zu § 318). 7 7 a 7 b 7 c

3) Revisionsbegründung (II): 8

A. Die **Sachrüge oder Verfahrensrügen** kann der Beschwerdeführer erheben. 9
Prozeßhindernisse werden von Amts wegen geprüft (Einl 152; 6 zu § 337). Ein **Irrtum** des Beschwerdeführers in der Bezeichnung der Rüge ist unerheblich (BGH **19**, 273, 275; DAR **77**, 179 [Sp]; Celle NJW **87**, 78), ebenso die unterbliebene Bezeichnung als Sach- oder Verfahrensrüge (Hamm Rpfleger **98**, 367). Maßgebend ist die wirkliche rechtliche Bedeutung des Revisionsangriffs, wie er Sinn und Zweck des Revisionsvorbringens entnommen werden kann (BGH aaO; Hamm VRS **42**, 140, 141; Karlsruhe Justiz **97**, 482; Koblenz NJW **75**, 322). Die Bezeichnung der angeblich verletzten Vorschriften ist nicht erforderlich (BGH JR **56**, 228; KG VRS **26**, 287, 288); daher ist nach § 352 II ihre unrichtige Bezeichnung unschädlich (BGH **1**, 29, 31; **15**, 161, 163; **19**, 94; 273, 276; **20**, 95, 98). Die Revisionsbegründung ist **auslegungsfähig** (BGH **25**, 272, 275; JR **56**, 228), auch zum Nachteil des Beschwerdeführers (unten 19), aber nur aufgrund ihres eigenen Inhalts, nicht aufgrund der Revisionsbegründung anderer Beschwerdeführer (BGH 5 StR 276/59 vom 22. 9. 1959; LR-Hanack 71), auch nicht aufgrund einer vom Angeklagten selbst verfaßten Anlage zur Revisionsbegründung (Bay **96**, 51 = NStZ-RR **96**, 312). Nicht auf den Wortlaut, sondern auf den Sinn der Rüge kommt es an (BGH **19**, 273, 275; Doller MDR **77**, 731; Krause StV **84**, 485). Dabei ist die Begründung so auszulegen, daß der mit der Revision erstrebte Erfolg eintreten kann (BGH NJW **56**, 756; RG **67**, 123, 125; Hamm VRS **42**, 140, 141; vgl auch Koblenz NJW **75**, 322 für Revisionsbegründungen zu Protokoll der Geschäftsstelle; erg 3 zu § 300). Jedoch muß für die Auslegung eine hinreichende Grundlage bestehen. Die Ankündigung, daß die Revision demnächst begründet werden soll, genügt nicht (BGH NStZ **86**, 209 [Pf/M]). Auch die Tatsache, daß Revision eingelegt ist (OGH **2**, 138; Karlsruhe VRS **64**, 46; Stuttgart OLGSt S. 33), und der bloße Antrag auf Aufhebung und Zurückverweisung stellen keine auslegungsfähige Revisions„begründung" dar (BGH NJW **91**, 710; NStZ **91**, 597; NStZ-RR **98**, 18), ebensowenig die Beschränkung der Revision auf bestimmte Beschwerdepunkte (BGH NStZ **81**, 298 [Pf]; Neustadt GA **57**, 422; **aM** Köln MDR **79**, 957 bei Strafmaßbeschränkung), etwa auf die Einziehungsfrage (BGH NStZ **85**, 205 [Pf/M]), die Rüge der Nichtanwendung des § 153 a (Hamm 10 11

JMBlNW **80**, 104) und nichtssagende Erklärungen, wie die Einlegung der Revision „mit Begründung nach § 337" (Hamburg GA **84**, 375) oder „nach allen Richtungen" (Hamm NJW **64**, 1736), die Bitte um Überprüfung „in rechtlicher Hinsicht" (Hamm OLGSt § 79 OWiG Nr 1) oder die Rüge der Verletzung des Rechts ohne weitere Ausführungen (KG GA Bd **38**, 231; KMR-Paulus 16).

12 **Bedingte Revisionsrügen** sind unzulässig (RG **53**, 50; LR-Hanack 69). Insbesondere können Rügen nicht nur für den Fall erhoben werden, daß andere Rügen nicht durchgreifen (BGH **17**, 253 = JR **62**, 387 mit Anm EbSchmidt; Sarstedt H. Mayer-FS 530; Sarstedt/Hamm 220; **aM** Mayer EbSchmidt-FS 634; erg 11 zu § 352).

13 B. **Sachrüge:**

14 a) Die **Bezeichnung** der Rüge als Sachrüge ist nicht unbedingt erforderlich. Das Revisionsvorbringen muß aber eindeutig ergeben, daß die Nachprüfung in sachlich-rechtlicher Hinsicht begehrt wird (BGH NStZ **91**, 597; **93**, 31 [K]; BGHR § 344 II S. 1 Revisionsbegründung 2). Die Sachrüge ist zB zulässig erhoben mit der Rüge des Vorliegens von Prozeßhindernissen (BGH **2**, 385; NJW **84**, 988: Verjährung; BGH NJW **51**, 811; RG 74, 190: Straffreiheitsgesetz), der Rüge der Verletzung des Satzes *in dubio pro reo* oder widersprüchlicher Urteilsfeststellungen (RG JW **31**, 1618) oder der Rüge, der Angeklagte sei zu Unrecht bestraft worden (Hamm NJW **64**, 1736). Sie kann auch darin gesehen werden, daß die Tat bestritten (Karlsruhe DAR **58**, 24) oder der Antrag auf Freisprechung vor dem Revisionsgericht gestellt (BGHR § 338 Nr 7 Entscheidungsgründe 2; Hamm NJW **64**, 1736; **72**, 2056; **aM** Krause StV **84**, 485), nicht nur für den Fall einer erneuten Hauptverhandlung vor dem Tatrichter angekündigt wird (Köln JMBlNW **78**, 238).

15 b) **Inhalt** der Sachrüge ist in 1. Hinsicht die Rüge, daß das Recht, auch Vorschriften des GG (BGH **19**, 273; Celle NJW **69**, 1075), auf den im Urteil festgestellten Sachverhalt unrichtig angewendet worden ist. Mit der Sachrüge kann aber auch beanstandet werden, daß die Feststellungen keine geeignete Grundlage für die Rechtsanwendung abgegeben, zB weil sie gegen Denkgesetze oder Erfahrungssätze verstoßen, lückenhaft oder widersprüchlich sind oder den Satz *in*
16 *dubio pro reo* nicht beachten (vgl 27 ff zu § 337). Mit **Bestimmtheit** braucht der Beschwerdeführer die Rechtsverletzung nicht zu behaupten. Es genügt das Verlangen nach Nachprüfung in sachlich-rechtlicher Hinsicht (RG JW **31**, 1760 mit Anm Alsberg; KG JR **76**, 255; LR-Hanack 97; **aM** BGH **25**, 272, 275 = JR **74**, 470 mit Anm Meyer; Hamm OLGSt § 79 OWiG Nr 1; KK-Kuckein 26; EbSchmidt 23; Gribbohm NStZ **83**, 98).

17 c) Eine **Begründung** der Sachrüge ist nicht vorgeschrieben. Der Beschwerde-
18 führer kann sich daher auf die unausgeführte **allgemeine Sachrüge** beschränken. Sie besteht aus dem Satz: „Es wird Verletzung sachlichen Rechts gerügt" (vgl BGH **25**, 272; RG **40**, 99; für die StA gilt aber RiStBV 156 II), und führt zur Prüfung
19 des Urteils in sachlich-rechtlicher Hinsicht in vollem Umfang. **Einzelausführungen** zur Sachrüge dienen nur dem Zweck, zur Prüfung bestimmter Fragen anzuregen (Gribbohm NStZ **83**, 98) und dem Revisionsgericht die Rechtsansicht des Beschwerdeführers mitzuteilen. Sie können bis zur Entscheidung des Revisionsgerichts nachgeschoben werden (erg 10 zu § 345). Erhält die Revision nur Einzelausführungen zu einzelnen Urteilsteilen oder -grundlagen, so ist idR auch die allgemeine Sachrüge erhoben (BGH **1**, 46). Einzelausführungen zur Sachrüge können andererseits die Revision insgesamt unzulässig machen, wenn sie ergeben, daß der Beschwerdeführer in Wahrheit nicht die Rechtsanwendung beanstanden, sondern nur die Beweiswürdigung und die Richtigkeit der Urteilsfeststellungen angreifen will (BGH **25**, 272, 275; NStE Nr 14; Bay DAR **87**, 316 [B]; KG VRS **65**, 212, 213; Düsseldorf NStZ **93**, 99; Gribbohm NStZ **83**, 99; **aM** Koblenz MDR **93**, 166; Mommsen GA **98**, 488). Das ist der Fall, wenn der Beschwerdeführer die Fehlerhaftigkeit des Urteils ausschließlich aus tatsächlichen Behauptungen herleitet,

die in dem Urteil keine Stütze haben (BGH NJW **56**, 1767; BGHR § 344 II S. 1 Revisionsbegründung 2; Schleswig SchlHA **84**, 110 [E/L]), oder wenn er nur eine eigene, gegensätzliche Beweiswürdigung vornimmt (BGH AnwBl **94**, 92). Unschädlich ist dagegen, daß sich einzelne Ausführungen auf Urteilsstellen beziehen, durch die der Beschwerdeführer nicht beschwert ist (BGH NJW **70**, 205).

C. **Verfahrensrügen:** Für sie bestehen strengere Formvorschriften (II S. 2). Da das Revisionsgericht nicht von sich aus die Ordnungsmäßigkeit des gesamten Verfahrens prüfen kann, muß der Beschwerdeführer die den Verfahrensmangel begründenden Tatsachen angeben. Kommen nach den vorgetragenen Tatsachen mehrere Verfahrensmängel in Betracht, muß dargetan werden, welcher von ihnen geltend gemacht werden soll (BGH NStZ **98**, 636). Das Revisionsgericht ist jedoch nicht gehindert, bei Prüfung einer bestimmten Verfahrensrüge den ihm auf Grund einer von Amts wegen vorzunehmenden Prüfung bekannten Akteninhalt (Köln NStZ-RR **97**, 336) oder den Sachvortrag zu einer anderen zulässig erhobenen Verfahrensrüge oder bei zugleich erhobener Sachrüge den Urteilsinhalt ergänzend zu berücksichtigen (BGH NStZ **96**, 145; vgl dazu eingehend Dahs Salger-FS 219 mN aus der Rspr; Wohlers StV **96**, 192). Es gibt keine „allgemeine Verfahrensrüge". Verfassungsrechtliche Bedenken gegen diese gesetzliche Regelung bestehen nicht (BVerfG NJW **85**, 125). Die Unzulässigkeit der Verfahrensrüge führt bei Fehlen der Sachrüge zur Unzulässigkeit der Revision (BGH NJW **95**, 2047). 20

a) **Ohne Bezugnahmen und Verweisungen** müssen die Verfahrensrügen begründet werden (vgl Blaese/Wielop 173 ff). Unzulässig ist nicht nur die Bezugnahme auf Anlagen zur Revisionsbegründungsschrift (14 zu § 345), sondern überhaupt auf die Akten, das Sitzungsprotokoll und andere Schriftstücke (BGH MDR **70**, 900 [D]; NStZ **85**, 208 [Pf/M]; **87**, 221 [Pf/M]; Koblenz VRS **48**, 120; Köln StV **81**, 119; Doller MDR **77**, 370; Gribbohm NStZ **83**, 101). Vielmehr müssen die Fundstellen in ihrem Wortlaut oder ihrem wesentlichen Inhalt nach wiedergegeben werden (BGHR § 344 II S. 2 Beweiswürdigung 3; Hamm Rpfleger **98**, 367). Das Revisionsgericht muß allein aufgrund der Begründungsschrift prüfen können, ob ein Verfahrensfehler vorliegt, wenn das tatsächliche Vorbringen der Revision zutrifft (BGH NJW **82**, 1655; **95**, 2047 mwN; StV **96**, 530; Bay VRS **77**, 449, dort auch zur Umdeutung unzulässiger Verfahrensrügen; krit zur Auslegung des II S. 2 durch die Rspr Ventzke StV **92**, 338). Es behandelt Bezugnahmen daher als nicht geschrieben (BGH MDR **70**, 900 [D]; DAR **77**, 179 [Sp]; Düsseldorf VRS **64**, 223, 224). Auch eine zusammenhanglos in die Revisionsbegründung eingefügte Ablichtung eines Teils der Sitzungsniederschrift und anderer Schriftstücke genügt dem II nicht; es ist nicht Aufgabe des Revisionsgerichts, den Revisionsvortrag aus anderen Unterlagen jeweils an passender Stelle zu ergänzen (BGH NStZ **87**, 36; 221 [Pf/M]; Düsseldorf VRS **85**, 116). Die Einfügung der Ablichtung eines handgeschriebenen Textes in die Begründungsschrift ist unbeachtlich, wenn er unlesbar ist (BGH **33**, 44; Düsseldorf VRS **77**, 366). Für den Fall der Ablehnung eines Hilfsbeweises darf die Verfahrensrüge neben einer zulässigen Sachrüge jedoch auf die in den Urteilsgründen enthaltene Begründung für die Ablehnung des Beweisantrages verweisen (Bay **87**, 33, 35 = NJW **87**, 3091; vgl ferner KG StV **88**, 518 zu angekündigten Beweisanträgen; krit dazu Scheffler NStZ **89**, 159). Bei einer zulässig erhobenen Sachrüge sind Urteilsausführungen zur Ergänzung der Verfahrensrüge heranzuziehen (BGH NStZ **97**, 378 [K] mwN); einer ausdrücklichen Verweisung auf die Urteilsgründe bedarf es dazu nicht (BGH **36**, 384, 385). 21

b) **Die den Mangel begründenden Tatsachen** muß der Beschwerdeführer angeben, aber selbstverständlich nur, soweit sie ihm zugänglich sind (vgl BGH **28**, 290, 291: präsidiumsinterne Vorgänge; BGH **29**, 162, 164: kammerinterne Vorgänge). Die Darlegungspflicht gilt auch für das JGG-Verfahren (BGH GA **53, 83)** und für Rügen, mit denen die Verletzung von GG-Normen behauptet wird (BGH 22

19, 273 = JZ **65**, 66 mit Anm Evers; BGH **21**, 334, 340; **26**, 84, 90; GA **70**, 25; MDR **53**, 724 [D]; NStZ **81**, 357). Schriftstücke, Aktenteile und Tonbandaufnahmen, auf die die Verfahrensrüge gestützt wird, müssen im einzelnen bezeichnet und wörtlich oder wenigstens inhaltlich wiedergegeben werden (BGH NStZ **84**,
23 213 [Pf/M]; **92**, 29 [K]). Dagegen ist die Angabe von **Beweismitteln** nicht erforderlich; daher brauchen auch die Aktenstellen nicht bezeichnet zu werden, aus denen sich die behaupteten Tatsachen ergeben (LR-Hanack 77).

24 c) **Bestimmte Tatsachen** müssen angegeben werden. Es muß genau ersichtlich sein, gegen welche Handlungen oder Unterlassungen des Gerichts der Vorwurf der fehlerhaften Verfahrensweise erhoben wird (BGH **2**, 168; Brandenburg StraFo **97**, 205) und inwiefern gegen das Gesetz verstoßen worden ist (BGH NStZ-RR **97**, 304. Die Angriffsrichtung des Rechtsmittels muß klar bezeichnet werden. Dazu genügen weder wahlweise (Celle NdsRpfl **52**, 18; Koblenz VRS **47**, 28) noch unbestimmte Tatsachenbehauptungen (vgl BGH MDR **51**, 406 [D]: Nichtvereidigung „verschiedener Zeugen"; Bay **51**, 112: Unfähigkeit „eines Teils" der Schöffen; Koblenz MDR **74**, 421: „Erheblicher Druck" auf die Schöffen). Wenn die Tatsachen mehrere Verfahrensmängel ergeben, muß dargetan werden, welcher gerügt wird (BGH 3 StR 256/98 vom 26. 8. 1998. Allgemein gilt der Satz, daß die Mitteilung der den Verfahrensverstoß begründenden Tatsachen so vollständig und genau sein muß, daß das Revisionsgericht aufgrund der Rechtfertigungsschrift prüfen kann, ob ein Verfahrensfehler vorliegt, wenn die behaupteten Tatsachen bewiesen werden (BGH **3**, 213; **21**, 334, 340; **22**, 169, 170; **29**, 203; StV **84**, 454). Für einen erschöpfenden Vortrag kann uU auch die Angabe erforderlich sein, daß bestimmte Tatsachen nicht geschehen sind, etwa eine Heilung des behaupteten Mangels, zB die nicht vorgenommene Vereidigung, auch später nicht erfolgt ist (BGHR Abwesenheit 2; krit dazu Dahs Salger-FS 225; Eisenberg/Kopatsch NStZ **97**, 299).

25 d) **Bestimmt behaupten** muß der Beschwerdeführer die Tatsachen (BGH **7**, 162; **25**, 272, 274; NJW **62**, 500). Die Rüge ist unzulässig, wenn der Verfahrensverstoß nur als möglich bezeichnet (BGH **19**, 273, 276; NJW **53**, 386; MDR **51**, 276 [D]) oder als Vermutung oder in Form eines Zweifels an der Ordnungsmäßigkeit des Verfahrens geäußert wird (BGH **19**, 273, 276; NJW **62**, 500; GA **62**, 371). Daher genügt auch, anders als bei der Sachrüge (oben 16), nicht die bloße Bitte um Nachprüfung der Rechtmäßigkeit (BGH **12**, 33; **19**, 273, 276; KG JR **76**, 255; Gribbohm NStZ **83**, 101; W. Schmid Rpfleger **62**, 304), jedoch ist das Revisionsgericht an die rechtliche Einordnung des Verstoßes durch den Beschwerdeführer nicht gebunden (BGH NJW **90**, 585; NStZ **90**, 229 [M]).

26 e) **Protokollrügen** sind unzulässig. Nicht die Fehlerhaftigkeit der Sitzungsniederschrift, sondern Mängel des Verfahrens begründen die Revision. Auf einem Mangel des Protokolls kann das Urteil nicht beruhen (BGH **7**, 162; GA **68**, 373; VRS **62**, 53; **65**, 128; Celle MDR **56**, 182; Koblenz VRS **68**, 223; Saarbrücken MDR **86**, 1050), auch nicht auf dem Fehlen des Protokolls (BGH NStZ **91**, 502). Die Formulierung in einer Revisionsbegründung „ausweislich des Protokolls" kann aber auch nur als ein Hinweis auf das geeignete Beweismittel (§ 273 I S.1) zu verstehen sein, ohne daß dadurch die Ernsthaftigkeit der Tatsachenbehauptung selbst in Frage gestellt wird (BGH StV **82**, 4; **97**, 515).

27 f) Zur **Beruhensfrage** (36 ff zu § 337) braucht der Beschwerdeführer keine Ausführungen zu machen (RG **66**, 10; Bay **77**, 130 = NJW **78**, 232; ANM 881; Herdegen NStZ **90**, 517). Ausreichend und erforderlich ist die Darlegung der Tatsachen, aufgrund deren die Beruhensfrage geprüft werden kann (BGH **30**, 131, 135; Köln VRS **70**, 370). Wenn ein Beruhen des Urteils auf dem Verfahrensfehler unwahrscheinlich ist, empfehlen sich aber Ausführungen darüber in der Revisionsbegründungsschrift (LR-Hanack 87; Dahs/Dahs 460), zB bei Fehlen des Hinweises nach § 265 I, wenn eine andere Verteidigung ausgeschlossen erscheint (Koblenz OLGSt § 265 S. 30), oder wenn die Belehrung nach § 52 **III** S. 1 bei einem

Zeugen unterlassen worden ist, der rechtskundig war. Eine erweiterte Darlegungspflicht hat der Beschwerdeführer bei der Rüge, die Belehrung nach §§ 136 I S. 2, 243 IV S. 1 sei unterlassen worden (21 zu § 136; 39 zu 243) oder wenn eine Heilung des Verfahrensfehlers in Betracht kommt (**aM** Herdegen aaO 519; vgl dazu auch Dahs/Dahs 472).

g) Wegen des **notwendigen Revisionsvorbringens** vgl bei den einzelnen Vorschriften. 28

Begründungsfrist und -form **RiStBV 149, 150 II–VI, 160**

345 **I Die Revisionsanträge und ihre Begründung sind spätestens binnen eines Monats nach Ablauf der Frist zur Einlegung des Rechtsmittels bei dem Gericht, dessen Urteil angefochten wird, anzubringen. War zu dieser Zeit das Urteil noch nicht zugestellt, so beginnt die Frist mit der Zustellung.**

II Seitens des Angeklagten kann dies nur in einer von dem Verteidiger oder einem Rechtsanwalt unterzeichneten Schrift oder zu Protokoll der Geschäftsstelle geschehen.

1) Revisionsbegründungsfrist (I): 1

A. Die **Monatsfrist** des I S. 1 wird nach § 43 I, II berechnet (Einzelheiten bei Blaese/Wielop 82). Ihre Verlängerung ist unzulässig (BGH NStZ **88**, 20 [Pf/M]; Düsseldorf NStZ **84**, 91; erg 5 vor § 42) und, wenn sie trotzdem erfolgt, unwirksam. Schon **vor Fristbeginn,** auch zugleich mit der Revisionseinlegung, kann die Revision begründet werden (Köln VRS **70**, 370). Ein nach Fristablauf eingegangenes ergänzendes Tatsachenvorbringen zu den Verfahrensrügen ist unbeachtlich (5 zu § 352); Rechtsausführungen können nachgeschoben werden (8 zu § 352). 2 3

B. **Fristbeginn:** War das Urteil schon vor der Revisionseinlegung zugestellt, so schließt sich die Frist des I S. 1 an die des § 341 I an (BGH **36**, 241); sie beginnt also erst nach Ablauf der Einlegungsfrist, auch wenn die Revision schon vorher eingelegt worden war. Sonst ist für den Fristbeginn die **Urteilszustellung** maßgebend (I S. 2). Die Frist wird nur durch eine wirksame Zustellung nach §§ 37, 40, 41 I, bei Mehrfachverteidigung an einen der Verteidiger (BGH **34**, 371), in Lauf gesetzt (BGH NStZ **89**, 16 [M]: nicht an Sozius des Pflichtverteidigers; erg 19 zu § 37); das Fehlen der Rechtsmittelbelehrung ist dabei ohne Bedeutung (12 zu § 35 a). Die Frist beginnt, abgesehen vom Fall des § 40 II S. 2, erst mit der Zustellung des vollständigen Urteils, dh der vollständigen Urteilsformel (BGH NJW **78**, 60; Düsseldorf MDR **94**, 87: Möglichkeit der Ergänzung aus den Urteilsgründen ist ohne Bedeutung; **aM** BGH 5 StR 325/98 vom 11. 11. 1998), den Urteilsgründen (Koblenz VRS **64**, 213) und den durch § 275 II S. 1 vorgeschriebenen Unterschriften oder dem Verhinderungsvermerk nach § 275 II S. 2 (BGH **26**, 247, 248; MDR **79**, 638 [H]; Hamm JMBlNW **77**, 213; Koblenz MDR **76**, 950), in dem der Verhinderungsgrund angegeben sein muß (BGH MDR **80**, 842). Unvollständigkeit des Rubrums ist, soweit es sich um ein Urteil des LG 1. Instanz handelt, unschädlich (BGH NStZ **89**, 584). Im Fall der Urteilsergänzung nach § 267 IV S. 3 ist die Zustellung des ergänzten Urteils maßgebend (Celle NdsRpfl **90**, 257; Düsseldorf JMBlNW **82**, 139; OLGSt § 267 Nr 3; vgl auch Bay **96**, 101 = NStZ-RR **97**, 247). Die Frist beginnt nicht, wenn das Urteil vor Fertigstellung des Sitzungsprotokolls (34 zu § 273) oder wenn eine vom Original abweichende, fehlerhafte oder verstümmelte Ausfertigung zugestellt wird, sofern der Fehler nicht nur unwesentliche Einzelheiten betrifft (BGH StV **81**, 170; Koblenz VRS **52**, 42). Im Hinblick auf § 338 Nr 7 genügt aber die Zustellung der Urteilsformel, wenn Gründe nicht vorhanden sind (Celle aaO; LG Zweibrücken MDR **91**, 894; vgl auch Bay **96**, 155 = NZV **98**, 82) oder das Urteil verlorengegangen ist und nicht wiederhergestellt werden kann (W. Schmid Lange-FS 791). An die Stelle der 4 5

6 Urteilszustellung tritt die **Beschlußzustellung** bei Erlaß eines Berichtigungsbeschlusses (BGH **12**, 374), der aber zulässig sein muß (BGH NStZ **91**, 195; 39 zu § 267) und nicht nur einen unbedeutenden Nebenpunkt betreffen darf (Hamm NJW **56**, 923 L; vgl Bay **82**, 12 = MDR **82**, 600: Datum der Sitzung), eines Wiedereinsetzungsbeschlusses (BGH **30**, 335; NJW **82**, 532, 533; Bay **86**, 80 = VRS **71**, 373; wistra **94**, 159), eines Aufhebungsbeschlusses nach § 346 II (Bay DAR **87**, 316 [B]; JR **88**, 304 mit Anm Wendisch; OLGSt Nr 10; Karlsruhe Justiz **88**, 314; MDR **84**, 250) oder eines Beschlusses über die Zulassung des Nebenklägers, der seinen Anschluß erst mit der Revisionseinlegung erklärt hat (RG **77**, 281; KMR-Paulus 6; str). Eine nochmalige Urteilszustellung ist in diesen Fällen nicht erforderlich (LR-Hanack 8 ff). Bei der Beschlußzustellung empfiehlt sich der Hinweis auf den dadurch beginnenden Fristablauf.

7 C. **Bei dem Gericht, dessen Urteil angefochten ist,** muß die Revisionsbegründung angebracht werden. Zur Fristwahrung vgl 11 ff vor § 42. Die Einreichung einer nicht unterzeichneten oder nur beglaubigten Abschrift genügt nicht. Eine unterschriebene Abschrift steht aber der Urschrift gleich (Schleswig SchlHA **80**, 177 [E/J]). Die Revisionsbegründung zu Protokoll der Geschäftsstelle kann am letzten Tag der Frist erfolgen, auch im Fall des § 299. Zum Verfahren bei Zweifeln an der Fristwahrung vgl 35 zu § 261. Bei Verlust der Revisionsbegründung bei Gericht wird unterstellt, daß die Revision begründet ist (RG JW **28**, 1311; **aM** KMR-Paulus 4: Wiederholung nach Fristsetzung; vgl auch W. Schmid Lange-FS 801 ff).

8 **2) Form der Revisionsbegründung** (II):

9 A. **Für den Angeklagten** bestehen die in II bezeichneten beiden Möglichkeiten; sie schließen einander nicht aus. Auch der Angeklagte, der einen Verteidiger hat, kann die Revision zu Protokoll der Geschäftsstelle begründen (Hamburg NJW **66**, 2323) und eine bereits von dem Verteidiger eingereichte Begründungsschrift dort ergänzen. Entsprechendes gilt im umgekehrten Fall. Der Verteidiger muß seine Revisionsbegründungsschrift aber selbst anfertigen; zu Protokoll der Geschäftsstelle darf er sie nicht erklären (Düsseldorf MDR **75**, 73 L; KMR-Paulus 9; **aM** W. Schmid Rpfleger **62**, 301). Das gilt auch für Rechtsanwälte, die sie als Angeklagte selbst unterzeichnen dürfen (unten 13). Zur Revisionsbegründung der StA unten 23, des Privatklägers § 390 II, des Nebenklägers 2 zu § 401.

10 B. **Zweck der Vorschrift** ist es zu gewährleisten, daß der Inhalt der Begründung von sachkundiger Seite stammt und daher gesetzmäßig und sachgerecht ist (BGH **25**, 272, 273 = JR **74**, 478 mit Anm Meyer; BGH MDR **70**, 15 [D]; NStZ **87**, 336). Die Revisionsgerichte sollen dadurch vor einer Überlastung durch unsachgemäßes Vorbringen Rechtsunkundiger bewahrt werden (BVerfGE **64**, 135, 152 = NJW **83**, 2762, 2764); die Prüfung ganz grundloser und unverständlicher Anträge soll ihnen erspart werden (BGH **32**, 326; NStZ **84**, 563; **87**, 336; Düsseldorf VRS **85**, 116; Karlsruhe NJW **74**, 915; Köln NJW **75**, 890; Stuttgart MDR **79**, 780). Auch für nachgeschobenes Vorbringen zur Sachrüge gilt II; zwar bestehen für diese nicht die strengen Begründungserfordernisse wie für die Verfahrensrüge, das läßt aber II unberührt (Stuttgart JR **82**, 167 mit abl Anm Meyer; LR-Hanack 15; Roxin § 53 F I).

11 C. **Verteidiger** iS II ist der in dem unteren Rechtszug bereits tätig gewesene, auch der nach § 138 II zugelassene Verteidiger (Bay **55**, 256 = Rpfleger **56**, 286; Düsseldorf JMBlNW **80**, 215; Koblenz OLGSt § 79 OWiG S. 30; vgl aber 20 zu § 138) und der nach § 139 tätig gewordene Referendar. Eine besondere Vollmacht braucht er nicht (RG **3**, 222; Sarstedt/Hamm 199). Wird der Verteidiger neu bestellt, so muß die Vollmacht innerhalb der Frist des II erteilt sein, wenn auch nur mündlich, kann aber später nachgewiesen werden (Brandenburg NStZ **95**, 52; erg 9 vor § 137). Die Zulassung nach § 138 II kann zugleich mit der Revisionseinlegung (RG **55**, 213) oder mit der Einreichung der Begründungsschrift beantragt

werden (Hamm MDR **51**, 303); mit der Zulassung wird die Begründung der Revision rückwirkend wirksam (15 zu § 138).

D. Ein **Rechtsanwalt,** dem die Verteidigung nicht übertragen ist, kann die Begründungsschrift ebenfalls unterzeichnen. Er muß bei einem Gericht im Geltungsbereich der StPO zugelassen (Hamburg NJW **62**, 1689; Köln MDR **55**, 311; München MDR **57**, 247) und vor Ablauf der Frist des I bevollmächtigt worden sein (BVerfG NJW **96**, 713; Bay StV **83**, 55 L; Düsseldorf NJW **93**, 2002), kann die Vollmacht aber noch später nachweisen. Der Nachweis ist entbehrlich, wenn der Angeklagte die Revision selbst eingelegt hat und nichts dafür spricht, daß der RA ohne Auftrag handelt (RG **15**, 226; **25**, 213; Karlsruhe OLGSt § 354 II S. 17; Kaiser NJW **82**, 1368). Die von einem Syndikusanwalt nur unter Hinweis auf seine Prokura unterschriebene Begründungsschrift ist aber unwirksam (Stuttgart Justiz **77**, 245), ebenso die von einem Rechtsbeistand (Karlsruhe Justiz **97**, 378). Der **RA** 13 **als Angeklagter** kann die Begründungsschrift selbst unterzeichnen (RG **69**, 377; Bay **75**, 153 = VRS **50**, 298; KG GA **62**, 311), sofern er noch zugelassen (Hamm NJW **47/48**, 704) und kein Berufsverbot nach § 155 V S. 1 BRAO gegen ihn verhängt ist (KG NJW **69**, 338; Karlsruhe MDR **71**, 320; Feuerich NStZ **89**, 339; **aM** RG **69**, 377; Bay MDR **69**, 153; Oldenburg NdsRpfl **63**, 117). 12

E. **Schriftform:** Dem Schriftstück muß der Inhalt der Erklärung so bestimmt entnommen werden können, daß er dem Revisionsgericht eine zuverlässige Grundlage für die weitere Behandlung der einzelnen Rügen bietet. Die Revision ist daher unzulässig, wenn weite Teile der schriftlichen Erklärung in einer nicht lesbaren Handschrift vorgelegt werden (BGH **33**, 44 = StV **85**, 135 mit Anm R. Hamm). Die Schrift muß der RA oder Verteidiger grundsätzlich selbst verfassen; eine gemeinsame Revisionsbegründung von Verteidigern für mehrere Mitangeklagte ist aber nicht unzulässig (BGH NStZ **98**, 99 mit zust Anm Widmaier). Ein RA oder Verteidiger muß an der Revisionsbegründung zumindest gestaltend mitwirken (BVerfG **64**, 135, 152 = NJW **83**, 2762, 2774; BGH NStZ **84**, 563; **87**, 336; Düsseldorf wistra **92**, 39 mwN; München NStZ **84**, 281; erg unten 16); daher genügt ein vom Angeklagten selbst verfaßtes Schriftstück, das vom Verteidiger lediglich mit einem Einführungssatz versehen ist (Düsseldorf aaO) ebensowenig wie eine Sammlung von 3000 Blättern (BGH NStZ **84**, 563) oder ein Schriftstück des Angeklagten, auf das der Verteidiger nur Bezug nimmt (RG **14**, 348; **74**, 296; Bay **55**, 257 = Rpfleger **56**, 286). Solche Bezugnahmen auf Anlagen machen die Revisionsbegründung auch sonst unzulässig (BGH LM Nr 2; VRS **3**, 252; **21**, 429; **aM** W. Schmid Rpfleger **62**, 306; einschr auch LR-Hanack 21; Sarstedt/Hamm 216). 14

F. **Unterzeichnung:** Vgl Einl 129 ff. Zur Zulässigkeit der Revisionsbegründung durch Telegramm, Fernschreiber und Telebrief vgl Einl 139. 15

G. Die **volle Verantwortung** für den Inhalt der Schrift muß der Verteidiger oder RA übernehmen. Bestehen daran auch nur Zweifel, so ist die Revisionsbegründung unzulässig (BGH **25**, 272, 273 = JR **74**, 478 mit Anm Meyer; BGH NJW **73**, 1514; **84**, 2480; NStZ **84**, 563; **87**, 336; **97**, 45; Hamburg JR **55**, 233 mit Anm Sarstedt; Hamm NStZ **82**, 526; Stuttgart Justiz **77**, 245; vgl auch BVerfGE **64**, 135, 152 = NJW **83**, 2762, 2764), jedenfalls, soweit der Verteidiger sich von ihr distanziert (BGH **25**, 272, 274 ff). Eine Heilung des Mangels nach Ablauf der Frist des I ist ausgeschlossen (Bay VRS **50**, 298; KK-Kuckein 16). Die Nichtübernahme der Verantwortung kann sich aus dem unsinnigen oder grob laienhaften Vortrag des rechtsunkundigen Angeklagten ergeben, dessen Schrift der RA nur unterschrieben hat (BGH NStZ **84**, 563; vgl auch Düsseldorf wistra **92**, 39; München NStZ **84**, 281), insbesondere aber auch daraus, daß er sie selbst erkennbar macht (BGH MDR **70**, 15 [D]; RG **73**, 23), etwa durch die Bemerkung, der Angeklagte „begehre" die Überprüfung des Urteils (BGH NStZ **88**, 214 [M]), die Revisionsbegründung erfolge auf Wunsch des Angeklagten (RG **54**, 282), auf dessen ausdrückliches Verlangen (BGH DAR **81**, 203 [Sp]) oder Anweisung (BGH 16

MDR **70**, 15 [D]; Düsseldorf VRS **88**, 297; Blaese/Wielop 131), oder daß er in der Begründung lediglich von den Einwendungen des Angeklagten spricht (BGH
17 **25**, 272, 273; NJW **73**, 1514). Auch bei der unausgeführten **allgemeinen Sachrüge** (18 zu § 344) können derartige Zusätze zur Unzulässigkeit der Revisionsbegründung führen (BGH **25**, 272 = JR **74**, 478 mit abl Anm Meyer; Hamm JMBlNW **75**, 117; LR-Hanack 29; **aM** Voraufl; vgl auch Gribbohm NStZ **83**, 100).

18 H. **Erklärung zu Protokoll der Geschäftsstelle:**

19 a) **Zuständig** ist der Rechtspfleger (Einl 133), und zwar des Gerichts, dessen Urteil angefochten wird (Bay **51**, 350 = Rpfleger **51**, 459; Bay **95**, 152 = Rpfleger **96**, 125 mwN; Düsseldorf VRS **89**, 463); nur für den nicht auf freiem Fuß befindlichen Angeklagten gilt § 299. Die Beurkundung durch einen unzuständigen Beamten macht die Revisionsbegründung unwirksam (BGH NStZ **94**, 25 [K]; Bay aaO; Düsseldorf VRS **86**, 310; Schleswig SchlHA **84**, 109 [E/L]). Die Erklärung kann nur innerhalb der normalen Dienststunden abgegeben werden (BGH StV **97**, 230 mit abl Anm Harzer; wegen des Verfahrens bei der Protokollierung vgl im übrigen Einl 131 ff.

20 b) Die **Verantwortung** für den Inhalt der Begründung braucht der Rechtspfleger nicht in gleicher Weise wie der Verteidiger zu übernehmen (vgl aber RiStBV 150 II S. 4). Zwar wird auch er eingeschaltet, weil dem Revisionsgericht die Prüfung grundloser und unverständlicher Anträge erspart werden soll (RG **64**, 63; **67**, 197, 199; Hamm NStZ **82**, 526; Köln OLGSt § 345 II S. 33). Daher hat er eine Prüfungs- und Belehrungspflicht (Celle NdsRpfl **78**, 16; Sarstedt/Hamm 195; RiStBV 150 II S. 2, 4). Er ist aber nicht wie der Verteidiger dazu berufen, die Erfolgsaussichten der Revision zu beurteilen. Ein in sachlicher Form gehaltenes und nicht völlig neben der Sache liegendes Revisionsvorbringen muß er stets aufnehmen (BVerfGE **10**, 274, 282 = NJW **60**, 427); insbesondere muß er auf Verlangen des Angeklagten die Sachrüge protokollieren (Schleswig SchlHA **80**, 73; LR-Hanack 37; Sarstedt/Hamm 195). Einschränkende Zusätze, etwa des Inhalts, daß einzelne Ausführungen auf ausdrücklichen Wunsch des Angeklagten aufgenommen werden, berühren die Wirksamkeit der Niederschrift daher nicht, wenn diese Ausführungen zulässig sind (Bremen NJW **67**, 641; Köln OLGSt § 345 II S. 33, 35; LR-Hanack 39 ff; W. Schmid Rpfleger **62**, 309; **aM** RG **64**, 63, 65; vgl
21 auch BVerfG aaO; Pentz MDR **62**, 534 ff). Der Rechtspfleger ist aber **weder Schreibkraft noch Briefannahmestelle.** Das Protokoll ist unwirksam, wenn er sich seinen Inhalt einfach von dem Angeklagten diktieren läßt (RG **64**, 63; Düsseldorf JMBlNW **84**, 263; Hamm NStZ **82**, 257; Schleswig SchlHA **80**, 73; Stuttgart Justiz **97**, 456; Blaese/Wielop 196) oder einen Schriftsatz des Angeklagten nur abschreibt (Karlsruhe aaO; Schleswig SchlHA **84**, 109, 110 [E/L]); eine Ausnahme gilt, wenn der Angeklagte Jurist ist (Köln JR **57**, 308; Oldenburg NJW **52**, 908; W. Schmid Rpfleger **62**, 307; weitergehend Sarstedt/Hamm 195). Ein zulässiges Protokoll liegt auch dann nicht vor, wenn der Rechtspfleger einen von dem Angeklagten gefertigten Schriftsatz nur mitunterzeichnet (Koblenz VRS **52**, 364) oder ohne nähere Prüfung unverändert übernimmt (BGHR Begründungsschrift 5), nur mit den üblichen Eingangs- und Schlußformeln eines Protokolls umkleidet (BGH NStZ **88**, 449 [M]; Düsseldorf VRS **79**, 34; JR **92**, 124 mit zust Anm Gössel; Hamm JMBlNW **84**, 95; Karlsruhe NJW **74**, 915; Schleswig SchlHA **84**, 109, 110 [E/L]) oder nur verliest und unterschreiben läßt (Karlsruhe Justiz **77**, 471; Schleswig Rpfleger **52**, 430). Unzulässig ist ferner die bloße Bezugnahme auf eine dem Protokoll als Anlage beigefügte Schrift des Angeklagten (BGH MDR **70**, 15 [D]; Bay **96**, 51, 53 = NStZ-RR **96**, 312; DAR **87**, 316 [B]; Düsseldorf VRS **67**, 53; **90**, 135; Koblenz VRS **75**, 57; RiStBV 150 III), auch wenn der Rechtspfleger sich von dessen Sachkunde überzeugt hat (BGH MDR **88**, 456 [H]).

22 c) **Wiedereinsetzung in den vorigen Stand** ist zu gewähren, wenn der Rechtspfleger die Aufnahme der Erklärung zu Unrecht abgelehnt (Bremen NJW

54, 46) oder wenn er die Unwirksamkeit der Revisionsbegründung verschuldet hat (BGH NJW **52**, 1386; RG **67**, 197, 199; **68**, 298; Hilger NStZ **83**, 152 Fn 5), zB wenn er die gewollte Sachrüge als (unzulässige) Verfahrensrüge qualifiziert (Bay **96**, 51 = NStZ-RR **96**, 312), nicht aber in sonstigen Fällen unverschuldeter Mangelhaftigkeit der Protokollierung (BGHR Begründungsschrift 5).

3) Für **Revisionsbegründungen der StA** genügt einfache Schriftform (vgl dazu RiStBV 149). Dazu reicht aus, daß der in Maschinenschrift wiedergegebene Name des Verfassers mit einem Beglaubigungsvermerk versehen wird (GmS-OGB NJW **80**, 172) oder beglaubigte Abschriften eingereicht werden (BGH **2**, 77). Schriftzugstempel können verwendet werden (RG **62**, 53; **63**, 246). Die Abzeichnung mit dem Anfangsbuchstaben genügt aber nicht (Karlsruhe HRR **33**, 88). 23

Verwerfung durch das Tatgericht **RiStBV 163 II**

346 **I Ist die Revision verspätet eingelegt oder sind die Revisionsanträge nicht rechtzeitig oder nicht in der in § 345 Abs. 2 vorgeschriebenen Form angebracht worden, so hat das Gericht, dessen Urteil angefochten wird, das Rechtsmittel durch Beschluß als unzulässig zu verwerfen.**

II Der Beschwerdeführer kann binnen einer Woche nach Zustellung des Beschlusses auf die Entscheidung des Revisionsgerichts antragen. In diesem Falle sind die Akten an das Revisionsgericht einzusenden; die Vollstreckung des Urteils wird jedoch hierdurch nicht gehemmt. Die Vorschrift des § 35a gilt entsprechend.

1) Die **Verwerfungsbefugnis des Tatrichters** dient der Verfahrensvereinfa- 1
chung (vgl auch § 319). Sie ist auf die in I bezeichneten Fälle beschränkt, also auf die verspätete (§ 341) Revisionseinlegung, auf die Versäumung der Frist des § 345 I, wobei der verspäteten Stellung der Revisionsanträge die verspätete Anbringung der Revisionsbegründung gleichsteht (RG **44**, 263; KK-Kuckein 7), sowie auf die Nichteinhaltung der Formvorschrift des § 390 II für Privatkläger und
Nebenkläger (Bay **54**, 3 = NJW **54**, 1417; LR-Hilger 10). Jede **andere Zulässig-** 2
keitsprüfung ist dem Tatrichter untersagt (BGH MDR **59**, 507; Bay **75**, 152 = MDR **76**, 248; Schleswig VRS **74**, 56; Zweibrücken VRS **60**, 461). Das gilt insbesondere für Zweifel an der Auslegung der Erklärung als Revisionseinlegung (Hamburg NJW **65**, 1147) oder an der Einhaltung der Schriftform, auch an der Übernahme der Verantwortung durch den Verteidiger (Bay aaO; KK-Kuckein 8), für die Unzulässigkeit der Revision wegen gesetzlichen Ausschlusses, zB nach § 441 III S. 2 oder nach § 55 II **JGG** (Bay **62**, 207 = NJW **63**, 63; Düsseldorf JMBlNW **88**, 33), Fehlens der gesetzlichen Ermächtigung zur Einlegung (BGH MDR **59**, 507), fehlender Bevollmächtigung oder fehlender Beschwer (KMR-Paulus 5), Verstoßes gegen § 137 I S. 2 (Stuttgart Justiz **84**, 429) oder § 146 nach Zurückweisung nach § 146a (Schleswig SchlHA **80**, 177 [E/J]), wegen vorher erklärten Rechtsmittelverzichts (BGH NJW **84**, 1974, 1975; NStZ **84**, 181; 329; Düsseldorf VRS **68**, 126: auch bei ohnehin verspäteter Revisionseinlegung) oder Rechtsmittelrücknahme (RG HRR **41**, 678 L) und wegen Nichteinhaltung der Formvorschrift des § 344 II (Bay **54**, 3 = NJW **54**, 1417; Hamm JMBlNW **80**, 104). Ein trotzdem ergangener Verwerfungsbeschluß erwächst aber in Rechtskraft, wenn er nicht angefochten wird (BGH 4 StR 103/98 vom 21. 4. 1998; Bay **62**,
207 = NJW **63**, 63). **Verfahrenshindernisse** (Einl 141 ff), die der Tatrichter bei 3
der Urteilsfällung übersehen hat, berechtigen ihn, auch wenn die Rechtskraft nach § 343 I gehemmt ist, nicht zur Urteilsaufhebung oder -abänderung (BGH **22**, 213, 216; EbSchmidt JZ **62**, 156; Schöneborn MDR **75**, 8; Stratenwerth JZ **61**, 392). Entstehen sie erst nach Urteilserlaß, so ist das Verfahren, solange die Akten nicht nach § 347 II dem Revisionsgericht vorgelegt sind, nach § 206a einzustellen (Bay **53**, 98 = JZ **54**, 580 mit Anm Niethammer; Bay **74**, 10 = JR **75**, 120 mit Anm

Teyssen; Hamburg NJW **63**, 265; KK-Kuckein 2; LR-Rieß 11 zu § 206 a; zw KK/OWiG-Steindorf 99 zu § 79).

4 **2)** Der **Verwerfungsbeschluß** darf erst nach Fristablauf ergehen, auch wenn vorher ein formfehlerhafter Schriftsatz eingegangen ist. Hat der Angeklagte mit fristgerechter Revisionseinlegung die Bestellung eines Pflichtverteidigers beantragt, muß zunächst hierüber entschieden werden (Bay **94**, 273 = NStZ **95**, 300). Der Verwerfungsbeschluß wird zurückgestellt, wenn Wiedereinsetzung beantragt wird oder von Amts wegen in Betracht kommt; in beiden Fällen sind die Akten dem zuständigen Revisionsgericht vorzulegen (unten 16). Der Beschluß ergeht von Amts wegen ohne vorherige Anhörung des Beschwerdeführers; die StA wird nach § 33 II gehört. Der Beschluß ist mit Gründen (§ 34) und der Kostenentscheidung nach § 473 I zu versehen. Er wird dem Beschwerdeführer, dem Angeklagten auch bei Revision des gesetzlichen Vertreters (Hamm NJW **73**, 1850), mit der Belehrung nach II S. 3, die sich auf Form und Frist des Antrags und das Gericht erstreckt, bei dem er anzubringen ist (Bay **76**, 19 = VRS **50**, 430; KG JR **78, 85;** erg 9 ff zu § 35 a), förmlich zugestellt (BGH NStZ **88**, 214 [M]), den übrigen
5 Beteiligten formlos bekanntgegeben. Die **Rechtskraft** des Urteils führt der Verwerfungsbeschluß nicht herbei. Bei verspätet eingelegter Revision war sie nicht gehemmt (§ 343 I); der Beschluß hat daher nur feststellende Bedeutung (RG **53**, 235, 236; KK-Kuckein 25). In den anderen Fällen der Unzulässigkeit fallen der Eintritt der Rechtskraft des Urteils und des Beschlusses nach I zusammen. Rechtskraft tritt also erst nach ungenutztem Ablauf der Frist des II S. 1 oder mit dem Erlaß des Verwerfungsbeschlusses des Revisionsgerichts ein (RG aaO; Bay **70**, 235 = MDR **71**, 238; Schleswig NJW **78**, 1016; jetzt ganz hM, vgl LR-Wendisch 16 zu § 449 mwN). Wegen der Vollstreckbarkeit des Urteils vgl unten 15. Die
6 **Aufhebung des Beschlusses** durch den Tatrichter ist ausgeschlossen, auch bei Irrtum über die ihm zugrunde liegenden Tatsachen (RG **55**, 235; Celle NdsRpfl **60**, 120; Düsseldorf NStE Nr 6; VRS **66**, 38; Hamm OLGSt S. 9; Hanack JZ **73**, 778; R.Schmitt JZ **61**, 17). Ein trotzdem erlassener Aufhebungsbeschluß ist wirkungslos (Bay **80**, 36 = VRS **59**, 214; Celle aaO; Düsseldorf NStE Nr 5; Hamm aaO; Schleswig SchlHA **87**, 59; vgl auch BGH VRS **22**, 351). Falls die Frist des § 45 noch nicht abgelaufen ist, kann aber entspr § 44 Wiedereinsetzumg in den vorigen Stand gewährt werden (BGH NStE Nr 6 zu § 44; unzutr hingegen – wegen Fristablaufs – Celle NStE Nr 6).

7 **3)** Der **Antrag auf Entscheidung des Revisionsgerichts** (II) verpflichtet den Tatrichter, diesem Gericht die Akten vorzulegen, auch bei Versäumung der Frist des II S. 1.

8 A. Ein **befristetes Rechtsmittel eigener Art** ist der Antrag (BGH **16**, 111, 118). Das Gesetz bezeichnet ihn zwar nicht als sofortige Beschwerde, weil das Revisionsgericht, das über ihn befindet, nicht immer auch das Beschwerdegericht ist. Jedoch gelten die Vorschriften über die sofortige Beschwerde (§ 311) entspr. Der Antrag muß schriftlich (Einl 128) gestellt werden, bedarf aber sonst keiner besonderen Form (BGH **11**, 152, 154). Er kann erst nach Erlaß, aber schon vor Bekanntgabe des Beschlusses nach I angebracht werden (4 war § 296), und zwar entspr § 306 I nur bei dem Tatrichter (BGHR § 346 II Antrag 1; Bay VRS **71**, 373; Köln StV **81**, 118; Schleswig SchlHA **88**, 15; **aM** KG JR **78**, 84). Der Tatrichter kann dem Rechtsbehelf nicht abhelfen.

9 B. **Antragsberechtigt** ist nur der Beschwerdeführer, dessen Revision verworfen worden ist. Nur der Angeklagte kann den Antrag auch bei Verwerfung der Revision des gesetzlichen Vertreters und des Erziehungsberechtigten stellen (Celle NJW **64**, 417; Hamm NJW **73**, 1850). Dagegen sind bei einer Revision des Angeklagten die StA und die Personen, die Revision zu seinen Gunsten einlegen können, nicht antragsberechtigt (RG **38**, 9; LR-Hanack 28). Der Verteidiger kann den Antrag

aufgrund seiner Vollmacht stellen, auch wenn der Angeklagte die Revision eingelegt hat.

C. **Entscheidung:** Das Revisionsgericht verwirft einen verspäteten Antrag als unzulässig, ohne Mängel bei der Urteilszustellung zu berücksichtigen (Hamm JMBlNW **82**, 138). Sonst prüft es die Zulässigkeit der Revision in umfassender Weise (BGH **11**, 152, 155; **16**, 115, 118), und zwar so, als hätte es nach § 349 I über die Zulässigkeit der Revision zu entscheiden. Es prüft auch, ob das Rechtsmittel überhaupt als Revision oder als Berufung anzusehen war (Hamm StraFo **97**, 210). Es „bestätigt" den angefochtenen Beschluß nicht (BGH 4 StR 21/79 vom 24. 1. 1979; **aM** KK-Kuckein 22), sondern verwirft den Antrag als unbegründet, wenn die Revision, sei es auch aus anderen als in dem angefochtenen Beschluß genannten Gründen, unzulässig ist (BGHR § 345 I Fristbeginn 1; Schleswig SchlHA **80**, 178 [E/J]). Durfte der Tatrichter diese Gründe nicht prüfen (oben 2), so wird der Beschluß aufgehoben und durch einen Verwerfungsbeschluß nach § 349 I ersetzt (BGH **16**, 115, 118; NStZ **97**, 148; VRS **65**, 294, 296; Bay **94**, 130 = NStZ **95**, 142; Düsseldorf VRS **68**, 126; **80**, 39; Köln NZV **91**, 441; **aM** Karlsruhe VRS **81**, 287). Wenn der Beschluß wegen Rücknahme der Revision nicht mehr ergehen durfte, wird er aufgehoben und die Revision für erledigt erklärt (RG **55**, 213; erg 11 a zu § 302)). Wird sie erst nach Erlaß des Beschlusses zurückgenommen, so verliert dieser seine Wirkung ohne weiteres (Bay DAR **77**, 10
207 [R]). **Verfahrenshindernisse** (Einl 141 ff), die vor Urteilserlaß eingetreten 11
sind, werden bei Unzulässsigkeit der Revision nicht berücksichtigt; denn wenn die Nichtbeachtung eines Verfahrenshindernisses in das Urteil eingegangen ist, kann nur die zulässige Revision selbst das Urteil beseitigen (BGH **22**, 213 = JR **69**, 347 mit Anm Koffka; BGH **23**, 365, 367; **25**, 259, 261; Bay **69**, 144 = JR **70**, 270 mit Anm Küper; Schleswig NJW **78**, 1016; LR-Hanack 34; **aM** Roxin § 53 J I 2). Nach Urteilserlaß eingetretene Verfahrenshindernisse sind zu berücksichtigen, auch wenn die Revision nicht oder verspätet oder nicht in rechter Form begründet worden und daher unzulässig ist (BGH **22**, 213 = JR **69**, 347 mit Anm Koffka; Küper JR **70**, 271; vgl auch Hanack JZ **71**, 220; Schöneborn MDR **75**, 6), jedoch nicht mehr nach Zurücknahme der Revision und dadurch eingetretener Rechtskraft (oben 3). Eine **Kostenentscheidung** enthält der Verwerfungsbeschluß nicht, 12
da das KVGKG dafür keine Gebühr vorsieht und Auslagen nicht entstehen (Koblenz VRS **68**, 51; KK-Kuckein 23). Der Staatskasse werden auch die notwendigen Auslagen des mit dem Antrag erfolgreichen Antragstellers nicht auferlegt (Schleswig SchlHA **90**, 126 [L/G]; **aM** Zweibrücken OLGSt S. 13). Der Beschluß wird mit seinem Erlaß **rechtskräftig,** auch wenn statt des zuständigen BGH ein OLG 13
entschieden hat (RG **55**, 100; KK-Kuckein 22). Eine Aufhebung wegen Rechtsirrtums ist ausgeschlossen (BGH NJW **51**, 771; Tübingen DRZ **48**, 317; LR-Hanack 35; R. Schmitt JZ **61**, 15). Beruht der Beschluß auf einem Irrtum über Tatsachen, so kann er abgeändert oder aufgehoben werden (BGH aaO; RG **59**, 419; Bay VRS **86**, 348; Hamburg MDR **76**, 511; **aM** R. Schmitt aaO; krit auch LR-Hanack 35), zB wenn der Angeklagte vor seinem Erlaß verstorben ist (Schleswig NJW **78**, 1016).

D. Die **Beschwerde nach § 304 I** wird durch II ausgeschlossen (BGH **10**, 88, 14
91), auch wenn der Tatrichter seine Prüfungsbefugnis überschritten hat oder das Rechtsmittel keine Revision nach § 335 I, sondern eine Berufung ist (Hamm NJW **56**, 1168; **69**, 1821; Kleinknecht JZ **60**, 674; **aM** Stuttgart Justiz **72**, 208).

4) Vollstreckbarkeit des Urteils: Bei verspäteter Revision muß trotz eingetre- 15
tener Rechtskraft (§ 343 I) die Vollstreckung bis zum Erlaß des Verwerfungsbeschlusses nach I ausgesetzt werden; das folgt aus II S. 2 Hs 2. Mit dem Verwerfungsbeschluß nach I wird das Urteil in den anderen Fällen der Unzulässigkeit der Revision nicht rechtskräftig (oben 5). Seine Vollstreckung wird jedoch auch dann nicht gehemmt, wenn der Antrag nach II gestellt wird (II S. 2 Hs 2); das Urteil wird schon mit Erlaß des Beschlusses nach I vorläufig vollstreckbar (KK-Kuckein

27; Küper GA **69**, 375; MDR **71**, 806; Niese JZ **51**, 758; vgl auch BGH **22**, 213, 218). Die Vollstreckung sollte aber, abgesehen vom Fall des Übergangs von UHaft in Strafhaft, möglichst bis zur Erledigung des Antrags nach II aufgeschoben werden (LR-Hanack 37; Arndt DRiZ **65**, 369; für Nichtanwendung des II S. 2 überhaupt Bringewat StVollstr 15 zu § 449).

16 5) **Zusammentreffen mit Wiedereinsetzungsantrag:** Über den Antrag auf Wiedereinsetzung in den vorigen Stand gegen die Versäumung der Frist für Einlegung und Begründung der Revision entscheidet das Revisionsgericht (§ 46 I). Der Wiedereinsetzungsantrag kann mit dem Antrag nach II S. 1 verbunden, aber auch noch nach Erlaß, sogar noch nach Rechtskraft des Verwerfungsbeschlusses nach I gestellt werden (BGH **25**, 89, 91; RG **67**, 197, 200). Der Tatrichter darf die Revision bei Vorliegen eines Wiedereinsetzungsantrags nicht mehr nach I verwerfen (oben 4). Tut er es dennoch, so wird sein Beschluß bei Gewährung der Wiedereinsetzung gegenstandslos (RG **61**, 181; Neustadt VRS **15**, 281), was in dem Wiedereinsetzungsbeschluß ausgesprochen wird. Andererseits ist der Wiedereinsetzungsantrag gegenstandslos, wenn keine Frist versäumt war (BGH **11**, 152, 154).
17 Das **Revisionsgericht entscheidet** zunächst über den Wiedereinsetzungsantrag, weil sich bei dessen Begründetheit der Antrag nach § 346 II erledigt (BGH aaO; Hamm GA **73**, 118; MDR **79**, 426). Ist noch kein Beschluß nach I ergangen und ist der Wiedereinsetzungsantrag unbegründet, so entscheidet das Revisionsgericht über das Rechtsmittel nach § 349 I (Bay **74**, 98 = MDR **75**, 71; Düsseldorf
18 JMBlNW **82**, 176). Für **Wiedereinsetzungsentscheidungen durch den unzuständigen Tatrichter** gilt folgendes: Hat der Tatrichter mit dem Beschluß nach I den vorher gestellten Wiedereinsetzungsantrag abgelehnt, so kann das Revisionsgericht diesen Beschluß trotz seiner Rechtskraft aufheben und Wiedereinsetzung gewähren (7 zu § 46). Dagegen ist es an die Gewährung der Wiedereinsetzung durch den Tatrichter gebunden (RG **40**, 271; Bay **80**, 36 = VRS **59**, 214; KK-Kuckein 32; erg 7 zu § 46).

Weiteres Verfahren **RiStBV 156, 162–166, 168**

347 **I Ist die Revision rechtzeitig eingelegt und sind die Revisionsanträge rechtzeitig und in der vorgeschriebenen Form angebracht, so ist die Revisionsschrift dem Gegner des Beschwerdeführers zuzustellen. Diesem steht frei, binnen einer Woche eine schriftliche Gegenerklärung einzureichen. Der Angeklagte kann letztere auch zu Protokoll der Geschäftsstelle abgeben.**

II Nach Eingang der Gegenerklärung oder nach Ablauf der Frist sendet die Staatsanwaltschaft die Akten an das Revisionsgericht.

1 **1)** Die **Revisionsschrift** (I), dh die Revisionsanträge und ihre Begründung, auch soweit sie schon in der Einlegungsschrift enthalten sind, nicht aber vom Angeklagten selbst verfaßte Erklärungen, werden dem Gegner des Beschwerdeführers zugestellt, wenn Frist und Form der Revision gewahrt sind. Gegner ist bei einer Revision der StA, des Privatklägers und des Nebenklägers der Angeklagte, bei Revisionen des Angeklagten, seines gesetzlichen Vertreters und Erziehungsberechtigten die StA und der Privat- oder Nebenkläger. Dem Angeklagten wird auch die zu seinen Gunsten eingelegte Revision der StA zugestellt (KK-Kuckein 4). Die Zustellung (§§ 37, 41) ist Sache des Gerichts, auch wenn die StA Revision eingelegt hat (Celle GA Bd **60**, 302; Düsseldorf GA Bd **58**, 258; LR-Hanack 4; vgl aber RiStBV 162 III). Eine förmliche Zustellungsanordnung des Vorsitzenden ist üblich, aber entbehrlich; denn § 36 I S. 1 gilt nur für Entscheidungen.

2 **2)** Die **Gegenerklärung** (I S. 2) kann, muß aber nicht abgegeben werden. Eine Ausnahme besteht nach RiStBV 162 II für die StA. Sie holt auch die etwa erforderlichen dienstlichen Erklärungen ein und nimmt sie in die Gegenerklärung

auf, selbst wenn die Wochenfrist des I S. 2 nicht eingehalten werden kann. Diese Frist ist keine Ausschlußfrist. Die Gegenerklärung bedarf nur der einfachen Schriftform (Einl 128); der Angeklagte kann sie auch zu Protokoll der Geschäftsstelle abgeben (I S. 3). Ihre **Mitteilung an den Beschwerdeführer** sieht § 347 nicht 3
vor, kann aber nach Art 103 I GG geboten sein (**aM** Schulte Rebmann-FS: zwingend). Das Unterlassen der Mitteilung verletzt den Anspruch auf rechtliches Gehör, wenn die Gegenerklärung der StA neue Tatsachen oder Beweisergebnisse, insbesondere dienstliche Äußerungen zu Verfahrensrügen, enthält (BVerfGE **7**, 725 = JZ **58**, 433 mit Anm Peters; Röhl NJW **64**, 276), nicht aber, wenn sie nur aus Rechtsausführungen besteht (BayVGH NJW **62**, 1387 = JZ **63**, 63 mit Anm Arndt; Röhl aaO; **aM** KMR-Paulus 7; Dahs/Dahs 541; Wimmer NJW **63**, 2247; vgl auch EKMR NJW **63**, 2247). In der Praxis ist die Bekanntgabe der Gegenerklärung der StA an den Beschwerdeführer üblich. Wegen der förmlichen Zustellung der Gegenerklärung vgl RiStBV 162 III S. 3.

3) Die **Aktenübersendung an das Revisionsgericht** (II) wird spätestens nach 4
Ablauf der Wochenfrist vom Vorsitzenden angeordnet (vgl RiStBV 162 IV) und durch die StA bewirkt. Dabei ist das Beschleunigungsgebot zu beachten (BGH **35**, 137). Die Akten werden dem Revisionsgericht durch die StA bei diesem Gericht vorgelegt (RiStBV 163 I S. 1). Dazu allg Wielop NStZ **86**, 449. Zum Revisionsübersendungsbericht vgl RiStBV 164, 165, zur Übersendung von Überführungsstücken und Beiakten RiStBV 166.

4) **Anhängig beim Revisionsgericht** wird die Sache erst, wenn die Akten 5
nach § 347 vorgelegt werden (BGH **12**, 217; Bay **74**, 121 = JR **75**, 425 mit Anm Kunert; Karlsruhe NJW **75**, 1459), dann aber ohne Rücksicht auf die Zuständigkeit des Revisionsgerichts (LR-Hanack 9; Geppert GA **72**, 166; **aM** Hamm NJW **71**, 1623 mit abl Anm Jauernig NJW **71**, 1819). War die Revisionsbegründungsfrist mangels wirksamer Zustellung des Urteils noch nicht in Lauf gesetzt, so werden die Akten dem Tatrichter zur Nachholung der Zustellung und erneuten Vorlage nach § 347 zurückgegeben (Bay **75**, 107 = NJW **76**, 156; Düsseldorf MDR **94**, 87).

5) **Zuständig zur Entgegennahme von Erklärungen über die Revision** 6
(Beschränkung, Zurücknahme) ist bis zum Anhängigwerden der Sache beim Revisionsgericht der Tatrichter (Hamburg MDR **83**, 154; Hamm GA **72, 86**), danach das Revisionsgericht (BGH MDR **78**, 281 [H]; Bay DAR **77**, 207 [R]; Hamburg aaO), auch wenn es sich in Wahrheit um eine Berufung oder Rechtsbeschwerde handelt (Bay **75**, 1 = MDR **75**, 424). Erst nach Entscheidung des Revisionsgerichts eingehende Erklärungen sind unbeachtlich (BGH LM § 302 Nr 2; Köln JR **76**, 514 mit Anm Meyer; Sarstedt/Hamm 140), auch wenn die Rücknahme nach § 299 zu Protokoll erklärt wird (BGH MDR **78**, 281 [H]) oder bei dem nicht mehr zuständigen Tatrichter vor der Revisionsentscheidung eingeht (LR-Hanack 10).

6) **Zuständigkeit für gerichtliche Entscheidungen:** Mit Einlegung der Re- 7
vision wird das Revisionsgericht zuständig für die Zurückweisung von Verteidigern nach § 146a (Stuttgart NStZ **85**, 39 L), für die Bestellung eines Beistands nach § 397a I auf Antrag des Nebenklägers, dem bisher noch kein RA beigeordnet worden ist (vgl 17 zu § 397a) sowie für die Bewilligung von Prozeßkostenhilfe an Privat- und Nebenkläger zum Zweck der Revisionsbegründung (Bay **74**, 121 = JR **75**, 425 mit Anm Kunert; Hamburg MDR **68**, 781; erg 12 zu § 397a), für das gesamte Revisionsverfahren (Celle Nds Rpfl **59**, 69) und für die Zulassung des Nebenklägers (RG **76**, 178; Bay aaO; erg 8 zu § 396). Dagegen bleibt der letzte Tatrichter zuständig für alle Entscheidungen über die UHaft (§ 126 II S. 2), über Beschlagnahmen (4 zu § 98; 2 zu § 111e), über die vorläufige Entziehung der Fahrerlaubnis (7, 14 zu § 111a) und über das vorläufige Berufsverbot (7 zu § 132a). Der Tatrichter muß nach § 46 I auch über Wiedereinsetzungsanträge gegen die Versäumung der Hauptverhandlung entscheiden; das Revisionsgericht ist

auch dann nicht zuständig, wenn er das versehentlich unterlassen hat (BGH **22**, 52; Stuttgart NJW **76**, 1905; KK-Kuckein 12; LR-Hanack 11; **aM** Bay **63**, 54 = JZ **64**, 385 mit Anm Hellm. Mayer; erg 2 zu § 46). Unzulässige Anträge auf Verlängerung der Revisionsbegründungsfrist darf der Tatrichter bescheiden, solange er die Akten nicht vorgelegt hat (Düsseldorf NStZ **84**, 91).

8 **7)** Der **Übergang der gerichtlichen Zuständigkeit** auf das Revisionsgericht findet mit dem Anhängigwerden der Sache (oben 5) statt für Entscheidungen über die Zulassung des Verteidigers nach § 138 II (RG **55**, 213; **62**, 250; Bay **78**, 27 = MDR **78**, 862; Hamm MDR **51**, 503), auch wenn das AG bereits die Zulassung versagt und das LG die Beschwerde verworfen hat (Bay aaO), über die Zurückweisung von Verteidigern nach § 146 a (Stuttgart NStZ **85**, 39 L), über die Einstellung wegen eines Verfahrenshindernisses nach § 206 a (BGH **22**, 213, 218; RG **67**, 145; Bay **53**, 97 = NJW **53**, 1403; Köln NJW **55**, 396) und für Kostenentscheidungen nach Rücknahme der Revision (BGH **12**, 217; GA **58**, 151; str), selbst wenn es sich in Wahrheit um eine Berufung handelt (Bay **75**, 1 = MDR **75**, 424; LR-Hanack 12).

Unzuständigkeit des Revisionsgerichts

348 **I Findet das Gericht, an das die Akten gesandt sind, daß die Verhandlung und Entscheidung über das Rechtsmittel zur Zuständigkeit eines anderen Gerichts gehört, so hat es durch Beschluß seine Unzuständigkeit auszusprechen.**

II Dieser Beschluß, in dem das zuständige Revisionsgericht zu bezeichnen ist, unterliegt keiner Anfechtung und ist für das in ihm bezeichnete Gericht bindend.

III Die Abgabe der Akten erfolgt durch die Staatsanwaltschaft.

1 **1)** Über die **sachliche Zuständigkeit** des Revisionsgerichts entscheidet das Gericht, dem die Akten nach § 347 II zuerst vorgelegt werden (Hamm JMBlNW **90**, 91). Es spricht ggf seine (sachliche) Unzuständigkeit durch Beschluß aus (I) und bezeichnet gleichzeitig das zuständige Gericht (II). Diese Befugnis hat auch das OLG, das den BGH für zuständig hält; der Grundsatz, daß stets das höhere Gericht
2 die Zuständigkeit bestimmt, gilt hier nicht (Meyer JR **83**, 344). Der **Verweisungsbeschluß,** der nicht zurückgenommen werden kann, ergeht ohne mündliche Verhandlung und ohne vorherige Anhörung der Beteiligten (KK-Kuckein 2; **aM** KMR-Paulus 2: Anhörung der StA); er kann noch in der Hauptverhandlung erlassen werden). Die Aktenübersendung erledigt die StA (III). Das in dem Be-
3 schluß bezeichnete Revisionsgericht, auch der BGH, ist **an den Beschluß gebunden,** auch wenn er falsch ist (RG **35**, 157; **67**, 59), aber nur in der Zuständigkeitsfrage, indem eine Rück- und Weiterverweisung ausgeschlossen ist (KK-Kuckein 3). In der sonstigen rechtlichen Beurteilung ist das Revisionsgericht frei (RG **35**, 157).

4 **2)** Die **Entscheidung eines sachlich unzuständigen Revisionsgerichts** ist unanfechtbar und endgültig (KK-Kuckein 5; LR.Hanack 4; Geppert GA **72**, 165; **aM** Hamm NJW **71**, 1623 mit abl Anm Jauernig NJW **71**, 1819). Der BGH kann Urteile oder Beschlüsse eines unzuständigen OLG nicht aufheben (RG **22**, 113; **32**, 89, 92).

5 **3)** Die **entsprechende Anwendung des § 348** ist geboten und zulässig, wenn bei der unbenannten Urteilsanfechtung (2 zu § 335) oder beim Übergang von einem Rechtsmittel zum andern (9 ff zu § 335) Streit darüber entsteht oder entstehen kann, ob eine Berufung oder Revision vorliegt (BGH **31**, 183 = JR **83**, 343 mit abl Anm Meyer; Bay **71**, 22, 24 = VRS **41**, 59; **77**, 102 = VRS **53**, 362; **83**, 93

= VRS **65**, 296; Schleswig SchlHA **83**, 107 [E/L]; Stuttgart Justiz **77**, 24; VRS **77**, 70; Kleinknecht JZ **60**, 674, 757). Die Vorschrift gilt ferner entspr bei einem Streit darüber, ob gegen eine Entscheidung des AG die Rechtsbeschwerde oder die sofortige Beschwerde gegeben ist; das OLG entscheidet dann mit bindender Wirkung (BGH **39**, 162).

4) Ist die Sache vor ein **funktionell unzuständiges OLG** gelangt, also an ein anderes als dem AG oder LG übergeordnetes Gericht, was bei Zuständigkeitskonzentrationen für bestimmte Straftaten geschehen kann, so gilt nicht § 348 sondern § 16 entspr (**aM** BGH NStE Nr 1; KK-Kuckein 1; erg 6 zu § 16). Bei beiderseitiger Zuständigkeits- oder Unzuständigkeitserklärung finden daher §§ 14, 19 Anwendung; eine bindende Zuweisung nach § 348 II kann hier entgegen BGH (aaO) nicht erfolgen. 6

Entscheidung durch Beschluß

349 **I Erachtet das Revisionsgericht die Vorschriften über die Einlegung der Revision oder die über die Anbringung der Revisionsanträge nicht für beobachtet, so kann es das Rechtsmittel durch Beschluß als unzulässig verwerfen.**

II Das Revisionsgericht kann auf einen Antrag der Staatsanwaltschaft, der zu begründen ist, auch dann durch Beschluß entscheiden, wenn es die Revision einstimmig für offensichtlich unbegründet erachtet.

III Die Staatsanwaltschaft teilt den Antrag nach Absatz 2 mit den Gründen dem Beschwerdeführer mit. Der Beschwerdeführer kann binnen zwei Wochen eine schriftliche Gegenerklärung beim Revisionsgericht einreichen.

IV Erachtet das Revisionsgericht die zugunsten des Angeklagten eingelegte Revision einstimmig für begründet, so kann es das angefochtene Urteil durch Beschluß aufheben.

V Wendet das Revisionsgericht Absatz 1, 2 oder 4 nicht an, so entscheidet es über das Rechtsmittel durch Urteil.

1) Unzulässige Revisionen (I) darf das Revisionsgericht, bei dem die Sache 1
anhängig geworden ist (5 zu § 347), nicht an den Tatrichter zur Verwerfung nach § 346 I zurückgeben (Bay **74**, 99 = MDR **75**, 71; Düsseldorf VRS **64**, 269); es muß sie vielmehr durch Beschluß nach I oder durch Urteil (V) verwerfen. Auch eine Einstellung nach § 153 (2 zu § 353) ist hier nicht zulässig (**aM** Naucke StASchlH-FS 467, falls die Revision § 341 genügt). Nach I entscheidet das Revisionsgericht auch, wenn der Tatrichter die Revision rechtsirrig für zulässig gehalten (RG **59**, 241, 244) oder aus Gründen verworfen hat, die er nicht zu prüfen hatte (10 zu § 346). Wegen der hier für die Verwerfung als unzulässig in Betracht
kommenden **Gründe** vgl 2 zu § 346. Eine Vorschrift über die Anbringung der 2
Revisionsanträge iS des I ist auch § 337, soweit er nur die Rüge von Rechtsfehlern zuläßt. Wird nur die Beweiswürdigung beanstandet oder werden Widersprüche oder Denkfehler in den Urteilsgründen daraus hergeleitet, daß diese unrichtig wiedergegeben werden, so ist die Revision als unzulässig zu verwerfen (19 zu § 344). Eine nach Zurücknahme erneut eingelegte Revision ist nicht unzulässig,
sondern für erledigt zu erklären (vgl 11 zu § 302). Der **Verwerfungsbeschluß,** 3
der mit einfacher Mehrheit ergeht (§ 196 I GVG), darf nur außerhalb der Hauptverhandlung erlassen werden; in der Hauptverhandlung wird durch Urteil entschieden (RG **59**, 241, 244; Bay **61**, 197 = NJW **62**, 118). Der Anspruch der Prozeßbe-
teiligten auf **rechtliches Gehör** (§ 33 III) verlangt, daß ihnen die Ergebnisse einer 4
Beweisaufnahme des Revisionsgerichts über Verfahrensfragen (Vernehmung von Justizbediensteten, Einholung dienstlicher Erklärungen) vor der Entscheidung zur

Stellungnahme mitgeteilt werden (BVerfGE **9**, 261 = NJW **59**, 1315; BVerfGE **10**, 274 = NJW **60**, 247; Röhl NJW **64**, 276; erg 3 zu § 347). Wegen der Berück-
5 sichtigung von **Verfahrenshindernissen** vgl 11 zu § 346.

6 2) **Beschlußverwerfung bei offensichtlich unbegründeten Revisionen** (II, III):

7 A. Die **Entlastung der Revisionsgerichte** durch schnelle Erledigung aussichtsloser Revisionen bezweckt die Vorschrift, die mit dem GG (BVerfG NJW **82**, 925; NJW **87**, 2219; BGH DAR **78**, 161 [Sp]) und Art 6 I S. 1 **MRK** (dort 6) vereinbar ist. Die im Schrifttum an der Vorschrift und ihrer praktischen Handhabung geübte Kritik (vgl Krehl GA **87**, 162; Kreuzer StV **82**, 444 ff; Peters 655 ff, JR **77**, 477 und Dünnebier-FS 67 ff; Roxin § 53 G II 3; von Stackelberg Dünnebier-FS 365) läßt außer acht, daß die Revisionsgerichte, deren Spruchkörper nicht beliebig vermehrt werden können, ihren Arbeitsanfall nur bewältigen können, weil sie weitgehend Gebrauch von II machen; der BGH verwirft etwa 80% der Revisionen durch Beschluß (vgl F. Meyer StV **84**, 222; Rieß Salger-FS 386 und Sarstedt-FS 286, 323; Römer MDR **84**, 354; Schoreit Pfeiffer-FS 397; allgemein zur Revisions-Rspr des BGH Barton StraFo **98**, 325 ff; Nack NStZ **97**, 153 ff). Allerdings können auch offensichtlich unbegründete Revisionen nach V durch Urteil beschieden werden, zB bei besonderem Interesse an der Veröffentlichung einer mit Gründen versehenen Entscheidung (BGH **38**, 177, 178; Römer MDR **84**, 356), nicht aber allein wegen der Höhe der Strafe oder des besonderen Aufsehens des Falles in der Öffentlichkeit (H. W. Schmidt MDR **79**, 708; **aM** Sarstedt/Hamm 1260).

8 B. **Revisionen der StA** können ebenfalls nach II verworfen werden (BGH GA **75**, 333; BGHR Verwerfung 1; Bay **71**, 224; Koblenz NJW **66**, 362; KK-Kuckein 31; Sarstedt/Hamm 1261; Schlüchter 746; **aM** Köln NJW **68**, 561; EbSchmidt Nachtr 4; Peters 656). Die StA beim Revisionsgericht wird die beschwerdeführende StA aber idR darauf hinweisen, daß die Revision aussichtslos erscheint, und die Zurücknahme anheimstellen, sofern sie nicht selbst das Rücknahmerecht hat. Auch das Revisionsgericht kann der StA anheimgeben, die Zurücknahme in Er-
9 wägung zu ziehen. Zulässig ist die Beschlußverwerfung auch bei der **Revision des Nebenklägers** (Köln aaO) und des **Privatklägers** (Stuttgart NJW **67**, 792 mit Anm Roxin), bei dessen Revision der Antrag nach II und die Anhörung nach III entfallen.

10 C. **Offensichtlich unbegründet** ist die Revision, wenn für jeden Sachkundigen ohne längere Prüfung erkennbar ist, welche Rechtsfragen vorliegen, wie sie zu beantworten sind und daß die Revisionsrügen das Rechtsmittel nicht begründen können (Düsseldorf GA **83**, 220; LR-Hanack 8; Peters JR **58**, 436; Schünemann JA **82**, 71, 129; Wimmer NJW **50**, 201). Die Entbehrlichkeit der Hauptverhandlung ist kein taugliches Abgrenzungsmerkmal (vgl aber Römer MDR **84**, 356). Um eine eindeutig unzulänglich angebrachte Revision braucht es sich nicht zu handeln (**aM** Peters 656 und Schäfer-FS 152). Die Rechtsfragen brauchen auch nicht mit dem präsenten Wissen der Richter gelöst zu werden (KMR-Paulus 13; LR-Hanack 8; Jagusch NJW **60**, 76; Wimmer aaO; **aM** von Stackelberg NJW **60**, 505). Der Umfang der Revisionsbegründung, insbesondere die Zahl der Verfahrensrügen, ist für die Erforderlichkeit der Urteilsverwerfung kein Beurteilungsmaß-
11 stab (KK-Kuckein 23). Diese **Unterscheidung** zwischen „einfacher" und „offensichtlicher" Unbegründetheit ist aber nur noch rein theoretischer Natur (vgl. schon Seibert NJW **66**, 1064). Die Praxis der Revisionsgerichte ist – zu Recht, da es sich bei der Revision um ein im wesentlichen schriftliches Verfahren handelt (Meyer-Goßner Sarstedt-FS 226) – über das Erfordernis der „Offensichtlichkeit" längst hinweggegangen und verwirft nach II alle unbegründeten Revisionen, bei denen eine Hauptverhandlung nicht erforderlich erscheint (vgl auch KK-Kuckein 24). Nicht dieses Merkmal, sondern das Antrags- und Einstimmigkeitserfordernis (un-

ten 12 und 18) garantieren, daß nur unbegründete Revisionen ohne Hauptverhandlung verworfen werden (Tolksdorf Salger-FS 407). Der Gesetzgeber sollte daher das Wort „offensichtlich" streichen, zumal es den Revisionsführer kränkt (vgl Dahs NStZ **81**, 206).

D. Der **Antrag der StA** bei dem Revisionsgericht (II) ist eine zwingende Voraussetzung für die Beschlußverwerfung; ein ohne Antrag erlassener Beschluß verstößt gegen das Willkürverbot des Art 3 I GG (BVerfGE **59**, 98 = NJW **82**, 324). Nach Stellung des Antrags vom Revisionsführer nachgeschobene Ausführungen zur Sachrüge brauchen ihr aber nicht nocheinmal zur Stellungnahme zugeleitet zu werden (BGHR § 33 a Revision 1); eine erneute Antragstellung ist auch nach Gewährung der Wiedereinsetzung in den vorigen Stand zur Nachholung von Verfahrensrügen (7 zu § 44) nicht erforderlich (Stuttgart Justiz **97**, 456. Die Anregung des Revisionsgerichts, den Antrag zu stellen, ist nicht unzulässig (krit Römer MDR **84**, 357), wird aber idR nicht in Betracht kommen (Sarstedt/Hamm 1248). 12

Die **Begründung** des Antrags kann sich auf eine kurze Auseinandersetzung mit dem Revisionsvorbringen beschränken (Kleinknecht JZ **65**, 160; Schoreit Pfeiffer-FS 406; vgl auch BVerfG NJW **82**, 925; Stuttgart NJW **68**, 1152), muß aber auf alle nicht ganz abwegigen Verfahrensrügen eingehen (**aM** Römer MDR **84**, 358: auch auf die abwegigen). Bei einer unausgeführten allgemeinen Sachrüge (18 zu § 344) genügt die Feststellung, daß das Urteil keine Rechtsfehler erkennen läßt. In anderen Fällen kann ein bloßer Hinweis auf eine ständige oder gefestigte Rspr ausreichen. Ausführungen im einzelnen darüber, daß die Rügen offensichtlich unbegründet sind, sind nicht erforderlich (vgl BVerfG NJW **87**, 2219). Einen Anspruch auf ergänzende Stellungnahme der StA zu nachgeschobenen Ausführungen zur Sachrüge, die nach Fristablauf erfolgen, hat der Angeklagte nicht (BGHR § 33 a Revision 1; § 45 II Tatsachenvortrag 10). Eine **Bindung des Revisionsgerichts** an die Begründung besteht nicht. Das Revisionsgericht prüft die Begründetheit der Revision ohne Beschränkung auf die Ausführungen der StA (BGH DAR **86**, 203 [Sp]). Auch wenn es sie nur im Ergebnis für zutr hält, darf es die Revision verwerfen (KK-Kuckein 16, 25; LR-Hanack 17; Gribbohm NStZ **83**, 97; F. Meyer StV **84**, 225; Pfeiffer-FS, 403 ff; **aM** R. Hamm StV **81**, 249, 317; Peters Dünnebier-FS 68 Fn 42; vgl auch Sarstedt/Hamm 460, die die Gewährung rechtlichen Gehörs verlangen); das ist verfassungsrechtlich unbedenklich (BVerfG NJW **82**, 925). In diesem Fall ist aber eine kurze Begründung angezeigt (Fezer StV **89**, 291 mwN; unten 20), vorgeschrieben ist sie jedoch nicht (Schulte Rebmann-FS 477). 13 14

E. Die **Mitteilung des Antrags** (III S. 1) der StA mit den Gründen soll eine Überraschung des Beschwerdeführers, der mit einer Hauptverhandlung rechnet, verhindern und ihm das rechtliche Gehör sichern. Der Beschwerdeführer wird dadurch auch zu der Prüfung veranlaßt, ob er das Rechtsmittel nicht besser zurücknimmt. Ein Hinweis auf das Recht zur Gegenerklärung (III S. 2) ist gesetzlich nicht vorgeschrieben, kann aber ausnahmsweise durch die Fürsorgepflicht (Einl 155 ff) geboten sein. Die Mitteilung macht die StA, nicht das Gericht (LR-Hanack 18). Hat der Angeklagte einen Wahl- oder Pflichtverteidiger, so erhält nur dieser die Mitteilung (Köln OLGSt S. 9), bei mehreren Verteidigern nur der, der sich am Revisionsverfahren beteiligt hat (BGH NStE Nr 5); der Angeklagte selbst wird dann nicht benachrichtigt (BGH GA **80**, 390; NStZ **81**, 95 [Pf]), auch dann nicht, wenn er das Rechtsmittel auch selbst zu Protokoll der Geschäftsstelle begründet hatte (BGH 1 StR 496/87 vom 23. 3. 1995). Die Mitteilung wird förmlich **zugestellt,** dem Verteidiger gegen Empfangsbekenntnis. Eine öffentliche Zustellung nach § 40 II ist auch dann nicht erforderlich, wenn der Angeklagte keinen Verteidiger hat; seine Unauffindbarkeit hindert die Beschlußverwerfung nicht (Hamburg MDR **75**, 335 L; KK-Kuckein 20). 15 16

F. Eine **Gegenerklärung** (III S. 2) kann der Beschwerdeführer binnen 2 Wochen nach Zustellung der Mitteilung abgeben. Dabei kann er die Revision näher 17 begründen, soweit das noch zulässig ist (8 zu § 352), und der Auffassung der StA entgegentreten (eingehend dazu Park StV **97**, 550). Die Frist kann nicht verlängert werden (BGH DRiZ **90**, 455); ihre Überschreitung ist aber, da sie keine Ausschlußfrist ist, unschädlich (BGH MDR **66**, 728 [D]). Für die Gegenerklärung genügt die Schriftform (Einl 128); § 345 II gilt nicht. Die Erklärung ist dem Revisionsgericht gegenüber abzugeben, das sie der StA zur Stellungnahme zuleiten kann, davon aber idR absehen wird (BGHR Gegenerklärung 1; Kleinknecht JZ **65**, 160). Liegt die Erklärung vor und ist keine Ergänzung angekündigt, so kann nach II entschieden werden, auch wenn die Frist des III S. 2 noch nicht abgelaufen ist (BGH MDR **82**, 283 [H]). Nach Fristablauf braucht eine Ergänzung auch dann nicht abgewartet zu werden, wenn sie in Aussicht gestellt worden ist (BGH **23**, 102; 3 StR 459/96 vom 3. 1. 1997). Nach Erlaß (9 vor § 33) des Verwerfungsbeschlusses kann die Gegenerklärung nicht mehr berücksichtigt werden (BGH DAR **79**, 190 [Sp]; MDR **66**, 728 [D]; erg unten 24). Eine Wiedereinsetzung gegen die Fristversäumung findet nicht statt; jedoch gilt bei Versagung des rechtlichen Gehörs § 33 a entspr (BGHR § 33 a S. 1 Anhörung 4).

18 G. Der **Verwerfungsbeschluß** erfordert Einstimmigkeit, die sich auf die Unbegründetheit und auf ihre Offensichtlichkeit beziehen muß (Dahs/Dahs 550;
19 Jagusch NJW **60**, 75; Römer MDR **84**, 356). In der **Beschlußformel** braucht der Ausdruck „offensichtlich unbegründet" nicht verwendet zu werden (BGH NStZ **94**, 353; KK-Kuckein 27; **aM** LR-Hanack 22; Peters JR **77**, 477 und Dünnebier-FS 69; Römer MDR **84**, 358; erg oben 11). Daß die Entscheidung auf Antrag der StA ergeht, pflegt entweder vor oder in der Beschlußformel angeführt zu werden. Die Einstimmigkeit kann, muß aber nicht erwähnt werden (LR-Hanack 22). Zusätze, etwa der Art, daß der Angeklagte durch die ungewöhnlich niedrige Strafe nicht beschwert ist, sind zulässig (krit Dahs NStZ **81**,
20 205). Es ist auch nicht untersagt, den Beschluß **mit Gründen zu versehen,** was in der Praxis nicht selten geschieht (vgl etwa BGH NJW **82**, 189 und bei Strate StV **81**, 261; Düsseldorf NJW **87**, 1958 mit zust Anm Naucke NStZ **88**, 220; Zweibrücken OLGSt § 40 II StGB S. 15; zur Kritik Römer MDR **84**, 353). So kann, etwa wegen des Inhalts der Gegenerklärung oder beim Abweichen von der Antragsbegründung der StA (KMR-Paulus 25), ein kurzer Hinweis auf die Rechtslage geboten sein (LR-Hanack 17, 21; Schoreit Pfeiffer-FS 404); dies ist uU ein nobile officium gegenüber dem Verteidiger (vgl Krehl GA **87**, 162, 177).
21 Eine **Teilentscheidung** ist unzulässig, wenn es sich um denselben Angeklagten handelt; über ein Rechtsmittel kann nur einheitlich nach I oder V entschieden werden (HK-Temming 10; KMR-Paulus 10; Dahs/Dahs 461; **aM** Hamburg JZ **67**, 31 mit abl Anm Sarstedt; KK-Kuckein 33; vgl auch LR-Hanack 24). Bei mehreren Revisionen, die mehrere Angeklagte betreffen, kann aber teils nach I, teils nach IV oder V entschieden werden (vgl BGH GA **77**, 145; KK-Kuckein 34). Wegen der Verbindung eines Verwerfungsbeschlusses mit einer Entscheidung nach
22 IV vgl unten 32. In Verbindung mit dem Verwerfungsbeschluß ist eine **Abänderung des Urteils** zum Nachteil des Angeklagten nicht grundsätzlich unzulässig; so kann eine Schuldspruchberichtigung (17 ff zu § 354) vorgenommen (BGH NStZ **94**, 25 [K]; Düsseldorf MDR **84**, 253; Schroeder JuS **82**, 496) oder auch eine Alternative der angewendeten Vorschrift durch eine andere ersetzt werden (BGH NJW **82**, 190; Düsseldorf NJW **85**, 2725). Das Gericht ist umgekehrt nicht gehindert, auch dann nach II zu verfahren, wenn es einer von der StA im Zusammenhang mit einem Verwerfungsantrag beantragten Schuldspruchänderung nicht entsprechen will (BGHR § 349 II Antrag 1 und Verwerfung 4 mwN) oder von der beantragten Einbeziehung einer rechtskräftig erkannten Strafe (BGH 3 StR 210/97 vom 23. 7. 1997) oder der beantragten Aufhebung hinsichtlich der Nichtanordnung einer Unterbringung nach §§ 63, 64 StGB absieht (BGHR § 349 II Verwerfung 3; StGB § 64 Ablehnung 10; BGH NStZ-RR **98**, 142). Auch ein Antrag der StA, die Entscheidung nach § 357 auf einen Nichtreviden-

ten zu erstrecken, dem das Gericht nicht stattgeben will, steht der Verwerfung der Revision nach II nicht entgegen (BGH NStZ **96**, 328, 329).

3) Rechtskraft der Verwerfungsbeschlüsse nach I und II: 23

Der **nach I ergehende** Verwerfungsbeschluß hat nur feststellende Bedeutung, 23 a wenn die Revision wegen verspäteter Einlegung verworfen wird (5 zu § 346). Sonst tritt die Rechtskraft nach § 34 a mit Ablauf des Tages der Beschlußfassung ein. Eine Aufhebung des Beschlusses wegen eines Irrtums über Tatsachen ist wie bei § 346 II (dort 13) zulässig (Jena NStZ-RR **97**, 10; Naumburg OLGSt Nr 1). Die Zurücknahme und Abänderung des **auf II gestützten** Verwerfungsbeschlusses 24 ist zulässig, solange er noch nicht erlassen ist (9 vor § 33). Geht nach Beschlußfassung aber noch vor Hinausgabe des Beschlusses ein weiterer Schriftsatz des Beschwerdeführers ein, so kann von jedem Richter, der an dem Beschluß mitgewirkt hat, eine neue Beratung verlangt werden (**aM** BGH NStZ **94**, 96: unabänderlich, wenn mit Unterschriften versehen in den Geschäftsgang gegeben); im übrigen ist das Revisionsgericht zur erneuten Beratung aber nicht verpflichtet (erg 4 zu § 194 GVG). Nach Erlaß mit Außenwirkung kann der Beschluß auch dann nicht zurückgenommen werden, wenn er auf Tatsachenirrtum beruht (BGH **17**, 94, 96; MDR **56**, 52; Geppert GA **72**, 174; R. Schmitt JZ **61**, 16; einschr KMR-Paulus 40: zur Beseitigung prozessualen Unrechts). Ausnahmen gelten nur, wenn überhaupt keine Revision eingelegt (Köln NJW **54**, 692) oder die Revision vor Erlaß des Verwerfungsbeschlusses wirksam zurückgenommen worden war (BGH NStZ **92**, 225 [K]; **98**, 27 [K]; Düsseldorf MDR **87**, 1049), wenn der Angeklagte nach Rechtsmitteleinlegung verstorben ist (Schleswig NJW **78**, 1016) oder wenn über das Rechtsmittel nach § 335 III als Berufung hätte entschieden werden müssen (RG JW **27**, 395 mit Anm Drucker; vgl auch BGH **17**, 94, 97: Verwerfung ist unbeachtlich).

Die **Wiedereinsetzung in den vorigen Stand** ist im Fall I möglich (BGH **25**, 25 89, 91; Düsseldorf MDR **83**, 964), nicht aber nach Verwerfung der Revision im Fall II (BGH **17**, 94 mit abl Anm Schaper NJW **62**, 1357; BGH **23**, 102; **25**, 89, 91; DAR **79**, 190 [Sp]; **81**, 203 [Sp]; EzSt § 44 Nr 6; GA **80**, 390; MDR **66**, 728 [D]; NStZ **83**, 208 [Pf/M]; **97**, 45; Düsseldorf MDR **83**, 864; Hanack JZ **73**, 778; **aM** KMR-Paulus 35; LR-Hanack 29; Geppert GA **72**, 175); denn jede Sachentscheidung des Revisionsgerichts bringt das Verfahren zum Abschluß. Das gilt auch für die Entscheidung, die die Berufung als unzulässig verwirft (**aM** Frankfurt JR **78**, 522 mit abl Anm Rieß). Bei **Verletzung des rechtlichen Gehörs** ist in 26 den Fällen I und II nach § 33 a zu verfahren (BVerfGE **42**, 243 = JZ **77**, 21 mit Anm Goerlich; BVerfG DRiZ **76**, 239; BGH MDR **76**, 634 [H]; **79**, 108 [H]; Köln VRS **57**, 201; **87**, 302; Geppert GA **72**, 176; vgl auch BGH NStZ **85**, 204 [PF/M]). § 33 a findet aber keine Anwendung, wenn ein erst nach Ablauf der Revisionsbegründungsfrist eingereichter Schriftsatz erst nach der Entscheidung des Revisionsgerichts bei diesem eingeht (BGH NStZ **93**, 552). Auch § 311 a ist nicht anwendbar (Bay MDR **83**, 689).

4) Urteilsaufhebung durch Beschluß (IV): 27

A. **Bei Revisionen zugunsten des Angeklagten** kann die Hauptverhandlung 28 erspart werden, wenn das Revisionsgericht das Rechtsmittel einstimmig für begründet hält; offensichtlich begründet braucht es nicht zu sein (KMR-Paulus 29; LR-Hanack 33; **aM** Creifelds JR **65**, 4). Die Revision ist zugunsten des Angeklagten eingelegt, wenn nur er selbst (Düsseldorf GA **83**, 220) oder für ihn sein Verteidiger, gesetzlicher Vertreter oder Erziehungsberechtigter oder wenn die StA nach § 296 II zu seinen Gunsten Revision eingelegt hat. Die Aufhebung nach IV ist daher – schon nach dem Wortlaut der Vorschrift – nicht möglich, wenn die zu seinen Ungunsten eingelegte Revision der StA oder des Nebenklägers nach § 301 nur zu seinen Gunsten Erfolg hat (KMR-Paulus 28; Amelunxen Revision 77 ff; Dahs/Dahs 555; **aM** BGH NStZ **97**, 378 [K] mwN; NStZ-RR **96**, 130, weil dies den Angeklagten nicht beschwere; aber dem Rechtsmittelführer wird dadurch die Gelegenheit zur Äußerung und zur Rechtsmittelrücknahme abgeschnitten).

29 B. Eine **Entscheidung zugunsten des Angeklagten** muß ergehen. Das Revisionsgericht kann nach § 354 I entscheiden, insbesondere den Angeklagten freisprechen (Hamburg NJW **66**, 1277; Hamm NJW **77**, 207; Köln NJW **66**, 512), den Schuldspruch berichtigen (12 ff zu § 354), wenn nur dies das Ziel der Revision war, und das Urteil aufheben und die Sache nach §§ 354 II, III, 355 zurückverweisen (LR-Hanack 34). Nach IV kann auch die Berufung als unzulässig verworfen werden, wenn das Berufungsgericht sie als unbegründet verworfen hatte (Düsseldorf GA **83**, 220). Besteht ein Prozeßhindernis und war es vom Tatrichter übersehen worden, so ist ebenfalls nach IV zu verfahren; ist es hingegen erst im Revisionsverfahren eingetreten (zB Rücknahme des Strafantrags), ist § 206 a anzuwenden (erg 6 zu § 206 a). Die hM wendet demgegenüber auch bei übersehenen Verfahrenshindernissen § 206 a an, kommt damit aber in Schwierigkeiten, ob sie dem Revisionsgericht ein Wahlrecht zwischen beiden Vorschriften zubilligen (so Celle MDR **69**, 503; Bohnert GA **82**, 173; mit der Konsequenz, daß einmal – bei § 349 IV – Einstimmigkeit nötig wäre, im andern Fall – § 206 a – Stimmenmehrheit genügen würde!) oder einer Vorschrift den Vorzug geben soll (für Vorrang des § 206 a: Bay **85**, 52, 55 = JR **86**, 430 mit Anm Ranft; LR-Rieß 15 zu § 206 a; für Vorrang des § 349 IV: LR-Hanack 35). Es ist aber ausgeschlossen, daß die StPO für dieselbe Entscheidung zwei grundsätzlich anwendbare, unterschiedliche Vorschriften bereitstellt. Entsprechendes gilt für die Einstellung nach § 206 b.

30 C. Der **Aufhebungsbeschluß** setzt keinen Antrag der StA voraus und kann entgegen ihrer Auffassung ergehen (KMR-Paulus 30). Hat sie Terminsanberaumung beantragt, so muß ihr aber Gelegenheit gegeben werden, zu der Revision
31 sachlich Stellung zu nehmen (LR-Hanack 37; Schlüchter 747.1). Die **Begründung** des Beschlusses unterscheidet sich grundsätzlich nicht von der eines Revisionsurteils. Insbesondere bei Zurückverweisung der Sache muß die dem Urteil
32 zugrunde liegende Rechtsauffassung wegen § 358 I klargestellt werden. Eine **Verbindung mit der Entscheidung nach II** ist zulässig (BGH **43**, 31; die dagegen eingelegte Verfassungsbeschwerde wurde vom BVerfG [2 BvR 1017/97 vom 23. 6. 1997] nicht angenommen) und üblich (Seibert NJW **66**, 1064). Der Beschluß wird
33 den Beteiligten formlos **bekanntgemacht** (§ 35 II S. 2). Er kann ebensowenig
34 wie ein Revisionsurteil **zurückgenommen oder widerrufen** werden (BGH NStZ **97**, 379 [K]; 5 StR 449/91 vom 22. 10. 1991; Rieß JR **78**, 523). Hat das Revisionsgericht allerdings irrig zuungunsten des Angeklagten nach IV entschieden, hebt es den Beschluß auf (BGH 3 StR 628/93 vom 30. 3. 1994).

35 **5)** Durch **Urteil** (V), dh aufgrund einer Hauptverhandlung (§ 350), entscheidet das Revisionsgericht, wenn es I, II oder IV nicht anwendet, gleichviel, ob es sich hieran rechtlich gehindert sieht oder von der Möglichkeit keinen Gebrauch machen will. Auch bei gleichzeitiger Revision von StA und Angeklagtem muß über das Rechtsmittel des Angeklagten nicht aufgrund einer Hauptverhandlung entschieden werden (BGH NStZ **92**, 30 [K]). Mit Begründung versehene Terminsanträge der StA sind dem Angeklagten mitzuteilen (Schulte Rebmann-FS 477). Auch in der Hauptverhandlung wird in den Fällen der §§ 153 II, 154 II, 206 a, 206 b, 437 IV, 441 IV durch Beschluß entschieden.

Terminsmitteilung

350 **[I] Dem Angeklagten und dem Verteidiger sind Ort und Zeit der Hauptverhandlung mitzuteilen. Ist die Mitteilung an den Angeklagten nicht ausführbar, so genügt die Benachrichtigung des Verteidigers.**

[II] Der Angeklagte kann in der Hauptverhandlung erscheinen oder sich durch einen mit schriftlicher Vollmacht versehenen Verteidiger vertreten lassen. Der

Angeklagte, der nicht auf freiem Fuße ist, hat keinen Anspruch auf Anwesenheit.

III Hat der Angeklagte, der nicht auf freiem Fuße ist, keinen Verteidiger gewählt, so wird ihm, falls er zu der Hauptverhandlung nicht vorgeführt wird, auf seinen Antrag vom Vorsitzenden ein Verteidiger für die Hauptverhandlung bestellt. Der Antrag ist binnen einer Woche zu stellen, nachdem dem Angeklagten der Termin für die Hauptverhandlung unter Hinweis auf sein Recht, die Bestellung eines Verteidigers zu beantragen, mitgeteilt worden ist.

1 **1) Nachricht von der Hauptverhandlung** (I) müssen über I S. 1 hinaus alle Verfahrensbeteiligten erhalten; vgl auch §§ 50 II, 67 II **JGG**. Im Fall des III S. 1 muß die Mitteilung förmlich zugestellt werden; sonst genügt eine formlose Mitteilung (Braunschweig GA **55**, 219). Eine Ladungsfrist besteht nicht; §§ 217, 218 sind nicht anwendbar (Braunschweig aaO). Jedoch ist allen Beteiligten ausreichend Zeit zur Vorbereitung zu geben. Unter den Voraussetzungen des § 145 a I kann die für den Angeklagten bestimmte Mitteilung an den Verteidiger gesandt werden; § 145 a II gilt nicht, da es sich nicht um eine Ladung handelt (KK-Kuckein 3). Im
2 **Fall des I S. 2** wird nur der Verteidiger benachrichtigt. Hat der nicht zu ermittelnde Angeklagte keinen Verteidiger, so muß ihm die Mitteilung nach § 40 öffentl zugestellt werden (Bay **52**, 16 = JR **53**, 92; LR-Hanack 4; EbSchmidt NJW **67**, 857). Bei einer Revision der StA ist das aber nur zulässig, wenn dem Angeklagten die Revisionsschrift bereits persönlich zugestellt war (Bay **62**, 84 = JR **62**, 309; KK-Kuckein 4).

3 **2)** Die **Anwesenheit des Angeklagten** (II) in der Revisionsverhandlung ist grundsätzlich möglich, aber nicht notwendig. Diese Regelung verstößt nicht gegen Art 103 I GG (BVerfGE **54**, 100, 116 = NJW **80**, 1943, 1945; BVerfGE **65**, 171 = NJW **84**, 113, 114). Das Erscheinen des Angeklagten und sein Verbleiben im Sitzungssaal können nicht erzwungen werden; § 231 I gilt nicht entspr (LR-Hanack 6; Rieß ZStW **90**, Beih 205). Seine Anwesenheit steht in seinem Belieben (Bay **52**, 16 = JZ **53**, 92). Nach § 236 darf aber sein persönliches Erscheinen angeordnet werden, wenn er im Freibeweis zu Verfahrensfragen vernommen werden soll (Koblenz NJW **58**, 2027; KMR-Paulus 7; LR-Hanack 6; **aM** Rieß aaO). Ist er nicht auf freiem Fuß, so hat er keinen Anspruch auf Anwesenheit (II S. 2), kann aber auf Antrag oder von Amts wegen vorgeführt werden. Er kann sich stets von einem Verteidiger vertreten lassen (II S. 1), der die Rechte des Angeklagten ausüben kann, wenn dieser nicht anwesend oder aus sonstigen Gründen zu einer Entscheidung über eine Antragstellung selbst nicht in der Lage ist (BGH **41**, 69). Daß der Angeklagte unbekannten Aufenthaltes oder seine Auslieferung aus dem Ausland aus völkerrechtlichen Gründen nicht möglich ist, hindert die Durchführung der Revisionsverhandlung nicht (BVerfG NJW **95**, 651). Die **zeitweilige** 3 a
Verhandlungsunfähigkeit des Angeklagten steht der Revisionsverhandlung nicht entgegen (Warda Bruns-FS 435; **aM** LR-Hanack 8 zu § 351; Dahs/Dahs 561). Erforderlich ist aber, daß der Angeklagte die Fähigkeit hatte, über die Einlegung des Rechtsmittels verantwortlich zu entscheiden und daß er während der Dauer des Revisionsverfahrens wenigstens zeitweilig zu einer Grundübereinkunft mit seinem Verteidiger über Fortführung oder Rücknahme des Rechtsmittels in der Lage ist (vgl EKMR EuGRZ **97**, 148; BVerfG NJW **95**, 1951; BGH **41**, 16 = JR **95**, 472 mit Anm Rieß; NStZ **96**, 242; Widmaier NStZ **95**, 361; krit Rath GA **97**, 226; Gatzweiler Friebertshäuser-FG 280).

4 **3)** Die **Anwesenheit des Verteidigers** ist grundsätzlich ebensowenig notwendig wie die der anderen Verfahrensbeteiligten außer der StA, auch wenn im übrigen in dem Verfahren die Verteidigung nach § 140 I, II notwendig ist; § 145 wird für die Revisionsverhandlung durch II ersetzt (KK-Kuckein 7). Jedoch darf bei Abwesenheit des Wahlverteidigers, der sein Erscheinen angekündigt hat, nicht verhandelt

werden, wenn der Angeklagte nicht auf freiem Fuß oder nicht aus der Haft vorgeführt ist (vgl BVerfGE **65**, 171 = NStZ **84**, 82 mit abl Anm Pikart). Ein dem Angeklagten für die Revisionsverhandlung nach § 140 II oder § 350 III bestellter
5 **Pflichtverteidiger** (unten 7 ff), muß an der Verhandlung teilnehmen (KMR-Paulus 7; LR-Hanack 13; Hanack Dünnebier-FS 314). Bleibt er aus, so muß die Verhandlung ausgesetzt und notfalls ein anderer Verteidiger beigeordnet werden (BVerfG aaO; Hanack aaO). Der Angeklagte kann den Pflichtverteidiger nicht etwa vom Erscheinen „entbinden".

6 **4) Bestellung eines Pflichtverteidigers:**

7 A. Die **Beiordnung nach § 140** erstreckt sich nicht auf die Mitwirkung in der Revisionsverhandlung (9 zu § 140). Daß ein mittelloser Angeklagter dort ohne Verteidiger ist, wenn nicht ausnahmsweise ein Pflichtverteidiger bestellt werden muß, verstößt nicht gegen verfassungsrechtliche Grundsätze (BVerfG NJW **65**, 117 mit Anm Arndt), nach Ansicht des EGMR (NStZ **83**, 373 mit Anm Stöcker) aber gegen Art 6 III Buchst c **MRK.** Geboten ist die Verteidigerbestellung nach § 140 II, wenn die Rechtslage so schwierig ist, daß es nicht angängig erscheint, den Angeklagten ohne rechtskundigen Beistand zu lassen (BVerfG aaO; BGH **19**, 258). Die Schwierigkeit der Sach- und Rechtslage vor dem Tatrichter ist dabei
8 ohne Bedeutung (BGH aaO). Der **Grundsatz des fairen Verfahrens** (Einl 19) gebietet ferner die Beiordnung eines Verteidigers, wenn ein „schwerwiegender" Fall (dazu LR-Hanack 11) vorliegt, insbesondere, wenn die Revision der StA die Verhängung einer lebenslangen Freiheitsstrafe erstrebt (BVerfGE **46**, 202 = NJW **78**, 151, das die Beiordnung aber von der Mittellosigkeit des Angeklagten abhängig macht; KK-Kuckein 12) oder sich gegen ein freisprechendes Urteil wegen eines Verbrechens richtet (Düsseldorf NStZ **84**, 43). Ein schwerwiegender Fall liegt nicht stets deshalb vor, weil eine Strafe von mehr als 1 Jahr verhängt ist (**aM** LR-Hanack 11; Dahs NJW **78**, 140; Oswald JR **79**, 99; Wasserburg GA **82**, 318; zw Peters JZ **78**, 232; vgl auch Oellerich StV **81**, 435: Beiordnung nunmehr die Regel). Die Verteidigerbestellung ist auch nicht notwendig, wenn es um Fragen rechtlicher oder tatsächlicher Art geht, deren Antwort auf der Hand liegt (BVerfG aaO; dazu Dahs aaO), oder wenn die von dem Beschwerdeführer vertretene Rechtsansicht
9 abwegig ist (Dahs aaO). **Zuständig für die Verteidigerbestellung** ist der Vorsitzende des Revisionsgerichts (BGH **19**, 258, 261; Hamm MDR **76**, 1038). Duldet er nur das Auftreten des von ihm nicht beigeordneten Pflichtverteidigers, so kann darin eine stillschweigende Beiordnung liegen (BGH NStZ **97**, 299; Düsseldorf NStZ **84**, 43; erg 7 zu § 141).

10 B. Nach **§ 350 III,** einer Ausprägung des Rechts des Angeklagten auf ein faires Verfahren (BVerfGE **65**, 171 = NJW **84**, 113), muß ohne Rücksicht auf die Schwierigkeit der Rechtslage ein Pflichtverteidiger bestellt werden, wenn der Angeklagte, der nicht auf freiem Fuß (13 zu § 35) ist und nicht vorgeführt wird, die Bestellung in der Frist des III S. 2 beantragt (krit zu der Vorschrift Hanack Dünnebier-FS 312 ff). Wiedereinsetzung gegen die Fristversäumung ist nicht möglich (KK-Kuckein 11). Auswahl und Bestellung des Verteidigers sind Sache des Vorsitzenden (§ 141 IV). Den bisherigen Pflichtverteidiger braucht er nicht beizuordnen (BGH **19**, 258, 261); auf Wünsche des Angeklagten, der die Eignung des Verteidigers für die Revisionsinstanz nicht beurteilen kann, braucht er keine Rücksicht zu nehmen (KMR-Paulus 6). Zur Erscheinungspflicht des Pflichtverteidigers oben 5. Gelangt der Angeklagte vor der Revisionsverhandlung auf freien Fuß, so ist die Beiordnung zurückzunehmen, wenn sie nicht nach § 140 II (oben 7) aufrechterhalten werden muß (KMR-Paulus 6).

11 **5) Wiedereinsetzung in den vorigen Stand** bei unverschuldeter Versäumung der Revisionsverhandlung sieht das Gesetz nicht vor; §§ 235, 329 III gelten nicht entspr (BGH MDR **75**, 25 [D]; Köln JMBlNW **57**, 154; KK-Kuckein 10; EbSchmidt NJW **67**, 585; **aM** LR-Hanack 15; Hanack Dünnebier-FS 313). Sie ist

auch dann nicht zulässig, wenn die Mitteilung nach I unterblieben oder unrichtig war (Kiel MDR **50**, 303; KK-Kuckein 10; **aM** Celle HESt **3**, 79; Koblenz MDR **70**, 66; KMR-Paulus 8; EbSchmidt 3 zu § 235; Dahs/Dahs 561; Hanack aaO) oder wenn kein Hinweis nach III erfolgt und der Angeklagte nicht vorgeführt worden ist (KK-Kuckein 10; **aM** AK/StPO-Maiwald 9 mwN). Für den Nebenkläger gilt das entspr (Koblenz DRiZ **66**, 239).

Hauptverhandlung

351 **I Die Hauptverhandlung beginnt mit dem Vortrag eines Berichterstatters.**

II Hierauf werden die Staatsanwaltschaft sowie der Angeklagte und sein Verteidiger mit ihren Ausführungen und Anträgen, und zwar der Beschwerdeführer zuerst, gehört. Dem Angeklagten gebührt das letzte Wort.

1) Hauptverhandlung vor dem Revisionsgericht: 1

A. Der **Vortrag des Berichterstatters** (I) hat die Ergebnisse des bisherigen 2 Verfahrens (vgl § 324 I S. 1), soweit sie für das Revisionsgericht von Bedeutung sind, und die Revisionsanträge sowie deren Begründung zum Gegenstand. Zunächst werden idR die Formalitäten der Anfechtung vorgetragen; danach wird das angefochtene Urteil auszugsweise verlesen oder inhaltlich wiedergegeben. Hiervon kann unter entspr Hinweis abgesehen werden, wenn alle Mitglieder des Gerichts das Urteil kennen. Die Prozeßrügen trägt der Berichterstatter mit allen Unterlagen vollständig vor; die sachlich-rechtliche Begründung der Revision überläßt er idR dem anwesenden Verteidiger oder Prozeßbevollmächtigten. Auf Anregung des Vorsitzenden kann die Verhandlung bei Verurteilung wegen mehrerer Taten oder bei Konkurrenz von Revisionsrügen (9 ff zu § 352) zunächst auf bestimmte Teile oder Punkte beschränkt werden (Dahs 872; Sarstedt/Hamm 1273).

B. Eine **Beweisaufnahme** über die Tat findet nicht statt. Zur Aufklärung tat- 3 sächlicher Umstände, von denen die Prozeßvoraussetzungen oder die Verfahrensrügen abhängen, können aber in der Hauptverhandlung im Freibeweis (7, 9 zu § 244) Beweise jeder Art erhoben werden (vgl BGH NStZ **93**, 349); das Ergebnis ist den Verfahrensbeteiligten bekanntzugeben (Schulte Rebmann-FS 472). Zur Sachrüge ist eine Beweisaufnahme zulässig, wenn ein Erfahrungssatz (31 zu § 337) oder der Inhalt ausländischen Rechts festgestellt werden muß, sonst nicht (24 zu
§ 337). Die **Verbindung** mehrerer beim Revisionsgericht anhängiger Verfahren 3 a
kann entspr § 4 angeordnet werden (BGH 1 StR 134 und 135/97 vom 9. 4. 1997); bei demselben Senat anhängige Verfahren können auch entspr § 237 zur gemeinsamen Verhandlung verbunden werden (BGH 4 StR 662/96 und 4/97 vom 11. 3. 1997).

C. **Worterteilung** (II S. 1): Die Vorschrift ist eine Ordnungsvorschrift; von der 4 in ihr bezeichneten Reihenfolge kann abgewichen werden (RG **64**, 133). Der Beschwerdeführer wird aber idR zuerst gehört. Der Bitte des Verteidigers, zunächst den StA zu hören, sollte stets stattgegeben werden (Sarstedt/Hamm 1272). Eine
Rechtspflicht des Gerichts, mit den Prozeßbeteiligten **Rechtsgespräche** zu füh- 5
ren, besteht nicht, auch nicht nach Art 103 I GG (BVerfG NJW **65**, 147 mit abl Anm Arndt; BGH **22**, 336, 339; Fezer 20/44; vgl auch BVerfG MDR **87**, 290), nicht einmal, wenn das Revisionsgericht von seiner bisherigen Rspr abweichen will (KK-Kuckein 4; Jagusch NJW **62**, 1647; **aM** BVerwG NJW **61**, 891; 1549; KMR-Paulus 6; Dahs/Dahs 568; vgl auch LR-Hanack 7; erg 7 a zu § 265).

D. Das **letzte Wort** (19 zu § 258) gebührt nach II S. 2 dem Angeklagten. Da 6 sogar in seiner Abwesenheit verhandelt werden kann, ist jedoch ein Verstoß gegen die Vorschrift für den Bestand des Urteils unschädlich (**aM** KMR-Paulus 7).

7 **2) Beratung; Abstimmung:** Die Beratung findet nach der Revisionsverhandlung statt, nicht vorher (Sarstedt/Hamm 1269). Eine Vorberatung über Rechtsfragen ist aber zulässig (KK-Kuckein 6; Wimmer NJW **50**, 202; **aM** KMR-Paulus 24 zu § 352; Croissant NJW **63**, 1711). Die Abstimmung erfolgt stufenweise, zunächst über die Zulässigkeit der Revision, sodann über die Prozeßvoraussetzungen, dann über die Verfahrensrügen und zum Schluß über die Sachrüge (vgl Mellinghoff 46 ff; 131 ff). Das Revisionsgericht entscheidet entspr § 263 I mit Zweidrittelmehrheit, wenn es nach § 354 I eine dem Angeklagten ungünstige Entscheidung in der Schuld- oder Rechtsfolgenfrage trifft, sonst nach § 196 GVG mit einfacher Mehrheit (Mellinghoff 149 ff; Roxin § 53 J IV; **aM** Peters 660: stets nach § 263 I).

Umfang der Prüfung

352 **I Der Prüfung des Revisionsgerichts unterliegen nur die gestellten Revisionsanträge und, soweit die Revision auf Mängel des Verfahrens gestützt wird, nur die Tatsachen, die bei Anbringung der Revisionsanträge bezeichnet worden sind.**

II Eine weitere Begründung der Revisionsanträge als die in § 344 Abs. 2 vorgeschriebene ist nicht erforderlich und, wenn sie unrichtig ist, unschädlich.

1 **1)** Die **Zulässigkeit der Revision** ist auch noch in der Hauptverhandlung zu prüfen (1 zu § 349). Dazu gehört insbesondere die Anfechtungsberechtigung (4 zu § 333), bei Revision des Nebenklägers dessen Anschlußbefugnis (20 ff zu § 396) sowie die Einhaltung der gesetzlichen Fristen (§§ 341, 345 I) und Form (§§ 344, 345 II), bei beschränkter Revision auch die Rechtswirksamkeit der Beschränkung (7 zu § 344).

2 **2) Die Prozeßvoraussetzungen** (Einl 141 ff) werden von Amts wegen geprüft,
3 auch wenn bereits Teilrechtskraft eingetreten ist (Einl 151; 6 zu § 337). Bei Revision gegen ein Berufungsurteil wird auch die **Zulässigkeit der Berufung** von Amts wegen geprüft (Frankfurt StV **87**, 289; Stuttgart Justiz **86**, 27). Hat das Berufungsgericht zB übersehen, daß die Berufung verspätet oder nicht in zulässiger Weise (zB telefonisch) eingelegt war, so wird das Urteil aufgehoben und die Berufung als unzulässig verworfen (Bay DAR **85**, 246 [R]). Das gilt auch, wenn das Urteil, weil es von einem anderen Verfahrensbeteiligten zulässig und rechtzeitig angefochten worden ist, noch keine Rechtskraft erlangt hat (RG **65**, 250; KK-Kuckein 22; LR-Hanack 3; **aM** Bay **93**, 140 = NStZ **94**, 48); denn das Revisionsgericht muß, um zu dieser Feststellung zu gelangen, die Zulässigkeit der Berufungen von Amts wegen prüfen, und das Ergebnis dieser Prüfung wird nicht dadurch unbeachtlich, daß sich eine der beiden Berufungen als zulässig erweist. Das Revisionsgericht hat ferner von Amts wegen, unabhängig von einer sachlichen Beschwer des Beschwerdeführers und ohne Bindung an die rechtliche Beurteilung durch den Tatrichter, zu prüfen, ob das Berufungsgericht über alle Bestandteile des 1. Urteils entschieden hat, die von der Berufung erfaßt wurden (Bay **77**, 80 = JR **78**, 248 mit Anm Zipf; Frankfurt VRS **50**, 416; Koblenz VRS **43**, 256; **70**, 144;
4 Oldenburg VRS **38**, 426), insbesondere, ob die **Berufungsbeschränkung,** von der das Berufungsgericht ausgegangen ist, wirksam war (BGH **27**, 70, 72; Hamm NJW **73**, 1141, 1143; Karlsruhe Justiz **88**, 27; Schleswig SchlHA **88**, 112 [L/G]; 9 zu § 327). War das nicht der Fall, so muß das Berufungsgericht die Sache nach Zurückverweisung auch zu dem Teil neu verhandeln, der zu Unrecht als rechtskräftig beurteilt war (Hamm aaO). Ist das Berufungsgericht in der Nachprüfung zu weit gegangen, so wird insoweit der richtige Zustand hergestellt, ggf unter Berücksichtigung des § 331. Bei wirksamer Berufungsbeschränkung darf das Revisionsgericht nur den noch angefochtenen Urteilsteil prüfen.

3) **Verfahrensmängel** werden nur auf zulässige Rüge (§ 344 II) geprüft. Andere als die von dem Beschwerdeführer bei Anbringung der Revisionsanträge oder in der Frist des § 345 I oder, bei Wiedereinsetzung gegen die Versäumung dieser Frist, innerhalb der Frist des § 45 I geltend gemachten Tatsachen darf das Revisionsgericht nicht berücksichtigen (BGH **17**, 337, 339; **18**, 214; Karlsruhe Justiz **86**, 308; LR-Hanack 7 ff), wenn Wiedereinsetzung bewilligt war, grundsätzlich auch keine Verfahrensrügen, die in der verspäteten Begründungsschrift nicht enthalten waren (BGH NStZ **85**, 181). Rechtsausführungen zu Verfahrensrügen können dagegen bis zum Urteilserlaß nachgeschoben werden. Genügt das Tatsachenvorbringen nicht für die von dem Beschwerdeführer erhobene Verfahrensrüge, aber für eine andere, die er nicht erhoben hat, so wird die Rüge umgedeutet (BGH DAR **78**, 161 [Sp]; MDR **78**, 805 [H]; Oldenburg VRS **46**, 201; Stuttgart VRS **61**, 379, 380; ANM 868 mwN). Die **Richtigkeit der Tatsachen** prüft das 6
Revisionsgericht, soweit § 274 nicht gilt, im Freibeweis (7, 9 zu § 244). Der Beschwerdeführer hat keine Beweislast; Zweifel gehen aber zu seinen Lasten (35 zu § 261; 12 zu § 337). Die **Zurücknahme** der Verfahrensrügen ist bis zur Entschei- 7
dung zulässig (BGH **14**, 240, 243; Bay **58**, 299 = MDR **59**, 144); der Verteidiger braucht dazu keine besondere Ermächtigung (LR-Hanack 9; Kaiser NJW **82**, 1368).

4) Auf die **unbeschränkte Sachrüge** wird das Urteil in sachlich-rechtlicher 8
Hinsicht in vollem Umfang geprüft (BGH 1, 44, 46). Unrichtige Rechtsausführungen sind unschädlich (II). Bis zur Entscheidung können die Ausführungen ergänzt werden (BGH NStZ **88**, 20 [Pf/M]). Eine angekündigte weitere Revisionsbegründung braucht das Revisionsgericht aber nicht abzuwarten (Blaese/Wielop 183).

5) **Zusammentreffen mehrerer Rügen:** Wenn die Revision verworfen wer- 9
den soll, müssen alle Rügen geprüft werden. Ist die Urteilsaufhebung geboten, so gilt dagegen der Grundsatz des Vorrangs des weitestreichenden Revisionsgrundes (LR-Hanack 12; Dahs 864; Dahs/Dahs 574; Jagusch NJW **62**, 1417). Die Aufhebung wird auf denjenigen Mangel gestützt, mit dessen Erörterung die Sache am schnellsten erledigt werden kann (Sarstedt H. Mayer-FS 539). Von **mehreren** 10
Verfahrensrügen braucht nur diejenige geprüft zu werden, die zweifelsfrei zur Aufhebung zwingt; über die anderen, auch wenn sie zwingende Aufhebungsgründe (§ 338) betreffen, braucht nicht entschieden zu werden. Der Beschwerdeführer kann dem Revisionsgericht die Reihenfolge der Prüfung nicht vorschreiben. Das Revisionsgericht kann auch **von der Entscheidung über die Sachrüge abse-** 11
hen, wenn bereits eine Verfahrensrüge durchgreift (LR-Hanack 14; Sarstedt aaO). Daß dann die Rechtsfolge des § 357 (Haase GA **56**, 278) und die Rechtswirkung des § 358 I nicht eintreten, spielt keine Rolle (**aM** Jagusch NJW **62**, 1419). Durch die nur hilfsweise Erhebung der Verfahrensrügen kann der Beschwerdeführer das Revisionsgericht nicht zur Entscheidung über die Sachrüge zwingen; solche Rügen sind unzulässig (12 zu § 344). Umgekehrt können die **Verfahrensrügen** 12
unbeschieden bleiben, auch die nach § 338, wenn die Sachrüge durchgreift (BGH **17**, 253 = JR **62**, 387 mit Anm EbSchmidt; **27**, 124, 132). Insbesondere kann das Revisionsgericht den Angeklagten ohne Rücksicht auf ihre Begründetheit freisprechen (BGH **17**, 253 = JR **62**, 387 mit Anm EbSchmidt; Dahs 864), auch wenn Rügen nach § 338 erhoben worden sind (Hanack JZ **73**, 778; Jagusch NJW **62**, 1417).

Revisionsurteil

353 **I Soweit die Revision für begründet erachtet wird, ist das angefochtene Urteil aufzuheben.**

II **Gleichzeitig sind die dem Urteil zugrunde liegenden Feststellungen aufzuheben, sofern sie durch die Gesetzesverletzung betroffen werden, wegen deren das Urteil aufgehoben wird.**

1 **1)** Die **Verwerfung der Revision** durch Urteil regelt das Gesetz nicht näher. Im Gegensatz zur Beschlußverwerfung (24 zu § 349) ist die Entscheidung endgültig. Die Zurücknahme des Verwerfungsurteils ist auch bei tatsächlichem Irrtum ausgeschlossen (**aM** Rieß JR **78**, 523); § 33 a ist nicht anwendbar (dort 7). Gleichzeitig mit dem Verwerfungsurteil, in dem über die Kosten nach § 473 I zu entscheiden ist, berichtigt das Revisionsgericht, falls es das für erforderlich erachtet, die Liste der angewendeten Vorschriften (vgl BGH NJW **79**, 1259, 1260) und entscheidet über Rechtsmittel nach §§ 305 a, 464 III S. 1 Hs 1 und § 8 III S. 1 **StrEG.** Zur Berichtigung offensichtlicher Fassungsversehen vgl 32 zu § 354.

2 **2)** Zur **Einstellung des Verfahrens** nach § 153, nicht aber nach § 153 a (dort 47), ist das Revisionsgericht befugt; eine Urteilsaufhebung erfolgt dann nicht (vgl Naucke StASchlH-FS 468; erg 6 zu § 354). Die tatsächlichen Voraussetzungen des § 153 müssem sich aus dem angefochtenen Urteil ergeben; Beweiserhebungen durch das Revisionsgericht kommen nicht in Betracht (RG **77**, 72, 75; Bay **52**, 12 = MDR **52**, 247; Bremen NJW **51**, 326; Naucke aaO 466). Das gleiche gilt bei der Einstellung nach § 153 e. Die Einstellung nach § 154 II setzt voraus, daß sich der Tatrichter in seinem Urteil mit der Tat befaßt hat (BGHR § 352 I Prüfungsumfang 4; Meyer-Goßner JR **85**, 454; vgl auch BGH NStZ **93**, 551), unterliegt aber sonst keinen Beschränkungen außer dem Antragserfordernis (RG **73**, 400; Bremen aaO); den Antrag muß die StA bei dem Revisionsgericht stellen. Mit
3 deren Zustimmung kann auch die **Verfolgungsbeschränkung** nach § 154 a II (BGH **21**, 326, 328; MDR **66**, 383 [D]; 559 [D]; erg 22 zu § 154 a) und § 430 angeordnet werden. Zur Einstellung wegen eines Prozeßhindernisses unten 13.

4 **3) Die Aufhebung des angefochtenen Urteils** (I) ist erforderlich, wenn und soweit die Revision begründet ist (zu einem Ausnahmefall vgl aber BGH **41**, 72, 94). Die Nebenentscheidungen nach §§ 465 ff und nach § 2 ff **StrEG** entfallen ohne besonderen Ausspruch (20 zu § 464). Mit der Aufhebung sind die weiteren Entscheidungen nach §§ 354, 355 zu verbinden. Bei Zurückverweisung nach §§ 354 II, III, 355 wird die Entscheidung über die Kosten der Revision dem neuen Tatrichter überlassen (3 zu § 464). Für die Urteilsaufhebung gilt im einzelnen:

5 A. **Neben dem Berufungsurteil** muß auch das 1. Urteil aufgehoben werden, wenn das Berufungsgericht gegen § 328 II verstoßen (Gössel JR **82**, 272), trotz bereits eingetretener Rechtskraft des Strafbefehls entschieden (Oldenburg MDR **71**, 680; KK-Kuckein 19) oder ein Verwerfungsurteil nach § 412 zu Unrecht bestätigt hat (dort 11). Ist eine bereits zurückgenommene Berufung nach § 329 I verworfen worden, so wird das Urteil ersatzlos aufgehoben (Zweibrücken VRS **63**, 57).

6 B. **Teilaufhebung** erfolgt, wenn von den Revisionen mehrerer Beschwerdeführer nur einzelne begründet sind oder, bei Revision eines einzigen Beschwerdeführers, wenn die begründete Revision nur beschränkt eingelegt war (4 ff zu § 344) oder wenn die Revision nur teilw begründet ist; dann wird die weitergehende Revision verworfen (LR-Hanack 5). Die Teilaufhebung ist nur in den Grenzen zulässig, die für die Wirksamkeit der Teilanfechtung des Urteils bestehen (BGH NStZ **97**, 276; 3 StR 297/97 vom 9. 7. 1997; erg 7 zu § 344).

7 C. Ein **fehlerhafter Schuldspruch kann bestehen bleiben,** wenn der Fehler schon durch die Aufhebung des Rechtsfolgenausspruchs beseitigt wird, zB wenn der Tatrichter bei einheitlicher Tat nur den Schuldumfang zu hoch angesetzt hat (BGH MDR **77**, 461 [H]; wistra **83**, 257, 258; KK-Kuckein 13, 14; **aM** Bay **72**, 264, 267 = NJW **73**, 633, 634; vgl auch RG **75**, 243: teilweises Fehlen der Strafanträge; Düsseldorf MDR **84**, 1046: teilweiser Strafklageverbrauch). Der

Schuldspruch wegen Mordes kann auch dann bestehenbleiben, wenn eines von mehreren vorliegenden Mordmerkmalen fehlerhaft bejaht wurde und insoweit weitere Feststellungen erforderlich sind (BGH **41**, 222). Liegt zwar nicht der von dem Tatrichter herangezogene Straferschwerungsgrund nach § 243 oder § 250 StGB vor, aber ein anderer, so kann der Schuldspruch ebenfalls aufrechterhalten werden, uU auch der Strafausspruch (BGH MDR **68**, 201 [D]; KMR-Paulus 5; **aM** hinsichtlich des Strafausspruchs: LR-Hanack 10). Entsprechendes gilt bei Verurteilung nach § 323 a StGB, wenn von mehreren Rauschtaten eine entfällt (BGH VRS **36**, 36; Oldenburg VRS **40**, 29; LK-Spendel 374 zu § 323 a StGB), idR aber auch bei rechtsfehlerhafter Beurteilung der einzigen Rauschtat (RG **69**, 189; **aM** BGH **14**, 114; Voraufl).

D. Ob die **Urteilsaufhebung im Strafausspruch** sich auf die daneben angeordneten Sicherungsmaßregeln nach §§ 63 ff StGB und bei Teilaufhebung auf die Gesamtstrafe erstreckt, richtet sich nach den für die Rechtsmittelbeschränkung geltenden Grundsätzen (BGH NJW **84**, 622, 623; MDR **80**, 454 [H]; NStZ **82**, 483; vgl auch BGH DAR **85**, 191 [Sp]). Bei fehlerhafter Nichtanrechnung der UHaft nach § 51 I S. 2 StGB wird die Aufhebung unter Aufrechterhaltung des übrigen Strafausspruchs hierauf beschränkt (BGH **7**, 124), ebenso bei fehlerhafter Anrechnung der Strafe nach § 51 IV S. 2 StGB (BGH NJW **82**, 1236, 1237). Der eigentliche Strafausspruch bleibt auch bestehen, wenn nur die Anwendung des § 42 StGB nicht oder fehlerhaft geprüft worden ist (RG **64**, 207, 208; **aM** Bremen NJW **54**, 522); gleiches gilt im Fall des § 55 StGB (BGH **35**, 243, 246; BGHR § 55 I S. 1 StGB Zäsurwirkung 3; Koblenz OLGSt § 55 StGB S. 2; LR-Hanack 15). Hat der Tatrichter bei der Bemessung einer Geldstrafe die Festsetzung der Tagessatzhöhe unterlassen, so kann die Sache allein zur Nachholung dieser Entscheidung zurückverwiesen werden (BGH **30**, 93; **34**, 90; VRS **60**, 192). Die **Mitaufhebung des Schuldspruchs** kann erforderlich sein bei Fehlerhaftigkeit 8
doppelrelevanter Tatsachen (Einl 187), zB bei Feststellungen über wesentliche Umstände des Tathergangs (BGH StV **83**, 140; **84**, 188 mit Anm Wagner) und bei Nichtberücksichtigung des Mitverschuldens des Unfallgegners (vgl Bay **66**, 155 = VRS **32**, 283; **aM** BGH VRS **19**, 108, 110). Bei Tatmehrheit kann die Aufhebung eines Einzelstrafausspruchs zur **Aufhebung der weiteren Einzelstrafaussprüche** 10
zwingen, wenn nicht auszuschließen ist, daß sie durch den Rechtsfehler beeinflußt sind (BGH NJW **79**, 378; **81**, 2204, 2206; StV **84**, 204; VRS **65**, 428, 430; Stuttgart VRS **73**, 191, 194). Fällt von 44 Einzelstrafen aber nur eine weg, so braucht nicht einmal der Gesamtstrafausspruch aufgehoben zu werden (BGH 5 StR 434/81 vom 8. 9. 1981). Bei der **Aufhebung des Gesamtstrafausspruchs** 11
entfallen nicht zugleich verhängte Maßnahmen iS des § 11 I Nr 8 StGB; sollen sie aufgehoben werden, ist eine ausdrückliche Anordnung notwendig (vgl BGH **33**, 306, 310). Bei **erfolgreicher Anfechtung der Nichtanordnung der Unterbringung** nach §§ 63, 64, 66 StGB wird idR der Strafausspruch mitaufgehoben, weil die Strafe bei Anordnung der Maßregel möglicherweise niedriger ausgefallen wäre; wenn das ausgeschlossen werden kann, kann die Strafe aber auch bestehen bleiben (vgl BGH NStZ **94**, 281).

4) Die **Aufhebung der Urteilsfeststellungen** (II) ist nicht die notwendige Folge der Urteilsaufhebung, sondern nur erforderlich, soweit sie von der Gesetzesverletzung betroffen sind, die der Urteilsaufhebung zugrunde liegen. Sie kann in der Urteilsformel auch in der Weise ausgesprochen werden, daß bestimmte Feststellungen aufrechterhalten werden (KK-Kuckein 24). Fehlt der Ausspruch, so sind sie in vollem Umfang aufgehoben (LR-Hanack 18). Bei Übersehen oder irriger Annahme eines **Prozeßhindernisses** hängt es von der Art des Verfahrenshindernisses ab, ob 13
die Feststellungen bestehenbleiben können (vgl BGH **4**, 287, 290; 1 StR 271/93 vom 24. 6. 1993; RG **43**, 367; LR-Hanack 19). Auch dann ist aber eine ausdrückliche Aufrechterhaltung erforderlich; erfolgt sie nicht, sind hier ebenfalls die Feststellungen mitaufgehoben. Das gilt entgegen BGH **41**, 305 auch bei einer Ein-

stellung wegen Verjährung; die in dieser Entscheidung behandelte Problematik hat sich erst dadurch ergeben, daß fehlerhaft lediglich eingestellt und nicht zuvor, wie es bei übersehenen Verfahrenshindernissen erforderlich ist (vgl 6 zu § 206 a), das fehlerhafte Urteil aufgehoben worden ist; auch ohne ausdrückliche Aufhebung war das tatrichterliche Urteil durch die Einstellung gegenstandslos geworden (BGH aaO
14 abl auch Wollweber NJW **96**, 2633). **Verfahrensfehler** zwingen meist zur Aufhebung des Urteils mit allen Feststellungen (KK-Kuckein 28), auch die Urteilsverkündung unter unzulässigem Ausschluß der Öffentlichkeit (Sarstedt/Hamm 431; W. Schmid JZ **69**, 765; **aM** Poppe NJW **54**, 1916; **55**, 8). Die Feststellungen zu der Tat, die Gegenstand des Freispruchs ist, können dagegen aufrechterhalten werden, wenn die Sache auf Revision der StA nur deshalb zurückverwiesen wird, weil der Tatrichter die Wiedereinbeziehung einer nach § 154 a ausgeschiedenen Gesetzesverletzung unterlassen hat (BGH **32**, 84 = JR **84**, 478 mit Anm Maiwald = NStZ **84**, 129
15 mit Anm Bruns). Bei Aufhebung wegen **sachlich-rechtlicher Mängel** gilt der Grundsatz tunlichster Aufrechterhaltung der von der Gesetzesverletzung nicht berührten Feststellungen (BGH **14**, 30, 35; hiergegen LR-Hanack 21; krit auch Dahs Hanack-Symp 89; *de lege ferenda* Krauth Tröndle-FS 512). Daher werden die Feststellungen zur äußeren Tatseite aufrechterhalten bei unterlassener oder fehlerhafter Prüfung der Schuldfähigkeit nach § 20 StGB (BGH **14**, 30, 34; NJW **64**, 2213; MDR **85**, 626 [H]; **90**, 95 [H]) oder des Verbotsirrtums nach § 17 StGB (Celle LRE **10**, 288; Hamburg NJW **67**, 213), bei fehlerhafter Beurteilung der Frage des bedingten Vorsatzes (BGH StV **83**, 360), der niedrigen Beweggründe iS des § 211 StGB (BGH GA **80**, 24), der Vorteilssicherungsabsicht nach § 257 StGB (BGH MDR **85**, 447 [H]), bei Fehlen von Feststellungen zur inneren Tatseite bei § 142 StGB (Hamburg OLGSt § 142 StGB S. 132) oder § 316 StGB (Bay DAR **87**, 316 [B]) und wenn eine Schuldspruchberichtigung (12 ff zu § 354) nur an dem Fehlen des Hinweises nach § 265 I scheitert (BGH **14**, 30, 37; Bremen LRE **9**, 204; Stuttgart NJW **73**, 1385, 1387). Bei Aufhebung eines freisprechenden Urteils können die Feststellungen zum äußeren Tatgeschehen (BGH NJW **92**, 382, 384) oder die für die Zuständigkeit der allgemeinen StrK bedeutsamen Feststellungen zum Lebensalter des Angeklagten aufrechterhalten werden (BGH MDR **84**, 444 [H]).
16 Die ausdrückliche Aufhebung der **Feststellungen zum Strafausspruch** ist üblich (vgl BGH NJW **84**, 622, 623). Beruht die Aufhebung des Strafausspruchs allerdings nur auf einem Wertungsfehler, bedarf es der Aufhebung der Feststellungen nicht (BGH 2 StR 403/93 vom 29. 9. 1993). Teilw können die Feststellungen aufrechterhalten werden, wenn § 59 StGB fehlerhaft angewendet worden ist (Zweibrücken VRS **66**, 198, 202).

17 5) **Bindung des neuen Tatrichters:**

18 A. Bei **Aufhebung des ganzen Urteils** ist der Tatrichter in der Beurteilung frei. Nur an die Aufhebungsansicht des Revisionsgerichts ist er nach § 358 I gebunden.

19 B. Bei **teilweiser Urteilsaufhebung** wegen einer von mehreren in Tatmehrheit stehender Taten besteht keine Bindung des neuen Tatrichters an die Tatsachenfeststellungen, die dem in Rechtskraft erwachsenen Urteilsteil zugrunde liegen (Bay **59**, 126 = JZ **60**, 30 mit Anm Heinitz; Meyer JR **72**, 204), wohl aber bei Tatidentität iS des § 264 (BGH **28**, 119 = JR **79**, 299 mit Anm Grünwald; **aM** LR-
20 Hanack 27; erg 10 zu § 318). Bei **Teilaufhebung im Rechtsfolgenausspruch** ist begrifflich zwar keine Rechtskraft der Feststellungen zum Schuldspruch möglich (Koblenz NJW **83**, 1921; ANM 434; Bruns NStZ **84**, 129, 131; Kleinknecht JR **68**, 468; erg Einl 188). Sie sind aber für das weitere Verfahren bindend (BGH **30**, 340; NStZ **82**, 483; Hamm NJW **68**, 314; vgl auch Koblenz NJW **83**, 1921: bei Aufhebung auf Sprungrevision nach § 335 keine Bindung des Berufungsgerichts), auch wenn es sich um sog doppelrelevante Tatsachen (Einl 187) handelt, die auch für die Rechtsfolgenfrage von Bedeutung sind (BGH **24**, 274; MDR **88**, 102 [H]; NStZ **88**, 214; Stuttgart NJW **82**, 897, 898; erg 5 zu § 327), selbst wenn das

Erstgericht nur zugunsten des Angeklagten von solchen Tatsachen ausgegangen ist (BGH NStZ **88**, 88); Feststellungen zur erheblichen Verminderung der Schuldfähigkeit des Angeklagten gehören nur zum Rechtsfolgenausspruch (BGH NStZ-RR **97**, 237)). Die in der neuen Verhandlung getroffenen Feststellungen müssen mit den aufrechterhaltenen ein einheitliches und widerspruchsfreies Ganzes bilden (BGH **7**, 283, 287; **10**, 71, 72; **24**, 274; **28**, 119 = JR **79**, 299 mit Anm Grünwald; BGH StV **86**, 142; 7 zu § 318). Sie dürfen denen zur Schuldfrage nicht widersprechen oder, wenn sie ihnen widersprechen, dem Strafausspruch nicht zugrunde gelegt werden (BGH aaO; DAR **79**, 191 [Sp]; NStZ **82**, 29; StV **81**, 607; NStZ-RR **96**, 203). Das gilt nicht nur für die Feststellungen zu den Tatbestandsmerkmalen, sondern für alle zum geschichtlichen Vorgang gehörenden Feststellungen (BGH **24**, 274; MDR **88**, 102 [H]) einschließlich der Feststellungen über die persönlichen Verhältnisse des Angeklagten (BGH MDR **78**, 640 [H]; NStZ **85**, 207 [Pf/M]). Die Bewertung der Tat als besonders schwerer Fall gehört zur Rechtsfolgenfrage und ist daher nicht bindend (BGH StV **84**, 497 L; vgl aber andererseits Frankfurt NStZ-RR **96**, 309 zu doppelrelevanten Tatsachen). Keine Bindungswirkung haben auch die Feststellungen zu der Frage, ob ein Zeuge wegen Teilnahmeverdachts unvereidigt bleiben muß (BGH NJW **85**, 630). Die Vernehmung des früheren Richters zu im aufgehobenen Urteil nicht enthaltenen Strafzumessungserwägungen ist unzulässig (BGH NStZ-RR **98**, 204).

6) Bei **Aufrechterhaltung von Feststellungen** tritt ebenfalls eine innerprozessuale Bindungswirkung ein. In dem Umfang, in dem die Feststellungen aufrechterhalten worden sind, darf keine neue Beweisaufnahme stattfinden (BGH **14**, 30, 38; **30**, 340; Koblenz NJW **83**, 1921; ANM 434). Neu festgestellte Tatsachen, die den aufrechterhaltenen Feststellungen widersprechen, dürfen nicht berücksichtigt werden, selbst wenn die neue Verhandlung ihre Unrichtigkeit ergeben hat (BGH **14**, 30, 36). Eine Ausnahme gilt auch nicht für den Fall, daß sich in der Hauptverhandlung die Schuldunfähigkeit des Angeklagten ergibt (KK-Kuckein 33; offen gelassen von BGH StraFo **98**, 163) oder sich zweifelsfrei die Unschuld des Angeklagten herausstellt (Hamm HESt **1**, 216; KK-Kuckein 33; **aM** Kleinknecht MDR **55**, 434; Oehler JZ **57**, 723; Voraufl; offen gelassen bei BGH NJW **82**, 1295). 21

Eigene Sachentscheidung; Zurückverweisung

354 **I Erfolgt die Aufhebung des Urteils nur wegen Gesetzesverletzung bei Anwendung des Gesetzes auf die dem Urteil zugrunde liegenden Feststellungen, so hat das Revisionsgericht in der Sache selbst zu entscheiden, sofern ohne weitere tatsächliche Erörterungen nur auf Freisprechung oder auf Einstellung oder auf eine absolut bestimmte Strafe zu erkennen ist oder das Revisionsgericht in Übereinstimmung mit dem Antrag der Staatsanwaltschaft die gesetzlich niedrigste Strafe oder das Absehen von Strafe für angemessen erachtet.**

II In anderen Fällen ist die Sache an eine andere Abteilung oder Kammer des Gerichtes, dessen Urteil aufgehoben wird, oder an ein zu demselben Land gehörendes anderes Gericht gleicher Ordnung zurückzuverweisen. In Verfahren, in denen ein Oberlandesgericht im ersten Rechtszug entschieden hat, ist die Sache an einen anderen Senat dieses Gerichts zurückzuverweisen.

III Die Zurückverweisung kann an ein Gericht niederer Ordnung erfolgen, wenn die noch in Frage kommende strafbare Handlung zu dessen Zuständigkeit gehört.

Übersicht

1 **1)** Die **eigene Sachentscheidung des Revisionsgerichts** (I) kann unter bestimmten Voraussetzungen mit der Urteilsaufhebung nach § 353 I verbunden werden.

2 A. Nur bei **Urteilsaufhebung wegen sachlich-rechtlicher Mängel** ist eine Entscheidung in der Sache selbst zulässig; das Vorliegen von Prozeßhindernissen steht dem gleich. Die Feststellungen dürfen von der Urteilsaufhebung nicht betroffen sein. Sind sie fehlerhaft, so muß stets nach II oder III verfahren werden (Jagusch NJW **62**, 1417; eingehend Steinmetz, Sachentscheidungskompetenz des Revisionsgerichts in Strafsachen, 1997).

3 B. **Freisprechung** kommt nur in Betracht, wenn die bisherigen Feststellungen vollständig und fehlerfrei sind (BGH **13**, 268, 274; Hamburg VRS **59**, 300; Köln NJW **84**, 1979, 1980). Es muß auszuschließen sein, daß eine neue Hauptverhandlung noch Aufschlüsse zu erbringen vermag (BGH NJW **93**, 2451, wo aber auch Gesichtspunkte des Opferschutzes berücksichtigt werden; vgl auch unten 12). Die – ausschließlich nach dem Urteilsinhalt zu beurteilende (Köln VRS **86**, 127 mwN; BGHR Freisprechung 1 läßt offen, ob auch der Akteninhalt herangezogen werden darf) – Möglichkeit, daß in der neuen Verhandlung weitere Feststellungen getroffen werden können, zwingt zur Zurückverweisung (vgl BGH **28**, 162, 164; NJW **78**, 2105, 2107; RG **47**, 331, 332; Köln VRS **64**, 434, 436). Hat der Tatrichter die Verfolgung nach § 154 a beschränkt, so muß das Revisionsgericht, wenn nunmehr im Hinblick auf die Freisprechung insoweit eine Verurteilung geboten und wenn sie möglich ist, die ausgeschiedenen Teile wieder einbeziehen und die Sache zurückverweisen (BGH **21**, 326, 328; **32, 84** = JR **84**, 478 mit Anm Maiwald; BGH StV **86**, 45; NJW **88**, 2483, 2485; NStZ **88**, 322; Stuttgart NJW **73**, 1386 mit Anm Kraemer/Ringwald; vgl aber 24 zu § 154 a); es kann sich aber auch auf die Zurückverweisung beschränken und dem Tatrichter die Wiedereinbeziehung über-
4 lassen (BGH NJW **84**, 1469, 1471 aE). I läßt auch eine **Teilfreisprechung** zu (BGH NJW **73**, 474, 475). Bei Tatmehrheit muß die Sache idR zur Bildung einer neuen Gesamtstrafe zurückverwiesen werden. Davon kann aber abgesehen werden, wenn die weggefallene Einzelstrafe sie nicht beeinflußt haben kann (Wimmer MDR **48**, 72). Bleibt nur eine von mehreren Verurteilungen bestehen, so kann die hierfür festgesetzte Einzelstrafe als alleinige Strafe (LR-Hanack 4; Lüttger DRZ **50**, 350) aufrechterhalten werden, auch die Sicherungsmaßregel, wenn sie trotz der teilweisen Freisprechung gerechtfertigt erscheint (Hamm NJW **79**, 438). Der Teilfreisprechung steht die Beseitigung unzulässiger Nebenstrafen, Sicherungsmaßregeln und Maßnahmen gleich (LR-Hanack 5). Zugleich mit der Freisprechung muß
5 das Revisionsgericht die erforderlichen **Nebenentscheidungen,** insbesondere über die Kosten und Auslagen (§ 464 I, II) und über die Entschädigung für Strafverfolgungsmaßnahmen (§ 8 I S. 1 **StrEG**), treffen (dort 16).

6 C. **Verfahrenseinstellung:** Gemeint ist die Einstellung wegen Vorliegens von Prozeßhindernissen (Einl 141 ff) zB wegen Fehlens oder Unwirksamkeit des Eröffnungsbeschlusses (3 zu § 203), nicht die nach §§ 153 ff (dazu 2 zu § 353). Wenn die fehlende Prozeßvoraussetzung noch geschaffen werden kann, wird nicht eingestellt, sondern zurückverwiesen (BGH **8**, 151, 154; Hamburg JR **69**, 310 mit Anm EbSchmidt; vgl aber BGH NJW **83**, 2270, 2272, das bei fehlendem Strafantrag eingestellt hat; dazu auch Palder JR **86**, 95 ff); bei nur vorübergehender Verhandlungsunfähigkeit kann das Revisionsgericht aber das Verfahren selbst nach § 205 vorläufig einstellen (BGH NStZ **96**, 242). Bei nicht behebbaren Verfahrenshindernissen wendet das Revisionsgericht, wenn es nicht nach § 349 IV verfährt, I an, nicht § 206 a (vgl 6 zu § 206 a; 29 zu § 349). Freigesprochen wird, wenn der Sachverhalt ohne weiteres die Freisprechung rechtfertigt (BGH **13**, 75, 80; 268,

273; **20**, 333, 335; KG JR **90**, 124; Jagusch NJW **62**, 1418). **Teileinstellung** ist zulässig, wenn das Prozeßhindernis nur einen abtrennbaren Urteilsteil betrifft (BGH **8**, 269; NJW **70**, 904). Wegen der **Nebenentscheidungen** vgl oben 5. 7 8

D. Eine **absolute Strafe** bestimmen nur noch §§ 211, 220 a I Nr 1 StGB. Die Ersetzung einer zeitigen Freiheitsstrafe durch die lebenslange Freiheitsstrafe auf Revision der StA ist verfassungsrechtlich zulässig (BVerfGE **54**, 100, 115 = NJW **80**, 1943, 1945) und auch sonst unbedenklich (vgl BGH NJW **77**, 1544; **78**, 1336; Dahs/Dahs 500; **aM** Peters 665 und JZ **78**, 230 im Hinblick auf BVerfGE **45**, 187 = NJW **77**, 1525; krit auch Geis NJW **90**, 2735). Einer absolut bestimmten Strafe steht die zwingend vorgeschriebene Einziehung (RG **53**, 428; **57**, 424, 429) gleich. 9
Die Vorschrift wird **entsprechend angewendet,** wenn die Verfahrenslage jedes Ermessen über Art und Höhe der Rechtsfolge ausschließt (gegen entspr Anwendung aber Foth NStZ **92**, 445). Das ist zB der Fall, wenn rein rechnerisch, aber auch wenn nach den gesamten Umständen nur noch eine bestimmte Strafe (BGH NStE Nr 4 mwN; NStZ **92**, 78 und 297, je mit Anm Scheffler; 5 StR 14/92 vom 4. 2. 1992; Düsseldorf VRS **82**, 455; abl zu dieser Rspr Hanack StV **93**, 63, der aber irrig annimmt, der BGH wende hier die Alternative „gesetzlich niedrigste Strafe" entspr an) oder eine bestimmte Gesamtstrafe (BGH NJW **91**, 1763 mit Anm Bringewat JR **91**, 513 und StV **93**, 48; NJW **91**, 2715; NStZ **97**, 380 [K]; Karlsruhe Justiz **95**, 113; vgl auch BGH 4 StR 232/97 vom 19. 6. 1997: Vornahme eines unterbliebenen Härteausgleich bei nicht mehr möglicher Gesamtstrafenbildung) oder die Strafaussetzung zur Bewährung (BGH StV **96**, 265, 266; 4 StR 126/97 vom 15. 4. 1997) oder die Anordnung der Unterbringung nach § 64 StGB (BGH 2 StR 298/97 vom 4. 7. 1997) oder die Festsetzung der Mindestfrist des Vorwegvollzugs der Strafe nach § 67 II StGB (BGH NStZ **92**, 205) bzw dessen Wegfall (BGH NStZ-RR **98**, 70) in Betracht kommen. 9 a

E. Auf die **gesetzliche Mindeststrafe** darf in Übereinstimmung mit dem Antrag der StA bei dem Revisionsgericht erkannt werden (vgl zB BGH **39**, 353, 371). Dazu gehören auch die Festsetzung einer fehlenden Einzelstrafe, was sonst idR nicht zulässig ist (BGHR Strafausspruch 10), in dieser Höhe oder der von dem Tatrichter zu Unrecht unterlassene Ausspruch der lebenslangen Freiheitsstrafe als Gesamtstrafe (zu beidem BGH 4 StR 251/91 vom 25. 6. 1992) und die Anordnung der von dem Tatrichter unterlassenen Bekanntmachungsbefugnis nach §§ 165, 200 StGB in der den Angeklagten am wenigsten beschwerenden Form (BGH **3**, 73, 76; NJW **55**, 1118, 1119; Hamm NJW **74**, 446, 447). 10

F. **Absehen von Strafe:** Vgl 1 zu § 153 b. Hierunter fällt nicht die Straffreierklärung nach § 199 StGB (EbSchmidt 47). 11

2) Die **Schuldspruchberichtigung** in entspr Anwendung des I dient der Verfahrensvereinfachung und wird in der Rspr allgemein, im Schrifttum überwiegend (vgl aber Geerds JZ **68**, 393; Schroeder JuS **82**, 494 ff) zugelassen; sie kann auch zwecks Vermeidung einer Urteilsaufhebung und Zurückverweisung aus Gründen des Opferschutzes geboten sein (vgl BGH NStZ **95**, 204). Die Umwandlung des Schuldspruchs in die Verurteilung wegen einer Ordnungswidrigkeit ist ebenfalls statthaft, aber nicht entspr I, sondern in sinngemäßer Anwendung des § 83 III OWiG (Bremen VRS **65**, 36; Köln VRS **40**, 110; Göhler 14 zu § 83 OWiG; vgl auch § 317 II S. 2 EGStGB). 12

A. **Voraussetzung** für die Schuldspruchberichtigung ist zunächst eine zulässig 13
erhobene **Sachrüge;** auf die Revision gegen ein Verwerfungsurteil nach § 329 I 14
kann der Schuldspruch nicht geändert werden (Frankfurt NJW 63, 460; Hamm MDR **73**, 694). Ferner müssen **vollständige und tragfähige Urteilsfeststellun- 15
gen** vorliegen (vgl BGH **32**, 357, 361 = NStZ **86**, 27 mit Anm Fezer; BGH NJW **73**, 1511, 1512; Bremen NJW **64**, 2261, 2262; weitherziger BGH NJW **76**, 2271, 2272); die Möglichkeit ihrer Ergänzung in einer neuen Verhandlung muß ausgeschlossen sein (BGH **3**, 62, 64; **6**, 251, 257; MDR **77**, 282 [H]). Auch der

Einfluß der Feststellungen zum äußeren Tathergang auf die Strafbemessung kann die Schuldspruchberichtigung ausschließen (vgl BGH **27**, 322, 325: Verurteilung wegen Mordes, während das Revisionsgericht nur Totschlag annimmt, anders aber BGH NStE Nr 5; zum umgekehrten Fall BGHR § 354 I Sachentscheidung 3 und BGH **39**, 353, 370). Die Schuldspruchberichtigung kommt ferner nicht in Be-
16 tracht, wenn der **rechtliche Hinweis nach § 265 I** nachgeholt werden muß, damit sich der Angeklagte in tatsächlicher Hinsicht anders verteidigen kann (BGH NJW **53**, 752, 754; **67**, 789; **81**, 1744, 1745; VRS **56**, 189, 190). Ob dem Angeklagten eine andere Verteidigung überhaupt möglich ist, kann das Revisionsgericht aber selbst beurteilen (BGH **10**, 272, 276; **20**, 116, 121; **28**, 224, 231; **33**, 44, 49; 163, 166; NJW **87**, 2384; MDR **77**, 282 [H]; NStZ **85**, 454; VRS **71**, 193,
17 195; wistra **84**, 22). Schließlich setzt die Schuldspruchberichtigung eine **Beschwer** des Angeklagten voraus. Ein zu milder Schuldspruch bleibt, wenn nicht auch zuungunsten des Angeklagten Revision eingelegt ist, grundsätzlich bestehen (BGH **10**, 358, 362; MDR **84**, 65; Schleswig SchlHA **85**, 137 [E/L]; LR-Hanack 22; **aM** OGH **1**, 249, 251; Schleswig SchlHA **80**, 178 [E/J]). Eine Ausnahme gilt, wenn das von dem Tatrichter angewendete Strafgesetz völlig verschieden von dem ist, das der Angeklagte in Wahrheit verletzt hat (BGH **8**, 34, 37), oder wenn das Urteil auch im Rechtsfolgenausspruch fehlerhaft ist und die Sache in diesem Umfang zurückverwiesen werden muß (Bay **80**, 13, 15 = VRS **59**, 195, 196; Jagusch NJW **62**, 1420). Bei unzutreffender Annahme einer fortgesetzten Handlung (vgl 14 zu § 260) ist die Rspr zumeist davon ausgegangen, daß der Angeklagte dadurch nicht beschwert sei (zu den Ausnahmen vgl 42. Aufl).

18 B. **Einzelheiten:** Bei der Schuldspruchberichtigung kann die angewendete
19 **Strafvorschrift ausgewechselt** werden. Ist die nunmehr angewendete Vorschrift milder, so muß das Urteil im Strafausspruch aufgehoben werden (Zweibrücken NZV **93**, 240, 241), nicht aber, wenn die Strafdrohungen übereinstimmen (BGH **8**, 34, 37; MDR **55**, 552) oder nur geringfügig voneinander abweichen (Zweibrücken JR **91**, 214 mit abl Anm Otto) oder wenn die Strafe so milde ist, daß eine weitere Herabsetzung ausgeschlossen erscheint (Bay JW **20**, 56; Hamm VRS **28**, 138). Auch die Notwendigkeit, das tatbestandliche Unrecht bei der Strafzumessung neu zu bewerten, zwingt nicht zur Zurückverweisung im Strafausspruch (BGH
20 MDR **80**, 107 [H]). Bei **Wegfall einer tateinheitlichen Verurteilung** kann der Strafausspruch ebenfalls bestehen bleiben, wenn die Berichtigung auf die Strafe keinen Einfluß hat (BGH **8**, 191, 193; KG JR **77**, 426; VRS **36**, 226). Anders ist es, wenn die Verurteilung mit der strengeren Strafvorschrift weggefallen ist (vgl BGH **28**, 11, 17). Fällt die weitere Verurteilung nur wegen Gesetzeskonkurrenz weg, so berührt das den Strafausspruch nicht, wenn die Tatumstände, die für sich genommen die Anwendung der weiteren Vorschrift gerechtfertigt hätten, bei der Strafzumessung berücksichtigt werden dürfen (BGH **1**, 152, 155; **8**, 191, 193; **21**,
21 183, 185). Dagegen muß bei der **zusätzlichen Verurteilung wegen tateinheitlich begangener Straftat** auf Revision der StA die Sache idR im Strafausspruch zurückverwiesen werden (BGH NJW **77**, 1300, 1301), sofern der Rechtsfehler nicht offensichtlich ohne Einfluß auf die Strafbemessung ist (RG **71**, 246, 247; **72**,
22 75, 77; **74**, 21, 25). Bei der **Änderung des Konkurrenzverhältnisses** ist zu unterscheiden: Berichtigt das Revisionsgericht das Urteil dahin, daß Tatmehrheit statt Tateinheit, einheitlicher oder fortgesetzter Tat vorliegt, so ist eine Zurückverweisung im Strafausspruch erforderlich (BGH NJW **52**, 274); der Tatrichter muß nunmehr unter Berücksichtigung des § 358 II Einzelstrafen und Gesamtstrafe festsetzen (**aM** Kalf NStZ **97**, 68, der vorschlägt, die bisherige Einzelstrafe als Gesamtstrafe bestehen zu lassen; dazu auch Basdorf NStZ **97**, 423). Wird auf Tateinheit statt Tatmehrheit erkannt, so kann das Revisionsgericht die Gesamtstrafe als Einzelstrafe aufrechterhalten, wenn anzunehmen ist, daß der Tatrichter auf sie erkannt hätte (BGH JR **83**, 210; MDR **57**, 266 [D]; **78**, 110 [H]; vgl dazu Scheffler NStZ **92**, 297); sonst ist Zurückverweisung im Strafausspruch erforderlich (BGH

NJW **66**, 1930, 1931; **74**, 959, 960; **82**, 2080; VRS **66**, 20). Liegt nicht Tateinheit, sondern eine einheitliche Tat vor, so ist idR keine Zurückverweisung wegen der Strafe erforderlich (Bay **87**, 37, 38; NJW **84**, 68).

C. Eine **Verurteilung des vom Tatrichter freigesprochenen Angeklagten** 23
durch das Revisionsgericht unter Zurückverweisung zur Festsetzung der Strafe ist grundsätzlich nicht zulässig (vgl Bay **60**, 225 = JZ **61**, 506 mit zust Anm Peters; KG JR **79**, 162, 163; **57**, 270 mit Anm Sarstedt; Düsseldorf StV **85**, 361; Oldenburg NJW **83**, 57, 58; KK-Kuckein 13; LR-Hanack 44; Dahs/Dahs 589; Roxin § 53 J III 1). Ausnahmen sind nur möglich, wenn der Angeklagte vom AG verurteilt und erst vom Berufungsgericht freigesprochen wurde (Düsseldorf NJW **91**, 1123, 1124; JR **94**, 201 mit abl Anm Laubenthal; Hamburg NJW **85**, 1654; Koblenz NJW **86**, 1700; Oldenburg JR **90**, 127, 128), der Angeklagte vor dem Tatrichter geständig war und nur wegen eines Subsumtionsfehlers nicht verurteilt wurde (KG JR **87**, 257; Saarbrücken VRS **44**, 446) oder irrtümlich auf Freispruch statt auf Schuldspruch mit Straffreierklärung erkannt wurde (Celle MDR **89**, 840). Soweit die Revisionsgerichte darüber hinaus bei aufgeklärtem Sachverhalt vom Tatrichter freigesprochene Angeklagte schuldig sprechen (vgl BGH **36**, 277, 282; VRS **54**, 436, 438; Düsseldorf NJW **91**, 186, 187 = JR **92**, 165 mit Anm Dölling; Hamburg JR **79**, 206, 207 mit abl Anm Volk; JR **83**, 250, 252 mit abl Anm Rudolphi; Oldenburg NJW **85**, 1352) ist dies bedenklich, weil der Angeklagte gegen das freisprechende Urteil kein Rechtsmittel einlegen und daher die Richtigkeit der Feststellungen nicht bekämpfen kann (so auch BGH NStZ-RR **98**, 204 mwN; BGHR Schuldspruch 1; Koblenz NStZ-RR **98**, 364, 365; Walbaum, Schuldspruch in der Revisionsinstanz nach freisprechendem Urteil, 1996, zugl Diss Göttingen 19994). Keinesfalls darf das Revisionsgericht selbst die den Schuldspruch tragenden Feststellungen treffen (BVerfG NJW **91**, 2893). Hat der Tatrichter das Verfahren wegen eines Prozeßhindernisses eingestellt, so ist die Verurteilung durch das Revisionsgericht zulässig, wenn das Urteil erkennbar vollständige Feststellungen enthält (BGH **3**, 73; NJW **52**, 1263; Hamburg NJW **62**, 754).

D. Die **Berichtigung des Rechtsfolgenausspruchs** ist dem Revisionsgericht 24
in engen Grenzen gestattet. Es kann zB die rechtsirrig **unter Vorbehalt be-** 25
stimmte Strafe (§ 59 StGB) mit der Maßgabe aufrechterhalten, daß der Angeklagte vorbehaltlos verurteilt wird (BGH NJW **78**, 503, 504 = JR **78**, 246 mit abl Anm Peters) oder statt einer vorbehaltlosen Strafe eine Verwarnung unter Vorbehalt
dieser Strafe aussprechen (Celle StV **88**, 109), die **fehlerhaft bemessene Strafe** 26
auf das gesetzliche Höchstmaß (KK-Kuckein 9) und eine unter Verletzung der §§ 331, 358 II erhöhte Strafe auf das zulässige Maß herabsetzen (Bay **75**, 57 = JZ **75**, 538; Düsseldorf JMBlNW **87**, 35; VRS **72**, 202; Hamburg NJW **75**, 1473, 1475; MDR **88**, 884; Köln DAR **57**, 109; Schleswig SchlHA **79**, 56; vgl auch Düsseldorf OLGSt § 331 Nr 1), den fehlenden Ausspruch der lebenslangen Freiheitsstrafe „als Gesamtstrafe" bei mehreren Einzelstrafen nachholen (BGH 3 StR
109/89 vom 14. 3. 90), die **Tagessatzzahl oder -höhe** auf das gesetzliche Min- 27
destmaß erhöhen (BGH **27**, 359, 366; Bay **79**, 130 = NJW **80**, 849; Oldenburg VRS **54**, 111), die Tagessatzhöhe rein rechnerisch korrigieren (Bay DAR **77**, 202 [R]; StV **88**, 389), sie bei ausreichenden Feststellungen auch für eine Einzelstrafe festsetzen, wenn der Tatrichter das unterlassen hat (einschr noch BGH **30**, 93 = JR **82**, 72 mit abl Anm D. Meyer; erg 3 zu § 328), auch die von dem Tatrichter
unterlassene **Anordnung von Zahlungserleichterungen** nach § 42 StGB selbst 28
treffen (BGH JR **79**, 73; MDR **80**, 453 [H]; Hamburg MDR **82**, 776; Karlsruhe MDR **79**, 515; Düsseldorf OLGSt § 263 StGB Nr 1 S. 4; D. Meyer MDR **76**,
714). Zulässig ist die **Anrechnung der Untersuchungshaft,** von der der Tat- 29
richter aus Rechtsirrtum abgesehen hat (BGH NJW **78**, 1636; StV **94**, 603; Düsseldorf NJW **69**, 439; Köln NJW **65**, 2309), von Haft im Ausland (BGH MDR **86**, 271 [H]; Hamm JMBlNW **81**, 107), die Bestimmung des Umrechnungsmaßstabs nach § 51 IV S. 2 (BGH NJW **86**, 1555, 1557) und die Entscheidung, auf welche

30 Strafe die UHaft anzurechnen ist (BGH NJW **92**, 123, 125). **Strafaussetzung zur Bewährung** kann das Revisionsgericht bewilligen, wenn ihre Voraussetzungen eindeutig vorliegen (BGH wistra **92**, 22; NStZ **97**, 377 [K]); dabei kann es die Mindestdauer der Bewährungszeit festsetzen (BGH NJW **53**, 1838, 1839; MDR **54**, 309; Bremen NJW **62**, 928; Celle NJW **68**, 2255; Hamm JMBlNW **84**, 69, 71; VRS **33**, 341, 344); den Beschluß über die Bewährungsauflagen nach § 268 a I und die Belehrung nach § 268 a III muß es dann dem Tatrichter überlassen (BGH VRS **77**, 349; Hamm JMBlNW **84**, 69, 71; Wagner DRiZ **70**, 279). Ebenso kann eine fehlerhaft bewilligte Strafaussetzung in Wegfall gebracht werden (BGH **24**, 360, 365; MDR **82**, 623 [H]; Hamm NZV **93**, 317), insbesondere, wenn § 56 III StGB entgegensteht (vgl. BGH NJW **72**, 832, 834; VRS **38**, 333), oder eine unterbliebene Anrechnung von Bußgeldzahlungen (vgl BGH **36**, 378) nachgeholt wer-
31 den (BGH 1 StR 174/93 vom 6. 5. 1993; 3 StR 615/93 vom 2. 2. 1994). Die **Einziehung** kann das Revisionsgericht anordnen, wenn sie zwingend vorgeschrieben ist (oben 9) oder ohne Ermessensfehler nicht abgelehnt werden durfte (BGH **14**, 293, 299; **16**, 49, 57; **26**, 258, 266); insbesondere kann die unterlassene Anordnung der Einziehung des Führerscheins nach § 69 III S. 2 StGB nachgeholt werden (BGH DAR **79**, 185 [Sp]). Eine offensichtlich fehlerhafte oder unverhältnismäßige Einziehung kann beseitigt (BGH 2 StR 5/92 vom 17. 7. 1992; Hamm NJW **75**, 67), eine unvollständige Einziehungsanordnung in der Urteilsformel
32 ergänzt werden (BGH NStZ **92**, 226 [K]). Bei den **Sicherungsmaßregeln** kann das Revisionsgericht die Anordnung nach §§ 63, 64, 66 StGB (BGH 1 StR 52/90 vom 8. 5. 1990) sowie nach § 67 II StGB (BGH NJW **83**, 240; StV **85**, 12) und die fehlerhafte Entziehung der Fahrerlaubnis nach § 69 StGB in Wegfall bringen (Celle VRS **64**, 366, 367; Hamm VRS **57**, 184, 186) oder anordnen, wenn der Tatrichter sie zu Unrecht nicht für zulässig gehalten hat (BGH **6**, 398, 402), die zeitige Sperre nach § 69 a StGB auf das Höchstmaß von 5 Jahren (Karlsruhe GA **79**, 347; Köln MDR **56**, 696), auf das Mindestmaß von 3 Monaten (Köln VRS **52**, 271, 272) oder auf das nach § 331 zulässige Maß festsetzen. Die Sperre kann auch herab- oder heraufgesetzt werden, wenn das Urteil ergibt, wie der Tatrichter sie ohne den Fehler bemessen hätte (Koblenz OLGSt § 69 a StGB S. 7; Oldenburg VRS **51**, 281, 283; Stuttgart NJW **56**, 1081; vgl auch Stuttgart VRS **71**, 275, 277). Auch eine mildernde Abänderung der Anordnung des Berufsverbots nach § 70 StGB ist zulässig (BGH bei Herlan MDR **54**, 529).

33 **3)** Die **Berichtigung offensichtlicher Versehen** ist dem Revisionsgericht möglich, wenn eine sich aus den Urteilsgründen eindeutig ergebende Verurteilung in der Urteilsformel keinen vollständigen und klaren Ausdruck gefunden hat (RG **54**, 203; Hamburg VRS **25**, 384; Blaese/Wielop 13 mwN). Der Schuldspruch kann ausgewechselt (BGH VRS **46**, 106, 107) oder, wenn er im Urteilsausspruch ganz fehlt, nachgeholt (Hamm NJW **81**, 697) oder um Schreibfehler und ähnliche Mängel berichtigt werden, gleichgültig, ob die Unrichtigkeit auf Versehen oder auf Rechtsirrtum des Tatrichters beruht (Wimmer MDR **48**, 70). Der Urteilsspruch kann insbesondere berichtigt werden, wenn die Gründe eine niedrigere Strafe anführen als die Urteilsformel (BGH JZ **52**, 282), wenn die Urteilsformel versehentlich auf Tateinheit lautet, in den Gründen aber Tatmehrheit angenommen wird (Hamm VRS **44**, 424, 426) oder wenn die Teilfreisprechung durch den Tatrichter rechtlich unzulässig war (Karlsruhe NJW **73**, 1989, 1990). Umgekehrt kann ein Teilfreispruch, dessen Notwendigkeit sich aus den Gründen ergibt, im Urteilsausspruch nachgeholt werden (Celle GA **59**, 22; Hamm OLGSt § 264 S. 41; Karlsruhe VRS **43**, 261, 266). Die fehlende Schuldform kann aus den Urteilsgründen ergänzt werden (BGH **19**, 217, 219; NJW **69**, 1581, 1582), auch wenn der Schuldspruch schon rechtskräftig ist (Saarbrücken MDR **75**, 334). Ferner kann das Revisionsgericht einen Irrtum bei der Anrechnung der UHaft berichtigen (BGH **27**, 287), die Urteilsformel dahin richtigstellen, daß die gesetzliche Überschrift (§ 260 IV S. 2) benutzt wird, und das Urteil um Entscheidungen über

Nebenstrafen, Nebenfolgen und Maßnahmen ergänzen, wenn der Tatrichter es unterlassen hat, sie nach § 55 II StGB aufrechtzuerhalten (BGH MDR **79**, 683).

4) Die **Zurückverweisung an den Tatrichter** (II, III) ist erforderlich, wenn das Revisionsgericht nicht nach I entscheiden kann. 34

A. **An das Gericht des 1. Rechtszugs oder an das Berufungsgericht** wird zurückverwiesen. Die Sache wird jedoch an das AG zurückverwiesen, wenn es den Einspruch gegen einen Strafbefehl rechtsfehlerhaft nach § 412 I verworfen hatte und wenn auch die Berufung gegen dieses Urteil verworfen worden ist (11 zu § 412). 35

B. **An eine andere Abteilung oder Kammer oder an einen anderen Senat** des Gerichts, dessen Urteil aufgehoben wird, verweist das Revisionsgericht die Sache zurück, wenn es keinen Anlaß zur Zurückverweisung nach III oder § 355 sieht. 36

a) Der **andere Spruchkörper,** an den zurückverwiesen wird, braucht in dem Revisionsurteil nicht bezeichnet zu werden (Karlsruhe Justiz **80**, 339; KK-Kuckein 29; KMR-Paulus 44; LR-Hanack 54). Eine andere Abteilung des AG ist eine ebenso wie früher besetzte Abteilung (Strafrichter, SchG, erweitertes SchG); mit der büromäßigen Organisation des Gerichts hat die Abteilung iS II nichts zu tun (Hamm NJW **68**, 1438; Koblenz NJW **68**, 2393). Wird das Urteil einer StrK aufgehoben, so kommt die Sache, wenn nicht nach III verfahren wird, vor eine StrK der gleichen Art, die zuvor entschieden hatte (erg unten 42). 37

b) Auf das **Fehlen eines anderen Spruchkörpers der gleichen Art** braucht das Revisionsgericht keine Rücksicht zu nehmen (Oldenburg NStZ **85**, 473 mit Anm Rieß; Schleswig SchlHA **75**, 165; Benz MDR **76**, 806; **aM** München JR **78**, 301 mit Anm Rieß: Zurückverweisung an anderes Gericht); denn nach II sind die JVen verpflichtet, so viele Spruchkörper einzurichten, daß die Vorschrift eingehalten werden kann (BGH bei Helle DRiZ **74**, 228; Karlsruhe MDR **80**, 690). Die Gerichtspräsidien müssen die Zuständigkeit im Geschäftsverteilungsplan im einzelnen und eindeutig regeln (BGH NJW **75**, 743; NStZ **82**, 211; Saarbrücken MDR **70**, 347); das Fehlen einer eindeutigen Regelung ist allerdings unschädlich, wenn sich die Regelung von selbst versteht (BGHR § 338 Nr 1 SchwurG 1: 2 SchwurGe). Notfalls muß der Geschäftsverteilungsplan entspr § 21 e GVG ergänzt (BGH NStZ **81**, 489; **85**, 204 [Pf/M]) und für den Rest des Geschäftsjahrs ein Auffangspruchkörper eingerichtet werden (BGH bei Helle DRiZ **74**, 228; Karlsruhe aaO; München aaO; Oldenburg NStZ **85**, 473 mit Anm Rieß; Schleswig SchlHA **75**, 165; **aM** P. Müller MDR **78**, 337), insbesondere bei zweimaliger Zurückverweisung (BGH NStZ **81**, 489; Schleswig SchlHA **88**, 117 [L/G]). Ist die Bestimmung eines anderen Spruchkörpers nicht möglich, so muß das zuständige Gericht nach § 15 bestimmt werden (Oldenburg aaO; Schleswig aaO), nicht aber deshalb, weil das Präsidium sich weigert, einen Auffangspruchkörper zu errichten (BGH NStZ **85**, 204 [Pf/M]; München JR **78**, 301 mit Anm Rieß). Erg 4 zu § 21 e GVG; 8 zu § 74 GVG. 38

c) Die **Mitwirkung des früheren Richters** an der neuen Entscheidung ist nicht ausgeschlossen. II verlangt die Entscheidung eines anderen, nicht eines anders besetzten Spruchkörpers des Gerichts. Diese gesetzgeberische Lösung, die verfassungsrechtlich unbedenklich ist (BVerfG DRiZ **68**, 141; **aM** H.Hannover StV **85**, 493), wird im Schrifttum nicht zu Unrecht als verfehlte Kompromißlösung bezeichnet (vgl Dahs/Dahs 168; Hanack NJW **67**, 580; JZ **73**, 779; Peters Meyer-GedSchr 339; Rieß JR **80**, 385, 388 Fn 22; Seibert NJW **68**, 1318; Sieg MDR **76**, 72). Der frühere Richter ist danach weder nach § 23 ausgeschlossen noch sonst an der Mitwirkung gehindert (BGH **20**, 252; **21**, 142, 144; **24**, 336, 337; NJW **66**, 1718; **67**, 2217; GA **68**, 372; NStZ **81**, 298 [Pf]; Stuttgart StV **85**, 492 mit Anm Hannover; Fezer 20/47; Krey 1/297 ff und JA **84**, 479; **aM** Arzt 80 ff; Peters 148; Zeitz DRiZ **65**, 393). Der neue Spruchkörper braucht nicht einmal überwiegend 39 mit anderen Richtern besetzt zu sein (Hamm GA **71**, 185; Saarbrücken MDR **70**, 347; KMR-Paulus 43: derselbe Einzelrichter). Derselbe Richter kann erneut als Berichterstatter mitwirken (BGH NStZ **81**, 298 [Pf]). Auch eine „Befangenheit kraft Gesetzes" tritt nicht ein (BGH **21**, 142, 145; 334, 342; GA **68**, 372; DAR **77**, 172 [Sp]; **80**, 203 [Sp]; KK-Kuckein 30; Krey 1/297 ff und JA **84**, 479; **aM** LG Münster NJW **66**, 1723; AG Münster StV **86**, 429; SK/StPO-Rudolphi 18 zu § 23; Dahs NJW **66**, 1194; Hanack JZ **71**, 91; **73**, 779; Rieß GA **78**, 276; JR **80**, 388); dasselbe gilt, wenn der frühere Richter nun als StA an der neuen Verhandlung teilnimmt (BGH NStZ **91**, 595). Nur unter den Voraussetzungen des § 24, insbesondere wegen des Urteilsinhalts, ist eine Ablehnung wegen Befangenheit möglich (BGH **24**, 336 = JZ **73**, 33 mit Anm Arzt; vgl auch BGH NStZ **87**, 19 [Pf/M]; Stuttgart StV **85**, 492 mit Anm Hannover; LG Bremen StV **86**, 470; erg 13 zu § 24).

40 C. **An ein anderes Gericht gleicher Ordnung** (II) kann das Revisionsgericht die Sache zurückverweisen. Es bestimmt dann, verfassungsrechtlich unbedenklich (BVerfGE **20**, 336 = NJW **67**, 99), das zuständige Gericht. Das kommt vor allem in Betracht, wenn die Strafsache aus einer ungünstigen örtlichen Atmosphäre herausgenommen werden soll (Dahs/Dahs 592; Benz MDR **76**, 805; Seibert NJW **63**, 431). Erg 2 zu § 78 GVG. Einer Begründung bedarf die Ausübung des Ermessens
41 nicht (LR-Hanack 61; Kleinknecht JZ **65**, 161). **Benachbart** braucht das Gericht nicht zu sein; es muß nur zu demselben Bundesland gehören (BGH **21**, 191, 192; LR-Hanack 62). Macht der BGH von dem Wahlrecht Gebrauch, so muß das neue Gericht nicht demselben OLG-Bezirk angehören wie das frühere (Seibert NJW **68**, 1317). Das OLG kann aber nur an ein Gericht in seinem Bezirk zurückverweisen (Braunschweig JZ **51**, 235 mit Anm Schönke; Seibert MDR **54**, 721; erg 9 zu § 210). Daß von der Konzentrationsermächtigung nach § 74 c GVG Gebrauch gemacht worden ist, hindert das Revisionsgericht nicht, die örtliche Zuständigkeit anderweit zu bestimmen (BGH NJW **95**, 2933, 2937).

42 D. **An ein Gericht niederer Ordnung** (III) kann zurückverwiesen werden, um zu vermeiden, daß ein Gericht mit einer Sache befaßt wird, zu deren Erledigung die Zuständigkeit eines niederen Gerichts ausreicht (BGH **14**, 64, 68; KG JR **65**, 393). Das Revisionsgericht hat hier einen Ermessensspielraum, der seiner Steuerungsaufgabe im Rahmen seiner Rechtsfindung entspricht (BGH MDR **77**, 810 [H]; vgl auch NJW **87**, 1092, 1093 aE). Ein Zwang zu dieser Art Zurückverweisung besteht schon wegen § 269 nicht (BGH bei Herlan GA **59**, 338; LR-Hanack 64). Der BGH kann eine Sache, über die das OLG im 1. Rechtszug entschieden hatte, bei Wegfall des dessen Zuständigkeit begründenden Delikts an die Staatsschutzkammer beim LG zurückverweisen (BGH 3 StR 251/96 vom 7. 8. 1996) oder auch an eine allgemeine StrK des LG oder an das AG, wenn die Tat nicht in den Katalog des § 120 II GVG fällt; die Zuständigkeit nach § 24 I Nr 3 GVG bestimmt dann das Revisionsgericht (BGH MDR **54**, 152 [D]). Entsprechendes gilt bei Teilfreispruch (BGH NJW **74**, 154; VRS **35**, 264, 266) und nach Ausscheidung bestimmter Rechtsverletzungen nach § 154 a (BGH **29**, 341, 350), wenn nur noch Taten übrigbleiben, deren Aburteilung zur Zuständigkeit eines niederen Gerichts gehört. Die allgemeine StrK ist gegenüber der StrK mit besonderer Zuständigkeit (§§ 74 II, 74 a, 74 c GVG), wie sich aus § 209 a Nr 1 ergibt, kein Gericht niederer Ordnung (BGH **26**, 191, 194 = JR **76**, 164 mit Anm Brunner; BGH **27**, 99, 101). Obwohl III daher seinem Wortlaut nach nicht zutrifft, hat das Revisionsgericht die Wahl, ob es die von einer besonderen StrK stammende Sache an eine andere StrK dieser Art oder an eine allgemeine StrK zurückverweist (BGH NJW **94**, 3304, 3305 mwN). Eine Sache des erweiterten SchG darf nicht an ein gewöhnliches SchG zurückverwiesen werden (RG **62**, 265, 270). Zulässig ist dagegen die Zurückverweisung einer SchG-Sache an den Strafrichter (RG aaO) oder einer JugSchG-Sache an den Jugendrichter (LR-Hanack 67). Zur Verweisung einer JGG-Sache an eine allgemeine Strafkammer vgl 8 zu § 355. Bei der Auswahl

des Gerichts, an das zurückverwiesen wird, ist das Revisionsgericht nicht an die Regelungen über die örtliche Zuständigkeit nach §§ 7 ff gebunden (BGHR Amtsgericht 1; Zuständigkeit 1).

5) **Verfahren vor dem neuen Tatrichter:** 43

A. Zur **Feststellung der Bindungswirkung** nach § 358 I muß das Revisionsurteil erörtert, aber nicht förmlich verlesen werden (RG **21**, 436; KK-Kuckein 44). Die Verlesung des aufgehobenen Urteils ist zulässig (BGH DAR **77**, 172 [Sp]; GA **76**, 368; MDR **58**, 15 [D]; 9 zu § 249), aber ebenfalls nicht erforderlich (RG JW **31**, 1816). Bei Teilaufhebung müssen die bestehen gebliebenen Teile des aufgehobenen Urteils verlesen oder bekanntgemacht werden (BGH NJW **62**, 59, 60), auch in der Berufungsverhandlung (Bay **73**, 130 = MDR **73**, 1039). 44

B. Die **Beweisaufnahme** wird ihrem Umfang nach durch § 244 II, nicht durch die Beweiserhebung in der früheren Hauptverhandlung bestimmt (BGH MDR **74**, 547 [D]). Über die Ergebnisse der früheren Beweisaufnahme darf Beweis erhoben werden (BGH MDR **52**, 18 [D]: Inhalt der Zeugenaussagen). Das aufgehobene Urteil darf im Urkundenbeweis zum Beweis darüber verlesen werden, wie das Gericht die Aussagen verstanden hat (9 zu § 249). 45

C. Die **neuen Urteilsfeststellungen** dürfen sich an die des aufgehobenen Urteils anlehnen, wenn sie mit ihnen übereinstimmen (BGH MDR **57**, 653 [D]); der Text des früheren Urteils darf dann sogar wörtlich wiederholt werden (BGH MDR **58**, 15 [D]). Auf die früheren Feststellungen darf in dem neuen Urteil Bezug genommen werden, wenn sie durch die Entscheidung des Revisionsgerichts bindend geworden sind (BGH **30**, 225; **33**, 59; NJW **85**, 638). Sonst ist jedoch die bloße Bezugnahme oder Verweisung auf die aufgehobenen Feststellungen unzulässig (BGH **24**, 274; NJW **51**, 413; **62**, 59, 60; DAR **78**, 160 [Sp]; **81**, 191 [Sp]; NStZ **84**, 18 [Pf/M]; StV **81**, 115; 534). Das gilt auch für die Feststellungen zum Lebenslauf des Angeklagten (BGH NJW **77**, 1247; MDR **78**, 640 [H]; NStZ **85**, 309; **87**, 220 [Pf/M]; **92**, 29 [K]; **94**, 25 [K]; VRS **50**, 340, 342) und zur Straffrage (BGH DAR **85**, 193 [Sp]; NStZ **83**, 213 [Pf/M]; StV **82**, 105; Stuttgart NJW **82**, 897, 898; vgl aber auch BGH StV **82**, 103; BGHR § 353 II Teilrechtskraft 16). 46

D. Wegen der **Zuständigkeit für Nachtragsentscheidungen** bei der Strafvollstreckung vgl § 462 a VI. Entscheidungen anderer Art trifft das ursprünglich zuständig gewesene Gericht (Düsseldorf MDR **83**, 154 für das Nachverfahren nach § 439; erg 3 zu § 464 b). Im Fall der Zurückverweisung nach III ist stets das Gericht niederer Ordnung zuständig (KMR-Paulus 58; LR-Hanack 74). Wegen der Zuständigkeit im Wiederaufnahmeverfahren vgl 10 zu § 140 a GVG. 47

Entscheidung bei Gesetzesänderung

354a

Das Revisionsgericht hat auch dann nach § 354 zu verfahren, wenn es das Urteil aufhebt, weil zur Zeit der Entscheidung des Revisionsgerichts ein anderes Gesetz gilt als zur Zeit des Erlasses der angefochtenen Entscheidung.

1) Die **Rückwirkung des milderen Strafgesetzes** muß nach § 2 III StGB („vor der Entscheidung“) auch noch das Revisionsgericht berücksichtigen (BGH **20**, 74, 75; 77; 116; **27**, 181; Tröndle 12 zu § 2 StGB). Das gilt auch für Rechtsänderungen, die nur den Rechtsfolgenausspruch betreffen (BGH **5**, 207, 208; **6**, 186, 192; **20**, 116, 118), auch in Nebengesetzen (BGH **6**, 258: § 105 **JGG;** BGH **24**, 378, 382; **27**, 108: § 49 [jetzt § 51] **BZRG**). Die nach dem tatrichterlichen Urteil eingetretene Tilgungsreife einer Eintragung im BZR bleibt aber unberücksichtigt (BGH NStZ **94**, 229 [K]), es sei denn, das Revisionsgericht entscheidet in der Sache selbst (Celle NZV **94**, 332). Wegen der Sicherungsmaßregeln vgl § 2 VI StGB. 1

2 **2)** Nur **Änderungen des sachlichen Rechts** werden berücksichtigt, vorausgesetzt, daß eine zulässige Sachrüge erhoben ist (BGH **26**, 94; KK-Kuckein 9; Schlüchter 755; **aM** LR-Hanack 8; Eisenberg JR **91**, 348; Küper NJW **75**, 1329; JR **70**, 273; Pfeiffer-FS 425, die es genügen lassen, daß die Sache irgendwie beim Revisionsgericht anhängig ist; vgl auch 6 zu § 206 b). Das gilt auch bei Umwandlung der Strafvorschrift in eine Bußgeldvorschrift (**aM** Köln OLGSt § 184 a StGB
3 S. 1). Werden **Prozeßvoraussetzungen** im Laufe des Verfahrens neu geschaffen, so sind sie von Amts wegen ebenso zu berücksichtigen, wie wenn sie von vornherein bestanden hätten (BGH **21**, 367, 369; RG **76**, 159, 161). Werden sie abgeschafft, so ist die Verfolgung nunmehr zulässig (BGH **20**, 22, 27; **21**, 367, 369; RG **77**, 183; einschr Sch/Sch-Eser 6, 7 zu § 2 StGB; vgl auch LR-Hanack 5). Bei
4 **Änderungen des Verfahrensrechts** werden anhängige Verfahren nach den neuen Vorschriften fortgeführt (BGH **22**, 321, 325; **26**, 288, 289; GA **71, 86;** Hamm NJW **75**, 701; **77**, 860; vgl auch BVerfGE **1**, 4 = NJW **52**, 20; BVerfGE **39**, 156, 167 = NJW **75**, 1013, 1015; BVerfGE **45**, 272 = NJW **77**, 1629, 1631; erg Einl 203). Verfahrensfehler führen daher nicht zur Urteilsaufhebung, wenn das Verfahren dem neuen Recht entspricht (RG **74**, 371, 373; Hamburg NJW **75**, 988; LR-Hanack 6). Sieht das neue Recht eine Rechtsmittelbefugnis nicht mehr vor, bleibt ein bereits eingelegtes Rechtsmittel zulässig, sofern das Gesetz nicht mit hinreichender Deutlichkeit etwas Abweichendes bestimmt (BVerfGE **87**, 48 = NJW **93**, 1123).

5 **3) Teilrechtskraft:** Auch bei Rechtskraft des Schuldspruchs sind nachträgliche Milderungen der Rechtsfolgen zu berücksichtigen (BGH **20**, 116; Bay **70**, 183 = NJW **71**, 392, 393; Düsseldorf NJW **91**, 709, 710; Hardwig JZ **61**, 364). Das gleiche gilt, wenn nur noch über die Strafaussetzungsfrage (BGH **26**, 1) oder über die Einziehung (Frankfurt NJW **73**, 1514) zu entscheiden ist, nicht aber, wenn nach Zurückverweisung durch das Revisionsgericht nur noch die Gesamtstrafenbildung aussteht (Stuttgart NJW **70**, 820). Die Rechtskraft des Schuldspruchs hindert ferner nicht die Beachtung einer Gesetzesänderung, durch die die Strafbarkeit ganz entfällt (BGH **20**, 116; Bay **61**, 23 = NJW **61**, 688; Peters 663).

6 **4)** Das **Verfahren des Revisionsgerichts** richtet sich nach § 354. Es kann den Angeklagten freisprechen, den Schuldspruch berichtigen (BGH **20**, 116, 121; Bay NJW **98**, 3366, 3367) oder die Sache unter Aufhebung des Urteils zurückverweisen, wenn weitere Feststellungen erforderlich sind (vgl Hardwig JZ **61**, 364). Bei Herabsetzung der Höchststrafe durch das neue Recht ist idR die Aufhebung des Strafausspruchs geboten (LR-Hanack 11; vgl auch Dreher Bruns-FS 150). § 357 ist nicht anwendbar (dort 9).

Verweisung an das zuständige Gericht

355 **Wird ein Urteil aufgehoben, weil das Gericht des vorangehenden Rechtszuges sich mit Unrecht für zuständig erachtet hat, so verweist das Revisionsgericht gleichzeitig die Sache an das zuständige Gericht.**

1 **1)** Bei **Urteilsaufhebung wegen Unzuständigkeit des Tatrichters** gilt nicht § 354 II, sondern § 355 als Sondervorschrift (vgl auch § 328 II). Die Bestimmung ist entspr anwendbar, wenn ein anderer Aufhebungsgrund vorliegt, die Sache aber vor ein Gericht höherer Ordnung oder ein ihm nach § 209 a gleichstehendes Gericht gehört (BGH **13**, 378, 382; Stuttgart Justiz **95**, 99, 100), oder wenn sich ein zuständiges Gericht zu Unrecht für unzuständig erklärt hat (BGH **42**, 39, 42), oder wenn eine nach dem Geschäftsverteilungsplan unzuständige StrK entschieden hat (BGH **38**, 376, 380). Der BGH hat sie unrichtig auch auf den Fall angewendet, daß die Revision der StA unbegründet ist, weil der Tatrichter das Verfahren zu Recht wegen sachlicher Unzuständigkeit eingestellt hat (BGH **26**, 191, 201; hier-

gegen LR-Hanack 3; Meyer-Goßner NJW **76**, 977; JR **77**, 354; Sieg NJW **76**, 301; anders auch Bay **79**, 16 = VRS **57**, 38 für den Fall rechtsfehlerfreier Einstellung wegen örtlicher Unzuständigkeit).

2) **Zuständigkeit** iS des § 355 bedeutet sowohl die örtliche (RG **40**, 354, 359) als auch die sachliche (2 vor § 1) und die Zuständigkeit besonderer StrKn (4 vor § 1) und der JugGe. Die Unterschreitung der sachlichen Zuständigkeit ist wegen § 269 kein Revisionsgrund (KK-Kuckein 2). 2

3) **Zu Unrecht für zuständig erachtet** hat sich der Tatrichter nur, wenn er bei objektiver Beurteilung nicht zuständig war (RG **6**, 309, 315; **74**, 139, 140; LR-Hanack 7; Gössel GA **68**, 357). Seine eigene rechtliche Bewertung ist nicht maßgebend. Hat er seine Strafgewalt überschritten, war er aber bei zutreffender Beurteilung sachlich zuständig, so gilt daher nicht § 355, sondern § 354 (Celle JR **50**, 414; Dallinger MDR **52**, 118). 3

4) Die **Verweisung** durch das Revisionsgericht ist, wenn sie nicht in einem Beschluß nach § 349 IV erfolgt, Teil des Revisionsurteils (BGH **10**, 74; **26**, 106, 109). Dabei ist aber die Form des § 270 einzuhalten (RG **61**, 322, 326; **69**, 155, 157). Nur wenn der tatsächliche und rechtliche Inhalt der Beschuldigung unverändert bleibt, braucht er in dem Verweisungsurteil nicht erneut aufgeführt zu werden (BGH **7**, 26, 28; NJW **57**, 390, 391; Karlsruhe NJW **78**, 840; Justiz **79**, 446). Die 4
Verweisung an das **sachlich zuständige** Gericht erfolgt bei auf der Zuständigkeit der Jugendgerichte beruhender Unzuständigkeit der allg StrK idR an das JugSchG, nicht an den Jugendrichter (BGH **8**, 349, 355). Hatte der unzuständige Strafrichter statt des zuständigen SchG entschieden und hatte die kleine StrK dies nicht bemerkt, so ist auf Revision die Verweisung an das SchG nachzuholen (vgl Bay DAR **84**, 243 [R]; Schleswig SchlHA **84**, 97 [E/L]), ebenso – bei Nichtanwendung des § 269 wegen willkürlicher Bejahung der Zuständigkeit (vgl 8 zu § 269) – im umgekehrten Fall (Hamm StraFo **96**, 87); daß auch zur Entscheidung über die Berufung gegen das Urteil des AG stets (§ 76 I S. 1 GVG) die kleine StrK zuständig gewesen wäre, ändert daran nichts, da das Revisionsgericht den Fehler des Berufungsgerichts (unterlassene Verweisung nach § 328 II) korrigieren muß (Hamm aaO), allerdings nur dann, wenn insoweit eine ordnungsgemäße Verfahrensrüge 5
erhoben worden ist (BGH **42**, 205). Sind bei **örtlicher Unzuständigkeit** mehrere Gerichte zuständig, so verweist das Revisionsgericht, sofern der Einwand nach § 16 rechtzeitig erhoben war, die Sache nach Anhörung der StA an eines von ihnen, an ein Gericht außerhalb seines Bezirks aber nur, wenn dort kein Gerichts- 6
stand nach §§ 7 ff begründet ist. Die Verweisung an eine **StrK mit besonderer Zuständigkeit** setzt voraus, daß der Beschwerdeführer den Einwand nach § 6a rechtzeitig erhoben hatte. Wäre aber die JugK zuständig gewesen, verweist das Revisionsgericht die Sache an diese zurück (BGH 4 StR 671/96 vom 20. 3. 1997). 7
Bei der **Zuständigkeit des JugG** verbleibt es, wie sich aus § 47a **JGG** ergibt, auch dann, wenn der Tatrichter sie zu Unrecht angenommen hatte (Brunner/Dölling 2; Eisenberg 5; beide zu § 47a JGG; Rieß NJW **78**, 2267; **aM** BGH MDR **84**, 444 [H] für den Fall, daß vor einem JugG nur wegen unzutreffender Angabe des Geburtsdatums verhandelt worden war). In verbundenen Verfahren gegen einen Erwachsenen und einen Jugendlichen oder Heranwachsenden wird an die allgemeine StrK bzw das SchwurG zurückverwiesen, wenn sich das weitere Verfahren nur noch gegen den Erwachsenen richtet (BGH **35**, 267; 4 StR 414/93 vom 5. 8. 1993; vgl auch Bay **80**, 46 = MDR **80**, 958); die Zurückverweisung an ein JugG ist aber nicht unzulässig (BGH StV **94**, 415 mit abl Anm Schneider). Hat 8
aufgrund einer **unwirksamen Verbindung** (4 zu § 13) ein unzuständiges Gericht entschieden, verweist das Revisionsgericht die Sache entspr § 355 an das zuständige Gericht (BGH NStZ **96**, 47; **aM** – direkte Anwendung – Felsch NStZ **96**, 166, weil er unzutr den Verbindungsbeschluß bis zur Anfechtung für wirksam erachtet). 9

Urteilsverkündung

356 **Die Verkündung des Urteils erfolgt nach Maßgabe des § 268.**

1 **1)** Für die **Urteilsverkündung** gelten § 268 I, II und § 173 GVG. Wird ein besonderer Verkündungstermin angesetzt, so ist § 268 III S. 3 nicht anwendbar (KK-Kuckein 2; **aM** KK-Engelhardt 10 zu § 268). Das Urteil hat nur feststellende
2 Wirkung, wenn die Rechtskraft nach § 343 I nicht gehemmt war. Sonst tritt **Rechtskraft** mit der Beendigung der Verkündung ein, wenn die Revision (nicht nur wegen verspäteter Einlegung) als unzulässig oder unbegründet verworfen oder nach § 354 I entschieden wird.

3 **2)** Die **Urteilsurkunde** ist alsbald zu den Akten zu bringen; die Fristen des § 275 I S. 2–5 gelten aber nicht (LR-Hanack 3). Die Unterzeichnung richtet sich nach § 275 II S. 1, 2. Das Revisionsurteil braucht nach dem Wegfall des § 35 II S. 2 Hs 2 (dort 11) nicht mehr förmlich zugestellt zu werden. Eine solche Zustellung ist aber zu empfehlen, wenn der Zugang des Urteils nachgewiesen werden muß, weil sich an die Urteilsrechtskraft sanktionsbewehrte Pflichten knüpfen, zB nach §§ 145 a, 145 c StGB (Rieß/Hilger NStZ **87**, 153). § 145 a I, II ist anwendbar (KMR-Paulus 4).

Revisionserstreckung auf Mitangeklagte

357 **Erfolgt zugunsten eines Angeklagten die Aufhebung des Urteils wegen Gesetzesverletzung bei Anwendung des Strafgesetzes und erstreckt sich das Urteil, soweit es aufgehoben wird, noch auf andere Angeklagte, die nicht Revision eingelegt haben, so ist zu erkennen, als ob sie gleichfalls Revision eingelegt hätten.**

1 **1)** Die **Durchbrechung der Rechtskraft** sieht die Vorschrift zu dem Zweck vor, Ungleichheiten bei der Aburteilung mehrerer Angeklagter zu vermeiden, die nicht alle Revision eingelegt haben. Auf das Einverständnis dieser Nichtrevidenten kommt es nicht an. Rechtskraft tritt ihnen gegenüber nur unter der auflösenden Bedingung ein, daß das Urteil nicht nach § 357 aufgehoben wird. Die Urteilsaufhebung erfolgt dann „über den Kopf des Mittäters" (BGH **20**, 77, 80; einschr Rüping 670: Verfahrensbeteiligung bei nur geringer Strafmilderungsaussicht). Da vielfach die Sache nur zurückverwiesen und die neue Verhandlung zu der gleichen Verurteilung führt, ist die aufgrund der Vorschrift eintretende Wohltat häufig von recht zweifelhafter Art. Die Vorschrift ist daher einschränkend auszulegen (BGH NJW **55**, 1934; JR **64**, 271). Die Entscheidung über das vom Angeklagten einge-
2 legte Rechtsmittel hat gegenüber § 357 Vorrang (BGH NJW **96**, 2663, 2665). Die **entsprechende Anwendung** des § 357 kommt weder im Berufungsverfahren (KG JR **56**, 308 mit zust Anm Sarstedt; Düsseldorf OLGSt § 318 S. 27; Hamm NJW **57**, 392; Oldenburg VRS 9, 138; Stuttgart NJW **70**, 66; Krause Küchenhoff-GedSchr 425; **aM** LG Bonn MDR **47**, 36; LG Essen NJW **56**, 602) noch im Beschwerdeverfahren in Betracht (Hamm MDR **73**, 1042; **aM** Bremen NJW **58**, 432 = JR **58**, 189 mit Anm EbSchmidt), auch nicht im ehrengerichtlichen Verfahren (BGH **37**, 361) und auch nicht in dem Fall, daß ein Alleintäter Revision nur wegen einzelner in Tatmehrheit stehender Verurteilungen eingelegt hat (LR-Hanack 4; Haase GA **56**, 279; **aM** Neustadt GA **54**, 252). Jedoch wird § 357 auch angewendet auf Einziehungsbeteiligte (BGH NStZ **81**, 298 [Pf]) und auf tatunbeteiligte Dritte, die nicht als Einziehungsbeteiligte zugelassen sind (BGH **21**, 66, 69).

3 **2) Voraussetzungen der Aufhebungserstreckung:**

4 A. Die **Urteilsaufhebung auf eine Revision** nach §§ 333, 335, auch im Privatklageverfahren, im Sicherungsverfahren nach §§ 413 ff und in dem selbstän-

digen Verfahren nach § 440 (Haase GA **56**, 279), muß Gegenstand des Revisionsurteils sein. Gleichgültig ist, ob das Revisionsgericht zugleich mit der Urteilsaufhebung nach § 354 I selbst entscheidet, insbesondere den Schuldspruch berichtigt (BGH NJW **52**, 274; **73**, 474, 475; Hamm NJW **74**, 466; Krause Küchenhoff-GedSchr 428; erg 12 ff zu § 354), oder die Sache nach §§ 354 II, III, 355 zurückverweist. Eine Urteilsaufhebung iS § 357 liegt auch vor bei nur teilweiser Aufhebung, zB im Rechtsfolgenausspruch (BGH **21**, 66, 69; NStZ **81**, 298 [Pf]; Düsseldorf JR **83**, 479) und bei Zurückverweisung zur Nachholung der Entscheidung über die Gesamtstrafe (BGH MDR **73**, 730 [D]). Der Urteilsaufhebung stehen gleich die **Aufhebung durch Beschluß** nach § 349 IV (BGH **24**, 208, 213; Celle 5 NJW **69**, 1977; Düsseldorf NJW **86**, 2266), nicht jedoch die Einstellung nach § 206 a (HK-Lemke 4; Meyer-Goßner GA **73**, 371; **aM** BGH aaO; LR-Hanack 8), denn diese führt nicht zur Urteilsaufhebung und ist im Revisionsverfahren nur gerechtfertigt, wenn das Verfahrenshindernis erst hier eintritt (erg 6 zu § 206 a; 29 zu § 349), wobei dann keine Erstreckung nach § 357 erfolgt (KK-Kuckein 7; SK/StPO-Paeffgen 11 zu § 206 a; ausführlich dazu LR-Meyer-Goßner[23] 13, 14 zu § 206 a). **Zugunsten des Beschwerdeführers** erfolgt die Aufhebung, wenn sie 6 ganz oder teilweise zu seinem Vorteil ausschlägt. So steht es der Erstreckung nicht entgegen, wenn das Revisionsgericht bei Aufhebung des Strafausspruchs zugleich wegen einer Änderung der Konkurrenzverhältnisse den Schuldspruch verschlechtert (BGH 4 StR 414/96 vom 29. 10. 1996). Von wem die Revision eingelegt war, spielt keine Rolle; auch die nur nach § 301 zugunsten des Angeklagten wirkende Revision der StA kann zur Aufhebungserstreckung führen (RG **33**, 371, 379).

B. **Angeklagten, die keine Revision eingelegt haben,** kommt die Aufhe- 7 bungserstreckung zugute. Ihnen stehen Angeklagte gleich, die Revision eingelegt, aber verspätet oder nicht formgerecht begründet haben (BGHR § 338 Nr 7 Entscheidungsgründe 2; Zweibrücken wistra **87**, 268, 269), so daß sie nach § 346 (Düsseldorf JR **83**, 479) oder § 349 I (RG **40**, 219, 220) verworfen worden ist, oder die nur erfolglos eine Verfahrensrüge erhoben haben (RG HRR **40**, 208), auch Angeklagte, die auf Revision verzichtet (Hamburg JW **37**, 3152) oder sie zurückgenommen haben (BGH NJW **58**, 560; Krause Küchenhoff-GedSchr 427); das gilt auch bei einer Sprungrevision (Stuttgart Justiz **96**, 186). Im Schuldspruch erfolgt die Aufhebungserstreckung auch, wenn die Revision auf den Rechtsfolgenausspruch beschränkt war (BGH MDR **54**, 373); damit ist die den Rechtsfolgenausspruch betreffende Revision erledigt (BGH 5 StR 178/91 vom 11. 6. 1991). Für Mitangeklagte, die nach § 55 II **JGG** keine Revision einlegen konnten, gilt § 357 dagegen nicht (Oldenburg NJW **57**, 1450; KK-Kuckein 12; LR-Hanack 11; Rüping 669; **aM** Brunner/Dölling 16, Eisenberg 70, beide zu § 55 JGG; Dallinger MDR **63**, 539).

C. **Wegen einer Gesetzesverletzung bei Anwendung des Strafgesetzes** 8
muß die Urteilsaufhebung erfolgen. In Betracht kommen in 1. Hinsicht **sachlich-** 9
rechtliche Fehler, gleichgültig, ob sie den Schuldspruch, auch wegen unzulänglicher Beweiswürdigung (Peters Schäfer-FS 152), den Rechtsfolgenausspruch (BGH **21**, 66, 69; GA **86**, 370; RG **16**, 417; Düsseldorf JR **83**, 479) oder Nebenentscheidungen betreffen (Neustadt GA **54**, 252; Haase GA **56**, 276). Gesetzesänderungen nach Erlaß des angefochtenen Urteils werden nicht berücksichtigt, § 354 a gilt nicht (BGH **20**, 77, 78; JR **54**, 271; KK-Kuckein 6; Schlüchter 757.2; **aM** Hanack JZ **73**, 779; Peters 665; Roxin § 53 K 2 c); ebenso findet eine Erstrekkung nicht statt, wenn die Urteilsaufhebung darauf beruht, daß eine Gesetzesnorm zwischenzeitlich vom BVerfG für nichtig erklärt worden ist (BGH **41**, 6). Gesetzesverletzung iS des § 357 ist nach allgM auch die fehlerhafte Beurteilung der von Amts wegen zu prüfenden **Verfahrensvoraussetzungen** (BGH **10**, 137, 141; **12**, 10 335, 340; **19**, 320, 321; **24**, 208, 210; NStZ **87**, 239; StV **83**, 401), aber nur, sofern sie auch für den Nichtrevidenten Bedeutung haben können (Bay wistra **98**, 275; Schubath JR **72**, 240 für die Verjährung), wie zB das Antragserfordernis für das

Adhäsionsverfahren nach §§ 403 ff (BGH MDR **88**, 875). Erst nach Erlaß des angefochtenen Urteils entstandene Verfahrenshindernisse sind jedoch nicht zu berücksichtigen (BGH NJW **52**, 274; KK-Kuckein 7; **aM** LR-Hanack 14), insbesondere nicht Straffreiheitsgesetze (BGH GA **55**, 247; Haase GA **56**, 277). Sonsti-
11 ges **Verfahrensrecht** ist – verfassungsrechtlich unbedenklich (BVerfG NJW **85**, 125) – für die Anwendung des § 357 ohne Bedeutung, auch wenn seine Verletzung einen zwingenden Aufhebungsgrund nach § 338 bildet (BGH **17**, 176, 179; RG **68**, 18; LR-Hanack 15; Katholnigg JR **85**, 346; Schlüchter 757.2; **aM** Peters Schäfer-FS 152 ff: bei ungenügender Beweisaufnahme; Vogt/Kurth NJW **85**, 106: bei unrichtiger Gerichtsbesetzung).

12 D. **Durch dasselbe Urteil** müssen der Beschwerdeführer und der Nichtrevident verurteilt worden sein (Haase GA **56**, 280; Krause Küchenhoff-GedSchr 427). Wenn Revision gegen ein Berufungsurteil eingelegt ist, erfolgt daher keine Aufhebungserstreckung zugunsten von früheren Mitangeklagten, die keine Berufung eingelegt hatten (Celle NJW **54**, 1498; Stuttgart NJW **70**, 66), deren Berufung nach § 329 I verworfen worden ist (RG JW **26**, 1219; Schleswig SchlHA **88**, 118 [L/G]; Haase GA **56**, 285) oder die die Berufung auf das Strafmaß beschränkt hatten, wenn nunmehr das Revisionsgericht den Rechtsfehler im Bereich des Schuldspruchs sieht (RG JW **30**, 2573; Oldenburg DAR **55**, 171).

13 E. **Wegen derselben Tat** wie der Beschwerdeführer muß der Nichtrevident verurteilt worden sein (BGH **12**, 335, 341; NJW **55**, 1566; **83**, 2097, 2099). Der Tatbegriff entspricht dem des § 264 (dort 2). Daher ist § 357 auch anwendbar bei wechselseitigen Beleidigungen oder Körperverletzungen (LR-Hanack 18; **aM** Hamm NJW **57**, 392), bei Nebentätern (Haase GA **56**, 282) und bei anderen vorsätzlich handelnden Tätern, denen der gemeinsame Tatentschluß fehlt und deren Tathandlungen sich gegen verschiedene Betroffene richten (BGH MDR **79**, 108 [H]; anders aber, wenn es sich dabei um prozessual selbständige Taten handelt: BGH NStZ **96**, 327 [K]; BGHR Erstreckung 6), sowie bei fahrlässiger strafbarer Beteiligung an demselben Verkehrsunfall als Unfallgegner (BGH **12**, 335, 342; Köln VRS **21**, 447, 449; Roxin § 53 K 1 b; **aM** Bay **53**, 86; Hanack JZ **73**, 779). Tatidentität besteht auch bei Verurteilungen nach den §§ 332 und 333 StGB (RG HRR **38**, 497), bei Mord und Nichtanzeige des Verbrechens (RG JW **28**, 2265) sowie bei Annahme von Mittäterschaft statt Beihilfe, selbst wenn der Nichtrevident als Alleintäter in Betracht kommt (BGH **11**, 18; **aM** Hanack JZ **73**, 780).

14 F. Ein **gemeinsamer Revisionsgrund** muß vorliegen. Dabei genügt aber eine gleichartige Rechtsverletzung. Es kommt nur darauf an, daß sachlich-rechtliche Erwägungen der Art, wie sie zur Aufhebung zugunsten des Beschwerdeführers zwingen, zur gleichen Entscheidung zugunsten des Nichtrevidenten geführt hätten (BGH LM Nr 3; RG **71**, 214; Bay **63**, 126 = JR **63**, 308; Düsseldorf NJW **86**, 2266). Wird zB das Urteil aufgehoben, weil der als Mittäter verurteilte Beschwerdeführer nur Gehilfe ist, so erstreckt sich die Aufhebung auf andere Angeklagte, die nunmehr als Alleintäter anzusehen sind (BGH **11**, 18; KK-Kuckein 15; **aM** Hanack JZ **73**, 780). Gleichartiger Revisionsgrund ist auch das Fehlen der Urteilsgründe (Celle NJW **59**, 1647), jedoch nicht bei einem nach § 267 IV S.3 ergänzungsbedürftigen Urteil (KG NStZ **98**, 55), sowie die Unzulänglichkeit der Feststellungen, die dem Revisionsgericht die Prüfung verwehrt (BGH EzSt § 267 Nr. 9; Köln VRS **21**, 447), idR aber nicht die Beurteilung der Schuldfähigkeit, da diese nur individuell bestimmbar ist (BGH 4 StR 615/91 vom 9. 1. 1992). Auf die Schuld-
15 frage muß sich der Rechtsfehler nicht beziehen. **Fehler bei der Rechtsfolgenentscheidung** genügen (RG **16**, 147; OGH **2**, 50, 61), auch bei der Frage der Strafaussetzung zur Bewährung (BGH StV **92**, 417) oder bei der Einziehungsentscheidung (BGH **21**, 66, 69; NStZ **81**, 298 [Pf]), sofern die Aufhebungsgründe nicht nur in der Person des Beschwerdeführers vorliegen (BGH NJW **55**, 997; Bay **63**, 126 = JR **63**, 308), wie etwa bei § 64 StGB (BGHR Erstreckung 4), bei § 67 II StGB (BGH 4 StR 584/91 vom 10. 12. 1991; JR **92**, 475 mit krit Anm

Funck) oder bei § 52 a S. 2 JGG (BGH 5 StR 12/97 vom 4. 2. 1997); eine Erstrekkung erfolgt auch dann nicht, wenn sich der festgestellte Rechtsfehler nicht zum Nachteil des Nichtrevidenten ausgewirkt hat (BGH NStZ **89**, 113, 114 aE).

3) Die **Entscheidung des Revisionsgerichts** ergeht von Amts wegen ohne Rücksicht auf den Willen des Nichtrevidenten (oben 1) und ohne dessen Anhörung (KK-Kuckein 17; Schlüchter 757.2; **aM** LR-Hanack 24 für den Fall der Zurückverweisung). Die Entscheidung ist zwingend vorgeschrieben (BGH **24**, 208, 211; Celle JZ **59**, 180 mit Anm Kleinknecht). Daß eine Schuldspruchberichtigung keine Auswirkungen auf den Strafausspruch gehabt hat, steht der Erstreckung nicht entgegen (BGH NStZ **97**, 379 [K]). Die Erstreckung darf nicht unterbleiben, weil ungewiß ist, ob die neue Verhandlung zu einer milderen Strafe führen wird (Haase GA **56**, 288). Nur wenn das auszuschließen ist, kann von der Anwendung des § 357 abzusehen sein (BGHR Erstreckung 3; RG **3**, 286; KG JR **56**, 308, 309; Düsseldorf NJW **86**, 2266; KK-Kuckein 17; **aM** Haase aaO). Die Nachholung der im Urteil unterlassenen Entscheidung ist unzulässig (**aM** RG LZ **24**, 42). Das Revisionsgericht ist aber nicht gehindert, unter Anwendung der §§ 154, 154 a von einer Zurückverweisung abzusehen (BGHR Entscheidung 1). 16

4) In dem **weiteren Verfahren** wird der Nichtrevident so behandelt, als habe er erfolgreich Revision eingelegt. An der Verhandlung muß er teilnehmen. Das Verschlechterungsverbot des § 358 II gilt auch für ihn (RG **70**, 229, 231; **72**, 24, 26). Wird er erneut verurteilt, so hat er auch insoweit nach § 465 I die Verfahrenskosten zu tragen (BGH 2 StR 793/75 vom 12. 5. 1976; KK-Kuckein 19). Gegen das neue Urteil kann er wieder Revision einlegen (RG aaO). 17

Bindung des Untergerichts; Verbot der Schlechterstellung

358 **I Das Gericht, an das die Sache zur anderweiten Verhandlung und Entscheidung verwiesen ist, hat die rechtliche Beurteilung, die der Aufhebung des Urteils zugrunde gelegt ist, auch seiner Entscheidung zugrunde zu legen.**

II Das angefochtene Urteil darf in Art und Höhe der Rechtsfolgen der Tat nicht zum Nachteil des Angeklagten geändert werden, wenn lediglich der Angeklagte, zu seinen Gunsten die Staatsanwaltschaft oder sein gesetzlicher Vertreter Revision eingelegt hat. Diese Vorschrift steht der Anordnung der Unterbringung in einem psychiatrischen Krankenhaus oder einer Entziehungsanstalt nicht entgegen.

1) **Bindung an die Aufhebungsansicht** (I): 1

A. **Jeder Tatrichter,** der mit der Sache neu befaßt wird, bei Zurückverweisung an das AG auch das Berufungsgericht (KG GA Bd **74**, 307; Koblenz NJW **83**, 1921), ist an die Aufhebungsansicht des Revisionsgerichts gebunden. Dadurch wird ein Hin- und Herschieben der Sache zwischen Revisionsgericht und Tatrichter verhindert (vgl GmS-OGB BGHZ **60**, 392, 396 = NJW **73**, 1273; Eisenberg StraFo **97**, 129); ein Eingriff in die richterliche Unabhängigkeit (Art 97 I GG) liegt darin nicht (BVerfGE **12**, 67, 71 = NJW **61**, 655). Für Urteile des Berufungsgerichts nach § 328 II gilt I nicht entspr (RG JW **32**, 70; LR-Hanack 3). 2

B. **Umfang der Bindungswirkung:** Die Aufhebungsansicht bindet ohne Rücksicht darauf, ob sie sich auf das sachliche Recht oder auf das Verfahrensrecht bezieht und ob das Revisionsgericht die Vorlagepflicht nach §§ 121 II, 132 II, III GVG verletzt hat (KG JR **58**, 269 mit Anm Sarstedt; KMR-Paulus 13; **aM** Becker NJW **55**, 1262). Sie muß aber der Urteilsaufhebung unmittelbar zugrunde liegen (BGH **18**, 376, 378). Zur Aufhebungsansicht gehört die **Beurteilung von Vorfragen.** Die sachlich-rechtliche Prüfung beweist, daß das Revisionsgericht das 3 4

angewendete Gesetz für verfassungsgemäß gehalten und das Vorliegen der Prozeßvoraussetzungen bejaht hat. Der neue Tatrichter darf daher weder die Sache insoweit dem BVerfG nach Art 100 I GG vorlegen (BVerfGE **2**, 406, 412 = NJW **53**, 1385; BVerfGE **6**, 222, 242 = NJW **57**, 625, 627; **aM** Mohrbotter ZStW **84**, 634; Tiedtke JZ **78**, 630) noch das Verfahren wegen eines Prozeßhindernisses einstellen (KK-Kuckein 7; LR-Hanack 4; **aM** Kaiser NJW **74**, 2080). Hat das Revisionsge-
5 richt das Urteil wegen eines **Verfahrensmangels** aufgehoben, so ist der Tatrichter in der sachlichen und rechtlichen Beurteilung der Schuld- und Rechtsfolgenfrage
6 frei (BGH VRS **34**, 356; LR-Hanack 6). Bei der **Aufhebung aus sachlichrechtlichen Gründen** (die auch zugleich mit der Aufhebung eines Verfahrensmangels zulässig ist, BGH **37**, 350, 352) ergibt das Revisionsurteil, wie weit die Aufhebungsansicht reicht. Bindend ist auch die Feststellung von Erfahrungssätzen (BGH VRS **12**, 208) und die Auffassung des Revisionsgerichts, daß die Feststellungen des Tatrichters unzulänglich sind (BGH NJW **53**, 1880; NStZ **93**, 552; Langer JZ **87**, 805). Keine bindende Wirkung haben Rechtsausführungen, mit denen die Ansicht des Tatrichters gebilligt wird (BGH **3**, 357, 367; VRS **11**, 193, 195) oder die nur Ratschläge und Empfehlungen für die neue Entscheidung (BGH **3**, 234; vgl dazu Rieß Hanack-Symp 117) oder Hinweise auf die Rspr zu anderen Vorschriften enthalten (BGH NJW **97**, 1455; JR **56**, 430 mit Anm EbSchmidt). Die Verwerfung der Revision eines Mitangeklagten hat keine Bindungswirkung
7 (BGH MDR **85**, 982 [H]). Zur **Feststellung der Aufhebungsansicht** durch den neuen Tatrichter vgl 44 zu § 354.

8 C. Die **Bindungswirkung entfällt,** wenn der Gesetzgeber die von dem Revisionsgericht entschiedene Rechtsfrage vor der neuen tatrichterlichen Entscheidung abweichend regelt (LR-Hanack 10; Mohrbotter ZStW **84**, 632), wenn das BVerfG die angewendete Vorschrift für verfassungswidrig erklärt (Mohrbotter aaO; Schlüchter 756.2) und wenn die Bindung dem Tatrichter einen offensichtlichen Verstoß gegen das GG zumuten würde (KK-Kuckein 17; Mohrbotter ZStW **84**, 636; Pauli NJW **64**, 735; unrichtig aber LG Duisburg StV **86**, 99, das der Aufhebungsansicht seine eigene Auslegung des GG entgegenhält), nicht aber wegen der abweichenden Ansicht eines höheren Gerichts (Düsseldorf StV **85**, 274), wegen einer Änderung der Rspr auch nicht, wenn das Revisionsgericht inzwischen seine Rechtsansicht geändert hat (BGH **33**, 358, 362; Mohrbotter ZStW **84**, 639; Sommerlad NJW **74**, 123; **aM** GmS-OGB BGHZ **60**, 392, 397 = NJW **73**, 1273;
9 KK-Kuckein 13). Die Bindung setzt im übrigen eine **gleichbleibende Verfahrens- und Sachlage** voraus. Neue tatrichterliche Feststellungen, für die die Aufhebungsansicht des Revisionsgerichts keine Bedeutung hat, schließt I nicht aus (BGH **9**, 324, 329; RG **31**, 436; Düsseldorf StV **85**, 274; Eisenberg StraFo **97**, 130).

10 D. **Bei erneuter Revision** prüft das Revisionsgericht, wenn die Sachrüge erhoben ist, ob der Tatrichter in sachlich- rechtlicher Hinsicht die Bindungswirkung beachtet hat (KG JR **58**, 269 mit Anm Sarstedt; Düsseldorf StV **85**, 274); die Nichtbeachtung der Bindung an die verfahrensrechtliche Aufhebungsansicht wird nur geprüft, wenn sie ausdrücklich in der Form des § 344 II gerügt ist (KK-Kuckein 15). Auch jedes neue Revisionsgericht ist an die Aufhebungsansicht des 1. Revisionsurteils gebunden (BVerfGE **4**, 1, 5 = NJW **54**, 1153; GmS-OGB BGHZ **60**, 392, 396 = NJW **73**, 1273; BGH **33**, 356, 360 ff [GSSt]; LR-Hanack 15; **aM** Bettermann DVBl **55**, 22; Mohrbotter ZStW **84**, 624), der BGH auch, wenn zunächst ein OLG entschieden hatte (BGH LM Nr 2; NJW **52**, 35; **53**, 1880; KK-Kuckein 13). Diese Selbstbindung besteht auch, wenn das Revisionsgericht inzwischen seine dem Urteil zugrunde liegende Rechtsansicht aufgegeben hat (BGH **33**, 356, 360; Schlüchter 756.3; Schmitt JZ **59**, 22; Schünemann StV **85**, 424; **aM** KK-Kuckein 13; Dahs/Dahs 596; krit Mohrbotter ZStW **84**, 630 ff; Sommerlad NJW **74**, 123; GmS-OGB aaO läßt die Frage für Strafsachen offen); denn Revisions-

grund ist nach § 337 nur die Verletzung des Gesetzes, von der keine Rede sein kann, wenn der Tatrichter den I beachtet hat.

2) Das **Verbot der Schlechterstellung** (II), das dem § 331 entspricht, richtet sich an das Revisionsgericht, das nach § 354 I (RG **45**, 62, 65), und an den Tatrichter, der nach Zurückverweisung entscheidet. Es gilt nicht bei erneuter Anklageerhebung nach Verfahrenseinstellung durch das Revisionsgericht (4 zu § 331), wohl aber, wenn eine zuungunsten des Angeklagten eingelegte Revision der StA nach § 301 nur zu dessen Gunsten erfolgreich war (BGH **38**, 66, 67). Hat das LG eine Revision als Berufung behandelt und die Strafe herabgesetzt, so muß es hierbei verbleiben, wenn das Revisionsgericht über die Revision sachlich entscheidet oder sie als unzulässig verwirft (Bay **53**, 5 = NJW **53**, 756). Vgl auch 12 zu § 411. Eine fehlende Einzelstrafe kann das Revisionsgericht uU festsetzen (BGHR § 358 II S.1 Einzelstrafe, fehlende 2), ebenso eine fehlerhafte Gesamtstrafe zur Vermeidung einer Doppelbestrafung aufheben (BGH NJW **98**, 1874); dagegen steht der Nachholung der unterbliebenen Feststellung der besonderen Schuldschwere iSd § 57 a I S. 1 Nr 2 StGB (BVerfGE **86**, 288 = NJW **92**, 2947) durch den BGH oder nach Zurückverweisung durch das LG das Verschlechterungsverbot entgegen (BGH NStZ **93**, 449; **94**, 34, 35). Den Verstoß gegen II **prüft das Revisionsgericht** auch ohne entspr Verfahrensrüge (BGH **12**, 94; **14**, 5, 7; Bay **73**, 45 = NJW **73**, 1141; Schleswig VRS **65**, 386). Nach Ansicht des BGH begründet das Verbot des II eine einseitige, nur zugunsten des Angeklagten wirksame Rechtskraft, die von Amts wegen zu berücksichtigen ist (BGH **11**, 319, 322; NJW **79**, 936; GA **70, 84**). Richtig ist dagegen, daß die Prüfung die Erhebung der Sachrüge voraussetzt, weil es sich um einen sachlich-rechtlichen Mangel handelt (KG GA Bd **54**, 46; **75**, 336; Celle NdsRpfl **69**, 192; Karlsruhe VRS **48**, 425, 426; Meyer JR **79**, 389; **aM** LR-Hanack 23 und JZ **73**, 662: Verfahrenshindernis).

Margin numbers: 11 (beside "2) Das Verbot der Schlechterstellung"), 12 (beside "entgegen (BGH NStZ 93 …").

Viertes Buch. Wiederaufnahme eines durch rechtskräftiges Urteil abgeschlossenen Verfahrens

Vorbemerkungen

1 **1)** Zur **Beseitigung von Fehlentscheidungen** lassen die §§ 359 ff in engen Grenzen die Durchbrechung der Rechtskraft von Strafurteilen zu. Die Vorschriften lösen den Konflikt zwischen den Grundsätzen der Gerechtigkeit und der Rechtssicherheit, die sich beide gleichermaßen aus dem Rechtsstaatsprinzip ableiten (BVerfG MDR **75**, 468). Sie werden ergänzt durch die Wiederaufnahmegründe des § 18 ZEG (Wehrmacht- und Sondergerichte) und des § 79 I BVerfGG (unten 7). Diese Regelung ist abschließend; selbst der Gesetzgeber darf nicht nach Belieben weitere Wiederaufnahmegründe schaffen, insbesondere nicht zuungunsten des Angeklagten (BVerfGE **2**, 380, 403 = NJW **53**, 1137).

2 **2)** Dem **Wesen** nach ist die Wiederaufnahme ein Rechtsinstitut, das es auf Verlangen eines Antragsberechtigten, nicht von Amts wegen, ermöglicht, die mit rechtskräftigem Sachurteil abgeschlossene Strafsache wieder in das Hauptverfahren zurückzuversetzen. Obwohl die allgemeinen Vorschriften über die Rechtsmittel gelten (§ 365), ist der Wiederaufnahmeantrag kein Rechtsmittel (1 vor § 296), sondern ein
3 Rechtsbehelf eigener Art (20 vor § 296). Das **Verfahren** gliedert sich in zwei Abschnitte: die Prüfung der Zulässigkeit des Antrags nach § 368 (Aditionsverfahren) und, wenn er für zulässig erklärt ist, die Prüfung seiner Begründetheit nach §§ 369, 370 (Probationsverfahren). Wird die Wiederaufnahme angeordnet, so kommt es idR (Ausnahme: § 371) zur Erneuerung der Hauptverhandlung. Die neue Verhandlung wird allgemein als 3. Abschnitt des Wiederaufnahmeverfahrens bezeichnet. In Wahrheit ist sie ebensowenig Teil dieses Verfahrens wie die neue Hauptverhandlung nach Zurückverweisung (§ 354 II) Teil des Revisionsverfahrens ist.

4 **3)** Durch **rechtskräftiges Sachurteil,** nicht durch Einstellungsurteil nach § 260 III (Kleinknecht Bruns-FS 480; vgl aber auch LR-Gössel 44), abgeschlossene Verfahren können auf Antrag, der nicht vor Rechtskraft zulässig ist (Stuttgart NJW **65**, 1239; **aM** Peters Fehlerquellen III 111), wiederaufgenommen werden. Wegen der Strafbefehle vgl § 373 a. Bei tatmehrheitlicher Verurteilung ist die Wiederaufnahme zugunsten des Verurteilten schon zur Beseitigung der rechtskräftig gewordenen Einzelstrafaussprüche zulässig (KK-Schmidt 11; Creifelds GA **65**, 200; J. Meyer Peters-FG 385; Schlüchter 765; **aM** Frankfurt NJW **52**, 119; LR-Gössel 76 ff). Nur im Schuldspruch rechtskräftige Urteile können dagegen nicht Gegenstand eines Wiederaufnahmeverfahrens sein (Düsseldorf NJW **54**, 1499 L = JMBlNW **54**, 229; LR-Gössel 74 ff; Peters 679; Schlüchter 766). Die Gegenansicht (Bamberg NStE Nr 9 zu § 359; Celle StV **90**, 537; Frankfurt NJW **83**, 2399; Hamm NStZ-RR **97**, 372; Jena StraFo **97**, 116; München NJW **81**, 593; Stuttgart MDR **80**, 855; Dahs 511; Fezer 20/62; J. Meyer Peters-FG 375) öffnet wegen der Zuständigkeitsregelung des § 140 a GVG der Verschleppung die Tür und läuft daher dem Grundsatz der Prozeßwirtschaftlichkeit, den sie zu wahren meint, zuwider. Sie übersieht auch, daß die verfrühte Zulassung der Wiederaufnahme zu widersprechenden Entscheidungen führen kann (Gössel NStZ **83**, 291). Im übrigen ist ein Nebeneinander von Rechtsmittel- und Wiederaufnahmeverfahren in
5 der StPO grundsätzlich nicht vorgesehen (BGH NStZ **94**, 25 [K]). Für **Beschlüsse** enthalten die §§ 174 II, 211 Sonderregelungen; auf andere Beschlüsse sind die §§ 359 ff grundsätzlich nicht entspr anwendbar (Celle NdsRpfl **61**, 17; Hamm VRS **90**, 137; **aM** R. Schmitt JZ **61**, 17; Wasserburg 226; vgl auch LR-Gössel 49 ff), auch nicht, wenn sie wie ein Urteil wirken, wie Gesamtstrafenbeschlüsse nach § 460 (KMR-Paulus 11 zu § 359; LR-Gössel 65; **aM** Bay **55**, 47 = GA **55**, 310), oder wenn sie sachlich-rechtliche Rechtsfolgen festsetzen, wie Widerrufs-

beschlüsse nach §§ 56 f, 67 g StGB (Stuttgart NStZ-RR **96**, 176 mwN; Zweibrükken NStZ **97**, 55; LG Freiburg JR **79**, 161 mit Anm Peters; LG Hamburg NStZ **91**, 149 mwN und abl Anm Hohmann NStZ **91**, 507; AG Lahn-Gießen MDR **80**, 595 mit abl Anm Groth; LR-Gössel 64 und JR **92**, 125; **aM** Oldenburg NJW **62**, 1169; LG Bremen StV **90**, 311; Schall Stree/Wessels-FS 751). Eine Ausnahme gilt für die anstelle eines Urteils ergehenden Beschlüsse nach § 206 b (dort 12), § 349 II (BGH NStZ **85**, 496 [Pf/M]) und (bei abschließender Entscheidung) § 349 IV (LR-Gössel 65) und § 371.

4) Eine **Beschwer** (8 ff vor § 296) setzt die Wiederaufnahme voraus, sofern sie nicht von der StA beantragt ist (Wasserburg 234, 237), und zwar durch die Urteilsgründe. Der Freigesprochene kann daher die Wiederaufnahme nicht mit dem Ziel der Freisprechung wegen erwiesener Unschuld (Braunschweig GA **54**, 248) oder der Ersetzung eines Einstellungsurteils nach § 260 III durch ein freisprechendes beantragen (LR-Gössel 127). Beschwert ist der Verurteilte aber auch bei Absehen von Strafe, Straffreierklärung nach § 199 StGB und Anordnung von Rechtsfolgen nach §§ 9 ff, 13 ff, 27 JGG. 6

5) Die **Wiederaufnahme nach § 79 I BVerfGG** ist zulässig gegen rechtskräftige Strafurteile (Zweibrücken NJW **96**, 2246: aber nicht gegen einen Beschluß nach § 153 II), die auf einer mit dem GG für unvereinbar oder nach § 78 BVerfGG für nichtig erklärten Norm oder auf der Auslegung einer Norm beruhen, die das BVerfG für unvereinbar mit dem GG erklärt hat; ob die Wiederaufnahme nur bei der Nichtigerklärung einer materiell-rechtlichen Strafnorm oder auch bei Normen des Gerichtsverfassungs- oder Verfahrensrechts zulässig ist, ist str (vgl eingehend dazu BGH **42**, 314, 318). Für das Verfahren gelten die §§ 359 ff. Wegen der Einzelheiten vgl KK-Schmidt 16 ff; LR-Gössel 137 ff; Kneser AöR **89**, 129; Wasserburg 253 ff und StV **82**, 237. Zur Wiederaufnahme aufgrund des vom BVerfG angenommenen besonderen Verfahrenshindernisses bezüglich der Strafbarkeit früherer MfS-Agenten (Einl 149 a) vgl BGH **42**, 314 und 324. 7

6) **Entscheidungen des EGMR,** mit denen die Verletzung der **MRK** durch das Strafurteil eines deutschen Gerichts festgestellt worden sind (7 zu Art 19 MRK), berechtigen zur Wiederaufnahme des Verfahrens nach § 359 Nr 6, falls das Urteil auf der Verletzung beruht (52 zu § 359); die entgegenstehende frühere Rspr (zB BVerfG NJW **86**, 1425 = StV **87**, 185 mit krit Anm Trechsel) ist durch die Gesetzesänderung überholt. 8

7) **Ehemalige DDR:** Nach dem StrRehaG (siehe Anh **A 11**) können in der DDR ergangene strafrechtliche Entscheidungen auf Antrag für rechtsstaatswidrig erklärt und aufgehoben werden; vgl dazu Bruns/Schröder/Tappert NJ **92**, 394 ff; 436 ff; 485 ff; Keck/Schröder/Tappert DtZ **93**, 2 ff.; Richter NStZ **93**, 174. Unabhängig vom StrRehaG kann die gerichtliche Feststellung der Unzulässigkeit der Vollstreckung einer in der DDR verhängten Strafsanktion beantragt werden (vgl 11 vor § 449). 9

Wiederaufnahme zugunsten des Verurteilten

359 **Die Wiederaufnahme eines durch rechtskräftiges Urteil abgeschlossenen Verfahrens zugunsten des Verurteilten ist zulässig,**

1. **wenn eine in der Hauptverhandlung zu seinen Ungunsten als echt vorgebrachte Urkunde unecht oder verfälscht war;**
2. **wenn der Zeuge oder Sachverständige sich bei einem zuungunsten des Verurteilten abgelegten Zeugnis oder abgegebenen Gutachten einer vorsätzlichen oder fahrlässigen Verletzung der Eidespflicht oder einer vorsätzlichen falschen uneidlichen Aussage schuldig gemacht hat;**

3. wenn bei dem Urteil ein Richter oder Schöffe mitgewirkt hat, der sich in Beziehung auf die Sache einer strafbaren Verletzung seiner Amtspflichten schuldig gemacht hat, sofern die Verletzung nicht vom Verurteilten selbst veranlaßt ist;

4. wenn ein zivilgerichtliches Urteil, auf welches das Strafurteil gegründet ist, durch ein anderes rechtskräftig gewordenes Urteil aufgehoben ist;

5. wenn neue Tatsachen oder Beweismittel beigebracht sind, die allein oder in Verbindung mit den früher erhobenen Beweisen die Freisprechung des Angeklagten oder in Anwendung eines milderen Strafgesetzes eine geringere Bestrafung oder eine wesentlich andere Entscheidung über eine Maßregel der Besserung und Sicherung zu begründen geeignet sind,

6. wenn der Europäische Gerichtshof für Menschenrechte eine Verletzung der Europäischen Konvention zum Schutze der Menschenrechte und Grundfreiheiten oder ihrer Protokolle festgestellt hat und das Urteil auf dieser Verletzung beruht.

Übersicht

1 **1)** Die **Wiederaufnahmegründe zugunsten des Verurteilten** führt § 359
abschließend auf; die Rspr darf sie nicht erweitern (Bamberg NJW **55**, 1121; LG
Hannover NJW **70**, 289; LR-Gössel 129 vor § 359; erg 1 vor § 359). Ein Wiederaufnahmeantrag kann auf mehrere Gründe des § 359 gestützt werden (allg zur
Konkurrenz: Schneidewin JZ **57**, 537). Zum Verhältnis zwischen § 359 Nr 5 und
2 § 364 vgl dort 2ff. Zulässige **Wiederaufnahmeziele** sind (vgl unten 37ff) die
Freisprechung des Verurteilten, die Verfahrenseinstellung, die mildere Verurteilung
aufgrund eines anderen Strafgesetzes und eine wesentlich andere Entscheidung
über Sicherungsmaßregeln. Vgl auch §§ 439 VI, 440 III. Ein auf ein anderes Ziel
3 gerichteter Antrag ist unzulässig. Die **Beschränkung des Antrags** auf eine oder
mehrere selbständige Taten nach § 53 StGB ist möglich (BGH **14**, 85, 88; LR-Gössel 122), auch bei Tatidentität iS § 264 (vgl 8 zu § 370). Soweit § 363 nicht
entgegensteht, ist auch die Beschränkung auf den Rechtsfolgenausspruch zulässig
(BGH **11**, 361; Creifelds JR **62**, 362; Hanack JZ **74**, 19).

4 **2) Unechte oder verfälschte Urkunden** (Nr 1): Es gilt nach hM der sachlich-
5 rechtliche **Urkundenbegriff** des § 267 StGB, nicht der des § 249 (KMR-Paulus
19; LR-Gössel 13ff; Krause 103ff; Wasserburg 277; **aM** Peters Fehlerquellen III
48). Danach kommen auch Beweiszeichen (zum Begriff: Tröndle 4 zu § 267 StGB)
in Betracht (LR-Gössel 19), ebenso technische Aufzeichnungen iS des § 268 StGB
(KMR-Paulus 19; **aM** LR-Gössel 18; Peters Fehlerquellen III 49). Nach den
6 Grundsätzen des sachlichen Rechts beurteilt sich auch, ob die Urkunde **unecht
oder verfälscht** ist; die schriftliche Lüge genügt nicht. Eine Straftat setzt Nr 1
aber nicht voraus (KMR-Paulus 21; EbSchmidt 4; aM Peters Fehlerquellen III 47).
Nr 1 gilt daher auch, wenn die Urkunde nicht zur Täuschung, sondern versehentlich
7 **vorgebracht** worden ist (LR-Gössel 21; Wasserburg 279; **aM** Peters

aaO). Sie muß aber nach §§ 249, 251, 256 zum Beweis für ihren Inhalt verwendet worden sein; der Vorhalt bei der Vernehmung und die Feststellung der äußeren Beschaffenheit reichen nicht aus (LR-Gössel 22). Nur die nicht verlesbaren Urkunden sind iS des Nr 1 durch Augenscheinseinnahme vorgebracht worden. Wer die Urkunde beigebracht hat, ist gleichgültig. **Zuungunsten** des Angeklagten 8
vorgebracht war die Urkunde, wenn nicht auszuschließen ist, daß sie das Urteil zu seinem Nachteil beeinflußt hat. Zur **Antragsbegründung** gehört die Bezeich- 9
nung der Urkunde und der Tatsachen, aus denen sich Unechtheit oder Verfälschung ergibt, sowie der Vortrag, in welcher Weise sie in der Hauptverhandlung verwertet wurde, ferner, daß und wodurch das Urteil zuungunsten des Angeklagten beeinflußt worden ist (LR-Gössel 27). Wenn keine Straftat behauptet wird, brauchen die Voraussetzungen des § 364 S. 1 nicht dargetan werden; andernfalls gilt 4 zu § 364.

3) **Falsche Aussagen oder Gutachten** (Nr 2): Der Zeugenvernehmung steht 10
die Verlesung nach § 251 (KMR-Paulus 27; Wasserburg 280), dem Sachverständigen steht der Dolmetscher (§ 191 GVG) gleich (EbSchmidt 5). Wiederaufnahmegrund ist jeder **Verstoß gegen §§ 153–155, 163 StGB,** auch im Ausland, wenn er 11
im Inland strafbar wäre (KG DJZ **29**, 248). Die Tat muß aber strafbar sein; daran fehlt es bei Vorliegen eines Schuldausschließungsgrundes (KG JZ **97**, 629 mit Anm Marxen) sowie bei Strafunmündigkeit (Hamburg NJW **69**, 2159) und entschuldbarem Irrtum (LR-Gössel 30; Wasserburg 279). Die falsche Aussage oder das Gutachten muß **Grundlage der Beweiswürdigung** gewesen sein und sich zuun- 12
gunsten des Angeklagten ausgewirkt haben (BGH **31**, 365, 371). Auf dem Teil der Aussage oder des Gutachtens, dessen Unrichtigkeit in dem Meineidsverfahren gegen den Zeugen oder Sachverständigen festgestellt worden ist, braucht das Urteil aber nicht zu beruhen (Bay JW **29**, 2754; Dresden HRR **40**, 134; Düsseldorf NJW **50**, 616 L; LR-Gössel 32). Zur **Antragsbegründung** gehört der Vortrag, daß die 13
Falschaussage die Entscheidung zum Nachteil des Angeklagten beeinflußt hat. Der ursächliche Zusammenhang wird gesetzlich vermutet (5 zu § 370). Vgl im übrigen 4 zu § 364.

4) **Strafbare Amtspflichtverletzungen** (Nr 3): Die Pflichtverletzung des 14
Richters oder Schöffen (auf andere Personen ist Nr 3 nicht entspr anwendbar) muß mit Strafe bedroht und in Beziehung auf die Strafsache gegen den Angeklagten, nicht (wie bei § 185 StGB) gegen diesen selbst, begangen worden sein. In Betracht kommen insbesondere Straftaten nach §§ 239, 240, 257, 267, 331, 332, 336, 343, 344 StGB, wobei das damalige Rechtsverständnis zugrunde zu legen ist (Brauns JZ **95**, 495). Daß der Richter sein Amt durch Täuschung erlangt hat, ist kein Wiederaufnahmegrund (BGH 5 StE 15/56-StB 11/74 vom 7. 7. 1976). Daß die Pflichtverletzung Einfluß auf die Entscheidung gehabt hat, braucht nicht festgestellt zu werden (BGH **31**, 365, 372). Bei Fortsetzung der Sache auf Berufung oder nach Zurückverweisung (§ 354 II) gilt Nr 3 aber nicht, wenn der Sachverhalt völlig neu geprüft wurde (BGH aaO; Scheffler 97). **Ausgeschlossen** ist die Wiederaufnahme, 15
wenn der Angeklagte selbst oder ein Dritter in seinem Auftrag oder mit seinem Einverständnis (bloße Kenntnis genügt nicht) die Pflichtverletzung veranlaßt, etwa einen Richter bestochen hat, damit er günstig entscheidet (LR-Gössel 43). Zur **Antragsbegründung** gehört die namentliche Bezeichnung des Richters und die 16
Angabe der Pflichtverletzung. Der Ursachenzusammenhang und das Nichtvorliegen des Ausschlußgrundes brauchen nicht dargetan zu werden (LR-Gössel 44). Vgl im übrigen 4 zu § 364.

5) **Wegfall eines zivilgerichtlichen Urteils** (Nr 4): Dazu gehören alle aufge- 17
hobenen Urteile der Zivil-, Arbeits-, Sozial-, Finanz- und Verwaltungsgerichte, nicht aber aufgehobene Strafurteile, auch nicht aufgehobene Verwaltungsakte (BGH **23**, 86, 94; Karlsruhe NJW **78**, 116; **aM** BVerfGE **22**, 21, 27 = NJW **67**, 1221; LR-Gössel 47; Arnhold JZ **77**, 789; Peters Fehlerquellen III 69; Schenke JR

18 **70**, 449; vgl auch Gerhards NJW **78**, 86). **Weggefallen** ist das Urteil nur, wenn es im zivilgerichtlichen Wiederaufnahmeverfahren (§§ 578 ff ZPO) beseitigt worden
19 ist oder das neue Urteil wenigstens inhaltlich von dem früheren abweicht. **Auf das Zivilurteil gegründet** war das Urteil gegen den Angeklagten, wenn es sich um ein bindendes Gestaltungsurteil (3 zu § 262) gehandelt hat oder als urkundliche
20 Beweisgrundlage (§ 249 I S. 2) verwendet worden war (LR-Gössel 49). Zur **Antragsbegründung** gehört die Angabe des Zivilurteils und des Aufhebungsurteils und die Darlegung des ursächlichen Zusammenhangs zwischen Zivil- und Strafurteil (LR-Gössel 50).

21 **6) Neue Tatsachen oder Beweismittel** (Nr 5):

22 A. **Tatsachen** jeder Art, mit denen Freisprechung, Einstellung oder Strafherabsetzung erreicht werden kann, kommen in Betracht. Es sind die im rechtskräftigen Urteil als existierend festgestellten Tatsachen oder die dem Urteil zugrundeliegenden tatsächlichen Vorgänge, Verhältnisse oder Zustände gemeint (BGH **39**, 75, 80). Den Sachverhalt brauchen sie nicht zu betreffen. Tatsachen iS des Nr 5 sind daher auch das Lebensalter des angeblich strafunmündigen (Peters Fehlerquellen III 61) oder zu Unrecht als Erwachsener behandelten Verurteilten (Hamburg NJW **52**, 1150) sowie (vgl unten 39) Tatsachen, die den Strafantrag, die Verjährung oder die Amnestievoraussetzungen betreffen oder sich nur auf Rechtfertigungs-, Strafausschließungs- und Schuldausschließungsgründe, insbesondere die Schuldunfähigkeit des Verurteilten, beziehen (LR-Gössel 62). Die Tatsachen dürfen aber nicht nur Verfahrensfehler betreffen (RG **19**, 321; KG GA **74**, 25; EbSchmidt Nachtr 2; Wasserburg 308; **aM** Peters Fehlerquellen III 54 für Verstöße gegen § 136 a; LR-Gössel 66 bei gegenseitigen Bezügen). Ausgeschlossen sind daher auf Nr 5 gestützte Wiederaufnahmeanträge gegen Verwerfungsurteile nach § 329 I (KG aaO) und gegen Revisionsurteile (Frankfurt JR **78**, 522 mit abl Anm Rieß). Auch auf
23 **Beweisfragen** können sich die Tatsachen beziehen, insbesondere auf das Vorliegen der im Urteil verwerteten Indizien oder auf die Zuverlässigkeit der benutzten Beweismittel, zB die Richtigkeit eines Gutachtens oder die Glaubwürdigkeit eines Zeugen (Braunschweig GA **56**, 266; Celle NJW **67**, 216; Düsseldorf VRS **82**, 198; Frankfurt NJW **66**, 2423). Eine neue Tatsache kann auch der Auffrischung des Erinnerungsbildes eines in der Hauptverhandlung vernommenen Zeugen dienen (Celle NdsRpfl **66**, 19). Auch der Wegfall eines Beweismittels ist eine neue Tatsache (LR-Gössel 65), zB der Widerruf des Geständnisses des Verurteilten (BVerfG NStE Nr 13; BGH NJW **77**, 59 = JR **77**, 217 mit Anm Peters; KG JR **75**, 166; Bremen NJW **52**, 678; Celle JR **67**, 150; München NJW **81**, 593; Schleswig NJW **74**, 714 mit Anm Peters; Meyer Peters-FG 387) und der Widerruf belastender Angaben eines Zeugen (BGH aaO; KG aaO; Köln NJW **63**, 698; Neustadt NJW **64**, 678) oder Mitangeklagten (Celle aaO; Hamburg JR **51**, 218; Hamm JMBlNW **55**, 20). Zur erweiterten Darlegungspflicht in solchen Fällen vgl unten 46 ff. Auf
24 **Rechtstatsachen** kann der Wiederaufnahmeantrag nicht gestützt werden (LR-Gössel 78; Wasserburg 303; **aM** Peters 674 und Fehlerquellen III 63 ff; Klug Spendel-FS 684; dagegen zutr Gössel NStZ **93**, 566), insbesondere nicht auf den Wegfall oder die Änderung des angewendeten Gesetzes (BGH **39**, 75, 79 = JZ **94**, 580 mit Anm Joerden; BGH **42**, 314; Bamberg NJW **82**, 1714; Creifelds JR **62**, 365; Seibert NJW **52**, 252; krit Sommer, Das „mildeste" Gesetz im Sinne des § 2 Abs 3 StGB, 1979, S. 100 ff), auf die nachträgliche Aufhebung eines Verwaltungsakts (oben 17) oder auf einen Wandel der Rspr (BVerfGE **12**, 338, 340 = NJW **61**, 1203; BGH aaO; KG NJW **77**, 1162; Bamberg aaO; Düsseldorf JR **92**, 124 mit Anm Gössel; Stuttgart VRS **68**, 367; LG Hannover NJW **70**, 288; Roxin § 55 B III 1). Das gilt auch für ausländische Rechtsnormen (LR-Gössel 78; Wasserburg
25 303; **aM** Peters Fehlerquellen III 64). **Sachlich-rechtliche Fehler** (für Verfahrensfehler vgl oben 22) können den Antrag ebenfalls nicht begründen, auch wenn sie offensichtlich sind (BGH **39**, 75, 79; **aM** Peters Fehlerquellen III 65 für die „Rechtstatsache des eindeutigen Gesetzesverständnisses"), andernfalls würde das

Wiederaufnahmeverfahren zu einer „zeitlich unbefristeten Revision umfunktioniert" (Brauns JZ **95**, 494; vgl auch Meyer-Goßner Salger-FS 346). Auch die anderslautende rechtliche Beurteilung oder Beweiswürdigung in dem Urteil gegen einen Mittäter oder Nebenbeteiligten ist keine für das Wiederaufnahmeverfahren erhebliche Tatsache (BGH wistra **91**, 30), wohl aber die Verurteilung wegen Raubes nach zuvor erfolgter Verurteilung wegen Hehlerei an der geraubten Sache (LG Saarbrücken NStZ **89**, 546 mit zust Anm Gössel; erg aber 13 zu § 264).

B. **Beweismittel** sind nur die förmlichen Beweismittel der StPO, nicht der 26 Verurteilte selbst (KG JR **76**, 76 mit abl Anm Peters; Karlsruhe NJW **58**, 1247; Meyer Peters-FG 391; **aM** EbSchmidt 24; Wasserburg 316). Zeugen und Sachverständige sind selbst die Beweismittel, nicht ihre Erklärungen (ANM 166 mwN; Peters 675 und Fehlerquellen III 66; vgl auch LR-Gössel 84 ff: Einheit von Beweisträger und Beweisinhalt).

C. **Neuheit von Tatsachen und Beweismitteln:** 27

a) **Maßgebender Zeitpunkt** für die Beurteilung der Neuheit ist der Zeitpunkt 28 des Urteilserlasses. Bei Teilrechtskraft des Schuldspruchs sind Tatsachen und Beweismittel zu diesem Urteilsteil neu, die dem Gericht erst später bekanntgeworden sind. Beim Strafbefehl bedeutet Neuheit Aktenkundigkeit (LR-Gössel 80, 84; Rieß/Hilger NStZ **87**, 206, Fn 294; Peters Fehlerquellen III 76).

b) **Tatsachen oder Beweismittel** müssen neu sein, nicht beide. Nur für bereits 29 bekannte Tatsachen müssen neue Beweismittel, für neue Tatsachen können auch die früher benutzten Beweismittel beigebracht werden (Celle GA **67**, 284; EbSchmidt 19; Günther MDR **74**, 93). Die Beweismittel müssen aber stets iS des § 368 I geeignet sein (dort 7).

c) **Tatsachen** sind neu, wenn sie dem erkennenden Gericht bei der Urteils- 30 beratung (**aM** LR-Gössel 88; J. Meyer JZ **68**, 10; Wasserburg 319: bei Abschluß der mündlichen Verhandlung) nicht bekannt waren und von ihm daher bei der Entscheidung nicht berücksichtigt werden konnten (Düsseldorf NJW **87**, 2030; Frankfurt NJW **78**, 841; Karlsruhe NJW **58**, 1247; J. Meyer JZ **68**, 7). Ob der Verurteilte sie gekannt hat, ist unerheblich (Frankfurt MDR **84**, 74 = JR **84**, 40 mit Anm Peters; Dahs 904; Schorn MDR **65**, 869); sie sind selbst dann neu, wenn er sie absichtlich zurückgehalten hat (LR-Gössel 96; Meyer Peters-FG 387). Gleichgültig ist auch, ob die Tatsachen, zB weil sie sich aus den Akten ergaben, in der Hauptverhandlung hätten zur Sprache gebracht werden können (LR-Gössel 93; Peters 672). Denn neu ist grundsätzlich alles, was der Überzeugungsbildung des Gerichts nicht zugrunde gelegt worden ist, auch wenn das möglich gewesen wäre (Frankfurt NJW **78**, 841; Hamm GA **57**, 90; Günther MDR **74**, 93; J. Meyer aaO; Schorn aaO). Nur die in der Hauptverhandlung erörterten Tatsachen sind niemals neu, auch wenn das Gericht sie bei der Entscheidung nicht berücksichtigt hat (Düsseldorf NStE Nr 16; Schlüchter 770.2; **aM** LR-Gössel 97), zB weil es den Inhalt einer Zeugenaussage (Celle NdsRpfl **61**, 231; EbSchmidt Nachtr 5; Dahs 885; **aM** Düsseldorf NJW **87**, 2030; LR-Gössel 97; Peters Fehlerquellen III 78 ff) oder eines Sachverständigengutachtens (**aM** Frankfurt aaO; Roxin § 55 B III 1) übersieht oder mißverstanden hat. Neu sind aber Tatsachen, die dem Urteil unter Verstoß gegen § 261 ohne Erörterung in der Verhandlung zugrunde gelegt worden sind (J. Meyer JZ **68**, 7; Wasserburg 308, 319; **aM** Hamm GA **57**, 90; Schlüchter 770.2). Einer Tatsache fehlt nicht schon deshalb die Neuheit, weil ihr **Gegenteil** 31 im Urteil festgestellt ist (Frankfurt NJW **78**, 841; KK-Schmidt 24; Pfeiffer Graßhof-FG 274; **aM** Karlsruhe NJW **58**, 1247; LR-Gössel 99 ff; Peters Fehlerquellen III 79; vgl auch Bremen OLGSt Nr 3). Aber die Bekanntheit einer Tatsache bedingt regelmäßig die Bekanntheit auch ihres Gegenteils, soweit sich das Gericht denknotwendig mit dem Gegenteil gefaßt hat (Düsseldorf OLGSt Nr 7). Eine neue Tatsache ist auch das nachträgliche Offenkundigwerden von Umständen, die die Tat rechtfertigen können (Bamberg NJW **62**, 457; Kiel SchlHA **49**, 216).

32 d) **Neue Beweismittel** sind solche, deren sich das erkennende Gericht nicht
bedient hat; den unbekannten stehen die unbenutzten Beweismittel gleich (Hamm
33 OLGSt S. 67; LR-Gössel 105; **aM** Celle NdsRpfl **70**, 47). Daher sind alle **Zeugen**
neue Beweismittel, die in der Hauptverhandlung nicht oder nur zu anderen Beweis-
tatsachen gehört worden sind (einschr Oldenburg MDR **85**, 518 für nicht erschie-
nene Zeugen, gegen deren Nichtvernehmung der Angeklagte nichts erinnert hat),
insbesondere Zeugen, die früher nicht erreichbar waren (Hamm NJW **56**, 803 L),
die die Aussage verweigert hatten (Hamm JR **81**, 439 mit Anm Peters; Wasserburg
316), deren Vernehmung das Gericht abgelehnt (KMR-Paulus 61; J. Meyer ZStW
84, 933; **aM** Celle aaO), die der Angeklagte nicht benannt (Frankfurt MDR **84**, 74
= JR **84**, 40 mit Anm Peters) oder auf deren Vernehmung er sogar verzichtet hatte
(Hamm OLGSt S. 67; Köln NJW **63**, 967). Keine neuen Beweismittel sind früher
vernommene Zeugen, weil sie inzwischen eidesmündig geworden sind (LR-Gössel
111; Peters Fehlerquellen III 78 sieht darin eine neue Tatsache; vgl auch Wasserburg
315), und Mitangeklagte, weil sie nunmehr als Zeugen vernommen werden können
(Düsseldorf JZ **85**, 452; Königsberg HRR **28**, 1861; KMR-Paulus 62; **aM** LR-
34 Gössel 111). **Sachverständige** sind neue Beweismittel, wenn die bisherigen Ur-
teilsfeststellungen keinen Anlaß zu sachkundiger Beurteilung gegeben hatten oder
wenn das erkennende Gericht aufgrund eigener Sachkunde entschieden hatte (LR-
Gössel 115; Wasserburg 309). In diesen Fällen werden aber idR neue Tatsachen
geltend gemacht, so daß es auf die Neuheit des Beweismittels nicht ankommt (**aM**
35 Hamm MDR **78**, 248). Ein **weiterer Sachverständiger** ist nicht deshalb ein neues
Beweismittel, weil der Antragsteller behauptet, er werde zu anderen Schlußfolge-
rungen gelangen als der früher vernommene (BGH **31**, 365, 370; KG NJW **91**,
2505, 2507; Düsseldorf NStZ **87**, 245; NStE Nr 11; Hamburg GA **67**, 250; Koblenz
OLGSt S. 59; KK-Schmidt 26, 27; **aM** Peters Fehlerquellen III 74 und LR-Gössel
119, der jeden neuen Sachverständigen für ein neues Beweismittel, aber [Rdn 172]
für ungeeignet hält, wenn er nur aufgrund derselben Tatsachen ein neues Gutachten
erstatten soll; ähnlich Bremen OLGSt Nr 3), sondern nur, wenn er einem anderen
Fachgebiet als der frühere Sachverständige angehört oder über Forschungsmittel
verfügt, die diesem überlegen sind (Düsseldorf aaO; Koblenz OLGSt Nr 5; einschr
BGH **39**, 75, 84; dagegen J. Meyer ZRP **93**, 284). Größere Sachkunde genügt allein
nicht (Schlüchter 770.4; **aM** Wasserburg 312). Auf die Neuheit des Beweismittels
kommt es nicht an, wenn zugleich als neue Tatsache behauptet wird, der neue
Sachverständige werde sein Gutachten aufgrund anderer Anknüpfungstatsachen
(Düsseldorf VRS **86**, 134: LG Gießen NJW **94**, 467) oder mit einem anderen
Erfahrungswissen erstatten, zB weil der frühere Sachverständige von unzutreffenden
(Bremen aaO; Frankfurt NJW **66**, 2423, 2424) oder unzureichenden tatsächlichen
Voraussetzungen ausgegangen ist oder weil sich die wissenschaftlichen Erkenntnisse
36 erweitert haben (vgl allg Wasserburg 309 ff). Der **Augenschein** ist nicht deshalb ein
neues Beweismittel, weil das Gericht ihn in zulässiger Weise (78 zu § 244) durch
andere Beweismittel, insbesondere durch Zeugen, ersetzt hatte (LR-Gössel 121 läßt
jedoch ausreichen, daß die Wahrnehmung des Augenscheinsgegenstandes unterblie-
ben war). Wenn aber die Glaubwürdigkeit des Zeugen erschüttert werden soll, kann
der Angeklagte sich auf einen Augenscheinsbeweis als neues Beweismittel beziehen
(vgl auch Frankfurt NJW **66**, 2423).

37 D. **Erheblichkeit der Tatsachen und Beweismittel:** Die Freisprechung des Verurteilten, seine geringere Bestrafung aufgrund eines anderen, milderen Gesetzes oder eine wesentlich andere Entscheidung über Maßregeln muß das Ziel der Wiederaufnahme sein (oben 2). Die vorgebrachten Tatsachen und Beweismittel müssen geeignet sein, dieses Ziel zu erreichen. Daß sie neu sind, genügt allein nicht. Neuheit und Geeignetheit sind streng auseinanderzuhalten (**aM** LR-Gössel 57; EbSchmidt 17; Peters Fehlerquellen III 73; Wasserburg 302).

38 a) Zur **Freisprechung** geeignet sind Tatsachen, die die Täterschaft des Verurteilten ganz ausschließen oder jedenfalls Rechtfertigungs-, Schuldausschließungs-

oder Strafausschließungsgründe enthalten. Die Straffreierklärung nach § 199 StGB steht der Freisprechung nicht gleich (KG HRR **35**, 560; LR-Gössel 135). Wenn der Verurteilte vorträgt, er habe die Schuld für einen anderen auf sich genommen, steht die Möglichkeit der Verurteilung wegen §§ 145 d, 164, 258 StGB der Wiederaufnahme nicht entgegen, weil es sich insoweit um eine andere Tat handelt (vgl BGH **32**, 146, 148 f; LR-Gössel 134; **aM** Peters 678, Fehlerquellen III 43 und Kern-FS 354 ff). Bei wahlweiser Verurteilung genügt das gegen eine der angewendeten Vorschriften gerichtete Wiederaufnahmevorbringen (LR-Gössel 137). Bei tatmehrheitlicher Verurteilung kann der Teilfreispruch Ziel des Antrags sein (oben 3). War wegen fortgesetzter Handlung verurteilt, so berührt der Wegfall von Einzelakten nur den Rechtsfolgenausspruch (Düsseldorf VRS **84**, 298; Kiel SchlHA **50**, 197; München MDR **82**, 250; **aM** LG Bielefeld NStZ **86**, 282 mit zust Anm Peters; Peters Fehlerquellen III 10, 93 und Gallas-FS 447; Stern NStZ **93**, 411). Nur wenn der Verurteilte den Wegfall der ganzen Verurteilung oder wenigstens aller Teilakte mit einer Ausnahme erstrebt, kommt ein Freispruch in Betracht und ist die Wiederaufnahme möglich (Oldenburg NJW **52**, 1029; Schleswig SchlHA **78**, 190 [E/J]; **aM** Marxen/Tiemann StV **92**, 536; Peters aaO). Daran hat sich durch die Entscheidung des BGH GrS **40**, 138 (vgl dazu 14 zu § 260) nichts geändert (vgl dazu LR-Gössel 83 ff vor § 359).

b) Die **Verfahrenseinstellung** steht dem Freispruch gleich, wenn sie wegen Fehlens bestimmter Prozeßvoraussetzungen (nicht nach den §§ 153 ff) erforderlich wird, die unmittelbar tatbezogen sind (Bamberg NJW **55**, 1121; Peters 676 und Fehlerquellen III 62; **aM** LR-Gössel 141, der für wesentlich hält, daß die Einstellung die Strafklage verbraucht; vgl auch Geppert GA **72**, 179; Hassemer NJW **83**, 2356). Das ist der Fall bei Strafunmündigkeit (RG **20**, 46), Fehlen oder Zurücknahme des Strafantrags (Bamberg aaO; Wasserburg 308; str), Vorliegen der tatsächlichen Voraussetzungen eines schon bei der Verurteilung in Kraft gewesenen Straffreiheitsgesetzes und Eintritt der Verfolgungsverjährung vor Urteilserlaß (Bamberg aaO; Schöneborn MDR **75**, 11). Nicht zur Wiederaufnahme geeignet sind die Verhandlungsunfähigkeit des Verurteilten in der Hauptverhandlung (Hamburg LZ **27**, 1290; **29**, 70; vgl auch Hassemer aaO) und die Prozeßunfähigkeit des Privatklägers (LR-Gössel 74). Der Verstoß des Urteils gegen das Verbot der Doppelbestrafung (Art 103 III GG) kann zur Wiederaufnahme führen (vgl LG Bochum MDR **70**, 259; LG Darmstadt NJW **68**, 1642 mit Anm Hofmann; LR-Gössel 70; Wasserburg 306 ff); es kann aber statt dessen auch die Unzulässigkeit seiner Vollstreckung nach § 458 festgestellt werden (Koblenz JR **81**, 520 mit krit Anm Rieß; KMR-Paulus 47; Peters 670 und Fehlerquellen III 13; **aM** Müller JR **97**, 125). 39

c) Zur **minderschweren Bestrafung** ist das Antragsvorbringen nur geeignet, wenn die Herabsetzung der Hauptstrafe, nicht nur Wegfall oder Milderung einer Nebenstrafe, erstrebt wird (KMR-Paulus 49; **aM** Göhler 11 zu § 85 OWiG). Im Fall der Tateinheit muß sich der Antrag gegen die Verurteilung nach der schwereren Strafvorschrift richten, der nach § 52 StGB die Strafe entnommen worden ist (RG JW **30**, 3422; Hamburg MDR **53**, 119; Hamm NJW **80**, 717; **aM** AK/StPO-Loos 7 zu § 363; Peters Fehlerquellen III 94). Bei gleichen Strafdrohungen ist gleichgültig, gegen welche Verurteilung der Antragsteller vorgehen will (3 zu § 363). Strafherabsetzung aufgrund eines **milderen und anderen Gesetzes** muß erstrebt werden. Milder ist jedes Gesetz, dessen Strafandrohung (Mindest- oder Höchststrafe) geringer ist oder das die Strafbarkeit vermindernde Umstände vorsieht (Hamm NJW **55**, 565). Die Annahme eines minder schweren Falles oder der Wegfall der Annahme eines besonders schweren Falles ist kein zulässiges Wiederaufnahmeziel (4, 5 zu § 363). Um ein anderes Gesetz handelt es sich, wenn nicht dasselbe Strafgesetz iS § 363 (dort 3) angewendet wird. Das ist zB der Fall bei Verurteilung wegen Tateinheit statt Tatmehrheit (Hamburg GA Bd **64**, 675), wegen Beihilfe statt Täterschaft oder Anstiftung (Schlüchter 764.5), wegen Versuchs statt Vollendung (Hamm NJW **64**, 1040; Oldenburg NJW **53**, 435), wegen 40 41 weniger schwerwiegender Rauschtat im Fall des § 323 a StGB (Hamm aaO), wegen Strafvereitelung statt wegen der Haupttat (LR-Gössel 148), unter Annahme eines vermeidbaren Verbotsirrtums (Peters Fehlerquellen III 93) und bei Verurteilung nach dem JGG statt nach allgemeinem Strafrecht (Hamburg NJW **52**, 1150; Peters Fehlerquellen III 14; aM Potrykus NJW **53**, 93). Wer nur die Strafaussetzung nach § 56 StGB erstrebt, stellt keinen zulässigen Wiederaufnahmeantrag (Hamm NJW **55**, 565; Stuttgart Justiz **82**, 166;; **aM** Peters Fehlerquellen III 92). Wegen § 21 StGB vgl § 363 II.

42 d) Eine **wesentlich andere Entscheidung über Sicherungsmaßregeln** setzt die Anwendung eines anderen Strafgesetzes nicht voraus. Auf Nebenstrafen und Nebenfolgen (Verfall, Einziehung usw) ist die Vorschrift nicht anzuwenden; § 85 II S. 2 OWiG gilt nicht entspr (oben 40). Für die Wiederaufnahme ist gleichgültig, ob die Anordnung der Maßregel neben der Strafe oder im Sicherungsverfahren nach §§ 413 ff ergangen ist. Wesentlich anders wird entschieden, wenn die Maßregel entfällt, erheblich verkürzt oder durch eine objektiv mildere ersetzt wird (Marxen/Tiemann StV **92**, 537). Dabei ist das Verbot der Schlechterstellung (§ 373 II) zu beachten (vgl dazu Radtke ZStW **110**, 316 ff).

43 e) Die **Prüfung der Erheblichkeit** erfolgt im Zulassungsverfahren. Vgl im einzelnen 3 ff zu § 368.

44 E. **Antragsbegründung:**

45 a) **Tatsachen** muß der Antragsteller beibringen, dh ihr Vorliegen mit Bestimmtheit behaupten. Der Antrag ist unzulässig, wenn nur Vermutungen geäußert (Günther MDR **74**, 93) oder nur Schlußfolgerungen mitgeteilt werden. ZB ist nicht die Behauptung, eine krankhafte Störung der Geistestätigkeit nach § 20 StGB habe vorgelegen, sondern nur die Angabe der Tatsachen, aus denen sich das ergibt, zur
46 Antragsbegründung geeignet (LR-Gössel 179). Eine **erweiterte Darlegungspflicht** besteht bei widersprüchlichem Prozeßverhalten eines Verfahrensbeteiligten (vgl dazu Tiemann, Die erweiterte Darlegungspflicht des Antragstellers im strafrechtlichen Wiederaufnahmeverfahren, 1993). Sie trifft den Antragsteller, wenn der
47 Verurteilte sein **Geständnis widerruft** (BGH NJW **77**, 59 = JR **77**, 217 mit Anm Peters; BGHR neue Tatsache 5; KG JR **75**, 166 mit Anm Peters; Köln NStZ **91**, 96 mwN; Meyer Peters-FG 390: Angabe der Gründe für die Abgabe des falschen Geständnisses und den verspäteten Widerruf), auch wenn es im Rahmen einer Verständigung (Einl 119 a) abgelegt worden ist (Nürnberg OLGSt Nr 6), wenn er jetzt Einzelheiten der Tat behauptet, obwohl er sich in der Hauptverhandlung auf eine Erinnerungslücke berufen hatte (Bremen NJW **81**, 2827 L: Angabe der Gründe für dieses Prozeßverhalten), wenn er sonst Tatsachen vorträgt, die mit seiner Einlassung in der Hauptverhandlung nicht vereinbar sind (KG JR **75**, 166 mit abl Anm Peters; Frankfurt StV **84**, 17 mit abl Anm Sieg; Meyer Peters-FG 395 ff: Einleuchtende Erklärung, weshalb der Angeklagte in der Hauptverhandlung die Unwahrheit gesagt hat; dagegen Kant JR **89**, 137) und wenn ein Zeuge
48 nunmehr Tatsachen bekunden soll, die in unüberbrückbarem **Widerspruch zur früheren Zeugenaussage** stehen (BVerfG NJW **94**, 510; BGH NJW 77, 59 = JR **77**, 217 mit Anm Peters; KG aaO; Celle JR **67**, 150; Düsseldorf GA **80**, 393; Hamm NStZ **81**, 155; Köln NJW **63**, 698; Neustadt NJW **64**, 678: Darlegung, unter welchen Umständen und mit welcher Begründung der Zeuge seine Aussage
49 für unrichtig erklärt hat). Entsprechendes gilt für den **Widerruf belastender Erklärungen eines Mitangeklagten** (Celle aaO; Hamburg JR **51**, 218; Hamm JMBlNW **55**, 20) und für den Fall, daß ein früherer Mitangeklagter als Zeuge benannt wird, der bisher die Einlassung verweigert hatte (Hamm JR **81**, 439 mit abl Anm Peters: Darlegung, warum er nunmehr zur Aussage bereit ist).

50 b) **Beweismittel** müssen so genau bezeichnet werden, daß das Gericht sie beiziehen und benutzen kann (1 zu § 366). Das Antragsvorbringen muß auch ergeben, welche Tatsachen durch die neuen Beweismittel bewiesen werden sollen. Daß

Zeugen die in ihr Wissen gestellten Tatsachen bestätigen können, muß mit Bestimmtheit behauptet werden; die Äußerung bloßer Vermutungen genügt nicht (LR-Gössel 186). Ein neues Sachverständigengutachten muß idR vorgelegt werden (BGH **31**, 365, 370; Koblenz OLGSt Nr 5); jedenfalls muß der Antragsteller die Beweistatsachen anführen und den Grund dafür angeben, aus denen der Sachverständige ein neues Beweismittel iS der Nr 5 ist.

c) Die **Erheblichkeit** der Tatsachen und Beweismittel muß nur besonders dargelegt werden, wenn sie sich aus dem sonstigen Antragsvorbringen nicht ergibt. Spricht alles für die Nutzlosigkeit der Beweiserhebung, so hat der Antragsteller eine erweiterte Darlegungspflicht. Er muß dann mitteilen, weshalb ein Beweisergebnis zu seinen Gunsten wenigstens als möglich erscheint (BGH NJW **77**, 59 = JR **77**, 217 mit Anm Peters; München NStZ **84**, 380 L). Entsprechendes gilt, wenn er sich auf einen Zeugen beruft, von dessen Benennung er in der Hauptverhandlung bewußt abgesehen hat (Düsseldorf NStZ **93**, 504; Frankfurt MDR **84**, 74) oder der ihn früher belastet hat, jetzt aber entlasten soll (Köln NStZ **91**, 98). 51

7) Verletzungen der MRK (Anh **A 4**), die unmittelbar geltendes innerstaatliches Recht ist (3 vor Art 1 MRK), müssen schon im Instanzenzug korrigiert werden. Ist dies unterblieben, eröffnet Nr 6 die Wiederaufnahme des Verfahrens, aber nur dann, wenn der EGMR eine Verletzung festgestellt hat. Weitere Voraussetzung ist, daß das Strafurteil auf dieser Verletzung beruht; das ist entspr § 337 (dort 36 ff) zu prüfen. Einer Entscheidung des EuGH nach dem EuGHG (vgl Einl 207) kommt keine entspr Wirkung zu. 52

Hemmung der Vollstreckung

360 **I Durch den Antrag auf Wiederaufnahme des Verfahrens wird die Vollstreckung des Urteils nicht gehemmt.**

II Das Gericht kann jedoch einen Aufschub sowie eine Unterbrechung der Vollstreckung anordnen.

1) Aufschiebende Wirkung hat im Wiederaufnahmeverfahren erst der Beschluß nach § 370 II (dort 11). Weder der Antrag (I) noch der Zulassungsbeschluß nach § 368 hemmen die Vollstreckung des Urteils. 1

2) Die **Vollstreckung** kann nach II aufgehoben oder unterbrochen werden, auch einer Einzelstrafe, wodurch die Vollstreckung der Gesamtstrafe entfällt und über die Vollstreckung der anderen Einzelstrafen nach §§ 449 ff zu entscheiden ist (Hamm JMBlNW **90**, 140), auch die Vollstreckung von freiheitsentziehenden Maßregeln nach §§ 63–66 StGB (dazu eingehend Radtke ZStW **110**, 297) und der Sperre von Befugnissen, zB des Berufsverbots nach § 70 StGB, nicht aber der Fahrerlaubnisentziehung nach § 69 StGB (LR-Gössel 3; Tröndle 15 b aE zu § 69 a StGB; offengelassen bei OLG Hamm VRS **38**, 39; vgl auch Himmelreich/Hentschel 89). Für Verfalls- und Einziehungsanordnungen gilt § 68 I S. 1 StrVollstrO (LR-Gössel 3). 2

3) Aufgeschoben oder unterbrochen wird die Vollstreckung nur, wenn der Wiederaufnahmeantrag Erfolgsaussichten hat (Hamm VRS **38**, 49; JMBlNW **80**, 276; LG Gießen NJW **94**, 467). Die behaupteten Tatsachen und die benannten Beweise müssen einen solchen Grad innerer Wahrscheinlichkeit haben, daß die Vollstreckung bedenklich erscheint (Hamm JMBlNW **90**, 140; MDR **78**, 691; Karlsruhe Justiz **79**, 237). Daß der Antrag nicht von vornherein mutwillig erscheint, auch daß er schon für zulässig erklärt worden ist, genügt nicht (Hamm MDR **78**, 691). Die Leistung einer Sicherheit entspr § 116 I S. 2 Nr 4 kann nicht verlangt werden (**aM** Düsseldorf OLGSt Nr 4 zu § 359). Fallen die Voraussetzun- 3 gen von II später weg, so kann die Anordnung wieder aufgehoben werden. Mit der Rechtskraft des Beschlusses nach § 370 I oder II wird sie gegenstandslos.

4 **4) Zuständig** für die auf Antrag oder von Amts wegen nach Anhörung der StA (§ 33 II) ergehende Entscheidung ist das nach § 140a GVG zuständige Gericht, bei sofortiger Beschwerde nach § 372 S. 1 gegen Beschlüsse nach §§ 368 I, 370 I das Beschwerdegericht (EbSchmidt 3). Die gerichtliche Zuständigkeit schließt Vollstreckungsaufschub durch die Vollstreckungsbehörde nicht aus (KMR-Paulus 4; **aM** LR-Gössel 2; Marxen/Tiemann 331).

5 **5) Sofortige Beschwerde** nach § 372 S. 1 kann die StA stets, der Verurteilte gegen den ablehnenden Beschluß einlegen (BGH NJW **76**, 431; Frankfurt NJW **65**, 314; Koblenz NJW **61**, 1418). Entscheidungen des Beschwerdegerichts sind unanfechtbar (Düsseldorf NJW **58**, 1248; Hamm NJW **61**, 2363).

Wiederaufnahme nach Vollstreckung oder Tod

361 **I Der Antrag auf Wiederaufnahme des Verfahrens wird weder durch die erfolgte Strafvollstreckung noch durch den Tod des Verurteilten ausgeschlossen.**

II Im Falle des Todes sind der Ehegatte, die Verwandten auf- und absteigender Linie sowie die Geschwister des Verstorbenen zu dem Antrag befugt.

1 **1)** Der **Strafvollstreckung** stehen Vollstreckungsverjährung, Begnadigung und Amnestie gleich. Auch die Tilgung der Verurteilung im BZR (§§ 45 ff **BZRG**) und das Verbot des § 51 **BZRG** stehen der Wiederaufnahme nach § 359 nicht entgegen.

2 **2)** Der **Tod** (II) des Verurteilten und die Todeserklärung hindern die Wiederaufnahme zum Zweck seiner Rehabilitierung nicht; nur die Wiederaufnahme nach § 362 ist unzulässig. Antragsberechtigt ist außer den in II bezeichneten Angehörigen die StA (allgM; vgl Marxen/Tiemann 335), nicht jedoch gesetzliche Vertreter und Erziehungsberechtigte, die keine Angehörigen sind, und der geschiedene frühere Ehegatte (LR-Gössel 3; Wasserburg 235). Der beim Tod des Verurteilten mit ihm verheiratete Ehegatte ist auch im Fall der Wiederheirat antragsberechtigt.
3 Für das Verfahren gilt § 371. II gilt **nicht entsprechend,** wenn der Angeklagte schon vor Rechtskraft des Urteils verstorben ist (BGH NStZ **83**, 179; Laubenthal GA **89**, 20; **aM** LR-Gössel 9; Pflüger NJW **83**, 1894, die § 361 entspr anwenden wollen). Ist jemand unter dem Namen eines Verstorbenen verurteilt worden, so können dessen Angehörige in entspr Anwendung des II die Urteilsberichtigung verlangen (LR-Gössel 10; Peters Fehlerquellen III 117 ff).

Wiederaufnahme zuungunsten des Angeklagten

362 **Die Wiederaufnahme eines durch rechtskräftiges Urteil abgeschlossenen Verfahrens zuungunsten des Angeklagten ist zulässig,**

1. **wenn eine in der Hauptverhandlung zu seinen Gunsten als echt vorgebrachte Urkunde unecht oder verfälscht war;**
2. **wenn der Zeuge oder Sachverständige sich bei einem zugunsten des Angeklagten abgelegten Zeugnis oder abgegebenen Gutachten einer vorsätzlichen oder fahrlässigen Verletzung der Eidespflicht oder einer vorsätzlichen falschen uneidlichen Aussage schuldig gemacht hat;**
3. **wenn bei dem Urteil ein Richter oder Schöffe mitgewirkt hat, der sich in Beziehung auf die Sache einer strafbaren Verletzung seiner Amtspflichten schuldig gemacht hat;**

4. wenn von dem Freigesprochenen vor Gericht oder außergerichtlich ein glaubwürdiges Geständnis der Straftat abgelegt wird.

1) Die **Wiederaufnahme zuungunsten des Angeklagten** ist eine zulässige Ausnahme vom Verbot der Doppelbestrafung (Art 103 III GG; krit Maier A. Kaufmann-GedSchr 789). Die StA darf nicht ohne sachlichen Anlaß neue Ermittlungen führen (Walder ZStW **95**, 872), der Legalitätsgrundsatz (2 zu § 152) gilt nicht (KMR-Paulus 2 zu § 365; Kleinknecht Bruns-FS 477; Marxen/Tiemann 184; **aM** KK-Schmidt 4; LR-Gössel 1). Es gelten die §§ 153 ff mit der Einschränkung, daß die Zustimmung des Gerichts zur Einstellung nicht erforderlich ist (KMR-Paulus 1; LR-Gössel 1). Die Strafverfolgungsverjährung steht der Wiederaufnahme entgegen (Nürnberg NStZ **88**, 555; Tröndle 11 zu § 78 b StGB; KK-Schmidt 7; Marxen/Tiemann 16; Peters 684 und Fehlerquellen III 109; Roxin § 55 B III 2). Die Gegenansicht (BGH GA **74**, 154; Düsseldorf NJW **88**, 2251 = JR **88**, 519 mit abl Anm Lenzen; LR-Gössel 3 und NStZ **88**, 537; KMR-Paulus 5; LK-Jähnke 11 zu § 78 StGB), die die Verjährungsfrist erst mit Rechtskraft des Beschlusses nach § 370 II beginnen lassen will, wird den Grundgedanken der Verjährung nicht gerecht (Lenzen aaO) und führt zu dem unhaltbaren Ergebnis, daß auch geringfügige Straftaten noch nach Jahrzehnten verfolgt werden könnten. Eine entspr Anwendung der Vorschrift auf den Fall, daß sich eine Unterbringung nach § 63 StGB als von Anfang an fehlerhaft erweist (so Wolf NJW **97**, 781), sprengt den Rahmen eine zulässigen Analogie. 1

2) **Wiederaufnahmegründe:** 2

A. **Nrn 1–3:** Zuungunsten eines Freigesprochenen oder, mit der Einschränkung des § 363, eines Verurteilten ist die Wiederaufnahme zulässig, nicht aber im Fall des Einstellungsurteils nach § 260 III (KMR-Paulus 3; **aM** LR-Gössel 4). Die Wiederaufnahmegründe entsprechen § 359 Nrn 1–3 (dort 4 ff). Im Fall der Nr 3 ist unerheblich, ob der Angeklagte die Pflichtverletzung veranlaßt hat. Die Wiederaufnahme setzt in allen Fällen die Möglichkeit eines für den Angeklagten günstigen Einflusses der Beweisverfälschung auf das Urteil voraus. 3

B. **Nr 4:** Auf **Freispruch,** allein oder neben einer Maßregel nach §§ 63, 69, 70 StGB, muß erkannt worden sein. Es genügt nicht die Verurteilung aufgrund einer zu milden Vorschrift (LR-Gössel 8; Krey 1/50 und JA **83**, 359; Roxin § 55 B III 2; Schlüchter 769.2; **aM** Peters 678 für den Fall der Unverhältnismäßigkeit zwischen Urteil und verdienter Strafe) oder aufgrund einer Wahlfeststellung (LR-Gössel 8). Bei Teilfreispruch ist die Wiederaufnahme in diesem Umfang zulässig, auch wenn er nur wegen unrichtiger Annahme der Tatmehrheit in der Anklage erforderlich war (Celle NdsRpfl **59**, 120). Dem Freispruch steht die Anordnung von Maßregeln im Sicherungsverfahren nach §§ 413 ff gleich (Hamm JMBlNW **49**, 202: nachträgliches Geständnis der Simulation, zw Radtke ZStW **110**, 319), nicht aber die Verurteilung zu Zuchtmitteln nach §§ 13 ff JGG (AG Hannover MDR **49**, 701; Peters Fehlerquellen III 108; Wasserburg 286). Als Freispruch iS Nr 4 gilt auch die Verfahrenseinstellung mit der Begründung, die angeklagte Tat sei nicht erwiesen und wegen der erwiesenen Tat bestehe ein Prozeßhindernis (KK-Schmidt 10; Peters Fehlerquellen III 107); vgl auch § 85 III OWiG. Ein **Geständnis** des 5
Freigesprochenen (nicht nur eines Mittäters) nach der Freisprechung durch das letzte tatrichterliche Urteil, wenn auch vor dessen Rechtskraft (LR-Gössel 12), muß vorliegen. Ein volles Schuldbekenntnis wird nicht verlangt. Das Geständnis muß aber den äußeren Tatbestand einer Straftat, und zwar der früher angeklagten oder einer damit iS des § 264 zusammenhängenden, insgesamt umfassen; daß einzelne Tatbestandsmerkmale eingeräumt werden, genügt nicht (LR-Gössel 15). Gleichzeitiges Bestreiten der Rechtswidrigkeit oder Schuld beseitigt das Geständnis nicht (LR-Gössel 14; **aM** Peters Fehlerquellen III 105). War der Angeklagte trotz Feststellung des äußeren Tatbestandes mangels Rechtswidrigkeit oder Schuld frei-

gesprochen worden, so ist ein Geständnis erforderlich, das die Rechtswidrigkeit oder den inneren Tatbestand betrifft (Hamm JMBlNW **49**, 202; KMR-Paulus 12).
6 Das Geständnis kann vor jedem **Straf- oder Zivilgericht oder außergerichtlich,** auch gegenüber Privatpersonen, abgegeben worden sein, selbst wenn sie nach § 203 StGB zur Verschwiegenheit verpflichtet sind (LR-Gössel 18; **aM** Wasserburg
7 288). Es muß **glaubhaft,** insbesondere denkgesetzlich möglich sein und der Lebenserfahrung entsprechen (Schlüchter 769.2). Das Gericht beurteilt das nach pflichtgemäßem Ermessen. Der Widerruf beseitigt die Glaubhaftigkeit des Ge-
8 ständnisses nicht ohne weiteres (Hamm GA **57**, 123). Die **Antragsbegründung** erfordert den Vortrag, wann und vor wem das Geständnis abgegeben worden ist und welchen Inhalt es hat, ferner, daß und aus welchen Gründen es glaubhaft ist. Ein schriftliches Geständnis wird dem Antrag im Original oder in Ablichtung beigefügt.

Unzulässigkeit der Wiederaufnahme

363 **I Eine Wiederaufnahme des Verfahrens zu dem Zweck, eine andere Strafbemessung auf Grund desselben Strafgesetzes herbeizuführen, ist nicht zulässig.**

II Eine Wiederaufnahme des Verfahrens zu dem Zweck, eine Milderung der Strafe wegen verminderter Schuldfähigkeit (§ 21 des Strafgesetzbuches) herbeizuführen, ist gleichfalls ausgeschlossen.

1 1) Die **Vorschrift gilt** für die Wiederaufnahme zugunsten und zuungunsten des Verurteilten. Für § 359 Nr 5 hat sie keine Bedeutung, weil dort die Wiederaufnahme mit dem Ziel geringerer Bestrafung ohnehin nur bei Anwendung eines anderen Gesetzes iS des § 363 zulässig ist. In der erneuten Hauptverhandlung (§ 373) gilt § 363 nicht.

2 **2) Eine andere Strafbemessung** aufgrund desselben Strafgesetzes kann nicht Ziel der Wiederaufnahme sein. Eine wesentlich andere Entscheidung über Maßregeln der Besserung und Sicherung kann dagegen auch aufgrund desselben Strafgesetzes erstrebt werden (§ 359 Nr 5). Im umgekehrten Fall (Wiederaufnahme zuungunsten des Verurteilten mit dem Ziel der Herbeiführung einer ihm nachteiligen Entscheidung über Maßregeln) gilt das gleiche. Für die Anordnung von Nebenstrafen und Nebenfolgen hat § 363 keine Bedeutung, weil deren Wegfall und Abänderung kein zulässiges Wiederaufnahmeziel ist (KK-Schmidt 3; **aM** LR-Gössel 5; erg 40 zu § 359).

3 **3) Dasselbe Strafgesetz** iS des I ist jede Vorschrift, die bestimmte Tatumstände vorsieht, bei deren Vorliegen die Strafbarkeit erhöht oder vermindert wird (erg 41 zu § 359). Daß sie in demselben Paragraphen enthalten ist, ist weder erforderlich noch ausreichend (KMR-Paulus 3). Bei tateinheitlicher Verurteilung muß sich der Antrag gegen die Vorschrift richten, der nach § 52 StGB die Strafe entnommen ist (40 zu § 359; **aM** Marxen/Tiemann StV **92**, 536, die hier und auch sonst allein darauf abstellen wollen, ob mit einer wesentlich milderen Strafzumessungsentscheidung zu rechnen ist); im Fall des § 362 muß die zusätzliche Verurteilung aus der Vorschrift erstrebt werden, der sie zu entnehmen ist. Haben alle angewendeten Bestimmungen die gleiche Strafdrohung, so steht § 363 der Wiederaufnahme nicht
4 entgegen. Entgegen dem Urteil einen **minder schweren Fall** anzunehmen oder nicht anzunehmen, ist kein zulässiges Wiederaufnahmeziel (RG JW **30**, 3423; **aM** Peters 677 und Fehlerquellen III 92). Anders ist es bei benannten Strafmilderungsgründen, zB § 49 II StGB (LR-Gössel 10); dazu gehört auch der Fall, daß Jugendstrafrecht anzuwenden (Hamburg NJW **52**, 1150) oder nach § 51 III StGB Auslandshaft anzurechnen ist (Stuttgart NJW **68**, 2206). Enthält eine Vorschrift zugleich benannte und unbenannte Milderungsgründe (wie etwa § 213 StGB), so

kommt es darauf an, welcher von ihnen angewendet worden ist (LR-Gössel 11). Für **besonders schwere Fälle** gelten diese Regeln entspr. Grundsätzlich handelt es sich um dasselbe Strafgesetz (vgl BGH NJW **77**, 1830). Auch Strafschärfungsgründe mit Regelbeispielen stehen einem anderen Gesetz iS des § 363 nicht gleich (Düsseldorf NStZ **84**, 571; LR-Gössel 13; **aM** KMR-Paulus 5; Peters Fehlerquellen III 91). 5

4) Verminderte Schuldfähigkeit (II): Obwohl § 21 StGB ein benannter Strafmilderungsgrund ist, schließt die Vorschrift, die mit dem GG vereinbar ist (BVerfGE **5**, 22 = NJW **56**, 1026), die Wiederaufnahme mit dem Ziel seiner Anwendung aus. Das gilt auch, wenn über den Umweg des § 21 StGB Strafmilderung und Bewährung erstrebt wird (Stuttgart Justiz **82**, 166) oder wenn die Anwendung des § 21 StGB, wie bei § 211 StGB, zur Verhängung einer zeitigen Freiheitsstrafe führen kann (Düsseldorf JMBlNW **90**, 46; Peters Gallas-FS 446). II ist entspr anzuwenden, wenn Wiederaufnahme mit dem Ziel der Anerkennung außergewöhnlicher Umstände beim heimtückischen Mord iS der Entscheidung BGH **30**, 105 erstrebt wird (Bamberg NJW **82**, 1714). 6

Behauptung einer Straftat

364 **Ein Antrag auf Wiederaufnahme des Verfahrens, der auf die Behauptung einer Straftat gegründet werden soll, ist nur dann zulässig, wenn wegen dieser Tat eine rechtskräftige Verurteilung ergangen ist oder wenn die Einleitung oder Durchführung eines Strafverfahrens aus anderen Gründen als wegen Mangels an Beweis nicht erfolgen kann. Dies gilt nicht im Falle des § 359 Nr. 5.**

1) Die **rechtskräftige Verurteilung des Täters** (S. 1) wegen der Tat (Wahlfeststellung genügt nicht) ist Zulässigkeitsvoraussetzung für einen nach §§ 359 Nrn 1–3, 362 Nrn 1–3 (KG JZ **97**, 629 mit Anm Marxen; **aM** für Nr 1: LR-Gössel 1) auf die Behauptung einer Straftat gestützten Wiederaufnahmeantrag. Das gilt nicht, wenn Verfolgungshindernisse (Tod, Abwesenheit, Verhandlungsunfähigkeit, Verjährung, Amnestie, Fehlen deutscher Gerichtsbarkeit usw) vorliegen; die Einstellung nach § 154 I steht gleich (Düsseldorf GA **80**, 393). Dann ist der Antrag zulässig, wenn das Antragsvorbringen einen konkreten Tatverdacht ergibt, der zur Einleitung eines Ermittlungsverfahrens ausreichen würde (Düsseldorf VRS **88**, 48; Brauns JZ **95**, 495; **aM** EbSchmidt 4: Behauptung der Straftat genügt; Marxen/Tiemann 181: Hinreichender Tatverdacht erforderlich). Ist der Täter nach der Verfahrenseinstellung verstorben, so ist die Wiederaufnahme nur unter den Voraussetzungen des § 211 möglich (Dresden HRR **37**, 841). 1

2) Auf **neue Tatsachen oder Beweismittel** (§ 359 Nr 5) kann der Antrag nach S. 2 gestützt werden, auch wenn S. 1 die Wiederaufnahme nach § 359 Nrn 1–3 ausschließt. Daher haben diese Vorschriften nur noch geringe Bedeutung. Die neuen Tatsachen und Beweismittel können sich insbesondere gegen die Glaubwürdigkeit von Belastungszeugen wenden (Celle NJW **67**, 216; Hamburg NJW **57**, 601). Für § 362 Nrn 1–3 hat S. 2 keine Bedeutung (Zweibrücken OLGSt S. 65). 2

3) Die **Wahl des Wiederaufnahmegrundes** ermöglicht S. 2 (allg zur Konkurrenz von Wiederaufnahmegründen: Schneidewin JZ **57**, 537). Der Antragsteller kann auf die Strafverfolgung des Zeugen, Sachverständigen usw hinwirken oder, solange eine Verurteilung nicht erfolgt ist (Schneidewin aaO), ohne Rücksicht auf eine etwaige Bestrafung den Wiederaufnahmeantrag mit neuen Tatsachen oder Beweisen begründen (Celle aaO; Düsseldorf GA **80**, 393; Hamburg NJW **57**, 601; **69**, 2159). 3

4 **4)** Die **Antragsbegründung** kann im Fall des S. 1 auf das gegen den Zeugen, Sachverständigen usw ergangene Urteil Bezug nehmen. Ist kein Urteil ergangen, so müssen die Art der Straftat und die Verfolgungshindernisse bezeichnet und der Tatverdacht deutlich gemacht werden. Für die gerichtliche Prüfung des Antrags ist nicht die Bezeichnung des Wiederaufnahmegrundes durch den Antragsteller, sondern dessen Tatsachenvorbringen maßgebend (LR-Gössel 7). Anzuwenden ist die dem Antragsteller günstigere Vorschrift (Düsseldorf GA **80**, 393). Der Antrag ist daher zulässig, wenn das auf § 359 Nrn 1–3 gestützte Vorbringen wenigstens die Voraussetzungen des § 359 Nr 5 ergibt (Hamburg NJW **69**, 2159). Das Gericht kann sich auf die Prüfung nach dieser Vorschrift auch sonst beschränken, wenn der Antragsteller dadurch nicht in seinen Zielen beeinträchtigt wird (LR-Gössel 7).

Bestellung eines Verteidigers für das Wiederaufnahmeverfahren

364a Das für die Entscheidungen im Wiederaufnahmeverfahren zuständige Gericht bestellt dem Verurteilten, der keinen Verteidiger hat, auf Antrag einen Verteidiger für das Wiederaufnahmeverfahren, wenn wegen der Schwierigkeit der Sach- oder Rechtslage die Mitwirkung eines Verteidigers geboten erscheint.

1 **1)** Dem **Verurteilten** kann ein Verteidiger bestellt werden, nicht den nach § 361 II Antragsberechtigten (**aM** Marxen/Tiemann 340: entspr Anwendung), dem Verurteilten auch nur für den eigenen Wiederaufnahmeantrag, nicht im Fall des § 362, jedoch kommt dort eine Bestellung nach § 140 und Art 6 III Buchst c **MRK** in Betracht (Düsseldorf NJW **89**, 676).

2 **2) Verurteilter, der keinen Verteidiger hat:** Bis zur Rechtskraft des Beschlusses nach § 370 II dauern Vollmacht (Braunschweig NJW **60**, 1970; Düsseldorf NStZ **83**, 235; wistra **90**, 168; erg 5 vor § 137) und Pflichtverteidigerbestellung (Bremen NJW **64**, 2175; Hamm NJW **61**, 932; Karlsruhe GA **76**, 344; Koblenz MDR **83**, 252; **aM** KK-Laufhütte 10 zu § 141; erg 33 zu § 140) fort. Der Fall des § 364 a liegt daher nur vor, wenn bisher kein Verteidiger mitgewirkt hat, wenn die Vollmacht für den Wahlverteidiger erloschen oder der Pflichtverteidiger verhindert und ein neuer Verteidiger nicht bevollmächtigt und auch nicht nach § 364 b bestellt worden ist. Auch bei Wegfall des bisherigen Pflichtverteidigers besteht kein unbedingter Anspruch auf seine Ersetzung; § 364 a gilt nicht etwa nur, wenn erstmals ein Verteidiger zu bestellen ist (LR-Gössel 1; **aM** Wasserburg 169 und GA **82**, 304).

3 **3)** Ein **Verteidiger für das Wiederaufnahmeverfahren** kann bestellt werden, dh schon für die Antragstellung (LR-Gössel 4; **aM** Peters 681; Wasserburg 176 und GA **82**, 322), aber auch während des Verfahrens, zB zur Teilnahme an der Beweisaufnahme nach § 369 und zur Abgabe der Erklärung nach § 369 IV. Die Verteidigerbestellung endet ohne weiteres mit der Rechtskraft der Entscheidung nach §§ 368 I, 370 I und mit der Anordnung der Wiederaufnahme nach § 370 II (LR-Gössel 5). In dem wiederaufgenommenen Verfahren muß nach § 140 erneut über die Verteidigerbestellung entschieden werden (RG **29**, 278; Wasserburg GA **82**, 309).

4 **4) Voraussetzungen der Verteidigerbestellung:**

5 A. **Hinreichende Erfolgsaussicht:** Für einen offensichtlich mutwilligen oder aussichtslosen Antrag wird kein Verteidiger bestellt, insbesondere nicht, wenn der bisherige Verteidiger es mit Recht abgelehnt hat, einen aussichtslosen Antrag zu stellen (Bremen AnwBl **64**, 288; LR-Gössel 7; Marxen/Tiemann 303, 306). Bloße Zweifel am Erfolg des Antrags berechtigen aber nicht zur Ablehnung. Hat das Gericht die Erfolgsaussicht bejaht, so hat der neu bestellte Verteidiger nicht mehr zu prüfen, ob er die Antragstellung verantworten kann (LR-Gössel 6).

B. **Schwierigkeit der Sach- oder Rechtslage:** Ohne Bedeutung sind Rang des Wiederaufnahmegerichts, Schwere der Tat und Art und Höhe der Rechtsfolgen. Maßgebend ist, ob der Verurteilte bei seinen Fähigkeiten besondere tatsächliche oder rechtliche Schwierigkeiten hat, sachgerechte Anträge zu stellen, seine Interessen bei der Beweisaufnahme nach § 369 wahrzunehmen oder die Erklärung nach § 369 IV abzugeben (LR-Gössel 8). Die Anforderungen an die Schwierigkeit der Sach- oder Rechtslage dürfen nicht überspannt werden. 6

5) Nur auf **Antrag** ergeht die Entscheidung. Antragsberechtigt sind der Verurteilte, die StA, der gesetzliche Vertreter und der Erziehungsberechtigte. Der Antrag muß das Ziel der beabsichtigten Wiederaufnahme oder die Wiederaufnahmegründe so bezeichnen, daß die Prüfung der Erfolgsaussicht und der Schwierigkeit der Sach- und Rechtslage möglich ist (Karlsruhe GA **76**, 344). Gilt der Antrag nur für die Beweisaufnahme nach § 369 oder die Erklärung nach § 369 IV, so muß dargetan werden, was den Antragsteller hindert, seine Rechte selbst wahrzunehmen (LR-Gössel 11). 7

6) **Zuständig** für die Entscheidung ist das Gericht, das nach § 140a GVG über den Wiederaufnahmeantrag entscheidet; der Antrag kann auch bei dem Gericht gestellt werden, dessen Urteil angegriffen wird (§ 367 I S. 2). Über Bestellung und Auswahl des Verteidigers entscheidet anders als nach § 141 IV nicht der Vorsitzende allein, sondern das Gericht (LR-Gössel 13), und zwar nach Anhörung der StA (§ 33 II) und ohne mündliche Verhandlung (§ 367 II). Die nur von dem Vorsitzenden verfügte Beiordnung kann daher nicht als wirksam angesehen werden (**aM** LR-Gössel 13; Marxen/Tiemann 311). Auf die Beiordnung eines bestimmten Verteidigers besteht zwar kein Anspruch; idR sollte aber der Anwalt des Vertrauens bestellt werden (erg 8 zu § 142). 8

7) **Beschwerde** gegen den ablehnenden Beschluß ist nach § 304 I zulässig; § 372 S. 1 gilt nicht (BGH NJW **76**, 431; Karlsruhe GA **76**, 344; Koblenz NJW **61**, 1418; OLGSt S. 1). Entscheidungen des OLG sind unanfechtbar (BGH aaO). Beschwerdeberechtigt sind der Verurteilte und die StA. Die Beschwerde kann auf die Auswahl des Verteidigers beschränkt werden (LR-Gössel 15). 9

Verteidiger für die Vorbereitung des Wiederaufnahmeverfahrens

364b **I Das für die Entscheidungen im Wiederaufnahmeverfahren zuständige Gericht bestellt dem Verurteilten, der keinen Verteidiger hat, auf Antrag einen Verteidiger schon für die Vorbereitung eines Wiederaufnahmeverfahrens, wenn**

1. **hinreichende tatsächliche Anhaltspunkte dafür vorliegen, daß bestimmte Nachforschungen zu Tatsachen oder Beweismitteln führen, welche die Zulässigkeit eines Antrags auf Wiederaufnahme des Verfahrens begründen können,**
2. **wegen der Schwierigkeit der Sach- oder Rechtslage die Mitwirkung eines Verteidigers geboten erscheint und**
3. **der Verurteilte außerstande ist, ohne Beeinträchtigung des für ihn und seine Familie notwendigen Unterhalts auf eigene Kosten einen Verteidiger zu beauftragen.**

Ist dem Verurteilten bereits ein Verteidiger bestellt, so stellt das Gericht auf Antrag durch Beschluß fest, daß die Voraussetzungen der Nummern 1 bis 3 des Satzes 1 vorliegen.

II Für das Verfahren zur Feststellung der Voraussetzungen des Absatzes 1 Satz 1 Nr. 3 gelten § 117 Abs. 2 bis 4 und § 118 Abs. 2 Satz 1, 2 und 4 der Zivilprozeßordnung entsprechend.

1 **1)** Schon für die **Vorbereitung eines Wiederaufnahmeverfahrens,** nicht erst für die Antragstellung, kann ein Verteidiger bestellt werden. Dem Verurteilten, dessen Wiederaufnahmeverlangen aussichtsreich erscheint, der aber außerstande ist, das Material für einen auf § 359 Nr 5 gestützten Antrag selbst zusammenzutragen und die Erfolgsaussichten des Antrags abzuwägen, soll rechtskundige Hilfe zur Verfügung stehen (allg Krägeloh NJW **75**, 137). Der bestellte Verteidiger hat Anspruch auf Ersatz der durch Nachforschungen entstandenen Auslagen (§ 97 II S. 3 BRAGO) und erhält auch Gebühren, wenn er von der Antragstellung abrät (§ 90 I S. 2 BRAGO).

2 **2)** Der **Verurteilte, der keinen Verteidiger hat** (2 zu § 364 a), kann die Bestellung verlangen. Wie bei § 364 a (dort 1) hat nur der Verurteilte selbst den Anspruch. Einen Rechtsanspruch auf Ersetzung des weggefallenen Pflichtverteidigers hat er nicht (Düsseldorf StV **88**, 572; LR-Gössel 4; **aM** Wasserburg 174 und GA **82**, 319 ff; erg 2 zu § 364 a).

3 **3) Nachforschungen zur Vorbereitung** eines auf § 359 Nr 5 gestützten Antrags soll der Verteidiger anstellen. Er darf dazu Zeugen ermitteln und befragen, Sachverständigengutachten und Auskünfte einholen (LR-Gössel 6; Dahs 892; Wasserburg 81 ff). Die StA ist nicht verpflichtet, ihn zu unterstützen. Der Verteidiger kann sie aber bitten, die Wiederaufnahme selbst zu betreiben oder bestimmte Ermittlungen vorzunehmen (LR-Gössel 8; dazu Dünnebier Peters-FG 340).

4 **4) Voraussetzungen der Verteidigerbestellung** (I S. 1):

5 A. **Erfolgsaussicht** (Nr 1): Bei den hinreichenden tatsächlichen Anhaltspunkten iS der Vorschrift handelt es sich um das Gegenstück zu dem Anfangsverdacht iS des § 152 II (dort 4). Es müssen Tatsachen vorliegen, aus denen sich ergibt, daß bestimmte Nachforschungen zur Aufdeckung von Tatsachen oder Beweismitteln führen werden, die einen Antrag nach § 359 Nr 5 begründen können. Dabei reicht eine nicht nur entfernte Möglichkeit aus, neue Tatsachen oder Beweismittel ausfindig zu machen (Koblenz OLGSt S. 1; LR-Gössel 9), nicht aber eine bloße Vermutung.

6 B. **Schwierigkeit der Sach- oder Rechtslage** (Nr 2): Es kommt auf die Schwierigkeit der Nachforschungen an, nicht auf die des späteren Wiederaufnahmeverfahrens (LG Köln MDR **91**, 666), auch nicht auf die Schwere der Tat oder der Rechtsfolgen. Ein Verteidiger wird nicht bestellt, wenn es dem Verurteilten möglich und zuzumuten ist, die Nachforschungen selbst anzustellen. Ist er nicht auf freiem Fuß, so wird er dazu idR nicht imstande sein (LR-Gössel 10).

7 C. **Mittellosigkeit** (Nr 3): Wer ein rechtskräftiges Urteil mit einem Wiederaufnahmeantrag anfechten will, wird grundsätzlich auf den Einsatz eigener Geldmittel verwiesen. Reichen sie dazu aus, so mutet ihm das Gesetz zu, sich auf eigene Kosten des Beistands eines Verteidigers seiner Wahl zu bedienen. Für den Nachweis, daß der Verurteilte ohne Beeinträchtigung des für ihn und seine Familie notwendigen Unterhalts keinen Verteidiger beauftragen kann, gelten die §§ 117 II–IV ZPO (Erklärung des Verurteilten über seine persönlichen und wirtschaftlichen Verhältnisse auf dem amtlichen Vordruck) und § 118 II S. 1, 2, 4 (Verlangen nach Glaubhaftmachung, Erhebungen des Gerichts, insbesondere Einholung behördlicher Auskünfte) entspr (II).

8 **5)** Nur auf **Antrag** des Verurteilten wird der Verteidiger bestellt. Er muß Tatsachen vorbringen, die hinreichend begründen, daß sich bei bestimmten Nachforschungen eine konkrete Aussicht auf Gewinnung der Wiederaufnahmegrundlagen des § 359 Nr 5 ergibt (Karlsruhe GA **76**, 344; Koblenz OLGSt S. 1). In dem

Antrag müssen Art und Richtung der erforderlichen Nachforschungen bezeichnet und Angaben darüber gemacht werden, welche neuen Tatsachen oder Beweismittel von ihnen zu erhoffen sind (Düsseldorf OLGSt Nr 1; KMR-Paulus 10). Allzu strenge Anforderungen an das Antragsvorbringen sind nicht zu stellen (LR-Gössel 14; Marxen/Tiemann 322).

6) Die **Erweiterung der Bestellung** (I S. 2) eines bereits früher bestellten Pflichtverteidigers ist auf Antrag des Verurteilten möglich; Rdn 8 gilt entspr (vgl Düsseldorf VRS **81**, 118). Sie geschieht in der Weise, daß das Gericht durch Beschluß feststellt, daß die Voraussetzungen des I S. 1 Nrn 1–3 vorliegen. Das stellt sicher, daß der Verteidiger für seine Nachforschungen Gebühren und Auslagen erhält (oben 1). 9

7) Zuständiges Gericht: Vgl 8 zu § 364 a. 10

8) Beschwerde: Vgl 9 zu § 364 a. 11

Allgemeine Bestimmungen

365 Die allgemeinen Vorschriften über Rechtsmittel gelten auch für den Antrag auf Wiederaufnahme des Verfahrens.

1) Anwendbar sind die §§ 296–303; die Vorschriften über Rechtsmittelbeschränkungen (§§ 318, 327, 344 I, 352 I) gelten entspr (BGH **11**, 361). Fristbestimmungen gibt es außer § 372 S. 1 nicht. Im einzelnen gilt: 1

A. **§ 296:** I ist uneingeschränkt anwendbar (LR-Gössel 3). Antragsberechtigt sind StA und jeder verhandlungsfähige Verurteilte, auch der Minderjährige und der Geisteskranke. Beim Tod des Verurteilten gilt § 361 II. Nach II kann die StA auch Anträge zugunsten des Verurteilten stellen (RG **20**, 46; LR-Gössel 4; Dünnebier Peters-FG 337), selbst gegen dessen Willen (Dahs 898) und auch nach seinem Tod. Zuständig ist die StA bei dem Gericht, das nach § 140 a GVG über den Antrag zu entscheiden hat (2 zu § 367). Der früher mit der Sache befaßte StA ist nicht ausgeschlossen (LR-Gössel 4; Wasserburg 234; **aM** Frisch Bruns-FS 400), soll aber nicht mitwirken (RiStBV 170 I). 2

B. **§ 297:** Der Verteidiger, dessen Vollmacht oder Beiordnung fortgilt (2 zu § 364 a) oder der neu bestellt oder bevollmächtigt worden ist, kann die Wiederaufnahme beantragen, aber nicht gegen den Willen des Verurteilten und nicht nach dessen Tod (LR-Gössel 5). Der Verurteilte kann den Antrag zurücknehmen (Wasserburg 236). 3

C. **§ 298:** Der gesetzliche Vertreter kann den Antrag auch gegen den Willen des Verurteilten stellen. Erziehungsberechtigte können nach § 67 III **JGG** die Wiederaufnahme beantragen, solange der Verurteilte noch nicht volljährig ist. Bei Beendigung der gesetzlichen Vertretung oder Eintritt der Volljährigkeit vor der Entscheidung nach § 370 wird das Verfahren eingestellt, wenn der Verurteilte nicht selbst eintritt (**aM** LR-Gössel 6: Verwerfung als unzulässig). 4

D. **§§ 299–301** sind anzuwenden, § 301 aber erst in der erneuerten Hauptverhandlung (Dünnebier Peters-FG 341 ff). 5

E. **§ 302** ist teilw anwendbar. Der Antrag kann bis zur Entscheidung nach §§ 370 oder 371 zurückgenommen werden (KG JR **84**, 393); die Wiederholung ist dann zulässig, auch mit derselben Begründung (LR-Gössel 10; Peters Fehlerquellen III 127). Ein Verzicht auf das Wiederaufnahmerecht ist unwirksam (LR-Gössel 10). Zugunsten des Verurteilten gestellte Anträge der StA können nur mit dessen Zustimmung zurückgenommen werden (LR-Gössel 10). Der Verteidiger braucht für die Zurücknahme eine besondere Ermächtigung (dazu Braunschweig 6

NJW **60**, 1970). Eine Verwirkung des Antragsrechts findet nicht statt (KMR-Paulus 1).

7 **2) Privatkläger** sind zuungunsten des Verurteilten antragsberechtigt (§§ 390 I S. 2: „in den Fällen des § 362"). Prozeßkostenhilfe kann nach § 379 III bewilligt werden. Zur Rechtslage nach dem Tod des Privatklägers vgl LR-Gössel 130 ff vor § 359.

8 **3)** Der **Nebenkläger** hat nach der Neufassung des § 397 I durch das Opferschutzgesetz vom 18. 12. 1986, der nicht mehr allgemein auf die Rechte des Privatklägers, also auch nicht mehr auf § 390 I S. 2, verweist, nicht das Recht, die Wiederaufnahme des Verfahrens zu beantragen (LG Münster NStZ **89**, 588; Rieß NStZ **88**, 15). Er kann sich aber dem Antrag eines anderen Prozeßbeteiligten anschließen, falls er schon vor Urteilserlaß als Nebenkläger zugelassen war (Stuttgart NStZ **88**, 42; **aM** Marxen/Tiemann 38). Zu den Befugnissen des Nebenklageberechtigten in einem vom Verurteilten oder der StA eingeleiteten Wiederaufnahmeverfahren vgl im einzelnen Rieß NStZ **88**, 16. In dem wiederaufgenommenen Verfahren kann er nach den allgemeinen Vorschriften der §§ 395 ff als Nebenkläger mitwirken.

9 **4) Antragsteller im Adhäsionsverfahren.** Vgl § 406 a.

10 **5) Einziehungsbeteiligte:** Maßgebend sind §§ 433 I S. 1, 437, 439 VI (vgl dazu KMR-Paulus 7).

Inhalt und Form des Antrags

366 [I] **In dem Antrag müssen der gesetzliche Grund der Wiederaufnahme des Verfahrens sowie die Beweismittel angegeben werden.**

[II] **Von dem Angeklagten und den in § 361 Abs. 2 bezeichneten Personen kann der Antrag nur mittels einer von dem Verteidiger oder einem Rechtsanwalt unterzeichneten Schrift oder zu Protokoll der Geschäftsstelle angebracht werden.**

1 **1) Notwendiger Inhalt** (I): Der Antrag muß sein Ziel erkennen lassen, dh das angegriffene Urteil und den Umfang des Aufhebungsbegehrens bezeichnen. Bei Zweifeln ist zurückzufragen, nicht zu verwerfen (LR-Gössel 1). Der Antrag muß ferner den gesetzlichen Grund der Wiederaufnahme (§ 368 I) angeben (vgl §§ 359, 362). Dazu ist wie bei § 172 III S. 1 (dort 27) eine geschlossene und aus sich heraus verständliche Sachdarstellung erforderlich, wobei aber eine zunächst unvollständige Darstellung vor der Entscheidung noch ergänzt werden darf (Düsseldorf wistra **93**, 159). Bezugnahmen und Verweisungen auf andere Schriftstücke, insbesondere auf Urteile und frühere Wiederaufnahmeanträge, sind unzulässig (Bremen OLGSt § 359 S. 54; Hamm NJW **80**, 717; Stuttgart NJW **65**, 1239; LR-Gössel 2, 10; **aM** Peters Fehlerquellen III 123, der Bezugnahmen jeder Art, OLG Düsseldorf GA **80**, 393, das die Bezugnahme auf einen wegen § 364 S. 1 verwor-
2 fenen Antrag für zulässig hält). Die **Beweismittel** müssen so genau bezeichnet werden, daß das Gericht sie beiziehen und nach § 369 benutzen kann (Nürnberg MDR **64**, 171). Bei Zeugen genügt die Angabe von Tatsachen, die ihre Ermittlung
3 ermöglichen. Die **Fürsorgepflicht** kann gebieten, daß dem Antragsteller Gelegenheit gegeben wird, den Antrag zu vervollständigen (Hamm aaO; erg 1 zu § 368).

4 **2) Form** (II): Die Vorschrift entspricht § 345 II und gilt für alle Antragsteller außer StA (ihre Anträge bedürfen nur der einfachen Schriftform; dazu Einl 128) und Privatkläger (für ihn gilt § 390 II). Die Antragsschrift muß eigenhändig unterschrieben sein (Einl 129) und darf keine Bezugnahmen enthalten, auch nicht auf

Anlagen (Schleswig NJW **53**, 1445; **aM** Peters Fehlerquellen III 123; Wasserburg 240), sofern sie nicht aus Originalurkunden bestehen (Düsseldorf GA **80**, 393: Zeugenerklärung). Zusätze des RA oder Verteidigers, aus denen sich ergibt, daß er die Verantwortung nicht oder nicht vollständig übernehmen will, machen den Antrag unzulässig (33 zu § 172; 16 zu § 345); aber auch die Übernahme der Verantwortung ohne gestaltende Mitwirkung kann unzureichend sein (Hamm NStZ **88**, 571). Wegen der Antragstellung zu Protokoll der Geschäftsstelle vgl Einl 131 ff; die Ausführungen 18 ff zu § 345 gelten entspr (vgl auch Düsseldorf VRS **84**, 298).

Zuständigkeit

367 **I Die Zuständigkeit des Gerichts für die Entscheidungen im Wiederaufnahmeverfahren und über den Antrag zur Vorbereitung eines Wiederaufnahmeverfahrens richtet sich nach den besonderen Vorschriften des Gerichtsverfassungsgesetzes. Der Verurteilte kann Anträge nach den §§ 364 a und 364 b oder einen Antrag auf Zulassung der Wiederaufnahme des Verfahrens auch bei dem Gericht einreichen, dessen Urteil angefochten wird; dieses leitet den Antrag dem zuständigen Gericht zu.**

II Die Entscheidungen über Anträge nach den §§ 364 a und 364 b und den Antrag auf Zulassung der Wiederaufnahme des Verfahrens ergehen ohne mündliche Verhandlung.

1) Das **zuständige Wiederaufnahmegericht** bestimmt § 140 a GVG. Die Richterausschließung regelt § 23 II. 1

2) **Zuständigkeit der StA:** Beteiligt am Wiederaufnahmeverfahren, auch für die Entscheidung nach § 360 II und die Behandlung der Anträge nach §§ 364 a, 364 b, ist die StA bei dem Wiederaufnahmegericht (§ 143 I GVG). Die Zuständigkeit für die Vollstreckung des mit dem Wiederaufnahmeantrag angegriffenen Urteils bleibt unverändert (LR-Gössel 5). 2

3) Die **Einreichung der Anträge** zugunsten des Verurteilten, nicht der Anträge der StA und des Privatklägers, ist nach I S. 2 sowohl bei dem Wiederaufnahmegericht zulässig als auch bei dem früheren Gericht, das die Anträge ggf dem zuständigen Gericht durch Verfügung des Vorsitzenden (anders BGH NStZ **96**, 327 [K] und BGHR Zuständigkeit 1: Beschluß des Senats) zuleitet. Dadurch soll verhindert werden, daß der in Unkenntnis des § 140 a GVG eingereichte Antrag allein wegen der Einreichung bei dem unzuständigen Gericht verworfen wird (BGH GA **85**, 419; Krägeloh NJW **75**, 139). Das gilt auch für Anträge nach §§ 364 a, 364 b. Die Weiterleitung an das zuständige Gericht nach I S. 2 Hs 2 unterbleibt, wenn ausdrücklich die Entscheidung des unzuständigen Gericht begehrt wird (BGH aaO). 3

4) **Ohne mündliche Verhandlung** (II) ergehen die Entscheidungen im Wiederaufnahmeverfahren. Das LG entscheidet in der Besetzung nach § 76 GVG. Wenn das Urteil einer kleinen StrK angefochten ist, entscheidet der Vorsitzende allein. Für die Besetzung des OLG gilt § 122 I GVG. 4

5) **Entscheidung durch unzuständiges Gericht.** Die Entscheidung des LG anstelle des sachlich zuständigen AG ist wirksam (Hamm JMBlNW **57**, 155); das LG muß die Sache aber an das AG abgeben, sobald es seine Unzuständigkeit erkennt (Peters Fehlerquellen III 132; **aM** LR-Gössel 36, 39, der § 269 entspr anwenden will). Erklärt das AG anstelle des zuständigen Berufungsgerichts die Wiederaufnahme für zulässig, so ist das LG hieran gebunden (Düsseldorf JMBlNW **79**, 259). Hat das LG anstelle des zuständigen AG den Antrag zu Recht verworfen, so verwirft das OLG auch die sofortige Beschwerde nach § 372 (Dresden JW **28**, 2290; LR-Gössel 40; **aM** Braunschweig HESt **1**, 216; KMR-Paulus 18). Das 5

örtlich unzuständige Gericht, das die Wiederaufnahme für zulässig erklärt hat, muß auch die Beweise erheben und über die Begründetheit entscheiden (LR-Gössel 41; Peters Fehlerquellen III 132). Ordnet es die Wiederaufnahme an, so muß es aber zugleich das Gericht bestimmen, vor dem die Hauptverhandlung stattzufinden hat. Auf die sofortige Beschwerde gegen die Entscheidung des örtlich unzuständigen Gerichts hebt das OLG den Beschluß auf und verweist die Sache an das zuständige Gericht (Saarbrücken OLGSt S. 5; vgl auch Düsseldorf JMBlNW **79**, 260).

Entscheidung über die Zulässigkeit

368 **I Ist der Antrag nicht in der vorgeschriebenen Form angebracht oder ist darin kein gesetzlicher Grund der Wiederaufnahme geltend gemacht oder kein geeignetes Beweismittel angeführt, so ist der Antrag als unzulässig zu verwerfen.**

II Andernfalls ist er dem Gegner des Antragstellers unter Bestimmung einer Frist zur Erklärung zuzustellen.

1 **1) Zulässigkeitsprüfung:** Geprüft werden allgemein die Einhaltung der Form des § 366 II, die Beschwer (6 vor § 359), das Vorliegen der vorgebrachten (nicht anderer) Wiederaufnahmegründe der §§ 359, 362 und der Ausschlußgründe der §§ 363, 364 sowie die Geeignetheit der Beweismittel, bei wiederholtem Antrag auch der Verbrauch des Wiederaufnahmevorbringens (9 zu § 372). Von der Begründetheitsprüfung nach § 370 unterscheidet sich die Prüfung nach § 368 nur dadurch, daß die Richtigkeit des Wiederaufnahmevorbringens nicht untersucht, sondern unterstellt wird (LR-Gössel 9). Bei unbedeutenden und leicht behebbaren Mängeln wird dem Antragsteller unter Fristsetzung Gelegenheit zur Vervollständigung des Antrags gegeben (Hamm NJW **80**, 717; KMR-Paulus 2).

2 A. In den Fällen der §§ **359 Nrn 1–4, 362 Nrn 1–4** wird zunächst die Vollständigkeit des Antragsvorbringens (9, 13, 16, 20 zu § 359, 4 zu § 364) geprüft. Ist kein Urteil ergangen, so wird geprüft, ob das Wiederaufnahmevorbringen einen konkreten Verdacht der behaupteten Straftat begründet. Der Antrag nach Nrn 1 und 2 ist unzulässig, wenn ein ursächlicher Zusammenhang zwischen Straftat und Urteil ohne weiteres auszuschließen ist. Die Glaubhaftigkeit des Geständnisses im Fall des § 362 Nr 4 wird erst im Verfahren nach § 370 geprüft (LR-Gössel 14; **aM** KMR-Paulus 7). Die Prüfung erstreckt sich ferner darauf, ob geeignete Beweismittel (unten 7) beigebracht sind; das sind in den Fällen der §§ 359 Nrn 1–4, 362 Nrn 1–3 regelmäßig das Straf- oder Zivilurteil, auf das der Antrag gestützt ist, im Fall des § 362 Nr 4 Zeugen oder Urkunden, die das Geständnis beweisen können.

3 B. § **359 Nr 5:**

4 a) Zunächst ist die **Neuheit** zu prüfen, und zwar aufgrund des Urteils oder des
5 sonstigen Akteninhalts. **Tatsachen** sind nicht deshalb neu, weil sie in dem Urteil nicht erwähnt sind (Hamm GA **57**, 90; LR-Gössel 16). Ergeben sie sich aus den Akten, so spricht das dafür, daß sie dem Gericht bekannt waren. Hat der Antragsteller sie in der Hauptverhandlung gekannt, so ist zu vermuten, daß er sie geltend gemacht hat (Hamm Rpfleger **63**, 82; **aM** LR-Gössel 16). Notfalls müssen im Freibeweis Ermittlungen geführt werden (Frankfurt NJW **78**, 841; Peters Fehler-
6 quellen III 82). Die Neuheit von **Beweismitteln** ergibt sich aus ihrer Nichterwähnung im Sitzungsprotokoll; § 274 gilt. Läßt sich die Neuheit von Tatsachen oder Beweismitteln nicht feststellen, so ist der Antrag unzulässig (Frankfurt aaO; Hamm GA **57**, 90). Es genügt aber, daß ernsthafte Zweifel auszuschließen sind. Der Grundsatz *in dubio pro reo* gilt nicht (Frankfurt aaO; Hamm aaO).

7 b) Die **Geeignetheit der beigebrachten Beweismittel** fehlt, wenn ihnen der Charakter eines Beweismittels nicht zukommt (26 zu § 359), wenn ihre Benutzung iS des § 244 III S. 1 unzulässig ist und wenn sie unerreichbar oder völlig unge-

eignet sind (KMR-Paulus 5; Wasserburg 195 und ZStW **94**, 936 ff; vgl auch Frankfurt MDR **84**, 74: Zeuge für 10 Jahre zurückliegende Vorgänge; München NStZ **84**, 380 L: großer zeitlicher Abstand und relative Belanglosigkeit des Erlebten). Das Beweismittel muß aber auch iS des § 359 Nr 5 geeignet sein (unten 8 ff). Die beiden Eignungsbegriffe sind auseinanderzuhalten (KMR-Paulus 5; Meyer Peters-FG 393; **aM** LR-Gössel 132 zu § 359; Peters Fehlerquellen III 135 ff).

c) **Prüfung der Erheblichkeit:** Die neuen Tatsachen und Beweismittel müssen 8
geeignet sein, die in § 359 Nr 5 bezeichneten Rechtsfolgen herbeizuführen. Das Gericht nimmt aber zunächst nur eine hypothetische Schlüssigkeitsprüfung vor. Es unterstellt, daß die in dem Antrag behaupteten Tatsachen richtig sind und daß die beigebrachten Beweismittel den ihnen zugedachten Erfolg haben werden (BGH **17**, 303, 304; Zweibrücken GA **93**, 463 mwN). Eine Ausnahme gilt, wenn das Wiederaufnahmevorbringen aus sich selbst heraus ergibt, daß es offensichtlich unwahr (BGH NJW **77**, 59 = JR **77**, 217 mit Anm Peters; Hamm MDR **74**, 250; Nürnberg MDR **64**, 171), insbesondere denkgesetzlich unmöglich (W. Schmidt NJW **58**, 1332), nicht nur unwahrscheinlich ist (Köln GA **57**, 92 L). Steht bereits fest, daß der Verurteilte einen Zeugen veranlaßt hat, in dem Wiederaufnahmeverfahren zu seinen Gunsten falsch auszusagen, so besteht die Vermutung, daß auch die übrigen benannten Zeugen unzuverlässig sind (KG JR **84**, 393 mit Anm
Peters). Eine **Vorwegnahme der Beweiswürdigung** ist in gewissen Grenzen 9
zulässig. Die Grundsätze des § 244 III sind nicht maßgebend. Das Gericht darf vielmehr die Beweiskraft der beigebrachten Beweismittel werten, soweit das ohne förmliche Beweisaufnahme möglich ist (BGH **17**, 303, 304; NJW **77**, 59; NStZ **85**, 496 [Pf/M]; KG JR **75**, 166; Schleswig SchlHA **87**, 121 [L]; **aM** Peters JR **75**, 166 und Fehlerquellen III 136; Schöneborn MDR **75**, 441; von Stackelberg Peters-FG 453; Strate Meyer-GedSchr 469; vgl auch Stuttgart Justiz **84**, 405 L). Dabei ist nach hM vom Standpunkt des erkennenden Gerichts (BGH **17**, 303; **18**, 225, 226; **19**, 365; **aM** LR-Gössel 26 und 157 ff zu § 359; Schünemann ZStW **84**, 902; Peters 675 und JR **77**, 219; Wasserburg StV **92**, 105: des Wiederaufnahmegerichts; offengelassen von Düsseldorf OLGSt Nr 4 zu § 359) im Freibeweis, aber ohne Anhörung der früheren Richter (BGH **19**, 365), zu prüfen, ob das Urteil bei Berücksichtigung der neuen Beweise anders ausgefallen wäre. Zu diesem Zweck muß das Antragsvorbringen zu dem gesamten Inhalt der Akten (Schleswig SchlHA **87**, 121 [L]; vgl für den Fall des Aktenverlustes: Frankfurt MDR **84**, 74) und zu dem früheren Beweisergebnis in Beziehung gesetzt werden (KG NJW **92**, 450; Nürnberg MDR **64**, 171; LG Gießen NJW **94**, 465). Das Wiederaufnahmegericht ist an die (denkgesetzlich mögliche) Beweiswürdigung und an die (nicht offensichtlich unhaltbare) Rechtsauffassung des erkennenden Gerichts gebunden (BGH **18**, 225, 226; Brauns JZ **95**, 493; **aM** LR-Gössel 157 ff zu § 359: nur an die Rechtsauffassung); es ist ihm verwehrt, im Zulassungsverfahren eigene neue Feststellungen zur Straftat zu treffen (BVerfG NStZ **95**, 43: Unzulässige Feststellung
einer anderen Tatzeit als im Urteil). **Erheblich ist das Wiederaufnahmevorbringen,** wenn die neuen Tatsachen oder Beweise geeignet sind, die den Schuldspruch tragenden Feststellungen des Urteils zu erschüttern (Celle JR **67**, 150; Karlsruhe OLGSt S. 2). Das muß nicht sicher, aber genügend wahrscheinlich sein. Es müssen ernste Gründe für die Beseitigung des Urteils sprechen (Braunschweig NJW **59**, 1984; Düsseldorf GA **80**, 393, 396; Peters Fehlerquellen III 85). Der Grundsatz *in dubio pro reo* hat in diesem Zusammenhang keine Bedeutung (Braunschweig aaO; Karlsruhe GA **74**, 250; Koblenz Rpfleger **86**, 28; OLGSt Nr 5 zu § 359; KMR-Paulus 12; Peters Fehlerquellen III 86; **aM** Schünemann ZStW **84**, 870; Wasserburg 189 ff und ZStW **94**, 914 will den Grundsatz mittelbar berücksichtigen). Bestehen ernsthafte Zweifel an der Erheblichkeit, so ist der Antrag ohne Anwendung von „Zweifelssätzen" als unzulässig zu verwerfen (KG JR **75**, 166 mit Anm Peters). 10

11 **2)** Der **Verwerfungsbeschluß** ergeht nach Anhörung der StA (§ 33 II), ggf auch des Privat- oder Nebenklägers, ohne mündliche Verhandlung (§ 367 II). Er muß mit Gründen versehen werden (§ 34), die so ausführlich sind, daß der Antragsteller die sofortige Beschwerde nach § 372 S. 1 begründen (Hamm NJW **51**, 166) und das Beschwerdegericht die Entscheidung prüfen kann. Die Kostenentscheidung ergeht nach § 473 VI Nr 1. Zur Wiederholung des Antrags vgl 9 zu § 372.

12 **3)** Auch der **Zulassungsbeschluß** wird nach Anhörung der StA ohne mündliche Verhandlung erlassen. Er ist auch bei offensichtlicher Begründetheit des Antrags unerläßlich (1 zu § 370). Im Fall des § 53 StGB kann er auf eine von mehreren abgeurteilten Taten beschränkt werden, auch auf die Rechtsfolgenfrage (BGH **11**, 361). Auch die beschränkte Zulassung der Wiederaufnahme wegen eines der in §§ 359, 362 bezeichneten Wiederaufnahmegründe ist möglich, wenn der Antragsteller mehrere geltend gemacht hatte (Hamburg GA **67**, 317; LR-Gössel 33; **aM** Peters Fehlerquellen III 138). Ein auf § 359 Nr 5 gestützter Antrag kann aber nicht nur wegen bestimmter Tatsachen (Frankfurt NJW **55**, 73; LR-Gössel aaO) oder unter Beschränkung auf die Erhebung einzelner Beweise zugelassen werden (BGH NJW **66**, 2177; Köln JMBlNW **63**, 48); denn innerhalb eines einzelnen Wiederaufnahmegrundes ist nur eine einheitliche Entscheidung möglich (BGH aaO). Bindende Wirkung hat der Zulassungsbeschluß nicht (1 zu § 370).

13 **4)** Die **Anhörung des Gegners** (II) erfolgt durch Zustellung des Zulassungsbeschlusses unter Bestimmung einer Erklärungsfrist, die verlängert werden kann. Sie dient bei Anträgen der StA, vor deren Bescheidung der Angeklagte nicht gehört zu werden braucht, der Unterrichtung über den Antrag, der daher beizufügen ist, bei Anträgen des Verurteilten der Vorbereitung der Stellungnahme der StA zu dem weiteren Verfahren. Für die Erklärung nach II gilt die Formvorschrift des § 366 II nicht. Eine Erklärungspflicht besteht nicht (LR-Gössel 37).

14 **5) Sofortige Beschwerde** nach § 372 S. 1 ist gegen den Verwerfungsbeschluß und (für den Gegner) gegen den Zulassungsbeschluß zulässig. Daß in dem Zulassungsbeschluß nur die Erhebung bestimmter Beweise angekündigt ist, beschwert den Antragsteller nicht (Frankfurt NJW **55**, 73). Abändern oder aufheben kann den Beschluß nur das Beschwerdegericht.

Beweisaufnahme

369 **I Wird der Antrag für zulässig befunden, so beauftragt das Gericht mit der Aufnahme der angetretenen Beweise, soweit dies erforderlich ist, einen Richter.**

II Dem Ermessen des Gerichts bleibt es überlassen, ob die Zeugen und Sachverständigen eidlich vernommen werden sollen.

III Bei der Vernehmung eines Zeugen oder Sachverständigen und bei der Einnahme eines richterlichen Augenscheins ist der Staatsanwaltschaft, dem Angeklagten und dem Verteidiger die Anwesenheit zu gestatten. § 168 c Abs. 3, § 224 Abs. 1 und § 225 gelten entsprechend. Befindet sich der Angeklagte nicht auf freiem Fuß, so hat er keinen Anspruch auf Anwesenheit, wenn der Termin nicht an der Gerichtsstelle des Ortes abgehalten wird, wo er sich in Haft befindet, und seine Mitwirkung der mit der Beweiserhebung bezweckten Klärung nicht dienlich ist.

IV Nach Schluß der Beweisaufnahme sind die Staatsanwaltschaft und der Angeklagte unter Bestimmung einer Frist zu weiterer Erklärung aufzufordern.

1 **1)** Der **Vorbereitung der Entscheidung nach § 370** dient die nach Erlaß des Zulassungsbeschlusses vorzunehmende (Düsseldorf NStE Nr 1) Beweisaufnahme; sie nimmt die Beweisaufnahme in der neuen Hauptverhandlung nicht vorweg

(BGH **17**, 303). Auch andere Maßnahmen sind zulässig, zB Durchsuchung und Beschlagnahme zur Herbeischaffung von Beweismitteln, Unterbringung nach § 81 (Bay **24**, 60; KMR-Paulus 4) und, im Fall des § 362, der Erlaß eines Haftbefehls (LR-Gössel 2).

2 **2)** Die **angetretenen Beweise** (I) werden erhoben, soweit erforderlich. Andernfalls muß ihre Entbehrlichkeit in dem Beschluß nach § 370 I begründet werden (LR-Gössel 6). Die Anordnung der Wiederaufnahme ohne gehörige Prüfung der erforderlichen Beweise oder gar unter Wahrunterstellung ist unzulässig (LR-Gössel 4). Wenn sich aber die Begründetheit des Antrags ohne weiteres aus einem rechtskräftigen Urteil (in den Fällen der §§ 359 Nrn 1–4, 362 Nrn 1–3) oder aus einer notariellen Urkunde (im Fall des § 362 Nr 4) ergibt oder wenn (im Fall des § 359 Nr 5) neue Tatsachen schon durch die vorgelegten Urkunden bewiesen werden, entfällt die Beweisaufnahme (erg 1 zu § 370). So braucht eine Urkunde auch nicht verlesen zu werden, wemn sie den Beteiligten bekannt ist und das Gericht die beabsichtigte Verwertung zu erkennen gegeben hat (Jena NStZ-RR **97**, 47). Auch über offenkundige Tatsachen (50 ff zu § 244) braucht kein Beweis erhoben zu werden (KG JR **84**, 393 mit Anm Peters). **Vorermittlungen der StA oder** 3
Polizei machen die Beweisaufnahme nicht entbehrlich; sie sind zwar zulässig, dürfen vom Gericht aber nicht berücksichtigt werden (Düsseldorf JMBlNW **79**, 261; LR-Gössel 5; **aM** Braunschweig NStZ **87**, 377 mit abl Anm Gössel). Eine Ausnahme gilt auch nicht für den Fall, daß die richterliche Vernehmung für längere Zeit unmöglich ist, denn § 251 II ist in § 369 nicht für entspr anwendbar erklärt und mit der Bedeutung dieser Vorschrift nicht vereinbar (Pfeiffer Graßhof-FG 277). Auch **Zeugenerklärungen** zu Protokoll der Geschäftsstelle (Düsseldorf 4
MDR **76**, 778), eidesstattliche Versicherungen (BGH **17**, 303) und die Vorlegung schriftlicher Gutachten außerhalb des § 256 I (Hamm MDR **77**, 778; JMBlNW **78**, 116) können die Beweisaufnahme nicht ersetzen. Auf die von dem Antragsteller bezeichneten Beweismittel ist das Gericht nicht beschränkt (Hamm GA Bd **71**, 116). Es erhebt **von Amts wegen** alle Beweise, die zur Klärung der Richtigkeit 5
des Wiederaufnahmevorbringens erforderlich sind (Zweibrücken GA **93**, 463 mwN; **aM** Marxen/Tiemann 232). Das kann zugunsten oder zuungunsten des Antragstellers geschehen (LR-Gössel 7), aber nicht zu dem Zweck, Wiederaufnahmegründe festzustellen, die nicht oder nicht formgerecht geltend gemacht worden sind (Bremen OLGSt § 359 S. 55). Der Antragsteller kann nicht bestimmen, daß Beweismittel von dem Probationsverfahren nach § 369 ausgeschlossen werden (KG JR **84**, 393 mit Anm Peters).

6 **3)** Der **beauftragte Richter** (I) erhebt die Beweise, beim AG und der kleinen StrK der Vorsitzende. Das schließt nicht aus, daß das Kollegialgericht die Beweiserhebung in voller Besetzung vornimmt (LR-Gössel 12) und daß andere Richter nach §§ 156 ff GVG (auch § 15 KonsG gilt) um die Beweiserhebung ersucht werden (Düsseldorf JMBlNW **79**, 261). Der ersuchte oder beauftragte Richter hat die gleiche Stellung wie bei der kommissarischen Vernehmung nach § 223. Er darf Beweise nur in dem Umfang erheben, den das Gericht ihm vorschreibt (BGH NJW **54**, 891). An der späteren Mitwirkung im Wiederaufnahmeverfahren ist er nicht gehindert (BGH aaO). **StA und Polizei** dürfen mit Beweiserhebungen nicht 7
beauftragt werden; ihre Beweisergebnisse wären unverwertbar (Celle MDR **91**, 1077;Düsseldorf MDR **76**, 778; JMBlNW **79**, 261; **aM** Braunschweig NStZ **87**, 377), auch wenn der Antragsteller diese Beweiserhebungen nicht beantragt hatte (LR-Gössel 11; **aM** Peters Fehlerquellen III 114). Die technische Hilfe der StA oder Polizei, zB Herbeischaffung von Beweismitteln, Anfertigung von Lichtbildern und Skizzen, ist jedoch zulässig (LR-Gössel 11).

8 **4)** Die **Vereidigung von Zeugen** (II) ist wegen der Tragweite der Anordnung der Wiederaufnahme eines rechtskräftig abgeschlossenen Verfahrens zugelassen. Das Gericht entscheidet darüber nach pflichtgemäßem Ermessen in dem Beweis-

anordnungsbeschluß; § 65 gilt nicht (RG **29**, 64). In den Fällen des § 371 I und II wird die Vereidigung regelmäßig anzuordnen sein (RG aaO). Dem vernehmenden Richter steht die Entscheidung über die Vereidigung, sofern sie nicht gesetzlich ausgeschlossen ist, nicht zu (BGH NJW **54**, 891); § 66 b I gilt nicht. Die Eidesleistung richtet sich nach §§ 66 c, 66 d. Die Berufung auf einen in der früheren Hauptverhandlung geleisteten Eid (§ 67) ist unzulässig (RG **18**, 417; LR-Gössel 15).

9 **5)** Das **Anwesenheitsrecht** (III) haben StA, Verurteilter, Verteidiger, nach §§ 385 I S. 1, 397 I auch Privat- und Nebenkläger (LR-Gössel 18), die sich aber entspr § 378 nur des Beistands eines RA bedienen oder sich von einem RA vertreten lassen können (LR-Gössel 18), gesetzliche Vertreter, Erziehungsberechtigte sowie der Antragsteller nach § 361 II und sein Prozeßbevollmächtigter. Der Angeklagte kann nach III S. 2 iVm § 168 c III ausgeschlossen werden. Anders als
10 nach §§ 168 c IV, 224 II ist der **nicht auf freiem Fuß befindliche Verurteilte** immer zur Anwesenheit berechtigt, wenn die Beweisaufnahme in einem Gerichtsgebäude des Haftortes vorgenommen wird, gleichgültig, bei welchem Gericht. Bei Beweiserhebungen außerhalb eines Gerichtsgebäudes oder außerhalb des Haftorts besteht kein Anwesenheitsrecht, wenn die Mitwirkung des Verurteilten der mit der Beweiserhebung bezweckten Klärung nicht dienlich ist (S. 3). Der Begriff Dienlichkeit ist weit auszulegen (dazu Frankfurt StV **90**, 538). Die Teilnahme eines Verteidigers schließt die Dienlichkeit nicht aus, zB wenn er bei einem Augenschein oder einer Zeugenvernehmung die Interessen des Verurteilten nicht genügend wahrnehmen kann. Über die Dienlichkeit entscheidet formlos der mit der Beweiserhebung nach I beauftragte oder ersuchte Richter. Hat der Verurteilte ein Anwesenheitsrecht, so muß der Richter seine Vorführung sicherstellen (LR-Gössel 21).

11 **6)** Die **Benachrichtigung** (III S. 2 iVm § 224 I S. 1) der zur Anwesenheit berechtigten Personen vom Beweistermin bedarf an sich keiner Form, sollte aber förmlich zugestellt werden (Bremen MDR **67**, 61). Sie muß so rechtzeitig erfolgen, daß angemessene Zeit zur Vorbereitung bleibt. Die Benachrichtigung des Verurteilten ist neben der des Verteidigers erforderlich, kann aber nach § 145 a I an den Verteidiger gerichtet werden (LR-Gössel 23). Der Verurteilte ist auch dann zu benachrichtigen, wenn er kein Anwesenheitsrecht hat oder ausgeschlossen ist. In diesem Fall wird er darüber unterrichtet, daß er nicht teilnehmen darf, und erhält dadurch Gelegenheit, für die Teilnahme des Verteidigers zu sorgen. Die Benachrichtigung des Verurteilten und des Verteidigers unterbleibt, wenn sie den Erfolg der Beweiserhebung gefährden würde (III S. 2 iVm § 224 I S. 2; vgl dort 2). Das Unterlassen der Benachrichtigung kann nicht mehr gerügt werden, wenn es nicht alsbald nach der Vorlegung der Protokolle beanstandet worden ist (Celle NJW **63**, 2041). Die rechtzeitig erhobene, begründete Rüge führt hingegen zur Aufhebung eines nach § 370 I ergangenen Beschlusses (Jena StraFo **96**, 89).

12 **7)** Die **Vorlegung der Protokolle** über die Beweiserhebung an StA und Verteidiger schreibt III S. 2 iVm § 224 I S. 3 vor, auch wenn sie bei der Vernehmung anwesend waren (BGH **25**, 357). Bei der StA genügt Aktenübersendung, beim Verteidiger die Mitteilung, daß er die Akten einsehen darf (erg 11 zu § 224). Der Verurteilte selbst und die anderen Beteiligten haben keinen Vorlegungsanspruch.

13 **8)** Die **Schlußanhörung** (IV) ist die zwingende Voraussetzung für die Entscheidung nach § 370, auch wenn die Beteiligten bei der Beweiserhebung anwesend waren (Hamm MDR **74**, 689) oder schon vorher Erklärungen abgegeben haben (Düsseldorf NJW **82**, 839; Hamburg MDR **77**, 865). Anzuhören sind alle Beteiligten, die bei der Beweisaufnahme zugegen sein durften. Sofern ihnen nicht die Protokolle vorgelegt worden sind, werden sie von deren Ergebnis unterrichtet, der Verurteilte aber nur, wenn er keinen Verteidiger hat. Die Form der Unterrichtung bestimmt der Vorsitzende (LR-Gössel 26). Das Gericht fordert zu der Erklärung unter Bestimmung einer Frist auf; der Verurteilte kann nach § 145 a I über den

Verteidiger aufgefordert werden (LR-Gössel 25). Die Erklärung nach IV soll sich auf die Ergebnisse der bisherigen Beweisaufnahme beziehen; jedoch können auch neue Beweiserhebungen beantragt werden (Dahs 914). Werden sie vorgenommen, so muß die Anhörung nach IV wiederholt werden.

9) Beschwerde gegen Art und Umfang der Beweisaufnahme ist ausgeschlossen (2 zu § 372). Der Verurteilte kann aber Beschwerde nach § 304 I gegen seine Ausschließung und gegen die Ablehnung eines Vorführungsantrags einlegen (LR-Gössel 28). Mit Abschluß der Beweiserhebung werden diese Rechtsmittel gegenstandslos (Hamm JMBlNW **72**, 239). Erg 8 zu § 372. 14

Entscheidung über die Begründetheit

370 **I Der Antrag auf Wiederaufnahme des Verfahrens wird ohne mündliche Verhandlung als unbegründet verworfen, wenn die darin aufgestellten Behauptungen keine genügende Bestätigung gefunden haben oder wenn in den Fällen des § 359 Nr. 1 und 2 oder des § 362 Nr. 1 und 2 nach Lage der Sache die Annahme ausgeschlossen ist, daß die in diesen Vorschriften bezeichnete Handlung auf die Entscheidung Einfluß gehabt hat.**

II Andernfalls ordnet das Gericht die Wiederaufnahme des Verfahrens und die Erneuerung der Hauptverhandlung an.

1) Begründetheitsprüfung (I): 1

A. **Voraussetzung** ist die Zulässigkeitserklärung nach § 368 (KMR-Paulus 1 zu § 368 will die stillschweigende Zulassung durch Anordnungen nach § 369 anerkennen). Wenn eine Beweiserhebung (§ 369) entbehrlich ist, können aber die Beschlüsse nach §§ 368, 370 verbunden werden (Bremen GA **60**, 216; München MDR **74**, 775; LR-Gössel 4). Der Wiederaufnahmeantrag darf nicht mehr auf Formmängel nach § 366 II geprüft werden. Sonst ist das Gericht an den Zulassungsbeschluß aber nicht gebunden; ggf muß der Antrag daher noch im Verfahren nach § 370 als unzulässig verworfen werden (Hamburg GA **67**, 317; KMR-Paulus 4; LR-Gössel 8 ff; aM Peters Fehlerquellen III 150: als unbegründet). 2

B. Der **Umfang der Prüfung** richtet sich nach dem geltend gemachten Wiederaufnahmegrund (vgl LR-Gössel 11 ff). In den Fällen der §§ 359 Nrn 1–2, 362 Nrn 1–2 kommt es, wenn eine Verurteilung ergangen ist (§ 364 S. 1), nur auf den ursächlichen Zusammenhang an (unten 5). Andernfalls muß geprüft werden, ob die behauptete Straftat erwiesen ist; bei Zweifeln ist der Antrag unbegründet. Im Fall der §§ 359 Nr 3, 362 Nr 3 begründet die rechtskräftige Verurteilung ohne weiteres die Wiederaufnahme. Bei § 359 Nr. 4 wird nur der ursächliche Zusammenhang zwischen weggefallenem Zivilurteil und Strafurteil geprüft. Bei § 362 Nr 4 ist zu prüfen, ob genügend bestätigt ist, daß der Angeklagte ein Geständnis abgelegt hat, und ob es glaubhaft ist. Im Fall des § 359 Nr 5 wird geprüft, ob der Tatsachenvortrag des Antragstellers eine genügende Bestätigung (unten 4) gefunden hat; ferner ist erneut das Vorliegen der in der Vorschrift bezeichneten Voraussetzungen zu prüfen. 3

C. **Genügende Bestätigung:** Die Wiederaufnahmetatsachen sind genügend bestätigt, wenn aufgrund der Beweisaufnahme nach § 369 ihre Richtigkeit hinreichend wahrscheinlich ist; voller Beweis wird nicht gefordert (BVerfG NStZ **90**, 499; BGH **42**, 314, 323; Karlsruhe GA **74**, 250; Schleswig NJW **74**, 714; Stuttgart StV **90**, 539; LG Hamburg NJW **87**, 3016). Im Fall des § 359 Nr 5 wird untersucht, ob die Urteilsfeststellungen durch die neuen Tatsachen oder Beweise so erschüttert werden, daß genügender Anlaß zur Erneuerung der Hauptverhandlung besteht (KG JR **84**, 393; Bremen aaO; Hamm NJW **62**, 68; Karlsruhe aaO). Das Gericht muß sich – verfassungsrechtlich unbedenklich (BVerfG aaO) – auf den 4

Standpunkt des früher erkennenden Gerichts stellen (BGH **19**, 365; Bremen OLGSt § 359 S. 55; **aM** AK/StPO-Loos 13; LR-Gössel 157 ff zu § 359: Gericht entscheidet von seinem Standpunkt aus) und die Ergebnisse der neuen Beweisaufnahme mit den Urteilsfeststellungen vergleichen (Bremen NJW **57**, 1730). Dabei sind alle bisher erhobenen Beweise zu würdigen (Karlsruhe aaO; Köln NJW **68**, 2119), auch die in einem früheren Wiederaufnahmeverfahren und die von einem unzuständigen Gericht erhobenen (Düsseldorf JMBlNW **79**, 261; NJW **79**, 1724). Die Entscheidung nach § 370 hängt dann davon ab, ob es hinreichend wahrscheinlich ist, daß in der neuen Hauptverhandlung eine für den Verurteilten günstige Entscheidung ergeht, weil das Wiederaufnahmevorbringen dort nachgewiesen werden kann oder jedenfalls der Grundsatz *in dubio pro reo* anzuwenden ist (Bremen NJW **57**, 1730; Karlsruhe Justiz **84**, 308; Stuttgart aaO; Wasserburg 196 und ZStW **94**, 941). Bei der Begründetheitsprüfung selbst ist dieser Grundsatz ebensowenig anwendbar wie bei der Prüfung nach § 368 (Bremen OLGSt § 359 S. 55; Karlsruhe GA **74**, 250; Justiz **84**, 308; Köln NJW **68**, 2119; Kühne 698.2; Peters 684; Pfeiffer Graßhof-FG 283; Schöneborn MDR **75**, 441; **aM** Schünemann ZStW **84**, 870; erg 10 zu § 368).

5 D. Der **ursächliche Zusammenhang** zwischen den in §§ 359 Nrn 1- 2, 362 Nrn 1–2 bezeichneten Handlungen und dem Urteil wird gesetzlich (widerlegbar) vermutet (BGH **19**, 365). Der Antragsteller braucht ihn nicht nachzuweisen (KMR-Paulus 14). Die Wiederaufnahme ist vielmehr anzuordnen, wenn das Gericht die Vermutung nicht mit Sicherheit widerlegen kann (BGH aaO). Beim Zeugenmeineid genügt es, daß die Glaubwürdigkeit der Beweisperson allgemein erschüttert ist (Strate StV **84**, 44).

6 **2)** Der **Verwerfungsbeschluß** (I), der nach § 34 zu begründen ist, wird ohne mündliche Verhandlung (§ 367 II) erlassen, wenn die genügende Bestätigung oder der ursächliche Zusammenhang fehlt. Dieser Mangel kann auch aus Gründen bejaht werden, die im Gegensatz zu dem Zulassungsbeschluß stehen. Für die Kostenentscheidung gilt § 473 VI Nr 1. Zum Richterausschluß vgl § 23 II, zur Wiederholung des Antrags 9 zu § 372.

7 **3) Anordnung der Wiederaufnahme** (II):

8 A. Eine **Beschlußfassung** entfällt in den Fällen des § 371 (dort 1). Sonst ist sie unerläßlich; denn der Beschluß ist eine Prozeßvoraussetzung für das weitere Verfahren (BGH **18**, 339, 341; LG Ravensburg NStZ-RR **98**, 112). Die Anordnung der beschränkten Wiederaufnahme ist zulässig, wenn sie nur wegen einer von mehreren Straftaten beantragt oder begründet ist, auch wenn mit den übrigen Tatidentität iS des § 264 besteht (LR-Gössel 30; **aM** BGH **14**, 85, 88; Schlüchter 765), oder wenn nur der Rechtsfolgenausspruch Grund zur Wiederaufnahme gibt (BGH **11**, 361; Hamm NJW **53**, 1765). Der Wiederaufnahmebeschluß ergeht ohne mündliche Verhandlung (§ 367 II), ist zu begründen (§ 34) und wird in das BZR eingetragen (§ 16 I **BZRG**).

9 B. Die **Wirkung der Wiederaufnahmeanordnung** liegt vor allem in der
10 **Beseitigung der Urteilsrechtskraft** (BGH **14**, 64, 66; **19**, 280, 282; **21**, 373, 375; LR-Gössel 31 ff mwN). Der Beschluß nach II versetzt das Verfahren in den Zustand zurück, in dem es sich vor dem Urteil befunden hat (Bay **81**, 159 = JR **82**, 335 mit Anm Stree; Frankfurt GA **80**, 282; Gössel NStZ **83**, 393), dh in den Zustand nach Erlaß des Eröffnungsbeschlusses oder, bei Berufungsurteilen, nach Anberaumung der Berufungsverhandlung (RG **77**, 282, 284; KMR-Paulus 21).
11 Mit der Rechtskraft des Beschlusses nach II **endet die Vollstreckbarkeit des Urteils** ohne weiteres; die Vollstreckung muß sofort beendet werden (Bremen NJW **56**, 316; LR-Gössel 36). Das Eigentum an eingezogenen Sachen lebt wieder auf (Tröndle 1 zu § 74 e StGB); entzogene Rechte gewinnt der Verurteilte zurück, zB die entzogene Fahrerlaubnis (Bay **91**, 95 = NJW **92**, 1120, das ferner annimmt, bei rechtskräftiger Aufhebung der Verurteilung entfalle rückwirkend eine Strafbar-

keit nach § 21 I Nr 1 StVG, zust Asper NStZ **94**, 171, abl Groß NStZ **93**, 221, **94**, 173). Bei Teilwiederaufnahme wird auch die **Gesamtstrafe** gegenstandslos (BGH 12
14, 85, 89), uU auch die Sicherungsmaßregeln; die weitere Vollstreckung der nicht berührten Einzelstrafen bleibt aber zulässig (LR-Gössel 38). Es ist aber ggf über die Frage der Strafaussetzung zur Bewährung neu zu befinden (Koblenz NStZ **91**, 555 mit Anm Gössel). Gegenstandslos werden ferner die zu dem Urteil ergangenen **Gnadenerweise** (Bay **51**, 403; KMR-Paulus 24). Mit der Rechtskraft des Be- 13
schlusses beginnt die **Verjährungsfrist,** die bis dahin geruht hatte, wieder zu 14
laufen (Köln DAR **79**, 344), sie beginnt nicht etwa wieder neu (KK-Schmidt 19; **aM** LR-Gössel 39 mwN); zu § 362 vgl dort 1. Haftbefehle und andere **einst-** 15
weilige Anordnungen leben nicht wieder auf, können aber erneut erlassen werden. Wegen der **Verteidigervollmacht und -bestellung** vgl 2, 3 zu § 364 a. 16

4) Die **Erneuerung der Hauptverhandlung** muß in dem Beschluß nach II 17
angeordnet werden; das Fehlen der Anordnung ist aber unschädlich. Die neue Hauptverhandlung findet vor dem Wiederaufnahmegericht (1 zu § 140 a GVG) statt, kann aber entspr § 354 III vor einem zuständigen niederen Gericht und (im Fall des § 362) entspr § 355 vor einem höheren Gericht angeordnet werden. Zur Verweisung von JGG-Sachen an allgemeine Strafgerichte vgl 11 zu § 140 a GVG.

5) Sofortige Beschwerde ist gegen den Verwerfungsbeschluß zulässig (§ 372 18
S. 1). Zur Aufhebung zwingt die Verwendung polizeilicher oder staatsanwaltschaftlicher Protokolle (7 zu § 369), das Unterlassen der Benachrichtigung von der Beweisaufnahme (Celle NJW **62**, 1073; vgl aber 11 zu § 369: Verwirkung durch Unterlassen sofortiger Beanstandung) und die Verletzung des § 369 IV (Celle NStE Nr 2 mwN; Düsseldorf NStE Nr 3 zu § 369; Schleswig SchlHA **86**, 108 [E/L]; erg 8 zu § 372). Ordnet das Beschwerdegericht die Wiederaufnahme des Verfahrens an, sollte ihm in entspr Anwendung des § 210 III die Befugnis zugesprochen werden, eine andere Kammer oder einen anderen Senat für zuständig zu erklären. Der Beschluß nach II ist **unanfechtbar** (§ 372 S. 2) und darf nicht 18 a
zurückgenommen werden, auch wenn er erschlichen worden ist (Köln NJW **55**, 314).

Freisprechung ohne Hauptverhandlung **RiStBV 171**

371 **I Ist der Verurteilte bereits verstorben, so hat ohne Erneuerung der Hauptverhandlung das Gericht nach Aufnahme des etwa noch erforderlichen Beweises entweder auf Freisprechung zu erkennen oder den Antrag auf Wiederaufnahme abzulehnen.**

II Auch in anderen Fällen kann das Gericht, bei öffentlichen Klagen jedoch nur mit Zustimmung der Staatsanwaltschaft, den Verurteilten sofort freisprechen, wenn dazu genügende Beweise bereits vorliegen.

III Mit der Freisprechung ist die Aufhebung des früheren Urteils zu verbinden. War lediglich auf eine Maßregel der Besserung und Sicherung erkannt, so tritt an die Stelle der Freisprechung die Aufhebung des früheren Urteils.

IV Die Aufhebung ist auf Verlangen des Antragstellers durch den Bundesanzeiger bekanntzumachen und kann nach dem Ermessen des Gerichts auch durch andere Blätter veröffentlicht werden.

1) Nach dem **Tod des Verurteilten** (I) ist zwar ein Wiederaufnahmeverfahren 1
zulässig (§ 361), nicht aber eine Hauptverhandlung, auch nicht iVm der erneuten Hauptverhandlung gegen Mitangeklagte (RG **10**, 423; KMR-Paulus 2; LR-Gössel 5; **aM** Peters Fehlerquellen III 158). Für den Fall, daß der Antrag nach § 368 für zulässig erklärt wird, muß daher nach Erhebung der etwa noch erforderlichen Beweise auf Freisprechung oder auf Ablehnung, dh Verwerfung, erkannt werden;

ein Beschluß nach § 370 II ergeht nicht (RG **47**, 166; LR-Gössel 5; **aM** Bremen JR **56**, 100; KMR-Paulus 2: Verbindung der Beschlüsse nach §§ 370 II, 371).

2 A. Die **Beweisaufnahme** nimmt nach § 369 I der beauftragte oder ersuchte Richter vor. Für die Vereidigung von Zeugen gilt § 369 II nicht (KMR-Paulus 6). Der Anspruch auf Anwesenheit besteht ohne die Beschränkungen des § 369 III S. 2 iVm § 224 I S. 2 (KG GA Bd **37**, 313; KMR-Paulus 6). § 369 IV gilt.

3 B. Nur **Freisprechung oder Antragsablehnung** ist zulässig. Dem Freispruch (auch Teilfreispruch) steht aber auch hier (vgl 39 zu § 359) die Einstellung wegen eines Verfahrenshindernisses gleich. Ein auf ein anderes Ziel gerichteter Antrag ist von vornherein unzulässig. Insbesondere kann die Strafherabsetzung in Anwendung eines milderen Gesetzes weder beantragt noch angeordnet werden. Mit der Freisprechung ist die Urteilsaufhebung zu verbinden; bei Teilfreispruch wird keine neue Gesamtstrafe gebildet (KMR-Paulus 8; LR-Gössel 10). Bei selbständig angeordneten Sicherungsmaßregeln wird nur das Urteil aufgehoben (III S. 2).

4 C. Den **Nachweis der Unschuld** setzt die Freisprechung ebensowenig voraus wie in der Hauptverhandlung. Der Grundsatz *in dubio pro reo* (26 ff zu § 261) gilt (LR-Gössel 9; Peters Fehlerquellen III 159; **aM** KMR-Paulus 9; EbSchmidt 3). Andernfalls würde die Rehabilitierung des toten Verurteilten von strengeren Voraussetzungen abhängen als die des lebenden.

5 **2)** Tritt der **Tod des Verurteilten nach Antragstellung** ein, so wird im Fall des § 362 das Wiederaufnahmeverfahren eingestellt. Im Fall des § 359 wird es nur dann nicht eingestellt sondern fortgesetzt, wenn die StA den Antrag zugunsten des Verurteilten gestellt hat, bei anderen Antragstellern nur, wenn die StA oder einer der nach § 361 II Antragsberechtigten mit dem Ziel der Freisprechung, nicht nur der Auslagenerstattung, durch ausdrückliche Erklärung in das Verfahren eintritt (BGH **43**, 169). Das ist auch nach Erlaß des Beschlusses nach § 370 II zulässig (BGH **21**, 373; Pflüger NJW **83**, 1894). Wird der Verurteilte nach Erneuerung der
6 Hauptverhandlung dauernd **verhandlungsunfähig,** so ist das Verfahren nach § 206 a einzustellen (Frankfurt NJW **83**, 2398; KK-Schmidt 15 zu § 370; **aM** Hassemer NJW **83**, 2353; LR-Gössel 3 und A. Kaufmann-GedSchr 996: entspr Anwendung von I; Baumann Peters-FG 7: Verfahren nach I nur bei Wahrscheinlichkeit der Urteilsaufhebung, andernfalls Einstellung).

7 **3) Sofortige Freisprechung in anderen Fällen** (II):

8 A. Nur die **Freisprechung** und die Verfahrenseinstellung wegen eines Prozeßhindernisses (KG GA Bd **69**, 130) sind ohne erneute Hauptverhandlung möglich, nicht die Einstellung nach §§ 153 ff (KMR-Paulus 12; Marxen/Tiemann 291; Peters Fehlerquellen III 159; **aM** Hamm JMBlNW **81**, 285; LR-Gössel 18; LR-Rieß 57 zu § 153). Die Teilfreisprechung ist zulässig, auch wenn der Antrag nicht von vornherein auf eine der mehreren Taten beschränkt war (BGH **8**, 383, 388; LR-Gössel 19; **aM** EbSchmidt 9); erforderlichenfalls ist in dem Verfahren nach II auch die neue Gesamtstrafe zu bilden (BGH **14**, 85, 89; LR-Gössel 19). Ebensowenig wie bei I muß die Unschuld des Verurteilten erwiesen sein; es genügt die Unmöglichkeit des Schuldnachweises (KMR-Paulus 13; Bruns DR **42**, 1326; Peters Fehlerquellen III 158 ff; **aM** Jena JW **28**, 2293).

9 B. Die **Zustimmung der StA** ist erforderlich, aber nicht im Privatklageverfahren (LR-Gössel 21). Sie soll nur ausnahmsweise erteilt werden, etwa wenn einwandfrei festgestellt ist, daß der Verurteilte zur Tatzeit geisteskrank war, oder wenn seine Unschuld sonst klar zutage liegt und eine Erneuerung der Hauptverhandlung wegen der besonderen Umstände des Falles unzweckmäßig wäre (RiStBV 171 I S. 2, II). Die Zustimmung kann widerrufen werden. Nicht erforderlich ist die Zustimmung des Verurteilten (Frankfurt NJW **65**, 314) und des Privatklägers (LR-Gössel 21).

C. Im **Ermessen des Gerichts** steht die Entscheidung nach II. Sie kommt nur in Fällen mit unzweifelhaften Ergebnissen in Betracht (LR-Gössel 23). Daß bereits ein Hauptverhandlungstermin anberaumt war, steht nicht entgegen (RG HRR **34**, 232). Gegen den Willen des Verurteilten sollte nicht ohne erneute Hauptverhandlung entschieden werden; jedenfalls ist er vorher zu hören (KMR-Paulus 14; LR-Gössel 24; **aM** Peters Fehlerquellen III 159). 10

4) Durch **Beschluß** wird in den Fällen I und II entschieden (BGH **8**, 383 = JZ **56**, 501 mit Anm Henkel; BGH **14**, 64, 66; LR-Gössel 25 mwN). Die früher hM, die aus dem Wort „erkennen" in I folgerte, daß ein Urteil ergehen muß (RG **28**, 146; **47**, 166; Bremen JZ **56**, 100), wird heute nicht mehr vertreten. 11

5) Die **öffentliche Bekanntmachung** (IV) ist ein Ersatz für die fehlende Rehabilitierung durch die Urteilsverkündung in einer Hauptverhandlung. Sie ist nur in den Fällen des § 371 zulässig (RG **42**, 115; JW **31**, 1099), sofern nicht schon das frühere Urteil, zB nach § 200 StGB, bekanntgemacht worden war (11 zu § 373). Die Anordnung ergeht nur auf Verlangen des Antragstellers (nicht der StA), das an keine Frist gebunden ist und noch nach Rechtskraft des Beschlusses gestellt werden kann (RG DR **42**, 1324 mit Anm Bruns). Bekanntgemacht wird nur der Urteilsausspruch. Publikationsorgan ist der Bundesanzeiger, nach Ermessen des Gerichts daneben auch ein anderes Blatt. Für die Vollstreckung gelten §§ 36 II, 463 c III, IV. 12

6) Sofortige Beschwerde nach § 372 ist gegen den Beschluß zulässig (BGH **8**, 383; NJW **76**, 431; Schleswig SchlHA **63**, 60). Die Beschränkung des S. 2 gilt nicht. Im Fall des II hat die StA kein Anfechtungsrecht, wenn sie zugestimmt hatte (LR-Gössel 30; Schlüchter 777.2). Der Verurteilte kann den wegen fehlender Zustimmung der StA ergangenen Ablehnungsbeschluß nicht anfechten (Frankfurt NJW **65**, 314). 13

Sofortige Beschwerde

372 **Alle Entscheidungen, die aus Anlaß eines Antrags auf Wiederaufnahme des Verfahrens von dem Gericht im ersten Rechtszug erlassen werden, können mit sofortiger Beschwerde angefochten werden. Der Beschluß, durch den das Gericht die Wiederaufnahme des Verfahrens und die Erneuerung der Hauptverhandlung anordnet, kann von der Staatsanwaltschaft nicht angefochten werden.**

1) Sofortige Beschwerde (§ 311) findet statt gegen Entscheidungen des Gerichts des 1. Rechtszugs, dh des Gerichts, das nach § 367 I, § 140 a GVG über die Zulässigkeit und Begründetheit des Wiederaufnahmeantrags entschieden hat (BGH **37**, 356, 357; Düsseldorf NJW **58**, 1248), auch des OLG (§ 304 IV S. 2 Nr 5). In Betracht kommen nur Entscheidungen nach §§ 368 I, 370 I und II (vgl aber unten 3) und nach § 360 II (dort 5) sowie Beschlüsse nach § 371 I und II (dort 13). 1

2) Einfache Beschwerde (§ 304 I) ist zulässig gegen ablehnende Entscheidungen nach § 364 a (dort 9), § 364 b und andere Beschlüsse, die nicht unmittelbar mit der Zulässigkeit, Begründetheit oder Strafvollstreckung zusammenhängen (Koblenz NJW **61**, 1418; LR-Gössel 6). Dabei gilt § 305 S. 1 entspr (Frankfurt NJW **65**, 314; LR-Gössel 7 mwN). Unanfechtbar sind vor allem Beschlüsse über den Umfang der Beweisaufnahme nach § 369 (Frankfurt NJW **55**, 73), zB die Bestellung von Sachverständigen (Hamm MDR **69**, 950), die Vernehmung von Zeugen (LR-Gössel 8), aber auch über die Ablehnung eines Richters nach § 24 (Koblenz OLGSt Nr 5 zu § 28; **aM** Düsseldorf JMBlNW **95**, 80) oder eines Sachverständigen nach § 74 (Düsseldorf MDR **89**, 762; Frankfurt NJW **65**, 314). 2

3 3) **Anfechtungsberechtigt** sind Antragsteller und StA. Das Beschwerderecht
4 der StA ist durch **S. 2** eingeschränkt, auch für den Fall, daß die Wiederaufnahme
auf Antrag des Privatklägers zuungunsten des Angeklagten angeordnet wird (LR-Gössel 11). Für sofortige Beschwerden dieses Prozeßbeteiligten gilt S. 2 entspr (Stuttgart MDR **70**, 165). Den Beschluß nach § 368 kann die StA immer anfechten, auch wenn er mit dem nach § 370 II verbunden worden ist (KMR-Paulus 7; LR-Gössel 12; Fuchs MDR **70**, 165; **aM** Peters Fehlerquellen III 163). Der Nebenkläger kann sich dem Verfahren durch Einlegung des Rechtsmittels anschließen (Stuttgart Justiz **87**, 436; LR-Gössel 9; KMR-Paulus 6).

5 4) **Verfahren:** Die sofortige Beschwerde muß nicht in der strengen Form des
6 § 366 II eingelegt werden; die **Form** des § 306 I genügt (Braunschweig NJW **66**,
7 993; Hamm MDR **68**, 166). Das **Nachschieben neuer Tatsachen und Beweis-
mittel** mit der Beschwerde ist unzulässig, auch wenn das Rechtsmittel in der Form des § 366 II eingelegt wird (BGHR Neue Tatsache 6; KG JR **67**, 32; Braunschweig aaO; Düsseldorf NJW **82**, 839; Hamm aaO; München MDR **82**, 250; Stuttgart MDR **69**, 330; LR-Gössel 18; **aM** Hamm NJW **76**, 1417; Peters Fehlerquellen III 152 ff). Zulässig ist ein lediglich ergänzender Tatsachenvortrag (Celle NJW **66**, 943 = JZ **67**, 223 mit Anm Hanack), ebenso die Konkretisierung eines schon im Wiederaufnahmeantrag angebotenen Beweismittels (BGH NStZ **85**, 496 [Pf/M]). Das Beschwerdegericht entscheidet nach § 309 II in der Sache selbst.
8 Jedoch muß **zurückverwiesen** werden, wenn ein nach § 23 II ausgeschlossener
Richter mitgewirkt hat (Bremen NJW **66**, 605; Hamm OLGSt § 23 S. 7; Saarbrücken NJW **66**, 167), sofern der Antrag nicht wegen Formmangels unzulässig ist (KG JR **67**, 266), wenn der Antrag zu Unrecht nach § 368 I verworfen worden ist (Frankfurt NJW **83**, 2399; Hamm NJW **80**, 717), die Beweisaufnahme nach § 369 nicht ordnungsgemäß stattgefunden hat (Hamm JMBlNW **78**, 116), das rechtliche Gehör nach § 369 IV versagt worden ist (Düsseldorf NJW **82**, 839; Hamburg MDR **77**, 865; Hamm NJW **74**, 689) oder bei der Entscheidung nach § 370 I polizeiliche oder staatsanwaltschaftliche Protokolle verwertet worden sind (LR-Gössel 51 zu § 370).

9 5) Die **Rechtskraft** der Beschwerdeentscheidung steht der Wiederholung des wegen Formmangels als unzulässig verworfenen Antrags nicht entgegen (KMR-Paulus 14; LR-Gössel 22). Ist aber eine Sachentscheidung ergangen, gleichgültig, ob der Antrag als unzulässig (§ 368 I) oder unbegründet (§ 370 I) verworfen worden ist, so ist das Wiederaufnahmevorbringen verbraucht und die Wiederholung des Antrags ausgeschlossen (Braunschweig NJW **66**, 994; Düsseldorf NJW **47/48**, 194; JMBlNW **84**, 263; LR-Gössel 22; Peters 682 entgegen Fehlerquellen III 80, 137). Eine Ausnahme gilt, wenn die Ausführungen nicht entscheidungserheblich waren, zB nur in einer Hilfserwägung bestanden. Wird der neue Antrag auf andere neue Tatsachen oder Beweismittel gestützt, so können der frühere Sachvortrag und
die früher benannten Beweismittel unterstützend herangezogen werden (Hamburg
10 OLGSt § 359 S. 19; KMR-Paulus 15). In der **erneuten Hauptverhandlung** ist
die Rechtmäßigkeit des Beschlusses nach § 370 II nicht zu prüfen (BGH **14**, 85, 88). An den Umfang der zugelassenen Wiederaufnahme ist das Gericht gebunden (BGH aaO). Diesen Einschränkungen unterliegt auch die Prüfung des Revisionsgerichts (BGH aaO; LR-Gössel 26 mwN).

Erneute Hauptverhandlung **RiStBV 171**

373 **I In der erneuten Hauptverhandlung ist entweder das frühere Urteil aufrechtzuerhalten oder unter seiner Aufhebung anderweit in der Sache zu erkennen.**

II Das frühere Urteil darf in Art und Höhe der Rechtsfolgen der Tat nicht zum Nachteil des Verurteilten geändert werden, wenn lediglich der Verurteilte,

zu seinen Gunsten die Staatsanwaltschaft oder sein gesetzlicher Vertreter die Wiederaufnahme des Verfahrens beantragt hat. Diese Vorschrift steht der Anordnung der Unterbringung in einem psychiatrischen Krankenhaus oder einer Entziehungsanstalt nicht entgegen.

1) **Vor dem zuständigen Gericht** (vgl §§ 140 a GVG) in demselben Rechtszug, in dem das frühere Urteil ergangen war, findet die neue Hauptverhandlung statt, bei Gerichten mit besonderer Zuständigkeit erneut vor einem Gericht dieser Art (BGH **14**, 64, 66), bei Berufungsurteilen wieder vor einem Berufungsgericht (RG **77**, 282; LR-Gössel 1 mwN), bei Revisionsurteilen vor einem anderen Senat desselben Revisionsgerichts (Kissel 5 zu § 140 a GVG). Zum Richterausschluß vgl § 23 II; nicht ausgeschlossen sind die Richter, die bei der Beweisaufnahme nach § 369 oder bei dem Beschluß nach § 370 II mitgewirkt haben (RG **4**, 426; KMR-Paulus 3). 1

2) In der **neuen Verhandlung,** für die erforderlichenfalls nach § 140 ff ein Verteidiger bestellt werden muß (3 zu § 364 a), wird nicht das frühere Urteil überprüft, sondern die Sache ohne Bindung an das frühere Urteil (LR-Gössel 21 mwN) in jeder Hinsicht neu und selbständig verhandelt (BGH **14**, 64, 66; Frankfurt NJW **83**, 2398; LR-Gössel 5 mwN); dabei gilt § 264 (BGH **19**, 280, 282). Die Entscheidung, die nach § 362 Nr 2 Wiederaufnahmegrund war, wird aber nicht auf ihre Richtigkeit geprüft (BGH NStZ **85**, 208 [Pf/M]). Zwischenzeitliche Gesetzesänderungen sind zu beachten (LR-Gössel 21). Bei Verhandlungen im 1. Rechtszug wird der Anklagesatz nach § 243 III S. 1 verlesen, im Berufungsverfahren nach § 324 I S. 2 das angefochtene Urteil. Die Verlesung des Beschlusses nach § 370 II ist nicht erforderlich; unzulässig ist sie nur, wenn der Beschluß eine eingehende Beweiswürdigung enthält und Schöffen mitwirken (BGH MDR **61**, 250). Die Verlesung des früher ergangenen Urteils ist zulässig und geboten, wenn die neue Verhandlung sonst unverständlich bliebe (LR-Gössel 11). Neues Vorbringen ist unbeschränkt zulässig; die Beweise sind neu zu würdigen (Peters 687), und über die Rechtsfolgen ist unter Beachtung von II neu zu entscheiden. Hinweise an den Angeklagten, zB nach § 265, müssen wiederholt (RG **58**, 52), Zeugen neu vereidigt werden (5 zu § 67). Nebenkläger sind ohne erneute Anschlußerklärung wieder zuzulassen (Köln JMBlNW **84**, 21). 2

3) **Neue Entscheidung:** 3

A. Eine **Beendigung des Verfahrens** kann nicht durch Fallenlassen der Klage nach § 411 III S. 1 (Peters Fehlerquellen III 165; **aM** KK-Schmidt 6) oder Zurücknahme der Berufung der StA (KMR-Paulus 10; **aM** LR-Gössel 18; Marxen/Tiemann 261) herbeigeführt werden. Auch eine Verwerfung der Berufung nach § 329 I ist unzulässig (LR-Gössel 19). Eine Sachentscheidung muß die neue Entscheidung aber nicht sein. Die Verfahrenseinstellung nach §§ 206 a, 260 III und nach §§ 153 ff ist nicht ausgeschlossen (Hamm JMBlNW **81**, 285; Peters Fehlerquellen III 165; erg 6 zu § 371). Dabei wird, außer im Fall des § 260 III, durch Beschluß (Schlüchter 776), ggf außerhalb der Hauptverhandlung, entschieden (LR-Gössel 17; **aM** Peters 687 und Fehlerquellen III 164 ff). Auch die Anwendung der §§ 205, 270 kommt in Betracht (LR-Gössel 17). 4

B. Die **Aufhebung des früheren Urteils** ist notwendig, wenn von ihm abgewichen wird; dann ist anderweit in der Sache zu erkennen, im Revisionsverfahren auf Aufhebung und Zurückverweisung, wenn das Rechtsmittel begründet ist. Auf **Aufrechterhaltung der Entscheidung** wird erkannt, wenn das Gericht in keinem Punkt von der früheren Entscheidung abweicht (RG **30**, 421, 424; LR-Gössel 27). Das Urteil wird dann nicht aufgehoben und durch eine inhaltsgleiche Verurteilung ersetzt. Sachliche Bedeutung hat die im Gesetz vorgeschriebene Form aber nicht (RG **57**, 317; Bremen NJW **56**, 316; Stree JR **82**, 337). Die Neufassung des Urteilsausspruchs zur Anpassung an zwischenzeitliche Gesetzesänderungen ist nicht 5 6

ausgeschlossen. Bei Verhängung einer milderen Strafe wird das ganze Urteil neu
7 gefaßt (LR-Gössel 28; **aM** KMR-Paulus 15). Für den **Urteilsinhalt** gilt § 267. Auf die Feststellungen des aufrechterhaltenen Urteils darf nicht Bezug genommen werden (LR-Gössel 29 mwN).

8 C. **Anrechnung früherer Rechtsfolgen:** Bereits vollstreckte gleichartige **Stra-**
9 **fen** werden nach § 51 II StGB ohne besonderen Ausspruch angerechnet, Geldstrafe, wenn nunmehr Freiheitsstrafe verhängt wird, nach dem Umrechnungsmaßstab des § 51 IV S. 1 StGB (Bay **76**, 87 = NJW **76**, 2139). Bei Freispruch werden die Geldstrafe (D. Meyer MDR **79**, 459; vgl auch Peters Fehlerquellen III 187 ff) und die Gerichtskosten zurückerstattet, eine vollstreckte Freiheitsstrafe aber nicht auf in anderen Sachen verhängte Strafen angerechnet (**aM** Frankfurt GA **80**, 262; LR-Gössel 30 für den Fall, daß die Verurteilung zu einer Gesamtstrafe geführt hätte). Bei Sicherungsmaßregeln nach §§ 69, 70 StGB wird die Zeit des bisherigen
10 Verbots auf die des neuen angerechnet (Hamm VRS **21**, 43). **Einziehungsgegenstände** werden zurückgegeben, wenn die Einziehung nicht mehr angeordnet wor-
11 den ist. Die **Urteilsbekanntmachung** ist nur erforderlich, wenn sie früher erfolgt, der Verurteilte aber nunmehr freigesprochen worden ist (RG **15**, 188; KMR-
12 Paulus 18; LR-Gössel 33). **Gnadenerweise** gewinnen ihre Bedeutung zurück, wenn der Verurteilte erneut bestraft wird. Daher muß das Urteil mit den Änderungen aufrechterhalten werden, die es im Gnadenweg erfahren hat, und der Gnadenerweis muß auf die neue Strafe angerechnet werden (LR-Gössel 35 mwN). Für die Entschädigung für Strafverfolgungsmaßnahmen und Strafen gelten §§ 1, 7 **StrEG.**

13 **4)** Das **Verbot der Schlechterstellung** entspricht dem Verbot der §§ 331, 358 II.

Strafbefehl

373a **I Die Wiederaufnahme eines durch rechtskräftigen Strafbefehl abgeschlossenen Verfahrens zuungunsten des Verurteilten ist auch zulässig, wenn neue Tatsachen oder Beweismittel beigebracht sind, die allein oder in Verbindung mit den früheren Beweisen geeignet sind, die Verurteilung wegen eines Verbrechens zu begründen.**

II Im übrigen gelten für die Wiederaufnahme eines durch rechtskräftigen Strafbefehl abgeschlossenen Verfahrens die §§ 359 bis 373 entsprechend.

1 **1)** Die **Wiederaufnahmegründe gegen Strafbefehle** (I) entsprechen mit einer Ausnahme denen, die auch bei einer Aburteilung durch Urteil gelten. Zugunsten des Verurteilten ist § 359 anzuwenden, zu seinen Ungunsten § 362, beide ergänzt
2 durch §§ 363, 364. Für die **Wiederaufnahme zuungunsten des Verurteilten** ist abweichend von § 362 die Wiederaufnahme auch zulässig, wenn die StA neue Tatsachen oder Beweismittel (27 ff zu § 359) beibringt, die allein oder in Verbindung mit den früheren Tatsachen oder Beweisen geeignet sind, die Verurteilung wegen eines Verbrechens (§ 12 I StGB) zu begründen. Das ist nur der Fall, wenn sich die Tat nachträglich als Verbrechen herausstellt, sei es durch bisher unbekannte oder durch nachträglich eingetretene Umstände. Ist die Tat nur rechtlich fehlerhaft als Vergehen gewertet worden, scheidet die Wiederaufnahme aus (Neumann NJW
3 **84**, 780). Damit ist dem Umstand Rechnung getragen, daß zwar die **Rechtskraft des Strafbefehls** nach § 410 III der eines Urteils gleichsteht (dort 11 ff), daß das Strafbefehlsverfahren aber ein summarisches Verfahren ist, bei dem die den Schuldvorwurf begründenden Tatsachen nicht so sorgfältig geprüft werden wie in der Hauptverhandlung, so daß der Strafbefehl möglicherweise auf weniger zuverlässigen Erkenntnisgrundlagen beruht (vgl 1 vor § 407). Durch die Einschränkung, daß die Wiederaufnahme nur das Ziel der Verurteilung wegen eines Verbrechens haben

kann, ist § 373 a dem § 153 a I S. 4 und dem § 85 III S. 2 OWiG angepaßt worden.

2) Die **entsprechende Geltung der §§ 359–373** (II) bedeutet, daß auch im Wiederaufnahmeverfahren gegen einen Strafbefehl zunächst nach § 368 über die Zulässigkeit des Antrags entschieden wird. Zur Beurteilung, ob neue Tatsachen oder Beweismittel vorliegen (21 zu § 359), ist auf die Aktenlage abzustellen (BVerfG NJW **93**, 2735). Wird der Antrag für zulässig befunden, folgt nach gemäß § 369 durchgeführter Beweisaufnahme die Entscheidung über die Begründetheit (§ 370). Wenn der Beschluß nach § 370 II rechtskräftig wird, hat der Strafbefehl für das weitere Verfahren die Bedeutung eines Eröffnungsbeschlusses (KMR-Paulus 3; LR-Gössel 5). Sofern nicht nach § 371 verfahren wird, muß in dem wiederaufgenommenen Verfahren aufgrund einer Hauptverhandlung entschieden werden (LR-Gössel 5); § 412 ist nicht anwendbar. In der neuen Hauptverhandlung wird entweder der Strafbefehl aufrechterhalten oder unter seiner Aufhebung anderweitig in der Sache entschieden (KMR-Paulus 3; LR-Gössel 5). 4

3) Bei der Wiederaufnahme zwecks Verurteilung wegen eines **Verbrechens** trifft der nach § 140 a GVG zuständige Amtsrichter die Entscheidungen nach §§ 368 ff. Hatte – wie in aller Regel – der Strafrichter (§ 25 GVG) den Strafbefehl erlassen, so verweist der Amtsrichter nach Anordnung der Wiederaufnahme des Verfahrens und der Erneuerung der Hauptverhandlung gem § 370 II die Sache nach § 225 a I an das zur Aburteilung des Verbrechens zuständige Gericht; dasselbe gilt bei Strafbefehlserlaß durch das SchG (vgl 5, 6 zu § 408), falls dessen Strafgewalt nicht ausreicht oder eine Spezialzuständigkeit des LG oder OLG besteht. Lehnt das höhere Gericht die Übernahme ab, muß das AG die Hauptverhandlung durchführen, in der es entweder die Sache gem § 270 I an das höhere Gericht verweist oder – wenn es die Meinung dieses Gerichts entgegen der im Beschluß nach § 370 II vertretenen Ansicht als zutr erachtet – den Strafbefehl aufrechterhält; das SchG kann allerdings – im Rahmen des § 24 II GVG – auch unter Aufhebung des Strafbefehls wegen Verbrechens verurteilen. 5

Fünftes Buch. Beteiligung des Verletzten am Verfahren

1. Abschnitt. Privatklage

Vorbemerkungen

1 **1)** Das **Privatklageverfahren** ist nach § 374 I bei bestimmten leichten Vergehen zulässig, die die Allgemeinheit idR wenig berühren (vgl Einl 90). Es ist ein Strafverfahren mit dem Ziel, gegen den Beschuldigten eine Strafe zu verhängen, die wie eine auf öffentliche Klage erkannte Strafe vollstreckt und in das BZR eingetragen wird. Daher gelten, soweit die §§ 374 ff nichts anderes bestimmen, die allgemeinen Vorschriften der StPO (KK-Senge 1; LR-Wendisch 4; Schlund GA **70**, 332). Die StA verfolgt Privatklagedelikte nur, wenn daran ein öffentliches Interesse besteht (§ 376). Ist bereits Privatklage erhoben, so kann sie unter dieser Voraussetzung das Verfahren übernehmen (§ 377 II). Vorher wirkt sie an dem Privatklageverfahren nicht mit (2 zu § 377). Dennoch handelt es sich um kein echtes Parteiverfahren. Zwar gibt es kein Ermittlungsverfahren iS der §§ 158 ff. Das Gericht hat aber wie in jedem Strafverfahren den Sachverhalt unabhängig von dem Vortrag der Beteiligten nach § 244 II von Amts wegen aufzuklären (§ 384 III). Vermögensrechtliche Ansprüche können nach §§ 403 ff auch im Privatklageverfahren geltend gemacht werden (12 zu § 403).

2 **2)** An eine **Frist** ist die Erhebung der Privatklage nicht gebunden; sie ist bis zum Eintritt der Verfolgungsverjährung möglich.

3 **3) Unzulässig** ist die Privatklage gegen (zur Tatzeit) Jugendliche (§ 80 I **JGG**); statthaft ist aber die Widerklage gegen einen jugendlichen Privatkläger (§ 80 II **JGG**). Für Heranwachsende gilt die allgemeine Regelung (§§ 2, 109 I, II S. 1 **JGG**). Wer von der Gerichtsbarkeit der BRep befreit ist, kann auch nicht mit einer Privatklage belangt werden (2 zu § 18 GVG). Über Privatklagen gegen Abgeordnete vgl RiStBV 191 ff.

4 **4)** Sachlich **zuständig** für das Privatklageverfahren ist ausschließlich der Strafrichter (§ 25 Nr 1 GVG), im Verfahren gegen Heranwachsende der Jugendrichter (§ 108 II **JGG**). Die örtliche Zuständigkeit richtet sich nach den §§ 7 ff. Bei Beleidigung durch Druckschriften gilt die besondere Gerichtsstandsregelung des § 7 II S. 2. Die Verweisung an ein anderes Gericht wegen örtlicher Unzuständigkeit ist auch im Privatklageverfahren ausgeschlossen (LG Bonn JurBüro **82**, 1045; erg 5 zu § 16).

5 **5)** Der **Privatkläger,** der prozeßfähig sein muß (§ 374 III), verfolgt den staatlichen Strafanspruch, jedoch ohne Bindung an das Legalitätsprinzip. Er kann auf sein Klagerecht förmlich verzichten, und es steht ihm auch sonst frei, von der Erhebung der Privatklage abzusehen, sie auf einen von mehreren Beschuldigten oder auf eine von mehreren Taten zu beschränken (KMR-Stöckel 6), sie zurückzunehmen (§ 391 I) oder nicht weiterzuverfolgen (§ 391 II, III). Der Privatkläger übt kein öffentliches Amt aus; gleichwohl verträgt es sich mit seiner Stellung nicht,
6 daß er in dem Privatklageverfahren als **Zeuge** auftritt (Bay **53**, 26 = MDR **53**, 377; Bay **61**, 191 = NJW **61**, 2318; KK-Senge 2; LR-Wendisch 11 ff; beide zu § 384; ANM 179 mwN in Fn 24; **aM** Gössel 205; Lorenz JR **50**, 106). Ihm darf nicht Gelegenheit gegeben werden, seine Vorwürfe als Zeuge vorzutragen und mit dem Eid zu bekräftigen, während der Angeklagte darauf angewiesen ist, sich mit formlosen Erklärungen zu verteidigen (vgl LR-Wendisch 13 zu § 384; ANM 179 ff). Jedoch können die Erklärungen des Privatklägers zur Sache wie die des Angeklagten entgegengenommen und, wenn das Gericht sie für glaubhaft hält, der Entscheidung nach § 261 zugrunde gelegt werden (Bay **53**, 26, 29 = MDR **53**, 377; Peters 577; Seibert MDR **52**, 278; Woesner NJW **59**, 706). Der Ausschluß als

Zeuge gilt auch für den **gesetzlichen Vertreter,** der für den geschäftsunfähigen Verletzten die Privatklage erhebt (Düsseldorf JMBlNW **62**, 198; KK-Senge 13). 7

6) Vergleich im Privatklageverfahren 8

A. Der **gerichtliche Vergleich** (dazu LR-Wendisch 14 ff zu § 391; Dahs 933 ff; Haas NJW **88**, 1346; Schmidt-Hieber 204 ff; krit Ad Arndt NJW **62**, 783) hat im Privatklageverfahren den Sinn, die unwiderrufliche Beendigung des Verfahrens herbeizuführen, muß also die Zurücknahme der Privatklage (§ 391 I) und der etwaigen Widerklage (§ 388) ggf auch des Strafantrags (§ 77 d StGB; erg 6 zu § 374) enthalten. Dafür gilt der Angeklagte gewöhnlich eine Ehrenerklärung ab, erklärt sich bereit, Schadensersatz zu leisten oder eine Geldbuße zugunsten einer gemeinnützigen Einrichtung zu zahlen und die Kosten des Verfahrens ganz oder teilw zu übernehmen (vgl im einzelnen Dahs 936). Die **Vergleichserklärungen** müssen die Beteiligten in der Hauptverhandlung bei gleichzeitiger Anwesenheit dem Gericht gegenüber abgeben; der Vergleich muß in der Sitzungsniederschrift beurkundet werden. Üblicherweise wird der Vergleich unter dem **Vorbehalt des Widerrufs** binnen einer bestimmten Frist geschlossen, gegen deren Versäumung Wiedereinsetzung nicht möglich ist (LG Würzburg NJW **54**, 768; KK-Senge 5; LR-Wendisch 16; beide zu § 391). An der nur bedingten Wirkung seiner Erklärungen hat der Privatkläger insbesondere dann ein dringendes Interesse, wenn der Angeklagte sich zu Gegenleistungen verpflichtet, die er nicht sofort bei Vergleichsabschluß erfüllen kann, wie Geldzahlungen und öffentliche Ehrenerklärungen. Der Grundsatz, daß Prozeßerklärungen nicht unter einer Bedingung abgegeben werden können (Einl 118), muß daher, wenn nicht die wünschenswerte Erledigung von Privatklageverfahren durch Vergleich über Gebühr eingeschränkt werden soll, eine Ausnahme erleiden (vgl KK-Senge 3 zu § 391; LR-Wendisch 16 ff zu § 391). Anfechtbar ist der Vergleich nicht, auch nicht hinsichtlich seiner kostenrechtlichen Nebenwirkungen (Frankfurt OLGSt § 390 S. 1; LG Frankfurt a.M. NJW **59**, 1454 mit abl Anm Kubisch NJW **59**, 1935; LR-Wendisch 21 zu § 391). Die **Verfahrensbeendigung** führt der Vergleich nicht unmittelbar herbei (KK-Senge 4; LR-Wendisch 10, 18; beide zu § 391; **aM** LG Wuppertal MDR **57**, 501). Die in ihm enthaltenen Rücknahmeerklärungen stellen aber ein Prozeßhindernis dar, das einen Einstellungsbeschluß nach § 391 I erforderlich macht (dort 7). Erst dieser Beschluß beendet das Privatklageverfahren. Soweit der Vergleich einen vollstreckbaren Inhalt hat, ist er **Vollstreckungstitel** iS des § 794 I Nr 1 ZPO (LG Kassel NJW **51**, 373; LG Wuppertal aaO; LR-Wendisch 19 zu § 391), nicht aber Grundlage für die Kostenfestsetzung nach § 464 b; denn eine Kosten- und Auslagenentscheidung nach § 464 I, II, wie sie diese Vorschrift voraussetzt, ist er nicht (LR-Hilger 16 zu § 471; **aM** KK-Franke 2 zu § 464 b mwN). Eine solche Entscheidung entsteht erst, wenn und soweit die Kosten- und Auslagenvereinbarung des Vergleichs in die Kosten- und Auslagenentscheidung des Gerichts übernommen wird, zB nach § 470 oder 471 III. Ist das nicht geschehen, so gelten die §§ 54 Nr 2, 58 GKG. Die Staatskasse kann mit Kosten nur bei unmittelbarer Anwendung des § 470 S. 2 belastet werden. Das **Verfolgungsrecht der StA** wird durch den Vergleich nicht berührt, sofern durch ihn nicht auch der Strafantrag zurückgenommen wird (§ 77 d StGB) und dadurch ein Prozeßhindernis (Einl 145) entsteht (Stuttgart JR **53**, 349 mit Anm Kohlhaas). 9 10 11 12 13 14

B. Der **außergerichtliche Vergleich** enthält den Verzicht auf das Privatklagerecht oder auf den Strafantrag (Einl 117). Der Verzicht ist unwiderruflich. Der Vergleich kann **vor der Vergleichsbehörde** nach § 380 I wegen der in dieser Vorschrift bezeichneten Straftaten erklärt werden (dort 8); mit dem formgerechten Abschluß des Vergleichs geht das Privatklagerecht unter. Eine dennoch erhobene Privatklage muß nach § 383 I zurückgewiesen werden. Wird der Vergleich nur **gegenüber dem Prozeßgegner** erklärt, so hat er keine unmittelbare Wirkung. Jeder Beteiligte gilt aber als ermächtigt, den Vergleich dem Gericht vorzulegen (LR-Wendisch 27 zu § 391). Weist der Beschuldigte dem Gericht nach erhobener 15 16 17

Privatklage nach, daß der Privatkläger in einem außergerichtlichen Vergleich auf das Privatklagerecht oder den erforderlichen Strafantrag verzichtet hat, so ist die Privatklage nach § 383 I zurückzuweisen oder das Verfahren einzustellen (KG NJW **60**, 2207; KK-Senge 6; LR-Wendisch 27; beide zu § 391; Roxin § 61 F IV 2; **aM** Hartung NJW **61**, 523; ZStW **71**, 470). Einer Durchsetzung des Vergleichs im Zivilrechtsweg bedarf es nicht (LR-Wendisch 24 zu § 391; Hartung ZStW **63**, 414; **aM** BGH NJW **74**, 900 mit abl Anm D. Meyer NJW **74**, 1325).

Zulässigkeit

374 **I Im Wege der Privatklage können vom Verletzten verfolgt werden, ohne daß es einer vorgängigen Anrufung der Staatsanwaltschaft bedarf,**

1. **ein Hausfriedensbruch (§ 123 des Strafgesetzbuches),**
2. **eine Beleidigung (§§ 185 bis 189 des Strafgesetzbuches), wenn sie nicht gegen eine der in § 194 Abs. 4 des Strafgesetzbuches genannten politischen Körperschaften gerichtet ist,**
3. **eine Verletzung des Briefgeheimnisses (§ 202 des Strafgesetzbuches),**
4. **eine Körperverletzung (§§ 223 und 229 des Strafgesetzbuches),**
5. **eine Bedrohung (§ 241 des Strafgesetzbuches),**

5a. **eine Bestechlichkeit oder Bestechung im geschäftlichen Verkehr (§ 299 des Strafgesetzbuches),**

6. **eine Sachbeschädigung (§ 303 des Strafgesetzbuches),**
7. **eine Straftat nach den §§ 4, 6c, 15, 17, 18 und 20 des Gesetzes gegen den unlauteren Wettbewerb,**
8. **eine Straftat nach § 142 Abs. 1 des Patentgesetzes, § 25 Abs. 1 des Gebrauchsmustergesetzes, § 10 Abs. 1 des Halbleiterschutzgesetzes, § 39 Abs. 1 des Sortenschutzgesetzes, § 143 Abs. 1 und 1a und § 144 Abs. 1 und 2 des Markengesetzes, § 14 Abs. 1 des Geschmacksmustergesetzes, den §§ 106 bis 108 des Urheberrechtsgesetzes und § 33 des Gesetzes betreffend das Urheberrecht an Werken der bildenden Künste und der Photographie.**

II Die Privatklage kann auch erheben, wer neben dem Verletzten oder an seiner Stelle berechtigt ist, Strafantrag zu stellen. Die in § 77 Abs. 2 des Strafgesetzbuches genannten Personen können die Privatklage auch dann erheben, wenn der vor ihnen Berechtigte den Strafantrag gestellt hat.

III Hat der Verletzte einen gesetzlichen Vertreter, so wird die Befugnis zur Erhebung der Privatklage durch diesen und, wenn Körperschaften, Gesellschaften und andere Personenvereine, die als solche in bürgerlichen Rechtsstreitigkeiten klagen können, die Verletzten sind, durch dieselben Personen wahrgenommen, durch die sie in bürgerlichen Rechtsstreitigkeiten vertreten werden.

1 **1) Privatklagerecht des Verletzten** (I):

2 A. Nur die **Privatklagedelikte,** die I abschließend aufzählt, können im Wege der Privatklage verfolgt werden. Vollrausch (§ 323a StGB) ist kein Privatklagedelikt, auch wenn die Rauschtat es wäre (LR-Wendisch 16; EbSchmidt 7; Raschik NJW **52**, 1045; **aM** Kurth NJW **52**, 731). Auch der Verstoß gegen die in den Landespressegesetzen bestimmte Verpflichtung des verantwortlichen Redakteurs, Verlegers usw, Druckwerke von strafbarem Inhalt freizuhalten, ist nicht deshalb ein Privatklagedelikt, weil das Presseinhaltsdelikt unter den Katalog des I fällt (Bay AfP
3 **83**, 275; LR-Wendisch 15). Bei **Zusammentreffen mit einem Offizialdelikt** (Tateinheit, Gesetzeskonkurrenz, Tatmehrheit im Rahmen einer einheitlichen Tat iS des § 264) ist die Privatklage ausgeschlossen (RG **11**, 128; KK-Senge 7ff; LR-Wendisch 19; erg 9 zu § 376). Schon der hinreichende Verdacht, den das Gericht ohne Bindung an vorausgegangene Entscheidungen der StA beurteilt (Neustadt

MDR **61**, 955), daß auch ein Offizialdelikt vorliegt, führt zur Zurückweisung der Privatklage (vgl auch 7 zu § 383; 2 zu § 389). Stellt die StA ein solches Verfahren aber nach § 170 II ein, so hat der Verletzte die Wahl zwischen der Privatklage (KG JW **29**, 1503; LG Coburg BayJMBl **56**, 118; LR-Wendisch 23; Schlüchter 810) und einem Klageerzwingungsantrag nach § 172 II, der das Privatklagedelikt mitumfaßt (dort 2). Stellt die StA das Verfahren dagegen nach §§ 153 ff ein, so bleibt dem Verletzten lediglich die Dienstaufsichtsbeschwerde (11 zu § 376). Handelt es sich um **zwei Taten im verfahrensrechtlichen Sinn** (§ 264), so kann neben der 4
Anklage im Offizialverfahren wegen des Privatklagedelikts Privatklage erhoben werden. Die Verbindung beider Verfahren nach § 4 ist mit der Einschränkung des § 384 V zulässig (KK-Senge 7; LR-Wendisch 8 vor § 374).

B. Der **Verletzte** ist privatklageberechtigt, sofern er auf dieses Recht nicht 5
wirksam verzichtet hat (15 vor § 374). Er muß wie bei § 172 (dort 9 ff) durch die Tat unmittelbar in seinen Rechten beeinträchtigt sein (RG **69**, 107, 108; KK-Senge 2; KMR-Stöckel 1). Verletzt ist zB beim Hausfriedensbruch (§ 123 StGB) jeder Berechtigte, der über den Zugang zu den Räumen verfügen kann, also neben dem Eigentümer der Mieter, Pächter, auch der Untermieter (LR-Wendisch 4), bei Verletzung des Briefgeheimnisses (§ 202 StGB) der Absender bis zum Zugang beim Empfänger, danach der Empfänger (KK-Senge 6; LR-Wendisch 7), bei Bedrohung (§ 241 StGB) nur der unmittelbar Bedrohte (LR-Wendisch 10), bei der Sachbeschädigung (§ 303 StGB) der Eigentümer und der Besitzer, auch der Hauptmieter bei Untervermietung, nicht aber der Versicherer (LR-Wendisch 11).

C. **Antragsdelikte** sind die meisten Privatklagedelikte (Ausnahme: § 241 6
StGB). Handelt es sich um ein Antragsdelikt, so setzt die Befugnis des Verletzten zur Erhebung der Privatklage, ebenso wie seine Befugnis zum Anschluß als Nebenkläger (5 zu § 395), voraus, daß er selbst oder ein für ihn befugt Handelnder (III) rechtzeitig und wirksam einen Strafantrag nach § 77 StGB gestellt hat. In der Erhebung der Privatklage innerhalb der Antragsfrist liegt die Antragstellung (KK-Senge 4; Roxin § 61 D I; erg 3 zu § 158). Der Strafantrag eines anderen Berechtigten reicht nicht aus (Bay **49/51**, 579; **64**, 154 = JZ **65**, 371 mit abl Anm Sarstedt; KK-Senge 5; Rieß NStZ **89**, 103; **aM** KMR-Stöckel 4 f zu § 375; LR-Wendisch 3 ff zu § 375; erg 1 zu § 375). Auch der Beitritt nach § 375 II steht nur dem zu, der selbst wirksam Strafantrag gestellt hat (1 zu § 375).

2) **Privatklagerecht anderer Personen** (II): Neben dem Verletzten oder an 7
seiner Stelle (S. 1) können der Dienstvorgesetzte nach §§ 194 III, 230 II StGB, bei den Straftaten nach §§ 4, 6 c, 12 UWG andere Gewerbetreibende und gewerbliche Interessenverbände (§ 22 II iVm § 13 II Nr 1,2,4, III UWG) Privatklage erheben, sofern sie (ausgenommen die auch ohne Antrag verfolgbaren Straftaten nach §§ 4, 6 c UWG) rechtzeitig einen Strafantrag gestellt haben. Der Strafantrag des unmittelbar Verletzten oder eines anderen Berechtigten genügt nicht (KMR-Stöckel 28; LR-Wendisch 32; **aM** AK/StPO-Rössner 10). Die in § 77 II StGB bezeichneten Angehörigen (S. 2) sind nach dem Tod des Verletzten zur Erhebung der Privatklage auch berechtigt, wenn nur der vor ihnen Berechtigte oder der Verletzte vor seinem Tod den Strafantrag gestellt hat.

3) Die **Prozeßfähigkeit des Privatklägers** (III) ist eine Prozeßvoraussetzung. 8
Sie ist nach den Grundsätzen der §§ 51, 52 ZPO zu beurteilen (Frankfurt OLGSt S. 1; Hamm NJW **61**, 2322; Schlüchter 12; vgl allg W. Schmid SchlHA **81**, 153). Solange die Prozeßunfähigkeit nicht rechtskräftig festgestellt ist, kann der Privatkläger durch Einlegung von Rechtsmitteln die Nachprüfung seiner Geschäftsfähigkeit erreichen (Hamm aaO). Hat der Verletzte einen **gesetzlichen Vertreter,** so 9
muß dieser die Privatklage für ihn erheben; Privatkläger ist dann aber nicht der Vertreter, sondern der Verletzte (KK-Senge 13). Der Vertreter erhält jedoch die Stellung eines Verfahrensbeteiligten, der vor der Entscheidung zu hören ist, Anträge stellen und sonstige verfahrensrechtlichen Erklärungen abgeben kann (Düsseldorf

JMBlNW **62**, 198). Der Mangel der Prozeßfähigkeit führt zur Zurückweisung der Klage nach § 383 I oder zur Einstellung des Verfahrens nach §§ 206a, 260 III; er kann allerdings dadurch geheilt werden, daß der gesetzliche Vertreter die Klage nachträglich genehmigt (Frankfurt OLGSt S. 1; KK-Senge 3). Diese Genehmigung kann ohne Zustimmung des Angeklagten in jeder Lage des Verfahrens erteilt werden, aber nicht mehr nach Zurückweisung der Klage (Frankfurt aaO). Wird der Minderjährige im Laufe des Verfahrens volljähig und setzt er die Klage fort, so steht der ursprüngliche Mangel einer Sachentscheidung ebenfalls nicht entgegen
10 (LR-Wendisch 31). **Juristische Personen und Vereine** (rechtsfähige und nichtrechtsfähige) können Privatklage erheben, wenn sie in ihrer Ehre (vgl BGH **6**, 186; LG Würzburg NJW **59**, 1934 mit Anm Lürken; vgl auch Nürnberg NStZ **86**, 286) oder in ihrem Vermögen verletzt sind. Klageberechtigt sind auch ihre gebietlichen Gliederungen und sonstigen Unterorganisationen (Düsseldorf NJW **79**, 2525). Die Privatklage wird in solchen Fällen durch die Personen wahrgenommen, die die juristische Person oder den Verein in bürgerlichen Rechtsstreitigkeiten vertreten (KMR-Stöckel 31). Die Unterzeichnung durch den Geschäftsführer im Namen und im Auftrag des Vorstands genügt (Düsseldorf aaO).

Mehrere Klageberechtigte

375 **I Sind wegen derselben Straftat mehrere Personen zur Privatklage berechtigt, so ist bei Ausübung dieses Rechts ein jeder von dem anderen unabhängig.**

II Hat jedoch einer der Berechtigten die Privatklage erhoben, so steht den übrigen nur der Beitritt zu dem eingeleiteten Verfahren, und zwar in der Lage zu, in der es sich zur Zeit der Beitrittserklärung befindet.

III Jede in der Sache selbst ergangene Entscheidung äußert zugunsten des Beschuldigten ihre Wirkung auch gegenüber solchen Berechtigten, welche die Privatklage nicht erhoben haben.

1 **1) Mehrere Klageberechtigte** (I): Gemeint ist sowohl der Fall, daß mehrere Personen durch eine und dieselbe Straftat nach § 374 I iS des § 264 verletzt sind, als auch der Fall der weiteren Klageberechtigung nach § 374 II. Bei Antragsdelikten setzt das Klagerecht voraus, daß derjenige, der die Privatklage erhebt, wirksam
2 Strafantrag gestellt hat (6 zu § 374). Die **gemeinsame Erhebung der Privatklage** durch mehrere Berechtigte sieht das Gesetz nicht ausdrücklich vor; nach allgM ist sie aber statthaft (LR-Wendisch 2).

3 **2) Beitritt** (II): Eine selbständige Privatklage ist unzulässig, wenn ein anderer Berechtigter wegen derselben Tat bereits Privatklage erhoben hat. Dann ist nur der Beitritt zu dieser Privatklage möglich. Er setzt voraus, daß der Beitretende berechtigt ist, Privatklage zu erheben, insbesondere wirksam Strafantrag gestellt hat, wenn ein Antragsdelikt vorliegt (EbSchmidt 5; erg 6 zu § 374). Der Beitritt ist bis zum rechtskräftigen Abschluß des Verfahrens zulässig, nicht aber zum Zweck der Wiederaufnahme des Verfahrens (**aM** KMR-Stöckel 7; KK-Senge 6; LR-Wendisch
4 11). Die **Förmlichkeiten,** die für die Privatklage vorgeschrieben sind, gelten für den Beitritt nicht (LR-Wendisch 7). Weder ist ein Sühneversuch nach § 380 erforderlich, noch muß die Beitrittserklärung inhaltlich dem § 381 entsprechen. Der Beitritt kann schriftlich (Einl 128) oder zu Protokoll der Geschäftsstelle (Einl 131 ff), auch iVm der Einlegung eines Rechtsmittels, in der Hauptverhandlung
5 auch mündlich erklärt werden (LR-Wendisch 7). Die **Entscheidung über die Zulässigkeit des Beitritts** trifft das Gericht durch Beschluß. Den ablehnenden Beschluß kann der Beigetretene mit der Beschwerde nach § 304 I anfechten; der Angeklagte hat gegen den zulassenden Beschluß kein Rechtsmittel (LR-Wendisch
6 12). Als **Folge des zugelassenen Beitritts** erlangt der Beigetretene die Stellung

eines selbständigen Privatklägers. Sie wird weder durch die Unzulässigkeit noch durch die Zurücknahme der Privatklage berührt, der beigetreten worden ist (LR-Wendisch 20). **Kein Fall des II** liegt vor, wenn wegen derselben Tat mehrere 7
Privatklagen am selben Tag von verschiedenen Berechtigten erhoben werden. Die mehreren Privatklagen werden dann von Amts wegen zu einem Verfahren verbunden (Bay **30**, 224; LG Krefeld AnwBl **81**, 27; KK-Senge 4). Wird eine Privatklage später als die andere erhoben, so wird sie nach § 300 als Beitrittserklärung behandelt (LG Krefeld aaO; KK-Senge 5; LR-Wendisch 9; Schlüchter 814).

3) **Wirkung der Sachentscheidung** (III): Die rechtskräftige Entscheidung 8
über das Privatklagedelikt in der Sache, auch im Offizialverfahren, verbraucht die Strafklage wegen derselben Tat iS des § 264 auch gegenüber solchen Berechtigten, die keine Privatklage erhoben haben. Entscheidungen in der Sache iS von III sind auf Freispruch, Bestrafung oder Einstellung lautende Urteile, der wegen Fehlens des hinreichenden Tatverdachts oder aus sachlich-rechtlichen Gründen ergangene Zurückweisungsbeschluß nach § 383 I (dort 9) und die Verfahrenseinstellung nach § 383 II (LR-Wendisch 16). Wegen der Wirkung der Zurücknahme vgl 7 zu § 391. Auf den Vergleich (6 ff vor § 374) ist III nicht anzuwenden (RG **27**, 216; LR-Wendisch 17).

Erhebung der öffentlichen Klage **RiStBV 86, 87, 172, 229–235**

376 **Die öffentliche Klage wird wegen der in § 374 bezeichneten Straftaten von der Staatsanwaltschaft nur dann erhoben, wenn dies im öffentlichen Interesse liegt.**

1) **Öffentliches Interesse an der Erhebung der öffentlichen Klage:** Der 1
Begriff stimmt mit dem in § 153 I S. 1 (dort 7) überein (krit Rieß NStZ **81, 8**). RiStBV 86 II bezeichnet, für die StA bindend, die Verfolgung als im öffentlichen Interesse liegend, wenn der Rechtsfrieden über den Lebenskreis des Verletzten hinaus gestört und die Strafverfolgung ein gegenwärtiges Anliegen der Allgemeinheit ist, uU schon, wenn dem Verletzten wegen seiner persönlichen Beziehung zum Täter nicht zugemutet werden kann, Privatklage zu erheben. Bei Beleidigungen kommt es darauf an, ob die Ehrenkränkung erheblich ist. Wenn das der Fall oder der Tatbestand des § 188 StGB gegeben ist, wird das öffentliche Interesse meist zu bejahen sein (RiStBV 229 I; vgl auch RiStBV 232 I). Bei einer Körperverletzung liegt es idR vor, wenn die Tat roh war oder erhebliche Mißhandlungen vorgekommen sind (RiStBV 233). Zur Beachtung des OEG hierbei vgl Steyer DRiZ **89**, 201; dazu Wulfhorst DRiZ **89**, 461. Vgl auch RiStBV 260 I, 260 a I, II, 261 für den unlauteren Wettbewerb, Heghmanns NStZ **91**, 112 für das Urheberrecht, Meier/Böhm wistra **92**, 167 zur Softwarepiraterie. Mit den Interessen des Beschuldigten kann das öffentliche Interesse nicht begründet werden (**aM** Rieß NStZ **81**, 8: Ermöglichung der Verfahrenseinstellung nach §§ 153, 153 a). Bei
jugendlichen Beschuldigten, gegen die Privatklage nicht erhoben werden kann 2
(§ 80 I S. 1 **JGG**), verfolgt die StA die Tat ohne Rücksicht auf ein öffentliches Interesse, wenn Gründe der Erziehung oder ein berechtigtes Interesse des Verletzten, das dem Erziehungszweck nicht entgegensteht, es erfordern (§ 80 I S. 2 **JGG**).

2) Der **Begriff des besonderen öffentlichen Interesses** in §§ 183 II, 230 I, 3
248 a, 257 IV S. 2, 263 IV, 265 a III, 266 II StGB ist enger (vgl RiStBV 234 I, 243 I, III); dem des öffentlichen Interesses in § 376 steht er nicht gleich (Düsseldorf DAR **71**, 160). Sein Vorliegen ersetzt den sonst erforderlichen Strafantrag, betrifft also eine Prozeßvoraussetzung (Einl 145). Hat der Verletzte einen Strafantrag nach § 230 I StGB gestellt, so betreibt die StA das Verfahren wegen Körperverletzung, wenn das im öffentlichen Interesse liegt. Fehlt der Strafantrag, so kann sie das Verfahren nur einleiten und fortführen, wenn sie das besondere öffentliche

Interesse bejaht. Darin liegt zugleich die Bejahung des öffentlichen Interesses nach § 376.

4 **3) Entscheidung der StA:**

5 A. **Vorermittlungen** nach §§ 160 ff kann die StA anstellen, um die Entscheidung darüber vorzubereiten, ob das öffentliche Interesse vorliegt (LR-Wendisch 4; vgl auch RiStBV 86 III).

6 B. **Verneint die StA das öffentliche Interesse,** so stellt sie das Ermittlungsverfahren ein und verweist den Anzeigenden auf den Privatklageweg. Die StA kann alsbald nach Eingang der Anzeige so verfahren, aber auch nach Durchführung von Ermittlungen, wenn sie das öffentliche Interesse zunächst bejaht hatte. Gegen die Verfahrenseinstellung kann der Anzeigende lediglich Gegenvorstellungen und Dienstaufsichtsbeschwerde (21 ff vor § 296) erheben; das Klageerzwingungsverfahren schließt § 172 II S. 3 aus, weil die Interessen des Verletzten durch die Möglichkeit der Erhebung der Privatklage ausreichend gewahrt sind. Auch ein Antrag auf gerichtliche Entscheidung nach §§ 23 ff **EGGVG** ist nicht zulässig (Peters 574).

7 C. **Bejaht die StA das öffentliche Interesse,** was in ihrem Ermessen liegt, so muß sie eine Anklage erheben, der sich der Verletzte als Nebenkläger anschließen kann, wenn es sich um eine Katalogtat nach § 395 I Nr 1 Buchst b oder 3 oder um ein Privatklagedelikt nach § 374 I Nrn 7 oder 8 handelt (§ 395 II Nr 3). Ein Aktenvermerk der StA oder ein besonderer Hinweis in der Anklageschrift, daß das öffentliche Interesse an der Strafverfolgung angenommen wird, ist nicht vorgeschrieben und auch sonst nicht angezeigt (Oldenburg GA **59**, 187; Stuttgart JR **53**, 349; LR-Wendisch 10). Eine gerichtliche Überprüfung der Entscheidung der StA findet nicht statt (KMR-Stöckel 9 ff; LR-Wendisch 13), und zwar weder in dem anhängigen Strafverfahren (Oldenburg aaO; **aM** Husmann MDR **88**, 727; Kröpil DRiZ **86**, 19) noch außerhalb des Hauptverfahrens nach §§ 23 ff **EGGVG** (Hamm 1 VAs 1/66 vom 12. 1. 1966; Peters 574).

8 D. **Ändert die StA ihre Ansicht** über das Vorliegen des öffentlichen Interesses, so gilt folgendes: Bis zur Eröffnung des Hauptverfahrens kann sie die Klage aus diesem Grund nach § 156 zurücknehmen (LR-Wendisch 14). Nach Eröffnung des Hauptverfahrens ist die Zurücknahme ausgeschlossen; die nachträgliche Verneinung des öffentlichen Interesses kann dann nur als Zustimmung zur Verfahrenseinstellung nach § 153 II aufgefaßt werden (LR-Wendisch 16; vgl auch zu § 230 I StGB: RG **77**, 72; Bremen JZ **56**, 663; Karlsruhe VRS **15**, 356).

9 **4) Zusammentreffen von Privatklage- und Offizialdelikten:** Eine getrennte Verfolgung und Aburteilung ist nur zulässig, wenn es sich um mehrere Taten in dem verfahrensrechtlichen Sinn des § 264 handelt. Sonst muß das Verfahren einheitlich geführt werden. Das gilt sowohl bei Tateinheit und Gesetzeskonkurrenz als auch bei Tatmehrheit im Rahmen einer einheitlichen Tat iS des § 264. Den
10 **Vorrang** hat das Offizialverfahren. In ihm ist das Privatklagedelikt ohne Rücksicht auf das Vorliegen des öffentlichen Interesses nach § 376 mitzuverfolgen (Peters 573; Roxin § 61 F II 4). Es ist im Offizialverfahren selbst dann mit abzuurteilen, wenn die StA den Verletzten auf den Privatklageweg verwiesen hatte (RG **77**, 226; LR-Wendisch 21). Wird bei sachlichem Zusammentreffen des Privatklagedelikts
11 mit dem Offizialdelikt das **Verfahren nach § 153 I eingestellt,** so ist das Verfahren insgesamt abgeschlossen. Der Verletzte ist daher nicht berechtigt, Privatklage zu erheben (KK-Schoreit 13; LR-Rieß 10; beide zu § 153; Kuhlmann MDR **74**, 897; Mayer JZ **57**, 601; Schlüchter 810; **aM** LR-Wendisch 24; Klußmann MDR **74**, 362; erg 5 zu § 153). Die endgültige Einstellung des Verfahrens nach § 153 a verbraucht die Strafklage auch wegen des Privatklagedelikts.

12 **5) Zusammentreffen von Privatklagedelikt und OWi:** Verneint die StA das öffentliche Interesse, so stellt sie das Ermittlungsverfahren ein und gibt die Sache nach § 43 I OWiG an die VerwB ab. Wenn der Betroffene Einspruch gegen den

darauf erlassenen Bußgeldbescheid einlegt, der Verletzte aber keine Privatklage erhoben hat, muß das Gericht auf den Einspruch das Bußgeldverfahren nach § 81 OWiG in das Strafverfahren überleiten und das Privatklagedelikt mit aburteilen (Bay **76**, 117 = MDR **77**, 246; LG Oldenburg MDR **81**, 421; Kellner MDR **77**, 626; vgl im einzelnen Göhler 10 ff zu § 43 OWiG).

Übernahme des Verfahrens durch die StA **RiStBV 172**

377 **I Im Privatklageverfahren ist der Staatsanwalt zu einer Mitwirkung nicht verpflichtet. Das Gericht legt ihm die Akten vor, wenn es die Übernahme der Verfolgung durch ihn für geboten hält.**

II Auch kann die Staatsanwaltschaft in jeder Lage der Sache bis zum Eintritt der Rechtskraft des Urteils durch eine ausdrückliche Erklärung die Verfolgung übernehmen. In der Einlegung eines Rechtsmittels ist die Übernahme der Verfolgung enthalten.

1) Eine **Mitwirkungspflicht** (I S. 1) hat die StA im Privatklageverfahren grund- 1
sätzlich nicht. IdR erhält sie von der Privatklage nicht einmal Kenntnis. Zur Hauptverhandlung wird sie nicht geladen; Entscheidungen werden ihr nicht zugestellt. Nur im Rechtsmittelverfahren wirkt sie nach § 390 III S. 1 mit. Bevor sie
die Übernahme nach II erklärt, hat die StA auch kein **Mitwirkungsrecht.** Sie darf 2
in die Prozeßführung des Privatklägers weder durch Stellungnahmen noch durch Anträge gegenüber dem Gericht eingreifen (KMR-Stöckel 2, 3; Hilger JR **90**, 258; **aM** KK-Senge 2; LR-Wendisch 2 und 11 zu § 385; Peters 580; erg 10 zu § 385). An der Hauptverhandlung kann sie aber beobachtend teilnehmen, um entscheiden zu können, ob eine Übernahme nach II geboten ist.

2) Zur **Aktenvorlage an die StA** (I S. 2) ist das Gericht verpflichtet, wenn es 3
die Übernahme der Verfolgung durch sie für geboten hält (vgl unten 10). Die StA braucht die Vorlage aber nicht abzuwarten, sondern kann von sich aus zur Vorbereitung der Entscheidung, ob sie die Übernahme nach II erklären will, Akteneinsicht verlangen. Zuständig ist nur die StA bei dem dem AG übergeordneten LG, eine andere StA auch dann nicht, wenn in ihrem Bezirk ein Gerichtsstand nach §§ 7 ff gegeben ist (vgl BGH **11**, 56, 61; LR-Wendisch 3). Die Übernahme erfordert auch im Fall des I S. 2 eine ausdrückliche Erklärung (unten 6); eine schlüssige Handlung genügt ebensowenig wie nach II S. 1 (KMR-Stöckel 9; EbSchmidt Nachtr 7; aM Saarbrücken NJW **64**, 679; KK-Senge 6).

3) **Übernahmerecht der StA** (II): Die StA ist, auch gegen den Willen des 4
Privatklägers, berechtigt, das Verfahren **in jeder Lage** zu übernehmen, frühestens 5
mit dem Eingang der Privatklage bei einem Gericht, das für die Entscheidung zuständig sein kann (LR-Wendisch 4; vgl BGH **26**, 214, 216), aber nicht mehr nach Eintritt der Rechtskraft des Urteils, also nicht zu dem Zweck, die Wiederaufnahme nach §§ 359 ff zu betreiben (Bay **30**, 19; KK-Senge 5, **aM** KMR-Stöckel 8; LR-Wendisch 6; Pentz MDR **65, 885**). Wenn sie nicht durch Rechtsmitteleinlegung erfolgt (unten 9), verlangt die Übernahme eine **ausdrückliche Erklärung** 6
(II S. 1) gegenüber dem mit der Sache befaßten Gericht (Saarbrücken NJW **64**, 679; KMR-Stöckel 9), die bedingungsfeindlich (Einl 118, 119), unwiderruflich und bindend ist (Saarbrücken NJW **59**, 163; KK-Senge 11). War das **Privatklage-** 7
verfahren noch nicht eröffnet, so ist die rechtlich an sich mögliche (§ 156) Zurücknahme der Klage unzulässig (Bay **62**, 75, 77; LG Göttingen NJW **56**, 882; KMR-Stöckel 17; Peters 574), desgleichen die Verfahrenseinstellung nach § 170 I; auf diese Weise darf die Privatklage von der StA nicht erledigt werden (LG Göttingen aaO; LR-Schäfer 2 zu § 25 GVG; EbSchmidt 10; **aM** LR-Wendisch 19; vgl auch RiStBV 172 II S. 2). Eine neue Anklage braucht die StA nicht zu erheben; sie kann einfach bei dem zuständigen Gericht die Eröffnung des Hauptver-

fahrens beantragen (Braunschweig NdsRpfl **67**, 140; LR-Wendisch 8). Um dem Richter die Eröffnung in der für das Offizialverfahren vorgesehenen Form (§ 207) zu ermöglichen, empfiehlt sich aber, daß die StA eine Anklageschrift (die dann keine Prozeßvoraussetzung ist) vorlegt, insbesondere, wenn die Tat zugleich als
8 Offizialdelikt verfolgt wird (Köln OLGSt S. 9, 11; KMR-Stöckel 10). **Nach Eröffnung des Hauptverfahrens** wird die Übernahme durch schriftliche Erklärung gegenüber dem Gericht erklärt; der Erlaß eines neuen Eröffnungsbeschlusses ist nicht erforderlich. Soweit sie die Tat als Offizialdelikt verfolgt, muß die StA dem Gericht aber eine entspr Mitteilung machen, wobei sie sich zweckmäßigerweise an die Form des § 200 anlehnt. Diese Schrift kann vom Gericht zur Grundlage der (am besten noch vor der Hauptverhandlung zu erteilenden) Hinweise nach § 265 gemacht werden (KK-Senge 6). In der Hauptverhandlung erfolgt die Übernahme durch mündliche Erklärung, die in der Sitzungsniederschrift zu beurkunden ist
9 (LR-Wendisch 10). Die **Einlegung von Rechtsmitteln** zugunsten oder zuungunsten des Angeklagten, auch von Beschwerden, enthält stets die Übernahmeerklärung (II S. 2). Die StA kann nicht ein Rechtsmittel einlegen und gleichzeitig wirksam erklären, sie wolle das Verfahren nicht übernehmen (LR-Wendisch 11). Bei der Rechtsmitteleinlegung läuft für die StA keine eigene Frist; sie muß die für
10 den Privatkläger geltende Frist einhalten (KK-Senge 7). Den **Grund der Übernahme** braucht die StA nicht mitzuteilen. Er kann darin liegen, daß sie das öffentliche Interesse nach § 376 bejaht (dazu RiStBV 86), aber auch darin, daß sie der Meinung ist, es liege kein Privatklagedelikt, sondern ein Offizialdelikt vor oder das Privatklagedelikt stehe mit einem Offizialdelikt nur in Tateinheit (Celle NJW **62**, 1217; Düsseldorf JMBlNW **64**, 80). Die StA braucht in diesem Fall nicht etwa zu warten, bis das Gericht das Privatklageverfahren nach § 389 I eingestellt hat
11 (LR-Wendisch 19ff; **aM** LG Göttingen NJW **56**, 882). Die **Folge der Übernahme,** von der die StA den Privatkläger unter Hinweis auf eine etwa bestehende Nebenklagebefugnis und auf die Kostenfolge des § 472 III S. 2 zu benachrichtigen hat (RiStBV 172 II S. 1), ist nicht die Beseitigung des Privatklageverfahrens. Das Verfahren wird daher nicht eingestellt, sondern in der Lage, in der es sich befindet, als gewöhnliches Strafverfahren weitergeführt (BGH **11**, 56, 61; Bay **62**, 75; Braunschweig OLGSt S. 5; LR-Wendisch 21). Auch eine erhobene Widerklage bleibt wirksam (erg 5 zu § 388) und verwandelt sich, wenn die StA sie nicht ebenfalls übernimmt, in eine reine Privatklage (KK-Senge 12), die von dem Offizialverfahren abzutrennen ist. Ein Wechsel der Gerichtszuständigkeit tritt nicht ein, auch wenn für die Offizialklage ein anderes Gericht zuständig gewesen wäre (BGH aaO; LR-Wendisch 21). Der Strafrichter bleibt daher auch zuständig, wenn die Offizialklage vor dem SchG zu erheben gewesen wäre (KK-Senge 8; LR-Wendisch
12 21; erg 2 zu § 25 GVG). Der **Privatkläger scheidet aus dem Verfahren aus.** Will er weiterhin an dem Verfahren teilnehmen, so muß er nach § 396 I S. 1 seinen Anschluß als Nebenkläger erklären, sofern er nach § 395 nebenklageberechtigt ist. Auch wenn er das unterläßt, muß ihm der verurteilte Angeklagte aber die notwendigen Auslagen ersetzen, die er als Privatkläger gehabt hat (§ 472 III).

Beistand und Vertreter des Klägers

378 **Der Privatkläger kann im Beistand eines Rechtsanwalts erscheinen oder sich durch einen mit schriftlicher Vollmacht versehenen Rechtsanwalt vertreten lassen. Im letzteren Falle können die Zustellungen an den Privatkläger mit rechtlicher Wirkung an den Anwalt erfolgen.**

1 **1) In der Hauptverhandlung** (S. 1), auch bei Beweisaufnahmen nach § 202 (4 zu § 383) und §§ 223, 225, kann der Privatkläger im Beistand eines RA erscheinen oder sich von einem RA vertreten lassen. Die entspr Vorschrift für den Angeklagten
2 enthält § 387 I. Die **Einschaltung eines RA** ist für den Privatkläger, von den

Fällen der §§ 385 III, 390 II abgesehen, nicht vorgeschrieben (LR-Wendisch 1). Er kann die Privatklage selbst oder durch einen beliebigen Bevollmächtigten erheben und auch sonst unmittelbar oder durch Bevollmächtigte mit dem Gericht verkehren, insbesondere seine Sache in der Hauptverhandlung selbst vertreten. Auch wenn er einen RA bevollmächtigt hat, ist er berechtigt, an der Hauptverhandlung teilzunehmen (Woesner NJW 59,704) und ihre Aussetzung zu verlangen, wenn er verhandlungsunfähig ist (KG JR **61**, 106 mit Anm Sarstedt; Bremen GA **59**, 151; LR-Wendisch 1). Hat er einen RA mit seiner Vertretung beauftragt, so braucht er nicht selbst zu erscheinen, sofern das Gericht nicht sein persönliches Erscheinen nach § 387 III angeordnet hat. **Nur ein RA** kann Beistand oder Ver- 3
treter des Privatklägers in der Hauptverhandlung sein. Untervollmacht (11 vor § 337) kann er nur einem anderen RA erteilen (M. J. Schmid MDR **79**, 805); er kann sich aber nach § 139 von einem Referendar vertreten lassen (§ 387 II). Nach dem klaren Wortlaut des S. 1 sind Hochschullehrer ausgeschlossen (KK-Senge 2; Woesner NJW **59**, 704; **aM** LR-Wendisch 3; Schlund GA **70**, 329). Rechtsbeistände können nicht nach § 138 II zugelassen werden (Bay **52**, 188 = NJW **53**, 76; Hamm AnwBl **59**, 150; Hamburg GA **66**, 220 = MDR **66**, 256; LR-Wendisch 3; Brangsch NJW **52**, 650; Woesner aaO; **aM** LG Dortmund Rpfleger **54**, 103; LG Wuppertal JMBlNW **59**, 257). Für die **Form der Prozeßvollmacht** gelten die 4
Grundsätze für die Verteidigervollmacht (9 vor § 137) entspr. Die Vertretungsvollmacht muß nach S. 1 immer schriftlich erteilt werden. Die **Ladung des RA** 5
richtet sich nach §§ 217, 218 I (Celle MDR **66**, 256; LR-Wendisch 10; vgl auch Karlsruhe VRS **50**, 119). Zur Frage der **Wiedereinsetzung bei Verschulden des** 6
RA vgl 19, 20 zu § 44.

2) **Zustellungen** (S. 2) können (müssen aber nicht) an den mit der Vertretung 7
des Privatklägers beauftragten RA gerichtet werden, wenn sich eine schriftliche Vollmacht bei den Akten befindet (Stuttgart OLGSt § 45 S. 17; BGH NStZ **95**, 47 läßt offen, ob Besitz des RA genügt). Die Vollmacht, die sich nicht ausdrücklich auf Zustellungen zu erstrecken braucht (**aM** KMR-Stöckel 5), erlaubt es auch, andere Bekanntmachungen, die nicht förmlich zugestellt werden, an die Adresse des Bevollmächtigten zu richten (vgl 4 zu § 145 a). Auf Zustellungen von Ladungen ist § 145 a II entspr anwendbar. Wird dem Bevollmächtigten zugestellt, so gilt § 145 a III entspr, bei Doppelzustellungen § 37 III.

Sicherheitsleistung; Prozeßkostenhilfe

379 **I Der Privatkläger hat für die dem Beschuldigten voraussichtlich erwachsenden Kosten unter denselben Voraussetzungen Sicherheit zu leisten, unter denen in bürgerlichen Rechtsstreitigkeiten der Kläger auf Verlangen des Beklagten Sicherheit wegen der Prozeßkosten zu leisten hat.**

II Die Sicherheitsleistung ist durch Hinterlegung in barem Geld oder in Wertpapieren zu bewirken.

III Für die Höhe der Sicherheit und die Frist zu ihrer Leistung sowie für die Prozeßkostenhilfe gelten dieselben Vorschriften wie in bürgerlichen Rechtsstreitigkeiten.

1) Für die **Sicherheitsleistung** verweist I auf die §§ 108–113 ZPO. Verpflichtet 1
ist daher nur der Privatkläger, der **Ausländer oder Staatenloser** ohne Inlands- 2
wohnsitz ist (§ 110 I ZPO); Ausnahmen bestimmt § 110 II Nrn 1, 3 ZPO. Die Verpflichtung zur Sicherheitsleistung entfällt, wenn dem Privatkläger Prozeßkostenhilfe (unten 7 ff) bewilligt ist (§ 122 I Nr 2 ZPO). **Nur auf Verlangen** des 3
Beschuldigten ist Sicherheit zu leisten (§ 110 I S. 1 ZPO). Im Rechtsmittelverfahren kann das Verlangen nur gestellt werden, wenn die Voraussetzungen des § 111 ZPO vorliegen (Celle NJW **55**, 724; KMR-Stöckel 1). Eine Sicherheitsleistung für

das Berufungsverfahren kann aber nach § 112 III ZPO verlangt werden, wenn die im 1. Rechtszug geleistete Sicherheit nicht ausreicht (Frankfurt NJW **80**, 2032).
4 **Bewirkt** wird die Sicherheitsleistung durch Hinterlegung von Bargeld oder Wert-
5 papieren. Die **Höhe** bestimmt das Gericht nach freiem Ermessen (II, III iVm § 112 I ZPO). Nach § 112 II ZPO ist der Betrag zugrunde zu legen, den der Beschuldigte wahrscheinlich aufzuwenden haben wird. Dabei sind die Kosten aller Rechtszüge zu berücksichtigen, die dem Privatkläger zur Verfügung stehen (Celle NJW **55**, 724; LR-Wendisch 11). Für die Leistung der Sicherheit ist dem Privat-
6 kläger eine **Frist** zu setzen (III iVm § 113 S. 1 ZPO). Wird sie versäumt, so gilt § 113 S. 2 ZPO, nicht der strengere § 391 II. Daher muß die Privatklage durch besonderen Beschluß für zurückgenommen erklärt oder das Rechtsmittel des Privatklägers verworfen werden. Anders als nach § 392 kann die Privatklage unter Nachholung der Sicherheitsleistung erneut erhoben werden (LR-Wendisch 12).

7 **2) Prozeßkostenhilfe** kann dem Privatkläger bewilligt werden, dem Beschuldigten nur, wenn er zugleich Widerkläger ist, und nur in dieser Eigenschaft (Düsseldorf NStZ **89**, 92; LG Essen NStZ **86**, 329 mit zust Anm Dehn). Das gilt auch für den Fall, daß der Privatkläger anwaltlich vertreten ist (Düsseldorf JMBlNW **88**, 178; LG Essen aaO; vgl auch BVerfGE **63**, 380 = NJW **83**, 1599;
8 Kaster MDR **94**, 1073). Anwendbar sind die **Bestimmungen der ZPO** (§§ 114 ff), soweit sie Voraussetzungen und Wirkung der Prozeßkostenhilfe (dazu allg D. Meyer JurBüro **83**, 1601) und das Verfahren (KMR-Stöckel 4; LR-Wendisch 21; **aM** Düsseldorf MDR **87**, 79; KK-Senge 4) regeln; nur die Anfechtbarkeit richtet sich nach der StPO (unten 17). Die Sonderregelung des § 397 a II, III für die Bewilligung der Prozeßkostenhilfe für den Nebenkläger hat für das Privat-
9 klageverfahren keine Bedeutung. **Voraussetzung der Bewilligung** ist das wirtschaftliche Unvermögen des Privatklägers (§§ 114, S. 1, 115 ZPO); er muß außerstande sein, die Kosten der Prozeßführung aufzubringen, auch nicht teilw oder in Raten (erg 8 zu § 397 a). Ferner muß die Privatklage hinreichende Aussicht auf Erfolg haben; daran fehlt es zB, wenn eine Einstellung nach § 383 II S. 1 zu erwarten ist (Kaster MDR **94**, 1074). Die Privatklage darf auch nicht mutwillig sein; das ist der Fall, wenn ein Verletzter, der seine Kosten selbst aufbringen müßte,
10 von der Erhebung der Privatklage absehen würde (LR-Wendisch 17). Die **Beiordnung eines RA** kann der Privatkläger nach § 121 I ZPO verlangen, wenn dessen Mitwirkung vorgeschrieben ist, also im Fall des § 390 II, sonst nur, wenn die Vertretung erforderlich erscheint (§ 121 II S. 1 erste Alt ZPO), insbesondere bei besonderer Schwierigkeit der Sach- oder Rechtslage, aber auch, wenn Akteneinsicht erforderlich ist, die der Privatkläger nach § 385 III nur durch einen RA nehmen kann. § 121 II S. 1 zweite Alt ZPO, wonach die Beiordnung eines RA notwendig ist, wenn der Gegner durch einen RA vertreten ist, gilt nicht entspr (vgl BVerfGE **63**, 380 = NJW **83**, 1599; Düsseldorf MDR **86**, 166; LG Essen NStZ **86**, 329 mit Anm Dehn; **aM** Behn NStZ **84**, 103; vgl auch KG JR **82**, 169; Celle NdsRpfl **83**, 148; Frankfurt NStZ **86**, 42; Hamburg MDR **85**, 605 für den Nebenkläger). Anwendbar ist aber § 121 II S. 2 ZPO, wonach ein auswärtiger RA zu den Bedingungen eines ortsansässigen beigeordnet werden kann (Hamm NJW **83**,
11 1507; **aM** Köln OLGSt Nr 1). **Nur auf Antrag** wird die Prozeßkostenhilfe bewilligt. Der Antrag ist bei dem Gericht zu stellen, bei dem die Privatklage erhoben ist oder erhoben werden soll, ggf bei dem Rechtsmittelgericht. Wegen der
12 Einzelheiten der Antragstellung vgl 10 zu § 397 a. Durch **Beschluß des Gerichts,** der mit Gründen zu versehen ist, wenn die Bewilligung versagt wird (§ 34), wird die Prozeßkostenhilfe bewilligt, nach § 119 I S. 1 ZPO immer nur für den jeweiligen Rechtszug (vgl LG Flensburg JurBüro **85**, 1110). Berufungs- und Revisionsgericht müssen besonders entscheiden (zur Zuständigkeit des Revisionsgerichts vgl 7 zu § 347). In dem Beschluß setzt das Gericht ggf die von dem Privatkläger zu zahlenden Monatsraten und die aus dem Vermögen zu zahlenden Beträge fest (§ 120 I ZPO). Vor der Rechtskraft der Entscheidung über die Prozeßkostenhilfe

darf über die Privatklage nicht entschieden werden (LG Frankfurt a.M. NJW **53**, 798; LG Köln MDR **58**, 662; EbSchmidt 7). Wegen der **rückwirkenden Bewilligung** vgl 15 zu § 397 a. Zu den **Rechtsfolgen der Bewilligung** vgl oben 2 und 17 zu § 397 a. 13 14

3) Rechtsmittel: Gegen die ihm nachteiligen Entscheidungen über die **Sicherheitsleistung** kann der Privatkläger Beschwerde nach § 304 I einlegen. Im Verfahren über die **Prozeßkostenhilfe** findet nicht das Beschwerdeverfahren nach § 127 ZPO, sondern das nach § 304 I statt (RG **30**, 143; Bay **49/51**, 242 = NJW **51**, 164; Celle MDR **57**, 374; Düsseldorf MDR **87**, 79; Hamburg NJW **69**, 944; Köln OLGSt Nr 1; KK-Senge 4; EbSchmidt Nachtr 3; **aM** LR-Wendisch 20 ff, 31 ff). Daher ist entgegen § 127 II S. 2, 567 III ZPO Beschwerde auch gegen Entscheidungen des Berufungsgerichts zulässig (Celle aaO; Düsseldorf aaO; Hamburg aaO; Oldenburg NdsRpfl **56**, 116; KMR-Stöckel 12). § 305 S. 1 steht der Beschwerde nicht entgegen (Bay aaO; Hamburg aaO); Entscheidungen der OLGe sind nach § 304 IV S. 2 unanfechtbar (RG **30**, 143). Weitere Beschwerde ist nach § 310 I ausgeschlossen. Die Wertgrenze des § 304 III gilt nicht (Frankfurt Rpfleger **55**, 79). **Beschwerdeberechtigt** ist nur der Privatkläger, dessen Antrag auf Prozeßkostenhilfe ganz oder teilw abgelehnt worden ist. Der Beschuldigte ist durch die Bewilligung nicht beschwert und hat daher kein Anfechtungsrecht (KMR-Stöckel 13; **aM** EbSchmidt Nachtr 3; vgl auch Stuttgart MDR **86**, 75; KK-Senge 6; LR-Wendisch 30, die die fehlende Beschwerdebefugnis aus § 127 II S. 1 ZPO herleiten). Der Bezirksrevisor als Vertreter der Landeskasse ist auch dann nicht beschwerdeberechtigt, wenn die Bewilligung der Prozeßkostenhilfe grob gesetzwidrig ist (vgl KMR-Stöckel 15; **aM** LG Essen NStZ **86**, 329 mit abl Anm Dehn). 15 16 17 18

Gebührenvorschuß

379a **I Zur Zahlung des Gebührenvorschusses nach § 67 Abs. 1 des Gerichtskostengesetzes soll, sofern nicht dem Privatkläger die Prozeßkostenhilfe bewilligt ist oder Gebührenfreiheit zusteht, vom Gericht eine Frist bestimmt werden; hierbei soll auf die nach Absatz 3 eintretenden Folgen hingewiesen werden.**

II Vor Zahlung des Vorschusses soll keine gerichtliche Handlung vorgenommen werden, es sei denn, daß glaubhaft gemacht wird, daß die Verzögerung dem Privatkläger einen nicht oder nur schwer zu ersetzenden Nachteil bringen würde.

III Nach fruchtlosem Ablauf der nach Absatz 1 gestellten Frist wird die Privatklage zurückgewiesen. Der Beschluß kann mit sofortiger Beschwerde angefochten werden. Er ist von dem Gericht, das ihn erlassen hat, von Amts wegen aufzuheben, wenn sich herausstellt, daß die Zahlung innerhalb der gesetzten Frist eingegangen ist.

1) Fristsetzung zur Zahlung des Gebührenvorschusses(I): Für die Privatklage, die Berufung und Revision sowie den Wiederaufnahmeantrag hat der Privatkläger nach § 67 I S. 1 GKG einen Gebührenvorschuß in Höhe der Hälfte der bei Freispruch oder Straffreierklärung des Beschuldigten zu erhebenden Gebühren zu zahlen, nach Nr 6540 KVGKG also 60 DM. Der Widerkläger ist zur Zahlung des Vorschusses nicht verpflichtet (§ 67 I S. 2 GKG). Die **Fristbestimmung,** die trotz der Ausgestaltung des I als Sollvorschrift zwingend ist (KMR-Stöckel 3; LR-Wendisch 6), bezieht sich auf die Zahlung nicht auf ihren Nachweis (Hamm JMBlNW **58**, 165). Sie erfolgt durch das Gericht, nicht durch den Vorsitzenden allein (Bay **53**, 214 = VRS **6**, 53; Schleswig GA **57**, 425; LR-Wendisch 4). Der Privatkläger muß durch Beschluß, der nach § 35 zuzustellen ist, aufgefordert werden, innerhalb einer angemessenen Frist (unten 8), deren Ende eindeutig be- 1 2

zeichnet werden muß (Hamm JMBlNW **58**, 165: andernfalls ist Fristsetzung unwirksam), den Gebührenvorschuß zu zahlen. Ferner ist er auf die Rechtsfolgen
3 des III S. 1 hinzuweisen. Auf Antrag oder von Amts wegen ist eine **Verlängerung der Frist** möglich, solange sie nicht abgelaufen ist (Celle NJW **66**, 1670; Hamm NJW **73**, 1206). Die Fristverlängerung von Amts wegen kann insbesondere geboten sein, wenn eine Rechtsschutzversicherung oder ein anderer Zahler vor Fristablauf mitteilt, daß der Vorschuß alsbald gezahlt wird (Celle aaO mit abl Anm Schöndorf NJW **66**, 2076; LR-Wendisch 9). Stellt der Privatkläger vor Fristablauf einen
4 **Antrag auf Prozeßkostenhilfe** (7 ff zu § 379), so wird die Fristsetzung gegenstandslos (Schleswig SchlHA **51**, 65; KK-Senge 2; LR-Wendisch 8; **aM** Hamm NJW **73**, 1206: Fristverlängerung bis zur Entscheidung über den Antrag). Wird die Prozeßkostenhilfe versagt, so muß die Fristsetzung erneuert werden (Schleswig aaO); wird sie bewilligt, so entfällt die Zahlung des Gebührenvorschusses. Die
5 **entsprechende Anwendung des § 379 a** im Berufungs- und Revisionsrechtszug bestimmt § 390 IV.

6 2) **Gerichtliche Handlungen vor der Vorschußzahlung** (II) sollen nicht stattfinden. Gleichwohl vorgenommene Handlungen sind aber wirksam, auch wenn nicht der Ausnahmefall des Hs 2 vorliegt (KK-Senge 2; LR-Wendisch 11). Das gilt auch für den Eröffnungsbeschluß (KMR-Stöckel 5; vgl auch Bay NJW **58**, 1149). Einen Nachteil durch Verzögerung der Handlung iS des Hs kann der Privatkläger zB bei Gefahr der Wiederholung der gegen ihn gerichteten Straftat erleiden (LR-Wendisch 11). Zur Glaubhaftmachung vgl 5 ff zu § 26; 6 zu § 45.

7 3) Die **Folge der Fristversäumnis** (III S. 1) ist die Zurückweisung der Privat-
8 klage durch nach § 34 mit Gründen versehenen Gerichtsbeschluß. Die **Fristversäumnis** führt, ohne Rücksicht auf ein Verschulden des Privatklägers (Bamberg NJW **49**, 835; KK-Senge 5; LR-Wendisch 12; vgl aber KMR-Stöckel 8, der Wiedereinsetzungsgründe berücksichtigen will), zur Zurückweisung, wenn der Vorschuß am letzten Tag der angemessen festgesetzten Frist (vgl Celle OLGSt S. 1: 6 Tage sind zu kurz) nicht gezahlt ist. War ein zu hoher Vorschuß verlangt worden, so gilt III S. 1 selbst dann nicht, wenn nicht einmal der vorgeschriebene Vorschuß von 50 DM gezahlt worden ist (Bay **54**, 74 = NJW **54**, 1735; LR-Wendisch 6).
9 Der **Tag des Eingangs** bei der Gerichtskasse ist bei Übersendung von Zahlungsmitteln, auch von Gerichtskostenmarken, maßgebend (Hamm NJW **60**, 547); es genügt aber der innerhalb der Frist erfolgte Überweisungsauftrag an die Bank (Saarbrücken NStE Nr 2). Dasselbe wurde schon früher für Einzahlungen oder Überweisungsaufträge bei der Post angenommen (Celle NJW **66**, 1670; Hamm JMBlNW **58**, 165; Stuttgart MDR **74**, 1037; **aM** LG Heilbronn NJW **79**, 2219); nach der Privatisierung der Post (vgl 8 zu § 99) besteht hier aber kein Unterschied zu anderen Banken als der Deutschen Postbank mehr. Der Nachweis der Zahlung ist zur Fristwahrung nicht erforderlich (Hamm aaO; LR-Wendisch 12). Bei unver-
10 schuldeter Säumnis kann **Wiedereinsetzung** nach § 44 beantragt oder nach § 45 II S. 1 von Amts wegen bewilligt werden (KK-Senge 4). Das Gericht hat aber nach Wiedereinsetzungsgründen nicht zu forschen (Bamberg NJW **49**, 835; LR-Wendisch 12). War die Privatklage bereits zurückgewiesen, so wird dieser Beschluß mit der Wiedereinsetzung in den vorigen Stand gegenstandslos; das wird in dem
11 Wiedereinsetzungsbeschluß zweckmäßigerweise klargestellt. Die **erneute Erhebung der Privatklage,** die nach III S. 1 zurückgewiesen worden war, ist entspr § 391 II ausgeschlossen (Bay **56**, 4 = NJW **56**, 758; Hamm NJW **53**, 717; LG Bonn NStZ **91**, 204; **aM** Hamburg NStZ **89**, 244; KMR-Stöckel 6; LR-Wendisch 14 ff).

12 4) **Rechtsmittel** (III S. 2, 3): Der Beschluß über die Zahlungsaufforderung und Fristsetzung nach I kann mit der einfachen Beschwerde nach § 304 I angefochten werden (Bay **28**, 53; NJW **55**, 1199; KMR-Stöckel 9). Gegen den Zurückweisungsbeschluß kann der Privatkläger nach III S. 2 sofortige Beschwerde (§ 311)

einlegen. Der Beschuldigte, der dadurch nicht beschwert ist, kann die Ablehnung seines Antrags auf Zurückweisung der Privatklage nicht anfechten (KK-Senge 5; LR-Wendisch 13; KMR-Stöckel 11). Abweichend von § 311 III S. 1 muß das Gericht den Zurückweisungsbeschluß von Amts wegen aufheben, wenn sich herausstellt, daß die Zahlungsfrist nicht versäumt war (S. 3).

5) Für den **Auslagenvorschuß** nach § 68 I GKG gilt die Regelung des § 379a nicht. Er ist nur auf gerichtliche Anordnung und nur vom Privatkläger zu zahlen, vom Beschuldigten nur, wenn er die Vornahme einer Handlung als Widerkläger beantragt (§ 68 II GKG). Die Vorschußpflicht besteht nicht, wenn das Gericht von Amts wegen tätig wird (§ 68 III S. 2 GKG). Zur Frage, ob der Privatkläger den Auslagenvorschuß auch für die Vernehmung der vom Beschuldigten beantragten Entlastungszeugen zahlen muß, vgl LR-Wendisch 2ff zu § 379. Die Nichtzahlung des Vorschusses hat lediglich zur Folge, daß die beantragte Handlung unterbleibt (§ 68 I S. 2 GKG). 13

Sühneversuch

380 **I Wegen Hausfriedensbruchs, Beleidigung, Verletzung des Briefgeheimnisses, Körperverletzung (§§ 223 und 229 des Strafgesetzbuches), Bedrohung und Sachbeschädigung ist die Erhebung der Klage erst zulässig, nachdem von einer durch die Landesjustizverwaltung zu bezeichnenden Vergleichsbehörde die Sühne erfolglos versucht worden ist. Der Kläger hat die Bescheinigung hierüber mit der Klage einzureichen.**

II Die Landesjustizverwaltung kann bestimmen, daß die Vergleichsbehörde ihre Tätigkeit von der Einzahlung eines angemessenen Kostenvorschusses abhängig machen darf.

III Die Vorschriften der Absätze 1 und 2 gelten nicht, wenn der amtliche Vorgesetzte nach § 194 Abs. 3 oder § 230 Abs. 2 des Strafgesetzbuches befugt ist, Strafantrag zu stellen.

IV Wohnen die Parteien nicht in demselben Gemeindebezirk, so kann nach näherer Anordnung der Landesjustizverwaltung von einem Sühneversuch abgesehen werden.

1) **Sühneversuch vor Vergleichsbehörde als Klagevoraussetzung** (I, II): 1

A. **Vergleichsbehörden** sind Organe der Rechtspflege, funktionell mit der JV verbunden (BGHZ **36**, 193 = NJW **62**, 485; KK-Senge 1; LR-Wendisch 4). I S. 1 sieht vor, daß sie von der LJV einzurichten sind; das schließt jedoch besondere gesetzliche Regelungen nicht aus. Solche Regelungen haben alle Länder getroffen. 2
Im einzelnen sind Vergleichsbehörden in **Baden-Württemberg** die Gemeinden (§ 37 S. 1 BWAGGVG sowie VO vom 23. 10. 1971 [GBl 422]), in **Bayern** die Gemeinden (Art 49 I BayAGGVG und VO vom 13. 12. 1956 [BayBS I 611]), in **Bremen** das AG (§ 2 AGStPO vom 18. 12. 1958 [GBl 103], geändert durch Ges vom 18. 12. 1974 [GBl 351, 363], und VO vom 30. 12. 1958 [GBl 105], zuletzt geändert durch VO vom 26. 4. 1983 [GBl 276]), in **Hamburg** die öffentliche Rechtsauskunfts- und Vergleichsstelle (§ 1 VO vom 4. 2. 1946 [VBl 13] und GeschäftsO vom 15. 11. 1946 [AmtlAnz 1947, 10]), zuletzt geändert durch VO vom 8. 12. 1974 [GVBl 381]). In den übrigen Ländern ist der Schiedsmann zuständig, in **Berlin** nach §§ 33ff SchiedsmannsG vom 31. 5. 1965 (GVBl 705), zuletzt geändert durch Ges vom 29. 6. 1987 (GVBl 1861), in **Hessen** nach §§ 33ff SchiedsmannsG idF vom 13. 2. 1975 (GVBl I 29), zuletzt geändert durch Art 3 des Ges vom 4. 11. 1987 (GVBl I 193), in **Niedersachsen** nach §§ 33ff SchiedsmannsO idF vom 28. 2. 1972 (GVBl 128), zuletzt geändert durch Ges vom 22. 5. 1987 (GVBl 95), in **Nordrhein-Westfalen** nach §§ 33ff SchiedsmannsO idF vom 3

10. 3. 1970 (GVNW 194), zuletzt geändert durch Ges vom 31. 3. 1987 (GVNW
139), in **Rheinland-Pfalz** nach §§ 9 ff der SchiedsmannsO vom 14. 12. 1977
(GVBl 433), im **Saarland** nach §§ 33 ff SchiedsmannsO idF vom 25. 11. 1971
(ABl 793), zuletzt geändert durch Ges vom 13. 11. 1974 (ABl 1011, 1016), in
Schleswig- Holstein nach §§ 33 ff SchiedsmannsO idF vom 31. 7. 1974 (GVOBl
271), geändert durch Ges vom 20. 3. 1987 (GVOBl 131). In **Brandenburg,
Mecklenburg-Vorpommern, Sachsen, Sachsen-Anhalt und Thüringen**
nehmen die Schiedsstellen nach dem Ges vom 13. 9. 1990, das weiterhin gilt (vgl
41 zu § 153), die Aufgaben der Vergleichsbehörde wahr. Soweit nach den Landes-
4 gesetzen der **Ausschluß von Bevollmächtigten** oder Beiständen zugelassen ist,
gilt das nicht für RAe (§ 225 I S. 2 BRAO).

5 B. Das **Sühneverfahren** (vgl die Darstellungen bei Martin, Das Sühneverfahren
vor dem Schiedsmann in Strafsachen, 1988, und bei Stöckel, Sühneversuch im
Privatklageverfahren, 1982) ist nur wegen der in I S. 1 bezeichneten Straftaten
6 **erforderlich.** Trifft eine solche Straftat mit einer anderen Straftat nach § 374 I
zusammen und bilden beide eine einheitliche Tat iS des § 264, so entfällt die
Notwendigkeit des Sühneversuchs (KMR-Stöckel 11; LR-Wendisch 50). Sie ent-
fällt auch für die Widerklage, für den Beitritt nach § 375 II und für die Nachtrags-
7 anklage (3 zu § 384). Das Sühneverfahren ist noch **kein Strafverfahren,** die
Vergleichsbehörde ist kein Strafverfolgungsorgan. Daher trifft sie auch nicht die
Belehrungspflicht nach § 136 I S. 2 (LR-Wendisch 29; von Weber SchiedsmZ **66**,
153; **aM** Hartung SchiedsmZ **66**, 164, 189; Rüping 732 mit der Begründung, das
Sühneverfahren sei ein Vorverfahren des Privatklageverfahrens). Das Sühneverfah-
8 ren führt, wenn es erfolgreich ist, zum **Sühnevergleich** (vgl 15 ff vor § 374), der
nach § 779 I BGB zu beurteilen ist. Er enthält einen Verzicht auf das Privatklage-
recht, die Zurücknahme des Strafantrags nur, wenn das ausdrücklich vereinbart
worden ist (Tröndle 30 zu § 77 StGB; Holland Rpfleger **68**, 45; **aM** Rüping 733;
vgl auch RG **76**, 345, das eine Zurücknahme vor der Vergleichsbehörde für
unwirksam hält). Die Rechte der StA und anderer Klageberechtigter läßt der
Vergleich unberührt. Zur Zwangsvollstreckung aus dem Vergleich vgl Drischler
Rpfleger **84**, 308.

9 C. Die **Bescheinigung nach I S. 2** wird erteilt, wenn der Sühneversuch erfolg-
los geblieben ist, sie muß sich auf dieselbe Tat und dieselben Parteien beziehen wie
die Privatklage. Eine versehentlich mit der Privatklageschrift nicht vorgelegte Be-
scheinigung kann bis zur Entscheidung des Gerichts über die Zulässigkeit der
Privatklage nachgereicht werden (LG Bielefeld JR **51**, 695; LG München I NJW
56, 74; LG Stuttgart NJW **63**, 1792). Das Gericht kann aus Fürsorgegründen sogar
gehalten sein, den Privatkläger unter Fristsetzung zur Vorlage der Bescheinigung
aufzufordern (LG Bonn MDR **73**, 784; LR-Wendisch 31; weitergehend Eb-
Schmidt 4; vgl aber LG Stuttgart aaO: nicht bei Mitwirkung eines RA).

10 D. **Klagevoraussetzung,** nicht Prozeßvoraussetzung, ist der Sühneversuch
(Hamburg NJW **56**, 522; Hamm JMBlNW **51**, 184; LG Neubrandenburg NStZ
95, 149). Nach Erhebung der Privatklage kann der Sühneversuch nicht mehr
nachgeholt werden (LG Aachen NJW **56**, 1611; LG Hamburg NJW **73**, 382;
KMR-Stöckel 5; LR-Wendisch 32 ff mwN in Fn 9; Kraus NJW **53**, 173; **aM** LG
Bielefeld JR **51**, 695; LG Itzehoe SchlHA **56**, 273; Reiff NJW **56**, 500; Schlüchter
813). Hat das Gericht aber das Fehlen der Bescheinigung nach I S. 2 übersehen
und das Hauptverfahren eröffnet, so ist der Mangel bedeutungslos (Bay NJW **58**,
1149, 1151; Hamburg aaO; Hamm aaO; KK-Senge 8; Roxin § 61 F I). Für den
Fall, daß die Eröffnung des Hauptverfahrens abgelehnt worden ist, gilt das nicht,
auch nicht bei Ablehnung aus tatsächlichen Gründen (LG Hamburg NJW **73**, 382;
11 **aM** LG Trier MDR **66**, 607). Die Einhaltung des Sühneversuchs ist **von Amts
wegen zu prüfen;** fehlt er, so muß die Klage mit der Kostenfolge aus § 471 II als
unzulässig zurückgewiesen werden (LG Aachen NJW **61**, 524; LG Ansbach MDR
71, 416; LG Hamburg aaO; Kraus NJW **53**, 173). Durch Beschwerde gegen den

Beschluß kann der Mangel nicht behoben werden (LG Stuttgart NJW **63**, 1792). Jedoch ist die **erneute Erhebung der Privatklage** nach Behebung des Hindernis- 12
ses oder nach gerichtlicher Befreiung vom Sühneversuch (unten 15) bis zum Eintritt der Verjährung zulässig (Hamm NJW **84**, 249; LG Düsseldorf NJW **65**, 1446; LG Saarbrücken JBl Saar **65**, 95; LG Stuttgart NJW **63**, 1792; KK-Senge 6; LR-Wendisch 34 mwN in Fn 11; Roxin § 61 F I; **aM** LG Bonn NJW **64**, 417 mit abl Anm Heinrich NJW **64**, 1087; LG Bonn MDR **66**, 606 mit Anm Dahs; LG Lübeck MDR **76**, 511; LG Verden MDR **75**, 247). Dabei genügt aber nicht ein erfolgloser Sühneversuch zwischen Erhebung und Zurückweisung der 1. Privatklage; der Sühneversuch muß neu unternommen werden (LR-Wendisch 43; Hartung ZStW **71**, 469).

2) Ausnahmen (III, IV): Bei Beleidigung oder Körperverletzung eines **Amts-** 13
trägers (III) ist der Sühneversuch stets entbehrlich, selbst wenn der Strafantrag von 14
dem Privatkläger selbst gestellt worden ist. Es kommt nur darauf an, daß der amtliche Vorgesetzte nach §§ 194 III, 230 II StGB antragsbefugt ist. Bei **verschie-** 15
denen Wohnorten der beiden Parteien befreit Art 49 II BayAGGVG allgemein vom Sühneversuch. Andere Gesetze über die Vergleichsbehörden (oben 3) sehen vor, daß das Gericht die Befreiung vom Sühneversuch auf Antrag bewilligen darf (Einzelheiten bei Martin [oben 5] s 170 ff; vgl auch LG Hamburg NJW **73**, 382). Die Befreiung muß vor Erhebung der Privatklage beantragt (LG Bonn MDR **73**, 784; LG Verden MDR **74**, 862; AG Neumünster SchlHA **65**, 284; LR-Wendisch 40; aM LG Hannover NdsRpfl **66**, 18), und die Entscheidung über den Antrag muß vor der Entscheidung über die Zulässigkeit der Privatklage getroffen werden (LG Flensburg SchlHA **66**, 171; AG Verden aaO; LR-Wendisch 46). Fehlende Mitteilung einer ladungsfähigen Anschrift des Beschuldigten führt zur Ablehnung der Terminsbestimmung, nicht der Durchführung des Sühneverfahrens (Hamburg NStE Nr 1). **Besteht keine Vergleichsbehörde,** weil in einem Bundesland noch 16
keine Schiedsstellen (oben 3 aE) eingerichtet worden sind, entfällt der Sühneversuch (BezG Meiningen NStZ **92**, 404 mit zust Anm Rieß; Rieß NJ **92**, 245; **aM** LG Neubrandenburg NStZ **95**, 149; AK/StPO-Rössner 11; Kurth NStZ **97**, 1).

Klageerhebung

381 **Die Erhebung der Klage geschieht zu Protokoll der Geschäftsstelle oder durch Einreichung einer Anklageschrift. Die Klage muß den in § 200 Abs. 1 bezeichneten Erfordernissen entsprechen. Mit der Anklageschrift sind zwei Abschriften einzureichen.**

1) Die Erhebung der Privatklage (S. 1) kann schriftlich (Einl 128) bei dem 1
nach §§ 7 ff örtlich zuständigen AG (§ 25 Nr 1 GVG) oder zu Protokoll der Geschäftsstelle (Einl 131 ff), auch eines unzuständigen AG (LR-Wendisch 2; **aM** KK-Senge 1), erhoben werden. Bezugnahmen auf andere Schriftstücke sind nicht unzulässig (LR-Wendisch 3), dann müssen aber Abschriften dieser Schriftstücke beigefügt werden. Mit der Anklageschrift sind stets 2 Abschriften einzureichen (S. 3); bei Klageerhebung zu Protokoll der Geschäftsstelle besorgt sie das Gericht (LR-Wendisch 2). Zur Klageerhebung durch Bevollmächtigte vgl 2 zu § 378. Unter einer **Bedingung,** zB der Bewilligung von Prozeßkostenhilfe (7 ff zu 2
§ 379), darf die Klage nicht erhoben werden (LR-Wendisch 5; **aM** LG Köln MDR **58**, 622; differenzierend KMR-Stöckel 4).

2) Inhaltlich (S. 2) muß die Privatklage den Erfordernissen einer Anklageschrift 3
nach § 200 I entsprechen, also das Gericht, den Beschuldigten, die ihm zur Last gelegte Tat, Zeit und Ort ihrer Begehung, die gesetzlichen Merkmale der Straftat, die anzuwendenden Strafvorschriften und die Beweismittel bezeichnen (vgl allg Kroschel/Meyer-Goßner 398). Ein wesentliches Ermittlungsergebnis muß nicht

mitgeteilt werden. Zur Zurückweisung der Klage wegen Mängel der Klageschrift vgl 3 zu § 382.

Mitteilung der Klage

382 **Ist die Klage vorschriftsmäßig erhoben, so teilt das Gericht sie dem Beschuldigten unter Bestimmung einer Frist zur Erklärung mit.**

1 **1)** Die **Prüfung des Gerichts** beschränkt sich zunächst darauf, ob die Klage den §§ 379–381 entspricht. Die Prozeßvoraussetzungen (Zulässigkeit der Privatklage, Zuständigkeit, Vorliegen des Strafantrags usw) werden grundsätzlich erst bei der Entscheidung über die Privatklage nach § 383 I S. 1 geprüft (LR-Wendisch 1). Nur die Exterritorialität des Beschuldigten und seine Immunität als Abgeordneter muß das Gericht bereits vor der Mitteilung der Klage an ihn beachten. Stehen sie der Ausübung der Gerichtsbarkeit entgegen (die Genehmigung des Parlaments muß der Privatkläger nach RiStBV 192 IV selbst beschaffen), so wird die Klage sofort zurückgewiesen. Der Beschluß ist mit sofortiger Beschwerde anfechtbar (KK-Senge 1).

2 **2)** Eine **vorschriftmäßig erhobene Privatklage** wird dem Beschuldigten oder seinem Verteidiger (§ 145 a I) unter Bestimmung einer Erklärungsfrist mitgeteilt. Innerhalb der Frist kann der Beschuldigte entspr § 201 Einwendungen gegen die Eröffnung des Hauptverfahrens vorbringen und Beweiserhebungen beantragen.

3 **3)** Eine **unvorschriftsmäßig erhobene Privatklage** wird grundsätzlich ohne Mitteilung an den Beschuldigten zurückgewiesen (vgl auch 7 zu § 379 a; 11 zu § 380). Nur wenn der Mangel noch behoben werden kann, wird dem Privatkläger unter Angabe des Mangels (vgl dazu Bohlander NStZ **94**, 420) dafür eine Frist gesetzt (LR-Wendisch 2), nach deren fruchtlosem Ablauf die Klage zurückgewiesen wird. Die Zurückweisung erfolgt durch Beschluß, gegen den einfache Beschwerde nach § 304 I zulässig ist, sofern keine Sonderregelung besteht, wie in § 379 a III S. 2 (LG Hannover NdsRpfl **66**, 18; KK-Senge 2; KMR-Stöckel 8; Schlüchter 811; **aM** LR-Wendisch 15 zu § 383: sofortige Beschwerde). Zur Erneuerung der Privatklage nach Beseitigung des Hindernisses vgl 8 zu § 383.

4 **4)** Zur **Vorlage der Klage an die StA** vgl § 377 I S. 2. Zu den von Amts wegen zu beachtenden Mitteilungspflichten des Gerichts nach Erhebung der Privatklage vgl etwa MiStra 4 I S. 1 Nr 2, 16 III, 23 III, 26 II, 28 II, 39 II sowie § 14 II **EGGVG** (dort 14 ff).

Eröffnung des Hauptverfahrens; Einstellung

383 **I Nach Eingang der Erklärung des Beschuldigten oder Ablauf der Frist entscheidet das Gericht darüber, ob das Hauptverfahren zu eröffnen oder die Klage zurückzuweisen ist, nach Maßgabe der Vorschriften, die bei einer von der Staatsanwaltschaft unmittelbar erhobenen Anklage anzuwenden sind. In dem Beschluß, durch den das Hauptverfahren eröffnet wird, bezeichnet das Gericht den Angeklagten und die Tat gemäß § 200 Abs. 1 Satz 1.**

II Ist die Schuld des Täters gering, so kann das Gericht das Verfahren einstellen. Die Einstellung ist auch noch in der Hauptverhandlung zulässig. Der Beschluß kann mit sofortiger Beschwerde angefochten werden.

1 **1) Entscheidung über die Eröffnung des Hauptverfahrens** (I):

2 A. Die **Entscheidung des Gerichts** über die Eröffnung des Hauptverfahrens entspr §§ 199 ff erfolgt nach Eingang der Erklärung des Beschuldigten, die dem Privatkläger nicht bekanntgegeben werden muß (LR-Wendisch 3), oder nach Ab-

lauf der ihm nach § 382 gesetzten Frist (S. 1). Die **Prüfungspflicht** des Gerichts bezieht sich auf die allgemeinen Prozeßvoraussetzungen und -hindernisse (Einl 141 ff) sowie auf die besonderen Privatklagevoraussetzungen, wie die Klageberechtigung des Klägers (5 zu § 374), die Privatklagefähigkeit (8 zu § 374) und das Nichtvorliegen eines Offizialdelikts (9 ff zu § 376). Auf Antrag oder von Amts 3
wegen kann das Gericht einzelne **Beweiserhebungen** nach § 202 S. 1 anordnen 4
und selbst vornehmen oder im Wege der Rechtshilfe (§§ 157, 158 GVG) vornehmen lassen (Zweibrücken NJW **66**, 685; KK-Senge 5; KMR-Stöckel 11; einschr Nierwetberg NStZ **89**, 212). Es kann auch die Polizei oder seine eigene Geschäftsstelle mit der Beweiserhebung beauftragen (BayVerfGHE **15**, II 5 = NJW **62**, 531; Zweibrücken aaO; KK-Senge 5). Bei richterlichen Beweiserhebungen sind Privatkläger und Beschuldigter nach §§ 168 c, 168 d zur Anwesenheit berechtigt; der Privatkläger kann im Beistand eines RA erscheinen (1 zu § 378). Finden Beweiserhebungen, die das Gericht zu ihrem Nachteil berücksichtigen will, in Abwesenheit der Parteien statt, so muß ihnen vor der Entscheidung Gelegenheit zur Äußerung gegeben werden (BVerfGE **8**, 184 = NJW **58**, 1723; LR-Wendisch 11).

B. Die **Eröffnung des Hauptverfahrens** beschließt das Gericht entspr § 203, 5
wenn keine Prozeßhindernisse erkennbar sind, nach der Sachdarstellung in der Klageschrift (KK-Senge 4 ff) ein Privatklagedelikt vorliegt und der Beschuldigte nach dem Vorbringen in der Klageschrift dieser Straftat hinreichend verdächtig erscheint. Die Glaubhaftigkeit dieses Vorbringens wird erst in der Hauptverhandlung beurteilt (LR-Wendisch 8; Peters 575; Thomas AnwBl **79**, 129; vgl aber LG Wuppertal JR **67**, 350 mit abl Anm Sarstedt, das die Beibringung eines schriftlichen Gutachtens des benannten Sachverständigen verlangt; **aM** auch Nierwetberg NStZ **89**, 212, der Vorlage der wesentlichen Beweisunterlagen durch den Privatkläger fordert). Im **Eröffnungsbeschluß** formuliert das Gericht den Anklagesatz 6
(§ 200 I S. 1), wie es der StA tun müßte, wenn er das Verfahren betreiben würde. Dabei sollte bereits am Anfang zum Ausdruck kommen, daß es sich um die Zulassung der Privatklage zur Hauptverhandlung handelt. Der Beschluß, mit dessen Erlaß die Privatklage rechtshängig wird, legt den Verhandlungsstoff für die Hauptverhandlung fest. Zur Verlesung des Eröffnungsbeschlusses vgl § 384 II.

C. Die **Zurückweisung der Privatklage** durch einen nach § 34 (**aM** KMR-Stöckel 14: entspr § 204) mit Gründen versehenen Beschluß und der Kostenentscheidung nach § 471 II ist geboten, wenn eine Voraussetzung für die Eröffnung des Hauptverfahrens fehlt. Kommt das Gericht zu dieser Entscheidung aufgrund allgemeinkundiger Tatsachen, so muß es dem Privatkläger zuvor das rechtliche Gehör gewähren (BVerfGE **12**, 110). Auch bei hinreichendem Tatverdacht für ein Offizialdelikt weist das Gericht die Privatklage zurück (2 zu § 389), wenn die StA das Verfahren nicht übernimmt (3 zu § 377). Die **Erneuerung der Privatklage** 7
nach rechtskräftiger Zurückweisung wegen Fehlens des hinreichenden Tatverdachts oder aus Gründen des sachlichen Rechts ist entspr § 211 nur aufgrund neuer Tatsachen oder Beweismittel zulässig (KK-Senge 9; LR-Wendisch 17). Bei Zurückweisung aus verfahrensrechtlichen Gründen ist die Erneuerung zulässig, sobald das Hindernis beseitigt ist. Bei Zurückweisung wegen Vorliegens eines Offizialdelikts gibt der Richter die Sache nach Rechtskraft des Beschlusses an die StA ab. 8

D. **Rechtsmittel:** Den Eröffnungsbeschluß kann weder der Angeklagte noch 9
der Privatkläger anfechten (vgl § 210 I). Gegen den Zurückweisungsbeschluß steht dem Privatkläger nach § 390 I S. 1 iVm § 210 II die sofortige Beschwerde nach § 311 zu (KK-Senge 8; LR-Wendisch 14).

2) Einstellung wegen Geringfügigkeit (II): 10

A. **An die Stelle des § 153** tritt die Vorschrift. Die Funktion des § 153 a 11
übernimmt im Privatklageverfahren der gerichtliche Vergleich (9 vor § 374). Die Beschränkung der Strafverfolgung nach §§ 154 a, 430 ist auch im Privatklageverfahren zulässig (vgl § 385 IV). Die Einstellung nach II setzt wie die Eröffnung des

Hauptverfahrens voraus, daß der Sühneversuch (§ 380) erfolglos durchgeführt worden ist (vgl LG Hamburg NJW **73**, 382, 383; LR-Wendisch 19). Von der Erfüllung von Auflagen darf sie nicht abhängig gemacht werden (Peters 576).

12 B. Bei **geringer Schuld** (S. 1) ist die Einstellung zulässig, also nicht, wenn es am hinreichenden Tatverdacht iS des § 203 fehlt oder der in der Anklageschrift geschilderte Sachverhalt sogar ergibt, daß eine Straftat des Beschuldigten aus Rechtsgründen nicht vorliegt (LR-Wendisch 21; erg 3 zu § 153) oder wenn aus anderen Gründen Einstellung oder Freisprechung geboten ist. Andererseits muß die (geringe Schuld nicht erwiesen sein; es genügt, daß sie nicht von vornherein auszuschließen ist (LR-Wendisch 22; aM EbSchmidt Nachtr 12; Niese SJZ **50**, 892). Läßt sie sich auch in der Hauptverhandlung nicht erweisen, so ist aber freizusprechen (Düsseldorf HESt **1**, 218; LG Mosbach MDR **64**, 616; LR-Wendisch 21). In den Gründen des Einstellungsbeschlusses darf die Schuld des Angeklagten nur festgestellt werden, wenn eine Hauptverhandlung bis zur Schuldspruchreife durchgeführt worden ist; andernfalls ist der Sachverhalt, wie er sich im jeweiligen Verfahrensstadium abzeichnet, nur darauf zu prüfen, ob die Schuld des Angeklagten gering wäre, wenn die Feststellungen in einer Hauptverhandlung
13 diesem Bild entsprächen (BVerfGE **74**, 358, 372ff = NJW **87**, 2427). **Gering** ist die Schuld, wenn sie im Vergleich zu Vergehen gleicher Art nicht unerheblich unter dem Durchschnitt liegt (vgl 2 zu § 153). Das Fehlen des öffentlichen Interesses wird, anders als nach § 153 I S. 1, nicht verlangt; wenn ein solches Interesse bestünde, müßte die StA das Verfahren nach § 376 übernehmen (vgl LR-Wendisch 24).

14 C. **In jeder Lage des Verfahrens,** auch noch in der Hauptverhandlung (S. 2), aber nicht vor Ablauf der Erklärungsfrist nach § 382 (KMR-Stöckel 23; **aM** LR-Wendisch 26), ist die Einstellung zulässig. Für den Berufungsrechtszug gilt § 390 V S. 1. Die Vorschrift schließt die Einstellung durch das Revisionsgericht nicht aus (Neustadt MDR **57**, 568; Saarbrücken JBl Saar **61**, 187; LR-Wendisch 28; **aM** EbSchmidt Nachtr 13). Auch das Beschwerdegericht kann das Verfahren einstellen, wenn es mit der sofortigen Beschwerde des Privatklägers gegen die Zurückweisung seiner Klage befaßt ist (Bay **52**, 94; Hamburg NJW **53**, 1933; Neustadt JZ **52**, 310; Schleswig SchlHA **53**, 103), nicht aber, wenn es nur über eine Beschwerde gegen die Versagung der Prozeßkostenhilfe zu entscheiden hat (Bay **57**, 40; KK-Senge 11; KMR-Stöckel 24; LR-Wendisch 29).

15 D. Nach **Anhörung des Privatklägers** (§ 385 I S. 1 iVm § 33 III) erfolgt die Einstellung. Rechtliches Gehör ist ihm insbesondere zu gewähren, wenn das Gericht zu seinem Nachteil neue Beweisergebnisse berücksichtigen will (BVerfGE
16 **8**, 208 = MDR **59**, 21). Der **Beschuldigte** muß nur gehört werden, wenn ihm die Kosten und die notwendigen Auslagen des Privatklägers auferlegt werden sollen (BVerfGE **25**, 40; KK-Senge 10; KMR-Stöckel 22; Endemann NJW **69**, 1200).
17 Die **Zustimmung** des Privatklägers oder des Beschuldigten ist in keinem Fall erforderlich (LR-Wendisch 25).

18 E. Durch **Beschluß** des Gerichts, der dem Privatkläger und dem Beschuldigten nach § 35 bekanntzumachen ist, erfolgt die Einstellung, auch in der Hauptverhandlung (KG JR **56**, 351). Durch besonderen Beschluß muß auch entschieden werden, wenn in der Hauptverhandlung ein Urteil erlassen wird, durch das der Beschuldigte von anderen Tatvorwürfen freigesprochen wird (KG JR **69**, 472; Kempfler NJW **62**, 475). Vgl für die Widerklage auch 15 zu § 388. Über die
19 Kosten wird nach § 471 III Nr 2 entschieden. Die **Ablehnung der Einstellung** bedarf keiner ausdrücklichen Entscheidung (LR-Wendisch 30). Wird dennoch ein Beschluß erlassen, so hat er keine Rechtskraftwirkung. Das Gericht ist rechtlich nicht gehindert, das Verfahren später doch noch einzustellen (LR-Wendisch 30).

20 F. **Rechtsmittel** (S. 3): Gegen den Einstellungsbeschluß kann der **Privatkläger**
21 sofortige Beschwerde nach § 311 einlegen, auch wenn irrtümlich durch Urteil

eingestellt worden ist (12 zu § 296); die Kostenentscheidung kann er nach § 464 III S. 1 anfechten. Das LG kann den Beschluß des AG bestätigen oder (unter gleichzeitiger Eröffnung des Hauptverfahrens oder Zurückweisung der Privatklage) aufheben. Stellt es selbst wegen Geringfügigkeit ein (oben 14), so hat der Privatkläger hiergegen kein Beschwerderecht (Bay **52**, 94; Düsseldorf JurBüro **88**, 515; Neustadt JZ **52**, 310; Schleswig SchlHA **53**, 103; **84**, 110 [E/L]), auch nicht, wenn das LG unter Aufhebung des Einstellungsbeschlusses die Privatklage zurückweist (Neustadt NJW **52**, 1349). Die Anfechtung des im Berufungsrechtszug erlassenen Einstellungsbeschlusses schließt § 390 V aus. Der **Beschuldigte** ist durch die Ein- 22
stellung nicht beschwert und kann den Beschluß daher in der Hauptsache nicht anfechten (Düsseldorf JurBüro **88**, 515; LG Berlin JR **72**, 207 mit abl Anm Peters; StrK beim AG Bremerhaven JZ **67**, 765; LG Freiburg NStZ **88**, 146 mit Anm Hilger; KK-Senge 13; LR-Wendisch 35; aM LG Trier MDR **75**, 951; Meynert MDR **73**, 7; Niese SJZ **50**, 892; **aM** auch LG Hannover NdsRpfl **66**, 23; LG Mosbach MDR **64**, 616; EbSchmidt 15 für den Fall, daß die Schuld nicht erwiesen ist). Auch gegen die Ablehnung der Einstellung hat er kein Rechtsmittel. Gegen die Kosten- und Auslagenentscheidung steht ihm die sofortige Beschwerde nach § 464 III S. 1 zu (LG Dortmund MDR **74**, 690; LG Freiburg aaO; KK-Senge 14; Gössel JR **81**, 129; **aM** LG Berlin JR **72**, 207 mit abl Anm Peters; erg 19 zu § 464). Legt die **StA** sofortige Beschwerde ein, so liegt darin nach § 377 II S. 2 die 23
Übernahme des Verfahrens.

G. Die **Wiederaufnahme** des nach II eingestellten Verfahrens ist unzulässig 24
(Bremen NJW **59**, 353; KK-Senge 17; KMR-Stöckel 31; LR-Wendisch 43; **aM** Neustadt NJW **61**, 2363: entspr Anwendung der §§ 359 ff).

Weiteres Verfahren

384 **I Das weitere Verfahren richtet sich nach den Vorschriften, die für das Verfahren auf erhobene öffentliche Klage gegeben sind. Jedoch dürfen Maßregeln der Besserung und Sicherung nicht angeordnet werden.**

II § 243 ist mit der Maßgabe anzuwenden, daß der Vorsitzende den Beschluß über die Eröffnung des Hauptverfahrens verliest.

III Das Gericht bestimmt unbeschadet des § 244 Abs. 2 den Umfang der Beweisaufnahme.

IV Die Vorschrift des § 265 Abs. 3 über das Recht, die Aussetzung der Hauptverhandlung zu verlangen, ist nicht anzuwenden.

V Vor dem Schwurgericht kann eine Privatklagesache nicht gleichzeitig mit einer auf öffentliche Klage anhängig gemachten Sache verhandelt werden.

1) Die **Vorschriften über das Offizialverfahren** (I S. 1) gelten für das weitere 1
Privatklageverfahren, soweit nicht II–V und die §§ 385 ff etwas anderes bestimmen oder die Mitwirkung des Privatklägers anstelle des StA Abänderungen erfordert (LR-Wendisch 1).

A. **Anwendbar** sind insbesondere die §§ 48 ff (vgl aber § 62) und 72 ff, der 2
§ 206 a (LR-Wendisch 1), die §§ 213 ff, 226 ff mit Ausnahme der §§ 225 a, 270 (unten 11) und die Vorschriften über Rechtsmittel (§§ 296 ff), die Wiederaufnahme (§§ 359 ff), die Strafvollstreckung und die Kosten des Verfahrens (§§ 449 ff). Der Privatkläger kann nicht als Zeuge vernommen werden (6 vor § 374). Die **Nachtragsanklage** ist unter den Voraussetzungen des § 266 mit Zustimmung des 3
Beschuldigten zulässig; einen erfolglosen Sühneversuch (§ 380 I) setzt sie nicht voraus (LR-Wendisch 17).

B. Die **Zwangsmittel des Offizialverfahrens** sind im Privatklageverfahren 4
nur beschränkt zulässig. Ein **Haftbefehl** darf nicht erlassen werden, solange die StA 5
die Verfolgung nicht nach §§ 376, 377 übernommen hat; eine so einschneidende

Maßnahme ist wegen des fehlenden öffentlichen Interesses an der Strafverfolgung
ausgeschlossen (Karlsruhe MDR **74**, 332; KK-Senge 5; KMR-Stöckel 2; LR-
Wendisch 20 und 23 zu § 387; Schlüchter 232 Fn 277; erg 6 vor § 112). Über die
6 vorläufige Festnahme vgl 22 zu § 127. Unzulässig ist auch die **Unterbringung**
zur Beobachtung nach § 81 (dort 7). Unter besonderer Beachtung des Verhält-
7 nismäßigkeitsgrundsatzes (Einl 20 ff) sind dagegen statthaft die **Beschlagnahme**
von Beweismitteln nach § 94 und von Einziehungsgegenständen nach §§ 111 bff
(KMR-Stöckel 2; LR-Wendisch 22; 9 zu § 94; 1 zu § 111 b), auch eine allgemeine
Beschlagnahme (LR-Wendisch 22; erg 12 zu § 111 b) und, bei besonders vorsich-
tiger Abwägung, auch in den Fällen der §§ 111 m und 111 n (LR-Wendisch 22),
8 idR aber nicht die Postbeschlagnahme nach § 99 (dort 12). Die **Durchsuchung**
zum Zweck der Beschlagnahme (§§ 102 ff, 111 b III) ist ebenfalls zulässig (LR-
Wendisch 22; Feiber NJW **64**, 709; **aM** Sangmeister NJW **64**, 16), aber nicht zur
9 Ergreifung des Beschuldigten. **Maßnahmen gegen Zeugen und Sachverstän-**
10 **dige** nach §§ 51, 70, 77 können angeordnet werden, ebenso **sitzungspolizeiliche**
Maßnahmen nach §§ 176 ff GVG (KMR-Stöckel 3).

11 **2) Sicherungsmaßregeln** (I S. 2) nach §§ 61 ff StGB sind im Privatklageverfahren nicht zulässig. Erscheint eine solche Maßregel (zB die Entziehung der Fahrerlaubnis nach § 69 StGB oder das Berufsverbot nach § 70 StGB) erforderlich, so weist das Gericht die Privatklage nach § 383 I zurück (KK-Senge 1); nach Eröffnung des Hauptverfahrens stellt es das Verfahren nach § 206 a ein, in der Hauptverhandlung nach § 389 I (KK-Senge 1). Eine Verweisung nach § 270 ist ausgeschlossen, da die Vorschrift im Privatklageverfahren nicht anwendbar ist (LR-Wendisch 2).

12 **3)** Die **Verlesung des Eröffnungsbeschlusses** (II) übernimmt der Vorsitzende an der Stelle, an der der StA den Anklagesatz nach § 243 III S. 1 verlesen müßte.

13 **4)** Die **Beweisaufnahme** (III) findet auch im Privatklageverfahren zur Schuld-
und Rechtsfolgenfrage nach den Grundsätzen des Strengbeweises (6 zu § 244) statt
(ANM 834). Ihren Umfang bestimmt aber das Gericht; das gilt auch für das
Berufungsverfahren (**aM** Schlothauer StV **95**, 47), denn auch dieses bleibt ein
14 Privatklageverfahren. Die Prozeßbeteiligten sind zwar berechtigt, **Beweisanträge**
nach § 244 III–V zu stellen (Woesner NJW **59**, 704); solche Anträge sind aber
lediglich Anregungen, denen das Gericht nur entsprechen muß, wenn das zur
weiteren Aufklärung des Sachverhalt nach § 244 II erforderlich erscheint (ANM
834; vgl auch BGH **12**, 333). An die Ablehnungsgründe des § 244 III–IV ist das
Gericht nicht gebunden (Köln JMBlNW **55**, 131; ANM 834; Roxin § 61 F III 4;
Woesner aaO). Das Verbot der Vorwegnahme der Beweiswürdigung (46 ff zu
§ 244) gilt nicht (LR-Wendisch 7; ANM 835 mwN in Fn 11). Beweisanträge
dürfen daher auch mit der Begründung abgelehnt werden, das Gegenteil der
Beweistatsache sei bereits erwiesen und das neue Beweismittel nicht geeignet, die
Überzeugung des Gerichts zu erschüttern (Köln aaO; KK-Senge 3; ANM 835;
einschr Schlüchter 823: allenfalls in Ausnahmefällen; krit auch LR-Wendisch 7).
Jedoch gilt § 246 I auch im Privatklageverfahren; mit der Begründung, der Beweis-
antrag sei verspätet gestellt, dürfen Beweisanträge nicht abgelehnt werden. Den
Anträgen der Prozeßbeteiligten, die von ihnen herbeigeschafften Beweismittel zu
benutzen, insbesondere die nach § 386 II unmittelbar geladenen Zeugen und
Sachverständigen zu vernehmen, braucht selbst dann nicht stattgegeben zu werden,
wenn keiner der Ablehnungsgründe des § 245 II S. 2, 3 vorliegt. Auch im Privat-
klageverfahren bedarf es nach §§ 34, 244 VI zur Ablehnung eines nicht nur hilfs-
weise gestellten Beweisantrags, der im Urteil beschieden werden kann (44 zu
15 § 244), eines mit Gründen versehenen **Gerichtsbeschlusses** (Bay **51**, 347; KMR-
Stöckel 8; ANM 836; Schlüchter 824; Woesner NJW **59**, 706; vgl auch Bay **70**, 41
= NJW **70**, 1202). Bei Ablehnung aus einem der Gründe des § 244 III, IV oder des
§ 245 II S. 2, 3 muß die Begründung den dort bezeichneten Voraussetzungen

entsprechen (ANM 836). Sonst genügt der Hinweis darauf, daß das Gericht den Sachverhalt für genügend geklärt oder das Gegenteil der Beweistatsache bereits für erwiesen hält (Bay aaO; Köln JMBlNW **55**, 131; ANM 836 mwN in Fn 20; **aM** EbSchmidt Nachtr 5; Woesner NJW **59**, 706 ff: auf den Einzelfall abgestellte Begründung erforderlich).

5) Die **Hinweispflichten nach § 265** (IV) bestehen auch im Privatklageverfahren (LR-Wendisch 16; EbSchmidt 7). Jedoch entfällt der Anspruch des Angeklagten auf Aussetzung der Hauptverhandlung nach § 265 III. 16

6) Eine **Verbindung mit Schwurgerichtssachen** (V) ist nicht zulässig, solange die StA das Verfahren nicht nach §§ 376, 377 übernommen hat. Die praktische Bedeutung der Vorschrift ist entfallen, seitdem Pressevergehen keine Schwurgerichtssachen mehr sind (LR-Wendisch 19). 17

Rechte des Privatklägers

385 **I Soweit in dem Verfahren auf erhobene öffentliche Klage die Staatsanwaltschaft zuzuziehen und zu hören ist, wird in dem Verfahren auf erhobene Privatklage der Privatkläger zugezogen und gehört. Alle Entscheidungen, die dort der Staatsanwaltschaft bekanntgemacht werden, sind hier dem Privatkläger bekanntzugeben.**

II Zwischen der Zustellung der Ladung des Privatklägers zur Hauptverhandlung und dem Tag der letzteren muß eine Frist von mindestens einer Woche liegen.

III Das Recht der Akteneinsicht kann der Privatkläger nur durch einen Anwalt ausüben.

IV In den Fällen der §§ 154a und 430 ist deren Absatz 3 Satz 2 nicht anzuwenden.

V Im Revisionsverfahren ist ein Antrag des Privatklägers nach § 349 Abs. 2 nicht erforderlich. § 349 Abs. 3 ist nicht anzuwenden.

1) Die **Zuziehung und Anhörung des Privatklägers** (I S. 1) erfolgt im selben Umfang wie im Offizialverfahren die der StA. Der Privatkläger hat grundsätzlich die Rechte und Pflichten des StA, soweit sie nicht Ausfluß der staatsanwaltschaftlichen Amtsgewalt sind (KMR-Stöckel 1; Woesner NJW **59**, 705) und soweit das Gesetz nicht (wie in § 384 II) etwas anderes bestimmt. Der Privatkläger hat die **Pflicht,** wahrheitsgemäße Angaben zu machen; zur Objektivität ist er nicht verpflichtet (Rüping 735). Er braucht keine Ermittlungen anzustellen, insbesondere nicht, wie der StA (§ 160 II), die den Beschuldigten entlastenden Umstände zu ermitteln und dem Gericht mitzuteilen (Seibert MDR **52**, 278). Zu seinen **Rechten** gehört das Anwesenheitsrecht bei vorverlegten Beweiserhebungen (4 zu § 303) und in der Hauptverhandlung (2 zu § 378). In der Hauptverhandlung kann er Anträge, insbesondere Beweisanträge, stellen (14 zu § 384). Er hat das Fragerecht nach § 240 II S. 1, das Recht, Sachleitungsmaßnahmen zu beanstanden (§ 237 II), und das Recht, Schlußvorträge zu halten und auf sie zu erwidern und dabei Anträge zu stellen (§ 258); zur Stellung bestimmter Anträge ist er dabei nicht verpflichtet (KK-Senge 1). Das **rechtliche Gehör** ist dem Privatkläger entspr § 33 I, II zu gewähren (vgl auch BVerfGE **14**, 8 = NJW **62**, 580). 1 2 3 4

2) **Bekanntmachungen an den Privatkläger** (I S. 2) erfolgen, sofern nicht die Voraussetzungen des § 35 I vorliegen, nach § 35 II, nicht nach § 41. Alle Entscheidungen, die im Offizialverfahren der StA bekanntzumachen sind, müssen dem Privatkläger oder nach § 378 S. 2 seinem bevollmächtigten RA bekanntgegeben werden (dort 7). Das gilt jedoch nicht, soweit der Privatkläger Widerbeklagter ist und den RA nicht ausdrücklich auch als Verteidiger bevollmächtigt hat 5

(§ 145 a II). Mit befristeten Rechtsmitteln anfechtbare Entscheidungen müssen
6 nach § 35 a mit einer **Rechtsmittelbelehrung** versehen werden (KMR-Stöckel 4; LR-Wendisch 10).

7 **3) Ladung des Privatklägers** (II): Die Vorschrift setzt voraus, daß der Privatkläger zur Hauptverhandlung wie der Angeklagte zu laden ist. § 145 a gilt entspr, auch wenn nach § 387 III das persönliche Erscheinen des Privatklägers angeordnet worden ist (LR-Wendisch 5 zu § 387). Die in § 216 I S. 1 vorgeschriebene Warnung entfällt; statt dessen wird auf die nach § 391 II, III drohenden Rechts-
8 nachteile hingewiesen. Die in II bestimmte **Ladungsfrist** entspricht der des § 217 I; sie gilt auch im Berufungsrechtszug. Die Nichteinhaltung der Ladungsfrist berechtigt den Privatkläger entspr § 217 II, die Aussetzung der Hauptverhandlung zu verlangen (KK-Senge 7). Wie der Angeklagte (§ 217 III) kann auch der Privatkläger auf die Einhaltung der Ladungsfrist verzichten (LR-Wendisch 8).

9 **4) Akteneinsicht** (III) kann der Privatkläger im selben Umfang wie der Angeklagte (vgl 13 ff zu § 147), aber nur durch einen RA ausüben, auch wenn er selbst RA ist (KK-Senge 8). § 147 IV gilt entspr (LR-Wendisch 9).

10 **5)** Die **Beschränkung der Strafverfolgung** (IV) nach §§ 154 a, 430 ist nur mit Zustimmung des Privatklägers zulässig (LR-Rieß 5 zu § 154 a). Die StA ist zur Antragstellung nicht berechtigt, solange sie das Verfahren nicht übernommen hat (KK-Senge 9; **aM** LR-Wendisch 11; erg 2 zu § 377). Das Gericht kann die ausgeschiedenen Teile auch gegen den Willen des Privatklägers wieder einbeziehen. Einem entspr Antrag des Privatklägers braucht es, da IV die Anwendung der §§ 154 a III S. 2, 430 III S. 2 ausschließt, nicht zu entsprechen. Einem Antrag der StA muß erst stattgegeben werden, wenn sie das Verfahren nach §§ 376, 377 übernommen hat (KK-Senge 9). Die Prozeßbeteiligten müssen vor der Beschränkung der Strafverfolgung und der Wiedereinbeziehung der ausgeschiedenen Teile gehört werden, damit sie ihr Prozeßverhalten danach einrichten können (LR-Wendisch 12). § 154 II ist im Privatklageverfahren nicht anwendbar (str, vgl LG Regensburg NJW **90**, 1742 = JR **90**, 255 mit Anm Hilger; erg 16 zu § 154).

11 **6)** Für die **Revision** (V) gelten die §§ 333 ff, soweit in § 390 nichts anderes bestimmt ist. Zulässig ist auch die Revisionsverwerfung durch Beschluß nach § 349 II, jedoch mit der Besonderheit, daß ein Antrag des Privatklägers (oder des StA) nicht erforderlich und daß § 349 III nicht anzuwenden ist. Das gilt sowohl für die Revision des Angeklagten als auch für die des Privatklägers (9 zu § 349).

Ladung der Beweispersonen

386 **I Der Vorsitzende des Gerichts bestimmt, welche Personen als Zeugen oder Sachverständige zur Hauptverhandlung geladen werden sollen.**

II Dem Privatkläger wie dem Angeklagten steht das Recht der unmittelbaren Ladung zu.

1 **1)** Über die **Ladung von Beweispersonen** (I) und die Herbeischaffung sachlicher Beweismittel entscheidet der Vorsitzende unabhängig von Beweisangeboten und -anträgen der Prozeßbeteiligten aufgrund der Privatklageschrift, der etwa von dem Beschuldigten abgegebenen Erklärungen (2 zu § 382) oder der vor Eröffnung des Hauptverfahrens angestellten Ermittlungen (4 zu § 383). Maßgebend ist die Pflicht zur Sachaufklärung nach § 244 II. Die vorgeladenen Beweispersonen muß der Vorsitzende den Prozeßbeteiligten rechtzeitig namhaft machen (§ 222 II).

2 Stellt der Privatkläger vor der Hauptverhandlung **weitere Beweisanträge,** so gilt nicht § 219; es handelt sich lediglich um Beweisanregungen (Braunschweig HRR **28**, 1676; KMR-Stöckel 2; ANM 353; **aM** Königsberg JW **28**, 2293 mit
3 Anm Stern; KK-Senge 1; LR-Wendisch 2). Im **Berufungsrechtszug** gilt § 325

sinngemäß (LR-Wendisch 5). Soweit nach § 325 Hs 2 die Zustimmung der StA erforderlich ist, bedarf es der Zustimmung des Privatklägers (Königsberg aaO; KK-Senge 4; KMR-Stöckel 3). Ladungsanträge des Privatklägers hindern die Verlesung nach § 325 aber nicht (ANM 290; **aM** Königsberg aaO).

2) Das **Recht der unmittelbaren Ladung** (II) nach §§ 220, 38 haben der Angeklagte und sein Verteidiger (§ 387 I) sowie der Privatkläger und sein Beistand (erg 2 zu § 384). Die Mitteilungspflichten nach § 222 II bestehen auch im Privatklageverfahren. Zur eingeschränkten Pflicht des Gerichts, die Beweispersonen zu vernehmen, vgl 14 zu § 384. Wegen der Entschädigung gilt § 220 III. 4

Vertretung in der Hauptverhandlung

387 **I In der Hauptverhandlung kann auch der Angeklagte im Beistand eines Rechtsanwalts erscheinen oder sich auf Grund einer schriftlichen Vollmacht durch einen solchen vertreten lassen.**

II Die Vorschrift des § 139 gilt für den Anwalt des Klägers und für den des Angeklagten.

III Das Gericht ist befugt, das persönliche Erscheinen des Klägers sowie des Angeklagten anzuordnen, auch den Angeklagten vorführen zu lassen.

1) **Erscheinungspflicht und Vertretung des Angeklagten** (I): Der Angeklagte hat wie der Privatkläger (1 zu § 378) die Wahl, in der Hauptverhandlung selbst, auch im Beistand eines RA, zu erscheinen oder, sofern nicht sein persönliches Erscheinen angeordnet worden ist (unten 6 ff), sich durch einen RA vertreten zu lassen. Ist der Angeklagte weder erschienen noch wirksam vertreten, so darf gegen ihn nur verhandelt werden, wenn die Voraussetzungen des § 232 I S. 1 vorliegen oder wenn er nach § 233, der auch im Privatklageverfahren anwendbar ist, entbunden ist. Beistand und Vertreter kann **nur ein RA** sein. Wie beim Privatkläger (3 zu § 378) sind die Bevollmächtigung eines Hochschullehrers und die Zulassung eines Verteidigers nach § 138 II ausgeschlossen (Hamburg MDR **66**, 256; LG Braunschweig AnwBl **68**, 165; KK-Senge 4; KMR-Stöckel 1; Brangsch NJW **62**, 650; Peters 576; **aM** LG Berlin Rpfleger **53**, 592; LG Dortmund Rpfleger **54**, 319; LG Wuppertal JMBlNW **59**, 257; LR-Wendisch 19 ff; Schlüchter 819 Fn 38). Die Beiordnung eines **Pflichtverteidigers** ist unter den Voraussetzungen des § 140 II auch im Privatklageverfahren möglich (BVerfGE **63**, 380 = NJW **83**, 1599; KK-Senge 5; LR-Wendisch 22; erg 1 zu § 140). Eine **Vertretung** durch einen RA ist nur aufgrund einer schriftlichen Vollmacht (dazu 5 zu § 234) zulässig, die dem Gericht bei Beginn der Hauptverhandlung vorliegen muß (5 zu § 411). Zu den Befugnissen des Vertreters vgl 8 ff zu § 234; 6 zu § 411.
1
2
3
4

2) Die **Übertragung der Verteidigung auf einen Referendar** (II) ist unter den Voraussetzungen des § 139 ebenso zulässig wie im Offizialverfahren. Das gilt auch für den Anwalt des Privatklägers. 5

3) Die **Anordnung des persönlichen Erscheinens** (III) sowohl des Angeklagten als auch des Privatklägers ist zulässig. Sie darf nicht willkürlich getroffen werden, sondern setzt voraus, daß die Anwesenheit der Prozeßbeteiligten die Sachaufklärung fördern oder zu einem Vergleich führen kann. III gilt auch im Berufungsrechtszug, aber nicht für die Revisionsverhandlung (LR-Wendisch 15; Woesner NJW **59**, 707; **aM** AK/StPO-Rössner 2). Ein **Beschwerderecht** hat weder der Angeklagte (9 zu § 236) noch der Privatkläger (Celle NJW **53**, 1933; Woesner aaO). Die **Folgen des Ausbleibens,** von dem erst nach einer gewissen Wartezeit ausgegangen werden darf (KK-Senge 2; erg 13 zu § 329; 3 zu § 412), ist bei dem Privatkläger die Rücknahmefiktion des § 391 II, III. Gegen den Angeklagten kann ein Vorführungsbefehl (vgl 20 zu § 230), aber kein Haftbefehl (5 zu § 384) erlassen
6
7
8

werden. Im übrigen gelten die §§ 230–233, auch im Berufungsrechtszug (§ 332). Hat jedoch der Angeklagte Berufung eingelegt, so gilt § 329.

Widerklage

388 **I Hat der Verletzte die Privatklage erhoben, so kann der Beschuldigte bis zur Beendigung des letzten Wortes (§ 258 Abs. 2 Halbsatz 2) im ersten Rechtszug mittels einer Widerklage die Bestrafung des Klägers beantragen, wenn er von diesem gleichfalls durch eine Straftat verletzt worden ist, die im Wege der Privatklage verfolgt werden kann und mit der den Gegenstand der Klage bildenden Straftat in Zusammenhang steht.**

II Ist der Kläger nicht der Verletzte (§ 374 Abs. 2), so kann der Beschuldigte die Widerklage gegen den Verletzten erheben. In diesem Falle bedarf es der Zustellung der Widerklage an den Verletzten und dessen Ladung zur Hauptverhandlung, sofern die Widerklage nicht in der Hauptverhandlung in Anwesenheit des Verletzten erhoben wird.

III Über Klage und Widerklage ist gleichzeitig zu erkennen.

IV Die Zurücknahme der Klage ist auf das Verfahren über die Widerklage ohne Einfluß.

1 **1)** Ihrem **Wesen** nach ist die Widerklage eine besondere Form der Privatklage; sie ist, anders als die Privatklage, auch gegen Jugendliche zulässig (§ 80 II **JGG**). Wie die Privatklage (§ 374 III) setzt auch die Widerklage Prozeßfähigkeit des Klägers voraus; Minderjährige können sie nur durch ihre gesetzlichen Vertreter
2 erheben (LR-Wendisch 8). Der Verletzte hat die **Wahl,** ob er Widerklage oder eine selbständige Privatklage erheben will (KMR-Stöckel 3); die Umdeutung einer Privatklage in eine Widerklage ist daher unzulässig (Düsseldorf NJW **54**, 123; LR-Wendisch 18). Statthaft ist dagegen eine Verfahrensverbindung nach § 237 mit
3 umgekehrten Parteirollen (KK-Senge 8). Für die Widerklage gelten die **Vorschriften über die Privatklage** mit der Einschränkung, daß Sicherheitsleistung (§ 379), Gebührenvorschuß (§ 379 a) und Sühneversuch (§ 380) entfallen (Hamburg NJW **56**, 1890; LR-Wendisch 9). Prozeßkostenhilfe kann bewilligt werden (4 zu § 379 a). Zum Auslagenvorschuß vgl 13 zu § 379.

4 **2) Voraussetzungen der Widerklage** (I):

5 A. Eine **zulässige** Privatklage muß erhoben sein. Fehlt für die Privatklage eine Prozeßvoraussetzung, nicht nur der hinreichende Tatverdacht (Bay **58**, 84 = NJW **58**, 1149 mit Anm Parsch NJW **58**, 1548), so ist auch die Widerklage unzulässig. Das gilt insbesondere für den Fall, daß kein Privatklagedelikt (§ 374 I) vorliegt (LR-Wendisch 2). Wenn die Unzulässigkeit der Privatklage erst später entdeckt wird, so ändert das an der Unzulässigkeit der Widerklage nichts (Bay **52**, 114; KK-Senge 4). Wird die Privatklage aber erst nach Erhebung der Widerklage unzulässig, so bleibt die Widerklage wirksam; sie wird als Privatklage fortgesetzt (KMR-Stökkel 4). Die Übernahme der Strafverfolgung durch die StA nach § 377 II läßt die Wirksamkeit der bereits erhobenen Widerklage unberührt (dort 11); die erst später erhobene Widerklage ist dagegen unzulässig (LR-Wendisch 2).

6 B. Ein **Privatklagedelikt** (§ 374 I) des Privatklägers gegen den Widerkläger muß vorliegen. Handelt es sich um ein Antragsdelikt, so ist ein wirksamer Strafantrag des Widerklägers erforderlich (vgl 6 zu § 374). Bei wechselseitig begangenen Taten kann der Strafantrag noch bis zur Beendigung des letzten Worts im 1. Rechtszug gestellt werden, auch wenn die Antragsfrist schon verstrichen war (§ 77 c StGB).

7 C. Ein **Zusammenhang** zwischen der mit der Widerklage verfolgten Tat und der Tat, die Gegenstand der Privatklage ist, muß bestehen. Dabei genügt ein loser

sachlicher Zusammenhang (BGH **17**, 194, 197; KK-Senge 7; Schlüchter 820); so eng wie im Fall des § 199 StGB braucht er nicht zu sein. Es reicht aus, daß beide Taten Ausfluß feindlicher Gesinnung sind (Bay **30**, 185 = JW **31**, 225; LR-Wendisch 13). Maßgebend ist, ob im Hinblick auf Taten und Täter eine gemeinsame Sachbehandlung zweckmäßig erscheint (KMR-Stöckel 5).

3) **Widerklage gegen den nicht als Privatkläger auftretenden Verletzten** 8
(II): Die Straftaten, die Gegenstand der Privatklage und der Widerklage sind, müssen sich zwischen denselben Personen zugetragen haben. Da nach § 374 II aber außer dem Verletzten auch andere Personen die Privatklage erheben können, bestimmt II S. 1, daß dies die Erhebung der Widerklage zwar nicht ausschließt, daß sie aber nicht gegen den Privatkläger, sondern gegen den Verletzten zu erheben ist. Sie muß dem Verletzten, der auch zur Hauptverhandlung zu laden ist, zugestellt werden, sofern sie nicht in dessen Gegenwart in der Hauptverhandlung erhoben worden ist (II S. 2). Für den Fall, daß der Privatkläger durch seinen gesetzlichen Vertreter vertreten wird, gilt II nicht entspr; Widerklage gegen den gesetzlichen Vertreter kann nicht erhoben werden (KMR-Stöckel 6).

4) **Verfahren:** Die Widerklage kann bei dem Privatklagegericht ohne Rücksicht 9
auf dessen örtliche Zuständigkeit erhoben werden (KK-Senge 9). Die Erledigung der Privatklage läßt den einmal begründeten Gerichtsstand unberührt (LR-Wendisch 19). Von der Erhebung der Privatklage bis zu ihrer endgültigen Erledigung
(LR-Wendisch 5), längstens bis zu **Beendigung des letzten Worts im 1.** 10
Rechtszug, kann die Widerklage erhoben werden (I). Bei mehreren Hauptverhandlungen im 1. Rechtszug, auch nach Zurückverweisung durch das Rechtsmittelgericht, ist die letzte Hauptverhandlung maßgebend (LR-Wendisch 6). Au-
ßerhalb der Hauptverhandlung muß die Widerklage in der **Form** des § 381 er- 11
hoben werden, in der Hauptverhandlung durch mündliche Erklärung (Hamburg NJW **56**, 1890; LR-Wendisch 21), die in der Sitzungsniederschrift zu beurkunden ist. Für die nachträgliche Erweiterung der Widerklage gelten keine Besonderheiten
(LR-Wendisch 18 zu § 384). **Inhaltlich** muß die Widerklage den Voraussetzungen 12
des § 381 S. 2 entsprechen. Ebensowenig wie die Privatklage (2 zu § 381) kann sie
unter einer Bedingung erhoben werden (LR-Wendisch 22). Das **Gericht prüft** 13
die Widerklage zunächst nach §§ 382, 383. Ist sie schriftlich erhoben, so wird sie dem Privatkläger nach § 382 mitgeteilt (KMR-Stöckel 11). Ist sie in der Hauptverhandlung erhoben, so wird er dort mündlich gehört. Auch bei der Widerklage kann nicht darauf verzichtet werden, daß das Gericht den Gegenstand der Klage
nach § 383 I in einem **Eröffnungsbeschluß** festlegt (Hamburg DR **40**, 110; LG 14
Duisburg MDR 53, 633; KMR-Stöckel 12; LR-Wendisch 23 ff; Schlüchter 820; **aM** Hamburg NJW **56**, 1890; LG Göttingen NdsRpfl **63**, 288; KK-Senge 2; vgl auch Bay **58**, 84 = NJW **58**, 1149 mit Anm Parsch NJW **58**, 1548: nur, wenn Privatklage inzwischen nach § 383 I S. 1 zurückgewiesen worden ist).

5) **Gleichzeitige Entscheidung** (III): Die Vorschrift will verhindern, daß die 15
beiden Verfahren ohne hinreichenden Grund nach § 4 getrennt werden. Eine getrennte Entscheidung über die Privatklage und die Widerklage schließt sie aber nicht grundsätzlich aus. Das gilt auch für die Sachentscheidung. Das Gericht kann zB die Verfahren trennen, wenn nur die eine der beiden Klagen entscheidungsreif ist (LR-Wendisch 35). Ist die eine Klage zurückzuweisen, so geschieht das durch besonderen Beschluß neben der Sachentscheidung über die andere. Entsprechendes gilt, wenn das Verfahren hinsichtlich einer der beiden Klagen nach § 383 II eingestellt und nur über die andere sachlich entschieden wird (Düsseldorf MDR **62**, 327; KMR-Stöckel 14; LR-Wendisch 38 ff zu § 383; **aM** BGH **17**, 194; KK-Senge 11; Hanack JZ **74**, 54: Sachentscheidung und Einstellung in einem Urteil, das insgesamt mit Berufung oder Revision angefochten werden kann). Die Verknüp-
fung nach III besteht im übrigen nur so lange, wie Klage und Widerklage **gemein-** 16
sam im selben Rechtszug anhängig sind (Hamburg OLGSt S. 1; KK-Senge 11).

Eine Verfahrentrennung tritt ohne weiteres ein, wenn nur einer der Prozeßbeteiligten ein Rechtsmittel einlegt (Bay **58**, 84 = NJW **58**, 1149 mit Anm Parsch NJW **58**, 1548; Bay **65**, 144 = NJW **66**, 944 mit zust Anm Tröndle; KG JW **25**, 1034 mit Anm Beling; LR-Wendisch 31) oder wenn das Rechtsmittelgericht das Urteil nur wegen einer der beiden Klagen aufhebt (Bay **65**, 144 = NJW **66**, 944; KMR-Stöckel 16; **aM** Bay **52**, 114).

17 6) Die **Erledigung der Privatklage** (IV) läßt die Widerklage unberührt; es macht sie aber zu einer selbständigen Privatklage (LR-Wendisch 37). Das gilt nicht nur bei Erledigung durch Klagerücknahme, sondern auch bei Einstellung nach § 383 II (Parsch NJW **58**, 1548) und bei Übernahme der Verfolgung durch die StA (11 zu § 377).

Einstellungsurteil bei Offizialdelikt

389 **I Findet das Gericht nach verhandelter Sache, daß die für festgestellt zu erachtenden Tatsachen eine Straftat darstellen, auf die das in diesem Abschnitt vorgeschriebene Verfahren nicht anzuwenden ist, so hat es durch Urteil, das diese Tatsachen hervorheben muß, die Einstellung des Verfahrens auszusprechen.**

II Die Verhandlungen sind in diesem Falle der Staatsanwaltschaft mitzuteilen.

1 **1) Verfahren bei Verdacht des Vorliegens eines Offizialdelikts:**

2 A. **Vor der Hauptverhandlung:** Das Gericht weist die Privatklage nach § 383 I S. 1 zurück, wenn schon aufgrund des Klagevorbringens hinreichender Verdacht (2 zu § 203) dafür besteht, daß ein Offizialdelikt vorliegt (7 zu § 383). Ist das übersehen worden oder entsteht der Verdacht erst nach Eröffnung des Hauptverfahrens, so wird das Verfahren vor und außerhalb der Hauptverhandlung nach § 206 a eingestellt (KK-Senge 1; KMR-Stöckel 2). Kommt es zur Hauptverhandlung, so darf kein Sachurteil erlassen werden, selbst wenn sich herausstellt, daß nur ein Privatklagedelikt vorliegt (RG **9**, 324; LR-Wendisch 2); das Verfahren ist einzustellen.

3 B. **In der Hauptverhandlung** (I) muß das Verfahren durch Urteil eingestellt werden, wenn das Gericht „nach verhandelter Sache" findet, daß ein Offizialdelikt vorliegt. Dabei braucht der Sachverhalt aber nicht restlos aufgeklärt zu werden. Hinreichender Verdacht (2 zu § 203) reicht aus, ist aber auch erforderlich (Bay **53**,
4 260 = Rpfleger **54**, 468; KMR-Stöckel 3). Das **Einstellungsurteil** setzt nicht voraus, daß das Gericht zuvor der StA unter Unterbrechung oder Aussetzung der Hauptverhandlung die Akten nach § 377 I S. 2 mit der Anfrage vorgelegt hat, ob sie die Sache übernehmen will (KMR-Stöckel 5; **aM** KK-Senge 3; LR-Wendisch 5 ff). Das Urteil können der Angeklagte, der Privatkläger und, zwecks Übernahme der Verfolgung nach § 377 II S. 2 die StA anfechten (LR-Wendisch 10). Nach
5 **Rechtskraft des Urteils** ist eine neue Privatklage unzulässig (LR-Wendisch 13). Die StA bindet das Urteil nicht; sie hat vielmehr im Rahmen des Legalitätsprinzips zu entscheiden, ob sie wegen des Offizialdelikts Anklage erhebt (KMR-Stöckel 7; LR-Wendisch 14 ff; vgl auch Bay **59**, 251 = NJW **59**, 2274). Sieht sie davon ab, so kann der Privatkläger nach § 172 II auf gerichtliche Entscheidung antragen (KK-
6 Senge 5). Kommt es zum Offizialverfahren, so besteht **kein Verbot der Schlechterstellung,** wenn der Angeklagte in dem Privatklageverfahren zunächst zu Strafe verurteilt worden war, dagegen allein ein Rechtsmittel eingelegt hatte und das Einstellungsurteil nach I erst in dem höheren Rechtszug erlassen worden ist (LR-Wendisch 11; Meyer-Goßner Kleinknecht-FS 296; **aM** KK-Senge 8; KMR-Stök-
7 kel 9; Schlüchter 835; erg 4 zu § 331). **Verbrauch der Strafklage** tritt auch ein, wenn das Gericht unter Verletzung des I ein Sachurteil erläßt (LG Hamburg NJW **47/48**, 353 mit Anm Sieveking; LR-Wendisch 21).

2) Die **Mitteilung an die StA** (II) soll es ihr ermöglichen, die Notwendigkeit der Einleitung eines Offizialverfahrens zu prüfen. 8

Rechtsmittel des Privatklägers

390 **I Dem Privatkläger stehen die Rechtsmittel zu, die in dem Verfahren auf erhobene öffentliche Klage der Staatsanwaltschaft zustehen. Dasselbe gilt von dem Antrag auf Wiederaufnahme des Verfahrens in den Fällen des § 362. Die Vorschrift des § 301 ist auf das Rechtsmittel des Privatklägers anzuwenden.**

II Revisionsanträge und Anträge auf Wiederaufnahme des durch ein rechtskräftiges Urteil abgeschlossenen Verfahrens kann der Privatkläger nur mittels einer von einem Rechtsanwalt unterzeichneten Schrift anbringen.

III Die in den §§ 320, 321 und 347 angeordnete Vorlage und Einsendung der Akten erfolgt wie im Verfahren auf erhobene öffentliche Klage an und durch die Staatsanwaltschaft. Die Zustellung der Berufungs- und Revisionsschriften an den Gegner des Beschwerdeführers wird durch die Geschäftsstelle bewirkt.

IV Die Vorschrift des § 379 a über die Zahlung des Gebührenvorschusses und die Folgen nicht rechtzeitiger Zahlung gilt entsprechend.

V Die Vorschrift des § 383 Abs. 2 Satz 1 und 2 über die Einstellung wegen Geringfügigkeit gilt auch im Berufungsverfahren. Der Beschluß ist nicht anfechtbar.

1) **Rechtsmittelbefugnis des Privatklägers** (I): 1

A. Die gleichen **Rechtsmittel wie die StA** (S. 1) im Offizialverfahren hat der 2
Privatkläger (und der nach § 375 II dem Verfahren Beigetretene); ist gegen ihn Widerklage (§ 388) erhoben, so stehen ihm die Rechtsmittel des Angeklagten zu. Umgekehrt hat der Angeklagte als Widerkläger nur die Rechtsmittel des Privatklägers. Der gesetzliche Vertreter kann Rechtsmittel nur für den Privatkläger einlegen, nicht aus eigenem Recht (KK-Senge 2). Der Dienstvorgesetzte kann Rechtsmittel nur einlegen, soweit er nach § 374 II selbst die Privatklage erhoben
hat (LR-Wendisch 3). Die Rechtsmittelbefugnis setzt eine **Beschwer** (8 ff vor 3
§ 296) des Privatklägers voraus. Sie besteht auch, wenn nach seinen Anträgen erkannt ist, er aber eine Verschärfung des Urteils erstrebt (Hamm NJW **61**, 2322; KMR-Stöckel 3; LR-Wendisch 5; **aM** EbSchmidt Nachtr 8), nicht aber, wenn es ihm nur um die Klärung von Rechtsfragen geht (KK-Senge 4). Ist der Angeklagte vom Vorwurf der Straftat nach § 186 StGB ohne Eingehen auf den angebotenen Wahrheitsbeweis nach § 193 StGB freigesprochen, so kann der Privatkläger ein Rechtsmittel mit der Begründung einlegen, die Erweislichkeit der Tatsache sei
nicht geprüft worden (BGH **11**, 273). Die **Rechtsmittelfrist** beginnt für den 4
Privatkläger, auch wenn er bei der Urteilsverkündung weder anwesend noch vertreten war, nach §§ 314 I, 341 I entspr § 401 II S. 1 mit der Urteilsverkündung (Frankfurt NStZ-RR **96**, 43; zust Kurth NStZ **97**, 1), mit der Urteilszustellung nur, wenn ihm der Verkündungstermin nicht bekanntgegeben worden ist (10 zu § 341; **aM** KMR-Stöckel 2).

B. Die **Wiederaufnahme** (S. 2) kann der Privatkläger nur nach § 362 zuun- 5
gunsten des Angeklagten beantragen. Stirbt er während des Verfahrens, so gilt § 393 (LR-Wendisch 16).

C. **Wirkung zugunsten des Angeklagten** (S. 3): Rechtsmittel des Privatklä- 6
gers wirken nach § 301 auch zugunsten des Angeklagten. Der Privatkläger kann aber nicht wie die StA (§ 296 II) Rechtsmittel zugunsten des Angeklagten einlegen (LR-Wendisch 6 mwN; vgl auch BGH **37**, 136 zur Nebenklage).

7 **2) Anbringung der Revisions- und Wiederaufnahmeanträge** (II): Die Vorschrift läßt im Gegensatz zu §§ 345 II, 366 II Revisions- und Wiederaufnahmeanträge nur mittels einer von einem RA unterzeichneten Schrift (dazu Einl 129) zu. Dabei muß der RA die volle Verantwortung für den Inhalt der Schrift übernehmen (KMR-Stöckel 7; erg 16 zu § 345; 4 zu § 366). Ist der Privatkläger selbst RA, so genügt seine Unterschrift (KK-Senge 5; LR-Wendisch 15). Wegen der Beiordnung eines RA für die Revisionsbegründung vgl 10 zu § 379.

8 3) Die **Mitwirkung der StA im Rechtsmittelverfahren** (S. 1) beschränkt sich auf den technischen Vorgang der Vorlage und Einsendung der Akten an das Berufungsgericht nach §§ 320, 321 und, nach Zustellung der Revisionsbegründungsschrift durch die Geschäftsstelle des Gerichts (Bay **61**, 231 = Rpfleger **62**, 16), an das Revisionsgericht nach § 347 II. Auf diese Weise soll die StA von dem Privatklageverfahren unterrichtet werden und Gelegenheit zur Prüfung der Über-
9 nahme der Verfolgung nach § 377 II erhalten (LR-Wendisch 17). Die **Zustellung der Rechtsmittelschriften** (S. 2) erfolgt auf Anordnung des Vorsitzenden (§ 36 I S. 1) durch die Geschäftsstelle des Gerichts.

10 4) **Gebührenvorschuß** (IV): § 379 a gilt entspr. Die Vorschußpflicht trifft nur den Privatkläger, nicht den Angeklagten (oder den Privatkläger als Widerbeklagten), der gegen seine Verurteilung ein Rechtsmittel eingelegt hat (Bamberg NJW **49**, 835). Die Frist zur Zahlung darf das Berufungsgericht erst setzen, wenn die Rechtfertigungsfrist nach § 317 abgelaufen ist (Düsseldorf JMBlNW **58**, 251; Karlsruhe Justiz **81**, 58). Die Versäumung der vom Gericht gesetzten Zahlungsfrist hat die Verwerfung des Rechtsmittels oder des Wiederaufnahmeantrags als unzulässig zur Folge. Der Beschluß ist entspr § 379 a III S. 2 mit sofortiger Beschwerde anfechtbar.

11 5) **Einstellung wegen Geringfügigkeit** (V): S. 1 bestimmt die Anwendbarkeit des § 383 II S. 1, 2 im Berufungsverfahren. Zur Einstellungsbefugnis des Beschwerde- und des Revisionsgerichts vgl 14 zu § 383. Der Einstellungsbeschluß, auch der des Beschwerdegerichts, ist nach S. 2 unanfechtbar. Das gilt auch, wenn er unter Verletzung des rechtlichen Gehörs ergangen (Celle MDR **56**, 759; Hamm JMBlNW **51**, 267; MDR **52**, 248) oder wenn fehlerhaft durch Urteil eingestellt worden ist (Bay **51**, 302; KK-Senge 8; LR-Wendisch 23). Zur Unanfechtbarkeit der Kostenentscheidung nach § 464 III S. 1 Hs 2 vgl dort 15 ff.

Klagerücknahme; Wiedereinsetzung

391 **I Die Privatklage kann in jeder Lage des Verfahrens zurückgenommen werden. Nach Beginn der Vernehmung des Angeklagten zur Sache in der Hauptverhandlung des ersten Rechtszuges bedarf die Zurücknahme der Zustimmung des Angeklagten.**

II Als Zurücknahme gilt es im Verfahren des ersten Rechtszuges und, soweit der Angeklagte die Berufung eingelegt hat, im Verfahren des zweiten Rechtszuges, wenn der Privatkläger in der Hauptverhandlung weder erscheint noch durch einen Rechtsanwalt vertreten wird oder in der Hauptverhandlung oder einem anderen Termin ausbleibt, obwohl das Gericht sein persönliches Erscheinen angeordnet hatte, oder eine Frist nicht einhält, die ihm unter Androhung der Einstellung des Verfahrens gesetzt war.

III Soweit der Privatkläger die Berufung eingelegt hat, ist sie im Falle der vorbezeichneten Versäumungen unbeschadet der Vorschrift des § 301 sofort zu verwerfen.

IV Der Privatkläger kann binnen einer Woche nach der Versäumung die Wiedereinsetzung in den vorigen Stand unter den in den §§ 44 und 45 bezeichneten Voraussetzungen beanspruchen.

1) Zurücknahme der Privatklage (I): Wie der Strafantrag (§ 77 d I S. 1, 2 1
StGB) kann auch die Privatklage in jeder Lage des Verfahrens zurückgenommen
werden. Das geschieht meist in einem Vergleich (9 ff vor § 374). Im Zweifel
bedeutet die Zurücknahme der Privatklage **zugleich die Zurücknahme des** 2
Strafantrags (KMR-Stöckel 3). Die Auslegung kann jedoch einen anderen Willen
des Privatklägers ergeben; dann steht die Klagerücknahme der Erhebung der
öffentlichen Klage auch wegen eines Antragsdelikts nicht entgegen. Zur Frage, ob
in der Zurücknahme des Strafantrags zugleich die Zurücknahme der Privatklage
liegt, vgl LR-Wendisch 2. Die **Rücknahmeerklärung** wird außerhalb der Haupt- 3
verhandlung schriftlich oder zu Protokoll der Geschäftsstelle abgegeben. In der
Hauptverhandlung kann die Zurücknahme mündlich erklärt werden; die Erklärung
ist in der Sitzungsniederschrift zu beurkunden (EbSchmidt 3). Der bevollmächtigte
RA des Privatklägers (§ 378) braucht keine besondere Rücknahmevollmacht
(KMR-Stöckel 4). Wirksam wird die Erklärung, wenn sie dem mit der Sache
befaßten Gericht zugeht. Auch eine **Teilrücknahme** ist zulässig, wenn der übrige 4
Teil abtrennbar ist. Die Zurücknahme kann daher gegen einzelne von mehreren
Beschuldigten oder hinsichtlich einzelner von mehreren in Tatmehrheit (§ 53
StGB) stehenden Straftaten erklärt werden, nicht aber bei Tateinheit nach § 52
StGB (KK-Senge 2; LR-Wendisch 7; aM EbSchmidt 4). Sind mehrere Privatklagen
verbunden, so kann jeder Privatkläger seine Klage unabhängig von den anderen
zurücknehmen. **In jeder Lage des Verfahrens** ist die Zurücknahme möglich, dh 5
von der Erhebung der Privatklage an bis zum rechskräftigen Abschluß des Verfah-
rens (KK-Senge 1), auch noch im Revisionsrechtszug (KMR-Stöckel 1; Dallinger
JZ **53**, 442). Nach Erlaß eines Urteils kann die Privatklage innerhalb der Rechts-
mittelfrist zurückgenommen werden, ohne daß der Privatkläger deshalb ein
Rechtsmittel einlegen muß (KMR-Stöckel 1; LR-Wendisch 4). Die **Zustim-** 6
mung des Angeklagten ist nach S. 2 nur erforderlich, wenn die Zurücknahme
erst nach Beginn seiner Vernehmung zur Sache (§ 243 IV S. 2) im 1. Rechtszug
erklärt wird. Finden mehrere Hauptverhandlungen statt, so ist die letzte maßge-
bend. Der Angeklagte braucht sich bei so später Rücknahmeerklärung die Aufklä-
rung der Vorwürfe nicht abschneiden zu lassen. Allerdings hat der Privatkläger bei
Antragsdelikten die Möglichkeit, eine Sachentscheidung durch Zurücknahme des
Strafantrags nach § 77 d StGB zu verhindern. Die **Folge der wirksamen Zu-** 7
rücknahme, mit der eine Prozeßvoraussetzung (Einl 151) entfällt, ist die Ein-
stellung des Verfahrens durch besonderen Gerichtsbeschluß (KK-Senge 10; LR-
Wendisch 10 ff; EbSchmidt Nachtr 27 ff vor § 374; Peters 579; **aM** LG Kassel NJW
51, 373; vgl auch KMR-Stöckel 7 und LG Wuppertal MDR **57**, 502: nur fest-
stellende Bedeutung), in der Hauptverhandlung durch Einstellungsurteil nach
§ 260 III (KMR-Stöckel 7; Gössel 332; Bloy GA **80**, 170). Bei Zurücknahme vor
Eröffnung des Hauptverfahrens wird die Klage zurückgewiesen (§ 383 I). In beiden
Fällen wird über die Kosten und notwendigen Auslagen des Beschuldigten nach
§ 471 II entschieden. Das Privatklagerecht eines anderen Berechtigten wird durch
die Zurücknahme nicht berührt. Auf die **Widerklage** ist die Zurücknahme der 8
Privatklage ohne Einfluß (§ 388 IV).

2) Unterstellung der Zurücknahme (II): 9

A. **Nichterscheinen:** Als Zurücknahme gilt es, wenn der ordnungsgemäß ge- 10
ladene und in der Ladung auf die Folgen seines Ausbleibens hingewiesene (KMR-
Stöckel 12; LR-Wendisch 30) Privatkläger in der Hauptverhandlung ohne dem
Gericht bekannte Entschuldigungsgründe (Bay **51**, 471; EbSchmidt 11 ff) weder
erscheint noch durch einen RA vertreten ist oder wenn er in der Hauptverhand-
lung oder einem anderen Termin, zB einer kommissarischen Vernehmung nach
§ 223 oder einer Augenscheinseinnahme nach § 225, ausbleibt, obwohl das Ge-
richt sein persönliches Erscheinen angeordnet hat; das Erscheinen eines Vertreters
steht der Rücknahmefiktion dann nicht entgegen. Die Unterstellung der Zurück-
nahme **gilt** im 1. Rechtszug immer, im Berufungsrechtszug nur, wenn der Ange- 11

klagte allein oder neben dem Privatkläger Berufung eingelegt hat (unten 17). Bei alleiniger Berufung des Privatklägers, tritt die Rechtsfolge des III ein (unten 17).

12 Das **eigenmächtige Sich-Entfernen** steht dem Nichterscheinen gleich (Bremen NJW **57**, 474 L; LR-Wendisch 31). Denn der Sinn der Regelung des II ist, daß der Privatkläger sich während der Verhandlung für die Befragung durch das Gericht zur Verfügung zu halten oder sonst das Erforderliche zum Fortgang des Verfahrens beitragen muß. Nach den Schlußvorträgen (§ 258) schadet seine Abwesenheit aber nicht mehr (KK-Senge 12). Das Sich-Entfernen nach diesem Zeitpunkt, insbesondere während der Urteilsverkündung, fällt daher nicht unter II, III (Bay **62**, 37 = NJW **62**, 1168; KK-Senge 12; Schlüchter 826.2 Fn 60; Woesner NJW **59**, 704;
13 **aM** KMR-Stöckel 12; LR-Wendisch 32 und 7 ff zu § 387). Das **Einverständnis des Angeklagten** hindert den Eintritt der Folgen des II nicht (KMR-Stöckel 13).

14 B. **Nichteinhalten einer Frist:** Die Fristsetzung unter Androhung der Verfahrenseinstellung ist (in oder außerhalb der Hauptverhandlung) nicht nur zulässig, wenn es um die Behebung eines zur Einstellung führenden Prozeßhindernisses geht (so aber KK-Senge 13), sondern auch, wenn irgendein anderes Hindernis für den Fortgang des Verfahrens beseitigt werden soll (LR-Wendisch 33). Aus der Verwendung des Worts „Einstellung" ergibt sich, daß die Fristsetzung mit der Einstellungsandrohung erst nach Eröffnung des Hauptverfahrens (§ 383 I) zulässig ist (Düsseldorf NJW **59**, 2080; KMR-Stöckel 16; LR-Wendisch 34; **aM** LG Essen NJW **56**, 392). Vorher ist nur die Fristsetzung ohne diese Androhung zulässig, zB zur Nachbringung der Sühnebescheinigung (9 zu § 380). Zuständig für die Fristsetzung ist der Vorsitzende (LR-Wendisch 35). Der Privatkläger darf nicht durch
15 **andere Auflagen mit Einstellungsandrohung** zu einem Prozeßverhalten veranlaßt werden, zu dem er rechtlich nicht verpflichtet ist (KK-Senge 13), zB zur Einreichung eines Schriftsatzes oder einer Berufungsrechtfertigungsschrift (LR-Wendisch 33; EbSchmidt 22). Für die Einbringung des Gebührenvorschusses gilt ausschließlich § 379 a, für den Auslagenvorschuß § 68 GVG (Hamm NJW **65**, 878; JMBlNW **51**, 154; Karlsruhe Justiz **72**, 19; LG Heidelberg NJW **64**, 680; LG Zweibrücken MDR **74**, 422; **aM** LG Karlsruhe NJW **63**, 66; erg 13 zu § 379 a).

16 C. Die **Einstellung des Verfahrens** als Folge der unterstellten Zurücknahme erfordert im Fall des I S. 2 die Zustimmung des Angeklagten. Sie erfolgt außerhalb der Hauptverhandlung durch Beschluß, in der Hauptverhandlung durch Einstellungsurteil (Hamm JMBlNW **52**, 125; EbSchmidt 19; Bloy GA **80**, 171; **aM** LR-Wendisch 37: stets durch Beschluß; vgl auch Bay **62**, 37 = NJW **62**, 1168).

17 **3) Verwerfung der Berufung** (III): Über die Rechtsvermutung, die dieser Regelung zugrunde liegt, vgl 2 zu § 329. Die Verwerfung der Berufung ist nur zulässig, wenn der Privatkläger allein Berufung eingelegt hat. Ist der Angeklagte im 1. Rechtszug freigesprochen worden, so wird die Berufung dann durch Urteil (KMR-Stöckel 24) sofort, dh ohne Verhandlung zur Sache (31 zu § 329), verworfen. Ist er verurteilt worden, so ergibt sich aus dem Vorbehalt des § 301, daß die Berufungsverhandlung ohne den Privatkläger durchgeführt werden muß, wenn nach Aktenlage eine für den Angeklagten günstige Entscheidung zu erwarten ist (KK-Senge 14; LR-Wendisch 40; Rieß NJW **75**, 90; vgl für den Nebenkläger 6 zu § 401). Hat auch oder allein der Angeklagte Berufung eingelegt, so hat das Ausbleiben des Privatklägers zur Folge, daß das Verfahren durch Urteil eingestellt wird; das gilt selbst dann, wenn auch der Angeklagte nicht erschienen ist (LR-Wendisch 38). III ist nicht anwendbar, wenn das Ausbleiben des Privatklägers, für das Gericht erkennbar, auf einem die Wiedereinsetzung rechtfertigenden unverschuldeten Grund beruht (Bay **51**, 471; KMR-Stöckel 25; vgl auch Schleswig SchlHA **59**, 56).

18 **4) Wiedereinsetzung** (IV) nach §§ 44, 45 ist sowohl gegen die Versäumung des Termins als auch der unter Einstellungsandrohung gesetzten Frist zulässig. Die

Wochenfrist des § 45 I S. 1 beginnt mit dem Termin oder dem Ablauf der Frist, nicht erst mit der Zustellung des Einstellungsbeschlusses (LR-Wendisch 41).

5) **Rechtsmittel:** Gegen den Einstellungsbeschluß in den Fällen des I und II 19
steht dem Privatkläger, dem Angeklagten und, zur Übernahme der Verfolgung (§ 377 II S. 2), der StA entspr § 206a die sofortige Beschwerde nach § 311 zu (KMR-Stöckel 23; LR-Wendisch 44). Gegen das Einstellungsurteil ist Berufung und Revision, im Fall III nur Revision zulässig. Wird der Antrag, das Verfahren einzustellen, durch besonderen Beschluß abgelehnt, so ist die einfache Beschwerde nach § 304 I gegeben (KMR-Stöckel 23; LR-Wendisch 45; **aM** EbSchmidt 24: nach § 305 S. 2 unanfechtbar).

Wirkung der Rücknahme

392 **Die zurückgenommene Privatklage kann nicht von neuem erhoben werden.**

1) Der **Ausschluß der Erneuerung der Privatklage** (oder Widerklage) gilt 1
sowohl für den Fall der Zurücknahme nach § 391 I als auch für den der Rücknahmefiktion nach § 391 II (KMR-Stöckel 1; Schlüchter 827). § 392 schließt auch aus, die zurückgenommene Privatklage von neuem als Widerklage oder die zurückgenommene Widerklage als selbständige Privatklage zu erheben (KK-Senge 1; LR-Wendisch 1). War die Widerklage aber schon vor der Zurücknahme der Privatklage erhoben worden, so bleibt sie zulässig (Bay **51**, 295; KMR-Stöckel 2); das
gleiche gilt im umgekehrten Fall (Düsseldorf NJW **54**, 123). Der **Ausschluß** 2
erstreckt sich nicht auf die Privatklage gegen einen anderen Beschuldigten (LR-Wendisch 2). Eine neue Privatklage gegen denselben Beschuldigten kann erhoben werden, wenn die Klage unzulässig war und daher zu keiner Sachentscheidung geführt hätte, möglicherweise gerade deshalb zurückgenommen worden ist (Braunschweig NJW **53**, 957 = JZ **53**, 562 mit zust Anm Dünnebier; LR-Wendisch 3; **aM** Frankfurt JW **27**, 1599), insbesondere wegen Fehlens der Sühnebescheinigung nach § 380 (dort 12).

2) **Auf andere Klageberechtigte,** die ihre Klage noch nicht erhoben hatten 3
(§ 375 I), erstreckt sich der Ausschluß ebenfalls nicht (vgl Stuttgart JR **53**, 349 mit
Anm Kohlhaas; KK-Senge 1). Auch die **Erhebung der öffentlichen Klage** durch 4
die StA bleibt zulässig (LR-Wendisch 2), bei Antragsdelikten aber nur, wenn noch ein wirksamer Strafantrag vorliegt (erg 2 zu § 391).

Tod des Privatklägers

393 **I Der Tod des Privatklägers hat die Einstellung des Verfahrens zur Folge.**

II Die Privatklage kann jedoch nach dem Tode des Klägers von den nach § 374 Abs. 2 zur Erhebung der Privatklage Berechtigten fortgesetzt werden.

III Die Fortsetzung ist von dem Berechtigten bei Verlust des Rechts binnen zwei Monaten, vom Tode des Privatklägers an gerechnet, bei Gericht zu erklären.

1) Beim **Tod des Privatklägers** (I) ist das Verfahren einzustellen. Dadurch wird 1
das Verfahren beendet (KK-Senge 1; LR-Wendisch 1 ff; Bloy GA **80**, 171; **aM** EbSchmidt 2 f; KMR-Stöckel 1; Hartung NJW **50**, 672: nur feststellende Bedeutung). Die Teilrechtskraft steht der Einstellung nicht entgegen, selbst wenn die Sache nur noch zur Kostenfrage anhängig ist (Hamm NJW **78**, 654; LR-Wendisch 1). Kommt die Fortsetzung des Verfahrens (II) in Betracht, so wird die Einstellung bis zum Ablauf der Frist des II aufgeschoben (KK-Senge 1); andernfalls wird sie bei

wirksamer Fortsetzungserklärung wieder aufgehoben. Die Rechte anderer Privatklageberechtigter und das Recht der StA zur Erhebung der öffentlichen Klage bleiben unberührt (LR-Wendisch 3). Das Übernahmerecht nach § 377 II entfällt
2 (RG **16**, 421, 424). Zugleich mit der Einstellung ist eine **Kostenentscheidung** nach § 471 II zu Lasten der Erben zu treffen (dort 3). Sie kann aber auch durch besonderen Beschluß nachgeholt werden (Bay **60**, 142 = NJW **60**, 2065 L). Wenn nur einer von mehreren Privatklägern stirbt, muß über die durch die Privatklage des Verstorbenen verursachten Kosten ein selbständiger Kostenbeschluß erlassen werden; die Kosten dürfen nicht in dem Urteil zwischen den übrigen Privatklägern und dem Angeklagten verteilt werden (Bay aaO; KK-Senge 1).

3 **2) Fortsetzungsberechtigt** (II) sind nur die nach § 374 II Berechtigten (dort 2). Sie können auch innerhalb der Frist des III dem schon fortgesetzten Verfahren beitreten (KMR-Stöckel 8). Nach wirksamer Fortsetzungserklärung wird das Ver-
4 fahren **in der Lage fortgesetzt,** in der es sich zZ des Todes des Privatklägers befunden hat (KMR-Stöckel 10). Die nachträgliche Ergänzung und Erweiterung der Privatklage ist ausgeschlossen. Ist ein Strafantrag erforderlich, so genügt es bei den nahen Angehörigen, nicht aber beim Dienstvorgesetzten, daß er von dem verstorbenen Privatkläger wirksam gestellt worden war (§ 374 II S. 2). Bei Tatmehrheit zwischen fortsetzungsfähigen und anderen Vergehen wird das Verfahren wegen der anderen Tat eingestellt; bei Tateinheit darf nur wegen des fortsetzungsfähigen Vergehens entschieden werden. Hat das Gericht das Verfahren vor der Fortsetzungserklärung eingestellt, so können die Fortsetzungsberechtigten den Be-
5 schluß nach § 206 a mit sofortiger Beschwerde **anfechten** (LR-Wendisch 6). Das gleiche Rechtsmittel haben sie, wenn das Gericht die Fortsetzung ablehnt.

6 **3)** Die **Frist zur Erklärung der Fortsetzung** (III) beginnt mit dem Tod des Privatklägers und wird nach § 43 berechnet. Die Erklärung muß gegenüber dem mit der Sache befaßten Gericht schriftlich (Einl 128) oder zu Protokoll der Geschäftsstelle (Einl 131 ff) abgegeben werden. Wiedereinsetzung in den vorigen Stand ist ausgeschlossen; denn III läßt mit dem Fristablauf ausdrücklich den Verlust des Rechts eintreten (KK-Senge 3).

Bekanntmachung an den Beschuldigten

394 **Die Zurücknahme der Privatklage und der Tod des Privatklägers sowie die Fortsetzung der Privatklage sind dem Beschuldigten bekanntzumachen.**

1 **1)** Die **Bekanntmachung** der Zurücknahme der Privatklage nach § 391 I und des Todes des Privatklägers setzt keine Frist in Lauf und kann daher formlos (12 zu § 35) erfolgen (LR-Wendisch 1).

2 **2)** Die **förmliche Zustellung** (10 zu § 35) erscheint jedoch geboten, wenn eine abschließende Gerichtsentscheidung von dem weiteren Verhalten des Beschuldigten abhängt (LR-Wendisch 2), wie im Fall des § 391 I S. 2, und beim Vorliegen einer Fortsetzungserklärung nach § 393 II.

2. Abschnitt. Nebenklage

Vorbemerkungen

1 **1)** Eine **umfassende Beteiligungsbefugnis** im gesamten Verfahren von der Erhebung der öffentlichen Klage ab schafft die Nebenklage, die mit dem GG vereinbar ist (BVerfGE **26**, 66 = NJW **69**, 1423), für diejenigen Verletzten, die besonders schutzwürdig erscheinen. Dem Nebenkläger wird Gelegenheit gegeben,

im Verfahren seine persönlichen Interessen auf Genugtuung zu verfolgen (BGH **28**, 272; Karlsruhe NJW **74**, 658; Gollwitzer Schäfer-FS 65), insbesondere durch aktive Beteiligung (Erklärungen, Fragen, Anträge) das Verfahrensergebnis zu beeinflussen (vgl auch Schneider StV **98**, 456 gegen Maeffert StV **98**, 461). Seiner **Rechts-** 2
stellung nach ist der Nebenkläger ein mit besonderen Rechten ausgestatteter Verfahrensbeteiligter. Nachdem durch die Neufassung des § 397 I die Verweisung auf das Privatklageverfahren entfallen ist, in dem der Privatkläger die Rechte der StA hat (§ 385), kann der Nebenkläger nicht mehr als Gehilfe der StA (so Nürnberg AnwBl **83**, 466; hiergegen bereits EbSchmidt 8; Bringewat GA **72**, 291) bezeichnet werden. Er hat zwar bestimmte Rechte, die sonst nur der StA zustehen, übt sie aber völlig unabhängig von ihr aus (Gollwitzer Schäfer-FS 66). Ein dem StA beigeordneter Mitkläger ist er nicht (ANM 180; Rieß NStZ **89**, 104). Eine
behördliche Nebenklage sieht das geltende Recht nicht mehr vor. 3

2) Nur im **gewöhnlichen Strafverfahren** ist die Nebenklage zulässig. Eine 4
Zulassung im **Sicherungsverfahren** nach §§ 413 ff hatte der BGH mit der Er- 5
wägung abgelehnt, die Nebenklage ziele „ihrem Wesen nach auf die Bestrafung des Täters" ab (NJW **74**, 2244). Diese Begründung trifft heute nur noch eingeschränkt zu (vgl oben 1; erg 5 zu § 395). Gleichwohl ist an dieser Rspr festzuhalten (BGH NStZ **92**, 30 [K]; 2 StR 369/95 vom 23. 8. 1995; BGHR § 395 Anschlußbefugnis 1; Hamm StV **92**, 460 L; München MDR **94**, 402; Oldenburg NdsRpfl **96**, 162; LG Ravensburg NStZ **95**, 303; **aM** Frankfurt NJW **94**, 3243; Hamburg NJW **97**, 1719; Köln NJW **93**, 3279 = JR **94**, 344 mit zust Anm Gössel; München 2 Ws 163/98 von 3. 3. 1998; Saarbrücken NStZ **97**, 453; LG Essen NStZ **91**, 98 mit zust Anm Weigend; LG München II NStZ-RR **98**, 78; KK-Fischer 4 zu § 414; Gruhl NJW **91**, 1874; Kurth NStZ **97**, 6; offen gelassen von BGH NStZ **96**, 244); aus § 400 I läßt sich entnehmen, daß eine Beteiligung des Nebenklägers dann nicht in Betracht kommen soll, wenn es nur um die Festsetzung von Rechtsfolgen, insbesondere um die Unterbringung des Täters, geht (erg 1 zu § 400). Daher kann sich der Verletzte erst anschließen, wenn das Sicherungsverfahren nach § 416 in das Strafverfahren übergeleitet ist (BGH aaO; KK-Senge 4 zu § 395; **aM** KG JR **95**, 127 mit krit Anm Gössel: Anschluß schon zwecks Überleitung zulässig). Im
Verfahren gegen einen **Jugendlichen** ist die Nebenklage unzulässig (§ 80 III 6
JGG), auch vor einem allgemeinen Strafgericht (§ 104 I Nr 14 **JGG**); gegen Heranwachsende ist sie zulässig und zwar auch in verbundenen Verfahren gegen Heranwachsende bzw Erwachsene und Jugendliche (BGH **41**, 288 mit abl Anm Graul NStZ **96**, 402; Düsseldorf NStZ **94**, 299 mit abl Anm Eisenberg; NJW **95**, 343; LG Duisburg NJW **94**, 3305; Mitsch GA **98**, 161 ff; **aM** Köln NStZ **94**, 298; LG Aachen MDR **93**, 679; Franze StV **96**, 289; Kurth NStZ **97**, 5; Ostendorf StV **94**, 605 will auf die Umstände des Einzelfalls abstellen; vgl auch KG JR **95**, 259 mit Anm Eisenberg/Schönberger JR **95**, 391: jedenfalls dann zulässig, wenn gegen den Jugendlichen nur ein Sicherungsverfahren durchgeführt wird). In Fällen des prozessualen Zusammentreffens einer Jugend- mit einer Heranwachsendentat ist die Nebenklage zulässig, soweit sie gegen die im Heranwachsenden-Alter begangene Tat gerichtet ist (Mitsch aaO S. 169 ff). Den Anschluß als Nebenkläger schließt § 80 III **JGG** für Jugendliche nicht aus (Brunner/Dölling 6; Eisenberg 14; beide zu § 80 JGG).

3) **Prozeßfähig** muß der Nebenkläger sein (dazu allg W. Schmid SchlHA **81**, 7
153). Andernfalls muß nach der bisher hM für ihn der gesetzliche Vertreter den Anschluß erklären und die Nebenklagerechte wahrnehmen (RG **37**, 63; Bay **55**, 243 = NJW **56**, 681; **aM** Eisenberg GA **98**, 32 mwN zur Gegenansicht in Fn 1). Die Vertretung steht demjenigen zu, der das Personensorgerecht hat (Hamm VRS **13**, 212; vgl auch LG Kassel NJW **60**, 62). Der Abwesenheitspfleger kann den Anschluß nicht erklären (Frankfurt NJW **50**, 882). Als Nebenkläger zugelassen wird nicht der gesetzliche Vertreter, sondern nur der Verletzte selbst (Bay **56**, 254 = JR **57**, 149; Oldenburg NJW **56**, 682; W. Schmid aaO).

8 **4)** Mit **anderen Prozeßrollen** ist die Stellung als Nebenkläger nicht grundsätzlich unvereinbar. Der Zulassung steht insbesondere nicht schlechthin entgegen, daß
9 der Nebenkläger gleichzeitig **Mitangeklagter** ist (BGH NJW **78**, 330; RG **22**, 421; Stuttgart NJW **57**, 435; KMR-Fezer 7; Dahs 953). Er darf aber nicht zugelassen werden, wenn er den Anschluß wegen einer Tat erstrebt, derentwegen gegen ihn selbst als Mittäter oder Teilnehmer die öffentliche Klage erhoben und noch nicht erledigt ist (BGH aaO; DAR **78**, 154 [Sp]; Gollwitzer Schäfer-FS 68). Daß
10 der Nebenkläger **Zeuge** sein kann, ergibt sich aus § 397 I S. 1. Als Zeuge muß er in der Hauptverhandlung eidlich vernommen werden, wenn kein Ausnahmefall
11 nach §§ 60 ff vorliegt (BGH LM § 396 Nr 1). Der Nebenkläger kann auch **Sachverständiger** sein (KMR-Fezer 9; LR-Wendisch 19 zu § 397; Kirchhof GA **54**, 368), wird dann aber idR mit Erfolg nach § 74 abgelehnt werden.

12 **5)** Ein **Verzicht** auf das Nebenklagerecht ist zulässig und hat zur Folge, daß die spätere Anschlußerklärung unzulässig ist (BGHR § 395 Anschluß 3; LR-Wendisch 42 zu § 395). Der Verzicht setzt eine Erklärung voraus, die eindeutig erkennen läßt, daß der Verzichtende die prozessuale Bedeutung und Tragweite seiner Erklärung kennt (BGH NStZ **86**, 209 [Pf/M]).

13 **6)** Durch **Vergleich** kann sich der Nebenklageberechtigte verpflichten, sich nicht als Nebenkläger anzuschließen, auf sein Strafantragsrecht zu verzichten und seine Anschlußerklärung oder seinen Strafantrag zurückzunehmen (Dahs 955; Haas NJW **88**, 1347; Schmidt-Hieber 207 ff). Die Mittel, mit denen solche Zugeständnisse zu erreichen sind, entsprechen denen im Privatklageverfahren (8 ff vor § 374). Dabei kann eine Vereinbarung zwischen allen Beteiligten angestrebt werden, in der sich das Gericht und die StA unter bestimmten Voraussetzungen zur Einstellung des Verfahrens nach §§ 153, 153 a bereit erklären, um die Verhandlungen zwischen dem Angeschuldigten und dem Nebenkläger zu fördern.

Befugnis zum Anschluß

395 **I Der erhobenen öffentlichen Klage kann sich als Nebenkläger anschließen, wer**

1. durch eine rechtswidrige Tat
   a) nach den §§ 174 bis 174 c, 176 bis 180, 180 b, 181 und 182 des Strafgesetzbuches,
   b) nach den §§ 185 bis 189 des Strafgesetzbuches,
   c) nach den §§ 221, 223 bis 226 und 340 des Strafgesetzbuches,
   d) nach den §§ 234 bis 235 und 239 Abs. 3 und 4 und den §§ 239 a und 239 b des Strafgesetzbuches,

2. durch eine versuchte rechtswidrige Tat nach den §§ 211 und 212 des Strafgesetzbuches

verletzt ist oder

3. durch einen Antrag auf gerichtliche Entscheidung (§ 172) die Erhebung der öffentlichen Klage herbeigeführt hat.

II Die gleiche Befugnis steht zu

1. den Eltern, Kindern, Geschwistern und dem Ehegatten eines durch eine rechtswidrige Tat Getöteten,
2. im Falle des § 90 des Strafgesetzbuches dem Bundespräsidenten und im Falle des § 90 b des Strafgesetzbuches der betroffenen Person sowie
3. demjenigen, der nach Maßgabe des § 374 in den in § 374 Abs. 1 Nr. 7 und 8 genannten Fällen als Privatkläger aufzutreten berechtigt ist, und dem durch eine rechtswidrige Tat nach § 142 Abs. 2 des Patentgesetzes, § 25 Abs. 2 des Gebrauchsmustergesetzes, § 10 Abs. 2 des Halbleiterschutzgesetzes, § 39 Abs. 2 des Sortenschutzgesetzes, § 143 Abs. 2 des Markengesetzes, § 14

Abs. 2 des Geschmacksmustergesetzes und § 108a des Urheberrechtsgesetzes Verletzten.

III Wer durch eine rechtswidrige Tat nach § 229 des Strafgesetzbuches verletzt ist, kann sich der erhobenen öffentlichen Klage als Nebenkläger anschließen, wenn dies aus besonderen Gründen, namentlich wegen der schweren Folgen der Tat, zur Wahrnehmung seiner Interessen geboten erscheint.

IV Der Anschluß ist in jeder Lage des Verfahrens zulässig. Er kann nach ergangenem Urteil auch zur Einlegung von Rechtsmitteln geschehen.

1) Das **Recht zur Nebenklage** hatte nach früherem Recht jeder Verletzte, der 1
berechtigt war, Privatklage zu erheben. Die Neufassung des § 395 durch das Opferschutzgesetz vom 18. 12. 1986, das dem Verletzten eine umfassende Beteiligungsbefugnis verschaffen will, hat den Kreis der Nebenklagedelikte beträchtlich erweitert. Auf sein Recht zum Anschluß als Nebenkläger soll der Verletzte nach § 406h hingewiesen werden. Eine Ergänzung des Nebenklagerechts enthält § 406g.

2) **Nebenklageberechtigte** (I–III): 2

A. **Durch bestimmte rechtswidrige Taten verletzte Personen** (I Nrn 1, 2): 3
Nebenklageberechtigt sind nur die unmittelbar Verletzten (RG **62**, 209; Hamm MDR **67**, 148; LG Aachen MDR **83**, 689). Ob der Täter schuldhaft gehandelt hat, kann erst im Verfahren festgestellt werden; die Anschlußbefugnis ist davon nicht abhängig (EbSchmidt Nachtr 10). Der Tatvollendung steht, auch in den Fällen der Nr 1, der Versuch gleich, der Täterschaft die Tatbeteiligung nach §§ 25ff StGB, nicht aber eine nach § 30 StGB strafbare Vorbereitungshandlung (Stuttgart NStZ **90**, 298; **aM** Leibinger Triffterer-FS 483). Da § 395 nur auf die „rechtswidrige Tat" (vgl § 11 I Nr 5 StGB) abstellt, berechtigt auch eine Straftat nach § 323a StGB, bei der eine der in I Nr 1, 2 bezeichneten Taten die Rauschtat ist, zur Nebenklage (BGH NStZ-RR **98**, 305; Bamberg MDR **92**, 69; LG Stuttgart NJW **90**, 1126); auch hier gilt aber III. Prozeßhindernisse (Einl 141ff) schließen die Anschlußberechtigung aus. Die Nebenklagebefugnis besteht auch, wenn das Nebenklagedelikt in **Tateinheit oder Gesetzeskonkurrenz** mit einem anderen 4
begangen ist, das zur Nebenklage nicht berechtigt (BGH **13**, 143, 144; **29**, 216, 218; **33**, 114, 115; MDR **78**, 461 [H]; VRS **48**, 18; RG **69**, 244, 246; Bringewat GA **72**, 293; Lenckner JZ **73**, 742). Daß die StA die rechtliche Beurteilung nicht auf das Nebenklagedelikt stützt, ist daher ohne Bedeutung (BGH **29**, 216, 218; StV **81**, 535; RG **43**, 260; Hamburg JR **50**, 568). Die rechtliche Möglichkeit, daß der Angeschuldigte eine der in I Nrn 1, 2 bezeichneten Taten begangen hat, genügt (10 zu § 396). Die Nebenklagebefugnis nach I Nr 1c geht bei Tod des Verletzten nicht auf seine nahen Angehörigen über (BGH NStZ **98**, 476; vgl aber II Nr 1). Zur Rechtslage beim Ausscheiden des Nebenklagedelikts nach § 154a vgl § 397 II. Wenn bei **Antragsdelikten** der Dienstvorgesetzte den Strafantrag gestellt 5
(§§ 194 III, 230 II StGB) oder wenn die StA das besondere öffentliche Interesse an der Strafverfolgung bejaht (§ 230 I StGB) hat, ist der Anschluß auch ohne Strafantrag des Verletzten zulässig (BGH NStZ **92**, 452; KG NStZ **91**, 148 mwN und zust Anm Wendisch; Nürnberg NJW **91**, 712; Riegner MDR **89**, 602). Kann die Tat hingegen nur auf Antrag verfolgt werden (zB §§ 185, 194 I StGB), so ist – auch bei gleichartiger Idealkonkurrenz und trotz Stellung eines Strafantrags durch einen anderen Verletzten – ein Strafantrag erforderlich (Frankfurt NJW **91**, 2036; zw Hilger JR **91**, 391); auch im Fall des § 395 II Nr 3 bleibt es beim Erfordernis der Antragstellung durch den Verletzten (vgl zum Ganzen mit weiteren Einzelheiten Rieß NStZ **89**, 102ff). In der Anschlußerklärung kann jedoch der Strafantrag liegen (BGH **33**, 114, 116 mwN; Hilger JR **91**, 391 Fn 4).

B. **Erfolgreiche Antragsteller im Klageerzwingungsverfahren** (I Nr 3): 6
Die Nebenklagebefugnis, die auch schon im Lauf des Verfahrens ausgeübt werden

kann (KMR-Fezer 11; LR-Wendisch 14), ist stets gegeben, wenn die Anklage auf Anordnung des OLG nach § 175 erhoben worden ist. Ob die Anordnung zu Recht getroffen worden ist, spielt keine Rolle (RG **44**, 6; Amelunxen Nebenkläger 32; Kirchhof GA **54**, 365). Denn durch I Nr 3 soll allgemein der Gefahr entgegengewirkt werden, daß die StA das gegen ihren Willen zustande gekommene Verfahren nur nachlässig betreibt. Ist es zu einer Anordnung des OLG nicht gekommen, weil der GStA den Klageerzwingungsantrag zum Anlaß genommen hat, selbst die Erhebung der Anklage anzuordnen, so gilt I Nr 3 daher nicht (Frankfurt NJW **79**, 994; LR-Wendisch 14; **aM** München NStZ **86**, 376; Rieß NStZ **90**, 10). Auch auf Angehörige des Antragstellers findet die Vorschrift keine Anwendung (Düsseldorf NStZ **97**, 204; vgl aber II Nr 1).

7 C. **Nahe Angehörige eines Getöteten** (II Nr 1): Rechtswidrige Taten iS der Vorschrift sind nicht nur Straftaten gegen das Leben (§§ 211–222 StGB), sondern auch die durch den Tötungserfolg qualifizierten Straftaten (BGH NJW **65**, 1285), zB nach §§ 178, 221 III, 227, 239 a III, 251, 306 c StGB, sofern die Voraussetzungen des § 18 StGB vorliegen. Der Täterschaft steht die Teilnahme gleich, nicht aber die Straftat nach § 138 StGB. Auch bei II Nr 1 kommt es nicht darauf an, ob die Anklage auf das Tötungsdelikt gestützt ist, sofern nur die rechtliche Möglichkeit der Verurteilung wegen einer solchen Tat besteht (Celle NJW **69**, 945; Düsseldorf NStZ **97**, 204; Frankfurt NJW **79**, 994; LG Lüneburg MDR **71**, 863; vgl
8 oben 4). **Nebenklageberechtigt** ist jeder der in II Nr 1 bezeichneten Personen unabhängig von den anderen (LG Kleve AnwBl **69**, 31; LG Osnabrück AnwBl **68**, 331). Die entfernten Verwandten werden durch die näheren nicht ausgeschlossen (Neustadt NJW **56**, 1611). Auch Halbgeschwister sind anschlußberechtigt (Düsseldorf NJW **58**, 394), aber nicht der geschiedene Ehegatte und die Großeltern des Getöteten (BGH NJW **67**, 454; LG Hamburg MDR **79**, 251 mit Anm Tempke), der Stiefvater (BGH 3 StR 328/95 vom 15. 9. 1995), Onkel und Tante (BGH NJW **95**, 1297, 1301) und auch nicht, wer nur nach „Sinti-Art" die Ehe geschlossen hat (BVerfG NStZ **93**, 349).

9 D. **Amtsträger** (II Nr 2): Dem BPräs steht die Nebenklage im Fall des § 90 StGB zu, dem Betroffenen, nicht dem Verfassungsorgan (LR-Wendisch 15), im Fall des § 90 b StGB. Die Nebenklage ist nur zulässig, wenn die Ermächtigung nach §§ 90 IV, 90 b II StGB erteilt ist (LR-Wendisch 15).

10 E. **Durch einen Wettbewerbsverstoß Verletzte** (II Nr 3): Anschlußberechtigt ist, wer nach § 374 I Nrn 7, 8 berechtigt ist, Privatklage zu erheben, und wer durch eine rechtswidrige Tat nach § 108 a UrhG verletzt ist.

11 F. **Durch eine rechtswidrige Tat nach § 229 StGB Verletzte** (III): Das Opfer einer fahrlässigen Körperverletzung ist nur anschlußberechtigt, wenn seine Beteiligung als Nebenkläger aus besonderen Gründen zur Wahrnehmung seiner Interessen geboten erscheint (dazu Beulke DAR **88**, 114). Durch dieses Erfordernis soll die Nebenklage vor allem nach Straftaten im Straßenverkehr eingeschränkt werden (vgl BT-Drucks 10/5305 S. 12). Besondere Gründe iS von III können insbesondere darin liegen, daß die Tat schwere Folgen, dh zu schweren Verletzungen geführt (Beulke aaO) hatte oder daß das Mitverschulden des Verletzten nicht nur bei der Schadensersatzfrage, sondern auch strafrechtlich von erheblicher Bedeutung ist (Rieß/Hilger **87**, 154) oder wegen der Auswirkung des Strafverfahrens auf den noch nicht abschließend regulierten Verkehrsunfall (AG Homburg-Saar VRS **74**, 43). Bei mittleren (**aM** Kurth NStZ **97**, 2: auch bei schweren) Verletzungen besteht keine Anschlußbefugnis, wenn der Schaden bereits reguliert ist (Beulke DAR **88**, 116). Das Gericht entscheidet über den unbestimmten Rechtsbegriff der besonderen Gründe nach Anhörung der StA und des Angeschuldigten (§ 396 II) unter Berücksichtigung der Umstände des Einzelfalls und hat dabei Funktion und Aufgabe der Nebenklage (vgl 1 vor § 395) zu beachten.

3) **Anschlußzeitpunkt** (IV): Der Anschluß ist in jeder Lage des Verfahrens zulässig, auch noch im Rechtsmittelverfahren. Der vor Erhebung der öffentlichen Klage erklärte Anschluß wird aber erst wirksam, wenn sie erhoben ist (§ 396 I S. 2, 3). Der Anschluß kann noch nach ergangenem Urteil zur Einlegung von Rechtsmitteln erklärt werden (dazu 2 zu § 399; 3 zu § 401), ist aber wegen § 400 I nicht mehr möglich, wenn der Schuldspruch in Rechtskraft erwachsen oder das Verfahren insgesamt rechtskräftig abgeschlossen ist (BGH NStZ-RR **97**, 136; RG **71**, 173; Celle VRS **27**, 289; Hamm VRS **31**, 121; Zweibrücken MDR **82**, 342). Bestehen Zweifel, ob die Anschlußerklärung vor oder nach der Rechtskraft eingegangen ist, so ist die Nebenklage unzulässig (Celle DAR **58**, 245; **aM** AG Mainz Rpfleger **70**, 95). 12

Anschlußerklärung

396 **I Die Anschlußerklärung ist bei dem Gericht schriftlich einzureichen. Eine vor Erhebung der öffentlichen Klage bei der Staatsanwaltschaft oder dem Gericht eingegangene Anschlußerklärung wird mit der Erhebung der öffentlichen Klage wirksam. Im Verfahren bei Strafbefehlen wird der Anschluß wirksam, wenn Termin zur Hauptverhandlung anberaumt (§ 408 Abs. 3 Satz 2, § 411 Abs. 1) oder der Antrag auf Erlaß eines Strafbefehls abgelehnt worden ist.**

II Das Gericht entscheidet über die Berechtigung zum Anschluß als Nebenkläger nach Anhörung der Staatsanwaltschaft. In den Fällen des § 395 Abs. 3 entscheidet es nach Anhörung auch des Angeschuldigten darüber, ob der Anschluß aus den dort genannten Gründen geboten ist; diese Entscheidung ist unanfechtbar.

III Erwägt das Gericht, das Verfahren nach § 153 Abs. 2, § 153a Abs. 2, § 153b Abs. 2 oder § 154 Abs. 2 einzustellen, so entscheidet es zunächst über die Berechtigung zum Anschluß.

1) **Anschlußerklärung** (I): 1

A. **Form** (S. 1): Die Erklärung muß schriftlich (Einl 128) abgegeben werden; 2
durch Telegramm, Fernschreiben oder Telebrief übermittelte Erklärungen sind zulässig (Einl 139 ff). Wirksam ist auch die Erklärung zu Protokoll der Geschäftsstelle (Einl 131 ff) und die in die Sitzungsniederschrift aufgenommene Anschlußerklärung, selbst wenn die Unterschrift des Nebenklägers fehlt (Bay **58**, 118 = VRS **15**, 282; Hamm VRS **12**, 368; Stuttgart NJW **55**, 1369 = JR **55**, 476 mit abl Anm Kohlhaas; KK-Senge 1; Theuerkauf MDR **62**, 789; **aM** RG **36**, 246, 247). Die 3
Vertretung bei der Abgabe der Erklärung ist zulässig; die Anzeige eines RA, daß er den Nebenkläger vertritt, ist aber keine Anschlußerklärung (Celle NdsRpfl **59**, 165; KK-Senge 1; Amelunxen Nebenkläger 36).

B. **Dem Gericht gegenüber** (S. 1) muß die Erklärung abgegeben werden, und 4
zwar gegenüber dem Gericht, das über die Anschlußberechtigung zu entscheiden hat oder das mit der Sache befaßt ist, auch gegenüber dem Rechtsmittelgericht. Im Vorverfahren kann die Anschlußerklärung, wie sich aus S. 2 ergibt, auch bei der StA eingereicht werden, hat dann aber zunächst keine Wirkung (vgl Schleswig SchlHA **95**, 8 [L/T]).

C. **Wirksam** (S. 2, 3) wird die vor Erhebung der öffentlichen Klage angebrachte 5
Anschlußerklärung, wenn die Akten mit der öffentlichen Klage und der Erklärung bei Gericht eingegangen sind (Hamm JMBlNW **63**, 165; Amelunxen Nebenkläger 35); nunmehr muß das Gericht über die Anschlußberechtigung entscheiden. Beantragt die StA den Erlaß eines **Strafbefehls**, so wird die Anschlußerklärung mit der 6
Terminsanberaumung nach §§ 408 III S. 2, 411 I S. 2 oder mit dem Erlaß (5 ff vor § 33) des Beschlusses über die Ablehnung des Antrags (§ 408 II S. 1) wirksam, dem die Anregung des AG zur Einstellung des Verfahrens nicht gleichsteht (LG

Flensburg VRS **64**, 31; vgl auch unten 18). Zugleich mit der Ablehnung des Strafbefehlsantrags muß das AG über die Anschlußbefugnis entscheiden, damit der Nebenkläger die Möglichkeit hat, sich einem Rechtsmittel der StA gegen den Beschluß anzuschließen oder (vgl 8 zu § 400) selbst sofortige Beschwerde einzulegen (KK-Senge 3). Wird der Strafbefehl erlassen und nicht angefochten, so ist die Anschlußerklärung gegenstandslos; einer Entscheidung bedarf es nicht (LG Deggendorf NJW **65**, 1092; LG Heidelberg NJW **67**, 2420; LR-Wendisch 32 zu § 395). Zu den notwendigen Auslagen des Nebenklageberechtigten vgl 10a zu § 472.

7 **2) Entscheidung über die Anschlußbefugnis** (II):

8 A. **Zuständigkeit:** Über die Zulassung entscheidet das Gericht, bei dem das Verfahren anhängig ist, bei Anschließung durch Rechtsmitteleinlegung (§ 395 IV S. 2; auch im Fall des § 395 III, vgl Letzgus NStZ **89**, 353) das Rechtsmittelgericht (RG **69**, 244; **76**, 178; Bay **55**, 19 = VRS **8**, 309; Bay **70**, 171 = GA **71**, 22; KG VRS **35**, 353; erg 7 zu § 347). Läßt statt dessen das Gericht, das die angefochtene Entscheidung erlassen hat, den Nebenkläger zu, so ist sein Beschluß für das Rechtsmittelgericht unbeachtlich (RG **76**, 178; Bay aaO; KMR-Fezer 5; LR-Wendisch 6). Das Rechtsmittelgericht entscheidet auch, wenn der Anschluß erst erklärt wird, nachdem ein anderer Prozeßbeteiligter ein Rechtsmittel eingelegt hat (vgl BGH **6**, 103). In den Fällen der §§ 319, 346 ist der Richter zuständig, der das Urteil
9 erlassen hat (KMR-Fezer 5). Das Gericht, **nicht der Vorsitzende allein,** hat die Entscheidung zu treffen. Die Entscheidung des Vorsitzenden ist aber nicht nichtig, sondern nur anfechtbar (BGH MDR **69**, 360 [D]; Bay **52**, 99; Hamburg JR **50**, 568; LR-Wendisch 6).

10 B. Die **Prüfung** umfaßt zunächst die Frage, ob derjenige, der den Anschluß erklärt hat, zu dem Personenkreis des § 395 gehört und ob er prozeßfähig (3 vor § 395) ist. Sind diese Voraussetzungen gegeben, so prüft das Gericht, ob die Anschlußerklärung nach § 395 begründet ist. Das ist schon dann der Fall, wenn nach der Sachlage oder aufgrund des tatsächlichen Vorbringens des den Anschluß Erklärenden die Verurteilung des Angeschuldigten wegen einer Nebenklagestraftat wenigstens rechtlich möglich erscheint (BGH MDR **78**, 461 [H]; StV **81**, 535; VRS **48**, 18; RG **69**, 244, 246; Bay VRS **70**, 446; Hamm NJW **72**, 1769; Nürnberg AnwBl **83**, 466; Beulke DAR **88**, 117), wenn auch in Tateinheit oder Gesetzeskonkurrenz (4 zu § 395). Die Schlüssigkeit der Anklage wird nicht geprüft (Köln JMBlNW **69**, 209), auch nicht, ob für das Nebenklagedelikt hinreichender Tatverdacht besteht (Düsseldorf NStZ **97**, 204; Frankfurt NJW **79**, 994; LG Duisburg MDR **66**, 257). Ob die Voraussetzungen des § 395 III vorliegen, wird unabhängig von der Prüfung der formellen Anschlußbefugnis geprüft (**aM** AK/StPO-Rössner 9). Dabei muß der Geschädigte die der Entscheidung zugrunde liegenden Tatsachen, soweit sie sich nicht auf den Tathergang beziehen, wie das Ausmaß der Verletzungen, glaubhaft machen; beide Prüfungen können aber in einer einheitlichen Entscheidung zusammengefaßt werden (Beulke DAR **88**, 117).

11 C. **Anhörung der Prozeßbeteiligten:** Über die Anschlußbefugnis wird nach Anhörung der StA entschieden (II S. 1). In den Fällen des § 395 III muß auch der Angeschuldigte dazu gehört werden, ob der Anschluß geboten ist. Sonst bedarf es seiner Anhörung nicht (KMR-Fezer 7); gegen Art 103 I verstößt das nicht (KK-Senge 9; zw LR-Wendisch 8; Amelunxen Nebenkläger 38).

12 D. Der **Zulassungsbeschluß** muß ohne vermeidbare Verzögerung erlassen werden (Amelunxen Nebenkläger 39), insbesondere, bevor sich die Prozeßlage verändert (RG **25**, 186). Er wirkt für das ganze weitere Verfahren, hat aber nur
13 **feststellende Bedeutung.** Die Nebenklägerstellung wird bereits durch die Anschlußerklärung, die eine prozeßrechtliche Bewirkungshandlung ist (vgl Eb-Schmidt 11), begründet (Braunschweig OLGSt § 158 Nr 1; Celle NJW **61**, 378 L = NdsRpfl **61**, 18; Köln NJW **60**, 306; Stuttgart NJW **70**, 822; LR-Wendisch 13;

Peters 583; **aM** Bay **58**, 1 = VRS **15**, 284; München MDR **59**, 945, die dem Zulassungsbeschluß aber rückwirkende Kraft beimessen). Daher kann ein nicht zur Nebenklage Berechtigter auch durch gerichtliche Zulassung kein Nebenkläger werden (Stuttgart aaO) und der Zulassungsbeschluß noch **nach rechtskräftigem** 14
Abschluß des Verfahrens ergehen, wenn die Anschlußerklärung schon vorher eingegangen war (RG **66**, 393; LG Kaiserslautern NJW **57**, 1120 mit abl Anm Pohlmann NJW **57**, 1373; LG Kiel SchlHA **62**, 109; LG Krefeld Rpfleger **72**, 177 mit krit Anm Reiß; LG München II NJW **66**, 465; LG Schweinfurt NJW **68**, 1840; **aM** LG München I DAR **63**, 246). Auch nach endgültiger Verfahrenseinstellung nach § 153 a II kann eine versehentlich unterlassene Zulassung noch nachgeholt werden (LG Hanau JurBüro **87**, 393; D. Meyer JurBüro **83**, 165; **aM** LG Düsseldorf JurBüro **83**, 252). Etwas anders gilt nur im Fall des § 395 III; hier kommt der Zulassung wegen der Prüfungsbefugnis des Gerichts konstitutive Bedeutung zu (Düsseldorf NStZ-RR **97**, 11; NStZ **94**, 49 mit zust Anm Rössner NStZ **94**, 506; VRS **91**, 294; Letzgus NStZ **89**, 353). Eine **stillschweigende** 15
Zulassung kann darin liegen,daß der Nebenklageberechtigte nach der Anschlußerklärung in der Hauptverhandlung wie ein zugelassener Nebenkläger behandelt wird (Düsseldorf NStE Nr 5 zu § 379 a mwN).

E. Der **Widerruf des Zulassungsbeschlusses** ist in jeder Lage des Verfahrens 16
auf Antrag oder von Amts wegen zulässig, wenn sich herausstellt, daß ihm von vornherein die rechtlichen Grundlagen gefehlt haben (Bay **52**, 270 = NJW **53**, 433; Bay **71**, 56, 58; Hamm JMBlNW **53**, 45; Köln JMBlNW **53**, 45), nicht aber, weil sich in der Hauptverhandlung seine tatsächlichen Voraussetzungen als unrichtig erweisen (Bay **52**, 270 = NJW **53**, 433; LR-Wendisch 14; Beulke DAR **88**, 117; **aM** EbSchmidt Nachtr 10) oder weil das Rechtsmittelverfahren den Nebenkläger nicht mehr betrifft (**aM** Riegner NZV **91**, 42). Ein Widerruf mit der Begründung, das Nebenklagedelikt sei nicht nachweisbar, ist daher unzulässig (Düsseldorf NStZ **97**, 204; Nürnberg OLGSt § 395 S. 9). Die **Nichtzulassung** 17
des Nebenklägers oder die Aufhebung eines zu Recht ergangenen Zulassungsbeschlusses hat ebenfalls keine Bestandskraft (BGH **41**, 288, 289). Der Nebenkläger kann jederzeit die Anschlußerklärung mit neuem Vorbringen wiederholen (Beulke DAR **88**, 117; Rieß/Hilger NStZ **87**, 154 Fn 201). Er kann insbesondere mit einem Rechtsmittel die Ablehnung seiner Zulassung rügen; darin liegt eine zulässige neue Anschlußerklärung, über die das Rechtsmittelgericht zu befinden hat (BGH MDR **70**, 732 [H]; Bringewat GA **72**, 301).

3) Eine **Einstellung nach §§ 153 ff** (III), zu der die Zustimmung des Neben- 18
klägers nicht erforderlich ist (26 zu § 153; 16 zu § 154), ist erst zulässig, nachdem über die Anschlußberechtigung entschieden worden ist (KK-Senge 10). Dem Nebenkläger soll dadurch ermöglicht werden, seine Rechte wahrzunehmen, insbesondere zu der Einstellungsfrage Stellung zu nehmen (vgl BVerfGE **14**, 320 = MDR **63**, 26; BVerfG NJW **95**, 317). Das gilt jedoch nicht im Strafbefehlsverfahren, wenn das Gericht das Verfahren ohne Terminsanberaumung einstellt (16 zu § 408); denn nach I S. 3 ist dann die Anschlußerklärung noch nicht wirksam geworden (LG Flensburg VRS **64**, 31; KK-Senge 3; **aM** LG Köln MDR **84**, 776).

4) Beschwerde steht nach § 304 I gegen den Nichtzulassungsbeschluß dem 19
Antragsteller und der StA zu; das gilt auch für den Widerruf der Zulassung (Düsseldorf NStZ **97**, 204). Gegen die Zulassung können die StA und der Angeschuldigte Beschwerde einlegen, nach Urteilsrechtskraft aber nur, wenn erst danach über die Anschlußbefugnis entschieden worden ist (Hamm VRS **31**, 121; Zweibrücken MDR **82**, 342; KMR-Fezer 14). Da der Anschluß selbständige prozessuale Bedeutung hat, steht § 305 S. 1 der Beschwerde nicht entgegen (jetzt allgM, vgl KG JR **95**, 259; LR-Wendisch 17 ff; Bringewat GA **72**, 294 ff). Hat aber der Nebenkläger inzwischen die Revision auf seine Nichtzulassung gestützt, so wird über die Beschwerde nicht entschieden (BGH MDR **70**, 732 [D]). An die Entscheidung des

Beschwerdegerichts ist das Berufungs- oder Revisionsgericht nicht gebunden (BGH aaO; Hamm JMBlNW **53**, 34; LR-Wendisch 22; vgl unten 21). Die Entscheidung nach § 395 III ist unanfechtbar (II S 2 Hs 2); das gilt aber nicht hinsichtlich der Prüfung der formellen Anschlußbefugnis (oben 10; Letzgus NStZ **89**, 352).

20 5) **Revision:** Wenn der Nebenkläger selbst Beschwerdeführer ist, muß seine Anschlußbefugnis **von Amts wegen** geprüft werden; sie ist eine Voraussetzung für das Revisionsverfahren (BGH **29**, 216, 217; MDR **54**, 152 [D]; Köln NJW **52**,
21 678; KK-Senge 12). Legt der **Angeklagte** Revision ein, so wird die Anschlußbefugnis nur auf entspr Rüge geprüft (BGH MDR **69**, 360 [D]; RG **59**, 126; Bay DAR **80**, 270 [R]; Düsseldorf NJW **83**, 1337). Auf dem Fehlen der Anschlußbefugnis wird das Urteil idR nicht beruhen (BGH NStZ **94**, 26 [K]; Bay **53**, 64 = NJW **53**, 1116; DAR **80**, 270 [R]; Köln NJW **49**, 35; **aM** Frankfurt NJW **66**,
22 1669; KK-Senge 14; KMR-Fezer 19). Stützt der **Nebenkläger** die Revision darauf, daß der Tatrichter ihn nicht zugelassen hat, so prüft das Revisionsgericht die Anschlußbefugnis ebenfalls (vgl aber unten 23). Auf der fehlerhaften Nichtzulassung beruht das Urteil nur, wenn nicht auszuschließen ist, daß der Nebenkläger Tatsachen hätte vorbringen und/oder Beweismittel hätte benennen können, die für den Schuldspruch (vgl § 400) wesentliche Bedeutung haben können (BGH NStZ **97**, 97 mwN). Auf den Verfahrensverstoß der verspäteten Zulassung während der Hauptverhandlung kann der Nebenkläger die Revision nicht stützen, wenn er auf die Wiederholung der vorangegangenen Vernehmungen verzichtet hat (BGH MDR **52**, 660 [D]). Die nach II S. 2 Hs. 2 unanfechtbare Entscheidung über das
23 Vorliegen der **sachlichen Anschlußvoraussetzungen des § 395 III** ist der Prüfung durch das Revisionsgericht entzogen (§ 336 S. 2); ein erneuter Antrag auf Zulassung der Nebenklage in der Rechtsmittelinstanz ist unzulässig (Düsseldorf NStZ **94**, 49 mit zust Anm Rössner NStZ **94**, 506; VRS **91**, 294; **aM** Letzgus NStZ **89**, 353).

Rechte des Nebenklägers

397 **I Der Nebenkläger ist nach erfolgtem Anschluß, auch wenn er als Zeuge vernommen werden soll, zur Anwesenheit in der Hauptverhandlung berechtigt. Im übrigen gelten die §§ 378 und 385 Abs. 1 bis 3 entsprechend. Die Befugnis zur Ablehnung eines Richters (§§ 24, 31) oder Sachverständigen (§ 74), das Fragerecht (§ 240 Abs. 2), das Recht zur Beanstandung von Anordnungen des Vorsitzenden (§ 238 Abs. 2) und von Fragen (§ 242), das Beweisantragsrecht (§ 244 Abs. 3 bis 6) sowie das Recht zur Abgabe von Erklärungen (§§ 257, 258) steht auch dem Nebenkläger zu.**

II Wird die Verfolgung nach § 154 a beschränkt, so berührt dies nicht das Recht, sich der erhobenen öffentlichen Klage als Nebenkläger anzuschließen. Wird der Nebenkläger zum Verfahren zugelassen, so entfällt eine Beschränkung nach § 154 a Abs. 1 oder 2, soweit sie die Nebenklage betrifft.

1 1) Die **Rechte des Nebenklägers im Verfahren** (I) bestimmt das Gesetz seit der Änderung von 1986 nicht wie früher durch Pauschalverweisung auf die Befugnisse des Privatklägers, sondern durch Einzelregelungen. Dadurch soll der Eindruck vermieden werden, daß der Nebenkläger, der ein bloßer Zusatzbeteiligter am Verfahren ist (2 vor § 395), eine ähnliche Stellung einnimmt wie der in seinen Rechten dem StA gleichgestellte Privatkläger. Bei der Ausübung seiner Rechte ist der Nebenkläger unabhängig von der StA (BGH **28**, 272) und von anderen Nebenklägern (Gollwitzer Schäfer-FS 66).

2 A. Zur **Anwesenheit in der Hauptverhandlung** (S. 1), auch bei vorweggenommenen Teilen (kommissarische Vernehmungen nach § 223 und Augenscheins-

einnahmen nach § 225), ist der Nebenkläger berechtigt. Er darf nicht entspr § 247 aus dem Gerichtssaal entfernt werden (Amelunxen Nebenklage 53; Gollwitzer Schäfer-FS 78; erg 1 zu § 247) und ist zur Anwesenheit auch berechtigt, wenn er als Zeuge (vgl 10 vor § 395) vernommen werden soll. Die das Anwesenheitsrecht des Zeugen beschränkenden Vorschriften der §§ 58 I, 243 II S. 1 gelten für ihn nicht (3 zu § 58; 8 zu § 243). Eine **Anwesenheitspflicht** hat der Nebenkläger **3**
grundsätzlich nicht (RG **31**, 37; Gollwitzer Schäfer-FS 79; 2 zu § 398); sein persönliches Erscheinen kann nicht angeordnet und nur erzwungen werden, wenn er zugleich als Zeuge geladen ist. Rechtliche Nachteile erleidet der ausgebliebene und nicht vertretene Nebenkläger nur im Fall des § 401 III. Ein in der Hauptverhandlung nicht anwesender und nicht vertretener Nebenkläger kann allerdings auf ihren Ablauf nicht einwirken. Er braucht insbesondere vor gerichtlichen Entscheidungen nicht angehört zu werden (vgl 2 zu § 398).

B. Die **entsprechende Anwendung der §§ 378, 385 I–III** (S. 2) bedeutet, **4**
daß der Nebenkläger im Beistand eines RA erscheinen oder sich durch einen schriftlich bevollmächtigten RA **vertreten** lassen kann (§ 378); andere Beistände **5**
oder Vertreter sind ausgeschlossen (vgl 3 zu § 378). Die Vertretung mehrerer Nebenkläger durch einen gemeinschaftlichen RA ist zulässig (KMR-Fezer 4). Zustellungen können an den bevollmächtigten RA bewirkt werden (vgl 7 zu § 378). Zur Stellung des Nebenklägervertreters ausführlich Fabricius NStZ **94**, 257, dessen These, das Auftreten des Nebenklägervertreters verschiebe die Machtverhältnisse zu Lasten des Angeklagten, allerdings fragwürdig erscheint. Ein vom Nebenklägervertreter eingelegtes Rechtsmittel wirkt nur für und gegen den Nebenkläger, nicht gegen den Vertreter (Bay **96**, 88 = NStZ-RR **96**, 366). Zur **Anhörung** des Nebenklägers ist das Gericht im selben Umfang verpflichtet wie **6**
zur Anhörung des Privatklägers nach § 385 I. Er muß hinzugezogen und gehört werden, wenn die Hinzuziehung und Anhörung der StA nach § 33 I, II erforderlich ist, insbesondere vor der Einstellung des Verfahrens nach §§ 153 ff, die aber von seiner Zustimmung nicht abhängig ist (BGH **28**, 272, 273; Beulke DAR **88**, 119; Gollwitzer Schäfer-FS 77). Die **Bekanntmachung von Ent- 7**
scheidungen muß ebenfalls im selben Umfang erfolgen wie die Bekanntmachung an die StA (§ 385 I S. 2). Ist der Nebenkläger rechtsmittelberechtigt (§§ 400, 401), so muß ihm eine Rechtsmittelbelehrung nach § 35 a erteilt werden. Für die **Ladung zur Hauptverhandlung** gilt § 385 II entspr. Die La- **8**
dungsfrist beträgt 1 Woche; zu beachten ist aber § 398 II. Auch der Rechtsbeistand des Nebenklägers muß geladen werden (Karlsruhe VRS **50**, 119; LR-Wendisch 3). **Akteneinsicht** steht dem Nebenkläger zu; er kann sie aber nur **9**
durch einen RA ausüben (§ 385 III).

C. Die **Rechte in der Hauptverhandlung** bestimmt S. 3 (dazu allg Gollwitzer **10**
Schäfer-FS 65). Danach hat der Nebenkläger das Ablehnungsrecht gegenüber Richtern (§§ 24, 31) und Sachverständigen (§ 74). Er ist zur Befragung von Angeklagten, Zeugen und Sachverständigen berechtigt (§ 240 II); wenn er Mitangeklagter ist (vgl 9 vor § 395), gilt aber § 240 II S. 2 (Gollwitzer Schäfer-FS 69). Der Nebenkläger kann Anordnungen des Vorsitzenden und Fragen beanstanden (§§ 238 II, 242), und ihm steht auch das Beweisantragsrecht nach § 244 III–VI zu, aber nur im Rahmen seiner Anschlußberechtigung (30 zu § 244). Bei Tatmehrheit ist das Beweisantragsrecht auf das Nebenklagedelikt beschränkt. Besteht zwischen ihm und anderen Straftaten Tateinheit oder Gesetzeskonkurrenz, so bezieht sich das Beweisantragsrecht idR auf den ganzen Tatkomplex (vgl ANM 375). Das Recht auf unmittelbare Ladung von Beweispersonen (§ 220) steht auch dem Nebenkläger zu (**aM** KMR-Fezer 11; Beulke DAR **88**, 118); dann gelten §§ 222, 245 II. Schließlich hat der Nebenkläger das Recht zur Abgabe von Erklärungen (§§ 257, 258). Ihm muß das Wort zum Schlußvortrag erteilt werden, und zwar vor dem Angeklagten und nach dem StA (8 zu § 258); auf den Schlußvortrag des Angeklagten darf er erwidern (18 zu § 258).

11 D. **Über die ihm durch S. 3 eingeräumten Befugnisse hinaus** ist der Nebenkläger berechtigt, Anträge zu stellen und dadurch auf einen sachgerechten Verfahrensablauf (Rieß/Hilger NStZ **87**, 154) und auf sachgerechte Ausübung der dem Gericht nach § 244 II obliegenden Aufklärungspflicht hinzuwirken (Gollwitzer Schäfer- FS 80). Da S. 3 als grundsätzlich abschließende Regelung gedacht ist (BT-Drucks 10/5305 S. 13), steht dem Nebenkläger aber nicht das Recht zu, Anträge auf Vereidigung des Sachverständigen nach § 79 I S. 2, auf Protokollierung der Urkundenverlesung und ihres Grundes nach § 255, auf die besondere Beurkundung von Verfahrensvorgängen und vollständiges Niederschreiben von Aussagen und Äußerungen nach § 273 III und unter den Voraussetzungen der §§ 246 II, 265 IV auf Aussetzung der Hauptverhandlung zu stellen oder dem Verfahren nach § 249 II zu widersprechen (vgl Beulke DAR **88**, 118). Soweit das
12 Gesetz bestimmte Prozeßhandlungen oder ihr Unterlassen von **Zustimmung oder Verzicht** des Angeklagten und der StA abhängig macht, ist die Zustimmung oder der Verzicht des in der Hauptverhandlung anwesenden oder vertretenen (oben 3) Nebenklägers nicht mehr einzuholen (KK-Senge 7, Beulke aaO); die Entscheidung BGH **28**, 272 ist insoweit durch die Änderung des § 397 überholt. Das gilt insbesondere in den Fällen der §§ 61 Nr 5 (dort 23), § 245 I S. 2 (dort 9), § 251 I Nr 4 (dort 12), § 324 I S. 2 (dort 6) und § 325 S. 2 (dort 4).

13 **2) Verfolgungsbeschränkungen nach § 154 a** (II): Die Vorschrift stellt das Interesse nach Verfahrensvereinfachung und -beschleunigung hinter die Interessen des Nebenklägers zurück (Lenckner JZ **73**, 744). Ihm bleibt das Anschlußrecht selbst dann erhalten, wenn der Tatkomplex oder der rechtliche Gesichtspunkt, der das Nebenklagedelikt betrifft, nach § 154 a II abgetrennt ist. Seine Zulassung als Nebenkläger bewirkt den Wegfall einer bereits eingetretenen Verfolgungsbeschränkung; dann ist ein klarstellender Beschluß erforderlich (Amelunxen Nebenklage 45). Solange die Anschlußbefugnis besteht, ist eine derartige Beschränkung nur mit Zustimmung des Nebenklägers zulässig. Die entspr Anwendung von II auf den Fall
14 des **§ 430** ist ausgeschlossen (KK-Senge 9).

Bestellung eines Beistands; Prozeßkostenhilfe

397a **I Auf Antrag des Nebenklägers ist diesem ein Rechtsanwalt als Beistand zu bestellen, wenn die Berechtigung zum Anschluß als Nebenkläger auf § 395 Abs. 1 Nr. 1 Buchstabe a oder Nr. 2 beruht und die zum Anschluß berechtigende Tat ein Verbrechen ist. Hat der Nebenkläger bei Antragstellung das sechzehnte Lebensjahr noch nicht vollendet, so ist ihm ein Rechtsanwalt als Beistand auch dann zu bestellen, wenn die Tat im Sinne des Satzes 1 ein Vergehen ist oder er durch eine rechtswidrige Tat nach § 225 des Strafgesetzbuches verletzt ist. Der Antrag kann schon vor der Erklärung des Anschlusses gestellt werden. Für die Bestellung des Rechtsanwalts gilt § 142 Abs. 1 entsprechend.**

II Liegen die Voraussetzungen für eine Bestellung nach Absatz 1 nicht vor, so ist dem Nebenkläger für die Hinzuziehung eines Rechtsanwalts auf Antrag Prozeßkostenhilfe nach denselben Vorschriften wie in bürgerlichen Rechtsstreitigkeiten zu bewilligen, wenn die Sach- oder Rechtslage schwierig ist, der Verletzte seine Interessen selbst nicht ausreichend wahrnehmen kann oder ihm dies nicht zuzumuten ist. Absatz 1 Satz 3 und 4 gilt entsprechend. § 114 zweiter Halbsatz und § 121 Abs. 1 bis 3 der Zivilprozeßordnung sind nicht anzuwenden.

III Über die Bestellung des Rechtsanwalts und die Bewilligung der Prozeßkostenhilfe entscheidet das mit der Sache befaßte Gericht. In den Fällen des Absatzes 2 ist die Entscheidung unanfechtbar.

1) Bestellung eines RA auf Antrag des Nebenklägers (I): 1

A. Die **Beiordnung eines anwaltlichen Beistands** unabhängig von den wirtschaftlichen Voraussetzungen der Prozeßkostenhilfe sieht der durch das ZSchG eingefügte I bei bestimmten schweren Nebenklagedelikten vor. In diesem Umfang entfällt etwa das Risiko des nicht prozeßkostenhilfeberechtigten Nebenklägers, der einen anwaltschaftlichen Beistand zuzieht, einen Kostenerstattungsanspruch gegen den Angeklagten (vgl § 472 I S. 1) wirtschaftlich nicht realisieren zu können bzw einen solchen wegen eines Freispruchs des Angeklagten oder einer Billigkeitsentscheidung des Gerichts (§ 472 I S. 2) gar nicht erst zu erlangen. Das Kostenrisiko trägt nunmehr der Staat. Die Regelung läßt allerdings Raum für Entscheidungen nach §§ 469, 470. Die Beiordnung eines RA nach I schließt die Bestellung eines Zeugenbeistands nach § 68 b aus. 2

B. Für **drei Gruppen von Nebenklägern** sieht I die Bestellung eines RA als Beistand vor: Nach S. 1 gilt dies zum einen für die durch die in § 395 I Nr 1 a bezeichneten Straftaten gegen die sexuelle Selbstbestimmung Verletzten, soweit es sich um Verbrechen handelt. Zum anderen sind die Opfer der in § 395 I Nr 2 genannten versuchten Tötungsdelikte nach §§ 211 und 212 StGB erfaßt. Handelt es sich bei den in § 395 I Nr 1 a aufgezählten Taten um Vergehen oder beruht die Anschlußbefugnis auf § 225 StGB, so können nach S. 2 diejenigen Nebenkläger einen Beistand beanspruchen, die im Zeitpunkt der – wirksamen (vgl unten 4) – Antragstellung noch nicht 16 Jahre alt sind. Den Fall einer Verfahrensbeschränkung nach § 154 a regelt § 397 II (dort 13). Kommt eine Einstellung gemäß §§ 153 II, 153 a II, 153 b II oder 154 II in Betracht, ist nach § 396 III (dort 18) zu verfahren. Begehrt der Nebenkläger die Beiordnung eines Beistands nach I erstmals (vgl unten 17) im Zusammenhang mit einem Rechtsmittel, erfolgt in den Fällen, in denen schon bisher keine Prozeßkostenhilfe gewährt wurde (unten 9 aE), auch keine Bestellung. 3

C. Nur auf **Antrag** (I S. 3) wird dem Nebenkläger ein RA als Beistand bestellt. Der Antrag muß bei dem Gericht gestellt werden, das für die Entscheidung über die Anschlußbefugnis zuständig ist (4, 8 zu § 396). Er kann schon vor der Anschlußerklärung gestellt werden, aber nicht, bevor sie nach § 396 I S. 2, 3 wirksam werden kann, also noch nicht im Vorverfahren (Notthoff DAR **95**, 461 zu I S. 2 aF; vgl § 406 g I). Ergibt sich das in S. 1 oder 2 vorausgesetzte Nebenklagedelikt nicht aus der öffentlichen Klage, so muß der Antragsteller die Tatsachen angeben, die das Vorliegen einer solchen Straftat rechtlich möglich erscheinen lassen. Für die Auswahl des RA verweist I S. 4 auf § 142 I; zur Entscheidung über den Antrag vgl unten 11 ff. 4

2) Prozeßkostenhilfe (II): 5

A. Nur **für die Hinzuziehung eines RA** kann dem Nebenkläger, der die Voraussetzungen für die Bestellung eines Beistands nach I nicht erfüllt, Prozeßkostenhilfe bewilligt werden. Denn sonstige Kosten, die so erheblich sind, daß sie die Bewilligung von Prozeßkostenhilfe rechtfertigen könnten, entstehen dem Nebenkläger idR nicht. Maßgebend für die Bewilligung sind die §§ 114 ff ZPO (vgl dazu Friedrich NJW **95**, 617 ff) mit den sich aus § 397 a II, III ergebenden Abänderungen. Bedarf der Antragsteller der Beratung über die Erfolgsaussichten der Rechtsverfolgung, so findet das Beratungshilfegesetz Anwendung (BGHZ **91**, 312, 313; BGH 2 ARs 68/97 vom 28. 5. 1997). 6

B. **Voraussetzungen** (II S. 1): 7

a) **Wirtschaftliches Unvermögen** (§§ 114, 115 ZPO): Der Antragsteller muß außerstande sein, die Kosten eines RA aufzubringen, auch zum Teil oder in Raten. Für die Gebührenansprüche des RA gelten nach § 95 BRAGO die §§ 83–93 BRAGO sinngemäß. Die Belastungsgrenze für Ratenzahlungen richtet sich nach der Tabelle in § 115 I S.4 ZPO. Die zu zahlenden Monatsraten setzt das Gericht in dem Bewilligungsbeschluß fest (§ 120 I ZPO). Nach dem entspr anwendbaren 8

§ 115 III ZPO wird Prozeßkostenhilfe nicht bewilligt, wenn die Kosten 4 Monatsraten und die aus dem Vermögen aufzubringenden Teilbeträge voraussichtlich nicht übersteigen (BGH NStZ **93**, 31 [K]; 351; **95**, 21 [K]; **97**, 379 [K]). Nach § 115 II S.2 ZPO iVm § 88 BSHG kann eine Rückzahlungsanordnung getroffen werden (BGH NStZ **94**, 229 [K]). Falls zumutbar, muß der Nebenkläger auch sein Vermögen zur Bestreitung der Anwaltskosten einsetzen (§ 115 II S.1 ZPO; BGHR Prozeßkostenhilfe 10). Zum Ganzen eingehend Kurth NStZ **97**, 2 ff.

9 b) **Unfähigkeit zur Wahrnehmung der Interessen:** Es wäre nicht sinnvoll, für den Nebenkläger die Bewilligung von Prozeßkostenhilfe, wie für die Partei im Zivilprozeß, den Privatkläger (7 ff zu § 379) und den Antragsteller im Adhäsionsverfahren (15 zu § 404), von der hinreichenden Erfolgsaussicht abhängig zu machen. II S. 3 schließt daher die Anwendung des § 114 Hs 2 ZPO aus. Stattdessen bestimmt II S.1, daß die Bewilligung der Prozeßkostenhilfe nur zulässig ist, wenn die Sach- oder Rechtslage schwierig ist. Die Bewilligung der Prozeßkostenhilfe setzt ferner voraus, daß der Nebenkläger nicht fähig ist, seine Interessen selbst ausreichend wahrzunehmen (dazu 30 zu § 140; vgl Kaster MDR **94**, 1074) oder ihm das nicht zuzumuten ist. Die Unzumutbarkeit trotz der vorhandenen Fähigkeit, die eigenen Interessen auch ohne Mitwirkung eines RA wahrzunehmen, kann insbesondere auf der psychischen Betroffenheit des Nebenklägers durch die Tat beruhen (LR-Hilger 5). Daß der Angeklagte einen Verteidiger hat, rechtfertigt die Bewilligung der Prozeßkostenhilfe nicht ohne weiteres; die entspr Anwendung des § 121 II S. 1 ZPO schließt II S. 3 aus (vgl auch KG JR **82**, 169; Düsseldorf MDR **86**, 166; Hamburg MDR **85**, 605; erg 10 zu § 379). Bei Unzulässigkeit des Rechtsmittels (§ 400 I) wird keine Prozeßkostenhilfe gewährt (BGH AnwBl **89**, 688), idR auch nicht, wenn sich das Rechtsmittel des Angeklagten nur gegen den Strafausspruch richtet (BGHR § 397 a I Prozeßkostenhilfe 7) oder seine Revision offensichtlich unbegründet ist (BGHR § 397 a I Prozeßkostenhilfe 12; vgl eingehend Ruppert MDR **95**, 556 zur Prozeßkostenhilfe bei Nebenklage im Revisionsverfahren).

10 C. Nur auf **Antrag** (II S. 2 iVm I S. 3) wird Prozeßkostenhilfe bewilligt; zum Adressaten, zum Zeitpunkt und zu einer Begründung des Antrags mit Blick auf das Nebenklagedelikt vgl oben 4. Dem Antrag sind (auf dem amtlichen Vordruck, vgl BGBl 1994 I 3003) eine Erklärung über die wirtschaftlichen Verhältnisse des Nebenklägers und entspr Belege beizufügen (§ 117 II, IV ZPO). Im höheren Rechtszug kann hierauf Bezug genommen werden, wenn sich die Verhältnisse seitdem nicht verändert haben (BGH NJW **83**, 2145; NStZ **88**, 214 [M]; VRS **72**, 375), was der Antragsteller erklären muß (BGH 3 StR 142/91 vom 4. 9. 1991). Ein erst nach Beendigung des Revisionsrechtszuges eingegangener Antrag kann nicht mehr sachlich beschieden werden (BGH VRS **71**, 449). Das Gericht kann die Glaubhaftmachung der Angaben verlangen und Erhebungen anstellen (§ 118 II ZPO); hat der Antragsteller innerhalb der ihm gesetzten Frist die Glaubhaftmachung nicht vorgenommen oder bestimmte Fragen nicht oder ungenügend beantwortet, so wird der Prozeßkostenhilfeantrag abgelehnt (§ 118 II S. 4 ZPO).

11 **3) Entscheidung über die Anträge nach I oder II** (III):

12 A. Die **Entscheidung** trifft das mit der Sache befaßte Gericht (III S. 1), also der Tatrichter, bei dem die öffentliche Klage erhoben worden ist, das Berufungs- oder Revisionsgericht nach Einlegung des Rechtsmittels (vgl 7 zu § 347 und unten 17), aber nicht bei Rücknahme des Rechtsmittels vor Anhängigkeit (BGH **38**, 307; erg
13 5 zu § 347). Die Entscheidung ergeht nach **Anhörung** der StA (§ 33 II). Eine Anhörung des Angeschuldigten, in Fällen des II etwa entspr § 118 I S. 1 ZPO, findet nicht statt, da er nicht einmal zur Frage der Anschlußbefugnis gehört wird
14 (11 zu § 396; **aM** KMR-Fezer 11). Für die **Bestellung eines RA** gilt nach I S. 4 und II S. 2 § 142 I entspr. Dabei ordnet das Gericht den vom Vorsitzenden ausgewählten RA in dem Gerichtsbeschluß über dessen Bestellung als Beistand oder

über die Bewilligung der Prozeßkostenhilfe bei (BGH EzSt Nr 1 mit abl Anm Hilger, der auch die Auswahl durch das Gericht vornehmen lassen will). **Rückwirkende Kraft** hat die Bestellung des RA und die Bewilligung der Prozeßkostenhilfe grundsätzlich nicht. Maßgebend ist vielmehr der Zugang des dem Antrag stattgebenden Beschlusses (vgl BGH NJW **85**, 921). Eine auf den Zeitpunkt der Antragstellung rückwirkende Entscheidung ist aber zulässig, wenn der Antrag nicht rechtzeitig beschieden worden ist und der Antragsteller mit seinem Antrag bereits alles für die Bestellung des Beistandes (I) oder die Bewilligung der Prozeßkostenhilfe (II) Erforderliche getan hat (BVerfG NStZ-RR **97**, 69; BGH NJW **82**, 446; **85**, 921; VRS **72**, 375; Karlsruhe Rpfleger **86**, 108; Stuttgart MDR **87**, 329; Blümler MDR **83**, 96; Schwab MDR **83**, 811); das Risiko eines nicht klärbaren Verbleibs eines formlos versandten Antrags trägt aber der Absender (BGHR Prozeßkostenhilfe 13). Entsprechendes gilt, wenn der Antrag (zulässigerweise) erst kurz vor Ablauf der Revisionsbegründungsfrist gestellt worden und eine rechtzeitige Bewilligung daher nicht möglich ist (KG JR **88**, 436). Unter diesen Voraussetzungen, sonst nicht (BGH VRS **71**, 449), kann Prozeßkostenhilfe (dasselbe muß für die Bestellung eines RA nach I gelten) sogar noch nach rechtskräftigem Abschluß des Verfahrens bewilligt werden (Frankfurt MDR **83**, 137; Hamm JurBüro **86**, 1730; Bönker NJW **83**, 2430; **aM** OVG Koblenz NJW **82**, 2834; vgl auch BGH NJW **85**, 921; Karlsruhe NStZ **83**, 43); nicht aber nach dem Tod des Nebenklägers (Düsseldorf AnwBl **88**, 125). Schließt sich der Nebenklagebefugte, dem nach § 406 g III ein RA als Beistand bestellt oder Prozeßkostenhilfe bewilligt worden ist, dem Verfahren als Nebenkläger an, ist eine neue Entscheidung nach III S. 1 erforderlich (vgl LR-Hilger 9 und § 95 BRAGO). Die **Aufhebung des** 16
Bewilligungsbeschlusses ist nur unter den Voraussetzungen des § 124 ZPO zulässig (Frankfurt NStZ **86**, 43 mit zust Anm von Stackelberg). Die Bestellung nach I ist ggf entspr § 143 zurückzunehmen (KK-Senge 1 a).

B. **Rechtsfolgen:** Das Gericht bestellt den RA als Beistand nach I für das ganze 17
weitere Verfahren, für eine Beschränkung auf die jeweilige Instanz gibt es hier keine Rechtsgrundlage; seine aus der Staatskasse zu erstattenden Gebühren richten sich gemäß § 102 II BRAGO grundsätzlich nach § 97 BRAGO. Ein Vergütungsanspruch gegen das Opfer besteht nicht, da § 102 II S. 1 BRAGO nicht auf § 100 BRAGO verweist (vgl auch § 102 II S. 2 BRAGO). Die Bewilligung der Prozeßkostenhilfe (II) läßt für den beigeordneten RA ebenfalls einen Anspruch auf Erstattung seiner sich nach § 97 BRAGO bemessenden Gebühren (§ 102 I BRAGO) aus der Staatskasse entstehen (§ 122 I, II BRAGO). Die Bewilligung der Prozeßkostenhilfe wirkt nur für den jeweiligen Rechtszug (§ 119 I S. 1 ZPO). Hat der Angeklagte ein Rechtsmittel eingelegt, so sind das wirtschaftliche Unvermögen und die Unfähigkeit des Nebenklägers zur Wahrnehmung seiner Interessen erneut zu prüfen; die entspr Anwendung des § 119 I S. 2 ZPO kommt nicht in Betracht.

4) Rechtsmittel: 18

A. Die **Entscheidung über die Bestellung** eines RA als Beistand nach I kann 19
nach allgemeinen Grundsätzen angefochten werden. Gegen den ablehnenden Beschluß können die StA und der Antragsteller Beschwerde einlegen, gegen die Bestellung steht der StA die Beschwerde zu; zw und idR eher zu verneinen ist, ob der Angeschuldigte unmittelbar beschwert ist (vorsichtig bejahend aber Rieß NJW **98**, 3243 Fn 56). Nach Urteilsrechtskraft ist nur noch Raum für eine Beschwerde, wenn erst danach über die Beiordnung entschieden worden ist. Gegen die Auswahl des Beistands kann der Antragsteller, nicht aber der nicht beigeordnete RA im eigenen Namen Beschwerde einlegen. Der Umstand, daß der Vorsitzende des erkennenden Gerichts die Auswahl trifft, steht dem nicht entgegen (vgl zum Pflichtverteidiger 19 zu § 142; 10 zu § 141). § 305 S. 1 schließt die Beschwerde nicht aus, da die Entscheidung selbständige prozessuale Bedeutung hat (so offenbar auch KK-Senge 6). Mit der **Revision** kann der Nebenkläger die Ablehnung seines 20
Antrags auf Bestellung eines RA als Beistand rügen; auf dem Rechtsfehler kann das

Urteil aber nur beruhen, wenn im Einzelfall nicht auszuschließen ist, daß der Nebenkläger, hätte er im Beistand seines RA an der Hauptverhandlung teilgenommen, Tatsachen hätte vorbringen oder Beweismittel hätte benennen können, die für den Schuldspruch (vgl § 400) wesentliche Bedeutung haben können (vgl 22 zu § 396 mN zur fehlerhaften Nichtzulassung). Bei verspäteter Bestellung während der Hauptverhandlung wird ein Beruhen nur unter besonderen Umständen nicht auszuschließen sein, wenn der Nebenkläger vergeblich auf Wiederholung der vorangegangenen Abschnitte angetragen hat. Auch auf der gesetzwidrigen Bestellung wird das Urteil kaum jemals beruhen; dies ist schon beim Fehlen der Anschlußbefugnis idR zu verneinen (vgl 21 zu § 396).

21 B. **Unanfechtbar** sind die Entscheidungen über die Prozeßkostenhilfe (III S. 2): Der Nebenkläger kann weder die Ablehnung der Prozeßkostenhilfe noch die Beiordnung eines nicht erwünschten RAs anfechten (Koblenz MDR **91**, 557 mwN), auch nicht die Anordnung der Ratenzahlung (Düsseldorf Rpfleger **93**, 506), der Angeschuldigte nicht die Bewilligung. Das gilt auch, wenn ein unzuständiges Gericht Prozeßkostenhilfe bewilligt hat (BGH NJW **90**, 460), nicht aber bei Ablehnung durch dieses (**aM** Düsseldorf NStE Nr 5). Eine auf die Fehlerhaftigkeit der Entscheidung über die Prozeßkostenhilfe gestützte Revisionsrüge ist unzulässig (§ 336 S. 2).

Fortgang des Verfahrens

398 **I Der Fortgang des Verfahrens wird durch den Anschluß nicht aufgehalten.**

II Die bereits anberaumte Hauptverhandlung sowie andere Termine finden an den bestimmten Tagen statt, auch wenn der Nebenkläger wegen Kürze der Zeit nicht mehr geladen oder benachrichtigt werden konnte.

1 **1) Keine Hemmung des Verfahrens** (I): Durch den Anschluß des Nebenklägers wird der Fortgang des Verfahrens nicht aufgehalten. Der Nebenkläger tritt ihm in dem Stadium bei, in dem es sich bei seinem Anschluß befindet (LR-Wendisch 1). Die Wiederholung prozessualer Maßnahmen (zB einer kommissarischen Vernehmung oder einer Augenscheinseinnahme) kann er nicht verlangen. Prozeßgestaltende Maßnahmen der Prozeßbeteiligten muß er gegen sich gelten lassen; neue kann er nicht verhindern, auch wenn sie sich gegen ihn auswirken
2 (Stuttgart NJW **70**, 822). Seine **Mitwirkung an dem Verfahren** ist trotz der Zulassung nach § 396 nicht notwendig. Er ist zur Teilnahme an Gerichtsterminen nicht verpflichtet (3 zu § 397). Die Hauptverhandlung kann ohne ihn durchgeführt werden (Gollwitzer Schäfer-FS 79); daher kann auch sein persönliches Erscheinen nicht entspr § 236 angeordnet werden (LR-Wendisch 15 zu § 397).

3 **2) Gerichtliche Termine** (II), insbesondere Hauptverhandlungen, werden auch durchgeführt, wenn der Nebenkläger seinen Anschluß so spät erklärt, daß er nicht mehr rechtzeitig geladen oder benachrichtigt werden kann. Auch wenn er geladen worden, aber aus triftigen Gründen verhindert ist, kann die Hauptverhandlung ohne ihn durchgeführt werden (BGH **28**, 272, 273; KK-Senge 3; LR-Wendisch 3). Das rechtliche Gehör ist ihm dann durch die Ladung gewährt worden (Gollwitzer Schäfer-FS 69). Das Gericht ist aber nicht gehindert, auf die Unkenntnis des Nebenklägers vom Termin oder auf seine Verhinderung Rücksicht zu nehmen und einen bereits anberaumten Termin zu verlegen, damit der Nebenkläger geladen werden und teilnehmen kann (KK-Senge 3).

4 **3)** Auf zulässige **Revision** des Nebenklägers wird das Urteil idR aufzuheben sein, wenn seine Ladung unterlassen worden ist, obwohl die Voraussetzungen des II

nicht vorgelegen haben (RG GA Bd **43**, 32; Karlsruhe OLGSt § 218 S. 9; KK-Senge 4; KMR-Fezer 3; LR-Wendisch 5).

Bekanntmachung früherer Entscheidungen

399 **I Entscheidungen, die schon vor dem Anschluß ergangen und der Staatsanwaltschaft bekanntgemacht waren, bedürfen außer in den Fällen des § 401 Abs. 1 Satz 2 keiner Bekanntmachung an den Nebenkläger.**

II Die Anfechtung solcher Entscheidungen steht auch dem Nebenkläger nicht mehr zu, wenn für die Staatsanwaltschaft die Frist zur Anfechtung abgelaufen ist.

1) **Entscheidungen vor der Anschlußerklärung** (I) werden dem Nebenkläger, abgesehen von dem Fall des § 401 I S. 2, nicht bekanntgegeben, wenn sie bereits der StA bekanntgemacht waren. Dagegen müssen ihm alle Entscheidungen bekanntgemacht werden, die nach der Anschlußerklärung erlassen werden, auch wenn der Zulassungsbeschluß nach § 396 noch aussteht (KK-Senge 1; LR-Wendisch 1). 1

2) Bei **Anschlußerklärung zur Rechtsmitteleinlegung nach Urteilserlaß** (II), die nach §§ 395 IV S. 2, 401 I S. 2 zulässig ist, läuft für den Nebenkläger keine eigene Rechtsmittelfrist (BGH NStZ **88**, 214 [M]; KMR-Fezer 3; LR-Wendisch 2; **aM** Renkl MDR **75**, 904). Das Rechtsmittel kann nur innerhalb der für die StA laufenden Anfechtungsfrist eingelegt werden und ist daher unzulässig, wenn die Frist abgelaufen ist oder die StA auf Rechtsmittel verzichtet (BGH NStZ **84**, 18 [Pf/M]; RG **66**, 129; Bay OLGSt § 395 S. 19) oder ihr Rechtsmittel zurückgenommen hat (KK-Senge 2). Allerdings kann sich der Nebenkläger dem Verfahren auch noch nach Fristablauf anschließen, wenn der Angeklagte, die StA oder ein anderer Nebenkläger ein Rechtsmittel eingelegt hat. Er kann dann aber nicht verhindern, daß dieses Rechtsmittel zurückgenommen und dadurch die Rechtskraft der Entscheidung herbeigeführt wird (LR-Wendisch 3; Amelunxen Nebenklage 71). Die **Wiedereinsetzung in den vorigen Stand** kann der Neben- 3 kläger bei verspäteter Anfechtung im Fall II nicht verlangen. Da gegen ihn keine eigene Frist lief, konnte er auch keine Frist iS des § 44 versäumen (BGH NStZ **88**, 214 [M]; RG **71**, 173; Bay **55**, 19; Celle VRS **27**, 289; Hamm NJW **64**, 265; KK-Senge 4 und 17 zu § 395; **aM** Renkl MDR **75**, 904). Wiedereinsetzung soll aber möglich sein, wenn der Anschluß innerhalb der Anfechtungsfrist für die StA erklärt und nur die Anfechtung verspätet vorgenommen worden ist (RG **76**, 178; Hamm aaO; KK-Senge 4; KMR-Fezer 6). Für die **Rechtsmittelbegründungsfrist** nach 4 §§ 317, 345 I hat II keine Bedeutung; insoweit gilt § 401 I S. 2 (dort 3).

Beschränktes Anfechtungsrecht

400 **I Der Nebenkläger kann das Urteil nicht mit dem Ziel anfechten, daß eine andere Rechtsfolge der Tat verhängt wird oder daß der Angeklagte wegen einer Gesetzesverletzung verurteilt wird, die nicht zum Anschluß des Nebenklägers berechtigt.**

II Dem Nebenkläger steht die sofortige Beschwerde gegen den Beschluß zu, durch den die Eröffnung des Hauptverfahrens abgelehnt oder das Verfahren nach den §§ 206 a und 206 b eingestellt wird, soweit er die Tat betrifft, aufgrund deren der Nebenkläger zum Anschluß befugt ist. Im übrigen ist der Beschluß, durch den das Verfahren eingestellt wird, für den Nebenkläger unanfechtbar.

1 **1) Beschwer als Zulässigkeitsvoraussetzung der Rechtsmittel des Nebenklägers:** Der Nebenkläger ist, wie sich aus §§ 395 IV S. 2, 401 I S. 1 ergibt, zur Rechtsmitteleinlegung berechtigt, aber nur, soweit er durch die Entscheidung in seiner Stellung als Nebenkläger beschwert ist (BGH **29**, 216, 218; **33**, 114, 115, 117; NJW **70**, 205). Daher kann er zB Entscheidungen über die UHaft oder die vorläufige Unterbringung des Beschuldigten nicht mit der Beschwerde anfechten; sie berühren seine Rechtsstellung nicht (Düsseldorf NJW **98**, 395; Karlsruhe NJW **74**, 658). Andererseits ist er in seinen Rechten als Nebenkläger beeinträchtigt und daher beschwerdeberechtigt, wenn seine Anträge auf Anordnung strafprozessualer Eingriffe, durch die Beweismittel für das Nebenklagedelikt gewonnen werden können, abgelehnt worden sind. Für die Anfechtung von Urteilen und Einstellungsentscheidungen bestimmt § 400 besondere Beschränkungen. Das Recht des Nebenklägers, sich am Verfahren im Rechtsmittelzug zu beteiligen, wenn andere Prozeßbeteiligte Rechtsmittel eingelegt haben, wird dadurch nicht berührt (Düsseldorf JurBüro **90**, 1324). Ist über seine Befugnisse als Nebenkläger oder über Kostenfragen zu seinem Nachteil entschieden worden, so ist der Nebenkläger rechtsmittelberechtigt, sofern nicht allgemeine Rechtsmittelbeschränkungen bestehen, wie zB in §§ 304 III, 464 III S. 1 Hs 2 (erg 13 zu § 464).

2 **2) Gesetzliche Beschränkungen der Urteilsanfechtung** (I):

3 A. **Rechtsfolgenausspruch:** Die Urteilsanfechtung mit dem Ziel, daß eine andere Rechtsfolge verhängt wird, ist dem Nebenkläger, anders als nach früherem Recht (vgl BGH **33**, 114, 118), in jedem Fall verwehrt; auch die Verhängung einer weiteren, bisher nicht angeordneten Rechtsfolge kann nicht verlangt werden (BGH AnwBl **89**, 688). Der Freispruch wegen Schuldunfähigkeit kann aber angegriffen werden, auch wenn eine Maßregel nach § 63 StGB angeordnet worden ist; hingegen kann in diesem Fall nicht nur die Nichtanordnung einer Maßregel gerügt werden, da insoweit nichts anderes als bei einem Sicherungsverfahren (5 vor § 395) gelten kann (**aM** BGH NStZ **95**, 609). Unzulässig ist nicht nur die ausdrücklich auf die Rechtsfolgenfrage beschränkte Berufung oder Revision des Nebenklägers, sondern auch das in vollem Umfang eingelegte Rechtsmittel, wenn seine Begründung ergibt, daß es dem Nebenkläger ausschließlich um die Änderung des Rechtsfolgenausspruchs geht (BGH NJW **92**, 516; 4 StR 291/91 vom 9. 7. 1991 und 4 StR 302/92 vom 20. 8. 1992; Beulke DAR **88**, 118) oder daß mit dem Rechtsmittel keine Änderung des Schuldspruchs, sondern nur eine andere Rechtsfolgenentscheidung erreicht werden soll (Karlsruhe NStZ **88**, 427). Unzulässig ist auch das Rechtsmittel, mit dem sich der Nebenkläger lediglich gegen den Schuldumfang wendet (BGH **41**, 140, 144; BGHR § 400 I Zulässigkeit 4; Bay **88**, 50 = MDR **88**, 884), nur das Fehlen der Feststellung der besonderen Schwere der Schuld iSd § 57 a I S. 1 Nr 2 StGB beanstandet (vgl 33 zu § 260; Meurer JR **92**, 448), die Anwendung des § 105 I JGG (BGH 4 StR 355/98 vom 28. 7. 1998) oder des § 199 StGB rügt (vgl BGH 1 StR 608/97 vom 3. 12. 1997 zu § 233 StGB aF), mit dem er das Hinzutreten einer weiteren Tatbestandsalternative, zB bei § 211 StGB oder § 223 a StGB, erstrebt (BGH NStZ-RR **97**, 371; HK-Kurth 9; Leibinger Triffterer-FS 483; Riegner NStZ **90**, 13; **aM** KMR-Fezer 3; LR-Hilger Nachtr 6) oder sich gegen die Nichtverhängung von Sicherungsverwahrung wendet (BGH StV **97**, 624 L), jedoch nicht bei erstrebter Verurteilung wegen Vollendung statt wegen Versuchs (AK/StPO-Rössner 7; Leibinger aaO; **aM** Riegner aaO). Aus I folgt auch, daß der Nebenkläger den Beschluß nach § 268 a nicht anfechten kann (erg 2 zu § 305 a). Bei zulässigem Hauptantrag schadet ein unzulässiger Hilfsantrag nicht (BGH 2 StR 394/94 vom 2. 12. 1994).

4 B. Entscheidungen über **Verletzungen von Strafgesetzen, die nicht nach § 395 zum Anschluß berechtigen** (I), beschweren den Nebenkläger nicht und können daher nicht Gegenstand der Urteilsanfechtung sein. Der Nebenkläger kann sein Rechtsmittel in zulässiger Weise nur darauf stützen, daß die Rechtsvorschrift über ein Nebenklagedelikt verletzt ist (BGH NStZ **87**, 221 [Pf/M]), daß der

Angeklagte also insoweit zu Unrecht freigesprochen oder das Nebenklagedelikt jedenfalls, wenn auch ohne förmlichen Freispruch, nicht in den Schuldspruch aufgenommen worden ist (Hamm VRS **59**, 260, 261), daß (bei Tateinheit) eine Verurteilung wegen des Nebenklagedelikts nicht erfolgt ist. Die Rechtsmittelbefugnis entfällt aber, wenn der Nebenkläger der Beschränkung der Strafverfolgung nach § 154 a zugestimmt hatte (BGH NStZ **92**, 30 [K]). Bei der **Berufung,** die keiner Begründung bedarf, ist zwar idR zu unterstellen, daß das Rechtsmittel sich auf das Nebenklagedelikt bezieht (LR-Wendisch 13 zu § 401). Das Rechtsmittel ist aber unzulässig, wenn der Angeklagte wegen des Nebenklagedelikts verurteilt worden ist und sich dabei kein Anhalt für die Behauptung unrichtiger Rechtsanwendung ergibt (Riegner NStZ **90**, 14); in diesem Fall ist somit eine Berufungsbegründung erforderlich, um die Zulässigkeit des Rechtsmittels feststellen zu können (Düsseldorf NStZ **94**, 507; Leibinger Triffterer-FS 485). Entscheidet das Berufungsgericht trotz Unzulässigkeit des Rechtsmittels in der Sache, ist das Urteil auf Revision aufzuheben und die Berufung entspr § 354 I als unzulässig zu verwerfen (Schleswig SchlHA **96**, 97 [L/T]). Gleiches wie für die Berufung gilt für die **Revision.** Insbesondere genügt die Erhebung der unausgeführten allgemeinen Sachrüge (18 zu § 344) nicht (BGH **13**, 143, 145; BGH NStZ **89**, 221 [M]; DAR **92**, 256 [N]), auch nicht bei Freispruch vom Nebenklagedelikt, aber Verurteilung wegen eines nicht zum Anschluß berechtigenden Strafgesetzes (BGH NStZ **88**, 565). Die Sachrüge kann der Nebenkläger nur auf die unterlassene oder fehlerhafte Anwendung gerade desjenigen Strafgesetzes stützen, auf das sich seine Anschlußbefugnis stützt (BGH NJW **67**, 454; VRS **7**, 59; Bay **52**, 43 = NJW **52**, 798; Lenckner JZ **73**, 742). Deswegen muß er idR das Ziel seines Rechtsmittels ausdrücklich angeben (BGHR § 400 I Zulässigkeit 3 und 5), und zwar innerhalb der Revisionsbegründungsfrist (BGH 4 StR 629/91 vom 14. 1. 1992). Die Revision ist aber nicht deshalb unzulässig, weil sie ergänzend die Nichtanwendung der Vorschriften über Straftaten rügt, die nicht zum Anschluß berechtigen (BGH NJW **70**, 205; Saarbrücken VRS **36**, 435, 438; weitergehend Stuttgart NJW **73**, 1385 = JZ **73**, 739 mit krit Anm Lenckner: auch nicht, wenn sie nur Einzelausführungen zu solchen Vorschriften enthält). Beanstandet der Nebenkläger das Verfahren, so kann er nur Rügen erheben, die die Verurteilung wegen der zum Anschluß berechtigenden Straftaten betreffen (BGH NStZ-RR **98**, 305).

5 6

C. Die **Prüfung des Rechtsmittelgerichts** erstreckt sich bei zulässiger Berufung oder Revision lediglich auf die richtige Anwendung der Vorschriften über das Nebenklagedelikt (BGH **41**, 140, 144). Das gilt nicht nur dann, wenn dieses einen abtrennbaren Teil der Tat betrifft (BGH JR **53**, 192; Bay **66**, 84 = NJW **66**, 2369), sondern auch bei Tat- oder Gesetzeseinheit mit einem Offizialdelikt. Diese schon vor Inkrafttreten des Opferschutzgesetzes teilw vertretene Ansicht (BGH NJW **70**, 205; Hanack JZ **74**, 55; **aM** BGH **13**, 143, 146; StV **81**, 535; Stuttgart NJW **73**, 1385 mit Anm Kraemer/Ringwald = JZ **73**, 740 mit Anm Lenckner) ist nunmehr durch § 400 I 2. Hs bestätigt worden (KK-Kuckein 10 zu § 352; Riegner NStZ **90**, 16; **aM** AK/StPO-Rössner 12). Es ist also nur zu prüfen, ob Nebenklagedelikte nicht, nicht zutr oder unvollständig gewürdigt worden sind (BGH **43**, 15); daher kann auch eine zulässige Revision, die bei Verurteilung wegen Totschlags unzutr die Nichtverurteilung wegen Mordes rügt, nicht dazu führen, Fehler bei der Strafzumessung (etwa hinsichtlich § 213 StGB) zu korrigieren. Bei Verurteilung wegen einer OWi bleibt diese ebenfalls ungeprüft (Göhler NStZ **86**, 21 gegen BayObLG ebenda). Der **Tatrichter** hat allerdings nach Aufhebung des Urteils und Zurückverweisung der Sache durch das Revisionsgericht alle in Tateinheit mit dem Nebenklagedelikt stehenden Delikte wiederum zu prüfen (BGH **39**, 390, 391 = JR **95**, 71 mit Anm Geerds; Leibinger Triffterer-FS 490).

7 7a

3) Gegen die **Nichteröffnung des Hauptverfahrens** (II) nach § 204, der die Ablehnung des Erlasses eines Strafbefehls gleichsteht (vgl § 408 II S. 2), nicht gegen die Eröffnung vor einem niedrigeren Gericht nach § 209 I (Karlsruhe NStZ 8

89, 442; Rieß/Hilger NStZ **87**, 154 Fn 214), steht dem Nebenkläger die sofortige Beschwerde zu, soweit der Beschluß die Tat betrifft, die ihn zum Anschluß berech-
9 tigt. Mit derselben Einschränkung kann er **Einstellungsbeschlüsse** nach §§ 206 a, 206 b und Einstellungsurteile nach § 260 III anfechten. Gegen Einstellungsbeschlüsse nach §§ 153 ff, 205 hat er kein Rechtsmittel, auch wenn sie verfahrensrechtlich fehlerhaft ergangen sind (LG Mönchengladbach StV **87**, 335).

Rechtsmittel des Nebenklägers

401 **I Der Rechtsmittel kann sich der Nebenkläger unabhängig von der Staatsanwaltschaft bedienen. Geschieht der Anschluß nach ergangenem Urteil zur Einlegung eines Rechtsmittels, so ist dem Nebenkläger das angefochtene Urteil sofort zuzustellen. Die Frist zur Begründung des Rechtsmittels beginnt mit Ablauf der für die Staatsanwaltschaft laufenden Frist zur Einlegung des Rechtsmittels oder, wenn das Urteil dem Nebenkläger noch nicht zugestellt war, mit der Zustellung des Urteils an ihn auch dann, wenn eine Entscheidung über die Berechtigung des Nebenklägers zum Anschluß noch nicht ergangen ist.**

II War der Nebenkläger in der Hauptverhandlung anwesend oder durch einen Anwalt vertreten, so beginnt für ihn die Frist zur Einlegung des Rechtsmittels auch dann mit der Verkündung des Urteils, wenn er bei dieser nicht mehr zugegen oder vertreten war; er kann die Wiedereinsetzung in den vorigen Stand gegen die Versäumung der Frist nicht wegen fehlender Rechtsmittelbelehrung beanspruchen. Ist der Nebenkläger in der Hauptverhandlung überhaupt nicht anwesend oder vertreten gewesen, so beginnt die Frist mit der Zustellung der Urteilsformel an ihn.

III Hat allein der Nebenkläger Berufung eingelegt, so ist diese, wenn bei Beginn einer Hauptverhandlung weder der Nebenkläger noch für ihn ein Rechtsanwalt erschienen ist, unbeschadet der Vorschrift des § 301 sofort zu verwerfen. Der Nebenkläger kann binnen einer Woche nach der Versäumung unter den Voraussetzungen der §§ 44 und 45 die Wiedereinsetzung in den vorigen Stand beanspruchen.

IV Wird auf ein nur von dem Nebenkläger eingelegtes Rechtsmittel die angefochtene Entscheidung aufgehoben, so liegt der Betrieb der Sache wiederum der Staatsanwaltschaft ob.

1 **1) Rechtsmittelberechtigung des Nebenklägers** (I S. 1): Der Nebenkläger kann, wenn er prozeßfähig (Bay **55**, 243 = NJW **56**, 681; Hamm JMBlNW **63**, 112) und zum Anschluß befugt oder, was das Rechtsmittelgericht von Amts wegen zu prüfen hat (20 zu § 396), bereits mit Recht zugelassen ist, nur zuungunsten des Angeklagten (BGH **37**, 136; **aM** Fabricius NStZ **94**, 261), aber mit der Wirkung des § 301 (dort 2), die Rechtsmittel der Beschwerde, sofortigen Beschwerde, Berufung und Revision in der gesetzlich vorgeschriebenen Form einlegen (zur Wiederaufnahme vgl 8 zu § 365), soweit diese Rechtsmittel zulässig sind und er in seiner Stellung als Nebenkläger beschwert ist (dazu im einzelnen § 400). Die Nichtzahlung des in § 67 I S. 1 GKG bestimmten Gebührenvorschusses macht das Rechtsmittel nicht unzulässig (Frankfurt MDR **80**, 603; Hamm MDR **85**, 251).
2 Der Nebenkläger kann die **Revisionsanträge** nur mittels einer von einem Rechtsanwalt unterzeichneten Schrift anbringen (BGH NJW **92**, 1398); denn die durch ein Versehen des Gesetzgebers bei der Neufassung des § 397 I durch das Ges vom 18. 12. 1986 entstandene Gesetzeslücke ist durch die entspr Anwendung des § 390 II auf die Revision des Nebenklägers zu schließen (zum RA, der selbst Nebenkläger ist, vgl Hilger NStZ **88**, 441). Der Nebenkläger ist bei der Einlegung,
3 Begründung und Durchführung seines Rechtsmittels **von der StA unabhängig.**

Sie kann über sein Rechtsmittel nicht verfügen, es also nicht zurücknehmen, beschränken oder zu ihrem eigenen machen. Der Zurücknahme des Rechtsmittels kann sie nicht widersprechen. Zum Verfahren bei unterschiedlichen Rechtsmitteln der StA und des Nebenklägers vgl § 335 III. Die StA wirkt in dem Verfahren auch mit, wenn nur der Nebenkläger ein Rechtsmittel eingelegt hat. Sie muß das Verfahren betreiben, an der Hauptverhandlung teilnehmen und zu dem Rechtsmittel Stellung nehmen (LR-Wendisch 32; Amelunxen Nebenkläger 72), insbesondere nach § 258 einen Schlußvortrag halten (RG **63**, 53, 55; Köln GA **64**, 156; Zweibrücken StV **86**, 51; **aM** Frankfurt NJW **56**, 1250).

2) **Fristwahrung bei Anschluß nach Urteilserlaß** (I S. 2, 3): Der Nebenkläger kann sich dem Verfahren noch nach Urteilserlaß zum Zweck der Rechtsmitteleinlegung anschließen (§ 395 IV S. 2). Das Rechtsmittel muß dann nach § 399 II innerhalb der für die StA laufenden Rechtsmittelfrist eingelegt werden (dort 2). Bei rechtzeitiger Anfechtung wird dem Nebenkläger das Urteil sofort zugestellt (S. 2), dh ohne daß zuvor ein Zulassungsbeschluß nach § 396 erlassen werden muß. Wenn die Anschlußberechtigung nicht feststeht, verfügt der Vorsitzende die Urteilszustellung allerdings nicht, bevor über die Zulassung entschieden ist (2 zu § 343). Wird die Befugnis zum Anschluß verneint, so ist das Rechtsmittel unzulässig, nicht gegenstandslos (Schleswig SchlHA **59**, 27; LR-Wendisch 5). Auch der Lauf der Begründungsfrist (§§ 317, 345 I) ist von dem Erlaß des Zulassungsbeschlusses, der ohnehin nur feststellende Bedeutung hat (13 zu § 396), nicht abhängig (S. 3). Sie beginnt entweder mit Ablauf der für die StA laufenden Einlegungsfrist oder mit der Urteilszustellung an den Nebenkläger, je nachdem, welches der spätere Zeitpunkt ist. 4

3) **Fristwahrung bei Urteilsanfechtung durch den zugelassenen Nebenkläger** (II): War der Nebenkläger zwar in einem Teil der Hauptverhandlung anwesend oder durch einen RA vertreten, aber nicht mehr bei der Urteilsverkündung, so beginnt die Anfechtungsfrist mit der Urteilsverkündung (S.1 Hs 1; BGH NStZ **95**, 21 [K]). Da er durch sein Prozeßverhalten die Rechtsmittelbelehrung verwirkt hat, schließt S.1 Hs 2 die Anwendung des § 44 S. 2 aus; auch im übrigen kommt idR eine Wiedereinsetzung in den vorigen Stand nicht in Betracht (Düsseldorf VRS **79**, 206; **81**, 114). Wenn der Nebenkläger in der Hauptverhandlung überhaupt nicht anwesend oder vertreten war, beginnt die Anfechtungsfrist erst mit der Urteilszustellung an ihn oder seinen bevollmächtigten Vertreter (S. 2). Die Zustellung des vollständigen Urteils ist nicht erforderlich; schon die Zustellung der Urteilsformel setzt die Frist in Lauf (S. 2). Die Regelung des S. 2 gilt entspr, wenn der Nebenkläger nur als Zeuge geladen und nach seiner Vernehmung entlassen worden war (Köln JMBlNW **84**, 21). 5

4) **Verwerfung der Berufung des nicht erschienenen Nebenklägers** (III): Ist weder der Nebenkläger selbst noch für ihn ein RA (Köln NStE Nr 2) bei Beginn der Berufungsverhandlung (dazu 12 ff zu § 329) erschienen,führt das zur sofortigen Verwerfung der Berufung (S. 1). Das bedeutet, anders als in § 329 I S. 1, jedoch nicht, daß eine Verhandlung zur Sache immer ausgeschlossen ist. Denn das Gericht hat § 301 zu beachten und muß die Verhandlung daher ohne den Nebenkläger durchführen, wenn nach Aktenlage eine günstige Entscheidung für den Angeklagten zu erwarten ist (Amelunxen Nebenkläger 80; Rieß NJW **75**, 90). Rechtfertigt das Ergebnis der Verhandlung eine solche Entscheidung nicht, so wird die Berufung verworfen, auch wenn der Nebenkläger nachträglich erschienen ist (KMR-Müller 17). Die Wiedereinsetzungsregelung des S. 2 zugunsten des Nebenklägers entspricht der des § 329 III (dort 40 ff). Hat **auch der Angeklagte oder die StA Berufung eingelegt,** so gilt III grundsätzlich nicht; vielmehr wird dann auch über die Berufung des abwesenden Nebenklägers verhandelt und entschieden (KK-Senge 11). Die Berufung des Nebenklägers wird jedoch nach S. 1 verworfen, wenn sachlich über sie allein zu entscheiden wäre, zB deshalb, weil die übrigen 6 7

Beschwerdeführer ihre Berufung zurückgenommen haben oder weil die Berufung des Angeklagten nach § 329 I verworfen wird (Köln NStE Nr 2; Rieß NJW **75**, 90).

8 **5)** Der **Betrieb der Sache** (IV) obliegt der StA stets, wenn der Nebenkläger ein Rechtsmittel eingelegt hat. Er obliegt ihr auch, wenn die angefochtene Entscheidung nur auf ein Rechtsmittel des Nebenklägers aufgehoben und die Sache an den 1. Richter zurückverwiesen wird. Scheidet der Nebenkläger nunmehr aus, so berührt das den Fortgang des Verfahrens nicht.

Wegfall der Nebenklage

402 **Die Anschlußerklärung verliert durch Widerruf sowie durch den Tod des Nebenklägers ihre Wirkung.**

1 **1)** Den **Widerruf der Anschlußerklärung** kann der Nebenkläger ohne Zustimmung der anderen Prozeßbeteiligten bis zum rechtskräftigen Abschluß des Verfahrens erklären, auch noch im Revisionsrechtszug (RG **67**, 322). Ausreichend ist eine formlose Erklärung gegenüber dem Gericht (Hamm NJW **71**, 394; KK-Senge 1; **aM** AK/StPO-Rössner 2; LR-Wendisch 1), auch in einem Vergleich (13 vor § 395). Der Widerruf kann auch darin liegen, daß der Nebenkläger seine
2 Rechte längere Zeit bewußt nicht ausübt (Hamm aaO). Die **Wirkung des Widerrufs** erstreckt sich nur auf die Zukunft (RG **64**, 60, 62). Bereits ergangene Urteile und Beschlüsse bleiben bestandskräftig (Amelunxen Nebenkläger 94). Noch nicht beschiedene Anträge und Rechtsmittel werden gegenstandslos (KMR-Fezer 3; **aM** EbSchmidt 4 a; vgl unten 5). Der Nebenkläger verliert den erst bei rechtskräftiger Verurteilung des Angeklagten entstehenden Anspruch auf Erstattung seiner notwendigen Auslagen nach § 472 I (Bay **53**, 156; LR-Wendisch 12; vgl aber Nürnberg NJW **59**, 1052 mit abl Anm Schmitt NJW **59**, 1742 und Pohlmann NJW **59**, 1455 für den Fall, daß der Nebenkläger ausdrücklich einen Kostenerstattungsantrag
3 stellt). Einer **neuen Anschlußerklärung** steht der Widerruf nicht entgegen (Hamm NJW **71**, 394), sofern er, was idR nicht der Fall ist, nicht mit einem Verzicht auf das Nebenklagerecht (Hamm JMBlNW **64**, 192; erg 12 vor § 395) verbunden ist; dasselbe gilt für die Zurücknahme des Strafantrags (5 zu § 395; **aM** KK-Senge 2).

4 **2)** Der **Tod des Nebenklägers** beendet die Nebenklage. Die Angehörigen des verstorbenen Nebenklägers sind nicht entspr § 393 II berechtigt, in das Verfahren einzutreten (Düsseldorf MDR **86**, 76; KK-Senge 5; **aM** Roxin § 62 D IV; Gerauer NJW **86**, 3126), auch nicht, wenn die Tat ein Privatklagedelikt (**aM** LR-Wendisch 7 ff) oder der Tod des Nebenklägers die Folge der zur Nebenklage berechtigenden Tat ist (Stuttgart NJW **70**, 822 mit abl Anm Ellscheid NJW **70**, 1467; Fezer NStZ **97**, 300; **aM** Nürnberg NJW **78**, 1017; Zweibrücken NJW **66**, 2076; LR-Wen-
5 disch 6 ff; offengelassen von BGH NStZ **97**, 200). **Folgen** hat die Beendigung der Nebenklage nur für die Zukunft. Ein bereits ergangenes Urteil verliert nicht seinen Bestand, auch wenn es auf ein Rechtsmittel des Nebenklägers ergangen ist. Ein noch nicht beschiedenes Rechtsmittel des Nebenklägers wird mit dessen Tod hinfällig (BGH NStZ **97**, 49 mwN; Düsseldorf AnwBl **88**, 125; Stuttgart aaO). Die
6 sodann nach §§ 302, 473 I S. 3 zu treffende **Kostenentscheidung** obliegt dem Tatgericht, wenn der Nebenkläger bereits vor der Aktenvorlage an das Revisionsgericht nach § 347 II verstorben ist (BGH aaO), sonst dem Revisionsgericht. In der Kostenentscheidung wird der verstorbene Nebenkläger nach § 473 I S. 3 mit den dem Beschuldigten erwachsenen notwendigen Auslagen mit der Folge belastet, daß sie aus dem Nachlaß zu erstatten sind (Celle NJW **53**, 1726; Jena MDR **95**, 1071). Anders als der Widerruf (oben 2) läßt der Tod des Nebenklägers den in dem Urteil zuerkannten und bei dessen Rechtskraft endgültig entstehenden Anspruch

auf Erstattung der notwendigen Auslagen des Nebenklägers nicht entfallen (Karlsruhe MDR **84**, 250; Stuttgart NJW **60**, 115; Amelunxen Nebenklage 95).

3. Abschnitt. Entschädigung des Verletzten

Vorbemerkungen

1 **1) Adhäsionsverfahren:** Mit den 1943 nach dem Vorbild des österreichischen Rechts in die StPO eingefügten §§ 403–406 d, dem sog Adhäsions- oder Anhangsverfahren (allg dazu Amelunxen ZStW **86**, 457; Schönke DRZ **49**, 121; Würtenberger Pfenninger-FS 193), ist dem Verletzten ermöglicht worden, seine bürgerlich-rechtlichen Ersatzansprüche gegen den Straftäter, die er an sich vor dem Zivilgericht verfolgen müßte (§ 13 GVG), schon im Strafverfahren geltend zu machen. Dadurch kann vermieden werden, daß mehrere Gerichte in derselben Sache tätig werden und zu einander widersprechenden Entscheidungen gelangen. Eine nennenswerte Bedeutung hat das Adhäsionsverfahren in der deutschen Rechtspraxis aber nicht gewinnen können (vgl Jescheck JZ **58**, 593: totes Recht; Scholz JZ **72**, 726: Scheinexistenz). In den seltenen Fällen, in denen ein Antrag nach §§ 403 ff gestellt wird, sehen die Strafgerichte meist nach § 405 S. 2 von einer Entscheidung ab (zur statistischen Anwendungshäufigkeit vgl AK/StPO-Schöch
2 3). Mit der **Gesetzesänderung von 1986** (Erweiterung der Zuständigkeit im amtsgerichtlichen Verfahren, Möglichkeit der Prozeßkostenhilfe und Zulassung von Grund- und Teilurteilen) hat der Gesetzgeber den Versuch unternommen, „offensichtliche Anwendungshemmnisse des geltenden Rechts zu beseitigen" (BT-Drucks 10/5305 S. 15). Einer verstärkten Anwendung der §§ 403 ff steht aber die forensische Verschiedenheit der Aufgaben von Straf- und Zivilrichtern entgegen (vgl Hirsch A. Kaufmann-GedSchr 716, der auch eine sachliche Notwendigkeit für die Geltendmachung zivilrechtlicher Entschädigungsansprüche im Strafverfahren bestreitet; **aM** wohl Eser ebenda 731; vgl auch Weigend 524 ff, der die Abschaffung des Adhäsionsverfahrens empfiehlt, und AK/StPO-Schöch, der statt dessen ein vereinfachtes Vergleichsverfahren vorschlägt; für eine verstärkte „opferbezogene Anwendung des Adhäsionsverfahrens" aber Rössner/Klaus NJ **96**, 288); idR sollte sich der Strafrichter daher auf ein Grundurteil beschränken (vgl 3 zu § 406).

Voraussetzungen **RiStBV 173, 174**

403 **I Der Verletzte oder sein Erbe kann gegen den Beschuldigten einen aus der Straftat erwachsenen vermögensrechtlichen Anspruch, der zur Zuständigkeit der ordentlichen Gerichte gehört und noch nicht anderweit gerichtlich anhängig gemacht ist, im Strafverfahren geltend machen, im Verfahren vor dem Amtsgericht ohne Rücksicht auf den Wert des Streitgegenstandes.**

II Der Verletzte oder sein Erbe soll von dem Strafverfahren möglichst frühzeitig Kenntnis erhalten; dabei soll er auf die Möglichkeit, seinen Anspruch auch im Strafverfahren geltend zu machen, hingewiesen werden.

1 **1) Antragsberechtigte** (I):

2 A. Der **Verletzte,** auch wenn er Mitangeklagter ist (LR-Wendisch 1), ist stets antragsberechtigt, selbst wenn er wegen der Tat keinen Strafantrag gestellt hat (LG Koblenz DAR **52**, 159; Schirmer DAR **88**, 121) und am Verfahren sonst nicht beteiligt ist (EbSchmidt 1). Anders als bei §§ 172, 374 ist auch der mittelbar Verletzte antragsberechtigt, zB bei Sachbeschädigung oder Brandstiftung der Nießbraucher, Mieter oder Pächter neben dem Eigentümer, auch der nach § 844 II

BGB Unterhaltsberechtigte (LG Gießen NJW **49**, 727) und der nach § 845 BGB Dienstberechtigte.

3 B. Der **Erbe** des Verletzten ist antragsberechtigt, wenn er einen Erbschein vorlegen kann (EbSchmidt 3), über den Wortlaut des I hinaus auch der Erbe des Erben (KK-Engelhardt 9; KMR-Fezer 2). Bei einer Mehrheit von Erben kann jeder Miterbe den Antrag stellen, Leistung aber nur an alle verlangen (§ 2039 S. 1 BGB).

4 C. **Andere Rechtsnachfolger** (Zessionare, Pfändungsgläubiger) haben, da sie ihren Anspruch nicht unmittelbar aus der Straftat erworben haben, kein Antragsrecht (KK-Engelhardt 8; KMR-Fezer 3), auch nicht der private Haftpflichtversicherer (Karlsruhe MDR **84**, 336; Köckerbauer NStZ **94**, 306; Schirmer DAR **88**, 121; **aM** LR-Wendisch 1) und der Sozialversicherungsträger, auf den der Schadensersatzanspruch übergegangen ist (KK-Engelhardt 6; Granderath NStZ **84**, 400). Denn die mitunter schwierige Feststellung der Einzelrechtsnachfolge kann nicht
5 Sache des Strafrichters sein. Der **Konkurs(nun: Insolvenz)verwalter** kann den Antrag stellen, wenn der Gemeinschuldner erst nach der Konkurs(Insolvenz)eröffnung geschädigt worden ist, sonst nicht (LG Stuttgart NJW **98**, 322 = JR **98**, 84 mit abl Anm Hilger).

6 D. **Prozeßfähig** (§ 52 ZPO) muß der Antragsteller sein; andernfalls muß der gesetzliche Vertreter den Antrag stellen. Nach Eröffnung des Konkurses (nun: Insolvenzverfahrens) ist nur der Konkursverwalter antragsberechtigt (oben 5).

7 **2) Gegen den Beschuldigten** muß sich der Antrag richten. Wer nur neben oder mit ihm bürgerlich-rechtlich haftet, kann nicht in Anspruch genommen werden, insbesondere nicht nach § 3 PflVersG der Haftpflichtversicherer (Grande-
8 rath NStZ **84**, 400; Schirmer DAR **88**, 121). Gegen **Jugendliche** findet das Adhäsionsverfahren nicht statt (§ 81 **JGG**), auch nicht im Verfahren vor den allgemeinen Strafgerichten (§ 104 I Nr 14 **JGG**), gegen Heranwachsende nur, wenn das Gericht allgemeines Strafrecht anwendet (§ 109 II iVm § 81 **JGG**; BGH StV
9 **98**, 325 L). Der Beschuldigte muß **verhandlungsfähig** (Einl 97), braucht aber nicht prozeßfähig zu sein (KMR-Fezer 7). Nur der Abschluß eines Vergleichs (12 zu § 404) erfordert die Geschäftsfähigkeit beider Parteien oder die Mitwirkung der gesetzlichen Vertreter.

10 **3) Nur vermögensrechtliche Ansprüche,** die aus der Straftat erwachsen (dazu Schirmer DAR **88**, 122) und noch nicht anderweit gerichtlich anhängig gemacht sind, können nach §§ 403 ff geltend gemacht werden. Vermögensrechtlich sind alle Ansprüche, die aus Vermögensrechten abgeleitet oder auf vermögenswerte Leistungen gerichtet sind (Granderath NStZ **84**, 400). In Betracht kommen in 1. Hinsicht Ansprüche auf Schadensersatz und auf Schmerzensgeld nach § 847 BGB (vgl dazu BGH MDR **93**, 408 [H]; NStZ **94**, 26 [K]; BGHR Anspruch 4 und § 404 I Entscheidung 3–5; OGH **2**, 46 = MDR **49**, 501), aber auch Herausgabe- und Bereicherungsansprüche sowie Unterlassungsansprüche, mit denen wirtschaftliche Interessen verfolgt werden (BGH NJW **81**, 2062; KK-Engelhardt 1). Auch der Widerruf einer Behauptung kann verlangt werden (Jescheck JZ **58**, 592). Sogar Feststellungsansprüche sind nicht ausgeschlossen (LR-Wendisch 11; D. Meyer JurBüro **84**, 1121; offengelassen von BGHR § 404 I Entscheidung 2). Im Verfahren wegen Straftaten nach §§ 106, 107 I Nr 2, 108, 108 a UrhG läßt § 110 I UrhG die Möglichkeit zu, Ansprüche auf Vernichtung oder Überlassung von Vervielfältigungsstücken oder der zu deren Herstellung benutzten oder bestimmten Vorrichtungen (§§ 98, 99 UrhG) nach den Vorschriften der §§ 403–406 c geltend zu machen. Die entspr Anwendung dieser Vorschriften für die Rückerstattung des Mehrerlöses bestimmt § 9 III WiStG.

11 **4) Zur Zuständigkeit der ordentlichen Gerichte** muß der Anspruch gehören. Die Geltendmachung von Ansprüchen, für die ausschließlich die Arbeitsge-

richte zuständig sind, ist daher ausgeschlossen (BGH **3**, 210). Das ist von Amts wegen zu beachten, auch noch im Rechtsmittelverfahren (BGH aaO). Jedoch ist die Verurteilung nicht deshalb unwirksam, weil das Gericht die Zuständigkeitsfrage übersehen hat (BGH aaO; LR-Wendisch 13). Beim AG kann der Anspruch ohne Rücksicht auf den Wert des Streitgegenstandes geltend gemacht werden. Von der Zustimmung des Angeklagten ist die Überschreitung der amtsgerichtlichen Zuständigkeit nach § 23 Nr 1 GVG nicht abhängig. Wenn außergewöhnlich hohe Ansprüche vor dem AG geltend gemacht werden oder der Beschuldigte beachtliche Gründe gegen die Streitwertüberschreitung vorbringt, wird der Richter aber nach § 405 S. 2 von der Entscheidung absehen (LG Mainz StV **97**, 627).

5) Im Strafverfahren kann der Anspruch geltend gemacht werden, auch im Privatklageverfahren (Düsseldorf JMBlNW **88**, 178), aber nicht im Strafbefehlsverfahren, solange es nicht zur Hauptverhandlung kommt (LR-Wendisch 15). Der Antragsteller wird dadurch nicht Nebenkläger; im Privatklageverfahren bewirkt der von einem anderen als dem Privatkläger gestellte Antrag keinen Beitritt). 12

6) Hinweis an den Verletzten (II): Da die Benachrichtigung von dem Strafverfahren möglichst frühzeitig erfolgen soll, veranlaßt sie idR die StA im Ermittlungsverfahren, das Gericht nur, wenn die StA sie unterlassen hat oder die Voraussetzungen des I erst später eingetreten sind. Der Hinweis nach II Hs 2 hat zum Inhalt, daß ein Strafverfahren gegen den Beschuldigten anhängig ist und daß die Möglichkeit besteht, den Entschädigungsanspruch in diesem Verfahren geltend zu machen. Weitere Hinweise schreibt RiStBV 173 der StA vor. Obwohl II als **Sollvorschrift** ausgestattet ist, wird der StA kein Ermessen eingeräumt (Amelunxen ZStW **86**, 461; Scholz JZ **72**, 726 ff; **aM** LR-Wendisch 22 ff); sie darf von dem Hinweis nur absehen, wenn ein Antrag nach §§ 403 ff offensichtlich nicht in Betracht kommt (KK-Engelhardt 13). Denn zu der aus Gründen der Prozeßwirtschaftlichkeit wünschenswerten Anwendung dieser Vorschriften kann es nur kommen, wenn der Verletzte von seiner Antragsmöglichkeit erfährt. 13 14

Antragstellung **RiStBV 173, 174**

404 **I Der Antrag, durch den der Anspruch geltend gemacht wird, kann schriftlich oder mündlich zur Niederschrift des Urkundsbeamten, in der Hauptverhandlung auch mündlich bis zum Beginn der Schlußvorträge gestellt werden. Er muß den Gegenstand und Grund des Anspruchs bestimmt bezeichnen und soll die Beweismittel enthalten. Ist der Antrag außerhalb der Hauptverhandlung gestellt, so wird er dem Beschuldigten zugestellt.**

II Die Antragstellung hat dieselben Wirkungen wie die Erhebung der Klage im bürgerlichen Rechtsstreit.

III Ist der Antrag vor Beginn der Hauptverhandlung gestellt, so wird der Antragsteller von Ort und Zeit der Hauptverhandlung benachrichtigt. Der Antragsteller, sein gesetzlicher Vertreter und der Ehegatte des Antragsberechtigten können an der Hauptverhandlung teilnehmen.

IV Der Antrag kann bis zur Verkündung des Urteils zurückgenommen werden.

V Dem Antragsteller und dem Angeschuldigten ist auf Antrag Prozeßkostenhilfe nach denselben Vorschriften wie in bürgerlichen Rechtsstreitigkeiten zu bewilligen, sobald die Klage erhoben ist. § 121 Abs. 2 Satz 1 der Zivilprozeßordnung gilt mit der Maßgabe, daß dem Angeschuldigten, der einen Verteidiger hat, dieser beigeordnet werden soll; dem Antragsteller, der sich im Hauptverfahren des Beistandes eines Rechtsanwalts bedient, soll dieser beigeordnet werden. Zuständig für die Entscheidung ist das mit der Sache befaßte Gericht; die Entscheidung ist nicht anfechtbar.

1 **1) Der Antrag** (I) ist eine besondere von dem Gericht von Amts wegen zu prüfende Verfahrensvoraussetzung (BGH MDR **88**, 875).

2 A. **Form** (S. 1): Der Antrag kann (entspr § 496 ZPO) schriftlich (Einl 128) oder zu Protokoll des UrkB (Einl 131 ff) gestellt werden. In der Hauptverhandlung ist die mündliche Antragstellung zulässig; sie ist in der Sitzungsniederschrift zu beurkunden (§ 273 I).

3 B. **Inhalt** (S. 2): Gegenstand und Grund des Anspruchs müssen (entspr § 253 II Nr 2 ZPO) bestimmt bezeichnet werden; außerdem ist ein bestimmter Antrag erforderlich (Stuttgart NJW **78**, 2209). Der geforderte Geldbetrag ist idR zu beziffern; davon kann abgesehen werden, wenn seine Höhe erst durch einen Sachverständigen festgestellt werden muß (LR-Wendisch 1) oder wenn sie (was zB bei Schmerzensgeldforderungen zulässig ist) in das Ermessen des Gericht gestellt wird (BGHR Antragstellung 2). Auch Zinsen werden nur auf Antrag zugesprochen (BGHR aaO), denn § 308 I ZPO gilt auch hier (BGHR § 404 I Entscheidung 2). Zum Grund des Anspruchs gehören alle Tatsachen, die den Antrag schlüssig machen. Fehlen solche Tatsachenangaben, so hat das Gericht entspr § 139 ZPO auf Ergänzung hinzuwirken (KK-Engelhardt 5); erfolgt sie nicht, so ist der Antrag unzulässig (4 zu § 405). Die Beweismittel sollen angegeben werden; ihr Fehlen ist aber unschädlich, weil § 244 II gilt (Scholz JZ **72**, 727; Schirmer DAR **88**, 123; unten 11).

4 C. **Zeitpunkt:** Der Antrag kann bei der StA schon gestellt werden, bevor die Sache gerichtlich anhängig ist, auch gleichzeitig mit der Strafanzeige (KK-Engelhardt 3; LR-Wendisch 2 ff; Schönke DRiZ **49**, 122; **aM** EbSchmidt 5); er wird dann aber erst wirksam, wenn das Hauptverfahren eröffnet oder im Strafbefehlsverfahren auf Einspruch des Beschuldigten oder nach § 408 III S. 2 Hauptverhandlung anberaumt worden ist (LR-Wendisch 15 zu § 403; vgl auch Schirmer DAR **88**, 123, der Zurückwirkung auf den Zeitpunkt des Eingangs bei der StA empfiehlt). Antrag auf Prozeßkostenhilfe (unten 14) und Ankündigung des Entschädigungsantrags genügen nicht (BGH NStZ **90**, 230 [M]). Nach Beginn der Schlußvorträge, die dem den Rechtszug abschließenden Urteil vorausgehen, kann der Antrag nicht mehr gestellt werden (BGH StV **88**, 515). Er ist bis zu diesem Zeitpunkt auch noch in der Berufungsverhandlung zulässig (LG Gießen NJW **49**, 727; KMR-Fezer 5; G. Meyer JZ **53**, 216; Düsseldorf JMBlNW **58**, 91), jedoch nicht mehr vor dem Revisionsgericht. Die Rechtzeitigkeit des Antrags ist als Verfahrensvoraussetzung von Amts wegen zu prüfen (BGH NStZ **88**, 470; **98**, 477). Wird die Sache vom Revisionsgericht an den Tatrichter zurückverwiesen, so kann der Antrag erneut gestellt werden (KK-Engelhardt 3).

5 D. Die **Zustellung des Antrags** (S. 3) an den Beschuldigten ist erforderlich, wenn er außerhalb der Hauptverhandlung gestellt ist. Förmliche Zustellung (10 zu § 35) ist geboten.

6 **2)** Die **Wirkungen der Antragstellung** (II) sind die gleichen wie die der Erhebung der Klage vor dem Zivilgericht. Die Sache wird bereits mit der Antragstellung rechtshängig, nicht erst mit der Zustellung des Antrags (KMR-Fezer 6; Schirmer DAR **88**, 123; **aM** KK-Engelhardt 8; LR-Wendisch 7; vgl auch RiStBV 174 II).

7 **3) Teilnahme des Antragstellers an der Hauptverhandlung**(III): Der Antragsteller wird von Ort und Zeit der Hauptverhandlung benachrichtigt, wenn er den Antrag vorher gestellt hat (S. 1). Eine Form oder Frist ist dafür nicht vorgeschrieben. An der Hauptverhandlung können der Antragsteller und die in S. 2 bezeichneten Personen teilnehmen. Ist der Antragsteller als Zeuge geladen (vgl 23 vor § 48), so gilt § 58 I für ihn nicht (dort 3). Der Antragsteller kann sich in der Hauptverhandlung von einem RA oder einem anderen Bevollmächtigten vertreten
8 lassen (LR-Wendisch 13). Er kann auch im **Beistand eines RA** erscheinen. Anwaltszwang besteht aber nicht, auch nicht vor dem LG oder OLG (Jescheck JZ

58, 592; Schirmer DAR **88**, 123). Zur Bestellung eines RA im Wege der Prozeßkostenhilfe vgl unten 16. Der Antragsteller hat das **Recht,** gehört zu werden; den 9 Zeitpunkt bestimmt der Vorsitzende unter Beachtung der §§ 243, 258 II (BGH NJW **56**, 1767). Ferner ist der Antragsteller berechtigt, nach § 238 II das Gericht anzurufen, Fragen und Beweisanträge zu stellen (30 zu § 244), denen über § 244 III–V hinaus nur dann nicht stattgegeben zu werden braucht, wenn es auf sie für die Entscheidung nach Schätzungsgrundsätzen (unten 11) nicht ankommt (ANM 852; 16 zu § 244). Das Richterablehnungsrecht nach § 24 hat der Antragsteller nicht (dort 20).

4) Das **weitere Verfahren** richtet sich nach der StPO (BGH **37**, 260, 261). Eine 10 Widerklage ist ausgeschlossen; die Vorschriften der §§ 306, 307 ZPO über die Wirkungen eines Verzichts oder Anerkenntnisses haben für das Verfahren keine Bedeutung (BGH **37**, 263 mwN = JR **91**, 296 mit zust Anm Wendisch; **aM** D.Meyer JurBüro **91**, 1153; Köckerbauer NStZ **94**, 308; Pasker NStZ **91**, 503; Schirmer DAR **88**, 123), auch § 288 ZPO (Geständnis) gilt nicht (zw Hilger Nachtrag 6 zu § 406). Anwendbar ist aber § 308 I; dem Antragsteller darf nichts zugesprochen werden, was er nicht beantragt hat. Wegen der Beteiligung der StA vgl RiStBV 174. Der Angeklagte muß zum Antrag gehört werden (BGH **37**, 260). Für die **Sachaufklärung** gilt § 244 II (RG DR **44**, 770; OGH **2**, 46 = MDR **49**, 11 501; Schleswig SchlHA **80**, 178 [E/L]). Das Gericht muß von Amts wegen im Strengbeweis (ANM 118; erg 6 zu § 244) alle Umstände ermitteln, von denen es abhängt, ob der Antragsteller überhaupt von dem Schadensereignis betroffen und ob der Tatbestand der Anspruchsnorm erfüllt ist. Würde dadurch das Strafverfahren nicht unerheblich verzögert, so wird nach § 405 S. 2 verfahren. Den ursächlichen Zusammenhang zwischen dem konkreten Haftungsgrund und dem daraus entstandenen Schaden sowie die Höhe des Schadens darf das Gericht entspr § 287 ZPO schätzen (ANM 852; erg 16 zu § 244). Ein gerichtlicher **Vergleich** ist möglich 12 (Köln JMBlNW **48**, 144; Stuttgart NJW **64**, 110; AK/StPO-Schöch 12; KMR-Fezer 16 zu § 406; Pecher NJW **81**, 2170; D. Meyer JurBüro **84**, 1121; Schmidt-Hieber 186; Wendisch JR **91**, 298; **aM** EbSchmidt 9; offengelassen in BGH **37**, 263, 264); aus ihm kann nach § 794 I Nr 1 ZPO vollstreckt werden (Köln aaO).

5) Die **Zurücknahme des Antrags** (IV) ist bis zum Beginn der Urteilsverkün- 13 dung (§ 268 II) zulässig, auch noch beim Berufungsgericht (KMR-Fezer 19; LR-Wendisch 16). Der Zustimmung des Angeklagten bedarf es dazu nicht. Einen erneuten Antrag im selben Verfahren und die Erhebung einer Klage vor dem Zivilgericht schließt die Zurücknahme nicht aus (EbSchmidt 18; Schirmer DAR **88**, 123; **aM** Köckerbauer NStZ **94**, 307).

6) **Prozeßkostenhilfe** (V) kann auf Antrag sowohl dem Antragsteller als auch 14 dem Angeschuldigten bewilligt werden, sobald die öffentliche Klage oder die Privatklage erhoben, also die Anklageschrift eingereicht ist (S. 1). Im Strafbefehlsverfahren ist die Anberaumung der Hauptverhandlung der maßgebende Zeitpunkt. Die Bewilligung der Prozeßkostenhilfe richtet sich nach den §§ 114 ff ZPO. **Vor-** 15 **aussetzung** ist daher, daß der Antragsteller die Kosten der Prozeßführung nicht, auch nicht zum Teil oder in Raten, aufbringen kann und daß die beabsichtigte Rechtsverfolgung hinreichende Aussicht auf Erfolg bietet und nicht mutwillig erscheint (§ 114 S. 1 ZPO). Dem Antrag auf Prozeßkostenhilfe sind (auf dem amtlichen Vordruck) eine Erklärung über die wirtschaftlichen Verhältnisse des Antragstellers sowie entspr Belege beizufügen (§ 117 II, IV ZPO). Die in § 117 I S. 2 geforderte Darstellung des Streitverhältnisses unter Angabe der Beweismittel wird idR entbehrlich sein, weil sich der Grund des Anspruchs aus den Akten ergibt. Die Bewilligung der Prozeßkostenhilfe erfolgt für jeden Rechtszug besonders (§ 119 I S. 1 ZPO). Die **Beiordnung eines RA** setzt voraus, daß ein entspr 16 Antrag gestellt ist und die Vertretung durch einen RA erforderlich erscheint (also nicht bei einfacher Sach- und Rechtslage) oder der Gegner im Adhäsionsverfahren

durch einen RA vertreten ist (§ 121 II S. 1 ZPO). Hat der Angeschuldigte einen Verteidiger, soll er ihm unter diesen Voraussetzungen auch zur Abwehr des Adhäsionsantrags beigeordnet werden, nicht nach § 121 II S. 1 ZPO zusätzlich noch ein anderer RA seiner Wahl (S. 2 Hs 1). Dem Antragsteller, der sich im Hauptverfahren des Beistands eines RA bedient, soll dieser beigeordnet werden (S. 2 Hs 2;
17 Hilger EzSt Anm zu § 397 a Nr 1). **Zuständig** für die Bewilligung der Prozeßkostenhilfe ist das jeweils mit der Sache befaßte Gericht (S. 3 Hs 1), das Berufungsgericht erst, nachdem ihm die Akten nach § 321 S. 2 vorgelegt worden sind.
18 **Anfechtbar** ist die Entscheidung über die Prozeßkostenhilfe nicht (S. 3 Hs 2). § 127 ZPO ist unanwendbar (Düsseldorf JurBüro **90**, 908; **aM** D. Meyer JurBüro **90**, 1105).

Absehen von einer Entscheidung **RiStBV 173**

405 Das Gericht sieht von einer Entscheidung über den Antrag im Urteil ab, wenn der Angeklagte einer Straftat nicht schuldig gesprochen und auch nicht eine Maßregel der Besserung und Sicherung gegen ihn angeordnet wird oder soweit der Antrag unbegründet erscheint. Es sieht von der Entscheidung auch dann ab, wenn sich der Antrag zur Erledigung im Strafverfahren nicht eignet, insbesondere wenn seine Prüfung das Verfahren verzögern würde oder wenn der Antrag unzulässig ist; dies kann in jeder Lage des Verfahrens auch durch Beschluß geschehen.

1 1) **Keine Antragsverwerfung:** Das Gericht gibt dem Antrag entweder in dem Urteil statt (§ 406 I S. 1) oder sieht ganz oder teilw (vgl 3 zu § 406) von einer Entscheidung ab, ohne daß damit irgendwelche Rechtskraftwirkungen verbunden wären (§ 406 III S. 2). Eine Zurückweisung oder Verwerfung des Antrags als unzulässig oder unbegründet oder aus anderen Gründen findet nicht statt und ist, falls sie gleichwohl erfolgt, mit den sonst zulässigen Rechtsmitteln anfechtbar (LR-Wendisch 16).

2 2) **Absehen von der Entscheidung:**

3 A. **Aus sachlichen Gründen** (S. 1): Von der Entscheidung wird abgesehen, wenn der Angeklagte der Straftat, aus der der Anspruch erwachsen sein soll, nicht schuldig gesprochen wird und auch keine Sicherungsmaßregeln gegen ihn angeordnet werden oder wenn der Antrag unbegründet erscheint, das Bestehen des geltend gemachten Anspruchs also nicht oder jedenfalls nicht mit der erforderlichen Sicherheit festgestellt werden kann (LR-Wendisch 5; EbSchmidt 5).

4 B. **Aus prozeßwirtschaftlichen Gründen** (S. 2): Von der Entscheidung wird auch abgesehen, wenn sich der Antrag zur Erledigung im Strafverfahren nicht eignet, etwa wenn der Streitgegenstand die amtsgerichtliche Zuständigkeit nach § 23 Nr 1 GVG allzu sehr überschreitet (11 zu § 403), wenn über schwierige bürgerlich-rechtliche Rechtsfragen entschieden werden müßte (nicht bei jeder geringfügigen tatsächlichen oder rechtlichen Schwierigkeit), insbesondere aber, wenn die Antragserledigung das Verfahren verzögern, dh den Abschluß des Verfahrens im jeweiligen Rechtszug nicht nur unerheblich hinausschieben würde (einschr Rössner/Klaus NJ **96**, 293; Wohlers MDR **90**, 766). Darüber entscheidet der Richter nach pflichtgemäßem Ermessen (KK-Engelhardt 1; LR-Wendisch 9; Schirmer DAR **88**, 125; Scholz JZ **72**, 727; **aM** KMR-Fezer 5; Wohlers aaO 764). Ferner muß von der Entscheidung abgesehen werden, wenn der Antrag unzulässig ist, zB wegen fehlender Antragsberechtigung, mangelhafter Antragsbegründung oder Fehlens zivilrechtlicher Verfahrensvoraussetzungen.

5 3) Durch **Urteil** wird im Fall des S. 1 das Absehen von der Entscheidung ausgesprochen, sofern das Verfahren nicht insgesamt durch Beschluß eingestellt wird

(LR-Wendisch 12), idR auch im Fall des S. 2. Dann kann aber nach S. 2 Hs 2 das Gericht in jeder Lage des Verfahrens (auch im Revisionsverfahren) auch durch Beschluß entscheiden. Die Beschlußentscheidung ist schon zulässig, wenn sich vor der Entscheidungsreife in der Strafsache ergibt, daß der Antrag unbegründet ist (KMR-Fezer 13; Wohlers MDR **90**, 764). Der Beschluß ist nach § 34 zu begründen und mit einer Kostenentscheidung nach § 472 a II zu versehen.

Entscheidung

406 **I Soweit der Antrag nach dem Ergebnis der Hauptverhandlung begründet ist, gibt ihm das Gericht im Urteil statt. Die Entscheidung kann sich auf den Grund oder einen Teil des geltend gemachten Anspruchs beschränken; § 318 der Zivilprozeßordnung gilt entsprechend.**

II Das Gericht kann die Entscheidung für vorläufig vollstreckbar erklären. Es kann die vorläufige Vollstreckung von einer Sicherheitsleistung abhängig machen; es kann auch dem Angeklagten gestatten, sie durch Sicherheitsleistung abzuwenden. Diese Anordnungen können durch unanfechtbaren Beschluß auch nachträglich getroffen, geändert oder aufgehoben werden.

III Die Entscheidung über den Antrag steht einem im bürgerlichen Rechtsstreit ergangenen Urteil gleich. Soweit der Anspruch nicht zuerkannt ist, kann er anderweit geltend gemacht werden. Ist über den Grund des Anspruchs rechtskräftig entschieden, so findet die Verhandlung über den Betrag nach § 304 Abs. 2 der Zivilprozeßordnung vor dem zuständigen Zivilgericht statt.

IV Der Antragsteller erhält eine Abschrift des Urteils mit Gründen oder einen Auszug daraus.

1) Die **Entscheidung über einen begründeten Antrag** (I) erfolgt nach dem Ergebnis der Hauptverhandlung (§ 261) in dem Strafurteil, in dem der Angeklagte schuldig gesprochen oder eine Sicherungsmaßregel gegen ihn angeordnet wird (S. 1). Eine Trennung von Straf- und Zivilurteil ist nicht zulässig (KK-Engelhardt 2; Jescheck JZ **58**, 591). Durch Strafbefehl kann über den Antrag nicht entschieden werden (BGH NJW **82**, 1047, 1048). Die Entscheidung über den Antrag ist zu **begründen** (OGH **2**, 46 = MDR 49, 501; vgl auch BGH NStZ **88**, 237), aber nicht nach den Grundsätzen der ZPO. Die Angabe der bürgerlich-rechtlichen Vorschriften, auf denen die Entscheidung beruht, ist nicht unerläßlich; § 267 II S. 1 gilt nicht entspr (OGH aaO; Hamburg JR **51**, 89; LR-Wendisch 3; **aM** KMR-Fezer 2; EbSchmidt 2). Bei Verurteilung zu Schmerzensgeld verlangt der BGH (NJW **95**, 1438) nicht in jedem Fall die ausdrückliche Erörterung der wirtschaftlichen Verhältnisse von Schädiger und Geschädigtem. Das Urteil muß aber, damit aus ihm vollstreckt werden kann, die in § 313 I Nr 1 ZPO genannten Angaben (Bezeichnung der Parteien, ihrer gesetzlichen Vertreter und der Prozeßbevollmächtigten) im Rubrum oder in der Urteilsformel enthalten (KK-Engelhardt 5). Ein **Grund- oder Teilurteil** (§§ 301, 304 ZPO) ist zulässig (I S. 2). Der Strafrichter kann sich also darauf beschränken, die Ersatzpflicht des Angeklagten festzustellen; die Schadensberechnung kann er dem Betragsverfahren vor dem Zivilgericht (unten 6) überlassen. Dabei gilt § 318 ZPO entspr; das Zivilgericht ist an die Entscheidung des Strafrichters gebunden, wenn später nach III S. 3 iVm § 304 ZPO über den Betrag verhandelt wird oder wenn über einen anderen Teil des Anspruchs, den das Strafgericht nicht zuerkannt hat, vor dem Zivilgericht geklagt wird. Grund- oder Teilurteile können auch neben einer Entscheidung nach § 405 stehen, wenn und soweit nur wegen des anderen Teils des Anspruchs von einer Entscheidung abgesehen wird. Ein Feststellungsurteil ist vom Gesetz zwar nicht ausdrücklich vorgesehen, kann aber wegen der Ähnlichkeit mit einem Grundurteil als zulässig erachtet werden (LR-Hilger Nachtrag 6; **aM** Voraufl; erg 10 zu § 403). Über die **Kosten** wird nach § 472 a I entschieden.

Margin numbers: 1 (beside "1) Die Entscheidung…"), 2 (beside "begründen"), 3 (beside "Ein Grund- oder Teilurteil"), 4 (beside "Über die Kosten").

5 2) Über die **vorläufige Vollstreckbarkeit** (II) entscheidet das Gericht ohne Bindung an Anträge nach pflichtgemäßem Ermessen. Es kann sie entspr §§ 709, 711, 712 ZPO von einer Sicherheitsleistung abhängig machen und auch dem Angeklagten gestatten, sie durch Sicherheitsleistung abzuwenden (S. 2). Die Entscheidung kann nachträglich getroffen, geändert und aufgehoben werden. Sie ergeht durch unanfechtbaren Beschluß (S. 3).

6 3) Einem **Urteil im Zivilrechtsstreit** steht die Entscheidung über den Antrag gleich (III S. 1). Die Rechtskraft tritt nach den Regeln der StPO ein, aber nicht vor Rechtskraft des Schuldspruchs (Neustadt NJW **52**, 718; EbSchmidt 3; **aM** LR-Wendisch 7 zu § 406 a). Wird der Anspruch nicht oder nur teilw zuerkannt, so kann er insoweit (vor einem Zivilgericht oder erneut nach §§ 403 ff) geltend gemacht werden (S. 2). Da somit keine Rechtskraft zuungunsten des Antragstellers eintritt, hat er auch kein Rechtsmittel gegen das Urteil (§ 406 a I). Hat das Gericht nur ein Grundurteil erlassen (oben 2), so entscheidet über den Betrag nach § 304 II ZPO das zuständige Zivilgericht (S. 3). Vor ihm muß insoweit Klage nach den allgemeinen Vorschriften erhoben werden.

7 **4) Eine Urteilsabschrift** (IV) mit Gründen, mindestens ein Auszug aus dem Urteil, muß dem Antragsteller zugestellt werden. Es genügt, daß er erkennen kann, welcher Anspruch ihm zugesprochen worden ist.

Rechtsmittel

406a **I Dem Antragsteller steht, auch soweit das Gericht von einer Entscheidung absieht, ein Rechtsmittel nicht zu.**

II Soweit das Gericht dem Antrag stattgibt, kann der Angeklagte die Entscheidung auch ohne den strafrechtlichen Teil des Urteils mit dem sonst zulässigen Rechtsmittel anfechten. In diesem Falle kann über das Rechtsmittel durch Beschluß in nichtöffentlicher Sitzung entschieden werden.

III Wird auf ein Rechtsmittel unter Aufhebung der Verurteilung der Angeklagte einer Straftat nicht schuldig gesprochen und auch nicht eine Maßregel der Besserung und Sicherung gegen ihn angeordnet, so ist zugleich die dem Antrag stattgebende Entscheidung aufzuheben, auch wenn das Urteil insoweit nicht angefochten ist.

1 **1) Rechtsmittel:**

2 A. Der **Antragsteller** (I) hat gegen den bürgerlich-rechtlichen Teil des Urteils kein Rechtsmittel, auch nicht, wenn er Privat- oder Nebenkläger ist (Hamm MDR **68**, 261; KMR-Fezer 1; LR-Wendisch 4). Denn wenn seinem Antrag stattgegeben worden ist, fehlt es an der Beschwer, und wenn das Gericht nach § 405 von der Entscheidung abgesehen hat, kann der Anspruch anderweit geltend gemacht werden (§ 406 III S. 2).

3 B. Der **Angeklagte** (II) kann das Urteil nur mit den Rechtsmitteln der StPO anfechten (Braunschweig NJW **52**, 1229; Oldenburg HESt **2**, 45), wobei die Anfechtung insgesamt oder unter Beschränkung auf den strafrechtlichen oder auf den (ihn beschwerenden) bürgerlich-rechtlichen Teil erfolgen kann. Er kann gegen diesen Teil auch ein noch weiter beschränktes Rechtsmittel einlegen, etwa soweit er zur Zahlung von mehr als 1000 DM verurteilt worden ist. Das Revisionsgericht verweist die Sache allein wegen des bürgerlich-rechtlichen Teils der Entscheidung niemals an den Tatrichter zurück (BGH NStE Nr 1 zu § 406; anders bei – auch teilweiser – Mitaufhebung des strafrechtlichen Teils, vgl zB BGH 1 StR 580/89 vom 30. 11. 1989); ist die Entscheidung fehlerhaft, so wird sie aufgehoben und nach § 405 S. 1 von einer Entscheidung über den geltend gemachten Anspruch abgesehen (BGH StV **87**, 428; NStZ **88**, 237; MDR **88**, 875); ggf kann aber die

Entscheidung dem Grunde nach aufrechterhalten werden (BGH 2 StR 436/98 vom 14. 10. 1998). Wenn das Rechtsmittel sich nur gegen den bürgerlich-rechtlichen Teil des Urteils richtet und dessen strafrechtlicher Teil nicht, auch nicht von anderen Prozeßbeteiligten angefochten worden ist, kann durch Beschluß ohne Hauptverhandlung, auch ohne Anhörung der StA, entschieden (S. 2), dh das Rechtsmittel kann als unbegründet verworfen werden (LR-Wendisch 9). Denn daß die Entscheidung über den Antrag durch Beschluß aufgehoben werden kann, folgt schon aus § 405 S. 2. Der Beschluß ist unanfechtbar.

C. **StA, Privat- und Nebenkläger** können den bürgerlich- rechtlichen Teil 4
des Urteils nicht anfechten (BGH **3**, 210; KMR-Fezer 9).

2) Verfahren bei Aufhebung des Schuldspruchs (III): Wird auf ein Rechts- 5
mittel der strafrechtliche Teil des Urteils aufgehoben und der Angeklagte nicht schuldig gesprochen und auch keine Sicherungsmaßregel gegen ihn angeordnet, so muß zugleich die dem Antrag stattgebende Entscheidung aufgehoben werden, auch wenn sie nicht angefochten worden ist. Die Änderung des Schuld- und Strafausspruchs berührt den bürgerlich-rechtlichen Teil des Urteils dagegen nicht; auch wenn das Revisionsgericht die Sache an den Tatrichter zurückverweist, wird die Entscheidung über den Antrag nicht aufgehoben (BGH **3**, 210).

Vollstreckung

406b Die Vollstreckung richtet sich nach den Vorschriften, die für die Vollstreckung von Urteilen in bürgerlichen Rechtsstreitigkeiten gelten. Für das Verfahren nach den §§ 731, 767, 768, 887 bis 890 der Zivilprozeßordnung ist das Gericht der bürgerlichen Rechtspflege zuständig, in dessen Bezirk das Strafgericht des ersten Rechtszuges seinen Sitz hat. Einwendungen, die den Anspruch selbst betreffen, sind nur insoweit zulässig, als die Gründe, auf denen sie beruhen, nach Schluß der Hauptverhandlung des ersten Rechtszuges und, wenn das Berufungsgericht entschieden hat, nach Schluß der Hauptverhandlung im Berufungsrechtszug entstanden sind.

1) Die **Zwangsvollstreckung** (S. 1) erfolgt aufgrund einer vollstreckbaren Ur- 1
teilsausfertigung (§ 724 I ZPO), die der UrkB der Geschäftsstelle des Strafgerichts nach §§ 724 II, 725–730, 733, 734 ZPO erteilt. Wegen der vorläufigen Vollstreckbarkeit vgl 5 zu § 406.

2) Für **Nachtragsentscheidungen** (S. 2) ist das Zivilgericht zuständig. Das gilt 2
auch für Abänderungsklagen nach § 323 ZPO (LR-Wendisch 10 zu § 406; Schönke DRiZ **49**, 122). Das Strafgericht wird nur im Fall des § 732 ZPO tätig.

3) Die **Vollstreckungsgegenklage** kann nur auf Gründe gestützt werden, die 3
erst nach der letzten Tatsachenverhandlung entstanden sind (§ 767 II ZPO). Ist ein Rechtsmittel gegen den bürgerlich-rechtlichen Teil des Urteils nach § 406 a II S. 2 durch Beschluß verworfen worden, so können alle Einwendungen geltend gemacht werden, die auf seit der Verhandlung vor dem 1. Richter entstandene Gründe gestützt sind (KK-Engelhardt 3; LR-Wendisch 4).

Wiederaufnahme des Verfahrens

406c [I] **Den Antrag auf Wiederaufnahme des Verfahrens kann der Angeklagte darauf beschränken, eine wesentlich andere Entscheidung über den Anspruch herbeizuführen. Das Gericht entscheidet dann ohne Erneuerung der Hauptverhandlung durch Beschluß.**

[II] **Richtet sich der Antrag auf Wiederaufnahme des Verfahrens nur gegen den strafrechtlichen Teil des Urteils, so gilt § 406 a Abs. 3 entsprechend.**

1 **1)** Die **Wiederaufnahme des Verfahrens** über den bürgerlich- rechtlichen Teil des Urteils, für die §§ 359 ff mit der Abänderung durch I S. 2 gelten, kann nur der Angeklagte beantragen. StA, Privat- und Nebenkläger sind nicht antragsberechtigt. Der Antragsteller im Adhäsionsverfahren muß den Zivilrechtsweg beschreiten (LR-Wendisch 4).

2 **2) Beschränken** (I) kann der Angeklagte den Wiederaufnahmeantrag darauf, eine wesentlich andere Entscheidung über den Anspruch herbeizuführen (S. 1). Eine solche Entscheidung liegt vor, wenn die Verurteilung nach § 406 I S. 1 ganz entfällt oder wenn der zugesprochene Anspruch wesentlich herabgesetzt wird. Auch die Änderung einer Ermessensentscheidung, zB über die Höhe des Schmerzensgeldes, kann eine wesentlich andere Entscheidung sein (KK-Engelhardt 2; KMR-Fezer 2; **aM** LR-Wendisch 2).

3 **3)** Bei **Wiederaufnahme gegen den strafrechtlichen Teil des Urteils**(II) gilt § 406 a III entspr. Das bedeutet, daß der bürgerlich-rechtliche Teil der Entscheidung aufgehoben werden muß, wenn im Wiederaufnahmeverfahren der Schuldspruch entfällt und auch keine Sicherungsmaßregel gegen den Angeklagten angeordnet wird.

Vierter Abschnitt. Sonstige Befugnisse des Verletzten

Vorbemerkungen

1 **1)** Ein **selbständiger Prozeßbeteiligter** ist der Verletzte seit der Einfügung der §§ 406 d–406 h durch das Ges vom 18. 12. 1986 (vgl dazu Sacherer, Das Opferschutzgesetz von 1986 und die allgemeinen Verfahrensgrundsätze, Diss Kiel 1998). Von der Zulassung als Nebenkläger nach §§ 395 ff hängt nicht mehr seine Beteiligung am Verfahren, sondern nur noch der Umfang seiner Befugnisse ab, die hier zusammenfassend geregelt sind. Dem Verletzten, der bis dahin nur eine marginale Stellung im Strafverfahren hatte (Weigend 167), soll durch diese Bestimmungen eine gesicherte Rechtsposition eingeräumt werden, die es ihm ermöglicht, seine Interessen wahrzunehmen und Verantwortungszuweisungen abzuwehren. Ob und in welchem Umfang er von seinen Beteiligungsbefugnissen Gebrauch macht, ist seiner freien Entscheidung überlassen.

2 **2)** Den **Begriff des Verletzten** bestimmt das Gesetz nicht. Er ist aus dem jeweiligen Funktionszusammenhang abzuleiten (Koblenz StV **88**, 332; NStZ **88**, 89). Für die §§ 406 dff gilt derselbe Verletztenbegriff wie bei der Anwendung des § 172 (Koblenz StV **88**, 332 mit Anm Schlothauer; zw aber Koblenz NStZ **88**, 89; vgl auch Karlsruhe NStZ **94**, 50; Schäfer wistra **88**, 216; KMR-Fezer 10). Der Begriff ist zwar weit auszulegen (LR-Hilger 6); jedoch genügt eine nur mittelbare Rechtsbeeinträchtigung nicht. Voraussetzung für die Ausübung der Rechte nach §§ 406 dff ist vielmehr eine unmittelbare Rechtsverletzung durch die Straftat (dazu 9 ff zu § 172). Der Konkurs(nun: Insolvenz)verwalter ist nicht Verletzter (Frankfurt NJW **96**, 1484; Hamm NStZ-RR **96**, 11). Zur Anwendung der §§ 406 d ff auf das Jugendstrafverfahren vgl AK/StPO-Schöch 13; Dähn Lenckner-FS 671; Schaal/Eisenberg NStZ **88**, 49).

Mitteilungspflichten

406d **I Dem Verletzten ist auf Antrag der Ausgang des gerichtlichen Verfahrens mitzuteilen, soweit es ihn betrifft.**

II Mitteilungen können unterbleiben, sofern sie nicht unter einer Anschrift möglich sind, die der Verletzte angegeben hat. Hat der Verletzte einen Rechts-

anwalt als Beistand gewählt, ist ihm ein solcher beigeordnet worden oder wird er durch einen solchen vertreten, so gilt § 145 a entsprechend.

1) **Unterrichtungspflicht**: Dem Verletzten (vgl 2 vor § 406 d), der (bei der Anzeigeerstattung, bei einer Zeugenvernehmung oder bei anderer Gelegenheit) einen entspr Antrag stellt, muß der Ausgang des gerichtlich anhängigen Verfahrens mitgeteilt werden, soweit es ihn betrifft (I). In diesem Umfang ist er von der Nichteröffnung des Hauptverfahrens, von der Einstellung des Verfahrens nach §§ 153 ff, 206 a, 206 b und von dem verfahrensabschließenden Urteil zu unterrichten. Zwischenentscheidungen, wie der Beschluß über die Eröffnung des Hauptverfahrens, und nicht rechtskräftig gewordene Entscheidungen brauchen ihm nicht bekanntgegeben zu werden (LR-Hilger 2). I schließt solche weitergehenden Mitteilungen aber nicht aus (für regelmäßige Mitteilungen über den Verfahrensstand Weigend 505). Die Bekanntgabe von Verfahrenshandlungen der StA kann der Verletzte grundsätzlich nicht verlangen. Nur die Verfahrenseinstellung nach § 170 II S. 1 muß ihm mitgeteilt werden, wenn er Strafanzeige nach § 158 I erstattet hatte (§ 171). 1

2) Die **Art der Unterrichtung** nach I regelt das Gesetz nicht. Sie erfolgt nicht durch Übersendung einer Entscheidungsabschrift. Auch die Entscheidungsformel braucht dem Verletzten nicht im Wortlaut bekanntgegeben zu werden; oft würde er damit gar nichts anfangen können (**aM** Dähn Lenckner-FS 673). Ihm ist vielmehr in einer für ihn verständlichen Weise mitzuteilen, mit welchem Ergebnis das Verfahren gegen den Beschuldigten beendet worden ist (KK-Engelhardt 1). Das geschieht zweckmäßigerweise schriftlich. Die mündliche Unterrichtung ist nicht unzulässig: sie ist aber aktenkundig zu machen (LR-Hilger 2). 2

3) **Zuständig** für die Unterrichtung ist das Gericht, das die Entscheidung erlassen hat, von der der Verletzte unterrichtet werden muß; die Mitteilung veranlaßt der Vorsitzende. Geht der Antrag nach I erst nach Abschluß des gerichtlichen Verfahrens ein, so ist die aktenführende Stelle zuständig (RiStBV 140 II). 3

4) Die **Mitteilungspflicht entfällt** (II S. 1), wenn der Verletzte nicht unter einer der von ihm angegebenen Anschriften erreichbar ist. Ermittlungen nach ihm werden nicht angestellt; denn von dem Verletzten, der ein Interesse am Verfahrensfortgang hat, kann erwartet werden, daß er von sich aus sicherstellt, daß ihn Mitteilungen der StA oder des Gerichts erreichen (LR-Hilger 3). 4

5) Die **entsprechende Anwendung des § 145 a** bestimmt II S. 2 für den Fall, daß der Verletzte einen RA als Beistand gewählt hat, daß ihm ein RA beigeordnet worden ist oder daß er durch einen RA vertreten wird. Der RA gilt dann als bevollmächtigt, die Mitteilung nach I entgegenzunehmen. 5

6) Zur **Belehrung** über das Antragsrecht vgl § 406 h. 6

Akteneinsicht RiStB 182–188

406e **I Für den Verletzten kann ein Rechtsanwalt die Akten, die dem Gericht vorliegen oder diesem im Falle der Erhebung der öffentlichen Klage vorzulegen wären, einsehen sowie amtlich verwahrte Beweisstücke besichtigen, soweit er hierfür ein berechtigtes Interesse darlegt. In den in § 395 genannten Fällen bedarf es der Darlegung eines berechtigten Interesses nicht.**

II Die Einsicht in die Akten ist zu versagen, soweit überwiegende schutzwürdige Interessen des Beschuldigten oder anderer Personen entgegenstehen. Sie kann versagt werden, soweit der Untersuchungszweck gefährdet erscheint oder durch sie das Verfahren erheblich verzögert würde.

III Auf Antrag können dem Rechtsanwalt, soweit nicht wichtige Gründe entgegenstehen, die Akten mit Ausnahme der Beweisstücke in seine Geschäftsräume oder seine Wohnung mitgegeben werden.

IV Über die Gewährung der Akteneinsicht entscheidet im vorbereitenden Verfahren und nach rechtskräftigem Abschluß des Verfahrens die Staatsanwaltschaft, im übrigen der Vorsitzende des mit der Sache befaßten Gerichts. Versagt die Staatsanwaltschaft die Akteneinsicht, so kann gerichtliche Entscheidung nach Maßgabe des § 161 a Abs. 3 Satz 2 bis 4 beantragt werden; die Entscheidung des Vorsitzenden ist unanfechtbar.

V Unter den Voraussetzungen des Absatzes 1 können dem Verletzten Auskünfte und Abschriften aus den Akten erteilt werden; die Absätze 2 und 4 Satz 1 gelten entsprechend.

1 1) **Akteneinsicht** (I–IV) wird dem Verletzten (vgl 2 vor § 406 d) nicht im selben Umfang gewährt wie nach § 147 dem Beschuldigten. Denn für den Verletzten ist sie zwar ein wichtiges Informationsmittel, aber nicht von der gleichen Bedeutung wie für den Beschuldigten, für dessen Verteidigung sie idR unerläßlich ist (vgl BT-Drucks 10/5305 S. 18).

2 A. **Nur durch einen RA** (I) kann der Verletzte (auch wenn er selbst RA ist, vgl Hilger NStZ **88**, 441) die Akten einsehen, die dem Gericht bereits vorliegen oder im Fall der Klageerhebung nach § 199 II S. 2 vorzulegen wären. Akteneinsicht ist also schon im Vorverfahren möglich (LR-Hilger 5). Grundsätzlich wird sie nur
3 gewährt, wenn der RA ein **berechtigtes Interesse** des Verletzten darlegt (S. 1). Eine Glaubhaftmachung verlangt das Gesetz nicht (LR-Hilger 6). Nur wenn der Verletzte nach § 395 berechtigt ist, sich dem Verfahren als Nebenkläger anzuschließen, bedarf es dieser Darlegung nicht (S. 2), auch nicht im Vorverfahren. Ein berechtigtes Interesse an der Akteneinsicht besteht insbesondere, wenn sie der Prüfung der Frage dienen soll, ob eine Einstellungsbeschwerde nach § 172 I eingelegt oder ein Klageerzwingungsantrag nach § 172 II gestellt werden soll oder ob und in welchem Umfang der Verletzte (vgl dazu Koblenz NStZ **90**, 604) gegen den Beschuldigten bürgerlich-rechtliche Ansprüche geltend machen kann (vgl RiStBV 185 III), hingegen nicht, wenn die Einsichtnahme nur zur „Ausforschung" des Beschuldigten oder einer nach materiellem Zivilrecht unzulässigen Beweisgewinnung dienen soll (so Otto GA **89**, 301 ff; **aM** LG Bielefeld wistra **95**, 118; Kurth NStZ **97**, 7; Sieber Spendel-FS 772: § 406 e dient auch der zivilrechtlichen Beweissicherung). Auch die Notwendigkeit, solche Ansprüche abzuwehren, begründet ein berechtigtes Interesse (Hamm NJW **85**, 2040; Koblenz StV **88**, 332
4 mit Anm Schlothauer; LR-Hilger 6). Dem **Umfang** nach erstreckt sich das Recht auf Akteneinsicht grundsätzlich auf den gesamten Akteninhalt (dazu 13 ff zu § 147). Das gilt auch für Geschäftsunterlagen, die Teil der Akten geworden sind
5 (Hamm aaO; vgl aber unten 6). Zur **Besichtigung amtlich verwahrter Beweisstücke** vgl 19 zu § 147.

6 B. Die **Versagung der Akteneinsicht** (II) ist auch für den Nebenklageberechtigten zwingend vorgeschrieben, wenn überwiegende schutzwürdige Interessen des Beschuldigten oder anderer Personen entgegenstehen (S. 1), dh wenn deren Interesse an der Geheimhaltung ihrer in den Akten enthaltenen persönlichen Daten größer ist als das berechtigte Interesse des Verletzten, den Akteninhalt kennenzulernen (Braunschweig NdsRpfl **92**, 269). Ob das der Fall ist, hat der über die Akteneinsicht entscheidende StA oder Richter von Amts wegen zu prüfen (Groß/Fünfsinn NStZ **92**, 110). Ferner kann die Akteneinsicht bei sonst drohender erheblicher Verfahrensverzögerung, wobei eine Verzögerung von wenigen Tagen idR nicht ausreicht (KK-Engelhardt 4), oder bei Gefährdung des Untersuchungszwecks versagt werden (S. 2). Dabei bildet die Gefährdung des Untersuchungszwecks, anders als nach § 147 II, auch noch nach Erhebung der öffentlichen Klage einen Versagungsgrund, zB wenn die Kenntnis des Verletzten vom Akteninhalt die

Zuverlässigkeit und den Wahrheitsgehalt einer von ihm noch zu erwartenden Zeugenaussage beeinträchtigen könnte (Düsseldorf StV **91**, 202; Koblenz StV **88**, 332 mit Anm Schlothauer; Krey 2/146; Neuhaus StraFo **96**, 27; Schirmer NJW **88**, 124; Schlothauer StV **87**, 356). Zur Beachtung des Steuergeheimnisses vgl LG Kleve wistra **91**, 160; Blesinger wistra **91**, 297. Vor der Versagung der Akteneinsicht muß stets geprüft werden, ob eine **teilweise Akteneinsicht** gewährt werden (vgl 7
RiStBV 187 I) oder ob bei mehreren Verletzten dem Versagungsgrund der drohenden Verfahrensverzögerung dadurch begegnet werden kann, daß sie einen gemeinsamen RA zur Akteneinsicht bevollmächtigen (BT-Drucks 10/5305 S. 18). Vielfach wird dem Interesse des Beschuldigten an der Geheimhaltung persönlicher Daten schon dadurch Rechnung getragen werden können, daß vor der Akteneinsicht einzelne Aktenteile entheftet werden, sofern das ohne besonderen Aufwand möglich ist. Insbesondere kommt die Herausnahme der Auskunft aus dem BZR in Betracht (vgl RiStBV 16 II S. 2).

C. Auf die **Mitgabe der Akten** (III) in die Geschäftsräume oder Wohnung hat 8
der RA keinen Anspruch. Grundsätzlich darf er die Akten nur in den Diensträumen der StA oder des Gerichts einsehen (RiStBV 189 III), insbesondere, wenn andernfalls eine Verfahrensverzögerung zu befürchten ist. Es steht im Ermessen der StA oder des Gerichts, ob ihm die Akten (ohne die Beweisstücke) zur Mitnahme ausgehändigt werden. Vgl im übrigen 28 ff zu § 147.

D. **Zuständig** (IV S. 1) für die Entscheidung über die Akteneinsicht ist im 9
Vorverfahren und nach rechtskräftigem Abschluß des Verfahrens die StA, niemals die Polizei (34 zu § 147; vgl. auch Stuttgart NStZ **93**, 353), sonst der Vorsitzende des mit der Sache befaßten Gerichts, der des Rechtsmittelgericht erst nach Vorlage der Sache nach §§ 321 S. 2, 347 II. Vor der Entscheidung ist dem Beschuldigten entspr § 33 rechtliches Gehör zu gewähren (LR-Hilger 16; **aM** AK/StPO-Schöch 22), nicht aber Dritten, die personenbezogene Daten in das Verfahren gegeben haben (Schäfer wistra **88**, 219). Wird die Akteneinsicht ganz oder teilw versagt, so ist dem Antragsteller ein **Bescheid** zu erteilen, der kurz zu begründen ist (RiStBV 10
188 I).

E. Die **Anfechtung** (IV S. 2) der richterlichen Entscheidung über die Akte- 11
neinsicht ist ausgeschlossen (Hs 2), auch bei Gewährung (BGH NStZ **91**, 95; Düsseldorf StV **91**, 202; Koblenz StV **91**, 203; Böttcher JR **87**, 134; AK/StPO-Schöch 23; KMR-Fezer 23; **aM** Hamm NJW **91**, 2782; Otto GA **89**, 307; Schlothauer StV **87**, 359; zw Rieß/Hilger NStZ **87**, 155 Fn 226). Gegen die Versagung der Akteneinsicht durch die StA kann entspr § 161 a III S. 2–4 auf gerichtliche Entscheidung angetragen werden; vgl wegen der Einzelheiten 19 ff zu § 161 a. Hat die StA die Akteneinsicht bewilligt, so kann der Beschuldigte dies ebenfalls in entspr Anwendung des IV S. 2 nach § 161 a III S. 2–4 anfechten (BGH **39**, 112 gegen die früher hM, die § 23 EGGVG für anwendbar hielt; zutr gegen die Argumentation des BGH Otto NStZ **93**, 352).

2) Auskunftserteilung (V): Dem Verletzten, der ein berechtigtes Interesse 12
(oben 3) darlegt, kann der nach IV S. 1 zuständige StA oder Gerichtsvorsitzende ohne Einschaltung eines RA Auskünfte oder Abschriften aus den Akten erteilen (Karlsruhe NStZ **94**, 50; vgl RiStBV 185 IV S. 2). Er entscheidet darüber nach pflichtgemäßem Ermessen. Die Ablehnung der Auskunfts- oder Abschriftserteilung ist nicht anfechtbar (AK/StPO-Schöch 28; Rieß/Hilger NStZ **87**, 155; **aM** KMR-Fezer 27; LR-Hilger 19 für Auskunftserteilungen der StA).

Rechtsbeistand des nicht nebenklageberechtigten Verletzten

406f **I Der Verletzte kann sich im Strafverfahren des Beistands eines Rechtsanwalts bedienen oder sich durch einen solchen vertreten lassen.**

II Bei der Vernehmung des Verletzten durch das Gericht oder die Staatsanwaltschaft ist dem Rechtsanwalt die Anwesenheit gestattet. Er kann für den Verletzten dessen Recht zur Beanstandung von Fragen (§ 238 Abs. 2, § 242) ausüben und den Antrag auf Ausschluß der Öffentlichkeit nach § 171 b des Gerichtsverfassungsgesetzes stellen, nicht jedoch, wenn der Verletzte widerspricht.

III Wird der Verletzte als Zeuge vernommen, so kann, wenn er dies beantragt, einer Person seines Vertrauens die Anwesenheit gestattet werden. Die Entscheidung trifft derjenige, der die Vernehmung leitet; sie ist nicht anfechtbar.

1 **1) Beistand des nicht nebenklageberechtigten Verletzten** (I–II): Jeder Verletzte ist berechtigt, sich zur Wahrnehmung seiner Befugnisse im Strafverfahren, auch schon im Ermittlungsverfahren (LR-Hilger 2), eines RA als Beistand zu bedienen oder durch einen RA vertreten zu lassen (I). Die gerichtliche Beiordnung eines RA sieht das Gesetz aber nur für Verletzte vor, die berechtigt sind, sich dem Verfahren als Nebenkläger anzuschließen (§ 406 g III). Andere Verletzte müssen den Beistand aus eigenen Mitteln bezahlen und auf ihn verzichten, wenn sie dazu nicht in der Lage sind (Düsseldorf Rpfleger **93**, 37; LG Köln StraFo **97**, 308 mwN). Auch der verurteilte Angeklagte ist rechtlich nicht verpflichtet, die Kosten
2 für den Beistand zu erstatten. Die **Befugnisse des Verletztenbeistandes** nach I (vgl dazu Kaum 159 ff) beschränken sich (anders als die des Beistands für den nebenklageberechtigten Verletzten nach § 406 g) im wesentlichen (vgl aber Krey pE 42, der dem Beistand eine „umfassende Befugnis zu eigenen Recherchen" zubilligt) auf das Recht auf Anwesenheit bei Vernehmungen des Verletzten durch die StA (nicht durch die Polizei) im Vorverfahren oder durch das Gericht, auch in der Hauptverhandlung (II S. 1). Ein Anwesenheitsrecht vor und nach der Verneh-
3 mung des Verletzten hat er nicht (LR-Hilger 3); er ist ein **bloßer Zeugenbeistand** (vgl auch 11 vor § 48 und § 68 b). Die gesetzliche Regelung entspricht insoweit den für den Beschuldigten bei seiner Vernehmung geltenden §§ 168 c I, 163 a III S. 2. Von der Vernehmung wird der Beistand nicht benachrichtigt. Er wird auch zur Hauptverhandlung nicht geladen. Der Verletzte darf das Erscheinen und die Aussage nicht verweigern, weil er erst einen Beistand bestellen will oder weil der bereits gewählte Beistand am Erscheinen verhindert ist (LR-Hilger 3; **aM** LG Hildesheim StV **85**, 229). Der Beistand darf den Verletzten bei der Vernehmung beraten; das Recht, an seiner Stelle Angaben zu machen und Auskünfte zu erteilen, hat er nicht (LR-Hilger 3). Er hat aber, auch schon im Ermittlungsverfahren (LR-Hilger 4), das Recht zur Beanstandung von Fragen, die an den Verletzten gerichtet werden, nach §§ 238, 242. In der Hauptverhandlung kann er den Antrag auf Ausschluß der Öffentlichkeit nach § 171 b GVG stellen, sofern der Verletzte dem nicht widerspricht (II S. 2). Aus eigenem Recht kann der Beistand diese Anträge nicht stellen (vgl dazu Hilger NStZ **89**, 441 f). Zum Ausschluß des Beistands vgl 11 vor § 48.

4 **2)** Die **Hinzuziehung einer Vertrauensperson** (III) bei der Vernehmung des Verletzten als Zeugen soll im wesentlichen dessen psychologische Betreuung ermöglichen. Der Gesetzgeber geht davon aus, daß die Anwesenheit einer Vertrauensperson (Ehegatte, Verwandte oder Bekannte) besonders bei der 1. Zeugenvernehmung der Opfer von Aggressions- und Gewaltdelikten hilfreich sein kann, weil das die Befangenheit und Angst des Verletzten mindern, aber auch der Wahrheitsfindung dienen kann (BT-Drucks 10/5305 S. 19). Daher beschränkt III das Recht auf Hinzuziehung einer Vertrauensperson nicht auf staatsanwaltschaftliche und richterliche Vernehmungen, sondern läßt sie schon bei polizeilichen Vernehmungen zu (LR-Hilger 6). Einen Rechtsanspruch des Verletzten auf die Anwesenheit
5 einer Vertrauensperson begründet III jedoch nicht. Ihre **Zulassung** steht im pflichtgemäßen, nicht überprüfbaren Ermessen des Beamten oder Richters, der die Vernehmung leitet (KK-Engelhardt 4; krit Weigend 462; Meier JZ **91**, 644 hält die

Vernehmung eines Kindes ohne Vertrauensperson für niemals sachgerecht). Vertrauenspersonen, von deren Anwesenheit eine Gefährdung des Untersuchungszwecks zu befürchten ist, werden nicht zugelassen (vgl RiStBV 19 a I S. 2). Stören sie die Verhandlung, so können sie nach § 164, bei gerichtlichen Vernehmungen nach § 177 GVG ausgeschlossen werden (LR-Hilger 4). Die Entscheidung über die Zulassung ist nicht anfechtbar.

Nebenklageberechtigte Verletzte

406g **I Wer nach § 395 zum Anschluß als Nebenkläger befugt ist, kann sich auch vor Erhebung der öffentlichen Klage des Beistands eines Rechtsanwalts bedienen oder sich durch einen solchen vertreten lassen, auch wenn ein Anschluß als Nebenkläger nicht erklärt wird.**

II Der Rechtsanwalt ist über die in § 406 f Abs. 2 bezeichneten Befugnisse hinaus zur Anwesenheit in der Hauptverhandlung berechtigt, auch soweit diese nicht öffentlich ist. Ihm ist bei richterlichen Vernehmungen und bei der Einnahme eines richterlichen Augenscheins die Anwesenheit zu gestatten, wenn dadurch nicht der Untersuchungszweck gefährdet wird; die Entscheidung ist unanfechtbar. Für die Benachrichtigung gelten § 168 c Abs. 5 und § 224 Abs. 1 entsprechend.

III § 397 a gilt entsprechend für
1. die Bestellung eines Rechtsanwalts und
2. die Bewilligung von Prozeßkostenhilfe für die Hinzuziehung eines Rechtsanwalts.

Im vorbereitenden Verfahren entscheidet das Gericht, das für die Eröffnung des Hauptverfahrens zuständig wäre.

IV Auf Antrag dessen, der zum Anschluß als Nebenkläger berechtigt ist, kann in den Fällen des § 397 a Abs. 2 einstweilen ein Rechtsanwalt als Beistand bestellt werden, wenn
1. dies aus besonderen Gründen geboten ist,
2. die Mitwirkung eines Beistands eilbedürftig ist und
3. die Bewilligung von Prozeßkostenhilfe möglich erscheint, eine rechtzeitige Entscheidung hierüber aber nicht zu erwarten ist.

Für die Bestellung gelten § 142 Abs. 1 und § 162 entsprechend. Die Bestellung endet, wenn nicht innerhalb einer vom Richter zu bestimmenden Frist ein Antrag auf Bewilligung von Prozeßkostenhilfe gestellt oder wenn die Bewilligung von Prozeßkostenhilfe abgelehnt wird.

1) Beistand des nebenklageberechtigten Verletzten (I–III): Wer nach § 395 berechtigt ist, sich dem Verfahren als Nebenkläger anzuschließen, kann sich, auch schon vor Erhebung der öffentlichen Klage, des Beistands eines RA bedienen oder sich durch einen RA vertreten lassen. Von der Anschlußerklärung als Nebenkläger ist dieses Recht nicht abhängig (LR-Hilger 4). Selbst nach Erhebung der öffentlichen Klage kann sich der Verletzte auf die Hinzuziehung eines Beistands nach I beschränken, ohne den Anschluß als Nebenkläger zu erklären. Denn das Gesetz geht davon aus, daß die nebenklageberechtigten Verletzten allgemein besonders schutzbedürftig sind und einer gesicherten Beteiligungsbefugnis selbst dann bedürfen, wenn sie von der Nebenklagebefugnis keinen Gebrauch machen (vgl BT-Drucks 10/5305 S. 19). Ob die **Voraussetzungen** für den Anschluß als Neben- 1
kläger nach § 395 vorliegen, entscheidet der Richter oder StA, der den Termin leitet, in der Hauptverhandlung das Gericht. Im Vorverfahren ist maßgebend, ob der Anfangsverdacht (4 zu § 152) eines Nebenklagedelikts gegeben ist (KK-Engelhardt 2). Die Prüfung der besonderen Voraussetzungen des § 395 III erfolgt auf- 2

grund der im Zeitpunkt der jeweils zu treffenden Entscheidung erkennbaren Tatsachen. Eine Bindung für die spätere Zulassung des Verletzten als Nebenkläger tritt
3 dadurch nicht ein (LR-Hilger 5). Die **Befugnisse des Beistands** (II) umfassen die des Beistands nach § 406 f (dort 2), gehen über sie aber erheblich hinaus. Er ist nicht nur während der Vernehmung des Verletzten zur Anwesenheit in der Hauptverhandlung berechtigt, sondern hat ein uneingeschränktes Anwesenheitsrecht während der ganzen Dauer der Hauptverhandlung, auch wenn sie nicht öffentl ist (S. 1). Die §§ 177, 178 GVG gelten für ihn nicht (zw LR-Hilger 8; vgl auch Hilger NStZ **88**, 442). Von der Hauptverhandlung ist er zu benachrichtigen, wenn sich seine Bevollmächtigung aus den Akten ergibt oder wenn er dem Verletzten vom Gericht beigeordnet worden ist. Mitwirkungsrechte in der Hauptverhandlung hat der Beistand aber nicht. Anträge kann er für den Verletzten nur in dem in § 406 f II S. 2 bezeichneten Umfang stellen. Außerhalb der Hauptverhandlung ist der Beistand grundsätzlich bei allen parteiöffentlichen Vernehmungen des Beschuldigten, der Zeugen (auch nach § 168 e) und Sachverständigen und bei der Einnahme des richterlichen Augenscheins zur Anwesenheit befugt (S. 2). Diese Regelung lehnt sich an die der §§ 168 c I, II, 168 d I für den Verteidiger des Beschuldigten an. Entspr §§ 168 c V, 224 I ist der Beistand, dessen Bevollmächtigung sich aus den Akten ergibt oder der gerichtlich beigeordnet worden ist, von dem Termin zu benachrichtigen (vgl aber BGH NStZ **97**, 49: deutliche Willensbekundung der Beteiligung am Verfahren erforderlich). Die Anwesenheit des Beistands ist zu untersagen, wenn andernfalls die Untersuchung gefährdet wird. Die Entscheidung ist nicht anfechtbar. Der Verletzte kann als Zeuge die Auskunft über den Inhalt der Beratungsgespräche mit seinem Beistand verweigern (Düsseldorf NStZ **91**, 503;
4 krit dazu Sieg MDR **92**, 1027). Die **Kosten** für die Heranziehung des Beistandes werden wie Nebenklagekosten behandelt, sind also idR von dem verurteilten
5 Angeklagten zu erstatten (§§ 472 III S. 1, 473 I S. 2). Die Bestellung eines **RA als Beistand** oder die Bewilligung von **Prozeßkostenhilfe** richtet sich nach dem gemäß III S. 1 entspr anwendbaren § 397 a (zur aF vgl Notthoff DAR **95**, 462). Hierüber entscheidet im Vorverfahren das Gericht, das für die Eröffnung des Hauptverfahrens zuständig ist, danach das mit der Sache befaßte Gericht (III S. 2). In Strafverfahren gegen Jugendliche findet die Vorschrift keine Anwendung (Kaster MDR **94**, 1076), mangels Beteiligung des Verletzten (5 vor § 395) auch nicht im Sicherungsverfahren (**aM** LG Ravensburg NStZ **95**, 303).

6 2) **Einstweiliger Verletztenbeistand** (IV): Auf Antrag des nach § 395 zum Anschluß als Nebenkläger berechtigten Verletzten, der kein Recht auf Beiordnung eines Beistands nach § 397 a I iVm § 406 g III S. 1 Nr 1 hat, kann einstweilen ein RA als Beistand bestellt werden, wenn ein besonderes Bedürfnis dafür besteht, alsbald rechtlichen Beistand zu erhalten, und das verhältnismäßig schwerfällige Verfahren der Entscheidung nach § 397 a II, III und den §§ 114 ff ZPO nicht rasch genug durchgeführt werden kann (S. 1). Das ist zB der Fall, wenn am Anfang des Ermittlungsverfahrens Vernehmungen oder Augenscheinseinnahmen zur Beweissicherung stattfinden, bei denen die Mitwirkung eines RA für den Verletzten sachdienlich erscheint. Die Bestellung eines einstweiligen Beistands ist aber auch noch im gerichtlichen Verfahren zulässig. Ein Bedürfnis dafür kann zB bestehen, wenn für den Verletzten erst kurz vor der Hauptverhandlung die Notwendigkeit erkennbar ist, sich der Hilfe eines RA zu bedienen. Das Gesetz geht davon aus, daß in den Fällen des § 397 a I iVm § 406 g III S. Nr 1 unverzüglich entschieden werden kann, ob ein Beistand bestellt wird, weil insbesondere die wirtschaftlichen
7 Voraussetzungen der Prozeßkostenhilfe nicht geprüft werden müssen. **Voraussetzung** für die Bestellung ist nach IV S. 1, daß der Antragsteller nicht zu den nach § 397 a I iVm § 406 g III S. 1 Nr 1 privilegierten Nebenklagebefugten gehört und daß die Beiordnung aus besonderen Gründen geboten ist, ferner, daß die Mitwirkung des Beistands eilbedürftig ist und daß die Bewilligung von Prozeßkostenhilfe möglich erscheint, insbesondere Anhaltspunkte dafür bestehen, daß der Ver-

letzte die Kosten eines RA nicht, nur teilw oder nur in Raten aufbringen kann (KK-Engelhardt 5), eine rechtzeitige Entscheidung aber nicht zu erwarten ist. Daß der Antragsteller bereits einen Antrag auf Bewilligung von Prozeßkostenhilfe gestellt hat, wird dagegen nicht vorausgesetzt, ebenso nicht – bei noch laufender Frist (§ 77 b StGB) – die Stellung eines Strafantrags (Rieß NStZ **89**, 105 f). **Zuständig** 8
für die Bestellung ist nach IV S. 2 im Vorverfahren der Ermittlungsrichter (§ 162); er wählt entspr § 142 I einen ortsansässigen RA als Beistand aus. Nach Erhebung der öffentlichen Klage entscheidet das mit der Sache befaßte Gericht (Böttcher JR **87**, 137; **aM** KMR-Fezer 24; LR-Hilger 24; Rieß/Hilger NStZ **87**, 156: der Vorsitzende allein). Die Entscheidung ist entspr II S. 2 Hs 2, § 397 a III S. 2 unanfechtbar. Hat der Verletzte noch keinen Prozeßkostenhilfeantrag (III S. 1 Nr 2) gestellt, so wird ihm bei der Bestellung des einstweiligen Beistands eine Frist gesetzt, innerhalb deren er das nachzuholen hat. Die **Bestellung endet** nach IV 9
S. 3, wenn der Verletzte innerhalb der ihm gesetzten Frist keinen Prozeßkostenhilfeantrag stellt oder wenn die Bewilligung von Prozeßkostenhilfe abgelehnt wird. Das Ende der Bestellung spricht der Richter ausdrücklich aus (KK-Engelhardt 5). Zuständig ist der Ermittlungsrichter, wenn die Bestellung wegen Fristablaufs endet, das nach III S. 2 zuständige Gericht, wenn der Antrag auf Prozeßkostenhilfe abgelehnt wird (KK-Engelhardt 5).

Hinweis **RiStBV 4 d**

406h Der Verletzte soll auf seine Befugnisse nach den §§ 406 d, 406 e, 406 f und 406 g sowie auf seine Befugnis, sich der erhobenen öffentlichen Klage als Nebenkläger anzuschließen (§ 395) und die Bestellung oder Hinzuziehung eines Rechtsanwalts als Beistand zu beantragen (§ 397 a), hingewiesen werden.

1) Hinweis: Die Bestimmung enthielt zunächst eine zwingende Pflicht, den 1
Verletzten über seine Befugnisse zu unterrichten. Durch das RpflEntlG ist sie in eine Sollvorschrift umgestaltet worden, weil sie in der Praxis bei einer Vielzahl von in Betracht kommenden Verletzten auf Schwierigkeiten stieß und teilw faktisch nicht erfüllbar war (vgl Groß Hanack-Symp 9; Lorenzen StASchlH-FS 550). In solchen Fällen kann daher von dem Hinweis abgesehen werden, sonst ist er aber grundsätzlich zu erteilen (Siegismund/Wickern wistra **93**, 89). **Zuständig** ist die 2
mit dem Verfahren befaßte Stelle (KK-Engelhardt 2). Der **Zeitpunkt** der Beleh- 3
rung ist gesetzlich nicht bestimmt. Es gilt der Grundsatz, daß die Unterrichtung möglichst frühzeitig erfolgen soll (LR-Hilger 2). Stellt der Verletzte eine Strafanzeige nach § 158 I, so sollte er schon bei dieser Gelegenheit, sonst bei der 1. Zeugenvernehmung im Vorverfahren über seine Rechte belehrt werden. Die StA prüft, ob die Polizei belehrt hat, notfalls holt sie die Belehrung nach (RiStBV 4 c). Die Belehrung entfällt selbstverständlich insoweit, als der Verletzte seine Rechte bereits ausgeübt hat. Eine bestimmte **Form** für die Belehrung ist nicht vorge- 4
schrieben. Eine mündliche Belehrung reicht stets aus; sie ist aber aktenkundig zu machen (LR-Hilger 2). Die Aushändigung eines die Belehrung enthaltenden Vordrucks erscheint empfehlenswert. **Inhaltlich** bedarf es nicht einer ins einzelne 5
gehenden Belehrung. Es genügt, daß der Verletzte auf seine Befugnisse nach §§ 406 d, 406 e, 406 f und 406 g sowie auf seine Antragsrechte nach § 397 a I und II hingewiesen, daß ihm also deutlich gemacht wird, daß sie ihm zustehen (Rieß/Hilger NStZ **87**, 156 Fn 239). Nachforschungen nach **unbekannten Verletzten** 6
werden nicht angestellt. Die Strafverfolgungsbehörden brauchen nur Belehrungen zu erteilen, wenn und sobald im Verlauf der Ermittlungen bestimmte Personen als Verletzte bekannt werden. § 406 h verpflichtet nicht etwa dazu, nach unbekannten oder nicht näher bestimmbaren Verletzten zu forschen, nur um ihnen gegenüber der Hinweispflicht nachkommen zu können (LR-Hilger 2). **Wiedereinsetzung** 7

in den vorigen Stand nach § 44 kann nicht bewilligt werden, wenn die Unterrichtung unterblieben ist und der Verletzte deshalb eine Frist oder einen Termin versäumt hat; denn das Verfahren soll grundsätzlich nicht durch den Verletzten aufgehalten werden (AK/StPO-Schöch 3; Rieß/Hilger NStZ **87**, 156; Siegismund/Wickern aaO).

Sechstes Buch Besondere Arten des Verfahrens

1. Abschnitt. Verfahren bei Strafbefehlen RiStBV 175–179

Vorbemerkungen

1) Ein **summarisches Strafverfahren** ist das Strafbefehlsverfahren (vgl BVerfGE **3**, 248, 253 = NJW **54**, 69; BGH **29**, 305, 307). Es ermöglicht eine einseitige Straffestsetzung ohne Hauptverhandlung und Urteil (vgl EGMR NJW **93**, 717). Dabei muß die Schuld des Täters nicht zur Überzeugung des Gerichts feststehen; es genügt hinreichender Tatverdacht (vgl § 408 II S. 1; wie hier: Schaal Meyer-GedSchr 427 ff; Schlüchter 788.5; **aM** KK-Fischer 15 zu § 408; KMR-Metzger 24; Rieß JR **88**, 133; Lüttger GA **57**, 208 Fn 114; Müller, Das Strafbefehlsverfahren, 1993, S. 76). Die beschleunigte Verfahrenserledigung wird also durch eine Herabsetzung der Prüfungsvoraussetzungen erkauft. Auf die Erledigung von Bagatellfällen ist das Strafbefehlsverfahren dennoch nicht beschränkt. Außer der Festsetzung einer Geldstrafe bis zu 360, bei Tatmehrheit sogar bis zu 720 Tagessätzen (11 zu § 407), darf seit der Änderung des § 407 II durch das RpflEntlG sogar Freiheitsstrafe bis zu einem Jahr verhängt werden, wenn deren Vollstreckung zur Bewährung ausgesetzt wird (erg 1 zu § 408 b). Das vereinfachte Verfahren, in dem inzwischen die Mehrzahl der Strafverfahren abgeschlossen wird (vgl Böttcher Odersky-FS 313), ist praktisch unentbehrlich (Roxin § 66 A II). Es liegt nicht nur im Interesse der staatlichen Strafgerichtsbarkeit, die völlig überfordert wäre, wenn jedes Verfahren durch Hauptverhandlung und Urteil erledigt werden müßte, sondern auch im Interesse des Beschuldigten, dem durchaus daran gelegen sein kann, daß ein einfacher Straffall kostensparend, ohne Zeitverlust und ohne Aufsehen erledigt wird (BVerfGE **25**, 158, 164 = NJW **69**, 1103, 1104). Die – der gegenseitigen Kontrolle dienende (vgl auch 26 zu § 153) – erforderliche Übereinstimmung von StA und Gericht (11 zu § 408) ist ein unverzichtbarer Bestandteil des Strafbefehlsverfahrens (**aM** Hausel ZRP **94**, 94). 1

2) Eine **vorläufige Entscheidung** ist der Strafbefehl. Der Angeklagte kann sie durch Nichtanfechtung rechtskräftig werden lassen, aber stets auch durch rechtzeitige Einspruchseinlegung (§ 410 I S. 1) die Durchführung der Hauptverhandlung erzwingen (§ 411 I S. 2). Dadurch ist dem Art 6 I **MRK** genügt. Um ein bloßes Unterwerfungsangebot an den Beschuldigten handelt es sich bei dem Strafbefehl nicht (vgl aber BVerfGE **3**, 248, 253 ff). Vielmehr beruht auch der Strafbefehl auf einer eigenen richterlichen Tatsachen- und Schuldfeststellung, die sich von derjenigen des gerichtlichen Strafverfahrens nur dadurch unterscheidet, daß sie auf beschränkter schriftlicher Grundlage getroffen wird (LR-Gössel 11 vor § 407) und daß ihr nicht die volle richterliche Überzeugung nach § 261 zugrunde liegt. Zur Zulässigkeit einer Vereinbarung zwischen StA und Verteidiger, die Sache durch Strafbefehl zu erledigen, vgl KMR-Metzger 28 ff; Schmidt-Hieber 74 ff. 2

3) Rechtshängigkeit tritt im Strafbefehlsverfahren nach allgM nicht mit der Stellung des Strafbefehlsantrags, sondern erst mit dem Erlaß des Strafbefehls ein (vgl Zweibrücken MDR **87**, 164). Das ist auch der Standpunkt des Gesetzgebers; denn § 433 I S. 2 stellt den Erlaß des Strafbefehls der Eröffnung des Hauptverfahrens gleich. Im Strafbefehlsverfahren hat die Rechtshängigkeit übrigens eine geringere Bedeutung als im gewöhnlichen Strafverfahren; denn Klage und Einspruch können bis zur Verkündung des Urteils im 1. Rechtszug zurückgenommen werden (§ 411 III S. 1). 3

4) Die **Rechtskraft** des Strafbefehls steht nach § 410 III der eines Urteils gleich (dort 12). Der Strafbefehl verbraucht auch die Strafklage wie ein rechtskräftiges Urteil. Ergeht nach Rechtskraft des Strafbefehls ein Urteil, das dieselbe Tat betrifft, so ist daher der Strafbefehl wirksam, nicht das Urteil. 4

Voraussetzungen **RiStBV 175–177**

407 **[I] Im Verfahren vor dem Strafrichter und im Verfahren, das zur Zuständigkeit des Schöffengerichts gehört, können bei Vergehen auf schriftlichen Antrag der Staatsanwaltschaft die Rechtsfolgen der Tat durch schriftlichen Strafbefehl ohne Hauptverhandlung festgesetzt werden. Die Staatsanwaltschaft stellt diesen Antrag, wenn sie nach dem Ergebnis der Ermittlungen eine Hauptverhandlung nicht für erforderlich erachtet. Der Antrag ist auf bestimmte Rechtsfolgen zu richten. Durch ihn wird die öffentliche Klage erhoben.**

[II] Durch Strafbefehl dürfen nur die folgenden Rechtsfolgen der Tat, allein oder nebeneinander, festgesetzt werden:

1. **Geldstrafe, Verwarnung mit Strafvorbehalt, Fahrverbot, Verfall, Einziehung, Vernichtung, Unbrauchbarmachung, Bekanntgabe der Verurteilung und Geldbuße gegen eine juristische Person oder Personenvereinigung,**
2. **Entziehung der Fahrerlaubnis, bei der die Sperre nicht mehr als zwei Jahre beträgt, sowie**
3. **Absehen von Strafe.**

Hat der Angeschuldigte einen Verteidiger, so kann auch Freiheitsstrafe bis zu einem Jahr festgesetzt werden, wenn deren Vollstreckung zur Bewährung ausgesetzt wird.

[III] Der vorherigen Anhörung des Angeschuldigten durch das Gericht (§ 33 Abs. 3) bedarf es nicht.

1 1) **Im Verfahren wegen Vergehen vor dem AG** (Strafrichter und SchG) ist das Strafbefehlsverfahren zulässig (I S. 1); die Zuständigkeit des SchG hat jetzt aber
2 keine Bedeutung mehr (vgl 5 zu § 408). Daß der **Beschuldigte in Haft** ist, steht dem Strafbefehlsverfahren nicht entgegen; zu prüfen ist dann aber, ob nicht das beschleunigte Verfahren nach § 417 eine schnellere Erledigung ermöglicht (vgl
3 RiStBV 175 IV). Gegen **Jugendliche** darf kein Strafbefehl erlassen werden (§ 79 I **JGG**), gegen Heranwachsende nur, wenn allgemeines Strafrecht angewendet wird (§ 109 II S. 1 **JGG**); entspr den Ausführungen oben 1 ist nunmehr stets der Jugendrichter zuständig (§ 108 II **JGG**). Ein unter Verstoß gegen §§ 79 I, 109 II S. 1 **JGG** erlassener Strafbefehl ist wirksam (Brunner/Dölling 3; Eisenberg 6; beide zu § 79 JGG; zur Wiederaufnahme des Verfahrens vgl KrG Saalfeld NStE Nr 19 zu § 359). Wird Einspruch eingelegt, so wird der Mangel dadurch geheilt, daß das Jugendgericht, an das die Sache abzugeben ist, Hauptverhandlung anberaumt (Bay
4 **57**, 59 = NJW **57**, 838; Brunner/Dölling aaO). Gegen **Abwesende** (§ 276) wird grundsätzlich kein Strafbefehl erlassen (RiStBV 175 II S. 1); denn die öffentliche Zustellung des Strafbefehls wäre unzulässig (21 zu § 409). Hat der Beschuldigte einen Zustellungsbevollmächtigten bestellt (§§ 116 a III, 127 a II, 132 I Nr 2), so steht jedoch seine Abwesenheit dem Strafbefehlserlaß nicht entgegen. Der Strafbefehl kann auch beantragt und erlassen werden, wenn sich der Beschuldigte zwar außerhalb des Geltungsbereichs der StPO aufhält, die Zustellung aber durchführbar erscheint (LG Verden NJW **74**, 2194; LR-Gössel 32 vor § 407).

5 2) Der **Strafbefehlsantrag der StA** (I) ist eine besondere Form der Erhebung der öffentlichen Klage (S. 4); daher müssen die gleichen Voraussetzungen wie für die Einreichung einer Anklageschrift vorliegen. Der Strafbefehlsantrag, den im Steuerstrafverfahren auch die FinB stellen kann (dazu Dißars wistra **97**, 331), die
6 das Ermittlungsverfahren nach § 386 **AO** selbständig geführt hat (§ 400 **AO**), **muß schriftlich** gestellt werden (S. 1) und, da Strafbefehlsantrag und Strafbefehl übereinstimmen müssen (11 zu § 408), den für den Strafbefehl in § 409 I Nr 1–6 vorgeschriebenen Inhalt haben. IdR reicht die StA einen Strafbefehlsentwurf ein
7 und beantragt, einen Strafbefehl mit diesem Inhalt zu erlassen (RiStBV 176). Bei

mehreren Beschuldigten genügt ein einheitlicher Antrag (LR-Gössel 53; Krüger NJW **69**, 1336); der Richter kann die Verfahren trennen, wenn er das für geboten hält. Der Strafbefehlsantrag ist auf eine bestimmte Rechtsfolge (dazu unten 10 ff) zu richten (S. 3). Er setzt, wie die Anklageerhebung (§ 170 I), **genügenden** 8
Anlaß zur Erhebung der öffentlichen Klage voraus. Der Beschuldigte muß der Tat also hinreichend verdächtig sein (1 zu § 170). Ferner darf die StA den Strafbefehlsantrag nur stellen, wenn nach dem Ergebnis der Ermittlungen eine **Hauptver-** 9
handlung nicht erforderlich erscheint (S. 2). An dieser Voraussetzung fehlt es, wenn Gründe vorliegen, die den Richter veranlassen können, auf den Antrag keinen Strafbefehl zu erlassen, sondern Hauptverhandlung anzuberaumen (12 zu § 408). Sonst ist die StA nach S. 2 zur Antragstellung verpflichtet; sie soll davon nur absehen, wenn die vollständige Aufklärung aller für die Rechtsfolgenbestimmung wesentlichen Umstände oder Gründe der Spezial- oder Generalprävention die Durchführung einer Hauptverhandlung geboten erscheinen lassen (RiStBV 175 III S. 1). Auf einen Strafbefehlsantrag darf sie nicht schon deswegen verzichten, weil ein Einspruch des Angeschuldigten zu erwarten ist (RiStBV 175 III S. 2; Franzheim JR **91**, 390). Der Beschuldigte hat keinen Rechtsanspruch darauf, daß die Sache im Strafbefehlsverfahren erledigt wird (**aM** Freund GA **95**, 18). Wegen der Mitteilungspflichten und -ermächtigungen vgl 29 zu § 200.

3) Die **zulässigen Rechtsfolgen** (II) führt das Gesetz abschließend auf. Seit der 10
Änderung durch das RpflEntlG darf Freiheitsstrafe bis zu einem Jahr mit Strafaussetzung zur Bewährung festgesetzt werden (abl Loos Remmers-FS 575), falls der Angeschuldigte einen Verteidiger hat; gegen einen Heranwachsenden ist die Verhängung von Freiheitsstrafe im Strafbefehlsverfahren aber nach § 109 III **JGG** nachwievor ausgeschlossen (Rieß AnwBl **93**, 54). Außerdem ist jetzt auch das Absehen von Strafe möglich (II S. 1 Nr 3). Die einzige Sicherungsmaßregel, die angeordnet werden darf, ist die Entziehung der Fahrerlaubnis (II Nr 2). Zur Einbeziehung einer OWi vgl § 64 OWiG. Die Festsetzung einer in II nicht vorgesehenen, sonst aber zulässigen Rechtsfolge führt nicht zur Nichtigkeit des Strafbefehls (7 zu § 409).

A. **Geldstrafe** (§ 40 StGB) kann nicht nur festgesetzt werden, wenn sie in der 11
Strafvorschrift allein oder neben Freiheitsstrafe angedroht ist, sondern auch, wenn auf sie nur nach §§ 47 II, 49 II StGB erkannt werden darf (LR-Gössel 13). Die Höchstzahl der Tagessätze (§§ 40 I S. 2, 54 II S. 2 StGB) darf auch im Strafbefehlsverfahren festgesetzt werden. Angegeben werden nur Zahl und Höhe der Tagessätze, nicht der Gesamtbetrag, der sich für den Beschuldigten aber aus der in dem Strafbefehlsvordruck enthaltenen Berechnung der insgesamt zu zahlenden Summe ergibt. Der Hinweis, daß nach § 43 StGB bei Uneinbringlichkeit der Geldstrafe an deren Stelle die **Ersatzfreiheitsstrafe** in Höhe der Zahl der Tagessätze tritt, ist 12
empfehlenswert (LR-Gössel 18); sein Fehlen hat aber keine rechtlichen Folgen (vgl Bremen NJW **75**, 1524). Ob **Zahlungserleichterungen** (§ 42 StGB) zu gewäh- 13
ren sind, muß schon die StA bei Antragstellung prüfen; der Richter darf im Strafbefehl keine Zahlungserleichterungen anordnen, die die StA nicht beantragt hat (LR-Gössel). Die erlittene **UHaft** und andere Freiheitsentziehungen werden 14
nach § 51 I S. 1 StGB angerechnet, ohne daß es bei der Festsetzung der Geldstrafe im Strafbefehl eines besonderen Ausspruchs bedarf . Eine Anordnung nach § 51 I S. 2 StGB muß bereits im Strafbefehlsantrag beantragt sein; der Richter darf von dem Antrag insoweit nicht abweichen (LR-Gössel 19).

B. **Verwarnung mit Strafvorbehalt** (§§ 59–59 c StGB): Der Strafbefehlsaus- 15
spruch kann zB lauten: „Nach den vorliegenden schriftlichen Unterlagen haben Sie . . . Es wird Ihnen eine Verwarnung erteilt. Die Festsetzung einer Geldstrafe von 10 Tagessätzen von je 30 DM bleibt für den Fall vorbehalten, daß Sie sich nicht bewähren“. Zugleich ergeht ein Beschluß über Bewährungszeit und Auflagen nach § 268 a I iVm § 59 a StGB, bei dem der Richter an den Antrag der StA nicht gebunden ist. Zur Belehrung nach § 268 a III S. 1 vgl § 409 I S. 2.

16 C. Das **Fahrverbot** (§ 44 StGB) ist eine Nebenstrafe, die neben einer Geldstrafe, aber nicht neben der Verwarnung mit Strafvorbehalt angeordnet werden kann (§ 59 III S. 2 StGB). Die Dauer des Verbots muß bereits im Strafbefehlsantrag bezeichnet werden; der Richter darf sie nicht abweichend festsetzen. Wegen der Anrechnung der Dauer einer vorläufigen Entziehung der Fahrerlaubnis nach § 51 V S. 1 StGB gelten die Grundsätze zu § 51 I StGB (oben 14) entspr. Mit der Anordnung ist die Belehrung nach § 268 c zu verbinden (§ 409 I S. 2).

17 D. **Verfall, Einziehung, Vernichtung, Unbrauchbarmachung** (§§ 73 ff StGB ua): Auch Verfall und Einziehung von Wertersatz nach §§ 73 a, 74 c StGB können angeordnet werden. Richtet sich die Anordnung des Verfalls oder der Einziehung gegen einen Dritten, so wird dessen Beteiligung nach §§ 431 I, 442 II im Strafbefehlsantrag beantragt und im Strafbefehl angeordnet (22 zu § 431). Der Strafbefehl ergeht in diesem Fall auch gegen den Nebenbeteiligten und muß ihm daher zugestellt werden (16 zu § 409).

18 E. **Bekanntgabe der Verurteilung** (§§ 103 II, 165, 200 StGB, § 23 I, III UWG): Die Art der Bekanntmachung muß bereits im Strafbefehlsantrag bezeichnet werden; der Strafbefehl muß damit übereinstimmen (KMR-Metzger 14).

19 F. **Geldbuße gegen eine JP oder PV** (§ 30 OWiG): Ihre Höhe muß im Strafbefehlsantrag bezeichnet werden; der Richter darf sie im Strafbefehl nicht abweichend festsetzen. Die Beteiligung wird im Strafbefehlsantrag beantragt und im Strafbefehl angeordnet (§ 444 I S. 1). Der Strafbefehl wird auch gegen die Nebenbeteiligte erlassen und muß ihr daher zugestellt werden (16 zu § 409).

20 G. Die **Entziehung der Fahrerlaubnis** (§§ 69–69 b StGB) ist mit der Einschränkung zulässig, daß die Sperre nach § 69 a I S. 1 StGB nicht mehr als 2 Jahre betragen darf. Die Dauer der Sperre muß bereits im Strafbefehlsantrag bezeichnet werden; der Strafbefehl darf davon nicht abweichen. Für die Anwendung des § 69 a V S. 2 StGB steht der Verkündung des Urteils der Erlaß des Strafbefehls gleich, nicht erst seine Zustellung (Himmelreich/Hentschel 135; Seib DAR **65**, 292).

21 H. Das **Absehen von Strafe** (§ 60 StGB) ist ebenfalls gestattet. Bis zur Einfügung des II S. 1 Nr 3 durch das RpflEntlG war die Zulässigkeit dieser Sanktion im Strafbefehlsverfahren str (vgl Mansperger NStZ **84**, 258). Der Angeschuldigte wird dabei einer bestimmten Tat für schuldig gesprochen, zugleich aber auf die Festsetzung einer Strafe verzichtet (vgl BT-Drucks 12/3832 S. 42). Im Gegensatz zur Einstellung nach § 153 b II trägt der Angeschuldigte hier die Kosten des Verfahrens (Siegismund/Wickern wistra **93**, 93).

22 I. **Freiheitsstrafe** bis zu einem Jahr ist nunmehr (oben 10; zu den Erfahrungen hiermit vgl Böttcher Odersky-FS 307 ff) unter der doppelten Voraussetzung zulässig, daß sie zur Bewährung ausgesetzt wird und daß der Angeschuldigte einen Verteidiger hat (Rieß AnwBl **93**, 54; vgl im einzelnen die Erläuterungen zu § 408 b). Zugleich mit dem Strafbefehl ergeht ein Beschluß über Bewährungszeit und Auflagen nach § 268 a I iVm §§ 56 aff StGB, bei dem der Richter an den Antrag der StA (vgl RiStBV 176 I) nicht gebunden ist.

23 J. **Allein oder nebeneinander** dürfen die Rechtsfolgen angeordnet werden, nebeneinander aber nur, wenn und soweit das nach sachlichem Strafrecht zulässig ist (LR-Gössel 25). Die Feststellung von Nebenfolgen ohne Verbindung mit einer Hauptstrafe, etwa nach § 76 a StGB, §§ 440, 442, 444 III S. 1, ist im Strafbefehlsverfahren, das ein subjektives Verfahren ist, nicht statthaft. Auch die Entziehung der Fahrerlaubnis bei Schuldunfähigkeit des Täters nach §§ 69 a I S. 1, 71 II StGB kann nicht durch Strafbefehl, sondern nur im Sicherungsverfahren nach § 413 angeordnet werden (LR-Gössel 12).

24 **4) Rechtliches Gehör** (III) wird dem Beschuldigten im Vorverfahren nach § 163 a I gewährt, für den III keine Ausnahmevorschrift enthält (LR-Gössel 59).

Der Beschuldigte hat dabei ausreichend Gelegenheit, sich zu den Schuldvorwürfen zu äußern (vgl BayVerfGH GA **64**, 50; Eser JZ **66**, 660; Koch GA **64**, 174). Ein Strafbefehl ist aber nicht deshalb unwirksam, weil die Vernehmung des Beschuldigten im Ermittlungsverfahren unterblieben ist (Oske MDR **68**, 884). Vor Stellung des Strafbefehlsantrags und vor Erlaß des Strafbefehls wird der Beschuldigte nicht nochmals gehört. Sein Anspruch auf rechtliches Gehör ist dadurch verbürgt, daß er gegen den Strafbefehl Einspruch einlegen und dadurch eine Hauptverhandlung erzwingen kann (BVerfGE **3**, 248, 253 = NJW **54**, 69; BVerfGE **25**, 158, 165 ff = NJW **69**, 1103; Meurer JuS **87**, 884; krit Eser aaO).

Entscheidung über den Antrag **RiStBV 178**

408 **I Hält der Vorsitzende des Schöffengerichts die Zuständigkeit des Strafrichters für begründet, so gibt er die Sache durch Vermittlung der Staatsanwaltschaft an diesen ab; der Beschluß ist für den Strafrichter bindend, der Staatsanwaltschaft steht sofortige Beschwerde zu. Hält der Strafrichter die Zuständigkeit des Schöffengerichts für begründet, so legt er die Akten durch Vermittlung der Staatsanwaltschaft dessen Vorsitzenden zur Entscheidung vor.**

II Erachtet der Richter den Angeschuldigten nicht für hinreichend verdächtig, so lehnt er den Erlaß eines Strafbefehls ab. Die Entscheidung steht dem Beschluß gleich, durch den die Eröffnung des Hauptverfahrens abgelehnt worden ist (§§ 204, 210 Abs. 2, § 211).

III Der Richter hat dem Antrag der Staatsanwaltschaft zu entsprechen, wenn dem Erlaß des Strafbefehls keine Bedenken entgegenstehen. Er beraumt Hauptverhandlung an, wenn er Bedenken hat, ohne eine solche zu entscheiden oder wenn er von der rechtlichen Beurteilung im Strafbefehlsantrag abweichen oder eine andere als die beantragte Rechtsfolge festsetzen will und die Staatsanwaltschaft bei ihrem Antrag beharrt. Mit der Ladung ist dem Angeklagten eine Abschrift des Strafbefehlsantrags ohne die beantragte Rechtsfolge mitzuteilen.

1) Zuständigkeitsprüfung (I): Das AG, bei dem der Strafbefehlsantrag gestellt 1
worden ist, prüft zunächst seine Zuständigkeit. Der Beschuldigte wird dazu nicht gehört, da er noch nicht am Verfahren beteiligt ist.

A. Bei **örtlicher Unzuständigkeit** lehnt das AG nicht den Strafbefehlsantrag 2
ab, sondern erklärt sich durch Beschluß für unzuständig (KMR-Metzger 4; Schaal Meyer-GedSchr 429; erg 4 zu § 16). Eine Verweisung an das örtlich zuständige Gericht ist nicht zulässig (vgl 5 zu § 16). Gegen den Beschluß hat die StA die Beschwerde nach § 304 I (**aM** LR-Gössel 8: sofortige Beschwerde nach § 210 II).

B. Bei **sachlicher Unzuständigkeit** gilt: Hält das AG die **Zuständigkeit des LG** 3
oder OLG für gegeben, so erklärt es sich durch Beschluß für sachlich unzuständig 4
(Schlüchter 788.4; **aM** KMR-Metzger 7: § 209 II). Den Beschluß kann die StA mit der Beschwerde nach § 304 I anfechten (**aM** LR-Gössel 17: sofortige Beschwerde). Wenn sie begründet ist, verweist das LG die Sache an das zuständige Gericht.

Eine **Zuständigkeit des SchG** kann es nach Änderung des § 25 GVG durch 5
das RpflEntlG im Strafbefehlsverfahren nicht mehr geben, da der Strafrichter bei Vergehen nunmehr immer zuständig ist, wenn eine höhere Freiheitsstrafe als 2 Jahre nicht zu erwarten ist; auf die Bedeutung der Sache kommt es nicht mehr an (erg 3 zu § 25 GVG). Da aber durch Strafbefehl höchstens Freiheitsstrafe von 1 Jahr verhängt werden darf (§ 407 II S. 2), ist das SchG hier stets unzuständig (LG Stuttgart wistra **94**, 40 mit abl Anm Hohendorf wistra **94**, 294; Siegismund/Wikkern wistra **93**, 91). I, der schon früher ohne praktische Bedeutung war, hat daher
auch **keine rechtliche Bedeutung mehr.** Lediglich im Fall des § 408 a kann das 6
SchG noch einen Strafbefehl erlassen.

7 **2) Ablehnung des Strafbefehlserlasses mangels hinreichenden Tatverdachts** (II): Das AG hat nach II zu prüfen, ob der Beschuldigte der ihm in dem Strafbefehlsantrag vorgeworfenen Tat hinreichend verdächtig (dazu 2 zu § 203) ist. Die Überzeugung von der Schuld des Täters braucht sich das Gericht nicht zu verschaffen (1 vor § 407; **aM** Rieß JR **88**, 133). Am hinreichenden Tatverdacht fehlt es nicht nur, wenn der Sachverhalt, der den Schuldvorwurf begründen soll, nicht beweisbar erscheint, sondern auch, wenn er ergibt, daß der Beschuldigte aus Rechtsgründen nicht strafbar ist, oder wenn ein Prozeßhindernis (Einl 141 ff) besteht. Hält der Richter den hinreichenden Tatverdacht aus tatsächlichen Gründen nicht für gegeben, so kann er die Akten an die StA mit der Anregung einer weiteren Sachaufklärung zurückgeben (vgl RiStBV 178 III). Zu eigenen Beweiserhebungen ist er entspr § 202 befugt (LR-Gössel 19; Peters 563; Schlüchter 790), aber nicht verpflichtet. Das Fehlen des hinreichenden Tatverdachts führt zur
8 Ablehnung des Strafbefehlserlasses durch **Beschluß** (S. 1). Das gilt auch für den Fall, daß der Mangel sich nur auf einen von mehreren Schuldvorwürfen bezieht; die Entscheidung kann nur einheitlich getroffen werden. Enthält der Strafbefehlsantrag allerdings mehrere prozessual selbständige Taten, ist eine Teilablehnung zulässig (LG München II NStZ **90**, 452; **aM** KMR-Metzger 15; erg 3 zu § 207). Der ablehnende Beschluß steht nach S. 2 dem Beschluß gleich, durch den die Eröffnung des Hauptverfahrens abgelehnt worden ist (§ 204). Er bedarf daher einer Begründung, aus der hervorgehen muß, ob die Ablehnung auf tatsächlichen oder rechtlichen Gründen beruht. Der Beschluß ist der StA, dem Beschuldigten (vgl RiStBV 178 V) und dem Nebenklageberechtigten, der bereits seinen Anschluß
9 erklärt hat, zuzustellen. Die StA kann ihn entspr § 210 II mit der **sofortigen Beschwerde** anfechten, ebenso der Nebenkläger, dessen Anschluß nach § 396 I S. 2 mit dem Beschluß über die Ablehnung des Strafbefehlserlasses wirksam geworden ist (8 zu § 400). Das Beschwerdegericht kann nicht nach § 309 II in der Sache selbst entscheiden; denn Strafbefehle kann das LG nicht erlassen. Hält es die angefochtene Entscheidung für unrichtig, so verweist es die Sache daher an das AG zurück, das dann die Wahl hat, den Strafbefehl zu erlassen oder nach III S. 2 zu verfahren. Das Beschwerdegericht kann ihm insoweit keine Weisungen erteilen (KMR-Metzger 18; Schlüchter 788.5). Solange der Ablehnungsbeschluß nicht aufgehoben worden ist, darf das AG das Verfahren nicht fortsetzen (Karlsruhe Justiz **84**, 190). Bleibt es bei dem Ablehnungsbeschluß oder wird er nicht angefochten,
10 so tritt die **beschränkte Rechtskraftwirkung** nach § 211 ein (vgl BVerfG NJW **95**, 124).

11 **3) Erlaß des Strafbefehls** (III S. 1): Das AG erläßt den Strafbefehl, wenn dem keine Bedenken entgegenstehen. Dabei darf es von dem Strafbefehlsantrag inhaltlich nicht abweichen; denn die völlige Übereinstimmung zwischen StA und Gericht ist die Voraussetzung dafür, daß eine Straftat durch Strafbefehl abgeurteilt werden kann (Meurer JuS **87**, 882; Roxin § 66 B II 3 b). Die Formulierung des Strafbefehlsantrags darf aber geändert werden. Mangelnde Übereinstimmung macht den Strafbefehl nicht unwirksam (Bay **58**, 130; LR-Gössel 41; Rieß JR **89**, 438 f).

12 **4) Anberaumung der Hauptverhandlung bei Bedenken gegen den Strafbefehlserlaß** (III S. 2): Wenn er Bedenken hat, durch Strafbefehl zu entscheiden, beraumt der Richter eine Hauptverhandlung an, ohne den Erlaß des Strafbefehls förmlich abzulehnen. Damit ist der Fall gemeint, daß zwar hinreichender Tatverdacht besteht und der Richter die beantragte Rechtsfolge auch für vertretbar hält, gleichwohl aber die Aburteilung im Beschlußverfahren bedenklich findet. Die Bedenken können sich insbesondere daraus ergeben, daß eine Hauptverhandlung wegen der Bedeutung der Sache geboten oder zur vollständigen Klärung auch der Nebenumstände zweckmäßig erscheint (vgl RiStBV 175 III) oder daß der Richter sich von dem Angeklagten einen persönlichen Eindruck verschaffen will; allein wegen möglicherweise später noch eintretender schwererer Folgen der Tat darf grundsätzlich der Abschluß des Verfahrens durch Anberaumung einer Hauptver-

handlung nicht hinausgezögert werden (LR-Gössel 48; **aM** Saarbrücken JR **69**, 430 mit Anm Koffka; Schaal Meyer-GedSchr 429). Daß mit großer Wahrscheinlichkeit ein Einspruch gegen den Strafbefehl zu erwarten ist, steht seinem Erlaß nicht entgegen (vgl RiStBV 175 III). Bei **beabsichtigter Abweichung von dem** 13
Strafbefehlsantrag in rechtlicher Hinsicht oder im Rechtsfolgenausspruch versucht der Richter zunächst eine Einigung mit der StA (Meurer JuS **87**, 885; RiStBV 178 I). Hält sie seine Änderungsvorschläge für berechtigt, so stellt sie einen neuen, abgeänderten Strafbefehlsantrag. Lehnt es sie ab (vgl RiStBV 178 II S. 2), so beraumt der Richter Hauptverhandlung an. Die **Vorbereitung der Hauptver-** 14
handlung richtet sich nach den §§ 213 ff. Da ein Eröffnungsbeschluß nicht erlassen wird, muß dem Angeklagten mit der Ladung nach § 214 eine Abschrift des Strafbefehlsantrags, aber ohne die beantragte Rechtsfolge, mitgeteilt werden (S. 3). 15
Beschwerde gegen die Anberaumung der Hauptverhandlung ist ausgeschlossen.

5) Die **Einstellung des Verfahrens** nach §§ 153, 153 a ist mit Zustimmung der 16
StA zulässig; im Fall des § 153 muß auch der Beschuldigte zustimmen, falls die Ausnahmen des § 153 II S. 2 nicht vorliegen (LR-Gössel 34). Stellt sich nach Eingang des Strafbefehlsantrags heraus, daß der Beschuldigte nicht auffindbar ist, so muß das Verfahren nach § 205 eingestellt werden (vgl RiStBV 175 II S. 2).

Strafbefehl nach Eröffnung des Hauptverfahrens **RiStBV 175 a**

408a

I Ist das Hauptverfahren bereits eröffnet, so kann im Verfahren vor dem Strafrichter und dem Schöffengericht die Staatsanwaltschaft einen Strafbefehlsantrag stellen, wenn die Voraussetzungen des § 407 Abs. 1 Satz 1 und 2 vorliegen und wenn der Durchführung einer Hauptverhandlung das Ausbleiben oder die Abwesenheit des Angeklagten oder ein anderer wichtiger Grund entgegensteht. § 407 Abs. 1 Satz 4, § 408 finden keine Anwendung.

II Der Richter hat dem Antrag zu entsprechen, wenn die Voraussetzungen des § 408 Abs. 3 Satz 1 vorliegen. Andernfalls lehnt er den Antrag durch unanfechtbaren Beschluß ab und setzt das Hauptverfahren fort.

1) Auch **nach Eröffnung des Hauptverfahrens** läßt die durch das StVÄG 1
1987 eingefügte Vorschrift den Erlaß eines Strafbefehls zu, damit in geeigneten Fällen steckengebliebene Verfahren schnell und ohne großen Aufwand erledigt werden können. Der Übergang in das Strafbefehlsverfahren kommt nach den Vorstellungen des Gesetzgebers vor allem in Betracht, wenn der Beschuldigte mit bekanntem Aufenthalt im Ausland wohnt, seine Einlieferung zur Durchführung der Hauptverhandlung aber nicht möglich oder nicht angemessen wäre, wenn die Vorführung des möglicherweise weit entfernt wohnenden Angeklagten mit Rücksicht auf die geringe Straferwartung unverhältnismäßig wäre, ferner wenn der unmittelbaren Beweisaufnahme in der Hauptverhandlung erhebliche, die Voraussetzungen des § 251 II aber nicht erfüllende Hinderungsgründe entgegenstehen und der Sachverhalt nach dem Akteninhalt hinreichend geklärt ist (vgl auch RiStBV 175 a; krit zu § 408 a Fezer Baumann-FS 397; Meurer JuS **87**, 886; Meyer-Goßner NJW **87**, 1166; dazu auch Rieß JR **88**, 134; Schellenberg NStZ **94**, 370). Ist in solchen Fällen damit zu rechnen, daß der Beschuldigte gegen einen Strafbefehl Einspruch einlegen würde, so hätte das Verfahren nach § 408 a allerdings keinen Sinn. Daher wird es meist geboten sein, daß sich die StA vor der Stellung eines Strafbefehlsantrags bei dem Beschuldigten oder dem Verteidiger darüber vergewissert, daß sie mit der vereinfachten Verfahrenserledigung einverstanden sind (Kirch, Das Strafverfahren nach dem StVÄG 1987, Diss Köln 1987, S. 44; Meyer-Goßner aaO). Zur Akzeptanz der Vorschrift in der Praxis vgl Martin GA **95**, 121 ff; von ihr wird vorwiegend Gebrauch gemacht, wenn der Angeklagte

in der Hauptverhandlung nicht erscheint, für ihn aber ein Verteidiger auftritt und eine Verfahrenserledigung durch Strafbefehl möglich erscheint.

2 **2)** Durch einen **Strafbefehlsantrag der StA** (I), den das Gericht und der Angeklagte anregen können, wird das Verfahren in das Strafbefehlsverfahren übergeleitet. Der Antrag muß bei dem erkennenden Gericht schriftlich (Rieß JR **88**, 136: handschriftlich in der Hauptverhandlung genügt) gestellt werden (Hamburg NStZ **88**, 522 = JR **89**, 169 mit zust Anm Rieß). Wenn der Antrag nur mündlich gestellt wird, ist dies zwar ein Verfahrensfehler, jedoch kein Verfahrenshindernis (Oldenburg MDR **90**, 946; Stuttgart NStZ **98**, 100). Der Antrag ist nur unter den
3 **Voraussetzungen** des § 407 I S. 1, 2 zulässig (S. 1). Das Verfahren muß also vor dem Strafrichter oder dem SchG anhängig sein; denn nur das AG ist zum Erlaß eines Strafbefehls zuständig. Ferner muß bereits das Hauptverfahren wegen eines Vergehens (**aM** KMR-Metzger 11; Rieß JR **88**, 135: auch wegen Verbrechens, wenn nur der Strafbefehlsantrag die Tat als Vergehen wertet) eröffnet worden sein; denn vorher kann die StA die Klage nach § 156 zurücknehmen und durch einen Strafbefehlsantrag nach § 407 ersetzen. Die Vorschrift des § 407 I S. 4 gibt im Fall des § 408 a keinen Sinn und ist daher nicht anwendbar (S. 2). Daß schon eine Hauptverhandlung stattgefunden hat und ausgesetzt werden mußte, schließt die Anwendung des § 408 a nicht aus. Der Strafbefehlsantrag darf ferner entspr § 407 I S. 2 nur gestellt werden, wenn die StA nach dem Ergebnis der Ermittlungen eine Hauptverhandlung oder eine weitere Hauptverhandlung nicht für erforderlich hält. Der Sachverhalt muß also durch die Ermittlungen im Vorverfahren oder durch die Beweisaufnahme in einer ausgesetzten Hauptverhandlung genügend geklärt sein.
4 Schließlich setzt der Strafbefehlsantrag die **Unmöglichkeit der Durchführung einer Hauptverhandlung –** sie braucht nicht gänzlich oder längerfristig unmöglich zu sein (Rieß JR **88**, 135) – wegen Ausbleibens oder Abwesenheit (§ 276) des Angeklagten oder aus anderen wichtigen Gründen, etwa wegen Nichterreichbarkeit eines wichtigen Zeugen, voraus. Der Antrag kann nicht nur außerhalb der Hauptverhandlung (so aber Hamburg JR **89**, 171), sondern auch in ihr gestellt werden (LR-Gössel 19; Landau/Globuschütz NStZ **92**, 71; Rieß JR **89**, 172), wobei der Strafbefehl aber nicht „aufgrund der Hauptverhandlung" ergeht (Rieß aaO).

5 **3) Entscheidung des Gerichts** (II): Der Angeklagte braucht vorher nicht gehört zu werden (vgl aber oben 1). Die Vorschrift des § 408 ist nicht allgemein anwendbar (I S. 2). Der Richter muß dem Strafbefehlsantrag aber unter den gleichen Voraussetzungen entsprechen, unter denen er nach § 408 III S. 1 einen Strafbefehl erlassen muß, wenn bei ihm unmittelbar und erstmals ein Strafbefehlsantrag gestellt wird (11 zu § 408). Hat er Bedenken gegen den Strafbefehlserlaß (insoweit gelten die Grundsätze 12, 13 zu § 408 entspr), so muß er den Antrag, anders als nach § 408 III S. 2, ausdrücklich durch Beschluß ablehnen und das Hauptverfahren fortsetzen (S. 2). Der Beschluß ist nicht anfechtbar. Er bindet aber nicht; verändert sich später die Sach- oder Rechtslage, so kann die StA den Strafbefehlsantrag wiederholen (Meurer JuS **87**, 887; Rieß/Hilger NStZ **87**, 205).

6 **4)** Das **weitere Verfahren** richtet sich nach den §§ 409–412. Der Strafbefehl wird dem Angeklagten, seinem Verteidiger oder Zustellungsbevollmächtigten förmlich zugestellt (16 zu § 409); dem gesetzlichen Vertreter, der StA und dem Nebenkläger wird er formlos mitgeteilt. Der Angeklagte kann durch Einspruchseinlegung nach § 410 I S. 1 die Anberaumung einer Hauptverhandlung erzwingen. Für das Einspruchsverfahren gelten die §§ 411, 412 (Düsseldorf NStZ-RR **98**, 180), denn Grundlage der Hauptverhandlung ist der Strafbefehl, nicht die Anklage. Jedoch hat die StA, weil das Hauptverfahren bereits eröffnet war (§ 156), nicht mehr die Möglichkeit, die Klage zurückzunehmen (§ 411 III S. 3).

7 **5) Revision.** Bei einem nur mündlich gestellten (oben 2) oder inhaltlich mangelhaften Strafbefehlsantrag sowie bei fehlender Übereinstimmung zwischen An-

trag und Strafbefehl (11 zu § 408) liegt kein Verfahrenshindernis vor (Hamburg JR **89**, 169 mit zust Anm Rieß, der auch die Rechtslage bei gänzlich fehlendem Antrag erörtert); das Urteil wird auf diesen Fehlern auch nicht nach § 337 beruhen können (AK/StPO-Loos 28; Rieß aaO 173).

Bestellung eines Verteidigers

408b **Erwägt der Richter, dem Antrag der Staatsanwaltschaft auf Erlaß eines Strafbefehls mit der in § 407 Abs. 2 Satz 2 genannten Rechtsfolge zu entsprechen, so bestellt er dem Angeschuldigten, der noch keinen Verteidiger hat, einen Verteidiger. § 141 Abs. 3 findet entsprechende Anwendung.**

1) **Anwendungsbereich:** Nur im Fall des § 407 II S. 2, also bei Verhängung einer Freiheitsstrafe mit Strafaussetzung zur Bewährung, kommt eine Verteidigerbestellung im Strafbefehlsverfahren in Betracht. Einen nicht-verteidigten Beschuldigten durch Strafbefehl zu einer Freiheitsstrafe zu verurteilen, ist – auch wenn diese zur Bewährung ausgesetzt wird – nicht vertretbar; denn oftmals wird einem Beschuldigten die Gefahr des Widerrufs der Strafaussetzung zur Bewährung nach § 56 f StGB mit der Folge, daß er die Freiheitsstrafe verbüßen muß, nicht ohne weiteres bewußt sein (Scheffler GA **95**, 456). Auch über sonstige Folgen, zB den Verlust der Beamtenrechte bei Verurteilung zur Freiheitsstrafe von 1 Jahr, muß er unterrichtet werden (Schlüchter-RpflEntlG 59). Über die rechtsstaatlichen Bedenken, die ohnehin gegen die Verhängung einer Freiheitsstrafe ohne vorherige Anhörung des Beschuldigten durch einen Richter bestehen (vgl Asbrock ZRP **92**, 13; Werle JZ **92**, 795), hat sich der Gesetzgeber bei Schaffung dieser durch das RpflEntlG eingefügten Vorschrift hinweggesetzt (vgl BT-Drucks 12/3832 S. 42; abl zu § 408 b auch Fezer Baumann-FS 406). 1

2) **Antragstellung:** Will die **StA** im Strafbefehlsverfahren eine Freiheitsstrafe bis zu 1 Jahr mit Strafaussetzung zur Bewährung beantragen – wozu sie nach § 407 I S. 2 gehalten ist, wenn sie eine Hauptverhandlung nicht für erforderlich hält –, und hat der Beschuldigte noch keinen Verteidiger, so stellt sie idR mit Übersendung des Strafbefehlantrages zugleich den Antrag, dem Beschuldigten einen Verteidiger zu bestellen. Der Verteidiger kann aber auch schon früher beigeordnet werden (S. 2 iVm § 141 III); das ist bei umfangreichen oder schwierigen Verfahren angezeigt, bei denen aber von vornherein nicht mit der Verhängung einer über 1 Jahr liegenden Freiheitsstrafe und mit deren Aussetzung zur Bewährung zu rechnen ist. Die StA verschafft sich damit auch einen Ansprechpartner; hier ist eine Einbruchstelle für eine Absprache im Strafverfahren (vgl Einl 119 ff) geschaffen worden (vgl auch Böttcher/Mayer NStZ **93**, 156; Siegismund/Wickern wistra **93**, 91, 93). 2

Der **Richter** hat dem Antrag zu entsprechen, falls er die Sache im Strafbefehlsverfahren erledigen will; in den Fällen des § 408 II und III S. 2 bedarf es der Verteidigerbestellung nicht (Rieß AnwBl **93**, 55). Liegt ein Strafbefehlsantrag der StA vor, so wird der Richter dem Verteidiger mit seiner Bestellung eine Abschrift des Antrags übersenden; auch dem Angeschuldigten wird mit der Mitteilung der Verteidigerbestellung eine Abschrift des Strafbefehlsantrags (unter deutlicher Hervorhebung, daß es sich erst um einen Antrag der StA handelt) übersandt. Dem Verteidiger sollte eine angemessene Frist (mindestens 2 Wochen) gesetzt werden, in der er sich – nach Rücksprache mit dem Angeschuldigten – zum Antrag der StA äußern kann (entspr § 201 I). Aus der Verteidigerbestellung sollte sich klar ergeben, daß sie nur für das Strafbefehlsverfahren gilt (erg unten 6). Im Fall der Beiordnung vor Stellung eines Strafbefehlsantrags muß die Bestellung den Hinweis enthalten, daß sie wegen der beabsichtigten Erledigung der Sache durch eine zur Bewährung auszusetzende Freiheitsstrafe von höchstens 1 Jahr erfolgt. 3

4 **3) Auswahl des Verteidigers:** Eine vorherige Befragung des Beschuldigten nach § 142 I S. 2 ist nicht vorgesehen; § 408 b S. 2 verweist nur auf § 141 III (Lutz NStZ **98**, 395; **aM** Siegismund/Wickern wistra **93**, 91, die §§ 142 ff anwenden wollen, gleichzeitig aber auf die damit verbundenen Schwierigkeiten hinweisen). Die Abwicklung des in § 142 I vorgesehenen Verfahrens würde das Strafbefehlsverfahren auch zu sehr verzögern und verkomplizieren; da der Verteidiger den Beschuldigten auch nur im Rahmen des Strafbefehlsverfahrens beraten soll (unten 6), erscheint ein besonderes Vertrauensverhältnis zwischen dem Beschuldigten und dem Verteidiger auch nicht unerläßlich. Hat der Beschuldigte inzwischen selbst einen Verteidiger gewählt, ist die Bestellung wie nach § 143 zurückzunehmen.

5 **4) Erlaß des Strafbefehls:** Erheben Angeschuldigter und Verteidiger gegen den Strafbefehl ausdrücklich oder stillschweigend keine Einwendungen und ergeben sich auch nach der nach § 408 vorzunehmenden Prüfung keine Bedenken gegen den Antrag, so wird der Strafbefehl nach § 409 erlassen und zugestellt (15 ff zu § 409). Ein vor Erlaß des Strafbefehls geäußerter Verzicht auf einen Einspruch (§ 410) ist nicht wirksam (14 vor § 296). Werden Einwände gegen den Erlaß des beantragten Strafbefehls erhoben, wird der Richter idR sogleich nach § 408 III S. 2 verfahren, falls er nicht selbst zuvor weitere Ermittlungen durchführt oder die StA um solche bittet (7 zu § 408).

6 **5) Weiteres Verfahren:** Der Verteidiger ist nur für das Strafbefehlsverfahren bestellt. Er kann zwar für den Angeklagten wirksam Einspruch einlegen (§ 410 I, II); seine Bestellung gilt aber nicht für die Hauptverhandlung (AG Höxter NJW **94**, 2842; Hohendorf MDR **93**, 598; Lutz NStZ **98**, 396; **aM** AK/StPO-Loos 5; Böttcher/Mayer NStZ **93**, 156; Siegismund/Wickern wistra **93**, 91). Das ergibt sich aus der Einstellung der Vorschrift in die §§ 407 ff und nicht in §§ 140 ff. Nur für die besondere prozessuale Situation vor Erlaß des eine Freiheitsstrafe (mit Bewährung) aussprechenden Strafbefehls ist die Vorschrift geschaffen worden; § 140 bleibt unberührt (vgl BT-Drucks 12/3832 S. 42). Im übrigen würde, wenn die Bestellung für die Hauptverhandlung fortwirken würde, dies auch zu dem merkwürdigen Ergebnis führen, daß ein Angeklagter, der idR lediglich eine Freiheitsstrafe bis zu 1 Jahr mit Strafaussetzung zur Bewährung zu erwarten hat (vgl aber 11 zu § 411), einen Verteidiger hat, während Angeklagte, die mit Freiheitsstrafen ohne Strafaussetzung zur Bewährung rechnen müssen und sogleich nach § 200 angeklagt werden, einen Verteidiger nur unter den Voraussetzungen des § 140 erhalten. Die offenbar nur wenig durchdachte Regelung in § 408 b, die sich nur schwer in die anderen Verfahrensgänge einfügt, wird vermutlich dazu führen, daß § 140 II großzügiger als bisher (vgl 21 ff zu § 140) ausgelegt wird, weil es einem Angeklagten nur schwer zu vermitteln sein wird, daß er im Strafbefehlsverfahren einen Verteidiger hat, danach aber nicht mehr; Brackert/Staechelin (StV **95**, 547) wollen deshalb aus dem Vertrauensgrundsatz eine Fortwirkung der Verteidigerbestellung herleiten, was einleuchtet, mit der gesetzlichen Regelung aber unvereinbar erscheint. IdR werden die Amtsrichter nur in solchen Fällen, in denen der Angeschuldigte bereits einen Verteidiger hat, einen Strafbefehl mit einer Freiheitsstrafe erlassen, sonst aber lieber Hauptverhandlung anberaumen, um die Schwierigkeiten mit der Verteidigerbestellung im Strafbefehls- und sodann im Hauptverfahren zu umgehen (vgl auch Hohendorf aaO; Siegismund/Wickern aaO). Es hat sich bereits gezeigt, daß § 408 b von den Amtsrichtern als unpraktikabel abgelehnt wird (vgl Bericht des BMJ StraFo **95**, 105).

7 **6) Beschwerde** gegen die Bestellung des Verteidigers steht dem Beschuldigten mangels Beschwer nicht zu (9 zu § 141). Ist der Strafbefehl erlassen worden, ohne daß ein Verteidiger bestellt wurde oder bevor der bestellte Verteidiger mit dem Beschuldigten Kontakt aufnehmen konnte, bleibt nur die Möglichkeit des Einspruchs (§ 410); die Wirksamkeit des Strafbefehls wird dadurch nicht berührt (AK/StPO-Loos 5). Eine Wiedereinsetzung in den vorigen Stand gibt es insoweit nicht.

Inhalt des Strafbefehls **RiStBV 177, 179**

409 [I] **Der Strafbefehl enthält**

1. **die Angaben zur Person des Angeklagten und etwaiger Nebenbeteiligter,**
2. **den Namen des Verteidigers,**
3. **die Bezeichnung der Tat, die dem Angeklagten zur Last gelegt wird, Zeit und Ort ihrer Begehung und die Bezeichnung der gesetzlichen Merkmale der Straftat,**
4. **die angewendeten Vorschriften nach Paragraph, Absatz, Nummer, Buchstabe und mit der Bezeichnung des Gesetzes,**
5. **die Beweismittel,**
6. **die Festsetzung der Rechtsfolgen,**
7. **die Belehrung über die Möglichkeit des Einspruchs und die dafür vorgeschriebene Frist und Form sowie den Hinweis, daß der Strafbefehl rechtskräftig und vollstreckbar wird, soweit gegen ihn kein Einspruch nach § 410 eingelegt wird.**

Wird gegen den Angeklagten eine Freiheitsstrafe verhängt, wird er mit Strafvorbehalt verwarnt oder wird gegen ihn ein Fahrverbot angeordnet, so ist er zugleich nach § 268 a Abs. 3 oder § 268 c Satz 1 zu belehren. § 267 Abs. 6 Satz 2 gilt entsprechend.

[II] **Der Strafbefehl wird auch dem gesetzlichen Vertreter des Angeklagten mitgeteilt.**

1) Notwendiger Inhalt des Strafbefehls (I): 1

A. Die **Angaben zur Person** (S. 1 Nr 1) müssen den Beschuldigten genau bezeichnen (RiStBV 110 II Buchst a). Es ist zulässig, die Angaben in die Anschrift des Strafbefehls einzufügen. Für Nebenbeteiligte gilt das entspr. Mangelhafte Angaben zur Person berühren die Wirksamkeit des Strafbefehls idR nicht. 2

B. **Name des Verteidigers** (S. 1 Nr 2): Der Strafbefehlsantrag ist auch insoweit der Anklageschrift (§ 200 I S. 2), der Strafbefehl der Urteilsurkunde (§ 275 III) angeglichen. 3

C. Die **Tat und ihre gesetzlichen Merkmale** (S. 1 Nr 3) werden schon im Strafbefehlsantrag (5 ff zu § 407) ebenso dargestellt wie im Anklagesatz (§ 200 I S. 1), den er ersetzt (Düsseldorf VRS **74**, 278). Denn nach Einspruch gegen den Strafbefehl muß sich aus ihm der verlesbare Anklagesatz ergeben (14 zu § 243; 3 zu § 411). Unerläßlich ist die Angabe, was der Angeklagte zu einer bestimmten Zeit an einem bestimmten Ort getan hat (Düsseldorf NJW **89**, 2145 = JR **89**, 435 mit Anm Rieß). Die gesetzlichen Merkmale der Tat müssen in verständlicher Weise beschrieben werden; sie dürfen nicht nur formelhaft mit den Worten des Gesetzes bezeichnet werden (RiStBV 177 I S. 2). Ein Strafbefehl, der entgegen S. 1 Nr 3 die Tat nicht ausreichend beschreibt, insbesondere die Tatzeit mangelhaft oder fehlerhaft angibt, so daß Zweifel über die Identität der Tat bestehen, ist aber wirksam. Nur wenn Einspruch eingelegt ist, fehlt es an einer ausreichenden Verfahrensgrundlage; das Verfahren muß dann wegen Fehlens einer Prozeßvoraussetzung eingestellt werden (vgl BGH **23**, 336, 340; Düsseldorf NStZ **91**, 99 = JR **91**, 385 mit Anm Franzheim zum Steuerstrafverfahren; erg 3 zu § 411). 4

D. Die **angewendeten Vorschriften** (S. 1 Nr 4) müssen entspr § 260 V S. 1 angegeben werden. Dazu gehört auch die (in S. 1 Nr 4 nicht genannte) rechtliche Bezeichnung der Tat (13 zu § 200); denn da der Strafbefehl einem Urteil gleichsteht (§ 410 III), ist auch § 260 IV S. 1 anzuwenden. Das Fehlen der durch S. 1 Nr 4 vorgeschriebenen Angaben gefährdet den Bestand des Strafbefehls nicht (LR-Gössel 12). 5

6 E. Die **Beweismittel** (S. 1 Nr 5) müssen so genau bezeichnet werden, daß der Beschuldigte prüfen kann, ob die Tat beweisbar oder ein Einspruch aussichtsreich ist. Dazu gehört bei Zeugen Name und Anschrift (16 zu § 200). Die Bezugnahme auf die polizeiliche Anzeige reicht nicht aus (KG GA Bd **71**, 46; LR-Gössel 13). Das Fehlen der Angabe der Beweismittel ist für das weitere Verfahren bedeutungslos (LR-Gössel 14).

7 F. Die **Festsetzung der Rechtsfolgen** (S. 1 Nr 6) muß in der Urschrift des Strafbefehls erfolgen (LG Itzehoe SchlHA **66**, 69) und so eindeutig sein, daß aus dem Strafbefehl vollstreckt werden kann. Eine Begründung des Rechtsfolgenausspruchs ist, außer im Fall des I S. 3 (unten 11), nicht erforderlich, aber auch nicht unzulässig. Fehlt in dem Strafbefehl die Festsetzung von Rechtsfolgen, so ist er nicht unwirksam (**aM** KMR-Metzger 20); es ist dann nicht zulässig, zu demselben Tatvorwurf einen neuen Strafbefehl zu erlassen (**aM** Düsseldorf wistra **84**, 200; KMR-Metzger 19). Wird gegen den Strafbefehl Einspruch eingelegt, so ist er aber als Verfahrensgrundlage geeignet (Bay **65**, 142 = NJW **66**, 947). Entsprechendes gilt, wenn in dem Strafbefehl unzulässige Rechtsfolgen festgesetzt sind (vgl auch Vent JR **80**, 400).

8 G. Die **Kostenentscheidung,** die der Strafbefehl enthalten muß (§ 464 I), lautet idR dahin, daß der Angeklagte die Verfahrenskosten zu tragen hat (§ 465 I). Eine Belehrung über die sofortige Beschwerde nach § 464 III S. 1 ist nur bei Anwendung des § 465 II erforderlich (vgl LR-Gössel 31; vgl auch LG Bamberg NJW **73**, 1144). Seine notwendigen Auslagen trägt der Angeklagte selbst; ein Ausspruch darüber ist nicht notwendig (10 zu § 464). Zu den notwendigen Auslagen des Nebenklageberechtigten vgl 10 a zu § 472.

9 H. Der **Hinweis auf die Einspruchsmöglichkeit** (S. 1 Nr 7), die dafür vorgeschriebene Form und Frist sowie die Rechtsfolgen des § 410 III wird nur dem Angeklagten und den Nebenbeteiligten erteilt. Der gesetzliche Vertreter braucht nicht darauf hingewiesen zu werden, daß er selbst Einspruch einlegen kann (LR-Gössel 23). Wird der Hinweis nach S. 1 Nr 7 unterlassen, so gilt § 44 S. 2 entspr (LR-Gössel 24). Über die Belehrung von Ausländern vgl 9 zu § 35 a.

10 J. **Sonstige Belehrungen** (S. 2): Bei Verhängung einer Freiheitsstrafe mit Aussetzung der Vollstreckung zur Bewährung und bei einer Verwarnung mit Strafvorbehalt wird nach § 268 a III S. 1 belehrt. Unterbleibt die Belehrung, so wird sie nach § 453 a nachgeholt. Bei Fahrverbot erfolgt die Belehrung nach § 268 c S. 1.

11 K. Die **Begründung des Absehens von der Fahrerlaubnisentziehung** (S. 3) nach § 69 StGB oder der Verhängung einer isolierten Sperre nach § 69 a I S. 3 StGB ist erforderlich, weil die Verwaltungsbehörde nach § 4 III S. 1 StVG an die Entscheidung im Strafverfahren gebunden ist. Daher bestimmt S. 3 die entspr Anwendung des § 267 VI S. 2. Eine formelhafte Begründung reicht aus (Nüse JR **65**, 44).

12 2) **Erlaß des Strafbefehls:** Erlassen ist grundsätzlich nur ein Strafbefehl, der die
13 **Unterschrift** des Richters trägt. Ein Hand- oder Faksimilezeichen genügt, wenn daraus die Person des Richters zweifelsfrei festgestellt werden kann (KG VRS **26**, 445; LR-Gössel 33; vgl auch Saarbrücken NJW **73**, 2041 für den Bußgeldbescheid). Das Fehlen der Unterschrift ist ein wesentlicher Mangel, der zur Unwirksamkeit des Strafbefehls führt (Karlsruhe Justiz **93**, 203); in der Hauptverhandlung muß das Verfahren wegen Fehlens einer Prozeßvoraussetzung eingestellt werden (erg 3 zu § 411). Etwas anderes kann höchstens gelten, wenn aus den Akten sicher festgestellt werden kann, daß die Entscheidung die Willensäußerung eines Richters ist (Köln GA **57**, 223; Stuttgart MDR **70**, 68; LR-Gössel 36; **aM** Maywald NJW **62**, 549; vgl auch Bay **61**, 143 = NJW **61**, 1782; erg 7 vor § 33). Ist der Strafbefehl
14 nicht datiert, so berührt das seine Wirksamkeit nicht (LR-Gössel 36). Der **Zeitpunkt des Erlasses** richtet sich nach den allgemein für Beschlüsse geltenden Grundsätzen. Aktenmäßig erlassen und damit einspruchsfähig (4 vor § 296) ist der

Strafbefehl also, wenn er vollständig niedergelegt und von dem zuständigen Richter unterschrieben ist (5 vor § 33). Mit Außenwirkung erlassen ist er erst an dem Tag, an dem die Geschäftsstelle ihn an eine Person außerhalb des Gerichts herausgibt (9 vor § 33).

3) Zustellung: I S. 1 Nr 7 geht davon aus, daß der Strafbefehl nach § 35 II S. 1 15
förmlich zugestellt wird, und zwar an den **Angeklagten** oder für ihn an den 16
Verteidiger (§ 145 a I) oder den Zustellungsbevollmächtigten (§§ 116 a III, 127 a II, 132 I Nr 2), ferner an den Nebenbeteiligten, gegen den eine Rechtsfolge ausgesprochen worden ist, oder an seinen bevollmächtigten Vertreter (§§ 438 I S. 1, 442 I, 444 II S. 1). Zur Beifügung einer Übersetzung an einen der deutschen Sprache nicht mächtigen Ausländer vgl RiStBV 181 II (dazu Großmann NStZ **91**, 218). Die mündliche Bekanntmachung durch den Richter nach § 35 I kann an die Stelle der Zustellung treten (RiStBV 179 I S. 1), zB wenn der Strafbefehl bei der Vorführung des vorläufig Festgenommenen erlassen wird. Dem **gesetzlichen Ver-** 17
treter braucht der Strafbefehl nur formlos bekanntgegeben zu werden (II). Der
StA wird er nicht mitgeteilt, weil sie gegen den auf ihren Antrag erlassenen 18
Strafbefehl kein Einspruchsrecht hat; sie wird mit der Sache erst wieder befaßt, wenn nach Einspruch Termin zur Hauptverhandlung anberaumt oder der Strafbefehl rechtskräftig und vollstreckbar wird (§ 451). Dem **Nebenklageberechtigten** 19
wird der Strafbefehl ebenfalls nicht mitgeteilt; denn er kann keinen Einspruch einlegen und sich dem Verfahren erst anschließen, wenn auf Einspruch des Angeklagten die Hauptverhandlung anberaumt worden ist (§ 396 I S. 3). Für die Zustellung, auf die nicht verzichtet werden kann (LG Kaiserslautern GA **58**, 123), gilt
§ 36 I, nicht § 36 II. **Ersatzzustellung** (4 ff zu § 37) ist, verfassungsrechtlich 20
unbedenklich (BVerfGE **25**, 158 = NJW **69**, 1103; BVerfGE **26**, 315, 319 = NJW **69**, 1531), zulässig (BGH **22**, 52, 55; LG Krefeld NJW **66**, 2078). Unzulässig ist
aber die **öffentliche Zustellung,** auch wenn der Beschuldigte schon zur Sache 21
vernommen worden ist (Düsseldorf NJW **97**, 2965; LG Kiel SchlHA **82**, 76; LG Köln MDR **82**, 601; KMR-Metzger 39; LR-Gössel vor § 407, 34; Blankenheim MDR **92**, 21; Meurer JuS **87**, 884; **aM** LG München I MDR **81**, 71; LR-
Wendisch 1 zu § 40; J. M. Schmid MDR **78**, 98). **Unwirksam** ist die Zustellung, 22
wenn die zugestellte Ausfertigung von der Urschrift wesentlich abweicht (Düsseldorf VRS **58**, 41; Oldenburg VRS **32**, 356; 2 zu § 37). Die Zustellung muß dann wiederholt werden; erst dadurch wird die Einspruchsfrist nach § 410 I S. 1 in Lauf gesetzt (LR-Gössel 43).

Einspruch gegen den Strafbefehl; Rechtskraft

410 **I Der Angeklagte kann gegen den Strafbefehl innerhalb von zwei Wochen nach Zustellung bei dem Gericht, das den Strafbefehl erlassen hat, schriftlich oder zu Protokoll der Geschäftsstelle Einspruch einlegen. Die §§ 297 bis 300 und § 302 Abs. 1 Satz 1, Abs. 2 gelten entsprechend.**

II Der Einspruch kann auf bestimmte Beschwerdepunkte beschränkt werden.

III Soweit gegen einen Strafbefehl nicht rechtzeitig Einspruch erhoben worden ist, steht er einem rechtskräftigen Urteil gleich.

1) Einspruch (I S. 1) können der Angeklagte und die Nebenbeteiligten (vgl 1
§§ 433 I S. 2, 438, 444 II S. 2), soweit sie durch den Strafbefehl beschwert sind, innerhalb von 2 Wochen nach der Zustellung des Strafbefehls (zur Fristberechnung vgl § 43) schriftlich (Einl 128) oder zu Protokoll der Geschäftsstelle (Einl 131 ff) bei dem Gericht einlegen, das den Strafbefehl erlassen hat, der nicht auf freiem Fuß befindliche Angeklagte auch zu Protokoll des AG des Verwahrungsorts (I S. 2 iVm § 299 I). Ein telefonischer Einspruch ist nach hM unwirksam (Zweibrücken StV **82**, 415; erg Einl 140). Der Einspruch, der nicht begründet zu werden braucht,

kann schon vor der Zustellung des Strafbefehls eingelegt werden. Der Strafbefehl muß dann aber wenigstens schon erlassen sein (vgl 4 vor § 296; LR-Gössel 7, 8); der verfrüht eingelegte Einspruch wird nicht mit dem nachträglichen Erlaß des Strafbefehls wirksam. Für die Einspruchseinlegung durch den Verteidiger und den gesetzlichen Vertreter gelten die §§ 297, 298 entspr (I S. 2); auch § 300 ist an-
2 wendbar. Das weitere Verfahren regelt § 411 I S. 2, II–IV. Die **Zurücknahme** des Einspruchs (I S. 2 iVm § 302 I S. 1) ist in der gleichen Form zulässig wie seine Einlegung (7 zu § 302), in der Hauptverhandlung auch durch mündliche Erklärung gegenüber dem Gericht, die in der Sitzungsniederschrift zu beurkunden ist. Zulässig ist auch die Teilrücknahme, dh die nachträgliche Beschränkung auf bestimmte Beschwerdepunkte (unten 4; 2 zu § 302). Der Verteidiger braucht für die Zurücknahme nach I S. 2 iVm § 302 II eine ausdrückliche Ermächtigung (dazu 28 ff zu § 302). Für die Zurücknahme des Einspruchs in der Hauptverhandlung gilt § 411 III (dort 9). Mit der wirksamen Zurücknahme des Einspruchs lebt der Strafbefehl als Straferkenntnis wieder auf und erlangt Rechtskraft (unten 8). Der nach I
3 S. 2 iVm § 302 I S. 1 schon vor Ablauf der Einspruchsfrist zulässige **Verzicht** auf den Einspruch muß ausdrücklich und in der Form des I erklärt werden. Er liegt nicht schon darin, daß der Angeklagte die in dem Strafbefehl festgesetzte Geldstrafe bezahlt (Stuttgart DAR **98**, 29) oder ein Ratenzahlungsgesuch stellt (Hamm VRS **36**, 317; **aM** Karlsruhe Justiz **65**, 243).

4 **2)** Die **Beschränkung des Einspruchs** auf bestimmte Beschwerdepunkte ist bis zur Verkündung des Urteils im ersten Rechtszug (§ 411 III S. 1) in gleichem Maße möglich wie die Beschränkung der Rechtsmittel gegen Urteile nach §§ 318, 344 I (Bay NStE Nr 2). Wirksam ist also sowohl die Beschränkung des Einspruchs auf eine von mehreren selbständigen Straftaten (9 ff zu § 318) als auch auf die nachrangigen Teile des Strafbefehlsausspruchs für eine einheitliche Tat (12 ff zu § 318), insbesondere auf die Höhe der Freiheits- oder der Geldstrafe oder auf die Höhe des Tagessatzes (Bay DAR **89**, 371 [B]). Die Beschränkung kann noch in der Hauptverhandlung erklärt werden (9 zu § 411). Wie die Berufungsbeschränkung (16 ff zu
5 § 318) ist eine Beschränkung des Einspruchs auf den Rechtsfolgenausspruch **unwirksam,** wenn die Feststellungen zum Schuldspruch so knapp und unzulänglich sind, daß sie keine ausreichende Grundlage für die Prüfung des Rechtsfolgenausspruchs bieten (Düsseldorf NStZ-RR **97**, 113; Meurer JuS **87**, 886; Rieß/Hilger NStZ **87**, 205). Das wird im Hinblick auf die Regelung des § 409 I Nrn 3, 4 im Strafbefehlsverfahren häufiger vorkommen als im gewöhnlichen Strafverfahren. Da das Revisionsgericht die Frage der Wirksamkeit der Einspruchsbeschränkung oft anders beurteilt als der Tatrichter, kann es deswegen zur Aufhebung des Urteils und zur Zurückverweisung der Sache kommen (vgl Schleswig SchlHA **96**, 108 mit
6 Anm Pieper). Wegen der Rechtsfolgen der Beschränkung vgl 31 zu § 318. **Kosten** bei Erfolg des Einspruchs: 1 zu § 473.

7 **3) Rechtskraftwirkung** (III):

8 A. **Zeitpunkt:** Rechtskraft tritt bei unterlassener oder verspäteter Einlegung des Einspruchs mit dem Ablauf der Einspruchsfrist nach I S. 1 ein. Sie entsteht schon vorher, wenn der Beschuldigte auf Einlegung des Einspruchs verzichtet (oben 3). Durch den Einspruch verliert der Strafbefehl seine Eigenschaft als aufschiebend bedingtes Straferkenntnis (2 vor § 407). Aber das Straferkenntnis lebt wieder auf bei Zurücknahme des Einspruchs (oben 2) und bei Verwerfung des Einspruchs als unzulässig (§ 411 I) oder nach § 412. Mit der Rechtskraft der Verwerfungsentscheidung wird dann auch der Strafbefehl rechtskräftig.

9 B. Legt von **mehreren Einspruchsberechtigten** nur einer Einspruch ein, so erlangt der Strafbefehl gegen die übrigen Rechtskraft. Legt nur der Beschuldigte, nicht aber der Betroffene, gegen den nach § 64 OWiG eine Geldbuße wegen einer OWi festgesetzt worden ist, Einspruch ein, so wird die Bußgeldfestsetzung rechtskräftig (Göhler 3 zu § 64 OWiG). Wenn nur der Betroffene Einspruch einlegt, wird

das Verfahren als Bußgeldverfahren weitergeführt (Göhler aaO). Legt nur der **Verfalls- oder Einziehungsbeteiligte** oder die JP oder PV Einspruch ein, so wird die angegriffene Nebenfolge nicht rechtskräftig. Gegen den Verfalls- oder Einziehungsbeteiligten findet dann ein Beschlußverfahren entspr §§ 439 III S. 1, 441 II, III statt (§§ 438 II, 442 I, II S. 2), gegen die bußgeldbeteiligte JP oder PV in sinngemäßer Anwendung des § 441 II, III (§ 444 II S. 2). Der von dem Verteidiger oder Vertreter des Nebenbeteiligten eingelegte Einspruch steht dabei einem von dem Beschuldigten oder Nebenbeteiligten selbst eingelegten Einspruch gleich. 10

C. **Volle Rechtskraftwirkung:** Die Rspr hat früher die Ansicht vertreten, daß 11 die Rechtskraftwirkung des Strafbefehls wegen der nur summarischen Prüfung des Sachverhalts bei seinem Erlaß beschränkt werden müsse und daß es zulässig sei, die Tat nochmals unter einem rechtlichen Gesichtspunkt zu verfolgen, der im Strafbefehl nicht berücksichtigt worden ist und eine erhöhte Strafbarkeit begründet (so zuletzt noch BGH **28**, 69; Bay **76**, 84 = JR **77**, 477 mit Anm Kleinknecht; vgl dazu näher 39. Aufl). Das BVerfG hat dies dann für den Fall, daß der die höhere Strafbarkeit bedingende Erfolg erst nach rechtskräftigem Abschluß des Strafbefehlsverfahrens eintritt, dahin eingeschränkt, daß entspr § 153 a I S. 2, § 85 III S. 2 OWiG nur die nachträgliche Verfolgung wegen eines Verbrechens iS § 12 I StGB zulässig ist (BVerfGE **65**, 377 = NJW **84**, 604). Die Neufassung des § 410 durch das StVÄG 1987 hat diese Beschränkungen der Rechtskraftwirkung, gegen die sich ein großer Teil des Schrifttums ausgesprochen hatte (vgl die Nachw bei Groth NJW **78**, 197 Fn 5), beseitigt und damit zahlreichen Streitfragen, die sich hieran knüpften, den Boden entzogen. Der nicht mehr anfechtbare Strafbefehl äußert nunmehr die gleiche, nur im Wiederaufnahmeverfahren zu beseitigende **Rechtskraftwirkung** 12 **wie ein rechtskräftiges Urteil.** Er ist unabänderbar (LG Mannheim NStE Nr 4; erg 9 ff zu § 268), vollstreckbar (§§ 409 I Nr 7, 449) und verbraucht die Strafklage (Einl 168 ff; 4 vor § 407). Bei beschränktem Einspruch (II) tritt die Rechtskraftwirkung in gleichem Umfang ein, wie sie bei einer beschränkten Berufung oder Revision in bezug auf die nicht angefochtenen Urteilsteile eintreten würde (Einl 184 ff). Wegen der Besonderheiten des Strafbefehlsverfahrens wird jedoch in § 373 a die Wiederaufnahme zuungunsten des Angeklagten, abweichend von § 362, auch dann zugelassen, wenn neue Tatsachen oder Beweise vorliegen, die geeignet sind, die Verurteilung wegen eines Verbrechens zu begründen.

Entscheidung über den Einspruch

411 **I Ist der Einspruch verspätet eingelegt oder sonst unzulässig, so wird er ohne Hauptverhandlung durch Beschluß verworfen; gegen den Beschluß ist sofortige Beschwerde zulässig. Andernfalls wird Termin zur Hauptverhandlung anberaumt.**

II Der Angeklagte kann sich in der Hauptverhandlung durch einen mit schriftlicher Vollmacht versehenen Verteidiger vertreten lassen. § 420 ist anzuwenden.

III Die Klage und der Einspruch können bis zur Verkündung des Urteils im ersten Rechtszug zurückgenommen werden. § 303 gilt entsprechend. Ist der Strafbefehl im Verfahren nach § 408 a erlassen worden, so kann die Klage nicht zurückgenommen werden.

IV Bei der Urteilsfällung ist das Gericht an den im Strafbefehl enthaltenen Ausspruch nicht gebunden, soweit Einspruch eingelegt ist.

1) Einen **verspäteten oder sonst unzulässigen Einspruch** (I S. 1) verwirft das 1 AG nach Anhörung der StA (§ 33 II) ohne Hauptverhandlung durch Beschluß. Hat es die Unzulässigkeit übersehen und eine Hauptverhandlung durchgeführt, so muß es durch Urteil entscheiden (unten 12). Bleiben Zweifel, ob der Einspruch rechtzei-

tig war, so wird er als zulässig behandelt (Bay **65**, 142 = NJW **66**, 947; 35 zu § 261). Der Verwerfungsbeschluß enthält keine Kostenentscheidung; § 473 gilt für den Einspruch nicht (dort 1). Gegen den Beschluß ist sofortige Beschwerde nach § 311 zulässig (S. 1 Hs 2). Bei unverschuldeter Säumnis kann Wiedereinsetzung nach § 44 auf Antrag oder von Amts wegen (§ 45 II S. 2) bewilligt werden.

2 2) Nach **rechtzeitigem Einspruch** (I S. 2) und nach Wiedereinsetzung in den vorigen Stand gegen die Versäumung der Einspruchsfrist wird Termin zur Hauptverhandlung anberaumt. Die Zuziehung eines 2. Richters beim AG ist ausgeschlos-
3 sen (6 zu § 29 GVG). Für die **Hauptverhandlung** gelten die allgemeinen Vorschriften der §§ 213 ff. Der Strafbefehlsantrag ersetzt die Anklage, der Strafbefehl übernimmt die Funktion des Eröffnungsbeschlusses (BGH **23**, 280; Düsseldorf VRS **74**, 278; NStE Nr 1 zu § 19; Zweibrücken MDR **87**, 164; einschr LR-Gössel 39 zu § 408: nur einzelne Wirkungen des Eröffnungsbeschlusses). Ist er mangelhaft, so kann er ebensowenig wie ein mangelhafter Eröffnungsbeschluß (11 zu § 207) Grundlage des weiteren Verfahrens sein (vgl BGH **23**, 336; Bay **60**, 122 = NJW **60**, 2013; LR-Gössel 18; **aM** Bay **61**, 143 = NJW **61**, 1782: Verfahrensgrundlage ist Strafbefehlsantrag). In der Hauptverhandlung verliest der StA nach § 243 III S. 1 als Anklagesatz die sich aus Strafbefehlsantrag und Strafbefehl ergebende Beschuldigung (14 zu § 243). Danach wird festgestellt, daß der Einspruch form- und fristgerecht eingelegt ist.

4 3) **Vertretung** (II S. 1): Der Angeklagte kann sich in der Hauptverhandlung durch einen Verteidiger vertreten lassen. Das Erscheinen des Vertreters ermöglicht aber nicht die Verhandlung in Abwesenheit des Angeklagten, der seinen Willen, an der Hauptverhandlung teilzunehmen, deutlich zum Ausdruck gebracht hat (Karlsruhe StV **86**, 289). Die Vertretungsmöglichkeit gilt auch im Berufungsrechtszug (Bay **77**, 177 = MDR **78**, 510; Celle NJW **70**, 906; Düsseldorf JurBüro **85**, 1352; NStZ **84**, 524; Köln StV **81**, 119) und im ganzen folgenden Verfahren, auch nach Urteilsaufhebung und Zurückverweisung der Sache durch das Revisionsgericht (zw Köln AnwBl **64**, 325). Die Anordnung des persönlichen Erscheinens des Angeklagten nach § 236 hebt sein Recht, sich vertreten zu lassen, nicht auf (Bay aaO; Düsseldorf StV **85**, 52; NStZ-RR **98**, 180; Frankfurt StV **83**, 268; Hamburg NJW **68**, 1687; Karlsruhe NStZ **83**, 43; Küper NJW **69**, 493; erg 15 zu § 329).
5 Die wirksame Vertretung setzt grundsätzlich eine **schriftliche Vertretungsvollmacht** voraus (wegen der Einzelheiten vgl 5 ff zu § 234). Das gilt auch für den Pflichtverteidiger (Hamm StV **97**, 404 L). Eine von dem vertretungsberechtigten Verteidiger einem anderen RA erteilte Untervollmacht (11 vor § 137) bedarf
6 dagegen nicht der Schriftform (7 zu § 234). Zu den **Befugnissen des Vertreters** vgl 8 ff zu § 234. Er darf den Angeklagten in der Erklärung und im Willen vertreten, insbesondere dessen Einlassung vortragen (Hamm JMBlNW **64**, 214). Ebensowenig wie der Angeklagte braucht er aber Erklärungen zur Sache abzugeben (KG VRS **33**, 448; Köln StV **93**, 292 mwN). Der Angeklagte ist daher auch dann ordnungsgemäß vertreten, wenn der Vertreter zwar erklärt, daß er keine Informationen erhalten habe, gleichwohl aber zur Sache verhandelt (Düsseldorf MDR **58**, 623; Köln NJW **62**, 1735 mit abl Anm Blei NJW **62**, 2024; LG Verden NJW **74**, 2195; Baumhaus NJW **62**, 2337), nicht aber, wenn er keine Erklärungen abgibt und nur die Aussetzung der Hauptverhandlung beantragt (KG JR **85**, 343; Meyer-Goßner NStZ **81**, 113; erg 16 zu § 329).

7 4) **Anwendung des § 420** (II S. 2): In der Hauptverhandlung gilt das vereinfachte Beweisaufnahmeverfahren wie im beschleunigten Verfahren. Das bedeutet, daß nach § 420 I, II mit Einverständnis des Angeklagten, des Verteidigers und des StA entgegen § 250 die Vernehmung eines Zeugen, Sachverständigen oder Mitbeschuldigten durch Verlesung von Niederschriften über eine frühere Vernehmung oder von einer schriftlichen Äußerung der Beweisperson ersetzt und über § 256 hinaus Erklärungen einer Behörde oder eines Behördenangehörigen verlesen wer-

den dürfen (vgl 4 ff zu § 420). Soweit nicht ausnahmsweise das SchG nach § 408 a den Strafbefehl erlassen hat (vgl 5 zu § 408), bestimmt das Gericht unbeschadet des § 244 II den Umfang der Beweisaufnahme (§ 420 IV; erg 9, 10 zu § 420). Auch im Berufungsverfahren gelten über II S.2 die Vorschriften des § 420 I – III, nicht jedoch § 420 IV (12 zu § 420).

5) Die **Zurücknahme der Klage** (III) ist ohne Beschränkungen möglich, solange der Strafbefehl noch nicht erlassen ist. Danach kann die Klage nur zurückgenommen werden, wenn der Angeklagte einen zulässigen Einspruch eingelegt hat (KMR-Metzger 19; LR-Gössel 37; **aM** Karlsruhe NStZ **91**, 602 mwN und abl Anm Mayer NStZ **92**, 605). Wenn der Einspruch nach § 410 II auf den Rechtsfolgenausspruch beschränkt ist, so daß der Schuldspruch Rechtskraft erlangt hat, ist die Zurücknahme der Klage nicht möglich (vgl auch 6 zu § 302). Für den Fall, daß auf unbeschränkten Einspruch des Angeklagten eine Hauptverhandlung stattfindet, erweitert III die Möglichkeit, die Klage zurückzunehmen (§ 156), bis zum Beginn der Urteilsverkündung (§ 268 II S. 1) im 1. Rechtszug. Bei Zurückweisung der Sache durch das Revisionsgericht lebt die Rücknahmemöglichkeit wieder auf (s. unten 9). Nach Beginn der Hauptverhandlung (vgl 2 zu § 303) ist die Zurücknahme nur mit Zustimmung des Angeklagten möglich (III S. 2 iVm § 303 S. 1). Der Zustimmung des Nebenklägers bedarf es nicht, da er kein Gegner der StA ist (III S. 2 iVm § 303 S. 2). Die Zurücknahme der Klage versetzt das Verfahren in den Stand des Ermittlungsverfahrens zurück (2 zu § 156) mit der Folge, daß der Strafbefehl seine Wirkung verliert (Bay VRS **45**, 384). Ein gerichtlicher Einstellungsbeschluß ist nicht erforderlich, auch nicht in der Hauptverhandlung (KMR-Metzger 24; LR-Gössel 47). Die Kostenentscheidung ergeht nach § 467 a. In den Fällen des § 408 II S. 1, III S. 2 gilt nicht III, sondern § 156 (dort 3). War der Strafbefehl nach § 408 a erlassen worden, so ist die Zurücknahme der Klage überhaupt ausgeschlossen (III S. 3). 8

6) Die **Zurücknahme des Einspruchs** (III) und die Teilrücknahme durch nachträgliche Beschränkung (4 zu § 410) ist ebenfalls bis zur Verkündung des Urteils im 1. Rechtszug zulässig, nach Beginn der Hauptverhandlung (vgl 2 zu § 303) aber nur mit Zustimmung der StA (III S. 2 iVm § 303 S. 1). Auch hier bedarf es der Zustimmung des Nebenklägers nicht (III S. 2 iVm § 303 S. 2). Kommt es nach Zurückverweisung der Sache durch das Revisionsgericht zu einer neuen Hauptverhandlung im 1. Rechtszug, so ist die Einspruchsrücknahme (und die Beschränkung des Einspruchs) erneut bis zum Beginn der Urteilsverkündung zulässig (Bay GA **82**, 325 = VRS **62**, 129; Hamm MDR **80**, 161; LG Osnabrück Rpfleger **79**, 27; LR-Gössel 26; Groth NStZ **83**, 9; Meurer JuS **87**, 884; Roxin § 66 B III 1; **aM** LG München II NJW **81**, 65; Peters 564; erg 6 zu § 302; 2 zu § 303). Die wirksame Zurücknahme erledigt den Einspruch (erg 7 zu § 303). Der Strafbefehl lebt, ohne daß es einer weiteren Erklärung bedarf, als Straferkenntnis wieder auf und erlangt Rechtskraft (8 zu § 410). 9

7) Das **Urteil** (IV) ergeht unabhängig von dem Strafbefehl, wenn gegen ihn in vollem Umfang Einspruch eingelegt oder der Einspruch auf eine von mehreren Verurteilungen beschränkt worden ist. Es wird also nicht der Strafbefehl aufgehoben oder aufrechterhalten, sondern der Angeklagte verurteilt oder freigesprochen oder das Verfahren eingestellt; der Strafbefehl wird nicht erwähnt. Anders ist es, wenn der Angeklagte den Einspruch auf den Rechtsfolgenausspruch beschränkt hat. Dann hat der Richter den Schuldausspruch des Strafbefehls, an den er gebunden ist, für sein Urteil vorauszusetzen und nicht etwa durch Aufnahme in den Urteilsausspruch zu bestätigen. Der Schuldspruch wird also in dem Urteil nicht wiederholt, sondern in Bezug genommen (**aM** AG Braunschweig MDR **87**, 1049). Der Urteilsausspruch lautet etwa: „Der Angeklagte wird wegen des in dem Strafbefehl vom . . . bezeichneten Diebstahls zu einer Geldstrafe von . . . verurteilt." Die Kostenentscheidung des Urteils wird unabhängig vom Strafbefehl nach §§ 465, 10

467 getroffen; § 473 gilt nicht (AG Braunschweig aaO; erg 1 zu § 473). Bei dem
11 Erlaß des Urteils auf zulässigen Einspruch des Angeklagten gilt, das **Verbot der Schlechterstellung** nach §§ 331, 358 II nicht (KG VRS **17**, 285, 289; Hamburg MDR **80**, 598, 599; Hamm VRS **36**, 117; **41**, 302; Zweibrücken MDR **67**, 236), auch wenn die Hauptverhandlung keinen schwererwiegenden Sachverhalt ergeben (KMR-Metzger 31; **aM** Ostler NJW **68**, 486; Roxin § 66 B III 3) oder wenn der gesetzliche Vertreter Einspruch eingelegt hat (KMR-Metzger 32; **aM** LR-Gössel 59 und 4 zu § 410). Das Gericht kann nicht nur den Schuldspruch ändern, sondern auch ohne vorherigen Hinweis an den Angeklagten (Hamm NJW **80**, 1587; VRS **63**, 56) die Freiheitsstrafe oder die Geldstrafe (Anzahl oder Höhe der Tagessätze oder beides) erhöhen und Nebenfolgen festsetzen, die in dem Strafbefehl nicht enthalten waren. Auch der Wegfall der im Strafbefehl angeordneten Strafaussetzung zur Bewährung ist zulässig; hier erfordert aber der Grundsatz des fairen Verfahrens (Einl 19) einen vorherigen Hinweis an den Angeklagten, daß er hiermit rechnen müsse, weil ihn dies zu einer besonderen Prüfung veranlassen wird, ob er den Einspruch lieber zurücknehmen soll. Die Gründe einer solchen Strafverschärfung sollten in dem Urteil dargelegt werden (Zweibrücken aaO); rechtlich notwendig ist
12 das nicht. Hat das AG die Hauptverhandlung durchgeführt, obwohl der **Einspruch unzulässig** ist, so wird die nach I gebotene Verwerfung in der Hauptverhandlung durch Urteil mit der Kostenentscheidung nach § 465 nachgeholt (Bay **61**, 195 = NJW **62**, 118; Hamm VRS **41**, 381). Das Urteil kann mit den üblichen Rechtsmitteln angefochten werden (Bay aaO). Ein auf einen unzulässigen Einspruch erlassenes Sachurteil hebt das Rechtsmittelgericht auf Berufung oder Revision eines Prozeßbeteiligten von Amts wegen auf; gleichzeitig verwirft es den Einspruch als unzulässig (BGH **13**, 306; **18**, 127; **26**, 183; Düsseldorf GA **83**, 220; JR **86**, 121 mit Anm Welp). Dabei gilt aber das Verbot der Schlechterstellung (BGH **18**, 127; Bay **53**, 34; Düsseldorf aaO). Wenn das AG auf den unzulässigen Einspruch die Strafe herabgesetzt hatte, wird also der Strafbefehl mit der Maßgabe aufrechterhalten, daß die ermäßigte Strafe festgesetzt ist (BGH aaO; Hamm NJW **70**, 1092, 1093; LR-Hanack 20 zu § 358; zw EbSchmidt 15). Die Kosten der Revision trägt auch in einem solchen Fall der Angeklagte, der das Rechtsmittel eingelegt hat (BGH aaO). Auch bei Vorliegen eines Wiedereinsetzungsantrages gegen die Versäumung der Einspruchsfrist kommt eine Zurückverweisung an das AG durch das LG nicht in Betracht (Bay **88**, 134 = JR **90**, 35 mit zust Anm Wendisch), auch nicht durch das Revisionsgericht (vgl 2 zu § 46). Erlangt das trotz der Rechtskraft des Strafbefehls ergangene Urteil Rechtskraft, so ist es wirksam (BGH **13**, 306,
13 309; Bay **53**, 34). Ein Sach- oder ein Verwerfungsurteil, das trotz **Zurücknahme des Einspruchs** ergangen ist, muß auf ein Rechtsmittel des Angeklagten aufgehoben werden (Düsseldorf VRS **79**, 120); dabei ist zur Klarstellung die Rechtskraft des Strafbefehls ab Einspruchsrücknahme festzustellen. Die Rechtsmittelkosten und die notwendigen Auslagen des Angeklagten ab Einspruchsrücknahme müssen der Staatskasse auferlegt werden (Hamm VRS **43**, 112; LR-Gössel 24). Wurde der
14 Einspruch in der Hauptverhandlung **fehlerhaft als unzulässig verworfen,** so wird das Urteil (oben 1) aufgehoben und die Sache an das AG zurückverwiesen
15 (KK-Ruß 7 zu § 328; Meyer-Goßner NJW **87**, 1163; erg 10 zu § 412). Die **Zustellung des Urteils** kann auch im Fall des II nach § 145 a I an den Verteidiger erfolgen (Bay **66**, 63 = NJW **66**, 2323; Braunschweig NJW **65**, 1194); damit beginnt die Rechtsmittelfrist erst zu laufen (§§ 314 II, 341 II).

Ausbleiben des Angeklagten

412 **Ist bei Beginn einer Hauptverhandlung der Angeklagte weder erschienen noch durch einen Verteidiger vertreten und ist das Ausbleiben nicht genügend entschuldigt, so ist § 329 Abs. 1, 3 und 4 entsprechend anzu-**

wenden. Hat der gesetzliche Vertreter Einspruch eingelegt, so ist auch § 330 entsprechend anzuwenden.

1) Bei unentschuldigtem Ausbleiben des Angeklagten in der auf seinen Einspruch anberaumten Hauptverhandlung, also nicht im Fall des § 408 III S. 2, ist § 329 I, III, IV entspr anzuwenden (S. 1), bei Einspruch des gesetzlichen Vertreters auch § 330 (S. 2). Liegen die Voraussetzungen dieser Vorschriften vor, so muß der Einspruch verworfen werden (LR-Gössel 31, 32), auch wenn sie erst nach Beginn der Verhandlung zur Sache festgestellt werden (LG München I NStZ **83**, 427). 1

A. **Voraussetzung** der Einspruchverwerfung ist in 1. Hinsicht ein zulässiger Einspruch gegen den Strafbefehl; die Verwerfung des Einspruchs als unzulässig (§ 411 I S. 1) hat den Vorrang (vgl 7 zu § 329). Weitere Voraussetzungen sind das Vorliegen eines wirksamen Strafbefehls (Hamm JMBlNW **52**, 222) und die ordnungsgemäße Ladung des Angeklagten (9 zu § 329) mit einer Belehrung über die Rechtsfolge des § 412 (Bay **62**, 6 = Rpfleger **62**, 147; Hamburg MDR **76**, 1041; Köln NJW **69**, 246), die bei jeder neuen Ladung wiederholt werden muß (Bremen MDR **68**, 1031), nicht aber die Einhaltung der Ladungsfrist (11 zu § 329); ferner muß der Strafbefehl wirksam zugestellt und nicht nur formlos mitgeteilt sein (Hamm JMBlNW **59**, 161; Karlsruhe StV **95**, 8; LG Bonn MDR **74**, 863; **aM** Zweibrücken NStZ **94**, 602, dessen Auffassung, dies sei zum Schutz des Angeklagten nicht erforderlich, nicht zu überzeugen vermag). Ob im Strafbefehl das materielle Recht richtig angewendet wurde, wird ebenso wenig geprüft wie das Vorliegen der Prozeßvoraussetzungen (vgl 8 zu § 329); wenn das Verfahrenshindernis allerdings erst *nach* Erlaß des Strafbefehls eingetreten ist (zB Rücknahme des Strafantrags) ist nach § 260 III, nicht nach § 412 zu verfahren (AK/StPO-Loos 7; **aM** KK-Fischer 12 mwN: stets Einstellung des Verfahrens). 2

B. Bei **Beginn der Hauptverhandlung** muß der Angeklagte ausgeblieben sein (vgl 12 ff zu § 329). Wie in der Berufungsverhandlung muß auch in der Verhandlung auf den Einspruch mit dem Verwerfungsurteil einige Zeit abgewartet werden (RG **61**, 175, 177; Bay **59**, 250 = NJW **59**, 2224), üblicherweise 15 Minuten, wenn besondere Erschwernisse in den Verkehrsverhältnissen nicht bekannt sind (Celle NdsRpfl **63**, 237; Frankfurt NJW **54**, 934; Hamburg NJW **63**, 552 L; LR-Gössel 10; 13 zu § 329; vgl aber Hamm DAR **62**, 341: 5 Minuten unter mittelständischen Verhältnissen). Die Verwerfung ist **auch zulässig,** wenn eine Verhandlung ausgesetzt und dann eine neue Verhandlung auf den Einspruch anberaumt worden war oder wenn sie stattfindet, nachdem gegen das Verwerfungsurteil entspr § 329 III Wiedereinsetzung bewilligt worden war (3 zu § 329). War die Verhandlung nur nach § 229 unterbrochen worden, so ist § 412 nicht anwendbar (3 zu § 329). Das gleiche gilt für den Fall, daß nach Zurückverweisung der Sache durch das Revisionsgericht neu verhandelt wird (§ 329 I S. 1), sofern nicht bereits das aufgehobene Urteil den Einspruch nach § 412 verworfen hatte (Zweibrücken VRS **51**, 365; erg 4 zu § 329). 3 4

C. Das **Erscheinen eines Vertreters** hindert das Verwerfungsurteil, auch wenn das persönliche Erscheinen des Angeklagten angeordnet worden war (4 zu § 411). Wie im Fall des § 329 I muß der Vertreter aber nicht nur körperlich anwesend, sondern auch bereit sein, den Angeklagten zu vertreten (16 zu § 329; 6 zu § 411). War der Vertreter nicht erschienen, so ist ein Verwerfungsurteil ausgeschlossen, wenn er vor der Hauptverhandlung deren Aussetzung wegen Nichteinhaltung der Ladungsfrist beantragt hat (Köln VRS **71**, 449). War das persönliche Erscheinen des Angeklagten angeordnet worden, so hat das Gericht die Wahl, ohne ihn zu verhandeln oder sein Erscheinen entspr § 329 IV zu erzwingen (Celle NJW **70**, 906; Hamburg NJW **68**, 1687; Küper NJW **69**, 493; 8 zu § 236). 5

D. **Nicht genügend entschuldigt** muß das Ausbleiben des Angeklagten sein. Insoweit gelten die gleichen Grundsätze wie bei § 329 I (dort 21 ff). 6

7 **2)** Die **Vorführung oder Verhaftung** des Angeklagten ist unter den gleichen Voraussetzungen zulässig wie nach § 329 IV (dort 45).

8 **3)** Für das **Verwerfungsurteil** gelten die gleichen Grundsätze wie für das Urteil nach § 329 I (dort 30 ff). Eine Kostenentscheidung unterbleibt, weil § 473 für den Einspruch nicht gilt (dort 1). Dem ausgebliebenen Angeklagten ist das Urteil durch Zustellung bekanntzumachen (§ 35 II S. 1). Ersatzzustellung ist zulässig (25 und 26
9 zu § 232); auch § 145 a ist anwendbar (Bay **66**, 63 = NJW **66**, 2323). **Wiedereinsetzung** gegen das Urteil kann entspr § 329 III bewilligt werden (dort 40 ff).

10 **4)** Die **Berufung** gegen das Verwerfungsurteil ist stets zulässig. Sie bedarf auch dann nicht der Annahme nach § 313, wenn im Strafbefehl nur eine Geldstrafe von nicht mehr als 15 Tagessätzen verhängt oder vorbehalten ist (Hettenbach [2 zu § 313] S.64; denn § 313 setzt eine Verhandlung am AG zur Sache voraus. Auf die Berufung wird geprüft, ob die Voraussetzungen für die Verwerfung vorgelegen haben (Bay **27**, 249). Dabei muß neues Tatsachenvorbringen des Beschwerdeführers berücksichtigt werden (Bay **53**, 51 = NJW **53**, 1196; Hamm VRS **23**, 299; LR-Gössel 24). Bei erfolgreicher Berufung wird das Urteil des AG aufgehoben und die Sache an das AG zurückverwiesen (BGH **36**, 139). Hat das AG ein Sachurteil erlassen, anstatt nach § 412 zu verfahren, hebt das LG auf Berufung das Urteil auf und verweist die Sache zur Einspruchsverwerfung an das AG zurück (LG München I NStZ **83**, 427; KK-Meyer-Goßner[2] 20; **aM** KK-Fischer 17 zu § 411; KMR-Metzger 30; Gössel JR **90**, 303: Verwerfung durch das LG). Hat das AG die Unzulässigkeit des Einspruchs übersehen, verwirft ihn das LG unter Aufhebung des
11 nach § 412 ergangenen Urteils (KMR-Metzger 31). Für die **Revision,** die gegen das Urteil des AG (§ 335) oder gegen das die Verwerfung bestätigende Berufungsurteil (§ 333) eingelegt werden kann, gilt das gleiche wie für die Revision gegen das Verwerfungsurteil nach § 329 I (dort 46 ff). Hat das LG die Berufung gegen das Verwerfungsurteil verworfen, hält aber das Revisionsgericht die Voraussetzungen des § 412 nicht für gegeben, so verweist es die Sache unter Aufhebung beider Urteile an das AG zurück (Karlsruhe StV **95**, 8; Köln VRS **71**, 449; vgl auch Oldenburg MDR **71**, 680). Hat das LG auf die Berufung gegen das Verwerfungsurteil eine Sachentscheidung erlassen, hält das Revisionsgericht aber das 1. Urteil für richtig, so hebt es das Urteil des LG auf und verwirft die Berufung als unbegründet (Bay **75**, 23 = MDR **75**, 597; LR-Gössel 50); damit stellt es das 1. Urteil wieder her, und der Strafbefehl wird rechtskräftig.

2. Abschnitt. Sicherungsverfahren

Antrag der Staatsanwaltschaft

413 **Führt die Staatsanwaltschaft das Strafverfahren wegen Schuldunfähigkeit oder Verhandlungsunfähigkeit des Täters nicht durch, so kann sie den Antrag stellen, Maßregeln der Besserung und Sicherung selbständig anzuordnen, wenn dies gesetzlich zulässig ist und die Anordnung nach dem Ergebnis der Ermittlungen zu erwarten ist (Sicherungsverfahren).**

1 **1)** Die **selbständige Anordnung von Sicherungsmaßregeln** nach §§ 61 ff StGB, mit Ausnahme der Sicherungsverwahrung, sieht § 71 StGB für den Fall vor, daß das Strafverfahren gegen den Täter wegen Schuld- oder Verhandlungsunfähigkeit nicht durchgeführt werden kann; die §§ 413–416 enthalten dazu die verfahrensrechtliche Ergänzung (BGH **31**, 132, 134). Das Sicherungsverfahren ist von vornherein nicht auf zweispurige strafrechtliche Sanktion (Strafe und Maßregel), sondern nur auf die Anordnung der Maßregel ausgerichtet. Es bezweckt die Sicherung der Allgemeinheit vor gefährlichen Straftätern (BGH **22**, 1, 3). Das Verfahren

ist auch gegen Jugendliche und Heranwachsende zulässig, wenn die Maßregel gegen sie nach sachlichem Recht (§§ 2, 7, 105 I **JGG**) angeordnet werden darf.

2) Voraussetzungen des Sicherungsverfahrens: 2

A. **Nichtdurchführung des Strafverfahrens durch die StA** wegen Schuld- oder Verhandlungsunfähigkeit des Beschuldigten. Gleichgültig ist, ob die StA von der Anklageerhebung von vornherein absieht oder ob sie die erhobene Klage nach § 156 zurücknimmt. Über den Wortlaut des § 413 hinaus ist das Sicherungsverfahren auch zulässig, wenn das Gericht die Eröffnung des Hauptverfahrens wegen Schuldunfähigkeit abgelehnt hat (LR-Gössel 3). Bei der **Schuldunfähigkeit** muß nicht feststehen, daß die Voraussetzungen des § 20 StGB vorliegen; es genügt, daß das nicht auszuschließen ist, aber jedenfalls erheblich verminderte Schuldfähigkeit nach § 21 StGB besteht (BGH **22**, 1 = JZ **68**, 531 mit abl Anm Sax; LR-Gössel 5; Roxin § 64 A I 2; Schlüchter 795; **aM** Hanack JZ **74**, 56; Peters 570; Rüping 747). Die fehlende strafrechtliche Verantwortlichkeit des Jugendlichen nach § 3 JGG ist keine Schuldunfähigkeit iS § 413 (Bay **58**, 263; LR-Gössel 2). Das Sicherungsverfahren ist aber zulässig, wenn zugleich die Voraussetzungen des § 20 StGB vorliegen (vgl BGH **26**, 67 = JR **76**, 116 mit Anm Brunner). Die **Verhandlungsunfähigkeit** (Einl 97) darf nicht nur vorübergehend bestehen; denn dann führt sie zur vorläufigen Einstellung des Verfahrens nach § 205, nicht zu dessen Undurchführbarkeit. Zulässig ist das Sicherungsverfahren schon, wenn nicht auszuschließen ist, daß der Beschuldigte dauernd, dh für immer oder jedenfalls auf unabsehbare Zeit, verhandlungsunfähig ist (Schlüchter 796).

3 (Schuld-) · 4 (Schuldunfähigkeit) · 5 (Verhandlungsunfähigkeit)

B. **Erwartung der Anordnung der Maßregel:** Der Erfolg des Antrags im Sicherungsverfahren muß wahrscheinlich sein (Lüttger GA **57**, 210; Schlüchter 798.1). Bei Schuldunfähigkeit müssen die Ermittlungen hinreichende (vgl 2 zu § 203) Gründe für die Annahme ergeben, daß der Beschuldigte eine rechtswidrige Tat begangen hat und dabei schuldunfähig nach § 20 StGB gewesen ist oder daß die Schuldunfähigkeit wenigstens nicht ausgeschlossen werden kann. Bei Verhandlungsunfähigkeit muß der gleiche hinreichende Tatverdacht bestehen wie bei der Anklageerhebung. In beiden Fällen müssen darüber hinaus hinreichende Gründe für die Erwartung bestehen, daß das Gericht die Sicherungsmaßregel für zulässig und erforderlich halten und daher anordnen werde. 6

3) Andere Hinderungsgründe für das Strafverfahren dürfen nicht bestehen, zB nicht die strafbefreiende Wirkung des Rücktritts vom Versuch nach § 24 StGB (BGH **31**, 132 = JR **84**, 25 mit Anm Blau). Nach früher hM stand das **Fehlen des Strafantrags** bei einem Antragsdelikt dem Sicherungsverfahren nicht entgegen (BGH **5**, 140). Dieser Auffassung ist durch § 71 StGB der Boden entzogen; das Sicherungsverfahren darf ebensowenig wie das Strafverfahren, in das es uU nach § 416 übergeleitet werden kann, durchgeführt werden, wenn der erforderliche Strafantrag fehlt (BGH **31**, 132 = JR **84**, 25 mit Anm Blau; Tröndle 3 zu § 71 StGB; Peters 570; Schlüchter 798.2; **aM** KMR-Paulus 6 vor § 413; LR-Gössel 14) und das verletzte Strafgesetz nicht vorsieht, daß der Strafantrag durch die Annahme des besonderen öffentlichen Interesses an der Strafverfolgung durch die StA ersetzt werden kann (dazu LR-Gössel 15). Entsprechendes gilt für die **anderen Verfahrenshindernisse** mit Ausnahme der Verhandlungsunfähigkeit (LR-Gössel 14). Kann das Sicherungsverfahren wegen eines Verfahrenshindernisses nicht durchgeführt werden, so muß die Sicherung der Allgemeinheit mit außerstrafrechtlichen Mitteln versucht werden.

7 (dürfen nicht bestehen) · 8 (Fehlen des Strafantrags) · 9 (anderen Verfahrenshindernisse)

4) Im pflichtgemäßen Ermessen der StA steht die Antragstellung. Das Legalitätsprinzip (§ 152 II) gilt für das Sicherungsverfahren nicht (RG **71**, 218; **72**, 143; LR-Gössel 21). Für die Ermessensausübung ist maßgeblich, ob die Sicherungsmaßregel zum Schutz der Allgemeinheit erforderlich oder ob sie entbehrlich ist, insbesondere weil der Schutz auf andere Weise erreicht werden kann (LR-Gössel 21 ff; weitergehend Peters 569 ff, der das Sicherungsverfahren wegen des Verhältnismä- 10 ßigkeitsgrundsatzes nur für zulässig hält, wenn es sich um schwerwiegende Vorgänge handelt). Die mögliche oder bereits vollzogene Verwahrung nach den Unterbringungsgesetzen der Länder schließt das Sicherungsverfahren aber nicht aus (vgl BGH **24**, 98). Stellt die StA den Antrag, können Mitteilungspflichten von Amts wegen zu beachten sein, zB nach MiStra 15 I Nr 2, 19 I S. 1 Nr 2, 50 I Nr 2 a; vgl ferner §§ 12 ff **EGGVG**.

Verfahren

414 **I Für das Sicherungsverfahren gelten sinngemäß die Vorschriften über das Strafverfahren, soweit nichts anderes bestimmt ist.**

II Der Antrag steht der öffentlichen Klage gleich. An die Stelle der Anklageschrift tritt eine Antragsschrift, die den Erfordernissen der Anklageschrift entsprechen muß. In der Antragsschrift ist die Maßregel der Besserung und Sicherung zu bezeichnen, deren Anordnung die Staatsanwaltschaft beantragt. Wird im Urteil eine Maßregel der Besserung und Sicherung nicht angeordnet, so ist auf Ablehnung des Antrages zu erkennen.

III Im Vorverfahren soll einem Sachverständigen Gelegenheit zur Vorbereitung des in der Hauptverhandlung zu erstattenden Gutachtens gegeben werden.

1 **1) Sinngemäße Anwendung des allgemeinen Strafprozeßrechts** (I): Das Sicherungsverfahren ist kein echtes Strafverfahren (LR-Gössel 1); die Regeln der StPO gelten daher nur sinngemäß und nur subsidiär. Besondere Vorschriften enthalten II, III und §§ 415, 416. Nicht anwendbar ist zB § 206 a im Fall der Verhandlungsunfähigkeit; wie § 415 I zeigt, gilt das auch, wenn das Sicherungsverfahren wegen Schuldunfähigkeit betrieben wird. Nebenklage ist ausgeschlossen (5 vor § 395).

2 **2) Antragstellung** (II S. 1–3): Der Antrag nach § 413 steht der öffentlichen Klage gleich (II S. 1); mit der Antragstellung wird die Sache rechtshängig. Die
3 **Antragsschrift** ist eine Prozeßvoraussetzung, die durch eine Anklageschrift nicht ersetzt wird. Daher darf das Gericht, dem im Strafverfahren eine Anklageschrift vorgelegt wird, die Sache nicht im Sicherungsverfahren eröffnen (RG **72**, 143; LR-Gössel 18). Zulässig ist jedoch die hilfsweise Verbindung einer Anklageschrift mit einem Antrag im Sicherungsverfahren für den Fall, daß das Gericht Schuldunfähigkeit für wahrscheinlich hält (RG **72**, 143, 144; LR-Gössel 18; erg 1 zu § 416).
4 **Inhaltlich** muß die Antragsschrift im wesentlichen der Anklageschrift nach § 200 entsprechen (II S. 2). Das ist schon deshalb notwendig, weil sie beim Übergang in das Strafverfahren (§ 416) als Anklageschrift dienen muß. Von der Mitteilung des wesentlichen Ermittlungsergebnisses darf nur unter den Voraussetzungen des § 200 II S. 2 abgesehen werden. Der Antragssatz bezeichnet die von dem Beschuldigten begangene Tat und enthält den Antrag, das Hauptverfahren im Sicherungsverfahren zu eröffnen. Die Sicherungsmaßregel, deren Anordnung die StA erstrebt, ist zu bezeichnen (II S. 3); daß das Gericht auch eine andere Maßregel anordnen kann, ergibt sich aus § 265 II.

5 **3)** Die **Entscheidung über die Eröffnung des Hauptverfahrens** ergeht wie nach Anklageerhebung. Das Gericht führt das Zwischenverfahren nach § 201 durch. Dem Beschuldigten wird ein Verteidiger bestellt, wenn er noch keinen Verteidiger hat (§§ 140 I Nr 7, 141 I). Über die Eröffnung entscheidet das Gericht entspr §§ 203, 204. Nach Eröffnung des Sicherungsverfahrens gelten die §§ 213 ff, ergänzt durch § 415 II. Zum Übergang in das Strafverfahren vgl § 416.

6 **4) Im Urteil** (II S. 4) wird entweder die beantragte Maßregel angeordnet, wobei die Tat, die dazu Anlaß gibt, im Urteilsausspruch nicht bezeichnet wird (BGH

MDR **85**, 449 [H]; LR-Gössel 26) oder es wird der Antrag der StA abgelehnt. (Teil-)Freisprechung oder (Teil-)Verfahrenseinstellung kommen im Sicherungsverfahren nicht in Betracht (BGH NJW **70**, 1242); auch § 153 II ist nicht anwendbar (LG Krefeld NJW **76**, 815; LR-Gössel 26), wohl aber § 154 II und § 154 a II. Das Urteil ist nach den allgemeinen Vorschriften mit Berufung oder Revision anfechtbar. Die Wiederaufnahme richtet sich nach §§ 359 ff (dazu KK-Fischer 24; LR-Gössel 38). Zur Rechtskraftwirkung vgl 9 zu § 416.

5) Vorverfahren (III): Ein Sachverständiger soll schon im Ermittlungsverfahren hinzugezogen werden, und zwar nicht nur in den Fällen, in denen das schon § 80 a vorsieht. In der Hauptverhandlung ist die Mitwirkung eines Sachverständigen nach § 415 V notwendig. IdR ist ein Arzt zum Sachverständigen zu bestellen; im Fall des § 246 a ist das unerläßlich. Ob neben dem Arzt noch ein anderer Sachverständiger benötigt wird, richtet sich nach den Umständen des Falles. Im Sicherungsverfahren besteht notwendige Verteidigung (§ 140 I Nr 7). Beabsichtigt die StA die Antragstellung nach § 413, so beantragt sie die Verteidigerbestellung schon im Ermittlungsverfahren (§ 141 III). Hat der Beschuldigte einen Betreuer (§ 1896 BGB), so ist dieser tunlichst zu hören; vorgeschrieben ist seine Beteiligung am Verfahren nicht (BGH NStZ **96**, 610). 7

6) Gerichtliche Zuständigkeit: Ist die Unterbringung in einer Entziehungsanstalt, die Anordnung eines Berufsverbots oder die Entziehung der Fahrerlaubnis beantragt, so ist das AG zuständig (§ 24 II GVG); da das RpflEntlG durch Änderung des § 25 GVG die Zuständigkeit des Strafrichters ausgeweitet hat, wird die StA nunmehr den Antrag idR bei diesem und (anders als früher) nur noch in schwerwiegenden Fällen beim SchG stellen. Die StrK ist zuständig, wenn die Unterbringung in einem psychiatrischen Krankenhaus beantragt ist oder die StA einen Fall von besonderer Bedeutung annimmt (§ 74 I S. 2 GVG). Fällt die Tat unter den Katalog des § 74 II GVG, so ist das SchwurG zuständig, nicht die allgemeine StrK (BGH 3 StR 297/77 vom 24. 8. 1977; Stuttgart NStZ **87**, 292; KK-Fischer 15; LR-Gössel 10; **aM** München MDR **83**, 514; erg 4 zu § 74 GVG). Auch die Zuständigkeitsregelungen der §§ 74 a, 74 c GVG gelten (BGHR StPO § 354 II WirtschaftsStrK 1); § 209 a ist anzuwenden. In den Fällen des § 120 GVG ist das OLG zuständig (LR-Gössel 13). Für Jugendliche und Heranwachsende gelten die §§ 40, 41, 109 **JGG**(Düsseldorf JMBlNW **92**, 69; Stuttgart NStZ **88**, 225). 8

Hauptverhandlung ohne den Beschuldigten

415 **I Ist im Sicherungsverfahren das Erscheinen des Beschuldigten vor Gericht wegen seines Zustandes unmöglich oder aus Gründen der öffentlichen Sicherheit oder Ordnung unangebracht, so kann das Gericht die Hauptverhandlung durchführen, ohne daß der Beschuldigte zugegen ist.**

II In diesem Falle ist der Beschuldigte vor der Hauptverhandlung durch einen beauftragten Richter unter Zuziehung eines Sachverständigen zu vernehmen. Von dem Vernehmungstermin sind die Staatsanwaltschaft, der Beschuldigte, der Verteidiger und der gesetzliche Vertreter zu benachrichtigen. Der Anwesenheit des Staatsanwalts, des Verteidigers und des gesetzlichen Vertreters bei der Vernehmung bedarf es nicht.

III Fordert es die Rücksicht auf den Zustand des Beschuldigten oder ist eine ordnungsgemäße Durchführung der Hauptverhandlung sonst nicht möglich, so kann das Gericht im Sicherungsverfahren nach der Vernehmung des Beschuldigten zur Sache die Hauptverhandlung durchführen, auch wenn der Beschuldigte nicht oder nur zeitweise zugegen ist.

IV Soweit eine Hauptverhandlung ohne den Beschuldigten stattfindet, können seine früheren Erklärungen, die in einem richterlichen Protokoll enthalten sind, verlesen werden. Das Protokoll über die Vorvernehmung nach Absatz 2 Satz 1 ist zu verlesen.

V In der Hauptverhandlung ist ein Sachverständiger über den Zustand des Beschuldigten zu vernehmen. Hat der Sachverständige den Beschuldigten nicht schon früher untersucht, so soll ihm dazu vor der Hauptverhandlung Gelegenheit gegeben werden.

1 **1) Hauptverhandlung ohne den Beschuldigten** (I): Grundsätzlich findet auch im Sicherungsverfahren die Hauptverhandlung entspr § 230 I in Anwesenheit des Beschuldigten statt: er ist dann berechtigt, seine Prozeßrechte wahrzunehmen. I läßt aber die Durchführung der Hauptverhandlung ohne den Beschuldigten zu, wenn sein Erscheinen wegen seines Zustands unmöglich oder aus Gründen der öffentlichen Sicherheit oder Ordnung unangebracht ist. Will das Gericht nach I verfahren, so erläßt es einen entspr Beschluß, der begründet werden muß, und ordnet die Vorvernehmung nach II (unten 4 ff) an. Der abwesende Beschuldigte kann sich durch einen Verteidiger vertreten lassen (§ 234); da die Verteidigung notwendig ist (§ 140 I Nr 7), muß ein Verteidiger während der gesamten Ver-
2 handlung anwesend sein. **Wegen seines Zustands unmöglich** ist das Erscheinen des Beschuldigten etwa im Fall der Transportunfähigkeit, der Selbstmordgefahr (LR-Gössel 2) oder der drohenden Verschlimmerung seines Leidens. Die aus seinem geistigen Zustand folgende Verhandlungsunfähigkeit allein macht das Er-
3 scheinen nicht unmöglich. **Aus Gründen der öffentlichen Sicherheit oder Ordnung unangebracht** ist das Erscheinen des Beschuldigten zB, wenn Tobsuchtsanfälle, tätliche Angriffe, Ausbruchsversuche uä während des Transports oder in der Hauptverhandlung zu erwarten sind und dem durch Sicherungsmaßnahmen nicht begegnet werden kann (KMR-Paulus 5; LR-Gössel 2).

4 **2)** Die **Vorvernehmung** (II) ist eine Art kommissarische Vernehmung, vergleichbar mit der nach §§ 231 a I S. 1, 233 II. Sie soll dem Gericht wenigstens mittelbar einen Eindruck von der Persönlichkeit des Beschuldigten vermitteln und den Beschuldigten zu Worte kommen lassen.

5 A. **Durch einen beauftragten Richter,** dh durch ein Mitglied des erkennenden Gerichts, muß der Beschuldigte vernommen werden. Ist das Sicherungsverfahren beim AG anhängig, so muß der Vorsitzende des SchG oder der Strafrichter den Beschuldigten vernehmen. Die Vernehmung durch einen ersuchten Richter läßt II nicht genügen, weil nur die Vernehmung durch ein Mitglied des erkennenden Gerichts gewährleistet, daß an den Beschuldigten alle erforderlichen Fragen gestellt werden und die Notwendigkeit zusätzlicher Beweiserhebungen erkannt wird. Der mit der Vernehmung beauftragte Richter braucht an der Hauptverhandlung nicht teilzunehmen (BGH **2**, 1; LR-Gössel 3).

6 B. Unter **Hinzuziehung eines Sachverständigen** muß der Beschuldigte vernommen werden. Zum Sachverständigen ist idR ein Arzt zu bestellen (7 zu § 414), und zwar zweckmäßigerweise derjenige, der nach V in der Hauptverhandlung vernommen wird. Der Sachverständige muß während der ganzen Vernehmung anwesend sein; unschädlich ist seine Abwesenheit während unwesentlicher Teile der Vernehmung (RG **72**, 182; LR-Gössel 4; erg 37 ff zu § 338). Die Wahrnehmungen des Sachverständigen bei der Vernehmung werden durch seine eigene Vernehmung in die Hauptverhandlung eingeführt.

7 C. **Benachrichtigungspflicht:** Die Beteiligten müssen von Ort und Zeit der Vernehmung unterrichtet werden. Beim Beschuldigten ist nicht von Ladung die Rede, weil er häufig aufgrund eines Unterbringungsbefehls nach § 126 a verwahrt wird. Ist er auf freiem Fuß, so muß er entspr § 216 I S. 1 förmlich geladen werden

(LR-Gössel 4). Bei der Vernehmung müssen die übrigen Prozeßbeteiligten nicht anwesend sein (II S. 3).

3) Abwesenheit des Beschuldigten nach der Vernehmung zur Sache (III): 8
Liegen die Voraussetzungen des I nicht vor, so kann die Hauptverhandlung ohne den Beschuldigten aufgrund eines entspr Gerichtsbeschlusses nur durchgeführt werden, wenn er in ihr wenigstens zur Sache vernommen worden ist (dazu 24 ff zu § 243). Erscheint er überhaupt nicht, so gilt § 230. III betrifft nur den Fall, daß die ordnungsgemäße Durchführung der Hauptverhandlung nicht möglich ist, sei es mit Rücksicht auf den Zustand des Beschuldigten, insbesondere weil eine Verschlechterung seiner Gesundheit durch die weitere Verhandlung in seiner Anwesenheit zu befürchten wäre, sei es aus einem sonstigen Grund, zB weil der in Erregung geratene Beschuldigte die Verhandlung ständig stört (LR-Gössel 6). Die Ermächtigung, den Beschuldigten zwangsweise aus dem Sitzungssaal zu entfernen, enthält III nicht; dafür gelten § 247 und § 177 GVG. Nimmt der Beschuldigte vor der Urteilsverkündung wieder an der Hauptverhandlung teil, so ist seine **Unter-** 9
richtung über den wesentlichen Inhalt dessen, was während seiner Abwesenheit ausgesagt oder sonst verhandelt worden ist, nicht unbedingt erforderlich; § 247 I S. 3 ist nicht entspr anwendbar (BGH 5 StR 544/59 vom 15. 12. 1959 zu § 429 c aF; **aM** Rüping in Bonner Komm 71 zu Art 103 I GG). Die Unterrichtung kann aber im Rahmen der Sachaufklärungspflicht geboten sein (KMR-Paulus 12; weitergehend LR-Gössel 7: nobile officium).

4) Verlesung von richterlichen Vernehmungsprotokollen (IV): Im Fall des 10
I ist die Verlesung der Niederschrift über die Vorvernehmung nach II (oben 4 ff) zwingend vorgeschrieben (IV S. 2). Andere richterliche Vernehmungsprotokolle, auch aus einem gegen den Beschuldigten zunächst betriebenen Strafverfahren (LR-Gössel 6), können verlesen werden (IV S. 1). Auch im Fall des III kann bei Abwesenheit des Beschuldigten eine richterliche Vernehmungsniederschrift verlesen werden (IV S. 1). Für die Verlesung, die keinen Gerichtsbeschluß erfordert, gelten die Einschränkungen des § 254 nicht (LR-Gössel 6).

5) Mitwirkung eines Sachverständigen (V): Die Vorschrift ergänzt § 414 III 11
und erweitert § 246 a. Sie schreibt die Vernehmung eines Sachverständigen (nicht seine ständige Anwesenheit in der Hauptverhandlung) zwingend vor, auch wenn es in dem Sicherungsverfahren nur um die Anordnung nicht freiheitsentziehender Sicherungsmaßregeln geht. IdR wird ein Arzt zum Sachverständigen bestellt (7 zu § 414).

6) Rechtsmittel: Der Beschluß nach I, die Hauptverhandlung ohne den Be- 12
schuldigten durchzuführen, ist nicht mit der Beschwerde anfechtbar (§ 305 S. 1); § 231 a III S. 3 gilt nicht entspr (Koblenz MDR **76**, 602). Entsprechendes gilt im Fall des III. Wurde in Abwesenheit des Beschuldigten verhandelt, ohne daß die Voraussetzungen des I oder III vorlagen, so besteht der zwingende Revisionsgrund des § 338 Nr 5.

Überleitung in das Strafverfahren

416 **I Ergibt sich im Sicherungsverfahren nach Eröffnung des Hauptverfahrens die Schuldfähigkeit des Beschuldigten und ist das Gericht für das Strafverfahren nicht zuständig, so spricht es durch Beschluß seine Unzuständigkeit aus und verweist die Sache an das zuständige Gericht. § 270 Abs. 2 und 3 gilt entsprechend.**

II Ergibt sich im Sicherungsverfahren nach Eröffnung des Hauptverfahrens die Schuldfähigkeit des Beschuldigten und ist das Gericht auch für das Strafverfahren zuständig, so ist der Beschuldigte auf die veränderte Rechtslage hinzuweisen und ihm Gelegenheit zur Verteidigung zu geben. Behauptet er,

auf die Verteidigung nicht genügend vorbereitet zu sein, so ist auf seinen Antrag die Hauptverhandlung auszusetzen. Ist auf Grund des § 415 in Abwesenheit des Beschuldigten verhandelt worden, so sind diejenigen Teile der Hauptverhandlung zu wiederholen, bei denen der Beschuldigte nicht zugegen war.

III Die Absätze 1 und 2 gelten entsprechend, wenn sich im Sicherungsverfahren nach Eröffnung des Hauptverfahrens ergibt, daß der Beschuldigte verhandlungsfähig ist und das Sicherungsverfahren wegen seiner Verhandlungsunfähigkeit durchgeführt wird.

1 **1)** Die **Überleitung des Sicherungsverfahrens in das Strafverfahren** läßt die Vorschrift zu, nicht (auch nicht mit Zustimmung der StA) die Überleitung des Strafverfahrens in das Sicherungsverfahren (BGHR § 396 Anschlußbefugnis 1). Das gilt schon im Eröffnungsverfahren; das Gericht darf das Sicherungsverfahren auf eine Anklageschrift nur eröffnen, wenn die StA das hilfsweise beantragt hat (3 zu § 414). Nach Eröffnung des Hauptverfahrens muß das Strafverfahren durchgeführt werden (LR-Gössel 7). Bei Schuldunfähigkeit ist der Angeklagte freizusprechen und eine Sicherungsmaßregel anzuordnen, wenn das zulässig und geboten ist. Stellt sich seine dauernde Verhandlungsunfähigkeit heraus, so wird das Verfahren aber nicht nach § 206a oder § 260 III eingestellt (**aM** KG OLGSt Nr 1; KK-Fischer 10; Schlüchter 804), sondern (mit Zustimmung der StA) mit dem Ziel der Anordnung der Sicherungsmaßregel fortgeführt (LR-Gössel 7; vgl auch Peters 572: Weiterführung im Sicherungsverfahren).

2 **2) Einzelheiten**

3 A. Die **Überleitung muß stattfinden,** wenn hinreichend wahrscheinlich ist, daß der Beschuldigte schuld- oder verhandlungsfähig ist (LR-Gössel 1; **aM** KK-Fischer 1; KMR-Paulus 7: nur wenn das feststeht). Auf neue Tatsachen oder Beweismittel braucht diese andere Beurteilung nicht gestützt zu werden. Solange nur Zweifel daran bestehen, ob die Voraussetzungen für das Sicherungsverfahren und die selbständige Anordnung der Maßregel vorliegen, ist die Überleitung nicht zulässig. Sie findet auch nicht statt, wenn nicht geklärt werden kann, ob der Beschuldigte bei der Tat schuldunfähig oder nur vermindert schuldfähig war und für das Strafverfahren kein höheres Gericht zuständig wäre (BGH **16**, 198 = JZ **62**, 501 mit Anm Sax; vgl auch KMR-Paulus 8: nur wenn Gericht zuständig ist).

4 B. **Schon im Eröffnungsverfahren** ist, über den Wortlaut des § 416 hinaus, die Überleitung in das Strafverfahren möglich (LR-Gössel 2); die Antragsschrift ist stets hilfsweise zugleich Anklageschrift (4 zu § 414). Wenn das Gericht die Voraussetzungen für das Strafverfahren für gegeben hält, muß es daher so verfahren, als liege eine Anklageschrift vor (LR-Gössel 2; Peters 572). Eine Zuständigkeitsverschiebung im Eröffnungsverfahren richtet sich nach § 209).

5 C. Im **Hauptverfahren** ist die Überleitung nach I–III zulässig, wenn sich die Schuld- oder Verhandlungsfähigkeit des Beschuldigten ergibt, und zwar vor oder in der Hauptverhandlung, auch nach deren Aussetzung. Die Möglichkeit der Überleitung entfällt mit der vollständigen Verkündung des Urteils, entsteht aber erneut nach Zurückweisung der Sache durch das Revisionsgericht (BGH **11**, 319; LR-Gössel 6).

6 a) Bei **Unzuständigkeit des Gerichts für das Strafverfahren** (I) spricht es durch Beschluß seine Unzuständigkeit aus und verweist die Sache an das zuständige Gericht. Das gilt auch für den Fall, daß ein niederes Gericht zuständig ist; § 269 gilt hier nicht (BGH **21**, 334, 357; KK-Fischer 3; LR-Gössel 3; Schlüchter 802). Die Verweisung an ein Gericht mit besonderer Zuständigkeit (§ 74e GVG) setzt voraus, daß rechtzeitig der Einwand nach § 6a S. 2, 3 erhoben worden ist. Der Inhalt des Verweisungsbeschlusses richtet sich nach § 270 II (dort 15f), seine Wirkung nach § 270 III (dort 18).

b) Bei **Zuständigkeit des Gerichts auch für das Strafverfahren** (II) ist der Beschuldigte lediglich auf die veränderte Rechtslage hinzuweisen und ihm Gelegenheit zur Verteidigung zu geben (II S. 1). Das Sicherungsverfahren geht dadurch ohne weiteres in ein Strafverfahren über. Nach II S. 2 kann der Beschuldigte mit der Behauptung, er sei auf die Verteidigung nicht genügend vorbereitet, die Aussetzung der Verhandlung, also nicht nur ihre Unterbrechung nach § 229 I, verlangen. Über den Zeitraum entscheidet das Gericht nach pflichtgemäßem Ermessen (BGH **13**, 121; LR-Gössel 5). Nur wenn der Beschuldigte sich damit begnügt, eine Unterbrechung der Verhandlung zu beantragen, kann er auch deren Dauer bestimmen (BGH aaO). Hatte im Sicherungsverfahren eine Abwesenheitsverhandlung nach § 415 I oder III stattgefunden, so ist eine **Wiederholung der Hauptverhandlung** in dem Umfang erforderlich, in dem der Beschuldigte nicht zugegen war (II S. 3). Die Hauptverhandlung muß also im Fall des § 415 I vollständig wiederholt werden, im Fall des § 415 III, soweit der Beschuldigte abwesend war. Die in dem zu wiederholenden Teil der Verhandlung gewonnenen Beweisergebnisse sind unverwertbar. 7 8

3) **Rechtskraftwirkung der Entscheidung im Sicherungsverfahren:** War das Sicherungsverfahren wegen Schuldunfähigkeit betrieben worden, so verbraucht ein rechtskräftiges, auf Anordnung der Maßregel oder Ablehnung des Antrags der StA lautendes Urteil die Strafklage sowohl für den Strafanspruch als auch für den Sicherungsanspruch (BGH **11**, 319, 322; **16**, 198, 199; RG **69**, 170, 172; LR-Gössel 34; beide zu § 414; Hanack JZ **74**, 57). Die Durchführung eines Strafverfahrens über denselben Sachgegenstand ist daher auch dann unzulässig, wenn sich nach Urteilsrechtskraft die Schuldfähigkeit des Beschuldigten herausstellt (Hamm JMBlNW **49**, 202; LR-Gössel 35 zu § 414; Schlüchter 805) oder wenn sich aufgrund neuer Tatsachen ergibt, daß die Gemeingefährlichkeit des Täters, die das Urteil verneint hat, doch gegeben ist (BGH **11**, 319, 322; AK/StPO-Keller 16 und LR-Gössel 36, je zu § 414; Schlüchter 805; **aM** Peters 572). Das rechtskräftige Urteil im Sicherungsverfahren wegen Verhandlungsunfähigkeit verbraucht die Strafklage ebenfalls in vollem Umfang (LR-Gössel 32 zu § 414). Umgekehrt hindert ein Strafverfahren wegen derselben Tat den Antrag nach § 413. Das gilt auch, wenn die StA von vornherein nur eine begrenzte Sachentscheidung erstrebt hatte (KK-Fischer 23 zu § 414; Schlüchter 805; vgl auch LR-Gössel 33). 9

2 a. Abschnitt. Beschleunigtes Verfahren
RiStBV 146

Vorbemerkungen

1) Eine **besondere Verfahrensart** wie das Strafbefehlsverfahren (§§ 407 ff) und das Sicherungsverfahren (§§ 413 ff) ist das beschleunigte Verfahren, das früher in §§ 212 ff geregelt war, durch das Verbrechensbekämpfungsgesetz aber zutr in das 6. Buch eingestellt worden ist. Durch einige Änderungen (vgl dazu bei den einzelnen Vorschriften) erhoffte sich der Gesetzgeber eine breitere Anwendung, nachdem zuvor nur etwa 4% aller amtsgerichtlichen Verfahren nach dieser Verfahrensart durchgeführt worden sind; diese Hoffnung hat sich bisher nicht erfüllt (vgl Bürgle StV **98**, 514 mit Darlegung der dafür verantwortlichen Gründe). Zusammenfassend zu §§ 417 ff: Schröer, Das beschleunigte Strafverfahren gem. §§ 417 ff. StPO, 1998, zugl Diss Passau 1997/98. 1

2) Die **Besonderheiten** gegenüber dem Normalverfahren bestehen darin, daß die Anklage mündlich erhoben werden kann (§ 418 III), eine Ladung des Beschuldigten nur erfolgt, wenn er sich nicht freiwillig zur Hauptverhandlung stellt oder nicht dem Gericht vorgeführt wird (§ 418 II S. 1), daß im Falle einer Ladung die Ladungsfrist auf 24 Stunden verkürzt ist (§ 418 II S. 3), ein Eröffnungsbeschluß 2

nicht erlassen wird (§ 418 I) und daß das Beweisantragsrecht eingeschränkt wird sowie bei der Beweisaufnahme die Vernehmung von Zeugen, Sachverständigen und Mitbeschuldigten in weit größerem Umfang als im gewöhnlichen Verfahren durch Verlesung ihrer Äußerungen ersetzt werden darf (§ 420). Die Erleichterungen in der Hauptverhandlung nach § 420 sind der wesentliche Punkt, in dem sich das jetzige beschleunigte Verfahren von dem früheren nach §§ 212ff, in dem Normal- und beschleunigtes Verfahren in der Hauptverhandlung nach denselben Regeln abliefen, unterscheidet. Eine Besonderheit ist auch die vorläufige Festnahme und die Anordnung der (befristeten) Haft zur Sicherstellung der Durchführung des beschleunigten Verfahrens nach § 127b.

3 3) **Nicht bedenkenfrei** ist eine solche beschleunigte Verfahrensart; denn die Regeln des „Normalverfahrens" sind wohlüberlegt und die Gefahr, daß ein „kurzer Prozeß" zu ungerechten Ergebnissen führen kann, ist nicht zu leugnen (vgl Scheffler NJW **94**, 2191). Zwar mag es pädagogisch richtig sein, daß „die Strafe der Tat auf dem Fuße folgen" soll (zw Neumann StV **94**, 276; Scheffler aaO 2195), aber ebenso richtig und wichtig ist, daß Strafverfahren in einer „Atmosphäre ruhiger Gelassenheit" ablaufen sollten (Schünemann NJW **68**, 975). Im Gegensatz zum Gesetzgeber des Verbrechensbekämpfungsgesetzes wird daher in der Literatur auch die gänzliche Abschaffung dieser Verfahrensart gefordert (Herzog ZRP **91**, 125; Scheffler NJW **94**, 2195; anders aber Fezer ZStW **106**, 37), zumal mit einem zügig durchgeführten „Normalverfahren" derselbe Effekt erzielt werden kann (Scheffler
4 aaO). Das beschleunigte Verfahren ist jedenfalls **nur zulässig**, wenn dem Beschuldigten ausreichende Zeit und Gelegenheit zur Vorbereitung seiner Verteidigung gegeben wird (Art 6 III Buchst b **MRK**); es kommt nicht in Betracht, wenn es den Beschuldigten in seiner Verteidigung beeinträchtigen würde (Dähn Baumann-FS 356; RiStBV 146 I S. 2). Vgl auch die Richtlinien zur Anwendung des beschleunigten Verfahrens SchlHA **98**, 228.

5 4) **Besondere Bedenken** ergeben sich durch die gegenüber §§ 212ff aF vorgenommenen Änderungen: Es werden damit zwei verschiedene Verfahrensarten für die Hauptverhandlung vor dem Amtsgericht eingeführt, was zumindest wenig glücklich erscheint (scharf abl Wächtler StV **94**, 160); jedenfalls wird aber dem – möglicherweise unverteidigten (vgl § 418 IV) – Angeklagten die schwierige Entscheidung abverlangt, ob er sich auf die in § 420 I, II vorgesehenen „Erleichterungen" einlassen soll (§ 420 III; vgl Scheffler NJW **94**, 2195). Äußerst mißlich ist auch, daß nun bei einer zu erwartenden Freiheitsstrafe von mindestens 6 Monaten im beschleunigten Verfahren ein Verteidiger mitwirken muß (§ 418 IV), im Normalverfahren aber nicht (vgl § 140 II). Es ist zu befürchten, daß der Richter am Amtsgericht sich die Frage stellen wird, ob er im beschleunigten Verfahren mit Verteidiger oder lieber im Normalverfahren ohne Verteidiger verhandeln will. Eine verfehlte Entwicklung, die schon mit § 408b durch das RpflEntlG eingeleitet
6 worden ist (vgl 6 zu § 408b), ist damit fortgesetzt worden. Auch die **Einschränkung im Beweisaufnahmerecht** erscheint bedenklich. Zwar ist die Nichtanwendung des § 244 III – V im amtsgerichtlichen Verfahren durchaus hinnehmbar (vgl auch Schlothauer StV **95**, 47 aE), wenn diesem ein Berufungsverfahren ohne jede Vorbedingung und mit allen rechtsstaatlichen Garantien folgt (**aM** Scheffler NJW **94**, 2193). Da das RpflEntlG aber durch Einführung des Annahmeverfahrens (§ 313) die Berufung gerade im Bagatellverfahren-Bereich eingeschränkt hat, kann dies dahin führen, daß dem Angeklagten die Durchsetzung eines von ihm für erheblich gehaltenen Entlastungsbeweises unmöglich gemacht wird. Das ist zwar noch nicht verfassungswidrig (Frankfurt NStZ-RR **97**, 273); aber was im Privatklageverfahren (§ 384 III) und im Ordnungswidrigkeitenverfahren (§ 77 II OWiG) vertretbar ist, erscheint für das Offizial-Strafverfahren unzureichend. Insgesamt sind damit „die mit dieser besonderen Verfahrensart verbundenen Gefahren für einen rechtsstaatlichen Prozeß größer als die sich für eine Entlastung der Strafjustiz wie

für eine Berücksichtigung berechtigter Belange des Beschuldigten ergebenden Chancen" (Loos/Radtke NStZ **96**, 11).

Antragstellung

417 Im Verfahren vor dem Strafrichter und dem Schöffengericht stellt die Staatsanwaltschaft schriftlich oder mündlich den Antrag auf Entscheidung im beschleunigten Verfahren, wenn die Sache aufgrund des einfachen Sachverhalts oder der klaren Beweislage zur sofortigen Verhandlung geeignet ist.

1) Anwendungsbereich: IdR wird das beschleunigte Verfahren nur vor dem 1
Strafrichter (§ 25 GVG) in Betracht kommen, und zwar vor allem dann, wenn die StA beabsichtigt, die Verhängung einer Freiheitsstrafe unter 6 Monaten mit oder ohne Strafaussetzung zur Bewährung zu beantragen, da bei Versagung der Bewährung das sonst einfachere Strafbefehlsverfahren unzulässig ist (§ 407 II S.2) und bei deren Bewilligung das Strafbefehlsverfahren die Mitwirkung eines Verteidigers erfordert (§ 408 b); bei einer – hier zulässigen (§ 419 I) – zu erwartenden Freiheitsstrafe von 6 Monaten bis zu 1 Jahr wird hingegen wegen der Notwendigkeit der Verteidigerbestellung (§ 418 IV) das beschleunigte Verfahren wenig zur Anwendung kommen (erg 5 vor § 417). Ein weiterer Anwendungsbereich für das beschleunigte Verfahren ergibt sich aber für Fälle, in denen die StA eine Hauptverhandlung für erforderlich erachtet (§ 407 I S. 2) sowie nach Anordnung der Hauptverhandlungshaft (§ 127 b; vgl dazu Hellmann NJW **97**, 2147, der aber der Ansicht ist, das beschleunigte Verfahren komme vor allem bei zu erwartenden Geldstrafen in Betracht). Beim **SchG** ist für das beschleunigte Verfahren nach 2
Änderung des § 25 GVG durch das RpflEntlG nur noch Raum bei Verbrechen, falls die Verhängung der Mindeststrafe genügt oder wenn wegen eines eingreifenden Strafmilderungsgrundes (zB §§ 21, 23 II, 27 II S. 2 StGB) nur eine Freiheitsstrafe bis zu einem Jahr zu erwarten ist (Loos/Radtke NStZ **96**, 8). Eine Verweisung an ein höheres Gericht nach § 270 findet nicht statt (RG **68**, 332, 334); vielmehr ist bei fehlender sachlicher Zuständigkeit nach § 419 I S. 1 die Verhandlung im beschleunigten Verfahren abzulehnen (allgM). Vor dem **erweiterten** 3
SchG kann schon deshalb nicht nach §§ 417 ff verfahren werden, weil ein Eröffnungsbeschluß, in dem allein nach § 29 II S. 1 GVG die Zuziehung des 2. Amtsrichters beschlossen werden kann, nicht erlassen wird (6 zu § 29 GVG). Gegen **Jugendliche** schließt § 79 II **JGG** das beschleunigte Verfahren aus; an seine Stelle 4
tritt das vereinfachte Jugendverfahren nach §§ 76 ff **JGG**. Für Heranwachsende gilt § 79 II **JGG** nicht; wird gegen sie im beschleunigten Verfahren verhandelt, entfallen aber die Einschränkungen für das Rechtsmittelverfahren nach § 55 I und II **JGG** (§ 109 I, II **JGG**). Gegen **Mitglieder einer ausländischen Truppe,** eines 5
zivilen Gefolges oder gegen Angehörige dürfen die §§ 417 ff nicht angewendet werden (Art 27 **NTS-ZA**, in dem allerdings die alte Bezifferung §§ 212 ff nicht geändert worden ist). Im **Privatklageverfahren** gelten die Vorschriften ebenfalls 6
nicht. Die Beteiligung als **Nebenkläger** ist auch im beschleunigten Verfahren 7
möglich; der Anschluß wird wirksam, wenn die StA den Antrag nach § 417 stellt.

2) Antrag der StA: 8

A. Eine **besondere Prozeßvoraussetzung** des beschleunigten Verfahrens ist 9
der Antrag; sein Fehlen führt zur Einstellung nach §§ 206 a, 260 III. Die StA, der nach § 212 aF ein Ermessen zustand, ob sie den Antrag stellen wollte, ist nun **verpflichtet** (ähnlich schon RiStBV 146 I S.1) den Antrag zu stellen, wenn die 10
Voraussetzungen des § 417 gegeben sind und § 419 I S. 2 nicht entgegensteht. Läßt sich die Sache durch Strafbefehl erledigen (§ 407), ist die Stellung eines Strafbefehlsantrages als weniger aufwendige Erledigungsart aber vorzuziehen (vgl

BT-Drucks 12/6853 S. 107). Der Beschuldigte hat weder ein Antrags- noch ein Widerspruchsrecht (Scheffler 121; für Zustimmung des Beschuldigten *de lege ferenda*
11 Dähn Baumann-FS 356; Scheffler NJW **94**, 2192). **Schriftlich oder mündlich** kann der Antrag bei dem zuständigen Gericht gestellt werden. Der schriftliche Antrag kann, muß aber nicht mit einer Anklageschrift verbunden werden (§ 418 III S. 1). Wird eine Anklageschrift eingereicht, so muß sie den Erfordernissen des § 200 I S. 1 entsprechen; ein wesentliches Ermittlungsergebnis ist aber auch bei einer SchG-Anklage entbehrlich (LR-Rieß 4 zu § 212a). Nur für den Fall, daß eine Anklageschrift nicht eingeht, schreibt § 418 III S. 2 die mündliche Erhebung der Anklage vor (dazu RiStBV 146 II). Auch sie muß den Anforderungen des § 200 I S. 1 entsprechen (LR-Rieß 4 zu § 212a). Ist sie unterblieben, so kann der schriftliche Antrag als Anklageschrift angesehen werden, wenn er den Erfordernissen des § 200 I genügt (Hamburg NJW **66**, 2179; VRS **39**, 353). Wird der Antrag mündlich gestellt, so muß sein wesentlicher Inhalt im Sitzungsprotokoll beurkundet werden (RG **68**, 108, 110).

12 B. **Zeitpunkt:** Der Antrag kann frühestens nach Abschluß der Ermittlungen gestellt werden, was nach § 169a in den Akten vermerkt werden muß. Daß bereits eine Anklage nach § 199 II S. 1 erhoben worden ist, steht nicht entgegen; in der Antragstellung nach § 417 liegt ihre Zurücknahme (LR-Rieß 18 zu § 212). Entsprechendes gilt für den Strafbefehlsantrag (Frankfurt DAR **60**, 265; LR-Rieß aaO). Nach Eröffnung des Hauptverfahrens ist der Antrag nicht mehr zulässig (Bay **87**, 55 = OLGSt § 212 Nr 1 mit Anm Rieß; KMR-Fezer 6; **aM** KK-Tolksdorf 5; SK/StPO-Paeffgen 10). Ist der Erlaß des Eröffnungsbeschlusses versehentlich unterblieben, so kann der Antrag noch bis zum Beginn der Vernehmung des Angeklagten zur Sache gestellt werden (Oldenburg NJW **60**, 352).

13 C. Die **Zurücknahme** des Antrags ist bis zum Beginn der Vernehmung des Beschuldigten zur Sache in der Hauptverhandlung zulässig (Oldenburg NJW **61**, 1127; KMR-Fezer 8; **aM** Bay **97**, 172 = NJW **98**, 2152; Celle JR **84**, 74 mit Anm Meyer-Goßner = NStZ **83**, 233 mit Anm Treier; KK-Tolksdorf 6; SK/StPO-Paeffgen 11: bis zur Urteilsverkündung; vgl auch BGH **15**, 313, 315).

14 **3)** Einen **einfachen Sachverhalt oder eine klare Beweislage** setzt der Antrag
15 der StA voraus. Ein **einfacher Sachverhalt** liegt vor, wenn dieser für alle Verfahrensbeteiligten leicht überschaubar ist. Nicht einfach ist idR der Sachverhalt, wenn dem Beschuldigten eine Vielzahl von Straftaten vorgeworfen wird oder wenn Anlaß besteht, die Person des Beschuldigten und sein Vorleben genau zu erforschen (Schünemann NJW **68**, 975; vgl auch RiStBV 146 I S. 2). Rechtliche Schwierigkeiten berühren die Einfachheit des Verfahrens aber im allgemeinen nicht (LR-
16 Rieß 22 zu § 212; **aM** Loos/Radtke NStZ **95**, 572). Eine **klare Beweislage** ist vor allem gegeben, wenn der Beschuldigte geständig ist oder genügende und sichere Beweismittel zur Verfügung stehen (erg 4 vor § 417). Daß der Beschuldigte die Tat bestreitet, macht die Beweislage somit noch nicht ohne weiteres schwierig; die Notwendigkeit einer umfangreichen Beweisaufnahme steht dem Verfahren nach §§ 417 ff aber entgegen (Dähn Baumann-FS 355; Schultz DAR **57**, 93). Nach dem Gesetzestext sollen ein einfacher Sachverhalt *oder* die klare Beweislage genügen; idR wird aber beides vorliegen müssen, da sich weder ein einfacher Sachverhalt bei schwieriger Beweislage noch ein schwieriger Sachverhalt bei klarer Beweislage zur sofortigen Verhandlung eignen werden (Stuttgart StV **98**, 585; Loos/Radtke aaO; Sprenger NStZ **97**, 574; **aM** König/Seitz NStZ **95**, 4). Die
17 **Möglichkeit sofortiger Verhandlung** besteht nur, wenn die Hauptverhandlung in erheblich kürzerer Zeit als im gewöhnlichen Verfahren durchgeführt werden kann (Düsseldorf NStZ **97**, 613 mit zust Anm Radtke und zust Anm Scheffler NStZ **98**, 370 und 371; erg 5 zu § 418; 3 zu § 419). Die Beweismittel müssen daher sofort verfügbar sein (Schultz DAR **57**, 93) und die Geschäftslage des Gerichts muß es ermöglichen, die Hauptverhandlung sofort oder innerhalb kurzer Zeit stattfinden zu lassen. Ob die Sache zur sofortigen Verhandlung geeignet ist,

hat nicht erst das Gericht nach § 419 I, sondern bereits die StA vor der Antragstellung zu prüfen (vgl dazu RV GStA SchlHA **95**, 184). Der Gesetzgeber geht davon aus, daß zur vermehrten Anwendung des beschleunigten Verfahrens „flankierende organisatorische Maßnahmen" (zB Bereitschaftsdienste bei StA und Gericht, Schreibkräfte, Dolmetscher usw) getroffen werden (BT-Drucks 12/6853 S. 36).

Ladung, Anklage, Verteidigung

418 **I Stellt die Staatsanwaltschaft den Antrag, so wird die Hauptverhandlung sofort oder in kurzer Frist durchgeführt, ohne daß es einer Entscheidung über die Eröffnung des Hauptverfahrens bedarf.**

II Der Beschuldigte wird nur dann geladen, wenn er sich nicht freiwillig zur Hauptverhandlung stellt oder nicht dem Gericht vorgeführt wird. Mit der Ladung wird ihm mitgeteilt, was ihm zur Last gelegt wird. Die Ladungsfrist beträgt vierundzwanzig Stunden.

III Der Einreichung einer Anklageschrift bedarf es nicht. Wird eine solche nicht eingereicht, so wird die Anklage bei Beginn der Verhandlung mündlich erhoben und ihr wesentlicher Inhalt in das Sitzungsprotokoll aufgenommen.

IV Ist eine Freiheitsstrafe von mindestens sechs Monaten zu erwarten, so wird dem Beschuldigten, der noch keinen Verteidiger hat, für das beschleunigte Verfahren vor dem Amtsgericht ein Verteidiger bestellt.

1) **Ohne Entscheidung über die Eröffnung des Hauptverfahrens** wird über 1
den Antrag der StA entschieden (I). Die §§ 201, 202 sind nicht anzuwenden, ebensowenig § 205 (LR-Rieß 8 zu § 212 a). Jedoch muß das Gericht wie im
gewöhnlichen Strafverfahren das Vorliegen der **Prozeßvoraussetzungen** (Einl 2
141 ff) von Amts wegen prüfen. Die Prüfung der örtlichen Zuständigkeit endet mit dem Beginn der Vernehmung des Angeklagten zur Sache (LR-Rieß 13 zu § 212 a; **aM** LR-Wendisch 5 zu § 16: erst mit der Urteilsverkündung; erg 2 zu § 16). Die entspr Anwendung der §§ 209 II, 408 I S.2, 3 bei Zuständigkeitskonflikten innerhalb des AG kommt nicht in Betracht (KK-Tolksdorf 3; **aM** LR-Rieß 15 zu § 212 a). Fehlt es an einer Prozeßvoraussetzung, so wird nicht das Verfahren eingestellt, sondern die Entscheidung im beschleunigten Verfahren nach § 419 I S. 1 abgelehnt. Das gilt auch beim Fehlen der örtlichen Zuständigkeit. Das Gericht ist berechtigt und nach nunmehr ganz hM auch verpflichtet, anhand der Akten zu
prüfen, ob **hinreichender Tatverdacht** besteht (AK/StPO-Loos 2 zu § 212 a; 3
KK-Tolksdorf 2; LR-Rieß 9 ff zu § 212 a; Loos/Radtke NStZ **95**, 574; SK/StPO-Paeffgen 9). Das Fehlen des hinreichenden Tatverdachts führt zur Ablehnung der Entscheidung im beschleunigten Verfahren nach § 419 I S.1 (Loos/Radtke NStZ **96**, 7).

2) **Rechtshängig** wird die Sache mit dem Beginn der Vernehmung des Ange- 4
klagten zur Sache (Bay **87**, 55 = MDR **88**, 77; Oldenburg NJW **61**, 1127; JR **83**, 302 mit Anm Wagner; Meyer-Goßner JR **84**, 76; Treier NStZ **83**, 234). Die Rechtshängigkeit ist aber auflösend bedingt; sie entfällt, wenn das Gericht nach § 419 I S. 1, II S. 1 die Entscheidung im beschleunigten Verfahren ablehnt (Bay aaO), nicht aber bei verspäteter und daher unzulässiger Ablehnung der Entscheidung im beschleunigten Verfahren (Oldenburg JR **83**, 302 mit Anm Wagner).

3) Die **Hauptverhandlung** wird sofort durchgeführt oder mit kurzer (in 5
§ 212 a aF hieß es: kürzester) Frist anberaumt (I); gedacht ist an eine Zeitspanne von 1 bis 2 Wochen (Stuttgart NJW **98**, 3134; StV **98**, 585; Loos/Radtke NStZ
95, 573). Die **Ladung** des Beschuldigten ist nicht erforderlich, wenn er sich 6
freiwillig stellt oder dem Gericht (zwangsweise oder jedenfalls ohne seinen Willen)

nach § 128 oder aus der Hauptverhandlungshaft (§ 127 b II), UHaft, Strafhaft oder einer sonstigen Verwahrung (LR-Rieß 21 zu § 212 a) vorgeführt wird (II S. 1). Eine freiwillige Gestellung liegt immer vor, wenn der Beschuldigte sich dem Gericht zur Verhandlung zur Verfügung stellt (LR-Rieß 20 zu § 212 a), zB wenn er an der Gerichtsstelle anwesend ist und sein Einverständnis mit der Mitverhandlung einer anderen Sache in dem Verfahren nach §§ 417 ff erklärt (KG DAR **56**, 334) oder wenn er sich in Haft befindet und seine Vorführung zur Verhandlung verlangt (RG **66**, 108, 111). Die Ladung kann auch entbehrlich sein, wenn mit freiwilliger Gestellung oder alsbaldiger Vorführung zu rechnen ist. Liegen diese
7 Voraussetzungen nicht vor, so muß der Beschuldigte unter **Beachtung der §§ 214, 216–218** geladen werden; dabei wird ihm mitgeteilt, was ihm zur Last gelegt wird (II S. 2), also entweder die Anklageschrift zugestellt oder, wenn keine eingereicht ist, in der Ladung oder einem beigefügten Schriftstück den Erfordernissen des § 200 I S. 1 entspr mitgeteilt, worin der Tatvorwurf besteht (Tatbeschrei-
8 bung, Angabe der gesetzlichen Merkmale und des Strafgesetzes). Die **Ladungsfrist** beträgt 24 Stunden (II S. 3); der Fristbeginn ist die Stunde der Zustellung (allgM). Bei der Bemessung der Frist ist der Rechtsanspruch des Beschuldigten aus Art 6 III Buchst b **MRK** zu beachten (4 vor § 417; Bandisch StV **94**, 158); der Gesetzgeber hat es bei dieser äußerst knappen Frist trotz der dagegen geäußerten Bedenken (vgl LR-Rieß 24 zu § 212 a) belassen. Wenn der Beschuldigte einer längeren Vorbereitungszeit bedarf, muß die Frist entweder verlängert oder die Verhandlung im beschleunigten Verfahren abgelehnt werden (BT-Drucks 12/6853 S.36). Für die
9 **Durchführung der Hauptverhandlung** gelten grundsätzlich die allgemeinen Vorschriften; Ausnahmen bestehen jetzt aber (anders früher vgl 2 vor § 417) nach § 420 (vgl dort). Liegt eine schriftliche Anklage vor, so wird nach § 243 III S.1 der Anklagesatz verlesen (Hamburg VRS **39**, 353). Andernfalls tritt an die Stelle der Verlesung die mündliche Erhebung der Anklage, die ebenso wie ihr wesentlicher Inhalt (III S. 2) in das Sitzungsprotokoll aufzunehmen ist (RG **66**, 108, 110; LR-Rieß 7 zu § 212 a). Bei unentschuldigtem Ausbleiben des ordnungsgemäß geladenen Angeklagten kann nach § 230 II seine Vorführung angeordnet werden; ein Haftbefehl darf idR nicht erlassen werden (Hamburg NStZ **83**, 40 mit Anm Deumeland; LR-Rieß 26 zu § 212 a). Stellt sich in der Hauptverhandlung heraus, daß die Sache zur Verhandlung im beschleunigten Verfahren nicht geeignet ist, so wird nach § 419 II S. 1 verfahren.

10 **4) Bestellung eines Verteidigers** (IV):

11 A. **Antragstellung**: Wenn eine Freiheitsstrafe von mindestens 6 Monaten – mit oder ohne Strafaussetzung zur Bewährung, als Einzel- oder Gesamtstrafe (Bremen StraFo **98**, 124) – zu erwarten ist und das beschleunigte Verfahren durchgeführt werden soll, muß dem Beschuldigten ein Verteidiger bestellt werden. In diesem Falle beantragt der StA zugleich mit dem Antrag nach § 417 die Verteidigerbestellung. Eine vorherige Antragstellung kommt nicht in Betracht (**aM** SK/StPO-Paeffgen 19); denn anders als in § 408 b S.2 ist in IV die Vorschrift des § 141 III nicht in Bezug genommen (ebenso KMR-Fezer 13). Schon wegen der in I verlangten Durchführung des Verfahrens „in kurzer Frist" ist dies auch schwerlich
12 möglich. Der **Richter** hat dem Antrag zu entsprechen, wenn er die Sache im beschleunigten Verfahren verhandeln will und die Ansicht der StA, es komme eine Freiheitsstrafe von mindestens 6 Monaten in Betracht, teilt. Ergibt sich erst im Laufe der Verhandlung, daß eine Freiheitsstrafe von mindestens 6 Monaten erforderlich ist, muß der Richter entweder die Entscheidung im beschleunigten Verfahren ablehnen (§ 419) oder nachträglich einen Verteidiger bestellen und in dessen Anwesenheit die wesentlichen Teile der Verhandlung wiederholen (Bay **98**, 10 = NStZ **98**, 372; StV **98**, 367 L). Lehnt der Richter die Verhandlung im beschleunigten Verfahren ab, ist damit auch der Antrag auf Verteidigerbestellung erledigt. Wird hingegen ein Verteidiger beigeordnet, so muß sich aus der Bestellung ergeben, daß sie nur für das beschleunigte Verfahren vor dem AG gilt (erg

unten 15). Erfolgt eine Ladung des Beschuldigten (II), erhält er mit ihr die Mitteilung von der Verteidigerbestellung; andernfalls wird ihm dies bei der Gestellung oder Vorführung bekanntgegeben. In jedem Fall muß dem Beschuldigten und seinem Verteidiger dann aber ausreichende Zeit zu einer Besprechung gewährt werden, bevor mit der Verhandlung begonnen wird. Ist die **Verteidigung** nach 13
§ 140 **notwendig**, weil wegen eines Verbrechens vor dem SchG verhandelt wird (§ 140 I Nr 2) oder wenn wegen der Schwere der Tat oder weil sich der Beschuldigte nicht selbst verteidigen kann, die Mitwirkung eines Verteidigers geboten erscheint (§ 140 II), wird der Verteidiger nach § 141 I bestellt; diese Bestellung geht einer solchen nach IV vor (vgl auch RG **66**, 108, 112; LR-Rieß 28 zu § 212a).

B. **Auswahl des Verteidigers**: Eine vorherige Befragung des Beschuldigten 14
nach § 142 I S. 2 ist nicht vorgesehen, denn die Vorschriften der §§ 140ff sind nicht für entspr anwendbar erklärt (KMR-Fezer 15; **aM** Loos/Radtke NStZ **96**, 10, die meinen, § 418 IV gehöre „systematisch" zu §§ 140ff). Auch hier steht die Intention eines „in kurzer Frist" (I) durchgeführten Verfahrens einem solchen „Vorverfahren" entgegen. Der vom Gericht ausgewählte Verteidiger muß auch zur Teilnahme an der sofortigen oder in kurzer Frist durchgeführten Verhandlung bereit und in der Lage sein. Allerdings werden hierdurch die Bedenken, die gegen das gesamte beschleunigte Verfahren bestehen (vgl 3ff vor § 417) besonders deutlich. Hat der Beschuldigte inzwischen selbst einen Verteidiger gewählt, ist die Bestellung ebenso wie nach § 143 zurückzunehmen.

C. **Weiteres Verfahren**: Der Verteidiger ist – wie sich aus IV eindeutig ergibt – 15
nur für die Verhandlung im beschleunigten Verfahren vor dem AG beigeordnet; die Bestellung eines Verteidigers dürfte vom Gesetzgeber insbesondere deswegen für notwendig erachtet worden sein, um dem Angeklagten bei den Entscheidungen nach § 420 III beizustehen (IV ist erst auf Empfehlung des Vermittlungsausschusses in die Vorschrift aufgenommen worden, vgl BT-Drucks 12/7837 S. 4; damit ist der Kritik, die der Gesetzesentwurf in der Literatur erfahren hatte – vgl Bandisch StV **94**, 157; R. Hamm StV **94**, 458; Neumann StV **94**, 276; Scheffler NJW **94**, 2191; Wächtler StV **94**, 160 – teilw Rechnung getragen worden). Da aber auch das Berufungsverfahren den Regeln über das beschleunigte Verfahren unterliegt (vgl 12 zu § 420), muß gegen den Wortlaut des IV die Verteidigerbestellung für das Berufungsverfahren fortgelten (**aM** König/Seitz NStZ **95**, 4; Loos/Radtke NStZ **96**, 11). Wird in der Hauptverhandlung die Entscheidung im beschleunigten Verfahren abgelehnt, ist damit auch die Beiordnung des Verteidigers beendet. Falls später im Normalverfahren weiterverhandelt wird (§ 419 III), ergibt sich die unbefriedigende Situation, daß der bisher verteidigte Angeklagte nunmehr ohne Verteidiger ist. Ebenso wie im Strafbefehlsverfahren (6 zu § 408b) wird dies einem Beschuldigten nur schwer vermittelbar sein. Daher wird sich idR im „Normalverfahren" eine Verteidigerbestellung nach § 140 II (in erweiternder Auslegung dieser Bestimmung) anschließen, wobei – wenn der Beschuldigte einverstanden ist (§ 142 I S.3) – der nach IV bestellte Verteidiger in einen solchen nach § 140 II umgewandelt wird (ebenso KK-Tolksdorf 14).

D. **Beschwerde** gegen die Bestellung des Verteidigers steht dem Beschuldigten 16
mangels Beschwer nicht zu (9 zu § 141; im Ergebnis ebenso KK-Tolksdorf 17). Ist der Angeklagte zu einer Freiheitsstrafe von 6 Monaten oder mehr mit oder ohne Strafaussetzung zur Bewährung verurteilt worden, ohne daß ein Verteidiger mitgewirkt hat, so ist das Urteil gleichwohl rechtskräftig und vollstreckbar, wenn kein Rechtsmittel dagegen eingelegt wird. Bei **Einlegung eines Rechtsmittels** ist zu 17
unterscheiden: Auf Berufung bestellt das LG dem Angeklagten einen Verteidiger und verhandelt die Sache neu; eine Zurückverweisung der Sache an das AG ist wegen § 328 ausgeschlossen (vgl dort 4). Auf (Sprung-)Revision (§ 335 I) muß das Urteil aufgehoben und die Sache an das AG nach § 354 II zurückverwiesen werden; das AG muß dann entscheiden, ob es erneut im beschleunigten Verfahren

oder ob es gemäß § 419 III nach Erlaß eines Eröffnungsbeschlusses im gewöhnlichen Verfahren verhandeln will (erg 15 zu § 419).

18 5) **Revision**: Bei Abwesenheit des nach IV notwendigen Verteidigers während eines wesentlichen Teils der Hauptverhandlung (oben 12) ist der absolute Revisionsgrund nach § 338 Nr 5 gegeben (Oldenburg ZfS **97**, 313; erg 41 zu § 338).

Entscheidung über den Antrag

419 **I Der Strafrichter oder das Schöffengericht hat dem Antrag zu entsprechen, wenn sich die Sache zur Verhandlung in diesem Verfahren eignet. Eine höhere Freiheitsstrafe als Freiheitsstrafe von einem Jahr oder eine Maßregel der Besserung und Sicherung darf in diesem Verfahren nicht verhängt werden. Die Entziehung der Fahrerlaubnis ist zulässig.**

II Die Entscheidung im beschleunigten Verfahren kann auch in der Hauptverhandlung bis zur Verkündung des Urteils abgelehnt werden. Der Beschluß ist nicht anfechtbar.

III Wird die Entscheidung im beschleunigten Verfahren abgelehnt, so beschließt das Gericht die Eröffnung des Hauptverfahrens, wenn der Angeschuldigte einer Straftat hinreichend verdächtig erscheint (§ 203); wird nicht eröffnet und die Entscheidung im beschleunigten Verfahren abgelehnt, so kann von der Einreichung einer neuen Anklageschrift abgesehen werden.

1 1) **Beschränkte Rechtsfolgenkompetenz** (I S. 2, 3): Im beschleunigten Verfahren darf keine Freiheitsstrafe von mehr als 1 Jahr verhängt werden, auch wenn nach § 55 StGB eine Gesamtfreiheitsstrafe gebildet wird, bei der die in dem Verfahren nach §§ 417 ff verhängte Einzelstrafe geringer ist als 1 Jahr (Hamm JMBlNW **79**, 59; Celle NStZ **83**, 233; Schleswig SchlHA **84**, 103; LR-Rieß 2 zu § 212 b; SK/StPO-Paeffgen 4; Ranft 2342; Schweckendieck NStZ **89**, 486; **aM** Oldenburg NdsRpfl **89**, 13; wohl auch BGH **35**, 251; aus BGH **35**, 208 läßt sich entgegen Köckerbauer NJW **90**, 170 für die Gegenmeinung nichts herleiten). Die Verhängung der Nebenstrafe nach § 44 StGB ist zulässig (LR-Rieß 2 zu § 212 b); auch Nebenfolgen können angeordnet werden (LR-Rieß 4 zu § 212 b). Die Entziehung der Fahrerlaubnis nach § 69 StGB kann nach I S. 3 ohne zeitliche Begrenzung ausgesprochen werden; andere Sicherungsmaßregeln sind unzulässig. Zu den Rechtsfolgen eines Verstoßes gegen I S.2 vgl unten 13 ff.

2 2) **Entscheidung über die Eignung** (I S. 1, II, III):

3 A. **Ungeeignet** zur Verhandlung im beschleunigten Verfahren ist die Sache stets, wenn ein Prozeßhindernis vorliegt (2 zu § 417; 2 zu § 418), wenn der hinreichende Tatverdacht fehlt (3 zu § 418) und wenn die Rechtsfolgenkompetenz nach I S. 2, 3 nicht ausreicht (oben 1). Nicht geeignet ist die Sache ferner, wenn der Sachverhalt nicht einfach liegt oder die Beweislage unklar ist oder keine Möglichkeit zur sofortigen Verhandlung gegeben ist (§ 417) oder wenn nur im gewöhnlichen Strafverfahren die Verteidigung des Angeklagten und die volle Sachaufklärung gewährleistet erscheinen (4 vor § 417; 8 zu § 418). Liegen die Voraussetzungen für die Verhandlung im beschleunigten Verfahren vor, so hat das Gericht dem Antrag der StA zu entsprechen, sonst nach II und III zu verfahren (unten 5 ff, 9; Düsseldorf NStZ **97**, 613 mit zust Anm Radtke und zust Anm Scheffler NStZ **98**,
4 370 und 371). Die Notwendigkeit der **Unterbrechung oder Aussetzung** der Verhandlung kann die Eignung der Sache zur Verhandlung nach §§ 417 ff beseitigen, wenn die Hindernisse, die dem Abschluß der Verhandlung entgegenstehen, nur durch die Eigenart dieses Verfahrens verursacht sind (LR-Rieß 9 zu § 212 b; weitergehend KK-Tolksdorf 8). Daß das Verfahren ausgesetzt werden muß, weil die Einlassung des Angeklagten die Ladung weiterer Zeugen erforderlich macht, hin-

dert aber nicht, in der neuen Verhandlung aufgrund eines neuen Antrags der StA abermals nach §§ 417 ff zu verfahren (Hamburg NJW **66**, 1278 mit abl Anm Jerusalem; NJW **66**, 2179; **aM** Schultz DAR **57**, 95; einschr auch Hamburg NStZ **83**, 40).

5 B. Der **Ablehnungsbeschluß** kann sofort bei Eingang des Antrags nach § 417, also noch vor der Hauptverhandlung, aber (beim SchG unter Mitwirkung der Schöffen) auch noch **in der Hauptverhandlung** bis zum Beginn der Urteils- 6 verkündung erlassen werden, wenn sich erst dann die Nichteignung herausstellt (II S. 1). Unzulässig ist die Ablehnung in der Berufungsverhandlung (KK-Tolksdorf 9; SK/StPO-Paeffgen 7; **aM** KMR-Fezer 7); zur Entscheidung nach Aufhebung und Zurückverweisung unten 14, 15. Der Beschluß bedarf nach § 34 einer **Begrün- 7 dung** und muß nach § 35 bekanntgemacht werden; ergeht er vor der Hauptverhandlung, so braucht er nicht förmlich zugestellt zu werden (LR-Rieß 15 zu § 212 b). Eine **Kosten- und Auslagenentscheidung** enthält der Beschluß nicht; 8 er ist keine abschließende Entscheidung iS des § 464 I, II (LR-Rieß 16 zu § 212 b).

9 C. Bei **Ablehnung der Entscheidung** im beschleunigten Verfahren muß das Gericht – anders als früher, wo die Rechtshängigkeit beim Gericht damit beseitigt war und die Sache an die StA zurückfiel (BGH **15**, 314, 316) – entscheiden, ob es das Hauptverfahren eröffnen will. Erläßt es einen Eröffnungsbeschluß (§ 207), wird das Verfahren wie nach Anklage und Zulassung der Anklage im gewöhnlichen Verfahren fortgesetzt (Loos/Radtke NStZ **95**, 572); Sprenger (NStZ **97**, 576) weist jedoch zutr darauf hin, daß diese Verfahrensweise nur dann praktikabel ist, wenn der Richter nach dem Geschäftsverteilungsplan auch für die Verhandlung im Normalverfahren zuständig ist. Vor Erlaß des Eröffnungsbeschlusses muß dem Angeschuldigten aber rechtliches Gehör gewährt worden sein (vgl 1 zu § 201). Erläßt das Gericht mit der Ablehnung der Entscheidung im beschleunigten Verfahren nicht zugleich einen Eröffnungsbeschluß, so werden die Akten an die StA zurückgegeben. Diese kann dann die (schriftlich oder mündlich, vgl § 418 III) erhobene Anklage wieder zurücknehmen (§ 156; Sprenger aaO) und das Verfahren nach § 170 II oder nach §§ 153 ff einstellen. Will sie, daß das Verfahren fortgesetzt wird, muß sie, falls die Anklage bisher nur mündlich erhoben war, jetzt eine schriftliche Anklage bei Gericht einreichen (III 2. Halbs.); lag bereits eine Anklageschrift vor, legt sie die Akten mit dem Antrag, das Hauptverfahren zu eröffnen, dem Gericht vor (§ 199 II). Das Gericht muß dann über die Eröffnung beschließen (§ 203). Die Wiederholung des Antrags nach § 417 ist ausgeschlossen (Hamburg NJW **64**, 2123; LR-Rieß 18 zu § 212 b).

10 **3) Rechtsmittel:**

11 A. **Beschwerde** gegen die Durchführung des beschleunigten Verfahrens ist nicht zulässig. Die Beschwerde gegen den Ablehnungsbeschluß schließt II S.2 ausdrücklich aus. Das gilt auch, wenn er vor der Hauptverhandlung ergangen (KMR-Fezer 9; **aM** LG Berlin DAR **57**, 190) oder damit begründet ist, es fehle an einer Prozeßvoraussetzung oder am hinreichenden Tatverdacht (LG Hamburg MDR **93**, 789; LR-Rieß 19 zu § 212 b; **aM** LG Berlin aaO; Schultz DAR **57**, 95).

12 B. **Berufung und Revision** gegen das in dem Verfahren nach §§ 417 ff ergangene Urteil sind zulässig. Dabei wird nicht geprüft, ob der 1. Richter die Eignungsfrage zutr beurteilt hat (Hamburg NJW **66**, 1278 mit abl Anm Jerusalem; **aM** KK-Tolksdorf 18). Ob die Hauptverhandlung gemäß § 418 I (dort 5) in kurzer Frist durchgeführt worden ist, wird nur auf Verfahrensrüge überprüft (Stuttgart NJW **98**, 3134; StV **98**, 585). Einer Amtsprüfung unterliegt aber, ob der nach § 417 erforderliche Antrag der StA vor dem AG gestellt worden ist; fehlt er, ist das Verfahren einzustellen (RG **67**, 59, 60). Bei **Überschreitung der Rechtsfolgen- 13 kompetenz** nach I S. 2 gilt folgendes: Seine sachliche Zuständigkeit hat das Gericht nicht verletzt, wenn es sich innerhalb der Rechtsfolgenkompetenz für das

AG nach § 24 II GVG gehalten hat (Oldenburg JR **83**, 302 mit Anm Wagner). Nach richtiger Ansicht begründet I S. 2 aber eine besondere Verfahrensvoraussetzung für das beschleunigte Verfahren (Hamm JR **78**, 120 mit Anm Meyer-Goßner; Hamm JMBlNW **79**, 59; LR-Rieß 22 zu § 212b). Demgegenüber will die Gegenmeinung hierin nur eine Rechtsfolgengrenze für eine bestimmte Verfahrensart sehen (BGH **35**, 251; Oldenburg aaO; KK-Tolksdorf 6; Treier NStZ **83**, 234); daher soll das Berufungsgericht nicht gehindert sein, die Strafe auf das nach I S. 2 erlaubte Maß herabzusetzen (BGH aaO = JR **89**, 119 mit Anm Terhorst; KK-Tolksdorf aaO; Wagner JR **83**, 303). Dieser Ansicht steht jetzt aber zusätzlich entgegen, daß das beschleunigte Verfahren nach anderen Regeln als das Normalverfahren abläuft (vgl § 420) und deswegen eine in dieser Verfahrensart ergangene Entscheidung nicht einfach derjenigen in einem gewöhnlichen Verfahren ergange-
14 nen gleichgeachtet werden kann. Im **Berufungsverfahren** gilt auch die Rechtsfolgengrenze des I S. 2 (hM; **aM** KK-Tolksdorf 5). Eine Überleitung des beschleunigten in das gewöhnliche Verfahren ist in der Berufungsverhandlung ausgeschlossen (Meyer-Goßner JR **78**, 122; **84**, 77; Wagner JR **83**, 304; **aM** Stuttgart StV **98**, 587 mwN). Daher muß das unter Überschreitung der Rechtsfolgenkompetenz ergangene Urteil des AG aufgehoben werden. Das Verfahren wird aber – anders als früher – nicht eingestellt; denn aus der Neuregelung in III ergibt sich nun, daß das Verfahren dann, wenn es zur Entscheidung im beschleunigten Verfahren nicht geeignet ist, ohne weiteres in ein normales Verfahren übergehen soll. Die Sache muß daher hier – abweichend von § 328 – an das AG zurückverwiesen werden (**aM** Loos/Radtke NStZ **96**, 8 Fn 79, da sie der Ansicht sind, das beschleunigte Verfahren ende mit der Verkündung des Urteils 1. Instanz, ein Übergang in das Normalverfahren sei nicht erforderlich; das ist aber mit § 419 III unvereinbar, so daß die hier vertretene Meinung nicht als „ausschließlich formales Argument" – so Loos/Radtke aaO 9 Fn 90 – bezeichnet werden kann; erg 12 zu § 420); das AG muß dann nach III verfahren (oben 9), falls es nicht weiter im beschleunigten Verfahren verhandeln will, weil es jetzt eine über 1 Jahr Freiheitsstrafe liegende
15 Strafe für ausgeschlossen hält (SK/StPO-Paeffgen 16). Im **Revisionsverfahren** wird der Verstoß gegen I S. 2 von Amts wegen geprüft (Celle JR **84**, 74 mit Anm Meyer-Goßner = NStZ **83**, 233 mit abl Anm Treier; Hamm JMBlNW **79**, 59; JR **78**, 120 mit Anm Meyer-Goßner; Schleswig SchlHA **84**, 103 [E/L]; Peters 567; Ranft 2344; offen gelassen von BGH **35**, 251), nicht nur auf eine zulässige (§ 344 II) Verfahrensrüge beachtet (so aber AK/StPO-Loos 10; KK-Tolksdorf 6; KMR-Fezer 16; Treier NStZ **83**, 234; unrichtig Wagner JR **83**, 304: auf die Sachrüge). Der Fehler führt auch hier – anders als früher – nicht zur Einstellung des Verfahrens, sondern wegen III zur Zurückverweisung nach § 354 II an das AG (Stuttgart NJW **98**, 3134, 3135; HK-Krehl 2). Es gilt dann dasselbe wie bei Zurückverweisung durch das Berufungsgericht (oben 14).

Hauptverhandlung

420 **I Die Vernehmung eines Zeugen, Sachverständigen oder Mitbeschuldigten darf durch Verlesung von Niederschriften über eine frühere Vernehmung sowie von Urkunden, die eine von ihnen stammende schriftliche Äußerung enthalten, ersetzt werden.**

II Erklärungen von Behörden und sonstigen Stellen über ihre dienstlichen Wahrnehmungen, Untersuchungen und Erkenntnisse sowie über diejenigen ihrer Angehörigen dürfen auch dann verlesen werden, wenn die Voraussetzungen des § 256 nicht vorliegen.

III Das Verfahren nach den Absätzen 1 und 2 bedarf der Zustimmung des Angeklagten, des Verteidigers und der Staatsanwaltschaft, soweit sie in der Hauptverhandlung anwesend sind.

IV **Im Verfahren vor dem Strafrichter bestimmt dieser unbeschadet des § 244 Abs. 2 den Umfang der Beweisaufnahme.**

1) **Vereinfachtes Verfahren:** I–III bringen sowohl für das beschleunigte Verfahren vor dem Strafrichter (§ 25 GVG) als auch vor dem SchG (§ 28 GVG) gegenüber dem Normalverfahren Abweichungen; entgegen §§ 250, 256 dürfen Vernehmungsniederschriften, schriftliche Äußerungen und Erklärungen von Behörden und Behördenangehörigen mit Zustimmung von Angeklagtem, Verteidiger und StA verlesen werden. Im beschleunigten Verfahren vor dem Strafrichter können nach IV Beweisanträge ohne Bindung an die strengen Ablehnungsgründe des § 244 III–V abgelehnt werden. Damit bestehen für die Hauptverhandlung in Strafsachen im Offizialverfahren vor dem Amtsgericht nun **drei Verfahrensarten**: Normalverfahren nach §§ 226 ff, davon abweichendes Verfahren nach § 420 I–III vor Strafrichter und SchG, wiederum anderes Verfahren nach § 420 IV nur vor dem Strafrichter. Dem letzteren entsprechen das Privatklageverfahren (§ 384 III) und das OWi-Verfahren (§§ 77, 77 a OWiG). Im Verfahren nach Einspruch gegen einen Strafbefehl gelten gemäß § 411 II S. 2 ebenfalls die Vorschriften des § 420 für die Beweisaufnahme. Für den Richter am Amtsgericht und die Verfahrensbeteiligten hat der Gesetzgeber damit das amtsgerichtliche Verfahren **erheblich kompliziert**: Es muß jetzt stets genau darauf geachtet werden, ob das Verfahren durch Anklageerhebung nach § 200 oder durch Strafbefehlsantrag (§ 407) oder durch Antrag nach § 417 eingeleitet worden ist. Wird nach § 408 a vom Normal- ins Strafbefehlsverfahren übergegangen, wechseln auch die Vorschriften über die Beweisaufnahme. Das alles erscheint wenig glücklich und im Hinblick auf die eingeschränkten Rechtsmittelmöglichkeiten bei Verurteilungen zu geringfügigen Strafen (§ 313) auch rechtsstaatlich bedenklich (erg 5, 6 vor § 417). 1 2 3

Verlesung von Vernehmungsniederschriften und schriftlichen Äußerungen: I entspricht wörtlich § 77 a I OWiG. Er erweitert die Verlesungsmöglichkeiten, die sonst nur nach § 251 bestehen, setzt allerdings nach III das Einverständnis von Angeklagtem, Verteidiger und StA voraus. Gegenüber § 251 II S. 1 kann die Verlesung auch erfolgen, wenn der unverteidigte Angeklagte zustimmt; unverteidigt kann der Angeklagte allerdings wegen § 418 IV nur sein, wenn keine Freiheitsstrafe von 6 Monaten oder mehr zu erwarten ist (vgl 11 ff zu § 418). Ob es sich um richterliche oder um nichtrichterliche Vernehmungsniederschriften handelt, ist bedeutungslos (erg 29 ff zu § 251). **Unberührt** bleiben die Vorschriften der §§ 251 I Nr 1–3, II S.2, III, IV, 252 und 253; der Gesetzgeber hielt insofern eine gesetzliche Klarstellung (anders als in § 77 a IV OWiG) nicht für erforderlich (BT-Drucks 12/6853 S.37). Steht dem Zeugen ein Zeugnisverweigerungsrecht zu, muß das Gericht vor der Verlesung seiner nichtrichterlichen Aussage somit klären, ob er mit der Verwertung einverstanden ist; richterliche Vernehmungsniederschriften dürfen dagegen ohne Befragung des Zeugen verlesen werden (vgl 7 ff zu § 252; KK/OWiG-Senge 6 ff zu § 77 a; **aM** KK-Tolksdorf 4). Die **Aufklärungspflicht** nach § 244 II wird durch I nicht eingeschränkt. Sie kann es erforderlich machen, trotz Zustimmung der Prozeßbeteiligten zur Verlesung die Beweisperson zu hören, insbesondere wenn diese das einzige Beweismittel ist (erg 25 zu § 251). 4 5 6

3) Die **Verlesung von behördlichen Erklärungen** ist nach II über § 256 hinaus im Einverständnis der Verfahrensbeteiligten gestattet. Die Vorschrift entspricht § 77 a II OWiG (zu dessen Entstehungsgeschichte und zur Begründung der Fassung der Vorschrift vgl Göhler 6 zu § 77 a). Die Abweichung gegenüber § 256 besteht darin, daß nicht nur Zeugnisse und Gutachten (vgl 7 ff zu § 256), sondern sämtliche Erklärungen über dienstliche – nicht private – Wahrnehmungen, Untersuchungen und Erkenntnisse verlesen werden dürfen, also zB auch Aktenvermerke der Polizei oder der StA. Grenze ist auch hier die Aufklärungspflicht des Gerichts (oben 6). 7

8 **4) Verfahren zu I und II:** Zum erforderlichen Einverständnis der Verfahrensbeteiligten vgl die Ausführungen unter 24 zu § 251, die hier entspr gelten. Das Gericht ordnet wie in § 251 IV S. 1 die Verlesung durch Beschluß an; der Beschluß muß idR nicht begründet werden, ist aber in das Protokoll aufzunehmen. Ist die Beweisperson richterlich vernommen worden, bedarf es nach § 251 IV S. 3, 4 der Feststellung oder der Entscheidung über die Nachholung der Vereidigung. Nach Durchführung der Verlesung ist eine Rücknahme der Zustimmung hierzu nicht mehr möglich (ebenso KMR-Fezer 7).

9 **5) Verfahren vor dem Strafrichter** (IV):

10 A. **Beweisanträge**, die auch hier uneingeschränkt gestellt werden können (Scheffler NJW **94**, 2194), dürfen beim Strafrichter, nicht beim SchG, ohne die Einschränkungen des § 244 III–V abgelehnt werden. Die Ablehnung ist damit ebenso wie im Privatklageverfahren nach § 384 III und wie im OWi-Verfahren nach § 77 I, II Nr 1 OWiG auch möglich, wenn das Gericht die Erhebung des angebotenen Beweises zur Erforschung der Wahrheit nicht für erforderlich hält; hingegen kommt eine Ablehnung wegen verspäteter Antragstellung (anders als nach § 77 II Nr 2 OWiG) nicht in Betracht. Nachzugehen ist dem Beweisantrag aber, wenn sich die Erhebung des Beweises aufdrängt oder sie zumindest naheliegt (vgl Düsseldorf NStE Nr 3 und 7, Karlsruhe NStE Nr 2, je zu § 77 OWiG). Das ist zB der Fall, wenn ein Sachverständiger oder Gegenzeugen die Aussage des einzigen Belastungszeugen widerlegen sollen (vgl Bay NStE Nr 6 und 8 zu § 77 OWiG). Hält der Strafrichter hingegen den Sachverhalt für genügend geklärt und ist er der Auffassung, daß die angebotene Beweiserhebung daran nichts mehr ändern kann, so lehnt er den Beweisantrag ab; Beweisantizipation ist damit zulässig (Dahs NJW **95**, 556; König/Seitz NStZ **95**, 5). Im übrigen gelten die Ausführungen zu § 384 III (13, 14 zu § 384) hier entspr.

11 B. Durch **Beschluß** erfolgt die Ablehnung (§ 244 VI), der ebenso wie der Antrag in das Protokoll aufzunehmen ist. Zur Begründung des Beschlusses muß es wie in § 77 III OWiG als ausreichend erachtet werden, daß das Gericht erklärt, die Beweiserhebung sei zur Erforschung der Wahrheit nicht erforderlich (KK-Tolksdorf 8; **aM** KMR-Fezer 9; SK/StPO-Paeffgen 28). Die Urteilsgründe brauchen nicht im einzelnen darzulegen, warum dies der Fall ist; aus ihnen muß sich aber entnehmen lassen, daß der Sachverhalt tatsächlich so eindeutig geklärt ist, daß es der Beweiserhebung nicht mehr bedurfte (vgl Zweibrücken MDR **91**, 1192). Wird die Ablehnung des Beweisantrages nicht auf IV, sondern auf einen der Gründe des § 244 III – V oder bei präsenten Beweismitteln auf § 245 II S.2, 3 gestützt, muß die Beschlußbegründung den dort bezeichneten Voraussetzungen genügen (erg 15 zu § 384).

12 **6) Berufungsverfahren:** Aus § 420 ergibt sich nicht eindeutig, ob die Vorschrift nur vor dem AG oder auch im Berufungsverfahren vor dem LG gelten soll. Da IV aber ausdrücklich auf das Verfahren vor dem Strafrichter beschränkt ist, ist hieraus sowie entspr der allgM bei einer anderen besonderen Verfahrensart, nämlich dem Strafbefehlsverfahren (vgl 4, 7 zu § 411), zu schließen, daß I–III ebenso wie die sonstigen Vorschriften des beschleunigten Verfahrens (vgl 14 zu § 419) auch im Verfahren über die Berufung gegen ein im beschleunigten Verfahren erlassenes amtsrichterliches Urteil gelten (KMR-Fezer 2; Ranft 2339; **aM** SK/StPO-Paeffgen 31; Lesch JA **95**, 691; Loos/Radtke NStZ **96**, 9; Schlothauer StV **95**, 46); denn das 6.Buch der StPO enthält eben „besondere Arten des Verfahrens" und wandelt nicht nur das amtsgerichtliche Verfahren ab (**aM** KK-Tolksdorf 3 vor § 417; erg 14 zu § 419). IV findet dagegen keine Anwendung; wie beim SchG darf also auch beim LG ein Beweisantrag nur aus den in § 244 III–V genannten Gründen abgelehnt werden (KK-Fischer 21 zu § 411).

13 **7) Revision:** Ist unter Verletzung der Aufklärungspflicht vom Gericht nach I, II verfahren oder ein Beweisantrag nach IV vom Strafrichter abgelehnt worden,

begründet die ordnungsgemäß erhobene Aufklärungsrüge (80 ff zu § 244) die Revision. Diese ist auch dann begründet, wenn die erforderliche Zustimmung des Verfahrensbeteiligten nach III zum vereinfachten Beweisverfahren gefehlt hat. Erg im übrigen 42 zu § 251.

421–429e (weggefallen)

3. Abschnitt. Verfahren bei Einziehungen und Vermögensbeschlagnahmen

Vorbemerkungen

1) **Allgemeines:** Wo von Einziehung die Rede ist, sei es in den einzelnen Bestimmungen, sei es in den Erläuterungen, ist die Erweiterung durch § 442 zu beachten. 1

2) **Einziehung und Verfall** (§§ 73–76 a StGB): Die Einziehung hat strafähnlichen Charakter, soweit sie nur gegenüber dem Täter oder Teilnehmer angeordnet (§ 74 II Nr. 1 StGB) oder darauf gestützt werden kann, daß ihr Gegenstand in einer mißbilligenswerten Beziehung zur Tat gestanden oder der Dritte ihn in verwerflicher Weise erworben hat (§ 74 a StGB). Dagegen hat die Einziehung vorwiegend Sicherungscharakter und ist daher eine Sicherungsmaßnahme, wenn sie wegen der Gefährlichkeit des Gegenstandes angeordnet wird (§ 74 II Nr 2 StGB) Die Zugehörigkeit der Einziehung zu der einen oder anderen Art ist nicht einheitlich; zuweilen hat die Maßnahme einen gemischten Charakter (Lackner 1 zu § 74 StGB). Der Verfall ist eine Maßnahme zur Abschöpfung rechtswidrig erlangter Vermögensvorteile zur Wiederherstellung des verletzten Rechts (Tröndle 1 c zu § 73 StGB). 2

3) **Verfahren bei Verfall und Einziehung:** 3

A. **Strafverfahren:** Der Abschnitt regelt in der Hauptsache, wie zu verfahren ist, wenn im subjektiven Strafverfahren ein Beteiligungsinteressent (5 zu § 431) festgestellt wird, der nicht selbst Beschuldigter ist, aber von der drohenden Maßnahme betroffen würde. Wie der Beteiligungsinteressent, der als Verfalls- oder Einziehungsbeteiligter in Betracht kommt, im vorbereitenden Verfahren (Einl 59, 60) zu behandeln ist, regeln die §§ 432, 442 I, II S. 2. Die Institution des Beteiligten ist nur für das gerichtliche Strafverfahren vorgesehen und von der Anordnung der Beteiligung abhängig (§ 431 I). Der Zweck der Beteiligung besteht darin, daß der Interessent vor Gericht das rechtliche Gehör erhält (Art 103 I GG), bevor eine ihm nachteilige Entscheidung erlassen wird (Einl 23 ff, 91). Daher muß er von Amts wegen zum Prozeßsubjekt mit prozessualen Befugnissen gemacht werden. 4

B. **Selbständiges Verfalls- oder Einziehungsverfahren (objektives Verfahren):** Die §§ 440, 441 enthalten eine Regelung über die Verfalls- und Einziehungsbeteiligung im objektiven Verfahren, das der Realisierung des § 76 a StGB dient und die Anordnung als selbständige Maßnahme (dh ohne gleichzeitige Verurteilung eines Tatbeteiligten) bezweckt. 5

4) Im **Bußgeldverfahren** gelten die §§ 430 ff sinngemäß (§ 46 I OWiG), soweit es sich um Einziehung handelt; denn den Verfall gibt es im Bußgeldverfahren nicht (4 zu § 111 b). Ergänzende, zT abweichende Regelungen (namentlich für das Verfahren der VerwB) enthält § 87 OWiG. 6

5) **Wirkung von Einziehung und Verfall:** 7

A. **Mit der Rechtskraft** tritt der Rechtsübergang an dem eingezogenen oder für verfallen erklärten Gegenstand nach Maßgabe der §§ 73 e I, 74 e I, II StGB ein. 8

Die Geldschuld bei Verfall oder Einziehung von Wertersatz (§§ 73 a, 74 c StGB) entsteht erst mit der Rechtskraft.

9 B. **Vor der Rechtskraft** entsteht mit der Anordnung der Einziehung oder des Verfalls eines Gegenstandes kraft Gesetzes ein Veräußerungsverbot (§§ 73 e II, 74 e III StGB). Ist Wertersatz für verfallen erklärt oder eingezogen worden (§§ 73 a, 74 c StGB), so entsteht die Zahlungspflicht erst mit der Rechtskraft der Anordnung; bis dahin kann nur die Vollstreckung der künftigen Geldschuld durch dinglichen Arrest (§§ 111 d, 111 o) gesichert werden.

10 C. **Schon vor der Anordnung** kann die künftige Vollstreckung der Maßnahme durch Beschlagnahme nach §§ 111 bff oder durch dinglichen Arrest nach § 111 d gesichert werden.

11 **6) Entschädigung bei Einziehung** (§ 74 f StGB): Wie sich aus § 436 III ergibt, geht die StPO davon aus, daß über den Entschädigungsanspruch nicht im Strafverfahren entschieden wird (Ausnahme § 74 f III StGB), da es sich um Ansprüche aus Eingriffen handelt, die eine bürgerlich-rechtliche Wirkung haben und daher vor den Zivilrichter gehören (KG NJW **78**, 2406).

12 **7)** Die **Vermögensbeschlagnahme** (§ 443) ist keine Vorstufe zum Verfall oder zur Einziehung, sondern ein nur in bestimmten Strafsachen zulässiges Mittel, den Beschuldigten zur Teilnahme am Verfahren zu zwingen sowie in der Verfügung über sein Vermögen und mittelbar dadurch an dessen Verwendung für solche Delikte zu hindern.

Ausscheidung der Maßnahme

430 **I Fällt die Einziehung neben der zu erwartenden Strafe oder Maßregel der Besserung und Sicherung nicht ins Gewicht oder würde das Verfahren, soweit es die Einziehung betrifft, einen unangemessenen Aufwand erfordern oder die Herbeiführung der Entscheidung über die anderen Rechtsfolgen der Tat unangemessen erschweren, so kann das Gericht mit Zustimmung der Staatsanwaltschaft in jeder Lage des Verfahrens die Verfolgung der Tat auf die anderen Rechtsfolgen beschränken.**

II Im vorbereitenden Verfahren kann die Staatsanwaltschaft die Beschränkung vornehmen. Die Beschränkung ist aktenkundig zu machen.

III Das Gericht kann die Beschränkung in jeder Lage des Verfahrens wieder aufheben. Einem darauf gerichteten Antrag der Staatsanwaltschaft ist zu entsprechen. Wird die Beschränkung wieder aufgehoben, so gilt § 265 entsprechend.

1 **1)** In **Anknüpfung an § 154 a** ermöglicht § 430 die Einziehung oder den Verfall (§ 442 I) als Gegenstand der Untersuchung und Entscheidung auszuklammern, um das Verfahren zu vereinfachen und zu beschleunigen. Er gilt unabhängig davon, ob die Maßnahme sachlich-rechtlich in einer Kann- oder Mußvorschrift vorgesehen ist. Der rechtliche Gesichtspunkt der Einziehung oder des Verfalls und damit die Aufklärung der speziell zu ihm gehörenden Tatsachen als Prozeßgegenstand kann ausgeschieden werden, und zwar in jeder Lage des Verfahrens (25 zu § 153). Dadurch kann auch ein Rechtsmittel, soweit es die Maßnahme betrifft, gegenstandslos gemacht werden.

2 **2)** Für **Verfall oder Einziehung eines Gegenstandes oder des Wertersatzes** (§§ 73, 73 a, 74, 74 c StGB) gilt § 430; darüber hinaus aber auch für die weiteren in § 442 I bezeichneten Maßnahmen.

3) Nicht ins Gewicht fällt die Maßnahme, wenn vom Standpunkt der Notwendigkeit des Schutzes der Rechtsordnung auf sie verzichtet werden kann, weil die anderen Rechtsfolgen genügen. 3

4) Die **Unangemessenheit der Prozedur** – über § 154 a hinausgehend – ist weiterer Ausscheidungsgrund. Dieser gilt neben dem in 3 genannten, auch wenn die Maßnahme neben den sonstigen Rechtsfolgen der Tat durchaus ins Gewicht fiele, zB die Einziehung eines Luftgewehrs, wenn bloß geringe Geldstrafe zu erwarten ist. 4

A. Der **unangemessene Aufwand** bezieht sich auf Geld und Zeit. Er ist anzunehmen, wenn übermäßige Verfahrenskosten zum Verfall oder zur Einziehung durch Sachverständigengutachten, Augenscheineinnahme und Zeugenvernehmungen entstehen würden oder wenn für die Aufklärung der Voraussetzungen das Gericht oder die Beweispersonen ein Übermaß an Zeit aufwenden müßten, wie zB Sachverständige durch umständliche Gutachten, Zeugen durch übermäßig große Reisen oder unverhältnismäßig lange Abhaltung von wichtigen Berufsaufgaben. 5

B. Die **Erschwerung der Entscheidung im übrigen** kann bestehen in unangemessener Verlängerung der Prozeßdauer und unverhältnismäßiger Ausdehnung oder Komplizierung der Aufklärungsarbeit. Dieser Ausscheidungsgrund kann sich mit dem des unangemessenen Aufwands überschneiden. 6

5) Die **Zuständigkeitsregelung** ist die gleiche wie in § 154 a: Im Ermittlungsverfahren ist die StA zuständig; sie hat die Beschränkung aktenkundig zu machen, bedarf jedoch nicht der Zustimmung des Gerichts (II). Nach Einreichung der Anklageschrift ist das mit der Sache befaßte Gericht, auch das Revisionsgericht (2 zu § 353), mit Zustimmung der StA zuständig. § 430 gilt auch im Privatklageverfahren, jedoch entscheidet hier der Richter allein über die Beschränkung und die Wiedereinbeziehung (10 zu § 385). Der Nebenkläger partizipiert nicht an dem Gestaltungsrecht der StA; § 397 II ist nicht entspr anwendbar (dort 14). In Steuerstrafsachen tritt im Vorverfahren weitgehend der FinB an die Stelle der StA (Einl 12). 7

6) Die **Wiedereinbeziehung** (III) der Rechtsfolge in den Verfahrensstoff ist jederzeit möglich, bei Wegfall der Voraussetzungen und im gerichtlichen Verfahren auf Antrag der StA notwendig. 8

7) Rechtsmittel: Eine Beschwerde (§ 304) des Beschuldigten, Privat- oder Nebenklägers oder eines Beteiligungsinteressenten (5 zu § 431) gegen die Beschränkung oder Wiedereinbeziehung ist nicht zulässig. Die StA kann Beschwerde nur einlegen, wenn das Gericht eine Beschränkung ohne ihre Bestimmung anordnet oder trotz ihres Antrags nicht rückgängig macht (**aM** KK-Boujong 9; KMR-Paulus 13: auch hier Beschwerde unstatthaft). 9

Anordnung der Einziehungsbeteiligung

431 **I Ist im Strafverfahren über die Einziehung eines Gegenstandes zu entscheiden und erscheint glaubhaft, daß**

1. **der Gegenstand einem anderen als dem Angeschuldigten gehört oder zusteht oder**
2. **ein anderer an dem Gegenstand ein sonstiges Recht hat, dessen Erlöschen im Falle der Einziehung angeordnet werden könnte (§ 74 e Abs. 2 Satz 2 und 3 des Strafgesetzbuches),**

so ordnet das Gericht an, daß der andere an dem Verfahren beteiligt wird, soweit es die Einziehung betrifft (Einziehungsbeteiligter). Das Gericht kann von der Anordnung absehen, wenn infolge bestimmter Tatsachen anzuneh-

men ist, daß die Beteiligung nicht ausführbar ist. Das Gericht kann von der Anordnung auch dann absehen, wenn eine Partei, Vereinigung oder Einrichtung außerhalb des räumlichen Geltungsbereichs dieses Gesetzes zu beteiligen wäre, die Bestrebungen gegen den Bestand oder die Sicherheit der Bundesrepublik Deutschland oder gegen einen der in § 92 Abs. 2 des Strafgesetzbuches bezeichneten Verfassungsgrundsätze verfolgt, und wenn den Umständen nach anzunehmen ist, daß diese Partei, Vereinigung oder Einrichtung oder einer ihrer Mittelsmänner den Gegenstand zur Förderung ihrer Bestrebungen zur Verfügung gestellt hat; in diesem Falle genügt es, vor der Entscheidung über die Einziehung des Gegenstandes den Besitzer der Sache oder den zur Verfügung über das Recht Befugten zu hören, wenn dies ausführbar ist.

II Das Gericht kann anordnen, daß sich die Beteiligung nicht auf die Frage der Schuld des Angeschuldigten erstreckt, wenn

1. **die Einziehung im Falle des Absatzes 1 Nr. 1 nur unter der Voraussetzung in Betracht kommt, daß der Gegenstand dem Angeschuldigten gehört oder zusteht, oder**
2. **der Gegenstand nach den Umständen, welche die Einziehung begründen können, dem Einziehungsbeteiligten auch auf Grund von Rechtsvorschriften außerhalb des Strafrechts ohne Entschädigung dauernd entzogen werden könnte.**

III Ist über die Einziehung des Wertersatzes gegen eine juristische Person oder eine Personenvereinigung zu entscheiden (§ 75 in Verbindung mit § 74 c des Strafgesetzbuches), so ordnet das Gericht deren Beteiligung an.

IV Die Verfahrensbeteiligung kann bis zum Ausspruch der Einziehung und, wenn eine zulässige Berufung eingelegt ist, bis zur Beendigung der Schlußvorträge im Berufungsverfahren angeordnet werden.

V Der Beschluß, durch den die Verfahrensbeteiligung angeordnet wird, kann nicht angefochten werden. Wird die Verfahrensbeteiligung abgelehnt oder eine Anordnung nach Absatz 2 getroffen, so ist sofortige Beschwerde zulässig.

VI Erklärt jemand bei Gericht oder bei der Staatsanwaltschaft schriftlich oder zu Protokoll oder bei einer anderen Behörde schriftlich, daß er gegen die Einziehung des Gegenstandes keine Einwendungen vorbringen wolle, so wird seine Verfahrensbeteiligung nicht angeordnet oder die Anordnung wieder aufgehoben.

VII Durch die Verfahrensbeteiligung wird der Fortgang des Verfahrens nicht aufgehalten.

1 1) Die **Beteiligungsanordnung** (I; 4 vor § 430) ergeht von Amts wegen, wenn im Strafverfahren über Einziehung oder Verfall zu entscheiden und der Betroffene nicht der Angeschuldigte, sondern ein anderer ist. Die Beteiligung bezieht sich nur auf die Teile des Verfahrens, die die Maßnahme betreffen (vgl § 432). Fehlt eine der Voraussetzungen, so unterbleibt die Anordnung. Ist deren Erlaß aber beantragt, zB von der StA oder dem Angeschuldigten, so ergeht auch bei Ablehnung ein Beschluß (vgl V S. 2). Dieser kann auch erlassen werden, wenn der Beteiligungsinteressent (unten 5) seine Zulassung angeregt hat (vgl unten 20).

2 **2) Einziehungsbeteiligter, Verfallsbeteiligter** (I S. 1; § 442 I, II S. 1):

3 A. **Beteiligung bei zu erwartender Anordnung der Einziehung:** Nach I ist sie nur zulässig, wenn die Einziehung eines Gegenstandes zu erwarten ist, nicht auch, wenn es um Einziehung des Wertersatzes (§ 74 c StGB) geht, da § 74 c StGB bei Einziehung gegenüber einem Dritten nicht anwendbar ist (Lackner 1 zu § 74 c StGB).

B. **Beteiligung bei zu erwartender Anordnung des Verfalls:** Dem Verfall unterliegt der rechtswidrig erlangte Vermögensvorteil, der in einem bestimmten Gegenstand oder in einem sonstigen Vermögenszuwachs bestehen kann (§ 73 StGB). Unter bestimmten Voraussetzungen tritt an die Stelle des erlangten bestimmten Gegenstandes dessen Wert (§ 73 a StGB). Richtet sich der Verfall nach § 73 III oder § 73 a StGB gegen einen anderen als den Angeschuldigten, so ordnet das Gericht an, daß der andere an dem Verfahren beteiligt wird (§ 442 II S. 1). Darin ist eine Definition des Begriffs Verfallsbeteiligter zu sehen (vgl auch § 459 g I S. 1). Seine Beteiligung ist in entspr Anwendung des § 431 I S. 1 anzuordnen, wenn die Voraussetzungen der Anordnung des Verfalls gegenüber dem anderen wahrscheinlich vorliegen. Dabei besteht kein Unterschied, ob es sich um Verfall eines Gegenstandes oder des an seine Stelle tretenden Wertes handelt. 4

C. **Beteiligungsinteressent** (Einziehungsinteressent, Verfallsinteressent) ist derjenige, dessen spätere Beteiligung im gerichtlichen Verfahren in Betracht kommt. Für ihn gilt § 432. 5

3) Entscheidung über die Beteiligung: 6

A. Die **Anklage** (vgl auch 17 zu § 407) bezeichnet den Dritten als Nebenbeteiligten und legt die tatsächliche und rechtliche Grundlage für die angestrebte Maßnahme dar, sofern diese nicht nach § 430 II ausgeschieden ist. Für die Antragstellung der StA gelten die gleichen Gesichtspunkte wie für die gerichtliche Anordnung, die nachfolgend näher dargelegt werden. 7

B. **Wenn über die Maßnahme zu entscheiden ist,** wird die Beteiligung angeordnet. Der Antrag der StA in der Anklageschrift ist für das Gericht nicht bindend. Es muß die Anordnung ggf. auch treffen, wenn die StA sie nicht beantragt hat. Über die Einziehung ist nicht schon dann zu entscheiden, wenn sie überhaupt im Bereich des Möglichen liegt, sondern nur, wenn ihre Voraussetzungen wahrscheinlich vorliegen und, falls sie nur in einer Kann-Vorschrift vorgesehen ist, ihre Anordnung zu erwarten ist. Denn nur dann ist die Gewährung des rechtlichen Gehörs und damit die Beteiligung geboten (Einl 30; **aM** KMR-Paulus 27; LR-Gössel 41 f). 8

C. **Besondere Voraussetzungen für Einziehungsbeteiligte** (I S. 1 Nrn 1, 2): Handelt es sich um die Einziehung von Schriften, so sind die Adressaten oder Besteller in dieser Eigenschaft keine Personen, die als Einziehungsbeteiligte in Betracht kommen (Wagner MDR **61**, 97). Zu den Teilrechten iS des I S. 1 Nr 2 gehören nur beschränkt dingliche Rechte, wie ein Pfandrecht (§§ 1204 ff BGB) oder ein Nießbrauch (§§ 1030 ff BGB), auch ein Pfandrecht an einer Forderung (§ 1279 BGB); ebenso Sicherungs- und Vorbehaltseigentum (KMR-Paulus 10) sowie zur Sicherung zedierte Forderungen, nicht aber Miete oder Leihe (BGHR StGB § 74 II Nr 2 Beteiligter 1; RG **66**, 421). 9

4) Mittäter oder Gehilfen können ausnahmsweise Verfalls- oder Einziehungsbeteiligter sein, nämlich dann, wenn bei mehreren Tätern oder Teilnehmern das Verfahren gegen einen abgetrennt (zB wegen Krankheit oder Verhandlungsunfähigkeit) wird. 10

5) Absehen von der Anordnung (I S. 2, 3): Das Absehen ist auch zulässig, wenn die Beteiligungsvoraussetzungen bereits glaubhaft erscheinen. 11

A. Die **Nichtausführbarkeit der Beteiligung** (I S. 2) muß aufgrund bestimmter Tatsachen anzunehmen sein (vgl 7 zu § 112). Die Annahme der Nichtausführbarkeit setzt voraus, daß zunächst Ermittlungen über sie angestellt werden. Die Nichtausführbarkeit kann zB beruhen auf unbekanntem Aufenthalt, Verschleierung durch fingierte Angaben, Verwendung von Strohmännern. Es genügen aber auch sonstige Gründe, aus denen die Beteiligung auf übermäßige faktische Schwierigkeiten stößt. 12

13 B. **Staatsschutz** (I S. 3): Eine Organisation besteht auch dann außerhalb dieses Geltungsbereiches, wenn sie organisatorisch die Grenzen nach außen überschreitet.

14 **6) Ausschluß der Schuldfrage von der Beteiligung** (II): Wenn die Beteiligung (ohne Einschränkung) angeordnet wird (I S. 1), erstreckt sie sich auch auf die Schuldfrage, allerdings nur, soweit das Verfahren die Maßnahme und ihre Voraussetzungen betrifft (I S. 1). Der Ausschluß nach II stellt klar und bewirkt, daß der Beteiligte zur Schuldfrage nicht die Befugnisse des Angeklagten hat (§ 433 I) und daher zu ihr als Zeuge vernommen werden kann (4 zu § 433).

15 A. **In den Fällen des II Nr 1** fehlt dem Einziehungsbeteiligten die sachliche Legitimation, aus Eigentumsrecht zur Schuldfrage (iS von Schuldspruch, was auch § 439 III S. 1 bestätigt) Stellung zu nehmen. Seine schutzwürdigen Interessen werden hier nur insoweit berührt, als es um die Frage der Rechtsverhältnisse an dem Einziehungsgegenstand geht; die Einziehung wird in diesem Fall schon dann verhindert, wenn sich sein Eigentum oder seine Rechtsinhaberschaft ergibt. Wird
16 ein **beschränkt dinglich Berechtigter** am Verfahren beteiligt, weil eine Anordnung nach § 74 e II S. 2, 3 StGB in Betracht kommt, so kann er von der Beteiligung zur Schuldfrage nicht schon nach II Nr 1 ausgeschlossen werden. Denn es kann das Erlöschen seines Rechts angeordnet werden, wenn ihn in bezug auf die Tat besonderer Schuldvorwurf trifft.

17 B. **In den Fällen des II Nr 2** bildet die Straftat nicht die materielle Grundlage für die Einziehung, sondern nur den Anlaß dafür, daß der Entzug des Gegenstandes angeordnet wird. Daher bedarf es hier der Beteiligung nur hinsichtlich der besonderen Voraussetzungen, der eigentlichen Grundlage für die Einziehung.

18 C. **Geht es um Verfallsbeteiligung,** so kommt ihre Beschränkung nach II nur in entspr Anwendung der Nr 2 in Betracht, weil der abzuschöpfende kriminelle Gewinn dem Dritten nicht gehört oder zusteht (AK/StPO-Günther 17; str).

19 **7) Sondervorschriften für Organe und Vertreter einer JP oder PV** (III): Im Anwendungsbereich des § 75 StGB wird über Einziehung materiellrechtlich so entschieden, als hätte die JP oder PV gehandelt. Da sie aber ein anderer als der Angeschuldigte ist, gilt für ihre Beteiligung ohnehin I, II. Diese Bestimmung bezieht sich aber nur auf die Einziehung eines Gegenstandes (oben 3). Da aber gegen die JP oder PV auch die Einziehung des Wertsatzes angeordnet werden kann (§ 74 c StGB), obwohl sie ein Dritter ist, muß sie auch dann am Verfahren beteiligt werden, wenn gegen sie die Anordnung der Einziehung von Wertersatz zu erwarten ist.

20 **8) Zeitpunkt der Anordnung der Beteiligung** (IV):

21 A. **Nach Erhebung der Anklage** (oben 7) kann die Beteiligung bis zum Urteil angeordnet werden. Kommt es im Urteil zur Anordnung der Maßnahme, so lebt die Möglichkeit der Beteiligung neu auf, wenn eine zulässige Berufung eingelegt wird. Der Beteiligungsinteressent (oben 5) kann selbst Berufung gegen den Ausspruch nur einlegen, wenn vorher seine Beteiligung angeordnet war (§ 433 I S. 1; BGH NStZ **95**, 248). Die StA beantragt die Anordnung der Beteiligung in der Anklageschrift.

22 B. **Im Strafbefehlsverfahren** beantragt die StA die Anordnung der Beteiligung und der Maßnahme im Strafbefehlsantrag; der Richter trifft beide Anordnungen im Strafbefehl (17 zu § 407). Durch die Einspruchsmöglichkeit wird dem Beteiligten wie dem Beschuldigten das rechtliche Gehör verbürgt (2 vor § 407). Die Möglichkeit der Anordnung endet mit dem Erlaß des Strafbefehls, lebt aber bei Einspruch des Beschuldigten wieder auf und richtet sich dann nach 21.

23 C. **Unterbleibt die Anordnung** der Beteiligung und wird die gegen den anderen wirkende Anordnung der Einziehung oder des Verfalls rechtskräftig, so ist der Beteiligungsinteressent unter den Voraussetzungen des § 439 auf das Nachverfahren angewiesen.

9) Rechtsmittel (V): 24

A. Die **Anordnung der Beteiligung** kann von keiner Seite angefochten werden (S. 1), auch nicht in der Form einer Revisionsrüge; denn die Anordnung greift nicht in die Rechte anderer ein. Sie kann aber aufgrund einer Veränderung der Sachlage aufgehoben oder nachträglich nach § 431 II beschränkt werden. Gegen einen solchen Beschluß ist sofortige Beschwerde zulässig (unten 26, 27). 25

B. Der **ablehnende Beschluß** ist mit der sofortigen Beschwerde anfechtbar (S. 2), auch von dem Angeklagten (Celle NJW **87**, 78; KK-Boujong 27; LR-Gössel 67). Auch der Beteiligungsinteressent kann den Beschluß anfechten, obwohl er im übrigen am Verfahren noch nicht beteiligt ist; denn er ist von der Entscheidung betroffen (§ 304 II). Der Beschluß wird ihm mit Beschwerdebelehrung zugestellt (§§ 35 II S. 1, 35 a). Weil der ablehnende Beschluß selbständige prozessuale Bedeutung hat und das Nachverfahren wegen der Gefahr widersprechender Entscheidungen auf die unumgänglich notwendigen Fälle beschränkt werden soll, schließt S. 2 die Geltung des § 305 aus und läßt den Zwischenstreit über die Beteiligungsbefugnis in Form der Anfechtung mit der sofortigen Beschwerde zu. Ist der ablehnende Beschluß rechtskräftig geworden, so gilt er für das ganze Verfahren; jedoch mit der Einschränkung, daß er widerrufen werden kann, wenn sich Tatsachen oder Beweismittel ergeben, die ihm die Grundlage entziehen (vgl Einl 115). 26

C. Die **Beschränkungsanordnung** nach II ist ebenfalls mit sofortiger Beschwerde anfechtbar. Hierüber ist der Beteiligte nach § 35 a zu belehren. Die Zurücknahme der Beschränkungsanordnung ist nicht anfechtbar (V S. 1; LR-Gössel 57). 27

10) Verzicht auf Einwendungen (V): 28

A. Er **bedeutet** Verzicht auf die Gewährung des rechtlichen Gehörs und damit auf Beteiligung, nicht dagegen Verzicht auf ein Recht oder einen Anspruch, auch nicht auf Feststellung der erforderlichen Voraussetzungen für die Anordnung der Maßnahme. Denn es gehört auch zu den Befugnissen, die einem Angeklagten zustehen, ohne das Risiko der nachteiligen Verwertung zur Sache zu schweigen (15 zu § 261). Der Verzicht schließt auch die Anordnung und Erzwingung des persönlichen Erscheinens nach § 433 II aus. Eine bereits getroffene Anordnung dieser Art wird nach dem Verzicht aufgehoben. 29

B. **Form** (Einl 128, 131 ff): Die Erklärung kann auch einer anderen Behörde schriftlich abgegeben werden. Diese Formulierung lehnt sich an § 158 II an; dort wie hier sind unter den anderen Behörden die Polizeibehörden (in Steuerstrafsachen auch die FinB, Einl 11 ff) zu verstehen (7, 8 zu § 158). Geht die Erklärung bei einer mit der Strafsache nicht befaßten Behörde ein, so kann sie nur berücksichtigt werden, wenn sie eindeutig für das Strafverfahren bestimmt ist und an die zuständige Stelle weitergegeben wird. 30

11) Keine Hemmung des Verfahrens (VII) soll durch die Beteiligung entstehen. Dieser Grundsatz (entspr § 398 I) kann nur annäherungsweise verwirklicht werden. Das Gericht hat im Einzelfall zu prüfen, inwieweit er durch den Anspruch des Einziehungsbeteiligten auf rechtliches Gehör eingeschränkt werden muß. 31

Anhörung im Ermittlungsverfahren

432 **I Ergeben sich im vorbereitenden Verfahren Anhaltspunkte dafür, daß jemand als Einziehungsbeteiligter in Betracht kommt, so ist er zu hören, wenn dies ausführbar erscheint. § 431 Abs. 1 Satz 3 gilt entsprechend.**

II Erklärt derjenige, der als Einziehungsbeteiligter in Betracht kommt, daß er gegen die Einziehung Einwendungen vorbringen wolle, und erscheint glaubhaft, daß er ein Recht an dem Gegenstand hat, so gelten, falls er vernommen

wird, die Vorschriften über die Vernehmung des Beschuldigten insoweit entsprechend, als seine Verfahrensbeteiligung in Betracht kommt.

1 **1) Im Ermittlungsverfahren** sollen auch die Umstände geklärt werden, die für die Bestimmung der Rechtsfolgen von Bedeutung sind (§ 160 III S. 1), auch soweit es sich um Einziehung oder Verfall (§ 442 I) handelt. Zeichnet sich durch konkrete Anhaltspunkte irgendwie ab, daß jemand als Verfalls- oder Einziehungsbeteiligter in Betracht kommt, so erstrecken sich die Ermittlungen auch hierauf, falls nicht eine Einstellung des Ermittlungsverfahrens zu erwarten und ein objektives Verfahren (§ 440) auszuschließen ist. Bei der Vernehmung des Beteiligungsinteressenten (5 zu § 431) steht nach der Klarlegung des Vernehmungsthemas im Vordergrund, ob er gegen die in Betracht kommende Maßnahme Einwendungen vorbringen will (§ 431 VI), weil hiervon der Vernehmungsmodus abhängt (unten 3).

2 **2)** Die **Ausnahmen von der Anhörungspflicht** entsprechen den Fällen, in denen von der Anordnung der Beteiligung abgesehen werden kann (I S. 1, 2; 11 ff zu § 431). Eine weitere Ausnahme entsteht, wenn die StA die Einziehung nach Sachlage schon vor der Anhörung nach § 430 aus dem Verfahren ausscheidet.

3 **3) Ergibt sich die Absicht, Einwendungen vorzubringen** (II), und bestehen konkrete Anhaltspunkte für die Voraussetzungen der Einziehung oder des Verfalls gegen den Dritten, so müssen von diesem Augenblick an die Vorschriften über die Vernehmung eines Beschuldigten entspr angewendet werden, soweit sich die Vernehmung auf die Tatsachen bezieht, zu denen die betreffende Person im Fall der Anordnung ihrer Beteiligung gehört werden müßte (14 ff zu § 431). Denn wenn sich die Person gegen die Rechtsfolge wehrt, äußert sie sich insoweit in eigener Sache, ähnlich einem Beschuldigten, der die Verurteilung zu Strafe abwehren will. § 163 a ist entspr anzuwenden. Wegen aller anderen Fragen kann er jedoch als Zeuge vernommen werden (LR-Gössel 12; erg 23 vor § 48).

4 **4)** Die **Anklage** muß im Anklagesatz auch eine angestrebte Nebenfolge gegen einen Nebenbeteiligten (§§ 431 I S. 1, 442), mit Angabe der sie stützenden Tatsachen und Vorschriften enthalten (15 zu § 200).

5 **5)** Der **Antrag auf Erlaß eines Strafbefehls** muß die bezeichnete Nebenfolge ebenfalls als Inhalt des beantragten Straferkenntnisses enthalten (§ 438).

Stellung im Hauptverfahren

433 **I Von der Eröffnung des Hauptverfahrens an hat der Einziehungsbeteiligte, soweit dieses Gesetz nichts anderes bestimmt, die Befugnisse, die einem Angeklagten zustehen. Im beschleunigten Verfahren gilt dies vom Beginn der Hauptverhandlung, im Strafbefehlsverfahren vom Erlaß des Strafbefehls an.**

II Das Gericht kann zur Aufklärung des Sachverhalts das persönliche Erscheinen des Einziehungsbeteiligten anordnen. Bleibt der Einziehungsbeteiligte, dessen persönliches Erscheinen angeordnet ist, ohne genügende Entschuldigung aus, so kann das Gericht seine Vorführung anordnen, wenn er unter Hinweis auf diese Möglichkeit durch Zustellung geladen worden ist.

1 **1)** Die **Befugnisse, die einem Angeklagten zustehen** (I S. 1), hat der Verfalls- oder Einziehungsbeteiligte nach der Anordnung seiner Beteiligung (§ 431 I), soweit er am Verfahren beteiligt ist (§§ 431, 442 III S. 1) und das Gesetz nichts anderes bestimmt (zB §§ 436 II, 437 I). Der Beteiligte hat aber nicht die Rechtsstellung des Angeklagten, ist diesem auch nicht gleichgestellt (KG NJW **78**, 2406, JR **78**, 127). I bezweckt lediglich, ihm in technisch einfacher Weise ein größtmög-

liches Maß an prozessualen Rechten im Hauptverfahren zu sichern. Er hat wie der Angeklagte Anspruch auf rechtliches Gehör, kann Anträge stellen, Zeugen laden (§ 220) und Rechtsbehelfe einlegen (Düsseldorf NStZ **88**, 289; vgl auch Oldenburg VRS **90**, 285 zu § 55 JGG). Soweit er nicht beteiligt ist, kann er Zeuge sein (unten 4). § 433 gilt aber sinngemäß auch für die bußgeldbeteiligte JP oder PV (§ 444 II).

2) Im Strafbefehlsverfahren (I S. 1) wird ein Eröffnungsbeschluß nicht erlassen. Daher wird der Beginn der Beteiligung anders bestimmt (4 zu § 418; 3 vor § 407). 2

3) Persönliches Erscheinen (II; § 236): Handelt es sich um eine JP oder PV, so wird das Erscheinen der vertretungsberechtigten Person angeordnet. 3

A. **Soweit die Beteiligung reicht,** kann der Beteiligte nicht Zeuge sein; daher enthält II eine dem § 236 entspr Bestimmung. Erscheint der Beteiligte oder wird er vorgeführt, so kann er auch als Zeuge vernommen werden, soweit es um Fragen geht, an denen er nicht beteiligt ist, zB im Fall einer Anordnung nach § 431 II zur Schuldfrage (dort 14 ff). 4

B. **Soll er auch als Zeuge** vernommen werden, so sind auch die §§ 48, 51 anwendbar, weil die Folgen des unentschuldigten Ausbleibens umfassender sind. Gibt der Beteiligte die Erklärung nach § 431 VI ab und wird daraufhin die Beteiligungsanordnung aufgehoben, so bleibt nur noch die Anwendung der §§ 48, 51. 5

C. **Ausbleiben** (II S. 2): „Ohne genügende Entschuldigung": 10 ff zu § 51; 17 ff zu § 329. Der Einhaltung der Ladungsfrist (§ 217) bedarf es nicht (LR-Gössel 36). Von der Erzwingung der Anordnung durch Vorführung kann abgesehen werden (8 zu § 236). 6

4) Verhandlungsfähigkeit des Einziehungsbeteiligten genügt für die Wahrnehmung der Befugnisse, die einem Angeklagten zustehen (LR-Gössel 23). Nach **aM** muß er zur selbständigen Wahrnehmung seiner Interessen geschäftsfähig sein, da es um vermögensrechtliche Ansprüche geht (RG **29**, 52; Göhler 3 zu § 87 OWiG, dieser nur, wenn der Einziehungsbeteiligte nach Art eines Hauptintervenienten die Einziehung bekämpft). Es handelt sich aber nicht um einen ins Strafverfahren eingebauten Zivilprozeß, sondern um Maßnahmen, die dem modernen Strafrecht – ebenso wie die Maßregeln der Besserung und Sicherung (§ 11 I Nr 8 StGB) – als Unrechtsfolgen angehören. Daher bedarf der minderjährige Einziehungsbeteiligte nicht der Einwilligung des gesetzlichen Vertreters für Erklärungen zu seinem und des Angeklagten Tatverhalten, für gestaltende Prozeßerklärungen, wie zB Anträge und Rechtsmittel; auch nicht für eine Erklärung nach § 431 VI, da sie keinen Verzicht auf ein Recht darstellt (dort 29); anders nur bei einer vermögensrechtlichen Verfügung (§ 107 BGB). 7

5) Tod des Verfalls- oder Einziehungsbeteiligten: Die Rechte Dritter, also auch die der Erben, bleiben beim rechtskräftig angeordneten Verfall (§ 73 e I S. 2 StGB) und bei der rechtskräftig angeordneten Einziehung (§ 74 e II StGB) unberührt. Wenn aber eine auch gegen die Erben wirkende, vor dem Erbfall entstandene Beschränkung ihrer Rechte entsteht, so treten sie in die Beteiligtenrolle ein (7 ff vor § 430; zu der Problematik LR-Gössel 27 ff.) 8

Vertretung

434 **I Der Einziehungsbeteiligte kann sich in jeder Lage des Verfahrens auf Grund einer schriftlichen Vollmacht durch einen Rechtsanwalt oder eine andere Person, die als Verteidiger gewählt werden kann, vertreten lassen. Die für die Verteidigung geltenden Vorschriften der §§ 137 bis 139, 145 a bis 149 und 218 sind entsprechend anzuwenden.**

II Das Gericht kann dem Einziehungsbeteiligten einen Rechtsanwalt oder eine andere Person, die als Verteidiger bestellt werden darf, beiordnen, wenn die Sach- oder Rechtslage schwierig ist oder wenn der Einziehungsbeteiligte seine Rechte nicht selbst wahrnehmen kann.

1 **1) Wahl-Vertreter** (I): Auch der gesetzliche Vertreter kann bevollmächtigen (S. 2 iVm § 137 II). Schon im Vorverfahren kann für denjenigen, der als Beteiligter in Betracht kommt (§ 432 I, dort 1), ein gewählter Vertreter der in I bezeichneten Art tätig werden. Das ergibt sich aus der in § 432 vorgesehenen beschuldigtenähnlichen Verfahrensstellung des Beteiligungsinteressenten. Im Hinblick auf diese Stellung müssen dem Vertreter auch im Ermittlungsverfahren schon die Verteidigerbefugnisse nach §§ 145 a, 147 zugestanden werden (so im Ergebnis LR-Gössel 2, 5). Die Vollmacht muß schon zur Zeit der für den Nebenbeteiligten vorzunehmenden Prozeßhandlung vorliegen; zumindest wird die Prozeßhandlung erst wirksam, wenn die schriftliche Vollmacht hinzukommt (Celle StraFo **98**, 31, 32).

2 **2) Beigeordneter Vertreter** (II): Die Bestellung ist im Vorverfahren noch nicht zulässig (**aM** KMR-Paulus 2; LR-Gössel 6). Sie kann auf Antrag des Verfalls- oder Einziehungsbeteiligten oder des StA oder von Amts wegen beschlossen werden.

3 A. **Über die Bestellung entscheidet** nicht der Vorsitzende des mit der Sache befaßten Gerichts (vgl § 141 IV), sondern – wie in den Fällen der §§ 364 a, 364 b – das Gericht durch Beschluß. Dieser gibt dem Vertreter die gleichen prozessualen Befugnisse und Pflichten wie im Fall des I die Vollmacht. Auch ein Referendar kann bestellt werden; denn er gehört zu den Personen, die (wenn auch nur in Fällen bestimmten Schweregrades) als Verteidiger bestellt werden dürfen (§ 142 II).

4 B. **Zwei Voraussetzungen,** von denen schon eine zur Beiordnung führen kann: Die Schwierigkeit der Sach- oder Rechtslage ist nicht an der ganzen Strafsache zu messen, sondern nur an dem Verfahrensteil und an den Sach- und Rechtsfragen, die die Beteiligung betreffen. Sie besteht bei widerstreitenden Meinungen der Obergerichte zu einer entscheidungserheblichen Rechtsfrage (Frankfurt NJW **83**, 1208). Die Unfähigkeit, seine Rechte selbst wahrzunehmen, kann auch bei einfacherer Sach- oder Rechtslage gegeben sein. Je geringer diese Fähigkeit beim Beteiligten ist, desto geringer kann der Grad der Schwierigkeit der Sache sein, der die Beiordnung eines Vertreters bereits rechtfertigen kann.

5 **3) Keine gemeinschaftliche Vertretung:** Ein Vertreter darf nicht gleichzeitig mehrere Einziehungsbeteiligte vertreten (S. 2 iVm § 146), auch nicht mehrere Verfallsbeteiligte (§ 442 I, II S. 1 iVm §§ 434 S. 2, 146) und darf auch nicht zugleich Verteidiger des Beschuldigten sein (Düsseldorf NStZ **88**, 289). Weil Verfall und Einziehung ihrem Wesen nach verschiedenartige Maßnahmen sind, ist es aber zulässig, daß eine Person einen Einziehungsbeteiligten und daneben einen Verfallsbeteiligten vertritt.

6 **4)** Das **Recht der Akteneinsicht** hat der Vertreter zwar nur insoweit, als die Aktenteile für die Verfahrensbeteiligung von Bedeutung sind (vgl dazu 3 zu § 435). Jedoch spielt diese Beschränkung praktisch kaum eine Rolle, weil die Vorgänge in der Regel nicht trennbar sind.

7 **5)** Mit **Beschwerde** anfechtbar ist die Ablehnung der Beiordnung, die Beiordnung hingegen nur, wenn eine nicht bestellungsfähige Person beigeordnet worden ist (KK-Boujong 9; **aM** KMR-Paulus 11).

Terminsnachricht

435 **I Dem Einziehungsbeteiligten wird der Termin zur Hauptverhandlung durch Zustellung bekanntgemacht; § 40 gilt entsprechend.**

II Mit der Terminsnachricht wird ihm, soweit er an dem Verfahren beteiligt ist, die Anklageschrift und in den Fällen des § 207 Abs. 2 der Eröffnungsbeschluß mitgeteilt.

III Zugleich wird der Einziehungsbeteiligte darauf hingewiesen, daß

1. auch ohne ihn verhandelt werden kann und
2. über die Einziehung auch ihm gegenüber entschieden wird.

1 **1)** Nur die **Bekanntgabe des Termins** (I) zur Hauptverhandlung an den Verfalls- oder Einziehungsbeteiligten ist vorgeschrieben, nicht eine Ladung wie bei dem Angeklagten (§ 216); denn es soll dem Beteiligten grundsätzlich überlassen bleiben, zu erscheinen und von seinen Befugnissen Gebrauch zu machen (Ausnahme: § 433 II). Zum Nachweis der Bekanntgabe ist die förmliche Zustellung vorgeschrieben (§ 217 I); im Fall des § 433 II handelt es sich um Ladung iS einer Aufforderung zum Erscheinen mit dem vorgeschriebenen Hinweis. Anspruch auf eine der Ladungsfrist (§ 217) entspr Frist hat der Beteiligte nicht (LR-Gössel 5). Dies entspricht auch dem § 431 VII.

2 **2)** Die **Anklageschrift** (II) wird der Terminsnachricht beigegeben. Sie ist zwar keine Anklage gegen den Verfalls- oder Einziehungsbeteiligten, aber sie betrifft auch ihn. Der Anklagesatz macht ihm ersichtlich, iVm welcher Tat und nach welchen Bestimmungen der Verfall oder die Einziehung in Betracht kommt. Nur
3 **soweit er an dem Verfahren beteiligt** ist, erhält er die Anklageschrift. Gehören zu ihrem Inhalt auch Vorgänge, die für die Maßnahme ohne Bedeutung sind, so können und sollen sie bei der Bekanntgabe weggelassen werden, zB wenn mehrere Taten (1 ff zu § 264) Gegenstand der Anklage sind und die Maßnahmen nur mit einer von ihnen zusammenhängt. Da die Trennbarkeit und Trennung der Tatsachen naturgemäß problematisch sind, handelt es sich nicht um eine zwingende Vorschrift, was sich auch aus Analogie mit § 436 IV S. 2 ergibt (**aM** LR-Gössel 15 zu
4 § 434). Wenn der **Eröffnungsbeschluß von der Anklage abweicht** (§ 207 II) und die Änderung auch die Frage der Einrichtung oder des Verfalls betrifft, wird auch dieser Beschluß beigefügt. Wird die Änderung in einer neuen Anklageschrift berücksichtigt (§ 207 III), so erübrigt sich die Mitteilung des Eröffnungsbeschlusses. Bei öffentlicher Zustellung der Terminsnachricht (I S. 2) wird die Anklageschrift nicht nach § 40 I, II mitbekanntgemacht, sondern nur die eigentliche Terminsnachricht mit den Hinweisen nach III.

5 **3)** Der **Vertreter** (§ 434) erhält die Terminsnachricht ebenfalls, wie sich aus § 434 I S. 2 iVm § 218 ergibt (vgl auch 2 zu § 218). § 145 a III gilt entspr. Auch der Vertreter hat – ebenso wie der Verfalls- oder Einziehungsbeteiligte (oben 1) – keinen Anspruch auf eine dem § 217 entspr Benachrichtigungsfrist.

Hauptverhandlung

436 **I Bleibt der Einziehungsbeteiligte in der Hauptverhandlung trotz ordnungsgemäßer Terminsnachricht aus, so kann ohne ihn verhandelt werden. § 235 ist nicht anzuwenden.**

II Auf Beweisanträge des Einziehungsbeteiligten zur Frage der Schuld des Angeklagten ist § 244 Abs. 3 Satz 2, Abs. 4 bis 6 nicht anzuwenden.

III Ordnet das Gericht die Einziehung auf Grund von Umständen an, die einer Entschädigung des Einziehungsbeteiligten entgegenstehen, so spricht es zugleich aus, daß dem Einziehungsbeteiligten eine Entschädigung nicht zusteht. Dies gilt nicht, wenn das Gericht eine Entschädigung des Einziehungsbeteiligten für geboten hält, weil es eine unbillige Härte wäre, sie zu versagen; in diesem Falle entscheidet es zugleich über die Höhe der Entschädigung (§ 74 f Abs. 3 des Strafgesetzbuches). Das Gericht weist den Einziehungsbeteiligten

zuvor auf die Möglichkeit einer solchen Entscheidung hin und gibt ihm Gelegenheit, sich zu äußern.

IV War der Einziehungsbeteiligte bei der Verkündung des Urteils nicht zugegen und auch nicht vertreten, so ist ihm das Urteil zuzustellen. Das Gericht kann anordnen, daß Teile des Urteils, welche die Einziehung nicht betreffen, ausgeschieden werden.

1 **1) Ohne den Verfalls- oder Einziehungsbeteiligten** (I S. 1): Er kann und soll selbst entscheiden, ob er persönlich teilnehmen oder ob er sich, falls er einen Vertreter hat, vertreten lassen will (§ 434; 6 zu § 433). I S. 1 gilt auch, wenn der Beteiligte zunächst erschienen war, sich aber dann entfernt hat, auch wenn er nicht vertreten ist (§§ 434, 435 III Nr 1; LR-Gössel 4).

2 **2) Keine Wiedereinsetzung** (I S. 2 iVm § 235): Der Ausschluß ist eine Folgerung aus § 431 VII und gilt unabhängig davon, ob das Ausbleiben genügend entschuldigt ist oder nicht (LR-Gössel 6). Der Beteiligte kann das Urteil aber anfechten (§ 433 I S. 1) und, falls Anfechtung nicht mehr zulässig ist, von dem Nachverfahren nach § 439 I S. 1 Nr 2 Gebrauch machen.

3 **3) Beweise zur Schuld des Angeklagten** (II): Der Beteiligte hat kein Beweisantragsrecht, wenn sich seine Beteiligung auf die Schuldfrage überhaupt nicht erstreckt (§ 431 II). Im übrigen ist das Gericht in der Ablehnung seiner Beweisanträge zur Schuldfrage nicht an die in II genannten Regeln gebunden (5 ff zu § 244).

4 **4) Entschädigung bei Einziehung** (III; § 74 f StGB): Über sie entscheidet das Strafgericht grundsätzlich nicht (11 vor § 430). III enthält Ausnahmen. Der in S. 3 vorgeschriebene Hinweis des Gerichts beruht darauf, daß die Einziehungsbeteiligung sich nach § 431 I S. 1 nur auf die Einziehungsfrage bezieht (LR-Gössel 20). Er kann schon mit der Ladung zusammen mit dem Hinweis nach § 435 III gegeben werden. Er ist aber überflüssig, wenn er wegen Abwesenheit und Nichtvertretensein des Adressaten nicht ausführbar ist (LR-Gössel 20). Seine Unterlassung ist in keinem Fall eine Einschränkung des rechtlichen Gehörs (4 vor § 430), da die Entscheidung stets nur aufgrund der die Anordnung der Einziehung tragenden Umstände ergeht, zu denen der Betroffene sich in der Hauptverhandlung zu äußern die Gelegenheit hatte (Einl 28, 29). Kommt es nicht zur Einziehung, so kann der Einziehungsbeteiligte nicht nach § 2 **StrEG** entschädigt werden (2 vor § 1 StrEG; Schätzler Einl 27).

5 **5) Zustellung des Urteils** (IV S. 1): Die Zustellung an den Verfalls- oder Einziehungsbeteiligten ist unter den angegebenen Voraussetzungen auch erforderlich, wenn die Einziehung bzw. der Verfall nicht angeordnet worden ist, ebenso wenn die Terminsnachricht nach § 435 versehentlich unterblieben und dieser Mangel nicht durch Verlegung oder Vertagung (1 ff zu § 228) geheilt worden ist. War der Beteiligte oder sein Vertreter bei der Urteilsverkündung zugegen, so ist diese für den Beginn der Rechtsmittelfrist maßgebend, andernfalls die Zustellung, wie sich aus § 433 I S. 1 iVm §§ 314, 341 ergibt. § 145 a ist anwendbar (§ 434 I S. 2).

Rechtsmittelverfahren

437 **I Im Rechtsmittelverfahren erstreckt sich die Prüfung, ob die Einziehung dem Einziehungsbeteiligten gegenüber gerechtfertigt ist, auf den Schuldspruch des angefochtenen Urteils nur, wenn der Einziehungsbeteiligte insoweit Einwendungen vorbringt und im vorausgegangenen Verfahren ohne sein Verschulden zum Schuldspruch nicht gehört worden ist. Erstreckt sich hiernach die Prüfung auch auf den Schuldspruch, so legt das Gericht die**

zur Schuld getroffenen Feststellungen zugrunde, soweit nicht das Vorbringen des Einziehungsbeteiligten eine erneute Prüfung erfordert.

II Im Berufungsverfahren gilt Absatz 1 nicht, wenn zugleich auf ein Rechtsmittel eines anderen Beteiligten über den Schuldspruch zu entscheiden ist.

III Im Revisionsverfahren sind die Einwendungen gegen den Schuldspruch innerhalb der Begründungsfrist vorzubringen.

IV Wird nur die Entscheidung über die Höhe der Entschädigung angefochten, so kann über das Rechtsmittel durch Beschluß entschieden werden, wenn die Beteiligten nicht widersprechen. Das Gericht weist sie zuvor auf die Möglichkeit eines solchen Verfahrens und des Widerspruchs hin und gibt ihnen Gelegenheit, sich zu äußern.

1) **Begrenzte Nachprüfung des Schuldspruchs** (I): Wieweit der Beteiligte 1
im Bereich des Schuldspruchs am Verfahren mitwirken darf, ergibt sich aus § 431 I, II. Insoweit hat der Beteiligte aber nur einen Tatsachenrechtszug. Eine Beschwer (8 vor § 296) ist erforderlich (BGHR StGB § 74 II Nr 2 Beteiligter 1).

2) Die **zur Schuldfrage im angefochtenen Urteil getroffenen Feststellun-** 2
gen (I S. 2) bleiben nicht nur bestehen, wenn der Schuldspruch überhaupt nicht überprüft wird, sondern auch dann, wenn die Einwendungen nach I S. 1 erfolglos bleiben. Das Gericht entscheidet über den Umfang dieser Beweisaufnahme nach eigenem pflichtgemäßem Ermessen (vgl auch § 436 II).

3) **Berufung eines anderen** (II): Wenn sie zur Nachprüfung des Schuldspruchs 3
führt, ist der Einziehungsbeteiligte zur Mitwirkung befugt, wenn er in der Schuldfrage überhaupt beteiligt ist (§ 431 II).

4) **Revisionsverfahren** (III): Die Einwendungen gegen den Schuldspruch iS 4
des III können nur Rechtsrügen sein. Im übrigen gelten für die Abgrenzung der Mitwirkung die gleichen Grundsätze wie bei der Berufung (I, II).

5) **Rechtsmittel nur wegen des Entschädigungsbetrags** (IV iVm § 436 III 5
S. 2 und § 74f III StGB):

A. **Für Berufung und Revision** gilt IV. § 349 bleibt unberührt. Hat aber das 6
Berufungsgericht schon durch Beschluß nach IV entschieden, ist gegen diesen Revision nicht mehr zulässig (§ 333). Darauf sollte bei dem Hinweis nach IV S. 2 aufmerksam gemacht werden (Einl 157).

B. **Widerspruch:** Bei Berufung prüft das Gericht, ob die Sache genügend 7
geklärt ist und das Beschlußverfahren ausreicht. Ermittlungen geringeren Umfangs kann es noch anordnen oder selbst vornehmen (in entspr Anwendung des § 308 II; LR-Gössel 21). § 33 III ist zu beachten. Erst wenn das Rechtsmittelgericht durch Beschluß entscheiden möchte, bedarf es der Einholung der Äußerungen nach IV S. 2. Für die Erklärung des Vertreters (§ 434) gilt § 297 entspr. Der Widerspruch bedarf keiner besonderen Form und kann auch durch schlüssige Handlung erklärt werden (Einl 126). Ein noch vor dem Erlaß des Beschlusses nach IV eingehender Widerspruch ist zu berücksichtigen, auch wenn die Erklärungsfrist dabei überschritten worden ist oder wenn mit dem Widerspruch ein vorher erklärter Verzicht ausdrücklich oder in der Sache widerrufen wird.

Strafbefehl

438 **I Wird die Einbeziehung durch Strafbefehl angeordnet, so wird der Strafbefehl auch dem Einziehungsbeteiligten zugestellt. § 435 Abs. 3 Nr. 2 gilt entsprechend.**

II Ist nur über den Einspruch des Einziehungsbeteiligten zu entscheiden, so gelten § 439 Abs. 3 Satz 1 und § 441 Abs. 2 und 3 entsprechend.

1 **1)** Die **Beteiligungsanordnung** (§§ 431 I S. 1, II, 442 I, II S. 1) wird in den Strafbefehl aufgenommen, wenn in ihm die betreffende Maßnahme angeordnet wird (22 zu § 431). Ohne sie wäre der Verfalls- oder Einziehungsbeteiligte nicht zum Einspruch gegen den Strafbefehl hinsichtlich der Einziehung befugt (LR-Gössel 3). Die Entschädigungsentscheidung nach § 436 III kann in dem summarischen Verfahren nicht getroffen werden (LR-Gössel 2). Genügen dem Richter die Anhaltspunkte nicht, so wird er vor dem Erlaß des Strafbefehls bei der StA die
2 **nähere Klärung** anregen oder (entspr § 202) ausnahmsweise selbst herbeiführen (7 zu § 408). Ist die Beteiligung nicht angeordnet worden, so lebt die Möglichkeit hierzu erst wieder auf, wenn der Beschuldigte Einspruch einlegt (22 zu § 431). Wird der Strafbefehl rechtskräftig, so ist der Beteiligungsinteressent auf das Nachverfahren (§ 439) angewiesen.

3 **2) Zugestellt** wird der Strafbefehl nicht nur dem Beschuldigten, sondern auch dem Beteiligten (I; 16 zu § 409), ggf an die Adresse des Vertreters (§ 434 I S. 2 iVm § 145 a), und zwar mit Einspruchsbelehrung (9 zu § 409). Durch diese Zustellung wird die Einspruchsfrist für die Seite des Beteiligten in Lauf gesetzt (§ 409 I). Hat die natürliche Person einen gesetzlichen Vertreter, so wird der Strafbefehl auch diesem zugestellt (§ 433 I S. 1 iVm § 409 II). Ist der Beteiligte eine JP oder PV, so geht die Zustellung an das zur Vertretung berufene Organ.

4 **3) Hat nur oder auch der Beschuldigte Einspruch** eingelegt, so erhält der Beteiligte Terminsnachricht nach § 435 I, III Nrn 1, 2. Für die Hauptverhandlung gilt § 436. Daher ist eine entspr Anwendung des § 412 auf den Einziehungsbeteiligten (aufgrund des Vorbehalts in § 433 I S. 1) ausgeschlossen.

5 **4) Ist nur über den Einspruch des Beteiligten zu entscheiden** (II), weil der Beschuldigte auf diesen Rechtsbehelf verzichtet oder ihn zurückgenommen hat oder weil sein Einspruch verworfen worden ist (Bay **94**, 43 = NStZ **94**, 442), und wird von § 430 kein Gebrauch gemacht, so gilt ein vereinfachtes Verfahren.

6 A. **Schuldspruch** (II iVm § 439 III S. 1): Ihn prüft das Gericht auf den Einspruch des Verfalls- oder Einziehungsbeteiligten nicht nach, wenn eine Anordnung nach § 431 II schon getroffen ist (oben 1, 2) oder zulässig wäre. Im letzteren Fall tritt diese Beschränkung kraft Gesetzes ohne besondere Anordnung ein. Wäre sie im Strafverfahren nicht zulässig gewesen, so muß der Beteiligte bei der Entscheidung über seinen Einspruch auch das rechtliche Gehör zur Schuldfrage erhalten. § 437 ist nicht anwendbar, weil der Einspruch kein Rechtsmittel ist (20 vor § 296). Im Bußgeldverfahren wäre eine Anordnung nach § 431 II nicht zulässig (Bay **94**, 43 = NStZ **94**, 442).

7 B. **Beschlußverfahren** (II iVm § 441 II): Der Beschluß kann mit der sofortigen Beschwerde angefochten werden (§ 311).

8 C. **Mündliche Verhandlung** (II iVm § 441 III): Kommt es darauf an, ob der Beteiligte den Antrag stellt, so wird er entspr belehrt, wenn das nicht schon mit der Einspruchsbelehrung geschehen ist. Der Verurteilte, der keinen Einspruch eingelegt hat, wird, falls er als Auskunftsperson benötigt wird, als Zeuge geladen und vernommen. Der Beteiligte hat die Befugnisse, die ein Angeklagter in der Hauptverhandlung hat (§ 433 I S. 1). Er erhält Terminsnachricht nach § 435 I, III Nr 1. Der Beifügung des Strafbefehls (vgl § 435 II), der ihm schon zugestellt ist, und der Wiederholung des Hinweises nach § 435 III Nr 2 (vgl I S. 2) bedarf es nicht. Hat das Gericht die mündliche Verhandlung von sich aus angeordnet, wird idR Anlaß bestehen, das persönliche Erscheinen des Beteiligten anzuordnen (§ 433 II).

9 D. **Ausbleiben des Verfalls- und Einziehungsbeteiligten:** Da ohne ihn verhandelt werden kann (oben 8; § 436), sein Ausbleiben also erlaubt ist, gilt § 412 nicht entspr. Bleibt der Beteiligte in der mündlichen Verhandlung aus, so wird mit seinem Vertreter (§ 434) oder, wenn ein solcher fehlt oder ebenfalls nicht erschienen ist, ohne die Seite des Beteiligten verhandelt und in der Sache entschieden.

War das persönliche Erscheinen angeordnet, so gilt § 433 II S. 2. Das Gericht kann statt dessen auch zum Beschlußverfahren (II) übergehen, wenn es die ohne Antrag getroffene Anordnung aufhebt oder der Antrag auf mündliche Verhandlung zurückgenommen wird.

Nachverfahren

439 **I Ist die Einziehung eines Gegenstandes rechtskräftig angeordnet worden und macht jemand glaubhaft, daß er**

1. zur Zeit der Rechtskraft der Entscheidung ein Recht an dem Gegenstand gehabt hat, das infolge der Entscheidung beeinträchtigt ist oder nicht mehr besteht, und

2. ohne sein Verschulden weder im Verfahren des ersten Rechtszuges noch im Berufungsverfahren die Rechte des Einziehungsbeteiligten hat wahrnehmen können,

so kann er in einem Nachverfahren geltend machen, daß die Einziehung ihm gegenüber nicht gerechtfertigt sei. § 360 gilt entsprechend.

II Das Nachverfahren ist binnen eines Monats nach Ablauf des Tages zu beantragen, an dem der Antragsteller von der rechtskräftigen Entscheidung Kenntnis erlangt hat. Der Antrag ist unzulässig, wenn seit Eintritt der Rechtskraft zwei Jahre verstrichen sind und die Vollstreckung beendet ist.

III Das Gericht prüft den Schuldspruch nicht nach, wenn nach den Umständen, welche die Einziehung begründet haben, im Strafverfahren eine Anordnung nach § 431 Abs. 2 zulässig gewesen wäre. Im übrigen gilt § 437 Abs. 1 entsprechend.

IV Wird das vom Antragsteller behauptete Recht nicht erwiesen, so ist der Antrag unbegründet.

V Vor der Entscheidung kann das Gericht mit Zustimmung der Staatsanwaltschaft die Anordnung der Einziehung aufheben, wenn das Nachverfahren einen unangemessenen Aufwand erfordern würde.

VI Eine Wiederaufnahme des Verfahrens nach § 359 Nr. 5 zu dem Zweck, die Einwendungen nach Absatz 1 geltend zu machen, ist ausgeschlossen.

1) **Nachverfahren** (I): Es steht auch dem Verfallsbeteiligten offen (§ 442 II S. 2). Der Antragsteller erhält nachträglich das rechtliche Gehör; der rechtskräftige Ausspruch der Einziehung oder des Verfalls kann beseitigt werden. § 439 wird durch die Verfahrensvorschriften in § 441 ergänzt. 1

2) **Voraussetzungen** (I) für die Zulässigkeit des Antrags: 2

A. **Glaubhaftmachung** (5 ff zu § 26): Sie ist auch erforderlich, wenn der Antragsteller schon im Strafverfahren Verfalls- oder Einziehungsbeteiligter war (LR-Gössel 23); es kommt auf den Zeitpunkt der Rechtskraft der Entscheidung an (I Nr 1). 3

B. **Rechtsbeeinträchtigung** (I S. 1 Nr 1): Sie muß als Folge der rechtskräftigen Anordnung der Einziehung oder des Verfalls eingetreten sein (§§ 74 e, 73 e StGB). Für den Fall, daß die Anordnung der Einziehung von Wertersatz vollstreckt worden ist (§ 74 c StGB), steht das Nachverfahren mangels Verletzung von Rechten Dritter nicht zur Verfügung, wohl aber bei Anordnung des Verfalls von Wertersatz nach § 73 a StGB (LR-Gössel 15). 4

C. **Unmöglichkeit der Rechtswahrnehmung** (I S. 1 Nr 2): Hat ein Beteiligter seine Rechte nur im Revisionsverfahren geltend machen können, so kann er den Antrag nach § 439 dennoch stellen, weil die Möglichkeit von Rechtsrügen idR keine umfassende Gewährung des rechtlichen Gehörs darstellt. Ein Fall der 5

Unmöglichkeit liegt auch vor, wenn der Antragsteller ohne sein Verschulden nicht beteiligt worden ist (zB weil sein Recht nicht bekannt war) oder trotz Anordnung seiner Beteiligung schuldlos in den Tatsacheninstanzen nicht mitgewirkt hat.

6 3) Die **Wahrung der Antragsfrist** (II) gehört ebenfalls zu den Zulässigkeitsvoraussetzungen. Für sie ist die Glaubhaftmachung durch den Antragsteller nicht vorgeschrieben. Das Gericht prüft sie von Amts wegen im Freibeweisverfahren (7, 9 zu § 244). Die Fristwahrung ist Prozeßvoraussetzung für das Nachverfahren, ihre Versäumung ein Verfahrenshindernis.

7 A. Die **Einmonatsfrist** beginnt am Tag nach der Erlangung der Kenntnis von der rechtskräftigen Anordnung der Maßnahme. Hat der Antragsteller von der Entscheidung schon vor deren Rechtskraft Kenntnis erlangt, so beginnt die Frist dennoch erst am Tag nach dem Eintritt der Rechtskraft. Das kann insbesondere vorkommen, wenn die Beteiligung des Antragstellers schon im vorangegangenen Verfahren angeordnet war. Für das Ende der Frist gilt § 43 I, II. Die Wiedereinsetzung in den vorigen Stand ist nach § 44 zulässig.

8 B. Die **Frist von zwei Jahren** beginnt mit dem Tag des Eintritts der Rechtskraft (also 1 Tag vor der Monatsfrist); wenn die Vollstreckung zu dieser Zeit noch nicht abgeschlossen war, mit deren Beendigung. Da es sich um eine absolute Ausschlußfrist handelt (6 vor § 42), gelten für sie die §§ 43 und 44 nicht (5 vor § 42; 3 zu § 44).

9 4) Die **Vollstreckung der rechtskräftigen Entscheidung,** soweit sie in mehr als dem Rechtsübergang besteht, wird durch den Antrag auf das Nachverfahren nicht gehemmt. Das gilt insbesondere für die Herstellung des staatlichen Gewahrsams, die Verwertung der Sache oder des Rechts und die Durchführung der in § 442 bezeichneten Maßnahmen. Das Gericht kann jedoch einen Aufschub oder die Unterbrechung der Vollstreckung anordnen (I S. 2; § 360). Diese Befugnis besteht schon vor der Entscheidung über die Zulässigkeit des Antrags.

10 5) **Zulässigkeitsprüfung:** Der Antrag wird als unzulässig verworfen, wenn er verspätet gestellt ist oder eine der angegebenen sonstigen Zulässigkeitsvoraussetzungen fehlt. Ein Zulassungsbeschluß ist nicht vorgeschrieben. Das Gericht kann dem Antragsteller in geeigneten Fällen bei nicht genügender Glaubhaftmachung noch eine Gelegenheit zur Ergänzung geben. Bleiben unüberwindliche tatsächliche Zweifel, ob die Monatsfrist gewahrt ist, so wird der Antrag nicht als unzulässig verworfen (ebenso im Ergebnis LR-Gössel 26). Denn es ist ein allgemeiner Grundsatz, daß ein befristeter Antrag nur dann als verspätet verworfen wird, wenn die Verspätung nachgewiesen ist. Das ergibt sich zB aus §§ 26 a I Nr 1, 319, 346 (vgl auch 33 ff zu § 261).

11 6) **Sachprüfung** (III): Hätte eine Anordnung nach § 431 II – nach den Gründen des angefochtenen Urteils (LR-Gössel 31) – nicht ergehen dürfen, so muß dem Beteiligten auch zum Schuldspruch das rechtliche Gehör gewährt werden (vgl 6 zu § 438), und zwar wie im Rechtsmittelverfahren (III S. 2; § 437 I, dort 1, 2). Im umgekehrten Fall bedarf es keiner besonderen Beschränkungsanordnung.

12 7) **Unbegründet** (IV): Ein nicht behebbarer Zweifel geht zu Lasten des Antragstellers. Auf die weitere Prüfung der Voraussetzungen des Verfalls oder der Einziehung kommt es dann nicht mehr an.

13 8) **Aufgehoben** wird die Maßnahme, wenn das Fehlen ihrer Grundlage nachgewiesen wird und zumindest ihre Berechtigung zweifelhaft bleibt (LR-Gössel 29). Wird diese Entscheidung rechtskräftig, so beseitigt sie den Übergang des Eigentums oder des Rechts auf den Staat rückwirkend. Würde die Sachentscheidung einen
14 **unangemessenen Aufwand** erfordern, so kann das Gericht die Anordnung der Einziehung auch wegen der Unangemessenheit der Prozedur aufheben, falls die StA zustimmt (V; vgl hierzu 5 zu § 430). Eine Entscheidung über die Entschädi-

gung (§ 74 f StGB) oder über die Herausgabe des Erlöses, falls der Gegenstand oder das Recht inzwischen verwertet worden ist, wegen ungerechtfertigter Bereicherung ergeht im Nachverfahren nicht.

9) Die **Wiederaufnahme des Verfahrens** (VI) nach § 359 Nr 5 zum Zweck 15
der Beseitigung der rechtskräftig angeordneten Maßnahme ist ausgeschlossen, weil der von der Maßnahme Betroffene das Nachverfahren betreiben und dadurch seine Rechte genügend wahren kann. Die übrigen Wiederaufnahmemöglichkeiten sind nicht ausgeschlossen.

10) Die **Kosten** eines zurückgenommenen oder erfolglos eingelegten Antrags 16
treffen den Antragsteller (§ 473 I, VI Nr 2). Wird die Anordnung der Maßnahme aufgehoben, so fallen die Kosten des Nachverfahrens und die dem Antragsteller entstandenen notwendigen Auslagen der Staatskasse zur Last (§ 473 VI Nr 2 iVm § 473 III oder analog § 467; LR-Gössel 39).

Selbständiges Einziehungsverfahren **RiStBV 180**

440 **I Die Staatsanwaltschaft und der Privatkläger können den Antrag stellen, die Einziehung selbständig anzuordnen, wenn dies gesetzlich zulässig und die Anordnung nach dem Ergebnis der Ermittlungen zu erwarten ist.**

II In dem Antrag ist der Gegenstand zu bezeichnen. Ferner ist anzugeben, welche Tatsachen die Zulässigkeit der selbständigen Einziehung begründen. Im übrigen gilt § 200 entsprechend.

III Die §§ 431 bis 436 und 439 gelten entsprechend.

1) Wenn dies gesetzlich zulässig ist (I): Für Verfall, Einziehung und Un- 1
brauchbarmachung: § 76 a StGB. Auch § 76 a III ist von erheblicher Bedeutung (vgl zB 40 zu § 153; 59 zu § 153 a). Für die nachträgliche Anordnung von Verfall oder Einziehung des Wertersatzes nach § 76 StGB gelten die §§ 462 I S. 2, 462 a I, II.

2) Das **objektive Verfahren** kann ein selbständiges Einziehungs- , Verfalls- oder 2
Unbrauchbarmachungsverfahren sein. Es ist ein Verfahren außerhalb des subjektiven Strafverfahrens. Es befaßt sich mit der Tat- und Schuldfrage nur, soweit erforderlich und in der Form einer Inzidententscheidung.

3) Das **Opportunitätsprinzip** (I) gilt für den Antrag der StA auf Durchführung 3
eines objektiven Verfahrens (7 ff zu § 152), auch wenn die Maßnahme materiellrechtlich vorgeschrieben ist. Dabei ist von Bedeutung, ob ein Bedürfnis für die Maßnahme besteht, zB ein sich aufdrängendes öffentliches Interesse (beim Verfall) an der Abschöpfung des kriminellen Gewinns, an Gefahrenabwehr (bei Einziehung; BGH **20**, 257), ferner, ob das Verfahren einen unangemessenen Aufwand erfordern würde (vgl III iVm § 439 V). Des Verfahrens bedarf es nicht, wenn der Betroffene auf die Herausgabe des Gegenstandes verzichtet hat (vgl Düsseldorf NStZ **93**, 452).

4) Der **Antrag** auf Durchführung des objektiven Verfahrens ist eine Art Klageer- 4
hebung (vgl II). Der Antrag setzt voraus, daß die Anordnung nach dem Ermittlungsergebnis zu erwarten, dh als Ergebnis wahrscheinlich ist (vgl 2 zu § 203). Das gilt auch, wenn der Privatkläger den Antrag stellt; in diesem Fall gilt auch § 374 III (dort 3 ff). Eine Nebenklage ist im objektiven Verfahren nicht zulässig (LR-Gössel 21). Das Strafbefehlsverfahren scheidet für das objektive Verfahren aus. Wird der Antrag auf Durchführung des objektiven Verfahrens auf ein Antragsdelikt gestützt, so ist ein wirksamer Strafantrag Prozeßvoraussetzung (§ 76 a II S. 2 StGB; Einl 145, 154). Der Privatkläger kann seinen Antrag in jeder Lage des Verfahrens

5 **zurücknehmen** (analog § 391). Das gilt auch für die StA und die FinB (unten 21). Die analoge Anwendung des § 156 hätte nur Sinn, wenn mit der Sachentscheidung im objektiven Verfahren ein Strafklageverbrauch verbunden wäre (**aM** LR-Gössel 29 f, der aber § 430 I für anwendbar hält; vgl unten 16).

6 **5) Unmöglichkeit der Durchführung eines subjektiven Strafverfahrens** (§ 76 a StGB):

7 A. Sie ist **Prozeßvoraussetzung,** die von Amts wegen zu prüfen ist (Bay **87**, 42, 43 = AfP **87**, 690; Hamburg wistra **97**, 72), auch noch im Revisionsverfahren bestehen muß und bei deren Fehlen das Verfahren eingestellt wird (BGH **21**, 55). Sie kann schon durch eine Einstellung des Verfahrens durch die StA nach § 153 I herbeigeführt werden, obwohl diese die Strafklage nicht verbraucht (§ 76 a III StGB). Ob die Verfolgung oder Verurteilung einer bestimmten Person ausführbar ist, entscheidet nach der Grundkonzeption des Strafprozeßrechts grundsätzlich die
8 **StA** (Hamm NJW **70**, 1754, 1755; **aM** KK-Boujong 3; KMR-Paulus 8). Das Gericht kann den Antrag daher wegen Möglichkeit der Strafverfolgung nur dann als unzulässig verwerfen, wenn sich aus der Begründung des Antrags oder aus den Akten ohne weiteres ergibt, daß die Annahme der StA aus tatsächlichen Gründen nicht zutrifft oder auf Rechtsirrtum beruht (**aM** LR-Gössel 34, 35: umfassende Prüfungsbefugnis des Gerichts). Eine weitergehende Prüfung kann dem Gericht nicht zugemutet werden. Seine gegenteilige Auffassung würde die StA nicht binden und könnte dazu führen, daß sowohl das subjektive als auch das objektive Verfahren ausgeschlossen wären.

9 B. **Rechtliche Hindernisse:** Die Anordnung der Einziehung mit Sicherungscharakter und die Unbrauchbarmachung (§§ 74 II Nr 2, III, 74 d StGB), nicht aber der Verfall (Celle NdsRpfl **95**, 165), sind im objektiven Verfahren auch zulässig, wenn aus rechtlichen Gründen keine bestimmte Person verfolgt werden kann (zB bei Schuldlosigkeit des Täters, Amnestie, Verhandlungsunfähigkeit). Auch die Verfolgungsverjährung steht – wie §§ 76 a II S. 1 Nr 1, 78 I S. 2 StGB jetzt klarstellen (so auch früher schon BGH **31**, 226 = JR **83**, 291 mit Anm Lenzen; vgl dazu Sch/Sch-Eser 8 a zu § 76 a StGB) – dem objektiven Verfahren nicht entgegen.

10 **6) Inhalt des Antrags** (II): Der Gegenstand der Maßnahme wird in einer Weise bezeichnet, daß er genau identifiziert ist (39 zu § 260). Anzugeben ist ferner die tatsächliche und rechtliche Grundlage der erstrebten Maßnahme. Das wesentliche Ergebnis der Ermittlungen ist von dem übrigen Inhalt des Antrags zu trennen, da es bei der Verlesung des Antrags zu Beginn einer mündlichen Verhandlung durch den StA weggelassen werden muß (5 zu § 441). Der Antrag kann auch auf Einziehung einer Gattung von Gegenständen gerichtet sein. Können mehrere Straftaten als Grundlage der Maßnahme geltend gemacht werden, so genügt es, in dem Antrag eine beliebige von ihnen herauszugreifen (erg 2 zu § 441).

11 **7) Beteiligung** (III):

12 A. **Zu beteiligen sind** diejenigen Personen, die von der Maßnahme im Fall der Anordnung betroffen werden (III iVm §§ 431 I S. 1, 442 I). Sie sind trotz Fehlens eines Angeklagten nur Nebenbeteiligte. Von der Zuziehung des Beteiligungsinteressenten ist abzusehen, wenn er auf sie verzichtet (§ 431 VI); es kann von ihr abgesehen werden, wenn die Voraussetzungen des § 431 I S. 2, 3 vorliegen. Die Schuldfrage wird von der Beteiligung in den Fällen des § 431 II ausgenommen. Die StA wendet in ihrem Vorverfahren § 432 an. Das Gericht ordnet die geboten erscheinende Beteiligung an, falls der Antrag nicht von vornherein als unzulässig zu verwerfen ist. Das Recht des Beteiligungsinteressenten braucht dabei nur glaubhaft zu erscheinen. Zur Klärung der Voraussetzungen für die Entscheidung über die Beteiligung kann das Gericht einzelne Beweiserhebungen anordnen (1 ff zu § 202). Wird mit der Anordnung die Einschränkung nach § 431 II verbunden, so kann

hiergegen auch der Beteiligte sofortige Beschwerde erheben, worüber er belehrt wird (V S. 2; § 35 a; vgl 27 zu § 431).

B. Die **Befugnisse** der Beteiligten (§ 433 I S. 1) entstehen mit der Anordnung ihrer Beteiligung, da ein Eröffnungsbeschluß nicht ergeht. Wird im Beschlußverfahren entschieden (III iVm § 441 II), so muß dem Beteiligten die Antragsschrift zur Äußerung zugestellt werden (§ 433 I S. 1 iVm § 201 I). Wird aufgrund mündlicher Verhandlung entschieden (III iVm § 441 III), so erhält der Beteiligte Terminsnachricht und mit ihr die Antragsschrift nach § 435. Im ersteren Fall wird idR auf die Antragsbefugnis nach § 441 III hinzuweisen sein. 13

8) Prüfung und Entscheidung durch das Gericht: 14

A. **Fehlt eine Zulässigkeitsvoraussetzung,** so wird der Antrag vor oder, falls der Mangel erst später erkannt wird, nach der Beteiligungsanordnung als unzulässig verworfen. Das gilt auch, wenn in dem erledigten subjektiven Verfahren die mögliche Maßnahme nicht angeordnet worden ist (RG **65**, 176). 15

B. Die **Sachentscheidung** betrifft die Anordnung der Maßnahme oder deren Ablehnung. Für eine entspr Anwendung des § 430 ist kein Raum, wie sich aus III ergibt (**aM** LR-Gössel 41; vgl oben 4, 5). Dagegen kann das Gericht § 74 b StGB anwenden. Über Entschädigung vgl 4 zu § 436. Da es an einem Angeklagten fehlt und die Rechtsposition des Nebenbeteiligten in § 433 I S. 1 nur so weit der des Angeklagten angeglichen wird, als es sich um seine eigenen Prozeßbefugnisse handelt, gelten die in § 263 vorgesehenen Abweichungen von § 196 GVG nicht, so daß stets einfache Stimmenmehrheit entscheidet. 16

C. **In die Kosten des Verfahrens** kann der Verfalls- oder Einziehungsbeteiligte in keinem Fall verurteilt werden, da er nicht Angeklagter ist (§ 465). Im übrigen gilt § 472 b. 17

D. **Zweites objektives Verfahren:** In dem selbständigen Verfalls-, Einziehungs- oder Unbrauchbarmachungsverfahren wird nur so weit entschieden, wie die Maßnahme beantragt ist. Wird nach Abschluß des objektiven Verfahrens ein neuer Antrag gestellt, der unter den Voraussetzungen des § 76 a StGB auf Verfall, Einziehung oder Unbrauchbarmachung anderer Gegenstände abzielt, so ist über ihn in einem neuen objektiven Verfahren zu entscheiden. Ein Antrag gleichen Inhalts kann nur dann zu einem neuen objektiven Verfahren führen, wenn in dem früheren objektiven Verfahren keine Sachentscheidung ergangen ist. 18

9) Ein **Wechsel** vom subjektiven zum objektiven Verfahren und umgekehrt ist nicht vorgesehen (Tröndle 3 zu § 76 a StGB). Jedoch kann das subjektive Strafverfahren auf einen dem § 440 genügenden Antrag (vgl dazu BGH NJW **90**, 3029) als objektives Verfahren fortgesetzt werden, wenn das erstere wegen eines Verfahrenshindernisses eingestellt werden muß, das der Maßnahme nicht entgegensteht (BGH **23**, 64 für den Fall der Amnestie; Karlsruhe MDR **80**, 337; „ganz allgemein"; BGH NJW **90**, 3029 hat offengelassen, ob im Revisionsverfahren Zurückverweisung ins objektive Verfahren zulässig ist). Das gilt auch beim Tod des Angeklagten (8 zu § 206 a). 19

10) Das **Nachverfahren** (III iVm § 439) steht dem von der Maßnahme Betroffenen auch offen, wenn die Maßnahme im objektiven Verfahren rechtskräftig angeordnet worden ist. Daher gilt hinsichtlich der Wiederaufnahme insoweit auch die Einschränkung des § 439 VI (dort 15). 20

11) Die **FinB** kann anstelle der StA den Antrag stellen (§ 401 **AO**), wenn es sich bei Durchführung eines subjektiven Verfahrens um eine Steuerstrafsache (Einl 11 ff) handeln würde. Sie nimmt die Rechte und Pflichten der StA wahr, solange nicht mündliche Verhandlung beantragt oder vom Gericht angeordnet wird (§ 406 II **AO**). 21

22 **12)** Die **Sicherstellung der Gegenstände** zur Sicherung des Einziehungsverfahrens richtet sich nach den §§ 111 b, 111 c. Die Beschlagnahme zur Sicherung der Einziehung von Schriften nach § 74 d I StGB erstreckt sich zwangsläufig auf alle Kopien und Negative, die sich gerade im Besitz der bei ihrer Verbreitung oder deren Vorbereitung mitwirkenden Personen oder auf dem Versandweg befinden (§ 74 d II StGB; Seetzen NJW **76**, 497, 499). Die Beschlagnahme zur Sicherung der Einziehung nach § 74 d III StGB erstreckt sich nur auf die Stücke, die sich im (auch nur mittelbaren) Besitz des Täters, eines Teilnehmers oder eines anderen befinden, der für die Täter oder Teilnehmer gehandelt hat (Seetzen aaO).

Zuständigkeit; Verfahrensart **RiStBV 180**

441 **I Die Entscheidung über die Einziehung im Nachverfahren (§ 439) trifft das Gericht des ersten Rechtszuges, die Entscheidung über die selbständige Einziehung (§ 440) das Gericht, das im Falle der Strafverfolgung einer bestimmten Person zuständig wäre. Für die Entscheidung über die selbständige Einziehung ist örtlich zuständig auch das Gericht, in dessen Bezirk der Gegenstand sichergestellt worden ist.**

II Das Gericht entscheidet durch Beschluß, gegen den sofortige Beschwerde zulässig ist.

III Über einen zulässigen Antrag wird jedoch auf Grund mündlicher Verhandlung durch Urteil entschieden, wenn die Staatsanwaltschaft oder sonst ein Beteiligter es beantragt oder das Gericht es anordnet; die Vorschriften über die Hauptverhandlung gelten entsprechend. Wer gegen das Urteil eine zulässige Berufung eingelegt hat, kann gegen das Berufungsurteil nicht mehr Revision einlegen.

IV Ist durch Urteil entschieden, so gilt § 437 Abs. 4 entsprechend.

1 **1) Gemeinsame Vorschriften** für die Durchführung des Nachverfahrens (§ 439) und des objektiven Verfahrens (§ 440) enthält § 441.

2 A. **Sachliche Zuständigkeit** (I S. 1): Bei Aufhebung und Zurückverweisung nach § 354 II ist das Gericht zuständig, das zuerst entschieden hatte (47 zu § 354); § 462 a IV gilt nicht. Die Zuständigkeit des OLG (§ 120 GVG) ist nicht ausgeschlossen. Kommen im Fall des § 440 mehrere Straftaten als Grundlage für die Maßnahme in Betracht, so ist für die sachliche Zuständigkeit maßgebend, auf welche von ihnen die StA ihren Antrag stützt; dabei kann sie einen Gesichtspunkt wählen, für den ein Gericht niederer Ordnung zuständig ist (Celle MDR **66**, 1135; 10 zu § 440).

3 B. **Örtliche Zuständigkeit** (I): Im Fall des § 440 gilt außer den §§ 7 ff die Sonderbestimmung des I S. 1, notfalls § 13 a. Wird in mündlicher Verhandlung entschieden, so darf sich das Gericht nicht mehr von Amts wegen, auf Einwand des Beteiligten nur noch bis zum Beginn der Verhandlung zur Sache für zuständig erklären (III S. 1 Hs 2 iVm § 16 S. 3; LR-Gössel 4).

4 **2) Entschieden wird grundsätzlich im Beschlußverfahren** (II). Sowohl die förmliche als auch die materielle Abschlußentscheidung, die unter den Voraussetzungen des § 436 III mit einer Entscheidung über die Entschädigung verbunden sein kann, ist mit der sofortigen Beschwerde anfechtbar (§§ 311, 304 IV S. 2 Hs 2 Nr 5; § 35 a). Kosten: § 472 b.

5 **3) Mündliche Verhandlung** (III S. 1; 8 zu § 438): Die Vorschriften über die Hauptverhandlung gelten entspr. Der StA verliest analog § 243 III S. 1 die Antragsschrift, ausgenommen das wesentliche Ergebnis der Ermittlungen (10 zu § 440). Im Nachverfahren ist derjenige, der im subjektiven Verfahren Angeklagter war, falls er als Auskunftsperson in Betracht kommt, Zeuge; ebenso im objektiven Verfahren

derjenige, der im Fall eines subjektiven Verfahrens Beschuldigter wäre, soweit er nicht selbst Beteiligter ist (12 zu § 440; vgl auch 10 zu § 431). Über das Verhandeln ohne den Beteiligten vgl 1, 2 zu § 436.

4) Anfechtung des Urteils (III S. 2): Wird durch Urteil einer StrK entschieden, so ist Revision zulässig (§ 333). Für die Anfechtung des Urteils eines AG, das an sich mit Berufung und anschließend mit Revision anfechtbar wäre, gilt die Einschränkung des III S. 2, die dem § 55 II S. 1 **JGG** entspricht (1 zu § 335). Sie bezweckt einerseits eine Vereinfachung und Beschleunigung des Verfahrens, andererseits eine Angleichung an das Beschlußverfahren, in dem es in jedem Fall nur ein Rechtsmittel gibt (II). 6

5) Rechtsmittel nur wegen der Höhe der Entschädigung (IV): Vgl 5 ff zu § 437. 7

Der Einziehung gleichstehende Rechtsfolgen

442 **I Verfall, Vernichtung, Unbrachbarmachung und Beseitigung eines gesetzwidrigen Zustandes stehen im Sinne der §§ 430 bis 441 der Einziehung gleich.**

II Richtet sich der Verfall nach § 73 Abs. 3 oder § 73 a des Strafgesetzbuches gegen einen anderen als den Angeschuldigten, so ordnet das Gericht an, daß der andere an dem Verfahren beteiligt wird. Er kann seine Einwendungen gegen die Anordnung des Verfalls im Nachverfahren geltend machen, wenn er ohne sein Verschulden weder im Verfahren des ersten Rechtszuges noch im Berufungsverfahren imstande war, die Rechte des Verfahrensbeteiligten wahrzunehmen. Wird unter diesen Voraussetzungen ein Nachverfahren beantragt, so sollen bis zu dessen Abschluß Vollstreckungsmaßnahmen gegen den Antragsteller unterbleiben.

1) Für die genannten Nebenfolgen gelten die Bestimmungen über das Einziehungsverfahren entspr (1, 2 vor § 430). Verfahrensrechtlich gilt für die genannten Maßnahmen das gleiche wie für die Einziehung. 1

2) Verfallsbeteiligter (II): Wer Verfallsbeteiligter ist, ergibt sich aus II S. 1 (vgl erg 4 zu § 431). Er kann auch von dem Nachverfahren nach § 439 Gebrauch machen (dort 1). 2

Vermögensbeschlagnahme

443 **I Das im Geltungsbereich dieses Gesetzes befindliche Vermögen oder einzelne Vermögensgegenstände eines Beschuldigten, gegen den wegen einer Straftat nach**

1. **den §§ 81 bis 83 Abs. 1, den §§ 94 oder 96 Abs. 1, den §§ 97 a oder 100 des Strafgesetzbuches,**
2. **einer in § 330 Abs. 1 Satz 1 des Strafgesetzbuches in Bezug genommenen Vorschrift unter der Voraussetzung, daß der Beschuldigte verdächtig ist, vorsätzlich Leib oder Leben eines anderen oder fremde Sachen von bedeutendem Wert gefährdet zu haben, oder unter einer der in § 330 Abs. 1 Satz 2 Nr. 1 bis 3 des Strafgesetzbuches genannten Voraussetzungen oder nach § 330 Abs. 2, § 330 a Abs. 1, 2 des Strafgesetzbuches,**
3. **§ 52 a Abs. 1 bis 3, § 53 Abs. 1 Satz 1 Nr. 1, 2, Satz 2 des Waffengesetzes, § 34 Abs. 1 bis 6 des Außenwirtschaftsgesetzes oder nach § 19 Abs. 1 bis 3, § 20 Abs. 1 oder 2, jeweils auch in Verbindung mit § 21, oder § 22 a Abs. 1 bis 3 des Gesetzes über die Kontrolle von Kriegswaffen oder**

4. einer in § 29 Abs. 3 Satz 2 Nr. 1 des Betäubungsmittelgesetzes in Bezug genommenen Vorschrift unter den dort genannten Voraussetzungen oder einer Straftat nach den §§ 29 a, 30 Abs. 1 Nr. 1, 2, 4, § 30 a oder § 30 b des Betäubungsmittelgesetzes

die öffentliche Klage erhoben oder Haftbefehl erlassen worden ist, können mit Beschlag belegt werden. Die Beschlagnahme umfaßt auch das Vermögen, das dem Beschuldigten später zufällt. Die Beschlagnahme ist spätestens nach Beendigung der Hauptverhandlung des ersten Rechtszuges aufzuheben.

II Die Beschlagnahme wird durch den Richter angeordnet. Bei Gefahr im Verzug kann die Staatsanwaltschaft die Beschlagnahme vorläufig anordnen; die vorläufige Anordnung tritt außer Kraft, wenn sie nicht binnen drei Tagen vom Richter bestätigt wird.

III Die Vorschriften der §§ 291 bis 293 gelten entsprechend.

1 **1) Zulässig** ist die Vermögensbeschlagnahme (vgl 12 vor § 430) mit dem Erlaß eines Haftbefehls (mithin uU schon im vorbereitenden Verfahren) oder mit Erhebung der öffentlichen Klage (§ 170 I). Der Katalog der Straftaten, bei denen die Vermögensbeschlagnahme in Betracht kommt, ist durch das OrgKG beträchtlich erweitert worden (vgl dazu J. Meyer ZRP **90**, 89); eine erneute Ausweitung ist durch das 2. UKG vom 27. 6. 1994 (BGBl I 1440, 1444) in I Nr 2 erfolgt. Liegen sowohl die Voraussetzungen des § 443 als auch die des § 111 p vor, kann die Vermögensbeschlagnahme wahlweise auf eine der beiden Vorschriften gestützt werden (erg 3 zu § 111 p). Muß die nach § 443 angeordnete Beschlagnahme wegen I S. 3 aufgehoben werden, kann dies bei Verhängung einer Vermögensstrafe nach § 43 a StGB mit einer Vermögensbeschlagnahme nach § 111 p verbunden werden (Rieß NJ **92**, 497). Ebenso wie nach § 111 p II ist auch hier eine Teilvermögensbeschlagnahme zulässig.

2 **2) Zuständigkeit:** Die Regelung entspricht § 111 p IV iVm § 111 o III; allerdings ist die Frist für die richterliche Bestätigung auf 3 Tage verkürzt, was wegen des gegenüber § 111 p fortgeschrittenen Verfahrensstadiums praktikabel ist.

3 **3) Wirkung** (III): Vorgeschrieben ist die Veröffentlichung im BAnz nach § 292, mit der die dort bezeichnete Wirkung eintritt (absolutes Veräußerungsverbot iSd § 134 BGB). Da der Beschuldigte nicht abwesend zu sein braucht (anders als im Fall des § 290), wird ihm der Beschlagnahmebeschluß, falls ausführbar und nicht zweckgefährdend (vgl § 101 I; LR-Gössel 4), mit Gründen mitgeteilt (§§ 34, 35); dadurch entsteht dann aber nur ein relatives Veräußerungsverbot nach § 135 BGB.

4 **4)** Die einfache **Beschwerde** ist gegen die richterliche Anordnung oder Ablehnung der Beschlagnahme zulässig (§ 304; §§ 120 III, 135 II GVG).

4. Abschnitt. Verfahren bei Festsetzung von Geldbuße gegen juristische Personen und Personenvereinigungen

444 **I Ist im Strafverfahren über die Festsetzung einer Geldbuße gegen eine juristische Person oder eine Personenvereinigung zu entscheiden (§ 30 des Gesetzes über Ordnungswidrigkeiten), so ordnet das Gericht deren Beteiligung an dem Verfahren an, soweit es die Tat betrifft. § 431 Abs. 4, 5 gilt entsprechend.**

II Die juristische Person oder die Personenvereinigung wird zur Hauptverhandlung geladen; bleibt ihr Vertreter ohne genügende Entschuldigung aus, so kann ohne sie verhandelt werden. Für ihre Verfahrensbeteiligung gelten im

übrigen die §§ 432 bis 434, 435 Abs. 2 und 3 Nr. 1, § 436 Abs. 2, 4, § 437 Abs. 1 bis 3, § 438 Abs. 1 und, soweit nur über ihren Einspruch zu entscheiden ist, § 441 Abs. 2 und 3 sinngemäß.

III Für das selbständige Verfahren gelten die §§ 440, 441 Abs. 1 bis 3 sinngemäß. Örtlich zuständig ist auch das Gericht, in dessen Bezirk die juristische Person oder die Personenvereinigung ihren Sitz oder eine Zweigniederlassung hat.

1) Die **JP** oder **PV** muß in dem Strafverfahren in der Funktion als Nebenbeteiligter das rechtliche Gehör erhalten. Das dabei anzuwendende Verfahren regelt § 444, der insofern die verfahrensrechtliche Ergänzung zu § 30 OWiG ist. 1

2) Vorverfahren: 2

A. **Vernehmung:** Im Vorverfahren wird auch geprüft, ob die Voraussetzungen des § 30 OWiG vorliegen (vgl 2 zu § 152; 1 ff zu § 264; 1 zu § 432). Ergeben sich Anhaltspunkte dafür, daß die Festsetzung einer Geldbuße in Betracht kommt, so wird die JP oder PV gehört (II S. 2 iVm § 432 I S. 1; der Fall der Nichtausführbarkeit scheidet praktisch aus). Die Vernehmung der zur Vertretung berufenen Person spielt sich nach den Regeln der Beschuldigtenvernehmung ab (II S. 2 iVm § 432 II). 3

B. **Anklage:** Die Anklageschrift oder der Strafbefehlsantrag (vgl § 407 II Nr 1) richtet sich gegen die natürliche Person, die als Täter oder Teilnehmer an der Straftat hinreichend verdächtig ist; sie betrifft aber auch die JP oder PV und macht die Festsetzung einer Geldbuße gegen sie zum Gegenstand des Verfahrens. Daher muß die StA, falls sie die Festsetzung einer Geldbuße anstrebt (unten 5), die JP oder PV als Nebenbeteiligte anführen und bezeichnen, die Anordnung ihrer Beteiligung beantragen (I S. 1) und die tatsächliche und rechtliche Grundlage für die angestrebte Maßnahme darlegen. Unterläßt sie das, so ist das Gericht nicht von der Verpflichtung enthoben, selbst zu prüfen, ob und von welchem Zeitpunkt an ein Fall vorliegt, in dem über die Frage der Geldbuße zu entscheiden und daher die Beteiligung anzuordnen ist (unten 6 ff; vgl 1 zu § 431). 4

C. **Verfolgungszwang:** Die Frage der Geldbuße kann aus dem Verfahren nicht nach § 154 a ausgeschieden werden, auch nicht nach § 430. Für die StA besteht genügender Anlaß (vgl 1 ff zu § 170), die Beteiligten der JP oder PV zu beantragen, nur unter den Voraussetzungen, unter denen das Gericht die Anordnung zu treffen hat, dh wenn die Festsetzung einer Geldbuße zu erwarten ist (unten 7). Dabei berücksichtigt sie, daß § 30 I OWiG nur eine Kann- Vorschrift ist. 5

3) Die **Anordnung der Beteiligung** (I) ist erst im Strafverfahren, dh nach Erhebung der öffentlichen Klage, zulässig (vgl 1 zu § 431). Für die Zeitspanne, in der sie getroffen werden kann, gilt § 431 IV entspr. 6

A. Die **Anordnung ist notwendig,** wenn über die Festsetzung der Geldbuße zu entscheiden ist, dh wenn die Voraussetzungen des § 30 I OWiG wahrscheinlich vorliegen (Göhler 2 zu § 88 OWiG) und die Festsetzung einer Geldbuße zu erwarten ist (Karlsruhe VRS **72**, 203; EbSchmidt Nachtr II 7; **aM** LR-Gössel 12, dem es genügt, wenn die Festsetzung einer Geldbuße nicht unwahrscheinlich ist). Dieser Erwartungsgrad ist auch für die Beteiligung nach § 431 I S. 1 (dort 8) und nach § 440 I, III (dort 4, 5) vorausgesetzt. 7

B. Sind **mehrere Taten** Gegenstand des Verfahrens, so wird die Beteiligung auf diejenigen beschränkt, die dem Organ oder Vorstand usw, vorgeworfen werden und die Grundlage für die Festsetzung der Geldbuße sein können. Die Schuldfrage kann von der Beteiligung nicht ausgeschlossen werden (vgl § 431 II), da sie stets Grundlage für die Nebenfolge gegen die JP oder PV ist; denn § 30 OWiG setzt eine rechtswidrige und schuldhafte Straftat des Organs, Vorstands usw voraus (vgl Göhler 2 zu § 88 OWiG). 8

9 C. Die **Wirkung** der Beteiligungsanordnung bestimmt sich nach § 433. Da § 431 VI nicht entspr anzuwenden ist (I S. 2), kann die JP oder PV die Anordnung der Beteiligung nicht dadurch hindern oder überflüssig machen, daß sie erklärt, gegen eine etwaige Geldbuße keine Einwendungen vorbringen zu wollen.

10 D. **Anfechtung** der Entscheidung über die Beteiligung: § 431 V gilt entspr. Die Anordnung ist daher nicht anfechtbar; gegen die Ablehnung ist sofortige Beschwerde zulässig, jedoch nur für die StA, da die JP oder PV durch sie nicht beschwert ist.

11 **4) Vertretung:** Die JP oder PV wird durch ihr Vertretungsorgan vertreten. Das ändert nichts daran, daß sie selbst in der Anklageschrift, im Urteil oder im Strafbefehl als Nebenbeteiligte bezeichnet wird. Der Vertreter wird nach § 432 gehört; er übt die Befugnisse nach § 433 I aus, gegen ihn richtet sich die Anordnung nach § 433. Er vertritt die JP oder PV auch in der Hauptverhandlung. Die JP oder PV
12 kann aber auch einen **Vertreter für das Strafverfahren** nach § 434 I wählen; ein solcher kann ihr sogar nach § 434 II auf Antrag oder von Amts wegen bestellt werden. Ist ein solcher Prozeßbevollmächtigter gewählt oder bestellt, so gilt § 145 a entspr. § 146, der durch die Bezugnahme auf § 434 I S. 2 ebenfalls entspr gilt, hat nur Bedeutung, wenn mehrere JPen oder PVen aufgrund der Tat des Angeschuldigten in Anspruch genommen werden. In diesem Fall darf der Verteidiger nicht zugleich Vertreter einer der beteiligten JPen oder PVen sein. Auch darf nicht ein RA zugleich die mehreren JPen oder PVen vertreten, außer wenn sie vermögensmäßig trotz organisatorischer Trennung eine Einheit bilden. Dagegen ist die gemeinschaftliche Verteidigung eines persönlich Betroffenen (zB Vorstandsmitglied) und der dazugehörigen nebenbetroffenen JP oder PV zulässig (BVerfGE **45**, 272, 288 = NJW **77**, 1629 für das Bußgeldverfahren).

13 **5) Hauptverhandlung:** Die JP oder PV erhält nicht nur eine Terminsnachricht, sondern wird geladen (II S. 1). Dabei ist § 217 entspr anzuwenden (II S. 2 iVm § 433 I S. 1). Die Anklageschrift wird beigefügt; weicht der Eröffnungsbeschluß von ihr ab und wird dadurch die Tat betroffen, die Grundlage für die angestrebte Geldbuße ist, so wird insoweit auch der Eröffnungsbeschluß mitgeteilt (II S. 2 iVm
14 § 435 II). Es kann aber auch **ohne einen Vertreter der** JP **oder PV** verhandelt werden, wenn dieser ohne genügende Entschuldigung ausbleibt (II S. 1 Hs 2). Nur wenn die vorgebrachten oder sonst bekanntgewordenen Umstände nicht als Entschuldigung genügen, kann ohne die JP oder PV verhandelt werden. Da § 436 I nicht für entspr anwendbar erklärt ist, gilt auch der Ausschluß des § 235 nicht. Da die JP oder PV die Befugnis eines Angeklagten hat (II S. 2 iVm § 433 I S. 1), kann sie auch die Wiedereinsetzung nach § 235 beantragen.

15 **6)** Im **Urteilstenor** wird bei Festsetzung einer Geldbuße die JP oder PV mit Namen und Anschrift, möglichst auch mit Bezeichnung des vertretungsberechtigten Organs und eines etwaigen Prozeßbevollmächtigten (§ 434) als Nebenbeteiligte bezeichnet, damit der Urteilssatz zu einer geeigneten Grundlage für die Urteilsanfechtung und bei Rechtskraft zur Vollstreckung (§ 449; §§ 89, 91 OWiG) wird. War die JP oder PV bei der Verkündung des Urteils weder durch das vertretungsberechtigte Organ noch durch seine Prozeßbevollmächtigten (§§ 434, 234, 411 II S.1) vertreten, so ist es nach § 436 IV zuzustellen.

16 **7) Rechtsbehelfe:**

17 A. **Gegen den Strafbefehl** (vgl 1; II iVm § 438 I) kann die JP oder PV hinsichtlich der Festsetzung der Geldbuße Einspruch einlegen. Ist nur über diesen Einspruch zu entscheiden, so wendet das AG das Beschlußverfahren an (II iVm § 441 II). Nur unter den Voraussetzungen des § 441 III entscheidet es aufgrund einer mündlichen Verhandlung durch Urteil, dessen Anfechtung durch § 441 III S. 2 eingeschränkt ist.

B. Das **Urteil,** das die Geldbuße festsetzt, ist nach Maßgabe des entspr anwendbaren § 437 I–III anfechtbar. Im Rechtsmittelverfahren erstreckt sich die Prüfung, ob die Geldbuße gegen die JP oder PV gerechtfertigt ist, auf den Schuldspruch des angefochtenen Urteils nur, wenn die Voraussetzungen des § 437 I S. 1 erfüllt sind (LR-Gössel 33). Die Feststellungen zum Schuldspruch bleiben trotz der Einwendungen bestehen, wenn ihre erneute Prüfung nicht erforderlich erscheint (2 zu § 437). Die weitergehende Prüfung des Schuldausspruchs auf Rechtsmittel eines anderen Beteiligten bleibt unberührt. 18

8) Auch **im selbständigen Verfahren** (III) kann die Geldbuße festgesetzt werden. III S. 2 stellt für diesen Fall einen weiteren Gerichtsstand zur Verfügung (wie § 441 I S. 2 für den Fall der Einziehung im objektiven Verfahren). § 437 IV ist bei Anfechtung der Höhe der Geldbuße nicht entspr anzuwenden. Über die Möglichkeit der **FinB,** den Antrag auf Festsetzung einer Geldbuße im selbständigen Verfahren zu stellen, sowie ihre Rechtsstellung in diesem Verfahren vgl §§ 401, 406 II **AO** (vgl auch 21 zu § 440). 19 20

9) Die **Vollstreckung** einer im Strafverfahren festgesetzten Geldbuße gegen eine JP oder PV richtet sich nach den Vorschriften des OWiG (§§ 89, 91 ff, 99), da es sich um eine Bußgeldentscheidung handelt. 21

10) Kosten bei Beteiligung der JP oder PV: Vgl § 472 b. 22

445-448 (weggefallen)

Siebentes Buch. Strafvollstreckung und Kosten des Verfahrens

1. Abschnitt. Strafvollstreckung

Vorbemerkungen

1 **1)** Zur **Strafvollstreckung** gehören alle Maßnahmen und Anordnungen, die auf Verwirklichung, aber auch auf Abänderung (vgl § 459 a) und befristete (vgl §§ 455, 455 a, 456, 456 c) oder endgültige Aufhebung (vgl §§ 456 a, 459 d, 459 f) einer von einem Strafgericht erlassenen Entscheidung gerichtet sind (LR-Wendisch 3; erg Einl 65 ff). Die Strafvollstreckung ist als Aufgabe der Gerichtsverwaltung iS des § 4 II Nr 1 **DRiG** Teil der Rechtspflege. Vollstreckungsbehörde ist die StA
2 (§ 451 I). **Rechtsgrundlagen** der Strafvollstreckung sind außer den §§ 449 ff die StVollstrO, eine Verwaltungsanordnung, die die Gerichte nicht bindet (BVerfGE **29**, 312, 315 = NJW **70**, 2287; RG **74**, 387, 388; Bremen NJW **51**, 84; LR-Wendisch 19), bei Geldstrafen auch die JBeitrO und die EBAO (1 zu § 459). Bei Freiheitsstrafen gehört iwS zur Strafvollstreckung der Strafvollzug, dessen Einzel-
3 heiten im **StVollzG** geregelt sind. Für **Jugendliche** und nach Jugendstrafrecht verurteilte Heranwachsende regeln die §§ 82 ff **JGG** die Strafvollstreckung. Die Vorschriften der StVollstrO gelten aber insoweit, als das JGG, die RiJGG, die
4 BwVollzO und das OWiG nichts anderes bestimmten (§ 1 III StVollstrO). Gegen **Soldaten** werden auf Ersuchen der VollstrB (§ 451 I) Freiheitsstrafen von nicht mehr als 6 Monaten sowie Jugendarrest von den Behörden der Bundeswehr vollstreckt (Art 5 II EGWStG). Für die Vollstreckung gelten die §§ 22, 24, 27, 28, 30, 33, 37, 39, 40, 45, 46, 47 a, 87 und 88 StVollstrO.

5 **2)** Nur **Kriminalstrafen und strafrechtliche Maßnahmen** der ordentlichen Gerichte werden nach den §§ 449 ff, ergänzt durch §§ 82 ff JGG, vollstreckt. Für Disziplinarmaßnahmen gelten diese Vorschriften nur, soweit in den Disziplinargesetzen auf sie verwiesen wird. Für Ordnungs- und Zwangsmittel gelten § 36 II und § 88 StVollstrO (vgl Wetterich/Hamann 520 ff); für Ordnungsmittel nach § 178 GVG gilt § 179 GVG.

6 **3) Notwendig ist die Strafvollstreckung** ieS nur, wenn die Wirkung strafrechtlicher Sanktionen sich nicht schon unmittelbar aus der Rechtskraft der Entscheidung ergibt. Das ist zB der Fall beim Fahrverbot (§ 44 II StGB), beim Verlust der Amtsfähigkeit, der Wählbarkeit und des Stimmrechts (§ 45 iVm § 45 a I StGB), der Entziehung der Fahrerlaubnis (§ 69 III S. 1 StGB), dem Berufsverbot (§ 70 IV S. 1 StGB), dem Verfall (§ 73 e I StGB) und der Einziehung (§ 74 e I StGB). In diesen Fällen besteht die Strafvollstreckung nur in den zusätzlich erforderlichen Maßnahmen zur Verwirklichung (vgl § 462 b) oder zur erlaubten oder vorgeschriebenen Abänderung (vgl § 456 c), bei zeitlich begrenzter Wirkung auch zum Zweck ihrer Beendigung (vgl § 55 I S. 1 StVollstrO: Berufsverbot).

7 **4)** Um die **Vollstreckung deutscher Urteile im Ausland** wegen einer gegen einen Ausländer verhängten Strafe kann nach § 71 I IRG der ausländische Staat ersucht werden, wenn der Verurteilte in diesem seinen Wohnsitz oder gewöhnlichen Aufenthalt hat oder sich dort aufhält und nicht ausgeliefert wird und wenn die Vollstreckung in dem ersuchten Staat im Interesse des Verurteilten oder im öffentlichen Interesse liegt. Nach § 71 II IRG kann ein ausländischer Staat unter im wesentlichen gleichen Voraussetzungen um die Vollstreckung eines deutschen Urteils gegen einen Deutschen ersucht werden, sofern der Verurteilte dadurch keine außerhalb des Strafzwecks liegenden Nachteile erleidet. Soweit es um eine nicht freiheitsentziehende Strafe oder Sanktion geht, muß ein Ersuchen nur im öffentlichen Interesse liegen. In allen Fällen muß gewährleistet sein, daß der ersuchte Staat eine Rücknahme oder Beschränkung des Ersuchens beachten wird

(§ 71 III IRG). Die **Vollstreckung ausländischer Urteile im Inland** regeln grundsätzlich die §§ 48 ff IRG. Vorrangig (vgl § 1 III IRG) ist jedoch in dem vertraglich geregelten Bereich der Vollstreckung freiheitsentziehender Sanktionen das ÜberstellungsÜbk mit dem Überstellungsausführungsgesetz (ÜAG, vgl Einl 215 c); letzteres verdrängt § 71 II, IV IRG (vgl Schomburg/Lagodny vor Hauptteil II C). Art 67 ff SDÜ (Einl 216) ergänzen zwischen dessen Partnerstaaten das ÜberstellungsÜbk, indem sie für die Übertragung der Vollstreckung von Strafurteilen von dem Zustimmungserfordernis absehen, wenn der Betroffene sich durch Flucht in sein eigenes Land der Strafverbüßung entzogen hat. Dem Übk vom 13. 11. 1991 zwischen den Mitgliedstaaten der EG über die Vollstreckung ausländischer strafrechtlicher Verurteilungen hat die BRD mit Ges vom 7. 7. 1997 (BGBl II 1350) zugestimmt; es ist noch nicht in Kraft getreten, wird aber von der BRD und den Niederlanden bereits vorzeitig angewendet (BGBl 1998 II 896) Hiernach ist die Übertragung der Vollstreckung von Freiheitsstrafen ohne Zustimmung des Verurteilten schon dann möglich, wenn sich dieser im (zukünftigen) Vollstreckungsstaat befindet oder dort seinen gewöhnlichen Aufenthalt hat. Zudem ist auch die Übertragung der Vollstreckung von Geldstrafen und Geldbußen möglich, wozu aber die BRD erklärt hat, daß der Mindestbetrag DM 200 sein muß; auch eine ersatzweise Inhaftierung bei Uneinbringlichkeit der Geldstrafe oder Geldbuße ist möglich. 8

5) Rechtsbehelfe im Vollstreckungsverfahren: Hat der Rechtspfleger für die VollstrB entschieden (2 zu § 451), so entscheidet über Einwendungen zunächst der StA (§ 31 VI S. 1 **RPflG).** Erforderlich ist ein förmlicher Bescheid; ein bloßer Nichtabhilfebeschluß genügt nicht. Erst gegen die Entscheidung des StA kann das Gericht angerufen werden, wenn über die Rechtmäßigkeit von Maßnahmen der VollstrB nach §§ 458, 459 h und 461 II zu entscheiden ist. Soweit das Gericht nicht zuständig ist, entscheidet über Einwendungen gegen Entscheidungen oder andere Anordnungen der VollstrB die der StA übergeordnete Behörde (§ 21 I StVollstrO), idR der GStA beim OLG. Nach Durchführung dieses Beschwerdeverfahrens kann der Antrag auf gerichtliche Entscheidung nach §§ 23 **EGGVG** gestellt werden (vgl 5 zu § 24 **EGGVG)**. Zur Beiordnung eines **Pflichtverteidigers** für das Vollstrek- 10
kungsverfahren vgl 33 zu § 140. 9

6) Entscheidungen eines Strafgerichts der ehemaligen DDR: Die Vollstreckung ist nach Art 18 I EV grundsätzlich zulässig. Jedoch ist dort einschr in Anl I Kap III Sachgebiet A Abschn III Nr 14 bestimmt: 11

a)–c) nicht einschlägig

d) Die Vollstreckung einer Rechtsfolge aus einer Entscheidung eines Strafgerichts der Deutschen Demokratischen Republik ist zulässig, es sei denn es wird durch ein Gericht festgestellt, daß die Verurteilung mit rechtsstaatlichen Maßstäben nicht vereinbar ist oder daß Art oder Höhe der Rechtsfolge nach rechtsstaatlichen Grundsätzen nicht angemessen sind oder dem Zweck eines Bundesgesetzes widersprechen. Es kann auch festgestellt werden, daß die Rechtsfolge in einer milderen Folgenart zu vollstrecken ist. Der Antrag auf Feststellung kann von dem Verurteilten oder von der Staatsanwaltschaft gestellt werden. Der Antrag ist unzulässig, wenn ein Kassationsverfahren durchgeführt worden ist oder noch durchgeführt werden kann. Über den Antrag entscheidet das Gericht, das nach Maßgabe h) für eine Kassation zuständig wäre. § 458 Abs. 3 Satz 1 und § 462 Abs. 1 Satz 1 und Abs. 2 gelten entspr. Die Entscheidung ist nicht anfechtbar. Der Aufschub oder die Unterbrechung der Vollstreckung kann auch von der Staatsanwaltschaft angeordnet werden.

e) Soweit nach § 15 des Gesetzes über die innerdeutsche Rechts- und Amtshilfe in Strafsachen in der im Bundesgesetzblatt Teil III, Gliederungsnummer 312–3, veröffentlichten bereinigten Fassung, zuletzt geändert durch Artikel 2 Abs. 3 des Gesetzes vom 18. August 1980 (BGBl I S. 1503), die Unzulässigkeit der Vollstrekkung einer Strafe festgestellt worden ist, findet eine Vollstreckung auch in dem in Artikel 3 des Vertrages genannten Gebiet nicht statt.

f) Für die Vollstreckung einer von einem Gericht der Deutschen Demokratischen Republik verhängten Geldstrafe und die Festsetzung einer Ersatzfreiheitsstrafe verbleibt es bei dem bisherigen Recht der Deutschen Demokratischen Republik mit folgenden Maßgaben:

aa) Die Regelungen über die Festsetzung einer Ersatzfreiheitsstrafe finden keine Anwendung, soweit die Geldstrafe gegen einen Jugendlichen oder einen Heranwachsenden verhängt wurde.

bb) Für das Verfahren der Vollstreckung gilt statt der Bestimmungen des Zivilverfahrensrechts (§ 23 Abs. 3 Satz 1 der Ersten Durchführungsbestimmung zur Strafprozeßordnung der Deutschen Demokratischen Republik vom 20. März 1975, GBl. I Nr. 15 S. 285) die Justizbeitreibungsordnung.

cc) Es kann auch eine Ersatzfreiheitsstrafe von weniger als drei Monaten verhängt werden.

g)–i) nicht einschlägig

j) Die abschließende Entscheidung des Gerichts nach Maßgabe d) ist dem Generalbundesanwalt – Bundeszentralregister – mitzuteilen. Sie ist in ihm zu vermerken, wenn die Vollstreckung einer Rechtsfolge insgesamt oder in einer milderen Folgenart für zulässig erklärt worden ist. Ist die Verurteilung noch nicht im Bundeszentralregister eingetragen, so wird die Eintragung von der Registerbehörde entspr den Feststellungen in der abschließenden Entscheidung vorgenommen. Die Eintragung im bisherigen Strafregister der Deutschen Demokratischen Republik über eine Rechtsfolge, deren Vollstreckung für unzulässig erklärt worden ist, ist nicht in das Bundeszentralregister zu übernehmen. Bei bereits erfolgter Eintragung im Bundeszentralregister ist diese wieder zu entfernen. Eintragungen auf Grund der gerichtlichen Entscheidung werden hinsichtlich der Folgen nach dem Bundeszentralregistergesetz wie Eintragungen von Verurteilungen durch deutsche Gerichte im bisherigen Geltungsbereich des Bundeszentralregistergesetzes behandelt.

12 **Vgl dazu allgemein** Kemper/Lehner NJW **91**, 330. Zur Unzulässigkeit der Strafvollstreckung, wenn der Verurteilte unter Entlassung aus der DDR-Staatsbürgerschaft in die BRep Deutschland abgeschoben worden war, vgl Düsseldorf JR **92**, 381 mit Anm Fezer; erg 9 vor § 359, zur Nachverbüßung schon amnestierter Strafen vgl Dresden OLG-NL **94**, 72.

Vollstreckbarkeit

449 **Strafurteile sind nicht vollstreckbar, bevor sie rechtskräftig geworden sind.**

1 **1) Strafurteile** iS der Vorschrift sind nicht nur Urteile ieS, sondern auch alle vollstreckungsfähigen gerichtlichen Entscheidungen, die an die Stelle von Urteilen treten, wie Strafbefehle, Gesamtstrafenbeschlüsse nach § 460, urteilsvertretende Beschlüsse, die Nebenfolgen zum Gegenstand haben (§§ 437 IV, 438 II, 441 II, 442, 444 II, III), sowie Entscheidungen, die die Vollstreckbarkeit von Urteilen herstellen oder wiederherstellen, wie der Beschluß nach § 59 b StGB und die Widerrufsbeschlüsse nach §§ 56 f, 56 g II, 57 III, 67 g I–III StGB und nach § 459 a (dort 5).

2 **2) Vollstreckungspflicht:** Weder in § 449 noch an anderer Stelle bestimmt das Gesetz, daß Strafurteile vollstreckt werden müssen, wenn sie rechtskräftig sind und einen der Vollstreckung zugänglichen und bedürftigen Inhalt haben. Dem Gesetzgeber erschien die Vollstreckungspflicht so selbstverständlich, daß er einen beson-

deren Ausspruch darüber für überflüssig hielt (vgl LR-Wendisch 6; Peters 694). Aus § 456 ergibt sich aber, daß die Vollstreckung unverzüglich nach Eintritt der Rechtskraft einzuleiten ist (Roxin § 56 B II; vgl auch §§ 2, 3 StVollstrO). Im **Ermessen der VollstrB** steht die Vollstreckung nur in den Fällen der §§ 455 III, 3
456, 456 a, 456 c II, 459 a.

3) Vollstreckungshindernisse (dazu KK-Fischer 22; Wetterich/Hamann 4
658 ff) machen die Vollstreckung unzulässig. Dazu gehören außer dem Mangel der Rechtskraft (unten 5 ff) die Strafaussetzung nach den §§ 56, 57, 57 a StGB bis zur Rechtskraft des Widerrufsbeschlusses (16 zu § 453), die Vollstreckungsverjährung nach §§ 79 ff StGB, die Einzelbegnadigung oder Amnestie, bei Freiheitsstrafe und freiheitsentziehenden Sicherungsmaßregeln auch die Vollzugsuntauglichkeit des Verurteilten (§ 455). Die Immunität der Abgeordneten schließt die Vollstreckung von Freiheitsstrafen und freiheitsentziehenden Sicherungsmaßregeln ohne Genehmigung des Parlaments aus (vgl Art 46 III GG; RiStBV 192 IV).

4) Erst **nach Eintritt der formellen Rechtskraft** (dazu Einl 164 ff) ist das 5
Strafurteil vollstreckbar. Sie muß als absolute Rechtskraft (zur relativen Rechtskraft vgl 4 ff zu § 450) gegenüber allen Prozeßbeteiligten (StA, Privatkläger, Nebenkläger) eingetreten sein, nicht nur gegenüber dem Angeklagten (Wetterich/Hamann 48). Wegen der Mitangeklagten vgl unten 10. Die **vorläufige Vollstreck-** 6
barkeit von Strafurteilen sieht das Gesetz nicht vor (vgl aber 15 zu § 346). § 406 II bildet keine Ausnahme, weil es hier um bürgerlich-rechtliche Ersatzansprüche geht. Auch im Fall des § 56 **JGG** handelt es sich im Grundsatz um die endgültige Vollstreckung aufgrund eines rechtskräftigen Urteils (Bringewat StVollstr 4; Dallinger/Lackner 1 zu § 56 JGG; **aM** LR-Wendisch 2 ff; Eisenberg 4 zu § 56 JGG). **Rechtskraft tritt ein,** wenn ein Rechtsmittel gegen das Strafurteil 7
(oben 1) nicht statthaft oder nicht rechtzeitig eingelegt ist, ferner bei allseitigem Verzicht auf Rechtsmittel (Karlsruhe NStZ **97**, 301; München NJW **68**, 1001 = Rpfleger **68**, 156 mit Anm Pohlmann) oder bei Zurücknahme eines bereits eingelegten Rechtsmittels (§§ 302, 303). Unanfechtbare Entscheidungen, zB die Sachentscheidung des Revisionsgerichts nach § 354 I, werden mit ihrem Erlaß rechtskräftig (LR-Wendisch 11), andere spätestens mit fruchtlosem Ablauf der Rechtsmittelfrist. Das gilt auch für den Fall verspäteter Anfechtung (1 zu § 316). Führt nach rechtzeitiger Anfechtung ein Beschluß die Rechtskraft des Urteils unmittelbar herbei, so gilt für den Eintritt der Rechtskraft § 34 a. Zur Frage des Eintritts und der Hemmung der Rechtskraft bei Verwerfung eines rechtzeitig eingelegten Rechtsmittels als unzulässig nach §§ 319 I, 346 I vgl 5, 15 zu § 346.

5) Teilrechtskraft des Urteils: 8

A. **Vertikale Teilrechtskraft:** Ist das Urteil nur gegen einen von **mehreren** 9
Angeklagten rechtskräftig, so darf die Strafe gegen diesen Angeklagten vollstreckt 10
werden. Die Möglichkeit der Urteilsaufhebung nach § 357 bleibt grundsätzlich außer Betracht (KK-Fischer 12; Schlüchter 598 Fn 8). Nur wenn die Aufhebung zu erwarten ist, kann die Vollstreckung aufgeschoben oder unterbrochen werden (vgl § 19 S. 2 StVollstrO). Ist nur **eine von mehreren Einzelstrafen** gegen einen 11
Angeklagten rechtskräftig (Einl 185), so ist die Vollstreckung wegen dieser Einzelstrafen zulässig. Das Bedenken, daß das Rechtsmittelgericht die Entscheidung insgesamt aufheben könnte (10 zu § 353), schlägt nicht durch (BGH MDR **56**, 528 [D]; Bremen NJW **55**, 1243; Celle NJW **58**, 153 = JZ **58**, 508 mit zust Anm Pohlmann; Düsseldorf Rpfleger **65**, 48; Hamm JMBlNW **56**, 68; LG Frankfurt a.M. NJW **55**, 1000; KK-Fischer 17 ff; LR-Wendisch 26 ff; Pohlmann/Jabel 7 zu § 19 StVollstrO; Bringewat StVollstr 22 ff; Grünwald 338 ff, 355; vgl auch Frankfurt NJW **56**, 1932; Köln NJW **55**, 1935: jedenfalls im Fall des § 55 StGB; **aM** RG **74**, 387; Frankfurt NJW **56**, 1290; Oldenburg NJW **60**, 62 = JR **60**, 73 mit abl Anm Dünnebier; Schleswig SchlHA **57**, 314; Schlüchter 598; erg 8 zu § 450). Dem Angeklagten darf aber durch die Teilvollstreckung kein Nachteil entstehen.

Die Vollstreckung darf daher nur bis zur Höhe der geringstzulässigen späteren Gesamtstrafe durchgeführt werden (Bremen aaO; Celle aaO; Düsseldorf aaO); sie entfällt, wenn die Möglichkeit besteht, daß bei Wegfall der angefochtenen Einzelstrafen die Strafe nach § 56 StGB zur Bewährung ausgesetzt wird (Grünwald 354). Die Teilvollstreckung, die im Ermessen der VollstrB steht, darf nur angeordnet werden, wenn dafür ein echtes und unabweisbares Bedürfnis besteht (KK-Fischer 19; Wetterich/Hamann 51), insbesondere, wenn sich die Anfechtung nur auf eine im Verhältnis zu den anderen geringfügige Einzelstrafe bezieht (vgl LR-Wendisch 30; weitergehend Bringewat StVollstr 26: idR nur zulässig, wenn die rechtskräftige Einzelstrafe mindestens 2 Jahre beträgt).

12 B. Ist bei **horizontaler Teilrechtskraft** (Einl 185) das Urteil im Rechtsfolgenausspruch nur wegen einer der verhängten Strafen (Geldstrafe, Freiheitsstrafe) angefochten oder die Rechtsfolgenentscheidung im wesentlichen rechtskräftig und nur eine Nebenentscheidung (Einbeziehung, Verfall uä) angefochten und ist in diesen Fällen die selbständige Anfechtung nach §§ 318, 344 I zweifelsfrei zulässig, so kann die rechtskräftig gewordene Strafe vollstreckt werden (KK-Fischer 13; LR-Wendisch 23 ff; **aM** Schlüchter 598; vgl auch Bay **64**, 23 = NJW **64**, 1084).

13 C. Zur Ausstellung der **Vollstreckbarkeitsbescheinigung** bei Teilvollstreckung vgl 14 zu § 451.

Anrechnung von Untersuchungshaft ua

450 **I Auf die zu vollstreckende Freiheitsstrafe ist unverkürzt die Untersuchungshaft anzurechnen, die der Angeklagte erlitten hat, seit er auf Einlegung eines Rechtsmittels verzichtet oder das eingelegte Rechtsmittel zurückgenommen hat oder seitdem die Einlegungsfrist abgelaufen ist, ohne daß er eine Erklärung abgegeben hat.**

II Hat nach dem Urteil eine Verwahrung, Sicherstellung oder Beschlagnahme des Führerscheins auf Grund des § 111 a Abs. 5 Satz 2 fortgedauert, so ist diese Zeit unverkürzt auf das Fahrverbot (§ 44 des Strafgesetzbuches) anzurechnen.

1 **1) Anrechnung von UHaft** (I):

2 A. **UHaft** iS von I ist jede Freiheitsentziehung, die nach § 51 I S. 1 StGB auf die Strafe angerechnet wird (dazu Tröndle 3 zu § 51 StGB; vgl auch § 39 III StVollstrO). Die UHaft endet mit der Rechtskraft des Urteils (15 zu § 120). Keine UHaft ist die Zeit unzulässiger Strafvollstreckung bei vorzeitiger Überführung des Angeklagten in die Strafanstalt wegen eines Irrtums über den Zeitpunkt der Rechtskraft (KG JR **64**, 310), auch nicht die Zeit der (nicht mehr rückgängig zu machenden) Strafverbüßung bei nachträglicher Wiedereinsetzung gegen die Versäumung der Rechtsmittelfrist (BGH **18**, 34 = Rpfleger **63**, 49 mit zust Anm Pohlmann; Celle NdsRpfl **65**, 186; vgl auch Hamm NJW **56**, 274).

3 B. **Anwendungsbereich der Vorschrift:** Die UHaft wird nach § 51 I S. 1 StGB kraft Gesetzes, ohne daß es eines besonderen Urteilsausspruchs bedarf, auf die Strafe angerechnet (BGH **24**, 29; **27**, 287, 288; Tröndle 20 zu § 51 StGB), sofern das Gericht nicht nach § 51 I S. 2 StGB anordnet, daß die Anrechnung ganz oder teilw unterbleibt. Im Schrifttum wird die Ansicht vertreten, durch diese (erst seit 1969 bestehende) Regelung habe I seine Bedeutung verloren; denn die Anrechnung kraft Gesetzes erfasse die gesamte UHaft bis zur Rechtskraft des Urteils, und die Versagung der Anrechnung reiche nicht über das sie anordnende Urteil hinaus (SK-Horn 7 zu § 51 StGB; Baumgärtner MDR **70**, 190; Dencker MDR **71**, 627). Nach anderer Ansicht beschränkt nicht § 51 I StGB den Anwendungsbereich des I, sondern verdrängt umgekehrt diese Vorschrift als Sondervorschrift den § 51 I StGB insoweit, als er nur bis zu dem Zeitpunkt gilt, von dem ab

die UHaft nach I zwingend anzurechnen ist (Celle NJW **70**, 768; Tröndle 6 zu § 51 StGB; Dreher MDR **70**, 965; vgl auch Frankfurt NJW **70**, 1140). Beide Auffassungen erscheinen unrichtig. Nach zutreffender Ansicht, der die Neufassung des § 39 II S. 1 StVollstrO Rechnung getragen hat, erstreckt sich zwar die Anrechnung des § 51 StGB vorbehaltlich einer abweichenden gerichtlichen Entscheidung auf die UHaft, die der Verurteilte bis zu dem Tag erlitten hat, an dem die Entscheidung rechtskräftig geworden ist. Insoweit hat I keine Bedeutung mehr (Stuttgart MDR **70**, 522 = Rpfleger **70**, 137 mit krit Anm Pohlmann). Sein Anwendungsbereich beschränkt sich nunmehr auf die Nichtanrechnungsanordnung nach § 51 I S. 2 StGB (LG Nürnberg-Fürth Rpfleger **70**, 67 mit abl Anm Pohlmann; Bringewat StVollstr 4; Pohlmann/Jabel/Wolf 2 zu § 39 StVollstrO). Sie wirkt ebenfalls bis zum Eintritt der Urteilsrechtskraft. Für die Zeit nach Eintritt der relativen Rechtskraft (unten 4 ff) wird ihr aber die Wirkung entzogen; zugleich verliert das Rechtsmittelgericht die Befugnis, die Nichtanrechnung der UHaft anzuordnen (Sch/Sch-Stree 2 zu § 51 StGB).

C. **Relative Rechtskraft** tritt ein, wenn das Urteil zwar noch nicht rechts- 4
kräftig, aber jedenfalls für den Angeklagten unanfechtbar geworden ist. Dem Angeklagten, der sich mit seiner Verurteilung abfindet, soll kein Nachteil daraus erwachsen, daß ein anderer Prozeßbeteiligter die Rechtsmittelfrist ohne Verzichtserklärung verstreichen läßt oder das Verfahren allein weiterbetreibt (Frankfurt NJW **70**, 1140). Die relative Rechtskraft, von deren Eintritt I den Ausschluß des § 51 I
S. 2 StGB abhängig macht, wird **herbeigeführt** durch den Rechtsmittelverzicht 5
des Angeklagten (dazu 13 ff zu § 302), durch die Zurücknahme eines bereits eingelegten Rechtsmittels (dazu 1 ff zu § 302) oder durch den Ablauf der Einlegungsfrist, ohne daß der Angeklagte eine Rechtsmittelerklärung abgegeben hat. Der Rechtsmittelverzicht zählt nur von dem Zeitpunkt ab, in dem er erklärt wird; daß dem Angeklagten die Erklärung vorher nicht möglich war, spielt keine Rolle (Düsseldorf Rpfleger **66**, 254: Nichterreichbarkeit des UrkB). Um ein Verstreichenlassen der Anfechtungsfrist handelt es sich auch, wenn das Rechtsmittel ver-
spätet (§§ 316 I, 343 I) eingelegt worden ist. **Wie ein Rechtsmittel des Ange-** 6
klagten zählt für die Anwendung von I das des Verteidigers (§ 297), nicht aber das von der StA zu seinen Gunsten eingelegte Rechtsmittel (§ 296 II). Hat nur der gesetzliche Vertreter (§ 298) oder der Erziehungsberechtigte (§ 67 III **JGG**) das Urteil angefochten, so kommt I dem Angeklagten zugute (KMR-Paulus 9; Pohlmann Rpfleger **63**, 368). Übernimmt er nach Eintritt der Volljährigkeit das Rechtsmittel (6 zu § 298), so entfällt die Anwendung von I mit dem Tag der wirksamen Übernahme (LG Bamberg NJW **67**, 68 mit zust Anm Kaiser). Der Einspruch gegen einen Strafbefehl (§ 410) steht iS von I einem Rechtsmittel
gleich. Die relative Rechtskraft **entfällt,** wenn das Urteil auf das Rechtsmittel eines 7
anderen Prozeßbeteiligten aufgehoben und die Sache zurückverwiesen wird; der Angeklagte kann sie nach Erlaß des neuen Urteils aber wiederherstellen. Wird das Urteil nur im Strafausspruch abgeändert, so verbleibt es bei der Anrechnung nach I (LR-Wendisch 21).

D. **Relative Teilrechtskraft:** Verzichtet der Angeklagte nur hinsichtlich einer 8
in einer Gesamtstrafe enthaltenen Einzelstrafe auf Rechtsmittel oder nimmt er das Rechtsmittel nur in diesem Umfang zurück, so gilt I bei der Vollstreckung der Einzelstrafe (11 zu § 449) ebenfalls (BGH NJW **55**, 1488 L; MDR **54**, 115 [D]; Bay **52**, 69 = Rpfleger **52**, 491; Bremen NJW **51**, 615; Celle NdsRpfl **52**, 75; LR-Wendisch 13; Grünwald 355; **aM** Schleswig SchlHA **49**, 137). Entsprechendes gilt, wenn nur eine Einzelstrafe durch revisionsgerichtliche Entscheidung rechtskräftig wird (RG **39**, 275; Braunschweig NJW **63**, 2239; Oldenburg NdsRpfl **55**, 237; Pohlmann/Jabel/Wolf 19 zu § 39 StVollstrO). Angerechnet wird die UHaft bei solcher Teilvollstreckung bis zur vollen Höhe der zu vollstreckenden Einzelstrafe (BGH MDR **56**, 528 [D]; Bringewat StVollstr 14; Pohlmann/Jabel/Wolf aaO; **aM** Bay aaO; LR-Wendisch 14: anteilige Anrechnung).

9 E. Die **Strafzeitberechnung** erfolgt in der Weise, daß die UHaft vom errechneten Ende der Strafzeit nach vollen Tagen rückwärts abgerechnet wird (§ 39 IV StVollstrO; vgl dazu Gocke Rpfleger **95**, 489 gegen Saarbrücken NStZ **94**, 408). Der Tag des Eintritts der relativen Rechtskraft wird nach § 39 II S. 2 StVollstrO nur angerechnet, wenn er nicht nach § 37 II StVollstrO bereits unverkürzt als Strafzeit zählt (vgl im einzelnen LR-Wendisch 7).

10 **2)** Ist ein **Fahrverbot** (II) noch nicht rechtskräftig, so gibt § 111a V S. 2 die Möglichkeit, die Rückgabe des bereits im amtlichen Gewahrsam befindlichen Führerscheins aufzuschieben, wenn der Beschuldigte nicht widerspricht. Die Zeit nach der Verkündung des Urteils wird dann unverkürzt auf das Fahrverbot angerechnet.

Anrechnung von Auslieferungshaft

450a **I Auf die zu vollstreckende Freiheitsstrafe ist auch die im Ausland erlittene Freiheitsentziehung anzurechnen, die der Verurteilte in einem Auslieferungsverfahren zum Zwecke der Strafvollstreckung erlitten hat. Dies gilt auch dann, wenn der Verurteilte zugleich zum Zwecke der Strafverfolgung ausgeliefert worden ist.**

II Bei Auslieferung zum Zwecke der Vollstreckung mehrerer Strafen ist die im Ausland erlittene Freiheitsentziehung auf die höchste Strafe, bei Strafen gleicher Höhe auf die Strafe anzurechnen, die nach der Einlieferung des Verurteilten zuerst vollstreckt wird.

III Das Gericht kann auf Antrag der Staatsanwaltschaft anordnen, daß die Anrechnung ganz oder zum Teil unterbleibt, wenn sie im Hinblick auf das Verhalten des Verurteilten nach dem Erlaß des Urteils, in dem die dem Urteil zugrunde liegenden tatsächlichen Feststellungen letztmalig geprüft werden konnten, nicht gerechtfertigt ist. Trifft das Gericht eine solche Anordnung, so wird die im Ausland erlittene Freiheitsentziehung, soweit ihre Dauer die Strafe nicht überschreitet, auch in einem anderen Verfahren auf die Strafe nicht angerechnet.

1 **1) Anrechnung von Auslandshaft** (I): Freiheitsentziehung im Ausland aufgrund eines deutschen Auslieferungsersuchens zum Zweck der Strafverfolgung wird nach § 51 I, III S. 2 StGB auf die Strafe angerechnet. Diese Regelung ergänzt § 450a (vgl BVerfGE **29**, 312 = NJW **70**, 2287 = Rpfleger **71**, 61 mit Anm Pohlmann) für den Fall der Auslandshaft aufgrund eines deutschen Auslieferungsersuchens zum Zweck der Strafvollstreckung (Schleswig SchlHA **90**, 127 [L/G]).
2 Angerechnet wird nur die **Haft in einem Auslieferungsverfahren.** Der Begriff ist aber weit auszulegen; darunter fällt jede Freiheitsentziehung zu dem Zweck, den Verurteilten der deutschen Strafvollstreckung zuzuführen (LR-Wendisch 6). Daß es schließlich nicht zur Auslieferung kommt, sondern der Verurteilte freiwillig in die BRep zurückkehrt, spielt keine Rolle (KK-Fischer 6). Auf die im Ausland nach Urteilsrechtskraft erlittene Abschiebungshaft bezieht sich § 450a nicht; sie wird daher nicht angerechnet (Koblenz GA **81**, 575; Bringewat StVollstr 6; vgl für inländische Abschiebungshaft Frankfurt NJW **80**, 537). Die Anrechnung nach I
3 gehört zur **Strafzeitberechnung** (Düsseldorf MDR **89**, 90) und ist daher Sache der VollstrB (§ 451 I). Sie hat nach dem entspr anwendbaren § 51 IV S. 2 StGB (Frankfurt StV **88**, 20; Karlsruhe Justiz **83**, 467; Koblenz GA **89**, 310; Stuttgart MDR **86**, 779; Zweibrücken OLGSt S. 1) auch den Umrechnungsmaßstab zu bestimmen (Düsseldorf wistra **91**, 320; JMBlNW **94**, 118; Stuttgart aaO; **aM** Karlsruhe aaO; Zweibrücken aaO). Bei Zweifeln entscheidet das Gericht nach § 458 I (LG Bochum StV **93**, 33). Die Strafzeit wird vom Zeitpunkt der Übernahme des Verurteilten durch deutsche Beamte an berechnet (§ 38 Buchst b Hs 2

StVollstrO). Ist im **Fall des S. 2** eine Trennung der ausländischen Freiheitsentziehung zum Zweck der Vollstreckungsauslieferung von der zum Zweck der Verfolgungsauslieferung nicht möglich, so hat die Anrechnung auf die zur Vollstreckung anstehende Strafe den Vorrang; nur der dadurch nicht verbrauchte Teil kann auf die Strafe wegen der Tat angerechnet werden, auf die sich die zum Zweck der Strafverfolgung angeordnete Auslieferungshaft bezogen hat (BGH NStZ **85**, 497; LR-Wendisch 9). 4

2) Anrechnung bei mehreren Strafen (II): Die Auslandshaft ist auf die höchste erkannte Strafe (nicht auf den höchsten Strafrest), bei gleich hohen Strafen auf die Strafe anzurechnen, die nach der Einlieferung des Verurteilten zuerst vollstreckt wird. Wenn die Auslandshaft durch die Anrechnung auf die höchste Strafe nicht verbraucht ist, muß der übersteigende Teil auf die nächsthöhere Strafe angerechnet werden (KK-Fischer 9). 5

3) Nichtanrechnung (III): Die Ausnahme bedarf wie im Fall des § 51 I S. 2 StGB der ausdrücklichen gerichtlichen Anordnung (zuständig ist nach § 462 a I die StVollstrK), die nur auf einen von der StA als Strafverfolgungsbehörde (Katholnigg NStZ **82**, 195) gestellten Antrag ergehen darf. Nur gewichtige Gründe, die nach Erlaß des letzten tatrichterlichen Urteils eingetreten sind, rechtfertigen die Nichtanrechnung (Zweibrücken GA **83**, 280). Die Flucht ins Ausland genügt allein nicht; sie ist der Regelfall der Anrechnung nach I (Bremen StV **97**, 371; Karlsruhe MDR **84**, 165; Koblenz OLGSt Nr. 2). Das gilt auch für die Flucht während eines Hafturlaubs (Karlsruhe aaO; **aM** Hamburg MDR **79**, 603) oder von einer Außenarbeitsstelle (Zweibrücken GA **83**, 280). Es müssen immer erschwerende Umstände hinzu treten, zB der Ausbruch aus der Anstalt, die Absicht des Verurteilten, die Strafvollstreckung böswillig zu verschleppen (Bringewat StVollstr 14 mwN) oder die Verbringung der Verbrechensbeute bei der Flucht ins Ausland (LR-Wendisch 17; vgl auch BGH **23**, 307 zu § 51 I S. 2 StGB). Dasselbe gilt für die Bestimmung des Anrechnungsmaßstabs nach § 51 IV S. 2 StGB (Zweibrücken Rpfleger **96**, 302). 6

Vollstreckungsbehörden

451 **I Die Strafvollstreckung erfolgt durch die Staatsanwaltschaft als Vollstreckungsbehörde auf Grund einer von dem Urkundsbeamten der Geschäftsstelle zu erteilenden, mit der Bescheinigung der Vollstreckbarkeit versehenen, beglaubigten Abschrift der Urteilsformel.**

II Den Amtsanwälten steht die Strafvollstreckung nur insoweit zu, als die Landesjustizverwaltung sie ihnen übertragen hat.

III Die Staatsanwaltschaft, die Vollstreckungsbehörde ist, nimmt auch gegenüber der Strafvollstreckungskammer bei einem anderen Landgericht die staatsanwaltschaftlichen Aufgaben wahr. Sie kann ihre Aufgaben der für dieses Gericht zuständigen Staatsanwaltschaft übertragen, wenn dies im Interesse des Verurteilten geboten erscheint und die Staatsanwaltschaft am Ort der Strafvollstreckungskammer zustimmt.

1) Vollstreckungsbehörde (I): 1

A. Die **StA als VollstrB** ist für die Strafvollstreckung zuständig. Die Geschäfte sind nach § 31 II S. 1 **RPflG** grundsätzlich dem Rechtspfleger übertragen. Ausnahmen bestimmt § 1 **BegrVO**; in diesen Fällen kann die StA den Rechtspfleger aber zu vorbereitenden Tätigkeiten heranziehen (LR-Wendisch 36). Stellungnahmen gegenüber dem Gericht (zB nach §§ 453 I S. 2, 454 I S. 2, 460) gibt die StA als Strafverfolgungsbehörde ab (vgl Katholnigg NStZ **82**, 195); der Rechtspfleger ist insoweit nicht zuständig (KK-Fischer 8). Im **Verfahren gegen Jugendliche** 2 3

und Heranwachsende, die nach Jugendstrafrecht verurteilt sind, ist VollstrB der Jugendrichter als Vollstreckungsleiter (§§ 82 I S. 1, 110 I **JGG**).

4 B. **Sachlich zuständig** ist nach § 4 StVollstrO die StA beim LG, soweit nichts anderes bestimmt ist; die StA beim OLG ist zuständig, wenn dieses Gericht im 1. Rechtszug entschieden hat und nicht der GBA zuständig ist. Der GBA ist in Sachen zuständig, in denen das OLG im 1. Rechtszug in Ausübung der Gerichtsbarkeit des Bundes entschieden hat (vgl Art 96 V GG, §§ 120, 142a GVG). Eine
5 **Notzuständigkeit** begründet § 6 StVollstrO. Wenn die sachlich zuständige StA nicht alsbald zu erreichen ist, kann anstelle der StA beim LG die StA beim OLG dringende Strafvollstreckungsanordnungen treffen. Nach § 143 II GVG haben auch andere Beamte der StA eine Notzuständigkeit (vgl im einzelnen LR-Wendisch 10).

6 C. Die **örtliche Zuständigkeit** bestimmt sich nach dem Gericht des 1. Rechtszugs (§ 143 I GVG, § 7 I StVollstrO). Bei Zurückverweisung nach §§ 354, 354a, 355 ist die StA bei dem Gericht zuständig, an das zurückverwiesen worden ist (§ 7 II S. 1 StVollstrO). Ist in einem Wiederaufnahmeverfahren eine Entscheidung nach § 373 ergangen, so bestimmt sich die Zuständigkeit der VollstrB in den Fällen des § 140a I, III S. 2 GVG nach dem Gericht, das die Entscheidung getroffen hat (§ 7 II S. 2 StVollstrO). Bei nachträglicher Gesamtstrafenbildung nach § 460 ist VollstrB die StA bei dem Gericht, das sie gebildet hat (§ 8 I StVollstrO). Für eine einzelne, nicht in die Gesamtstrafe einbezogene Strafe verbleibt es jedoch bei der Zuständigkeit nach § 7 I StVollstrO (KK-Fischer 11).
7 Zum Fall des § 462a IV vgl dort 35. Bei **Unerreichbarkeit** der zuständigen VollstrK können Vollstreckungsanordnungen auch von einer örtlich unzuständigen VollstrB vorgenommen werden (§ 143 II GVG; § 7 III StVollstrO); das gilt auch zugunsten der zuständigen VollstrB eines anderen Bundeslandes (LR-Wendisch 13; Bringewat StVollstr 14).

8 D. Die **Inanspruchnahme der VollstrB eines anderen Landes** ist nach § 9 I S. 1 StVollstrO im Wege der Vollstreckungshilfe zulässig, wenn die Vollstreckungsanordnung außerhalb des Landes, in dem die VollstrB ihren Sitz hat, durch eine Landesbehörde durchgeführt werden soll. Nach der Ländervereinbarung vom 13. 1. 1965 (abgedruckt bei Piller/Herrmann Nr 2b Anh 1) kann die VollstrB den Verurteilten aber auch unmittelbar zum Strafantritt in die JVA eines anderen Landes laden. Der GBA kann in den Fällen, in denen er VollstrB ist (oben 4), unmittelbar vollstrecken (§ 9 II StVollstrO). Vgl auch §§ 162, 163 GVG.

9 E. **Höhere VollstrB** ist idR der GStA als höhere Aufsichtsbehörde (§ 147 Nr 3 GVG, § 21 Buchst a StVollstrO). Seiner Dienstaufsicht untersteht auch der Jugendrichter als Vollstreckungsleiter (oben 3), soweit er nicht nach § 83 I **JGG** entscheidet (Brunner/Dölling 1, 3 zu § 83 JGG; Pohlmann/Jabel/Wolf 6 zu § 21
10 StVollstrO). Die höhere VollstrB entscheidet bei **Kompetenzkonflikten,** auch soweit die Strafvollstreckung dem Rechtspfleger übertragen ist (KK-Fischer 13). Mehrere GStAe müssen sich einigen; § 143 III gilt nicht (LR-Wendisch 13). Notfalls entscheidet der ihnen übergeordnete JM (§ 147 Nr 2 GVG); mehrere JM müssen sich untereinander einigen. Eine gerichtliche Entscheidung ist nicht vorgesehen.

11 **2)** Die **Vollstreckbarkeitsbescheinigung** (I), die idR zugleich Rechtskraftbescheinigung ist (KK-Fischer 17), ist die urkundliche Grundlage der Vollstreckung. Sie wird auf der Urschrift oder einer beglaubigten Abschrift der Entscheidung oder ihres erkennenden Teils erteilt (I enthält keine Einschränkung); auf ihr muß die Rechtskraft der Entscheidung bescheinigt und angegeben werden, wann sie eingetreten ist (§ 13 II S. 1 StVollstrO). Die Erteilung ist Sache des UrkB als Organs der
12 Rechtspflege (KMR-Paulus 41; LR-Wendisch 38). **Zuständig** ist der UrkB der Geschäftsstelle beim Gericht des 1. Rechtszugs, der UrkB beim Berufungsgericht

nur, wenn gegen ein Berufungsurteil keine Revision eingelegt wird (§ 13 III StVollstrO). Ist Revision eingelegt, so gilt § 13 IV StVollstrO. Der UrkB benötigt für die Vollstreckbarkeitsbescheinigung nur die schriftliche Urteilsformel nach § 268 II; die Urteilsgründe brauchen noch nicht vorzuliegen (§ 13 II S. 2 VollstrO). **I gilt auch** für den Strafbefehl, den Gesamtstrafenbeschluß nach § 460 (dort 13
27), für urteilsvertretende Beschlüsse, die Nebenfolgen betreffen (§§ 437 IV, 438 II, 441 II, 442, 444 II, III), und für die in § 14 StVollstrO bezeichneten Nachtragsentscheidungen, die die Vollstreckbarkeit des Urteils herstellen oder wiederherstellen (erg 1 zu § 449). Für die mit der Urteilsrechtskraft ohne weiteres eintretenden Rechtsfolgen (Vorbem 5) ist keine Vollstreckbarkeitsbescheinigung notwendig. Bei freisprechenden Urteilen und bei Strafaussetzung zur Bewährung wird nicht die Vollstreckbarkeit, sondern nur die Rechtskraft bescheinigt (LG Köln Rpfleger **72**, 227 mit krit Anm Pohlmann; LR-Wendisch 40). Bei **Teilrechtskraft** 14
(8 ff zu § 449) kann die Bescheinigung etwa lauten: „Das Urteil ist hinsichtlich der Verurteilung wegen ... in Höhe von ... rechtskräftig" (LR-Wendisch 32 zu § 449). Die Einzelstrafe wird den Urteilsgründen entnommen. Sind mehrere Einzelstrafen rechtskräftig, so wird etwa bescheinigt: „Das Urteil ist rechtskräftig, soweit wegen ... auf Einzelstrafen von ... erkannt ist" (vgl LR-Wendisch aaO; Pohlmann/Jabel/Wolf 68 zu § 13 StVollstrO). Im Fall des § 56 **JGG** werden das Urteil (ohne Rechtskraftbescheinigung) und der Beschluß (mit Rechtskraftbescheinigung) angeführt (Pohlmann/Jabel/Wolf 38 zu § 13 StVollstrO). **Vollstrek-** 15
kungshindernisse hat der UrkB nicht zu prüfen. Wird er auf sie aufmerksam, so muß er die Vollstreckbarkeitsbescheinigung trotzdem erteilen (LG Hildesheim Rpfleger **60**, 215 mit zust Anm Pohlmann); er wird die VollstrB aber auf die Hindernisse hinweisen (LR-Wendisch 40). Hat der UrkB **Zweifel an der Voll-** 16
streckbarkeit, so kann er nicht das Gericht anrufen, damit es ihm die Entscheidung abnimmt; er muß sie stets selbst treffen (KK-Fischer 22; LR-Wendisch 39; **aM** KMR-Paulus 44). Kommt er später zu der Überzeugung, daß die Bescheinigung falsch ist, so muß er sie widerrufen (KK-Fischer 22). Gegen die Erteilung der Vollstreckbarkeitsbescheinigung kann der Verurteilte die **Entscheidung des Ge-** 17
richts beantragen, dem der UrkB angehört, gegen die Nichterteilung die VollstrB (LR-Wendisch 38). Die gerichtliche Entscheidung kann mit der Beschwerde nach § 304 I angefochten werden (LG Göttingen Rpfleger **56**, 337; LG Hildesheim Rpfleger **60**, 215). Eine **Nachprüfung der Vollstreckbarkeitsbescheinigung** 18
durch die VollstrB findet nicht statt (Pohlmann/Jabel/Wolf 39 zu § 13 StVollstrO; Pohlmann Rpfleger **60**, 280; **aM** Wetterich/Hamann 57).

3) **Die Übertragung der Strafvollstreckung auf die Amtsanwälte** (II) ist 19
wegen § 145 II GVG nur in den zur Zuständigkeit des AG gehörenden Sachen zulässig. Die Übertragung erfolgt durch Anordnung der LJV. Von der Befugnis hat nur das Land Bayern Gebrauch gemacht (Nr 2 S. 3 der Bek über die Wiedereinführung der Amtsanwaltstätigkeit vom 15. 10. 1968 [BayJMBl 103]).

4) **Verfahrensbeteiligte StA bei der StVollstrK eines anderen Bezirks** (III): 20
Die StA als VollstrB nimmt ihre Aufgaben entspr der Regelung des § 143 I GVG auch bei der StVollstrK (§ 462 a) wahr, die ihren Sitz in einem anderen Bezirk hat, selbst wenn dieser in einem anderen Bundesland liegt (34 zu § 462 a). Sie kann ihre Aufgaben aber der für dieses Gericht zuständigen StA übertragen (S. 2). Für die Entscheidungen über Beschwerden der StA, die VollstrB ist, gegen Entscheidungen der StVollstrK ist das dieser übergeordnete OLG zuständig; III S. 1 gilt entspr für den Fall, daß das Gericht des 1. Rechtszugs die nach § 453 zu treffende Entscheidung nach § 462 II S. 2 abgibt (dort 24). Im **Beschwerdeverfahren bei dem** 21
OLG ist nicht der der StA, die VollstrB ist, übergeordnete GStA verfahrensbeteiligt, sondern der GStA bei dem für die Entscheidung zuständigen OLG (Karlsruhe OLGSt S. 1; LR-Wendisch 71); es bleibt bei der Regel des § 143 I GVG (erg 4 zu § 142 GVG).

Begnadigungsrecht

452 **In Sachen, in denen im ersten Rechtszug in Ausübung von Gerichtsbarkeit des Bundes entschieden worden ist, steht das Begnadigungsrecht dem Bund zu. In allen anderen Sachen steht es den Ländern zu.**

1 **1) Begnadigung** bedeutet den völligen oder teilweisen Straferlaß nach Rechtskraft des Strafurteils (LR-Wendisch 2). Mit ihr werden noch bestehende Rechtsnachteile im Wege einer Einzelentscheidung durch einen Akt der Exekutive gemildert, der nicht der Zustimmung des Betroffenen bedarf. Eine Begnadigung ist nur im Einzelfall zulässig (KMR-Paulus 3).

2 **2) Begnadigungsrecht:** Dem BPräs (Art 60 II GG) oder der Behörde, der er seine Befugnisse nach Art 60 III GG übertragen hat, steht das Begnadigungsrecht in den Staatsschutz-Strafsachen zu, in denen die OLGe nach § 120 I, II GVG
3 aufgrund der Organleihe nach Art 96 V GG (vgl § 120 VI GVG **Gerichtsbarkeit des Bundes** (S. 1) ausgeübt und auf Anklage des GBA (§ 142a GVG) im 1. Rechtszug entschieden haben. Die Übertragung nach Art 60 III GG ist erfolgt über die AO des BPräs und die Ausübung des Begnadigungsrechts des Bundes vom 5. 10. 1965 (BGBl I 1573; III 313–3), geändert durch AO vom 8. 11. 1970 (BGBl
4 I 1513). Sonst haben die **Länder** (S. 2) das Begnadigungsrecht, deren Gerichte im 1. Rechtszug entschieden haben; der Inhaber des Gnadenrechts wird durch die Landesverfassungen bestimmt. Zu den Gnadenordnungen der einzelnen Bundesländer vgl die Fundstellennachweise in Schönfelder Nr 90 Anm zu § 452. Bei
5 **Gesamtstrafen** steht das Begnadigungsrecht nach der Vereinbarung der Gnadenrechtsinhaber vom 27. 10. 1971 (abgedruckt bei Schätzler, Handbuch des Gnadenrechts, 2. Aufl. 1992, Abschn 2.4 S. 26) dem Staat zu, dessen Gerichtsbarkeit das Gericht bei der Entscheidung über die Gesamtstrafe ausgeübt hat.

6 **3) Anfechtung:** Vgl 17 zu § 23 EGGVG.

7 **4) Ehemalige DDR:** Nach Anl I Kap III Sachgebiet A Abschn III Nr 14i EV steht das Begnadigungsrecht dem Bund auch dann zu, wenn ein Gericht der DDR in einer Sache entschieden hat, die der Gerichtsbarkeit des Bundes unterfallen würde.

Nachtragsentscheidungen über die Strafaussetzung

453 **I Die nachträglichen Entscheidungen, die sich auf eine Strafaussetzung zur Bewährung oder eine Verwarnung mit Strafvorbehalt beziehen (§§ 56a bis 56g, 58, 59a, 59b des Strafgesetzbuches), trifft das Gericht ohne mündliche Verhandlung durch Beschluß. Die Staatsanwaltschaft und der Angeklagte sind zu hören. Hat das Gericht über einen Widerruf der Strafaussetzung wegen Verstoßes gegen Auflagen oder Weisungen zu entscheiden, so soll es dem Verurteilten Gelegenheit zur mündlichen Anhörung geben. Ist ein Bewährungshelfer bestellt, so unterrichtet ihn das Gericht, wenn eine Entscheidung über den Widerruf der Strafaussetzung oder den Straferlaß in Betracht kommt; über Erkenntnisse, die dem Gericht aus anderen Strafverfahren bekannt geworden sind, soll es ihn unterrichten, wenn der Zweck der Bewährungsaufsicht dies angezeigt erscheinen läßt.**

II Gegen die Entscheidungen nach Absatz 1 ist Beschwerde zulässig. Sie kann nur darauf gestützt werden, daß eine getroffene Anordnung gesetzwidrig ist oder daß die Bewährungszeit nachträglich verlängert worden ist. Der Widerruf der Aussetzung, der Erlaß der Strafe, der Widerruf des Erlasses, die Verurteilung zu der vorbehaltenen Strafe und die Feststellung, daß es bei der Verwar-

nung sein Bewenden hat (§§ 56 f, 56 g, 59 b des Strafgesetzbuches), können mit sofortiger Beschwerde angefochten werden.

1) Nachtragsentscheidungen: Bei Strafaussetzung zur Bewährung nach § 56 1
StGB ist nach Rechtskraft des Urteils über den Widerruf der Strafaussetzung (§ 56 f StGB) oder über den Erlaß der Strafe nach Ablauf der Bewährungszeit (§ 56 g StGB) zu entscheiden. Schon vorher kann das Gericht Anlaß haben, nach § 56 a II S. 2 StGB nachträglich die Bewährungszeit zu ändern oder die Entscheidungen nach den §§ 56 b bis 56 d (Auflagen, Weisungen, Bewährungshilfe) nachträglich zu treffen, zu ändern oder aufzuheben (§ 56 e StGB). Bei Verwarnung mit Strafvorbehalt nach § 59 StGB kommt ebenfalls eine nachträgliche Anordnung, Änderung oder Aufhebung von Auflagen in Betracht (§ 59 a II iVm § 56 e StGB), nach Ablauf der Bewährungszeit die Verurteilung zu der vorbehaltenen Strafe oder die Feststellung, daß es bei der Verwarnung sein Bewenden hat (§ 59 b StGB). Das Verfahren bei diesen Nachtragsentscheidungen regelt I, die Rechtsmittel gegen die
Gerichtsentscheidungen II. § 453 ist **entsprechend anzuwenden,** wenn die not- 2
wendige Entscheidung nach § 268 a unterblieben ist (dort 8), ferner bei der Vollstreckung von Sicherungsmaßregeln (§ 463 II), nicht aber, wenn versehentlich überhaupt keine Entscheidung über die Frage der Strafaussetzung zur Bewährung getroffen worden ist (**aM** Gössel NStZ **91**, 556). Die Vorschrift gilt ferner entspr für die Entscheidung, eine Strafe nach Nr 6 des Amnestiebeschlusses der DDR vom 6. 12. 1989 (GBl I 266) zu vollstrecken (Koblenz MDR **92**, 1175; Stuttgart NStZ **93**, 359; BezG Chemnitz DtZ **91**, 217); die Vollstreckung der nach dem DDR-Ges vom 28. 9. 1990 (GBl I 1987) um ein Drittel zu ermäßigenden Strafe ist zulässig (Stuttgart aaO; **aM** Koblenz aaO; BezG Chemnitz aaO). Nach **aM** ist die StA und nicht die StVollstrK für die Anordnung zuständig (Dresden NStZ **93**, 557; Rostock MDR **93**, 1231).

2) Ohne mündliche Verhandlung durch Beschluß (I S. 1), der nach § 34 3
mit Gründen zu versehen ist, werden die Nachtragsentscheidungen getroffen. Die mündliche Anhörung des Verurteilten, die I S. 3 nur bei Widerrufsentscheidungen vorsieht, ist auch sonst nicht unzulässig (Hamm OLGSt S. 5; KMR-Paulus 16; erg 3 zu § 462). Einer mündlichen Verhandlung mit allen Beteiligten steht aber der eindeutige Gesetzeswortlaut entgegen (**aM** LR-Wendisch 7; erg 1 zu § 309; 1 zu § 462). Auch die mündliche Bekanntmachung der Entscheidung in einem Anhörungstermin ist nicht zulässig (Hamm aaO). Zuständig ist idR das Gericht des 1. Rechtszugs (§ 462 a II), die StVollstrK nur, wenn sich der Verurteilte in anderer Sache in Strafhaft befindet (§ 462 a IV S. 3).

3) Anhörungspflichten (I S. 2–4): 4

A. **StA und Verurteilter** (S. 2) sind zu hören, die StA als Verfolgungsbehörde, 5
nicht als VollstrB (LG München I NStZ **81**, 453; Engel NStZ **87**, 110; Katholnigg NStZ **82**, 195). Da ihre Äußerung und ihre Anträge keine Vollstreckungsangelegenheiten sind, ist nicht der Rechtspfleger nach § 31 II S. 1 **RPflG** zuständig (2 zu § 451). Das versehentliche Unterlassen der Anhörung der StA ist unschädlich
(Düsseldorf NStZ **82**, 349 L). Die **Anhörung der Verurteilten** muß ihm Gele- 6
genheit geben, sich zu der von der StA beantragten oder vom Gericht beabsichtigten nachteiligen Entscheidung zu äußern; er muß auch Gelegenheit zur Stellungnahme zu nachteiligen Tatsachen erhalten, die dem Gericht von dritter Seite mitgeteilt worden sind (Oldenburg NJW **61**, 1368; LR-Wendisch 9). Die Anhörung der Verurteilten kann unterbleiben, wenn sie unmöglich ist, weil er untergetaucht ist (Bremen MDR **76**, 865; Köln NJW **63**, 875) oder jedenfalls die Auflage, jeden Wohnungswechsel mitzuteilen, nicht befolgt hat und daher nicht erreichbar ist (Düsseldorf NStE Nr 11; vgl auch Hanack JZ **66**, 43). Der Widerrufsbeschluß kann dann ohne Anhörung erlassen und dem Verurteilten nach § 40 öffentl zugestellt werden (11 zu § 453 c). Das rechtliche Gehör wird entspr § 33 a

nachgeholt (BGH **26**, 127, 129 mwN). Hierüber ist der Verurteilte bei der Aufnahme in die JVA belehrt (§ 29 III StVollstrO). Der Erlaß eines Sicherungshaftbefehls nach § 453 c zur Erzwingung des rechtlichen Gehörs ist unzulässig (KK-Fischer 11; erg 8 zu § 453 c).

7 B. Die **mündliche Anhörung des Verurteilten** (S. 3) soll stattfinden, wenn über den Widerruf der Strafaussetzung aus den Gründen des § 56 f I Nrn 2, 3 StGB zu entscheiden ist. Der Verurteilte soll dadurch insbesondere Gelegenheit erhalten, den Vorwurf zu entkräften, daß er gegen Auflagen oder Weisungen gröblich oder beharrlich verstoßen hat. Die Sollvorschrift ist dahin zu verstehen, daß die Anhörung zwingend ist, wenn sie eine weitere Aufklärung verspricht (KG JR **88**, 39; Frankfurt NStZ-RR **96**, 91; Jena NStZ **98**, 216; **aM** Kropp NStZ **98**, 536: Möglichkeit einer Terminsvereinbarung genügt) oder wenn ihr keine schwerwiegenden Gründe entgegenstehen (Düsseldorf StV **87**, 257; VRS **80**, 284; **84**, 345; **87**, 350; OLGSt Nr 4; Hamm NStZ **87**, 247; LG Bonn NStZ **86**, 574; LG Freiburg StV **87**, 540), etwa wenn der Auflagen- oder Weisungsverstoß neben neuen Straftaten des Verurteilten nicht ins Gewicht fällt (Stuttgart MDR **87**, 164; NStZ **87**, 43). Daß das Gericht sich der Möglichkeit bewußt war, eine mündliche Anhörung vorzunehmen, muß sich aus dem Beschluß, mindestens aus den Akten ergeben (Düsseldorf NStE Nr 13; Jena StraFo **97**, 345; Stuttgart MDR **87**, 164). Die Anhörung kann nicht erzwungen werden; die Vorführung des Verurteilten ist unzulässig (LR-Wendisch 13). Zur Verwirklichung des Anhörungsrechts vgl Düsseldorf NStZ **88**, 243; Hamburg NStE Nr 12; LG Berlin NStZ **89**, 245. Zum Verfahren bei der mündlichen Anhörung vgl im übrigen 33 ff zu § 454. Wie im Fall des § 454 I S. 3 (dort 22) kann die Anhörung je nach Sach- und Verfahrenslage einem ersuchten Richter übertragen werden (Stuttgart NStZ **87**, 43).

8 C. Die **Unterrichtung des Bewährungshelfers** (S. 4) ist erforderlich, wenn während der Zeit seiner Bestellung über den Widerruf der Strafaussetzung nach § 56 f StGB oder den Straferlaß nach § 56 g StGB zu entscheiden ist. Ein Recht auf Anhörung hat der Bewährungshelfer nicht (KK-Fischer 6 hält die Anhörung idR für sachdienlich; vgl auch Düsseldorf NStZ **96**, 616; Boetticher NStZ **91**, 5; Rahn NJW **76**, 839). Das Gericht ist lediglich verpflichtet, ihn zu unterrichten, damit er zur Frage des Widerrufs oder Straferlasses Stellung nehmen kann.

9 4) **Rechtsmittel** (II):

10 A. Die **einfache Beschwerde** (S. 1, 2) nach § 304 ist gegen alle Nachtragsentscheidungen zulässig, die nicht unmittelbar zur Vollstreckbarkeit des Urteils oder sonst zur Beendigung des Verfahrens führen oder den Umfang der Vollstreckbarkeit bestimmen (vgl Braunschweig NJW **63**, 2182); gegen Entscheidungen dieser Art sieht S. 3 die sofortige Beschwerde vor. Beschwerdeberechtigt sind der Verurteilte
11 und die StA, auch zu seinen Gunsten (LR-Wendisch 33). Die **Einschränkung des S. 2**, die im wesentlichen der des § 305 a entspricht, gilt für die Abhilfe nach § 306 II nicht (KG 5 Ws 216/88 vom 27. 5. 1988; erg 1 zu § 305 a). Sie bedeutet keinen Begründungszwang für den Beschwerdeführer, sondern nur eine Nachprüfungsgrenze für das Beschwerdegericht (3 zu § 305 a; KK-Fischer 16; **aM** München NStZ **88**, 524). Liegen die Voraussetzungen des S. 2 nicht vor, so ist die Beschwerde unbegründet (Nürnberg NJW **59**, 1451; Schleswig SchlHA **85**, 120 [E/L]; **93**, 229 [L/T]). Die Einschränkung gilt nicht für die Beschwerde des Verurteilten gegen die nachträgliche Verlängerung, aber für die Beschwerde der StA bei nachträglicher Verkürzung der Bewährungszeit nach § 56 a II S. 2 StGB. Die Anfechtung von Entscheidungen, mit der der Antrag abgelehnt worden ist, eine Entscheidung zu treffen, gegen die nur die nach S. 2 eingeschränkte Beschwerde zulässig wäre, unterliegt ebenfalls der Beschränkung dieser Vorschrift (Celle NStZ **83**, 430; München NStZ **88**, 524; KK-Fischer 12; **aM** Hamburg NJW **63**, 1166; Hamm NJW **63**, 1165; Nürnberg MDR **61**, 707 hält die Beschwerde dann sogar

für unzulässig; vgl auch Pusinelli NJW **62**, 902). Zur **Prüfung der Gesetzmäßigkeit** gehört neben der Prüfung, ob die angefochtene Entscheidung in der angewendeten Vorschrift eine ausreichende Rechtsgrundlage hat und ob Ermessensmißbrauch vorliegt, in jedem Fall die Prüfung, ob der Verhältnismäßigkeitsgrundsatz (Hamm JMBlNW **77**, 256; MDR **75**, 1041 L; Schleswig SchlHA **85**, 120 [E/L]) und der Bestimmtheitsgrundsatz eingehalten sind (Schleswig OLGSt § 56b StGB Nr 1). 12

B. **Sofortige Beschwerde** (S. 3) nach § 311 ist in den bezeichneten Fällen gegen die Entscheidung des unteren Gericht zulässig, nicht gegen die des Beschwerdegerichts (Bremen NStZ **86**, 524; erg 1 zu § 310). Hat das Gericht aber nicht in der Sache selbst entschieden, ist die einfache Beschwerde gegeben (Zweibrücken OLGSt Nr 16 zu § 462a). Der Verurteilte kann den Erlaß der Strafe mangels Beschwer nicht anfechten (Oldenburg NdsRpfl **75**, 249), die StA dagegen aus jedem rechtlichen Grund. Die Beschränkung des Rechtsmittels, zB bei Widerruf der Strafaussetzung auf die Anrechnungsentscheidung nach § 56f III S. 2 StGB, ist zulässig (vgl Stuttgart MDR **80**, 1037). Diese Entscheidung ist, da sie den Umfang der Vollstreckbarkeit des Urteils bestimmt, nur mit der sofortigen Beschwerde anfechtbar (Düsseldorf MDR **85**, 784; Hamburg MDR **83**, 953; LG Stuttgart MDR **81**, 335; **aM** Celle NdsRpfl **82**, 222; Stuttgart MDR **80**, 1037: einfache Beschwerde). Die sofortige Beschwerde ist auch gegeben, wenn das Gericht den Antrag, eine der in S. 3 bezeichneten Entscheidungen zu treffen, ablehnt; denn auch die Bestandskraft der ablehnenden Entscheidung über den Widerruf der Strafaussetzung, den Erlaß der Strafe usw kann nicht längere Zeit in der Schwebe bleiben (Hamburg MDR **90**, 564; Stuttgart NStZ **95**, 53 mit abl Anm Funck NStZ **95**, 568; Zweibrücken NStZ-RR **98**, 93; **aM** Köln NStZ **95**, 151 = StV **95**, 476 mit abl Anm Bringewat). Daher ist sofortige Beschwerde (der StA) auch zulässig, wenn statt des beantragten Widerrufs der Strafaussetzung nur die Bewährungszeit verlängert wird (Düsseldorf MDR **89**, 666; Hamm NStZ **88**, 291 mit abl Anm Funck NStZ **89**, 46; Saarbrücken MDR **92**, 505; **aM** Düsseldorf MDR **94**, 931; LG Mainz NJW **56**, 1249; KK-Fischer 16; LR-Wendisch 30, 32). 13
Das **Beschwerdegericht** prüft die Entscheidung in vollem Umfang, auch soweit sie im Ermessen des Gerichts steht (Stuttgart NStZ **95**, 53 mwN; **aM** Celle NdsRpfl **97**, 51; Köln NStZ **95**, 151). Es darf den Widerrufsgrund nach § 56f StGB austauschen, muß aber dem Verurteilten vorher rechtliches Gehör gewähren (Düsseldorf MDR **83**, 68). 14

C. **In der Sache selbst** entscheidet das Beschwerdegericht (§ 309 II). Das Fehlen einer Begründung der angefochtenen Entscheidung steht dem nicht entgegen (Schleswig SchlHA **85**, 120 [E/L]; erg 7 zu § 309). Ist jedoch die mündliche Anhörung nach I S. 3 ohne rechtfertigenden Grund unterblieben, so hebt das Beschwerdegericht den angefochtenen Beschluß auf und verweist die Sache zurück (Düsseldorf StV **87**, 257; OLGSt Nr 4; LG Itzehoe SchlHA **87**, 188; erg 8 zu § 309). Das gleiche gilt, wenn nicht erkennbar ist, daß das Gericht eine Ermessensentscheidung über die unterbliebene mündliche Anhörung getroffen hat (Stuttgart MDR **87**, 164). 15

D. Die **Rechtskraft des Widerrufsbeschlusses** ist Voraussetzung für die Strafvollstreckung (Hamm NStZ **83**, 459 mit zust Anm Müller-Dietz; Karlsruhe NJW **64**, 1085; Hanack JZ **66**, 50; erg 1 zu § 449). 16

5) Die **Zurücknahme des rechtskräftigen Widerrufsbeschlusses** ist nach hM zulässig, wenn ihm durch nachträglich, bekanntgewordene Tatsachen der Boden völlig entzogen worden ist und der Mangel nicht anders geheilt werden kann; manche wenden hierfür § 359 Nr 5 entspr an (Oldenburg NJW **62**, 1169; Groth MDR **80**, 595; Hanack JR **74**, 115; Schmidt SchlHA **63**, 109; erg 5 vor § 359). 17

Belehrung

453a **I Ist der Angeklagte nicht nach § 268 a Abs. 3 belehrt worden, so wird die Belehrung durch das für die Entscheidungen nach § 453 zuständige Gericht erteilt. Der Vorsitzende kann mit der Belehrung einen beauftragten oder ersuchten Richter betrauen.**

II Die Belehrung soll außer in Fällen von geringer Bedeutung mündlich erteilt werden.

III Der Angeklagte soll auch über die nachträglichen Entscheidungen belehrt werden. Absatz 1 gilt entsprechend.

1 **1)** Die **Nachholung der Belehrung nach § 268 a III** (I), die versehentlich, aus Zweckmäßigkeitsgründen oder wegen Abwesenheit des Angeklagten bei der Urteilsverkündung unterblieben ist (9 zu § 268 a), ist Aufgabe des nach § 453 zuständigen Gerichts, also des Gerichts des 1. Rechtszugs (§ 462 a II), der VollstrK nur, wenn sich der Angeklagte in anderer Sache in Strafhaft befindet (§ 462 a IV S. 3). Hat das Gericht des 1. Rechtszugs die Entscheidungen nach § 453 an das Wohnsitzgericht abgegeben (§ 462 a II S. 2), so holt dieses Gericht die Belehrung nach. Die Belehrung erteilt grundsätzlich der Vorsitzende; er kann damit aber auch einen beauftragten oder ersuchten Richter (zu den Begriffen vgl 1 zu § 66 b) betrauen (S. 2). Über die Belehrung wird ein Aktenvermerk gefertigt. Wird die unterlassene Belehrung nicht oder nicht formgerecht nachgeholt, so ist das auf die Wirksamkeit des Urteils oder Strafbefehls ohne Einfluß (KMR-Paulus 9).

2 **2)** Grundsätzlich **mündlich** (II) wird die Belehrung erteilt. Der Verurteilte wird dazu vorgeladen. Sein Erscheinen kann aber nicht durch Vorführung erzwungen werden (Celle MDR **63**, 523). Der nicht erschienene Verurteilte muß daher schriftlich belehrt werden. Eine solche Belehrung reicht auch in Fällen von geringer Bedeutung aus, zB bei Verwarnung mit Strafvorbehalt im Strafbefehl (LR-Wendisch 2).

3 **3)** Die **Belehrung über nachträgliche Entscheidungen** (III) nach §§ 56 a II, 56 e, 59 a II StGB ist nur erforderlich, wenn es aus besonderen Gründen angezeigt erscheint, den Verurteilten über die Tragweite der neuen Anordnungen zu unterrichten (LR-Wendisch 4). Das kann insbesondere bei der Verlängerung der Bewährungszeit der Fall sein (KK-Fischer 4). Die Belehrung erteilt auch hier das Gericht (S. 2). Da II nicht gilt, kann sie nach dem Ermessen des Vorsitzenden mündlich oder schriftlich erteilt werden.

Überwachung während der Bewährungszeit

453b **I Das Gericht überwacht während der Bewährungszeit die Lebensführung des Verurteilten, namentlich die Erfüllung von Auflagen und Weisungen sowie von Anerbieten und Zusagen.**

II Die Überwachung obliegt dem für die Entscheidungen nach § 453 zuständigen Gericht.

1 **1)** Die **Überwachungszuständigkeit** bei Strafaussetzung zur Bewährung nach § 56 StGB und bei Verwarnung mit Strafvorbehalt nach § 59 StGB regelt die Vorschrift; sie enthält keine Rechtsgrundlage für Eingriffe (BVerfG NJW **95**, 2279, 2280). Sie gilt entspr bei Aussetzung des Strafrests nach §§ 57, 57 a StGB (§ 454 III S. 1) und bei der Aussetzung von Sicherungsmaßregeln nach §§ 67 b, 67 c II S. 4, 70 a StGB (§ 463 I). Auf die Strafaussetzung im Gnadenweg ist sie nicht anwendbar; Überwachungsbehörde ist die Gnadenbehörde (KK-Fischer 4; LR-Wendisch 7).

2) Die **Überwachungspflicht** besteht während der gesamten Bewährungszeit. 2
Sie beginnt mit der Rechtskraft der Entscheidungen nach §§ 56, 59 StGB (vgl § 56a II S. 1 StGB) und endet mit Ablauf der Bewährungszeit. Überwacht wird
die **Lebensführung** des Verurteilten, dh sein gesamtes Verhalten, soweit es geeig- 3
net ist, den Widerruf der Bewährungszeit nach § 56f StGB, die Verurteilung zu der vorbehaltenen Strafe nach § 59b StGB oder nachträgliche Maßnahmen nach § 56e StGB zu rechtfertigen. In Betracht kommen (neben erneuter Straffälligkeit) insbesondere Verstöße gegen Auflagen und Weisungen nach §§ 56b, 56c StGB.
Wegen Anerbieten und Zusagen vgl § 265a. Die **Mitwirkung** des Bewährungs- 4
helfers bei der Überwachung regelt § 56d III StGB, die Inanspruchnahme der Gerichtshilfe § 463d. Die StA ist an der Überwachung nicht beteiligt (Engel NStZ **87**, 110; 499). Sie unterrichtet das zuständige Gericht aber, wenn sie Kenntnis von Tatsachen erhält, die den Widerruf, die Verurteilung zu der vorbehaltenen Strafe oder nachträgliche Entscheidungen rechtfertigen können (vgl auch MiStra 13).

3) **Zuständig** (II) ist das für die Entscheidungen nach § 453 zuständige Gericht. 5
Grundsätzlich ist das Gericht des 1. Rechtszugs zuständig (§§ 462a II, IV S. 1, 2), die StVollstrK nach § 462a IV S. 1 nur, wenn der Verurteilte sich in anderer Sache in Strafhaft befindet oder befunden hat (Hamm NJW **76**, 258 L; Zweibrücken OLGSt § 462a Nr 2).

Sicherungshaftbefehl

453c **[I] Sind hinreichende Gründe für die Annahme vorhanden, daß die Aussetzung widerrufen wird, so kann das Gericht bis zur Rechtskraft des Widerrufsbeschlusses, um sich der Person des Verurteilten zu versichern, vorläufige Maßnahmen treffen, notfalls, unter den Voraussetzungen des § 112 Abs. 2 Nr. 1 oder 2, oder, wenn bestimmte Tatsachen die Gefahr begründen, daß der Verurteilte erhebliche Straftaten begehen werde, einen Haftbefehl erlassen.**

[II] Die auf Grund eines Haftbefehls nach Absatz 1 erlittene Haft wird auf die zu vollstreckende Freiheitsstrafe angerechnet. § 33 Abs. 4 Satz 1 sowie die §§ 114 bis 115a und § 119 gelten entsprechend.

1) **Maßnahmen bei drohendem Widerruf der Strafaussetzung** (I): 1

A. **Aussetzung** iS der Vorschrift ist nur die Strafaussetzung zur Bewährung 2
nach §§ 56, 183 III, IV StGB, § 14a WStG. § 453c gilt entspr bei der Aussetzung des Strafrests nach §§ 57, 57a StGB und bei der Aussetzung von freiheitsentziehenden Sicherungsmaßregeln nach §§ 67b, 67c II S. 4 StGGB (§ 463 I), aber nicht zur Sicherung der Änderung der Reihenfolge der Vollstreckung nach § 67 II, III StGB (Stuttgart Justiz **82**, 166). Die Anwendung des § 453c im Jugendstrafrecht folgt aus § 2 **JGG** (vgl auch § 58 II **JGG**). Bei Strafaussetzung im Gnadenweg gilt § 453c nicht (KK-Fischer 1; LR-Wendisch 3).

B. **Hinreichende Gründe** (vgl 2 zu § 203) für die Annahme, daß die Strafaus- 3
setzung widerrufen wird, müssen vorliegen. Der Widerruf muß nach den dem Gericht vorliegenden Erkenntnissen mit hoher Wahrscheinlichkeit drohen (LR-Wendisch 5; vgl auch BT-Drucks 7/551 S. 97). Sind die Voraussetzungen des Widerrufs nach § 56f I StGB mit dieser Wahrscheinlichkeit gegeben, so ist I gleichwohl nicht anwendbar, wenn damit zu rechnen ist, daß mildere Maßnahmen nach § 56f II StGB ausreichen. Ob ein Widerruf schon zulässig ist, wenn wegen
der neuen Tat, die nach § 56 I Nr 1 StGB den Widerruf rechtfertigt, noch **kein** 4
rechtskräftiges Urteil (oder kein rechtskräftiger Strafbefehl, zw Zweibrücken JR **91**, 477 mit Anm Stree) ergangen ist, ist umstritten. Während dies einige OLGe im Hinblick auf die Unschuldsvermutung des Art 6 II **MRK** grundsätzlich ablehnen (Bamberg StV **91**, 174 L; Celle MDR **91**, 76 mwN, einschr aber NdsRpfl **91**, 207;

Koblenz NStZ **91**, 253; München NJW **91**, 2302; Schleswig NJW **91**, 2303, einschr aber NJW **92**, 2646 = JR **93**, 39 mit Anm Stree; ebenso G. Schwerin SchlHA **91**, 205), wollen andere einen Widerruf zulassen, wenn Täterschaft und Schuld in einer jeden vernünftigen Zweifel ausschließenden Weise – insbesondere bei Vorliegen eines Geständnisses – festgestellt sind (Düsseldorf NJW **92**, 1183; NStZ **92**, 131 mit abl Anm Blumenstein; StV **93**, 35; OLGSt Nr 19 zu § 56f StGB: auch wenn neues Verfahren nach § 153a eingestellt worden ist; Hamm StV **92**, 284; NStZ **92**, 350; Hamburg NStZ **92**, 130; Karlsruhe MDR **93**, 780; Köln NJW **91**, 505; Stuttgart MDR **91**, 282; ebenso LG Kiel SchlHA **92**, 10). Auch das BVerfG hat den Widerruf für zulässig erachtet (NStZ **91**, 30; krit dazu Boetticher NStZ **91**, 4). Der letzteren Auffassung ist zuzustimmen (ebenso Stree NStZ **92**, 153 unter zutr Hinweis auf die „höchst mißlichen und kaum verständlichen Auswirkungen" der Gegenmeinung; Wendisch JR **92**, 127). Schließlich hat selbst die EKMR (StV **92**, 282) ausgesprochen, daß unter solchen Umständen „in keiner Weise" auf eine Verletzung der Unschuldsvermutung geschlossen werden könne (vgl auch die Zusammenfassung der Diskussion bei Ostendorf StV **92**, 288 mit Hinweisen auf die Regelungen in anderen europäischen Ländern). Zu Besonderheiten beim Widerruf von nach DDR-StGB zur Bewährung ausgesetzten Strafen vgl Siegert NStZ **92**, 118.

5 C. Die **Notwendigkeit, sich der Person des Verurteilten zu versichern,** besteht, wenn er für die Anhörung nach § 453 I S. 2, 3 nicht erreichbar und damit zu rechnen ist, daß er sich der Strafvollstreckung entziehen werde. Maßnahmen nach I sind insbesondere zulässig, wenn der Verurteilte die Auflage, einen Wohnungswechsel anzuzeigen, nicht befolgt hat und sein Aufenthalt daher nicht festgestellt werden kann (KK-Fischer 3).

6 D. **Vorläufige Maßnahmen** iS von I sind Maßnahmen, die weniger einschneidend sind als ein Haftbefehl. Dazu gehören zB die Auferlegung einer Meldepflicht nach § 56c II Nr 2 StGB, Ermittlungen des Aufenthalts durch Ausschreibung und sonstige Fahndungsmaßnahmen (vgl RiStBV 39 ff).

7 E. **Sicherungshaftbefehl:**

8 a) **Zweck** der Sicherungshaft, ein der UHaft ähnelndes Rechtsinstitut (vgl Burmann, Die Sicherungshaft gemäß § 453c StPO, 1984, S. 49, 56), ist die Sicherung der Strafvollstreckung und die Verhinderung der Flucht des Verurteilten vor Rechtskraft des Widerrufsbeschlusses, nicht die Gewährleistung des rechtlichen Gehörs für den Verurteilten (Bremen MDR **76**, 865; Celle MDR **76**, 948; Frankfurt MDR **78**, 71; Karlsruhe MDR **77**, 600; KK-Fischer 7 zu § 453; M. J. Schmid MDR **78**, 99; **aM** Hamburg NJW **76**, 1327). Länger als die bei Widerruf der Aussetzung zu verbüßende Strafe darf die Sicherungshaft nicht dauern (LR-Wendisch 14).

9 b) Nur **notfalls** darf die Sicherungshaft angeordnet werden. Liegen die Voraussetzungen des I vor, so wird das Gericht zwar idR den Haftbefehl zu erlassen haben; der Verhältnismäßikeitsgrundsatz (Einl 20 ff) erfordert aber, daß vorläufige Maßnahmen anderer Art (oben 6) angeordnet werden, wenn das ausreichend erscheint (vgl LG Flensburg Rpfleger **84**, 112, KK-Fischer 4). Ist der Widerruf der Strafaussetzung nach § 56f I Nr 1 StGB wegen einer neuen Straftat der Verurteilten zu erwarten, so kann es genügen, wegen dieser Tat einen Haftbefehl nach §§ 112 ff zu erlassen. Das Gericht ist aber rechtlich nicht gehindert, statt dessen die Sicherungshaft nach I anzuordnen (Burmann StV **86**, 80).

10 c) **Voraussetzungen:** Nur wenn der Verurteilte flüchtig ist, Fluchtgefahr vorliegt oder die Gefahr besteht, daß er neue erhebliche Straftaten begehen werde, darf die Sicherungshaft angeordnet werden. Zum Beginn Flucht vgl 12 ff zu § 112, zur Fluchtgefahr 17 ff zu § 112. Zu den Voraussetzungen des § 112 II Nrn 1, 2, auf die I verweist, gehört auch, daß bestimmte Tatsachen die Annahme der Flucht (dazu 15 zu § 112) oder Fluchtgefahr (dazu 22 zu § 112) begründen. Der Haft-

grund der Wiederholungsgefahr, der insbesondere von praktischer Bedeutung ist, wenn die Aussetzung einer Unterbringung nach § 67 a II StGB widerrufen werden soll (Rieß NJW **78**, 2272), setzt ebenfalls voraus, daß bestimmte Tatsachen die Gefahr neuer Straftaten begründen (dazu 14 zu § 112 a). Dabei reicht, anders als bei § 112 a, die Gefahr der Begehung irgendeiner Straftat aus, sofern sie nur erheblich ist (dazu 12 zu § 112 a).

d) **Öffentliche Zustellung des Widerrufsbeschlusses statt Sicherungshaft:** **11** Vor der Einfügung des § 453 c in die StPO im Jahre 1974 war der Erlaß des Widerrufsbeschlusses ohne Anhörung des Verurteilten (6 zu § 453) und, nach Rechtskraft des Beschlusses, der Erlaß eines Vollstreckungshaftbefehls nach § 457 II die einzige Möglichkeit, die Strafvollstreckung sicherzustellen, wenn der Verurteilte nicht auffindbar war. Das Gericht ist aber auch jetzt nicht gehindert, statt eines Sicherungshaftbefehls den Widerrufsbeschluß zu erlassen und öffentl zuzustellen, wenn es das im Einzelfall für zweckmäßig hält (BGH StB 11/89 vom 19. 5. 1989; KG JR **76**, 424; Bremen MDR **76**, 865; Celle MDR **76**, 948; Düsseldorf JR **89**, 166 mit zust Anm Wendisch; Frankfurt MDR **78**, 71; Hamburg – 1 StS – NStZ **88**, 292 mit abl Anm Johann/Johnigk = StV **88**, 161 mit abl Anm Burmann; Karlsruhe MDR **81**, 158; M. J. Schmid MDR **78**, 99; vgl auch Hamburg JR **78**, 300 mit zust Anm Krause: wenn der Verurteilte erst nach seiner Anhörung untergetaucht ist; Bringewat StVollstr 31 zu § 453 hält den Erlaß eines Sicherungshaftbefehls sogar nur ausnahmsweise für zulässig). Nach anderer Ansicht schließt § 453 c diese Möglichkeit grundsätzlich aus (Braunschweig NStE Nr 5 mwN; Celle NStE Nr 6; Schleswig OLGSt § 40 Nr 1; LG München II NJW **75**, 2307; Burmann [oben 8] S. 85 ff; Krause NJW **77**, 2249; Volckart 70); dem Ges ist ein solcher Vorrang des § 453 c aber nicht zu entnehmen (Zweibrücken NStE Nr 4).

e) **Zuständig** zum Erlaß des Sicherungshaftbefehls ist das Gericht, das über den **12** Widerruf nach § 56 f StGB zu beschließen hat, grundsätzlich also das Gericht des 1. Rechtszugs (§ 462 a II), die StVollstrK nur, wenn der Verurteilte in anderer Sache in Strafhaft ist (§ 462 a IV S. 3). Im Jugendstrafrecht ist nach § 58 I S. 1 **JGG** der Richter für den Erlaß des Sicherungshaftbefehls zuständig, nur wenn nach § 462 a III S. 3 die StVollstrK im Erwachsenenverfahren zuständig wäre, der Jugendrichter als Vollstreckungsleiter (§ 82 I **JGG**), der auch die Vollstreckung der vorläufigen Maßnahmen nach § 453 c leitet (§ 58 II **JGG**).

f) Die **Vollstreckung** des Sicherungshaftbefehls gehört, da eine Vollstreckbar- **13** keitsbescheinigung fehlt, noch nicht zur Vollstreckung iS des § 451 I (Karlsruhe MDR **77**, 600). Der Rechtspfleger ist daher nicht nach § 31 II S. 1 **RPflG** zuständig (KK-Fischer 7). Mangels besonderer Regelung richtet sich die Vollstrekkung nach § 36 II. Jedoch setzt die Aufnahme in die JVA ein schriftliches Aufnahmeersuchen des Richters voraus. Der verhaftete Verurteilte wird bis zur Rechtskraft des Widerrufsbeschlusses wie ein UGefangener behandelt (LR-Wendisch 9, 14). Zur Anwendung der Vorschriften über die UHaft vgl unten 16.

F. **Bis zur Rechtskraft des Widerrufsbeschlusses** sind die Maßnahmen nach **14** I zulässig. Daß bereits ein Widerrufsbeschluß erlassen ist, wird nicht vorausgesetzt (LG München NJW **75**, 2307; LR-Wendisch 8). Nach Rechtskraft des Widerrufsbeschlusses gilt § 457. Die Sicherungshaft endet mit der Rechtskraft des Widerrufsbeschlusses; sie geht dann ohne weiteres in die Vollstreckung des Urteils über (vgl 15 zu § 120). Andere vorläufige Maßnahmen entfallen.

2) Die **Anrechnung der Sicherungshaft** (II S. 1) ist zwingend vorgeschrieben. **15** Dabei spielt es keine Rolle, ob der rechtskräftige Widerruf der Strafaussetzung sofort oder, nachdem der Widerruf zunächst abgelehnt war, erst zu einem späteren Zeitpunkt eintritt (Karlsruhe MDR **77**, 600). Wird die Strafaussetzung nicht widerrufen, so kommt eine Entschädigung nach § 2 I **StrEG** nicht in Betracht (dort 2).

16 **3) Anwendung der UHaft-Vorschriften auf die Sicherungshaft** (II S. 2): Entspr anwendbar sind die §§ 114 bis 115 a, 119 und § 33 IV S. 1. Die Sicherungshaft wird demnach ohne vorherige Anhörung des Verurteilten durch einen schriftlichen Haftbefehl angeordnet, der inhaltlich einem UHaftbefehl entsprechen muß (§ 114) und dem Verurteilten unter Aushändigung einer Abschrift bekanntzugeben ist (§ 114 a I S. 1, II). Die Angehörigen sind von der Verhaftung zu benachrichtigen (§ 114 b I). Entspr anwendbar sind ferner die Vorschriften über die Vorführung des Verhafteten vor das zuständige Gericht oder das nächste AG (§§ 115, 115 a). Die Anwendung der §§ 117, 118 hat der Gesetzgeber ausgeschlossen; etwas anderes kann sich auch nicht aus der Verweisung auf diese Vorschriften in dem (hier anwendbaren) § 115 IV ergeben (LG Freiburg NStZ **89**, 387 mit abl Anm Fuchs und zust Anm Fischer NStZ **90**, 52; vgl auch Paeffgen NStZ **89**, 520). Auch die Haftprüfung nach §§ 121, 122 durch das OLG findet nicht statt. Die Aussetzung des Vollzugs nach §§ 116, 116 a ist nicht möglich. Ein Steckbrief (§ 131) kann erlassen werden.

17 **4) Rechtsmittel:** Gegen den Sicherungshaftbefehl ist Beschwerde nach § 304 zulässig; die weitere Beschwerde nach § 310 I ist ausgeschlossen (Bamberg NJW **75**, 1526; Düsseldorf NJW **77**, 968; NStZ **90**, 251; Karlsruhe NStZ **83**, 92; Schleswig SchlHA **96**, 96 [L/T]; Stuttgart MDR **75**, 951; **aM** Braunschweig StV **93**, 596; Bringewat StVollstr 20; Burmann [oben 8] S. 117 ff; Fischer NStZ **90**, 54 mwN; Paeffgen NStZ **90**, 536; erg 5 zu § 310).

Aussetzung des Strafrestes

454 **I Die Entscheidung, ob die Vollstreckung des Restes einer Freiheitsstrafe zur Bewährung ausgesetzt werden soll (§§ 57 bis 58 des Strafgesetzbuches), sowie die Entscheidung, daß vor Ablauf einer bestimmten Frist ein solcher Antrag des Verurteilten unzulässig ist, trifft das Gericht ohne mündliche Verhandlung durch Beschluß. Die Staatsanwaltschaft, der Verurteilte und die Vollzugsanstalt sind zu hören. Der Verurteilte ist mündlich zu hören. Von der mündlichen Anhörung des Verurteilten kann abgesehen werden, wenn**

1. die Staatsanwaltschaft und die Vollzugsanstalt die Aussetzung einer zeitigen Freiheitsstrafe befürworten und das Gericht die Aussetzung beabsichtigt,
2. der Verurteilte die Aussetzung beantragt hat, zur Zeit der Antragstellung
   a) bei zeitiger Freiheitsstrafe noch nicht die Hälfte oder weniger als zwei Monate,
   b) bei lebenslanger Freiheitsstrafe weniger als dreizehn Jahre

   der Strafe verbüßt hat und das Gericht den Antrag wegen verfrühter Antragstellung ablehnt oder
3. der Antrag des Verurteilten unzulässig ist (§ 57 Abs. 6, § 57 a Abs. 4 des Strafgesetzbuches).

II Das Gericht holt das Gutachten eines Sachverständigen über den Verurteilten ein, wenn es erwägt, die Vollstreckung des Restes

1. der lebenslangen Freiheitsstrafe auszusetzen oder
2. einer zeitigen Freiheitsstrafe von mehr als zwei Jahren wegen einer Straftat der in § 66 Abs. 3 Satz 1 des Strafgesetzbuches bezeichneten Art auszusetzen und nicht auszuschließen ist, daß Gründe der öffentlichen Sicherheit einer vorzeitigen Entlassung des Verurteilten entgegenstehen.

Das Gutachten hat sich namentlich zu der Frage zu äußern, ob bei dem Verurteilten keine Gefahr mehr besteht, daß dessen durch die Tat zutage getretene Gefährlichkeit fortbesteht. Der Sachverständige ist mündlich zu hören. Der Verurteilte, sein Verteidiger, die Staatsanwaltschaft und die Vollzugsanstalt sind von dem Termin zu benachrichtigen. Auf die Verlegung eines Termins wegen

Verhinderung haben sie keinen Anspruch. Ihnen ist im Termin Gelegenheit zu geben, Fragen an den Sachverständigen zu stellen und Erklärungen abzugeben. Das Gericht kann von der mündlichen Anhörung des Sachverständigen absehen, wenn der Verurteilte, sein Verteidiger und die Staatsanwaltschaft darauf verzichten.

III Gegen die Entscheidungen nach Absatz 1 ist sofortige Beschwerde zulässig. Die Beschwerde der Staatsanwaltschaft gegen den Beschluß, der die Aussetzung des Strafrestes anordnet, hat aufschiebende Wirkung.

IV Im übrigen gelten die Vorschriften der §§ 453, 453 a Abs. 1 und 3 sowie der §§ 453 b, 453 c und 268 a Abs. 3 entsprechend. Die Belehrung über die Aussetzung des Strafrestes wird mündlich erteilt; die Belehrung kann auch der Vollzugsanstalt übertragen werden. Die Belehrung soll unmittelbar vor der Entlassung erteilt werden.

1) Das **Verfahren bei der Aussetzung der Reststrafe** (I) nach §§ 57, 57 a 1
StGB regelt die Vorschrift. Sie ist nach § 463 III auf freiheitsentziehende Sicherungsmaßregeln und auf die Führungsaufsicht sinngemäß anzuwenden.

A. **Auf Antrag oder von Amts wegen** wird die Entscheidung getroffen. Zur 2
Entscheidung bei unmittelbar nacheinander zu vollstreckenden Freiheitsstrafen vgl § 453 b. Über einen **Antrag** muß das Gericht stets und in angemessener Frist 3
(Karlsruhe MDR **77**, 861) entscheiden, auch wenn er verfrüht oder offensichtlich unbegründet ist. Wird der Antrag mehrere Monate verfrüht oder vor Ablauf der nach § 57 VI oder § 57 a IV StGB gesetzten Frist gestellt, so ist er als unzulässig zu verwerfen (LR-Wendisch 72 hält die förmliche Verwerfung für überflüssig). **An-** 4
tragsberechtigt sind nur die StA, der Verurteilte, sein gesetzlicher Vertreter und der Verteidiger. Anträge Nichtberechtigter sind nur Anregungen an StA und Gericht. Sie brauchen nicht förmlich beschieden zu werden (München MDR **55**, 248; Schleswig SchlHA **58**, 288), sofern nicht ein Antragsrecht behauptet wird; dann werden sie als unzulässig verworfen. **Von Amts wegen** muß entschieden 5
werden, wenn der Verurteilte demnächst (vgl 1 zu § 454 a) 2/3 einer zeitigen oder 15 Jahre einer lebenslangen Freiheitsstrafe verbüßt haben wird (BVerfG NStZ **93**, 431; BGH **27**, 302, 304; München MDR **87**, 84). Von Amts wegen wird auch entschieden, wenn ein Erstverbüßer die Hälfte der 2 Jahre nicht übersteigenden Freiheitsstrafe verbüßt hat (§ 57 II Nr 1 StGB). Denn für diesen Fall schreibt § 454 b die Unterbrechung der Strafvollstreckung und von Amts wegen die (einheitliche) Entscheidung über die Aussetzung des Strafrests vor, wenn mehrere Freiheitsstrafen nacheinander zu verbüßen sind. Die Prüfung von Amts wegen ist daher nach Verbüßung der Hälfte der Strafe auch geboten, wenn der Verurteilte lediglich die Strafe nach § 57 II Nr 1 StGB zu verbüßen hat (Oldenburg StV **87**, 70; Maatz NStZ **88**, 114; StV **87**, 73; **aM** München MDR **87**, 84). Eine weitere Prüfung von Amts wegen nach Verbüßung von 2/3 der Strafe findet dann aber nicht mehr statt (Oldenburg aaO; LG Braunschweig MDR **94**, 607; **aM** Maatz aaO). Die **Prüfung** 6
von Amts wegen unterbleibt nur in den Fällen des § 57 II Nr 2 StGB und wenn der Verurteilte die nach §§ 57 I S. 1 Nr 3, 57 a I S. 1 Nr 3 erforderliche Einwilligung in die Strafaussetzung nicht erteilt (KK-Fischer 7). Die Einwilligung kann aber nachgeholt werden, auch noch mit der sofortigen Beschwerde (Karlsruhe Justiz **80**, 91; MDR **77**, 333); bis zu diesem Zeitpunkt kann sie auch widerrufen werden (Celle NJW **56**, 1608; einschr KK-Fischer 8: nur im Beschwerdeverfahren).

B. **Vorbereitung der Entscheidung:** Die VollstrB (§ 451 I) holt die Äußerung 7
der JVA (unten 10 ff) ein und legt die Sache dann der StA vor (§ 36 II S. 3 StVollstrO), die noch vorbereitende Ermittlungen (auch durch den Rechtspfleger) veranlassen kann, zB nach § 463 d oder durch Anhörung des früheren Bewährungshelfers (vgl Krahforst DRiZ **76**, 132). Will die StA die Entlassung beantragen,

holt sie, falls der Verurteilte keinen Entlassungsantrag gestellt hat, dessen Einwilligung (§§ 57 I S. 1 Nr 3, 57a I S. 1 Nr 3 StGB) ein. Zur Anhörung eines Sachverständigen bei der Prüfung der Aussetzung des Rests einer lebenslangen Freiheitsstrafe vgl unten 37.

8 C. **Anhörungspflichten** (I S. 2):

9 a) Die **StA,** deren Anhörung schon nach § 33 II erforderlich ist, gibt ihre Stellungnahme als Strafverfolgungsbehörde, nicht als VollstrB ab; die Geschäfte sind daher nicht nach § 31 II S. 1 **RPflG** auf den Rechtspfleger übertragen. Die StA ist verpflichtet, eine bestimmte Entscheidung zu beantragen (LR-Wendisch 14).

10 b) Die **Anhörung der JVA** ist vorgeschrieben, weil ihre Angaben über den Erfolg des bisherigen Behandlungsvollzugs und über die Sozialprognose für die Entscheidung von Bedeutung sind (Karlsruhe MDR **78**, 1046). Als Grundlage für die Äußerung der JVA, die sich klar darüber auszusprechen hat, ob die Aussetzung befürwortet wird oder nicht, dienen die Beobachtungen und Feststellungen aller am Behandlungsvollzug mitwirkenden Dienstkräfte (Aufseher, Angehörige des
11 Werkdienstes, Psychologen). **Anzuhören ist die JVA,** in der sich der Verurteilte zZ der Befassung des Gerichts mit der Sache in Strafhaft befindet oder (wenn er auf freiem Fuß ist) zuletzt befunden hat (Hamm MDR **78**, 592). Bei einem Anstaltswechsel muß auch die frühere JVA gehört werden, wenn der Verurteilte in der anderen erst kurze Zeit einsitzt (Hamburg MDR **57**, 311). Wenn die verbüßte Strafe nur in angerechneter UHaft besteht (§ 57 IV StGB), ist die JVA zu hören, in der sie vollzogen worden ist (Düsseldorf MDR **77**, 424; **75**, 863; Hamm MDR **78**, 592; **aM** Karlsruhe MDR **78**, 1046; Köln JMBlNW **60**, 107; Tröndle 14 zu § 57 StGB: keine zwingende Anhörung). Davon kann abgesehen werden, wenn sich der Verurteilte schon längere Zeit auf freiem Fuß befindet (Düsseldorf GA **77**, 151).
12 Die Äußerung muß **nicht der Anstaltsleiter selbst** abgeben; er kann einen Beamten bestimmen, der sich für die Anstalt (in Vertretung oder im Auftrag des Leiters) äußert. Diese Geschäftsverteilung wird gerichtlich nicht geprüft, sofern nicht bestimmte Bedenken gegen die Befugnis dessen bestehen, der die Äußerung
13 abgegeben hat. Von der Anhörung der JVA **kann abgesehen werden,** wenn es auf ihre Angaben nicht ankommt, weil die Aussetzung ohne Rücksicht auf die Sozialprognose abzulehnen ist. Das ist insbesondere der Fall, wenn die Ablehnung nach § 57 II Nr 2 StGB erfolgt, weil sich das Fehlen besonderer Umstände in der Tat und in der Persönlichkeit des Verurteilten aus dem Urteil ergibt (Hamm NJW **80**, 2090 L; **aM** Stuttgart Justiz **80**, 448; LR-Wendisch 18; einschr auch Hamm MDR **74**, 1038), oder wenn die besondere Schwere der Schuld des Verurteilten die weitere Vollstreckung der lebenslangen Freiheitsstrafe gebietet (§ 57a I S. 1 Nr 2 StGB). Auch eine erst kürzlich abgegebene Stellungnahme macht eine erneute
14 Anhörung entbehrlich (Düsseldorf NStZ **88**, 95). Die Stellungnahme der JVA ist **kein Verwaltungsakt;** sie kann daher nicht nach §§ 23ff **EGGVG** angefochten werden (Karlsruhe NJW **65**, 1454; erg 6 zu § 23 EGGVG).

15 D. **Mündliche Anhörung des Verurteilten** (I S. 3):

16 a) **Zweck der Anhörung** ist nicht nur die Gewährung des rechtlichen Gehörs. Durch die zwingende mündliche Anhörung soll auch erreicht werden, daß das Gericht „den unmittelbaren Kontakt mit dem Verurteilten in der Strafanstalt aufnimmt" (BT-Drucks 7/550 S. 309). Das Gericht soll sich einen persönlichen Eindruck von dem Verurteilten verschaffen (BGH **28**, 138, 141; Celle StV **88**, 259; Schleswig NJW **75**, 1131; Bringewat NStZ **96**, 20; Rieß JR **76**, 118). Zur münd-
17 lichen Anhörung eines Taubstummen vgl Celle NdsRpfl **86**, 107. **Zwingend vorgeschrieben** ist die Anhörung auch in den Fällen des § 57 II Nr 2 StGB, sofern nicht nach I S. 4 von ihr abgesehen werden darf (Düsseldorf NStZ **81**, 454; Hamburg MDR **78**, 331; **81**, 599; Koblenz GA **85**, 235; NStE Nr 11; Schleswig SchlHA **90**, 38; Stuttgart Justiz **76**, 396; Zweibrücken StV **89**, 542; **aM** Karlsruhe NJW **76**, 302 mit abl Anm Kuckuk NJW **76**, 815; Tröndle 14b zu § 57 StGB:

nicht, wenn das Urteil keine Anhaltspunkte für das Vorliegen besonderer Umstände in der Tat ergibt). Die mündliche Anhörung darf ferner nicht deshalb unterbleiben, weil die verbüßte Strafe nur aus angerechneter UHaft besteht (§ 57 IV StGB) und der Verurteilte sich zZ der Entscheidung auf freiem Fuß befindet (Düsseldorf JMBlNW **78**, 107; Hamm MDR **78**, 592; Stuttgart Justiz **87**, 233, 234; **aM** Karlsruhe MDR **78**, 1046; Köln JMBlNW **60**, 107). Das **rechtliche Gehör** ist dem 18
Verurteilten bei der Anhörung auch insoweit zu gewähren, als ihm eine nachteilige Stellungnahme der JVA, die das Gericht verwerten will, zur Kenntnis gebracht werden muß (BVerfG NJW **64**, 293; Hamburg NJW **64**, 2315; Hamm JMBlNW **62**, 199; MDR **60**, 424; Heiß NJW **61**, 1094; Schmidt SchlHA **61**, 154), sofern dadurch der Strafzweck nicht gefährdet wird (Hamm JMBlNW **62**, 294; Schütz NJW **61**, 582). Dabei genügt die Eröffnung ihres wesentlichen Inhalts nicht (Karlsruhe OLGSt S. 1). Gelegenheit zur (schriftlichen) Stellungnahme muß auch dem **Verteidiger** gegeben werden (§ 33 III). 19

b) Vom **Gericht** - und zwar vom erkennenden Richter (Nürnberg NStZ **98**, 20
376; vgl aber unten 22, 23) – muß der Verurteilte angehört werden, nicht von der JVA (Düsseldorf MDR **75**, 597). Ist ein Kollegialgericht zuständig, so braucht es den Verurteilten **nicht stets in voller Besetzung** anzuhören (BGH **28**, 138 = JR **79**, 21
389 mit Anm Peters; zur Gegenmeinung vgl die Nachw bei LR-Wendisch 24 Fn 54 und Wegener MDR **81**, 617 Fn 9). Nach der Änderung des § 78 b GVG durch das RpflEntlG stellt sich das Problem im wesentlichen nur noch bei der Prüfung der Aussetzung der Vollstreckung einer Unterbringung nach § 63 StGB. Im Fall des § 57 a StGB wird idR das gesamte Kollegium den Verurteilten anhören müssen (Brandenburg NStZ **96**, 406 mit Anm Kröber NStZ **96**, 567; Karlsruhe MDR **83**, 863; Kunert NStZ **82**, 95; **aM** Frankfurt NStZ-RR **97**, 29, ebenso bei der Frage der Aussetzung der Vollstreckung der Sicherungsverwahrung (Karlsruhe Justiz **98**, 603). Sonst ist es aber – verfassungsrechtlich unbedenklich (BVerfG NJW **92**, 2947, 2954) – zulässig, die Anhörung einem Kammermitglied als **beauftragten Richter** zu 22
übertragen (BGH aaO; vgl auch die Nachw bei Wegener MDR **81**, 627 Fn 12). Das ist insbesondere zulässig, wenn der Verurteilte bereits einmal von dem gesamten Gericht gehört worden ist oder wenn dem persönlichen Eindruck des Gerichts nach Lage des Falls nur geringe Bedeutung zukommt (BGH aaO; vgl auch Stuttgart Justiz **83**, 85 = NStZ **83**, 92 L: Begründungspflicht). Der beauftragte Richter braucht an der Entscheidung nicht mitzuwirken (LR-Wendisch 33; **aM** Hamburg NJW **77**, 1071; Karlsruhe MDR **76**, 512; Koblenz MDR **77**, 160; München NJW **76**, 254; Schleswig SchlHA **75**, 115). Auch einem **ersuchten Richter** kann die Anhörung 23
übertragen werden (BVerfG NJW **92**, 2947, 2954; Düsseldorf NJW **76**, 256; Hamm NJW **80**, 2090 L; Schleswig MDR **79**, 518 L; Herzog NJW **76**, 1078; **aM** Koblenz JR **76**, 117 mit zust Anm Rieß; Tröndle 14 zu § 57 StGB; Bringewat StVollstr 42). Dabei kommt es wesentlich auf die Entfernung und die Verkehrsverbindungen zwischen dem Gericht und dem Ort an, wo sich der Verurteilte befindet. Auch die Schwierigkeit der Entscheidung kann eine Rolle spielen, ebenso die Frage, ob sich die Entscheidung durch die Einschaltung eines ersuchten Richters zum Nachteil des Verurteilten verzögert (vgl BGH **28**, 138, 143).

c) Das **Absehen von der mündlichen Anhörung** (I S. 4) ist aus den gesetzlich 24
bestimmten Gründen, aber auch in anderen Fällen zulässig, in denen die Anhörung eine reine Formsache wäre, da eine Beeinflussung der Entscheidung von ihr nicht zu erwarten ist (Düsseldorf NStZ **87**, 524; VRS **81**, 293); das ist aber nicht schon dann der Fall, wenn das Gericht nach Aktenlage eine negative Prognose stellt (Düsseldorf NStZ-RR **97**, 28).

Gesetzliche Gründe: Die Anhörung entfällt, wenn das Gericht im Fall des 25
§ 57 StGB (nicht des § 57 a StGB) entspr der Stellungnahmen von StA und JVA ohnehin zugunsten des Verurteilten entscheiden will und auch entscheidet **(Nr 1).** 26
Die Vorschrift ist nicht anwendbar, wenn das Gericht dem Verurteilten die Zahlung einer Geldbuße auferlegen will (Düsseldorf MDR **85**, 868). Nach **Nr 2** kann 27

die Anhörung unterbleiben, wenn die Antragstellung verfrüht ist, was bei Antragstellung mehr als 3 Monate vor dem möglichen Entlassungszeitpunkt nicht unbedingt der Fall ist (Düsseldorf MDR **87**, 1046; erg 1 zu § 454 a), und das Gericht den Antrag daher ohne sachliche Prüfung verwirft. Das gilt entspr, wenn der Verurteilte die Aussetzung unzulässigerweise (§ 57 II Nr 1 StGB) schon nach Verbüßung der Hälfte einer Strafe von nicht mehr als 1 Jahr beantragt (Düsseldorf GA **77**, 120; NStZ **81**, 454; Stuttgart MDR **76**, 1041 L; Treptow NJW **76**, 222; **aM** Düsseldorf GA **82**, 88 L; Frankfurt NStZ **81**, 454 L). Ferner darf die Anhörung
28 nach **Nr 3** unterbleiben, wenn das Gericht den Antrag nach § 57 VI oder § 57 a IV StGB als unzulässig ablehnt.

29 **Andere Gründe:** Die mündliche Anhörung wird dem Verurteilten, der **kein**
30 **Interesse an der Aussetzung des Strafrests hat,** nicht aufgedrängt. Sie unterbleibt daher, wenn er bereits bei der Anhörung durch die JVA oder in einer schriftlichen Eingabe an das Gericht die Zustimmung zur Aussetzung des Strafrests verweigert hat (Stuttgart MDR **76**, 1041 L; KK-Fischer 26; LR-Wendisch 47; Doller DRiZ **77**, 80; Treptow NJW **76**, 222; **aM** Koblenz GA **77**, 246; MDR **85**, 426 L; Bringewat StVollstr 45; W. Schmidt NJW **75**, 1485; **76**, 224). Das gleiche gilt, wenn er auf die mündliche Anhörung ausdrücklich verzichtet (Düsseldorf NStZ **87**, 524; **88**, 243; Hamm MDR **75**, 775; vgl auch Düsseldorf VRS **88**, 369 und OLGSt Nr 9: Verzicht muß zweifelsfrei feststehen; Oldenburg NdsRpfl **76**, 221: Verteidiger benötigt eine ausdrückliche Ermächtigung zum Verzicht), wenn er die Vorführung zu der bereits anberaumten mündlichen Verhandlung ablehnt (Celle NdsRpfl **94**, 79; Düsseldorf MDR **81**, 1039; NStZ **87**, 524; Hamm MDR **75**, 775; **78**, 692; Oldenburg aaO), nicht aber, wenn er auf die Vorführung lediglich verzichtet (Hamm MDR **80**, 870), auch nicht, wenn er den Anhörungstermin nur versehentlich versäumt hat (Celle StV **88**, 259). Die Gründe für die Vorführungsverweigerung brauchen nicht aufgeklärt zu werden (**aM** Düsseldorf StV **83**, 511). Die Anhörung unterbleibt auch, wenn der Verurteilte zwar nicht die Vorführung ablehnt, sich aber weigert, sich bei der Vorführung Fesseln anlegen zu lassen (Hamm MDR **78**, 692; **aM** Düsseldorf VRS **87**, 364) oder Anstaltskleidung zu tragen (Hamm MDR **90**, 653), obwohl diese Anordnungen berechtigt sind (vgl dazu Karlsruhe NStZ **96**, 302). Bei Wiederholung des Aussetzungsantrags bedarf es
31 keiner mündlichen Anhörung, wenn die **letzte Anhörung noch nicht lange zurückliegt,** der persönliche Eindruck noch fortwirkt und nicht der Ergänzung bedarf (Düsseldorf NStZ **82**, 437; **88**, 95; VRS **80**, 285; Hamm NStE Nr 12; StraFo **98**, 354; Köln StV **93**, 316 L; Stuttgart Justiz **75**, 478). Das ist aber nicht der Fall, wenn die Hauptverhandlung schon 8 Monate zurückliegt (BGHR Anhörung 1) oder wenn 4 1/2 Monate danach neue Gesichtspunkte geltend gemacht werden (Düsseldorf StV **83**, 115; **96**, 44; vgl auch Koblenz OLGSt § 67 e StGB Nr 1; Zweibrücken StV **90**, 412: nicht nach 7 Monaten; Stuttgart Justiz **86**, 497 = NStZ **86**, 574 L: nicht schon nach 3 Monaten) oder die frühere Anhörung von einer anderen StVollstrK vorgenommen oder der Verurteilte inzwischen in eine andere JVA verlegt worden war (Düsseldorf NStZ-RR **96**, 153). Die Anhörung darf aber unterbleiben, wenn sie der Verurteilte nach früheren Erfahrungen mit großer
32 Wahrscheinlichkeit zu Beschimpfungen oder Hetzreden **mißbrauchen** würde (Düsseldorf NStZ **87**, 524; **88**, 243; **aM** Bringewat StVollstr 46) oder wenn von der Anhörung des in Geisteskrankheit verfallenen Verurteilten keine Beeinflußung der Entscheidung zu erwarten ist (Düsseldorf NStZ **85**, 94) oder wenn der Verurteilte die BRep nicht betreten darf (Düsseldorf JMBlNW **96**, 71).

33 d) Den **Ort der Anhörung** bestimmt das Gericht nach pflichtgemäßem Ermessen. Sie braucht nicht unbedingt in der JVA stattzufinden. Das Gericht kann sich dem Verurteilten auch in das Gerichtsgebäude vorführen lassen (LR-Wendisch 37; Treptow NJW **76**, 233 hält die Anhörung im Gericht sogar für zweckmäßiger).

34 e) Die **Form der Anhörung** ist gesetzlich nicht geregelt; sie steht im Ermessen des Gerichts (Nürnberg MDR **75**, 684; Doller DRiZ **77**, 80); telefonische Anhö-

rung genügt jedoch nicht (Bamberg NStE Nr 9). Eine förmliche Ladung des Verurteilten und seines Verteidigers unter Einhaltung einer Ladungsfrist ist nicht erforderlich (**aM** Karlsruhe NStE Nr 14). Der Verurteilte wird nicht vernommen, sondern es wird ihm Gelegenheit gegeben, sich zur Aussetzungsfrage zu äußern. Er kann Anträge stellen; ein förmliches Beweisantragsrecht nach § 244 III–VI hat er aber nicht (KK-Fischer 18; LR-Wendisch 22; **aM** Sonnen JuS **76**, 367). Ein
Protokoll braucht nicht aufgenommen zu werden (KK-Fischer 20), die Mitwir- 35
kung eines UrkB ist nicht erforderlich (LR-Wendisch 40), beides ist jedoch zu empfehlen (vgl Bringewat NStZ **96**, 20). Wenn das Vorbringen des Verurteilten nicht vollständig in die Beschlußbegründung aufgenommen wird, muß mindestens ein Aktenvermerk darüber angefertigt werden, welche Gesichtspunkte der Verurteilte vorgebracht hat (Düsseldorf NJW **75**, 1526; vgl auch W. Schmid NJW **75**, 1485). Da es sich bei der Anhörung weder um eine Vernehmung noch um eine richterliche Untersuchungshandlung iS der §§ 168, 168 a handelt, haben StA und Verteidiger kein Anwesenheitsrecht nach § 168 c I; aus dem Gebot des fairen Ver-
fahrens (Einl 19) folgt aber ein **Teilnahmerecht** des Verteidigers (BVerfG NJW 36
93, 2301 mit Anm Hohmann NStZ **93**, 555; Zweibrücken StV **93**, 315; Bringewat NStZ **96**, 17) und die Pflicht des Gerichts, ihn bei kurzfristig angesetzten Terminen zu benachrichtigen (BVerfG StV **94**, 552); sonst ist die Benachrichtigung des Verteidigers Sache des Verurteilten (Bringewat aaO 19. Dementsprechend ist auch dem StA die verlangte Anwesenheit zu gestatten (vgl auch Düsseldorf NStZ **89**, 291; StV **89**, 355 mit Anm Frank).

E. Ein **Sachverständiger** (II) muß – auch gegen den Widerspruch des Verur- 37
teilten und auch wenn dieser bei Begehung der Tat psychisch gesund war und im Strafvollzug keine besonderen psychischen Auffälligkeiten gezeigt hat (BGH NStZ **93**, 357 = JR **94**, 30 mit Anm Blau = StV **94**, 252 mit Anm Schüler-Springorum) – gehört werden, wenn das Gericht erwägt, die Vollstreckung einer lebenslangen Freiheitsstrafe nach § 57 a StGB oder einer zeitigen Freiheitsstrafe von mehr als 2 Jahren wegen einer Straftat nach §§ 174 bis 174 c, 176, 179 I bis III, 180, 182, 224, 225 I oder II StGB oder einer entspr Rauschtat (§ 323 a StGB) zur Bewährung auszusetzen; keine Sachverständigenanhörung ist somit erforderlich, wenn das Gericht – etwa bei lebenslanger Freiheitsstrafe wegen der besonderen Schwere der Schuld – die Aussetzung ablehnen möchte (Celle NdsRpfl **98**, 345). Bei Aussetzung einer zeitigen Freiheitsstrafe ist die Anhörung nur erforderlich, wenn Gründe der öffentlichen Sicherheit einer vorzeitigen Entlassung entgegenstehen. Das ist zu verneinen, wenn bei dem Verurteilten keine Gefahr mehr besteht, daß dessen durch die Tat zutage getretene Gefährlichkeit fortbesteht (II S. 2), wenn also „ein Rückfallrisiko nach menschlichem Ermessen weitestgehend ausgeschlossen werden kann" (BT-Drucks 13/8586 S. 10). Die – sehr aufwendige – Begutachtung dürfte damit idR erforderlich sein (Frankfurt NStZ **98**, 63 mit abl Anm Cramer) und ebenso idR zu einem negativen Ergebnis führen (krit daher Schöch NJW **98**, 1259; anders wohl Hammerschlag/Schwarz, die darauf hinweisen, daß die materiellen Aussetzungskriterien in § 57 I S. 1 bzw § 67 d II StGB abschließend festgelegt sind). In 1. Linie kommt ein psychiatrisches, sodann aber auch ein psychologisches, kriminologisches oder soziologisches Gutachten in Betracht (BT-Drucks aaO; vgl auch Schüler-Springorum aaO). Zu den vom Psychiater für die Prognoseentscheidung anzustellenden Erwägungen vgl Rasch NStZ **93**, 509. Verweigert der Verurteilte die Mitwirkung bei der Begutachtung, so ist eine Anordnung nach § 81 ausgeschlossen (dort 1); die Strafe darf dann aber nicht ausgesetzt werden (Düsseldorf StV **85**, 377; Koblenz MDR **83**, 1044), wobei es der Anhörung des Verurteilten nicht bedarf (Karlsruhe NStZ **91**, 207). Das im Rahmen der Begutachtung
zu beachtende **Verfahren** regeln II S. 3 bis 7. Danach ist der Sachverständige von 37 a
der StVollstrK mündlich zu hören; davon kann – muß aber nicht – abgesehen werden, wenn der Verurteilte, sein Verteidiger und die StA darauf verzichten. Das Teilnahme- und Mitwirkungsrecht ist hier – anders als bei I (dort 34 ff) ausdrück-

lich geregelt; es soll dazu dienen, „das Sachverständigengutachten eingehend zu diskutieren und das Votum des Sachverständigen zu hinterfragen" (BT-Drucks 13/9062 S. 14). Einen Anspruch auf Terminsverlegung wegen Verhinderung haben die Verfahrensbeteiligten auch hier nicht. Die Anordnung, ein Sachverständigengutachten einzuholen, ist nicht anfechtbar (Düsseldorf StraFo **98**, 429).

38 F. Durch **Beschluß ohne mündliche Verhandlung** (I S. 1) ergeht die Entscheidung. Der Beschluß ist nach § 34 mit Gründen zu versehen. Tatsachen, die das Gericht oder der Sachverständige in seinem Gutachten (oben 37) zuungunsten des Verurteilten verwerten, müssen zur Überzeugung des Gerichts bewiesen sein (Brandenburg NStZ **96**, 405 mit krit Anm Kröber NStZ **96**, 567 und abl Anm Funck NStZ **97**, 150). Im Beschluß wird zweckmäßigerweise der Entlassungszeitpunkt kalendermäßig bestimmt; allzu lange darf er nicht hinausgeschoben werden (LR-Wendisch 79 ff). Mit rückwirkender Kraft darf die Aussetzung nicht angeordnet werden (Zweibrücken JR **77**, 292 mit zust Anm Schätzler). Durch einen
39 **Aktenvermerk** darüber, daß die Entlassungsvoraussetzungen nicht vorliegen, darf der Beschluß auch dann nicht ersetzt werden, wenn die Prüfung von Amts wegen erfolgt ist (KG JR **73**, 120 mit Anm Peters; JR **94**, 372; Hamm NJW **73**, 337; Zweibrücken MDR **74**, 329; **aM** Celle NJW **72**, 2054; LG Mainz MDR **74**, 857; Nöldeke MDR **72**, 479; Wolf NJW **75**, 1962; vgl auch Celle MDR **73**, 695: jedenfalls wenn StA eine ablehnende Entscheidung beantragt hat). Ausreichend ist aber ein Aktenvermerk, wenn der Verurteilte erklärt hat, daß er mit seiner Entlassung nicht einverstanden ist (Düsseldorf – 3. StS – NStZ **94**, 454; Hamburg MDR **79**, 516; LG Zweibrücken MDR **91**, 173 mwN; **aM** Düsseldorf – 6.StS – NJW **93**, 1665; Bringewat StVollstr 12).

40 G. **Zustellung:** Der Beschluß bedarf der Zustellung, auch an den Verurteilten (Celle MDR **78**, 71). Im Anhörungstermin darf er nicht verkündet werden; § 35 I S. 1 gilt nicht (Brandenburg NStE Nr 18; München NJW **76**, 254; Treptow NJW **75**, 1105). Die Zustellung des ablehnenden oder die Aussetzung bewilligenden Beschlusses ist Sache des Gerichts; § 36 II S. 1 ist nicht anzuwenden (dort 12). Da die sofortige Beschwerde der StA aufschiebende Wirkung hat (III S. 2), darf das Gericht aber nicht auch die Entlassung des Verurteilten anordnen; das ist stets der VollstrB (§ 451 I) vorbehalten (Frankfurt GA **80**, 475; Hamm NJW **78**, 175). Wenn die Entlassung stattgefunden hat, hindert das Unterlassen der erforderlichen Beschlußzustellung oder ein sonstiger Mangel des Aussetzungsverfahrens nicht den Lauf der Bewährungszeit (Peters GA **77**, 108; **aM** Celle MDR **78**, 71).

41 2) Die **Entscheidung nach §§ 57 VI, 57 a IV StGB,** daß der Verurteilte vor Ablauf einer bestimmten Frist keinen Antrag auf Aussetzung des Strafrests stellen darf, ergeht ebenfalls durch Beschluß ohne mündliche Verhandlung. Sie kann bereits in den Beschluß aufgenommen werden, in dem ein Aussetzungsantrag des Verurteilten abgelehnt wird, aber auch durch besonderen Beschluß getroffen werden. Die Anhörungspflichten des I S. 2, 3 gelten für die Entscheidung nach §§ 57 VI, 57 a IV StGB nicht. Die für die Aussetzungsentscheidung bedeutsame
41 a Frage, ob eine **besondere Schwere der Schuld** (§ 57 a I S. 1 Nr 2 StGB) gegeben ist, ist nach der Rspr des BVerfG (BVerfGE **86**, 288 = NJW **92**, 2947, krit dazu Meurer JR **92**, 441) bereits im Erkenntnisverfahren im Zusammenhang mit dem Urteil zu beantworten (vgl 33 zu § 260; 20 a zu § 267); daran ist die StVollstrK gebunden. In den vor der Entscheidung des BVerfG (3. 6. 1992) ergangenen Urteilen, in denen Ausführungen hierzu naturgemäß fehlen, darf die StVollstrK zu Lasten des Verurteilten nur das dem Urteil zugrunde liegende Tatgeschehen und die dazu festgestellten Umstände der Ausführung und der Auswirkung der Tat berücksichtigen (BVerfG aaO; NJW **93**, 1124; krit dazu Stree NStZ **92**, 468; vgl auch Frankfurt NStZ **94**, 54; Karlsruhe Justiz **93**, 226). In allen Fällen (Verurteilung vor und nach dem 3. 6. 1992) verlangt das BVerfG „in verfassungskonformer Auslegung des § 454 I" (krit dazu Geis NJW **92**, 2938), daß im Falle der Ablehnung der Aussetzung die StVollstrK bestimmt, bis wann die Vollstreckung fortzusetzen

ist; der Entlassungszeitpunkt muß so rechtzeitig festgelegt werden, daß die bedingte Entlassung durch die Vollzugsbehörde nicht verzögert wird. Eine gesonderte Feststellung der durch die besondere Schwere der Schuld gebotenen Vollstreckungsdauer, dh außerhalb des in § 454 I geregelten Verfahrens über die Entscheidung zur Strafaussetzung zur Bewährung, ist nicht zulässig (Celle NStZ **98**, 248; Hamburg StV **97**, 261 gegen LG Hamburg StV **97**, 88; Nürnberg NStZ **97**, 408; StraFo **98**, 173). Ob und ggf wann bereits vor Ablauf von 13 Jahren (I S. 4 Nr 2 b) eine Entscheidung über den Zeitpunkt der Aussetzung der Vollstreckung getroffen werden kann, ist fraglich; von Verfassungs wegen drängt sich kein bestimmter Zeitpunkt auf (BVerfG NStE Nr 21). Die Frage ist unter den OLGs str: Nach zutr Ansicht kommt eine solche Entscheidung vor Ablauf von 13 Jahren idR nicht in Betracht (Hamburg JR **95**, 299 mit zust Anm Böhm; JR **96**, 247 mit insoweit zust Anm Kintzi = StV **96**, 477 mit abl Anm Ritter; vgl auch Brandenburg NStZ **95**, 547; Hamm OLGSt Nr 7; Karlsruhe StV **94**, 29); nach **aM** kommt es auf den Einzelfall an, so daß zB auch schon nach 9 Jahren Verbüßungsdauer eine solche Entscheidung zulässig sein soll (Frankfurt StV **95**, 539; LG Marburg NStZ **94**, 253). Einige Länder haben hierzu inzwischen Verwaltungsvorschriften erlassen (Rheinland-Pfalz JMBl 1994, 157; Thüringen JMBl 1994, 87). Umstritten ist ferner, ob in „Altfällen" getrennt davon (also unabhängig von der Entscheidung über die gebotene Vollstreckungsdauer) eine **isolierte Entscheidung** über die **41 b**
Frage der besonderen Schwere der Schuld zulässig ist (BVerfG NStZ **97**, 408: verfassungsrechtlich unbedenklich und „wünschenswert"); so will Hamburg (JR **96**, 247 mit insoweit abl Anm Kintzi) eine solche Entscheidung nach ca 10 Jahren zulassen; dagegen halten Frankfurt (aaO) und Nürnberg (NStZ **97**, 408) eine isolierte Entscheidung hierüber für unzulässig; jedenfalls setzt eine solche Entscheidung die Einwilligung des Verurteilten nach § 57 a I S. 1 Nr 3 iVm § 57 I S. 1 Nr 3 StGB voraus (Celle aaO). Zum Zusammentreffen der Ablehnungsgründe der Nr 2 und 3 des § 57 a I S. 1 StGB vgl Stree aaO 467.

42 3) **Zuständigkeit:** Für die Entscheidungen nach I ist idR die StVollstrK zuständig, in deren Bezirk der Verurteilte die Strafe verbüßt (§ 462 a I S. 1). Das erkennende Gericht setzt den Strafrest nur aus, wenn der Verurteilte den nach § 57 I, II maßgebenden Zeitpunkt durch Anrechnung der UHaft erreicht hat und sich bei Urteilsrechtskraft auf freiem Fuß befindet (Hamm NJW **80**, 2090 L; MDR **78**, 592; Tröndle 12 b zu § 57 StGB; erg 6 zu § 462 a). Die StrVollstrK, die den Strafrest ausgesetzt hat, ist grundsätzlich auch für die Nachtragsentscheidungen, insbesondere für die Überwachung des Verurteilten während der Bewährungszeit zuständig (§ 462 a I S. 2). Die Zuständigkeit der StVollstrK entfällt jedoch, wenn die Strafe, deren Rest ausgesetzt ist, bei einer späteren Verurteilung oder nach § 460 in eine Gesamtstrafe einbezogen wird. Dann ist, wenn nicht die Voraussetzungen des § 462 a I S. 1, IV S. 3 vorliegen, für die Bewährungsüberwachung und die Nachtragsentscheidungen das Gericht zuständig, das die Gesamtstrafe gebildet hat (Hamm NJW **76**, 1648 L; Schleswig NStZ **83**, 480; Zweibrücken NStZ **85**, 525). Im Jugendstrafverfahren ist der Jugendrichter als Vollstreckungsleiter zuständig (§ 89 III iVm § 88 III **JGG**).

43 4) **Sofortige Beschwerde** (III) ist gegen die Aussetzungsentscheidung, gegen den die Aussetzung ablehnenden Beschluß und gegen die Entscheidung nach §§ 57 VI, 57 a IV StGB zulässig. Vorbereitende Entscheidungen sind entspr § 350 S. 1 unanfechtbar (Hamm NStZ **87**, 93). Die Ablehnung, eine Entscheidung nach I zu treffen, ist mit einfacher Beschwerde anfechtbar (KG JR **94**, 372; Düsseldorf NStZ **94**, 454).

44 A. **Beschwerdeberechtigung** sind die StA und der Verurteilte, der Verurteilte (unter Widerruf der Einwilligung nach §§ 57 I S. 1 Nr 3, 57 a I S. 1 Nr 3 StGB) auch gegen den die Strafaussetzung bewilligenden Beschluß (Celle JR **78**, 337 mit Anm Stree; Koblenz MDR **81**, 425). Wer am Verfahren nicht beteiligt ist (Eltern, Ehegatte, Verlobte usw), hat kein Beschwerderecht (KG JR **54**, 272; **72**, 430;

45 München MDR **55**, 248; Schleswig SchlHA **58**, 288). An der **Beschwer** (8 ff vor § 296) fehlt es, wenn der Verurteilte der (in dem Beschluß abgelehnten) Strafaussetzung ohnehin nicht zugestimmt hatte (LG Mainz MDR **74**, 857) oder wenn die Strafe während des Beschwerdeverfahrens voll verbüßt ist (Koblenz OLGSt § 57 StGB S. 148; KK-Fischer 36; **aM** Koblenz MDR **86**, 423 für den Fall, daß das Gericht den verspäteten Erlaß der Entscheidung verschuldet hat), nicht aber bei Unterbrechung oder Absehen von der Vollstreckung nach §§ 455 a, 456 a (Karls-
46 ruhe MDR **92**, 885; Köln MDR **91**, 276). Im Beschwerdeverfahren findet **keine mündliche Anhörung** statt; I S. 3 gilt – verfassungsrechtlich unbedenklich (BVerfG NJW **88**, 1715) – nur im 1. Rechtszug (Hamm NJW **75**, 701; 1131). Die Anhörung ist aber nicht unzulässig (erg 1 zu § 309). Die Anhörung kann selbst dann unterbleiben, wenn der Verurteilte die zunächst verweigerte Einwilligung erst im Beschwerdeverfahren erklärt hat (Karlsruhe MDR **77**, 333) oder wenn das Beschwerdegericht die Strafaussetzung entgegen dem angefochtenen Beschluß ablehnen will (Hamm NJW **75**, 1131; **76**, 2030 L; KK-Fischer 37; LR-Wendisch 69;
47 **aM** Barton JR **91**, 345; Rieß JR **76**, 118). Das **Beschwerdegericht entscheidet** ohne die Beschränkungen des § 453 II S. 2 (Braunschweig NJW **54**, 364; **63**, 2182; Funck NStZ **94**, 54). In der Sache selbst (§ 309 II) entscheidet es auch bei Mängeln des Verfahrens des 1. Gerichts (dort 7 ff). Die Tatsache, daß den Akten nicht zu entnehmen ist, was der Verurteilte vorgebracht hat, führt daher nicht zur Zurückverweisung (Schleswig SchlHA **85**, 137 [E/L]). Die unterlassene Anhörung der StA oder der JVA wird durch ihre Anhörung im Beschwerdeverfahren geheilt (Düsseldorf NStZ **83**, 190 L; NStE Nr 19). Wenn der 1. Richter aber die zwingend gebotene mündliche Anhörung des Verurteilten unterlassen hat, muß die Sache zurückverwiesen werden (BGHR Anhörung 1; Düsseldorf NStZ **81**, 454; **93**, 406; Karlsruhe Justiz **81**, 365; Koblenz GA **85**, 235; vgl auch Brandenburg NStZ **96**, 406 mit krit Anm Funck NStZ **97**, 150, zu § 57 a StGB; erg 8 zu § 309). Das gilt insbesondere für den Fall, daß der Verurteilte die Zustimmung zur Aussetzung erst im Beschwerderechtszug erteilt hat (Karlsruhe Justiz **75**, 477; **80**, 91; KK-Fischer 10). Zur entspr Anwendung des § 28 II S. 2 im Beschwerdeverfahren vgl Düssel-
48 dorf NStZ **87**, 290 mit Anm Chlosta. Zur **Zuständigkeitskonzentration** der OLGe bei Entscheidungen nach III, § 57 a StGB vgl 2 zu § 9 EGGVG.

49 B. **Aufschiebende Wirkung** (S. 2) hat die sofortige Beschwerde der StA. Der Verurteilte darf grundsätzlich nicht vor Rechtskraft des Beschlusses entlassen werden (**aM** Zweibrücken JR **77**, 292 mit Anm Schätzler; Göke NJW **58**, 1670; sofortiger Vollzug wird nur durch sofortige Beschwerde der StA ausgesetzt). Vorher ist seine Entlassung nur zulässig, wenn die StA eindeutig erklärt, daß sie keine sofortige Beschwerde einlegen werde (Karlsruhe NJW **76**, 814; Doller NJW **77**, 2153; Krause SchlHA **61**, 43; H. W. Schmidt SchlHA **61**, 158).

50 5) **Belehrung** (IV S. 1, 2): Für die Belehrung über die Aussetzung des Strafrests gilt § 268 a III entspr. Die Belehrung ist daher Sache des Vorsitzenden (§ 268 a III S. 1). Nach IV S. 2 gilt aber § 453 a I S. 1 entspr. Der Vorsitzende kann daher mit der Belehrung einen beauftragten oder ersuchten Richter betrauen. Nach IV S. 2 Hs 2 kann sie auch der JVA, nicht nur ihrem Leiter oder dessen Vertreter, übertragen werden. Die Belehrung wird mündlich erteilt; sie soll unmittelbar vor der Entlassung stattfinden (IV S. 3).

51 6) **Nachtragsentscheidungen** (IV S. 1): Entspr anwendbar sind die §§ 453, 453 a I, III, 453 b, 453 c: Die Festsetzung der Bewährungszeit und der Auflagen und Weisungen erfolgt idR in dem Aussetzungsbeschluß. Die erforderlich werdenden Nachtragsentscheidungen, insbesondere den Widerruf der Aussetzung, trifft das Gericht ohne mündliche Verhandlung durch Beschluß in dem in § 453 geregelten Verfahren. Das Gericht, das die Aussetzung beschlossen hat, überwacht während der Bewährungszeit den Verurteilten. Ist der Widerruf zu erwarten und der Verurteilte nicht auffindbar, so gilt § 453 c. Wegen der Rechtsmittel vgl § 453 III.

7) Wiederholte Prüfung der Aussetzungsfrage: Die Rechtskraft des ablehnenden Beschlusses steht einer nochmaligen Prüfung der Aussetzungsfrage nicht entgegen. Zu einer neuen Prüfung kann es nach angemessener Zeit sogar von Amts wegen kommen, wenn sich die Voraussetzungen inzwischen geändert haben. Der Verurteilte kann angemessene Zeit nach der rechtskräftigen Ablehnung seines Antrags einen neuen Antrag stellen (Bay NJW **55**, 1644; Oldenburg JZ **55**, 23 mit zust Anm Lay; Mittelbach JR **56**, 165), wenn dem nicht eine befristete Ausschlußanordnung nach §§ 57 VI, 57 a IV StGB entgegensteht (Karlsruhe NStZ **82**, 396 mit Anm Katholnigg). Dabei muß er allerdings neue Tatsachen oder Beweismittel geltend machen (vgl Braunschweig NJW **57**, 759; Düsseldorf JMBlNW **56**, 272; LG Frankfurt NJW **55**, 396). Die Feststellung des Gerichts, daß wegen der besonderen Schuldschwere die weitere Vollstreckung nach § 57 a I S. 1 Nr 2 StGB bis zu einem bestimmten Zeitpunkt erforderlich ist, bindet nicht und hindert daher eine neue Prüfung vor Ablauf dieser Zeit nicht (Frankfurt NStZ **83**, 555). War die Aussetzung nach §§ 57, 57 a StGB widerrufen worden, so steht das einer erneuten Aussetzung der dann noch zu verbüßenden Reststrafe nicht entgegen (Bremen MDR **58**, 262; Frankfurt StV **85**, 25; München MDR **59**, 324; KK-Fischer 40). 52

Frühzeitige Entscheidung über die Reststrafaussetzung

454a **I Beschließt das Gericht die Aussetzung der Vollstreckung des Restes einer Freiheitsstrafe mindestens drei Monate vor dem Zeitpunkt der Entlassung, so verlängert sich die Bewährungszeit um die Zeit von der Rechtskraft der Aussetzungsentscheidung bis zur Entlassung.**

II Das Gericht kann die Aussetzung der Vollstreckung des Restes einer Freiheitsstrafe bis zur Entlassung des Verurteilten wieder aufheben, wenn die Aussetzung aufgrund neu eingetretener oder bekanntgewordener Tatsachen unter Berücksichtigung des Sicherheitsinteresses der Allgemeinheit nicht mehr verantwortet werden kann; § 454 Abs. 1 Satz 1 und 2 sowie Abs. 3 Satz 1 gilt entsprechend. § 57 Abs. 3 Satz 1 in Verbindung mit § 56 f des Strafgesetzbuches bleibt unberührt.

1) Eine frühzeitige Entscheidung über die Aussetzung des Strafrests nach §§ 57, 57 a StGB, § 454 ist nicht nur zulässig, sondern erwünscht, weil eine sachgerechte, die soziale Wiedereingliederung des Verurteilten fördernde Entlassungsvorbereitung die Kenntnis vom Entlassungszeitpunkt voraussetzt (Düsseldorf MDR **87**, 1046; Zweibrücken NStZ **91**, 207; **92**, 148). Ergeht der Gerichtsbeschluß über die Reststrafaussetzung erst kurze Zeit vor dem Zeitpunkt der Entlassung, so werden die notwendigen Entlassungsvorbereitungen erschwert oder sogar unmöglich gemacht. § 454 a schafft die Voraussetzungen dafür, daß das Gericht die Aussetzung des Strafrests schon längere Zeit vor dem in Aussicht genommenen Zeitpunkt der Entlassung aus der Strafhaft bewilligen kann, ohne daß dem Verurteilten dadurch ungerechtfertigte Vorteile entstehen. Die Vorschrift will dem Gericht einen Anreiz bieten, die Entlassungsentscheidungen frühzeitig zu treffen. Sie gilt nach § 463 I sinngemäß für freiheitsentziehende Sicherungsmaßregeln. 1

2) Eine **Verlängerung der Bewährungszeit** (I) tritt ein, wenn das Gericht die Aussetzung des Strafrests nach §§ 57, 57 a StGB mindestens 3 Monate (die Frist berechnet sich nach § 43) vor dem Zeitpunkt der Entlassung bewilligt. I berücksichtigt dabei die Regelung des § 56 a II StGB, wonach die Bewährungszeit mit der Rechtskraft der Entscheidung über die Strafaussetzung beginnt. Von diesem Zeitpunkt (Bringewat StVollstr 6; **aM** KK-Fischer 4: Von dem in dem Rubrum des Beschlusses genannten Tag) bis zur Entlassung aus der Strafhaft wird die in dem Beschluß festgesetzte Bewährungszeit verlängert, dh die festgesetzte Bewährungszeit beginnt erst mit der Entlassung des Verurteilten aus der Strafhaft. Die Verlänge- 2

rung der Bewährungszeit für die Zeit von der Rechtskraft des Beschlusses bis zur Entlassung hat zur Folge, daß auch Straftaten, die der Verurteilte schon in dem ihm für Entlassungsvorbereitungen zur Verfügung gestellten Zeitraum in der Strafanstalt oder als Freigänger oder während eines Urlaubs begeht, zum Widerruf der Reststrafaussetzung nach § 57 III S. 1 iVm § 56 f I Nr 1 StGB führen können. Außerdem kann dem Verurteilten, insbesondere wenn er Freigänger ist, bereits vor der Entlassung aus dem Strafvollzug ein Bewährungshelfer bestellt werden.

3 **3)** Die **Wiederaufhebung des Aussetzungsbeschlusses** (II) ist bis zur Entlassung des Verurteilten aus der Strafhaft (Hamm NStZ-RR **96**, 30: in dieser Sache) aufgrund neu eingetretener oder bekanntgewordener Tatsachen auch dann zulässig, wenn Widerrufsgründe nicht vorliegen. Das ist eine allgemeine Regelung. Sie gilt nicht nur in den Fällen des I, sondern auch, wenn das Gericht die Aussetzung des Strafrests erst innerhalb der letzten 3 Monate vor dem Entlassungszeitpunkt beschlossen hat. Die Aufhebung des Beschlusses verlangt entgegen der früheren Gesetzesfassung, die auf die „Erprobung" der straffreien Lebensführung abgestellt hatte, nunmehr die Berücksichtigung der „Sicherheitsinteressen der Allgemeinheit" (vgl dazu 37 zu § 454). Im übrigen ist die früher umstrittene Frage (vgl dazu 43.
4 Aufl) dahin geklärt, daß auch **neu bekanntgewordene Tatsachen** ausreichen, also auch solche, die schon vor Erlaß des Aussetzungsbeschlusses eingetreten, dem Gericht aber damals nicht bekannt waren. In Betracht zu ziehen sind nicht nur das Verhalten des Verurteilten im Strafvollzug, auch während eines Urlaubs, sondern auch alle sonstigen Umstände, die einer günstigen Prognose entgegenstehen, zB die Vorbereitung neuer Straftaten. Die Unschuldsvermutung verbietet nicht die Berücksichtigung einer neuen, noch nicht abgeurteilten Straftat (BVerfG NJW **94**, 377). Die Aufhebung des Beschlusses aufgrund neuer Tatsachen ist im übrigen nur zulässig, wenn (in den Fällen des I) ein Widerruf der Strafaussetzung nicht möglich ist. Der nach § 57 III S. 1 StGB anwendbare § 56 f StGB bleibt unberührt (II S. 2) und geht als die speziellere Regelung vor (Frankfurt NStZ-RR **97**, 176; Saarbrükken NStE Nr 4; vgl auch Hamann Rpfleger **86**, 358: „im Grundsatz vorzuzie-
5 hen"). Für das **Verfahren** bei der Aufhebung der früheren Entscheidung bestimmt II S. 1 Hs 2 die entspr Anwendung des § 454 I S. 1, 3, III S. 1. Das nach § 462 a zuständige Gericht entscheidet ohne mündliche Verhandlung durch mit Gründen versehenen (§ 34) Beschluß nach Anhörung der StA, des Verurteilten und der Vollzugsanstalt. Eine mündliche Anhörung des Verurteilten ist nicht vorgeschrieben, aber auch nicht unzulässig. Wenn die Aufhebung auf Gründe gestützt werden soll, die denen des § 453 I S. 3 entsprechen, ist sie sogar zweckmäßig (LR-Wendisch 11). Der Beschluß lautet auf Wiederaufhebung des die Aussetzung der Reststrafe bewilligenden Beschlusses. War die frühere Beschlußfassung durch einen Antrag des Verurteilten veranlaßt worden oder aus sonstigen Gründen geboten, so muß gleichzeitig erneut (und diesmal abschlägig) über die Aussetzung der Vollstreckung des Strafrests entschieden werden (Hamann aaO; **aM** KK-Fischer 8; vgl
6 auch BT-Drucks 10/2720 S. 15). Gegen den Beschluß ist **sofortige Beschwerde** zulässig. Auch wenn über sie in dem ursprünglich in Aussicht genommenen Entlassungszeitpunkt noch nicht entschieden worden ist, unterbleibt die Entlassung des Verurteilten aus der Strafhaft (§ 307 I).

Strafaussetzung bei Anschlußvollstreckung

454b **I Freiheitsstrafen und Ersatzfreiheitsstrafen sollen unmittelbar nacheinander vollstreckt werden.**

II Sind mehrere Freiheitsstrafen oder Freiheitsstrafen und Ersatzfreiheitsstrafen nacheinander zu vollstrecken, so unterbricht die Vollstreckungsbehörde die Vollstreckung der zunächst zu vollstreckenden Freiheitsstrafe, wenn

1. unter den Voraussetzungen des § 57 Abs. 2 Nr. 1 des Strafgesetzbuches die Hälfte, mindestens jedoch sechs Monate,
2. im übrigen bei zeitiger Freiheitsstrafe zwei Drittel, mindestens jedoch zwei Monate, oder
3. bei lebenslanger Freiheitsstrafe fünfzehn Jahre

der Strafe verbüßt sind. Dies gilt nicht für Strafreste, die auf Grund Widerrufs ihrer Aussetzung vollstreckt werden.

III Hat die Vollstreckungsbehörde die Vollstreckung nach Absatz 2 unterbrochen, so trifft das Gericht die Entscheidungen nach den §§ 57 und 57 a des Strafgesetzbuches erst, wenn über die Aussetzung der Vollstreckung der Reste aller Strafen gleichzeitig entschieden werden kann.

1) Die **Vollstreckung mehrerer Freiheitsstrafen** ist in § 43 StVollstrO geregelt. Dort ist in I ebenso wie hier in I bestimmt, daß Freiheitsstrafen (aus denen keine Gesamtstrafe gebildet werden kann) und Ersatzfreiheitsstrafen unmittelbar nacheinander vollstreckt werden sollen. Auch die Vollstreckungsreihenfolge für Freiheitsstrafen regelt § 43 II StVollStrO. Die Reihenfolge der Vollstreckung der Ersatzfreiheitsstrafen ist nicht bestimmt; zweckmäßigerweise werden sie nach den Freiheitsstrafen vollstreckt. Eine sachlich gebotene Unterbrechung der Vollstreckung schließt I nicht aus. Für Jugendstrafen hat die Vorschrift keine Bedeutung (Stuttgart Justiz **87**, 436; KK-Fischer 3), auch nicht für Fälle des Zusammentreffens von Freiheits- und Jugendstrafe (Düsseldorf MDR **88**, 79). 1

2) **Notwendige Unterbrechung der Vollstreckung** (II): Nach § 57 I, II StGB kann die Vollstreckung des Restes einer zeitigen Freiheitsstrafe bei günstiger Sozialprognose nach Verbüßung von 2 Dritteln, uU schon nach Verbüßung der Hälfte der Strafe zur Bewährung ausgesetzt werden. Die Aussetzung des Strafrests lebenslanger Freiheitsstrafen läßt § 57 a I StGB zu, wenn mindestens 15 Jahre der Strafe verbüßt sind. Beim Zusammentreffen des Vollzugs mehrerer zeitiger oder lebenslanger Freiheitsstrafen sind die Voraussetzungen der §§ 57, 57 a StGB für jede von ihnen gesondert zu prüfen. Um zu ermöglichen, daß das durch eine gleichzeitige und einheitliche Entscheidung gegen Ende der Anschlußvollstreckung geschehen kann, schreibt II S. 1 vor, daß die Vollstreckung der zunächst zu vollstreckenden Freiheitsstrafe (zur Ersatzfreiheitsstrafe vgl Tröndle 2 a zu § 57 StGB) zu unterbrechen ist, wenn die zeitlichen Voraussetzungen der §§ 57 I, 57 a I StGB erfüllt sind oder im Fall des § 57 II Nr 1 StGB der Verurteilte, der erstmals eine Freiheitsstrafe verbüßt, die Hälfte, mindestens 6 Monate der 2 Jahre nicht übersteigenden Strafe verbüßt hat. Die Vorschrift gilt auch, wenn aus einem der Verfahren eine Freiheitsstrafe und aus einem anderen Verfahren sowohl eine freiheitsentziehende Maßnahme der Besserung und Sicherung als auch eine Freiheitsstrafe zur Vollstreckung kommen (Hamm JMBlNW **96**, 155 mwN); sie findet aber keine Anwendung im Fall des § 57 II Nr 2 StGB (Hamm NStZ **93**, 302; Oldenburg MDR **87**, 75; LG Hamburg MDR **91**, 666; **aM** Frankfurt NStZ-RR **97**, 95; LG Itzehoe SchlHA **89**, 144; zw auch Zweibrücken NStZ **89**, 592 = JR **90**, 211 mit abl Anm Wendisch) und bei der Vollstreckung von Freiheits- und Jugendstrafe (Eisenberg 6 zu § 89 a JGG), es sei denn, der Jugendrichter hat die Vollstreckung der Jugendstrafe nach §§ 89 a III, 85 VI JGG an die StA abgegeben (Zweibrücken NStE Nr 16). Das Unterbrechungsgebot ist strikt zu beachten; ein den Vollstreckungsbehörden unterlaufenes Verschulden darf einem Verurteilten nicht zum 2
Nachteil gereichen (BVerfG NStZ **88**, 474). Der **Erstverbüßung** iS der Vorschrift 2 a
steht es nicht entgegen, wenn der Verurteilte zuvor teilweise Ersatzfreiheitsstrafe verbüßt hat (Stuttgart StV **94**, 250). Die Erstverbüßerregelung gilt nach der jetzt hM in der Rspr der OLGe nicht nur für die an 1. Stelle vollstreckte Freiheitsstrafe, sondern auch für die folgenden zu vollstreckenden Freiheitsstrafen (Celle NdsRpfl **90**, 122; München MDR **88**, 601; Oldenburg StV **87**, 70; Stuttgart aaO; Zweibrücken StV **86**, 489 mit Anm Maatz StV **87**, 71; **aM** Hamm MDR **97**, 512;

Tröndle 9 d zu § 57 StGB mwN); das soll auch dann gelten, wenn die Gesamtdauer dieser Strafen 2 Jahre übersteigt (Stuttgart aaO mwN; Wagner Rpfleger **97**, 424;
2 b **aM** Karlsruhe NStZ **89**, 323). Der Verurteilte muß von der beabsichtigten Unterbrechung nicht unterrichtet werden; die Unterbrechung unterbleibt auch dann nicht, wenn er ihr widerspricht (Hamburg StV **94**, 195). Die Unterbrechung ist
2 c **jeweils rechtzeitig** vor dem nach II S. 1 bestimmten Zeitpunkt vorzunehmen; rückwirkend darf sie nicht angeordnet werden (Hamburg aaO; Karlsruhe NStE Nr 11; Stuttgart Justiz **81**, 321; **87**, 436; **91**, 150; Rpfleger **84**, 430; Hamann Rpfleger **86**, 358; Maatz NStZ **90**, 216; **aM** Celle NStZ **90**, 252 = JR **91**, 76 mit Anm Müller-Dietz; Frankfurt NStZ **90**, 254; Graul GA **91**, 11; Wagner Rpfleger **97**, 421). Ist die rechtzeitige Unterbrechung unterblieben, so ist die in §§ 57, 57 a StGB bestimmte Mindestverbüßungszeit um die Dauer der über den gesetzlichen Unterbrechungszeitpunkt hinaus vollstreckten Freiheitsstrafe zu mindern (Maatz aaO; zu den Folgen, falls auch das nicht mehr möglich ist, vgl Wolf NStZ **90**, 575). Von der Unterbrechung sind der Verurteilte und die Vollzugsbehörde zu benach-
3 richtigen. Der **Unterbrechungszwang gilt auch,** wenn das Gericht die Aussetzung nach § 57 oder § 57 a StGB bereits abgelehnt hatte, sich nun aber herausstellt, daß eine weitere Strafe zu vollstrecken ist (Celle NStE Nr 6; Düsseldorf StV **90**, 121; Hamm NStZ **85**, 144; Karlsruhe NStZ **82**, 396 mit Anm Katholnigg; NStZ-RR **96**, 60; Oldenburg StV **85**, 68; Stuttgart NStE Nr 10; Maatz NStZ **90**, 218; **aM** München StV **82**, 30 mit abl Anm Volckart). Das erfordert die für die Prognoseentscheidung anzustellende Gesamtschau (unten 6). Von der Vollzugsun-
3 a terbrechung werden aber **solche Reststrafen nicht betroffen,** die deshalb vollstreckt werden, weil die für sie bewilligte Aussetzung zur Bewährung widerrufen worden ist (II S. 2); das kommt praktisch nur für Strafreste in Betracht, die mehr als ein Drittel der erkannten Strafe betragen (Funck NStZ **92**, 511). Es macht keinen Unterschied, ob Aussetzung und Widerruf durch das Gericht oder durch die Gnadenbehörde angeordnet worden sind; zur Aussetzung nach DDR-Recht vgl Naumburg NStZ **97**, 56. Findet eine Unterbrechung von Amts wegen nach II S. 2 nicht statt, so wird idR auch eine Unterbrechung auf Antrag des Verurteilten nicht in Betracht kommen (dazu Frankfurt NStZ **83**, 48). Die erneute Anwendung des § 57 StGB schließt II S. 2 nicht schlechthin aus (Oldenburg NdsRpfl **98**, 50; LG Hamburg NStZ **92**, 253 mwN; offengelassen von BGH NJW **91**, 2030). Nach § 43 II a S. 2 StVollstrO sind aber solche Reststrafen vollständig vorwegzuvollstekken. Hiervon kann mit Rücksicht auf eine möglicherweise in Betracht kommende erneute Strafaussetzung nur die StA nach § 43 IV StVollstrO absehen und die Vollstreckungsreihenfolge ändern oder eine bereits begonnene Vollstreckung unterbrechen (Bremen OLGSt Nr 2; Hamburg StV **93**, 256; Hamm NStZ **93**, 302; LG Heilbronn NStZ **89**, 291 mit zust Anm Wendisch; LG Hamburg aaO mit zust Anm Volckart und abl Anm Funck NStZ **92**, 511; vgl auch Wagner Rpfleger **91**, 447). Gegen die Entscheidung der StA ist der Rechtsweg nach §§ 23 **EGGVG**
4 gegeben (BGH aaO; Hamm StraFo **98**, 355; LG Heilbronn aaO). **Zuständig** für die Anordnung der Unterbrechung nach § 454 b ist die VollstrB (§ 451; Müller-Dietz JR **91**, 79). Die Anordnung ist auf den Rechtspfleger übertragen (§ 31 II
5 S. 1 **RPflG**). Über **Einwendungen** gegen dessen Anordnungen entscheidet der StA (§ 31 VI **RPflG**); gegen Bescheide der StA kann nach § 458 II das Gericht angerufen werden (Stuttgart Justiz **90**, 472). Gegen die Entscheidung des Gerichts
5 a ist nach § 462 III sofortige Beschwerde (§ 311) zulässig. Zur **Strafzeitberechnung** bei unmittelbarer Anschlußvollstreckung mehrerer Freiheitsstrafen vgl Karlsruhe NStZ **92**, 302.

6 **3)** Die **Entscheidung über die Reststrafaussetzung** (III) muß beim Zusammentreffen des Vollzugs mehrerer Freiheitsstrafen zunächst zurückgestellt werden. Vorweggenommene Einzelentscheidungen sieht das Gesetz nicht vor; ein darauf gerichteter Antrag des Verurteilten ist als unzulässig zu verwerfen (Düsseldorf VRS **81**, 293; Greger JR **86**, 357). Die StVollstrK (§ 462 a) darf die Entscheidung erst

treffen, wenn über die Aussetzung der Vollstreckung der Reste aller Strafen gleichzeitig entschieden werden kann, dh regelmäßig erst vor dem Ende der letzten Anschlußvollstreckung, bei Bestehen einer Sperre nach § 57 V StGB grundsätzlich erst nach deren Ablauf (München MDR **87**, 782). Dann muß die Entscheidung aber so rechtzeitig vorliegen, daß über die Aussetzung der Strafreste Klarheit herrscht. Das Gericht ist zur gleichzeitigen Entscheidung hinsichtlich aller Strafen verpflichtet, deren Vollstreckung nach II unterbrochen worden ist; es darf die Entscheidung über eine oder mehrere dieser Strafen nicht aussetzen (Düsseldorf NStZ **83**, 286; StV **90**, 122; Hamm MDR **85**, 248). Bei der Entscheidung hat es die Voraussetzungen der §§ 57, 57a StGB für jede Freiheitsstrafe gesondert (Hamm MDR **87**, 512; Greger JR **86**, 356; Maatz MDR **85**, 801; zu § 35 BtMG vgl LG Osnabrück StV **87**, 210), aber aufgrund einer Gesamtschau zu prüfen, der die Umstände zZ der Entscheidung zugrunde zu legen sind. Das kann zu unterschiedlichen Entscheidungen führen, wenn eine günstige Sozialprognose die Reststrafaussetzung der zeitigen Freiheitsstrafe ermöglicht, die besondere Schuld aber nach § 57a I Nr 2 die weitere Vollstreckung der lebenslangen Freiheitsstrafe gebietet. Eine entspr Anwendung des III auf sonstige Fälle des Zusammentreffens des Vollzugs mehrerer Freiheitsstrafen (ohne Unterbrechung der Vollstreckung) kommt nicht in Betracht (**aM** Düsseldorf JR **94**, 347 mit abl Anm Bringewat; Rostock StV **94**, 194).

4) **Beschwerde:** Ein die Aussetzung ablehnender Beschluß und die dagegen eingelegte Beschwerde werden durch die Unterbrechung nach II gegenstandslos (Zweibrücken MDR **89**, 843). Sind mehrere StAen als VollstrBen zuständig, kann jede StA die Entscheidung nur hinsichtlich derjenigen Strafe anfechten, für die sie als VollstrB zuständig ist, das Beschwerdegericht auch nur insoweit entscheiden (Düsseldorf NStE Nr 17). Die Beschwerde der StA kann nach § 301 auch zu einer für den Verurteilten günstigeren Entscheidung führen (vgl Frankfurt NStZ-RR **96**, 221). 7

Strafausstand wegen Vollzugsuntauglichkeit

455 **I Die Vollstreckung einer Freiheitsstrafe ist aufzuschieben, wenn der Verurteilte in Geisteskrankheit verfällt.**

II Dasselbe gilt bei anderen Krankheiten, wenn von der Vollstreckung eine nahe Lebensgefahr für den Verurteilten zu besorgen ist.

III Die Strafvollstreckung kann auch dann aufgeschoben werden, wenn sich der Verurteilte in einem körperlichen Zustand befindet, bei dem eine sofortige Vollstreckung mit der Einrichtung der Strafanstalt unverträglich ist.

IV Die Vollstreckungsbehörde kann die Vollstreckung einer Freiheitsstrafe unterbrechen, wenn

1. **der Verurteilte in Geisteskrankheit verfällt,**
2. **wegen einer Krankheit von der Vollstreckung eine nahe Lebensgefahr für den Verurteilten zu besorgen ist oder**
3. **der Verurteilte sonst schwer erkrankt und die Krankheit in einer Vollzugsanstalt oder einem Anstaltskrankenhaus nicht erkannt oder behandelt werden kann**

und zu erwarten ist, daß die Krankheit voraussichtlich für eine erhebliche Zeit fortbestehen wird. Die Vollstreckung darf nicht unterbrochen werden, wenn überwiegende Gründe, namentlich der öffentlichen Sicherheit, entgegenstehen.

1) **Strafausstand wegen Vollzugsuntauglichkeit** kann dem Verurteilten bewilligt werden, dh die Vollstreckung der Freiheitsstrafe, auch einer lebenslangen, ist 1

aufzuschieben, wenn sie noch nicht begonnen hatte (I–III), und der bereits begonnene Vollzug einer solchen Strafe kann unterbrochen werden (IV). Dabei gelten für die Strafunterbrechung strengere Anforderungen als für den Strafaufschub nach I und II. Sie ist im Gegensatz zu diesen Fällen sogar bei Vollzugsuntauglichkeit nicht zwingend vorgeschrieben (unten 7). Der Verurteilte hat kein Recht auf Unterbrechung, sondern nur auf fehlerfreie Ermessensausübung (unten 7). Ein Fall des Strafaufschubs, nicht der Unterbrechung, liegt auch vor, wenn bereits ein Teil der Strafe vollstreckt, der Vollzug dann unterbrochen worden war und nunmehr die Fortsetzung der Vollstreckung aufgeschoben wird (Hamm NJW **73**, 2075; LR-Wendisch 3; **aM** Oldenburg NStZ **83**, 139; KMR-Paulus 4). Zu den notwendigen Maßnahmen der Vollzugsanstalt bei einer Strafunterbrechung vgl § 46 StVollstO. Zur Anwendung des § 455 bei freiheitsentziehenden Sicherungsmaßregeln vgl § 463 I und IV. Die Strafunterbrechung bei Vollzug der Strafe durch die Bundes-
2 wehr regelt Art 6 EGWStG. Die **Dauer des Strafausstands** läßt § 455, anders als § 456 II, offen. Sie hängt, auch im Fall des IV, von dem Wiedereintritt der Vollzugstauglichkeit ab. Der Strafausstand sollte gleichwohl nur für eine bestimmte Zeitdauer bewilligt und ggf verlängert werden. Zulässig ist auch ein neuer oder mehrmaliger Strafausstand.

3 **2) Strafaufschub** (I–III) ist beim Vorliegen der folgenden Voraussetzungen teils zwingend vorgeschrieben (I, II), teils in das Ermessen der VollstrB gestellt (III):

4 A. **Geisteskrankheit** (I): Zum Strafaufschub zwingt nur eine Geisteskrankheit, die so schwer ist, daß der Verurteilte für einen Behandlungsvollzug nicht geeignet erscheint (München NStZ **81**, 240; weitergehend Volckart 13 ff). Andernfalls wird nach § 7 I Nr 6 StVollzG verfahren. Bei in Schüben auftretender Geisteskrankheit wird Strafaufschub nur für die Dauer eines Schubes bewilligt (KK-Fischer 6; LR-Wendisch 8).

5 B. Die **Besorgnis naher Lebensgefahr** (II) durch die Vollstreckung (Düsseldorf NJW **91**, 765; Schleswig SchlHA **93**, 230 [L/T]) zwingt auch gegen den Willen des Verurteilten zum Strafaufschub. Dabei genügt nicht die bloße Möglichkeit, daß sich die Krankheit lebensbedrohlich verschlechtern könnte (Düsseldorf aaO; Hamm MDR **76**, 778). Vielmehr ist ein höherer Grad von Wahrscheinlichkeit erforderlich, der uU bei noch sehr lange zu vollstreckenden Strafen bis an eine an Sicherheit grenzende Wahrscheinlichkeit heranreichen muß (München NStZ **81**, 240; vgl auch BVerfGE **51**, 324 = NJW **79**, 2349). Selbstmordgefahr löst besondere Sicherungsmaßnahmen nach § 88 StVollzG aus, nicht den Strafaufschub nach II (KG NStZ **94**, 255; Hamm OLGSt S. 1; eingehend und krit dazu sowie allgemein zur Haftunfähigkeit Gatzweiler StV **96**, 283).

6 C. **Unverträglicheit der sofortigen Vollstreckung** (III): Gemeint ist ein körperlicher Zustand des Verurteilten, der einen Strafaufschub sowohl im Interesse der Vollzugsanstalt, der Schwierigkeiten beim Vollzug erspart werden sollen, als auch in seinem eigenen geboten erscheinen läßt, etwa wenn die nötige ärztliche Behandlung in der Vollzugsanstalt nicht möglich wäre (BGH **19**, 148, 150). Der Strafaufschub nach III setzt voraus, daß die sofortige Vollstreckung gegen den Verhältnismäßigkeitsgrundsatz verstoßen würde (Litwinski/Bublies 28); das öffentliche Interesse an der alsbaldigen Strafvollstreckung ist zu berücksichtigen (BGH NJW **93**, 2927). Für schwangere Frauen gilt III idR nicht (LR-Wendisch 11). Die Entscheidung steht im pflichtgemäßem Ermessen der VollstrB (KG NStZ **94**, 255).

7 **3) Strafunterbrechung** (IV) kann die VollstrB nach pflichtgemäßem Ermessen bewilligen. Der Gefangene hat auf sie keinen Rechtsanspruch; er kann nur die fehlerfreie Ausübung des Ermessens verlangen. Die VollstrB muß im Einzelfall unter Abwägung aller Gesichtspunkte prüfen, ob die Unterbrechung geboten erscheint, weil folgende Voraussetzungen vorliegen:

8 A. **Geisteskrankheit** (S. 1 Nr 1): Vgl oben 4.

B. **Besorgnis naher Lebensgefahr** (S. 1 Nr 2): Vgl oben 5. 9

C. **Sonstige schwere Erkrankung** (S. 1 Nr 3): Ein kranker Gefangener kann 10 nach § 65 I StVollzG in ein Anstaltskrankenhaus oder in eine für seine Pflege besser geeignete Vollzugsanstalt verlegt werden. Die Erkrankung rechtfertigt die Strafunterbrechung nur, wenn sie dort nicht erkannt oder nicht behandelt werden kann (Karlsruhe NStZ **91**, 53; Stuttgart StV **91**, 478). Durch IV werden daher nur schwerwiegende Fälle erfaßt (vgl LG Ellwangen NStZ **88**, 330: Nicht Erkrankung an Aids). Zu prüfen ist immer, ob es nicht ausreicht, den Gefangenen nach § 65 II StVollzG ohne Strafunterbrechung in ein Krankenhaus außerhalb des Vollzugs zu verbringen (München StV **97**, 262 mit Anm Kunisch).

D. Für **erhebliche Zeit** muß die Erkrankung nach S. 1 Nrn 1–3 voraussichtlich 11 fortbestehen. Daß der Verurteilte überhaupt oder auf absehbare Zeit nicht wieder vollzugstauglich wird (so § 45 II S. 1 StVollstrO), wird nicht vorausgesetzt. Erheblich kann auch eine Zeit sein, deren Ende vorauszusehen ist; sie muß nur so lang sein, daß es, auch unter Berücksichtigung der Reststrafdauer, angezeigt erscheint, den erkrankten Verurteilten aus dem Strafvollzug zu entlassen. Entspr der Regelung des § 45 II S. 1 StrVollstrO wird darüber das Gutachten des zuständigen Amtsarztes einzuholen sein.

E. **Ausgeschlossen ist die Strafunterbrechung** (S. 2), wenn überwiegende 12 Gründe, insbesondere der öffentlichen Sicherheit, entgegenstehen (vgl § 45 I Hs 2 StVollstrO). Das ist der Fall, wenn der Verurteilte trotz oder gerade wegen seiner Erkrankung so gefährlich ist, daß es im Interesse der Allgemeinheit geboten erscheint, den Strafvollzug fortzusetzen und ihn in einem Anstaltskrankenhaus zu behandeln oder unter Aufrechterhaltung des Strafvollzugs in ein anderes Krankenhaus zu verlegen. In Betracht kommen insbesondere Fluchtgefahr und die Gefahr der Begehung weiterer erheblicher Straftaten. Vgl auch 3 zu § 455 a.

F. Bei **Vollzug durch Bundeswehrbehörden** ist die Unterbrechung der Voll- 13 streckung eines Strafarrests und einer Freiheitsstrafe unter den Voraussetzungen des Art 6 EGWStG zulässig (§ 45 III StVollstrO).

G. **Verfahren bei der Strafunterbrechung:** Während der Strafaufschub form- 14 los durch Hinausschieben des Strafantritts erfolgen kann, bedarf die Strafunterbrechung einer förmlichen Anordnung, die der Vollzugsbehörde und dem Verurteilten, sofern er zur Entgegennahme in der Lage ist, bekanntgegeben wird (§ 46 I StVollstrO). War der Verurteilte bereits vor der Unterbrechung in eine Krankenanstalt, in ein psychiatrisches Krankenhaus oder in eine entspr Einrichtung verbracht worden, so wird die Vollstreckungsunterbrechung mit dem Zugang der Mitteilung bei der Anstalt wirksam (§ 46 III S. 2 Hs 2 StVollstrO). Mit rückwirkender Kraft kann die Unterbrechung nicht angeordnet werden (Schleswig SchlHA **57**, 81; LR-Wendisch 13 zu § 461). Die Unterbrechung endet, wenn Maßnahmen getroffen werden, die dazu dienen, den Verurteilten erneut unter die Verfügungsgewalt der VollstrB zu bringen. Dazu genügt zB die Bewachung durch Polizeibeamte vor dem Aufenthaltsraum in der Krankenanstalt (Celle MDR **68**, 782; vgl auch § 46 V S. 1 StVollstrO), aber nicht schon Anfragen an das Krankenhaus nach dem Entlassungszeitpunkt usw (Stuttgart NStZ **89**, 552). Grundsätzlich wird das Ende der Unterbrechung aber von der VollstrB ausdrücklich bestimmt.

4) Zuständig für die Entscheidung über den Strafausstand ist die VollstrB 15 (§ 451 I). Sie entscheidet auf Antrag des Verurteilten oder von Amts wegen. Auf den Rechtspfleger ist die Entscheidung nicht übertragen (§ 1 Nr 1 **BegrVO**).

5) Rechtsbehelfe: Der Verurteilte kann gegen die Entscheidung der VollstrB 16 Dienstaufsichtsbeschwerde einlegen oder bei Gericht Einwendungen erheben, über die nach § 458 II zu entscheiden ist (Karlsruhe NStZ **88**, 525). Gegen die gerichtliche Entscheidung ist sofortige Beschwerde zulässig (§ 462 III S. 1). Im Fall des Strafaufschubs werden weder die Einwendungen noch die sofortige Beschwerde deshalb gegenstandslos, weil die Strafvollstreckung gegen den Verurteilten inzwischen begonnen hat (Schleswig MDR **83**, 865; KK-Fischer 17; erg 9 zu § 456). Im Fall der Strafunterbrechung hat die sofortige Beschwerde der StA gegen den Gerichtsbeschluß, der die Unterbrechung nach § 458 II anordnet, aufschiebende Wirkung (§ 462 III S. 2).

Vollstreckungsaufschub und -unterbrechung aus anderen Gründen

455a **I Die Vollstreckungsbehörde kann die Vollstreckung einer Freiheitsstrafe oder einer freiheitsentziehenden Maßregel der Besserung und Sicherung aufschieben oder ohne Einwilligung des Gefangenen unterbrechen, wenn dies aus Gründen der Vollzugsorganisation erforderlich ist und überwiegende Gründe der öffentlichen Sicherheit nicht entgegenstehen.**

II Kann die Entscheidung der Vollstreckungsbehörde nicht rechtzeitig eingeholt werden, so kann der Anstaltsleiter die Vollstreckung unter den Voraussetzungen des Absatzes 1 ohne Einwilligung des Gefangenen vorläufig unterbrechen.

1 **1) Aus Gründen der Vollzugsorganisation** (I) läßt die Vorschrift (eingehend dazu Fabricius StV **98**, 447) Strafaufschub und Strafunterbrechung zu. Gründe, die in der Person des Verurteilten liegen, rechtfertigen den Strafausstand nicht (KG NStZ **83**, 334). I bezweckt in 1. Hinsicht, dem Verbot der Überbelegung der Vollzugsanstalten (§ 146 StVollzG), dem für eine menschenwürdige Unterbringung besondere Bedeutung zukommt, schon im Bereich der Strafvollstreckung Geltung zu verschaffen; die Verlegungsermächtigung nach § 8 I Nr 2 StVollzG wird durch I ergänzt. Die Unterbrechung kann auch notwendig werden, wenn Platz für Gefangene schwererer Kriminalität geschaffen werden muß (KG aaO) oder wenn der plötzliche Ausfall einer JVA (zB infolge von Brand oder Baufälligkeit) oder die unvorhersehbare Verminderung ihrer Belegungsfähigkeit als Folge von Katastrophen oder Unglücksfällen, auch von Seuchen, die Strafvollstreckung unmöglich macht. Eine Unterbrechung des Vollzugs kann auch angezeigt sein, wenn gegen einen Strafgefangenen ein Haftbefehl erlassen ist, die erforderlichen Maßnahmen nach § 122 **StVollzG** aber mit der Strafvollzugsorganisation nicht in Einklang zu bringen sind (vgl auch Nr 32 III VGO, wo ausdrücklich von der Möglichkeit der
2 Unterbrechung zum Zweck des Vollzugs der UHaft ausgegangen wird). **Überwiegende Gründe der öffentlichen Sicherheit** stehen dem Strafausstand entgegen. Sie können allgemeiner Art sein oder in der Person des Gefangenen liegen. Allgemein kann die Verteidigung der Rechtsordnung es verbieten, bei Überbelegung einer JVA einen allzu weitgehenden Vollzugsstop anzuordnen. Ist die Räumung einer JVA unvermeidbar, so wird idR nicht die Freilassung sämtlicher Gefangener in Betracht kommen (LR-Wendisch 3). Im Einzelfall kann bei einem Verurteilten die Besorgnis, daß er bei Aufschub oder Unterbrechung der Vollstrekkung neue erhebliche Straftaten begehen oder sich nachhaltig dem Vollzug entzie-
3 hen werde, dem Strafausstand entgegenstehen (KK-Fischer 3). Der **Einwilligung des Verurteilten** bedarf es nicht, wenn die Vollstreckung unterbrochen werden soll (I). Im Fall des Strafaufschubs ist sie ebenfalls nicht erforderlich; denn der
4 Verurteilte hat keinen Anspruch auf sofortige Vollstreckung der Strafe. **Zuständig** für die Anordnung ist die VollstrB (§ 451 I), die die Zustimmung der LJV einholen muß, sofern das zeitlich möglich ist (§ 46 a I StVollstrO). Die Geschäfte sind nach § 31 II S. 1 **RPflG** dem Rechtspfleger übertragen (vgl aber KK-Fischer 4; Wetterich/Hamann 676, die § 1 Nr 1 **BegrVO** entspr anwenden wollen).

5 **2)** Die **Unterbrechung in Eilfällen** (II) darf der Anstaltsleiter unter den Voraussetzungen des I ohne Einwilligung des Gefangenen anordnen. Er nimmt dabei als eine Art Not-VollstrB (LR-Wendisch 4) die Aufgaben der VollstrB wahr, die er

unverzüglich von seiner Anordnung zu unterrichten hat (§ 46 a II S. 1 StVollstrO). Da die Anordnung nur vorläufiger Art ist, muß die VollstrB über die Fortdauer der Strafunterbrechung oder deren Befristung entscheiden, sobald ihr das möglich ist (Wetterich/Hamann 676).

3) Rechtsbehelfe: Die Anordnung nach I ist unanfechtbar; sie beschwert den 6
Verurteilten selbst dann nicht, wenn die Unterbrechung ohne seine Einwilligung angeordnet worden ist (KG NStZ **83**, 334; **aM** KK-Fischer 6; KMR-Paulus 13: §§ 23 ff **EGGVG**). Gegen die Anordnung nach II scheidet ein Rechtsbehelf schon deshalb aus, weil diese Entscheidung alsbald durch eine Entscheidung der VollstrB ersetzt wird (oben 5).

Vorübergehender Vollstreckungsaufschub

456 **I Auf Antrag des Verurteilten kann die Vollstreckung aufgeschoben werden, sofern durch die sofortige Vollstreckung dem Verurteilten oder seiner Familie erhebliche, außerhalb des Strafzwecks liegende Nachteile erwachsen.**

II Der Strafaufschub darf den Zeitraum von vier Monaten nicht übersteigen.

III Die Bewilligung kann an eine Sicherheitsleistung oder andere Bedingungen geknüpft werden.

1) Einen **Vollstreckungsaufschub in Härtefällen** (I) läßt die Vorschrift zu, 1
keine Vollstreckungsunterbrechung (BGH **19**, 148, 150; **aM** Volckart NStZ **82**, 496). Der Aufschub muß sich nicht auf den 1. Strafantritt beziehen; auch der Aufschub der Vollstreckung des Strafrests fällt unter die Vorschrift, gleichgültig, weshalb die Vollstreckung unterbrochen worden war (LR-Wendisch 3). Für alle
Strafarten gilt die Vorschrift, auch für die Geldstrafe (Schleswig SchlHA **76**, 13), 2
für die sie aber wegen der weitergehenden Aufschubmöglichkeit nach § 459 a keine praktische Bedeutung hat, sowie für Nebenstrafen und Nebenfolgen, die einer Vollstreckung bedürfen (LR-Wendisch 1; vgl § 459 g 1 ff). Auf Sicherungsmaßregeln, mit Ausnahme der Sicherungsverwahrung, ist § 456 entspr anzuwenden (§ 463 I, IV S. 3). Für die Ersatzfreiheitsstrafe gilt die besondere Regelung des § 459 f (dort 1). Auch auf Nebenstrafen oder Nebenfolgen, die mit der Rechtskraft ohne weiteres wirksam werden, ist § 456 nicht anwendbar (Wetterich/Hamann 677); das gilt für das Fahrverbot nach § 44 StGB (AG Mainz MDR **67**, 683; Wetterich/Hamann aaO; Pohlmann Rpfleger **67**, 380), den Verlust von Fähigkeiten und Rechten nach § 45 StGB (LR-Wendisch 2) und den Rechtsübergang bei Verfall und Einziehung (§§ 73 e I S. 1, 74 e I StGB). Für das Berufsverbot nach § 70 StGB gilt die Sonderregelung des § 456 c. Der Aufschub setzt voraus, daß
dem Verurteilten oder seiner Familie andernfalls **erhebliche, außerhalb des** 3
Strafzwecks liegende Nachteile erwachsen. Es müssen Nebenwirkungen eintreten, die über das gewöhnliche Strafübel hinausgehen und bei später einsetzender Strafvollstreckung vermeidbar wären (Düsseldorf VRS **84**, 463; LG Itzehoe StV **93**, 206). Nachteile, die auch nach 4 Monaten noch bestehen, rechtfertigen den Aufschub nicht (Schleswig NStZ **92**, 558), sondern können nur Anlaß für einen Gnadenerweis geben (Düsseldorf JR **92**, 435 mit zust Anm Wendisch). Ein außerhalb des Strafzwecks liegender Nachteil iS des I liegt zB vor, wenn der Verurteilte einen Betrieb leitet und keinen eingearbeiteten Vertreter hat (Düsseldorf NJW **66**, 1767; Frankfurt NStZ **89**, 93; vgl aber Schleswig aaO), wenn er kurz vor dem Abschluß der Berufsausbildung steht, wenn er auf dem elterlichen Hof zur Ernteeinbringung benötigt wird (Volckart NStZ **82**, 496) oder wenn seine Ehefrau im Krankenhaus liegt und niemand die Kinder warten kann (vgl Zweibrücken NJW
74, 70 mit Anm Kaiser). Nur auf **Antrag** kann der Strafaufschub bewilligt werden. 4
Bei Freiheitsstrafen muß der Antrag vor Beginn des Vollzugs gestellt werden (Zwei-

brücken aaO). Wird vor der Entscheidung über den Antrag mit dem Vollzug begonnen, so lautet die nachträgliche Entscheidung gleichwohl nicht auf Unterbrechung, sondern auf Aufschub der Vollstreckung (vgl Hamm NJW **73**, 2075;
5 Zweibrücken aaO; Stuttgart NStZ **85**, 331; Litwinski/Bublies 29). Einen **Rechtsanspruch** auf Vollstreckungsaufschub hat der Verurteilte nicht. Die Entscheidung wird nach pflichtgemäßem Ermessen getroffen (LR-Wendisch 9). Auch wenn die Voraussetzungen des I vorliegen, kann der beantragte Strafaufschub zu versagen sein, wenn der Strafzweck die sofortige Vollstreckung erfordert (Lemberg DRiZ **65**, 265; **aM** Lorenz DRiZ **64**, 95).

6 **2) Nicht länger als 4 Monate** (II) darf der Strafaufschub dauern. Die nach § 43 zu bestimmende Frist beginnt an dem Tag, zu dem der Verurteilte zum Strafantritt geladen worden ist (Düsseldorf JR **92**, 435 mwN und zust Anm Wendisch; Hamm OLGSt § 462 a S. 58; Zweibrücken NJW **74**, 70 mit Anm Kaiser; **aM** Herbst MDR **69**, 277; Schweichel DRiZ **64**, 367: Rechtskraft des Urteils; Köln JMBlNW **71**, 11: Tag, an dem dem Verurteilten die Ladung zum Strafantritt zugegangen ist; H. W. Schmidt NJW **58**, 210: Tag der Bewilligung des Strafaufschubs) oder an dem er nach einer Strafunterbrechung in die Anstalt zurückkehren soll (Volckart 18). Die Frist endet unter allen Umständen 4 Monate nach diesem Zeitpunkt, selbst wenn bis dahin über den Antrag nach I nicht entschieden worden ist (Düsseldorf VRS **88**, 52; Stuttgart MDR **82**, 601). Wenn erst nach Beginn der Vollstreckung über den Antrag entschieden wird, bleibt aber die schon verbüßte Zeit außer Betracht (Stuttgart NStZ **85**, 331; KK-Fischer 7). Ein Strafaufschub über die Frist des II hinaus kann nur im Gnadenweg bewilligt werden (Stuttgart aaO); das gleiche gilt für mehrfache Strafaufschübe über 4 Monate hinaus (Hamburg NJW **69**, 671).

7 **3)** An **Sicherheitsleistung oder andere Bedingungen** (III) kann die Bewilligung des Strafaufschubs geknüpft werden. Für die Sicherheitsleistung gelten die §§ 116 I Nr 4; 116 a I, II, 123, 124 entspr. Den Verfall der Sicherheit nach § 124 darf nur das Gericht anordnen. Eine andere Bedingung ist zB die Meldepflicht bei der Polizei. Unzulässig ist die Auferlegung einer Geldbuße (LG Frankfurt a.M. NJW **54**, 287 L).

8 **4) Zuständig** für die Anordnung ist die VollstrB (§ 451 I). Die Geschäfte sind nach § 31 II S. 1 **RPflG** auf den Rechtspfleger übertragen, außer bei Freiheitsstrafen (§ 1 Nr 2 **BegrVO**).

9 **5) Rechtsbehelfe:** Über Einwendungen gegen die Entscheidung des Rechtspflegers entscheidet nach § 31 VI S. 1 **RPflG** der StA. Gegen dessen Entscheidungen können bei Gericht Einwendungen nach § 458 II erhoben werden, die nicht deshalb gegenstandslos werden, weil inzwischen mit der Vollstreckung begonnen worden ist (Hamm NJW **73**, 2075; Stuttgart NStZ **85**, 331; Zweibrücken NJW **74**, 70 mit Anm Kaiser; **aM** München NStZ **88**, 294 mit abl Anm Preusker; erg 16 zu § 455). Die gerichtliche Entscheidung ist nach § 462 III mit der sofortigen Beschwerde anfechtbar.

Absehen von Vollstreckung bei Auslieferung und Ausweisung

456a **I Die Vollstreckungsbehörde kann von der Vollstreckung einer Freiheitsstrafe, einer Ersatzfreiheitsstrafe oder einer Maßregel der Besserung und Sicherung absehen, wenn der Verurteilte wegen einer anderen Tat einer ausländischen Regierung ausgeliefert oder wenn er aus dem Geltungsbereich dieses Bundesgesetzes ausgewiesen wird.**

II Kehrt der Ausgelieferte oder der Ausgewiesene zurück, so kann die Vollstreckung nachgeholt werden. Für die Nachholung einer Maßregel der Besserung und Sicherung gilt § 67 c Abs. 2 des Strafgesetzbuches entsprechend. Die Vollstreckungsbehörde kann zugleich mit dem Absehen von der Vollstreckung

die Nachholung für den Fall anordnen, daß der Ausgelieferte oder Ausgewiesene zurückkehrt, und hierzu einen Haftbefehl, einen Unterbringungsbefehl oder einen Steckbrief erlassen. Der Verurteilte ist zu belehren.

1) **Zweck der Vorschrift,** dem vollstreckungsrechtlichen Gegenstück zu § 154b II, III, ist nicht ausschließlich, die JVAen von der Last der Vollstreckung von Strafen gegen Ausländer zu befreien (so aber Hamm NStZ **83**, 524). Die Strafvollstreckung gegen Ausländer, die demnächst ausgeliefert oder ausgewiesen werden sollen, ist unter den Gesichtpunkten der Resozialisierung und der Sicherung vor gefährlichen Straftätern ohnehin wenig sinnvoll (vgl Groß StV **87**, 36). Besteht die Möglichkeit, die Strafe oder Maßregel nach § 71 IRG oder dem ÜberstellungsÜbk (Einl 215 c; 8 vor § 449) im Ausland vollstrecken zu lassen, so ist § 456 a nicht anwendbar (Groß StV **87** 39; **aM** Giehring StASchlH-FS 500). 1

2) **Absehen von der Vollstreckung** (I): 2

A. **Auslieferung und Ausweisung.** Die Auslieferung richtet sich nach §§ 2 ff IRG, die Ausweisung nach §§ 45 ff AuslG. Ihr steht die Abschiebung nach § 49 AuslG und die Zurückschiebung nach § 61 AuslG gleich, ebenso die Pflicht zur Ausreise nach § 42 AuslG (Hamm NStZ **83**, 524). Anwendbar ist I nur, wenn diese Maßnahmen bereits bestandskräftig angeordnet worden und demnächst auch durchgeführt werden sollen (LR-Wendisch 6). 3

B. **Ganz oder teilweise** kann von der Vollstreckung einer Strafe, auch einer Ersatzfreiheitsstrafe, oder Sicherungsmaßregel abgesehen werden, dh schon vor Beginn oder in Unterbrechung der Vollstreckung (LR-Wendisch 8). Im Fall des § 69 StGB gestattet I, auf die Herausgabe des Führerscheins zu verzichten (Groß StV **87**, 37, auch zur entspr Anwendung auf das Fahrverbot nach § 44 StGB). 4

C. Im **Ermessen der VollstrB** (§ 451 I) steht die Anwendung des I. Entscheidungen des Gerichts nach §§ 57, 57 a StGB sind nicht bindend; die Begründung des Gerichtsbeschlusses kann aber ins Gewicht fallen (Groß StV **87**, 37 ff); einer Aussetzung nach § 57 I StGB steht andererseits eine nach § 456 a getroffene Maßnahme nicht entgegen (Karlsruhe Justiz **93**, 233). Die Entscheidung, die von Amts wegen (vgl § 17 I StVollstrO) oder auf Antrag des Verurteilten ergeht und nicht dem Rechtspfleger übertragen ist (§ 1 Nr 1 **BegrVO**), muß die Interessen des Verurteilten gegen die Gründe abwägen, die gegen ein Absehen von der Vollstrekkung sprechen; das muß in dem schriftlichen Bescheid zum Ausdruck kommen, damit seine gerichtliche Prüfung möglich ist (Bremen StV **89**, 27; Celle NStZ **81**, 405). Zu berücksichtigen sind insbesondere die Umstände der Tat, die Schwere der Schuld, die Größe des bisher verbüßten Teils der Strafe (KG StV **92**, 428) und das öffentliche Interesse an einer nachhaltigen Vollstreckung (Hamm NStZ **83**, 524; Groß StV **87**, 39; zu den Entscheidungskriterien im einzelnen eingehend Giehring StASchlH-FS 482 ff). Auch die familiäre und soziale Lage des Verurteilten ist zu berücksichtigen (Celle NStZ **81**, 405; Hamburg StV **96**, 328; Hamm aaO). Die Länder haben Richtlinien erlassen (zB AV des JM BW Justiz **96**, 500; AV JM NdsRpfl **97**, 195; GStA SchlH SchlHA **94**, 85), die das Absehen von der Vollstrekkung grundsätzlich von der Verbüßung der Hälfte der Strafe abhängig machen (vgl Groß aaO). Bei Ablehnung des Absehens von der weiteren Vollstreckung einer lebenslangen Freiheitsstrafe muß nicht festgelegt werden, bis wann die Vollstrekkung fortzusetzen ist (Frankfurt NStZ **93**, 303); eine Mindestverbüßungsdauer besteht auch hier nicht (Frankfurt NStE Nr 2). 5

3) Die **Nachholung der Vollstreckung** (II) ist zulässig, wenn der Verurteilte freiwillig (Auslieferung durch einen fremden Staat genügt nicht, LG Berlin StV **87**, 258; **aM** Frankfurt NStZ-RR **96**, 93 bei vorheriger Durchreise), wenn auch über die ehemalige DDR (Düsseldorf DtZ **91**, 254) oder im Zustand der Unzurechnungsfähigkeit (KG JR **95**, 77) in die BRep zurückkehrt (S. 1); Vollstreckungsverjährung nach § 79 StGB darf noch nicht eingetreten sein. Im Regelfall wird die 6

Vollstreckung anzuordnen sein (Düsseldorf NStE Nr 4 mwN). Für die Nachholung der Vollstreckung der Unterbringung gilt die Begrenzung des § 67 c II StGB sinngemäß (S. 2). Die Nachholung der Vollstreckung kann nach S. 3 schon bei der Anordnung nach I verfügt werden. Gleichzeitig kann schon ein Haft- oder Unterbringungsbefehl, der bei der Rückkehr des Verurteilten ohne weiteres vollstreckt werden kann, oder ein Steckbrief (§ 131) erlassen werden (S. 3). Ob sie von der
7 Ermächtigung des II S. 3 Gebrauch macht, steht im **Ermessen der VollstrB** (KG JR **95**, 78; Karlsruhe NStZ **94**, 254). Maßgebend für die Entscheidung, die nicht dem Rechtspfleger übertragen ist (§ 1 Nr 1 **BegrVO**), sind die Höhe des Strafrests, die Schwere der Tat, die Gefährlichkeit des Verurteilten und die Wahrscheinlichkeit seiner Rückkehr (Hamm Rpfleger **86**, 358). Über die Folgen, die er bei seiner
8 Rückkehr zu gewärtigen hat, ist der Verurteilte vor der Entlassung zu **belehren** (S. 4), und zwar in einer ihm verständlichen Sprache (§ 17 II S. 2 StVollstrO); die Rechtsmittelbelehrung kann der Vollzugsanstalt übertragen werden (§ 17 II S. 3 StVollstrO). Ist die Belehrung unterblieben, so ist die Nachholung der Vollstreckung grundsätzlich unzulässig (Stuttgart Rpfleger **81**, 120); wird die Belehrung aber nachgeholt, ist die Vollstreckung zulässig, wenn der Verurteilte vor dem weiteren Vollzug der Strafe Gelegenheit hatte, sein Verhalten, insbesondere sein Verbleiben in der BRep, darauf einzurichten (Karlsruhe NStZ **94**, 254).

9 **4) Rechtsbehelfe:** Gegen den ablehnenden Bescheid der VollstrB nach I ist nach durchgeführtem Beschwerdeverfahren nach § 21 StVollstrO (5 zu § 24 **EGGVG**) der Antrag nach § 23 **EGGVG** zulässig (Hamburg NJW **75**, 1132; Stuttgart StV **93**, 258); allerdings hat das OLG nur zu prüfen, ob die StA von einem zutr Sachverhalt ausgegangen ist und von ihrem Ermessen in rechtlich nicht zu beanstandender Weise Gebrauch gemacht hat (Koblenz NStZ **96**, 255; Stuttgart aaO). Gegen die Anordnung nach II kann der Verurteilte Einwendungen erheben, über die das nach § 462 a zuständige Gericht nach §§ 458 II, 462 entscheidet (KK-Fischer 5).

456b (weggefallen)

Aufschub und Aussetzung des Berufsverbots

456c

I Das Gericht kann bei Erlaß des Urteils auf Antrag oder mit Einwilligung des Verurteilten das Wirksamwerden des Berufsverbots durch Beschluß aufschieben, wenn das sofortige Wirksamwerden des Verbots für den Verurteilten oder seine Angehörigen eine erhebliche, außerhalb seines Zweckes liegende, durch späteres Wirksamwerden vermeidbare Härte bedeuten würde. Hat der Verurteilte einen gesetzlichen Vertreter, so ist dessen Einwilligung erforderlich. § 462 Abs. 3 gilt entsprechend.

II Die Vollstreckungsbehörde kann unter denselben Voraussetzungen das Berufsverbot aussetzen.

III Der Aufschub und die Aussetzung können an die Leistung einer Sicherheit oder an andere Bedingungen geknüpft werden. Aufschub und Aussetzung dürfen den Zeitraum von sechs Monaten nicht übersteigen.

IV Die Zeit des Aufschubs und der Aussetzung wird auf die für das Berufsverbot festgesetzte Frist nicht angerechnet.

1 **1)** Das **erkennende Gericht** (I) kann das (nach § 70 IV S. 1 StGB erst mit der Urteilsrechtskraft eintretende) Wirksamwerden des Berufsverbots nach § 70 StGB durch besonderen Beschluß aufschieben. Die Vorschrift ergänzt § 456; auf das Fahrverbot nach § 44 StGB ist sie nicht entspr anwendbar (AG Mainz MDR **67**,

683; Bode NZV **98**, 442; Mürbe DAR **83**, 45; LR-Wendisch 16; **aM** Sch/Sch-Stree 20 zu § 44 StGB). Auf **Antrag** des Angeklagten oder von Amts wegen, auch 2
auf Anregung der StA, wird die Entscheidung getroffen. Hat der Angeklagte sie nicht selbst beantragt, so ist seine Einwilligung erforderlich; bei gesetzlicher Vertretung muß stets auch der gesetzliche Vertreter zustimmen (I S. 2). Nur **bei Erlaß** 3
des Urteils kann das Gericht den Aufschub beschließen, also in der Hauptverhandlung in der dafür vorgeschriebenen Besetzung. Nach Verkündung des Urteils darf der Beschluß nicht mehr ergehen. Er braucht aber nicht zugleich mit dem Urteil verkündet zu werden, sondern kann schriftlich bekanntgemacht werden (KK-Fischer 2). Das Berufungsgericht, das über die Berufung sachlich entscheidet, kann einen von dem des 1. Gerichts abweichenden Beschluß erlassen, auch wenn der Beschluß nicht angefochten war (LR-Wendisch 7). Wird ein Antrag auf Aufschub abgelehnt, so muß der Beschluß nach § 34 mit Gründen versehen werden. 4
Sachliche Voraussetzung für den Aufschub des Verbots ist, daß sein sofortiges Wirksamwerden für den Verurteilten oder seine Angehörigen (zum Begriff vgl § 11 I Nr 1 StGB) eine erhebliche, außerhalb seines Zwecks liegende Härte bedeuten würde, die durch das spätere Wirksamwerden vermeidbar wäre (vgl 3 zu § 456). Härten, die Dritte durch das sofortige Wirksamwerden des Berufsverbots erleiden würden, sind nicht zu berücksichtigen (LR-Wendisch 4).

2) **Nach Urteilsrechtskraft** (II) kann die VollstrB (§ 451 I) die Anordnung 5
unter denselben Voraussetzungen treffen wie das Gericht. Die Geschäfte sind nicht auf den Rechtspfleger übertragen (§ 1 Nr 1 **BegrVO**). Im Gegensatz zum Gericht hat die VollstrB, die nicht nur aufschieben, sondern „aussetzen" darf, auch die Möglichkeit, die bereits eingetretene Wirksamkeit des Berufsverbots zu unterbrechen (KK-Fischer 5; LR-Wendisch 9). Sie kann die Aussetzung auch gewähren, wenn das Gericht den Aufschub abgelehnt hat; das setzt aber das Vorliegen neuer tatsächlicher Umstände voraus (LR-Wendisch 11). Vor der Aussetzung, die nach § 55 II S. 1 StVollstrO auch angeordnet werden darf, wenn dadurch einem öffentlichen Interesse an der vorübergehenden weiteren Berufsausübung Rechnung getragen werden kann, soll die VollstrB die zuständigen Behörden und berufsständischen Organisationen hören (§ 55 III StVollstrO).

3) An **Sicherheitsleistung und andere Bedingungen** (III S. 1) können Auf- 6
schub und Unterbrechung geknüpft werden. Wegen der Sicherheitsleistung vgl 7 zu § 456. Andere Bedingungen sind zB solche, die im Ergebnis dazu führen, daß das Berufsverbot nur teilw aufgehoben wird, weil nur bestimmte Tätigkeiten erlaubt werden (KK-Fischer 7). Die Auferlegung einer Geldbuße für den Fall der Zuwiderhandlung ist nicht statthaft.

4) **Nicht länger als 6 Monate** (III S. 2) dürfen Aufschub und Aussetzung 7
dauern. Die Frist beginnt an dem Tag, an dem das Berufsverbot wirksam wird, dh mit der Rechtskraft des Urteils (§ 70 IV S. 1 StGB). Eine nachträgliche Verlängerung der Anordnung durch das Gericht ist ausgeschlossen, auch wenn die Frist noch nicht ausgeschöpft war (LR-Wendisch 8). Die VollstrB dagegen kann den gerichtlich angeordneten Aufschub bis zu 6 Monaten verlängern. Sie kann auch wiederholt aussetzen; nur muß insgesamt, einschließlich des bereits vom Gericht bewilligten Aufschubs (vgl § 55 II S. 2 StVollstrO), die Höchstdauer eingehalten werden (KK-Fischer 8). Ein Verstoß gegen III S. 2 läßt die Wirksamkeit der Aussetzung unberührt.

5) Eine **Anrechnung** (IV) der Zeit des Aufschubs oder der Aussetzung auf die 8
im Urteil nach § 70 I S. 1 StGB für das Berufsverbot insgesamt festgesetzte Frist findet nicht statt.

6) **Rechtsbehelfe:** Gegen die gerichtliche Bewilligung des Verbotsaufschubs 9
nach I kann die StA sofortige Beschwerde nach § 462 III einlegen (I S. 3). Hat das Gericht den Aufschub abgelehnt oder über einen Antrag bis zum Ende der Haupt-

verhandlung nicht entschieden, so sind StA und Verurteilter beschwerdeberechtigt. Von der Urteilsanfechtung ist die sofortige Beschwerde nicht abhängig. Gegen die Entscheidung der VollstrB nach II sind Gegenvorstellungen und Dienstaufsichtsbeschwerde (21 ff vor § 296) sowie Einwendungen nach § 458 II zulässig. Das Gericht kann eine einstweilige Anordnung treffen (§ 458 III S. 1). Die gerichtliche Entscheidung ist nach § 462 III mit der sofortigen Beschwerde anfechtbar.

Ermittlungen, Vorführung; Haftbefehl; Festnahme

457 **I § 161 gilt sinngemäß für die in diesem Abschnitt bezeichneten Zwecke.**

II Die Vollstreckungsbehörde ist befugt, zur Vollstreckung einer Freiheitsstrafe einen Vorführungs- oder Haftbefehl zu erlassen, wenn der Verurteilte auf die an ihn ergangene Ladung zum Antritt der Strafe sich nicht gestellt hat oder der Flucht verdächtig ist. Sie kann einen Vorführungs- oder Haftbefehl auch erlassen, wenn ein Strafgefangener entweicht oder sich sonst dem Vollzug entzieht.

III Im übrigen hat in den Fällen des Absatzes 2 die Vollstreckungsbehörde die gleichen Befugnisse wie die Strafverfolgungsbehörde, soweit die Maßnahmen bestimmt und geeignet sind, den Verurteilten festzunehmen. Bei der Prüfung der Verhältnismäßigkeit ist auf die Dauer der noch zu vollstreckenden Freiheitsstrafe besonders Bedacht zu nehmen. Die notwendig werdenden gerichtlichen Entscheidungen trifft das Gericht des ersten Rechtszuges.

1 **1) Ermittlungshandlungen** (I): Die der StA in § 161 eingeräumten Befugnisse stehen auch der VollstrB zu. Insbesondere dürfen die Maßnahmen, die im Erkenntnisverfahren zur Ergreifung des Beschuldigten zulässig sind, auch gegen den Verurteilten im Vollstreckungsverfahren benutzt werden, vor allem gegen einen Verurteilten, der sich nicht zum Strafantritt stellt, der Flucht verdächtig oder aus dem Strafvollzug entwichen ist (Hilger NStZ **92**, 526; Rieß NJ **92**, 497); § 96 gilt entspr (BT-Drucks 12/989 S. 45).

2 **2)** Zum Zweck der **zwangsweisen Einleitung der Vollstreckung von Freiheitsstrafen** (II) ermächtigt die Vorschrift die VollstrB (§ 451 I) zum Erlaß eines Vorführungs- oder Haftbefehls. Die Geschäfte sind nach § 31 II S. 1 **RPflG** auf den Rechtspfleger übertragen. § 457 gilt auch für die Vollstreckung von Ersatzfreiheitsstrafen (§ 50 I StVollstrO) und sinngemäß für die Vollstreckung von freiheitsentziehenden Sicherungsmaßregeln (§ 463 I).

3 A. **Voraussetzungen der Zwangsmaßnahmen:**

4 a) **Nichtbeachtung der Ladung zum Strafantritt** (II S. 1): Der Vorschrift ist zu entnehmen, daß der auf freiem Fuß befindliche Verurteilte zum Antritt der Strafe geladen werden muß. In der Ladung wird ihm idR eine Frist gesetzt, innerhalb deren er sich in der JVA einzufinden hat (§ 27 II S. 1 StVollstrO). Er kann aber auch zum sofortigen Strafantritt geladen werden, wenn die sofortige Vollstrekkung geboten ist (§ 27 II S. 2 StVollstrO). Die Ladung braucht nicht förmlich zugestellt zu werden (§ 27 III StVollstrO läßt sogar die mündliche Ladung gegenüber dem an Amtsstelle anwesenden Verurteilten zu). Zwangsmaßnahmen nach II S. 1 sind aber nach § 33 I S. 1 StVollstrO nur zulässig, wenn der Verurteilte sich trotz förmlicher Ladung ohne ausreichende Entschuldigung nicht an dem in der Ladung bestimmten Tag, bei der Aufforderung zum sofortigen Strafantritt nicht am Tag nach der Zustellung stellt (KK-Fischer 5; **aM** KMR-Paulus 13: förmliche Ladung ist nicht erforderlich).

5 b) Bei **Fluchtverdacht** (II S. 1) wird von der Ladung zum Strafantritt abgesehen und sofort ein Vorführungs- oder Haftbefehl erlassen. Fluchtverdacht besteht,

wenn aufgrund bestimmter Taten (Geschäftsaufgabe, Paßantrag, Veräußerung der Wohnungseinrichtung, Äußerung von Fluchtplänen uä) zu befürchten ist, daß der Verurteilte sich der Strafvollstreckung auf irgendeine Weise (nicht durch Selbstmord) entziehen werde (Wetterich/Hamann 115). Der Fall, daß der Verurteilte bereits flüchtig ist oder sich verborgen hält, steht dem Fluchtverdacht selbstverständlich gleich, nach § 33 II Buchst b StVollstrO auch der Fall, daß er sich nach mündlicher Eröffnung der Ladung weigert, die Strafe sofort anzutreten (dazu LR-Wendisch 16).

c) Die **Notwendigkeit der Zurückführung in den Strafvollzug** (II S. 2) rechtfertigt ebenfalls den Erlaß eines Vorführungs- oder Haftbefehls. Um Entweichen iS II S. 2 handelt es sich, wenn sich der Gefangene aus der JVA oder bei Außenarbeiten unerlaubt entfernt. Das sonstige Sich-Entziehen liegt in dem unerlaubten Überschreiten der Befugnis, sich zeitweilig außerhalb des Gewahrsams der JVA aufzuhalten (Freigang, Urlaub, Ausgang). In beiden Fällen besteht ein Festnahmerecht der Vollzugsbehörde (§ 87 StVollzG) und der Polizeibehörden (vgl § 13 III MEPolG). Eine Reihenfolge in der Ausübung der Befugnisse dieser Behörden und der VollstrB ist gesetzlich nicht vorgesehen. IdR wird die VollstrB abwarten, ob die Bemühungen der Vollzugsbehörde oder der Polizei erfolgreich sind. Verpflichtet ist sie dazu nicht. 6

d) **Vorsorgliche Anordnung von Zwangsmaßnahmen: In** Erweiterung des II läßt § 33 III StVollstrO zur Beschleunigung der Strafvollstreckung bereits bei der Ladung zum Strafantritt den Erlaß eines Vorführungs- oder Haftbefehls für den Fall zu, daß sich der Verurteilte nicht fristgemäß oder nicht rechtzeitig stellt. Vollzogen werden dürfen diese Zwangsmaßnahmen aber erst, wenn der Verurteilte sich nicht bis zu dem in der Ladung bezeichneten Zeitpunkt gestellt hat oder wenn die Ladung nicht ausführbar und der Verdacht begründet ist, der Verurteilte werde sich der Vollstreckung zu entziehen versuchen. 7

B. **Zulässige Zwangsmaßnahmen** sind der Vorführungs- und der Haftbefehl. Sie sind dem Verurteilten, wenn möglich bei der Ergreifung, bekanntzugeben (§ 33 VI StVollstrO), idR durch Übergabe einer Ausfertigung des Vorführungs- oder Haftbefehls. Den notwendigen Inhalt bestimmt § 33 IV StVollstrO. Der Verhältnismäßigkeitsgrundsatz (Einl 20 ff) zwingt zur Anwendung weniger einschneidender Maßnahmen (Wohnungsanfrage, Suchvermerk nach § 25 **BZRG,** Ausschreibung zur Aufenthaltsermittlung uä), wenn sie Erfolg versprechen. 8

a) Der **Vollstreckungsvorführungsbefehl** zur Einleitung der Strafvollstrekkung kommt nur in Betracht, wenn der Verurteilte am Ort oder nahe bei der JVA wohnt und voraussichtlich von dem Vorführungsbeamten in seiner Wohnung angetroffen wird (Wetterich/Hamann 112). Andernfalls ist der Haftbefehl das geeignetere Zwangsmittel. 9

b) Den **Vollstreckungshaftbefehl** darf die VollstrB ohne Verstoß gegen Art 104 II S. 1 GG erlassen, weil die nach dieser Vorschrift notwendige richterliche Entscheidung bereits in dem rechtskräftigen Urteil oder Strafbefehl enthalten ist; es handelt sich nur um die Durchführung einer vom Gericht angeordneten Freiheitsentziehung (BGH **13**, 97, 100; **23**, 380, 386). Die Vorschriften der §§ 112 ff sind auf den Vollstreckungshaftbefehl nicht anzuwenden (KK-Fischer 2). § 457 betrifft auch keinen Fall der Verhaftung iS des § 310 I (dort 5). Mit der Überführung des Verurteilten in Strafhaft wird der Vollstreckungshaftbefehl gegenstandslos (Hamm NStZ **82**, 524); er braucht nicht aufgehoben zu werden. 10

c) Die **Vollziehung** des Vorführungs- oder Haftbefehls erfolgt durch die Polizei, bei Soldaten auch durch Feldjägereinheiten (§ 33 V S. 1 StVollstrO). Die VollstrB kann die nach Art 35 GG amtshilfepflichtigen Polizeibehörden des eigenen Landes, nach Abschn I Abs 2 der Ländervereinbarung vom 13. 1. 1965 (abgedruckt bei Piller/Herrmann 2 b Anh 1) aber auch unmittelbar die Polizeidienststellen anderer Bundesländer um die Ausführung von Vorführungs- und Haftbefehlen zum Zweck 11 der Vollstreckung ersuchen. Zum Zweck der Ergreifung des Verurteilten darf seine Wohnung ohne richterlichen Durchsuchungsbefehl durchsucht werden (Bringewat StVollstr 8; 6 zu § 105).

12 d) Ein **Vollstreckungssteckbrief** kann erlassen werden, wie sich aus I (dazu oben 1) und III (dazu unten 13) ergibt. Er ist nunmehr (im Gegensatz zur früheren Rechtslage, die in § 457 II aF eine eigene Regelung traf) aber an die Voraussetzungen des § 131 gebunden. Zum notwendigen Inhalt des Steckbriefs vgl § 34 II StVollstrO.

13 3) Auch **sonstige Maßnahmen** darf die VollstrB ergreifen, wenn sie zur Festnahme des Verurteilten bestimmt und geeignet sind (III). Hier kommt, falls die jeweiligen Voraussetzungen gegeben sind, die Rasterfahndung (§§ 98 a ff), der Einsatz technischer Mittel (§ 100 c) oder Verdeckter Ermittler (§§ 110 a ff) sowie die polizeiliche Beobachtung einer Kontaktperson (§ 163 e I S. 3) in Betracht (Rieß NJ **92**, 497). Düsseldorf JMBlNW **97**, 34 läßt auch eine Vermögensbeschlagnahme nach § 290 zu (zw). Neben den sonstigen Voraussetzungen ist besonders
14 der **Grundsatz der Verhältnismäßigkeit** in Bezug auf die Dauer der noch zu vollstreckenden Freiheitsstrafe zu beachten, wie III S. 2 ausdrücklich betont; somit werden zB die besonders intensiven Fahndungsmaßnahmen nach § 100 c nur in Ausnahmefällen eingesetzt werden dürfen (vgl BT-Drucks 12/989 S. 59). Soweit
15 hierbei **gerichtliche Entscheidungen** notwendig sind (zB nach § 110 b II), ist dafür nicht etwa die StVollstrK, sondern das Gericht des 1. Rechtszuges zuständig (III S. 3). Die Anfechtbarkeit der von diesem getroffenen Entscheidungen richtet sich nach den jeweiligen Vorschriften (vgl etwa 10 zu § 98 b).

16 4) **Rechtsbehelfe:** Einen Antrag auf gerichtliche Entscheidung gegen die Zwangsmaßnahmen des II (zu denen des III oben 15) sieht die StPO nicht vor (vgl §§ 458 II, 459 h, 462). Daher ist nur die Beschwerde nach § 21 StVollstrO und danach der Rechtsweg nach §§ 23 ff **EGGVG** gegeben (Düsseldorf Rpfleger **86**, 64; MDR **89**, 1016; Hamm NStZ **82**, 524; JMBlNW **89**, 244; Saarbrücken NJW **73**, 1010, 1012; Amelung NJW **79**, 1688). Nach der Überführung des Verurteilten in Strafhaft kann allenfalls ein Feststellungsantrag nach § 28 I S. 4 **EGGVG** gestellt werden (Hamm aaO; MDR **87**, 519).

Gerichtliche Entscheidung

458 **I Wenn über die Auslegung eines Strafurteils oder über die Berechnung der erkannten Strafe Zweifel entstehen oder wenn Einwendungen gegen die Zulässigkeit der Strafvollstreckung erhoben werden, so ist die Entscheidung des Gerichts herbeizuführen.**

II Das Gericht entscheidet ferner, wenn in den Fällen des § 454 b Abs. 1 und 2 sowie der §§ 455, 456 und 456 c Abs. 2 Einwendungen gegen die Entscheidung der Vollstreckungsbehörde erhoben werden oder wenn die Vollstreckungsbehörde anordnet, daß an einem Ausgelieferten oder Ausgewiesenen die Vollstreckung einer Strafe oder einer Maßregel der Besserung und Sicherung nachgeholt werden soll, und Einwendungen gegen diese Anordnung erhoben werden.

III Der Fortgang der Vollstreckung wird hierdurch nicht gehemmt; das Gericht kann jedoch einen Aufschub oder eine Unterbrechung der Vollstreckung anordnen. In den Fällen des § 456 c Abs. 2 kann das Gericht eine einstweilige Anordnung treffen.

1 1) Die **gerichtliche Entscheidung nach I** ergeht nicht von Amts wegen (Stuttgart Justiz **84**, 288; OLGSt Nr 1). Bei Zweifeln über die Auslegung eines Strafurteils oder über die Berechnung der Strafe muß die VollstrB die gerichtliche Entscheidung herbeiführen, bei Einwendungen des Verurteilten gegen die Zuläs-

sigkeit der Strafvollstreckung legt sie die Sache dem Gericht vor, wenn sie ihnen nicht abhilft (unten 6). I gilt entspr bei der Vollstreckung von Sicherungsmaßregeln (§ 463 I). Bei der Vollstreckung von Geldstrafen ist § 459 h die Sondervorschrift (dort 1).

A. **Zweifel über die Auslegung eines Strafurteils** können sich auf den gesamten Strafausspruch, aber auch auf einen Teil von ihm, insbesondere auf Nebenstrafen und Nebenfolgen beziehen (BGH **8**, 66; MDR **64**, 940; LR-Wendisch 2). Unter I fällt auch der Fall, daß Widersprüche zwischen Urteilsausspruch und Gründen bestehen (LR-Wendisch 2). 2

B. **Zweifel über die Berechnung der erkannten Strafe:** Die Strafzeitberechnung ist nach §§ 37 ff StVollstrO Aufgabe der VollstrB. Wenn sie Zweifel hat, legt sie ihre Berechnung dem Gericht vor, das dann an ihrer Stelle die Strafzeit berechnen muß. I ist auch anwendbar, wenn das Urteil keine oder keine klare Bestimmung über Auswirkungen und Umfang der Anrechnung von UHaft nach § 51 StGB, § 52 a **JGG** oder einer anderen Freiheitsentziehung enthält oder wenn hierüber sonst Zweifel bestehen (BGH **24**, 29; Düsseldorf JMBlNW **95**, 215; Zweibrücken NJW **75**, 509), auch bei Zweifeln über das Vorliegen der Voraussetzungen des § 450 a (BGH **8**, 34, 36). Sinngemäß ist I auf den Fall angewendet worden, daß zweifelhaft ist, ob bei der unterbrochenen Vollstreckung mehrerer zeitiger Freiheitsstrafen die Summe der Strafen 15 Jahre überschreiten darf (Hamm NJW **71**, 1373; Oldenburg GA **71**, 342). Im Schrifttum wird die entspr Anwendung von I mit Recht für den Fall befürwortet, daß Zweifel über den Umfang einer ausländischen Auslieferungsbewilligung bestehen (Hermes NJW **79**, 2443; Hermes/Schulze NJW **80**, 2622; KK-Fischer 8; LR-Wendisch 4; **aM** Hamm NJW **79**, 2484; Nürnberg NStZ **98**, 534; Stuttgart NJW **80**, 1240: entspr Anwendung des § 460; Celle NdsRpfl **87**, 110: Festsetzung des vollstreckbaren Strafteils durch StA). 3

C. **Einwendungen gegen die Zulässigkeit der Strafvollstreckung:** 4

a) **Einwendungsberechtigt** sind der Verurteilte, sein Verteidiger und Bevollmächtigter, auch der gesetzliche Vertreter (KK-Fischer 9). Die Einwendungen können auch von einem Verfalls- oder Einziehungsbeteiligten (§§ 431, 442) erhoben werden, wenn es sich um die Vollstreckung gegen ihn handelt, nicht aber von Beteiligungsinteressenten, deren Verfahrensbeteiligung nicht angeordnet worden war; sie sind auf das Nachverfahren nach § 439 zu verweisen (Pohlmann Rpfleger **68**, 271). Ein Dritter kann Einwendungen erheben, wenn er durch die Vollstreckung betroffen ist, zB der Erbe bei Vollstreckung in den Nachlaß und der Eigentümer der Sache, der bestreitet, daß sie mit der im Urteil eingezogenen identisch ist. Die Einwendungen sind **gegenüber der VollstrB** zu erheben (BGH 6 NJW **98**, 2066), die sie an das Gericht weiterleitet, wenn sie ihnen nicht abhilft. Erhebt der Betroffene keine Einwendungen, so kann die **VollstrB** (§ 451 I) ihre 7 eigenen Zweifel an der Zulässigkeit der Strafvollstreckung nicht gerichtlich klären lassen (Düsseldorf OLGSt Nr 2 mwN; NStZ-RR **97**, 220; Rostock NStZ **94**, 304 mwN; Pohlmann Rpfleger **62**, 146). Sie muß stets selbst entscheiden (Düsseldorf JMBlNW **95**, 215: formlose Entscheidung kann genügen) und es dem Betroffenen überlassen, sich mit Einwendungen an das Gericht zu wenden (Hamburg JR **55**, 69; Hamm NJW **56**, 1936; Unger Rpfleger **57**, 227). Allerdings kann es angebracht sein, daß sie ihn auf die Möglichkeit von Einwendungen hinweist (Düsseldorf aaO; Karlsruhe Justiz **76**, 394; Pohlmann/Jabel/Wolf 8 zu § 42 StVollstrO). Einwendungen zugunsten des Verurteilten sind der StA auch als Strafverfolgungsbehörde verwehrt (KK-Fischer 4; KMR-Paulus 25; **aM** LG Bremen MDR **56**, 183). 5

b) Gegen die **Zulässigkeit der Strafvollstreckung** überhaupt (allgemeine Voraussetzungen der Vollstreckung, Vollstreckungshindernisse) müssen sich die Einwendungen richten (Düsseldorf NJW **77**, 117; Hamburg NJW **75**, 1132; Schleswig GA **84**, 96). **Bestand und Rechtmäßigkeit des Urteils** oder Strafbefehls dürfen 9 8

grundsätzlich nicht in Frage gestellt werden (BayVerfGH GA **64**, 50; Hamm GA **61**, 155; Koblenz OLGSt S. 19), auch nicht im Widerrufsbeschluß nach § 56f StGB (Düsseldorf JR **92**, 126 mit Anm Wendisch). Ausnahmen gelten, wenn Doppelbestrafung behauptet wird (39 zu § 359). Die Nichtigerklärung des Urteils durch das BVerfG begründet die Wiederaufnahme nach § 79 I BVerfGG (7 vor § 359), nicht die Anwendung des § 458 (BVerfG NJW **63**, 756; **aM** Schleswig SchlHA **63**, 60; Bringewat StVollstr 23). Für die Prüfung der Zulässigkeit der weiteren Vollstreckung einer Entscheidung eines Strafgerichts der ehemaligen DDR gelten I und II nicht, III S. 1 ist jedoch entspr anzuwenden (BezG Gera DtZ
10 **91**, 312; erg 11 vor § 449). Zu den **Vollstreckungshindernissen,** die nach I geltend gemacht werden können, gehören die fehlende Identität des Betroffenen mit dem Verurteilten, das Fehlen der Rechtskraft der Entscheidung, Verjährung, Amnestie, Begnadigung, Strafaussetzung zur Bewährung, bereits erfolgte Vollstreckung, auch die Bezahlung der Geldstrafe, wenn die Vollstreckung der Ersatzfreiheitsstrafe betrieben wird. Der Verstoß gegen § 67 I StGB kann ebenfalls auf Einwendungen nach I geprüft werden (Düsseldorf NStZ **81**, 366).

11 c) Gegen die **Art und Weise des Vollzugs** können keine Einwendungen nach I erhoben werden, zB nicht gegen den gemeinsamen Vollzug des zu Freiheitsstrafe Verurteilten mit Sicherungsverwahrten (BGH **19**, 240), gegen den Vollzug der Sicherungsverwahrung in weitgehender Angleichung an den der Freiheitsstrafe (**aM** Hamm NJW **59**, 1889 = JZ **59**, 714 mit zust Anm Pohlmann) oder gegen die Vollstreckung einer Jugendstrafe in einer Erwachsenenstrafanstalt (KG NJW **78**, 284 mit abl Anm Frenzel; **aM** LR-Wendisch 10). Nicht unter I fallen auch alle Einwendungen, die aus Entscheidungen der VollstrB hergeleitet werden (Zweibrücken JR **83**, 168 mit Anm Katholnigg; Hamburg NJW **75**, 1132). Gegen Einzelmaßnahmen der Strafvollstreckung, die nicht nach II anfechtbar sind, zB die Weigerung der VollstrB, die Vollstreckung nach § 35 BtMG zurückzustellen (16 zu § 23 EGGVG), ist nur der Rechtsweg nach §§ 23 ff **EGGVG** gegeben (gegen die Verweigerung der Zustimmung des Gerichts steht der VollstrB allerdings nach § 35 II S. 1 BtMG die Beschwerde nach § 304 zu), für die Beanstandung von Einzelmaßnahmen im Vollzug der nach §§ 109 ff **StVollzG.**

12 **2)** Die **Einwendungen nach II** betreffen einzelne Anordnungen der VollstrB, nämlich nach § 454b I (dort 5), nach § 455 (dort 16), nach § 456 (dort 9) und nach § 456c II (dort 9). Die Anordnung, daß an einem Ausgelieferten oder Ausgewiesenen die Strafvollstreckung nachgeholt wird, ist nach § 456a zulässig (dort 9). Der Einwendungsberechtigte (oben 5 ff) kann die Einwendungen unmittelbar bei Gericht geltend machen, wenn der StA entschieden hat. Gegen Entscheidungen des Rechtspflegers müssen zunächst Einwendungen bei dem StA erhoben werden (§ 31 VI S. 1 **RPflG**).

13 **3) Vorläufige Anordnungen** (III): Entsprechend § 307 I wird durch die Einwendungen nach I oder II der Fortgang der Vollstreckung nicht gehemmt. Das Gericht kann aber, wenn nicht bereits die VollstrB wegen der Zweifelhaftigkeit der Strafvollstreckung entspr Maßnahmen getroffen hat, auf Antrag oder von Amts wegen den Aufschub oder die Unterbrechung der Vollstreckung anordnen. In den Fällen des § 456c II ist eine einstweilige Anordnung zulässig (III S. 2).

14 **4) Erneute Einwendungen** nach rechtskräftiger Verwerfung früherer Einwendungen sind zulässig, wenn der Betroffene sie auf neue Tatsachen oder Beweismittel stützt (Düsseldorf MDR **93**, 67 mwN; Koblenz OLGSt S. 19).

15 **5)** Der **Rechtsweg nach §§ 23 ff EGGVG** ist ausgeschlossen, soweit § 458 die gerichtliche Entscheidung zuläßt (Frankfurt NJW **98**, 1165; vgl § 23 III **EGGVG**). Zulässig ist er insbesondere gegen Entscheidungen der VollstrB nach § 456 (dort 9), gegen Zwangsmittel nach § 457 (dort 16) und gegen andere Einzelmaßnahmen (oben 11).

6) **Rechtsmittel:** Gegen die gerichtlichen Entscheidungen nach I und II stehen der StA als Strafverfolgungsbehörde (KK-Fischer 22) und dem Betroffenen die sofortige Beschwerde nach § 462 III zu. Weitere Beschwerde ist ausnahmslos ausgeschlossen. Gegen vorläufige Maßnahmen des Gerichts nach III kann die StA sofortige Beschwerde einlegen; richtet sie sich gegen die Unterbrechung der Strafvollstreckung, so hat sie aufschiebende Wirkung (§ 462 III S. 2). 16

Vollstreckungen der Geldstrafe

459 Für die Vollstreckung der Geldstrafe gelten die Vorschriften der Justizbeitreibungsordnung, soweit dieses Gesetz nichts anderes bestimmt.

1) Die **Vollstreckung der Geldstrafe** richtet sich grundsätzlich nach den Vorschriften der JBeitrO, die durch die Vorschriften der StVollstrO und der EBAO ergänzt werden. Sie gelten aber nur subsidiär. Soweit daher § 8 JBeitrO Einwendungen regelt, die den beizutreibenden Anspruch betreffen, sind statt dessen die §§ 458, 459 h anzuwenden (LR-Wendisch 4; Wetterich/Hamann 262). § 459 gilt entspr für die Vollstreckung vor Nebenfolgen, die zu einer Geldzahlung verpflichten (§ 459 g II). 1

2) Die **Eröffnung und Beitreibung** der Geldstrafe obliegt nach § 2 I S. 1, II JBeitrO, § 1 IV S. 1 EBAO den nach den Verfahrensgesetzen für die Vollstreckung dieser Ansprüche zuständigen Stellen, im Strafverfahren also der StA als VollstrB (§ 451 I, § 2 Buchst a EBAO). Die Geschäfte sind auf den Rechtspfleger übertragen (§ 31 II S. 1 **RPflG**). Er ordnet die **Einforderung** der Geldstrafe an (§ 3 EBAO), die durch Übersendung einer Zahlungsaufforderung erfolgt (§ 5 Abs. 1 EBAO). Wird in der Zahlungsfrist grundlos keine Zahlung geleistet, so soll der Verurteilte vor der Anordnung der Beitreibung idR zunächst gemahnt werden (§ 5 II JBeitrO, § 7 I EBAO). Geht nach angemessener Frist auch dann keine Zahlung ein, so leitet der Rechtspfleger die **Beitreibung** ein (§ 8 EBAO). Die dafür maßgebenden Vorschriften bezeichnen die §§ 6 ff JBeitrO. Danach wird im wesentlichen entspr den Vorschriften der ZPO verfahren. Statt des Gerichtsvollziehers wird jedoch der Justizvollziehungsbeamte tätig (§ 6 III S. 1 BeitrO). Pfändungs- und Überweisungsbeschlüsse erläßt der Rechtspfleger der StA (§ 6 II S. 2 JBeitrO). Die Abnahme der eidesstattlichen Versicherung nach § 807 ZPO und die Vollstreckung in das unbewegliche Vermögen beantragt er bei dem zuständigen AG (§ 7 S. 1 JBeitrO). Eine **Wohnungsdurchsuchung** darf im Hinblick auf Art 13 II GG nur der Richter anordnen (BVerfGE **51**, 97 = NJW **79**, 1539; Kaiser NJW **80**, 875); zuständig ist das Gericht des 1. Rechtszugs (AG Braunschweig NJW **80**, 1968; 18 zu § 462 a). Bei Gefahr im Verzug genügt die Anordnung der StA als VollstrB (BVerfG aaO, KK-Fischer 6). 2 3 4 5

3) Die **Verfahrenskosten** werden grundsätzlich zusammen mit der Geldstrafe beigetrieben (§ 1 II EBAO). Zuständig für die Einforderung und Beitreibung ist auch insoweit die VollstrB (§ 1 IV JBeitrO, § 1 IV S. 1 EBAO). Wenn die Verbindung von Strafe und Kosten von selbst oder aufgrund einer Anordnung der VollstrB gelöst worden ist (vgl § 15 EBAO), obliegt die Vollstreckung wegen der Kosten des Verfahrens aber der Gerichtskasse (§ 1 V EBAO). 6

4) **Rechtsbehelfe:** Einwendungen gegen die Zulässigkeit der Vollstreckung der Geldstrafe werden nach § 458 beschieden (dort 8). Betreffen die Einwendungen nur die Art und Weise der Beitreibung, so sind die in § 6 I Nr 1 JBeitrO bezeichneten vollstreckungsrechtlichen Rechtsbehelfe gegeben (KK-Fischer 6). 7

Zahlungserleichterungen

459a **I Nach Rechtskraft des Urteils entscheidet über die Bewilligung von Zahlungserleichterungen bei Geldstrafen (§ 42 des Strafgesetzbuches) die Vollstreckungsbehörde. Sie kann Zahlungserleichterungen auch gewähren, wenn ohne die Bewilligung die Wiedergutmachung des durch die Straftat verursachten Schadens durch den Verurteilten erheblich gefährdet wäre; dabei kann dem Verurteilten der Nachweis der Wiedergutmachung auferlegt werden.**

II Die Vollstreckungsbehörde kann eine Entscheidung über Zahlungserleichterungen nach Absatz 1 oder nach § 42 des Strafgesetzbuches nachträglich ändern oder aufheben. Dabei darf sie von einer vorausgegangenen Entscheidung zum Nachteil des Verurteilten nur auf Grund neuer Tatsachen oder Beweismittel abweichen.

III Entfällt die Vergünstigung nach § 42 Satz 2 des Strafgesetzbuches, die Geldstrafe in bestimmten Teilbeträgen zu zahlen, so wird dies in den Akten vermerkt. Die Vollstreckungsbehörde kann erneut eine Zahlungserleichterung bewilligen.

IV Die Entscheidung über Zahlungserleichterungen erstreckt sich auch auf die Kosten des Verfahrens. Sie kann auch allein hinsichtlich der Kosten getroffen werden.

1 1) Über die **Bewilligung von Zahlungserleichterungen** (I) bei der Geldstrafe nach § 42 StGB (Stundung und Ratenzahlungen) entscheidet nach Urteilsrechtskraft auf Antrag oder von Amts wegen (Hamburg Rpfleger **77**, 65) die VollstrB. Für die Vollstreckung von Nebenfolgen, die zu einer Geldzahlung verpflichten, gilt das entspr (§ 459 g II). Die VollstrB kann ihre Bewilligung, die das Ruhen der Vollstreckungsverjährung zur Folge hat (§ 79 a Nr 2 Buchst c StGB), entspr § 42 S. 2 StGB mit einer Verfallklausel versehen (LR-Wendisch 3). Die Entscheidung ist nach § 31 II S. 1 **RPflG** dem Rechtspfleger übertragen. Wenn dem Verurteilten
2 nach seinen persönlichen oder wirtschaftlichen Verhältnissen die **sofortige Zahlung der Geldstrafe nicht zuzumuten** ist (dazu Tröndle 3 zu § 42 StGB), ist die Bewilligung von Zahlungserleichterungen nach § 42 S. 1 StGB zwingend geboten (Stuttgart Rpfleger **93**, 417). Ein weiterer Bewilligungsgrund ist nach S. 2 die
3 **Rücksichtnahme auf die Ersatzansprüche des Verletzten** gegen den Verurteilten. Zahlungserleichterungen können auch gewährt werden, wenn dadurch die Möglichkeiten der Schadenswiedergutmachung verbessert werden. Dabei wird vorausgesetzt, daß durch die vorrangige Pflicht des Verurteilten zur Leistung von Geldstrafe und/oder Kosten die Schadenswiedergutmachung erheblich gefährdet wäre, etwa weil der Verurteilte nach seinen wirtschaftlichen Verhältnissen nicht in der Lage ist, beide Ansprüche alsbald zu befriedigen. Eine Gefährdung der Wiedergutmachung kommt aber auch schon dann in Betracht, wenn infolge des Vorrangs der Geldstrafe die Verwirklichung des fälligen Ersatzanspruchs des Verletzten nicht unerheblich verzögert würde. Ein endgültiger Ausfall der Forderung des Verletzten braucht nicht zu drohen. Anders als im Fall des § 42 S. 1 StGB ist die Bewilligung von Zahlungserleichterungen nach I S. 2 bei Vorliegen der gesetzlichen Voraussetzungen nicht zwingend vorgeschrieben, sondern in das Ermessen der VollstrB gestellt, die unter Abwägung aller Umstände des Einzelfalls entscheidet. Hat sie mit Rücksicht auf die Schadensersatzansprüche des Verletzten Zahlungserleichterungen bewilligt, so muß sie in regelmäßigen Abständen prüfen, ob der Verurteilte diese Vergünstigung auch dazu benutzt, die Ansprüche des Verletzten zu befriedigen (KK-Fischer 4). Ist das nicht der Fall, so ist die Vergünstigung nach II S. 2 aufzuheben (unten 5).

4 2) **Nachträgliche Änderung der Entscheidung** (II): Die VollstrB kann nicht nur ihre eigene, sondern auch die Entscheidung des Tatrichters über Zahlungser-

leichterungen auf Antrag oder von Amts wegen ändern oder aufheben (S. 1). Sie kann insbesondere Zahlungserleichterungen gewähren, die das Gericht versagt hat, die festgesetzten Zahlungsfristen verlängern, die Höhe der Ratenzahlungen herabsetzen und die Verfallklausel beseitigen. Mehrfache Änderungen sind zulässig. Bei der Entscheidung nach II darf die VollstrB aber den Zweck der Geldstrafe nicht aus den Augen verlieren. Ratenzahlungen in so geringer Höhe oder so weit hinausgesteckte Zahlungsfristen, daß die Geldstrafe den Verurteilten praktisch nicht mehr fühlbar belastet, sind grob ermessensfehlerhaft (KK-Fischer 5). **Änderungen zuungunsten des Verurteilten** (S. 2), zB die Aufhebung der Zahlungserleichterungen, der Heraufsetzung der Raten, die Verkürzung der Zahlungsfristen oder die Einführung einer Verfallklausel, sind zulässig, aber nur aufgrund neuer Tatsachen oder Beweismittel, die sich auf die Voraussetzungen der Zahlungserleichterungen (oben 2 ff) beziehen. Neu sind Tatsachen und Beweismittel, die das Gericht oder die VollstrB bei ihrer Entscheidung nicht berücksichtigt hat, weil sie damals noch nicht bekannt waren, weil sie übersehen worden oder weil sie erst später entstanden sind (KMR-Paulus 18; **aM** Volckart 78; erg 3 zu § 211; 30 ff zu § 359). Die Tatsachen und Beweismittel müssen allein oder in Verbindung mit den früher bekannten Tatsachen und Beweismitteln geeignet sein, die bisherigen Entscheidungsgrundlagen zu beseitigen (LR-Wendisch 10). In Betracht kommen insbesondere eine Besserung der wirtschaftlichen Verhältnisse des Verurteilten (im Fall des I S. 1) oder das Unterlassen der Schadenswiedergutmachung (im Fall I S. 2). Das Verschlechterungsverbot des S. 2 gilt jeweils im Verhältnis zu der vorausgegangenen Entscheidung. Die Vollstreckung der Geldstrafe ist erst nach Rechtskraft des Widerrufsbeschlusses zulässig (Hamburg MDR **57**, 330; LG Krefeld Rpfleger **71**, 225 mit Anm Pohlmann). 5

3) Der **Wegfall der Vergünstigung** (III) nach § 42 S. 2 StGB tritt ohne Rücksicht auf das Verschulden des Verurteilten von selbst ein, wenn er einen Teilbetrag nicht rechtzeitig zahlt. Daher braucht die VollstrB die richterliche Bewilligung in diesem Fall nicht aufzuheben, sondern nur ihren Wegfall in den Akten zu vermerken (S. 1). Der Aktenvermerk dient lediglich der Klarstellung, daß die VollstrB das Vorliegen der Voraussetzungen des § 42 S. 2 StGB geprüft hat; er ist unanfechtbar. Hat das Gericht eine Anordnung nach § 42 S. 2 StGB nicht getroffen, so darf die VollstrB den gerichtlichen Beschluß dennoch (entspr § 56 f I StGB) aufheben, wenn der Verurteilte seine Zahlungspflicht gröblich oder beharrlich verletzt. Der erneuten Bewilligung von Zahlungserleichterungen steht das nicht entgegen (S. 2). Die Regelung des III gilt auch, wenn die VollstrB ihre eigene Anordnung mit einer Verfallklausel versehen hat. 6

4) Auf die **Verfahrenskosten** (IV) erstreckt sich die Bewilligung von Zahlungserleichterungen nur, wenn sie nachträglich von der VollstrB getroffen worden ist (S. 1). Das Gericht kann im Urteil insoweit keine Vergünstigungen gewähren. Durch die Regelung des IV werden Geldstrafe und Kosten zu einer Einheit zusammengefaßt. Die VollstrB kann die Kosten aber von der Vergünstigung ausnehmen (**aM** KMR-Paulus 24). Für die **Kosten allein** (S. 2) kann die VollstrB Zahlungserleichterungen bewilligen, wenn die Ergänzung der gerichtlichen Entscheidung geboten erscheint oder wenn eine Geldstrafe nicht oder nicht mehr zu vollstrecken ist. Wenn in dem Urteil überhaupt nicht auf Geldstrafe erkannt worden ist, gilt IV S. 2 aber nicht. Die Regelung des IV gilt auch im Fall des I S. 2. 7 8

5) **Rechtsbehelfe:** Über Einwendungen des Verurteilten gegen eine Anordnung des Rechtspflegers (Ablehnung von Zahlungserleichterungen oder Zurückbleiben hinter den Antrag des Verurteilten; nicht gegen den Aktenvermerk nach III S. 1) entscheidet zunächst die StA (§ 31 VI S. 1 **RPflG**). Erhebt der Verurteilte auch gegen dessen Bescheid Einwendungen, so entscheidet darüber nach § 459 h das Gericht, und zwar ohne mündliche Verhandlung, durch Beschluß (§ 462 I S. 1). Zuständig ist idR das Gericht des 1. Rechtszugs (§ 462 a II S. 1). Nur wenn gegen 9

den Verurteilten eine Freiheitsstrafe vollstreckt wird, entscheidet die StVollstrK auch über die Zahlungserleichterungen (4 zu § 459 h). Gegen den Gerichtsbeschluß ist sofortige Beschwerde zulässig (§ 462 III).

Verrechnung von Teilbeträgen

459b Teilbeträge werden, wenn der Verurteilte bei der Zahlung keine Bestimmung trifft, zunächst auf die Geldstrafe, dann auf die etwa angeordneten Nebenfolgen, die zu einer Geldzahlung verpflichten, und zuletzt auf die Kosten des Verfahrens angerechnet.

1 **1)** Für die **Anrechnung von Teilzahlungen** ist die Bestimmung des Verurteilten maßgebend, die er vor oder bei der Zahlung getroffen hat. Eine solche Bestimmung kann für ihn insbesondere dann nützlich sein, wenn er vorab eine zur Geldzahlung verpflichtende Nebenfolge (§ 459 g II) erledigen will, um dadurch die Aufhebung einer Sicherstellung nach §§ 111 b ff zu erreichen (LR-Wendisch
2 5). Beim Fehlen einer Bestimmung des Verurteilten gilt die **gesetzliche Reihenfolge** des § 459 b. Dabei macht es keinen Unterschied, ob dem Verurteilten Zahlungserleichterungen in Form von Teilzahlung bewilligt worden waren oder ob er nach §§ 4, 5 EBAO eine Zahlungsaufforderung über den gesamten Geldstrafenbetrag erhalten hat, aber nur einen Teilbetrag zahlt (§ 6 EBAO).

3 **2)** Bei der **Vollstreckung mehrerer strafrechtlicher Entscheidungen** gilt § 459 b entspr (LR-Wendisch 6). Schuldet der Verurteilte aus mehreren Straferkenntnissen Geldstrafe, Nebenfolgen, die zu einer Geldzahlung verpflichten, oder Verfahrenskosten, so kommt es auf seine Bestimmung vor oder bei der Zahlung an, auf welche Urteile oder Strafbefehle die Teilbeträge angerechnet werden sollen; die Angabe des Aktenzeichens kann dazu genügen. Trifft der Verurteilte keine Bestimmung, so wird die Zahlung auf die Geldstrafe angerechnet, deren Vollstreckung am ehesten verjährt (KK-Fischer 4; vgl auch Göhler 3 zu § 94 OWiG). Im übrigen gilt auch hier die Reihenfolge des § 459 b.

4 **3)** Bei der **zwangsweisen Beitreibung** von Geldstrafen, Nebenfolgen, die zu einer Geldzahlung verpflichten, und Verfahrenskosten gilt § 459 b ebenfalls entspr (KMR-Paulus 5; **aM** KK-Fischer 3: kein Verfügungsrecht des Verurteilten). Andernfalls wäre der Verurteilte, von dem nur ein Teilbetrag erlangt werden kann, schlechter gestellt als bei freiwilliger Zahlung (Göhler 5 zu § 94 OWiG).

5 **4)** Der zulässige **Rechtsbehelf** gegen Verstöße gegen § 459 b ist, da § 459 h insoweit Einwendungen nicht zuläßt, der Antrag auf gerichtliche Entscheidung nach § 23 **EGGVG** (KMR-Paulus 7; **aM** LR-Wendisch 7 zu § 459 h: entspr Anwendung dieser Vorschrift).

Beitreibung der Geldstrafe

459c I Die Geldstrafe oder der Teilbetrag der Geldstrafe wird vor Ablauf von zwei Wochen nach Eintritt der Fälligkeit nur beigetrieben, wenn auf Grund bestimmter Tatsachen erkennbar ist, daß sich der Verurteilte der Zahlung entziehen will.

II Die Vollstreckung kann unterbleiben, wenn zu erwarten ist, daß sie in absehbarer Zeit zu keinem Erfolg führen wird.

III In den Nachlaß des Verurteilten darf die Geldstrafe nicht vollstreckt werden.

1 **1)** Eine **Schonfrist von 2 Wochen nach Eintritt der Fälligkeit** (I) bestimmt die Vorschrift. Sie geht davon aus, daß mit der sofortigen Beitreibung für den

Verurteilten erhebliche Nachteile verbunden sein können (zB Unmöglichkeit der Geldbeschaffung oder der Antragstellung nach § 459 a), der Aufschub der Strafvollstreckung um kurze Zeit die Interessen der Strafverfolgung aber nicht wesentlich berührt. Die **Fälligkeit** tritt mit der Rechtskraft des Urteils ein, wenn es keine 2
Zahlungserleichterungen nach § 42 StGB bewilligt. Werden im Urteil oder nach Urteilsrechtskraft (§ 459 a) Ratenzahlungen bewilligt, so tritt die Fälligkeit iSd des I für jede Rate mit deren Fälligkeit ein. Wenn eine Verfallklausel (1 zu § 459 a) bestimmt worden und wirksam geworden ist, wird der gesamte Geldstrafenbetrag fällig. Die Vollstreckung unter Verstoß gegen I (die wegen des vorangehenden Einforderungs- und Mahnverfahrens praktisch ausgeschlossen ist) ist wirksam. Die **sofortige Vollstreckung** ist zulässig, wenn erkennbar wird, daß sich der Verur- 3
teilte der Zahlung, dh der Beitreibung, entziehen will. Dazu gehört mehr als das bloße Nichtbefolgen einer Zahlungsaufforderung. Erforderlich ist vielmehr, daß der Verurteilte versucht, Pfändungen durch häufigen Wechsel der Wohnung oder Arbeitsstelle zu entgehen, oder daß er Vermögenswerte beiseiteschafft (LR-Wendisch 7). Die Absicht des Verurteilten, sich der Zahlung zu entziehen, muß aufgrund bestimmter Tatsachen erkennbar werden; bloße Vermutungen oder ein Verdacht, der sich nicht auf konkrete Tatsachen stützen kann, genügen nicht.

2) Unterbleiben der Vollstreckung (II): Uneinbringlich iS des § 43 StGB ist 4
eine Geldstrafe grundsätzlich erst, wenn erfolglos versucht worden ist, sie beizutreiben. Damit ein überflüssiger und nutzloser Verwaltungsaufwand vermieden werden kann, läßt II aber zu, daß aussichtslose Vollstreckungsmaßnahmen (nicht die Aufforderung zur Zahlung der Geldstrafe nach § 5 I EBAO) unterbleiben können. **Aussichtslos** ist die Vollstreckung, wenn mit Wahrscheinlichkeit zu er- 5
warten ist, daß sie keinen Erfolg haben wird. Das ist insbesondere der Fall, wenn schon Beitreibungsversuche in anderen Sachen erfolglos waren, wenn der Verurteilte vor kurzem die Erklärung nach § 807 ZPO abgegeben hat oder sich im Insolvenzverfahren befindet, auch wenn sein Einkommen die Pfändungsgrenze nach § 850 c ZPO nicht übersteigt. Die Aussichtslosigkeit von Beitreibungsmaßnahmen muß auf unabsehbare Zeit bestehen. Diese Voraussetzungen werden zweckmäßigerweise in einem Aktenvermerk niedergelegt (LR-Wendisch 10). Die 6
Wirkung der Anordnung nach II besteht darin, daß, aber nur aufgrund einer besonderen Anordnung nach § 459 e I (LR-Wendisch 11), die Ersatzfreiheitsstrafe vollstreckt werden kann. Die Anordnung nach II hindert nicht, die Vollstreckung der Geldstrafe erneut zu betreiben, solange die Strafvollstreckung nicht durch Verbüßung der Ersatzfreiheitsstrafe oder Verjährung erledigt ist.

3) Die **Vollstreckung in den Nachlaß** (III) ist unzulässig. Die zu Lebzeiten des 7
Verurteilten nicht vollstreckte Geldstrafe erlischt (KMR-Paulus 12). Eine vor seinem Tod begonnene Vollstreckung muß abgebrochen werden (LR-Wendisch 12).

4) Rechtsbehelfe: Über Einwendungen gegen die Entscheidung des Rechts- 8
pflegers nach I (Beitreibung vor Ablauf der Schonfrist) befindet zunächst der StA (§ 31 VI S. 1 **RPflG**); gegen dessen bestätigende Entscheidung kann nach § 459 h die Entscheidung des Gerichts herbeigeführt werden. Gegen die Entscheidung nach II ist kein Rechtsbehelf gegeben; sie beschwert den Verurteilten auch dann nicht, wenn die Unterbleibensanordnung nicht betroffen wird (KMR-Paulus 13). Im Fall des III stehen den Erben gegen die Entscheidung der StA nach § 31 VI S. 1 **RPflG** die Einwendungen nach § 459 h zu (KK-Fischer 9; LR-Wendisch 8 zu § 459 h).

Geldstrafe neben Freiheitsstrafe

459d **I Das Gericht kann anordnen, daß die Vollstreckung der Geldstrafe ganz oder zum Teil unterbleibt, wenn**

1. in demselben Verfahren Freiheitsstrafe vollstreckt oder zur Bewährung ausgesetzt worden ist oder
2. in einem anderen Verfahren Freiheitsstrafe verhängt ist und die Voraussetzungen des § 55 des Strafgesetzbuches nicht vorliegen
und die Vollstreckung der Geldstrafe die Wiedereingliederung des Verurteilten erschweren kann.

II Das Gericht kann eine Entscheidung nach Absatz 1 auch hinsichtlich der Kosten des Verfahrens treffen.

1 1) **Absehen von der Vollstreckung der Geldstrafe** (I):

2 A. Zur **Erleichterung der Wiedereingliederung** des Verurteilten gestattet I, daß die Vollstreckung der Geldstrafe ganz oder, wenn bereits dadurch die Resozialisierungsschwierigkeiten beseitigt werden können, teilw unterbleibt. Das Gericht ordnet das ohne mündliche Verhandlung nach Anhörung der StA und des Verurteilten durch Beschluß an (§ 462 I S. 1). Die Anordnung enthält keinen Erlaß oder Teilerlaß und keine Ermäßigung der Geldstrafe. Da sie aber zeitlich unbeschränkt getroffen wird und unwiderruflich ist, fällt die Strafe praktisch weg (Hamm JMBlNW **76**, 107; KK-Fischer 4). Die Entscheidung, die auch noch nach Anordnung der Vollstreckung der Ersatzfreiheitsstrafe nach § 459 e I zulässig ist (Koblenz MDR **78**, 248), ergeht auf Antrag, der nicht schon im Antrag auf Stundung der Geldstrafe liegt (Koblenz Rpfleger **78**, 148), oder von Amts wegen (BGH **30**, 263; Volckart NStZ **82**, 498). Auch I kann nicht hergeleitet werden, daß die Vollstrekkung der Geldstrafe allgemein einen Beschluß des Gerichts darüber voraussetzt, daß die Voraussetzungen des I nicht gegeben sind (Koblenz Rpfleger **78**, 27; Zweibrücken NStZ **85**, 575; **aM** Volckart aaO).

3 B. **Voraussetzungen:**

4 a) Bei **Geldstrafe neben Freiheitsstrafe im selben Verfahren** (I Nr 1): Nach § 41 StGB darf neben der Freiheitsstrafe eine Geldstrafe nur verhängt werden, wenn das unter Berücksichtigung der persönlichen und wirtschaftlichen Verhältnisse des Täters angebracht ist. Das Gericht muß daher prüfen, ob die zusätzliche Strafe die Wiedereingliederung des Täters erschwert. I Nr 1 ergänzt diese Vorschrift für das Vollstreckungsverfahren, gilt aber auch sonst, wenn im selben Urteil Freiheits- und Geldstrafe nebeneinander verhängt sind (KK-Fischer 2), nicht aber bei Verhängung der Vermögensstrafe nach § 43 a StGB (vgl § 459 i). Die Anordnung nach I Nr 1 setzt voraus, daß Wiedereingliederungsschwierigkeiten aufgrund nachträglich eingetretener oder bekanntgewordener Umstände zu erwarten sind (Koblenz MDR **81**, 870). Daß das Gericht die Wiedereingliederungsfrage anders beurteilt als der Tatrichter, rechtfertigt die Anordnung nicht (Bringewat StVollstr 4;
5 KK-Fischer 3). **Zeitlich** ist die Anordnung erst zulässig, wenn die Freiheitsstrafe vollstreckt (oder durch Erlaß erledigt) oder zur Bewährung ausgesetzt ist (BGH **30**, 263, 264; Koblenz MDR **81**, 870; weitergehend Volckart NStZ **82**, 499: erst am Ende der Bewährungszeit). Diese Voraussetzung ist auch erfüllt, wenn die Freiheitsstrafe teilw vollstreckt und der Strafrest nach § 57 StGB oder im Gnadenweg
6 zur Bewährung ausgesetzt worden ist. Bei der **Ermessensentscheidung** ist der Ausnahmecharakter der Anordnung nach I im Auge zu behalten. Das Gericht darf das öffentliche Interesse an der Vollstreckung der Strafe nur vernachlässigen und ihr Unterbleiben nur anordnen, wenn die Resozialisierung des Verurteilten andernfalls ernsthaft gefährdet wäre. Die Vollstreckung wird nur in außergewöhnlichen Ausnahmefällen unterbleiben können (Hamm JMBlNW **76**, 107; Koblenz MDR **78**, 248; MDR **81**, 870; LG Mainz NStZ **82**, 47; KK-Fischer 6; **aM** Litwinski/Bublies 39; Volckart aaO). Die Anordnung ergeht nicht, wenn den persönlichen Verhältnissen des Verurteilten (Krankheit, finanzielle Lage usw) durch Zahlungsaufschub oder Ratenzahlungsbewilligungen nach § 459 a Rechnung getragen werden kann (Hamm aaO), auch nicht, wenn dem Verurteilten bereits Ratenzahlungen bewilligt

waren, er aber über einen längeren Zeitraum nichts gezahlt hat, obwohl er dazu in der Lage war (Koblenz MDR **78**, 248).

b) **Bei Geldstrafe neben Freiheitsstrafe in verschiedenen Verfahren** (I Nr 2): Voraussetzung für die Anordnung ist in diesem Fall, daß die nachträgliche Bildung einer Gesamtstrafe nach § 55 I S. 1 StGB rechtlich nicht möglich ist. Da es dann nicht zu der bei der Gesamtstrafenbildung vorgeschriebenen zusammenfassenden Würdigung des Täters und der einzelnen Straftaten (§ 54 I S. 3 StGB) kommen kann, soll die Unterbleibensanordnung es ermöglichen, etwaigen Resozialisierungsschwierigkeiten zu begegnen. Auch die Anordnung nach I Nr 2 für die Geldstrafe oder einen Teilbetrag wird idR erst nach Beendigung der Vollstreckung der Freiheitsstrafe oder nach Aussetzung der Strafe oder des Strafrests zur Bewährung getroffen werden können (LR-Wendisch 8; **aM** auch hier Volckart NStZ **82**, 499: am Ende der Bewährungszeit, sofern nicht besondere Umstände für eine frühere Anordnung sprechen). 7

2) **Absehen von der Beitreibung der Kosten** (II): Die Anordnung nach I erfaßt, anders als im Fall des § 459 a IV S. 1, nicht ohne weiteres die Verfahrenskosten (vgl BGH **31**, 244, 245). Die besondere Anordnung nach II setzt voraus, daß der Angeklagte (auch) zur Geldstrafe verurteilt ist (BGH **31**, 244, 246; Karlsruhe Justiz **82**, 275; LG Mainz Rpfleger **85**, 162), und ist nur zulässig, wenn zugleich die Voraussetzungen des I für das vollständige oder teilw Unterbleiben der Geldstrafe erfüllt sind (BGH **31**, 244). Beide Entscheidungen brauchen aber inhaltlich nicht übereinzustimmen. Auch wenn das Gericht das Unterbleiben der Vollstreckung der Geldstrafe in vollem Umfang anordnet, kann es daher wegen der Kosten das Unterbleiben der Vollstreckung auf einen Teilbetrag beschränken (LR-Wendisch 11). Auch die Entscheidung nach II ist nur in **Ausnahmefällen** zulässig, 9 wenn überwiegende Gründe der Resozialisierung für den Wegfall der Kostenschuld sprechen (LG Mainz NStZ **82**, 47). 8

3) **Zuständiges Gericht:** Vgl §§ 462, 462 a. Die StVollstrK bleibt auch nach Erledigung der Vollstreckung der Freiheitsstrafe zuständig (BGH **30**, 263). 10

4) **Beschwerde:** Vgl § 462 III S. 1. 11

Vollstreckung der Ersatzfreiheitsstrafe

459e **I Die Ersatzfreiheitsstrafe wird auf Anordnung der Vollstreckungsbehörde vollstreckt.**

II Die Anordnung setzt voraus, daß die Geldstrafe nicht eingebracht werden kann oder die Vollstreckung nach § 459 c Abs. 2 unterbleibt.

III Wegen eines Teilbetrages, der keinem vollen Tage Freiheitsstrafe entspricht, darf die Vollstreckung der Ersatzfreiheitsstrafe nicht angeordnet werden.

IV Die Ersatzfreiheitsstrafe wird nicht vollstreckt, soweit die Geldstrafe entrichtet oder beigetrieben wird oder die Vollstreckung nach § 459 d unterbleibt. Absatz 3 gilt entsprechend.

1) Auf **Anordnung der VollstrB** (I) wird die Ersatzfreiheitsstrafe, die nach § 43 S. 1 StGB an die Stelle einer uneinbringlichen Geldstrafe tritt, nach den Vorschriften der §§ 22 ff, 50 I StVollstrO vollstreckt. Die Geschäfte sind auf den Rechtspfleger übertragen (§ 31 II S. 1 **RPflG**). Das Gesetz schreibt eine besondere Anordnung vor, weil die VollstrB in jedem Fall zu prüfen hat, ob die gesetzlichen Voraussetzungen der Vollstreckung der Ersatzfreiheitsstrafe vorliegen. **Rechtliches** 2 **Gehör** braucht dem Verurteilten vor der Anordnung nicht gewährt zu werden (KK-Fischer 4; LR-Wendisch 5 ff; Pohlmann Rpfleger **79**, 249; **aM** Celle NdsRpfl **77**, 128; Volckart 97). 1

3 2) **Voraussetzungen der Anordnung** (II): Grundsätzlich darf die Anordnung nur getroffen werden, wenn angemessene Versuche, die Geldstrafe beizutreiben, erfolglos geblieben sind oder eine Anordnung nach § 459 c II getroffen worden ist. Die Anordnung, die Geldstrafe zu vollstrecken, ist unzulässig, wenn die Schonfrist nach § 459 b I noch nicht abgelaufen ist, wenn nach § 459 a Zahlungserleichterungen gewährt sind oder wenn eine Anordnung nach § 459 d oder § 459 f getroffen ist.

4 3) Das **Mindestmaß der Ersatzfreiheitsstrafe** (III) ist nach § 43 S. 3 StGB ein voller Tag. Beträgt der Rest der ausstehenden Geldstrafe weniger als einen Tagessatz, so muß daher die Vollstreckung der Ersatzfreiheitsstrafe unterbleiben. Der Teilbetrag bleibt aber geschuldet. Die VollstrB kann die Restgeldstrafe bis zum Eintritt der Verjährung erneut vollstrecken (LR-Wendisch 11). Zur Vollstreckung der Ersatzfreiheitsstrafe aus einer nachträglich nach § 55 StGB, § 460 gebildeten Gesamtfreiheitsstrafe vgl Siggelkow Rpfleger **94**, 285.

5 4) **Absehen von der Vollstreckung** (IV): Geht der Geldstrafenbetrag durch Zahlung oder Beitreibung nach der Anordnung der Vollstreckung der Ersatzfreiheitsstrafe ein, so entsteht ein Vollstreckungshindernis (Düsseldorf NJW **80**, 250; Zweibrücken MDR **87**, 782). Befindet sich der Verurteilte zu diesem Zeitpunkt bereits im Vollzug der Ersatzfreiheitsstrafe, so muß er sofort entlassen werden, auch wenn noch kein voller Tag verbüßt ist (vgl § 51 IV StVollstrO). Geht ein Teilbetrag ein, so wird die Dauer der Ersatzfreiheitsstrafe entspr gekürzt (KK-Fischer 6; Wetterich/Hamann 272 ff).

6 5) **Einwendungen** des Verurteilten gegen die Anordnung nach I bescheidet zunächst die StA nach § 31 VI S. 1 **RPflG;** hiergegen kann der Verurteilte bei Gericht Einwendungen nach § 459 h erheben.

7 6) Die **Abwendung der Vollstreckung einer Ersatzfreiheitsstrafe durch freie Arbeit** kann durch RechtsVO der Landesregierung bzw LJV geregelt werden (Art 293 EGStGB idF des Art 4 Nr 1 des 23. StÄG vom 13. 4. 1986 [BGBl I 393]). Soweit der Verurteilte die freie Arbeit geleistet hat, ist die Ersatzfreiheitsstrafe erledigt. Die Arbeit muß unentgeltlich sein; sie darf nicht erwerbswirtschaftlichen Zwecken dienen (Art 293 I S. 2 EGStGB). Vgl dazu Dölling NJW **87**, 1046; Mrozynski JR **87**, 272; Schädler ZRP **83**, 5; **85**, 186; Schall NStZ **85**, 104. Aufgrund des Art 293 nF haben die Bundesländer entspr Vorschriften erlassen (vgl die Zusammenstellungen bei Tröndle 8 zu § 43 StGB und bei KK-Fischer 9).

Härteklausel

459f **Das Gericht ordnet an, daß die Vollstreckung der Ersatzfreiheitsstrafe unterbleibt, wenn die Vollstreckung für den Verurteilten eine unbillige Härte wäre.**

1 1) Die **Vollstreckung der Ersatzfreiheitsstrafe unterbleibt** ganz oder teilw, wenn sie für den Verurteilten unbillig hart wäre. Gegenüber § 456 ist § 459 f die Sondervorschrift (Schleswig SchlHA **76**, 13). Die Entscheidung trifft nicht die VollstrB, sondern das Gericht auf Antrag oder von Amts wegen durch Beschluß nach § 462 I S. 1. Die VollstrB soll jedoch eine gerichtliche Entscheidung nach § 459 f anregen, wenn sie die Voraussetzungen dafür für gegeben hält (§ 49 II S. 1 StVollstrO). Die Anregung kann sie vor der Anordnung nach § 459 e geben, aber auch später, wenn sie erst dann erkennt, daß die Vollstreckung eine unbillige Härte wäre. Die Anregung kann auch der Rechtspfleger geben (Pohlmann Rpfleger **70**, 265). Daß bereits mit der Vollstreckung der Ersatzfreiheitsstrafe begonnen worden ist, steht der Anordnung nach § 459 f nicht entgegen.

2) Eine **unbillige Härte** liegt nicht schon vor, weil die Geldstrafe nicht beigetrieben werden kann (Düsseldorf MDR **85**, 76; Schädler ZRP **83**, 7). Es genügt auch nicht, daß der Verurteilte unverschuldet vermögenslos geworden und unfähig ist, die Mittel für seinen Unterhalt und den seiner Familie aufzubringen (Düsseldorf aaO; MDR **83**, 341; LG Aachen JurBüro **90**, 1204; LG Frankfurt a.M. StV **83**, 292; **aM** von Selle NStZ **90**, 118; weitergehend auch Bringewat StVollstr 5; Volckart 99 ff). Vielmehr müssen besondere Umstände hinzukommen, aufgrund deren mit der Vollstreckung der Erstzfreiheitsstrafe eine außerhalb des Strafzwecks liegende zusätzliche Härte verbunden wäre, die dem Verurteilten auch unter Berücksichtigung des Zwecks der Strafe nicht zugemutet werden kann (BGH **27**, 90, 93; Düsseldorf VRS **77**, 454; München GA **84**, 185; LG Bremen StV **98**, 152; LG Flensburg Rpfleger **83**, 326; Tröndle ZStW **86**, 570). Die Vollstreckung muß geradezu als ungerecht erscheinen (LR-Wendisch 5). Ferner muß eine günstige Prognose die Annahme rechtfertigen, daß die Strafwirkung bereits durch die bloße Verhängung der Geldstrafe eingetreten ist (Düsseldorf MDR **85**, 76; LG Frankfurt StV **83**, 292), erfordert eine ungünstige Prognose eine nachhaltige Einwirkung auf den Verurteilten, so kommt eine Anordnung nach § 459 f nicht in Betracht. 2

3) Widerruf bei Wegfall der unbilligen Härte: Die Anordnung nach § 459 f bewirkt lediglich den Aufschub der Vollstreckung der Ersatzfreiheitsstrafe, nicht ihren Erlaß (Schleswig SchlHA **76**, 13). Das Gericht kann sie daher widerrufen, wenn ihre Voraussetzungen nachträglich entfallen sind (Schleswig aaO sowie StV **98**, 673 mit zust Anm Pause/Bobinski zur Nichtdurchführung einer Therapie), wenn sich zB die wirtschaftlichen Verhältnisse des Verurteilten so gebessert haben, daß die Vollstreckung keine unbillige Härte mehr darstellt, insbesondere auch, wenn die Geldstrafe jetzt nur noch infolge Verschuldens des Verurteilten nicht beigetrieben werden kann. Die Beitreibung der Geldstrafe ist nach § 49 II S. 2 StVollstrO vom Widerruf der Anordnung nach § 459 f nicht abhängig (vgl KK-Fischer 2). 3

4) Zuständiges Gericht: Vgl §§ 462, 462 a. 4

5) Beschwerde: Vgl § 462 III S. 1. 5

Vollstreckung von Nebenfolgen

459g [I] **Ist der Verfall, die Einziehung oder die Unbrauchbarmachung einer Sache angeordnet worden, so wird die Anordnung dadurch vollstreckt, daß die Sache dem Verurteilten oder dem Verfalls- oder Einziehungsbeteiligten weggenommen wird. Für die Vollstreckung gelten die Vorschriften der Justizbeitreibungsordnung.**

[II] **Für die Vollstreckung von Nebenfolgen, die zu einer Geldzahlung verpflichten, gelten die §§ 459, 459 a 459 c Abs. 1 und 2 und § 459 d entsprechend.**

1) Vollstreckung von Nebenfolgen: 1

A. **Eigentumsübergang:** Mit der Rechtskraft der Anordnung des Verfalls (§ 73 StGB) und der Einziehung (§ 74 StGB) der Sache geht das Eigentum an ihr auf den Landesfiskus über (§§ 73 e I S. 1, 74 e I StGB, § 60 I StVollstrO); das gilt auch für Grundstücke und andere unbewegliche Sachen. Wird ein Kfz eingezogen oder für verfallen erklärt, so geht auch der Kfz-Brief in das Eigentum des Fiskus über (vgl BGHZ **34**, 122, 134 = NJW **61**, 499; BGH NJW **64**, 1413; Pohlmann/Jabel/Wolf 9 zu § 61 StVollstrO). Der Landesfiskus wird auch Eigentümer, wenn im 1. Rechtszug in Ausübung der Gerichtsbarkeit des Bundes (§ 120 VI GVG) entschieden worden ist (§ 60 S. 2 StVollstrO). Über die Verwertung der Sache vgl §§ 63 ff StVollstrO (dazu Wetterich/Hamann 430 ff). Die **Unbrauchbarmachung** kann eine Zusatzordnung zur Einziehung sein (zB nach § 74 d I S. 2 StGB), aber auch eine Anordnung ohne Verbindung mit der Einziehung als eine weniger einschnei- 2 3 dende Maßnahme (§ 74 b II Nr 1 StGB), die das Eigentum unberührt läßt. Daher hat der Berechtigte einen Anspruch auf Rückgabe der Sache nach Unbrauchbarmachung, sofern sie zur Unbrauchbarmachung nicht völlig vernichtet werden mußte (§ 63 III StVollstrO). Über die Entschädigung eines Dritten vgl § 74 f StGB.

4 B. Durch **Wegnahme** (I S. 1) wird die Nebenfolge vollstreckt, wenn die Sache sich im Besitz des Verurteilten oder des Verfalls- oder Einziehungsbeteiligten befindet und nicht freiwillig herausgegeben wird. Will die VollstrB die tatsächliche Gewalt nicht ausüben, so genügt die Herstellung des mittelbaren Besitzes (§ 868 BGB); das kann bei sperrigen oder behandlungsbedürftigen Sachen zweckmäßig sein. Wesentliche Bestandteile und Zubehörstücke werden ohne besonderen Vollstreckungstitel in Besitz genommen. Befindet sich die Sache im Besitz eines Dritten, so muß, wenn er die Herausgabe verweigert, Klage auf Herausgabe nach § 985 BGB erhoben werden (vgl § 61 IV StVollstrO). Hierüber entscheidet die oberste Justizbehörde (§ 61 III S. 2 StVollstrO).

5 C. **Nach den Vorschriften der JBeitrO** (I S. 2) richtet sich die Vollstreckung. § 6 Nr 1 JBeitrO verweist auf die Vorschriften der ZPO, § 6 III S. 1 JBeitrO regelt, wer die Vollstreckung ausführt. Eine eidesstattliche Versicherung über den Verbleib der Sache hat die in I S. 1 genannte Person auf Antrag der VollstrB bei dem AG abzugeben (§ 6 I Nr 1 JBeitrO iVm §§ 883 II–IV, 899, 900 I, III, V, 901, 902–910, 913 ZPO). Wiederholte Durchsuchungen vor und nach Abgabe der eidesstattlichen Versicherungen sind zulässig. Wegen der Wohnungsdurchsuchung vgl 5 zu § 459.

6 D. **Tod des Eigentümers:** Steht die für verfallen erkärte oder eingezogene Sache im Eigentum des Angeklagten, des Verfallsbeteiligten (zB im Fall des § 73 IV StGB) oder Einziehungsbeteiligten (zB in den Fällen der §§ 74 II Nr 2, 74 a StGB), so gilt bei seinem Tod folgendes: Wenn er vor Rechtskraft der Entscheidung stirbt, geht das Eigentum nicht mehr auf den Fiskus über; stirbt er später, so verbleibt es bei dem Eigentumsübergang. Ist nur die Unbrauchbarmachung der Sache angeordnet, so geht sie beim Tod des Eigentümers in den Nachlaß und damit auf einen Dritten über, von dem ihre Herausgabe, notfalls im Klagewege, verlangt werden kann.

7 **2) Nebenfolgen, die zu einer Geldzahlung verpflichten,** (II) sind Verfall und Einziehung des Wertersatzes (§§ 73 a, 74 c StGB) sowie die Abführung des Mehrerlöses (§ 8 WiStGB). Da es sich nicht um Strafen handelt, ist die Festsetzung einer Ersatzfreiheitsstrafe ausgeschlossen. II bezeichnet die Vorschriften, die bei der Vollstreckung entspr anwendbar sind. Da § 459 c III nicht aufgeführt ist, kann in den Nachlaß vollstreckt werden.

8 **3) Über Einwendungen** gegen Entscheidungen der VollstrB entscheidet das Gericht (§ 459 h).

Einwendungen

459h **Über Einwendungen gegen die Entscheidungen der Vollstreckungsbehörde nach den §§ 459 a, 459 c, 459 e und 459 g entscheidet das Gericht.**

1 **1)** Über **Einwendungen** gegen eine Maßnahme des Rechtspflegers, dem die Geschäfte der VollstrB nach den §§ 459 ff übertragen sind (§ 31 II S. 1 **RPflG**), entscheidet zunächst nach § 31 VI S. 1 **RPflG** die StA (Celle NdsRpfl **77**, 128; Koblenz Rpfleger **78**, 222). Erhebt der Verurteilte auch gegen diese Entscheidung Einwendungen, so entscheidet das Gericht. § 459 h schließt in seinem Anwendungsbereich § 458 und die §§ 23 ff **EGGVG** aus (KK-Fischer 1). Nur wenn Einwendungen gegen den Bestand des Vollstreckungsanspruchs erhoben werden,

zB Zahlung oder Erlaß der Geldstrafe geltend gemacht wird, gilt § 458 I (LR-Wendisch 12).

2) **Entscheidungen der VollstrB** iS § 459 h sind alle tatsächlichen Maßnahmen und Anordnungen, gleichgültig, ob die StrVollstrB einen Ermessensspielraum hat oder nicht (LR-Wendisch 5). Vgl im einzelnen 9 zu § 459 a; 5 zu § 459 b; 8 zu § 454 c; 6 zu § 454 e; 8 zu § 459 g. 2

3) **Einwendungsberechtigt** ist der Verurteilte oder der sonst von der Entscheidung unmittelbar Betroffene (9 ff vor § 296), zB der Verfalls- oder Einziehungsbeteiligte, wenn die VollstrB die Wegnahme der Sache aus seinem Gewahrsam anordnet (4 zu § 459 g). Der Einwendende muß, falls das nicht auf der Hand liegt, entspr § 24 I **EGGVG** geltend machen, daß er durch die Entscheidung oder ihre Ablehnung oder Unterlassung in seinen Rechten verletzt ist (KK-Fischer 2). Die StA als Strafverfolgungsbehörde kann keine Einwendungen erheben. Sie wird in dieser Eigenschaft erst beteiligt, wenn es zum gerichtlichen Verfahren kommt. 3

4) **Zuständigkeit:** IdR ist nach § 462 a II das Gericht des 1. Rechtszugs zuständig. Die Zuständigkeit der StVollstrK besteht nur, wenn über Einwendungen zu entscheiden ist, die während des Vollzugs einer Freiheitsstrafe erhoben werden (§ 462 a I S. 1 iVm § 462), auch wenn es sich dabei um eine Ersatzfreiheitsstrafe handelt (KK-Fischer 5; erg 4 zu § 462 a). 4

5) **Rechtsmittel:** Vgl § 462 III. 5

Vollstreckung der Vermögensstrafe

459i **I Für die Vollstreckung der Vermögensstrafe (§ 43 a des Strafgesetzbuches) gelten die §§ 459, 459 a, 459 b, 459 c, 459 e, 459 f und 459 h sinngemäß.**

II In den Fällen der §§ 111 o, 111 p ist die Maßnahme erst nach Beendigung der Vollstreckung aufzuheben.

1) Die **Vollstreckung der Vermögensstrafe** nach § 43 a StGB erfogt im wesentlichen ebenso wie die Vollstreckung der Geldstrafe nach § 40 StGB, wie sich aus der Verweisung auf § 459 ergibt. Das gilt auch für die Gewährung von Zahlungserleichterungen (§ 459 a), Verrechnung von Teilbeträgen (§ 459 b) und für die Beitreibung (§ 459 c). Bei zu erwartender Erfolglosigkeit eines Beitreibungsversuchs wird die Ersatzfreiheitsstrafe nach § 43 a III StGB vollstreckt (§ 459 e; vgl dazu im einzelnen Bringewat StVollstr 13 ff); ein Absehen von der Vollstreckung wie nach § 459 d sonst bei Geldstrafe neben Freiheitsstrafe kommt bei der Vermögensstrafe nicht in Betracht. Jedoch gilt auch hier die Härteklausel des § 459 f. 1

2) **Einwendungen** gegen die Entscheidungen der Vollstreckungsbehörde nach I iVm den §§ 459 a, 459 c, 459 e konnen nach § 459 h geltend gemacht werden (vgl die Erläuterungen dort). Der Antrag nach § 23 **EGGVG** ist ausgeschlossen (BR-Drucks 418/89 S. 22). 2

3) Die **Aufhebung** des nach § 111 o angeordneten Arrestes oder der nach § 111 p angeordneten Vermögensbeschlagnahme erfolgt wie in § 293 I durch einen konstitutiven gerichtlichen Beschluß, der erst nach Beendigung der Vollstreckung ergeht. § 293 II ist gemäß § 111 p IV anwendbar (erg 7 zu § 111 p). 3

Nachträgliche Gesamtstrafenbildung

460 **Ist jemand durch verschiedene rechtskräftige Urteile zu Strafen verurteilt worden und sind dabei die Vorschriften über die Zuerkennung einer Gesamtstrafe (§ 55 des Strafgesetzbuches) außer Betracht geblieben, so**

sind die erkannten Strafen durch eine nachträgliche gerichtliche Entscheidung auf eine Gesamtstrafe zurückzuführen. Werden mehrere Vermögensstrafen auf eine Gesamtvermögensstrafe zurückgeführt, so darf diese die Höhe der verwirkten höchsten Strafe auch dann nicht unterschreiten, wenn deren Höhe den Wert des Vermögens des Verurteilten zum Zeitpunkt der nachträglichen gerichtlichen Entscheidung übersteigt.

1 1) Zur **Nachholung der unterlassenen Gesamtstrafenbildung nach § 55 StGB** steht das Nachtragsverfahren nach § 460 zur Verfügung, in dem der Verurteilte so (dh weder besser noch schlechter) gestellt werden muß, als habe bereits der letzte Tatrichter die Gesamtstrafe gebildet (BGH **7**, 180, 181; **15**, 66, 69; **17**, 173;
2 **32**, 190, 193; KG JR **76**, 202; Bringewat 327). **§ 460 erfaßt die Fälle,** in denen die nach § 55 StGB grundsätzlich zwingend gebotene (BGH **12**, 1 [GSSt]; **25**, 382, 384; **32**, 190, 193; **aM** Bohnert GA **94**, 110) Gesamtstrafenbildung im Erkenntnisverfahren unterblieben ist, weil dem Richter die frühere Verurteilung nicht bekannt war (Bay **79**, 105 = JR **80**, 378), weil die Gesamtstrafenbildung wegen fehlender Rechtskraft der Vorverurteilung nicht zulässig war (BGH **20**, 292, 294; Stuttgart NJW **57**, 1813; Bringewat 333) oder weil er von ihr absehen durfte, zB weil der Verurteilte einen aussichtsreichen Wiedereinsetzungsantrag gegen die Versäumung der Rechtsmittelfrist gestellt hat (BGH **23**, 98 ; vgl dazu Küper MDR **70**, 885), weil die Vorstrafakten trotz gewissenhafter Terminsvorbereitung nicht rechtzeitig zu beschaffen oder sonst ohne Vertagung der Hauptverhandlung keine sichere Grundlagen für die Gesamtstrafenbildung zu gewinnen waren (BGH **12**, 1, 10 [GSSt]; **23**, 98; Hamm NJW **70**, 1200; Köln MDR **83**, 423) oder weil die Strafgewalt des Gerichts für die Gesamtstrafe nicht ausreichte (BGH **34**, 204, 208 ff für das Berufungsgericht). Das Berufungsgericht darf aber nicht wegen fehlender Vorstrafenakten auf das Verfahren nach § 460 verweisen, wenn das AG bereits eine Gesamtstrafe gebildet hatte (Hamburg MDR **95**, 84). Bei nur vertikaler Teilrechtskraft (Einl 185) muß die Gesamtstrafenbildung im Erkenntnisverfahren erfolgen
3 (Oldenburg NdsRpfl **95**, 135; erg 11 zu § 302). Die **Vorschrift gilt auch,** wenn der letzte Tatrichter von der Bildung der Gesamtstrafe abgesehen hat, weil er aus Rechtsirrtum nicht erkannt und demnach auch nicht sachlich geprüft hat, ob eine Gesamtstrafenbildung möglich war (BGH **35**, 208, 214; Düsseldorf JMBlNW **98**, 23; Karlsruhe NStZ **87**, 186; Stuttgart NStZ **89**, 47; **aM** LG Berlin NStE Nr 6); denn § 460 bezweckt die Verwirklichung des materiellen Rechts ohne Rücksicht auf die Rechtskraft der Urteile (BGH aaO) und das materielle Recht läßt auch in einem solchen Fall die neue (fehlerfreie) Gesamtstrafenbildung zu (BGH **35**, 243).
3a § 460 ist allerdings **unanwendbar,** wenn der Tatrichter nach ausdrücklicher Prüfung die Bildung einer Gesamtstrafe – wenn auch rechtsfehlerhaft – abgelehnt hat (Hamburg NStZ **92**, 607 mit zust Anm Maatz; krit Bohnert GA **94**, 106, 111). Die
4 **entsprechende Anwendung** des § 460 kommt in Betracht, wenn bei Wegfall einer Gesamtstrafe versehentlich nicht über die Frage der Strafaussetzung zur Bewährung hinsichtlich einer bestehengebliebenen Strafe entschieden worden ist (Koblenz NStZ **91**, 555 mit insoweit abl Anm Gössel; Zweibrücken NStZ **96**, 303; erg 2 zu § 453; nach Sieg StV **98**, 631 auch bei unterbliebener Anrechnung erbrachter Leistungen, vgl unten 17; zw). § 460 ist hingegen nicht auf den Fall entspr anwendbar, daß gegen die Beschränkung der Auslieferungsbewilligung eines
5 ausländischen Staats verstoßen worden ist; insoweit gilt § 458 (dort 3). Im **Jugendstrafverfahren** richtet sich die nachträgliche Zusammenfassung von Strafen und anderen Sanktionen nach § 66 **JGG.**

6 **2) Einzubeziehende Strafen:**

7 A. Nicht Urteile, sondern die **Einzelstrafen der früheren Urteile** werden in die Gesamtstrafe einbezogen (BGH MDR **79**, 280 [H]; KG JR **86**, 119). Sie müssen im Zeitpunkt der Beschlußfassung nach § 460 rechtskräftig sein (Stuttgart NJW **57**, 1813; KK-Fischer 3; Bringewat 330, 341). Ob sie bei Erlaß des letzten

tatrichterlichen Urteils bereits rechtskräftig waren, spielt keine Rolle (Frankfurt NJW **56**, 1609; Stuttgart aaO; Bringewat 341). Im Verfahren nach § 460 findet keine Urteilskorrektur statt (vgl aber oben 3); daher werden auch rechtsfehlerhaft verhängte Einzelstrafen in die Gesamtstrafe einbezogen (Schleswig SchlHA **76**, 43; LR-Wendisch 34 ff; Bringewat 355). Einzubeziehen sind auch **Strafen aus Strafbefehlen** (BGH GA **56**, 50, 52), wobei Zeitpunkt der früheren Verurteilung iS § 55 StGB der Erlaß des Strafbefehls, nicht erst seine Zustellung ist (BGH **33**, 230; NJW **91**, 1763; Bringewat 206; **aM** Sch/Sch-Stree 10 zu § 55 StGB). Berücksichtigt werden ferner Beschlüsse nach § 453, § 59 b StGB über die Verurteilung zu der vorbehaltenen Strafe (LR-Wendisch 6), nicht aber früher ergangene Beschlüsse nach § 460, sondern nur die diesen zugrundeliegenden Strafen (Karlsruhe GA **74**, 347; Bringewat 201 mwN). Für **Geldstrafen** gilt § 53 II S. 2 Hs 1 StGB. Sieht das Gericht nach dieser Vorschrift von der Einbeziehung der Geldstrafe in die Gesamtstrafe ab, so äußert es sich hierzu nur in der Beschlußgründung. Unzulässig ist der Ausspruch im Beschlußtenor, daß zwar das Urteil einbezogen wird, die Geldstrafe aber selbständig bestehen bleibt (KG JR **86**, 119; Gollmer NJW **71**, 1247; Meyer-Goßner NStZ **88**, 530; **aM** Bender NJW **71**, 791). § 59 c II StGB findet keine (entspr) Anwendung (AG Dieburg NStZ **96**, 613; **aM** LG Flensburg SchlHA **97**, 285).

8 (margin, beside "Strafen aus Straf-") / 9 (margin, beside "Geldstrafen")

10 B. **Gesamtstrafen aus früheren Urteilen** und Strafbefehlen werden aufgelöst; dadurch werden sie gegenstandslos. § 460 erlaubt insoweit einen Eingriff in die Rechtskraft früherer gerichtlicher Entscheidungen (BGH **35**, 208, 214). Das gilt auch für den Fall, daß die frühere Gesamtstrafe rechtsfehlerhaft gebildet worden war (Karlsruhe NStZ **87**, 186). Es gelten die Grundsätze zu § 55 StGB (vgl Tröndle 5 zu § 55 StGB).

11 C. Ist die **frühere Verurteilung bereits erledigt, so** ist zu unterscheiden:

12 a) War sie **bereits zZ des Erlasses des letzten tatrichterlichen Urteils** verbüßt, verjährt oder erlassen, so lagen die Voraussetzungen für die Bildung einer Gesamtstrafe schon nach § 55 StGB nicht vor (wegen der Einzelheiten vgl Tröndle 3 zu § 55 StGB); auch § 460 ist dann nicht anwendbar (KK-Fischer 9; LR-Wendisch 15; Bringewat 344 und NStZ **90**, 51; vgl aber Schrader MDR **74**, 718). Bei Teilerledigung wird zwar die ganze Strafe in die Gesamtstrafe einbezogen, aber der verbüßte oder erlassene Teil von ihr wieder abgezogen (RG **46**, 179, 183; **60**, 206, 208; **77**, 151, 152; vgl auch Kuhnt MDR **55**, 194).

13 b) Ist die **Erledigung erst nach Erlaß des letzten Urteils** eingetreten, so steht sie, da der Verurteilte so gestellt werden muß, als sei zu diesem Zeitpunkt nach § 55 StGB verfahren worden (oben 1), der neuen Gesamtstrafenbildung grundsätzlich nicht entgegen (KG JR **76**, 202; Bringewat 344). Eine Ausnahme gilt, wenn sämtliche Einzelstrafen schon verbüßt, verjährt oder erlassen sind (KG aaO; Bringewat 346). Sonst hindert die Einbeziehung in die Gesamtstrafe nicht, daß die Einzelstrafe voll verbüßt (BGH GA **82**, 177; Bay **57**, 185 = NJW **57**, 1810; KG aaO) oder durch Zahlung der Geldstrafe voll erledigt ist (vgl LG Kaiserslautern Rpfleger **72**, 373 mit Anm Pohlmann). Einbezogen werden auch Strafen, die durch Eintritt der Strafvollstreckungsverjährung erledigt (Hamburg HRR **35**, 827; LR-Wendisch 24; Bringewat 344; **aM** Oppe NJW **59**, 1358) oder durch Gnadenerweis erlassen worden sind (LG Kiel Rpfleger **60**, 305; LR-Wendisch 13 ff; Bringewat 345). Die Gesamtstrafe ist dann aber um die anteilsmäßige Höhe der verjährten oder erlassenen Strafe zu mindern (LG Kiel aaO; KK-Fischer 15, 26; Kuhnt MDR **55**, 194; **aM** Bringewat StVollstr 25: Strafmaß der Gesamtstrafe „zumessungsgerecht" verringern). Nicht einbezogen werden Strafen, für die die Bewährungszeit abgelaufen ist (KG JR **76**, 202; LG Osnabrück NdsRpfl **65**, 211; LG Saarbrücken JBl Saar **65**, 30) oder die nach Ablauf der Frist bereits nach § 56 g I S. 1 StGB erlassen worden sind (KG aaO; KK-Fischer 14; **aM** LR-Wendisch 22; Bringewat 344).

14 **3) Gesamtstrafenbildung:**

15 A. Die **Bemessung der Gesamtstrafe** darf nicht zur Urteilskorrektur führen (Bringewat 355 und NStZ **88**, 72), auch nicht durch einen Härteausgleich (Bringewat NStZ **90**, 50 gegen AG Waldshut-Tiengen ebenda). War bereits eine Gesamtstrafe gebildet worden, so ist ihre Höhe die unterste Grenze der neuen Gesamtstrafe (BGH **7**, 180, 183; LK-Vogler 26 zu § 55 StGB; **aM** Sch/Sch-Stree 40 zu § 55 StGB; Bringewat 349). Die Angemessenheit der erkannten Strafen hat das Gericht nicht zu prüfen. Es darf daher bei der Gesamtstrafe nicht unter der höchsten Einzelstrafe bleiben, weil sie ihm zu hoch erscheint. An die tatsächlichen Feststellungen des früheren Urteils ist das Gericht gebunden (Sch/Sch-Stree 39 zu § 55 StGB; Horn NStZ **91**, 117). Eine fehlende Einzelstrafe darf es nicht durch eine fiktive ersetzen (BGH **41**, 374; 2 StR 107/97 vom 26. 3. 1997; **aM** KK-Fischer 27). Im übrigen gelten für die Bildung der Gesamtstrafe die gleichen Grundsätze wie bei § 55 StGB und den darin in Bezug genommenen §§ 53, 54 StGB (vgl wegen der Einzelheiten Tröndle 4 ff zu § 55 StGB; zur Gesamtstrafenbildung bei unterschiedlicher Tagessatzhöhe der Einzelgeldstrafen vgl LG Freiburg NStZ **91**, 135; LG Hildesheim NStZ **91**, 136 mit Anm Meyer-Goßner NStZ **91**, 434; Zeitler
16 Rpfleger **98**, 460). Bei der **Begründung** ist von der Wiederholung der Strafzumessungsgründe für die Einzelstrafen abzusehen (Braunschweig NJW **54**, 569; LR-Wendisch 49; Bringewat 354). Die Gesamtstrafe muß dagegen entspr § 267 III S. 1 begründet werden (Düsseldorf MDR **93**, 375; Köln NJW **53**, 275; Bringewat 354). Dabei muß das Gericht nach § 54 II S. 3 StGB die Person des Täters und die einzelnen Taten zusammenfassend würdigen (vgl Düsseldorf StV **86**, 376). Die Begründung der Gesamtstrafe muß um so eingehender sein, je mehr sie sich der Summe der Einzelstrafen nähert (BGH **24**, 268). Vgl im übrigen die Kommentare zu § 55 StGB.

17 B. Daß **Strafaussetzung zur Bewährung** in einem oder mehreren der früheren Urteile bewilligt worden war, steht der Gesamtstrafenbildung nicht entgegen; sie macht die Strafaussetzung gegenstandslos, ohne daß es eines Widerrufs bedarf (BGH **7**, 180; **8**, 203, 204; 254, 260; GA **82**, 177; Düsseldorf JR **84**, 508; Zweibrücken NJW **68**, 310). In dem Verfahren nach § 460 ist über die Aussetzung der Gesamtstrafe unter Beachtung der zeitlichen Schranken der §§ 56, 58 I StGB neu und grundsätzlich ohne Bindung an die Vorentscheidungen – nach der Sachlage zZ der Beschlußfassung (Horn NStZ **91**, 117) – zu entscheiden (BGH **30**, 168, 170 mwN; Hamm MDR **75**, 948; Karlsruhe MDR **76**, 862). Dabei kann die Gesamtbeurteilung der Taten die Versagung der Strafaussetzung auch dann rechtfertigen, wenn alle einbezogenen Einzelstrafen zur Bewährung ausgesetzt waren (Hamm aaO). War die Strafaussetzung für alle einbezogenen Strafen abgelehnt worden, so darf auch die Gesamtstrafe nicht zur Bewährung ausgesetzt werden (LR-Wendisch 41; vgl auch BGH **7**, 180, 183). Der Widerruf der Bewährung für eine der einbezogenen Strafen hindert die Aussetzung der Gesamtstrafe rechtlich nicht (Tröndle 3 zu § 58 StGB; **aM** Zweibrücken NJW **68**, 310); allerdings werden die Voraussetzungen des § 56 StGB dann idR nicht vorliegen. Wird die neue Gesamtstrafe nicht zur Bewährung ausgesetzt, so gilt nach § 58 II S. 2 der § 56 f III StGB entspr (zur Anrechnung vgl BGH **36**, 378; Celle StV **92**, 526; Bringewat StVollstr 50). Wird sie zur Bewährung ausgesetzt, so muß die Bewährungzeit nach § 56 a StGB neu festgesetzt werden; dabei ist § 58 II S. 1 StGB zu beachten. Die neue Bewährungszeit beginnt mit der Rechtskraft des Beschlusses (unten 26). Weisungen und Auflagen nach §§ 56 b ff StGB können in dem neuen Gesamtstrafenbeschluß neu festgesetzt werden; waren sie in einem zugleich mit einem der früheren Urteile erlassenen Beschluß nach § 268 a enthalten, so fallen sie fort, wenn sie in dem Gesamtstrafenbeschluß nicht ausdrücklich aufrechterhalten werden (LG Berlin JR **87**, 217).

18 C. **Nebenstrafen, Nebenfolgen und Maßnahmen** iS des § 11 I Nr 8 StGB dürfen in dem Beschluß nach § 460 nicht erstmals angeordnet werden (Sch/Sch-

Stree 75 zu § 55 StGB; Bringewat 351; Oske MDR **65**, 13). War auf sie in einem der Urteile erkannt worden, deren Strafen in die Gesamtstrafe einbezogen worden sind, so müssen sie in dem Beschluß nach § 460 ausdrücklich aufrechterhalten werden, soweit er sie nicht gegenstandslos macht (§ 55 II StGB). Wegen der Einzelheiten vgl Tröndle 9; Sch/Sch-Stree 52 ff; beide zu § 55 StGB.

D. Das **Verbot der Schlechterstellung** (§ 331 I) gilt grundsätzlich auch hier **19**
(Hamm MDR **75**, 948; Oldenburg Rpfleger **79**, 428 mit Anm Fabian; Zweibrükken NJW **68**, 310, 311; Maiwald JR **80**, 353; Oske MDR **65**, 13; **aM** Bringewat 350 und StV **93**, 50). Die neue Gesamtstrafe darf daher die Summe der bisherigen Gesamtstrafe und der nunmehr einbezogenen Strafen nicht überschreiten (BGH **15**, 164, 166; LR-Wendisch 31; **aM** LG Halle NStZ **96**, 456; Bringewat 349 und
MDR **87**, 793; erg 19 zu § 331). Wenn der letzte Tatrichter beim **Zusammen- 20**
treffen von Freiheits- und Geldstrafe nach § 53 II S. 2 Hs 1 StGB davon abgesehen hat, eine Gesamtfreiheitsstrafe zu bilden, darf dem Verurteilten dieser Vorteil in dem Verfahren nach § 460 nicht genommen werden (Bay **72**, 80; **74**, 102 = MDR **75**, 161; Bay **79**, 105 = JR **80**, 378; Düsseldorf StV **93**, 31 und 34; krit dazu Bringewat StV **93**, 50; Hamm MDR **72**, 162), anders aber, wenn dem letzten Tatrichter die anderweit verhängte Strafe unbekannt geblieben war (BGH **35**, 208 = JR **89**, 203 mit zust Anm Böttcher; erg 20 zu § 331) oder er über die Bildung einer Gesamtstrafe nicht entscheiden konnte (oben 2; dazu Frankfurt NStZ-RR
96, 177). Beim **Zusammentreffen einer lebenslangen Freiheitsstrafe mit** **20a**
anderen Freiheitsstrafen darf das SchwG nach § 57b StGB nachträglich die besondere Schuldschwere bejahen (Hamm NStZ **96**, 301; Kintzi DRiZ **93**, 345).

4) Verfahren: **21**

A. **Von Amts wegen oder auf Antrag** des Verurteilten oder der StA als Straf- **22**
verfolgungsbehörde (nicht des Rechtspflegers) ergeht die Entscheidung. Hat der Verurteilte den Antrag nicht selbst gestellt, so muß er vor der Entscheidung gehört werden (§ 462 II), auch zur Höhe der Gesamtstrafe, die von der StA beantragt oder vorgeschlagen wird (LR-Wendisch 45).

B. Den **Beschluß** erläßt das nach § 462a III zuständige Gericht ohne münd- **23**
liche Verhandlung (§ 462 I S. 1). Er muß nach § 34 begründet werden. Ein Abwarten mit der Entscheidung bis zum rechtskräftigen Abschluß eines weiteren gegen den Verurteilten anhängigen Strafverfahrens ist nicht zulässig (Karlsruhe Justiz **98**, 533). Wird die Gesamtstrafenbildung abgelehnt, so sind die Gründe dafür darzulegen. Wird sie vorgenommen, so müssen die rechtlichen Voraussetzungen (Angabe der Tatzeiten und der Urteilsdaten) dargelegt werden. Zur Begründung der Bemessung der Gesamtstrafe vgl oben 16.

C. **Rechtsmittel:** Vgl § 462 III S. 1. Die Anfechtung kann beschränkt werden, **24**
zB auf die Frage der Strafaussetzung. Für Rechtsmittel des Verurteilten oder der StA zu seinen Gunsten gilt das Verbot der Schlechterstellung (Zweibrücken NJW **68**, 310, 312; LG Zweibrücken NJW **54**, 934; erg oben 19; 5 vor § 304). Das Beschwerdegericht entscheidet nach § 309 II auch dann in der Sache selbst, wenn der Beschluß mangelhaft begründet ist (Düsseldorf MDR **93**, 375; **aM** Düsseldorf StV **86**, 376; LG Halle NStZ **96**, 456; erg 7 ff zu § 309).

D. Die **Rechtskraft des Beschlusses** bewirkt, daß die Gesamtstrafe in gleicher **25**
Weise unabänderlich festgesetzt ist wie in einem Urteil nach § 55 StGB (Düsseldorf JR **84**, 508 mit zust Anm Beulke; Karlsruhe MDR **76**, 862). Die nachträgliche Abänderung des Beschlusses ist daher unzulässig (LG Stuttgart NStZ **97**, 455, das aber die entspr Anwendung der §§ 359 ff befürwortet; LR-Wendisch 42; Bringewat 356; **aM** LG Bochum Rpfleger **62**, 441 mit Anm Pohlmann: bei Tatsachen-
irrtum). Erst mit der Rechtskraft wird die neue **Bewährungszeit** in Kraft gesetzt **26**
(oben 17). Ein Widerruf der in dem Beschluß bewilligten Strafaussetzung ist nach hM wegen vor Erlaß des Beschlusses begangener Taten nicht zulässig (Düsseldorf StV **91**, 30; Karlsruhe NStZ **88**, 364; Stuttgart MDR **92**, 1067 mwN), anders

entspr § 56 f I S. 2 StGB bei zwischen Erlaß und Rechtskraft des Beschlusses begangenen Taten (Karlsruhe aaO; Stuttgart aaO).

27 E. Die **Vollstreckung** der neu gebildeten Gesamtstrafe erfolgt auf der Grundlage des Beschlusses nach § 460 wie die eines Urteils, verlangt also eine mit Rechtskraftbescheinigung versehene Urschrift oder beglaubigte Abschrift des Gesamtstrafenbeschlusses (LG Bochum NJW **57**, 194; Wetterich/Hamann 53; Pohlmann Rpfleger **57**, 75). Zur Anrechnung der einbezogenen Strafe, soweit sie vollstreckt oder durch Anrechnung erledigt ist, auf die Gesamtstrafe vgl § 51 II StGB. Zur Anrechnung bezahlter oder durch freie Arbeit oder durch Verbüßung der Ersatzfreiheitsstrafe erledigter Geldstrafe auf die Gesamtstrafe vgl Siggelkow Rpfleger **94**, 93.

28 **5) Gesamtvermögensstrafe:** Die Regelung in S. 2 entspricht § 55 II S. 2 StGB. Die Höhe der rechtskräftig erkannten höchsten Vermögensstrafe nach § 43 a StGB darf auch bei nachträglicher Gesamtstrafenbildung trotz Verschlechterung der Vermögensverhältnisse des Verurteilten nicht herabgesetzt werden (vgl zur Bildung der Gesamtvermögensstrafe und zu den hierbei auftretenden Schwierigkeiten Bringewat StVollstr 41 und NStZ **93**, 316).

Anrechnung von Krankenhausaufenthalt

461 **I Ist der Verurteilte nach Beginn der Strafvollstreckung wegen Krankheit in eine von der Strafanstalt getrennte Krankenanstalt gebracht worden, so ist die Dauer des Aufenthalts in der Krankenanstalt in die Strafzeit einzurechnen, wenn nicht der Verurteilte mit der Absicht, die Strafvollstreckung zu unterbrechen, die Krankheit herbeigeführt hat.**

II Die Staatsanwaltschaft hat im letzteren Falle eine Entscheidung des Gerichts herbeizuführen.

1 **1)** Die **Berechnung der Strafzeit** regelt I für den Fall, daß der Verurteilte auf Anordnung der VollstrB (der Rechtspfleger ist nach § 1 Nr 1 **BegrVO** nicht zuständig) wegen Krankheit in eine von der JVA getrennte Krankenanstalt gebracht worden ist, ohne daß zuvor die Unterbrechung der Strafvollstreckung nach § 455 IV (Stuttgart NStZ **89**, 552) oder im Gnadenweg (Celle MDR **68**, 782) angeordnet wurde. § 461 gilt sinngemäß für freiheitsentziehende Sicherungsmaßregeln (§ 463 I).

2 A. **Krankheit** iS von I ist nicht nur jede körperliche Erkrankung, sondern auch eine geistige Erkrankung, die eine Verbringung des Verurteilten in ein psychiatrisches Krankenhaus erfordert (LR-Wendisch 3).

3 B. **In eine von der JVA getrennte Krankenanstalt gebracht** ist der Verurteilte, wenn er in eine Krankenanstalt außerhalb des Vollzugs iS des § 65 StVollzG unabhängig von seinem Willen in Ausübung öffentlicher Gewalt überführt worden ist (Düsseldorf GA Bd **56**, 112; LR-Wendisch 1). Dem steht der Fall gleich, daß sich der Verurteilte während eines Urlaubs aus dem Strafvollzug selbst in stationäre Krankenhausbehandlung begibt (Hamm NStZ **83**, 287). § 461 gilt aber nicht, wenn er während einer Strafunterbrechung ohne Mitwirkung der VollstrB ein Krankenhaus aufsucht (Celle MDR **68**, 782).

4 C. **Einzurechnen in die Strafzeit** ist der Aufenthalt in der Krankenanstalt.
5 Eine **Ausnahme** gilt, wenn der Verurteilte mit der Absicht, die Strafvollstreckung zu unterbrechen, die Krankheit selbst herbeigeführt hat. Die bloße Vortäuschung der Krankheit, auch der Geisteskrankheit, steht dem gleich (LR-Wendisch 6; **aM** KK-Fischer 3). In jedem Fall muß der Gefangene die Verlegung aus der Anstalt erstreben (KK-Fischer 11). Was er damit im Ergebnis bezweckt (Flucht, Vermeidung des Arbeitszwangs usw), ist gleichgültig (LR-Wendisch 5).

2) Die gerichtliche Entscheidung (II) hat die StA als Strafverfolgungsbehörde (Katholnigg NStZ **82**, 195) herbeizuführen, wenn sie den Krankenhausaufenthalt wegen selbst herbeigeführter oder bloß vorgetäuschter Erkrankung bei der Strafzeitberechnung nicht berücksichtigen will. Zuständig ist nach § 462a I die StVollstrK. Für das Verfahren gilt § 462 I S. 1, II S. 1. 6

3) Rechtsbehelfe: Gegen die Weigerung der StA, den Krankenhausaufenthalt in die Strafzeit einzurechnen, sind Einwendungen nach § 458 I zulässig, gegen die gerichtliche Entscheidung, auch nach II, die sofortige Beschwerde nach § 462 III S. 1. 7

Gerichtliches Verfahren; sofortige Beschwerde

462 **I Die nach § 450a Abs. 3 Satz 1 und den §§ 458 bis 461 notwendig werdenden gerichtlichen Entscheidungen trifft das Gericht ohne mündliche Verhandlung durch Beschluß. Dies gilt auch für die Wiederverleihung verlorener Fähigkeiten und Rechte (§ 45b des Strafgesetzbuches), die Aufhebung des Vorbehalts der Einziehung und die nachträgliche Anordnung der Einziehung eines Gegenstandes (§ 74b Abs. 2 Satz 3 des Strafgesetzbuches), die nachträgliche Anordnung von Verfall oder Einziehung des Wertersatzes (§ 76 des Strafgesetzbuches) sowie für die Verlängerung der Verjährungsfrist (§ 79b des Strafgesetzbuches).**

II Vor der Entscheidung sind die Staatsanwaltschaft und der Verurteilte zu hören. Das Gericht kann von der Anhörung des Verurteilten in den Fällen einer Entscheidung nach § 79b des Strafgesetzbuches absehen, wenn infolge bestimmter Tatsachen anzunehmen ist, daß die Anhörung nicht ausführbar ist.

III Der Beschluß ist mit sofortiger Beschwerde anfechtbar. Die sofortige Beschwerde der Staatsanwaltschaft gegen den Beschluß, der die Unterbrechung der Vollstreckung anordnet, hat aufschiebende Wirkung.

1) Im schriftlichen Verfahren (I) nach Aktenlage durch Beschluß, der nach § 34 zu begründen ist, trifft das Gericht die in S. 1 und 2 bezeichneten Entscheidungen (nach LR-Wendisch 2 ist die Aufzählung nicht abschließend). Eine mündliche Verhandlung ist nicht zulässig; wie bei § 309 (dort 1) und § 453 (dort 3) kann das Gericht aber aus besonderen Gründen mündliche Erklärungen entgegennehmen oder sogar herbeiführen (unten 3). Es kann vor der Entscheidung auch im Freibeweisverfahren (7, 9 zu § 244) Beweiserhebungen selbst vornehmen oder durch einen beauftragten oder ersuchten Richter vornehmen lassen; auch die Hilfe der StA oder der Polizei, in geeigneten Fällen auch die der Gerichtshilfe (§ 463d), kann in Anspruch genomen werden. Die eidliche Vernehmung von Zeugen ist nicht ausgeschlossen (KK-Fischer 2). 1

2) Die Anhörungspflicht (II) besteht gegenüber der StA, die als Strafverfolgungsbehörde, nicht als VollstrB zu hören ist (KK-Fischer 3; Katholnigg NStZ **82**, 195), dem Verurteilten und den von der Entscheidung sonst unmittelbar Betroffenen. Der Verurteilte muß, auch wenn er selbst den Antrag auf gerichtliche Entscheidung gestellt hat, zu allen Tatsachen oder Beweisergebnissen gehört werden, die oder deren Bedeutung ihm bei der Antragstellung nicht bekannt waren 2
(§ 33 III). Die **mündliche Anhörung des Verurteilten** ist, anders als im Fall des 3
§ 454 I S. 3, nicht vorgeschrieben. Sie ist aber auch nicht unzulässig und mitunter empfehlenswert, wenn es auf den persönlichen Eindruck von dem Verurteilten ankommt, zB bei der nachträglichen Gesamtstrafenbildung nach § 460, bei der nach § 54 I S. 2 StGB auch die Person des Täters zu würdigen ist (LR-Wendisch
4). Die **Ausnahme nach S. 2** ist deshalb erforderlich, weil in den Fällen des § 79b 4
StGB eine Anhörung des Verurteilten, der sich auf fremdes Staatsgebiet begeben

hat, idR nicht durchführbar ist. Die Unausführbarkeit muß dann aber aufgrund bestimmter Tatsachen, nicht aufgrund bloßer Vermutungen (vgl 3 zu § 459 c) anzunehmen sein. Der Beschluß kann öffentl zugestellt werden (§ 40). Der Verurteilte kann ggf das Nachtragsverfahren nach § 33 a oder die Wiedereinsetzung nach § 44 beantragen.

5 **3) Sofortige Beschwerde** (III) nach § 311 ist gegen den Beschluß zulässig, es sei denn, das OLG habe entschieden (BGH NStE Nr 11 zu § 462 a). Wenn aber das Gericht in der Sache selbst nicht entschieden hat, ist die einfache Beschwerde nach § 304 gegeben (RG **32**, 234; Düsseldorf NStZ **81**, 366). Beschwerdeberechtigt sind die StA als Strafverfolgungsbehörde, der Verurteilte und die unmittelbar von der Vollstreckung in ihren Rechten Betroffenen. Die VollstrB hat kein Beschwerderecht (KK-Fischer 4; LR-Wendisch 9; **aM** Krauß NJW **58**, 49 für den Fall des § 458). Das Beschwerdegericht entscheidet nach § 309 II in der Sache selbst, auch wenn die Anhörung nach II unterblieben ist (7 ff zu § 309); der Mangel wird im Beschwerdeverfahren geheilt (**aM** Hamburg GA **63**, 215). Hat anstelle der StVollstrK das Gericht des 1. Rechtszugs entschieden, so entscheidet das beiden übergeordnete Beschwerdegericht ebenfalls in der Sache selbst (6 zu § 309; KG NStZ **94**, 255; **aM** Hamburg NStZ **91**, 356); andernfalls stellt es die Zuständigkeit
6 der StVollstrK fest (vgl Koblenz OLGSt § 70 a StGB Nr 1). **Aufschiebende Wirkung** (S. 2) hat die sofortige Beschwerde der StA im Fall des § 455 IV (dort 16).

Zuständigkeit der Strafvollstreckungskammer

462a **I Wird gegen den Verurteilten eine Freiheitsstrafe vollstreckt, so ist für die nach den §§ 453, 454, 454 a und 462 zu treffenden Entscheidungen die Strafvollstreckungskammer zuständig, in deren Bezirk die Strafanstalt liegt, in die der Verurteilte zu dem Zeitpunkt, in dem das Gericht mit der Sache befaßt wird, aufgenommen ist. Diese Strafvollstreckungskammer bleibt auch zuständig für Entscheidungen, die zu treffen sind, nachdem die Vollstreckung einer Freiheitsstrafe unterbrochen oder die Vollstreckung des Restes der Freiheitsstrafe zur Bewährung ausgesetzt wurde. Die Strafvollstreckungskammer kann einzelne Entscheidungen nach § 462 in Verbindung mit § 458 Abs. 1 an das Gericht des ersten Rechtszuges abgeben; die Abgabe ist bindend.**

II In anderen als den in Absatz 1 bezeichneten Fällen ist das Gericht des ersten Rechtszuges zuständig. Das Gericht kann die nach § 453 zu treffenden Entscheidungen ganz oder zum Teil an das Amtsgericht abgeben, in dessen Bezirk der Verurteilte seinen Wohnsitz oder in Ermangelung eines Wohnsitzes seinen gewöhnlichen Aufenthaltsort hat; die Abgabe ist bindend.

III In den Fällen des § 460 entscheidet das Gericht des ersten Rechtszuges. Waren die verschiedenen Urteile von verschiedenen Gerichten erlassen, so steht die Entscheidung dem Gericht zu, das auf die schwerste Strafart oder bei Strafen gleicher Art auf die höchste Strafe erkannt hat, und falls hiernach mehrere Gerichte zuständig sein würden, dem Gericht, dessen Urteil zuletzt ergangen ist. War das hiernach maßgebende Urteil von einem Gericht eines höheren Rechtszuges erlassen, so setzt das Gericht des ersten Rechtszuges die Gesamtstrafe fest; war eines der Urteile von einem Oberlandesgericht im ersten Rechtszuge erlassen, so setzt das Oberlandesgericht die Gesamtstrafe fest. Wäre ein Amtsgericht zur Bildung der Gesamtstrafe zuständig und reicht seine Strafgewalt nicht aus, so entscheidet die Strafkammer des ihm übergeordneten Landgerichts.

IV Haben verschiedene Gerichte den Verurteilten in anderen als den in § 460 bezeichneten Fällen rechtskräftig zu Strafe verurteilt oder unter Strafvorbehalt verwarnt, so ist nur eines von ihnen für die nach den §§ 453, 454, 454 a und 462

zu treffenden Entscheidungen zuständig. Absatz 3 Satz 2 und 3 gilt entsprechend. In den Fällen des Absatzes 1 entscheidet die Strafvollstreckungskammer; Absatz 1 Satz 3 bleibt unberührt.

V **An Stelle der Strafvollstreckungskammer entscheidet das Gericht des ersten Rechtszuges, wenn das Urteil von einem Oberlandesgericht im ersten Rechtszug erlassen ist. Das Oberlandesgericht kann die nach den Absätzen 1 und 3 zu treffenden Entscheidungen ganz oder zum Teil an die Strafvollstreckungskammer abgeben. Die Abgabe ist bindend; sie kann jedoch vom Oberlandesgericht widerrufen werden.**

VI **Gericht des ersten Rechtszuges ist in den Fällen des § 354 Abs. 2 und des § 355 das Gericht, an das die Sache zurückverwiesen worden ist, und in den Fällen, in denen im Wiederaufnahmeverfahren eine Entscheidung nach § 373 ergangen ist, das Gericht, das diese Entscheidung getroffen hat.**

1) **Strafvollstreckungskammern** bestehen nach § 78a I S. 1 GVG bei allen LGen, in deren Bezirk sich Anstalten für Erwachsene zum Vollzug von Freiheitsstrafen oder freiheitsentziehenden Sicherungsmaßregeln befinden. Die Einrichtung dieser StrKn mit besonderer funktioneller Zuständigkeit (8 vor § 1) dient der Zuständigkeitskonzentration von Strafvollstreckungssachen bei besonders erfahrenen, entscheidungsnahen Gerichten, denen insbesondere die mündliche Anhörung nach § 454 I S. 3 unschwer möglich ist. Die StVollstrKn sind nach § 78a I S. 2 Nr. 1 GVG zuständig für die Entscheidungen nach den §§ 462, 463, soweit sich aus der StPO nichts anderes ergibt. § 462a bestimmt die sachliche und örtliche Zuständigkeit der StVollstrKn und grenzt sie von der des Gerichts des 1. Rechtszugs ab. 1

2) **Zuständigkeit der StVollstrKn** (I): 2

A. **Sachlich zuständig** (I S. 1) ist, wenn nicht das Urteil von einem OLG im 1. Rechtszug erlassen ist (V S. 1), die StVollstrK für Entscheidungen in den Fällen der §§ 453, 454, 454a und 462 (also auch in den Fällen der §§ 450a III S. 1, 458 bis 461 mit Ausnahme des § 460), wenn der Verurteilte in dem Zeitpunkt, in dem das Gericht mit der Sache befaßt wird (dazu unten 9ff) in eine JVA zur Vollstreckung einer Freiheitsstrafe (unten 4) aufgenommen worden ist (unten 5). Gemeint sind nur Entscheidungen, die den Verurteilten betreffen, gegen den eine Freiheitsstrafe vollzogen wird, nicht Mitangeklagte oder Nebenbeteiligte (BGH NStZ **87**, 428). Die Zuständigkeit endet erst mit der vollständigen Erledigung der Strafvollstreckung, nicht schon bei Strafunterbrechungen und Strafaussetzungen (I S. 2). 3

a) **Freiheitsstrafen** iS von I S. 1 sind Freiheitsstrafen nach § 38 StGB, Ersatzfreiheitsstrafen nach § 43 StGB (BGH **30**, 223; Hamburg NJW **76**, 257 = JR **76**, 519 mit Anm Peters; München NStZ **84**, 238) und nach § 43a III StGB sowie der Strafarrest nach § 9 WStGB, auch wenn er bei der Bundeswehr vollzogen wird (BGH **26**, 391, Stuttgart OLGSt S. 31), nicht aber die Jugendstrafe (unten 40). Auf freiheitsentziehende Sicherungsmaßregeln ist § 462a entspr anwendbar (§ 463 I). 4

b) **Aufnahme zum Zweck der Vollstreckung:** Gemeint ist nicht nur die 1. Aufnahme, sondern auch die Aufnahme nach Strafunterbrechung oder widerrufener Strafaussetzung sowie nach Verlegung (nicht nach nur vorübergehender Verschiebung) in eine andere JVA (BGH **26**, 165, 166; 278, 279). Dabei genügt nicht die bloße Einleitung der Vollstreckung (Düsseldorf StraFo **98**, 430). Erforderlich ist grundsätzlich die Aufnahme des Verurteilten als Strafgefangener in die JVA, an die das Aufnahmeersuchen, dessen Fehlen aber unschädlich sein kann (Hamburg MDR **82**, 251), gerichtet war, also der Beginn des Strafvollzugs in dieser Anstalt (vgl BGH NStZ **84**, 380; Frankfurt NStZ-RR **96**, 154; vgl auch Hamm NStZ **98**, 479 zur sog Organisationshaft). Die Aufnahme in eine JVA zur Beurteilung durch die Aufnahmekommission genügt (Düsseldorf NStE Nr 28; Stuttgart NJW **77**, 1074 L), auch wenn abzusehen ist, daß eine Verlegung in eine andere Anstalt 5

erfolgen wird (BGH 2 ARs 156/80 vom 18. 6. 1980; KK-Fischer 14). Keine Aufnahme iS von I S. 1 liegt vor, wenn der Verurteilte sich in eine näher gelegene JVA begibt, in die er nach § 27 V StVollstrO zur Zuführung an die zuständige JVA geladen worden ist. UHaft begründet keine Zuständigkeit (BGH NStZ **90**, 230
6 [M]). Bei **Übergang von UHaft in Strafhaft** ist der Tag der Rechtskraft des Urteils maßgebend (BGH **27**, 302, 304 mit krit Anm Paeffgen NJW **78**, 1443; Celle NStZ **85**, 188; Düsseldorf NStZ **81**, 366; Köln OLGSt S. 77; LG Bonn NStZ **82**, 349), auch wenn eine Verlegung in die nach dem Vollstreckungsplan zuständige JVA zu erwarten ist (BGH **38**, 63). Befindet sich der Verurteilte in Haft, ist daher die StVollstrK für die infolge Anrechnung von UHaft mögliche Entscheidung nach § 57 StGB auch dann zuständig, wenn das Urteil durch allseitigen Rechtsmittelverzicht noch am Schluß der Hauptverhandlung rechtskräftig wird (Celle NStZ **85**, 188). Dagegen bleibt das erkennende Gericht unabhängig vom Zeitpunkt des Eintritts der Rechtskraft hierfür zuständig, wenn der Verurteilte zuvor aus der UHaft entlassen worden ist (Dresden NStZ-RR **98**, 382; Frankfurt NStZ-RR **96**, 155; Hamm NJW **80**, 2090 L; MDR **78**, 592; Stuttgart Justiz **87**, 233; Valentin NStZ **81**, 129; **aM** Düsseldorf JR **76**, 31 mit abl Anm Peters).

7 B. **Örtliche Zuständigkeit** (I S. 1):

8 a) Der **öffentlich-rechtliche Sitz der JVA,** in die der Verurteilte zur Strafvollstreckung aufgenommen worden ist (oben 5 ff) begründet die örtliche Zuständigkeit der StVollstrK (Celle NdsRpfl **78**, 92). Auf ihn kommt es auch an, wenn die Strafe in einer Außenstelle der JVA vollstreckt wird, die im Bezirk eines anderen LG liegt (BGH **28**, 135; Celle aaO).

9 b) **Befaßtsein mit der Sache:** Wird die Strafe nacheinander in mehreren JAVen verschiedener LG-Bezirke vollstreckt, so kommt es für die örtliche Zuständigkeit auf den Zeitpunkt an, in dem das Gericht mit der Strafvollstreckungssache befaßt
10 wird. Das ist der Zeitpunkt, in dem der **Antrag,** der eine Entscheidung erfordert, also nicht etwa ein 7 Monate vor dem frühestmöglichen Entlassungszeitpunkt gestellter Antrag nach § 57 StGB (Hamm JMBlNW **81**, 11; Jena NStZ **96**, 455; **aM** KK-Fischer 18), bei Gericht eingeht (BGH NStZ **96**, 23 [K]; Frankfurt NStZ-RR **96**, 154). Der frühere Eingang des Antrags bei der StA oder einer anderen Behörde bleibt außer Betracht (BGH **26**, 214; Düsseldorf OLGSt Nr 12). Der Eingang bei einem unzuständigen Gericht ist nur maßgebend, wenn dessen Zuständigkeit nicht von vornherein ausgeschlossen erscheint (BGH aaO; NStZ **84**, 525 L; LR-Wendisch 18). Läßt sich das Eingangsdatum des Antrags nicht feststellen, so kommt es darauf an, wann das Gericht nach dem Inhalt der Akten
11 erstmals mit der Sache befaßt war (BGH **26**, 214, 217). Wenn das Gericht **von Amts wegen** zu entscheiden hat, ist der Zeitpunkt maßgebend, in dem es tätig werden mußte, zB der Ablauf gesetzlicher oder richterlicher Fristen oder der Tag, an dem Tatsachen aktenkundig werden, die den Widerruf der Strafaussetzung rechtfertigen (BGH **30**, 189, 191; MDR **81**, 982 [H]; NStZ **93**, 100; 230 [K]; **97**, 406; Düsseldorf NStZ **88**, 46; VRS **85**, 359; Karlsruhe Justiz **83**, 85). Ob es tatsächlich tätig geworden ist, spielt keine Rolle (BGH **26**, 187; 214, 216; 278, 280; **27**, 302 mit abl Anm Paeffgen NJW **78**, 1443; BGH **30**, 189, 191; NStZ **84**,
12 525 L; Düsseldorf NStZ **84**, 428; Hamburg NStZ **82**, 48). Das **Befaßtsein endet** erst, wenn in der Sache abschließend entschieden worden ist (BGH **26**, 165; 278, 279; NStZ **81**, 404 L; **84**, 380; Düsseldorf MDR **83**, 155; Jena StV **97**, 450; Stuttgart NStZ-RR **96**, 61; Oldenburg NdsRpfl **85**, 46), auch durch Ablehnung des Antrags auf Aussetzung des Strafrestes nach §§ 57, 57 a StGB, selbst wenn die erneute Prüfung zu einem späteren Zeitpunkt vorbehalten (Stuttgart NJW **76**, 436; KK-Fischer 23; Valentin NStZ **81**, 130; **aM** Koblenz GA **77**, 246) oder eine Frist nach § 57 VI StGB gesetzt worden ist, die die neue StVollstrK nicht bindet (BGH **26**, 278). Das Befaßtsein endet auch durch Antragsrücknahme (BGH **26**, 278, 279), durch Rücknahme der Einwilligung nach § 57 I S. 1 Nr 3 StGB (Karlsruhe MDR **92**, 595), durch Zurückstellung eines verfrühten Antrags mit Zustimmung

des Verurteilten (Düsseldorf MDR **82**, 429; vgl aber Stuttgart NJW **76**, 436: nicht bei Aussetzung der endgültigen Entscheidung zur weiteren Klärung der Entlassungsvoraussetzungen) und bei Erledigung auf andere Weise (Düsseldorf NStZ **85**, 333, 334). Vorher tritt ein **Wechsel der örtlichen Zuständigkeit** für die Ent- 13
scheidung über die anhängige Sache auch dann nicht ein, wenn der Verurteilte im Wege der Verlegung in eine zum Bezirk einer anderen StVollstrK gehörende JVA aufgenommen worden (BGH **26**, 165, 166; 187, 189; 278, 279; **30**, 189; NStZ **93**, 31 [K]; Hamburg MDR **89**, 341; Hamm NJW **75**, 1527; MDR **95**, 1058; Stuttgart MDR **75**, 775; krit Herzog NJW **76**, 1077) oder wenn dort der Vollzug nach der Flucht aus der bisherigen JVA fortgesetzt wird (Düsseldorf MDR **83**, 155; Valentin NStZ **81**, 130). Das gilt erst recht bei nur vorübergehender Überstellung des Verurteilten in eine andere JVA (BGH **26**, 278, 279; Düsseldorf MDR **75**, 863; NStE Nr 22) oder in ein Krankenhaus eines anderen LG-Bezirks während des Vollzugs (BGH NJW **76**, 249). Wird das Gericht nach der Aufnahme des Verurteilten in die neue JVA **erneut mit einer Strafvollstreckungssache befaßt, so** 14
ist die StVollstrK zuständig, in deren Bezirk die neue JVA liegt (BGH **26**, 165, 166; 278, 279; Düsseldorf JMBlNW **82**, 82; KK-Fischer 15); denn entscheidend ist der tatsächliche Aufenthalt des Verurteilten in einer Vollzugsanstalt (BGH **36**, 229). Auf diese StVollstrK gehen auch die Überwachung des Verurteilten in der Bewährungszeit nach § 463 b und die nachträglichen Entscheidungen über die Strafaussetzung über (Oldenburg NdsRpfl **85**, 46). Der Ort des Zwischenaufenthalts auf der Fahrt in die neue JVA zählt nicht; die Zuständigkeit ist so zu beurteilen, als sei das Transportziel bereits erreicht (BGH MDR **79**, 990 [H]). Zur Zuständigkeit der StA als VollstrB vgl § 451 III.

C. **Fortwirkung der Zuständigkeit** (I S. 2): Die Vorschrift bestimmt eine 15
Ausnahme von dem Grundsatz (oben 3), daß die StVollstrK sachlich nur zuständig ist, wenn gegen den Verurteilten in einer JVA eine Freiheitsstrafe vollstreckt wird. Als Ausnahmevorschrift ist sie eng auszulegen (Hamburg NStZ **82**, 48). Sie regelt nur den Fall, daß der Verurteilte, nachdem bereits eine StVollstrK tätig geworden war (BGH NJW **75**, 1130 = JR **75**, 205 mit Anm Peters; BGH NJW **75**, 1791; Düsseldorf NStZ **85**, 333; Hamm VRS **60**, 123), infolge (auch langfristiger, vgl Stuttgart NStZ-RR **96**, 61) Unterbrechung der Strafvollstreckung, etwa nach § 455 IV oder im Gnadenweg, aber auch wegen Entweichens des Gefangenen aus der Anstalt (LR-Wendisch 34; **aM** Bringewat StVollstr 32), oder durch Strafaussetzung nach §§ 57, 57 a StGB (nicht im Gnadenweg) auf freien Fuß gelangt (BGH NStZ **97**, 379 [K]). Der Unterbrechung steht das Absehen von der Vollstreckung nach § 456 a gleich (BGH GA **84**, 513; Bringewat aaO). Die schon früher tätig gewordene StVollstrK trifft dann auch die während der Unterbrechung oder Strafaussetzung erforderlichen Entscheidungen, jedoch nur, wenn sie für die früheren Entscheidungen örtlich zuständig war (BGH NStZ **85**, 428; Düsseldorf NStZ **85**, 333). Sie bleibt uU auch zuständig, wenn sie über die Sache noch nicht abschließend entschieden hat, bevor gegen den Verurteilten im Bezirk einer anderen StVollstrK eine andere Freiheitsstrafe vollstreckt wird (unten 34). Ein Zuständigkeitswechsel tritt aber ein, wenn aus der von der StVollstrK zur Bewährung ausgesetzten Strafe und einer weiteren Strafe nach § 460 oder nach § 55 StGB oder nach §§ 31 II, 66 **JGG** eine Gesamtstrafe bzw eine Einheitsjugendstrafe gebildet wird; zuständig ist dann das Gericht, das nach diesen Vorschriften entschieden hat (BGH NStZ **97**, 100 mit zust Anm Brunner; Düsseldorf JMBlNW **78**, 201; Schleswig NStZ **83**, 480; Zweibrücken NStZ **85**, 525). Zur Zuständigkeitskonzentration vgl unten 32 ff.

D. **Abgabe an das Gericht des 1. Rechtszugs** (I S. 3): Einzelne Entscheidun- 16
gen nach § 462 iVm § 458 I, also über die Auslegung des Urteils, die Strafzeitberechnung und die Zulässigkeit der Strafvollstreckung, kann die StVollstrK an das Gericht des 1. Rechtszugs abgeben. Das kann insbesondere zweckmäßig sein, wenn die Auslegung des Urteils zweifelhaft oder wenn über Einwendungen gegen

Vollstreckungshandlungen im Zusammenhang mit Verfall oder Einziehung zu entscheiden ist. Die entspr Anwendung des I S. 3 auf Entscheidungen nach §§ 453, 454 ist ausgeschlossen (BGH **26**, 352). Die Abgabe wird auf Antrag oder von Amts wegen ohne vorherige Anhörung des Gerichts des 1. Rechtszugs beschlossen, sobald der StVollstrK die Einwendungen oder der Antrag vorgelegt worden sind. Sie ist für das Gericht bindend, an das abgegeben worden ist (I S. 3 Hs 2). Das abgebende Gericht kann die Abgabe widerrufen, wenn das geboten erscheint (LR-Wendisch 38; erg unten 23, 35).

17 **3) Zuständigkeit des Gerichts des 1. Rechtszugs** (II):

18 A. Die **Zuständigkeit** des Gerichts des 1. Rechtszugs besteht, von dem Fall des V S. 1 abgesehen, nur, wenn nicht die der StVollstrK nach I gegeben ist, wenn also die Strafvollstreckung noch nicht begonnen hat (Düsseldorf VRS **76**, 375; Koblenz MDR **75**, 686; LG Bochum StV **81**, 239) oder (mit der Ausnahme des I S. 2) wenn der Verurteilte wieder aus der Haft entlassen ist (BGH **26**, 187, 189). Hat das Gericht des 1. Rechtszugs vor Vollstreckungsbeginn entschieden und ist ein Rechtsmittel gegen die Entscheidung noch nicht erledigt, so verbleibt es auch nach Beginn der Vollstreckung bei der Zuständigkeit des Gerichts, das nach den allgemeinen Vorschriften über das Rechtsmittel zu entscheiden hat (BGH **26**, 187;
19 190; **33**, 111, 113). **Gericht des 1. Rechtszugs** ist das AG auch, wenn es auf Freispruch oder Verfahrenseinstellung erkannt und erst das Berufungsgericht verurteilt hat (KK-Fischer 31), das LG auch, wenn es mit der Sache auf eine Berufung befaßt war, aber als Gericht des 1. Rechtszugs entschieden hat (vgl 10 zu § 328). Im Fall des § 460 ist das Gericht, das die Gesamtstrafe gebildet hat, für diese Strafe das Gericht des 1. Rechtszugs (Hamm NJW **76**, 1648 L; KMR-Paulus 46). Zur Zuständigkeitskonzentration bei mehreren erstinstanzlichen Entscheidungen vgl unten 30. Zur Zuständigkeit für Entscheidungen im Rahmen der Bewährungsaufsicht in DDR-Altfällen vgl BGH MDR **94**, 1030 mit Anm Koch.

20 B. **Abgabe an das Wohnsitzgericht** (II S. 2). Die Abgabe der Entscheidungen nach § 453, nicht der Entscheidung über die Strafaussetzung nach §§ 57, 57 a StGB selbst (BGH **26**, 352; Hamm MDR **72**, 439), darf das zuständige Gericht des 1. Rechtszugs durch unanfechtbaren Beschluß (Hamm aaO) anordnen, nicht das Berufungs- oder Beschwerdegericht (BGH NJW **66**, 2022; Hamm aaO). Die Abgabe ist nicht mehr zulässig, wenn das Beschwerdegericht einen Beschluß aufgehoben und die Sache zur erneuten Entscheidung zurückverwiesen hat (BGH **33**,
21 111). An das **AG des Wohnsitzes** (1 zu § 8), ersatzweise des gewöhnlichen Aufenthalts (3 zu § 8), nicht an das SchG (BGH **10**, 288, 290; NJW **66**, 2022), kann die Sache abgegeben werden (Düsseldorf GA **89**, 171), auch dann noch, wenn die Bewährungszeit schon abgelaufen ist (BGH NStE Nr 24). Ob der Verurteilte seinen Wohnsitz oder Aufenthalt schon vorher im Bezirk dieses AG hatte oder ihn erst nach Erlaß der Aussetzungsentscheidung dorthin verlegt hat, spielt keine Rolle. Das AG, an das die Sache abgegeben wird, muß in dem Abgabebeschluß genau bezeichnet werden (BGH NJW **66**, 2022; München MDR **58**, 118).
22 **Ganz oder teilweise** kann die Abgabe erfolgen. Das abgebende Gericht kann von der Abgabe zB die Entscheidung über den Widerruf oder den Straferlaß ausnehmen. Die Zulässigkeit der Teilabgabe schließt die Möglichkeit ein, die Sache erst abzugeben, nachdem bestimmte Nachtragsentscheidungen schon getroffen worden
23 sind. Für das Gericht, an das abgegeben worden ist, ist die **Abgabe bindend** (II S. 2 Hs 2), es sei denn, das abgebende Gericht ist unzuständig (BGHR § 462 a II S. 2 Abgabe 1) oder die Abgabe ist willkürlich erfolgt (Düsseldorf VRS **87**, 38; **88**, 208); allein das Fehlen besonderer Gründe, die die Abgabe als zweckmäßig erscheinen lassen, rechtfertigt aber noch nicht die Annahme von Willkür (BGH NStZ **92**, 399; **93**, 200; 230 [K]; Hamm JMBlNW **96**, 237; Schleswig SchlHA **96**, 98 [L/T]; **aM** Düsseldorf MDR **90**, 78; NStZ **92**, 206; OLGSt Nr 13; VRS **86**, 187; **88**, 51; Zweibrücken NStE Nr 27; vgl auch Bringewat StVollstr 45). Das Gericht darf die Sache nicht weiterübertragen (BGH NStZ **97**, 379 [K]); seine Zuständigkeit bleibt

wegen IV S.1 auch für die Bewährungsaufsicht wegen einer anderen Verurteilung bestehen (BGH NStZ **94**, 97). Das abgebende Gericht, das für die anderen nachträglichen Entscheidungen im Vollstreckungsverfahren zuständig bleibt, ist an die Abgabe dagegen nicht gebunden (BGH **11**, 80; **26**, 204; Düsseldorf MDR **86**, 607; erg oben 16; unten 35); es kann sie rückgängig machen und die Sache wieder an sich ziehen. Wenn sich der Wohnsitz oder gewöhnliche Aufenthalt erneut geändert hat, kann es die Sache auch auf das AG des neuen Wohnsitzes oder
Aufenthalts weiterübertragen (BGH **26**, 204). Auf die **Zuständigkeit der StA** als 24
VollstrB ist die Abgabe ohne Einfluß. Zuständig bleibt die nach § 143 I GVG, § 7 StVollstrO zuständige StA bei dem Gericht des 1. Rechtszugs (Katholnigg NStZ **82**, 195; **87**, 112; **aM** LG München I NStZ **81**, 453; Engel NStZ **87**, 110).

4) Zuständigkeit für Gesamtstrafentscheidungen nach § 460 (III): Die 25
Vorschrift schränkt I S. 1 ein, der infolge seiner Bezugnahme auf § 462 an sich
auch für § 460 gelten müßte. Nach **S. 1** ist die nachträgliche Gesamtstrafenbildung 26
stets Sache des Gerichts des 1. Rechtszugs, auch wenn der Verurteilte sich in Strafhaft befindet (BGH MDR **76**, 680; KG JR **75**, 429). Bei verschiedenen
Urteilen verschiedener Gerichte gilt die **Reihenfolge des S. 2** (Strafart, Strafhöhe, 27
bei gleicher Strafhöhe der Tag der Urteilsfällung), wobei das Gericht des 1. Rechtszugs auch entscheidet, wenn das Urteil in einem höheren Rechtszug erlassen worden ist (S. 3 Hs 1); die Zuständigkeit des OLG geht vor (S. 3 Hs 2). Sofern es nach S. 2 auf die Strafhöhe ankommt, werden nur die Hauptstrafen berücksichtigt; Nebenstrafen, Nebenfolgen und Sicherungsmaßregeln bleiben außer Betracht (BGH **11**, 293). Von mehreren Geldstrafen ist diejenige am höchsten, bei der die Anzahl der Tagessätze am größten ist; sind sie gleich, so entscheidet das Gericht, dessen Urteil zuletzt ergangen ist (BGH NJW **86**, 1117). Die Höhe einer in einem oder mehreren der Urteile bereits gebildeten Gesamtstrafe bleibt immer außer Betracht; für die Strafhöhe iS von III S. 2 kommt es immer nur auf die höchste Einzelstrafe an, auch wenn sie bisher in einer Gesamtstrafe enthalten war (BGH NJW **76**, 1512; **86**, 1117; Schleswig SchlHA **86**, 109 [E/L]). Ist nach S. 2 der Zeitpunkt des Urteilserlasses maßgebend, so gilt das auch für ein Berufungsurteil, selbst wenn es die Berufung verworfen hat; der Zeitpunkt des Erlasses des Revisionsurteils ist nur von Bedeutung, wenn es die Freiheitsstrafe nach § 354 I selbst festgesetzt hat. Können nicht alle Einzelstrafen einbezogen werden, so bildet das nach S. 2, 3 zuständige Gericht ggf eine 2. Gesamtstrafe, auch wenn dafür die Zuständigkeit eines anderen Gerichts gegeben wäre (Bay **55**, 112; LR-Wendisch
66). Würde ein AG mit der neuen Gesamtstrafe seine **Strafgewalt nach § 24 II** 28
GVG (dort 9) überschreiten, so ist das ihm übergeordnete LG zuständig (S. 4). Steht das von vornherein fest (zB weil die höchste Einzelstrafe bereits 4 Jahre beträgt), so gibt das AG die Sache formlos an das LG ab; andernfalls erläßt es, wenn die Sache ihm vorgelegt wird, einen (unanfechtbaren) Verweisungsbeschluß entspr § 270 (Schleswig SchlHA **86**, 109 [E/L]), der bindende Wirkung hat.

5) Zuständigkeitskonzentration (IV): 29

A. **Zuständigkeit des Gerichts des 1. Rechtszugs** (S. 1, 2): Die Vorschrift 30
ergänzt die Regelung des II für den Fall, daß gegen den Verurteilten mehrere rechtskräftige und noch nicht erledigte Verurteilungen ergangen sind, die Voraussetzungen einer nachträglichen Gesamtstrafe nach § 55 StGB aber nicht vorliegen. Würde jedes der Gerichte des 1. Rechtszugs mit Nachtragsentscheidungen nach §§ 453, 454, 454 a oder 462 befaßt, so bestünde die Gefahr einer Entscheidungszersplitterung (BGH NStZ **93**, 230 [K]). Insbesondere ließe sich eine unterschiedliche Beurteilung der für die Strafaussetzungsfrage maßgeblichen Sozialprognose nicht ausschließen. S. 1 bestimmt daher, daß nur eines der erkennenden Gerichte für die Nachtragsentscheidungen zuständig ist, auch wenn die Zuständigkeit in dem Einzelverfahren, in dem die Entscheidung zu treffen ist, an sich nicht gegeben wäre (BGH **26**, 118; Düsseldorf NStZ **88**, 46). Dabei ist gleichgültig, ob auch

wegen der anderen Verurteilungen Nachtragsentscheidungen erforderlich sind oder werden (BGH NStZ **97**, 612; LG Hamburg MDR **80**, 781 unter Aufgabe der in JR **79**, 391 mit abl Anm Gössel vertretenen Ansicht). Kommt jedoch bei einer von 2 Verurteilungen eine Nachtragsentscheidung rechtlich gar nicht in Betracht, so
31 gilt S. 1 nicht (Schleswig MDR **87**, 606; **aM** LG Münster MDR **88**, 432). Die **Verweisung des S. 2 auf III S. 2, 3** bedeutet, daß die Zuständigkeit bei dem Gericht liegt, das auf die höchste Strafart, bei gleicher Strafart auf die höchste Strafe (Koblenz OLGSt S. 72), bei gleichen Strafen mit dem zeitlich letzten Urteil (Schleswig SchlHA **85**, 44 L) erkannt hat. Nebenstrafen, Nebenfolgen und Sicherungsmaßregeln bleiben außer Betracht (erg oben 27). Anders als im Fall des III S. 2 macht es bei dem Strafhöhenvergleich nach S. 2 keinen Unterschied, ob die höchste Strafe eine Einzelstrafe oder eine Gesamtstrafe ist (BGH **27**, 68); Beschlüsse über eine nachträgliche Gesamtstrafenbildung bleiben außer Betracht (BGH NStZ **96**, 511). Die Zuständigkeit des OLG geht immer vor (S. 2 iVm III S. 2 Hs 2).

32 B. **Zuständigkeit der StVollstrK** (S. 3): Die Zuständigkeit des Gerichts des 1. Rechtszugs nach S. 1, 2 tritt zurück, wenn der Verurteilte auch nur in einer der Sachen in Strafhaft genommen wird. Die StVollstrK hat dann auch über den Widerruf der nach § 36 BtMG bewilligten Strafaussetzung zur Bewährung zu entscheiden (BGH **37**, 338; NStZ-RR **96**, 56; **aM** Düsseldorf MDR **93**, 464). Die Zuständigkeit geht selbst dann auf die StVollstrK über, wenn das erkennende Gericht mit einer Frage befaßt ist, über die es noch nicht abschließend entschieden
33 hat (BGH **30**, 189, 192). S. 3 ist **entsprechend anwendbar,** wenn dasselbe Gericht gegen den Verurteilten in mehreren Urteilen Strafen verhängt hat, die nicht nach § 55 StGB zu einer Gesamtstrafe zusammengefaßt werden können. Die Zuständigkeit der StVollstrK erstreckt sich dann auf alle Nachtragsentscheidungen, die nach diesen Verurteilungen erforderlich werden (BGH **26**, 276; Hamburg
34 MDR **75**, 952). **Örtlich zuständig** ist diejenige StVollstrK, in die der Verurteilte nach Eintritt der Zuständigkeitskonzentration zur Strafvollstreckung aufgenommen worden ist. Die Befassung mit einer bestimmten Entscheidung ist nicht erforderlich (BGH NStZ **84**, 380; **96**, 23 [K]; Hamburg NStZ **87**, 92). Die Fortwirkungszuständigkeit nach I S. 2 tritt zurück (Hamburg aaO). Da jedoch der Vorrang, den S. 3 bestimmt, nur im Verhältnis zwischen erkennendem Gericht und StVollstrK gilt (BGH **30**, 189, 192), ist es nicht unzulässig, daß eine mit einer Strafvollstreckungssache befaßte StVollstrK eine abschließende Entscheidung noch trifft, nachdem der Verurteilte in die JVA eines anderen LG-Bezirks zur Vollstreckung einer neuen Strafe aufgenommen worden ist. War der Verurteilte zB noch auf freiem Fuß oder in UHaft, als die StVollstrK mit der Frage des Widerrufs der Strafaussetzung befaßt wurde, so entfällt ihre örtliche Zuständigkeit für diese Entscheidung nicht deshalb, weil gegen den Verurteilten nunmehr im Bezirk einer anderen StVollstrK Freiheitsstrafe vollstreckt wird (BGH **30**, 189; NStZ **81**, 404 L; Düsseldorf MDR **80**, 518; NStZ **81**, 156; **85**, 333; **88**, 46; Schleswig SchlHA **86**, 155). Die nach S. 3 zuständige StVollstrK bleibt auch nach Erledigung der in ihrem Bezirk vollstreckten Strafe für Nachtragsentscheidungen zuständig, die wegen der anderen Verurteilten erforderlich werden (BGH **28**, 82; Hamburg NStZ **87**, 92; München NStZ **84**, 238). Dabei ist gleichgültig, ob sie in der Zeit, in der der Verurteilte in ihrem Bezirk eine Strafe verbüßte, eine Strafvollstreckungsentscheidung überhaupt zu treffen oder vorzubereiten hatte (BGH **30**, 223, 224). Allein die Möglichkeit, die nach § 453 zu treffenden Entscheidungen nach II bindend an das Wohnsitzgericht abzugeben, setzt die Zuständigkeitskonzentration des IV nicht außer Kraft (BGH NStZ **98**, 586).

35 C. Die **Zuständigkeit der StA** als VollstrB wird durch den Zuständigkeitswechsel nach IV nicht berührt. Zuständig bleibt die StA bei dem Gericht des 1. Rechtszugs (§ 143 I GVG, § 7 I StVollstrO) nach § 451 III auch, wenn die Sache auf die StVollstrK bei einem anderen LG übergeht (erg oben 24); sie kann aber ihre Aufgaben auf die andere StA übertragen (§ 451 III S. 2).

6) Zuständigkeit des OLG (V): Hat ein OLG im 1. Rechtszug entschieden, so entfällt die Zuständigkeit der StVollstrK nach I und IV S. 3. An ihrer Stelle trifft das OLG die Nachtragsentscheidungen. Es kann die Entscheidung aber ganz und teilw an die StVollstrK abgeben (S. 2). Die Abgabe, die durch unanfechtbaren Beschluß erfolgt, ist für die StVollstrK bindend; das OLG kann sie jederzeit widerrufen (S. 3). 36

7) Gericht des 1. Rechtszugs bei wiederholter erstinstanzlicher Entscheidung (VI): Wenn das Revisionsgericht eine Sache nach §§ 354 II, 355 an ein anderes Gericht oder (über den Wortlaut des VI hinaus) nach § 354 II an einen anderen Spruchkörper desselben Gerichts zurückverweist, ist Gericht des 1. Rechtszugs das neu entscheidende Tatgericht, auch wenn es als Berufungsgericht zu entscheiden hatte, nicht aber für Nachtragsentscheidungen nach § 439 (Düsseldorf MDR **83**, 154; erg 2 zu § 441). VI gilt auch bei Aufhebung und Zurückverweisung nur im Strafausspruch, nicht aber, wenn nur eine Nebenstrafe oder Nebenfolge, insbesondere Verfall oder Einziehung, Gegenstand des neuen Urteils ist. Wird das Urteil nur wegen eines von mehreren Angeklagten oder wegen einer von mehreren tatmehrheitlichen Handlungen aufgehoben und zurückverwiesen, so bleibt das 1. Gericht zuständig, soweit die Revision verworfen worden ist (Frankfurt NJW **72**, 1066). Nach Anordnung der **Wiederaufnahme des Verfahrens** ist Gericht des 1. Rechtszugs iS § 462 a das Gericht, das das neue Urteil nach § 373 erlassen hat. Das gilt auch, wenn es als Berufungsgericht tätig geworden ist. Führt die Wiederaufnahme gegen ein Revisionsurteil zu einer neuen Revisionsverhandlung, so gilt VI nicht; zuständig bleibt das ursprüngliche Gericht des 1. Rechtszugs. Mit dem Wechsel der Zuständigkeit des Gerichts des 1. Rechtszugs tritt auch ein Wechsel in der **Zuständigkeit der StA** ein (4 zu § 451). 37 38 39

8) Zuständigkeit des Jugendrichters: Die Aufgaben, die § 462 a der StVollstrK zuweist, nimmt bei jugendlichen Verurteilten und bei Heranwachsenden, die nach Jugendstrafrecht verurteilt worden sind, nach §§ 82 I, 110 I **JGG** der Jugendrichter als Vollstreckungsleiter wahr, auch soweit es um den Vollzug einer Unterbringung nach § 7 JGG geht (BGH **26**, 162 = JR **76**, 343 mit Anm Brunner; BGH **27**, 189). Das gilt auch, wenn gegen den Verurteilten nach § 92 II S. 3 **JGG** Jugendstrafe im Erwachsenenvollzug vollstreckt wird (BGH **27**, 25; 329, 332 = JR **79**, 82 mit Anm Peters; **28**, 351; NStZ **85**, 92). Über die sofortige Beschwerde gegen eine Entscheidung des Jugendrichters hat die JugK zu befinden (Karlsruhe NStZ **93**, 104). Die Zuständigkeitskonzentration nach IV gilt nicht, wenn gegen denselben Verurteilten Jugendstrafe und Freiheitsstrafe zu vollstrecken sind; die StVollstrK ist nur für die Freiheitsstrafe zuständig (BGH **27**, 207; **28**, 351; NStZ **85**, 92; **97**, 255). Mit der Vollstreckungsabgabe nach §§ 89 a III, 85 VI **JGG** wird für die Entscheidung über die Aussetzung eines Restes der Jugendstrafe aber die StVollstrK zuständig (BGH NStZ **97**, 255; Düsseldorf NStZ **92**, 606; MDR **93**, 171; JR **97**, 212 mit Anm Böhm = StV **98**, 348 mit Anm Rzepka). 40

Vollstreckung von Maßregeln der Besserung und Sicherung

463 [I] **Die Vorschriften über die Strafvollstreckung gelten für die Vollstreckung von Maßregeln der Besserung und Sicherung sinngemäß, soweit nichts anderes bestimmt ist.**

[II] **§ 453 gilt auch für die nach den §§ 68 a bis 68 d des Strafgesetzbuches zu treffenden Entscheidungen.**

[III] **§ 454 Abs. 1, 3 und 4 gilt auch für die nach § 67 c Abs. 1, § 67 d Abs. 2 und 3, § 67 e Abs. 3, den §§ 68 e, 68 f Abs 2 und § 72 Abs. 3 des Strafgesetzbuches zu treffenden Entscheidungen. In den Fällen des § 68 e des Strafgesetzbuches bedarf es einer mündlichen Anhörung des Verurteilten nicht. § 454 Abs. 2 findet unabhängig von den dort genannten Straftaten in den Fällen des § 67 d**

Abs. 2 und 3, des § 67 c Abs. 1 und des § 72 Abs. 3 des Strafgesetzbuches entsprechende Anwendung. Zur Vorbereitung der Entscheidung nach § 67 d Abs. 3 des Strafgesetzbuches sowie der nachfolgenden Entscheidungen nach § 67 d Abs. 2 des Strafgesetzbuches hat das Gericht das Gutachten eines Sachverständigen namentlich zu der Frage einzuholen, ob von dem Verurteilten aufgrund seines Hanges weiterhin erhebliche rechtswidrige Taten zu erwarten sind. Dem Verurteilten, der keinen Verteidiger hat, bestellt das Gericht für das Verfahren nach Satz 4 einen Verteidiger.

IV § 455 Abs. 1 ist nicht anzuwenden, wenn die Unterbringung in einem psychiatrischen Krankenhaus angeordnet ist. Ist die Unterbringung in einer Entziehungsanstalt oder in der Sicherungsverwahrung angeordnet worden und verfällt der Verurteilte in Geisteskrankheit, so kann die Vollstreckung der Maßregel aufgeschoben werden. § 456 ist nicht anzuwenden, wenn die Unterbringung des Verurteilten in der Sicherungsverwahrung angeordnet ist.

V § 462 gilt auch für die nach § 67 Abs. 3 und Abs. 5 Satz 2, den §§ 67 a und 67 c Abs. 2, § 67 d Abs. 5, den §§ 67 g und 69 a Abs. 7 sowie den §§ 70 a und 70 b des Strafgesetzbuches zu treffenden Entscheidungen.

VI Für die Anwendung des § 462 a Abs. 1 steht die Führungsaufsicht in den Fällen des § 67 c Abs. 1, des § 67 d Abs. 2, 4 und des § 68 f des Strafgesetzbuches der Aussetzung eines Strafrestes gleich.

1 **1) Sinngemäße Anwendung der Vorschriften über die Strafvollstreckung** (I): Die §§ 449 bis 462 betreffen zT unmittelbar auch die Vollstreckung der in § 61 StGB bezeichneten Sicherungsmaßregeln (vgl §§ 455 a, 456 a); § 456 c (dazu § 458 II, III) hat ausschließlich eine solche Maßregel (Berufsverbot) zum Gegenstand. Im übrigen sind die Vorschriften über die Strafvollstreckung bei der Vollstreckung von Sicherungsmaßregeln sinngemäß anwendbar, soweit II bis VI nichts
2 anderes bestimmen. **Entsprechend anwendbar** sind insbesondere die §§ 449, 450, 450 a, § 451 (Hamm Rpfleger **80**, 325), § 453 (unten 5), § 453 c (Hamburg NJW **76**, 1327; 2310), § 454 (unten 6), §§ 454 a, 455, 456 (unten 10), § 457 und § 458 (LG Coburg VRS **29**, 269). Entspr anwendbar sind auch, soweit VI das nicht
3 schon ausdrücklich bestimmt (unten 12) die **Zuständigkeitsvorschriften des § 462 a** (Düsseldorf VRS **64**, 432; Koblenz OLGSt § 70 a StGB Nr 1; Stuttgart VRS **57**, 113). Dabei tritt bei der Anwendung des § 462 a I an die Stelle der Strafanstalt die JVA, psychiatrische Krankenanstalt oder Entziehungsanstalt, in die der Verurteilte aufgenommen worden ist (BGH NStZ-RR **98**, 155; Hamm NStE Nr 21 zu § 462 a). Die Fortwirkungszuständigkeit der StVollstrK nach § 462 I S. 2 gilt nicht für Entscheidungen, die mit dem Vollzug in keinem Zusammenhang stehen, wie die Entscheidung nach § 69 a VII StGB (Celle VRS **71**, 432; Düsseldorf VRS **78**, 445; Stuttgart aaO; LG Bamberg StV **84**, 518; vgl auch Hamm NJW **80**, 2721 L = VRS **60**, 123 für den Fall, daß die StVollstrK überhaupt noch nicht tätig war; **aM** Düsseldorf aaO; Hamburg NStZ **88**, 197; Schleswig SchlHA **83**, 114 [E/L]). Zur örtlichen Zuständigkeit der StVollstrK im Fall des § 68 f II StGB vgl BGH NStZ **84**, 332 L. Die Abgabe von Entscheidungen an das Wohnsitzgericht nach § 462 a II S. 2 ist nur in Fällen möglich, die mit denen der Strafvollstreckung
4 vergleichbar sind (BGH **30**, 386: nicht im Fall des § 69 a VII StGB). **Ergänzende Bestimmungen** über die Vollstreckung von Sicherungsmaßregeln enthalten die §§ 44, 44 a, 53 und 54 StVollstrO.

5 **2) Anwendung des § 453 bei Nachtragsentscheidungen über die Führungsaufsicht** (II): Die Vorschrift verweist auf die Regelung des Verfahrens und der Rechtsmittel in § 453, weil die Gründe, aus denen in § 453 das Rechtsmittelrecht eigenständig geregelt ist, auch für die §§ 68 a bis 68 d StGB gelten.

6 **3) Anwendung des § 454 bei Aussetzungsentscheidungen** (III). Soweit nach der Anordnung von Sicherungsmaßregeln oder dem Eintritt von Führungs-

aufsicht kraft Gesetzes Entscheidungen zu treffen sind, die den Aussetzungsentscheidungen nach den §§ 57, 57 a StGB entsprechen, wozu auch die ablehnende Entscheidung nach § 68 f II StGB gehört (Hamm JMBlNW **80**, 106), richtet sich das Verfahren nach § 454. Bei allen Straftaten (III S. 3) ist die **Einholung eines Sachverständigengutachtens** (§ 454 II) vorgeschrieben, wenn in den Fällen der Unterbringung nach §§ 63 und 66 StGB die Aussetzung der weiteren Vollstrekkung zur Bewährung erwogen wird (vgl 37 zu § 454), vor der Erledigterklärung der Sicherungsverwahrung nach § 67 d III StGB, bei der Aussetzung der Vollstrekkung der Unterbringung nach § 67 c I StGB und bei der Anordnung des Volzugs einer weiteren Maßregel nach § 72 III S. 2 StGB. Die Anhörung des Sachverständigen erfolgt nach Maßgabe des § 454 II S. 3 bis 7 (37 a zu § 454). Die **mündliche Anhörung des Verurteilten** nach § 454 I S. 3 (Düsseldorf MDR **86**, 255; Hamm aaO; Koblenz MDR **84**, 163; Saarbrücken MDR **83**, 598) ist auch erforderlich, wenn das Gericht das Vorliegen der Voraussetzungen des § 68 f II StGB von Amts wegen prüft (Zweibrücken MDR **92**, 1166 mwN; str). Das Recht auf mündliche Anhörung kann aber durch Nichterreichbarkeit verwirkt sein (Hamm MDR **88**, 74; Köln NJW **63**, 875). Zu den **Beteiligten iS des § 454 I S. 2** gehört die StA als Strafverfolgungsbehörde, nicht aber die Aufsichtsstelle nach § 68 a StGB, über deren Mitwirkung oder Anhörung das Gesetz keine Regelung enthält. Eine ungünstige Stellungnahme der Anstalt muß dem Verurteilten vor der Entscheidung über die Fortdauer der Unterbringung zur Kenntnis gebracht werden (BVerfGE **18**, 419; BVerfG NJW **64**, 293; Hamm JMBlNW **62**, 199), soweit sie entscheidungserheblich ist (Hamburg NJW **64**, 2315; erg 18 zu § 454). Eine **über § 454 I S. 4 hinausgehende Einschränkung** enthält III S. 2 für die Entscheidung über die vorzeitige Aufhebung der Führungsaufsicht nach § 68 e StGB. Die in § 454 I S. 3 vorgeschriebene mündliche Anhörung würde hier häufig einen übermäßig großen Aufwand erfordern und unterbleibt daher. Daß eine Anhörung der JVA entbehrlich ist, versteht sich von selbst. Die Aufsichtsstelle nach § 68 a StGB und der Bewährungshelfer sind aber zu hören (Tröndle 9 zu § 68 e StGB). In den Fällen der **Erledigterklärung einer Sicherungsverwahrung** (§ 67 d III StGB) sowie der bei deren Ablehnung ergehenden Folgeentscheidungen (§ 67 d II StGB) läßt III S. 4 – anders als III S. 3 iVm § 454 II S. 2, wo ein Ausschluß der Gefahr verlangt wird – den Ausschluß der negativen Prognose genügen (Schöch NJW **98**, 1259). Zu der nach III S. 5 hierbei vorgeschriebenen **Verteidigerbestellung** erg 33 zu § 140.

6 a, 7, 8, 9, 9 a, 9 b

4) **Einschränkung der Anwendung der §§ 455, 456** (IV): Die Vorschriften gelten grundsätzlich auch beim Vollzug von Sicherungsmaßregeln (LR-Wendisch 2). Insbesondere ist die Unterbrechnung der Sicherungsverwahrung unter den Voraussetzungen des § 455 II zulässig (vgl Celle NJW **67**, 692). Ein Vollstreckungsaufschub nach § 455 I ist dagegen ausgeschlossen, wenn ein Verurteilter, dessen Unterbringung nach § 63 StGB wegen verminderter Schuldfähigkeit nach § 21 StGB angeordnet worden ist, in Geisteskrankheit verfällt (S. 1). Ist die Unterbringung nach § 64 StGB oder die Sicherungsverwahrung nach § 66 StGB angeordnet, so ist der Aufschub zulässig (S. 2). Er steht dann aber im Ermessen der VollstrB, die in außergewöhnlichen Einzelfällen von dem Vollstreckungsaufschub absehen kann. Ein vorübergehender Vollstreckungsaufschub entspr § 456 ist bei der Sicherungsverwahrung ausgeschlossen (S. 3). Für das Berufsverbot gilt die Sonderregelung des § 456 c II. 10

5) **Anwendung der § 462** (V): In den bezeichneten Fällen (vgl zB zu § 67 d V Celle NStZ-RR **97**, 241) richten sich das gerichtliche Verfahren und die Anfechtung gerichtlicher Entscheidungen nach § 462. Die Anwendung der Zuständigkeitsvorschrift des § 462 a, die sich aus I ergibt (oben 3), wird dadurch nicht berührt (Koblenz OLGSt § 70 a StGB Nr 1). 11

12 6) **Zuständigkeit der StVollstrK** (VI): Bei freiheitsentziehenden Sicherungsmaßregeln sind nach I die Zuständigkeitsvorschriften des § 462 a entspr anzuwenden (oben 3). VI erweitert die Zuständigkeit der StVollstrK auf die nicht freiheitsentziehende Sicherungsmaßregel der Führungsaufsicht (BGHR Führungsaufsicht 1). Dadurch, daß die Nachtragsentscheidungen über die Führungsaufsicht in den in VI bezeichneten Fällen der Aussetzung eines Strafrests nach den §§ 57, 57 a StGB gleichgestellt wird, entsteht die Zuständigkeit der StVollstrK nach § 462 a I S. 2, jedoch nur für die im Rahmen der Führungsaufsicht zu treffenden Nachtragsentscheidungen (KK-Fischer 7; **aM** Hamburg NStZ **88**, 197; Bringewat StVollstr 15: auch für die Entscheidung nach § 69 a VII StGB).

13 7) Die **Reihenfolge der Vollstreckung** mehrerer freiheitsentziehender Sicherungsmaßregeln bestimmt nach § 72 III S. 1 StGB das Gericht, und zwar die StVollstrK, wenn bereits mit dem Vollzug einer der Maßnahmen begonnen worden ist, sonst das erkennende Gericht. Das gleiche gilt, wenn neben einer freiheitsentziehenden Sicherungsmaßregel nach §§ 63, 64 StGB im selben Verfahren eine Freiheitsstrafe verhängt worden ist und nach § 67 II StGB von der gesetzlichen Reihenfolge der Vollstreckung (§ 67 I StGB) abgewichen werden soll. Über die Reihenfolge der Vollstreckung von Freiheitsstrafen und freiheitsentziehenden Sicherungsmaßregeln aus verschiedenen Strafurteilen entscheidet die StA als VollstrB nach § 451 I (Celle NStZ **83**, 188; Düsseldorf NStZ **83**, 383; Hamm MDR **79**, 957; München NStZ **88**, 93 mit Anm Chlosta; Nürnberg MDR **78**, 72; Stuttgart MDR **80**, 778; Tröndle 2 b zu § 67 StGB; Müller-Dietz NJW **80**, 2789; **aM** Köln MDR **80**, 511). Zur Anfechtbarkeit der Entscheidung vgl Rdn 4 und 5 zu § 454 b.

14 8) **Nachtragsentscheidungen im Jugendstrafrecht** trifft der Jugendrichter als Vollstreckungsleiter (40 zu § 462 a), auch wenn der Verurteilte inzwischen erwachsen ist (Celle NJW **75**, 2253; Karlsruhe Justiz **78**, 325). Das gilt auch, wenn Führungsaufsicht kraft Gesetzes eingetreten ist (Koblenz GA **75**, 285; KK-Fischer 8; Bringewat StVollstr 17).

15 9) **Ehemalige DDR:** Hatte ein Gericht nach § 15 II oder 16 III StGB-DDR oder nach Einstellung des Verfahrens durch die StA nach § 148 I Nr 1 StPO-DDR die Einweisung eines Angeklagten in eine psychiatrische Einrichtung angeordnet und war dieser dort nach dem EinweisungsGes-DDR untergebracht worden, sind für die nun zu treffenden Entscheidungen §§ 63 ff StGB nicht entspr anwendbar; eine Zuständigkeit der StVollstrK ist somit nicht gegeben (BVerfG NStZ **95**, 399 mit abl Anm Toepel NStZ **96**, 101 gegen KG NStZ **94**, 148 mit zust Anm Toepel; KK-Fischer 9).

Aufsichtsstellen bei Führungsaufsicht

463a **I Die Aufsichtsstellen (§ 68 a des Strafgesetzbuches) können zur Überwachung des Verhaltens des Verurteilten und der Erfüllung von Weisungen von allen öffentlichen Behörden Auskunft verlangen und Ermittlungen jeder Art, mit Ausschluß eidlicher Vernehmungen, entweder selbst vornehmen oder durch andere Behörden im Rahmen ihrer Zuständigkeit vornehmen lassen.**

II Die Aufsichtsstelle kann für die Dauer der Führungsaufsicht oder für eine kürzere Zeit anordnen, daß der Verurteilte zur Beobachtung anläßlich von polizeilichen Kontrollen, die die Feststellung der Personalien zulassen, ausgeschrieben wird. § 163 e Abs. 2 gilt entsprechend. Die Anordnung trifft der Leiter der Führungsaufsichtsstelle. Die Erforderlichkeit der Fortdauer der Maßnahme ist mindestens jährlich zu überprüfen.

III Örtlich zuständig ist die Aufsichtsstelle, in deren Bezirk der Verurteilte seinen Wohnsitz hat. Hat der Verurteilte keinen Wohnsicht im Geltungsbereich

dieses Gesetzes, so ist die Aufsichtsstelle örtlich zuständig, in deren Bezirk er seinen gewöhnlichen Aufenthaltsort hat und, wenn ein solcher nicht bekannt ist, seinen letzten Wohnsitz oder gewöhnlichen Aufenthaltsort hatte.

1) **Aufsichtsstellen nach § 68 a StGB:** Tritt nach §§ 67 b, 67 c, 67 d II, IV, V oder 68 f StGB kraft Gesetzes Führungsaufsicht ein oder ordnet das Gericht sie nach § 68 StGB an, so untersteht der Verurteilte nach §§ 68 a, 68 g I S. 1 StGB einer Aufsichtsstelle. Die Aufsichtsstellen gehören nach Art 295 I EGStGB zum Geschäftsbereich der LJVen, die die Einzelheiten bestimmen. Ihre Leitung und Besetzung regelt Art 295 II EGStGB. Zu den Aufgaben der Aufsichtsstellen gehört es nach § 68 a III StGB, im Einvernehmen mit dem Gericht (Gericht des 1. Rechtszugs oder, wenn gegen den Verurteilten Freiheitsstrafen oder freiheitsentziehende Sicherungsmaßregeln vollzogen worden sind, die StVollstrK) und mit Unterstützung des Bewährungshelfers das Verhalten des Verurteilten und die Erfüllung der ihm nach § 68 b StGB erteilten Weisungen zu überwachen. Vorbereitungshandlungen und Mitteilungspflichten der VollstrB regelt § 54 a StVollstrO. 1

2) Die **Befugnisse der Aufsichtsstellen** bei der Überwachung nach § 68 a III StGB regelt I. Sie entsprechen denen der StA nach § 161 I mit der Erweiterung, daß die Aufsichtsstellen auch von anderen als von Polizeibehörden die Ausführung von Ermittlungen verlangen können. Die Aufsichtsstellen können von allen Behörden unmittelbar **Auskunft** verlangen; der Dienstweg braucht nicht eingehalten zu 3 werden (LR-Wendisch 5). Die Behörden sind zur Auskunft verpflichtet, wenn sie zumutbar ist (1 ff zu § 161). Das Auskunftsrecht schließt das Recht ein, um Akteneinsicht und Überlassung von Schriftstücken zu ersuchen (KK-Fischer 3). Die Behörde kann aber statt dessen Auskunft durch entspr Mitteilung geben. **Ermittlungen** jeder Art kann die Aufsichtsstelle selbst formlos oder förmlich 4 vornehmen. Sie kann Erkundigungen einziehen, den Verurteilten oder Zeugen (uneidlich) vernehmen und schriftliche oder mündliche Gutachten von Sachverständigen einholen. Sie kann aber auch von anderen Behörden im Rahmen deren Aufgabenbereichs die Ausführung bestimmter Ermittlungen im Wege der Amtshilfe verlangen, insbesondere von JVAen, anderen Vollzugsbehörden und VerwBen. Sie kann die JVA zB um (uneidliche) Vernehmung einer dort tätigen oder aufgenommenen Person ersuchen. Bei bedingt ausgesetzter Unterbringung nach § 63 StGB kommen Ermittlungsersuchen an die Gesundheitsbehörden in Betracht. Die Inanspruchnahme der Polizei schließt I nicht aus. Um den Eindruck zu vermeiden, es handele sich bei der Führungsaufsicht um eine Aufsicht mit in 1. Hinsicht polizeilichen Mitteln und zu in 1. Hinsicht polizeilichen Zwecken, sollten die Polizeibehörden aber nur eingeschaltet werden, wenn das unumgänglich ist. **Zwangsmittel** stehen der Aufsichtsstelle nicht zur Verfügung. Gegen die Weige- 5 rung von Behörden, Auskünfte zu erteilen oder Ermittlungen vorzunehmen, hat sie nur die Dienstaufsichtsbeschwerde (KK-Fischer 5; erg 22 vor § 296). Unterlagen, die als Beweismittel in Betracht kommen, kann sie weder beschlagnahmen noch beschlagnahmen lassen. Wenn der Verurteilte oder ein Zeuge das Erscheinen oder die Aussage vor der Aufsichtsstelle verweigert, kann sie keine Ordnungs- oder Zwangsmittel gegen ihn verhängen, auch wenn ihr Leiter ein Richter oder StA ist. Die Aufsichtsstelle kann aber stets das Gericht einschalten, das zur Durchsetzung seiner eigenen Entscheidung die üblichen Zwangsmittel anwenden kann (LR-Wendisch 9).

3) **Polizeiliche Beobachtung** (II): Entspr § 163 e I, II kann eine Ausschreibung des Verurteilten oder seines Kfz durch die Aufsichtsstelle zur Beobachtung anläßlich polizeilicher Kontrollen (4 zu § 163 e) erfolgen. Die Anordnung wird durch den Leiter der Führungsaufsichtsstelle (II S. 3) – idR im Einvernehmen mit dem Gericht unter Beteiligung des Bewährungshelfers (Bringewat StVollstr 12) – getroffen. Auch die Ausschreibung eines auf den Verurteilten zugelassenen oder 6

6 a von ihm benutzten Kraftfahrzeugs ist zulässig (II S. 2), nicht jedoch die von Kontaktpersonen (8, 10 zu § 163 e). Damit wird eine **einschneidende Überwachungsmaßnahme** eröffnet. Deshalb ist – entspr der Befristung in § 163 e IV S. 5 – nach II S. 4 die Erforderlichkeit der Fortdauer der Maßnahme mindestens jährlich zu überprüfen; falls die Beobachtung nicht mehr erforderlich erscheint, ist sie unverzüglich aufzuheben. Eine vorweggenommene Unterrichtung des Verurteilten von der Anordnung der Maßnahme ist vielfach mit ihrem Zweck vereinbar (Rieß NJ **92**, 497).

7 4) **Örtlich zuständig** (III) ist die Aufsichtsstelle, in deren Bezirk der Verurteilte seinen Wohnsitz oder bei Fehlen eines Wohnsitzes seinen gewöhnlichen Aufenthalt hat, hilfsweise seinen letzten Wohnsitz oder gewöhnlichen Aufenthalt hatte. Das Gericht kann den Verurteilten anweisen, sich nach der Entlassung bei der Aufsichtsstelle zu melden, die für den von ihm angegebenen Wohnsitz zuständig ist (KK-Fischer 6).

Beschlagnahme von Führerscheinen und ausländischen Fahrausweisen

463b **I Ist ein Führerschein nach § 44 Abs. 2 Satz 2 und 3 des Strafgesetzbuches amtlich zu verwahren und wird er nicht freiwillig herausgegeben, so ist er zu beschlagnahmen.**

II Ausländische Führerscheine können zur Eintragung eines Vermerks über das Fahrverbot oder über die Entziehung der Fahrerlaubnis und die Sperre (§ 44 Abs. 2 Satz 4, § 69 b Abs. 2 des Strafgesetzbuches) beschlagnahmt werden.

III Der Verurteilte hat, wenn der Führerschein bei ihm nicht vorgefunden wird, auf Antrag der Vollstreckungsbehörde bei dem Amtsgericht eine eidesstattliche Versicherung über den Verbleib abzugeben. § 883 Abs. 2 bis 4, die §§ 899, 900 Abs. 1 und 4 sowie die §§ 901, 902, 904 bis 910 und 913 der Zivilprozeßordnung gelten entsprechend.

1 1) **Vollstreckung des Fahrverbots nach § 44 StGB** (I): Die VollstrB (§ 451 I) fordert den nach § 44 II S. 2 und 3 StGB amtlich zu verwahrenden (aber nicht der Einziehung unterliegenden) Führerschein von dem Verurteilten ein, wenn er noch nicht in amtlichem Gewahrsam ist. Die Geschäfte sind nach § 31 II S. 1 **RPflG** auf den Rechtspfleger übertragen. Wird der Führerschein trotz dieser Aufforderung (vgl Wollentin/Breckerfeld NJW **66**, 632) nicht freiwillig herausgegeben, so ist er zu beschlagnahmen. Die Anordnung der Beschlagnahme enthält zugleich die Anordnung der Wohnungsdurchsuchung bei dem Führerscheininhaber, nicht bei einem Dritten, soweit sie zur Ausführung der Beschlagnahme erforderlich ist (LR-Wendisch 1; erg 6 zu § 105); bei einem von der Bußgeldbehörde nach § 25 StVG angeordneten Fahrverbot muß die Durchsuchung durch den Richter angeordnet werden (KK/OWiG-Boujong 22 zu § 90 OWiG mwN; **aM** – Anordnung unzulässig – AG Berlin-Tiergarten NZV **96**, 506 mit abl Anmerkungen Hentschel und Göhler). Zur Ausführung der Beschlagnahme kann die VollstrB die Polizei um Amtshilfe ersuchen (KMR-Paulus 7). Die Verwahrung des Führerscheins regelt § 59 a I StVollstrO, die Rücksendung an den Verurteilten § 59 a II StVollstrO.

2 2) **Ausländische Führerscheine**, unterliegen nach II einem beschränkten Be-
3 schlagnahmeverbot (Wetterich/Hamann 391). Bei rechtskräftigem **Fahrverbot** nach § 44 StGB dürfen nur diejenigen Führerscheine, die von einer Behörde eines Mitgliedstaates der EU oder eines anderen Vertragsstaates des Abkommens über den EWR ausgestellt sind, sofern der Inhaber seinen ordentlichen Wohnsitz im Inland hat, amtlich verwahrt werden; bei anderen ausländischen Führerscheinen wird das Fahrverbot nach Rechtskraft lediglich im Führerschein vermerkt (§ 44 II

StGB). Nur zur Durchführung dieser Eintragung und nur für die dafür erforderliche Dauer darf der Führerschein vorübergehend beschlagnahmt werden, wenn er nicht freiwillig herausgegeben wird (dazu oben 1). Die **Entziehung der Fahrerlaubnis** hat nach Rechtskraft die Wirkung eines Verbots, während der Sperre im Inland Kraftfahrzeuge zu führen, soweit das nach deutschem Recht ohne Fahrerlaubnis nicht zulässig ist (§ 69 b I S. 2 StGB). Die Entziehung und die Sperre werden im Führerschein vermerkt (§ 69 b II S. 2 StGB). Zu diesem Zweck darf er vorübergehend beschlagnahmt werden (dazu oben 1). 4

3) Zu einer **eidesstattlichen Versicherung über den Verbleib des Führerscheins** (III) kann der Verurteilte gezwungen werden, wenn die Durchsuchung seiner Person und seiner Wohnung erfolglos gewesen ist (S. 1). Die Vorschriften der ZPO über die eidesstattliche Versicherung nach den §§ 807, 883 ZPO gelten entspr (S. 2). Zuständig für die Abnahme der Versicherung ist der Gerichtsvollzieher des AG des Wohnsitzes (§ 899 ZPO); für das Verfahren gilt § 900 ZPO. 5

Urteilsbekanntmachung

463c **I Ist die öffentliche Bekanntmachung der Verurteilung angeordnet worden, so wird die Entscheidung dem Berechtigten zugestellt.**

II Die Anordnung nach Absatz 1 wird nur vollzogen, wenn der Antragsteller oder ein an seiner Stelle Antragsberechtigter es innerhalb eines Monats nach Zustellung der rechtskräftigen Entscheidung verlangt.

III Kommt der Verleger oder der verantwortliche Redakteur einer periodischen Druckschrift seiner Verpflichtung nicht nach, eine solche Bekanntmachung in das Druckwerk aufzunehmen, so hält ihn das Gericht auf Antrag der Vollstreckungsbehörde durch Festsetzung eines Zwangsgeldes bis zu fünfzigtausend Deutsche Mark oder von Zwangshaft bis zu sechs Wochen dazu an. Zwangsgeld kann wiederholt festgesetzt werden. § 462 gilt entsprechend.

IV Für die Bekanntmachung im Rundfunk gilt Absatz 3 entsprechend, wenn der für die Programmgestaltung Verantwortliche seiner Verpflichtung nicht nachkommt.

1) **Urteilszustellung:** Ist die öffentliche Bekanntmachung der Entscheidung auf Verlangen oder Antrag des Verletzten nach §§ 103 II, 165 I, 200 I StGB, § 23 I UWG, § 111 UrhG, § 142 III PatG angeordnet worden, so wird dem Berechtigten auf Kosten des Verurteilten eine Ausfertigung des erkennenden Teils des Urteils oder Strafbefehls (vgl § 407 II Nr 1) nach § 37 förmlich zugestellt, um die Monatsfrist des II in Lauf zu setzen (vgl auch § 59 I S. 1 StVollstrO). In der Ausfertigung, die zugestellt wird, läßt die VollstrB die Straftaten weg, die nicht zu der Veröffentlichungsanordnung geführt haben. Auch die Namen von Mitverurteilten, auf die sich die Veröffentlichungsbefugnis nicht bezieht, werden in der Ausfertigung ausgelassen (§ 59 I S. 2 StVollstrO). Der **Berechtigte,** an den zugestellt wird, ist derjenige, auf dessen Verlangen oder Antrag die Veröffentlichung angeordnet worden ist, auch ein an seiner Stelle Antragsberechtigter, zB der volljährig gewordene Verletzte (vgl § 77 III StGB) oder der Angehörige des verstorbenen Verletzten, auf den das Antragsrecht nach §§ 77 II, 165 I S. 2 StGB übergegangen ist (LR-Wendisch 7). 1 2

2) Die **Vollziehung der Anordnung** (II) ist Aufgabe der VollstrB (§ 451 I); die Geschäfte sind nach § 31 II S. 1 **RPflG** auf den Rechtspfleger übertragen. Vollzogen wird die Anordnung nur, wenn der Antragsteller oder ein an seiner Stelle Antragsberechtigter (oben 2) das innerhalb eines Monats nach der Zustellung der Entscheidung verlangt. Für die Fristberechnung gilt § 43; bei unverschuldeter Fristversäumnis ist Wiedereinsetzung nach § 44 möglich (LR-Wendisch 8). Der 3

4 **Umfang der Veröffentlichung** ergibt sich aus dem Entscheidungsausspruch. Sie soll den Namen des Verletzten enthalten (vgl RiStBV 231 S. 1) und erkennbar machen, in welchen Teilen der Entscheidungsausspruch und ggf auch die Urteils-
5 gründe zu veröffentlichen sind. Die **Art der Bekanntmachung** ergibt sich ebenfalls aus dem Entscheidungsausspruch (vgl §§ 165 II, 200 II StGB); er muß auch die Zeitung oder Zeitschrift oder die Rundfunksendung bezeichnen, in der veröf-
6 fentlicht werden soll (40 zu § 260). Die **Kosten der Bekanntmachung** trägt zunächst die Staatskasse; sie zieht sie von demjenigen ein, dem in der Entscheidung die Verfahrenskosten auferlegt worden sind (vgl § 59 II S. 2 StVollstrO).

7 **3) Zwangsmittel** (III) sind zulässig, wenn die Bekanntmachung in einer periodischen Druckschrift (zum Begriff vgl 29 zu § 53), insbesondere in einer Zeitung oder Zeitschrift, angeordnet worden ist und ein Ersuchen der VollstrB um Veröffentlichung verweigert wird. Verpflichtet zur Veröffentlichung ist nach III S. 1 der Verleger, dh derjenige, der das Erscheinen der Druckschrift veranlaßt und ihre Vervielfältigung und Verbreitung bewirkt, sowie der verantwortliche Redakteur, dh derjenige, der bestimmt, was in die Druckschrift aufgenommen wird, und im Verhältnis zu anderen über die Gestaltung der Zeitung oder Zeitschrift zu entscheiden hat. Die Zwangsmittel (dazu Art 6 ff **EGStGB**) setzt das Gericht des 1. Rechtszugs, nicht die StVollstrK (BGH NStZ **87**, 428; vgl auch LR-Wendisch 17) auf Antrag der VollstrB, nicht des Rechtspflegers (§ 1 Nr 1 **BegrVO**), fest. Sie können auch gegen Verleger und Redakteur zugleich angeordnet werden, wenn beide für das Unterlassen des Abdrucks verantwortlich sind. Zwangsgeld hat grundsätzlich den Vorrang (Einl 18 ff). Das in III S. 1 bestimmte Höchstmaß gilt auch bei der Wiederholung der Festsetzung nach III S. 1; für den Gesamtbetrag der Zwangsgelder bei wiederholten Festsetzungen besteht aber keine Begrenzung.

8 **4)** Für die **Bekanntmachung im Rundfunk** (IV) gilt III entspr. Zum Begriff Rundfunk vgl 30 zu § 53. Die Zwangsmittel richten sich gegen den für die Programmgestaltung Verantwortlichen. Diese Stellung entspricht dem verantwortlichen Redakteur in III. Der Begriff wird in IV nur deshalb nicht verwendet, weil er im Rundfunkrecht noch nicht allgemein eingeführt ist.

Gerichtshilfe

463d **Zur Vorbereitung der nach den §§ 453 bis 461 zu treffenden Entscheidungen kann sich das Gericht oder die Vollstreckungsbehörde der Gerichtshilfe bedienen; dies kommt insbesondere vor einer Entscheidung über den Widerruf der Strafaussetzung oder der Aussetzung des Strafrestes in Betracht, sofern nicht ein Bewährungshelfer bestellt ist.**

1 **1)** Die **Gerichtshilfe** (23 ff zu § 160) kann vom Gericht oder der VollstrB, für die der Rechtspfleger den Auftrag erteilt (§ 31 II S. 1 **RPflG**), aber auch von der StA als Strafverfolgungsbehörde (KK-Fischer 2) zur Vorbereitung der Nachtragsentscheidungen nach den §§ 453 bis 461 herangezogen werden. Hs 2 sieht die Heranziehung der Gerichtshilfe insbesondere vor, wenn über den Widerruf der Strafaussetzung oder der Aussetzung des Strafrests zu entscheiden ist. Die Heranziehung der Gerichtshilfe ist auch insoweit nicht zwingend vorgeschrieben (KG JR **88**, 39; **aM** LG Bonn NStZ **86**, 574); sie kann insbesondere unterbleiben, wenn sie keine zusätzlichen Erkenntnisse verspricht, die es erlauben, von dem Widerruf oder der Versagung der Strafaussetzung abzusehen (**aM** Bringewat StVollstr 6).

2 **2) Im Rahmen ihrer Zuständigkeit** kann die Gerichtshilfe in Anspruch genommen werden. Zu ihrem Aufgabenbereich gehört die Beschaffung von Erkenntnissen und Unterlagen für die Beurteilung der Persönlichkeit des Verurteilten und der für die Sozialprognose bedeutsamen Umstände (vgl auch 24 zu § 160).

3) Der **schriftliche Bericht der Gerichtshilfe** wird Bestandteil der Akten, in die der Verteidiger Einsicht nehmen darf (§ 147). Da nach Aktenlage entschieden wird (vgl 1 zu § 462), ist er ohne weiteres verwertbar. Jedoch muß dem Verurteilten oder demjenigen, zu dessen Nachteil entschieden wird, zB dem Verfalls- oder Einziehungsbeteiligten (§ 459 g I), vorher das rechtliche Gehör nach § 33 III gewährt werden. 3

2. Abschnitt. Kosten des Verfahrens

Vorbemerkungen

1) **Kosten des Verfahrens** sind die Gebühren und Auslagen der Staatskasse (§ 464 a I), iwS auch die notwendigen Auslagen eines Beteiligten (§ 464 a II). 1

2) Die **Kostenvorschriften** der StPO enthalten einige verfahrensrechtliche (§§ 464–464 b), überwiegend aber materiell- rechtliche Kostenbestimmungen (§§ 465 ff); sie werden durch §§ 74, 109 II **JGG** ergänzt. Nach allgM bilden sie keine abgeschlossene Regelung; um im Einzelfall der Billigkeit entspr Kostenentscheidungen zu ermöglichen, müssen sie auf rechtsähnliche Fälle entspr angewendet werden (BGH **16**, 168, 170; **17**, 376, 381; KG NJW **70**, 2129; Hamm NJW **71**, 1471; Koblenz VRS **54**, 443, 446; Stuttgart Justiz **87**, 116). 2

3) **Grundlage** des geltenden Kostenrechts ist das Veranlassungsprinzip (Hamm NStZ **83**, 571 L; München NJW **83**, 1688; DAR **83**, 397; LR-Hilger 15). Der Beschuldigte hat durch die, mindestens objektiv rechtswidrige, Zuwiderhandlung gegen einen Straftatbestand die Strafverfolgung gegen sich verursacht und dadurch die Verfahrenskosten veranlaßt (BVerfGE **18**, 302, 304 = NJW **65**, 387; BVerfGE **31**, 137; BGH **25**, 109, 118; **aM** BGH **14**, 391, 394; vgl auch Hassemer ZStW **85**, 651; Michaelowa ZStW **94**, 969). Allerdings kommt neben dem Veranlassungsprinzip in manchen Regelungen der Verschuldensgrundsatz (vgl § 467 II, III), in anderen (vgl § 467 IV) der Billigkeitsgrundsatz zur Geltung. 3

4) **Auslagenerstattung:** Der Zahlungsanspruch eines Angeschuldigten gegen die Staatskasse (vgl § 467 I) ist ein öffentlich-rechtlicher Aufopferungsanspruch (Celle NJW **75**, 400; Stuttgart NJW **69**, 1446, 1447; Reinisch MDR **66**, 105); er dient dem Ausgleich für ein Sonderopfer, das der Angeschuldigte im öffentlichen Interesse erbracht hat. Im Zivilrechtsweg kann der aus dem Strafprozeß entstandene Anspruch auf Auslagenersatz nicht geltend gemacht werden (BGHZ **24**, 263 = NJW **57**, 1593; **27**, 137 = NJW **58**, 1041). Die Sonderregelung der StPO wird für andere Arten der Entschädigung durch das **StrEG** ergänzt. 4

5) Die **Sicherung des Staates** wegen der voraussichtlichen Kosten des Strafverfahrens ist im Wege des dinglichen Arrests möglich (§§ 111 d, 111 e), allerdings erst, wenn ein auf Strafe lautendes Urteil ergangen ist; ferner kann nach §§ 127 a I Nr 2, 132 I S. 1 Nr 1, 176 Sicherheit verlangt werden. 5

Kosten- und Auslagenentscheidung

464 **I Jedes Urteil, jeder Strafbefehl und jede eine Untersuchung einstellende Entscheidung muß darüber Bestimmung treffen, von wem die Kosten des Verfahrens zu tragen sind.**

II Die Entscheidung darüber, wer die notwendigen Auslagen trägt, trifft das Gericht in dem Urteil oder in dem Beschluß, der das Verfahren abschließt.

III Gegen die Entscheidung über die Kosten und die notwendigen Auslagen ist die sofortige Beschwerde zulässig; sie ist unzulässig, wenn eine Anfechtung der in Absatz 1 genannten Hauptentscheidung durch den Beschwerdeführer nicht

statthaft ist. Das Beschwerdegericht ist an die tatsächlichen Feststellungen, auf denen die Entscheidung beruht, gebunden. Wird gegen das Urteil, soweit es die Entscheidung über die Kosten und die notwendigen Auslagen betrifft, sofortige Beschwerde und im übrigen Berufung oder Revision eingelegt, so ist das Berufungs- oder Revisionsgericht, solange es mit der Berufung oder Revision befaßt ist, auch für die Entscheidung über die sofortige Beschwerde zuständig.

1 **1) Nach Anklageerhebung** gilt die Vorschrift; rechtshängig braucht die Sache noch nicht zu sein (KMR-Paulus 8). Sonderregelungen enthalten §§ 467 a II, 469 II, 470.

2 **2) Kostenentscheidung** (I): Entschieden wird über die Pflicht, die Kosten zu tragen, nicht über deren Höhe (vgl § 464 b). Fehlt ein Kostenpflichtiger, so sind die Kosten der Staatskasse aufzuerlegen (BGH **14**, 391, 393). Die Kostenentscheidung ist (Neben-)Gegenstand des Verfahrens. Das rechtliche Gehör wird dem Betroffenen mit der Anhörung zur Sache gewährt (Seier 19). Vor Kostenentscheidungen, die an besondere Voraussetzungen geknüpft sind (zB an die schuldhafte Säumnis bei § 467 II), müssen die entscheidungserheblichen Tatsachen nach § 33 I ebenfalls zum Gegenstand des rechtlichen Gehörs gemacht werden (LR-Hilger 3; Seier 20).

3 A. **Urteile, Strafbefehle:** Gemeint sind nur verfahrensabschließende Urteile, auch solche nach § 260 III (LG Koblenz StV **97**, 35). Zurückverweisende Urteile nach §§ 328 II, 354 II, 355 müssen die Kostenentscheidung dem Gericht überlassen, an das zurückverwiesen wird. Die Kostenentscheidung im Strafbefehl umfaßt alle bis zur Zurücknahme des Einspruchs entstehenden Kosten (LR-Hilger 3 zu § 473 mwN).

4 B. **Jede eine Untersuchung einstellende Entscheidung:**

5 a) **Alle als Urteilsersatz zugelassenen Beschlüsse** (vgl §§ 206 a, 206 b, 319 I, 322 I, 346 I, 349 I, II, IV, 441 II) fallen hierunter. Wird das Verfahren nach § 206 a wegen eines Prozeßhindernisses eingestellt, so kommt es nicht darauf an, ob die StA (zB bei örtlicher Unzuständigkeit oder Fehlen der Anklage) eine neue Anklage erheben kann (Hamm JMBlNW **62**, 166).

6 b) **Andere Einstellungsbeschlüsse** kommen nur in Betracht, wenn sie das Verfahren endgültig abschließen. Das sind Beschlüsse nach §§ 153 II, 153 b II, 383 II, 390 V und endgültige Einstellungsbeschlüsse nach § 153 a (dort 53). Auch Beschlüsse nach § 154 II (dort 17 f) und § 154 b IV (dort 5) gehören trotz der mißverständlichen gesetzlichen Fassung als „vorläufig" hierhier (Düsseldorf VRS **73**, 457, 458; **89**, 202; Schleswig SchlHA **75**, 14; **86**, 113 [E/L]; Stuttgart MDR **73**, 868; LG Bochum MDR **86**, 958; LR-Hilger 13; Kotz NStZ **90**, 420; Maatz MDR **86**, 884; Metten NJW **69**, 687; Seier NStZ **82**, 272: **aM** nur im Fall des § 154 III: Celle MDR **74**, 687; NStZ **83**, 328; Düsseldorf JMBlNW **78**, 239; Stuttgart NStZ **92**, 137; **aM** nach Wiederaufnahme des Verfahrens innerhalb der Frist des § 154 IV: Karlsruhe NJW **75**, 1425 = JR **76, 75** mit abl Anm Meyer; Justiz **80**, 209; Schoene NJW **74**, 844; **aM** keine Kostenentscheidung: Bay NJW **69**, 1448; München NJW **75**, 68; NStZ **81**, 234 mit abl Anm Meyer-Goßner; Oldenburg MDR **76**, 166). Die Nichteröffnung des Hauptverfahrens (§ 204) steht ihnen gleich (vgl § 467 I). Verfahrensbeendigung iS von I ist auch der Abschluß von Zwischenverfahren (Huber NStZ **85**, 18), zB des Ausschließungsverfahrens nach §§ 138 a ff (Seier NStZ **82**, 271; 18 zu § 138 c; 10 zu § 138 d) und des Wiedereinsetzungsverfahrens (vgl § 473 VII), und von Beschwerdeverfahren (KK-Franke 3 mwN; **aM** Frankfurt MDR **82**, 954; Michaelowa ZStW **94**, 969). Auch Entscheidungen nach Urteilsrechtskraft gehören hierzu (**aM** Hamm NStZ **84**, 332), zB die Ablehnung des Antrags der StA auf Widerruf der Bewährung (Koblenz Rpfleger **73**, 406; Saarbrücken NJW **69**, 1974) und die Verwerfung eines
7 Wiederaufnahmeverfahrens (Celle MDR **63**, 700). **Nicht anwendbar ist § 464**

bei der vorläufigen Einstellung nach § 153 a II und § 205 sowie bei Verfolgungsbeschränkungen nach § 154 a II (BGH StV **93**, 135 L; LR-Hilger 14; **aM** Lemke NJW **71**, 1248), falls nicht einzelne materiell-rechtlich selbständige Teile einer Tat iSd § 264 ausgeschieden werden (erg 22 zu § 154 a; vgl auch Frankfurt MDR **82**, 1042 für den Fall, daß die „Beschränkung" in Wahrheit das ganze Verfahren abschließt); dasselbe gilt für § 430 I.

C. **Unterbleibt eine ausdrückliche Kostenentscheidung,** so trägt die Staats- 8
kasse die Kosten (Stuttgart MDR **73**, 869; Rpfleger **70**, 439). Die Nachholung ist unzulässig (BGH NStZ-RR **96**, 352; Frankfurt NJW **70**, 1432; Hamm NJW **73**, 1515; Karlsruhe MDR **76**, 513; LR-Hilger 17), auch wenn die Hauptentscheidung durch Beschluß ergangen ist (Meyer JR **78**, 256). Das gesetzwidrige Unterlassen kann aber mit der sofortigen Beschwerde nach III gerügt werden (unten 16). Unzulässig ist auch eine Berichtigung der Entscheidung außerhalb des Beschwerdeverfahrens (Meyer aaO), sofern es sich nicht um offensichtliche Unrichtigkeiten handelt (Hamm JMBlNW **76**, 105).

3) Auslagenentscheidung (II): 9

A. **Notwendigkeit:** Die Vorschrift bestimmt, wo (nicht wann) über die not- 10
wendigen Auslagen zu entscheiden ist (vgl Huber NStZ **85**, 18). Sie spricht aus, daß das nicht in einem besonderen Beschluß, sondern in dem verfahrensabschließenden Urteil oder Beschluß zu geschehen hat (KG JR **76**, 297; Meyer JR **76**, 76). Die Regelung des I ist insoweit ohne Bedeutung (LR-Hilger 19). Eine Auslagenentscheidung ist daher überflüssig, wenn es nach dem Gesetz selbstverständlich ist, wer die Auslagen zu tragen hat. Ist nichts anderes bestimmt, so gilt die gesetzliche Regelung (Stuttgart Rpfleger **70**, 439). Rechtliche Selbstverständlichkeiten, zB daß der Angeklagte, der voll verurteilt oder dessen Berufung voll verworfen worden ist, seine notwendigen Auslagen selbst zu tragen hat, gehören nicht in das Urteil (BGH **36**, 27, 28; LR-Hilger 19). Die Auslagenentscheidung ist ebenso wie die Entscheidung nach § 8 **StrEG** nur eine Entscheidung dem Grunde nach; ob überhaupt Auslagen entstanden sind, wird nicht geprüft. Das „Betragsverfahren" regelt § 464 a, die Festsetzung § 464 b.

B. **Nur in verfahrensabschließenden Urteilen und Beschlüssen** ist eine 11
Auslagenentscheidung zu treffen; für vorläufige Verfahrenseinstellungen gilt das gleiche wie für die Kostenentscheidung (oben 7). Auch in Zwischenverfahren, zB bei Ablehnung des Antrags der StA auf Erlaß eines Haftbefehls oder einer Anordnung nach § 111 a StPO, insbesondere aber in Beschwerdeverfahren innerhalb des anhängigen Verfahrens, ist eine Auslagenentscheidung unzulässig (KG JR **76**, 297, 298; StV **85**, 449; Düsseldorf NStZ **88**, 194 mit abl Anm Wasserburg; Hamburg NStZ **91**, 100; Hamm NJW **73**, 1515; Oldenburg OLGSt § 473 S. 37; **aM** Celle MDR **70**, 349; Hamm MDR **81**, 423; NStE Nr 31; Stuttgart Justiz **79**, 236; LG Rottweil Justiz **87**, 163, das sogar Abhilfebeschlüsse nach § 306 II, III dazu rechnet; LG Hamburg NJW **73**, 719 bei erfolgreicher Beschwerde gegen vorläufige Fahrerlaubnisentziehung; AK/StPO-Meier 8; LR-Hilger 20 und 14 zu § 473; Huber NStZ **85**, 18; D. Meyer JurBüro **90**, 9). Das gleiche gilt für Beschlüsse, durch die im Vollstreckungsverfahren Anträge des Verurteilten oder der StA verbeschieden werden (Düsseldorf JMBlNW **91**, 59; Karlsruhe NStZ **98**, 82; **aM** LR-Hilger 16 zu § 473; vgl auch Celle NdsRpfl **88**, 13: Zurücknahme des Antrags auf Widerruf der Bewährung; Stuttgart NStE Nr 24: Ablehnung der Verlängerung der Bewährungszeit). Dagegen sind Entscheidungen nach Rechtskraft des Urteils stets mit einer die Staatskasse belastenden Auslagenentscheidung zu versehen, wenn sie der Beschwerde des Verurteilten stattgeben (Hamm NJW **75**, 2112; LR-Hilger 12 zu § 473; Meyer JR **74**, 343; **aM** KMR-Müller 7; Michaelowa ZStW **94**, 997; vgl auch KG NStZ **89**, 490 mit Anm Hilger; LG Freiburg JurBüro **89**, 1453). Das gleiche gilt für Entscheidungen auf Beschwerde eines Dritten, zB im Fall des § 51

(LG Mainz Rpfleger **74**, 74). Zur Auslagenentscheidung im Verfahren nach §§ 138 a ff vgl 18 zu § 138 c, 10 zu § 138 d.

12 C. **Beim Fehlen einer ausdrücklichen Auslagenentscheidung** verbleiben die notwendigen Auslagen bei demjenigen, dem sie entstanden sind (Seier 24). Insbesondere die Auferlegung der Kosten auf die Staatskasse im Fall des § 467 I kann nicht dahin ausgelegt werden, daß sie auch die notwendigen Auslagen des Angeschuldigten umfaßt (20 zu § 467). Eine nachträgliche Ergänzung der Entscheidung ist unzulässig (Düsseldorf MDR **86**, 76; Hamm NJW **74**, 71; Karlsruhe NJW **76**, 1548; NStZ-RR **97**, 157; LG Stuttgart Justiz **88**, 170; Mümmler JurBüro **84**, 1281; **aM** KG VRS **40**, 122; Düsseldorf NJW **69**, 2059). Die Ergänzung ist nur durch die sofortige Beschwerde nach III (ggf iVm einem Wiedereinsetzungsantrag, vgl Köln StraFo **97**, 285 mit Anm Kaps) zu erreichen; ein rechtzeitig gestellter Kostenfestsetzungsantrag kann uU in eine sofortige Beschwerde umgedeutet werden (Düsseldorf GA **90**, 268; Stuttgart StV **93**, 651). Ist gegen die Kostenentscheidung allerdings wegen Unanfechtbarkeit der Hauptentscheidung keine sofortige Beschwerde möglich (unten 17), kann der unterbliebene Ausspruch auf Gegenvorstellung gem § 33 a nachgeholt werden (KG JR **89**, 392; Düsseldorf VRS **84**, 446; MDR **93**, 786; Hamburg MDR **85**, 604 mit Anm Weber MDR **86**, 74).

13 **4) Selbständige Kosten- und Auslagenentscheidungen** sehen §§ 467 a, 469 vor. Sie sind auch sonst zulässig und geboten, wenn das Verfahren ohne gerichtliche Entscheidung abgeschlossen wird und eine Kosten- oder Auslagenentscheidung als Festsetzungsgrundlage erforderlich ist (LR-Hilger 30; Meyer JR **78**, 256), zB bei Zurücknahme des Rechtsmittels (Bremen NJW **56**, 72; Hamm NJW **73**, 772) und bei Zurücknahme des Einspruchs gegen den Strafbefehl hinsichtlich der notwendigen Auslagen des Nebenklägers (LG Rottweil Justiz **88**, 172; erg 10 zu § 472). Vor Vorlage der Akten an das Rechtsmittelgericht erläßt den Beschluß das Gericht, dessen Entscheidung angefochten ist (BGH **12**, 217; LR-Hilger 7 zu § 473), danach das Rechtsmittelgericht, das Revisionsgericht auch, wenn das Rechtsmittel in Wahrheit eine Berufung ist (Bay VRS **48**, 440; erg 5 zu § 473). Für die Anfechtung selbständiger Beschlüsse gilt III (Köln NJW **66**, 120; KK-Engelhardt 2 zu § 311), daher aber auch die Beschränkung nach dessen S. 1 Hs 2 (unten 17; Stuttgart NStZ **89**, 548: Sofortige Beschwerde des Nebenklägers bei Entscheidung über eine oder bei Rücknahme einer auf den Rechtsfolgenausspruch beschränkten Berufung des Angeklagten unzulässig; **aM** Hamm JMBlNW **90**, 95; vgl auch Hilger JR **90**, 214).

14 **5)** Bei **Tod des Angeklagten** vor Rechtskraft wird das Verfahren nach § 206 a eingestellt (dort 8). Der Beschluß ist mit einer Kosten- und Auslagenentscheidung zu versehen; die Kosten des Verfahrens trägt gem § 467 I die Staatskasse, für die Auslagenentscheidung gilt § 467 III S. 2 Nr 2 (Hamburg NJW **71**, 2193; Hamm NJW **71**, 209; Kühl NJW **78**, 977; Laubenthal/Mitsch NStZ **88**, 108; Pflüger NJW **83**, 1894; **88**, 675; GA **92**, 20; **aM** Frankfurt NStZ **82**, 480 mit Anm Kühl: auch § 467 I). Die Gegenmeinung, nach der der Tod des Angeklagten das Verfahren ohne weiteres beendet (vgl 8 zu § 206 a), schließt folgerichtig auch eine Auslagenerstattung zugunsten der Erben des Verstorbenen aus (BGH **34**, 184 = JR **87**, 346 mit zust Anm Bloy = NStZ **87**, 336 mit abl Anm Kühl; KG JR **73**, 508; Celle MDR **72**, 1050 mit abl Anm Kleinknecht; Hamburg NJW **83**, 464; Koblenz GA **79**, 192; München NJW **73**, 1515; Schleswig NJW **78**, 1016; KK-Franke 6 zu § 465; Schätzler NStZ **83**, 180). Der Nachlaß haftet nicht für die Kosten (§ 465 III).

15 **6) Sofortige Beschwerde** (III):

16 A. **Zulässigkeit:** (S. 1): Mit der sofortigen Beschwerde nach § 311 kann der Beschwerdeführer die selbständige Kosten- und Auslagenentscheidung (oben 13) und die Kosten- und Auslagenentscheidungen neben der Hauptentscheidung anfechten (unten 20); er kann sich aber auch unter Verzicht auf eine weitergehende

Anfechtung auf die Kosten- und Auslagenbeschwerde beschränken (Koblenz GA **86**, 461; Schleswig SchlHA **87**, 43; vgl aber Düsseldorf NStZ **83**, 192; JurBüro **85**, 1045; LR-Hilger 37). Daß die Hauptentscheidung nicht geprüft wird, steht dieser Beschwerde auch sonst nicht entgegen (Koblenz aaO für den Fall der Verwerfung der Revision nach § 346 I; LG Bielefeld NStE Nr 30 für die Annahmeberufung nach § 313). Ist die sofortige Beschwerde zulässig, so ist sie es auch gegen die Unterlassung der Kosten- und Auslagenentscheidung (Düsseldorf MDR **88**, 164; VRS **95**, 116; Hamm MDR **74**, 419; **86**, 1048; Koblenz Rpfleger **73**, 101). Jedoch kann nicht jede Kosten- und Auslagenentscheidung angefochten werden. Neben der Wertgrenze des § 304 III und der Einschränkung des § 304 IV S. 1, die auch die isolierte Anfechtung von Kosten- und Auslagenentscheidungen in OLG-Urteilen ausschließt (BGH **26**, 250; **27**, 96), gilt vor allem die **Beschränkung des** 17
S. 1 Hs 2: Die Anfechtung der Hauptentscheidung durch den Beschwerdeführer ist nicht statthaft, wenn das Gesetz die Hauptentscheidung ausdrücklich für unanfechtbar erklärt oder wenn sich die Unanfechtbarkeit aus dem systematischen Gesamtzusammenhang ergibt (LR-Hilger 50; Rieß/Hilger NStZ **87**, 206). S. 1 Hs 2 schließt die Kosten- und Auslagenbeschwerde insbesondere gegen Beschlüsse nach §§ 46 II, 153 II S. 3, 153 a II S. 5, 153 b II, 154 II, 154 a II, 154 b IV (oben 6), 161 a III S. 4, 163 a III S. 3, 310 II, 390 V und in den Fällen des § 47 **JGG** (LG Hamburg NStZ-RR **96**, 217) und § 55 II **JGG** (Diemer/Schoreit/Sonnen 50 zu § 55 mwN, str) sowie bei § 121 II S. 2 **StVollzG** (Jena Rpfleger **96**, 419) aus, ebenso bei Unanfechtbarkeit der Hauptsacheentscheidung für den Nebenkläger nach § 400 I (Frankfurt NStZ-RR **96**, 128; sonst bleibt die Anfechtung für den Nebenkläger aber zulässig, vgl Karlsruhe Justiz **98**, 481). Dieser Ausschluß der Beschwerde gilt **ohne Rücksicht darauf,** ob die Nebenentscheidung gesetzwid- 18
rig (Düsseldorf JMBlNW **90**, 23; MDR **93**, 376; LR-Hilger 52; Meyer JR **81**, 260; vgl aber LG Göttingen NdsRpfl **90**, 99: Einfache Beschwerde bei „ausdrücklichem Verstoß gegen Unschuldsvermutung" zulässig), ob sie in dem Einstellungsbeschluß enthalten oder unterblieben (LG Schweinfurt DAR **90**, 35) oder ob sie in unzulässiger Weise (oben 8, 12) durch einen selbständigen Beschluß nachgeholt worden ist (KG VRS **40**, 122; Düsseldorf MDR **88**, 164; Hamm JMBlNW **77**, 225; LR-Hilger 52; **aM** Hamburg JR **78**, 255 mit abl Anm Meyer). Unanfechtbar ist auch der Beschluß, mit dem die Nachholung einer unanfechtbaren Kostenentscheidung abgelehnt (Düsseldorf MDR **88**, 164; Hamm VRS **69**, 291) oder mit dem sie in unzulässiger Weise geändert wird (**aM** Schleswig SchlHA **85**, 131 [E/L]), und die selbständige Kostenentscheidung des Berufungs- oder Revisionsgerichts (oben 13) nach Rücknahme der Revision (Jena NStZ-RR **97**, 287) oder sonst bei Zurücknahme des Rechtsmittels gegen eine iS des S. 1 Hs 2 nicht anfechtbare Entscheidung (Düsseldorf JurBüro **84**, 246). Die **Beschränkung des** 19
S. 1 Hs 2 gilt nicht, wenn gegen die Hauptentscheidung zwar ein Rechtsmittel statthaft, ihre Anfechtbarkeit also weder ausdrücklich noch nach dem systematischen Gesamtzusammenhang ausgeschlossen ist, das Rechtsmittel einem bestimmten Prozeßbeteiligten aber mangels Beschwer nicht zusteht, zB für den Angeklagten freisprechende Urteile, Einstellungsurteile nach § 260 III, Nichteröffnungsbeschlüsse nach § 204 (München StraFo **97**, 191), Einstellungsbeschlüsse nach §§ 206 a, 383 II oder bei prozessualer Überholung in der Hauptsache (vgl Bay **87**, 151 = MDR **88**, 603; KG JR **77**, 258 mwN; Düsseldorf NStE Nr 22; Hamburg NStZ **91**, 100; Karlsruhe JR **81**, 38 mit Anm Meyer; Zweibrücken NStZ **87**, 425 mit Anm Kusch; LG Freiburg NStZ **88**, 146 mit zust Anm Hilger; MDR **92**, 179; erg 22 zu § 383). Zur Anfechtung der Nebenentscheidung bei Verzicht auf die Anfechtung der Hauptentscheidung vgl oben 16.

B. **Das einzige Rechtsmittel** gegen die Kosten- und Auslagenentscheidung ist 20
die sofortige Beschwerde auch für den Fall, daß ein Urteil mit Revision oder Berufung angefochten wird (BGH **25**, 77; Düsseldorf JurBüro **83**, 728). Sie ist dann aber nur sinnvoll, wenn eine Änderung der Nebenentscheidung auch bei

Verwerfung des Hauptrechtsmittels erstrebt wird. Allerdings kann der Angeklagte auch auf die Anfechtung der Hauptentscheidung verzichten und nur Kostenbeschwerde einlegen (oben 16). Führt ein Rechtsmittel zum Freispruch, zur Verfahrenseinstellung oder zur Aufhebung und Zurückverweisung nach §§ 328 II, 354 II, 355, so wird die Kostenbeschwerde gegenstandslos. Beschränkt sich der Beschwerdeführer auf die Einlegung von Berufung oder Revision, so wird im Fall der Verwerfung dieses Rechtsmittels die Kosten- und Auslagenentscheidung nicht geprüft (Bay **87**, 151 = VRS **74**, 369, 370; Karlsruhe MDR **90**, 464). Die Nichtanfechtung schafft jedoch nur eine auflösend bedingte Teilrechtskraft (Meyer JR **71**, 99; Seier 55). Wird die Hauptentscheidung auf die Berufung oder Revision geändert, so verliert damit der Kosten- und Auslagenausspruch idR, nicht jedoch bei bloßer Strafherabsetzung auf die Berufung (Celle NdsRpfl **78**, 91; Düsseldorf JurBüro **85**, 898; **90**, 1324), seine Grundlage und wird, auch ohne Anfechtung, entspr der neuen Entscheidung geändert (BGH **25**, 77, 79; **26**, 250, 253). Hebt das Revisionsgericht die angefochtene Entscheidung unter Zurückverweisung der Sache (§§ 354 II, 355) auf, so bezieht sich das ohne besonderen Ausspruch auch auf die Nebenentscheidung. Das Gericht, an das zurückverwiesen wird, trifft die neue Hauptentscheidung und eine ihr entspr Kosten- und Auslagenentscheidung für das ganze Verfahren. Das gilt auch, wenn ein erstinstanzliches Urteil des Oberlandesgerichts in der Hauptsache aufgehoben wird; bleibt die Revision gegen ein solches Urteil ohne Erfolg, entfällt, wie sich aus § 304 IV S. 2 ergibt, eine selbständige Anfechtung der Kosten- und Auslagenentscheidung (LR-Hilger 36, 41).

21 C. **Einlegung:** Die sofortige Beschwerde muß neben Berufung oder Revision stets ausdrücklich erklärt werden; jedoch ist § 300 anwendbar (BGH DAR **88**, 233 [Sp] vgl Bay DAR **86**, 249 [R]: „Rechtsbeschwerde" gegen Einstellungsurteil nach § 260 III). Wird gegen ein Urteil ein unbenanntes Rechtsmittel (München JR **81**, 126), Berufung oder Revision eingelegt, so schließt das die sofortige Beschwerde nicht ein (BGH **26**, 126; Karlsruhe Justiz **81**, 368). Der Beschwerdeführer muß innerhalb der Frist des § 311 II S. 1 erklären, daß sein Rechtsmittel zugleich sofortige Beschwerde gegen die Nebenentscheidung ist (BGH **25**, 77, 81; Bay **73**, 146 = JR **74**, 384 mit Anm Meyer; München JR **81**, 126 mit Anm Gössel). Hat er das getan, so liegt darin, daß er später nur das Hauptrechtsmittel begründet, keine Zurücknahme der sofortigen Beschwerde (Oldenburg NdsRpfl **84**, 15; VRS **67**, 125). Ein Verschulden des Verteidigers an der Fristversäumung ist dem Angeklagten zuzurechnen (BGH **26**, 126; erg 19 zu § 44). Ein uneingeschränkter Rechtsmittelverzicht in Kenntnis des Anfechtungsrechts umfaßt auch die sofortige Beschwerde nach III (Köln MDR **73**, 516; LR-Hilger 37 mwN; Seier 127; erg 17 zu § 302).

22 D. **Beschwerdeberechtigt** ist jeder Verfahrensbeteiligte oder Dritte, der durch die Entscheidung oder ihr Unterlassen beschwert ist, in den Fällen des § 67 I, III **JGG** auch der gesetzliche Vertreter und der Erziehungsberechtigte. Nach dem Tod des Angeklagten sind anfechtungsberechtigt sein Verteidiger (Hamburg NJW **71**, 2183; Hamm NJW **78**, 177; erg 7 vor § 137; **aM** KG JR **68**, 432; Celle MDR **72**, 1050 mit abl Anm Kleinknecht; Koblenz GA **79**, 192) und seine Erben (LR-Hilger 40; **aM** BGH **34**, 184 = NStZ **87**, 336 mit abl Anm Kühl). Für die Staatskasse muß die StA das Rechtsmittel einlegen; der Bezirksrevisor ist dazu nicht befugt (Düsseldorf JMBlNW **79**, 67; Köln NJW **70**, 874; LG Flensburg JurBüro **86**, 408; LR-Hilger 39). Legt von mehreren Nebenklägern nur einer sofortige Beschwerde ein, so wirkt die stattgebende Entscheidung nicht für die anderen (Hamm MDR **73**, 1041; KK-Franke 12; **aM** Düsseldorf JMBlNW **72**, 867).

23 E. Die **Bindung des Beschwerdegerichts** (III S. 2) bezieht sich auf die tatsächlichen Feststellungen, auf denen die Entscheidung beruht, nicht auf bloße Vermutungen oder Wahrscheinlichkeitsurteile (Düsseldorf JurBüro **86**, 249), auch nicht auf die Rechtsauffassung des 1. Richters (Stuttgart Justiz **87**, 160; LR-Hilger 80) oder auf dessen Beurteilung von Ermessensfragen (LR-Hilger 61). Sie ist eine Abweichung von dem Grundsatz, daß im Beschwerdeverfahren die Tatsachen neu

geprüft werden (4 zu § 309). Die tatsächlichen Grundlagen einer Entscheidung sollen nicht allein wegen der Kosten oder Auslagen überprüft und dadurch möglicherweise in Frage gestellt werden (Karlsruhe MDR **74**, 690). Bindend sind in einem mit der Revision angefochtenen Urteil (sonst nicht) auch die nur für die Kosten- und Auslagenentscheidung, zB nach §§ 465 II, 467 II, III, maßgebenden Feststellungen (BGH **26**, 29), niemals aber die einer Beschlußentscheidung, zB nach § 51, zugrunde liegenden Tatsachen. Die fehlende örtliche Zuständigkeit ist bei der isolierten Kostenbeschwerde nicht zu beachten (LG Stuttgart NStZ **87**, 244). Das **Fehlen der erforderlichen Feststellungen** ist unschädlich, wenn die 24
Sache einfach liegt und sich die maßgebenden Tatsachen aus dem sonstigen Akteninhalt zweifelsfrei ergeben (BGH **26**, 29, 33; KG GA **87**, 405, 406; Frankfurt NJW **78**, 1017 Koblenz GA **86**, 461; **aM** Hamm NJW **75**, 2033; LR-Hilger 61 mwN); sie können auch im Wege des Freibeweises getroffen werden (KG GA **87**, 405, 406). Andernfalls muß die angefochtene Entscheidung aufgehoben und die Sache zur Herbeiführung einer genügend begründeten neuen Kosten- und Auslagenentscheidung zurückverwiesen werden (BGH aaO; Celle MDR **73**, 604; Karlsruhe MDR **74**, 773). Ist die Hauptentscheidung nicht angefochten, so wird auf die Kosten- und Auslagenbeschwerde nicht geprüft, ob sie richtig ist (Hamm VRS **50**, 272; Koblenz aaO; Stuttgart MDR **84**, 512).

F. **Zuständigkeit** (III S. 3): Grundsätzlich ist das übergeordnete Beschwerdege- 25
richt zuständig. Nur bei gleichzeitig eingelegter Berufung oder Revision, nicht bei Anträgen nach §§ 319 II, 346 II (BGH 1 StR 694/89 vom 12. 12. 89; Bay MDR **76**, 951; Düsseldorf MDR **85**, 785), entscheidet das Rechtsmittelgericht durch besonderen Beschluß, solange es mit diesem Rechtsmittel befaßt ist, auch wenn es als unzulässig verworfen wird (Seier 133; vgl aber BGH 5 StR 224/85 vom 4. 4. 1985: nicht bei Verwerfung mangels Beschwer, ferner BGH 5 StR 420/98 vom 31. 8. 1998: nicht bei unzulässiger Nebenklägerrevision). Hat von mehreren Beschwerdeführern einer Revision, der andere Kostenbeschwerde eingelegt, so entscheidet über die Beschwerde das Beschwerdegericht (BGH MDR **90**, 679 [H]; NStZ **93**, 31 [K]; NStZ-RR **97**, 238; **aM** Bay **87**, 151 = MDR **88**, 603: das Revisionsgericht, falls sich Revision und Beschwerde auf denselben Angeklagten beziehen und die Auslagenfrage mit der Entscheidung über die Hauptsache zusammenhängt, was aber nach Bay 5 St RR 30/95 vom 7. 6. 1995 wiederum nicht gelten soll, wenn die Beschwerde noch einen weiteren Angeklagten betrifft); dasselbe gilt bei Berufung und Beschwerde (Schleswig SchlHA **97**, 149 [L/S]). Die Befassung des Rechtsmittelgerichts entfällt, wenn das Rechtsmittel zurückgenommen wird (Bay VRS **51**, 49, 50) oder sich sonst, etwa beim Tod des Nebenklägers (§ 402), von selbst erledigt (Seier 131). Die Zuständigkeit des Revisionsgerichts endet auch, wenn es die Revision verworfen hat, über die Kostenbeschwerde aber nicht sofort entscheiden kann, weil noch weitere Tatsachen aufgeklärt werden müssen (BGH **29**, 168, 173; BGHR § 464 III Zuständigkeit 4), nicht aber bei bloßem Übersehen der sofortigen Beschwerde (KG JR **73**, 427; LR-Hilger 65; **aM** BGH MDR **78**, 282 [H]). Erg 5 zu § 305 a. Nach Abschluß des Revisionsverfahrens entfällt auch die Zuständigkeit des Revisionsgerichts für die Entscheidung über einen Wiedereinsetzungsantrag (Koblenz NStZ **87**, 137; LR-Hilger 65).

G. Das **Verbot der Schlechterstellung** (vgl §§ 331, 358 II, 373 II) gilt nach 26
zutr hM für die Entscheidung des Rechtsmittelgerichts nicht (BGH **5**, 52; BGH 3 StR 512/80 vom 23. 1. 1981; Düsseldorf JurBüro **83**, 728; Koblenz OLGSt § 473 S. 111; Oldenburg VRS **67**, 125, 127; LR-Hilger 63).

Kosten des Verfahrens; notwendige Auslagen

464a **I Kosten des Verfahrens sind die Gebühren und Auslagen der Staatskasse. Zu den Kosten gehören auch die durch die Vorbereitung der öffentlichen Klage entstandenen sowie die Kosten der Vollstreckung**

einer Rechtsfolge der Tat. Zu den Kosten eines Antrags auf Wiederaufnahme des durch ein rechtskräftiges Urteil abgeschlossenen Verfahrens gehören auch die zur Vorbereitung eines Wiederaufnahmeverfahrens (§§ 364 a und 364 b) entstandenen Kosten, soweit sie durch einen Antrag des Verurteilten verursacht sind.

II Zu den notwendigen Auslagen eines Beteiligten gehören auch

1. die Entschädigung für eine notwendige Zeitversäumnis nach den Vorschriften, die für die Entschädigung von Zeugen gelten, und
2. die Gebühren und Auslagen eines Rechtsanwalts, soweit sie nach § 91 Abs. 2 der Zivilprozeßordnung zu erstatten sind.

1 **1) Kosten des Verfahrens** (I) sind die im Strafverfahren, auch im Sicherungsverfahren (§§ 413 ff) und im selbständigen Verfalls- und Einziehungsverfahren (§§ 440–442), entstandenen Gebühren und Auslagen der Staatskasse (Nrn 6110 ff, 9000 ff KVGKG), sie werden im Kostenansatzverfahren (1 zu § 464 b) festgesetzt. Auslagen sind auch (vgl Nr 9007 KVGKG) die Pflichtverteidigervergütungen (BGH Rpfleger **79**, 412; Düsseldorf StV **85**, 142; Karlsruhe JurBüro **87**, 724; München NJW **81**, 534; Rpfleger **82**, 486; erg 21 zu Art 6 **MRK**), auch bei Mittellosigkeit zZ ihrer Entstehung (dazu 15 zu Art 6 **MRK**); Dolmetscher- und Übersetzerkosten werden idR (Ausnahme § 464 c) nicht berechnet (Nr 9005 KVGKG), Auslagen anderer Behörden nach Nrn 9012, 9013 KVGKG (vgl auch Celle OLGSt Nr 4 zu Nrn 1900 ff aF KVKGK). Zu den Verfahrenskosten gehören:

2 A. **Kosten zur Vorbereitung der öffentlichen Klage** (I S. 2): Das sind alle Auslagen, die zur Tataufklärung, auch durch Ermittlungen in einer sich nicht bestätigenden Verdachtsrichtung (LG Mannheim Rpfleger **63**, 196), und zur Täterergreifung aufgewendet worden sind, einschließlich der Kosten, die der Polizei, der FinB (Koblenz NStZ **95**, 563) und anderen Verwaltungsbehörden entstanden sind (vgl Nrn 9014, 9015 iVm Nr 9012 KVGKG; § 5 IV, V KostVfg), nicht aber Belohnungen an Dritte (LR-Hilger 15). Beispiele: Kosten der Blutalkoholbestimmung, der Untersuchung von Lebensmittelproben, der Sicherstellung von Beweismitteln, Reisekosten, Sachverständigenkosten (vgl Koblenz NStZ-RR **98**, 127). Für den Vollzug der UHaft gilt Nr 9011 KVGKG iVm § 12 S. 2 KostVfg; wegen der Kosten für eine Zwangsernährung vgl LG Frankfurt a.M. NJW **77**, 1924.

3 B. **Vollstreckungskosten** (I S. 2): Gemeint sind nur die wegen der Rechtsfolgen der Tat nach Urteilsrechtskraft entstandenen Kosten, aber nicht Kosten eines Sachverständigengutachtens zur Prüfung der Haftfähigkeit des Verurteilten (Koblenz NStZ **97**, 256) oder eines nach § 454 I S. 5 eingeholten Gutachtens (Koblenz – 2. StS – aaO; **aM** Koblenz – 1. StS – NStZ-RR **97**, 224). Für die Kosten des Vollzugs einer Freiheitsentziehung bestehen Sondervorschriften (§§ 50, 199 II Nr 3 StVollzG, § 10 I JVKostO; vgl Karlsruhe Rpfleger **91**, 338).

4 C. **Kosten bei Vorbereitung eines Wiederaufnahmeantrags** (I S. 3): Die im Fall der §§ 364 a, 364 b entstandenen Auslagen werden von der Entscheidung nach § 473 VI Nr 1 erfaßt (dort 33), um den Verurteilten von der Stellung aussichtsloser Anträge abzuhalten (Krägeloh NJW **75**, 139). Der Satzteil: „soweit sie durch einen Antrag des Verurteilten verursacht worden sind", hat keine Bedeutung (LR-Hilger 19; Krägeloh aaO Fn 12).

5 **2)** Die **notwendigen Auslagen eines Beteiligten** (II) gehören nicht zu den Verfahrenskosten. Der Begriff ist in II, der nur die am häufigsten vorkommenden Fälle aufführt, nicht abschließend geregelt. Allgemein gilt, daß nur solche Auslagen notwendig sind, die durch Verteidigungsmaßnahmen entstanden sind, also nicht Kosten für Besuche in der U-Haftanstalt (Düsseldorf Rpfleger **75**, 256; LR-Hilger 21; D. Meyer JurBüro **76**, 147) oder für eine Sicherheitsleistung nach § 116 I S. 2

Nr 4 (Karlsruhe Rpfleger **71**, 72; KK-Franke 7). Es gibt keinen allgemeinen Grundsatz, daß dem nicht verurteilten Angeklagten unter allen Umständen sämtliche Auslagen erstattet werden müssen (BVerfG NJW **85**, 726, 727).

A. **Notwendige Zeitversäumnis**: II Nr 1 enthält nur eine Rechtsfolgenverweisung, bezieht sich also nur auf Umfang und Höhe der Entschädigung (Hamm NStZ **96**, 356; Zweibrücken wistra **96**, 199; LR-Hilger 25 ff, je mwN). Demnach ist nicht nur der Verdienstausfall zu erstatten, der infolge Heranziehung durch Gericht oder StA entstanden ist (so aber Frankfurt JurBüro **83**, 886; Stuttgart Justiz **71**, 271; LG Bonn MDR **80**, 601 mit abl Anm H. Schmidt; Göhler 36 vor § 105 OWiG), erstattungsfähig sind vielmehr auch der Verdienstausfall infolge polizeilicher Vorladungen (Braunschweig aaO), Reisen zum Verteidiger (Hamburg Rpfleger **72**, 414; Zweibrücken MDR **96**, 318; LG Krefeld NJW **72**, 1098; LG Lüneburg NJW **71**, 1575) und Besprechungen mit ihm (Karlsruhe aaO; Koblenz NJW **65**, 1289, 1291) sowie Auslagen des Nebenklägers für die (im Einzelfall gebotene) Teilnahme an der Hauptverhandlung (Bamberg JurBüro **85**, 1047 mit zust Anm Mümmler). Verdienstausfall infolge Teilnahme an der Revisionsverhandlung kann erstattungsfähig sein, wenn der Angeklagte an ihr nach den Umständen ein berechtigtes Interesse hat (Hamm NJW **73**, 259; weitergehend Koblenz NJW **65**, 1289 mit Anm Dahs). Die Terminswahrnehmung während eines bezahlten Urlaubs bewirkt keinen Verdienstausfall und führt daher zu keiner Auslagenerstattung (**aM** Karlsruhe Justiz **87**, 156; München MDR **81**, 163, das § 2 III ZSEG anwendet). Die 3-Monatsfrist des § 15 II ZSEG gilt für II Nr 1 nicht (LG Flensburg SchlHA **72**, 172; LG Lübeck Rpfleger **78**, 148). 6

B. **Gebühren und Auslagen eines RA** (II Nr 2) sind notwendige Auslagen, soweit sie nach § 91 II ZPO zu erstatten sind. Das gilt für den RA als Verteidiger (§ 137), als Vertreter eines Nebenbeteiligten (§§ 434 I, 442 I, 444 II S. 2), als Beistand oder Vertreter eines Privatklägers (§ 378), Nebenklägers (§ 397 I S. 2 iVm § 378) oder eines Dritten, zB eines Zeugen, gegen den ein Ordnungsmittelbeschluß nach § 51 erlassen worden ist. Dem RA stehen der Hochschullehrer (§ 138 I) und der nach § 138 II zugelassene Rechtsbeistand gleich (Düsseldorf NStZ **96**, 99 mit zust Anm Deumeland; LG Göttingen NdsRpfl **91**, 302; **aM** LG Gießen AnwBl **87**, 499: keine Anwendung der BRAGO auf Hochschullehrer – mit abl Anm Herrmann, der 3/4 der Anwaltsgebühren geben will; H. Schmidt NJW **69**, 916; für das Verwaltungsverfahren vgl auch BVerwG NJW **78**, 1173). Im Steuerstrafverfahren gilt II Nr 2 auch für Angehörige steuerberatender Berufe (§ 408 **AO**). 7

a) Das **Bestehen einer Rechtsschutzversicherung,** die den Verteidiger bestellt hat, beeinflußt nach zutr hM weder die Erstattungsfähigkeit noch die Höhe der Vergütung (Frankfurt NJW **70**, 1695; LR-Hilger 24 mwN). Das gleiche gilt bei Kostenübernahme durch einen Berufsverband (Celle NJW **68**, 1735) oder eine Gewerkschaft (Frankfurt MDR **66**, 258) oder den Arbeitgeber (Zweibrücken Rpfleger **92**, 406). Die Beiträge zu der Versicherung oder zu dem Berufsverband sind aber keine notwendigen Auslagen (LR-Hilger 24). 8

b) Auf die **Notwendigkeit der Mitwirkung** des RA kommt es nicht an (Düsseldorf Rpfleger **82**, 390; LR-Hilger 31). Die Erstattungsfähigkeit hängt (für alle Rechtszüge) nur davon ab, daß nach der StPO die Tätigkeit des RA in der Sache zulässig ist (Bremen AnwBl **77**, 73; LG Hamburg AnwBl **74**, 89). Das gilt sowohl für den Verteidiger (notwendig iS der §§ 140, 350 III muß die Verteidigung nicht sein) als auch für den Beistand eines Privat- oder Nebenklägers, für den Vertreter eines Nebenbeteiligten und für den Rechtsanwalt, der den nach § 51 I zu Ordnungsgeld verurteilten Zeugen vertritt (LG Frankenthal JurBüro **86**, 1675; **aM** LG Hannover JurBüro **86**, 1675; LG Würzburg JurBüro **80**, 1540). Unzulässig ist die Verteidigertätigkeit im Fall des § 137 I S. 2 nach der Zurückweisung (nach § 146 a), im Fall des § 146 ohne Rücksicht auf den Zeitpunkt der Zurückweisung (LG Freiburg NStZ **85**, 330; LG Hof JurBüro **79**, 1174; LG Koblenz NStZ-RR 9

98, 96; LG Krefeld MDR **80**, 248; LG Nürnberg-Fürth JurBüro **83**, 731 mit Anm Mümmler; LR-Hilger 33; **aM** LG Essen AnwBl **81**, 23; LG Flensburg JurBüro **88**, 653 mit Anm Mümmler; LG Frankenthal JurBüro **82**, 736 mit abl Anm Mümmler; LG Köln NStZ **82**, 347; offengelassen von BGH NStZ **91**, 398). Unerheblich ist, ob der Angeklagte die Auslagen durch rechtzeitiges Vorbringen entlastender Umstände hätte vermeiden können (Mümmler JurBüro **89**, 844 mwN; anders
10 § 109 a II OWiG). Eine **zulässige, aber zwecklose Tätigkeit** des Verteidigers löst keinen Erstattungsanspruch wegen der dadurch entstandenen Gebühr aus. Das gilt insbesondere für den Fall, daß der Verteidiger in einer wegen schuldhafter Abwesenheit des Angeklagten ausgesetzten Hauptverhandlung erscheint (LG Krefeld JurBüro **86**, 1539; LG Osnabrück NdsRpfl **97**, 312) oder daß er zwischen Einlegung und Begründung oder Zurücknahme der Berufung (LG Baden-Baden JurBüro **92**, 758; LG Kleve JurBüro **87**, 78; LG Koblenz NStZ-RR **98**, 159; LG Offenburg JurBüro **88**, 375 mit zust Anm Mümmler) oder Revision der StA beratend oder schriftsätzlich tätig wird (KG JR **81**, 391; Celle StV **96**, 164; Düsseldorf NStZ **92**, 299; AnwBl **98**, 611; Hamm MDR **78**, 596; Karlsruhe NStZ **81**, 404; Rpfleger **95**, 517; LG Krefeld JurBüro **85**, 567 mit zust Anm Mümmler; Mümmler JurBüro **84**, 1283; **aM** Stuttgart StV **93**, 651; **98**, 615; LG Bamberg JurBüro **89**, 1297 mit abl Anm Mümmler; LG Heilbronn StV **88**, 351; **96**, 613; LG Mannheim StV **91**, 310; Kotz NStZ **90**, 422), aber nicht bei einer Beschwerde der StA gegen die bedingte Entlassung eines Verurteilten (Düsseldorf NStZ **90**, 204). Darüber darf im Verfahren nach § 464 b entschieden werden (krit M. J. Schmid JZ **82**, 186). Nicht erstattungsfähig sind auch die Gebühren eines RA, von dem sich der Verteidiger im Ausschlußverfahren nach §§ 138 a ff (KG JR **81**, 121 mit abl Anm H. Schmidt AnwBl **81**, 117; **aM** Koblenz MDR **80**, 78; erg 10 zu § 138 d) oder im Verfahren über die Beschwerde gegen die Kostenentscheidung nach § 145 IV (**aM** Stuttgart NStZ **81**, 130) vertreten läßt.

11 c) Die **gesetzlichen Gebühren** werden erstattet (II Nr 2 iVm § 91 II S. 1 ZPO). Beim Fehlen einer Gebührenordnung gilt § 408 S. 2 **AO** entspr. Welche Gebühr innerhalb des Rahmens der §§ 83 ff BRAGO erstattungsfähig ist, hängt von den in § 12 I S. 1 BRAGO aufgeführten Umständen ab. Die Angemessenheit der von dem RA bestimmten Gebühr wird im Kostenfestsetzungsverfahren geprüft (3 zu § 464 b). Soweit eine Gebührenvereinbarung (§ 3 BRAGO) die gesetzliche Vergütung (nicht nur die gesetzliche Höchstgebühr) übersteigt, besteht keine Erstattungspflicht (Düsseldorf MDR **71**, 778; **86**, 167; Hamburg MDR **76**, 952; Hamm MDR **71**, 321; Koblenz Rpfleger **84**, 286); eine Ausnahme gilt auch nicht bei besonderem Umfang oder besonderer Schwierigkeit (Mümmler JurBüro **84**, 1284 mwN). Diese Auslegung des II S. 1 ist verfassungsrechtlich unbedenklich (BVerfGE **68**, 237 = NJW **85**, 727). Erstattungsfähig ist auch nicht die zusätzliche Vergütung, die der Pflichtverteidiger mit dem Angeklagten vereinbart hat (LG Verden AnwBl **84**, 266 mit abl Anm H. Schmidt). Die Auslagen des Verteidigers (§§ 25 ff BRAGO) werden erstattet, soweit sie im Einzelfall notwendig waren. In Betracht kommen insbesondere Schreibgebühren, Kosten für zur sachgerechten Verteidigung erforderliche Fotokopien (Bremen AnwBl **73**, 177; Celle AnwBl **71**, 57; Karlsruhe NJW **72**, 1480; LG Aachen Rpfleger **86**, 150), Reisekosten zu auswärtigen Terminen (LG Coburg MDR **76**, 779). Ausnahmsweise kann eine Auslandsreise zur Ermittlung von Entlastungszeugen als notwendig angesehen werden (Celle MDR **69**, 413 bei Anklage wegen mehrfachen Mordes). Wegen der Dolmetscherkosten vgl 25 zu Art 6 MRK.

12 d) **Auswärtiger Verteidiger:** Mehrkosten (Reisekosten, Tage- und Abwesenheitsgelder; vgl § 28 BRAGO) werden nach II Nr 2 iVm § 91 II S. 2 ZPO nur erstattet, wenn die Zuziehung des nicht am Prozeßort wohnenden Verteidigers notwendig war (Düsseldorf JurBüro **86**, 1677; Kotz NStZ **90**, 422), zB wegen seiner besonderen Fachkenntnisse auf einem Spezialgebiet Bamberg JurBüro **87**, 558; Düsseldorf MDR **85**, 696; NStZ **81**, 451; Karlsruhe Justiz **79**, 342; Oldenburg

JurBüro **84**, 248; LG Bayreuth JurBüro **85**, 1207), weil der Angeklagte selbst weit entfernt vom Gerichtsort wohnt (LG Flensburg JurBüro **84**, 1537) oder weil er bei Beauftragung des Verteidigers davon ausgehen konnte, daß das Verfahren am Ort von dessen Bürositz durchgeführt werden würde (Celle StV **86**, 208). Das besondere Vertrauen des Angeklagten zu dem Verteidiger und dessen besonders guter Ruf sind idR ohne Bedeutung (Düsseldorf NJW **71**, 1146; AnwBl **85**, 592; MDR **87**, 79; NStZ **81**, 451; LG Göttingen JurBüro **91**, 421 mit Anm Mümmler; AG Tiergarten AnwBl **87**, 289 mit Anm Madert; KK-Franke 12 mwN; Mümmler JurBüro **84**, 1296; **aM** Koblenz NJW **71**, 1147); anders kann es bei schwerwiegenden Vorwürfen, insbesondere in Schwurgerichtssachen, sein (Celle StV **93**, 135; Düsseldorf MDR **86**, 958; Köln NJW **92**, 586; Schleswig SchlHA **79**, 131; Zweibrücken Rpfleger **72**, 71; Heinbuch AnwBl **83**, 489; weitergehend Koblenz StV **82**, 481; Sommermeyer NStZ **90**, 269: StrK-Sachen), nicht aber bei durchschnittlicher Betäubungsmittelkriminalität (Bamberg JurBüro **89**, 242).

e) **Mehrere Verteidiger:** Grundsätzlich werden die Kosten mehrerer Anwälte **13**
(oder eines Anwalts und eines nach § 138 II zugelassenen Verteidigers) außer im Fall eines notwendigen, vom Angeklagten nicht zu vertretenden Anwaltswechsels (Düsseldorf Rpfleger **75**, 256; Hamm StV **89**, 116; Oldenburg JurBüro **83**, 733; einen Fall des notwendigen Anwaltswechsels behandelt Hamm NStZ **83**, 284, einen Fall des nicht- notwendigen Hamburg NJW **91**, 1191), nur insoweit erstattet, als sie die Kosten eines RA nicht übersteigen (II Nr 2 iVm § 91 II S. 3 ZPO). Das gilt auch in umfangreichen und schwierigen Verfahren (KG JR **75**, 476 mit zust Anm Eckl; Hamburg MDR **83**, 429; Hamm JMBlNW **83**, 100; LR-Hilger 33; Mümmler JurBüro **78**, 1597; KK-Franke 13; **aM** Stuttgart Rpfleger **74**, 403; H. Schmidt Schäfer-FS 235), insbesondere auch in SchwurG-Sachen (**aM** Frankfurt OLGSt § 467 S. 45; Zweibrücken Rpfleger **72**, 71; Heinbuch AnwBl **83**, 489). Bei Auslieferungshaft im Ausland kann die Mitwirkung eines dortigen Anwalts neben dem inländischen Verteidiger geboten sein (Hamburg NStZ **88**, 370). Waren nacheinander ein Pflicht- und ein Wahlverteidiger tätig (oder umgekehrt), so wird von den Wahlverteidigerkosten nur der Unterschiedsbetrag zu den Kosten des Pflichtverteidigers erstattet (Düsseldorf JurBüro **84**, 724; Rpfleger **86**, 444; Karlsruhe NStZ **81**, 404; vgl aber Zweibrücken StV **83**, 119 für den Fall, daß der Angeklagte das Vertrauen zum Pflichtverteidiger verloren und deshalb einen Verteidiger gewählt hat). Ebenso ist es, wenn neben dem Wahlverteidiger auf Wunsch des Angeklagten (LG Flensburg JurBüro **85**, 560) oder sonst aus vom Angeklagten oder vom Verteidiger zu vertretenden Gründen ein Pflichtverteidiger bestellt wird (Hamm JMBlNW **83**, 100 = NStZ **83**, 571 L; Koblenz MDR **75**, 955: regelmäßig verspätetes Erscheinen des Wahlverteidigers). Die gesamten Wahlverteidigerkosten sind aber erstattungsfähig, wenn das Gericht die Bestellung des Pflichtverteidiges entgegen § 143 nicht zurückgenommen (Düsseldorf AnwBl **83**, 40; Frankfurt AnwBl **83**, 41; LG Marburg StV **84**, 345) oder aus Fürsorgegründen oder zur Sicherung des Verfahrensfortgangs neben dem Wahlverteidiger einen Pflichtverteidiger beigeordnet hat (BVerfGE **66**, 313 = NStZ **84**, 561 mit zust Anm Senge; Düsseldorf NStZ **85**, 235; München NStZ **81**, 194 mit zust Anm Bringewat JZ **81**, 451; LR-Hilger 47; Neumann NJW **91**, 266). Unter diesen Voraussetzungen kann nach KG NStZ **94**, 451 neben der Erstattung der Kosten für einen Wahlverteidiger auch für einen 2. Wahlverteidiger die hypothetisch festzusetzende Vergütung eines Pflichtverteidigers verlangt werden. Die Kosten des für die Anwesenheit bei einer kommissarischen Vernehmung beauftragten RA sind bis zur Höhe der Reisekosten des Verteidigers erstattungsfähig (LG Bayreuth JurBüro **83**, 1841; LG Coburg MDR **76**, 779). Im Steuerstrafverfahren können neben der RA-Vergütung die Kosten für die Mitwirkung eines Steuerberaters (§ 408 **AO**) erstattungsfähig sein (KG NStZ **82**, 207 mwN). Bei gemäß § 146 unzulässiger Mehrfachverteidigung kann der Verteidiger auch die bis zur Zurückweisung durch das Gericht nach § 146 a angefallenen Gebühren regelmäßig nicht verlangen (Wasmuth NStZ **89**,

348 mN zum Streitstand). Auch wenn dem Angeklagten 2 Pflichtverteidiger beigeordnet waren, sind ihm bei Freispruch notwendige Auslagen nur insoweit zu erstatten, als sie die Gebühren und Auslagen eines RA nicht übersteigen (Hamburg JurBüro **94**, 295 mit zust Anm Mümmler).

14 f) **In eigener Sache** erhält der RA als Angeklagter keine Gebühren erstattet. Die Regelung des § 91 II S. 4 ZPO ist auf den Zivilprozeß zugeschnitten und im Strafverfahren nicht anwendbar (Köln OLGSt § 91 BRAGO Nr 1; EGH Stuttgart AnwBl **83**, 331 mit abl Anm H. Schmidt; LG Bonn MDR **78**, 511; LG Göttingen NdsRpfl **91**, 59; LG Nürnberg-Fürth NJW **73**, 913; LG Mainz NJW **79**, 1897 mwN; Rpfleger **85**, 323; LG Wuppertal JurBüro **86**, 410; LG Zweibrücken JurBüro **83**, 1847; **aM** Frankfurt NJW **73**, 1991; EGH Koblenz AnwBl **81**, 415). Das ist verfassungsrechtlich unbedenklich (BVerfGE **53**, 207 = NJW **80**, 1677; sachlich einleuchtende Auslegung des II Nr 2; BVerfG NStZ **88**, 282: naheliegende Annahme) und gilt auch für den sich selbst verteidigenden RA im Privatklageverfahren (BVerfG NJW **94**, 242). Als Privat- und Nebenkläger kann der RA dagegen Gebühren und Auslagen in dem in § 91 II S. 4 ZPO bestimmten Umfang erstattet verlangen (LG Heidelberg AnwBl **81, 78;** Hilger NStZ **88**, 443; Kurzka MDR **74**, 817; vgl aber für den Nebenkläger BVerfG NJW **84**, 911).

15 C. **Sonstige Auslagen des Beschuldigten** sind erstattungsfähig, soweit sie durch Vorladung zur Vernehmung oder Verhandlung verursacht worden sind oder ihre Aufwendung einem berechtigten Schutzinteresse entspricht (Köln NJW **56**, 603). In Betracht kommen etwa Zeugenentschädigungen nach § 220 II (LR-Hilger 49; **aM** D. Meyer JurBüro **84**, 655), Kosten für die Fahrt zum Gericht oder zur StA, auch im eigenen Fahrzeug (Celle Rpfleger **69**, 305; LG Flensburg JurBüro **83**, 1345; LG Mannheim NJW **69**, 1684), Kosten für Fahrten zum Verteidiger (Hamburg Rpfleger **72**, 414). Wegen der Höhe gelten §§ 9, 10 ZSEG entspr (Karlsruhe MDR **86**, 694). Notwendig sind auch Übernachtungs- und Verpflegungskosten am Gerichtsort während der Teilnahme an der Hauptverhandlung (EbSchmidt Nachtr II 8). Kosten für die Reise eines anwaltlich vertretenen Angeklagten zum Revisionsgericht werden grundsätzlich nicht erstattet (LG Mannheim NJW **65**, 1822; **aM** Koblenz NJW **65**, 1289 mit zust Anm Dahs; vgl aber auch
16 Celle Rpfleger **96**, 170; Hamm NJW **73**, 259). **Eigene private Ermittlungen** des Beschuldigten sind – ausgenommen im Privatklageverfahren (LG Hildesheim NJW **65**, 1446) – idR nicht notwendig (vgl auch D. Meyer JurBüro **93**, 8). Er kann Beweisanträge im Ermittlungsverfahren (§§ 136 I S. 3, 163 a III S. 2, IV S. 2) und im gerichtlichen Verfahren (§§ 201 I, 219, 244 III) stellen, diese prozessualen Möglichkeiten muß er ausschöpfen (Hamburg MDR **75**, 74; NStZ **83**, 284 L; Schleswig SchlHA **86**, 114 [E/L]). Nicht erstattungsfähig sind daher Detektivkosten (Hamm NJW **68**, 1537; LG Nürnberg- Fürth JurBüro **83**, 1346), Kosten für Inserate (Schleswig aaO), für Rechtsgutachten (Celle Rpfleger **94**, 225) und für Privatgutachten (Hamm DAR **73**, 160; Karlsruhe Justiz **76**, 266; LG Bayreuth JurBüro **87**, 1838; LG Dortmund Rpflger **91**, 33, mwN; LG Göttingen NdsRpfl **86**, 260; LG Mainz wistra **95**, 320; **aM** Koblenz NJW **64**, 462), es sei denn, daß sie für die Abwehr des Anklagevorwurfs unbedingt notwendig waren (Düsseldorf NStZ **91**, 353 mit zust Anm Dahs, der sich aber weitergehend für grundsätzliche Erstattungsfähigkeit ausspricht; Hamm NStZ **89**, 588; Koblenz Rpfleger **78**, 148) oder das Verfahren gefördert haben (Frankfurt VRS **42**, 430; LG Göttingen NdsRpfl **97**, 142; LG Marburg StV **90**, 362 mit krit Anm Nix; LG München I StV **88**, 350). Ausnahmsweise können Auslagen des Beschuldigten für eigene Ermittlungen als notwendig anerkannt werden, wenn er damit rechnen mußte, daß sich seine Prozeßlage sonst alsbald erheblich verschlechtern werde (Düsseldorf NStZ **97**, 511 mwN). Wegen der Dolmetscherkosten vgl 24, 25 zu Art 6 MRK.

17 D. **Auslagen eines Dritten** für den Beschuldigten oder einen Nebenbeteiligten, der dem Dritten nicht ersatzpflichtig ist, gehören idR nicht zu den notwendigen Auslagen (Hamm NJW **53**, 1445; LG Flensburg SchlHA **62**, 203). Zu

erstatten sind aber die Kosten eines Verteidigers, den der gesetzliche Vertreter bestellt (§ 137 II) und bezahlt hat (LG Bückeburg NJW **60**, 1026), und die notwendigen Auslagen eines Dritten, der kraft eigenen Rechts (§ 298, § 67 **JGG**) auf der Seite des Angeschuldigten steht. Zum Verdienstausfall des gesetzlichen Vertreters vgl LG Weiden MDR **71**, 598.

Kostenfestsetzung **RiStBV 145**

464b Die Höhe der Kosten und Auslagen, die ein Beteiligter einem anderen Beteiligten zu erstatten hat, wird auf Antrag eines Beteiligten durch das Gericht des ersten Rechtszuges festgesetzt. Auf Antrag ist auszusprechen, daß die festgesetzten Kosten und Auslagen von der Anbringung des Festsetzungsantrags an mit vier vom Hundert zu verzinsen sind. Auf das Verfahren und auf die Vollstreckung der Entscheidung sind die Vorschriften der Zivilprozeßordnung entsprechend anzuwenden.

1) Im **Kostenfestsetzungsverfahren** wird die Höhe der Kosten und Auslagen festgesetzt, die ein Beteiligter einem anderen zu erstatten hat. Dazu gehören nicht die Gerichtskosten (für sie gilt das Kostenansatzverfahren nach § 4 II GKG, §§ 4 ff KostVfg) und die Pflichtverteidigergebühren (für sie gilt § 98 BRAGO). Grundlage der Festsetzung ist die Auslagenentscheidung nach § 464 II, ein selbständiger Auslagenbeschluß (13 zu § 464) oder die einem Dritten Kosten auferlegende Entscheidung (2 zu § 467), nicht aber ein Privatklagevergleich (13 vor § 374). Die gerichtliche Entscheidung ist bindend (Celle NJW **71**, 1905; Saarbrücken NJW **73**, 1943; erg 20 zu § 467), auch wenn sie fehlerhaft (Bremen AnwBl **77**, 74; Düsseldorf Rpfleger **94**, 80; LG Dortmund Rpfleger **81**, 319; LG Köln AnwBl **83**, 468) oder sogar grob gesetzwidrig ist (Karlsruhe JurBüro **88**, 1073 mit abl Anm Mümmler: Verstoß gegen § 467 V; LG Essen JurBüro **84**, 1058 mit abl Anm Mümmler und LG Osnabrück NdsRpfl **95**, 136: Überbürdung der notwendigen Auslagen des Nebenklägers auf die Landeskasse; **aM** LG Aschaffenburg JurBüro **85**, 1046 mit zust Anm Mümmler; LG Hannover NdsRpfl **94**, 167; LG Mainz Rpfleger **95**, 311), allerdings nicht, wenn sie bewußt in Abweichung von der gesetzlichen Regelung getroffen wird (Oldenburg Rpfleger **91**, 521). Unklare Kostenentscheidungen können aber ausgelegt werden (Bremen aaO; LR-Hilger 3). Einwendungen des Erstattungspflichtigen gegen seine Kostentragungspflicht sind unbeachtlich (Hamm JMBlNW **66**, 119). Die Zulässigkeit der Nebenklage darf nicht mehr geprüft werden (LG Bochum MDR **56**, 438; LG Traunstein MDR **63**, 73; LR-Hilger 3). Die Auslagenverteilung ist nach den Maßstäben vorzunehmen, die die Gerichtsentscheidung vorschreibt. Hat diese nicht selbst nach § 464 d eine Bruchteilsentscheidung getroffen, können nicht oder nur schwer trennbare Auslagen (zB bei Teilfreispruch) bei der Einzelfestsetzung nach Bruchteilen verteilt werden, da § 464 d auch im Kostenfestsetzungsverfahren gilt (BTDrucks 12/6962 S. 111). Höhere als die entstandenen Auslagen dürfen keinesfalls festgesetzt werden (vgl BVerfGE **62**, 189 = NJW **83**, 809). 1

2) Nur auf Antrag eines Beteiligten (LG Essen Rpfleger **92**, 363: § 308 I ZPO gilt) werden die Kosten festgesetzt (S. 1) und die Verzinsung ab Eingang des Antrags (S. 2), frühestens ab Rechtskraft des Urteils (LG Frankenthal JurBüro **84**, 723; LR-Hilger 7), angeordnet. Antragsberechtigt sind der nach der Gerichtsentscheidung Erstattungsberechtigte und sein Rechtsnachfolger (Koblenz Rpfleger **74**, 403: Zessionar), aber auch der Ersattungspflichtige (KK-Franke 3). Der Verteidiger stellt den Antrag im Zweifel namens des Angeklagten; eine Wiedereinziehung von Pflichtverteidigergebühren ist dann im Kostenfestsetzungsverfahren nicht zulässig (KG NJW **71**, 2000). Da das Betragsverfahren nach § 464 b, ebenso wie das nach § 10 **StrEG,** nicht mehr zum Strafverfahren gehört (LG Krefeld MDR **80**, 248), benötigt der Verteidiger für den Antrag eine besondere Vertretungsvollmacht (LR- 2

Hilger 5; **aM** München Rpfleger **68**, 32; erg 3 zu § 10 StrEG). Nach dem Tode des Angeklagten sind sein Verteidiger und seine Erben antragsberechtigt (7 vor § 137; 22 zu § 464).

3 **3)** Für das **Verfahren** gelten die Vorschriften der ZPO entspr (S. 3), und zwar für die Festsetzung die §§ 103 ff, für die Vollstreckung die §§ 794 I Nr 2, 795. Zuständig ist der Rechtspfleger (§ 21 Nr 1 **RPflG**) des Gerichts des 1. Rechtszugs (§§ 103 II, 104 I S. 1 ZPO), nicht das Gericht selbst (Düsseldorf JurBüro **85**, 895), bei Zurückverweisung an ein anderes Gericht nach § 354 II S. 1 der Rechtspfleger des 1. Gerichts (BGH NStZ **91**, 145; **aM** München AnwBl **87**, 555). Der Rechtspfleger prüft die Notwendigkeit der Auslagen (§ 464 a II) und ist berechtigt, die von dem Verteidiger nach § 12 I S. 1 BRAGO bestimmte Rahmengebühr herabzusetzen, wenn sie unbillig hoch ist (LR-Hilger 42 ff zu § 464 a). Der Beschluß ergeht nach Anhörung des Vertreters der Staatskasse (RiStBV 145 I) oder des sonstigen Antragsgegners (LG Bonn JurBüro **92**, 256; LG Krefeld NJW **70**, 2035). Er muß begründet werden (Frankfurt JurBüro **85**, 1102; München Rpfleger **81**, 157; LG Bonn aaO), auch wenn dem Antrag stattgegeben wird (LG Krefeld MDR **81**, 606), besonders sorgfältig, wenn er ganz oder teilw abgelehnt wird (Düsseldorf JurBüro **81**, 1540). Entspr § 35 a ist eine Rechtsbehelfsbelehrung zu erteilen (Saarbrücken Rpfleger **60**, 342; Jung NJW **73**, 985; 1 zu § 35 a).

4 **4) Rechtsbehelfe:**

5 A. Nach § 11 I S. 2 RPflG aF war die binnen 2 Wochen einzulegende **Erinnerung** gegen den Kostenfestsetzungsbeschluß zulässig. Nach der durch Ges vom 6. 8. 1998 erfolgten Änderung des RPflG ist nunmehr gegen die Entscheidungen des Rechtspflegers das Rechtsmittel gegeben, das nach den allgemeinen Vorschriften zulässig ist (§ 11 I **RPflG**; Rellermeyer Rpfleger **98**, 310). Nur für die Anfechtung von vor dem 1. 10. 1998 verkündeten bzw der Geschäftsstelle übergebenen Entscheidungen des Rechtspflegers gelten nach § 39 RPflG die früheren Vorschriften (vgl dazu Voraufl).

6 B. **Sofortige Beschwerde** (§ 104 III S. 1 ZPO, § 11 III **RPflG**) ist gegen die Entscheidung des Rechtspflegers zulässig. Das Beschwerdeverfahren richtet sich nach hM nach StPO-Grundsätzen. Das bedeutet:

7 a) Für die **Einlegung des Rechtsmittels** gilt die Wochenfrist des § 311 II S. 1 (Bay **53**, 193 = NJW **54**, 568; KG NJW **55**, 35; München MDR **57**, 375; **aM** Koblenz Rpfleger **89**, 78; München MDR **85**, 785; KK-Franke 4; LR-Hilger 10; EbSchmidt Nachtr II 10 mwN; H. Schmidt MDR **82**, 252 und Schäfer-FS 232: Zweiwochenfrist des § 577 II S. 1 ZPO). Anwaltsverschulden bei der Fristversäumnis ist dem Antragsteller zuzurechnen (18 zu § 44). Anwaltszwang besteht entgegen § 78 I ZPO auch vor dem LG nicht (Hamm Rpfleger **55**, 167; LR-Hilger 10). § 304 III gilt (**aM** LR-Hilger 10). Eine unselbständige Anschlußbeschwerde ist unzulässig (Düsseldorf JMBlNW **71**, 59; Hamm JurBüro **83**, 1216; **aM** Koblenz MDR **84**, 777; KK-Franke 4; LR-Hilger 10). Die weitere Beschwerde gegen die Entscheidung des LG ist ausgeschlossen (Koblenz Rpfleger **89**, 78; Stuttgart MDR **75**, 248). Für das rechtliche Gehör gilt § 308 I S. 1.

8 b) Ein **Verbot der Schlechterstellung** besteht nicht (KG JR **81**, 391; Düsseldorf MDR **91**, 370; Karlsruhe MDR **86**, 694; Schleswig SchlHA **89**, 114 [L/G]; LG Flensburg JurBüro **82**, 882; **85**, 96; LG Göttingen Rpfleger **91**, 34; LG Hannover JurBüro **77**, 1383; LG Köln JurBüro **89**, 1157; LG Mainz NJW **79**, 1897 mwN; KMR-Paulus 30 mwN; D. Meyer JurBüro **82**, 1451). Die Gegenmeinung (Hamm Rpfleger **72**, 266; Köln OLGSt § 86 BRAGO Nr 2; München AnwBl **79**, 198; LG Düsseldorf JurBüro **83**, 887; KK-Franke 4; LR-Hilger 11; H. Schmidt NJW **80**, 682) setzt sich mit §§ 331, 358 II, 373 II in Widerspruch. Sie wäre nur berechtigt, wenn sich das Beschwerdeverfahren nach ZPO-Grundsätzen richtete und insbesondere § 308 I ZPO zu beachten wäre.

C. Nur **Nachprüfung** kann mit der Beschwerde verlangt werden. Eine weitere Erstattungsforderung, über die eine anfechtbare Entscheidung des Rechtspflegers noch nicht vorliegt, kann nicht gestellt werden (Hamm NJW **66**, 2074; LG Düsseldorf JurBüro **83**, 887; LG Göttingen Rpfleger **91**, 34; LR-Hilger 11). Erst nach rechtskräftigem Abschluß des Kostenfestsetzungsverfahrens ist eine Nachforderung zulässig (Hamburg NJW **71**, 2183, 2185; LG Dortmund NJW **67**, 897). Zur entspr Anwendung des § 321 ZPO vgl LG Bielefeld AnwBl **65**, 322; LG Zweibrücken NJW **65**, 165. 9

D. **Kostenentscheidung:** Es gelten § 467 I (entspr) und § 473. Da die Gebühren für das Beschwerdeverfahren nach der Tabelle der Anlage 1 zum KostRÄndG 1994 (Anlage zu § 11 II GKG) berechnet werden (Nr 6702 KVGKG), muß im Beschwerdebeschluß der Wert der Beschwerde festgesetzt werden. Hatte der Rechtspfleger die Kosten des Nebenklägers zu gering festgesetzt, so können Kosten und notwendige Auslagen nicht der Staatskasse überbürdet werden (LR-Hilger 11; **aM** LG Hanau JurBüro **83**, 735 mit abl Anm Mümmler). 10

Auslagen des Dolmetschers

464c **Ist für einen Angeschuldigten, der der deutschen Sprache nicht mächtig, taub oder stumm ist, ein Dolmetscher oder Übersetzer herangezogen worden, so werden die dadurch entstandenen Auslagen dem Angeschuldigten auferlegt, soweit er diese durch schuldhafte Säumnis oder in sonstiger Weise schuldhaft unnötig verursacht hat; dies ist außer im Falle des § 467 Abs. 2 ausdrücklich auszusprechen.**

1) Die durch die **Heranziehung eines Dolmetschers** oder Übersetzers für einen der deutschen Sprache nicht mächtigen (§ 185 GVG; erg 30 a zu § 140), tauben oder stummen (14 zu § 140) Angeschuldigten (§ 157) entstandenen Auslagen dürfen nach Art 6 III e **MRK** von diesem nicht erhoben werden (24 zu Art 6 MRK); sie trägt daher grundsätzlich die Staatskasse (Nr 9005 KVGKG), ohne daß es dazu eines Ausspruchs in der Entscheidung bedarf. 1

2) Einem Angeschuldigten, der **freigesprochen** oder gegen den die Eröffnung des Hauptverfahrens abgelehnt oder das Verfahren eingestellt worden ist, werden nach § 467 II die Kosten auferlegt, die er durch schuldhafte Säumnis oder durch andere schuldhafte Verzögerungen verursacht hat (4 zu § 467); darunter fallen ohne besonderen Ausspruch auch die Auslagen für einen Dolmetscher oder Übersetzer. 2

3) Einem **verurteilten** Angeklagten können nach § 464 c solche Auslagen, die er sonst nicht zu tragen hat (oben 1), auferlegt werden; dazu bedarf es aber eines 3
Ausspruchs des Gerichts. Die **Auferlegung** kommt zB in Betracht, wenn der 4
Angeschuldigte vorgespiegelt hat, einen Dolmetscher zu benötigen, oder wenn wegen seines Ausbleibens ein Hauptverhandlungstermin nicht durchgeführt werden kann (BTDrucks 11/4394 S. 12), jedoch nicht im Fall des § 329 I, da dann auch bei seiner Anwesenheit Auslagen entstanden wären (Schnigula JurBüro **89**, 899).

Auslagenverteilung nach Bruchteilen

464d **Die Auslagen der Staatskasse und die notwendigen Auslagen der Beteiligten können nach Bruchteilen verteilt werden.**

1) Eine **Aufteilung der Auslagen nach Quoten** läßt das Gesetz (Art 8 VI Nr 2 KostRÄndG 1994; vgl dazu Otto JurBüro **94**, 397) im Gegensatz zur früheren Rspr (BGH **25**, 109) nun stets zu. Anstatt durch abstrakte Abgrenzungs- 1 kriterien kann danach eine Verteilung der Auslagen der Beteiligten und der Staatskasse nach Bruchteilen erfolgen. Dadurch soll in einfachen, leicht überschaubaren Fällen – ggf aufgrund einer sachgemäßen Schätzung – eine schnelle, angemessene Kostenentscheidung ermöglicht werden. Ob das Gericht eine Bruchteilsentscheidung trifft oder die Berechnung nach den im Urteil vorgegebenen Kriterien dem Kostenfestsetzungsverfahren (§ 464 b) überläßt, liegt in seinem Ermessen.

2 2) **Anwendungsfälle** sind Entscheidungen nach §§ 465 II, 467 a II, 468, 469 I, 470 S. 2, 471 III, 472 I S. 2, II, III, 472 a II, 472 b I S. 2, III, 473 IV. Auch bei Teilfreispruch kann gequotelt werden, jedoch ist ebenso die Differenztheorie (9 zu § 465) weiterhin anwendbar (Karlsruhe NStZ **98**, 317; **aM** LG Frankfurt a.M. NStZ-RR **97**, 191).

3 3) Im **Kostenfestsetzungsverfahren** (§ 464 b) kann durch den Rechtspfleger ebenfalls eine Bruchteilsentscheidung getroffen werden (1 zu § 464 b).

Kosten und Auslagen bei Verurteilung

465 **I Die Kosten des Verfahrens hat der Angeklagte insoweit zu tragen, als sie durch das Verfahren wegen einer Tat entstanden sind, wegen deren er verurteilt oder eine Maßregel der Besserung und Sicherung gegen ihn angeordnet wird. Eine Verurteilung im Sinne dieser Vorschrift liegt auch dann vor, wenn der Angeklagte mit Strafvorbehalt verwarnt wird oder das Gericht von Strafe absieht.**

II Sind durch Untersuchungen zur Aufklärung bestimmter belastender oder entlastender Umstände besondere Auslagen entstanden und sind diese Untersuchungen zugunsten des Angeklagten ausgegangen, so hat das Gericht die entstandenen Auslagen teilweise oder auch ganz der Staatskasse aufzuerlegen, wenn es unbillig wäre, den Angeklagten damit zu belasten. Dies gilt namentlich dann, wenn der Angeklagte wegen einzelner abtrennbarer Teile einer Tat oder wegen einzelner von mehreren Gesetzesverletzungen nicht verurteilt wird. Die Sätze 1 und 2 gelten entsprechend für die notwendigen Auslagen des Angeklagten.

III Stirbt ein Verurteilter vor eingetretener Rechtskraft des Urteils, so haftet sein Nachlaß nicht für die Kosten.

1 1) **Kostentragungspflicht des verurteilten Angeklagten** (I): Die Vorschrift ist mit dem GG vereinbar (BVerfGE **18**, 302 = NJW **65**, 387; BVerfGE **31**, 137; BVerfG EuGRZ **86**, 439; Koblenz JurBüro **92**, 111). Für Nebenbeteiligte gilt die Sonderregelung des § 472 b. Im Verfahren gegen einen Jugendlichen und bei Anwendung von Jugendstrafrecht gegen einen Heranwachsenden kann nach §§ 74, 109 II **JGG** ganz oder teilw davon abgesehen werden, dem Angeklagten Kosten und Auslagen anderer Beteiligter aufzuerlegen; von seinen eigenen notwendigen Auslagen kann er nicht entlastet werden (BGH **36**, 27 = NStZ **89**, 239 mit abl Anm Brunner = JR **90**, 40 mit abl Anm Eisenberg = StV **89**, 309 mit abl Anm Ostendorf); denn einer möglicherweise aus erzieherischen Gründen wünschenswerten Entlastung des Angeklagten (so Brunner, Eisenberg, Ostendorf aaO) steht die eindeutige gesetzliche Regelung entgegen.

2 A. **Verurteilung und Anordnung einer Sicherungsmaßregel:** Eine Verurteilung iS des § 465 liegt vor, wenn das Urteil eine Schuldfeststellung trifft und eine Rechtsfolge festsetzt (BGH **14**, 391, 393). Darunter fallen auch die Verurteilung zu Erziehungsmaßnahmen oder Zuchtmitteln nach §§ 9 ff, 13 ff JGG (KG JR **62**, 271) und die Entscheidung nach § 27 JGG (Eisenberg 5 zu § 74 JGG). Die Anordnung einer Sicherungsmaßregel nach §§ 61 ff StGB neben einem Freispruch (Oldenburg NJW **64**, 2439) oder im Sicherungsverfahren nach §§ 413 ff führt

ebenfalls zur Kostentragungspflicht, nicht aber die Anordnung der Einziehung oder einer anderen Nebenfolge neben dem Freispruch (BGH **14**, 391) oder im selbständigen Verfahren nach §§ 440, 442 (BGH **21**, 367, 371). Nach I S. 2 ist auch die Verwarnung mit Strafvorbehalt nach § 59 StGB und das Absehen von Strafe (vgl 1 zu § 153 b) eine Verurteilung. Dem steht die Nichtverurteilung infolge der Sperrwirkung der §§ 331, 358 II, 373 II gleich (BGH KostRspr Nr 11 mit Anm Herget; LR-Hilger 3). Für die Straffreierklärung gilt § 468.

B. **Wegen der Tat entstandene Kosten:** Der Tatbegriff ist der des § 264 (Zweibrücken MDR **66**, 351; **aM** Sommermeyer MDR **91**, 932 Fn 23; erg 1 ff zu § 264). Wegen der Kosten vgl 1 ff zu § 464 a. Sind im 1. Rechtszug mehrere Hauptverhandlungen notwendig gewesen, zB infolge Verweisung nach § 270 (Oldenburg NStZ **96**, 405) oder Aufhebung und Zurückverweisung nach § 354 II oder § 357 (BGH 2 StR 793/75 vom 12. 5. 1976), so trägt der Verurteilte alle Kosten; das Verfahren bildet eine Einheit (BGH **18**, 231; GA **79**, 27; NStZ **87**, 86; BGHR § 473 IV Quotelung 5 mwN; dagegen *de lege ferenda* zutr Meier, Die Kostenlast des Verurteilten, 1991, S. 314). Das gilt auch für mehrere Rechtszüge; der zunächst freigesprochene und erst auf die Berufung oder Revision der StA verurteilte Angeklagte hat daher auch die Kosten der 1. Instanz zu tragen (Düsseldorf JurBüro **92**, 255; Stuttgart Justiz **87**, 160; erg 6 zu § 473). Auch sonst muß der Angeklagte Mehrkosten tragen, die durch unrichtige Sachbehandlung (Bay DAR **86**, 249 [R]) oder durch eine unzutreffende Beurteilung des Gerichts entstanden sind, zB bei der Fortsetzung des Verfahrens nach nicht erkannter Rechtskraft des Strafbefehls (BGH **13**, 306, 311; Düsseldorf MDR **86**, 428; Hamm VRS **41**, 381; erg unten 11). **Eingeschränkt** ist die Kostentragungspflicht des Verurteilten, wenn ein Dritter nach § 51 oder einer anderen Vorschrift (vgl 2 zu § 467) mit Kosten belastet worden ist. Auch wenn das – zulässigerweise (BGH **43**, 146) und wie in der Praxis üblich – durch gesonderten Beschluß und nicht in der Kostenentscheidung des Urteils geschieht, hat der Verurteilte die Kosten nur in dem eingeschränkten Umfang zu tragen (Düsseldorf VRS **89**, 202; LG Aachen NStE Nr 7 mwN). Bei nachträglicher Aufhebung des den Dritten belastenden Beschlusses lebt die volle Kostentragungspflicht des Verurteilten wieder auf (LR-Hilger 12).

3 / 4 (margin numbers: 3 beside "B. Wegen der Tat…", 4 beside "erg unten 11). Eingeschränkt…")

2) Auslagenteilung zwischen Staatskasse und Verurteiltem (II): 5

A. **Besondere Auslagen der Staatskasse** (S. 1) und besondere notwendige Auslagen des Angeklagten (S. 3) können aus Billigkeitsgründen ganz oder teilw der Staatskasse auferlegt werden. Der Begriff besondere Auslagen stimmt nicht mit dem der (genau feststellbaren) ausscheidbaren Auslagen überein; gemeint sind vielmehr alle Mehrkosten (BGH **25**, 109, 116 = JR **74**, 30 mit krit Anm Meyer; **aM** KG NJW **70**, 1806; Braunschweig NJW **70**, 1809). 6

B. Durch **Untersuchungen zur Aufklärung bestimmter Umstände,** die nach dem Gesamtergebnis der Untersuchungshandlungen zugunsten des Angeklagten ausgegangen sind (BGH 4 StR 252/91 vom 7. 11. 1991; Bode NJW **69**, 213), müssen die besonderen Auslagen entstanden sein, zB durch Zeugenvernehmungen und Sachverständigengutachten zu einzelnen rechtlichen Gesichtspunkten (LG Freiburg StV **98**, 611; D. Meyer JurBüro **94**, 519). Daß die Verurteilung weniger schwer wiegt als der ursprüngliche Tatvorwurf, genügt allein nicht (BGH NStZ **82**, 80; Karlsruhe MDR **81**, 781), auch nicht, daß die Milderung des Schuldvorwurfs und die Herabsetzung der Strafe erst auf eine Revisionsentscheidung hin erfolgt sind (BGH NStZ **86**, 210 [Pf/M]), uU aber eine Strafherabsetzung bei beschränktem Einspruch gegen einen Strafbefehl (D. Meyer JurBüro **89**, 1331). Es müssen stets besondere Auslagen entstanden sein (BGH **25**, 109, 118; **26**, 29, 34). Das kann der Fall sein bei Anklage wegen einer Verkehrsstraftat und Verurteilung nur wegen einer OWi (Celle MDR **72**, 439; Düsseldorf JurBüro **85**, 898; OLGSt Nr 5 zu § 473; Stuttgart Justiz **74**, 136). Ist anzunehmen, daß der Verurteilte einen Bußgeldbescheid hingenommen hätte, so ist es billig, der Staatskasse seine gesamten 7 notwendigen Auslagen aufzuerlegen (BGH **25**, 109, 118; Celle JurBüro **83**, 402; MDR **75**, 165; LG Augsburg JurBüro **84**, 1207 mit Anm Mümmler; Schmidt DAR **83**, 318; vgl auch Hausel JurBüro **94**, 580 zum Fall des § 408 III). Ähnlich ist es, wenn der bei dem LG wegen eines schweren Delikts Angeklagte nur wegen einer Tat verurteilt worden ist, für die das AG zuständig gewesen wäre, und die sachgemäße Behandlung des Falls von vornherein die Anklage vor diesem Gericht nahegelegt hätte (BGH **26**, 29, 35). Nach II S. 2 besteht die Möglichkeit der Billigkeitsentscheidung vor allem in den Fällen des sog fiktiven Teilfreispruchs, dh bei der Nichtverurteilung wegen einzelner abtrennbarer Teile einer Tat (Einzelakte einer fortgesetzten Handlung, vgl BGH wistra **92**, 26) oder wegen einzelner von mehreren Gesetzesverletzungen bei Tateinheit (Düsseldorf StV **85**, 142). Vgl auch die Rspr-Übersicht bei D. Meyer JurBüro **94**, 519, 520.

8 C. Die **Auslagenteilung** kann schon im Urteil nach Bruchteilen erfolgen (§ 464 d). Das Gericht kann sich aber auch darauf beschränken, die nach der Entstehungsursache abzugrenzenden besonderen Auslagen, zB „die besonderen Auslagen des Verfahrens und die besonderen notwendigen Auslagen des Angeklagten, die wegen des Verdachts der Trunkenheitsfahrt entstanden sind" (BGH **25**, 109, 112), der Staatskasse aufzuerlegen und deren genaue Feststellung dem Verfahren nach § 464 b zu überlassen. Das gilt insbesondere für Verteidigerkosten (dazu eingehend Sommermeyer MDR **91**, 931 und Mümmler JurBüro **92**, 221). Sie werden erst im Kostenfestsetzungsverfahren nach der Differenztheorie festgestellt, dh es wird geprüft, welche Verteidigergebühren entstanden wären, wenn die Untersuchungen nicht stattgefunden hätten oder die Anklage von vornherein so gelautet hätte wie das Urteil (KG NJW **70**, 1806; Düsseldorf OLGSt Nr 5 zu § 473; Köln NStZ **90**, 423). Nur der rechnerische Teil der einheitlichen Verteidigergebühr, der das fiktive Honorar übersteigt, wird erstattet (Braunschweig NJW **70**, 1809; Düsseldorf NJW **71**, 394).

9 **3) Teilfreispruch und Teileinstellung:** In diesem Fall wird über Kosten und Auslagen nach § 467 I entschieden: „Der Angeklagte hat die Kosten zu tragen, soweit er verurteilt ist; soweit er freigesprochen (das Verfahren eingestellt) worden ist, trägt die Staatskasse die Verfahrenskosten und die notwendigen Auslagen des Angeklagten". Eine Bruchteilsentscheidung über die Auslagen der Staatskasse oder des Angeklagten ist nunmehr durch § 464 d (vgl dort) im Gegensatz zur bisherigen Rspr (BGH **25**, 109) zugelassen. In entspr Anwendung des II kommt es auf die Ausscheidbarkeit der Mehrkosten nicht an (BGH **25**, 109, 116; Düsseldorf StV **85**, 142; JurBüro **89**, 1720). Die Verteidigerkosten werden auch hier im Verfahren nach § 464 b nach der Differenztheorie (oben 8) bestimmt (Karlsruhe NStZ **98**, 317; Koblenz StV **98**, 610 L; LG Hamburg StV **98**, 610; **aM** LG Frankfurt a.M. StV **98**, 85). Wäre wegen der übrig gebliebenen Fälle Anklage vor dem SchG und nicht dem LG erhoben worden, so muß der Angeklagte von der höheren Verteidigungsgebühr vor dem Landgericht entlastet werden (Celle Rpfleger **87**, 518). Hat der Teilfreispruch neben der Verurteilung in zahlreichen anderen Fällen keine Bedeutung, so muß der Verurteilte idR seine Auslagen in vollem Umfang tragen (Stuttgart MDR **75**, 598; vgl auch LG Passau JurBüro **87**, 726). Bezieht sich der Teilfreispruch auf die Verkehrsstraftat und hätte sich der Angeklagte wegen der OWi, derentwegen er nur verurteilt wurde, nicht verteidigt, so werden der Staatskasse idR seine gesamten notwendigen Auslagen auferlegt (Stuttgart Justiz **87**, 160; LG Bremen MDR **64**, 422; AG Mannheim AnwBl **85**, 164; erg oben 7). Weitere Einzelfälle bei LR-Hilger 45. Zur Festsetzung nach Bruchteilen in dem Verfahren
10 nach § 464 b vgl dort 1. Bei nur **teilweiser Eröffnung des Hauptverfahrens** und bei Teileinstellung des Verfahrens gelten diese Grundsätze entspr.

11 **4)** Die **Nichterhebung von Verfahrenskosten,** die bei richtiger Behandlung der Sache (aus der damaligen Sicht) nicht entstanden wäre, kann nach § 8 I S. 1 GKG in der Kostenentscheidung oder im Kostenansatzverfahren (Celle NdsRpfl

81, 239; Düsseldorf VRS **80**, 40; vgl auch D. Meyer JurBüro **91**, 175; **aM** Koblenz JurBüro **92**, 111: nur im Kostenansatzverfahren) angeordnet werden; überläßt das Gericht die Anordnung dem Kostenansatzverfahren, ist dagegen keine Beschwerde zulässig (Düsseldorf aaO). Die Anordnung setzt voraus, daß das Gericht gegen eindeutige gesetzliche Vorschriften verstoßen hat und das offen zutage tritt oder daß ein offensichtliches Versehen vorliegt (BGH GA **60**, 314; LG Osnabrück NStZ-RR **96**, 192), aber nicht schon bei jedem Verfahrensverstoß, sondern nur bei schweren Verfahrensfehlern (Düsseldorf JurBüro **96**, 655), insbesondere wenn grobe Verfahrensfehler zur Aufhebung und Zurückverweisung nach § 354 II geführt haben, zB bei Verweigerung des rechtlichen Gehörs (Köln NJW **79**, 1834) oder bei unrichtiger Gerichtsbesetzung (BGH GA **79**, 27; NStZ **89**, 191). Die notwendigen Auslagen des Angeklagten fallen nicht unter § 8 I S. 1 GKG; das Gericht darf sie nicht aus Billigkeitsgründen der Staatskasse auferlegen (BGH GA **82**, 324; Koblenz NStZ **89**, 46 mwN). Gegen die Nichtfreistellung von vermeidbaren Kosten in der Kostenentscheidung kann keine sofortige Beschwerde nach § 464 III erhoben werden (Düsseldorf VRS **80**, 40). Eine gleichwohl eingelegte Beschwerde ist idR in einen Antrag nach §§ 5, 8 GKG umzudeuten (D. Meyer JurBüro **91**, 175).

5) Bei **Tod des Verurteilten vor Rechtskraft** (III) ist das Verfahren einzu- 12
stellen (8 zu § 206 a), auch wenn es nur noch in einem Nebenpunkt anhängig ist (Bay NJW **57**, 1448: Einziehungsanordnung; Köln JMBlNW **60**, 248: Strafaussetzungsentscheidung). Zur Kostenentscheidung vgl 14 zu § 464. Stirbt der Verurteilte erst nach Rechtskraft der Entscheidung, so haftet der Nachlaß.

Haftung Mitverurteilter

466 **Mitangeklagte, gegen die in bezug auf dieselbe Tat auf Strafe erkannt oder eine Maßregel der Besserung und Sicherung angeordnet wird, haften für die Auslagen als Gesamtschuldner. Dies gilt nicht für die durch die Tätigkeit eines bestellten Verteidigers oder eines Dolmetschers und die durch die Vollstreckung, die einstweilige Unterbringung oder die Untersuchungshaft entstandenen Kosten sowie für Auslagen, die durch Untersuchungshandlungen, die ausschließlich gegen einen Mitangeklagten gerichtet waren, entstanden sind.**

1) Die **gesamtschuldnerische Haftung** mehrerer Angeklagter (S. 1) setzt eine 1
Verurteilung iS des § 465 I wegen derselben Tat (2 zu § 264) voraus, nicht aber im selben Urteil (LR-Hilger 4) oder im selben Rechtszug (LG Amberg NJW **52**, 398). Erforderlich ist eine Mitwirkung, nicht unbedingt als Täter oder Teilnehmer, in der gleichen Richtung (KG JR **67**, 431; Celle NJW **60**, 2305; erg 15 zu § 60), einschließlich Begünstigung, Strafvereitelung (**aM** Celle aaO) und Hehlerei (Stuttgart Justiz **72**, 19). Dieselbe Tat liegt zB vor bei Beteiligung mehrerer an einer Schlägerei, bei Bestechlichkeit und Bestechung (KMR-Paulus 8; **aM** EbSchmidt Nachtr II 4) und bei fahrlässiger Nebentäterschaft (Bay **60**, 9 = Rpfleger **60**, 306; LR-Hilger 8; **aM** KK-Franke 2); nicht aber bei wechselseitiger Körperverletzung (RG **21**, 164), Körperverletzung und unterlassener Hilfeleistung (Hamm NJW **61**, 1833), Meineid und Prozeßbetrug (Celle MDR **70**, 1030). Auf den Umfang der
Beteiligung kommt es nicht an. Nur **für die Auslagen der Staatskasse** 2
(§ 464 a I) im 1. Rechtszug (LR-Hilger 1), nicht für die Gerichtsgebühren, gilt die gesamtschuldnerische Haftung. Ein besonderer Ausspruch darüber in der Kostenentscheidung ist überflüssig (BGH 5 StR 663/84 vom 23. 10. 1984; KMR-Paulus 3), aber nicht unzulässig (Bay Rpfleger **60**, 306). Ob und in welchem Umfang der Kostenbeamte die Auslagen von dem einen oder anderen Verurteilten einfordert, steht nach § 8 III KostVfg in seinem pflichtgemäßen Ermessen (dazu KG JR **67**, 431). Der Ausgleichsanspruch nach § 426 BGB kann nicht im Kostenfestsetzungs-

verfahren festgestellt, sondern muß im Zivilprozeß ausgetragen werden (Koblenz Rpfleger **90**, 36).

3 **2) Ausnahmen** (S. 2): Für die Pflichtverteidigervergütung besteht keine Mithaft. Dolmetscherkosten werden ohnehin nicht berechnet (1 zu § 464 a; vgl aber § 464 c). Ausgenommen sind ferner Haft- und Vollstreckungskosten. Ausschließlich gegen einen Mitangeklagten gerichtete Untersuchungshandlungen sind zB die allein wegen dessen Einlassung erforderlichen Beweiserhebungen (LR-Hilger 17; Bode NJW **69**, 214), die Unterbringung nach § 81 oder § 73 **JGG** (Nürnberg OLGSt S. 1) und Untersuchungen nach § 81 a. Im Urteil braucht die Befreiung von der Mithaft nicht ausgesprochen zu werden; sie wird erst im Kostenansatzverfahren (1 zu § 464 b) berücksichtigt (BGH NStZ **86**, 210 [Pf/M]; Karlsruhe MDR **90**, 464).

Kosten und Auslagen bei Nichtverurteilung

467 **I Soweit der Angeschuldigte freigesprochen, die Eröffnung des Hauptverfahrens gegen ihn abgelehnt oder das Verfahren gegen ihn eingestellt wird, fallen die Auslagen der Staatskasse und die notwendigen Auslagen des Angeschuldigten der Staatskasse zur Last.**

II Die Kosten des Verfahrens, die der Angeschuldigte durch eine schuldhafte Säumnis verursacht hat, werden ihm auferlegt. Die ihm insoweit entstandenen Auslagen werden der Staatskasse nicht auferlegt.

III Die notwendigen Auslagen des Angeschuldigten werden der Staatskasse nicht auferlegt, wenn der Angeschuldigte die Erhebung der öffentlichen Klage dadurch veranlaßt hat, daß er in einer Selbstanzeige vorgetäuscht hat, die ihm zur Last gelegte Tat begangen zu haben. Das Gericht kann davon absehen, die notwendigen Auslagen des Angeschuldigten der Staatskasse aufzuerlegen, wenn er

1. **die Erhebung der öffentlichen Klage dadurch veranlaßt hat, daß er sich selbst in wesentlichen Punkten wahrheitswidrig oder im Widerspruch zu seinen späteren Erklärungen belastet oder wesentliche entlastende Umstände verschwiegen hat, obwohl er sich zur Beschuldigung geäußert hat, oder**
2. **wegen einer Straftat nur deshalb nicht verurteilt wird, weil ein Verfahrenshindernis besteht.**

IV Stellt das Gericht das Verfahren nach einer Vorschrift ein, die dies nach seinem Ermessen zuläßt, so kann es davon absehen, die notwendigen Auslagen des Angeschuldigten der Staatkasse aufzuerlegen.

V Die notwendigen Auslagen des Angeschuldigten werden der Staatskasse nicht auferlegt, wenn das Verfahren nach vorangegangener vorläufiger Einstellung (§ 153 a) endgültig eingestellt wird.

1 **1) Grundsatz** (1): Der Angeschuldigte, gegen den das Verfahren ohne Verurteilung abgeschlossen wird, gilt ohne Rücksicht auf die Stärke des verbleibenden Tatverdachts als unschuldig (Art 6 II **MRK**). Hieraus zieht I die kostenrechtlichen Folgerungen. Die Auslagen der Staatskasse (1 ff zu § 464 a) und die notwendigen Auslagen des Angeschuldigten (5 ff zu § 464 a), auch für erfolglose Beschwerden im Zwischenverfahren (**aM** Huber NStZ **85**, 18), fallen der Staatskasse zur Last, und zwar der des Landes, dem das Gericht 1. Instanz zugehört, auch im Fall des § 120 VI GVG. Diese Kosten- und Auslagenregelung, die in der verfahrensabschließenden Entscheidung ausdrücklich ausgesprochen werden muß (unten 20), gilt beim Freispruch ohne gleichzeitige Anordnung einer Sicherungsmaßregel (vgl § 465 I S. 1), bei der Ablehnung der Eröffnung des Hauptverfahrens (§ 204) und bei der endgültigen Verfahrenseinstellung (6–7, 11 zu § 464), auch wenn die StA

die Klage nach Behebung des Verfahrenshindernisses erneut oder bei einem anderen Gericht erheben kann (Hamm JMBlNW **62**, 166). Dem Freispruch steht die Ablehnung des Antrags im Sicherungsverfahren nach § 414 II S. 4 gleich (BGH NJW **70**, 1242; 6 zu § 414). Der Auslagenerstattungsanspruch gegen die Staatskasse wird in dem Verfahren nach § 464 b durchgesetzt. Die **Kostentragungspflicht** 2
eines Dritten nach §§ 51, 70, 77 I, 81 c VI, 138 c VI, 145 IV, 161 a II, 177, 469 I, 470, 472 a, 472 b, § 56 GVG ist bei der Entscheidung nach I nicht zu berücksichtigen (Foth NJW **73**, 887, erg 7 zu § 469; 4 zu § 470). Der Erstattungsberechtigte braucht sich auch nicht darauf verweisen zu lassen, sich zunächst (über § 464 b) an den Dritten zu halten (LG Aachen NJW **71**, 576; LG Dortmund JVBl **72**, 941; LG Münster NJW **74**, 1342; str). Die Staatskasse kann dann aber im Verfahren nach § 464 b Regreß nehmen (D. Meyer JurBüro **89**, 1633).

2) Zwingende Ausnahmen (II, III S. 1, V): Die ihnen zugrunde liegenden 3
Tatsachen werden im Freibeweis (7, 9 zu § 244) festgestellt.

A. **Schuldhafte Säumnis** (II): Gemeint ist die schuldhafte (BVerfG NStE Nr 4) 4
Versäumung eines Termins oder einer Frist (Stuttgart NJW **74**, 512; Koch GA **64**, 174), nicht die verspätete Vorlegung von Beweisen (Karlsruhe NJW **61**, 1128) oder andere Fälle schuldhafter Verzögerung (Stuttgart Justiz **87**, 116); bei Einstellung des Verfahrens wegen Verjährung gilt nur III S. 2 Nr 2, nicht etwa II S. 2 analog (BVerfG NStZ **93**, 195). Die Säumnis kann auch vorwerfbar sein, wenn der Angeschuldigte einen Entschuldigungsgrund nicht rechtzeitig vorgebracht hat, obwohl das möglich und zumutbar war (Stuttgart aaO; LR-Hilger 24). Die Kostenfolge des II ist zwingend, gilt aber nur bei ausdrücklicher Anordnung in dem verfahrensabschließenden Urteil oder Beschluß (unten 20).

B. **Unrichtige Selbstanzeige** (III S. 1): Eine förmliche Anzeige iS des § 158 5
oder eine Straftat nach § 145 d StGB braucht nicht vorzuliegen (KK-Franke 5). Es genügt, daß der Beschuldigte die öffentliche Klage gegen sich durch irgendeine Selbstbezichtigung gegenüber einer Strafverfolgungsbehörde oder einer zur Anzeige verpflichteten Behörde, nicht gegenüber anderen Behörden oder Privatpersonen (LR-Hilger 29), veranlaßt (unten 8) hat, zB einer Vernehmung als Beschuldigter oder Zeuge (EbSchmidt Nachtr II 15). Warum er seine Täterschaft vorgetäuscht hat, ist gleichgültig (LR-Hilger 30). In der verfahrensabschließenden Entscheidung ist auszusprechen, daß die Staatskasse die Verfahrenskosten, nicht aber die notwendigen Auslagen des Angeschuldigten trägt (unten 20).

C. **Endgültige Einstellung nach § 153 a** (V): Vgl 55 zu § 153 a. 6

3) Ausnahmen nach gerichtlichem Ermessen (III S. 2, IV): 7

A. **Wahrheitswidrige Selbstbelastung und Verschweigen entlastender** 8
Umstände (III S. 2 Nr 1) rechtfertigen die Abweichung von der Regel des I, auch wenn der Beschuldigte sich nicht bei einer förmlichen, sondern nur bei einer informatorischen Vernehmung (**aM** LG Heilbronn Justiz **83**, 396) oder in einer schriftlichen Erklärung, aber nicht nur bei einer Vernehmung als Zeuge (Oldenburg NStZ **92**, 245; zust D.Meyer JurBüro **92**, 518), so verhalten hat. Die Staatskasse darf von den notwendigen Auslagen des Angeschuldigten aber nur entlastet werden, wenn er die Klageerhebung veranlaßt, dh durch sein Verhalten mindestens mitverursacht hat (Braunschweig NJW **73**, 158; Nürnberg MDR **70**, 69). Daran fehlt es, wenn der Strafverfolgungsbehörde, etwa durch die Aussage eines anderen Beteiligten, die Wahrheit bekannt war (LG Duisburg AnwBl **74**, 228; LR-Hilger 37). Zum Fall des Widerrufs vgl unten 12. Der Angeschuldigte muß ferner schuldhaft gehandelt haben. Das bedeutet nicht, daß er sich der ursächlichen Wirkung seines Verhaltens bewußt gewesen sein und sie mindestens billigend in Kauf genommen haben muß (so aber Braunschweig aaO). Vielmehr handelt auch schuldhaft, wer die Bedeutung und Wirkung seines Verhaltens fahrlässig verkennt (LR-Hilger 35; vgl § 5 II **StrEG,** wonach sogar für die Versagung der Entschädigung grobe Fahrlässigkeit ausreicht; erg 2 zu § 6 StrEG). Die **Ermessensentschei-** 9

dung des Gerichts, deren tatsächliche Grundlagen im Freibeweis (7, 9 zu § 244) festgestellt werden (oben 3), hängt allgemein davon ab, ob der Beschuldigte die Klageerhebung mißbräuchlich oder sonst in unlauterer Weise, ohne vernünftigen oder billigenswerten Grund, veranlaßt hat (Düsseldorf VRS **64**, 450; Nürnberg MDR **70**, 69; LG Münster **72**, 261; LR-Hilger 49). Davon kann mangels Vorliegens besonderer entschuldigender Umstände ausgegangen werden (Frankfurt NJW **72**, 784).

10 a) Die **wahrheitswidrige Selbstbelastung** unterscheidet sich von der unwahren Selbstanzeige nach III S. 1 dadurch, daß bereits Verdachtsgründe vorlagen (Oldenburg VRS **67**, 125; KK-Franke 7), die der Beschuldigte aber durch die Selbstbelastung in einem wesentlichen, dh für die Entschließung der StA entscheidenden, Punkt so verstärkt hat, daß dadurch die Anklageerhebung (mit-)verursacht worden ist. Eine Täuschungsabsicht ist nicht erforderlich (LR-Hilger 39). Die Entlastung der Staatskasse von den notwendigen Auslagen des Beschuldigten wird
11 die Regel sein. Die **entsprechende Anwendung** auf den Fall, daß sich der Angeschuldigte im 1. Rechtszug wahrheitswidrig belastet hat und erst im 2. Rechtszug aufgrund seiner geänderten Einlassung freigesprochen wird, ist nach dem Grundsatz, daß Ausnahmebestimmungen nicht erweiternd ausgelegt werden dürfen (Einl 199), nicht zulässig (Koblenz MDR **82**, 252; LR-Hilger 37, 48; **aM** Düsseldorf NStZ **92**, 557; OLGSt Nr 8; Koblenz MDR **80**, 162; München NStZ **84**, 185 mit zust Anm Schikora; Schleswig SchlHA **90**, 129 [L/G]; Stuttgart Justiz **87**, 116; vgl auch BayVerfGH NStE Nr 12). Das gilt auch für den Fall, daß der Angeklagte sich im Ermittlungsverfahren nicht um Vorlage von Entlastungsmaterial bemüht hat (Düsseldorf StV **84**, 108), daß er den Entlastungszeugen, dessen Aussage zum Freispruch führt, erst im Berufungsrechtszug benannt hat (**aM** Koblenz VRS **65**, 49; vgl auch Hamm MDR **81**, 423; D. Meyer MDR **73**, 468) oder daß er nach Selbstbelastung im Ermittlungsverfahren aufgrund seiner geänderten Einlassung freigesprochen wird und die StA gegen das freisprechende Urteil erfolglos ein Rechtsmittel einlegt (Bay MDR **71**, 322). Erg 2 zu § 473.

12 b) **Selbstbelastung im Widerspruch zu späteren Erklärungen:** Ob die Selbstbelastung oder die spätere Erklärung wahr und wann der Widerruf erfolgt ist, spielt keine Rolle (LR-Hilger 40). Die Klageerhebung ist trotz des Widerrufs veranlaßt, wenn er nicht geeignet war, den durch die frühere Erklärung entstandenen Tatverdacht auszuräumen (EbSchmidt Nachtr II 18), nicht aber, wenn das falsche Geständnis noch vor der Anklageerhebung unter Nennung des wahren Täters widerrufen wird (Koblenz VRS **45**, 374; vgl auch Nürnberg MDR **70**, 69).

13 c) **Verschweigen wesentlicher Umstände:** Die Bestimmung setzt voraus, daß der Beschuldigte sich zur Sache eingelassen hat (15 ff zu § 261). Schweigt er bis zur Erhebung der öffentlichen Klage, so hat er sie nicht iS des III S. 2 Nr 1 veranlaßt, und es gilt I. Eine entspr Anwendung der Ausnahmevorschrift auf den Fall, daß der bis dahin schweigende Angeklagte erst im gerichtlichen Verfahren entlastende Umstände vorbringt, ist ausgeschlossen (Koblenz MDR **82**, 252; LG Braunschweig AnwBl **79**, 41; LG Flensburg JurBüro **84**, 1860; LG Krefeld Rpfleger **84**, 331; LG Würzburg MDR **81**, 958; KK-Franke 8; LR-Hilger 41, 48; **aM** München NStZ **84**, 185 mit Anm Schikora; LG Flensburg JurBüro **83**, 1217; LG Heidelberg Justiz **76**, 267; vgl auch BVerfG NJW **82**, 275 und dazu D. Meyer DAR **82**, 277). Die Vorschrift erfaßt auch nicht den Fall, daß der Angeklagte entlastendes Beweismate-
14 rial nicht vorlegt (Düsseldorf VRS **64**, 450). **Wesentliche Umstände** sind zB das Alibi und die notwehrbegründenden Tatsachen (EbSchmidt Nachtr II 19), bei den Straftaten nach §§ 315 c, 316 StGB der Nachtrunk (KG VRS **44**, 122; Frankfurt NJW **78**, 1017), beim Betrug die Aufklärung des angeblichen Tatopfers über die schlechten Vermögensverhältnisse des Angeschuldigten (Saarbrücken NJW **75**, 292). Wesentlich ist insbesondere die Tatsache, daß ein anderer die Tat begangen hat (LR-Hilger 44); kein „Umstand" ist aber dessen Name (Götz MDR **77**, 1042; **aM** LG Aachen MDR **92**, 288 mwN; vgl aber unten 15). Das Verschweigen bloßer

Vermutungen und Möglichkeiten zählt nicht (LG Dortmund AnwBl **72**, 94). III S. 2 Nr 1 ist nicht anwendbar, wenn sich der Beschuldigte bei seiner Vernehmung des entlastenden Umstandes überhaupt nicht bewußt war (Stuttgart MDR **84**, 427 zu § 6 I Nr 1 **StrEG**). Die **Ermessensausübung** hängt davon ab, ob der Beschul- 15
digte vernünftige und billigenswerte Gründe für sein Verschweigen hatte (Hamm MDR **77**, 1042). Das ist zB der Fall, wenn er seine der Umwelt bisher unbekannte Geisteskrankheit aus menschlich verständlichen Gründen (LR-Hilger 49) oder wenn er einen entlastenden Umstand verschwiegen hat, um die Strafverfolgung eines nahen Angehörigen (LG Münster AnwBl **74**, 227; LR-Hilger 49), nicht anderer Personen (LG Münster aaO; MDR **72**, 261; **aM** Düsseldorf JurBüro **83**, 1849; Hamm MDR **77**, 1042 mit krit Anm Götz; Schleswig SchlHA **82**, 105 [E/L]; Stuttgart Justiz **87**, 116) zu verhindern.

B. **Einstellung wegen eines Verfahrenshindernisses** (III S. 2 Nr 2): Erfaßt 16
wird hiervon zunächst der Fall, daß wegen eines Verfahrenshindernisses nicht verurteilt werden kann, obwohl die Schuld gerichtlich festgestellt ist (vgl BGH **29**, 168, 171; Hamm NJW **86**, 734; Zweibrücken NStZ **87**, 425 mit Anm Kusch). Bleibt die Schuld zweifelhaft, so gilt I (Bay **69**, 133 = NJW **70**, 875). Grundsätzlich ist eine Schuldfeststellung nur in der Hauptverhandlung möglich. Bei Verfahrenseinstellungen vor oder außerhalb der Hauptverhandlung (zB nach § 206 a) kann von einer Auslagenerstattung – verfassungsrechtlich unbedenklich (BVerfG NJW **92**, 1612, 1613) – abgesehen werden, wenn ein hinreichender Tatverdacht fortbesteht (Karlsruhe JR **81**, 38; LG Darmstadt MDR **88**, 885; vgl auch München NStZ **89**, 134 mit Anm Kühl; **aM** KG NJW **94**, 600 mwN; Düsseldorf OLGSt Nr 9: nur zu versagen, wenn bei Hinwegdenken des Verfahrenshindernisses Verurteilung mit Sicherheit wegen Schuldspruchreife zu erwarten gewesen wäre). Strafrechtliche Schuldzuweisung darf insoweit aber nicht erfolgen (BVerfG aaO; erg unten 19). Diese Grundsätze gelten auch bei Ablehnung der Eröffnung des Hauptverfahrens wegen eines Verfahrenshindernisses (BVerfG NJW **92**, 1611). Bei Einstellung durch das Revisionsgericht kommt es darauf an, ob die Verurteilung beim Hinwegdenken des Verfahrenshindernisses sicher erscheint (Bay **69**, 133 = NJW **70**, 875; Hamburg MDR **69**, 945; **72**, 344). Ein Verstoß gegen Art 6 II **MRK** ist bei dieser Auslegung ausgeschlossen (erg unten 19 und 11 zu Art 6 MRK). Auf die 17
Einstellung nach § 206 b ist die Vorschrift nicht anwendbar (Hamburg MDR **75**, 511; München NJW **74**, 873). Sie gilt aber auch, wenn bei Tateinheit nur deshalb freigesprochen werden muß (vgl 46 zu § 260), weil der schwerere Vorwurf nicht erwiesen ist und der Verurteilung wegen des leichteren ein Verfahrenshindernis entgegensteht (Hamm JMBlNW **71**, 118; Karlsruhe NStZ **81**, 228; Köln MDR **70**, 610; LR-Hilger 56; **aM** Naucke NJW **70**, 85). Die Belastung der Staatskasse mit den notwendigen Auslagen des Angeklagten ist gerechtfertigt, wenn anzunehmen ist, daß er einen Bußgeldbescheid wegen der (nun verjährten) OWi hingenommen hätte (Celle VRS **48**, 115; erg 7 zu § 465). Die **Ermessensentschei-** 18
dung hängt in 1. Hinsicht davon ab, ob das Verfahrenshindernis vor oder nach Klageerhebung eingetreten ist. Im zuerst genannten Fall hat idR die Staatskasse die notwendigen Auslagen des Angeschuldigten zu tragen (KG StV **91**, 479 und Karlsruhe NStZ **81**, 228 je mwN; Naucke NJW **70**, 85), auch wenn das Hindernis erst nach einer Beweisaufnahme in der Hauptverhandlung erkennbar wird (**aM** Frankfurt NJW **71**, 818; LR-Hilger 58). Stellt sich erst nach langwieriger Aufklärung des Tatgeschehens heraus, daß die nachweisbare Tat verjährt ist, werden die notwendigen Auslagen des Angeschuldigten aber nicht der Staatskasse auferlegt (BGH NJW **95**, 1297, 1301). Ist das Verfahrenshindernis erst im Lauf des Verfahrens eingetreten, so werden vielfach der Staatskasse die dem Angeschuldigten seit der Entstehung des Hindernisses entstandenen notwendigen Auslagen überbürdet (Celle NJW **73**, 1987; Hamburg MDR **75**, 165; Saarbrücken MDR **72**, 442; vgl auch München MDR **87**, 606 und StV **88**, 71 für den Fall des Fehlens des Eröffnungsbeschlusses und JurBüro **85**, 1509 für den Fall des Strafklageverbrauchs bei doppel-

ter Rechtshängigkeit). Es müssen jedoch immer Gründe hinzutreten, die eine andere Regelung unbillig erscheinen lassen (Düsseldorf MDR **90**, 359; Köln NJW **91**, 506; StraFo **97**, 18), zB die Herbeiführung des Verfahrenshindernisses durch den Angeschuldigten (LG Frankfurt a.M. NJW **71**, 952; LG Koblenz NStZ **83**, 235; Lampe NJW **74**, 1856; Liemersdorf/Miebach NJW **80**, 375) oder das Unterlassen eines Hinweises auf ein wegen derselben Tat bereits ergangenes Urteil (Düsseldorf JurBüro **86**, 1535; vgl auch BVerfG NStZ-RR **96**, 45). Bei Beachtung dieser Grundsätze ist III S. 2 Nr 2 nur in seltenen Ausnahmefällen anwendbar, das entspricht dem Willen des Gesetzgebers.

19 C. **Einstellung nach Ermessen** (IV; 29 zu § 153; 3 zu § 153 b; 8 zu § 153 e; 18 zu § 154; 5 zu § 154 b). Auch hier gilt als Grundsatz die Regelung in I (KK-Franke 11; J. M. Schmid JR **79**, 223: für alle „durchschnittlichen" Fälle). IV sieht aber eine andere Entscheidungsmöglichkeit vor. Nach nunmehr übereinstimmender Auffassung des EGMR (NJW **88**, 3257; dazu Beitlich NStZ **88**, 490; abl Kühl NJW **88**, 3233) und des BVerfG (NStZ **90**, 598 mit abl Anm Paulus; JMBlNW **92**, 78; ähnlich Frankfurt NJW **80**, 2031 mit abl Anm Kühl NStZ **81**, 114) darf hierbei auf die Stärke des Tatverdachts abgestellt werden (**aM** Kühl aaO; NJW **80**, 806; JR **78**, 94; Liemersdorf/Miebach NJW **80**, 374); die Unschuldsvermutung (Art 6 II **MRK;** dort 12) ist nach dieser Rspr nur dann verletzt, wenn das Gericht dem Angeschuldigten über Verdachtserwägungen hinaus strafrechtliche Schuld zuweist, ohne daß diese prozeßordnungsgemäß festgestellt wurde (BVerfG aaO; NStZ **87**, 421; **88**, 84; **92**, 238; erg 24 zu § 153). Ist das nicht der Fall, hat somit jegliche Erwägung, der Angeschuldigte sei „wahrscheinlich schuldig" oder ähnliches zu unterbleiben. Der Staatskasse sind die Auslagen aufzuerlegen, wenn der bei der Einstellung noch vorhandene Verdacht sich auf eine Straftat bezieht, die sehr viel leichter wiegt als der Vorwurf, zu deren Entkräftung dem Angeschuldigten die Auslagen entstanden sind (vgl Frankfurt NJW **80**, 2031, 2032). Hat sich der Angeschuldigte zur Tragung seiner Auslagen bereit erklärt, so kommt eine Belastung der Staatskasse nicht in Betracht (Frankfurt Rpfleger **73**, 143; LR-Hilger 66; Göhler 51 zu § 47 OWiG; **aM** J. M. Schmid JR **79**, 222). Eine Aufteilung nach Instanzen (zB bei Einstellung in der Revisionsinstanz) ist möglich (BGH NStZ **91**, 47, 48).

20 4) **Ausdrücklich ausgesprochen** werden muß die Kosten- und Auslagenfolge im Fall des I in der verfahrensabschließenden Entscheidung (§ 464 I, II). Werden der Staatskasse nur die Verfahrenskosten auferlegt, so darf das, auch wenn es sich zweifelsfrei um einen Fall des I handelt, nicht dahin ausgelegt werden, daß auch die notwendigen Auslagen des Angeschuldigten gemeint sind (Düsseldorf MDR **86**, 76; Hamm NJW **74**, 71; Karlsruhe MDR **76**, 513; München JurBüro **86**, 1537; LR-Hilger 25 zu § 464; Mümmler JurBüro **84**, 1281; **89**, 845; **92**, 759; **aM** Düsseldorf MDR **88**, 798; LG Krefeld NJW **76**, 1548; D. Meyer JurBüro **84**, 501). Das gilt insbesondere, wenn der Angeklagte „auf Kosten der Landeskasse" freigesprochen wird (**aM** Düsseldorf Rpfleger **94**, 315; Köln JurBüro **85**, 1206; LG Limburg JurBüro **85**, 1511; LG Zweibrücken JurBüro **93**, 238 mit Anm Mümmler läßt Gegenvorstellungen entspr § 33 a zu). Hat das Gericht andererseits die notwendigen Auslagen der Staatskasse auferlegt, ohne eine einschränkende Bestimmung zu treffen, so steht fest, daß kein Teil seiner Auslagen dem Angeschuldigten zur Last fällt (Zweibrücken Rpfleger **79**, 344; LG Krefeld Rpfleger **75**, 320). Das gilt insbesondere für II (Zweibrücken aaO; LG Wuppertal JurBüro **84**, 1059; KK-Franke 4; **aM** LG Flensburg JurBüro **85**, 1050 mit zust Anm D. Meyer; LG Trier Rpfleger **77**, 106; LG Wuppertal JurBüro **79**, 1184) und für III S. 2 Nr 1 (LG Hamburg AnwBl **74**, 89; LG Münster AnwBl **74**, 227; KK-Franke 8; **aM** LG Frankenthal MDR **79**, 165; LG Siegen Rpfleger **73**, 177; LG Würzburg JurBüro **74**, 889, die eine Korrektur der Entscheidung im Festsetzungsverfahren in der Weise für zulässig halten, daß die Notwendigkeit von Auslagen verneint wird, die bei Nichtverschweigen wesentlicher Umstände nicht entstanden wären). Die Ent-

scheidung nach II–IV ist zu begründen, wenn sie anfechtbar ist (§ 34); bei V genügt immer der Gesetzeswortlaut.

5) Verteilung der Auslagen: Die Ermächtigung, alle notwendigen Auslagen des Angeschuldigten ihm oder der Staatskasse aufzuerlegen, schließt grundsätzlich die Befugnis zur Aufteilung ein (Hamburg NJW **71**, 292; Hamm NJW **70**, 2128; Nürnberg NJW **72**, 67). Das gilt insbesondere im Fall des IV (Naucke NJW **70**, 84; M. J. Schmid JR **79**, 224). 21

Auslagen bei Einstellung des Ermittlungsverfahrens

467a **I Nimmt die Staatsanwaltschaft die öffentliche Klage zurück und stellt sie das Verfahren ein, so hat das Gericht, bei dem die öffentliche Klage erhoben war, auf Antrag der Staatsanwaltschaft oder des Angeschuldigten die diesem erwachsenen notwendigen Auslagen der Staatskasse aufzuerlegen. § 467 Abs. 2 bis 5 gilt sinngemäß.**

II Die einem Nebenbeteiligten (§ 431 Abs. 1 Satz 1, §§ 442, 444 Abs. 1 Satz 1) erwachsenen notwendigen Auslagen kann das Gericht in den Fällen des Absatzes 1 Satz 1 auf Antrag der Staatsanwaltschaft oder des Nebenbeteiligten der Staatskasse oder einem anderen Beteiligten auferlegen.

III Die Entscheidung nach den Absätzen 1 und 2 ist unanfechtbar.

1) Notwendige Auslagen des Beschuldigten (I): 1

A. Eine **abschließende Regelung** für den Fall der Verfahrenseinstellung durch die StA nach Klagerücknahme enthält die Vorschrift. Unzulässig ist die erweiternde Auslegung der Ausnahmeregelung auf zeitlich frühere Einstellungen (BGH **30**, 152, 157; BGHZ **65**, 170, 176 = NJW **75**, 2341, 2343; München NJW **69**, 1449; Saarbrücken NJW **69**, 1451; LG Flensburg DAR **84**, 126; D. Meyer JurBüro **84**, 1627; **93**, 521; **aM** Bohlander AnwBl **92**, 161; erg Einl 199) und auf andere Fallgestaltungen (Celle NStZ **88**, 196; Schleswig SchlHA **86**, 114 [E/L]: Rücknahme des Antrages der StA auf Widerruf der Strafaussetzung). Nur wenn der Beschuldigte für eine Strafverfolgungsmaßnahme zu entschädigen ist (§§ 2, 9 **StrEG**), kann er auch für die zur Beseitigung einer solchen Maßnahme notwendigen Auslagen im Ermittlungsverfahren Entschädigung verlangen (5 zu § 7 StrEG). Für die Zurücknahme der Privatklage gilt § 471 II. 2

B. **Zurücknahme der Klage:** Vgl §§ 156, 153 c III, 153 d II, 411 III. Der Zurücknahme der Klage stehen gleich die Zurücknahme des Antrags auf Entscheidung im beschleunigten Verfahren nach § 417 (AG Wetzlar AnwBl **83**, 464), die Ablehnung dieses Antrags (LG Aachen JMBlNW **70**, 47; Geisler NJW **72**, 753; LR-Rieß 1 b zu § 212 b) und die Zurücknahme des Strafbefehlsantrags vor dessen Erlaß oder vor Anberaumung einer Hauptverhandlung nach § 408 III S. 2 und nach §§ 400, 406 I **AO.** Wird die Klage nur zurückgenommen, um sie vor dem zuständigen Gericht erneut zu erheben, so ist § 467 a nicht anwendbar (Düsseldorf JMBlNW **82**, 185; LG Nürnberg-Fürth NJW **71**, 1281 mit Anm H. Schmidt). 3

C. **Einstellung des Ermittlungsverfahrens:** Es muß sich um eine endgültige Einstellung handeln. Der Grund ist gleichgültig (Oske MDR **69**, 714). § 467 a gilt daher nicht nur im Fall des § 170 II S. 1 (AG Bayreuth JurBüro **92**, 758), sondern auch, wenn die StA nach der Zurücknahme der früheren Anklage das Verfahren nach §§ 153 I, 153 b I, 153 c III oder 153 d II einstellt; das gilt auch bei Einstellung des Verfahrens nach § 154 I, § 154 b I (**aM** LR-Hilger 10), jedoch nicht bei vorläufiger Einstellung nach § 154 d und entspr § 205 (vgl RiStBV 104). Wegen der Einstellung nach § 153 a vgl I S. 2 und § 467 V. Die bloße Untätigkeit der StA steht der Einstellung nicht gleich (LR-Hilger 11; **aM** Kohlhaas NJW **66**, 1112). 4

Wird nach der Einstellung erneut Anklage erhoben und das Verfahren dann vom Gericht eingestellt, so gilt nicht § 467 a, sondern § 467 (LR-Hilger 10).

5 D. Die **Belastung der Staatskasse** ist grundsätzlich zwingend. Jedoch gilt nach I S. 2 der § 467 II–V sinngemäß. Daraus folgt, daß auch eine Aufteilung der notwendigen Auslagen zwischen Staatskasse und Beschuldigten zulässig ist (21 zu § 467). Die Anwendung des § 469 schließt die Auslagenüberbürdung nach § 467 a nicht aus (AG Moers AnwBl **70**, 240). Über die Höhe wird nach § 464 b entschieden.

6 **2) Notwendige Auslagen eines Nebenbeteiligten** (II):

7 A. **Nebenbeteiligte** sind nur Verfalls- und Einziehungsbeteiligte (§§ 431 I S. 1, 442) und die JP oder PV, gegen die die Festsetzung einer Geldbuße zulässig ist (§ 444). Für andere Nebenbeteiligte (Einl 73) gilt II nicht. Die Vorschrift setzt aber nicht voraus, daß die Beteiligung der als Nebenbeteiligte in Betracht kommenden Personen (vgl § 432 I S. 1), JP oder PV schon angeordnet worden ist (LR-Hilger 31). Sie ist nicht anwendbar, wenn der Privatkläger den Antrag auf selbständige Einziehung stellt (KMR-Paulus 5 unter Hinweis auf § 471 II; **aM** LR-Hilger 30).

8 B. Die **Kannbestimmung** gestattet die Belastung der Staatskasse oder eines anderen Beteiligten, dh eines Beschuldigten, Nebenklägers oder eines Nebenbeteiligten, dem die notwendigen Auslagen nicht selbst entstanden sind (EbSchmidt Nachtr II 14). Ein anderer Beteiligter wird insbesondere dann belastet, wenn er durch unrichtige Angaben die Zuziehung des Nebenbeteiligten verursacht hat. Auch eine Aufteilung zwischen Staatskasse und Beteiligten ist zulässig (vgl 21 zu § 467).

9 C. **Umfang der notwendigen Auslagen.** Vgl 5 ff zu § 464 a. Die im Ermittlungsverfahren entstandenen Gebühren und Auslagen eines nach § 434 I gewählten Vertreters können bei berechtigtem Schutzinteresse des Nebenbeteiligten als notwendig anerkannt werden.

10 **3) Gerichtliche Entscheidung:**

11 A. Ein **Antrag** ist Voraussetzung für das Auslagenverfahren nach § 467 a. Er ist an keine bestimmte Frist oder Form gebunden und kann zurückgenommen werden. Antragsteller können der Beschuldigte, sein gesetzlicher Vertreter (LR-Hilger 15; **aM** KMR-Müller 9: nur im Fall des § 67 I **JGG**), der Erziehungsberechtigte, der Verteidiger und die StA sein (KK-Franke 2). Der Nebenbeteiligte, dessen Beteiligung noch nicht angeordnet war (oben 7), kann einen zulässigen Antrag nur stellen, wenn die Beteiligungsvoraussetzungen im Fall einer Neuerhebung der öffentlichen Klage vorliegen würden (LR-Hilger 31). Das gleiche gilt, wenn die StA den Antrag nach II zugunsten des Nebenbeteiligten stellt.

12 B. **Zuständig** ist grundsätzlich das Gericht, bei dem Anklage erhoben oder der Antrag nach §§ 407 I, 417, § 400 **AO** gestellt war. Wenn es unzuständig war, entscheidet das Gericht oder eines der Gerichte, bei dem die Anklage hätte erhoben werden müssen (LR-Hilger 16; **aM** KK-Franke 2).

13 C. **Rechtliches Gehör** muß der StA stets, dem Angeschuldigten oder sonstigen Beteiligten nur gewährt werden, wenn eine ihm nachteilige Entscheidung getroffen wird (§§ 33 II, III; Einl 23 ff).

14 D. **Vor der Entscheidung** muß die Frist des § 172 II S. 1 abgewartet werden; § 9 III **StrEG** gilt entspr (KK-Franke 2; LR-Hilger 13; **aM** KMR-Müller 13). Kommt es nach rechtskräftiger Belastung der Staatskasse mit den notwendigen Auslagen des Angeschuldigten wegen derselben Tat zu einer gerichtlichen Verurteilung, so ist § 14 **StrEG** entspr anwendbar (LR-Hilger 20; **aM** KMR-Müller 8: Aufhebung des Beschlusses).

15 E. **Bindung des Gerichts:** Die Auslagenentscheidung knüpft an die Einstellungsverfügung der StA an. Daher muß das Gericht von ihr ausgehen. Es darf die

Berechtigung der Einstellung nicht prüfen, insbesondere keine Beweise über die Tatsachen erheben, die ihre Grundlage bilden. Nur über die besonderen Voraussetzungen der Auslagenentscheidung, zB über die schuldhafte Säumnis iS des § 467 II, können im Freibeweis (7, 9 zu § 244) Ermittlungen angestellt werden (LR-Hilger 18). Ergeben sich dabei neue Tatsachen oder Beweismittel, die der Hauptentscheidung die Grundlage entziehen, so beantragt die StA Aussetzung des Verfahrens, führt die erforderliche Klärung herbei und macht das Auslagenverfahren ggf durch Erhebung der öffentlichen Klage gegenstandslos (EbSchmidt Nachtr II 15).

4) Unanfechtbar (III) sind die Entscheidungen nach I und II. Dies entspricht 16 § 464 III S. 1 Hs 2 (vgl 17 zu § 464).

Kostenentscheidung bei Straffreierklärung

468 **Bei wechselseitigen Beleidigungen oder Körperverletzungen wird die Verurteilung eines oder beider Teile in die Kosten dadurch nicht ausgeschlossen, daß einer oder beide für straffrei erklärt werden.**

1) Die **Straffreierklärung** nach § 199 StGB ist von der starren Kostenregelung 1 des § 465 I ausgenommen; für wechselseitige Körperverletzungen hat die Vorschrift nach Aufhebung des § 233 StGB durch das 6. StrRG keine Bedeutung mehr. Nach § 468, der auch im Privatklageverfahren gilt (LR-Hilger 5 mwN, erg 5 zu § 471), kann das Gericht nach pflichtgemäßem Ermessen einen oder beide Angeklagte in die Kosten verurteilen. Es kann die Kosten auch (nach Bruchteilen, ausscheidbaren Teilmassen oder bestimmten Beträgen) auf beide verteilen oder teilw der Staatskasse auferlegen (KK-Franke 1). Ist nur ein Beteiligter angeklagt, so kann er ganz oder teilw von den Kosten befreit werden; insoweit wird die Staatskasse oder der Privatkläger belastet (Bay **30**, 187).

2) Kosten: Eine Gerichtsgebühr entsteht nicht (vgl 40 GKG). Die Entscheidung 2 betrifft daher nur die Auslagen des Gerichts. Seine notwendigen Auslagen trägt der Angeklagte selbst.

3) Einem **Zeugen** dürfen nach § 468 keine Kosten aufgebürdet werden (RG 3 **13**, 421). Geschieht dies doch, so kann er diesen Teil des Urteils wie ein Angeklagter, in dessen Rolle er gedrängt ist, mit der sofortigen Beschwerde nach § 464 III anfechten (KMR-Paulus 7; LR-Hilger 4; **aM** EbSchmidt Nachtr II 8: einfache Beschwerde nach § 304 II).

Kostenpflicht des Anzeigenden **RiStBV 92, 139 II**

469 **I Ist ein, wenn auch nur außergerichtliches Verfahren durch eine vorsätzlich oder leichtfertig erstattete unwahre Anzeige veranlaßt worden, so hat das Gericht dem Anzeigenden, nachdem er gehört worden ist, die Kosten des Verfahrens und die dem Beschuldigten erwachsenen notwendigen Auslagen aufzuerlegen. Die einem Nebenbeteiligten (§ 431 Abs. 1 Satz 1, §§ 442, 444 Abs. 1 Satz 1) erwachsenen notwendigen Auslagen kann das Gericht dem Anzeigenden auferlegen.**

II War noch kein Gericht mit der Sache befaßt, so ergeht die Entscheidung auf Antrag der Staatsanwaltschaft durch das Gericht, das für die Eröffnung des Hauptverfahrens zuständig gewesen wäre.

II Die Entscheidung nach den Absätzen 1 und 2 ist unanfechtbar.

1) Eine **unwahre Anzeige** löst die Kostentragungspflicht des Anzeigenden aus. 1 Für amtlich zur Anzeige verpflichtete Personen (6 zu § 158) gilt § 469 nur bei strafrechtlich (§ 344 StGB) oder disziplinarrechtlich zu ahndender Pflichtwidrigkeit (LR-Hilger 9), für einen RA, der eine Anzeige für seinen Mandanten erstattet, ohne diese Einschränkung (KMR-Paulus 9; LR-Hilger 10). Im Privatklageverfahren gilt nur § 471 II.

2 A. **Anzeige** ist wie in § 164 StGB in weitestem Sinne zu verstehen. Es genügen Angaben anläßlich einer Vernehmung und öffentl aufgestellte Behauptungen (LR-Hilger 5; **aM** KMR-Müller 5). Unter § 469 fällt auch die falsche Selbstbezichtigung in Form einer Anzeige; kommt es zum gerichtlichen Verfahren, so gilt aber § 467 III S. 1 (LR-Hilger 8).

3 B. **Unwahr** muß die Anzeige in tatsächlicher Hinsicht sein. Falsche Schlußfolgerungen und unrichtige Rechtsausführungen sind unschädlich. Die Unwahrheit muß feststehen. Ist der Tatverdacht gegen den Angezeigten nicht beseitigt, so ist § 469 nicht anwendbar (Hamm NJW **73**, 1850; Neustadt NJW **52**, 718).

4 C. **Vorsatz oder Leichtfertigkeit** (dazu Tröndle 20 zu § 15 StGB) muß dem Anzeigenden vorzuwerfen sein.

5 D. **Ursächlich** für die Einleitung oder Fortsetzung (Hamm NJW **73**, 1850 unter Hinweis auf diese Gleichstellung in § 164 StGB) eines, wenn auch nur außergerichtlichen Verfahrens muß die Anzeige oder jedenfalls ihr unwahrer Teil gewesen sein.

6 **2)** Die **Kosten des Verfahrens** (§ 464 a) und die notwendigen Auslagen des Beschuldigten (§ 464 a II) müssen dem Anzeigenden auferlegt werden. Dagegen steht es im Ermessen des Gerichts, ob es die einem Nebenbeteiligten (7 zu § 467 a) erwachsenen notwendigen Auslagen dem Anzeigenden ganz oder teilw auferlegt. § 74 **JGG** gilt nicht entspr (Stuttgart MDR **82**, 519).

7 **3) Verhältnis des I S. 1 zu § 467:** Die notwendigen Auslagen des Beschuldigten müssen der Staatskasse nach § 467 I überbürdet werden, auch wenn die Entscheidung nach § 469 zugleich mit dem Urteil ergeht (Düsseldorf OLGSt Nr 1). Denn es steht weder fest, daß der Beschluß rechtskräftig wird (III), noch daß der Anzeigende zahlungsfähig ist (Bay NJW **58**, 1933; erg 2 zu § 467). Erstattet die Staatskasse dem Angeschuldigten die notwendigen Auslagen, so gehört der Betrag zu den Auslagen, die der Anzeigende aufgrund des Beschlusses nach § 469 zu bezahlen hat (LR-Hilger 16).

8 **4) Entscheidung des Gerichts:**

9 A. **Von Amts wegen oder auf Antrag** der StA, des Angeschuldigten oder eines Nebenbeteiligten entscheidet das Gericht im Fall des I S. 1. Hat die StA das Verfahren eingestellt, so ergeht die Entscheidung nur auf deren Antrag (II), sofern die Einstellung nicht erst nach Zurücknahme der Anklage verfügt worden ist (KMR-Paulus 14; EbSchmidt Nachtr II 8; **aM** Bremen JZ **53**, 471 mit zust Anm Niethammer).

10 B. **Zuständig** ist das Gericht, auch das Berufungsgericht, das den Angeschuldigten freigesprochen oder das Verfahren eingestellt hat, vorher das Gericht, das für die Eröffnung des Hauptverfahrens zuständig gewesen wäre (II). Im Klageerzwingungsverfahren ist das OLG nicht das mit der Sache befaßte Gericht iS von II (Frankfurt NJW **72**, 1724).

11 C. **Durch Beschluß** neben der Entscheidung nach § 467 I erfolgt die Auferlegung der Kosten, auch in der Hauptverhandlung (Bay NJW **58**, 1933). Das Gericht kann aber, ohne daß dazu im Urteil ein besonderer Vorbehalt erforderlich ist, auch in einem Nachverfahren durch selbständigen Beschluß entscheiden (BGH NStE Nr 14 zu § 464; LR-Hilger 20). Wegen des rechtlichen Gehörs gilt § 33 I–III; es muß auch dem Anzeigenden vor der Entscheidung gewährt werden.

12 **5) Unanfechtbar** (III) sind die Entscheidungen nach I und II. Vgl 16 zu § 467 a.

Zurücknahme des Strafantrags

470 **Wird das Verfahren wegen Zurücknahme des Antrags, durch den es bedingt war, eingestellt, so hat der Antragsteller die Kosten sowie die dem Beschuldigten und einem Nebenbeteiligten (§ 431 Abs. 1 Satz 1, §§ 442, 444 Abs. 1 Satz 1) erwachsenen notwendigen Auslagen zu tragen. Sie können dem Angeklagten oder einem Nebenbeteiligten auferlegt werden, soweit er sich zur Übernahme bereit erklärt, der Staatskasse, soweit es unbillig wäre, die Beteiligten damit zu belasten.**

1) Kostentragungspflicht des Antragstellers (S. 1): 1

A. **Durch den Antrag bedingt** ist das Verfahren, wenn er zulässig und wirksam 2 war und das Verfahren ohne ihn nicht eingeleitet oder weiterbetrieben worden wäre. Das ist nicht der Fall, wenn die StA Tateinheit mit einem Offizialdelikt oder das besondere öffentliche Interesse an der Strafverfolgung (etwa nach §§ 183 II, 230 I, 248 a StGB) angenommen hat. Wird das wegen eines Offizialdelikts eingeleitete Verfahren nur wegen des Antragsdelikts fortgesetzt, so ist es von diesem Zeitpunkt ab, zB nach Anklageerhebung, durch den Antrag bedingt (Oldenburg GA **64**, 250, **aM** EbSchmidt Nachtr II 7). Auf die Ermächtigung zur Strafverfolgung und das Strafverlangen (§ 77 e StGB) ist § 470 nicht anzuwenden.

B. **In jedem Verfahrensabschnitt** gilt S. 1. War das Gericht mit der Sache 3 noch nicht befaßt, muß die StA zur Durchsetzung der Kostenfolge den Antrag auf Erlaß des Kostenbeschlusses entspr § 469 II bei Gericht stellen (LR-Hilger 3; unten 7).

C. **Kosten und notwendige Auslagen** (vgl § 464 a) sind, wirksame Antrags- 4 rücknahme vorausgesetzt, dem Anzeigenden aufzuerlegen. Haben mehrere den Antrag gestellt und zurückgenommen, so werden sie gemeinsam belastet und haften entspr dem Grundsatz der §§ 466, 471 IV als Gesamtschuldner (KK-Franke 2). Gerichtsgebühren können nach § 44 GKG herabgesetzt werden; sie fallen (nach Nr 6400 KVGKG) erst an, wenn das Hauptverfahren schon eröffnet war. Hat der Dienstvorgesetzte die Anzeige erstattet (§§ 77 a, 194 III StGB), so werden nicht ihm, sondern dem Bund oder dem Land, dessen Behörde er vertritt, die Kosten auferlegt (LR-Hilger 5; **aM** EbSchmidt Nachtr II 11: die in §§ 465 ff immer gemeinte Staatskasse). Für das Verhältnis zu § 467 gilt 7 zu § 469 entspr.

2) Kostenverteilung nach Ermessen (S. 2): Die Abweichung von der Regel 5 des S. 1 ist, da S. 2 vom Angeklagten (vgl § 157) spricht, nur nach Eröffnung des Hauptverfahrens zulässig (LR-Hilger 8; D. Meyer JurBüro **84**, 1627; **aM** AG Schwetzingen NJW **75**, 946, KK-Franke 3). S. 2 hat den Nebenzweck, die Beendigung des Verfahrens durch einen Kosten- und Auslagenvergleich (zum Vergleich 8 ff vor § 374; 13 vor § 395) zu erleichtern. Da ein Vergleich der Prozeßbeteiligten das Gericht nicht bindet, darf die Zurücknahme des Strafantrags an die Bedingung geknüpft werden, daß der Antragsteller von Kosten freigestellt wird (BGH **9**, 149; **16**, 105, 107; Henkel JZ **56**, 764). Mit den Kosten und notwendigen Auslagen, auch des antragstellenden Privat- oder Nebenklägers, kann der Angeklagte oder ein Nebenbeteiligter allein belastet werden, wenn er sich zur vollen Übernahme ausdrücklich (vgl LG Berlin StV **85**, 500) bereit erklärt hat. Handelt es sich um mehrere Übernahmebereite, so haften sie als Gesamtschuldner (oben 4). Es ist aber auch zulässig, Kosten und Auslagen auf mehrere Antragsteller nach dem Maß ihrer Übernahmebereitschaft aufzuteilen und erforderlichenfalls im übrigen den Angeklagten zu belasten (vgl im einzelnen KK-Franke 3).

3) Die **Staatskasse** darf nur ausnahmsweise belastet werden (Oldenburg GA **64**, 6 250), wenn anerkennenswerte Gründe vorliegen, die es unbillig erscheinen lassen, die Regel des S. 1 anzuwenden oder von der Übernahmebereitschaft des Angeklagten oder eines Nebenbeteiligten Gebrauch zu machen.

7 **4)** Die **Entscheidung des Gerichts** ergeht in dem Einstellungsurteil nach § 260 III oder dem Beschluß nach § 206a von Amts wegen oder auf Antrag. Hat die StA das Verfahren eingestellt, so wird nur auf deren Antrag (oben 3) und durch selbständigen Kostenbeschluß entschieden. Die Zuständigkeitsregelung des § 469 II gilt dann entspr. Vor der Entscheidung, die nach § 34 zu begründen ist, muß der Antragsteller gehört werden (§ 33 I–III).

8 **5) Anfechtung:** Gegen die Kostenauferlegung ist die sofortige Beschwerde nach § 464 III zulässig, auch wenn durch Urteil entschieden worden ist.

Privatklagekosten

471 **I In einem Verfahren auf erhobene Privatklage hat der Verurteilte auch die dem Privatkläger erwachsenen notwendigen Auslagen zu erstatten.**

II Wird die Klage gegen den Beschuldigten zurückgewiesen oder wird dieser freigesprochen oder wird das Verfahren eingestellt, so fallen dem Privatkläger die Kosten des Verfahrens sowie die dem Beschuldigten erwachsenen notwendigen Auslagen zur Last.

III Das Gericht kann die Kosten des Verfahrens und die notwendigen Auslagen der Beteiligten angemessen verteilen oder nach pflichtgemäßem Ermessen einem der Beteiligten auferlegen, wenn

1. **es den Anträgen des Privatklägers nur zum Teil entsprochen hat;**
2. **es das Verfahren nach § 383 Abs. 2 (§ 390 Abs. 5) wegen Geringfügigkeit eingestellt hat;**
3. **Widerklage erhoben worden ist.**

IV Mehrere Privatkläger haften als Gesamtschuldner. Das gleiche gilt hinsichtlich der Haftung mehrerer Beschuldigter für die dem Privatkläger erwachsenen notwendigen Auslagen.

1 **1)** Die **allgemeinen Kostenbestimmungen** der §§ 464ff gelten auch im Privatklageverfahren, soweit § 471 nichts anderes bestimmt (Stuttgart NJW **74**, 512, 513). Jedoch tritt an die Stelle der StA und der Staatskasse der Privatkläger (BGH **17**, 376, 380). § 471 gilt für alle Rechtszüge (LR-Hilger 4). Wegen der Rechtsmittelkosten vgl 32ff zu § 473. Anders als das Offizialverfahren kann das Privatklageverfahren durch Vergleich beendet weden (9ff vor § 374). An die darin enthaltene Kostenregelung ist das Gericht nicht gebunden (LR-Hilger 22).

2 **2)** Der **verurteilte Angeklagte** (I) hat dem Privatkläger, was das Gericht ausdrücklich aussprechen muß (Düsseldorf JurBüro **89**, 1000), die notwendigen Auslagen (§ 464a II) zu erstatten, auch soweit sie vor Klageerhebung entstanden sind (KG GA Bd **61**, 363; LR-Hilger 7).

3 **3) Im Fall der Nichtverurteilung** (II) muß in dem freisprechenden Urteil oder in dem Einstellungsbeschluß ausgesprochen werden, daß der Privatkläger dem Beschuldigten dessen notwendige Auslagen zu erstatten hat. Das gilt auch, wenn die Privatklage nach § 383 I S. 1 zurückgewiesen (dort 13) oder zurückgenommen wird oder nach § 391 II als zurückgenommen gilt (LG Hagen NJW **55**, 1646), wenn das Verfahren nach § 389 eingestellt wird, weil ein Offizialdelikt vorliegt (Bay **59**, 257 = NJW **59**, 2274; LR-Hilger 12; **aM** Traub NJW **60**, 710, der III Nr 2 entspr anwenden will), und wenn es nach § 393 I wegen des Todes des Privatklägers eingestellt und nicht nach § 393 II fortgesetzt wird (Bay **60**, 141; LR-Hilger 10; **aM** Traub aaO; erg 1 zu § 393), nicht aber im Fall des § 379a III S. 1 (D. Meyer JurBüro **89**, 1205). Über den Tod des Beschuldigten vgl 14 zu § 464; 12 zu § 465. Bei schuldhafter Säumnis der Beschuldigten gilt § 467 II

(Stuttgart NJW **74**, 512, 513), bei Teilfreispruch III Nr 1 (unten 5). Bei Widerklage ist stets nach III Nr 3 zu entscheiden (unten 7).

4 **4) Verteilung; Belastung eines Beteiligten** (III): Die Vorschrift gilt für alle Rechtszüge (33 zu § 473). Zulässig ist die Verteilung der Gebühren und Auslagen der Staatskasse (§ 464 a I) und der notwendigen Auslagen der Beteiligten (§ 464 a II), und zwar nach Bruchteilen oder nach ausscheidbaren Teilen (Massen oder Einzelposten). Die Vollstreckungskosten werden nach dem Grundgedanken des § 466 S. 2 idR dem Verurteilten aufzuerlegen sein, ebenso die sich nach der Verurteilung richtenden Gerichtsgebühren. Die Verteilung muß so eindeutig sein, daß sie eine sichere Grundlage für die Festsetzung der Höhe der Ansprüche erlaubt (vgl 1 zu § 464 b). Werden die Ansprüche der Beteiligten auf Auslagenerstattung gegeneinander aufgehoben, so hat keiner gegenüber dem anderen einen Zahlungsanspruch. III gilt auch, wenn von mehreren Mitangeklagten einer freigesprochen wird. Jedoch dürfen dann die Kosten, die nur im Verfahren gegen den Freigesprochenen entstanden sind, nicht einem Verurteilten auferlegt werden (Bay **57**, 190 = JZ **58**, 180). Zur Berücksichtigung eines Kosten- und Auslagenvergleichs vgl 8 ff vor § 374.

5 A. **Teilerfolg des Privatklägers** (III Nr 1): Maßgebend ist, ob der Verfahrensausgang hinter dem den Anträgen des Privatklägers entspr Eröffnungsbeschluß zurückbleibt (Bay **62**, 139; KMR-Paulus 21; **aM** Schleswig GA **58**, 61: LR-Hilger 26: maßgebend ist Eröffnungsbeschluß auch bei Abweichung von der Klage). Dabei kommt es nicht darauf an, ob der Angeklagte wegen aller in Tateinheit stehender Delikte (EbSchmidt Nachtr II 24; **aM** LR-Hilger 27), oder bei einer natürlichen Handlungseinheit wegen aller Teilvorgänge verurteilt wird (**aM** Bay **62**, 139; LR-Hilger 26). Dagegen kann Nr 1 anwendbar sein, wenn das Urteil nicht wegen aller selbständigen Handlungen ergeht; dann beurteilt sich die Frage, ob der Privatkläger nur teilw Erfolg hat, nach dem Gesamtgegenstand der Privatklage (LR-Hilger 26). Für die Frage des Erfolgs ist gleichgültig, ob der Privatkläger die Tat rechtlich anders beurteilt und ob auf die Strafe erkannt wird, die er im Schlußvortrag (§§ 385 I, 258) beantragt hat (Düsseldorf JurBüro **85**, 896; KK-Franke 4). Bei Straffreierklärung nach § 199 StGB ist III Nr 1 neben § 468 anwendbar (RG **44**, 333; KMR-Paulus 4 zu § 468); idR werden dem Privatkläger die Kosten aufzuerlegen sein (LR-Hilger 8).

6 B. **Einstellung wegen Geringfügigkeit** (III Nr 2): Die volle oder teilw Belastung eines der Beteiligten ist Teil des Einstellungsbeschlusses nach §§ 383 II, 390 V. Die Ermessensentscheidung darf das Gericht dann nicht mit der Schuld des Beschuldigten begründen, wenn es die Hauptverhandlung in der Schuldfrage nicht bis zur Entscheidungsreife geführt hat (BVerfG **74**, 358 = NJW **87**, 2427, 2428; **90**, 2741; krit Krehl NJW **88**, 3254). Es darf aber berücksichtigen, inwieweit der Beschuldigte nachvollziehbaren Anlaß zur Klageerhebung gegeben hat; dabei darf es aber nur die Umstände des Sachverhalts zugrunde legen, die keiner Aufklärung mehr bedürfen (BVerfG NJW **91**, 829; **92**, 1611; Nierwetberg NJW **89**, 1978). Die Staatskasse darf nicht belastet werden.

7 C. **Bei Widerklage** (III Nr 3) bilden die Verfahrenskosten und notwendigen Auslagen beider Beteiligter eine unteilbare Einheit (EbSchmidt Nachtr II 28). Ohne Rücksicht auf den Ausgang der Privatklage muß daher über Kosten und Auslagen ausdrücklich entschieden werden (Bay **55**, 238), und zwar im Urteil oder in der sonstigen verfahrensabschließenden Entscheidung. Eine Verteilung ist auch bei Freisprechung des Privatklägers von der Beschuldigung der Widerklage möglich (Celle NdsRpfl **66**, 227).

8 **5) Als Gesamtschuldner** (IV) haften mehrere Privatkläger in den Fällen des II, in denen des III nur insoweit, als sie in der gerichtlichen Kostenverteilung gemeinsam belastet werden. Ebenso haften mehrere Beschuldigte als Gesamtschuldner im Fall des I für die dem Privatkläger oder den mehreren Privatklägern erwachsenen

notwendigen Auslagen, soweit sie wegen derselben Tat (§ 264) verurteilt sind (LR-Hilger 36). Das gleiche gilt im Fall des III, wenn und soweit die notwendigen Auslagen den mehreren Beschuldigten ohne Aufteilung auf die einzelnen auferlegt werden. Die gesamtschuldnerische Haftung der mehreren Mitbeschuldigten für die Auslagen der Staatskasse richtet sich nach § 466. Für die Gerichtsgebühren gibt es keine solche Haftung (vgl § 466 S. 1).

Notwendige Auslagen des Nebenklägers

472 **I Die dem Nebenkläger erwachsenen notwendigen Auslagen sind dem Angeklagten aufzuerlegen, wenn er wegen einer Tat verurteilt wird, die den Nebenkläger betrifft. Hiervon kann ganz oder teilweise abgesehen werden, soweit es unbillig wäre, den Angeklagten damit zu belasten.**

II Stellt das Gericht das Verfahren nach einer Vorschrift, die dies nach seinem Ermessen zuläßt, ein, so kann es die in Absatz 1 genannten notwendigen Auslagen ganz oder teilweise dem Angeschuldigten auferlegen, soweit dies aus besonderen Gründen der Billigkeit entspricht. Stellt das Gericht das Verfahren nach vorangegangener vorläufiger Einstellung (§ 153 a) endgültig ein, gilt Absatz 1 entsprechend.

III Die Absätze 1 und 2 gelten entsprechend für die notwendigen Auslagen, die einem zum Anschluß als Nebenkläger Berechtigten in Wahrnehmung seiner Befugnisse nach § 406 g erwachsen sind. Gleiches gilt für die notwendigen Auslagen eines Privatklägers, wenn die Staatsanwaltschaft nach § 377 Abs. 2 die Verfolgung übernommen hat.

IV § 471 Abs. 4 Satz 2 gilt entsprechend.

1 **1)** Die **Kosten der Beteiligung des Nebenklägers** sind von dem Angeklagten zu tragen, wenn er wegen der den Nebenkläger betreffenden Tat verurteilt wird (I), und verbleiben grundsätzlich bei dem Nebenkläger, wenn das Verfahren nach einer Ermessensvorschrift eingestellt wird (II). In beiden Fällen wird durch Billigkeitsklauseln die Möglichkeit einer abweichenden gerichtlichen Entscheidung eröffnet. Bei der Überbürdung der notwendigen Auslagen des Nebenklägers auf den Untergebrachten verbleibt es bei der analogen Anwendung von §§ 465, 467 (Hamm NStZ **88**, 379). Widerruft der Nebenkläger seine Anschlußerklärung, so verliert er den Kostenerstattungsanspruch (2 zu § 402); stirbt er vor Rechtskraft des Verfah-
2 rens, so bleibt der Anspruch bestehen (5 zu § 402). Wenn der **Angeklagte freigesprochen,** das Hauptverfahren gegen ihn nicht eröffnet oder das Verfahren nach §§ 206 a, 206 b, 260 III eingestellt wird, trägt die durch seine Beteiligung entstandenen Kosten stets der Nebenkläger selbst. Er kann auch nicht die Erstattung der durch die Säumnis des Beschuldigten entstandenen Kosten verlangen, denn I S.1 geht als abschließende Sonderregelung § 467 II vor (LR-Hilger 4; **aM** Saarbrücken NStZ-RR **97**, 158 mwN). In dem das Verfahren abschließenden Urteil oder Beschluß ist ein besonderer Ausspruch darüber, daß die Kosten bei dem Nebenkläger verbleiben, nicht erforderlich (Düsseldorf OLGSt § 469 Nr 1; **aM** LR-Hilger 8). Nach hM kann der Nebenkläger Kostenerstattungsansprüche gegen den freigesprochenen Angeklagten auch nicht auf dem Zivilrechtsweg geltend machen
3 (BGHZ **24**, 263 = NJW **57**, 1593; LR-Hilger 28 vor § 464). Der **Staatskasse** dürfen die Auslagen des Nebenklägers in keinem Fall überbürdet werden (Celle NdsRpfl **70**, 184; Hamm VRS **42**, 36; München AnwBl **78**, 189; LG Essen Rpfleger **84**, 268; erg 1 zu § 464 b; 13 zu § 473). Sie tritt auch im Fall des § 74 **JGG** nicht für den Angeklagten ein (Celle MDR **75**, 338; LR-Hilger 7; **aM** Zweibrücken AnwBl **73**, 86; LG Darmstadt NStZ **85**, 235 L; zw Eisenberg/Schimmel JR **96**, 218; erg unten 8).

4 **2) Kostenentscheidung bei Verurteilung des Angeklagten (I):**

A. Bei **Verurteilung wegen einer den Nebenkläger betreffenden Tat** (S. 1) hat der Angeklagte grundsätzlich die Kosten des Nebenklägers zu tragen. Verurteilt iS der Vorschrift ist auch der Freigesprochene, gegen den eine Maßregel nach §§ 63, 64, 69 StGB angeordnet worden ist (Bay **54**, 43 = NJW **54**, 1090; LG Stuttgart AnwBl **73**, 176 mit Anm Schick). In den **Fällen des § 395 I, III** hängt die Kostentragungspflicht des Angeklagten nicht davon ab, daß es zur Verurteilung wegen des Nebenklagedelikts kommt (BGH **20**, 284; Bay JR **86**, 556 = MDR **86**, 606). Eine den Nebenkläger betreffende Tat liegt vielmehr immer vor, wenn sie denselben geschichtlichen Vorrang iS des § 264 betrifft, der der Nebenklage zugrunde liegt, und wenn sie sich gegen den Nebenkläger als Träger eines strafrechtlich geschützten Rechtsguts richtet (BGH **38**, 93 mwN; NStZ **97**, 74 [K]; **98**, 28 [K]; **aM** LR-Hilger 12: nur wenn grundsätzlich eine Verurteilung wegen eines Nebenklagedelikts möglich wäre; offen gelassen von Celle NZV **91**, 42 mit Anm Riegner, der Tateinheit verlangt). Das gilt auch bei Verurteilung nach § 323 a StGB, wenn sich die Rauschtat gegen den Nebenkläger gerichtet hatte (BGH **20**, 284; Bay aaO; Karlsruhe Justiz **76**, 213), und bei Verurteilung wegen fahrlässiger Veröffentlichung nach § 11 III BayLPresseG, wenn der strafbare Inhalt des Druckwerks eine Tat darstellt, derentwegen die Nebenklage erhoben werden kann (Bay **82**, 146 = AfP **83**, 275). Es genügt auch die Verurteilung wegen einer OWi, die Schutzcharakter gegenüber dem Nebenkläger hat; dazu gehört § 1 StVO (Bay **70**, 227 = VRS **40**, 240; Hamm JMBlNW **58**, 236; **aM** LG Limburg VRS **49**, 118), aber nicht die nur im Interesse der allgemeinen Verkehrssicherheit erlassenen Vorschriften der StVO (BGH **11**, 195, 198; Celle NJW **56**, 1611; Hamm DAR **59**, 21). Die Erstattungspflicht entfällt mangels Schutzcharakters dieser Vorschriften auch bei Verurteilung nach § 142 StGB (BGH VRS **17**, 424; Hamm DAR **61**, 344; **aM** Düsseldorf MDR **81**, 958; Riegner NZV **91**, 43), nach § 316 StGB (Bay **68**, 36 = NJW **68**, 1732; KG VRS **44**, 119) und nach § 323 c StGB (Hamm NJW **62**, 359; Nürnberg AnwBl **71**, 183). Im **Fall des § 395 II Nr 1** genügt es ebenfalls, daß der Angeklagte wegen einer Straftat verurteilt ist, die gegen den Getöteten als Träger eines strafrechtlich geschützten Rechtsguts erhoben werden kann (BGH NJW **60**, 1311; GA **68**, 184; Hamm Anwbl **82**, 168; Stuttgart NJW **59**, 1455).

5 (A.) · 6 (In den Fällen des § 395 I, III) · 7 (Im Fall des § 395 II Nr 1)

8 B. Die **notwendigen Auslagen** (S. 1) des zu Recht und wirksam zugelassenen (Bay **71**, 56; LR-Hilger 13) Nebenklägers hat der Angeklagte zu tragen; das gilt idR auch für einen verurteilten Heranwachsenden, bei dem aber nach §§ 74, 109 II S. 1 **JGG** davon abgesehen werden kann (KG JR **96**, 216 mit abl Anm Eisenberg/Schimmel). Maßgebend ist § 464 a II. Notwendige Auslagen des Nebenklägers sind auch diejenigen, die zeitlich in das Vorverfahren fallen (Hamm JMBlNW **79**, 287; LG Krefeld JurBüro **77**, 1242; Schmidt NJW **79**, 1396; **aM** M. J. Schmid NJW **79**, 302) oder die nach teilw Aufhebung des Urteils und Zurückverweisung zur erneuten Straffestsetzung entstehen (Brandenburg NStZ-RR **98**, 255). Die Erstattungspflicht besteht gegenüber dem mitangeklagten Nebenkläger (Bay **59**, 168 = VRS **18**, 198; Stuttgart NJW **57**, 435; **aM** Lechleitner NJW **59**, 859; vgl auch LR-Hilger 16: Billigkeitsentscheidung nach S. 2). Dann ist aber nur der Differenzbetrag zu erstatten, um den sich die Verteidigergebühr infolge der Hinzunahme der Nebenklägervertretung erhöht (Bay aaO; LG Bonn MDR **71**, 776 mit abl Anm H. Schmidt; LG Regensburg NJW **67**, 898; LR-Hilger 16; **aM** LG Arnsberg JurBüro **85**, 1511 mit abl Anm Mümmler: volle Kosten der Nebenklägervertretung).

9 C. **Billigkeitsentscheidung** (S. 2): Von der Kostenentscheidung nach S. 1 kann mit der Folge abgesehen werden, daß die Kosten beim Nebenkläger verbleiben, wenn das der Billigkeit entspricht. Das Gericht kann dabei die Umstände des Einzelfalls berücksichtigen, insbesondere den Umstand, daß der Beschuldigte durch sein Verhalten keinen vernünftigen Anlaß für einen Anschluß als Nebenkläger gegeben hat (LR-Hilger 15; **aM** Beulke DAR **88**, 119) oder daß den Verletzten ein Mitverschulden trifft (vgl BGH **38**, 93, 95). S. 2 ermöglicht auch eine Teilung der

dem Nebenkläger erwachsenen notwendigen Auslagen. Hat der Angeklagte erfolglos Rechtsmittel eingelegt, gilt insoweit aber nicht S. 2 sondern § 473 I S. 2 (Düsseldorf JurBüro **91**, 853); zum Teilerfolg vgl 29 zu § 473.

10 D. Eine **ausdrückliche Entscheidung** über die notwendigen Auslagen des Nebenklägers ist in jedem verurteilenden Erkenntnis zu treffen. Die früher hM, daß hierüber ein besonderer Urteilsausspruch nicht erforderlich sei, hat durch die Neufassung des § 472 ihre Bedeutung verloren (KG JR **89**, 392; Karlsruhe Justiz **88**, 103; Koblenz NStE Nr 5; LG Stuttgart Justiz **88**, 170; LG Rottweil Justiz **88**, 172; Beulke DAR **88**, 119; **aM** Düsseldorf NStZ **88**, 572). Die Billigkeitsentscheidung nach S. 2 ist zu begründen. Enthält das Urteil keine Entscheidung, so trägt der Nebenkläger seine Kosten selbst, sofern er nicht erfolgreich sofortige Beschwerde nach § 464 III S. 1 Hs 1 einlegt. Die Nachholung der unterbliebenen Entscheidung ist unzulässig (LG Stuttgart NStE Nr 19 zu § 464; erg 12 zu § 464). Entsprechendes gilt für den Fall, daß der Angeklagte den Einspruch gegen den
10 a **Strafbefehl** nach Terminsanberaumung zurückgenommen hat (LG Hechingen DAR **91**, 197; LG Zweibrücken Rpfleger **92**, 128; AK/StPO-Meier 7) oder der Einspruch nach § 412 verworfen worden ist (**aM** LG Berlin NStE Nr 16 zu § 464, das zu Unrecht – vgl 19 zu § 464 – dem Nebenkläger die Anfechtungsmöglichkeit versagt). Falls gegen den Strafbefehl kein Einspruch eingelegt wird, trägt der Nebenkläger seine notwendigen Auslagen selbst, ausgenommen nach III solche für eine Tätigkeit im Rahmen des § 406 g (LG Traunstein DAR **91**, 316; erg unten 14).

11 **3) Kostenentscheidung bei Verfahrenseinstellung** (II):

12 A. Die **allgemeine Regelung** (S. 1) dieser Kostenfrage geht dahin, daß der Nebenkläger bei einer Verfahrenseinstellung nach §§ 153, 154 ff seine notwendigen Auslagen grundsätzlich selbst zu tragen hat, daß das Gericht aber die notwendigen Auslagen des Nebenklägers ganz oder teilw dem Angeschuldigten auferlegen kann, soweit das aus besonderen Gründen der Billigkeit entspricht. Dabei darf berücksichtigt werden, daß der Beschuldigte durch die bereits feststehenden Tatsachen verständlichen Anlaß zur Nebenklage gegeben hat (BVerfG StV **88**, 31; vgl auch Beulke DAR **88**, 114, 119).

13 B. Bei **endgültiger Verfahrenseinstellung nach § 153 a** (S. 2) sind entspr I S. 1 die notwendigen Auslagen des Nebenklägers grundsätzlich dem Beschuldigten aufzuerlegen; nur aus Billigkeitsgründen kann bestimmt werden, daß sie bei dem Nebenkläger verbleiben; dieser ist jedoch vorher anzuhören (Düsseldorf JMBlNW **89**, 248: sonst § 33 a). Auch wegen der Notwendigkeit eines ausdrücklichen Kostenausspruchs in dem Einstellungsbeschluß gelten die Grundsätze zu I S. 1 (oben 10). Da der Beschuldigte der Einstellung gegen Auflagen und Weisungen nach § 153 a II in jedem Fall zustimmen muß, kann er auch die Kostenlast nach II S. 2 in seine Überlegungen einbeziehen; auch das Gericht kann den Umstand, daß den Angeschuldigten auch die Auslagen des Nebenklägers treffen, bei der Bemessung der Auflagen nach § 153 a I S. 1 Nrn 1–4 berücksichtigen.

14 **4)** Die **entsprechende Anwendung von I und II** (III) ist für zwei Fälle bestimmt. Einmal stellt S. 1 denjenigen Verletzten, der an sich zum Anschluß als Nebenkläger berechtigt wäre, sich aber darauf beschränkt hat, einen Rechtsanwalt nach § 406 g hinzuzuziehen, kostenmäßig im Hinblick auf die ihm insoweit entstandenen Kosten einem Nebenkläger gleich. Das gilt auch für die Hinzuziehung des Beistands schon im Vorverfahren, sofern es später zur Verurteilung des Beschuldigten (durch Strafbefehl genügt, vgl LG Traunstein DAR **91**, 316) kommt. Zum anderen stellt S. 2 sicher, daß dem früheren Privatkläger durch die Übernahme des Verfahrens durch die StA nach § 377 keine kostenmäßigen Nachteile erwachsen.

5) **Gesamtschuldnerische Haftung** (IV). Mehrere Angeschuldigte, die für die notwendigen Auslagen des Nebenklägers einzustehen haben, haften entspr § 471 IV S. 2 als Gesamtschuldner. 15

Kosten des Entschädigungsanspruchs

472a **I Soweit dem Antrag auf Zuerkennung eines aus der Straftat erwachsenen Anspruchs stattgegeben wird, hat der Angeklagte auch die dadurch entstandenen besonderen Kosten und die notwendigen Auslagen des Verletzten zu tragen.**

II Sieht das Gericht von der Entscheidung über den Antrag ab, wird ein Teil des Anspruchs dem Verletzten nicht zuerkannt oder nimmt der Verletzte den Antrag zurück, so entscheidet das Gericht nach pflichtgemäßem Ermessen, wer die insoweit entstandenen gerichtlichen Auslagen und die insoweit den Beteiligten erwachsenen notwendigen Auslagen trägt. Die gerichtlichen Auslagen können der Staatskasse auferlegt werden, soweit es unbillig wäre, die Beteiligten damit zu belasten.

1) **Bei vollem Erfolg des Antragstellers** (I) im Adhäsionsverfahren nach §§ 403 ff hat der Angeklagte die dadurch entstandenen besonderen Kosten (Nr 6800 KVGKG; 2 zu § 472 b) und die notwendigen Auslagen des Antragstellers zu tragen. Das muß im Urteil oder Beschluß besonders ausgesprochen werden (KMR-Paulus 3; LR-Hilger 4). 1

2) **Ermessensentscheidung bei Erfolgslosigkeit oder Zurücknahme** (II): Vgl den Fall BGH MDR **66**, 560 [H]: Zuerkennung eines geringen Schmerzensgeldes, das durch die Auferlegung von RA-Kosten nicht noch geschmälert werden soll. Auch die Verteilung ist zulässig (Nürnberg NJW **72**, 67, 69). Die Belastung der Staatskasse mit den gerichtlichen Auslagen (nicht mit den notwendigen Auslagen der Beteiligten) sieht II S. 2 vor. Sie kommt vor allem im Fall der 1. Altern des § 405 S. 2 in Betracht. Die Entscheidung ergeht in dem Urteil oder Beschluß, in dem über den Antrag entschieden wird. 2

3) Für **Grund- und Teilurteile** enthält die StPO keine Regelung. Falls nur ein solches Urteil begehrt wurde, ist I, sonst II entspr anzuwenden (Köckerbauer NStZ **94**, 310). 3

4) **Sofortige Beschwerde** nach § 464 III S. 1 steht dem Angeklagten zu, soweit ihm nach I oder II Kosten und Auslagen auferlegt worden sind, dem Antragsteller hingegen wegen § 406 a iVm § 464 III S. 1 Hs 2 nicht (LR-Hilger 4; Seier 104; **aM** Köckerbauer NStZ **94**, 311). Dasselbe gilt bei Rücknahme des Antrags nach § 404 IV (Düsseldorf JurBüro **89**, 240). 4

Kosten bei Nebenbeteiligten

472b **I Wird der Verfall, die Einziehung, der Vorbehalt der Einziehung, die Vernichtung, Unbrauchbarmachung oder Beseitigung eines gesetzwidrigen Zustandes angeordnet, so können dem Nebenbeteiligten die durch seine Beteiligung erwachsenen besonderen Kosten auferlegt werden. Die dem Nebenbeteiligten erwachsenen notwendigen Auslagen können, soweit es der Billigkeit entspricht, dem Angeklagten, im selbständigen Verfahren auch einem anderen Nebenbeteiligten auferlegt werden.**

II Wird eine Geldbuße gegen eine juristische Person oder eine Personenvereinigung festgesetzt, so hat diese die Kosten des Verfahrens entsprechend den §§ 465, 466 zu tragen.

III Wird von der Anordnung einer der in Absatz 1 Satz 1 bezeichneten Nebenfolgen oder der Festsetzung einer Geldbuße gegen eine juristische Person oder eine Personenvereinigung abgesehen, so können die dem Nebenbeteiligten erwachsenen notwendigen Auslagen der Staatskasse oder einem anderen Beteiligten auferlegt werden.

1 **1) Anordnung von Maßnahmen und Festsetzung von Geldbußen gegen Nebenbeteiligte (§§ 431, 442, 444)** (I):

2 A. **Besondere Kosten** (I S. 1) sind, da eine Gebühr für die Anordnung nicht entsteht (vgl § 40 V S. 1 GKG), nur die ausscheidbaren Auslagen der Staatskasse, zB für eine Beweisaufnahme über Einwendungen des Nebenbeteiligten (LR-Hilger 3). Von der die grundsätzliche Kostentragungspflicht des Angeklagten (§ 465) abändernden Kannbestimmung ist insbesondere Gebrauch zu machen, wenn die Auslagen durch unbegründete Einwendungen der Nebenbeteiligten entstanden sind.

3 B. Die **notwendigen Auslagen** (I S. 2) trägt der Nebenbeteiligte selbst, wenn darüber keine besondere Entscheidung ergeht (LR-Hilger 4). Aus Billigkeitsgründen kommt im subjektiven Verfahren die Belastung des Angeklagten in Betracht, zB wenn er einen gestohlenen Gegenstand an den gutgläubigen Einziehungsbeteiligten veräußert hat und dieser die Einziehung aus seinem vermeintlichen Recht bekämpft oder wenn die JP oder PV aufgrund der später widerlegten Behauptung des Angeklagten, er habe die Tat zu ihrem Vorteil begangen, in das Verfahren hineingezogen wird. Die Aufteilung der Auslagen, auch nach Bruchteilen, ist zulässig (§ 464 d; vgl auch Nürnberg NJW **72**, 67, 69).

4 C. **Im selbständigen Verfahren** (§§ 440, 442, 444 III) ist § 465 I nicht anwendbar; grundsätzlich muß daher die Staatkasse die Kosten tragen (RG **74**, 326, 334; LR-Hilger 3). Wenn ein Nebenbeteiligter belastet werden soll, kann das auch hier nur durch Überbürdung der durch seine Beteiligung entstandenen besonderen Kosten geschehen (I S. 1). Seine notwendigen Auslagen trägt der Nebenbeteiligte grundsätzlich selbst; sie können aber aus Billigkeitsgründen einem anderen Nebenbeteiligten auferlegt werden (I S. 2), auch dem Privatkläger, der das Verfahren beantragt hat.

5 **2) Geldbuße gegen eine JP oder PV** (II): Wird gegen diese nach § 30 OWiG im Strafverfahren eine Geldbuße verhängt, so wird die JP oder PV kostenmäßig wie ein verurteilter Angeklagter nach § 465 I behandelt. Wird sie neben einer natürlichen Person als Organ usw. der JP oder PV verurteilt, haftet sie neben dieser als Gesamtschuldner nach § 466.

6 **3) Absehen von der Anordnung oder Festsetzung** (III): Kostenpflichtig ist der verurteilte Angeklagte (§ 465 I) oder die verurteilte JP oder PV (II), bei Nichtverurteilung die Staatskasse. Der Nebenbeteiligte trägt seine notwendigen Auslagen selbst. Das Gericht kann sie jedoch ganz oder teilw der Staatskasse oder dem Angeklagten, dem Privat- oder Nebenkläger oder einem anderen Nebenbeteiligten (LR-Hilger 6) auferlegen. III gilt auch im selbständigen Verfahren.

7 **4) Rechtsmittelkosten:** Vgl 28 zu § 473.

Kosten und Auslagen bei Rechtsmittel

473 **I Die Kosten eines zurückgenommenen oder erfolglos eingelegten Rechtsmittels treffen den, der es eingelegt hat. Hat der Beschuldigte das Rechtsmittel erfolglos eingelegt oder zurückgenommen, so sind ihm die dadurch dem Nebenkläger oder dem zum Anschluß als Nebenkläger Berechtigten in Wahrnehmung seiner Befugnisse nach § 406 g erwachsenen notwendigen Auslagen aufzuerlegen. Hat im Falle des Satzes 1 allein der Nebenkläger ein**

Rechtsmittel eingelegt oder durchgeführt, so sind ihm die dadurch erwachsenen notwendigen Auslagen des Beschuldigten aufzuerlegen.

II Hat im Falle des Absatzes 1 die Staatsanwaltschaft das Rechtsmittel zuungunsten des Beschuldigten oder eines Nebenbeteiligten (§ 431 Abs. 1 Satz 1, §§ 442, 444 Abs. 1 Satz 1) eingelegt, so sind die ihm erwachsenen notwendigen Auslagen der Staatskasse aufzuerlegen. Dasselbe gilt, wenn das von der Staatsanwaltschaft zugunsten des Beschuldigten oder eines Nebenbeteiligten eingelegte Rechtsmittel Erfolg hat.

III Hat der Beschuldigte oder ein anderer Beteiligter das Rechtsmittel auf bestimmte Beschwerdepunkte beschränkt und hat ein solches Rechtsmittel Erfolg, so sind die notwendigen Auslagen des Beteiligten der Staatskasse aufzuerlegen.

IV Hat das Rechtsmittel teilweise Erfolg, so hat das Gericht die Gebühr zu ermäßigen und die entstandenen Auslagen teilweise oder auch ganz der Staatskasse aufzuerlegen, soweit es unbillig wäre, die Beteiligten damit zu belasten. Dies gilt entsprechend für die notwendigen Auslagen der Beteiligten.

V Ein Rechtsmittel gilt als erfolglos, soweit eine Anordnung nach § 69 Abs. 1 oder § 69 b Abs. 1 des Strafgesetzbuches nur deshalb nicht aufrechterhalten wird, weil ihre Voraussetzungen wegen der Dauer einer vorläufigen Entziehung der Fahrerlaubnis (§ 111 a Abs. 1) oder einer Verwahrung, Sicherstellung oder Beschlagnahme des Führerscheins (§ 69 a Abs. 6 des Strafgesetzbuches) nicht mehr vorliegen.

VI Die Absätze 1 bis 4 gelten entsprechend für die Kosten und die notwendigen Auslagen, die durch einen Antrag

1. **auf Wiederaufnahme des durch ein rechtskräftiges Urteil abgeschlossenen Verfahrens oder**
2. **auf ein Nachverfahren (§ 439) verursacht worden sind.**

VII Die Kosten der Wiedereinsetzung in den vorigen Stand fallen dem Antragsteller zur Last, soweit sie nicht durch einen unbegründeten Widerspruch des Gegners entstanden sind.

Übersicht

1) Rechtsmittel sind Beschwerde, Berufung und Revision (1 vor § 296), nicht der Einspruch gegen den Strafbefehl, auch nicht bei erfolgreichem Teileinspruch nach § 410 II (Stuttgart NStZ **89**, 589 mwN; LG Göttingen NdsRpfl **92**, 8; LG Hamburg NZV **93**, 205; LG Hildesheim NdsRpfl **89**, 41; **aM** München NStZ **88**, 241 mit abl Anm Mertens NStZ **88**, 473; AG Bretten MDR **91**, 371; Reisser in MDR **90**, 880 hält das sogar für verfassungswidrig); hier kann ggf § 465 II helfen (LG Bremen MDR **91**, 666; LG Mosbach StV **97**, 34; D. Meyer JurBüro **89**, 1331). Die entspr Anwendung des § 473 bestimmt § 161 a III S. 3. Zur Frage, 1 wann Rechtsmittelentscheidungen mit einer Kosten- und Auslagenentscheidung versehen werden müssen, vgl 6, 11 zu § 464.

2 2) **Die Kostentragungspflicht bei vollem Erfolg eines unbeschränkten Rechtsmittels** ist in II S. 2 nur für einen Sonderfall geregelt. Besteht der Erfolg des Rechtsmittels im Freispruch des Angeklagten oder in der Verfahrenseinstellung, so gilt § 467 (Karlsruhe NJW **74**, 469; Koblenz VRS **65**, 49). Zur entspr Anwendung des § 467 III S. 1 Nr 1 vgl dort 11. Bei erfolgreicher Beschwerde trägt mangels eines anderen Kostenschuldners die Staatskasse die Kosten (2 zu § 464) und, sofern darüber eine Entscheidung zu treffen ist (11 zu § 464), die notwendigen Auslagen des Beschwerdeführers (Hamm NJW **75**, 2112). § 467 II–IV ist dann sinngemäß anzuwenden (**aM** Hamm aaO). Entspr § 467 III S. 2 Nr 1 trägt der Beschwerdeführer, der erst mit der Beschwerde die deren Erfolg begründenden Tatsachen vorträgt, idR seine notwendigen Auslagen selbst (Frankfurt NJW **72**, 784 für § 453 II S. 1; Hamburg NStZ-RR **97**, 31; Hamm MDR **81**, 423; LG Duisburg JurBüro **84**, 250; 1204; LG Mainz MDR **81**, 781 für § 46 III; **aM** LR-Hilger 15). Beruht die Beschwerdeentscheidung nur auf einer von dem angefochtenen Beschluß abweichenden Beurteilung einer Ermessensfrage, so ändert das an der Belastung der Staatskasse mit den notwendigen Auslagen des Beschwerdeführers nichts (LR-Hilger 15; **aM** Hamburg NJW **74**, 325 = JR **74**, 342 mit abl Anm Meyer; Hamm MDR **74**, 689; die § 467 IV entspr anwenden wollen). Da bei vollem Erfolg seines Rechtsmittels Beschwerdegegner des Beschuldigten die StA
3 ist, braucht er dem **Nebenkläger** keine Auslagen zu erstatten (Bay VRS **18**, 451; Frankfurt MDR **57**, 474; Hamm NJW **62**, 2023). Bei vollem Erfolg des Rechtsmittels des Nebenkläger sind dem Angeklagten die Kosten und die notwendigen Auslagen des Nebenklägers aufzuerlegen, auch wenn daneben die StA ein Rechtsmittel eingelegt hat. Zum Fall des Teilerfolgs vgl unten 29.

4 3) **Kostentragungspflicht bei Zurücknahme und Erfolglosigkeit des Rechtsmittels** (I):

5 A. **Zurücknahme:** Die wirksame Zurücknahme zwingt idR zu einer selbständigen Kostenentscheidung (13 zu § 464). Wenn die Sache wegen eines anderen Rechtsmittels bei dem Rechtsmittelgericht anhängig bleibt, kann es aber in dem verfahrensabschließenden Urteil auch über die Kosten nach I entscheiden (Bay **55**, 54 = JZ **55**, 553). Abweichend von I gilt § 467 I entspr, wenn der Grund der Zurücknahme eine Berichtigung der angefochtenen Entscheidung ist (Saarbrücken VRS **49**, 436; LR-Hilger 4; erg unten 37).

6 B. **Erfolglos** ist ein Rechtsmittel, wenn es als unzulässig oder unbegründet verworfen wird oder nur einen ganz unwesentlichen Teilerfolg hat (vgl unten 21). Eine Revision, die nur zur Aufhebung des Berufungsurteils und Verwerfung der verspätet eingelegten Berufung als unzulässig führt, ist erfolglos (Düsseldorf GA **83**, 220), ebenso ein Rechtsmittel, auf das der Einspruch gegen den Strafbefehl unter Aufhebung des angefochtenen Urteils als unzulässig verworfen wird (Düsseldorf MDR **86**, 428), sofern das nicht das Ziel des Rechtsmittels gewesen ist (Hamm VRS **43**, 112; Karlsruhe DAR **60**, 237). Ein Rechtsmittelerfolg ist aber auch eingetreten, wenn er nur auf einer Gesetzesänderung beruht (München MDR **77**, 249). Bei erfolgloser Berufung trägt der Verurteilte die Kosten aller Hauptverhandlungen, auch wenn sie aus Gründen wiederholt werden müssen, auf die das Gericht keinen Einfluß hat (Hamm MDR **77**, 865; Erkrankung eines Schöffen). Zum vollen Erfolg infolge Zeitablaufs vgl unten 30 ff, zum Teilerfolg unten 24 ff. Die
7 **Zurückverweisung der Sache** nach §§ 328 II, 354 II, 355 ist nur ein vorläufiger Erfolg; eine Kostenentscheidung ergeht nicht (3 zu § 464). Maßgebend für den Rechtsmittelerfolg ist erst die abschließende Sachentscheidung (BGH GA **79**, 27; München AnwBl **73**, 366; LR-Hilger 27). Bleibt es bei einer im wesentlichen gleichen Verurteilung, wenn auch aus einem anderen Rechtsgrund (BGH JR **56**, 69; Bay **71**, 201 = GA **71**, 247), so wird der Verurteilte, außer im Fall des § 357

(Oldenburg NdsRpfl **49**, 184), auch mit den Rechtsmittelkosten belastet (Hamm JMBlNW **64**, 153; LR-Hilger 27 ff; **aM** D. Meyer DAR **73**, 231; Warburg NJW **73**, 23). Er trägt das Kosten- und Auslagenrisiko dafür, daß die endgültige Entscheidung nicht schon im 1. Rechtszug getroffen wird (BGH **17**, 376, 381; Bay JR **61**, 224 mit Anm Sarstedt; erg unten 16). Wird er schließlich freigesprochen oder wird das Verfahren eingestellt, so gilt § 467, bei Teilerfolg IV.

C. **Zur Tragung der Kosten verpflichtet** (S. 1) ist der Beschwerdeführer, der 8
Angeklagte auch bei einem Rechtsmittel des Verteidigers. Sind mehrere Beschwerdeführer vorhanden, so trägt jeder die Kosten seines Rechtsmittels. Gesetzliche Vertreter und Erziehungsberechtigte (§ 298, § 67 I III **JGG**) haben die Kosten ihrer erfolglosen Rechtsmittel zu tragen, haften aber nur mit dem ihrer Verwaltung unterliegenden Vermögen des Angeklagten (BGH **19**, 196, 199; NJW **56**, 520). Kostentragungspflichtig ist auch der vollmachtlose Vertreter (KG Rpfleger **71**, 193; Celle StraFo **98**, 31), zB der Verteidiger, der das Rechtsmittel ohne gültige Vollmacht oder gegen den Willen des Angeklagten einlegt (Frankfurt NJW **91**, 3164; **aM** D.Meyer JurBüro **92**, 74) oder nachdem er nach § 146 a zurückgewiesen worden ist (**aM** KG NJW **77**, 913), und der gesetzliche Vertreter nach Volljährigkeit des Angeklagten (LG Lüneburg NdsRpfl **66**, 274). Bei Jugendlichen und Heranwachsenden, auf die Jugendstrafrecht angewendet worden ist, gilt § 74 **JGG** (1 zu § 465), nicht aber für die Kosten und Auslagen bei erfolglosem Rechtsmittel des gesetzlichen Vertreters oder des Erziehungsberechtigten (Brunner/Dölling 12 zu § 74 JGG; **aM** Hamburg MDR **69**, 73). Bei **Tod des Beschuldigten** oder 9
Todeserklärung wird das Verfahren eingestellt (8 zu § 206 a). Für Rechtsmittelkosten haftet der Nachlaß entspr § 465 III nicht (vgl Hamm NJW **78**, 177, 178). Zum Fall des Todes des Nebenklägers, durch oder für den das Rechtsmittel eingelegt worden ist, vgl unten 12, zum Tod des Privatklägers 3 zu § 471.

D. **Kostentragungspflicht bei Nebenklage** (S. 2, 3): Bei Zurücknahme oder 10
Erfolglosigkeit des Rechtsmittel des Beschuldigten, die im Hinblick auf das Nebenklagedelikt zu beurteilen ist (Frankfurt AnwBl **81**, 512), sind dem **Beschuldigten** 11
durch ausdrücklichen Urteilsausspruch (vgl 10 zu § 472) die dem zu Recht zugelassenen (Düsseldorf NJW **83**, 1337: Rechtsmittelgericht prüft das für die Kostenfrage von Amts wegen) Nebenkläger durch das Rechtsmittel entstandenen notwendigen Auslagen aufzuerlegen (S. 2); das gilt auch bei einer erfolglosen Strafmaßberufung (Koblenz VRS **54**, 201), falls der rechtskräftige Schuldspruch das Nebenklagedelikt enthält (Celle NZV **91**, 42 mit zust Anm Riegner), und für den Fall, daß nicht nur das Rechtsmittel des Angeklagten, sondern auch ein zu seinen Ungunsten eingelegtes Rechtsmittel der StA erfolglos (Hamburg MDR **70**, 1029) oder zurückgenommen worden ist (Schleswig JurBüro **87**, 556). Bei erfolglosem Rechtsmittel des Angeklagten und des Nebenklägers trägt jeder seine notwendigen Auslagen selbst (BGH NStZ **93**, 230 [K]; **94**, 229 [K]; **aM** KK-Franke 13: entspr Anwendung des IV). Die Regelung des I S. 2 gilt auch für den Fall, daß einem Berechtigten in Wahrnehmung seiner Befugnisse nach § 406 g notwendige Auslagen erwachsen sind (dort 4). Wenn der **Nebenkläger** das Rechtsmittel allein 12
eingelegt oder wenn er es durchgeführt hat, nachdem das Rechtsmittel eines anderen Prozeßbeteiligten zurückgenommen worden ist (vgl Hamm NJW **59**, 1984; Karlsruhe Justiz **74**, 270), muß er dem Beschuldigten unter den Voraussetzungen des I S. 1 die notwendigen Auslagen erstatten (S. 3). Um einen Fall des I S. 1 handelt es sich auch, wenn sich das Rechtsmittel des Nebenklägers durch dessen Tod erledigt hat; es gilt dann als zurückgenommen (6 zu § 402). Statt des Nebenklägers wird der Nachlaß belastet (Celle NJW **53,** 1726). Bei erfolgloser oder zurückgenommener Revision der StA hat der Nebenkläger seine notwendigen Auslagen selbst zu tragen (Hamburg MDR **83**, 689). Bei Erfolglosigkeit des Rechtsmittels der StA und des Nebenklägers tragen dieser und die Staatskasse die gerichtlichen Auslagen je zur Hälfte (Hamm NJW **58**, 2077; Koblenz VRS **54**, 131; Oldenburg NJW **61**, 1594; Stuttgart NJW **63**, 2286; LR-Hilger 95; **aM** Celle

NJW **59**, 1742: Nebenkläger allein). Die notwendigen Auslagen des Angeklagten fallen nach II S. 1 allein der Staatskasse zur Last (vgl BGH **11**, 189; Karlsruhe
13 Rpfleger **85**, 123; Koblenz aaO; KK-Franke 13). Sonst können der **Staatskasse** bei Erfolglosigkeit des Rechtsmittel des Nebenklägers Kosten und notwendige Auslagen des Verfahrens grundsätzlich nicht auferlegt werden (BVerfG NStE Nr 20; Bay NStZ **81**, 312). Eine Ausnahme gilt, wenn das erfolglose Rechtsmittel nach § 301 zum Freispruch des Angeklagten geführt hat; die notwendigen Auslagen des Angeklagten für das Rechtsmittel tragen dann Staatskasse und Nebenkläger als Gesamtschuldner (Bay **68**, 26; NJW **59**, 1236; **aM** RG **41**, 349, 351: nur die Staatskasse). Hat erst die Berufung des Nebenklägers zur Verurteilung des Angeklagten geführt und wird er nach Aufhebung des Urteils durch das Revisionsgericht in der neuen Berufungsverhandlung freigesprochen, so trägt der Nebenkläger die Kosten und notwendigen Auslagen des Angeklagten für beide Berufungsverhandlungen allein (Bay NStZ **81**, 312 mit abl Anm Dünnebier). Anders ist es aber, wenn der Nebenkläger nicht die Berufung, sondern nur erfolgreich Revision eingelegt hatte; dann trägt er bei Freispruch des Angeklagten in der neuen Berufungsverhandlung nur die Kosten der Revision und die dadurch entstandenen notwendigen Auslagen des Angeklagten (Stuttgart NStE Nr 21).

14 **4) Rechtsmittel der StA** (II):

15 A. **Zuungunsten des Beschuldigten oder Nebenbeteiligten** (II S. 1): Bei Zurücknahme oder Erfolglosigkeit, der eine Entscheidung nach § 301 gleichsteht (RG **60**, 16; Hamm NJW **53**, 118; LR-Hilger 21), wird die Staatskasse mit den Kosten des Rechtsmittels (I) und den dem Beschwerdegegner entstandenen notwendigen Auslagen belastet (II S. 1). Ob solche Auslagen entstanden sind, wird erst in dem Verfahren nach § 464b geprüft (Bay MDR **83**, 156; Hamburg NJW **75**, 103). Auf die Gründe des Mißerfolgs kommt es nicht an (Karlsruhe VRS **50**, 272; Oldenburg VRS **68**, 215); § 467 III S. 2 gilt nicht entspr (dort 11), auch nicht IV. Bleibt es nach Zurückverweisung (§ 354 II) bei der früheren Verurteilung, so trägt der Angeklagte die gesamten Verfahrenskosten (3 zu § 465) mit Ausnahme der Kosten der Revision und der ihm durch das Rechtsmittel entstandenen notwendigen Auslagen; sie werden der Staatskasse auferlegt (BGH **18**, 231). Hatte das Rechtsmittel Erfolg, so gehören die Rechtsmittelkosten zu den Verfahrenskosten, die der Angeklagte nach § 465 zu tragen hat; von seinen notwendigen Auslagen wird er nicht entlastet (BGH **19**, 226, 229). Das gilt auch beim Erfolg eines auf bestimmte Beschwerdepunkte beschränkten Rechtsmittels (Düsseldorf MDR **82**, 518).

16 B. **Zugunsten des Beschuldigten oder Nebenbeteiligten** (II S. 2): Bei einem Erfolg wird der Beschuldigte so gestellt, als habe er das Rechtsmittel selbst eingelegt (LR-Hilger 20). Die Kosten fallen der Staatskasse zur Last (BGH **19**, 226); für die notwendigen Auslagen gilt II S. 2. Bei Zurücknahme oder Erfolglosigkeit des Rechtsmittels trägt die Staatskasse ebenfalls die Kosten, nicht aber die dem Angeklagten im Rechtsmittelzug entstandenen notwendigen Auslagen (Bay **86**, 249 [R]).

17 C. **Weder zugunsten noch zuungunsten** des Beschuldigten wird ein Rechtsmittel eingelegt, mit dem die StA nur ihre Aufgabe wahrnimmt, Gerichtsentscheidungen ohne Rücksicht darauf, welche Wirkung damit für den Verurteilten erzielt wird, mit dem Gesetz im Einklang zu bringen (Einl 87; 16 vor § 296); idR trägt dann die Staatskasse die Kosten und die notwendigen Auslagen des Angeklagten (BGH **18**, 268; Düsseldorf wistra **98**, 38 mwN; Oldenburg NJW **62**, 2120; **aM** Hamm NJW **62**, 2073).

18 D. **Zusammentreffen mit einem Rechtsmittel des Angeklagten:** Rechtsmittel der StA und des Angeklagten werden kostenrechtlich getrennt behandelt (BGH **19**, 226; Hamm JMBlNW **81**, 236). Bei Zurücknahme oder Erfolglosigkeit beider Rechtsmittel werden die ausscheidbaren (Hamburg NJW **75**, 130; **aM**

Zweibrücken NJW **74**, 659; LR-Hilger 60: alle Mehrkosten ohne Rücksicht auf ihre Ausscheidbarkeit) notwendigen Auslagen des Angeklagten der Staatskasse auferlegt, soweit das Rechtsmittel der StA sie verursacht hat (BGH DAR **69**, 105, 106; Bamberg JurBüro **87**, 1840). Ob solche Mehrkosten entstanden sind, wird erst im Verfahren nach § 464b geprüft (KG VRS **38**, 359; Hamburg NJW **75**, 130; Hamm JMBlNW **81**, 236). Sind Mehrkosten aber offensichtlich ausgeschlossen, so können die Rechtsmittelkosten auch uneingeschränkt dem Angeklagten auferlegt werden (Bay **62**, 298 = NJW **63**, 601; KG aaO; Düsseldorf NStE Nr 8; **aM** Hamm aaO; LR-Hilger 59).

5) Beschränktes Rechtsmittel (III): 19

A. **Begriff:** Die Vorschrift gilt unmittelbar nur für den Fall, daß die Beschränkung schon bei der Einlegung oder Begründung (§§ 318 S. 1, 344 I) des Rechtsmittels erklärt wird (Frankfurt NJW **74**, 1670; **aM** Oldenburg NJW **70**, 2130). Die nachträgliche Beschränkung ist eine Teilrücknahme (2 zu § 302; 1 zu § 318); insoweit gilt I. In diesem Fall werden daher die Kosten des erfolgreichen Rechtsmittels und die dem Angeklagten erwachsenen notwendigen Auslagen der Staatskasse nur mit Ausnahme derjenigen auferlegt, die bei einer alsbald nach Urteilszustellung erklärten Rechtsmittelbeschränkung vermeidbar gewesen wären; diese trägt der Angeklagte (KG NJW **70**, 2129; Bremen StV **94**, 495; Celle AnwBl **80**, 36; Frankfurt NJW **74**, 1670; Karlsruhe VRS **54**, 443; Hamm StV **98**, 88; NStZ-RR **98**, 221; Köln StV **93**, 650; München NStZ-RR **97**, 192; Schleswig SchlHA **98**, 180 [L/S]; Stuttgart MDR **76**, 73). Ihre Höhe wird im Kostenansatzverfahren (vgl 1 zu § 464b) festgestellt. Die Unterstellung des Falls unter IV (Bay **75**, 135 = JR **76**, 380 mit abl Anm Meyer; Bamberg MDR **84**, 605; Düsseldorf JMBlNW **72**, 86; Koblenz VRS **59**, 354) ist die schlechtere Lösung; es besteht kein Grund, die Kostenfrage in das Ermessen des Gerichts zu stellen (AK/StPO-Meier 11; LR-Hilger 44). 20

B. **Vollen Erfolg** hat das beschränkte Rechtsmittel, wenn der Beschwerdeführer sein erklärtes Ziel im wesentlichen erreicht (Düsseldorf NStZ **85**, 380). Bei einer Strafmaßberufung kommt es nach heute hM nur auf einen Vergleich zwischen der in der Vorinstanz erkannten Strafe und der in der Rechtsmittelinstanz erreichten Milderung, hingegen nicht entscheidend auf den Schlußantrag des Beschwerdeführers an (Köln StV **93**, 649 mwN; Zweibrücken OLGSt Nr 6). Wenn die Strafmilderung in das Ermessen des Gerichts gestellt wird, liegt ein voller Erfolg schon in der erheblichen Herabsetzung der Strafe, mindestens um ein Viertel (Frankfurt NJW **79**, 1519: Nürnberg OLGSt Nr 1; LR-Hilger 35; **aM** Saarbrücken AnwBl **93**, 293). Einen vollen Erfolg hat das Rechtsmittel auch, wenn statt auf Geldstrafe auf Verwarnung mit Strafvorbehalt erkannt (Bremen StV **94**, 495) oder wenn der Geldstrafentagessatz nur wegen der Änderung der wirtschaftlichen Verhältnisse des Beschwerdeführers herabgesetzt wird (Kadel GA **79**, 465; D.Meyer JurBüro **92**, 145; **aM** Hamburg MDR **77**, 72; Zweibrücken NStZ **91**, 602 mit abl Anm Hilger; vgl auch Bay DAR **82**, 256 [R], das IV anwendet). Als Erfolg gilt aber nicht eine Abänderung des Urteils, die allein auf den Zeitablauf zurückzuführen ist (unten 30ff). Ist eine **Rechtsmittelbeschränkung aus Rechtsgründen nicht möglich** (13ff zu § 318; 17 zu § 344), so hat der Beschwerdeführer iS des III vollen Erfolg, wenn er von vornherein erklärt, daß er mit seinem Rechtsmittel nur das beschränkte Ziel verfolgt, das er im Ergebnis erreicht hat (BGH **19**, 226, 229; Düsseldorf JR **91**, 120 mwN und Anm Hilger; Stuttgart MDR **76**, 73; Hentschel MDR **76**, 369; Meyer JR **74**, 78; **aM** Foth NJW **72**, 1224, der IV anwenden will), zB den erstrebten Wegfall einer tateinheitlichen Verurteilung (BGH aaO) oder Verurteilung wegen einer milderen Strafvorschrift (Düsseldorf aaO: § 229 statt § 222 StGB). 21 22

C. **Rechtsmittelkosten und notwendige Auslagen:** Der Angeklagte wird bei vollem Erfolg für das Rechtsmittelverfahren wie ein Freigesprochener behandelt 23

(Saarbrücken StV **90**, 366); Auslagen des Nebenklägers dürfen ihm nicht auferlegt werden (**aM** Hamm NStZ-RR **98**, 221 mwN zum Streitstand: § 472 I entspr). Die Staatskasse trägt die (in III nicht erwähnten) Kosten des Rechtsmittels (Düsseldorf JR **91**, 120 mit Anm Hilger) und die notwendigen Auslagen des Beschwerdeführers. Beteiligter iS des III ist nicht der Nebenkläger; die Erstattung seiner Auslagen aus der Staatskasse kommt nicht in Betracht (oben 13).

24 **6) Teilerfolg** (IV):

25 A. **Begriff:** Bei Teilfreispruch in der Rechtsmittelinstanz gilt nicht IV, sondern § 467 (Düsseldorf StV **95**, 308 mwN; Rpfleger **96**, 303). IV ist nur bei Teilerfolg hinsichtlich einer und derselben Tat anzuwenden (LR-Hilger 52), gleichgültig, ob das Rechtsmittel in vollem Umfang eingelegt oder beschränkt ist. Ein Teilerfolg liegt bei unbeschränktem Rechtsmittel des Angeklagten zB in der nicht unwesentlichen Strafmilderung (Hamm MDR **73**, 1041: Ermäßigung um ein Viertel) und in der Bewilligung von Strafaussetzung, nicht aber in der Schuldspruchänderung (BGH JR **56**, 69; Hamm MDR **93**, 376; D. Meyer JurBüro **90**, 141; **92**, 145; **aM** München NJW **73**, 864; Schleswig SchlHA **88**, 119 [L/G]; LR-Hilger 50 und NStZ **91**, 604; ebenso Celle MDR **76**, 1042; Düsseldorf VRS **69**, 225 für den Fall, daß statt wegen Vorsatzes nur wegen Fahrlässigkeit verurteilt wird) oder in der Klarstellung der vom 1. Gericht offengelassenen Schuldform (Düsseldorf JMBlNW **82**, 256). Die Berufung der StA gegen ein freisprechendes Urteil hat vollen Erfolg, wenn der beantragte Schuldspruch ergeht, auch wenn die Strafe hinter dem Antrag zurückbleibt; bei Strafmaßberufung liegt kein Teilerfolg vor, wenn die Straferhöhung wesentlich geringer ist, als die StA beantragt hat (Bay NJW **60**, 255). Die Verfolgungsbeschränkung nach § 154a II ist kein Teilerfolg (LR-Hilger 49; **aM** Hamm 5 Ws 195/79 vom 6. 11. 1979).

26 B. **Billigkeitsentscheidung:** Der Teilerfolg allein führt nicht zur Anwendung des IV (**aM** offenbar BGH StV **87**, 449). Diese Ausnahme von I setzt vielmehr vor allem voraus, daß nach den Umständen anzunehmen ist, daß der Beschwerdeführer das Rechtsmittel nicht eingelegt hätte, wenn schon das 1. Urteil so gelautet hätte wie das des Rechtsmittelgerichts (Bay VerfGH NStE Nr 13; BGH GA **78**, 241; **86**, 418; NStZ **87**, 86; NStE Nr 9; NStZ-RR **98**, 70; Düsseldorf JurBüro **85**, 1051; **86**, 412; Rpfleger **96**, 303; Hamm MDR **76**, 865; Köln AnwBl **83**, 461; Meyer JR **75**, 251). Im übrigen kommt es auf den Umfang des Teilerfolgs an (BGH NStZ **89**, 221 [M]; Düsseldorf StV **96**, 613 mwN). Daß der Angeklagte in der 1. Instanz die Einlassung zur Sache verweigert hat und erst in der Berufungsinstanz die zum Teilerfolg führenden Umstände vorgetragen hat, darf nicht zu seinem Nachteil berücksichtigt werden (KG JR **71**, 299; Schleswig OLGSt Nr 2).

27 C. Die **Gebührenermäßigung** ist nicht zwingend (Bay DAR **82**, 256 [R]; Karlsruhe Justiz **84**, 432; KK-Franke 7; LR-Hilger 47; **aM** Hamm MDR **73**, 1041), sondern kommt nur aus Billigkeitsgründen in Betracht. Sie entfällt, wenn nach Zurückverweisung und Neuverhandlung nochmals – nunmehr aber erfolglos – Revision eingelegt wird (BGH NStE Nr 7) oder wenn ohnehin nur die Mindestgebühr nach § 11 III S. 1 GKG zu erheben ist (Düsseldorf JurBüro **85**, 898). Die Ermäßigung kann in der Bestimmung eines Bruchteils oder eines bestimmten Betrages bestehen. Auch der Ausspruch, daß die Gebühr ganz entfällt, ist durch IV gedeckt (KG GA **73**, 85; Hamm MDR **81**, 427; **aM** LR-Hilger 47 Fn 116).

28 D. **Auslagenverteilung:** In Betracht kommen die Auslagen der Staatskasse (IV S. 1) und die notwendigen Auslagen der Beteiligten (IV S. 2) für die Rechtsmittelinstanz. Auch hier kann eine Aufteilung nach Bruchteilen, aber auch nach Massen oder Einzelposten erfolgen. Bei Vorliegen besonderer Umstände kann die Staatskasse mit den vollen Auslagen des Beschwerdeführers belastet werden.

29 E. **Nebenklage:** Beim Teilerfolg eines Rechtsmittels des Angeklagten oder des Nebenklägers hat die Rspr früher § 471 III Nr 1 entspr angewendet (Düsseldorf AnwBl **83**, 329; Hamburg NJW **70**, 1467; Hamm NJW **71**, 292; Koblenz Rpfleger

85, 503; Nürnberg AnwBl **71**, 182). Diese Rspr ist überholt, nachdem nunmehr I S. 2 und 3 die Rechtsmittelkosten für die Nebenklage ausdrücklich regeln. Eine ausdrückliche Regelung für den Fall des Teilerfolgs des Rechtsmittels ist allerdings nicht getroffen worden. Das kann aber nicht bedeuten, daß es der Gesetzgeber stets für billig hält, den Beschwerdeführer in einem solchen Fall die Kosten und notwendigen Auslagen des Beschwerdegegners in vollem Umfang tragen zu lassen. Die Billigkeitsvorschrift des IV S. 2 muß daher entspr (Verteilung zwischen Angeklagtem und Nebenkläger) angewendet werden (Düsseldorf JurBüro **90**, 1324; NStZ **92**, 250; NStE Nr 15; Beulke DAR **88**, 119; **aM** Düsseldorf JurBüro **91**, 853: § 473 I; Böttcher JR **87**, 137: entspr Anwendung des § 471 III Nr 1).

7) Erfolg wegen Zeitablaufs (V): Es ist kein Erfolg des Rechtsmittels des 30
Angeklagten, wenn im Berufungsurteil die Fahrerlaubnisentziehung nach § 69 StGB nur deshalb wegfällt, weil wegen der inzwischen verstrichenen Zeit die Ungeeignetheit des Angeklagten zum Führen von Kraftfahrzeugen nicht mehr festgestellt werden kann. Denn in diesem Fall führt das Rechtsmittel nicht zur Korrektur einer fehlerhaften Entscheidung, sondern zu einer abweichenden Entscheidung, die allein auf der Veränderung der Umstände durch bloßen Zeitablauf beruht. Die Vorschrift ist nur anwendbar, wenn das Berufungsgericht die Anordnung der Maßregel nach § 69 StGB lediglich deshalb aufhebt, weil ihr Zweck bereits durch die vorläufige Entziehung der Fahrerlaubnis nach § 111a erreicht worden ist (vgl aber LR-Hilger 56: charakterliche Nachreife). Entsprechendes gilt, wenn eine vergleichbare Maßnahme iS des § 69a VI StGB angeordnet war. V erfaßt auch die Fälle, in denen der Angeklagte das Urteil in mehreren Punkten anficht, seine Berufung aber nur dazu führt, daß das Berufungsgericht eine Maßregel nach § 69 I StGB wegfallen läßt. Die Vorschrift betrifft aber nicht den Fall, daß das Berufungsgericht die Entziehung der Fahrerlaubnis deshalb aufhebt, weil der Angeklagte nach der Tat längere Zeit beanstandungsfrei ein Kraftfahrzeug geführt hat, etwa weil eine vorläufige Anordnung nach § 111a nicht getroffen worden war und sich die Durchführung des Berufungsverfahrens verzögert hat, oder wenn es die mit dem Ziel der Verhängung einer längeren Sperrfrist eingelegte Berufung der StA verwirft (Düsseldorf VRS **86**, 136). Die Vorschrift regelt den
Fall, daß der Berufungserfolg allein auf dem Zeitablauf beruht, **nicht abschlie-** 31
ßend (AK/StPO-Meier 7). Als Erfolg des Rechtsmittels gilt daher auch die Milderung der Rechtsfolgen nicht, die allein darauf zurückzuführen ist, daß infolge Zeitablaufs für einen vom 1. Richter als strafschärfend berücksichtigte Vorstrafe Tilgungsreife und demgemäß ein Verwertungsverbot nach § 51 **BZRG** eingetreten (Düsseldorf JurBüro **85**, 1352; NStZ **85**, 380; **aM** LR-Hilger 23 und NStZ **91**, 604) oder wenn deswegen die Tagessatzhöhe herabgesetzt worden ist (Düsseldorf StV **95**, 308, 309; Jena NStZ-RR **97**, 384 L).

8) Rechtsmittel im Privatklageverfahren: 32

A. **Rechtsmittel des Privatklägers:** Bei Zurücknahme oder Erfolglosigkeit 33
des Rechtsmittels trägt der Privatkläger nach I die Gerichtskosten und nach § 471 II, der für alle Rechtszüge gilt (Bay **53**, 257; KG NJW **53**, 1405; Celle MDR **57**, 375; Karlsruhe JR **75**, 250), die notwendigen Auslagen des Angeklagten (Bay **60**, 283 = Rpfleger **61**, 81). Der Erfolglosigkeit steht der Tod des Privatklägers vor der Entscheidung über das Rechtsmittel gleich. Bei Erfolg eines beschränkten und bei Teilerfolg eines unbeschränkten Rechtsmittels gilt § 471 III Nr 1 (LR-Hilger 66).

B. **Rechtsmittel des Angeklagten:** Unter den Voraussetzungen des I trägt der 34
Angeklagte die Gerichtskosten und die notwendigen Auslagen des Privatklägers (Bay **60**, 283 = Rpfleger **61**, 81; 2 zu § 471). Bei vollem Erfolg, der zur Nichtverurteilung führt, gilt § 471 II. Dagegen ist § 471 III Nr 1 entspr anzuwenden, wenn ein beschränktes Rechtsmittel des Angeklagten vollen Erfolg hat (BGH **17**, 376; Hamm MDR **81**, 427; LR-Hilger 64ff) oder wenn ein unbeschränktes teilw

erfolgreich ist (Karlsruhe JR **75**, 250 mit Anm Meyer; vgl auch Düsseldorf JurBüro **85**, 896).

35 C. **Beiderseitige Rechtsmittel:** Sind beide Rechtsmittel erfolglos, so gilt § 471 III Nr 1 (Bay Rpfleger **61**, 81; LR-Hilger 70). Bei Widerklage ist § 471 III Nr 3 anzuwenden (Hamm MDR **53**, 441).

36 **9) Rechtsmittelkosten bei Nebenbeteiligung** nach §§ 431, 442, 444: Bei Zurücknahme oder Erfolglosigkeit des Rechtsmittel des Nebenbeteiligten gilt I. Hat ein unbeschränktes Rechtsmittel vollen Erfolg, so trägt die Staatskasse die Kosten und die notwendigen Auslagen des Nebenbeteiligten. Bei Erfolg eines beschränkten Rechtsmittels gilt hinsichtlich der notwendigen Auslagen III; die Kosten trägt die Staatskasse (Hilger 12). Legt die StA zuungunsten des Nebenbeteiligten ein Rechtsmittel ein und hat sie Erfolg, so trägt der Nebenbeteiligte die Kosten und seine notwendigen Auslagen. Für Rechtsmittel zugunsten des Nebenbeteiligten gilt das gleiche wie für die zugunsten des Angeklagten (oben 16).

37 **10) Wiederaufnahme und Nachverfahren** (VI): Für den zurückgenommenen oder erfolglosen Wiederaufnahmeantrag gilt I. Wird der Antrag nur wegen einer Urteilsberichtigung zurückgenommen, die ihm die Grundlage entzieht, so gilt § 467 I entspr (Perels NStZ **85**, 538; oben 5). Wegen des Umfangs der Kosten vgl 4 zu § 464 a. Die Anordnung der Wiederaufnahme nach § 370 II ist mit keiner Kostenentscheidung zu verbinden (KK-Franke 14; LR-Hilger 96); erst in der neuen Hauptverhandlung wird über die Kosten des gesamten früheren Verfahrens entschieden. Bei Freispruch und Einstellung gilt dann § 467 I, auch für die Kosten der früheren Revision (BGH JR **56**, 101; RG **27**, 382; KK-Franke 14; **aM** RG **27**, 286). Bei neuer Verurteilung wird nach § 465 I entschieden, sofern das Urteil nicht hinter dem Ziel des Wiederaufnahmeantrags zurückbleibt; dann gilt IV (LR-Hilger 96). Entsprechendes gilt für den Fall des § 439.

38 **11) Kosten der Wiedereinsetzung** (VII): Eine Kostenentscheidung wird nur bei Gewährung der Wiedereinsetzung getroffen; bei Antragsverwerfung gehören die durch den Antrag entstandenen Kosten zu den Verfahrenskosten, mit denen der Antragsteller schon belastet ist (Bay **70**, 148 = VRS **40**, 30; KG JR **83**, 214; Düsseldorf JurBüro **84**, 251). Hat der Wiedereinsetzungsantrag Erfolg oder wird Wiedereinsetzung von Amts wegen gewährt, so muß der Betroffene die gerichtlichen Auslagen (Gebühren sind nicht vorgesehen) und seine notwendigen Auslagen (LG Krefeld JurBüro **79**, 237) auch tragen, wenn er freigesprochen wird (LR-Hilger 100). In der Kostenentscheidung werden die durch unbegründeten Widerspruch des Gegners entstandenen Auslagen der Staatskasse (ohne Bezifferung) ausgenommen. Nach dem Sinn der Bestimmung sind sie dem widersprechenden Gegner aufzuerlegen (LR-Hilger 100; Müller NJW **62**, 238).

Achtes Buch. Länderübergreifendes staatsanwaltschaftliches Verfahrensregister

Zentrales staatsanwaltschaftliches Verfahrensregister

474 **I Bei dem Bundeszentralregister wird ein zentrales staatsanwaltschaftliches Verfahrensregister geführt.**

II In das Register sind

1. die Personendaten des Beschuldigten und, soweit erforderlich, andere zur Identifizierung geeignete Merkmale,
2. die zuständige Stelle und das Aktenzeichen,
3. die Tatzeiten,
4. die Tatvorwürfe durch Angabe der gesetzlichen Vorschriften und die nähere Bezeichnung der Straftaten,
5. die Einleitung des Verfahrens sowie die Verfahrenserledigung bei der Staatsanwaltschaft und bei Gericht nebst Angabe der gesetzlichen Vorschriften

einzutragen. Die Daten dürfen nur für Strafverfahren gespeichert und verändert werden.

III Die Staatsanwaltschaften teilen die einzutragenden Daten der Registerbehörde zu dem in Absatz 2 Satz 2 genannten Zweck mit. Auskünfte aus dem Verfahrensregister dürfen nur Strafverfolgungsbehörden für Zwecke eines Strafverfahrens erteilt werden.

IV Die in Absatz 2 Satz 1 Nr. 1 und 2 genannten Daten dürfen nach Maßgabe des § 18 Abs. 3 des Bundesverfassungsschutzgesetzes, auch in Verbindung mit § 10 Abs. 2 des Gesetzes über den Militärischen Abschirmdienst und § 8 Abs. 3 des Gesetzes über den Bundesnachrichtendienst, auf Ersuchen auch an die Verfassungsschutzbehörden des Bundes und der Länder, das Amt für den Militärischen Abschirmdienst und den Bundesnachrichtendienst übermittelt werden. § 18 Abs. 5 Satz 2 des Bundesverfassungsschutzgesetzes gilt entsprechend.

V Die Verantwortung für die Zulässigkeit der Übermittlung trägt der Empfänger. Die Registerbehörde prüft die Zulässigkeit der Übermittlung nur, wenn besonderer Anlaß hierzu besteht.

VI Die Daten dürfen unbeschadet des Absatzes 4 nur in Strafverfahren verwendet werden.

1) Zweck des Registers: Die gesetzliche Grundlage für ein neues von den 1
Informationsregistern der Polizei unabhängiges zentrales staatsanwaltschaftliches Verfahrensregister (im allgemeinen Sprachgebrauch kurz SISY genannt) ist hier durch das Verbrechensbekämpfungsgesetz 1994 geschaffen worden. Der Registerbetrieb ist allerdings noch nicht aufgenommen worden; damit wird frühestens Ende 1999 gerechnet (vgl auch Schneider NJW **96**, 304). Mit der Einrichtung dieses Registers ist eine schon lange erhobene Forderung erfüllt worden (vgl Hoffmann ZRP **90**, 56; Rebmann/Schoreit NStZ **84**, 7; Schoreit DRiZ **87**, 85). Das Register soll die Funktionstüchtigkeit der Strafrechtspflege verbessern, indem es die Ermittlung überörtlicher Täter und Mehrfachtäter erleichtert, das frühzeitige Erkennen von Tat- und Täterverbindungen fördert, insbesondere es auch ermöglicht, reisende Gewalttäter festzustellen und in Haft zu nehmen. Ferner sollen dadurch zuverlässige Grundlagen für Verfahrenseinstellungen nach §§ 153 ff geschaffen werden, indem zB einerseits keine ungerechtfertigten wiederholten Einstellungen gegen Auflagen nach § 153 a mehr erfolgen (Schneider aaO), andererseits unbedeutende Verfahren mit Rücksicht auf schwerwiegendere Vorwürfe nach § 154 schnell beendet werden. Notwendige Verfahrenskonzentrationen durch Verbindung von Ermittlungs- und Strafverfahren sollen dadurch erzielt, mehrere

Hauptverhandlungen gegen denselben Angeklagten und damit nachträgliche Gesamtstrafenbildungen (§ 55 StGB, § 460) sollen vermieden werden (BT-Drucks
2 12/6853 S. 37). **Neben die bereits bestehenden Register**, nämlich das Bundeszentralregister (§§ 1–58 **BZRG**) und das Erziehungsregister (§§ 59–64 **BZRG**), tritt dieses Register; es hätte daher gesetzestechnisch näher gelegen, die Vorschriften der §§ 474 ff in das BZRG statt in die StPO einzufügen (vgl Schoreit aaO; Uhlig Rebmann-FS 523 ff). Das neue Register erschien erforderlich, weil sich aus den bestehenden Registern nicht entnehmen ließ, ob im Zuständigkeitsbereich einer anderen StA ebenfalls Ermittlungsverfahren gegen denselben Beschuldigten anhängig sind oder vor kurzem durch Einstellung des Verfahrens erledigt wurden (Richter NJW **89**, 1785). Insofern wären sonst umständliche Anfragen bei den StAen der anderen LG-Bezirke notwendig (zur Häufigkeit LG-Bezirke übergreifender Eintragungen im BZR vgl Uhlig aaO 522). Ob wirklich die mit diesem
3 Register **erstrebten Ziele erreicht** werden, bleibt abzuwarten. Nur wenn dies der Fall ist, lohnt sich der große Aufwand, der durch Einrichtung und Führung dieses Registers bei den StAen und der Registerbehörde getrieben werden muß. Ein solches Register birgt auch die Gefahr in sich, daß es durch Anfragen und Aktenversendungen zu Mehrbelastungen und Verfahrensverzögerungen ohne nennenswerte Entlastungen und greifbare Erfolge kommt (krit – auch wegen der Doppelspeicherung der Daten bei Polizei und StA – Krüger Kriminalistik **95**, 43).

4 **2)** Der **GBA** führt das zentrale staatsanwaltschaftliche Register; er ist die Registerbehörde iSd §§ 474 ff. Das Register wird beim BZR eingerichtet, das seinen Sitz in Berlin hat (§ 2 I **BZRG**). Die näheren Einzelheiten regelt die Errichtungsanordnung, die das BMJ mit Zustimmung des BRates erläßt (§ 476 V).

5 **3) Umfang der Daten** (II): Alle staatsanwaltschaftlichen Ermittlungsverfahren, die sich gegen einen bestimmten, bekannten Täter richten (also nicht Anzeigen gegen unbekannte Täter, vgl Lemke NStZ **95**, 485), werden mit den unter II S. 1 Nr 1–5 vorgeschriebenen Angaben gespeichert. Die im Entwurf eines StVÄG 1988 vorgesehene Beschränkung auf Verfahren mit erheblicher oder überörtlicher Bedeutung ist als unpraktikabel gestrichen worden (zutr Hoffmann ZRP **90**, 59; König/Seitz NStZ **95**, 5). Die geforderten Angaben der Tatzeiten, der Tatvorwürfe durch Angabe der gesetzlichen Vorschriften und die nähere Bezeichnung der Straftaten werden sich aus dem polizeilichen Schlußbericht (48 zu § 163) entnehmen lassen; als „nähere Bezeichnung der Straftaten" wird idR nur ein Stichwort (zB Straßenraub, Kaufhausdiebstahl, Ausschreitung gegenüber Ausländern) in Betracht
6 kommen. Mindestens **2 Mitteilungen** muß die StA der Registerbehörde machen, falls es zur Einstellung des Verfahrens kommt: Zunächst die Mitteilung über die Einleitung des Verfahrens, sodann die über seine Erledigung durch Einstellung mit Angabe der gesetzlichen Vorschriften (zB nach § 153 oder nach § 170 II). Kommt es zur Anklageerhebung, so ist diese (ebenso wie ein Strafbefehlsantrag oder Antrag nach § 417) und die Art der Erledigung des gerichtlichen Verfahrens mitzuteilen. Auch die vorläufige Einstellung des Verfahrens nach § 205 ist mitzuteilen.

7 **4)** Die **StA ist verpflichtet**, der Registerbehörde die Daten mitzuteilen (III S. 1); dieselbe Verpflichtung trifft die Finanzbehörde, soweit diese das Ermittlungsverfahren führt (Einl 12). Die Daten dürfen nur zum Zwecke der Speicherung und Veränderung für Strafverfahren mitgeteilt werden (II S. 2).

8 **5) Auskünfte** aus dem Verfahrensregister dürfen grundsätzlich nach III S. 2 nur an Strafverfolgungsbehörden und nur für Zwecke des Strafverfahrens erteilt werden. Daher erhalten Verwaltungsbehörden für Bußgeldverfahren nach dem OWiG keine Auskünfte (§ 46 III S. 4 OWiG). Wenn ein Gericht eine Auskunft möchte, muß es sich an die zuständige StA wenden und diese um Einholung der Auskunft bitten, was wenig sachdienlich erscheint; eine Erstreckung des Auskunftsrechts auf
9 Gerichte sollte in Erwägung gezogen werden. **IV erweitert** aber den Kreis der Auskunftsberechtigten über StAen, Polizeien, Finanzbehörden, Steuer- und Zoll-

fahndungsdienststellen hinaus auf die Verfassungsschutzbehörden des Bundes und der Länder, das Amt für den Militärischen Abschirmdienst und den Bundesnachrichtendienst. Diesen steht zur Erfüllung ihrer Aufgaben ohnehin gegenüber der StA und anderen Behörden ein Auskunftserteilungsrecht zu (vgl § 18 III BVerfSchG). Sie erhalten aber nur Auskunft über die Person und die zuständige Stelle nebst Aktenzeichen des Verfahrens (II Nr 1 und 2; Kalf StV **97**, 611); wenn sie nähere Auskünfte wollen, müssen sie sich an die zuständige StA usw wenden. Die Dienste sind entspr § 18 V S. 2 BVerfSchG verpflichtet, einen gesonderten Nachweis über das Auskunftsersuchen zu führen, aus dem der Zweck und die Veranlassung der Anfrage hervorgehen. Daß der Beschuldigte von der Weitergabe der Daten nicht informiert wird, bemängelt Kestel StV **97**, 267; dagegen zutr Kalf aaO.

6) **Verantwortlichkeit** (V): Die Verantwortung für die Zulässigkeit der Über- 10
mittlung trägt grundsätzlich der Empfänger. Das entspricht der Regelung in § 15 II S. 2, 3 BDSG. Sieht die Registerbehörde besonderen Anlaß, die Zulässigkeit der Übermittlung zu überprüfen, muß die anfragende Stelle ihr die erforderliche Auskunft erteilen.

7) **Zweckbindung** (VI): Ebenso wie die Auskünfte nach III S. 2 nur für 11
Zwecke des Strafverfahrens erteilt werden dürfen, dürfen die übermittelten Daten grundsätzlich auch nur im Strafverfahren verwertet werden, wobei es keine Rolle spielt, ob dies in dem Verfahren, zu dem die Übermittlung erfolgte, oder in einem anderen Strafverfahren geschieht (Schneider NJW **96**, 304). Zum Strafverfahren idS gehört die Strafverfolgung selbst, die Strafvollstreckung einschließlich der Bewährungsaufsicht, das Gnadenwesen, die Internationale Rechtshilfe (**aM** SK/StPO-Wolter 27 zu § 474) und die Dienstaufsicht (Lemke NStZ **95**, 485). Benötigt der Empfänger der Auskunft nähere Einzelheiten, so wendet er sich an die zuständige Stelle (II Nr 2), die diese, soweit es um Zwecke des Strafverfahrens geht, erteilt (Uhlig Rebmann-FS 524). Die den in IV erwähnten Nachrichtendiensten übermittelten Daten dürfen allerdings für deren Zwecke verwertet werden, da sonst die Übermittlung nutzlos wäre.

Automatisiertes Abrufverfahren

475 **I Die Einrichtung eines automatisierten Verfahrens, das die Übermittlung personenbezogener Daten durch Abruf ermöglicht, ist für Übermittlungen nach § 474 Abs. 3 Satz 2 an Staatsanwaltschaften zulässig, soweit diese Form der Datenübermittlung unter Berücksichtigung der schutzwürdigen Interessen der Betroffenen wegen der Vielzahl der Übermittlungen oder wegen ihrer besonderen Eilbedürftigkeit angemessen ist und wenn gewährleistet ist, daß die Daten gegen den unbefugten Zugriff Dritter bei der Übermittlung wirksam geschützt werden.**

II Für die Festlegungen zur Einrichtung eines automatisierten Abrufverfahrens findet § 10 Abs. 2 des Bundesdatenschutzgesetzes Anwendung. Die Registerbehörde übersendet die Festlegungen dem Bundesbeauftragten für den Datenschutz.

III Die Verantwortung für die Zulässigkeit des einzelnen automatisierten Abrufs trägt der Empfänger. Die Registerbehörde prüft die Zulässigkeit der Abrufe nur, wenn dazu Anlaß besteht. Sie hat bei jedem zehnten Abruf zumindest den Zeitpunkt, die abgerufenen Daten, die Kennung der abrufenden Stelle und das Aktenzeichen des Empfängers zu protokollieren. Die Protokolldaten dürfen nur für die Kontrolle der Zulässigkeit der Abrufe verwendet werden und sind nach sechs Monaten zu löschen.

IV § 474 Abs. 6 findet Anwendung.

1 **1) Der automatische Abruf** von Daten (on-line-Verfahren) für Zwecke eines Strafverfahrens (§ 474 III S. 2) ist nicht allen Strafverfolgungsbehörden, sondern nur den StAen – und entspr den Finanzbehörden (6 zu § 474) – gestattet, also weder der Polizei noch den in § 474 IV genannten Behörden und natürlich auch nicht den Gerichten (vgl 8 zu § 474).

2 **2) Voraussetzung** des automatisierten Abrufes ist nach I, daß diese Form der Datenübermittlung entweder wegen der Vielzahl der Übermittlungen oder wegen der besonderen Eilbedürftigkeit angemessen ist. Diese Voraussetzungen dürften idR gegeben sein (KK-Franke 2). Damit die Daten bei der Übermittlung gegen den unbefugten Zugriff Dritter wirksam geschützt werden, kann deren Verschlüsselung auf dem Transportweg erforderlich sein (vgl dazu Lemke NStZ **95**, 485 und 486). Ob allerdings in einem solchen automatisierten Verfahren noch auf „schutzwürdige Interessen des Betroffenen" Rücksicht genommen werden kann, erscheint fraglich.

3 **3) Festlegungen** (II): Nach § 10 II BDSG, der entspr Anwendung findet, ist zu gewährleisten, daß die Zulässigkeit des Abrufverfahrens kontrolliert werden kann. Dazu sind schriftlich festzulegen: Anlaß und Zweck des Abrufverfahrens, Datenempfänger, Art der zu übermittelnden Daten und die erforderlichen technischen und organisatorischen Maßnahmen, deren Aufwand nach § 9 BDSG in einem angemessenen Verhältnis zu dem angestrebten Schutzzweck stehen müssen. Diese Festlegungen sind von der Registerbehörde dem Bundesbeauftragten für den Datenschutz (zu dessen Rechtsstellung und Aufgaben vgl §§ 23 ff BDSG) zu übersenden.

4 **4) Verantwortlichkeit** (III): Sie ist für das automatisierte Abrufverfahren genauso wie bei der sonstigen Datenübermittlung nach § 474 V geregelt. Die Registerbehörde hat allerdings nach III S.3 ein Stichprobenverfahren durchzuführen; die Stichprobenprotokolle ermöglichen bis zu ihrer Löschung nach 6 Monaten (III S.4) eine Überprüfung dieser automatischen Abrufe.

5 **5) Zweckbindung** (IV): Vgl 11 zu § 474.

Berichtigung und Löschung der Daten

476 **I Die Daten sind zu berichtigen, wenn sie unrichtig sind. Die zuständige Stelle teilt der Registerbehörde die Unrichtigkeit unverzüglich mit; sie trägt die Verantwortung für die Richtigkeit und die Aktualität der Daten.**

II Die Daten sind zu löschen,

1. **wenn ihre Speicherung unzulässig ist oder**
2. **sobald sich aus dem Bundeszentralregister ergibt, daß in dem Strafverfahren, aus dem die Daten übermittelt worden sind, eine nach § 20 des Bundeszentralregistergesetzes mitteilungspflichtige gerichtliche Entscheidung oder Verfügung der Strafverfolgungsbehörde ergangen ist.**

Wird der Beschuldigte rechtskräftig freigesprochen, die Eröffnung des Hauptverfahrens gegen ihn unanfechtbar abgelehnt oder das Verfahren nicht nur vorläufig eingestellt, so sind die Daten zwei Jahre nach der Erledigung des Verfahrens zu löschen, es sei denn, vor Eintritt der Löschungsfrist wird ein weiteres Verfahren zur Eintragung in das Verfahrensregister mitgeteilt. In diesem Fall bleiben die Daten gespeichert, bis für alle Eintragungen die Löschungsvoraussetzungen vorliegen. Die Staatsanwaltschaft teilt der Registerbehörde unverzüglich den Eintritt der Löschungsvoraussetzungen oder den Beginn der Löschungsfrist nach Satz 2 mit.

III An die Stelle einer Löschung tritt eine Sperrung, soweit

1. Grund zu der Annahme besteht, daß schutzwürdige Interessen einer betroffenen Person beeinträchtigt würden,
2. die Daten für laufende Forschungsarbeiten benötigt werden oder
3. eine Löschung wegen der besonderen Art der Speicherung nicht oder nur mit unverhältnismäßigem Aufwand möglich ist.

Personenbezogene Daten sind ferner zu sperren, soweit sie nur zu Zwecken der Datensicherung oder der Datenschutzkontrolle gespeichert sind. Gesperrte Daten dürfen nur für den Zweck verwendet werden, für den sie gesperrt worden sind oder soweit dies zur Behebung einer bestehenden Beweisnot unerläßlich ist.

IV Stellt die Registerbehörde fest, daß unrichtige, zu löschende oder zu sperrende personenbezogene Daten übermittelt worden sind, so ist dem Empfänger die Berichtigung, Löschung oder Sperrung mitzuteilen, wenn dies zur Wahrung schutzwürdiger Interessen des Betroffenen erforderlich ist.

V Das Bundesministerium der Justiz bestimmt mit Zustimmung des Bundesrates in einer Errichtungsanordnung die näheren Einzelheiten, insbesondere

1. die Art der zu verarbeitenden Daten,
2. die Anlieferung der zu verarbeitenden Daten,
3. die Voraussetzungen, unter denen in der Datei verarbeitete Daten an welche Empfänger und in welchem Verfahren übermittelt werden,
4. die Einrichtung eines automatisierten Abrufverfahrens,
5. die nach § 9 des Bundesdatenschutzgesetzes erforderlichen technischen und organisatorischen Maßnahmen.

1) Die **Berichtigung** unrichtiger Daten (I) erfolgt auf Mitteilung der zuständigen Stelle durch die Registerbehörde. Weil die Registerbehörde selbst keine Kenntnis über die Richtigkeit der Daten hat, trägt die mitteilende StA die Verantwortung für Richtigkeit und Aktualität der Daten. 1

2) Die **Löschung** der gespeicherten Daten (II) hat in folgenden Fällen zu geschehen: 2

A. War die Speicherung **unzulässig**, weil die Daten nach § 474 II S. 2 nicht hätten gespeichert werden dürfen oder weil über § 474 II S.1 hinausgehende Angaben gespeichert wurden, muß – was selbstverständlich ist – die Löschung dieser Daten erfolgen. 3

B. Ist dem **BZR** durch ein Gericht oder eine Verwaltungsbehörde gemäß § 20 **BZRG** Mitteilung von einer eintragungspflichtigen Entscheidung, Feststellung oder Tatsache gemacht worden, wird die entspr Eintragung im staatsanwaltschaftlichen zentralen Verfahrensregister gelöscht, um Doppelspeicherungen zu vermeiden. Sobald die Auskunft aus dem BZR gewonnen werden kann, bedarf es hier keiner zusätzlichen Speicherung mehr (Lemke NStZ **95**, 485). 4

C. Bei rechtskräftigem **Freispruch**, unanfechtbarer **Ablehnung der Eröffnung** des Hauptverfahrens (§ 204) oder endgültiger **Verfahrenseinstellung** erfolgt keine sofortige Löschung sondern erst nach einer Frist von 2 Jahren nach Erledigung des Verfahrens, falls nicht vor Eintritt der Löschungsfrist ein weiteres Verfahren zur Eintragung mitgeteilt wird (krit dazu Staechelin StV **95**, 354); letzteres entspricht § 47 III **BZRG**. 5

a) **Endgültige Verfahrenseinstellung** liegt bei unanfechtbarem Beschluß nach §§ 206 a, 206 b vor, ferner bei erfolgter Einstellung nach § 153 a I S. 4 und II S. 2 iVm I S. 4, nicht aber bei Einstellung nach § 205. Auch in den übrigen Fällen der Einstellung nach §§ 153 ff sowie bei Einstellung nach § 170 II sollte die Löschung nach 2 Jahren erfolgen. Zwar besteht in diesen Fällen die rechtliche Möglichkeit einer Fortsetzung des Verfahrens (vgl zB 37 zu § 153, 21 zu § 154, 9 zu § 170). Dies ist hier aber nicht einer vorläufigen Einstellung gleichzusetzen, sondern eher 6 der Wiederaufnahme nach einem rechtskräftigen Freispruch (§ 362) oder nach unanfechtbarer Ablehnung der Eröffnung des Hauptverfahrens (§ 211); diese Möglichkeiten hindern jedoch eine Löschung nicht. Im übrigen erscheint es nicht hinnehmbar, wenn diese Daten, insbesondere bei Einstellung nach § 170 II wegen erwiesener Unschuld oder wegen eines endgültigen Verfahrenshindernisses, für immer gespeichert bleiben, während sonst alle Daten spätestens nach 2 Jahren (bei Fehlen weiterer Eintragungen) gelöscht werden (zw auch Lemke NStZ **95**, 486). Kestel StV **97**, 268 sieht in der Speicherung überhaupt einen Verstoß gegen die Unschuldsvermutung, dagegen Kalf StV **97**, 612.

7 b) Die **Löschungsfrist beginnt** mit der Verfahrenserledigung, dh sobald Rechtskraft des Freispruchs eingetreten oder die Ablehnung der Eröffnung oder die Einstellung des Verfahrens unanfechtbar geworden sind. Dieses Datum muß die StA der Registerbehörde unverzüglich mitteilen (II S. 4).

8 c) **Unbedenklich** ist die Einhaltung der Löschungsfrist bei Einstellungen nach § 153a I S. 4 sowie bei den sonstigen Fällen, in denen die Einstellung aus Opportunitätsgründen erfolgt (§§ 153ff); denn das Register soll gerade auch dazu dienen, ungerechtfertigte Einstellungen bei Mehrfachtätern zu verhindern (erg 1 zu § 474). Hinnehmbar ist es auch noch bei Einstellungen nach § 170 II, da hier oftmals die Möglichkeit der Fortsetzung des Verfahrens bei neuen Erkenntnissen
9 besteht. **Bedenklich** erscheint aber das Absehen von der sofortigen Löschung bei Freispruch, Ablehnung der Eröffnung und Verfahrenseinstellung nach §§ 206a, 206b. Es ist nicht einzusehen, warum in diesen Fällen die Daten noch für einige Zeit gespeichert bleiben sollen. Allein die Möglichkeit einer Wiederaufnahme des Verfahrens (oben 6) rechtfertigt dies nicht. Daß gegenüber der Unschuldsvermutung für den Betroffenen insofern ein „unverzichtbares Informationsbedürfnis der StA" bestehen soll (BT-Drucks 12/6853 S. 39), ist nicht überzeugend; aus rechtsstaatlichen Gründen sollten vielmehr in diesen Fällen ebenso wie nach II S. 1 die gespeicherten Daten sogleich gelöscht werden (ebenso AK/StPO-Hellmann 7; Wolter ZStW **107**, 802; **aM** KK-Franke 6).

10 **3)** Eine **Sperrung** statt der Löschung erfolgt ausnahmsweise nach III. Sperrung ist das Kennzeichnen gespeicherter personenbezogener Daten, um ihre weitere Verarbeitung oder Nutzung auszuschließen. Dies kommt zum einen in Betracht, wenn Informationen erhalten bleiben sollen, die für den Betroffenen möglicherweise günstig sind. Das richtet sich nach den Umständen des Einzelfalls. Weitere Fälle der Sperrung sind die Erhaltung von Daten für bereits laufende Forschungsarbeiten, insbesondere für wissenschaftliche Auswertungen (vgl dazu Uhlig Rebmann-FS 528). Aus rein praktischen Gründen – unverhältnismäßiger Aufwand – sieht III S. 1 Nr 3 eine Sperrung statt der Löschung vor. Daß zur Datensicherung und Datenschutzkontrolle gespeicherte Daten nicht gelöscht werden (III S. 2) liegt
11 in der Natur der Sache. Eine **Zweckbindungsklausel** ist in III S. 3 ähnlich wie in §§ 474 VI, 475 IV enthalten. In einem Sperrvermerk sind der Grund für die unterbliebene Löschung und die sich hieraus ergebende Zweckbindung kenntlich zu machen (Lemke NStZ **95**, 486).

12 **4) Benachrichtigung** (IV): Nach Übermittlung unrichtiger (oben 1), zu löschender (oben 2ff) oder zu sperrender (oben 10) Daten kann dem Empfänger (§ 474 III S. 2, IV) die Berichtigung, Löschung oder Sperrung mitgeteilt werden, wenn dies zur Wahrung schutzwürdiger Interessen des Betroffenen erforderlich ist. Da alle gespeicherten Daten unter eine der 3 Kategorien fallen, kann diese Benachrichtigung nur eine seltene Ausnahme sein; sie wird vor allem im Falle einer nachweislich falschen Verdächtigung des Betroffenen, die zu dessen Außerverfolgungssetzung oder zu seinem Freispruch geführt hat, in Frage kommen.

13 **5)** Die **Errichtungsanordnung** (V) ist am 7. 8. 1995 erlassen worden (BAnz 9761); der Registerbetrieb wird wohl erst Ende 1999 aufgenommen werden (RDV **95**, 144; erg 1 zu § 474). Berlin (§§ 21ff AGGVG; GVOBl **92**, 3186) und

Schleswig-Holstein (Ges vom 9. 1. 1996 – GVOBl 81 – mit AV vom 27. 2. 1996 – SchlHA 100) haben eigene Regelungen zur Datenverarbeitung bei den StAen getroffen. Die Errichtungsanordnung hat folgenden Wortlaut:

Allgemeine Verwaltungsvorschrift über eine Errichtungsanordnung für das länderübergreifende staatsanwaltschaftliche Verfahrensregister

Nach § 476 Abs. 5 der Strafprozeßordnung in der Fassung der Bekanntmachung vom 7. April 1987 (BGBl I S 1074, 1319), zuletzt geändert durch Artikel 4 des Gesetzes vom 28. Oktober 1994 (BGBl I S 3186), erläßt das Bundesministerium der Justiz folgende allgemeine Verwaltungsvorschrift:

1. Bezeichnung der Datei

Staatsanwaltschaftliches Verfahrensregister

2. Zweck der Datei

2.1 Die Datei dient der Verarbeitung von Daten aller im Bundesgebiet anhängigen Ermittlungs- und Strafverfahren und somit der Verbesserung des Informationsstandes der Auskunftsberechtigten.

2.2 Die Datei wird bei dem Generalbundesanwalt bei dem Bundesgerichtshof – Dienststelle Bundeszentralregister – (Registerbehörde) geführt.

3. Rechtsgrundlage

3.1 Für die Führung der Datei sind Rechtsgrundlagen die §§ 474 ff StPO.

3.2 Für die Datenanlieferung durch die Staatsanwaltschaften und die in steuerstrafrechtlichen Angelegenheiten diesen gleichgestellten Finanzbehörden (§§ 399, 386 AO) ist Rechtsgrundlage der § 474 Abs 3 StPO.

4. Betroffener Personenkreis

Aufnahme in die Datei finden Daten aller Beschuldigten in einem Ermittlungs- und Strafverfahren einschließlich steuerstrafrechtlicher Verfahren.

5. Arten der zu verarbeitenden Daten

5.1 Rechtmäßige Personalien/andere Personalien

- *Geburtstag*
- *Geburtsname*
- *Familienname, bei Abweichung von Geburtsnamen*
- *Vorname(n)*
- *Geburtsort*
- *Staatsangehörigkeit*
- *letzte bekannte Anschrift (Straße und Hausnummer, Postleitzahl und Ortsname, oder Anschrift der Justizvollzugsanstalt mit Gefangenenbuchnummer)*
- *Geschlecht*
- *abweichende Personendaten (zB Geschiedenen-, Verwitweten-, früherer, Alias-, Arbeits-, Künstler-, Deck-, Spitz-, sonstiger Name) und besondere körperliche Merkmale, unveränderliche Kennzeichen (Muttermale, Narben, Tätowierungen pp.)*

5.2 Vorgangsdaten

- *zuständige Staatsanwaltschaft bzw Finanzbehörde, soweit diese das Ermittlungsverfahren nach §§ 399, 386 AO selbständig führt*
- *Aktenzeichen*
- *sachbearbeitende Polizeibehörde/-dienststelle, Zollfahndungsstelle oder Dienststelle der Steuerfahndung und deren Aktenzeichen (Tagebuchnummer)*
- *Zeit(en), Zeitraum der Tatbegehung*
- *verletzte(s) Gesetz(e)*
- *verletzte Norm(en)*
- *Klassifizierung der Straftat(ent) (zB Handtaschenraub, Straßenraub, Beschaffungsdelikt usw)*
- *Hinweis auf Mitbeschuldigte*
- *Stand des Verfahrens (insbesondere gem Anlage)*

6. Anlieferung und Auskunftsersuchen

6.1 Alle Staatsanwaltschaften der Bundesrepublik Deutschland und die in steuerstrafrechtlichen Angelegenheiten diesen gleichgestellten Finanzbehörden beginnen mit der Übermittlung der Daten an die Registerbehörde in eine eigens für Zwecke der Anlieferung bereitgestellte „Anlieferungsdatei", sobald die Registerbehörde die dafür erforderlichen EDV-technischen Voraussetzungen geschaffen hat. Weitere Mitteilungen erfolgen bei jeder Änderung der Daten im Sinne von Ziff 5. Die Unrichtigkeit von Daten ist gemäß § 476 Abs 1 StPO der Registerbehörde unverzüglich mitzuteilen.

6.2 Die Übermitlung der Daten an die Registerbehörde erfolgt per Leitung. Sie ist grundsätzlich zeitgleich mit der Einleitung eines Ermittlungsverfahrens vorzunehmen. Stehen Gründe einer außergewöhnlichen Geheimhaltungsbedürftigkeit einer Übermittlung von Daten an die Registerbehörde bei Einleitung eines Ermittlungsverfahrens entgegen, so entscheidet der Behördenleiter oder eine von diesem bestimmte Person über Zeitraum und ggf Umfang der Zurückstellung der Übermittlung unter Berücksichtigung der gebotenen Vollständigkeit des staatsanwaltschaftlichen Verfahrensregister.

6.3 Eine Übermittlung unterbleibt,

a) solange diese durch Entscheidung des Behördenleiters oder durch eine von diesem bestimmte Person wegen außergewöhnlicher Geheimhaltungsbedürftigkeit zurückgestellt ist,

b) im Falle der Ablehnung der Einleitung eines Ermittlungsverfahrens.

6.4 Auskunftsersuchen werden per Leitung übermittelt. In Ausnahmefällen können die Staatsanwaltschaften und die in steuerstrafrechtlichen Angelegenheiten diesen gleichgestellten Finanzbehörden auch telefonisch oder fernschriftlich um Auskunft ersuchen.

7. Auskunftsbetrieb/Übermittlung

7.1 Die Registerbehörde nimmt den Auskunftsbetrieb aus dem staatsanwaltschaftlichen Verfahrensregister drei Monate nach Beginn der Übermittlungen durch die Staatsanwaltschaften auf.

7.2 Die Übermittlung der in Ziff 5 genannten Daten erfolgt an die Staatsanwaltschaft bzw an die in steuerstrafrechtlichen Angelegenheiten dieser gleichgestellten Finanzbehörde, von der eine Mitteilung über ein neues Ermittlungsverfahren eingeht. Ferner darf eine Übermittlung dieser Daten auf Ersuchen der Strafverfolgungsbehörden erfolgen. Zu diesen gehören Staatsanwaltschaften, Finanzbehörden, soweit diese das Ermittlungsverfahren nach §§ 399, 386 AO selbständig führen, Polizei-/Sonderpolizeibehörden, soweit sie im Einzelfall repressiv tätig sind, Finanzbehörden im Ermittlungsverfahren nach § 402 AO sowie Steuer- und Zollfahndungsdienststellen. Auf Ersuchen dürfen nach Maßgabe der in § 474 Abs 4 StPO genannten Bestimmungen die in Nr 5.1 genannten Daten mit der Angabe der zuständigen Staatsanwaltschaft und deren Geschäftszeichen sowie der sachbearbeitenden Polizeibehörde/-dienststelle auch an die Verfassungsschutzbehörden des Bundes und der Länder, an das Amt für den Militärischen Abschirmdienst und an den Bundesnachrichtendienst übemittelt werden. Kann die Registerbehörde in den Fällen der Sätze 1 bis 3 eine Mitteilung oder ein Ersuchen einem Datensatz nur teilweise zuordnen, darf sie zur Identitätsprüfung auch die Angaben derjenigen Ermittlungsverfahren übermitteln, die im staatsanwaltschaftlichen Verfahrensregister unter abweichenden, aber ähnlichen Personendaten gespeichert sind. Nach erfolgter Identifizierung sind die ähnlichen, jedoch andere Personen betreffenden Daten zu vernichten, soweit sie für das weitere Verfahren nicht mehr von Bedeutung sind. Ist eine Identifizeirung nicht möglich, sind alle übermittelnden Daten zu vernichten.

7.3 Die Daten werden per Leitung übermittelt. In Ausnahmefällen sind auch telefonische oder fernschriftliche Datenübermittlungen für Auskunftszwecke zulässig.

7.4 Zum unmittelbaren Abruf aus dem Strafverfahrensregister sind unter den in § 475 Abs 1 genannten Voraussetzungen nur Staatsanwaltschaften und die in steuerstrafrechtlichen Angelegenheiten diesen gleichgestellte Finanzbehörden befugt.

8. Speicherungsdauer/Löschung

Wegen der Speicherungsdauer/Löschung der Daten wird auf § 476 Abs 2 StPO Bezug genommen.

9. Technische und organisatorische Maßnahmen nach § 9 BDSG
Die in das zentrale staatsanwaltschaftliche Verfahrensregister aufzunehmenden Daten sind besonders sensibel. Aus diesem Grund sind aus datenschutz- und datensicherheitsmäßigen Gründen besondere Maßnahmen erforderlich, um
– Verfügbarkeit
– Integrität
– Vertraulichkeit
der gespeicherten Daten zu sichern.

9.1 Automatisierte Einspeicherung und Übernahme in die Datenbank
Die mitgeteilten Daten werden zunächst in die Anlieferungsdatei übernommen. Die in diese Datei eingestellten Daten werden überprüft; dies geschieht automatisiert. Aus der Anlieferungsdatei werden die geprüften Daten automatisch in die Datenbank des zentralen staatsanwaltschaftlichen Verfahrensregister übernommen.

9.2 Einhaltung internationaler Normen
Die in § 475 StPO aufgestellte Forderung nach wirksamen Schutz gegen den unbefugten Zugriff Dritter kann nur durch die Anwendung internationaler Normen gewährleistet werden.

10. Organisatorisch-technische Leitlinien
Organisatorische und technische Einzelheiten, insbesondere zur Kommunikation zwischen den anliefernden Behörden und der Registerbehörde und zu Datenschutz und Datensicherheit (zB Fragen der Verschlüsselung der Daten auf dem Transportweg) sind in organisatorisch-technischen Leitlinien von dem Bundesministerium der Justiz und den Landesjustizverwaltungen sowie den obersten Finanzbehörden des Bundes und der Länder einvernehmlich zu regeln.

11. Inkrafttreten
Diese allgemeine Verwaltungsvorschrift tritt am Tage nach der Veröffentlichung in Kraft.
Der Bundesrat hat zugestimmt.

Auskunftserteilung

477 Über die Erteilung einer Auskunft aus dem Verfahrensregister nach § 19 des Bundesdatenschutzgesetzes entscheidet die Registerbehörde im Einvernehmen mit der Staatsanwaltschaft, die die personenbezogenen Daten zur Eintragung in das Verfahrensregister mitgeteilt hat.

1) Die **Registerbehörde** (3 zu § 474) darf nur im Einvernehmen mit der StA, 1
die ihr die personenbezogenen Daten übermittelt hat, Auskunft erteilen; der Registerbehörde fehlt es idR an hinreichender Kenntnis von Tatsachen für die insofern zu treffende Entscheidung (Uhlig Rebmann-FS 527). **§ 19 BDSG**, auf 2
den hier verwiesen wird, enthält ins einzelne gehende Regelungen über den Inhalt der auf Antrag des Betroffenen zu erteilenden Auskunft und über die Möglichkeit der Ablehnung der Auskunftserteilung. Die Auskunft ist nach § 19 VII BDSG unentgeltlich. Wird sie verweigert, kann der Betroffene verlangen, daß die Auskunft dem Bundesbeauftragten für den Datenschutz erteilt wird (§ 19 VI BDSG).

2. Gerichtsverfassungsgesetz (GVG)

Vom 27. Januar 1877 (RGBl 41; III 300–2) idF vom 9. Mai 1975 (BGBl I 1077), letztes ÄndG vom 28. August 1998 (BGBl I 2489, 2499)

Vorbemerkungen

1) Gerichtsverfassungsrecht ist einerseits Teil des Verfassungsrechts für den Bereich der ordentlichen Gerichtsbarkeit (vgl Art 92–104, ferner Art 30, 31 GG), andererseits konkrete Grundlage für das Verfahrensrecht. 1

2) Das **GVG** wird durch andere Gesetze ergänzt, zB durch die Bestimmungen der StPO über die sachliche (§§ 1–6 a) und die örtliche Zuständigkeit (§§ 7–21) und über die Ausschließung und Ablehnung von Richtern (§§ 22 ff) sowie des **JGG** über die Jugendgerichtsverfassung (§§ 33–37), ferner durch das **RPflG** sowie durch AusführungsGe der Länder (zB §§ 7–21 BWAGGVG, BayAGGVG, HambAGGVG, NdsAGGVG). 2

3) Gerichte sind von der Exekutive getrennte, unabhängige, nur dem Gesetz unterworfene Institutionen zur Ausübung der rechtsprechenden Gewalt (Art 92 GG; § 1). Das Gericht als organisatorische Einheit besteht aus mehreren Abteilungen oder Spruchkörpern und der Gerichtsverwaltung. Unter den Abteilungen oder Spruchkörpern wird die Gesamtkompetenz des Gerichts nach den Regeln der sachlichen Zuständigkeit und der Zuständigkeit besonderer StrKn aufgeteilt (1 ff vor § 1 StPO). Die Unabhängigkeit ist den Gerichten nur für die richterliche Tätigkeit gewährleistet (§§ 25, 26 **DRiG**). 3

4) Der **Status des Richters,** den das GG selbst (Art 98 I, III) aus dem sonstigen öffentlichen Dienst herausgelöst hat (BayVerfGH JZ **61**, 418), ist die Kernmaterie des Gerichtsverfassungsrechts, die im einzelnen hauptsächlich im **DRiG** rechtlich Gestalt gewonnen hat. 4

5) Bei der **Ausübung der Strafgerichtsbarkeit** hat die BRep mit ihren Ländern als einheitliches Staatsganzes zu gelten. Darin sind die Länder als zur gemeinsamen Ausübung der Strafrechtspflege verbunden und alle Gerichte, StAen und Polizeibehörden als Organe ein und derselben Strafgewalt anzusehen (BGH **3**, 134, 137). 5

1. Titel. Gerichtsbarkeit

Richterliche Unabhängigkeit

1 Die richterliche Gewalt wird durch unabhängige, nur dem Gesetz unterworfene Gerichte ausgeübt.

1) Die **Richter** sind in Ausübung ihrer Rechtsprechungsfunktion persönlich und sachlich unabhängig nach Art 97 I GG (§§ 25, 45 I **DRiG**). 1

2) Der **Rechtspfleger** trifft die ihm aus dem Richterbereich übertragenen Entscheidungen, zB die ihm übertragenen gerichtlichen Geschäfte in Strafverfahren (§ 22 **RPflG**). Er ist sachlich unabhängig und nur an Recht und Gesetz gebunden (§ 9 **RPflG**). 2

2–9 (weggefallen)

Referendare

10 **Unter Aufsicht des Richters können Referendare Rechtshilfeersuchen erledigen und außer in Strafsachen Verfahrensbeteiligte anhören, Beweise erheben und die mündliche Verhandlung leiten. Referendare sind nicht befugt, eine Beeidigung anzuordnen oder einen Eid abzunehmen.**

1 **1) Aufsicht des Richters:** Das bezieht sich auf die beiden Fallgruppen in S. 1 und bedeutet: Der funktionell zuständige Richter überträgt (widerruflich) seine Kompetenz, nimmt aber durch vorangehende Besprechung der Sach- und Rechtslage und Beobachtung der Ausführung, falls erforderlich durch eigenes Eingreifen, so sehr teil, daß die Prozeßhandlung iS des GVG eine solche des Richters bleibt, unter seiner Verfahrensherrschaft steht (Kissel 12). Der Richter muß daher ständig anwesend sein (KG NJW **74**, 2094; KK-Pfeiffer 2; Thomas/Putzo 2 zu § 10; **aM** Hahn NJW **73**, 1782; differenzierend LR-K. Schäfer 7). Ein Protokoll wird von dem Referendar aufgenommen und unterzeichnet, jedoch mit einem den Auftrag und die Aufsicht bestätigenden Vermerk des Richters versehen. Es genügt nicht, daß der Richter lediglich das Protokoll nachträglich durchsieht (Köln JMBlNW **73**, 282). Zur Verhandlungsleitung durch Referendare vgl allg Franzki JuS **72**, 615.

2 **2) Rechtshilfeersuchen:** Der Begriff ist weit auszulegen (Celle NJW **67**, 993; KK-Pfeiffer 4). Darunter fallen nicht nur Ersuchen nach §§ 156, 157; auch die Ersuchen nach § 162 StPO sind hierher zu rechnen (Kissel 7). Nur im Einzelfall wird die Aufgabe übertragen (ebenso wie eine Aufgabe des StA nach § 142 III).

3 **3) Anordnung und Abnahme des Eides** (S. 2): Soll eine Aussage beeidet werden, so muß der Richter ständig anwesend gewesen sein oder zumindest das von dem Referendar aufgenommene Vernehmungsprotokoll dem Vernommenen nochmals vorlesen (lassen) und sich persönlich von der Richtigkeit der Protokollierung und der Genehmigung des Aussagenden Gewißheit verschaffen (vgl BGH **12**, 92; LR-K. Schäfer 10).

4 **4) Staatsanwaltschaftliche Aufgaben** können dem Referendar nach § 142 III übertragen werden.

5 **5) Rechtspflegeraufgaben** können dem Referendar nach § 2 V **RpflG** zeitweilig übertragen werden, und zwar in irgendeiner Weise zusammengefaßt oder (erst recht) im Einzelfall.

6 **6) Kompetenzüberschreitung:** Die Erledigung von Aufgaben, die dem Referendar nach § 10 nicht übertragen werden dürfen, insbesondere nach S. 1 (vgl BGH **10**, 142, 143; **12**, 92, 94), führt zur Unwirksamkeit (Kissel 18; KK-Pfeiffer 6). Das Fehlen der in S. 1 vorgeschriebenen Aufsicht macht die Handlung nur anfechtbar (Kissel 18; differenzierend LR-K. Schäfer 12).

11 (weggefallen)

Ordentliche Gerichtsbarkeit

12 Die ordentliche streitige Gerichtsbarkeit wird durch Amtsgerichte, Landgerichte, Oberlandesgerichte und durch den Bundesgerichtshof (den obersten Gerichtshof des Bundes für das Gebiet der ordentlichen Gerichtsbarkeit) ausgeübt.

1) In den Ländern Brandenburg, Mecklenburg-Vorpommern, Sachsen, 1
Sachsen-Anhalt und Thüringen traten nach dem EV (Anl I Kap III Sachgebiet A Abschn III Nr 1 a I, II, b I), bis dort Amts-, Land- und Oberlandesgerichte errichtet wurden, grundsätzlich an die Stelle der Amtsgerichte die Kreisgerichte, an die Stelle der Landgerichte und der Oberlandesgerichte die Bezirksgerichte. Bei den Bezirksgerichten, in deren Bezirk die Landesregierung ihren Sitz hat, wurden besondere Senate gebildet; diese traten im Rahmen ihrer Zuständigkeit an die Stelle der Oberlandesgerichte (EV aaO Nr 1 k I). Nachdem in allen Ländern Amts-, Land- und Oberlandesgerichte errichtet wurden, sind die Amtsgerichte an die Stelle der Kreisgerichte, die Landgerichte an die Stelle der Bezirksgerichte getreten (§ 15 I **RpflAnpG**), soweit nichts anderes bestimmt ist, wie zB in § 15 II, III **RpflAnpG**; auch das Landesrecht kann anderes bestimmen (Rieß DtZ **92**, 230). Nach § 17 **RpflAnpG** entfallen die Vorschriften des EV, die die Zuständigkeit und die Besetzung der Kreis- und Bezirksgerichte sowie der besonderen Senate der Bezirksgerichte regeln oder an die Zuständigkeit der Kreis- und Bezirksgerichte anknüpfen (Rieß aaO). Für Rehabilitationsverfahren (vgl 9 vor § 359 StPO) tritt das Landgericht an die Stelle des Bezirksgerichts, das Oberlandesgericht an die
Stelle des besonderen Senats (§§ 8, 13 III **StrRehaG**). In **Berlin** sind in Straf- 2
sachen das Kammergericht (= OLG), das Landgericht Berlin und das AG Berlin-Tiergarten für ganz Berlin zuständig.

Zuständigkeit der ordentlichen Gerichte

13 Vor die ordentlichen Gerichte gehören alle bürgerlichen Rechtsstreitigkeiten und Strafsachen, für die nicht entweder die Zuständigkeit von Verwaltungsbehörden oder Verwaltungsgerichten begründet ist oder auf Grund von Vorschriften des Bundesrechts besondere Gerichte bestellt oder zugelassen sind.

1) Strafsachen gehören stets vor die ordentlichen Gerichte (BVerfGE **22**, 49 = 1
NJW **67**, 1219). Für Bußgeldsachen besteht primär die Kompetenz der VerwBen (Einl 17); die Gerichte sind mit ihnen nur im Nachprüfungsverfahren (§§ 68 ff OWiG) und bei Zusammenhang mit Straftaten (§§ 42, 64, 82 OWiG) befaßt.

13a (weggefallen)

Schiffahrtsgerichte

14 Als besondere Gerichte werden Gerichte der Schiffahrt für die in den Staatsverträgen bezeichneten Angelegenheiten zugelassen.

1) Für Binnenschiffahrtssachen (§ 2 III BinSchVfG; dazu BGH NStZ-RR **98**, 1
367) gibt es eine besondere Zuständigkeitsregelung, aber keine besonderen Gerichte (vgl dazu KG VRS **79**, 433; erg 5 vor § 7 StPO). Der Tatort ist ausschließlicher Gerichtsstand (§ 3 III S. 1 BinSchVfG); die Revision ist nach § 10 BinSchVfG in Strafsachen ausgeschlossen (BGH NStZ **94**, 229 [K]). § 313 StPO

gilt aber auch hier (Köln VRS **90**, 50). Sondergerichte sind nur die Zentralkommission in Rheinschiffahrts- und die Moselkommission in Moselschiffahrtssachen (vgl LR-K. Schäfer 8 f).

15 (weggefallen)

Verbot von Ausnahmegerichten

16 **Ausnahmegerichte sind unstatthaft. Niemand darf seinem gesetzlichen Richter entzogen werden.**

1 **1) Ausnahmegerichte** (I S. 1; Art 101 I S. 1 GG) sind erst nach Tatbegehung zur Untersuchung und Entscheidung eines oder mehrerer konkreter oder individuell bestimmter Einzelfälle oder zur Aburteilung bestimmter Personen besonders eingesetzte Gerichte (BVerfGE **8**, 174, 182 = NJW **58**, 2011; BVerfGE **10**, 200, 212 = NJW **60**, 187; BayVerfGHE 37 II 1 = NJW **84**, 2813). Auch ein einzelner Spruchkörper kann ein Ausnahmegericht sein, wenn ihm durch die Geschäftsverteilung ein Einzelfall oder eine Gruppe von Einzelfällen zugewiesen wird (BVerfGE **40**, 356, 361 = NJW **76**, 283; BayVerfGH aaO; Kissel 3). Spezialspruchkörper für besondere Sachgebiete sind aber zulässig (Kissel 8; KK-Pfeiffer 3).

2 **2) Sondergerichte** (Art 101 II GG) können nur durch Gesetz und für einzelne bestimmte Sachgebiete errichtet werden, in denen sie abstrakt und generell zu entscheiden berufen sind. Daß die Beschränkung auf das bestimmte Sachgebiet notwendigerweise auch eine Beschränkung auf einen bestimmten Personenkreis bedeutet (zB bei RA-Berufsgerichten auf RAe und Bewerber um die Zulassung zur Anwaltschaft), begründet keinen Verstoß gegen Art 101 II GG (KK-Pfeiffer 2).

3 **3)** Das **Prinzip des gesetzlichen Richters** hat Verfassungsrang (Art 101 I S. 2 GG) und sichert die Rechtsstaatlichkeit auf dem Gebiet der Gerichtsverfassung (BVerfGE **40**, 356, 361 = NJW **76**, 283; Einl 18 ff). Es gilt nicht nur für das Gericht als organisatorische Einheit, sondern auch für den im Einzelfall zur Entscheidung berufenen Richter (BVerfG aaO; BGH **28**, 290).

4 **4) Gesetzlicher Richter** (I S. 2): Das Gesetz und der im GVG vorgesehene Geschäftsverteilungsplan des Präsidiums müssen zusammen, so eindeutig und genau wie möglich, den zuständigen Richter bestimmen (BVerfGE **18**, 345, 349; **19**, 52, 59 = NJW **65**, 2291; 2 zu § 21 e). § 21 g II geht über das verfassungsrechtliche
5 Gebot hinaus (BVerfG aaO; 2 zu § 21 g). Die **StA bestimmt die Reihenfolge der Beschuldigten,** auch wenn die Geschäftsverteilung des Gerichts auf den Namen des jeweils erstgenannten Beschuldigten abstellt. Sie darf diese Reihenfolge aber nicht mit dem Motiv bestimmen, die Sache nicht vor einen bestimmten Richter gelangen zu lassen, weil dieser voraussichtlich den Fall anders als der ohne die Manipulation zuständige Richter beurteilen würde. Das Gericht darf in einem solchen Fall die von der StA gewählte Reihenfolge nicht akzeptieren (BGH NJW **58**, 1503; KK-Pfeifer 11; unten 7).

6 **5) Richterentziehung** liegt nicht vor bei einer auf einem Verfahrensirrtum *(error in procedendo)* beruhenden gesetzwidrigen Besetzung (BVerfGE **30**, 165, 167 = NJW **71**, 1033); sie setzt eine (objektiv) willkürliche Maßnahme (BVerfGE **20**, 336, 346; **42**, 237, 241 = NJW **76**, 2128; BVerfG NJW **84**, 2147; BayVerfGHE 37 II 1 = NJW **84**, 281; Karlsruhe StV **98**, 252) voraus, dh eine Maßnahme, die auf unsachlichen, sich von den gesetzlichen Maßstäben völlig entfernenden Erwägungen beruht und unter keinem Gesichtspunkt mehr vertretbar erscheint (BVerfGE **6**, 45, 53 = NJW **57**, 337; BVerfGE **19**, 38, 43 = NJW **65**, 1323; BVerfG

NJW **84**, 1874; BGH **26**, 206, 211; Karlsruhe NStZ **81**, 272; Köln VRS **70**, 437), zB bei Nichtbeachtung veröffentlichter obergerichtlicher Entscheidungen (BGH **31**, 3, 5). Ein Verfahrensirrtum ist begrifflich nicht möglich, wenn eine außerhalb der Gerichtsorganisation stehende Person auf die Besetzung einwirkt. Das gleiche gilt im Ergebnis, wenn ein ausgeschlossener Richter in einer Sache keine richterliche Funktion wahrnehmen durfte (BVerfGE **30**, 165, 167 = NJW **71**, 1033). Art 101 I S. 2 GG kann bei Willkür auch dadurch verletzt sein, daß die Verpflichtung zu einer Vorlage nach §§ 121 II, 132 II oder nach Art 100 GG (Einl 218 ff) nicht erfüllt wird (BVerfGE **18**, 447). Die **StA kann selbst nicht entziehen,** weil 7
ihre Auffassung von der Zuständigkeit noch von dem angegangenen Gericht nachgeprüft wird (BVerfGE **18**, 428), soweit sie kein echtes Wahlrecht hat (10 vor § 7 StPO).

6) Absoluter Revisionsgrund ist der Verstoß gegen § 16 (6 zu § 338 StPO). 8
Gegenüber diesem tritt die Unanfechtbarkeit eines Beschlusses nach § 336 S. 2 zurück (Karlsruhe NStZ **81**, 272; Katholnigg NJW **78**, 2378; Rieß NJW **78**, 2271; 8 zu § 269).

Entscheidung über die Zulässigkeit des Rechtsweges

17 **I Die Zulässigkeit des beschrittenen Rechtsweges wird durch eine nach Rechtshängigkeit eintretende Veränderung der sie begründenden Umstände nicht berührt. Während der Rechtshängigkeit kann die Sache von keiner Partei anderweitig anhängig gemacht werden.**

II Das Gericht des zulässigen Rechtsweges entscheidet den Rechtsstreit unter allen in Betracht kommenden rechtlichen Gesichtspunkten. Artikel 14 Abs. 3 Satz 4 und Artikel 34 Satz 3 des Grundgesetzes bleiben unberührt.

17a **I Hat ein Gericht den zu ihm beschrittenen Rechtsweg rechtskräftig für zulässig erklärt, sind andere Gerichte an diese Entscheidung gebunden.**

II Ist der beschrittene Rechtsweg unzulässig, spricht das Gericht dies nach Anhörung der Parteien von Amts wegen aus und verweist den Rechtsstreit zugleich an das zuständige Gericht des zulässigen Rechtsweges. Sind mehrere Gerichte zuständig, wird an das vom Kläger oder Antragsteller auszuwählende Gericht verwiesen oder, wenn die Wahl unterbleibt, an das vom Gericht bestimmte. Der Beschluß ist für das Gericht, an das der Rechtsstreit verwiesen worden ist, hinsichtlich des Rechtsweges bindend.

III Ist der beschrittene Rechtsweg zulässig, kann das Gericht dies vorab aussprechen. Es hat vorab zu entscheiden, wenn eine Partei die Zulässigkeit des Rechtsweges rügt.

IV Der Beschluß nach den Absätzen 2 und 3 kann ohne mündliche Verhandlung ergehen. Er ist zu begründen. Gegen den Beschluß ist die sofortige Beschwerde nach den Vorschriften der jeweils anzuwendenden Verfahrensordnung gegeben. Den Beteiligten steht die Beschwerde gegen einen Beschluß des oberen Landesgerichts an den obersten Gerichtshof des Bundes nur zu, wenn sie in dem Beschluß zugelassen worden ist. Die Beschwerde ist zuzulassen, wenn die Rechtsfrage grundsätzliche Bedeutung hat oder wenn das Gericht von der Entscheidung eines obersten Gerichtshofes des Bundes oder des Gemeinsamen Senats der obersten Gerichtshöfe des Bundes abweicht. Der oberste Gerichtshof des Bundes ist an die Zulassung der Beschwerde gebunden.

V Das Gericht, das über ein Rechtsmittel gegen eine Entscheidung in der Hauptsache entscheidet, prüft nicht, ob der beschrittene Rechtsweg zulässig ist.

17b **[I] Nach Eintritt der Rechtskraft des Verweisungsbeschlusses wird der Rechtsstreit mit Eingang der Akten bei dem im Beschluß bezeichneten Gericht anhängig. Die Wirkungen der Rechtshängigkeit bleiben bestehen.**

[II] Wird ein Rechtsstreit an ein anderes Gericht verwiesen, so werden die Kosten im Verfahren vor dem angegangenen Gericht als Teil der Kosten behandelt, die bei dem Gericht erwachsen, an das der Rechtsstreit verwiesen wurde. Dem Kläger sind die entstandenen Mehrkosten auch dann aufzuerlegen, wenn er in der Hauptsache obsiegt.

1 **1)** Die **Rechtswegentscheidung und -verweisung** sind in §§ 17–17 b geregelt. Danach ist die rechtskräftige Zulässigkeitserklärung für alle Gerichte bindend (§ 17 a I); die Verweisung wegen Unzulässigkeit des Rechtswegs ist für das Gericht, an das verwiesen wird, insoweit, jedoch nicht hinsichtlich der örtlichen und sachlichen Zuständigkeit bindend (§ 17 a II S. 3). Die Entscheidungen sind nur nach § 17 a IV S. 3 bis 6 anfechtbar. § 17 a V ist nicht anwendbar, wenn das Gericht 1. Instanz über die Zulässigkeit des Rechtswegs entgegen § 17 a III S. 2 nicht vorab durch Beschluß, sondern erst im Urteil entschieden hat (BGH NJW **93**, 470 = JR **93**, 148 mit Anm Hoffmann; BGH JZ **93**, 1009 mit Anm Haas).

2 **2) In strafrechtlichen Angelegenheiten** kommt die Anwendung der §§ 17 ff im Verfahren nach §§ 23 ff EGGVG in Betracht; vgl dazu im einzelnen 2 zu § 25 EGGVG und Kissel NJW **91**, 947 ff. Eine entspr Anwendung erscheint angezeigt, wenn der Kartellsenat des OLG einen Straftatbestand für erfüllt ansieht (vgl 2 zu § 270 StPO), ebenso, wenn statt des zuständigen Zivilgerichts oder des OLG nach § 23 EGGVG die StVollstrK nach § 109 StVollzG angerufen worden ist (Celle StraFo **98**, 27; Saarbrücken NJW **94**, 1423); demgegenüber lehnen aber Frankfurt NJW **96**, 1484; **98**, 1165; NStZ-RR **97**, 246 sowie Hamburg NStZ **95**, 252 eine entspr Anwendung für Verweisungen innerhalb der ordentlichen Gerichtsbarkeit ab (vom LG an das nach § 25 EGGVG zuständige OLG bzw von diesem an den Haftrichter); vgl zur Problematik Krack JR **96**, 259.

Befreiungen im diplomatischen Dienst **RiStBV 193–199**

18 **Die Mitglieder der im Geltungsbereich dieses Gesetzes errichteten diplomatischen Missionen, ihre Familienmitglieder und ihre privaten Hausangestellten sind nach Maßgabe des Wiener Übereinkommens über diplomatische Beziehungen vom 18. April 1961 (Bundesgesetzbl. 1964 II S. 957 ff.) von der deutschen Gerichtsbarkeit befreit. Dies gilt auch, wenn ihr Entsendestaat nicht Vertragspartei dieses Übereinkommens ist; in diesem Falle findet Artikel 2 des Gesetzes vom 6. August 1964 zu dem Wiener Übereinkommen vom 18. April 1961 über diplomatische Beziehungen (Bundesgesetzbl. 1964 II S. 957) entsprechende Anwendung.**

1 **1)** Das **WÜD** mit seiner abgestuften Exterritorialität und Immunität (S. 1; näher unten 11) wird in das GVG einbezogen, jedoch nicht im Wortlaut. Das **WÜD** gilt aber nach S. 2 auch für diejenigen Angehörigen ausländischer Missionen, deren Staaten dem Übereinkommen noch nicht beigetreten sind. Dadurch wird eine einheitliche Rechtslage für die ausländischen diplomatischen Missionen in der BRep geschaffen. Zur Entstehung der Neuregelung vgl Fliedner ZRP **73**, 263.

2 **2) Kein Strafverfahren** darf gegen einen Exterritorialen eingeleitet oder fortgeführt werden. Unzulässig sind schon polizeiliche, staatsanwaltschaftliche und richterliche Untersuchungshandlungen, und zwar auch dann, wenn die Maßnahmen für ein anderes Strafverfahren bestimmt sind, aber in die Rechtssphäre der bevorrechtigten Person eingreifen (Kissel 18). Zu dieser Rechtssphäre gehören auch die Wohn- und Diensträume und das Eigentum der Person. Auch die Einlei-

tung und Fortführung eines **Bußgeldverfahrens** gegen einen Exterritorialen ist unzulässig (§ 18 iVm § 46 I OWiG); daher darf auch keine Verwarnung mit Verwarnungsgeld (§ 56 OWiG) erteilt werden. Die Festsetzung von Ordnungsmitteln, Vorführung und Erzwingungshaft sind unzulässig. 3

3) Ein **Verfahrenshindernis** von besonderer Verbotskraft liegt in der Exterritorialität (Kissel 18 ff; KK-Pfeiffer 7; LK-Gribbohm 338 vor § 3 StGB; Krey 1/31 ff und JA **83**, 238; vgl auch Rüping Kleinknecht-FS 405 ff). Eine unzulässige Entscheidung gegen einen Exterritorialen ist fehlerhaft und auf Rechtsmittel aufzuheben, aber nicht etwa nichtig (Rüping Kleinknecht-FS 409; **aM** KK-Pfeiffer 7; LR-K. Schäfer 6). 4

4) Ein **Verzicht** auf die Exterritorialität im Einzelfall ist zulässig, aber grundsätzlich nur mit Einwilligung des Entsendestaates. Bei Beweiserhebung kann auch die bevorrechtigte Person – ausdrücklich oder stillschweigend – verzichten. 5

5) Für **Zustellungen** an Exterritoriale gelten die Grundsätze der Zustellung im Ausland (RiStBV 196, 197). 6

6) **Im Einzelfall** entscheidet die für das Verfahren zuständige Behörde, ob ein Verfahrenshindernis nach § 18 vorliegt, nach Anklageerhebung das Gericht (KK-Pfeiffer **8**). Äußerungen des AA sind nur nichtbindende Gutachten (Kissel 5; Rüping Kleinknecht-FS 406 ff; vgl auch BGH **32**, 275, 281), allerdings von besonderem Gewicht (Karlsruhe Justiz **83**, 133; vgl auch RiStBV 193 II). Mit dem Erlöschen der Exterritorialität wird der inländische Strafzwang wirksam; dies selbst für die Verfehlungen der Vergangenheit. 7

7) Das **NATO-Truppenstatut** und die Zusatzvereinbarungen regeln die Gerichtsbarkeit für Angehörige der verbündeten Truppen, die in der BRep stationiert sind (Nürnberg NJW **75**, 2151). ZT besteht nur die Gerichtsbarkeit des Entsendestaates, zT die deutsche, zT eine konkurrierende Zuständigkeit. Bei dieser (Art VII Abs 1 **NTS**) würde der BRep im Rahmen des Art VII Abs 3 Buchst b **NTS** ein Vorrecht auf Ausübung der Gerichtsbarkeit zustehen. Nach Art 19 I **NTS-ZA** hat 8
die BRep jedoch auf Ersuchen aller Entsendestaaten auf dieses **Vorrecht verzichtet,** soweit die Personen dem Militärrecht der Entsendestaaten unterstehen. Der Verzicht kann nach Art 19 III **NTS-ZA** im Einzelfall zurückgenommen werden, wenn wesentliche Belange der deutschen Strafrechtspflege die Ausübung der deutschen Gerichtsbarkeit erfordern. Auch ohne Zurücknahme unterliegt der Täter der deutschen Gerichtsbarkeit, wenn gegen ihn kein militärgerichtliches Verfahren durchgeführt worden ist und er als Privatmann in die BRep zurückkehrt (BGH **28**, 96). Art 19 **NTS-UP** führt Beispiele mit Richtliniencharakter auf. Die **StA** 9
erklärt die Rücknahme des Verzichts (Teil II Kap 1 Art 3 **NTS-AG**). Über Zustellungen und Ladungen vgl Art 36, 37 **NTS-ZA.** Zu den prozessualen Bestimmungen vgl Schwenk NJW **63**, 1425. 10

8) **WÜD und WÜK** (dazu § 19), auszugsweise wiedergegeben nach dem RdSchr des BMI vom 17. 8. 1993 **„Diplomaten und andere bevorrechtigte Personen"** (GMBl **93**, 591 ff): 11

I. Allgemeine Rechtsgrundlagen

Nach allgemeinen Regeln des Völkerrechts (Art 25 des Grundgesetzes), besonderen völkerrechtlichen Vereinbarungen (vgl den vom Bundesminister der Justiz jährlich als Beilage zum Bundesgesetzblatt (BGBl) Teil II herausgegebenen Fundstellennachweis B) wie zB dem Wiener Übereinkommen vom 18. April 1961 über diplomatische Beziehungen (BGBl 1964 II S. 957 – WÜD) oder dem Wiener Übereinkommen vom 24. April 1963 über konsularische Beziehungen (BGBl 1969 II S. 1585 – WÜK) sowie aufgrund eigener innerstaatlicher Rechtsvorschriften (vgl insbesondere §§ 18 ff. des Gerichtsverfassungsgesetzes – GVG) genießen Mitglieder diplomatischer Missionen, konsularischer Vertretungen sowie Angehörige internationaler Organisationen bei ihrem Aufenthalt in der Bundesrepublik Deutschland bestimmte Vorrechte und Immunitäten. Unbeschadet derselben sind sie verpflichtet, die

Gesetze und andere Rechtsvorschriften der Bundesrepublik Deutschland zu beachten, auch wenn sie – soweit es sich um Diplomaten oder ihnen gleichgestellte Personen handelt – nicht mit Zwangsmaßnahmen zu ihrer Beachtung angehalten werden können. In terminologischer Beziehung ist zu beachten, daß die innerstaatlich vor allem in den §§ 18ff. GVG geregelte Befreiung von der Gerichtsbarkeit in neueren völkerrechtlichen Übereinkommen als „Immunität von der Gerichtsbarkeit" bezeichnet wird; zwischen diesen beiden Begriffen besteht kein rechtlicher Unterschied. In diesen Übereinkommen wird der Begriff „Immunität von der Gerichtsbarkeit" neben dem Begriff „Befreiung" im Sinne der Freistellung von Zöllen, Steuern usw. verwendet.

II. Durch Vorrechte und Immunitäten begünstigte Personen

A. Vorrechte und Immunitäten genießen die Diplomaten und die nach völkerrechtlichen und innerstaatlichen Vorschriften gleichbehandelten Personen. Diese repräsentieren entweder einen anderen Staat oder stehen in besonders engen Beziehungen zu einer Person, die einen anderen Staat repräsentiert.
Hierzu gehören

1. a) Staatsoberhäupter, bei Besuchen aufgrund amtlicher Einladung auch die sie amtlich begleitenden Angehörigen sowie ihr sonstiges Gefolge. (Die Angehörigen von Staatsoberhäuptern genießen im übrigen keine Vorrechte, Immunitäten und Befreiungen, zB nicht der in der Bundesrepublik Deutschland studierende Sohn eines Staatspräsidenten); vgl § 20 GVG;
b) Chefs und Minister von Regierungen anderer Staaten bei Besuchen in amtlicher Eigenschaft sowie die sie amtlich begleitenden Angehörigen und ihr sonstiges Gefolge; vgl § 20 GVG;

2. a) Missionschefs, das sind die bei der Bundesrepublik Deutschland beglaubigten Leiter der ausländischen diplomatischen Missionen: der Apostolische Nuntius, die Botschafter und Geschäftsträger (ausgewiesen durch roten Diplomatenausweis);
b) Mitglieder des diplomatischen Personals, nämlich Gesandte, Räte, Sekretäre und Attaches der Apostolischen Nuntiatur, der Botschaften sowie die Sonderattaches, zB die Wirtschafts-, Handels-, Finanz-, Landwirtschafts-, Kultur-, Presse-, Militärattaches und die Botschaftsseelsorger und -ärzte (Diplomaten, ausgewiesen durch roten Diplomatenausweis);
c) Familienangehörige der unter Buchst a) und b) genannten Personen, die in deren Haushalt leben und nicht Deutsche im Sinne des Grundgesetzes sind (ausgewiesen durch roten Diplomatenausweis);

3. Die entsandten Mitglieder des Verwaltungs- und technischen Personals (zB Kanzleibeamte, Chiffreure, Übersetzer, Schreibkräfte) und des dienstlichen Hauspersonals (zB Kraftfahrer, Pförtner, Boten, Gärtner, Köche, Nachtwächter), der diplomatischen Mission sowie ihre ständig in ihrem Haushalt lebenden Familienangehörigen, wenn diese Personen weder Deutsche im Sinne des Grundgesetzes noch in der Bundesrepublik Deutschland ständig ansässig sind (ausgewiesen durch blauen Ausweis für bevorrechtigte Personen);

4. Private Hausangestellte von Mitgliedern diplomatischer Missionen (zB persönliche Diener, Fahrer, Erzieher und Raumpflegekräfte) soweit sie weder Deutsche im Sinne des Grundgesetzes noch in der Bundesrepublik Deutschland ständig ansässig sind (ausgewiesen durch grünen Personalausweis);

5. Die unter Nrn 2 bis 4 bezeichneten Personen, die in der Bundesrepublik Deutschland ständig ansässig und nicht Deutsche im Sinne des Grundgesetzes sind (ausgewiesen durch gelben Ausweis).

B. Sonderregelungen gelten für folgende Personen

1. Teilnehmer an Inspektionen gemäß bereits bestehender und noch zu schließender Verträge über Abrüstung und Rüstungskontrolle.

2. Der Leiter der bisherigen Handelsvertretungen der Union der Sozialistischen Sowjetrepubliken (jetzt Russische Föderation) in Köln und Berlin und drei (Köln) bzw zwei (Berlin) Stellvertreter haben bis auf weiteres den Status von Diplomaten. Sie und ihre in ihrem Haushalt lebenden Familienangehörigen gehören zu den unter Nr 2 Buchst b) und c) genannten Personen (ausgewiesen durch roten Diplomatenausweis). Die übrigen Mitglieder der Handelsvertretung genießen nur Steuerfreiheit hinsichtlich ihrer Bezüge. Sie und ihre in ihrem Haushalt lebenden Familienangehörigen (ausgewiesen durch rosa Ausweis) haben im übrigen keine Vorrechte und Immunitäten – vgl Art 2 der Anlage zum Abkommen über Allgemeine Fragen des Handels und der Seeschiffahrt zwischen der Bundesrepublik Deutschland und der Union der Sozialistischen Sowjetrepubliken vom 25. April 1958 (BGBl II 1959 S. 225).
Die Leiter der bisherigen Handelsvertretungen in Leipzig und Rostock werden bis auf weiteres als berufskonsularische Mitglieder der jeweiligen russischen Generalkonsulate angemeldet.

3. Bestimmte Mitglieder der Handelsabteilungen der Botschaft der Tschechischen und Slowakischen Förderativen Republik in Köln und Berlin genießen ebenfalls nur Steuerfreiheit hinsichtlich ihrer

Bezüge, haben aber wie ihre mit ihnen im gemeinsamen Haushalt lebenden Familienmitglieder (ausgewiesen durch rosa Ausweise) keine Vorrechte und Immunitäten.

C. Eine „Liste der diplomatischen Missionen", die auch die Namen ihrer diplomatischen Mitglieder enthält, erscheint dreimaljährlich im Bundesanzeiger-Verlag, Postfach 10 05 34, 50445 Köln und ist im Buchhandel erhältlich.

D. Vorrechte und Immunitäten genießen ferner die Mitglieder der konsularischen Vertretungen (vgl Abschnitt IV B) und ihr privates Hauspersonal.

1. Diese Personengruppe umfaßt.

a) Berufskonsularbeamte (Generalkonsuln, Konsuln, Vizekonsuln, Konsularagenten und andere Angehörige des konsularischen Dienstes) sowie die in ihrem Haushalt lebenden Familienangehörigen, wenn diese Personen im Bundesgebiet keine private Erwerbstätigkeit ausüben. Bei den Familienangehörigen ist weitere Voraussetzung, daß sie weder Deutsche im Sinne des Grundgesetzes noch in der Bundesrepublik Deutschland ständig ansässig sind (ausgewiesen durch weißen Ausweis);

b) die entsandten Mitglieder des Verwaltungs- oder des technischen Personals (zB Kanzleibeamte, Chiffreure, Übersetzer, Schreibkräfte) und des dienstlichen Hauspersonals der konsularischen Vertretungen (zB Kraftfahrer, Pförtner, Boten, Gärtner, Köche, Nachtwächter) sowie ihre in ihrem Haushalt lebenden Familienangehörigen, wenn diese Personen weder Deutsche im Sinne des Grundgesetzes noch in der Bundesrepublik Deutschland ständig ansässig sind und im Bundesgebiet keine private Erwerbstätigkeit ausüben (ausgewiesen durch grauen Ausweis);

c) Honorarkonsularbeamte [F: Honorarkonsularbeamte werden nur noch vereinzelt im innerstaatlichen Sprachgebrauch (vgl insbesondere § 19 GVG) auch als Wahlkonsularbeamte bezeichnet.] (Honorargeneralkonsuln, Honorarkonsuln, Honorarvizekonsuln, Konsularagenten; ausgewiesen durch weißen Ausweis mit grünen Querstreifen);

d) die in der Bundesrepublik Deutschland ständig ansässigen Mitglieder konsularischer Vertretungen (Ortskräfte) und ihre in ihrem Haushalt lebenden Familienangehörigen, sofern diese nicht Deutsche im Sinne des Grundgesetzes sind (ausgewiesen durch einen gelben Ausweis, ausgestellt von der Staats- oder Senatskanzlei eines Bundeslandes);

e) Mitglieder des privaten Hauspersonals von entsandten Konsulatsangehörigen, soweit sie nicht ständig in der Bundesrepublik Deutschland ansässig oder Deutsche im Sinne des Grundgesetzes sind (ausgewiesen durch grüne Ausweise, ausgestellt von der Staats- oder Senatskanzlei eines Bundeslandes).

2. Eine „Liste der konsularischen Vertretungen" erscheintjährlich im Bundesanzeiger-Verlag, Postfach 1005 34, 504 45 Köln, und ist im Buchhandel erhältlich.

E. Internationale Organisationen

1. Verschiedene internationale und supranationale Organisationen, die Vertretungen dieser Organisationen in der Bundesrepublik Deutschland, die Vertreter ihrer Mitgliedsstaaten, ihre Bediensteten und die zum Haushalt der genannten Personen gehörenden Familienmitglieder sowie die im Auftrag der betreffenden Organisationen tätigen Sachverständigen genießen aufgrund völkerrechtlicher Vereinbarungen und innerstaatlichen Rechts Vorrechte und Immunitäten. Sie genießen diese Vorrechte und Immunitäten während der Wahrnehmung ihrer jeweiligen Aufgaben innerhalb der Bundesrepublik Deutschland (Bedienstete aus anderen Staaten, die ständig im Bundesgebiet tätig sind, ausgewiesen durch dunkelroten Sonderausweis).

Das Ausmaß der gewährten Vorrechte und Immunitäten richtet sich nach jeweiligen völkerrechtlichen Vereinbarungen und dazu erlassenen innerstaatlichen Vorschriften. Diese sind je nach Aufgabe der Organisation sehr unterschiedlich ausgestaltet, zB genießen Organisationen, ihre Bediensteten und Sachverständigen nach dem Übereinkommen vom 13. Februar 1946 über die Vorrechte und Immunitäten der Vereinten Nationen (BGBl 1980 II S. 941) und dem Abkommen vom 21. November 1947 über die Vorrechte und Befreiungen der Sonderorganisationen der Vereinten Nationen (BGBl 1954 II S. 639) umfangreicheren Schutz als nach dem Protokoll über Vorrechte und Immunitäten der Europäischen Patentorganisation vom 5. Oktober 1973 (BGBl 1976 II S. 649) oder nach der Sitzstaatsvereinbarung vom 10. Dezember 1974 zwischen der Regierung der Bundesrepublik Deutschland und dem Europäischen Laboratorium für Molekularbiologie (BGBl 1975 II S. 933). Zum Teil genießen Bedienstete bestimmter Organisationen, insbesondere im EG-Bereich, Vorrechte und Immunitäten ohne Rücksicht auf ihre Staatsangehörigkeit.

Eine Zusammenstellung der völkerrechtlichen Übereinkommen und der damit in Zusammenhang stehenden Rechtsvorschriften, aufgrund derer Personen, insbesondere Bedienstete aus anderen Staaten in der Bundesrepublik Deutschland besondere Vorrechte und Immunitäten genießen, ist in dem in Abschnitt I bezeichneten Fundstellennachweis B sowie in dem vom Bundesminister der Justiz jährlich als Beilage zum Bundesgesetzblatt Teil I herausgegebenen Fundstellennachweis A (Randnummer 180) enthalten. Nähere Auskunft erteilt das Auswärtige Amt – Protokoll –, Bonn (Fernruf 02 28/ 17–0, Fernschreiber Bonn 88 65 91, Telegrammadresse „Auswärtig Bonn").

2. *Für Teilnehmer an Kongressen, Seminaren oder ähnlichen Veranstaltungen der Vereinten Nationen, ihrer Sonderorganisationen oder der durch zwischenstaatliche Vereinbarungen geschaffenen Organisationen unter dem Schirm der Vereinten Nationen, die mit ausdrücklicher Zustimmung der Bundesregierung in der Bundesrepublik Deutschland stattfinden, gilt:*
   a) Staatenvertreter und Bedienstete oder Sachverständige der veranstaltenden Organisation, die als solche förmlich notifiziert werden, genießen die im Privilegienstatus der jeweils veranstaltenden Organisation im einzelnen festgelegten Vorrechte und Immunitäten.
   b) sonstige Teilnehmer an derartigen Veranstaltungen, die weder Staatenvertreter noch Bedienstete oder Sachverständige der veranstaltenden Organisation sind, genießen nach Art 3 Abs 2 und 3 des Gesetzes vom 16. 8. 1980 zum Übereinkommen vom 13. Februar 1946 über die Vorrechte und Immunitäten der Vereinten Nationen (BGBl II 1980, S. 941ff.) diejenigen Vorrechte und Immunitäten, die im Auftrag der Vereinten Nationen tätigen Sachverständigen iS dieses Privilegienabkommens zustehen.

   Für Deutsche im Sinne des Grundgesetzes mit einem gültigen, von einer Behörde der Bundesrepublik Deutschland in der Bundesrepublik Deutschland oder von einer Auslandsvertretung der Bundesrepublik Deutschland ausgestellten Reisepaß oder Personalausweis sowie für solche Teilnehmer, die in der Bundesrepublik Deutschland ständig ansässig sind, gilt dies jedoch nur in dem folgenden eingeschränkten Maße:
   - *Befreiung von jeder Gerichtsbarkeit hinsichtlich der von ihnen in Ausführung ihres Auftrags vorgenommenen Handlungen; die vorgesehene Befreiung von der Gerichtsbarkeit für Amtshandlungen gilt jedoch nicht für Verstöße gegen die Vorschriften über den Straßenverkehr im Falle von Schäden, die durch ein Motorfahrzeug verursacht wurden, das einem Teilnehmer gehört oder von einem Teilnehmer gesteuert wurde;*
   - *Unverletzlichkeit aller Papiere und Schriftstücke;*
   - *Recht zur Verwendung von Verschlüsselungen für ihren Verkehr mit der veranstaltenden Organisation sowie zum Empfang von Papieren und Korrespondenz durch Kurier oder in versiegelten Behältern.*

F. Soldaten anderer Staaten

1. *Vorrechte und Befreiungen genießen Besatzungen ausländischer Kriegsschiffe und anderer hoheitlichen Zwecken dienender Staatsschiffe und Luftfahrzeuge, solange sie sich an Bord oder mit Erlaubnis der Behörden der Bundesrepublik Deutschland in geschlossenen Abteilungen im Lande befinden. Die Schiffe oder Luftfahrzeuge oder die von geschlossenen Truppenteilen an Land benutzten Unterkünfte dürfen von Vertretern des Empfangsstaates nur mit Zustimmung des Kommandanten oder Führers betreten werden. Sie genießen Befreiung von jeder Durchsuchung, Beschlagnahme, Pfändung oder Vollstreckung (für die Stationierungsstreitkräfte vgl Abschnitt XII).*

2. *Beschränkte Vorrechte und Befreiungen genießen geschlossene Truppenteile (Mehrzahl von Soldaten unter verantwortlicher Führung), wenn und solange sie sich mit Genehmigung der Behörden der Bundesrepublik Deutschland in dienstlicher Eigenschaft in der Bundesrepublik Deutschland aufhalten (für die Stationierungsstreitkräfte und die aufgrund des Nordatlantikvertrages errichteten internationalen militärischen Hauptquartiere vgl Abschnitt XII).*

G. Kuriere mit Kurierausweis oder entsprechender Eintragung im Reisepaß besitzen bestimmte Vorrechte, Immunitäten und Befreiungen, welche die Durchführung ihrer Aufgaben sichern (vgl Abschnitt VI).

III. Diplomatische Missionen und ihre Mitglieder

Den diplomatischen Missionen ist zur Wahrnehmung ihrer Aufgaben jede Erleichterung zu gewähren (Art 25 WÜD). Es ist international üblich, ihren Mitgliedern besonders zurvorkommend zu begegnen. Die in diesem Abschnitt genannten Personen sind jedoch verpflichtet, die in der Bundesrepublik Deutschland geltenden Gesetze und anderen Rechtsvorschriften zu beachten und sich nicht in innere Angelegenheiten der Bundesrepublik Deutschland einzumischen (Art 41 Abs 1 WÜD). Insbesondere gelten folgende Vorrechte, Immunitäten und Befreiungen:

A. Räumlichkeiten der diplomatischen Missionen

1. *Die Räumlichkeiten der Mission, dh die Residenz des Missionschefs und die Geschäftsräume – Kanzlei – (Gebäudeteile und das dazugehörige Gelände, die für Zwecke der Mission verwendet werden) sind unverletzlich. Daraus ergibt sich für die zuständigen Behörden die besondere Pflicht, alle geeigneten Maßnahmen zu treffen, um diese vor jedem Eindringen und jeder Beschädigung zu schützen und um zu verhindern, daß der Friede der Mission gestört oder ihre Würde beeinträchtigt wird (Art 22 Abs 1, 2 WÜD).*

2. *Vertreter des Empfangsstaates dürfen die Räumlichkeiten einer Mission nur mit Zustimmung des Leiters oder seines Vertreters betreten (Art 22 Abs 1 Satz 2 WÜD) und nur unter denselben Voraussetzungen dort Hoheitsakte vornehmen. Die Räumlichkeiten, ihre Einrichtung und die*

sonstigen darin befindlichen Gegenstände sowie die Beförderungsmittel genießen Befreiung von jeder Durchsuchung, Beschlagnahme, Pfändung oder Vollstreckung (Art 22 Abs 3 WÜD).

3. Diplomatische Missionen haben das Recht, die Hoheitszeichen ihres Staates (Flagge, Wappen usw) in herkömmlicher Weise zuführen (Art 20 WÜD).

B. Mitglieder diplomatischer Missionen und ihre privaten Hausangestellten

1. Personen, die diplomatische Vorrechte, Immunitäten und Befreiungen genießen, sind mit der gebührenden Achtung zu behandeln; es sind alle geeigneten Maßnahmen zu treffen, um jeden Angriff auf ihre Person, ihre Freiheit oder ihre Würde zu verhindern (Art 29 Satz 3, 37 Abs 1 und 2 WÜD).

2. Die Privatwohnung eines Diplomaten genießt dieselbe Unverletzlichkeit und denselben Schutz wie die Räumlichkeiten der Mission (Art 30, Abs 1 WÜD); hierzu gehören auch Wohnungen in Ferienhäusern.

3. Die Person des Diplomaten ist unverletzlich (Art 29 Satz 1 WÜD). Der Diplomat unterliegt keiner Festnahme oder Haft irgendwelcher Art (Art 29 Satz 2 WÜD) und ist nicht verpflichtet, als Zeuge auszusagen (Art 31 Abs 2 WÜD). Der Diplomat genießt grundsätzlich Befreiung von der deutschen Gerichtsbarkeit (§ 18 GVG, Art 31 Abs 1 WÜD). Einschränkungen ergeben sich aus Art 31 Abs 1, Art 32 Abs 3 WÜD.

4. Die zum Haushalt des Diplomaten gehörenden Familienangehörigen (Ehefrau, Kinder, Eltern) im Sinne von Abschnitt II A Nr 2 Buchstabe c genießen – soweit sie nicht Deutsche im Sinne des Grundgesetzes sind – die gleichen Vorrechte, Immunitäten und Befreiungen wie der Diplomat (§ 18 GVG, Art 37 Abs 1 WÜD).

5. Die Mitglieder des Verwaltungs- und technischen Personals sowie ihre Familienangehörigen im Sinne von Abschnitt II A Nr 3 sind unverletzlich und unterliegen keiner Festnahme oder Haft irgendwelcher Art; sie sind nicht verpflichtet, als Zeuge auszusagen. Sie sind wie Diplomaten von der deutschen Gerichtsbarkeit befreit, unterliegen jedoch hinsichtlich ihrer nicht in Ausübung ihrer dienstlichen Tätigkeit vorgenommenen Handlungen der Zivil- und Verwaltungsgerichtsbarkeit (§ 18 GVG, Art 37 Abs 2 Satz 1 WÜD). Einschränkungen ergeben sich aus Art 31 Abs 1, Art 32 Abs 3 WÜD).

6. Die Mitglieder des dienstlichen Hauspersonals im Sinne von Abschnitt II A Nr 3 genießen Vorrechte und Befreiungen in beschränktem Umfang, insbesondere Befreiung von der Gerichtsbarkeit in bezug auf ihre in Ausübung ihrer dienstlichen Tätigkeit vorgenommenen Handlungen (§ 18 GVG, Art 37 Abs 3 WÜD). Ihre Familienangehörigen sind nicht von der Gerichtsbarkeit der Bundesrepublik Deutschland befreit.

Bei Fahrten von Mitgliedern des dienstlichen Hauspersonals mit Kraftfahrzeugen, die im Zusammenhang mit dienstlichen Obliegenheiten ausgeführt worden sind, stehen § 18 GVG und Art 37 Abs 3 WÜD der Verfolgung einer Straftat oder Ordnungswidrigkeit nicht in jedem Fall entgegen. Es kommt vielmehr entscheidend auf die Umstände des Einzelfalls an. Immunität kommt nur dann in Betracht, wenn der Gebrauch eines Kraftfahrzeuges in engem sachlichen Zusammenhang mit der wirksamen Wahrnehmung dienstlicher Aufgaben steht. Die Verfolgung von Zuwiderhandlungen bei Privatfahrten mit einem Kraftfahrzeug unterliegt keiner Einschränkung.

7. Private Hausangestellte der Diplomaten, des Verwaltungs- und des technischen Personals sowie des dienstlichen Hauspersonals im Sinne von Abschnitt II A Nr 4 genießen Steuerfreiheit auf ihre Bezüge, die sie aufgrund ihres Arbeitsverhältnisses erhalten, Befreiung von der Arbeitserlaubnispflicht für dieses Arbeitsverhältnis und von den Vorschriften über soziale Sicherheit, wenn sie weder die deutsche Staatsangehörigkeit haben noch in der Bundesrepublik Deutschland ansässig sind und den im Entsendestaat oder einem dritten Staat geltenden Vorschriften über soziale Sicherheit unterstehen (Art 33 (2) WÜD). Im übrigen genießen sie keine Vorrechte und Immunitäten; sie sind insbesondere nicht von der deutschen Gerichtsbarkeit befreit.

8. Soweit die in Abschnitt II A Nr 2 bis 4 genannten Personen ständig in der Bundesrepublik Deutschland ansässig oder Deutsche im Sinne des Grundgesetzes sind, genießen sie Vorrechte und Immunitäten von der Gerichtsbarkeit der Bundesrepublik Deutschland nur wie folgt:

a) Diplomaten genießen Befreiung von der Gerichtsbarkeit der Bundesrepublik Deutschland und Unverletzlichkeit nur in Bezug auf ihre in Ausübung ihrer dienstlichen Tätigkeit vorgenommenen Amtshandlungen (Art 38 Abs 1 WÜD).

b) Über die übrigen in Abschnitt II A Nr 2 bis 4 genannten Personen (Familienangehörige der Diplomaten, Mitglieder des Verwaltungs- und technischen Personals der diplomatischen Missionen und ständig in ihrem Haushalt lebende Familienangehörige, Mitglieder des dienstlichen Hauspersonals und Familienangehörige, private Hausangestellte von Mitgliedern diplomatischer Missionen) darf die Bundesrepublik Deutschland ihre Hoheitsgewalt nur so ausüben, daß sie die Mission bei der Wahrnehmung ihrer Aufgaben nicht ungebührlich behindert (Art 38 Abs 2, 37 Abs 4 WÜD).

Im übrigen genießen diese Personen aber Vorrechte und Immunitäten nur nach Maßgabe des in der Bundesrepublik Deutschland geltenden Rechts; sie sind insbesondere nicht von der Gerichtsbarkeit befreit.

9. *Die Vorrechte, Immunitäten und Befreiungen stehen den Berechtigten von dem Zeitpunkt an zu, in dem sie in das Gebiet der Bundesrepublik Deutschland einreisen, um ihren Posten anzutreten, oder, wenn sie sich bereits in der Bundesrepublik Deutschland befinden, von dem Zeitpunkt an, in dem die sie beschäftigende diplomatische Mission den Beginn ihrer Tätigkeit dem Auswärtigen Amt notifiziert hat; sie enden bei einer Person, deren dienstliche Tätigkeit beendet ist, normalerweise im Zeitpunkt der Ausreise oder werden bei Ablauf einer hierfür angemessenen Frist hinfällig. Stirbt ein Mitglied der Mission, so genießen seine Familienangehörigen bis zum Ablauf einer angemessenen Frist die Vorrechte und Immunitäten, die ihnen bisher zugestanden haben (Art 39 WÜD).*

10. *Reist ein Diplomat durch das Gebiet der Bundesrepublik Deutschland, um sein Amt in einem dritten Staat anzutreten oder um auf seinen Posten oder in seinen Heimatstaat zurückzukehren, so stehen ihm Unverletzlichkeit und alle sonstigen für seine sichere Durchreise oder Rückkehr erforderlichen Immunitäten, Vorrechte und Befreiungen zu. Das gleiche gilt für die Familienangehörigen, die ihn begleiten oder die getrennt von ihm reisen, um sich zu ihm zu begeben oder die in ihren Heimatstaat zurückkehren (Art 40 Abs 1 WÜD).*
    Die Durchreise von Mitgliedern des Verwaltungs- und technischen Personals und des dienstlichen Hauspersonals sowie ihrer Familienangehörigen darf unter denselben Voraussetzungen nicht behindert werden (Art 40 Abs 2 WÜD).

IV. Konsularische Vertretungen und ihre Mitglieder

Den konsularischen Vertretungen ist bei der Wahrnehmung ihrer Aufgaben jede Erleichterung zu gewähren (Art 28 WÜK). Es ist international üblich, ihren Mitgliedern zuvorkommend zu begegnen.

Die in diesem Abschnitt genannten Personen sind verpflichtet, die in der Bundesrepublik Deutschland geltenden Gesetze und anderen Rechtsvorschriften zu beachten und sich nicht in innere Angelegenheiten der Bundesrepublik Deutschland einzumischen (Art 55 Abs 1 und Art 58 Abs 2 WÜK).

Die folgenden Ausführungen gelten für konsularische Vertretungen, die von einem Honorarkonsularbeamten geleitet werden, und Honorarkonsularbeamte nur, soweit dies besonders angegeben ist (Art 58 Abs 1, 2 WÜK).

A. Räumlichkeiten der konsularischen Vertretungen

1. *Die Räumlichkeiten der konsularischen Vertretungen einschließlich der von einem Honorarkonsularbeamten geleiteten konsularischen Vertretung sind in dem in Art 31, 55 Abs 3 und 59 WÜK genannten Umfang unverletzlich. Daraus ergibt sich für die zuständigen Behörden die besondere Pflicht, alle geeigneten Maßnahmen zu treffen, um die konsularischen Räumlichkeiten vor jedem Eindringen und jeder Beschädigung zu schützen und um zu verhindern, daß der Friede der konsularischen Vertretung gestört oder ihre Würde beeinträchtigt wird.*

2. *Vertreter der Behörden des Empfangsstaates dürfen den Teil der Räumlichkeiten, den die konsularische Vertretung ausschließlich für ihre dienstlichen Zwecke benutzt, nur mit Zustimmung des Leiters der konsularischen Vertretung, einer von ihm bestimmten Person oder des Chefs der diplomatischen Mission des Entsendestaates betreten (Art 31 Abs 2 Satz 1 WÜK).*

3. *Die konsularischen Archive und Schriftstücke sind jederzeit unverletzlich, wo immer sie sich befinden (Art 33 WÜK). Das gleiche gilt für die konsularischen Archive und Schriftstücke in einer von einem Honorarkonsularbeamten geleiteten konsularischen Vertretung, sofern sie von anderen Papieren und Schriftstücken getrennt gehalten werden, insbesondere von der privaten Korrespondenz sowie von den Gegenständen, Büchern oder Schriftstücken, die sich auf den Beruf oder das Gewerbe beziehen (Art 61 WÜK).*

4. *Konsularische Vertretungen können die Hoheitszeichen ihres Staates (Flagge, Wappen) an dem Gebäude, in dem sich die konsularische Vertretung befindet, an der Wohnung des Leiters der konsularischen Vertretung und an den Beförderungsmitteln führen, wenn diese dienstlich benutzt werden (Art 29 Abs 2 WÜK). Konsularische Vertretungen, die von einem Honorarkonsularbeamten geleitet werden, führen gemäß Art 29 Abs 3 WÜK die Hoheitszeichen nur an dem Gebäude, in dem sich die Vertretung befindet.*

B. Mitglieder der konsularischen Vertretungen

1. *Die Behörden der Bundesrepublik Deutschland treffen alle geeigneten Maßnahmen, um jeden Angriff auf Mitglieder konsularischer Vertretungen, ihre Freiheit oder ihre Würde zu verhindern (Art 40 WÜK). Sie sind verpflichtet, Honorarkonsularbeamten den aufgrund ihrer amtlichen Stellung etwa erforderlichen Schutz zu gewähren (Art 64 WÜK).*

2. *Konsularbeamte unterliegen keiner Festnahme oder Untersuchungshaft, es sei denn, wegen einer schweren strafbaren Handlung und aufgrund einer Entscheidung der zuständigen Justizbehörde (Art 41 Abs 1 WÜK). Zuständige Justizbehörde im Sinne dieser Vorschrift sind der Richter und nach Maßgabe der einschlägigen Bestimmungen der Strafprozeßordnung die Staatsanwaltschaft einschließlich ihrer Hilfsbeamten. Außer dem im 1. Halbsatz des Satzes 1 genannten Fall dürfen Konsularbeamte weder in Haft genommen noch auf andere Weise in ihrer persönlichen Freiheit beschränkt werden, es sei denn in Vollstreckung einer rechtskräftigen gerichtlichen Entscheidung (Art 41 Abs 2 WÜK). Zu Vorrechten und Immunitäten bei Wahrnehmung konsularischer Aufgaben siehe Nr 4.*

3. *Wird ein Mitglied des konsularischen Personals vorläufig festgenommen oder in Untersuchungshaft genommen oder wird ein Strafverfahren gegen ein Mitglied eingeleitet, so hat die zuständige Behörde in der Bundesrepublik Deutschland sofort den Leiter der konsularischen Vertretung zu benachrichtigen. Ist dieser selbst von einer der genannten Maßnahmen betroffen, so ist sofort das Auswärtige Amt – Protokoll – Bonn (Fernruf 02 28/17–0, Fernschreiber Bonn 88 6591, Telegrammadresse „Auswärtig Bonn"), zu unterrichten (Art 42 WÜK). Entsprechendes gilt für Honorarkonsularbeamte (Art 58 Abs 2 WÜK).*

4. *Konsularbeamte und Bedienstete des Verwaltungs- und technischen Personals unterliegen wegen Handlungen, die sie in Wahrnehmung konsularischer Aufgaben vorgenommen haben, weder der deutschen Gerichtsbarkeit noch Eingriffen von Verwaltungsbehörden (Art 43 Abs 1 WÜK). Einschränkungen ergeben sich aus Art 43 Abs 2 und Art 71 WÜK.*

   Bei Fahrten von Konsularbeamten und Bediensteten des Verwaltungs- und technischen Personals mit Kraftfahrzeugen, die im Zusammenhang mit dienstlichen Obliegenheiten ausgeführt worden sind, steht Art 43 WÜK der Verfolgung einer Straftat oder Ordnungswidrigkeit nicht in jedem Fall entgegen. Es kommt vielmehr entscheidend auf die Umstände des Einzelfalles an. Immunität kommt nur dann in Betracht, wenn der Gebrauch eines Kraftfahrzeuges in engem sachlichen Zusammenhang mit der Wahrnehmung konsularischer Aufgaben steht.

   Die Verfolgung von Zuwiderhandlungen, die von Konsularbeamten und Bediensteten des Verwaltungs- und technischen Personals bei Privatfahrten mit einem Kraftfahrzeug begangen werden, unterliegt keiner Einschränkung.

   Soweit eine Strafverfolgung zulässig ist, werden bei Konsularbeamten gegen die zwangsweise Entnahme einer Blutprobe keine Bedenken zu erheben sein, soweit ihnen eine schwere strafbare Handlung zur Last gelegt wird, und die zuständige Justizbehörde (Nr 2 Satz 2) die Entnahme anordnet. Die Entnahme einer Blutprobe bei Bediensteten des Verwaltungs- und technischen Personals wegen Taten, die nicht in Wahrnehmung konsularischer Aufgaben begangen worden sind, ist nicht beschränkt.

   Honorarkonsularbeamte besitzen in aller Regel die deutsche Staatsangehörigkeit oder sind in der Bundesrepublik Deutschland ständig ansässig. Sie genießen lediglich Immunität von der Gerichtsbarkeit wegen ihrer in Wahrnehmung konsularischer Aufgaben vorgenommenen Amtshandlungen (Art 71 Abs 1 WÜK, enger als die Immunität der Berufskonsularbeamten).

5. *Mitglieder einer konsularischen Vertretung können in einem Gerichts- oder Verwaltungsverfahren als Zeugen geladen werden. Mitglieder einer konsularischen Vertretung sind nicht verpflichtet, Zeugnis über die Angelegenheiten zu geben, die mit der Wahrnehmung ihrer Aufgaben zusammenhängen, oder die darauf bezüglichen amtlichen Korrespondenzen und Schriftstücke vorzulegen (Art 44 Abs 1 und Abs 4 WÜK). Das gleiche gilt für Honorarkonsularbeamte (Art 58 Abs 2 WÜK).*

6. *Die zum Haushalt eines Konsularbeamten oder eines Mitglieds des Verwaltungs- und technischen Personals gehörenden Familienangehörigen sind nicht von der deutschen Gerichtsbarkeit befreit. Im übrigen genießen sie, wenn sie weder Deutsche im Sinne des Grundgesetzes noch in der Bundesrepublik Deutschland ständig ansässig sind und keine private Erwerbstätigkeit ausüben (Art 57 Abs 2 und 71 Abs 2 WÜK), die gleichen Vorrechte und Befreiungen wie der Konsularbeamte oder das Mitglied des Verwaltungs- und technischen Personals.*

7. *Das private Hauspersonal von Mitgliedern konsularischer Vertretungen ist von der Verpflichtung hinsichtlich der Arbeitserlaubnis (Art 47 Abs 2 WÜK) und den Vorschriften über soziale Sicherheit befreit, sofern es weder die deutsche Staatsangehörigkeit hat noch in der Bundesrepublik Deutschland ständig ansässig ist und den im Entsendestaat oder einem dritten Staat geltenden Vorschriften über soziale Sicherheit untersteht (Art 48 Abs 2 WÜK).*

8. *In der Bundesrepublik Deutschland ständig ansässige Personen iS von Abschnitt II D Nr 1 Buchstabe d) sowie Deutsche im Sinne des Grundgesetzes genießen Vorrechte und Immunitäten nur, soweit deutsche Gesetze und sonstige Rechtsvorschriften dies vorsehen (Art 71 Abs 2 WÜK). Sie sind nicht von der deutschen Gerichtsbarkeit befreit mit Ausnahme der Konsularbeamten in bezug auf deren in Ausübung ihrer dienstlichen Tätigkeit vorgenommenen Amtshandlungen (Art 71 Abs 1 WÜK).*

9. *Die Vorrechte und Immunitäten stehen den Berechtigten von dem Zeitpunkt an zu, in dem sie in das Gebiet der Bundesrepublik Deutschland einreisen, um ihren Posten anzutreten; sie enden bei einer Person, deren dienstliche Tätigkeit beendet ist, normalerweise im Zeitpunkt der Ausreise oder werden bei Ablauf einer hierfür vorgesehenen angemessenen Frist hinfällig. Stirbt ein Mitglied der konsularischen Vertretung, so genießen seine Familienangehörigen bis zum Ablauf einer angemessenen Frist die Vorrechte und Immunitäten, die ihnen bisher zugestanden haben (Art 53 WÜK). Honorarkonsularbeamten stehen in der Bundesrepublik Deutschland Vorrechte und Immunitäten in der Regel nur für die Dauer ihrer Zulassung durch die Bundesregierung zu.*

10. *Reist ein Konsularbeamter durch das Gebiet der Bundesrepublik Deutschland, um sein Amt in einem dritten Staat anzutreten oder um auf seinen Posten oder in sein Heimatland zurückzukehren, so stehen ihm alle für seine sichere Durchreise oder Rückkehr erforderlichen Immunitäten zu. Das gleiche gilt für Familienangehörige, die ihn begleiten oder die getrennt von ihm reisen, um sich zu ihm zu begeben oder in ihren Heimatstaat zurückzukehren (Art 54 Abs 1 WÜK).*
Die Durchreise von anderen Mitgliedern der konsularischen Vertretung und ihrer Familienangehörigen darf unter denselben Voraussetzungen nicht behindert werden (Art 54 Abs 2 WÜK).

V. Folgerungen aus den Abschnitten III und IV für die Verwaltung

A. 1. *Räumlichkeiten diplomatischer Missionen sind unverletzlich. Sie dürfen nur mit Zustimmung des Missionschefs betreten werden. Durchsuchung, Beschlagnahme, polizeirechtliche Sicherstellung und Maßnahmen des Verwaltungszwanges sind damit unzulässig; ebenso andere Maßnahmen, die diese Vorrechte beeinträchtigen würden. Sie dürfen auch nicht angedroht werden.*

2. *Diplomaten, andere Mitglieder diplomatischer Missionen und ihre Familienangehörigen sind, soweit sie Immunität genießen (Inhaber roter und blauer Ausweise, vergleiche Abschnitt VIII), unverletzlich. Maßnahmen, die diese Vorrechte beeinträchtigen würden, sind unzulässig.*

Unzulässig sind zB

a) Maßnahmen der Strafverfolgung (vorläufige Festnahme, Verhaftung, Durchsuchung, Beschlagnahme, Entnahme von Blutproben, Vernehmung gegen den Willen des Betroffenen);

b) Maßnahmen zur Verfolgung und Ahndung von Ordnungswidrigkeiten einschließlich der Verwarnung mit Verwarnungsgeld;

c) Verwaltungsakte, welche die persönliche Freiheit der in Satz 1 genannten Personen einschränken (zB polizeilicher Gewahrsam) oder mit denen Gegenstände beschlagnahmt oder sichergestellt werden, die im Eigentum oder in der tatsächlichen Gewalt dieser Personen stehen; Verwahrung solcher Gegenstände ist nur zulässig, soweit kein entgegenstehender Wille des Berechtigten erkennbar ist und die Verwahrung in seinem Interesse liegt. Unzulässig sind auch sonstige belastende Verwaltungsakte aufgrund Bundes- oder Landesrecht, die Zwangsmittel androhen bzw zur Folge haben (zB Entzug der Fahrerlaubnis, Sicherstellen eines Kraftfahrzeugs).
Diese Eingriffsmaßnahmen sind ausnahmsweise zulässig, wenn sie zum Schutz höherwertiger Rechtsgüter unerläßlich sind; so etwa
– zum Schutz der Betroffenen oder
– bei konkreter Gefahr für Leben oder Gesundheit anderer.
Auf den Grundsatz der Verhältnismäßigkeit ist dabei besonders zu achten.

Hinsichtlich der Sicherheitskontrollen der Fluggäste auf Flughäfen wird nach den „Grundsätzen für die Freistellung hochgestellter Persönlichkeiten des politischen Lebens, von Diplomaten und anderen bevorrechtigten Personen sowie des diplomatischen und konsularischen Kuriergepäcks von den Sicherheitskontrollen" (Rahmenplan Luftsicherheit – Teil II Abschnitt A) verfahren. Diplomaten und Konsularbeamte genießen Befreiung von der (Zoll-)Kontrolle ihres persönlichen Gepäcks, sofern nicht triftige Gründe für die Vermutung vorliegen, daß es Gegenstände enthält, die nicht für den amtlichen Gebrauch der Missionen oder den persönlichen Gebrauch des Diplomaten/Konsularbeamten oder eines zu seinem Haushalt gehörenden Familienmitglieds bestimmt sind oder deren Ein- und Ausfuhr nach dem Recht des Empfangs-(oder Durchgangs-)staates verboten oder durch Quarantänevorschriften geregelt ist. In solchen Fällen darf die Kontrolle nur in Anwesenheit des Diplomaten/Konsularbeamten oder eines ermächtigten Vertreters stattfinden (Art 36 Abs 3 WÜD, 50 Abs 3 WÜK).

3. *Räumlichkeiten, die eine konsularische Vertretung für ihre dienstlichen Zwecke benutzt, sind unverletzlich. Durchsuchung, Beschlagnahme, polizeirechtliche Sicherstellung und Maßnahmen des Verwaltungszwangs in den dienstlichen Räumlichkeiten der konsularischen Vertretung sind domit unzulässig, ebenso andere Maßnahmen, die diese Vorrechte beeinträchtigen würden. Sie dürfen auch nicht angedroht werden. Auch zur Durchführung möglicher Maßnahmen gemäß Abschnitt IV B, Nr 2 und Nr 4, Abs 4 gegen Konsulatsangehörige ist das Betreten und die Durchsuchung der dienstlichen Räumlichkeiten der konsularischen Vertretung unzulässig.*

4. *Für Mitglieder einer konsularischen Vertretung gelten die nach Nr 2 (S. 596f.) zu befolgenden Grundsätze nur im Rahmen der in Abschnitt IV B (S. 595ff.) angegebenen Grenzen, dh also nur, wenn sie im Rahmen ihrer Konsulatsamtsgeschäfte gehandelt haben und nicht ausschließlich der private Bereich betroffen wird. Unzulässig sind aber auch in bezug auf den privaten Bereich dieses Personenkreises alle strafprozessualen Maßnahmen und Verwaltungsakte, welche die persönliche Freiheit und Unverletzlichkeit der Person einschränken, soweit es sich um Konsularbeamte handelt und die Maßnahmen nicht wegen einer schweren strafbaren Handlung erfolgen und von der zuständigen Justizbehörde angeordnet wurden (vgl IV B 2 S. 595). Familienangehörige der Konsularbeamten sowie die übrigen Mitglieder einer konsularischen Vertretung und deren Familienangehörige genießen keine persönliche Unverletzlichkeit. Von den getroffenen Maßnahmen ist der Leiter der konsularischen Vertretung, ist dieser selbst betroffen, das Auswärtige Amt (Tel 02 28–17–0) zu unterrichten (vgl IV B Nr 3 S. 595).*
5. *(betrifft die Feuerwehren).*
6. *(betrifft andere Hilfsorganisationen).*
7. *(betrifft Gesundheitsmaßnahmen).*

B. *Auf die folgenden Regelungen wird besonders hingewiesen*

1. *(betrifft das AuslG).*
2. *(betrifft das AuslG).*
3. *(betrifft das Melderechtsrahmengesetz).*
4. *(betrifft das Waffengesetz).*
5. *(betrifft das Personenstandsgesetz).*

VI. Kurierverkehr

1. *Die Bundesrepublik Deutschland gestattet und schützt den freien Verkehr eines sich in der Bundesrepublik aufhaltenden Staatsoberhauptes, des Chefs oder Ministers einer anderen Regierung, des Chefs einer diplomatischen Mission, einer konsularischen oder sonstigen Vertretung, der dieses Recht eingeräumt wurde, für alle amtlichen Zwecke. Darausfolgt, daß sich diese im Verkehr mit anderen amtlichen Vertretungen des Entsendestaates aller geeigneten Mittel einschließlich Kurieren und verschlüsselten Nachrichten bedienen können, des Funkverkehrs jedoch nur mit Zustimmung der Bundesregierung (Art 27 Abs 1 WÜD, Art 35 Abs 1 WÜK).*
2. *Konsularisches Kuriergepäck darf weder geöffnet noch zurückgehalten werden. Wenn die zuständigen deutschen Behörden jedoch triftige Gründe für die Annahme haben, daß das Kuriergepäck nicht nur amtliche Korrespondenz sowie ausschließlich für den amtlichen Gebrauch bestimmte Schriftstücke oder Gegenstände enthält, können sie die Öffnung durch einen ermächtigten, dh entsprechend ausgewiesenen (amtlicher Kurierausweis, Diplomatenausweis, evtl in Verbindung mit einer besonderen Vollmacht) Vertreter des Entsendestaates in Gegenwart eines Vertreters der deutschen Behörden verlangen. Lehnen die Behörden des Entsendestaates dieses Verlangen ab, darf das Gepäck die Kontrollstelle nicht passieren.*

   Für die Abfertigungspraxis ergibt sich darausfolgendes: In Verdachtsfällen dieser Art ist in jedem Fall sofort auf dem Dienstweg Weisung einzuholen, wie verfahren werden soll. Gleiches gilt auch, wenn bei diplomatischem Kuriergepäck eindeutige und besonders schwerwiegende Verdachtsgründe vorliegen.
3. *Kuriergepäck kann befördert werden*
   a) *durch diplomatischen oder konsularischen Kurier. Dieser muß ein amtliches Schriftstück mit sich führen, aus dem seine Stellung und die Anzahl der Gepäckstücke ersichtlich sind, die das diplomatische, konsularische oder amtliche Kuriergepäck bilden. Der Kurier genießt persönliche Unverletzlichkeit und unterliegt keiner Festnahme oder Haft irgendwelcher Art (Art 27 Abs 5 WÜD, Art 35 Abs 5 WÜK);*
   b) *als diplomatisches oder konsularisches Kuriergepäck durch den verantwortlichen Flugzeugführer (Kommandanten) eines im gewerblichen Luftverkehr eingesetzten Luftfahrzeuges, dessen Bestimmungsort ein zugelassener Einreiseflugplatz ist. Der Kommandant muß ein amtliches Schriftstück mit sich führen, aus dem die Anzahl der Gepäckstücke ersichtlich ist, die das Kuriergepäck bilden. Er gilt jedoch nicht als diplomatischer oder konsularischer Kurier. Ein entsandtes Mitglied einer diplomatischen oder konsularischen Vertretung darf nicht gehindert werden, das Kuriergepäck unmittelbar von dem Kommandanten entgegenzunehmen, wobei in bezug auf konsularisches Kuriergepäck eine entsprechende Abmachung mit den zuständigen Ortsbehörden zur Voraussetzung gemacht werden darf (Art 27 Abs 7 WÜD, Art 35 Abs 7 WÜK);*
   c) *als diplomatisches oder konsularisches Kuriergepäck durch den Kapitän eines Seeschiffes, dessen Bestimmungsort ein als Grenzübergang zugelassener Hafen ist. Der Kapitän muß ein amtliches*

Schriftstück mit sich führen, aus dem die Anzahl der Gepäckstücke ersichtlich ist, die das Kuriergepäck bilden. Er gilt jedoch nicht als diplomotischer oder konsularischer Kurier. Ein aufgrund einer entsprechenden Abmachung mit den zuständigen Ortsbehörden entsandtes Mitglied der diplomatischen oder konsularischen Vertretung darf nicht gehindert werden, das Kuriergepäck unmittelbar von dem Kapitän entgegenzunehmen (Art 35 Abs 7 WÜK, der für das WÜD analog angewendet wird).

4. *Gepäckstücke, die das Kuriergepäck bilden, müssen äußerlich sichtbar als solche gekennzeichnet sein (Art 27 Abs 4 WÜD, Art 35 Abs 4 WÜK). Der Kurier, der Kommandant eines Luftfahrzeuges oder der Kapitän eines Seeschiffes, der Kuriergepäck befördert, muß ein amtliches Schriftstück mit sich führen, aus dem die Anzahl der Gepäckstücke ersichtlich ist, die das Kuriergepäck bilden.*

5. *Kuriere und Kuriergepäck genießen auch im Durchgangsverkehr vom Heimatstaat zu einem dritten Staat Unverletzlichkeit und Schutz (Art 40 Abs 3 WÜD, Art 54 Abs 3 WÜK)*
   Sind Kuriere Diplomaten oder Konsularbeamte, genießen sie Befreiung von der Kontrolle ihres persönlichen Gepäcks, es sei denn, die unter Abschnitt VI Nr 2 genannten Voraussetzungen liegen vor.

6. *Bei Luftsicherheitskontrollen wird nach dem Rahmenplan verfahren (vgl Abschnitt V A Nr 2). Diplomatisches und konsularisches Kuriergepäck darf grundsätzlich weder geöffnet noch zurückgehalten werden (vgl Nr 2). Auch die Identifizierung des Inhalts mit elektronischen Mitteln ist unzulässig.*

7. *Für die Zollabfertigung von diplomatischen und konsularischem Kuriergepäck gelten die Weisungen in der Kennung Z 2554 der vom Bundesministerium der Finanzen herausgegebenen Vorschriftensammlung Bundesfinanzverwaltung – VSF –.*

VII. *(betrifft abgabenrechtliche Vorrechte und Befreiungen)*

VIII. Ausweise für Mitglieder ausländischer Vertretungen und internationaler Organisationen

1. *Das Auswärtige Amt – Protokoll – stellt den Mitgliedern diplomatischer Missionen auf Antrag folgende Ausweise aus:*
   a) Rote Diplomatenausweise
   den Diplomaten sowie ihren in ihrem Haushalt lebenden Familienangehörigen (vgl Abschnitt II A Nr 2);
   b) blaue Ausweise
   den Mitgliedern des Verwaltungs- und des technischen Personals, des dienstlichen Hauspersonals und ihren in ihrem Haushalt lebenden Familienangehörigen (vgl Abschnitt II A Nr 3);
   c) grüne Personalausweise
   den privaten Hausangestellten von Mitgliedern diplomatischer Missionen (vgl Abschnitt II A Nr 4), sofern sie nicht ständig in der Bundesrepublik Deutschland ansässig sind.
   Da dieser Personenkreis in der Bundesrepublik Deutschland nicht ständig ansässig ist, benötigt er zur Einreise eine gültige Aufenthaltsgenehmigung in der Form des Visums, das nur zur Arbeitsaufnahme bei einem entsandten Konsulatsangehörigen berechtigt. Die Aufenthaltsgenehmigung wird nur für diese Arbeitsaufnahme und für die Dauer eines Jahres erteilt. Sie kann mehrfach verlängert werden, jedoch höchstens für die Dauer des dienstlichen Aufenthalts des Arbeitgebers. Danach muß der private Hausangestellte ausreisen. Ein Wechsel des Arbeitgebers ohne erneute Antragstellung aus dem Ausland ist nicht möglich.
   d) gelbe Ausweise
   den in der Bundesrepublik Deutschland ständig ansässigen Mitgliedern diplomatischer Missionen und ihren in ihrem Haushalt lebenden Familienangehörigen, sofern sie nicht Deutsche im Sinne des Grundgesetzes sind (vgl Abschnitt II A Nr 5). Gelbe Ausweise erhalten auch Personen, die ohne von ihrer Regierung entsandt zu sein, mit einem gültigen Sichtvermerk zur Arbeitsaufnahme bei einer diplomatischen Mission in die Bundesrepublik Deutschland eingereist sind.

2. *Das Auswärtige Amt – Protokoll – stellt auf Antrag ferner aus*
   a) rosa Ausweise
   den nicht privilegierten Mitgliedern der Handelsvertretung der Russischen Föderation und der Handelsabteilungen der Botschaft der Tschechischen und Slowakischen Föderativen Republik sowie ihren in ihrem Haushalt lebenden Familienangehörigen (vgl Abschnitt II B);
   b) dunkelrote Sonderausweise
   den ausländischen Bediensteten der Vertretungen internationaler und supranationaler Organisationen sowie zwischenstaatlicher Einrichtungen, die ständig im Bundesgebiet tätig sind, als auch ihren

im Haushalt der Bediensteten lebenden Familienangehörigen ausländischer Staatsangehörigkeit (vgl Abschnitt II E).

3. *Die bisher vom Chef des Bundeskanzleramtes ausgestellten Sonderausweise weisen mit Wirkung vom 3. Oktober 1990 keine Vorrechte und Befreiungen mehr nach.*

4. *Die zuständigen Behörden der Länder stellen auf Antrag aus:*
   a) *weiße Ausweise*
   für Mitglieder des konsularischen Corps, für Konsularbeamte sowie die in ihrem Haushalt lebenden Familienangehörigen (vgl Abschnitt II D Nr 1 Buchstabe a);
   b) *graue Ausweise*
   für die sonstigen Bediensteten und ihre in ihrem Haushalt lebenden Familienangehörigen (vgl Abschnitt II D Nr 1 Buchstabe b);
   c) *weiße Ausweise mit grünem Querstreifen*
   für Honorarkonsularbeamte (vgl Abschnitt II D Nr 1 Buchstabe c);
   d) *gelbe Ausweise*
   für die in der Bundesrepublik Deutschland ständig ansässigen Mitglieder konsularischer Vertretungen (Ortskräfte) und ihre in ihrem Haushalt lebenden Familienangehörigen, sofern diese nicht Deutsche im Sinne des Grundgesetzes sind (vgl Abschnitt II D Nr 1 Buchstabe d).
   e) *grüne Ausweise*
   für Mitglieder des privaten Hauspersonals entsandter Konsulatsangehöriger, sofern sie nicht ständig in der Bundesrepublik Deutschland ansässig sind (vgl Abschnitt II D Nr 1 Buchstabe e). Bezüglich der Aufenthaltsgenehmigung zur Einreise (vgl Abschnitt VIII, Nr 1, Buchstabe c).

   Entsprechende Ausweismuster am Beispiel des Landes Hamburg sind in der Anlage abgedruckt.

5. *Die Entsendestaaten pflegen ihrerseits die Angehörigen ihres Auswärtigen Dienstes mit Sonderpässen zu versehen (Diplomatenpaß, Diestpaß). Diese Pässe haben für den Status des Inhabers in der Bundesrepublik Deutschland zwar keine unmittelbare Bedeutung, doch können sie als Hinweis auf die Sonderstellung wichtig sein. Bei Vorweisen solcher Pässe ist daher eine vorsichtige Prüfung aller Maßnahmen, notfalls Rückfrage, angezeigt (vgl die besonderen Rechte durchreisender Diplomaten Art 40 Abs 2 WÜD), siehe auch Abschnitt III B. Nr 10) und Konsularbeamten (Art 54 Abs 2 WÜK, siehe auch Abschnitt IV B. Nr 10).*

IX. (betrifft Kraftfahrzeugkennzeichen)

X. Verhalten gegenüber Ausweisinhabern

1. *Allgemein zur Feststellung von Personalien ermächtigte Behörden und Beamte sind befugt, Namen und Anschrift von Personen festzustellen, sofern dies sachlich notwendig ist. Beruft sich eine Person auf Vorrechte und Befreiungen, so kann verlangt werden, daß der Nachweis durch Vorlage entsprechender Urkunden, zB durch die in Abschnitt VIII genannten Ausweise, den Diplomatenpaß oder auf andere Weise geführt wird. In eiligen Zweifelsfällen kann unmittelbar*
   – *beim Auswärtigen Amt – Protokoll – Bonn (Fernruf 02 28/17–0, Fernschreiber 88 65 91, Telegrammadresse „Auswärtig Bonn" Telefax während der Dienstzeit 1734 79, außerhalb 1744 98) über Mitglieder diplomatischer Missionen und über Bedienstete internationaler Organisationen,*
   – *bei den Staats-(Senats-)Kanzleien der Länder über Angehörige der konsularischen Vertretungen*

   Auskunft eingeholt werden. Außerhalb der allgemeinen Dienststunden kann in dringenden Fällen Auskunft bei der Vertretung selbst eingeholt werden. Die Unterredung sollte möglichst mit einem höherrangigen Mitglied geführt werden. Bei einem Angehörigen einer diplomatischen Mission besteht auch die Möglichkeit, den Bereitschaftsdienst des Auswärtigen Amtes um Benennung eines geeigneten Mitglieds der Vertretung als Ansprechpartner und um Angabe seiner Rufnummer zu bitten.

   Anhaltspunkte, die für oder gegen die Zugehörigkeit der Person zu einer in der Bundesrepublik Deutschland errichteten diplomatischen oder konsularischen Vertretung oder einer zwischenstaatlichen oder überstaatlichen Organisation sprechen, sind hierbei mitzuteilen.

2. *Personen, denen Vorrechte, Immunitäten und Befreiungen zustehen, sind mit gebührender Achtung zu behandeln (vgl Art 29 WÜD, Art 40 WÜK). Bei ihrer ersten Einreise sind Personen, denen nach Abschnitt VIII ein Ausweis ausgestellt wird, wie Ausweisinhaber zu behandeln.*

3. *Von einem Einschreiten gegen Personen, die einen roten Ausweis besitzen, ist, außer in den unter Abschnitt V A Nr 2 Buchstabe c (S. 596) genannten Fällen, abzusehen. Inhaber von grünen und rosa Ausweisen genießen keine Immunität. Bei Inhabern blauer, dunkelroter, weißer, grauer oder gelber Ausweise ist im Einzelfall zu prüfen, ob nach der Person des Ausweisinhabers und nach Lage der Umstände Immunität besteht; die Ausweise sind mit einem entsprechenden Aufdruck versehen (Inhaber gelber Ausweise für Ortskräfte können je nach Funktion auch Amtshandlungsimmunität genießen).*

XI. (betrifft Ehrung und Schutz von Besuchern)

XII. (betrifft Sonderbestimmungen für die Rechtsstellung der Stationierungsstreitkräfte und die aufgrund des Nordatlantikvertrages errichteten internationalen militärischen Hauptquartiere)

XIII. (Schlußbestimmungen)

Befreiungen im konsularischen Bereich **RiStBV 193–199**

19 **I Die Mitglieder der im Geltungsbereich dieses Gesetzes errichteten konsularischen Vertretungen einschließlich der Wahlkonsularbeamten sind nach Maßgabe des Wiener Übereinkommens über konsularische Beziehungen vom 24. April 1963 (Bundesgesetzbl. 1969 II S. 1585 ff.) von der deutschen Gerichtsbarkeit befreit. Dies gilt auch, wenn ihr Entsendestaat nicht Vertragspartei dieses Übereinkommens ist; in diesem Falle findet Artikel 2 des Gesetzes vom 26. August 1969 zu dem Wiener Übereinkommen vom 24. April 1963 über konsularische Beziehungen (Bundesgesetzbl. 1969 II S. 1585) entsprechende Anwendung.**

II Besondere völkerrechtliche Vereinbarungen über die Befreiung der in Absatz 1 genannten Personen von der deutschen Gerichtsbarkeit bleiben unberührt.

1 **1)** Das **WÜK** (S. 1; näher 11 zu § 18) wird in I S. 2 ebenfalls zur allgemeinen Regelung gemacht (1 zu § 18). Vgl im übrigen 2 ff zu § 18. Die in § 19 als Wahlkonsularbeamte bezeichneten werden auch Honorarkonsularbeamte genannt (vgl 11 zu § 18 unter II E 1 c).

2 **2) Bilaterale Abmachungen** (II) gehen der allgemeinen Regelung (I) vor, auch wenn sie in Handels-, Schiffahrts-, Freundschafts- oder Niederlassungsverträgen uä enthalten sind. Diese Regelung steht im Einklang mit Art 73 WÜK.

3 **3) Zuwiderhandlungen im Straßenverkehr:** Konsularbeamte und Bedienstete des Verwaltungs- und technischen Personals unterliegen wegen Zuwiderhandlungen, die sie in Wahrnehmung konsularischer Aufgaben begangen haben, nach Art 43 I WÜK nicht der deutschen Gerichtsbarkeit (BMI-Rdschr 12 zu § 18 unter IV B 4). Daher sind Ermittlungs-, Straf- und Bußgeldverfahren nur zulässig, wenn der Gebrauch eines Kfz nicht in engem sachlichen Zusammenhang mit der wirksamen Wahrnehmung konsularischer Aufgaben stand (Bay NJW **74**, 431; Schleswig VRS **62**, 277; vgl auch Düsseldorf VRS **92**, 18; Hamburg NJW **88**, 2191; LG Stuttgart VRS **89**, 457). Konsularische Beamte dürfen nach Art 41 I WÜK nur wegen einer schweren strafbaren Handlung (eine solche, die mit Freiheitsstrafe mit einem Mindestmaß von 3 Jahren und mehr bedroht ist) und aufgrund einer Entscheidung der zuständigen Justizbehörde (BMI-Rdschr unter IV B 2; gilt nicht für Wahlkonsularbeamte, Art 58, 71 WÜK) festgenommen oder in UHaft genommen werden. In solchen Fällen bestehen keine Bedenken gegen die zwangsweise Entnahme einer Blutprobe; bei Wahlkonsuln oder Bediensteten des Verwaltungs- oder technischen Personals ist die zwangsweise Entnahme einer Blutprobe zulässig wegen Taten, die sie nicht in Wahrnehmung konsularischer Aufgaben begangen haben (BMI-Rdschr unter IV B 4).

4 **4)** Die **Telefonüberwachung** eines Konsulats ist unzulässig, wenn die vermuteten strafbaren Handlungen mit der Wahrnehmung konsularischer Aufgaben zusammenhängen können; es besteht dann für daraus gewonnene Erkenntnisse ein Verwertungsverbot (BGH **36**, 396 = JZ **90**, 1031 mit krit Anm Schroeder; erg Einl 55, 57).

Andere Exterritoriale **RiStBV 193–199**

20 [I] **Die deutsche Gerichtsbarkeit erstreckt sich auch nicht auf Repräsentanten anderer Staaten und deren Begleitung, die sich auf amtliche Einladung der Bundesrepublik Deutschland im Geltungsbereich dieses Gesetzes aufhalten.**

[II] **Im übrigen erstreckt sich die deutsche Gerichtsbarkeit nicht auf andere als die in Absatz 1 und in den §§ 18 und 19 genannten Personen, soweit sie nach den allgemeinen Regeln des Völkerrechts, auf Grund völkerrechtlicher Vereinbarungen oder sonstiger Rechtsvorschriften von ihr befreit sind.**

1) **Repräsentanten anderer Staaten** (I): Staatsoberhäupter und Regierungsmitglieder ausländischer Staaten sind schon nach Art 25 GG von der deutschen Gerichtsbarkeit befreit (unten 4). Die Einfügung des I im Jahre 1984 diente dem Zweck, bei dem damals erwarteten Besuch des Staatsratsvorsitzenden der DDR Störungen durch Strafanzeigen zu verhindern (vgl KK-Pfeiffer 4; Blumewitz JZ **85**, 614 gegen BGH **33**, 97, der II anwendet). Zu diesem Zweck wurde die Exterritorialität auf die nicht schon nach II von der deutschen Gerichtsbarkeit ausgenommenen Repräsentanten anderer Staaten ausgedehnt. Dazu gehören außer dem Staatsoberhaupt die Regierungsmitglieder und die Repräsentanten anderer Staatsorgane. Die Befreiung erstreckt sich auf die Begleitung; das sind die auf der vom Gastland akzeptierten Delegationsliste genannten Begleitpersonen (vgl BT-Drucks 10/1447 S. 14). Voraussetzung der Befreiung nach I ist aber stets ein Aufenthalt in der BRep auf **amtliche Einladung** der BReg oder einer 2 anderen dazu befugten Stelle der BRep. Die Einladung eines Bundeslandes genügt nicht, selbst wenn sie auf Veranlassung der BRep ergeht oder mit ihr abgestimmt ist. 1

2) **Weitere Befreiungen** (II) gelten für alle Personen, die nach den allgemeinen 3 **Regeln des Völkerrechts** (zum Begriff vgl BVerfGE **16**, 27, 33 = NJW **63**, 1732; 4 BVerfGE **46**, 342, 367 = NJW **78**, 485) nicht der deutschen Gerichtsbarkeit unterliegen. Das ergibt sich bereits aus Art 25 GG (Kissel 2; Bleckmann NJW **78**, 1092; zur Frage der Völkerrechtmäßigkeit von Haftbefehlen gegen Regierungsmitglieder anderer Staaten vgl Folz/Soppe NStZ **96**, 576). Die Befreiung gilt in 1. Hinsicht für ausländische Staatsoberhäupter, auch wenn sie sich nicht in amtlicher Eigenschaft in der BRep aufhalten (Oehler ZStW **91**, 399). Abgeleitete Immunität kommt dem Gefolge und den Familienmitgliedern zu, wenn sie das Staatsoberhaupt bei Besuchen begleiten (Oehler aaO), sonst nicht (Kissel 11). Immunität genießen ferner die Chefs und Mitglieder ausländischer Regierungen, aber nur bei Besuchen in amtlicher Eigenschaft (Kissel 12; Oehler, Internationales Strafrecht, 2. Aufl, 1983, Rdn 525). Auch hier genießen Gefolge und Familienmitglieder abgeleitete Immunität. Zur Frage der Immunität von ad hoc bestellten Sonderbotschaftern vgl BGH **32**, 275 = JR **85**, 77 mit Anm Oehler; BGH NJW **86**, 2204; Düsseldorf EuGRZ **83**, 159 mit Anm Zuck; NStZ **87, 87** mit Anm Jakobs; LG Düsseldorf JZ **83**, 625 mit Anm Engel; Wolf EuGRZ **83**, 401. Nach allgemeinem Völkerrecht sind auch die Besatzungen ausländischer Kriegsschiffe (Kissel 13) und ausländische geschlossene Truppenverbände befreit, die befugt den Boden der BRep betreten, (Oehler ZStW **91**, 401), nicht aber einzelne Angehörige fremder Truppen (Nürnberg NJW **75**, 2151; Kissel 13; Schwenk NJW **63**, 1426). Für Angehörige der NATO-Truppen vgl Art VII **NTS.** Zu den **völkerrechtlichen** 5 **Vereinbarungen** gehört insbesondere das Abkommen über die Vorrechte und Befreiungen der Sonderorganisationen der UN vom 21. 11. 1947 und über die Gewährung von Vorrechten und Befreiungen an andere zwischenstaatliche Organisationen vom 22. 6. 1954 (BGBl II 639). Dazu sind zahlreiche Einzelregelungen erlassen worden (vgl den Fundstellennachweis A, Beil zum BAnz, Stand 31. 12. 1989, S. 10 ff).

21 (weggefallen)

2. Titel. Allgemeine Vorschriften über das Präsidium und die Geschäftsverteilung

Zusammensetzung des Präsidiums

21a **I Bei jedem Gericht wird ein Präsidium gebildet.**

II Das Präsidium besteht aus dem Präsidenten oder aufsichtführenden Richter als Vorsitzenden und

1. **bei Gerichten mit mindestens zwanzig Richterplanstellen aus acht gewählten Richtern,**
2. **bei Gerichten mit mindestens acht Richterplanstellen aus vier gewählten Richtern,**
3. **bei den anderen Gerichten aus den nach § 21 b Abs. 1 wählbaren Richtern.**

Die Hälfte der gewählten Richter sind bei den Landgerichten, bei den Oberlandesgerichten und beim Bundesgerichtshof Vorsitzende Richter; sind bei einem Gericht nicht mehr als die hiernach zu wählenden Vorsitzenden Richter vorhanden, so gelten diese als gewählt.

1 **1)** Die **Präsidialverfassung** ist für alle Rechtszweige im wesentlichen gleich. Die Tätigkeit des Präsidiums ist Verwaltung im materiellen Sinn (Jahn DRiZ **72**, 32), also nicht richterliche Tätigkeit ieS (BVerwG **50**, 11 = NJW **76**, 1224; KK-Diemer 3), jedoch ausgeübt in richterlicher Unabhängigkeit, als Teil der richterlichen Amtspflicht (Schäfer DRiZ **72**, 405), in einer Art „Allzuständigkeit". Auch der Vorsitzende ist unabhängig. Für die Dienstaufsicht in der Tätigkeit im Präsidium gelten die §§ 25, 26 **DRiG.**

2 **2) Bei jedem Gericht** (I): Ausnahme bei dem Einrichtergericht nach § 22 b (**aM** Kissel 9).

3 **3) Zusammensetzung** (II):

4 A. **Präs und aufsichtführende Richter** (5 zu § 22) sind Mitglieder kraft Gesetzes. Sie werden nach § 21 c I vertreten (dort 1). Bei der Berechnung der Stärke des zu wählenden Präsidiums (II S. 1 Nrn 1, 2; Stichtag § 21 d Abs 1) wird die Stelle des Präs mitgerechnet, da auch er richterliche Aufgaben wahrnimmt (§ 21 e I S. 2). II S.1 Nr 2 gilt auch, wenn die achte Stelle seit Jahren nicht besetzt ist (Koblenz DRiZ **96**, 329).

5 B. **Kleines AG** (II S. 1 Nr 3): Die wählbaren Richter sind Mitglieder kraft Gesetzes. Tritt ein neuer Richter hinzu, ohne daß die Mindestzahl 8 (S. 1 Nr 2) erreicht wird, so gehört auch er dem Präsidium kraft Gesetzes an. Denn § 21 d gilt nur für die gewählten Präsidien (S. 1 Nrn 1, 2). Zum Einrichtergericht vgl § 22 b.

6 C. **Vorsitzendenquorum** (II S. 2): Für das Präsidium des AG ist nicht vorgeschrieben, daß die Abteilungsleiter zu einem bestimmten Teil vertreten sind. Die Planstelle des Präs zählt hier nicht mit, wie sich aus S. 1 und § 21 f I (wo der Präs neben dem Vorsitzenden genannt ist) ergibt. Die Wahlfiktion „gelten als gewählt" schafft nicht Mitglieder kraft Gesetzes.

7 **4)** Bei der **Neuerrichtung von Gerichten** ist die Präsidiumsbildung nach § 30 **RpflAnpG** vorzunehmen (dazu Rieß DRiZ **93**, 76).

Wahl des Präsidiums

21b **[I] Wahlberechtigt sind die Richter auf Lebenszeit und die Richter auf Zeit, denen bei dem Gericht ein Richteramt übertragen ist, sowie die bei dem Gericht tätigen Richter auf Probe, die Richter kraft Auftrags und die für eine Dauer von mindestens drei Monaten abgeordneten Richter, die Aufgaben der Rechtsprechung wahrnehmen. Wählbar sind die Richter auf Lebenszeit und die Richter auf Zeit, denen bei dem Gericht ein Richteramt übertragen ist. Nicht wahlberechtigt und nicht wählbar sind Richter, die an ein anderes Gericht für mehr als drei Monate oder an eine Verwaltungsbehörde abgeordnet sind.**

[II] Jeder Wahlberechtigte wählt die vorgeschriebene Zahl von Richtern, und zwar bei den Landgerichten, bei den Oberlandesgerichten und beim Bundesgerichtshof jeweils eine gleiche Zahl von Vorsitzenden Richtern und weiteren Richtern. In den Fällen des § 21 a Abs. 2 Satz 2 Halbsatz 2 wählt jeder Wahlberechtigte so viele weitere Richter, bis die in § 21 a Abs. 2 Satz 1 bestimmte Zahl von Richtern erreicht ist.

[III] Die Wahl ist unmittelbar und geheim. Gewählt ist, wer die meisten Stimmen auf sich vereinigt. Bei Stimmengleichheit entscheidet das Los.

[IV] Die Mitglieder werden für vier Jahre gewählt. Alle zwei Jahre scheidet die Hälfte aus. Die zum ersten Mal ausscheidenden Mitglieder werden durch das Los bestimmt.

[V] Das Wahlverfahren wird durch eine Rechtsverordnung geregelt, die von der Bundesregierung mit Zustimmung des Bundesrates erlassen wird.

[VI] Ist bei der Wahl ein Gesetz verletzt worden, so kann die Wahl von den in Absatz 1 Satz 1 bezeichneten Richtern angefochten werden. Über die Wahlanfechtung entscheidet ein Senat des zuständigen Oberlandesgerichts, bei dem Bundesgerichtshof ein Senat dieses Gerichts. Wird die Anfechtung für begründet erklärt, so kann ein Rechtsmittel gegen eine gerichtliche Entscheidung nicht darauf gestützt werden, das Präsidium sei deswegen nicht ordnungsgemäß zusammengesetzt gewesen. Im übrigen sind auf das Verfahren die Vorschriften des Gesetzes über die Angelegenheiten der freiwilligen Gerichtsbarkeit sinngemäß anzuwenden.

1) Wahlrecht und Wählbarkeit (I): Wahlberechtigt ist auch der Präs (§ 21 e I S. 2); denn auch ihm ist ein Richteramt übertragen (§ 21 e I S. 2). Die Übertragung eines Richteramtes ist zwar idR, aber nicht notwendig mit der Übertragung einer Planstelle verbunden. Wahlrecht und Wählbar keit fehlen dem Richter bei bestehender voller Abordnung über 3 Monate (I S. 3); ebenso bei Beurlaubung über 3 Monate ohne Dienstbezüge (KK-Pfeiffer 1). Sie fehlen also nicht dem Halbtagsrichter, dem Richter, der teilw an ein anderes Gericht abgeordnet ist; auch nicht dem Richter, der in seinem Gericht nur mit JV Aufgaben befaßt ist. Im Fall der **Abordnung** ist der Richter bei dem Gericht der Abordnung wahlberechtigt, wenn er länger als 3 Monate dort RsprAufgaben wahrnimmt (I S. 1); wählbar ist er dagegen bei dem Gericht der Abordnung nicht (I S. 2, 3). 1 2

2) Maßgebender Tag (I): Der für die Organisation in § 21 d festgelegte Stichtag gilt hier nicht. Es kommt vielmehr auf den Wahltag an (KK-Diemer 1). Umstände, die nach der Erstellung des Wahlverzeichnisses, das nur formelle Bedeutung hat, eintreten oder erst erkannt werden, werden nachträglich berücksichtigt. 3

3) Wahlverfahren (II–V; Wahlordnung für die Präsidien der Gerichte vom 19. 9. 1972 [BGBl I 1821; III 300–2–2]): Nach dem Wortlaut („wählt") besteht 4

Wahlpflicht (Kissel 16). Der Gewählte darf die Wahl nicht ausschlagen, braucht aber auch nicht zu erklären, daß er sie annehme. Die Mitgliedschaft wächst dem Gewählten in dem Zeitpunkt zu, von dem an das Präsidium gebildet oder ergänzt wird, und zwar mit seiner Benachrichtigung über das festgestellte Wahlergebnis (§§ 8, 10 der Wahlordnung).

5 **4) Wahlanfechtung** (VI S. 1, 2): Ihr braucht nicht ein Einspruch gegen die Richtigkeit des Wahlverzeichnisses vorausgegangen zu sein. Mit der konkretisierten Behauptung, bei der Wahl sei ein zwingendes Gesetz, etwa eine der in I–III oder in der Wahlordnung (V) enthaltene obligatorische Regelung, verletzt worden, kann ein Richter die Wahl anfechten, wenn er bei dieser das aktive Wahlrecht hatte (OVG Münster NJW **88**, 723; Katholnigg 5; **aM** Kissel 18; KK-Diemer 5; LR-K. Schäfer 14, die auf das Wahlrecht zZ der Anfechtung abstellen). Auch die Feststellung, wer nach § 21 c II an die Stelle eines ausgeschiedenen Mitglieds tritt, unterliegt der Anfechtung (BGHZ **112**, 330). Der nach § 78 II zum Mitglied der StVollstrK bestellte Richter kann die Wahl zum Präsidium des LG nicht anfechten (Bamberg NStZ **84**, 471 mit abl Anm Feiber). Die Entscheidung nach IV S. 2 ist unanfechtbar (BGHZ **88**, 143 = NStZ **84**, 470 mit Anm Feiber; KK-Diemer 5; **aM** Celle NdsRpfl **75**, 138; Kissel 20). Wird die Anfechtung für begründet erklärt, so muß die Wahl wiederholt werden, soweit sich der Mangel ausgewirkt haben kann.

6 **5) Rechtsmittel gegen eine gerichtliche Entscheidung** (VI S. 3): Der von dem Präsidium aufgestellte Geschäftsverteilungsplan ist nicht ungültig, wenn festgestellt ist, daß bei der Wahl dieses Präsidiums eine Rechtsbestimmung verletzt worden ist (vgl BGH **12**, 227; 402, 406). Zurückliegende gerichtliche Entscheidungen können nicht deshalb angefochten und aufgehoben werden, weil das Präsidium nicht ordnungsgemäß besetzt war (BGH **26**, 206, 208 ff). Dieser Grundsatz gilt allgemein bei fehlerhafter Zusammensetzung der Gremien für die Richterbestimmung (zB 6 zu § 40). Vgl ferner 6 zu § 16; 7 zu § 338 StPO.

7 **6) Sinngemäße Anwendung des FGG** (VI S. 4): Die Verweisung bezieht sich nur auf das Verfahren, nicht auf die Anfechtbarkeit (BGHZ **88**, 143; KK-Diemer 5). Auch § 28 II, III FGG (Vorlegung an den BGH) gelten entspr (BGHZ **112**, 330).

Vertretung im Präsidium

21c **I Bei einer Verhinderung des Präsidenten oder aufsichtführenden Richters tritt sein Vertreter (§ 21 h) an seine Stelle. Ist der Präsident oder aufsichtführende Richter anwesend, so kann sein Vertreter, wenn er nicht selbst gewählt ist, an den Sitzungen des Präsidiums mit beratender Stimme teilnehmen. Die gewählten Mitglieder des Präsidiums werden nicht vertreten.**

II Scheidet ein gewähltes Mitglied des Präsidiums aus dem Gericht aus, wird es an ein anderes Gericht für mehr als drei Monate oder an eine Verwaltungsbehörde abgeordnet, wird es kraft Gesetzes Mitglied des Präsidiums oder wird es zum Vorsitzenden Richter ernannt, so tritt an seine Stelle der durch die letzte Wahl Nächstberufene.

1 **1) Vertreter** (I; § 21 h): Er tritt an die Stelle des verhinderten Vorsitzenden kraft Gesetzes, und zwar nur im Vorsitz, nicht in der Mitgliedschaft. Ist er gewähltes Mitglied, so stimmt er in dieser Eigenschaft während der Vertretung nicht ab und wird auch nicht vertreten (I S. 3). Er wird aber auch nicht ersetzt (II); denn vorübergehende Mitgliedschaft gibt es nicht.

2) Ausscheiden und Wechsel (II): Versetzung, Entlassung, Ruhestand, Tod. Abordnung: Nur die volle Abordnung, nicht auch die teilw, führt zum Ausscheiden aus dem Präsidium (1 zu § 21 b). Veränderung des Status im Präsidium: Wenn ein Mitglied Präs oder aufsichtführender Richter und damit kraft Gesetzes Mitglied (als Vorsitzender) des Präsidiums wird, rückt der nächste Wahllegitimierte (unten 3) nach; wenn die Lücke im Vorsitzendenquorum (5 zu § 21 a) entstanden ist, der durch die Wahl nächstberufene VorsRi (unten 3). 2

3) Der durch die Wahl Nächstberufene (II) ist immer der durch die jüngste Wahl Nächstberufene, wie das Gesetz jetzt ausdrücklich feststellt (so aber auch schon früher die hM, vgl BGHZ **112**, 330 mwN). Fehlt ein Nächstberufener, so findet Nachwahl statt (§ 14 Wahlordnung; 4 zu § 21 b). Eine andere Regelung besteht auch nicht (entspr § 21 a II S. 1 Nr 3, II S. 2 Hs 2) für den Fall, daß nur noch ein wählbarer Richter vorhanden ist, der entweder zZ der Wahl noch nicht zum Gericht gehörte oder keine Stimme erhalten hat. Die Feststellung des Nächstberufenen trifft das Präsidium, nicht der Wahlvorstand (BGHZ **112**, 330 gegen die bisher hM), bei gleichzeitigem Ausscheiden mehrerer aus verschiedenen Wahlen hervorgegangener Mitglieder durch Auslosung (BGH aaO). Ist streitig, wer in das Präsidium nachrückt, so entscheidet entspr § 21 b VI S. 2 das dort bezeichnete Gericht (Frankfurt aaO). Seine Entscheidung ist nicht anfechtbar (BGH MDR **84**, 1008 L). 3

Größe des Präsidiums

21d **I Für die Größe des Präsidiums ist die Zahl der Richterplanstellen am Ablauf des Tages maßgebend, der dem Tage, an dem das Geschäftsjahr beginnt, um sechs Monate vorhergeht.**

II Ist die Zahl der Richterplanstellen bei einem Gericht mit einem Präsidium nach § 21 a Abs. 2 Satz 1 Nr. 1 unter zwanzig gefallen, so sind bei der nächsten Wahl, die nach § 21 b Abs. 4 stattfindet, zwei Richter zu wählen; neben den nach § 21 b Abs. 4 ausscheidenden Mitgliedern scheiden zwei weitere Mitglieder aus, die durch das Los bestimmt werden.

III Ist die Zahl der Richterplanstellen bei einem Gericht mit einem Präsidium nach § 21 a Abs. 2 Satz 1 Nr. 2 über neunzehn gestiegen, so sind bei der nächsten Wahl, die nach § 21 b Abs. 4 stattfindet, sechs Richter zu wählen; hiervon scheiden zwei Mitglieder, die durch das Los bestimmt werden, nach zwei Jahren aus.

1) Nur für das zu wählende Präsidium gilt § 21 d, nicht für das Präsidium nach § 21 a II Nr. 3 (dort 4), auch nicht für die Wahlberechtigung (4 zu § 21 b). 1

Aufgaben des Präsidiums

21e **I Das Präsidium bestimmt die Besetzung der Spruchkörper, bestellt die Ermittlungsrichter, regelt die Vertretung und verteilt die Geschäfte. Es trifft diese Anordnungen vor dem Beginn des Geschäftsjahres für dessen Dauer. Der Präsident bestimmt, welche richterlichen Aufgaben er wahrnimmt. Jeder Richter kann mehreren Spruchkörpern angehören.**

II Vor der Geschäftsverteilung ist den Vorsitzenden Richtern, die nicht Mitglieder des Präsidiums sind, Gelegenheit zu einer Äußerung zu geben.

III Die Anordnungen nach Absatz 1 dürfen im Laufe des Geschäftsjahres nur geändert werden, wenn dies wegen Überlastung oder ungenügender Auslastung eines Richters oder Spruchkörpers oder infolge Wechsels oder dauernder Verhinderung einzelner Richter nötig wird. Vor der Änderung ist den Vorsitzen-

den Richtern, deren Spruchkörper von der Änderung der Geschäftsverteilung berührt wird, Gelegenheit zu einer Äußerung zu geben.

IV Das Präsidium kann anordnen, daß ein Richter oder Spruchkörper, der in einer Sache tätig geworden ist, für diese nach einer Änderung der Geschäftsverteilung zuständig bleibt.

V Soll ein Richter einem anderen Spruchkörper zugeteilt oder soll sein Zuständigkeitsbereich geändert werden, so ist ihm, außer in Eilfällen, vorher Gelegenheit zu einer Äußerung zu geben.

VI Soll ein Richter für Aufgaben der Justizverwaltung ganz oder teilweise freigestellt werden, so ist das Präsidium vorher zu hören.

VII Das Präsidium entscheidet mit Stimmenmehrheit; bei Stimmengleichheit gibt die Stimme des Vorsitzenden den Ausschlag.

VIII Der Geschäftsverteilungsplan des Gerichts ist in der von dem Präsidenten oder aufsichtführenden Richter bestimmten Geschäftsstelle des Gerichts zur Einsichtnahme aufzulegen; einer Veröffentlichung bedarf es nicht.

1 1) **Geschäftsverteilungsplan** (I; auch Geschäftsplan): Die Geschäftsverteilung ist ein organisatorischer Akt der gerichtlichen Selbstverwaltung zur Bestimmung des gesetzlichen Richters und keine Rechtsvorschrift (BayVerfGE 38 II 90). Sie wirkt auch auf die Rechtsstellung des einzelnen Richters ein. Denn sie regelt seine öffentlich-rechtlichen Berechtigungen und Verpflichtungen im Hinblick auf die von ihm wahrzunehmenden richterlichen Geschäfte (BVerwGE **50**, 11, 13 = NJW **76**, 1224). Lücken im Geschäftsverteilungsplan dürfen nach allgM durch „gewachsene Übung" ausgefüllt werden (BGH 5 StR 474/92 vom 10. 11. 1992; Katholnigg 2 mwN).

2 A. **Besetzung:** Jeder Spruchkörper muß einen Vorsitzenden haben (BGH **28**, 290). Allen Richtern wird eine der bezeichneten richterlichen Aufgaben zugeteilt. Dabei wird § 29 **DRiG** berücksichtigt; der danach – vorübergehend – erlaubte Einsatz von 2 Proberichtern ist aber nur dann zulässig, wenn hierfür eine sachliche Notwendigkeit besteht (Katholnigg JR **96**, 167 mwN; str). Alle Aufgaben müssen verteilt werden (Maunz/Dürig 53 zu Art 101 GG; Rieß JR **78**, 302; Stanicki DRiZ **76**, 80). Die Besetzung der Spruchkörper ist so zu regeln, daß im voraus und generell so eindeutig wie möglich festgelegt ist, welche Richter bei der Entscheidung des einzelnen Falles berufen sind und wer im Vertretungsfall an ihre Stelle tritt (BGH **27**, 209, 210; NJW **88**, 1921; 4 zu § 16; vgl auch Sangmeister MDR **88**, 190); das schließt aber nicht aus, einen im Laufe des Geschäftsjahres wegen Ausscheiden eines Richters sicher eintretenden Wechsel bereits bei Aufstellung des Planes zu berücksichtigen. Die Zuteilung der Richter muß sich auf die Dauer des Geschäftsjahrs erstrecken, nicht nur bis zur Erledigung bestimmter Sachen (BGH **8**, 252; **33**, 234, 236 = JR **86**, 125 mit Anm Katholnigg). In gleicher Weise wird die Besetzung eines Spruchkörpers, der im Laufe des Geschäftsjahres neu eingerichtet wird, für den Rest des Jahres bestimmt (BGH GA **79**, 223). Auch der Überwachungsrichter (§ 148 a StPO) muß bestimmt werden, wenn sich sein Tätigwerden als möglich abzeichnet. Ein Präsidialbeschluß, der bestimmte richterliche Geschäfte von der Verteilung ausnimmt, ist insoweit, nicht wegen seines sonstigen Inhalts, unwirksam (Feiber NJW **75**, 2005). Auch wenn von vornherein abzusehen ist, daß der Geschäftsverteilungsplan wegen Richtermangels nicht einzuhalten ist, muß das Präsidium ihn aufstellen; der Plan ist deswegen nicht insgesamt gesetzwidrig (KG JR **82**, 433). Eine beschränkte Dauerverhinderung eines Richters (unten 15, 20) wird berücksichtigt, zB im Fall des § 4 II **DRiG**, durch Zuweisung zu einem Bruchteil seiner Arbeitskraft oder für von vornherein nach allgemeinen Gesichtspunkten bestimmte Sitzungstage (BGH **25**, 239).

3 B. Die **Art der Verteilung** richtet sich entweder nach der Art der Aufgaben oder nach den Anfangsbuchstaben des Familiennamens des (erstgenannten oder

alphabetisch an erster Stelle stehenden) Angeschuldigten (5 zu § 16). Bei Verteilung nach Registernummern muß für die am selben Tag eingehenden Sachen eine Regelung getroffen werden (BGHZ **40**, 91; Saarbrücken StraFo **96**, 150). Ein „rollierendes System", wonach die Zuständigkeit nach einigen aufeinanderfolgenden Eingangszahlen, die im voraus festgelegt sind, wechselt, ist zulässig (BGH NStZ **90**, 138). Die Bestimmung des Geschäftsverteilungsplans, daß eine bei Eröffnung des Hauptverfahrens versehentlich angenommene Zuständigkeit bestehen bleibt, verstößt nicht gegen Art 101 I S. 2 GG (BGH NStZ **84**, 181). Bei der Sachverteilung sind die rechtlich zwingend vorgeschriebenen Sonderzuständigkeiten (§§ 74 II, 74 a, 74 c, 74 d; §§ 39–41 JGG; § 391 **AO**) zu beachten. Beim AG ist auch die Zuständigkeit für die Fälle der §§ 27 III S. 2, 30 StPO zu regeln. Die **Zuständigkeit nach Zurückverweisung** (§§ 210 III, 354 II StPO) ist bei den **4**
tatrichterlichen Spruchkörpern ebenfalls zu regeln. Wenn von einem übergeordneten Gericht an eine andere Kammer oder Abteilung der Vorinstanz zurückverwiesen wird, muß sich aus dem Geschäftsverteilungsplan eindeutig (BGH NStZ **82**, 211) ergeben, welcher andere Senat, welche andere Kammer oder Abteilung anstelle der ursprünglichen zuständig ist. Fehlt ein solcher Auffangspruchkörper, so muß er in sinngemäßer Anwendung des § 21 e im Laufe des Geschäftsjahrs eingerichtet werden (11 zu § 210; 38 zu § 354 StPO).

C. **Statthafte Überbesetzung der Kollegialgerichte:** Der Spruchkörper darf **5**
mehr Mitglieder haben, als er für eine Entscheidung, die volle Besetzung erfordert, benötigt, vorausgesetzt, daß es für eine geordnete Rechtspflege unvermeidbar und vom VorsRi zu bewältigen ist (BVerfGE **18**, 344, 350 = NJW **65**, 1219; BVerfGE **22**, 282, 286; BGH **33**, 234 = JR **86**, 125 mit Anm Katholnigg; BGH NJW **65**, 1715). Der Spruchkörper darf aber nur soviel Mitglieder mehr haben, daß er in den Sachen, bei deren Entscheidung die größte Anzahl seiner Mitglieder mitwirken müssen, nicht in zwei personenverschiedenen Sitzgruppen gleichzeitig Sitzung halten oder drei Sitzgruppen zur Verhandlung zu verschiedenen Zeiten bilden kann (BVerfGE **17**, 294 = NJW **64**, 1020; BVerfGE **18**, 65 = NJW **64**, 1667; BVerfGE **18**, 344, 350 = NJW **65**, 1219; BGH **33**, 234 = JR **86**, 125 mit Anm Katholnigg). Nach diesen Grundsätzen wurde früher bei der StrK eine Besetzung mit einem Vorsitzenden und 4 Beisitzern für noch zulässig erachtet. Nachdem die StrK nach Änderung des § 76 durch das RpflEntlG aber nunmehr idR in der Hauptverhandlung in der Besetzung mit dem Vorsitzenden und lediglich einem Beisitzer entscheidet (2 zu § 76), ist jede StrK nur noch mit dem Vorsitzenden und 2 Beisitzern zu besetzen (**aM** LR-Rieß Anh 48; Dahs/Dahs 142), es sei denn, sie werde ausschließlich als SchwurG oder als große JugK tätig; diese Besetzung – und nicht nur eine Besetzung 1 : 1 ist allerdings auch erforderlich, weil die Besetzung 1 : 2 für Entscheidungen außerhalb der Hauptverhandlung gilt (§§ 73 I, 76 I, II) und sich im übrigen nach § 76 II stets die Notwendigkeit des Tätigwerdens in der Hauptverhandlung in der Besetzung mit 2 Beisitzern ergeben kann (vgl auch Schlothauer StV **93**, 150; Siegismund/Wickern wistra **93**, 139). Für einen Senat des OLG, der erstinstanzlich tätig wird, darf dementsprechend wegen der in § 122 II S.2 vorgesehenen Möglichkeit der Dreierbesetzung nur eine Besetzung mit 1 : 4 vorgesehen werden; nach § 21 g II muß dann bestimmt werden, welche Richter bei den Dreierentscheidungen ausscheiden (vgl Katholnigg JR **98**, 35).
Der **Sinn und die tatsächliche Handhabung** des Geschäftsverteilungsplanes, **5 a**
nicht sein Wortlaut entscheiden, ob ein Richter ständiges Mitglied oder nur Vertreter ist (BGH NJW **65**, 875). Ständiges Mitglied ist nur, wer zur ständigen Dienstleistung zugeteilt ist (BGH **20**, 61, 63; NStZ **91**, 143).

D. Die **Zuteilung an mehrere Spruchkörper** (I S. 4) ist stets zulässig. Auch **6**
der Vorsitzende kann den Vorsitz in mehreren Spruchkörpern übernehmen (BGH **28**, 290, 292), sofern er seine Aufgaben als Vorsitzender ausreichend wahrnehmen kann (BGH **25**, 54; KK-Pfeiffer 10 zu § 16). Für den Fall des Zusammentreffens der verschiedenen Dienstgeschäfte wird deren Rangverhältnis geregelt (BGH NJW

73, 1291; Kollisionsregel, vgl dazu Kissel Rebmann-FS 66). Ist dies nicht geschehen, so muß im Kollisionsfall geklärt werden, in welcher Sache der Richter verhindert ist und vertreten wird (unten 8).

7 E. Die **Vertretungsregelung** gilt ebenfalls für die Dauer des Geschäftsjahres (oben 2). Sie muß, auch für Hilfsstrafkammern (Hamm JMBlNW **82**, 45), die voraussehbaren Verhinderungsfälle (BGH StV **87**, 286; **88**, 194) berücksichtigen. Vertretung ist nur bei vorübergehender Verhinderung zulässig (vgl § 21 f II; erg dort 4 ff). Die Vertretungsregelung bezieht sich beim LG, OLG und BGH nur auf den Fall der Vertretung durch einen Richter eines anderen Spruchkörpers. Spruch-
8 körperintern gilt § 21 g. **Feststellungsverfahren** (8 zu § 21 f): Nur bei offensichtlicher Verhinderung aus tatsächlichen Gründen (5 zu § 21 f) tritt der geschäftsplanmäßige Vertreter ohne weiteres an die Stelle des verhinderten Richters, zB bei Krankheit, Urlaub, Dienstbefreiung, Eintritt der Kollisionssituation nach der Kollisionsregel (oben 6), kurzfristiger Abordnung oder Unerreichbarkeit (Frankfurt DRiZ **80**, 430 mwN; KK-Diemer 10). In den übrigen Fällen, zB bei Überlastung oder wegen anderer richterlicher Aufgaben (BGH StV **89**, 338), greift die Vertretungsregelung nicht automatisch ein, sondern setzt voraus, daß die Verhinderung durch den Präs oder aufsichtführenden Richter (formlos, zweckmäßig aber mit Aktenvermerk; **aM** Schrader StV **91**, 540: schriftlich und begründet) festgestellt wird (BGH **21**, 174; NJW **74**, 870; erg 8 zu § 21 f), und zwar in einer für das Revisionsgericht nachprüfbaren Weise (BGH NStZ **88**, 325; StV **89**, 338). Ohne diese Entscheidung liegt in einem solchen Fall eine wirksame Verhinderung des Richters nicht vor (mit der Folge der Anwendbarkeit des § 338 Nr 1 StPO: BGH NJW **73**, 1291). Wenn die vorübergehende Verhinderung eines Richters vor Beginn der Hauptverhandlung wegfällt und er an dieser teilnehmen kann, muß der Wegfall der Verhinderung (BGHSt **35**, 55 = NStZ **88**, 418 mit Anm Kissel), wenn der vertretene Richter den Dienst zwar wieder antritt, infolge der Nachwirkungen seiner Krankheit an einer anstehenden Hauptverhandlung aber noch nicht teilneh-
9 men kann, muß auch die Verhinderung festgestellt werden. **Dauerverhinderung** (5 ff zu § 21 f): Ist oder wird die Verhinderung eine dauernde, so darf die Vertretungsregelung durch eine Änderung der Geschäftsverteilung (III) abgelöst werden. Das ist kein Muß, weil durch die Änderung vielleicht keine bessere Lösung gefunden werden kann.

10 F. **Ring-Vertretung:** Es reicht grundsätzlich nicht aus, nur einen Vertreter zu bestellen. Daher genügt bei einer mit 3 Mitgliedern besetzten Strafkammer die Bestellung von nur 4 Vertretern idR nicht (BGHR StPO § 338 Nr. 1 Beisitzer 4 und 6). Für jedes Mitglied sollten somit mindestens 2 Vertreter bestimmt werden, falls nicht eine Regelung gewählt wird, wonach bei Verhinderung der regelmäßigen Vertreter alle Richter des Gerichts in einer bestimmten Reihenfolge zur Vertretung berufen sind (BGH NStZ **91**, 195; StV **93**, 398 mit Anm Kissel). Werden mehrere Vertreter bestellt, so wird die Reihenfolge bestimmt, in der sie zur Vertretung berufen sind (Münn DRiZ **73**, 233). Wird dabei auf das Dienst- oder Lebensalter abgestellt, so wird auch der Fall der Altersgleichheit berücksichtigt, falls er in Betracht kommt. Ausnahmsweise kann ein zeitweiliger Vertreter bestellt werden, wenn trotz ausreichender Vertretungsregelung unvorhersehbar alle Vertreter verhindert sind (Rspr-Nachweise bei Kissel StV **93**, 399, der selbst jedoch eine solche *ad hoc*-Vertreterbestellung für unzulässig hält).

11 G. **Zweigstellen des Gerichts** sind in ihrem Bezirk für sämtliche gerichtlichen Geschäfte zuständig, soweit nichts anderes bestimmt ist. Soweit ein Richter einem detachierten Spruchkörper oder einer Zweigstelle des Gerichts zugeteilt wird, bestimmt das Präsidium damit auch den Dienstsitz dieses Richters. Besteht sowohl im Bezirk des Hauptgerichts als auch im Bezirk der Zweigstelle ein Gerichtsstand,
12 so hat die StA das Wahlrecht (10 vor § 7 StPO). **Ergänzungsrichter** (§ 192 II) sind vom Präsidium zu bestellen, ohne daß auf die Vertretungsregelung im Geschäftsverteilungsplan zurückgegriffen werden muß (BGH **26**, 324). Denn die Teil-

nahme eines Ergänzungsrichters ist kein Fall der im Geschäftsverteilungsplan geregelten Vertretung. Sie wird vielmehr vom Vorsitzenden nach seinem Ermessen angeordnet, während der Vertretungsfall unabhängig davon eintritt (vgl auch Foth DRiZ **74**, 87).

H. **Ermittlungsrichter:** Vgl 7 ff zu § 162 StPO. **12 a**

2) Änderungen (III): Die weitere Ausbildung des richterlichen Nachwuchses **13** ist kein Änderungsgrund (BGH **26**, 382). Jedoch berücksichtigt das Präsidium bei einer aus anderen Gründen notwendigen Änderung alle Umstände, die der Gewährleistung einer geordneten Rechtspflege dienen, auch die Ausbildung des richterlichen Nachwuchses (BGH **27**, 397 mit krit Anm Müller NJW **78**, 2163 und Peters JR **79**, 82). IdR handelt es sich um Daueränderungen (Münn DRiZ **73**, 233). Im Interesse einer sachgerechten und raschen Durchführung eines Verfahrens ist aber auch eine zeitweilige Vertreterbestellung durch das Präsidium nach III zulässig, sofern nicht durch voraussehbare Häufigkeit solcher Bestellungen die gesetzliche Spruchkörperbesetzung in Frage gestellt wird (BGH **27**, 209, 210 mit Anm Holch JR **78**, 37 und Müller NJW **78**, 899; dagegen BGH NStZ **88**, 37). Das gilt zB, wenn die beschlossene Ringvertretung (oben 10) wider Erwarten nicht ausreicht. Die vorübergehende Verhinderung eines Richters durch die Vorbereitung einer außergewöhnlich umfangreichen Strafsache ist kein Änderungsgrund (BGH NJW **86**, 1884). Änderungen nach III können auch bereits anhängige Verfahren erfassen (BGH **30**, 37; StraFo **98**, 377). Allerdings dürfen nicht einzelne Sachen ausgesucht und einem anderen Richter zugewiesen werden; das ist auch dann unzulässig, wenn dies durch eine allgemein gehaltene Klausel geschieht (BGH NStE Nr 10; StraFo **98**, 377).

A. **Überlastung; ungenügende Auslastung:** Auch hier muß idR ein längerer **14** Zeitraum ins Auge gefaßt werden. Die Veränderung des Belastungsausmaßes kann sich auch zwangsläufig aus einer Gesetzesänderung ergeben (Münn DRiZ **73**, 233). Bei Überlastung eines Spruchkörpers muß die Änderung nach allgemeinen Merkmalen vorgenommen werden (KG StV **81**, 14). Eine (allgemeine) Regelung für den Fall des Eintritts einer Überlastung braucht der Geschäftsverteilungsplan nicht zu enthalten (BGH StraFo **98**, 377).

B. **Wechsel; dauernde Verhinderung:** Wechsel bedeutet Ausscheiden eines **15** Richters aus dem Gericht (Versetzung, Entlassung, Ruhestand, Tod) und seine Ersetzung durch einen anderen. Die dauernde Verhinderung besteht bei dem planmäßig bei dem Gericht verbleibenden Richter, wenn er über geraume oder nicht absehbare Zeit – ganz oder teilw – verhindert ist. Über Verhinderung vgl 4 ff zu § 21 f. Der neu hinzukommende Richter muß nicht in die Lücke eingeteilt werden (BGH **22**, 232). Auch die Änderung der Besetzung eines Spruchkörpers, in dem sich der Änderungsanlaß nicht ergeben hat, ist als Folgemaßnahme gesetzlich abgedeckt (BGH aaO), sofern sie nicht auf Willkür beruht (6 zu § 16).

3) HilfsStrK und FerienStrK (§ 201) sind nicht Dauerinstitutionen (2 zu **16** § 60), sondern Ergebnisse der Geschäftsverteilung nach III (BGH **15**, 217; **21**, 260; Holch DRiZ **76**, 137). Ihre Bildung ist eine andere Lösung des Verhinderungsfalls, die vorzuziehen ist, wenn die Verhinderung nicht auf einzelne wenige Sitzungen beschränkt bleibt (BGH **25**, 174; **31**, 389 = NStZ **84**, 84 mit abl Anm Frisch für die HilfsStrK; allg zur Hilfsstrafkammer Frisch NStZ **87**, 265, 304). Oder sie ist eine Lösung des Überlastungsfalls. Insbesondere infolge Anfalls umfangreicher und schwieriger Strafsachen, zB Wirtschaftsstrafsachen (§ 74 c), kann es notwendig werden, einen neuen Spruchkörper zu bilden, ihm einen wesentlichen Teil der Verfahren zu übertragen und ihn entspr zu besetzen (BGH **31**, 389; MDR **76**, 63). Die Bildung der HilfsStrK darf nicht dadurch umgangen werden, daß der überlasteten StrK für ein Großverfahren zwei weitere Richter zugeteilt werden, damit sie gleichzeitig in zwei verschiedenen Besetzungen zwei Hauptverhandlungen nebeneinander durchführen kann (BGH **33**, 234, 236 = JR **86**, 125 mit Anm

Katholnigg; BGH GA **77**, 366). Auch den nicht ständigen Kammern müssen die Geschäfte nach allgemeinen Gesichtspunkten zugewiesen werden (BGH **15**, 116, 217); die Übertragung von Einzelsachen ist unzulässig (BGH **7**, 23, 25; **33**, 234, 237). Das Ende der Tätigkeit der HilfsStrK kann kalendermäßig oder mit einem sicher eintretenden, vom Willen einzelner unabhängigen Ereignis begrenzt werden (BGH **21**, 260, 263), auch wenn das voraussichtlich nicht mehr im laufenden Geschäftsjahr der Fall sein wird (Kissel 13 zu § 60; **aM** Frisch NStZ **84**, 86). Ist ihre Lebensdauer durch den Tag der Entscheidung in einer Strafsache durch die ordentliche (überlastete) StrK begrenzt, so macht auch eine erhebliche Verzögerung des Abschlusses dieser Strafsache die HilfsStrK nicht nachträglich unzulässig (BGH **31**, 389 = JR **83**, 519 mit Anm Katholnigg = NStZ **84**, 84 mit Anm Frisch). Jedoch darf die HilfsStrK nicht über das ihrer Einrichtung folgende Geschäftsjahr aufrechterhalten werden (BGH **33**, 303 = JR **86**, 260 mit Anm Katholnigg); ggf muß eine ordentliche StrK eingerichtet oder eine Neuverteilung der Sachen vorgenommen werden (BGH aaO). Die der HilfsStrK zugeteilten Richter können noch einer anderen Kammer des LG angehören (oben 6). Über die Bestellung eines Vorsitzenden vgl 10 ff zu § 21 f.

17 **4) Fortdauer der Zuständigkeit** (IV): „Nach einer Änderung": Auch nach der Änderung durch den neuen Jahresgeschäftsverteilungsplan (I S. 1; KK-Diemer 15; Thomas/Putzo 34 zu § 21 e GVG). „Tätig geworden": Wenn auch nur vorbereitend. Die im abgelaufenen Geschäftsjahr eingegangenen und noch nicht erledigten Sachen können nach IV nur so weit von der Neueinteilung ausgenommen werden, als der nach der bisherigen Geschäftsverteilung zuständige Richter oder Spruchkörper in ihnen bereits tätig geworden ist (BGH **30**, 371, 375), dh eine Entscheidung getroffen oder eine sonstige Prozeßhandlung vorgenommen hat. „In einer Sache": Auch für mehrere oder eine Gruppe von Sachen, die jedoch eindeutig beschrieben sein müssen (BGH **33**, 234, 236 = JR **86**, 125 mit Anm Katholnigg).
18 IV betrifft nicht den Fall, daß eine begonnene **Hauptverhandlung** in das neue Geschäftsjahr hinüberreicht (BGH aaO; **8**, 250). Dieser Fall ist für die Schöffen in den §§ 50, 77 I geregelt. Für die Berufsrichter ist eine solche besondere Regelung entbehrlich (BGH **19**, 382).

19 **5) Anhörung:** Die Zuteilung an einen anderen Spruchkörper (V) besteht beim AG in der Herausnahme aus der bisherigen und in der Einweisung in eine andere Geschäftsaufgabe. Wird die Geschäftsaufgabe eines Richters geändert (dh vergrößert, verringert oder in Teilen ausgetauscht), so ändert sich damit idR zugleich der Zuständigkeitsbereich eines anderen Richters, der ebenso nach V zu hören ist. II gilt nur bei der Geschäftsverteilung vor dem Beginn des Geschäftsjahres für dessen Dauer. Bei Änderungen gilt III S. 2.

20 **6) Freistellung für Justizverwaltung** (VI): Justizverwaltung deckt sich nicht mit Gerichtsverwaltung iS des § 4 II **DRiG** (Schmidt-Räntsch 16 zu § 4 DRiG), ganz allgemein nicht mit den in § 4 II **DRiG** bezeichneten Aufgaben. Ein Richter kann trotz § 4 II DRiG zB in ein Ministerium abgeordnet werden. Denn in diesem Fall nimmt er nicht zugleich richterliche Aufgaben wahr. Daß das Präsidium auch in solchen Fällen gehört werden muß, beruht darauf, daß ein Richter seiner Verteilungsbefugnis entzogen wird (vgl auch BGHZ **112**, 189 zur Freistellung zwecks Referendarausbildung). Ein Mitbestimmungsrecht des Präsidiums läßt sich aus VI nicht ableiten.

21 **7) Entscheidung und Auflegung** (VII, VIII): Zur Beschlußfähigkeit vgl § 21 i. Wie bei gerichtlichen Entscheidungen (§ 195) dürfen sich die Mitglieder des Präsidiums nicht der Stimme enthalten (Kissel 66; Fischer DRiZ **78**, 174 ff; **aM** LR-K. Schäfer 62; Schorn/Stanicki 163). Die Unterzeichnung der gefaßten Beschlüsse durch die Präsidiumsmitglieder ist nicht erforderlich; es genügt die Protokollierung und Unterzeichnung des Protokolls durch Vorsitzenden und Protokollführer, auch durch den Vorsitzenden allein (BVerwG NJW **84**, 575 L). Das

Auflegen des Geschäftsverteilungsplans soll den Verfahrensbeteiligten die Nachprüfung der ordnungsgemäßen Besetzung des Gerichts erleichtern. Zur Angabe der Richterverhältnisse im Geschäftsverteilungsplan und in der Entscheidung vgl § 29 **DRiG.** Die kammerinterne Geschäftsverteilung nach § 21 g ist in VIII nicht mitgemeint.

8) Kompetenzkonflikte (§ 14 StPO): Bei Abgabe einer Strafsache von einem Spruchkörper an einen anderen im Eröffnungsverfahren außerhalb des Anwendungsbereichs der §§ 209, 209 a StPO (4 zu § 209; 6 zu § 269 StPO) entscheidet bei Meinungsverschiedenheiten das Präsidium (BGH **18**, 173, 175; **25**, 242); in Eilfällen gilt § 21 i II. Eine vertretbare Auslegung des Geschäftsverteilungsplans ist dabei bindend (BGH **26**, 191, 199). Voraussetzung dafür ist aber, daß der Kompetenzkonflikt auf die Geschäftsverteilung zurückzuführen und nur durch deren authentische Auslegung oder durch ihre Ergänzung zu klären ist (1 zu § 14 StPO). Anders ist es, wenn es lediglich um Auslegung eines Gesetzes geht, durch das einem Spruchkörper ein besonderer Geschäftskreis zugewiesen worden ist; dann obliegt die Auslegung des Geschäftsverteilungsplans ausschließlich dem mit der Sache befaßten Spruchkörper (BGH 5 StR 688/92 vom 3. 5. 1993). 22

9) Geheimhaltung: Die dem Präsidium angehörenden Richter sind zur Geheimhaltung der Beratung und Abstimmung verpflichtet (Kissel 22; Röwer DRiZ **61**, 178; str). Das ergibt sich aus § 43 **DRiG.** Die Geheimhaltungspflicht besteht auch für den Vorsitzenden und gilt allgemein sowohl gegenüber den Kollegen als auch gegenüber den Dienstvorgesetzten. Daher ist auch die Beratung des Präsidiums nicht öffentl, auch nicht richteröffentlich (BGH NJW **95**, 2494; Katholnigg 12; Kissel 41, 60, 61; Neumeyer/Hohm NJW **95**, 3101; differenzierend LR-K. Schäfer 63 f, 67; **aM** Schorn/Stanicki 171; Fischer DRiZ **79**, 203; Menne DRiZ **73**, 616; vgl auch Präs AG Frankfurt a.M. DRiZ **97**, 245). 23

10) Die **Anfechtung des Geschäftsverteilungsplans** ist grundsätzlich ausgeschlossen (BGH DRiZ **73**, 280; MDR **85**, 319). Durch die Zuteilung oder Nichtzuteilung von Dienstgeschäften kann das Recht eines Richters nach Meinung des BVerwG verletzt sein (oben 1). Zur Klärung der Frage, ob dies der Fall ist, steht ihm der Verwaltungsrechtsweg offen (BVerwGE **50**, 11 = NJW **76**, 1224; OVG Hamburg NJW **87**, 1215; krit Kornblum NJW **77**, 666; Müller NJW **78**, 975; LR-K. Schäfer 97 ff). Die §§ 23 ff **EGGVG** sind hier nicht anwendbar, weil die Geschäftsverteilung keine Maßnahme einer VerwB und mithin auch nicht einer Justizbehörde (iS des § 23 I S. 1 **EGGVG**) ist (BVerwG aaO). Die Klage des Richterrates auf Zuweisung einer neuen Richterstelle ist unzulässig (HessVGH DRiZ **78**, 120). 24

11) Revision: Die abstrakte Möglichkeit eines Mißbrauchs macht eine Geschäftsverteilung weder verfassungs- noch gesetzwidrig (BGH NStZ **90**, 138 mwN). Durch die falsche Zusammensetzung des Präsidiums wird die Geschäftsverteilung nicht unwirksam (BVerfGE **31**, 47, 53 = DVBl **71**, 786 mit abl Anm Bettermann) und kann daher im Einzelfall nicht mit der Revision gerügt werden (BGH **26**, 206, 208; 6 zu § 21 b; 7 zu § 338 StPO). Auch eine Änderung nach III unterliegt – vom Fall der Willkür abgesehen – nicht der Nachprüfung durch das Revisionsgericht (BGH **22**, 237, 239; StraFo **98**, 377; 4 StR 252/91 vom 7. 11. 1991; oben 13). Dagegen kann geltend gemacht werden der Mangel der (für das Revisionsgericht bindenden, BGH **21**, 42) notwendigen Feststellung des Vertretungsfalles (6 ff) und der Rechtsirrtum bei der Entscheidung eines Kompetenzkonfliktes (oben 22; BGH MDR **75**, 770, 771). Dienstliche Äußerungen zur Frage der Geschäftsverteilung sind grundsätzlich vom Präs selbst abzugeben. Die Äußerung eines „Präsidialrichters" kann nur dann genügen, wenn sie auch vom Präs iS der Zustimmung abgezeichnet ist (BGH GA **79**, 222). 25

Vorsitz in den Spruchkörpern

21f **I Den Vorsitz in den Spruchkörpern bei den Landgerichten, bei den Oberlandesgerichten sowie bei dem Bundesgerichtshof führen der Präsident und die Vorsitzenden Richter.**

II Bei Verhinderung des Vorsitzenden führt den Vorsitz das vom Präsidium bestimmte Mitglied des Spruchkörpers. Ist auch dieser Vertreter verhindert, führt das dienstälteste, bei gleichem Dienstalter das lebensälteste Mitglied des Spruchkörpers den Vorsitz.

1 **1) Vorsitz:** § 21 f betrifft nicht das AG. Denn hier ist der Vorsitzende jeweils zugleich der einzige mitwirkende Berufsrichter (abgesehen von dem erweiterten SchG, § 29 II). Bei seiner Verhinderung gilt die Vertretung in der Richteraufgabe, die notwendigerweise zugleich Vertretung im Vorsitz ist. Für eine spezielle Vorsitzvertretung ist kein Raum. Daher betrifft § 21 f nur das LG, das OLG und den
1 a BGH. In den **neuen Bundesländern** (nur dort, vgl Hamm StV **98**, 6) können bis zum Ablauf des Geschäftsjahres 1999 auch andere – jedoch nur auf Lebenszeit ernannte – Richter als Vorsitzende Richter den Vorsitz führen; auf sie sind § 21 e II, III S. 2 entspr anzuwenden (§ 10 IV RpflAnpG; Rieß DtZ **92**, 229; NJ **96**, 16).

2 A. **Vorsitz im Kollegialgericht:** In einer StrK oder in einem Senat muß der Vorsitzende einen richtungweisenden Einfluß ausüben auf den Geschäftsgang und die Rspr des Spruchkörpers (BGH **21**, 133; BGHZ **88**, 1 = NJW **84**, 129, 130 mwN; über die besonderen Aufgaben des Vorsitzenden vgl BGH **25**, 55; krit P. Müller NJW **74**, 2243; Kern/Wolf § 13 II 1 e; erg unten 12).

3 B. **Bestimmung des Vorsitzenden:** Die Vorsitzverteilung ist Besetzung der Spruchkörper und wird daher vom Präsidium vorgenommen (§ 21 e I S. 1; für den Präs: § 21 e I S. 2). Das gilt auch für die kleine StrK, die HilfsStrK, die FerienStrK und den Ferien-Senat (16 zu § 21 e). Ein Vorsitzender kann für mehrere StrKn bestellt werden; eine zugewiesene Stelle kann im Geschäftsverteilungsplan bis zur Besetzung durch „NN" berücksichtigt werden (vgl hierzu BGH **34**, 379, 381; Hamm StV **98**, 6). Es kann ihm auch – uU sogar darüber hinaus – der Vorsitz in einer großen StrK in Abwechslung mit seinem Vertreter übertragen werden. Nur darf der richtungweisende Einfluß (unten 12) nicht unzulässig gemindert werden. Unter dieser Voraussetzung steht eine turnusmäßige Teildauerverhinderung einer vorübergehenden gleich (Bay RReg 2 St 139/80 vom 24. 10. 1980; vgl auch BGH NJW **74**, 1572).

4 **2) Allgemeines zur Verhinderung** (II): Die Vertretung ist stets an die vorübergehende Verhinderung des zu Vertretenden geknüpft (7 zu § 21 e; BGH **21**, 131, 133; NJW **74**, 1572 mit Anm Müller S. 2242; Hamburg NStZ **84**, 570 = JR **85**, 36 mit Anm Katholnigg). Verhinderung liegt vor, wenn der Richter aus tatsächlichen (unten 5) oder rechtlichen (unten 6) Gründen außerstande ist, die ihm nach dem Geschäftsverteilungsplan obliegende konkrete Aufgabe wahrzunehmen (Kissel 128 zu § 21 e und Rebmann-FS 64; Schrader StV **91**, 540). Bei dauernder Verhinderung, zB Versetzung in ein anderes Bundesland oder in den Ruhestand, muß ein neuer Vorsitzender bestellt werden (BVerwG NJW **86**, 1366, BGH NStZ **89**, 32; Celle StV **93**, 66; Frankfurt MDR **79**, 162). Das muß nicht sofort, aber ohne ungebührliche Verzögerung geschehen (BVerfGE **18**, 423, 426 = NJW **65**, 1223; Kissel 3, 6 zu § 59); haushaltsrechtliche Gründe rechtfertigen keine Verzögerung (BGHZ **95**, 246 = NJW **85**, 2337; Hamburg aaO). Ein Vertretungsfall liegt auch vor, wenn der Vorsitzende in dem betreffenden Verfahren als Zeuge vernommen werden soll. Die bloße, nicht näher konkretisierte Möglichkeit hierzu genügt noch nicht zur Annahme eines Verhinderungsfalles (BGH 5 StR 215/76 vom 10. 9. 1976 im Anschluß an BGH **7**, 44, 46; 330, 331; **11**, 206). Unzulässig ist es, einen

Teil der anhängig werdenden Verfahren generell auf den Vertreter ohne Rücksicht darauf zu übertragen, ob im konkreten Fall ein Verhinderungsgrund besteht (Düsseldorf StV **94**, 533; zust Katholnigg Anm zu BGH LM Nr 5).

A. **Tatsächliche Hinderungsgründe** sind zB Urlaub, Krankheit (dazu BGH NStZ **89**, 33), Abordnung, Unerreichbarkeit, Überlastung iS einer Arbeitsanhäufung in RsprAufgaben und anderen übertragenen Obliegenheiten (§§ 4 II, 40–42 **DRiG;** BGH **21**, 175; StV **89**, 338), zB für die Vorbereitung eines Großverfahrens (BGH aaO), für die Fertigung des schriftlichen Urteils (§ 275 StPO), Unkenntnis der Akten in einer großen Sache, wenn der Richter kurzfristig den Vorsitzenden vertreten soll (BGH **21**, 42; vgl auch Kissel Rebmann-FS 65). Eine Verhinderung kann grundsätzlich nicht in einem schweren Gewissenskonflikt (Art 4 GG) bestehen, der den Einzelfall betrifft (LR-K. Schäfer 13 zu § 1; zu weitgehend Peters 112 ff; vgl auch A. Kaufmann Peters-FS 295). Einer **Beteiligung als Beisitzer** 6
steht die Verhinderung, den Vorsitz zu führen, nicht entgegen, zB wenn diese nur darin besteht, daß sich der Richter nicht rechtzeitig und genügend auf den Vorsitz vorbereiten kann (LG Frankfurt a.M., Dienstgericht für Richter, DRiZ **80**, 311). 5

B. **Rechtliche Hinderungsgründe** können sich ergeben aus der erfolgreichen Ablehnung nach §§ 22–24 StPO (vgl Düsseldorf OLGSt § 21 e Nr 1) oder aus der Teilnahme an einer langen Hauptverhandlung oder dem Doppelvorsitz (unten 10). 7

C. Die **Feststellung der Verhinderung** ist Aufgabe des Vorsitzenden der Kammer, wenn sie ausschließlich auf RsprAufgaben der Kammer beruht und sich nicht auf andere Kammern auswirkt (BGH NJW **68**, 512). Das gilt auch bei Verhinderung des Vorsitzenden selbst, nicht aber, wenn er sich wegen starker Belastung in der eigenen Strafkammer gehindert sieht, als Vertreter in einer anderen Kammer tätig zu werden. Hier (BGH NStZ **88**, 325; Düsseldorf StV **94**, 533) und sonst trifft die Feststellung der PräsLG (BGH NJW **74**, 870; MDR **91**, 486 [H]; Kissel 132 zu § 21 e; Rieß DRiZ **77**, 292; NStZ **82**, 296), auch wenn es sich um seine eigene Verhinderung in seinen richterlichen Aufgaben handelt (BGH **21**, 174 zu § 66 aF). Im Rahmen des Verfahrens nach §§ 222 a, 222 b StPO kann sie nachgeholt werden (12 zu § 222 b StPO), sonst nicht (BGH **21**, 174, 179). Die Feststellung kann auch inzident (stillschweigend) getroffen werden (BGH LM Nr 5 mit Anm Katholnigg); bei Offensichtlichkeit ist sie entbehrlich (BGH **18**, 162; 8 zu § 21 e), auch hier kann sich aber eine deklaratorische Feststellung empfehlen (Kissel Rebmann-FS 68). 8

D. **Vertreterbestimmung** (II): Das Präsidium ist verpflichtet, den Vertreter zu bestimmen (II S. 1). Ohne Rücksicht auf das Dienstalter kann das geeignetste Mitglied des Spruchkörpers zum regelmäßigen Vertreter des Vorsitzenden bestimmt werden. Ist in Verkennung der Verpflichtung, einen Vertreter zu bestellen, keiner bestimmt worden, so ist von einer stillschweigenden Entscheidung dahin auszugehen, daß dem dienstältesten Mitglied des Spruchkörpers (I S. 2) die regelmäßige Vertretung übertragen werden sollte. „Dienstältester": § 20 **DRiG**. Mehrere Richter können nicht nebeneinander als Vertreter bestellt werden (Hamm StV **98**, 6). 9

3) Vorsitz in mehreren Spruchkörpern: I sieht nicht vor, daß dem Präs oder einem VorsRi der Vorsitz nur in einem Spruchkörper übertragen werden darf. Er darf daneben auch in einem anderen Spruchkörper als Beisitzer eingesetzt werden (BGHZ **88**, 1 = NJW **84**, 129). 10

A. **In zwei ordentlichen Spruchkörpern** (§ 60 GVG): Ist ein Vorsitzender nicht nur vorübergehend verhindert (II), so muß das Präsidium einen anderen Vorsitzenden bestellen, selbst wenn die Stelle des verhinderten Vorsitzenden nicht frei ist. Daraus ergibt sich die Notwendigkeit, daß ein Vorsitzender für längere Zeit den Vorsitz in zwei Kammern führen muß. Das ist zulässig (BGH **2**, 71, 73; **25**, 54). Ist für den Fall der Kollision keine Regelung im Geschäftsverteilungsplan getroffen, so entscheidet der PräsLG (Rieß DRiZ **77**, 291). Nach der Rspr der 11

Zivilsenate des BGH muß der Vorsitzende in den mehreren Spruchkörpern (oben 3) mindestens 75% der Aufgaben des Vorsitzenden selbst wahrnehmen (BGHZ **37**, 210 [GrS] = NJW **62**, 1570). Diese 75%-Klausel ist von den Strafsenaten des BGH bisher nicht förmlich übernommen worden (BGH **21**, 131; vgl allerdings die ihr etwa gleichkommende „Mitunter-Klausel" in BGH JZ **74**, 586 mit krit Anm Kleinknecht). Im Strafverfahren kann jedoch nichts anderes gelten als im Zivilverfahren (Bay RReg 2 St 139/80 vom 24. 10. 1980). Erforderlichenfalls muß die Zuständigkeit der mehreren Spruchkörper so eingeengt werden, daß der Vorsitzende den erforderlichen Einfluß (oben 2) wahrnehmen kann (BGH **25**, 54, 59).

12 B. **In einem ordentlichen Spruchkörper und einer HilfsStrK** (16 zu § 21 e): Beide können in der Hand eines und desselben Vorsitzenden bleiben. Für die HilfsStrK gilt das Vorsitzenden- Prinzip des I nicht (BGH **12**, 104; **18**, 176, 178; **31**, 389 = JR **83**, 519 mit Anm Katholnigg = NStZ **84**, 84 mit Anm Frisch; LR-K. Schäfer 10). Die im Schrifttum (Kissel 7; KK-Diemer 1; Schorn/Stanicki 142) vertretene **aM** zwingt, da die LGe nicht über überzählige Vorsitzende verfügen, die auf Zeit einsetzbar sind, zur Doppelbesetzung und dadurch zwangsläufig zur Vertretung nach II. Der Grundsatz des I läßt sich auf nur vorübergehend bestehende Spruchkörper nicht anwenden.

13 C. **Folgerungen aus der Rspr** (oben 12): Diese wirkt sich auf die Ferienkammer (§ 201) nicht aus, weil ihr Vorsitzender durch seine Tätigkeit in dieser an seiner Mitwirkung in seiner eigentlichen Kammer jedenfalls nur vorübergehend gehindert und deshalb die Vertretung nach II zulässig ist. Wird eine HilfsStrK neben der ordentlichen StrK, die eine Hauptverhandlung in einem Großverfahren durchzuführen hat, gebildet und bestimmt das Präsidium hinsichtlich der Aufgabe des Vorsitzenden (BGH NJW **73**, 1291), daß die Geschäfte in der ordentlichen StrK den Vorrang haben, so wird der Vorsitzende in der HilfsStrK nach II vertreten.

14 **4) Vertretung** (II S. 2): Die Regelung betrifft die ständigen Mitglieder des Spruchkörpers, die Richter auf Lebenszeit sind und daher den Vorsitz führen dürfen (§ 28 II S. 2 **DRiG**). Scheiden sie aus, so darf ein ständiges Mitglied des LG, das einem anderen Spruchkörper zugeteilt ist, den Vorsitzenden vertreten (BGH **21**, 42), und zwar nach Bestimmung des Präsidiums (§ 21 e I) oder, falls dieses nicht mehr rechtzeitig entscheiden kann, auf Anordnung des Präs (§ 21 i II).

15 **5) Vertretung bei Verhinderung während der Hauptverhandlung:** Hier gilt II nicht. Wenn ein Ergänzungsrichter (§ 192) zugezogen ist, tritt an die Stelle des verhinderten Vorsitzenden der Dienst-, ersatzweise der Lebensälteste (vgl oben 9), der an der Hauptverhandlung mitwirkenden, vorsitzfähigen Richter (LR-K. Schäfer 29). Dieser wird wie ein anderer verhinderter mitwirkender Richter durch den Ergänzungsrichter ersetzt.

Geschäftsverteilung innerhalb des Spruchkörpers

21g **I Innerhalb des mit mehreren Richtern besetzten Spruchkörpers verteilt der Vorsitzende die Geschäfte auf die Mitglieder.**

II Der Vorsitzende bestimmt vor Beginn des Geschäftsjahres für dessen Dauer, nach welchen Grundsätzen die Mitglieder an den Verfahren mitwirken; diese Anordnung kann nur geändert werden, wenn dies wegen Überlastung, ungenügender Auslastung, Wechsels oder dauernder Verhinderung einzelner Mitglieder des Spruchkörpers nötig wird.

III [betrifft Zivilsachen]

1 **1) Kammer- und Senatsintern** (I): Der Vorsitzende verteilt die RsprAufgaben des Spruchkörpers kraft eigenen Rechts in richterlicher Tätigkeit (BVerfGE **18**,

344, 351 = NJW **65**, 1219; krit Eser Salger-FS 266). Eine teilw Dauerverhinderung muß dabei berücksichtigt werden (BGH **25**, 239). Von seinen Vorsitzendenaufgaben darf er grundsätzlich nichts auf andere übertragen, auch nicht einen Teil auf seinen Vertreter (§ 21 f II S. 1) zur ständigen Wahrnehmung. In letzterem Punkt ist eine Ausnahme höchstens zulässig, soweit dadurch der Kernbereich der Vorsitzendenfunktion (2 zu § 21 f) nicht berührt wird (vgl BGH NJW **70**, 901). § 21 g gilt auch für die StVollstrK, die Kollegialgericht ist (§ 78 b I Nr 1). Die Bestellung des Berichterstatters fällt unter I, nicht unter II (BVerfGE **96**, 27 = NJW **97**, 1497, 1498/99 = JR **97**, 278 mit insoweit krit Anmen Berkemann und Katholnigg; BGHZ [VerGrSe] **126**, 63 = NJW **94**, 1735, 1740; **aM** Katholnigg NStZ **94**, 447).

2) Vorausanordnung über die Grundsätze der Mitwirkung (II): Diese ist nicht zwingend durch den Grundsatz des gesetzlichen Richters geboten (4 zu § 16); sie geht über das verfassungsrechtlich Erforderliche hinaus und stellt eine zusätzliche Sicherung gegen sachfremde Einflüsse dar (BVerfGE **18**, 344, 352; **22**, 282, 286; **69**, 112, 120). II soll verhindern, daß der Vorsitzende die Richterbank jeweils nach persönlichem Belieben zusammensetzt; dabei darf aber nicht vernachlässigt werden, daß auch die Rechtsprechungstätigkeit des Spruchkörpers reibungslos und effektiv gestaltet ist (Eser Salger-FS 265). Unter Berücksichtigung dieser Grundsätze haben die Vereinigten Großen Senate des BGH (NStZ **94**, 443 mit Anm Katholnigg = JZ **94**, 1175 mit Anm Kissel; krit dazu Leisner NJW **95**, 285 und Sangmeister NJW **95**, 289) für **überbesetzte Spruchkörper** folgende Regeln aufgestellt, die ab dem Geschäftsjahr 1995 zu beachten sind (bis dahin mußte nur sichergestellt sein, daß die Terminierung der einzelnen Verfahren nicht willkürlich, sondern in Ausübung pflichtgemäßen Ermessens erfolgte): Der Vorsitzende muß Mitwirkungsgrundsätze aufstellen, die mit abstrakten Merkmalen regeln, welche Richter an der Entscheidung mitzuwirken haben; die Grundsätze müssen ein System in der Weise ergeben, daß die Besetzung des Spruchkörpers bei der einzelnen Entscheidung im Regelfall aus ihnen ableitbar ist. Danach sind verschiedene Systeme möglich, je nachdem, ob der Vorsitzende bestimmte Spruchgruppen festlegt oder die Richter bestimmten Terminstagen zuordnet oder durch die Auswahl des Berichterstatters zugleich die Spruchgruppe bestimmt. Für die nähere Ausgestaltung des Systems hat der Vorsitzende Gestaltungsfreiheit; er darf Merkmale wie den Sachzusammenhang, eine frühere Befassung mit der Sache oder besondere Eilbedürftigkeit berücksichtigen. Das BVerfG (Plenum) hat entschieden (BVerfGE **96**, 27 = NJW **97**, 1497 = JR **97**, 278 mit Anmen Berkemann und Katholnigg), daß spätestens ab 1. 7. 1997 sichergestellt sein muß, daß die einzelne Sache „blindlings" aufgrund allgemeiner, vorab festgelegter Merkmale an den entscheidenden Richter gelangt; Geschäftsverteilungs- und Mitwirkungspläne eines Gerichts dürfen keinen vermeidbaren Spielraum bei der Heranziehung der einzelnen Richter zur Entscheidung einer Sache lassen; das schließt aber die Verwendung unbestimmter Begriffe – wie in § 21 e III S. 1 und § 21 g II Hs 2 – nicht aus. Ist der **Vorsitzende verhindert**, und gehört der vom Präsidium bestimmte Vertreter (§ 21 f II S. 1) demselben Spruchkörper an, so ist dieser Richter durch die Vertretung im Vorsitz verhindert, als Beisitzer mitzuwirken, wenn er den Vorsitz zu führen hat. Er wird als Beisitzer nach der spruchkörperinternen Regelung vertreten. Dauert die Vertretung im Vorsitz längere Zeit, so kann der Vertreter des Vorsitzenden für diese Zeit seine Beisitzeraufgaben innerhalb des Spruchkörpers gleichmäßig verteilen.

2 (margin: Vorausanordnung) · 3 (margin: überbesetzte Spruchkörper) · 3 a (margin: Vorsitzende verhindert)

4 **3) Form:** Für die Festlegung der Grundsätze schreibt II selbst keine bestimmte Form vor. Deswegen wurde früher eine schriftliche Fixierung nicht für notwendig erachtet (BVerfG DRiZ **70**, 269). Nunmehr wird jedoch eine schriftliche Abfassung der Mitwirkungsgrundsätze wegen ihrer im allgemeinen Rechtsbewußtsein gestiegenen Bedeutung und zur zuverlässigen Unterrichtung der Prozeßbeteiligten verlangt (BGH VerGrSe NJW **94**, 1735, 1740 mit Anm Katholnigg NStZ **94**, 446 = JZ **94**, 1175 mit Anm Kissel).

5 **4) Vertretung:** Die interne Vertretung bestimmt ebenfalls der Vorsitzende (mit Ausnahme seiner Vertretung im Vorsitz, § 21 f), und zwar unter Berücksichtigung des § 29 **DRiG.** Die dafür aufgestellten spruchkörperinternen Grundsätze wirken bei offensichtlicher Verhinderung aus tatsächlichen Gründen von selbst (8 zu § 21 e; 8 zu § 21 f); sonst entscheidet der Vorsitzende, ebenso bei Abweichung von den Grundsätzen. Wenn Vertretung durch einen Richter eines anderen Spruchkörpers notwendig wird, handelt es sich um Geschäftsverteilung nach § 21.

6 **5) Änderungen** (II Hs 2): Die Änderungsanlässe sind die gleichen wie in § 21 e III (dort 13 ff). Die Änderung ist aktenkundig zu machen (BGH **21**, 250).

7 **6)** Eine **Abweichung im Einzelfall** ist nicht nur unter den Voraussetzungen des II Hs 2 und nicht nur nach den Vertretungsgrundsätzen (7 zu § 21 e; 4 ff zu § 21 f) zulässig (BGH VerGrSe NJW **94**, 1735, 1739). Es genügen auch sonstige Umstände, die im Geschäftsjahr auftreten und bei strikter Einhaltung der Grundsätze zu Verzögerungen, teilweisem Leerlauf, ungleichmäßiger Auslastung oder vermeidbarem doppelten Arbeitsaufwand führen würden (BGH **29**, 162, 163). Bei solcher Abweichung ist das Aktenkundigmachen des Grundes empfehlenswert, aber rechtlich nicht notwendig (BGH **29**, 162, 164).

8 **7) Revision:** Nach § 338 Nr 1 StPO kann willkürliche oder sonst mißbräuchliche Nichteinhaltung der Grundsätze (II; BGH **21**, 250; **29**, 162) oder unzulässige Abweichung (oben 7) gerügt werden. In der Begründung einer solchen Rüge brauchen spruchkörperinterne Vorgänge, die nicht allgemein bekannt oder zugänglich sind, nicht angegeben zu werden (22 zu § 344 StPO).

Vertretung des Präsidenten oder des aufsichtführenden Richters

21h Der Präsident oder aufsichtführende Richter wird in seinen durch dieses Gesetz bestimmten Geschäften, die nicht durch das Präsidium zu verteilen sind, durch seinen ständigen Vertreter, bei mehreren ständigen Vertretern durch den dienstältesten, bei gleichem Dienstalter durch den lebensältesten von ihnen vertreten. Ist ein ständiger Vertreter nicht bestellt oder ist er verhindert, wird der Präsident oder aufsichtführende Richter durch den dienstältesten, bei gleichem Dienstalter durch den lebensältesten Richter vertreten.

1 **1)** Der **ständige Vertreter** (I S. 1) vertritt den Präs im Bereich der sog justizförmigen Verwaltungstätigkeit, die in richterlicher Unabhängigkeit ausgeübt wird (BGH **25**, 257), zB in den Fällen der §§ 21 i II, 22 h. Für die „reine" JV gilt das Landesrecht, § 13 GVVO, soweit in das Landesrecht übernommen (BGH aaO; zB § 7 II BWAGGVG), auch „im Vorfeld" der Schöffenbestimmung, zB in den Fällen der §§ 43 I, 45 II, III, 77 II S. 1, III S. 1 (BGH aaO). Für die Vertretung bei richterlichen Aufgaben ist § 21 f II maßgebend.

2 **2) Subsidiäre Vertretung durch andere Richter** (S. 2): Die Regelung beruht auf einem allgemein gültigen Grundsatz (9 zu § 21 f).

3 **3)** Die **Feststellung des Vertretungsfalles** trifft der Vertretene, notfalls der Vertreter.

Beschlußfähigkeit des Präsidiums; Notkompetenz

21i **I Das Präsidium ist beschlußfähig, wenn mindestens die Hälfte seiner gewählten Mitglieder anwesend ist.**

II Sofern eine Entscheidung des Präsidiums nicht rechtzeitig ergehen kann, werden die in § 21 e bezeichneten Anordnungen von dem Präsidenten oder aufsichtführenden Richter getroffen. Die Gründe für die getroffene Anordnung

sind schriftlich niederzulegen. Die Anordnung ist dem Präsidium unverzüglich zur Genehmigung vorzulegen. Sie bleibt in Kraft, solange das Präsidium nicht anderweit beschließt.

1) **Mindestens die Hälfte anwesend:** Über Stimmenthaltung vgl 21 zu § 21 e. 1
I ist – auch nach seiner Entstehungsgeschichte – nicht so aufzufassen, daß er das bewährte und praktisch kaum entbehrliche Umlaufverfahren unzulässig macht (BVerwGE **88**, 159 = NJW **92**, 254; LR-K. Schäfer 66 zu § 21 e; Schorn/Stanicki 164; Schmidt DRiZ **73**, 163; BGH StraFo **98**, 377: jedenfalls nicht im Bereich des § 21 e III; **aM** Thomas/Putzo 6 zu § 21 e; Baumbach/Lauterbach 4 A zu § 21 e; vgl auch KK-Diemer 7 zu § 21 a: seltene Ausnahme). I gilt aber nur für den Fall, daß das Präsidium zu einer Sitzung zusammentritt. Im Umlaufverfahren müssen alle nicht verhinderten Mitglieder unterschreiben.

2) Der **Vorsitzende des Präsidiums** (II S. 1; § 21 a II) entscheidet ersatzweise. 2
Diese Eilzuständigkeit ist Kompetenz kraft Gesetzes. Mit Art 101 I S. 2 GG ist sie vereinbar (BVerfG NJW **82**, 29 mwN). Von sich aus darf das Präsidium keine seiner eigenen Aufgaben auf den Vorsitzenden des Präsidiums übertragen. Der Vorsitzende trifft die Eilanordnung nach pflichtgemäßem Ermessen in eigener Verantwortung (BGH MDR **77**, 461 [H]). Er kann auch eine vorübergehende Vertretungsregelung im Einzelfall treffen, wenn die Regelung im Geschäftsverteilungsplan nicht ausreicht. **Vorlage an das Präsidium** (II S. 2, 3): Die Eilanordnung 3
bleibt in Kraft, bis das Präsidium anderweit, dh sachlich anders, beschließt. Hält es die Eilanordnung für richtig, so braucht es nur festzustellen, daß zu einer abweichenden Entscheidung kein Anlaß besteht (**aM** Katholnigg 3: nichts zu veranlassen).

3) **Revision:** Die Rüge, daß die tatsächlichen Voraussetzungen für eine vom 4
Präsidenten angenommene Verhinderung eines Vertreters nicht vorgelegen hätten, ist nicht zulässig; denn das Revisionsgericht hat diese Voraussetzungen nicht zu prüfen (BGH **12**, 33; MDR **77**, 461 [H]).

3. Titel. Amtsgerichte

Richter beim Amtsgericht

22 **I Den Amtsgerichten stehen Einzelrichter vor.**

II Einem Richter beim Amtsgericht kann zugleich ein weiteres Richteramt bei einem anderen Amtsgericht oder bei einem Landgericht übertragen werden.

III Die allgemeine Dienstaufsicht kann von der Landesjustizverwaltung dem Präsidenten des übergeordneten Landgerichts übertragen werden. Geschieht dies nicht, so ist, wenn das Amtsgericht mit mehreren Richtern besetzt ist, einem von ihnen von der Landesjustizverwaltung die allgemeine Dienstaufsicht zu übertragen.

IV Jeder Richter beim Amtsgericht erledigt die ihm obliegenden Geschäfte, soweit dieses Gesetz nichts anderes bestimmt, als Einzelrichter.

V Es können Richter kraft Auftrags verwendet werden. Richter auf Probe können verwendet werden, soweit sich aus Absatz 6, § 23 b Abs. 3 Satz 2 oder § 29 Abs. 1 Satz 2 nichts anderes ergibt.

VI Ein Richter auf Probe darf im ersten Jahr nach seiner Ernennung Geschäfte in Insolvenzsachen nicht wahrnehmen.

1 **1) Einzelrichter als Vorstand** (I): Der Einzelrichter repräsentiert das AG im Spruchkörper (IV), auch im SchG (§§ 28 ff). Die Zahl der Richter bestimmt die LJV (2 zu § 60).

2 **2) Doppelernennung** (II; § 27 II **DRiG,** vgl auch § 59 II): Das Präsidium kann den Richter zur Dienstleistung beim LG oder beim AG heranziehen, ohne daß es noch einer besonderen Zuweisung des Richters an dieses Gericht durch die JV bedarf (BGH **24**, 283).

3 **3)** Für die **Errichtung und Aufhebung** von AGen gilt der Vorbehalt des Gesetzes (BVerfGE **2**, 307), ebenso für die Verlegung des Gerichtssitzes (§ 1
4 GVVO). Über Zuständigkeitskonzentration vgl 2 zu § 58. **Zweigstellen** kann die LJV errichten (§ 3 GVVO; § 2 II BWAGGVG). Diese sind keine selbständigen Gerichte, sondern nur Spruchabteilungen desselben Gerichts (Zweibrücken VRS **68**, 54; Kissel 2; erg 11 zu § 21 e); Schriftsätze können fristwahrend daher sowohl beim Hauptgericht als auch bei der Zweigstelle eingereicht werden (Katholnigg 2). Im Gegensatz zu den §§ 78 und 116 II bestimmt hier die LJV nicht den örtlichen Zuständigkeitsbereich und den Geschäftskreis. Daher bedarf die Anordnung nicht der Form einer RechtsVO (vgl 1 zu § 58).

5 **4) Allgemeine Dienstaufsicht** (III): Zu ihr gehört nicht die Dienstaufsicht über Richter (§ 26 **DRiG;** §§ 14, 15 GVVO; § 16 BWAGGVG). Diese ist gemeint, wenn nur von Dienstaufsicht die Rede ist (zB §§ 22 a, 22 b IV, 22 c I) oder vom aufsichtführenden Richter (zB §§ 21 a II, 21 h).

Präsidium bei den Amtsgerichten

22a **Bei Amtsgerichten mit einem aus allen wählbaren Richtern bestehenden Präsidium (§ 21 a Abs. 2 Satz 1 Nr. 3) gehört der Präsident des übergeordneten Landgerichts oder, wenn der Präsident eines anderen Amtsgerichts die Dienstaufsicht ausübt, dieser Präsident dem Präsidium als Vorsitzender an.**

1 **1) Mindestens zwei Mitglieder** – bei weniger als 8 Richterplanstellen (vgl § 21 a II S. 1 Nr 2) – müssen vorhanden sein; zu ihnen tritt der Präs, der die Dienstaufsicht ausübt (5 zu § 22) als drittes Mitglied. Zum Einrichtergericht § 22 b.

2 **2) Für die Vertretung** des Präs gelten §§ 21 c, 21 h (Kissel 3). Der Präs hat auch die Notkompetenz nach § 21 i II (Kissel 3).

Amtsgericht mit nur einem Richter

22b **I Ist ein Amtsgericht nur mit einem Richter besetzt, so beauftragt das Präsidium des Landgerichts einen Richter seines Bezirks mit der ständigen Vertretung dieses Richters.**

II Wird an einem Amtsgericht die vorübergehende Vertretung durch einen Richter eines anderen Gerichts nötig, so beauftragt das Präsidium des Landgerichts einen Richter seines Bezirks längstens für zwei Monate mit der Vertretung.

III In Eilfällen kann der Präsident des Landgerichts einen zeitweiligen Vertreter bestellen. Die Gründe für die getroffene Anordnung sind schriftlich niederzulegen.

IV Bei Amtsgerichten, über die der Präsident eines anderen Amtsgerichts die Dienstaufsicht ausübt, ist in den Fällen der Absätze 1 und 2 das Präsidium des anderen Amtsgerichts und im Falle des Absatzes 3 dessen Präsident zuständig.

1) Nicht präsidiumsfähig: 2 zu § 21 a. 1

2) Vertretung (II–IV): Die Aufteilung der Vertretung des (ganz oder teilw) 2
verhinderten Richter beim AG auf 2 Richter des Bezirks des Präsidiums ist zulässig. II geht von der Vertretung einer vorübergehend nicht besetzten oder nicht wahrgenommenen Geschäftsaufgabe aus. Die zeitliche Beschränkung steht einer Verlängerung entgegen (Katholnigg 2; **aM** Kissel 5). Im Fall des II handelt es sich nicht um Abordnung (§ 37 **DRiG**). Eine Abordnung oder eine Verwendungsanordnung nach § 13 DRiG anstatt des Auftrags nach § 22 b oder auch im Anschluß an einen solchen ist zulässig. III ist eine Sonderregelung gegenüber § 21 i II.

Gemeinsamer Bereitschaftsdienst

22c **I Die Landesregierungen werden ermächtigt, durch Rechtsverordnung ein Amtsgericht zu bestimmen, das für mehrere Amtsgerichte im Bezirk des Landgerichts Geschäfte des Bereitschaftsdienstes an dienstfreien Tagen ganz oder teilweise wahrnimmt, wenn dies zur Sicherstellung einer gleichmäßigeren Belastung der Richter mit Bereitschaftsdiensten angezeigt ist. Zu dem Bereitschaftsdienst sind die Richter der in Satz 1 bezeichneten Amtsgerichte heranzuziehen. Über die Verteilung der Geschäfte des Bereitschaftsdienstes beschließt nach Maßgabe des § 21 e das Präsidium des Landgerichts.**

II Die Landesregierungen können die Ermächtigung nach Absatz 1 auf die Landesjustizverwaltungen übertragen.

1) Eine **externe Vertreterregelung** enthält die durch Ges vom 24. 6. 1994 1
(BGBl I 1374) eingefügte Vorschrift. Die Anordnung derartiger Vertretungen wurde früher auf § 22 b II gestützt, was fragwürdig war. Der für ein anderes AG tätig werdende Richter trifft seine Entscheidungen nach außen für das AG, dessen Aufgaben er wahrnimmt.

Gültigkeit einer Handlung

22d **Die Gültigkeit der Handlung eines Richters beim Amtsgericht wird nicht dadurch berührt, daß die Handlung nach der Geschäftsverteilung von einem anderen Richter wahrzunehmen gewesen wäre.**

1) Einen **allgemeinen Rechtsgrundsatz** (vgl RG **14**, 154) enthält § 22 d (LR- 1
K. Schäfer 1; 1 zu § 20 StPO; Einl 104 ff; auch 2 zu § 16). Er gilt auch für Kollegialgerichte, aber nur bei Abweichung von einem gesetzmäßigen Geschäftsverteilungsplan. Besteht ein solcher Plan nicht oder ist er gesetzwidrig, so gelten § 16 und Art 101 I S. 2 GG (LR-K. Schäfer 6 mwN). Über die Revision bei Verstoß gegen die Geschäftsverteilung vgl 7 zu § 338 StPO.

23-23c [betreffen Zivilsachen]

Zuständigkeit des Amtsgerichts **RiStBV 113**

24 **I In Strafsachen sind die Amtsgerichte zuständig, wenn nicht**

1. **die Zuständigkeit des Landgerichts nach § 74 Abs. 2 oder § 74 a oder des Oberlandesgerichts nach § 120 begründet ist,**

2. im Einzelfall eine höhere Strafe als vier Jahre Freiheitsstrafe oder die Unterbringung des Beschuldigten in einem psychiatrischen Krankenhaus, allein oder neben einer Strafe, oder in der Sicherungsverwahrung zu erwarten ist oder

3. die Staatsanwaltschaft wegen der besonderen Bedeutung des Falles Anklage beim Landgericht erhebt.

II Das Amtsgericht darf nicht auf eine höhere Strafe als vier Jahre Freiheitsstrafe und nicht auf die Unterbringung in einem psychiatrischen Krankenhaus, allein oder neben einer Strafe, oder in der Sicherungsverwahrung erkennen.

1 **1)** Die **grundsätzliche Zuständigkeit des AG** bestimmt die Vorschrift. Seine Zuständigkeit entfällt nur in den Ausnahmefällen des I Nrn 1–3 und bei nicht ausreichender Strafgewalt (II); allein zum Zwecke der Verbindung mit einem beim LG anhängigen Berufungsverfahren darf weder ein nach § 24 zur Zuständigkeit des AG gehörendes Verfahren beim LG angeklagt (BGH **38**, 172 mit Anm Rieß NStZ **92**, 548; BGH NStZ **92**, 397) noch ein beim AG anhängiges Verfahren dorthin abgegeben werden (BGH **37**, 15, 19/20). Das AG bilden Strafrichter und SchG; beides sind Gerichte verschiedener Ordnung (1 zu § 25; 2 zu § 1 StPO). Das SchG ist zuständig, wenn nicht die Zuständigkeit des Strafrichters nach § 25 gegeben ist. Bei den JugGen des AG ergibt sich die Abgrenzung aus §§ 33 II, 39, 40, 108 **JGG.** In Binnenschiffahrtssachen ist im 1. Rechtszug das AG zuständig (§§ 1, 2 II BinSchVfG).

2 **2) Ausnahmen von der Zuständigkeit des AG** (I):

3 A. **SchwurG- und Staatsschutzsachen** (Nr 1) sind von der Zuständigkeit des AG immer ausgenommen. Stellt sich erst nach Anklageerhebung heraus, daß es sich um eine solche Sache handelt, so gelten die §§ 209 II, 225 a, 270 StPO. Die Vorschrift des § 74 c ist in Nr 1 nicht aufgeführt, weil Wirtschaftsstrafsachen nur dann zur Zuständigkeit der WirtschaftsStrK gehören, wenn sie von besonderer Bedeutung sind (Nr 3) oder wenn die Strafgewalt des AG (II) nicht ausreicht (vgl 2 zu § 74 c).

4 B. Ob eine die **Strafgewalt übersteigende Rechtsfolgenerwartung** (Nr 2) besteht, muß aufgrund einer überschlägigen Prognoseentscheidung, ähnlich der Entscheidung über den hinreichenden Tatverdacht (§ 203 StPO), unter Berücksichtigung der nach § 160 II StPO ermittelten rechtsfolgenerheblichen Umstände festgestellt werden (Karlsruhe StV **98**, 252; Koblenz OLGSt S. 5). Geldstrafen, Nebenstrafen und Nebenfolgen werden dabei nicht berücksichtigt (KK-Kissel 4).

5 C. **Besondere Bedeutung des Falles** (Nr 3): Hierbei handelt es sich (wie in §§ 74 I S. 2, 74 a II, 74 b, 120 II, 142 a IV) um eine sog bewegliche Zuständigkeitsregelung (dazu allg Achenbach Wassermann-FS 849; Rieß GA **76**, 8). Mit dem GG ist Nr 3 nur bei verfassungskonformer Auslegung vereinbar (BVerfGE **9**, 223 = NJW **59**, 871; Eisenberg NStZ **90**, 551; krit Baumann 94; Grünwald JuS **68**, 452; Roxin § 7 A IV; ohne diese Einschränkung: BGH **9**, 367; NJW **58**, 918; Krey 1/228 und JA **84**, 290; **aM** Herzog StV **93**, 612: verfassungswidrig). Die Auslegung gebietet, daß die StA, wenn sie die besondere Bedeutung bejaht, zur Anklageerhebung bei dem LG verpflichtet ist. Sie hat keinen Ermessensspielraum (Engelhardt DRiZ **82**, 419) und kein echtes Wahlrecht, sondern muß den unbestimmten Rechtsbegriff der besonderen Bedeutung auslegen und den konkreten Fall darunter
6 subsumieren (BVerfG aaO). Von **besonderer Bedeutung** ist eine Sache, die sich aus tatsächlichen oder rechtlichen Gründen (Bremen JZ **53**, 150 mit Anm Busch) aus der Masse der durchschnittlichen Strafsachen nach oben heraushebt (Düsseldorf StV **97**, 13). Die besondere Bedeutung kann sich insbesondere aus dem Ausmaß der Rechtsverletzung und den Auswirkungen der Straftat ergeben (Düsseldorf NStZ **90**, 292 mit Anm Eisenberg NStZ **90**, 551; VRS **85**, 204; Stuttgart Justiz **68**, 210; MDR **75**, 1042; Schroeder MDR **65**, 177; RiStBV 113 I); dabei müssen die

unverschuldeten Tatfolgen unberücksichtigt bleiben (Kissel 14; Schroeder aaO). Die hervorragende Stellung des Beschuldigten oder des Verletzten im öffentlichen Leben kann die besondere Bedeutung ebenso begründen (Bremen aaO; Koblenz wistra **95**, 282; Kissel 15; Schroeder aaO) wie das große Interesse der Medien und der Öffentlichkeit an der Sache (BGH NJW **98**, 2149, 2150 = JR **98**, 467 mit zust Anm Dietmeier). Auch Persönlichkeit und Stellung des Beschuldigten können insoweit von Bedeutung sein, als sie den Unrechtsgehalt der Tat erhöhen (Stuttgart MDR **75**, 1042; Schroeder aaO). Besondere Bedeutung können daher Strafsachen gegen hohe Beamte und gegen RAe haben (BGH NJW **60**, 542, 544; Stuttgart MDR **75**, 1042; Schleswig SchlHA **67**, 269). Entsprechendes gilt für Strafen, bei denen sonst schwerwiegende öffentliche Interessen auf dem Spiel stehen (Köln NJW **70**, 261: Landfriedensbruch). Daß schwierige Rechtsfragen zu lösen sind, begründet die besondere Bedeutung idR nicht (Bamberg MDR **57**, 117). Anders ist es, wenn ein besonderes Bedürfnis für die rasche Klärung einer grundsätzlichen, für eine Vielzahl gleichgelagerter Fälle bedeutsamen Rechtsfrage durch den BGH besteht (BGH **43**, 53 = JZ **98**, 627 mit Anm Bernsmann; LG Nürnberg-Fürth NJW **88**, 2311, 2313). Der besondere Umfang der Sache rechtfertigt idR die Anwendung des § 29 II, nicht aber die der Nr 3 (Düsseldorf StV **97**, 13); Anklage vor dem LG kann aber erhoben werden, wenn mit einer außergewöhnlich langen Verhandlungsdauer zu rechnen ist (Hamburg NStZ **95**, 252; Rieß GA **76**, 23 Fn 124). Die Rspr bejaht teilw die besondere Bedeutung auch dann, wenn die Durchführung zweier Tatsacheninstanzen für das Tatopfer mit unzumutbaren Belastungen verbunden wäre (Zweibrücken NStZ **95**, 357); das ist gut gemeint, mit der gesetzlichen Regelung aber kaum in Einklang zu bringen (offengelassen von BGH StV **95**, 620; abl auch KK-Kissel 7; Böhm ZRP **96**, 259). Die Entscheidung der StA unterliegt in vollem Umfang der **gerichtlichen Prüfung** (BVerfGE **9**, 223 = 7
NJW **59**, 871; Hamburg NStZ **95**, 252; **aM** Schleswig NStZ **85**, 74; Achenbach Wassermann-FS 851: nur eingeschränkte Prüfungskompetenz). Um sie zu ermöglichen, muß die StA bei Anklageerhebung die Umstände angeben, in denen sie die besondere Bedeutung sieht, sofern sie nicht offensichtlich sind (BVerfG aaO; BGHR Bedeutung 3; RiStBV 113 II). Hält das AG den Fall für besonders bedeutend, so legt es die Sache nach § 209 II StPO dem LG vor; das LG, bei dem Anklage erhoben ist, eröffnet die Sache nach § 209 I StPO vor dem AG, wenn es ihr nur durchschnittliche Bedeutung beimißt. **Nach Eröffnung des Hauptver-** 8
fahrens wird die besondere Bedeutung der Sache nicht mehr geprüft. Mit dem Eröffnungsbeschluß tritt eine Zuständigkeitsperpetuierung ein; eine spätere Änderung der Beurteilung rechtfertigt die Anwendung der §§ 225 a, 270 StPO nicht (Bay **85**, 33 = NStZ **85**, 470; Rieß GA **76**, 11 ff; erg 5 zu § 225 a StPO; 5 zu § 270 StPO). Daher kann, sofern nicht Willkür und demgemäß ein Verstoß gegen Art 101 I S. 2 GG vorliegt, auch die Revision nicht darauf gestützt werden, daß die besondere Bedeutung der Sache zu Unrecht angenommen oder nicht angenommen worden sei (vgl BGH GA **80**, 220; **81**, 231 mit Anm Rieß; BGH VRS **23**, 267; Bay aaO; 32 zu § 338 StPO).

3) Rechtsfolgenkompetenz (II): Durch das RpflEntlG ist die Strafgewalt des 9
AG von 3 auf 4 Jahre erhöht worden, um einer „Austrocknung" des SchG (wegen der gleichzeitigen Erhöhung der Strafgewalt des Strafrichters von 1 auf 2 Jahre in § 25 Nr 2) vorzubeugen; im übrigen erhofft sich der Gesetzgeber dadurch eine Entlastung des BGH (BT-Drucks 12/3832 S. 43; erg 1 zu § 76 GVG). Die Begrenzung der Strafgewalt gilt auch für den Fall, daß eine Gesamtstrafe zu bilden ist. Werden in einem Urteil 2 getrennte, nicht mehr als 4 Jahre Freiheitsstrafe betragende Gesamtstrafen verhängt, so liegt darin aber auch dann kein Verstoß gegen II, wenn die Summe der Strafen 4 Jahre übersteigt (BGH **34**, 159 mit Anm Schnarr NStZ **87**, 236; vgl auch Fezer JR **88**, 89). Auch die StrK als Berufungsgericht darf keine über II hinausgehende Rechtsfolge verhängen (9 zu § 328 StPO). Die Überschreitung der Rechtsfolgengewalt berücksichtigt das Revisionsgericht von Amts

wegen (BGH **18**, 79, 81; NJW **70**, 155; KK-Kissel 16); sie führt zur Urteilsaufhebung wegen Fehlens der sachlichen Zuständigkeit.

10 **4)** Die **Revision** ist begründet, wenn das SchG willkürlich (dazu ausführlich Bremen NStZ-RR **98**, 53; Karlsruhe StV **98**, 252) seine Zuständigkeit bejaht hat, weil eine Freiheitsstrafe von mehr als 2 Jahren offenkundig ausgeschlossen und somit gemäß § 25 Nr 2 der Strafrichter zuständig war (Hamm StV **95**, 182; Oldenburg NStZ **94**, 449; Neuhaus StV **95**, 212; erg 8 zu § 269 StPO). Hatte allerdings eine Berufungsverhandlung stattgefunden, muß der Verstoß gegen § 328 II StPO gerügt werden, von Amts wegen erfolgt die Zurückverweisung nicht (BGH **42**, 205).

Zuständigkeit des Strafrichters

25 **Der Richter beim Amtsgericht entscheidet als Strafrichter bei Vergehen,**

1. **wenn sie im Wege der Privatklage verfolgt werden oder**
2. **wenn eine höhere Strafe als Freiheitsstrafe von zwei Jahren nicht zu erwarten ist.**

1 **1)** Die **Zuständigkeit des Strafrichters** ist ein aus der Gesamtzuständigkeit des AG ausgegliederter Teil (1 zu § 24). Sie gehört zur sachlichen Zuständigkeit und ist daher nach § 6 StPO in jeder Lage des Verfahrens von Amts wegen zu prüfen. Im Verhältnis zum SchG ist der Strafrichter ein Gericht niederer Ordnung (BGH **19**, 177; Schleswig SchlHA **84**, 97 [E/L]; 2 zu § 1 StPO).

2 **2) Privatklagedelikte** (Nr 1): Wird das Privatklagedelikt (§ 374 StPO) im Offizialverfahren verfolgt (§ 376 StPO), so ist nur die Nr 2 maßgebend. Die Übernahme der Verfolgung durch die StA nach § 377 StPO ändert an der Zuständigkeit des Strafrichters nichts (dort 11).

3 **3) Rechtsfolgenerwartung von nicht mehr als 2 Jahren Freiheitsstrafe** (Nr 2): Nach dieser durch das RpflEntlG geänderten (vgl 9 zu § 24) Vorschrift ist die sachliche Zuständigkeit des Strafrichters dann gegeben, wenn eine konkrete Rechtsfolgenerwartung von nicht mehr als 2 Jahren Freiheitsstrafe besteht, wobei bei einer Gesamtstrafenbildung die Höhe der Gesamtstrafe entscheidet; neben der Freiheitsstrafe angedrohte Rechtsfolgen bleiben außer Betracht. Im Gegensatz zur früheren Rechtslage, nach der die Zuständigkeit des Strafrichters ferner davon abhing, ob die StA die Sache als eine solche von minderer Bedeutung ansah (was der Richter nachzuprüfen hatte, vgl dazu 5 ff zu § 25 in der 40. Aufl), kommt es hierauf nun nicht mehr an (Rieß AnwBl **93**, 54); alle Vergehen mit einer derartigen Straferwartung sind beim Strafrichter und nicht beim SchG anzuklagen (Düsseldorf JMBlNW **96**, 47; Hamburg NStZ **95**, 252, 253; Koblenz StV **96**, 588 mwN; Köln StraFo **96**, 55; 85; LR-Rieß Anh 19 und NStZ **95**, 376; Böttcher/Mayer NStZ **93**, 157; Fischer NJW **96**, 1044; Werle JZ **91**, 796; **aM** AG Höxter MDR **94**, 1139; Fuhse NStZ **95**, 165; Hohendorf NJW **95**, 1454; Schäfer DRiZ **97**, 169; Siegismund/Wickern wistra **93**, 137, die von der Weitergeltung eines ungeschriebenen Tatbestandsmerkmals „Sache von minderer Bedeutung" ausgehen; Kalf NJW **97**, 1489 entnimmt aus § 28, daß das SchG als höherrangiges Gericht die Zuständigkeit des Strafrichters einschließe). Nimmt der Strafrichter im Gegensatz zur StA an, daß eine Freiheitsstrafe von mehr als 2 Jahren zu erwarten ist (zur Prognoseentscheidung vgl Karlsruhe Justiz **97**, 403), so legt er die Sache nach § 209 II StPO dem Vorsitzenden des SchG vor (3 zu § 209 StPO); umgekehrt eröffnet der Vorsitzende des SchG eine bei ihm angeklagte Sache nach § 209 I StPO vor dem Strafrichter, wenn er dessen Zuständigkeit für ausreichend erachtet (2 zu § 209 StPO). Der Strafrichter hat die volle Strafgewalt des § 24 II (unten 4); verhängt er eine höhere

Strafe als 2 Jahre Freiheitsstrafe, so hat er nicht zugleich zu prüfen, ob schon bei der Eröffnung des Hauptverfahrens mit einer solchen Strafe zu rechnen war (Bay **85**, 33 = NStZ **85**, 470 mit abl Anm Achenbach). Auch mit der Revision kann nicht geltend gemacht werden, daß schon bei Eröffnung des Hauptverfahrens eine höhere Straferwartung bestanden habe (Bay aaO; **aM** Bay DAR **84**, 243 [R]; Achenbach NStZ **85**, 471).

4) Die **Rechtsfolgenkompetenz** des Strafrichters geht ebenso weit wie die des SchG nach § 24 II (BGH **16**, 248; Bay **85**, 33 = NStZ **85**, 470 mit abl Anm Achenbach; Kissel 9; Fezer 9/51; Krey JA **84**, 291; **aM** EbSchmidt 10; Peters 126; Schwitzke NJW **53**, 930), wobei es allerdings doch recht bedenklich erscheint, daß demzufolge nunmehr (vgl 9 zu § 24) ein Richter allein möglicherweise eine Freiheitsstrafe von 4 Jahren verhängt (vgl auch Kissel NJW **93**, 491: „bemerkenswert"). 4

Zuständigkeit der Jugendschutzgerichte

26 **I Für Straftaten Erwachsener, durch die ein Kind oder ein Jugendlicher verletzt oder unmittelbar gefährdet wird, sowie für Verstöße Erwachsener gegen Vorschriften, die dem Jugendschutz oder der Jugenderziehung dienen, sind neben den für allgemeine Strafsachen zuständigen Gerichten auch die Jugendgerichte zuständig. Die §§ 24 und 25 gelten entsprechend.**

II In Jugendschutzsachen soll der Staatsanwalt Anklage bei den Jugendgerichten nur erheben, wenn in dem Verfahren Kinder oder Jugendliche als Zeugen benötigt werden oder wenn aus sonstigen Gründen eine Verhandlung vor dem Jugendgericht zweckmäßig erscheint.

1) Eine **Doppelzuständigkeit** in Jugendschutzsachen schafft die Vorschrift, die mit Art 101 I S. 2 GG vereinbar ist (BGH **13**, 297; **aM** Achenbach Wassermann-FS 853). Sie gestattet, Strafsachen Erwachsener vor dem JugG anzuklagen, wenn das aus besonderen Gründen (II) zweckmäßig erscheint; für das weitere Verfahren, auch für das Rechtsmittelverfahren (Saarbrücken NJW **65**, 2313), gilt dann das JGG. Für die Verteilung der Jugendschutzsachen unter den JugGen beim AG (§ 33 II **JGG**) sind jedoch die §§ 24, 25 entspr anzuwenden (I S. 2); die §§ 39, 40 **JGG** gelten nicht. Nach § 24 richtet sich auch die Zuständigkeitsabgrenzung zwischen dem AG und den Gerichten höherer Ordnung. Ist die StrK im 1. Rechtszug zuständig, so gilt § 74 b. 1

2) **Jugendschutzsachen** (I S. 1) sind Straftaten, durch die ein Kind oder ein Jugendlicher (§ 1 II **JGG**) unmittelbar oder mittelbar verletzt (dazu LR-K. Schäfer 4) oder unmittelbar gefährdet wird; Straftaten gegen Heranwachsende (§ 1 II **JGG**) sind keine Jugendschutzsachen. Die Art der Straftat ist ohne Bedeutung; der Tatbestand braucht nicht nur oder in besonderer Weise dem Schutz von Kindern oder Jugendlichen zu dienen. § 26 ist aber nicht anwendbar, wenn die Tat zum Tod eines Kindes oder Jugendlichen geführt hat (Düsseldorf JMBlNW **63**, 166; Hamm JMBlNW **63**, 34; Kissel 3; LR-K. Schäfer 6). Jugendschutzsachen sind **ferner** 3 Straftaten gegen Vorschriften, die dem Jugendschutz oder der Jugenderziehung dienen, auch wenn sie sich gegen Heranwachsende richten (BGH **13**, 53, 59). In Betracht kommen insbesondere Verstöße gegen §§ 174 ff, 180, 182, 235, 236 StGB, gegen die Vorschriften des Jugendarbeitsschutzgesetzes vom 12. 4. 1976 (BGBl I 965), letztes ÄndG vom 24. 4. 1986 (BGBl I 560), des Ges zum Schutze der Jugend in der Öffentlichkeit vom 25. 2. 1985 (BGBl I 425), letztes ÄndG vom 28. 6. 1990 (BGBl I 1221), des Ges über die Verbreitung jugendgefährdender Schriften vom 12. 7. 1985 (BGBl I 1502), letztes ÄndG vom 25. 9. 1990 (BGBl I 2106), und gegen die Vorschriften über die Schulpflicht. 2

3) Ein uneingeschränktes **Wahlrecht** hat die StA nicht. Anklage vor dem JugG 4
darf sie nur erheben, wenn die Voraussetzungen des II vorliegen. Auch unter

diesen Voraussetzungen kann sie die Sache allerdings vor das allgemeine Strafgericht bringen (BGH **13**, 297, 300). Nach II ist das JugG ausnahmsweise (Kissel 7) zuständig, wenn in dem Verfahren Kinder oder Jugendliche als Zeugen benötigt werden oder wenn eine Verhandlung vor dem JugG aus sonstigen Gründen zweckmäßig erscheint, insbesondere, wenn es auf die besondere Sachkunde und Erfahrung dieses Gerichts, auch bei der Vernehmung jugendlicher Zeugen und der Würdigung ihrer Aussagen (BGH **13**, 53, 59), ankommt. Für das Gericht ist
5 die Entscheidung der StA **nicht bindend** (Engelhardt DRiZ **82**, 420); es muß sich aber ebenfalls an die Richtlinie des II halten. Das JugG, vor dem Anklage erhoben ist, kann die Sache vor dem allgemeinen Strafgericht eröffnen (§§ 209 I iVm § 209 a Nr 2 Buchst b StPO). Das Erwachsenengericht kann sie dem JugG vorlegen, wenn es die Voraussetzungen des II für gegeben hält (§ 209 II iVm
6 § 209 a Nr 2 Buchst b StPO). **Nach Eröffnung des Hauptverfahrens** wird das Vorliegen dieser Voraussetzungen nicht mehr geprüft (vgl 8 zu § 24; 3 zu § 25; 3 zu § 74 b). Daher kann die Revision auf eine Verletzung des § 26 nur gestützt werden, wenn das Gericht willkürlich verfahren und daher gegen Art 101 I S. 2 verstoßen hat (BGH bei Herlan GA **71**, 34; Kissel 14; vgl auch BGH MDR **57**, 529 [D]).

26a (weggefallen)

Sonstige Zuständigkeit und Geschäftskreis

27 **Im übrigen wird die Zuständigkeit und der Geschäftskreis der Amtsgerichte durch die Vorschriften dieses Gesetzes und der Prozeßordnungen bestimmt.**

1 **1) Sonstige Zuständigkeiten** des AG bestehen in Strafsachen ua für die Rechtshilfe (§ 157), die Tätigkeit im vorbereitenden Verfahren (§§ 115 a I, 125 I, 128 I, 162, 163 I S. 2, 165, 166 StPO) und im beschleunigten Verfahren (§ 417 StPO) sowie für den Erlaß des Strafbefehls (§ 407 StPO).

4. Titel. Schöffengerichte

Zuständigkeit

28 **Für die Verhandlung und Entscheidung der zur Zuständigkeit der Amtsgerichte gehörenden Strafsachen werden, soweit nicht der Strafrichter entscheidet, bei den Amtsgerichten Schöffengerichte gebildet.**

1 **1) Schöffen** sind die ehrenamtlichen Laienrichter in der Strafrechtspflege (§§ 44–45 a **DRiG**). Über Entwicklung und Einschätzung vgl Jescheck, Das Laienrichtertum in der Strafrechtspflege der BRep und der Schweiz (1977).

2 **2)** Die **Zuständigkeit des SchG** regelt § 24 I, seine Strafgewalt § 24 II.

Zusammensetzung **RiStBV 113 IV**

29 **I Das Schöffengericht besteht aus dem Richter beim Amtsgericht als Vorsitzenden und zwei Schöffen. Ein Richter auf Probe darf im ersten Jahr nach seiner Ernennung nicht Vorsitzender sein.**

II Bei Eröffnung des Hauptverfahrens kann auf Antrag der Staatsanwaltschaft die Zuziehung eines zweiten Richters beim Amtsgericht beschlossen werden, wenn dessen Mitwirkung nach dem Umfang der Sache notwendig erscheint. Eines Antrages der Staatsanwaltschaft bedarf es nicht, wenn ein Gericht höherer Ordnung das Hauptverfahren vor dem Schöffengericht eröffnet.

1) Zusammensetzung des SchG (I): Außer dem Richter beim AG wirken 2 1
Schöffen mit (S. 1), aber nur in der Hauptverhandlung (§ 30 II). Den Vorsitz kann jeder Richter auf Lebenszeit bei dem AG führen, auch ein abgeordneter Richter (§ 37 **DRiG**) und ein Vertretungsrichter nach § 22 b. Richter kraft Auftrags (§ 14 **DRiG**) können ebenfalls Vorsitzende sein (KK-Kissel 2), Richter auf Probe (§ 12 **DRiG**) aber nicht im 1. Jahr nach ihrer Ernennung (I S. 2). Wegen der Schöffen vgl §§ 30, 31.

2) Das **erweiterte SchG** (II) hat die gleiche sachliche Zuständigkeit und Straf- 2
gewalt wie das gewöhnliche SchG nach § 24 (allg zu II: Deisberg/Hohendorf DRiZ **84**, 261). Es ist ein SchG in erweiterter Besetzung, aber kein Gericht höherer Ordnung gegenüber dem SchG (RG **62**, 265, 270; KG JR **76**, 209; Bremen NJW **58**, 432; Hamm MDR **88**, 696; Kissel 7; Dallinger JZ **53**, 433). Den Vorsitz muß ein Richter auf Lebenszeit führen (§ 28 II S. 2 **DRiG**). Der 2. Richter kann ein Richter kraft Auftrags oder auf Probe sein, auch im 1. Jahr nach
seiner Ernennung. Grundsätzlich darf ein 2. Richter nur auf **Antrag der StA** 3
hinzugezogen werden. Der Antrag, der im pflichtgemäßem Ermessen der StA steht (Deisberg/Hohendorf DRiZ **84**, 263), wird idR bei Anklageerhebung gestellt, kann aber (etwa auf Anregung des Vorsitzenden des SchG), nachgereicht werden, solange das Hauptverfahren noch nicht eröffnet ist (RG **62**, 265, 269; Kissel 13; Dallinger aaO). Bis zu diesem Zeitpunkt kann er auch zurückgenommen werden (Kissel 13; LR-K. Schäfer 5; **aM** Dallinger aaO Fn 13). Eines Antrags der StA bedarf es nicht, wenn ein höheres Gericht das Hauptverfahren nach § 209 I StPO
vor dem SchG eröffnet (II S. 2). Die **Notwendigkeit** der Zuziehung des 2. 4
Richters muß sich aus dem besonderen Umfang der Sache (zahlreiche Mitangeklagte, Straftaten oder Beweismittel) ergeben (RiStBV 113 III). Auch die zu erwartenden Beweisschwierigkeiten dürfen berücksichtigt werden (Kissel 14), nicht aber die Schwierigkeit der Rechtslage, auch nicht die besondere Bedeutung der Sache (KK-Kissel 11); liegt sie vor, so ist nach § 24 I Nr 3 Anklage vor dem LG zu
erheben. Zuständig für die **Entscheidung** über die Zuziehung des 2. Richters ist 5
im Fall des S. 1 der Vorsitzende des SchG, im Fall des S. 2 nur das höhere Gericht (KG JR **76**, 209; Bremen NJW **58**, 432; LR-K. Schäfer 6; **aM** Deisberg/Hohendorf DRiZ **84**, 267; Kern GA **53**, 45: auch der SchG-Vorsitzende). Die Entscheidung, bei der das Gericht an den Antrag der StA nicht gebunden ist (Dallinger JZ **53**, 434), kann nur gleichzeitig mit der Eröffnung des Hauptverfahrens getroffen werden (Düsseldorf JMBlNW **64**, 260; KK-Kissel 13; krit dazu Nappe NJW **57**, 1827). Eine nachträgliche Entscheidung, zB bei Erhebung einer Nachtragsanklage nach § 266 StPO, Verweisung an das SchG nach § 270 StPO oder Zurückverweisung durch das Rechtsmittelgericht, ist unzulässig (KK-Kissel 13; Dallinger JZ **53**, 434 Fn 14; **aM** für § 270 StPO: Deisberg/Hohendorf DRiZ **84**, 265). Die Entscheidung kann auch nicht nachträglich aufgehoben werden (LR-K. Schäfer 9). Wird die Zuziehung eines 2. Richters beschlossen, so muß in dieser Besetzung entschieden werden, wenn die Sache mit einer gewöhnlichen SchG-Sache verbunden wird; ein weiterer Zuziehungsbeschluß ist nicht erforderlich (Kissel 20). Bei Zurückverweisung der Sache nach §§ 328 II, 354 II, III oder 355 StPO hat erneut

ein erweitertes SchG zu entscheiden. Entsprechendes gilt für das Nachverfahren
6 nach §§ 439, 441 StPO. Im **beschleunigten Verfahren** nach §§ 417 ff StPO ist die Zuziehung eines 2. Amtsrichters ausgeschlossen (LR-Rieß 10 zu § 212 StPO;
7 **aM** Deisberg/Hohendorf DRiZ **84**, 264 ff). Die **Anfechtung** der Entscheidung des Gerichts über den Antrag der StA ist unzulässig, gleichgültig, ob er abgelehnt oder ihm stattgegeben wird (KG JR **76**, 209; Kissel 17; Dallinger JZ **53**, 434); das gilt auch für die Revision. Dieses Rechtsmittel kann aber darauf gestützt werden, daß ein erweitertes SchG entschieden hat, obwohl ein entspr Antrag der StA nicht gestellt worden war und auch die Voraussetzungen des S. 2 nicht vorgelegen haben (Düsseldorf aaO; Kissel 7, 13).

Befugnisse der Schöffen

30 **I Insoweit das Gesetz nicht Ausnahmen bestimmt, üben die Schöffen während der Hauptverhandlung das Richteramt in vollem Umfang und mit gleichem Stimmrecht wie die Richter beim Amtsgericht aus und nehmen auch an den im Laufe einer Hauptverhandlung zu erlassenden Entscheidungen teil, die in keiner Beziehung zu der Urteilsfällung stehen und die auch ohne mündliche Verhandlung erlassen werden können.**

II Die außerhalb der Hauptverhandlung erforderlichen Entscheidungen werden von dem Richter beim Amtsgericht erlassen.

1 1) **Während der Hauptverhandlung** (I) wirken die Schöffen grundsätzlich in gleichem Maße mit wie die Berufsrichter; sie haben auch das Recht zur unmittelbaren Befragung (§ 240 II StPO). Die Mitwirkung der Schöffen erstreckt sich auf die in der Hauptverhandlung oder zugleich mit dem Urteil zu erlassenden Beschlüsse (zB nach §§ 228 II S. 1, 230 II, 231 II, 231 a III S. 1, 231 b, 231 c, 238 II, 268 a, 268 b, 270, 456 c StPO, §§ 171 a, 171 b, 172, 173 II, 174), auch auf Vorlageschlüsse nach Art 100 I GG, § 80 BVerfGG (Einl 225) und auf Beschlüsse, die in keinem Zusammenhang mit der Urteilsfällung stehen, wie die Beschlüsse nach §§ 51, 70, 77 StPO, §§ 177 S. 2, 178 II. Daß bei der Beschlußfassung auf den Akteninhalt zurückgegriffen werden muß, spielt keine Rolle (Kissel 7; 8 zu § 126 StPO). Ausnahmen von der Mitwirkung der Schöffen bestimmen zB §§ 27 II,
2 31 II S. 1 StPO. Für die Beratung und Abstimmung gelten §§ 192 ff. Das **Recht auf Akteneinsicht** wurde den Schöffen von der hM früher mit der Begründung abgesprochen, dadurch werde der Unmittelbarkeitsgrundsatz des § 261 StPO verletzt (BGH **13**, 73 = JR **61**, 30 mit zust Anm EbSchmidt; BGH MDR **73**, 19 [D]; Hamburg MDR **73**, 69; LR-Gollwitzer 31 zu § 261 StPO; jedoch bereits offengelassen bei BGH NJW **87**, 1209 = JR **87**, 389 mit Anm Rieß; vgl auch Scheffler 64 und RiStBV 126 III). Nach richtiger Ansicht sind die Schöffen aber auch insoweit den Berufsrichtern gleichgestellt, mit denen sie die Verantwortung für die richtige Entscheidung teilen (Kissel 2 ff; Atzler DRiZ **91**, 207; Hanack JZ **72**, 315; Rüping JR **76**, 272; Schreiber Welzel-FS 954; Terhorst MDR **88**, 809; Volk Dünnebier-FS 382). Auch Kemmer „Befangenheit von Schöffen durch Aktenkenntnis?" (1989) verneint die von ihm gestellte Frage mit überzeugender Begründung; für ein grundsätzliches Verbot der Akteneinsicht durch Schöffen hingegen Rennig, Die Entscheidungsfindung durch Schöffen und Berufsrichter, 1993, S.586. BGH **43**, 36 = NStZ **97**, 506 mit zust Anm Katholnigg = StV **97**, 450 mit abl Anm Lunnebach hat es nunmehr – ua unter Hinweis auf § 249 II StPO – auch als rechtlich unbedenklich bezeichnet, wenn den Schöffen in der Hauptverhandlung zum besseren Verständnis der Beweisaufnahme aus den Akten stammende Protokolle über Beweismittel als Begleittext zur Verfügung gestellt werden; dem zuneigend auch BGH **43**, 360 (erg 40 zu § 261 StPO).

2) An **Entscheidungen außerhalb der Hauptverhandlung** (II) wirken die Schöffen nicht mit (vgl auch § 76 I S. 2). Das gilt für alle Entscheidungen, die vor Beginn oder nach Beendigung der Hauptverhandlung getroffen werden, aber auch für solche, die während der Unterbrechung der Hauptverhandlung erforderlich werden, wenn sie auch ohne mündliche Verhandlung erlassen werden können, wie Beschlagnahme- und Durchsuchungsanordnungen, Entscheidungen über die UHaft (Hamburg NStZ **98**, 99; Schleswig NStZ **90**, 198; Foth NStZ **98**, 262; **aM** Kissel 7; erg 8 zu § 126 StPO) und über die Unterbrechung nach § 229 II (BGH **34**, 154, 155). In den Fällen des II entscheidet – auch beim erweiterten SchG (§ 29 II) – der Richter beim AG allein, und zwar nicht als Vorsitzender des SchG (LR-K. Schäfer 5), jedoch als dessen Vertreter (vgl § 319 I StPO: „Gericht des ersten Rechtszuges"). 3

Ehrenamt

31 **Das Amt eines Schöffen ist ein Ehrenamt. Es kann nur von Deutschen versehen werden.**

1) Ehrenamtlich (S. 1) werden die Schöffen tätig; ihre Entschädigung regelt § 55. Schöffen sind Teil der rechtsprechenden Gewalt (§ 1 **DRiG**). Strafrechtlich werden sie wie Amtsträger und Richter behandelt (§ 11 Abs 1 Nr 2 Buchst a, Nr 3 StGB). Abberufen werden können sie vor Ablauf ihrer Amtszeit gegen ihren Willen nur durch Richterspruch (§ 44 II **DRiG**). Sie sind in gleichem Maße unabhängig wie Berufsrichter, müssen das Beratungsgeheimnis wahren und sind vor ihrer 1. Dienstleistung zu vereidigen (§ 45 **DRiG**). Fehlt es an einer rechtswirksamen Vereidigung, so ist das Gericht iS des § 338 Nr 1 StPO nicht vorschriftsmäßig besetzt (RG **61**, 274; Köln JMBlNW **76**, 118; KK-Kissel 4). 1

2) Nur **Deutsche** (S. 2) iS des Art 116 GG können Schöffen sein (für Berufsrichter gilt § 9 Nr 1 **DRiG**). Unfähig zum Schöffenamt sind aber nur Ausländer und Staatenlose, nicht Deutsche mit doppelter Staatsangehörigkeit (RG **25**, 415; Kissel 10). 2

3) Sonstige Eigenschaften werden nicht vorausgesetzt. Der Schöffe braucht keine auch nur durchschnittlichen intellektuellen Fähigkeiten zu haben (RG **30**, 399). Nach hM muß er nicht einmal der deutschen Sprache mächtig sein (RG aaO; Kissel 11; LR-K. Schäfer 3; **aM** mit Recht EbSchmidt 4). Geisteskrankheit und andere die Verhandlungsfähigkeit ausschließende Zustände schwerer geistiger oder körperlicher Behinderung stehen der Mitwirkung des Schöffen aber entgegen (4 zu § 33). Nach § 9 I des Ges vom 24. 7. 1992 (BGBl I 1386) soll nicht berufen werden, wer gegen die Grundsätze der Menschlichkeit oder der Rechtsstaatlichkeit verstoßen hat oder wegen einer Tätigkeit als hauptamtlicher oder inoffizieller Mitarbeiter des Staatssicherheitsdienstes der ehemaligen DDR (§ 6 IV, V Stasi-Unterlagen-Ges vom 20. 12. 1991, BGBl I 2272) nicht geeignet ist. 3

Unfähigkeit zum Schöffenamt

32 **Unfähig zu dem Amt eines Schöffen sind:**

1. **Personen, die infolge Richterspruchs die Fähigkeit zur Bekleidung öffentlicher Ämter nicht besitzen oder wegen einer vorsätzlichen Tat zu einer Freiheitsstrafe von mehr als sechs Monaten verurteilt sind;**
2. **Personen, gegen die ein Ermittlungsverfahren wegen einer Tat schwebt, die den Verlust der Fähigkeit zur Bekleidung öffentlicher Ämter zur Folge haben kann.**

1 **1)** Die **Unfähigkeit im allgemeinen** ist hier gemeint, nicht die Ausschließung oder Ablehnung eines Schöffen wegen seiner Beziehungen zu einer bestimmten Strafsache (§ 31 StPO). Maßgebender Zeitpunkt für die Unfähigkeit ist die tatsächliche Amtsausübung, nicht die Listenaufstellung. Ist die ursprünglich vorhandene Unfähigkeit bis zur Hauptverhandlung weggefallen, so ist das Gericht daher vorschriftsmäßig besetzt (RG **2**, 241; **21**, 291; EbSchmidt 3). Jedoch ist die Unfähigkeit bereits bei der Aufstellung der Listen nach § 36 und bei der Schöffenwahl nach § 42 zu berücksichtigen (KK-Kissel 2). Bei nachträglich eintretender oder bekannt gewordener Unfähigkeit ist nach § 52 I Nr 1 zu verfahren. Die Unfähigkeit hat das Gericht, bei dem der Schöffe mitwirkt, von Amts wegen zu beachten (Katholnigg 1). Auskunft über das Vorliegen von Gründen der Amtsunfähigkeit kann in der Hauptverhandlung aber nicht verlangt werden (BGH NStZ **94**, 139).

2 **2) Die einzelnen Fälle:**

3 A. **Gerichtliche Verurteilung** (Nr. 1): Die Aberkennung der Fähigkeit zur Bekleidung öffentlicher Ämter regeln §§ 45–45 b StGB; sie muß rechtskräftig sein (Kissel 3). Die Verurteilung zu einer Freiheitsstrafe von mehr als 6 Monaten wegen vorsätzlicher Tat muß ebenfalls Rechtskraft erlangt haben (Kissel 3). Das Urteil muß von einem inländischen Gericht erlassen worden sein (Eb Schmidt 9). Freiheitsstrafe iS Nr 1 ist auch eine Jugendstrafe (KK-Kissel 3). Auch eine Gesamtfreiheitsstrafe von mehr als 6 Monaten führt zur Unfähigkeit (Kissel 5). Hat das Urteil teils vorsätzliche, teils fahrlässige Taten zum Gegenstand, so sind die Einzelstrafen wegen der vorsätzlichen Taten maßgebend (Kissel 5). Die Unfähigkeit nach Nr 1
4 **endet** mit dem Wegfall der Amtsunfähigkeit durch Zeitablauf oder durch Wiederverleihung der verlorenen Rechte nach § 46 b StGB oder im Gnadenwege, im Fall der Verurteilung zu Freiheitsstrafe mit der Tilgung oder Tilgungsreife der Eintragung im BZRG (§ 51 **BZRG**); der Erlaß der Strafe nach Ablauf der Bewährungsfrist (§ 56 g I S. 1 StGB) oder im Gnadenweg ist ohne Bedeutung.

5 B. **Schwebende Ermittlungsverfahren** (Nr 2), dh von der StA, nicht nur von der Polizei nach § 163 StPO eingeleitete Verfahren (LR-K. Schäfer 9), begründen die Unfähigkeit nur, wenn sie wegen einer Tat geführt werden, die zu der Nebenfolge des § 45 StGB führen kann (Moller MDR **65**, 534 hält das für verfassungswidrig; dagegen Katholnigg 3 und JR **89**, 37). Es reicht aus, daß diese Folge (abstrakt) möglich ist (BGH **35**, 28 = JR **89**, 35 mit Anm Katholnigg; Bremen MDR **64**, 244; Kissel 7); wahrscheinlich braucht sie nicht zu sein. Das Vorliegen der Voraussetzungen der Nr. 2 ist unmittelbar zu beachten: einer vorherigen Streichung aus der Schöffenliste bedarf es nicht, ein späterer Freispruch hat keine Rückwirkung auf den Ausschluß (BGH aaO). Ob die Streichung bei Freispruch oder Einstellung des Verfahrens rückgängig zu machen ist, hat der BGH (aaO) offengelassen (bejahend Bremen aaO: Kissel 10); Katholnigg (JR **89**, 37) weist zu Recht darauf hin, daß dies zu kaum behebbaren Schwierigkeiten führen könnte. Daß der Schöffe wegen des Ermittlungsverfahrens nicht aufgestellt oder nicht gewählt worden ist, läßt sich nachträglich nicht ändern.

6 **3) Revision:** Die Mitwirkung eines nach § 32 unfähigen Schöffen führt auf entspr Rüge zur Urteilsaufhebung nach § 338 Nr 1 StPO (BGH **35**, 28). Zum notwendigen Revisionsvorbringen gehört im Fall der 2. Altern der Nr 1 die Darlegung von Schuldvorwurf und Strafmaß (BGH **33**, 261, 269).

Ungeeignete Schöffen

33 **Zu dem Amt eines Schöffen sollen nicht berufen werden:**

1. **Personen, die bei Beginn der Amtsperiode das fünfundzwanzigste Lebensjahr noch nicht vollendet haben würden;**

2. Personen, die das siebzigste Lebensjahr vollendet haben oder es bis zum Beginn der Amtsperiode vollenden würden;
3. Personen, die zur Zeit der Aufstellung der Vorschlagsliste noch nicht ein Jahr in der Gemeinde wohnen;
4. Personen, die wegen geistiger oder körperlicher Gebrechen zu dem Amt nicht geeignet sind;
5. Personen, die in Vermögensverfall geraten sind.

1) Eine bloße **Ordnungsvorschrift** ist § 33. Ihre Einhaltung steht gleichwohl 1 nicht im Ermessen der zuständigen Stellen. Die Vorschrift enthält vielmehr ein von Amts wegen zu beachtendes allgemeines Verbot, ungeeignete Personen zum Schöffendienst heranzuziehen (Köln MDR **70**, 864; EbSchmidt 1). Die in § 33 bezeichneten Personen dürfen daher bereits in die Vorschlagslisten (§ 36; § 35 I S. 1 **JGG**) nicht aufgenommen worden. Sind sie gleichwohl gewählt (§ 42) und ausgelost (§ 45) worden, so gilt § 52 I Nr 2. Ein Weigerungsrecht für den Schöffen begründet § 33 nicht (Kissel 8).

2) **Einzelheiten:** In den Fällen der Nrn 1 und 2 ist der Beginn der 4jährigen 2
Amtsperiode nach § 42 I der **maßgebende Zeitpunkt.** Daher darf ein 24jähriger 3
in die Vorschlagsliste aufgenommen werden, wenn er in diesem Zeitpunkt 25 Jahre, ein 69jähriger nicht, wenn er dann 70 Jahre alt sein wird. Im Fall der Nr 3 ist § 57
maßgebend. **Wohnen** iS der Nr 3 verlangt nicht nur die rechtliche Wohnsitzbe- 4
gründung, sondern den tatsächlichen Aufenthalt (BGH **28**, 61, 64). Beim nachträglichen Wegzug ist nach § 52 I Nr 2 zu verfahren. Der Wegzug in eine andere Gemeinde, die im selben LG-Bezirk liegt, ist jedoch kein Hinderungsgrund (BGH
StV **82**, 60). **Geistige und körperliche Gebrechen** iS der Nr 4 sind nur solche, 5
die die Verhandlungsfähigkeit nicht ausschließen, zB starke Schwerhörigkeit (BGH **22**, 289, 291). Ist sie ausgeschlossen, so führt die Mitwirkung des Schöffen dazu, daß das Gericht iS des § 338 Nr 1 StPO nicht vorschriftsmäßig besetzt ist (BGH MDR **71**, 723 [D]; KK-Kissel 4). Das gilt insbesondere für die Mitwirkung blinder, stummer und tauber Richter (vgl 10ff zu § 338; **aM** BGHR Gebrechen 1; Kissel
12 zu § 31). Für den **Vermögensverfall** iSd Nr 5 kann die Aufnahme in das 6
Schuldnerverzeichnis nach § 915 ZPO oder die Eröffnung des Insolvenzverfahrens (§§ 11ff InsO) sprechen. Bei völlig unverschuldetem Geraten in die wirtschaftliche Notlage oder bei dem Bemühen, nach den Vorschriften über die Restschuldbefreiung (§§ 286ff InsO) wieder zu geordneten Vermögensverhältnissen zu gelangen, wird von der Anwendung der Nr 5 abgesehen werden können (BT-Drucks 12/3803 S. 64).

3) Die **Revision** kann ein Verstoß gegen die Sollvorschrift des § 33 nicht 7
begründen (BGH **30**, 255, 257; **33**, 261, 269; NStZ **95**, 20 [K]).

Weitere ungeeignete Schöffen

34 **I Zu dem Amt eines Schöffen sollen ferner nicht berufen werden:**

1. der Bundespräsident;
2. die Mitglieder der Bundesregierung oder einer Landesregierung;
3. Beamte, die jederzeit einstweilig in den Warte- oder Ruhestand versetzt werden können;
4. Richter und Beamte der Staatsanwaltschaft, Notare und Rechtsanwälte;
5. gerichtliche Vollstreckungsbeamte, Polizeivollzugsbeamte, Bedienstete des Strafvollzugs sowie hauptamtliche Bewährungs- und Gerichtshelfer;
6. Religionsdiener und Mitglieder solcher religiösen Vereinigungen, die satzungsgemäß zum gemeinsamen Leben verpflichtet sind;

7. Personen, die acht Jahre lang als ehrenamtliche Richter in der Strafrechtspflege tätig gewesen sind und deren letzte Dienstleistung zu Beginn der Amtsperiode weniger als acht Jahre zurückliegt.

II Die Landesgesetze können außer den vorbezeichneten Beamten höhere Verwaltungsbeamte bezeichnen, die zu dem Amt eines Schöffen nicht berufen werden sollen.

1 **1)** Eine **abschließende Regelung,** welche Personen wegen ihrer amtlichen Stellung oder beruflichen Betätigung nicht zum Schöffendienst herangezogen werden sollen, enthält die Bestimmung, die wie § 33 nur eine Ordnungsvorschrift ist (dort 1). Der Grundsatz der Gewaltenteilung (Art 20 II S. 2 GG) verbietet weder die Heranziehung von Abgeordneten (BGH **22**, 85; vgl aber § 35 Nr 1) noch von Mitgliedern kommunaler Selbstverwaltungskörperschaften (Kissel 7 zu § 31; Birmanns NJW **63**, 144; Liekefett NJW **64**, 391; Isatsos DRiZ **64**, 256; **aM** Meier NJW **62**, 1999).

2 **2) Die einzelnen Fälle:**

3 A. Der **Bundespräsident** (I Nr 1) soll seiner Amtstätigkeit auch nicht zeitweise entzogen werden. Maßgebend ist der Zeitpunkt der Schöffenwahl (Kissel 2).

4 B. **Regierungsmitglieder** (I Nr 2): Der Personenkreis ergibt sich aus Art 62 GG und den entspr Bestimmungen der Landesverfassungen (vgl auch 5 zu § 50 StPO).

5 C. **Politische Beamte** (I Nr 3): Vgl § 36 BBG, § 31 BRRG. Die bereits im Ruhestand oder einstweiligen Ruhestand befindlichen Beamten fallen nicht unter die Vorschrift (LR-K. Schäfer 5).

6 D. **Richter, StAe, Notare, RAe** (I Nr 4): Gemeint sind die (noch im aktiven
7 Dienst stehenden) **Berufsrichter** aller Gerichtszweige, gleichgültig, ob sie auf Lebenszeit ernannt oder Richter auf Probe (§ 12 **DRiG**) oder kraft Auftrags (§ 14 **DRiG**) sind und ob sie gegenwärtig richterlich tätig oder an eine andere Stelle abgeordnet sind (§ 37 **DRiG**), nicht aber Gerichtsreferendare (**aM** AG Berlin-Tiergarten NStE Nr 1), selbst wenn sie vorübergehend nach § 142 III die Aufgaben eines Amtsanwalts oder StA wahrnehmen (vgl aber § 22 Nr 4 StPO). Für
8 ehrenamtliche Richter gilt § 35 Nr 2. **Beamte der StA** iS Nr 4 sind nur StAe
9 und Amtsanwälte (KK-Kissel 5). Zu den **Notaren** gehören alle Notare nach der BNotO, auch die Notarassessoren, Bezirksnotare und Notarvertreter während der
10 Zeit ihrer Bestellung (Kissel 9). Bei den **RAen** kommt es nur darauf an, daß sie nach der BRAO zugelassen sind (vgl 15 zu § 53 StPO). Auch Personen, die keine RAe, aber nach § 53 BRAO zu amtlichen Vertretern bestellt sind, fallen unter Nr 4 (LR-K. Schäfer 8).

11 E. **Vollstreckungs- und Vollzugsbeamte, Bewährungs- und Gerichtshelfer** (I Nr 5): Darunter fallen die Gerichtsvollzieher (§ 154) und Vollziehungsbeamten der Justiz (nicht die Justizwachtmeister), die Vollzugsbeamten der Schutz- und Kriminalpolizei sowie der Bahnpolizei, die Beamten des Bundesgrenzschutzes, die nach § 152 II zu Hilfsbeamten der StA bestellten Personen und alle mit vergleichbaren Aufgaben betrauten öffentlichen Bediensteten (KK-Kissel 6), die Beamten und Angestellten des Strafvollzugs (§ 155 StVollzG) ohne Rücksicht auf ihren Tätigkeitsbereich (Kissel 13) sowie die hauptamtlichen Bewährungs- und Gerichtshelfer. Bundeswehrangehörige können als Schöffen herangezogen werden.

12 F. **Religionsdiener** (I Nr 6). Über den in 12 zu § 53 StPO bezeichneten Personenkreis hinaus gehören dazu auch die Pfarrer nicht-öffentlicher Kirchen-
13 gemeinden (Köln MDR **70**, 864; KK-Kissel 7). Satzungsgemäß **zum gemeinsamen Leben verpflichtet** sind vor allem die Mitglieder der Orden der katholischen Kirche (Kissel 16).

G. **Bereits 8 Jahre tätig gewesene ehrenamtliche Richter** (I Nr 7): Die Tätigkeit muß in der Strafrechtspflege stattgefunden und 8 Jahre, auch mit Unterbrechungen (KK-Kissel 8), gedauert haben. Die letzte Dienstleistung darf, gerechnet vom Anfang der nächsten Wahlperiode (§ 42) an, zu der der Schöffe erneut berufen werden soll, nicht weniger als 8 Jahre zurückliegen. 14

H. **Landesrechtlich bestimmte höhere Verwaltungsbeamte** (II): Gemeint sind nur Beamte im höheren Dienst (§ 19 BBG, §§ 13, 14 BRRG). Auch Bundesbeamte können in die landesgesetzliche Regelung einbezogen werden (Kissel 18; Eb Schmidt 11). 15

3) Revision: Vgl 7 zu § 33. 16

Ablehnung des Schöffenamts

35 **Die Berufung zum Amt eines Schöffen dürfen ablehnen:**

1. **Mitglieder des Bundestages, des Bundesrates, des Europäischen Parlaments, eines Landtages oder einer zweiten Kammer;**
2. **Personen, die in der vorhergehenden Amtsperiode die Verpflichtung eines ehrenamtlichen Richters in der Strafrechtspflege an vierzig Tagen erfüllt haben, sowie Personen, die bereits als ehrenamtliche Richter tätig sind;**
3. **Ärzte, Zahnärzte, Krankenschwestern, Kinderkrankenschwestern, Krankenpfleger und Hebammen;**
4. **Apothekenleiter, die keinen weiteren Apotheker beschäftigen;**
5. **Personen, die glaubhaft machen, daß ihnen die unmittelbare persönliche Fürsorge für ihre Familie die Ausübung des Amtes in besonderem Maße erschwert;**
6. **Personen, die das fünfundsechzigste Lebensjahr vollendet haben oder es bis zum Ende der Amtsperiode vollendet haben würden.**
7. **Personen, die glaubhaft machen, daß die Ausübung des Amtes für sie oder einen Dritten wegen Gefährdung oder erheblicher Beeinträchtigung einer ausreichenden wirtschaftlichen Lebensgrundlage eine besondere Härte bedeutet.**

1) Eine **abschließende Regelung der Gründe,** aus denen Personen, die uneingeschränkt zum Schöffendienst herangezogen werden können, zur Ablehnung der Berufung berechtigt sind, enthält die Vorschrift (BGH **9**, 203, 206; vgl auch LG Heidelberg NStZ **88**, 316 mit abl Anm Wahl). Mit der Behauptung, sein Gewissen erlaube ihm die Tätigkeit als Laienrichter nicht, kann der Schöffe daher die Berufung nicht ablehnen (KG JR **66**, 188; Kissel 11). Das Vorliegen von Ablehnungsgründen können schon die Gemeinde bei der Aufstellung der Vorschlagslisten nach § 36 und der Ausschuß (§ 40) durch Nichtaufnahme in die Schöffenliste (§ 44) berücksichtigen, wenn vorauszusehen ist, daß der Betroffene die Berufung ablehnen wird. Ist der Ablehnungsberechtigte zum Schöffen gewählt worden, so gilt § 53. Die Ablehnungserklärung bezieht sich nur auf die einzelne Amtsperiode (§ 42), kann aber in jeder weiteren wiederholt werden (LR-K. Schäfer 2). 1

2) **Ablehnungsberechtigt** sind die in Nr 1 bis 7 erwähnten Personen. Nr 7 ist durch Ges vom 17. 12. 1990 (BGBl I 2847, 2853) eingefügt worden, um zu verhindern, daß die wirtschaftliche Existenz des Betroffenen oder eines Dritten durch die Übernahme des Schöffenamtes gefährdet wird. Demgegenüber betrifft Nr 5 die persönliche Betreuung, nicht die Beschaffung der finanziellen Mittel (Kissel 8). 2

Vorschlagsliste

36 **I Die Gemeinde stellt in jedem vierten Jahr eine Vorschlagsliste für Schöffen auf. Für die Aufnahme in die Liste ist die Zustimmung von zwei Dritteln der gesetzlichen Zahl der Mitglieder der Gemeindevertretung erforderlich.**

II Die Vorschlagsliste soll alle Gruppen der Bevölkerung nach Geschlecht, Alter, Beruf und sozialer Stellung angemessen berücksichtigen. Sie muß Geburtsnamen, Familiennamen, Vornamen, Tag und Ort der Geburt, Wohnanschrift und Beruf der vorgeschlagenen Personen enthalten.

III Die Vorschlagsliste ist in der Gemeinde eine Woche lang zu jedermanns Einsicht aufzulegen. Der Zeitpunkt der Auflegung ist vorher öffentlich bekanntzumachen.

IV In die Vorschlagslisten des Bezirks des Amtsgerichts sind mindestens doppelt so viele Personen aufzunehmen, wie als erforderliche Zahl von Haupt- und Hilfsschöffen nach § 43 bestimmt sind. Die Verteilung auf die Gemeinden des Bezirks erfolgt durch den Präsidenten des Landgerichts (Präsidenten des Amtsgerichts) in Anlehnung an die Einwohnerzahl der Gemeinden.

1 **1)** Die **Aufstellung der Vorschlagslisten** (I) ist Sache der Gemeinden (S. 1). Zuständig ist die Gemeindevertretung (S. 2). Das sind in Berlin die Bezirksverordnetenversammlungen (BGH StV **86**, 49 mit Anm Danckert), in Hamburg die Bezirksversammlungen (BGH NJW **86**, 1358; Hamburg StV **85**, 227; LG Hamburg NStZ **85**, 185). Sie entscheiden durch Wahl mit der Mehrheit von 2/3 ihrer Mitglieder. Den Schlußtermin für die in jedem 4. Jahr aufzustellenden Vorschlagslisten bestimmt die LJV (§ 57).

2 **2) Vorschlagslisten** (II, III): Jede Gemeinde stellt nur eine Liste auf (KK-Kissel 4). Daß eine Gesamtliste nicht in einer einzigen Liste zusammengefaßt ist, schadet aber nicht (BGH **12**, 197, 201). Die Liste kann aufgrund von Vorschlägen der im Gemeinderat vertretenen Parteigruppen zusammengestellt werden (BGH **12**, 197 = NJW **59**, 349 mit Anm Martin) oder auf Vorschläge anderer Vereinigungen oder auch auf Selbstbewerbungen zurückgreifen (BGH **38**, 47). Da sie aber immer die gesamte Bevölkerung repräsentieren muß, dürfen die Gemeindevertretungen die Auswahl nicht auf einen nach den Anfangsbuchstaben der Namen oder Straßen oder nach anderen Merkmalen bestimmten Teil der Bevölkerung beschränken (BGH **30**, 255 = StV **82**, 6 mit Anm Katholnigg). Auch die Übernahme einer nach dem Zufallsprinzip erstellten Liste ist fehlerhaft (BGH **38**, 47; abl Katholnigg NStZ **92**, 73). Die Anforderungen an das Schöffenamt nach §§ 32 ff sind in jedem Fall zu beachten. Aus der Vorschlagsliste werden auch die Schöffen für das LG (§ 77) entnommen. Die JugSchöffen schlägt der Jugendwohlfahrtsausschuß vor
3 (§ 35 **JGG**). Die **Offenlegung der Listen** regelt III; die Frist muß nicht 7 Werktage umfassen (Bay **96**, 172 = StV **98**, 8 mit abl Anm Bockemühl). Zur richterlichen Prüfung vgl § 39 S. 2.

4 **3) Erforderliche Anzahl** (IV): Die Zahl der in die Vorschlagsliste aufzunehmenden Personen bemißt sich nach der erforderlichen Zahl der Schöffen. Die Verteilung ist in S. 2 nach dem Vorbild des § 43 I geregelt. Sie muß in Anlehnung an die Einwohnerzahl der Gemeinden erfolgen, also etwa deren Verhältnissen entsprechen; eine genaue prozentuale Entsprechung ist nicht erforderlich. Ob die Vorschlagslisten die in IV bestimmte Anzahl von Personen enthalten, hat der Vorsitzende des Schöffenwahlausschusses (§ 40 II) nicht zu prüfen (BGH **33**, 290, 291).

5 **4) Revision:** Vgl 9 zu § 338 StPO. Der Verstoß gegen die Sollvorschrift des II kann die Revision nicht begründen (BGH **30**, 255, 257; **38**, 47, 51; NStZ **86**, 210 [Pf/M]; Katholnigg 7; Kissel 9, 14); zu III S.1 vgl BGH NStZ **97**, 74 [K] und Bay

96, 172 = StV **98**, 8 mit abl Anm Bockemühl: Auflegung nur von Montag bis Freitag macht Wahl nicht unwirksam.

Einspruch gegen die Vorschlagsliste

37 Gegen die Vorschlagsliste kann binnen einer Woche, gerechnet vom Ende der Auflegungsfrist, schriftlich oder zu Protokoll mit der Begründung Einspruch erhoben werden, daß in die Vorschlagsliste Personen aufgenommen sind, die nach § 32 nicht aufgenommen werden durften oder nach den §§ 33, 34 nicht aufgenommen werden sollten.

1) **Einspruchsberechtigt** ist jedermann innerhalb 1 Woche nach dem Ende der Auslegungsfrist (§ 36 III), also auch jeder in die Liste Aufgenommene. Für die Fristberechnung gilt § 187 I BGB. 1

2) Der **Einspruch,** der schriftlich (Einl 128) oder zu Protokoll des UrkB (Einl 131 ff) eingelegt werden muß, kann nur auf die Hinderungsgründe der §§ 32–34 gestützt werden, nicht auf andere Bedenken gegen die Vorschlagsliste (KK-Kissel 1). Den Fällen des § 32 steht der Fall des § 31 S. 2 gleich (Katholnigg 1). Vgl 1 zu § 52. Die Entscheidung trifft der Schöffenwahlausschuß (§§ 40, 41). 2

Übersendung der Vorschlagsliste

38 **I Der Gemeindevorsteher sendet die Vorschlagsliste nebst den Einsprüchen an den Richter beim Amtsgericht des Bezirks.**

II Wird nach Absendung der Vorschlagsliste ihre Berichtigung erforderlich, so hat der Gemeindevorsteher hiervon dem Richter beim Amtsgericht Anzeige zu machen.

1) **Versandt** (I) wird die Liste unter Beachtung des nach § 57 bezeichneten Zeitpunkts an den Vorsitzenden des Schöffenwahlausschusses (§ 40 II). Die Übersendung an das AG genügt (KK-Kissel 1). 1

2) Die **Berichtigung** (II) der Liste ist erforderlich, wenn nachträglich Umstände der in §§ 31 S. 2, 32–34 bezeichneten Art bekannt werden, wenn der Vorgeschlagene verstorben ist oder von seinem Ablehnungsrecht nach § 35 Gebrauch gemacht hat. Zuständig für die Berichtigung ist der Schöffenwahlausschuß (§ 40). 2

Vorbereitung der Ausschußberatung

39 Der Richter beim Amtsgericht stellt die Vorschlagslisten der Gemeinden zur Liste des Bezirks zusammen und bereitet den Beschluß über die Einsprüche vor. Er hat die Beachtung der Vorschriften des § 36 Abs. 3 zu prüfen und die Abstellung etwaiger Mängel zu veranlassen.

1) Die Prüfung des Gerichts erstreckt sich auf die Dauer der Auflegung der Liste und die Tatsache ihrer vorherigen Ankündigung, nicht auf den zeitlichen Abstand zwischen Ankündigung und Auflegung (BGH NJW **97**, 3034, 3036), auch nicht auf die Vollständigkeit der Liste nach § 36 IV (dort 4) oder auf die Ordnungsmäßigkeit der Vorbereitungsarbeiten bei ihrer Aufstellung (BGH NStZ **86**, 210 [Pf/M]; NStE Nr 3 zu § 36; anders jedoch BGH **38**, 47, 51 mit krit Anm Katholnigg NStZ **92**, 73). Sie erstreckt sich aber darauf, ob sämtliche Gemeinden Vorschlagslisten eingereicht haben (BGH **33**, 290, 291 = JR **86**, 473 mit Anm Seebode; BGH 1

NStZ **86**, 565), ferner auf Ausschluß und Eignungsmängel nach §§ 31 S. 2, 32–34 (BGH **22**, 122, 123). Erg 5 zu § 36.

Schöffenwahlausschuß

40 [I] **Bei dem Amtsgericht tritt jedes vierte Jahr ein Ausschuß zusammen.**

[II] **Der Ausschuß besteht aus dem Richter beim Amtsgericht als Vorsitzenden und einem von der Landesregierung zu bestimmenden Verwaltungsbeamten sowie zehn Vertrauenspersonen als Beisitzern.**

[III] **Die Vertrauenspersonen werden aus den Einwohnern des Amtsgerichtsbezirks von der Vertretung des ihm entsprechenden unteren Verwaltungsbezirks mit einer Mehrheit von zwei Dritteln der gesetzlichen Mitgliederzahl gewählt. Umfaßt der Amtsgerichtsbezirk mehrere Verwaltungsbezirke oder Teile mehrerer Verwaltungsbezirke, so bestimmt die zuständige oberste Landesbehörde die Zahl der Vertrauenspersonen, die von den Vertretungen dieser Verwaltungsbezirke zu wählen sind.**

[IV] **Der Ausschuß ist beschlußfähig, wenn wenigstens der Vorsitzende, der Verwaltungsbeamte und fünf Vertrauenspersonen anwesend sind.**

1 **1) Bei jedem AG** (I), selbst wenn es kein SchG hat (vgl § 58), tritt der Schöffenwahlausschuß zusammen. Der Richter prüft die Richtigkeit des Zustandekommens und der Zusammensetzung des Ausschusses und sorgt für die Behebung von Mängeln.

2 **2) Ausschuß** (II, III): Der Geschäftsverteilungsplan (§ 21 e I S. 1) bestimmt,
3 welcher von mehreren **Richtern** den Vorsitz führt. Beim Fehlen einer ausdrücklichen Bestimmung wirkt der Richter mit, der nach dem Geschäftsverteilungsplan für die Sachen zuständig ist, die keiner anderen Abteilung zugewiesen sind (BGH NStZ **86**, 210 [Pf/M]). Die Mitwirkung eines unzuständigen Richters macht die Wahl nicht ungültig (BGH **29**, 283, 287 mit Anm Katholnigg NStZ **81**, 31). Der
4 **Verwaltungsbeamte** wird von der Landesregierung, dh von der nach der Landesverfassung zuständigen obersten Regierungsstelle (BGH 1 StR 412/70 vom 13. 11. 1970; Hruschka Larenz-FS 181), bestimmt. Er braucht namentlich nicht bezeichnet zu werden. Auch der Träger eines bestimmten Amtes und für den Fall seiner Verhinderung sein Stellvertreter können bestimmt werden (BGH **12**, 197, 203). Auch wenn der Bezirk des AG sich auf mehrere Verwaltungsbezirke erstreckt (zB Stadtkreis und Landkreis), gehört dennoch nur ein Verwaltungsbeamter zum Ausschuß (BGH **26**, 206, 207; KK-Kissel 2). Die Teilnahme von 2 Beamten macht
5 die Wahl aber nicht ungültig (BGH aaO; NStZ **86**, 84; unten 6). Für die **Vertrauenspersonen,** von denen 10 dem Ausschuß angehören, gelten die §§ 32–35 entspr, wenn das nach Landesrecht vorgesehen ist (vgl zB § 5 NdsAGGVG). Sie können auch der Vertretungskörperschaft angehören, die sie wählt (BGH NStZ **81**, 150). Vertretung der unteren Verwaltungsbezirke iS III S. 2 sind in Berlin die Bezirksverordnetenversammlungen, in Hamburg die Bezirksversammlungen (vgl 1 zu § 36). Eine fehlerhafte Bestellung der Vertrauenspersonen führt zur Unwirksamkeit der Schöffenwahl (Bay **87**, 131 = VRS **74**, 352). Auch für Vertrauenspersonen können Vertreter für den Verhinderungsfall bestellt werden (BGH **12**,
6 197, 204), obwohl der Ausschuß, seine **Beschlußfähigkeit** (IV) vorausgesetzt, ohne die verhinderten Vertrauenspersonen entscheiden kann und § 56 die Disziplinierung der ausbleibenden Vertrauensleute vorsieht.

7 **3)** Die **Revision** kann (entspr § 21 b VI) nicht darauf gestützt werden, daß der Schöffenwahlausschuß nicht ordnungsgemäß zusammengesetzt gewesen sei (BGH **26**, 206; **29**, 283, 287; **37**, 245; NJW **88**, 3165; Bay MDR **89**, 842; LR-K. Schäfer

10 ff; vgl auch BVerfG NJW **82**, 2368; BGH **20**, 37 ist überholt; erg 6 zu § 21 b; 8 zu § 42; 9 zu § 338 StPO). Zusammenfassend zu den verschiedenen beim Zustandekommen des Ausschusses aufgetretenen Fehlern Katholnigg JR **90**, 82.

Entscheidung über Einsprüche

41 **Der Ausschuß entscheidet mit einfacher Mehrheit über die gegen die Vorschlagsliste erhobenen Einsprüche. Bei Stimmengleichheit entscheidet die Stimme des Vorsitzenden. Die Entscheidungen sind zu Protokoll zu vermerken. Sie sind nicht anfechtbar.**

1) In nichtöffentlicher Sitzung entscheidet der Ausschuß über die Einsprüche 1
(§ 37) und die Mitteilungen (§ 38 II). Bei der Entscheidung über Einsprüche gegen die vorgeschlagenen JugSchöffen führt den Vorsitz der Jugendrichter (§ 35 IV **JGG**). Die Gründe der §§ 31 S. 2, 32–34 sind von Amts wegen zu berücksichtigen, gleichviel, wie sie bekannt werden (KK-Kissel 1). Erweist sich ein Einspruch als begründet, so ist der Betroffene von der Vorschlagsliste zu streichen.

2) Nicht anfechtbar ist die Entscheidung; das gilt nach § 336 S. 2 auch für die 2
Revision. Die Unanfechtbarkeit entbindet aber das erkennende Gericht nicht davon, falls Anlaß dazu besteht, zu prüfen, ob ein Schöffe für sein Amt unfähig oder geeignet (§ 52) ist (KK-Kissel 2).

Schöffenwahl

42 **I Aus der berichtigten Vorschlagsliste wählt der Ausschuß mit einer Mehrheit von zwei Dritteln der Stimmen für die nächsten vier Geschäftsjahre:**

1. **die erforderliche Zahl von Schöffen;**
2. **die erforderliche Zahl der Personen, die an die Stelle wegfallender Schöffen treten oder in den Fällen der §§ 46, 47 als Schöffen benötigt werden (Hilfsschöffen). Zu wählen sind Personen, die am Sitz des Amtsgerichts oder in dessen nächster Umgebung wohnen.**

II Bei der Wahl soll darauf geachtet werden, daß alle Gruppen der Bevölkerung nach Geschlecht, Alter, Beruf und sozialer Stellung angemessen berücksichtigt werden.

1) Die **Schöffenwahl** nimmt der Ausschuß (§ 40) aus der berichtigten Vorschlags- 1
liste (§§ 36, 38 II, 41) mit einer Mehrheit von 2/3 der Stimmen vor (I S. 1). Der Wahlvorgang bedarf keiner Protokollierung, auch nicht das Stimmenverhältnis (BGH **26**, 206, 211 ff; NStZ **86**, 211 [Pf/M]. Zur Wahl der Jugendschöffen vgl § 35 **JGG.**

2) Zu wählen ist die erforderliche Zahl der Haupt- und Hilfsschöffen. Die 2
Hauptschöffenliste (I S. 1 Nr 1) enthält die Namen der Personen, aus denen die 3
erforderliche Zahl (§§ 43, 38 II, 77 II, 78 III) der Schöffen für die einzelnen Spruchkörper ausgelost werden sollen (§ 45). In die **Hilfsschöffenliste** (I S. 1 4
Nr 2) ist die erforderliche Zahl (§ 43) der Personen aufzunehmen, die an die Stelle wegfallender Schöffen treten (§§ 52, 53) oder bei Bildung eines weiteren SchG (§ 46) oder bei Anberaumung von außerordentlichen Sitzungen (§ 47) benötigt werden. Die Reihenfolge, in der auf sie zurückgegriffen werden soll, wird durch Auslosung nach §§ 45 II S. 4, III, 77 III S. 1 bestimmt. Die leichte Erreichbarkeit der Hilfsschöffen soll dadurch gesichert werden, daß am Sitz des AG oder in dessen nächster Umgebung wohnhafte Personen gewählt werden (I S. 2). Das ist jedoch nur eine Ordnungsvorschrift, deren Verletzung die Gültigkeit der Wahl nicht beeinflußt (Kissel 9).

5 **3)** Das **Wahlverfahren** ist nicht geregelt. Auf jeden Fall muß eine echte Wahl stattfinden, die den Ausschußmitgliedern Gelegenheit gibt, II zu beachten. Es ist unzulässig, wenn der Ausschuß sich darauf beschränkt, eine von anderen Gremien getroffene Auswahl zu übernehmen und nur formal nachzuvollziehen (BGH **35**, 190). Auch eine Auslosung von Schöffen ist gesetzwidrig (BGH **33**, 41 = JR **85, 80** mit krit Anm Katholnigg = NStZ **85, 82** mit zust Anm Schätzler; BGH **33**, 261, 263; NStZ **85**, 495 [Pf/M]; LG Frankfurt a.M. StV **83**, 413; Kissel NStZ **85**, 490; Meyer NJW **84**, 2805; Vogt/Kurth NJW **85**, 103; **aM** LG Frankfurt a.M. NJW **85**, 155; StV **83**, 411 mit abl Anm Danckert; Allgaier MDR **85**, 462; Knauth DRiZ **84**, 474; Jasper MDR **85**, 110 hält in Großgemeinden eine Wahl iS des Abwägens von persönlichen Eigenschaften für unmöglich). Die unter Mitwirkung ausgeloster Schöffen ergangenen Urteile sind aber nicht nichtig (BGH **33**, 126 = JR **85**, 344 mit Anm Katholnigg; Kissel aaO; Meyer aaO; Vogt/Kurth aaO; **aM** Weis NJW **84**, 2804; vgl auch BVerfG NJW **85**, 125). Keine verbotene Auslosung liegt vor, wenn der Ausschuß zunächst, als den Wahlakt vorbereitende Handlung, die Schöffen auslost und sodann förmlich wählt (BGH **33**, 261, 264). Zulässig ist auch das Auszählverfahren; der Ausschußvorsitzende kann jeden 2. Schöffen (eine andere Möglichkeit besteht nach § 36 IV nF idR nicht mehr) aus der den Ausschußmitgliedern vorliegenden Vorschlagsliste zur Wahl stellen (BGH NJW **86**, 1358 = JR **86**, 388 mit krit Anm Katholnigg; Hamburg StV **85**, 227; LG Hamburg NStZ **85**, 185; **aM** LG Hamburg StV **85**, 10). Auch die Schöffenwahl aus einer beschränkten Vorschlagsliste (Teilliste) ist nicht ungültig (BGH StV **87**, 285).

6 **4)** Die **angemessene Berücksichtigung aller Bevölkerungsgruppen** (II) ist nicht zwingend vorgeschrieben („soll"). Die Verletzung der Vorschrift hat auf die Ordnungsmäßigkeit der Wahl kein Einfluß (BGH NJW **86**, 1358 = JR **85**, 388 mit Anm Katholnigg; Kissel 15).

7 **5)** Die isolierte **Anfechtung** der Wahl ist nicht zulässig (Kissel 20), auch nicht in dem Verfahren nach §§ 23 ff **EGGVG;** der Ausschuß ist keine Justizbehörde iS
8 § 23 I **EGGVG** (Stuttgart NJW **85**, 2343). Auch die **Revision** kann auf einen Fehler im Wahlverfahren grundsätzlich nicht gestützt werden (BGH **26**, 206; **29**, 283, 287; NStZ **91**, 546; erg 7 zu § 40). Das gilt auch für den Fall, daß bei der Wahl die Vorschlagsliste einer Gemeinde gefehlt hat (BGH **33**, 290 = JR **86**, 473 mit abl Anm Seebode; BGH NStZ **86**, 565; LG Koblenz MDR **87**, 77). Die Besetzungsrüge (§ 338 Nr 1) kann aber mit Erfolg erhoben werden, wenn die Wahl wegen eines besonders schwerwiegenden und offensichtlichen Mangels nichtig ist (BGH **29**, 283, 287; **33**, 261, 268), zB wenn ein Schöffenwahlausschuß entschieden hat, der als solcher gar nicht besteht (BVerfGE **31**, 181, 184), wenn Personen gewählt wurden, die nicht zur Wahl bereitstanden (BGH **26**, 393: Wahl von Jugendschöffen aus der Liste der Erwachsenenschöffen; BGH **29**, 114: Wahl aus der Liste eines anderen AG; BGH NStZ **91**, 546: Wahl aus einer EDV-Liste) oder wenn die Schöffen nicht gewählt, sondern ausgelost worden sind (oben 5). Jedoch ist die Wahl eines Schöffen nicht deshalb unwirksam, weil zugleich Personen gewählt wurden, die nicht hätten gewählt werden dürfen (BGH **39**, 353, 365; NStZ **91**, 546; BGHR § 42 I Schöffenwahl 3).

Zahl der Schöffen

43 **I Die für jedes Amtsgericht erforderliche Zahl von Haupt- und Hilfsschöffen wird durch den Präsidenten des Landgerichts (Präsidenten des Amtsgerichts) bestimmt.**

II Die Zahl der Hauptschöffen ist so zu bemessen, daß voraussichtlich jeder zu nicht mehr als zwölf ordentlichen Sitzungstagen im Jahr herangezogen wird.

1 **1)** Die **Bestimmung der Zahl der Schöffen** (I) ist ein Akt der JV (vgl BGH **25**, 257; KK-Kissel 1). Für das gemeinsame SchG gilt § 58 II.

2 **2)** Zu **mehr als 12 Sitzungstagen** (II) soll der Schöffe nicht herangezogen werden. Ansprüche lassen sich aus dieser Sollvorschrift aber nicht herleiten (KK-Kissel 2); der zu mehr als 12 Sitzungstagen herangezogene Schöffe darf den Dienst nicht verweigern (LR-K. Schäfer 2; vgl aber § 35 Nr 2). In Großverfahren muß er an weitaus mehr Sitzungstagen mitwirken.

3 **3) Revision:** Eine über die erforderliche Zahl von Hauptschöffen getroffene Entscheidung nach I kann mit der Besetzungsrüge (§ 338 Nr 1) nur bei Ermessensmißbrauch gerügt werden, nicht aber, wenn sie sich im Rahmen einer vertretbaren Anwendung des Grundsatzes des II (und des § 45 II S. 2) hält (BGH NJW **74**, 155; **78**, 1444, 1445; Kissel 6).

Schöffenliste

44 Die Namen der gewählten Hauptschöffen und Hilfsschöffen werden bei jedem Amtsgericht in gesonderte Verzeichnisse aufgenommen (Schöffenlisten).

1 **1)** Die **Schöffenlisten des AG** enthalten getrennt die Namen der nach § 42 gewählten Haupt- und Hilfsschöffen. Durch die Auslosung nach § 45 werden aus ihnen die Schöffenlisten für die einzelnen Sitzungen und die Hilfsschöffenliste mit der maßgebenden Reihenfolge der Heranziehung gewonnen.

2 **2)** Die **Schöffenlisten des LG** entstehen aufgrund der Mitteilung des bei der Wahl tätigen Richters beim AG (§ 77 II S. 4) oder Jugendrichters (§ 35 **JGG**).

3 **3)** Dem **Verteidiger** muß Einsicht zur Prüfung der Besetzung gewährt werden (BVerwGE **12**, 261 = NJW **61**, 1989; erg 23 zu § 222a StPO; vgl auch Katholnigg 8 zu § 45).

Feststellung der Sitzungstage; Schöffenauslosung

45 I Die Tage der ordentlichen Sitzungen des Schöffengerichts werden für das ganze Jahr im voraus festgestellt.

II Die Reihenfolge, in der die Hauptschöffen an den einzelnen ordentlichen Sitzungen des Jahres teilnehmen, wird durch Auslosung in öffentlicher Sitzung des Amtsgerichts bestimmt. Sind bei einem Amtsgericht mehrere Schöffengerichte eingerichtet, so kann die Auslosung in einer Weise bewirkt werden, nach der jeder Hauptschöffe nur an den Sitzungen eines Schöffengerichts teilnimmt. Die Auslosung ist so vorzunehmen, daß jeder ausgeloste Hauptschöffe möglichst zu zwölf Sitzungstagen herangezogen wird. Satz 1 gilt entsprechend für die Reihenfolge, in der die Hilfsschöffen an die Stelle wegfallender Schöffen treten (Hilfsschöffenliste); Satz 2 ist auf sie nicht anzuwenden.

III Das Los zieht der Richter beim Amtsgericht.

IV Die Schöffenlisten werden bei einem Urkundsbeamten der Geschäftsstelle (Schöffengeschäftsstelle) geführt. Er nimmt ein Protokoll über die Auslosung auf. Der Richter beim Amtsgericht benachrichtigt die Schöffen von der Auslosung. Zugleich sind die Hauptschöffen von den Sitzungstagen, an denen sie tätig werden müssen, unter Hinweis auf die gesetzlichen Folgen des Ausbleibens in Kenntnis zu setzen. Ein Schöffe, der erst im Laufe des Geschäftsjahres zu einem Sitzungstag herangezogen wird, ist sodann in gleicher Weise zu benachrichtigen.

1 **1)** Die **Feststellung der ordentlichen Sitzungstage** (I) erfolgt als Maßnahme der JV (RG **64**, 50; Bay **60**, 277 = NJW **61**, 568) vor Beginn des Geschäftsjahrs unter Berücksichtigung des erfahrungsgemäß zu erwartenden Anfalls (BGH **15**, 107, 109) nach Kalendertagen oder wiederkehrend nach Wochen und Wochentagen (Kissel 4). Welche Strafsachen in den einzelnen Sitzungen verhandelt werden, bestimmt der Vorsitzende im Laufe des Jahres (§ 213 StPO; Bedenken gegen diese Regelung unter dem Gesichtspunkt der Vorausbestimmtheit des gesetzlichen Richters äußert Katholnigg JR **97**, 284). Bei gleichbleibender Zahl der Spruchkörper ist eine Änderung der festgesetzten Sitzungstage unzulässig (KK-Kissel 6), nicht aber, wenn ein neuer Spruchkörper gebildet und die Sitzungstage neu verteilt werden (Bay aaO). Ist der Erwachsenenspruchkörper zugleich JugG, so müssen getrennte Sitzungstage bestimmt werden (BGH **15**, 107, 109). Ist ein allgemeiner Spruchkörper zugleich für nach § 354 II StPO zurückverwiesene JGG-Sachen zuständig, so brauchen hierfür nicht von vornherein feste Sitzungstage bestimmt zu werden, wenn ungewiß ist, ob solche Sachen überhaupt anfallen; die Entscheidungen können außerordentlichen Sitzungen vorbehalten werden (Kissel 4; LR-K. Schäfer 2 ff; **aM** Sieg NJW **80**, 2453).

2 **2) Auslosung der Schöffen** (II):

3 A. Durch **Auslosung in öffentlicher Sitzung** (S. 1) wird die Reihenfolge
bestimmt, in der die Schöffen an den einzelnen ordentlichen Sitzungstagen teil-
nehmen; die Geschäftsstelle darf sie nicht ändern (BGH GA **82**, 324). Wegen der
4 **Öffentlichkeit** gelten die Anforderungen der §§ 169 ff (BGH NStZ **84**, 89; LG
Bremen StV **82**, 461); ein Aushang am Vorzimmer des Präs genügt (BGH NStZ
5 **85**, 514). Die **Auslosung** erfolgt bei jedem AG, bei dem ein SchG besteht (für das
LG gilt § 77 I), aus der Schöffenliste (§ 44) für jeweils ein Geschäftsjahr. Für die
weiteren Geschäftsjahre der Wahlperiode (§ 42 I) ist jeweils vor deren Beginn eine
neue Auslosung erforderlich; der BGH hält aber auch die Auslosung für die
gesamte Amtszeit im voraus, getrennt nach Geschäftsjahren, für zulässig (vgl die bei
6 LR-K. Schäfer 9 angeführten unveröffentlichten Entscheidungen). Das **Auslo-
sungsverfahren** (vgl dazu LG Braunschweig NJW **90**, 1191; LG Hannover StV
91, 205) steht im pflichtgemäßen Ermessen des Richters, muß aber alle gewählten
Schöffen erfassen (Celle NStZ **91**, 350 mit Anm Katholnigg). Er kann die Schöffen
für jeden Sitzungstag einzeln auslosen, aber auch so verfahren, daß immer für
mehrere aufeinanderfolgende Sitzungstage 2 Hauptschöffen ausgelost werden
(BGH NJW **91**, 435, 436; NStZ **92**, 226 [K]). Bei den Auslosungen dürfen
Schöffen nicht berücksichtigt werden, die im Vorjahr zu Unrecht von der Hilfs- in
die Hauptschöffenliste übernommen worden waren (KG StV **86**, 49; **aM** BGH StV
86, 49 mit abl Anm Danckert). „Reserveschöffen" dürfen keinem Spruchkörper
zugewiesen werden (BGH GA **78**, 120 mit Anm Katholnigg). Durch die Auslosung
7 entstehen die **Schöffenlisten** für die einzelnen Spruchkörper, denen die Namen
der an den einzelnen Sitzungstagen mitwirkenden Schöffen entnommen werden
können. Fällt eine Sitzung aus, so werden die für sie bestimmten Schöffen nicht für
die nächste Sitzung herangezogen, sondern übersprungen (Katholnigg 1; Kissel 6).

8 B. **Bei mehreren Spruchkörpern** (S. 2) kann so verfahren werden, daß die Hauptschöffen für die einzelnen Sitzungstage in deren chronologischer Folge (I) ausgelost werden. Für den Fall, daß mehrere Spruchkörper am selben Tag Sitzung haben, muß dann aber die Reihenfolge der Heranziehung der Schöffen im einzelnen festgesetzt werden (Hamm NJW **56**, 1937). Die Auslosung ist auch in der Weise zulässig, daß jeder der mehreren Spruchkörper seine eigenen Schöffen erhält, die nur bei ihm tätig werden.

9 C. Zu **mindestens 12 Sitzungstagen** (S. 3) soll jeder Schöffe herangezogen werden; das ist bei der Auslosung zu berücksichtigen. Ein Verstoß gegen diese Sollvorschrift führt aber nur bei Ermessensmißbrauch zur vorschriftswidrigen Besetzung des Gerichts (3 zu § 43).

D. **Die Reihenfolge der Heranziehung der Hilfsschöffen** (S. 4) wird durch das Los bestimmt. Die Hilfsschöffen werden aber nicht für jedes Geschäftsjahr, sondern nur einmal für die vierjährige Wahlperiode ausgelost (BGH **36**, 138 = JR **89**, 479 mit zust Anm Katholnigg). Anders als die Hauptschöffen werden die Hilfsschöffen nicht auf die einzelnen Spruchkörper verteilt, sondern es wird für das ganze Gericht eine einheitliche Liste aufgestellt, aus der die Hilfsschöffen in der dort festgesetzten Reihenfolge herangezogen werden. Sie treten **an die Stelle weggefallener Schöffen.** Wegfallende Schöffen (vgl BGH **30**, 149, 150) sind solche, die gestrichen (§ 52) oder für eine Einzelsitzung entbunden worden oder ausgefallen sind (§ 54). Darüber hinaus werden auch die Schöffen für neu gebildete SchGe (§ 46) und für außerordentlichen Sitzungen (§ 47) sowie die Ergänzungsschöffen (§ 48 I) aus der Hilfsschöffenliste in der dort festgesetzten Reihenfolge zugewiesen (§ 49 I; vgl auch § 42 I Nr 2 S. 1). 10 11

3) Der **Richter** (III), dem die Schöffenangelegenheiten im Geschäftsverteilungsplan übertragen sind (4 zu § 40), muß die Auslosung vornehmen. Einem anderen Richter darf er sie nicht überlassen, auch nicht dem UrkB nach IV. Bei der Auslosung der JugSchöffen tritt der Jugendrichter an seine Stelle (§§ 33, 34 I **JGG**). Für das LG gilt § 77 III S. 1. Die Auslosung ist eine Maßnahme der JV (BGH **3**, 68; **25**, 257); die Ausschließungsgründe des § 22 StPO gelten nicht (EbSchmidt 9). 12

4) Schöffengeschäftsstelle (IV S. 1, 2): Ein UrkB führt unter dieser Bezeichnung die Schöffenlisten nach § 44 und nach II S. 1 und 4. Er nimmt auch das Protokoll über die Auslosung auf (S. 2), dem keine Beweiskraft nach § 274 StPO zukommt (Katholnigg 6), und weist die Hilfsschöffen zu (§ 49 III). Dem UrkB können daneben aber auch andere Aufgaben im Bereich der Rspr oder JV übertragen werden (KK-Kissel 9; Katholnigg NJW **78**, 2377). Das LG hat seine eigene Schöffengeschäftsstelle (§ 77 I). Zum Recht auf Einsichtnahme in die Schöffenlisten vgl 3 zu § 44. 13

5) Benachrichtigung der Schöffen (IV S. 3–5): Der Richter, der die Auslosung vorgenommen hat, benachrichtigt die Schöffen formlos (Hamburg GA **79**, 146; Kissel 22) von deren Ergebnis. Den Hauptschöffen werden dabei zugleich ihre Sitzungstage unter Hinweis auf die Rechtsfolgen des § 56 I mitgeteilt. Eine weitere Ladung zu den einzelnen Sitzungen ist nicht erforderlich (Kissel 10). Ein Schöffe, der erst später zu einer bestimmten Sitzung herangezogen wird, wird ebenfalls von diesem Richter, nicht vom Vorsitzenden des erkennenden Gerichts, unterrichtet (S. 5). Für das LG gilt § 77 III S. 1. 14

6) Mit der **Revision** kann beanstandet werden, daß keine Auslosung stattgefunden hat (BGH NStZ **84**, 274), nicht aber, daß ein unzuständiger Richter die Lose gezogen habe (BGH **25**, 257 = JR **75**, 206 mit Anm Kohlhaas; Katholnigg 9; **aM** Kissel 14). 15

Zusätzlicher Spruchkörper

46 Wird bei einem Amtsgericht während des Geschäftsjahres ein weiteres Schöffengericht gebildet, so werden für dessen ordentliche Sitzungen die benötigten Hauptschöffen gemäß § 45 Abs. 1, 2 Satz 1, Abs. 3, 4 aus der Hilfsschöffenliste ausgelost. Die ausgelosten Schöffen werden in der Hilfsschöffenliste gestrichen.

1) Aus der Hilfsschöffenliste werden die Hauptschöffen für die ordentlichen Sitzungen des nachträglich gebildeten Spruchkörpers ausgelost (§ 45); denn es handelt sich nicht um Heranziehung für einzelne Sitzungen, die sich nach der 1 festgelegten Zuweisungsreihenfolge richtet (§ 49 I). Für die HilfsStrK gilt § 46 nicht (6 zu § 77).

2 2) Die **vorangegangene Heranziehung als Hilfsschöffe** muß noch vorrangig erfüllt werden (§ 52 V).

Außerordentliche Sitzungen

47 Wenn die Geschäfte die Anberaumung außerordentlicher Sitzungen erforderlich machen oder wenn zu einzelnen Sitzungen die Zuziehung anderer als der zunächst berufenen Schöffen oder Ergänzungsschöffen erforderlich wird, so werden Schöffen aus der Hilfsschöffenliste herangezogen.

1 1) **Außerordentliche Sitzung:** Das ist eine solche, die wegen des zusätzlich erforderlichen Verhandlungsbedarfs neben den ordentlichen Sitzungen abgehalten wird (BGH **41**, 175, 177 mwN = JR **96**, 165 mit Anm Katholnigg). Ob und wann sie anzusetzen ist, bestimmt der Vorsitzende nach pflichtgemäßem Ermessen (BGH **12**, 159, 161). Es ist nicht zulässig, einen ordentlichen Sitzungstermin (§ 45 I) allgemein für künftige Terminierungen freizuhalten (BGH **37**, 324), wohl aber für eine eilige Haftsache (Einl 160), deren Eingang sicher zu erwarten ist. Keine außerordentliche Sitzung ist die Verlegung der Sitzung von einem ordentlichen Sitzungstag auf einen anderen (Stuttgart NStZ **84**, 231 mit Anm Katholnigg; LG Bremen StV **82**, 461) und die Vorverlegung einer ordentlichen Sitzung, die sich voraussichtlich über einen oder mehrere ordentliche Sitzungstage erstreckt (BGH GA **80**, 68); dies gilt auch für HilfsStrKn (BGH **41**, 175 = JR **96**, 165 mit Anm Katholnigg). Liegt der verlegte Sitzungstag genau zwischen 2 freien Sitzungstagen, so bestimmt der frühere ordentliche Sitzungstag die Schöffenbesetzung; es handelt sich somit um einen nach hinten verlegten Sitzungstag (BGH **43**, 270). Bei der außerordentlichen Sitzung muß die Schöffenbesetzung im Einzelfall bestimmt werden. Zugezogen werden die beiden nächstbereiten Hilfsschöffen (§ 49 I). Dabei kommt es darauf an, wann die Terminsbestimmung des Richters, mit der die außerordentliche Sitzung angeordnet wird, bei der Schöffengeschäftsstelle eingeht (§ 49 III).

2 2) **Ausfallende Schöffen,** die zunächst bei der Schöffenbesetzung von Anfang an (2 zu § 45) oder im Einzelfall (§ 49 I) herangezogen waren, werden aus der Hilfsschöffenliste ersetzt, und auf Anordnung des Vorsitzenden (1 zu § 54) nach § 49.

Ergänzungsschöffen

48 I Ergänzungsschöffen (§ 192 Abs. 2, 3) werden aus der Hilfsschöffenliste zugewiesen.

II Im Fall der Verhinderung eines Hauptschöffen tritt der zunächst zugewiesene Ergänzungsschöffe auch dann an seine Stelle, wenn die Verhinderung vor Beginn der Sitzung bekannt wird.

1 1) **Aus der Hilfsschöffenliste** (I) werden die Ergänzungsschöffen nach dem einheitlichen Verfahren des § 49 zugewiesen.

2 2) Bei **Verhinderung eines Hauptschöffen** tritt in der Hauptverhandlung der Ergänzungsschöffe an seine Stelle (6, 7 zu § 192). Das gilt nach II aber auch dann, wenn der Verhinderungsfall nach der Bestimmung und Zuweisung eines Ergänzungsschöffen schon vor dem Beginn der Hauptverhandlung bekannt wird. Ist auch dieser verhindert, rückt der nächste aus der Hilfsschöffenliste zugewiesene Ergänzungsschöffe nach (BGHR Verhinderung 1; Katholnigg 2).

Zuweisung aus der Hilfsschöffenliste

49 **I Wird die Heranziehung von Hilfsschöffen zu einzelnen Sitzungen erforderlich (§§ 47, 48 Abs. 1), so werden sie aus der Hilfsschöffenliste in deren Reihenfolge zugewiesen.**

II Wird ein Hauptschöffe von der Schöffenliste gestrichen, so tritt der Hilfsschöffe, der nach der Reihenfolge der Hilfsschöffenliste an nächster Stelle steht, unter seiner Streichung in der Hilfsschöffenliste an die Stelle des gestrichenen Hauptschöffen. Die Schöffengeschäftsstelle benachrichtigt den neuen Hauptschöffen gemäß § 45 Abs. 4 Satz 3, 4.

III Maßgebend für die Reihenfolge ist der Eingang der Anordnung oder Feststellung, aus der sich die Notwendigkeit der Heranziehung ergibt, bei der Schöffengeschäftsstelle. Die Schöffengeschäftsstelle vermerkt Datum und Uhrzeit des Eingangs auf der Anordnung oder Feststellung. In der Reihenfolge des Eingangs weist sie die Hilfsschöffen nach Absatz 1 den verschiedenen Sitzungen zu oder überträgt sie nach Absatz 2 in die Hauptschöffenliste. Gehen mehrere Anordnungen oder Feststellungen gleichzeitig ein, so sind zunächst Übertragungen aus der Hilfsschöffenliste in die Hauptschöffenliste nach Absatz 2 in der alphabetischen Reihenfolge der Familiennamen der von der Schöffenliste gestrichenen Hauptschöffen vorzunehmen; im übrigen ist die alphabetische Reihenfolge der Familiennamen der an erster Stelle Angeklagten maßgebend.

IV Ist ein Hilfsschöffe einem Sitzungstag zugewiesen, so ist er erst wieder heranzuziehen, nachdem alle anderen Hilfsschöffen ebenfalls zugewiesen oder von der Dienstleistung entbunden oder nicht erreichbar (§ 54) gewesen sind. Dies gilt auch, wenn er selbst nach seiner Zuweisung von der Dienstleistung entbunden worden oder nicht erreichbar gewesen ist.

1 1) **Für alle Fälle,** in denen die Heranziehung der Hilfsschöffenliste erforderlich wird, regelt § 49 das Verfahren. § 46 ist nicht anwendbar (BGH NStZ **85**, 135).

2 2) Bei **Übertragung in die Hauptschöffenliste** (II) handelt es sich um eine nicht nur vorübergehende Änderung der Schöffenliste für die ordentlichen Sitzungstage; vielmehr tritt mit der Übertragung der bisherige Hilfsschöffe in die Termine des Ausgeschiedenen ein. Daher ist mit der Übertragung die Streichung in der Hilfsschöffenliste verbunden. Soweit eine Heranziehung als Hilfsschöffe noch nicht erledigt ist, wirkt sie weiter und hat den Vorrang (§ 52 V).

3 3) Wer **an bereitester Stelle** (III) steht, wird herangezogen. Das ist, wer nach Heranziehung („Verbrauch") seiner Vorgänger als nächster zur Verfügung steht (BGH **30**, 244 = JR **82**, 257 mit Anm Rieß; BGH NStZ **85**, 135). Maßgebend ist der Eingang der Heranziehungsanordnung (BGH **30**, 255, 258). Zunächst ist die Hilfsschöffenliste durch Vornahme der angeordneten Streichungen auf den neuesten Stand zu bringen (KG StV **84**, 504). Es braucht aber nicht ausdrücklich die Zuweisung verlangt zu werden. Vielmehr muß nur die Anordnung oder Feststellung, aus der sich die Notwendigkeit der Heranziehung ergibt, an die Schöffengeschäftsstelle gelangen, zB die Anordnung einer außerordentlichen Sitzung (§ 47), die Entbindung oder Feststellung der Unerreichbarkeit nach § 54 I, II, die Anordnung der Streichung aus der Hauptschöffenliste (II iVm § 52 I, II) oder die Anordnung nach § 192 III. Im Fall des III S. 4 fehlt eine Regelung für den seltenen Fall, daß verschiedene Hauptschöffen oder Angeklagte denselben Namen haben. Hier ist notfalls von der alphabetischen Reihenfolge der Vornamen auszugehen (Katholnigg 5 und JR **80**, 173); sollten auch die gleich sein, entscheidet das Los (Kissel 6; **aM** LR-K. Schäfer 8; Katholnigg aaO: Geburtsdatum).

4 4) Erst **nach Verbrauch aller anderen Hilfsschöffen** (IV) ist der herangezogene wieder an der Reihe. Wird er von der dann anfallenden Dienstleistung

entbunden (§ 54 I) oder ist er nicht erreichbar (7 zu § 54), so wird auf ihn erst wieder nach dem nächsten Umlauf zurückgegriffen (KK-Kissel 6). Der Listenplatz des Hilfsschöffen ist auch dann verbraucht, wenn seine Heranziehung oder die maßgebliche Eintragung fehlerhaft war (BGH JR **78**, 210, 211 mit Anm Meyer = GA **78**, 120 mit Anm Katholnigg; Kissel 13).

Sitzungsdauer über die Wahlperiode hinaus

50 **Erstreckt sich die Dauer einer Sitzung über die Zeit hinaus, für die der Schöffe zunächst einberufen ist, so hat er bis zur Beendigung der Sitzung seine Amtstätigkeit fortzusetzen.**

1 **1) Drei Fälle:** a) Die Hauptverhandlung dauert lediglich länger als erwartet; b) sie wird unterbrochen und später fortgesetzt (§ 229 StPO); c) sie greift (ohne oder nach Unterbrechung) über die Wahlperiode des Schöffen (§ 42) hinaus (BGH **8**, 250; vgl aber BGH **19**, 382).

2 **2) Für die Berufsrichter** am AG und LG ist eine solche besondere Regelung entbehrlich (BGH **8**, 250; **19**, 382; 17, 18 zu § 21 e).

51 (weggefallen)

Streichung von der Schöffenliste

52 **I Ein Schöffe ist von der Schöffenliste zu streichen, wenn**

1. **seine Unfähigkeit zum Amt eines Schöffen eintritt oder bekannt wird, oder**
2. **Umstände eintreten oder bekannt werden, bei deren Vorhandensein eine Berufung zum Schöffenamt nicht erfolgen soll.**

II Auf seinen Antrag ist ein Schöffe aus der Schöffenliste zu streichen, wenn er während eines Geschäftsjahres an mehr als vierundzwanzig Sitzungstagen an Sitzungen teilgenommen hat. Bei Hauptschöffen wird die Streichung nur für Sitzungen wirksam, die später als zwei Wochen nach dem Tag beginnen, an dem der Antrag bei der Schöffengeschäftsstelle eingeht. Ist einem Hilfsschöffen eine Mitteilung über seine Heranziehung zu einem bestimmten Sitzungstag bereits zugegangen, so wird seine Streichung erst nach Abschluß der an diesem Sitzungstag begonnenen Hauptverhandlung wirksam.

III Der Richter beim Amtsgericht entscheidet nach Anhörung der Staatsanwaltschaft und des beteiligten Schöffen.

IV Die Entscheidung ist nicht anfechtbar.

V Wird ein Hilfsschöffe in die Hauptschöffenliste übertragen, so gehen die Dienstleistungen vor, zu denen er zuvor als Hilfsschöffe herangezogen war.

VI Hat sich die ursprüngliche Zahl der Hilfsschöffen in der Hilfsschöffenliste auf die Hälfte verringert, so findet aus den vorhandenen Vorschlagslisten eine Ergänzungswahl durch den Ausschuß statt, der die Schöffenwahl vorgenommen hatte. Der Richter beim Amtsgericht kann von der Ergänzungswahl absehen, wenn sie in den letzten sechs Monaten des Zeitraums stattfinden müßte, für den die Schöffen gewählt sind. Für die Bestimmung der Reihenfolge der neuen Hilfsschöffen gilt § 45 entsprechend mit der Maßgabe, daß die Plätze im Anschluß an den im Zeitpunkt der Auslosung an letzter Stelle der Hilfsschöffenliste stehenden Schöffen ausgelost werden.

1) Von Amts wegen (I) durchzuführen und obligatorisch ist die Streichung nach Nrn 1 und 2. Die Unfähigkeit ergibt sich aus den §§ 31 S. 2, 32 oder aus sonstigen Gründen, zB durch den Tod (BGH NStZ **94**, 26 [K]). Die Gründe des I Nr 2 ergeben sich aus den §§ 33–35 (vgl BGH **28**, 61, 63; NStZ **94**, 26 [K]). Die Streichung ist zB geboten, wenn der Schöffe seinen Wohnsitz an einen anderen Ort außerhalb des Gerichtsbezirks verlegt (4 zu § 33) oder wenn seine Wohngemeinde aus dem Gerichtsbezirk ausscheidet (BGH aaO). 1

2) Nur auf Antrag (II) führt die näher bezeichnete Heranziehung im Übermaß zur Streichung. Wenn die Voraussetzungen vorliegen, muß dem Antrag entsprochen werden. An mehr als 24 Sitzungstagen hat der Schöffe auch dann teilgenommen, wenn eine einzige Hauptverhandlung so lange gedauert hat (KK-Kissel 5). Gezählt werden aber immer nur die Tage, an denen verhandelt worden ist, wenn auch nur für kurze Zeit (Katholnigg NJW **78**, 2377). 2

3) Die **Entscheidung** (III) trifft bei einem Schöffen des AG der Richter beim AG (§ 45 III), der Jugendrichter bei einem Jugendschöffen des AG (§ 34 I JGG), eine (nach § 21e I S. 1 bestimmte) StrK bei einem Schöffen des LG (§ 77 III S. 2). Erforderlich ist eine förmliche Entscheidung nach Anhörung der StA und des Schöffen (BGH **28**, 61, 64). Die Anhörung des beteiligten Schöffen ist aber entbehrlich, wenn er selbst den Antrag (II) gestellt hat, außer wenn Tatsachen zu seinem Nachteil verwendet werden, zu denen er nicht schon Stellung genommen hat (Einl 29). Ist der Streichungsantrag erst eingegangen, nachdem bereits eine Sitzung unter Mitwirkung des Schöffen bestimmt war, so hat die Entscheidung nach § 54 I den Vorrang (BGH GA **79**, 271; KK-Kissel 6). 3

4) Unanfechtbarkeit (IV): Beschwerde ist für den Schöffen und die StA ausgeschlossen (§ 304 I, II StPO). Die Streichung aus der Hauptschöffenliste führt zwar zu einer Änderung der Besetzung für noch bevorstehende Hauptverhandlungen, aber die Besetzungsrüge (§ 338 Nr 1 StPO) kann auf die Entscheidung über die Streichung nicht gestützt werden (§ 336 S. 2 StPO), wenn es sich nicht um einen Fall der Entziehung des gesetzlichen Richters handelt (6, 8 zu § 16). Bei 4
Unterlassung einer Entscheidung infolge Nichterkennens des Streichungsgrundes kann die Revision nur darauf gestützt werden, daß ein Schöffe bei dem Urteil mitgewirkt hat, der für das Schöffenamt unfähig war (7 zu § 32). Der Verstoß gegen eine Sollvorschrift, die der Berufung entgegenstand, macht die Besetzung nicht vorschriftswidrig iS des § 338 Nr 1 StPO (vgl 3 zu § 36; 4 zu § 337 StPO). 5

5) Die **Übertragung eines Hilfsschöffen** (V) wird durch die Streichung des Hauptschöffen ausgelöst (§ 49 II S. 1) und von der Schöffengeschäftsstelle durchgeführt (§ 49 III S. 3). Die Übertragung kann dazu führen, daß Pflichten, die noch aus der Zeit des Hilfsschöffenamtes herrühren, und neue Hauptschöffenaufgaben nebeneinander bestehen. Dieser Fall kann insbesondere deshalb eintreten, weil der Schöffe nach § 49 II S. 1 in die Termine des ausgeschiedenen Hauptschöffen eintritt (Katholnigg NJW **78**, 2377). Bei Kollision haben die noch verbleibenden Hilfsschöffenpflichten den Vorrang. 6

6) Eine **Ergänzungswahl** (VI iVm § 42) zur Auffüllung der Hilfsschöffenliste ist notwendig, wenn diese auf die Hälfte geschrumpft ist. Dabei wird derselbe Ausschuß tätig; ein verhindertes Mitglied kann aber vertreten werden. Keine Ergänzungswahl, sondern eine 7
Wiederholungswahl ist vorzunehmen, wenn die Schöffenwahl nach § 42 unwirksam war und daher von vornherein nicht genügend Schöffen vorhanden waren (BGH **33**, 261, 265; LG Frankfurt a.M. NJW **85**, 157; **aM** LG Frankfurt a.M. NJW **85**, 928). 8

Ablehnungsgründe

53 **I Ablehnungsgründe sind nur zu berücksichtigen, wenn sie innerhalb einer Woche, nachdem der beteiligte Schöffe von seiner Einberufung in Kenntnis gesetzt worden ist, von ihm geltend gemacht werden. Sind sie später entstanden oder bekannt geworden, so ist die Frist erst von diesem Zeitpunkt zu berechnen.**

II Der Richter beim Amtsgericht entscheidet über das Gesuch nach Anhörung der Staatsanwaltschaft. Die Entscheidung ist nicht anfechtbar.

1 **1)** Die **Ablehnungsgründe** sind in § 35 abschließend aufgeführt (BGH **9**, 203). Werden Ablehnungsgründe rechtzeitig geltend gemacht, so tritt eine völlige Befreiung vom Schöffendienst für die ganze Wahlperiode oder ihren Rest ein; der Schöffe ist von der Liste zu streichen (KK-Kissel 1). Die Ablehnungserklärung kann schriftlich oder zu Protokoll der Geschäftsstelle abgegeben werden.

2 **2) Zuständigkeit** (II S. 1): 3 zu § 52.

3 **3) Unanfechtbarkeit** (II S. 2): 4 zu § 52.

Entbindung an bestimmten Sitzungstagen

54 **I Der Richter beim Amtsgericht kann einen Schöffen auf dessen Antrag wegen eingetretener Hinderungsgründe von der Dienstleistung an bestimmten Sitzungstagen entbinden. Ein Hinderungsgrund liegt vor, wenn der Schöffe an der Dienstleistung durch unabwendbare Umstände gehindert ist oder wenn ihm die Dienstleistung nicht zugemutet werden kann.**

II Für die Heranziehung von Hilfsschöffen steht es der Verhinderung eines Schöffen gleich, wenn der Schöffe nicht erreichbar ist. Ein Schöffe, der sich zur Sitzung nicht einfindet und dessen Erscheinen ohne erhebliche Verzögerung ihres Beginns voraussichtlich nicht herbeigeführt werden kann, gilt als nicht erreichbar. Ein Hilfsschöffe ist auch dann als nicht erreichbar anzusehen, wenn seine Heranziehung eine Vertagung der Verhandlung oder eine erhebliche Verzögerung ihres Beginns notwendig machen würde. Die Entscheidung darüber, daß ein Schöffe nicht erreichbar ist, trifft der Richter beim Amtsgericht. § 56 bleibt unberührt.

III Die Entscheidung ist nicht anfechtbar. Der Antrag nach Absatz 1 und die Entscheidung sind aktenkundig zu machen.

1 **1)** Der **Vorsitzende** des SchG, beim LG der Vorsitzende der StrK (§ 77 III S. 3), entscheidet über einen Entbindungsantrag (I) und über die Heranziehung eines Hilfsschöffen bei Unerreichbarkeit des zunächst berufenen Schöffen (II; 2 zu § 47; unten 7, 8). Denn es handelt sich um die Führung seiner Sitzung. Der Anhörung der StA bedarf es bei den Entscheidungen nach § 54 nicht (LR-K. Schäfer 11). Betreibt ein Schöffe zugleich seine Entbindung im Einzelfall und seine Streichung aus der Schöffenliste (§ 52 II), so ist über beide Anträge selbständig zu entscheiden (BGH **27**, 105; Katholnigg NJW **78**, 2378). Ein Widerruf der Entbindung ist nach deren Eingang bei der Schöffengeschäftsstelle nicht mehr wirksam (BGH **30**, 149 mit Anm Rieß JR **82**, 256; BGH StV **83**, 497), sofern die Entbindung nicht gegen Art 101 I S. 2 GG verstoßen hatte (BGH **31**, 3). Eine bestimmte
2 **Form** der Entscheidung ist nicht vorgeschrieben; telefonische Entbindung genügt. Der Antrag und die Entscheidung müssen aber aktenkundig gemacht werden (III S. 2).

3 **2) Hinderungsgründe** (I S. 2) brauchen entgegen dem Gesetzeswortlaut noch nicht eingetreten zu sein; ihr Bevorstehen zZ der Dienstleistung genügt (Rieß JR **82**, 256). Sie können bei einem Hauptschöffen und bei herangezogenen Hilfs-

schöffen auf unabwendbaren Umständen oder auf Unzumutbarkeit beruhen. Das ist im Hinblick auf die Bedeutung des Schöffenamts eng auszulegen (BGH **28**, 61, 66). Der Vorsitzende braucht die geltend gemachten Hinderungsgründe nicht nachzuprüfen, wenn er sie für glaubhaft hält (BGH NStZ **82**, 476).

A. **Unabwendbare Umstände:** Daß der Schöffe diese Umstände selbst verur- 4
sacht hat, spielt keine Rolle (Katholnigg NJW **78**, 2378). Der Hauptfall ist Erkrankung mit Bettlägerigkeit. Es genügt aber zB auch erhebliche Schwerhörigkeit (BGH **22**, 290).

B. **Unzumutbarkeit:** Mit Hilfe dieses Kriteriums kann der Richter die Um- 5
stände des Einzelfalls und die Situation des Schöffen in stärkerem Maß berücksichtigen als bei dem Kriterium der unabwendbaren Umstände. Das eigene Verursachen der Umstände, mit denen der Schöffe die Unzumutbarkeit begründet, kann, insbesondere bei Voraussehbarkeit der Schöffenpflicht, berücksichtigt werden. Unter dem Gesichtspunkt der Unzumutbarkeit kann zB ein herangezogener Hilfsschöffe entbunden werden, der während einer länger dauernden Hauptverhandlung nach Durchlauf der Schöffenliste erneut an der Reihe ist, wenn er an einem noch freien Tag an einer anderen Sitzung teilnehmen soll (Katholnigg NJW **78**, 2378). Unzumutbarkeit liegt nicht schon vor, wenn ein Prüfungsverfahren nach § 52 I Nr 2 oder II läuft (BGH **27**, 105; **28**, 61, 65). Ob die Unzumutbarkeit besteht, wenn ein Streichungsverfahren nach § 52 I Nr 1 läuft, kann nur im Einzelfall beurteilt werden. Eine Entbindung „aus Gewissensgründen" ist nicht möglich (Karlsruhe NJW **96**, 606 = JR **96**, 127 mit Anm Foth; krit Lisken NJW **97**, 34). Die Drohung des Arbeitgebers, den Schöffen bei Teilnahme an einer außerordentlich langen oder für die beruflichen Aufgaben des Schöffen sonst exzeptionell ungünstig liegenden Hauptverhandlung zu entlassen, ist ein Eingriff in die Entscheidungsfreiheit des Richters, der möglicherweise eine Nötigung darstellt und zudem Anlaß gibt, den Schöffen durch Belehrung des Arbeitgebers aus Gründen der Fürsorge (Einl 155) zu schützen (BGH **27**, 344, 346 = JR **78**, 304 mit Anm P. Müller und Anm Pohl NJW **78**, 1868). Das schließt jedoch nicht völlig aus, daß die Drohung im Einzelfall als Hinderungsgrund anzuerkennen ist (vgl BGH MDR
78, 626 [H]). **Berufliche Umstände** begründen nur ausnahmsweise die Unzu- 6
mutbarkeit. Zu berücksichtigen sind Berufsgeschäfte, die der Schöffe nicht oder nicht ohne erheblichen Schaden für sich oder den Betrieb aufschieben oder bei denen er sich nicht durch einen anderen vertreten lassen kann, weil die Geschäfte ihrer Art nach eine Vertretung nicht zulassen oder kein geeigneter Vertreter zur Verfügung steht (BGH **28**, 61, 66; NJW **78**, 1169 mwN). Bei einem auf Urlaub gestützten Entbindungsantrag können Rückfragen oder Nachforschungen zur Klärung der Zumutbarkeit geboten sein.

3) Unerreichbarkeit (II): Ein Hauptschöffe ist unerreichbar, wenn ihm die 7
Benachrichtigung (§ 46) oder die Ladung nicht übermittelt werden kann (KK-Kissel 14). Das gleiche gilt, wenn er bei dem Versuch, ihn an die Sitzung zu erinnern oder ihn herbeizuholen, nicht angetroffen wird. Der unerreichbare Schöffe wird nicht von Amts wegen von der Teilnahme an der Sitzung entbunden; vielmehr zieht der Vorsitzende (oben 1) für ihn nach § 47 einen Ersatzschöffen heran (Bay MDR **79**, 1044). Diese Anordnung ist aktenkundig zu machen; einer besonderen Begründung des Verhinderungsfalles bedarf es dabei nicht (vgl BGH
MDR **77**, 639 [H]). Bei kleiner **Verspätung** kann die Heranziehung eines Ersatz- 8
schöffen überflüssig sein. Daher wird idR die ortsübliche Zeit auf den Schöffen zu warten und zu versuchen sein, ihn telefonisch oder durch Gerichtswachtmeister, Polizei ua herbeizuholen (Katholnigg NJW **78**, 2378). Wenn von vornherein anzunehmen ist, daß dadurch eine erhebliche Verzögerung nicht zu vermeiden ist, kann von solchen Versuchen abgesehen werden (LR-K. Schäfer 8; Katholnigg aaO).

9 **4)** Sind **mehrere Sachen an einem Sitzungstag** angesetzt, so entfällt die Unerreichbarkeit des zunächst berufenen Schöffen und endet die Heranziehung des Hilfsschöffen, wenn sich ersterer vor Beginn einer neuen Sache zur Teilnahme meldet. Hatte sich der Vorsitzende zur Prüfung iS des II S. 2 vor Beginn der Sitzung nach dem Verbleib des nichterschienenen Schöffen erkundigt und erfahren, dieser sei zur Wahrnehmung der Sitzung aufgebrochen, so muß sich der Vorsitzende jeweils vor Beginn einer neuen Sache erkundigen, ob der zunächst berufenen Schöffe jetzt erreichbar ist (Bay MDR **79**, 1044; KK-Kissel 19).

10 **5) Unanfechtbar** (III S. 1) ist die Entscheidung über den Entbindungsantrag (I), nicht aber der Widerruf der Entbindung (BGH **30**, 149 = JR **82**, 255 mit abl Anm Rieß; BGH **31**, 3, 4). Unanfechtbar ist auch die Entscheidung über die Unerreichbarkeit (II S. 4). Denn die Ersetzung des unerreichbaren Schöffen durch einen anderen kommt in der rechtlichen Wirkung einer Entbindung des ersteren gleich. Infolge des Ausschlusses der Beschwerde ist die Besetzungsrüge (§ 338 Nr 1 StPO) ausgeschlossen (§ 336 S. 2 StPO), wenn nicht ein Fall der willkürlichen Richterentziehung vorliegt (BGH **31**, 3, 5; GA **81**, 382; Karlsruhe NStZ **81**, 272; Katholnigg NJW **78**, 2378; 6, 8 zu § 16). Bei Entbindung wegen Urlaubs des Schöffen scheidet Willkür aus (BGH 5 StR 428/81 vom 5. 1. 1982; vgl auch Rieß DRiZ **77**, 294).

Entschädigung

55 **Die Schöffen und Vertrauenspersonen des Ausschusses erhalten eine Entschädigung nach dem Gesetz über die Entschädigung der ehrenamtlichen Richter.**

1 **1) Ges über die Entschädigung der ehrenamtlichen Richter** idF vom 1. 10. 1969 (BGBl I 1753; III 366–1), letztes ÄndG vom 9. 12. 1986 (BGBl I 2326).

Unentschuldigtes Ausbleiben

56 **I Gegen Schöffen und Vertrauenspersonen des Ausschusses, die sich ohne genügende Entschuldigung zu den Sitzungen nicht rechtzeitig einfinden oder sich ihren Obliegenheiten in anderer Weise entziehen, wird ein Ordnungsgeld festgesetzt. Zugleich werden ihnen auch die verursachten Kosten auferlegt.**

II Die Entscheidung trifft der Richter beim Amtsgericht nach Anhörung der Staatsanwaltschaft. Bei nachträglicher genügender Entschuldigung kann die Entscheidung ganz oder zum Teil zurückgenommen werden. Gegen die Entscheidung ist Beschwerde des Betroffenen nach den Vorschriften der Strafprozeßordnung zulässig.

1 **1) Zwingend vorgeschrieben** sind die Maßnahmen, wenn ihre Voraussetzungen vorliegen. Einzelheiten der Festsetzung des Ordnungsgeldes regeln Art 6 ff **EGStGB.**

2 A. **Ohne genügende Entschuldigung:** Vgl 10 ff zu § 51 StPO. Die Benachrichtigung nach § 46 muß nachgewiesen sein. Eine mündliche Ladung reicht aber aus (Koblenz OLGSt Nr 2). Ein nach § 54 von der Dienstleistung entbundener Schöffe ist stets entschuldigt; gegen ihn kann daher, auch wenn er die Entbindung durch unwahre Angaben erschlichen hat, kein Ordnungsgeld verhängt werden (Frankfurt NJW **96**, 1687).

B. **Nicht rechtzeitig** (I): Dazu gehört auch das Nichterscheinen (3 zu § 51 StPO). Kurzes Zuwarten mit der Maßregelung ist angebracht, soweit es den Beteiligten zugemutet werden kann (unten 6). Der Vorsitzende kann sich inzwischen um Ersatz nach § 49 bemühen. Die Berufung des Hilfsschöffen wird nicht dadurch wieder hinfällig, daß der zunächst berufene Schöffe nachher noch erscheint (zu einem ähnlichen Fall BGH **22**, 289). 3

C. **Sonstige Obliegenheiten** sind zB Eidesleistung und Beteiligung an der Abstimmung (§ 195; § 45 **DRiG**). Der Schöffe verletzt seine Pflicht schon dann, wenn er von vornherein bestimmt erklärt, er weigere sich, sachlich irgendwie richterlich mitzuwirken (Frankfurt NJW **92**, 3183), und werde bei den Beschlußabstimmungen und in der Urteilsberatung sich der Stimme enthalten. Hier kann § 56 schon anwendbar sein, wenn die Sitzung beginnen soll (KG 4 Ws 58/66 vom 4. 7. 1966). Die Verletzung des Beratungsgeheimnisses (§ 45 I S. 2 **DRiG**) kann nicht nach § 56 geahndet werden (KG JR **87**, 302; LR-K. Schäfer 3; **aM** Schmidt-Räntsch 4 zu § 45 DRiG), ebensowenig sonstige Pflichtverletzungen (Frankfurt NStZ **90**, 503) oder das Verlangen nach einer Zwischenberatung (LG Münster NJW **93**, 1088). Bei wiederholten, erheblichen Pflichtverletzungen wird Streichung von der Schöffenliste entspr § 52 I Nr 1 befürwortet (v. Danwitz ZRP **95**, 443; zw). 4

2) Die **Entscheidung** ergeht ohne Schöffenmitwirkung nach Anhörung des StA durch den Vorsitzenden des SchG oder der StrK (§ 77 III S. 3), nicht erst iVm der Entscheidung über die Kosten und Auslagen nach §§ 464 ff StPO. Wenn den Schöffen kein Verschulden an der Unterbrechung oder Vertagung der Hauptverhandlung trifft, wird der Angeklagte, falls er verurteilt wird oder sein Rechtsmittel keinen Erfolg hat, auch mit den durch das Ausbleiben des Schöffen entstandenen Mehrkosten belastet (Hamm MDR **77**, 865). 5

3) Anhörung des Betroffenen: Ist der Schöffe nicht anwesend, so braucht er vor dem Beschluß nicht gehört zu werden (KK-Kissel 5; LR-K. Schäfer 8). Er ist auf die Folgen des Ausbleibens ohne genügende Entschuldigung nach § 46 schon hingewiesen worden. Ist der Schöffe vor dem Erlaß des Beschlusses erschienen, so wird er gehört; ebenso bei Verletzung sonstiger Obliegenheiten (oben 4). 6

4) Zurückzunehmen (II S. 2) ist der Beschluß bei nachträglicher genügender Entschuldigung, und zwar ganz oder zum Teil, sei es, daß die Entschuldigungsgründe durch den Betroffenen dargetan, sei es, daß sie sonst bekannt werden. Eine Ausschlußfrist ist hierfür nicht vorgesehen. Im Gegensatz zu § 51 II S. 3 StPO ist die Aufhebung bei nachträglicher Entschuldigung nicht zwingend vorgeschrieben. Dadurch soll aber nur ermöglicht werden, den Beschluß so abzuwandeln, daß er nur dem verbleibenden Verschulden Rechnung trägt, zB dem schuldhaften Verzögern der Entschuldigung (Koblenz MDR **93**, 1229). 7

5) Wiederholung der Maßregeln: Die Belastung mit den Kosten (I S. 2) ist wiederholt zulässig, ebenso die Wiederholung des Ordnungsgeldes (KK-Kissel 7), und zwar nicht nur einmal (wie nach § 51 I S. 4 StPO), sondern so oft, wie der Pflichtige seine Pflicht verletzt. 8

6) Beschwerde (II S. 2) gegen den Beschluß steht dem Betroffenen zu (§ 304 II StPO). Wenn die Beschwerde nachträgliches Entschuldigungsvorbringen enthält, gelten die Grundsätze zu § 51 StPO (dort 28) entspr (Düsseldorf MDR **83**, 690). Die StA kann sich gegen die Festsetzung des Ordnungsgeldes und die Kostenauferlegung oder gegen deren Ablehnung nicht beschweren, selbst wenn sie einen Antrag gestellt hatte; denn sie hat in dem Verfahren nur ein Anhörungsrecht, aber kein weitergehendes Beteiligungsrecht. 9

Bestimmung der Fristen

57 Bis zu welchem Tag die Vorschlagslisten aufzustellen und dem Richter beim Amtsgericht einzureichen sind, der Ausschuß zu berufen und die Auslosung der Schöffen zu bewirken ist, wird durch die Landesjustizverwaltung bestimmt.

Gemeinsames Amtsgericht

58 I Die Landesregierungen werden ermächtigt, durch Rechtsverordnung einem Amtsgericht für die Bezirke mehrerer Amtsgerichte die Strafsachen ganz oder teilweise, Entscheidungen bestimmter Art in Strafsachen sowie Rechtshilfeersuchen in strafrechtlichen Angelegenheiten von Stellen außerhalb des räumlichen Geltungsbereichs dieses Gesetzes zuzuweisen, sofern die Zusammenfassung für eine sachdienliche Förderung oder schnellere Erledigung der Verfahren zweckmäßig ist. Die Landesregierungen können die Ermächtigung durch Rechtsverordnung auf die Landesjustizverwaltungen übertragen.

II Wird ein gemeinsames Schöffengericht für die Bezirke mehrerer Amtsgerichte eingerichtet, so bestimmt der Präsident des Landgerichts (Präsident des Amtsgerichts) die erforderliche Zahl von Haupt- und Hilfsschöffen und die Verteilung der Zahl der Hauptschöffen auf die einzelnen Amtsgerichtsbezirke. Ist Sitz des Amtsgerichts, bei dem ein gemeinsames Schöffengericht eingerichtet ist, eine Stadt, die Bezirke der anderen Amtsgerichte oder Teile davon umfaßt, so verteilt der Präsident des Landgerichts (Präsident des Amtsgerichts) die Zahl der Hilfsschöffen auf diese Amtsgerichte; die Landesjustizverwaltung kann bestimmte Amtsgerichte davon ausnehmen. Der Präsident des Amtsgerichts tritt nur dann an die Stelle des Präsidenten des Landgerichts, wenn alle beteiligten Amtsgerichte seiner Dienstaufsicht unterstehen.

III Die übrigen Vorschriften dieses Titels sind entsprechend anzuwenden.

1 1) **Nur durch RechtsVO** (I) kann durch Zusammenfassung mehrerer AG-Bezirke ein neuer AG-Bezirk gebildet werden (BVerfGE **24**, 155, 166 = NJW **69**, 1291; BVerfGE **30**, 103, 106 = NJW **71**, 795), da hierdurch in die Gerichtsbezirke eingegriffen und der gesetzliche Richter geändert wird. Vgl zB in Bayern § 30 GZVJu, in Hessen VO vom 8. 6. 1968 (GVBl I 170), letzte ÄndVO vom 12. 10. 1992 (GVBl I 473), in Mecklenburg-Vorpommern §§ 9, 10 VO vom 28. 3. 1994 (GVOBl 514), in Nordrhein-Westfalen VO vom 30. 12. 1961 (GVNW 1962, 9), letzte ÄndVO vom 14. 5. 1984 (GVNW 301), in Sachsen VO vom 996 (GVBl 369).

2 2) **Nur Konzentration der örtlichen Zuständigkeit** auf der AG-Ebene ist nach § 58 zulässig, und zwar über die LGBezirke hinweg, jedoch nur innerhalb des Landes (BVerfGE **24**, 155, 168 = NJW **69**, 1291; BVerfGE **30**, 103, 107 = NJW **71**, 795). Für Jugendsachen vgl § 33 III **JGG.** Weitere Regelungen: § 78 a II für StVollstrK, § 391 I, II AO für Steuerstrafsachen, § 13 I WiStG 1954 für Wirtschaftsstrafsachen, § 38 I AWG für Außenwirtschaftssachen und § 38 I MOG für EG-Marktordnungssachen sowie in Binnenschiffahrtssachen § 4 BinSchVfG.

3 A. Für eine **sachdienliche Förderung oder schnellere Erledigung** muß die Zusammenfassung zweckmäßig sein (I S. 1). Mit dieser Klausel wird Zweck und Ausmaß der Ermächtigung zum Erlaß von RechtsVOen näher bestimmt (Art 80 I S. 2 GG). I S. 1 ist, ebenso wie § 33 III **JGG** und § 391 II S. 1 **AO,** mit dem GG vereinbar (BVerfGE **24**, 155 = NJW **69**, 1291; BVerfGE **30**, 103 = NJW **71**, 795).

B. Die **Strafsachen ganz oder teilweise** können dem einen AG genommen und dem anderen zugewiesen werden. Die Hauptbedeutung des I liegt darin, daß die Haftsachen für mehrere Bezirke bei dem AG zusammengefaßt werden können, bei dem sich eine UHaftvollzugsanstalt befindet (Nürnberg NStZ **87**, 37; LR-K. Schäfer 9), und daß für mehrere AG-Bezirke ein gemeinsames SchG eingerichtet werden kann (vgl II). Die Zuständigkeitskonzentration nur für die Fälle, in denen das erweiterte SchG (§ 29 II) entscheidet, ist nicht zulässig (Dallinger JZ **53**, 434). 4

C. **Entscheidungen bestimmter Art:** ZB kann die Entscheidung über den Erlaß eines Haftbefehls gegen einen von der Polizei vorläufig Festgenommenen (§ 127 II StPO) bei dem AG am Sitz der StA (oder einer Zweigstelle) konzentriert werden, um der StA die Freilassung (vgl § 120 III StPO) vor der richterlichen Entscheidung (§ 128 II StPO) und andernfalls die Abgabe einer Erklärung (§ 33 II StPO) vor der richterlichen Entscheidung praktisch zu erleichtern. 5

3) Rechtshilfeersuchen von außerhalb des Geltungsbereichs der StPO (11 zu § 10 StPO): Die Konzentrationsmöglichkeit nach I gilt nur für strafrechtliche Angelegenheiten (vgl erg unten 8). 6

4) Einrichtung eines gemeinsamen SchG (II; § 43): Die Verteilung der Hilfsschöffen regeln S. 2 und 3 für den dort bezeichneten Sonderfall. Darüber hinaus kommt eine Verteilung von Hilfsschöffen nicht in Betracht. 7

5) Die **BRep-internen Rechtshilfesachen** (§§ 156, 157) können für die Bezirke mehrerer AGe einem von ihnen ganz oder teilw zugewiesen werden (§ 157 II). 8

6) In den neuen Bundesländern gilt die durch den EV (Anl I Kap III Sachgebiet A Abschn III Nr 1 n) den Landesregierungen erteilte Ermächtigung, durch RechtsVO einem Gericht für die Bezirke mehrerer Gerichte Sachen aller Art ganz oder teilw zuzuweisen, fort; danach können die Länder durch Vereinbarung Aufgaben auch dem Gericht eines anderen Landes übertragen. 9

5. Titel. Landgerichte

Besetzung

59 **I Die Landgerichte werden mit einem Präsidenten sowie mit Vorsitzenden Richtern und weiteren Richtern besetzt.**

II Den Richtern kann gleichzeitig ein weiteres Richteramt bei einem Amtsgericht übertragen werden.

III Es können Richter auf Probe und Richter kraft Auftrags verwendet werden.

1) Besetzung: Der Präs hat eine Doppelfunktion: Er ist Richter (§§ 21 e I S. 3, 21 f I) und hat Verwaltungsaufgaben, und zwar in der gerichtlichen Selbstverwaltung (§§ 21 aff) und der JV (20 zu § 21 e; 1 zu § 21 h). VorsRi: § 21 f I. Weitere Richter iS I sind die Richter am LG (§ 19 a I **DRiG**), Richter auf Probe (III; § 12 **DRiG**), Richter kraft Auftrags (III; § 14 **DRiG**) und an das LG abgeordnete Richter (§ 37 **DRiG**). 1

2) Doppelernennung (II): Vgl 2 zu § 22. II gilt für die Richter und die VorsRi am LG. 2

3) Richter auf Probe (III): Vgl 6 zu § 22. 3

Kammern

60 **Bei den Landgerichten werden Zivil- und Strafkammern gebildet.**

1 **1) StrK:** Zuständigkeitsbereich §§ 73–74 c, 78 a. Auch die „kleine StrK" ist eine StrK; sie entscheidet in der Hauptverhandlung nur in anderer Besetzung als die große (§ 76 I). Über die „kleine" StVollstrK vgl § 78 b I Nr 2.

2 **2)** Die **Zahl der „institutionellen" ordentlichen Kammern,** die dauernde Einrichtungen sind (BGH **21**, 260), bestimmt die JV (BGH **20**, 132), in Bayern das JM (Art 5 AGGVG), in den anderen Ländern der LGPräs. Zur Problematik vgl Holch DRiZ **76**, 135 gegen Stanicki DRiZ **76**, 80. Zur FerienStrK (§ 201) und zur HilfsStrK 16 zu § 21 e. Wenn 2 VorsRi nicht nur vorübergehend ausfallen, kann eine StrK auch im Laufe des Geschäftsjahres aufgelöst werden (BGH **20**, 132).

3 **3)** Die **JugK** beim LG ist ein JugG (§ 33 II **JGG**). Sie entscheidet nach § 33 b I, III **JGG** als kleine oder große JugK; sie kann auch als JugschutzK (§ 74 b) tätig und zusätzlich mit allgemeinen Strafsachen betraut werden.

61-69 (weggefallen)

Vertretung der Kammermitglieder

70 **I Soweit die Vertretung eines Mitgliedes nicht durch ein Mitglied desselben Gerichts möglich ist, wird sie auf den Antrag des Präsidiums durch die Landesjustizverwaltung geordnet.**

II Die Beiordnung eines Richters auf Probe oder eines Richters kraft Auftrags ist auf eine bestimmte Zeit auszusprechen und darf vor Ablauf dieser Zeit nicht widerrufen werden.

III Unberührt bleiben die landesgesetzlichen Vorschriften, nach denen richterliche Geschäfte nur von auf Lebenszeit ernannten Richtern wahrgenommen werden können, sowie die, welche die Vertretung durch auf Lebenszeit ernannte Richter regeln.

1 **1) Antrag des Präsidiums** (I): Dem Mangel der dem Präsidium nicht mehr möglichen gerichtsinternen Vertretungsregelung (4 ff zu § 21 f) hilft die LJV durch Abordnung eines planmäßigen Richters eines anderen Gerichts an das LG (erg § 37 **DRiG**) oder durch Zuteilung eines Hilfsrichters ab. Das Präsidium hat aber keinen Rechtsanspruch gegen die JV auf Zuweisung weiterer Richter (Holch DRiZ **76**, 137; **aM** Katholnigg 2).

2 **2) Beiordnung** (II): Das Präsidium hat dem – auf eine bestimmte Zeit (dazu LG Bremen StV **98**, 13) – zugeteilten Richter Geschäftsaufgaben zuzuweisen (§ 21 e I S. 1) unter Berücksichtigung der besonderen Eignung für ein Rechtsgebiet oder der Erfordernisse der weiteren Ausbildung. Es besteht kein Zwang, ihn gerade dort einzusetzen, wo wegen des zeitweiligen Ausfalls oder des außergewöhnlichen Geschäftsanfalls der Anlaß zur Beiordnung entstanden ist (BGH **12**, 159, 161; **13**, 53, 56; **22**, 237, 239).

3 **3) Landesgesetzliche Vorschriften:** Die Bestimmung hat zZ keine praktische Bedeutung (Katholnigg 4).

71, 72 [betreffen Zivilsachen]

Beschluß- und Beschwerdezuständigkeit

73 **I Die Strafkammern entscheiden über Beschwerden gegen Verfügungen des Richters beim Amtsgericht, gegen Entscheidungen des Richters beim Amtsgericht und der Schöffengerichte sowie über Anträge auf gerichtliche Entscheidung in den Fällen des § 161 a Abs. 3 der Strafprozeßordnung.**

II Die Strafkammern erledigen außerdem die in der Strafprozeßordnung den Landgerichten zugewiesenen Geschäfte.

1) **In Staatsschutz-Strafsachen** nach § 120 I, II trifft die Entscheidungen nach I das OLG (§ 120 III S. 1), sonst die Staatsschutz-StrK (§ 74 a III). 1

2) **In Wirtschaftsstrafsachen** trifft die Entscheidungen die große WirtschaftsStrK als Gericht des 1. Rechtszugs oder die kleine WirtschaftsStrK als Berufungsgericht (§ 74 c; dort 8). Das gilt nur, wenn sie nach dem Stand des Verfahrens zu dem Zeitpunkt, in dem die Entscheidung nach I anfällt, voraussichtlich als Gericht des 1. Rechtszugs zuständig wäre (2 ff zu § 74 c). 2

3) Die **allgemeine StrK** trifft die Entscheidung auch dann, wenn sie entgegen der Ansicht des AG ein JugG als erstinstanzliches Gericht für zuständig erachtet (Zweibrücken NStZ **94**, 48; erg 2 zu § 210 StPO aE); die JugK ist nur zuständig, wenn im 1. Rechtszug ein JugG entschieden hat. 3

4) Auch **außerhalb des GVG und der StPO** sind der StrK Aufgaben zugewiesen, so zB nach § 8 III **StrEG** sowie nach §§ 70 II, 100 II S. 2, 104 III S. 1, 108 I S. 2 Hs 2, 110 II S. 2 OWiG. 4

73a (weggefallen)

Zuständigkeiten

74 **I Die Strafkammern sind als erkennende Gerichte des ersten Rechtszuges zuständig für alle Verbrechen, die nicht zur Zuständigkeit des Amtsgerichts oder des Oberlandesgerichts gehören. Sie sind auch zuständig für alle Straftaten, bei denen eine höhere Strafe als vier Jahre Freiheitsstrafe oder die Unterbringung in einem psychiatrischen Krankenhaus, allein oder neben einer Strafe, oder in der Sicherungsverwahrung zu erwarten ist oder bei denen die Staatsanwaltschaft wegen der besonderen Bedeutung des Falles Anklage beim Landgericht erhebt (§ 24 Abs. 1 Nr. 3).**

II Für die Verbrechen

1. **des sexuellen Mißbrauchs von Kindern mit Todesfolge (§ 176 b des Strafgesetzbuches),**
2. **der sexuellen Nötigung und Vergewaltigung mit Todesfolge (§ 178 des Strafgesetzbuches),**
3. **des sexuellen Mißbrauchs widerstandsunfähiger Personen mit Todesfolge (§ 179 Abs. 6 in Verbindung mit § 176 b des Strafgesetzbuches),**
4. **des Mordes (§ 211 des Strafgesetzbuches),**
5. **des Totschlags (§ 212 des Strafgesetzbuches),**
6. *(aufgehoben)*
7. **der Aussetzung mit Todesfolge (§ 221 Abs. 3 des Strafgesetzbuches),**
8. **der Körperverletzung mit Todesfolge (§ 227 des Strafgesetzbuches),**
9. **der Entziehung Minderjähriger mit Todesfolge (§ 235 Abs. 5 des Strafgesetzbuches),**

10. der Freiheitsberaubung mit Todesfolge (§ 239 Abs. 4 des Strafgesetzbuches),
11. des erpresserischen Menschenraubes mit Todesfolge (§ 239 a Abs. 2 des Strafgesetzbuches),
12. der Geiselnahme mit Todesfolge (§ 239 b Abs. 2 in Verbindung mit § 239 a Abs. 2 des Strafgesetzbuches),
13. des Raubes mit Todesfolge (§ 251 des Strafgesetzbuches),
14. des räuberischen Diebstahls mit Todesfolge (§ 252 in Verbindung mit § 251 des Strafgesetzbuches),
15. der räuberischen Erpressung mit Todesfolge (§ 255 in Verbindung mit § 251 des Strafgesetzbuches),
16. der Brandstiftung mit Todesfolge (§ 306 c des Strafgesetzbuches),
17. des Herbeiführens einer Explosion durch Kernenergie (§ 307 Abs. 1 bis 3 des Strafgesetzbuches),
18. des Herbeiführens einer Sprengstoffexplosion mit Todesfolge (§ 308 Abs. 3 des Strafgesetzbuches),
19. des Mißbrauchs ionisierender Strahlen gegenüber einer unübersehbaren Zahl von Menschen (§ 309 Abs. 2 und 4 des Strafgesetzbuches),
20. der fehlerhaften Herstellung einer kerntechnischen Anlage mit Todesfolge (§ 312 Abs. 4 des Strafgesetzbuches),
21. des Herbeiführens einer Überschwemmung mit Todesfolge (§ 313 in Verbindung mit § 308 Abs. 3 des Strafgesetzbuches),
22. der gemeingefährlichen Vergiftung mit Todesfolge (§ 314 in Verbindung mit § 308 Abs. 3 des Strafgesetzbuches),
23. des räuberischen Angriffs auf Kraftfahrer mit Todesfolge (§ 316 a Abs. 3 des Strafgesetzbuches),
24. des Angriffs auf den Luft- und Seeverkehr mit Todesfolge (§ 316 c Abs. 3 des Strafgesetzbuches),
25. der Beschädigung wichtiger Anlagen mit Todesfolge (§ 318 Abs. 4 des Strafgesetzbuches),
26. einer vorsätzlichen Umweltstraftat mit Todesfolge (§ 330 Abs. 2 Nr. 2 des Strafgesetzbuches)

ist eine Strafkammer als Schwurgericht zuständig. § 120 bleibt unberührt.

III Die Strafkammern sind außerdem zuständig für die Verhandlung und Entscheidung über das Rechtsmittel der Berufung gegen die Urteile des Strafrichters und des Schöffengerichts.

1 1) **Negative Umschreibung der erstinstanzlichen Zuständigkeit** (I): Die StrK ist nicht zuständig, wenn das AG (§§ 24, 25) oder das OLG (§ 120) zuständig ist (vgl die Erläuterungen zu § 24 und zu § 120). Besondere StrKn mit gesetzlich zugewiesenen Aufgabenbereichen sind das SchwurG (II), die StaatsschutzStrK (§ 74 a) und die WirtschaftsStrK (§ 74 c). Über ihre Rangfolge untereinander und
2 im Verhältnis zur allgemeinen StrK vgl § 74 e. Auch die **JugK** ist eine StrK mit besonderer Zuständigkeit (§§ 33 II, 41 I **JGG**).

3 2) **Berufungsgericht** (III) ist nach der Änderung des § 76 durch das RpflEntlG nunmehr stets die kleine StrK, und zwar immer dann, wenn ein Urteil eines zu demselben LG-Bezirk gehörenden AG angefochten ist (BGH **22**, 48, 50). Hatte das mit der Berufung angefochtene Urteil eines SchG eine Wirtschaftsstrafsache zum Gegenstand, so ist die WirtschaftsStrK Berufungsgericht (§ 74 c I). Wenn das Urteil des Strafrichters eine Wirtschaftssache zum Gegenstand hatte, kann über die Berufung eine allgemeine kleine StrK entscheiden (vgl aber 6 zu § 74 c). War das angefochtene Urteil von einem zum LG-Bezirk gehörenden Jugendrichter oder JugSchG erlassen, so tritt an die Stelle der sonst zuständigen BerufungsStrK die JugK (§ 41 II **JGG**; vgl auch 4 zu § 74 b), wobei nach § 33 b I **JGG** die kleine JugK (Besetzung: Vorsitzender und 2 Jugendschöffen) für Berufungen gegen Ur-

teile des Jugendrichters und die große JugK (Besetzung: Vorsitzender und 1 oder 2 Beisitzer sowie 2 Jugendschöffen, vgl 2 zu § 76) für Berufungen gegen Urteile des JSchG zuständig sind.

3) **SchwurG** (II): Es handelt sich um eine besondere StrK, die nicht mit besonderen Schöffen ausgestattet ist, in der sachlichen Zuständigkeitsordnung den anderen StrKn gleichsteht, aber den Vorrang hat (§ 74e). Für die Prüfung ihrer Zuständigkeit im tatrichterlichen Verfahren gelten die §§ 6a, 209a Nr 1, 225a IV, 270 I S. 2 StPO. Im Sicherungsverfahren nach §§ 413ff StPO ist dann ebenfalls das SchwurG, nicht die allgemeine StrK zuständig (8 zu § 414 StPO). Das SchwurG ist – ebenso wie die in SchwurG-Sachen entscheidende große JugK – stets mit 3 Richtern und 2 Schöffen besetzt (§ 76 II, § 33b II **JGG**). 4

4) Durch einen **Zuständigkeitskatalog** (II S. 1 Nrn 1–26) ist die Zuständigkeit des SchwurG bestimmt. Wenn es für das Urteil zuständig ist, hat es die Tat unter jedem rechtlichen Gesichtspunkt zu würdigen, auch dann, wenn der Verdacht eines im Katalog aufgezählten Verbrechens entfällt (BGH MDR **77**, 810 [H]). Teilnahme und Versuch stehen iS des II der Tatbegehung gleich (Kissel 9). Zur Zuständigkeit des SchwurG gehören auch Verbrechen nach § 30 StGB iVm §§ 211, 212 StGB (Krey 1/217 Fn 5; Schnarr NStZ **90**, 260), nicht aber Vergehen nach § 323a StGB, auch wenn die Rauschtat unter II fällt (Stuttgart MDR **92**, 290). 5

5) **§ 120 bleibt unberührt** (II S. 2): Das Evokationsrecht des GBA nach §§ 74a, 120 II S. 1 gilt auch dann, wenn die Staatsschutzsache mit einem in dem Zuständigkeitskatalog des II S. 1 aufgezählten Verbrechen zusammentrifft. Übernimmt der GBA die Verfolgung, so wird anstatt des LG insgesamt das OLG zuständig (vgl auch 4 zu § 74a). 6

6) **Konzentrationsgrundsatz:** „Eine" StrK als SchwurG hat die bezeichneten Strafsachen abzuurteilen. Bei jedem LG muß ein SchwurG bestehen, wenn nicht eine Ausnahme nach § 74d geschaffen wird. Wenn die SchwurGStrK mit diesen Sachen nicht voll ausgelastet ist, können ihr noch andere Aufgaben zugewiesen werden. Erst wenn die SchwurGStrK die zu erwartenden SchwurG-Sachen nicht mehr bewältigen kann, darf ein weiteres SchwurG eingerichtet werden (BGH **27**, 349, 350). Bleibt hierbei bei der ersteren noch eine Restkapazität, so kann sie durch Zuweisung kleinerer anderer Aufgaben aufgefüllt werden (BGH NJW **78**, 1594 mit Anm Katholnigg; 2 zu § 74a; 7 zu § 74c). 7

7) **Jugendstrafverfahren:** Im Verfahren gegen einen Jugendlichen oder Heranwachsenden ist anstelle des SchwurG die JugK zuständig (§§ 41 I Nr 1, 108 I **JGG**), die stets in der Besetzung von 3 Richtern einschließlich des Vorsitzenden und 2 Jugendschöffen tätig wird (§ 33b I, II **JGG**). 8

8) **Auffang-SchwurG:** Für den Fall, daß ein SchwurG-Urteil aufgehoben und die Sache nach § 354 II an ein anderes SchwurG zurückverwiesen wird, muß bei jedem LG ein anderes SchwurG durch die Geschäftsverteilung bestimmt werden (4 zu § 21e; 38 zu § 354 StPO). Bestehen zwei SchwurGe bei dem LG, so kann jedes für die Zurückweisungsfälle der anderen als Auffang-SchwurG bestimmt werden. 9

9) **Revision:** Die Rüge nach § 338 Nr 1 StPO kann nicht darauf gestützt werden, daß das Präsidium sich in der Erwartung des künftigen Geschäftsanfalls (vertretbar) geirrt hat (BGH MDR **78**, 626 [H]). Die unzutreffende Beurteilung des Zuständigkeitsmerkmals der besonderen Bedeutung (I S. 2) kann mit der Revision nur gerügt werden, wenn sie auf Willkür beruht (8 zu § 24). 10

Zuständigkeit der Staatsschutzkammer **RiStBV 202 ff**

74a **I Bei den Landgerichten, in deren Bezirk ein Oberlandesgericht seinen Sitz hat, ist eine Strafkammer für den Bezirk dieses Oberlandesgerichts als erkennendes Gericht des ersten Rechtszuges zuständig für Straftaten**

1. **des Friedensverrats in den Fällen des § 80 a des Strafgesetzbuches,**
2. **der Gefährdung des demokratischen Rechtsstaates in den Fällen der §§ 84 bis 86, 87 bis 90, 90 a Abs. 3 und des § 90 b des Strafgesetzbuches,**
3. **der Gefährdung der Landesverteidigung in den Fällen der §§ 109 d bis 109 g des Strafgesetzbuches,**
4. **der Zuwiderhandlung gegen ein Vereinigungsverbot in den Fällen des § 129 des Strafgesetzbuches und des § 20 Abs. 1 Satz 1 Nr. 1 bis 4 des Vereinsgesetzes; dies gilt nicht, wenn dieselbe Handlung eine Straftat nach dem Betäubungsmittelgesetz darstellt,**
5. **der Verschleppung (§ 234 a des Strafgesetzbuches) und**
6. **der politischen Verdächtigung (§ 241 a des Strafgesetzbuches).**

II Die Zuständigkeit des Landgerichts entfällt, wenn der Generalbundesanwalt wegen der besonderen Bedeutung des Falles vor der Eröffnung des Hauptverfahrens die Verfolgung übernimmt, es sei denn, daß durch Abgabe nach § 142 a Abs. 4 oder durch Verweisung nach § 120 Abs. 2 Satz 2 die Zuständigkeit des Landgerichts begründet wird.

III In den Sachen, in denen die Strafkammer nach Absatz 1 zuständig ist, trifft sie auch die in § 73 Abs. 1 bezeichneten Entscheidungen.

IV Im Rahmen der Absätze 1 und 3 erstreckt sich der Bezirk des Landgerichts auf den Bezirk des Oberlandesgerichts.

1 **1) StaatsschutzStrK** ist wie das SchwurG und die WirtschaftsStrK eine besondere StrK mit gesetzlich bestimmter Geschäftsaufgabe (4 zu § 74; 1 zu § 74 c). Für ihren Rang gegenüber anderen StrKn gelten § 74 e und § 103 II **JGG**. Außer durch § 74 a sind ihr weitere Zuständigkeiten nach §§ 100 d II, VI S.2, 101 I S.3 StPO (Abhören von Wohnungen mit technischen Mitteln) übertragen worden.

2 **2) Doppelte Konzentration** (I): Wie beim SchwurG und der WirtschaftsStrK müssen die durch einen Katalog bezeichneten Staatsschutzsachen zu einer StrK zusammengefaßt werden. Eine Auffang-StaatsschutzStrK muß aber daneben gebildet werden (9 zu § 74). Erst wenn die StaatsschutzStrK die zu erwartende Geschäftslast nicht bewältigen kann, darf das Präsidium eine weitere StaatsschutzStrK
3 einrichten (7 zu § 74; 7 zu § 74 c). **Für den ganzen OLG-Bezirk** ist ein LG zuständig und damit zugleich auch nur eine StA (§ 143 I).

4 **3)** Durch **Übernahme der Verfolgung durch den GBA** (II) wird das OLG in den im Zuständigkeitskatalog des I bezeichneten Strafsachen als Gericht des 1. Rechtszugs zuständig (§ 120 II Nr 1). Das gilt auch, wenn die Zuständigkeit der StaatsschutzStrK nach § 74 e zurücktritt (vgl BGH NJW **88**, 1474 zur Zuständigkeit des OLG für Verfahren gegen eine kriminelle Ausländervereinigung; KK-Diemer 3; Katholnigg NJW **78**, 2376); auch dann geht die Strafsache infolge der Evokation durch den GBA auf das OLG über (vgl auch 6 zu § 74). Jedoch darf die StaatsschutzStrK im Eröffnungsverfahren und im Hauptverfahren die Sache dem OLG von sich aus nur unterbreiten, wenn der hinreichende Verdacht einer Straftat nach § 120 I besteht (§§ 209 II, 225 a I, 270 I StPO).

5 **4)** Bei **Straftaten gegen Truppen der NATO-Staaten** in der BRep nach Art 7 II des 4. StÄG, die den in § 74 a genannten entsprechen, ist § 74 a ebenfalls anzuwenden (Art 8, 12 III des 4 StÄG).

6 **5) Revision:** Vgl 10 zu § 74.

Zuständigkeit der Jugendschutzkammer

74b **In Jugendschutzsachen (§ 26 Abs. 1 Satz 1) ist neben der für allgemeine Strafsachen zuständigen Strafkammer auch die Jugendkammer als erkennendes Gericht des ersten Rechtszuges zuständig. § 26 Abs. 2 und §§ 73 und 74 gelten entsprechend.**

1) **JugK** (I; § 41 **JGG**): In ihrer Hauptverhandlung wirken Jugendschöffen mit (§§ 33 b I, 35 **JGG**), auch wenn sie in einer Jugendschutzsache tätig wird. 1

2) Eine **Jugendschutzkammer** kann bei dem LG durch Geschäftsverteilung eingerichtet werden; sie ist eine gewöhnliche StrK, der die Jugendschutzsachen (allein oder zusammen mit anderen Sachen) zugewiesen sind und die mit dafür besonders geeigneten Richtern besetzt wird. 2

3) Die **Zuständigkeitskriterien des § 26 II** sind nicht nur für die StA bindend, sondern auch für die Gerichte im Eröffnungsverfahren. Die JugK hat im Verhältnis zur allgemeinen StrK, auch wenn sie Jugendschutzkammer ist, die Kompetenz- Kompetenz (12 vor § 1 StPO). Sie eröffnet das Hauptverfahren, wenn die Voraussetzungen hierfür vorliegen, vor der anderen StrK, wenn es die Aburteilung durch diese für ausreichend hält (§ 209 I iVm § 209 a Nr 2 Buchst b StPO). Ist die Klage zur anderen StrK erhoben, hält sie aber die JugK für zuständig, so legt sie dieser die Sache vor (§ 209 I iVm § 209 a Nr 2 Buchst b StPO). Die JugK kann auch in diesem Fall das Verfahren bei der anderen StrK eröffnen. Im Hauptverfahren ist diese Zuständigkeitsverschiebung nach §§ 225 a I S. 1, 270 I S. 1 StPO nicht mehr zulässig (BGH **42**, 39; erg 2 zu § 225 a StPO). 3

4) **Berufungsgericht:** Bei Berufung gegen Urteile des Jugendrichters entscheidet die kleine JugK, gegen Urteile des JugSchG die große JugK (§§ 33 b I, 41 II **JGG;** 3 zu § 74); bei Berufung gegen ein Urteil des Strafrichters oder des SchG in einer Jugendschutzsache die durch die Geschäftsverteilung gebildete kleine Berufungskammer. Die JugK ist auch dann Berufungsgericht, wenn bei Verbindung nach §§ 103, 108 **JGG** nur der erwachsene Mitangeklagte Berufung einlegt (BGH **22**, 40, 51, 52). 4

Zuständigkeit der Wirtschaftsstrafkammer **RiStBV 113 II**

74c **I Für Straftaten**

1. **nach dem Patentgesetz, dem Gebrauchsmustergesetz, dem Halbleiterschutzgesetz, dem Sortenschutzgesetz, dem Markengesetz, dem Geschmacksmustergesetz, dem Urheberrechtsgesetz, dem Gesetz gegen den unlauteren Wettbewerb, dem Aktiengesetz, dem Gesetz über die Rechnungslegung von bestimmten Unternehmen und Konzernen, dem Gesetz betreffend die Gesellschaften mit beschränkter Haftung, dem Handelsgesetzbuch, dem Gesetz zur Ausführung der EWG-Verordnung über die Europäische wirtschaftliche Interessenvereinigung, dem Genossenschaftsgesetz und dem Umwandlungsgesetz,**
2. **nach den Gesetzen über das Bank-, Depot-, Börsen- und Kreditwesen sowie nach dem Versicherungsaufsichtsgesetz und dem Wertpapierhandelsgesetz,**
3. **nach dem Wirtschaftsstrafgesetz 1954, dem Außenwirtschaftsgesetz, den Devisenbewirtschaftungsgesetzen sowie dem Finanzmonopol-, Steuer- und Zollrecht, auch soweit dessen Strafvorschriften nach anderen Gesetzen anwendbar sind; dies gilt nicht, wenn dieselbe Handlung eine Straftat nach dem Betäubungsmittelgesetz darstellt, und nicht für Steuerstraftaten, welche die Kraftfahrzeugsteuer betreffen,**

4. nach dem Weingesetz und dem Lebensmittelrecht,
5. des Computerbetruges, des Subventionsbetruges, des Kapitalanlagebetruges, des Kreditbetruges, des Bankrotts, der Gläubigerbegünstigung und der Schuldnerbegünstigung,
5 a. der wettbewerbsbeschränkenden Absprachen bei Ausschreibungen sowie der Bestechlichkeit und Bestechung im geschäftlichen Verkehr,
6. des Betruges, der Untreue, des Wuchers, der Vorteilsgewährung und der Bestechung, soweit zur Beurteilung des Falles besondere Kenntnisse des Wirtschaftslebens erforderlich sind,

ist, soweit nach § 74 Abs. 1 als Gericht des ersten Rechtszuges und nach § 74 Abs. 3 für die Verhandlung und Entscheidung über das Rechtsmittel der Berufung gegen die Urteile des Schöffengerichts das Landgericht zuständig ist, eine Strafkammer als Wirtschaftsstrafkammer zuständig.

II In den Sachen, in denen die Wirtschaftsstrafkammer nach Absatz 1 zuständig ist, trifft sie auch die in § 73 Abs. 1 bezeichneten Entscheidungen.

III Die Landesregierungen werden ermächtigt, zur sachdienlichen Förderung oder schnelleren Erledigung der Verfahren durch Rechtsverordnung einem Landgericht für die Bezirke mehrerer Landgerichte ganz oder teilweise Strafsachen zuzuweisen, welche die in Absatz 1 bezeichneten Straftaten zum Gegenstand haben. Die Landesregierungen können die Ermächtigung durch Rechtsverordnung auf die Landesjustizverwaltungen übertragen.

IV Im Rahmen des Absatzes 3 erstreckt sich der Bezirk des danach bestimmten Landgerichts auf die Bezirke der anderen Landgerichte.

1 1) **Eine besondere StrK** ist außer dem SchwurG und der StaatsschutzStrK auch die WirtschaftsStrK (4 zu § 74; 1 zu § 74 a; 4 vor § 1 StPO). Einer nicht ausgelasteten besonderen StrK können auch allgemeine Strafsachen zugewiesen werden (BGH **27**, 349; **34**, 379). Es genügt, daß der Schwerpunkt der Zuständigkeit eindeutig bei den Wirtschaftsverfahren liegt (BGH **31**, 323).

2 2) **Katalog der Wirtschaftsstrafsachen** (I): Während die in den §§ 74 II, 74 a I angeführten Straftaten ohne weiteres die LG-Zuständigkeit begründen, muß bei den Wirtschaftsstraftaten nach § 74 c auf die §§ 74 I, 24 I Nr 3, II zurückgegriffen werden (Krey 1/220 Fn 12). Nur wenn die Katalogtat von besonderer Bedeutung ist oder die Rechtsfolgenkompetenz des AG (§ 24 II) nicht ausreicht, gehört sie vor die WirtschaftsStrK (Stuttgart wistra **86**, 191, 192). Sind außer der Wirtschaftsstraftat noch andere Taten angeklagt, so ist die Rechtsfolgenerwartung insgesamt maßgeblich (Karlsruhe NStZ **85**, 517; zum Zusammentreffen von Wirtschafts- und Nichtwirtschaftsstraftaten; vgl auch Firgau wistra **88**, 140).

3 3) **Besonderheiten** ergeben sich bei der Anwendung der Nrn 3, 5 und 6:

4 A. **Nr 3:** Wenn die Katalogtat mit einer Straftat nach dem BtMG zusammentrifft (§ 52 StGB), ist die WirtschaftsStrK nicht zuständig. Das bedeutet keinen Ausschluß der Sache von der Zuständigkeit des LG. Wenn diese für den Fall begründet ist (§ 24 I Nr 3, II), gehört sie vor eine allgemeine StrK. Das gleiche gilt bei einer Steuerstraftat, die die Kfz-Steuer betrifft (vgl auch § 391 IV **AO**).

4 a B. **Nr 5:** Es bleibt bei der Zuständigkeit der WirtschaftsStrK auch dann, wenn § 265 b StGB aus sachlich-rechtlichen Gründen (vgl BGH **36**, 130) hinter § 263 StGB zurücktritt (Celle wistra **91**, 359 mit zust Anm Kochheim; **aM** Stuttgart wistra **91**, 236).

5 C. **Nr 6:** Hier ist die Zuständigkeit der WirtschaftsStrK von dem genannten zusätzlichen normativen Zuständigkeitsmerkmal abhängig (Rieß NJW **78**, 2267). Die besonderen Kenntnisse beziehen sich über die allgemeine Erfahrung hinaus auf Verfahrensweisen, die nur besonderen Wirtschaftskreisen eigen oder geläufig sind, insbesondere auf die komplizierten, schwer zu durchschauenden Mechanismen des

Wirtschaftslebens, deren raffinierten Mißbrauch die Wirtschaftsstrafsachen kennzeichnet (Koblenz NStZ **86**, 327; München JR **80**, 77 mit Anm Rieß; Stuttgart wistra **91**, 236). Sind zur Beurteilung einer noch so schwierigen oder umfangreichen Sache von der in Nr 6 beschriebenen Art solche Spezialkenntnisse nicht erforderlich, so ist die allgemeine StrK zuständig (Düsseldorf NStE Nr 2; wistra **93**, 277: Scheckreiterei; Koblenz aaO; Köln wistra **91**, 79: Abrechnungsbetrug von Kassenärzten; erg 12 zu § 270 StPO).

4) **Als Berufungsgericht** (I) ist nicht die große, sondern die kleine WirtschaftsStrK (§ 76 I) zuständig, wenn das Urteil in einer Wirtschaftsstrafsache im 1. Rechtszug vom SchG erlassen worden ist (3 zu § 74). Das gilt nicht, wenn eine Ausnahme nach Nr 3 oder 6 zutrifft. Für die Prüfung der Berufungszuständigkeit kommt es nur darauf an, ob der Eröffnungsbeschluß den Verfahrensgegenstand als Katalogtat nach § 74 c würdigt (Stuttgart MDR **82**, 252). Für die Zuständigkeitsverschiebung innerhalb des Berufungsgerichts gelten die gleichen Grundsätze wie im 1. Rechtszug (Düsseldorf JR **82**, 514 mit Anm Rieß; Kissel 10; Meyer-Goßner NStZ **81**, 169; Rieß JR **80**, 80); bei der Anwendung des § 6 a StPO tritt an die Stelle der Eröffnung des Hauptverfahrens der Vortrag des Berichterstatters nach § 324 I S. 1 StPO (14 zu § 6 a StPO). Die Bestimmung des zuständigen Gerichts nach den §§ 14 und 19 StPO ist unzulässig (1 zu § 14 StPO). Vgl auch 2 zu § 210 StPO. Hat der Strafrichter (§ 25 Nr 2) in einer Wirtschaftsstrafsache in 1. Instanz entschieden, so ist eine allgemeine kleine StrK als Berufungsgericht zuständig. Ist beim LG jedoch eine kleine WirtschaftsStrK eingerichtet, so sollten ihr zweckmäßigerweise durch den Geschäftsverteilungsplan (vgl § 21 e) auch diese Berufungen zugewiesen werden. 6

5) **Konzentrationsgrundsatz:** Wie beim SchwurG und der StaatsschutzStrK darf das Präsidium die erstinstanzlichen Katalogstraftaten nur einer großen StrK und die zweitinstanzlichen nur einer kleinen StrK zuteilen; nur wenn diese voraussichtlich nicht in der Lage sein werden, den Geschäftsanfall zu bewältigen, dürfen weitere WirtschaftsStrKn gebildet werden (Kissel 8; Katholnigg NJW **78**, 2376; 7 zu § 74). 7

6) Für **Beschwerdeentscheidungen und Entscheidungen nach § 161 a III StPO** (II iVm § 73 I) ist die WirtschaftsStrK in den Fällen des I ebenfalls zuständig (vgl auch § 74 a III). Die Zuständigkeit der großen WirtschaftsStrK ist gegeben, wenn sie nach dem Sachstand zZ des Anfalls der Entscheidung nach § 73 I voraussichtlich als Gericht des 1. Rechtszugs zuständig sein oder die kleine WirtschaftsStrK als Berufungsgericht tätig sein wird (Koblenz JBlRP **98**, 67; trotz der mißverständlichen Bezugnahme des II auf I entscheidet die kleine WirtschaftsStrK niemals als Beschwerdegericht, sondern nur in der Berufungsinstanz (erg 7 zu § 76). Ist das Verfahren rechtskräftig abgeschlossen, so entscheidet die WirtschaftsStrK auch über Beschwerden gegen Nachtragsentscheidungen, sofern eine Katalogtat nach I Gegenstand des Urteils ist (LG Hildesheim wistra **85**, 245). 8

7) **Ermächtigung zu weiterer Konzentration** (III, IV; vgl auch § 58): Sie betrifft nur die örtliche Zuständigkeit (Rieß GA **76**, 6). Mit der Konzentration wird zugleich die StA zuständig, die für das Gericht, bei dem die Konzentration stattfindet, bestellt ist (§ 143 I). Von der Ermächtigung nach III ist Gebrauch gemacht worden in Baden-Württemberg durch VO vom 27. 4. 1989 (GBl 155), in Bayern durch § 31 GZVJu, in Bremen durch VO vom 3. 12. 1974 (GBl 337), in Mecklenburg-Vorpommern durch § 8 VO vom 28. 3. 1994 (GVOBl 514), in Niedersachsen durch VO idF vom 7. 5. 1993 (GVBl 101), in Rheinland-Pfalz durch VO idF vom 27. 5. 1988 (GVBl 109), in Schleswig-Holstein durch VO idF vom 1. 9. 1986 (GVOBl 199), in Thüringen durch VO idF vom 1. 12. 1995 (GVBl 404). 9

10 8) **Revision:** Die Entscheidung über das Vorliegen eines normativen Zuständigkeitsmerkmals ist nicht revisibel (8 zu § 24). Das gilt auch für das Erfordernis der besonderen Kenntnisse des Wirtschaftslebens (oben 5, 6; BGH NStZ **85**, 464, 466; Rieß NJW **78**, 2268; KK-Diemer 4; 33 zu § 338 StPO). Nur bei der Zurückverweisung der Sache (§ 354 III StPO) kann es berücksichtigt werden (7 zu § 74).

Gemeinsames Schwurgericht

74d **Landesregierungen werden ermächtigt, durch Rechtsverordnung einem Landgericht für die Bezirke mehrerer Landgerichte die in § 74 Abs. 2 bezeichneten Strafsachen zuzuweisen, sofern dies der sachlichen Förderung der Verfahren dient. Die Landesregierungen können die Ermächtigung auf die Landesjustizverwaltung übertragen.**

1 1) **KonzentrationsVO** (I; 1 ff zu § 58): Die Konzentration kann über einen OLG-Bezirk hinausgreifen.

2 2) **Neue Bundesländer:** Die durch den EV erlaubte Möglichkeit der Konzentration auf ein Gericht besteht fort (vgl 7 zu § 58).

Vorrang

74e **Unter verschiedenen nach den Vorschriften der §§ 74 bis 74 d zuständigen Strafkammern kommt**

1. in erster Linie dem Schwurgericht (§ 74 Abs. 2, § 74 d),
2. in zweiter Linie der Wirtschaftsstrafkammer (§ 74 c),
3. in dritter Linie der Strafkammer nach § 74 a

der Vorrang zu.

1 1) Das **Vorrangprinzip** dient der Vermeidung und Klärung von Kompetenzkonflikten. Die Rangordnung richtet sich nach der generellen Beurteilung der Schwere der Delikte. Die allgemeine StrK ist im Reihenfolgekatalog nicht aufgeführt, weil ihr niemals der Vorrang zukommt. Sie ist aber in das System durch die Bezugnahme auf § 74 I, III miteinbezogen. Die StaatsschutzStrK liegt an 3. Stelle, weil in den schwersten Staatsschutzsachen das OLG zuständig ist (Katholnigg NJW **78**, 2376), entweder nach § 120 I oder nach §§ 74 a II, 120 II.

2 2) **Rangverhältnis zur JugK** (§ 41 **JGG**): Es gilt nicht § 74 e (BGH **42**, 39), sondern der Grundsatz, daß die JugGe den Vorrang vor den Erwachsenengerichten haben (§§ 102, 103 II S. 1, 112 **JGG;** 11 ff vor § 1 StPO). Eine Ausnahme besteht nur bei Verbindung von Strafsachen gegen Jugendliche oder Heranwachsende mit einer Erwachsenensache. Wenn für letztere die WirtschaftsStrK oder die StaatsschutzStrK zuständig ist, geht ihre Zuständigkeit vor (§§ 103 II S. 2, 3, 108 **JGG**), auch soweit es um Berufung geht oder um die Entscheidung nach § 73 I (§ 74 c I, II). Wird die Zuständigkeit der WirtschaftsStrK oder der StaatsschutzStrK durch die des SchwurG verdrängt, so lebt der Vorrang des JugG nach § 103 II S. 1 **JGG** wieder auf.

3 3) **Berücksichtigung des Vorrangs:** §§ 6 a, 209 a, 225 a IV, 270 I S. 2.

75 [betrifft die Zivilkammern]

Besetzung der Spruchkörper

76 **I Die Strafkammern sind mit drei Richtern einschließlich des Vorsitzenden und zwei Schöffen (große Strafkammer), in Verfahren über Berufungen gegen ein Urteil des Strafrichters oder des Schöffengerichts mit dem Vorsitzenden und zwei Schöffen (kleine Strafkammer) besetzt. Bei Entscheidungen außerhalb der Hauptverhandlung wirken die Schöffen nicht mit.**

II Bei der Eröffnung des Hauptverfahrens beschließt die große Strafkammer, daß sie in der Hauptverhandlung mit zwei Richtern einschließlich des Vorsitzenden und zwei Schöffen besetzt ist, wenn nicht die Strafkammer als Schwurgericht zuständig ist oder nach dem Umfang oder der Schwierigkeit der Sache die Mitwirkung eines dritten Richters notwendig erscheint.

III In Verfahren über Berufungen gegen ein Urteil des erweiterten Schöffengerichts (§ 29 Abs. 2) ist ein zweiter Richter hinzuzuziehen. Außerhalb der Hauptverhandlung entscheidet der Vorsitzende allein.

1) Das **RpflEntlG** hat die Zuständigkeit der großen StrK für Berufungen gegen Urteile des SchG beseitigt; zuständig ist auch hierfür nun die kleine StrK (vgl unten 2). Damit sind in SchG-Sachen 1. Instanz und Berufungsgericht gleich besetzt (ebenso in Sachen des erweiterten SchG, unten 6). Der Sinn des Berufungsverfahrens in SchG-Sachen ist damit über die grundsätzlichen Bedenken gegen eine Berufungsinstanz überhaupt (vgl dazu Tröndle GA **67**, 161) besonders zweifelhaft geworden (Werle JZ **91**, 796; vgl auch Jerouschek GA **92**, 514; zum Vorschlag einer Gesetzesänderung unter Beibehaltung der nach II bisher nur für einen beschränkten Zeitraum vorgesehenen großen StrK in der Besetzung mit 2 Richtern einschließlich des Vorsitzenden und 2 Schöffen vgl Laufhütte Salger-FS 343; Meyer-Goßner Sarstedt-FS 197). 1

2) **In der Hauptverhandlung** (I S. 1) ist die große StrK mit 3 Berufsrichtern (einschließlich des Vorsitzenden) und 2 Schöffen besetzt, falls sie als SchwurG (§ 74 II) entscheidet; in den übrigen Fällen kommt es auf den Umfang oder die Schwierigkeit der Sache an: Ist sie weder besonders umfangreich noch besonders schwierig (dazu unten 3), so wirkt außer dem Vorsitzenden und den Schöffen nur ein richterlicher Beisitzer mit. Diese durch das RpflEntlG als II eingefügte Bestimmung gilt allerdings nur bis zum 31. 12. 2000 (Art 15 II RpflEntlG idF des Ges vom 22. 12. 1997, BGBl I 3223; anders § 122 II S. 2, vgl 6 zu § 122). Über Berufungen gegen Urteile des AG (Strafrichter und SchG) entscheidet nunmehr stets die kleine StrK mit dem Vorsitzenden und 2 Schöffen (krit hierzu Meyer-Goßner/Ströber ZRP **96**, 358). Im Jugendstrafverfahren ist abweichend hiervon die kleine JugK mit dem Vorsitzenden und 2 Jugendschöffen für Berufungen gegen Urteile des Jugendrichters, die große JugK mit der Besetzung von 2 oder 3 Richtern einschließlich des Vorsitzenden für Berufungen gegen Urteile des JugSchG zuständig (§ 33 b I **JGG**; erg unten 5). Außerhalb der Hauptverhandlung gilt II nicht (Zweibrücken StraFo **97**, 204). 2

3) **Umfang oder Schwierigkeit der Sache:** Die bei der Eröffnung zu treffende Entscheidung (unten 4, 5), ob ein dritter Richter mitwirken soll, hängt von der Bewertung des Umfangs und der Schwierigkeit der Sache ab. Zum Merkmal des besonderen Umfangs vgl 4 zu § 29. Mit den besonderen Schwierigkeiten sind solche im verfahrensrechtlichen oder im sachlich-rechtlichen Bereich gemeint; sie liegen aber nicht schon bei jedem Indizienprozeß vor (daher viel zu weitgehend Schlothauer StV **93**, 147); besondere Schwierigkeiten in der Sachverhaltserfassung und der damit zusammenhängenden Beweiserhebung werden idR schon durch das Merkmal des besonderen Umfangs erfaßt. Die „besondere Bedeutung des Falles“ (vgl § 24 I Nr 3) spielt hier keine Rolle (Kissel NJW **93**, 492). Besondere Schwierigkeiten werden oftmals in Staatsschutz- und in Wirtschaftsstrafsachen 3

bestehen. Der Gesetzgeber ist aber, wie sich aus der Formulierung des II, der Sonderregelung für das SchwurG und aus den Gesetzesmaterialien (vgl BT-Drucks 12/1217 S. 47) ergibt, davon ausgegangen, daß die Besetzung mit 3 Richtern die Ausnahme, die mit 2 Richtern die Regel sein soll (Böttcher/Mayer NStZ **93**, 158).

4 4) **Bei der Eröffnung des Hauptverfahrens** ist die Entscheidung über die Zahl der mitwirkenden Richter zu treffen. Die Entscheidung ergeht somit außerhalb der Hauptverhandlung durch die 3 Richter der StrK (vgl 5 zu § 21 e; erg unten 7). Die Verfahrensbeteiligten werden dazu nicht gehört (LR-Rieß Anh 46 a; **aM** Schlothauer StV **93**, 148). Die Entscheidung ist in den Eröffnungsbeschluß (§ 207 I StPO) mitaufzunehmen und kann nicht wieder aufgehoben werden (erg 5 zu § 29); sie ist unanfechtbar (Bremen StV **93**, 350; Siegismund/Wickern wistra **93**, 133). Weil diese Entscheidung der StrK selbst zugewiesen worden ist, ist sie von ihr auch dann zu treffen, wenn eine Verweisung nach §§ 225 a, 270 StPO vom AG an das LG erfolgt oder wenn eine nach § 74 e vorrangige StrK oder wenn das OLG nach sofortiger Beschwerde gemäß § 210 II StPO das Hauptverfahren vor der StrK eröffnet (Koblenz wistra **95**, 282). Wird die Sache nach Revision vom BGH zurückverwiesen, findet die neue Hauptverhandlung mit derselben Richterzahl
5 wie zuvor statt. In **Jugendsachen** trifft § 33 b II **JGG** eine ähnliche (nach Art 15 II RpflEntlG auch bis 31. 12. 2000 befristete) Regelung: Die große JugK entscheidet, ob sie mit 3 oder mit 2 Richtern tätig wird; ist Gegenstand des Verfahrens eine SchwurG-Sache, so ist auch bei ihr die Zuziehung eines 3. Richters stets erforderlich. Keine Bestimmung hat der Gesetzgeber darüber getroffen, ob die große JugK auch als Berufungsgericht mit nur 2 Richtern einschließlich des Vorsitzenden entscheiden darf. Es erscheint aber nicht systemgerecht, hier stets eine Besetzung wie in SchwurG-Sachen vorzusehen, während sonst die große StrK und die große JugK idR (oben 3) nur mit 2 Richtern entscheiden; daher treffen die 3 Richter der JugK entspr § 33 b II **JGG** bei der Terminierung der Berufungssache eine Entscheidung über die Besetzung der großen JugK in der Berufungshauptverhandlung (BGHR StPO § 328 I Überleitung 2; Bay **97**, 130 = NStZ **98**, 102; **aM** Eisenberg 9 zu § 41 JGG; Ostendorf 11 zu §§ 33–33 b JGG; Schmidt NStZ **95**, 217).

6 5) **Erweitertes SchG:** Damit in Berufungsverfahren gegen Urteile des erweiterten SchG die 2.Instanz nicht schlechter besetzt ist als die 1.Instanz, ist nach III S. 1 die Zuziehung eines 2. Richters zwingend vorgeschrieben. Das gilt ohne Rücksicht darauf, ob das SchG den 2. Richter zu Recht nach § 29 II hinzugezogen hat (Düsseldorf NStZ **94**, 97). Obwohl das Berufungsgericht die gleiche Besetzung aufweist wie die große StrK (falls diese nicht ausnahmsweise – oben 2 – mit 3 Richtern verhandelt), bleibt es hier eine kleine StrK (LR-Rieß Anh 53).

7 6) **Außerhalb der Hauptverhandlung** (S. 2) wirken die Schöffen nicht mit (erg 3 zu § 30). Bei der großen StrK entscheiden die 3 Berufsrichter, auch wenn in der Hauptverhandlung nach II eine Besetzung mit nur 2 Richtern vorgesehen oder zu erwarten ist, bei der kleinen StrK der Vorsitzende allein. Aus S. 1 iVm § 73 I ergibt sich, daß über Beschwerden gegen Verfügungen und Entscheidungen des AG, auch des Strafrichters, immer die große StrK entscheidet, auch wenn sie mit dem durch die Berufung angefochtenen Urteil im Zusammenhang stehen; das gilt auch in Wirtschaftsstrafsachen (Köln StV **93**, 464).

8 7) **Revision:** Sie ist begründet, wenn das SchwurG statt mit 3 mit nur 2 Richtern entschieden hat. Daß der Umfang oder die Schwierigkeit der Sache die Zuziehung eines 3. Richters im Gegensatz zum Eröffnungsbeschluß (oben 4) erfordert oder nicht erfordert hätte, kann mit der Revision nicht beanstandet werden (vgl 10 zu § 74). § 222 b StPO gilt auch hier (LR-Rieß Anh 52).

Schöffen beim LG

77 **I Für die Schöffen der Strafkammern gelten entsprechend die Vorschriften über die Schöffen des Schöffengerichts mit folgender Maßgabe:**

II Der Präsident des Landgerichts verteilt die Zahl der erforderlichen Hauptschöffen für die Strafkammern auf die zum Bezirk des Landgerichts gehörenden Amtsgerichtsbezirke. Die Hilfsschöffen wählt der Ausschuß bei dem Amtsgericht, in dessen Bezirk das Landgericht seinen Sitz hat. Hat das Landgericht seinen Sitz außerhalb seines Bezirks, so bestimmt die Landesjustizverwaltung, welcher Ausschuß der zum Bezirk des Landgerichts gehörigen Amtsgerichte die Hilfsschöffen wählt. Ist Sitz des Landgerichts eine Stadt, die Bezirke von zwei oder mehr zum Bezirk des Landgerichts gehörenden Amtsgerichten oder Teile davon umfaßt, so gilt für die Wahl der Hilfsschöffen durch die bei diesen Amtsgerichten gebildeten Ausschüsse Satz 1 entsprechend; die Landesjustizverwaltung kann bestimmte Amtsgerichte davon ausnehmen. Die Namen der gewählten Hauptschöffen und der Hilfsschöffen werden von dem Richter beim Amtsgericht dem Präsidenten des Landgerichts mitgeteilt. Der Präsident des Landgerichts stellt die Namen der Hauptschöffen zur Schöffenliste des Landgerichts zusammen.

III An die Stelle des Richters beim Amtsgericht tritt für die Auslosung der Reihenfolge, in der die Hauptschöffen an den einzelnen ordentlichen Sitzungen teilnehmen, und der Reihenfolge, in der die Hilfsschöffen an die Stelle wegfallender Schöffen treten, der Präsident des Landgerichts; § 45 Abs. 4 Satz 3, 4 gilt entsprechend. Die Entscheidung darüber, ob ein Schöffe von der Schöffenliste zu streichen ist, sowie über die von einem Schöffen vorgebrachten Ablehnungsgründe trifft eine Strafkammer. Im übrigen tritt an die Stelle des Richters beim Amtsgericht der Vorsitzende der Strafkammer.

IV Ein ehrenamtlicher Richter darf für dasselbe Geschäftsjahr nur entweder als Schöffe für das Schöffengericht oder als Schöffe für die Strafkammern bestimmt werden. Ist jemand für dasselbe Geschäftsjahr in einem Bezirk zu mehreren dieser Ämter oder in mehreren Bezirken zu diesen Ämtern bestimmt worden, so hat der Einberufene das Amt zu übernehmen, zu dem er zuerst einberufen wird.

1) **Entsprechend anwendbar** (I) sind die Vorschriften über die Schöffen des SchG (§§ 30–57), soweit II–IV nichts Abweichendes bestimmen. 1

2) **Hauptschöffen** (II S. 1, 5, 6): Die erforderliche Zahl der Schöffen (§ 43) verteilt der PräsLG auf die zum Bezirk des LG gehörenden AGe (S. 1; BGH 5 StR 51/92 vom 25. 2. 1992: Prinzip der flächendeckenden Repräsentation der Bevölkerung bei der Rspr); dabei ist auch der Bezirk einer auswärtigen StrK zu berücksichtigen (BGH **34**, 121 = NStZ **87**, 238 mit Anm Katholnigg = StV **87**, 93 mit Anm Mehle). Die nach § 42 gewählten Schöffen teilt der Richter beim AG (§ 40 II) dem PräsLG mit (S. 5), der sie in der Schöffenliste des LG zusammenfaßt (S. 6). Dabei muß für alle StrKn, einschließlich des SchwurG, eine einheitliche Schöffenliste aufgestellt werden (BGH NJW **86**, 1356 = JR **86**, 389 mit Anm Katholnigg; Celle NJW **91**, 2848, 2849). Aus ihr werden die Hauptschöffen für die einzelnen ordentlichen Sitzungen entspr § 45 I, II ausgelost. Für Ferienstrafkammern ist die Auslosung noch im Laufe des Geschäftsjahrs zulässig (BGH 5 StR 557/64 vom 22. 12. 1964). 2

3) **Hilfsschöffen** (II S. 2–4) werden in der erforderlichen Zahl (§ 43) von den Schöffenwahlausschuß des AG (§ 40) am Sitz des LG gewählt (S. 2), und zwar Personen, die am Sitz des AG oder in dessen nächster Umgebung wohnen (§ 42 I Nr. 2 S. 2). Im Fall des S. 3, der zB auf das LG München II zutrifft (3 zu § 166), bestimmt die LJV den zuständigen Ausschuß. S. 4 ermöglicht jetzt, daß in den 3

Stadtstaaten und in Großstädten die Hilfsschöffen nach denselben Grundsätzen gewählt werden wie die Hauptschöffen; sie können (was BGH **29**, 144 für unzulässig erklärt hatte) idR aus allen AG-Bezirken nach einer durch den PräsLG vorzunehmenden Aufteilung von den bei den betreffenden AGen gebildeten Ausschüssen gewählt werden.

4 4) **An die Stelle des Richters beim AG** (III) tritt der PräsLG bei der Auslosung nach § 45 II, sonst der StrK-Vorsitzende. Der PräsLG kann sich vertreten lassen (BGH **25**, 257). Über Streichungen von den Schöffenlisten und über die von den Schöffen vorgebrachten Ablehnungsgründe entscheidet eine vom Präsidium bestimmte StrK (S. 2).

5 5) Der **mehrfache Einsatz von Schöffen** (IV) ist unzulässig. Bei mehrfacher Einberufung übernimmt der Schöffe das Amt, zu dem er zuerst einberufen worden ist. Die Heranziehung für mehrere SchGe oder StrKn schließt IV nicht aus (BGH **20**, 296; LG Hamburg MDR **68**, 170).

6 6) Auf **HilfsStrKn** (16 zu § 21 e) ist § 46 nicht anzuwenden (BGH **31**, 157 = StV **83**, 9 mit Anm Jungfer und krit Anm Katholnigg NStZ **83**, 178; BGH **41**, 175, 178; GA **83**, 180 mit Anm Katholnigg; BGH StV **86**, 49 und KG StV **86**, 49 mit Anm Danckert; **aM** Kissel 9; KMR-Müller 1; beide zu § 46). Benötigt die HauptStrK die Schöffen eines ordentlichen Sitzungstages für den Beginn einer neuen Hauptverhandlung nicht, muß die HilfStrK mit den für diesen Tag ausgelosten Schöffen verhandeln; nur wenn die ordentliche StrK an demselben Tag eine Verhandlung beginnt, liegt eine außerordentliche Sitzung iS des § 47 vor, für die die Schöffen aus der Hilfsschöffenliste nach deren Reihenfolge zuzuweisen sind (BGH **41**, 175, 178 = JR **96**, 165 mit Anm Katholnigg).

Auswärtige Strafkammer

78 **I Die Landesregierungen werden ermächtigt, durch Rechtsverordnung wegen großer Entfernung zu dem Sitz eines Landgerichts bei einem Amtsgericht für den Bezirk eines oder mehrerer Amtsgerichte eine Strafkammer zu bilden und ihr für diesen Bezirk die gesamte Tätigkeit der Strafkammer des Landgerichts oder einen Teil dieser Tätigkeit zuzuweisen. Die in § 74 Abs. 2 bezeichneten Verbrechen dürfen einer nach Satz 1 gebildeten Strafkammer nicht zugewiesen werden. Die Landesregierungen können die Ermächtigung auf die Landesjustizverwaltungen übertragen.**

II Die Kammer wird aus Mitgliedern des Landgerichts oder Richtern beim Amtsgericht des Bezirks besetzt, für den sie gebildet wird. Der Vorsitzende und die übrigen Mitglieder werden durch das Präsidium des Landgerichts bezeichnet.

III Der Präsident des Landgerichts verteilt die Zahl der erforderlichen Hauptschöffen auf die zum Bezirk der Strafkammer gehörenden Amtsgerichtsbezirke. Die Hilfsschöffen wählt der Ausschuß bei dem Amtsgericht, bei dem die auswärtige Strafkammer gebildet worden ist. Die sonstigen in § 77 dem Präsidenten des Landgerichts zugewiesenen Geschäfte nimmt der Vorsitzende der Strafkammer wahr.

1 1) Die **Ermächtigung** ergänzt die §§ 58, 74 c, 74 d, 78 a II, 116 II, 130 II; vgl auch § 33 III **JGG** und 2 ff zu § 58. Vgl zB in Niedersachsen VO vom 14. 8. 1975 (GVBl 291), letzte ÄndVO vom 25. 7. 1994 (GVBl 409), in Nordrhein-Westfalen VO vom 15. 7. 1960 (GVNW 296), letzte ÄndVO vom 21. 11. 1978 (GVNW 604).

2 2) **Ein selbständiger RsprKörper** ist die auswärtige StrK. Sie ist Teil des LG mit der in I bezeichneten und in der RechtsVO abgegrenzten örtlichen Zuständig-

keit (BGH **18**, 176; **34**, 121; MDR **58**, 566 [D]). Ihre Zugehörigkeit zum Stammgericht ist trotzdem so stark, daß Fristwahrung bei diesem genügt (6 zu § 341 StPO). Die Zuteilung eines Mitglieds des LG an sie ist keine Versetzung. Das gleiche gilt für die Zuteilung eines RiAG aus dem Bezirk der Kammer (II S. 1; dazu bedarf es keiner Doppelernennung nach § 22 II). Die StrK bei dem LG ist im Verhältnis zu der detachierten ein anderes Gericht iS des § 354 II StPO (BGH MDR **58**, 566 [D]; KK-Diemer 2) und umgekehrt.

3) SchwurG kann die auswärtige StrK **nicht** sein (I S. 2), auch nicht Staats- 3
schutzStrK nach § 74 a (allgM). Werden mehrere auswärtige StrKn für denselben AG-Bezirk eingerichtet, kann aber eine davon WirtschaftsStrK (§ 74 c) sein (**aM** Katholnigg 2).

4) Geschäftsverteilung (II; § 21 e): Die Aufgabenzuteilung durch die 4
RechtsVO ist für das Präsidium bindend. Über einen Zuständigkeitsstreit zwischen der auswärtigen StrK und einer anderen StrK desselben LG entscheidet das Präsidium nur, soweit es sich um seine Geschäftsverteilung handelt (22 zu § 21 e), sonst das OLG (2 zu § 14 StPO; Hamm NJW **56**, 317).

5) Schöffen (III): Die auswärtige StrK hat ihre eigene Haupt- und Hilfsschöf- 5
fenliste und ebenso eine eigene Schöffengeschäftsstelle (§ 45 IV). Die Auslosung (§ 45 III) erfolgt durch den StrK-Vorsitzenden (Katholnigg 4; Kissel 14).

5 a. Titel. Strafvollstreckungskammern

Errichtung und Zuständigkeit

78a **I Bei den Landgerichten werden, soweit in ihrem Bezirk für Erwachsene Anstalten unterhalten werden, in denen Freiheitsstrafe oder freiheitsentziehende Maßregeln der Besserung und Sicherung vollzogen werden, oder soweit in ihrem Bezirk andere Vollzugsbehörden ihren Sitz haben, Strafvollstreckungskammern gebildet. Diese sind zuständig für die Entscheidungen**

1. **nach den §§ 462 a, 463 der Strafprozeßordnung, soweit sich nicht aus der Strafprozeßordnung etwas anderes ergibt,**
2. **nach den §§ 109, 138 Abs. 2 des Strafvollzugsgesetzes,**
3. **nach §§ 50, 58 Abs. 3 und § 71 Abs. 4 des Gesetzes über die internationale Rechtshilfe in Strafsachen.**

Ist nach § 454 b Abs. 3 der Strafprozeßordnung über die Aussetzung der Vollstreckung mehrerer Freiheitsstrafen gleichzeitig zu entscheiden, so entscheidet eine Strafvollstreckungskammer über die Aussetzung der Vollstreckung aller Strafen.

II Die Landesregierungen weisen Strafsachen nach Absatz 1 Satz 2 Nr. 3 für die Bezirke der Landgerichte, bei denen keine Strafvollstreckungskammern zu bilden sind, in Absatz 1 Satz 1 bezeichneten Landgerichten durch Rechtsverordnung zu. Die Landesregierungen werden ermächtigt, durch Rechtsverordnung einem der in Absatz 1 bezeichneten Landgerichte für die Bezirke mehrerer Landgerichte die in die Zuständigkeit der Strafvollstreckungskammern fallenden Strafsachen zuzuweisen und zu bestimmen, daß Strafvollstreckungskammern ihren Sitz innerhalb ihres Bezirkes auch oder ausschließlich an Orten haben, an denen das Landgericht seinen Sitz nicht hat, sofern diese Bestimmungen für eine sachdienliche Förderung oder schnellere Erledigung der Verfahren zweckmäßig sind. Die Landesregierungen können die Ermächtigungen nach den Sätzen 1 und 2 durch Rechtsverordnung auf die Landesjustizverwaltungen übertragen.

III Unterhält ein Land eine Anstalt, in der Freiheitsstrafe oder freiheitsentziehende Maßregeln der Besserung und Sicherung vollzogen werden, auf dem Gebiete eines anderen Landes, so können die beteiligten Länder vereinbaren, daß die Strafvollstreckungskammer bei dem Landgericht zuständig ist, in dessen Bezirk die für die Anstalt zuständige Aufsichtsbehörde ihren Sitz hat.

1 **1) Bildung von StVollstrKn** (I S. 1): Im Bezirk des LG muß eine JVA für Erwachsene ihren Sitz haben oder eine andere Anstalt, in der nach dem Vollstreckungsplan freiheitsentziehende Maßregeln der Besserung und Sicherung an Erwachsenen vollzogen werden. Die in einem anderen LG-Bezirk liegende Zweigstelle, für die im Vollstreckungsplan keine eigene Zuständigkeit vorgesehen ist, wird der Hauptanstalt zugerechnet.

2 **2) Zuständigkeit** (I S. 2): Zu der Zuständigkeit der StVollstrK im Vollstreckungsverfahren nach I S. 2 Nr 1 tritt die Zuständigkeit im Vollzugsverfahren nach I S. 2 Nr 2, nämlich für den Antrag auf gerichtliche Entscheidung gegen eine Maßnahme zur Regelung einzelner Angelegenheiten auf dem Gebiet des Strafvollzugs
3 (§ 109 I und § 138 II iVm § 109 I **StVollzG**). Das gilt auch, wenn der Antrag nicht von dem Strafgefangenen, sondern von einem Außenstehenden gestellt wird (BGH NJW **78**, 282). Ferner ist die StVollstrK zuständig für die Entscheidung über die Vollstreckbarkeit eines ausländischen Erkenntnisses (§ 50 IRG), über die Haftanordnung zur Sicherung der Vollstreckung von freiheitsentziehenden Sanktionen in ausländischen Erkenntnissen (§ 58 II IRG) und über die Zulässigkeit der Vollstreckung von im Geltungsbereich des IRG verhängten Strafen oder sonstigen Sanktionen in einem ausländischen Staat (§ 71 IV IRG). Die **gleichzeitige Ent-**
4 **scheidung nach § 454 b StPO** trifft eine und dieselbe StVollstrK (S. 3). **Örtlich zuständig** ist die StVollstrK, in deren Bezirk die beteiligte Vollzugsbehörde ihren Sitz hat (§ 462 a I S. 1 StPO, § 110 **StVollzG;** 8 zu § 462 a StPO). Über die Besetzung der StVollstrK vgl § 78 b.

5 **3) Zuständigkeitskonzentration und auswärtige StVollstrK** (II): Die Ermächtigung zur Bildung einer StVollstrK, die auch oder ausschließlich ihren Sitz auswärts hat, ist eine Erweiterung des § 78 I (vgl auch dort 1); 2 ff zu § 58. VOen nach II: in Bayern § 36 GZVJu, in Bremen VO vom 3. 12. 1974 (GBl 337) für die StrK beim AG Bremerhaven, in Hessen VO vom 31. 12. 1974 (GVBl 1975, 2), in Niedersachsen VO vom 11. 1. 1990 (GVBl 29), in Nordrhein-Westfalen VO vom 19. 7. 1976 (GVNW 291), in Rheinland-Pfalz VO vom 19. 2. 1979 (GVBl 66), in Sachsen VO vom 8. 12. 1992 (GVBl 605); in Sachsen-Anhalt VO vom 25. 8. 1992 (GVBl 660), in Schleswig-Holstein VO vom 16. 12. 1974 (GVOBl 497).

6 **4) Zuständigkeitsvereinbarungen** bei Anstalten außerhalb des Landesgebiets (III): Vgl Abk zwischen Schleswig-Holstein und Hamburg vom 10. 10. 1974 nebst Hamb G vom 18. 11. 1974 (GVBl 331) sowie Bek vom 6. 1. 1975 (GVBl 6) und Schl-H G v. 18. 12. 1974 (GVOBl 475) sowie Bek vom 3. 1. 1975 (GVOBl 5).

7 **5) Vollstreckung von Verurteilungen nach materiellem Jugendstrafrecht:** Die Aufgabe der StVollstrK nimmt der Jugendrichter als Vollstreckungsleiter wahr (§§ 82 I, 83, 110 I **JGG,** erg 40 zu § 462 a StPO). Wenn der Jugendrichter selbst im 1. Rechtszug am Urteil mitgewirkt hat oder wenn über seine eigene Anordnung als Vollstreckungsleiter zu entscheiden ist, ist die JugK zuständig (§§ 83 II, 110 I **JGG**).

8 **6) Antrag auf gerichtliche Entscheidung gegen Maßnahmen des Vollzugs:** Soweit der Jugendrichter Vollstreckungsleiter ist, entscheidet nicht er über den Antrag auf gerichtliche Entscheidung, der sich gegen Maßnahmen der Vollzugsbehörde richtet; insofern tritt er nicht an die Stelle der StVollstrK. Denn I S. 2 Nr 2 gilt für diesen Fall nicht. Für den Antrag auf gerichtliche Entscheidung gelten nach wie vor die §§ 23 ff **EGGVG.**

Besetzung

78b **Die Strafvollstreckungskammern sind besetzt**

1. in Verfahren über die Aussetzung der Vollstreckung des Restes einer lebenslangen Freiheitsstrafe oder die Aussetzung der Vollstreckung der Unterbringung in einem psychiatrischen Krankenhaus oder in der Sicherungsverwahrung mit drei Richtern unter Einschluß des Vorsitzenden,

2. in den sonstigen Fällen mit einem Richter.

II Die Mitglieder der Strafvollstreckungskammern werden vom Präsidium des Landgerichts aus der Zahl der Mitglieder des Landgerichts und der in seinem Bezirk angestellten Richter beim Amtsgericht bestellt.

1 1) Ein **einheitlicher Spruchkörper** (I), der in unterschiedlicher Besetzung entscheidet, ist die StVollstrK nach jetzt hM (Düsseldorf MDR **84**, 777; NStZ **82**, 301; Hamm GA **78**, 335; NStZ **81**, 452; Karlsruhe MDR **79**, 1045; Katholnigg 1; Peters GA **77**, 102; JR **77**, 401; vgl auch BVerfG NStZ **83**, 44: verfassungsrechtlich nicht zu beanstanden). Dem steht nicht entgegen, daß zwecks sprachlicher Vereinfachung je nach der Besetzung von der „kleinen" und „großen" StVollstrK gesprochen wird (vgl etwa BGH **28**, 138). Daran hat sich auch dadurch nichts geändert, daß nach der Neufassung der Vorschrift durch das RpflEntlG die „große" StVollstrK nur noch ausnahmsweise (I Nr 1) entscheidet und die „kleine" StVollstrK im Grunde keine „Kammer" ist, weil sie stets nur mit einem Richter besetzt ist (Kissel 3 zu § 78 a). Schöffen wirken bei der Entscheidung nicht mit.
2 **Bei jedem LG,** in dessen Bezirk sich eine JVA befindet, ist eine StVollstrK einzurichten und personell durch die Geschäftsverteilung (§ 21 I S. 1) zu besetzen.

3 2) **Besetzung der StVollstrK** (I): Für den Vorsitz gilt § 21 f I, II. Davon befreit II nicht. Die StVollstrK kann auch in der Weise gebildet werden, daß einer StrK die Aufgaben der StrVollstrK zugewiesen werden. In diesem Fall wird sie in den einzelnen Sachen in verschiedener Eigenschaft tätig. Das muß in ihrer Bezeichnung jeweils zum Ausdruck gebracht werden. Die StVollstrK entscheidet nach I in
4 **unterschiedlicher Besetzung,** und zwar idR als „kleine" StVollstrK durch ein Mitglied der Kammer (Vorsitzender oder Beisitzer), als „große" StVollstrK mit 3 Richtern mit Einschluß des Vorsitzenden.

5 3) **Die „große" StVollstrK** (I Nr 1) ist nur noch zuständig, wenn es um die Aussetzung der Vollstreckung des Restes einer lebenslangen (Einzel- oder Gesamt-) Freiheitsstrafe nach §§ 57 a, 57 b StGB oder die Aussetzung der Vollstreckung der Unterbringung nach §§ 63, 66 StGB geht. Hierzu gehören aber auch die diesbezüglichen nachträglichen Entscheidungen, zB der Widerruf der Aussetzung zur Bewährung (Hamm NStZ **94**, 146) oder die Umkehr der Vollstreckungsreihenfolge nach § 67 II StGB (Hamm NStZ **94**, 207). Wird neben der lebenslangen Freiheitsstrafe oder der Unterbringung nach §§ 63, 66 StGB noch zeitige Freiheitsstrafe oder eine sonstige freiheitsentziehende Maßregel vollstreckt, so ist insoweit die „kleine" StVollstrK zuständig; die frühere Regelung, wonach in solchen Fällen die „große" StVollstrK insgesamt zuständig war (§ 78 b I Nr 1 Hs 3 aF), ist nicht beibehalten worden.

6 4) **Die „kleine" StVollstrK** (I Nr 2) ist in allen übrigen Fällen im Strafvollstreckungsverfahren und im Gegensatz zur früheren Regelung (§ 78 b I Nr 2, 3 aF) in allen Fällen bei Entscheidungen nach §§ 109, 138 II **StVollzG** und nach §§ 50, 58 II, 71 IV IRG (vgl § 78 a I Nr 2, 3; München NStZ **95**, 207) zuständig.

7 5) Die **zu treffende Entscheidung** iS des I betrifft jeweils nur eine bestimmte Verurteilung, mögen auch andere Verurteilungen als Material zu berücksichtigen sein. Für das Verfahren gilt der Freibeweis (dazu im einzelnen Voigtel, Zum

Freibeweis bei Entscheidungen der StVollstrK, 1998, zugl Diss Göttingen 1997). § 462 a IV StPO regelt nur das Verhältnis zwischen den Gerichten des 1. Rechtszugs und den StVollstrKn, ändert aber nichts an I.

8 **6) Beschwerdegericht,** das über eine zulässige sofortige Beschwerde gegen die Entscheidung der StVollstrK zu entscheiden hat, ist stets das OLG. Es entscheidet idR selbst, auch wenn statt der „kleinen" die „große" StVollstrK entschieden hat; denn das beschwert den Verurteilten nach dem allgemeinen Rechtsgrundsatz des § 269 StPO nicht (Düsseldorf NStZ **84**, 477; LR-K. Schäfer 8; **aM** Koblenz NStZ **84**, 284 L; Kissel 9). Im umgekehrten Fall kann das OLG zurückverweisen (Düsseldorf StV **91**, 432; Hamm NStZ **94**, 146), muß dies aber nicht unbedingt tun (Frankfurt StV **89**, 491; Hamm NStZ **92**, 407; Karlsruhe Justiz **98**, 603; erg 6 zu § 309 StPO).

9 **7) Zurückgreifen auf Richter beim AG** (II): Vorsitzender in der „großen" StVollstrK kann auch ein (ranggleicher) Richter beim AG sein, dem zugleich das Amt eines VorsRi beim LG zugewiesen ist (§ 22 II). Im übrigen können als Kammermitglieder Richter beim LG und Richter bei einem AG des Bezirks bestellt werden. Bei letzteren bedarf es für die Heranziehung nicht einer Doppelernennung nach § 22 II (Hamm 1 DGH 2/90 vom 17. 7. 1990). Die Auswahl trifft das Präsidium des LG. Bei der Geschäftsverteilung im AG muß dann hierauf Rücksicht genommen werden, ggf nach § 21 e III. Die Regelung soll es ermöglichen, die Erfahrungen der Spruchrichter durch Erfahrungen in der Strafvollstrekkung anzureichern und umgekehrt.

6. Titel. Schwurgerichte

79-92 (weggefallen)

7. Titel. Kammern für Handelssachen

93-114 [für den Strafprozeß bedeutungslos]

8. Titel. Oberlandesgerichte

Besetzung

115 **Die Oberlandesgerichte werden mit einem Präsidenten sowie mit Vorsitzenden Richtern und weiteren Richtern besetzt.**

1 **1) Besetzung:** Es muß mindestens ein VorsRi vorhanden sein. Über Zuteilung eines Hochschullehrers vgl BGH NJW **66**, 1458.

2 **2) Nur Richter auf Lebenszeit** (§ 28 I **DRiG**): Als Hilfsrichter können auch abgeordnete Richter verwendet werden (§§ 27, 29 **DRiG**). Die Zuziehung solcher Hilfsrichter ist in dem unumgänglichen Ausmaß zulässig, zB zur Vertretung, bei zeitweiligem außergewöhnlichen Arbeitsanfall, zur Erprobung (BVerfG DRiZ **71**, 27; BGH NJW **66**, 352; Kissel 6). Die Mitwirkung eines Hilfsrichters, der erneut in dieser Eigenschaft tätig ist, weil eine allgemeine Beförderungssperre besteht, ist unzulässig (BGHZ **95**, 22 = NJW **85**, 2336). Zur Überbesetzung vgl 5 zu § 21 e.

Senate

116 **I Bei den Oberlandesgerichten werden Zivil- und Strafsenate gebildet. Bei den nach § 120 zuständigen Oberlandesgerichten werden Ermittlungsrichter bestellt; zum Ermittlungsrichter kann auch jedes Mitglied eines anderen Oberlandesgerichts, das in dem in § 120 bezeichneten Gebiet seinen Sitz hat, bestellt werden.**

II Durch Anordnung der Landesjustizverwaltung können außerhalb des Sitzes des Oberlandesgerichts für den Bezirk eines oder mehrerer Landgerichte Zivil- oder Strafsenate gebildet und ihnen für diesen Bezirk die gesamte Tätigkeit des Zivil- oder Strafsenats des Oberlandesgerichts oder ein Teil dieser Tätigkeit zugewiesen werden. Ein auswärtiger Senat für Familiensachen kann für die Bezirke mehrerer Familiengerichte gebildet werden.

1) **Zahl der ordentlichen Senate:** Soweit § 8 II GVVO als Landesrecht weitergilt, bestimmt sie der PräsOLG (vgl 2 zu § 60; § 5 BWAGGVG), in Bayern das JM (Art 5 BayAGGVG). 1

2) Der **auswärtige Senat** (II) ähnelt der auswärtigen StrK des LG (§ 78) und wird wie diese durch RechtsVO gebildet (1 zu § 78). Über einen Zuständigkeitsstreit, der nicht die Geschäftsverteilung betrifft, entscheidet nicht das Präsidium (22 zu § 21 e), sondern in entspr Anwendung der §§ 14, 19 StPO der BGH (KK-Hannich 6). 2

3) Für die **Besetzung des auswärtigen Senats** gelten die §§ 21 e, 21 f. 3

4) **Ermittlungsrichter:** Vgl § 169 StPO. Die Abordnung eines Richters von einem anderen OLG ist eine Maßnahme nach § 21 e (Kissel 21). 4

Notvertretung

117 **Die Vorschrift des § 70 Abs. 1 ist entsprechend anzuwenden.**

118 (weggefallen)

119 [betrifft den Zivilprozeß]

Erstinstanzliche Zuständigkeit **RiStBV 202 ff**

120 **I In Strafsachen sind die Oberlandesgerichte, in deren Bezirk die Landesregierungen ihren Sitz haben, für das Gebiet des Landes zuständig für die Verhandlung und Entscheidung im ersten Rechtszug**

1. **bei Friedensverrat in den Fällen des § 80 des Strafgesetzbuches,**
2. **bei Hochverrat (§§ 81 bis 83 des Strafgesetzbuches),**
3. **bei Landesverrat und Gefährdung der äußeren Sicherheit (§§ 94 bis 100 a des Strafgesetzbuches) sowie bei Straftaten nach § 52 Abs. 2 des Patentgesetzes, nach § 9 Abs. 2 des Gebrauchsmustergesetzes in Verbindung mit § 52 Abs. 2 des Patentgesetzes oder nach § 4 Abs. 4 des Halbleiterschutzgesetzes in Verbindung mit § 9 Abs. 2 des Gebrauchsmustergesetzes und § 52 Abs. 2 des Patentgesetzes,**

4. bei einem Angriff gegen Organe und Vertreter ausländischer Staaten (§ 102 des Strafgesetzbuches),
5. bei einer Straftat gegen Verfassungsorgane in den Fällen der §§ 105, 106 des Strafgesetzbuches,
6. bei einer Zuwiderhandlung gegen das Vereinigungsverbot des § 129a des Strafgesetzbuches,
7. bei Nichtanzeige von Straftaten nach § 138 des Strafgesetzbuches, wenn die Nichtanzeige eine Straftat betrifft, die zur Zuständigkeit der Oberlandesgerichte gehört, und
8. bei Völkermord (§ 220a des Strafgesetzbuches).

II Diese Oberlandesgerichte sind ferner für die Verhandlung und Entscheidung im ersten Rechtszug zuständig

1. bei den in § 74a Abs. 1 bezeichneten Straftaten, wenn der Generalbundesanwalt wegen der besonderen Bedeutung des Falles nach § 74a Abs. 2 die Verfolgung übernimmt,
2. bei Mord (§ 211 des Strafgesetzbuches), Totschlag (§ 212 des Strafgesetzbuches) und den in § 129a Abs. 1 Nr. 2 und 3 des Strafgesetzbuches bezeichneten Straftaten, wenn ein Zusammenhang mit der Tätigkeit einer nicht oder nicht nur im Inland bestehenden Vereinigung besteht, deren Zweck oder Tätigkeit die Begehung von Straftaten dieser Art zum Gegenstand hat, und der Generalbundesanwalt wegen der besonderen Bedeutung des Falles die Verfolgung übernimmt,
3. bei Mord (§ 211 des Strafgesetzbuches), Totschlag (§ 212 des Strafgesetzbuches), Geiselnahme (§ 239b des Strafgesetzbuches), schwerer und besonders schwerer Brandstiftung (§§ 306a und 306b des Strafgesetzbuches), Brandstiftung mit Todesfolge (§ 306c des Strafgesetzbuches), Herbeiführen einer Explosion durch Kernenergie in den Fällen des § 307 Abs. 1 und 3 Nr. 1 des Strafgesetzbuches, Mißbrauch ionisierender Strahlen in den Fällen des § 309 Abs. 2 und 4 des Strafgesetzbuches, Herbeiführen einer Überschwemmung in den Fällen des § 313 Abs. 2 in Verbindung mit § 308 Abs. 2 und 3 des Strafgesetzbuches, gemeingefährlicher Vergiftung in den Fällen des § 314 Abs. 2 in Verbindung mit § 308 Abs. 2 und 3 des Strafgesetzbuches und Angriff auf den Luft- und Seeverkehr in den Fällen des § 316c Abs. 1 und 3 des Strafgesetzbuches, wenn die Tat nach den Umständen bestimmt und geeignet ist,
   a) den Bestand oder die äußere oder innere Sicherheit der Bundesrepublik Deutschland zu beeinträchtigen,
   b) Verfassungsgrundsätze zu beseitigen, außer Geltung zu setzen oder zu untergraben oder
   c) die Sicherheit der in der Bundesrepublik Deutschland stationierten Truppen des Nordatlantik-Pakts oder seiner nichtdeutschen Vertragsstaaten zu beeinträchtigen,

   und der Generalbundesanwalt wegen der besonderen Bedeutung des Falles die Verfolgung übernimmt.

Sie verweisen bei der Eröffnung des Hauptverfahrens die Sache in den Fällen der Nummer 1 an das Landgericht, in den Fällen der Nummern 2 und 3 an das Land- oder Amtsgericht, wenn eine besondere Bedeutung des Falles nicht vorliegt.

III In den Sachen, in denen diese Oberlandesgerichte nach Absatz 1 oder 2 zuständig sind, treffen sie auch die in § 73 Abs. 1 bezeichneten Entscheidungen. Sie entscheiden ferner über die Beschwerde gegen Verfügungen der Ermittlungsrichter der Oberlandesgerichte (§ 169 Abs. 1 Satz 1 der Strafprozeßordnung) in den in § 304 Abs. 5 der Strafprozeßordnung bezeichneten Fällen.

IV Diese Oberlandesgerichte entscheiden auch über die Beschwerde gegen Verfügungen und Entscheidungen des nach § 74a zuständigen Gerichts.

V Für den Gerichtsstand gelten die allgemeinen Vorschriften. Die beteiligten Länder können durch Vereinbarung die den Oberlandesgerichten in den Absätzen 1 bis 4 zugewiesenen Aufgaben dem hiernach zuständigen Gericht eines Landes auch für das Gebiet eines anderen Landes übertragen.

VI Soweit nach § 142a für die Verfolgung der Strafsachen die Zuständigkeit des Bundes begründet ist, üben diese Oberlandesgerichte Gerichtsbarkeit nach Artikel 96 Abs. 5 des Grundgesetzes aus.

1) Landeshauptstadt-OLG: Über die landesinterne Zuständigkeitskonzentration hinaus sieht V S. 2 noch die Möglichkeit einer Zuständigkeitszusammenfassung für mehrere Bundesländer durch Staatsvertrag vor (so das OLG Hamburg durch Abk zwischen Bremen und Hamburg; vgl Bremen: G vom 29. 9. 1970, GBl 123 und G vom 16. 6. 1978, GBl 163, mit Bek vom 17. 12. 1970, GBl 71, 1, und 15. 8. 1978, GBl 194; Hamburg: G vom 12. 10. 1970, GVBl 271, ÄndG vom 13. 3. 1978, GVBl 73, mit Bek vom 28. 12. 1970, GVBl 1971 1, und 1. 8. 1978, GVBl 325; das OLG Koblenz durch Abk zwischen Rheinland-Pfalz und Saarland; vgl Rheinland-Pfalz: G vom 20. 12. 1971, GVBl 304 und G vom 21. 7. 1978, GVBl 584, mit Bek vom 31. 1. 1972, GVBl 106, und 31. 8. 1978, GVBl 639; Saarland: G vom 15. 12. 1971, ABl 848, und G vom 12. 7. 1978, ABl 696, mit Bek vom 1. 2. 1972, ABl 61). Mit der Konzentration soll erreicht werden, daß in den in Betracht kommenden Strafsachen, in denen schwierige tatsächliche und rechtliche Fragen auftreten, Richter mit besonderer Sachkunde und mit genügend Erfahrung zur Verfügung stehen. In Bayern ist die Zuständigkeit nach I, II dem ObLG übertragen (§ 9 **EGGVG;** dort 1). Zur Verfolgungsbeschränkung nach 1 a
§ 154a StPO vgl dort 17. 1

2) In den Fällen des I ist primär der GBA zuständige StA; er muß das Verfahren aber unter den Voraussetzungen des § 142a II, III an die Landes-StA (die StA bei dem zuständigen Landeshauptstadt-OLG) abgeben. Mit dem Eingang der Abgabeerklärung bei dieser wird die Gerichtsbarkeit des OLG Ausübung von Landesgerichtsbarkeit (unten 9). Den negativen Kompetenzkonflikt entscheidet der GBA (§ 142a I S. 2). 2

3) In den Fällen des II ist das OLG, wenn der GBA wegen der besonderen Bedeutung des Falles die Verfolgung übernimmt, für die in § 74a I bezeichneten Straftaten (vgl BGH NStZ **88**, 188), für terroristische Gewalttaten, deren Verfolgung nicht zugleich nach § 129a StGB möglich ist (vgl Schnarr MDR **88**, 89), und unter den Voraussetzungen der Buchst a–c der Nr 3, für die dort bezeichneten Straftaten (vgl KK-Hannich 3, auch für Vorbereitungshandlungen, vgl Schnarr NStZ **90**, 260) zuständig (eingehend zu den zu II S.1 Nr 3 auftretenden Zweifelsfragen Schnarr MDR **93**, 589 ff). Es handelt sich um eine bewegliche Zuständigkeitsregelung (vgl 5 zu § 24), bei der die Entscheidung des GBA gerichtlich überprüft wird. Bei der Eröffnung des Hauptverfahrens verweist das OLG die Sache an das LG oder an das AG, wenn es der Ansicht ist, daß der Fall keine besondere Bedeutung (zum Begriff 6 zu § 24) hat (II S. 2). 3

4) Nebenentscheidungen (III) nach § 73 I trifft ebenfalls das Landeshauptstadt-OLG während seiner Zuständigkeit (2 zu § 135). Eine Einschränkung besteht darin, daß es nur über die Beschwerden gegen Beschlüsse und Verfügungen des Richters beim AG als Ermittlungsrichter und in den Fällen des § 304 V StPO des Ermittlungsrichters des OLG (§ 169 I S. 1 StPO) zu entscheiden hat, während über Beschwerden gegen Verfügungen des Ermittlungsrichters des BGH (§ 169 I S. 2 StPO) in den Fällen des § 304 V StPO und über Anträge auf gerichtliche Entscheidung gegen Entscheidungen des GBA in den Fällen der §§ 161a III, 163a III S. 2 StPO der BGH entscheidet (§ 135 II). Ferner entscheidet das OLG über Beschwerden gegen Entscheidungen der StaatsschutzStrK, über die Fortdauer der UHaft nach § 121 IV S. 1 StPO und über Anträge im Klageerzwingungs- 4

verfahren nach § 172 IV S. 2 StPO. Über die Beschwerde gegen eine Verfügung des Überwachungsrichters nach § 148 a I StPO entscheidet das LG (dort 12). In
5 **Bayern** ist diese OLG-Zuständigkeit auf das BayObLG in vollem Umfang übertragen (§ 9 S. 2 **EGGVG;** dort 1), also auch die Kompetenz nach III, IV (BGH **28**, 103).

6 **5) Konzentration der Beschwerdezuständigkeit in § 74 a-Strafsachen** (IV): Über Beschwerden gegen Verfügungen und Beschlüsse der StaatsschutzStrK entscheidet ebenfalls das Landeshauptstadt-OLG, das nach I, II, V S. 2 zuständig ist; das muß auch in den Fällen der §§ 100 d II, VI S.2, 101 I S. 3 StPO gelten. Über weitere Beschwerde zum BGH vgl 2 zu § 135.

7 **6) Gerichtsstand** (V): Welches von mehreren in Betracht kommenden Landeshauptstadt-OLGen örtlich zuständig ist, bestimmt sich nach den §§ 7 ff StPO. IdR wird der Gerichtsstand des Tatorts gewählt; über Sammelverfahren vgl RiStBV 25 ff, § 18 BKAG. Ist der GBA Strafverfolgungsbehörde, so wählt er unter mehreren örtlich zuständigen OLGen das aus, bei dem nach justizgemäßen Gesichtspunkten der Schwerpunkt liegt.

8 **7) Polizeiliche Ermittlungen:** Ist der GBA der zuständige StA, so kann er sich des Bundeskriminalamtes als Ermittlungsorgan bedienen, das jedoch nur auf Ersuchen oder Auftrag tätig wird, dann aber die Ermittlungskompetenz im ganzen Bundesgebiet hat (§ 4 III Nr 3, § 18 BKAG). Die Notzuständigkeit jeglicher StA (§ 143 II) und Polizei (nach Landesrecht) für eilige Untersuchungshandlungen bleibt daneben bestehen.

9 **8) Bundesgerichtsbarkeit** (VI) übt das Landeshauptstadt-OLG in den Fällen des I, II aus, wenn und solange der GBA das Amt der StA ausübt (§ 142 a). Abgesehen von dem StA-Wechsel ändert sich bei einer Abgabe der Sache im StA-Bereich an der Gerichtstätigkeit nichts. Die Kosten und Auslagen (§§ 464 ff StPO) und die Entschädigung für Strafverfolgungsmaßnahmen (§§ 8, 15 **StrEG**), die der Staatskasse zur Last fallen, trägt das Land, dem das mit der Sache befaßte OLG angehört. Über Erstattung von Kosten vom Bund an das Land vgl Art 3 des Ges zur allgemeinen Einführung eines 2. Rechtszuges in Staatsschutz-Strafsachen vom 8. 9. 1969 (BGBl I 1582) sowie die Vereinbarung der LJVen und des BMJ über den Kostenausgleich in Staatsschutz-Strafsachen (abgedr bei Piller/Herrmann Nr 10 f).

10 **9) Jugendliche oder Heranwachsende:** Die Zuständigkeiten des OLG und des BGH werden durch das JGG nicht berührt (§ 102 S. 1 **JGG**; krit dazu Eisenberg NStZ **96**, 263, der eine Anklage zum OLG bei jugendlichen Angeklagten nur ausnahmsweise für zulässig hält; dagegen Schoreit NStZ **97**, 69).

Zuständigkeit in der Rechtsmittelinstanz

121 **I Die Oberlandesgerichte sind in Strafsachen ferner zuständig für die Verhandlung und Entscheidung über die Rechtsmittel:**

1. der Revision gegen
   a) die mit der Berufung nicht anfechtbaren Urteile des Strafrichters;
   b) die Berufungsurteile der kleinen und großen Strafkammern;
   c) die Urteile des Landgerichts im ersten Rechtszug, wenn die Revision ausschließlich auf die Verletzung einer in den Landesgesetzen enthaltenen Rechtsnorm gestützt wird;

2. der Beschwerde gegen strafrichterliche Entscheidungen, soweit nicht die Zuständigkeit der Strafkammern oder des Bundesgerichtshofes begründet ist;

3. der Rechtsbeschwerde gegen Entscheidungen der Strafvollstreckungskammern nach den §§ 116, 138 Abs. 2 des Strafvollzugsgesetzes.

[II] Will ein Oberlandesgericht bei seiner Entscheidung nach Absatz 1 Nr. 1 a oder b von einer nach dem 1. April 1950 ergangenen, bei seiner Entscheidung nach Absatz 1 Nr. 3 von einer nach dem 1. Januar 1977 ergangenen Entscheidung eines anderen Oberlandesgerichts oder von einer Entscheidung des Bundesgerichtshofes abweichen, so hat es die Sache diesem vorzulegen.

[III] Ein Land, in dem mehrere Oberlandesgerichte errichtet sind, kann durch Rechtsverordnung der Landesregierung die Entscheidungen nach Absatz 1 Nr. 3 einem Oberlandesgericht für die Bezirke mehrerer Oberlandesgerichte oder dem Obersten Landesgericht zuweisen, sofern die Zuweisung für eine sachdienliche Förderung oder schnellere Erledigung der Verfahren zweckmäßig ist. Die Landesregierungen können die Ermächtigung durch Rechtsverordnung auf die Landesjustizverwaltungen übertragen.

1) **Revisionsgericht** (I Nr. 1) ist das OLG – abgesehen von I Nr 1 Buchst c –, 1
wenn im 1. Rechtszug das AG entschieden hat, und zwar auch im Fall des § 335 StPO (BGH **2**, 63); zum Fall der Nichtannahme der Berufung nach §§ 313, 322 a StPO vgl 21, 22 zu § 335 StPO. Berufungsurteile der großen StrK (I Nr 1 b) gibt es nur noch in Jugendsachen (vgl 1, 2 zu § 76). Das Revisionsverfahren ist in Bayern bei dem BayObLG konzentriert (1 zu § 9 EGGVG). I Nr 1 Buchst c ist anwendbar, wenn die Sachrüge erhoben ist und das Urteil nur Landesrecht zum Gegenstand hat oder, falls es auch auf Bundesrecht beruht, nur die Verletzung einer landesrechtlichen Norm geltend gemacht wird, obgleich die Prüfungspflicht
(§ 352 I StPO) weitergeht. Die Vorschrift gilt aber nicht bei **tateinheitlicher** 2
Anwendung von Bundesrecht (KG JR **57**, 230; Sarstedt/Hamm 83) und bei gleichzeitig auf die Verletzung von Bundesrecht gestützter Revision von Mitangeklagten (BGH **4**, 207; Kissel 4) oder Erziehungsberechtigten (BGH NStZ **81**, 483).

2) **Beschwerdegericht** (I Nr 2) ist das OLG, wenn eine Entscheidung des LG 3
mit der einfachen (§ 304 StPO), sofortigen (§ 311 StPO) oder weiteren (§ 310 StPO) Beschwerde angefochten wird. Das OLG entscheidet auch über Beschwerden gegen Beschlüsse des AG, wenn es selbst für die Erstentscheidung zuständig gewesen wäre; der Umweg über die Beschwerde beim LG ist dann überflüssig (KG JR **83**, 214). Soweit eine Konzentration der Beschwerdesachen bei einem Senat sinnvoll oder geboten erscheint, kann sie das Präsidium des OLG anordnen (§ 21 e I S. 1), zB für Beschwerden gegen Entscheidungen der StVollstrKn.

3) **Rechtsbeschwerdegericht** (I Nr 3): Hier wird die Zuständigkeit der OLGe 4
für die Rechtsbeschwerde gegen Entscheidungen der StVollstrK in Vollzugsangelegenheiten begründet (§§ 78 a I Nr 2, 78 b I Nr 2). Zuständigkeitskonzentration ist nach III möglich; vgl unten 17.

4) Die **Vorlegungspflicht** (II) dient einer einheitlichen Rspr (BGH **4**, 138), 5
und zwar auch bei Sprungrevision nach § 335 I StPO (BGH **2**, 63; wistra **87**, 349). Sie entsteht nur, wenn die Herbeiführung der Rechtseinheit unerläßlich ist (BGH MDR **79**, 109 [H]). Will ein Gericht von einem anderen OLG abweichen, aber der Rspr des EuGH folgen, so besteht keine Vorlegungspflicht (BGH **33**, 76; dazu Herdegen MDR **85**, 542), ebensowenig bei Differenzen über die Auslegung des Rechts der Europäischen Gemeinschaft, denn die verbindliche Auslegung steht dem EuGH zu (BGH **36**, 92). II betrifft nur Abweichungen in Rechtsfragen (BGH **27**, 212, 214 = JR **78**, 162 mit Anm Zipf; BGH **29**, 18; **31**, 86; 314; zur Abgrenzung von der Tatfrage und zur Identität der Rechtsfrage vgl Schroth JR **90**, 94 ff); dazu gehören auch Fragen, die Inhalt und Tragweite allgemeiner Erfahrungssätze betreffen (BGH **23**, 156, 159; **31**, 86, 89 = JR **83**, 128 mit Anm Katholnigg; **39**, 291, 294). Die Vorlegungspflicht wird nicht dadurch berührt, daß die sich widersprechenden Entscheidungen (unterschiedliche) rechtliche Bestimmungen verschiedener Länder zur Grundlage haben (BGH **21**, 293). Es kommt nicht darauf an, ob das OLG das angefochtene Urteil aufheben oder bestätigen will, ob die

abweichende Rechtsauffassung erst vom OLG oder schon im angefochtenen Urteil vertreten wird (BGH **17**, 205) und ob die Entscheidung durch Urteil oder durch Beschluß ergehen soll. Daher entsteht die Vorlegungspflicht ggf auch bei der Entscheidung nach § 346 II StPO (BGH **11**, 152) oder nach § 206 a StPO. Jedoch muß sich das OLG eine abschließende Meinung über die Erheblichkeit der Vorlegungsfrage (unten 10) gebildet haben. Zu den Entscheidungen über die Revision gehört nicht die Entscheidung über die Einstellung des Verfahrens nach § 153 StPO (BGH **12**, 213), über die Wiedereinsetzung in den vorigen Stand (Bay **70**, 9) und über eine Beschwerde (BGH **13**, 46). Die Nichtvorlage trotz zweifelsfrei gegebener Vorlegungsvoraussetzungen begründet die Verfassungsbeschwerde (Schroth JR **90**, 93 mwN). Der nach § 80 a OWiG allein entscheidende Richter darf nicht vorlegen; er hat vielmehr die Entscheidung des Senats nach § 80 a III OWiG herbeizuführen (BGH NJW **98**, 3211).

6 **5)** Nur die **Außendivergenz** betrifft II (krit Lilie [14 zu § 132] S. 44 ff), dh den Fall, daß ein OLG von der – in einer Revisions- oder Rechtsbeschwerdesache, nicht in Zivilsachen (Stuttgart DAR **95**, 32 mwN) ergangenen – Entscheidung eines anderen OLG oder des BGH abweichen will, ohne daß dies durch inzwischen eingetretene Rechtsänderung bedingt ist (vgl Bay **92**, 127, 130 = NJW **93**, 1215, 1216: Helgerth JR **94**, 123). Hat das BVerfG inzwischen eine Entscheidung getroffen, so entfällt die Vorlage, wenn die Auffassung des anderen OLG oder des BGH überholt ist. Auch wenn der BGH inzwischen so entschieden hat, wie das vorlegende Gericht entscheiden will, ist eine Vorlage nicht zulässig (BGH GA **82**, 126).

7 **6)** Um ein **Abweichen** (dazu Schroth JR **90**, 96) handelt es sich nicht nur, wenn das OLG eine Gesetzesbestimmung anders auslegen will, sondern auch dann, wenn der gleiche Rechtsgrundsatz in mehreren Gesetzesbestimmungen enthalten ist und das OLG ihn anders auffaßt (BGH **6**, 41, 42; **31**, 195, 198 mwN). Das gleiche gilt bei Meinungsverschiedenheit im Landesrecht, und zwar auch, wenn es sich um inhaltsgleiche Bestimmungen verschiedener Länder handelt (BGH bei Herlan GA **59**, 49). Ein Abweichen liegt aber nicht vor, wenn infolge einer Entscheidung des BVerfG (BGH 5 AR (VS) 1/97 vom 5. 8. 1998) oder einer Gesetzesänderung die tragenden Grundlagen der früheren Entscheidung weggefallen sind (Bay **86**, 75, 80; **92**, 127, 130; LR-Schäfer/Harms 60). Zwischen Entscheidungen der Straf- und der Zivilsenate besteht hinsichtlich der Vorlegungspflicht kein Unterschied (BGH **13**, 373; Karlsruhe Justiz **88**, 73); Abweichen von einer Entscheidung des Ermittlungsrichters des BGH zwingt aber wohl nicht zur Vorlage (offen gelassen von BGH NJW **98**, 3653). Das OLG muß jedoch auch dann vorlegen, wenn es die Ansicht eines anderen OLG billigen will, von der inzwischen ein drittes OLG abgewichen ist (vgl BGH **13**, 49). Ist dagegen ein OLG vom BGH abgewichen, so braucht das OLG, das sich dem BGH anschließen will, nicht vorzulegen (BGH bei Herlan GA **59**, 338). Es bleibt ein Fall der Divergenz, wenn der BGH-Senat, von dem abzuweichen beabsichtigt ist, nicht mehr besteht (BGH **17**, 360; VRS **41**, 437; Kleinknecht JZ **59**, 182), ebenso wenn das andere OLG nicht mehr besteht
8 (LR-Schäfer/Harms 44). Daß **RsprVereinbarungen** zulässig sind, folgt jetzt aus § 132 III S. 1; die Vorlegungspflicht entfällt somit, wenn das OLG, von dessen Entscheidung abgewichen werden soll, auf Anfrage erklärt, an seiner früheren Rechtsauffassung nicht mehr festhalten zu wollen (vgl BGH **14**, 319).

9 **7)** Die **Innendivergenz,** dh den Fall des Abweichens eines Senats des OLG von einem anderen Senat desselben OLG, behandelt II nicht. Haben zwei Senate desselben OLG divergierende Entscheidungen erlassen, so muß ein anderes OLG die Sache dem BGH vorlegen, wenn es von einer der beiden divergierenden Entscheidungen des anderen OLG abweichen will. Eine gesetzliche Regelung zur Vermeidung der Innendivergenz besteht nur in § 132 II für den BGH und nach § 10 I **EGGVG** für das BayObLG. Beim Zusammentreffen der Innendivergenz mit

einer Außendivergenz gilt II, ebenso bei mehrfacher Außendivergenz, dh wenn das OLG bei seiner Revisionsentscheidung von mehreren OLGen abweichen will, die verschieden oder gleich entschieden haben.

8) Entscheidungserheblich, und zwar für die frühere und die neue Entscheidung, muß die betreffende Rechtsansicht sein (BGH **7**, 314; **36**, 389, 394; NJW **86**, 1271, 1272 aE; Düsseldorf VRS **83**, 435; Schroth JR **90**, 98); stillschweigende Stellungnahme in diesem Sinn genügt (BGH **11**, 34). Es ist kein Vorlegungsgrund, wenn das OLG nur in der Begründung seiner Rechtsansicht, nicht aber im Ergebnis von einer Entscheidung eines anderen OLG oder des BGH abweichen will (BGH NJW **77**, 1014 zu § 29 I S. 2 **EGGVG).** Ob die Rechtsansicht für die neue Entscheidung als Grundlage (vgl § 358 I StPO) erheblich ist, hängt von der Auffassung des vorlegenden OLG ab, es sei denn, daß diese offenbar unhaltbar ist oder Gegenstand einer Verfassungsbeschwerde werden kann (BGH **22**, 94, 100; **25**, 325, 328; NStZ **85**, 217, 218; KK-Hannich 43 ff). Eine Tatfrage ist der Klärung im Vorlegungsverfahren auch dann nicht zugänglich, wenn das vorlegende OLG sie als Rechtsfrage behandelt hat (BGH NStZ **95**, 409, 410). Eine **die frühere Entschei-** 10
dung nicht tragende Rechtsäußerung hat nur eine freie Autorität (vgl BVerfGE **3**, 261). Die Absicht, von ihr abzuweichen, verpflichtet nicht zur Vorlegung (BGH **3**, 234; erg aber unten 13). Würde das OLG zu dem gleichen Ergebnis kommen, wenn es sich der anderen Auffassung anschlösse, so handelt es sich nicht um einen Vorlegungsfall (vgl BGH VRS **59**, 345). 11

9) Der **Vorlegungsbeschluß,** der nur in einer Hauptverhandlung ergehen kann, wenn das OLG die beabsichtigte Entscheidung durch Urteil treffen muß (BGH **29**, 310), muß die dem BGH vorgelegte Frage genau formulieren und die Entscheidungserheblichkeit darlegen (BGH VRS **59**, 345). Eine eigene Stellungnahme ist entbehrlich, wenn das OLG mit jeder möglichen Entscheidung von der Ansicht der Strafsenate des BGH abweichen würde (BGH **30**, 93, 95). Der Beschluß ist dem Angeklagten mitzuteilen (§ 35 II StPO). Dieser erhält dadurch Gelegenheit, sich zu dem Zwischenverfahren bei dem BGH zu äußern. Der Beschluß ist nicht anfechtbar (§ 304 IV StPO). Erachtet der BGH die Vorlegungsvoraussetzungen nicht für gegeben, so erläßt er einen Beschluß, daß die Sache an das vorlegende Gericht zurückgegeben wird. 12

10) Nur eine Teilentscheidung trifft der BGH nach der Vorlegung. Voraussetzung ist die Zulässigkeit der Vorlegung. Hieran fehlt es, wenn die Revision oder Rechtsbeschwerde unzulässig ist. In diesem Fall verwirft der BGH das Rechtsmittel (vgl BGH JZ **63**, 596 mit Anm Baur). Bei Zulässigkeit des Rechtsmittels entscheidet der BGH nur über die Rechtsfrage (BGH **3**, 72; Jescheck GA **56**, 116). Er ist jedoch nicht gehindert, eine zu eng oder zu weit gefaßte Vorlegungsfrage zu präzisieren; hat er sie weiter gefaßt, um eine sinnvolle und erschöpfende Antwort geben zu können, ist diese für die OLGe insgesamt bindend, eine erneute Vorlegung also nur zulässig, wenn ein OLG von der Antwort auf diese weiter gefaßte Frage abweichen will (BGH **43**, 277). Eine **volle Sachentscheidung** trifft der 13
BGH nur, wenn es ihm aus besonderen Gründen zweckmäßig erscheint (BGH **2**, 63; **17**, 14; **39**, 291, 294; BGHR § 121 II Sachentscheidung 1; zust EbSchmidt JR **62**, 290; weitergehend Baur JZ **53**, 328). In diesem Fall ist das Verfahren nach den §§ 350, 351 StPO zu gestalten (Jagusch NJW **62**, 1647; vgl auch Baur JZ **64**, 597; Einl 23 ff). Die **Inzidententscheidung** bildet einen Bestandteil der Revisionsent- 14
scheidung. Darüber hinaus entsteht eine Bindung aus Rechtsgründen nicht (vgl 18, 19 zu § 132). Das OLG kann im nächsten Fall gleicher Art die Sache wieder vorlegen; denn die Gerichte sind nur an das Gesetz – dh an die Rechtsnormen (§ 7 **EGStPO**) – gebunden (§ 25 **DRiG**). 15

11) Weitere Zuständigkeiten des OLG: § 159; §§ 121, 138 c, 172 StPO, vgl auch §§ 4, 12, 14, 15, 19, 27 StPO; § 25 **EGGVG; §§** 13 I, 44 I, 61 I, 65 IRG; wegen der Zuständigkeit des OLG bei KartellOWien vgl § 82 GWB. 16

17 12) **Zuständigkeitskonzentration** (III): Hiernach sind Entscheidungen nach §§ 116, 117, 138 II **StVollzG** für Nordrhein-Westfalen durch VO vom 8. 1. 1985 (GVNW 46) dem OLG Hamm, für Niedersachsen durch VO vom 10. 2. 1977 (GVNds 24) dem OLG Celle übertragen; auf andere anfechtbare Entscheidungen der StVollstrKn erstreckt sich die Zuständigkeit aber nicht (Celle NdsRpfl **94**, 22: Streitwertfestsetzung).

Besetzung der Senate

122 **I Die Senate der Oberlandesgerichte entscheiden, soweit nicht nach den Vorschriften der Prozeßgesetze an Stelle des Senats der Einzelrichter zu entscheiden hat, in der Besetzung von drei Mitgliedern mit Einschluß des Vorsitzenden.**

II Die Strafsenate entscheiden über die Eröffnung des Hauptverfahrens des ersten Rechtszuges mit einer Besetzung von fünf Richtern einschließlich des Vorsitzenden. Bei der Eröffnung des Hauptverfahrens beschließt der Strafsenat, daß er in der Hauptverhandlung mit drei Richtern einschließlich des Vorsitzenden besetzt ist, wenn nicht nach dem Umfang oder der Schwierigkeit der Sache die Mitwirkung zweier weiterer Richter notwendig erscheint. Über die Einstellung des Hauptverfahrens wegen eines Verfahrenshindernisses entscheidet der Strafsenat in der für die Hauptverhandlung bestimmten Besetzung.

1 1) **Besetzung:**

2 A. Als **Rechtsmittelgerichte** (§ 121) entscheiden die Strafsenate immer in der Besetzung von 3 Richtern einschließlich des Vorsitzenden.

3 B. Wird der Strafsenat **als Gericht des ersten Rechtszuges** (§ 120) tätig, so ist zu unterscheiden: Vor der Eröffnung des Hauptverfahrens entscheidet der Strafsenat stets in der Besetzung mit 3 Richtern (I), über die Eröffnung hingegen immer mit 5 Richtern einschließlich des Vorsitzenden (II S. 1). In der Hauptverhandlung ist der Strafsenat je nach der bei der Eröffnung zu treffenden Entscheidung mit 3 oder mit 5 Richtern einschließlich des Vorsitzenden besetzt. Damit hat das Verbechensbekämpfungsgesetz eine § 76 II entspr Regelung für das OLG übernommen. Wie dort soll auch hier nunmehr im Regelfall in der reduzierten Besetzung verhandelt werden, wie sich aus der Fassung der Vorschrift ergibt. Soweit im Hauptverfahren die Einstellung wegen eines Verfahrenshindernisses erfolgen soll (§§ 206 a, 260 III StPO), richtet sich die Besetzung nach derjenigen in der Hauptverhandlung (II S. 3); dasselbe gilt für während einer Hauptverhandlung zu treffende Haftentscheidungen, auch wenn die Entscheidung selbst außerhalb der Hauptverhandlung ergeht (BGH **43**, 91 = NStZ **97**, 606 mit zust Anm Dehn = JR **98**, 33 mit abl Anm Katholnigg; dem BGH zust auch Schlothauer StV **98**, 144, abl hingegen Foth
4 NStZ **98**, 262). **Nicht geregelt** hat auch das Verbrechensbekämpfungsgesetz, das II neu gefaßt hat, das Problem, in welcher Besetzung sonstige Entscheidungen außerhalb der Hauptverhandlung zu treffen sind. Da sich aber der Grundsatz der 3er-Besetzung aus I ergibt und der Gesetzgeber in Kenntnis der Streitfrage hiervon nur in II S.1 und S.3 Ausnahmen gemacht hat, verbietet sich – wie schon bisher angenommen – eine entspr Anwendung des II S. 3 auf andere Beschlüsse, etwa nach §§ 206 b, 370 StPO (vgl KK-Hannich 3; Kissel 4; **aM** LR-Schäfer/Harms 2 für §§ 206 b, 370 StPO; Celle NdsRpfl **54**, 175; Katholnigg 5 für §§ 441, 442
5 StPO). **II S. 3 gilt** auch dann, wenn sich die Entscheidung nur auf einen prozeßrechtlich selbständigen Verfahrensteil bezieht (BGH **38**, 312, 313).

6 2) Zu den Begriffen **Umfang oder Schwierigkeit der Sache** in II S. 2 vgl 3 zu § 76 mit der Abwandlung, daß die Tatsache des Vorliegens einer Staatsschutzsache hier für sich natürlich noch nicht diese Voraussetzungen erfüllt. Die Regelung ist im Gegensatz zu § 76 II (dort 2) zeitlich nicht begrenzt.

3) Revision: Daß Umfang oder Schwierigkeit der Sache die Zuziehung von 2 weiteren Richtern erfordert hätten, kann auch hier mit der Revision nicht gerügt werden (erg 8 zu § 76). 7

9. Titel. Bundesgerichtshof

Sitz

123 **Sitz des Bundesgerichtshofes ist Karlsruhe.**

1) Der **5. StS des BGH**, der seit 1952 in Berlin ansässig war, sowie die dazu gehörige Dienststelle des GBA haben seit 14. 7. 1997 ihren Sitz in Leipzig (erg 2 zu § 130). 1

Besetzung

124 **Der Bundesgerichtshof wird mit einem Präsidenten sowie mit Vorsitzenden Richtern und weiteren Richtern besetzt.**

Ernennung der Mitglieder

125 **I Die Mitglieder des Bundesgerichtshofes werden durch den Bundesminister der Justiz gemeinsam mit dem Richterwahlausschuß gemäß dem Richterwahlgesetz berufen und vom Bundespräsidenten ernannt.**

II Zum Mitglied des Bundesgerichtshofes kann nur berufen werden, wer das fünfunddreißigste Lebensjahr vollendet hat.

1) Das **RichterwahlG** vom 25. 8. 1950 (BGBl 368; III 301–2), ÄndG vom 30. 7. 1968 (BGBl I 873), enthält die nähere Regelung. 1

2) Die **Ernennung** durch den BPräs (Art 60 I GG) bedarf der Gegenzeichnung des BMJ (Art 58 GG). Vgl auch Anordnung des BPräs vom 14. 7. 1975 (BGBl I 1915; III 2030–11–47) mit Änderung vom 10. 10. 1978 (BGBl I 1685). 2

126–129 (weggefallen)

Senate; Ermittlungsrichter

130 **I Bei dem Bundesgerichtshof werden Zivil- und Strafsenate gebildet und Ermittlungsrichter bestellt. Ihre Zahl bestimmt der Bundesminister der Justiz.**

II Der Bundesminister der Justiz wird ermächtigt, Zivil- und Strafsenate auch außerhalb des Sitzes des Bundesgerichtshofes zu bilden und die Dienstsitze für Ermittlungsrichter des Bundesgerichtshofes zu bestimmen.

1) Die **Anzahl** der institutionellen Senate bestimmt der BMJ durch Verwaltungsanordnung, und zwar nicht nur die Gesamtzahl, sondern auch die Zahl der Straf- und Zivilsenate (vgl § 7 II GVVO; 2 zu § 60). 1

2) Der **auswärtige Senat** (II) ist lediglich Spruchkörper des BGH, also nicht ein von diesem verschiedener Gerichtskörper. Die JV greift hier weder in sach- 2 licher noch in persönlicher Beziehung in die Geschäftsverteilung ein. Daher bedarf es im Fall des II (anders als in den Fällen der §§ 78 II, 116 II) nicht einer RechtsVO. Aufgrund der AO des BMJ vom 2. 7. 1997 (BAnz Nr 125) befindet sich der 5. StS in Leipzig (erg 1 zu § 123).

3 3) Den **Dienstsitz für Ermittlungsrichter des BGH** (II; § 169 StPO) kann der BMJ ebenfalls bestimmen, jedoch nur im Einvernehmen mit dem Präsidium, das die Ermittlungsrichter bestellt und die Geschäfte auf sie verteilt.

131, 131a (weggefallen)

Große Senate; Vereinigte Große Senate

132 **I Beim Bundesgerichtshof werden ein Großer Senat für Zivilsachen und ein Großer Senat für Strafsachen gebildet. Die Großen Senate bilden die Vereinigten Großen Senate.**

II Will ein Senat in einer Rechtsfrage von der Entscheidung eines anderen Senats abweichen, so entscheiden der Große Senat für Zivilsachen, wenn ein Zivilsenat von einem anderen Zivilsenat oder von dem Großen Zivilsenat, der Große Senat für Strafsachen, wenn ein Strafsenat von einem anderen Strafsenat oder von dem Großen Senat für Strafsachen, die Vereinigten Großen Senate, wenn ein Zivilsenat von einem Strafsenat oder von dem Großen Senat für Strafsachen oder ein Strafsenat von einem Zivilsenat oder von dem Großen Senat für Zivilsachen oder ein Senat von den Vereinigten Großen Senaten abweichen will.

III Eine Vorlage an den Großen Senat oder die Vereinigten Großen Senate ist nur zulässig, wenn der Senat, von dessen Entscheidung abgewichen werden soll, auf Anfrage des erkennenden Senats erklärt hat, daß er an seiner Rechtsauffassung festhält. Kann der Senat, von dessen Entscheidung abgewichen werden soll, wegen einer Änderung des Geschäftsverteilungsplanes mit der Rechtsfrage nicht mehr befaßt werden, tritt der Senat an seine Stelle, der nach dem Geschäftsverteilungsplan für den Fall, in dem abweichend entschieden wurde, zuständig wäre. Über die Anfrage und die Antwort entscheidet der jeweilige Senat durch Beschluß in der für Urteile erforderlichen Besetzung; § 97 Abs. 2 Satz 1 des Steuerberatungsgesetzes und § 74 Abs. 2 Satz 1 der Wirtschaftsprüferordnung bleiben unberührt.

IV Der erkennende Senat kann eine Frage von grundsätzlicher Bedeutung dem Großen Senat zur Entscheidung vorlegen, wenn das nach seiner Auffassung zur Fortbildung des Rechts oder zur Sicherung einer einheitlichen Rechtsprechung erforderlich ist.

V Der Große Senat für Zivilsachen besteht aus dem Präsidenten und je einem Mitglied der Zivilsenate, der Große Senat für Strafsachen aus dem Präsidenten und je zwei Mitgliedern der Strafsenate. Legt ein anderer Senat vor und soll von dessen Entscheidung abgewichen werden, ist auch ein Mitglied dieses Senats im Großen Senat vertreten. Die Vereinigten Großen Senate bestehen aus dem Präsidenten und den Mitgliedern der Großen Senate.

VI Die Mitglieder und die Vertreter werden durch das Präsidium für ein Geschäftsjahr bestellt. Dies gilt auch für das Mitglied eines anderen Senats nach Absatz 5 Satz 2 und für seinen Vertreter. Den Vorsitz in den Großen Senaten und den Vereinigten Großen Senaten führt der Präsident, bei Verhinderung das dienstälteste Mitglied. Bei Stimmengleichheit gibt die Stimme des Vorsitzenden den Ausschlag.

1) Bildung Großer Senate: 1

A. **Für Zivil- und Strafsachen** wird jeweils ein **Großer Senat** errichtet. Die unterschiedliche Besetzung (V S. 1) rechtfertigt sich daraus, daß die Zahl der Zivilsenate die der Strafsenate erheblich übersteigt (zZ 12 ZS, 5 StS), dh der GrZS hat 13, der GrStS 11 Mitglieder; damit soll in etwa ein Gleichgewicht zwischen den GrS hergestellt werden (BT-Drucks 11/3621 S. 55); dazu tritt ggf noch 1 Mitglied nach V S. 2 aus einem anderen Senat (Senat für Anwaltssachen, § 106 BRAO, für Landwirtschaftssachen, § 2 LwVG, für Notarsachen, § 106 BNotO, für Patentanwaltssachen, § 90 PatAO, für Steuerberater- und Steuerbevollmächtigtensachen, § 97 StBerG, und für Wirtschaftsprüfersachen, § 74 WiPrO, sowie das Dienstgericht des Bundes, §§ 61, 79 DRiG, und der Kartellsenat § 95 GWB). Die 2
Vereinigten Großen Senate bestehen daher idR aus 23 Mitgliedern, zu denen ggf noch 1 Mitglied nach V S. 2 hinzutreten kann. 3

B. Für jedes Mitglied ist ein **Vertreter** zu bestellen. Die Bestellung erfolgt durch das Präsidium für 1 Jahr (VI). Auch das nach V S. 2 mitwirkende weitere Mitglied und dessen Vertreter werden durch das Präsidium bestimmt. 4

C. Den **Vorsitz** führt stets der Präsident des BGH. Im Gegensatz zur früheren Regelung wird er nicht durch den Vizepräsidenten, sondern durch das dienstälteste Mitglied vertreten, auch wenn dieses nur Richter am BGH ist und VorsRichter am BGH mitwirken. Stimmengleichheit kann es zZ nur bei Hinzutritt eines Mitglieds nach V S. 2 geben, da lediglich hier eine gerade Teilnehmerzahl erreicht wird. Stimmenthaltung ist nicht gestattet (vgl § 195). 5

2) Verfahren: 6

A. Eine **Zuständigkeit** für den GrS oder die Vereinigten GrS kann sich nur in 2 Fällen ergeben: Entweder bei bestehender Innendivergenz (II, dazu unten 13 f) oder bei einer Vorlage wegen grundsätzlicher Bedeutung (IV, dazu unten 15 ff). 7

B. Bei beabsichtigter **Abweichung** (II) ist die Vorlage nur zulässig, wenn der andere Senat erklärt hat, daß er an seiner Meinung festhalten will (III S. 1). Dies schon früher praktizierte, aber lediglich in § 9 GeschOBGH enthaltene innergerichtliche Anfrageverfahren ist durch das Ges vom 17. 12. 1990 (BGBl I 2847) gesetzlich geregelt worden (vgl Kissel NJW **91**, 951). Bei beabsichtigter Abweichung von der Rspr mehrerer Senate ist bei jedem von ihnen anzufragen. Besteht der andere Senat nicht mehr, so tritt an die Stelle des weggefallenen Senats der nunmehr zuständige (III S. 2; KK-Hannich 7). Ist der Senat, der abweichen will, jetzt allein zuständig, so entfällt die Vorlage (BGH **11**, 15, 17; KK-Hannich 6). Bei Zweifeln über die Zuständigkeit muß das Präsidium entscheiden. Wird ein anderer Senat mit einer Rechtsfrage aus einem Spezialgebiet befaßt (zB infolge Verbindung mehrerer Strafsachen oder in einem Zivilprozeß) und will er von der Auffassung des Spezialsenats abweichen, so ist vorzulegen. Die **Entscheidung über Anfrage** 8
und Antwort ergeht in der Urteilsbesetzung, dh durch 5 Mitglieder einschließlich des Vorsitzenden des Senats (§ 139 I); lediglich der StBerS und der WiPrS entscheiden nur in der Besetzung von 3 Berufsrichtern. Bei **Zustimmung des Se-** 9
nats, von dessen Auffassung abgegangen werden soll, erübrigt sich die Vorlegung (BGH **4**, 316, 319). Die Zustimmung wird in der neuen Entscheidung erwähnt. Damit wird diese richtungweisend (Kleinknecht JZ **59**, 182 ff; vgl 8 zu § 121). 10

C. **Durch Beschluß** des Senats wird die genau formulierte Rechtsfrage dem GrS vorgelegt (12 zu § 121). Damit wird das Zwischenverfahren eingeleitet. Die Anhörung der Verfahrensbeteiligten ist nicht erforderlich (**aM** KK-Hannich 14), der Beschluß wird ihnen jedoch bekanntgegeben (Kissel 27; **aM** Voraufl). Der Beschluß kann auch nach einer – dann auszusetzenden – Hauptverhandlung (§ 351 StPO) ergehen (BGH NStZ **92**, 230). Das Zwischenverfahren wird durch einen Beschluß des GrS (mit Entscheidungsgründen) abgeschlossen, in dem entweder die Entscheidung wegen Fehlens der Vorlegungsvoraussetzungen abgelehnt oder der beschlossene Rechtssatz festgestellt wird (§ 138 I). Die Entscheidung unterbleibt, 11 wenn der vorlegende Senat – etwa auf Anregung des GrS – den Vorlegungsbeschluß vorher zurücknimmt oder der andere Senat nun doch nicht mehr an seiner abweichenden Meinung festhalten will (erg unten 14; vgl zum Verfahren allgemein auch May DRiZ **83**, 305).

12 D. **Für die Mitwirkung** im Verfahren gelten die §§ 22 ff StPO (Kissel 2); denn es wird eine Teilentscheidung zu dem anhängigen Verfahren getroffen (vgl 13, 15 zu § 121). Der GrS ist aber keine Rechtsmittelinstanz; sonst wären gerade die Mitglieder des erkennenden Senats ausgeschlossen (§ 23 I StPO), was nicht der Fall ist (V S. 1).

13 **3) Innendivergenz** (vgl 9 zu § 121): Ein Abweichen des einen Senats von der Rechtsauffassung eines anderen Senats des BGH bei unveränderter Rechtslage wird durch die Institution der GrS vermieden. Diese ist notwendig, weil es eine Hauptaufgabe des BGH ist, für die Einheitlichkeit der Rspr zu sorgen (vgl §§ 121 II, 120 III, ferner § 29 I S. 2 **EGGVG;** § 28 FGG). Die Bestimmung will nicht eine Änderung der Rspr des BGH verhindern, die nicht durch den GrS sanktioniert worden ist; sie will nur vermeiden, daß mehrere widersprechende Entscheidungen verschiedener Senate des BGH bestehen, von denen keiner eindeutig die richtungsweisende Funktion zukommt. Die Nichtvorlage kann gegen Art 101 I S. 2 GG verstoßen (BVerfG NStZ **93**, 90; **95**, 76; NJW **95**, 2914; erg 6 zu § 16).
14 Art 100 1 S. 1 GG geht vor. Es ist **kein Vorlegungsfall,** wenn ein Senat seine eigene Rspr ändert, ohne dabei mit der Auffassung eines anderen Senats in Kollision zu geraten (Katholnigg 4). Hat ein Senat nach der Geschäftsverteilung die ausschließliche Zuständigkeit für ein bestimmtes Rechtsgebiet, kann er bei einer nur dieses betreffenden Rechtsfrage ohne Vorlegung von der Rechtsansicht eines anderen Senats abweichen (KK-Hannich 6). Vorlegungspflicht besteht nach hM auch hier wie in § 121 (dort 10) nur bei beabsichtigtem Abweichen von tragenden Entscheidungsgründen (**aM** Lilie, Obiter dictum und Divergenzausgleich in Strafsachen, 1993, S.263). Auch von der in einer nur vorläufigen Entscheidung eines anderen Senats, zB im Rahmen einer Haftprüfung, geäußerten Rechtsansicht kann ohne Anfrage abgewichen werden.

15 **4) Grundsätzliche Rechtsfragen:**

16 A. **Auch ohne RsprDivergenz** kann der GrS angerufen werden, wenn es sich um eine Rechtsfrage handelt, die nicht dem Verfassungsgericht vorbehalten (Einl 220) und nicht nur für den Einzelfall von sachentscheidender Bedeutung ist (über das Erfordernis der Entscheidungserheblichkeit vgl auch 10 zu § 121), sondern auch grundsätzliche Bedeutung hat (BGH **33**, 356, 359 [GSSt]; KK-Hannich 18).

17 B. **Zur Sicherung einer einheitlichen Rspr** wird der GrS von vornherein angerufen, wenn damit zu rechnen ist, daß er doch bald nach II mit der Frage befaßt sein wird und eine etwaige Korrektur der Auffassung des zuerst entscheidenden Senats bei der Bedeutung der Rechtsfrage schwer erträglich wäre.

18 C. Die **Fortbildung des Rechts,** die mit der Vorlage ebenfalls bezweckt werden kann, besteht in der Bildung von Auslegungsgrundsätzen (vgl Einl 190 ff). Die Entscheidung eines GrS ist aber nicht unmittelbar Rechtsschöpfung. Sie ist auch nur in der vorliegenden Sache für den Senat bindend (§ 138 I S. 3). Die
19 **Bildung von Gewohnheitsrecht** setzt außer konstantem Gerichtsgebrauch die Aufnahme durch die Beteiligten und Billigung durch die (hM der) Rechtslehre voraus (BVerfGE **15**, 226, 232; vgl auch Eb Schmidt MDR **61**, 273). § 132 meint mit Fortbildung des Rechts die Aufstellung von höchstrichterlichen Leitsätzen für die Auslegung, ferner die rechtsschöpferische Ausfüllung von Gesetzeslücken, die von Anfang an bestehen, und von sekundären Anschauungs- und Wertungslücken, die „Zusammenpassung der Gebote zu einem harmonischen Ganzen" (Heck, Gesetzesauslegung, S. 169, 179; auch Reinicke NJW **54**, 1217), sowie die institutionelle Verfestigung der gewonnenen Leitsätze in der Rspr, die zu organischer und
20 kontinuierlicher Rechtsentwicklung führt. Das von der Rspr entwickelte **sog**

Richterrecht hat keine gesetzesgleiche oder gesetzesähnliche Kraft (Fischer, Die Weiterbildung des Rechts durch die Rechtsprechung, 1971, S. 38). Über Gesetzesrecht und Richterrecht auch Arndt NJW **63**, 1273, und zur unzulässigen Gesetzesänderung durch angebliche richterliche Rechtsfortbildung Bruns JR **81**, 358 und Kleinknecht-FS 59. Zur Reform durch Richterrecht vgl auch einerseits Hattenhauer ZRP **78**, 83, andererseits Haverkate ZRP **78**, 88. Vgl ferner Schlüchter, Mittlerfunktion der Präjudizien, 1986, und Orru ZRP **89**, 441.

D. Ob die **Vorlegungsvoraussetzungen** gegeben sind, prüft der GrS in vollem Umfang nach (KK-Hannich 19). Verneint er dieses, so lehnt er eine Entscheidung ab (BT-Drucks 11/3621 S. 55). Andernfalls trifft er eine Inzidententscheidung (1 zu § 138). **21**

5) Andere Gerichtszweige: Gleichartige Regelungen wie § 132 enthalten § 45 ArbGG, § 11 FGO, § 41 SGG und § 11 VwGO. Die Einheitlichkeit unter den Obersten Gerichtshöfen des Bundes (Art 95 I GG) wird durch den „Gemeinsamen Senat" dieser Gerichte gewahrt (Art 95 III GG; Ges vom 19. 6. 1968, BGBl I 661; III 304-1; vgl Katholnigg S. 493 ff). **22**

6) Auch für das **BayObLG** gilt § 132 (§ 10 **EGGVG;** vgl zB Bay **70**, 9). **23**

133 [betrifft den Zivilprozeß]

134, 134a (weggefallen)

Zuständigkeit in Strafsachen

135

I In Strafsachen ist der Bundesgerichtshof zuständig zur Verhandlung und Entscheidung über das Rechtsmittel der Revision gegen die Urteile der Oberlandesgerichte im ersten Rechtszug sowie gegen die Urteile der Landgerichte im ersten Rechtszug, soweit nicht die Zuständigkeit der Oberlandesgerichte begründet ist.

II Der Bundesgerichtshof entscheidet ferner über Beschwerden gegen Beschlüsse und Verfügungen der Oberlandesgerichte in den in § 138 d Abs. 6 Satz 1, § 304 Abs. 4 Satz 2 und § 310 Abs. 1 der Strafprozeßordnung bezeichneten Fällen, über Beschwerden gegen Verfügungen des Ermittlungsrichters des Bundesgerichtshofes (§ 169 Abs. 1 Satz 2 der Strafprozeßordnung) in den in § 304 Abs. 5 der Strafprozeßordnung bezeichneten Fällen sowie über Anträge gegen Entscheidungen des Generalbundesanwalts in den in § 161 a Abs. 3 der Strafprozeßordnung bezeichneten Fällen.

1) Die **Zuständigkeit des BGH** als Revisionsgericht (I) hängt allein davon ab, ob das angefochtene Urteil von einem der genannten Gerichte erlassen worden ist (BGH **22**, 48). Hat das LG eine im 1. Rechtszug anhängige Sache nach § 4 StPO zur gemeinsamen Verhandlung und Entscheidung mit einer Berufungssache verbunden, so ist der BGH ebenfalls zuständig (BGH **36**, 348), auch wenn die Revision sich nur gegen den das ursprüngliche Berufungsverfahren betreffenden Teil der Entscheidung wendet (KG JR **69**, 349; vgl auch BGH **26**, 271). Bei Verfahrensverbindung nach § 237 StPO ist der BGH nur zuständig, soweit sich die Revision gegen die erstinstanzliche Entscheidung richtet (BGH **36**, 348, 351; erg 8 zu § 237 StPO). Zur Überleitung eines Berufungsverfahrens in ein Verfahren 1. Instanz bei der großen JugK vgl 9 zu § 328 StPO. **1**

2 **2) Beschwerdezuständigkeit des BGH** (II): Aus der Bezugnahme auf § 304 IV S. 2 StPO ergibt sich, daß es sich insoweit um Beschlüsse und Verfügungen handeln muß, die das OLG als Gericht des 1. Rechtzugs in Staatsschutz-Strafsachen nach § 120 I, II erlassen hat. In den Fällen, in denen die weitere Beschwerde nach § 310 I StPO zulässig ist, kann auch die vom OLG nach § 120 III erlassene Beschwerdeentscheidung mit weiterer Beschwerde zum BGH angefochten werden; gegen die nach § 120 IV erlassenen Beschwerdeentscheidungen ist aber keine weitere Beschwerde zulässig (LR-Schäfer/Harms 4). Die Beschwerde gegen einen Beschluß oder eine Verfügung des Ermittlungsrichters des BGH (§ 169 I S. 2 StPO) geht unmittelbar an den BGH. Mit dem Entfallen der Zuständigkeit des Ermittlungsrichters des BGH, also mit der Abgabe der Sache nach § 142a II oder mit der Erhebung der öffentlichen Klage durch den GBA, entfällt auch die Zuständigkeit des BGH für die Entscheidung über eine noch anhängige Beschwerde gegen eine Entscheidung dieses Ermittlungsrichters (BGH **27**, 253; vgl auch 19 zu § 162 StPO). Die Zuständigkeit des BGH entfällt auch, wenn das OLG die Eröffnung des Hauptverfahrens wegen der Straftat, die seine Zuständigkeit begründen würde, ablehnt und das Hauptverfahren wegen anderer Anklagepunkte bei einem Gericht niederer Ordnung eröffnet. Die vom OLG erlassene Haftanordnung gilt von diesem Beschluß an als eine vom nunmehr zuständigen Haftrichter getroffene Entscheidung (BGH **29**, 200, 202). Die Entscheidung gegen Anordnungen des GBA nach §§ 161a III, 163a III S. 3 StPO trifft der Beschwerdesenat des BGH (BGH **39**, 96).

3 **3) Weitere Zuständigkeiten** des BGH außerhalb des GVG: vgl zB §§ 13a, 138c I S. 2 StPO; §§ 29 I S. 2, 35 S. 2 Hs 1 **EGGVG;** § 42 IRG; § 83 GWB.

136 (weggefallen)

137 (weggefallen)

Verfahren vor dem Plenum

138 **I Die Großen Senate und die Vereinigten Großen Senate entscheiden nur über die Rechtsfrage. Sie können ohne mündliche Verhandlung entscheiden. Die Entscheidung ist in der vorliegenden Sache für den erkennenden Senat bindend.**

II Vor der Entscheidung des Großen Senats für Strafsachen oder der Vereinigten Großen Senate und in Rechtsstreitigkeiten, welche die Nichtigerklärung einer Ehe, die Feststellung des Bestehens oder Nichtbestehens einer Ehe oder die Anfechtung einer Todeserklärung zum Gegenstand haben, ist der Generalbundesanwalt zu hören. Der Generalbundesanwalt kann auch in der Sitzung seine Auffassung darlegen.

III Erfordert die Entscheidung der Sache eine erneute mündliche Verhandlung vor dem erkennenden Senat, so sind die Beteiligten unter Mitteilung der ergangenen Entscheidung der Rechtsfrage zu der Verhandlung zu laden.

1 **1) Nur eine Teilentscheidung** in einem Zwischenverfahren treffen die GrSe, nämlich eine Entscheidung nur über die vorgelegte Rechtsfrage (vgl 13, 15 zu § 121). Die Entscheidung ergeht in Form eines Beschlusses, der den Verfahrensbeteiligten mitzuteilen ist (KK-Hannich 7). Der GrS ist befugt, über mit der vorgelegten Rechtsfrage in unmittelbarem Zusammenhang stehende Rechtsfragen mitzuentscheiden (KK-Hannich 9 mit Beispielen; **aM** Lilie [14 zu § 132] S. 218ff).

2) Die Möglichkeit einer **mündlichen Verhandlung** vor dem GrS ist erst durch das Ges vom 17. 12. 1990 (BGBl I 2847) geschaffen worden. Ob mündlich verhandelt werden soll, steht grundsätzlich im pflichtgemäßen Ermessen des GrS (Kissel NJW **91**, 951); vgl aber unten 3. Findet eine mündliche Verhandlung statt, so sind die Verfahrensbeteiligten zu laden. 2

3) Anhörung des GBA: Nachdem die Möglichkeit einer mündlichen Verhandlung eingeführt worden ist (oben 2), in der der GBA selbstverständlich zu hören ist, kann der Sinn des II S. 2 nur darin gesehen werden, daß auf Antrag des GBA mündlich verhandelt werden muß; denn eine Anhörung des GBA ohne die anderen Verfahrensbeteiligten ist ausgeschlossen (vgl Kissel 11; KK-Hannich 5; weitergehend Katholnigg Anm zu BGH LM Nr 11 zu § 579 ZPO: stets mündliche Verhandlung). 3

4) Eine **Bindungswirkung** besteht nur in der vorliegenden Sache (I S. 3); im übrigen ergibt sich nur bei beabsichtigter Abweichung die allgemeine Vorlegungspflicht nach § 132 II (vgl Kissel 14). 4

Besetzung der Senate

139 **I Die Senate des Bundesgerichtshofes entscheiden in der Besetzung von fünf Mitgliedern einschließlich des Vorsitzenden.**

II Die Strafsenate entscheiden über Beschwerden und Anträge auf gerichtliche Entscheidung (§ 161 a Abs. 3 der Strafprozeßordnung) in der Besetzung von drei Mitgliedern einschließlich des Vorsitzenden. Dies gilt nicht für die Entscheidung über Beschwerden gegen Beschlüsse, durch welche die Eröffnung des Hauptverfahrens abgelehnt oder das Verfahren wegen eines Verfahrenshindernisses eingestellt wird.

1) Vgl 1 zu § 122. 1

Geschäftsordnung

140 **Der Geschäftsgang wird durch eine Geschäftsordnung geregelt, die das Plenum beschließt; sie bedarf der Bestätigung durch den Bundesrat.**

1) Plenum: Einziger Fall der gesetzlichen Zuständigkeit des Plenums. 1

2) Die **Geschäftsordnung** erging am 3. 3. 1952 (BAnz Nr 83 vom 30. 4. 1952), zuletzt geänd durch Bek vom 21. 6. 1971 (BAnz Nr 114 vom 26. 6. 1971). 2

9 a. Titel. Zuständigkeit für Wiederaufnahmeverfahren in Strafsachen

140a **I Im Wiederaufnahmeverfahren entscheidet ein anderes Gericht mit gleicher sachlicher Zuständigkeit als das Gericht, gegen dessen Entscheidung sich der Antrag auf Wiederaufnahme des Verfahrens richtet. Über einen Antrag gegen ein im Revisionsverfahren erlassenes Urteil entscheidet ein anderes Gericht der Ordnung des Gerichts, gegen dessen Urteil die Revision eingelegt war.**

II Das Präsidium des Oberlandesgerichts bestimmt vor Beginn des Geschäftsjahres die Gerichte, die innerhalb seines Bezirks für die Entscheidungen in Wiederaufnahmeverfahren örtlich zuständig sind.

III Ist im Bezirk eines Oberlandesgerichts nur ein Landgericht eingerichtet, so entscheidet über den Antrag, für den nach Absatz 1 das Landgericht zuständig ist, eine andere Strafkammer des Landgerichts, die vom Präsidium des Oberlandesgerichts vor Beginn des Geschäftsjahres bestimmt wird. Die Landesregierungen werden ermächtigt, durch Rechtsverordnung die nach Absatz 2 zu treffende Entscheidung des Präsidiums eines Oberlandesgerichts, in dessen Bezirk nur ein Landgericht eingerichtet ist, dem Präsidium eines benachbarten Oberlandesgerichts für solche Anträge zuzuweisen, für die nach Absatz 1 das Landgericht zuständig ist. Die Landesregierungen können die Ermächtigung durch Rechtsverordnung auf die Landesjustizverwaltungen übertragen.

IV In den Ländern, in denen nur ein Oberlandesgericht und nur ein Landgericht eingerichtet sind, gilt Absatz 3 Satz 1 entsprechend. Die Landesregierungen dieser Länder werden ermächtigt, mit einem benachbarten Land zu vereinbaren, daß die Aufgaben des Präsidiums des Oberlandesgerichts nach Absatz 2 einem benachbarten, zu einem anderen Land gehörenden Oberlandesgericht für Anträge übertragen werden, für die nach Absatz 1 das Landgericht zuständig ist.

V In den Ländern, in denen nur ein Landgericht eingerichtet ist und einem Amtsgericht die Strafsachen für die Bezirke der anderen Amtsgerichte zugewiesen sind, gelten Absatz 3 Satz 1 und Absatz 4 Satz 2 entsprechend.

VI Wird die Wiederaufnahme des Verfahrens beantragt, das von einem Oberlandesgericht im ersten Rechtszug entschieden worden war, so ist ein anderer Senat dieses Oberlandesgerichts zuständig. § 120 Abs. 5 Satz 2 gilt entsprechend.

VII Für Entscheidungen über Anträge zur Vorbereitung eines Wiederaufnahmeverfahrens gelten die Absätze 1 bis 6 entsprechend.

1 1) **Wiederaufnahmegericht** (§ 367 I S. 1 StPO) ist das Gericht, das über Wiederaufnahmeanträge und (VII) über Anträge zur Vorbereitung des Wiederaufnahmeverfahrens nach §§ 364 a, 364 b StPO, auch nach § 360 StPO (BGH **29**, 47, 49), zu entscheiden hat. Zur Zuständigkeit der StA vgl 2 zu § 367 StPO.

2 2) Die **örtliche Zuständigkeit** (I S. 1, II) des Wiederaufnahmegerichts bestimmt das Präsidium des OLG jeweils vor Beginn des Geschäftsjahrs (Feiber NJW **86**, 699 hält das für verfassungswidrig; die Regelung sei Sache des Gesetzgebers). Das ist kein Akt der Geschäftsverteilung nach § 21 e I, kann aber mit dem Geschäftsverteilungsplan verbunden werden (LR-Schäfer/Harms 7). Eine Veröffentlichung der Anordnung ist nicht geboten; § 21 e VIII gilt entspr (**aM** Kissel 10;
3 Feiber aaO). Ein **anderes Gericht** innerhalb des OLG-Bezirks muß bestimmt werden, nicht nur ein anderer Spruchkörper (Karlsruhe MDR **80**, 252; Kissel 3), auch kein auswärtiger (LR-Schäfer/Harms 4). Für den Fall, daß ein AG-Urteil mit dem Wiederaufnahmeantrag angefochten ist, kann ein anderes AG innerhalb desselben LG-Bezirks bestimmt werden; denn über eine Berufung gegen das neue Urteil kann dasselbe LG wie zuvor entscheiden (Nürnberg MDR **77**, 688; Kissel 3). Wenn im Fall der Zuständigkeitskonzentration nach §§ 74 c III, 74 d in dem OLG-Bezirk nur ein LG bestimmt ist, wird nicht irgendein anderes LG (**aM** Kissel 13), sondern entspr III S. 1 eine andere StrK desselben LG bestimmt (Karlsruhe JR **80**, 305 mit zust Anm Rieß; LR-Gössel 18 zu § 367 StPO). Das gilt auch im Fall des § 74 a (LR-Schäfer/Harms 8 a; insoweit übereinstimmend Kissel 14). Die Ansicht des BGH, der Fall biete unlösbare Schwierigkeiten, sofern nicht durch RechtsVO ein weiteres LG zuständig gemacht oder entspr III S. 2 die Entschei-

dung nach II einem benachbarten OLG zugewiesen wird (BGH **29**, 47 = NJW **80**, 131 mit abl Anm Katholnigg), erscheint unrichtig.

3) Sachliche Zuständigkeit (I S. 1): 4

A. **Grundsätzlich** ist ein gleichrangiger Spruchkörper des von dem OLG-Präsidium bestimmten Gerichts zuständig, beim LG erneut eine allgemeine StrK oder eine StrK mit besonderer Zuständigkeit (München MDR **80**, 601). Bei Verurteilungen vor dem 1. 10. 1950 ist Art 8 III Nr 119 VereinhG, bei Urteilen des BGH im 1. Rechtszug Art 5 IV S. 2 des Ges zur allgemeinen Einführung eines zweiten Rechtszuges in Staatsschutz-Strafsachen vom 8. 9. 1969 (BGBl I 1582) zu beachten. Die Zuständigkeit im Einzelfall richtet sich nach dem Geschäftsverteilungsplan für das neue Gericht. Für die Zuständigkeit der Rechtsmittelgerichte gelten die allgemeinen Bestimmungen. Zur Wirksamkeit von Entscheidungen unzuständiger Gerichte vgl 5 zu § 367 StPO. 5

B. **Berufungsurteile:** War über eine in vollem Umfang eingelegte Berufung sachlich entschieden worden, so richtet sich ein unbeschränkter Wiederaufnahmeantrag gegen das Berufungsurteil (RG **77**, 281, 284; Düsseldorf JMBlNW **79**, 261; LR-Gössel 8 zu § 367 StPO). Zuständig ist dann das nach II bestimmte LG, das grundsätzlich in der gleichen Besetzung (§ 76) wie in der früheren Hauptverhandlung entscheidet; hatte jedoch nach früherer Rechtslage eine große StrK über die Berufung gegen ein Urteil des SchG entschieden (§ 76 S. 1 aF GVG), so ist eine kleine StrK zuständig (§ 76 I S. 1). Hatte das LG über die Schuldfrage nicht zu entscheiden (Strafmaßberufung, Verwerfung nach § 329 I StPO), so ist ein AG Wiederaufnahmegericht (Koblenz NStZ-RR **98**, 19; LR-Gössel 9 zu § 367 StPO mwN), auch wenn das Berufungsgericht versehentlich Feststellungen zur Frage der Schuldfähigkeit nach § 20 StGB getroffen (Düsseldorf MDR **86**, 1050) oder die Schuldfrage sonst erneut geprüft hat (Bremen JZ **58**, 546 mit Anm Spendel; **aM** Peters Fehlerquellen III 129). Das Berufungsgericht entscheidet in diesem Fall nur dann über die Wiederaufnahme, wenn der Antrag auf einen innerhalb des Berufungsverfahrens liegenden Wiederaufnahmegrund gestützt wird (Köln JMBlNW **57**, 131). War bei der großen StrK ein erstinstanzliches mit einem Berufungsverfahren nach § 237 StPO verbunden worden (was jetzt nur noch bei der großen JugK vorkommen kann, vgl 4 zu § 237 StPO), kommt es darauf an, gegen welchen Urteilsteil sich der Wiederaufnahmeantrag richtet. Im Wiederaufnahmeverfahren selbst sind Verbindungen zur Verschiebung der sachlichen Zuständigkeit unzulässig (Koblenz aaO). 6

C. **Revisionsurteile:** Es entscheidet immer ein Gericht gleicher Ordnung wie das Gericht, dessen Urteil mit der Revision angefochten war (I S. 2), auch wenn das ein Verwerfungsurteil nach § 329 I StPO gewesen ist (LR-Gössel 13 zu § 367 StPO) und auch, wenn nur ein Mangel des revisionsgerichtlichen Verfahrens geltend gemacht wird (BGH GA **85**, 419; MDR **77**, 811 [H]); 1 StR 631/76 vom 27. 10. 1998; gleichgültig ist, ob über die Revision durch Urteil oder Beschluß entschieden worden war (BGH NStZ **85**, 496 [Pf/M]). Erg 1 zu § 373 StPO. 7

D. **Besondere Fälle:** 8

a) Bei **Gesamtstrafen** unter Einbeziehung früherer Urteile (§ 55 StGB) bleibt es bei der Zuständigkeit der einzelnen Gerichte, die die Urteile erlassen haben (Köln JMBlNW **59**, 283; KMR-Paulus 13 zu § 367 StPO; vgl auch BGH 2 ARs 360/92 vom 19. 8. 1992 mwN). Das kann zur Aufteilung des Verfahrens und Entscheidung verschiedener nach II bestimmter Ersatzgerichte zwingen (München GA Bd **41**, 69; LR-Gössel 19 zu § 367 StPO). 9

b) Bei **Zurückverweisung durch das Revisionsgericht** nach § 354 II, III StPO entscheidet grundsätzlich das nach II bestimmte Ersatzgericht für das Gericht, das das letzte Urteil erlassen hatte, auch wenn die Feststellungen zum äußeren Tatbestand aufrechterhalten worden sind (Hamm NJW **68**, 313). Ist bei Zurückverweisung an ein anderes LG das LG, das zuerst entschieden hatte, nach II zum 10

Ersatzgericht für das andere LG bestimmt worden, so ist es für die Entscheidung zuständig (Koblenz NJW **96**, 1072 L; **aM** LG Bad Kreuznach NJW **96**, 1070; Peters 148; Weiler NJW **96**, 1043). Das 1. Gericht ist zuständig, wenn bei Aufhebung nur im Rechtsfolgenausspruch mit dem Wiederaufnahmeantrag der Schuldspruch angegriffen wird (Braunschweig NJW **61**, 1082; Köln MDR **73**, 603; Saarbrücken OLGSt § 367 StPO S. 5). Das gilt auch, wenn die Sache nach §§ 354 II S. 1, 355 StPO an ein anderes Gericht zurückverwiesen worden war (Celle MDR **60**, 947) oder wenn das Revisionsgericht nach vorangegangenem Freispruch selbst die Schuldfeststellung getroffen hatte (Koblenz NStZ-RR **97**, 111).

11 c) **Jugendgerichte** bleiben zuständig, auch wenn der Verurteilte bei der Aburteilung erwachsen war oder es inzwischen geworden ist (LR-Gössel 17 zu § 367 StPO). In dem Beschluß nach § 370 II StPO kann die Sache aber an ein allgemeines Strafgericht verwiesen werden (dort 17).

12 d) **Weggefallene Gerichte:** Die Regelung in §§ 2, 3 des Ges über die Zuständigkeit der Gerichte bei Änderungen der Gerichtseinteilung vom 6. 12. 1933 (RGBl I 1037; BGBl III 300–4; vgl dazu BGH NStZ **92**, 502), für innerhalb des Geltungsbereichs der StPO aufgehobene Gerichte ist für das Wiederaufnahmeverfahren durch § 140 a überholt (Naumburg MDR **93**, 1228). Für Gerichte, an deren Sitz deutsche Gerichtsbarkeit nicht mehr ausgeübt wird, gelten die §§ 1, 17, 19 ZEG, für Wehrmacht- und Sondergerichte die §§ 18, 19 ZEG. Wegen der Urteile des RG im 1. Rechtszug vgl BGH **31**, 365; NStZ **82**, 214; KG NStZ **81**, 273 mit Anm Rieß.

13 **4) Sonderregelungen aus gerichtsorganisatorischen Gründen** (III–V): III betraf Braunschweig, zu dem bis Ende 1997 nur das LG Braunschweig (seit 1. 1. 1998 auch das LG Göttingen) gehörte; IV betrifft Bremen, Hamburg und das Saarland, V Berlin. Zur entspr Anwendung des III S. 1 und 2 bei Zuständigkeitskonzentrationen vgl oben 3.

14 **5) OLG als Wiederaufnahmegericht** (VI): Für Wiederaufnahmeverfahren gegen OLG-Urteile im 1. Rechtszug (§ 120 I, II) gilt § 140 a nicht. Zuständig ist vielmehr ein vom OLG-Präsidium im Geschäftsverteilungsplan nach § 21 e I zu bestimmender anderer Senat desselben OLG, sofern keine länderübergreifende Regelung nach IV S. 2 iVm § 120 V S. 2 besteht.

10. Titel. Staatsanwaltschaft

Vorbemerkungen

1 **1)** Die **StA** ist ein dem Gericht gleichgeordnetes Organ der Strafrechtspflege (BGH **24**, 170, 171 a; **aM** Peters 161), dem die Strafverfolgung und Mitwirkung im Strafverfahren obliegt. Sie trägt die Verantwortung für die Rechtmäßigkeit und Ordnungsmäßigkeit, aber auch für die Gründlichkeit des Ermittlungsverfahrens (3 zu § 163 StPO) sowie dessen schnelle Durchführung (Kohlmann Maurach-FS
2 50 ff; Einl 160; 7 zu Art 6 MRK). **Straftaten zu verhüten,** ist ihr, soweit das Ges nichts anderes bestimmt, nicht als unmittelbare Pflicht übertragen (Peters 181); in dieser Richtung wirkt sie nur insoweit, als mit der Verfolgung von Straftaten auch die Verhütung weiterer Straftaten bezweckt wird (BGH LM Nr 5 zu § 839 BGB). Über das Zusammentreffen von Strafverfolgung und präventivpolizeilichen Maß-
3 nahmen vgl 17 zu § 163 StPO. Im **Verhältnis zu den Strafgerichten** schafft die StA die Voraussetzungen für die Ausübung der rechtsprechenden Gewalt (Ermittlungsverfahren, Anklageerhebung), fördert die rechtsprechende Tätigkeit der Gerichte (vgl zB §§ 226, 296 StPO) und vollstreckt die gerichtlichen Entscheidungen (vgl §§ 36 II, 451 StPO). Vgl auch Einl 11 ff, 87. Sie ist „Wächter des Gesetzes“

(vgl Savigny bei der Einführung der StA in Preußen 1840, zitiert bei Otto, Die Preußische StA, S. 17 ff) insofern, als sie dem Legalitätsprinzip unterworfen (§ 152 II StPO) und ihr das Anklagemonopol übertragen ist (§ 151 I StPO). In der Hauptverhandlung ist der StA „Anwalt eines die moderne Kriminalpolitik bestimmenden Resozialisierungsstrafrechts" (Roxin DRiZ **69**, 389), in diesem Sinn eine Art Gegner des Angeklagten (Marx GA **78**, 360; erg unten 8). Zur **Stellung der** 4
StA vgl Dünnebier JZ **58**, 417; Gössel GA **80**, 325; Roxin DRiZ **69**, 385; Sarstedt NJW **64**, 1752; Wohlers 278. Über Haftung für Amtspflichtverletzungen des StA vgl Blomeyer JZ **70**, 715; Steffen DRiZ **72**, 153 mwN und neuerdings einerseits (verneinend) BGH NJW **96**, 2373 (in aller Regel) und Düsseldorf NJW **96**, 530, andererseits (bejahend) Hörstel NJW **96**, 497 sowie Vogel wistra **96**, 219 ff und NJW **96**, 3401 (nur bei gegenwärtig Verletzten). Verhältnis zur Polizei vgl 3 ff zu § 163 StPO; Blanckenburg ZRP **78**, 263; Görgen DRiZ **76**, 296; Kuhlmann DRiZ **76**, 265, 313; Rupprecht ZRP **77**, 275; Ulrich ZRP **77**, 159.

2) Weisungsgebundenheit; Verhältnis zur dritten Gewalt; parlamentari- 5
sche Verantwortlichkeit: Der StA ist weisungsgebunden (Näheres zu §§ 146, 147); er übt schon deshalb keine rechtsprechende Gewalt aus (1 zu § 151), auch soweit er judizielle Entscheidungen als Rechtspflegeorgan der Justiz trifft. Zu diesen Entscheidungen gehören insbesondere die Einstellungsverfügungen, mit denen der StA mehr als die Hälfte der Strafverfahren durch eigene Sachentscheidung beendet (5 ff zu § 170 StPO). Diese Entscheidungen gehören noch aus einem anderen Grund nicht zur Rspr: Sie sind – im Gegensatz zu den richterlichen – nicht der materiellen Rechtskraft fähig (Einl 168 ff; EbSchmidt I 13; Arndt NJW **59**, 605; vgl auch BVerfGE **9**, 89, 96, 97; Einschränkung: § 153 a I S. 4 StPO).
Daher gehört die **StA zur Exekutive.** Über sie und den JM ist im Bereich der 6
Strafrechtspflege das Grundprinzip der parlamentarischen Verantwortlichkeit realisiert. Jedoch ist die StA eine Institution *sui generis.* Sie „verwaltet" nicht (vgl auch Peters 161 ff), sondern arbeitet auf Rspr hin, gehört zum Funktionsbereich der Rspr, erfüllt gemeinsam mit dem Richter auf dem strafrechtlichen Gebiet die Aufgabe der Justizgewährung (BVerfGE **9**, 223, 228). In diesem Sinn ist sie **„ein** 7
der dritten Gewalt zugeordnetes Organ der Rechtspflege" (Krey JA **85**, 62; Vogel DRiZ **74**, 236). Ihr „Grundgesetz" ist das Legalitätsprinzip in seiner positiven und negativen Seite (2 ff zu § 152 StPO). Dieses Prinzip bindet auch den JM (1 ff zu § 146), ebenso die Regierung und das Parlament, wenn sie über den JM auf die Strafjustiz Einfluß nehmen wollen. Die StA hat die Funktion einer Brücke zwischen beiden zu erfüllen; sie ist „Mittlerin zwischen der Exekutive und der Gerichtsbarkeit" (Arndt im BTag bei der Beratung des DRiG am 14. 6. 1961, Bericht S. 9373). Eine solche „Vermengung" im System der Gewaltenverteilung (Trautmann MDR **71**, 173, 174) gibt es auch auf anderen Gebieten (vgl Böckstiegel NJW **70**, 1712).

3) Die **StA ist nicht Partei** im Strafprozeß (Stuttgart MDR **74**, 1394, 1395; 8
Kissel 5 zu § 141; Kintzi Wassermann-FS 902; Krause SchlHA **68**, 105; Krey JA **85**, 66; Wendisch Schäfer-FS 247; **aM** Blomeyer GA **70**, 172). Das gilt auch für die Hauptverhandlung, in der ein Verteidiger mitwirkt. Denn der StA ist verpflichtet, den Richter in seinem Ringen um die Erforschung des wirklichen Sachverhalts und um die richtige Rechtsanwendung zu unterstützen (RG **60**, 190). Die StA hat während des ganzen Verfahrens Belastung und Entlastung des Beschuldigten gleichermaßen zu berücksichtigen. Sie hat im Rahmen des Zulässigen dazu beizutragen, daß der Bürger zu seinem Recht kommt (vgl BVerwGE **9**, 90, 91; Einl 161).
Der **Grundsatz der verfahrensrechtlichen Waffengleichheit** zwischen Ange- 9
klagtem und StA (Einl 88) besteht nur iS einer Ausbalancierung der Rechte (E. Müller NJW **76**, 1063). Der Grundsatz hat vorwiegend im Hauptverfahren Bedeutung; im Vorverfahren ist er nur beschränkt realisierbar (vgl Kuhlmann DRiZ **76**, 14; Schaefer MDR **77**, 982), nämlich nur im Rahmen der Verfahrensstruktur und der Prozeßrollen.

10 **4) Auch in anderen Verfahren** sind der StA Funktionen zugewiesen, zB in Ehesachen (§ 632 I ZPO). Nach §§ 16 II, 30 I VerschollenheitsG idF v. 15. 1. 1951 (BGBl. I 63; III 401–6) wirkt die StA mit im Todeserklärungsverfahren und zur Feststellung der Todeszeit sowie bei der Aufhebung einer Todeserklärung. Bund und Länder lassen sich zT auch in Zivilprozessen gegen den Justizfiskus durch die StA vertreten. Bei OWien nach § 115 OWiG und Art 1 § 8 RBerG ist die StA zuständige VerwB iS des § 36 OWiG; vgl zB in Baden-Württemberg § 11 OWiG-ZuV idF vom 2. 2. 1990 (GBl 75, 268), letzte ÄndVO vom 20. 8. 1992 (GBl 726), in Bayern § 7 ZuVOWiG vom 16. 12. 1980 (GVBl 721), letzte ÄndVO vom 7. 9. 1993 (GVBl 630); vgl zu den übrigen Bundesländern Göhler Anh B.

11 **5)** Ob eine **rechtliche Bindung der StA** an gerichtliche Präjudizien besteht, ist sehr str (verneinend Arndt NJW **61**, 1617; Dünnebier JZ **61**, 312; Faller JZ **61**, 478; Fezer 2/33; Lüttger GA **57**, 211; Roxin DRiZ **69**, 387; **97**, 115; EbSchmidt MDR **61**, 269; Haft/Hilgendorf StASchlH-FS 279; bejahend BGH **15**, 155; Kissel 5 zu § 146; LR-Rieß 23 zu § 170 StPO; Krey JA **85**, 64 ff; Krey/Pföhler NStZ **85**, 150; Peters 167; Woesner NJW **61**, 535). Es wird zu unterscheiden sein: Hält die StA entgegen der höchstrichterlichen Rspr ein Verhalten für strafbar, ist sie an der Anklage nicht gehindert; hält sie es im Gegensatz dazu für straflos, muß sie zwar nicht aufgrund einer Bindungswirkung, aber wegen der ihr obliegenden Pflicht, auf eine einheitliche Rechtsanwendung zu achten, durch Anklageerhebung eine Änderung der Rspr herbeizuführen versuchen (Ranft 242). Innerhalb der StA geht bei zweifelhaften Rechtsfragen die Auffassung des Dienstvorgesetzten vor. Vgl aber 6, 7 zu § 146.

Sitz

141 Bei jedem Gericht soll eine Staatsanwaltschaft bestehen.

1 **1)** Der **Begriff des Gerichts** ist hier im administrativen Sinn zu verstehen (EbSchmidt 1). Bei der auswärtigen StrK (§ 78) oder bei dem auswärtigen Strafsenat (§ 116) besteht keine eigene StA.

2 **2) Beim AG** nimmt die staatsanwaltschaftlichen Aufgaben die StA des übergeordneten LG wahr (zB Art 12 II S. 1 BayAGGVG; § 8 II S. 1 BWAGGVG). Das ist zulässig, weil § 141 dem Sinn nach nur verlangt, daß für jedes Gericht eine StA als Anklagebehörde zuständig ist.

3 **3)** Eine **Zweigstelle der StA** kann für den Bezirk eines oder mehrerer AGe bei einem AG nach Maßgabe des Landesrechts (zB Art 12 II S. 2 BayAGGVG; § 8 II S. 2 BWAGGVG) eingerichtet werden. Eine „Außenstelle" kann durch JVerwA errichtet und wieder aufgelöst werden.

Zuständigkeit der StA

142 I Das Amt der Staatsanwaltschaft wird ausgeübt:

1. **bei dem Bundesgerichtshof durch einen Generalbundesanwalt und durch einen oder mehrere Bundesanwälte;**
2. **bei den Oberlandesgerichten und den Landgerichten durch einen oder mehrere Staatsanwälte;**
3. **bei den Amtsgerichten durch einen oder mehrere Staatsanwälte oder Amtsanwälte.**

II Die Zuständigkeit der Amtsanwälte erstreckt sich nicht auf das amtsrichterliche Verfahren zur Vorbereitung der öffentlichen Klage in den Strafsachen, die zur Zuständigkeit anderer Gerichte als der Amtsgerichte gehören.

III Referendaren kann die Wahrnehmung der Aufgaben eines Amtsanwalts und im Einzelfall die Wahrnehmung der Aufgaben eines Staatsanwalts unter dessen Aufsicht übertragen werden.

1) Sequenzzuständigkeit der StA: Die Zuständigkeit der StA bei dem LG 1
richtet sich grundsätzlich nach der örtlichen (§ 143) Zuständigkeit des Gerichts (für das Hauptverfahren). Ändert sich diese Zuständigkeit irgendwann im Verfahren, zB durch Übertragung (5ff zu § 12 StPO), Abgabe (5ff zu § 13 StPO), Zurückverweisung (§ 354 II StPO), Wiederaufnahmeantrag (§ 140a), so ist die StA zuständig, die zu dem nunmehr mit der Sache befaßten Gericht gehört, solange dessen Zuständigkeit besteht. **Keine Verfahrensvoraussetzung** ist die 2
Zuständigkeit der StA. Hat die StA Anklage bei einem nach ihrer Meinung zuständigen Gericht erhoben, ist dieses Gericht aber sachlich nicht zuständig, so kommt es zur Anwendung des § 209 StPO oder der §§ 225a, 270 StPO, aber grundsätzlich nicht zur Einstellung des Verfahrens. Daher ist auch keine neue Anklageschrift erforderlich (Bay **73**, 8). **Anträge an Gerichte außerhalb ihres** 3
Bezirks kann die das Ermittlungsverfahren führende StA stellen, wenn einzelne Untersuchungshandlungen von diesem auswärtigen Gericht vorzunehmen sind, zB nach § 162 StPO. Im **Strafvollstreckungsverfahren** ist die StA, die VollstrB ist, 4
am Verfahren der StVollstrK beteiligt, auch wenn diese in einem anderen Bezirk liegt (§§ 451 III, 462a I StPO); im Beschwerdeverfahren ist dagegen der GStA bei dem beschließenden OLG verfahrensbeteiligt (erg 21 zu § 451).

2) Beim BGH (I Nr 1): Der Begriff Bundesanwälte in Nr 1 ist – ebenso wie 5
der Begriff Staatsanwälte in Nrn 2, 3 – nicht iS einer Rangbezeichnung, sondern iS einer Funktion zu verstehen. Er umfaßt also auch die OStAe beim BGH sowie die Richter und StAe, die zur Wahrnehmung staatsanwaltschaftlicher Aufgaben an die Bundesanwaltschaft beim BGH abgeordnet sind (vgl 1 zu § 149).

3) Beim OLG (I Nr 2) besteht eine eigene StA, an deren Spitze der GStA steht 6
(gesetzliche Bezeichnung, Besoldungsordnung R, Anlage III zum BBesG). Erg § 147 Nr 3; für das BayObLG Art 13 BayAGGVG.

4) Beim LG (I Nr 2): Diese StA – mit einem leitenden OStA (Berlin mit einem 7
GStA) an der Spitze – übt mit ihren StAen und Amtsanwälten auch die Funktion der StA bei den AGen ihres Bezirks aus (2 zu § 141). Der StA kann ein Wirtschaftsreferent zugeteilt werden (zu seiner Stellung BGH **28**, 381; Zweibrücken MDR **79**, 425). Diese Kooperation darf jedoch nicht dazu führen, daß der zugeteilte Gehilfe das Verfahren leitet. Dieser ist auch nicht befugt, dem LG gegenüber Prozeßerklärungen abzugeben oder Anträge zu stellen. Er kann aber mit der Durchführung von Vernehmungen betraut werden. Die von dem Vernommenen unterschriebene Niederschrift steht dann einer von ihm bei schriftlicher Vernehmung abgegebenen Äußerung gleich (11ff, 26 zu § 163a StPO). Auch mit anderen Untersuchungshandlungen, für die keine besondere Zuständigkeit besteht, darf der zugeteilte Gehilfe beauftragt werden. Ein vom JM an die StA abgeordneter Beamter mit der Befähigung nach §§ 5ff DRiG kann ebenfalls das Amt eines StA ausüben (KG NStZ **95**, 148).

5) Beim AG (I Nr 3) können die Aufgaben der StA auch durch eine Zweigstelle 8
oder Außenstelle der StA beim LG wahrgenommen werden (3 zu § 141). Nach der von den LJVen bundeseinheitlich erlassenen Anordnung über Organisation und Dienstbetrieb der StA – OrgStA (abgedruckt zB in JMBlNW **75**, 85, zuletzt geändert am 24. 7. 1991, JMBlNW **91**, 198) – werden den Amtsanwälten (über Befähigung zB § 9 I BWAGGVG) nur Strafsachen übertragen, in denen der Straf-

richter (§ 25 GVG) entscheidet, und zwar nur die in einem Katalog bezeichneten Strafsachen. Mit der Wahrnehmung der Aufgaben des Amtsanwalts können auch sonstige Beamte des gehobenen Dienstes (vgl Art 14 I BayAGGVG; § 20 II HambAGGVG) beauftragt werden.

9 6) **Örtliche Sitzungsvertreter** können nach Landesrecht bei dem AG, bei dem weder ein StA noch ein Amtsanwalt seinen Dienstsitz hat, für die Strafrichtersitzungen bestellt werden; zB nach § 10 II BWAGGVG, Art 14 II BayAGGVG nebst VO vom 16. 5. 1957 (GVBl 119), ÄndVO vom 18. 6. 1970 (GBVl 296), § 8 NdsAGGVG, RhPf-G vom 18. 12. 1967 (GVBl 321), ÄndG vom 26. 5. 1972 (BGBl I 841), Schl-H G vom 20. 11. 1967 (GVOBl 265). Das ist mit §§ 142, 150 vereinbar (BVerfGE **56**, 110 = NJW **81**, 1033). Über Inhalt und Schranken der Tätigkeit des örtlichen Sitzungsvertreters vgl Landau/Globuschütz NStZ **92**, 68, über die Rechtsmittelbefugnis vgl 3 zu § 296 StPO.

10 7) **JugStA** (§ 36 **JGG**): Er bearbeitet die Verfahren, für die das JugG zuständig ist (§§ 33–33 b, 107 **JGG**), sowie die Jugendschutzsachen (§§ 26, 74 b), soweit Anklage zum Jugendgericht in Betracht kommt (Eisenberg 8 zu § 36 JGG). § 36 **JGG** ist eine Ordnungsvorschrift (BGH bei Herlan GA **61**, 358). Daher findet § 338 Nr 5 StPO keine Anwendung, wenn die StA anstatt durch einen JugStA durch einen anderen StA (Brunner/Dölling 1 zu § 36 JGG) oder einen Amtsanwalt (Karlsruhe NStZ **88**, 241) vertreten war (**aM** Eisenberg NStZ **94**, 69: § 337 StPO anwendbar).

11 8) **Übertragung auf Referendare** (III; vgl auch § 10):

12 A. **Die beiden Aufgabenbereiche** sind nur dadurch voneinander unterschieden, daß dem Amtsanwalt lediglich die in I Nr 3, II bezeichneten Funktionen übertragen werden dürfen. In III sind daher unter den Aufgaben eines Amtsanwalts diejenigen Funktionen gemeint, die ihm übertragen werden können. Die LJVen können die Übertragung auf einen Referendar zur unbeaufsichtigten Erledigung in der gleichen Weise beschränken wie die Übertragung auf Amtsanwälte durch die OrgStA (oben 8). Bei der Anwendung des III ist sowohl ein konkret abgegrenzter allgemeiner Auftrag als auch ein Spezialauftrag für einen Einzelfall möglich. In diesem Rahmen handelt der Referendar, soweit erforderlich, zwar nach vorangegangenen Besprechungen und Instruktionen durch den AusbildungsStA, aber nicht unter dessen Aufsicht. Eine Aufsicht des Amtsanwalts ist nicht vorgesehen (ebensowenig wie bei der Ausführung von Aufgaben des Rechtspflegers, 5 zu § 10).

13 B. **Aufgaben eines StA** sind alle übrigen Aufgaben der StA (2. Fallgruppe). Ein spezieller Auftrag aus diesem Bereich wird unter der Aufsicht des (behördenintern) zuständigen StA ausgeführt. Die Aufsicht muß nicht in ständiger Anwesenheit bei der Ausführung vorgenommen werden. Der StA muß aber so viel an Aufsichtstätigkeit entfalten, daß das Ergebnis der Arbeit des Referendars als vollwertige staatsanwaltschaftliche Untersuchungshandlung anerkannt werden kann. Ein Referendarprotokoll versieht der StA mit einem Aufsichtsvermerk (1 zu § 10). Anklageschriften und Einstellungsverfügungen sollten stets vom StA unterzeichnet sein (**aM** LR-Schäfer/Boll 40).

14 C. **Sitzungsvertretung:** Im Rahmen der 1. Fallgruppe (oben 12) kann der Referendar als Sitzungsvertreter in den Sitzungen des AG – auch des JugG (Hamm JMBlNW **94**, 23; **aM** Eisenberg DRiZ **98**, 161; dagegen Löhr DRiZ **98**, 165) – nach Entscheidung des Leiters der StA (vgl zB Art 14 III BayAGGVG) allein auftreten. Den Auftrag erteilt der Leiter der StA oder ein von ihm beauftragter StA, was auch durch schlüssige Handlung geschehen kann (Einl 126). Nicht aus Rechtsgründen, aber aus Gründen der Ausbildung kann die JV anordnen, daß der Aus-
15 bildungs-StA anwesend ist. **Bei den anderen erkennenden Gerichten** gestaltet sich die Mitwirkung des Referendars in der Hauptverhandlung in der Weise, daß er als 2. Sitzungsvertreter neben dem StA fungiert oder der StA – überwiegend

(Zweibrücken VRS **47**, 352) oder jedenfalls von Zeit zu Zeit (Landau/Globuschütz NStZ **92**, 68) – anwesend ist und die Aufsicht ausübt, um ggf selbst tätig werden zu können. Bei der Urteilsverkündung ist die zusätzliche Anwesenheit des StA nicht erforderlich. Die **Disposition des Referendars über den staatlichen Strafanspruch** (zB durch Zustimmung nach §§ 153 II, 153a II StPO; vgl 21 III OrgStA) wird zweckmäßigerweise von der Zustimmung des sachbearbeitenden oder ausbildenden StA abhängig gemacht, die in geeigneten Fällen für den Fall bestimmter Entwicklung der Sache schon vor der Hauptverhandlung erteilt werden kann. Das gleiche gilt für Rechtsmittelverzicht. 16

9) Dem **Rechtspfleger** bei der StA sind bestimmte Geschäfte der StA übertragen (§ 31 **RPflG**), insbesondere die Geschäfte der VollstrB (2 zu § 451 StPO). 17

10) Unwirksamkeit: Führt ein Amtsanwalt ein Ermittlungsverfahren in einer Sache, für die er zu Unrecht die künftige Zuständigkeit des AG als erkennendes Gericht annimmt oder in der sich die Zuständigkeit des LG erst in einem späteren Stadium des Ermittlungsverfahrens ergibt, so sind seine Prozeßhandlungen wirksam. Das gleiche gilt, wenn er die Beschränkung seiner Kompetenz auf Strafrichtersachen (oben 8) nicht beachtet. Gibt der Amtsanwalt aber eine Prozeßerklärung namens der StA entgegen dem Verbot in I Nr 3 gegenüber dem LG ab, so ist diese unwirksam (Bay NJW **74**, 761 für die Beschränkung der Berufung). Wenn die Erklärung aber nicht rechtsgestaltender Art ist, gilt das in 1 zu § 22d Ausgeführte (vgl auch oben 1 ff). 18

Generalbundesanwalt **RiStBV 202–214**

142a

I Der Generalbundesanwalt übt in den zur Zuständigkeit von Oberlandesgerichten im ersten Rechtszug gehörenden Strafsachen (§ 120 Abs. 1 und 2) das Amt der Staatsanwaltschaft auch bei diesen Gerichten aus. Können in den Fällen des § 120 Abs. 1 die Beamten der Staatsanwaltschaft eines Landes und der Generalbundesanwalt sich nicht darüber einigen, wer von ihnen die Verfolgung zu übernehmen hat, so entscheidet der Generalbundesanwalt.

II Der Generalbundesanwalt gibt das Verfahren vor Einreichung einer Anklageschrift oder einer Antragsschrift (§ 440 der Strafprozeßordnung) an die Landesstaatsanwaltschaft ab,

1. wenn es folgende Straftaten zum Gegenstand hat:
   a) Straftaten nach den §§ 82, 83 Abs. 2, §§ 98, 99 oder 102 des Strafgesetzbuches,
   b) Straftaten nach den §§ 105 oder 106 des Strafgesetzbuches, wenn die Tat sich gegen ein Organ eines Landes oder gegen ein Mitglied eines solchen Organs richtet,
   c) Straftaten nach § 138 des Strafgesetzbuches in Verbindung mit einer der in Buchstabe a bezeichneten Strafvorschriften oder
   d) Straftaten nach § 52 Abs. 2 des Patentgesetzes, nach § 9 Abs. 2 des Gebrauchsmustergesetzes in Verbindung mit § 52 Abs. 2 des Patentgesetzes oder nach § 4 Abs. 4 des Halbleiterschutzgesetzes in Verbindung mit § 9 Abs. 2 des Gebrauchsmustergesetzes und § 52 Abs. 2 des Patentgesetzes;

2. in Sachen von minderer Bedeutung.

III Eine Abgabe an die Landesstaatsanwaltschaft unterbleibt,

1. wenn die Tat die Interessen des Bundes in besonderem Maße berührt oder

2. wenn es im Interesse der Rechtseinheit geboten ist, daß der Generalbundesanwalt die Tat verfolgt.

IV Der Generalbundesanwalt gibt eine Sache, die er nach § 120 Abs. 2 Nr. 2 oder 3 oder § 74 a Abs. 2 übernommen hat, wieder an die Landesstaatsanwaltschaft ab, wenn eine besondere Bedeutung des Falles nicht mehr vorliegt.

1 1) **Primärzuständigkeit des GBA:** Soweit der GBA als Strafverfolgungsbehörde (außerhalb seiner Mitwirkung beim BGH als Revisions- oder Beschwerdegericht, § 135) tätig wird, übt er seine StA-Funktion bei den OLGen aus (§ 120 I, II), die insoweit im Wege der sog Organleihe Bundesgerichtsbarkeit ausüben (Art 96 V GG; § 120 VI). Gegenüber der Landes-StA hat der GBA zwar das Kompetenzbestimmungsrecht in Staatsschutzsachen nach I S. 2, II–IV, aber kein Weisungsrecht (§ 147 Nrn 2, 3).

2 2) **Abgeleitete Zuständigkeit der Landes-StA** (II, III):

3 A. Die **Abgabepflicht** nach II entsteht erst, wenn nach Auffassung des GBA die Sache abschließend so weit geklärt ist, daß über die Anklageerhebung entschieden werden kann. Er darf die Sache aber auch früher abgeben, wenn die Voraussetzungen abschließend geklärt sind. Betrifft das Verfahren nicht (oder nicht nur) eine Straftat aus dem Katalog des II Nr 1, sondern (auch) eine andere der in § 120 I aufgezählten Sachen, so hat sie der GBA abzugeben, wenn die Sache von minderer Bedeutung ist (II Nr 2). Rückübernahme durch den GBA ist zulässig (vgl RiStBV 203 II).

4 B. Die **Rückausnahmen** nach III verpflichten den GBA, die Anklage- oder Antragsschrift selbst bei dem OLG einzureichen und die Sache im weiteren Verfahren zu vertreten.

5 3) **Abgabe an die Landes-StA** (IV): Zwar wird der GBA die übernommene Sache idR erst abgeben, wenn das Vorverfahren die Voraussetzungen für die Einreichung einer Anklageschrift oder Antragsschrift ergeben hat, um das Vorverfahren nicht in zwei Teile zu trennen. Das Abgaberecht entsteht aber bereits, wenn erkennbar ist, daß die besondere Bedeutung des Falls, die zur Übernahme geführt hat (§§ 74 a II, 120 II Nrn 2 und 3), eindeutig nicht mehr besteht. Der in II bezeichnete Endzeitpunkt gilt praktisch auch für IV. Eine erneute Übernahme durch den GBA ist ausgeschlossen (KK-Schoreit 10; Kissel 11; **aM** Katholnigg 5).

6 4) Eine **gerichtliche Nachprüfung** der Übernahme oder Abgabe, die in der Gesamtinstitution der StA Interna sind, findet nicht statt. Mit der Abgabe nach II, IV entfällt auch die Zuständigkeit des BGH für eine Beschwerde gegen eine Entscheidung des Ermittlungsrichters des BGH (BGH NJW **73**, 477; erg 2 zu § 169 StPO).

Örtliche Zuständigkeit

143 **I Die örtliche Zuständigkeit der Beamten der Staatsanwaltschaft wird durch die örtliche Zuständigkeit des Gerichts bestimmt, für das sie bestellt sind.**

II Ein unzuständiger Beamter der Staatsanwaltschaft hat sich den innerhalb seines Bezirks vorzunehmenden Amtshandlungen zu unterziehen, bei denen Gefahr im Verzug ist.

III Können die Beamten der Staatsanwaltschaft verschiedener Länder sich nicht darüber einigen, wer von ihnen die Verfolgung zu übernehmen hat, so entscheidet der ihnen gemeinsam vorgesetzte Beamte der Staatsanwaltschaft, sonst der Generalbundesanwalt.

IV Den Beamten einer Staatsanwaltschaft kann für die Bezirke mehrerer Land- oder Oberlandesgerichte die Zuständigkeit für die Verfolgung bestimmter Arten von Strafsachen, die Strafvollstreckung in diesen Sachen sowie die

Bearbeitung von Rechtshilfeersuchen von Stellen außerhalb des räumlichen Geltungsbereichs dieses Gesetzes zugewiesen werden, sofern dies für eine sachdienliche Förderung oder schnellere Erledigung der Verfahren zweckmäßig ist; in diesen Fällen erstreckt sich die örtliche Zuständigkeit der Beamten der Staatsanwaltschaft in den ihnen zugewiesenen Sachen auf alle Gerichte der Bezirke, für die ihnen diese Sachen zugewiesen sind.

1) Die **örtliche Zuständigkeit der StA** richtet sich nach der des Gerichts (I; 1 ff zu § 142), auch in den Fällen, wo bestimmte Strafsachen bei einem Gericht örtlich konzentriert sind (§§ 58, 74 a, 74 c III, IV, 74 d). Die StA kann eine Sache formlos an die StA eines anderen örtlich zuständigen Gerichts abgeben. Nach der Eröffnung der gerichtlichen Untersuchung gilt jedoch § 12 II StPO (BGH **14**, 179, 184). Der Bereich der Zuständigkeit des einzelnen StA fällt mit dem seiner Behörde zusammen. Wenn aber eine Sache zur Zuständigkeit einer StA gehört, ist diese und damit auch der Sachbearbeiter weder an den Bezirk der Behörde noch an die Grenzen des Landes gebunden. Der StA kann im ganzen Bundesgebiet Amtshandlungen vornehmen, die ihm zur Verfolgung notwendig erscheinen (Kissel 4; KK-Schoreit 2; EbSchmidt 8). Der Sachbearbeiter kann auch bei jedem Ermittlungsrichter Anträge stellen (1 zu § 162 StPO) und bei dem jeweils zuständigen LG Beschwerde einlegen. 1

2) **Notzuständigkeit** (II): Entsprechend gilt II bei sachlicher Unzuständigkeit, zB wenn nicht die StA beim LG, sondern der GBA zuständig ist (§ 120 I, II); rascheste Aufnahme der Verbindung zum GBA ist dann notwendig. Vgl auch § 4 III S. 2 BKAG. Die **örtliche Unzuständigkeit** hat die Unwirksamkeit einer Prozeßhandlung der StA und das Entstehen eines Verfahrenshindernisses höchstens dann zur Folge, wenn die Annahme der örtlichen Zuständigkeit objektiv willkürlich war (Düsseldorf JMBlNW **96**, 260; **aM** wohl Kissel 6; LR-Schäfer/Boll 10). 2 2 a

3) **Kompetenzkonflikte** (III): Hier ist nur der über ein Land hinausgreifende Konfliktsfall geregelt. Eine den beteiligten StAen gemeinsam vorgesetzte Instanz gibt es in diesen Fällen nicht. Der landesinterne Kompetenzkonflikt wird mit den Mitteln der Dienstaufsicht des § 147 geregelt. Im übrigen gilt III nur als letztes Mittel (RiStBV 27 III). 3

4) **Partielle Konzentration bei der StA** (IV) und damit eine Ausnahme der gesetzlichen Regelung des I ist Gegenstand der Ermächtigung. Der für die Änderung der Gerichtsorganisation bestehende Gesetzesvorbehalt (BVerfGE **24**, 155) gilt nicht für die Organisationsänderung der StA (KK-Schoreit 7). Eine RechtsVO ist daher für die Ausführung der Ermächtigung – anders als zB nach den §§ 58, 74 c III, 74 d und 78 a II – nicht erforderlich. Es genügt ein Organisationsakt des JM (§ 147). Dieser kann die Ermächtigung auch auf den GStA delegieren, ihm jedenfalls die Details für seinen Bezirk überlassen. 4

A. **Den Beamten einer StA:** Das sind alle Beamten, vor allem der Behördenleiter und alle anderen, die bei der Ausführung und Beaufsichtigung beteiligt sind. 5

B. Die **erweiterten Kompetenzen** verleihen der StA die Befugnis, bei jedem Gericht des Zuständigkeitsbereichs Anträge zu stellen, die Anklage zu erheben und Rechtsmittel einzulegen. Die Zuständigkeit der StA nach I wird dadurch nicht ausgeschlossen (Zweibrücken NStZ **84**, 233 mit Anm Schoreit; **aM** Katholnigg 4; Kissel 9). Die Erweiterung gilt auch gegenüber den Behörden und Beamten des Polizeidienstes. Schon wegen dieser Wirkungen macht das JM die Kompetenzerweiterung in der landesüblichen Weise bekannt. 6

C. **Aufrechterhaltung zentraler Zuständigkeit:** Die Anwendung des IV kommt besonders für den Fall in Betracht, daß die Zuständigkeit der zentralen StaatsschutzStA (I iVm § 74 a IV) dadurch entfällt, daß ein anderes LG zuständig wird (§ 74 e). Hier kann es sachdienlich sein und einer unnötigen Verzögerung der Verfahren entgegenwirken, wenn die StaatsschutzStA trotz des Übergangs der 7

8 Zuständigkeit auf ein anderes LG zuständig bleibt (Katholnigg NJW **78**, 2379). **Bei ähnlichen Zuständigkeitskonzentrationen** (§§ 74 d, 74 c III, IV; vgl 9 zu § 74 c) kann das gleiche Bedürfnis für die Anwendung des IV bestehen (vgl SchlHA **79**, 120 für Wirtschaftsstrafsachen).

9 D. Bei **Konzentration der Rechtshilfeersuchen,** die von Stellen außerhalb des Geltungsbereiches des GVG kommen, sind weniger Fachkräfte nötig und werden die Kenntnisse der vorhandenen Fachkräfte besser ausgenutzt. Für die
10 Rechtshilfeersuchen in umgekehrter Richtung gilt IV nicht. **SchwerpunktStAen** können auch zur Verfolgung anderer Straftaten eingerichtet werden, zB für Straftaten nach § 129 a StGB und die in dieser Vorschrift bezeichneten anderen Straftaten (vgl § 103 I S. 3 StPO).

Organisation der StA

144 **Besteht die Staatsanwaltschaft eines Gerichts aus mehreren Beamten, so handeln die dem ersten Beamten beigeordneten Personen als dessen Vertreter; sie sind, wenn sie für ihn auftreten, zu allen Amtsverrichtungen desselben ohne den Nachweis eines besonderen Auftrags berechtigt.**

1 **1) Bürokratisch** ist die StA organisiert. Vgl OrgStA; 8 zu § 142.

2 **2) Unbeschränkbar** nach außen (also gegenüber dem Gericht) ist die sich aus § 144 ergebende Vertretungsbefugnis des amtierenden StA.

Ersetzungsbefugnisse

145 **I Die ersten Beamten der Staatsanwaltschaft bei den Oberlandesgerichten und den Landgerichten sind befugt, bei allen Gerichten ihres Bezirks die Amtsverrichtungen der Staatsanwaltschaft selbst zu übernehmen oder mit ihrer Wahrnehmung einen anderen als den zunächst zuständigen Beamten zu beauftragen.**

II Amtsanwälte können das Amt der Staatsanwaltschaft nur bei den Amtsgerichten versehen.

1 **1)** Das **Recht der Devolution (Übernahme) und der Substitution (Beauftragung eines anderen StA)** haben die ersten Beamten und bei deren Verhinderung ihre Vertreter, nicht aber die sonstigen „beigeordneten" StAe (§ 144; LR-Schäfer/Boll 5). Die Substitution kann sich auf einen bestimmten StA oder auf die gesamte Staatsanwaltschaft als Behörde beziehen (BGH NStZ **98**, 309; **aM** Stuttgart Justiz **97**, 222: nur ein StA). Die Schranke des II gilt auch, falls der Amtsanwalt die Befähigung zum Richteramt besitzt (Kissel 3; KK-Schoreit 6; Katholnigg 5; **aM** RG **51**, 222; LR-Schäfer/Boll 10). Es gibt nur einen gesetzlichen Richter (§ 16 S. 2), aber keinen gesetzlichen StA (vgl 3 ff vor § 22 StPO). Die Substitu-
2 tionsbefugnis hat **auch der JM** (1 zu § 147). Der Auftrag kann auch eine Gruppe von Strafsachen betreffen. Wird er dem Leiter einer StA oder einer Zweigstelle (3 zu § 141) erteilt, so kann damit der Auftrag verbunden werden, die Sachbearbeiter im Einzelfall oder durch Geschäftsverteilung zu bestimmen.

3 **2) Beauftragt der GStA** einen StA seines Bezirks, der nicht zu der nach § 143 I zuständigen Behörde gehört, so wird dieser als Beamter der an sich zuständigen StA tätig. Bei Unterzeichnung braucht er nicht auf den Auftrag nach I hinzuweisen (BGH NStZ **95**, 204).

4 **3) Auch der GBA** beim BGH kann jegliche Amtsverrichtung der Bundesanwaltschaft selbst übernehmen oder sie einem anderen als dem nach der Geschäftsverteilung zuständigen StA übertragen.

4) Der **Auftrag** nach § 145 muß in irgendeiner Form aktenkundig gemacht werden, damit das Gericht die Berechtigung erkennen kann (KK-Schoreit 4; EbSchmidt 8). 5

5) Einen **Rechtsanspruch** auf Substitution oder Devolution hat der Beschuldigte nicht (Hamm NJW **69**, 808; Karlsruhe MDR **74**, 423; Schleswig SchlHA **83**, 106 [E/L]; Arloth NJW **83**, 207; Bruns JR **80**, 400; Bottke JA **80**, 720; Wendisch Schäfer-FS 264; 7 vor § 22 StPO), daher auch nicht die Befugnis zum Antrag nach § 23 **EGGVG;** dort 15). Ein Revisionsgrund kann sich aus § 145 nicht ergeben (7 vor § 22 StPO). 6

Weisungen

146 **Die Beamten der Staatsanwaltschaft haben den dienstlichen Anweisungen ihres Vorgesetzten nachzukommen.**

1) Weisungsbefugt (§ 147) sind die vorgesetzten StAe und der JM (mit den von ihm bevollmächtigten Beamten). Da der JM nicht StA ist, wird seine Weisungsbefugnis als extern bezeichnet. Die externe Weisung des JM wird vom GStA (1 zu § 147) in eine StA-interne umgewandelt, falls sie akzeptiert wird (unten 6, 7). Die Weisungen können allgemeiner Art sein oder einen Einzelfall betreffen. Die einen wie die anderen können die rechtliche oder tatsächliche Sachbehandlung zum Gegenstand haben. **Allgemeine Weisungen** sind zB enthalten in den RiStBV, in den RiJGG, in den RiVASt, in der MiStra (vgl 8, 9 zu § 12 **EGGVG** und in den Anordnungen über Berichtspflichten in Strafsachen. Sie können aber auch die Behandlung einzelner Sachen betreffen. 1 2

2) Die **Grenzen des Weisungsrechts** (vgl allg Geerds StASchlH-FS 297; Hund ZRP **94**, 470; Krey/Pföhler NStZ **85**, 145; Roxin DRiZ **97**, 118; Schairer Lenckner-FS 739) ergeben sich aus dem Legalitätsprinzip (§ 152 II StPO) und den dieses Prinzip nach der positiven und negativen Seite strafrechtlich schützenden §§ 344, 345, 258 a StGB. Diese Grenzen gelten auch für den JM; denn Dienstaufsicht ist Kontrolle der Richtigkeit der Dienstausübung. Außer im Bereich des Ermessens (7 ff zu § 152 StPO) ist für Weisungen nur Raum, soweit die Beurteilung zweifelhaft ist. Für die Würdigung der Beweise **in der Hauptverhandlung** können dem Sitzungsvertreter von einem nicht teilnehmenden Vorgesetzten grundsätzlich keine speziellen Weisungen für die Beweiswürdigung oder Rechtsfolgenbemessung gegeben werden, soweit die Anträge hierzu von dem Ergebnis der Beweisaufnahme und dem Inbegriff der Verhandlung (§ 261 StPO) abhängen (KK-Schoreit 9; Geerds aaO 304; **aM** Kissel 6; LR-Schäfer/Boll 35 ff; Fezer 2/23; Wohlers 275). Das betrifft zB die Beurteilung der Größe der Schuld in § 153 II und § 153 a II StPO, grundsätzlich aber nicht die Wertung des öffentlichen Interesses an der Strafverfolgung aus grundsätzlichen Erwägungen. Dadurch wird aber nicht ausgeschlossen, daß der Vorgesetzte die Anweisung zur Anfechtung des Urteils gibt. In keinem Fall darf sich der Weisungsberechtigte von **justizfremden Zwecken** (Lüttger GA **57**, 216 ff), von rechts- oder sachwidrigen Erwägungen leiten lassen (BVerfGE **9**, 223, 229 = NJW **59**, 871). Dabei ist Richtschnur, daß die StA nur den Rechtswillen, nicht den politischen Machtwillen des Staates zu vertreten hat (EbSchmidt 5). 3 4 5

3) Die **Grenzen der Befolgungspflicht** des StA ergeben sich aus den Grenzen des Weisungsrechts. Hat der StA unüberwindliche Bedenken gegen die Rechtmäßigkeit einer dienstlichen Anordnung, so trifft ihn eine zweifache Remonstrationspflicht, wie sie das für ihn geltende Beamtenrecht vorsieht (vgl § 56 II BBG; § 38 II BRRG). Die Remonstration dient einerseits der Klärung und Vermeidung falscher Sachbehandlung, andererseits der Entlastung des Angewiesenen von der Verantwortung. Eine rechtswidrige Weisung darf der StA auch nach vergeblicher 6

7 Remonstration nicht befolgen, wenn das ihm aufgetragene Verhalten **strafbar** oder ordnungswidrig und die Strafbarkeit oder Ordnungswidrigkeit für ihn erkennbar ist. Das gilt auch, wenn sich die Weisung auf den Schlußvortrag des StA (§ 258 I StPO; Less JR **51**, 193) oder auf Rechtsmitteleinlegung bezieht (vgl BGH **15**, 210; Dünnebier JZ **58**, 417). Die Weisungsgebundenheit der StA darf der sachgerechten Erfüllung ihrer Aufgaben nicht entgegenstehen (BVerfGE **9**, 223). Das Risiko des Ungehorsams bleibt dem Angewiesenen; er hat nicht das Recht der gerichtlichen Anfechtung (BGHZ **42**, 163, 170; LR-Schäfer/Boll 42). Anders § 26 III **DRiG.**

8 **4) Nur im Innenverhältnis** ist die zulässige Weisung bindend; auftragswidriges Prozeßverhalten des StA ist nicht unwirksam (2 zu § 144).

Dienstaufsicht

147 **Das Recht der Aufsicht und Leitung steht zu:**

1. **dem Bundesminister der Justiz hinsichtlich des Generalbundesanwalts und der Bundesanwälte;**
2. **der Landesjustizverwaltung hinsichtlich aller staatsanwaltschaftlichen Beamten des betreffenden Landes;**
3. **dem ersten Beamten der Staatsanwaltschaft bei den Oberlandesgerichten und den Landgerichten hinsichtlich aller Beamten der Staatsanwaltschaft ihres Bezirks.**

1 **1)** Die **Dienstaufsicht** – für Richter vgl § 26 **DRiG** – umfaßt außer dem Beaufsichtigen der formellen und sachlichen Erledigung der Dienstgeschäfte die Befugnis, zu rügen und zu mahnen. Das Recht der Leitung gibt die Befugnis zur Anweisung (§ 146). Der JM hat nicht das Recht, selbst die Funktionen der StA wahrzunehmen (zB ein Rechtsmittel einzulegen); sein Gesprächspartner ist der GStA (Leverenz SchlHA **61**, 39). Die Substitutionsbefugnis nach § 145 steht auch dem JM zu, auch für bestimmte Gruppen von Sachen, wobei die OLG-Grenzen nicht im Wege stehen (BGH 4 StR 519/69 vom 6. 8. 1970; RG **58**, 105; EbSchmidt 9 zu § 145).

2 **2)** Der **hierarchische Aufbau** der StA (dazu Frank Schlüchter-FG 49) ergibt sich aus § 147, insbesondere aus Nr 3 (vgl auch 1, 2 zu § 146). Nr 3 gilt auch für die Bundesanwaltschaft, obwohl das Recht der Aufsicht und Leitung dem GBA nicht ausdrücklich für seine Behörde eingeräumt ist (vgl aber § 14 I Nr 5 GVVO, wo diese formelle Lücke geschlossen ist).

3 **3)** Auch die **Berichtspflicht** ergibt sich aus § 147; denn ohne Berichte können die Vorgesetzten von ihrem Recht der Leitung kaum Gebrauch machen. Zur Weitergabe personenbezogener Daten im Hinblick auf das informationelle Selbstbestimmungsrecht vgl Landau/Dames DRiZ **92**, 130.

Befähigung

148 **Der Generalbundesanwalt und die Bundesanwälte sind Beamte.**

Ernennung der Bundesanwälte

149 **Der Generalbundesanwalt und die Bundesanwälte werden auf Vorschlag des Bundesministers der Justiz, der der Zustimmung des Bundesrates bedarf, vom Bundespräsidenten ernannt.**

1) Der **Begriff „Bundesanwälte"** ist hier – anders als in § 142 I Nr 1 – iS des Ranges zu verstehen. Die Vorschrift gilt also nicht für die OStAe beim GBA. 1

Unabhängigkeit von den Gerichten

150 Die Staatsanwaltschaft ist in ihren amtlichen Verrichtungen von den Gerichten unabhängig.

1) Dem Gericht gleichgeordnet (vgl 1 ff vor § 141) ist die StA, obwohl sie ihre Maßnahmen manchmal gemäß der richterlichen Entscheidungen treffen muß, vgl §§ 175, 458 StPO. Zum Verhältnis zwischen dem Vorsitzenden und dem Sitzungsvertreter der StA in der Hauptverhandlung vgl 10 zu § 176. Das Ersuchen des Gerichts, einen offensichtlich befangenen StA in der Hauptverhandlung abzulösen, schließt § 150 nicht aus (**aM** LG Köln NStZ **85**, 230 mit abl Anm Wendisch; erg 4 vor § 22 StPO). 1

Ausschluß von richterlichen Geschäften

151 Die Staatsanwälte dürfen richterliche Geschäfte nicht wahrnehmen. Auch darf ihnen eine Dienstaufsicht über die Richter nicht übertragen werden.

1) Der **StA als solcher** darf richterliche Geschäfte nicht wahrnehmen (Art 92 GG; 5 ff vor § 141). Er darf auch nicht durch Doppelernennung (vgl § 59 II) zugleich zum Richter ernannt werden. 1

2) Richter können aufgrund Gesetzes (vgl § 165 StPO) staatsanwaltschaftliche Geschäfte ausüben. Sie können auch aufgrund einer Abordnung (mit Einverständnis des Richters, § 37 I **DRiG**) oder nach §§ 13, 16 II DRiG Aufgaben der StA wahrnehmen; dann gilt S. 2 nicht (Kissel 2). 2

Hilfsbeamte der Staatsanwaltschaft

152 I Die Hilfsbeamten der Staatsanwaltschaft sind in dieser Eigenschaft verpflichtet, den Anordnungen der Staatsanwaltschaft ihres Bezirks und der dieser vorgesetzten Beamten Folge zu leisten.

II Die Landesregierungen werden ermächtigt, durch Rechtsverordnung diejenigen Beamten- und Angestelltengruppen zu bezeichnen, auf die diese Vorschrift anzuwenden ist. Die Angestellten müssen im öffentlichen Dienst stehen, das 21. Lebensjahr vollendet haben und mindestens zwei Jahre in den bezeichneten Beamten- oder Angestelltengruppen tätig gewesen sein. Die Landesregierungen können die Ermächtigung durch Rechtsverordnung auf die Landesjustizverwaltungen übertragen.

1) Bedeutung: Die Beamten und Behörden des Polizeidienstes sind nach § 161 S. 2 StPO verpflichtet, dem Ersuchen oder Auftrag der StA Folge zu leisten. Diese Pflicht gilt nicht nur im Ermittlungsverfahren, sondern im gesamten Strafverfahren (Einl 43), was gerade § 152, der ohne Rücksicht auf den Stand des Verfahrens gilt, bestätigt. Die Hilfsbeamten der StA (zur Kritik an diesem Begriff Keller/Schairer Polizei **97**, 305) haben mehr Anordnungsbefugnisse als die (sonstigen) Beamten des Polizeidienstes, die diese Eigenschaft nicht haben, vor allem das Recht, unter bestimmten Voraussetzungen die körperliche Untersuchung des Beschuldigten (§ 81 a StPO) oder Unverdächtiger (§ 81 c StPO), die Beschlagnahme (§§ 98 I, 111 e I S. 2, 132 III S. 2 StPO), die Durchsuchung (§§ 105 I S. 1, 111 b III StPO, 1 soweit die Beschlagnahmezuständigkeit nach § 111 e I S. 2 StPO besteht), die Einrichtung einer Kontrollstelle (§ 111 II StPO) und die Notveräußerung (§ 111 l II S. 2, III S. 3 Hs. 2 StPO) anzuordnen sowie eine Maßnahme nach § 132 II oder § 163 d StPO zu treffen (zur Problematik vgl Nelles, Kompetenzen und Ausnahmekompetenzen in der StPO, 1980, S. 81 ff). Hatte der bestellte Beamte noch keine kriminalpolizeilichen Befugnisse, so erhält er sie mit der Bestellung. Die Vollstreckung der Anordnung ist Sache des Hilfsbeamten selbst; es können auch andere Polizeibeamte dazu herangezogen oder damit beauftragt werden.

2 **2) Anordnung der StA** (I): Der StA richtet, solange nicht ein bestimmter Hilfsbeamter mit der Bearbeitung des konkreten Falls befaßt ist, seinen Auftrag grundsätzlich an die Polizeidienststelle (entspr der AV über unmittelbaren Zwang, RiStBV Anl A unter B I; **aM** Füllkrug ZRP **84**, 193: an den einzelnen Hilfsbeamten). Jedoch darf die StA nach § 152 auch die persönliche Ausführung von einem Hilfsbeamten ihres Bezirks fordern (11 zu § 161 StPO), auch die Landes-StA von einem Bundesbeamten, und zwar nicht nur hinsichtlich einer Prozeßhandlung, die den Hilfsbeamten vorbehalten ist (oben 1). Die gleiche Befugnis haben die der örtlichen StA vorgesetzten Beamten (vgl § 147). Der Bezirk des GBA ist die ganze BRep (KK-Schoreit 16); er kann daher allen Hilfsbeamten verbindliche Anweisungen geben (Holland MDR **73**, 376; Katholnigg 2). Der
3 **spezielle Auftrag** an einen bestimmten Beamten spielt insbesondere bei Eile sowie am Tat- oder Augenscheinsort (vgl 11 zu § 161 StPO) und sonst bei wichtigem Grund eine Rolle. Denn nach dem Sinn des § 152 stehen die Hilfsbeamten in noch stärkerer Bindung zur StA als andere Polizeibeamte (vgl auch RiStBV Anl A unter B I). Auf polizeiliche Präventivmaßnahmen erstreckt sich die Weisungsbefugnis des StA nicht (Hirsch ZRP **71**, 206; 13 zu § 161; 17 zu § 163 StPO; RiStBV
4 Anl A unter A Abs 2). **Besondere Verfahrensarten:** Im Ermittlungsverfahren wegen einer Steuerstraftat, das von der FinB geführt wird (Einl 12), gilt § 399 **AO.** Im Bußgeldverfahren haben die Hilfsbeamten den Anordnungen der VerwB nachzukommen (§ 53 I S. 2 OWiG) und die gleichen Anordnungsbefugnisse wie im Strafverfahren (§ 53 II OWiG).

5 **3)** Der **Zuständigkeitsbereich** des Hilfsbeamten wird mit der Bestellung allein nicht erweitert; er richtet sich vielmehr nach seinem allgemein- oder spezialpolizeilichen Hauptamt (RG **66**, 339; Bay NJW **54**, 362; Krause/Nehring 57), gleichviel, ob er auf Anordnung oder aus eigener Entschließung tätig wird (EbSchmidt 9; **aM** Kramer wistra **90**, 176). Für den zuständigen Hilfsbeamten kann auch, wie beim StA, ein anderer tätig werden, wenn der erstere nicht rechtzeitig eingreifen kann (§ 143 II). Über Ermittlungen im Ausland vgl RiVASt 40 ff.

6 **4) Bestellt** (II) werden die Hilfsbeamten nach Gruppen, nicht einzeln. Dies geschieht durch RechtsVOen der Länder (S. 1). Beamte der Betriebssicherung der Deutschen Post AG können nicht bestellt werden (Hamburg NStZ-RR **96**, 13). In den neuen Bundesländern können auch Angestellte zu Hilfsbeamten der StA bestellt werden (EV Anl I Kap III Sachgebiet A Abschn III Nr 1 o II). Die Ermächtigung haben nach S. 3 auf den JM übertragen: Mecklenburg-Vorpommern durch VO vom 6. 6. 1991 (GVBl 170), Rheinland-Pfalz durch VO vom 30. 5. 1975 (GVBl 214), Sachsen durch VO vom 9. 4. 1991 (GVBl 57) und Schleswig-Holstein durch VO vom 17. 12. 1976 (GVOBl 1977 S. 1). Die Hilfsbeamten sind bestellt für Baden-Württemberg durch VO vom 23. 9. 1985 (GBl 325), für Bayern durch VO vom 28. 12. 1984 (GVBl 1985 S. 4, 14), für Berlin durch VO vom 27. 9. 1984 (GVBl 1496), für Brandenburg durch VO vom 11. 7. 1991 (GVBl 300), für Bremen durch VO vom 5. 2. 1991 (GBl 61), für Hamburg durch VO vom 3. 12. 1985 (GVBl 332), für Hessen durch VO vom 8. 12. 1987 (GVBl 206), für Mecklenburg-Vorpommern durch VO vom 2. 7. 1996 (GVBl 311), für Niedersachsen durch VO vom 21. 7. 1977 (GVBl 287), für Nordrhein-Westfalen durch VO vom 31. 8. 1982 (GVBl 592), ÄndVO vom 7. 5. 1985 (GVBl 382), für

Rheinland-Pfalz durch VO vom 3. 9. 1975 (GVBl 375), ÄndVO vom 27. 9. 1985 (GVBl 222), für das Saarland durch VO vom 11. 3. 1986 (ABl 317), für Sachsen durch VO vom 8. 6. 1991 (GVBl 209), für Sachsen-Anhalt durch VO vom 31. 8. 1991 (GVBl 310), für Schleswig-Holstein durch VO vom 25. 3. 1985 (GVBl 14) und für Thüringen durch VO vom 12. 6. 1996 (GVBl 110).

5) **Kraft Gesetzes:** In den Fällen des § 4 I, II und des § 18 I BKAG sind die Vollzugsbeamten des Bundes – also des BKA – und der Länder Hilfsbeamte der zuständigen StA (§ 19 BKAG). Der Zusatz „zuständig" hat praktisch keine Bedeutung. Hilfsbeamte kraft Gesetzes gibt es ferner zB bei der Finanzverwaltung (§ 404 **AO,** § 37 III AWG, § 37 III S. 2 MOG) und bei der Forst- und Jagdverwaltung (§ 25 II BJagdG); vgl ferner die Regelungen in § 148 II BBergG sowie § 18 III TiefseebergbauG. Dazu kommen noch einige landesrechtliche Regelungen und § 63 I S. 2 OWiG, auch iVm § 13 II WiStG 1954. 7

6) Als **Rechtsbehelf** gegen eine Maßnahme des Hilfsbeamten der StA gibt es die Sachaufsichtsbeschwerde an die StA, für die der Beamte tätig geworden ist (Hamburg NJW **70**, 1700). Über die Dienstaufsichtsbeschwerde, die das Verhalten des Beamten, nicht die eigentliche Sachbearbeitung betrifft, entscheidet der Dienstvorgesetzte des Beamten. Zum Antrag auf gerichtliche Entscheidung gegen Untersuchungshandlungen des Hilfsbeamten der StA nach den §§ 23 ff **EGGVG** (dort 10). 8

11. Titel. Geschäftsstelle

153 **I Bei jedem Gericht und jeder Staatsanwaltschaft wird eine Geschäftsstelle eingerichtet, die mit der erforderlichen Zahl von Urkundsbeamten besetzt wird.**

II Mit den Aufgaben eines Urkundsbeamten der Geschäftsstelle kann betraut werden, wer einen Vorbereitungsdienst von zwei Jahren abgeleistet und die Prüfung für den mittleren Justizdienst oder für den mittleren Dienst bei der Arbeitsgerichtsbarkeit bestanden hat. Sechs Monate des Vorbereitungsdienstes sollen auf einen Fachlehrgang entfallen.

III Mit den Aufgaben eines Urkundsbeamten der Geschäftsstelle kann auch betraut werden,

1. **wer die Rechtspflegerprüfung oder die Prüfung für den gehobenen Dienst bei der Arbeitsgerichtsbarkeit bestanden hat,**
2. **wer nach den Vorschriften über den Laufbahnwechsel die Befähigung für die Laufbahn des mittleren Justizdienstes erhalten hat,**
3. **wer als anderer Bewerber (§ 4 Abs. 3 des Rahmengesetzes zur Vereinheitlichung des Beamtenrechts) nach den landesrechtlichen Vorschriften in die Laufbahn des mittleren Justizdienstes übernommen worden ist.**

IV Die näheren Vorschriften zur Ausführung der Absätze 1 bis 3 erlassen der Bund und die Länder für ihren Bereich. Sie können auch bestimmen, ob und inwieweit Zeiten einer dem Ausbildungsziel förderlichen sonstigen Ausbildung oder Tätigkeit auf den Vorbereitungsdienst angerechnet werden können.

V Der Bund und die Länder können ferner bestimmen, daß mit Aufgaben eines Urkundsbeamten der Geschäftsstelle auch betraut werden kann, wer auf dem Sachgebiet, das ihm übertragen werden soll, einen Wissens- und Leistungsstand aufweist, der dem durch die Ausbildung nach Absatz 2 vermittelten Stand gleichwertig ist.

1 **1) Die Geschäftsstelle** (I) ist eine einheitliche Einrichtung des Gerichts bzw. der StA und untersteht dem Behördenleiter. Der Personenkreis, der mit den Aufgaben des UrkB betraut werden kann, ist zu II, III, V näher umschrieben. Ob die Vorschriften zur Ausführung von I–V als Rechtsnorm oder als Verwaltungsanordnung erlassen werden, bestimmt das Landesrecht (vgl Art 15 I BayAGGVG iVm VO vom 31. 8. 1970, GVBl 444; § 21 HmbAGGVG iVm AO vom 2. 7. 1970, JVBl 60); für Bremen vgl Bremen StV **84**, 109 mit Anm Katholnigg.

2 **2) Aufgaben:** Der Geschäftsstelle obliegen der Geschäftsgang und die Erledigung der Aufgaben, die weder der Verwaltungsspitze zugeordnet sind noch zum Funktionsbereich des Richters oder des StA gehören. Die Geschäftsstelle bewirkt zB die Zustellungen (§§ 36, 214 StPO).

3 A. Die **UrkBen** sind besonders genannt. Ihre Aufgaben bestehen in der Aufnahme von Niederschriften (zB §§ 168, 168 a, 168 b StPO), im Protokolldienst in der Hauptverhandlung (§ 271 I StPO), in der Entgegennahme von Prozeßerklärungen einfacher Art zur Niederschrift der Geschäftsstelle (zB nach § 158 StPO) und in der Führung der Schöffenlisten (§ 49 IV). Ferner bescheinigt der UrkB die Vollstreckbarkeit des rechtskräftigen Urteils (§ 451 I StPO; § 13 II–IV StVollstrO). Der UrkB muß nicht dem Gericht angehören, für das er tätig wird (BGH NStZ **83**, 213 [Pf/M]). Auch der Stationsreferendar kann die Aufgaben des UrkB wahrnehmen, wenn das Landesrecht das vorsieht (vgl BGH NStZ **84**, 327: in Niedersachsen nur auf Anordnung des Behördenleiters; BGH MDR **85**, 862: in Baden-Württemberg im Auftrag des für die Ausbildung Verantwortlichen; Koblenz Rpfleger **85**, 77: in Rheinland-Pfalz im Auftrag des jeweiligen Ausbilders; vgl auch AV des JM Schleswig-Holstein vom 4. 12. 1984 [SchlHA **85**, 6]: Behördenleiter). Seine Betrauung mit der Aufgabe des UrkB muß aber vor Aufnahme der entspr Tätigkeit ausgesprochen werden (Hamburg MDR **84**, 337).

4 B. **Rechtspfleger:** Ein Teil der Erklärungen muß, ein anderer soll vom Rechtspfleger aufgenommen werden (§ 24 **RPflG;** Einl 133). Zu den Aufgaben des UrkB, die vom Rechtspfleger wahrgenommen werden (§ 21 **RPflG**), gehört auch die Festsetzung von Kosten und Auslagen im Kostenfestsetzungsverfahren (§ 464 b StPO).

5 **3)** In den **neuen Bundesländern** und in **Berlin** können auch andere als die in § 153 genannten Personen mit den Aufgaben eines Urkundsbeamten betraut werden (EV Anl I Kap III Sachgebiet A Abschn III Nr 1 q und Abschn IV Nr 3 a dd).

12. Titel. Zustellungs- und Vollstreckungsbeamte

154 [betrifft Gerichtsvollzieher]

Ausschließung des Gerichtsvollziehers

155 **Der Gerichtsvollzieher ist von der Ausübung seines Amts kraft Gesetzes ausgeschlossen:**

I. in bürgerlichen Rechtsstreitigkeiten:

1. (nicht abgedruckt);
2. (nicht abgedruckt);
3. **wenn eine Person Partei ist, mit der er in gerader Linie verwandt oder verschwägert, in der Seitenlinie bis zum dritten Grad verwandt oder bis zum zweiten Grad verschwägert ist oder war;**

II. in Strafsachen:
1. wenn er selbst durch die Straftat verletzt ist;
2. wenn er der Ehegatte des Beschuldigten oder Verletzten ist oder gewesen ist;
3. wenn er mit dem Beschuldigten oder Verletzten in dem unter Nr. I 3 bezeichneten Verwandtschafts- oder Schwägerschaftsverhältnis steht oder stand.

13. Titel. Rechtshilfe

Vorbemerkungen

1) Rechts- und Amtshilfe haben sich die Behörden des Bundes und der Länder gegenseitig zu leisten (Art 35 GG), zB eine StA der anderen bei der Vernehmung des Beschuldigten oder von Beweispersonen (§ 161 a IV StPO hat insoweit keine konstitutive Wirkung). Soweit besondere Bestimmungen bestehen, ist die Rechtshilfe in dem darin vorgesehenen Rahmen zu leisten. Um einen solchen Fall handelt es sich bei den §§ 156 ff. Die Rechtshilfe wird auf Ersuchen eines Gerichts von einem anderen Gericht im Aufgabenbereich des Richters, des Rechtspflegers oder des UrkB (RG **46**, 175) geleistet. Das ersuchende Gericht muß für die Handlung sachlich zuständig sein (RG **52**, 21). Die örtliche und sachliche Zuständigkeit des ersuchten Gerichts ergibt sich aus § 157. 1

2) Eine andere Behörde als ein Gericht des Bundes oder eines Landes kann von einem Gericht Amtshilfe verlangen, soweit es ein Gesetz vorsieht, zB § 4 NdsAGGVG. Die Pflicht zur Amtshilfe findet aber ihre Grenze in der Rücksicht auf den betroffenen Bürger, nämlich dort, wo unangemessen in die persönliche Sphäre des einzelnen eingegriffen (Art 1, 2 GG; Einl 20, 21; Becker NJW **70**, 1075) und wo sie dem Bund oder einem Land unangemessenen Nachteil bereiten würde (vgl § 96 StPO). 2

3) In dem Titel über Rechtshilfe sind auch Bestimmungen enthalten, die zum Teil die Amtshilfe betreffen, zB § 162. 3

4) Die **zwischenstaatliche oder supranationale Rechts- und Amtshilfe** in Strafsachen wird durch den 13. Titel nicht geregelt; vgl dazu Einl 207 ff. 4

Rechtshilfepflicht

156 **Die Gerichte haben sich in bürgerlichen Rechtsstreitigkeiten und in Strafsachen Rechtshilfe zu leisten.**

1) Die **Rechtshilfepflicht** besteht ohne Rücksicht auf das Stadium des Verfahrens. Ihr unterliegen alle Prozeßhandlungen, die der Durchführung eines anhängigen Verfahrens zu dienen bestimmt sind (Frankfurt NStZ **81**, 191: Akteneinsicht). Der ausführende Richter ist der „ersuchte Richter" (vgl zB § 223 I StPO). 1

2) Die **Zulässigkeit** des Rechtshilfeersuchens setzt voraus, daß es rechtlich gestattet ist (zB § 223 I StPO); hieran fehlt es zB bei einem Ersuchen um Durchführung der mündlichen Verhandlung im Haftprüfungsverfahren (München MDR **58**, 181). Vgl 2 zu § 158. 2

Rechtshilfegericht

157 **I Das Ersuchen um Rechtshilfe ist an das Amtsgericht zu richten, in dessen Bezirk die Amtshandlung vorgenommen werden soll.**

II Die Landesregierungen werden ermächtigt, durch Rechtsverordnung die Erledigung von Rechtshilfeersuchen für die Bezirke mehrerer Amtsgerichte

einem von ihnen ganz oder teilweise zuzuweisen, sofern dadurch der Rechtshilfeverkehr erleichtert oder beschleunigt wird. Die Landesregierungen können diese Ermächtigung durch Rechtsverordnung auf die Landesjustizverwaltungen übertragen.

1 1) **Als Rechtshilferichter** ist der Richter beim Amtsgericht funktionell zuständig (10 vor § 1 StPO), der durch die Geschäftsverteilung bestimmt ist (§ 21 e I S. 1), auch wenn die Strafsache zur Zuständigkeit eines Gerichts höherer Ordnung gehört. Die Aufgabe des Rechtshilferichters und des Ermittlungsrichters können nach der Geschäftsverteilung einem und demselben Richter oder gemeinsam mehreren Richtern unter Abgrenzung ihrer Zuständigkeiten übertragen werden.

2 2) **Örtlich zuständig** ist das AG, in dessen Bezirk die Handlung vorgenommen werden soll (vgl 8 zu § 162 StPO), sei es, daß sie anderswo gar nicht möglich ist, sei es, daß es nach der Natur der Sache zweckmäßig ist, sie in diesem Bezirk vorzunehmen. Bei Vernehmung einer Person ist idR der Gedanke des § 8 StPO zu berücksichtigen. Es kann aber auch auf günstige Verkehrsverbindung zum Gericht, auf den Dienst- oder Geschäftssitz oder auf eine Reisetätigkeit der Person Rücksicht genommen werden (vgl KK-Schoreit 3; Hamm MDR **57**, 437); auch die Grenznähe kann zwecks Vernehmung eines im Ausland wohnhaften Zeugen aus-
3 reichend sein (Schleswig NStZ **89**, 240; Rose wistra **98**, 13). Sind **mehrere Zeugen** in einer Strafsache zu vernehmen, so kann das Ersuchen um ihre Vernehmung an jedes AG gerichtet werden, das für die Vernehmung eines der Zeugen zuständig ist, falls die Zusammenfassung aus sachgemäßen Zweckmäßigkeitserwägungen angebracht ist, zB zur Ermöglichung einer erforderlichen Gegenüberstel-
4 lung (§ 58 II StPO; BGH 1 StR 317/71 vom 9. 9. 1971). **Ordnungs- und Zwangsmittel:** Ergibt sich mit Bezug auf das Ersuchen die Notwendigkeit eines Beschlusses nach §§ 51, 70, 77, 133, 134 StPO, § 178, so trifft die Entscheidung der ersuchte Richter. Ob das ersuchende Gericht für den Eventualfall des Nichterscheinens der zu vernehmenden Person bei dem ersuchten Richter von vornherein die Vorführung zu diesem anordnen darf, ist zweifelhaft (Frössler NJW **72**, 517).

5 3) **Örtliche Konzentration** (II): Vgl zu § 58 sowie in Hamburg VO vom 1. 9. 1987 (GVBl 172).

Ablehnung der Rechtshilfe

158

I Das Ersuchen darf nicht abgelehnt werden.

II Das Ersuchen eines nicht im Rechtszuge vorgesetzten Gerichts ist jedoch abzulehnen, wenn die vorzunehmende Handlung nach dem Recht des ersuchten Gerichts verboten ist. Ist das ersuchte Gericht örtlich nicht zuständig, so gibt es das Ersuchen an das zuständige Gericht ab.

1 1) Das **Ersuchen des Gerichts höherer Instanz,** in dessen Bezirk das AG liegt, darf nicht abgelehnt werden, auch wenn das ersuchende Gericht dabei als Gericht des ersten Rechtszugs tätig ist. Das gilt sogar für den Fall, daß das ersuchende Gericht am gleichen Ort seinen Sitz hat (Koblenz OLGSt S. 3).

2 2) **In anderen Fällen** ist das Ersuchen abzulehnen, wenn die gewünschte Handlung ausdrücklich oder nach dem Sinn der gesetzlichen Vorschrift (Frankfurt NStZ **81**, 191; LR-Schäfer/Boll 3) verboten ist. Hierfür ist nach hM erforderlich, daß sie schlechthin – *in abstracto* – rechtlich unzulässig ist (BGH NJW **91**, 2936; Düsseldorf MDR **88**, 604; NZV **98**, 516; Frankfurt NJW **74**, 430; Stuttgart NStZ **87**, 43; 14 zu § 162 StPO); denn der ersuchte Richter ist nur der „verlängerte Arm" des ersuchenden Richters (BGH JZ **53**, 230 mit Anm Schwoerer). Das Vernehmungsersuchen nach § 233 II StPO darf zB nicht mit der Begründung abgelehnt werden,

der Angeklagte habe noch keinen Entbindungsantrag gestellt (Hamm NdsRpfl **84**, 47; vgl auch BGH **25**, 42) oder die vorzunehmende Handlung sei nicht zweckmäßig (Düsseldorf MDR **88**, 604; **96**, 843; **aM** zu § 223 StPO AG Höxter MDR **92**, 893; AG Solingen MDR **96**, 629); auch die Eröffnung eines erweiterten Haftbefehls (11 zu § 115 StPO) darf nicht abgelehnt werden (Stuttgart Justiz **97**, 140; **aM** Frankfurt NStZ **88**, 471). Dem Ersuchen, dem Verteidiger Akten in die Kanzlei mitzugeben, muß stattgegeben werden (Karlsruhe Justiz **86**, 50). Jedoch darf der ersuchte Richter, wenn sich ihm irgendwie aufdrängt, daß die tatsächliche Grundlage des Ersuchens mangelhaft ist oder sich inzwischen wesentlich geändert hat, vor der Ausführung eine Entscheidung des ersuchenden Gerichts darüber herbeiführen, ob das Ersuchen zurückgenommen oder geändert wird (Seetzen NJW **72**, 1190). Ein Verfahrenshindernis, das nicht für das ersuchende Gericht gilt, hindert die Rechtshilfehandlung nicht (Einl 205).

3) Bei **Amtshilfeersuchen** prüft das Gericht nicht nur die rechtlichen, sondern auch – soweit es geboten erscheint – die tatsächlichen Voraussetzungen nach. 3

Entscheidung des Oberlandesgerichts

159 **I Wird das Ersuchen abgelehnt oder wird der Vorschrift des § 158 Abs. 2 zuwider dem Ersuchen stattgegeben, so entscheidet das Oberlandesgericht, zu dessen Bezirk das ersuchte Gericht gehört. Die Entscheidung ist nur anfechtbar, wenn sie die Rechtshilfe für unzulässig erklärt und das ersuchende und das ersuchte Gericht den Bezirken verschiedener Oberlandesgerichte angehören. Über die Beschwerde entscheidet der Bundesgerichtshof.**

II Die Entscheidungen ergehen auf Antrag der Beteiligten oder des ersuchenden Gerichts ohne mündliche Verhandlung.

1) Die **Nachprüfung nach I S. 1** setzt einen Antrag eines Beteiligten oder des ersuchenden Gerichts voraus, wie sich aus II ergibt. Sie bezieht sich nur darauf, ob die ablehnende oder stattgebende Entscheidung dem § 158 entspricht (Nürnberg MDR **68**, 946; **aM** Katholnigg 2). Eine teilw Ablehnung kann in dem Streit über die Art der Ausführung des Ersuchens enthalten sein (BGH NJW **58**, 1310; Düsseldorf NStZ **89**, 39), zB bei Meinungsverschiedenheiten über die Verpflichtung zur Festsetzung der Entschädigung für Zeugen oder Sachverständige. § 159 geht dem § 19 StPO vor. 1

2) Einen **Rechtshilfefall** setzt § 159 voraus. Daran fehlt es bei Versagung der Zustimmung nach § 166 (dort 2). Gegen die Verweigerung der Amtshilfe durch den Richter ist, soweit das Landesrecht nichts anderes bestimmt (vgl § 4 NdsAGGVG), die Beschwerde nach § 304 StPO zulässig, wie zB gegen die Ablehnung eines Ersuchens nach § 162 StPO. Auf dem Gebiet der Strafvollstreckung ist nur die Dienstaufsichtsbeschwerde an die Aufsichtsbehörde zulässig. 2

3) Verfahren: Den Beteiligten ist rechtliches Gehör zu gewähren (Kissel 14; einschr Katholnigg 4). Das AG kann abhelfen. Die Entscheidung des OLG ist den Beteiligten mitzuteilen. Sie ist stets unanfechtbar, wenn sie die Rechtshilfe für zulässig erklärt. 3

Einheitliches Rechtspflegegebiet

160 **Vollstreckungen, Ladungen und Zustellungen werden nach Vorschrift der Prozeßordnungen bewirkt ohne Rücksicht darauf, ob sie in dem Land, dem das Prozeßgericht angehört, oder in einem anderen deutschen Land vorzunehmen sind.**

1 **1) Vollstreckt** werden Anordnungen des Richters und der StA auch in einem anderen Land der BRep (Karlsruhe NJW **69**, 1546), auch schon im Ermittlungsverfahren, zB Beschlagnahme und Durchsuchung (Einl 43), Haft- und Vorführungsbefehle (KG JR **76**, 253; LR-Schäfer/Boll 4); ebenso die allgemeine Beschlagnahme von Schriften (§§ 111 m, 111 n; 5 zu § 111 n StPO). Das gilt auch, wenn die Anordnung auf Landesrecht beruht. Für Freiheitsstrafen gelten die §§ 162, 163.

2 **2)** Auch für **Ladungen und Zustellungen** erstreckt sich der Wirkungsbereich des Gerichts und der StA auf den ganzen Geltungsbereich des Gesetzes.

3 **3)** Die **unmittelbare Bewirkung** der bezeichneten Maßnahme im ganzen Geltungsbereich des Gesetzes gestattet § 160, ohne daß es eines Ersuchens um Amtshilfe nach § 157 I bedarf (LR-Schäfer/Boll 1; Zender NJW **91**, 2947).

Vermittlung der Geschäftsstelle

161 **Gerichte, Staatsanwaltschaften und Geschäftsstellen der Gerichte können wegen Erteilung eines Auftrags an einen Gerichtsvollzieher die Mitwirkung der Geschäftsstelle des Amtsgerichts in Anspruch nehmen, in dessen Bezirk der Auftrag ausgeführt werden soll. Der von der Geschäftsstelle beauftragte Gerichtsvollzieher gilt als unmittelbar beauftragt.**

Vollstreckung von Freiheitsstrafen

162 **Hält sich ein zu einer Freiheitsstrafe Verurteilter außerhalb des Bezirks der Strafvollstreckungsbehörde auf, so kann diese Behörde die Staatsanwaltschaft des Landgerichts, in dessen Bezirk sich der Verurteilte befindet, um die Vollstreckung der Strafe ersuchen.**

1 **1) Freiheitsstrafen:** § 162 gilt auch für freiheitsentziehende Maßregeln der Besserung und Sicherung (§ 463 I StPO). Das Ersuchen und seine Ausführung sind dem Rechtspfleger übertragen (§ 31 II S. 1 **RPflG**).

2 **2)** Die **Vollstreckung von Ordnungs- und Zwangsmitteln,** also auch von Ordnungshaft (Art 6, 7 **EGStGB**), ist nach § 31 III **RPflG** auf den Rechtspfleger des Gerichts übertragen, soweit sich nicht der Richter im Einzelfall die Vollstreckung ganz oder teilw vorbehält. Für ein Vollstreckungsersuchen an eine StA ist daher kein Raum; jedoch kann hier nach den §§ 156, 157 verfahren werden, wobei bei fehlendem Zuständigkeitsvorbehalt des Richters auf beiden Seiten der Rechtspfleger tätig wird.

3 **3)** Nach **Ländervereinbarung** vom 13. 1. 1965 zur Vereinfachung und Beschleunigung der Strafvollstreckung (abgedr bei Piller-Herrmann Nr 2b Anh 1) können die VollstrBen Freiheitsstrafen unmittelbar durch Einweisung in die Vollzugsanstalten eines anderen Landes vollstrecken.

Vollstreckungshilfe

163 **Soll eine Freiheitsstrafe in dem Bezirk eines anderen Gerichts vollstreckt oder ein in dem Bezirk eines anderen Gerichts befindlicher Verurteilter zum Zwecke der Strafverbüßung ergriffen und abgeliefert werden, so ist die Staatsanwaltschaft bei dem Landgericht des Bezirks um die Ausführung zu ersuchen.**

1 **1)** Vgl 1 zu § 162.

Kostenersatz

164 **I Kosten und Auslagen der Rechtshilfe werden von der ersuchenden Behörde nicht erstattet.**

II Gebühren oder andere öffentliche Abgaben, denen die von der ersuchenden Behörde übersendeten Schriftstücke (Urkunden, Protokolle) nach dem Recht der ersuchten Behörde unterliegen, bleiben außer Ansatz.

1) Vgl dazu BVerwG Rpfleger **91**, 473. 1

165 (weggefallen)

Amtshandlungen außerhalb des Bezirks

166 **Ein Gericht darf Amtshandlungen im Geltungsbereich dieses Gesetzes auch außerhalb seines Bezirks vornehmen.**

1) Es kommen sowohl **Amtshandlungen,** die an sich auch im Wege der Rechtshilfe vorgenommen werden könnten (vgl §§ 223, 225 StPO) als auch andere Tätigkeiten in Betracht. So darf das Gericht auch die ganze Hauptverhandlung außerhalb seines Bezirks durchführen (BGH **22**, 250). 1

2) **Zustimmung** des Gerichts des anderen Bezirkes oder Gefahr im Verzug ist nach der Neufassung der Vorschrift durch das Rechtspflege-Vereinfachungsgesetz (BGBl 1990 I 2847, 2855) nicht mehr erforderlich. 2

3) **Über den Sitz des Gerichts** sagt § 166 nichts aus. Das Gericht kann seinen Sitz außerhalb seines Bezirks haben (zB LG München II, das in der Stadt München, dem Bezirk des LG München I liegt), bei entsprechendem Staatsvertrag auch in einem anderen Bundesland. 3

4) Auch die **StA** darf ohne weiteres in anderen Bezirken tätig werden, auch über die Grenzen der Bundesländer hinweg (Loh MDR **70**, 812). 4

Nacheile

167 **I Die Polizeibeamten eines deutschen Landes sind ermächtigt, die Verfolgung eines Flüchtigen auf das Gebiet eines anderen deutschen Landes fortzusetzen und den Flüchtigen dort zu ergreifen.**

II Der Ergriffene ist unverzüglich an das nächste Gericht oder die nächste Polizeibehörde des Landes, in dem er ergriffen wurde, abzuführen.

1) **Flüchtiger:** Auch ein schon Verurteilter oder ein auf frischer Tat Verfolgter (dazu im einzelnen Heinrich NStZ **96**, 362). Ohne die Voraussetzungen des I dürfen Polizeibeamte in dem Gebiet eines anderen Landes aufgrund einer Vereinbarung zwischen den Ländern tätig werden (8 zu § 163 StPO); zur Verfolgung über das Gebiet der BRep hinaus vgl 8 a zu § 163 StPO. 1

2) **Polizeibeamte:** Hilfsbeamte der StA (§ 152) sind wegen § 143 nicht an § 167 gebunden (Heinrich NStZ **96**, 362). Dasselbe gilt für Polizeibeamte des Bundes, vgl § 19 BKAG, § 44 II, III BGSG. Für Strafvollzugsbeamte trifft § 87 **StVollzG** eine Regelung. 2

3) **Art und Dauer** der Verfolgung sind gleichgültig; die Verfolgung darf auch über mehrere Landesgrenzen gehen (Heinrich NStZ **96**, 363). 3

Mitteilung von Akten

168 **Die in einem deutschen Land bestehenden Vorschriften über die Mitteilung von Akten einer öffentlichen Behörde an ein Gericht dieses Landes sind auch dann anzuwenden, wenn das ersuchende Gericht einem anderen deutschen Land angehört.**

14. Titel. Öffentlichkeit und Sitzungspolizei

Öffentlichkeit

169 **Die Verhandlung vor dem erkennenden Gericht einschließlich der Verkündung der Urteile und Beschlüsse ist öffentlich. Ton- und Fernseh-Rundfunkaufnahmen sowie Ton- und Filmaufnahmen zum Zwecke der öffentlichen Vorführung oder Veröffentlichung ihres Inhalts sind unzulässig.**

1 **1) Ganz überwiegend dem Informationsinteresse der Allgemeinheit** dient die Öffentlichkeitsmaxime (vgl Kleinknecht Schmidt-Leichner-FS 112; Kübler DRiZ **69**, 379; Schmidthals, Wert und Grenzen der Verfahrensöffentlichkeit im Strafprozeß, 1977). Dabei steht heute die Massenmedienöffentlichkeit im Vordergrund (Scherer ZaöRV **39**, 81 und Gerichtsöffentlichkeit als Medienöffentlichkeit, 1979). Die staatstheoretische Begründung (öffentliche Kontrolle und Schutz vor Willkür) hat heute ihre Bedeutung im wesentlichen verloren (vgl Schilken 155). Das Informationsinteresse schließt mittelbar den Zweck ein, daß die Rspr in die Rechtsgemeinschaft hineinwirkt und das Recht lebendig erhält. Die Öffentlichkeitsmaxime ist nicht im GG (anders zB Art 90 BayVerf) verankert, aber in den durch S. 2 aufgezeigten Grenzen eine grundlegende Einrichtung des Rechtsstaates und Prozeßmaxime für die Hauptverhandlung (BGH **22**, 297, 301; MDR **80**, 273 [H]; Meurer JR **90**, 391; 46 zu § 338 StPO). Jedoch muß sie sich heute Abstriche zum verfassungsrechtlich gewährleisteten Schutz der Persönlichkeitssphäre des Angeklagten oder anderer Personen gefallen lassen (§§ 171 b, 172 Nrn 2, 3). Ein Bedeutungswandel der Öffentlichkeitsmaxime kommt in diesen Vorschriften zum Ausdruck (Kleinknecht Schmidt-Leichner-FS 111 ff; vgl auch Franke, Die Bildberichterstattung über den Angeklagten und der Öffentlichkeitsgrundsatz, 1978). Für alle Hauptverhandlungen gilt die Öffentlichkeitsmaxime, auch für die Hauptverhandlung vor dem Revisionsgericht (§ 351 StPO) nicht auch für andere gerichtliche Verhandlungen (Koblenz VRS **61**, 270: kommissarische Vernehmung; erg 1 zu § 138 d StPO). Die §§ 175 I, 176, 177 bedeuten keine Einschränkung, sondern eine Konkretisierung der Öffentlichkeitsmaxime. Das Vertrauen in eine Terminsankündigung umfaßt der Öffentlichkeitsgrundsatz nicht (BGH NStZ **84**, 134).

2 **2) Gegen Jugendliche,** dh gegen Angeklagte, die zZ der Tat Jugendliche waren (§ 1 II **JGG**), ist die Hauptverhandlung beim JugG (einschließlich der Verkündung der Entscheidungen) nicht öffentl (§ 48 I, II **JGG**). Das gilt auch für das Berufungsgericht (RG **59**, 375), nicht aber für die Revisionsgerichte (**aM** LR-Schäfer/Wickern 5 mwN), da diese keine Jugendgerichte sind. Hat der Angeklagte die Tat oder die Taten teils vor und teils nach Vollendung des 18. Lebensjahres begangen, so gilt § 48 **JGG** ebenfalls und zwar auch dann noch, wenn in der Hauptverhandlung das Verfahren wegen der Jugendtaten nach § 154 II StPO eingestellt worden ist (BGH NStZ **98**, 315). Nur wenn er die Taten ausschließlich in der Altersstufe des Heranwachsenden begangen hat, gilt § 109 I S. 4 **JGG** (BGH **22**, 21). Durch besonderen Beschluß kann die Öffentlichkeit ausgeschlossen werden, wenn neben dem Jugendlichen zugleich Heranwachsende oder Erwachsene angeklagt sind, und zwar nach § 48 III S. 2 **JGG** oder nach § 109 I S. 4 **JGG** oder

nach § 172. Die allgemeinen Regeln über Öffentlichkeit gelten für Verfahren gegen Jugendliche vor den für die allgemeinen Strafsachen zuständigen Gerichten (§ 104 I **JGG**) und für die Hauptverhandlung vor einem JugG ausschließlich gegen Erwachsene (§§ 26, 74 b; BGH MDR **55**, 246).

3) Unmittelbare und beschränkte mittelbare Öffentlichkeit: Die Öffentlichkeit iS des § 169 besteht darin, daß jedermann aus dem Publikum ohne Rücksicht auf seine Gesinnung oder seine Zugehörigkeit zu einer bestimmten Bevölkerungsgruppe sich ohne besondere Schwierigkeit Kenntnis von Ort und Zeit der Verhandlung verschaffen kann (BGH DAR **81**, 195 [D]; Bay GA **70**, 242; Köln VRS **66**, 209) und daß ihm im Rahmen der tatsächlichen Gegebenheiten (BGH **24**, 72; Foth JR **79**, 262) der Zutritt eröffnet wird (BGH **21**, 72, 73; **28**, 341, 343; JR **79**, 261; Bay NJW **82**, 395 mwN; Hamm VRS **64**, 451; erg unten 6), nicht aber, daß er auch alle Vorgänge im Sitzungssaal erkennen kann (zB Inaugenscheinnahme einer Urkunde: BGH NStZ **91**, 122 [M/K]). Geringfügige Erschwerungen des Zutritts sind unschädlich (BGH **24**, 72, 74; Bremen MDR **55**, 757; Hamm aaO mwN). Ausnahmsweise ist der Öffentlichkeitsgrundsatz aber auch dann verletzt, wenn die physische Möglichkeit des Zutritts zwar besteht, aber im unmittelbaren Bereich des Zugangs zum Verhandlungsraum starke psychische Hemmungsschwellen errichtet sind (vgl BGH NJW **80**, 249; Hamm aaO; Kissel 40; unten 7). Die „mittelbare" Öffentlichkeit, die durch Massenmedien vermittelt wird (oben 1), findet nur insoweit Berücksichtigung, als das räumliche Dabeisein den einzelnen Personen ermöglicht, über das Gehörte und Gesehene Berichte an andere oder das Publikum gelangen zu lassen. 3

A. Für die **Wahrung der Öffentlichkeit** ist es erforderlich, daß im Sitzungssaal Zuhörer in einer Anzahl, in der sie noch als Repräsentanten einer keiner besonderen Auswahl unterliegenden Öffentlichkeit angesehen werden können, Platz finden (BGH **5**, 75, **83;** Bay NJW **82**, 395; Hamburg VRS **24**, 437). Bei Verhandlung im Richterzimmer ist die Öffentlichkeit daher nicht gewahrt, wenn nur ein Zuhörer Platz findet (Köln NStZ **84**, 282). Ferner müssen die Zuhörer in der Reihenfolge ihrer Ankunft eingelassen werden, selbst wenn zB eine Schulklasse erscheint, die den ganzen Zuhörerraum ausfüllt; dieses Reihenfolgeprinzip darf nicht durch Platzreservierung beeinträchtigt werden (BGH 4 StR 7/75 vom 20. 3. 1975). Im Hinblick auf die Bedeutung der Presse (Art 5 GG; oben 1) ist es aber zulässig, ihr eine bestimmte Anzahl von Plätzen vorzubehalten (Foth DRiZ **80**, 103). Vor dem Verhandlungsraum muß nicht notwendig ein Sitzungszettel angebracht sein (Neustadt MDR **64**, 778; Zweibrücken VRS **30**, 205); andererseits genügt es nicht, daß Zeit und Ort der (Weiter-)Verhandlung auf der Geschäftsstelle erfragt werden können (Hamburg VRS **24**, 437). Besondere Hinweise sind notwendig, wenn die Hauptverhandlung nicht in den gewohnten Räumen stattfindet (Hamburg GA **64**, 24; Hamm NJW **60**, 785; Oldenburg MDR **79**, 518; erg unten 6). 4

B. **Eine Schranke findet die Öffentlichkeitsmaxime** dort, wo eine geordnete Verhandlung nicht mehr durchführbar wäre, zB wegen Raummangels (BGH **24**, 72; NJW **59**, 899; Bay NJW **82**, 395; Köln VRS **50**, 370) oder wegen gesundheits- oder gewerbepolizeilicher Sicherheitsvorschriften bei der Einnahme des Augenscheins (BGH **21**, 72, 73), bei der die Öffentlichkeit ohnehin in den gegebenen Verhältnissen eine natürliche Schranke findet (BGH **5**, 83; RG **52**, 137). Der Zutritt muß nur nach Maßgabe der räumlichen Möglichkeiten und örtlichen Verhältnisse gewährt werden (BGH **21**, 72; **27**, 13; oben 3). Der ungestörte Ablauf der Verhandlung ist ebenso wichtig wie die Kontrolle des Verfahrensgangs durch die Allgemeinheit (BGH **24**, 72, 74; **27**, 13, 15; **29**, 258, 259 ff; MDR **83**, 795 [H]; NStZ **84**, 134; Kissel 38). Wenn die zur Verfügung stehenden Gerichtssäle die Zahl derer nicht fassen, die an dem Prozeß als Zuhörer teilnehmen wollen, darf die Hauptverhandlung nicht in eine Stadthalle, ein Auditorium Maximum, einen Ballsaal oder in ein Freilichttheater verlegt werden (Roxin Peters-FS 400). Schon die Ausdehnung der Öffentlichkeit auf Flure um den Gerichtssaal herum iVm Laut- 5

sprecherübertragung ist unzulässig (Roxin aaO). Solche Öffentlichkeitserweiterungen über den Gerichtssaal hinaus würden den Angeklagten zum Schauobjekt degradieren, was seiner Menschenwürde und auch dem Sinn des S. 2 zuwiderliefe. Gegen die Ausgabe von Einlaßkarten in der auf den Gerichtssaal zugeschnittenen Zahl bestehen keine Bedenken; die Karten müssen aber nach dem Prioritätsprinzip
6 vergeben werden (Roxin aaO). Zuweilen muß die **Hauptverhandlung ganz oder teilweise außerhalb des Gerichtsgebäudes** stattfinden, zB in einem Privat- oder Krankenhaus (etwa weil der Zeuge bettlägerig ist), zur Einnahme eines Augenscheins auf öffentlicher Straße (zB am Rande einer Autobahn, Köln NJW **76**, 637) oder auch in einer JVA. Wird dadurch in ein Hausrecht eingegriffen, so muß der Vorsitzende die erforderliche Erlaubnis einholen; wird sie versagt, muß der Öffentlichkeitsgrundsatz zurücktreten (BGH **40**, 191; **aM** Lilie NStZ **93**, 121), bei Erteilung der Erlaubnis muß der Vorsitzende sicherstellen, daß die Öffentlichkeit gewahrt wird (Foth JR **79**, 262; vgl Hamm VRS **64**, 451: Verhandlung in der Wohnung des Angeklagten). Meist wird erforderlich sein, daß im Gerichtsgebäude selbst für jedermann erkennbar darauf hingewiesen wird, wann und wo verhandelt wird (BGH NStZ **81**, 311; NStE Nr 4 zu § 338 Nr 6 StPO; Düsseldorf NJW **83**, 2514; Köln StV **92**, 222; Krey 2/664 ff). Bei Fortsetzung der Verhandlung außerhalb des Gerichtsgebäudes kann es aber genügen, daß Ort und Zeit der Fortsetzung in der Verhandlung bekanntgegeben und dort nicht anwesenden Interessenten Auskunft gegeben wird (Thym NStZ **81**, 293 mwN). Das gilt insbesondere für Augenscheinseinnahmen außerhalb des Gerichts (BGHR StPO § 338 Nr 6 Ortstermin 1, 2, 3; Karlsruhe MDR **81**, 692 mwN; Köln StV **84**, 275 mit abl Anm Fezer; weitergehend Celle StV **87**, 287). Im Anschluß an eine solche Augenscheinseinnahme kann die Verhandlung im dortigen AG-Gebäude fortgesetzt werden, auch wenn das ursprünglich nicht angekündigt war (BGH GA **82**, 126; Koblenz VRS **67**, 248; vgl auch BGH NStZ **84**, 470). Bei Verhandlung in einer JVA (zB zur Zeugenvernehmung) genügt es nicht, dem Aufsichtspersonal den Zutritt zu ermöglichen (BGH NJW **79**, 770). Die Wahrung der Sicherheit und Ordnung kann jedoch die Beschränkung der Zahl der Zuhörer durch den Vorsitzenden (BGH **5**, 75, 83), eine Ausweiskontrolle oder gar die Durchsuchung der Zuhörer notwendig machen (BGH JR **79**, 261 mit Anm Foth; unten 7; 7 zu § 176). Zum Ausschluß der Öffentlichkeit wegen Gefährdung der öffentlichen Ordnung vgl 3 zu § 172.

7 C. **Kontrollmaßnahmen** sind zulässig, weil die ungestörte Verhandlung ebenso wesentlich ist wie ihre Kontrolle durch die Öffentlichkeit (oben 5). Nicht jede mögliche psychologische Hemmungsschwelle kommt einer Verwehrung des Zutritts gleich (BGH NJW **80**, 249). Hat der Vorsitzende eine Maßnahme zur Kontrolle der Zuhörer angeordnet (zB Ausweiskontrolle, Durchsuchung auf Waffen, gefährliche Gegenstände und Wurfgegenstände; 5 zu § 176), darf die Hauptverhandlung erst beginnen, sobald die rechtzeitig zum angesetzten Termin erschienenen Zuhörer den Sitzungssaal betreten haben; die Verzögerung des Eintritts später erschienener Personen schadet nicht (BGH **28**, 341 mit Anm Foth JR **79**, 522). Die Fortsetzung der Verhandlung ist bereits zulässig, wenn ein Zutritt zum Sitzungssaal überhaupt eröffnet ist, auch bei durch die Kontrollmaßnahmen verzögerter Eintrittsmöglichkeit (BGH **29**, 258, 261); das gilt auch für den Fall, daß Kontrollmaßnahmen während der Sitzung erforderlich werden (BGH NStZ **84**, 18 [Pf/M]). Wird dem Vorsitzenden bekannt, daß der freie Zugang (oben 4) durch nicht von ihm angeordnete Maßnahmen verhindert wird, so muß er auf Abhilfe hinwirken, notfalls die Hauptverhandlung aufschieben (BGH NJW **80**, 249).

8 **4) Rundfunkaufnahmen** (S. 2) – zur Klarstellung ist von Ton- und Fernseh-Rundfunkaufnahmen die Rede – dürfen in der Hauptverhandlung nicht gemacht werden (krit hierzu Gerhardt ZRP **93**, 377; dagegen Wolf ZRP **94**, 187; gegen ihn Eberle NJW **94**, 1637; gegen jede Änderung der S. 2 zutr Beck Großhof-FG 129; zur Frage der Verfassungsmäßigkeit der Vorschrift vgl BVerfG NJW **96**, 581 und dazu Huff NJW **96**, 571; ferner Enders NJW **96**, 2712; für die Verhandlungen vor

dem BVerfG ist S. 2 nunmehr durch § 17 a BVerfGG eingeschränkt). Von diesem Verbot darf weder der Vorsitzende noch das Gericht eine Ausnahme zulassen, auch nicht für die Urteilsverkündung (BGH **22, 83** mit Anm EbSchmidt NJW **68**, 804). Denn mit dem Erfordernis der Öffentlichkeit ist nicht die Verbreitung des gesprochenen Wortes oder des Gebarens der Beteiligten durch den Rundfunk an eine unbestimmte Vielzahl von Menschen gemeint (vgl BGH **16**, 111; Dahs NJW **61**, 1755; EbSchmidt JZ **62**, 221). S. 2 gilt nur für die Verhandlung, auch für Ortsbesichtigungen (BGH **36**, 119), aber nicht während einer Verhandlungspause (BGH **23**, 123).

5) Auch **Ton- und Filmaufnahmen,** die nicht für den Rundfunk bestimmt sind, dürfen aus den gleichen Gründen in der Hauptverhandlung zum Zweck der Veröffentlichung oder der Veröffentlichung ihres Inhalts nicht gemacht werden. **9**

A. **Einfache Bildaufnahmen** betrifft S. 2 nicht (BGH MDR **71**, 188 [D]; Maul MDR **70**, 286; unten 14). Für diese gilt im Rahmen des § 23 I, II KUG: Aufnahme und Verbreitung von Bildnissen von Personen der Zeitgeschichte sind zulässig, sofern nicht berechtigte Interessen entgegenstehen. Personen der Zeitgeschichte sind Repräsentanten ihrer Zeit (Stuttgart JZ **60**, 126); darüber hinaus aber auch „relative" Personen der Zeitgeschichte, dh solche, die erst durch das Strafverfahren oder die in diesem untersuchte Tat zu solchen geworden sind. Daher sind Abbildungen rechtmäßig, wenn der Gegenstand des Verfahrens über das Alltägliche und häufig Wiederkehrende hinausgeht und deshalb für die Öffentlichkeit etwas besonderes bedeutet oder wenn es sich zwar um den Vorwurf einer alltäglichen Straftat handelt, die Sache aber durch die Person des Angeklagten dem Bereich des Alltäglichen weit entrückt wird und aus diesem Grund Bedeutung für die Öffentlichkeit gewinnt und ihr Aufsehen erregt (München NJW **63**, 658; enger Stuttgart aaO). Erg 15 zu § 176. **10**

B. **Gerichtliche Ton- und Filmaufnahmen** für justizinterne Zwecke und für Zwecke der Verteidigung sind nicht ausgeschlossen, sofern sie vor Mißbrauch jeglicher Art und Fälschung gesichert werden (vgl Dahs 596). Daß das Gericht diese Aufnahmen selbst (mit eigenem Gerät und Personal) anfertigt, ist nicht erforderlich, wohl aber die Beaufsichtigung durch den Vorsitzenden. In Betracht kommen insbesondere Tonbandaufnahmen von Aussagen der Angeklagten, Zeugen und Sachverständigen sowie Filmaufnahmen von der Einnahme eines Augenscheins, und zwar zur Verwendung als Gedächtnisstütze für den Vorsitzenden bei der Verhandlungsleitung, für das Gericht in der Beratung, für den StA oder Verteidiger zur Vorbereitung von Beweisanträgen oder der Plädoyers, für Vorhalte (mit oder ohne Wiedergabe der Aufnahme), für die Herstellung des Protokolls (§ 273 II, III StPO), der mündlichen Urteilsbegründung durch einen Beisitzer als Gedächtnisstütze für die Urteilsabsetzung (Koblenz NStZ **88**, 42). Für weitergehende Zwecke dürfen Aussagen von Zeugen aber ohne deren Einverständnis nicht auf Tonband aufgenommen werden (Schleswig NStZ **92**, 399 mit zust Anm Molketin NStZ **93**, 145: Untersuchung durch einen Sachverständigen). Zum Einsatz der Videotechnik vgl §§ 58 a, 168 e, 247 a und § 255 a. **11**

C. **Tonbandaufnahmen des Verteidigers oder des StA:** Sie dürfen Vorgänge in der Hauptverhandlung nicht heimlich aufnehmen oder aufnehmen lassen (§ 7 I RichtlRA; Marxen NJW **77**, 2188). Wenn einer von ihnen wünscht, sein Plädoyer für persönliche Zwecke auf Tonband aufzunehmen und Mißbrauch nicht zu besorgen ist, kann und wird ihm der Vorsitzende dies gestatten und ihm auch die Aufnahme überlassen. Bei besonderem Interesse, insbesondere in Großverfahren, gilt das auch für andere Aufnahmen (Marxen aaO), aber auch hier nicht, wenn die Gefahr des Mißbrauchs besteht (Düsseldorf NJW **96**, 1360), und nicht für die gesamte Hauptverhandlung (Düsseldorf NStZ **90**, 554 mit Anm Kühne StV **91**, 103). Dabei handelt es sich um Sachleitung (§ 238 II StPO; dort 5), in außergewöhnlich gelagerten Fällen auch um Sitzungspolizei (§ 176). Einen Rechtsan- **12** spruch darauf, daß das Gericht bestimmte Ausführungen auf Tonband aufnimmt und dann schreiben läßt, hat kein Verfahrensbeteiligter (vgl auch Hamburg MDR **77**, 688 zum Schlußvortrag des StA).

13 D. **Ohne Zustimmung der Beteiligten** kann das gerichtliche Tonband aufgenommen werden (Kleinknecht NJW **66**, 1541; LR-Schäfer[23] 27; 10 zu § 261 StPO; **aM** R. Schmitt JuS **67**, 20). Ein Verbot ergibt sich auch nicht aus § 201 StGB (42 zu § 163 StPO; nicht überzeugend die Bedenken in BGH MDR **68**, 729 [D] in Anknüpfung an BGH **19**, 193). Anders verhält es sich wegen des ungleich intensiveren Eingriffs in das Persönlichkeitsrecht bei einer Videoaufnahme zu justizinternen Zwecken (so auch KK-Diemer 19 zu § 247 a StPO; erg 11 zu § 247 a StPO). Daß die Beteiligten gezielt in ein Mikrofon sprechen, kann nicht erzwungen und daher nicht verlangt werden (vgl BGH **10**, 202, 207).

14 6) **Presse und Rundfunk** kann der Vorsitzende Aufnahmen auch im Gerichtssaal gestatten, jedoch nur im Rahmen des § 176 und nicht während des eigentlichen Ganges der Hauptverhandlung (BGH **23**, 123). Dabei sind die schutzwürdigen Interessen der Beteiligten und das Interesse der Allgemeinheit an Unterrichtung über das Zeitgeschehen gegeneinander abzuwägen; die Rundfunkfreiheit ist angemessen zu berücksichtigen (BVerfGE **87**, 334 = NJW **92**, 3288; vgl auch EbSchmidt, Justiz und Justizpolitik, 1967).

15 7) Die **Anfertigung von Notizen und Zeichnungen** über Vorgänge in der Hauptverhandlung ist im Rahmen des § 176 nicht nur den an der Verhandlung Beteiligten gestattet, sondern auch den Zuhörern, zB einem Angestellten des Verteidigers (BGH **18**, 179) oder den Presse- und Rundfunkreportern zum Zweck der Berichterstattung. Fotografische Lichtbilder in der Hauptverhandlung anzufertigen, kann der Vorsitzende nach § 176 verbieten (dort 15).

16 8) **Revision:** 45 ff zu § 338 StPO.

170 [betrifft Zivilsachen]

171 (weggefallen)

171a

Die Öffentlichkeit kann für die Hauptverhandlung oder für einen Teil davon ausgeschlossen werden, wenn das Verfahren die Unterbringung des Beschuldigten in einem psychiatrischen Krankenhaus oder einer Entziehungsanstalt, allein oder neben einer Strafe, zum Gegenstand hat.

1 1) Die **Ausschließungsgründe** sind in den §§ 171 a, 171 b, 172 aufgezählt. Sie werden ergänzt durch die Regelungen im **JGG** (2 zu § 169) und Art 38 **NTS-ZA.** Da in nach § 103 **JGG** verbundenen Strafverfahren und in Verfahren gegen Heranwachsende nicht § 48 **JGG** anzuwenden ist (§§ 104 I, 109 **JGG**), sind hier die §§ 171 a, 171 b, 172 von Bedeutung.

2 2) **Unerheblich** ist es, ob die Unterbringung beantragt ist. Wenn das Sachverständigengutachten nur die Persönlichkeitsstruktur des Angeklagten erkennen lassen soll, ohne daß die Unterbringung in Betracht kommt, gilt § 171 a nicht, sondern § 171 b.

3 3) Das **Urteil** muß öffentl verkündet werden (§ 173 I). Für die Dauer der Urteilsbegründung (oder eines Teils davon) kann die Öffentlichkeit nur ausgeschlossen werden, wenn die Voraussetzungen der §§ 171 b, 172 gegeben sind (§ 173 II).

4) Die **Revision** kann den Ausschluß bei Vorliegen der Voraussetzungen des § 171 a nicht rügen, weil der Ausschluß im Ermessen des Gerichts liegt (Katholnigg 2; erg 21 zu § 174, 48 zu § 338 StPO). Der Nichtausschluß kann nur als Verstoß gegen die Aufklärungspflicht (§ 244 II StPO) geltend gemacht werden (BGH NStZ **98**, 586). 4

Ausschluß der Öffentlichkeit zum Schutz von Persönlichkeitsrechten

RiStBV 131 a

171b **I Die Öffentlichkeit kann ausgeschlossen werden, soweit Umstände aus dem persönlichen Lebensbereich eines Prozeßbeteiligten, Zeugen oder durch eine rechtswidrige Tat (§ 11 Abs. 1 Nr. 5 des Strafgesetzbuches) Verletzten zur Sprache kommen, deren öffentliche Erörterung schutzwürdige Interessen verletzen würde, soweit nicht das Interesse an der öffentlichen Erörterung dieser Umstände überwiegt. Dies gilt nicht, soweit die Personen, deren Lebensbereiche betroffen sind, in der Hauptverhandlung dem Ausschluß der Öffentlichkeit widersprechen.**

II Die Öffentlichkeit ist auszuschließen, wenn die Voraussetzungen des Absatzes 1 Satz 1 vorliegen und der Ausschluß von der Person, deren Lebensbereich betroffen ist, beantragt wird.

III Die Entscheidungen nach den Absätzen 1 und 2 sind unanfechtbar.

1) Den **Ausschluß der Öffentlichkeit zum Schutz der Persönlichkeitsrechte** der Verfahrensbeteiligten, Zeugen und Verletzten ermöglicht die Vorschrift. Sie trägt dem Umstand Rechnung, daß ein Straf- und Strafprozeßrecht, das sich immer mehr die Persönlichkeitserforschung zur Aufgabe macht, es erfordert, in der Hauptverhandlung mehr als früher Umstände aus dem persönlichen Lebensbereich, teilw auch aus dem Intimbereich, sowohl des Angeklagten als auch von Zeugen und insbesondere von Tatopfern zu erörtern. Wie sich aus § 68 a StPO (dort 5) ergibt, müssen sie es hinnehmen, daß solche Umstände in der Hauptverhandlung zur Sprache kommen, wenn das zur Wahrheitserforschung unerläßlich ist. Das muß aber nicht vor den Ohren der Öffentlichkeit geschehen. § 171 b erlaubt es daher in Übereinstimmung mit Art 6 I S. 2 **MRK** (dort 6), das Öffentlichkeitsprinzip (1 zu § 169) hinter dem verfassungsrechtlich geschützten Anspruch auf Achtung der Privatsphäre zurücktreten zu lassen. 1

2) Voraussetzungen des Ausschlusses (I): Die Öffentlichkeit kann ausgeschlossen werden, wenn und soweit **Umstände aus dem persönlichen Lebensbereich** eines Prozeßbeteiligten (Angeklagten, Privatkläger, Nebenkläger, Nebenbeteiligten, Antragsteller im Adhäsionsverfahren), Zeugen oder durch eine rechtswidrige Tat Verletzten zur Sprache kommen (vgl unten 7). Zeuge iS der Vorschrift ist auch, wer noch nicht oder nicht mehr geladen ist, aber als Zeuge in Betracht kommt (Kleinknecht Schmidt-Leichner-FS 115; Mertens NJW **80**, 2687; **aM** Sieg NJW **80**, 379; **81**, 963). Zum persönlichen Lebensbereich gehören nur Umstände, die nicht das Berufs- oder Erwerbsleben betreffen (KK-Diemer 3). Gemeint ist der private Bereich, der jedermann zur Entfaltung seiner Persönlichkeit gewährleistet werden muß (Kissel 3; Odersky Pfeiffer-FS 330 ff). Dazu gehören insbesondere private Eigenschaften und Neigungen des Betroffenen, sein Gesundheitszustand, seine Sexualsphäre (Kissel aaO), seine politische und religiöse Einstellung, aber auch Tatsachen aus dem Familienleben, die unbefugten Dritten nicht ohne weiteres zugänglich sind und Schutz vor dem Einblick Außenstehender verdienen (BGH **30**, 212). Insgesamt handelt es sich um Tatsachen, nach denen üblicherweise im Sozialleben nicht gefragt zu werden pflegt und die idR nicht spontan und unbefangen mitgeteilt werden (Rieß/Hilger NStZ **87**, 150). Die öffentliche Erörterung solcher Tatsachen muß **schutzwürdige Interessen** des Betroffenen verletzen. Das 2 3 4

ist der Fall, wenn sie sich für ihn in irgendeiner Hinsicht nachteilig auswirken kann, was nach objektiven Maßstäben, nicht nach den Wertvorstellungen des Betroffenen zu beurteilen ist (Odersky Pfeiffer-FS 332). Das bloße Interesse des Betroffenen an der Geheimhaltung der Tatsachen genügt daher nicht. Die Geheimhaltung muß vielmehr erforderlich sein, um den Betroffenen davor zu schützen, daß sein Ansehen in der Öffentlichkeit gemindert oder daß ihr ein Einblick in sein Wesen und seine Lebensgewohnheiten verschafft wird, den zu versagen er ein verständliches Interesse hat. Die Erörterung von Tatsachen aus der Intimsphäre des Betroffenen wird seine schutzwürdigen Interessen idR berühren. Das gilt insbesondere für die Vernehmung der Opfer von Vergewaltigungen. An der Schutzwürdigkeit fehlt es allerdings, wenn der Betroffene die Tatsachen freiwillig und außerhalb des Verfahrens vor der Öffentlichkeit ausgebreitet hat, etwa indem er einer Illustrierten das Recht übertragen hat, sie bekanntzumachen. Schutzwürdig ist die Interessenverletzung auch dann nicht, wenn der Betroffene die Privatsphäre eines anderen selbst zum Gegenstand öffentlicher Auseinandersetzung gemacht hat und nun bei der strafrechtlichen Prüfung dieses Verhaltens seine eigene Privatsphäre in der Hauptverhandlung erörtert werden muß (Kissel 8; Kleinknecht Schmidt-Leich-
5 ner-FS 113). Der Ausschluß der Öffentlichkeit scheidet bei **überwiegendem Interesse an der öffentlichen Erörterung** der Umstände aus dem Lebensbereich des Betroffenen aus. Dabei gilt der Grundsatz, daß das Öffentlichkeitsprinzip um so mehr zurücktreten muß, je stärker es um den Schutz des inneren Kerns der Persönlichkeitssphäre geht und je größer die Gefahr einer unzumutbaren öffentlichen Anprangerung durch die Berichterstattung der Massenmedien ist (Kleinknecht Schmidt- Leichner-FS 114). IdR ist das Interesse der Öffentlichkeit bei tatbezogenen Umständen höher zu bewerten als bei solchen, die nur für die Rechtsfolgenentscheidung von Bedeutung sind (Kleinknecht aaO). Vorstrafen werden daher grundsätzlich in öffentlicher Sitzung erörtert (KK-Diemer 3). Läßt sich nicht sicher feststellen, ob die Interessen des Betroffenen oder die der öffentlichen Erörterung
6 überwiegen, so ist der Ausschluß der Öffentlichkeit zulässig. Gegen den **Widerspruch des Betroffenen** darf der Ausschluß nicht angeordnet werden (S. 2). Bei mehreren Betroffenen ist der Ausschluß zwar zulässig, wenn nur einzelne widersprechen (Rieß/Hilger NStZ **87**, 208 Fn 335; **aM** KK-Diemer 6). Diese unterschiedliche Interessenlage muß das Gericht aber in die Abwägung einbeziehen, ob das öffentliche Interesse an der öffentlichen Erörterung der Umstände überwiegt.

7 **3)** Für die **Rechtmäßigkeit des Ausschlusses** der Öffentlichkeit kommt es nur darauf an, daß im Zeitpunkt der gerichtlichen Beschlußfassung mit der Erörterung der in I S. 1 bezeichneten Umstände zu rechnen ist. Bestätigt sich diese Erwartung nicht, so wird das Verfahren dadurch nicht fehlerhaft; die Vernehmung braucht daher nicht in öffentlicher Sitzung wiederholt zu werden (BGH **30**, 212, 215).

8 **4) Auf Antrag oder von Amts wegen** kann die Öffentlichkeit nach I aus-
9 geschlossen werden. Wird der **Antrag** von der Person gestellt, deren Lebensbereich betroffen ist, so muß ihm beim Vorliegen der Voraussetzungen des I S. 1 stattgegeben werden (II); verneint das Gericht das Vorliegen dieser Voraussetzungen, so lehnt es den Antrag durch Beschluß ab. Antragsberechtigt sind die betroffenen Prozeßbeteiligten, Zeugen und Verletzten (oben 3), der Verletzte auch, wenn er sich sonst nicht am Verfahren beteiligt und auch nicht als Zeuge vernommen wird, Umstände aus seinem persönlichen Lebensbereich aber bei der Vernehmung des Angeklagten zur Sache oder bei der Beweisaufnahme erörtert werden; den Antrag kann dann für ihn sein Beistand stellen (§ 406 f II S. 2 StPO). Betreffen die zu erörternden Umstände den persönlichen Lebensbereich mehrerer Personen, so ist jeder von ihnen unabhängig von dem anderen antragsberechtigt. Ein Antrag liegt aber nur vor, wenn er in der Hauptverhandlung angebracht wird. Andere Anträge können dem Gericht nur Anlaß zur Prüfung der Frage geben, ob die Öffentlichkeit
10 **von Amts wegen** ausgeschlossen werden soll. Auch Prozeßbeteiligte, deren persönlicher Lebensbereich nicht betroffen ist, können bei Gericht anregen, die

Öffentlichkeit auszuschließen. Zu einer solchen Anregung ist insbesondere die StA, auch im Interesse des Verletzten verpflichtet, wenn erkennbar ist, daß der Betroffene aus Unbeholfenheit keine eigenen Anträge stellt, oder wenn er nicht anwesend und auch nicht vertreten ist (RiStBV 131 a). Die Entscheidung des Gerichts bedarf der **Begründung,** und zwar der den Ausschluß der Öffentlichkeit 11
anordnende Beschluß nach § 174 I S. 3, der einen Antrag nach II ablehnende Beschluß nach § 34 StPO.

5) Unanfechtbar (III) sind die Entscheidungen nach I und II; das gilt auch, 12
soweit der Ausschluß der Öffentlichkeit abgelehnt oder nur in geringerem Umfang als beantragt beschlossen worden ist (BGH NStZ **96**, 243). Nach § 336 S. 2 StPO kann auch die Revision nicht darauf gestützt werden, daß die Voraussetzungen der Vorschrift nicht vorgelegen hätten. Die Rüge, das gerichtliche Verfahren habe gegen § 174 verstoßen (48 zu § 338 StPO), ist zulässig (BGH StV **90**, 10), ebenso die Beanstandung, die Öffentlichkeit sei aus einem anderen als dem in I bezeichneten Grunde ausgeschlossen worden oder über den festgelegten Umfang hinausgehend (BGH StV **98**, 364). Wegen der **Dauer** des Ausschlusses vgl im übrigen 17 zu § 172.

Ausschluß der Öffentlichkeit **RiStBV 130 a–133, 219 III, 222 III**

172 **Das Gericht kann für die Verhandlung oder für einen Teil davon die Öffentlichkeit ausschließen, wenn**

1. eine Gefährdung der Staatssicherheit, der öffentlichen Ordnung oder der Sittlichkeit zu besorgen ist,

1 a. eine Gefährdung des Lebens, des Leibes oder der Freiheit eines Zeugen oder einer anderen Person zu besorgen ist,

2. ein wichtiges Geschäfts-, Betriebs-, Erfindungs- oder Steuergeheimnis zur Sprache kommt, durch dessen öffentliche Erörterung überwiegende schutzwürdige Interessen verletzt würden,

3. ein privates Geheimnis erörtert wird, dessen unbefugte Offenbarung durch den Zeugen oder Sachverständigen mit Strafe bedroht ist,

4. eine Person unter sechzehn Jahren vernommen wird.

1) In zwei Gruppen sind die Ausschließungsgründe einzuteilen. Bei der einen 1
besteht ein vorrangiges Interesse der Allgemeinheit (Nr 1); bei der anderen steht der Schutz des Einzelinteresses, der freilich auch im öffentlichen Interesse liegt, im Vordergrund (Nrn 1 a–4). Die Ermessensentscheidung (Düsseldorf MDR **81**, 427) nach § 172 trifft das Gericht unter Würdigung des Rechtsgutes, das mit dem Ausschließungsgrund geschützt werden soll. Wenn eine Maßnahme des Vorsitzenden nach § 175 I genügt, hat sie den Vorrang. Bei Wegfall des Grundes wird der Ausschluß aufgehoben (Loesdau MDR **62**, 778).

2) Gefährdung der Staatssicherheit (Nr 1): In Betracht kommt die äußere 2
und die innere Sicherheit der BRep (vgl § 92 III Nr 2 StGB). „Staatswohl" ist nicht gleichbedeutend (LR-Schäfer/Wickern 2). Der Ruf eines hohen Amtsträgers oder führenden Politikers kann also nicht durch Ausschluß der Öffentlichkeit nach Nr 1 geschützt werden (KK-Diemer 4). Die Ausschließungsgründe gelten auch zugunsten der NATO-Verbündeten nach näherer Bestimmung des Art 38 **NTS-ZA.**

3) Gefährdung der öffentlichen Ordnung (Nr 1): Sie setzt voraus, daß gerade 3
aus der Öffentlichkeit der Verhandlung sich eine Wahrscheinlichkeit dafür ergibt, daß die öffentliche Ruhe, Sicherheit oder Ordnung gestört wird, mag sich diese Störung in der Verhandlung selbst (also im Gerichtssaal) oder außerhalb auswirken (BGH **30**, 193, 194). Dieser Ausschließungsgrund kann zB vorliegen, wenn ge-

heimhaltungsbedürftige Maßnahmen oder Einrichtungen zur Verhütung oder Aufklärung von Straftaten, neuartige Deliktsformen oder Gegebenheiten aus dem Bereich des Vollzugs in der Hauptverhandlung erörtert werden müssen (RiStBV 133;
4 LR-Schäfer/Wickern 6). Auch eine wiederholte oder fortgesetzte **Störung** der Verhandlung **durch die Zuhörerschaft** oder einen Teil der Zuhörer, zB durch Applaudieren, Zwischenrufe, Sprechchöre, wenn das Gericht mit weiteren Störungen durch im voraus nicht bestimmbare Personen rechnen kann und muß, rechtfertigt den Ausschluß (BGH 5 StR 294/69 vom 13. 1. 1970); vgl ferner unten 7 aE.

5 **4) Gefährdung der Sittlichkeit** (Nr 1; Art 6 I S. 2 **MRK;** Art 14 des Intern Paktes über die staatsbürgerlichen und politischen Rechte vom 19. 12. 1966 nebst Ges vom 15. 11. 1973 [BGBl II 1533] und Bek vom 14. 6. 1976 [BGBl II 1068]): Vor Anwendung dieser Vorschrift ist § 171 b I S. 1 zu prüfen und eine Entschließung des betroffenen Prozeßbeteiligten herbeizuführen, ob er selbst einen Ausschluß der Öffentlichkeit zur Wahrung seiner Intimsphäre wünscht (BGH **38**, 248 = JR **93**, 297 mit Anm Katholnigg). Erst wenn dieser dem Ausschluß nach § 171 b I S. 2 widerspricht oder er den Ausschluß nach § 171 b II nicht beantragt, stellt sich die Frage des Ausschlusses nach § 172 Nr 1. Ein Ausschluß kommt dann noch in Betracht, wenn durch die Erörterung des Falles das Scham- und Sittlichkeitsgefühl des Durchschnittsmenschen verletzt würde (Düsseldorf MDR **81**, 427; **aM** offenbar Rüping 434: nur Unterfall der öffentlichen Ordnung). Das ist – auch im Hinblick auf § 171 b – nur in seltenen Ausnahmefällen denkbar (Kissel 32; vgl auch Schweling DRiZ **70**, 354), zB wenn in der Hauptverhandlung Einzelheiten des sexuellen Mißbrauchs eines Kindes durch einen möglicherweise triebgestörten Täter zu erörtern sind (BGH NJW **86**, 200 = JR **86**, 215 mit Anm Böttcher = NStZ **86**, 179 mit Anm Gössel).

6 **5) Gefährdung eines Zeugen oder einer anderen Person** (Nr 1 a): Bei Gefahr für Leib oder Leben des Angeklagten oder eines Zeugen durch andere Personen bei wahrheitsgemäßer Aussage in öffentlicher Verhandlung (BGH **3**, 344, 345; **16**, 111, 113; **30**, 193, 194; MDR **80**, 273 [H]) gilt Nr 1 a, auch bei Gefahr für den Informanten, über dessen Person und Tätigkeit der Zeuge aussagen soll (BGH 1 StR 300/74 vom 27. 8. 1974). Geht eine solche Drohung von einem beschränkten Personenkreis aus (zB von den Angehörigen des Angeklagten), so genügt es, ihn auszuschließen (BGH MDR **80**, 273 [H]). Nr 1 a ist auch anzuwenden, wenn die Behörde die „Freigabe" eines Zeugen an die Bedingung knüpft, daß er unter Ausschluß der Öffentlichkeit vernommen wird (BGH **32**, 115, 125 [GSSt]; NStZ **84**, 522; KK-Diemer 5). Eine Gesundheitsgefährdung, die in keinem Zusammenhang mit der Öffentlichkeit der Verhandlung steht, genügt nicht (BGH NStZ **87**,
7 86). Eine **Erschwerung der Wahrheitsermittlung** ohne Gefahr für Leib oder Leben des Angeklagten oder eines Zeugen rechtfertigt den Ausschluß nicht. Es genügt daher nicht die bloße Erwartung, daß der Angeklagte in nichtöffentlicher Verhandlung ein Geständnis ablegen (BGH **9**, 280; KK-Diemer 5), oder die Möglichkeit, daß die Berichterstattung über das Verfahren die Wahrheitsfindung erschweren werde (BGH MDR **73**, 730 [D]), insbesondere, weil ein Zeuge aus Furcht vor falschen Berichten nicht aussagen will (BGH **30**, 193, 195; vgl auch BVerfGE **50**, 234 = NJW **79**, 1400). Die Weigerung des Zeugen, in öffentlicher Sitzung auszusagen, rechtfertigt den Ausschluß auch dann nicht, wenn ihm ein Aussageverweigerungsrecht zusteht (BGH **30**, 193). Bei Gefährdung anderer Rechtsgüter als Leib, Leben oder Freiheit (zB erhebliche Sachbeschädigungen) kann ein Ausschluß nach Nr 1 wegen Gefährdung der öffentlichen Ordnung erfolgen (LR-Schäfer/Wickern 11); aus Nr 1 a ist nicht ein Umkehrschluß zu ziehen, daß nur bei Gefährdung der hier erwähnten Rechtsgüter der Ausschluß zulässig ist (Rieß NJ **92**, 495).

8 **6) Überwiegende schutzbedürftige persönliche Interessen** (Nr 2)

A. **Geschäfts- oder Betriebsgeheimnis** (§§ 203, 355 I Nr. 2 StGB; § 17 UWG): Geheimnis ist eine Tatsache, die nur einem einzelnen oder einem beschränkten Personenkreis bekannt oder zugänglich ist und an deren Geheimhaltung der Berechtigte ein schutzwürdiges Interesse hat (Tröndle 2 zu § 203 StGB). Das Geschäftsgeheimnis betrifft die unternehmerische Tätigkeit, das Betriebsgeheimnis die technische Ausgestaltung und Führung des Betriebs. Der Ausschlußtatbestand ist gegeben, wenn für den Geheimnisgeschützten durch die öffentliche Verhandlung Nachteile entstehen würden, die durch den Zweck des Verfahrens nicht gerechtfertigt sind. **9**

B. **Erfindungsgeheimnis:** Zu ihm gehören alle auf eine Erfindung bezüglichen Umstände, an deren Geheimhaltung eine Person oder Institution ein berechtigtes Interesse hat (Kissel 42). Die Erfindung besteht in einer anwendbaren, niederlegungsfähigen und ausführbaren technischen Idee oder Regel. Sie muß einen technischen Fortschritt und eine persönliche Leistung des Erfinders darstellen, die über das hinausgeht, was für einen Durchschnittsfachmann erreichbar ist. Die Erfindung ist nicht mehr geheim (vgl oben 9), wenn ein Patent oder Gebrauchsmuster gewährt worden ist (**aM** Katholnigg 6: bereits ab Patentanmeldung). **10**

C. **Steuergeheimnis** (§ 30 **AO;** § 355 StGB; 3 zu § 161 StPO): Zum Schutz des Steuergeheimnisses wird im allgemeinen die Öffentlichkeit nicht ausgeschlossen, soweit die Erörterung in einem Steuerstrafverfahren der Tatfeststellung dient. Unzulässig ist das aber nicht (Rüping/Arloth DB **84**, 1795; Weyand wistra **93**, 135; **aM** Schomberg NJW **79**, 526). Jedoch liegt der Ausschluß näher, wenn es sich um die Gewinnung der tatsächlichen Grundlage für die Bemessung des Tagessatzes (§ 40 StGB) handelt (Weyand aaO). **11**

D. **Geschützter Personenkreis nach Nr 2** sind alle Verfahrensbeteiligten, Zeugen und Unbeteiligten. **12**

7) Privates Geheimnis (Nr 3; § 203 StGB): Die Ausschließungsbefugnis besteht, wenn das Offenbaren des Geheimnisses gegenüber Dritten oder der Öffentlichkeit außerhalb des Strafverfahrens dem Geheimhaltungsgebot des § 203 StGB widersprechen würde. Sie ist nicht davon abhängig, daß sich der Geheimnisträger, der sich als Zeuge oder Sachverständiger äußern soll, durch die Äußerung strafbar machen würde. Bei der Ermessensentscheidung über die Ausschließung der Öffentlichkeit wird hier – trotz Fehlens einer Abwägungsklausel – abgewogen auf der einen Seite: Das Interesse der Allgemeinheit an der uneingeschränkten Öffentlichkeit der Hauptverhandlung (1 zu § 169), das Interesse an möglichst umfassender und gründlicher Aufklärung aller für die Strafsache bedeutender Umstände. Auf der anderen Seite: Das öffentliche Interesse an der Schonung des geschützten Geheimnisses vor vermeidbarer Offenlegung und die Rücksicht auf die Auskunftsperson, die als Berufsträger das Geheimnis im Rahmen des möglichen wahren und gewahrt sehen will; diese Interessen wiegen um so mehr, je mehr das Geheimnis dem inneren Bereich der Persönlichkeitsphäre angehört. Werden private Geheimnisse in der Hauptverhandlung erörtert, so wird durch die Ausschließung der Öffentlichkeit der durch das Vertrauensverhältnis geschaffene Schutz des Geheimnisses so weit gewahrt, wie es geschehen kann, ohne daß das Anvertraute dem gerichtlichen Verfahren entzogen wird. Besteht ein Zeugnisverweigerungsrecht, so kann es bei zu erwartendem Ausschluß der Öffentlichkeit leichter zu einer Entbindung von der Schweigepflicht nach § 53 II StPO oder zur Aussage aufgrund einer Güter- und Pflichtenabwägung (5, 6 u § 53 StPO) kommen. **13**

8) Eine Person unter 16 Jahren (Nr 4; vgl auch §§ 241 a, 247 StPO): Der innere Grund für die Anwendung der Nr 4 können der Schutz der Person des Zeugen und die bessere Sachaufklärung sein. Durch den Ausschlußgrund kann insbesondere auf die besondere psychische Situation des jungen Zeugen Rücksicht genommen werden, für den bereits das Auftreten vor Gericht, vollends vor zahlreichen Zuhörern, eine schwere Belastung darstellen kann, die auch durch das Infor- **14**

mationsinteresse der Öffentlichkeit nicht zu rechtfertigen ist. Nr 4 ist ferner anzuwenden, wenn der junge Zeuge wegen großen Aufsehens der Hauptverhandlung übermäßig in seinem Fortkommen gehemmt werden oder wenn bei ihm im Fall öffentlicher Verhandlung der Eindruck entstehen könnte, er sei Mittelpunkt des allgemeinen Interesses. In diesem Fall oder wenn „Freunde" oder „Feinde" im Zuhörerraum anwesend sind, kann es zu wesentlichen Entstellungen der Sachschilderung kommen, die durch Ausschließung der Öffentlichkeit vermieden werden können. Der Ausschluß erstreckt sich auch auf den gesetzlichen Vertreter des Zeugen, selbst wenn er als Begleitperson erschienen ist. Ihm kann aber die Anwesenheit gestattet werden (§ 175 II; dort 4). Ob von dieser Möglichkeit Gebrauch gemacht wird, hängt davon ab, ob seine Anwesenheit der Vernehmung voraussichtlich nützen oder schaden wird.

15 9) Die **Dauer der Ausschließung** richtet sich danach, für welche Teile der Hauptverhandlung der Ausschließungsgrund nach pflichtgemäßem Ermessen anzuerkennen ist (vgl BGH **7**, 218; Düsseldorf MDR **81**, 427). Die Ausschließung für die gesamte weitere Dauer der Verhandlung kann zulässig sein (BGH NJW **86**, 200 = JR **86**, 215 mit Anm Böttcher = NStZ **86**, 179 mit Anm Gössel; erg 8 zu § 174).

16 A. **Für die Verhandlung:** Der Ausschluß „für die ganze Verhandlung" oder „für die Verhandlung" oder „bis zur Urteilsverkündung" endet von selbst (vgl § 173 iVm § 172) vor der Urteilsverkündung, ohne daß es eines ausdrücklichen Beschlusses über die Wiederherstellung der Öffentlichkeit bedarf (RG **53**, 271; JW **26**, 2762). Daher genügt es, daß der Gerichtswachtmeister die Öffentlichkeit wiederherstellt und der Protokollführer dies im Protokoll vermerkt.

17 B. **Für einen Teil der Verhandlung:** Zulässig ist auch der Ausschluß „bis auf weiteres", dh so lange, bis dem Gericht die Wiederherstellung der Öffentlichkeit geboten erscheint (RG JW **28**, 1940 mit Anm Alsberg). Für die Wiederherstellung der Öffentlichkeit ist dann ein besonderer Beschluß notwendig. Beschränkt sich der Ausschluß auf einen bestimmten Verfahrensabschnitt, so ist nach dessen Ablauf kein Beschluß zur Wiederherstellung der Öffentlichkeit erforderlich (BGH GA **81**, 473; vgl aber Frankfurt StV **85**, 8); die Öffentlichkeit muß aber tatsächlich wiederhergestellt werden (BGH **7**, 218; BGHR § 171 b I Dauer 7). Der Ausschluß für die Dauer der Vernehmung eines Zeugen bedeutet, daß er bis zur Beendigung der Vernehmung (auch bei mehrmaliger Unterbrechung der Vernehmung) gilt (BGH **41**, 145, 148) und daß er alle Verfahrensvorgänge umfaßt, die mit der Vernehmung in enger Verbindung stehen oder sich aus ihr entwickeln und daher zu diesem Verfahrensabschnitt gehören (BGH MDR **75**, 198 [D]; 544 [D]; NStZ **83**, 213 [Pf/M]), zB die Beschlußfassung nach § 247 I StPO (BGH NStZ **85**, 206 [Pf/M]; **94**, 354), die Verlesung von im Zusammenhang mit der Zeugenvernehmung stehenden Urkunden (BGH StV **85**, 402 mit krit Anm Fezer), Befragung des gesetzlichen Vertreters nach § 52 II StPO, die Abgabe von Erklärungen nach § 257 StPO, eine Augenscheinseinnahme, die im Zusammenhang mit der Zeugenaussage steht (BGH NStZ **88**, 190), kurze Äußerungen anderer Zeugen oder eine Beweisanregung und die Verhandlung hierüber, die durch die Vernehmung veranlaßt werden (BGHR § 171 b I Dauer 8). Auch die Verhandlung und Entscheidung über die Vereidigung sowie die Vereidigung selbst können noch während des Ausschlusses der Öffentlichkeit vorgenommen werden (BGH NJW **96**, 2663). Im übrigen gilt der Ausschluß für alle Erklärungen eines Zeugen, die mit dem Ausschließungsgrund in Zusammenhang stehen und zu dem Verfahrensabschnitt gehören, der Anlaß zu dem Ausschluß gegeben hat (BGH GA **81**, 473).

18 **10) Revision:** Es kommt darauf an, ob der Ausschluß der Öffentlichkeit wegen des zu erwartenden Inhalts des betreffenden Verhandlungsabschnitts gerechtfertigt war; daß sich diese Erwartung nicht bestätigt hat, macht den Ausschluß nicht

unrechtmäßig (BGH **38**, 248 = JR **93**, 297 mit Anm Katholnigg). Vgl im übrigen 48 zu § 338 StPO.

Öffentliche Urteilsverkündung

173 **I Die Verkündung des Urteils erfolgt in jedem Falle öffentlich.**

II Durch einen besonderen Beschluß des Gerichts kann unter den Voraussetzungen der §§ 171 b, 172 auch für die Verkündung der Urteilsgründe oder eines Teiles davon die Öffentlichkeit ausgeschlossen werden.

1) **Verkündung des Urteils** (I): Dazu gehört auch die Eröffnung der Urteilsgründe (§ 268 I S. 2 StPO). Wenn die Öffentlichkeit in der Verhandlung oder in einem Teil davon ausgeschlossen war, muß bei der Urteilsverkündung das während des Ausschlusses erzielte Ergebnis schonend wiedergegeben werden, dh ohne Verletzung des materiellen Gehalts des Ausschlußgrundes. Die Gerichtsbeschlüsse, die nicht zu dem Verfahrensteil gehören, in dem die Öffentlichkeit ausgeschlossen worden ist, werden ebenfalls öffentl verkündet. Wenn sie dagegen zu dem nichtöffentlichen Teil der Verhandlung gehören (zB bei Ausschluß der Öffentlichkeit für die Dauer der Vernehmung eines Zeugen der Beschluß über die Vereidigung; 21 zu § 172), so können sie auch noch während des Ausschlusses verkündet werden. Das ergibt sich schon daraus, daß die Öffentlichkeit auch für die ganze Verhandlung ausgeschlossen werden kann (20 zu § 172). 1

2) **Verfahren nach dem JGG:** §§ 48 I, III S. 2, 109 I S. 4 **JGG.** Diese Vorschriften können auch angewendet werden, wenn das Erwachsenengericht gegen einen Jugendlichen (§§ 103 I, 104 II **JGG**) oder gegen einen Heranwachsenden (§ 112 S. 1 **JGG**) verhandelt (Brunner/Dölling 3 zu § 48 JGG). Die Ausschließung der Öffentlichkeit nach § 109 I S. 4 **JGG** umfaßt, soweit das Gericht nichts anderes bestimmt, wie in § 48 I **JGG** auch die Urteilsverkündung (BGH **42**, 294 = NStZ **98**, 51 mit abl Anm Eisenberg). 2

3) **Heilung des Mangels:** 10 zu § 174. 3

4) **Revision:** Vgl 48 zu § 338 StPO. 4

Ausschließungsverhandlung; Schweigegebot **RiStBV 131–134, 219 III, 222**

174 **I Über die Ausschließung der Öffentlichkeit ist in nicht öffentlicher Sitzung zu verhandeln, wenn ein Beteiligter es beantragt oder das Gericht es für angemessen erachtet. Der Beschluß, der die Öffentlichkeit ausschließt, muß öffentlich verkündet werden; er kann in nicht öffentlicher Sitzung verkündet werden, wenn zu befürchten ist, daß seine öffentliche Verkündung eine erhebliche Störung der Ordnung in der Sitzung zur Folge haben würde. Bei der Verkündung ist in den Fällen der §§ 171 b, 172, 173 anzugeben, aus welchem Grund die Öffentlichkeit ausgeschlossen worden ist.**

II Soweit die Öffentlichkeit wegen Gefährdung der Staatssicherheit ausgeschlossen wird, dürfen Presse, Rundfunk und Fernsehen keine Berichte über die Verhandlung und den Inhalt eines die Sache betreffenden amtlichen Schriftstücks veröffentlichen.

III Ist die Öffentlichkeit wegen Gefährdung der Staatssicherheit oder aus den in §§ 171 b, 172 Nr. 2 und 3 bezeichneten Gründen ausgeschlossen, so kann das Gericht den anwesenden Personen die Geheimhaltung von Tatsachen, die durch die Verhandlung oder durch ein die Sache betreffendes amtliches Schriftstück zu ihrer Kenntnis gelangen, zur Pflicht machen. Der Beschluß ist in das

Sitzungsprotokoll aufzunehmen. Er ist anfechtbar. Die Beschwerde hat keine aufschiebende Wirkung.

1 **1)** Das **Ausschließungsverfahren** ist ein Inzidentverfahren des erkennenden Gerichts in der Besetzung, in der die Hauptverhandlung stattfindet, unter Mitwirkung der Schöffen. Der Angeklagte nimmt teil; zum Fall seiner Ausschließung nach § 247 StPO vgl dort 6.

2 A. **Antrag auf Ausschließung:** Aus I S. 1 ergibt sich, daß ein „Beteiligter" den Antrag stellen kann. Beteiligter ist jedenfalls der am Hauptverfahren Beteiligte. Diejenigen, deren Persönlichkeitssphäre im konkreten Fall bei öffentlicher Verhandlung beeinträchtigt würde (§ 172 Nrn 2, 3), haben die Befugnis, den Ausschluß der Öffentlichkeit für die Verhandlung oder einen Teil davon anzuregen. Damit werden sie aber nicht zu Beteiligten am Ausschließungsverfahren; sie können nicht einmal die Verhandlung über die Ausschließung erzwingen (**aM** LR-Schäfer/Wickern 2). Da der Kreis der am Hauptverfahren Beteiligten nicht notwendig deckungsgleich sein muß mit den am Inzidentverfahren Beteiligten, kann demjenigen, dessen Persönlichkeitsrechte mit dem Ausschließungstatbestand des § 172 Nrn 2 oder 3 geschützt werden soll, ein förmliches Antragsrecht zugestanden
3 werden, soweit er ein **anzuerkennendes Interesse** an dem Ausschluß haben kann (Kleinknecht Schmidt-Leichner-FS 115). Der Antrag eines Berechtigten führt zwingend zur Ausschließungsverhandlung. Für § 171 b vgl dort 9.

4 B. **Auch ohne Antrag** auf Ausschließung kann das Gericht die Ausschließungsverhandlung durchführen. Die Beteiligten erhalten auch in diesem Fall Gelegenheit zur Äußerung. Der in Betracht kommende Ausschließungstatbestand wird im Freibeweisverfahren (7, 9 zu § 244 StPO) geklärt, wobei freieste Ermittlung (RG **66**, 113) zur Gewinnung einer genügenden Prognosegrundlage statthaft ist.

5 C. **In nichtöffentlicher Sitzung** muß verhandelt werden, wenn ein Beteiligter es beantragt oder das Gericht es von sich aus für angemessen hält. Das kann im Sitzungssaal geschehen oder im Beratungszimmer oder in einem sonstigen Raum. Die Tatsache des Zwischenverfahrens und sein Ergebnis müssen im Protokoll vermerkt werden.

6 D. **Unterbleibt die Ausschließungsverhandlung** trotz gültigen Antrags, so kann der Mangel durch Nachholung geheilt werden. Dabei kann auch der Beschluß geändert werden. Wenn es § 244 II StPO gebietet, kann es zu einer Teilwiederholung der Hauptverhandlung unter Ausschluß der Öffentlichkeit kommen.

7 E. **Jugendstrafsachen:** Wenn das JugG gegen einen Jugendlichen verhandelt, gilt § 174 nicht (§ 48 I **JGG**). Er gilt aber bei Verhandlung gegen einen Heranwachsenden (§ 109 I S. 4 **JGG**); ebenso bei Verhandlung des Erwachsenengerichts gegen einen Jugendlichen oder Heranwachsenden (§§ 104 II, 112 S. 1 **JGG;** 2 zu § 173).

8 **2)** Ein **Ausschließungsbeschluß** (I S. 2) des Gerichts ist erforderlich; ein „Beschluß des Vorsitzenden" genügt nicht (BGH StV **84**, 499 L). Soll die Öffentlichkeit nur für bestimmte Verfahrensabschnitte ausgeschlossen werden (17 zu § 172), ist dies im Beschluß anzugeben (BGH NStZ **89**, 483; StV **90**, 10 mit Anm Frommel); der Ausschließungsbeschluß deckt dann aber auch nur diese Abschnitte (BGH StV **90**, 252). Ist der Zeitraum des Ausschlusses im Beschluß versehentlich nicht eingegrenzt worden, so ist idR davon auszugehen, daß die Öffentlichkeit für die gesamte Dauer der Hauptverhandlung ausgeschlossen werden sollte (BGH MDR **92**, 634 [H]). Der Beschluß mit seiner Begründung (unten 9) muß grundsätzlich öffentl verkündet werden (BGH NStZ **96**, 202). Das gilt auch, wenn die Öffentlichkeit nach vorübergehendem Ausschluß weiterhin ausgeschlossen wird (BGH NJW **80**, 2088 mwN; NStZ **85**, 37). Die Verkündung gehört zu den Förmlichkeiten iS der §§ 273, 274 StPO (BGH **27**, 187, 189). Der Verkündung bedarf es nicht bei dem Beschluß, mit dem der Ausschluß abgelehnt oder wieder

aufgehoben wird. Jedoch dürfen auch diese Beschlüsse verkündet werden; jedenfalls aber muß für das Publikum erkennbar sein, ob die Öffentlichkeit ausgeschlossen ist oder nicht. Die Ausnahme des Hs 2 des I S. 2 setzt nur voraus, daß gewisse Tatsachen die Befürchtung als subjektives Empfinden begründen. Sie setzt aber keinen Beschluß voraus, sondern ist Teil der Verhandlungsleitung gemäß § 238 I StPO (**aM** Kissel 8; offengelassen von BGH NStZ **96**, 202). Die **Mitteilung des** 9
Ausschlußgrundes (I S. 3) in der Begründung des Ausschließungsbeschlusses ist in den Fällen der §§ 171 b, 172, 173 II vorgeschrieben (BGH NStZ **88**, 20 [Pf/M]. Der Beschluß muß aus sich heraus verständlich sein (BGH NJW **88**, 429, 431). Der Begründungszwang entfällt nicht deshalb, weil sich der Ausschlußgrund für alle Beteiligten aus dem Gang der Verhandlung ergibt (BGH StV **81**, 3; **84**, 146; zw BGH NStZ **94**, 591). Wenn die Verständlichkeit dadurch gewährleistet ist, genügt aber die Angabe mit dem abstrakten Gesetzeswortlaut (BGH **30**, 212 für § 172 Nr 2; BGH **27**, 117 für § 172 Nr 4; BGH NJW **86**, 200 = JR **86**, 215 mit Anm Böttcher = NStZ **86**, 179 mit Anm Gössel; BGH GA **75**, 283; NStZ **89**, 442; jedoch verneint bei § 172 Nr 3 durch BGH StV **96**, 134). Die tatsächlichen Umstände, aus denen sich der Ausschließungsgrund ergibt, brauchen nicht angegeben zu werden (BGH **30**, 212; NJW **86**, 200; Gössel NStZ **82**, 140; **aM** Park NJW **96**, 2214). Wenn eine Bestimmung nur einen einzigen Ausschließungsgrund enthält – wie zB § 172 Nr 1 a oder Nr 4 – reicht auch die bloße Angabe der Gesetzesbestimmung aus (BGH **41**, 145 mit abl Anm Park StV **96**, 136); sind aber mehrere Gründe vorgesehen, muß der angewendete Grund bezeichnet werden, zB im Fall des § 172 Nr 1 (BGH NStZ **91**, 122 [M/K]) oder Nr 2 (BGH **27**, 187; NStZ **82**, 169; **85**, 496 [Pf/M]; **88**, 20 [Pf/M]; StV **84**, 146; **86**, 376). Es genügt nicht, daß er aus dem Zusammenhang (BGH StV **86**, 376) oder aus früheren Beschlüssen oder Anträgen (BGH NStZ **85**, 496 [Pf/M]; zw BGH NStZ **94**, 591) erkennbar ist oder für die Beteiligten und die Zuhörerschaft offen zutage liegt (BGH **27**, 117; 187; StV **84**, 146), auch nicht, wenn zugleich eine Anordnung nach § 247 StPO begründet ist (BGH NStZ **83**, 324). Die Bezugnahme auf einen vorangehenden Ausschließungsbeschluß ist ausnahmsweise zulässig, wenn der nochmalige Ausschluß auf denselben Grund gestützt wird (BGH **30**, 298; GA **83**, 361), insbesondere, wenn beide Beschlüsse insofern eine Einheit bilden (BGH NJW **79**, 276 = JR **79**, 434 mit Anm Gollwitzer). Sonst ist, zB bei wiederholter Zeugenvernehmung, ein neuer Beschluß erforderlich (BGH NJW **82**, 275; GA **81**, 320), es sei denn, die bereits verfügte Entlassung des Zeugen wird sogleich zurückgenommen und die Vernehmung des Zeugen fortgesetzt (BGH NStZ **92**, 447; BGHR § 174 I S. 1 Ausschluß 1 und 2). Die Zurückweisung des Antrags auf Wiederherstellung der Öffentlichkeit bedarf der Form des I S. 3 nicht (BGH GA **83**, 361).

3) Ein **rechtzeitig bemerkter Verstoß** iS des § 338 Nr 6 StPO kann durch 10
Wiederholung des fehlerhaften Verhandlungsteils geheilt werden (RG **35**, 354; Einl 159). Ein nachträglicher Beschluß heilt den Mangel nicht, auch nicht, wenn dieser nur in einer Überschreitung der Ausschlußdauer besteht.

4) Verbot öffentlicher Berichte (II; § 353 d Nr 1 StGB): Es tritt mit dem 11
Ausschluß der Öffentlichkeit wegen Gefährdung der Staatssicherheit (§ 172 Nr 1) von selbst ein. Die sonstigen Strafbestimmungen, insbesondere die §§ 94 ff StGB, bleiben unberührt.

5) Gerichtliches Schweigegebot (III; § 353 d Nr 2 StGB): 12

A. **Persönlicher Umfang:** Zu den anwesenden Personen gehören auch die 13
Richter, der StA, der Angeklagte und sein Verteidiger, der Zeuge und ggf sein Beistand, der Sachverständige, der Gerichtswachtmeister und zugelassene Personen (§ 175 II S. 1), zB Presseberichterstatter.

B. **Sachlicher Umfang:** Die geheimzuhaltenden Tatsachen müssen in dem 14
Gerichtsbeschluß bezeichnet werden (Tröndle 5 zu § 353 d StGB). Dies kann auch durch komplexartige Bezeichnung geschehen. Im übrigen wird das Schweigegebot

– zweckmäßigerweise unter Hinweis auf § 353 d Nr 2 StGB (RiStBV 131 II) – als absolutes angeordnet, obwohl nur das unbefugte Offenbaren strafbar ist, dh nur das Offenbaren ohne Rechtfertigungsgrund. Ein solcher kann zB darin bestehen, daß der StA seinen Vorgesetzten berichten muß (vgl 3 zu § 147). Im übrigen bindet der Beschluß nicht denjenigen, der befugt ist, die Tatsache zu offenbaren und in
15 dessen ausschließlichem Interesse die Schweigepflicht ausgesprochen worden ist. **Gegenstandslos wird das Schweigegebot,** wenn und soweit die Tatsachen bei der öffentlichen Urteilsverkündung (§ 173 I) bekanntgegeben werden; nicht schon dadurch, daß sie in den schriftlichen Urteilsgründen dargelegt werden.

16 C. Der **Beschluß** ergeht von Amts wegen oder auf Antrag eines Beteiligten, entweder mit dem Beschluß, durch den die Öffentlichkeit ausgeschlossen wird, oder in einem späteren Zeitpunkt, in dem sich das Bedürfnis für die Anordnung ergibt. Dabei muß aber bedacht werden, daß der Beschluß keine rückwirkende Kraft hat. Das Schweigegebot kann auch noch in der Hauptverhandlung und auch nach dieser aufgehoben werden, zB im Fall der Beschwerde durch die Abhilfeentscheidung (§ 306 II StPO).

17 D. **Verfahren vor den JugGen** (2 zu § 169): Das Schweigegebot ist nur iVm dem Beschluß zulässig, durch den die Öffentlichkeit ausgeschlossen wird. Für einen solchen ist kein Raum, wenn die Hauptverhandlung ohnehin nicht öffentl ist. Daher gibt es in diesen Fällen auch keinen Beschluß, der zum Schweigen verpflichtet (LR-Schäfer/Wickern 36; **aM** Katholnigg 7). Das ist eine Lücke (Tröndle 5 zu § 353 d StGB). Insoweit bleibt nur das persönliche Hinwirken auf die freiwillige Geheimhaltung (RiStBV 131 II).

18 **6) Nach Wiederherstellung der Öffentlichkeit** behalten das Gericht und der StA, aber auch der RA als Rechtspflegeorgan, den durch die Ausschließung der Öffentlichkeit bezweckten Schutz, soweit es mit Rücksicht auf die Wahrnehmung ihrer Funktion möglich ist, im Auge, zB bei den Schlußvorträgen und bei der Urteilsverkündung (Kleinknecht Schmidt-Leichner-FS 116).

19 **7) Beschwerde** (III S. 3, 4) gegen den Ausschließungsbeschluß oder gegen den Beschluß, durch den die Ausschließung der Öffentlichkeit abgelehnt wird, scheidet für die Prozeßbeteiligten nach § 305 StPO aus. Sie ist auch für andere Personen (§ 304 II StPO) unzulässig. Von einem Ausschließungsbeschluß sind sie nicht betroffen (Nürnberg MDR **61**, 508). Aber auch den ablehnenden Beschluß können sie nicht anfechten, weil die Entscheidung über die Ausschließung der Öffentlichkeit der Anfechtung durch einen Dritten nach dem Sinn der Bestimmungen
20 entzogen ist (6 zu § 304 StPO). Die **Schweigeanordnung** ist dagegen mit der Beschwerde (§ 304 StPO) anfechtbar (III S. 3), nicht der diese Anordnung ablehnende Beschluß. Diese Anfechtbarkeit des Schweigegebots ist für die Verfahrensbeteiligten eine Ausnahme von § 305 StPO. Die Beschwerde ist unbefristet wie das Schweigegebot selbst, das mit der Beschwerde angefochten wird.

21 **8) Revision:** Vgl 48 zu § 338 StPO. Die tatsächlichen Umstände, auf denen der Ausschluß beruht, prüft das Revisionsgericht nicht nach (Gössel NStZ **82**, 140). Aus II, III ergeben sich keine Revisionsgründe; sie betreffen nur zusätzlichen Geheimnisschutz nach außen, der auf das Urteil keinen Einfluß hat. Eine Auswechslung des Ausschließungsgrundes durch das Revisionsgericht ist wegen I S. 3 nicht zulässig (Park NJW **96**, 2215; erg oben 9).

Versagung des Zutritts

175 **I Der Zutritt zu öffentlichen Verhandlungen kann unerwachsenen und solchen Personen versagt werden, die in einer der Würde des Gerichts nicht entsprechenden Weise erscheinen.**

[II] Zu nicht öffentlichen Verhandlungen kann der Zutritt einzelnen Personen vom Gericht gestattet werden. In Strafsachen soll dem Verletzten der Zutritt gestattet werden. Einer Anhörung der Beteiligten bedarf es nicht.

[III] Die Ausschließung der Öffentlichkeit steht der Anwesenheit der die Dienstaufsicht führenden Beamten der Justizverwaltung bei den Verhandlungen vor dem erkennenden Gericht nicht entgegen.

1) Die **Ausschließung einzelner Personen** (I) aus der Hauptverhandlung 1
sehen auch die §§ 177, 178 vor. Jedoch ist der in diesen Bestimmungen enthaltene Katalog der Ausschließungsgründe nicht abschließend. Die Ausschließung ist vielmehr auch aufgrund allgemeiner übergeordneter Verfahrensgesichtspunkte zulässig (BGH **3**, 338; **17**, 203; Strassburg MDR **77**, 712; erg 8 zu § 176). Die Versagung nach I obliegt dem Vorsitzenden (§ 176). Er wird dabei von dem Justizwachtmeister unterstützt (RiStBV 128 III; 12 ff zu § 176), der in eindeutigen Fällen für den Vorsitzenden handeln darf. Für die Eigenschaft „unerwachsen" ist zunächst die äußere Erscheinung maßgebend, also nicht eine bestimmte Altersgrenze (RG **47**, 376; **aM** Schilken 193). Entscheidend ist die zur ernsthaften Teilnahme erforderliche Reife, die aber bei über 18jährigen immer besteht (KK-Diemer 1). **Würde** 2
des Gerichts: § 175 betrifft (ebenso wie die §§ 176, 177) Abwehr konkreter Verstöße gegen das Schutzgut, § 178 die Ahndung. Bei der Auslegung des Begriffs „Ungebühr" in § 178 wird ebenfalls auf den Begriff der „Würde des Gerichts" zurückgegriffen. **Schutzgut** ist das Ansehen des Gerichts als Institution in der 3
sozialen Gemeinschaft (Düsseldorf JZ **85**, 1012; Nürnberg JZ **69**, 150 mit krit Anm Sarstedt; Wolf § 25 III 3). Auch die Störung des Ablaufs der Hauptverhandlung kann dieses Ansehen beeinträchtigen. Daher ist die akute Gefahr solcher Störung oder anderer Kundgabe der Mißachtung (§ 185 StGB) Zurückweisungsgrund nach I (vgl auch BGH **17**, 201; Kern JZ **62**, 564; 4 zu § 176). Der Würde des Gerichts widerspricht insbesondere das Erscheinen in provozierendem Aufzug (Roxin JR **76**, 387) oder in betrunkenem oder verwahrlostem Zustand (Rehbinder MDR **63**, 642; erg 2, 3 zu § 178).

2) Die **Zulassung nach II** ist eine Abweichung von einem Gerichtsbeschluß; 4
sie setzt daher einen Gerichtsbeschluß voraus. Die vorherige Anhörung der Beteiligten ist nicht notwendig (II S. 3); für den Beschluß muß die ausgeschlossene Öffentlichkeit nicht wiederhergestellt werden (BGH 4 StR 100/95 vom 14. 3. 1995). Der Beschluß kann auch in dem stillschweigenden Gestatten der Anwesenheit liegen (Einl 123). Ein Beteiligter kann aber Einwendungen erheben und so einen ausdrücklichen förmlichen Beschluß herbeiführen (§ 238 II StPO). Die Methode der stillschweigenden Zulassung wird am häufigsten bei Referendaren angewendet, die dem Gericht zur Ausbildung zugewiesen sind. Niemand hat Anspruch auf Zulassung; den Vertretern der Presse wird der Zutritt jedoch idR gestattet werden (vgl Schweiz.Bundesgericht Lausanne EuGRZ **92**, 202 zu Art 6 I S. 2 **MRK**). Ein Anspruch kann auch nicht aus § 149 StPO oder Art 6 I GG abgeleitet werden (BGH 1 StR 227/65 vom 6. 7. 1965). Daher haben auch die Eltern keinen Anspruch auf Anwesenheit während der Zeugenvernehmung ihres Kindes, selbst wenn sie als Begleitpersonen auf Aufforderung des Gerichts erschienen sind. Anders ist es bei dem förmlich zugelassenen Beistand (1, 2 zu § 149 StPO), falls dieser nicht als Zeuge außerhalb des Sitzungssaales warten muß (7 zu § 243 StPO). Dem **Verletzten** soll nach S. 2 der Zutritt gestattet werden. Nur in 5
Ausnahmefällen darf ihm die Zulassung verwehrt werden (vgl auch § 48 II **JGG**), zB wenn er noch als Zeuge vernommen werden soll oder ein besonderes Interesse an der Vertraulichkeit der in §§ 171 b, 172 Nr 2 bezeichneten Umstände auch gegenüber dem Verletzten besteht (Rieß/Hilger NStZ **87**, 208). Die Zulassung kann aus sitzungspolizeilichen Gründen **zurückgenommen** werden. Ist ein Re- 6
porter zugelassen worden und veröffentlicht er unsachliche und aufreizende Berichte (zB über die Tätigkeit des Verteidigers), so kann die Zulassung aus diesem

Grunde nicht zurückgenommen werden (**aM** BGH NJW **64**, 1485). Denn damit würde letztlich auf Erscheinen und Inhalt von Presseveröffentlichungen Einfluß genommen, was mit Art 5 I S. 2 GG nicht vereinbar wäre (BVerfGE **50**, 234, 243
7 = NJW **79**, 1400; 3 zu § 172). Im **Verfahren nach dem JGG** entscheidet, soweit die Öffentlichkeit nach § 48 I **JGG** kraft Gesetzes ausgeschlossen ist, über die Zulassung von Personen, denen die Anwesenheit nicht kraft Gesetzes gestattet ist, der Vorsitzende allein (§ 48 II S. 3 **JGG**); § 238 II StPO gilt insoweit nicht (Eisenberg 18 zu § 48 JGG). Wenn in einem Verfahren gegen einen Heranwachsenden die Öffentlichkeit nach § 109 I S. 4 **JGG** ausgeschlossen wird, kann den Eltern der Zutritt nach II gestattet werden, auch bei Widerspruch des Angeklagten; jedoch wird der Zutritt nur erlaubt, wenn er nach Auffassung des Gerichts dem Ausschließungsgrund („Interesse des Heranwachsenden") nicht zuwiderläuft.

8 **3)** Das **Anwesenheitsrecht nach III** ist nicht von einer Anordnung des Vorsitzenden oder des Gerichts abhängig. Die Beobachtung der Vorgänge im Gerichtssaal ist eine Frage der Dienstaufsicht. Daher kann sich der Präsident dabei auch einer Hilfsperson bedienen, zB des Pressereferenten. III gilt auch für die nichtöffentliche Ausschließungsverhandlung (§ 174 I S. 1).

Sitzungspolizei **RiStBV 125, 128**

176 Die Aufrechterhaltung der Ordnung in der Sitzung obliegt dem Vorsitzenden.

1 **1)** Die **Sitzung** (6 zu § 178) erstreckt sich in örtlicher Hinsicht auch auf die dem Sitzungssaal vorgelagerten Räume (BGH NJW **98**, 1420; Stuttgart Justiz **93**,
2 147), in persönlicher Hinsicht auf alle Anwesenden (unten 10). **In zeitlicher Hinsicht** erfaßt der Begriff auch die kurzen Sitzungspausen (BGH aaO), ferner die Zeit für Verrichtungen vor (Karlsruhe JR **76**, 383) und nach der Sitzung, die mit der verhandelten Sache zusammenhängen (Schorn, Der Strafrichter, S. 209), schließlich die Zeitspanne vor und nach der Sitzung, in der sich die Beteiligten einfinden oder entfernen (Hamm NJW **56**, 1452), insbesondere die Zeit, die das Gericht benötigt, um ohne Hast die mit der endgültigen Abwicklung der verhandelten Sache zusammenhängenden Verrichtungen vorzunehmen und in Ruhe den Sitzungssaal zu verlassen (Düsseldorf MDR **86**, 428). Längere Unterbrechungen (zB mehrstündige Mittagspausen) gehören nicht zur Sitzungszeit (EbSchmidt 2).
3 Das **Hausrecht** wird durch das Recht und die Pflicht, die Sitzungspolizei auszuüben, verdrängt (BGH **30**, 350). Mit ihm kann eingegriffen werden, wo weder die sitzungspolizeiliche Zuständigkeit noch der Öffentlichkeitsgrundsatz berührt sind, zB nach Entfernung aus der Sitzung (BGH **24**, 329 = JZ **72**, 663 mit Anm Stürner; vgl unten 4; 1 ff zu § 177). Bei der Ausübung des Hausrechts ist darauf zu achten, daß andere, zB die Polizei, unzulässige Verwehrung des Zutritts unterlassen (BGH NJW **80**, 249; 7 zu § 169). Dem Vorsitzenden kann auch das Hausrecht übertragen werden (Willms JZ **72**, 654).

4 **2) Ordnung in der Sitzung** ist der Zustand, der dem Gericht und den Verfahrensbeteiligten eine störungsfreie Ausübung ihrer Funktionen ermöglicht (Marxen NJW **77**, 2192), die Aufmerksamkeit der übrigen Anwesenden in der öffentlichen Verhandlung nicht beeinträchtigt und allgemein deren gebührlichen Ablauf sichert (Wolf § 26 II 1). Diesen störungsfreien äußeren Sitzungsablauf – letzten Endes im Interesse der Wahrheitsfindung – zu sichern, gehört zur Sitzungspolizei (BVerfGE **50**, 234, 242 = NJW **79**, 1400; BGH NJW **98**, 1420), die dem Vorsitzenden als eigene Aufgabe obliegt, und zwar als Teil der Verhandlungsleitung (§ 238 I StPO), also als Ausfluß der richterlichen Gewalt (BGH **17**, 201, 204).

5 A. **Vorbereitung auf die Sitzung:** Dazu gehören zB Auswahl des Sitzungssaales nach dem zu erwartenden Interesse der Öffentlichkeit (Weidemann DRiZ **70**,

114); Absprache mit JV und Polizei über Sicherungsmaßnahmen, zB zur Personenkontrolle beim Eingang in den Sitzungssaal oder beim Zutritt zu den diesem vorgelagerten Räumlichkeiten, etwa durch Ausgabe von Einlaßkarten (Karlsruhe JR **76**, 383), Ausweiskontrollen (BGH **27**, 13) oder Durchsuchung der Personen und der von ihnen mitgeführten Gegenstände (BVerfGE **48**, 118, 123 = NJW **78**, 1048; BGH MDR **79**, 247; 6, 7 zu § 169). Das gilt auch gegenüber Verteidigern (BVerfG NJW **98**, 296 = StV **98**, 241 mit abl Anm Hübel). Daß durch die Vorkehrungen auch Personen betroffen werden, die keinen Anlaß für die Annahme gegeben haben, sie würden die Ordnung in der Sitzung gefährden, muß im Interesse der Sicherheit in Kauf genommen werden (BVerfGE **46**, 1, 13). In Betracht kommt ferner eine Absprache mit den Beisitzern und Schöffen, um Gerichtsbeschlüsse nach kurzer Verständigung im Gerichtssaal zu ermöglichen (Willms JR **72**, 653; 3 zu § 193).

B. **Maßnahmen in der Sitzung:** Ob hinreichender Anlaß für eine sitzungs- 6
polizeiliche Maßnahme besteht, entscheidet der Vorsitzende nach pflichtgemäßem Ermessen, soweit nicht die Mitwirkung des Gerichts nach §§ 177, 178 erforderlich ist (OVG Berlin NJW **73**, 1246; 3, 5 zu § 238 StPO). Die Maßnahmen müssen aus wichtigen konkreten Gründen erforderlich sein und dürfen sich nicht auf ein allgemeines Mißtrauen gegen eine Person oder auf einen nicht weiter belegten Verdacht stützen (Marxen NJW **77**, 2192). Unter dieser Voraussetzung darf der Vorsitzende zB anordnen, daß sich uniformierte Polizeibeamte mit Funksprechgerät in seiner Nähe und weitere Polizeibeamte in Reichweite im Sitzungssaal aufhalten sollen (Schleswig SchlHA **78**, 186).

C. **Störungsabwehr:** Der Vorsitzende kann Ermahnungen und Rügen erteilen, 7
ungebührliches Verhalten untersagen, wie zB das Fotografieren aus dem Zuhörerraum während der Verhandlung, wobei er erforderlichenfalls den Fotoapparat bis zum Schluß der Sitzung wegnehmen lassen kann (Koblenz HESt **3**, 59). In Betracht kommt ferner die Ermahnung der Zuhörer, Beifalls- oder Mißfallenskundgebungen zu unterlassen oder die Ruhe zu bewahren. Eine solche Aufforderung kann durch die Drohung verstärkt werden, bei Nichtbefolgung werde der Sitzungssaal geräumt (§ 177). Über Festnahme wegen Straftaten in der Sitzung vgl § 183. Wird die äußere Ordnung der Sitzung durch Erregung einzelner Beteiligter gestört, so kann eine kurze Unterbrechung (§ 228 I S. 2 StPO) helfen (Seibert NJW **73**, 128). Der Vorsitzende darf auch anordnen, die Tür zum Sitzungssaal solle während der Bekanntgabe der Urteilsgründe oder während eines anderen eng begrenzten Abschnitts der Hauptverhandlung möglichst geschlossen bleiben, wenn es geboten erscheint, Störungen in dem beengten Verhandlungsraum zu vermeiden (BGH **24**, 73).

D. **Abwehr von Einflußnahme:** Es gehört auch zur Wahrung der äußeren 8
Ordnung, einer durch konkrete Tatsachen begründeten Gefahr entgegenzuwirken, daß Zuhörer Aussagen wartenden Zeugen unzulässigerweise mitteilen (RG **64**, 385) oder auf den Angeklagten oder einen Zeugen durch Zeichen einwirken (Kern JZ **62**, 564). Zu solchem Zweck kann das Mitschreiben untersagt (BGH NStZ **82**, 389: nicht aus anderen Gründen; vgl auch Hamm JMBlNW **90**, 42) oder ein Zuhörer aus dem Sitzungssaal entfernt werden. Diese Maßnahmen sind aber nicht erforderlich, wenn die Hauptverhandlung voraussichtlich ohne Unterbrechung durchgeführt wird, die Zeugen alle vorgeladen und erschienen sind und auch in den Pausen von den Zuhörern getrennt bleiben. Die Anordnung, den Sitzungssaal zu verlassen, ist auch zulässig, wenn ein Zuhörer als Zeuge in Betracht kommt (§§ 58 I, 243 II S. 1 StPO; BGH **3**, 388; NStZ **91**, 122 [M/K]; **aM** mit beachtlichen Erwägungen Schneiders StV **90**, 91), oder wenn gegen ihn wegen derselben Vorgänge, über die verhandelt wird, ein Ermittlungsverfahren schwebt (BGH **17**,
201). Ein **Prozeßbeobachter,** der sich für den Geschädigten im Zuhörerraum 9
aufhält, kann grundsätzlich nicht zum Verlassen des Sitzungssaales aufgefordert werden; anders nur bei konkreter Gefahr störender Einflußnahme (zB der Zeugen-

beeinflussung), falls es nicht ausreicht, ihm das Mitschreiben zu untersagen (Strassburg MDR **77**, 712).

10 3) **In persönlicher Hinsicht** erstreckt sich die Sitzungspolizei auf alle Anwesenden. Die Pressevertreter genießen grundsätzlich keinen weitergehenden Schutz als andere Bürger; aber es darf kein Einfluß auf die Berichterstattung genommen werden (BVerfGE **50**, 234, 242 ff = NJW **79**, 1400; 3 zu § 172; 5 zu § 175). Der Sitzungspolizei unterstehen auch der Verteidiger (BVerfGE **48**, 118, 123 = NJW **78**, 1048; Malmendier NJW **97**, 232 ff), der RA als Vertreter des Privat- oder Nebenklägers (§§ 378, 387 StPO) und der StA sowie der UrkB, die mitwirkenden Richter (einschließlich Schöffen). Für diese Personen gilt jedoch nur § 176; die §§ 177, 178 sind gegen sie nicht anwendbar (3 zu § 177). Sie dürfen auch durch Anwendung des § 176 nicht in ihrer Rechtspflegefunktion beeinträchtigt werden. Jedoch hat der Vorsitzende bei unangebrachten Ausführungen auch ihnen gegenüber durch Ordnungs- oder Rügerufe einzugreifen, wenn auch mit Zurückhaltung und unter möglichster Vermeidung einer Bloßstellung. Die sitzungspolizeilichen Aufgaben müssen aber auch wahrgenommen werden, um die Verfahrensbeteiligten, Zeugen oder Sachverständigen vor grob verfahrenswidrigen Angriffen zu schützen
11 (BGH NJW **98**, 1420; Einl 157). Der Verstoß des RAs gegen die Pflicht, **in Robe aufzutreten,** kann bei grundsätzlicher Weigerung in Anwendung des § 176 zur Zurückweisung für die betreffende Sitzung führen (BVerfGE **28**, 21 = NJW **70**, 851; **34**, 138; BGH **27**, 34, 38; BayVerfGE 25 II 51 = AnwBl **72**, 228; KG NJW **70**, 482; Karlsruhe NJW **77**, 309; Wolf NJW **77**, 1064; **aM** Kissel 20; Rüping ZRP **75**, 234; Sälzer JZ **70**, 572). Ein besonderes Verfahren ist hierfür nicht vorgesehen. Wenn der Verteidiger in der Hauptverhandlung keine weiße Krawatte trägt, rechtfertigt dieser Umstand nicht die Bestellung eines (weiteren) Pflichtverteidigers (Zweibrücken NStZ **88**, 144).

12 4) **Zuständig** ist der Vorsitzende, wenn sich die Maßnahme in dem durch § 176 gewährten Ermessensspielraum hält (BGH **17**, 201; erg 11 zu § 177). Der Vorsitzende kann die Verweisung von Störern aus dem Saal zugleich in Vollmacht des Hausherrn aussprechen, wenn diese für die betreffende Sitzung oder allgemein erteilt ist, und darauf hinweisen, daß die Nichtbefolgung die Strafbarkeit wegen
13 Hausfriedensbruchs begründet. Die **Kompetenz des Vorsitzenden endet** in jedem Fall, wenn eine Maßnahme zur Zuständigkeit des Gerichts gehört. Das ist der Fall, wenn die Maßnahme die Verteidigung des Angeklagten beschränken, die wahrheitsgemäße Ermittlung des Sachverhalts gefährden oder die Grundsätze über die Öffentlichkeit verletzen würde (BGH **17**, 201, 203), ebenso wenn die Maß-
14 nahme die „Sitzung" überhaupt aufheben würde. Zur **Ausführung der Anordnungen** bedient sich der Vorsitzende des Justizwachtmeisters (RiStBV 128 III), erforderlichenfalls im Wege der Amtshilfe der Polizei (BGH NJW **80**, 249; Einl 44), der er jedoch keine bindenden Einzelweisungen (zB für das Waffentragen im Gerichtssaal) erteilen kann (Leimius NJW **73**, 448). Die Justizwachtmeister sind Beamte, die mit Vollzugs- und Sicherungsaufgaben betraut sind, und daher in rechtmäßiger Ausübung dieses Dienstes zur Anwendung von Zwang unmittelbar befugt (vgl §§ 1, 6 Nr 7 UZwG; Einl 46).

15 5) Über **Presse- und Rundfunkberichterstatter** vgl 8 ff zu § 169. Für die Erlaubnis von Bild- und Funkaufnahmen in der Sitzung ist der Vorsitzende, sonst der Behördenleiter als Hausherr zuständig. Auch im ersteren Fall muß dieser zustimmen, wenn im Gebäude Leitungen gelegt oder im Sitzungssaal Veränderungen vorgenommen werden sollen (Rasehorn DRiZ **61**, 256). Ob und in welchem Umfang fotografische Aufnahmen in dem Bereich gemacht werden dürfen, für den die sitzungspolizeilichen Rechte und Pflichten gelten, entscheidet ebenfalls der Vorsitzende. Ob er sie erlauben oder unterbinden soll, richtet sich nach den Erfordernissen der öffentlichen Ordnung (vgl dazu BVerfG NJW **96**, 310). Es ist aber auch der Schutz des Angeklagten und der Zeugen in den Grenzen

des § 23 KUG (10 zu § 169) zu berücksichtigen. Sofern die Person nicht erkennbar einverstanden ist, darf der Vorsitzende die zur Veröffentlichung bestimmten Aufnahmen nicht erlauben oder dulden, wenn die Gefahr einer unzumutbaren Anprangerung besteht. Die Pflicht des Vorsitzenden, die Persönlichkeitsrechte des Angeklagten und der Zeugen vor ungesetzlicher Verletzung zu schützen, hat auch in § 172 Nr 2 Niederschlag gefunden (vgl auch RiStBV 129, 23). Jede Beschränkung der Berichterstattung muß aber der Bedeutung des Art 5 I S. 2 GG Rechnung tragen und dem Grundsatz der Verhältnismäßigkeit genügen (BVerfGE **91**, 125 = NStZ **95**, 40 mit Anm Scholz).

6) Rechtsbehelfe: Die Anrufung des Gerichts zur Nachprüfung einer sitzungspolizeilichen Maßnahme ist nach § 238 II StPO nicht zulässig (Hamm NJW **72**, 1246; Greiser JA **83**, 430). Sitzungspolizeiliche Maßnahmen als solche können auch nicht mit der Beschwerde (Hamburg NJW **76**, 1987; Zweibrücken StV **88**, 519 mit abl Anm Gatzweiler; zw BVerfGE **87**, 334 = NJW **92**, 3288), mit der Revision (BGH **17**, 201, 202) oder mit dem Antrag nach § 23 EGGVG (Hamburg NStZ **92**, 509) angegriffen werden. Greift eine Maßnahme über die Sitzungspolizei hinaus (vgl oben 13) in die Sachleitung ein, so kann das Gericht angerufen und dann auch mit der Revision eine etwaige Beschränkung der Verteidigung in einem wesentlichen Punkt nach § 338 Nr 8 StPO geltend gemacht werden (5, 22 zu § 238 StPO; krit Krekeler NJW **79**, 185). Hat der Vorsitzende jemanden unter Ermessensüberschreitung aus dem Saal verwiesen, so gilt § 338 Nr 6 StPO (BGH **17**, 201). 16

Ungehorsamsfolgen

177 **Parteien, Beschuldigte, Zeugen, Sachverständige oder bei der Verhandlung nicht beteiligte Personen, die den zur Aufrechterhaltung der Ordnung getroffenen Anordnungen nicht Folge leisten, können aus dem Sitzungszimmer entfernt sowie zur Ordnungshaft abgeführt und während einer zu bestimmenden Zeit, die vierundzwanzig Stunden nicht übersteigen darf, festgehalten werden. Über Maßnahmen nach Satz 1 entscheidet gegenüber Personen, die bei der Verhandlung nicht beteiligt sind, der Vorsitzende, in den übrigen Fällen das Gericht.**

1) Maßnahmen bei manifesten Störungen: 1

A. **Bei der Verhandlung nicht beteiligte Personen:** Das sind die Zuhörer, auch Vertreter der Medien (LR-Schäfer/Wickern 17). Die Zeugen und Sachverständigen gehören zwar nicht zu den Verfahrensbeteiligten, sind aber bei der Verhandlung beteiligt; ebenso der UrkB (Protokollführer). Der Vorsitzende kann die Maßnahmen in geeigneten Fällen zunächst androhen. 2

B. **Bei der Verhandlung beteiligte Personen:** Soweit sie aufgezählt sind, kann nach § 177 gegen sie vorgegangen werden. Gegen die anderen an der Verhandlung beteiligten Personen ist dies nicht zulässig, zB nicht gegen Beisitzer, Schöffen, den StA, den Verteidiger (Düsseldorf MDR **94**, 297: auch wenn er erst Rechtsreferendar ist) und gegen den RA als Beistand oder Vertreter des Privatklägers (§ 378 StPO), des Nebenklägers (§§ 397 I S. 1 iVm 378 StPO) oder eines sonstigen Nebenbeteiligten (Einl 73). Gegen Verteidiger sind Zwangsmaßnahmen stets unzulässig. Die Ansicht, in Extremfällen sei die zwangsweise Entfernung der Störers in Anwaltsrobe unter Beachtung des Verhältnismäßigkeitsgrundsatzes nicht ausgeschlossen (BGH NJW **77**, 437, 438; Hamm JMBlNW **80**, 218; Katholnigg 3; Malmendier NJW **97**, 235), steht im Widerspruch zu dem eindeutigen Wortlaut des Gesetzes (Kissel 42 zu § 176 mwN; KK-Diemer 4 zu § 176; Baumann Jescheck-FS I 114 ff; Jahn NStZ **98**, 389). Es ist allein Sache des Gesetzgebers, Vorsorge dagegen zu treffen, daß die Durchführung einer Hauptverhandlung an 3 dem ungehörigen Verhalten eines RAs scheitert (LR-Schäfer/Wickern 8), der im übrigen der Anwaltsgerichtsbarkeit unterliegt. Ist ein RA Beschuldigter, so wird er nur als solcher behandelt (BVerfGE **53**, 207 = NJW **80**, 1677; 4 zu § 138 StPO).

4 Für den **RA als Beistand des Zeugen** (§ 406f StPO; 11 vor § 48 StPO) gelten die rechtlichen Möglichkeiten der §§ 176ff (BVerfGE **38**, 105 = NJW **75**, 103), also auch die des § 177 (Baumann Jescheck-FS I 115 Fn 63; **aM** KK-Diemer 2; LR-Schäfer/Wickern 15; Krekeler NJW **80**, 980); dagegen gilt § 177 nicht für den Beistand nach § 406g StPO.

5 a) **Parteien:** Dazu zählen der Privat- und der Nebenkläger, der Verfalls- oder Einziehungsbeteiligte (§§ 431, 442 I, II StPO) und der Vertreter der bußgeldbeteiligten JP oder PV (§ 444 StPO).

6 b) **Beschuldigte** (4 zu § 157 StPO): Gegen den Beschuldigten kommen die Maßnahmen auch bei einer Sitzung in Betracht, die nicht Hauptverhandlung ist, zB im Fall des § 118 I StPO oder des § 138d StPO.

7 **2) Nicht Folge leisten:** Es muß eine verständliche und verstandene Anordnung vorangegangen sein.

8 **3) Entfernung aus dem Sitzungszimmer:** Hier handelt es sich um eine Maßnahme der Sitzungspolizei (§ 176; § 238 I StPO), die zwar klaren Ungehorsam in der Sitzung (4 zu § 176), aber nicht nachgewiesenes Verschulden voraussetzt. Die Entfernung ist nicht Ausschluß von Öffentlichkeit. Daher müssen auch neue Zuhörer zugelassen werden (RG **30**, 105). Ist Polizei im Sitzungssaal anwesend, so kann die Anordnung des Vorsitzenden auch darin bestehen, daß der Sitzungssaal von den offensichtlich am Krawall beteiligten Zuhörern zu räumen sei (BGH 1 StR 72/74 vom 7. 5. 1974). Ist eine Differenzierung nicht möglich, so kann die
9 **Entfernung aller anwesenden Zuhörer** angeordnet werden. Präventive Abweisung bei vermutlich zu erwartenden Störungen, zB Abweisung Verdächtiger oder gezielte Verkleinerung des Zuhörerraums, sind nicht zulässig (Roxin Peters-FS 397), auch nicht aufgrund des Hausrechts (Stürner JZ **72**, 665; 3 zu § 176). Wenn die Maßnahmen nach § 177 nicht ausreichen, kommt die Ausschließung der Öffentlichkeit wegen Gefährdung der öffentlichen Ordnung in Betracht (3 zu § 172).

10 **4) Ordnungshaft:** Ihre Anordnung setzt Verschulden voraus (15 zu § 51 StPO; **aM** Katholnigg 2). Sie darf die Dauer der Sitzung nicht überschreiten (Kissel 5; **aM** LR-Schäfer[23] 9); die 24-Stundengrenze ist absolut. Die Ordnungshaft kann aber erforderlichenfalls wiederholt angeordnet werden (vgl 7 zu § 178). Gegen den Beschuldigten vollzogene Ordnungshaft ist nicht nach § 51 StGB anrechnungsfähig. Dagegen wird Ordnungshaft auf die Strafe angerechnet, wenn später wegen derselben Tat auf Strafe erkannt wird (§ 178 III). Einzelheiten der Ordnungshaft regeln die Art 6ff **EGStGB.**

11 **5) Zuständigkeit** (I S. 2): Der Vorsitzende allein entscheidet nur gegenüber den Personen, die bei der Verhandlung nicht beteiligt sind. Entscheidungen des Gerichts sind nicht unwirksam, auch wenn der Vorsitzende zuständig ist (Karlsruhe NJW **77**, 309; **aM** Koblenz MDR **78**, 693). Bei den anderen genannten Personen, von denen die Durchführung der Hauptverhandlung abhängen kann, entscheidet das Gericht. In Fällen äußerster Dringlichkeit kann zunächst der Vorsitzende entscheiden; er muß die Maßnahme dann aber alsbald durch Gerichtsbeschluß bestätigen lassen (vgl BGH NStZ **88**, 85) oder rückgängig machen (Greiser JA **83**, 431). Ist zu befürchten, daß aus der Sitzung entfernte Personen ihre Störaktionen
12 wiederholen werden, so können gegen sie alsbald **Hausverbote** (in Ausübung des Hausrechts; 3 zu § 176) angeordnet werden (vgl BGH **24**, 329), die für sofort vollziehbar erklärt werden müssen (§ 80 II S. 1 Nr 4 VwGO) und auch bei Widerspruch wirksam sind.

6) Nach Entfernung des Angeklagten aus dem Sitzungszimmer kann in seiner Abwesenheit verhandelt werden. Eines gesonderten Beschlusses nach § 231 b StPO bedarf es dann nicht mehr (vgl 9 zu § 231 b StPO). 13

7) Rechtliches Gehör muß dem von einer Einzelmaßnahme Betroffenen gewährt werden. Einschränkung: 13 ff zu § 178. 14

8) Anfechtung: Beschwerde ist nicht zulässig. Dies ergibt sich auch aus dem Umkehrschluß aus § 181 (dort 5; Katholnigg 9; Schilken 240). Auch mit der Revision können die sitzungspolizeilichen Maßnahmen und Ordnungsmittel nicht angegriffen werden. Die Entfernung des Angeklagten aus dem Sitzungssaal auf Anordnung des Vorsitzenden ohne Gerichtsbeschluß (S. 2) ist absoluter Revisionsgrund nach § 338 Nr 5 StPO, allerdings nur, wenn kein Grund für die Maßnahme bestand (RG **70**, 65, 70). 15

Ordnungsmittel wegen Ungebühr

178 **I Gegen Parteien, Beschuldigte, Zeugen, Sachverständige oder bei der Verhandlung nicht beteiligte Personen, die sich in der Sitzung einer Ungebühr schuldig machen, kann vorbehaltlich der strafgerichtlichen Verfolgung ein Ordnungsgeld bis zu zweitausend Deutsche Mark oder Ordnungshaft bis zu einer Woche festgesetzt und sofort vollstreckt werden. Bei der Festsetzung von Ordnungsgeld ist zugleich für den Fall, daß dieses nicht beigetrieben werden kann, zu bestimmen, in welchem Maße Ordnungshaft an seine Stelle tritt.**

II Über die Festsetzung von Ordnungsmitteln entscheidet gegenüber Personen, die bei der Verhandlung nicht beteiligt sind, der Vorsitzende, in den übrigen Fällen das Gericht.

III Wird wegen derselben Tat später auf Strafe erkannt, so sind das Ordnungsgeld oder die Ordnungshaft auf die Strafe anzurechnen.

1) Der in Betracht kommende Personenkreis (I) ist der gleiche wie in § 177 (dort 2 ff). 1

2) Ungebühr (I) ist ein erheblicher (Schwind JR **73**, 134) Angriff auf die Ordnung in der Sitzung (§ 176), auf deren justizgemäßen Ablauf (Stuttgart NJW **69**, 627), auf den „Gerichtsfrieden" und damit auf die Würde des Gerichts (Koblenz VRS **68**, 48; Nürnberg JZ **69**, 150 mit krit Anm Sarstedt; Stuttgart Justiz **86**, 228; zust Wolf § 26 III; erg 2, 3 zu § 175), aber nicht ein Verhalten, das lediglich prozessualen Vorschriften zuwiderläuft (Stuttgart NStZ **91**, 297). **Beispiele:** Das Erscheinen in unangemessener Kleidung (BVerfG DRiZ **66**, 356; Düsseldorf NJW **86**, 1505; Koblenz OLGSt S. 19; Hamm JMBlNW **76**, 21: entblößter Nabel), nicht aber in Freizeitkleidung (Düsseldorf JMBlNW **81**, 215; Koblenz NJW **95**, 976: kurze Hose), das Erscheinen im Zustand der Trunkenheit (Düsseldorf NJW **89**, 241 mwN; **aM** Stuttgart MDR **89**, 763; Michel MDR **92**, 544; vgl auch Schleswig SchlHA **83**, 106 zum Vorsatz), das Zuschlagen der Tür des Sitzungssaales (Stuttgart Justiz **62**, 185); ordnungsstörendes Fotografieren in der Hauptverhandlung trotz Verbots (15 zu § 176; München 2 Ws 671–674/74 vom 29. 11. 1974); das Nichtaufstehen beim ersten Betreten des Sitzungssaals durch das Gericht (Koblenz NStZ **84**, 234; krit dazu Pardey DRiZ **90**, 132), insbesondere trotz mehrfacher Aufforderung des Vorsitzenden in der Absicht, das Gericht herauszufordern und zu verletzen (vgl Bamberg NStE Nr 7) oder das Nichtaufstehen in solcher Absicht bei der Zeugenvereidigung (Koblenz GA **85**, 328) oder bei der Urteilsverkündung (Hamm NJW **75**, 942), auch das Aufstehen nach mehrmaliger Aufforderung unter Zuwendung der Rückseite (Köln NJW **85**, 446); das wiederholte Verlassen des Sitzungssaals trotz Belehrung (Koblenz OLGSt Nr 7); das all- 2 3 gemein sichtbare Lesen einer Zeitung oder Zeitschrift während der Hauptverhandlung (Karlsruhe JR **77**, 392); die Beleidigung eines Richters, der dann trotz § 22 Nr 1 StPO und trotz etwaiger Ablehnung ein Ordnungsmittel mitverhängen darf; uU auch ein ehrverletzender Angriff gegen einen anderen an der Verhandlung Beteiligten (Hamm NJW **63**, 1791; Koblenz NStE Nr 10; Stuttgart OLGSt Nr 12), zB seitens eines Zeugen auf den Verteidiger; die Äußerung eines Zeugen, der Richter wolle ihn mit einer Frage nur „fangen" (BGH JZ **51**, 791); die Äußerung des Angeklagten gegenüber dem Richter: „Dann erhalten Sie ein Disziplinarverfahren" (Hamm NJW **69**, 256); der Vorwurf eines Zeugen, das Gericht habe nicht unvoreingenommen entschieden und die Richter hätten ihre Pflichten verletzt (Koblenz OLGSt Nr. 9); die Äußerung „Man meint ja, man wäre beim Volksgerichtshof" (Koblenz VRS **72**, 189). Eine – möglicherweise sogar heftige – Reaktion des Angeklagten auf eine Zeugenaussage genügt nicht, wenn sie sich als nichts anderes als Betonung der eigenen Selbstdarstellung erweist (Koblenz MDR **80**, 76; Zweibrücken VRS **77**, 447). Fortgehen des Angeklagten in einer Pause vor der Urteilsverkündung ist noch keine Ungebühr (München MDR **56**, 503), auch nicht das Klatschen (Saarbrücken NJW **61**, 890 mit krit Anm Händel S. 1176), geschmacklose Haartracht (München NJW **66**, 1935) oder bei Erkältung das Lutschen eines Hustenbonbons (Schleswig NStE Nr 12). Bei einer aus einer gereizten Verhandlungssituation entstandenen, einmaligen Entgleisung ist eine Ahndung idR nicht geboten (Düsseldorf NStE Nr 11; wistra **97**, 319; Koblenz NStE Nr 10).

4 3) **Schuldhaft** muß die Ungebühr sein. Nach dem Sinn und Zweck ist Vorsatz gemeint (Schleswig SchlHA **62**, 84; **83**, 106 [E/L]; Stuttgart Justiz **86**, 228, Rosenberg/Schwab/Gottwald § 23 V 2 b; **aM** Katholnigg 2; Kissel 32 mwN; Schilken 236). Wenn der Ungebührwille nicht außer Zweifel steht, ist idR zunächst eine Ermahnung durch den Vorsitzenden angebracht (Karlsruhe JR **77**, 392). Die
5 Maßnahmen sind auch gegen Jugendliche zulässig. Es gilt auch **§ 20 StGB.** Ein Affektsturm kann in Extremfällen zu einer tiefgreifenden Bewußtseinsstörung führen (Bremen NJW **59**, 952; Koblenz VRS **72**, 189, 191). Es müssen aber verschiedene äußere und innere Faktoren zusammenwirken, die das seelische Gefüge des Täters zerstören oder tiefgreifend erschüttern (Sch/Sch-Lenckner 13, 14 zu § 20 StGB; Geilen Maurach-FS 173; von Winterfeld NJW **75**, 2229). Es genügt nicht, daß sich der Betroffene in eine völlig unangemessene Erregung hineingesteigert und sich dann so wie ein jähzorniger Choleriker ohne Selbstdisziplin verhalten hat (Frankfurt 2 Ws 75/76 vom 12. 3. 1976).

6 4) **Sitzung** (1, 2 zu § 176) ist die Gerichtsverhandlung, die öffentliche oder nicht öffentliche, im Gerichtsgebäude, am Augenscheinsort oder in einer Privatwohnung. Ordnungsgemäße Ladung (2 zu § 51 StPO) ist nicht Voraussetzung für das Ordnungsmittel (**aM** Hamburg MDR **79**, 160). § 178 gilt nicht bei Ungebühr auf der Geschäftsstelle (Schleswig SchlHA **67**, 152). Vgl auch § 180; ferner § 164 StPO.

7 5) **Festsetzung der Ordnungsmittel:** Es gilt nicht das Legalitätsprinzip. „Kann" bedeutet nach pflichtgemäßem Ermessen (Koblenz OLGSt Nr 7; Stuttgart OLGSt Nr 12; hM). Jedoch ist zu berücksichtigen, daß die geschützte Ordnung der Sitzung für den einzelnen Richter kein disponibles Gut ist (Willms JZ **74**, 138). Mehrfaches Fehlverhalten in der Sitzung gehört bis zur Anordnung des Ordnungsmittels zur selben Ungebühr. Neue Ungebühr nach der Festsetzung kann zur wiederholten Anordnung eines Ordnungsmittels führen (vgl Bremen NJW **56**, 113). Bei geringem Verschulden kann von der Festsetzung entspr § 153 StPO abgesehen werden (Neustadt NJW **62**, 602; erg 17 zu § 51 StPO).

8 A. **Ordnungsgeld:** Die Festsetzung kann mit der Entfernung nach § 177 verbunden werden. Das Höchstmaß beträgt 2000 DM. Einzelheiten regeln die Art 6 ff

EGStGB. Immunität steht der Festsetzung von Ordnungsgeld nicht entgegen (32 zu § 51 StPO; dort auch zur Exterritorialität).

B. **Ordnungshaft:** Das Höchstmaß beträgt 1 Woche. Wegen der Einzelheiten vgl Art 6 ff **EGStGB.** Die Ordnungshaft darf die Sitzungsdauer übersteigen; das Höchstmaß von 1 Woche darf aber nicht überschritten werden. 9

6) Vorbehaltlich der strafgerichtlichen Verfolgung: Ob eine Ahndung nach § 178 eine disziplinare Maßnahme unzulässig macht, erscheint zweifelhaft (Einl 178), dürfte aber für den Regelfall zutreffen. Die Unterlassung eines Ordnungsmittels steht jedenfalls einer disziplinaren Maßnahme nicht entgegen. Gegen einen UGefangenen darf nach hM auch nach Festsetzung eines Ordnungsmittels wegen der Ungebühr in der Sitzung noch eine Hausstrafe (30 zu § 119 StPO) angeordnet werden (LR-Schäfer/Wickern 28); das gleiche gilt bei einem Strafgefangenen. Bei einer **Widersetzlichkeit, die Straftat ist,** kann der Störer festgehalten und nach Ermittlung seiner Person vorgeführt werden, damit der Vorfall in das Protokoll aufgenommen (§ 183) und dem Störer das rechtliche Gehör gewährt werden kann. Über die vorläufige Festnahme zum Zweck der Strafverfolgung vgl 2 zu § 183. 10 11

7) Festsetzungszuständigkeit (II; wie § 177 S. 2): Entscheidet der Vorsitzende anstatt des Gerichts oder umgekehrt, so ist die Anordnung nicht unwirksam (1 zu § 22 d; 11 zu § 177; Einl 104 ff). 12

8) Festsetzungsverfahren: Weder die StA noch andere Verfahrensbeteiligte haben ein förmliches Recht, die Festsetzung einer Maßnahme nach § 178 zu beantragen. Über die Verpflichtung der StA vgl aber RiStBV 128 I. Das rechtliche Gehör muß der betroffenen Person – wenn auch nicht durch ausdrückliche Aufforderung zur Äußerung (Einl 28, 29, 31) – vor der Anordnung der Maßnahme gewährt werden (Koblenz GA **89**, 175; Saarbrücken NJW **61**, 890; Röhl NJW **64**, 275; Tillmann MDR **60**, 197; Woesner NJW **59**, 866). Richtet sich das Festsetzungsverfahren gegen den Beschuldigten, so wird mit diesem der Verteidiger gehört; richtet es sich gegen eine sonst am Verfahren beteiligte Person, die im Beistand eines RA erschienen ist, so wird dieser mitangehört. Das **Absehen von der vorherigen Anhörung** der betroffenen Person ist gerechtfertigt, wenn die Ungebühr und der Ungebührwille völlig außer Frage stehen und die Anhörung nur zu weiteren Ausfällen Gelegenheit gäbe (Düsseldorf NStZ **88**, 238; NStE Nr 8; VRS **80**, 29; Schleswig SchlHA **82**, 114 [E/L]), etwa bei Roheitsausschreitungen oder groben unflätigen Beleidigungen (Hamm MDR **78**, 780); uU kann nachträgliche Anhörung genügen (Stuttgart NStE Nr 9). Die **Anhörung des Sitzungsvertreters der StA** ist zu empfehlen, ihre Unterlassung aber keine Verletzung des § 33 I, weil es sich um den sitzungspolizeilichen Bereich handelt. Der Beschluß des Gerichts kann bei genügender Vorbesprechung nach Verständigung im Sitzungssaal ergehen (5 zu § 176; 3 zu § 193). 13 14 15

9) Erlaß des Beschlusses: Der Anordnungsbeschluß des Vorsitzenden oder des Gerichts muß noch während der Sitzung erlassen (Koblenz OLGSt Nr 1; Stuttgart NJW **69**, 627; NStZ **91**, 297), bei mehrtägiger Verhandlung uU erst am folgenden Verhandlungstag (Schleswig MDR **80**, 76), begründet (Koblenz GA **89**, 175; Katholnigg 9) und nach § 35 StPO bekanntgemacht werden (Koblenz aaO; KK-Diemer 9). Damit wird die Rechtsmittelbelehrung verbunden (§ 181 iVm § 35 a StPO). Zur Protokollierung vgl § 182. 16

10) Vollstreckung: § 179; § 36 II S. 2 StPO. Vgl auch 5, 6 zu Art 6 **EGStGB.** Jedenfalls bei an der Verhandlung nicht beteiligten Personen veranlaßt der Vorsitzende idR alsbald die sofortige Vollstreckung (§ 179); die sofortige Beschwerde hat keine aufschiebende Wirkung (§ 181 II). Zulässig sind auch erkennungsdienstliche Maßnahmen (§ 81 b StPO), wenn die Personalien eines in Ordnungshaft genom- 17 menen Zeugen anders nicht festgestellt werden können (Koblenz OLGSt § 181 Nr 1).

18 **11) Rechtsbehelfe:** § 181.

Vollstreckung

179 **Die Vollstreckung der vorstehend bezeichneten Ordnungsmittel hat der Vorsitzende unmittelbar zu veranlassen.**

1 **1)** Die **StA** wirkt bei der Vollstreckung nicht mit (§ 36 II S. 2 StPO; § 88 II StVollstrO). Die gerichtliche Vollstreckung ist nach § 31 III **RPflG** dem Rechtspfleger übertragen, soweit sie sich der Richter nicht im Einzelfall ganz oder teilw vorbehält.

2 **2) Vollstreckungsverjährung:** Art 9 II **EGStGB.**

Einzelrichter außerhalb der Sitzung

180 **Die in den §§ 176 bis 179 bezeichneten Befugnisse stehen auch einem einzelnen Richter bei der Vornahme von Amtshandlungen außerhalb der Sitzung zu.**

1 **1) Einzelner Richter:** Der Ermittlungsrichter (§§ 162, 169 StPO), der Rechtshilferichter (§ 157), der ersuchte und der beauftragte Richter. § 180 setzt eine einer Sitzung vergleichbare Verhandlung voraus (LR-Schäfer/Wickern 1), gilt also bei richterlichen Vernehmungen und richterlichem Augenschein, bei denen ein Protokoll aufgenommen wird (§§ 168, 168 a StPO, wo in I, III der Ausdruck Verhandlung verwendet wird). § 164 StPO betrifft Maßnahmen gegen Störungen an Ort und Stelle; die eine Bestimmung schließt die Anwendbarkeit der anderen nicht aus (Celle MDR **55**, 692; 1 zu § 164 StPO).

Beschwerde

181 **I Ist in den Fällen der §§ 178, 180 ein Ordnungsmittel festgesetzt, so kann gegen die Entscheidung binnen der Frist von einer Woche nach ihrer Bekanntmachung Beschwerde eingelegt werden, sofern sie nicht von dem Bundesgerichtshof oder einem Oberlandesgericht getroffen ist.**

II Die Beschwerde hat in dem Falle des § 178 keine aufschiebende Wirkung, in dem Falle des § 180 aufschiebende Wirkung.

III Über die Beschwerde entscheidet das Oberlandesgericht.

1 **1) Frist von einer Woche:** Es handelt sich um eine sofortige Beschwerde (§ 311 StPO; Hamm NJW **63**, 1791), die nur deshalb nicht als solche bezeichnet ist, weil diese Beschwerde in StPO und ZPO an verschiedene Fristen gebunden ist. Daher ist eine Abänderung des Beschlusses durch die untere Instanz ausgeschlossen (Neustadt MDR **53**, 555; LR-Schäfer/Wickern 2, 3); jedoch gilt § 311 III S. 2 StPO. Erklärt der Betroffene alsbald nach der Verkündung des Beschlusses, daß er Beschwerde einlege, so wird diese Erklärung nicht protokolliert, da § 306 StPO gilt. Wenn sie aber mit Wissen und Willen des Beschwerdeführers protokolliert wird, ist sie wirksam eingelegt (Koblenz VRS **61**, 356; **72**, 189; Einl 137). Die Beschwerde hat nur im Fall des § 180 aufschiebende Wirkung (II); das Beschwerdegericht kann aber eine Anordnung nach § 307 II StPO treffen, sofern ihm eine wenigstens summarische Prüfung möglich ist (Karlsruhe NJW **76**, 2274; Kissel 11 mwN).

A. Die **Frist beginnt** mit der Verkündung, wenn der Betroffene anwesend ist; sonst mit der Zustellung (§ 35 StPO). 2

B. Die **Vollstreckung** macht die Beschwerde nicht gegenstandslos (Düsseldorf NJW **92**, 1712 mwN; vgl 18 vor § 296 StPO). Ist gegen den Beschuldigten Ordnungshaft angeordnet und vollstreckt worden, so gilt bei nachträglicher Aufhebung des Beschlusses weder § 51 StGB noch § 2 **StrEG** (Frankfurt NJW **76**, 303). 3

C. Gegen **Fristversäumung** gibt es auch hier die Wiedereinsetzung in den vorigen Stand, zB bei Nichtbelehrung nach § 35 a StPO (Düsseldorf Rpfleger **94**, 429; Hamm NJW **63**, 1791; JZ **54**, 171). 4

2) Beschwerdeberechtigt ist allein der, gegen den das Ordnungsmittel festgesetzt worden ist, nicht die StA (Kissel 10; **aM** Stuttgart NStZ **91**, 297); daher ist der das Ordnungsmittel ablehnende Beschluß unanfechtbar. Beschwerdegericht ist stets das OLG, auch bei einem Anordnungsbeschluß seines beauftragten Richters. Ausnahmen: § 120 III, IV. Gegen andere als die in § 181 genannten sitzungspolizeilichen Maßnahmen ist Beschwerde nicht zulässig (Karlsruhe NJW **77**, 309; Koblenz OLGSt Nr 1; Nürnberg MDR **69**, 600; Kissel 1; **aM** Krekeler NJW **79**, 185; 15 zu § 177). Jedoch gilt § 304 I, II StPO, wenn die Maßnahme in der Wirkung über die reine Sitzungspolizei hinausgeht (Karlsruhe aaO). Alle sitzungspolizeilichen Anordnungen des OLG sind nach I der Beschwerde entzogen (BGH NJW **98**, 1420 zu einer Sicherstellung). 5

3) Die **Aufhebung des Beschlusses** führt nicht zur Zurückverweisung zwecks erneuter Beschlußfassung; denn die sitzungspolizeiliche Gewalt des Gerichts endete nach Abschluß der Sitzung (Stuttgart NJW **69**, 227; Justiz **60**, 252). Das Beschwerdegericht kann auch von der Festsetzung in entspr Anwendung des § 153 StPO absehen (7 zu § 178). Im übrigen wird der Beschluß aufgehoben, wenn der protokollierte Sachverhalt die Annahme der Ungebühr nicht rechtfertigt oder sie widerlegt wird (1, 2 zu § 182); idR nicht wegen Fehlens der Begründung (16 zu § 178; 4 zu § 182) oder des rechtlichen Gehörs (Einl 34; 13 ff zu § 178). Das Beschwerdegericht kann aufheben oder mildern, aber nicht verschärfen (vgl 28 zu § 51 StPO; 3 vor § 304 StPO). 6

4) Kostenentscheidung: In § 1 Abs 1 Buchst a GKG ist das GVG nicht aufgeführt. Kosten und Auslagen können daher nicht berechnet und auch nicht erhoben werden (Kissel 19; **aM** Neustadt NJW **61**, 885). Eine Kostenentscheidung wäre sinnlos; sie wird nicht getroffen. Bei erfolgreicher Beschwerde können aber die dem Beschwerdeführer entstandenen notwendigen Auslagen entspr § 467 I StPO der Landeskasse auferlegt werden. Ein Umkehrschluß für die Auslagen der Staatskasse bei erfolgloser Beschwerde läßt sich daraus nicht ziehen (LR-Schäfer/Wickern 12). 7

Protokollierung

182 **Ist ein Ordnungsmittel wegen Ungebühr festgesetzt oder eine Person zur Ordnungshaft abgeführt oder eine bei der Verhandlung beteiligte Person entfernt worden, so ist der Beschluß des Gerichts und dessen Veranlassung in das Protokoll aufzunehmen.**

1) Der **Protokollierungszwang** gilt für die Vorgänge nach den §§ 177 bis 180 (mit Ausnahme der bloßen Entfernung einer nicht beteiligten Person). Der Sachverhalt muß so deutlich dargestellt werden, daß, falls die Beschwerde nach § 181 zulässig ist, das Beschwerdegericht nachprüfen kann, ob eine Ungebühr vorlag. Die Niederschrift muß ein so deutliches Bild von dem Vorgang geben, daß der Grund und die Höhe der Sanktion idR ohne weiteres nachzuprüfen sind (Düsseldorf StV **83**, 274; NStZ **88**, 238; Hamm JMBlNW **77**, 94; Stuttgart Justiz **79**, 347; 1

93, 147). Wesentliche Lücken können nicht durch dienstliche Erklärungen oder
2 sonstige Beweiserhebungen ausgefüllt werden (Stuttgart Justiz **62**, 185). **§ 182 ersetzt § 273 StPO** für das Festsetzungsverfahren. Der Inhalt dieses Teils der Niederschrift ist widerlegbar, zB durch (formlose) Zeugenvernehmungen oder dienstliche Erklärungen, und der freien Auslegung zugänglich (Dallinger JR **51**, 693). Die Nichtaufnahme der Veranlassung in das Protokoll führt auf sofortige Beschwerde (§ 181) regelmäßig zur Aufhebung des Ordnungsmittelbeschlusses, wenn das veranlassende Geschehen in Frage gestellt wird (KG MDR **82**, 329; Hamm NJW **63**, 1791; Koblenz NJW **55**, 348; Köln JR **52**, 484). Die Beschlußbegründung kann die fehlende Protokollierung nicht ersetzen (Stuttgart Justiz **79**, 347), es sei denn, eine Aufnahme ins Protokoll war aus tatsächlichen Gründen unmöglich (Stuttgart OLGSt Nr 2).

3 **2)** Der **Ordnungsmittelbeschluß** muß grundsätzlich eine Begründung enthalten (§ 34 StPO; 16 zu § 178). Für die Fassung des Beschlusses und seine Begründung sind das Gericht bzw. der Vorsitzende (§ 178 II), für die Protokollierung der Veranlassung des Beschlusses die Urkundspersonen (§ 271 StPO) verantwortlich. Daher ist es keine Protokollierung der Veranlassung, wenn diese in der Beschluß-
4 begründung geschildert wird (Koblenz NJW **55**, 348). **Fehlt dem Beschluß die Begründung,** so führt dieser Mangel nicht notwendig zur Aufhebung, wenn aufgrund des Protokollvermerks über seine Veranlassung davon auszugehen ist, daß die Gründe für den Betroffenen außer Zweifel standen, und wenn der Protokollvermerk dem Beschwerdegericht die volle Nachprüfung des Beschlusses ermöglicht (Celle MDR **58**, 265; Düsseldorf NStZ **88**, 238; NStE Nr 8 zu § 178; VRS **80**, 29; Hamm MDR **78**, 780; Koblenz OLGSt § 178 Nr 6; VRS **72**, 189; Stuttgart Justiz **91**, 27).

Straftaten in der Sitzung **RiStBV 136**

183 **Wird eine Straftat in der Sitzung begangen, so hat das Gericht den Tatbestand festzustellen und der zuständigen Behörde das darüber aufgenommene Protokoll mitzuteilen. In geeigneten Fällen ist die vorläufige Festnahme des Täters zu verfügen.**

1 **1) Straftaten:** Auch solche, die nicht gegen die Sitzungspolizei verstoßen (vgl RiStBV 136: Falschaussagen; dazu Nierwetberg NJW **96**, 433). Zum Begriff Sitzung vgl 6 zu § 178. Die Feststellung des Sachverhalts ist Aufgabe des Gerichts, nicht nur der Urkundspersonen (§ 271 I StPO), denen die Beurkundung und Weiterleitung des (Teiles des) Protokolls obliegt. Ein Antrag der StA ist nicht Voraussetzung für das Verfahren nach § 183. Bei Amtshandlungen außerhalb der Sitzung (§ 180) ist § 183 nach dessen Sinn ebenfalls anwendbar.

2 **2)** Die **vorläufige Festnahme** richtet sich nach den §§ 127, 128 StPO. In einer Verhandlung, an der der StA teilnimmt, kann sie dieser veranlassen, in jedem Fall auch das Gericht (auch ein Zivilgericht, RG **73**, 337). Einen Haftbefehl kann das Gericht jedoch nicht erlassen (Hamm NJW **49**, 191), weil es dafür in diesem Stadium der Strafverfolgung nicht zuständig ist.

3 **3) Ordnungswidrigkeiten:** Wird in der gerichtlichen Sitzung eine OWi begangen, so gilt § 183 nicht; § 46 I OWiG greift hier nicht durch. Jedoch kann sich aus dem Gesichtspunkt der Amtshilfe (Art 35 GG) eine Feststellungs- und Mitteilungspflicht des Vorsitzenden ergeben (LR-Schäfer[23] 2), insbesondere, wenn in der Sitzung kein StA anwesend ist, zB bei einem Verstoß gegen § 111 OWiG.

15. Titel. Gerichtssprache

Deutsche Sprache

184 **Die Gerichtssprache ist deutsch.**

1) Die **Verhandlung** darf nur in deutscher Sprache geführt werden (vgl umfassend zu § 184: Weith, Gerichtssprachenproblematik im Straf- und Bußgeldverfahren, 1992; zur Bedeutung der Vorschrift Paulus JuS **94**, 367). Beherrscht ein Beteiligter sie nicht, so ist ein Dolmetscher zuzuziehen (§ 185 I). Die Ausnahme des § 185 II gilt nur für Verhandlungen im Vorverfahren und für Vernehmungen außerhalb der Hauptverhandlung (9 zu § 185). Deutsche Mundarten, die alle Beteiligten verstehen, dürfen benutzt werden (Oldenburg HRR **28**, 392; Schneider MDR **79**, 534). 1

2) **Schriftliche Eingaben** in fremder Sprache sind unbeachtlich (KG JR **77**, 129; JurBüro **86**, 1107; Kissel 5). Das gilt ohne Ausnahme, insbesondere ohne Rücksicht darauf, ob dem Verfasser die Einreichung einer deutschsprachigen Schrift möglich oder zuzumuten ist. Gleichgültig ist auch, ob sie in einer gängigen Sprache abgefaßt sind, die der Richter versteht. Fristgebundene Eingaben und Rechtsmittelschriften in fremder Sprache sind unwirksam (BGH **30**, 182 = JR **82**, 516 mit abl Anm Meurer; Bay(Z) MDR **87**, 416; Düsseldorf StV **82**, 359 L; Köln VRS **67**, 251; **aM** LR-Schäfer/Wickern 15), sofern ihnen keine deutsche Übersetzung beigefügt ist, die ihrerseits die erforderliche Form wahrt (Kissel 6). Die Beibringung einer deutschen Übersetzung nach Fristablauf macht sie nicht wirksam (Kissel 6; **aM** LG Berlin JR **61**, 384; Schneider MDR **79**, 535). Bei allen fremdsprachigen Eingaben kann aber die Fürsorgepflicht gebieten, den Absender auf § 184 hinzuweisen (BVerfG StV **95**, 394 L; Basdorf Meyer-GedSchr 23). Nur in ganz besonderen Ausnahmefällen ist eine Übersetzung von Amts wegen zu veranlassen, so bei Rechtsmittelrücknahmen, die erst mit Eingang der Übersetzung wirksam werden (BGHR StPO § 302 I Rücknahme 1; Hamburg MDR **89**, 90). 2

3) **Gerichtliche Entscheidungen** werden stets in deutscher Sprache abgefaßt. Dasselbe gilt für Anklageschriften, Strafbefehle, Ladungen (BGH **32**, 342, 344; erg 25 zu § 37 StPO) und Rechtsmittelbelehrungen (9 zu § 35 a StPO). Zur Wahrung der Verteidigungsinteressen des Beschuldigten, dessen mangelnde Kenntnis der deutschen Sprache nicht zur Verkürzung seines Anspruchs auf rechtliches Gehör führen darf (BVerfGE **40**, 95 = NJW **75**, 1597; Bay NJW **76**, 2084; Düsseldorf JZ **85**, 200), ist entweder die Mitwirkung eines Dolmetschers (§ 185) oder die Beifügung einer Übersetzung (26 zu Art 6 MRK) erforderlich. Die Wirksamkeit von Ladungen, denen keine Übersetzung beigefügt ist, wird dadurch nicht berührt (Bay **95**, 215 = NStZ **96**, 248; Hamm JMBlNW **84**, 78); die anderslautenden RiStBV 181 II enthalten für das Gericht nur eine Empfehlung (BVerfGE **64**, 135, 150 = NJW **83**, 2762, 2764; Düsseldorf aaO; vgl auch Basdorf Meyer-GedSchr 24). 3

4) Auch der **sonstige Schriftverkehr** des Gerichts ist in deutscher Sprache abzufassen. Der Richter ist auch im Rechtshilfeverkehr mit dem Ausland nicht gehalten, einen Text in einer ihm nicht verständlichen Sprache zu unterschreiben (BGH **32**, 342 = JR **85**, 76 mit abl Anm Lichtenberger; **aM** auch Vogler NJW **85**, 1764). 4

5) Abweichend von § 184 haben die **Sorben** das Recht, in den Heimatkreisen der sorbischen Bevölkerung vor Gericht sorbisch zu sprechen (EV Anl I Kap III Sachgebiet A Abschn III Nr 1 r). 5

Dolmetscher

185 **[I] Wird unter Beteiligung von Personen verhandelt, die der deutschen Sprache nicht mächtig sind, so ist ein Dolmetscher zuzuziehen. Ein Nebenprotokoll in der fremden Sprache wird nicht geführt; jedoch sollen Aussagen und Erklärungen in fremder Sprache, wenn und soweit der Richter dies mit Rücksicht auf die Wichtigkeit der Sache für erforderlich erachtet, auch in der fremden Sprache in das Protokoll oder in eine Anlage niedergeschrieben werden. In den dazu geeigneten Fällen soll dem Protokoll eine durch den Dolmetscher zu beglaubigende Übersetzung beigefügt werden.**

[II] Die Zuziehung eines Dolmetschers kann unterbleiben, wenn die beteiligten Personen sämtlich der fremden Sprache mächtig sind.

1 **1)** Die **Aufgabe des Dolmetschers** besteht darin, den Prozeßverkehr zwischen dem Gericht und den der deutschen Sprache nicht mächtigen Beteiligten zu vermitteln (BGH **1**, 4, 7; vgl auch Kabbani StV **87**, 410 zu Auswahl des Dolmetschers, Art und Umfang der Übersetzung). § 185 gilt bei jeder Art der Verhandlung, zB auch bei der Vernehmung eines Beschuldigten, Zeugen oder Sachverständigen im
2 Inland oder im Ausland. Ein **Übersetzer,** dh ein Sprachmittler, der schriftlich von einer Sprache in die andere überträgt (Jessnitzer Rpfleger **82**, 366), kann, muß aber nicht mit dem Dolmetscher identisch sein (BGH NJW **65**, 643; NStZ **85**, 466; RG **45**, 364). Ein Übersetzer kann auch notwendig sein, wenn es eines Dolmetschers nicht bedarf. Im Regelfall wird der Übersetzer als Sachverständiger vernommen (BGH **1**, 4, 7; EzSt § 241 StPO Nr 1; NStZ **98**, 158). Hierauf kann das Gericht verzichten, wenn es die Richtigkeit aufgrund eigener Sachkunde beurteilen kann.

3 **2) Übersetzt** wird in die Muttersprache des Beteiligten oder in eine andere ihm geläufige Sprache (BGH 1 StR 491/65 vom 25. 1. 1966; vgl Art 6 III **MRK**). Daß ein Sprachkundiger zur Überwindung etwaiger Sprachschwierigkeiten der Verhandlung beiwohnt, ersetzt die Zuziehung des Dolmetschers nicht (BGH 5 StR
4 105/62 vom 17. 4. 1962). **Anspruch auf einen Dolmetscher** – jedenfalls für die mündliche Verhandlung (BVerfG NJW **88**, 1462, 1464) – hat, wer der deutschen Sprache nicht mächtig, dh nicht in der Lage ist, der Verhandlung zu folgen und selbst das vorzubringen, was er vortragen will (Frankfurt NJW **52**, 1310; Zweibrücken VRS **53**, 39; Kissel 5; vgl auch BVerfGE **64**, 135, 146 = NJW **83**, 2762, 2763). Einem Ausländer, der die deutsche Sprache nicht versteht, muß ohne Rücksicht auf seine finanzielle Lage unentgeltlich ein Dolmetscher beigeordnet werden (Art 6 III Buchst e **MRK;** dort 23 ff; vgl auch § 464 c StPO). Einen absoluten Anspruch hierauf gibt Art VII Abs 9 Buchst f **NTS** dem Beschuldigten, wenn er als Mitglied der ausländischen NATO-Truppe oder eines zivilen Gefolges oder als Angehöriger einer solchen Person in der BRep verfolgt wird. Der Verzicht des Beteiligten, der der deutschen Sprache nicht mächtig ist, hat keine Bedeutung. Für
5 die Schlußvorträge gilt § 259 I StPO. Auf die **Verhandlung** (vgl 3 vor § 226 StPO) bezieht sich § 185. Die notwendige Übersetzungstätigkeit erstreckt sich auf alle wesentlichen Vorgänge und Äußerungen (vgl im einzelnen BVerfGE **64**, 135, 148 = NJW **83**, 2762, 2764). Die mangelnde Verständnismöglichkeit bei Gesprächen zwischen dem Beschuldigten und seinem Wahlverteidiger bei den Gesprächen außerhalb der Verhandlung kann die Bestellung eines Pflichtverteidigers notwendig machen (30 a zu § 140 StPO; 25 zu Art 6 MRK). Ist der Angeklagte der deutschen Sprache nur teilw mächtig, so bleibt es dem pflichtgemäßen Ermessen des Gerichts
6 überlassen, in welchem **Umfang** unter Mitwirkung des Dolmetschers verhandelt wird (BGH **3**, 285; NStZ **90**, 229 [M] mit Anm Kühne StV **90**, 102; Basdorf Meyer-GedSchr 21). Dabei ist die Zuziehung in allen wesentlichen Teilen erforderlich, soweit nicht feststeht, daß der Beteiligte die Verhandlung versteht (vgl BGH GA **63**, 148). Wie der Richter sich die Überzeugung vom Umfang der

Sprachkenntnisse des Angeklagten verschafft, gehört zur Ausübung seines Ermessens (BGH NStZ **84**, 328). Die Zuziehung des Dolmetschers kann zeitlich beschränkt werden, wenn die Person, derentwegen seine Mitwirkung beschlossen wird – zB der Zeuge –, nur vorübergehend anwesend zu sein braucht.

3) Gehilfe des Gerichts und der Prozeßbeteiligten ist der Dolmetscher, ein Beteiligter eigener Art. Er ist nicht Sachverständiger (vgl § 191; BGH **4**, 154), wird aber in mancher Beziehung wie ein solcher behandelt (vgl zB § 17 II ZSEG). Er wird vom Gericht ausgewählt. Seine Zuziehung und ihr Anlaß werden im Protokoll vermerkt; ist die Zuziehung für die ganze Hauptverhandlung angeordnet, so braucht die Mitwirkung nicht bei jedem Verhandlungsakt erwähnt zu werden (BGH NStE Nr 2; RG **43**, 441, 442). Bei unentschuldigtem Ausbleiben des Dolmetschers gilt § 77 StPO nicht entspr hinsichtlich der Verhängung eines Ordnungsgeldes (LG Hamburg StV **85**, 500; LG Nürnberg-Fürth MDR **78**, 508; AG Tiergarten StV **87**, 13; Wittschier NJW **85**, 2873; **aM** Koblenz VRS **47**, 353), wohl aber bezüglich der Auferlegung der entstandenen Kosten (LG Hildesheim NdsRpfl **90**, 232). 7

4) Die **teilweise fremdsprachige Protokollierung,** deren Anordnung in dem in I S. 2 (Hs 2) bezeichneten Umfang im Ermessen des Vorsitzenden steht, obliegt dem Dolmetscher im Zusammenwirken mit den Urkundspersonen (§ 271 StPO). 8

5) II hat hauptsächlich für das Vorverfahren und für Vernehmungen außerhalb der Hauptverhandlung Bedeutung (Kissel 9). 9

6) Revision: Vgl § 338 Nr 5 StPO (dort 44). Falls die Zuziehung nicht dauernd notwendig oder nicht zwingend war, gilt § 337 StPO (Katholnigg 6). Das Ermessen des Tatrichters (oben 6) kann vom Revisionsgericht nur darauf geprüft werden, ob seine Grenzen eingehalten worden sind (BGH NStZ **84**, 328). Die Ermessensentscheidung der Auswahl ist grundsätzlich nicht anfechtbar (RG **76**, 177; KK-Diemer 7), jedenfalls nicht mit der allgemeinen Behauptung, der Dolmetscher sei zu einer richtigen Übersetzung teilw nicht in der Lage gewesen (BGH NStZ **85**, 376) oder der Angeklagte habe der Verhandlung teilw nicht folgen können (BGH MDR **91**, 1025 [H]). Auf der fehlenden Vereidigung als Sachverständiger (oben 2) kann das Urteil nicht beruhen, wenn der Dolmetschereid geleistet wurde (BGH NStZ **98**, 158). 10

Taube und Stumme **RiStBV 21**

186 Zur Verhandlung mit tauben oder stummen Personen ist, sofern nicht eine schriftliche Verständigung erfolgt, eine Person als Dolmetscher zuzuziehen, mit deren Hilfe die Verständigung in anderer Weise erfolgen kann.

1) Voraussetzung ist, daß der Person dauernd oder zeitweise die Fähigkeit abgeht, zu hören oder zu sprechen. Behaftung mit Sprachfehlern gehört nicht hierher (BGH JZ **52**, 730). Schwerhörigkeit ist, auch wenn sie hochgradig ist, der Taubheit nicht gleichzusetzen, solange eine Verständigung durch das gesprochene Wort möglich ist (BGH LM Nr 1 zu § 259 StPO). Ist diese aber unmöglich, so kann das Gericht eine dem Behinderten vertraute Person als Hilfsperson hinzuziehen; ob diese entspr einem Dolmetscher zu verpflichten ist, steht im Ermessen des Gerichts (BGH **43**, 62). Im übrigen kann auch ein Angehöriger Dolmetscher sein; 1
er muß jedoch erfahren sein und vereidigt werden (§ 189). Ist die **Verständigung** 2
auch mit Dolmetscher (und unter Hinzuziehung einer Hilfsperson) **unmöglich**, so handelt es sich nicht um eine Vernehmung; jedoch kann das tatsächliche Verhalten verwertet werdan (RG **33**, 403; 6 zu § 261 StPO).

3 **2) Zusätzliche** Verständigungsmöglichkeiten – neben der Vermittlung durch den Dolmetscher – sind nicht ausgeschlossen, zB die Beantwortung von Fragen des Vorsitzenden durch den stummen Angeklagten durch Kopfnicken oder Kopfschütteln. Dabei muß der Sinn der Antworten jeweils durch Erläuterung des Vorsitzenden klargestellt werden.

4 **3) Dolmetscherkosten** (vgl § 17 ZSEG) werden von den in § 186 genannten Personen auch im Falle der Verurteilung nicht erhoben (Nr 9005 KVGKG; 24 zu Art 6 MRK; vgl aber § 464 c StPO).

187 [betrifft den Zivilprozeß]

Eid in fremder Sprache

188 **Personen, die der deutschen Sprache nicht mächtig sind, leisten Eide in der ihnen geläufigen Sprache.**

1 **1)** Die **Form der Eidesleistung** für Zeugen und Sachverständige enthalten die §§ 66 c, 66 d, 79 II StPO. Der Dolmetscher spricht den Wortlaut in der Fremdsprache vor. Die Übertragung des Eideswortlauts ins Deutsche ist nicht erforderlich (RG **45**, 304; Kissel 1). Ist der Richter der fremden Sprache mächtig, so kann er dem Zeugen Eidesnorm und -formel selbst in dessen Sprache vorsprechen (**aM** Köln MDR **69**, 501; KMR-Paulus 4 zu § 66 c StPO). Die von dem Zeugen in fremder Sprache gesprochene Eidesformel muß aber immer der Dolmetscher übertragen (KK-Senge 3 zu § 66 c StPO; **aM** SK/StPO-Rogall 10 zu § 66 c StPO).

Dolmetschereid

189 **I Der Dolmetscher hat einen Eid dahin zu leisten: daß er treu und gewissenhaft übertragen werde. Gibt der Dolmetscher an, daß er aus Glaubens- oder Gewissensgründen keinen Eid leisten wolle, so hat er eine Bekräftigung abzugeben. Diese Bekräftigung steht dem Eid gleich; hierauf ist der Dolmetscher hinzuweisen.**

II Ist der Dolmetscher für Übertragungen der betreffenden Art im allgemeinen beeidigt, so genügt die Berufung auf den geleisteten Eid.

1 **1)** Die **Vereidigung** ist stets notwendig (mit Ausnahme des § 190), und zwar nach dem Aufruf der Sache vor der Übertragung (I: „daß er . . . übertragen werde"; Hamburg OLGSt § 247 StPO S. 1), auch im Ermittlungsverfahren (BGH StV **92**, 551; vgl auch Düsseldorf NJW **93**, 3084); die dort vorgenommene Vereidigung kann aber die in der Hauptverhandlung erforderliche Vereidigung nicht ersetzen (BGH NStZ **92**, 30 [K]). Die Vereidigung ist in jeder neuen Strafsache zu wiederholen. Das gleiche gilt für eine neue Hauptverhandlung in derselben Sache (Bay MDR **79**, 696), hier aber mit der Erleichterung der §§ 67, 72 StPO, falls die neue Zuziehung in der gleichen Verfahrensstufe erfolgt. Bei einer lediglich unterbrochenen Hauptverhandlung ist hingegen keine neue Vereidigung erforderlich, auch wenn sich die Verhandlung über mehrere Sitzungstage erstreckt (BGH GA **79**, 272). Die bloße Feststellung des Vorsitzenden, der Dolmetscher sei in dem früheren Hauptverhandlungstermin vereidigt worden, genügt nicht (Bay aaO). Für die Eidesleistung gelten §§ 66 c, 66 d, 72 StPO. Die bewußt unrichtige Übertragung fällt unter § 154 StGB (BGH **4**, 154).

2 **2)** Die **allgemeine Vereidigung** ist zulässig für Dolmetscher nach § 185 in einer bestimmten Fremdsprache oder für das Dolmetschen nach § 186. Sie obliegt

dem PräsLG, in dessen Bezirk der Dolmetscher seinen Wohnsitz hat (vgl zB § 14 I BWAGGVG). Der Dolmetscher selbst muß sich auf den Eid berufen (Celle NdsRpfl **87**, 259); der Protokollvermerk: „Allgemein vereidigt", reicht daher nicht aus (BGH NStZ **81**, 69 mit Anm Liemersdorff; BGH NStZ **81**, 190; **87**, 568; Düsseldorf StraFo **98**, 123; vgl auch BGH **31**, 39; MDR **78**, 280 [H]: Auslegung zulässig; erg 3 zu § 79 StPO), auch nicht der Protokollvermerk: „Personalien und allgemeine Vereidigung gerichtsbekannt" (BGH StV **84**, 146). Es genügt aber, daß er anläßlich der Vernehmung zur Person erklärt, „allgemein vereidigter Dolmetscher" zu sein (BGH MDR **78**, 280 [H]); denn diese Erklärung läßt erkennen, daß er sich seiner Bindung an den Eid bewußt war.

3) Revision: Auf der fehlenden Vereidigung, die durch das Schweigen des Sitzungsprotokolls unwiderlegbar bewiesen wird (§ 274 StPO; vgl BGH NStZ **88**, 20 [Pf/M]), wird das Urteil idR beruhen (BGH NStZ **82**, 517; **87**, 568; **88**, 20 [Pf/M]; StV **92**, 551; **96**, 531; **97**, 515; Hamburg StV **83**, 410; Hamm StV **96**, 532; Koblenz VRS **71**, 438; Schleswig SchlHA **96**, 87 [L/T]; einschr BGH NStZ **98**, 204); das kann aber ausgeschlossen sein, wenn die Richtigkeit der Übersetzung leicht kontrollierbar war (BGH NStZ **98**, 204) oder anderweitig bestätigt worden ist (BGH NStZ **94**, 230 [K]; **96**, 608). Auf der Leistung des Nacheides statt des Voreides beruht das Urteil nicht (BGH NStZ **87**, 568; Saarbrücken NJW **75**, 65). Die Revision muß, falls dies zweifelhaft ist, darlegen, daß der Dolmetscher ohne Vereidigung tatsächlich tätig geworden ist (BGH NStZ **94**, 26 [K]; vgl auch BGHR § 274 GVG Beweiskraft 17). Hat sich der Dolmetscher auf eine nicht ordnungsgemäße allgemeine Vereidigung berufen, so beruht das Urteil darauf nicht, wenn er und das Gericht sie für rechtsfehlerfrei gehalten haben (BGH GA **86**, 177; NStZ **84**, 328; **86**, 469; erg 9 zu § 67 StPO; 13 zu § 79 StPO). Das gleiche gilt, wenn der Eid, auf den er sich berufen hat, im Bezirk des erkennenden Gerichts nicht gilt (Celle NdsRpfl **87**, 259). Die Berufung auf eine allgemeine Vereidigung schließt idR aus, daß das Urteil darauf beruht, daß der Dolmetscher eine Übertragung in eine Sprache vorgenommen hat, auf die sich die Vereidigung nicht erstreckt (BGH NJW **87**, 1033). 3

Urkundsbeamter als Dolmetscher

190 **Der Dienst des Dolmetschers kann von dem Urkundsbeamten der Geschäftsstelle wahrgenommen werden. Einer besonderen Beeidigung bedarf es nicht.**

1) Nur der UrkB, nicht ein mitwirkender Richter (Karlsruhe Justiz **62**, 93), der StA oder Verteidiger; auch der UrkB nur, falls er in der Verhandlung als solcher tätig ist (das Protokoll führt). 1

Ausschließung und Ablehnung

191 **Auf den Dolmetscher sind die Vorschriften über Ausschließung und Ablehnung der Sachverständigen entsprechend anzuwenden. Es entscheidet das Gericht oder der Richter, von dem der Dolmetscher zugezogen ist.**

1) Der **Dolmetscher** kann zugleich Zeuge oder Sachverständiger sein, also seine Aussage selbst übertragen (RG **45**, 304). Das Protokoll hat hinsichtlich seiner Tätigkeit nur freien, nicht den ausschließlichen Beweiswert des § 274 StPO (RG **43**, 442). 1

2) Ablehnung: Die Ausschließung von Sachverständigen sieht das Gesetz nicht vor; S. 1 beruht insoweit auf einem redaktionellen Versehen (LR-Schäfer/Wickern 2

1; Wittschier NJW **85**, 2874). Auch Verwandte des Beschuldigten sind nicht ausgeschlossen, können aber entspr § 74 StPO abgelehnt werden (BVerwG StV **84**, 681). Daß der Dolmetscher schon im Vorverfahren von der Polizei oder der StA herangezogen war, begründet nicht seine Befangenheit (BGH 1 StR 287/67 vom 1. 8. 1967; 6 zu § 74 StPO). Diese Besorgnis kann aber bestehen, wenn er die Übersetzung mit Wertungen versieht (LG Darmstadt StV **90**, 258; **95**, 239; vgl auch LG Berlin StV **94**, 180). Die Vernehmung des mit Erfolg abgelehnten Dolmetschers als Zeuge über von ihm übersetzte Aussagen ist unzulässig (LG Köln StV **92**, 460; **aM** Bay **97**, 157 = NStZ **98**, 270; erg 19 zu § 74 StPO).

16. Titel. Beratung und Abstimmung

Quorum; Ergänzungsrichter

192 **I Bei Entscheidungen dürfen Richter nur in der gesetzlich bestimmten Anzahl mitwirken.**

II Bei Verhandlungen von längerer Dauer kann der Vorsitzende die Zuziehung von Ergänzungsrichtern anordnen, die der Verhandlung beizuwohnen und im Falle der Verhinderung eines Richters für ihn einzutreten haben.

III Diese Vorschriften sind auch auf Schöffen anzuwenden.

1 **1)** Das **Quorum** darf nicht unter- und nicht überschritten werden; die Anordnung nach II, III ändert daran nichts. Sie kann von dem Vorsitzenden noch vor der Hauptverhandlung und auch noch in dieser widerrufen werden.

2 **2)** Ein **Berufs-Ergänzungsrichter** kann erst in das Quorum eintreten, wenn die Verhandlung bereits begonnen hat und sich erst in dieser die Verhinderung eines bereits mitwirkenden Berufsrichters ergibt (II). Wird die Verhinderung eines zum erkennenden Gericht gehörenden Berufsrichters vor der Hauptverhandlung bekannt, so wird dieser durch den nach der Geschäftsverteilung zuständigen Vertreter ersetzt (§ 21 e I S. 1). § 48 II (unten 6) gilt nicht entspr.

3 **3)** Der **Vertretungsfall des II** entsteht erst mit dem Ausscheiden eines mitwirkenden Richters. Bis dahin gehören die Ergänzungsrichter zwar zum erkennenden Gericht, haben also alle Rechte dieser Richter (RG **67**, 277); sie wirken aber bei den Beratungen, bei denen sie nicht einmal zugegen sein dürfen (RG **65**, 41), und bei den Entscheidungen nicht mit, solange sie nicht in das Quorum eingetreten sind (BGH **18**, 331). Die frühere Mitwirkung (§§ 23 I, 31 I StPO) schließt daher den Ergänzungsrichter nicht aus, wenn er an der damaligen Entscheidung nicht mitgewirkt hat (vgl RG **65**, 40; **aM** Arzt NJW **71**, 1112, 1114). Beim AG kann der Vorsitzende keinen Richter als Ergänzungsrichter zuziehen (LR-Schäfer/Wickern 8; **aM** Katholnigg 3); es gibt nur einen Ergänzungsschöffen (EbSchmidt
4 8). **Mehrere Berufsrichter oder mehrere Schöffen** können nach § 192 herangezogen werden; jedoch muß dann die Reihenfolge ihres Eintretens bestimmt sein.

5 **4) Bestimmung des Ergänzungsrichters:** Bei den Berufsrichtern ist sie eine Angelegenheit des Präsidiums. Die Regelung für Vertretung (§ 21 e I S. 1) betrifft den Fall des Ergänzungsrichters nicht. Daher wird im Geschäftsverteilungsplan (außer beim AG) allgemein geregelt, welche Richter als Ergänzungsrichter von den Vorsitzenden der einzelnen Spruchkörper herangezogen werden können (Foth DRiZ **74**, 87; 12 zu § 21 e) und in welcher Reihenfolge dies zu geschehen hat. Für
6 **Ergänzungsschöffen** gelten die §§ 48, 49, 77 I. Wenn ein zugeteilter Ergänzungsschöffe während der Hauptverhandlung wegfällt, kann er nicht mehr ersetzt werden. Wird seine Verhinderung schon vor Beginn der Hauptverhandlung bekannt,

so wird er, falls der Vorsitzende die Zuziehungsanordnung nicht widerruft (oben 1), von der Schöffengeschäftsstelle durch den nächstberufenen Hilfsschöffen ersetzt (§ 49 III). Dabei rückt ein vorher zugewiesener Ergänzungsschöffe in der Zuziehungsreihenfolge nach vorn. Entspr wird verfahren, wenn ein Hauptschöffe vor der Sitzung ausfällt. In diesem Fall tritt der zunächst zugewiesene Ergänzungsschöffe in das Quorum ein; die weiteren Ergänzungsschöffen rücken nach. Der letzte Platz wird aus der Hilfsschöffenliste aufgefüllt.

5) Der **Eintritt des Ergänzungsrichters** (II, III) hängt davon ab, daß ein Fall der Verhinderung vorliegt (4 ff zu § 21 f; LG Bremen StV **98**, 13). Die Feststellung darüber obliegt dem Vorsitzenden, nicht dem Gericht: sie ist formfrei und kann auch durch schlüssiges Verhalten getroffen (BGH **35**, 366; NJW **91**, 51), sollte aber besser aktenkundig gemacht (protokolliert) werden (Katholnigg JR **89**, 349). Der Beschluß kann außerhalb der Hauptverhandlung ergehen. Die Verkennung des Rechtsbegriffs der Verhinderung begründet nicht die Revision (**aM** Kissel 18; Dahs/Dahs 146), sondern nur Willkür (LR-Hanack 37 zu § 338 StPO: offengelassen vom BGH aaO). Der Ergänzungsrichter muß eintreten, wenn einem zeitweise verhinderten Richter die weitere Mitwirkung nur unter Verstoß gegen § 229 StPO möglich ist (BGH NStZ **86**, 518). 7

6) Ausfall des Vorsitzenden während der Hauptverhandlung: Den weiteren Vorsitz übernimmt der regelmäßige Vertreter (§ 21 f II), wenn er in der Hauptverhandlung mitwirkt, sonst der nach Dienstalter, ersatzweise nach Geburt älteste Beisitzer. Kennt dieser die Akten nicht genügend, so tritt an seine Stelle der Berichterstatter (BGH **21**, 108, 111), falls er nicht nach § 28 II **DRiG** daran gehindert ist. Die Lücke füllt der Ergänzungsrichter aus (BGH **21**, 108). 8

Anwesende Personen

193 **I Bei der Beratung und Abstimmung dürfen außer den zur Entscheidung berufenen Richtern nur die bei demselben Gericht zu ihrer juristischen Ausbildung beschäftigten Personen und die dort beschäftigten wissenschaftlichen Hilfskräfte zugegen sein, soweit der Vorsitzende deren Anwesenheit gestattet.**

II Ausländische Berufsrichter, Staatsanwälte und Anwälte, die einem Gericht zur Ableistung eines Studienaufenthaltes zugewiesen worden sind, können bei demselben Gericht bei der Beratung und Abstimmung zugegen sein, soweit der Vorsitzende deren Anwesenheit gestattet und sie gemäß den Absätzen 3 und 4 verpflichtet sind. Satz 1 gilt entsprechend für ausländische Juristen, die im Entsendestaat in einem Ausbildungsverhältnis stehen.

III Die in Absatz 2 genannten Personen sind auf ihren Antrag zur Geheimhaltung besonders zu verpflichten. § 1 Abs. 2 und 3 des Verpflichtungsgesetzes vom 2. März 1974 (BGBl I S.469, 547 – Artikel 42) gilt entsprechend. Personen, die nach Satz 1 besonders verpflichtet worden sind, stehen für die Anwendung der Vorschriften des Strafgesetzbuches über die Verletzung von Privatgeheimnissen (§ 203 Abs. 2 Satz 1 Nr.2, Satz 2, Abs.4 und 5, § 205), Verwertung fremder Geheimnisse (§§ 204, 205), Verletzung des Dienstgeheimnisses (§ 353 b Abs.1 Satz 1 Nr.2, Satz 2, Abs.3 und 4) sowie Verletzung des Steuergeheimnisses (§ 355) den für den öffentlichen Dienst besonders Verpflichteten gleich.

IV Die Verpflichtung wird vom Präsidenten oder vom aufsichtsführenden Richter des Gerichts vorgenommen. Er kann diese Befugnis auf den Vorsitzenden des Spruchkörpers oder auf den Richter übertragen, dem die in Absatz 2 genannten Personen zugewiesen sind. Einer erneuten Verpflichtung bedarf es während der Dauer des Studienaufenthaltes nicht. In den Fällen des § 355 des

Strafgesetzbuches ist der Richter, der die Verpflichtung vorgenommen hat, neben dem Verletzten antragsberechtigt.

1 **1)** Die **Beratung** dient der gründlichen Prüfung und Abwägung aller für die Entscheidungsbildung wichtigen Umstände, die Gegenstand der Verhandlung waren (§ 261 StPO), mit dem Ziel einer Einigung der Richter (einschl der Schöffen, ohne die Ergänzungsschöffen, vgl BGHR § 344 II S. 2 StPO Ergänzungsrichter 1). Die Richter müssen sich gewissermaßen „zusammenraufen" (Kleinknecht GA **61**, 49). Deshalb müssen grundsätzlich alle Richter ununterbrochen anwesend sein. Vorheriges Sichten und Ordnen des Verhandlungsstoffes und vorbereitende Überlegungen und Gespräche der Richter außerhalb der Beratung sind nicht unzulässig (vgl dazu Michel DRiZ **92**, 262). Es ist nicht erforderlich, daß in einem Kollegialgericht alle Mitglieder die Akten lesen; grundsätzlich genügt der Vortrag eines Berichterstatters (BVerfG NJW **87**, 2219, 2220; BGH 5 StR 15/92 vom 15. 2. 1994). Geleitet wird die Beratung vom Vorsitzenden (§ 194 I).

2 **2)** Die **Beratung ist geheim** (vgl §§ 43, 45 I S. 2 **DRiG**; 2 zu § 260 StPO) und findet daher regelmäßig im Beratungszimmer statt (zum Beratungsgeheimnis vgl Michel DRiZ **92**, 266). Sie ist kein Teil der Hauptverhandlung. Im Protokoll kann nur die Unterbrechung der Hauptverhandlung zum Zweck der Beratung,
3 nicht aber diese selbst bestätigt werden (BGH **5**, 294). Es gibt auch **Beratung im Sitzungssaal.** Sie kann in einfachen Fällen zum Zweck der Beschlußfassung oder auch als Nachberatung eines Urteils nach kurzem Wiedereintritt in die Verhandlung im Sitzungssaal selbst stattfinden, wenn dabei die nicht beteiligten Personen nichts vernehmen können, zB wenn die Beratung sachgemäß durch Zeichen und Flüstern geführt werden kann, falls dabei keine Zweifel über das Beratungsergebnis entstehen können (BGH **19**, 156; **24**, 170: „größte Zurückhaltung"; BGH NJW **87**, 3210: „in Ausnahmefällen"; BGH StV **91**, 547: nicht zulässig, wenn der Angeklagte, der sich bisher nicht geäußert hatte, nun eine Erklärung abgegeben hat; **aM** Mellinghoff 16: stets unzulässig; erg 4 zu § 260 StPO).

4 **3)** Zur **Abstimmung** vgl §§ 194 II, 195, 196, 197 sowie § 263 StPO.

5 **4) Auszubildende Personen:** Ein Referendar darf nicht zugegen sein, wenn er mit der Sache über die Ausbildung hinaus befaßt war oder ist (BGH **18**, 165; BVerwG NJW **82**, 1716), zB als Zeuge oder nach § 142 III oder auf der Seite der Verteidigung. Frühere Befassung nach § 10 hindert nicht (vgl § 23 StPO); ebenso nicht seine Einteilung als Protokollführer in der Hauptverhandlung (RG **18**, 161). Studenten, die sich informatorisch bei dem Gericht beschäftigen, dürfen nicht zugelassen werden (BGH **41**, 119 mwN; **aM** Seifert MDR **96**, 125; Speiermann NStZ **96**, 397; zu letzterem Meyer-Goßner NStZ **96**, 607). Von der Beratung, bei der das Urteil gewonnen wird (oben 1), sind Ausbildungsgespräche zu unterscheiden (EbSchmidt 10).

6 **5) Wissenschaftliche Hilfskräfte** werden bei den Obersten Gerichtshöfen des Bundes beschäftigt. Ob sie zur Beratung zugelassen werden durften, war früher umstritten (vgl Kissel 24 mwN). Der Gesetzgeber hat die Streitfrage im Interesse sowohl eines sinnvollen Einsatzes der Hilfskräfte als auch ihrer Aus- und Weiterbildung zutr dahin entschieden, daß ihre Anwesenheit zulässig ist. Über den Umfang ihrer Teilnahme an der Beratung befindet der Vorsitzende.

7 **6) Ausländische Richter, StAe und RAe** oder im Ausland in einem Ausbildungsverhältnis hierzu stehende Juristen, die dem Gericht zur Ableistung eines Studienaufenthaltes zugewiesen sind, können vom Vorsitzenden bei der Beratung und Abstimmung zugelassen werden, falls sie zuvor nach III, IV zur Verschwiegenheit verpflichtet worden sind. Sie werden nicht von Amts wegen, sondern nur auf ihren Antrag verpflichtet; stellen sie den Antrag nicht, können sie auch nicht teilnehmen. Zur Wahrung des Steuergeheimnisses durch die Hospitanten vgl

§ 30 III Nr 1 a **AO**. Ausländische Rechtsstudenten, auch wenn sie sich zur Ausbildung bei dem Gericht befinden, dürfen nicht teilnehmen.

7) Revision: Ein Verstoß gegen § 193 ist kein absoluter Revisionsgrund 8 (BGHR § 344 II S. 2 StPO Ergänzungsrichter 1); es kann aber nach § 337 die Revision begründen, wenn jemand bei der Beratung und Abstimmung unbefugt zugegen war (BGH **18**, 165, 166; 331, 332; Koblenz VRS **46**, 449). Daß jemand außerhalb des Beratungszimmers oder in diesem versteckt zugehört hat, genügt nicht (BGH GA **64**, 134).

Beratungshergang

194 **I Der Vorsitzende leitet die Beratung, stellt die Fragen und sammelt die Stimmen.**

II Meinungsverschiedenheiten über den Gegenstand, die Fassung und die Reihenfolge der Fragen oder über das Ergebnis der Abstimmung entscheidet das Gericht.

1) Die **Abstimmungsweise** ist vom Gesetz nicht vorgeschrieben. Bei einem 1 mit mehreren Richtern besetzten Spruchkörper sollten alle bedeutsamen Fragen im Spruchkörper erörtert werden (BVerfG NJW **87**, 2219). Grundsätze der Logik sind maßgebend (vgl im einzelnen Michel DRiZ **92**, 264). Reihenfolge etwa: a) Verfahrenshindernisse (Einl 141 ff), bei mehreren gesondert (Mellinghoff 112 ff, 137 f); b) Tatfrage, Schuldfrage (§ 263 I, II StPO); ggf zunächst über den Ausgangstatbestand, dann über einen normierten Rechtsfolgenmilderungstatbestand und über einen Rechtsfolgenverschärfungstatbestand (15 zu § 267 StPO); Konkurrenzen (Mellinghoff 126). Nach Verneinung der Vorsatztat Frage eines in Betracht kommenden Fahrlässigkeitstatbestandes (RG **59**, 83; 36 zu § 261 StPO); c) Nach der Vorwegnahme der im Einzelfall in Betracht kommenden Teilfragen ist über das Ob und Wie des Schuldspruchs insgesamt abzustimmen (LR-Gollwitzer 5 zu § 263 StPO). **Reihenfolge bei der Rechtsfolgenentscheidung:** Strafe, Neben- 2
strafe, andere Rechtsfolgen. **Am Ende** stehen Kosten und Auslagenentscheidun- 3
gen; ggf die Entschädigungsfrage nach dem **StrEG** und gleichzeitige Beschlüsse (§§ 268 a, 268 b StPO).

2) Nachträgliche Änderung der Stimmabgabe ist unzulässig, auch vor Ver- 4 kündung der Entscheidung (Kissel 5; **aM** LR-Schäfer/Wickern 19). Eine Nachberatung (mit neuer Abstimmung) kann nur verlangt werden, wenn sich neue Gesichtspunkte ergeben haben oder Abstimmungsfehler unterlaufen sind (Mellinghoff 19 f).

3) Umlaufverfahren bei Entscheidung außerhalb der Hauptverhandlung ist in 5 einfachen Sachen zulässig, wenn es offensichtlich einer Beratung nicht bedarf (LR-Schäfer/Wickern 21; **aM** Mellinghoff 15). Diese kann aber von jedem der an der Entscheidung beteiligten Richter verlangt werden.

Keine Verweigerung der Abstimmung

195 **Kein Richter oder Schöffe darf die Abstimmung über eine Frage verweigern, weil er bei der Abstimmung über eine vorhergegangene Frage in der Minderheit geblieben ist.**

1) Der **Standpunkt der Mehrheit** ist für die Überstimmten für die Folge 1 maßgebend (krit dazu Peters Meyer-GedSchr 336). Wer bei seiner Bejahung der vorsätzlichen Tötung in der Minderheit geblieben ist, darf nicht die Abstimmung über die fahrlässige Tötung verweigern (RG **59**, 84).

2 2) Der **überstimmte Vorsitzende** darf die Gründe der Mehrheit und das Urteil bei der Verkündung nicht desavouieren (Seibert MDR **57**, 597), auch nicht der überstimmte Berichterstatter bei der Urteilsabfassung. Bei Entscheidungen eines Kollegialgerichts bedeutet die Unterschrift (6 vor § 33; 19 ff zu § 275 StPO) nicht Billigung, sondern nur Bescheinigung richtigen Zustandekommens.

Stimmenverhältnis

196 **I Das Gericht entscheidet, soweit das Gesetz nicht ein anderes bestimmt, mit der absoluten Mehrheit der Stimmen.**

II Bilden sich in Beziehung auf Summen, über die zu entscheiden ist, mehr als zwei Meinungen, deren keine die Mehrheit für sich hat, so werden die für die größte Summe abgegebenen Stimmen den für die zunächst geringere abgegebenen so lange hinzugerechnet, bis sich eine Mehrheit ergibt.

III Bilden sich in einer Strafsache, von der Schuldfrage abgesehen, mehr als zwei Meinungen, deren keine die erforderliche Mehrheit für sich hat, so werden die dem Beschuldigten nachteiligsten Stimmen den zunächst minder nachteiligen so lange hinzugerechnet, bis sich die erforderliche Mehrheit ergibt. Bilden sich in der Straffrage zwei Meinungen, ohne daß eine die erforderliche Mehrheit für sich hat, so gilt die mildere Meinung.

IV Ergibt sich in dem mit zwei Richtern und zwei Schöffen besetzten Gericht in einer Frage, über die mit einfacher Mehrheit zu entscheiden ist, Stimmengleichheit, so gibt die Stimme des Vorsitzenden den Ausschlag.

1 1) Ein **qualifiziertes Stimmenverhältnis** bestimmt das Gesetz für die Schuld- und Straffrage in § 263 StPO. Für das Revisionsgericht gilt, abgesehen vom Fall des § 354 I StPO, stets die Regel des I.

2 2) **Mit 2 Richtern und 2 Schöffen** (IV) ist die große StrK besetzt, falls sie nicht als SchwurG tätig wird oder falls nicht die Zuziehung eines 3. Richters beschlossen worden ist (§ 76 I S. 1, II); ferner entscheidet das erweiterte SchG (§ 29 II) und bei Berufungen gegen dessen Urteile die kleine StrK (5 zu § 76) in dieser Besetzung (§ 76 III). Hier gibt bei Stimmengleichheit die Stimme des Vorsitzenden den Ausschlag. Das gilt auch bei Streit über den Inhalt der Urteilsgründe (Katholnigg 7 zu § 29; **aM** Kissel 7: Erneute Zuziehung der Schöffen).

Reihenfolge der Stimmabgabe

197 **Die Richter stimmen nach dem Dienstalter, bei gleichem Dienstalter nach dem Lebensalter, ehrenamtliche Richter und Schöffen nach dem Lebensalter; der jüngere stimmt vor dem älteren. Die Schöffen stimmen vor den Richtern. Wenn ein Berichterstatter ernannt ist, so stimmt er zuerst. Zuletzt stimmt der Vorsitzende.**

1 1) Die **Vorschrift regelt** nur die Abstimmung. Bei der vorhergehenden Beratung entscheidet auch über die Reihenfolge der Vorsitzende (§ 194 I), so daß er nicht als letzter sprechen muß, sondern sogleich nach dem Berichterstatter das Wort ergreifen kann.

198-202 (weggefallen)

Anhang
Nebengesetze und ergänzende Bestimmungen

I. Erläuterte Gesetze

1. Einführungsgesetz zur Strafprozeßordnung

Vom 1. Februar 1877 (RGBl 346; BGBl III 312–1), letztes ÄndG vom 18. Juni 1997 (BGBl I 1430, 1435)

1 (Inkrafttreten der StPO am 1. 10. 1879)

2 (gegenstandslose Überleitungsvorschrift)

Anwendungsgebiet

3 **I Die Strafprozeßordnung findet auf alle Strafsachen Anwendung, welche vor die ordentlichen Gerichte gehören.**

II Insoweit die Gerichtsbarkeit in Strafsachen, für welche besondere Gerichte zugelassen sind, durch die Landesgesetzgebung den ordentlichen Gerichten übertragen wird, kann diese ein abweichendes Verfahren gestatten.

III Die Landesgesetze können anordnen, daß Forst- und Feldrügesachen durch die Amtsgerichte in einem besonderen Verfahren, sowie ohne Zuziehung von Schöffen verhandelt und entschieden werden.

1) Strafsache: Ein Verfahren, in dem geprüft wird, ob Anklage bei einem ordentlichen Gericht erhoben werden soll, und in dem, wenn es hierzu kommt, die ordentlichen Gerichte entscheiden. Zum Übergang vom Bußgeld- zum Strafverfahren vgl § 81 OWiG. 1

2) Sinngemäße Anwendung der StPO sehen die meisten Disziplinargesetze und die Gesetze über die Ehren- und Berufsgerichtsbarkeit vor, soweit nicht besondere Regelungen getroffen sind und die Eigenart des Verfahrens entgegensteht (vgl zB § 25 BDO, § 85 WDO, § 116 S. 2 BRAO). Auch im Bußgeldverfahren ist die StPO sinngemäß anzuwenden, soweit das OWiG nichts anderes bestimmt (§ 46 I OWiG). 2

3) Über ordentliche Gerichte, besondere Gerichte und Ausnahmegerichte vgl §§ 12–14, 16 GVG. 3

4) Im Rahmen des II und III ist der Landesgesetzgeber zB ermächtigt, die Rechtsmittel einzuschränken (BGH **4**, 138). Das Urteil hat die gleiche strafklageverbrauchende Wirkung wie andere Urteile der ordentlichen Gerichte. Abweichende Regelungen in Feld- und Forstschutzsachen (vgl Art 4 V EGStGB) enthält das Landesrecht nicht mehr; Verstöße gegen die Feld- und Forststrafengesetze werden nur noch als Ordnungswidrigkeiten geahndet. 4

4 (sachlich überholt)

Sonstige Reichsgesetze

5 **[I] Die prozeßrechtlichen Vorschriften der Reichsgesetze werden durch die Strafprozeßordnung nicht berührt.**

[II] (aufgehoben)

1 **1) Prozeßrechtliche Vorschriften,** die das Verfahren vor den ordentlichen Gerichten betreffen, sind hier gemeint, zB die in Auslieferungsverträgen (RG **45**, 281). Daß prozeßrechtliche Vorschriften in später erlassenen Bundesgesetzen der StPO vorgehen, versteht sich von selbst *(lex posterior derogat legi priori)*.

Verhältnis zu den Landesgesetzen

6 **[I] Die prozeßrechtlichen Vorschriften der Landesgesetze treten für alle Strafsachen, über die gemäß § 3 nach den Vorschriften der Strafprozeßordnung zu entscheiden ist, außer Kraft, soweit nicht in der Strafprozeßordnung auf sie verwiesen ist. Außer Kraft treten insbesondere die Vorschriften über die Befugnis zum Erlaß polizeilicher Strafverfügungen.**

[II] Unberührt bleiben landesgesetzliche Vorschriften:

1. **über die Voraussetzungen, unter denen gegen Mitglieder eines Organs der Gesetzgebung eine Strafverfolgung eingeleitet oder fortgesetzt werden kann;**
2. **über das Verfahren bei Zuwiderhandlungen gegen die Vorschriften über die Erhebung öffentlicher Abgaben und Gefälle, soweit sie auf die Abgabenordnung verweisen.**

1 **1) Ergänzung der StPO durch Polizeigesetze:** Das Strafverfolgungsrecht gehört zur konkurrierenden Gesetzgebung (Art 74 Nr 1 GG). Ergänzende landesrechtliche Bestimmungen sind nur zulässig, soweit die StPO keine abschließende Regelung enthält (Art 72 I GG). § 6 enthält hierfür kein Verbot (Sigrist JR **76**, 397, 399; Krause/Nehring 173). Eine subsidiäre Anwendung des Landespolizeirechts auf dem Gebiet der repressiven Strafverfolgung ist jedoch mit Rücksicht auf die Änderungen der StPO in den letzten Jahren nicht mehr möglich (Götz NVwZ **84**, 212; Rogall GA **85**, 7).

2 **2) Strafverfolgung von Abgeordneten** (II Nr 1): Zu § 152 a StPO.

3 **3) Abgaben-Verfahren** (II Nr 2): Die Vorschrift betrifft nur die Abgaben, die nicht der **AO** unterliegen, und nur die Verfahrensvorschriften, die auf die **AO** (§§ 385 ff) verweisen (LR-K. Schäfer 4).

Begriff des Gesetzes

7 **Gesetz im Sinne der Strafprozeßordnung und dieses Gesetzes ist jede Rechtsnorm.**

1 **1) Gesetz:** Art 20 III GG; § 337 II StPO; § 25 **DRiG.**

8 (gegenstandslos)

Mitteilung in Strafsachen gegen Abgeordnete

8a **I In Strafsachen gegen Mitglieder der gesetzgebenden Körperschaften des Bundes oder eines Landes oder gegen Mitglieder des Europäischen Parlaments ist dem Präsidenten der Körperschaft, dem das Mitglied angehört, nach nicht nur vorläufiger Einstellung oder nach rechtskräftigem Abschluß des Verfahrens zur Sicherstellung der Funktionsfähigkeit oder zur Wahrung des Ansehens der jeweiligen Körperschaft die das Verfahren abschließende Entscheidung mit Begründung zu übermitteln; ist mit dieser Entscheidung ein Rechtsmittel verworfen worden, so ist auch die angefochtene Entscheidung zu übermitteln. Bei Mitgliedern des Deutschen Bundestages oder des Europäischen Parlaments erfolgt die Übermittlung über das Bundesministerium der Justiz. Die Übermittlung veranlaßt die Strafverfolgungs- oder Strafvollstreckungsbehörde.**

II Die Übermittlung unterbleibt, wenn die jeweilige Körperschaft darauf verzichtet hat.

1) Eine **bereichsspezifische Übermittlungsvorschrift** (vgl 1 vor § 12 EGGVG) für Strafsachen gegen Mitglieder der gesetzgebenden Körperschaften des Bundes oder eines Landes oder gegen Mitglieder des Europäischen Parlaments, die gegenüber den §§ 12 bis 22 EGGVG vorrangig ist, enthält die durch das JuMiG eingefügte Bestimmung; sie tritt an die Stelle der RiStBV 192 V aF, deren Neufassung die Mitteilung auf dem Dienstweg vorschreibt. 1

2) **Mitzuteilen** ist entweder die endgültige Einstellung oder – nach Rechtskraft – die abschließende Entscheidung mit Begründung; mit einer ein Rechtsmittel verwerfenden Entscheidung ist auch das angefochtene Erkenntnis zu übermitteln. 2
Zuständig ist nach I S. 4 die Strafverfolgungs- oder Strafvollstreckungsbehörde; Einzelheiten – auch zur funktionellen Zuständigkeit – ergeben sich aus MiStra 4. 3
Empfänger der Mitteilung ist der Präsident der jeweiligen Körperschaft. I S. 2 schreibt – ergänzt durch RiStBV 192 V, 192a IV S. 3, 192b V S. 2 – die Übermittlung über das Bundesministerium der Justiz vor, wenn es sich um eine Strafsache gegen Abgeordnete des BTags oder des Europäischen Parlaments handelt. Da es den im Gesetz bezeichneten Körperschaften obliegt, die in I S. 1 genannten Zwecke zu wahren, unterbleibt die Mitteilung bei Verzicht (II). 4

9-12 (gegenstandslos)

2. Einführungsgesetz zum Gerichtsverfassungsgesetz

Vom 27. Januar 1877 (RGBl 77; BGBl III 300–1), letztes ÄndG vom 16. Dezember 1997 (BGBl I 2970, 2990)

Erster Abschnitt. Allgemeine Vorschriften

1 (überholt)

Anwendungsgebiet

2 Die Vorschriften des Gerichtsverfassungsgesetzes finden nur auf die ordentliche streitige Gerichtsbarkeit und deren Ausübung Anwendung.

1 **1)** Zur **ordentlichen streitigen Gerichtsbarkeit** gehört auch die Strafrechtspflege (1 zu § 3 EGStPO), obgleich der Strafprozeß kein Parteiverfahren ist (Einl 9, 10). In Jugendsachen gilt das GVG nur, soweit das JGG nichts anderes bestimmt (§ 2 **JGG**).

3-4 (überholt)

Sondervorschrift für Stadtstaaten

4a **I Die Länder Berlin und Hamburg bestimmen, welche Stellen die Aufgaben erfüllen, die im Gerichtsverfassungsgesetz den Landesbehörden, den Gemeinden oder den unteren Verwaltungsbezirken sowie deren Vertretungen zugewiesen sind.**

II Das Land Berlin kann unbeschadet der in § 141 des Gerichtsverfassungsgesetzes getroffenen Regelung durch Gesetz bei dem Landgericht eine weitere Staatsanwaltschaft einrichten, wenn dies aus besonderen Gründen erforderlich ist.

1 **1) Berlin** hat von der Ermächtigung des II Gebrauch gemacht und eine weitere StA eingerichtet, die für die Verfolgung des von Verantwortlichen der früheren DDR verübten Unrechts und der im Zusammenhang mit der Vereinigung stehenden Kriminalität zuständig ist (§ 8 Berliner AGGVG).

5 (überholt)

Übergangsvorschrift für das Recht der ehrenamtlichen Richter

6 **I Vorschriften über die Wahl oder Ernennung ehrenamtlicher Richter in der ordentlichen Gerichtsbarkeit einschließlich ihrer Vorbereitung, über die Voraussetzung hierfür, die Zuständigkeit und das dabei einzuschlagende Verfahren sowie über die allgemeinen Regeln über Auswahl und Zuziehung dieser ehrenamtlichen Richter zu den einzelnen Sitzungen sind erstmals auf die erste**

Amtsperiode der ehrenamtlichen Richter anzuwenden, die nicht früher als am ersten Tag des auf ihr Inkrafttreten folgenden zwölften Kalendermonats beginnt.

II Vorschriften über die Dauer der Amtsperiode ehrenamtlicher Richter in der ordentlichen Gerichtsbarkeit sind erstmals auf die erste nach ihrem Inkrafttreten beginnende Amtsperiode anzuwenden.

1) **Allgemeine Übergangsvorschriften** für alle Gesetze, mit denen künftig das Recht der ehrenamtlichen Richter in der ordentlichen Gerichtsbarkeit geändert wird, enthält die Vorschrift. Dadurch soll vermieden werden, daß jeweils neue Übergangsvorschriften für jedes einzelne Änderungsgesetz geschaffen werden müssen. 1

2) Für **Vorschriften über die Wahl oder Ernennung** der ehrenamtlichen Richter enthält I eine Anwendungsregelung. Die Schutzfrist von 12 Monaten soll sicherstellen, daß ausreichend Zeit für die Vorbereitung und Durchführung der Wahl oder Ernennung bleibt. 2

3) **Neue Vorschriften über die Dauer der Amtsperioden** sind nach II nicht für die laufenden Amtsperioden anzuwenden. 3

7 (überholt)

8 (betrifft bürgerliche Rechtsstreitigkeiten)

Oberstes Landesgericht

9 Durch die Gesetzgebung eines Landes, in dem mehrere Oberlandesgerichte errichtet werden, können die zur Zuständigkeit der Oberlandesgerichte gehörenden Entscheidungen in Strafsachen oder in Verfahren nach dem Gesetz über die internationale Rechtshilfe in Strafsachen ganz oder teilweise ausschließlich einem der mehreren Oberlandesgerichte oder an Stelle eines solchen Oberlandesgerichts dem Obersten Landesgericht zugewiesen werden. Dem Obersten Landesgericht können auch die zur Zuständigkeit eines Oberlandesgerichts nach § 120 des Gerichtsverfassungsgesetzes gehörenden Entscheidungen zugewiesen werden.

1) Ein **ObLG** ist nur in Bayern errichtet (Art 11 BayAGGVG); ihm sind die erstinstanzlichen Strafsachen des § 120 GVG (II Nr 1), die OLG-Revisionssachen für Bayern (II Nr 2) und die Rechtsbeschwerdesachen im Bußgeldverfahren (II Nr 3) übertragen; es hat ferner die Zuständigkeit nach § 35 S. 2 (II Nr 4). Es ist nicht gemeinschaftliches oberes Gericht iS der §§ 4 II, 14, 19 StPO, auch nicht zunächst oberes Gericht iS §§ 15, 27 IV StPO (BGH MDR **76**, 634 [H]; vgl auch BGH **11**, 80; Bay **57**, 165 = NJW **57**, 1566 L). 1

2) **Zuständigkeitskonzentration bei einem OLG:** Für Entscheidungen über Beschwerden nach § 57 a StGB, § 454 II StPO sind zuständig: Celle in Niedersachsen (G vom 27. 6. 1982, GVBl 195), Hamm in NW (G vom 6. 4. 1982, GVNW 170), Karlsruhe in BW (§ 44 BWAGGVG). 2

3) **Ergänzende Vorschriften:** §§ 83, 92 GWB für KartellOWien, § 25 II für die gerichtliche Nachprüfung von VerwAen, § 37 IV iVm § 25 II für das Anfechtungsverfahren bei Kontaktsperre und § 4 III BinSchVfG. 3

Anwendbare Vorschriften

10 **I Die allgemeinen sowie die in § 116 Abs. 1 Satz 2, §§ 124, 130 Abs. 1 und § 181 Abs. 1 enthaltenen besonderen Vorschriften des Gerichtsverfassungsgesetzes finden auf die obersten Landesgerichte der ordentlichen Gerichtsbarkeit entsprechende Anwendung; ferner sind die Vorschriften der §§ 132, 138 des Gerichtsverfassungsgesetzes mit der Maßgabe entsprechend anzuwenden, daß durch Landesgesetz die Zahl der Mitglieder der Großen Senate anderweitig geregelt oder die Bildung eines einzigen großen Senats angeordnet werden kann, der aus dem Präsidenten und mindestens acht Mitgliedern zu bestehen hat und an die Stelle der Großen Senate für Zivilsachen und für Strafsachen sowie der Vereinigten Großen Senate tritt.**

II Die Besetzung der Senate bestimmt sich in Strafsachen, in Grundbuchsachen und in Angelegenheiten der freiwilligen Gerichtsbarkeit nach den Vorschriften über die Oberlandesgerichte, im übrigen nach den Vorschriften über den Bundesgerichtshof.

1 **1)** Die **Verfassung des ObLG** wird der Verfassung des BGH angeglichen. In der Besetzung und auch sonst, soweit sich aus § 10 nichts anderes ergibt, bleibt das ObLG ein OLG. Keine erweiternde Auslegung von II auf uU vergleichbare Fälle, wie zB einen Beschluß nach § 441 StPO; Besetzung mit drei Richtern (Bay AfP **87**, 690). Beim BayObLG sind entspr § 132 GVG Große Senate für Zivil- und Strafsachen errichtet.

11 (gegenstandslos)

Zweiter Abschnitt. Verfahrensübergreifende Mitteilungen von Amts wegen

Vorbemerkungen

1 **1)** Das **Justizmitteilungsgesetz** und Gesetz zur Änderung kostenrechtlicher Vorschriften und anderer Gesetze (JuMiG) vom 18. Juni 1997 (BGBl I 1430) hat in Art 1 das EGGVG in Abschnitte eingeteilt und die Bestimmungen des 2. Abschnitts neu eingefügt. Die Art 2 bis 32 JuMiG enthalten – grundsätzlich vorrangige – bereichsspezifische Übermittlungsvorschriften für besondere Anwendungsgebiete des Justizmitteilungswesens (Wollweber NJW **97**, 2488). Dort oder in anderen Spezialvorschriften (vgl zB 2 zu § 13) nicht erfaßte verfahrensübergreifende Mitteilungen (Übermittlung personenbezogener Daten) durch Gerichte der ordentlichen Gerichtsbarkeit und Staatsanwaltschaften an öffentliche Stellen des Bundes oder eines Landes von Amts wegen (nicht auf Ersuchen) sind – begrenzt auf das unbedingt Erforderliche – im 2. Abschnitt des EGGVG geregelt worden. Den verfahrensrechtlichen Vorkehrungen (unten 4) kann aber auch in den bereichsspezifisch – auch landesrechtlich – vorgesehenen Mitteilungen Bedeutung zukommen, soweit die Vorschriften über das Verfahren der übermittelnden Stelle keine datenschutzrechtlichen Regelungen enthalten (Wollweber aaO 2489). Als leges speciales gehen die §§ 12 ff dem BDSG vor; dessen Bestimmungen können jedoch wegen der identischen Schutzrichtung ergänzend herangezogen werden (KK-Kissel 3 zu § 12). Das JuMiG ist mit Ausnahme des bereits seit 19. Juni 1997 geltenden, im wesentlichen kostenrechtliche Vorschriften betreffenden Art 33 (dazu Madert NJW **98**, 580; insoweit krit aus verfasssungsrechtlicher Sicht Bryde JZ **98**, 115) am 1. Juni 1998 in Kraft getreten (Art 37; vgl auch 3 zu § 13 und zur Entwicklung zB DRiZ **96**, 100; 297).

2) Auf eine **verfassungsrechtlich einwandfreie gesetzliche Grundlage** soll durch das JuMiG die Übermittlung personenbezogener Daten durch die Gerichte der ordentlichen Gerichtsbarkeit und die Staatsanwaltschaften gestellt werden. Das vom BVerfG in seiner Entscheidung vom 15. Dezember 1983 zum Volkszählungsgesetz 1983 (BVerfGE **65**, 1) aus dem allgemeinen Persönlichkeitsrecht entwickelte Recht auf „informationelle Selbstbestimmung", das den einzelnen gegen unbegrenzte Erhebung, Speicherung, Verwendung und Weitergabe seiner persönlichen Daten schützt, umfaßt die Übermittlung staatlicher Entscheidungen, die eine Person betreffen (BVerfGE **78**, 77, 84). Wegen der Gemeinschaftsbezogenheit und Gemeinschaftsgebundenheit der Person muß der einzelne Einschränkungen im überwiegenden Allgemeininteresse hinnehmen (BVerfGE **65**, 1, 43; **80**, 367, 373); strafrechtlich relevante Verhaltensweisen berühren Belange der Allgemeinheit (BVerwG NJW **90**, 2765, 2766). Eingriffe in das Recht auf „informationelle Selbstbestimmung" bedürfen jedoch einer gesetzlichen Grundlage, die dem Gebot der Normenklarheit und dem Grundsatz der Verhältnismäßigkeit genügt sowie die organisatorischen und verfahrensrechtlichen Vorkehrungen enthält, die der Gefahr einer Verletzung des Persönlichkeitsrechts entgegenwirken (BVerfGE **65**, 1, 44). 2

3) Bewußt auf **Mitteilungsermächtigungen** beschränkt sich das Gesetz; die Begründung von Mitteilungspflichten bleibt, soweit diese nicht spezialgesetzlich bestehen (vgl auch §§ 20, 21), Verwaltungsvorschriften im Wege der Normenkonkretisierung und Ermessensbindung vorbehalten (8,9 zu § 12). Nach Auffassung des Gesetzgebers (BT-Drucks 13/4709 S. 18) entspricht die Anknüpfung an das „bewährte System" der einschlägigen Regelungen (insbesondere der MiStra) dem verfassungsrechtlichen Erfordernis, daß „für jeden klar und erkennbar bestimmt (ist), in welchen Fällen eine Mitteilung rechtmäßig erfolgen kann" (krit unter Hinweis auf die eingeschränkte Pflicht zur Unterrichtung Betroffener von Amts wegen in § 21 Wollweber NJW **97**, 2489). 3

4) Die **wesentlichen verfahrensrechtlichen Vorkehrungen**, die der Gefahr einer Verletzung des Persönlichkeitsrechts entgegenwirken (oben 2), sind die Zweckbindung (§§ 19 I, 18 I S. 2), die Prüfungs- und Rücksendepflicht (§ 19 II), die Nachberichts- und Korrekturpflicht (§ 20), die Auskunfts- und Unterrichtungspflicht (§ 21) und die Gewährung effektiven Rechtsschutzes (§ 22). 4

Anwendungsbereich; Verantwortung

12 **I Die Vorschriften dieses Abschnitts gelten für die Übermittlung personenbezogener Daten von Amts wegen durch Gerichte der ordentlichen Gerichtsbarkeit und Staatsanwaltschaften an öffentliche Stellen des Bundes oder eines Landes für andere Zwecke als die des Verfahrens, für die die Daten erhoben worden sind. Besondere Rechtsvorschriften des Bundes oder, wenn die Daten aus einem landesrechtlich geregelten Verfahren übermittelt werden, eines Landes, die von den §§ 18 bis 22 abweichen, gehen diesen Vorschriften vor.**

II Absatz 1 gilt entsprechend für die Übermittlung personenbezogener Daten an Stellen der öffentlich-rechtlichen Religionsgesellschaften, sofern sichergestellt ist, daß bei dem Empfänger ausreichende Datenschutzmaßnahmen getroffen werden.

III Eine Übermittlung unterbleibt, wenn ihr eine besondere bundes- oder entsprechende landesgesetzliche Verwendungsregelung entgegensteht.

IV Die Verantwortung für die Zulässigkeit der Übermittlung trägt die übermittelnde Stelle.

V Das Bundesministerium der Justiz kann mit Zustimmung des Bundesrates allgemeine Verwaltungsvorschriften zu den nach diesem Abschnitt zulässigen

Mitteilungen erlassen. Ermächtigungen zum Erlaß von Verwaltungsvorschriften über Mitteilungen in besonderen Rechtsvorschriften bleiben unberührt.

1 **1)** Den **Anwendungsbereich** der Vorschriften des 2. Abschnitts regelt I.

2 A. **Für Übermittlungen von Amts wegen** durch die Gerichte der ordentlichen Gerichtsbarkeit (einschließlich der Arbeitsgerichte, Art 14 JuMiG) und der StAen gelten die Vorschriften des 2. Abschnitts (I S. 1). Nach der Begründung des Gesetzentwurfs der Bundesregierung (BT-Drucks 13/4709 S. 19) zählen Gerichtsvollzieher wegen ihrer eigenständigen Stellung nicht zu den Gerichten. Wer im jeweiligen Verfahrensstadium mitteilungspflichtige Stelle und dort funktionell zuständig ist, ergibt sich für den Anwendungsbereich der MiStra aus deren Nr 4 (vgl unten 8, 9).

3 B. Die für die **Empfänger der Daten** verwendete Bezeichnung „öffentliche Stellen des Bundes oder eines Landes" übernimmt die Begriffsbestimmung in § 2 BDSG: Gerichte, Behörden, andere öffentlich-rechtlich organisierte Einrichtungen des Bundes, der Länder, der Gemeinden und der Gemeindeverbände, ferner bundesunmittelbare Körperschaften, Anstalten und Stiftungen des öffentlichen Rechts sowie sonstige der Aufsicht eines Landes unterstehende juristische Personen des öffentlichen Rechts, jeweils einschließlich deren Vereinigungen ungeachtet ihrer Rechtsform. Hinzu kommen nichtöffentliche Stellen, soweit sie hoheitliche Aufgaben der öffentlichen Verwaltung wahrnehmen (zB die Post-Aktiengesellschaften nach Art 143 b III GG iVm § 1 I des Postpersonalrechtsgesetzes). Adressat der Mitteilung können nach II, der § 15 IV BDSG nachgebildet ist, ferner Stellen der öffentlich-rechtlichen Religionsgesellschaften sein. Bei den in Betracht kommenden kirchlichen Körperschaften des öffentlichen Rechts ist die Datensicherheit gewährleistet (KK-Kissel 8).

4 C. **Personenbezogene Daten** unmittelbar am Verfahren beteiligter, aber auch am Verfahren unbeteiligter Personen sind Gegenstand der Übermittlung. Der Begriff wird vom JuMiG vorausgesetzt. Nach § 3 I BDSG sind dies Einzelangaben über persönliche oder sachliche Verhältnisse einer bestimmten oder bestimmbaren natürlichen Person (Betroffener); sie müssen für Zwecke des Verfahrens, aus dem die Mitteilung erfolgen soll, erhoben worden sein (vgl 2 zu § 14).

5 D. **Nicht erfaßt** sind Übermittlungen auf Ersuchen (zur Akteneinsicht vgl 4, 5 zu § 147 StPO), an nicht-öffentliche Stellen (vgl aber oben 3 aE) und Privatpersonen; insoweit ergeben sich die Rechtsgrundlagen aus den einzelnen Verfahrensgesetzen und aus bereichsspezifischen Regelungen. Mitteilungen „für andere Zwecke" (als die des Verfahrens vor der übermittelnden Stelle) liegen nicht vor bei Übermittlungen an im Verfahren mitwirkende Stellen einschließlich der über- und untergeordneten Instanzgerichte sowie zur Wahrnehmung von Aufsichtsbefugnissen oder zu Ausbildungs- und Prüfungszwecken (vgl § 14 III BDSG). Soweit bereichsspezifisch geregelte Übermittlungen besondere, von den §§ 18 bis 22 abweichende – auch landesrechtliche – Bestimmungen enthalten, verdrängen sie gemäß I S. 2 die subsidiär geltenden (1 vor § 12) Vorschriften des 2. Abschnitts, zB § 30 **AO** (vgl auch die vorgeschlagenen Einzeländerungen im Entwurf eines StVÄG 1996 – BT-Drucks 13/9718).

6 **2)** Besondere **Verwendungsregelungen** (III) einschließlich der Übermittlungsverbote schließen eine Mitteilung der geschützten Daten aus. Erfaßt sind zB besondere Amts- und Berufsgeheimnisse sowie das Steuer- (§ 30 I, IV **AO**) und das in § 35 SGB I, §§ 67 ff SGB X geregelte Sozialgeheimnis (vgl Lührs MDR **96**, 21), aber auch landesrechtliche Geheimhaltungspflichten, etwa in den Landesstatistik- und Kommunalabgabengesetzen. Das an den Ablauf der Tilgungsfristen des § 46 **BZRG** anknüpfende Verwertungsverbot der §§ 51, 52, 63 IV **BZRG** wird im allgemeinen erst vom Empfänger zu beachten sein.

3) Die **Verantwortung der übermittelnden Stelle** für die Zulässigkeit von Mitteilungen von Amts wegen (IV) entspricht datenschutzrechtlichen Grundsätzen (vgl § 15 II S. 1 BDSG). 7

4) **Zu V**: Durch allgemeine Justizverwaltungsvorschriften soll im Interesse der Praxis und einer in den wesentlichen Punkten bundeseinheitlichen Regelung eine Aufsplitterung in bundes- und landesrechtliche Bestimmungen vermieden werden. Die Begründung von Mitteilungspflichten durch den Erlaß einheitlicher Verwaltungsvorschriften des Bundes und der Länder entspricht der auf Mitteilungsermächtigungen (3 vor § 12) beschränkten Regelungssystematik des 2. Abschnitts. Zusammen mit dem JuMiG ist die zwischen den Landesjustizministerien und dem 8
BMJ vereinbarte Neufassung der **Anordnung über Mitteilungen in Strafsachen** 9
(MiStra) am 1. 6. 1998 in Kraft getreten (Piller/Herrmann Nr 2 c). Mitteilungspflichten können sich auch aus anderen Verwaltungsvorschriften ergeben (zB RiStBV, RiVASt, StVollstrO; vgl die Zusammenstellung im Anh der MiStra). Nicht geregelten Einzelfällen kann durch Entscheidungen auf der Grundlage gesetzlicher Befugnisse (zB § 17) Rechnung getragen werden.

Übermittlungsvoraussetzungen

13 **I Gerichte und Staatsanwaltschaften dürfen personenbezogene Daten zur Erfüllung der in der Zuständigkeit des Empfängers liegenden Aufgaben übermitteln, wenn**

1. **eine besondere Rechtsvorschrift dies vorsieht oder zwingend voraussetzt,**
2. **der Betroffene eingewilligt hat,**
3. **offensichtlich ist, daß die Übermittlung im Interesse des Betroffenen liegt, und kein Grund zu der Annahme besteht, daß er in Kenntnis dieses Zwecks seine Einwilligung verweigern würde,**
4. **die Daten auf Grund einer Rechtsvorschrift von Amts wegen öffentlich bekanntzumachen sind oder in ein von einem Gericht geführtes, für jedermann unbeschränkt einsehbares öffentliches Register einzutragen sind oder es sich um die Abweisung des Antrags auf Eröffnung des Insolvenzverfahrens mangels Masse handelt oder**
5. **auf Grund einer Entscheidung**
   a) **bestimmte Rechtsfolgen eingetreten sind, insbesondere der Verlust der Rechtsstellung aus einem öffentlich-rechtlichen Amts- oder Dienstverhältnis, der Ausschluß vom Wehr- oder Zivildienst, der Verlust des Wahlrechts oder der Wählbarkeit oder der Wegfall von Leistungen aus öffentlichen Kassen, und**
   b) **die Kenntnis der Daten aus der Sicht der übermittelnden Stelle für die Verwirklichung der Rechtsfolgen erforderlich ist;**

dies gilt auch, wenn auf Grund der Entscheidung der Erlaß eines Verwaltungsaktes vorgeschrieben ist, ein Verwaltungsakt nicht erlassen werden darf oder wenn der Betroffene ihm durch Verwaltungsakt gewährte Rechte auch nur vorläufig nicht wahrnehmen darf.

II In anderen als in den in Absatz 1 genannten Fällen dürfen Gerichte und Staatsanwaltschaften personenbezogene Daten zur Erfüllung der in der Zuständigkeit des Empfängers liegenden Aufgaben einschließlich der Wahrnehmung personalrechtlicher Befugnisse übermitteln, wenn eine Übermittlung nach den §§ 14 bis 17 zulässig ist und soweit nicht für die übermittelnde Stelle offensichtlich ist, daß schutzwürdige Interessen des Betroffenen an dem Ausschluß der Übermittlung überwiegen. Übermittelte Daten dürfen auch für die Wahrnehmung der Aufgaben nach dem Sicherheitsüberprüfungsgesetz oder einem entsprechenden Landesgesetz verwendet werden.

1 **1) I ermächtigt Gerichte und StAen** in den dort genannten 5 Fallgruppen personenbezogene Daten zur Erfüllung von Aufgaben zu übermitteln, die in der – durch Rechtsnorm begründeten – Zuständigkeit des Empfängers (3 zu § 12)
2 liegen. **Nr 1 bis 3** entsprechen im wesentlichen § 14 II Nr 1 bis 3 BDSG: Nr 1 stellt klar, daß bereichsspezifisch – auch landesrechtlich – geregelte oder zwingend vorausgesetzte Übermittlungen nicht eingeschränkt werden. Das gilt etwa für § 18 I und II BVerfSchG, § 8 I und II BNDG, § 76 AuslG, § 8 II AsylVfG, § 64 a BNotO und § 36 a BRAO. Nr 2 entspricht allgemeinen datenschutzrechtlichen Grundsätzen; die Einwilligung bedarf keiner Form. Nr 3 enthält insbesondere die Rechtsgrundlage für die Mitteilung der Einstellung des Verfahrens oder des Freispruchs des Angeklagten an die öffentliche Stelle, die das Strafverfahren veranlaßt hat (zum Maßstab der Offensichtlichkeit vgl unten 7). Die Abweichung vom Wortlaut des § 14 II Nr 3 BDSG („dieses Zwecks" statt „des anderen Zwecks") soll klarstellen, daß mit dem Zweck der Übermittlung die in der Zuständigkeit des Empfängers liegenden Aufgaben gemeint sind (BT-Drucks 13/7489 S. 54). In
3 **Nr 4** greift die Bestimmung den auf Art 5 I S. 1 GG beruhenden Rechtsgedanken des § 14 II Nr 5 BDSG auf. Auch die Übermittlung zuvor bereits öffentlich bekanntgemachter Daten bedarf einer gesetzlichen Grundlage (vgl BVerfGE **78**, 77, 85). Gesetzlich vorgeschrieben ist eine Bekanntmachung etwa bei Vermögensbeschlagnahmen in Strafsachen nach § 111 p IV StPO (dort 3) oder § 291 StPO (dort 1, 2), sonst zB in §§ 50 I, 66 I, 1562, 1983 BGB, § 948 ZPO, §§ 39, 40 ZVG, §§ 23 I, 30 I InsO. Insoweit reicht aus, daß die Übermittlung zur Erfüllung der in der Zuständigkeit des Empfängers liegenden Aufgaben erfolgt. Allgemein zugängliche Register sind zB das Vereinsregister (§ 79 I S. 1 BGB), das Güterrechtsregister (§ 1563 BGB), das Handelsregister (§ 9 I HGB) und das Register nach § 20 AGBG; es genügt nicht, daß der Empfänger – wie beim Grundbuch nach § 12 GBO – ein Recht auf Einsicht hat (BT-Drucks 13/4709 S. 25, 40, 54; 13/7489 S. 54). Die Abweisung des Antrags auf Eröffnung des Insolvenzverfahrens mangels Masse darf mitgeteilt werden, obwohl die Entscheidung nicht öffentlich bekanntgemacht wird und das Schuldnerverzeichnis nicht unbeschränkt einsehbar ist (§ 26 II InsO iVm §§ 915 b ff ZPO; bis zum 31. Dezember 1998 galt die auf
4 den früheren Rechtszustand bezogene Übergangsvorschrift des Art 35 JuMiG). **Nr 5** betrifft die Fälle, in denen Rechtsfolgen an eine Entscheidung – sei es nach ihrem Inhalt, sei es aufgrund von Rechtsvorschriften – geknüpft sind und die Mitteilung – aus der Sicht der übermittelnden Stelle – erforderlich ist, um deren Beachtung und Umsetzung zu gewährleisten. Die Rechtsfolgen können bundesrechtlich (zB § 45 StGB; § 48 BBG; § 61 I S. 1 Nr 4 des Beamtenversorgungsgesetzes), landesrechtlich (zB Vorschriften iSd § 24 BRRG) oder in Satzungen von Selbstverwaltungskörperschaften angeordnet sein (vgl BT-Drucks 13/4709 S. 23: Erlöschen der Zusatzversorgung durch die Versorgungsanstalt des Bundes und der Länder nach § 66 III ihrer Satzung, wenn der Betroffene wegen einer vorsätzlichen Tat zu einer Freiheitsstrafe von mindestens 2 Jahren – wegen bestimmter Staatsschutzdelikte mindestens 6 Monaten – verurteilt worden ist). Die Übermittlungsermächtigung besteht nach dem 2. Hs auch, wenn die Rechtsfolge zusätzlich von einem Verwaltungsakt abhängt oder dessen Erlaß ausschließt, ferner zB, wenn ein Führerschein, den der Beschuldigte freiwillig ohne vorläufige Entziehung nach § 111 a StPO herausgegeben hat, in amtliche Verwahrung genommen wird (vgl § 21 II Nr 2 StVG). Eine gesetzliche Mitteilungspflicht bei Verlust des Wahlrechts oder der Wählbarkeit – wie in § 69 l FGG – sieht das Gesetz nicht vor.

5 **2)** Als **Auffangvorschrift** gegenüber I und bereichsspezifischen Regelungen kennzeichnet II die §§ 14 bis 17. Diese Ermächtigungen gestatten Übermittlungen nur zur Erfüllung der in der Zuständigkeit des Empfängers liegenden Aufgaben (oben 1). Personalrechtliche Befugnisse werden mit Blick auf § 14 I Nr 5 ausdrücklich genannt. Der Empfänger darf übermittelte Daten auch für Aufgaben nach dem Sicherheitsüberprüfungsgesetz vom 20. April 1994 (BGBl I 867) bzw

entsprechenden Landesgesetzen verwenden (II S. 2). Eine Mitteilung unterbleibt, wenn ihr **überwiegende schutzwürdige Interessen des Betroffenen** entgegen- 6 stehen (krit zu dieser Formel Wollweber NJW **97**, 2488). Das Abwägungserfordernis ist eine Ausprägung des Grundsatzes der Verhältnismäßigkeit, der einen Eingriff nur in dem unbedingt erforderlichen Umfang und nur zu dem Zeitpunkt zuläßt, der den Betroffenen am wenigsten belastet. Schon daraus folgt, daß in Strafsachen Mitteilungen erst nach rechtskräftigem Abschluß des Verfahrens gemacht werden dürfen, wenn dies zur Erfüllung der Aufgaben des Empfängers ausreichend erscheint (BT-Drucks 13/4709 S. 21; zu Übermittlungen vor Verfahrensabschluß vgl auch 4 zu § 14). Sowohl die für eine Abweichung sprechenden Umstände als auch deren Überwiegen müssen für die übermittelnde Stelle **offensichtlich** sein, dh 7 sich aufgrund besonderer Umstände aufdrängen. Mit dem Maßstab der Offensichtlichkeit wollte der Gesetzgeber klarstellen, daß im Einzelfall keine Ermittlungen erforderlich sind (BT-Drucks 13/7489 S. 54; der Wortlaut des mit Art 19 Nr 3 JuMiG eingefügten § 49 a OWiG ist durch Art 1 Nr 7 des Gesetzes zur Änderung des Gesetzes über Ordnungswidrigkeiten und anderer Gesetze [BGBl I 156] angepaßt worden). Auch soweit in der MiStra auf Erkennbarkeit abgestellt wird (zB Nr 29 II, 48 I S. 2), entscheidet die übermittelnde Stelle aufgrund ihres Kenntnisstandes ohne weitere Ermittlungen (vgl BT-Drucks 13/4709 S. 21; krit Wollweber aaO). In den durch Verwaltungsvorschriften vorbewerteten Fällen (vgl 8, 9 zu § 12) räumt II der übermittelnden Stelle die Möglichkeit ein, von der Mitteilung abzusehen, wenn sich dies aufgrund besonderer Umstände aufdrängt. Für „Bagatellfälle" enthält § 14 II eine Sonderregelung (vgl dort 14). Bei **nicht allgemein** 8 **angeordneten Mitteilungen**, wie dies etwa nach § 17 der Fall sein kann (9 zu § 12), ist eine Interessenabwägung im Einzelfall erforderlich, allerdings beschränkt auf die vorhandenen Unterlagen und sonstigen offensichtlichen Umstände.

Datenübermittlung in Strafsachen

14 **I In Strafsachen ist die Übermittlung personenbezogener Daten des Beschuldigten, die den Gegenstand des Verfahrens betreffen, zulässig, wenn die Kenntnis der Daten aus der Sicht der übermittelnden Stelle erforderlich ist für**

1. die Vollstreckung von Strafen oder von Maßnahmen im Sinne des § 11 Abs. 1 Nr. 8 des Strafgesetzbuches oder die Vollstreckung oder Durchführung von Erziehungsmaßregeln oder Zuchtmitteln im Sinne des Jugendgerichtsgesetzes,
2. den Vollzug von freiheitsentziehenden Maßnahmen,
3. Entscheidungen in Strafsachen, insbesondere über die Strafaussetzung zur Bewährung oder ihren Widerruf, in Bußgeld- oder in Gnadensachen,
4. dienstrechtliche Maßnahmen oder Maßnahmen der Aufsicht, falls
   a) der Betroffene wegen seines Berufs oder Amtsverhältnisses einer Dienst-, Staats- oder Standesaufsicht unterliegt, Geistlicher einer Kirche ist oder ein entsprechendes Amt bei einer anderen öffentlich-rechtlichen Religionsgesellschaft bekleidet oder Beamter einer Kirche oder einer Religionsgesellschaft ist und
   b) die Daten auf eine Verletzung von Pflichten schließen lassen, die bei der Ausübung des Berufs oder der Wahrnehmung der Aufgaben aus dem Amtsverhältnis zu beachten sind oder in anderer Weise geeignet sind, Zweifel an der Eignung, Zuverlässigkeit oder Befähigung hervorzurufen,
5. die Entscheidung über eine Kündigung oder für andere arbeitsrechtliche Maßnahmen, für die Entscheidung über eine Amtsenthebung, für den Widerruf, die Rücknahme, die Einschränkung einer behördlichen Erlaubnis, Genehmigung oder Zulassung zur Ausübung eines Gewerbes, einer sonsti-

gen wirtschaftlichen Unternehmung oder eines Berufs oder zum Führen einer Berufsbezeichnung, für die Untersagung der beruflichen, gewerblichen oder ehrenamtlichen Tätigkeit oder der sonstigen wirtschaftlichen Unternehmung oder für die Untersagung der Einstellung, Beschäftigung, Beaufsichtigung von Kindern und Jugendlichen, für die Untersagung der Durchführung der Berufsausbildung oder für die Anordnung einer Auflage, falls

a) der Betroffene ein nicht unter Nummer 4 fallender Angehöriger des öffentlichen Dienstes oder des Dienstes einer öffentlich-rechtlichen Religionsgesellschaft, ein Gewerbetreibender oder ein Vertretungsberechtigter eines Gewerbetreibenden oder eine mit der Leitung eines Gewerbebetriebes oder einer sonstigen wirtschaftlichen Unternehmung beauftragte Person, ein sonstiger Berufstätiger oder Inhaber eines Ehrenamtes ist und
b) die Daten auf eine Verletzung von Pflichten schließen lassen, die bei der Ausübung des Dienstes, des Gewerbes, der sonstigen wirtschaftlichen Unternehmung, des Berufs oder des Ehrenamtes zu beachten sind oder in anderer Weise geeignet sind, Zweifel an der Eignung, Zuverlässigkeit oder Befähigung hervorzurufen,

6. Dienstordnungsmaßnahmen mit versorgungsrechtlichen Folgen oder für den Entzug von Hinterbliebenenversorgung, falls der Betroffene aus einem öffentlich-rechtlichen Amts- oder Dienstverhältnis oder aus einem Amts- oder Dienstverhältnis mit einer Kirche oder anderen öffentlich-rechtlichen Religionsgesellschaft Versorgungsbezüge erhält oder zu beanspruchen hat,
7. den Widerruf, die Rücknahme, die Versagung oder Einschränkung der Berechtigung, der Erlaubnis oder der Genehmigung oder für die Anordnung einer Auflage, falls der Betroffene
   a) in einem besonderen gesetzlichen Sicherheitsanforderungen unterliegenden genehmigungs- oder erlaubnispflichtigen Betrieb verantwortlich tätig oder
   b) Inhaber einer atom-, waffen-, sprengstoff-, gefahrstoff-, immissionsschutz-, abfall-, wasser-, seuchen-, tierseuchen-, betäubungsmittel- oder arzneimittelrechtlichen Berechtigung, Erlaubnis oder Genehmigung, einer Genehmigung nach dem Gentechnikgesetz, dem Gesetz über die Kontrolle von Kriegswaffen oder dem Außenwirtschaftsgesetz, einer Erlaubnis zur Arbeitsvermittlung nach dem Dritten Buch Sozialgesetzbuch, einer Verleiherlaubnis nach dem Arbeitnehmerüberlassungsgesetz, einer Erlaubnis nach tierschutzrechtlichen Vorschriften, eines Jagdscheins, eines Fischereischeins, einer verkehrsrechtlichen oder im übrigen einer sicherheitsrechtlichen Erlaubnis oder Befähigung ist oder einen entsprechenden Antrag gestellt hat,
8. Maßnahmen der Aufsicht, falls es sich
   a) um Strafsachen im Zusammenhang mit Betriebsunfällen, in denen Zuwiderhandlungen gegen Unfallverhütungsvorschriften bekannt werden, oder
   b) um Straftaten gegen Vorschriften zum Schutz der Arbeitskraft oder zum Schutz der Gesundheit von Arbeitnehmern handelt, oder
9. die Abwehr erheblicher Nachteile für Tiere und Pflanzen, Boden, Wasser, Luft, Klima und Landschaft.

II In Privatklageverfahren, in Verfahren wegen fahrlässig begangener Straftaten, in sonstigen Verfahren bei Verurteilung zu einer anderen Maßnahme als einer Strafe oder einer Maßnahme im Sinne des § 11 Abs. 1 Nr. 8 des Strafgesetzbuches, oder wenn das Verfahren eingestellt worden ist, unterbleibt die Übermittlung in den Fällen des Absatzes 1 Nr. 4 bis 9, wenn nicht besondere Umstände des Einzelfalles die Übermittlung erfordern. Die Übermittlung ist insbesondere erforderlich, wenn die Tat bereits ihrer Art nach geeignet ist, Zweifel an der Zuverlässigkeit oder Eignung des Betroffenen für die gerade von

ihm ausgeübte berufliche, gewerbliche oder ehrenamtliche Tätigkeit oder für die Wahrnehmung von Rechten aus einer ihm erteilten Berechtigung, Genehmigung oder Erlaubnis hervorzurufen. Die Sätze 1 und 2 gelten nicht bei Straftaten, durch die der Tod eines Menschen verursacht worden ist, und bei gefährlicher Körperverletzung. Im Falle der Einstellung des Verfahrens ist zu berücksichtigen, wie gesichert die zu übermittelnden Erkenntnisse sind.

1) Eine **Aufzählung der Zwecke**, für die in Strafsachen eine Übermittlung personenbezogener Daten (4 zu § 12) des Beschuldigten zulässig ist, enthält I, der durch §§ 16 bis 18 – etwa für Daten anderer Verfahrensbeteiligter – ergänzt wird. Die Frage einer Harmonisierung der Übermittlungen von Amts wegen mit den Verwendungsbeschränkungen in §§ 41, 61 **BZRG** hat der Gesetzgeber offengelassen (krit Wollweber NJW **97**, 2490 mwN). 1

A. Den **Gegenstand des Verfahrens** müssen die übermittelten Daten betreffen. Dies umfaßt die prozessuale Tat, alle dazugehörenden Tatsachen und alle sonstigen Umstände, die damit zusammenhängen und für die Entscheidung – einschließlich der Bestimmung der Rechtsfolgen und der Nebenentscheidungen – von Bedeutung sein können. Das mitteilungspflichtige Strafverfolgungsorgan (2 zu § 12) hat keine Ermittlungen, sondern lediglich eine Art **Schlüssigkeitsprüfung** durchzuführen; dies stellt die an § 15 I, II BDSG und entspr Regelungen in den Landesdatenschutzgesetzen angelehnte Formulierung, daß die Kenntnis der Daten aus der Sicht der übermittelnden Stelle für die in Nr 1 bis 9 genannten Zwecke erforderlich ist, klar. Es genügt, wenn die Daten nach den für den Empfänger geltenden Rechtsvorschriften zur Erfüllung seiner Aufgaben grundsätzlich beachtlich sind (zur Prüfung durch den Empfänger vgl 3 zu § 19). Die Ausrichtung dieser Prüfung an der **Erforderlichkeit** trägt dem verfassungsrechtlichen Grundsatz der Verhältnismäßigkeit Rechnung; dies ist insbesondere bei Übermittlungen vor rechtskräftigem Abschluß oder vor nicht nur vorläufiger Einstellung des Verfahrens zu prüfen (KK-Kissel 20). Risiken einer vorzeitigen Übermittlung können schon nach § 13 II zu berücksichtigen sein (wohl **aM** Wollweber NJW **97**, 2491); insoweit können überwiegende schutzwürdige Interessen des Betroffenen einer Übermittlung offensichtlich entgegenstehen (vgl 6, 7 zu § 13), zB bei Jugendlichen in den Fällen des I Nr 4 und 5 (vgl ferner MiStra 12 I; 17; 30 I; 33; 38 I, II; 39 I; 50 I Nr 1, II); zu „Bagatellfällen" vgl II und unten 14. 2 3 4

B. **Nr 1** betrifft Mitteilungen, die zur Vollstreckung oder Durchführung der im Gesetz aufgezählten, in einem anderen Verfahren verhängten Sanktionen erforderlich sind, zB Hinweise auf festgestellte Vermögenswerte, um die Vollstreckung einer Geldstrafe zu ermöglichen. Insbesondere an den Leiter einer JVA oder einer Anstalt iS der §§ 63, 64 StGB können nach **Nr 2** solche Daten übermittelt werden, deren Kenntnis für den Vollzug einer freiheitsentziehenden Maßnahme (U-Haft, Strafhaft, Unterbringungsmaßnahmen, Ordnungs- oder Erzwingungshaft) in einem anderen Verfahren erforderlich ist, etwa eine weitere Verurteilung eines Gefangenen (MiStra 43). **Nr 3** betrifft Daten, die für Entscheidungen in anderen Verfahren einschließlich Gnadensachen erheblich sind, zB über die nachträgliche Strafaussetzung zur Bewährung (§§ 57 ff StGB, § 57 **JGG**) oder den Widerruf der Strafaussetzung. Die Übermittlung von Daten, die für die Aussetzung der Verhängung (§ 27 **JGG**) oder Vollstreckung der (Jugend-)Strafe zur Bewährung (§ 56 StGB, § 21 **JGG**) erheblich sind, richtet sich nach § 17 Nr 1. Der **Nr 4** gehen die durch Art 5, 20 und 21 JuMiG eingefügten bereichsspezifischen Regelungen in § 125 c BRRG, der für Richter gemäß §§ 46, 71 DRiG entspr gilt, § 62 SoldG und § 45 a Zivildienstgesetz vor; die Vorschrift betrifft neben Personen, die in einem sonstigen öffentlich-rechtlichen Amtsverhältnis oder in einem im Gesetz bezeichneten Dienstverhältnis zu einer Religionsgemeinschaft stehen, Angehörige von Berufen, die einer Staats- oder Standesaufsicht unterliegen, wenn eine bereichsspezifische Norm fehlt (zB Heilberufe). Die Zulässigkeit von Mitteilungen aus Strafverfahren 5 6 7 8

ist nach dem Grundsatz der Verhältnismäßigkeit (6, 7 zu § 13; oben 4) aufgrund des Inhalts des jeweiligen (bundes- oder landesrechtlichen) Berufsgesetzes zu bestimmen. Zweck ist, wie sich aus Buchst b) ergibt, die Unterstützung der jeweils zuständigen Stelle (Behörde, öffentlich-rechtlich verfaßte Berufsorganisation, Disziplinar- oder Berufsgerichtsbarkeit) bei der Überwachung der Anforderungen an die persönliche und fachliche Eignung und das berufliche Verhalten; in der MiStra
9 (vgl Nr 22, 23, 24, 26) ist der Adressat näher bezeichnet. Nach **Nr 5** können die Daten der dem Tarifrecht unterstehenden Angehörigen des öffentlichen Dienstes mitgeteilt werden, wenn sie die Fähigkeit zur Berufsausübung in diesem Bereich betreffen. Die Bestimmung erfaßt ferner Inhaber von Ehrenämtern, Gewerbetreibende einschließlich ihrer Vertretungsberechtigten, eine mit der Leitung eines Gewerbebetriebes oder einer sonstigen wirtschaftlichen Unternehmung beauftragte Person und sonstige Berufstätige, die zur Ausübung ihres Berufs oder zur Führung ihrer Berufsbezeichnung einer besonderen Erlaubnis bedürfen (zB Privatschullehrer, Betreiber von Altenpflegeheimen, Makler, Bauträger, Baubetreuer). Bei erlaubnisfreien Berufen oder Gewerben ist die Übermittlung zulässig, wenn die Daten Anlaß geben können, die Ausübung des Berufs oder Gewerbes zu untersagen oder Auflagen anzuordnen. Zulässig ist schließlich die Mitteilung von Daten, die nach dem Jugendarbeitsschutzgesetz oder dem Berufsbildungsgesetz zur Untersagung der Einstellung, Beschäftigung oder Beaufsichtigung von Kindern und
10 Jugendlichen oder der Durchführung der Berufsausbildung führen können. **Nr 6** läßt die Übermittlung personenbezogener Daten von Betroffenen, die im Gesetz näher bezeichnete Versorgungsbezüge erhalten oder zu beanspruchen haben, nur zu, wenn dies für Dienstordnungsmaßnahmen mit versorgungsrechtlichen Folgen (zB aufgrund des § 77 II BBG) oder für den Entzug der Hinterbliebenenversorgung nach § 64 des Beamtenversorgungsgesetzes erforderlich ist. Jedoch greift § 13 I Nr 5 (vgl dort 4) ein, wenn aufgrund einer Entscheidung in einer Rechts-
11 vorschrift bestimmte Rechtsfolgen eintreten. Mitteilungen nach **Nr 7** sollen der zuständigen Behörde ermöglichen, die zum Schutz der Allgemeinheit erforderlichen Maßnahmen gegen Beschuldigte zu treffen, die in einem besonderen gesetzlichen Sicherheitsanforderungen unterliegenden genehmigungs- oder erlaubnispflichtigen Betrieb verantwortlich tätig oder Inhaber der in Buchst b) aufgezählten Berechtigungen, Genehmigungen oder Erlaubnisse sind (zum Widerruf einer Waf-
12 fenbesitzkarte vgl BVerwGE **97**, 245). **Nr 8** gestattet Mitteilungen an die zuständige Aufsichtsstelle, wenn in Strafsachen, die Betriebsunfälle zum Gegenstand haben, Verstöße gegen Unfallverhütungsvorschriften bekanntgeworden sind (MiStra 44) oder wenn Straftaten gegen Vorschriften zum Schutz der Arbeitskraft oder der Gesundheit von Arbeitnehmern verfolgt werden (Arbeitsschutzgesetz, Arbeits-
13 zeitgesetz usw, vgl MiStra 46). Die Formulierung der **Nr 9** ist § 2 I S. 2 Nr 1 des Gesetzes über die Umweltverträglichkeitsprüfung vom 12. 2. 1990 (BGBl I 205) entlehnt und betrifft die Mitteilung von Daten, deren Kenntnis zur Abwehr erheblicher Gefahren für die Umwelt erforderlich ist (vgl die nicht abschließende Aufzählung der in Betracht kommenden Straftaten in MiStra 51).

14 **2)** Bei **leichten Straftaten** oder geringer Schuld, bei Anordnung von Erziehungsmaßregeln oder Zuchtmitteln sowie im Falle der Einstellung des Verfahrens schließt II, der den Grundsatz der Verhältnismäßigkeit weiter (6, 7 zu § 13; oben 4) konkretisiert, in den Fällen des Absatzes 1 Nr 4 bis 9 die Übermittlung aus, wenn diese nicht aufgrund der besonderen Umstände des Einzelfalles erforderlich ist (zB MiStra 40 II, 51 II). Insoweit stellt das Regelbeispiel in S. 2 auf die konkrete, vom Betroffenen ausgeübte Tätigkeit ab; ist die Tat geeignet, Zweifel an seiner Zuverlässigkeit und Eignung hervorzurufen, ist die Mitteilung zulässig. Bedenken gegen seine Befähigung etwa zu einer Tätigkeit im öffentlichen Dienst schlechthin sind nicht erforderlich. S. 2 erfaßt aber zB auch den Fall, daß das Verfahren wegen eines Trunkenheitsdelikts gegen den Inhaber eines Waffenscheines nach § 153 a StPO eingestellt wird. Die Entscheidung ist auf der Grundlage vorhandener Erkenntnisse

ohne weitere Sachaufklärung zu treffen (unten 16). Wegen der **Schwere des** 15 **Delikts** gilt der Ausschluß der Übermittlung nicht für Straftaten, durch die der Tod eines Menschen verursacht worden ist, und für die gefährliche Körperverletzung (II S. 3). Nicht ausgeschlossen sind Mitteilungen ferner in den Fällen des I Nr 1 bis 3, da angesichts des engen Zusammenhangs zwischen dem Zweck des Verfahrens, aus dem übermittelt werden soll, und den vom Empfänger verfolgten Zwecken auch den in „Bagatellsachen" übermittelten Daten häufig erhebliche Bedeutung für Entscheidungen des Empfängers – zB über die Aussetzung eines Strafrests zur Bewährung – zukommen wird (vgl auch das Beispiel oben 5). Im Falle der **Einstellung** (II S. 4) ist – ohne weitere Sachaufklärung – zu berück- 16 sichtigen, wie gesichert die Erkenntnisse sind, so daß eine Übermittlung idR zu unterbleiben hat, wenn nach § 170 II StPO verfahren wird. In den Fällen des § 153a StPO wird vornehmlich der prozessuale Kontext zu beachten sein (vgl Dahs NJW **96**, 1192).

15 [betrifft Zivilsachen]

Übermittlung an andere als deutsche Stellen

16 Werden personenbezogene Daten an ausländische öffentliche Stellen oder an über- oder zwischenstaatliche Stellen nach den hierfür geltenden Rechtsvorschriften übermittelt, so ist eine Übermittlung dieser Daten auch zulässig

1. **an das Bundesministerium der Justiz und das Auswärtige Amt,**
2. **in Strafsachen gegen Mitglieder einer ausländischen konsularischen Vertretung zusätzlich an die Staats- oder Senatskanzlei des Landes, in dem die konsularische Vertretung ihren Sitz hat.**

1) Werden an **ausländische öffentliche Stellen** oder an über- oder zwischen- 1 staatliche Einrichtungen personenbezogene Daten übermittelt (vgl auch die Dokumentation in Datenschutz und Datensicherheit **98**, 97), gestattet die Bestimmung, sie auch dem BMJ und dem AA mitzuteilen. Diese Ermächtigung hat insbesondere Bedeutung, wenn der diplomatische Weg eingehalten wird. Die zugrundeliegenden Rechtsvorschriften ergeben sich aus völkerrechtlichen Vereinbarungen (vgl etwa die Hinweise im Anh II der RiVASt [Länderteil]; vgl auch Art 36 I b und 42 WÜK sowie 9 zu § 114b). In Strafsachen gegen Mitglieder einer ausländischen **konsularischen Vertretung** läßt die Vorschrift zusätzlich die Unterrichtung der 2 Staats- oder Senatskanzlei des Landes zu, in dem die Vertretung ihren Sitz hat. Der hiervon betroffene Personenkreis wird in der eine Mitteilungspflicht regelnden MiStra 41 – in Übereinstimmung mit Art 1 I g WÜK – näher bezeichnet. Das AA wird nur unterrichtet, wenn der Leiter der konsularischen Vertretung von der Maßnahme betroffen ist (in diesem Fall ist der Entsendestaat zu benachrichtigen, Art 42 S. 2 WÜK).

Übermittlung in weiteren Fällen

17 Die Übermittlung personenbezogener Daten ist ferner zulässig, wenn die Kenntnis der Daten aus der Sicht der übermittelnden Stelle

1. **zur Verfolgung von Straftaten oder Ordnungswidrigkeiten,**
2. **für ein Verfahren der internationalen Rechtshilfe,**
3. **zur Abwehr erheblicher Nachteile für das Gemeinwohl oder einer Gefahr für die öffentliche Sicherheit,**

4. zur Abwehr einer schwerwiegenden Beeinträchtigung der Rechte einer anderen Person oder
5. zur Abwehr einer erheblichen Gefährdung Minderjähriger

erforderlich ist.

1 **1) Aus allen Verfahren** ist die Übermittlung personenbezogener Daten in den genannten 5 Fällen zulässig, und zwar unabhängig davon, gegen wen sich das Verfahren richtet und wer Partei oder Beschuldigter ist (vgl zB MiStra 29 I, 35 I, 36 IV, 38 III, 45 II). Das gilt auch für zufällig bekanntgewordene Daten Dritter. Ein Betroffener, der nicht zugleich Beschuldigter (Partei oder Beteiligter) ist, wird gemäß § 21 II von Amts wegen über die Weitergabe seiner Daten unterrichtet (3 zu § 21). Die übermittelnde Stelle ist nach der Fassung der Bestimmung auf eine „Schlüssigkeitsprüfung" beschränkt, vgl 3 zu § 14.

2 **2)** Die **Voraussetzungen** in Nr 1, 3 und 4 entsprechen im wesentlichen denen in § 14 II Nr 6, 7 (1. Alt) und in § 8 BDSG (zu Nr 3 vgl KK-Kissel 4). Nr 2 gestattet, Daten – vornehmlich aus Strafverfahren – zur Durchführung von Verfahren der internationalen Rechtshilfe (zB Auslieferungsverfahren) zu übermitteln; nach Nr 5 dürfen den zuständigen Stellen (vgl MiStra 35) etwa Erkenntnisse über Straftaten gegen die sexuelle Selbstbestimmung Minderjähriger oder nach den §§ 171, 225 StGB sowie über die Notwendigkeit einer Vormundschaft oder Pflegschaft mitgeteilt werden.

Untrennbarkeit; Form der Übermittlung

18 **I Sind mit personenbezogenen Daten, die nach diesem Abschnitt übermittelt werden dürfen, weitere personenbezogene Daten des Betroffenen oder eines Dritten so verbunden, daß eine Trennung nicht oder nur mit unvertretbarem Aufwand möglich ist, so ist die Übermittlung auch dieser Daten zulässig, soweit nicht berechtigte Interessen des Betroffenen oder eines Dritten an deren Geheimhaltung offensichtlich überwiegen. Eine Verwendung der Daten durch den Empfänger ist unzulässig; für Daten des Betroffenen gilt § 19 Abs. 1 Satz 2 entsprechend.**

II Die übermittelnde Stelle bestimmt die Form der Übermittlung nach pflichtgemäßem Ermessen. Soweit dies nach der Art der zu übermittelnden Daten und der Organisation des Empfängers geboten ist, trifft sie angemessene Vorkehrungen, um sicherzustellen, daß die Daten unmittelbar den beim Empfänger funktionell zuständigen Bediensteten erreichen.

1 **1) „Überschießende Daten"** des Betroffenen oder eines Dritten, für die die Voraussetzungen der §§ 13 bis 17 nicht vorliegen, dürfen nach I zusammen mit Daten, deren Übermittlung zulässig ist, mitgeteilt werden, wenn eine Trennung nicht möglich oder unvertretbar ist. Das ist der Fall bei „Angaben, die untrennbar mit weiteren Daten dieser oder einer anderen Person verbunden sind, so daß die an sich gebotene isolierte Übermittlung oft daran scheitert, daß der innere und äußere Zusammenhang der zu übermittelnden Daten zerstört würde oder daß die Trennung dieser Daten mit unvertretbarem Aufwand verbunden wäre" (BT-Drucks 13/4709 S. 25). Anders als in § 15 V BDSG können die Informationen nicht nur in Akten, sondern auch in Dateien verbunden sein. Offensichtlich (vgl 7 zu § 13) überwiegende berechtigte Geheimhaltungsinteressen des Betroffenen oder eines Dritten schließen jedoch die Übermittlung – ganz oder teilweise („soweit") – aus (ebenso § 15 V BDSG). „Überschießende Daten" des Betroffenen darf der Emp-
2 fänger nach I S. 2 unter den Voraussetzungen des § 19 I S. 2 **verwenden** (1 zu § 19), solche eines Dritten hingegen nicht (absolutes Verwendungsverbot).

3 **2) Die übermittelnde Stelle befindet** gemäß II S. 1 nach pflichtgemäßem Ermessen etwa darüber, ob sie eine Abschrift der Entscheidung oder nur bestimmte

Daten übersendet und ob sie den Zweck der Übermittlung nennt oder statt dessen die Bestimmung der VV (8, 9 zu § 12) bezeichnet (vgl zur Zweckbestimmung und zur Aktenkundigkeit 2 zu § 19). II S. 2 meint allerdings nur solche Vorkehrungen, die mit zumutbarem Aufwand durchgeführt werden können. Dies kann zB die Adressierung an den Leiter der Behörde persönlich sein; werden insbesondere Daten mit dienst- oder arbeitsrechtlicher Relevanz einem öffentlich-rechtlichen Arbeitgeber mitgeteilt, ist darauf Bedacht zu nehmen, daß die Informationen nur denjenigen Bediensteten zur Kenntnis gelangen, die für die Personalangelegenheiten zuständig sind. Nach der MiStra sind außerhalb automatisierter Verfahren verschlossene Umschläge zu verwenden (vgl näher MiStra 9, 10).

Zweckbindung

19 **I Die übermittelten Daten dürfen nur zu dem Zweck verwendet werden, zu dessen Erfüllung sie übermittelt worden sind. Eine Verwendung für andere Zwecke ist zulässig, soweit die Daten auch dafür hätten übermittelt werden dürfen.**

II Der Empfänger prüft, ob die übermittelten Daten für die in Absatz 1 genannten Zwecke erforderlich sind. Sind die Daten hierfür nicht erforderlich, so schickt er die Unterlagen an die übermittelnde Stelle zurück. Ist der Empfänger nicht zuständig und ist ihm die für die Verwendung der Daten zuständige Stelle bekannt, so leitet er die übermittelten Unterlagen dorthin weiter und benachrichtigt hiervon die übermittelnde Stelle.

1) Die **Zweckbindung** für den Empfänger (I) – ein wesentlicher Grundsatz des 1
Datenschutzrechts (vgl § 15 III BDSG) – gestattet die Verwendung der Daten für einen anderen als den von der übermittelnden Stelle bestimmten Zweck nur unter der Voraussetzung, daß die Mitteilung an diesen Empfänger auch zu diesem Zweck hätte erfolgen dürfen. Die Prüfung obliegt dem Empfänger (krit KK-Kissel 2), der das Ergebnis aktenkundig zu machen hat. Zulässig ist die Verwendung der übermittelten Daten für einen anderen Zweck, wenn eine besondere Rechtsvorschrift solches erlaubt. Nach einem allgemeinen datenschutzrechtlichen Grundsatz verstößt der Adressat ferner dann nicht gegen die Zweckbindung, wenn er die Daten zur Wahrnehmung von Aufsichts- und Kontrollbefugnissen, zur Rechnungsprüfung, zur Durchführung von Organisationsuntersuchungen oder – grundsätzlich – zu Ausbildungs- und Prüfungszwecken (vgl § 14 III BDSG) verwendet. Aus der Zweckbindung folgt, daß die übermittelnde Stelle bei jeder Mitteilung **den** 2
Zweck bestimmen und dem Empfänger bekanntgeben muß (vgl zur Form 3 zu § 18). Das hat sie – nicht zuletzt mit Blick auf die gerichtliche Nachprüfbarkeit – aktenkundig zu machen, ohne daß dies einer ausdrücklichen Regelung bedürfte.

2) Der **Empfänger hat nach II S. 1 zu prüfen**, ob die Daten für den Zweck, 3
für den sie übermittelt worden sind (I S. 1) oder hätten übermittelt werden dürfen (I S. 2), erforderlich sind. Die Prüfungspflicht zählt nicht nur zu den vom BVerfG geforderten verfahrensrechtlichen Vorkehrungen (4 vor § 12), sie ist auch notwendige Folge der Beschränkung der übermittelnden Stelle auf eine „Art Schlüssigkeitsprüfung" (3 zu § 14). Die mitgeteilten Daten sind schon dann erforderlich, wenn sie Anlaß geben zu prüfen, ob eine Maßnahme ergriffen werden soll; ob dies letztlich geschieht, ist unerheblich. **Verneint der Empfänger die Erforderlich-** 4
keit (auch wegen fehlender Zuständigkeit), schickt er die Unterlagen zurück (II S. 2). Hierauf prüft die übermittelnde Stelle, ob sie die Mitteilung an einen anderen Empfänger zu richten hat, etwa an die örtlich oder sachlich zuständige Stelle. Ist diese jedoch dem unzuständigen Empfänger bekannt, verpflichtet II S. 3 bereits ihn zur unmittelbaren Weiterleitung der Daten. Die erforderliche Abgabenachricht sichert die Nachberichts- (§ 20) sowie die Auskunfts- und Unterrichtungspflicht

(§ 21). Auf die Zweckbindung nach I und § 18 I S. 2 sowie über das Verfahren in II wird der Empfänger nach näherer Maßgabe der MiStra 9 V hingewiesen; die Pflicht zur Weiterleitung nach II S. 3 wird jedoch im vorformulierten Text der MiStra nicht erwähnt.

5 **3)** Daten „auch zur **vorbeugenden Bekämpfung** von Straftaten mit erheblicher Bedeutung" zu verwenden (BT-Drucks 13/4709 S. 44, 56), sieht das Gesetz nicht ausdrücklich vor. Solange eine Regelung, wie sie der Entwurf eines StVÄG 1996 (BT-Drucks 13/9718) in einem neuen § 481 vorschlägt, nicht in Kraft ist, wird sich die Praxis an den Grenzen zulässiger Zweckänderung in I S. 2, etwa iVm § 17 Nr 3 bis 5 zu orientieren haben.

6 **4)** Ein **Verstoß** gegen den Zweckbindungsgrundsatz schließt eine Verwendung der übermittelten Daten aus. Die Empfangsbehörde darf aber die Ergebnisse eigener weiterer Ermittlungen verwerten. Dem steht auch der auf die Übermittlung beschränkte Rechtsschutz nach § 22 nicht entgegen (vgl dort 2). Die Verletzung der Zweckbindung kann aber Schadensersatzansprüche begründen (vgl § 7 BDSG).

Nachberichts- und Unterrichtungspflicht

20 **I Betreffen Daten, die vor Beendigung eines Verfahrens übermittelt worden sind, den Gegenstand dieses Verfahrens, so ist der Empfänger vom Ausgang des Verfahrens zu unterrichten; das gleiche gilt, wenn eine übermittelte Entscheidung abgeändert oder aufgehoben wird, das Verfahren, außer in den Fällen des § 153 a der Strafprozeßordnung, auch nur vorläufig eingestellt worden ist oder nach den Umständen angenommen werden kann, daß das Verfahren auch nur vorläufig nicht weiter betrieben wird. Der Empfänger ist über neue Erkenntnisse unverzüglich zu unterrichten, wenn dies erforderlich erscheint, um bis zu einer Unterrichtung nach Satz 1 drohende Nachteile für den Betroffenen zu vermeiden.**

II Erweist sich, daß unrichtige Daten übermittelt worden sind, so ist der Empfänger unverzüglich zu unterrichten. Der Empfänger berichtigt die Daten oder vermerkt ihre Unrichtigkeit in den Akten.

III Die Unterrichtung nach Absatz 1 oder 2 Satz 1 kann unterbleiben, wenn sie erkennbar weder zur Wahrung der schutzwürdigen Interessen des Betroffenen noch zur Erfüllung der Aufgaben des Empfängers erforderlich ist.

1 **1)** Zweck der **Nachberichts- und Unterrichtungspflicht**, die im allgemeinen (vgl aber I S. 2, II) erst mit Beendigung des Verfahrens entsteht, ist es, der Nutzung überholter oder unrichtiger Daten durch den Empfänger entgegenzuwirken (vgl ferner § 22 II). Sind Daten vor Beendigung des Verfahrens mitgeteilt worden (4 zu § 14), verpflichtet I S. 1 – vorbehaltlich III (unten 3) – die übermittelnde Stelle, den Empfänger – im Falle des § 19 II S. 3 den Adressaten der Weiterleitung – über den Ausgang des Verfahrens (jede die Instanz abschließende Erledigung) zu informieren. Erwächst die abschließende Entscheidung in Rechtskraft, ist dieser Zeitpunkt, im übrigen aber der Erlaß für die Mitteilung maßgebend. Zuvor, und zwar unverzüglich, ist der Empfänger nach I S. 2 nur bei dem Betroffenen sonst drohenden Nachteilen zu unterrichten. Das gilt nicht, wenn der Empfänger die Unterlagen nach § 19 II S. 2 zurückgeschickt hat oder wenn die Daten nicht den Gegenstand des Verfahrens betreffen, sondern nur bei Gelegenheit desselben bekanntgeworden sind. Unter die Nachberichtspflicht fällt weiter die Abänderung oder Aufhebung der übermittelten Entscheidung – zB auf Beschwerde oder nach Wiederaufnahme – und die vorläufige – wegen des idR kurzen Schwebezustands jedoch nicht in den Fällen des § 153 a StPO – oder endgültige Einstellung des

Verfahrens. Auch nur vorläufig nicht weiter betrieben wird das Strafverfahren etwa in den Fällen des § 153 b I StPO.

2) Eine **Pflicht zur unverzüglichen Unterrichtung** des Empfängers besteht nach II (vgl aber unten 3), wenn sich die übermittelten, im Strafverfahren häufig besonders sensiblen Daten als unrichtig erweisen. Die im Gesetz angeordnete Korrektur verhindert ihre weitere – unzulässige – Verwendung. 2

3) Die **Ausnahmen von der Unterrichtungspflicht** in III sind im Interesse des Betroffenen und des Empfängers eng auszulegen (KK-Kissel 5); darüber entscheidet nach MiStra 7 I S. 4 der Richter oder StA. 3

Auskunft

21 **I Dem Betroffenen ist auf Antrag Auskunft über die übermittelten Daten und deren Empfänger zu erteilen. Der Antrag ist schriftlich zu stellen. Die Auskunft wird nur erteilt, soweit der Betroffene Angaben macht, die das Auffinden der Daten ermöglichen, und der für die Erteilung der Auskunft erforderliche Aufwand nicht außer Verhältnis zu dem geltend gemachten Informationsinteresse steht. Die übermittelnde Stelle bestimmt das Verfahren, insbesondere die Form der Auskunftserteilung, nach pflichtgemäßem Ermessen.**

II Ist der Betroffene bei Mitteilungen in Strafsachen nicht zugleich der Beschuldigte oder in Zivilsachen nicht zugleich Partei oder Beteiligter, ist er gleichzeitig mit der Übermittlung personenbezogener Daten über den Inhalt und den Empfänger zu unterrichten. Die Unterrichtung des gesetzlichen Vertreters eines Minderjährigen, des Bevollmächtigten oder Verteidigers reicht aus. Die übermittelnde Stelle bestimmt die Form der Unterrichtung nach pflichtgemäßem Ermessen. Eine Pflicht zur Unterrichtung besteht nicht, wenn die Anschrift des zu Unterrichtenden nur mit unvertretbarem Aufwand festgestellt werden kann.

III Bezieht sich die Auskunftserteilung oder die Unterrichtung auf die Übermittlung personenbezogener Daten an Verfassungsschutzbehörden, den Bundesnachrichtendienst, den Militärischen Abschirmdienst oder, soweit die Sicherheit des Bundes berührt wird, andere Behörden des Bundesministers der Verteidigung, ist sie nur mit Zustimmung dieser Stellen zulässig.

IV Die Auskunftserteilung und die Unterrichtung unterbleiben, soweit

1. **sie die ordnungsgemäße Erfüllung der Aufgaben der übermittelnden Stelle oder des Empfängers gefährden würden,**
2. **sie die öffentliche Sicherheit oder Ordnung gefährden oder sonst dem Wohle des Bundes oder eines Landes Nachteile bereiten würden oder**
3. **die Daten oder die Tatsache ihrer Übermittlung nach einer Rechtsvorschrift oder ihrem Wesen nach, insbesondere wegen der überwiegenden berechtigten Interessen eines Dritten, geheimgehalten werden müssen**

und deswegen das Interesse des Betroffenen an der Auskunftserteilung oder Unterrichtung zurücktreten muß. Die Unterrichtung des Betroffenen unterbleibt ferner, wenn erhebliche Nachteile für seine Gesundheit zu befürchten sind.

V Die Ablehnung der Auskunftserteilung bedarf keiner Begründung, soweit durch die Mitteilung der tatsächlichen und rechtlichen Gründe, auf die die Entscheidung gestützt wird, der mit der Auskunftsverweigerung verfolgte Zweck gefährdet würde.

1) Mit dem **Auskunftsrecht** in I wird die datenschutzrechtliche Forderung erfüllt (vgl § 19 I BDSG), daß es den Bürgern möglich sein muß zu erfahren, wer was wann und bei welcher Gelegenheit über sie weiß (BVerfGE **65**, 1, 43). Es umfaßt 1

2 nicht den Zweck der Datenübermittlung (§ 19). Nach I S. 1 und 2 ist ein **schriftlicher Antrag** erforderlich. I S. 3 setzt voraus, daß der Antragsteller das Auffinden der Daten – in Akten oder in Dateien – durch geeignete Angaben ermöglicht; ferner darf der für die Auskunftserteilung erforderliche Aufwand nicht außer Verhältnis zum Informationsinteresse stehen. Andernfalls hat die übermittelnde Stelle den Antrag – ggf teilw – abzulehnen. Häufig wird es sich empfehlen, dem Betroffenen einen Abdruck der Mitteilung zu übersenden (I S. 4; vgl MiStra 3 III).

3 2) Eine **Unterrichtung von Amts wegen** sieht II in Strafsachen nur vor, wenn der Betroffene nicht zugleich Beschuldigter ist; diese Beschränkung verstößt nicht gegen Art 19 IV GG (vgl BVerwG NJW **90**, 2761, 2762; 2765, 2766; krit Wollweber NJW **97**, 2489). Wer am Verfahren nicht (mehr) beteiligt ist, wird häufig nicht mit einer Weitergabe seiner Daten rechnen; er kann daher aus verfassungsrechtlichen Gründen nicht auf sein Auskunftsrecht in I verwiesen werden. So liegt es etwa, wenn Daten aus einem bis zur Abtrennung auch gegen den Betroffenen geführten Prozeß mitgeteilt werden oder sich das Verfahren noch nicht gegen ihn als Beschuldigten gerichtet hat (vgl Einl 76); ebenso kann es sich bei Übermittlungen nach § 17 (dort 1) verhalten (MiStra 3 I iVm 1 III ist, soweit Beschuldigte einbezogen werden, gegenüber II weiter gefaßt; vgl Wollweber aaO). In diesen Fällen ist der Betroffene gleichzeitig mit der Übermittlung seiner Daten über Inhalt und Empfänger zu unterrichten; wegen der Form vgl II S. 3 und oben 2. Nach II S. 2 reicht die Unterrichtung eines Bevollmächtigten oder Verteidigers bzw des gesetzlichen Vertreters eines Kindes oder Jugendlichen aus. Unvertretbarem Aufwand bei der Ermittlung der Anschrift beugt II S. 4 vor.

4 3) **III bis V** entsprechen im wesentlichen § 19 III bis V BDSG. Sie sehen in den im Gesetz näher bezeichneten Fällen die Zustimmung anderer Stellen bzw das Unterbleiben einer Auskunft oder Unterrichtung vor. Die ablehnende Entscheidung, die idR schriftlich ergehen wird, bedarf ausnahmsweise keiner Begründung, soweit dies den mit der Auskunftsverweigerung verfolgten Zweck gefährden würde. Die Unterrichtung nach II ist nachzuholen, sobald die Beschränkungen in IV entfallen sind (vgl MiStra 3 IV). Die Entscheidung über die Auskunftserteilung ist kostenfrei (vgl auch § 19 VII BDSG).

Rechtsschutz

22 **I Ist die Rechtsgrundlage für die Übermittlung personenbezogener Daten nicht in den Vorschriften enthalten, die das Verfahren der übermittelnden Stelle regeln, sind für die Überprüfung der Rechtmäßigkeit der Übermittlung die §§ 23 bis 30 nach Maßgabe der Absätze 2 und 3 anzuwenden. Hat der Empfänger auf Grund der übermittelten Daten eine Entscheidung oder andere Maßnahme getroffen und dies dem Betroffenen bekanntgegeben, bevor ein Antrag auf gerichtliche Entscheidung gestellt worden ist, so wird die Rechtmäßigkeit der Übermittlung ausschließlich von dem Gericht, das gegen die Entscheidung oder Maßnahme des Empfängers angerufen werden kann, in der dafür vorgesehenen Verfahrensart überprüft.**

II Wird ein Antrag auf gerichtliche Entscheidung gestellt, ist der Empfänger zu unterrichten. Dieser teilt dem nach § 25 zuständigen Gericht mit, ob die Voraussetzungen des Absatzes 1 Satz 2 vorliegen.

III War die Übermittlung rechtswidrig, so spricht das Gericht dies aus. Die Entscheidung ist auch für den Empfänger bindend und ist ihm bekanntzumachen. Die Verwendung der übermittelten Daten ist unzulässig, wenn die Rechtswidrigkeit der Übermittlung festgestellt worden ist.

1 1) Einen **lückenlosen Rechtsschutz**, aber auch ein möglichst prozeßökonomisches Verfahren zu gewährleisten, ist Zweck der Bestimmung (zum früheren

Rechtszustand vgl Voraufl 6, 7 zu § 23 mwN). Die gerichtliche Überprüfung der Übermittlung personenbezogener Daten richtet sich nur dann nach den §§ 23 bis 30, wenn die Mitteilung ihre Rechtsgrundlage nicht im Verfahrensrecht der übermittelnden Stelle hat. Ferner darf der Empfänger dem Betroffenen aufgrund der übermittelten Daten nicht schon vor Antragstellung eine Entscheidung oder andere Maßnahme bekanntgegeben haben (I S. 2); in diesem Fall wird der Rechtsschutz, auch soweit er die Rechtmäßigkeit der Übermittlung betrifft, ausschließlich bei dem Gericht konzentriert, das gegen die Entscheidung oder Maßnahme des Empfängers angerufen werden kann, und zwar in der hierfür vorgesehenen Verfahrensart (zu den Konsequenzen vgl Wollweber NJW **97**, 2490). Das gilt auch für die Ablehnung einer Maßnahme durch den Datenempfänger (KK-Kissel 5). Ein der Bekanntgabe nachfolgender Antrag gemäß §§ 23 ff wäre unzulässig; mit der Unterrichtungs- und Auskunftspflicht in II stellt das Gesetz sicher, daß das nach § 25 zuständige Gericht vom Vorliegen eines gemäß I S. 2 zur Unzulässigkeit führenden Sachverhalts erfährt. Auf seine Mitteilungspflicht nach II S. 2 soll der Empfänger bei Unterrichtung über die Antragstellung hingewiesen werden (MiStra 7 III S. 2). § 22 erfaßt nicht die Auskunftserteilung nach § 21.

2) Das **Verfahren** richtet sich nach den §§ 23 bis 30. Der Empfänger der Daten kann nicht beigeladen werden (3 zu § 29; krit zu dessen verfahrensrechtlicher Stellung Wollweber aaO). Gemäß der ergänzenden Regelung in III stellt das OLG ggf die Rechtswidrigkeit der Übermittlung fest; die dies gegenüber der übermittelnden Stelle – der Antragsgegnerin (3 zu § 29) – aussprechende Entscheidung bindet auch den Empfänger. Er darf daher die ihm rechtswidrig übermittelten Daten nicht (weiter-)verwenden; deshalb ist ihm die Entscheidung bekanntzumachen. Die Unzulässigkeit der Verwendung tritt grundsätzlich rückwirkend ab Mitteilung der Daten ein (KK-Kissel 4). Die Ergebnisse eigener Ermittlungen sind aber verwertbar (6 zu § 19). Auch die Gerichte, die über Maßnahmen des Empfängers zu befinden haben, sind an die Feststellung gebunden; diese Folge kann sich ergeben, wenn der Betroffene den Antrag auf gerichtliche Entscheidung nach §§ 23 ff vor Bekanntgabe einer Maßnahme des Empfängers an ihn gestellt hat. In einem solchen Fall hat das gegen die Maßnahme angerufene Gericht die Vorgreiflichkeit der Entscheidung des OLG zu berücksichtigen, zB nach §§ 148 ZPO, 46 II S. 1 ArbGG. III betrifft nur die Entscheidung in der Hauptsache; liegen die Voraussetzungen einer **einstweiligen Anordnung** vor (OLG Karlsruhe NStZ **94**, 3
142; 3 zu § 29), wird das OLG ggf die Verwertung der übermittelten Daten durch den Empfänger vorläufig aussetzen. 2

Dritter Abschnitt. Anfechtung von Justizverwaltungsakten

Vorbemerkungen

1) **Ausführungsbestimmungen zu Art 19 IV GG** sind die §§ 23–30. Sie bestimmen abweichend von der Generalklausel des § 40 VwGO die Zuständigkeit der sachnäheren ordentlichen Gerichte für die Überprüfung der in § 23 I bezeichneten Maßnahmen (BVerwGE **47**, 255 = NJW **75**, 893; KG DVBl **60**, 812, 814). Nach Auffassung des BT-Rechtsausschusses (BT-Drucks III/1094 S. 15) sollte der Gesetzgeber die durch § 179 VwGO eingeführten Vorschriften allmählich durch Regelungen in den Einzelgesetzen ersetzen. Bisher ist das nur durch §§ 161 a III, 163 a III S. 3 StPO und für den Bereich des Strafvollzugs gegen Erwachsene und deren Unterbringung nach §§ 63, 64 StGB durch §§ 109 ff **StVollzG** geschehen. 1

2) **„Klage"arten:** Die §§ 23 ff kennen nur die Anfechtung einer belastenden Maßnahme (§ 23 I), den Verpflichtungsantrag, mit dem der Erlaß eines abgelehnten oder unterlassenen VerwA begehrt wird (§ 23 II), und den Antrag auf Feststellung der Rechtswidrigkeit einer vor oder nach der Antragstellung durch Vollzug 2

oder auf andere Weise erledigten Maßnahme (§ 28 I S. 4). Unzulässig sind der (entspr § 113 IV VwGO) auf eine Leistung gerichtete Antrag (Kissel 13 zu § 28), der allgemeine Feststellungsantrag (Karlsruhe NStZ **85**, 525; München NJW **75**, 509, 511; Schleswig SchlHA **88**, 108 [L/G]; Zweibrücken StV **97**, 313) und der vorbeugende Unterlassungsantrag (Hamm GA **75**, 178; JR **96**, 257 mit Anm Krack; Koblenz NJW **85**, 2038, 2040), insbesondere der Antrag, der Behörde für künftige Fälle Anweisungen zu erteilen (Frankfurt NStZ **82**, 134; Karlsruhe NStZ **97**, 407 mwN).

3 **3) Notwendiges Antragsvorbringen:** Zur Zulässigkeit des Antrags gehört eine aus sich heraus verständliche Sachdarstellung, aus der Art und Datum der angefochtenen Maßnahme hervorgehen und der Grund ersichtlich ist, aus dem sich der Antragsteller gegen sie wendet. Wegen der Darlegung der Rechtsverletzung vgl 1 zu § 24. Der Antragsgegner muß bezeichnet werden (KG GA **78**, 244; Stuttgart NJW **85**, 2343; Kissel 58). Erschöpft sich das Antragsvorbringen in der Beschimpfung der Behörde, so ist der Antrag unzulässig (KG NJW **69**, 151 = JZ **69**, 268 mit Anm EbSchmidt; Koblenz OLGSt § 23 EGGVG S. 65; KK-Kissel 45 zu § 23).

23 **I Über die Rechtmäßigkeit der Anordnungen, Verfügungen oder sonstigen Maßnahmen, die von den Justizbehörden zur Regelung einzelner Angelegenheiten auf den Gebieten des bürgerlichen Rechts einschließlich des Handelsrechts, des Zivilprozesses, der freiwilligen Gerichtsbarkeit und der Strafrechtspflege getroffen werden, entscheiden auf Antrag die ordentlichen Gerichte. Das gleiche gilt für Anordnungen, Verfügungen oder sonstige Maßnahmen der Vollzugsbehörden im Vollzug der Jugendstrafe, des Jugendarrestes und der Untersuchungshaft sowie derjenigen Freiheitsstrafen und Maßregeln der Besserung und Sicherung, die außerhalb des Justizvollzuges vollzogen werden.**

II Mit dem Antrag auf gerichtliche Entscheidung kann auch die Verpflichtung der Justiz- oder Vollzugsbehörde zum Erlaß eines abgelehnten oder unterlassenen Verwaltungsaktes begehrt werden.

III Soweit die ordentlichen Gerichte bereits auf Grund anderer Vorschriften angerufen werden können, behält es hierbei sein Bewenden.

1 **1) Maßnahmen von Justiz- und Vollzugsbehörden** können vor dem OLG angefochten werden (I). Die Vorschrift regelt die Zuständigkeitsfrage, will aber nicht abschließend klarstellen, welche Maßnahmen überprüfbar sind (BGH **16**, 225, 230).

2 A. **Justizbehörden** (I S. 1): Maßgebend ist die funktionale Betrachtungsweise (BGH **28**, 206, 209; BVerwGE **47**, 255, 262 = NJW **75**, 893). Nimmt eine Behörde kraft Gesetzes Aufgaben wahr, die unmittelbar der Strafrechtspflege dienen, so ist sie Justizbehörde iS I S. 1 (Kissel 13 mwN). Daher fallen unter den Begriff nicht nur die Gerichte, soweit sie nicht in richterlicher Unabhängigkeit tätig werden (Hamm MDR **83**, 75; NStZ **83**, 232; Karlsruhe NStZ **93**, 104; Stuttgart NJW **85**, 2343; Altenhain JZ **65**, 757), der JM (Hamburg MDR **82**, 602; Hamm NStZ **82**, 215; OVG Münster NJW **77**, 1790) und die StA als Strafverfolgungs-, Strafvollstreckungs- und Strafregisterbehörde, sondern auch die Polizei, soweit ihre Beamten im Einzelfall überwiegend zur Strafverfolgung tätig werden (BVerwGE **47**, 255 = NJW **75**, 893; Hamm NJW **73**, 1089; Nürnberg GA **87**, 270; OVG Münster NJW **80**, 855; Katholnigg 4; Kissel 19 ff), gleichgültig, ob sie Hilfsbeamte der StA sind (Kissel 21; **aM** Hamburg MDR **70**, 865) und auf deren Weisung oder aus eigener Initiative handeln (BVerwG aaO; Karlsruhe NJW **76**, 1417; **aM** Markworth DVBl **75**, 575), die Finanzbehörde, soweit sie nach §§ 386 II, 399 I **AO** die Rechte und Pflichten der StA (Celle NJW **90**, 1802;

Karlsruhe NStZ **95**, 48; Stuttgart NJW **72**, 2146; wistra **93**, 120; Karlsruhe NJW **78**, 1338: nicht nach Einstellung des Verfahrens) oder nach §§ 402 I, 404 I **AO** der Polizei hat (BFHE **138**, 164 = BStBl 1983 II 482; Karlsruhe NStZ **86**, 567). **Keine** 2 a
Justizbehörden iS I S. 1 sind das nach § 21 e GVG tätige Präsidium (dort 24), der Bundesbeauftragte für die Unterlagen des Staatssicherheitsdienstes der ehemaligen DDR (KG NStZ **93**, 45), die Polizeibehörde, die die Auskunft über den Namen eines V-Manns verweigert (Hamm NJW **73**, 1089; VGH München NJW **80**, 198), und der Innenminister oder -senator, der die Genehmigung zur Aussage nach beamtenrechtlichen Vorschriften verweigert, eine Sperrerklärung nach § 96 StPO abgibt oder in entspr Anwendung der Vorschrift (dort 12) eine Auskunft verweigert (BGH NJW **98**, 3577; BVerwGE **69**, 192 = NJW **84**, 2233; VGH Mannheim NJW **91**, 2097; die **aM** – zB Celle JR **84**, 297 mit abl Anm Meyer; NStZ **91**, 145; Hamm NStZ **90**, 44 mit abl Anm Schäfer; Hilger NStZ **84**, 145 mwN – ist durch die nun übereinstimmende Auffassung von BGH und BVerwG bedeutungslos geworden; erg 14 zu § 96 StPO); nur für Sperrerklärungen des JM, die Akten der StA betreffen, gilt § 23 (OVG Münster NJW **77**, 1790).

B. **Vollzugsbehörden** (I S. 2): Im Verfahren nach §§ 23 ff anfechtbar sind nur 3
Maßnahmen der Behörden im Vollzug von Jugendstrafe und -arrest, von UHaft und von Strafen und Maßregeln, die außerhalb des Justizvollzugs vollzogen werden, wie kurzfristige Freiheitsstrafen in Anstalten der Bundeswehr (4 vor § 449 StPO). Sonst gelten für den Strafvollzug gegen Erwachsene die §§ 109 ff **StVollzG,** auch wenn eine Jugendstrafe vollzogen wird (BGH **29**, 33). Nach § 138 II StVollzG sind die §§ 109 ff StVollzG auch auf die Unterbringung nach §§ 63, 64 StGB anzuwenden; das gilt auch im Maßregelvollzug gegen Jugendliche (Karlsruhe NStZ **97**, 511). Gegen Maßnahmen eines Beamten, der nicht zur Vertretung des Anstaltsleiters befugt ist, muß zunächst dessen Entscheidung herbeigeführt werden; erst hiergegen ist der Antrag nach I zulässig (Stuttgart JVBl **71**, 114). Anordnungen des Anstaltsarztes gelten als Maßnahmen der Behörde, wenn sie wie diese auf Art und Weise des Vollzugs einwirken (Bremen NJW **64**, 1194).

2) Auf dem Gebiet der Strafrechtspflege müssen die Maßnahmen getroffen 4
worden sein, und zwar auf dem der innerstaatlichen (Vogler NJW **82**, 470). Die Bewilligung der Auslieferung und anderer ausländischer Rechtshilfeersuchen durch die BReg oder die StA kann daher nicht nach I angefochten werden (dazu Hamburg GA **85**, 325; Hamm GA **75**, 150; 178; Stuttgart StV **90**, 123; OVG Münster DVBl **63**, 731; Vogler NJW **82**, 468), ebensowenig Rechtshilfeersuchen der BRep an ausländische Staaten (München NJW **75**, 509; vgl auch BVerfG NJW **81**, 1154: Auslieferungsersuchen) und die Weigerung, ein solches Ersuchen zu stellen (Bamberg NStZ **85**, 224; ebenso KG StV **93**, 543 zur Ablehnung der Stellung eines Vollstreckungshilfeersuchens). Zur Strafrechtspflege gehört die Führung des BZR (KG GA **73**, 180; Hamm NStZ **88**, 136; Rebmann/Uhlig 22 zu § 1 BZRG), aber nicht die Beförderung von Strafrichtern in ein höheres Amt, die disziplinarische Ahndung von Dienstvergehen (Koblenz GA **76**, 151), die Erteilung der Aussagegenehmigung (BVerwG NJW **64**, 1088; Hamm NJW **68**, 1440; **aM** Hamburg NJW **82**, 297) und andere beamtenrechtliche Maßnahmen sowie der Bau von Gerichtsgebäuden mit Sitzungssälen (**aM** VG Stuttgart NJW **75**, 1294; KK-Kissel 39).

3) Maßnahmen zur Regelung einzelner Angelegenheiten: 5

A. **Maßnahme** ist jedes behördliche Vorgehen in Form einer Anordnung, Ver- 6
fügung oder in sonstiger Weise, das der Regelung einer Einzelangelegenheit dient und geeignet ist, den Betroffenen in seinen Rechten zu verletzen (KK-Kissel 21). Der Begriff VerwA, den II verwendet (der sonst gleichlautende § 109 I S. 2 **StVollzG** spricht auch hier von „Maßnahmen") und den § 35 S. 1 VwVfG definiert, muß nicht erfüllt sein (VGH Kassel VerwRspr **28**, 1009; VGH Mannheim NJW **69**, 1319; **73**, 214). Anfechtbar ist daher (nach § 28 I S. 4) auch schlichtes Verwaltungshandeln mit Außenwirkung (KG NJW **87**, 197; Hamburg NJW **79**,

279; Hamm NStZ **84**, 136; StV **82**, 125; OVG Hamburg NJW **70**, 1699; OVG München BayVBl **85**, 121; Kissel 29; Wasmuth NJW **88**, 1705). Keine „Maßnahmen" sind aber Auskünfte (Koblenz MDR **84**, 1036), Ermahnungen (Stuttgart JVBl **71**, 114), Stellungnahmen (Hamm NJW **85**, 2040; Altenhain DRiZ **64**, 298; JZ **65**, 759 mwN), Belehrungen und Feststellungen (Bamberg JVBl **63**, 175). Unter I fallen auch nicht – von § 22 nicht erfaßte – Maßnahmen gegenüber anderen Behörden) und Ersuchen an andere Behörden, in bestimmter Weise zu verfahren (Koblenz MDR **72**, 169; München NJW **75**, 509), oder die Ablehnung des Antrags, ein solches Ersuchen zu stellen (Schleswig SchlHA **84**, 97 [E/L]), Wissenserklärungen der StA (Karlsruhe NJW **65**, 1545; zw KK- Kissel 27) und Weisungen des JM an die StA (OVG Münster JMBlNW **68**, 23; VGH Mannheim NJW **73**, 214).

7 B. **Unmittelbar der Regelung einer einzelnen Angelegenheit** muß die Maßnahme dienen. In seinem Anwendungsbereich unterstellt § 22 jedoch die Übermittlung personenbezogener Daten, die nur eine andere Maßnahme vorbereitet, ebenfalls der Anfechtung. Die bei der Mitteilung nach § 13 b StVZO vorgenommene Punktebewertung berührt den Betroffenen unmittelbar in seinen rechtlichen Interessen (Karlsruhe VRS **85**, 439). Allgemeine behördeninterne Verwaltungsanordnungen regeln keinen Einzelfall und sind daher nur anfechtbar, wenn sie schon durch ihre Existenz unmittelbar in die Rechte des einzelnen eingreifen (KG NJW **71**, 476; Frankfurt NJW **77**, 2177; Hamm NStZ **88**, 93; vgl auch Saarbrücken NJW **78**, 1446; Holch JR **79**, 350; Rupp/Hanack JR **71**, 275). Eine Allgemeinverfügung, die einen konkreten Sachverhalt für einen größeren Personenkreis regelt, kann aber jeder davon Betroffene anfechten (Kopp/Schenke Anh 52 ff zu § 42 VwGO). Die Beschränkung auf Einzelregelungen bedeutet auch, daß es unzulässig ist, der Behörde für die Zukunft bestimmte Maßnahmen zu untersagen (2 vor § 23).

8 C. **Zweitbescheide,** insbesondere auf Gegenvorstellungen, sind nur anfechtbar, wenn sie neue Gesichtspunkte tatsächlicher oder rechtlicher Art berücksichtigen (KK-Kissel 42). Ablehnende Bescheide auf Dienstaufsichtsbeschwerde sind ebenfalls keine selbständigen Maßnahmen, sondern verneinen nur einen Grund zum Einschreiten (KG GA **76**, 342; Celle MDR **61**, 251; Koblenz wistra **87**, 359; Stuttgart NStZ **86**, 480; Kissel 112). Auch sie sind nur anfechtbar, wenn eine neue selbständige Rechtsverletzung geltend gemacht wird (Hamburg MDR **75**, 248; Koblenz GA **76**, 151; Stuttgart NJW **64**, 1382; KK-Kissel 59).

9 D. **Maßnahmen der StA im Ermittlungsverfahren,** gegen die nicht nach § 22 oder §§ 161 a III, 163 a III S. 3 StPO auf gerichtliche Entscheidung angetragen werden kann, sind – verfassungsrechtlich unbedenklich (BVerfG NJW **84**, 1451; **85**, 1019; NStZ **84**, 228) – grundsätzlich unanfechtbar (vgl Heinrich NStZ **96**, 110, der aber bei objektiv willkürlicher Verfahrenseinstellung § 23 entspr anwenden will). Der Beschuldigte kann seine auf den Beginn und Betrieb des Ermittlungsverfahrens gerichteten Anträge nicht nach §§ 23 ff durchsetzen (KG GA **84**, 24; Hamburg NStZ **84**, 566; Hamm NJW **66**, 684; NStZ **84**, 280; **95**, 412; JMBlNW **95**, 116; Karlsruhe NStZ **82**, 434 mit zust Anm Rieß; **94**, 142; Nürnberg NStZ **86**, 575; Stuttgart NJW **72**, 2146, 2147; Justiz **86**, 334; Rieß Geerds-FS 503; vgl auch Brößler/Terbach Schlüchter-FG 85; **aM** hinsichtlich der Einleitung eines Ermittlungsverfahrens nach § 152 II StPO Eisenberg/Conen NJW **98**, 2247); denn durch solche Maßnahmen (Anhörung von Zeugen, Zuziehung von Sachverständigen uä) wird keine Regelung iS I S. 1 getroffen (vgl Dresden NJW **98**, 3368). Nicht anfechtbar ist auch die verzögerliche Behandlung (Stuttgart OLGSt Nr 11) und die Einstellung des Ermittlungsverfahren (Hamm NStZ **83**, 38; JMBlNW **94**, 23); wegen der Versagung der Akteneinsicht vgl 24 ff und 39 zu
10 § 147 StPO. Für **Eingriffe in Grundrechte,** zu denen StA und Hilfsbeamte allgemein (§§ 81 b, 163 b, 164 StPO) oder bei Gefahr im Verzug (§§ 81 a II, 81 c V, 98 I, 100 I, 100 b I, 100 d I, 105 I, 111 II, 127 II, 132 II StPO) berechtigt

sind, gilt das nicht. Zwar sind alle Maßnahmen der StA, die der Einleitung, Durchführung und Gestaltung des Strafverfahrens dienen, der Anfechtung entzogen, weil sie keine JVerwA, sondern Prozeßhandlungen sind (Hamm NJW **73**, 1089; Karlsruhe NJW **76**, 1417; Stuttgart NJW **77**, 2276; weit Nachw bei Kissel 40); eine Ausnahme ist aber im Hinblick auf Art 19 IV GG zu machen, soweit es sich um in Grundrechte eingreifende Maßnahmen handelt (vgl BGH **28**, 57, 58; Amelung 34; Bottke StV **86**, 120; Fezer Jura **82**, 23; Schenke NJW **76**, 1816); vgl auch 21 zu § 81 b StPO. Dazu gehören auch Fahndungsmaßnahmen mittels Presse und Fernsehen, die zu unverhältnismäßigen Nachteilen für den Betroffenen führen (KG GA **84**, 24 mwN). Eine Anfechtung nach I scheidet allerdings aus, solange die Maßnahme nicht durchgeführt ist; dann gilt § 98 II S. 2 StPO entspr (dort 23). Auch nach Erledigung der Maßnahme durch Vollzug ist nach der Rspr des BGH diese Vorschrift – und nicht § 23 – anzuwenden (**aM** KG JR **83**, 304; NStZ **86**, 135; Celle StV **82**, 513; Dörr NJW **84**, 2258; vgl 23 zu § 98 StPO; 23 zu § 127 StPO). Wird hingegen die Art und Weise des Vollzugs einer in Grundrechte eingreifenden Maßnahme der StA und der Polizei angefochten, so sind nach bisheriger Ansicht des BGH (vgl aber 17 zu § 105 StPO!) §§ 23, 28 I S. 4 anwendbar (BGH **28**, 206; **37**, 79, 82 = JR **91**, 515 mit Anm Sommermeyer = StV **92**, 55 mit Anm Wolf; abl Lisken NJW **79**, 1992; Fezer Jura **82**, 132; vgl auch Celle StV **85**, 137; Hamm NStZ **84**, 136; Karlsruhe NStZ **86**, 567; NJW **88**, 84), was somit zu einer Spaltung des Rechtswegs führt. Eine nachträgliche Überprüfung unter dem Gesichtspunkt, daß alle Grundrechtseingriffe von StA und Polizei wegen ihrer „fortdauernden Diskriminierung" richterlich geprüft werden müssen (so Celle StV **85**, 244; Stuttgart NJW **72**, 2146; Dörr aaO; Fezer Jura **82**, 27, 83; vgl auch Celle StV **85**, 137; Amelung NJW **78**, 1014; **79**, 1689 und gegen ihn LR-Schäfer[23] 75 a), kommt wohl auch trotz der neueren Rspr des BVerfG (vgl 18 a vor § 296 StPO) nicht in Betracht (BGH **37**, 79, 83; vgl auch BVerfG wistra **84**, 221; erg 6 zu § 28).

4) Verpflichtungsantrag (II): Der Antrag ist nur zulässig, wenn der Antrag- **11**
steller geltend macht, durch die Ablehnung oder Unterlassung in seinen Rechten verletzt zu sein (1 zu § 24), zB durch die Ablehnung der Löschung der Eintragung in die Zentrale Namenskartei der StA (Frankfurt NJW **89**, 48; dazu Scholderer NStZ **89**, 585 und Simitis NJW **89**, 21). Für den Antrag auf Verpflichtung zum Erlaß einer abgelehnten Maßnahme gilt § 26 I. Der Antrag, die Behörden zum Erlaß eines unterlassenen VerwA zu verpflichten, kann nur unter den Voraussetzungen des § 27 als Vornahmeantrag gestellt werden (KG NJW **68**, 609).

5) Subsidiarität (III): Die §§ 23 ff treten zurück, wenn das Gesetz andere **12**
Rechtsbehelfe vorsieht, auch wenn der Betroffene von ihnen, zB wegen Fristversäumung, nicht mehr Gebrauch machen kann. Über den Wortlaut der Vorschrift hinaus gelten die §§ 23 ff auch dann nicht, wenn Verwaltungs-, Arbeits-, Sozial- oder Finanzgerichte zuständig sind (Hamm NJW **66**, 607, 609; Katholnigg 13). Sieht das Gesetz die Anfechtung einer Maßnahme vor, so ist der Antrag nach § 23 auch dann ausgeschlossen, wenn diese Regelung bewußt nicht alle Fälle erfaßt (für § 172 II StPO: Bamberg JVBl **65**, 262; LR-Schäfer[23] 50 ff; **aM** KG JVBl **62**, 20; für §§ 14 III, 16 II S. 1 ZSEG: Hamm 1 VAs 60/62 vom 17. 10. 1962). Wenn der Antrag im Zeitpunkt der Antragstellung beim OLG nicht zulässig ist, weil das Gericht nach § 98 II S. 2 StPO angerufen werden kann, wird er nicht nachträglich zulässig, weil die Maßnahme nunmehr abgeschlossen ist (Karlsruhe NJW **79**, 2527; Zweibrücken StV **97**, 313).

6) Beispiele aus der Rspr: **13**

A. **Maßnahmen der Gerichte:** Nicht nach §§ 23 ff anfechtbar sind alle Akte **14**
der Rechtsprechung (Karlsruhe NJW **88**, 983), zB für den Verurteilten die Verweigerung der Zustimmung nach § 35 BtMG (so jetzt ausdrücklich § 35 II S. 2 BtMG: nur zusammen mit der Ablehnung der Zurückstellung durch die VollstrB nach §§ 23 ff anfechtbar), anders aber, wenn der Jugendrichter als VollstrB ent-

scheidet (Stuttgart NStZ **86**, 141), die Verweigerung der Akteneinsicht (vgl 41 zu § 147 StPO), auch für Dritte (Hamburg NStZ **82**, 482; Hamm NJW **68**, 169; **aM** Altenhain JZ **65**, 757), die Weigerung, den Hauptverhandlungstermin abzusetzen (Koblenz MDR **73**, 521), Schriftstücke aus den Akten zu entfernen (Köln NJW **66**, 1761) oder Reisekostenvorschüsse an Angeklagte zu zahlen (Bremen NJW **65**, 1617; Düsseldorf MDR **83**, 689; Stuttgart NJW **56**, 473: Beschwerde nach § 304 StPO). Auch die Verweigerung der Dienstreisegenehmigung für Angehörige der Führungsaufsichtsstelle zur Betreuung eines Verurteilten ist nur nach § 304 StPO anfechtbar (Hamm NStZ **84**, 285).

15 B. **Maßnahmen der StA im Strafverfahren:** Die Abgabe oder Nichtabgabe einer Presseverlautbarung ist nach der Rspr des BVerwG (NStZ **88**, 513; NJW **92**, 62) im Verwaltungsrechtsweg anfechtbar; nach **aM** ist hingegen der Rechtsweg nach § 23 eröffnet (Hamm NStZ **95**, 412; Karlsruhe NJW **95**, 899 mwN; vgl dazu Wasmuth NJW **88**, 1705 und NStZ **90**, 138). Nicht anfechtbar ist die Weigerung, der Verfahrenseinstellung nach den §§ 153 ff StPO zuzustimmen (Hamm NStZ **85**, 472; **aM** Terbach NStZ **98**, 172), die Ablehnung der Ersetzung des ermittelnden StA durch einen anderen (Hamm NJW **69**, 808; Karlsruhe MDR **74**, 423; Schleswig SchlHA **83**, 106 [E/L]; Pawlik NStZ **95**, 314; Pfeiffer Rebmann-FS 367; Schlüchter 66. 1; Wendisch Schäfer-FS 243; **aM** Bottke StV **86**, 123; Buckert NJW **70**, 847; Hilgendorf StV **96**, 53; Roxin § 10 A III 5; Wohlers 301; erg 5 vor § 22 StPO; 6 zu § 145 GVG), die Erklärung nach § 230 StGB (BGH **16**, 225; Kauffmann Kleinknecht-FS 210 mwN), die Zurückweisung eines Zeugenbeistands (Hamburg NStZ **84**, 566), die Genehmigung der Akteneinsicht an Dritte und die Verweigerung der Akteneinsicht an den Beschuldigten (39 zu § 147 StPO), der Herausgabe sichergestellter Sachen (Hamburg MDR **74**, 510: Zivilrechtsweg), der Erteilung von Abschriften aus den Ermittlungsakten (Hamm JMBlNW **95**, 116; Koblenz MDR **75**, 777), von Auskünften, auf die kein Rechtsanspruch besteht (Hamburg NJW **65**, 776 = JR **65**, 189 mit Anm Kohlhaas), zB von Auskünften an den Beschuldigten über die verdachtsbegründenden Tatsachen (BVerfG NJW **84**, 1451), die Verneinung oder Bejahung des öffentlichen Interesses nach § 376 StPO (dort 6, 7), die Nichteinhaltung einer Zusage, kein Rechtsmittel einzulegen (Hamm NJW **65**, 1241; dazu Altenhain JZ **65**, 759), sowie von Maßnahmen im Ermittlungsverfahren (oben 9). Dagegen kann die Weigerung, einem Dritten eine anonymisierte Urteilsabschrift zu überlassen, einen Antrag nach § 23 begründen (Celle NJW **90**, 2570).

16 C. **Maßnahmen der StA bei der Vollstreckung:** Anfechtbar nach §§ 23 ff sind Entscheidungen über die Unterbrechung der Vollstreckung eines Strafrests aufgrund einer widerrufenen Strafaussetzung zur Bewährung (BGH NStZ **91**, 205), Entscheidungen nach § 456 a StPO (dort 9), Zwangsmaßnahmen nach § 457 StPO (dort 16), Entscheidungen der VollstrB über die Art und Weise der Vollstrekkung der Unterbringungsanordnung (Hamburg NStZ **88**, 242), die Ablehnung, die Vollstreckung für die Strafaussetzung nach § 57 II Nr 2 StGB zum Zwecke der Anschlußvollstreckung in anderer Sache zu unterbrechen (Celle NdsRpfl **89**, 299; vgl auch BVerfG NJW **95**, 1885 mwN) oder nach § 35 BtMG die Vollstreckung zurückzustellen (vgl § 35 II S.2 BtMG, zum hierbei einzuhaltenden Verfahren 5 zu § 24), ferner die bei der Zurückstellung angeordneten Weisungen und Auflagen (Hamm NStZ **86**, 187; StV **88**, 24 mit Anm Schneider), die Entscheidung bei der Vollstreckung der Geldstrafe nach § 459 b StPO (dort 5) und die Abgabe der Vollstreckung nach § 85 VI **JGG** (LG Koblenz NStZ-RR **97**, 53). Der Überprüfung unterliegt auch, ob die Vollstreckungsbehörde bei der Ablehnung eines Überstellungswunsches nach dem ÜberstÜbk (Einl 215 c) ihr Ermessen fehlerfrei ausgeübt hat (BVerfG NStZ **98**, 140 mit Anm Schomburg NStZ **98**, 142 = JZ **98**, 565 mit Anm Lagodny). Wegen der Mitteilungen in Strafsachen vgl oben 7 und § 22.

D. **Gnadenentscheidungen** sind unanfechtbar (BVerfGE **25**, 352 = NJW **69**, 1895; **45**, 187, 242 = NJW **77**, 1525, 1529; **66**, 337, 363 = NJW **84**, 2341, 2343; BVerwGE **14**, 73 = NJW **62**, 1410; BVerwG NJW **83**, 187; BayVerfGH NStZ-RR **97**, 39; Celle NdsRpfl **96**, 310; Hamburg JR **97**, 2551 mwN auch zur im verfassungs- und verwaltungsrechtlichen Schrifttum teilw vertretenen Gegenmeinung, mit Anm Streng, der ein differenzierendes Modell entwickelt; Hamm JMBlNW **88**, 154; Stuttgart NStZ **85**, 331; Dreher Lange-FS 345; Schätzler NJW **75**, 1249); I gilt aber für ihren Widerruf (KG JR **78**, 128; Celle NJW **89**, 114; Karlsruhe Justiz **82**, 341; Saarbrücken MDR **79**, 338; BVerfGE **30**, 108 = NJW **71**, 795 hatte die Frage des Rechtswegs offengelassen). 17

E. **Maßnahmen im UHaft-Vollzug** sind nach III nur anfechtbar, wenn sie nicht in die Anordnungskompetenz des Haftrichters nach § 119 VI S. 1 StPO fallen (eingehend dazu Cassardt NStZ **94**, 523 ff; krit zur Abgrenzung Krack JR **96**, 258). Nach I anfechtbar ist die Anordnung von Besuchssperren (KG JR **77**, 213), die Festsetzung der Zeiten für Verteidigerbesuche (Hamm NStZ **85**, 432; Karlsruhe NStZ **97**, 407 mit abl Anm Schriever NStZ **98**, 159), die Erhöhung der allgemeinen Gewichtsgrenze für den Paketempfang (Hamm NStZ **82**, 134), die Anordnung des Anstaltsleiters, daß alle Besucher körperlich zu durchsuchen sind (BGH **29**, 135), die Art der Ausgestaltung der Sprechzellen mit Trennscheiben (KG JR **79**, 519), die Weigerung, Arbeitsbelohnungen zu zahlen (Hamburg GA **64**, 87), die Regelung der Dauer der Zellenbeleuchtung (KG GA **78**, 81), die Heilbehandlung durch die Anstaltsärzte (Hamburg NJW **63**, 2388), nicht aber deren Weigerung, andere Ärzte hinzuzuziehen (Hamburg NJW **62**, 1930; **82**, 2133). Die Regelung der Dauer der Freistunde ist nur nach § 304 I StPO anfechtbar (Hamm NStZ **81**, 156), die Weigerung des Anstaltsleiters, Weisungen des Haftrichters nachzukommen, nur mit der Dienstaufsichtsbeschwerde (Hamm NJW **65**, 1554; Karlsruhe Justiz **72**, 109). 18

Zulässigkeit des Antrags

24 **I Der Antrag auf gerichtliche Entscheidung ist nur zulässig, wenn der Antragsteller geltend macht, durch die Maßnahme oder ihre Ablehnung oder Unterlassung in seinen Rechten verletzt zu sein.**

II Soweit Maßnahmen der Justiz- oder Vollzugsbehörden der Beschwerde oder einem anderen förmlichen Rechtsbehelf im Verwaltungsverfahren unterliegen, kann der Antrag auf gerichtliche Entscheidung erst nach vorausgegangenem Beschwerdeverfahren gestellt werden.

1) Die **Rechtsverletzung** (I) muß der Antragsteller als mögliche Beeinträchtigung behaupten (Frankfurt NJW **79**, 1613); dafür muß er Tatsachen anführen, die, wenn sie zuträfen, die Rechtsverletzung ergäben (Bremen NJW **60**, 2261; Hamm MDR **83**, 602; Kissel 1). Ein Antrag, der weder ausdrücklich noch durch seine Begründung (Saarbrücken JBl Saar **61**, 129) eine Rechtsverletzung geltend macht, wird als unzulässig verworfen. Auf die Wahrheit des Antragsvorbringens kommt es bei der Zulässigkeitsprüfung aber nicht an (KG DVBl **60**, 812; Kissel 1; EbSchmidt 2). Die **eigenen Rechte des Antragstellers** müssen verletzt sein. Die Verletzung der Rechte Dritter genügt ebensowenig wie der Eingriff in die bloße Interessensphäre des Antragstellers (Hamm MDR **67**, 137). 1 2

2) Vorschaltverfahren (II): 3

A. Eine **von Amts wegen zu prüfende Sachentscheidungsvoraussetzung** ist die Einhaltung des Vorschaltverfahrens. Im Fall des § 28 I S. 4 gilt II nicht, weil hier eine Beschwerde rechtlich nicht mehr möglich ist (5 zu § 28; zw Katholnigg 10). Die Beschwerdeentscheidung muß nicht schon bei Stellung des Antrags nach § 23 ergangen sein; es genügt, daß sie im Zeitpunkt der Entscheidung des OLG 4 vorliegt (Hamm NStZ **82**, 134; Schleswig SchlHA **88**, 108 [L/G]; Karstendiek DRiZ **77**, 50). Hatte der Antragsteller die Frist für den Rechtsbehelf nach II versäumt, so kommt es darauf an, ob von der VerwB, die über ihn zu befinden hat, entspr § 70 II iVm § 60 I, IV VwGO Wiedereinsetzung gewährt worden ist. Hat sie ohne Wiedereinsetzung sachlich entschieden, so verwirft das OLG, das die rechtzeitige Einlegung des Rechtsbehelfs selbständig prüfen muß, den Antrag als unzulässig (Oldenburg NdsRpfl **68**, 234; Stuttgart NJW **70**, 718; Schmid NStZ **90**, 451; **aM** Celle NJW **69**, 522; Katholnigg 9; Kissel 5; Karstendiek DRiZ **77**, 50).

5 B. Ein **förmlicher Rechtsbehelf** muß gegeben sein, nicht nur die Dienstaufsichtsbeschwerde (Kissel 8). Ob der Rechtsbehelf durch Gesetz (zB §§ 25 II, 39 III, 49 III, 63 III S. 2 **BZRG,** §§ 9 a, b NdsAGGVG), durch RechtsVO oder durch eine allgemeine Verwaltungsvorschrift eingeführt ist, macht keinen Unterschied (BVerfGE **40**, 237 = NJW **76**, 34; Katholnigg 7; Kissel 7). Danach kann das Vorschaltverfahren auch durch Verwaltungsvorschriften angeordnet werden, die jedem, den es angeht, bekannt werden können und für jeden gleich gehandhabt werden, für die Verwaltung verbindlich sind und wie eine Norm als objektives Recht angewendet werden. Diese Voraussetzungen erfüllen vor allem die Einwendungen nach § 21 StVollstrO (KG StV **89**, 27; Oldenburg NStZ **91**, 512 mwN), so auch bei Ablehnung der Zurückstellung der Vollstreckung nach § 35 BtMG (München JR **94**, 296 mit zust Anm Katholnigg; Stuttgart MDR **94**, 297; Zweibrücken JBlRP **98**, 244; **aM** Oldenburg StV **95**, 427; vgl dazu auch Katholnigg NJW **95**, 1330; Körner NStZ **95**, 64; **98**, 228); das OLG kann über den Antrag bei Ablehnung durch die StA wegen Verweigerung der erforderlichen gerichtlichen Zustimmung nach § 35 I S.1 BtMG aber erst entscheiden, wenn die StA dagegen nach § 35 II S.1 BtMG erfolglos Beschwerde eingelegt hatte (Celle NStZ **96**, 304; **aM** Katholnigg NStZ **96**, 615).

6 C. **Anfechtungsgegenstand** in dem Verfahren nach §§ 23 ff ist der ursprüngliche VerwA in der Gestalt, die er im Vorschaltverfahren gefunden hat (Kissel 57 zu § 23), der Beschwerdebescheid nur, wenn er eine zusätzliche Beschwer enthält (Katholnigg 8; Bettermann NJW **58**, 81; erg 8 zu § 23).

Zuständigkeit des OLG

25 **I Über den Antrag entscheidet ein Zivilsenat oder, wenn der Antrag eine Angelegenheit der Strafrechtspflege oder des Vollzugs betrifft, ein Strafsenat des Oberlandesgerichts, in dessen Bezirk die Justiz- oder Vollzugsbehörde ihren Sitz hat. Ist ein Beschwerdeverfahren (§ 24 Abs. 2) vorausgegangen, so ist das Oberlandesgericht zuständig, in dessen Bezirk die Beschwerdebehörde ihren Sitz hat.**

II Ein Land, in dem mehrere Oberlandesgerichte errichtet sind, kann durch Gesetz die nach Absatz 1 zur Zuständigkeit des Zivilsenats oder des Strafsenats gehörenden Entscheidungen ausschließlich einem der Oberlandesgerichte oder dem Obersten Landesgericht zuweisen.

1 **1) Zuständigkeit** (I): Sachlich zuständig ist in Angelegenheiten der Strafrechtspflege und des Vollzugs (§ 23 I) der geschäftsplanmäßig bestimmte Strafsenat des OLG; es können auch mehrere bestimmt werden. Örtlich zuständig ist das OLG, in dessen Bezirk die Justiz- oder Vollzugsbehörde, deren Maßnahme angefochten ist oder herbeigeführt werden soll, im Fall des § 24 II die Beschwerdebehörde ihren Sitz hat. Ist der Behördensitz nicht durch Rechtsnorm bestimmt, so kommt es darauf an, wo die Verwaltung geführt wird. Für Anträge gegen Maßnahmen des GBA ist auch in Angelegenheiten nach dem BZRG das OLG Karlsruhe zuständig (Karlsruhe NStZ **92**, 40).

2) **Verweisung:** Bei der gebotenen verfassungskonformen Auslegung des § 25 ist das OLG befugt, die Sache auf Antrag an das zuständige Gericht zu verweisen (vgl BVerfGE **57**, 9, 22 = NJW **81**, 1154; KG StV **96**, 326; Braunschweig NStZ **90**, 608; **91**, 551; NdsRpfl **92**, 56; Celle NStE Nr 14 zu § 23; Hamm NStZ-RR **96**, 210; Karlsruhe NJW **88**, 84; Krack JR **96**, 260; **aM** Oldenburg NStZ **90**, 504 mit abl Anm Katholnigg), auch an die StVollstrK (KG GA **85**, 271). Die Verweisung setzt aber voraus, daß überhaupt eine Rechtsbeeinträchtigung des Antragstellers vorliegt (Hamburg GA **85**, 325). Hat ein anderes Gericht die Sache nach § 17 a II S. 1 GVG an das OLG verwiesen, so ist nicht nur eine Zurückverweisung (Frankfurt NStZ **83**, 231), sondern nach § 17 a II S. 3 GVG auch eine Weiterverweisung in einen dritten Rechtszug unzulässig; das schließt aber eine interne Weiterverweisung aus Gründen der örtlichen, sachlichen oder funktionellen Zuständigkeit, zB vom OLG an das AG, nicht aus (vgl Karlsruhe MDR **95**, 88). Vor der Verweisung ist ein Antrag bei dem OLG wegen der anderweitigen Rechtshängigkeit unzulässig (§ 17 I S. 2 GVG; Stuttgart Justiz **80**, 359). Die Verweisung ist auch dann bindend, wenn die Zulässigkeitsvoraussetzungen nach § 23 nicht vorliegen; damit wird aber noch nicht die Zulässigkeit des Antrages nach §§ 23 ff begründet (Hamm JR **96**, 257 mit Anm Krack). 2

3) **Zuständigkeitskonzentration** (II): In NW sind die nach I den Strafsenaten zugewiesenen Entscheidungen durch Ges vom 8. 11. 1960 (GVNW 352) dem OLG Hamm übertragen, in BW Entscheidungen nach § 23 I S. 2 dem OLG Stuttgart (§ 43 IV AGGVG; vgl dazu Stuttgart NStZ **98**, 212). 3

Antragsfrist und Wiedereinsetzung

26 **I Der Antrag auf gerichtliche Entscheidung muß innerhalb eines Monats nach Zustellung oder schriftlicher Bekanntgabe des Bescheides oder, soweit ein Beschwerdeverfahren (§ 24 Abs. 2) vorausgegangen ist, nach Zustellung des Beschwerdebescheides schriftlich oder zur Niederschrift der Geschäftsstelle des Oberlandesgerichts oder eines Amtsgerichts gestellt werden.**

II War der Antragsteller ohne Verschulden verhindert, die Frist einzuhalten, so ist ihm auf Antrag Wiedereinsetzung in den vorigen Stand zu gewähren.

III Der Antrag auf Wiedereinsetzung ist binnen zwei Wochen nach Wegfall des Hindernisses zu stellen. Die Tatsachen zur Begründung des Antrags sind bei der Antragstellung oder im Verfahren über den Antrag glaubhaft zu machen. Innerhalb der Antragsfrist ist die versäumte Rechtshandlung nachzuholen. Ist dies geschehen, so kann die Wiedereinsetzung auch ohne Antrag gewährt werden.

IV Nach einem Jahr seit dem Ende der versäumten Frist ist der Antrag auf Wiedereinsetzung unzulässig, außer wenn der Antrag vor Ablauf der Jahresfrist infolge höherer Gewalt unmöglich war.

1) **Form des Antrags** (I): Schriftlich oder zu Protokoll (Einl 128 ff, 131 ff) des nach § 25 zuständigen OLG oder eines beliebigen AG kann der Antrag gestellt werden. Wegen der notwendigen Begründung vgl 3 vor § 23, 1 zu § 24. Antragsberechtigt ist in eigener Sache auch ein verhandlungsfähiger Minderjähriger (Frankfurt JR **64**, 393) und ein nach § 63 StGB Untergebrachter. Über Rücknahme und Verzicht vgl 4 zu § 29. 1

2) **Antragsfrist** (I): 2

A. **Innerhalb eines Monats** (vgl § 43 Abs. 1 StPO zur Fristberechnung) nach Zustellung oder schriftlicher Bekanntgabe des Bescheides oder (im Fall des § 24 II) nach Zustellung des Beschwerdebescheides muß der Antrag nicht nur gestellt, sondern auch begründet werden (vgl Celle NdsRpfl **80**, 156; Hamm MDR **83**, 3

602). Bei Realakten erfolgt keine Zustellung oder schriftliche Bekanntgabe an den Betroffenen; in diesen Fällen gibt es keine Ausschlußfrist (Koblenz StV **87**, 430). Ein inhaltlich den Antragserfordernissen entspr Antrag auf Prozeßkostenhilfe (§ 29 III) wahrt die Frist (Katholnigg 3), nicht aber das bloße Gesuch des Gefangenen bei der Anstalt, den Antrag anbringen zu dürfen (Schleswig SchlHA **61**, 146). Die Nichtigkeit der Maßnahme (vgl §§ 43 III, 44 VwVfG) kann noch nach Fristablauf geltend gemacht werden (Kissel 7).

4 B. Die **mündliche Bekanntgabe** der Maßnahme setzt die Frist nicht in Lauf (BGH NJW **63**, 1789), auch nicht, wenn ein schriftlicher Bescheid ergangen ist oder sein Inhalt sich aus einem schriftlich bekanntgegebenen Bescheid über die Dienstaufsichtsbeschwerde ergibt (KG GA **76**, 342). Daß die Antragsfrist nicht begonnen hat, hindert aber die Antragstellung nicht. Wird damit ungewöhnlich lange gewartet, so kann das Antragsrecht verwirkt sein (vgl Bremen MDR **66**, 867; Kissel 5 mwN). Entsprechendes gilt bei der Anfechtung eines Realakts, zB der Art und Weise der Vollstreckung einer Durchsuchungsanordnung (Hamm NStZ **84**, 136; Kissel 3).

5 C. Eine **Belehrung über das Antragsrecht** setzt der Fristbeginn nicht voraus, da sie bei Bekanntmachung der nach § 23 I anfechtbaren Maßnahmen gesetzlich nicht vorgeschrieben ist (BGH NJW **74**, 1335; Katholnigg 4; KK-Kissel 8). Ihr Fehlen hindert den Fristablauf auch dann nicht, wenn sie durch Verwaltungsvorschriften angeordnet ist.

6 **3) Wiedereinsetzung** (II–IV): Anders als nach § 45 I S. 1 StPO beträgt die Antragsfrist 2 Wochen; auch sonst stimmen II–IV weniger mit den §§ 44, 45 StPO als mit § 60 VwGO überein, an dem daher ihre Auslegung auszurichten ist (Hamm GA **68**, 310; Katholnigg 5; Kissel 10). Die Frist, innerhalb deren der Antrag zu stellen ist und die Wiedereinsetzungsgründe geltend zu machen sind (BVerwG NJW **76**, 74), beginnt mit dem Wegfall des Hindernisses. Dessen Zeitpunkt muß der Antrag dartun, wenn er nicht offensichtlich ist. Zur Glaubhaftmachung der Wiedereinsetzungsgründe vgl 5 zu § 26 StPO; die Glaubhaftmachung kann nach Fristablauf nachgeholt werden (OVG Koblenz NJW **72**, 2326). **Unver-**
7 **schuldet** iS II ist eine Fristversäumnis, wenn der Antragsteller die gebotene und ihm nach den gesamten Umständen zumutbare Sorgfalt beachtet hat (vgl BVerwG NJW **76**, 1332, 1333; Hamm GA **68**, 310; erg 10 ff zu § 44 StPO). Das Verschulden eines gewählten oder nach § 29 III bestellten RA ist dem Antragsteller zuzurechnen (Hamburg NJW **68**, 854; Kissel 15; 19 zu § 44 StPO). Ausnahmen gelten, wenn der Antrag der Verteidigung des Antragstellers gegen die Durchsetzung der Strafvollstreckung dient (Hamm NStZ **82**, 483: Ablehnende Entscheidung nach § 35 BtMG) oder sich gegen den Widerruf eines Gnadenerweises richtet (Stuttgart NStZ **88**, 430). Da die Rechtsvermutung des § 44 S. 2 StPO nicht gilt, rechtfertigt das Fehlen der Rechtsmittelbelehrung nicht ohne weiteres die Wiedereinsetzung (Schleswig SchlHA **81**, 91 [E/L]; Altenhain JZ **66**, 18; **aM** Hamburg JVBl **62**, 18). Ist die Antragstellung verspätet, weil der Antragsteller die Antragsberechtigung oder -frist nicht kannte, so fehlt es am Verschulden nur, wenn er alles ihm billigerweise Zumutbare getan hat, um die der Fristwahrung entgegenstehende Rechtsunkenntnis zu beseitigen (vgl OVG Berlin DÖV **53**, 93). Über den Wiedereinset-
8 zungsantrag muß **ausdrücklich entschieden** werden; eine stillschweigende Wiedereinsetzung ist ausgeschlossen (vgl BVerwGE **59**, 302 = NJW **81**, 698). Die
9 **Jahresfrist des IV** ist eine Ausschlußfrist. Wiedereinsetzung ist nicht zulässig; der Antrag kann aber nachträglich gestellt werden, wenn die Antragstellung vor Ablauf der Jahresfrist infolge höherer Gewalt unmöglich war. Das ist ein Ereignis, das durch äußerste Sorgfalt weder abgewehrt noch verhindert werden kann (Kissel 18), wobei das geringste eigene Verschulden die höhere Gewalt ausschließt (OVG Berlin NJW **65**, 1151).

Antragstellung bei Untätigkeit der Behörde

27 **I Ein Antrag auf gerichtliche Entscheidung kann auch gestellt werden, wenn über einen Antrag, eine Maßnahme zu treffen, oder über eine Beschwerde oder einen anderen förmlichen Rechtsbehelf ohne zureichenden Grund nicht innerhalb von drei Monaten entschieden ist. Das Gericht kann vor Ablauf dieser Frist angerufen werden, wenn dies wegen besonderer Umstände des Falles geboten ist.**

II Liegt ein zureichender Grund dafür vor, daß über die Beschwerde oder den förmlichen Rechtsbehelf noch nicht entschieden oder die beantragte Maßnahme noch nicht erlassen ist, so setzt das Gericht das Verfahren bis zum Ablauf einer von ihm bestimmten Frist, die verlängert werden kann, aus. Wird der Beschwerde innerhalb der vom Gericht gesetzten Frist stattgegeben oder der Verwaltungsakt innerhalb dieser Frist erlassen, so ist die Hauptsache für erledigt zu erklären.

III Der Antrag nach Absatz 1 ist nur bis zum Ablauf eines Jahres seit der Einlegung der Beschwerde oder seit der Stellung des Antrags auf Vornahme der Maßnahme zulässig, außer wenn die Antragstellung vor Ablauf der Jahresfrist infolge höherer Gewalt unmöglich war oder unter den besonderen Verhältnissen des Einzelfalles unterblieben ist.

1) Der **Untätigkeitsantrag** (vgl § 23 II) entspricht der Untätigkeitsklage nach 1
§ 75 VwGO. Er muß auf Vornahme einer bestimmten Maßnahme, die der Antragsteller bei der Behörde erfolglos beantragt hatte (KG NJW **68**, 609), nicht bloß auf „Bearbeitung" gerichtet sein (VGH Mannheim NJW **75**, 707; OVG Münster DÖV **74**, 97; KK-Kissel 7) und kann grundsätzlich erst 3 Monate nach Stellung des Antrags, eine Maßnahme nach § 23 I zu treffen oder über einen förmlichen Rechtsbehelf (nicht über eine Dienstaufsichtsbeschwerde) zu entscheiden, angebracht werden. Nur bei Vorliegen besonderer Umstände ist eine frühere Antragstellung zulässig (I S. 2). Der Behörde, gegen die sich der Antrag richtet, muß eine angemessene Handlungs- und Entscheidungsfrist gewahrt bleiben; dem trägt II Rechnung. Erfolg kann der Vornahmeantrag nur haben, wenn der Antragsteller einen Rechtsanspruch auf die beantragte Maßnahme hat (vgl BVerwGE **29**, 239 = NJW **68**, 1643). Erteilt die Behörde nach Stellung des Vornahmeantrags einen ablehnenden Bescheid, so kann der Antrag als Verpflichtungsantrag (2 vor § 23) weiterverfolgt werden (Hamburg GA **63**, 316; Hamm MDR **90**, 465).

2) Die **Jahresfrist des III** ist wie die des § 26 IV eine Ausschlußfrist. Wieder- 2
einsetzung wird nicht gewährt. Zulässig ist aber die nachträgliche Antragstellung, und zwar innerhalb der Frist des § 26 III S. 1 (Kissel 7; vgl auch BVerwG MDR **73**, 523), bei Verhinderung durch höhere Gewalt (9 zu § 26) oder wegen der besonderen Verhältnisse des Einzelfalls. Das sind erwiesene (bleiben Zweifel, so ist der Antrag unzulässig) Umstände, die die Fristüberschreitung als geboten, das Unterbleiben der Antragstellung als gerechtfertigt erscheinen lassen (BVerwGE **26**, 54 = DÖV **67**, 787).

Entscheidung über den Antrag

28 **I Soweit die Maßnahme rechtswidrig und der Antragsteller dadurch in seinen Rechten verletzt ist, hebt das Gericht die Maßnahme und, soweit ein Beschwerdeverfahren (§ 24 Abs. 2) vorausgegangen ist, den Beschwerdebescheid auf. Ist die Maßnahme schon vollzogen, so kann das Gericht auf Antrag auch aussprechen, daß und wie die Justiz- oder Vollzugsbehörde die Vollziehung rückgängig zu machen hat. Dieser Ausspruch ist nur zulässig, wenn die Behörde dazu in der Lage und diese Frage spruchreif ist. Hat sich die Maß-**

nahme vorher durch Zurücknahme oder anders erledigt, so spricht das Gericht auf Antrag aus, daß die Maßnahme rechtswidrig gewesen ist, wenn der Antragsteller ein berechtigtes Interesse an dieser Feststellung hat.

II Soweit die Ablehnung oder Unterlassung der Maßnahme rechtswidrig und der Antragsteller dadurch in seinen Rechten verletzt ist, spricht das Gericht die Verpflichtung der Justiz- oder Vollzugsbehörde aus, die beantragte Amtshandlung vorzunehmen, wenn die Sache spruchreif ist. Andernfalls spricht es die Verpflichtung aus, den Antragsteller unter Beachtung der Rechtsauffassung des Gerichts zu bescheiden.

III Soweit die Justiz- oder Vollzugsbehörde ermächtigt ist, nach ihrem Ermessen zu handeln, prüft das Gericht auch, ob die Maßnahme oder ihre Ablehnung oder Unterlassung rechtswidrig ist, weil die gesetzlichen Grenzen des Ermessens überschritten sind oder von dem Ermessen in einer dem Zweck der Ermächtigung nicht entsprechenden Weise Gebrauch gemacht ist.

1 **1)** Das **OLG entscheidet ohne Bindung an die Feststellungen** der VerwB (Altenhain JZ **66**, 18). Es prüft den Sachverhalt auch in tatsächlicher Hinsicht (BGH **24**, 290). Für die Art der Beweiserhebung gilt nach § 29 II der § 308 II StPO; in Vollzugssachen nach § 23 I S. 2 kann auch der Anstaltsvorstand mit Beweiserhebungen beauftragt werden (KG NJW **68**, 608). Zur Prüfung von Ermessensentscheidungen vgl unten 8. Maßgebender Zeitpunkt für die Prüfung der Rechtswidrigkeit ist bei Anfechtungsanträgen die Sach- und Rechtslage zZ des Erlasses des VerwA (Kissel 7), die Sach- und Rechtslage zZ der Entscheidung des OLG bei Verpflichtungsanträgen nach § 23 II (KG GA **77**, 115; Kissel 7; vgl auch Frankfurt NStZ **86**, 240) und bei Anfechtung von Maßnahmen mit Dauerwirkung (KG GA **73**, 49; Karlsruhe VRS **67**, 433; Kissel 7). Ist der VerwA rechtmäßig oder der Antragsteller nicht in seinen Rechten verletzt, so wird der Antrag als unbegründet verworfen.

2 **2) Entscheidung bei Rechtswidrigkeit der Maßnahme** (I):

3 A. Ist die **Maßnahme noch nicht vollzogen** und hat sie sich auch nicht auf andere Weise erledigt (I S. 4), so hebt das OLG sie und den etwa ergangenen Beschwerdebescheid (§ 24 II) auf (I S. 1).

4 B. Bei einer **schon vollzogenen Maßnahme** wird auf Antrag neben der Aufhebung (Hamburg MDR **70**, 865) ausgesprochen, daß und wie ihre Vollziehung rückgängig zu machen ist (I S. 2), aber nur, wenn die Behörde dazu in der Lage und die Folgenbeseitigungsfrage spruchreif (unten 7) ist (I S. 3). Wenn die Folgen der vollständig vollzogenen Maßnahme nicht mehr rückgängig gemacht werden können, wäre die Aufhebung des VerwA sinnlos; dann kommt nur (auf Antrag) der Ausspruch nach I S. 4 in Betracht (BGH **29**, 33, 34; KG NJW **72**, 169; GA **76**, 79; Katholnigg 5).

5 C. Eine **erledigte Maßnahme** kann nicht mehr aufgehoben werden. I S. 4 sieht aber ein Feststellungsverfahren vor, wobei Art und Zeitpunkt der Erledigung gleichgültig sind. Ist die Erledigung schon vor Antragstellung eingetreten, so entfällt das Verfahren nach § 24 II (KG NJW **72**, 169; Frankfurt NJW **65**, 2315; Koblenz NJW **86**, 3093, 3094; Stuttgart NStZ **84**, 574; **98**, 212). I S. 4 gilt entspr, wenn ein Verpflichtungsantrag gegenstandslos geworden ist (vgl BVerwG DVBl **70**, 277 mwN; KG StV **85**, 70). Voraussetzung für die Feststellung der Rechtswidrig-
6 keit ist – verfassungsrechtlich unbedenklich (BVerfG wistra **84**, 221) – ein **berechtigtes Interesse** des Antragstellers, das vor allem bei Wiederholungsgefahr bestehen kann (KG NJW **72**, 169; GA **77**, 115; Frankfurt NStZ-RR **96**, 364; Hamm NJW **85**, 2040; Koblenz aaO; Nürnberg StV **88**, 372; Stuttgart aaO), aber nicht ohne weiteres bei schlüssiger Behauptung einer Grundrechtsverletzung (BGH **37**, 79, 83 = JR **91**, 515 mit abl Anm Sommermeyer = StV **92**, 55 mit Anm Wolf; Celle JR **96**, 81 mit Anm Bringewat; Hamm NStZ **89**, 85). Die Möglichkeit der

Wiederholung muß substantiiert dargetan werden (BGH aaO; KG GA **76**, 79; Karlsruhe NStZ **86**, 567; StraFo **97**, 13; Nürnberg NStZ **86**, 575). Allgemeine Befürchtungen des Betroffenen genügen nicht (KG aaO; GA **84**, 24; NStZ **86**, 135; **97**, 563; Koblenz StV **94**, 284 mit krit Anm Globig). Rechtsirrtum bei einer polizeilichen Beschlagnahme begründet idR keine Wiederholungsgefahr (KG JR **83**, 304). Bei Nichtbeschuldigten kommt auch das Bedürfnis nach Rehabilitierung wegen des diskriminierenden Charakters der Maßnahme in Betracht; der Beschuldigte kann seine Rehabilitierung idR in dem gegen ihn eingeleiteten Strafverfahren durchsetzen (KG GA **84**, 24; NStZ **86**, 135; Brandenburg OLG-NL **95**, 191; Nürnberg NStZ **86**, 575; Kissel 42 zu § 23; Meyer Schäfer-FS 124; vgl auch BVerfG NStZ **84**, 228; BGH **33**, 196, 207; hiergegen Dörr NJW **84**, 2258; vgl auch 10 zu § 23). Daß der Antragsteller eine Amtshaftungsklage erheben will, begründet kein Feststellungsinteresse, da, anders als im Verwaltungsrechtsstreit, hierfür keine prozeßökonomischen Gründe sprechen (KG GA **76**, 79; **84**, 24; NStZ **86**, 135; Frankfurt NJW **65**, 2315; Karlsruhe NStZ **86**, 567; Stuttgart NStZ **86**, 431 mit Anm Volckart; Meyer Schäfer-FS 123; **aM** Katholnigg 5; Kissel 18; Dörr NJW **84**, 2261; vgl auch Hamm NStZ **87**, 183: ausnahmsweise bei Entscheidungsreife nach Erledigung des Anfechtungsantrags; ferner Stuttgart NStE Nr 7 zu § 23); an eine im Verfahren nach § 28 ergangene Feststellung oder Verneinung der Rechtswidrigkeit ist das Zivilgericht im Amtshaftungsprozeß aber gebunden (BGH LM Nr 95 zu § 839 BGB mit Anm Katholnigg). Zum berechtigten Interesse bei gewährter Behördeneinsicht in Akten des JugG vgl Karlsruhe MDR **93**, 1229.

3) Die **Verpflichtung zur Vornahme einer Maßnahme** (II) kann ausgesprochen werden, wenn die Sache spruchreif ist, dh weitere Erhebungen nicht mehr erforderlich sind. Die Spruchreife fehlt insbesondere, wenn eine Ermessensentscheidung zu treffen ist; dem OLG ist sie verwehrt (III). 7

4) **Ermessensprüfung** (III): Das OLG setzt nicht sein Ermessen an die Stelle des Ermessens der VerwB, sondern prüft nur, ob Willkür oder Mißbrauch des Ermessens vorliegt. Enthält der VerwA keine diese Prüfung ermöglichende Begründung, so muß er aufgehoben werden (KG GA **73**, 180; Frankfurt NJW **66**, 465; Karlsruhe JR **83**, 386 mit Anm Katholnigg; LR- Schäfer23 11 mwN); die Gründe können aber im gerichtlichen Verfahren nachgeschoben werden (Karlsruhe Justiz **80**, 450; Kissel 8; **aM** Hamm NJW **67**, 1976; Katholnigg 7; vgl auch BVerwG DÖV **67**, 63). Zur eingeschränkten Prüfungsmöglichkeit bei Sperrerklärungen nach oder entspr § 96 StPO (dort 12) und den dagegen sprechenden verfassungsrechtlichen Bedenken vgl Fezer Kleinknecht-FS 113. 8

5) **Bekanntmachung der Entscheidung:** Da die OLG- Entscheidung endgültig ist (§ 29 I S. 1), genügt formlose Mitteilung (§ 35 II StPO iVm § 29 II). § 36 II StPO gilt nicht; für die Ausführung der Entscheidung zu sorgen, ist Sache des Gerichts. 9

Unanfechtbarkeit; Verfahren; Prozeßkostenhilfe

29 **I Die Entscheidung des Oberlandesgerichts ist endgültig. Will ein Oberlandesgericht jedoch von einer auf Grund des § 23 ergangenen Entscheidung eines anderen Oberlandesgerichts oder des Bundesgerichtshofes abweichen, so legt es die Sache diesem vor. Der Bundesgerichtshof entscheidet an Stelle des Oberlandesgerichts.**

II Im übrigen sind auf das Verfahren vor dem Zivilsenat die Vorschriften des Reichsgesetzes über die Angelegenheiten der freiwilligen Gerichtsbarkeit über das Beschwerdeverfahren, auf das Verfahren vor dem Strafsenat die Vorschriften der Strafprozeßordnung über das Beschwerdeverfahren sinngemäß anzuwenden.

III Auf die Bewilligung der Prozeßkostenhilfe sind die Vorschriften der Zivilprozeßordnung entsprechend anzuwenden.

1 **1) Endgültig und unanfechtbar** ist die Sachentscheidung des OLG (I S. 1); durch Antragsrücknahme kann sie nicht mehr beseitigt werden (Hamburg Rpfleger **65**, 45). Das OLG kann sie bei offensichtlichem Versehen berichtigen, aber nicht auf Gegenvorstellungen ändern. Nur die Änderung der Sach- und Rechtslage berechtigt den Antragsteller, seinen Antrag bei der VerwB zu wiederholen und ggf erneut den Antrag nach § 23 zu stellen (Kissel 4). Der OLG-Beschluß, mit dem der Antrag aus formellen Gründen als unzulässig verworfen worden ist, kann bei tatsächlichem Irrtum wieder aufgehoben werden (Hamm bei Altenhain JZ **66**, 19).

2 **2)** Die **Vorlegungspflicht** (I S. 2) entspricht der des § 121 II GVG. Sie besteht auch, wenn die Rechtsfrage die Zulässigkeit des Antrags nach § 23 (BGHZ **46**, 345 = NJW **67**, 927) und andere Verfahrensfragen, nicht aber, wenn sie die Auslegung des § 30 betrifft (Katholnigg 1; Kissel 8). Ob Streit über die Auslegung von Bundesrecht oder von bundeseinheitlich geltendem Landesrecht besteht, ist gleichgültig (Katholnigg 1; Altenhain NJW **63**, 1463; Kreuzer GA **70**, 68; **aM** BGH **19**, 240; NJW **63**, 1214; Celle NJW **67**, 692; Kissel 7). Abweichungen bei der Auslegung von Verwaltungsvorschriften begründen keine Vorlegungspflicht (BGH GA **86**, 275). Der BGH hat nicht nur über die Rechtsfrage, sondern anstelle des OLG zu entscheiden (I S. 3), legt das aber einschränkend aus (vgl BGH **19**, 148, 152; **24**, 290, 293; NJW **63**, 1789).

3 **3)** Für das **Verfahren des OLG** gelten die §§ 307–309 StPO sinngemäß (II). Eine mündliche Verhandlung findet daher nicht statt (KG NJW **68**, 608; Kissel 20). Antragsgegner iS § 308 I StPO ist die Behörde, deren Maßnahme angefochten oder verlangt wird, oder ihre Aufsichtsbehörde. Der GStA muß nur in „geeigneten Fällen" gehört werden (§ 309 I StPO), eine „Beiladung" entspr § 65 VwGO gibt es nicht (Celle NdsRpfl **90**, 254). Die Aussetzung des Vollzugs des angefochtenen VerwA ist entspr § 307 II StPO möglich (vgl auch § 114 II S. 1 **StVollzG**); Art 19 IV GG gebietet die Auslegung, daß sie schon vor der Entscheidung nach § 24 II beantragt werden kann (BVerfGE **37**, 150 = NJW **74**, 1079; Kissel 18). Einstweilige Anordnungen (in § 307 ff StPO nicht vorgesehen) sind in sinngemäßer Anwendung der §§ 114 II S. 2 **StVollzG,** 123 I VwGO zulässig (Karlsruhe NStZ **94**, 143 mwN; **aM** Celle JR **84**, 297; Hamm GA **75**, 150), auch schon vor der Entscheidung nach § 24 II, dürfen aber dem Antragsteller nicht endgültig das gewähren, was ihm erst in der Endentscheidung zugesprochen werden könnte (Hamburg MDR **77**, 688; NJW **79**, 279 = JR **79**, 349 mit Anm Holch; Karlsruhe
4 aaO). Auch **allgemeine Grundsätze der StPO,** die für das Beschwerdeverfahren Bedeutung haben, sind anzuwenden (Bremen JVBl **63**, 12), zB §§ 22–30 StPO (KG NJW **61**, 2363), § 33 a StPO (Koblenz NJW **87**, 855), §§ 299, 302 StPO und der Grundsatz, daß der Rechtsbehelf nicht wiederholt werden kann, wenn wirksam auf ihn verzichtet worden ist. Nicht anwendbar sind die §§ 464 ff StPO (1 zu § 30).

5 **4)** Für die **Prozeßkostenhilfe** (III) gelten die §§ 114 ff ZPO entspr. Der Antrag muß eine zusammenhängende, aus sich heraus verständliche Sachdarstellung enthalten. Wird ein Antrag nach § 23 von der gleichzeitig beantragten Bewilligung der Prozeßkostenhilfe nicht abhängig gemacht, so ist über beide Anträge zu entscheiden. § 140 II StPO ist nicht entspr anwendbar (Litwinski/Bublies 161, Wetterich/Hamann 45).

6 **5) Vollstreckung:** Entscheidungen der Strafsenate können gegenüber der Justizverwaltungsbehörde nicht entspr § 33 FGG, §§ 170 ff VwGO vollstreckt werden (Celle NdsRpfl **90**, 254; **aM** Katholnigg 9).

Kosten

30 **I Für die Kosten des Verfahrens vor dem Oberlandesgericht gelten die Vorschriften der Kostenordnung entsprechend. Abweichend von § 130 der Kostenordnung wird jedoch ohne Begrenzung durch einen Höchstbetrag bei Zurückweisung das Doppelte der vollen Gebühr, bei Zurücknahme des Antrags eine volle Gebühr erhoben.**

II Das Oberlandesgericht kann nach billigem Ermessen bestimmen, daß die außergerichtlichen Kosten des Antragstellers, die zur zweckentsprechenden Rechtsverfolgung notwendig waren, ganz oder teilweise aus der Staatskasse zu erstatten sind. Die Vorschriften des § 91 Abs. 1 Satz 2 und der §§ 102 bis 107 der Zivilprozeßordnung gelten entsprechend. Die Entscheidung des Oberlandesgerichts kann nicht angefochten werden.

III Der Geschäftswert bestimmt sich nach § 30 der Kostenordnung. Er wird von dem Oberlandesgericht durch unanfechtbaren Beschluß festgesetzt.

1) Kostenentscheidung: Die Sonderregelung des I S. 1 schließt die Anwendung der §§ 464 ff StPO aus (KK-Kissel 1; LR- Schäfer23 1; **aM** Hamburg NJW **72**, 1586 für § 473 StPO). Insbesondere gilt § 464 II StPO nicht; eine Kostenentscheidung ist entbehrlich (München NJW **75**, 509, 511), in der Praxis aber üblich. 1

2) Gerichtsgebühren entstehen nach § 130 KostO nur bei Zurücknahme und Zurückweisung des Antrags. Die Entscheidung nach § 27 II S. 2 und die sonstige Erledigung ohne Antragstellung nach § 28 I S. 4 lösen keine Gebühren aus. Ein Kostenvorschuß nach § 8 KostO wird nicht erhoben (Hamm JVBl **64**, 36; Katholnigg 1; **aM** Hamburg Rpfleger **66**, 27; Kissel 4). 2

3) Außergerichtliche Kosten des (ganz oder teilw) erfolgreichen Antragstellers werden nur erstattet, wenn das OLG es ausdrücklich bestimmt. Die Entscheidung, die auch nachträglich, auch nach dem Tod des Antragstellers (Hamm NJW **71**, 209), getroffen werden kann, ergeht von Amts wegen nach billigem Ermessen. Die Belastung der Staatskasse bleibt die Ausnahme (LR- Schäfer[23] 4). Die Erstattung der Auslagen eines Dritten kann nicht angeordnet werden (Hamm Rpfleger **74**, 228). Für das Verfahren gelten die §§ 103–107 ZPO. § 162 II S. 1 VwGO gilt nicht entspr; wird die Hauptsache für erledigt erklärt, so kann daher nicht die Erstattung von Auslagen im Vorverfahren angeordnet werden (vgl Hamm NStZ **84**, 332). 3

4) Der **Geschäftswert** (III), der nur festgesetzt werden muß, wenn eine Kostentragungspflicht in Betracht kommt, bestimmt sich nach § 30 KostO (dazu Foth JR **62**, 417). Er beträgt mindestens 200 DM, höchstens 1 Mio DM, bei Fehlen genügender tatsächlicher Anhaltspunkte für eine Schätzung regelmäßig 5000 DM. 4

Vierter Abschnitt. Kontaktsperre

Vorbemerkungen

1) Durch das sog **Kontaktsperregesetz** (Ges zur Änderung des EGGVG vom 30. 9. 1977 [BGBl I 1877]) sind die §§ 31–38 eingefügt worden, § 34 a durch das ÄndG vom 4. 12. 1985 (BGBl I 2141). Die Einordnung dieser Vorschriften in das EGGVG im Anschluß an die §§ 23 ff rechtfertigt sich dadurch, daß sie Vorgänge betreffen, die nicht zum Strafprozeßrecht gehören, aber dem Justizbereich zuzurechnen sind und im Überprüfungs- und Anfechtungsverfahren zur Entscheidung obergerichtlicher Strafsenate führen (§§ 35, 37). 1

2) Die **Abwehr schwerer terroristischer Gefahren** ist das Ziel der Kontaktsperre. Die Notwendigkeit einer solchen Sperre ergab sich nach der Entführung des (wenig später ermordeten) Industriellen Schleyer am 5. 9. 1977. Es bestanden 2

Anhaltspunkte dafür, daß Mitglieder terroristischer Vereinigungen, die ua für die Ermordung des GBA Buback und des Bankiers Ponto im Jahre 1977 verantwortlich waren, aus der UHaft oder Strafhaft heraus die Schleyer-Entführung unterstützten oder sogar leiteten und daß Verteidiger dabei Hilfe leisteten. Daher ordneten die JM der Bundesländer am 9. 9. 1977 eine auf § 34 StGB gestützte Kontaktsperre an. Der BGH billigte am 23. 9. 1977 entspr richterliche Anordnungen, auch soweit sie gegen § 148 I StPO verstießen (BGH **27**, 260). Den Erlaß einer einstweiligen Anordnung gegen diese Maßnahmen lehnte das BVerfG ab (BVerfGE **46**, 1 = NJW **77**, 2157). Um die Kontaktsperre gesetzlich abzusichern, wurde dann innerhalb von 2 Tagen das ÄndG vom 30. 9. 1977 im BTag eingebracht, beraten und verabschiedet. Das Gesetz ist mit dem GG vereinbar (BVerfGE **49**, 24 = NJW **78**, 2235); es schafft keine neuen Eingriffsbefugnisse, enthält eine abschließende Regelung und läßt daher keinen weitergehenden Rückgriff auf das allgemeine Notstandsprinzip zu (Vogel NJW **78**, 1223; Kissel 11 zu § 31). Die §§ 31 ff brauchten seit 1977 nicht mehr angewendet zu werden.

Feststellung der Voraussetzungen

31 **Besteht eine gegenwärtige Gefahr für Leben, Leib oder Freiheit einer Person, begründen bestimmte Tatsachen den Verdacht, daß die Gefahr von einer terroristischen Vereinigung ausgeht, und ist es zur Abwehr dieser Gefahr geboten, jedwede Verbindung von Gefangenen untereinander und mit der Außenwelt einschließlich des schriftlichen und mündlichen Verkehrs mit dem Verteidiger zu unterbrechen, so kann eine entsprechende Feststellung getroffen werden. Die Feststellung darf sich nur auf Gefangene beziehen, die wegen einer Straftat nach § 129 a des Strafgesetzbuches oder wegen einer der in dieser Vorschrift bezeichneten Straftaten rechtskräftig verurteilt sind oder gegen die ein Haftbefehl wegen des Verdachts einer solchen Straftat besteht; das gleiche gilt für solche Gefangene, die wegen einer anderen Straftat verurteilt oder die wegen des Verdachts einer anderen Straftat in Haft sind und gegen die der dringende Verdacht besteht, daß sie diese Tat im Zusammenhang mit einer Tat nach § 129 a des Strafgesetzbuches begangen haben. Die Feststellung ist auf bestimmte Gefangene oder Gruppen von Gefangenen zu beschränken, wenn dies zur Abwehr der Gefahr ausreicht. Die Feststellung ist nach pflichtgemäßem Ermessen zu treffen.**

1 **1) Voraussetzungen der Kontaktsperre** (S. 1): Es muß eine gegenwärtige Gefahr für Leben, Leib oder Freiheit einer Person (vgl § 34 StGB) vorliegen; bestimmte Tatsachen (vgl 5 zu § 112 StPO) müssen den Verdacht begründen, daß die Gefahr von einer terroristischen Vereinigung (§ 129 a StGB) oder von mehreren (LR-Schäfer[23] 3) ausgeht, und die Kontaktsperre muß zur Abwehr der Gefahr geboten, dh geeignet und erforderlich sein (dazu BVerfGE **49**, 24, 61 = NJW **78**, 2235, 2237; Kissel 16 ff). Welchen Personen die Gefahr droht, braucht noch nicht festzustehen.

2 **2)** Der **von der Kontaktsperre erfaßbare Personenkreis** ist in S. 2 bezeichnet (wegen der Einzelheiten vgl Kissel 20 ff; LR-Schäfer[23] 6 ff). Die Vorschrift wird durch § 38 ergänzt. Eine Beschränkung auf bestimmte Gefangene oder Gruppen von Gefangenen ist erforderlich, wenn das zur Abwehr der Gefahr ausreicht (S. 3).

3 **3)** Die **Anordnung der Kontaktsperre** erfolgt durch Feststellung der zuständigen Behörde (§ 32), die dabei nach pflichtgemäßem Ermessen handelt (S. 4).
4 **Inhaltlich** muß die Feststellung die Eingriffsvoraussetzung des S. 1 darlegen und die Gefangenen, auf die sich die Feststellung bezieht, namentlich bezeichnen (BGH **27**, 276; Kissel 27). In den Gründen der Feststellung werden, entspr § 34

StPO, die Tatsachen und Erwägungen angeführt, die die Grundlage für die Feststellung bilden und für die gerichtliche Nachprüfung (§§ 35, 37) benötigt werden. 5
Bekanntzumachen ist die Feststellung mit Begründung auch den betroffenen Gefangenen (vgl § 34a VI) und ihren Verteidigern. Sie müssen von ihr Kenntnis erhalten, weil sie nur dann mit Aussicht auf Erfolg einen Antrag nach § 37 I stellen können (BVerfGE **49**, 24, 67 = NJW **78**, 2235, 2239). Dabei gelten aber die Grenzen des § 37 III (BVerfG aaO). Mit der Bekanntmachung der Feststellung ist die Belehrung der Gefangenen nach § 34a VI zu verbinden. Die Feststellung **tritt** 6
außer Kraft, wenn sie nicht nach § 35 bestätigt oder wenn sie nach § 36 S. 1 zurückgenommen wird, sonst nach Ablauf der in §§ 35 S. 1, 36 S. 2 bezeichneten Fristen.

4) **Wirkung der Kontaktsperre:** Jede Verbindung von Gefangenen untereinander und mit der Außenwelt (vgl dazu Kissel 28ff) wird unterbrochen, auch der schriftliche und mündliche Verkehr mit dem Verteidiger (dazu Kissel 33ff). Ein Verkehr findet lediglich mit den Vollzugsbediensteten, soweit nicht nach § 33 auch insoweit Beschränkungen angeordnet worden sind, und mit der nach § 34a bestellten Kontaktperson statt. Für den Verkehr mit StA und Gericht trifft § 34 III eine besondere Regelung. Das Petitionsrecht (Art 17 GG) bleibt erhalten (BVerfGE **49**, 24, 65 = NJW **78**, 2235, 2239); jedoch gilt § 37 II sinngemäß (Kissel 32). 7

5) Eine **Anfechtung** der Feststellung nach § 31 läßt das Gesetz nicht zu; auch eine Verfassungsbeschwerde (Einl 230ff) ist nicht statthaft (BVerfGE **49**, 24 = NJW **78**, 2235). Vorgesehen ist nur das Bestätigungsverfahren nach § 35 und die Anfechtung einzelner Maßnahmen durch die Betroffenen nach § 37, bei der allerdings die Rechtmäßigkeit der Feststellung als Vorfrage geprüft wird (4 zu § 37). 8

Feststellungsverfahren

32 **Die Feststellung nach § 31 trifft die Landesregierung oder die von ihr bestimmte oberste Landesbehörde. Ist es zur Abwendung der Gefahr geboten, die Verbindung in mehreren Ländern zu unterbrechen, so kann die Feststellung der Bundesminister der Justiz treffen.**

1) **Zuständig** für die Feststellung nach § 31 sind in 1. Hinsicht die Landesregierungen oder die von ihnen bestimmten obersten Landesbehörden (S. 1). Der JM ist als zuständige Behörde bestimmt in Baden-Württemberg durch VO vom 15. 11. 1977 (GVBl 672), in Bayern durch VO vom 4. 10. 1977 (GVBl 505), in Hessen durch AO vom 20. 1. 1978 (GVBl I 91), in Nordrhein-Westfalen durch VO vom 25. 10. 1977 (GVNW 368) und in Rheinland-Pfalz durch AO vom 13. 10. 1977 1
(GVBl 341). Der **BJM** ist zuständig, wenn es erforderlich ist, die Kontaktsperre in mehreren (mindestens 2) Ländern anzuordnen (S. 2), aber nicht alle betroffenen Länder die Anordnung treffen oder besondere Eile geboten ist (Kissel 2). Macht der BJM von seiner Befugnis nicht oder nicht rechtzeitig Gebrauch, so bleibt die Zuständigkeit der Länder nach S. 1 unberührt (Kissel 2). Hat das Land die Feststellung vor dem BJM getroffen, so bleibt sie bestehen; die Feststellung des BJM hat dann nur Bedeutung, soweit sie weitergeht als die des Landes. 2

2) In **Form** einer Verwaltungsanordnung ergeht die Feststellung (Kissel 3ff). Der BJM erläßt sie als Verwaltungsanordnung iS des Art 84 V GG (Kissel 5) mit bindender Wirkung für die Ausführungsbehörden der Länder (§ 33). Die Anordnung bedarf der Schriftform und hat nur eine behördeninterne Wirkung. Für den Gefangenen entsteht eine Beschwer erst durch die Maßnahmen nach § 33 (Kissel 4). 3

Unterbrechungsmaßnahmen

33 **Ist eine Feststellung nach § 31 erfolgt, so treffen die zuständigen Behörden der Länder die Maßnahmen, die zur Unterbrechung der Verbindung erforderlich sind.**

1 1) Die **Durchführung der Kontaktsperre** obliegt den zuständigen Landesbehörden, vor allem den Strafvollzugsbehörden. Sie sind an die Feststellung nach § 31 gebunden. Ihre Maßnahmen gehen richterlichen Anordnungen nach § 119 StPO und den Vorschriften des StVollzG vor (Kissel 2).

2 2) Die **Bekanntgabe an die Gefangenen,** welche Maßnahmen gegen sie getroffen worden sind, ist erforderlich (BVerfGE **49**, 24, 66 = NJW **78**, 2235, 2239); eine mündliche Unterrichtung genügt. Tatsachen und Umstände dürfen so weit und so lange nicht mitgeteilt werden, als die Mitteilung den Zweck der Kontaktsperre gefährden würde. Dieses noch im Anfechtungsverfahren geltende Verbot (§ 37 III S. 1) besteht erst recht vor der Anfechtung. Die Begründung ist dann aber nachzuholen, sobald die Voraussetzungen dieser Vorschrift nicht mehr vorliegen (BVerfG aaO).

Besondere Vorschriften

34 **I Sind Gefangene von Maßnahmen nach § 33 betroffen, so gelten für sie, von der ersten sie betreffenden Maßnahme an, solange sie von einer Feststellung erfaßt sind, die in den Absätzen 2 bis 4 nachfolgenden besonderen Vorschriften.**

II Gegen die Gefangenen laufende Fristen werden gehemmt, wenn sie nicht nach anderen Vorschriften unterbrochen werden.

III In Strafverfahren und anderen gerichtlichen Verfahren, für die die Vorschriften der Strafprozeßordnung als anwendbar erklärt sind, gilt ergänzend folgendes:

1. **Gefangenen, die keinen Verteidiger haben, wird ein Verteidiger bestellt.**
2. **Gefangene dürfen bei Vernehmungen und anderen Ermittlungshandlungen auch dann nicht anwesend sein, wenn sie nach allgemeinen Vorschriften ein Recht auf Anwesenheit haben; Gleiches gilt für ihre Verteidiger, soweit ein von der Feststellung nach § 31 erfaßter Mitgefangener anwesend ist. Solche Maßnahmen dürfen nur stattfinden, wenn der Gefangene oder der Verteidiger ihre Durchführung verlangt und derjenige, der nach Satz 1 nicht anwesend sein darf, auf seine Anwesenheit verzichtet. § 147 Abs. 3 der Strafprozeßordnung ist nicht anzuwenden, soweit der Zweck der Unterbrechung gefährdet würde.**
3. **Eine Vernehmung des Gefangenen als Beschuldigter, bei der der Verteidiger nach allgemeinen Vorschriften ein Anwesenheitsrecht hat, findet nur statt, wenn der Gefangene und der Verteidiger auf die Anwesenheit des Verteidigers verzichten.**
4. **Bei der Verkündung eines Haftbefehls hat der Verteidiger kein Recht auf Anwesenheit; er ist von der Verkündung des Haftbefehls zu unterrichten. Der Richter hat dem Verteidiger das wesentliche Ergebnis der Vernehmung des Gefangenen bei der Verkündung, soweit der Zweck der Unterbrechung nicht gefährdet wird, und die Entscheidung mitzuteilen.**
5. **Mündliche Haftprüfungen sowie andere mündliche Verhandlungen, deren Durchführung innerhalb bestimmter Fristen vorgeschrieben ist, finden, soweit der Gefangene anwesend ist, ohne den Verteidiger statt; Nummer 4 Satz 2 gilt entsprechend. Eine mündliche Verhandlung bei der Haftprüfung ist auf Antrag des Gefangenen oder seines Verteidigers nach Ende der**

Maßnahmen nach § 33 zu wiederholen, auch wenn die Voraussetzungen des § 118 Abs. 3 der Strafprozeßordnung nicht vorliegen.

6. **Eine Hauptverhandlung findet nicht statt und wird, wenn sie bereits begonnen hat, nicht fortgesetzt. Die Hauptverhandlung darf bis zur Dauer von dreißig Tagen unterbrochen werden; § 229 Abs. 2 der Strafprozeßordnung bleibt unberührt.**
7. **Eine Unterbringung zur Beobachtung des psychischen Zustandes nach § 81 der Strafprozeßordnung darf nicht vollzogen werden.**
8. **Der Gefangene darf sich in einem gegen ihn gerichteten Strafverfahren schriftlich an das Gericht oder die Staatsanwaltschaft wenden.**

Dem Verteidiger darf für die Dauer der Feststellung keine Einsicht in diese Schriftstücke gewährt werden.

IV **Ein anderer Rechtsstreit oder ein anderes gerichtliches Verfahren, in dem der Gefangene Partei oder Beteiligter ist, wird unterbrochen; das Gericht kann einstweilige Maßnahmen treffen.**

1) Zur **Nachteilsmilderung** werden die gegen den Gefangenen laufenden Fristen gehemmt (II). Für Straf-, Bußgeld- und Disziplinarverfahren lockert III die Auswirkungen der Sperre; die übrigen Verfahren werden kraft Gesetzes unterbrochen (IV). Diese Rechtswirkungen **enden** in dem Zeitpunkt, in dem die Feststellung ihre Wirkung durch Nichtbestätigung (§ 35), Zurücknahme oder Fristablauf (§§ 35 S. 1, 36 S. 1, 2) verliert, für den einzelnen Gefangenen auch mit der Haftentlassung oder nach Feststellung seines Nichtbetroffenseins im Anfechtungsverfahren nach § 37. 1 2

2) **Fristenhemmung** (II): Der Begriff ist der gleiche wie in § 205 BGB (Kissel 2). Gehemmt werden nur Fristen, die gegen den Gefangenen laufen. Das sind alle gesetzlichen, richterlichen (7 vor § 42 StPO) und vereinbarten Fristen, nach deren ungenutztem Ablauf sich die Rechtsposition des Gefangenen verschlechtert. Dazu gehören auch die für ihn laufenden Anfechtungsfristen. 3

3) Für das **Strafverfahren und ähnliche Verfahren** (III), zu denen insbesondere das Bußgeld-, das Disziplinarverfahren und das Verfahren nach §§ 23 ff gehören, gelten folgende besonderen Regelungen: 4

A. **Verteidigerbestellung** (Nr 1): Die Befugnis, einen Verteidiger zu wählen (§ 137 StPO), kann der Gefangene infolge der Kontaktsperre nicht ausüben (Kissel 5; **aM** LR-Schäfer[23] 6). Ihm muß daher ein Verteidiger beigeordnet werden, wenn er noch keinen Verteidiger hat. Die Beiordnung, die der nach § 141 IV StPO zuständige Richter vorzunehmen hat, endet mit der Aufhebung der Kontaktsperre (Kissel 6). Eine Bestellung nach anderen Bestimmungen, insbesondere nach § 141 I StPO, die in ihrer Dauer weiterreicht als die nach Nr 1, hat den Vorrang. Für Strafgefangene, gegen die keine weiteren Strafverfahren anhängig sind, gilt Nr 1 nicht; ihnen wird kein Verteidiger beigeordnet (Kissel 3). 5

B. **Ermittlungshandlungen** (Nr 2): Das Strafverfahren wird durch die Kontaktsperre nicht unterbrochen (vgl IV). Daher können richterliche, staatsanwaltschaftliche und polizeiliche Vernehmungen sowie andere Ermittlungshandlungen unter den Beschränkungen der Nr 2 S. 1, 2 durchgeführt werden. Für die Beschuldigtenvernehmung gilt die Sonderregelung der Nr 3, für die Hauptverhandlung Nr 6. Als **Zeuge** kann der Gefangene während der Kontaktsperre nicht vernommen werden. Da die Vernehmung in der JVA unzulässig ist und der Gefangene nicht zur Vernehmung vorgeführt werden darf, ist er während der Sperre aus rechtlichen Gründen unerreichbar iS des § 244 III S. 2 StPO (Kissel 11; LR-Schäfer[23] 12; 66 zu § 244 StPO). Das **Akteneinsichtsrecht** nach § 147 III StPO ist, soweit der Zweck der Kontaktsperre gefährdet würde (S. 3), allgemein aus- 6 7 8 geschlossen, also nicht nur für Protokolle und Niederschriften, die während der Sperre entstehen und zu den Akten gelangen (Kissel 9).

9 C. An der **Beschuldigtenvernehmung** (Nr 3) darf der Verteidiger, abweichend von §§ 163 a III S. 2, 168 c I StPO, nicht teilnehmen. Eine solche Vernehmung findet aber nur statt, wenn der Gefangene und der Verteidiger auf die Anwesenheit des Verteidigers verzichten. Für die Vernehmung nach §§ 115 II 115 a II S. 1 StPO ist Nr 4 die Sondervorschrift.

10 D. Bei der **Verkündung des Haftbefehls** (Nr 4) nach § 114 a StPO gegenüber einem Beschuldigten, der erst nach Erlaß der Feststellung nach § 31 ergriffen worden ist, darf der Verteidiger nicht anwesend sein; er wird von der Verkündung lediglich unterrichtet. Auch die Vernehmung nach §§ 115 II, 115 a II S. 1 StPO ist in Abwesenheit des Verteidigers durchzuführen (Nr 4 S. 2); über ihren Inhalt und die Entscheidung wird er nur unterrichtet, wenn dadurch der Zweck der
11 Kontaktsperre nicht gefährdet wird. Bei **vorläufiger Festnahme** und der darauf folgenden richterlichen Vernehmung (§§ 127 II, 128 StPO) gelten die Einschränkungen der Nr 4 nicht; denn solange noch kein Haftbefehl besteht, kann sich die Feststellung nach § 31 nicht auf den Beschuldigten beziehen.

12 E. **Mündliche Haftprüfungen** (Nr 5) finden auch während der Kontaktsperre statt, aber in Abwesenheit des Verteidigers, wenn der Beschuldigte anwesend ist. Für die Unterrichtung des Verteidigers gilt Nr 4 S. 2 entspr. Auf Antrag des Gefangenen oder des Verteidigers wird die mündliche Haftprüfung nach Ende der Kontaktsperre wiederholt (Nr 5 S. 2). Die mündliche Anhörung nach § 454 I S. 3 StPO ist keine Haftprüfung iS der Nr 5 (Kissel 14; **aM** LR-Schäfer[23] 14).

13 F. **Hauptverhandlungen** (Nr 6) gegen den von der Kontaktsperre betroffenen Gefangenen finden nicht statt oder werden, ohne daß es einer besonderen Unterbrechungsanordnung bedarf, nicht fortgesetzt. Eine Unterbrechung bis zu 30 Tagen ist ohne Rücksicht auf die bisherige Dauer der Verhandlung und unabhängig von bereits eingetretenen Unterbrechungen nach § 229 II StPO zulässig. Sie darf jedoch nicht länger dauern als die Kontaktsperre; nach deren Beendigung muß die Hauptverhandlung unverzüglich fortgesetzt werden. Nach Verlängerung der Kontaktsperre gilt Nr 6 nicht mehr (§ 36 S. 5), auch wenn die 30-Tage-Frist noch nicht ausgenutzt worden ist (5 zu § 36).

14 G. Die **Unterbringung** zur Beobachtung (Nr 7) nach § 81 StPO, § 73 **JGG** darf nicht eingeleitet und, falls sie bereits begonnen hat, nicht weiter vollzogen werden. Ihre Anordnung ist aber zulässig (Kissel 21).

15 H. **Schriftliche Eingaben an Gerichte oder StA** (Nr 8) werden im Gegensatz zu Eingaben an andere Behörden von der JVA weitergeleitet. Dem Verteidiger darf aber in diese Schriftstücke keine Einsicht gewährt werden.

16 **4)** Eine **Unterbrechung anderer Verfahren** (IV), dh solcher, die nicht unter III fallen, tritt kraft Gesetzes und ausnahmslos ein (Kissel 24). Einstweilige Maßnahmen kann das Gericht von Amts wegen oder auf Antrag treffen (wegen der Einzelheiten vgl Kissel 28 ff).

Beiordnung von Kontaktpersonen

34a **I Dem Gefangenen ist auf seinen Antrag ein Rechtsanwalt als Kontaktperson beizuordnen. Der Kontaktperson obliegt, unter Wahrung der Ziele der nach § 31 getroffenen Feststellung, die rechtliche Betreuung des Gefangenen, soweit dafür infolge der nach § 33 getroffenen Maßnahmen ein Bedürfnis besteht; die Kontaktperson kann insbesondere durch Anträge und Anregungen auf die Ermittlung entlastender Tatsachen und Umstände hinwirken, die im Interesse des Gefangenen unverzüglicher Aufklärung bedürfen.**

II Soweit der Gefangene damit einverstanden ist, teilt die Kontaktperson dem Gericht und der Staatsanwaltschaft die bei dem Gespräch mit dem Gefangenen und im weiteren Verlauf ihrer Tätigkeit gewonnenen Erkenntnisse mit; sie kann im Namen des Gefangenen Anträge stellen. Die Kontaktperson ist im Einverständnis mit dem Gefangenen befugt, an Vernehmungen und Ermittlungshandlungen teilzunehmen, bei denen der Verteidiger nach § 34 Abs. 3 Nr. 3, Nr. 4 Satz 1 und Nr. 5 Satz 1 nicht anwesend sein darf. Die Kontaktperson darf Verbindung mit Dritten aufnehmen, soweit dies zur Erfüllung ihrer Aufgaben nach Absatz 1 unabweisbar ist.

III Über die Beiordnung einer Kontaktperson und deren Auswahl aus dem Kreis der im Geltungsbereich dieses Gesetzes zugelassenen Rechtsanwälte entscheidet der Präsident des Landgerichts, in dessen Bezirk die Justizvollzugsanstalt liegt, innerhalb von 48 Stunden nach Eingang des Antrags. Der Verteidiger des Gefangenen darf nicht beigeordnet werden. Der Präsident ist hinsichtlich der Beiordnung und der Auswahl Weisungen nicht unterworfen; seine Vertretung richtet sich nach § 21 h des Gerichtsverfassungsgesetzes. Dritte dürfen über die Person des beigeordneten Rechtsanwalts, außer durch ihn selbst im Rahmen seiner Aufgabenerfüllung nach Absatz 1 und 2, nicht unterrichtet werden. Der beigeordnete Rechtsanwalt muß die Aufgaben einer Kontaktperson übernehmen. Der Rechtsanwalt kann beantragen, die Beiordnung aufzuheben, wenn hierfür wichtige Gründe vorliegen.

IV Der Gefangene hat nicht das Recht, einen bestimmten Rechtsanwalt als Kontaktperson vorzuschlagen.

V Dem Gefangenen ist mündlicher Verkehr mit der Kontaktperson gestattet. Für das Gespräch sind Vorrichtungen vorzusehen, die die Übergabe von Schriftstücken und anderen Gegenständen ausschließen.

VI Der Gefangene ist bei Bekanntgabe der Feststellung nach § 31 über sein Recht, die Beiordnung einer Kontaktperson zu beantragen, und über die übrigen Regelungen der Absätze 1 bis 5 zu belehren.

1) Durch die **Beiordnung einer Kontaktperson sollen** die strafprozessualen Garantien des von einer Kontaktsperre betroffenen Gefangenen verbessert werden. Die Beiordnung setzt einen Antrag des Gefangenen voraus; über sein Antragsrecht muß er belehrt werden (VI). Widerruft er den Antrag, so ist die Beiordnung zurückzunehmen (vgl Krekeler NJW **86**, 418). 1

2) **Nur ein RA** kann Kontaktperson sein (I S. 1); der Verteidiger des Gefangenen ist ausgeschlossen (III S. 2). Die Beiordnung eines RA als Kontaktperson für mehrere Gefangene ist unzulässig (vgl BT-Drucks 10/902 S. 8). Der beigeordnete RA ist (entspr §§ 48, 49 BRAO) verpflichtet, die Aufgaben einer Kontaktperson zu übernehmen (III S. 5); er kann aber die Aufhebung der Beiordnung beantragen, wenn hierfür wichtige Gründe (vgl 3 zu § 143 StPO) vorliegen (III S. 6). Zum Schutz der Kontaktperson dürfen Dritte über die Beiordnung nicht unterrichtet werden (III S. 4). Die Vergütung der Tätigkeit des RA regelt § 97 a BRAGO. 2

3) **Zuständig** für die Beiordnung ist der Präs des LG, in dessen Bezirk die JVA liegt, in der der Gefangene verwahrt wird (III S. 1). Die Entscheidung ist innerhalb von 48 Stunden nach Eingang des Antrags zu treffen (III S. 1). Der LG-Präs wählt die Kontaktperson aus dem Kreis der in der BRep zugelassenen RAe aus; der Gefangene hat kein Vorschlagsrecht (IV). Die Beiordnung kann zurückgenommen werden, wenn der RA seine Aufgabe nicht oder nur unzulänglich erfüllt. Der LG-Präs ist bei der ihm durch § 34 a übertragenen Tätigkeit keinen Weisungen unterworfen; seine Vertretung richtet sich nach § 21 h GVG (III S. 3). 3

4) **Aufgabe der Kontaktperson** ist die rechtliche Betreuung des Gefangenen, soweit dafür im Hinblick auf die nach § 33 getroffenen Maßnahmen ein Bedürfnis 4

besteht (I S. 2 Hs 1). Der Gefangene soll Gelegenheit haben, sich in allen Rechtsangelegenheiten mit der Kontaktperson zu besprechen. Der RA hat zwar nicht die umfassenden Aufgaben eines Verteidigers, kann aber Aufgaben wahrnehmen, die der Verteidiger infolge der Kontaktsperre nicht ausüben kann. Insbesondere ist es
5 seine Aufgabe, durch **Anträge und Anregungen** bei StA und Gericht darauf hinzuwirken, daß entlastende Tatsachen in einem gegen den Gefangenen anhängigen Strafverfahren ermittelt werden, sofern eine unverzügliche Aufklärung geboten ist (I S. 2 Hs 2). Dabei wird allerdings eine vorherige Abstimmung mit dem Verteidiger notwendig sein. Von den während seiner Tätigkeit, insbesondere durch Gespräche mit dem Gefangenen, gewonnenen Erkenntnissen darf der RA das Gericht und die StA nur mit dessen Einverständnis unterrichten (II S. 1 Hs 1); auch Anträge im Namen des Gefangenen darf er nur stellen, wenn dieser damit einverstanden ist. An Vernehmungen und Ermittlungshandlungen, von denen der Verteidiger nach § 34 II Nrn 3, 4 S. 1, 5 S. 1 ausgeschlossen ist, darf die Kontaktperson im Einverständnis mit dem Gefangenen teilnehmen (II S. 2). Die besonde-
6 ren Schutzvorschriften des § 34 III Nr 4 S. 2, 5 S. 2 bleiben bestehen. **Verbindung mit Dritten** darf die Kontaktperson nur aufnehmen, wenn das zur Erfüllung ihrer Aufgaben unabweisbar ist (II S. 3). Um die Gefahr einer auch nur unbewußten Nachrichtenübermittlung auf ein Mindestmaß zu beschränken, dürfen solche Kontaktaufnahmen nur in besonderen Ausnahmefällen stattfinden (vgl BT-Drucks 10/902 S. 4/5; 10/3958 S. 7). Überhaupt hat die Kontaktperson vor jeder Maßnahme zu prüfen, ob ihre Tätigkeit den Zweck der Kontaktsperre unterlaufen könnte.

7 **5)** Der **Verkehr des Gefangenen mit der Kontaktsperre** darf nur mündlich stattfinden (V S. 1). Ein Schriftwechsel und die Aushändigung von Schriftstücken ist nicht erlaubt. Gespräche dürfen nur geführt werden, wenn Vorrichtungen vorhanden sind, die die Übergabe von Schriftstücken und anderen Gegenständen ausschließen (dazu 22 zu § 148 StPO).

8 **6) Anfechtung:** Der Gefangene kann nach § 23 auf gerichtliche Entscheidung antragen, wenn der LG-Präs dem Antrag auf Beiordnung einer Kontaktperson nicht stattgibt. Die Auswahl der Kontaktperson kann er nur anfechten, wenn er geltend macht, daß sie ermessensfehlerhaft ist (§ 28 III), etwa weil der beigeordnete RA ungeeignet erscheint. Der beigeordnete RA kann den Antrag nach § 23 nur darauf stützen, daß ihm die Tätigkeit als Kontaktperson nicht zuzumuten und seine Beiordnung daher ermessensmißbräuchlich ist.

Bestätigungsverfahren

35 Die Feststellung nach § 31 verliert ihre Wirkung, wenn sie nicht innerhalb von zwei Wochen nach ihrem Erlaß bestätigt worden ist. Für die Bestätigung einer Feststellung, die eine Landesbehörde getroffen hat, ist ein Strafsenat des Oberlandesgerichts zuständig, in dessen Bezirk die Landesregierung ihren Sitz hat, für die Bestätigung einer Feststellung des Bundesministers der Justiz ein Strafsenat des Bundesgerichtshofes; § 25 Abs. 2 gilt entsprechend.

1 **1)** Ohne **richterliche Bestätigung** verliert die nach § 31 ergangene Feststellung 2 Wochen nach ihrem Erlaß ihre Wirkung; wenn sie bestätigt wird, spätestens nach 30 Tagen (§ 36 S. 2 Hs 1). Die Frist beginnt „nach" dem Erlaß der Feststellung, dh mit Ablauf des Tages, unter dem sie ergangen ist (vgl § 36 S. 2 Hs 2). Wird die Bestätigung abgelehnt, so wird die Feststellung sofort wirkungslos.

2 **2) Zuständig** (S. 2) für die Bestätigung der Feststellung einer Landesregierung oder -behörde ist ein StS des OLG, in dessen Bezirk die Landesregierung ihren Sitz

hat, in Bayern das BayObLG (S. 2, § 25 II iVm Art 11 II Nr 4 BayAGGVG), für die Bestätigung einer Feststellung des BJM ein StS des BGH.

3) Das **Bestätigungsverfahren,** das nur eingeleitet werden muß, wenn die Kontaktsperre länger als 2 Wochen dauern soll, richtet sich nach den §§ 29, 30 (Kissel 4). Verfahrensbeteiligt ist nur die Feststellungsbehörde, die zugleich verpflichtet ist, das Verfahren in Gang zu bringen; für ihre Vertretung gelten die allgemeinen Vorschriften. Die Gefangenen sind an dem Verfahren nicht beteiligt (BGH **27**, 276, 280; vgl auch BVerfGE **49**, 24, 67 = NJW **78**, 2235, 2239); sie erhalten daher auch kein rechtliches Gehör (Kissel 5). Die **Entscheidung** bestätigt die Feststellung oder hebt sie auf; auch eine teilw Bestätigung unter Herausnahme einzelner Gefangener aus der Feststellung ist zulässig (vgl BGH **27**, 276). Für die Rechtmäßigkeit der Feststellung ist der Zeitpunkt der Entscheidung maßgebend (Kissel 6). Eine Kosten- und Auslagenentscheidung ergeht nicht (Kissel 6). Die Entscheidung, die nicht anfechtbar ist, wird der Feststellungsbehörde und den betroffenen Gefangenen mitgeteilt (BVerfG aaO, Kissel 7). 3 4

Zurücknahme; Wiederholung

36 Die Feststellung nach § 31 ist zurückzunehmen, sobald ihre Voraussetzungen nicht mehr vorliegen. Sie verliert spätestens nach Ablauf von dreißig Tagen ihre Wirkung; die Frist beginnt mit Ablauf des Tages, unter dem die Feststellung ergeht. Eine Feststellung, die bestätigt worden ist, kann mit ihrem Ablauf erneut getroffen werden, wenn die Voraussetzungen noch vorliegen; für die erneute Feststellung gilt § 35. War eine Feststellung nicht bestätigt, so kann eine erneute Feststellung nur getroffen werden, wenn neue Tatsachen es erfordern. § 34 Abs. 3 Nr. 6 Satz 2 ist bei erneuten Feststellungen nicht mehr anwendbar.

1) Zur **Zurücknahme der Feststellung** (S. 1) ist die Feststellungsbehörde verpflichtet, wenn die Voraussetzungen des § 31 nicht mehr vorliegen. Die Behörde hat insoweit eine ständige Prüfungspflicht. 1

2) **Wirkungslos** (S. 2) wird die nach § 35 bestätigte Feststellung spätestens 30 Tage nach Ablauf des Tages, unter dem sie ergangen ist. War sie nicht bestätigt worden, so tritt sie spätestens nach 2 Wochen außer Kraft (§ 35 S. 1). 2

3) Die **Wiederholung der Feststellung** (S. 3, 4) ist zulässig. Eine nach § 35 gerichtlich bestätigte Feststellung kann mit ihrem Ablauf (auch mehrmals) erneut erlassen werden, wenn die Voraussetzungen des § 31 noch vorliegen; auch die neue Feststellung muß dann nach § 35 bestätigt werden. Eine nicht bestätigte Feststellung kann nur aufgrund veränderter tatsächlicher Umstände erneut erlassen werden. Das gleiche gilt, wenn die Feststellung vor der Entscheidung über die Bestätigung oder vor ihrem Wirkungsverlust zurückgenommen oder die Bestätigung nicht beantragt worden ist (Katholnigg 4; Kissel 4). Neue Beweismittel rechtfertigen die Wiederholung der Feststellung jedenfalls dann, wenn sich aus ihnen neue Tatsachen ergeben; neue Beweisanzeichen reichen aus. **Zuständig** für die erneute Feststellung ist die Behörde, die die frühere Feststellung erlassen hat; jedoch kann auch ein Land die Feststellung des BJM für seinen Bereich wiederholen, der BJM die Feststellungen mehrerer Länder. 3 4

4) Für die **Hauptverhandlung bei erneuter Kontaktsperre** (S. 5) gilt § 34 III Nr 6 S. 2 nicht mehr (vgl dort 13). Eine Unterbrechung ist nur nach § 229 I, II StPO zulässig. Reicht diese Unterbrechung nicht aus, so muß die Hauptverhandlung ausgesetzt werden (§§ 228, 229 IV S. 1 StPO). 5

Anfechtung einzelner Maßnahmen

37 [I] **Über die Rechtmäßigkeit einzelner Maßnahmen nach § 33 entscheidet auf Antrag ein Strafsenat des Oberlandesgerichts, in dessen Bezirk die Landesregierung ihren Sitz hat.**

[II] **Stellt ein Gefangener einen Antrag nach Absatz 1, so ist der Antrag von einem Richter bei dem Amtsgericht aufzunehmen, in dessen Bezirk der Gefangene verwahrt wird.**

[III] **Bei der Anhörung werden Tatsachen und Umstände soweit und solange nicht mitgeteilt, als die Mitteilung den Zweck der Unterbrechung gefährden würde. § 33 a der Strafprozeßordnung gilt entsprechend.**

[IV] **Die Vorschriften des § 23 Abs. 2, des § 24 Abs. 1, des § 25 Abs. 2 und der §§ 26 bis 30 gelten entsprechend.**

1 **1)** Zur **Anfechtung einzelner Maßnahmen** nach § 33 stellt das Gesetz den Antrag auf gerichtliche Entscheidung zur Verfügung. Dieser Rechtsbehelf entspricht dem nach §§ 23 ff; jedoch enthält § 37 eine Sonderregelung. Der Antrag richtet sich idR gegen die Anordnung einer Maßnahme; angefochten werden kann aber auch die Ablehnung oder das Unterlassen einer konkreten, die Kontaktsperre
2 betreffenden Maßnahme (IV iVm § 23 II). **Antragsberechtigt** ist in 1. Hinsicht der von der Maßnahme betroffene Gefangene. Der Verteidiger kann Anträge im Namen des Gefangenen, aber auch im eigenen Namen stellen, wenn er durch die
3 Maßnahme in seinen Rechten verletzt ist (Kissel 4). Der **Antrag des Gefangenen** kann nicht schriftlich gestellt, sondern muß von einem Richter bei dem AG aufgenommen werden, in dessen Bezirk der Gefangene verwahrt wird (II). Der Richter muß den Gefangenen auf dessen Verlangen über seine Rechte aufklären; über diese Möglichkeit ist der Gefangene zu belehren (BVerfGE **49**, 24, 69 = NJW **78**, 2235, 2239).

4 **2)** Das **Verfahren** entspricht im wesentlichen dem nach §§ 23 ff. Beteiligt ist außer dem Antragsteller die Behörde, die die angefochtene Maßnahmen getroffen hat oder die erstrebte Maßnahme hätte treffen sollen. Wenn der Antragsteller zu dem Vorbringen der Behörde in der JVA mündlich, sonst schriftlich (vgl 3 zu § 29), angehört werden muß, dürfen ihm Tatsachen so weit und so lange nicht mitgeteilt werden, als die Mitteilung den Zweck der Kontaktsperre gefährden würde (III S. 1). Jedoch kann dann von Amts wegen oder auf Antrag des Gefangenen entspr § 33 a StPO ein Nachtragsverfahren durchgeführt werden (III S. 2).

5 **3)** Die **Entscheidung** trifft ein StS des OLG, in dessen Bezirk die Landesregierung ihren Sitz hat (I), oder des nach § 25 II bestimmten OLG (IV) ohne mündliche Verhandlung durch Beschluß. Die Prüfung der Rechtmäßigkeit der Einzelmaßnahme nach § 33 hat sich, auch wenn die Feststellung bereits nach § 35 bestätigt worden ist, darauf zu erstrecken, ob die Feststellung allgemein und insbesondere gegen den Antragsteller zu Recht besteht (BGH **27**, 276, 280; Kissel 7). Das OLG ist allerdings nicht berechtigt, einen Gefangenen aus der durch den BGH bestätigten Feststellung des BJM (§ 35 S. 2) zu entlassen. Meint es, daß die Feststellung gegen den Antragsteller nicht aufrechterhalten werden kann, so muß es die Sache dem BGH vorlegen (IV iVm § 29 I S. 2), und zwar nach dem Sinn der Regelung auch dann, wenn die Auffassung des OLG auf veränderten tatsächlichen Umständen oder auf inzwischen gewonnenen neuen Erkenntnissen beruht, die sich auf solche Umstände beziehen (BGH aaO). Ist die angefochtene Maßnahme oder die Kontaktsperre insgesamt erledigt, so kann auf Antrag des Betroffenen nachträglich über die Rechtmäßigkeit der Maßnahme entschieden werden, wenn er ein berechtigtes Interesse an dieser Feststellung hat (IV iVm § 28 I S. 4).

Entsprechende Geltung

38 Die Vorschriften der §§ 31 bis 37 gelten entsprechend, wenn eine Maßregel der Besserung und Sicherung vollzogen wird oder wenn ein Unterbringungsbefehl nach § 126 a der Strafprozeßordnung besteht.

1) Die **Erweiterung des Personenkreises des § 31 I** ermöglicht die Vorschrift. Die Kontaktsperre ist auch gegen Personen zulässig, gegen die freiheitsentziehende Maßregeln der Besserung und Sicherung nach §§ 61 ff StGB vollzogen werden. In Betracht kommen die in einem psychiatrischen Krankenhaus (§ 63 StGB), einer Entziehungsanstalt (§ 64 StGB) oder in Sicherungsverwahrung (§ 66 StGB) untergebrachten Verurteilten. Ferner kann die Kontaktsperre gegen Personen angeordnet werden, gegen die ein Unterbringungsbefehl nach § 126 a StPO vollzogen wird. 1

2) **Nicht anwendbar** ist § 38 auf Personen, die sich in anderer öffentlich-rechtlicher Verwahrung befinden, auch nicht auf die nach § 81 StPO zur Beobachtung untergebrachten Beschuldigten. Besteht gegen solche Personen ein Haftbefehl, so kann die Kontaktsperre angeordnet werden; dann muß die Unterbringung nach § 81 StPO abgebrochen und der Beschuldigte in die JVA zurückverlegt werden (Kissel 4). 2

3. Einführungsgesetz zum Strafgesetzbuch

Vom 2. März 1974 (BGBl I 469; III 450–16), letztes ÄndG vom 26. Januar 1998 (BGBl I 160, 161)

(Auszug)

1) **Gemeinsame Vorschriften** für Ordnungs- und Zwangsmittel enthalten die Art 6 bis 9. Im Strafprozeß haben sie nur für die Ordnungsmittel Bedeutung. Frühere Bestimmungen sind durch Art 287 Nr 26 aufgehoben worden. 1

2) **Ordnungsmittel** sind Ordnungsgeld und Ordnungshaft. Sie sind für das Strafverfahren in § 51 I S. 1, § 70 I S. 2, §§ 77, 81 c VI S. 1, § 95 II, § 161 a I S. 2 StPO und § 56 I S. 1, § 177 S. 1, § 178 GVG vorgesehen. Ordnungshaft darf, abgesehen von den Fällen der §§ 177, 178 GVG, nur als Ersatzhaft festgesetzt werden. 2

Mindest- und Höchstmaß von Ordnungs- und Zwangsmitteln

6 I Droht das Bundesgesetz Ordnungsgeld oder Zwangsgeld an, ohne dessen Mindest- oder Höchstmaß zu bestimmen, so beträgt das Mindestmaß fünf, das Höchstmaß tausend Deutsche Mark. Droht das Landesgesetz Ordnungsgeld an, so gilt Satz 1 entsprechend.

II Droht das Gesetz Ordnungshaft an, ohne das Mindest- oder Höchstmaß zu bestimmen, so beträgt das Mindestmaß einen Tag, das Höchstmaß sechs Wochen. Die Ordnungshaft wird in diesem Fall nach Tagen bemessen.

1) **Ordnungsgeld** (I): Wenn nichts anderes bestimmt ist, beträgt das Mindestmaß 5 DM, das Höchstmaß 1000 DM. Die Festsetzung eines durch 5 oder 10 teilbaren Betrags ist üblich und empfehlenswert. Die Beitreibung regeln § 1 I Nr 3 JBeitrO, §§ 1 ff EBAO. 1

2 **2) Ordnungshaft** (II):

3 A. Der **Haftrahmen** bewegt sich, sofern nichts anderes bestimmt ist, zwischen 1 Tag und 6 Wochen. Maß und Folgen des Ungehorsams bestimmen die Höhe im Einzelfall. Die Bemessung erfolgt nach Tagen (II S. 2).

4 B. **Als Ersatzhaft** muß die Ordnungshaft schon im Ordnungsgeldbeschluß festgesetzt werden; die nachträgliche Festsetzung ermöglicht Art 8 I. Die Ersatzhaft kann in ihrer gesamten Höhe bezeichnet (zB Ordnungsgeld von 100 DM, ersatzweise 2 Tage Ordnungshaft) oder nach einem Umrechnungsschlüssel (zB je 1 Tag Ordnungshaft für 100 DM Ordnungsgeld) festgesetzt werden. Die Teilung des Ordnungsgeldes muß dann eine ohne Rest errechenbare Zahl ergeben (Bay NJW **60**, 878).

5 C. Die **Vollstreckung der Ersatzhaft** setzt die Uneinbringlichkeit des Ordnungsgeldes voraus (vgl § 459e StPO für die Geldstrafe). Zur quotenmäßigen Berechnung bei nur teilweiser Uneinbringlichkeit vgl Hamburg HESt **1**, 30. Die Vollstreckung regelt § 88 StVollstrO, den Vollzug §§ 171 ff StVollzG.

6 **3) Vollstreckungsbehörde** ist grundsätzlich die StA (§ 36 II S. 1, § 161a II S. 1 StPO); zur Übertragung auf den Rechtspfleger vgl § 31 IV iVm II RPflG. Für die Vollstreckung der nach §§ 177, 178 GVG verhängten Ordnungsmittel gilt die Sondervorschrift des § 179 GVG iVm § 31 III **RPflG.**

Zahlungserleichterungen bei Ordnungsgeld

7 **I Ist dem Betroffenen nach seinen wirtschaftlichen Verhältnissen nicht zuzumuten, das Ordnungsgeld sofort zu zahlen, so wird ihm eine Zahlungsfrist bewilligt oder gestattet, das Ordnungsgeld in bestimmten Teilbeträgen zu zahlen. Dabei kann angeordnet werden, daß die Vergünstigung, das Ordnungsgeld in bestimmten Teilbeträgen zu zahlen, entfällt, wenn der Betroffene einen Teilbetrag nicht rechtzeitig zahlt.**

II Nach Festsetzung des Ordnungsgeldes entscheidet über die Bewilligung von Zahlungserleichterungen nach Absatz 1 die Stelle, der die Vollstreckung des Ordnungsgeldes obliegt. Sie kann eine Entscheidung über Zahlungserleichterungen nachträglich ändern oder aufheben. Dabei darf sie von einer vorausgegangenen Entscheidung zum Nachteil des Betroffenen nur auf Grund neuer Tatsachen oder Beweismittel abweichen.

III Entfällt die Vergünstigung nach Absatz 1 Satz 2, das Ordnungsgeld in bestimmten Teilbeträgen zu zahlen, so wird dies in den Akten vermerkt. Dem Betroffenen kann erneut eine Zahlungserleichterung bewilligt werden.

IV Über Einwendungen gegen Anordnungen nach den Absätzen 2 und 3 entscheidet die Stelle, die das Ordnungsgeld festgesetzt hat, wenn einer anderen Stelle die Vollstreckung obliegt.

1 **1) Zahlungserleichterungen** (I): Bei Unzumutbarkeit der sofortigen Zahlung sind die Stundung (Bewilligung einer Zahlungsfrist) und die Teilzahlungsbewilligung mit oder ohne Verfallklausel zulässig. Die Verfallklausel führt zum Wegfall der Teilzahlungsbewilligung bei Verzug mit nur einer Rate; ein Widerrufsbeschluß ist nicht erforderlich (6 zu § 459a StPO). Die zu § 42 StGB, § 18 OWiG entwickelten Grundsätze gelten entspr. Ist mit der Zahlung des Ordnungsgeldes von vornherein nicht zu rechnen, so braucht auch keine Zahlungserleichterung gewährt zu werden (vgl BGH **13**, 356). Die nachträgliche Änderung und Aufhebung ist zulässig (II 2), zum Nachteil des Betroffenen aber nur aufgrund neuer Tatsachen oder Beweismittel (II 3; vgl dazu 5 zu § 459a StPO). Bei Bewilligung einer Zahlungserleichterung ruht die Vollstreckungsverjährung (Art 9 II S. 4 Nr 3).

2) Die **Bewilligung** (II) ist schon im Ordnungsgeldbeschluß möglich, kommt aber vor allem im Vollstreckungsverfahren in Betracht. Zuständig ist die Vollstreckungsbehörde (6 zu Art 6). Es gelten die gleichen Grundsätze wie bei § 459 a StPO (dort 1, 2, 4) und § 93 OWiG. 2

3) Das **Entfallen der Ratenzahlungsbewilligung** (III) wegen Eintritts der Verfallklausel nach I S. 2 muß in den Akten vermerkt werden, schließt aber eine erneute Bewilligung von Zahlungserleichterungen nicht aus. Die Vorschrift entspricht § 459 a III StPO (dort 6). 3

4) **Einwendungen gegen nachträgliche Anordnungen** (IV) werden von der Stelle beschieden, die den Ordnungsgeldbeschluß erlassen hat, auch wenn sie nicht zugleich Vollstreckungsbehörde ist. Gegen Anordnungen des Rechtspflegers entscheidet der Richter oder Staatsanwalt, an dessen Stelle er tätig geworden ist (§ 31 VI S. 1 **RPflG**). Gegen die Entscheidung des Gerichts ist nach § 304 I, II StPO Beschwerde zulässig. Im Fall des § 161 a II S. 1 StPO kann auf gerichtliche Entscheidung nach § 161 III StPO angetragen werden. 4

Nachträgliche Entscheidungen über die Ordnungshaft

8 **I Kann das Ordnungsgeld nicht beigetrieben werden und ist die Festsetzung der für diesen Fall vorgesehenen Ordnungshaft unterblieben, so wandelt das Gericht das Ordnungsgeld nachträglich in Ordnungshaft um. Das Gericht entscheidet nach Anhörung der Beteiligten durch Beschluß.**

II Das Gericht ordnet an, daß die Vollstreckung der Ordnungshaft, die an Stelle eines uneinbringlichen Ordnungsgeldes festgesetzt worden ist, unterbleibt, wenn die Vollstreckung für den Betroffenen eine unbillige Härte wäre.

1) **Nachträgliche Festsetzung der Ersatzhaft** (I) ist zulässig, wenn die Festsetzung in dem Ordnungsgeldbeschluß versehentlich oder absichtlich unterlassen worden war. Zuständig ist das Gericht, das den Beschluß erlassen hat, auch wenn die Strafsache bei ihm nicht mehr anhängig ist, bei Ordnungsgeldfestsetzungen der StA das nach § 161 a II S. 2 StPO zuständige Gericht. Die Beteiligten (StA und Betroffener) müssen gehört werden. Der Beschluß ist nach § 304 I, II StPO mit der Beschwerde anfechtbar (Celle NStZ-RR **98**, 210). 1

2) **Absehen von der Vollstreckung** (II): Die Vorschrift entspricht dem § 459 f StPO. Zuständig für die Anordnung ist das Gericht, das den Ordnungsgeldbeschluß erlassen oder die Ersatzhaft nach § 161 a II S. 2 StPO festgesetzt hat. 2

Verjährung von Ordnungsmitteln

9 **I Die Verjährung schließt die Festsetzung von Ordnungsgeld und Ordnungshaft aus. Die Verjährungsfrist beträgt, soweit das Gesetz nichts anderes bestimmt, zwei Jahre. Die Verjährung beginnt, sobald die Handlung beendet ist. Die Verjährung ruht, solange nach dem Gesetz das Verfahren zur Festsetzung des Ordnungsgeldes nicht begonnen oder nicht fortgesetzt werden kann.**

II Die Verjährung schließt auch die Vollstreckung des Ordnungsgeldes und der Ordnungshaft aus. Die Verjährungsfrist beträgt zwei Jahre. Die Verjährung beginnt, sobald das Ordnungsmittel vollstreckbar ist. Die Verjährung ruht, solange

1. **nach dem Gesetz die Vollstreckung nicht begonnen oder nicht fortgesetzt werden kann,**
2. **die Vollstreckung ausgesetzt ist oder**
3. **eine Zahlungserleichterung bewilligt ist.**

1 **1) Festsetzungsverjährung** (I):

2 A. Die **Verjährungsfrist** (I S. 2) beträgt, wenn nichts anderes bestimmt ist, 2 Jahre. Die Fristberechnung regeln §§ 187 I, 188 II BGB (vgl Tröndle 12 zu § 78 a StGB).

3 B. Die **Verjährung beginnt** (I S. 3), sobald die Handlung beendet ist, bei der Ungebühr nach § 178 GVG also an dem Tag, an dem sie begangen wurde. Bei Nichterfüllung gesetzlich bestimmter Pflichten gelten die Grundsätze des echten Unterlassungsdelikts. Die Verjährung beginnt, sobald die Pflicht zum Handeln entfällt (Tröndle 8 zu § 78 a StGB mwN). In den Fällen der §§ 51, 70 StPO, 56 GVG beginnt die Verjährung an dem Verhandlungstag, an dem der Betroffene säumig oder sonst ungehorsam war.

4 C. **Ruhen der Verjährung** (I S. 4): Die Vorschrift entspricht § 78 b I S. 1 Nr 2 1. Hs StGB, § 32 I S. 1 OWiG.

5 **2) Vollstreckungsverjährung** (II): Die Verjährungsfrist beträgt auch hier 2 Jahre (erg oben 2). Sie beginnt, sobald das Ordnungsmittel vollstreckbar ist, setzt also (vgl § 307 I StPO, § 181 II GVG) die Rechtskraft des Beschlusses nicht voraus. Eine Ausnahme gilt für den Fall des § 180 GVG (vgl § 181 II GVG). Das Ruhen der Verjährung regelt II S. 4.

3 a. Gesetz zur Änderung des Strafgesetzbuches, der Strafprozeßordnung und des Versammlungsgesetzes und zur Einführung einer Kronzeugenregelung bei terroristischen Straftaten

Vom 9. Juni 1989 (BGBl I 1059; III 312–13), letztes ÄndG vom 19. Januar 1996 (BGBl I 58)

Vorbemerkungen

1 1) Ziel des Gesetzes, das irreführend den aus dem angelsächsischen Rechtskreis stammenden Begriff „Kronzeuge" übernimmt (richtiger wäre es, von einem „Staatszeugen" oder noch besser von einem „Aufklärungsgehilfen" zu sprechen, vgl Jahrreiß Lange-FS 767; Lammer ZRP **89**, 249), ist es in erster Linie, die Begehung künftiger terroristischer Straftaten zu verhindern. Zugleich soll aber auch die Aufklärung solcher bereits begangener Straftaten gefördert und zugleich erreicht werden, die Mitglieder einer terroristischen Vereinigung durch Schwächung des gegenseitigen Vertrauens zu verunsichern (Hilger NJW **89**, 2377). Die Regelung geht über die nach § 129 a V iVm § 129 VI StGB gegebene Möglichkeit der tätigen Reue hinaus (dazu Bernsmann JZ **88**, 541 ff) und versteht sich selbst als einen „vertretbaren Versuch, die Handlungsfähigkeit der Terroristen einzuengen" (BT-Drucks 11/2834 S. 7).

2 2) Das Gesetz hat eine lange **Entstehungsgeschichte**. Bereits seit dem Jahre 1973 war die Einführung verschiedener „Kronzeugenregelungen" erwogen worden, indem zB ein § 153 f in die StPO eingefügt werden sollte (vgl dazu Jaeger, Der Kronzeuge unter besonderer Berücksichtigung von § 31 BtMG, 1986, S. 5 ff). Früher erwogene Regelungen gingen aber zT weit über die jetzt Gesetz gewordene hinaus, indem sie etwa der StA die alleinige Befugnis zusprechen wollten, von der Verfolgung von Straftaten nach § 129 StGB abzusehen (vgl Baumann JuS **75**, 371; Jahrreiß Lange-FS 769). Ein weiterer Versuch zur Schaffung einer Kronzeugenregelung (BT-Drucks 10/6286) scheiterte 1986 nach einer Sachverständigenanhö-

rung (vgl Bernsmann NStZ **89**, 456). Die jetzt geschaffenen Regelung war zunächst bis 31. 12. 1992 **befristet,** sie ist sodann bis zum 31. 12. 1995 und schließlich bis zum 31. 12. 1999 verlängert worden (§ 5). Die zeitliche Begrenzung soll den Ausnahmecharakter der Regelung betonen. Abgesehen von grundsätzlichen Bedenken gegen ein „Experimentiergesetz" im Bereich des Strafrechts (Bernsmann NStZ **89**, 458; Hassemer StV **86**, 553; Zuck MDR **89**, 1065) erschien eine Frist von über 3 Jahren als „Aussteigechance" aber bereits zu lang (Bernsmann aaO; Lammer ZRP **89**, 250); das gilt umsomehr für eine Zeit von nun sogar über 9 Jahren. 3

3) Der Gesetzgeber hat eine **Mischform** aus materieller und verfahrensrechtlicher Regelung gewählt (Bernsmann NStZ **89**, 459; Lammer ZRP **89**, 249; Zuck MDR **89**, 1065 Fn 14), die neben dem vorläufigen Charakter der Regelung (oben 3) wohl auch Grund dafür war, die Bestimmungen nicht in das StGB und die StPO aufzunehmen. Die Regelung versucht, sich nicht an ausländische Vorbilder anzulehnen (vgl dazu Middendorf ZStW **85**, 1102; Oehler ZRP **87**, 41; Weigend Jescheck-FS 1333), sondern sich an den Prinzipien des deutschen Strafrechts zu orientieren und die „Kleine Kronzeugenregelung" in § 31 BtMG fortzuentwickeln (vgl Jaeger oben 2; Jung ZRP **86**, 41; Weigend aaO 1335). Behrendt (GA **91**, 342; zust Lammer JZ **92**, 516) sieht in ihr eine „Spielart des prozessualen Vergleichs" (vgl Einl 119 a) und knüpft ihre Zulässigkeit hieran an. 4

4) Erheblichen Bedenken begegnet die Einführung einer Kronzeugenregelung im deutschen Recht; sie wird im straf- und strafverfahrensrechtlichen Schrifttum mit Recht überwiegend abgelehnt (KK-Pfeiffer Einl 32 b; Neumann StV **94**, 276;Ranft 1215; Roxin § 14 B II c ee; Weigend ZStW **109**, 117; zust aber Hilger NJW **89**, 2378; Jahrreiß Lange-FS 772 ff; vgl auch SK/StPO-Rogall 28 vor § 48) oder jedenfalls nur zur Bewältigung außergewöhnlicher Situationen für zulässig erachtet (Jaeger [oben 2] 104; Jung, Straffreiheit für den Kronzeugen? 1974, S. 101 und ZRP **86**, 42). Bedenken ergeben sich in mehrfacher Hinsicht (zusammenfassend Denny ZStW **103**, 271 ff; Lammer ZRP **89**, 250 ff): Sie gefährdet das die Strafrechtspflege legitimierende Ziel, die Unverbrüchlichkeit der Rechtsordnung zu erweisen (Achenbach Kriminalistik **89**, 640). In **verfassungsrechtlicher Beziehung** berührt sie das Rechtsstaatsprinzip (Art 20 GG) und den Gleichbehandlungsgrundsatz, indem sie schwerster Straftaten Verdächtige von der Strafverfolgung und überführte Täter von der Bestrafung ausnimmt (Füllkrug MDR **89**, 121; vgl auch Jung ZRP **86**, 40); sie ist damit geeignet, das Rechtsbewußtsein der Bevölkerung zu gefährden (Hassemer StV **86**, 552; Sendler NJW **89**, 1766; ob die Regelung verfassungswidrig ist, hat das BVerfG NJW **93**, 190 mit Rücksicht darauf, daß ihre Anwendung den Angeklagten nicht beschwert sondern begünstigt hat, offengelassen). In **strafprozessualer Hinsicht** handelt es sich um die „massivste Durchbrechung" des Legalitätsprinzips (Bernsmann NStZ **89**, 456; Hoyer JZ **94**, 236 hält diese Durchbrechung für vertretbar, wenn sie tatsächlich zu einer Effektuierung der Strafrechtspflege führt); die Kronzeugenregelung ist darüber hinaus geeignet, die Hauptverhandlung zu entwerten (Brüssow Koch-FG 70; Hassemer StV **86**, 552; **89**, 80) und die Verteidigung zu erschweren (Bernsmann aaO; Hassemer aaO; Krauß StV **89**, 322); sie führt nach Fezer Lenckner-FS 681, 692/693 zu einer „Verbiegung" des Verfahrensrechts. Schließlich ist sie **kriminalpolitisch fragwürdig,** da einmal stets starke Zweifel an der Glaubwürdigkeit der Angaben eines Kronzeugen, der sich durch seine Aussage erhebliche Vorteile erwerben will, bestehen müssen (Behrendt GA **91**, 358; Denny ZStW **103**, 302; Hassemer StV **86**, 552; J. Meyer ZRP **76**, 25; Turner/Gallandi ZRP **88**, 117; Weigend Jescheck-FS 1348) und zum anderen die gesamte Regelung kontraproduktiv wirken kann, indem die Gefahr des Verrats die Gruppe eher zusammenschließt als auseinandertreibt (Hassemer StV **86**, 551; **89**, 80) und ein Mißerfolg der Kronzeugenregelung von der terroristischen Vereinigung als Erfolg gewertet werden kann (Bernsmann NStZ **89**, 458).

5 (beside "4) Erheblichen Bedenken…"), 6 (beside "zu erweisen … In verfassungsrechtlicher Be-"), 7 (beside "offengelassen). In strafprozessualer Hinsicht…"), 8 (beside "…Schließlich ist sie kriminalpoli-")

9 **5)** Die an die Regelung geknüpften **Erwartungen** haben sich bisher **nicht erfüllt**, wie von ihren Kritikern vermutet wurde (Bernsmann NStZ **89**, 457; Hassemer StV **86**, 551; **89**, 80; Lammer ZRP **89**, 252). Der Grund dafür dürfte auch in dem weiten Ermessensspielraum der Strafverfolgungsbehörde (8 zu § 1) und der Möglichkeit der erneuten Verfolgbarkeit (13 zu § 1) zu suchen sein (vgl Bernsmann aaO; Hassemer StV **89**, 551). Den erwünschten Hauptanwendungsfall (Bernsmann aaO 458) des Absehens von der Verfolgung nach § 1 hat es bisher erst zweimal gegeben; der StS des BGH hat dabei einmal die Zustimmung versagt (4 ARs 7/94 vom 17. 5. 1994), einmal erteilt (4 ARs 12/95 vom 21. 8. 1995); auch zur Anwendung des § 2 ist es erst selten gekommen. Soweit die Regelung im Zusammenhang mit der Festnahme ehemaliger Terroristen in der früheren DDR angewendet worden ist, beruhte dies auf der Wiederherstellung der staatlichen Einheit Deutschlands, war aber kein Erfolg des KronzG (Lammer JZ **92**, 511). Interessanterweise hatte im übrigen in einem Fall, in dem der BGH über die Revision zu entscheiden hatte, sich der Angeklagte ausdrücklich von der Kronzeugenregelung distanziert und sich durch diese sogar „diskreditiert" gefühlt (vgl Bay NStZ **91**, 389). Obwohl gegen eine Kronzeugenregelung im deutschen Strafrecht erhebliche Bedenken bestehen (oben 5 ff), der Mißerfolg des Gesetzes offenkundig (Lammer aaO 517) und die Kronzeugenregelung mit unserer Rechtskultur nur schwer zu vereinbaren ist (Dahs NJW **95**, 557), hat der Gesetzgeber ihre Geltungsdauer durch Gesetz vom 16. 2. 1993 (BGBl I 238) zunächst bis zum 31. 12. 1995 und sodann durch Gesetz vom 19. 1. 1996 (BGBl I 58) bis zum 31. 12. 1999 verlängert und durch das Verbrechensbekämpfungsgesetz 1994 die Anwendung mit Einfügung des Art 5 sogar noch auf bestimmte organisiert begangene Straftaten erstreckt (zust aber Schlüchter ZRP **97**, 69: unverzichtbare Notmaßnahme zur Bewahrung des Rechtsstaats im Kampf gegen den Terrorismus und die organisierte Kriminalität). Das ist umso unverständlicher, als es auch im übrigen gesetzliche Möglichkeiten gibt, die Mitwirkung von Mitgliedern terroristischer Vereinigungen bei der Verhinderung von Straftaten und der Hilfe bei der Fahndung und Überführung angemessen zu honorieren (vgl dazu Bernsmann JZ **88**, 540 ff). Für eine Ausdehnung der Regelung – insbesondere im Bereich des Umweltstrafrechts – aber Behrendt GA **91**, 337, abl dazu Schlüchter aaO 70.

Artikel 1–3 *(nicht abgedruckt)*

Artikel 4. Kronzeugenregelung bei terroristischen Straftaten

Absehen von der Verfolgung

1 Offenbart der Täter oder Teilnehmer einer Straftat nach § 129 a des Strafgesetzbuches oder einer mit dieser Tat zusammenhängenden Straftat selbst oder durch Vermittlung eines Dritten gegenüber einer Strafverfolgungsbehörde sein Wissen über Tatsachen, deren Kenntnis geeignet ist,

1. **die Begehung einer solchen Straftat zu verhindern,**
2. **die Aufklärung einer solchen Straftat, falls er daran beteiligt war, über seinen eigenen Tatbeitrag hinaus zu fördern oder**
3. **zur Ergreifung eines Täters oder Teilnehmers einer solchen Straftat zu führen,**

so kann der Generalbundesanwalt mit Zustimmung eines Strafsenats des Bundesgerichtshofes von der Verfolgung absehen, wenn die Bedeutung dessen, was der Täter oder Teilnehmer offenbart hat, insbesondere im Hinblick auf die Verhinderung künftiger Straftaten, dies im Verhältnis zu der eigenen Tat rechtfertigt.

1) Anwendungsbereich: 1

A. Nur auf **Täter oder Teilnehmer** einer Straftat nach § 129 a StGB oder einer mit dieser Tat zusammenhängenden Straftat ist das Gesetz anzuwenden. Es gilt also nur für solche Personen, die selbst in terroristische Straftaten verwickelt (Bernsmann NStZ **89**, 457; krit Hassemer StV **86**, 663), dh genauer, der Mitwirkung an solchen Straftaten verdächtig sind (Hassemer StV **86**, 552, **89**, 80; Hilger NJW **89**, 2377). Da das Gesetz nicht von Verdächtigen spricht, muß davon ausgegangen werden, daß für den GBA bei der Anwendung der Regelung an der Täterschaft oder Tatbeteiligung kein Zweifel bestehen darf. 2

B. Für jede damit **zusammenhängende Straftat,** nicht nur für die Straftat nach § 129 a StGB, besteht die Möglichkeit des Absehens von der Verfolgung. Es kommen insofern insbesondere Begleit- und Beschaffungsdelikte (zB Urkundenfälschung, Diebstahl, Vergehen gegen das Waffengesetz) in Betracht (Bernsmann NStZ **89**, 460; Hilger NJW **89**, 2377), wobei das materiellrechtliche Konkurrenzverhältnis bedeutungslos ist. Damit geht die Regelung bewußt über §§ 129, 129 a StGB hinaus, die diese Straftaten nicht erfassen (vgl BT-Drucks 11/2834 S. 13). Dem GBA wird damit eine Kompetenz zugesprochen, die ihm sonst nach § 142 a GVG nicht zusteht (erg 3 zu § 153 e StPO). Das Absehen kann sich auf alle oder nur auf einzelne der Straftaten erstrecken. Soweit § 1 anwendbar ist, geht er §§ 129 a V, 129 VI StGB als Spezialgesetz vor (Hilger aaO). 3

2) Das **Offenbaren des Wissens** erfolgt durch den Täter oder Teilnehmer der Straftat selbst oder durch einen Dritten, den das Gesetz in § 4 als Vermittler bezeichnet. Vermittler kann jedermann sein (krit Bernsmann NStZ **89**, 460); idR wird es sich um Angehörige, einen Geistlichen oder insbesondere einen RA, der nicht Verteidiger des Täters oder Teilnehmers sein muß, handeln. 4

3) Geeignet zur Erreichung der in Nr 1–3 genannten Zwecke müssen die offenbarten Tatsachen sein. Es wird somit nur verlangt, daß sie zu dem gewünschten Erfolg führen können, nicht, daß sie Erfolg gehabt haben (Bernsmann NStZ **89**, 460; Hilger NJW **89**, 2378). Die hierfür notwendigen Feststellungen können im Freibeweisverfahren getroffen werden (Hamburg NStZ **97**, 443; krit dazu Fezer Lenckner-FS 681). 5

4) Vorrangiges Ziel ist die **Verhinderung der Begehung** (Nr 1) einer der bezeichneten Straftaten (§ 1 aE), daneben auch die **Förderung der Aufklärung** (Nr 2) und die **Ergreifung eines Täters** oder Teilnehmers (Nr 3). Nr 2 betrifft – trotz der etwas undeutlichen Formulierung – nicht nur den an der aufzuklärenden Straftat Beteiligten (sog interner Kronzeuge); wenn es sich aber um einen solchen handelt, muß die Offenbarung seines Wissens geeignet sein, die Aufklärung über seinen eigenen Tatbeitrag hinaus zu fördern (Hilger NJW **89**, 2378; vgl auch § 31 Nr 1 BtMG). Für Nr 3 spielt es keine Rolle, ob sich der Täter oder Teilnehmer inzwischen von der terroristischen Vereinigung gelöst hat. Hier genügen alle Hinweise, die eine Ergreifung ermöglichen können; die Beschränkung auf Hinweise zum Aufenthaltsort, zu Lebensgewohnheiten oder Verhaltensweisen eines Täters bezeichnet der BGH (NJW **92**, 989, 991) zutr als zu eng (**aM** Bay NStZ **91**, 388; Stuttgart JZ **92**, 538; Lammer JZ **92**, 513 meint, damit würden entgegen BGH alle Möglichkeiten erfaßt). Nicht ausreichend ist es, wenn sich ein Terrorist im Hinblick auf die Hinweise selbst zur Umkehr entschließt und sich deshalb selbst stellt (Lammer aaO; offengelassen von BGH aaO). 6

5) Absehen von der Verfolgung: 7

A. **Voraussetzungen:** Es liegt im **Ermessen** des GBA, ob er von der Regelung Gebrauch machen will. Einschränkungen ergeben sich aber aus § 3 für Straftaten nach § 220 a StGB (bei Völkermord insgesamt unanwendbar) und für Täter eines vollendeten Mordes oder Totschlags (§§ 211, 212, 25 StGB; vgl 2 f zu § 3). Daraus folgt, daß bei der zu treffenden Ermessensentscheidung das offenbarte Wissen mit 8

Art und Bedeutung der verletzten Rechtsgüter abzuwägen sind (Bernsmann NStZ **89**, 460; Hilger NJW **89**, 2377). Weil aber vorrangiges Ziel die Verhinderung der Begehung terroristischer Straftaten ist (oben 5), wird in diesem Fall das Absehen von der Verfolgung besonders naheliegen. Im übrigen gilt der Grundsatz, daß die Aufklärungshilfe um so größer sein muß, je schwerer die Tat des „Kronzeugen" wiegt (vgl BT-Drucks 11/2834 S. 14). Die Gewährung der
9 Vergünstigung **setzt aber nicht voraus,** daß in persönlicher Beziehung ein „Stufenverhältnis" und in sachlicher Hinsicht ein „Unrechtsgefälle" besteht, wie es im Schrifttum teilw gefordert wird (Behrendt GA **91**, 337; Jaeger [2 vor § 1] 45 f; Jung [2 vor § 1] 69 f und ZRP **86**, 40; Lammer ZRP **89**, 250), daß also der verratene Komplize wichtiger oder mindestens genauso wichtig wie der Kronzeuge und die Tat, für die Straffreiheit gewährt wird, minder schwer als die geoffenbarte sein müßten.

10 B. **Zuständigkeit:** Im Gegensatz zur Regelung in §§ 153 a, b, e StPO ist die Ermessensentscheidung des GBA nicht an die Zustimmung des für das Hauptverfahren zuständigen Gerichts, sondern an die eines – im Geschäftsverteilungsplan zu bestimmenden – Strafsenats des BGH gebunden. Der Senat beschließt in nichtöffentlicher Sitzung (Besetzung: § 139 I GVG). Weder die Zustimmung noch deren Ablehnung bedürfen einer Begründung (vgl 11 zu § 153 StPO). Die Verteidigung ist am Verfahren nicht beteiligt (krit Hassemer StV **86**, 553). Eine Überprüfung der Ermessensentscheidung des GBA findet im übrigen nicht statt.

11 **6) Folgen:**

12 A. Hat der Strafsenat des BGH die **Zustimmung erteilt**, so stellt der GBA das Verfahren ein. Für den Verletzten der Straftat kommt ein Klageerzwingungsverfahren nach § 172 StPO nicht in Betracht, da dieses nur gegen Einstellungsverfügung gegeben ist, durch die das Verfahren nach § 170 II StPO eingestellt wird (1 zu § 172 StPO). Die Wiederaufnahme der Ermittlungen zu einem späteren Zeit-
13 punkt, dh die **erneute Verfolgung,** ist – im Gegensatz zu früheren Entwürfen (vgl Jahrreiß Lange-FS 769 zu § 153 f III E-StPO) – nicht ausgeschlossen; die Einstellungsverfügung erwächst also nicht in Rechtskraft (Bernsmann NStZ **89**, 457, 460; Lammer ZRP **89**, 250), was die gesamte Regelung für den Kronzeugen entwertet (zutr Hassemer NStZ **86**, 553). Eine Einschränkung dahin, daß höchstens bei Vorliegen eines bisher unbekannten, wichtigen Grundes die Wiederaufnahme der Ermittlungen in Betracht kommnt, was der GBA dem Kronzeugen zusichern sollte (krit zu derartigen Zusicherungen Bernsmann aaO 460), erscheint daher notwendig (Hilger NJW **89**, 2378).

14 B. Wird die **Zustimmung verweigert,** ist der GBA zur Anklage gegen den der Tat oder der Beteiligung an ihr verdächtigen „Kronzeugen" verpflichtet. Allerdings kann das Gericht mit Zustimmung des GBA das Verfahren nach § 153 b II StPO einstellen (§ 2 S. 2). Eine Bindungs- oder Sperrwirkung für das das Hauptverfahren durchführende Gericht hat die Erklärung des Strafsenats des BGH, die keine Entscheidung ist und nicht begründet wird (oben 9), nicht (krit dazu Bernsmann NStZ **89**, 459).

15 C. **Zeuge** wird der bis dahin als Beschuldigter zu behandelnde „Kronzeuge" (vgl Baumann JuS **75**, 343) erst mit dem Absehen von der Verfolgung (erg 21 vor § 48 StPO). In der Hauptverhandlung ist er grundsätzlich als solcher zu vernehmen. Allerdings kann das Bedürfnis, den von den anderen Mitgliedern der terroristischen Vereinigung mit Sicherheit als Verräter angesehenen Kronzeugen vor diesen zu schützen, dazu führen, daß er entspr § 96 StPO geheimgehalten wird (erg 12 f zu § 96 StPO), falls Maßnahmen nach § 68 S. 1 StPO (dort 2), § 247 StPO (dort 12) oder § 172 Nr 1 GVG (dort 5) nicht ausreichen (Hilger NJW **89**, 2378). Bei Einführung des Wissens des Kronzeugen durch einen Dritten wird aber, wenn die Verurteilung hierauf gestützt werden soll, eine Bestätigung durch andere

Beweismittel erforderlich sein (Denny ZStW **103**, 302 ff; erg 5 zu § 250; krit Bernsmann NStZ **89**, 458; Brüssow Koch-FG 70).

D. Über den **Lebens- und Leibesschutz** eines vernommenen Kronzeugen ist keine Regelung getroffen worden. Daß der Staat aber die Pflicht hat, den Kronzeugen vor den Folgen seiner Offenbarungen zu schützen (zB durch Verschaffung einer neuen Identität), ist selbstverständlich (Lammer ZRP **89**, 252). 16

Absehen von Strafe oder Milderung

2 In den Fällen des § 1 kann das Gericht im Urteil von Strafe absehen oder die Strafe nach seinem Ermessen mildern; dabei kann es bis zum gesetzlichen Mindestmaß der angedrohten Strafe herabgehen oder statt auf Freiheitsstrafe auf Geldstrafe erkennen. Beabsichtigt das Gericht, das Verfahren nach § 153 b Abs. 2 der Strafprozeßordnung einzustellen, so ist die nach dieser Vorschrift erforderliche Zustimmung der Staatsanwaltschaft vom Generalbundesanwalt zu erteilen.

1) Zuständigkeit: Nach Erhebung der Klage kann das Gericht nach S. 2 schon im Zwischenverfahren gemäß § 153 b II StPO (dort 3) mit Zustimmung des GBA das Verfahren einstellen; bei der Urteilsfällung hat es die in S. 1 genannten Möglichkeiten (unten 2). 1

2) Entscheidungsmöglichkeiten im Urteil: Für die vom Gericht zu treffende Ermessensentscheidung gelten die in 7 zu § 1 dargelegten Grundsätze entspr (Bernsmann NStZ **89**, 461). Das Absehen von Strafe ist bei Straftaten nach § 220 a StGB jedoch nach § 3 S. 1 gänzlich und bei solchen nach §§ 211, 212 StGB ausgeschlossen, falls der Angeklagte Täter eines vollendeten Mordes oder Totschlags ist (§ 3 S. 2, 3). Die Möglichkeit der Strafmilderung entspricht § 49 II StGB; auch insofern ergeben sich nach § 3 Einschränkungen (vgl dort). Die Milderung ist 2
schon erlaubt, wenn die **abstrakte Möglichkeit** der Verhinderung oder Aufklärung von terroristischen Straftaten durch die Aussage geschaffen worden ist (BGH NJW **92**, 989, 991; Bay NStZ **91**, 388; Hamburg NStZ **97**, 443; **aM** Stuttgart JZ **92**, 537; Hoyer JZ **94**, 239; Lammer JZ **92**, 512: konkrete Möglichkeit erforderlich). Nicht ausreichend ist es allerdings, wenn die „Geeignetheit" lediglich nicht ausgeschlossen werden kann (**aM** Bay aaO; offengelassen von BGH aaO; erg 5, 6 zu § 1). Die Milderung führt, soweit nicht ganz von Strafe abgesehen wird, zu 3
einer **Strafrahmenverschiebung** bei jeder Einzelstraftat, nicht erst bei der Gesamtstrafenbildung, aber auch nicht schon bei jeder einzelnen Gesetzesverletzung (so aber Lammer JZ **92**, 513); sie kann sich „übergreifend" auf alle vom Kronzeugen begangenen Straftaten erstrecken (dazu eingehend Lammer aaO 514). Bei der 4
Strafzumessung im einzelnen darf neben der mit dem KronzG verfolgten kriminalpolitischen Zielsetzung die abwägende Berücksichtigung der Schwere der vom Kronzeugen begangenen Straftaten und dessen persönliche Schuld nicht in den Hintergrund treten (BVerfG NJW **93**, 190; BGH NJW **92**, 989, 992; Bay NStZ **91**, 388). Eine vorrangige Berücksichtigung bei der Strafzumessung, daß Straftaten verhindert und nicht nur solche aufgeklärt worden sind, ist nicht anzuerkennen (Lammer aaO 515 gegen Bay aaO). 5

3) Einstellung nach § 153 b II StPO: Die Zustimmung durch den GBA, abweichend von § 153 b II (StA), soll eine einheitliche Handhabung sicherstellen (vgl auch § 153 c IV StPO). Seine Zustimmung ist auch dann erforderlich, wenn er sonst am Verfahren (zB wegen § 142 a II Nr 2 GVG) nicht beteiligt ist (erg 3 zu § 153 e StPO). Auch der angeschuldigte „Kronzeuge" muß zustimmen (3 zu § 153 b StPO). Die Einstellung ist nach § 3 bei Völkermord und täterschaftlicher Begehung eines vollendeten Mordes oder Totschlags nicht zulässig. Zur Frage des Strafklageverbrauchs vgl 3 zu § 153 b StPO, 37 f zu § 153 StPO. 6

7 **4)** Nur einer **eingeschränkten revisionsgerichtlichen Überprüfung** unterliegt die Anwendung der Kronzeugenregelung; wie stets bei der tatrichterlichen Strafzumessung ist auch hier eine ins einzelne gehende Richtigkeitskontrolle ausgeschlossen (BGH NJW **92**, 989, 992; erg 34 zu § 337 StPO).

Einschränkungen des Anwendungsbereichs

3 Die §§ 1 und 2 sind auf Straftaten nach § 220 a des Strafgesetzbuches nicht anzuwenden. Bei Straftaten nach den §§ 211, 212 des Strafgesetzbuches ist ein Absehen von Verfolgung und Strafe nicht und eine Strafmilderung nach § 2 Satz 1 nur bis zu einer Mindeststrafe von drei Jahren zulässig; die Möglichkeit, von Verfolgung und Strafe wegen anderer, mit einer solchen Tat zusammenhängender Straftaten nach den §§ 1 und 2 abzusehen oder die Strafe nach § 2 zu mildern, bleibt unberührt. Satz 2 findet in den Fällen des Versuchs, der Anstiftung oder der Beihilfe keine Anwendung.

1 **1) Keine Anwendung** findet die Kronzeugenregelung bei Völkermord (§ 220 a StGB), was selbstverständlich erscheint (Bernsmann NStZ **89**, 460; Hassemer StV **89**, 79). Das gilt auch für den Versuch einer Straftat nach § 220 a StGB und für den Teilnehmer an einer solchen Straftat (S. 1, 3).

2 **2) Beschränkt** ist die Regelung anwendbar bei Mord (§ 211 StGB) und Totschlag (§ 212 StGB). Für den Täter einer solchen Straftat kommt bei Vollendung der Tat ein Absehen von Strafe nicht und eine Milderung nur bis zu einer Mindeststrafe von 3 Jahren (entspr der Milderung nach § 49 I Nr 1 StGB) in Betracht; für zusammenhängende Straftaten (3 zu § 1) gelten diese Beschränkungen ebensowenig wie für den Versuch des Tötungsdelikts, die Beihilfe oder die Anstiftung dazu (S. 3). Damit soll eine Anwendung gerade auch auf Hintermänner und Rädelsführer ermöglicht werden (vgl BT-Drucks 11/2834 S. 13).

3 **3) Wertungswidersprüche** sind bei dieser Regelung nicht zu übersehen: Die Gleichstellung der Anstiftung mit der Beihilfe statt mit der Täterschaft widerspricht § 26 StGB. Gerade im Ermittlungsverfahren wird die rechtliche Einstufung der Tatbeteiligung des Mitglieds der terroristischen Vereinigung aber oftmals schwierig sein, so daß die getroffene Regelung vertretbar erscheint (krit aber Bernsmann NStZ **89**, 460; Hassemer StV **89, 80;** Krauß StV **89**, 322). Die Strafmilderung auf nur 3 Jahre auch bei § 212 StGB steht jedoch mit der – in einem solchen Fall auch möglichen – Milderung nach § 213 StGB (bis 1 Jahr) in Widerspruch. Nicht recht verständlich ist, daß nicht auch andere gemeingefährliche oder Tötungsdelikte (zB §§ 239 IV, 307 III, IV, 316 c II StGB) ausgenommen worden sind (Bernsmann aaO; Hassemer aaO; zu weitgehend Lammer ZRP **89**, 250: die in § 138 StGB aufgeführten Straftaten).

4 **4) Weitere Milderungsmöglichkeiten** bleiben unberührt (Schmidt MDR **90**, 108). Insbesondere können §§ 129 a IV, V, 129 VI StGB zur Anwendung gelangen. Soweit sich die Regelungen überschneiden, gehen §§ 1–3 allerdings als Spezialgesetz vor (Hilger NJW **89**, 2378).

Keine Anzeigepflicht eines Dritten

4 Ein Dritter im Sinne des § 1 ist nicht verpflichtet anzuzeigen, was ihm in seiner Eigenschaft als Vermittler anvertraut worden ist.

1 **1) Dritter** ist der Vermittler (4 zu § 1), der die „sensiblen Sondierungsgespräche" (Hilger NJW **89**, 2378) mit dem GBA führen soll. Er darf selbst nicht tatbeteiligt sein (Achenbach Kriminalistik **89**, 639). Die Vorschrift will ein strafrechtliches Risiko für den Vermittler ausschließen, der eine „vom Gesetzgeber gebilligte und gewünschte Aufgabe erfüllt" (Bernsmann NStZ **89**, 461).

2) Ein **Verschwiegenheitsrecht** wird dem Vermittler eingeräumt, ähnlich dem Geistlichen nach § 139 II StGB (Bernsmann NStZ **89**, 459). Anvertrauen ist das vertrauliche Einweihen in das Wissen, daß der Kronzeuge nur im Hinblick auf § 1 offenbaren will (vgl auch Köln NStZ **83**, 412 mit Anm Rogall; Sch/Sch-Lenckner 13 zu § 203 StGB). Bedeutung hat das Verschwiegenheitsrecht im Hinblick auf § 138 StGB für bevorstehende Straftaten, falls die Verhandlungen des Vermittlers mit dem GBA scheitern (Bernsmann aaO 461). Da die Vorschrift auf das „Anvertrauen" abstellt, muß das Verschwiegenheitsrecht auch bejaht werden, wenn es zu einer Vermittlung nicht gekommen ist, was in Anbetracht der fehlenden Anforderungen an die Person des Vermittlers (4 zu § 1) nicht unbedenklich erscheint. 2

3) Eine **Einschränkung** muß das Vermittlerprivileg für die Fälle erfahren, in denen eine Vermittlung nach §§ 1, 3 nicht in Betracht kommt (zw Bernsmann NStZ **89**, 461). Zur Anzeige der Beteiligung des potentiellen Kronzeugen an einem geplanten Verbrechen des Völkermords oder der Begehung eines Mordes oder Totschlags durch ihn (§ 138 I Nr 6 StGB) bleibt also auch der Vermittler verpflichtet. 3

4) Welche **strafprozessualen Rechte** dem Vermittler zustehen, ergibt sich aus § 4 nicht. Entspr §§ 53, 97 StPO wird auch dem Vermittler ein Zeugnisverweigerungsrecht hinsichtlich der anvertrauten Tatsachen und Beschlagnahmefreiheit bezüglich der insoweit übergebenen Gegenstände zuzubilligen sein. Die Durchsuchung seiner Wohnung nach § 103 I S. 2 StPO ist hingegen nicht untersagt (Bernsmann NStZ **89**, 461; **aM** SK/StPO-Rogall 29 vor § 48). Diese Fragen sind im Gesetzgebungsverfahren offenbar nicht bedacht worden, zumal § 4 erst nachträglich eingefügt worden ist (vgl BT-Drucks 11/4359 S. 10, 18). 4

Geltungsdauer der Kronzeugenregelung

5 Die §§ 1 bis 3 sind nur anzuwenden, wenn das Wissen über die Tatsachen bis zum 31. Dezember 1999 offenbart worden ist.

1) Vgl 3 und 9 vor § 1. Die **Geltungsdauer** der Kronzeugenregelung ist durch Gesetz vom 16. 2. 1993 (BGBl I 238) zunächst bis zum 31. 12. 1995 und sodann durch Gesetz vom 19. 1. 1996 (BGBl I 58) bis zum 31. 12. 1999 verlängert worden. Der Kronzeuge selbst oder der Vermittler (§ 4) müssen das Wissen dem GBA oder im Fall des § 2 dem Gericht bis zum 31. 12. 1999 offenbart haben. Das Verschwiegenheitsrecht des Vermittlers (2 zu § 4) entfällt für ihm erst nach diesem Zeitpunkt Anvertrautes. 1

Artikel 5. Kronzeugenregelung bei organisiert begangenen Straftaten

Artikel 4 §§ 1 bis 5 gilt sinngemäß für die Offenbarung durch einen Täter oder Teilnehmer einer Straftat nach § 129 des Strafgesetzbuches oder einer mit dieser Tat zusammenhängenden, mit zeitiger Freiheitsstrafe von mindestens einem Jahr bedrohten Tat, wenn die Zwecke oder die Tätigkeit der Vereinigung auf die Begehung von Taten gerichtet sind, bei denen der Erweiterte Verfall (§ 73 d des Strafgesetzbuches) angeordnet werden kann. Gemäß Artikel 4 §§ 1 und 2 Satz 2 zuständig sind die Staatsanwaltschaft und das Gericht, das für die Hauptverhandlung zuständig wäre.

1) Ziel der durch das Verbrechensbekämpfungsgesetz 1994 eingefügten Regelung ist es, den Fortbestand einer kriminellen Organisation oder zumindest die Begehung der von ihr drohenden Straftaten zu verhindern. Durch die Anknüpfung an § 129 StGB wird erreicht, daß die Regelung auf Beteiligte an Straftaten beschränkt bleibt, die organisiert begangen werden oder begangen werden sollen 1

(BT-Drucks 12/6853 S.119 ff). Dabei tritt eine weitere Begrenzung durch die Beschränkung auf bestimmte schwere Straftaten ein (unten 2).

2 **2)** Eine **Straftat** nach § 129 StGB oder ein mit dieser Tat zusammenhängendes Verbrechen muß durch ein Mitglied der kriminellen Vereinigung offenbart werden. Die Anwendung der Regelung ist aber beschränkt auf Vereinigungen, deren Zwecke oder Tätigkeit auf die Begehung von solchen Verbrechen (nämlich nach § 12 I StGB auf Taten, die im Mindestmaß mit Freiheitsstrafe von einem Jahr bedroht sind) gerichtet sind, bei denen der Erweiterte Verfall nach § 73 d StGB angeordnet werden kann. Das sind die Geldfälschung nach §§ 146 I, II, 152 a StGB, der schwere Menschenhandel nach § 181 StGB, der schwere Bandendiebstahl nach § 244 a StGB, die räuberische Erpressung nach § 255 StGB, die gewerbsmäßige Bandenhehlerei nach § 260 a StGB, ferner BtM-Straftaten nach §§ 29 a, 30, 30 a BtMG, gewerbs- und – und bandenmäßiges Einschleusen von Ausländern nach § 92 b AuslG, gewerbs- und bandenmäßige Verleitung zur mißbräuchlichen Asylantragstellung nach § 84 a AsylVfG, Straftaten nach §§ 19 I, II, 20 I, 22 a I KWKG und nach § 52 a I WaffG sowie nach § 34 IV AWG. Damit soll die Kronzeugenregelung u.a. außer zur Bekämpfung der als typisch für organisierte Kriminalität angesehenen schweren BtM-Delikte auch zur Bekämpfung der Schutzgelderpressungen, des Schlepperunwesens, des illegalen Waffenhandels und des Technologietransfers eingesetzt werden.

3 **3) Zuständig** zur Gewährung der Vergünstigung sind anders als in Art 4 §§ 1, 2 S.2 die StA und das Gericht, das für die Hauptverhandlung zuständig wäre, also nicht GBA und BGH. Da es hier um schwere Straftaten gehen muß (oben 2), wird zuständiges Gericht idR die Große StrK beim LG (vorzugsweise nach § 74 a GVG, vgl König/Seitz NStZ **95**, 6) sein, die außerhalb der Hauptverhandlung in der Besetzung von 3 Richtern einschließlich des Vorsitzenden (§ 76 I GVG), in der Hauptverhandlung in der nach § 76 II GVG bestimmten Besetzung entscheidet.

4 **4)** Zum **Absehen von der Verfolgung und zu den Folgen** vgl 7 ff zu Art 4 § 1, zum Absehen und der Milderung von Strafe vgl Art 4 § 2. Soweit die Tat mit lebenslanger Freiheitsstrafe bedroht ist (also eine unter die Vorschrift fallende Tat zB mit einem Mord tateinheitlich zusammentrifft), ist Art 5 unanwendbar (vgl auch Art 4 § 3).

5 **5)** Die **Geltungsdauer** der Regelung ist nach dem anwendbaren Art 4 § 5 bis 31. 12. 1999 beschränkt (vgl dort).

Artikel 6. Inkrafttreten

Dieses Gesetz tritt am Tage nach der Verkündung in Kraft.

1 **1)** Das Gesetz wurde am 15. Juni 1989 verkündet (BGBl I 1059).

4. Konvention zum Schutze der Menschenrechte und Grundfreiheiten

Vom 4. November 1950 (BGBl 1952 II 685)

Vorbemerkungen

1 **1)** Ein **völkerrechtlicher Vertrag,** den alle derzeit 40 Mitgliedstaaten des Europarats gezeichnet und ratifiziert haben, ist die am 4. 11. 1950 in Rom von zunächst 15 Staaten unterzeichnete MRK. Die BRep hat sie durch Ges vom 7. 8. 1952 (BGBl II 685, 953) ratifiziert. Nach der Bek vom 15. 12. 1953 (BGBl 1954 II 14) ist die MRK für die BRep am 3. 9. 1953 in Kraft getreten.

2) Zusatzprotokolle: Abschn I MRK wird durch das ZP vom 20. 3. 1952 ergänzt, das von der BRep durch Ges vom 20. 12. 1956 (BGBl II 1879) ratifiziert worden ist. Das nach der Bek vom 13. 4. 1957 (BGBl II 226) am 13. 2. 1957 in Kraft getretene ZP sichert das Recht auf Eigentum (Art 1), Bildung (Art 2) sowie freie und geheime Wahlen (Art 3). Zu der MRK sind ferner das 2. ZP (Zuständigkeit des EGMR zur Erstattung von Gutachten), das 3. ZP (Änderung der Art 29, 30, 34), das 4. ZP (Verbot des Freiheitsentzuges wegen Nichterfüllung vertraglicher Verpflichtungen [Art 1], Gewährleistung der Freizügigkeit [Art 2], Verbot der Ausweisung der eigenen Staatsangehörigen [Art 3] und der Kollektivausweisung von Ausländern [Art 4]), das 5. ZP (Änderung der Art 22, 40) und das 6. ZP (Abschaffung der Todesstrafe) vereinbart worden. Das 2., 3. und 5. ZP ist von der BRep durch Ges vom 10. 12. 1968 (BGBl II 1111), das 4. ZP durch Ges vom 9. 5. 1968 (BGBl II 422), das 6. ZP durch Ges vom 23. 7. 1988 (BGBl II 662; dazu Calliess NJW **89**, 1019) ratifiziert worden. Das 2. und 3. ZP ist am 21. 9. 1970 in Kraft getreten (vgl Bek vom 20. 11. 1971 [BGBl 1972 II 105]), das 4. ZP am 1. 6. 1968 (Bek vom 18. 11. 1968 [BGBl II 1109]), das 5. ZP am 20. 12. 1971 (Bek vom 8. 2. 1972 [BGBl II 105]) und das 6. ZP am 1. 8. 1989 (Bek vom 27. 9. 1989 [BGBl II 814]). Von der BRep noch nicht ratifiziert ist das 7. ZP vom 22. 11. 1984, das den Grundrechtskatalog der MRK um solche Rechte erweitert, die der am 23. 2. 1976 in Kraft getretene Internationale Pakt der Vereinten Nationen über bürgerliche und politische Rechte (IPBPR), nicht aber die MRK gewährleistet (vgl Bartsch NJW **85**, 1758). Zum IBPR vgl unten 7; dem am 23. 3. 1976 in Kraft getretenen Fakultativprotokoll vom 19. 12. 1966 zum IPBPR, welches das Verfahren des Ausschusses zur Entgegennahme und Prüfung einer behaupteten Verletzung eines im Pakt niedergelegten Rechts regelt, hat der BTag am 21. 12. 1992 zugestimmt (BGBl II 1246). Das 8. ZP vom 19. 3. 1985, das Verfahren der Individualbeschwerde nach Art 25 verbessert und beschleunigt (vgl Bartsch NJW **86**, 1385), ist durch Ges vom 30. 6. 1989 (BGBl II 546) ratifiziert worden und am 1. 1. 1990 in Kraft getreten (dazu Bartsch NJW **91**, 1396). Dem 9. ZP vom 6. 11. 1990, das u.a. den Beschwerdeführern nach Art 25 das Recht zur Anrufung des EuGH einräumt, und dem 10. ZP vom 25. 3. 1992, das die in Art 32 I bisher vorgesehene 2/3 Mehrheit durch die Mehrheit ersetzt hat, hat der BTag am 19. 4. 1994 zugestimmt (BGBl II 490); die Ratifikation durch die BRep erfolgte am 1. 11. 1994 bzw 7. 7. 1994 (vgl EuGRZ **96**, 379), das 9. ZP ist am 1. 10. 1994 in Kraft getreten und durch Art 2 VIII des 11. ZP aufgehoben worden (durch dessen Vorschriften abgelöst). Das 11. ZP, das die Ersetzung der EMRK, des EGMR und des Ministerkomitees für Individualbeschwerden durch einen ständigen Gerichtshof mit der Neufassung der Art 19 ff gebracht hat, ist von der BRep durch Ges vom 24. 7. 1995 (BGBl II 578) ratifiziert worden und am 1. 11. 1998 in Kraft getreten (vgl Meyer-Ladewig NJW **98**, 512). 2

3) Innerstaatliche Geltung: Die durch Art II des Zustimmungsgesetzes vom 7. 8. 1952 mit Gesetzeskraft veröffentlichte MRK ist unmittelbar geltendes innerstaatliches Recht der BRep. Gegenüber dem sonstigen innerstaatlichen Recht hat sie keinen Vorrang; sie steht nur im Rang eines einfachen Bundesgesetzes (BVerfGE **10**, 271, 274 = NJW **60**, 1243 m Anm Guradze; BayVerfGHE **9** II 21 = NJW **61**, 1619; BGH **21**, 81, 84; KG Rpfleger **88**, 331; Bremen NJW **60**, 1265 mit Anm von Stackelberg; Karlsruhe NJW **72**, 1907; Koblenz NJW **72**, 404; Stuttgart VRS **68**, 367, 369; Herzog AöR **86**, 237; Krey 1/129 und JA **83**, 639; JZ **79**, 708; von Weber MDR **55**, 386; **aM** Echterhölter JZ **55**, 689: Menschenrechte iS Art 1 II GG). Allgemeine Regeln des Völkerrechts iS des Art 25 GG sind auch die Bestimmungen des Abschn I nicht (KG aaO; Stuttgart aaO; OVG Münster NJW **56**, 1374; Dörr, Faires Verfahren, 1984, S. 90; Geck DVBl **56**, 525; Herzog DÖV **59**, 44; Klein in FS für Laun, 1962, S. 152 ff; Münch JZ **61**, 153; **aM** Guradze Einl S. 17; Schorn 38, 44). Ein der MRK widersprechendes Gesetz ist daher zwar völkerrechtswidrig, aber innerstaatlich gültig (Herzog aaO); späteres 3

Recht setzt entgegenstehende Bestimmungen der MRK außer Kraft (Göhler NStZ **85**, 64; Krey JZ **79**, 708; **aM** Guradze aaO; NJW **60**, 1243; DÖV **60**, 286).

4 **4) Wirkung der MRK auf bestehendes Recht:** Durch die Aufnahme der MRK in das Recht der BRep ist das mit ihr übereinstimmende bestehende Recht nicht auf- oder abgelöst, sondern nur gefestigt und mit übernationalem Rechtsschutz (vgl Art 25) versehen worden (Jescheck NJW **54**, 784; D. Meyer NJW **74**, 1175; MDR **74**, 195; von Weber ZStW **65**, 339). Mit ihr nicht übereinstimmendes Recht hat die MRK aufgehoben, abgeändert oder ergänzt, soweit es sich um gewährleistete Menschenrechte und Grundfreiheiten handelt (Bremen NJW **60**, 1265; Düsseldorf NStZ **85**, 370, 731; Kühne NJW **71**, 224; Münch JZ **61**, 154; Woesner NJW **61**, 1383; **aM** von Weber MDR **55**, 386). Bei der Auslegung der bestehenden Gesetze sind die Wertentscheidungen der MRK stets zu berücksichtigen (BVerfGE **74**, 358, 370 = NJW **87**, 2427; BGH **8**, 59, 64; BVerwGE **6**, 271; BVerwG DÖV **60**, 65; Krey 1/132 und JA **83**, 639; JZ **79**, 708; Kühne 29; vgl etwa BGH **25**, 44, 49). Wegen des Verhältnisses zum Europäischen Gemeinschaftsrecht vgl LR-Gollwitzer Einl 23 ff.

5 5) Bei der **Auslegung der MRK** (dazu allg Echterhölter JZ **56**, 142) ist, wie allgemein bei der Anwendung internationaler Abkommen, auf den Wortlaut weniger Gewicht zu legen als bei ausschließlich innerstaatlichen Gesetzen; denn eine internationale Rechtssprache ist erst im Werden (von Weber ZStW **65**, 344 ff). Außerdem haben die Vertragschließenden durch die MRK ihre Gesetzesautonomie nur in dem eindeutig bezeichneten Umfang beschränken wollen. Die MRK muß daher, wenn irgend möglich, so ausgelegt werden, daß sie mit den bestehenden nationalen Vorschriften übereinstimmt (Bockelmann Engisch-FS 464; D. Meyer NJW **74**, 1175; von Weber aaO; vgl auch Mattil JR **65**, 167). In Zweifelsfällen ist für die Gerichte und Behörden der BRep nicht der deutsche, sondern der französische und englische Text maßgebend (Guradze Einl S. 33; Echterhölter JZ **56**, 143; Herzog JZ **66**, 657; Lenckner GA **68**, 6; **aM** BGHZ **45**, 58, 68 = NJW **66**, 1021, 1024; Krüger NJW **70**, 1485; Woesner NJW **61**, 1383).

6 6) Die **Verletzung** der in der MRK gewährleisteten Rechte und Freiheiten durch die Gerichte oder Behörden der BRep kann mit den allgemeinen Rechtsmitteln (Beschwerde, Revision, Rechtsbeschwerde, Klage im Verwaltungsrechtsweg usw) und im Wege der Individualbeschwerde nach Art 25 gerügt werden. Eine Verfassungsbeschwerde ist ausgeschlossen (2 zu Art 13). Die Unzulässigkeit der Strafverfolgung hat der Verstoß nicht zur Folge (Düsseldorf NJW **84**, 2050, 2052; erg 12 zu Art 5; 9 zu Art 6).

7 7) Der **Internationale Pakt über bürgerliche und politische Rechte (IPBPR)** (vgl oben 2) gewährt im wesentlichen denselben Menschenrechtsschutz wie die MRK (vgl die Gegenüberstellung der Vorschriften bei LR-Gollwitzer Erläuterungen zur MRK); Art 60 MRK und Art 5 II IPBPR lassen jeweils weitergehende Gewährleistungen unberührt (LR-Gollwitzer Einl 27). Die deutsche Beitrittsurkunde zu dem Fakultativprotokoll vom 19. 12. 1966 zum IPBPR (BGBl 1992 II 1246) ist am 25. 8. 1993 bei der Vertragsabteilung der Vereinten Nationen in New York hinterlegt worden; damit ist das Fakultativprotokoll nach seinem Art 9 I am 25. 11. 1993 für die BRep (mit den von dieser erklärten Vorbehalten) in Kraft getreten. Das Protokoll eröffnet jedermann, der sich in seinen im Zivilpakt (BGBl 1973 II 1533) geschützten Menschenrechten verletzt fühlt, die Möglichkeit, eine Beschwerde bei dem Ausschuß für Menschenrechte der Vereinten Nationen in Genf in Gang zu bringen. Die gleichzeitige Behandlung einer Beschwerde vor diesem Ausschuß und vor dem EGMR ist ausgeschlossen; der UN-Ausschuß darf aber dieselbe Sache prüfen, nachdem das Verfahren vor dem EGMR abgeschlossen ist (Bartsch NJW **94**, 1323).

Verpflichtung zur Achtung der Menschenrechte

1 Die Hohen Vertragschließenden Teile sichern allen ihrer Herrschaftsgewalt unterstehenden Personen die in Abschnitt I dieser Konvention niedergelegten Rechte und Freiheiten zu.

1) Einen **Mindeststandard an Rechten und Freiheiten,** die der gemeinsamen Überlieferung aller Vertragstaaten entsprechen, soll die MRK gewährleisten (vgl Heubel, Der „fair trial" – ein Grundsatz des Strafverfahrens? 1981, S. 39; Krey JA **83**, 639; Mattil JR **65**, 167; D. Meyer MDR **74**, 194; Scheuner Jahrreiss-FS 367). Dabei ging jeder Vertragstaat davon aus, daß seine Rechtsordnung der MRK entspricht (Bockelmann Engisch-FS 464; Heubel S. 38; von Weber **65**, 346). Mit der MRK sollen in 1. Hinsicht staatliche Eingriffe verhindert werden, durch die der Wesensgehalt der in Abschn I bezeichneten Grundrechte angetastet würde (Jescheck NJW **54**, 784; von Weber ZStW **65**, 335). In der BRep mit ihrem Grundrechtskatalog in Art 1 ff GG und dem durch die Verfassungsbeschwerde (Einl 229 ff) gesicherten Rechtsschutzverfahren ist die MRK nur von subsidiärer und verhältnismäßig geringer Bedeutung (Maunz/Dürig 60 zu Art 1 GG; von Münch 81 vor Art 1 GG; Frowein EuGRZ **80**, 231; vgl auch Rogge EuGRZ **75**, 117). 1

2) **Allen Personen** werden die in Abschn I bezeichneten Rechte und Freiheiten (die Begriffe meinen dasselbe) zugesichert. Ausländer und Staatenlose stehen insoweit den eigenen Staatsangehörigen gleich. Geschützt werden auch im Ausland wohnende Inländer und Ausländer, die vor einem inländischen Gericht prozessieren oder mit inländischen Behörden zu tun haben (Echterhölter JZ **56**, 143). Auch (inländische und ausländische) juristische Personen werden geschützt und sind nach Art 25 beschwerdeberechtigt (Guradze 4). 2

3) Als **Anspruch gegen den Staat** faßt die MRK die Menschenrechte und Grundfreiheiten auf, und zwar gegenüber positivem Eingriff und Unterlassen gleichermaßen (LR-Gollwitzer 16 ff). Sie betreffen nur das Verhältnis zwischen Staat und Bürger. Daher kann der einzelne Bürger im konkreten Fall auf die Ausübung eines dieser Rechte verzichten (Echterhölter JZ **56**, 145). **Privatpersonen** werden durch die MRK nicht zu bestimmten Handlungen verpflichtet (Herzog JZ **66**, 658; Morvay ZaöRV **21**, 319; **aM** Guradze Einl S. 22; Frister GA **85**, 553; Krüger NJW **70**, 1483; von Weber ZStW **65**, 340 ff). Auch eine mittelbare Drittwirkung, die den Staat verpflichtet, den Einzelnen vor Angriffen von Privatpersonen zu schützen, kommt den Menschenrechten und Grundfreiheiten der MRK nicht zu (Morvay ZaöRV **21**, 321; **aM** Frowein/Peukert 12; LR-Gollwitzer 21; Schorn 68; Echterhölter JZ **56**, 143). Das schließt aber nicht aus, daß die MRK als Prüfungsmaßstab für Handlungen Privater verwendet wird (vgl BVerwG DÖV **60**, 65, 66), zB bei der Anwendung der §§ 234 a, 241 a StGB. 3 4

Abschnitt I. Rechte und Freiheiten

Recht auf Leben

2 I Das Recht jedes Menschen auf das Leben wird gesetzlich geschützt. Abgesehen von der Vollstreckung eines Todesurteils, das von einem Gericht im Falle eines mit der Todesstrafe bedrohten Verbrechens ausgesprochen worden ist, darf eine absichtliche Tötung nicht vorgenommen werden.

II Die Tötung wird nicht als Verletzung dieses Artikels betrachtet, wenn sie sich aus einer unbedingt erforderlichen Gewaltanwendung ergibt:

a) um die Verteidigung eines Menschen gegenüber rechtswidriger Gewaltanwendung sicherzustellen;

b) um eine ordnungsgemäße Festnahme durchzuführen oder das Entkommen einer ordnungsgemäß festgehaltenen Person zu verhindern;
c) um im Rahmen der Gesetze einen Aufruhr oder einen Aufstand zu unterdrücken.

1 **1)** Das **menschliche Leben** wird durch die Vorschrift geschützt. I S. 1 entspricht etwa dem Grundrecht auf Leben nach Art 2 II S. 1 GG, hat aber keine weitergehende Bedeutung iS einer Gewährleistung der Entfaltung der Persönlichkeit (BVerfGE **6**, 389, 441 = NJW **57**, 865, 869). Die in I S. 2 zugelassene Todesstrafe darf nach Art 1, 2 des 6. ZP (vgl Vorbem 2) nur noch in Kriegszeiten und in Zeiten unmittelbar bevorstehender Kriegsgefahr verhängt werden (vgl Bartsch NJW **83**, 480). In der BRep ist die Todesstrafe allgemein abgeschafft (Art 102 GG; vgl auch 2 vor Art 1: 6. ZP; zur Auslieferung bei drohender Todesstrafe vgl 4 zu Art 3); ihre Wiedereinführung ist im Hinblick auf 2 II S.1 iVm Art 19 II GG ausgeschlossen (BGH NJW **96**, 857, 858). Im Kriegsfall und bei lebensbedrohendem Notstand kann Art 2 außer Kraft gesetzt werden (Art 15 I, II).

2 **2) Ausnahmen** (II):

3 A. **Notwehr** (Buchst a): Nach hM schließt die Vorschrift die Anerkennung von Notwehr zur Rettung von immateriellen Gütern und Sachwerten, auch gegen Angriffe ohne Gewaltanwendung, nicht aus, da sie das Notwehr- und Nothilferecht des einzelnen Staatsbürgers gegen seine Rechtsgenossen nicht betrifft (Tröndle 21; LK-Spendel 257 ff; Sch/Sch-Lenckner 62; alle zu § 32 StGB; Bokkelmann Engisch-FS 456; Krey JZ **79**, 709; **aM** Köln OLGSt § 32 StGB S. 1; Schorn 87; Echterhölter JZ **56**, 143; Frister GA **85**, 553; Woesner NJW **61**, 1384). Aber auch für die staatliche Notwehr oder -hilfe hat Art 2 praktisch keine Bedeutung, da die absichtliche Tötung, die er verbietet, zur Abwehr von Angriffen auf Sachen ohnehin nicht zulässig ist (Sch/Sch-Lenckner aaO). Die Notwehr nach § 32 StGB, § 15 OWiG wird durch Art 2 daher nicht berührt (Sch/Sch-Lenckner aaO; Bockelmann aaO; Roxin ZStW **93**, 99; im Ergebnis auch LK-Spendel 257 ff; **aM** Frister aaO; Krüger NJW **70**, 1483).

4 B. **Festnahme** (Buchst b): Die Vorschrift betrifft nur die Festnahme durch staatliche Organe, nicht durch Privatpersonen nach § 127 I StPO (Guradze 11; **aM** Schorn 88). Der Schußwaffengebrauch bei Festnahmen ist in § 10 Nrn 2–4 UZwG geregelt. Die vorsätzliche Tötung zum Zweck der Festnahme oder der Verhinderung einer Flucht ist nach dem Recht der BRep unzulässig (vgl Echterhölter JZ **56**, 144).

5 C. **Unterdrückung von Aufruhr und Aufstand** (Buchst c): Die Vorschrift ist eine Blankettnorm, die für Vollzugsbeamte durch § 10 II UZwG ausgefüllt wird (Guradze 12). Aufruhr ist die ungesetzliche Zusammenrottung einer gewalttätigen Menschenmenge, Aufstand deren bewaffneter Widerstand gegen die Staatsgewalt (LR- Gollwitzer 23).

Verbot der Folter

3 **Niemand darf der Folter oder unmenschlicher oder erniedrigender Strafe oder Behandlung unterworfen werden.**

1 **1) Folter** ist die vorbedachte Auferlegung schwerer körperlicher Qualen, die „ernste und grausame" Leiden hervorruft (EGMR EuGRZ **79**, 153), vornehmlich zur Erlangung von Informationen oder Geständnissen, aber auch als Quälerei zu anderen Zwecken (LR-Gollwitzer 18). Sie ist eine erschwerte Form der unmenschlichen Behandlung und in der BRep schon durch Art 1 I, 104 I S. 2 GG und § 136 a I S. 1 StPO verboten. Dem Europ. Übereinkommen vom 26. 11. 1987 zur Verhütung von Folter und unmenschlicher oder erniedrigender Behandlung oder Strafe (Sartorius II Nr 140) hat die BRep mit Gesetz vom 29. 11. 1989

(BGBl II 946) zugestimmt (vgl dazu Bartsch NJW **91**, 1397; Puhl NJW **90**, 3057; Zimmermann NStZ **92**, 318); es ist für die BRep am 1. 6. 1990 in Kraft getreten (BGBl II 491). Den Protokollen Nr 1 und Nr 2 vom 4. 11. 1993 zum Übereinkommen hat die BRep mit Gesetz vom 17. 7. 1996 (BGBl II 1114) zugestimmt. Zum Ratifikationsstand des Übereinkommens vgl EuGRZ **91**, 548; zu weiteren Konventionen gegen Folter vgl LR-Gollwitzer 2 ff.

2) Unmenschliche oder erniedrigende Behandlung: Unmenschlich ist eine Behandlung, die absichtlich schwere geistige oder körperliche Leiden verursacht und in der besonderen Situation nicht zu rechtfertigen ist (EKMR NJW **78**, 475). Unmenschlichkeit greift den Kern des Menschseins des Betroffenen an und mißachtet seine Menschenwürde (Celle NdsRpfl **64**, 255). In der BRep gelten hierfür dieselben Verbotsbestimmungen wie für die Folter (oben Rdn 1). Eine erniedrigende Behandlung liegt vor, wenn sie den Betroffenen vor anderen in hohem Maße demütigt oder ihn dazu bringt, gegen Willen und Gewissen zu handeln (EKMR aaO), wenn demnach seine Stellung als freie, auf Entfaltung der geistigen und seelischen Kräfte in der Gemeinschaft angelegte Persönlichkeit nicht unerheblich in Frage steht (Köln NJW **63**, 1748; vgl auch Koblenz NJW **62**, 1881). Als unmenschlich und erniedrigend ist zB das gewaltsame Verabreichen einer Beruhigungsspritze nach der Festnahme angesehen worden (ÖstVerfGH EuGRZ **84**, 530). 2

3) Unmenschliche oder erniedrigende Strafe: Das Verbot bindet nicht nur den Gesetzgeber, sondern auch den Richter bei der Festsetzung der angemessenen Strafe innerhalb des gesetzlichen Strafrahmens (Woesner NJW **61**, 1384). Die Verhängung einer Strafe, die in keinem gerechten Verhältnis zur Schuld steht, verstößt aber schon gegen das aus Art 2 II S. 1 iVm Art 1 I GG herzuleitende Übermaßverbot (BVerfGE **6**, 389, 439 = NJW **57**, 865; BVerfGE **45**, 187, 228 = NJW **77**, 1525; vgl auch Einl 20). Das Verbot gilt entspr für die Unterbringung im Strafvollzug (Frankfurt NStZ **85**, 572 mwN; Frowein/Peukert 10 ff) und für die im UHaft- und Strafvollzug in Nr 68 UVollzO, § 103 StVollzG vorgesehenen Disziplinarmaßnahmen (vgl VGH Bremen DÖV **56**, 703; Morvay ZaöRV **21**, 323). 3

4) Die **Ausweisung und Abschiebung von Ausländern** schließt die MRK nicht aus (BVerwGE **3**, 235 = NJW **56**, 1046; VGH Stuttgart VerwRspr **8**, 335; 859), von besonderen Härtefällen abgesehen, zB wenn die Ehe getrennt und dadurch gegen Art 8 verstoßen würde (VGH Stuttgart DÖV **54**, 223). Die Überantwortung eines Menschen an einen anderen Staat ist unzulässig, wenn er dort schlechthin menschenunwürdig behandelt würde (EKMR EuGRZ **86**, 324; EGMR EuGRZ **91**, 203; NJW **90**, 2183 mit Anm Lagodny: „Todeszellensyndrom"; dazu auch Vogler Meyer-GedSchr 477; OVG Münster DÖV **56**, 381; Frowein/Peukert 18 ff; Kimminich EuGRZ **86**, 317; Morvay ZaöRV **21**, 329). Das Verbot der Auslieferung bei drohender Verhängung oder Vollstreckung der Todesstrafe folgt für den vertraglosen Auslieferungsverkehr aus § 8 IRG; bei bestehender vertraglicher Verpflichtung kann eine Erklärung nach Art 11 EuAlÜbk, daß die Todesstrafe nicht verhängt oder vollstreckt werde, verlangt und bei nicht ausreichender Erklärung wieder nach § 8 IRG die Auslieferung verweigert werden (Vogler NJW **94**, 1433). Ein völkerrechtliches Verbot der Auslieferung bei drohender Todesstrafe besteht (noch) nicht (**aM** Düsseldorf NJW **94**, 1485). 4

Verbot der Sklaverei und der Zwangsarbeit

4 **I Niemand darf in Sklaverei oder Leibeigenschaft gehalten werden.**

II Niemand darf gezwungen werden, Zwangs- oder Pflichtarbeit zu verrichten.

III Als „Zwangs- oder Pflichtarbeit" im Sinne dieses Artikels gilt nicht:
a) jede Arbeit, die normalerweise von einer Person verlangt wird, die unter den von Artikel 5 der vorliegenden Konvention vorgesehenen Bedingungen in Haft gehalten oder bedingt freigelassen worden ist;
b) jede Dienstleistung militärischen Charakters, oder im Falle der Verweigerung aus Gewissensgründen in Ländern, wo diese als berechtigt anerkannt ist, eine sonstige an Stelle der militärischen Dienstpflicht tretende Dienstleistung;
c) jede Dienstleistung im Falle von Notständen und Katastrophen, die das Leben oder das Wohl der Gemeinschaft bedrohen;
d) jede Arbeit oder Dienstleistung, die zu den normalen Bürgerpflichten gehört.

1 **1) Sklaverei und Leibeigenschaft (I) sind** in den Mitgliedstaaten des Europarats seit langem abgeschafft. Für die BRep ist das Verbot ohne Bedeutung.

2 **2) Zwangs- oder Pflichtarbeit:**

3 A. **Verbot** (II): Schon nach Art 12 II S. 1, III GG ist Zwangsarbeit (dazu EGMR EuGRZ **85**, 477) nur bei einer gerichtlich angeordneten Freiheitsentziehung zulässig. II hat keine weitergehende Bedeutung.

4 B. **Ausnahmen** (III):

5 a) **Häftlinge oder bedingt freigelassene Verurteilte**(Buchst a): Die Vorschrift läßt die Arbeit zu, die üblicherweise von nach Art 5 rechtmäßig in Haft gehaltenen Personen verlangt wird; neben Art 12 III GG hat sie keine Bedeutung. In der BRep besteht eine Arbeitspflicht nur für Strafgefangene (§§ 37, 103 I Nr 7 StVollzG), Sicherungsverwahrte (§ 130 StVollzG) und jugendliche Untersuchungsgefangene (Nr 80 II S. 1 UVollzO; gegen die Vorschrift werden verfassungsrechtliche Bedenken erhoben [vgl AG Zweibrücken NJW **79**, 1557; Eisenberg 18 zu § 93 JGG mwN]). Die Weisung an einen Jugendlichen oder Heranwachsenden, Arbeitsleistungen zu erbringen (§§ 10 I S. 3 Nr 4, 105 I **JGG**), verstößt nicht gegen III Buchst a, weil sie eine Freiheitsstrafe nicht verschärfen, sondern abwenden soll (Guradze 9). Nach III Buchst a sind auch Arbeitsauflagen für bedingt freigelassene Verurteilte zulässig. Das gilt sowohl bei der Aussetzung der Vollstreckung der Strafe nach § 56 StGB, §§ 21, 57 **JGG** (vgl § 56b II Nr 3 StGB: Erbringen gemeinnütziger Leistungen; § 23 I S. 2 JGG: Auflagen) als auch bei der Aussetzung des Restes einer teilverbüßten Freiheitsstrafe nach §§ 57, 57a StGB, § 88 **JGG**. In diesem Fall gelten § 56b StGB (vgl §§ 57 III S. 1, 57a III S. 2 StGB) und § 23 JGG (vgl § 88 VI S. 1 **JGG**) entspr.

6 b) **Wehr- und Ersatzdienst** (Buchst b): Vgl Art 12a GG. Der Staat ist berechtigt, die im Zusammenhang mit diesen Dienstleistungen stehende Arbeit von den wehrpflichtigen Bürgern zu verlangen.

7 c) **Notstandspflichten** (Buchst c) sind Feuerwehr-, Wasserwehr- und Deichpflichten, Hilfspflichten beim polizeilichen Notstand und Dienstleistungen nach §§ 1 I Nrn 1 und 2, 2 I Nr 9 des Bundesleistungsgesetzes idF vom 27. 9. 1961 (BGBl I 1769, 1820), zuletzt geändert durch Ges vom 18. 2. 1986 (BGBl I 265). Bei Notstand und in Katastrophenfällen ergibt sich eine Arbeitspflicht auch aus § 323c StGB. Sie ist aber an strengere Anforderungen geknüpft, als III Buchst c aufstellt; denn die Strafvorschrift setzt die Zumutbarkeit der Hilfeleistung voraus.

8 d) **Normale Bürgerpflichten** (Buchst d): Hierzu gehören alle Straßenreinigungs-, Streu- und Schneeräumungspflichten sowie Hand- und Spanndienste, die auch Art 12 II GG zuläßt, weil sie im Rahmen einer herkömmlichen, für alle gleichen öffentlichen Dienstleistungspflicht geleistet werden (vgl Scholz in Maunz/Dürig 489 zu Art 12 GG; Echterhölter JZ **56**, 144).

Recht auf Freiheit und Sicherheit

5 **[I] Jeder Mensch hat ein Recht auf Freiheit und Sicherheit. Die Freiheit darf einem Menschen nur in den folgenden Fällen und nur auf dem gesetzlich vorgeschriebenen Wege entzogen werden:**

a) wenn er rechtmäßig nach Verurteilung durch ein zuständiges Gericht in Haft gehalten wird;

b) wenn er rechtmäßig festgenommen worden ist oder in Haft gehalten wird wegen Nichtbefolgung eines rechtmäßigen Gerichtsbeschlusses oder zur Erzwingung der Erfüllung einer durch das Gesetz vorgeschriebenen Verpflichtung;

c) wenn er rechtmäßig festgenommen worden ist oder in Haft gehalten wird zum Zwecke seiner Vorführung vor die zuständige Gerichtsbehörde, sofern hinreichender Verdacht dafür besteht, daß der Betreffende eine strafbare Handlung begangen hat, oder begründeter Anlaß zu der Annahme besteht, daß es notwendig ist, den Betreffenden an der Begehung einer strafbaren Handlung oder an der Flucht nach Begehung einer solchen zu verhindern;

d) wenn es sich um die rechtmäßige Haft eines Minderjährigen handelt, die zum Zwecke überwachter Erziehung angeordnet ist, oder um die rechtmäßige Haft eines solchen, die zwecks Vorführung vor die zuständige Behörde verhängt ist;

e) wenn er sich in rechtmäßiger Haft befindet, weil er eine Gefahrenquelle für die Ausbreitung ansteckender Krankheiten bildet, oder weil er geisteskrank, Alkoholiker, rauschgiftsüchtig oder Landstreicher ist;

f) wenn er rechtmäßig festgenommen worden ist oder in Haft gehalten wird, weil er daran gehindert werden soll, unberechtigt in das Staatsgebiet einzudringen oder weil er von einem gegen ihn schwebenden Ausweisungs- oder Auslieferungsverfahren betroffen ist.

[II] Jeder Festgenommene muß unverzüglich und in einer ihm verständlichen Sprache über die Gründe seiner Festnahme und über die gegen ihn erhobenen Beschuldigungen unterrichtet werden.

[III] Jede nach der Vorschrift des Absatzes 1 c) dieses Artikels festgenommene oder in Haft gehaltene Person muß unverzüglich einem Richter oder einem anderen, gesetzlich zur Ausübung richterlicher Funktionen ermächtigten Beamten vorgeführt werden. Er hat Anspruch auf Aburteilung innerhalb einer angemessenen Frist oder auf Haftentlassung während des Verfahrens. Die Freilassung kann von der Leistung einer Sicherheit für das Erscheinen vor Gericht abhängig gemacht werden.

[IV] Jeder, der seiner Freiheit durch Festnahme oder Haft beraubt ist, hat das Recht, ein Verfahren zu beantragen, in dem von einem Gericht unverzüglich über die Rechtmäßigkeit der Haft entschieden wird und im Falle der Widerrechtlichkeit seine Entlassung angeordnet wird.

[V] Jeder, der entgegen den Bestimmungen dieses Artikels von Festnahme oder Haft betroffen worden ist, hat Anspruch auf Schadenersatz.

1) Freiheitsentziehung (I): Freiheit und Sicherheit bedeuten dasselbe (Frowein/Peukert 4; Guradze 2). Wie in Art 2 II S. 2 GG ist nur der, auch kurzfristige (Frowein/Peukert 16 ff; Maaß NVwZ **85**, 155), Freiheitsentzug ieS (im Gegensatz zur bloßen Freiheitsbeschränkung) gemeint (Vogler ZStW **82**, 754; **89**, 767; vgl auch EGMR NJW **84**, 544, 547). Die Fälle der zulässigen Freiheitsentziehung führt Art 5 I S. 2, anders als Art 104 I GG, erschöpfend auf (Herzog AöR **86**, 207 und hM; **aM** Jescheck NJW **54**, 784). Auch diese Vorschrift stellt aber nur Mindestanforderungen an den Gesetzgeber (zur Rspr des EGMR vgl Trechsel EuGRZ **80**, 514; zum Rechtmäßigkeitsbegriff vgl LR-Gollwitzer 27 ff). Ein Verstoß gegen I hat nicht ohne weiteres die Unzulässigkeit der Strafverfolgung zur 1

Folge (Düsseldorf NJW **84**, 2050, 2052). Im einzelnen sind folgende Freiheitsentziehungen, wenn sie gesetzlich ausdrücklich bestimmt sind, auf dem gesetzlich vorgeschriebenen Weg zulässig (I S. 2):

2 A. **Freiheitsentziehung aufgrund richterlicher Verurteilung** (Buchst a): Der Strafbefehl steht dem Urteil gleich (Trechsel JR **81**, 137). In Betracht kommen Freiheitsstrafen, freiheitsentziehende Maßregeln der Besserung und Sicherung, Straf- und Jugendarrest, auch die Ordnungshaft nach § 890 ZPO (Guradze 12). Die Rechtskraft des Urteils wird nicht vorausgesetzt (Vogler ZStW **89**, 770). Haft aufgrund eines Sicherungshaftbefehls nach § 453 c StPO und zur Sicherung der Vollstreckung ausländischer Urteile (§ 58 IRG) ist ebenfalls zulässig.

3 B. **Ordnungs- und Erzwingungshaft** (Buchst b): Die Vorschrift enthält eine Art Generalklausel (Guradze 13; Schorn 139; von Weber ZStW **65**, 343), die alle in den innerstaatlichen Verfahrensordnungen vorgesehenen Festnahme- und Vorführungsfälle sowie die Fälle unmittelbaren Zwangs (Einl 46; vgl etwa 28 ff zu § 81 a StPO) deckt, soweit sie nicht durch andere Bestimmungen des Art 5 erfaßt werden. Unter I Buchst b fallen insbesondere die Ordnungs- und Beugehaft nach §§ 51, 70 I und II (BGH **36**, 236, 239), 95 II StPO, §§ 380 I, 390, 888, 901, 918 ZPO, §§ 177, 178 GVG, § 21 III InsO, die Erzwingungshaft nach § 96 OWiG, die Festhaltung nach §§ 164, 231 I StPO, die Vorführung nach §§ 51 I, 134, 230 II, 457 II StPO, § 380 II ZPO, § 21 III InsO, die Untersuchungshaft nach §§ 127 b II, 230 II StPO und die polizeiliche Festhaltung von Störern (Guradze 13; Maunz/Dürig 63 zu Art 1 GG; Maaß NVwZ **85**, 155).

4 C. **Vorläufige Festnahme** (Buchst c): Die Vorschrift verlangt nur Tatverdacht oder Fluchtgefahr; der Verdachtsgrad, den sie voraussetzt, ist geringer als der nach §§ 112 ff, 127 StPO. Haft zum Zweck der Vorführung iS der Vorschrift ist auch und insbesondere die UHaft (BGHZ **57**, 33 = NJW **71**, 1986), ferner die einstweilige Unterbringung nach § 126 a StPO (vgl EGMR EuGRZ **92**, 535); die nach I Buchst c zulässige UHaft wegen Wiederholungsgefahr sieht § 112 a StPO vor. Zur Zulässigkeit des Polizeigewahrsams zur Verhinderung unmittelbar bevorstehender Straftaten vgl Maaß NVwZ **85**, 155.

5 D. **Haftanordnung gegen Minderjährige aus Erziehungsgründen** (Buchst d): Zulässig ist die Heimerziehung (§§ 1666, 1666 a BGB; §§ 34, 42, 43 SGB VIII; §§ 5, 9, 12 Nr 2 JGG) und die Vorführung vor Gericht nach § 33 II FGG.

6 E. **Haft wegen Allgemeingefährlichkeit** (Buchst e): Vgl § 126 a StPO, §§ 4, II, 18 II GeschlKrhG, § 37 II BSeuchG sowie die Unterbringungsgesetze der Länder (vgl auch EGMR EuGRZ **92**, 535).

7 F. **Abschiebungs- und Auslieferungshaft gegen Ausländer** (Buchst f): Vgl § 57 AuslG, §§ 15, 16, 34 IRG. Auch die Haft zur Sicherung der Durchlieferung nach § 45 IRG ist durch I Buchst f abgedeckt (Schorn 165).

8 **2) Unterrichtungspflicht** (II): Vgl § 114 a StPO (dort 3), RiStBV 181 II.

9 **3) Vorführungspflicht** (III S. 1): Vgl Art 104 III GG, §§ 115, 115 a, 128 StPO. Die Vorschrift gilt nur für die Festnahme oder Verhaftung nach I Buchst c. Um eine Festnahme iS III handelt es sich daher nicht bei der Vorführung zur Vernehmung nach §§ 51 I S. 3, 133 II, 134, 135, 161 a I S. 2, 163 a III S. 2 StPO. Nach Erlaß eines Urteils gilt nur I Buchst a (Vogler ZStW **89**, 770).

10 **4) Beschleunigungspflicht** (III S. 2): Ein Anspruch auf Aburteilung innerhalb angemessener Frist besteht nach Art 6 I S. 1 allgemein (vgl auch Einl 160 und Starke StV **88**, 224). Daß er Inhaftierten in besonderem Maße zusteht, ergibt sich bereits aus Art 2 I S. 2 GG (BVerfGE **20**, 45 = NJW **66**, 1259; Baumann Eb-Schmidt-FS 536; Krey JA **83**, 639). III S. 2 bestimmt darüber hinaus, daß der Inhaftierte aus der Haft zu entlassen ist, wenn dem Beschleunigungsgebot nicht entsprochen wird. Das Wort „oder" bedeutet nicht, daß der Verhaftete insoweit ein Wahlrecht hat (Guradze 32; Vogler ZStW **82**, 758; **89**, 773). Haftentlassung gegen

Sicherheitsleistung sieht § 116 I S. 2 Nr 4 StPO vor. Für die Beurteilung der **Angemessenheit der Frist**, die im Hinblick auf die Umstände des Einzelfalls 11 geprüft werden muß (EGMR EuGRZ **93**, 384; zur EGMR-Rspr vgl ferner Frowein/Peukert 122 ff; Guradze NJW **68**, 2161) ist der Zeitraum von der nach Festnahme oder nach Auslieferung einsetzenden UHaft (Frowein/Peukert 120) bis zu dem Tag maßgebend, an dem über die Begründetheit der Anklage entschieden wird (EGMR JR **68**, 463;Schultz JR **68**, 441), also bis zum Erlaß des erstinstanzlichen Urteils (Bartsch JuS **70**, 448; Vogler ZStW **82**, 758). Durch § 121 I StPO ist die Regelfrist auf 6 Monate festgesetzt worden. Nach Urteilserlaß schützt Art 6 I, der auch den Zeitraum bis zur Rechtskraft des Urteils umfaßt. Daß die UHaft die Strafe übersteigt, die am Ende ausgesprochen wird, beweist nicht ohne weiteres einen Verstoß gegen III (Morvay ZaöRV **21**, 331; Vogler ZStW **82**, 759; **aM** Maunz/Dürig 71 zu Art 1 GG). Die **Überschreitung der angemessenen Frist** 12 führt zwar zur Beendigung der Haft, nicht aber zu der des Verfahrens, die auch in Art 6 I nicht vorgesehen ist (BGH **21**, 81, 84; LG Köln NStZ **89**, 442; 9 zu Art 6).

5) Haftprüfungsverfahren (IV): Vgl §§ 115, 117, 122, 128 StPO. Unverzüg- 13 liche Entscheidung bedeutet innerhalb einer den konkreten Umständen des Falles angemessenen Frist (EGMR NJW **89**, 2179). Im Prüfungsverfahren nach § 67 e StGB muß einem nach § 63 StGB Untergebrachten idR rechtlicher Beistand gewährt werden (EGMR NJW **92**, 2945 = StV **93**, 88 mit zust Anm Bernsmann).

6) Schadensersatzanspruch (V): Die Vorschrift begründet unmittelbar einen 14 Entschädigungsanspruch gegen den Staat (BGHZ **45**, 30, 34 = NJW **66**, 924), und zwar gegen die öffentlich-rechtliche Körperschaft, in deren Bereich die Verhaftung eingetreten ist (Brückler DRiZ **65**, 255); er kann nur im Zivilrechtsweg geltend gemacht werden (München NStZ-RR **96**, 125). Der Anspruch setzt rechtswidrige Haft, aber kein Verschulden voraus (BGHZ **45**, 58, 66 = NJW **66**, 1021, 1023), wobei die Rechtswidrigkeit sowohl an den innerstaatlichen Gesetzen als auch an den Bestimmungen der MRK gemessen werden kann (BGH aaO; BGHZ **57**, 33 = NJW **71**, 1986), und geht daher über den Anspruch nach § 839 BGB hinaus, der aber neben dem nach V bestehen bleibt (Rüping 710). Ansprüche nach dem **StrEG** schließen den Anspruch nach V nicht aus (LR-Gollwitzer 130; erg 3 vor § 1 StrEG)). Die Vorschrift gilt jedoch nicht für den Fall der Strafverbüßung aufgrund eines unrichtigen, aber formell rechtmäßigen Urteils (BGHZ **57**, 33 = NJW **71**, 1986), nach Hamm (NStZ **89**, 327 mit abl Anm Seebode) auch nicht bei einer gegen den Verhältnismäßigkeitsgrundsatz verstoßenden, jedoch nicht willkürlich angeordneten Unterbringung in einem psychiatrischen Krankenhaus. Der Anspruch nach V ist kein Aufopferungsanspruch (**aM** Guradze 43; Schorn 178; Brückler DRiZ **65**, 253; Echterhölter JZ **56**, 142; Herzog AöR **86**, 238; JZ **66**, 657), sondern ein Fall der Gefährdungshaftung mit deliktsähnlichem Einschlag (BGHZ **45**, 58, 66 ff = NJW **66**, 1021, 1025); für die Verjährung gilt daher § 852 BGB entspr (BGH aaO). Nach V wird der volle Schaden ersetzt (BGHZ **45**, 58, 68 = NJW **66**, 1021, 1024; Guradze 41; Herzog JZ **66**, 657; Vogler ZStW **82**, 761; Zörb NJW **70**, 2146), auch der immaterielle (BGH NJW **93**, 2927; Rüping 710; **aM** Brückler DRiZ **65**, 257).

Recht auf ein faires Verfahren

6 **I Jedermann hat Anspruch darauf, daß seine Sache in billiger Weise öffentlich und innerhalb einer angemessenen Frist gehört wird, und zwar von einem unabhängigen und unparteiischen, auf Gesetz beruhenden Gericht, das über zivilrechtliche Ansprüche und Verpflichtungen oder über die Stichhaltigkeit der gegen ihn erhobenen strafrechtlichen Anklage zu entscheiden hat. Das Urteil muß öffentlich verkündet werden, jedoch kann die Presse und die Öffentlichkeit während der gesamten Verhandlung oder eines Teiles derselben**

im Interesse der Sittlichkeit, der öffentlichen Ordnung oder der nationalen Sicherheit in einem demokratischen Staat ausgeschlossen werden, oder wenn die Interessen von Jugendlichen oder der Schutz des Privatlebens der Prozeßparteien es verlangen oder, und zwar unter besonderen Umständen, wenn die öffentliche Verhandlung die Interessen der Gerechtigkeit beeinträchtigen würde, in diesem Falle jedoch nur in dem nach Auffassung des Gerichts erforderlichen Umfang.

II **Bis zum gesetzlichen Nachweis seiner Schuld wird vermutet, daß der wegen einer strafbaren Handlung Angeklagte unschuldig ist.**

III **Jeder Angeklagte hat mindestens** *(englischer Text)* insbesondere *(französischer Text)* die folgenden Rechte:

a) **unverzüglich in einer für ihn verständlichen Sprache in allen Einzelheiten über die Art und den Grund der gegen ihn erhobenen Beschuldigung in Kenntnis gesetzt zu werden;**

b) **über ausreichende Zeit und Gelegenheit zur Vorbereitung seiner Verteidigung zu verfügen;**

c) **sich selbst zu verteidigen oder den Beistand eines Verteidigers seiner Wahl zu erhalten und, falls er nicht über die Mittel zur Bezahlung eines Verteidigers verfügt, unentgeltlich den Beistand eines Pflichtverteidigers zu erhalten, wenn dies im Interesse der Rechtspflege erforderlich ist;**

d) **Fragen an die Belastungszeugen zu stellen oder stellen zu lassen und die Ladung und Vernehmung der Entlastungszeugen unter denselben Bedingungen wie die der Belastungszeugen zu erwirken;**

e) **die unentgeltliche Beiziehung eines Dolmetschers zu verlangen, wenn er (der Angeklagte) die Verhandlungssprache des Gerichts nicht versteht oder sich nicht darin ausdrücken kann.**

1 1) **Anwendungsbereich:** Die Vorschrift gilt nicht nur für die Straf- und Zivilgerichtsbarkeit, sondern auch für das Bußgeldverfahren (EGMR NJW **85**, 1273; Schroth EuGRZ **85**, 557; str; zum Streitstand und zur praktischen Bedeutung der Streitfrage ausführlich KK/OWiG-Lampe 6 ff zu § 46), nicht aber im Auslieferungsverfahren (Vogler ZStW **82**, 765 ff), auch nicht im Disziplinarverfahren (BVerwG NJW **83**, 531; vgl aber EGMR NJW **82**, 2714; **84**, 548 L; Int Komm EMRK-Vogler 230 ff) und vor den Verwaltungsgerichten (BVerwG MDR **58**, 446; OVG Münster NJW **56**, 1374; Schorn 184; Geck DVBl **56**, 525; Morvay ZaöRV **21**, 335; **aM** EGMR NJW **79**, 477; Maunz/Dürig 67 zu Art 1 GG); II und III Buchst a sind entgegen ihrem Wortlaut nicht nur auf Angeklagte (vgl § 157 StPO), sondern auf jeden Beschuldigten anzuwenden (Schroeder GA-FS 206 ff; erg unten 8). Zum Geltungsbereich des Art 6 im einzelnen vgl auch LR-Gollwitzer 12 ff, zur Auslegung durch den EGMR vgl Frowein/Peukert 4 ff, 51 ff.

2 2) **Anspruch auf faire und öffentliche Anhörung in angemessener Frist** (I S. 1):

3 A. Die **Anhörung** muß nicht in mündlicher Verhandlung stattfinden (Röhl NJW **64**, 275).

4 B. **In billiger Weise** ist zu verfahren und zu entscheiden. Die Vorschrift enthält den fair trial-Grundsatz (EKMR NJW **63**, 2247). Er hat allgemeine Bedeutung für den gesamten Bereich des Art 6, garantiert aber nach der MRK nur einen Mindeststandard an Rechten (vgl Dörr, Faires Verfahren, 1984, S. 71 ff; Heubel, Der „fair trial" – ein Grundsatz des Strafverfahrens? 1981, S. 30 ff); dazu gehört insbesondere der Grundsatz der Waffengleichheit (Frowein/Peukert 83 ff; dazu Einl 88). Darüber hinausgehende Ansprüche stehen den Beschuldigten und anderen Verfahrensbeteiligten aufgrund des Rechtsstaatsgrundsatzes (Art 20 III GG) zu; vgl im einzelnen Einl 19. Art 6 enthält keine grundsätzlichen Bestimmungen über die Zulässigkeit von Beweismitteln und schreibt insbesondere nicht vor, daß nach

nationalem Recht rechtswidrig erlangte Beweismittel nicht verwertet werden dürfen (EGMR NJW **89**, 655). Den **Mindestanforderungen** des I S. 1 genügt die StPO durch die Gewährung des rechtlichen Gehörs (§§ 33, 33 a, 308 I, 311 a), des Rechts auf Verteidigung (§§ 137 ff, 265 III, IV), die Aussagefreiheit des Beschuldigten, dessen Schweigen allein nicht als belastendes Indiz gewertet werden darf (15 zu § 261), den Grundsatz der freien Beweiswürdigung (§ 261), die Einräumung von Rechtsmitteln (§§ 296 ff), die Rechtsmittelbelehrung (§ 35 a) ua. 5

C. **Öffentlich:** Vgl § 169 GVG. Die Beschränkungen der Öffentlichkeit nach den §§ 170 ff GVG, §§ 48, 109 I S. 4 **JGG** sind durch I S. 2 gedeckt (Guradze 17). Die Rechtsmittelverwerfung durch schriftlich bekanntgemachten Beschluß schließt I S. 2, der nicht buchstabengetreu angewendet werden muß, nicht generell aus (EGMR EuGRZ **85**, 225; 548; **91**, 415, 419/420; vgl auch EKMR NJW **63**, 2247). Das Strafbefehlsverfahren (§§ 407 ff StPO) ist zulässig (EKMR bei Strasser EuGRZ **92**, 277). 6

D. **Innerhalb angemessener Frist:** 7

a) Die Vorschrift **verpflichtet die Regierungen**, ihre Gerichtsbarkeit so zu organisieren, daß sie den Anforderungen des I gerecht wird (EGMR NJW **84**, 2749). Sie ergänzt Art 5 III S. 2 dahin, daß jeder, nicht nur der inhaftierte Beschuldigte, einen unmittelbaren Anspruch auf Beschleunigung des Verfahrens hat (10 zu Art 5). Die Angemessenheit der Frist hängt von den Umständen des Einzelfalls ab (BVerfG NJW **92**, 2472); zu berücksichtigen sind die Schwere des Tatvorwurfs, Umfang und Schwierigkeit des Verfahrens, Art und Weise der Ermittlungen, die Belastung durch das Verfahren für den Beschuldigten und sein eigenes Verhalten (vgl EGMR NJW **86**, 647; EuGRZ **85**, 548; Düsseldorf StV **95**, 400 mit abl Anm Bauschulte/Drees; Frowein/Peukert 143 ff; Int Komm EMRK-Vogler 317 ff; Ulsamer Faller-FS 378). Scheffler (S. 105 ff; 271 ff) stellt demgegenüber allein auf die Verfahrensbelastung aufgrund überlanger Verfahrensdauer unabhängig von ihrer Ursache ab; Kriterien der überlangen Verfahrensdauer seien die Geeignetheit, die Erforderlichkeit, die Proportionalität und die Zumutbarkeit der getroffenen Verfahrensmaßnahmen. Eine Verfahrensdauer von mehr als 10 Jahren ist jedenfalls übermäßig lang (vgl EGMR EuGRZ **83**, 346; BVerfG NJW **93**, 3254, 3255). 7 a

b) Die **Frist beginnt,** wenn der Beschuldigte von der Einleitung des Ermittlungsverfahrens in Kenntnis gesetzt wird (EGMR aaO; NJW **86**, 647; BVerfG NJW **93**, 3254; BGH NStZ **82**, 291; StV **93**, 452 mit Anm Scheffler StV **93**, 568; Schroeder GA-FS 212; Ulsamer Faller-FS 375; Vogler ZStW **89**, 780; **aM** Guradze 20: mit Verhaftung, spätestens mit Anklageerhebung), und endet nicht schon mit Erlaß des Urteils (Hamburg MDR **83**, 71 mwN), sondern erst mit dem rechtskräftigen Abschluß des Verfahrens (BGH **35**, 137, 141; EGMR EuGRZ **78**, 417; **83**, 371, 380; Düsseldorf MDR **92**, 1078; Ulsamer aaO; Vogler aaO, 11 zu Art 5), ggf also sogar erst mit Rechtskraft eines Gesamtstrafenbeschlusses nach § 460 StPO (EGMR EuGRZ **83**, 346; Pfeiffer Baumann-FS 335; vgl auch BGH NStZ **87**, 232). Die Frist läuft nicht, wenn die Strafverfolgung kraft Gesetzes (zB wegen Immunität) nicht fortgesetzt werden kann (BGH **36**, 363, 372). 8

c) Die **Verletzung des Beschleunigungsgebots** begründet kein Verfahrenshindernis (BGH **21**, 81; **24**, 239; **27**, 274 = JR **78**, 246 mit krit Anm Peters **35**, 137, 140; GA **82**, 499; NStZ **82**, 291; **83**, 135; **87**, 19 [PF/M]; wistra **83**, 255; Karlsruhe NJW **72**, 1907; Hanack JZ **71**, 705; Kohlmann Pfeiffer-FS 210 ff; Vogler ZStW **89**, 781 ff; **aM** LG Frankfurt a.M. JZ **71**, 234; Hillenkamp JR **75**, 133 und NJW **89**, 2841; Schroth NJW **90**, 29 im Anschluß an I. Roxin, Die Rechtsfolgen schwerwiegender Rechtsverstöße in der Strafrechtspflege, [2. Aufl 1995]; Ulsenheimer wistra **83**, 12; erg 12 zu Art 5), auch nicht in Extremfällen (vgl aber BVerfG NJW **84**, 967; **92**, 2473; Koblenz NJW **94**, 1887; Zweibrücken NStZ **89**, 134; LG Bad Kreuznach NJW **93**, 1725; LG Düsseldorf NStZ **88**, 427; SK/StPO-Rogall 120 vor § 133; Peters 210; Vogelgesang NJW **94**, 1845). Denn ein Verfahrenshin- 9 dernis kann nicht von der Bewertung der Zeitdauer als zu lang oder extrem lang abhängen (Pfeiffer Baumann-FS 339; vgl Einl 147). Die übermäßige und von dem Beschuldigten nicht zu vertretende Verzögerung muß aber beim Rechtsfolgenausspruch (BVerfG NJW **92**, 2472; **93**, 3254), insbesondere bei der Strafbemessung (BGH **24**, 239; NStZ **86**, 217, 218; **87**, 233; NJW **90**, 56; wistra **92**, 26; **93**, 336; NStZ **92**, 229; StV **92**, 452 mit Anm Scheffler StV **93**, 568; **aM** Wohlers JR **94**, 138: nur Ansprüche nach Art 34 GG, § 839 BGB), durch Bewilligung von Strafaussetzung zur Bewährung (BGH NStZ **84**, 213 [Pf/M]; StV **83**, 502; **85**, 322; 411), Absehen von Strafe, wenn das Gesetz das zuläßt, oder durch Gnadenerweis wiedergutgemacht werden (BGH **24**, 239, 242; **27**, 274; GA **77**, 275; NStZ **82**, 291; **84**, 18 [Pf/M]; vgl auch BVerfG NJW **84**, 967). In den Urteilsgründen muß das Ausmaß der deshalb gebotenen Strafmilderung exakt (zahlenmäßig) bestimmt werden (BVerfG NJW **93**, 3254; **95**, 1277; NStZ **97**, 591; BGH **40**, 374, 377; StV **94**, 652, 653; **97**, 408). Auf Verwarnung mit Strafvorbehalt darf nur erkannt werden, wenn die Voraussetzungen des § 59 StGB vorliegen (BGH **27**, 274; wistra **94**, 345; **aM** LG Bremen StV **98**, 378). Bei Vergehen kann die lange Verfahrensdauer auch zur Verneinung des öffentlichen Interesses an der Strafverfolgung und, falls die Schuld des Täters gering ist, zur Einstellung nach § 153 StPO (vgl BGH **24**, 239; **35**, 137), uU auch nach § 153a StPO führen. Allg zur Kompensation überlanger Verfahrensdauer: Kühne EuGRZ **83**, 382.

9a d) Ist **nach Erlaß des tatrichterlichen Urteils** das Beschleunigungsgebot in erheblicher Weise verletzt worden, kann dies die Aufhebung des (sonst fehlerfreien) Strafausspruchs (Bay **89**, 85 = StV **89**, 394; Koblenz StV **97**, 409; vgl auch BGH wistra **92**, 66), die Herabsetzung der Strafe durch das Revisionsgericht (BGH NStZ **97**, 29 mit zust Anm Scheffler; StV **97**, 409), die Einstellung des Verfahrens nach § 153 II StPO (BGH NJW **90**, 1000; NStZ **96**, 21 [K]; 506 = StraFo **96**, 147 mit Anm Münchhalffen; LG Stuttgart NStE Nr 23) oder gar den „Abbruch des Verfahrens" (BGH **35**, 137, 140; Düsseldorf MDR **89**, 935; Zweibrücken NStZ **95**, 49; vgl auch BGH StV **95**, 130) durch das Revisionsgericht zur Folge haben (ebenso für das Berufungsverfahren Stuttgart NStZ **93**, 450 = JR **94**, 81 mit abl Anm Meurer; LG Memmingen StV **95**, 403; vgl auch LG Berlin StV **91**, 371 = JZ **92**, 159 mit eingehender Kritik Scheffler JZ **92**, 131). Das Revisionsgericht hat den Verstoß auf die zulässige Revision von Amts wegen zu beachten (BGH NStZ **95**, 335 mit zust Anm Uerpmann; **97**, 29 mit Anm Scheffler; StV **97**, 409; **98**, 377).

9b e) Bei **Freispruch** oder Einstellung aus mit der Verfahrenslänge nicht zusammenhängenden Gründen (oder bei durch Strafmilderung nicht genügend ausgleichbarer Verfahrensdauer) wird eine entspr Anwendung des StrEG iVm Art 50 MRK diskutiert (vgl Scheffler 262 ff).

9c f) In der **Revision** muß – außer in dem oben 9a erörterten Fall – eine Verfahrensrüge erhoben werden, wenn eine der Justiz zuzurechnende Verletzung des Beschleunigungsgrundsatzes geltend gemacht werden soll (noch zw BGH StV **97**, 408); in ihr sind gemäß § 344 II S.2 StPO die die Verfahrensverzögerung begründenden Tatsachen darzulegen (BGH StV **98**, 377 mwN); mit der Aufklärungsrüge (80 zu § 244 StPO) kann beanstandet werden, daß das Gericht es unterlassen hat, eine verfahrensverzögernde Sachbehandlung durch StA und Gericht aufzuklären (BGH StV **92**, 452; **94**, 652).

10 E. **Unabhängiger und unparteiischer Richter:** Art 6 geht nicht weiter als die Garantie der rechtsprechenden Gewalt in Art 92 GG (Jescheck NJW **54**, 785 Fn 28). Vgl im übrigen Art 97 GG, § 1 GVG, §§ 25, 26 **DRiG,**§§ 22 ff StPO, §§ 41 ff ZPO. Nach Ansicht von Lippold (NJW **91**, 2383) erfüllt ein Gericht, an dem ein Richter auf Probe mitwirkt, nicht das Erfordernis der Unabhängigkeit nach I S. 1.

11 F. **Gesetzlicher Richter:** Vgl Art 101 I GG, §§ 16, 21a GVG.

3) Die **Unschuldsvermutung** (II; eingehend dazu Stuckenberg, Untersuchungen zur Unschuldsvermutung, 1997, zugl Diss Bonn 1997) folgt schon aus dem Rechtsstaatsprinzip (BVerfGE **22**, 254, 265 = NJW **67**, 2151, 2153; NJW **90**, 2741; Paeffgen 64 ff; Einl 19). Sie will verhüten, daß jemand als schuldig behandelt wird, ohne daß ihm in einem gesetzlich geregelten Verfahren seine Schuld nachgewiesen ist (vgl im einzelnen: Kühl, Unschuldsvermutung, Freispruch und Einstellung, 1983, S. 9 ff; Lilie Remmers-FS 601; K. Meyer Tröndle-FS 61; zur „verfahrenslimitierenden" Wirkung der Unschuldsvermutung Gropp JZ **91**, 804). Maßnahmen, die den vollen Nachweis der Schuld erfordern, dürfen nicht getroffen werden, bevor er erbracht ist (BGH NJW **75**, 1829, 1831). Das gilt insbesondere bei Verfahrenseinstellungen (Kühl NJW **84**, 1264), auch nach § 383 II (BVerfG **74**, 358, 370 ff = NJW **87**, 2427), und beim Widerruf der Strafaussetzung (KG StV **88**, 26; LR-Gollwitzer 158 mwN). Die Unschuldsvermutung gebietet auch eine unvoreingenommene Behandlung des Beschuldigten im Verfahren (§§ 22 ff StPO), Güterabwägung bei öffentlicher Fahndung (Hamburg NJW **80**, 842) und Zurückhaltung bei behördlicher Unterstützung der **Publikation einer strafrechtlichen** 13
Beschuldigung(Loesdau MDR **62**, 772; vgl auch Koblenz StV **87**, 430); jedoch steht 6 II der Berücksichtigung einer noch nicht rechtskräftig abgeurteilten Tat bei der Prognoseentscheidung nach § 57 StGB nicht entgegen (KG JR **66**, 109; Celle NJW **71**, 1665; Karlsruhe Justiz **87**, 192; Schleswig SchlHA **81**, 89, Stuttgart Justiz **87**, 192). Sie bindet zwar nur die staatliche Strafgerichtsbarkeit (Frankfurt NJW **80**, 597; **aM** Grave NJW **81**, 209, Marxen GA **80**, 365; 4 zu Art 1), hat aber insofern eine mittelbare Drittwirkung, als sie den Maßstab für die Beurteilung von öffentlichen Berichten über Strafverfahren abgibt (Frankfurt aaO; Köln JMBlNW **85**, 282; Bornkamm NStZ **83**, 103; Lampe NJW **73**, 217). Die Unschuldsvermutung berührt nicht die **Zulässigkeit von Strafverfolgungsmaßnahmen** aufgrund 14
bestimmten Verdachts, zB die vorläufige Festnahme oder UHaft (vgl Art 5 I Buchst c), Maßnahmen nach § 119 III StPO (BVerfGE **35**, 307 = MDR **74**, 204) und die Erhebung der strafrechtlichen Anklage (I S. 1); denn diese Maßnahmen bezwecken erst die Klärung des Tatvorwurfs. Sie verwehrt also nicht die Beurteilung des Grades des Verdachts einer strafbaren Handlung eines Beschuldigten (BVerfG NJW **90**, 2741). Auch die Berücksichtigung von Vor- oder Nachtaten, die nicht oder noch nicht zu einer rechtskräftigen Verurteilung geführt haben, bei der Beweiswürdigung (BGH **34**, 209 = NStZ **87**, 127 mit abl Anm Vogler), der Strafzumessung oder einer Strafrestaussetzung nach § 57 StGB (BVerfG NStZ **88**, 21) wird durch II nicht ausgeschlossen, wenn das Gericht von ihrer Begehung überzeugt ist (vgl auch Peukert EuGRZ **80**, 261; **aM** Vogler Kleinknecht-FS 429 und Tröndle-FS 423). Die **Vermutung der Unschuld endet** mit der Rechtskraft der Verur- 15
teilung (BVerfGE **35**, 202, 232 = NJW **73**, 1226, 1230). Wird das gerichtliche Verfahren eingestellt, so hindert die Unschuldsvermutung nicht, den Beschuldigten die ihm entstandenen Auslagen selbst tragen zu lassen; die Regelung des § 467 III–V ist daher unbedenklich (EGMR NJW **88**, 3257; BVerfG NJW **90**, 2741; BGH NJW **75**, 1829, 1831; München NStZ **84**, 185; Kühl [oben 12] S. 129 ff und NJW **84**, 1264; vgl auch Haberstroh NStZ **84**, 294; erg 16, 19 zu § 467 StPO).

4) Mindestrechte des Angeklagten (III). Die Vorschrift erweitert die Garantien des I (EKMR NJW **78**, 477). Die Aufzählung ist aber nicht erschöpfend; das fair trial-Gebot (oben 4) geht über III hinaus (Vogler ZStW **89**, 787). 16

A. **Bekanntgabe der Beschuldigung** (Buchst a): Der Angeklagte hat Anspruch auf unverzügliche Unterrichtung über den Grund der Anklage, dh über die tatsächlichen Vorkommnisse, die ihm zur Last gelegt werden, und über die Art der Anklage, dh über die rechtliche Würdigung dieser Vorkommnisse (EKMR NJW **77**, 2011; Int Komm EMRK-Vogler 472). Die Mitteilung muß die Einzelheiten enthalten, deren Kenntnis für den Angeklagten zur Vorbereitung der Verteidigung erforderlich ist. Die Angabe der Beweismittel schreibt III Buchst a nicht vor (EKMR aaO). Der Anspruch auf Unterrichtung besteht bei Festnahme schon im 17

Ermittlungsverfahren (Art 5 II); nach einer weitergehenden Ansicht folgt aus Art 6 III Buchst a, daß der Beschuldigte bereits zu Beginn jedes Ermittlungsverfahrens zu unterrichten sei (Frister StV **98**, 159; Müller Koch-FG 196 f; **aM** Schroeder GA-FS 210; vgl auch Gillmeister StraFo **96**, 115), es sei denn, der Untersuchungserfolg
18 könne dadurch vereitelt werden (Frister aaO 162). **In einer ihm verständlichen Sprache** muß dem Angeklagten die Beschuldigung bekanntgegeben werden und zwar nicht erst in der Hauptverhandlung (LG Heilbronn StV **87**, 192). Beherrscht er die deutsche Sprache nicht hinreichend, so muß ihm neben der Anklageschrift eine schriftliche Übersetzung in seine Muttersprache oder eine andere Sprache, die er versteht, übersandt werden (Düsseldorf VRS **68**, 119; LG Essen NJW **66**, 1624; Kissel 14 zu § 184 GVG; einschr Basdorf Meyer-GedSchr 25); mündliche Übersetzung genügt nur in Ausnahmefällen (Hamburg NStZ **93**, 53 = StV **94**, 65 mit abl Anm Kühne). Das gleiche gilt für den Strafbefehl (LG München II NJW **72**, 405), aber nicht für den Strafbefehlsentwurf der StA (LG Aachen NStZ **84**, 283 L). Die schriftliche oder mündliche Übersetzung des gesamten Akteninhalts oder wesentlicher Teile davon in eine ihm verständliche Sprache kann der Angeklagte nicht verlangen (Düsseldorf JZ **86**, 508; Int Komm EMRK-Vogler 583; Vogler ZStW **89**, 787).

19 B. **Zeit und Gelegenheit zur Vorbereitung der Verteidigung**(Buchst b) muß dem Angeklagten gegeben werden (Stuttgart JR **79**, 170, 172; Einl 131; 8 zu § 147 StPO). Die Vorschrift gilt auch für die StA, soweit von ihren Anträgen die Zeit der Vorbereitung der Verteidigung abhängt, zB bei dem Antrag nach § 417 StPO (Dünnebier GA **59**, 163). Daß die starren gesetzlichen Fristen nicht verlängert werden können, verstößt nicht gegen III Buchst b (BGH 5 StR 232/59 vom 5. 8. 1958 zu § 345 I StPO; Int Komm EMRK-Vogler 494).

20 C. **Recht auf Verteidigung** (Buchst c): Der Angeklagte hat Anspruch auf „konkrete und wirkliche" Verteidigung (EGMR EuGRZ **80**, 662; **85**, 234), der verletzt ist, wenn ihm unüberwachte persönliche Kontakte mit dem Anwalt verweigert werden (EKMR NJW **87**, 563; EGMR NJW **92**, 3090). Er darf sich selbst verteidigen oder einen Verteidiger wählen (Int Komm EMRK-Vogler 507); ist er mittellos, so muß ihm ein Verteidiger beigeordnet werden, wenn das geboten erscheint (vgl §§ 137 ff StPO), uU auch für die Revisionsverhandlung (7 zu § 350 StPO). Der Zweck der Regelung besteht darin, jede Ungleichheit unter Angeklagten zu vermeiden (EKMR NJW **78**, 477). Zulässig ist die Beschränkung der Zahl der Verteidiger (§ 137 I S. 2 StPO; Int Komm EMRK-Vogler 519) und des Personenkreises, der verteidigen darf (§ 138 StPO, EKMR EuGRZ **78**, 314). Der Angeklagte hat Anspruch auf einen Verteidiger seines Vertrauens, kann sich aber den Pflichtverteidiger nicht selbst aussuchen (9 zu § 142 StPO). Daß der Verur-
21 teilte die **Kosten des Pflichtverteidigers** nachträglich der Staatskasse erstatten muß (Nr 9007 KVGKG), steht dem Sinn des III Buchst c nicht entgegen (Düsseldorf NStZ **84**, 283 mwN; Koblenz JBlRP **98**, 90; Zweibrücken NStZ **90**, 51 mwN; LG Mainz NStE Nr 19; erg 1 zu § 464 a StPO); eine allgemeine Befreiung des Verurteilten von der Erstattung dieser Auslagen läßt sich aus der Vorschrift nicht herleiten (Bamberg JurBüro **86**, 1057; **87**, 254; Köln JurBüro **91**, 855; München aaO; LG Osnabrück JurBüro **91**, 718; Int Komm EMRK-Vogler 542 ff; D. Meyer JurBüro **91**, 1031; **aM** Düsseldorf NStZ **82**, 339; **85**, 370 mit abl Anm Schikora). Nur wenn der Angeklagte auch nach der Rechtskraft des Urteils noch mittellos ist, braucht er die Verteidigerkosten nicht zu tragen (EKMR StV **85**, 89 L; Peukert EuGRZ **80**, 276); das schließt den Kostenansatz aber nicht aus (Köln JurBüro **91**, 856). Die Erstattung der durch die „aufgedrängte" Bestellung eines weiteren Verteidigers (1 zu § 141 StPO) entstandenen Kosten kann vom Angeklagten nicht verlangt werden (Neumann NJW **91**, 266; **aM** EGMR EuGRZ **92**, 542 mit abl Anm Kühne; EKMR bei Strasser EuGRZ **92**, 280; Zweibrücken NJW **91**, 309 = StV **90**, 363 mit abl Anm Beulke; LG Göttingen NdsRpfl **92**, 241).

D. **Heranziehung und Befragung von Zeugen** (Buchst d): Vgl §§ 168 c, 219, 220, 224, 239, 240 II, 244, 245, 255 a II s.2 StPO. Zeuge iSd III Buchst d ist jeder, dessen Aussage vor Gericht als Beweismittel zur Entscheidungsfindung verwendet wird, also zB auch der Mitbeschuldigte (Kinzig StV **97**, 5 mwN in Fn 30). Nicht ausgeschlossen wird durch III Buchst d die Verlesung von Vernehmungsprotokollen nach § 251 StPO (BGH NStZ **85**, 376), die Vorführung von Bild-Ton-Aufzeichnungen nach § 255 a StPO (Weigend, Gutachten zum 62. DJT, C 63 ff) und die Vernehmung von Zeugen vom Hörensagen (Gollwitzer Meyer-GedSchr 156), insbesondere von Verhörsbeamten anonymer V-Leute (BGH **17**, 382, 388; Int Komm EMRK-Vogler 562 ff; Peukert EuGRZ **80**, 258 mwN; Vogler ZStW **89**, 788; **aM** Grünwald Dünnebier-FS 359; erg 5 zu § 250 StPO), oder die Vernehmung eines V-Mannes unter Wahrung seiner Anonymität (EGMR NJW **92**, 3088). Der Angeklagte muß aber idR zu irgendeinem Zeitpunkt des Verfahrens Gelegenheit gehabt haben, einen gegen ihn aussagenden Zeugen zu befragen (EGMR StV **90**, 481; **91**, 193; StraFo **97**, 239 mit zust Anm Sommer = StV **97**, 617 mit zust Anm Wattenberg/Violet; einschr demgegenüber BGH NJW **91**, 646, bestätigt durch BVerfG NJW **92**, 168, soweit es sich um die Verwertung von Angaben verdeckt operierender Polizeibeamter handelt; vgl dazu Joachim StV **92**, 245). Notfalls ist dem Zeugen durch das Gericht ein vorbereiteter Fragenkatalog des Angeklagten vorzulegen (BGH NStZ **93**, 292). Befragungsmöglichkeit durch den Verteidiger genügt (BVerfG NJW **96**, 3408; BGH StV **96**, 471). **22**

E. **Dolmetscher** (Buchst e): **23**

a) **Ausländer** in der BRep haben die gleichen prozessualen Grundrechte sowie den gleichen Anspruch auf ein rechtsstaatliches Verfahren und auf umfassenden und objektiven gerichtlichen Schutz wie Deutsche (BVerfGE **40**, 95 = NJW **75**, 1597 mwN). Einem ausländischen Angeklagten, der die deutsche Sprache nicht hinreichend beherrscht, muß daher ohne Rücksicht auf seine finanzielle Lage unentgeltlich ein Dolmetscher beigeordnet werden (EKMR NJW **78**, 477; 4 zu § 185 GVG), und zwar für das gesamte Strafverfahren (Frankfurt StV **86**, 24; LG Berlin AnwBl **80**, 30; Kissel 18 zu § 185 GVG). **23 a**

b) Die **Erstattung der Dolmetscherkosten** darf zwar vom Privatkläger (BVerfG NStZ **81**, 230) nicht aber von dem Angeklagten, auch nicht im Fall der Verurteilung verlangt werden (EGMR NJW **79**, 1091), auch nicht im Bußgeldverfahren, wie in Befolgung der Rspr des EGMR (NJW **85**, 1273; vgl auch KK/OWiG-Lampe 11 zu § 46) in Nr 9005 KVGKG klargestellt ist (vgl 1 zu § 464 a StPO), es sei denn, dem freigesprochenen Angeklagten seien nach § 467 II StPO die Kosten seiner Säumnis oder dem Verurteilten seien nach § 464 c StPO die Auslagen des Dolmetschers auferlegt worden. Der Angeklagte darf auch nicht mit den Kosten belastet werden, die bei Verfahrensaussetzung wegen Ausbleibens des Dolmetschers entstanden sind (LG Hamburg StV **85**, 500). Von den Kosten für die Übersetzung von Briefen zwecks Kontrolle ist der ausländische Gefangene freigestellt (KK- Franke 4 a zu § 464 a StPO; **aM** Stuttgart Justiz **84**, 191; LG Nürnberg-Fürth JurBüro **92**, 685; LR-Gollwitzer 245), ebenso von den bei der Besuchsüberwachung des UGefangenen entstandenen Kosten (Düsseldorf NStZ **91**, 403; Frankfurt StV **86**, 24; LG Berlin StV **89**, 350; Paeffgen NStZ **89**, 423; **90**, 533; **98**, 76; **aM** Koblenz NStZ-RR **96**, 159; LG Mainz NStZ-RR **96**, 32; LR-Gollwitzer 245) oder den Kosten der Überwachung eines Telefongespräch (Köln StV **94**, 326 L; Stuttgart StV **95**, 260 mwN; **aM** Frankfurt NStZ-RR **98**, 158); denn die vom Staat erzwungene Überwachung kann kostenmäßig nicht dem Gefangenen überbürdet werden (statt dessen notfalls Anordnung der Beschränkung des Briefverkehrs usw, vgl 20 zu § 119 StPO). Eine Freistellung von Kosten im Vollstreckungsverfahren scheidet aber aus (AG Montabaur NStZ **97**, 616). **24**

c) Die im **Verkehr mit dem Wahlverteidiger** entstandenen Dolmetscherkosten werden dem Verurteilten nicht erstattet (KG GA **77**, 278; Düsseldorf NJW **80**, 2655; NStZ **86**, 128; Frankfurt NJW **81**, 533; Stuttgart StV **86**, 491; Kissel 18 zu **25**

§ 185 GVG; **aM** KG NStZ **90**, 402 mit Anm Hilger; LG Düsseldorf StV **84**, 112; Int Komm EMRK-Vogler 589 ff; LR-Gollwitzer 244; Kühne in FS für H. Schmidt, 1981, S. 38; Vogler EuGRZ **79**, 643), auch wenn die Voraussetzungen für die Beiordnung eines Pflichtverteidigers vorlagen (Zweibrücken NJW **80**, 2143). Die unentgeltliche „Beiordnung" eines Dolmetschers für Gespräche mit dem Wahlverteidiger kommt ebenfalls nicht in Betracht (Düsseldorf NJW **89**, 677; MDR **89**, 668; Stuttgart Justiz **95**, 53; AG Darmstadt wistra **93**, 197; Wolf StV **92**, 368; **aM** Celle StV **97**, 432; Frankfurt StV **91**, 457; Hamm StV **94**, 475; Stuttgart StV **86**, 491; LG Aachen StV **97**, 404; LG Bamberg NStZ **92**, 500; LG Berlin NStZ **90**, 449; LG Bremen StV **87**, 193; LG Hamburg StV **90**, 16; 219; LG Köln StraFo **98**, 71; LG Oldenburg StV **98**, 649). Falls die Kosten nicht nach konsular- oder sozialhilferechtlichen Bestimmungen zu verauslagen sind (Wolf aaO), muß dem Beschuldigten, der die Dolmetscherkosten nicht aufbringen kann, ein Pflichtverteidiger beigeordnet werden (KG StV **85**, 184; **86**, 239; LG Berlin StV **84**, 237; Basdorf Meyer-GedSchr 28 ff; erg 30 a zu § 140 StPO; 5 zu § 185 GVG). Dem Pflichtverteidiger werden die Dolmetscherkosten als Auslagen nach § 97 II S. 1 BRAGO ersetzt, ohne daß sie dem Angeklagten aufgebürdet werden dürfen (München NJW **82**, 2739; LG Berlin aaO; LG München I AnwBl **82**, 495).

26 d) **Gerichtsentscheidungen,** die in seiner Abwesenheit ergangen sind, werden dem Ausländer, der die deutsche Sprache nicht hinreichend beherrscht, mit schriftlicher Übersetzung in einer ihm verständlichen Sprache bekanntgemacht (vgl RiStBV 181 II; **aM** Köln VRS **63**, 457; Stuttgart Justiz **86**, 307), grundsätzlich aber nicht Urteile, die in seiner Anwesenheit unter Mitwirkung eines Dolmetschers verkündet und begründet worden sind (BGH GA **81**, 262; Düsseldorf JZ **85**, 200; Frankfurt NJW **80**, 1238; Hamburg NJW **78**, 2462; Hamm StV **90**, 101 mit Anm Kühne; Stuttgart NStZ **81**, 225; Kissel 10 zu § 184 GVG; **aM** Sieg MDR **81**, 279; Strate AnwBl **80**, 15; vgl auch Stuttgart NJW **80**, 1238). Eine Ausnahme gilt, wenn der Angeklagte für seine weitere Verteidigung auf die Übersetzung angewiesen ist (Römer NStZ **81**, 474), aber nicht schon deshalb, weil er Berufung (Stuttgart MDR **83**, 256) oder Revision eingelegt hat (Stuttgart NStZ **81**, 225; **aM** Sieg MDR **83**, 636), jedenfalls nicht, wenn ein Verteidiger mitwirkt (BVerfGE **64**, 135, 151 = NJW **83**, 2762, 2764 = JZ **83**, 659 mit Anm Rüping; Düsseldorf JZ **85**,
27 200; vgl auch LR-Hilger 12 zu § 464 a StPO). Über die **Rechtsmittelbelehrung** vgl 9 zu § 35 a StPO. Ladungen erfolgen nur in deutscher Sprache (3 zu § 184 GVG).

Keine Strafe ohne Gesetz

7 **I Niemand kann wegen einer Handlung oder Unterlassung verurteilt werden, die zur Zeit ihrer Begehung nach inländischem oder internationalem Recht nicht strafbar war. Ebenso darf keine höhere Strafe als die im Zeitpunkt der Begehung der strafbaren Handlung angedrohte Strafe verhängt werden.**

II Durch diesen Artikel darf die Verurteilung oder Bestrafung einer Person nicht ausgeschlossen werden, die sich einer Handlung oder Unterlassung schuldig gemacht hat, welche im Zeitpunkt ihrer Begehung nach den allgemeinen von den zivilisierten Völkern anerkannten Rechtsgrundsätzen strafbar war.

1 **1) Verbot der Rückwirkung** (I): Vgl Art 103 II GG, §§ 1, 2 II StGB. I gilt nicht für Disziplinarstrafen (Frowein/Peukert 5; Morvay ZaöRV **21**, 341; **aM** Schorn 241) und für Ehrengerichtsverfahren; es bezieht sich auch nicht auf die richterliche Gesetzesauslegung (BVerfG NStZ **90**, 537; Bay **90**, 78 = NJW **90**, 2833). Aus der Vorschrift ergibt sich ein sachlich-rechtliches Analogieverbot (Frowein/Peukert 2; Guradze 7; Vogler ZStW **89**, 791; Einl 198). Sie verpflichtet aber nicht dazu, ein in fremdem Machtbereich ergangenes Strafurteil deshalb als un-

wirksam zu behandeln, weil die Tat zZ ihrer Begehung nach dem eigenen Recht keine Straftat darstellte.

2) Die **Ausnahme** (II) von dem Rückwirkungsverbot erklärt sich in 1. Hinsicht aus dem Bestreben, die Nürnberger Kriegsverbrecherurteile vor dem Vorwurf zu schützen, sie verstießen gegen den Grundsatz *nulla poena sine lege*(Frowein/Peukert 8; Jescheck NJW **54**, 785; von Weber ZStW **65**, 348). Die BReg hat auf Wunsch des BTages den „Vorbehalt" erklärt, daß sie die Vorschrift nur in den Grenzen des Art 103 II anwenden wird. Dabei handelt es sich nicht um einen Vorbehalt iS des Art 64 II, sondern um einen bloßen Ausdruck der Mißbilligung (Jescheck aaO; von Weber ZStW **65**, 347; vgl auch Guradze 11); daß Art 103 II GG dem Art 7 vorgeht, der nur Mindestrechte gewährt (1 zu Art 1), ist ohnehin selbstverständlich. 2

Recht auf Achtung des Privat- und Familienlebens

8 **I Jedermann hat Anspruch auf Achtung seines Privat- und Familienlebens, seiner Wohnung und seines Briefverkehrs.**

II Der Eingriff einer öffentlichen Behörde in die Ausübung dieses Rechts ist nur statthaft, insoweit dieser Eingriff gesetzlich vorgesehen ist und eine Maßnahme darstellt, die in einer demokratischen Gesellschaft für die nationale Sicherheit, die öffentliche Ruhe und Ordnung, das wirtschaftliche Wohl des Landes, die Verteidigung der Ordnung und zur Verhinderung von strafbaren Handlungen, zum Schutz der Gesundheit und der Moral oder zum Schutz der Rechte und Freiheiten anderer notwendig ist.

1) Die **Privatsphäre** als Rechtsposition wird hier, ebenso wie durch Art. 1 II, 2 II GG, gewährleistet (zu den Schutzbereichen im einzelnen vgl LR-Gollwitzer 22 ff). 1

2) **Eingriffe** (II) sind nur aufgrund gesetzlicher Vorschriften zulässig, auch aufgrund ungeschriebenen Rechts (EGMR EuGRZ **79**, 386; **85**, 17). Zu den – abschließend aufgezählten – zulässigen Eingriffszwecken gehören die Strafverfolgung und ihre Fortsetzung in Strafvollstreckung und – vollzug (Einl 65 ff). Jedes Strafgesetz, das den Grundsätzen eines demokratischen Rechtsstaats entspricht, wird durch II gedeckt (BVerfGE **6**, 389, 441 = NJW **57**, 865, 869). Zulässig ist zB die Kontrolle und Beschlagnahme des Postverkehrs eines UGefangenen (BGH NStZ **82**, 188 [Pf]; zu den Grenzen zulässiger Zensurmaßnahmen vgl aber EGMR EuGRZ **92**, 99; 535). Auch §§ 99, 100 a, 102, 103 StPO und Art 1 **G 10** sind mit II vereinbar (EGMR NJW **79**, 1755; vgl aber auch EGMR NJW **93**, 718: Verhältnismäßigkeitsgrundsatz ist zu beachten), ebenso der Einsatz eines V-Mannes iVm einer Telefonüberwachung (EGMR NJW **92**, 3088). 2

Gedanken-, Gewissens- und Religionsfreiheit

9 **I Jedermann hat Anspruch auf Gedanken-, Gewissens- und Religionsfreiheit; dieses Recht umfaßt die Freiheit des Einzelnen zum Wechsel der Religion oder der Weltanschauung sowie die Freiheit, seine Religion oder Weltanschauung einzeln oder in Gemeinschaft mit anderen öffentlich oder privat, durch Gottesdienst, Unterricht, durch die Ausübung und Beachtung religiöser Gebräuche auszuüben.**

II Die Religions- und Bekenntnisfreiheit darf nicht Gegenstand anderer als vom Gesetz vorgesehener Beschränkungen sein, die in einer demokratischen Gesellschaft notwendige Maßnahmen im Interesse der öffentlichen Sicherheit, der öffentlichen Ordnung, Gesundheit und Moral oder für den Schutz der Rechte und Freiheiten anderer sind.

Recht auf freie Meinungsäußerung

10 **I Jeder hat Anspruch auf freie Meinungsäußerung. Dieses Recht schließt die Freiheit der Meinung und die Freiheit zum Empfang und zur Mitteilung von Nachrichten oder Ideen ohne Eingriff öffentlicher Behörden und ohne Rücksicht auf Landesgrenzen ein. Dieser Artikel schließt nicht aus, daß die Staaten Rundfunk-, Lichtspiel- oder Fernsehunternehmen einem Genehmigungsverfahren unterwerfen.**

II Da die Ausübung dieser Freiheiten Pflichten und Verantwortung mit sich bringt, kann sie bestimmten, vom Gesetz vorgesehenen Formvorschriften, Bedingungen, Einschränkungen oder Strafandrohungen unterworfen werden, wie sie vom Gesetz vorgeschrieben und in einer demokratischen Gesellschaft im Interesse der nationalen Sicherheit, der territorialen Unversehrtheit oder der öffentlichen Sicherheit, der Aufrechterhaltung der Ordnung und der Verbrechensverhütung, des Schutzes der Gesundheit und der Moral, des Schutzes des guten Rufes oder der Rechte anderer, um die Verbreitung von vertraulichen Nachrichten zu verhindern oder das Ansehen und die Unparteilichkeit der Rechtsprechung zu gewährleisten, unentbehrlich sind.

Versammlungs- und Vereinigungsfreiheit

11 **I Alle Menschen haben das Recht, sich friedlich zu versammeln und sich frei mit anderen zusammenzuschließen, einschließlich des Rechts, zum Schutze ihrer Interessen Gewerkschaften zu bilden und diesen beizutreten.**

II Die Ausübung dieser Rechte darf keinen anderen Einschränkungen unterworfen werden als den vom Gesetz vorgesehenen, die in einer demokratischen Gesellschaft im Interesse der äußeren und inneren Sicherheit, zur Aufrechterhaltung der Ordnung und zur Verbrechensverhütung, zum Schutze der Gesundheit und der Moral oder zum Schutze der Rechte und Freiheiten anderer notwendig sind. Dieser Artikel verbietet nicht, daß die Ausübung dieser Rechte für Mitglieder der Streitkräfte, der Polizei oder der Staatsverwaltung gesetzlichen Einschränkungen unterworfen wird.

Recht auf Eheschließung

12 **Mit Erreichung des Heiratsalters haben Männer und Frauen das Recht, eine Ehe einzugehen und eine Familie nach den nationalen Gesetzen, die die Ausübung dieses Rechts regeln, zu gründen.**

Recht auf wirksame Beschwerde

13 **Sind die in der vorliegenden Konvention festgelegten Rechte und Freiheiten verletzt worden, so hat der Verletzte das Recht, eine wirksame Beschwerde bei einer nationalen Instanz einzulegen, selbst wenn die Verletzung von Personen begangen worden ist, die in amtlicher Eigenschaft gehandelt haben.**

1 **1) Beschwerderecht:** Art 13 verlangt eine wirksame Beschwerdemöglichkeit vor einer nationalen Behörde (EMGR EuGRZ **77**, 419; **79**, 278), schafft aber sonst keine neuen Rechtsschutzmöglichkeiten, gibt also kein Beschwerderecht gegen eine nach deutschem Recht unanfechtbare Entscheidung (BGH **20**, 68) und verpflichtet auch nicht zur Gewährung von anderen Rechtsbehelfen, die im ordentlichen Rechtsweg nicht vorgesehen sind (EKMR DÖV **59**, 743; VerfGH Koblenz NJW **59**, 1628; Münch JZ **61**, 154). Der Begriff „wirksame Beschwerde" enthält eine Verweisung auf die innerstaatliche Rechtsordnung. Soweit sie ein Rechtsmittel zuläßt, kann damit die Verletzung der innerstaatlich unmittelbar

anwendbaren Bestimmungen der MRK geltend gemacht werden (6 vor Art 1). Aus der Formulierung „selbst wenn" kann nicht geschlossen werden, daß die MRK erst recht für die Eingriffe des einen Bürgers gegen den anderen gilt. Weitergehende Rechtsbehelfsgarantien der MRK (zB Art 5 III, IV, 6 I) gehen als Spezialregelungen Art 13 vor. Bei allen Konventionsverletzungen ist in der BRep im Hinblick auf Art 19 IV GG grundsätzlich der Weg zu den Gerichten eröffnet, jedoch kein weiterer außerordentlicher Rechtsbehelf gegen einen einmaligen Konventionsverstoß durch ein letztinstanzliches Gericht gegeben (vgl LR-Gollwitzer 17).

2) Die **Verfassungsbeschwerde** kann auf Verletzung der MRK nicht gestützt werden (BVerfGE **10**, 271, 274 = NJW **60**, 1243 mit abl Anm Guradze; BVerfGE **34**, 384, 395; **41**, 126, 149; BVerfG EuGRZ **86**, 439; BayVerfGH NJW **61**, 1619; **aM** Schorn 48). Nur soweit Verstöße gegen die Menschenrechte und Grundfreiheiten der MRK zugleich das GG oder Landesverfassungsrecht verletzen, können sie mit der Verfassungsbeschwerde geltend gemacht werden (Einl 231; 1 zu Art 26). 2

Verbot der Benachteiligung

14 Der Genuß der in der vorliegenden Konvention festgelegten Rechte und Freiheiten muß ohne Unterschied des Geschlechts, der Rasse, Hautfarbe, Sprache, Religion, politischen oder sonstigen Anschauungen, nationaler oder sozialer Herkunft, Zugehörigkeit zu einer nationalen Minderheit, des Vermögens, der Geburt oder des sonstigen Status gewährleistet werden.

Außerkraftsetzen im Notstandsfall

15 I Im Falle eines Krieges oder eines anderen öffentlichen Notstandes, der das Leben der Nation bedroht, kann jeder der Hohen Vertragschließenden Teile Maßnahmen ergreifen, welche die in dieser Konvention vorgesehenen Verpflichtungen in dem Umfang, den die Lage unbedingt erfordert, und unter der Bedingung außer Kraft setzen, daß diese Maßnahmen nicht in Widerspruch zu den sonstigen völkerrechtlichen Verpflichtungen stehen.

II Die vorstehende Bestimmung gestattet kein Außerkraftsetzen des Artikels 2 außer bei Todesfällen, die auf rechtmäßige Kriegshandlungen zurückzuführen sind, oder der Artikel 3, 4 (Absatz 1) und 7.

III Jeder Hohe Vertragschließende Teil, der dieses Recht der Außerkraftsetzung ausübt, hat den Generalsekretär des Europarats eingehend über die getroffenen Maßnahmen und deren Gründe zu unterrichten. Er muß den Generalsekretär des Europarats auch über den Zeitpunkt in Kenntnis setzen, in dem diese Maßnahmen außer Kraft getreten sind und die Vorschriften der Konvention wieder volle Anwendung finden.

Beschränkungen der politischen Tätigkeit von Ausländern

16 Keine der Bestimmungen der Artikel 10, 11 und 14 darf so ausgelegt werden, daß sie den Hohen Vertragschließenden Parteien verbietet, die politische Tätigkeit von Ausländern Beschränkungen zu unterwerfen.

Verbot des Mißbrauchs der Rechte

17 Keine Bestimmung dieser Konvention darf dahin ausgelegt werden, daß sie für einen Staat, eine Gruppe oder eine Person das Recht begründet, eine Tätigkeit auszuüben oder eine Handlung zu begehen, die auf die Abschaf-

fung der in der vorliegenden Konvention festgelegten Rechte und Freiheiten oder auf weitergehende Beschränkungen dieser Rechte und Freiheiten als in der Konvention vorgesehen, hinzielt.

Begrenzung der Rechtseinschränkungen

18 Die nach der vorliegenden Konvention gestatteten Einschränkungen dieser Rechte und Freiheiten dürfen nicht für andere Zwecke als die vorgesehenen angewandt werden.

Abschnitt II. Europäischer Gerichtshof für Menschenrechte

Errichtung des Gerichtshofs

19 Um die Einhaltung der Verpflichtungen sicherzustellen, welche die Hohen Vertragschließenden Teile in der Konvention und den Protokollen dazu übernommen haben, wird ein Europäischer Gerichtshof für Menschenrechte, im folgenden „Gerichtshof" genannt, errichtet. Er nimmt seine Aufgaben als ständiger Gerichtshof wahr.

1 **1)** Der ständige **Europäische Gerichtshof für Menschenrechte** (EGMR) in Straßburg ist seit 1. 11. 1998 an die Stelle der bisher zuständigen Europäischen Kommission (EKMR) und des bisher nicht ständig tagenden EGMR getreten; das Ministerkomitee des Europarates ist nunmehr darauf beschränkt, die Einhaltung der Urteile zu überwachen (Art 46 II). Der Gerichtshof besteht aus ebenso vielen Richtern, wie es Vertragsstaaten gibt (Art 20). Die Richter werden von der Parlamentarischen Versammlung des Europarates für 6 Jahre gewählt; Wiederwahl ist zulässig (Art 23 I).

2 **2)** Seine **Entscheidungen** trifft der EGMR in Ausschüssen mit 3 Richtern, in Kammern mit 7 Richtern und in einer Großen Kammer mit 17 Richtern. Der Gerichtshof bildet die Kammern, diese bilden die Ausschüsse jeweils für einen bestimmten Zeitraum (Art 26 b, 27 I). Die Ausschüsse können durch einstimmigen Beschluß eine Individualbeschwerde (vgl Art 34) endgültig für unzulässig erklären oder im Register streichen, wenn sie offensichtlich unbegründet ist (Art 28); die Ausschüsse übernehmen daher die Filterwirkung, die früher der EKMR zukam. Sonst entscheidet die Kammer, die aber die Sache an die Große Kammer abgibt, wenn eine schwerwiegende Frage der Auslegung der MRK oder der Zusatzprotokolle (vgl 2 vor Art 1) zu entscheiden oder eine Divergenz von einer früheren Entscheidung des EGMR möglich ist; die Abgabe ist jedoch nicht zulässig, wenn eine Partei widerspricht (Art 30). Die Große Kammer entscheidet ferner, wenn ein Ausschuß von 5 Richtern der Großen Kammer eine von einer Partei innerhalb von 3 Monaten nach Urteilserlaß der Kammer beantragte Verweisung annimmt; dies ist nur für Ausnahmefälle bei Fragen grundsätzlicher Bedeutung vorgesehen (Art 43).

3 **3) Verfahren**: Die Beschwerde wird bei der beim EGMR bestehenden Kanzlei (Art 25) eingelegt, die prüft, ob die Beschwerde formal in Ordnung ist, und den Beschwerdeführer ggf darauf hinweist, wenn Angaben oder Unterlagen fehlen (Meyer-Ladewig NJW **98**, 513). Nach Registrierung gelangt die Sache an eine Kammer und wird nach Bestimmung eines Berichterstatters von einem Ausschuß (oben 2) geprüft. Erweist sich die Beschwerde als zulässig, wird sie der Regierung des betroffenen Landes zur Stellungnahme zugeleitet, auf die der Beschwerdeführer erwidern kann. Das Gericht stellt den Sachverhalt fest und führt erforderlichenfalls eine Beweisaufnahme durch. Das Gericht prüft, ob eine gütliche Einigung möglich

ist; das hierfür eingeschlagene Verfahren ist vertraulich (Art 38 I b, II). Kommt eine gütliche Einigung nicht zustande, entscheidet die Kammer nach mündlicher, öffentlicher Verhandlung durch Urteil, das begründet und veröffentlicht wird (Art 45 I, 44 III). Der EGMR kann zur Wiedergutmachung für die Folgen der Menschenrechtsverletzung eine Entschädigung zusprechen (Art 41).

4) Seine Verfahrensordnung gibt sich der EGMR selbst. Es ist vorgesehen, 4 daß 4 Kammern mit je 8 Richtern gebildet werden. Da der nationale Richter in der Kammer sitzen muß, wenn ein Fall gegen sein Land verhandelt wird, „folgt der Fall dem Richter"; der Fall wird also der Kammer zugewiesen, in der der nationale Richter sitzt (Meyer-Ladewig NJW **98**, 513).

5) Die **Urteile sind verbindlich**; alle Vertragsstaaten haben sich verpflichtet, das 5 endgültige Urteil des Gerichtshofs zu befolgen (Art 46 I). Das endgültige Urteil wird dem Ministerkomitee zugeleitet, das seine Durchführung überwacht. Eine festgestellte Menschenrechtsverletzung führt zur Wiederaufnahme des Verfahrens, wenn das angefochtene Urteil auf ihr beruht (vgl 52 zu § 359 StPO).

20-33 (nicht abgedruckt)

Individualbeschwerden

34 Jede natürliche Person, nichtstaatliche Organisation oder Personenvereinigung, die sich durch eine Verletzung der in der Konvention oder den Protokollen dazu anerkannten Rechte durch einen der Hohen Vertragsschließenden Teile beschwert fühlt, kann bei dem Gerichtshof eine Beschwerde einlegen. Die Hohen Vertragsschließenden Teile verpflichten sich, die wirksame Ausübung dieses Rechts in keiner Weise zu behindern.

Zulässigkeitsvoraussetzungen

35 I Der Gerichtshof kann sich mit einer Angelegenheit erst nach Erschöpfung aller innerstaatlichen Rechtsbehelfe in Übereinstimmung mit den allgemein anerkannten Grundsätzen des Völkerrechts und nur innerhalb einer Frist von sechs Monaten nach Ergehen der endgültigen innerstaatlichen Entscheidung befassen.

II Der Gerichtshof befaßt sich nicht mit einer nach Artikel 34 eingelegten Individualbeschwerde, wenn sie
a) anonym ist oder
b) im wesentlichen mit einer schon vorher vom Gericht geprüften Sache übereinstimmt oder einer anderen internationalen Untersuchungs- oder Ausgleichsinstanz unterbreitet worden ist und keine neuen Tatsachen enthält.

III Der Gerichtshof erklärt eine nach Artikel 34 eingelegte Individualbeschwerde für unzulässig, wenn er sie für unvereinbar mit den Bestimmungen der Konvention oder der Protokolle dazu, für offensichtlich unbegründet oder für einen Mißbrauch des Beschwerderechts hält.

IV Der Gerichtshof weist eine Beschwerde zurück, die er nach diesem Artikel für unzulässig hält. Er kann dies in jedem Stadium des Verfahrens tun.

1) Jedermann, der sich in seinen Rechten nach der MRK verletzt fühlt, kann 1
den EGMR anrufen, ohne daß eine Unterwerfungserklärung des betroffenen
Staates erforderlich wäre. Allerdings befaßt sich der EGMR erst nach **Erschöp-** 2
fung des innerstaatlichen Rechtswegs, für die der Beschwerdeführer die Be-

weislast trägt (Frowein/Peukert 7), mit der Sache. Der Beschwerdeführer muß sich vor einem innerstaatlichen Gericht zwar nicht unbedingt unter Anführung der MRK, aber wenigstens substantiell auf die angeblich verletzte MRK-Bestimmung berufen haben (EGMR NJW **84**, 544). Davon kann aber abgesehen werden, wenn nach der Rspr der obersten Gerichte ein Rechtsmittel von vornherein aussichtslos ist (Frowein/Peukert 35). Zum Rechtsweg gehört nicht nur ein Rechtsmittelverfahren ieS, sondern jede rechtliche Möglichkeit der Abhilfe, die zugänglich und geeignet erscheint (EGMR NJW **82**, 497; Vogler ZStW **89**, 792), auch die Richterablehnung (Peukert EuGRZ **80**, 249), die Dienstaufsichtsbeschwerde (22 vor § 296 StPO), der Antrag nach §§ 23, 37 EGGVG (Vogler aaO) und die Verfassungsbeschwerde nach § 90 BVerfGG (Frowein/Peukert 25 ff; Krey 1/144 und JA **83**, 641; Kühne 35; Münch JZ **61**, 155). Soweit sich die in der MRK verbürgten Rechte und Grundfreiheiten mit den Grundrechten des GG decken, muß daher vor Anrufung des EGMR eine erfolglose Verfassungsbeschwerde eingelegt worden sein (EKMR NJW **56**, 1376; VerfGH Koblenz NJW **59**, 1628; Geck DVBl **57**, 41; Krey 144 und JA **83**, 641; Peukert EuGRZ **79**, 264; **80**, 249; Einl 230 ff), sofern das BVerfG nicht in einem ähnlichen Fall bereits eine Verfassungsbeschwerde verworfen hat (Krey aaO; Vogler aaO; einschr LR-Gollwitzer Verfahren 19). Hat das BVerfG die Verfassungsbeschwerde wegen fehlender Substantiierung des Beschwerdegegenstandes verworfen, so ist der innerstaatliche Rechtsweg nicht erschöpft (EKMR NJW **88**, 1441). Ein Wiederaufnahmeverfahren braucht nicht beantragt worden zu sein (Vogler aaO). Eine wegen Nichterschöpfung des Rechtsweges für unzulässig erklärte Beschwerde kann nach Erschöpfung der Rechtsbehelfe wiederholt werden (Vogler ZStW **89**, 793).

3 **2) Frist:** Die Beschwerde nach Art 34 muß dem EGMR so rechtzeitig vorliegen, daß er sich noch vor Fristablauf mit ihr befassen kann. Die 6- Monatsfrist beginnt mit der (förmlichen oder formlosen) Bekanntmachung der innerstaatlichen Entscheidung (Frowein/Peukert 48 ff; Peukert EuGRZ **80**, 250; erg 5 ff zu § 35 StPO). Wiedereinsetzung ist nicht zulässig (3 vor § 42 StPO).

4 **3)** Als **unzulässig zurückgewiesen** (Art 35 IV) wird die Beschwerde, wenn die Voraussetzungen des Art 35 I oder II oder III gegeben sind. Zum Verfahrensgang im übrigen vgl 3 zu Art 19.

36-59 (nicht abgedruckt)

5. Gesetz über die Entschädigung für Strafverfolgungsmaßnahmen (StrEG)

Vom 8. März 1971 (BGBl I 157; III 313–4), letztes ÄndG vom 29. Oktober 1992 (BGBl I 1814, 1820)

Vorbemerkungen

1 **1)** Der **Entschädigungsanspruch** nach dem StrEG ist seiner Rechtsnatur nach ein Aufopferungsanspruch (BGHZ **72**, 302 = NJW **79**, 425; Nürnberg MDR **75**, 779; Schätzler Einl 23; **aM** Paeffgen 211 ff: Gefährdungstatbestand eigener Art). Er setzt voraus, daß der Betroffene ein unveranlaßtes Sonderopfer erbracht hat (BGHZ **60**, 302 = NJW **73**, 1322; Karlsruhe MDR **76**, 515). Auf den Nachweis seiner Unschuld kommt es nicht an. Aus der Regelung der Entschädigungspflicht nach dem StrEG läßt sich daher nicht schließen, daß die Anordnung der Strafverfolgungsmaßnahme oder ihr Vollzug rechtswidrig war. Wird das sachliche Recht

geändert und der Angeklagte deswegen nach § 206 b StPO freigesprochen, so kommt jedoch eine Entschädigung in Betracht, weil keiner der Ausschließungsgründe (§§ 5, 6) greift (KK-Tolksdorf 9; LR-Rieß 16; SK/StPO-Paeffgen 13, je zu § 206 b StPO; **aM** KG JR **77**, 334; KMR-Paulus 15 zu § 206 b StPO; Schätzler 20 zu § 6 und GA **90**, 37); dasselbe gilt, wenn der erneut verurteilte Angeklagte nur wegen einer Gesetzesänderung milder bestraft worden ist (München StV **84**, 471 mit zust Anm H. Schmidt).

2) **Entschädigungsberechtigt** können nur der in einem Strafverfahren Beschuldigte, Angeschuldigte, Angeklagte oder Verurteilte, gegen den die schadensbegründende Strafverfolgungsmaßnahme gerichtet gewesen ist (Hamburg MDR **94**, 310; Karlsruhe StraFo **98**, 33), oder ein Unterhaltsberechtigter (§ 11) sein (KG NJW **78**, 2406; Schätzler Einl 27). Für Ausländer gelten keine Einschränkungen. Wer sonst durch Strafverfolgungsmaßnahmen einen Schaden erlitten hat, wird nicht nach dem StrEG entschädigt (Celle NdsRpfl **86**, 38, 40; Schleswig SchlHA **89**, 78; LG Flensburg JurBüro **84**, 419; LG Freiburg NJW **90**, 399; LG Kassel NStZ **94**, 497; D. Meyer Einl 56; erg 7 zu § 2). Insbesondere Zeugen, gegen die zu Unrecht Erzwingungshaft nach § 70 II StPO angeordnet wurde, oder Einziehungs- und andere Nebenbeteiligte müssen ihre Ansprüche im Zivilrechtsweg geltend machen (BGH **36**, 236 mwN; Düsseldorf VRS **83**, 198; LG Hamburg NJW **74**, 373). 2

3) **Andere Entschädigungsregelungen,** wie § 74 f StGB und die Bestimmungen über die notwendigen Auslagen nach §§ 464 ff StPO (5 zu § 7), sowie Schadensersatzansprüche nach Art 34 GG, § 839 BGB und nach Art 5 V **MRK** (dort 14) bleiben unberührt (Karlsruhe Justiz **88**, 87; Schleswig SchlHA **90**, 132 [L/G]; Einzelheiten bei D. Meyer Einl 59 ff). Für vor Inkrafttreten des EV erlassene Urteile der DDR gelten §§ 1, 2 nicht (vgl § 16 a). 3

4) **Entsprechend anwendbar** ist das StrEG auf Verfolgungsmaßnahmen wegen einer OWiG (§ 46 I OWiG; RiStBV 295). Nur für das von einer VerwB abgeschlossene Bußgeldverfahren gelten nach § 110 OWiG Besonderheiten für das Verfahren. Für zu Unrecht erlittene Auslieferungshaft kann das StrEG nur dann entspr angewendet werden, wenn die Behörden der BRep die unberechtigte Verfolgung zu vertreten haben, was idR nicht der Fall ist (BGH **30**, 152 = NStZ **81**, 441 mit abl Anm Schätzler; **32**, 221 = NStZ **85**, 222 mit Anm Schomburg; **aM** Düsseldorf NJW **92**, 646; Schätzler aaO: stets ausgeschlossen; offengelassen von Hamm NStZ **97**, 246; vgl auch Gillmeister NJW **91**, 2251; D. Meyer JurBüro **91**, 1592). Entsprechendes gilt für im Ausland aufgrund ausländischer Vorschriften vollzogene Untersuchungs- oder Strafhaft (Düsseldorf NStZ **88**, 371). Bei zu Unrecht erlittener Abschiebungshaft nach § 57 AuslG ist das StrEG nicht entspr anwendbar (AG Kiel JurBüro **84**, 1060 mit Anm D. Meyer; vgl aber zu einem Ausnahmefall Schleswig SchlHA **95**, 37 [L/T]), auch nicht bei Ordnungsmitteln nach § 178 GVG (Schleswig SchlHA **83**, 121 [E/L]) oder bei einer Entscheidung nach § 57 a StGB (Köln StraFo **98**, 286). Erg 1 zu § 2. 4

Entschädigung für Urteilsfolgen

1 **I Wer durch eine strafgerichtliche Verurteilung einen Schaden erlitten hat, wird aus der Staatskasse entschädigt, soweit die Verurteilung im Wiederaufnahmeverfahren oder sonst, nachdem sie rechtskräftig geworden ist, in einem Strafverfahren fortfällt oder gemildert wird.**

II Absatz 1 gilt entsprechend, wenn ohne Verurteilung eine Maßregel der Besserung und Sicherung oder eine Nebenfolge angeordnet worden ist.

1 **1) Schaden durch strafgerichtliche Verurteilung:** Entschädigt wird nur, wer als Verurteilter (2 vor § 1) durch die frühere Verurteilung (I) oder durch selbständig angeordnete Maßregeln oder Nebenfolgen (II) einen Schaden erlitten hat. Dem Urteil steht der Strafbefehl (§ 407 StPO) gleich (dazu D. Meyer 6 ff). Maßregeln der Besserung und Sicherung sind die in § 61 StGB vorgesehenen Rechtsfolgen. Nebenfolgen sind Verfall, Einziehung und Unbrauchbarmachung, die nach § 76 a StGB, §§ 440 I, 442 StPO selbständig angeordnet werden können. Der Schaden muß nicht unmittelbar durch die Rechtsfolge entstanden sein (vgl Düsseldorf MDR **80**, 958: Schaden infolge des durch die Verurteilung veranlaßten Widerrufs der in einem anderen Verfahren bewilligten Strafaussetzung). Für einen auf die Strafe angerechneten Disziplinararrest der Bundeswehr wird kein Ersatz geleistet (Schleswig MDR **79**, 165).

2 **2) Fortfall im Wiederaufnahmeverfahren oder sonst:** Der Wegfall einer Rechtsfolge in dem Verfahren nach §§ 359 ff StPO führt, vorbehaltlich der §§ 5, 6, zur Entschädigung. Eine Ausnahme gilt, wenn der 1. Richter in Kenntnis der neuen Tatsachen eine andere Rechtsfolge verhängt hätte, im Wiederaufnahmeverfahren aber das Verbot der Schlechterstellung nach § 373 II StPO zum Freispruch zwingt (Schätzler 10; **aM** Nürnberg MDR **75**, 779; D. Meyer 25; erg 6 zu § 6). Neben dem Wiederaufnahmeverfahren kommen nur ähnliche Korrekturen einer rechtskräftigen strafgerichtlichen Entscheidung (zB in Anwendung des § 357 StPO oder des § 95 II BVerfGG; vgl Stuttgart NJW **97**, 206) in Betracht. Dazu gehört auch Wiedereinsetzung gegen die Versäumung der Einspruchsfrist, nachdem aufgrund des rechtskräftigen Strafbefehls die Ersatzfreiheitsstrafe bereits vollstreckt war (Bay **86**, 25 = VRS **71**, 77; **aM** D. Meyer 11 und JurBüro **87**, 1603; vgl aber auch Saarbrücken NStZ **92**, 442: nicht bei nur teilw Verbüßung und Aussetzung des Strafrestes zur Bewährung). § 1 ist nicht anwendbar, wenn die bedingte Entlassung nach § 57 oder § 67 d II StGB verspätet angeordnet worden ist (Hamm EuGRZ **86**, 546; Karlsruhe MDR **76**, 515). Der Erlaß einer rechtskräftig verhängten Strafe durch Gnadenerweis oder Amnestie führt nicht zur Anwendung des StrEG (D. Meyer 12 ff; Schätzler 14, 15).

3 **3) Milderung der Rechtsfolgen:** Ob der spätere Rechtsfolgenausspruch milder ist als der frühere, ergibt ein Vergleich der ursprünglichen mit den jetzigen Rechtsfolgen aufgrund einer ganzheitlichen Betrachtungsweise (München StV **84**, 471; D. Meyer 29 und JurBüro **87**, 1602; erg 12 zu § 331 StPO). Das gilt auch bei Wegfall einer tatmehrheitlichen Handlung (Frankfurt NJW **83**, 2398 aE). Auf der Anwendung eines milderen Strafgesetzes muß die Milderung nicht beruhen (Schätzler 11).

4 **4)** Die **Ausschluß- und Versagungsgründe** der §§ 5 und 6 gelten auch im Fall des § 1 (Saarbrücken NJW **75**, 792). Die §§ 3, 4, die nur die Maßnahmen nach § 2 betreffen, sind von Bedeutung, wenn solche Maßnahmen in dem wiederaufgenommenen Verfahren vollzogen worden sind. Da dieses und das frühere Verfahren eine Einheit bilden (vgl 37 zu § 473 StPO), sind auch die in dem früheren Verfahren vollzogenen Maßnahmen iS des § 2 entschädigungsfähig, soweit der Anspruch nicht mit dem nach § 1 zusammenfällt (D. Meyer 37 a), wie etwa angerechnete Haft (Schätzler 1 zu § 2).

Entschädigung für andere Strafverfolgungsmaßnahmen

2 **I Wer durch den Vollzug der Untersuchungshaft oder einer anderen Strafverfolgungsmaßnahme einen Schaden erlitten hat, wird aus der Staatskasse entschädigt, soweit er freigesprochen oder das Verfahren gegen ihn eingestellt wird oder soweit das Gericht die Eröffnung des Hauptverfahrens gegen ihn ablehnt.**

II Andere Strafverfolgungsmaßnahmen sind

1. **die einstweilige Unterbringung und die Unterbringung zur Beobachtung nach den Vorschriften der Strafprozeßordnung und des Jugendgerichtsgesetzes,**
2. **die vorläufige Festnahme nach § 127 Abs. 2 der Strafprozeßordnung,**
3. **Maßnahmen des Richters, der den Vollzug des Haftbefehls aussetzt (§ 116 der Strafprozeßordnung),**
4. **die Sicherstellung, die Beschlagnahme, der Arrest nach den §§ 111 d und 111 o der Strafprozeßordnung sowie die Vermögensbeschlagnahme nach § 111 p der Strafprozeßordnung und die Durchsuchung, soweit die Entschädigung nicht in anderen Gesetzen geregelt ist,**
5. **die vorläufige Entziehung der Fahrerlaubnis,**
6. **das vorläufige Berufsverbot.**

III Als Strafverfolgungsmaßnahmen im Sinne dieser Vorschrift gelten die Auslieferungshaft, die vorläufige Auslieferungshaft, die Sicherstellung, die Beschlagnahme und die Durchsuchung, die im Ausland auf Ersuchen einer deutschen Behörde angeordnet worden sind.

1) **Nichtverurteilte Angeschuldigte,** im Fall des § 9 auch Beschuldigte, haben Anspruch auf Entschädigung für den Vollzug, nicht für die bloße Anordnung (BGH MDR **79**, 562; Hamburg MDR **82**, 519; D. Meyer 20), der in I, II abschließend aufgezählten Maßnahmen, sofern sich nicht eine Ausnahme oder Einschränkung aus §§ 3, 5 oder 6 ergibt. Dem Freispruch stehen nicht nur die (endgültige; vgl 1 zu § 3; 2 zu § 8) Einstellung des Verfahrens aufgrund zwingender Vorschriften (§§ 170 II, 206 a, 206 b, 260 III StPO) und die Ablehnung der Eröffnung des Hauptverfahrens (§ 204 StPO) gleich, sondern auch die in I nicht erwähnte Ablehnung des Erlasses eines Strafbefehls aus tatsächlichen oder rechtlichen Gründen (D. Meyer 34) und die Ablehnung des Antrags im Sicherungsverfahren nach § 414 II S. 4 StPO (Schätzler 11; erg 1 zu § 467 StPO). Auch die Teilfreisprechung kann zur Entschädigung führen (D. Meyer 28). Erg 1 zu § 2. 1

2) **Schaden durch Vollzug der UHaft** (I): UHaft ist die Haft nach §§ 112 ff, 230 II, 236, 329 IV StPO (Schätzler 24), nicht aber der Vollzug eines Sicherungshaftbefehls nach § 453 c StPO (KG JR **81**, 87; Düsseldorf MDR **82**, 958; Karlsruhe MDR **77**, 600; Burmann StV **86**, 80; **aM** Bringewat StVollstr 21 zu § 453 c StPO; von Meding NJW **77**, 914) oder die Strafvollstreckung aufgrund Widerrufs der Strafaussetzung zur Bewährung, wenn der Widerruf nachträglich wieder aufgehoben wird (Düsseldorf MDR **93**, 808). Der Schaden muß unmittelbar durch die Freiheitsentziehung entstanden sein; Rufschaden wird als immaterieller Schaden nicht ersetzt, wohl aber, wenn er zu einer Vermögensschädigung geführt hat (3 zu § 7; BGH MDR **79**, 562; Schätzler 35 zu § 7). § 4 dehnt die Regelung des I auf Fälle aus, in denen das Verfahren mit Verurteilung endet. 2

3) **Andere Strafverfolgungsmaßnahmen** (II): 3

A. **Nr 1:** Vgl §§ 81, 126 a StPO, § 73 **JGG.** Auch die einstweilige Unterbringung nach §§ 71 II, 72 IV **JGG** gehört hierzu (Schätzler 26). 4

B. **Nr 2:** Der vorläufigen Festnahme nach § 127 II StPO steht die nach § 127 I StPO auch dann nicht gleich, wenn sie durch einen Strafverfolgungsbeamten zur alsbaldigen Identitätsfeststellung vorgenommen worden ist. Die Vorschrift muß aber auch im Fall des § 127 b I StPO gelten; bei der Einfügung dieser Vorschrift in die StPO ist die Änderung der Nr 2 offensichtlich vergessen worden. Keine vorläufige Festnahme ist die Verbringung zur Blutprobenentnahme (29 zu § 81 a StPO), die Zuführung zur erkennungsdienstlichen Behandlung (15 zu § 81 b StPO) und das Festhalten zur Identitätsfeststellung (7 zu § 163 b StPO). 5

C. **Nr 3:** Die weniger einschneidenden Maßnahmen nach § 116 StPO können die Bewegungsfreiheit und dadurch die Erwerbsmöglichkeiten einschränken oder, 6 bei Sicherheitsleistung, Darlehnszinsen oder Zinsverluste verursachen (Schätzler 28). Anordnungen und andere Maßnahmen zur Abwendung der UHaft gegen Jugendliche (§ 72 I **JGG**) fallen nicht unter Nr 3 (**aM** D. Meyer 50).

7 D. **Nr 4:** Die Vorschrift gilt nur subsidiär. In Betracht kommt der Vollzug, nicht schon die Anordnung, der Maßnahmen nach §§ 94, 99, 108 S. 1, 111 b, 111 d, 111 o, 111 p, 132 III, 290, 443 StPO. Die Führerscheinbeschlagnahme nach § 94 III StPO fällt unter die Vorschrift, wenn keine Anordnung nach § 111 a StPO ergangen ist (Stuttgart VerkMitt **83**, 45); sonst gilt Nr 5. Der Entschädigungsanspruch besteht auch, wenn der Betroffene der Sicherstellung nicht widersprochen (LG Memmingen NJW **77**, 347), keine richterliche Entscheidung nach §§ 98 II S. 2, 111 e II S. 3 StPO beantragt oder die Sache sogar freiwillig herausgegeben hat, um der sonst zu erwartenden Beschlagnahme zuvorzukommen (BGH NJW **75**, 347, 348; Hamm NJW **72**, 1477; VRS **47**, 201; AG Osnabrück DAR **84**, 94; einschr LG Flensburg GA **78**, 341; D. Meyer 22, 61: wenn die Beschlagnahme mit Sicherheit zu erwarten ist). Durchsuchung iS Nr 4 ist nur die nach §§ 102, 103 StPO, nicht die nach § 111 StPO (D. Meyer 55). Entschädigt wird nur der Beschuldigte selbst, gegen den sich die Maßnahme gerichtet hat (Celle NdsRpfl **86**, 38, 40; LG Freiburg NJW **90**, 399; erg 2 vor § 1), und nur für die typischen Folgen des Vollzugs der Maßnahme; eine durch sie eingetretene Diskriminierung gehört dazu nicht (BGH MDR **79**, 562); zum Verlust des Arbeitsplatzes vgl § 7 Rn 3. Entschädigungsfähig ist aber der durch die Herausgabe einer beschlagnahmten Sache an einen Nichtberechtigten entstandene Verlust (BGHZ **72**, 302 = NJW **79**, 425). Zur Entschädigung für Beschlagnahmemaßnahmen nach §§ 111 o, 111 p StPO vgl Düsseldorf NStZ-RR **97**, 159.

8 E. **Nr 5:** Die freiwillige Herausgabe des Führerscheins steht der Beschlagnahme gleich (oben 7). Für die vorläufige Entziehung der Fahrerlaubnis (§ 111 a StPO) wird kein Ersatz geleistet, wenn die Fahrerlaubnis schon vorher rechtskräftig entzogen war (Zweibrücken VRS **54**, 203). Die Beschlagnahme nach § 111 a VI S. 2 StPO ist nicht entschädigungsfähig (Schätzler 32; **aM** D. Meyer 68). Einen besonderen Ausschlußgrund enthält § 5 I Nr 4.

9 F. **Nr 6:** Vgl § 132 a StPO.

10 **4) Strafverfolgungsmaßnahmen im Ausland** (III), die von den Behörden der BRep veranlaßt worden sind, werden in der Entschädigungsfrage wie inländische behandelt. Wegen der entspr Anwendung des III auf Maßnahmen, die auf Ersuchen eines ausländischen Staates im Inland angeordnet worden sind, vgl 4 vor § 1.

Entschädigung bei Einstellung nach Ermessensvorschrift

3 Wird das Verfahren nach einer Vorschrift eingestellt, die dies nach dem Ermessen des Gerichts oder der Staatsanwaltschaft zuläßt, so kann für die in § 2 genannten Strafverfolgungsmaßnahmen eine Entschädigung gewährt werden, soweit dies nach den Umständen des Falles der Billigkeit entspricht.

1 **1) Einstellung nach Ermessen:** Gemeint ist die endgültige Verfahrenseinstellung nach §§ 153 I, II, 153 b, 153 d, 153 e, 154 c, 383 II, 390 V StPO, §§ 45, 47 **JGG,** § 398 **AO.**Hierzu gehören aber auch die Einstellungen nach § 153 a StPO (Hamburg OLGSt Nr 2 = MDR **93**, 948 mit Anm Sojka; Stuttgart MDR **91**, 978; **aM** Schätzler 12; Grohmann BA **85**, 234) und nach §§ 154, 154 b StPO (vgl 2 zu § 8). Die Verfolgungsbeschränkung nach § 154 a StPO ist keine Einstellung; eine Entschädigung ist ausgeschlossen (D. Meyer 17 und JurBüro **84**, 343). § 3 ist auch nicht entspr anwendbar, wenn von der Einziehung oder dem Verfall nach §§ 430, 442 I StPO abgesehen wird (D. Meyer 19).

2 **2) Entschädigung aus Billigkeitsgründen:** Die Ausschlußgründe des § 5 haben Vorrang (Schätzler 20). Die Billigkeitsentscheidung ist nicht die Regel,

sondern die Ausnahme (LG Flensburg GA **85**, 329; Schätzler 21; **aM** Dahs 303) und setzt voraus, daß sich der Fall von anderen auffallend abhebt (D. Meyer 39 und MDR **80**, 722). Billigkeitsgründe werden insbesondere bei der Einstellung nach § 153 StPO (LG Flensburg MDR **79**, 76) nur vorliegen, wenn der Tatverdacht, der bei der Einstellung noch besteht, erheblich hinter dem zurückbleibt, der zu der Verfolgungsmaßnahme geführt hat (Schätzler 10: UHaft wegen Raubes, verbleibender Verdacht einer Tat nach § 248a StGB). Von der Stärke des bei der Einstellung vorhandenen Tatverdachts darf die Entscheidung aber sonst nicht abhängig gemacht werden; denn der Beschuldigte gilt nach Art 6 II **MRK** in jedem Fall als unschuldig (vgl Kühl NJW **80**, 806; **aM** D. Meyer 33, 33a; vgl auch 19 zu § 467 StPO). Fahrlässige Herbeiführung der Verfolgungsmaßnahme und das Vorliegen eines der Gründe des § 6 I Nr 1 schließen die Entschädigung idR aus. Auch der Verzicht des Betroffenen (3 zu § 8) führt zur Versagung (allg dazu Seebode NStZ **82**, 144, der den Verzicht nur im Fall des § 153a StPO zulassen will). Ggf ist eine teilw Entschädigung zu bewilligen (Schätzler 24). Zur Frage der unterschiedlichen Entscheidungen nach § 3 und § 467 IV StPO vgl D. Meyer 44ff.

Entschädigung nach Billigkeit

4 **I Für die in § 2 genannten Strafverfolgungsmaßnahmen kann eine Entschädigung gewährt werden, soweit dies nach den Umständen des Falles der Billigkeit entspricht,**

1. wenn das Gericht von Strafe abgesehen hat,

2. soweit die in der strafgerichtlichen Verurteilung angeordneten Rechtsfolgen geringer sind als die darauf gerichteten Strafverfolgungsmaßnahmen.

II Der strafgerichtlichen Verurteilung im Sinne des Absatzes 1 Nr. 2 steht es gleich, wenn die Tat nach Einleitung des Strafverfahrens nur unter dem rechtlichen Gesichtspunkt einer Ordnungswidrigkeit geahndet wird.

1) Von Strafe absehen (I Nr 1): Vgl die Aufzählung 1 zu § 153b StPO. Je näher die Grenzen zwischen Absehen und Festsetzung von Strafe beieinander liegen, desto mehr spricht gegen die Entschädigung. Sie kommt nur in seltenen Ausnahmefällen in Betracht (D. Meyer 29, 30 und JurBüro **87**, 1604). 1

2) Überschießende Strafverfolgungsmaßnahme (I Nr 2): 2

A. **Strafverfolgungsmaßnahmen** iS des I Nr 2 sind solche, die einen der Tatbestände des § 2 StrEG erfüllen (Düsseldorf NStZ **88**, 371), vor allem UHaft und vorläufige Unterbringung. Auch eine Beschlagnahme kann aber eine zeitlich überschießende Maßnahme sein (Göhler 10 zu § 110 OWiG). Die überschießende vorläufige Entziehung der Fahrerlaubnis regelt § 5 I Nr 3. UHaft, die das Gericht nicht nach § 51 I S. 2 StGB, § 52a I S. 2 **JGG** auf die Strafe angerechnet hat, wird nicht berücksichtigt (§ 5 I Nr 1). UHaft, die die verhängte Freiheitsstrafe nicht übersteigt, ist auch dann keine überschießende Maßnahme, wenn die Vollstreckung der Strafe zur Bewährung ausgesetzt ist (Schätzler 8). Für im Ausland erlitttene Freiheitsentziehung, deren tatsächliche Dauer hinter der erkannten Freiheitsstrafe zurückbleibt, wird auch dann keine Entschädigung gewährt, wenn sich in Anwendung des § 51 IV S. 2 StGB ein Überschuß ergibt (Karlsruhe MDR **91**, 978). Bei Teilfreispruch wird für UHaft, die wegen der nicht erwiesenen Tat vollzogen wurde, nicht entschädigt, sondern sie wird auf die Strafe angerechnet (BGH **28**, 29; Schleswig NJW **78**, 115; Schätzler 3; vgl auch Düsseldorf MDR **86**, 422). 3

B. **Grundlage der Billigkeitsentscheidung:** Erforderlich ist eine Gesamtabwägung der vorläufigen Maßnahmen und der endgültigen Rechtsfolgen (BGH GA **75**, 208; Düsseldorf MDR **87**, 80; NStZ **82**, 252; vgl 12 zu § 331 StPO). Der dem Richter eingeräumte Ermessensspielraum (Hamm JMBlNW **75**, 177; München MDR **72**, 1056) wird um so mehr eingeengt, je stärker die vorläufige Maßnahme 4

die endgültig angeordnete übersteigt (Karlsruhe NJW **74**, 1008). Bei geringfügiger Abweichung wird kein Anspruch zuerkannt (BGHR UHaft 4: wenige Tage mehr; Frankfurt DAR **73**, 161: Rückgabe des Führerscheins eine Woche nach Ablauf der festgesetzten Sperre; zust D. Meyer 46, 47; krit Himmelreich/Hentschel 369); bei einem Mißverhältnis ist die Zuerkennung geboten (BGH EzSt Nr 2 zu § 5; Schätzler 12). Der Billigkeit entspricht es idR, den Betroffenen zu entschädigen, wenn die verhängte Strafe in keinem angemessenen Verhältnis zur UHaft steht (BGH GA **75**, 208; Düsseldorf StV **89**, 29). Ein solches Mißverhältnis liegt aber nicht schon vor, wenn die UHaft 40 Tage länger als die erkannte 4-monatige Freiheitsstrafe gedauert hat (Hamm 2 Ws 114/77 vom 6. 6. 1977). In Betracht
5 kommt auch eine Teilentschädigung, wenn das der Billigkeit entspricht. Auch **andere Gesichtspunkte** sind zu berücksichtigen, insbesondere die Schwere der Schuld, die Auswirkungen der Strafverfolgungsmaßnahmen auf die Person und die Lebensverhältnisse des Angeklagten (Karlsruhe Justiz **77**, 393; Stuttgart OLGSt § 2 StrEG S. 21; einschr Stuttgart NStZ-RR **98**, 95). Die Entschädigung kann zB versagt werden, wenn zwar von vornherein nur eine geringe Straferwartung bestand, der Täter aber wohnungs- und ausweislos war und daher in UHaft genommen werden mußte (Karlsruhe NJW **74**, 1008). Auch sonst muß der Betroffene gegen sich gelten lassen, daß eine Aussetzung des Haftvollzugs aus in seiner Person liegenden Gründen nicht in Betracht kam (Hamm JMBlNW **75**, 177; MDR **74**, 777). Bei der Billigkeitsentscheidung spielt auch eine Rolle, ob der Betroffene die Maßnahme leicht fahrlässig (bei grober Fahrlässigkeit gilt § 5 II; vgl Düsseldorf NStZ **89**, 232 mit Anm Schätzler) verursacht hat (D. Meyer 15, 39; Göhler 11 zu § 110 OWiG). Das ist zB der Fall bei schuldhaft ausgelöstem Verdacht einer weitergehenden strafbaren Tätigkeit, der weitere Ermittlungen veranlaßt und die UHaft verlängert hat (Hamburg MDR **77**, 74). Zu berücksichtigen ist ferner, daß die Strafe mit Rücksicht auf die überschießende Verfolgungsmaßnahme niedriger festgesetzt wurde (Göhler aaO) oder daß das Berufungsgericht nur durch § 331 StPO an der Anordnung einer Sicherungsmaßregel gehindert war (Stuttgart NJW **77**, 641: Fahrerlaubnisentziehung).

6 **3) Die Gleichstellung von strafgerichtlicher Verurteilung und Bußgeldfestsetzung** (II) entspricht der Gleichstellung der Entschädigungspflicht von Strafverfolgungsmaßnahmen und Maßnahmen zur Verfolgung einer OWi (4 vor § 1). Auch eine Strafverfolgungsmaßnahme, die nur der Verfolgung der Tat als Straftat zu dienen bestimmt und geeignet war, kann zu den Rechtsfolgen, die schließlich von der VerwB oder vom Gericht allein unter dem rechtlichen Gesichtspunkt einer OWi ausgesprochen worden sind, in Beziehung gesetzt werden.

Ausschluß der Entschädigung

5 **I Die Entschädigung ist ausgeschlossen**

1. für die erlittene Untersuchungshaft, eine andere Freiheitsentziehung und für die vorläufige Entziehung der Fahrerlaubnis, soweit deren Anrechnung auf die verhängte Strafe unterbleibt,

2. für eine Freiheitsentziehung, wenn eine freiheitsentziehende Maßregel der Besserung und Sicherung angeordnet oder von einer solchen Anordnung nur deshalb abgesehen worden ist, weil der Zweck der Maßregel bereits durch die Freiheitsentziehung erreicht ist,

3. für die vorläufige Entziehung der Fahrerlaubnis und das vorläufige Berufsverbot, wenn die Entziehung der Fahrerlaubnis oder das Berufsverbot endgültig angeordnet oder von einer solchen Anordnung nur deshalb abgesehen worden ist, weil ihre Voraussetzungen nicht mehr vorlagen,

4. für die Beschlagnahme und den Arrest (§§ 111 b bis 111 d der Strafprozeßordnung), wenn der Verfall oder die Einziehung einer Sache angeordnet

oder von einer solchen Anordnung nur deshalb abgesehen worden ist, weil durch den Verfall die Erfüllung eines Anspruchs beseitigt oder gemindert worden wäre, der dem Verletzten aus der Tat erwachsen ist.

II Die Entschädigung ist auch ausgeschlossen, wenn und soweit der Beschuldigte die Strafverfolgungsmaßnahme vorsätzlich oder grob fahrlässig verursacht hat. Die Entschädigung wird nicht dadurch ausgeschlossen, daß der Beschuldigte sich darauf beschränkt hat, nicht zur Sache auszusagen, oder daß er unterlassen hat, ein Rechtsmittel einzulegen.

III Die Entschädigung ist ferner ausgeschlossen, wenn und soweit der Beschuldigte die Strafverfolgungsmaßnahme dadurch schuldhaft verursacht hat, daß er einer ordnungsgemäßen Ladung vor den Richter nicht Folge geleistet oder einer Anweisung nach § 116 Abs. 1 Nr. 1 bis 3, Abs. 3 der Strafprozeßordnung zuwidergehandelt hat.

1) Die **zwingenden Ausschlußgründe** gelten bei allen Entschädigungstatbeständen der §§ 1 und 2. Soweit sie durchgreifen, schließen sie die Gewährung einer Entschädigung nach §§ 3, 4 und 6 aus (D. Meyer 4). Auch eine Teilentschädigung ist dann unzulässig. Die Anwendung des § 5 hat stets Vorrang vor der des § 6 (dort 1). 1

2) Nichtanrechnung von Verfolgungsmaßnahmen (I Nr 1): Die Nichtanrechnung der UHaft und anderer Freiheitsentziehungen auf die Freiheits- und Geldstrafe kann der Tatrichter nach § 51 I S. 2 StGB, § 52a I S. 2 **JGG** anordnen, die der vorläufigen Entziehung der Fahrerlaubnis auf das Fahrverbot nach § 51 IV StGB. Insoweit ist die Entschädigung ausgeschlossen. Die entspr Anwendung der Nr 1 auf die Verfahrenseinstellung nach §§ 153 ff StPO kommt nicht in Betracht (D. Meyer 11; **aM** Schätzler 13). Soweit eine der genannten Maßnahmen nach § 450 StPO bei der Vollstreckung angerechnet wird, ist eine Entschädigung nur auf dem Weg über § 1 möglich (D. Meyer 12). 2

3) Vorläufige Freiheitsentziehung zur Sicherung einer freiheitsentziehenden Maßregel (I Nr 2): Bei der 1. Altern handelt es sich um eine durch die Anordnung im Urteil gedeckte vorläufige Maßnahme, bei der 2. Altern um eine Art formloser Anrechnung. Der Zweck der Maßregel ist durch die Freiheitsentziehung erreicht, wenn er durch die Vollzugswirkung an sich oder durch ärztliche Behandlung während des Vollzugs, zB eine Entziehungsbehandlung, die eine Unterbringung nach § 64 StGB entbehrlich macht, eingetreten ist (Schätzler 16). Zum Verhältnis des I Nr 2 zu § 6 I Nr 2 vgl D. Meyer 20 und MDR **79**, 192. 3

4) Vorläufige Entziehung der Fahrerlaubnis und vorläufiges Berufsverbot (I Nr 3): Auch hier handelt es sich bei der 1. Altern („endgültig angeordnet"), die auch bei Freispruch vorliegen kann (§§ 69, 70 StGB), um einen durch die Anordnung im Urteil gedeckten vorläufigen Eingriff, bei der 2. Altern („Voraussetzungen nicht mehr vorliegen") um eine Art formlose Anrechnung der Maßnahmen nach §§ 111a, 132a StPO, sei es auch erst in der Berufungsinstanz (Bay DAR **74**, 177 [R]). Auf den Fall, daß das Berufungsgericht nur durch § 331 StPO an der Anordnung der Maßregel gehindert ist, kann I Nr 3 nicht entspr angewendet werden (Stuttgart NJW **77**, 641; D. Meyer 22; Himmelreich/Hentschel 371). Auch bei unverhältnismäßig langer Dauer der vorläufigen Entziehung kommt eine Entschädigung nicht in Betracht (Schätzler 20; **aM** Bay **86**, 83 = VRS **71**, 386; StV **88**, 446 L; D. Meyer 25 und DAR **77**, 68). 4

5) Beschlagnahme; Arrest (I Nr 4): Der Ausschlußgrund ist erforderlich, weil Einziehung und Verfall auch ohne Verurteilung zu einer Strafe angeordnet werden können (§ 76a StGB, §§ 440, 442 I StPO). Auf Beschlagnahmen zu Beweiszwekken nach § 94 StPO bezieht er sich nicht (D. Meyer 27). Die 1. Altern gilt, wenn der Verfall oder die Einziehung eines Gegenstandes nach § 111b StPO angeordnet 5 worden ist. Der dingliche Arrest nach § 111 d StPO betrifft keine „Sache". Hier muß die 1. Altern so gelesen werden: „. . . wenn der Verfall oder die Einziehung des Wertersatzes angeordnet ist" (so auch D. Meyer 32). Die 2. Altern trägt dem Ausschluß der Verfallsanordnung durch § 73 I S. 2 StGB Rechnung (vgl auch § 111 b IV StPO). Beim Arrest erfaßt sie den Fall, daß er zur Sicherung von Wertersatz nach § 73 a StGB angeordnet worden und die endgültige Anordnung nach § 73 I S. 2 StGB unterblieben ist.

6 6) **Vorsätzliche oder grob fahrlässige Verursachung** (II):

7 A. **Ursächlicher Zusammenhang:** Die Vorschrift beruht auf dem Rechtsgedanken des § 254 BGB. Gleichgültig ist, ob das ursächliche Verhalten des Beschuldigten bereits in der Tat selbst oder vor ihr lag oder ihr erst nachfolgte (BGH 2 StR 92/74 vom 17. 7. 1974 bei D. Meyer^2 Anh zu § 5; Bay **73**, 83 = NJW **73**, 1938; Düsseldorf JurBüro **84**, 1858; JZ **85**, 400; AnwBl **87**, 151; Karlsruhe MDR **75**, 251; Stuttgart NStZ **81**, 484 mwN). Das Verhalten des Beschuldigten ist nicht oder nicht mehr ursächlich, wenn die Maßnahme allein oder überwiegend aufgrund von Zeugenaussagen (BGH NStE Nr 5; Düsseldorf StV **88**, 446; Oldenburg NdsRpfl **83**, 253; LG Freiburg StV **90**, 80) oder eines groben Bearbeitungsfehlers der Strafverfolgungsbehörde angeordnet und vollzogen oder aufrechterhalten worden ist (KG VRS **44**, 122; Hamm MDR **75**, 167; Karlsruhe Justiz **76**, 376; **93**, 148; Stuttgart NJW **77**, 641), insbesondere bei abwegiger oder schlechthin unvertretbarer Beweiswürdigung oder rechtsfehlerhafter Verfahrensweise, die bei sorgfältiger Prüfung ohne weiteres erkennbar war (Hamm MDR **84**, 253: aber nicht stets bei Verfahrensfortführung trotz Strafklageverbrauchs). Der Ausschluß nach II entfällt daher für die Zeit, von der an die von dem Beschuldigten gesetzte Kausalität nicht mehr fortwirkt und die Maßnahme hätte aufgehoben werden müssen (BGH **29**, 168, 172; BGHR Ursächlichkeit 2; KG aaO; Hamm VRS **58**, 69; Göhler 19 zu § 110 OWiG). Als zurechenbare Ursachen scheiden die Weigerung des Beschuldigten, Angaben zur Sache (anders bei Angaben zur Person, anders auch bei Zeugenaussage, vgl D. Meyer JurBüro **92**, 518 gegen Oldenburg NStZ **92**, 245) zu machen, und die Nichteinlegung von Rechtsmitteln aus (II S. 2). Das gleiche gilt, wenn der Beschuldigte es unterläßt, entlastendes Beweismaterial vorzulegen (Düsseldorf StV **84**, 108; OLGSt Nr 6). Maßnahmen, die auch beim Schweigen des Beschuldigten angeordnet worden wären, sind nicht durch die vorwerfbare Art der Einlassung verursacht (Sieg MDR **80**, 907). In solchen Fällen kommt auch der Ausschluß der Entschädigung unter dem Gesichtspunkt des Rechtsmißbrauchs idR nicht in Betracht (Oldenburg NdsRpfl **83**, 253; vgl auch Schätzler 62). Ein Ausschließungsgrund nach II liegt aber vor, wenn sich der Beschuldigte mit einem Alkoholtest einverstanden erklärt, dann jedoch nicht sachgerecht mitwirkt und dadurch den gegen ihn bestehenden Verdacht verstärkt (LG Passau JurBüro **86**, 1218), oder wenn der Beschuldigte nicht aus der UHaft entlassen werden will und sich deshalb weigert, eine Sicherheitsleistung zu erbringen (BGH NStZ **92**, 286).

8 B. **Vorsatz:** Der Begriff umfaßt den bedingten Vorsatz (Schätzler 40). Bei Geisteskranken genügt die natürliche Einsicht (Hamburg NStZ **83**, 30).

9 C. **Grob fahrlässig** ist iS der §§ 276 I, 277 BGB zu verstehen (BGH EzSt Nr 1; Düsseldorf AnwBl **87**, 151; Hamburg MDR **82**, 870; Köln VRS **50**, 207; Saarbrücken NJW **75**, 792; D. Meyer 44; Schätzler 39). Der Vorwurf trifft den Beschuldigten (bei Einstellung wegen eines Verfahrenshindernisses) schon wegen der Tatbegehung (BGH **29**, 168, 172; NJW **95**, 1297, 1301; Stuttgart NStZ **81**, 484). Sonst handelt grob fahrlässig, wer nach objektiven, abstrakten Maßstäben (BGH EzSt Nr 1; Düsseldorf JurBüro **89**, 1301; Frankfurt MDR **78**, 514; Karlsruhe StV **88**, 447; Stuttgart aaO) in ungewöhnlichem Maß die Sorgfalt außer acht läßt, die ein verständiger Mensch in gleicher Lage anwenden würde, um sich vor Schaden durch die Strafverfolgungsmaßnahme zu schützen (BGH aaO; GA **87**, 178; Bay **86**, 25 = VRS **71**, 77; KG VRS **64**, 373; Düsseldorf JZ **85**, 400; VRS **78**,

115; Frankfurt NJW **78**, 1017; Köln VRS **50**, 207; Zweibrücken NStZ **86**, 129). Ergebnisse einer Telefonüberwachung rechtfertigen nicht die Annahme einer groben Fahrlässigkeit (Karlsruhe StV **88**, 447; zw Düsseldorf NStE Nr 11; vgl aber auch Düsseldorf JMBlNW **91**, 33: Starke objektive Verdachtsgründe genügen nicht). Grob fahrlässig handelt aber auch, wer nicht bedenkt, was im gegebenen Fall jedem einleuchten müßte (Düsseldorf MDR **77**, 866; Hamm NJW **75**, 2033; D. Meyer 47), oder wer ein jeglichen Regeln über das Verhalten eines ordentlichen Kaufmanns widersprechendes Geschäftsgebaren zeigt (Düsseldorf NStE Nr 12). Mißbräuchliches oder sonst unlauteres Verhalten wird nicht vorausgesetzt (Bay **73**, 83 = NJW **73**, 1938; Düsseldorf JurBüro **84**, 1858; MDR **84**, 1048; Stuttgart NStZ **81**, 484; D. Meyer 35 und 7 ff vor § 5; Himmelreich/Hentschel 375). Vgl im übrigen zur neueren Rspr D. Meyer JurBüro **91**, 1596, zu einem Fall willkürlicher Ablehnung einer Entschädigung BVerfG NJW **96**, 1049.

a) **Beurteilungsgrundlagen:** Bei der Beurteilung, ob der Anspruch ausgeschlossen ist, wird nicht auf das Ergebnis der Hauptverhandlung, sondern darauf abgestellt, wie sich der Sachverhalt in dem Zeitpunkt dargestellt hat, in dem die Maßnahme angeordnet oder aufrechterhalten wurde (BGH EzSt Nr 1; KG GA **87**, 405; VRS **64**, 373; Braunschweig VRS **42**, 50; Düsseldorf NStZ **89**, 232 mit abl Anm Schätzler; NJW **92**, 326; NStE Nr 14; Frankfurt MDR **78**, 514 und bei Sieg MDR **80**, 907; Karlsruhe MDR **75**, 251; StraFo **98**, 33; Stuttgart NStZ **81**, 484; **aM** Abramenko NStZ **98**, 177). Bei Freispruch durch das Berufungsgericht wirkt das Ergebnis der Beweiswürdigung nicht ohne weiteres auf den Zeitpunkt des 1. Urteils zurück (Hamm VRS **49**, 56; Karlsruhe Justiz **76**, 367; Koblenz VRS **50**, 303; **aM** Celle VRS **45**, 375; Himmelreich/Hentschel 387). Der Anspruch ist aber nicht etwa deshalb ausgeschlossen, weil ein nach neuer höchstrichterlicher Rspr strafloses Verhalten zur „Tatzeit" als strafbar angesehen wurde (Düsseldorf NStZ **90**, 39 mit abl Anm D. Meyer = GA **90**, 34 mit abl Anm Schätzler; zust aber Hentschel JR **90**, 33). 10

b) Bei **UHaft** entfällt der Entschädigungsanspruch, wenn der Beschuldigte durch die Tat oder durch sein Prozeßverhalten den Erlaß des Haftbefehls herausgefordert hat (oben 9; vgl auch die Rspr-Übersicht bei D. Meyer 49, 52), zB durch ein falsches Geständnis (Frankfurt MDR **78**, 514), auch wenn er es noch vor Erlaß des Haftbefehls widerrufen hat (Düsseldorf JurBüro **84**, 1858), durch unglaubhafte, wechselnde Einlassung, die den Tatverdacht dringend machte (BGH MDR **83**, 450 [H]; Frankfurt bei Sieg MDR **80**, 907), durch Untertauchen trotz Zusage, auf Ladung zu erscheinen, durch illegalen Aufenthalt in der BRep (Hamburg MDR **75**, 166; Karlsruhe Justiz **73**, 28), durch Flucht ins Ausland (LG Flensburg JurBüro **84**, 1861), auch wenn der Haftbefehl ohnehin erlassen worden wäre (Hamburg MDR **80**, 79), durch den Versuch, sich ein falsches Alibi zu verschaffen (Frankfurt NStZ-RR **98**, 341; Karlsruhe MDR **75**, 251) oder einen Zeugen zu einer bestimmten Aussage zu veranlassen. Die UHaft hat auch selbst verschuldet, wer ein Alibi grundlos verschweigt oder es sonst unterläßt, durch zumutbares Verhalten den Tatverdacht zu entkräften (D. Meyer JurBüro **91**, 746), oder wer sich trotz einschlägiger Vorstrafen erneut in eine Schlägerei verwickeln läßt (Hamburg NStZ **81**, 396) oder wer in einem nicht genehmigten und zT bewaffneten Aufzug mitmarschiert und bei seiner Festnahme Widerstand leistet (BGH MDR **84**, 980, 981 [H]: Verdacht des Landfriedensbruchs). 11

c) Bei **vorläufiger Entziehung der Fahrerlaubnis** (§ 111 a StPO) wegen Führens eines Kfz nach Alkoholgenuß wurde grobe Fahrlässigkeit idR schon bei 0,8‰ Blutalkoholgehalt angenommen (Bay JR **90**, 436 mit Anm Loos; Düsseldorf VRS **81**, 124; Hamm NJW **75**, 790 mwN); nach der Änderung des § 24 a StVG durch Ges vom 27. 4. 1998 (BGBl I 795) wird dies jetzt schon ab 0,5‰ zu bejahen sein. Bei noch geringerem Blutalkoholgehalt setzt der Ausschluß voraus, daß sich der Beschuldigte vorwerfbar verkehrswidrig verhalten und dadurch schuldhaft den Tatverdacht verstärkt hat, so daß die Verursachung insgesamt als grob fahrlässig zu 12 beurteilen ist (Düsseldorf MDR **77**, 866; Köln VRS **50**, 207; Schleswig SchlHA **86**, 121 [E/L]; Zweibrücken VRS **53**, 284; vgl auch LG Flensburg JurBüro **85**, 1209: schon bei 0,2‰). Daß der Alkoholtest positiv war, genügt allein nicht (Hamm NJW **75**, 790; LG Passau JurBüro **87**, 559; Schätzler 50; Grohmann aaO; **aM** LG Flensburg MDR **76**, 954; LG Krefeld DAR **79**, 337; LG Münster NJW **74**, 1008; LG Osnabrück DAR **85**, 94; D. Meyer 62 ff und JurBüro **87**, 1607; Himmelreich/Hentschel 377 ff); wer die durch § 24 a I Nr 2 StVG gesetzte Grenze von 0,5‰ Blutalkohol einhält und fahrtüchtig ist, darf nicht deswegen Nachteile erleiden, weil das Alcotestverfahren ungenau ist. Grob fahrlässig verhält sich aber, wer nach einem Unfall zu einem Zeitpunkt, in dem noch mit polizeilichem Einschreiten zu rechnen ist, Alkohol nachtrinkt (KG VRS **44**, 122; Hamm VRS **58**, 69; Karlsruhe Justiz **78**, 373; Köln VRS **65**, 218; Nürnberg NStZ-RR **97**, 189; Stuttgart MDR **72**, 539; Grohmann BA **85**, 237), ohne daß dies (ausnahmsweise) entschuldigt ist (Schleswig SchlHA **86**, 121 [E/L]; LG Flensburg BA **84**, 89; Himmelreich/Hentschel 380), wer sich vom Unfallort entfernt und dadurch die Ausräumung des gegen ihn bestehenden Verdachts verhindert (KG VRS **64**, 373) oder wer den Namen des wahren Fahrers verschweigt oder sonst das Einschreiten der Polizei herausfordert (LG Flensburg VRS **68**, 46). Grob fahrlässig handelt auch, wer nach Einnahme eines berauschenden Mittels iSd § 24 a II, V StVG, zB in engem zeitlichen Zusammenhang mit Haschischkonsum, ein Kfz im Verkehr führt (Bay **94**, 71 = NJW **94**, 2427; Düsseldorf BA **95**, 62). Vgl ferner die Rspr-Übersicht DAR **89**, 312.

13 D. Die nur **leicht fahrlässige Verursachung** der Strafverfolgungsmaßnahme durch den Betroffenen, die für den Ausschluß nach II nicht ausreicht, hat nur bei III und bei der Anwendung des § 4 (dort 5) und des § 6 I Nr 1 Bedeutung. Sonst darf der Strafrichter die Entschädigung nicht nach § 254 BGB versagen; denn II beschränkt den Ausschluß ausdrücklich auf Vorsatz und grobe Fahrlässigkeit (Schätzler 43; Göhler 18 zu § 110 OWiG; Himmelreich/Hentschel 387 a; D. Meyer 5 und NJW **76**, 761; **aM** BGHZ **63**, 209, 214 = NJW **75**, 350; Hamm NJW **75**, 2033).

14 **7) Nichtbefolgung der Ladung oder der Anweisungen bei der Haftverschonung** (III): Hier genügt auch einfache Fahrlässigkeit iS des § 276 I S. 2 BGB (Schätzler 68). Der Ausschlußgrund liegt nicht nur vor, wenn wegen des Ausbleibens des Angeklagten ein Haftbefehl nach § 230 II StPO ergeht und vollzogen wird (dazu Saarbrücken NJW **75**, 792; Löffler MDR **78**, 726), sondern auch, wenn die Hauptverhandlung vertagt werden muß und die Dauer bereits angeordneter Strafverfolgungsmaßnahmen dadurch verlängert wird (D. Meyer 97). Der Widerruf der Aussetzung des UHaft-Vollzugs erfolgt nach § 116 IV Nr 2 StPO (dazu LG Flensburg MDR **79**, 77).

Versagung der Entschädigung

6 **I Die Entschädigung kann ganz oder teilweise versagt werden, wenn der Beschuldigte**

1. **die Strafverfolgungsmaßnahme dadurch veranlaßt hat, daß er sich selbst in wesentlichen Punkten wahrheitswidrig oder im Widerspruch zu seinen späteren Erklärungen belastet oder wesentliche entlastende Umstände verschwiegen hat, obwohl er sich zur Beschuldigung geäußert hat, oder**
2. **wegen einer Straftat nur deshalb nicht verurteilt oder das Verfahren gegen ihn eingestellt worden ist, weil er im Zustand der Schuldunfähigkeit gehandelt hat oder weil ein Verfahrenshindernis bestand.**

II Die Entschädigung für eine Freiheitsentziehung kann ferner ganz oder teilweise versagt werden, wenn das Gericht die für einen Jugendlichen geltenden

Vorschriften anwendet und hierbei eine erlittene Freiheitsentziehung berücksichtigt.

1) Im **Ermessen des Gerichts** steht die volle oder teilw Versagung der Entschädigung aus Billigkeitsgründen. Die Teilversagung kann sich auf einzelne Maßnahmen, Teile davon, bestimmte Zeitabschnitte oder auf Bruchteile des Schadens beziehen (D. Meyer 5; Schätzler 3). Sind die Voraussetzungen des § 5 II erfüllt, so hat dieser Ausschlußgrund den Vorrang (BGH **29**, 168 mwN; KG GA **87**, 405; Düsseldorf MDR **88**, 887). Gegenüber §§ 3 und 4 ist § 6 dagegen die speziellere Vorschrift (LG Flensburg JurBüro **76**, 1407; D. Meyer 11 zu § 4). 1

2) Eigene Veranlassung der Maßnahme (I Nr 1): Die Regelung ist an § 467 III S. 2 Nr 1 StPO angeglichen (dort 7 ff); sie gilt auch im Fall des § 1, immer aber nur für den Zeitraum, für den den Betroffenen der Vorwurf der überwiegenden Verursachung trifft (7 zu § 5). Die Ursächlichkeit endet, wenn die Maßnahme auch bei Berücksichtigung des Verhaltens des Betroffenen hätte aufgehoben werden müssen (KG VRS **44**, 122; Schleswig NJW **76**, 1467; Himmelreich/Hentschel 389). Der Versagungsgrund gilt auch, wenn der Betroffene fahrlässig nicht erkannt hat, daß er die Strafverfolgungmaßnahme durch sein eigenes Verhalten veranlaßt (LG Flensburg VRS **68**, 46). Vorsatz kann schon deshalb nicht verlangt werden, weil § 5 II, der dem § 6 vorgeht (oben 1), grobe Fahrlässigkeit genügen läßt. 2

A. **Wahrheitswidrige oder mit späteren Erklärungen im Widerspruch stehende Selbstbelastung:** Es muß sich um wesentliche Punkte handeln (dazu Schätzler 8; 13 zu § 467 StPO). Bei widersprüchlicher Einlassung kommt es nicht darauf an, welche davon wahr ist (Schätzler 7); eine Einlassung muß aber die Strafverfolgungsmaßnahme veranlaßt haben (Düsseldorf JurBüro **91**, 425). B. **Verschweigen wesentlicher entlastender Umstände:** Der Betroffene muß sich als Beschuldigter (Oldenburg NStZ **92**, 245; zust D. Meyer JurBüro **92**, 518) zur Sache mindestens teilw geäußert (dazu D. Meyer 10 und MDR **81**, 109), und er muß einen wesentlichen entlastenden Umstand, dessen er sich bewußt gewesen ist (Hamm StV **84**, 472 L; Stuttgart MDR **84**, 427) und dessen Bedeutung er verstanden (vgl BGH NJW **94**, 334) oder fahrlässig verkannt hat, verschwiegen haben. In Betracht kommt insbesondere das Verschweigen des wahren Täters (LG Flensburg VRS **68**, 46). Das gilt auch, wenn der Betroffenen damit den Rat seines Verteidigers befolgt hat (Düsseldorf NStZ-RR **96**, 223). Ob der Berücksichtigung der Aussage im Strafverfahren möglicherweise ein Verwertungsverbot entgegenstand (20 zu § 136 StPO), spielt hier idR keine Rolle (Karlsruhe NStZ **98**, 211; **aM** Abramenko NStZ **98**, 177). Vgl auch 13 ff zu § 467 StPO. 3 4

3) Schuldunfähigkeit und Verfahrenshindernisse (I Nr 2): 5

A. **Schuldunfähigkeit:** Die Versagung der Entschädigung ist die Regel, setzt aber voraus, daß die (nicht ausschließbare, vgl Schleswig NStE Nr 5) Schuldunfähigkeit der einzige Grund für die Verfahrensbeendigung ist (Düsseldorf JurBüro **86**, 249; D. Meyer 25; Schätzler 16). Eine Entschädigung ist auch zu versagen, wenn die Maßregel nach § 63 StGB rechtsfehlerhaft nur deshalb unterblieben ist, weil sie schon in anderer Sache angeordnet worden war (Schleswig MDR **79**, 165). Erfolgt im Wiederaufnahmeverfahren Freispruch nach § 20 StGB, so kommt eine Entschädigung nicht in Betracht, wenn das 1. Gericht bei Kenntnis der Schuldunfähigkeit die Unterbringung nach § 63 StGB angeordnet hätte (Saarbrücken MDR **75**, 1044; **aM** D. Meyer MDR **79**, 192; erg 2 zu § 1). Der Schuldunfähigkeit steht das Fehlen der Verantwortungsreife Jugendlicher (§ 3 JGG) gleich, nicht aber das Vorliegen eines Schuldausschließungsgrundes (D. Meyer 26 ff und MDR **81**, 725). Die Vorschrift gilt auch im Sicherungsverfahren (Schleswig NStE Nr 5). 6

B. **Verfahrenshindernisse:** Die Regelung entspricht § 467 III Nr 2 StPO (dort 16 ff). Die Schuld des Angeklagten muß gerichtlich festgestellt sein (BGH **29**, 7

168, 171; Hamm NStZ-RR **97**, 127). Da die Tatbegehung selbst schon dem Beschuldigten vorzuwerfen ist (9 zu § 5) und § 5 II vorgeht (oben 1), kommt die Vorschrift nur bei leichter Fahrlässigkeit zur Anwendung (BGH aaO 172). Die Entschädigung ist idR zu versagen, wenn das Verfahrenshindernis erst nach Beendigung des Vollzugs der Maßnahme eintritt oder bekannt wird (Schätzler 19). § 6 I Nr 2 ist entspr anwendbar, wenn nur das Verbot des § 331 StPO die Anordnung einer Sicherungsmaßregel hindert (Stuttgart NJW **77**, 641; **aM** D. Meyer 32 a), nicht aber, wenn freigesprochen werden muß, weil eine Wahlfeststellung rechtlich unzulässig ist (**aM** Karlsruhe NStZ **81**, 228 mit Anm Schätzler).

8 C. **Tod des Beschuldigten** (8 zu § 206 a StPO): Eine vor dem Tod des Betroffenen erlassene zuerkennende Entscheidung kommt seinen Erben zugute (erg 3 zu § 13); sie wird nicht etwa durch den Tod gegenstandslos (so aber D. Meyer 33 und 24 vor § 1; Schätzler 10 zu § 13). Bei Tod des Beschuldigten während des Strafverfahrens ist nach I Nr 2 über die Entschädigungspflicht zu befinden (Hamm NJW **78**, 177; Pflüger GA **92**, 20; **aM** Düsseldorf VRS **86**, 122; D.Meyer 26 vor § 1; Schätzler aaO; erg 14 und 22 zu § 464 StPO).

9 **4) Berücksichtigung einer Freiheitsentziehung bei Anwendung von Jugendrecht** (II): Die Regelung, die auf demselben Rechtsgedanken beruht wie § 5 I Nr 2 (Schätzler 22), gilt zB, wenn unter Berücksichtigung der erlittenen UHaft eine Ahndung nach §§ 45 I, 47 I Nr 1 **JGG** für entbehrlich gehalten wird.

Umfang des Entschädigungsanspruchs

7 **I Gegenstand der Entschädigung ist der durch die Strafverfolgungsmaßnahme verursachte Vermögensschaden, im Falle der Freiheitsentziehung auf Grund gerichtlicher Entscheidung auch der Schaden, der nicht Vermögensschaden ist.**

II Entschädigung für Vermögensschaden wird nur geleistet, wenn der nachgewiesene Schaden den Betrag von fünfzig Deutsche Mark übersteigt.

III Für den Schaden, der nicht Vermögensschaden ist, beträgt die Entschädigung zwanzig Deutsche Mark für jeden angefangenen Tag der Freiheitsentziehung.

IV Für einen Schaden, der auch ohne die Strafverfolgungsmaßnahme eingetreten wäre, wird keine Entschädigung geleistet.

1 **1) Vermögensschaden** (I, II): Dem bürgerlichen Recht (§§ 249–252 BGB) ist der Begriff entnommen (BGHZ **65**, 170 = NJW **75**, 2341). Der Antragsteller trägt die Beweislast für das Entstehen des Schadens (LG Flensburg JurBüro **91**, 1382; LG Karlsruhe AnwBl **85**, 158; D. Meyer 26; Schätzler 12 ff). Eine Ersatzgrenze besteht nach unten (II), nicht nach oben. Ausgaben, die der Berechtigte infolge Inhaftierung für Verpflegung und Unterkunft erspart, können im Wege der Vorteilsausgleichung angerechnet werden (RiStBV Anl C Teil I, B II 2 b), aber nur, soweit ein innerer Zusammenhang zwischen Vor- und Nachteil besteht (LG Frankfurt a.M. NStZ **85**, 30 mit zust Anm Baukelmann). Mitwirkendes Verschulden (§ 254 BGB) ist zu berücksichtigen (BGH NJW **88**, 1141; Schätzler 51/52; erg 13 zu § 5). Zur Zahlung von Vorschüssen vgl RiStBV aaO, B II 8. Im einzelnen gilt (vgl auch zur Rspr des BGH Galke DVBl **90**, 145; Kröner Baumann-FS 407):

2 A. **Geldstrafen und -auflagen:** Die Rückzahlung einer später weggefallenen Geldstrafe vollzieht sich außerhalb des StrEG (9 zu § 373 StPO). Vermögensschaden ist aber die Zahlung für eine Geldauflage nach § 56 b II Nrn 2, 4 StGB, auch Zinsaufwendungen zur Aufbringung von Strafe, Geldauflage und Kosten (Stuttgart NJW **97**, 206; D. Meyer 12 und MDR **79**, 459).

3 B. **Entgangener Gewinn:** Vermögensschäden sind vor allem der Verdienstausfall infolge der Inhaftierung (nicht wegen unbezahlten Urlaubs zwecks Sammlung

von Wiederaufnahmematerial; Koblenz Rpfleger **73**, 144; **aM** Hamm MDR **88**, 414: bloßer, nicht entschädigungsfähiger Rufschaden), auch der Verlust des Arbeitsplatzes (BGHZ NJW **88**, 1141; MDR **88**, 385: wegen Sicherstellung der Fahrerlaubnis) und andere entgangene Gewinne, auch entgangene Naturalbezüge, Arbeitgeberanteile zur Sozialversicherung (D.Meyer 12). Der Ersatz kann in der Form wiederkehrender Leistungen gewährt werden (vgl § 16 S. 4), zB bei Unterhaltsleistungen (vgl auch § 11). Bei der Berechnung des Vermögensschadens infolge Freiheitsentziehung wird das vom Arbeitgeber bezogene Urlaubsgeld nicht von dem zu ersetzenden entgangenen Arbeitslohn abgezogen (GStA Nürnberg MDR **73**, 249).

C. **Zeitweiliger Nutzungsausfall bei einem Kfz** infolge vorläufiger Entziehung der Fahrerlaubnis (§ 2 II Nr 5, § 111 a StPO): Zu erstatten sind nur tatsächliche finanzielle Mehraufwendungen oder sonstige wirtschaftliche Nachteile, die dem Betroffenen durch die Maßnahme entstanden sind, zB für Fahrgelder, Verdienstausfall, Nutzungsausfall eines Kfz (Schleswig NJW-RR **86**, 775), Mietwagenkosten, Anstellung eines Fahrers (BGHZ **63**, 203 = NJW **75**, 347; BGH DAR **79**, 171). Daß der Antragsteller das Fahrzeug nicht benutzen konnte, weil ihm das Führen von Kraftfahrzeugen vorläufig untersagt war, begründet allein keinen Entschädigungsanspruch (BGHZ **65**, 170 = NJW **75**, 2341; D. Meyer 17 a und JurBüro **90**, 685; Himmelreich/Hentschel 391; **aM** Nickel DAR **72**, 181). 4

D. **Ersatz notwendiger Auslagen, insbesondere von Verteidigungskosten:** Der Anspruch nach I schließt den Ersatz der Auslagen ein, die für die Beseitigung der erstattungsfähigen Strafverfolgungsmaßnahme notwendig waren, soweit die §§ 464 ff StPO die Möglichkeit einer prozessualen Kostenerstattung nicht vorsehen (BGH **30**, 152, 157; BGHZ **65**, 170 = NJW **75**, 2341; Nürnberg MDR **75**, 414; D. Meyer 19 ff, str). Das hat insbesondere Bedeutung für den Fall, daß das Verfahren durch die StA eingestellt wird, ohne daß die Voraussetzungen des § 467 a StPO vorliegen (Schätzler 21 ff; Stoll JZ **76**, 284). Verteidigerkosten werden nur bis zum Höchstmaß der gesetzlichen Gebühren und, wenn der Verteidiger auch sonst tätig war, nur anteilig erstattet (BGHZ **68**, 86 = NJW **77**, 957). Läßt sich die Verteidigung gegen die entschädigungsfähigen Strafverfolgungsmaßnahmen von der allgemeinen Verteidigung nicht trennen, so sind die Kosten der Verteidigung insgesamt zu ersetzen (LG Karlsruhe AnwBl **85**, 158; Schätzler 22). 5

E. **Kosten der Geltendmachung des Anspruchs:** Wird der Entschädigungsanspruch durch einen RA geltend gemacht, so werden seine Gebühren hierfür (§ 118 BRAGO) in den Entschädigungsbetrag einbezogen (RiStBV Anl C Teil I, B II 2 h); vgl dazu D.Meyer 18 ff und JurBüro **83**, 645; Schätzler 24. Eine Anrechnung der durch UHaft ersparten Verpflegung ist ausgeschlossen (LG Frankfurt a.M. NStZ **85**, 30 mit Anm Baukelmann). 6

F. **Versteuern** muß der Entschädigungsempfänger die Beträge (vgl § 24 Nr 1 Buchst a EStG). Hat er keinen festen Wohnsitz oder gewöhnlichen Aufenthalt im Inland, so wird der von der FinB zu bestimmende Steuerbetrag unmittelbar an sie abgeführt und von dem auszuzahlenden Betrag abgezogen. 7

2) Immaterieller Schaden (I, III) wird nur bei Freiheitsentziehung und nur in der Form der Pauschale nach III ersetzt (erg 2 zu § 2). Eine höhere Entschädigung für solchen Schaden ist ausgeschlossen; eine niedrigere kann sich in den Fällen der §§ 3, 4, 6 ergeben (D. Meyer 44), ferner bei Freiheitsentziehung vor dem 1. 1. 1987 (München JurBüro **90**, 1665; LG München I JurBüro **91**, 101; **aM** D. Meyer 38). Eine Vorteilsausgleichung (oben 1) ist unzulässig (Schätzler 49; Baukelmann NStZ **85**, 31). Zur Entschädigung wegen entgangenen Urlaubs vgl Köln MDR **94**, 658 mit Anm D.Meyer, zur Zahlung von Vorschüssen vgl RiStBV Anl C Teil I, B II 7. 8

3) Kausalität (IV): Die Beweislast hat die JVerwB (D. Meyer 52). Entschädigung wird nicht geleistet, wenn der Schaden schon aufgrund des Ermittlungsverfahrens 9 entstanden ist (vgl 2 zu § 2 für den Rufschaden). Denn ein Schaden, der nur äußerlich durch die Strafverfolgung ausgelöst wird, in der Sache aber nur auf dem bekanntgewordenen Fehlverhalten des Beschuldigten beruht, stellt kein Sonderopfer (1 vor § 1) dar. Daher wird zB auch dann kein Ersatz für Verdienstausfall geleistet, wenn anläßlich einer Strafverfolgung eine bis dahin verborgene Krankheit des Beschuldigten entdeckt wird und zu seiner vorzeitigen Versetzung in den Ruhestand führt (vgl BGH NJW **68**, 2287). Ursächlich ist aber die Kündigung des Arbeitsverhältnisses wegen Verlustes der Fahrerlaubnis (BGH MDR **88**, 385; Düsseldorf VersR **76**, 1134). Zur Ursächlichkeit muß hinzukommen, daß der Schaden dem Staat zuzurechnen ist (vgl. BGHZ **60**, 302 = NJW **73**, 1322, 1325: Verletzung in der UHaft durch einen Mitgefangenen).

10 **4) Anrechnung von Freiheitsentziehung durch Gnade und Verzicht auf Entschädigung:** Ist der Antragsteller berechtigt, die Entschädigung für eine Freiheitsentziehung zu verlangen, so kann er wirksam auf die Entschädigung für den Fall verzichten, daß die Freiheitsentziehung auf eine zu verbüßende Freiheitsstrafe im Gnadenweg angerechnet wird.

11 **5) Abtreten von Ansprüchen.** Der zur Entschädigung nach §§ 1 ff Verpflichtete kann in Anwendung des Grundgedankens des § 255 BGB verlangen, daß der Berechtigte ihm kongruente Schadensersatzansprüche gegen Dritte wegen schuldhafter Vertragsverletzung abtritt (BGH NStZ **89**, 479).

Entscheidung des Strafgerichts **RiStBV Anl C Teil I, A I**

8 **I Über die Verpflichtung zur Entschädigung entscheidet das Gericht in dem Urteil oder in dem Beschluß, der das Verfahren abschließt. Ist die Entscheidung in der Hauptverhandlung nicht möglich, so entscheidet das Gericht nach Anhörung der Beteiligten außerhalb der Hauptverhandlung durch Beschluß.**

II Die Entscheidung muß die Art und gegebenenfalls den Zeitraum der Strafverfolgungsmaßnahme bezeichnen, für die Entschädigung zugesprochen wird.

III Gegen die Entscheidung über die Entschädigungspflicht ist auch im Falle der Unanfechtbarkeit der das Verfahren abschließenden Entscheidung die sofortige Beschwerde nach den Vorschriften der Strafprozeßordnung zulässig. § 464 Abs. 3 Satz 2 und 3 der Strafprozeßordnung ist entsprechend anzuwenden.

1 **1)** Die **Entscheidung über die Entschädigungspflicht** (I) ergeht mit dem Abschluß des Verfahrens (5 ff zu § 464 StPO) und ist Bestandteil der Hauptentscheidung. Im Vollstreckungsverfahren entscheidet das nach § 462 a StPO zuständige Gericht (Düsseldorf MDR **82**, 958; vgl auch BGH NStZ **94**, 27 [K]). Die Entschädigungspflicht wird nur dem Grunde nach festgestellt (BGHZ **63**, 209 = NJW **75**, 350; BGHZ **103**, 113 = NJW **88**, 1141). Bei der Entscheidung ist die Unschuldsvermutung zu beachten; ist das Verfahren vor Schuldspruchreife abgeschlossen worden, darf nicht auf strafrechtliche Schuld, sondern nur auf einen verbleibenden Tatverdacht abgestellt werden (BVerfG NJW **92**, 2011; erg 16 ff zu § 467 StPO). Der Strafrichter bestimmt nur den Entschädigungsberechtigten und die Maßnahmen, für deren Vollzug er entschädigt wird (Düsseldorf NStZ-RR **96**, 287). Die Entscheidung ist die Grundlage für das Betragsverfahren (§§ 10, 13) und in diesem bindend (BGHZ **103**, 113 = NJW **88**, 1141; **108**, 14 = NJW **89**, 2619; Dresden OLG-NL **96**, 216; Düsseldorf MDR **85**, 504; München MDR **76**, 228), auch in der Frage, wofür entschädigt wird und wer anspruchsberechtigt ist (BGH MDR **79**, 562), selbst bei offenbarer Unrichtigkeit (LG München I AnwBl **81**, 292). Zur Ergänzung unvollständiger Entscheidungen durch das Zivilgericht vgl Odenthal MDR **90**, 961. Die strafrichterliche Entscheidung steht unter dem stillschweigenden Vorbehalt, daß dem Betroffenen überhaupt ein Schaden entstan-

den ist; geprüft wird das erst im Betragsverfahren nach den §§ 10, 13 (BGHZ **63**, 209 = NJW **75**, 350; BGHZ **103**, 113 = NJW **88**, 1141). Daher wird eine Entscheidung auch getroffen, wenn ein Schaden offensichtlich nicht entstanden ist (Bamberg NStZ **89**, 185; LG Flensburg GA **84**, 30; **aM** Düsseldorf MDR **87**, 80; D. Meyer 38 zu § 2 und JurBüro **87**, 1608).

2) Verfahrensabschließende Entscheidung: Es gelten dieselben Grundsätze wie bei § 464 II StPO (dort 11). Hierzu gehört auch der Strafbefehl (D.Meyer MDR **92**, 219). Die vorläufige Verfahrenseinstellung gibt keinen Anlaß zu einer Entscheidung über die Entschädigungspflicht. Das gilt aber nicht bei der Einstellung nach § 154 StPO (Düsseldorf NJW **81**, 833; MDR **88**, 164; Frankfurt JR **84**, 389 mit Anm Baukelmann; **aM** KG JR **73**, 167; München NJW **75**, 68; MDR **74**, 162; Schätzler 19 ff zu § 2; erg 6 zu § 464 StPO) und nach § 154 b StPO (Düsseldorf MDR **90**, 568; Hamburg NStZ **81**, 187; **aM** Schätzler 14 zu § 3). Bei einer Beschränkung nach § 154 a StPO kommt eine Entschädigungsentscheidung idR nicht in Betracht. Ist eine ausgesetzte Strafe ganz oder teilw in der irrigen Annahme rechtskräftigen Widerrufs vollstreckt worden, so ist die Entschädigungsentscheidung erst zu treffen, wenn über den Erlaß der Strafe und damit auch abschließend über die sachliche Berechtigung der Vollstreckung entschieden wird (Oldenburg MDR **76**, 166; **aM** D. Meyer 15: StrEG ist auf diesen Fall nicht anwendbar). 2

3) Von Amts wegen nach Anhörung der Beteiligten (§ 33 I–III StPO) ergeht die Entscheidung. Im erfolgreichen Wiederaufnahmeverfahren ist sie stets erforderlich, sonst nur, wenn eine entschädigungspflichtige Strafverfolgungsmaßnahme (§§ 1, 2) vollzogen war (D. Meyer 6) und das Gesetz die Möglichkeit einer Entschädigung vorsieht. Der Berechtigte kann auf die Entscheidung nicht wirksam verzichten (BGH NJW **90**, 1000, 1001; KG VRS **72**, 380; Karlsruhe Justiz **76**, 367; München NJW **73**, 721; Seebode NStZ **82**, 146; **aM** Stuttgart MDR **92**, 897; D. Meyer 18 vor §§ 1–6 und JurBüro **87**, 1608; **90**, 423; **91**, 1593; Schätzler 11; Händel VOR **73**, 257). Er kann aber, auch bevor sie ergangen ist, darauf verzichten, Ansprüche aus ihr herzuleiten (erg 2 zu § 3; vgl hierzu die umfangreiche Abhandlung von Friehe, Der Verzicht auf Entschädigung für Strafverfolgungsmaßnahmen, 1997 [zugl Diss München 1996], die jeden abgesprochenen Verzicht für unwirksam erachtet). 3

4) Annex zum Strafverfahren ist die Entscheidung über den Grund (BGH **26**, 250, 252; D. Meyer 10 und 8 vor §§ 8–9). Daher gelten insoweit noch die Vollmacht oder Bestellung des Verteidigers und § 145 a StPO. In der Hauptverhandlung stellt der StA beim Vorliegen eines entschädigungsfähigen Tatbestandes einen Antrag zur Entschädigungsentscheidung, ebenso, wenn er eine verfahrensabschließende Entscheidung durch das Gericht außerhalb der Hauptverhandlung beantragt oder sich mit ihr einverstanden erklärt (zB im Fall des § 153 II StPO). 4

5) Isolierte Entschädigungsentscheidung (I S. 2): 5

A. **Teil des Hauptverfahrens** ist die isolierte Entscheidung; daher bedarf sie keiner Kostenentscheidung (Bremen MDR **75**, 602; D. Meyer 21). 6

B. **Voraussetzungen:** Die Entscheidung ist in der Hauptverhandlung nicht möglich, wenn Hindernisse bestehen, deren Überwindung zur Aussetzung oder längeren Unterbrechung der Hauptverhandlung zwingen würde, zB weil über die Entscheidungsgrundlagen nach §§ 3–6 zusätzliche Beweise erhoben werden müssen (Düsseldorf NJW **73**, 1660; Schätzler 13). Entgegen dem zu engen Gesetzeswortlaut ist die isolierte Entscheidung nach hM auch zulässig, wenn die Entscheidung in der Hauptverhandlung aus anderen Gründen unterblieben ist (Düsseldorf aaO; **aM** München AnwBl **98**, 50 mN zur Gegenansicht; D. Meyer 16 ff mwN); dasselbe gilt im Strafbefehlsverfahren (**aM** D. Meyer MDR **92**, 220). Anders als bei § 464 II StPO (dort 12) bedeutet das bloße Schweigen im Urteil keine Versagung der Entschädigung (Stuttgart Justiz **72**, 327; Zweibrücken VRS **47**, 443; D. Meyer 7

26; **aM** Naton NJW **73**, 479; Seier 25), auch wenn nur eine von mehreren Strafverfolgungsmaßnahmen unberücksichtigt geblieben ist (Düsseldorf GA **81**, 173; Karlsruhe StV **84**, 474; Koblenz GA **85**, 461; München NJW **77**, 2090; LG Bonn MDR **75**, 76). Die unterbliebene Entscheidung darf und muß im Beschlußverfahren nachgeholt werden (Bay DAR **73**, 210 [R]; Düsseldorf NJW **73**, 1660; VRS **73**, 457, 460; Koblenz aaO; Schätzler 16, 26; **aM** LG Bautzen NStZ **96**, 446; Seier NStZ **82**, 272). Das gilt auch, wenn sich eine Entscheidung zwar in den Urteilsgründen befindet, aus Gründen der Rechtssicherheit aber eine Klarstellung geboten ist (Oldenburg VRS **67**, 37). Für ein Rechtsmittel ist vor Erlaß der isolierten Entscheidung kein Raum (Koblenz aaO; München aaO; Schätzler 26; **aM** D. Meyer 24 und MDR **80**, 724, der nur die sofortige Beschwerde nach III zulassen will). Die Nachholung ist auch zulässig, wenn die abschließende Entscheidung durch Beschluß außerhalb der Hauptverhandlung getroffen worden ist (Hamm NJW **74**, 374).

8 C. **Tod des Beschuldigten:** Vgl 8 zu § 6.

9 6) **Inhalt des Ausspruchs:** (II):

10 A. **Art der Maßnahme:** Im Fall des § 1 muß die fortgefallene Verurteilung oder die Milderung (Differenz zwischen früherer und neuer Verurteilung) angegeben werden, ggf auch bestimmte Verfolgungsmaßnahmen aus dem ersten, später wiederaufgenommenen Verfahren (4 zu § 1). Im Fall des § 2 sind Angaben über die erlittene UHaft oder, genau und erschöpfend (BGH MDR **79**, 562; LG Flensburg SchlHA **92**, 12), die sonstigen Verfolgungsmaßnahmen zu machen. Soweit erforderlich (zB bei Beschlagnahme) muß auch angegeben werden, in welcher Weise die Maßnahme vollzogen worden ist (BGH aaO).

11 B. **Zeitraum:** Die Angabe des Zeitraums ist bei freiheitsentziehenden Maßnahmen (Düsseldorf JMBlNW **86**, 30; Schätzler 20) und Beschlagnahme (BGHZ NJW **88**, 1141; Düsseldorf JMBlNW **87**, 198) notwendig, in anderen Fällen (zB bei § 111 a StPO) zweckmäßig (BGHZ **108**, 14 = NJW **89**, 2619; **aM** Odenthal MDR **90**, 961: immer erforderlich). In Betracht kommt auch die Einschränkung der Entschädigungspflicht bis zu dem sich aus § 5 III ergebenden Zeitpunkt, bis zum Zeitpunkt der Äußerung des Beschuldigten, bei der er einen wesentlichen entlastenden Umstand verschwiegen und dadurch den Ausschlußgrund des § 6 I Nr 1 geschaffen hat, oder bis zur Entstehung des Verfahrenshindernisses im Fall des § 6 I Nr 2. Die nachträgliche Berichtigung oder Ergänzung ist zulässig (Düsseldorf MDR **80**, 958; Odenthal MDR **90**, 964; **aM** D. Meyer 36: § 458 II StPO gilt entspr). Die teilweise Gewährung oder Versagung in den Fällen der §§ 3, 4 II, III, 6 kann nach Zeiträumen näher bestimmt werden (1 zu § 6).

12 C. **Begründung des Ausspruchs** (III iVm § 34 StPO): Sie ist insbesondere erforderlich, wenn der Anspruch nach § 5 ausgeschlossen ist oder nach § 6 versagt wird (Schätzler 22). Bei allen Ermessensentscheidungen bedarf es einer eingehenden Abwägung aller entscheidungserheblichen Umstände (BGH **11**, 383, 389 zum früheren Recht).

13 7) **Zuständigkeit:**

14 A. Der **Tatrichter,** der das abschließende Urteil oder den abschließenden Beschluß erläßt, entscheidet auch über die Entschädigungsfrage. Hatte eine StrVollstrK die Vollstreckungsmaßnahme angeordnet, für die Entschädigung verlangt wird, so ist sie auch für die Entscheidung über die Entschädigung zuständig (Düsseldorf MDR **82**, 958; München NStZ-RR **96**, 125; Schleswig SchlHA **86**, 122 [E/L]; **aM** LG Krefeld NJW **77**, 117). Ergeben sich entschädigungspflichtige Tatbestände erst im Beschwerdeverfahren, so entscheidet das Beschwerdegericht (Hamm EuGRZ **86**, 546).

15 B. Das **Berufungsgericht** entscheidet von Amts wegen nur bei vollem oder teilweisen Erfolg des Rechtsmittels erneut über die Entschädigungsfrage (Bay **72**,

10 = VRS **43**, 369; Celle MDR **77**, 74; VRS **50**, 122; **51**, 440; Karlsruhe NJW **72**, 2323; **aM** D. Meyer 28 a: bei jeder Sachentscheidung), auch wenn es das Verfahren nach § 153 a StPO einstellt (Düsseldorf NStE Nr 2). Bei Verwerfung der Berufung prüft es die Entscheidung des 1. Rechtszugs nur auf eine sofortige Beschwerde nach III S. 1 (Düsseldorf JMBlNW **95**, 250 mwN). Die Beschwerdeentscheidung ist nicht anfechtbar, auch wenn sie in den Urteilsgründen getroffen wird (Celle VRS **51**, 440; Düsseldorf aaO; Oldenburg VRS **67**, 37).

C. Das **Revisionsgericht** hat über die Entschädigungspflicht zu entscheiden, **16**
wenn es das Verfahren durch freisprechendes oder einstellendes Urteil oder einen entspr Beschluß abschließt (D. Meyer 29 und MDR **78**, 284; Schätzler 17). Es darf diese Aufgabe grundsätzlich nicht dem Tatrichter überlassen (Düsseldorf NStZ **90**, 39 mit insoweit zust Anm D. Meyer und Schätzler GA **90**, 36; **aM** Düsseldorf VRS **54**, 44; Hamm NJW **57**, 209; erg 5 zu § 305 a StPO; 25 zu § 464 StPO). Von einer Entscheidung sieht es nur ab, wenn dazu noch tatrichterliche Feststellungen nötig sind (BGH NJW **90**, 2073; **91**, 1839, 1840 aE; weitergehend BGH NJW **84**, 1312 aE; **88**, 2483, 2485 aE), oder eine Fortführung des teilw nach § 154 II StPO eingestellten Verfahrens in Betracht kommt (BGH NJW **94**, 2966; BGHR Verfahrensabschluß 1) oder wenn das Verfahren beim Revisionsgericht schon früher rechtskräftig abgeschlossen worden war (BGH NStZ **94**, 230 [K]).

D. Im **Wiederaufnahmeverfahren** trifft das nach § 373 StPO entscheidende **16 a**
Gericht die Entschädigungsentscheidung (Köln GA **92**, 180).

8) Sofortige Beschwerde (III): **17**

A. Die **Einlegung** des Rechtsmittels ist nicht in der Einlegung der Berufung **18**
oder Revision enthalten. Sie muß vielmehr ausdrücklich erklärt werden (Düsseldorf JMBlNW **95**, 250; Frankfurt NJW **74**, 202; Karlsruhe NJW **72**, 2323; erg 21 zu § 464 StPO), und zwar innerhalb der Frist des § 311 II S. 1 StPO. Bei Fristversäumung ist dem Antragsteller das Verschulden seines Verteidigers zuzurechnen (19 zu § 44 StPO).

B. **Zulässig** ist die sofortige Beschwerde ohne Rücksicht darauf, ob die Haupt- **19**
entscheidung anfechtbar ist. Die Einschränkung des § 464 III S. 1 Hs 2 StPO gilt für § 8 III nicht. Die isolierte Anfechtung einer OLG-Entscheidung schließt § 304 IV S. 2 aus (BGH **26**, 250). Der Verzicht auf die Entschädigung (oben 3)
macht die sofortige Beschwerde unzulässig (Karlsruhe Justiz **81**, 450). Die **Wert-** **20**
grenze des § 304 III StPO gilt nicht; denn die Entscheidung nach § 8 I betrifft nur den Grund, nicht die noch völlig ungeklärte Höhe des Anspruchs (KG JR **81**, 524; München NJW **73**, 721; MDR **72**, 1056; **75**, 68; **aM** Düsseldorf JMBlNW **78**, 170; D. Meyer 39 a; Schätzler 30; Seier 120).

C. Die **Bindung des Beschwerdegerichts** an die Urteilsfeststellungen ordnet **21**
III S. 2 unter Verweisung auf § 464 III S. 2 StPO an (zum Umfang vgl Schleswig MDR **79**, 165; 23 zu § 464 StPO). Sie gilt auch für die Tatsachen, aufgrund deren die grobe Fahrlässigkeit nach § 5 II zu beurteilen ist (Frankfurt NJW **78**, 1392). Zusätzliche Feststellungen aufgrund des Akteninhalts sind zulässig (Düsseldorf JurBüro **86**, 249; Frankfurt NJW **78**, 1017; Karlsruhe Justiz **73**, 360; Schleswig NJW **76**, 1467; 24 zu § 464 StPO). Richtet sich die sofortige Beschwerde gegen das Unterlassen der Entscheidung nach III 1, so wird das Beschwerdegericht uU nicht selbst entscheiden können, sondern die Sache an den Tatrichter zurückgeben müssen (Düsseldorf VRS **73**, 457, 461; NStE Nr 2; **aM** D. Meyer JurBüro **90**,
798). **Ermessensentscheidungen** des Tatrichters prüft das Beschwerdegericht in **22**
vollem Umfang. Eine Beschränkung der Prüfungsbefugnis auf Ermessensfehler besteht nicht (Schleswig NJW **76**, 1467, 1468; D. Meyer 46 [anders aber 41 zu § 3]; **aM** Frankfurt NStZ-RR **96**, 286; München MDR **72**, 1056; Hamm NJW **74**, 374; Saarbrücken MDR **75**, 1044; erg 4 zu § 309 StPO). Das Verbot der

Schlechterstellung (§ 331 StPO) gilt nicht (LG Flensburg JurBüro **82**, 882; D. Meyer 47; Schätzler 25; vgl 5 vor § 304 StPO).

23 D. **Zuständiges Beschwerdegericht:** Vgl 25 zu § 464 StPO.

Verfahren nach Einstellung durch die Staatsanwaltschaft

RiStBV Anl C Teil I, A II, C 2

9 **I Hat die Staatsanwaltschaft das Verfahren eingestellt, so entscheidet das Amtsgericht am Sitz der Staatsanwaltschaft über die Entschädigungspflicht. An die Stelle des Amtsgerichts tritt das Gericht, das für die Eröffnung des Hauptverfahrens zuständig gewesen wäre, wenn**

1. **die Staatsanwaltschaft das Verfahren eingestellt hat, nachdem sie die öffentliche Klage zurückgenommen hat,**
2. **der Generalbundesanwalt oder die Staatsanwaltschaft beim Oberlandesgericht das Verfahren in einer Strafsache eingestellt hat, für die das Oberlandesgericht im ersten Rechtszug zuständig ist.**

Die Entscheidung ergeht auf Antrag des Beschuldigten. Der Antrag ist innerhalb einer Frist von einem Monat nach Zustellung der Mitteilung über die Einstellung des Verfahrens zu stellen. In der Mitteilung ist der Beschuldigte über sein Antragsrecht, die Frist und das zuständige Gericht zu belehren. Die Vorschriften der §§ 44 bis 46 der Strafprozeßordnung gelten entsprechend.

II Gegen die Entscheidung des Gerichts ist die sofortige Beschwerde nach den Vorschriften der Strafprozeßordnung zulässig.

III War die Erhebung der öffentlichen Klage von dem Verletzten beantragt, so ist über die Entschädigungspflicht nicht zu entscheiden, solange durch einen Antrag auf gerichtliche Entscheidung die Erhebung der öffentlichen Klage herbeigeführt werden kann.

1 1) Auch **nach Einstellung des Ermittlungsverfahrens** durch StA oder FinB (§ 399 **AO)** entscheidet stets das Gericht über den Entschädigungsanspruch. Vorausgesetzt wird, daß das Verfahren durch die Einstellung endgültig abgeschlossen ist (2 zu § 8). Um eine derartige Einstellung handelt es sich auch, wenn die StA nach § 376 StPO verfährt oder wenn sie die Sache nach § 43 I OWiG an die VerwB abgibt. In diesem Fall wirkt die StA idR darauf hin, daß das Gericht nicht über die Entschädigungspflicht entscheidet, solange das Bußgeldverfahren nicht abgeschlossen ist (RiStBV Anl C Teil I, A II 2).

2 2) **Zustellung und Belehrung** (I S. 4, 5): Liegt ein entschädigungsfähiger Tatbestand vor (§§ 1, 2), so muß die StA oder FinB (§ 399 **AO)** die Einstellungsverfügung dem Antragsberechtigten (2 vor § 1) förmlich zustellen (I S. 4 iVm § 35 II S. 1 StPO), dem Beschuldigten auch dann, wenn er sonst nach § 170 II S. 2 StPO nur formlos von der Einstellung unterrichtet werden müßte (D. Meyer 20). § 145 a StPO ist anwendbar (RiStBV Anl C Teil I, C 2). Bei jugendlichen Beschuldigten wird auch den Erziehungsberechtigten und gesetzlichen Vertretern zugestellt (§ 67 I, II **JGG**). Die Einstellungsverfügung muß die in I S. 5 vorgeschriebene Belehrung enthalten. Hatte der Verletzte Strafanzeige erstattet, so wird der Beschuldigte auch darüber belehrt, daß über die Entschädigungspflicht nicht entschieden wird, solange durch einen Antrag nach § 172 II StPO die Erhebung der Klage
3 herbeigeführt werden kann (III; RiStBV Anl C Teil I, A II 1). Die **Belehrung** muß konkret sein, dh auch die Art der Maßnahme (vgl § 8 III) und ggf die Dauer ihres Vollzugs angeben. Sie ist so zu fassen, daß sie nicht als Zusicherung mißverstanden werden kann. Das kann durch allgemeine oder besondere Hinweise auf Ausschluß- und Versagungsgründe und durch den Hinweis auf § 7 II erreicht werden.

4 3) **Antragstellung** (I S. 3): Das Gericht entscheidet nur auf Antrag des Beschuldigten (Stuttgart NStZ **94**, 291: auch des Verdächtigen, gegen den eine Durch-

suchung gemäß § 102 StPO durchgeführt wurde) oder des nach § 11 Unterhaltsberechtigten. Für den Beschuldigten kann der im Ermittlungsverfahren bevollmächtigte Verteidiger den Antrag stellen (LG Bonn StV **84**, 476). Tatunbeteiligte Dritte haben kein Antragsrecht (LG Flensburg JurBüro **84**, 419). Ein schon im Ermittlungsverfahren gestellter Antrag wird mit der Verfahrenseinstellung wirksam (LG Passau JurBüro **86**, 1218). Der Antragsteller kann sich darauf beschränken, die Feststellung der Entschädigungspflicht der Staatskasse zu beantragen. Ausdrückliche Angaben über Verfolgungsmaßnahmen oder über die Schadensentstehung sind entbehrlich (vgl LG Krefeld VRS **42**, 293). Auch die Voraussetzungen des § 7 II brauchen nicht dargetan zu werden.

4) Antragsfrist und Wiedereinsetzung (I S. 4, 6): Die Monatsfrist (I S. 4) beginnt mit der Zustellung der Einstellungsverfügung, auch wenn die Belehrung nach I S. 5 ganz oder teilw unterblieben ist (LG Aschaffenburg NStZ **82**, 167; Budach SchlHA **73**, 203). Ihre Unterlassung ist Wiedereinsetzungsgrund in entspr Anwendung des § 44 S. 2 StPO, wobei die Belehrung einer Rechtsmittelbelehrung (§ 35 a StPO) entspricht. Bei Versäumung der Antragsfrist aus anderen Gründen muß sich der Antragsteller nach dem Grundsatz des § 85 II ZPO das Verschulden seines Verteidigers zurechnen lassen (Hamburg NStZ **90**, 191; erg 19 zu § 44 StPO). 5

5) Gerichtliche Zuständigkeit (I S. 1, 2): 6

A. Das **AG am Sitz der StA** (I S. 1), bei einer Zweig- oder Außenstelle der StA (3 zu § 141 GVG) an deren Sitz (D. Meyer 12), ist zuständig, auch wenn die Strafsache, falls es zur Anklage gekommen wäre, bei einem anderen Gericht hätte anhängig gemacht werden müssen oder wenn die StA Anklage beim LG erhoben, die Tat, in deren Zusammenhang eine Entschädigung beantragt ist, aber nach § 154 a StPO von der Verfolgung ausgenommen hat (Düsseldorf JMBlNW **84**, 20; dazu D. Meyer JurBüro **84**, 343). Hat die FinB das Verfahren eingestellt (§§ 386, 399 **AO),** so ist das AG an seinem Sitz zuständig, auch wenn es nicht das AG des § 391 I **AO** ist (Nürnberg 3 AR 13/72 vom 28. 3. 1972). Welcher Richter beim AG zuständig ist, bestimmt die Geschäftsverteilung des AG (§ 22 e I GVG). Die Bestellung zum Ermittlungsrichter begründet die Zuständigkeit nach I S. 1 nicht. Zum Zusammentreffen verschiedener Zuständigkeiten vgl Düsseldorf NStZ **91**, 141. 7

B. **Hypothetisches Eröffnungsgericht** (I S. 2): Welcher Richter beim AG oder welcher Spruchkörper beim LG oder OLG zuständig ist, bestimmt sich im Fall des I S. 2 nach der allgemeinen Verteilung der Strafsachen. 8

6) Die **Prüfung des Gerichts** bezieht sich auf die tatsächlichen und rechtlichen Voraussetzungen der Entschädigungspflicht dem Grunde nach (1 zu § 8). Das Gericht entscheidet nach Anhörung der StA und ist dabei an die Einstellungsverfügung gebunden, nicht aber an die tatsächlichen Feststellungen, auf denen sie beruht. Diese braucht es der Entscheidung nicht ungeprüft zugrunde zu legen. Vor der Entscheidung ist der Ablauf der Frist des § 172 II S. 1 StPO abzuwarten (III). 9

7) Sofortige Beschwerde (II) kann vom Beschuldigten, dem Verteidiger, in den Fällen des § 67 I, II **JGG** auch vom Erziehungsberechtigten oder gesetzlichen Vertreter eingelegt werden, auch vom gesetzlichen Vertreter des Erwachsenen (§ 298 StPO) und von der StA (§ 296 I, II StPO). Ist der Beschluß von dem im 1. Rechtszug zuständigen OLG (I S. 1 Nr 2) erlassen worden, so ist die sofortige Beschwerde zum BGH nach § 304 IV S. 2 StPO unzulässig (BGH **26**, 250). Das gilt auch für die sofortige Beschwerde gegen die Versagung der Wiedereinsetzung (BGH NJW **76**, 525). 10

Anmeldung des Anspruchs; Frist **RiStBV Anl C Teil I, A-D, Teil II**

10 **I Ist die Entschädigungspflicht der Staatskasse rechtskräftig festgestellt, so ist der Anspruch auf Entschädigung innerhalb von sechs Monaten bei der Staatsanwaltschaft geltend zu machen, welche die Ermittlungen im ersten Rechtszug zuletzt geführt hat. Der Anspruch ist ausgeschlossen, wenn der Berechtigte es schuldhaft versäumt hat, ihn innerhalb der Frist zu stellen. Die Staatsanwaltschaft hat den Berechtigten über sein Antragsrecht und die Frist zu belehren. Die Frist beginnt mit der Zustellung der Belehrung.**

II Über den Antrag entscheidet die Landesjustizverwaltung. Eine Ausfertigung der Entscheidung ist dem Antragsteller nach den Vorschriften der Zivilprozeßordnung zuzustellen.

1 **1)** Das **Betragsverfahren** (dazu RiStBV Anl C; Matt Rpfleger **97**, 468) gehört nicht mehr zum Strafverfahren, sondern ist ein dem Rechtsweg (§ 13) vorgeschaltetes Verwaltungsverfahren zur Festsetzung der Höhe der Entschädigung (BGHZ **66**, 122, 124 = NJW **76**, 1218). Die Entscheidung des Strafgerichts über die Entschädigungspflicht dem Grunde nach (§§ 8 I, 9 I) ist bindend (1 zu § 8).

2 **2) Belehrung durch die StA** (I S. 3): Steht mit der Rechtskraft der gerichtlichen Entscheidung nach § 8 oder § 9 die Entschädigungspflicht der Staatskasse dem Grunde nach fest, so stellt die StA, die insoweit als Verwaltungsbehörde tätig wird (D. Meyer 2 vor §§ 10–13; Schätzler 1), dem Berechtigten unverzüglich eine Belehrung über sein Antragsrecht und die Antragsfrist zu. Eine verfrühte oder unrichtige Belehrung und die Zustellung an einen nicht besonders bevollmächtigten Vertreter (vgl RiStBV Anl C Teil I, C) sind wirkungslos (Schätzler 3, 6). Ist bekannt oder besteht nach den Umständen die Möglichkeit, daß ein Fall des § 11 I vorliegt, so soll den Unterhaltsberechtigten die Belehrung nach § 11 II S. 2 zugestellt werden (RiStBV aaO, A III Nr 2). Zuständig ist stets die StA, die die Ermittlungen im 1. Rechtszug zuletzt geführt hat, um Steuerstrafverfahren die an die Stelle der StA getretene Finanzbehörde (§ 386 II **AO**).

3 **3)Antragstellung** (I S. 1): Der Entschädigungsantrag ist bei der StA geltend zu machen, auch wenn die FinB die Ermittlungen geführt hat; denn die Rechte der StA hat sie nur im Ermittlungsverfahren (§ 399 I **AO).** Zur Antragstellung ist derjenige berechtigt, „zu dessen Gunsten die Entschädigungspflicht ausgesprochen worden ist" (vgl § 11 I S. 1). Die Unterhaltsberechtigten haben ein zusätzliches eigenes Antragsrecht (§ 11 I). Ist der Beschuldigte nach der rechtskräftigen Entstehung des Anspruchs gestorben, so sind seine Erben als Rechtsnachfolger berechtigt (3 zu § 13), auch wenn sie nicht zu den Unterhaltsberechtigten gehören. Der Antrag kann von einem bevollmächtigten Vertreter gestellt werden (BGHZ **66**, 122 = NJW **76**, 1218; RiStBV Anl C Teil I, C). Der Verteidiger braucht dazu eine besondere Vollmacht (D. Meyer 9; 5 vor § 137 StPO); denn das Betragsverfahren
4 gehört nicht mehr zum Strafverfahren (oben 1). Die **Geltendmachung des Anspruchs** zum Zweck der Festsetzung seiner Höhe ist der Inhalt des Antrags. Gleichwohl ist die Bezifferung der Schadenshöhe nicht unbedingt erforderlich (D. Meyer 12; Schätzler 7). Angaben und Nachweise können nachgereicht werden. Jedoch genügt die bloße Erklärung, die Entschädigung werde „dem Grunde nach" angemeldet, nicht (BGHZ **108**, 14 = NJW **89**, 2619; D. Meyer JurBüro **91**, 1598). Wird in dem Antrag auch die Erstattung von Verfahrensauslagen aufgrund einer Kosten- und Auslagenentscheidung verlangt, so wird eine Ablichtung zu den Akten genommen und nach § 464 b StPO behandelt (RiStBV Anl C Teil I, B I 3; vgl auch 5 zu § 7). Anregungen für den Inhalt des Antrags ergeben sich aus RiStBV aaO, B II. Zum Anspruch auf Zahlung eines Vorschusses vgl D. Meyer JurBüro **91**, 771.

4) Versäumung der Antragsfrist (I S. 2): Die 6- Monatsfrist des § 10 I S. 1 beginnt mit der Zustellung der Belehrung an den Berechtigten (I S. 3, 4). Die Zustellung an den nicht besonders bevollmächtigten Verteidiger setzt sie nicht in Lauf (BGHZ **29**, 334 = NJW **59**, 1129 zum früheren Recht). Bei nicht schuldhafter Versäumung der Antragsfrist kann die Behörde nach I S. 2 Nachsicht gewähren (Schätzler 8; **aM** D. Meyer 16; Kröner Baumann-FS 416). Das Verschulden seines Verfahrensbevollmächtigten muß sich der Antragsteller nach dem Grundsatz des § 85 II ZPO zurechnen lassen (BGHZ **66**, 122 = NJW **76**, 1218). Eine absolute Ausschlußfrist setzt § 12 fest. 5

5) Prüfungs- und Entscheidungsstelle (II): Wenn nicht ihr Leiter selbst mit der Prüfung des Anspruchs betraut ist, legt die StA den Antrag der Prüfungsstelle mit den Akten und einem Bericht vor (RiStBV Anl C Teil I, B I). Prüfungsstelle ist je nach Delegation der Leiter der StA beim LG oder beim OLG (vgl RiStBV aaO Teil II). Ist die Prüfungsstelle nicht selbst zur Entscheidung befugt, so berichtet sie an die Entscheidungsstelle. Ihr Verfahren regelt RiStBV aaO Teil I, B II. Die Zustellung der Entscheidung nach den Vorschriften der ZPO setzt die Frist für den Rechtsweg nach § 13 I in Lauf (II S. 2). 6

Ersatzanspruch des kraft Gesetzes Unterhaltsberechtigten
RiStBV Anl C Teil I, A III 2, B II 3

11 [I] **Außer demjenigen, zu dessen Gunsten die Entschädigungspflicht der Staatskasse ausgesprochen worden ist, haben die Personen, denen er kraft Gesetzes unterhaltspflichtig war, Anspruch auf Entschädigung. Ihnen ist insoweit Ersatz zu leisten, als ihnen durch die Strafverfolgungsmaßnahme der Unterhalt entzogen worden ist.**

[II] **Sind Unterhaltsberechtigte bekannt, so soll die Staatsanwaltschaft, bei welcher der Anspruch geltend zu machen ist, sie über ihr Antragsrecht und die Frist belehren. Im übrigen ist § 10 Abs. 1 anzuwenden.**

1) Unterhaltsberechtigte (I): Außer dem Hauptanspruchsberechtigten haben Personen einen Entschädigungsanspruch, denen er kraft Gesetzes unterhaltspflichtig war. In Betracht kommen nur Unterhaltsansprüche nach §§ 1360, 1361, 1569 ff, 1601, 1615 a ff BGB. Ihre vertraglich vereinbarte Höhe ist zu berücksichtigen (Schätzler 3; **aM** D. Meyer 10). Ersatz wird nur insoweit geleistet, als der Hauptberechtigte eine Entschädigung verlangen kann und die Strafverfolgungsmaßnahme für den Entzug des Unterhalts ursächlich war (I S. 2). Zum Begriff des Unterhaltsentzuges vgl RiStBV Anl C Teil I, B II 3 a. 1

2) Die **Gesamtleistung** der Staatskasse darf den Hauptanspruch nicht übersteigen (Düsseldorf JMBlNW **86**, 30; Schätzler 4). Der Hauptanspruchsberechtigte und der Unterhaltsberechtigte haben eine ähnliche Stellung wie Gesamtgläubiger nach § 428 BGB (D. Meyer 4). Die Staatskasse muß aber die Unterhaltsansprüche gesondert erfüllen, wenn das geboten erscheint (Schätzler 4). Sie muß eine Einigung der Beteiligten auf Aufteilung der Gesamtentschädigung herbeiführen; notfalls ist der Entschädigungsbetrag zu hinterlegen (RiStBV Anl C Teil I, B II 3 b, c). 2

3) Die **Belehrung** (II; 2 zu § 10) ist entbehrlich, wenn nach der Sachlage nicht damit gerechnet zu werden braucht, daß Unterhalt entzogen worden ist oder daß der Hauptberechtigte die Entschädigung nicht auch zum Ausgleich verwenden wird (D. Meyer 20). Eine Nachforschung nach bisher unbekannten Unterhaltsberechtigten findet nicht statt. Die Frist zur Geltendmachung des Anspruchs beginnt für den Unterhaltsberechtigten mit der Zustellung der Belehrung an ihn (§§ 11 II S. 2, 10 I S. 4). 3

Ausschluß der Geltendmachung der Entschädigung

12 Der Anspruch auf Entschädigung kann nicht mehr geltend gemacht werden, wenn seit dem Ablauf des Tages, an dem die Entschädigungspflicht rechtskräftig festgestellt ist, ein Jahr verstrichen ist, ohne daß ein Antrag nach § 10 Abs. 1 gestellt worden ist.

1 **1)** Die **absolute Ausschlußfrist** (Düsseldorf JMBlNW **86**, 30) wird in ihrem Lauf durch das Unterlassen der Belehrung über das Antragsrecht und die Antragsfrist oder deren Zustellung (§§ 10 I S. 3, 11 II S. 1) nicht beeinträchtigt. Sie macht jeglichen Antrag unzulässig, gleichgültig, aus welchen Gründen der Antrag verspätet gestellt worden ist (Düsseldorf aaO). Eine Wiedereinsetzung kommt nicht in Betracht (BGHZ **108**, 14 = NStZ **90**, 131). Den Beginn der Ausschlußfrist hat das Zivilgericht selbständig zu prüfen (BGH aaO).

2 **2)** Eine **Hemmung der Frist** tritt in entspr Anwendung des § 206 BGB ein, wenn der Berechtigte geschäftsunfähig oder in seiner Geschäftsfähigkeit beschränkt wird und keinen gesetzlichen Vertreter hat (BGHZ **79**, 1 = NJW **81**, 285).

Rechtsweg; Beschränkung der Übertragbarkeit

13 I Gegen die Entscheidung über den Entschädigungsanspruch ist der Rechtsweg gegeben. Die Klage ist innerhalb von drei Monaten nach Zustellung der Entscheidung zu erheben. Für die Ansprüche auf Entschädigung sind die Zivilkammern der Landgerichte ohne Rücksicht auf den Wert des Streitgegenstandes ausschließlich zuständig.

II Bis zur rechtskräftigen Entscheidung über den Antrag ist der Anspruch nicht übertragbar.

1 **1)** Der **Rechtsweg** (I) zu den ordentlichen Gerichten steht offen, soweit dem Antrag im Betragsverfahren (1 zu § 10) nicht entsprochen worden ist. Darüber und über die Klagefrist (I S. 2) – die eine Ausschlußfrist ist (LG Kiel SchlHA **92**, 13; Schätzler 4) und die durch die bloße Einreichung eines Prozeßkostenhilfeantrags nicht gewahrt wird (D. Meyer JurBüro **92**, 217) – ist der Berechtigte bei der Antragsablehnung zu belehren (RiStBV Anl C Teil I, B III 2); das Unterlassen der Belehrung berührt den Fristablauf jedoch nicht (BGH VRS **65**, 416; StV **84**, 477 L). Die Klage, für die das LG ausschließlich zuständig ist, muß sich gegen das nach § 15 ersatzpflichtige Land richten, dessen Vertretung (meist durch den GStA beim OLG) das Landesrecht bestimmt. Falls die StA über einen Antrag ohne zureichenden Grund in angemessener Frist nicht entscheidet, gilt § 75 VwGO entspr (Köln NStZ **88**, 508; **aM** D. Meyer JurBüro **91**, 1599: Verpflichtungsklage beim VG).

2 **2)** Die **Unübertragbarkeit** (II) des Anspruchs, auch auf Vorschußzahlung (Hamm NJW **75**, 2075), bedeutet zugleich Unpfändbarkeit (§ 851 ZPO), Unverpfändbarkeit (§ 1274 II BGB) und den Ausschluß der Aufrechnung (§ 394 BGB); § 134 BGB gilt entspr. Eine Teilungsabrede, bei der der Berechtigte zunächst Inhaber des Anspruchs bleibt, ist zulässig (BGH NJW **82**, 2504). Übertragbar wird der Anspruch grundsätzlich erst, wenn er im Rechtsweg rechtskräftig festgestellt ist. Jedoch kann auch der im Betragsverfahren (§ 10) unabänderbar zuerkannte Anspruch schon vor der Auszahlung übertragen werden (Hamm aaO; Schätzler 7). Insoweit kann die Staatskasse wegen ihrer Ansprüche (Geldstrafe, Kosten, Wertersatz usw) aufrechnen (LG Stuttgart MDR **80**, 590 mit Anm Schmierer).

3 **3) Vererblich** wird der Anspruch schon mit seiner Entstehung dem Grunde nach (D. Meyer 12 vor §§ 10–13). Denn weder das öffentliche Recht (vgl BVerwGE **21**, 302, 303) noch das BGB enthält eine ausdrückliche oder entspr

anwendbare gegenteilige Vorschrift. Der Erbfall gilt auch nicht als Forderungsübergang iS des § 412 BGB. Zum Fall des Todes des Betroffenen vgl 8 zu § 6.

Nachträgliche Strafverfolgung **RiStBV Anl C Teil I, B IV**

14 **I Die Entscheidung über die Entschädigungspflicht tritt außer Kraft, wenn zuungunsten des Freigesprochenen die Wiederaufnahme des Verfahrens angeordnet oder wenn gegen den Berechtigten, gegen den das Verfahren eingestellt worden war oder gegen den das Gericht die Eröffnung des Hauptverfahrens abgelehnt hatte, nachträglich wegen derselben Tat das Hauptverfahren eröffnet wird. Eine bereits geleistete Entschädigung kann zurückgefordert werden.**

II Ist zuungunsten des Freigesprochenen die Wiederaufnahme beantragt oder sind gegen denjenigen, gegen den das Verfahren eingestellt worden war oder gegen den das Gericht die Eröffnung des Hauptverfahrens abgelehnt hatte, die Untersuchung oder die Ermittlungen wiederaufgenommen worden, so kann die Entscheidung über den Anspruch sowie die Zahlung der Entschädigung ausgesetzt werden.

1) Außerkrafttreten der Entscheidung über die Entschädigungspflicht (I 1
S. 1): Im Fall der Wiederaufnahme aus einem der Gründe des § 362 StPO (nicht nur bei Freispruch) tritt diese Wirkung mit dem Beschluß nach § 370 II iVm § 362 StPO ein, im Fall der nachträglichen Eröffnung des Hauptverfahrens mit dem Eröffnungsbeschluß, dem der Erlaß eines Strafbefehls gleichsteht.

2) Rückforderung (I S. 2): Darüber entscheidet die für das Betragsverfahren 2
zuständige Stelle (6 zu § 10). Sie betreibt auch die Wiedereinziehung der geleisteten Entschädigung.

3) Aussetzung des Betragsverfahrens und der Zahlung(II): Die zuständige 3
Stelle (6 zu § 10) ist von Wiederaufnahmeanträgen und -entscheidungen zu unterrichten (RiStBV Anl C Teil I, B IV). Sie entscheidet über die Aussetzung nach pflichtgemäßem Ermessen.

Ersatzpflichtige Kasse

15 **I Ersatzpflichtig ist das Land, bei dessen Gericht das Strafverfahren im ersten Rechtszug anhängig war oder, wenn das Verfahren bei Gericht noch nicht anhängig war, dessen Gericht nach § 9 Abs. 1 über die Entschädigungspflicht entschieden hat.**

II Bis zum Betrag der geleisteten Entschädigung gehen die Ansprüche auf die Staatskasse über, welche dem Entschädigten gegen Dritte zustehen, weil durch deren rechtswidrige Handlungen die Strafverfolgungsmaßnahme herbeigeführt worden war. Der Übergang kann nicht zum Nachteil des Berechtigten geltend gemacht werden.

1) Ersatzpflichtige Landeskasse (I): Maßgebend ist der Sitz des Gerichts des 1
1. Rechtszugs, bei dessen Wechsel (§§ 12 ff StPO) des zuletzt entscheidenden Gerichts, im Fall des § 9 I des Gerichts, das den Beschluß erlassen hat. Bei erstinstanzlicher Zuständigkeit des OLG (§ 120 GVG) kann das Land nach Art 3 des G zur allgemeinen Einführung eines zweiten Rechtszuges in Staatsschutz-Strafsachen vom 8. 9. 1969 (BGBl I 1582; III 300–2–1) die Erstattung der geleisteten Entschädigung vom Bund verlangen.

2) Forderungsübergang (II): Zivilrechtliche Ansprüche des Entschädigungsbe- 2
rechtigten gegen einen Dritten (zB nach §§ 823 II, 826 BGB), der die Strafverfol-

gungsmaßnahme verursacht hat, gehen bis zur Höhe der geleisteten Entschädigung kraft Gesetzes auf die Staatskasse über.

16 (nicht abgedruckt)

Verurteilung in der DDR

16a Die §§ 1 und 2 finden keine Anwendung auf die Folgen einer strafgerichtlichen Verurteilung, einer Maßregel oder Nebenfolge oder einer freiheitsentziehenden oder anderen vorläufigen Strafverfolgungsmaßnahme, die vor dem Wirksamwerden des Beitritts in der Deutschen Demokratischen Republik erfolgte oder angeordnet wurde. Die Voraussetzungen der Entschädigung für diese Folgen richten sich nach den bis zu diesem Zeitpunkt in der Deutschen Demokratischen Republik geltenden Vorschriften über die Entschädigung für Untersuchungshaft und Strafen mit Freiheitsentzug (§§ 369 ff. der Strafprozeßordnung der Deutschen Demokratischen Republik), soweit nicht eine Rehabilitierung nach dem Strafrechtlichen Rehabilitierungsgesetz erfolgt oder ein Kassationsverfahren nach den vom 3. Oktober 1990 bis zum Inkrafttreten des Strafrechtlichen Rehabilitierungsgesetzes geltenden Vorschriften abgeschlossen ist. Für Art und Höhe der Entschädigung gelten die Vorschriften des Strafrechtlichen Rehabilitierungsgesetzes entsprechend.

1 1) **Nicht nur §§ 1 und 2** gelten nicht (S. 1), sondern dementsprechend auch §§ 3 bis 7 nicht, §§ 8 und 9 sind hingegen anzuwenden (D.Meyer JurBüro **91**, 899 ff). Für die Realisierung eines dem Grunde nach festgestellten Anspruchs und das dabei einzuhaltende Verfahren gelten die §§ 10 ff (BGH NStZ **91**, 245; LG Berlin NStZ **91**, 200 = NJ **91**, 110, 111). Die Voraussetzungen der Entschädigung richten sich grundsätzlich nach §§ 369–372 StPO-DDR (vgl dazu KG NJW **94**, 601 und D.Meyer 18 ff), es sei denn, die Rehabilitierung erfolgt nach dem StrRehaG (siehe Anh **A 11**) oder ein Kassationsverfahren wurde nach dem 3. 10. 1990 bis zum 4. 11. 1992 (= Inkrafttreten des StrRehaG) abgeschlossen. Art und Höhe der Entschädigung richten sich stets nach dem StrRehaG (dort §§ 16 ff).

17-21 (nicht abgedruckt)

II. Andere Gesetze

6. Abgabenordnung (AO)

Vom 16. März 1976 (BGBl I 613; III 610–1–3), letztes ÄndG vom 23. Juni 1998 (BGBl I 1496, 1498)

(Auszug)

§ 30 Steuergeheimnis

I Amtsträger haben das Steuergeheimnis zu wahren.

II Ein Amtsträger verletzt das Steuergeheimnis, wenn er

1. Verhältnisse eines anderen, die ihm
   a) in einem Verwaltungsverfahren oder einem gerichtlichen Verfahren in Steuersachen,
   b) in einem Strafverfahren wegen einer Steuerstraftat oder einem Bußgeldverfahren wegen einer Steuerordnungswidrigkeit,
   c) aus anderem Anlaß durch Mitteilung einer Finanzbehörde oder durch die gesetzlich vorgeschriebene Vorlage eines Steuerbescheides oder eine Bescheinigung über die bei der Besteuerung getroffenen Feststellungen

   bekanntgeworden sind, oder
2. ein fremdes Betriebs- oder Geschäftsgeheimnis, das ihm in einem der in Nummer 1 genannten Verfahren bekanntgeworden ist,

unbefugt offenbart oder verwertet oder.

3. nach Nummer 1 oder Nummer 2 geschützte Daten im automatisierten Verfahren unbefugt abruft, wenn sie für eines der in Nummer 1 genannten Verfahren in einer Datei gespeichert sind.

III Den Amtsträgern stehen gleich

1. die für den öffentlichen Dienst besonders Verpflichteten (§ 11 Abs. 1 Nr. 4 des Strafgesetzbuches),

1a. die in § 193 Abs. 2 des Gerichtsverfassungsgesetzes genannten Personen,

2. amtlich zugezogene Sachverständige,
3. die Träger von Ämtern der Kirchen und anderen Religionsgemeinschaften, die Körperschaften des öffentlichen Rechts sind.

IV Die Offenbarung der nach Absatz 2 erlangten Kenntnisse ist zulässig, soweit

1. sie der Durchführung eines Verfahrens im Sinne des Absatzes 2 Nr. 1 Buchstaben a und b dient,
2. sie durch Gesetz ausdrücklich zugelassen ist,
3. der Betroffene zustimmt,
4. sie der Durchführung eines Strafverfahrens wegen einer Tat dient, die keine Steuerstraftat ist, und die Kenntnisse
   a) in einem Verfahren wegen einer Steuerstraftat oder Steuerordnungswidrigkeit erlangt worden sind; dies gilt jedoch nicht für solche Tatsachen, die der Steuerpflichtige in Unkenntnis der Einleitung des Strafverfahrens oder des Bußgeldverfahrens offenbart hat oder die bereits vor Einleitung des Strafverfahrens oder des Bußgeldverfahrens im Besteuerungsverfahren bekanntgeworden sind, oder
   b) ohne Bestehen einer steuerlichen Verpflichtung oder unter Verzicht auf ein Auskunftsverweigerungsrecht erlangt worden sind,
5. für sie ein zwingendes öffentliches Interesse besteht; ein zwingendes öffentliches Interesse ist namentlich gegeben, wenn

a) Verbrechen und vorsätzliche schwere Vergehen gegen Leib und Leben oder gegen den Staat und seine Einrichtungen verfolgt werden oder verfolgt werden sollen,
b) Wirtschaftsstraftaten verfolgt werden oder verfolgt werden sollen, die nach ihrer Begehungsweise oder wegen des Umfangs des durch sie verursachten Schadens geeignet sind, die wirtschaftliche Ordnung erheblich zu stören oder das Vertrauen der Allgemeinheit auf die Redlichkeit des geschäftlichen Verkehrs oder auf die ordnungsgemäße Arbeit der Behörden und der öffentlichen Einrichtungen erheblich zu erschüttern,
oder
c) die Offenbarung erforderlich ist zur Richtigstellung in der Öffentlichkeit verbreiteter unwahrer Tatsachen, die geeignet sind, das Vertrauen in die Verwaltung erheblich zu erschüttern; die Entscheidung trifft die zuständige oberste Finanzbehörde im Einvernehmen mit dem Bundesminister der Finanzen; vor der Richtigstellung soll der Steuerpflichtige gehört werden.

V Vorsätzlich falsche Angaben des Betroffenen dürfen den Strafverfolgungsbehörden gegenüber offenbart werden.

§ 30 a Schutz von Bankkunden

I Bei der Ermittlung des Sachverhalts (§ 88) haben die Finanzbehörden auf das Vertrauensverhältnis zwischen den Kreditinstituten und deren Kunden besonders Rücksicht zu nehmen.

II Die Finanzbehörden dürfen von den Kreditinstituten zum Zwecke der allgemeinen Überwachung die einmalige oder periodische Mitteilung von Konten bestimmter Art oder bestimmter Höhe nicht verlangen.

III Die Guthabenkonten oder Depots, bei deren Errichtung eine Legitimationsprüfung nach § 154 Abs. 2 vorgenommen worden ist, dürfen anläßlich der Außenprüfung bei einem Kreditinstitut nicht zwecks Nachprüfung der ordnungsmäßigen Versteuerung festgestellt oder abgeschrieben werden. Die Ausschreibung von Kontrollmitteilungen soll insoweit unterbleiben.

IV In Vordrucken für Steuererklärungen soll die Angabe der Nummern von Konten und Depots, die der Steuerpflichtige bei Kreditinstituten unterhält, nicht verlangt werden, soweit nicht steuermindernde Ausgaben oder Vergünstigungen geltend gemacht werden oder die Abwicklung des Zahlungsverkehrs mit dem Finanzamt dies bedingt.

V Für Auskunftsersuchen an Kreditinstitute gilt § 93. Ist die Person des Steuerpflichtigen bekannt und gegen ihn kein Verfahren wegen einer Steuerstraftat oder einer Steuerordnungswidrigkeit eingeleitet, soll auch im Verfahren nach § 208 Abs. 1 Satz 1 ein Kreditinstitut erst um Auskunft und Vorlage von Urkunden gebeten werden, wenn ein Auskunftsersuchen an den Steuerpflichtigen nicht zum Ziele führt oder keinen Erfolg verspricht.

Achter Teil. Straf- und Bußgeldvorschriften Straf- und Bußgeldverfahren

Erster Abschnitt. Strafvorschriften

§ 369 Steuerstraftaten

I Steuerstraftaten (Zollstraftaten) sind:
1. Taten, die nach den Steuergesetzen strafbar sind,
2. der Bannbruch,
3. die Wertzeichenfälschung und deren Vorbereitung, soweit die Tat Steuerzeichen betrifft,
4. die Begünstigung einer Person, die eine Tat nach den Nummern 1 bis 3 begangen hat.

II *(nicht abgedruckt)*

§§ 370–376 *(nicht abgedruckt)*

Zweiter Abschnitt. Bußgeldvorschriften

§§ 377–384 *(nicht abgedruckt)*

Dritter Abschnitt. Strafverfahren

1. Unterabschnitt. Allgemeine Vorschriften

§ 385 Geltung von Verfahrensvorschriften

I Für das Strafverfahren wegen Steuerstraftaten gelten, soweit die folgenden Vorschriften nichts anderes bestimmen, die allgemeinen Gesetze über das Strafverfahren, namentlich die Strafprozeßordnung, das Gerichtsverfassungsgesetz und das Jugendgerichtsgesetz.

II Die für Steuerstraftaten geltenden Vorschriften dieses Abschnitts, mit Ausnahme des § 386 Abs. 2 sowie der §§ 399 bis 401, sind bei dem Verdacht einer Straftat, die unter Vorspiegelung eines steuerlich erheblichen Sachverhaltes gegenüber der Finanzbehörde oder einer anderen Behörde auf die Erlangung von Vermögensvorteilen gerichtet ist und kein Steuerstrafgesetz verletzt, entsprechend anzuwenden.

§ 386 Zuständigkeit der Finanzbehörde bei Steuerstraftaten

I Bei dem Verdacht einer Steuerstraftat ermittelt die Finanzbehörde den Sachverhalt. Finanzbehörde im Sinne dieses Abschnitts sind das Hauptzollamt, das Finanzamt, das Bundesamt für Finanzen und die Familienkasse.

II Die Finanzbehörde führt das Ermittlungsverfahren in den Grenzen des § 399 Abs. 1 und der §§ 400, 401 selbständig durch, wenn die Tat
1. ausschließlich eine Steuerstraftat darstellt oder
2. zugleich andere Strafgesetze verletzt und deren Verletzung Kirchensteuern oder andere öffentlich-rechtliche Abgaben betrifft, die an Besteuerungsgrundlagen, Steuermeßbeträge oder Steuerbeträge anknüpfen.

III Absatz 2 gilt nicht, sobald gegen einen Beschuldigten wegen der Tat ein Haftbefehl oder ein Unterbringungsbefehl erlassen ist.

IV Die Finanzbehörde kann die Strafsache jederzeit an die Staatsanwaltschaft abgeben. Die Staatsanwaltschaft kann die Strafsache jederzeit an sich ziehen. In beiden Fällen kann die Staatsanwaltschaft im Einvernehmen mit der Finanzbehörde die Strafsache wieder an die Finanzbehörde abgeben.

§ 387 Sachlich zuständige Finanzbehörde

I Sachlich zuständig ist die Finanzbehörde, welche die betroffene Steuer verwaltet.

II Die Zuständigkeit nach Absatz 1 kann durch Rechtsverordnung einer Finanzbehörde für den Bereich mehrerer Finanzbehörden übertragen werden, soweit dies mit Rücksicht auf die Wirtschafts- oder Verkehrsverhältnisse, den Aufbau der Verwaltungsbehörden oder andere örtliche Bedürfnisse zweckmäßig erscheint. Die Rechtsverordnung erläßt, soweit die Finanzbehörde eine Landesbehörde ist, die Landesregierung, im übrigen der Bundesminister der Finanzen. Die Rechtsverordnung des Bundesministers der Finanzen bedarf nicht der Zustimmung des Bundesrates. Die Landesregierung kann die Ermächtigung auf die für die Finanzverwaltung zuständige oberste Landesbehörde übertragen.

§ 388 Örtlich zuständige Finanzbehörde

I Örtlich zuständig ist die Finanzbehörde,
1. in deren Bezirk die Steuerstraftat begangen oder entdeckt worden ist,
2. die zur Zeit der Einleitung des Strafverfahrens für die Abgabenangelegenheiten zuständig ist oder

3. in deren Bezirk der Beschuldigte zur Zeit der Einleitung des Strafverfahrens seinen Wohnsitz hat.

II Ändert sich der Wohnsitz des Beschuldigten nach Einleitung des Strafverfahrens, so ist auch die Finanzbehörde örtlich zuständig, in deren Bezirk der neue Wohnsitz liegt. Entsprechendes gilt, wenn sich die Zuständigkeit der Finanzbehörde für die Abgabenangelegenheit ändert.

III Hat der Beschuldigte im räumlichen Geltungsbereich dieses Gesetzes keinen Wohnsitz, so wird die Zuständigkeit auch durch den gewöhnlichen Aufenthaltsort bestimmt.

§ 389 Zusammenhängende Strafsachen

Für zusammenhängende Strafsachen, die einzeln nach § 388 zur Zuständigkeit verschiedener Finanzbehörden gehören würden, ist jede dieser Finanzbehörden zuständig. § 3 der Strafprozeßordnung gilt entsprechend.

§ 390 Mehrfache Zuständigkeit

I Sind nach den §§ 387 bis 389 mehrere Finanzbehörden zuständig, so gebührt der Vorzug der Finanzbehörde, die wegen der Tat zuerst ein Strafverfahren eingeleitet hat.

II Auf Ersuchen dieser Finanzbehörde hat eine andere zuständige Finanzbehörde die Strafsache zu übernehmen, wenn dies für die Ermittlungen sachdienlich erscheint. In Zweifelsfällen entscheidet die Behörde, der die ersuchte Finanzbehörde untersteht.

§ 391 Zuständiges Gericht

I Ist das Amtsgericht sachlich zuständig, so ist örtlich zuständig das Amtsgericht, in dessen Bezirk das Landgericht seinen Sitz hat. Im vorbereitenden Verfahren gilt dies, unbeschadet einer weitergehenden Regelung nach § 58 Abs. 1 des Gerichtsverfassungsgesetzes, nur für die Zustimmung des Gerichts nach § 153 Abs. 1 und § 153 a Abs. 1 der Strafprozeßordnung.

II Die Landesregierung kann durch Rechtsverordnung die Zuständigkeit abweichend von Absatz 1 Satz 1 regeln, soweit dies mit Rücksicht auf die Wirtschafts- oder Verkehrsverhältnisse, den Aufbau der Verwaltungsbehörden oder andere örtliche Bedürfnisse zweckmäßig erscheint. Die Landesregierung kann diese Ermächtigung auf die Landesjustizverwaltung übertragen.

III Strafsachen wegen Steuerstraftaten sollen beim Amtsgericht einer bestimmten Abteilung zugewiesen werden.

IV Die Absätze 1 bis 3 gelten auch, wenn das Verfahren nicht nur Steuerstraftaten zum Gegenstand hat; sie gelten jedoch nicht, wenn dieselbe Handlung eine Straftat nach dem Betäubungsmittelgesetz darstellt, und nicht für Steuerstraftaten, welche die Kraftfahrzeugsteuer betreffen.

§ 392 Verteidigung

I Abweichend von § 138 Abs. 1 der Strafprozeßordnung können auch Steuerberater, Steuerbevollmächtigte, Wirtschaftsprüfer und vereidigte Buchprüfer zu Verteidigern gewählt werden, soweit die Finanzbehörde das Strafverfahren selbständig durchführt; im übrigen können sie die Verteidigung nur in Gemeinschaft mit einem Rechtsanwalt oder einem Rechtslehrer an einer deutschen Hochschule führen.

II § 138 Abs. 2 der Strafprozeßordnung bleibt unberührt.

§ 393 Verhältnis des Strafverfahrens zum Besteuerungsverfahren

I Die Rechte und Pflichten der Steuerpflichtigen und der Finanzbehörde im Besteuerungsverfahren und im Strafverfahren richten sich nach den für das jeweilige Verfahren geltenden Vorschriften. Im Besteuerungsverfahren sind jedoch Zwangsmittel (§ 328) gegen den Steuerpflichtigen unzulässig, wenn er dadurch gezwungen würde, sich selbst wegen einer von ihm begangenen Steuerstraftat oder Steuerordnungswidrigkeit zu belasten. Dies gilt stets, soweit gegen ihn wegen einer solchen Tat das Strafverfahren eingeleitet worden ist. Der Steuerpflichtige ist hierüber zu belehren, soweit dazu Anlaß besteht.

II Soweit der Staatsanwaltschaft oder dem Gericht in einem Strafverfahren aus den Steuerakten Tatsachen oder Beweismittel bekannt werden, die der Steuerpflichtige der Finanzbehörde vor Einleitung des Strafverfahrens oder in Unkenntnis der Einleitung des Strafverfahrens in Erfüllung steuerrechtlicher Pflichten offenbart hat, dürfen diese Kenntnisse gegen ihn nicht für die Verfolgung einer Tat verwendet werden, die keine Steuerstraftat ist. Dies gilt nicht für Straftaten, an deren Verfolgung ein zwingendes öffentliches Interesse (§ 30 Abs. 4 Nr. 5) besteht.

§ 394 Übergang des Eigentums

Hat ein Unbekannter, der bei einer Steuerstraftat auf frischer Tat betroffen wurde, aber entkommen ist, Sachen zurückgelassen und sind diese Sachen beschlagnahmt oder sonst sichergestellt worden, weil sie eingezogen werden können, so gehen sie nach Ablauf eines Jahres in das Eigentum des Staates über, wenn der Eigentümer der Sachen unbekannt ist und die Finanzbehörde durch eine öffentliche Bekanntmachung auf den drohenden Verlust des Eigentums hingewiesen hat. § 15 Abs. 2 Satz 1 des Verwaltungszustellungsgesetzes gilt entsprechend. Die Frist beginnt mit dem Aushang der Bekanntmachung.

§ 395 Akteneinsicht der Finanzbehörde

Die Finanzbehörde ist befugt, die Akten, die dem Gericht vorliegen oder im Falle der Erhebung der Anklage vorzulegen wären, einzusehen sowie beschlagnahmte oder sonst sichergestellte Gegenstände zu besichtigen. Die Akten werden der Finanzbehörde auf Antrag zur Einsichtnahme übersandt.

§ 396 Aussetzung des Verfahrens

I Hängt die Beurteilung der Tat als Steuerhinterziehung davon ab, ob ein Steueranspruch besteht, ob Steuern verkürzt oder ob nicht gerechtfertigte Steuervorteile erlangt sind, so kann das Strafverfahren ausgesetzt werden, bis das Besteuerungsverfahren rechtskräftig abgeschlossen ist.

II Über die Aussetzung entscheidet im Ermittlungsverfahren die Staatsanwaltschaft, im Verfahren nach Erhebung der öffentlichen Klage das Gericht, das mit der Sache befaßt ist.

III Während der Aussetzung des Verfahrens ruht die Verjährung.

2. Unterabschnitt. Ermittlungsverfahren

I. Allgemeines

§ 397 Einleitung des Strafverfahrens

I Das Strafverfahren ist eingeleitet, sobald die Finanzbehörde, die Polizei, die Staatsanwaltschaft, einer ihrer Hilfsbeamten oder der Strafrichter eine Maßnahme trifft, die erkennbar darauf abzielt, gegen jemanden wegen einer Steuerstraftat strafrechtlich vorzugehen.

II Die Maßnahme ist unter Angabe des Zeitpunktes unverzüglich in den Akten zu vermerken.

III Die Einleitung des Strafverfahrens ist dem Beschuldigten spätestens mitzuteilen, wenn er dazu aufgefordert wird, Tatsachen darzulegen oder Unterlagen vorzulegen, die im Zusammenhang mit der Straftat stehen, derer er verdächtig ist.

§ 398 Einstellung wegen Geringfügigkeit

Die Staatsanwaltschaft kann von der Verfolgung einer Steuerhinterziehung, bei der nur eine geringwertige Steuerverkürzung eingetreten ist oder nur geringwertige Steuervorteile erlangt sind, auch ohne Zustimmung des für die Eröffnung des Hauptverfahrens zuständigen Gerichts absehen, wenn die Schuld des Täters als gering anzusehen wäre und kein öffentliches Interesse an der Verfolgung besteht. Dies gilt für das Verfahren wegen einer Steuerhehlerei nach § 374 und einer Begünstigung einer Person, die eine der in § 375 Abs. 1 Nr. 1 bis 3 genannten Taten begangen hat, entsprechend.

II. Verfahren der Finanzbehörde bei Steuerstraftaten

§ 399 Rechte und Pflichten der Finanzbehörde

I Führt die Finanzbehörde das Ermittlungsverfahren auf Grund des § 386 Abs. 2 selbständig durch, so nimmt sie die Rechte und Pflichten wahr, die der Staatsanwaltschaft im Ermittlungsverfahren zustehen.

II Ist einer Finanzbehörde nach § 387 Abs. 2 die Zuständigkeit für den Bereich mehrerer Finanzbehörden übertragen, so bleiben das Recht und die Pflicht dieser Finanzbehörden unberührt, bei dem Verdacht einer Steuerstraftat den Sachverhalt zu erforschen und alle unaufschiebbaren Anordnungen zu treffen, um die Verdunkelung der Sache zu verhüten. Sie können Beschlagnahmen, Notveräußerungen, Durchsuchungen, Untersuchungen und sonstige Maßnahmen nach den für Hilfsbeamte der Staatsanwaltschaft geltenden Vorschriften der Strafprozeßordnung anordnen.

§ 400 Antrag auf Erlaß eines Strafbefehls

Bieten die Ermittlungen genügenden Anlaß zur Erhebung der öffentlichen Klage, so beantragt die Finanzbehörde beim Richter den Erlaß eines Strafbefehls, wenn die Strafsache zur Behandlung im Strafbefehlsverfahren geeignet erscheint; ist dies nicht der Fall, so legt die Finanzbehörde die Akten der Staatsanwaltschaft vor.

§ 401 Antrag auf Anordnung von Nebenfolgen im selbständigen Verfahren

Die Finanzbehörde kann den Antrag stellen, die Einziehung oder den Verfall selbständig anzuordnen oder eine Geldbuße gegen eine juristische Person oder eine Personenvereinigung selbständig festzusetzen (§§ 440, 442 Abs. 1, § 444 Abs. 3 der Strafprozeßordnung).

III. Stellung der Finanzbehörde im Verfahren der Staatsanwaltschaft

§ 402 Allgemeine Rechte und Pflichten der Finanzbehörde

I Führt die Staatsanwaltschaft das Ermittlungsverfahren durch, so hat die sonst zuständige Finanzbehörde dieselben Rechte und Pflichten wie die Behörden des Polizeidienstes nach der Strafprozeßordnung sowie die Befugnisse nach § 399 Abs. 2 Satz 2.

II Ist einer Finanzbehörde nach § 387 Abs. 2 die Zuständigkeit für den Bereich mehrerer Finanzbehörden übertragen, so gilt Absatz 1 für jede dieser Finanzbehörden.

§ 403 Beteiligung der Finanzbehörde

I Führt die Staatsanwaltschaft oder die Polizei Ermittlungen durch, die Steuerstraftaten betreffen, so ist die sonst zuständige Finanzbehörde befugt, daran teilzunehmen. Ort und Zeit der Ermittlungshandlungen sollen ihr rechtzeitig mitgeteilt werden. Dem Vertreter der Finanzbehörde ist zu gestatten, Fragen an Beschuldigte, Zeugen und Sachverständige zu stellen.

II Absatz 1 gilt sinngemäß für solche richterlichen Verhandlungen, bei denen auch der Staatsanwaltschaft die Anwesenheit gestattet ist.

III Der sonst zuständigen Finanzbehörde sind die Anklageschrift und der Antrag auf Erlaß eines Strafbefehls mitzuteilen.

IV Erwägt die Staatsanwaltschaft, das Verfahren einzustellen, so hat sie die sonst zuständige Finanzbehörde zu hören.

IV. Steuer- und Zollfahndung

§ 404 Steuer- und Zollfahndung

Die Zollfahndungsämter und die mit der Steuerfahndung betrauten Dienststellen der Landesfinanzbehörden sowie ihre Beamten haben im Strafverfahren wegen Steuerstraftaten dieselben Rechte und Pflichten wie die Behörden und Beamten des Polizeidienstes nach den Vorschriften der Strafprozeßordnung. Die in Satz 1 bezeichneten Stellen haben die Befugnisse nach § 399 Abs. 2 Satz 2 sowie die Befugnis zur Durchsicht der Papiere des von der Durchsuchung Betroffenen (§ 110 Abs. 1 der Strafprozeßordnung); ihre Beamten sind Hilfsbeamte der Staatsanwaltschaft.

V. Entschädigung der Zeugen und der Sachverständigen

§ 405 Entschädigung der Zeugen und der Sachverständigen

Werden Zeugen und Sachverständige von der Finanzbehörde zu Beweiszwecken herangezogen, so werden sie nach dem Gesetz über die Entschädigung von Zeugen und Sachverständigen entschädigt. Dies gilt auch in den Fällen des § 404.

3. Unterabschnitt. Gerichtliches Verfahren

§ 406 Mitwirkung der Finanzbehörde im Strafbefehlsverfahren und im selbständigen Verfahren

I Hat die Finanzbehörde den Erlaß eines Strafbefehls beantragt, so nimmt sie die Rechte und Pflichten der Staatsanwaltschaft wahr, solange nicht nach § 408 Abs. 3 Satz 2 der Strafprozeßordnung Hauptverhandlung anberaumt oder Einspruch gegen den Strafbefehl erhoben wird.

II Hat die Finanzbehörde den Antrag gestellt, die Einziehung oder den Verfall selbständig anzuordnen oder eine Geldbuße gegen eine juristische Person oder eine Personenvereinigung selbständig festzusetzen (§ 401), so nimmt sie die Rechte und Pflichten der Staatsanwaltschaft wahr, solange nicht mündliche Verhandlung beantragt oder vom Gericht angeordnet wird.

§ 407 Beteiligung der Finanzbehörde in sonstigen Fällen

I Das Gericht gibt der Finanzbehörde Gelegenheit, die Gesichtspunkte vorzubringen, die von ihrem Standpunkt für die Entscheidung von Bedeutung sind. Dies gilt auch, wenn das Gericht erwägt, das Verfahren einzustellen. Der Termin zur Hauptverhandlung und der Termin zur Vernehmung durch einen beauftragten oder ersuchten Richter (§§ 223, 233 der Strafprozeßordnung) werden der Finanzbehörde mitgeteilt. Ihr Vertreter erhält in der Hauptverhandlung auf Verlangen das Wort. Ihm ist zu gestatten, Fragen an Angeklagte, Zeugen und Sachverständige zu richten.

II Das Urteil und andere das Verfahren abschließende Entscheidungen sind der Finanzbehörde mitzuteilen.

4. Unterabschnitt. Kosten des Verfahrens

§ 408 Kosten des Verfahrens

Notwendige Auslagen eines Beteiligten im Sinne des § 464 a Abs. 2 Nr. 2 der Strafprozeßordnung sind im Strafverfahren wegen einer Steuerstraftat auch die gesetzlichen Gebühren und Auslagen eines Steuerberaters, Steuerbevollmächtigten, Wirtschaftsprüfers oder vereidigten Buchprüfers. Sind Gebühren und Auslagen gesetzlich nicht geregelt, so können sie bis zur Höhe der gesetzlichen Gebühren und Auslagen eines Rechtsanwalts erstattet werden.

Vierter Abschnitt. Bußgeldverfahren

§ 409 Zuständige Verwaltungsbehörde

Bei Steuerordnungswidrigkeiten ist zuständige Verwaltungsbehörde im Sinne des § 36 Abs. 1 Nr. 1 des Gesetzes über Ordnungswidrigkeiten die nach § 387 Abs. 1 sachlich zuständige Finanzbehörde. § 387 Abs. 2 gilt entsprechend.

§ 410 Ergänzende Vorschriften für das Bußgeldverfahren

I Für das Bußgeldverfahren gelten außer den verfahrensrechtlichen Vorschriften des Gesetzes über Ordnungswidrigkeiten entsprechend:

1. die §§ 388 bis 390 über die Zuständigkeit der Finanzbehörde,
2. § 391 über die Zuständigkeit des Gerichts,
3. § 392 über die Verteidigung,
4. § 393 über das Verhältnis des Strafverfahrens zum Besteuerungsverfahren,
5. § 396 über die Aussetzung des Verfahrens,
6. § 397 über die Einleitung des Strafverfahrens,
7. § 399 Abs. 2 über die Rechte und Pflichten der Finanzbehörde,
8. die §§ 402, 403 Abs. 1, 3 und 4 über die Stellung der Finanzbehörde im Verfahren der Staatsanwaltschaft,
9. § 404 Satz 1 und Satz 2 erster Halbsatz über die Steuer- und Zollfahndung,
10. § 405 über die Entschädigung der Zeugen und der Sachverständigen,
11. § 407 über die Beteiligung der Finanzbehörde und
12. § 408 über die Kosten des Verfahrens.

II Verfolgt die Finanzbehörde eine Steuerstraftat, die mit einer Steuerordnungswidrigkeit zusammenhängt (§ 42 Abs. 1 Satz 2 des Gesetzes über Ordnungswidrigkeiten), so kann sie in den Fällen des § 400 beantragen, den Strafbefehl auf die Steuerordnungswidrigkeit zu erstrecken.

§ 411 Bußgeldverfahren gegen Rechtsanwälte, Steuerberater, Steuerbevollmächtigte, Wirtschaftsprüfer oder vereidigte Buchprüfer

Bevor gegen einen Rechtsanwalt, Steuerberater, Steuerbevollmächtigten, Wirtschaftsprüfer oder vereidigten Buchprüfer wegen einer Steuerordnungswidrigkeit, die er in Ausübung seines Berufs bei der Beratung in Steuersachen begangen hat, ein Bußgeldbescheid erlassen wird, gibt die Finanzbehörde der zuständigen Berufskammer Gelegenheit, die Gesichtspunkte vorzubringen, die von ihrem Standpunkt für die Entscheidung von Bedeutung sind.

§ 412 Zustellung, Vollstreckung, Kosten

I Für das Zustellungsverfahren gelten abweichend von § 51 Abs. 1 Satz 1 des Gesetzes über Ordnungswidrigkeiten die Vorschriften des Verwaltungszustellungsgesetzes auch dann, wenn eine Landesfinanzbehörde den Bescheid erlassen hat. § 51 Abs. 1 Satz 2 und Absatz 2 bis 5 des Gesetzes über Ordnungswidrigkeiten bleibt unberührt.

II Für die Vollstreckung von Bescheiden der Finanzbehörden in Bußgeldverfahren gelten abweichend von § 90 Abs. 1 und 4, § 108 Abs. 2 des Gesetzes über Ordnungswidrigkeiten die Vorschriften des Sechsten Teils dieses Gesetzes. Die übrigen Vorschriften des Neunten Abschnitts des Zweiten Teils des Gesetzes über Ordnungswidrigkeiten bleiben unberührt.

III Für die Kosten des Bußgeldverfahrens gilt § 107 Abs. 4 des Gesetzes über Ordnungswidrigkeiten auch dann, wenn eine Landesfinanzbehörde den Bußgeldbescheid erlassen hat; an Stelle des § 19 des Verwaltungskostengesetzes gelten § 227 Abs. 1 und § 261 dieses Gesetzes.

7. Gesetz über das Zentralregister und das Erziehungsregister (Bundeszentralregistergesetz – BZRG)

Vom 18. März 1971 (BGBl I 243; III 312-7) idF vom 21. September 1984 (BGBl I 1229; 1985 I 195), letztes ÄndG vom 31. August 1998 (BGBl I 2600, 2607)

Erster Teil. Registerbehörde

§ 1 Bundeszentralregister

Für den Geltungsbereich dieses Gesetzes führt der Generalbundesanwalt bei dem Bundesgerichtshof ein zentrales Register (Bundeszentralregister).

§ 2 Sitz und Aufbau

I Das Bundeszentralregister wird in Bonn geführt.

II Die Sitzentscheidung nach Absatz 1 wird mit dem Vollzug der Entscheidung über den Sitz der Bundesregierung gemäß § 3 Abs. 2 in Verbindung mit § 9 Nr. 2 des Berlin/Bonn-Gesetzes vom 26. April 1994 (BGBl. I S. 918) vollzogen. Bis dahin hat das Bundeszentralregister seinen Sitz in Berlin.

III Die näheren Bestimmungen über den Aufbau der Registerbehörde trifft der Bundesminister der Justiz. Soweit die Bestimmungen die Erfassung und Aufbereitung der Daten sowie die Auskunfterteilung betreffen, ist die Zustimmung des Bundesrates erforderlich.

Zweiter Teil. Das Zentralregister

Erster Abschnitt. Inhalt und Führung des Registers

§ 3 Inhalt des Registers

In das Register werden eingetragen
1. strafgerichtliche Verurteilungen (§§ 4 bis 8),
2. *(aufgehoben)*
3. Entscheidungen von Verwaltungsbehörden und Gerichten (§ 10),
4. Vermerke über Schuldunfähigkeit (§ 11),
5. gerichtliche Feststellungen nach § 17 Abs. 2, § 18,
6. nachträgliche Entscheidungen und Tatsachen, die sich auf eine der in den Nummern 1 bis 4 genannten Eintragungen beziehen (§§ 12 bis 16, § 17 Abs. 1).

§ 4 Verurteilungen

In das Register sind die rechtskräftigen Entscheidungen einzutragen, durch die ein deutsches Gericht im Geltungsbereich dieses Gesetzes wegen einer rechtswidrigen Tat
1. auf Strafe erkannt,
2. eine Maßregel der Besserung und Sicherung angeordnet,
3. jemanden nach § 59 des Strafgesetzbuchs mit Strafvorbehalt verwarnt oder
4. nach § 27 des Jugendgerichtsgesetzes die Schuld eines Jugendlichen oder Heranwachsenden festgestellt

hat.

§ 5 Inhalt der Eintragung

I Einzutragen sind
1. die Personendaten des Verurteilten,
2. die entscheidende Stelle samt Geschäftsnummer,

3. der Tag der (letzten) Tat,
4. der Tag des ersten Urteils; bei Strafbefehlen gilt als Tag des ersten Urteils der Tag der Unterzeichnung durch den Richter; ist gegen den Strafbefehl Einspruch eingelegt worden, so ist der Tag der auf den Einspruch ergehenden Entscheidung Tag des ersten Urteils, außer wenn der Einspruch verworfen wurde,
5. der Tag der Rechtskraft,
6. die rechtliche Bezeichnung der Tat, deren der Verurteilte schuldig gesprochen worden ist, unter Angabe der angewendeten Strafvorschriften,
7. die verhängten Strafen, die nach § 59 des Strafgesetzbuchs vorbehaltene Strafe sowie alle kraft Gesetzes eintretenden oder in der Entscheidung neben einer Strafe oder neben Freisprechung oder selbständig angeordneten Maßnahmen (§ 11 Abs. 1 Nr. 8 des Strafgesetzbuchs) und Nebenfolgen.

II Die Anordnung von Erziehungsmaßregeln und Zuchtmitteln sowie von Nebenstrafen und Nebenfolgen, auf die bei Anwendung von Jugendstrafrecht erkannt worden ist, wird in das Register eingetragen, wenn sie mit einem Schuldspruch nach § 27 des Jugendgerichtsgesetzes, einer Verurteilung zu Jugendstrafe oder der Anordnung einer Maßregel der Besserung und Sicherung verbunden ist.

III Ist auf Geldstrafe erkannt, so sind die Zahl der Tagessätze und die Höhe eines Tagessatzes einzutragen. Ist auf Vermögensstrafe erkannt, so sind deren Höhe und die Dauer der Ersatzfreiheitsstrafe einzutragen.

§ 6 Gesamtstrafe und Einheitsstrafe

Wird aus mehreren Einzelstrafen nachträglich eine Gesamtstrafe gebildet oder eine einheitliche Jugendstrafe festgesetzt, so ist auch diese in das Register einzutragen.

§ 7 Aussetzung zur Bewährung

I Wird die Vollstreckung einer Strafe oder eine Maßregel der Besserung und Sicherung zur Bewährung ausgesetzt, so ist dies in das Register einzutragen. Dabei ist das Ende der Bewährungszeit oder der Führungsaufsicht zu vermerken.

II Hat das Gericht den Verurteilten nach § 56 d des Strafgesetzbuchs der Aufsicht und Leitung eines Bewährungshelfers unterstellt, so ist auch diese Entscheidung einzutragen.

III Wird jemand mit Strafvorbehalt verwarnt (§ 59 des Strafgesetzbuchs) oder wird die Entscheidung über die Verhängung einer Jugendstrafe zur Bewährung ausgesetzt (§ 27 des Jugendgerichtsgesetzes), so ist das Ende der Bewährungszeit einzutragen.

§ 8 Sperre für Fahrerlaubnis

Hat das Gericht eine Sperre (§ 69 a des Strafgesetzbuchs) angeordnet, so ist der Tag ihres Ablaufs in das Register einzutragen.

§ 9 *(weggefallen)*

§ 10 Entscheidungen von Verwaltungsbehörden und Gerichten

I In das Register sind die vollziehbaren und die nicht mehr anfechtbaren Entscheidungen einer Verwaltungsbehörde einzutragen, durch die
1. ein Ausländer aus dem Geltungsbereich dieses Gesetzes ausgewiesen oder durch die ihm die Ausreise untersagt wird,
2. ein Ausländer abgeschoben oder das Vorliegen der Voraussetzungen für die Abschiebung festgestellt wird,
3. von einer deutschen Behörde die Entfernung eines Mitgliedes einer Truppe oder eines zivilen Gefolges der Stationierungsstreitkräfte nach Artikel III Abs. 5 des NATO-Truppenstatuts verlangt wird,
4. ein Paß versagt, entzogen oder in seinem Geltungsbereich beschränkt oder angeordnet wird, daß ein Personalausweis nicht zum Verlassen des Gebiets des Geltungsbereichs des Grundgesetzes über eine Auslandsgrenze berechtigt,

5. a) wegen Gefahr der mißbräuchlichen Verwendung die Ausübung der tatsächlichen Gewalt über Schußwaffen, Munition und Geschosse mit pyrotechnischer Wirkung untersagt wird,
   b) die Erteilung einer Waffenbesitzkarte, eines Munitionserwerbsscheins, eines Waffenscheins, eines Jagdscheins oder einer Erlaubnis nach § 27 des Sprengstoffgesetzes wegen Unzuverlässigkeit oder fehlender körperlicher Eignung abgelehnt, zurückgenommen oder widerrufen wird.

II In das Register sind auch die vollziehbaren und die nicht mehr anfechtbaren Entscheidungen einer Verwaltungsbehörde sowie rechtskräftige gerichtliche Entscheidungen einzutragen, durch die wegen Unzuverlässigkeit, Ungeeignetheit oder Unwürdigkeit

1. ein Antrag auf Zulassung zu einem Beruf oder Gewerbe abgelehnt oder eine erteilte Erlaubnis zurückgenommen oder widerrufen,
2. die Ausübung eines Berufes oder Gewerbes untersagt,
3. die Befugnis zur Einstellung oder Ausbildung von Auszubildenden entzogen oder
4. die Beschäftigung, Beaufsichtigung, Anweisung oder Ausbildung von Kindern und Jugendlichen verboten

wird, falls die Entscheidung nicht nach § 149 Abs. 2 Nr. 1 der Gewerbeordnung in das Gewerbezentralregister einzutragen ist; richtet sich die Entscheidung nicht gegen eine natürliche Person, so ist die Eintragung bei der vertretungsberechtigten natürlichen Person vorzunehmen, die unzuverlässig, ungeeignet oder unwürdig ist.

III Wird eine nach Absatz 1 oder 2 eingetragene vollziehbare Entscheidung unanfechtbar, so ist dies in das Register einzutragen.

§ 11 Schuldunfähigkeit

I In das Register sind einzutragen

1. gerichtliche Entscheidungen und Verfügungen einer Strafverfolgungsbehörde, durch die ein Strafverfahren wegen erwiesener oder nicht auszuschließender Schuldunfähigkeit oder auf Geisteskrankheit beruhender Verhandlungsunfähigkeit ohne Verurteilung abgeschlossen wird,
2. gerichtliche Entscheidungen, durch die der Antrag der Staatsanwaltschaft, eine Maßregel der Besserung und Sicherung selbständig anzuordnen (§ 413 der Strafprozeßordnung), mit der Begründung abgelehnt wird, daß von dem Beschuldigten erhebliche rechtswidrige Taten nicht zu erwarten seien oder daß er für die Allgemeinheit trotzdem nicht gefährlich sei.

II Absatz 1 gilt nicht, wenn lediglich die fehlende Verantwortlichkeit eines Jugendlichen (§ 3 des Jugendgerichtsgesetzes) festgestellt wird oder nicht ausgeschlossen werden kann.

§ 12 Nachträgliche Entscheidungen nach allgemeinem Strafrecht

I In das Register sind einzutragen

1. die nachträgliche Aussetzung der Strafe, eines Strafrestes oder einer Maßregel der Besserung und Sicherung; dabei ist das Ende der Bewährungszeit oder der Führungsaufsicht zu vermerken,
2. die nachträgliche Unterstellung des Verurteilten unter die Aufsicht und Leitung eines Bewährungshelfers sowie die Abkürzung oder Verlängerung der Bewährungszeit oder der Führungsaufsicht,
3. der Erlaß oder Teilerlaß der Strafe,
4. die Überweisung des Täters in den Vollzug einer anderen Maßregel der Besserung und Sicherung,
5. der Widerruf der Aussetzung einer Strafe, eines Strafrestes oder einer Maßregel der Besserung und Sicherung zur Bewährung und der Widerruf des Straferlasses,
6. die Aufhebung der Unterstellung unter die Aufsicht und Leitung eines Bewährungshelfers,

7. der Tag des Ablaufs des Verlustes der Amtsfähigkeit, der Wählbarkeit und des Wahl- und Stimmrechts,
8. die vorzeitige Aufhebung der Sperre für die Erteilung der Fahrerlaubnis.

II Wird nach einer Verwarnung mit Strafvorbehalt auf die vorbehaltene Strafe erkannt, so ist diese Entscheidung in das Register einzutragen. Stellt das Gericht nach Ablauf der Bewährungszeit fest, daß es bei der Verwarnung sein Bewenden hat (§ 59 b Abs. 2 des Strafgesetzbuchs), so wird die Eintragung über die Verwarnung mit Strafvorbehalt aus dem Register entfernt.

§ 13 Nachträgliche Entscheidungen nach Jugendstrafrecht

I In das Register sind einzutragen
1. die Aussetzung der Jugendstrafe zur Bewährung durch Beschluß; dabei ist das Ende der Bewährungszeit zu vermerken,
2. die Aussetzung des Strafrestes, die Umwandlung der Jugendstrafe von unbestimmter Dauer in eine bestimmte und die endgültige Entlassung des Verurteilten durch den Vollstreckungsleiter; dabei ist das Ende der Bewährungszeit und bei Umwandlung einer Jugendstrafe von unbestimmter Dauer auch die Dauer der festgesetzten bestimmten Jugendstrafe zu vermerken,
3. die Abkürzung oder Verlängerung der Bewährungszeit,
4. der Erlaß oder Teilerlaß der Jugendstrafe,
5. die Beseitigung des Strafmakels,
6. der Widerruf der Aussetzung einer Jugendstrafe oder eines Strafrestes und der Beseitigung des Strafmakels.

II Wird nach § 30 Abs. 1 des Jugendgerichtsgesetzes auf Jugendstrafe erkannt, so ist auch diese in das Register einzutragen; § 7 Abs. 1 gilt entsprechend. Die Eintragung über einen Schuldspruch wird aus dem Register entfernt, wenn der Schuldspruch
1. nach § 30 Abs. 2 des Jugendgerichtsgesetzes getilgt wird oder
2. nach § 31 Abs. 2, § 66 des Jugendgerichtsgesetzes in eine Entscheidung einbezogen wird, die in das Erziehungsregister einzutragen ist.

§ 14 Gnadenerweise und Amnestien

In das Register sind einzutragen
1. die Aussetzung einer im Register eingetragenen Strafe oder einer Maßregel der Besserung und Sicherung sowie deren Widerruf; wird eine Bewährungszeit festgesetzt, so ist auch deren Ende zu vermerken,
2. die Unterstellung des Verurteilten unter die Aufsicht und Leitung eines Bewährungshelfers sowie die Abkürzung oder Verlängerung der Bewährungszeit,
3. der Erlaß, der Teilerlaß, die Ermäßigung oder die Umwandlung einer im Register eingetragenen Strafe oder einer Maßregel der Besserung und Sicherung sowie die Wiederverleihung von Fähigkeiten und Rechten, die der Verurteilte nach dem Strafgesetz infolge der Verurteilung verloren hatte,
4. die Aufhebung der Unterstellung unter die Aufsicht und Leitung eines Bewährungshelfers.

§ 15 Eintragung der Vollstreckung

In das Register ist der Tag einzutragen, an dem die Vollstreckung einer Freiheitsstrafe, eines Strafarrestes, einer Jugendstrafe oder einer Vermögensstrafe oder eine Maßregel der Besserung und Sicherung mit Ausnahme der Sperre für die Erteilung einer Fahrerlaubnis beendet oder auf andere Weise erledigt ist.

§ 16 Wiederaufnahme des Verfahrens

I In das Register ist der rechtskräftige Beschluß einzutragen, durch den das Gericht wegen einer registerpflichtigen Verurteilung die Wiederaufnahme des Verfahrens anordnet (§ 370 Abs. 2 der Strafprozeßordnung).

II Ist die endgültige Entscheidung in dem Wiederaufnahmeverfahren (§§ 371, 373 der Strafprozeßordnung) rechtskräftig geworden, so wird die Eintragung nach Absatz 1 aus dem Register entfernt. Wird durch die Entscheidung das frühere Urteil aufrechterhalten, so wird dies im Register vermerkt. Andernfalls wird die auf die erneute Hauptverhandlung ergangene Entscheidung in das Register eingetragen, wenn sie eine registerpflichtige Verurteilung enthält, die frühere Eintragung wird aus dem Register entfernt.

§ 17 Sonstige Entscheidungen und gerichtliche Feststellungen

I Wird die Vollstreckung einer Strafe, eines Strafrestes oder der Unterbringung in einer Entziehungsanstalt nach § 35 – auch in Verbindung mit § 38 – des Betäubungsmittelgesetzes zurückgestellt, so ist dies in das Register einzutragen. Dabei ist zu vermerken, bis zu welchem Tage die Vollstreckung zurückgestellt worden ist. Wird nachträglich ein anderer Tag festgesetzt oder die Zurückstellung der Vollstreckung widerrufen, so ist auch dies mitzuteilen.

II Wird auf Freiheitsstrafe von nicht mehr als zwei Jahren erkannt und hat das Gericht festgestellt, daß der Verurteilte die Tat auf Grund einer Betäubungsmittelabhängigkeit begangen hat, so ist diese Feststellung in das Register einzutragen; dies gilt auch bei einer Gesamtstrafe von nicht mehr als zwei Jahren, wenn der Verurteilte alle oder den ihrer Bedeutung nach überwiegenden Teil der abgeurteilten Straftaten auf Grund einer Betäubungsmittelabhängigkeit begangen hat.

§ 18 Straftaten im Zusammenhang mit der Ausübung eines Gewerbes

Ist eine Verurteilung im Falle des § 32 Abs. 4 in ein Führungszeugnis aufzunehmen, so ist dies in das Register einzutragen.

§ 19 Aufhebung von Entscheidungen

I Wird eine nach § 10 eingetragene Entscheidung aufgehoben oder durch eine neue Entscheidung gegenstandslos, so wird die Eintragung aus dem Register entfernt.

II Entsprechend wird verfahren, wenn

1. die Vollziehbarkeit einer nach § 10 eingetragenen Entscheidung aufgrund behördlicher oder gerichtlicher Entscheidung entfällt,
2. die Verwaltungsbehörde eine befristete Entscheidung erlassen oder in der Mitteilung an das Register bestimmt hat, daß die Entscheidung nur für eine bestimmte Frist eingetragen werden soll, und diese Frist abgelaufen ist.

§ 20 Mitteilungen zum Register

Die Gerichte und Behörden teilen der Registerbehörde die in den §§ 4 bis 19 bezeichneten Entscheidungen, Feststellungen und Tatsachen mit.

§ 20 a Namensänderung

I Die Meldebehörden haben der Registerbehörde bei Änderung des Geburtsnamens, Familiennamens oder Vornamens einer Person für die in den Absätzen 2 und 3 genannten Zwecke neben dem bisherigen Namen folgende weitere Daten zu übermitteln:

1. Geburtsname,
2. Familienname,
3. Vorname,
4. Geburtsdatum,
5. Geburtsort,
6. Anschrift,
7. Bezeichnung der Behörde, die die Namensänderung im Melderegister veranlaßt hat, sowie
8. Datum und Aktenzeichen des zugrundeliegenden Rechtsaktes.

II Enthält das Register eine Eintragung über die Person, deren Geburtsname, Familienname oder Vorname sich geändert hat, oder ist über diese Person eine Nachricht über eine Ausschreibung zur Festnahme oder Aufenthaltsermittlung oder ein Suchvermerk niedergelegt, so ist der neue Name bei der Eintragung, der Ausschreibungsnachricht oder dem Suchvermerk zu vermerken.

III Eine Mitteilung nach Absatz 1 darf nur für die in Absatz 2, § 476 Abs. 1 Satz 1 der Strafprozeßordnung oder in § 153a Abs. 2 der Gewerbeordnung genannten Zwecke verwendet werden. Liegen diese Voraussetzungen nicht vor, so ist die Mitteilung von der Registerbehörde unverzüglich zu vernichten.

§ 21 Erhebung der Strafverfolgungsstatistik

Die Registerbehörde darf die nur für die Erstellung der Strafverfolgungsstatistik bestimmten Daten entgegennehmen und vorübergehend speichern; sie darf die für die Erstellung der Strafverfolgungsstatistik benötigten Daten den zuständigen Statistischen Ämtern zuleiten.

§ 22 Hinweispflicht der Registerbehörde

I Erhält das Register eine Mitteilung über

1. eine Verwarnung mit Strafvorbehalt,
2. die Aussetzung der Verhängung einer Jugendstrafe,
3. die Zurückstellung der Vollstreckung oder die Aussetzung einer Strafe, eines Strafrestes oder einer Maßregel der Besserung und Sicherung zur Bewährung,
4. den Erlaß oder Teilerlaß der Strafe,

so wird die Behörde, welche die Mitteilung gemacht hat, von der Registerbehörde unterrichtet, wenn eine Mitteilung über eine weitere Verurteilung eingeht, bevor sich aus dem Register ergibt, daß die Entscheidung nicht mehr widerrufen werden kann. Ist eine Maßregel der Besserung und Sicherung ausgesetzt, so stehen in den Fällen der Nummer 3 Mitteilungen nach § 11 einer Mitteilung über eine Verurteilung gleich.

II Das gleiche gilt, wenn eine Mitteilung über die Bewilligung einer weiteren in Absatz 1 bezeichneten Anordnung, ein Suchvermerk oder eine Steckbriefnachricht eingeht.

III Wird eine in Absatz 1 bezeichnete Entscheidung widerrufen und ist im Register eine weitere Entscheidung nach Absatz 1 eingetragen, so hat die Registerbehörde die Behörde, welche die weitere Entscheidung mitgeteilt hat, von dem Widerruf zu benachrichtigen.

§ 23 Hinweis auf Gesamtstrafenbildung

Ist bei Eintragung einer Verurteilung in das Register ersichtlich, daß im Register eine weitere Verurteilung eingetragen ist, bei der die Bildung einer Gesamtstrafe mit der neu einzutragenden Verurteilung in Betracht kommt, so weist die Registerbehörde die Behörde, welche die letzte Mitteilung gemacht hat, auf die Möglichkeit einer Gesamtstrafenbildung hin.

§ 24 Entfernung von Eintragungen

I Eintragungen über Personen, deren Tod der Registerbehörde amtlich mitgeteilt worden ist, werden ein Jahr nach dem Eingang der Mitteilung aus dem Register entfernt. Während dieser Zeit darf über die Eintragungen keine Auskunft erteilt werden.

II Eintragungen, die eine über 90 Jahre alte Person betreffen, werden ebenfalls aus dem Register entfernt.

§ 25 Anordnung der Entfernung

I Der Generalbundesanwalt kann auf Antrag oder von Amts wegen im Benehmen mit der Stelle, welche die Entscheidung getroffen hat, insbesondere im Interesse der Rehabilitation des Betroffenen anordnen, daß Eintragungen nach den §§ 10 und 11 aus dem Register entfernt werden, soweit nicht das öffentliche Interesse einer solchen Anordnung entgegensteht. Vor seiner Entscheidung soll er in den Fällen des § 11 einen in der Psychiatrie erfahrenen medizinischen Sachverständigen hören.

II Gegen die Ablehnung eines Antrags auf Entfernung einer Eintragung steht dem Antragsteller innerhalb zwei Wochen nach der Bekanntgabe der Entscheidung die Beschwerde zu. Hilft der Generalbundesanwalt der Beschwerde nicht ab, so entscheidet der Bundesminister der Justiz.

§ 26 Zu Unrecht entfernte Eintragungen

Eine Eintragung, die zu Unrecht aus dem Register entfernt worden ist, darf nur mit Genehmigung des Generalbundesanwalts wieder in das Register aufgenommen werden. Vor der Entscheidung ist dem Betroffenen Gelegenheit zur Stellungnahme zu geben.

Zweiter Abschnitt. Steckbriefnachrichten und Suchvermerke

§ 27 Niederlegung

Behörden können Suchvermerke und, wenn sie dafür zuständig sind, auch Steckbriefnachrichten im Register niederlegen.

§ 28 Behandlung

I Enthält das Register eine Eintragung oder erhält es eine Mitteilung über den Gesuchten, so gibt die Registerbehörde der anfragenden Behörde das Datum und die Geschäftsnummer der Entscheidung sowie die mitteilende Behörde bekannt. Entsprechend ist zu verfahren, wenn ein Antrag auf Erteilung eines Führungszeugnisses oder auf Auskunft aus dem Register eingeht.

II Liegen von verschiedenen Behörden Anfragen vor, welche dieselbe Person betreffen, so ist jeder Behörde von der Anfrage der anderen Behörde Mitteilung zu machen. Entsprechendes gilt, wenn Anfragen von derselben Behörde unter verschiedenen Geschäftsnummern vorliegen.

§ 29 Erledigung

I Erledigt sich eine Anfrage vor Ablauf von drei Jahren seit der Niederlegung, so ist dies der Registerbehörde mitzuteilen.

II Die Nachricht wird entfernt, wenn ihre Erledigung mitgeteilt wird, spätestens jedoch nach Ablauf von drei Jahren seit der Niederlegung.

Dritter Abschnitt. Auskunft aus dem Zentralregister

1. Führungszeugnis

§ 30 Antrag

I Jeder Person, die das 14. Lebensjahr vollendet hat, wird auf Antrag ein Zeugnis über den sie betreffenden Inhalt des Zentralregisters erteilt (Führungszeugnis). Hat der Betroffene einen gesetzlichen Vertreter, so ist auch dieser antragsberechtigt. Ist der Betroffene geschäftsunfähig, so ist nur sein gesetzlicher Vertreter antragsberechtigt.

II Der Antrag ist bei der Meldebehörde zu stellen. Der Antragsteller hat seine Identität und, wenn er als gesetzlicher Vertreter handelt, seine Vertretungsmacht nachzuweisen. Der Betroffene und sein gesetzlicher Vertreter können sich bei der Antragstellung nicht durch einen Bevollmächtigten vertreten lassen. Die Meldebehörde nimmt die Gebühr für das Führungszeugnis entgegen, behält davon zwei Fünftel ein und führt den Restbetrag an die Bundeskasse ab.

III Wohnt der Antragsteller außerhalb des Geltungsbereichs dieses Gesetzes, so kann er den Antrag unmittelbar bei der Registerbehörde stellen. Absatz 2 Satz 2 und 3 gilt entsprechend.

IV Die Übersendung des Führungszeugnisses an eine andere Person als den Antragsteller ist nicht zulässig.

V Wird das Führungszeugnis zur Vorlage bei einer Behörde beantragt, so ist es der Behörde unmittelbar zu übersenden. Die Behörde hat dem Antragsteller auf Verlangen Einsicht in das Führungszeugnis zu gewähren. Der Antragsteller kann verlangen, daß das Führungszeugnis, wenn es Eintragungen enthält, zunächst an ein von ihm benanntes Amtsgericht zur Einsichtnahme durch ihn übersandt wird. Die Meldebehörde hat den Antragsteller in den Fällen, in denen der Antrag bei ihr gestellt wird, auf diese Möglichkeit hinzuweisen. Das Amtsgericht darf die Einsicht nur dem Antragsteller persönlich gewähren. Nach Einsichtnahme ist das Führungszeugnis an die Behörde weiterzuleiten oder, falls der Antragsteller dem widerspricht, vom Amtsgericht zu vernichten.

VI Wohnt der Antragsteller außerhalb des Geltungsbereichs dieses Gesetzes, so kann er verlangen, daß das Führungszeugnis, wenn es Eintragungen enthält, zunächst an eine von ihm benannte amtliche Vertretung der Bundesrepublik Deutschland zur Einsichtnahme durch ihn übersandt wird. Absatz 5 Satz 5 und 6 gilt für die amtliche Vertretung der Bundesrepublik Deutschland entsprechend.

§ 31 Erteilung des Führungszeugnisses an Behörden

Behörden erhalten über eine bestimmte Person ein Führungszeugnis, soweit sie es zur Erledigung ihrer hoheitlichen Aufgaben benötigen und eine Aufforderung an den Betroffenen, ein Führungszeugnis vorzulegen, nicht sachgemäß ist oder erfolglos bleibt. Die Behörde hat dem Betroffenen auf Verlangen Einsicht in das Führungszeugnis zu gewähren.

§ 32 Inhalt des Führungszeugnisses

I In das Führungszeugnis werden die in den §§ 4 bis 16 bezeichneten Eintragungen aufgenommen. Soweit in Absatz 2 Nr. 3 bis 9 hiervon Ausnahmen zugelassen werden, gelten diese nicht bei Verurteilungen wegen einer Straftat nach den §§ 174 bis 180 oder 182 des Strafgesetzbuches.

II Nicht aufgenommen werden

1. die Verwarnung mit Strafvorbehalt nach § 59 des Strafgesetzbuchs,
2. der Schuldspruch nach § 27 des Jugendgerichtsgesetzes,
3. Verurteilungen, durch die auf Jugendstrafe von nicht mehr als zwei Jahren erkannt worden ist, wenn die Vollstreckung der Strafe oder eines Strafrestes gerichtlich oder im Gnadenwege zur Bewährung ausgesetzt oder nach § 35 des Betäubungsmittelgesetzes zurückgestellt und diese Entscheidung nicht widerrufen worden ist,
4. Verurteilungen, durch die auf Jugendstrafe erkannt worden ist, wenn der Strafmakel gerichtlich oder im Gnadenwege als beseitigt erklärt und die Beseitigung nicht widerrufen worden ist,
5. Verurteilungen, durch die auf
   a) Geldstrafe von nicht mehr als neunzig Tagessätzen,
   b) Freiheitsstrafe oder Strafarrest von nicht mehr als drei Monaten

   erkannt worden ist, wenn im Register keine weitere Strafe eingetragen ist,
6. Verurteilungen, durch die auf Freiheitsstrafe von nicht mehr als zwei Jahren erkannt worden ist, wenn die Vollstreckung der Strafe oder eines Strafrestes
   a) nach § 35 oder § 36 des Betäubungsmittelgesetzes zurückgestellt oder zur Bewährung ausgesetzt oder
   b) nach § 56 oder § 57 des Strafgesetzbuchs zur Bewährung ausgesetzt worden ist und sich aus dem Register ergibt, daß der Verurteilte die Tat oder bei Gesamtstrafen alle oder den ihrer Bedeutung nach überwiegenden Teil der Taten auf Grund einer Betäubungsmittelabhängigkeit begangen hat,

   diese Entscheidungen nicht widerrufen worden sind und im Register keine weitere Strafe eingetragen ist,
7. Verurteilungen, durch die neben Jugendstrafe oder Freiheitsstrafe von nicht mehr als zwei Jahren die Unterbringung in einer Entziehungsanstalt angeordnet worden ist, wenn die Vollstreckung der Strafe, des Strafrestes oder der Maßregel nach § 35 des

Betäubungsmittelgesetzes zurückgestellt worden ist und im übrigen die Voraussetzungen der Nummer 3 oder 6 erfüllt sind,
8. Verurteilungen, durch die Maßregeln der Besserung und Sicherung, Nebenstrafen oder Nebenfolgen allein oder in Verbindung miteinander oder in Verbindung mit Erziehungsmaßregeln oder Zuchtmitteln angeordnet worden sind,
9. Verurteilungen, bei denen die Wiederaufnahme des gesamten Verfahrens vermerkt ist; ist die Wiederaufnahme nur eines Teils des Verfahrens angeordnet, so ist im Führungszeugnis darauf hinzuweisen,
10. *(aufgehoben)*
11. Eintragungen nach den §§ 10 und 11.

III In ein Führungszeugnis für Behörden (§ 30 Abs. 5, § 31) sind entgegen Absatz 2 auch aufzunehmen
1. Verurteilungen, durch die eine freiheitsentziehende Maßregel der Besserung und Sicherung angeordnet worden ist,
2. Eintragungen nach § 10, wenn die Entscheidung nicht länger als zehn Jahre zurückliegt,
3. Eintragungen nach § 11.

IV In ein Führungszeugnis für Behörden (§ 30 Abs. 5, § 31) sind ferner die in Absatz 2 Nr. 5 bis 9 bezeichneten Verurteilungen wegen Straftaten aufzunehmen, die
1. bei oder in Zusammenhang mit der Ausübung eines Gewerbes oder dem Betrieb einer sonstigen wirtschaftlichen Unternehmung oder
2. bei der Tätigkeit in einem Gewerbe oder einer sonstigen wirtschaftlichen Unternehmung
   a) von einem Vertreter oder Beauftragten im Sinne des § 14 des Strafgesetzbuchs oder
   b) von einer Person, die in einer Rechtsvorschrift ausdrücklich als Verantwortlicher bezeichnet ist,

begangen worden sind, wenn das Führungszeugnis für die in § 149 Abs. 2 Nr. 1 der Gewerbeordnung bezeichneten Entscheidungen bestimmt ist.

§ 33 Nichtaufnahme von Verurteilungen nach Fristablauf

I Nach Ablauf einer bestimmten Frist werden Verurteilungen nicht mehr in das Führungszeugnis aufgenommen.

II Dies gilt nicht bei Verurteilungen, durch die
1. auf lebenslange Freiheitsstrafe erkannt worden ist, wenn der Strafrest nicht nach § 57 a Abs. 3 Satz 2 in Verbindung mit § 56 g des Strafgesetzbuches oder im Gnadenwege erlassen ist,
2. Sicherungsverwahrung angeordnet worden ist oder
3. die Unterbringung in einem psychiatrischen Krankenhaus angeordnet worden ist, wenn ein Führungszeugnis für Behörden (§ 30 Abs. 5, § 31) beantragt wird.

§ 34 Länge der Frist

I Die Frist, nach deren Ablauf eine Verurteilung nicht mehr in das Führungszeugnis aufgenommen wird, beträgt
1. drei Jahre
   bei Verurteilung zu
   a) Geldstrafe und Freiheitsstrafe oder Strafarrest von nicht mehr als drei Monaten, wenn die Voraussetzungen des § 32 Abs. 2 nicht vorliegen,
   b) Freiheitsstrafe oder Strafarrest von mehr als drei Monaten, aber nicht mehr als einem Jahr, wenn die Vollstreckung der Strafe oder eines Strafrestes gerichtlich oder im Gnadenwege zur Bewährung ausgesetzt, diese Entscheidung nicht widerrufen worden und im Register nicht außerdem Freiheitsstrafe, Strafarrest oder Jugendstrafe eingetragen ist,
   c) Jugendstrafe von nicht mehr als einem Jahr, wenn die Voraussetzungen des § 32 Abs. 2 nicht vorliegen,

d) Jugendstrafe von mehr als zwei Jahren, wenn ein Strafrest nach Ablauf der Bewährungszeit gerichtlich oder im Gnadenwege erlassen worden ist,
e) Jugendstrafe von nicht mehr als einem Jahr wegen einer Straftat nach den §§ 174 bis 180 oder 182 des Strafgesetzbuches;

2. zehn Jahre bei Verurteilungen wegen einer Straftat nach den §§ 174 bis 180 oder 182 des Strafgesetzbuches zu einer Freiheitsstrafe oder Jugendstrafe von mehr als einem Jahr,
3. fünf Jahre in den übrigen Fällen.

II In den Fällen des Absatzes 1 Nr. 1 Buchstabe d, Nr. 2, Nr. 3 verlängert sich die Frist um die Dauer der Freiheitsstrafe, der für den Fall der Uneinbringlichkeit der Vermögensstrafe bestimmten Ersatzfreiheitsstrafe, des Strafarrestes oder der Jugendstrafe. Bei Erlaß des Restes einer lebenslangen Freiheitsstrafe verlängert sich die Frist um den zwischen dem Tag des ersten Urteils und dem Ende der Bewährungszeit liegenden Zeitraum, mindestens jedoch um zwanzig Jahre.

§ 35 Gesamtstrafe, Einheitsstrafe und Nebenentscheidungen

I Ist eine Gesamtstrafe oder eine einheitliche Jugendstrafe gebildet oder ist nach § 30 Abs. 1 des Jugendgerichtsgesetzes auf Jugendstrafe erkannt worden, so ist allein die neue Entscheidung für § 32 Abs. 2 und § 34 maßgebend.

II In den Fällen des § 34 bleiben Nebenstrafen, Nebenfolgen und neben Freiheitsstrafe oder Strafarrest ausgesprochene Geldstrafen bei der Feststellung der Frist unberücksichtigt.

§ 36 Beginn der Frist

Die Frist beginnt mit dem Tag des ersten Urteils (§ 5 Abs. 1 Nr. 4). Dieser Tag bleibt auch maßgebend, wenn

1. eine Gesamtstrafe oder eine einheitliche Jugendstrafe gebildet,
2. nach § 30 Abs. 1 des Jugendgerichtsgesetzes auf Jugendstrafe erkannt wird oder
3. eine Entscheidung im Wiederaufnahmeverfahren ergeht, die eine registerpflichtige Verurteilung enthält.

§ 37 Ablaufhemmung

I Hat ein Verurteilter infolge der Verurteilung die Fähigkeit, öffentliche Ämter zu bekleiden und Rechte aus öffentlichen Wahlen zu erlangen, oder das Recht, in öffentlichen Angelegenheiten zu wählen oder zu stimmen, verloren, so läuft die Frist nicht ab, solange er diese Fähigkeit oder dieses Recht nicht wiedererlangt hat.

II Die Frist läuft ferner nicht ab, solange sich aus dem Register ergibt, daß die Vollstreckung einer Strafe oder eine der in § 61 des Strafgesetzbuchs aufgeführten Maßregeln der Besserung und Sicherung mit Ausnahme der Sperre für die Erteilung einer Fahrerlaubnis noch nicht erledigt ist.

§ 38 Mehrere Verurteilungen

I Sind im Register mehrere Verurteilungen eingetragen, so sind sie alle in das Führungszeugnis aufzunehmen, solange eine von ihnen in das Zeugnis aufzunehmen ist.

II Außer Betracht bleiben

1. Verurteilungen, die nur in ein Führungszeugnis für Behörden aufzunehmen sind (§ 32 Abs. 3, 4, § 33 Abs. 2 Nr. 3),
2. Verurteilungen in den Fällen des § 32 Abs. 2 Nr. 1 bis 4,
3. Verurteilungen, durch die auf Geldstrafe von nicht mehr als als neunzig Tagessätzen oder auf Freiheitsstrafe oder Strafarrest von nicht mehr als drei Monaten erkannt worden ist.

§ 39 Anordnung der Nichtaufnahme von Verurteilungen

I Der Generalbundesanwalt kann auf Antrag oder von Amts wegen anordnen, daß Verurteilungen entgegen diesem Gesetz nicht in das Führungszeugnis aufgenommen werden. Dies gilt nicht, soweit das öffentliche Interesse der Anordnung entgegensteht. Wohnt der Betroffene im Geltungsbereich dieses Gesetzes, so soll der Generalbundesanwalt das erkennende Gericht und die sonst zuständige Behörde hören. Betrifft die Eintragung eine Verurteilung, durch welche eine freiheitsentziehende Maßregel der Besserung und Sicherung angeordnet worden ist, so soll er auch einen in der Psychiatrie erfahrenen medizinischen Sachverständigen hören.

II Hat der Verurteilte infolge der Verurteilung durch ein Gericht im Geltungsbereich dieses Gesetzes die Fähigkeit, öffentliche Ämter zu bekleiden und Rechte aus öffentlichen Wahlen zu erlangen, oder das Recht, in öffentlichen Angelegenheiten zu wählen oder zu stimmen, verloren, so darf eine Anordnung nach Absatz 1 nicht ergehen, solange er diese Fähigkeit oder dieses Recht nicht wiedererlangt hat.

III Gegen die Ablehnung einer Anordnung nach Absatz 1 steht dem Antragsteller innerhalb zwei Wochen nach der Bekanntgabe der Entscheidung die Beschwerde zu. Hilft der Generalbundesanwalt der Beschwerde nicht ab, so entscheidet der Bundesminister der Justiz.

§ 40 Nachträgliche Verurteilung

Wird eine weitere Verurteilung im Register eingetragen, so kommt dem Verurteilten eine Anordnung nach § 39 nicht zugute, solange die spätere Eintragung in das Führungszeugnis aufzunehmen ist. § 38 Abs. 2 gilt entsprechend.

2. Unbeschränkte Auskunft aus dem Zentralregister

§ 41 Umfang der Auskunft

I Von Eintragungen, die in ein Führungszeugnis nicht aufgenommen werden, sowie von Steckbriefnachrichten und Suchvermerken darf – unbeschadet der §§ 42 und 57 – nur Kenntnis gegeben werden

1. den Gerichten, Gerichtsvorständen, Staatsanwaltschaften und Aufsichtsstellen (§ 68 a des Strafgesetzbuchs) für Zwecke der Rechtspflege sowie den Justizvollzugsbehörden für Zwecke des Strafvollzugs,
2. den obersten Bundes- und Landesbehörden,
3. dem Bundesamt und den Landesämtern für Verfassungsschutz, dem Bundesnachrichtendienst und dem Amt für Sicherheit der Bundeswehr für die diesen Behörden übertragenen Sicherheitsaufgaben,
4. den Finanzbehörden für die Verfolgung von Straftaten, die zu ihrer Zuständigkeit gehört,
5. den Kriminaldienst verrichtenden Dienststellen der Polizei für Zwecke der Verhütung und Verfolgung von Straftaten,
6. den Einbürgerungsbehörden für Einbürgerungsverfahren,
7. den Ausländerbehörden, wenn sich die Auskunft auf einen Ausländer bezieht,
8. den Gnadenbehörden für Gnadensachen,
9. den für waffenrechtliche oder sprengstoffrechtliche Erlaubnisse, für die Erteilung von Jagdscheinen oder für Erlaubnisse für das Bewachungsgewerbe und die Überprüfung des Bewachungspersonals zuständigen Behörden,
10. dem Bundesinstitut für Arzneimittel und Medizinprodukte im Rahmen des Erlaubnisverfahrens nach dem Betäubungsmittelgesetz,
11. den Rechtsanwaltskammern für die Entscheidung in Zulassungsverfahren nach der Bundesrechtsanwaltsordnung, soweit ihnen die Zuständigkeit durch Rechtsverordnung übertragen wurde.

II *(aufgehoben)*

III Eintragungen nach § 17 und Verurteilungen zu Jugendstrafe, bei denen der Strafmakel als beseitigt erklärt ist, dürfen nicht nach Absatz 1 mitgeteilt werden; über sie wird nur noch den Strafgerichten und Staatsanwaltschaften für ein Strafverfahren gegen den Betroffenen Auskunft erteilt. Dies gilt nicht bei Verurteilungen wegen einer Straftat nach den §§ 174 bis 180 oder 182 des Strafgesetzbuches.

IV Die Auskunft nach den Absätzen 1 bis 3 wird nur auf ausdrückliches Ersuchen erteilt. Die in Absatz 1 genannten Stellen haben den Zweck anzugeben, für den die Auskunft benötigt wird; sie darf nur für diesen Zweck verwertet werden.

V Enthält eine Auskunft Verurteilungen, die in ein Führungszeugnis nicht oder die nur in ein Führungszeugnis nach § 32 Abs. 3, 4 aufzunehmen sind, so ist hierauf besonders hinzuweisen.

§ 42 Auskunft in besonderen Fällen

I Einer Person, die das 14. Lebensjahr vollendet hat, wird auf Antrag mitgeteilt, welche Eintragungen über sie im Register enthalten sind. § 30 Abs. 1 Satz 2, 3 gilt entsprechend. Wohnt der Antragsteller im Geltungsbereich dieses Gesetzes, so ist die Mitteilung an ein von ihm benanntes Amtsgericht zu senden, bei dem er die Mitteilung persönlich einsehen kann. Befindet sich der Betroffene in amtlichem Gewahrsam einer Justizbehörde, so tritt die Anstaltsleitung an die Stelle des Amtsgerichts. Wohnt der Antragsteller außerhalb des Geltungsbereichs dieses Gesetzes, so ist die Mitteilung, wenn in ihr auf Eintragungen im Register hingewiesen wird, an eine von ihm benannte amtliche Vertretung der Bundesrepublik Deutschland zu senden, bei der er die Mitteilung persönlich einsehen kann. Nach Einsichtnahme ist die Mitteilung vom Amtsgericht, der Anstaltsleitung oder der amtlichen Vertretung der Bundesrepublik Deutschland zu vernichten.

II Der Generalbundesanwalt kann gestatten, daß für wissenschaftliche Forschungsvorhaben unbeschränkt Auskunft aus dem Register erteilt wird, wenn und soweit die Bedeutung des Forschungsvorhabens dies rechtfertigt und die Gewähr besteht, daß ein Mißbrauch der bekanntzugebenden Eintragungen nicht zu befürchten ist. Der Generalbundesanwalt darf in einem solchen Fall insbesondere die Namen der Betroffenen nur dann preisgeben, wenn ohne diese Preisgabe das Forschungsvorhaben nicht durchgeführt werden kann.

§ 43 Weiterleitung von Auskünften

Oberste Bundes- oder Landesbehörden dürfen Eintragungen, die in ein Führungszeugnis nicht aufgenommen werden, einer nachgeordneten oder ihrer Aufsicht unterstehenden Behörde nur mitteilen, wenn dies zur Vermeidung von Nachteilen für den Bund oder ein Land unerläßlich ist oder wenn andernfalls die Erfüllung öffentlicher Aufgaben erheblich gefährdet oder erschwert würde.

3. Auskünfte an Behörden

§ 44 Vertrauliche Behandlung der Auskünfte

Auskünfte aus dem Zentralregister an Behörden (§ 30 Abs. 5, §§ 31, 41, 43) dürfen nur den mit der Entgegennahme oder Bearbeitung betrauten Bediensteten zur Kenntnis gebracht werden.

Vierter Abschnitt. Tilgung

§ 45 Tilgung nach Fristablauf

I Eintragungen über Verurteilungen (§ 4) werden nach Ablauf einer bestimmten Frist getilgt.

II Eine zu tilgende Eintragung wird ein Jahr nach Eintritt der Tilgungsreife aus dem Register entfernt. Während dieser Zeit darf über die Eintragung keine Auskunft erteilt werden.

III Absatz 1 gilt nicht
1. bei Verurteilungen zu lebenslanger Freiheitsstrafe,
2. bei Anordnung der Unterbringung in der Sicherungsverwahrung oder in einem psychiatrischen Krankenhaus.

§ 46 Länge der Tilgungsfrist

I Die Tilgungsfrist beträgt
1. fünf Jahre
   bei Verurteilungen
   a) zu Geldstrafe von nicht mehr als neunzig Tagessätzen, wenn keine Freiheitsstrafe, kein Strafarrest und keine Jugendstrafe im Register eingetragen ist,
   b) zu Freiheitsstrafe oder Strafarrest von nicht mehr als drei Monaten, wenn im Register keine weitere Strafe eingetragen ist,
   c) zu Jugendstrafe von nicht mehr als einem Jahr,
   d) zu Jugendstrafe von nicht mehr als zwei Jahren, wenn die Vollstreckung der Strafe oder eines Strafrestes gerichtlich oder im Gnadenwege zur Bewährung ausgesetzt worden ist,
   e) zu Jugendstrafe von mehr als zwei Jahren, wenn ein Strafrest nach Ablauf der Bewährungszeit gerichtlich oder im Gnadenwege erlassen worden ist,
   f) zu Jugendstrafe, wenn der Strafmakel gerichtlich oder im Gnadenwege als beseitigt erklärt worden ist,
   g) durch welche eine Maßnahme (§ 11 Abs. 1 Nr. 8 des Strafgesetzbuchs) mit Ausnahme der Sperre für die Erteilung einer Fahrerlaubnis für immer und des Berufsverbots für immer, eine Nebenstrafe oder eine Nebenfolge allein oder in Verbindung miteinander oder in Verbindung mit Erziehungsmaßregeln oder Zuchtmitteln angeordnet worden ist,
2. zehn Jahre
   bei Verurteilung zu
   a) Geldstrafe und Freiheitsstrafe oder Strafarrest von nicht mehr als drei Monaten, wenn die Voraussetzungen der Nummer 1 Buchstaben a und b nicht vorliegen,
   b) Freiheitsstrafe oder Strafarrest von mehr als drei Monaten, aber nicht mehr als einem Jahr, wenn die Vollstreckung der Strafe oder eines Strafrestes gerichtlich oder im Gnadenwege zur Bewährung ausgesetzt worden und im Register nicht außerdem Freiheitsstrafe, Strafarrest oder Jugendstrafe eingetragen ist,
   c) Jugendstrafe von mehr als einem Jahr, außer in den Fällen der Nummer 1 Buchstaben d bis f,
3. zwanzig Jahre bei Verurteilungen wegen einer Straftat nach den §§ 174 bis 180 oder 182 des Strafgesetzbuches zu einer Freiheitsstrafe oder Jugendstrafe von mehr als einem Jahr,
4. fünfzehn Jahre
   in allen übrigen Fällen.

II Die Aussetzung der Strafe oder eines Strafrestes zur Bewährung oder die Beseitigung des Strafmakels bleiben bei der Berechnung der Frist unberücksichtigt, wenn diese Entscheidungen widerrufen worden sind.

III In den Fällen des Absatzes 1 Nr. 1 Buchstabe e, Nr. 2 Buchstabe c, Nr. 3, Nr. 4 verlängert sich die Frist um die Dauer der Freiheitsstrafe, der für den Fall der Uneinbringlichkeit der Vermögensstrafe bestimmten Ersatzfreiheitsstrafe, des Strafarrestes oder der Jugendstrafe.

§ 47 Feststellung der Frist und Ablaufhemmung

I Für die Feststellung und Berechnung der Frist gelten die §§ 35, 36 entsprechend.

II Die Tilgungsfrist läuft nicht ab, solange sich aus dem Register ergibt, daß die Vollstreckung einer Strafe oder eine der in § 61 des Strafgesetzbuchs aufgeführten Maßregeln der Besserung und Sicherung noch nicht erledigt ist. § 37 Abs. 1 gilt entsprechend.

III Sind im Register mehrere Verurteilungen eingetragen, so ist die Tilgung einer Eintragung erst zulässig, wenn für alle Verurteilungen die Voraussetzungen der Tilgung vorliegen. Die Eintragung einer Verurteilung, durch die eine Sperre für die Erteilung der Fahrerlaubnis für immer angeordnet worden ist, hindert die Tilgung anderer Verurteilungen nur, wenn zugleich auf eine Strafe erkannt worden ist, für die allein die Tilgungsfrist nach § 46 noch nicht abgelaufen wäre.

§ 48 Anordnung der Tilgung wegen Gesetzesänderung

Ist die Verurteilung lediglich wegen einer Handlung eingetragen, für die das nach der Verurteilung geltende Gesetz nicht mehr Strafe, sondern nur noch Geldbuße allein oder in Verbindung mit einer Nebenfolge androht, so ordnet der Generalbundesanwalt auf Antrag des Verurteilten an, daß die Eintragung zu tilgen ist.

§ 49 Anordnung der Tilgung in besonderen Fällen

I Der Generalbundesanwalt kann auf Antrag oder von Amts wegen anordnen, daß Eintragungen entgegen den §§ 45, 46 zu tilgen sind, falls die Vollstreckung erledigt ist und das öffentliche Interesse der Anordnung nicht entgegensteht. Wohnt der Betroffene im Geltungsbereich dieses Gesetzes, so soll der Generalbundesanwalt das erkennende Gericht und die sonst zuständige Behörde hören. Betrifft die Eintragung eine Verurteilung, durch welche eine freiheitsentziehende Maßregel der Besserung und Sicherung angeordnet worden ist, so soll er auch einen in der Psychiatrie erfahrenen medizinischen Sachverständigen hören.

II Hat der Verurteilte infolge der Verurteilung durch ein Gericht im Geltungsbereich dieses Gesetzes die Fähigkeit, öffentliche Ämter zu bekleiden und Rechte aus öffentlichen Wahlen zu erlangen, oder das Recht, in öffentlichen Angelegenheiten zu wählen oder zu stimmen, verloren, so darf eine Anordnung nach Absatz 1 nicht ergehen, solange er diese Fähigkeit oder dieses Recht nicht wiedererlangt hat.

III Gegen die Ablehnung einer Anordnung nach Absatz 1 steht dem Antragsteller innerhalb zwei Wochen nach der Bekanntgabe der Entscheidung die Beschwerde zu. Hilft der Generalbundesanwalt der Beschwerde nicht ab, so entscheidet der Bundesminister der Justiz.

§ 50 Zu Unrecht getilgte Eintragungen

Eine Eintragung, die zu Unrecht im Register getilgt worden ist, darf nur mit Genehmigung des Generalbundesanwalts wieder in das Register aufgenommen werden. Vor der Entscheidung ist dem Betroffenen Gelegenheit zur Stellungnahme zu geben.

Fünfter Abschnitt. Rechtswirkungen der Tilgung

§ 51 Verwertungsverbot

I Ist die Eintragung über eine Verurteilung im Register getilgt worden oder ist sie zu tilgen, so dürfen die Tat und die Verurteilung dem Betroffenen im Rechtsverkehr nicht mehr vorgehalten und nicht zu seinem Nachteil verwertet werden.

II Aus der Tat oder der Verurteilung entstandene Rechte Dritter, gesetzliche Rechtsfolgen der Tat oder der Verurteilung und Entscheidungen von Gerichten oder Verwaltungsbehörden, die im Zusammenhang mit der Tat oder der Verurteilung ergangen sind, bleiben unberührt.

§ 52 Ausnahmen

I Die frühere Tat darf abweichend von § 51 Abs. 1 nur berücksichtigt werden, wenn

1. die Sicherheit der Bundesrepublik Deutschland oder eines ihrer Länder eine Ausnahme zwingend gebietet,

2. in einem erneuten Strafverfahren ein Gutachten über den Geisteszustand des Betroffenen zu erstatten ist, falls die Umstände der früheren Tat für die Beurteilung seines Geisteszustandes von Bedeutung sind,
3. die Wiederaufnahme des früheren Verfahrens beantragt wird oder
4. der Betroffene die Zulassung zu einem Beruf oder einem Gewerbe, die Einstellung in den öffentlichen Dienst oder die Erteilung einer Waffenbesitzkarte, eines Munitionserwerbscheins, Waffenscheins, Jagdscheins oder einer Erlaubnis nach § 27 des Sprengstoffgesetzes beantragt, falls die Zulassung, Einstellung oder Erteilung der Erlaubnis sonst zu einer erheblichen Gefährdung der Allgemeinheit führen würde; das gleiche gilt wenn der Betroffene die Aufhebung einer die Ausübung eines Berufes oder Gewerbes untersagenden Entscheidung beantragt.

II Abweichend von § 51 Abs. 1 darf eine frühere Tat ferner in einem Verfahren berücksichtigt werden, das die Erteilung oder Entziehung einer Fahrerlaubnis zum Gegenstand hat, solange die Verurteilung nach den Vorschriften der §§ 28 bis 30 b des Straßenverkehrsgesetzes verwertet werden darf. Außerdem dürfen für die Prüfung der Berechtigung zum Führen von Kraftfahrzeugen Entscheidungen der Gerichte nach den §§ 69 bis 69 b des Strafgesetzbuches übermittelt und verwertet werden.

Sechster Abschnitt. Begrenzung von Offenbarungspflichten des Verurteilten

§ 53 Offenbarungspflicht bei Verurteilungen

I Der Verurteilte darf sich als unbestraft bezeichnen und braucht den der Verurteilung zugrunde liegenden Sachverhalt nicht zu offenbaren, wenn die Verurteilung
1. nicht in das Führungszeugnis oder nur in ein Führungszeugnis nach § 32 Abs. 3, 4 aufzunehmen oder
2. zu tilgen ist.

II Soweit Gerichte oder Behörden ein Recht auf unbeschränkte Auskunft haben, kann der Verurteilte ihnen gegenüber keine Rechte aus Absatz 1 Nr. 1 herleiten, falls er hierüber belehrt wird.

Siebenter Abschnitt. Verurteilungen durch Stellen eines anderen Staates und Auskünfte an solche Stellen

§ 54 Eintragungen in das Register

I Strafrechtliche Verurteilungen, die nicht durch deutsche Gerichte im Geltungsbereich dieses Gesetzes ergangen sind, werden in das Register eingetragen, wenn
1. der Verurteilte Deutscher oder im Geltungsbereich dieses Gesetzes geboren oder wohnhaft ist,
2. wegen des der Verurteilung zugrunde liegenden oder sinngemäß umgestellten Sachverhalts auch nach dem im Geltungsbereich dieses Gesetzes geltenden Recht, ungeachtet etwaiger Verfahrenshindernisse, eine Strafe oder eine Maßregel der Besserung und Sicherung hätte verhängt werden können,
3. die Entscheidung rechtskräftig ist.

II Erfüllt eine Verurteilung die Voraussetzungen des Absatzes 1 Nr. 2 nur hinsichtlich eines Teils der abgeurteilten Tat oder Taten, so wird die ganze Verurteilung eingetragen.

§ 55 Verfahren bei der Eintragung

I Die Registerbehörde trägt eine Verurteilung, die nicht durch ein deutsches Gericht im Geltungsbereich dieses Gesetzes ergangen ist, ein, wenn ihr die Verurteilung von einer Behörde des Staates, der sie ausgesprochen hat, mitgeteilt worden ist und sich aus der Mitteilung nicht ergibt, daß die Voraussetzungen des § 54 nicht vorliegen.

II Der Betroffene soll unverzüglich zu der Eintragung gehört werden, wenn sein Aufenthalt feststellbar ist. Ergibt sich, daß bei einer Verurteilung oder einem abtrennbaren Teil einer Verurteilung die Voraussetzungen des § 54 Abs. 1 nicht vorliegen, so ist die Eintragung insoweit zu entfernen. Lehnt der Generalbundesanwalt einen Antrag des Betroffenen auf Entfernung der Eintragung ab, so steht dem Betroffenen innerhalb von zwei Wochen nach der Bekanntgabe der Entscheidung die Beschwerde zu. Hilft der Generalbundesanwalt der Beschwerde nicht ab, so entscheidet der Bundesminister der Justiz.

§ 56 Behandlung von Eintragungen

I Eintragungen nach § 54 werden bei der Anwendung dieses Gesetzes wie Eintragungen von Verurteilungen durch deutsche Gerichte im Geltungsbereich dieses Gesetzes behandelt. Hierbei steht eine Rechtsfolge der im Geltungsbereich dieses Gesetzes geltenden Rechtsfolge gleich, der sie am meisten entspricht; Nebenstrafen und Nebenfolgen haben für die Anwendung dieses Gesetzes keine Rechtswirkung.

II Für die Nichtaufnahme einer nach § 54 eingetragenen Verurteilung in das Führungszeugnis und für die Tilgung der Eintragung bedarf es nicht der Erledigung der Vollstreckung.

§ 57 Auskunft aus dem Register

Stellen eines anderen Staates sowie über- und zwischenstaatlichen Stellen wird nach den hierfür geltenden Gesetzen und Vereinbarungen Auskunft aus dem Register erteilt. Soweit solche Vorschriften fehlen, kann der Bundesminister der Justiz anordnen, daß ihnen im gleichen Umfang Auskunft erteilt wird wie vergleichbaren Stellen im Geltungsbereich dieses Gesetzes.

§ 58 Berücksichtigung von Verurteilungen

Eine strafrechtliche Verurteilung gilt, auch wenn sie nicht nach § 54 in das Register eingetragen ist, als tilgungsreif, sobald eine ihr vergleichbare Verurteilung im Geltungsbereich dieses Gesetzes tilgungsreif wäre. § 53 gilt auch zugunsten des außerhalb des Geltungsbereichs dieses Gesetzes Verurteilten.

Dritter Teil. Das Erziehungsregister

§ 59 Führung des Erziehungsregisters

Das Erziehungsregister wird von dem Bundeszentralregister geführt. Für das Erziehungsregister gelten die Vorschriften des Zweiten Teils, soweit die §§ 60 bis 64 nicht etwas anderes bestimmen.

§ 60 Eintragungen in das Erziehungsregister

I In das Erziehungsregister werden die folgenden Entscheidungen und Anordnungen eingetragen, soweit sie nicht nach § 5 Abs. 2 in das Zentralregister einzutragen sind:

1. die Anordnung von Maßnahmen nach § 3 Satz 2 des Jugendgerichtsgesetzes,
2. die Anordnung von Erziehungsmaßregeln oder Zuchtmitteln (§§ 9 bis 16, 112 a Nr. 2 des Jugendgerichtsgesetzes), Nebenstrafen oder Nebenfolgen (§ 8 Abs. 3, § 76 des Jugendgerichtsgesetzes) allein oder in Verbindung miteinander,
3. der Schuldspruch, der nach § 13 Abs. 2 Satz 2 Nr. 2 aus dem Zentralregister entfernt worden ist,
4. Entscheidungen, in denen der Richter die Auswahl und Anordnung von Erziehungsmaßregeln dem Familien- und Vormundschaftsrichter überläßt (§§ 53, 104 Abs. 4 des Jugendgerichtsgesetzes),
5. Anordnungen des Familien- oder Vormundschaftsrichters, die auf Grund einer Entscheidung nach Nummer 4 ergehen,
6. der Freispruch wegen mangelnder Reife und die Einstellung des Verfahrens aus diesem Grunde (§ 3 Satz 1 des Jugendgerichtsgesetzes),
7. das Absehen von der Verfolgung nach § 45 des Jugendgerichtsgesetzes und die Einstellung des Verfahrens nach § 47 des Jugendgerichtsgesetzes,
8. *(aufgehoben)*

9. vorläufige und endgültige Entscheidungen des Familienrichters nach § 1666 Abs. 1 und § 1666 a des Bürgerlichen Gesetzbuchs sowie Entscheidungen des Vormundschaftsrichters nach § 1837 Abs. 4 in Verbindung mit § 1666 Abs. 1 und § 1666 a des Bürgerlichen Gesetzbuchs, welche die Sorge für die Person des Minderjährigen betreffen; ferner die Entscheidungen, durch welche die vorgenannten Entscheidungen aufgehoben oder geändert werden.

II In den Fällen des Absatzes 1 Nr. 7 ist zugleich die vom Richter nach § 45 Abs. 3 oder § 47 Abs. 1 Satz 1 Nr. 3 des Jugendgerichtsgesetzes getroffene Maßnahme einzutragen.

III, IV *(aufgehoben)*

§ 61 Auskunft aus dem Erziehungsregister

I Eintragungen im Erziehungsregister dürfen – unbeschadet des § 42 Abs. 2 – nur mitgeteilt werden

1. den Strafgerichten und Staatsanwaltschaften für Zwecke der Rechtspflege sowie den Justizvollzugsbehörden für Zwecke des Strafvollzugs,
2. den Vormundschaftsgerichten und Familiengerichten für Verfahren, welche die Sorge für die Person des im Register Geführten betreffen,
3. den Jugendämtern und den Landesjugendämtern für die Wahrnehmung von Erziehungsaufgaben der Jugendhilfe,
4. den Gnadenbehörden für Gnadensachen.

II Soweit Behörden sowohl aus dem Zentralregister als auch aus dem Erziehungsregister Auskunft zu erteilen ist, werden auf ein Ersuchen um Auskunft aus dem Zentralregister (§ 41 Abs. 4) auch die in das Erziehungsregister aufgenommenen Eintragungen mitgeteilt.

III Auskünfte aus dem Erziehungsregister dürfen nicht an andere als die in Absatz 1 genannten Behörden weitergeleitet werden.

§ 62 Steckbriefnachrichten und Suchvermerke

Im Erziehungsregister können Steckbriefnachrichten und Suchvermerke nur von den Behörden niedergelegt werden, denen Auskunft aus dem Erziehungsregister erteilt wird.

§ 63 Entfernung von Eintragungen

I Eintragungen im Erziehungsregister werden entfernt, sobald der Betroffene das 24. Lebensjahr vollendet hat.

II Die Entfernung unterbleibt, solange im Zentralregister eine Verurteilung zu Freiheitsstrafe, Strafarrest oder Jugendstrafe oder eine freiheitsentziehende Maßregel der Besserung und Sicherung eingetragen ist.

III Der Generalbundesanwalt kann auf Antrag oder von Amts wegen anordnen, daß Eintragungen vorzeitig entfernt werden, wenn die Vollstreckung erledigt ist und das öffentliche Interesse einer solchen Anordnung nicht entgegensteht. § 49 Abs. 3 ist anzuwenden.

IV Die §§ 51, 52 gelten entsprechend.

§ 64 Begrenzung von Offenbarungspflichten des Betroffenen

I Eintragungen in das Erziehungsregister und die ihnen zugrunde liegenden Sachverhalte braucht der Betroffene nicht zu offenbaren.

II Soweit Gerichte oder Behörden ein Recht auf Auskunft aus dem Erziehungsregister haben, kann der Betroffene ihnen gegenüber keine Rechte aus Absatz 1 herleiten, falls er hierüber belehrt wird.

Vierter Teil. Übernahme des Strafregisters beim Generalstaatsanwalt der Deutschen Demokratischen Republik

§ 64 a Strafregister der Deutschen Demokratischen Republik

I Der Generalbundesanwalt wird für das Speichern, Verändern, Übermitteln, Sperren und Löschen der Eintragungen und der zugrunde liegenden Unterlagen des bisher beim Generalstaatsanwalt der Deutschen Demokratischen Republik geführten Strafregisters zuständig; er trägt als speichernde Stelle insoweit die datenschutzrechtliche Verantwortung.

II Eintragungen des bisher beim Generalstaatsanwalt der Deutschen Demokratischen Republik geführten Strafregisters werden in das Bundeszentralregister übernommen. Die Übernahme der Eintragungen in das Bundeszentralregister erfolgt spätestens anläßlich der Bearbeitung einer Auskunft aus dem Bundeszentralregister nach Prüfung durch die Registerbehörde unter Beachtung von Absatz 3. Die Entscheidung über die Übernahme aller Eintragungen hat innerhalb von drei Jahren zu erfolgen.

III Nicht übernommen werden Eintragungen

1. über Verurteilungen oder Erkenntnisse, bei denen der zugrunde liegende Sachverhalt im Zeitpunkt der Übernahme dieses Gesetzes nicht mehr mit Strafe bedroht oder mit Ordnungsmitteln belegt ist,
2. über Verurteilungen oder Erkenntnisse, bei denen sich ergibt, daß diese mit rechtsstaatlichen Maßstäben nicht vereinbar sind,
3. von Untersuchungsorganen und von Staatsanwaltschaften im Sinne des Strafregistergesetzes der Deutschen Demokratischen Republik.

Für Verurteilungen, die nicht übernommen wurden, gelten die §§ 51 bis 53.

IV Bis zur Entscheidung über die Übernahme sind die Eintragungen nach Absatz 1 außerhalb des Bundeszentralregisters zu speichern und für Auskünfte nach diesem Gesetz zu sperren. Dies gilt auch für Eintragungen, deren Übernahme abgelehnt worden ist. Die in das Bundeszentralregister zu übernehmenden Eintragungen werden vom Zeitpunkt der Übernahmeentscheidung an nach den Vorschriften dieses Gesetzes behandelt.

V Die Tilgungsfrist berechnet sich weiterhin nach den bisherigen Bestimmungen (§§ 26 bis 34 des Strafregistergesetzes der Deutschen Demokratischen Republik). Erfolgt eine Neueintragung nach Übernahme des Bundeszentralregistergesetzes, gelten für die Feststellung und Berechnung der Tilgungsfrist die Vorschriften dieses Gesetzes.

§ 64 b Eintragungen und Eintragungsunterlagen

I Die nach § 64 a Abs. 1 gespeicherten Eintragungen und Eintragungsunterlagen aus dem ehemaligen Strafregister der Deutschen Demokratischen Republik sind nach dem 31. Dezember 2000 zu vernichten. Diese dürfen bis dahin außer für die Registerführung vor allem für die Prüfung der Übernahme und der Schlüssigkeit verwendet werden. Diese Informationen dürfen außerdem den für die Rehabilitierung zuständigen Stellen für Zwecke der Rehabilitierung übermittelt werden. Eine Verwendung für andere Zwecke ist nur mit Einwilligung des Betroffenen zulässig.

II Auf Anforderung darf den zuständigen Stellen mitgeteilt werden, welche Eintragungen gemäß § 64 a Abs. 3 nicht in das Bundeszentralregister übernommen worden sind, soweit dies bei Richtern und Staatsanwälten wegen ihrer dienstlichen Tätigkeit in der Deutschen Demokratischen Republik für dienstrechtliche Maßnahmen oder zur Rehabilitierung Betroffener erforderlich ist. Die Mitteilung kann alle Eintragungen, die die anfordernde Stelle für ihre Entscheidung nach Satz 1 benötigt, oder nur solche Eintragungen umfassen, die bestimmte, von der anfordernden Stelle vorgegebene Eintragungsmerkmale erfüllen.

Fünfter Teil. Übergangs- und Schlußvorschriften

§ 65 Übernahme von Eintragungen in das Zentralregister

I Eintragungen, die vor dem Inkrafttreten dieses Gesetzes in das Strafregister aufgenommen worden sind, werden in das Zentralregister übernommen.

II Nicht übernommen werden Eintragungen über Verurteilungen zu

1. Geldstrafe, die mehr als zwei Jahre vor dem Inkrafttreten dieses Gesetzes ausgesprochen worden ist, wenn die Ersatzfreiheitsstrafe nicht mehr als drei Monate beträgt und keine weitere Eintragung im Register enthalten ist,
2. Geldstrafe, bei der die Voraussetzungen der Nummer 1 nicht vorliegen, Freiheitsstrafe und Jugendstrafe von nicht mehr als neun Monaten sowie Strafarrest, wenn die Strafe mehr als fünf Jahre vor dem Inkrafttreten dieses Gesetzes ausgesprochen worden ist,
3. Freiheitsstrafe und Jugendstrafe von mehr als neun Monaten, aber nicht mehr als drei Jahren, die mehr als zehn Jahre vor dem Inkrafttreten dieses Gesetzes ausgesprochen worden ist,
4. Freiheitsstrafe und Jugendstrafe vom mehr als drei, aber nicht mehr als fünf Jahren, die mehr als fünfzehn Jahre vor dem Inkrafttreten dieses Gesetzes ausgesprochen worden ist.

III Absatz 2 gilt nicht, wenn

1. der Betroffene als gefährlicher Gewohnheitsverbrecher oder innerhalb der letzten zehn Jahre vor dem Inkrafttreten dieses Gesetzes zu Freiheitsstrafe oder Jugendstrafe von mehr als neun Monaten verurteilt worden ist,
2. gegen den Betroffenen auf Unterbringung in einer Heil- oder Pflegeanstalt oder auf Untersagung der Erteilung der Fahrerlaubnis für immer erkannt worden ist.

IV Nicht übernommen werden ferner Eintragungen über Entscheidungen von Verwaltungsbehörden aus der Zeit bis zum 23. Mai 1945.

V Die in das Zentralregister zu übernehmenden Eintragungen werden nach den Vorschriften dieses Gesetzes behandelt.

§ 66 Bei Inkrafttreten dieses Gesetzes getilgte oder tilgungsreife Eintragungen

Für die Verurteilungen, die bei dem Inkrafttreten dieses Gesetzes im Strafregister getilgt oder tilgungsreif sind oder die nach § 65 Abs. 2 nicht in das Zentralregister übernommen werden, gelten die §§ 51 bis 53.

§ 67 Eintragungen in der Erziehungskartei

Die bei dem Inkrafttreten dieses Gesetzes vorhandenen Eintragungen in der gerichtlichen Erziehungskartei sind in das Erziehungsregister zu übernehmen.

§ 68 Bestimmungen und Bezeichnungen in anderen Vorschriften

Soweit in anderen Vorschriften auf das Gesetz über beschränkte Auskunft aus dem Strafregister und die Tilgung von Strafvermerken oder auf Bestimmungen des Jugendgerichtsgesetzes, welche die Behandlung von Verurteilungen nach Jugendstrafrecht im Strafregister betreffen, verwiesen wird oder Bezeichnungen verwendet werden, die durch dieses Gesetz aufgehoben oder geändert werden, treten an ihre Stelle die entsprechenden Bestimmungen und Bezeichnungen dieses Gesetzes.

§ 69 Auskunft über das Wahlrecht in den neuen Bundesländern

I Zur Feststellung eines Ausschlusses vom Wahlrecht wird für die im Jahre 1994 anstehenden Wahlen auf Antrag Auskunft über Personen erteilt, die in den Ländern Brandenburg, Mecklenburg-Vorpommern, Sachsen, Sachsen-Anhalt, Thüringen und Berlin am 1. Januar 1994 wahlberechtigt sind oder die Wahlberechtigung bis zum 31. Dezember 1994 erlangen.

II Die Anträge sind durch die zuständigen Meldebehörden über das Innenministerium oder die Senatsverwaltung für Inneres Berlin zu stellen.

III Die Registerbehörde erteilt die Auskunft unmittelbar an die zuständigen Meldebehörden. Die Auskunft darf nur solche Eintragungen enthalten, aus denen sich ein Ausschluß der betroffenen Person vom Wahlrecht ergibt. Soweit das Register keine oder andere Eintragungen enthält, wird eine Auskunft nicht erteilt. Maßgeblich für die Auskunfterteilung ist der Registerbestand an einem vom Bundesministerium der Justiz festzulegenden Stichtag.

IV Die übermittelten Daten dürfen nur zu dem in Absatz 1 bezeichneten Zweck verwendet werden.

§ 70 Auskunft über die Wählbarkeit in den neuen Bundesländern

I Zur Feststellung eines Ausschlusses der Wählbarkeit wird für die im Jahre 1994 anstehenden Wahlen auf Antrag Auskunft über Bewerber für diese Wahlen in den in § 69 Abs. 1 genannten Ländern erteilt. § 69 Abs. 2 gilt entsprechend.

II Enthält das Register über einen Bewerber eine Eintragung, wird dem Innenministerium ein Führungszeugnis für Behörden (§§ 31, 32 Abs. 3) erteilt. Enthält das Register keine Eintragung, die in ein Führungszeugnis für Behörden aufzunehmen ist, teilt die Registerbehörde dies dem Innenministerium mit. Ein Führungszeugnis für Behörden wird in diesem Fall nicht erteilt.

III Enthält das Führungszeugnis Eintragungen, aus denen sich der Ausschluß von der Wählbarkeit ergibt oder ergeben kann, teilt das Innenministerium diese Eintragung der zuständigen Meldebehörde mit. Andere Eintragungen dürfen nicht mitgeteilt werden. Eine Weiterleitung des Führungszeugnisses ist unzulässig. Enthält das Register keine Eintragung, die in ein Führungszeugnis für Behörden aufzunehmen ist, oder keine Eintragung, aus der sich der Ausschluß von der Wählbarkeit ergibt oder ergeben kann, teilt das Innenministerium der zuständigen Meldebehörde mit, daß das Führungszeugnis keine Eintragung im Hinblick auf einen Ausschluß von der Wählbarkeit enthält.

IV Die Führungszeugnisse für Behörden und die Mitteilungen sind sechs Wochen nach Eingang durch das Innenministerium zu vernichten.

V § 69 Abs. 4 gilt entsprechend.

§ 71 Übergangsvorschrift

Verurteilungen wegen einer Straftat nach den §§ 174 bis 180 oder 182 des Strafgesetzbuches zu einer Freiheitsstrafe oder Jugendstrafe, die vor dem 1. Juli 1998 in das Zentralregister eingetragen wurden, werden nach den Vorschriften dieses Gesetzes in der ab dem 1. Juli 1998 gültigen Fassung behandelt.

EVAnl I Kap III Sachgebiet A Abschn III Nr 14

a)–h) *(nicht abgedruckt)*

j) Die abschließende Entscheidung des Gerichts nach Maßgabe d)[1] ist dem Generalbundesanwalt – Bundeszentralregister – mitzuteilen. Sie ist in ihm zu vermerken, wenn die Vollstreckung einer Rechtsfolge insgesamt oder in einer milderen Folgenart für zulässig erklärt worden ist. Ist die Verurteilung noch nicht im Bundeszentralregister eingetragen, so wird die Eintragung von der Registerbehörde entsprechend den Feststellungen in der abschließenden Entscheidung vorgenommen. Die Eintragung im bisherigen Strafregister der Deutschen Demokratischen Republik über eine Rechtsfolge, deren Vollstreckung für unzulässig erklärt worden ist, ist nicht in das Bundeszentralregister zu übernehmen. Bei bereits erfolgter Eintragung im Bundeszentralregister ist diese wieder zu entfernen.

---

[1] Vgl 11 vor § 449 StPO.

Eintragungen auf Grund der gerichtlichen Entscheidung werden hinsichtlich der Folgen nach dem Bundeszentralregistergesetz wie Eintragungen von Verurteilungen durch deutsche Gerichte im bisherigen Geltungsbereich des Bundeszentralregistergesetzes behandelt.

8. Deutsches Richtergesetz

Vom 8. September 1961 (BGBl I 1665; III 301–1) idF vom 19. April 1972 (BGBl I 713), letztes ÄndG vom 6. August 1998 (BGBl I 2026, 2027)

(Auszug)

Erster Teil. Richteramt in Bund und Ländern

Erster Abschnitt. Einleitende Vorschriften

§ 1 Berufsrichter und ehrenamtliche Richter

Die rechtsprechende Gewalt wird durch Berufsrichter und durch ehrenamtliche Richter ausgeübt.

§ 2 Geltung für Berufsrichter

Die Vorschriften dieses Gesetzes gelten, soweit dieses Gesetz nicht anderes bestimmt, nur für die Berufsrichter.

§ 3 Dienstherr

Die Richter stehen im Dienst des Bundes oder eines Landes.

§ 4 Unvereinbare Aufgaben

I Ein Richter darf Aufgaben der rechtsprechenden Gewalt und Aufgaben der gesetzgebenden oder der vollziehenden Gewalt nicht zugleich wahrnehmen.

II Außer Aufgaben der rechtsprechenden Gewalt darf ein Richter jedoch wahrnehmen

1. Aufgaben der Gerichtsverwaltung,
2. andere Aufgaben, die auf Grund eines Gesetzes Gerichten oder Richtern zugewiesen sind,
3. Aufgaben der Forschung und Lehre an einer wissenschaftlichen Hochschule, öffentlichen Unterrichtsanstalt oder amtlichen Unterrichtseinrichtung,
4. Prüfungsangelegenheiten,
5. den Vorsitz in Einigungsstellen und entsprechenden unabhängigen Stellen im Sinne des § 104 Satz 2 des Bundespersonalvertretungsgesetzes.

Zweiter Abschnitt. Befähigung zum Richteramt

§ 5 Befähigung zum Richteramt

I Die Befähigung zum Richteramt erwirbt, wer ein rechtswissenschaftliches Studium an einer Universität mit der ersten Staatsprüfung und einen anschließenden Vorbereitungsdienst mit der zweiten Staatsprüfung abschließt.

II Studium und Vorbereitungsdienst sind inhaltlich aufeinander abzustimmen.

§§ 5a–5d *(nicht abgedruckt)*

§ 6 Anerkennung von Prüfungen

I Die Zulassung zum Vorbereitungsdienst darf einem Bewerber nicht deswegen versagt werden, weil er die erste Prüfung nach § 5 in einem anderen Land im Geltungsbereich dieses Gesetzes abgelegt hat. Die in einem Land im Geltungsbereich dieses Gesetzes auf den Vorbereitungsdienst verwendete Zeit ist in jedem deutschen Land anzurechnen.

II Wer im Geltungsbereich dieses Gesetzes die Befähigung zum Richteramt nach § 5 erworben hat, ist im Bund und in jedem deutschen Land zum Richteramt befähigt.

§ 7 Universitätsprofessoren

Jeder ordentliche Professor der Rechte an einer Universität im Geltungsbereich dieses Gesetzes ist zum Richteramt befähigt.

Dritter Abschnitt. Richterverhältnis

§ 8 Rechtsformen des Richterdienstes

Richter können nur als Richter auf Lebenszeit, auf Zeit, auf Probe oder kraft Auftrags berufen werden.

§ 9 Voraussetzungen für die Berufungen

In das Richterverhältnis darf nur berufen werden, wer

1. Deutscher im Sinne des Artikels 116 des Grundgesetzes ist,
2. die Gewähr dafür bietet, daß er jederzeit für die freiheitliche demokratische Grundordnung im Sinne des Grundgesetzes eintritt, und
3. die Befähigung zum Richteramt besitzt (§§ 5 bis 7).

§ 10 Ernennung auf Lebenszeit

I Zum Richter auf Lebenszeit kann ernannt werden, wer nach Erwerb der Befähigung zum Richteramt mindestens drei Jahre im richterlichen Dienst tätig gewesen ist.

II Auf die Zeit nach Absatz 1 können angerechnet werden Tätigkeiten

1. als Beamter des höheren Dienstes,
2. im deutschen öffentlichen Dienst oder im Dienst einer zwischenstaatlichen oder überstaatlichen Einrichtung, wenn die Tätigkeit nach Art und Bedeutung der Tätigkeit in einem Amt des höheren Dienstes entsprochen hat,
3. als habilitierter Lehrer des Rechts an einer deutschen wissenschaftlichen Hochschule,
4. als Rechtsanwalt, Notar oder als Assessor bei einem Rechtsanwalt oder Notar,
5. in anderen Berufen, wenn die Tätigkeit nach Art und Bedeutung wie die unter den Nummern 1 bis 4 genannten Tätigkeiten geeignet war, Kenntnisse und Erfahrungen für die Ausübung des Richteramts zu vermitteln.

Die Anrechnung von mehr als zwei Jahren dieser Tätigkeiten setzt besondere Kenntnisse und Erfahrungen des zu Ernennenden voraus.

§ 11 Ernennung auf Zeit

Eine Ernennung zum Richter auf Zeit ist nur unter den durch Bundesgesetz bestimmten Voraussetzungen und nur für die bundesgesetzlich bestimmten Aufgaben zulässig.

§ 12 Ernennung auf Probe

I Wer später als Richter auf Lebenszeit oder als Staatsanwalt verwendet werden soll, kann zum Richter auf Probe ernannt werden.

II Spätestens fünf Jahre nach seiner Ernennung ist der Richter auf Probe zum Richter auf Lebenszeit oder unter Berufung in das Beamtenverhältnis auf Lebenszeit zum Staatsanwalt zu ernennen. Die Frist verlängert sich um die Zeit einer Beurlaubung ohne Bezüge.

§ 13 Verwendung eines Richters auf Probe

Ein Richter auf Probe kann ohne seine Zustimmung nur bei einem Gericht, bei einer Behörde der Gerichtsverwaltung oder bei einer Staatsanwaltschaft verwendet werden.

§ 14 Ernennung zum Richter kraft Auftrags

I Ein Beamter auf Lebenszeit oder auf Zeit kann zum Richter kraft Auftrags ernannt werden, wenn er später als Richter auf Lebenszeit verwendet werden soll.

§ 15 *(nicht abgedruckt)*

§ 16 Dauer der Verwendung als Richter kraft Auftrags

I Spätestens zwei Jahre nach seiner Ernennung ist der Richter kraft Auftrags zum Richter auf Lebenszeit zu ernennen oder einem Richterwahlausschuß zur Wahl vorzuschlagen. Lehnt der Richter die Ernennung ab, so endet das Richterverhältnis kraft Auftrags.

II Für die Verwendung des Richters kraft Auftrags gelten die Vorschriften für Richter auf Probe entsprechend.

§ 17 Ernennung durch Urkunde

I Der Richter wird durch Aushändigung einer Urkunde ernannt.

II Einer Ernennung bedarf es
1. zur Begründung des Richterverhältnisses,
2. zur Umwandlung des Richterverhältnisses in ein solches anderer Art (§ 8),
3. zur Verleihung eines anderen Amtes mit anderem Endgrundgehalt.

III In der Ernennungsurkunde müssen bei der Begründung des Richterverhältnisses die Worte „unter Berufung in das Richterverhältnis“ mit dem Zusatz „auf Lebenszeit“, „auf Zeit“, „auf Probe“ oder „kraft Auftrags“ enthalten sein. Bei der Begründung eines Richterverhältnisses auf Zeit ist die Zeitdauer der Berufung in der Urkunde anzugeben.

IV Bei der Umwandlung eines Richterverhältnisses in ein Richterverhältnis anderer Art müssen in der Ernennungsurkunde die diese Art bestimmenden Worte nach Absatz 3 enthalten sein, bei der ersten Verleihung eines Amtes und bei der Verleihung eines anderen Amtes mit anderem Endgrundgehalt und anderer Amtsbezeichnung muß in der Ernennungsurkunde die Amtsbezeichnung dieses Amtes enthalten sein.

§ 17a *(nicht abgedruckt)*

§ 18 Nichtigkeit der Ernennung

I Eine Ernennung ist nichtig, wenn sie von einer sachlich unzuständigen Behörde ausgesprochen wurde. Die Ernennung kann nicht rückwirkend bestätigt werden.

II Eine Ernennung ist ferner nichtig, wenn der Ernannte im Zeitpunkt der Ernennung
1. nicht Deutscher im Sinne des Artikels 116 des Gurndgesetzes war,
2. *(aufgehoben)*
3. nicht die Fähigkeit zur Bekleidung öffentlicher Ämter hatte.

III Die Nichtigkeit einer Ernennung zum Richter auf Lebenszeit oder zum Richter auf Zeit kann erst geltend gemacht werden, nachdem ein Gericht sie rechtkräftig festgestellt hat.

§ 19 Rücknahme der Ernennung

I Eine Ernennung ist zurückzunehmen,
1. wenn der Ernannte nicht die Befähigung zum Richteramt besaß,
2. wenn die gesetzlich vorgeschriebene Beteiligung eines Richterwahlausschusses unterblieben war und der Richterwahlausschuß die nachträgliche Bestätigung abgelehnt hat,

3. wenn die Ernennung durch Zwang, arglistige Täuschung oder Bestechung herbeigeführt wurde oder
4. wenn nicht bekannt war, daß der Ernannte ein Verbrechen oder Vergehen begangen hatte, das ihn der Berufung in das Richterverhältnis unwürdig erscheinen läßt, und er deswegen rechtskräftig zu einer Strafe verurteilt war oder wird.

II Eine Ernennung kann zurückgenommen werden, wenn nicht bekannt war, daß der Ernannte in einem gerichtlichen Verfahren aus dem Dienst oder Beruf entfernt oder zum Verlust der Versorgungsbezüge verurteilt worden war.

III Die Ernennung zum Richter auf Lebenszeit oder zum Richter auf Zeit kann ohne schriftliche Zustimmung des Richters nur auf Grund rechtskräftiger richterlicher Entscheidung zurückgenommen werden.

§ 19 a Amtsbezeichnungen

I Amtsbezeichnungen der Richter auf Lebenszeit und der Richter auf Zeit sind „Richter“, „Vorsitzender Richter“, „Direktor“, „Vizepräsident“ oder „Präsident“ mit einem das Gericht bezeichnenden Zusatz („Richter am ...“, „Vorsitzender Richter am ...“, „Direktor des ...“, „Vizepräsident des ...“, „Präsident des ...“).

II Richter kraft Auftrags führen im Dienst die Bezeichnung „Richter“ mit einem das Gericht bezeichnenden Zusatz („Richter am ...“).

III Richter auf Probe führen die Bezeichnung „Richter“, im staatsanwaltschaftlichen Dienst die Bezeichnung „Staatsanwalt“.

§ 20 *(nicht abgedruckt)*

§ 21 Entlassung aus dem Dienstverhältnis

I Der Richter ist entlassen,
1. wenn er die Eigenschaft als Deutscher im Sinne des Artikels 116 des Grundgesetzes verliert,
2. wenn er in ein öffentlich-rechtliches Dienst- oder Amtsverhältnis zu einem anderen Dienstherrn tritt, sofern gesetzlich nicht anderes bestimmt ist, oder
3. wenn er zum Berufssoldaten oder Soldaten auf Zeit ernannt wird.

In den Fällen der Nummer 2 kann die oberste Dienstbehörde im Einvernehmen mit dem neuen Dienstherrn und mit Zustimmung des Richters die Fortdauer des Richterverhältnisses neben dem neuen Dienst- oder Amtsverhältnis anordnen.

II Der Richter ist zu entlassen,
1. wenn er sich weigert, den Richtereid (§ 38) zu leisten,
2. wenn er zur Zeit der Ernennung Mitglied des Bundestages oder eines Landtages war und nicht innerhalb der von der obersten Dienstbehörde gesetzten angemessenen Frist sein Mandat niederlegt,
3. wenn er nach Erreichen der Altersgrenze berufen worden ist,
4. wenn er seine Entlassung schriftlich verlangt,
5. wenn er die Altersgrenze erreicht oder dienstunfähig ist und das Dienstverhältnis nicht durch Eintritt in den Ruhestand endet oder
6. wenn er ohne Genehmigung der obersten Dienstbehörde seinen Wohnsitz oder dauernden Aufenthalt im Ausland nimmt.

III Ein Richter auf Lebenszeit oder ein Richter auf Zeit kann ohne seine schriftliche Zustimmung nur auf Grund rechtskräftiger richterlicher Entscheidung entlassen werden. Die Entlassung eines Richters auf Lebenszeit oder eines Richters auf Zeit nach Absatz 1 kann erst geltend gemacht werden, nachdem ein Gericht sie rechtskräftig festgestellt hat.

§§ 22–24 *(nicht abgedruckt)*

Vierter Abschnitt. Unabhängigkeit des Richters

§ 25 Grundsatz

Der Richter ist unabhängig und nur dem Gesetz unterworfen.

§ 26 Dienstaufsicht

I Der Richter untersteht einer Dienstaufsicht nur, soweit nicht seine Unabhängigkeit beeinträchtigt wird.

II Die Dienstaufsicht umfaßt vorbehaltlich des Absatzes 1 auch die Befugnis, die ordnungswidrige Art der Ausführung eines Amtsgeschäfts vorzuhalten und zu ordnungsgemäßer, unverzögerter Erledigung der Amtsgeschäfte zu ermahnen.

III Behauptet der Richter, daß eine Maßnahme der Dienstaufsicht seine Unabhängigkeit beeinträchtige, so entscheidet auf Antrag des Richters ein Gericht nach Maßgabe dieses Gesetzes.

§ 27 Übertragung eines Richteramts

I Dem Richter auf Lebenszeit und dem Richter auf Zeit ist ein Richteramt bei einem bestimmten Gericht zu übertragen.

II Ihm kann ein weiteres Richteramt bei einem anderen Gericht übertragen werden, soweit ein Gesetz dies zuläßt.

§ 28 Besetzung der Gerichte mit Richtern auf Lebenszeit

I Als Richter dürfen bei einem Gericht nur Richter auf Lebenszeit tätig werden, soweit nicht ein Bundesgesetz etwas anderes bestimmt.

II Vorsitzender eines Gerichts darf nur ein Richter sein. Wird ein Gericht in einer Besetzung mit mehreren Richtern tätig, so muß ein Richter auf Lebenszeit den Vorsitz führen.

§ 29 Besetzung der Gerichte mit Richtern auf Probe, Richtern kraft Auftrags und abgeordneten Richtern

Bei einer gerichtlichen Entscheidung darf nicht mehr als ein Richter auf Probe oder ein Richter kraft Auftrags oder ein abgeordneter Richter mitwirken.[1] Er muß als solcher in dem Geschäftsverteilungsplan kenntlich gemacht werden.

§ 30 Versetzung und Amtsenthebung

I Ein Richter auf Lebenszeit oder ein Richter auf Zeit kann ohne seine schriftliche Zustimmung nur

1. im Verfahren über die Richteranklage (Artikel 98 Abs. 2 und 5 des Grundgesetzes),
2. im förmlichen Disziplinarverfahren,
3. im Interesse der Rechtspflege (§ 31),
4. bei Veränderung der Gerichtsorganisation (§ 32)in ein anderes Amt versetzt oder seines Amtes enthoben werden.

II Die Versetzung oder Amtsenthebung kann – außer im Fall des Absatzes 1 Nr. 4 – nur auf Grund rechtskräftiger richterlicher Entscheidung ausgesprochen werden.

III Der Versetzung steht es gleich, wenn ein Richter, der mehrere Richterämter innehat, eines Amtes enthoben wird.

§ 31 Versetzung im Interesse der Rechtspflege

Ein Richter auf Lebenszeit oder ein Richter auf Zeit kann

1. in ein anderes Richteramt mit gleichem Endgrundgehalt,

---

[1] *Nach § 3 I RPflAnpG findet bis zum Ablauf des 31. 12. 1999 § 29 S. 1 in den neuen Bundesländern keine Anwendung.*

2. in den einstweiligen Ruhestand oder
3. in den Ruhestand

versetzt werden, wenn Tatsachen außerhalb seiner richterlichen Tätigkeit eine Maßnahme dieser Art zwingend gebieten, um eine schwere Beeinträchtigung der Rechtspflege abzuwenden.

§ 32 Veränderung der Gerichtsorganisation

I Bei einer Veränderung in der Einrichtung der Gerichte oder ihrer Bezirke kann einem auf Lebenszeit oder auf Zeit ernannten Richter dieser Gerichte ein anderes Richteramt übertragen werden. Ist eine Verwendung in einem Richteramt mit gleichem Endgrundgehalt nicht möglich, so kann ihm ein Richteramt mit geringerem Endgrundgehalt übertragen werden.

II Ist die Übertragung eines anderen Richteramts nicht möglich, so kann der Richter seines Amtes enthoben werden. Ihm kann jederzeit ein neues Richteramt, auch mit geringerem Endgrundgehalt, übertragen werden.

III Die Übertragung eines anderen Richteramts (Absatz 1) und die Amtsenthebung (Absatz 2 Satz 1) können nicht später als drei Monate nach Inkrafttreten der Veränderung ausgesprochen werden.

§ 33 *(nicht abgedruckt)*

§ 34 Versetzung in den Ruhestand wegen Dienstunfähigkeit

Ein Richter auf Lebenszeit oder ein Richter auf Zeit kann ohne seine schriftliche Zustimmung nur auf Grund rechtskräftiger richterlicher Entscheidung wegen Dienstunfähigkeit in den Ruhestand versetzt werden. Für Entscheidungen über eine begrenzte Dienstfähigkeit gilt Satz 1 entsprechend.

§ 35 Vorläufige Untersagung der Amtsgeschäfte

In einem Verfahren nach § 18 Abs. 3, § 19 Abs. 3, § 21 Abs. 3, §§ 30 und 34 kann das Gericht auf Antrag dem Richter die Führung seiner Amtsgeschäfte vorläufig untersagen.

§ 36 Mitgliedschaft in einer Volksvertretung oder Regierung

I Stimmt ein Richter seiner Aufstellung als Bewerber für die Wahl zum Deutschen Bundestag oder zu der gesetzgebenden Körperschaft eines Landes zu, ist ihm auf Antrag innerhalb der letzten zwei Monate vor dem Wahltag der zur Vorbereitung seiner Wahl erforderliche Urlaub unter Wegfall der Dienstbezüge zu gewähren.

II Nimmt ein Richter die Wahl in den Deutschen Bundestag oder in die gesetzgebende Körperschaft eines Landes an oder wird ein Richter mit seiner Zustimmung zum Mitglied der Bundesregierung oder der Regierung eines Landes ernannt, so enden das Recht und die Pflicht zur Wahrnehmung des Richteramts ohne gerichtliche Entscheidung nach näherer Bestimmung der Gesetze.

§ 37 Abordnung

I Ein Richter auf Lebenszeit oder ein Richter auf Zeit darf nur mit seiner Zustimmung abgeordnet werden.

II Die Abordnung ist auf eine bestimmte Zeit auszusprechen.

III Zur Vertretung eines Richters darf ein Richter auf Lebenszeit oder ein Richter auf Zeit ohne seine Zustimmung längstens für zusammen drei Monate innerhalb eines Geschäftsjahres an andere Gerichte desselben Gerichtszweigs abgeordnet werden.

Fünfter Abschnitt. Besondere Pflichten des Richters

§ 38 Richtereid

I Der Richter hat folgenden Eid in öffentlicher Sitzung eines Gerichts zu leisten:

„Ich schwöre, das Richteramt getreu dem Grundgesetz für die Bundesrepublik Deutschland und getreu dem Gesetz auszuüben, nach bestem Wissen und Gewissen ohne Ansehen der Person zu urteilen und nur der Wahrheit und Gerechtigkeit zu dienen, so wahr mir Gott helfe."

II Der Eid kann ohne die Worte „so wahr mit Gott helfe" geleistet werden.

III Der Eid kann für Richter im Landesdienst eine Verpflichtung auf die Landesverfassung enthalten und statt vor einem Gericht in anderer Weise öffentlich geleistet werden.

§ 39 Wahrung der Unabhängigkeit

Der Richter hat sich innerhalb und außerhalb seines Amtes, auch bei politischer Betätigung, so zu verhalten, daß das Vertrauen in seine Unabhängigkeit nicht gefährdet wird.

§ 40 Schiedsrichter und Schlichter

I Eine Nebentätigkeit als Schiedsrichter oder Schiedsgutachter darf dem Richter nur genehmigt werden, wenn die Parteien des Schiedsvertrags ihn gemeinsam beauftragen oder wenn er von einer unbeteiligten Stelle benannt ist. Die Genehmigung ist zu versagen, wenn der Richter zur Zeit der Entscheidung über die Erteilung der Genehmigung mit der Sache befaßt ist oder nach der Geschäftsverteilung befaßt werden kann.

II Auf eine Nebentätigkeit als Schlichter in Streitigkeiten zwischen Vereinigungen oder zwischen diesen und Dritten ist Absatz 1 entsprechend anzuwenden.

§ 41 Rechtsgutachten

I Ein Richter darf weder außerdienstlich Rechtsgutachten erstatten, noch entgeltlich Rechtsauskünfte erteilen.

II Ein beamteter Professor der Rechte oder der politischen Wissenschaften, der gleichzeitig Richter ist, darf mit Genehmigung der obersten Dienstbehörde der Gerichtsverwaltung Rechtsgutachten erstatten und Rechtsauskünfte erteilen. Die Genehmigung darf allgemein oder für den Einzelfall nur erteilt werden, wenn die richterliche Tätigkeit des Professors nicht über den Umfang einer Nebentätigkeit hinausgeht und nicht zu besorgen ist, daß dienstliche Interessen beeinträchtigt werden.

§ 42 Nebentätigkeiten in der Rechtspflege

Ein Richter ist zu einer Nebentätigkeit (Nebenamt, Nebenbeschäftigung) nur in der Rechtspflege und in der Gerichtsverwaltung verpflichtet.

§ 43 Beratungsgeheimnis

Der Richter hat über den Hergang bei der Beratung und Abstimmung auch nach Beendigung seines Dienstverhältnisses zu schweigen.

Sechster Abschnitt. Ehrenamtliche Richter

§ 44 Bestellung und Abberufung des ehrenamtlichen Richters

I Ehrenamtliche Richter dürfen bei einem Gericht nur auf Grund eines Gesetzes und unter den gesetzlich bestimmten Voraussetzungen tätig werden.

II Ein ehrenamtlicher Richter kann vor Ablauf seiner Amtszeit nur unter den gesetzlich bestimmten Voraussetzungen und gegen seinen Willen nur durch Entscheidung eines Gerichts abberufen werden.

§ 45 Unabhängigkeit und besondere Pflichten des ehrenamtlichen Richters

I Der ehrenamtliche Richter ist in gleichem Maße wie ein Berufsrichter unabhängig. Er hat das Beratungsgeheimnis zu wahren (§ 43).

II Der ehrenamtliche Richter ist vor seiner ersten Dienstleistung in öffentlicher Sitzung des Gerichts durch den Vorsitzenden zu vereidigen. Die Vereidigung gilt für die Dauer des Amtes, bei erneuter Bestellung auch für die sich unmittelbar anschließende Amtszeit. Der Schwörende soll bei der Eidesleistung die rechte Hand erheben.

III Der ehrenamtliche Richter leistet den Eid, indem er die Worte spricht:

„Ich schwöre, die Pflichten eines ehrenamtlichen Richters getreu dem Grundgesetz für die Bundesrepublik Deutschland und getreu dem Gesetz zu erfüllen, nach bestem Wissen und Gewissen ohne Ansehen der Person zu urteilen und nur der Wahrheit und Gerechtigkeit zu dienen, so wahr mir Gott helfe.

Der Eid kann ohne die Worte „so wahr mir Gott helfe" geleistet werden. Hierüber ist der Schwörende vor der Eidesleistung durch den Vorsitzenden zu belehren.

IV Gibt ein ehrenamtlicher Richter an, daß er aus Glaubens- oder Gewissensgründen keinen Eid leisten wolle, so spricht er die Worte:

„Ich gelobe, die Pflichten eines ehrenamtlichen Richters getreu dem Grundgesetz für die Bundesrepublik Deutschland und getreu dem Gesetz zu erfüllen, nach bestem Wissen und Gewissen ohne Ansehen der Person zu urteilen und nur der Wahrheit und Gerechtigkeit zu dienen.

Das Gelöbnis steht dem Eid gleich.

V Gibt ein ehrenamtlicher Richter an, daß er als Mitglied einer Religions- oder Bekenntnisgemeinschaft eine Beteuerungsformel dieser Gemeinschaft verwenden wolle, so kann er diese dem Eid oder dem Gelöbnis anfügen.

VI Die ehrenamtlichen Richter in der Finanzgerichtsbarkeit leisten den Eid dahin, die Pflichten eines ehrenamtlichen Richters getreu dem Grundgesetz für die Bundesrepublik Deutschland und getreu dem Gesetz zu erfüllen, das Steuergeheimnis zu wahren, nach bestem Wissen und Gewissen ohne Ansehen der Person zu urteilen und nur der Wahrheit und Gerechtigkeit zu dienen.

Dies gilt für das Gelöbnis entsprechend.

VII Für ehrenamtliche Richter bei den Gerichten der Länder können der Eid und das Gelöbnis eine zusätzliche Verpflichtung auf die Landesverfassung enthalten.

VIII Über die Verpflichtung des ehrenamtlichen Richters auf sein Amt wird ein Protokoll aufgenommen.

IX Im übrigen bestimmen sich die Rechte und Pflichten der ehrenamtlichen Richter nach den für die einzelnen Gerichtszweige geltenden Vorschriften.

§ 45 a Bezeichnungen der ehrenamtlichen Richter

Die ehrenamtlichen Richter in der Strafgerichtsbarkeit führen die Bezeichnung „Schöffe", die ehrenamtlichen Richter bei den Kammern für Handelssachen die Bezeichnung „Handelsrichter" und die anderen ehrenamtlichen Richter die Bezeichnung „ehrenamtlicher Richter".

Zweiter Teil. Richter im Bundesdienst

§§ 46–70 *(nicht abgedruckt)*

Dritter Teil. Richter im Landesdienst

§§ 71–84 *(nicht abgedruckt)*

Vierter Teil. Übergangs- und Schlußvorschriften

§§ 85–121 *(nicht abgedruckt)*

§ 122 Staatsanwälte

I Zum Staatsanwalt kann nur ernannt werden, wer die Befähigung zum Richteramt (§§ 5 bis 7) besitzt.

II Dem richterlichen Dienst im Sinne des § 10 Abs. 1 steht eine staatsanwaltschaftliche Tätigkeit gleich.

III Auf die Staatsanwälte ist § 41 entsprechend anzuwenden.

IV In förmlichen Disziplinarverfahren gegen Staatsanwälte entscheiden die Dienstgerichte für Richter. Die nichtständigen Beisitzer müssen auf Lebenszeit berufene Staatsanwälte sein. Der Bundesminister der Justiz bestellt die nichtständigen Beisitzer beim Dienstgericht des Bundes. Die Bestellung der nichtständigen Beisitzer bei den Dienstgerichten der Länder regelt die Landesgesetzgebung.

V Die Absätze 1 bis 4 und § 110 Satz 1 gelten entsprechend für den Oberbundesanwalt und die Bundesanwälte beim Bundesverwaltungsgericht, den Bundesdisziplinaranwalt, den Bundeswehrdisziplinaranwalt, die Staatsanwälte und die Landesanwälte bei den Gerichten der Verwaltungsgerichtsbarkeit der Länder; der Bundesminister der Justiz bestellt die nichtständigen Beisitzer beim Dienstgericht des Bundes im Einvernehmen mit dem zuständigen Bundesminister.

§§ 123–126 *(nicht abgedruckt)*

9. Jugendgerichtsgesetz (JGG)[1]

Vom 4. August 1953 (BGBl I 751; III 451–1) idF vom 11. Dezember 1974 (BGBl I 3427), letztes ÄndG vom 26. Januar 1998 (BGBl I 160, 161), mit Maßgabe für das Gebiet der ehemaligen DDR durch EV Anl I Kap III Sachgebiet C Abschn III Nr 3 vom 31. August 1990 (BGBl II 889)

(Auszug)

Erster Teil. Anwendungsbereich

§ 1 Persönlicher und sachlicher Anwendungsbereich

I Dieses Gesetz gilt, wenn ein Jugendlicher oder ein Heranwachsender eine Verfehlung begeht, die nach den allgemeinen Vorschriften mit Strafe bedroht ist.[2]

---

[1] Für die Anwendung des Jugendgerichtsgesetzes gelten im Gebiet der ehem. DDR zusätzlich folgende Bestimmungen:
§ 1. Zeitlicher Geltungsbereich. (1) Das Jugendgerichtsgesetz wird auch auf rechtswidrige Taten angewandt, die vor dem Wirksamwerden des Beitritts begangen worden sind.
(2) Auf Jugendstrafe darf gegen einen Jugendlichen oder Heranwachsenden nicht erkannt werden, wenn die Straftat vor dem Wirksamwerden des Beitritts begangen ist und nach dem allgemeinen Strafrecht die Verhängung einer Freiheitsstrafe von weniger als drei Monaten zu erwarten gewesen wäre.
§ 2. Freiheitsstrafen und Jugendhaft. (1) Freiheitsstrafen, auf die gegen einen Jugendlichen oder Heranwachsenden erkannt worden ist, werden für die Anwendung des Jugendgerichtsgesetzes der Jugendstrafe gleichgestellt. Die Verurteilung auf Bewährung wird für die Anwendung des Jugendgerichtsgesetzes der Aussetzung der Verhängung der Jugendstrafe gleichgestellt.
(2) Jugendhaft, auf die gegen einen Jugendlichen erkannt worden ist, wird für die Anwendung des Jugendgerichtsgesetzes dem Jugendarrest gleichgestellt.
§ 3. Teilvollstreckung einer Einheitsstrafe. § 56 des Jugendgerichtsgesetzes wird nur für Urteile angewandt, die unter Zugrundelegung des Jugendgerichtsgesetzes ergangen sind.
§ 4. Amnestiefälle. Für Freiheitsstrafen, auf die gegen Jugendliche und Heranwachsende vor dem Wirksamwerden des Beitritts erkannt worden ist; und die im Wege der Amnestie ausgesetzt worden sind, gelten die §§ 22 bis 26 a des Jugendgerichtsgesetzes entsprechend.
§ 5. Verweisungen. Soweit im Jugendgerichtsgesetz auf Vorschriften verwiesen wird, die durch den Einigungsvertrag geändert werden, treten an deren Stelle die geänderten Vorschriften.

[2] Im Gebiet der ehem. DDR gilt folgendes:
In der Überschrift vor § 3 sowie in § 1 Abs. 1, § 15 Abs. 2 Nr. 1, § 33 Abs. 1, § 39 Abs. 1, § 40 Abs. 1, § 67 Abs. 4, § 80 Abs. 1, § 104 Abs. 1 Nr. 1, § 105 Abs. 1 und § 108 treten jeweils an die Stelle des Wortes „Verfehlung“ bzw. „Verfehlungen“ die Worte „rechtswidrige Tat“ bzw. „rechtswidrige Taten“.

II Jugendlicher ist, wer zur Zeit der Tat vierzehn, aber noch nicht achtzehn, Heranwachsender, wer zur Zeit der Tat achtzehn, aber noch nicht einundzwanzig Jahre alt ist.

§ 2 Anwendung des allgemeinen Rechts

Die allgemeinen Vorschriften gelten nur, soweit in diesem Gesetz nichts anderes bestimmt ist.

Zweiter Teil. Jugendliche

Erstes Hauptstück. Verfehlungen Jugendlicher und ihre Folgen[1]

§§ 3–32 *(nicht abgedruckt)*

Zweites Hauptstück. Jugendgerichtsverfassung und Jugendstrafverfahren

Erster Abschnitt. Jugendgerichtsverfassung

§ 33 Jugendgerichte[1]

I Über Verfehlungen Jugendlicher entscheiden die Jugendgerichte.

II Jugendgerichte sind der Strafrichter als Jugendrichter, das Schöffengericht (Jugendschöffengericht) und die Strafkammer (Jugendkammer).

III Die Landesregierungen werden ermächtigt, durch Rechtsverordnung zu regeln, daß ein Richter bei einem Amtsgericht zum Jugendrichter für den Bezirk mehrerer Amtsgerichte (Bezirksjugendrichter) bestellt und daß bei einem Amtsgericht ein gemeinsames Jugendschöffengericht für den Bezirk mehrerer Amtsgerichte eingerichtet wird. Die Landesregierungen können die Ermächtigung durch Rechtsverordnung auf die Landesjustizverwaltungen übertragen.

§ 33 a

I Das Jugendschöffengericht besteht aus dem Jugendrichter als Vorsitzenden und zwei Jugendschöffen. Als Jugendschöffen sollen zu jeder Hauptverhandlung ein Mann und eine Frau herangezogen werden.

II Bei Entscheidungen außerhalb der Hauptverhandlung wirken die Jugendschöffen nicht mit.

§ 33 b

I Die Jugendkammer ist mit drei Richtern einschließlich des Vorsitzenden und zwei Jugendschöffen (große Jugendkammer), in Verfahren über Berufungen gegen Urteile des Jugendrichters mit dem Vorsitzenden und zwei Jugendschöffen (kleine Jugendkammer) besetzt.

II Bei Eröffnung des Hauptverfahrens beschließt die große Jugendkammer, daß sie in der Hauptverhandlung mit zwei Richtern einschließlich des Vorsitzenden und zwei Jugendschöffen besetzt ist, wenn nicht die Sache nach den allgemeinen Vorschriften einschließlich der Regelung des § 74 e des Gerichtsverfassungsgesetzes zur Zuständigkeit des Schwurgerichts gehört oder nach dem Umfang oder der Schwierigkeit der Sache die Mitwirkung eines dritten Richters notwendig erscheint.

III § 33 a Abs. 1 Satz 2, Abs. 2 gilt entsprechend.

---

[1] Siehe Fn 2 bei § 1 I.

§ 34 Aufgaben des Jugendrichters

I Dem Jugendrichter obliegen alle Aufgaben, die ein Richter beim Amtsgericht im Strafverfahren hat.

II Dem Jugendrichter sollen für die Jugendlichen die familien- und vormundschaftsrichterlichen Erziehungsaufgaben übertragen werden. Aus besonderen Gründen, namentlich wenn der Jugendrichter für den Bezirk mehrerer Amtsgerichte bestellt ist, kann hiervon abgewichen werden.

III Familien- und vormundschaftsrichterliche Erziehungsaufgaben sind

1. die Unterstützung der Eltern, des Vormundes und des Pflegers durch geeignete Maßnahmen (§ 1631 Abs. 3, §§ 1800, 1915 des Bürgerlichen Gesetzbuches),
2. die Maßnahmen zur Abwendung einer Gefährdung des Jugendlichen (§§ 1666, 1666 a, 1837 Abs 4, § 1915 des Bürgerlichen Gesetzbuches).[1]

§ 35 Jugendschöffen

I Die Schöffen der Jugendgerichte (Jugendschöffen) werden auf Vorschlag des Jugendhilfeausschusses für die Dauer von vier Geschäftsjahren von dem in § 40 des Gerichtsverfassungsgesetzes vorgesehenen Ausschuß gewählt. Dieser soll eine gleiche Anzahl von Männern und Frauen wählen.

II Der Jugendhilfeausschuß soll ebensoviele Männer wie Frauen und mindestens die doppelte Anzahl von Personen vorschlagen, die als Jugendschöffen und -hilfsschöffen benötigt werden. Die Vorgeschlagenen sollen erzieherisch befähigt und in der Jugenderziehung erfahren sein.

III Die Vorschlagsliste des Jugendhilfeausschusses gilt als Vorschlagsliste im Sinne des § 36 des Gerichtsverfassungsgesetzes. Für die Aufnahme in die Liste ist die Zustimmung von zwei Dritteln der stimmberechtigten Mitglieder erforderlich. Die Vorschlagsliste ist im Jugendamt eine Woche lang zu jedermanns Einsicht aufzulegen. Der Zeitpunkt der Auflegung ist vorher öffentlich bekanntzumachen.

IV Bei der Entscheidung über Einsprüche gegen die Vorschlagsliste des Jugendhilfeausschusses und bei der Wahl der Jugendschöffen und -hilfsschöffen führt der Jugendrichter den Vorsitz in dem Schöffenwahlausschuß.

V Die Jugendschöffen werden in besondere für Männer und Frauen getrennt zu führende Schöffenlisten aufgenommen.

§ 36 Jugendstaatsanwalt

Für Verfahren, die zur Zuständigkeit der Jugendgerichte gehören, werden Jugendstaatsanwälte bestellt.

§ 37 Auswahl der Jugendrichter und Jugendstaatsanwälte

Die Richter bei den Jugendgerichten und die Jugendstaatsanwälte sollen erzieherisch befähigt und in der Jugenderziehung erfahren sein.

§ 38 Jugendgerichtshilfe

I Die Jugendgerichtshilfe wird von den Jugendämtern im Zusammenwirken mit den Vereinigungen für Jugendhilfe ausgeübt.

II Die Vertreter der Jugendgerichtshilfe bringen die erzieherischen, sozialen und fürsorgerischen Gesichtspunkte im Verfahren vor den Jugendgerichten zur Geltung. Sie unterstützen zu diesem Zweck die beteiligten Behörden durch Erforschung der Persönlichkeit, der Entwicklung und der Umwelt des Beschuldigten und äußern sich zu den

---

[1] Im Gebiet der ehem. DDR ist § 34 Abs. 3 in folgender Fassung anzuwenden:
Vormundschaftsrichterliche Erziehungsaufgaben sind
1. die Unterstützung der Eltern, des Vormundes und des Pflegers durch geeignete Maßnahmen,
2. die Maßnahmen zur Abwendung einer Gefährdung des Jugendlichen.

Maßnahmen, die zu ergreifen sind. In Haftsachen berichten sie beschleunigt über das Ergebnis ihrer Nachforschungen. In die Hauptverhandlung soll der Vertreter der Jugendgerichtshilfe entsandt werden, der die Nachforschungen angestellt hat. Soweit nicht ein Bewährungshelfer dazu berufen ist, wachen sie darüber, daß der Jugendliche Weisungen und Auflagen nachkommt. Erhebliche Zuwiderhandlungen teilen sie dem Richter mit. Im Fall der Unterstellung nach § 10 Abs. 1 Satz 3 Nr. 5 üben sie die Betreuung und Aufsicht aus, wenn der Richter nicht eine andere Person damit betraut. Während der Bewährungszeit arbeiten sie eng mit dem Bewährungshelfer zusammen. Während des Vollzugs bleiben sie mit dem Jugendlichen in Verbindung und nehmen sich seiner Wiedereingliederung in die Gemeinschaft an.

III Im gesamten Verfahren gegen einen Jugendlichen ist die Jugendgerichtshilfe heranzuziehen. Dies soll so früh wie möglich geschehen. Vor der Erteilung von Weisungen (§ 10) sind die Vertreter der Jugendgerichtshilfe stets zu hören; kommt eine Betreuungsweisung in Betracht, sollen sie sich auch dazu äußern, wer als Betreuungshelfer bestellt werden soll.

Zweiter Abschnitt. Zuständigkeit

§ 39 Sachliche Zuständigkeit des Jugendrichters

I Der Jugendrichter ist zuständig für Verfehlungen Jugendlicher, wenn nur Erziehungsmaßregeln, Zuchtmittel, nach diesem Gesetz zulässige Nebenstrafen und Nebenfolgen oder die Entziehung der Fahrerlaubnis zu erwarten sind und der Staatsanwalt Anklage beim Strafrichter erhebt. Der Jugendrichter ist nicht zuständig in Sachen, die nach § 103 gegen Jugendliche und Erwachsene verbunden sind, wenn für die Erwachsenen nach allgemeinen Vorschriften der Richter beim Amtsgericht nicht zuständig wäre. § 209 Abs. 2 der Strafprozeßordnung gilt entsprechend.[1]

II Der Jugendrichter darf auf Jugendstrafe von mehr als einem Jahr nicht erkennen; die Unterbringung in einem psychiatrischen Krankenhaus darf er nicht anordnen.

§ 40 Sachliche Zuständigkeit des Jugendschöffengerichts

I Das Jugendschöffengericht ist zuständig für alle Verfehlungen, die nicht zur Zuständigkeit eines anderen Jugendgerichts gehören. § 209 der Strafprozeßordnung gilt entsprechend.[2]

II Das Jugendschöffengericht kann bis zur Eröffnung des Hauptverfahrens von Amts wegen die Entscheidung der Jugendkammer darüber herbeiführen, ob sie eine Sache wegen ihres besonderen Umfangs übernehmen will.

III Vor Erlaß des Übernahmebeschlusses fordert der Vorsitzende der Jugendkammer den Angeschuldigten auf, sich innerhalb einer zu bestimmenden Frist zu erklären, ob er die Vornahme einzelner Beweiserhebungen vor der Hauptverhandlung beantragen will.

IV Der Beschluß, durch den die Jugendkammer die Sache übernimmt oder die Übernahme ablehnt, ist nicht anfechtbar. Der Übernahmebeschluß ist mit dem Eröffnungsbeschluß zu verbinden.

§ 41 Sachliche Zuständigkeit der Jugendkammer

I Die Jugendkammer ist als erkennendes Gericht des ersten Rechtszuges zuständig in Sachen,

---

[1] Im Gebiet der ehem. DDR gilt folgendes:
In der Überschrift vor § 13 und in § 5 Abs. 2 Abs. 3, § 8 Abs. 1, Abs. 3, § 13 Abs. 1, Abs. 3, § 17 Abs. 2, § 31, § 39 Abs. 1, § 54 Abs. 1, § 55 Abs. 1, § 66 Abs. 1 und § 76 treten jeweils an die Stelle des Wortes „Zuchtmittel" bzw. „Zuchtmitteln" die Worte „Verwarnung, Erteilung von Auflagen und Jugendarrest".

[2] Siehe Fn 2 bei § 1 I.

1. die nach den allgemeinen Vorschriften einschließlich der Regelung des § 74 e des Gerichtsverfassungsgesetzes zur Zuständigkeit des Schwurgerichts gehören,
2. die sie nach Vorlage durch das Jugendschöffengericht wegen ihres besonderen Umfangs übernimmt (§ 40 Abs. 2) und
3. die nach § 103 gegen Jugendliche und Erwachsene verbunden sind, wenn für die Erwachsenen nach allgemeinen Vorschriften eine große Strafkammer zuständig wäre.

II Die Jugendkammer ist außerdem zuständig für die Verhandlung und Entscheidung über das Rechtsmittel der Berufung gegen die Urteile des Jugendrichters und des Jugendschöffengerichts. Sie trifft auch die in § 73 Abs. 1 des Gerichtsverfassungsgesetzes bezeichneten Entscheidungen.

§ 42 Örtliche Zuständigkeit

I Neben dem Richter, der nach dem allgemeinen Verfahrensrecht oder nach besonderen Vorschriften zuständig ist, sind zuständig
1. der Richter, dem die familien- oder vormundschaftsrichterlichen Erziehungsaufgaben für den Beschuldigten obliegen,
2. der Richter, in dessen Bezirk sich der auf freiem Fuß befindliche Beschuldigte zur Zeit der Erhebung der Anklage aufhält,
3. solange der Beschuldigte eine Jugendstrafe noch nicht vollständig verbüßt hat, der Richter, dem die Aufgaben des Vollstreckungsleiters obliegen.

II Der Staatsanwalt soll die Anklage nach Möglichkeit vor dem Richter erheben, dem die familien- oder vormundschaftsrichterlichen Erziehungsaufgaben obliegen, solange aber der Beschuldigte eine Jugendstrafe noch nicht vollständig verbüßt hat, vor dem Richter, dem die Aufgaben des Vollstreckungsleiters obliegen.

III Wechselt der Angeklagte seinen Aufenthalt, so kann der Richter das Verfahren mit Zustimmung des Staatsanwalts an den Richter abgeben, in dessen Bezirk sich der Angeklagte aufhält. Hat der Richter, an den das Verfahren abgegeben worden ist, gegen die Übernahme Bedenken, so entscheidet das gemeinschaftliche obere Gericht.

Dritter Abschnitt. Jugendstrafverfahren

Erster Unterabschnitt. Das Vorverfahren

§ 43 Umfang der Ermittlungen

I Nach Einleitung des Verfahrens sollen so bald wie möglich die Lebens- und Familienverhältnisse, der Werdegang, das bisherige Verhalten des Beschuldigten und alle übrigen Umstände ermittelt werden, die zur Beurteilung seiner seelischen, geistigen und charakterlichen Eigenart dienen können. Der Erziehungsberechtigte und der gesetzliche Vertreter, die Schule und der Ausbildende sollen, soweit möglich, gehört werden. Die Anhörung der Schule oder des Ausbildenden unterbleibt, wenn der Jugendliche davon unerwünschte Nachteile, namentlich den Verlust seines Ausbildungs- oder Arbeitsplatzes, zu besorgen hätte. § 38 Abs. 3 ist zu beachten.

II Soweit erforderlich, ist eine Untersuchung des Beschuldigten, namentlich zur Feststellung seines Entwicklungsstandes oder anderer für das Verfahren wesentlicher Eigenschaften, herbeizuführen. Nach Möglichkeit soll ein zur Untersuchung von Jugendlichen befähigter Sachverständiger mit der Durchführung der Anordnung beauftragt werden.

§ 44 Vernehmung des Beschuldigten

Ist Jugendstrafe zu erwarten, so soll der Staatsanwalt oder der Vorsitzende des Jugendgerichts den Beschuldigten vernehmen, ehe die Anklage erhoben wird.

§ 45 Absehen von der Verfolgung

I Der Staatsanwalt kann ohne Zustimmung des Richters von der Verfolgung absehen, wenn die Voraussetzungen des § 153 der Strafprozeßordnung vorliegen.

II Der Staatsanwalt sieht von der Verfolgung ab, wenn eine erzieherische Maßnahme bereits durchgeführt oder eingeleitet ist und er weder eine Beteiligung des Richters nach Absatz 3 noch die Erhebung der Anklage für erforderlich hält. Einer erzieherischen Maßnahme steht das Bemühen des Jugendlichen gleich, einen Ausgleich mit dem Verletzten zu erreichen.

III Der Staatsanwalt regt die Erteilung einer Ermahnung, von Weisungen nach § 10 Abs. 1 Satz 3 Nr. 4, 7 und 9 oder von Auflagen durch den Jugendrichter an, wenn der Beschuldigte geständig ist und der Staatsanwalt die Anordnung einer solchen richterlichen Maßnahme für erforderlich, die Erhebung der Anklage aber nicht für geboten hält. Entspricht der Jugendrichter der Anregung, so sieht der Staatsanwalt von der Verfolgung ab, bei Erteilung von Weisungen oder Auflagen jedoch nur, nachdem der Jugendliche ihnen nachgekommen ist. § 11 Abs. 3 und § 15 Abs. 3 Satz 2 sind nicht anzuwenden. § 47 Abs. 3 findet entsprechende Anwendung.

§ 46 Wesentliches Ergebnis der Ermittlungen

Der Staatsanwalt soll das wesentliche Ergebnis der Ermittlungen in der Anklageschrift (§ 200 Abs. 2 der Strafprozeßordnung) so darstellen, daß die Kenntnisnahme durch den Beschuldigten möglichst keine Nachteile für seine Erziehung verursacht.

Zweiter Unterabschnitt. Das Hauptverfahren

§ 47 Einstellung des Verfahrens durch den Richter

I Ist die Anklage eingereicht, so kann der Richter das Verfahren einstellen, wenn

1. die Voraussetzungen des § 153 der Strafprozeßordnung vorliegen,
2. eine erzieherische Maßnahme im Sinne des § 45 Abs. 2, die eine Entscheidung durch Urteil entbehrlich macht, bereits durchgeführt oder eingeleitet ist,
3. der Richter eine Entscheidung durch Urteil für entbehrlich hält und gegen den geständigen Jugendlichen eine in § 45 Abs. 3 Satz 1 bezeichnete Maßnahme anordnet oder
4. der Angeklagte mangels Reife strafrechtlich nicht verantwortlich ist.

In den Fällen von Satz 1 Nr. 2 und 3 kann der Richter mit Zustimmung des Staatsanwalts das Verfahren vorläufig einstellen und dem Jugendlichen eine Frist von höchstens sechs Monaten setzen, binnen der er den Auflagen, Weisungen oder erzieherischen Maßnahmen nachzukommen hat. Die Entscheidung ergeht durch Beschluß. Der Beschluß ist nicht anfechtbar. Kommt der Jugendliche den Auflagen, Weisungen oder erzieherischen Maßnahmen nach, so stellt der Richter das Verfahren ein. § 11 Abs. 3 und § 15 Abs. 3 Satz 2 sind nicht anzuwenden.

II Die Einstellung bedarf der Zustimmung des Staatsanwalts, soweit er nicht bereits der vorläufigen Einstellung zugestimmt hat. Der Einstellungsbeschluß kann auch in der Hauptverhandlung ergehen. Er wird mit Gründen versehen und ist nicht anfechtbar. Die Gründe werden dem Angeklagten nicht mitgeteilt, soweit davon Nachteile für die Erziehung zu befürchten sind.

III Wegen derselben Tat kann nur auf Grund neuer Tatsachen oder Beweismittel von neuem Anklage erhoben werden.

§ 47 a Vorrang der Jugendgerichte

Ein Jugendgericht darf sich nach Eröffnung des Hauptverfahrens nicht für unzuständig erklären, weil die Sache vor ein für allgemeine Strafsachen zuständiges Gericht gleicher oder niedrigerer Ordnung gehöre. § 103 Abs. 2 Satz 2, 3 bleibt unberührt.

§ 48 Nichtöffentlichkeit

I Die Verhandlung vor dem erkennenden Gericht einschließlich der Verkündung der Entscheidungen ist nicht öffentlich.

II Neben den am Verfahren Beteiligten ist dem Verletzten und, falls der Angeklagte der Aufsicht und Leitung eines Bewährungshelfers oder der Betreuung und Aufsicht eines

Bewährungshelfers untersteht oder für ihn ein Erziehungsbeistand bestellt ist, dem Helfer und dem Erziehungsbeistand die Anwesenheit gestattet. Das gleiche gilt in den Fällen, in denen dem Jugendlichen Hilfe zur Erziehung in einem Heim oder einer vergleichbaren Einrichtung gewährt wird, für den Leiter der Einrichtung. Andere Personen kann der Vorsitzende aus besonderen Gründen, namentlich zu Ausbildungszwecken, zulassen.

III Sind in dem Verfahren auch Heranwachsende oder Erwachsene angeklagt, so ist die Verhandlung öffentlich. Die Öffentlichkeit kann ausgeschlossen werden, wenn dies im Interesse der Erziehung jugendlicher Angeklagter geboten ist.

§ 49 Vereidigung von Zeugen und Sachverständigen

I Im Verfahren vor dem Jugendrichter werden Zeugen nur vereidigt, wenn es der Richter wegen der ausschlaggebenden Bedeutung der Aussage oder zur Herbeiführung einer wahren Aussage für notwendig hält. Von der Vereidigung von Sachverständigen kann der Jugendrichter in jedem Falle absehen.

II Sind in dem Verfahren auch Heranwachsende oder Erwachsene angeklagt, so ist Absatz 1 nicht anzuwenden.

§ 50 Anwesenheit in der Hauptverhandlung

I Die Hauptverhandlung kann nur dann ohne den Angeklagten stattfinden, wenn dies im allgemeinen Verfahren zulässig wäre, besondere Gründe dafür vorliegen und der Staatsanwalt zustimmt.

II Der Vorsitzende soll auch die Ladung des Erziehungsberechtigten und des gesetzlichen Vertreters anordnen. Die Vorschriften über die Ladung, die Folgen des Ausbleibens und die Entschädigung von Zeugen gelten entsprechend.

III Dem Vertreter der Jugendgerichtshilfe sind Ort und Zeit der Hauptverhandlung mitzuteilen. Er erhält auf Verlangen das Wort.

IV Nimmt ein bestellter Bewährungshelfer an der Hauptverhandlung teil, so soll er zu der Entwicklung des Jugendlichen in der Bewährungszeit gehört werden. Satz 1 gilt für einen bestellten Betreuungshelfer und den Leiter eines sozialen Trainingskurses, an dem der Jugendliche teilnimmt, entsprechend.

§ 51 Zeitweilige Ausschließung von Beteiligten

I Der Vorsitzende soll den Angeklagten für die Dauer solcher Erörterungen von der Verhandlung ausschließen, aus denen Nachteile für die Erziehung entstehen können. Er hat ihn von dem, was in seiner Abwesenheit verhandelt worden ist, zu unterrichten, soweit es für seine Verteidigung erforderlich ist.

II Der Vorsitzende soll auch Angehörige, den Erziehungsberechtigten und den gesetzlichen Vertreter des Angeklagten von der Verhandlung ausschließen, soweit gegen ihre Anwesenheit Bedenken bestehen.

§ 52 Berücksichtigung von Untersuchungshaft bei Jugendarrest

Wird auf Jugendarrest erkannt und ist dessen Zweck durch Untersuchungshaft oder eine andere wegen der Tat erlittene Freiheitsentziehung ganz oder teilweise erreicht, so kann der Richter im Urteil aussprechen, daß oder wieweit der Jugendarrest nicht vollstreckt wird.

§ 52 a Anrechnung von Untersuchungshaft bei Jugendstrafe

I Hat der Angeklagte aus Anlaß einer Tat, die Gegenstand des Verfahrens ist oder gewesen ist, Untersuchungshaft oder eine andere Freiheitsentziehung erlitten, so wird sie auf die Jugendstrafe angerechnet. Der Richter kann jedoch anordnen, daß die Anrechnung ganz oder zum Teil unterbleibt, wenn sie im Hinblick auf das Verhalten des Angeklagten nach der Tat oder aus erzieherischen Gründen nicht gerechtfertigt ist.

Erzieherische Gründe liegen namentlich vor, wenn bei Anrechnung der Freiheitsentziehung die noch erforderliche erzieherische Einwirkung auf den Angeklagten nicht gewährleistet ist.

II *(aufgehoben)*

§ 53 Überweisung an den Familien- oder Vormundschaftsrichter

Der Richter kann dem Familien- oder Vormundschaftsrichter im Urteil die Auswahl und Anordnung von Erziehungsmaßregeln überlassen, wenn er nicht auf Jugendstrafe erkennt. Der Familien- oder Vormundschaftsrichter muß dann eine Erziehungsmaßregel anordnen, soweit sich nicht die Umstände, die für das Urteil maßgebend waren, verändert haben.

§ 54 Urteilsgründe

I Wird der Angeklagte schuldig gesprochen, so wird in den Urteilsgründen auch ausgeführt, welche Umstände für seine Bestrafung, für die angeordneten Maßnahmen, für die Überlassung ihrer Auswahl und Anordnung an den Familien- oder Vormundschaftsrichter oder für das Absehen von Zuchtmitteln und Strafe bestimmend waren. Dabei soll namentlich die seelische, geistige und körperliche Eigenart des Angeklagten berücksichtigt werden.[1]

II Die Urteilsgründe werden dem Angeklagten nicht mitgeteilt, soweit davon Nachteile für die Erziehung zu befürchten sind.

Dritter Unterabschnitt. Rechtsmittelverfahren

§ 55 Anfechtung von Entscheidungen

I Eine Entscheidung, in der lediglich Erziehungsmaßregeln oder Zuchtmittel angeordnet oder die Auswahl und Anordnung von Erziehungsmaßregeln dem Familien- oder Vormundschaftsrichter überlassen sind, kann nicht wegen des Umfangs der Maßnahmen und nicht deshalb angefochten werden, weil andere oder weitere Erziehungsmaßregeln oder Zuchtmittel hätten angeordnet werden sollen oder weil die Auswahl und Anordnung der Erziehungsmaßregeln dem Vormundschaftsrichter überlassen worden sind. Diese Vorschrift gilt nicht, wenn der Richter angeordnet hat, Hilfe zur Erziehung nach § 12 Nr. 2 in Anspruch zu nehmen.[1]

II Wer eine zulässige Berufung eingelegt hat, kann gegen das Berufungsurteil nicht mehr Revision einlegen. Hat der Angeklagte, der Erziehungsberechtigte oder der gesetzliche Vertreter eine zulässige Berufung eingelegt, so steht gegen das Berufungsurteil keinem von ihnen das Rechtsmittel der Revision zu.

III Der Erziehungsberechtigte oder der gesetzliche Vertreter kann das von ihm eingelegte Rechtsmittel nur mit Zustimmung des Angeklagten zurücknehmen.

§ 56 Teilvollstreckung einer Einheitsstrafe[2]

I Ist ein Angeklagter wegen mehrerer Straftaten zu einer Einheitsstrafe verurteilt worden, so kann das Rechtsmittelgericht vor der Hauptverhandlung das Urteil für einen Teil der Strafe als vollstreckbar erklären, wenn die Schuldfeststellungen bei einer Straftat oder bei mehreren Straftaten nicht beanstandet worden sind. Die Anordnung ist nur zulässig, wenn sie dem wohlverstandenen Interesse des Angeklagten entspricht. Der Teil der Strafe darf nicht über die Strafe hinausgehen, die einer Verurteilung wegen der Straftaten entspricht, bei denen die Schuldfeststellungen nicht beanstandet worden sind.

II Gegen den Beschluß ist sofortige Beschwerde zulässig.

---

[1] Siehe Fn 1 bei § 39 I.
[2] Siehe Fn 1 vor § 1.

Vierter Unterabschnitt. Verfahren bei Aussetzung der Jugendstrafe zur Bewährung

§ 57 Entscheidung über die Aussetzung

I Die Aussetzung der Jugendstrafe zur Bewährung wird im Urteil oder, solange der Strafvollzug noch nicht begonnen hat, nachträglich durch Beschluß angeordnet. Für den nachträglichen Beschluß ist der Richter zuständig, der in der Sache im ersten Rechtszuge erkannt hat; der Staatsanwalt und der Jugendliche sind zu hören.

II Hat der Richter die Aussetzung im Urteil abgelehnt, so ist ihre nachträgliche Anordnung nur zulässig, wenn seit Erlaß des Urteils Umstände hervorgetreten sind, die allein oder in Verbindung mit den bereits bekannten Umständen eine Aussetzung der Jugendstrafe zur Bewährung rechtfertigen.

III Kommen Weisungen oder Auflagen (§ 23) in Betracht, so ist der Jugendliche in geeigneten Fällen zu befragen, ob er Zusagen für seine künftige Lebensführung macht oder sich zu Leistungen erbietet, die der Genugtuung für das begangene Unrecht dienen. Kommt die Weisung in Betracht, sich einer heilerzieherischen Behandlung oder einer Entziehungskur zu unterziehen, so ist der Jugendliche, der das sechzehnte Lebensjahr vollendet hat, zu befragen, ob er hierzu seine Einwilligung gibt.

IV § 260 Abs. 4 Satz 4 und § 267 Abs. 3 Satz 4 der Strafprozeßordnung gelten entsprechend.

§ 58 Weitere Entscheidungen

I Entscheidungen, die infolge der Aussetzung erforderlich werden (§§ 22, 23, 24, 26, 26 a), trifft der Richter durch Beschluß. Der Staatsanwalt, der Jugendliche und der Bewährungshelfer sind zu hören. Wenn eine Entscheidung nach § 26 oder die Verhängung von Jugendarrest in Betracht kommt, ist dem Jugendlichen Gelegenheit zur mündlichen Äußerung vor dem Richter zu geben. Der Beschluß ist zu begründen.

II Der Richter leitet auch die Vollstreckung der vorläufigen Maßnahmen nach § 453 c der Strafprozeßordnung.

III Zuständig ist der Richter, der die Aussetzung angeordnet hat. Er kann die Entscheidungen ganz oder teilweise dem Jugendrichter übertragen, in dessen Bezirk sich der Jugendliche aufhält. § 42 Abs. 3 Satz 2 gilt entsprechend.

§ 59 Anfechtung

I Gegen eine Entscheidung, durch welche die Aussetzung der Jugendstrafe angeordnet oder abgelehnt wird, ist, wenn sie für sich allein angefochten wird, sofortige Beschwerde zulässig. Das gleiche gilt, wenn ein Urteil nur deshalb angefochten wird, weil die Strafe nicht ausgesetzt worden ist.

II Gegen eine Entscheidung über die Dauer der Bewährungszeit (§ 22), die Dauer der Unterstellungszeit (§ 24), die erneute Anordnung der Unterstellung in der Bewährungszeit (§ 24 Abs. 2) und über Weisungen oder Auflagen (§ 23) ist Beschwerde zulässig: Sie kann nur darauf gestützt werden, daß die Bewährungs- oder die Unterstellungszeit nachträglich verlängert, die Unterstellung erneut angeordnet worden oder eine getroffene Anordnung gesetzwidrig ist.

III Gegen den Widerruf der Aussetzung der Jugendstrafe (§ 26 Abs. 1) ist sofortige Beschwerde zulässig.

IV Der Beschluß über den Straferlaß (§ 26 a) ist nicht anfechtbar.

V Wird gegen ein Urteil eine zulässige Revision und gegen eine Entscheidung, die sich auf eine in dem Urteil angeordnete Aussetzung der Jugendstrafe zur Bewährung bezieht, Beschwerde eingelegt, so ist das Revisionsgericht auch zur Entscheidung über die Beschwerde zuständig.

§ 60 Bewährungsplan

I Der Vorsitzende stellt die erteilten Weisungen und Auflagen in einem Bewährungsplan zusammen. Er händigt ihn dem Jugendlichen aus und belehrt ihn zugleich über die Bedeutung der Aussetzung, die Bewährungs- und Unterstellungszeit, die Weisungen und Auflagen sowie über die Möglichkeit des Widerrufs der Aussetzung. Zugleich ist ihm aufzugeben, jeden Wechsel seines Aufenthalts, Ausbildungs- oder Arbeitsplatzes während der Bewährungszeit anzuzeigen. Auch bei nachträglichen Änderungen des Bewährungsplans ist der Jugendliche über den wesentlichen Inhalt zu belehren.

II Der Name des Bewährungshelfers wird in den Bewährungsplan eingetragen.

III Der Jugendliche soll durch seine Unterschrift bestätigen, daß er den Bewährungsplan gelesen hat, und versprechen, daß er den Weisungen und Auflagen nachkommen will. Auch der Erziehungsberechtigte und der gesetzliche Vertreter sollen den Bewährungsplan unterzeichnen.

§ 61 *(weggefallen)*

Fünfter Unterabschnitt. Verfahren bei Aussetzung der Verhängung der Jugendstrafe

§ 62 Entscheidungen

I Entscheidungen nach den §§ 27 und 30 ergehen auf Grund einer Hauptverhandlung durch Urteil. Für die Entscheidung über die Aussetzung der Verhängung der Jugendstrafe gilt § 267 Abs. 3 Satz 4 der Strafprozeßordnung sinngemäß.

II Mit Zustimmung des Staatsanwalts kann die Tilgung des Schuldspruchs nach Ablauf der Bewährungszeit auch ohne Hauptverhandlung durch Beschluß angeordnet werden.

III Ergibt eine während der Bewährungszeit durchgeführte Hauptverhandlung nicht, daß eine Jugendstrafe erforderlich ist (§ 30 Abs. 1), so ergeht der Beschluß, daß die Entscheidung über die Verhängung der Strafe ausgesetzt bleibt.

IV Für die übrigen Entscheidungen, die infolge einer Aussetzung der Verhängung der Jugendstrafe erforderlich werden, gilt § 58 Abs. 1 Satz 1, 2 und 4 und Abs. 3 Satz 1 sinngemäß.

§ 63 Anfechtung

I Ein Beschluß, durch den der Schuldspruch nach Ablauf der Bewährungszeit getilgt wird (§ 62 Abs. 2) oder die Entscheidung über die Verhängung der Jugendstrafe ausgesetzt bleibt (§ 62 Abs. 3), ist nicht anfechtbar.

II Im übrigen gilt § 59 Abs. 2 und 5 sinngemäß.

§ 64 Bewährungsplan

§ 60 gilt sinngemäß. Der Jugendliche ist über die Bedeutung der Aussetzung, die Bewährungs- und Unterstellungszeit, die Weisungen und Auflagen sowie darüber zu belehren, daß er die Festsetzung einer Jugendstrafe zu erwarten habe, wenn er sich während der Bewährungszeit schlecht führe.

Sechster Unterabschnitt. Ergänzende Entscheidungen

§ 65 Nachträgliche Entscheidungen über Weisungen und Auflagen

I Nachträgliche Entscheidungen, die sich auf Weisungen (§ 11 Abs. 2, 3) oder Auflagen (§ 15 Abs. 3) beziehen, trifft der Richter des ersten Rechtszuges nach Anhören des Staatsanwalts und des Jugendlichen durch Beschluß. Soweit erforderlich, sind der Vertreter der Jugendgerichtshilfe, der nach § 10 Abs. 1 Satz 3 Nr. 5 bestellte Betreuungshelfer und der nach § 10 Abs. 1 Satz 3 Nr. 6 tätige Leiter eines sozialen Trainingskurses zu hören. Wenn die Verhängung von Jugendarrest in Betracht kommt, ist dem Jugendlichen Gelegenheit zur mündlichen Äußerung vor dem Richter zu geben. Der Richter kann das Verfahren an den Jugendrichter abgeben, in dessen Bezirk sich der

Jugendliche aufhält, wenn dieser seinen Aufenthalt gewechselt hat. § 42 Abs. 3 Satz 2 gilt entsprechend.

II Hat der Richter die Änderung von Weisungen abgelehnt, so ist der Beschluß nicht anfechtbar. Hat er Jugendarrest verhängt, so ist gegen den Beschluß sofortige Beschwerde zulässig. Diese hat aufschiebende Wirkung.

§ 66 Ergänzung rechtskräftiger Entscheidungen bei mehrfacher Verurteilung

I Ist die einheitliche Festsetzung von Maßnahmen oder Jugendstrafe (§ 31) unterblieben und sind die durch die rechtskräftigen Entscheidungen erkannten Erziehungsmaßregeln, Zuchtmittel und Strafen noch nicht vollständig ausgeführt, verbüßt oder sonst erledigt, so trifft der Richter eine solche Entscheidung nachträglich. Dies gilt nicht, soweit der Richter nach § 31 Abs. 3 von der Einbeziehung rechtskräftig abgeurteilter Straftaten abgesehen hatte.[1]

II Die Entscheidung ergeht auf Grund einer Hauptverhandlung durch Urteil, wenn der Staatsanwalt es beantragt oder der Vorsitzende es für angemessen hält. Wird keine Hauptverhandlung durchgeführt, so entscheidet der Richter durch Beschluß. Für die Zuständigkeit und das Beschlußverfahren gilt dasselbe wie für die nachträgliche Bildung einer Gesamtstrafe nach den allgemeinen Vorschriften. Ist eine Jugendstrafe teilweise verbüßt, so ist der Richter zuständig, dem die Aufgaben des Vollstreckungsleiters obliegen.

Siebenter Unterabschnitt. Gemeinsame Verfahrensvorschriften

§ 67 Stellung des Erziehungsberechtigten und des gesetzlichen Vertreters

I Soweit der Beschuldigte ein Recht darauf hat, gehört zu werden, Fragen und Anträge zu stellen oder bei Untersuchungshandlungen anwesend zu sein, steht dieses Recht auch dem Erziehungsberechtigten und dem gesetzlichen Vertreter zu.

II Ist eine Mitteilung an den Beschuldigten vorgeschrieben, so soll die entsprechende Mitteilung an den Erziehungsberechtigten und den gesetzlichen Vertreter gerichtet werden.

III Die Rechte des gesetzlichen Vertreters zur Wahl eines Verteidigers und zur Einlegung von Rechtsbehelfen stehen auch dem Erziehungsberechtigten zu.

IV Der Richter kann diese Rechte dem Erziehungsberechtigten und dem gesetzlichen Vertreter entziehen, soweit sie verdächtig sind, an der Verfehlung des Beschuldigten beteiligt zu sein, oder soweit sie wegen einer Beteiligung verurteilt sind. Liegen die Voraussetzungen des Satzes 1 bei dem Erziehungsberechtigten oder dem gesetzlichen Vertreter vor, so kann der Richter die Entziehung gegen beide aussprechen, wenn ein Mißbrauch der Rechte zu befürchten ist. Stehen dem Erziehungsberechtigten und dem gesetzlichen Vertreter ihre Rechte nicht mehr zu, so bestellt der Vormundschaftsrichter einen Pfleger zur Wahrnehmung der Interessen des Beschuldigten im anhängigen Strafverfahren. Die Hauptverhandlung wird bis zur Bestellung des Pflegers ausgesetzt.[2]

V Sind mehrere erziehungsberechtigt, so kann jeder von ihnen die in diesem Gesetz bestimmten Rechte des Erziehungsberechtigten ausüben. In der Hauptverhandlung oder in einer sonstigen Verhandlung vor dem Richter wird der abwesende Erziehungsberechtigte als durch den anwesenden vertreten angesehen. Sind Mitteilungen oder Ladungen vorgeschrieben, so genügt es, wenn sie an einen Erziehungsberechtigten gerichtet werden.

§ 68 Notwendige Verteidigung

Der Vorsitzende bestellt dem Beschuldigten einen Verteidiger, wenn

1. einem Erwachsenen ein Verteidiger zu bestellen wäre,
2. dem Erziehungsberechtigten und dem gesetzlichen Vertreter ihre Rechte nach diesem Gesetz entzogen sind,

---

[1] Siehe Fn 1 bei § 39 I.
[2] Siehe Fn 2 bei § 1 I.

3. zur Vorbereitung eines Gutachtens über den Entwicklungsstand des Beschuldigten (§ 73) seine Unterbringung in einer Anstalt in Frage kommt, oder
4. gegen ihn Untersuchungshaft oder einstweilige Unterbringung gemäß § 126 a der Strafprozeßordnung vollstreckt wird, solange er das achtzehnte Lebensjahr nicht vollendet hat; der Verteidiger wird unverzüglich bestellt.

§ 69 Beistand

I Der Vorsitzende kann dem Beschuldigten in jeder Lage des Verfahrens einen Beistand bestellen, wenn kein Fall der notwendigen Verteidigung vorliegt.

II Der Erziehungsberechtigte und der gesetzliche Vertreter dürfen nicht zum Beistand bestellt werden, wenn hierdurch ein Nachteil für die Erziehung zu erwarten wäre.

III Dem Beistand kann Akteneinsicht gewährt werden. Im übrigen hat er in der Hauptverhandlung die Rechte eines Verteidigers.

§ 70 Mitteilungen

Die Jugendgerichtshilfe, in geeigneten Fällen auch der Vormundschaftsrichter, der Familienrichter und die Schule werden von der Einleitung und dem Ausgang des Verfahrens unterrichtet. Sie benachrichtigen den Staatsanwalt, wenn ihnen bekannt wird, daß gegen den Beschuldigten noch ein anderes Strafverfahren anhängig ist. Der Familien- und Vormundschaftsrichter teilt dem Staatsanwalt ferner familien- und vormundschaftsgerichtliche Maßnahmen sowie ihre Änderung und Aufhebung mit, soweit nicht für den Familien- und Vormundschaftsrichter erkennbar ist, daß schutzwürdige Interessen des Beschuldigten oder des sonst von der Mitteilung Betroffenen an dem Ausschluß der Übermittlung überwiegen.

§ 71 Vorläufige Anordnungen über die Erziehung

I Bis zur Rechtskraft des Urteils kann der Richter vorläufige Anordnungen über die Erziehung des Jugendlichen treffen oder die Gewährung von Leistungen nach dem Achten Buch Sozialgesetzbuch anregen.

II Der Richter kann die einstweilige Unterbringung in einem geeigneten Heim der Jugendhilfe anordnen, wenn dies auch im Hinblick auf die zu erwartenden Maßnahmen geboten ist, um den Jugendlichen vor einer weiteren Gefährdung seiner Entwicklung, insbesondere vor der Begehung neuer Straftaten, zu bewahren. Für die einstweilige Unterbringung gelten die §§ 114 bis 115 a, 117 bis 118 b, 120, 125 und 126 der Strafprozeßordnung sinngemäß. Die Ausführung der einstweiligen Unterbringung richtet sich nach den für das Heim der Jugendhilfe geltenden Regelungen.

§ 72 Untersuchungshaft

I Untersuchungshaft darf nur verhängt und vollstreckt werden, wenn ihr Zweck nicht durch eine vorläufige Anordnung über die Erziehung oder durch andere Maßnahmen erreicht werden kann. Bei der Prüfung der Verhältnismäßigkeit (§ 112 Abs. 1 Satz 2 der Strafprozeßordnung) sind auch die besonderen Belastungen des Vollzuges für Jugendliche zu berücksichtigen. Wird Untersuchungshaft verhängt, so sind im Haftbefehl die Gründe anzuführen, aus denen sich ergibt, daß andere Maßnahmen, insbesondere die einstweilige Unterbringung in einem Heim der Jugendhilfe, nicht ausreichen und die Untersuchungshaft nicht unverhältnismäßig ist.

II Solange der Jugendliche das sechzehnte Lebensjahr noch nicht vollendet hat, ist die Verhängung von Untersuchungshaft wegen Fluchtgefahr nur zulässig, wenn er
1. sich dem Verfahren bereits entzogen hatte oder Anstalten zur Flucht getroffen hat oder
2. im Geltungsbereich dieses Gesetzes keinen festen Wohnsitz oder Aufenthalt hat.

III Über die Vollstreckung eines Haftbefehls und über die Maßnahmen zur Abwendung seiner Vollstreckung entscheidet der Richter, der den Haftbefehl erlassen hat, in dringenden Fällen der Jugendrichter, in dessen Bezirk die Untersuchungshaft vollzogen werden müßte.

IV Unter denselben Voraussetzungen, unter denen ein Haftbefehl erlassen werden kann, kann auch die einstweilige Unterbringung in einem Heim der Jugendhilfe (§ 71 Abs. 2) angeordnet werden. In diesem Falle kann der Richter den Unterbringungsbefehl nachträglich durch einen Haftbefehl ersetzen, wenn sich dies als notwendig erweist.

V Befindet sich ein Jugendlicher in Untersuchungshaft, so ist das Verfahren mit besonderer Beschleunigung durchzuführen.

VI Die richterlichen Entscheidungen, welche die Untersuchungshaft betreffen, kann der zuständige Richter aus wichtigen Gründen sämtlich oder zum Teil einem anderen Jugendrichter übertragen.

§ 72 a Heranziehung der Jugendgerichtshilfe in Haftsachen

Die Jugendgerichtshilfe ist unverzüglich von der Vollstreckung eines Haftbefehls zu unterrichten; ihr soll bereits der Erlaß eines Haftbefehls mitgeteilt werden. Von der vorläufigen Festnahme eines Jugendlichen ist die Jugendgerichtshilfe zu unterrichten, wenn nach dem Stand der Ermittlungen zu erwarten ist, daß der Jugendliche gemäß § 128 der Strafprozeßordnung dem Richter vorgeführt wird.

§ 73 Unterbringung zur Beobachtung

I Zur Vorbereitung eines Gutachtens über den Entwicklungsstand des Beschuldigten kann der Richter nach Anhören eines Sachverständigen und des Verteidigers anordnen, daß der Beschuldigte in eine zur Untersuchung Jugendlicher geeignete Anstalt gebracht und dort beobachtet wird. Im vorbereitenden Verfahren entscheidet der Richter, der für die Eröffnung des Hauptverfahrens zuständig wäre.

II Gegen den Beschluß ist sofortige Beschwerde zulässig. Sie hat aufschiebende Wirkung.

III Die Verwahrung in der Anstalt darf die Dauer von sechs Wochen nicht überschreiten.

§ 74 Kosten und Auslagen

Im Verfahren gegen einen Jugendlichen kann davon abgesehen werden, dem Angeklagten Kosten und Auslagen aufzuerlegen.

Achter Unterabschnitt. Vereinfachtes Jugendverfahren

§ 75 *(weggefallen)*

§ 76 Voraussetzungen des vereinfachten Jugendverfahrens

Der Staatsanwalt kann bei dem Jugendrichter schriftlich oder mündlich beantragen, im vereinfachten Jugendverfahren zu entscheiden, wenn zu erwarten ist, daß der Jugendrichter ausschließlich Weisungen erteilen, Hilfe zur Erziehung im Sinne des § 12 Nr. 1 anordnen, Zuchtmittel verhängen, auf ein Fahrverbot erkennen, die Fahrerlaubnis entziehen und eine Sperre von nicht mehr als zwei Jahren festsetzen oder den Verfall oder die Einziehung aussprechen wird. Der Antrag des Staatsanwalts steht der Anklage gleich.[1]

§ 77 Ablehnung des Antrags

I Der Jugendrichter lehnt die Entscheidung im vereinfachten Verfahren ab, wenn sich die Sache hierzu nicht eignet, namentlich wenn die Anordnung von Hilfe zur Erziehung im Sinne des § 12 Nr 2 oder die Verhängung von Jugendstrafe wahrscheinlich oder eine umfangreiche Beweisaufnahme erforderlich ist. Der Beschluß kann bis zur Verkündung des Urteils ergehen. Er ist nicht anfechtbar.

---

[1] Siehe Fn 1 bei § 39 I.

II Lehnt der Jugendrichter die Entscheidung im vereinfachten Verfahren ab, so reicht der Staatsanwalt eine Anklageschrift ein.

§ 78 Verfahren und Entscheidung

I Der Jugendrichter entscheidet im vereinfachten Jugendverfahren auf Grund einer mündlichen Verhandlung durch Urteil. Er darf auf Hilfe zur Erziehung im Sinne des § 12 Nr 2, Jugendstrafe oder Unterbringung in einer Entziehungsanstalt nicht erkennen.

II Der Staatsanwalt ist nicht verpflichtet, an der Verhandlung teilzunehmen. Nimmt er nicht teil, so bedarf es seiner Zustimmung zu einer Einstellung des Verfahrens in der Verhandlung oder zur Durchführung der Verhandlung in Abwesenheit des Angeklagten nicht.

III Zur Vereinfachung, Beschleunigung und jugendgemäßen Gestaltung des Verfahrens darf von Verfahrensvorschriften abgewichen werden, soweit dadurch die Erforschung der Wahrheit nicht beeinträchtigt wird. Die Vorschriften über die Anwesenheit des Angeklagten (§ 50), die Stellung des Erziehungsberechtigten und des gesetzlichen Vertreters (§ 67) und die Mitteilung von Entscheidungen (§ 70) müssen beachtet werden.

Neunter Unterabschnitt. Ausschluß von Vorschriften des allgemeinen Verfahrensrechts

§ 79 Strafbefehl und beschleunigtes Verfahren

I Gegen einen Jugendlichen darf kein Strafbefehl erlassen werden.

II Das beschleunigte Verfahren des allgemeinen Verfahrensrechts ist unzulässig.

§ 80 Privatklage und Nebenklage

I Gegen einen Jugendlichen kann Privatklage nicht erhoben werden. Eine Verfehlung, die nach den allgemeinen Vorschriften durch Privatklage verfolgt werden kann, verfolgt der Staatsanwalt auch dann, wenn Gründe der Erziehung oder ein berechtigtes Interesse des Verletzten, das dem Erziehungszweck nicht entgegensteht, es erfordern.[1]

II Gegen einen jugendlichen Privatkläger ist Widerklage zulässig. Auf Jugendstrafe darf nicht erkannt werden.

III Nebenklage ist unzulässig.

§ 81 Entschädigung des Verletzten

Die Vorschriften der Strafprozeßordnung über die Entschädigung des Verletzten (§§ 403 bis 406 c der Strafprozeßordnung) werden im Verfahren gegen einen Jugendlichen nicht angewendet.

Drittes Hauptstück. Vollstreckung und Vollzug

Erster Abschnitt. Vollstreckung

Erster Unterabschnitt. Verfassung der Vollstreckung und Zuständigkeit

§ 82 Vollstreckungsleiter

I Vollstreckungsleiter ist der Jugendrichter. Er nimmt auch die Aufgaben wahr, welche die Strafprozeßordnung der Strafvollstreckungskammer zuweist.

II Soweit der Richter Hilfe zur Erziehung im Sinne des § 12 angeordnet hat, richtet sich die weitere Zuständigkeit nach den Vorschriften des Achten Buches Sozialgesetzbuch.

---

[1] Siehe Fn 2 bei § 1 I.

§ 83 Entscheidungen im Vollstreckungsverfahren

I Die Entscheidungen des Vollstreckungsleiters nach den §§ 86 bis 89 a und 92 Abs. 3 sowie nach den §§ 462 a und 463 der Strafprozeßordnung sind jugendrichterliche Entscheidungen.

II Für die bei der Vollstreckung notwendig werdenden gerichtlichen Entscheidungen gegen eine vom Vollstreckungsleiter getroffene Anordnung ist die Jugendkammer in den Fällen zuständig, in denen

1. der Vollstreckungsleiter selbst oder unter seinem Vorsitz das Jugendschöffengericht im ersten Rechtszug erkannt hat,
2. der Vollstreckungsleiter in Wahrnehmung der Aufgaben der Strafvollstreckungskammer über seine eigene Anordnung zu entscheiden hätte.

III Die Entscheidungen nach den Absätzen 1 und 2 können, soweit nichts anderes bestimmt ist, mit sofortiger Beschwerde angefochten werden. Die §§ 67 bis 69 gelten sinngemäß.

§ 84 Örtliche Zuständigkeit

I Der Jugendrichter leitet die Vollstreckung in allen Verfahren ein, in denen er selbst oder unter seinem Vorsitz das Jugendschöffengericht im ersten Rechtszuge erkannt hat.

II Soweit, abgesehen von den Fällen des Absatzes 1, die Entscheidung eines anderen Richters zu vollstrecken ist, steht die Einleitung der Vollstreckung dem Jugendrichter des Amtsgerichts zu, dem die familien- oder vormundschaftsrichterlichen Erziehungsaufgaben obliegen. Ist in diesen Fällen der Verurteilte volljährig, steht die Einleitung der Vollstreckung dem Jugendrichter des Amtsgerichts zu; dem die familien- oder vormundschaftsrichterlichen Erziehungsaufgaben bei noch fehlender Volljährigkeit oblägen.

III In den Fällen der Absätze 1 und 2 führt der Jugendrichter die Vollstreckung durch, soweit § 85 nichts anderes bestimmt.

§ 85 Abgabe und Übergang der Vollstreckung

I Ist Jugendarrest zu vollstrecken, so gibt der zunächst zuständige Jugendrichter die Vollstreckung an den Jugendrichter ab, der nach § 90 Abs. 2 Satz 2 als Vollzugsleiter zuständig ist.

II Ist Jugendstrafe zu vollstrecken, so geht nach der Aufnahme des Verurteilten in die Jugendstrafanstalt die Vollstreckung auf den Jugendrichter des Amtsgerichts über, in dessen Bezirk die Jugendstrafanstalt liegt. Die Landesregierungen werden ermächtigt, durch Rechtsverordnung zu bestimmen, daß die Vollstreckung auf den Jugendrichter eines anderen Amtsgerichts übergeht, wenn dies aus verkehrsmäßigen Gründen günstiger erscheint. Die Landesregierungen können die Ermächtigung durch Rechtsverordnung auf die Landesjustizverwaltungen übertragen.

III Unterhält ein Land eine Jugendstrafanstalt auf dem Gebiet eines anderen Landes, so können die beteiligten Länder vereinbaren, daß der Jugendrichter eines Amtsgerichts des Landes, das die Jugendstrafanstalt unterhält, zuständig sein soll. Wird eine solche Vereinbarung getroffen, so geht die Vollstreckung auf den Jugendrichter des Amtsgerichts über, in dessen Bezirk die für die Jugendstrafanstalt zuständige Aufsichtsbehörde ihren Sitz hat. Die Regierung des Landes, das die Jugendstrafanstalt unterhält, wird ermächtigt, durch Rechtsverordnung zu bestimmen, daß der Jugendrichter eines anderen Amtsgerichts zuständig wird, wenn dies aus verkehrsmäßigen Gründen günstiger erscheint. Die Landesregierung kann die Ermächtigung durch Rechtsverordnung auf die Landesjustizverwaltung übertragen.

IV Absatz 2 gilt entsprechend bei der Vollstreckung einer Maßregel der Besserung und Sicherung nach § 61 Nr. 1 oder 2 des Strafgesetzbuches.

V Aus wichtigen Gründen kann der Vollstreckungsleiter die Vollstreckung widerruflich an einen sonst nicht oder nicht mehr zuständigen Jugendrichter abgeben.

VI Hat der Verurteilte das vierundzwanzigste Lebensjahr vollendet, so kann der nach den Absätzen 2 bis 4 zuständige Vollstreckungsleiter die Vollstreckung einer nach den Vorschriften des Strafvollzugs für Erwachsene vollzogenen Jugendstrafe oder einer Maßregel der Besserung und Sicherung an die nach den allgemeinen Vorschriften zuständige Vollstreckungsbehörde abgeben, wenn der Straf- oder Maßregelvollzug voraussichtlich noch länger dauern wird und die besonderen Grundgedanken des Jugendstrafrechts unter Berücksichtigung der Persönlichkeit des Verurteilten für die weiteren Entscheidungen nicht mehr maßgebend sind; die Abgabe ist bindend. Mit der Abgabe sind die Vorschriften der Strafprozeßordnung und des Gerichtsverfassungsgesetzes über die Strafvollstreckung anzuwenden.

Zweiter Unterabschnitt. Jugendarrest[1]

§ 86 Umwandlung des Freizeitarrestes

Der Vollstreckungsleiter kann Freizeitarrest in Kurzarrest umwandeln, wenn die Voraussetzungen des § 16 Abs. 3 nachträglich eingetreten sind.

§ 87 Vollstreckung des Jugendarrestes

I Die Vollstreckung des Jugendarrestes wird nicht zur Bewährung ausgesetzt.

II Für die Anrechnung von Untersuchungshaft auf Jugendarrest gilt § 450 der Strafprozeßordnung sinngemäß.

III Der Vollstreckungsleiter sieht von der Vollstreckung des Jugendarrestes ganz oder, ist Jugendarrest teilweise verbüßt, von der Vollstreckung des Restes ab, wenn seit Erlaß des Urteils Umstände hervorgetreten sind, die allein oder in Verbindung mit den bereits bekannten Umständen ein Absehen von der Vollstreckung aus Gründen der Erziehung rechtfertigen. Sind seit Eintritt der Rechtskraft sechs Monate verstrichen, sieht er von der Vollstreckung ganz ab, wenn dies aus Gründen der Erziehung geboten ist. Von der Vollstreckung des Jugendarrestes kann er ganz absehen, wenn zu erwarten ist, daß der Jugendarrest neben einer Strafe, die gegen den Verurteilten wegen einer anderen Tat verhängt worden ist oder die er wegen einer anderen Tat zu erwarten hat, seinen erzieherischen Zweck nicht mehr erfüllen wird. Vor der Entscheidung hört der Vollstreckungsleiter nach Möglichkeit den erkennenden Richter, den Staatsanwalt und den Vertreter der Jugendgerichtshilfe.

IV Die Vollstreckung des Jugendarrestes ist unzulässig, wenn seit Eintritt der Rechtskraft ein Jahr verstrichen ist.

Dritter Unterabschnitt. Jugendstrafe[1]

§ 88 Aussetzung des Restes der Jugendstrafe

I Der Vollstreckungsleiter kann die Vollstreckung des Restes der Jugendstrafe zur Bewährung aussetzen, wenn der Verurteilte einen Teil der Strafe verbüßt hat und dies im Hinblick auf die Entwicklung des Jugendlichen, auch unter Berücksichtigung des Sicherheitsinteresses der Allgemeinheit, verantwortet werden kann.

II Vor Verbüßung von sechs Monaten darf die Aussetzung der Vollstreckung des Restes nur aus besonders wichtigen Gründen angeordnet werden. Sie ist bei einer Jugendstrafe von mehr als einem Jahr nur zulässig, wenn der Verurteilte mindestens ein Drittel der Strafe verbüßt hat.

III Der Vollstreckungsleiter soll in den Fällen der Absätze 1 und 2 seine Entscheidung so frühzeitig treffen, daß die erforderlichen Maßnahmen zur Vorbereitung des Verurteilten auf sein Leben nach der Entlassung durchgeführt werden können. Er kann seine Entscheidung bis zur Entlassung des Verurteilten wieder aufheben, wenn die Aussetzung aufgrund neu eingetretener oder bekanntgewordener Tatsachen im Hinblick auf die

[1] Siehe Fn 1 vor § 1.

Entwicklung des Jugendlichen, auch unter Berücksichtigung des Sicherheitsinteresses der Allgemeinheit, nicht mehr verantwortet werden kann.

IV Der Vollstreckungsleiter entscheidet nach Anhören des Staatsanwalts und des Vollzugsleiters. Dem Verurteilten ist Gelegenheit zur mündlichen Äußerung zu geben.

V Der Vollstreckungsleiter kann Fristen von höchstens sechs Monaten festsetzen, vor deren Ablauf ein Antrag des Verurteilten, den Strafrest zur Bewährung auszusetzen, unzulässig ist.

VI Ordnet der Vollstreckungsleiter die Aussetzung der Vollstreckung des Restes der Jugendstrafe an, so gelten § 22 Abs. 1, 2 Satz 1 und 2 sowie die §§ 23 bis 26 a sinngemäß. An die Stelle des erkennenden Richters tritt der Vollstreckungsleiter. Auf das Verfahren und die Anfechtung von Entscheidungen sind die §§ 58, 59 Abs. 2 bis 4 und § 60 entsprechend anzuwenden. Die Beschwerde der Staatsanwaltschaft gegen den Beschluß, der die Aussetzung des Strafrestes anordnet, hat aufschiebende Wirkung.

§ 89 *(weggefallen)*

§ 89 a Unterbrechung und Vollstreckung der Jugendstrafe neben Freiheitsstrafe

I Ist gegen den zu Jugendstrafe Verurteilten auch Freiheitsstrafe zu vollstrecken, so wird die Jugendstrafe in der Regel zuerst vollstreckt. Der Vollstreckungsleiter unterbricht die Vollstreckung der Jugendstrafe, wenn die Hälfte, mindestens jedoch sechs Monate, der Jugendstrafe verbüßt sind. Er kann die Vollstreckung zu einem früheren Zeitpunkt unterbrechen, wenn die Aussetzung des Strafrestes in Betracht kommt. Ein Strafrest, der auf Grund des Widerrufs seiner Aussetzung vollstreckt wird, kann unterbrochen werden, wenn die Hälfte, mindestens jedoch sechs Monate, des Strafrestes verbüßt sind und eine erneute Aussetzung in Betracht kommt. § 454 b Abs. 3 der Strafprozeßordnung gilt entsprechend.

II Ist gegen einen Verurteilten außer lebenslanger Freiheitsstrafe auch Jugendstrafe zu vollstrecken, so wird, wenn die letzte Verurteilung eine Straftat betrifft, die der Verurteilte vor der früheren Verurteilung begangen hat, nur die lebenslange Freiheitsstrafe vollstreckt; als Verurteilung gilt das Urteil in dem Verfahren, in dem die zugrundeliegenden tatsächlichen Feststellungen letztmals geprüft werden konnten. Wird die Vollstreckung des Restes der lebenslangen Freiheitsstrafe durch das Gericht zur Bewährung ausgesetzt, so erklärt das Gericht die Vollstreckung der Jugendstrafe für erledigt.

III In den Fällen des Absatzes 1 gilt § 85 Abs. 6 entsprechend mit der Maßgabe, daß der Vollstreckungsleiter die Vollstreckung der Jugendstrafe abgeben kann, wenn der Verurteilte das einundzwanzigste Lebensjahr vollendet hat.

Zweiter Abschnitt. Vollzug

§§ 90–93 a *(nicht abgedruckt)*

Viertes Hauptstück. Beseitigung des Strafmakels

§§ 94–96 *(weggefallen)*

§ 97 Beseitigung des Strafmakels durch Richterspruch

I Hat der Jugendrichter die Überzeugung erlangt, daß sich ein zu Jugendstrafe verurteilter Jugendlicher durch einwandfreie Führung als rechtschaffener Mensch erwiesen hat, so erklärt er von Amts wegen oder auf Antrag des Verurteilten, des Erziehungsberechtigten oder des gesetzlichen Vertreters den Strafmakel als beseitigt. Dies kann auch auf Antrag des Staatsanwalts oder, wenn der Verurteilte im Zeitpunkt der Antragstellung noch minderjährig ist, auf Antrag des Vertreters der Jugendgerichtshilfe geschehen. Die Erklärung ist unzulässig, wenn es sich um eine Verurteilung nach den §§ 174 bis 180 oder 182 des Strafgesetzbuches handelt.

II Die Anordnung kann erst zwei Jahre nach Verbüßung oder Erlaß der Strafe ergehen, es sei denn, daß der Verurteilte sich der Beseitigung des Strafmakels besonders würdig gezeigt hat. Während des Vollzugs oder während einer Bewährungszeit ist die Anordnung unzulässig.

§ 98 Verfahren

I Zuständig ist der Jugendrichter des Amtsgerichts, dem die vormundschaftsrichterlichen Erziehungsaufgaben für den Verurteilten obliegen. Ist der Verurteilte volljährig, so ist der Jugendrichter zuständig, in dessen Bezirk der Verurteilte seinen Wohnsitz hat.

II Der Jugendrichter beauftragt mit den Ermittlungen über die Führung des Verurteilten und dessen Bewährung vorzugsweise die Stelle, die den Verurteilten nach der Verbüßung der Strafe betreut hat. Er kann eigene Ermittlungen anstellen. Er hört den Verurteilten und, wenn dieser minderjährig ist, den Erziehungsberechtigten und den gesetzlichen Vertreter, ferner die Schule und die zuständige Verwaltungsbehörde.

III Nach Abschluß der Ermittlungen ist der Staatsanwalt zu hören.

§ 99 Entscheidung

I Der Jugendrichter entscheidet durch Beschluß.

II Hält er die Voraussetzungen für eine Beseitigung des Strafmakels noch nicht für gegeben, so kann er die Entscheidung um höchstens zwei Jahre aufschieben.

III Gegen den Beschluß ist sofortige Beschwerde zulässig.

§ 100 Beseitigung des Strafmakels nach Erlaß einer Strafe oder eines Strafrestes

Wird die Strafe oder ein Strafrest bei Verurteilung zu nicht mehr als zwei Jahren Jugendstrafe nach Aussetzung zur Bewährung erlassen, so erklärt der Richter zugleich den Strafmakel als beseitigt. Dies gilt nicht, wenn es sich um eine Verurteilung nach den §§ 174 bis 180 oder 182 des Strafgesetzbuches handelt.

§ 101 Widerruf

Wird der Verurteilte, dessen Strafmakel als beseitigt erklärt worden ist, vor der Tilgung des Vermerks wegen eines Verbrechens oder vorsätzlichen Vergehens erneut zu Freiheitsstrafe verurteilt, so widerruft der Richter in dem Urteil oder nachträglich durch Beschluß die Beseitigung des Strafmakels. In besonderen Fällen kann er von dem Widerruf absehen.

Fünftes Hauptstück. Jugendliche vor Gerichten, die für allgemeine Strafsachen zuständig sind

§ 102 Zuständigkeit

Die Zuständigkeit des Bundesgerichtshofes und des Oberlandesgerichts werden durch die Vorschriften dieses Gesetzes nicht berührt. In den zur Zuständigkeit von Oberlandesgerichten im ersten Rechtszug gehörenden Strafsachen (§ 120 Abs. 1 und 2 des Gerichtsverfassungsgesetzes) entscheidet der Bundesgerichtshof auch über Beschwerden gegen Entscheidungen dieser Oberlandesgerichte, durch welche die Aussetzung der Jugendstrafe zur Bewährung angeordnet oder abgelehnt wird (§ 59 Abs. 1).

§ 103 Verbindung mehrerer Strafsachen

I Strafsachen gegen Jugendliche und Erwachsene können nach den Vorschriften des allgemeinen Verfahrensrechts verbunden werden, wenn es zur Erforschung der Wahrheit oder aus anderen wichtigen Gründen geboten ist.

II Zuständig ist das Jugendgericht. Dies gilt nicht, wenn die Strafsache gegen Erwachsene nach den allgemeinen Vorschriften einschließlich der Regelung des § 74 e des Gerichtsverfassungsgesetzes zur Zuständigkeit der Wirtschaftsstrafkammer oder der Strafkammer nach § 74 a des Gerichtsverfassungsgesetzes gehört; in einem solchen Fall sind diese Strafkammern auch für die Strafsache gegen den Jugendlichen zuständig. Für die Prüfung der Zuständigkeit der Wirtschaftsstrafkammer und der Strafkammer nach § 74 a des Gerichtsverfassungsgesetzes gelten im Falle des Satzes 2 die §§ 6 a, 225 a Abs. 4, § 270 Abs. 1 Satz 2 der Strafprozeßordnung entsprechend; § 209 a der Strafprozeßordnung ist mit der Maßgabe anzuwenden, daß diese Strafkammern auch gegenüber der Jugendkammer einem Gericht höherer Ordnung gleichstehen.

III Beschließt der Richter die Trennung der verbundenen Sachen, so erfolgt zugleich Abgabe der abgetrennten Sache an den Richter, der ohne die Verbindung zuständig gewesen wäre.

§ 104 Verfahren gegen Jugendliche

I In Verfahren gegen Jugendliche vor den für allgemeine Strafsachen zuständigen Gerichten gelten die Vorschriften dieses Gesetzes über

1. Verfehlungen Jugendlicher und ihre Folgen (§§ 3 bis 32),
2. die Heranziehung und die Rechtsstellung der Jugendgerichtshilfe (§§ 38, 50 Abs. 3),
3. den Umfang der Ermittlungen im Vorverfahren (§ 43),
4. das Absehen von der Verfolgung und die Einstellung des Verfahrens durch den Richter (§§ 45, 47),
5. die Untersuchungshaft (§§ 52, 52 a, 72),
6. die Urteilsgründe (§ 54),
7. das Rechtsmittelverfahren (§§ 55, 56),
8. das Verfahren bei Aussetzung der Jugendstrafe zur Bewährung und der Verhängung der Jugendstrafe (§§ 57 bis 64),
9. die Beteiligung und die Rechtsstellung des Erziehungsberechtigten und des gesetzlichen Vertreters (§§ 67, 50 Abs. 2),
10. die notwendige Verteidigung (§ 68),
11. Mitteilungen (§ 70),
12. die Unterbringung zur Beobachtung (§ 73),
13. Kosten und Auslagen (§ 74) und
14. den Ausschluß von Vorschriften des allgemeinen Verfahrensrechts (§§ 79 bis 81).

II Die Anwendung weiterer Verfahrensvorschriften dieses Gesetzes steht im Ermessen des Richters.

III Soweit es aus Gründen der Staatssicherheit geboten ist, kann der Richter anordnen, daß die Heranziehung der Jugendgerichtshilfe und die Beteiligung des Erziehungsberechtigten und des gesetzlichen Vertreters unterbleiben.

IV Hält der Richter Erziehungsmaßregeln für erforderlich, so hat er deren Auswahl und Anordnung dem Familien- oder Vormundschaftsrichter zu überlassen. § 53 Satz 2 gilt entsprechend.

V Entscheidungen, die nach einer Aussetzung der Jugendstrafe zur Bewährung erforderlich werden, sind dem Jugendrichter zu übertragen, in dessen Bezirk sich der Jugendliche aufhält. Das gleiche gilt für Entscheidungen nach einer Aussetzung der Verhängung der Jugendstrafe mit Ausnahme der Entscheidungen über die Festsetzung der Strafe und die Tilgung des Schuldspruchs (§ 30).

Dritter Teil. Heranwachsende

Erster Abschnitt. Anwendung des sachlichen Strafrechts

§§ 105, 106 *(nicht abgedruckt)*

Zweiter Abschnitt. Gerichtsverfassung und Verfahren

§ 107 Gerichtsverfassung

Von den Vorschriften über die Jugendgerichtsverfassung gelten die §§ 33 bis 34 Abs. 1 und §§ 35 bis 38 für Heranwachsende entsprechend.

§ 108 Zuständigkeit

I Die Vorschriften über die Zuständigkeit der Jugendgerichte (§§ 39 bis 42) gelten auch bei Verfehlungen Heranwachsender.

II Der Jugendrichter ist für Verfehlungen Heranwachsender auch zuständig, wenn die Anwendung des allgemeinen Strafrechts zu erwarten ist und nach § 25 des Gerichtsverfassungsgesetzes der Strafrichter zu entscheiden hätte.

III Das Jugendschöffengericht darf wegen der Verfehlung eines Heranwachsenden nicht auf Freiheitsstrafe von mehr als vier Jahren erkennen. Ist höhere Freiheitsstrafe zu erwarten, so ist die Jugendkammer zuständig.

§ 109 Verfahren

I Von den Vorschriften über das Jugendstrafverfahren (§§ 43 bis 81) sind im Verfahren gegen einen Heranwachsenden die §§ 43, 47 a, 50 Abs. 3 und 4, § 68 Nr. 1, 3 und § 73 entsprechend anzuwenden. Die Jugendgerichtshilfe und in geeigneten Fällen auch die Schule werden von der Einleitung und dem Ausgang des Verfahrens unterrichtet. Sie benachrichtigen den Staatsanwalt, wenn ihnen bekannt wird, daß gegen den Beschuldigten noch ein anderes Strafverfahren anhängig ist. Die Öffentlichkeit kann ausgeschlossen werden, wenn dies im Interesse des Heranwachsenden geboten ist.

II Wendet der Richter Jugendstrafrecht an (§ 105), so gelten auch die §§ 45, 47 Abs. 1 Satz 1 Nr. 1, 2 und 3, Abs. 2, 3, §§ 52, 52 a, 54 Abs. 1, §§ 55 bis 66, 74, 79 Abs. 1 und § 81 entsprechend. § 66 ist auch dann anzuwenden, wenn die einheitliche Festsetzung von Maßnahmen oder Jugendstrafe nach § 105 Abs. 2 unterblieben ist. § 55 Abs. 1 und 2 ist nicht anzuwenden, wenn die Entscheidung im beschleunigten Verfahren des allgemeinen Verfahrensrechts ergangen ist.

III In einem Verfahren gegen einen Heranwachsenden findet § 407 Abs. 2 Satz 2 der Strafprozeßordnung keine Anwendung.

Dritter Abschnitt. Vollstreckung, Vollzug und Beseitigung des Strafmakels

§ 110 Vollstreckung und Vollzug

I Von den Vorschriften über die Vollstreckung und den Vollzug bei Jugendlichen gelten § 82 Abs. 1, §§ 83 bis 93 a für Heranwachsende entsprechend, soweit der Richter Jugendstrafrecht angewendet (§ 105) und nach diesem Gesetz zulässige Maßnahmen oder Jugendstrafe verhängt hat.

II § 93 ist entsprechend anzuwenden, solange der zur Tatzeit Heranwachsende das einundzwanzigste Lebensjahr noch nicht vollendet hat. Bei Heranwachsenden, die einundzwanzig, aber noch nicht vierundzwanzig Jahre alt sind, kann die Untersuchungshaft nach den Vorschriften des § 93 vollzogen werden.

§ 111 Beseitigung des Strafmakels

Die Vorschriften über die Beseitigung des Strafmakels (§§ 97 bis 101) gelten für Heranwachsende entsprechend, soweit der Richter Jugendstrafe verhängt hat.

Vierter Abschnitt. Heranwachsende vor Gerichten, die für allgemeine Strafsachen zuständig sind

§ 112 Entsprechende Anwendung

Die §§ 102, 103, 104 Abs. 1 bis 3 und 5 gelten für Verfahren gegen Heranwachsende entsprechend. Die in § 104 Abs. 1 genannten Vorschriften sind nur insoweit anzuwenden, als sie nach dem für die Heranwachsenden geltenden Recht nicht ausgeschlossen sind. Hält der Richter die Erteilung von Weisungen für erforderlich, so überläßt er die Auswahl und Anordnung dem Jugendrichter, in dessen Bezirk sich der Heranwachsende aufhält.

Vierter Teil. Sondervorschriften für Soldaten der Bundeswehr

§§ 112 a–112 d *(nicht abgedruckt)*

§ 112 e Verfahren vor Gerichten, die für allgemeine Strafsachen zuständig sind

In Verfahren gegen Jugendliche oder Heranwachsende vor den für allgemeine Strafsachen zuständigen Gerichten (§ 104) sind die §§ 112 a, 112 b und 112 d anzuwenden.

Fünfter Teil. Schluß- und Übergangsvorschriften

§§ 113–125 *(nicht abgedruckt)*

10. Abkommen zwischen den Parteien des Nordatlantikvertrages (vom 19. Juni 1951) über die Rechtsstellung ihrer Truppen (NATO-Truppenstatut – NTS)[1]

Vom 19. Juni 1951 (BGBl 1961 II 1183, 1190)

(Auszug)

Art I [Begriffsbestimmungen]

I In diesem Abkommen bedeutet der Ausdruck

a) „Truppe“ das zu den Land-, See- oder Luftstreitkräften gehörende Personal einer Vertragspartei, wenn es sich im Zusammenhang mit seinen Dienstobliegenheiten in dem Hoheitsgebiet einer anderen Vertragspartei innerhalb des Gebietes des Nordatlantikvertrags befindet, mit der Maßgabe jedoch, daß die beiden beteiligten Vertragsparteien vereinbaren können, daß gewisse Personen, Einheiten oder Verbände nicht als eine „Truppe“ im Sinne dieses Abkommens oder als deren Bestandteil anzusehen sind,

b) „Ziviles Gefolge“ das die Truppe einer Vertragspartei begleitende Zivilpersonal, das bei den Streitkräften dieser Vertragspartei beschäftigt ist, soweit es sich nicht um Staatenlose handelt oder um Staatsangehörige eines Staates, der nicht Partei des Nordatlantikvertrags ist, oder um Staatsangehörige des Staates, in welchem die

[1] Das NTS und das NTS-ZA (A 10 a) finden nach dem EV Anl I Kap I Abschn I Nr 5 (BGBl 1990 II 908) im Gebiet der ehemaligen DDR keine Anwendung. Sie gelten nach § 3 des Ges vom 25. 9. 1990 (BGBl I 2106) weiterhin auch nicht in Berlin-West.

Truppe stationiert ist, oder um Personen, die dort ihren gewöhnlichen Aufenthalt haben,

c) „Angehöriger" den Ehegatten eines Mitglieds einer Truppe oder eines zivilen Gefolges, sowie ein dem Mitglied gegenüber unterhaltsberechtigtes Kind,

d) „Entsendestaat" die Vertragspartei, der die Truppe angehört,

e) „Aufnahmestaat" die Vertragspartei, in deren Hoheitsgebiet sich die Truppe oder das zivile Gefolge befinden, sei es, daß sie dort stationiert oder auf der Durchreise sind,

f) „Militärbehörden des Entsendestaates" diejenigen Behörden eines Entsendestaates, die nach dessen Recht befugt sind, das Militärrecht dieses Staates auf die Mitglieder seiner Truppen oder zivilen Gefolge anzuwenden,

g) „Nordatlantikrat" den gemäß Artikel 9 des Nordatlantikvertrags errichteten Rat oder die zum Handeln in seinem Namen befugten nachgeordneten Stellen.

II Dieses Abkommen gilt für die Behörden politischer Untergliederungen der Vertragsparteien innerhalb der Hoheitsgebiete, auf die das Abkommen gemäß Artikel XX angewendet oder erstreckt wird, ebenso wie für die Zentralbehörden dieser Vertragsparteien, jedoch mit der Maßgabe, daß Vermögenswerte, die politischen Untergliederungen gehören, nicht als Vermögenswerte einer Vertragspartei im Sinne des Artikels VIII anzusehen sind.

Art VII [Straf- und Disziplinargerichtsbarkeit]

I Vorbehaltlich der Bestimmungen dieses Artikels

a) haben die Militärbehörden des Entsendestaates das Recht, innerhalb des Aufnahmestaates die gesamte Straf- und Disziplinargerichtsbarkeit auszuüben, die ihnen durch das Recht des Entsendestaates über alle dem Militärrecht dieses Staates unterworfenen Personen übertragen ist;

b) üben die Behörden des Aufnahmestaates über die Mitglieder einer Truppe oder eines zivilen Gefolges und über deren Angehörige in bezug auf die innerhalb des Hoheitsgebietes des Aufnahmestaates begangenen und nach dessen Recht strafbaren Handlungen die Gerichtsbarkeit aus.

II a) Die Militärbehörden des Entsendestaates haben das Recht, über die dem Militärrecht dieses Staates unterworfenen Personen die ausschließliche Gerichtsbarkeit in bezug auf diejenigen Handlungen, einschließlich Handlungen gegen die Sicherheit dieses Staates, auszuüben, welche nach dem Recht des Entsendestaates, jedoch nicht nach dem Recht des Aufnahmestaates strafbar sind.

b) Die Behörden des Aufnahmestaates haben das Recht, über Mitglieder einer Truppe oder eines zivilen Gefolges und deren Angehörige die ausschließliche Gerichtsbarkeit in bezug auf diejenigen Handlungen, einschließlich Handlungen gegen die Sicherheit dieses Staates, auszuüben, welche nach dessen Recht, jedoch nicht nach dem Recht des Entsendestaates strafbar sind.

c) Im Sinne dieses Absatzes und des Absatzes 3 sind strafbare Handlungen gegen die Sicherheit eines Staates

i) Hochverrat,

ii) Sabotage, Spionage oder Verletzung eines Gesetzes, das sich auf Amtsgeheimnisse dieses Staates oder auf Geheimnisse im Zusammenhang mit der Landesverteidigung dieses Staates bezieht.

III In Fällen konkurrierender Gerichtsbarkeit gelten die folgenden Regeln:

a) Die Militärbehörden des Entsendestaates haben das Vorrecht auf Ausübung der Gerichtsbarkeit über ein Mitglied einer Truppe oder eines zivilen Gefolges in bezug auf

i) strafbare Handlungen, die nur gegen das Vermögen oder die Sicherheit dieses Staates oder nur gegen die Person oder das Vermögen eines anderen Mitglieds der Truppe oder des zivilen Gefolges dieses Staates oder eines Angehörigen gerichtet sind;

ii) strafbare Handlungen, die sich aus einer Handlung oder Unterlassung in Ausübung des Dienstes ergeben.

b) Bei allen sonstigen strafbaren Handlungen haben die Behörden des Aufnahmestaates das Vorrecht auf Ausübung der Gerichtsbarkeit.
c) Beschließt der bevorrechtigte Staat, die Gerichtsbarkeit nicht auszuüben, so teilt er dies den Behörden des anderen Staates so bald wie möglich mit. Die Behörden des bevorrechtigten Staates ziehen die von den Behörden des anderen Staates an sie gerichteten Ersuchen um Verzicht auf das Vorrecht in wohlwollende Erwägung, wenn der andere Staat einem derartigen Verzicht besondere Wichtigkeit beimißt.

IV Aus den Bestimmungen der Absätze 1 bis 3 ergibt sich für die Militärbehörden des Entsendestaates nicht das Recht, die Gerichtsbarkeit über Personen auszuüben, die Staatsangehörige des Aufnahmestaates sind oder dort ihren gewöhnlichen Aufenthalt haben, es sei denn, daß diese Personen Mitglieder der Truppe des Entsendestaates sind.

a) V Die Behörden des Aufnahme- und des Entsendestaates unterstützen sich gegenseitig bei der Festnahme von Mitgliedern einer Truppe oder eines zivilen Gefolges oder von deren Angehörigen im Hoheitsgebiet des Aufnahmestaates und bei der Übergabe dieser Personen an die Behörde, die gemäß den obigen Bestimmungen die Gerichtsbarkeit auszuüben hat.
b) Die Behörden des Aufnahmestaates unterrichten die Militärbehörden des Entsendestaates unverzüglich von der Festnahme eines Mitglieds einer Truppe oder eines zivilen Gefolges oder eines Angehörigen.
c) Ein einer strafbaren Handlung beschuldigtes Mitglied einer Truppe oder eines zivilen Gefolges, über das der Aufnahmestaat die Gerichtsbarkeit auszuüben hat, verbleibt, falls es sich in den Händen des Entsendestaates befindet, in dessen Gewahrsam, bis es von dem Aufnahmestaat unter Anklage gestellt wird.

a) VI Die Behörden des Aufnahme- und des Entsendestaates unterstützen sich gegenseitig bei der Durchführung aller erforderlichen Ermittlungen in Strafsachen sowie bei der Beschaffung von Beweismitteln, einschließlich der Beschlagnahme und geeignetenfalls der Aushändigung von Gegenständen, die mit einer strafbaren Handlung im Zusammenhang stehen. Die Aushändigung derartiger Gegenstände kann jedoch von deren Rückgabe innerhalb einer von der aushändigenden Behörde bestimmten Frist abhängig gemacht werden.
b) Die Behörden der Vertragsparteien unterrichten sich in allen Fällen, in denen ihre Gerichtsbarkeit konkurriert, darüber, was veranlaßt worden ist.

a) VII Todesurteile werden durch die Behörden des Entsendestaates nicht im Aufnahmestaat vollstreckt, wenn das Recht des Aufnahmestaates in entsprechenden Fällen diese Strafe nicht vorsieht.
b) Die Behörden des Aufnahmestaates werden Ersuchen der Behörden des Entsendestaates um Unterstützung bei der Vollstreckung von Freiheitsstrafen, die von den Behörden des Entsendestaates auf Grund dieses Artikels innerhalb des Hoheitsgebietes des Aufnahmestaates ausgesprochen worden sind, wohlwollend prüfen.

VIII Wenn ein Angeklagter in einem Strafverfahren, das nach diesem Artikel von den Behörden einer Vertragspartei gegen ihn durchgeführt wurde, freigesprochen worden ist oder wenn er in einem solchen Verfahren verurteilt worden ist und seine Strafe verbüßt oder verbüßt hat oder begnadigt worden ist, kann er nicht wegen derselben Handlung innerhalb desselben Hoheitsgebietes von den Behörden einer anderen Vertragspartei erneut vor Gericht gestellt werden. Dieser Absatz schließt nicht aus, daß die Militärbehörden des Entsendestaates ein Mitglied der Truppe dieses Staates wegen eines Dienstvergehens belangen, das in einer Handlung oder Unterlassung liegt, deretwegen von den Behörden einer anderen Vertragspartei ein Strafverfahren gegen dieses Mitglied durchgeführt wurde.

IX Wird ein Mitglied einer Truppe oder eines zivilen Gefolges oder ein Angehöriger unter der Gerichtsbarkeit eines Aufnahmestaates strafrechtlich verfolgt, so hat er das Recht

a) auf alsbaldige und schnelle Verhandlung;
b) vor der Verhandlung über die gegen ihn erhobenen Beschuldigungen unterrichtet zu werden;
c) den Belastungszeugen gegenübergestellt zu werden;

d) Entlastungszeugen laden und vorführen zu lassen, wenn diese der Gerichtsbarkeit des Aufnahmestaates unterstehen;
e) auf Vertretung durch einen Verteidiger eigener Wahl oder durch einen nach Maßgabe der jeweils in dem Aufnahmestaat geltenden Bedingungen gebührenfrei oder zu ermäßigten Gebühren bestellten Verteidiger;
f) falls er es für notwendig hält, auf die Dienste eines befähigten Dolmetschers;
g) sich mit einem Vertreter der Regierung des Entsendestaates in Verbindung zu setzen sowie, wenn es die Verfahrensvorschriften gestatten, auf Anwesenheit eines solchen Vertreters bei der Verhandlung.

a) [X] Ordnungsmäßig aufgestellte militärische Einheiten oder Verbände einer Truppe haben die Polizeigewalt in allen Lagern, Anwesen oder anderen Liegenschaften, die sie auf Grund einer Vereinbarung mit dem Aufnahmestaat innehaben. Die Militärpolizei der Truppe kann alle geeigneten Maßnahmen treffen, um die Ordnung und Sicherheit innerhalb dieser Liegenschaften aufrechtzuerhalten.
b) Außerhalb dieser Liegenschaften darf die Militärpolizei nur nach Maßgabe von Abmachungen mit den Behörden des Aufnahmestaates und in Verbindung mit diesen und nur so weit eingesetzt werden, wie dies zur Aufrechterhaltung der Disziplin und Ordnung unter den Mitgliedern der Truppe erforderlich ist.

[XI] Vertragspartei strebt diejenigen gesetzgeberischen Maßnahmen an, die sie für erforderlich hält, um sicherzustellen, daß innerhalb ihres Hoheitsgebietes die Sicherheit und der Schutz von Anlagen, Ausrüstungs- und sonstigen Vermögensgegenständen, amtlichen Schriftstücken und amtlichen Kenntnissen anderer Vertragsparteien sowie die Bestrafung von Zuwiderhandlungen gegen die zu diesem Zwecke erlassenen Gesetze hinreichend gewährleistet sind.

10 a. Zusatzabkommen zu dem Abkommen zwischen den Parteien des Nordatlantikvertrages über die Rechtsstellung ihrer Truppen hinsichtlich der in der Bundesrepublik Deutschland stationierten ausländischen Truppen (NTS-ZA)[1]

Vom 3. August 1959 (BGBl 1961 II 1183, 1218), letztes ÄndG vom 28. September 1994 (BGBl II 2594)

(Auszug)

Art 1–16 *(nicht abgedruckt)*

Art 17 [Zuständigkeit für die Strafgerichtsbarkeit]

[I] Hängt die Entscheidung der Frage, wem bei einer Straftat die Gerichtsbarkeit zusteht, davon ab, ob eine Handlung nach dem Recht eines Entsendestaates strafbar ist, so setzt das mit der Sache befaßte deutsche Gericht oder die mit der Sache befaßte deutsche Behörde das Verfahren aus und unterrichtet die zuständige Behörde des Entsendestaates. Die in Betracht kommende Behörde des Entsendestaates kann innerhalb von einundzwanzig Tagen nach Empfang der Mitteilung oder, wenn eine solche Mitteilung noch nicht erfolgt ist, jederzeit dem deutschen Gericht oder der deutschen Behörde eine Bescheinigung darüber vorlegen, ob die Handlung nach dem Recht des Entsendestaates strafbar ist oder nicht. Wird in der Bescheinigung die Handlung als nach dem Recht des Entsendestaates strafbar bezeichnet, so ist anzugeben, nach welcher Vorschrift oder Rechtsgrundlage sie strafbar ist und mit welcher Strafe sie bedroht ist.

[1] Vgl Fn 1 zu A 10.

II Das deutsche Gericht oder die deutsche Behörde trifft die Entscheidung im Einklang mit der Bescheinigung. In Ausnahmefällen kann diese Bescheinigung jedoch auf Antrag des deutschen Gerichts oder der deutschen Behörde zum Gegenstand einer Überprüfung durch Erörterungen zwischen der Bundesregierung und der diplomatischen Vertretung des Entsendestaates in der Bundesrepublik gemacht werden.

III Ist zu entscheiden, ob eine Handlung nach deutschem Recht strafbar ist, so findet das in den Absätzen 1 und 2 vorgesehene Verfahren auf diese Handlung entsprechend Anwendung mit der Maßgabe, daß die Bescheinigung von der zuständigen obersten Verwaltungsbehörde der Bundesrepublik oder des betreffenden deutschen Landes ausgestellt wird.

IV Die Absätze 1, 2 und 3 werden nicht angewendet im Verhältnis zwischen der Bundesrepublik und den Entsendestaaten, welche die Bundesrepublik davon unterrichten, daß sie nicht beabsichtigen, sich auf diese Bestimmungen zu berufen oder der Bundesrepublik gleiche Rechte zuzusichern.

Art 18 [In Ausübung des Dienstes begangene Handlungen und Unterlassungen]

I Ist im Rahmen eines Strafverfahrens gegen ein Mitglied einer Truppe oder eines zivilen Gefolges zu entscheiden, ob eine Straftat vorliegt, die sich aus einer Handlung oder Unterlassung in Ausübung des Dienstes ergibt, so ist für diese Entscheidung das Recht des betreffenden Entsendestaates maßgebend. Die höchste zuständige Behörde dieses Entsendestaates kann dem mit der Sache befaßten deutschen Gericht oder der mit der Sache befaßten deutschen Behörde eine Bescheinigung hierüber vorlegen. Das deutsche Gericht oder die deutsche Behörde trifft die Entscheidung im Einklang mit der Bescheinigung. In Ausnahmefällen kann diese Bescheinigung jedoch auf Antrag des deutschen Gerichts oder der deutschen Behörde zum Gegenstand einer Überprüfung durch Erörterungen zwischen der Bundesregierung und der diplomatischen Vertretung des Entsendestaates in der Bundesrepublik gemacht werden.

Art 18 a [Todesstrafe]

I Die Behörden eines Entsendestaates unterrichten die zuständigen deutschen Behörden unverzüglich, falls sie beschließen, in Ausübung ihrer Gerichtsbarkeit nach Artikel VII des NATO-Truppenstatuts Strafverfolgungsmaßnahmen durchzuführen, die zur Verhängung der Todesstrafe führen können.

II Unter Berücksichtigung der Bestimmungen des deutschen Rechts vollstrecken die Behörden eines Entsendestaates in der Bundesrepublik keine Todesstrafe und führen keine Strafverfolgungsmaßnahmen durch, die zur Verhängung einer solchen Strafe in der Bundesrepublik führen können.

Art 19 [Verzicht auf Vorrecht zur Ausübung der konkurrierenden Strafgerichtsbarkeit]

I Auf Ersuchen eines Entsendestaates verzichtet die Bundesrepublik diesem gegenüber im Rahmen von Artikel VII Absatz 3 Buchstabe c) des NATO- Truppenstatuts auf das den deutschen Behörden nach Absatz 3 Buchstabe b) des genannten Artikels in den Fällen der konkurrierenden Gerichtsbarkeit zustehende Vorrecht nach Maßgabe der Absätze 2, 3, 4 und 7 dieses Artikels. Der nach diesem Absatz gewährte Verzicht erfaßt nicht diejenigen Fälle, die nach Artikel 18 a Absatz 1 mitgeteilt worden sind.

II Vorbehaltlich besonderer Vereinbarungen, die gemäß Absatz 7 geschlossen werden können, teilen die Militärbehörden der Entsendestaaten den zuständigen deutschen Behörden die Einzelfälle mit, die unter den Verzicht nach Absatz 1 fallen. Unbeschadet anderer Unterrichtungspflichten nach dem NATO-Truppenstatut oder diesem Abkommen teilen die Militärbehörden des Entsendestaates den zuständigen deutschen Behörden mit, wenn sie beabsichtigen, das ihnen nach Artikel VII Absatz 3 Buchstabe a) des NATO-Truppenstatuts gewährte Vorrecht auf Ausübung der Gerichtsbarkeit im Hinblick auf einzelne Straftaten in Anspruch zu nehmen, die in dem auf diesen Artikel Bezug nehmenden Abschrift des Unterzeichnungsprotokolls, Absatz 2 Buchstabe a), aufgeführt sind.

III Sind die zuständigen deutschen Behörden der Ansicht, daß Belange der deutschen Rechtspflege die Ausübung der deutschen Gerichtsbarkeit erfordern, so können sie den nach Absatz 1 gewährten Verzicht durch eine Erklärung zurücknehmen, die sie den zuständigen Zivil- oder Militärbehörden innerhalb von einundzwanzig Tagen nach Eingang der in Absatz 2 vorgesehenen Mitteilung oder innerhalb einer etwa gemäß Absatz 7 vereinbarten kürzeren Frist abgeben. Die deutschen Behörden können die Erklärung auch vor dem Eingang der Mitteilung abgeben.

IV Haben die zuständigen deutschen Behörden gemäß Absatz 3 den Verzicht in einem Einzelfall zurückgenommen und führen Erörterungen zwischen den beteiligten Behörden nicht zu einem Einvernehmen, so kann die diplomatische Vertretung des betreffenden Entsendestaates in der Bundesrepublik Vorstellungen bei der Bundesregierung erheben. Die Bundesregierung legt unter gebührender Berücksichtigung der Belange der deutschen Rechtspflege und der Interessen des Entsendestaates die Meinungsverschiedenheit in Ausübung ihrer Befugnisse auf dem Gebiet der auswärtigen Angelegenheiten bei.

a) V Die Militärbehörden eines Entsendestaates, der um den Verzicht gemäß Absatz 1 ersucht hat, können mit Zustimmung der deutschen Behörden einzelne Strafsachen, für die dem Entsendestaat die Gerichtsbarkeit zusteht, an die deutschen Gerichte oder Behörden zur Untersuchung, Verhandlung und Entscheidung abgeben.
b) Die deutschen Behörden können mit Zustimmung der Militärbehörden eines Entsendestaates, der um den Verzicht gemäß Absatz 1 ersucht hat, einzelne Strafsachen, für die der Bundesrepublik die Gerichtsbarkeit zusteht, an diese Behörden zur Untersuchung, Verhandlung und Entscheidung abgeben.

a) VI Übt ein deutsches Gericht oder eine deutsche Behörde die ausschließliche Gerichtsbarkeit gemäß Artikel VII Absatz 2 Buchstabe b) des NATO-Truppenstatuts aus, so wird auf besonderes oder allgemeines Ersuchen des betreffenden Entsendestaates eine Abschrift jedes dem Beschuldigten zugestellten Schriftstückes einer Verbindungsstelle, die von jedem Entsendestaat errichtet oder bestimmt wird, zugeleitet.
b) Deutsche Gerichte und Behörden können die Verbindungsstelle ersuchen, die Zustellung von Schriftstücken in Strafverfahren an Mitglieder einer Truppe, eines zivilen Gefolges oder an Angehörige durchzuführen. Artikel 32 Absatz 1 Buchstabe b) gilt entsprechend.

VII Zur Durchführung der Bestimmungen dieses Artikels und zur Erleichterung einer beschleunigten Behandlung von Straftaten geringerer Bedeutung können Vereinbarungen zwischen den Militärbehörden eines oder mehrerer Entsendestaaten und den zuständigen deutschen Behörden geschlossen werden. Diese Vereinbarungen können sich auch auf die Befreiung von der Mitteilungspflicht und auf die Frist, in der gemäß Absatz 3 der Verzicht zurückgenommen werden kann, erstrecken.

Art 20 [Festnahmerecht]

I Die Militärbehörden eines Entsendestaates können eine Person, die nicht ihrer Gerichtsbarkeit unterworfen ist, auch ohne Haftbefehl vorläufig festnehmen,

a) wenn diese Person auf frischer Tat betroffen oder verfolgt wird und
   i) ihre Persönlichkeit nicht sofort festgestellt werden kann oder
   ii) Fluchtverdacht besteht;
b) wenn eine deutsche Behörde um die Festnahme ersucht;
c) wenn diese Person Mitglied der Truppe oder des zivilen Gefolges eines anderen Entsendestaates oder Angehöriger eines solchen Mitgliedes ist und eine Behörde dieses Staates um die Festnahme ersucht.

II Ist Gefahr im Verzuge und eine deutsche Staatsanwaltschaft oder ein deutscher Polizeibeamter nicht rechtzeitig erreichbar, so können die Militärbehörden eines Entsendestaates eine Person, die nicht ihrer Gerichtsbarkeit unterworfen ist, ohne Haftbefehl vorläufig festnehmen, wenn dringender Verdacht besteht, daß diese Person innerhalb einer Anlage des Entsendestaates oder gegen eine solche eine strafbare Handlung begangen hat oder zu begehen versucht, oder daß sie eine Handlung begangen hat oder zu begehen versucht, die nach Artikel 7 des Vierten Strafrechtsänderungsgesetzes vom 11. Juni 1957 (Bundesgesetzblatt Teil I Seite 597) in Verbindung mit den §§ *99, 100, 100 c, 100 d, 100 e,*[1] *109 f, 109 g* und *363*1 des deutschen Strafgesetzbuches oder nach den Vorschriften strafbar ist, die an die Stelle dieser Bestimmungen künftig treten werden. Dies gilt nur, wenn die Person flüchtig ist oder sich verborgen hält oder die begründete Befürchtung besteht, daß sie sich einem Strafverfahren wegen einer solchen Straftat oder eines solchen strafbaren Versuchs entziehen will.

III In den Fällen der Absätze 1 und 2 können die Militärbehörden, soweit erforderlich, den vorläufig Festgenommenen entwaffnen und durchsuchen und ihm die in seinem Besitz befindlichen Gegenstände abnehmen, die als Beweismittel für die Ermittlung der vermuteten oder angeblichen Straftat dienen können.

IV Die Militärbehörden übergeben den gemäß diesem Artikel vorläufig Festgenommenen zusammen mit den abgenommenen Waffen und anderen Gegenständen unverzüglich dem nächsten deutschen Staatsanwalt, Polizeibeamten oder Richter oder den Militärbehörden des Entsendestaates, zu dessen Truppe oder zivilem Gefolge er als Mitglied oder als Angehöriger eines Mitglieds gehört.

V Dieser Artikel berührt nicht die verfassungsmäßigen Immunitätsrechte der Parlamente des Bundes und der Länder.

Art 21 [Benachrichtigung über Ermittlungsverfahren und Festnahmen]

I Leitet eine deutsche Behörde ein Ermittlungsverfahren ein oder nimmt sie eine Festnahme vor wegen einer Handlung, die nach Artikel 7 des Vierten Strafrechtsänderungsgesetzes vom 11. Juni 1957 (Bundesgesetzblatt Teil I Seite 597) oder nach den Vorschriften strafbar ist, die künftig an die Stelle des genannten Artikels treten werden, so unterrichtet die das Ermittlungsverfahren durchführende deutsche Behörde unverzüglich die Militärbehörden des betreffenden Entsendestaates. Das gleiche gilt, wenn eine deutsche Behörde ein Ermittlungsverfahren einleitet oder eine Festnahme vornimmt wegen einer Handlung, die sich sonst gegen die Sicherheit eines Entsendestaates oder seiner Truppe richtet.

II Leitet die zuständige Behörde eines Entsendestaates im Bundesgebiet ein Ermittlungsverfahren ein oder nimmt sie eine Festnahme vor wegen einer Handlung, die im Bundesgebiet begangen worden ist und die Fragen der Sicherheit der Bundesrepublik berührt, so unterrichtet sie unverzüglich die deutschen Behörden.

Art 22 [Gewahrsam nach Festnahme]

a) I In den Fällen, in denen die Behörden eines Entsendestaates die Gerichtsbarkeit ausüben, steht der Gewahrsam an Mitgliedern der Truppe, des zivilen Gefolges und an deren Angehörigen den Behörden dieses Staates zu.

b) In den Fällen, in denen die deutschen Behörden die Gerichtsbarkeit ausüben, steht der Gewahrsam an Mitgliedern einer Truppe, eines zivilen Gefolges und an deren Angehörigen den Behörden des Entsendestaates nach Maßgabe der Absätze 2 und 3 zu.

a) II Haben die deutschen Behörden die Festnahme vorgenommen, so wird der Festgenommene auf Antrag den Behörden des betreffenden Entsendestaates übergeben.

b) Haben die Behörden eines Entsendestaates die Festnahme vorgenommen oder ist ihnen der Festgenommene gemäß Buchstabe a) übergeben worden, so
   i) können sie den Gewahrsam jederzeit auf die deutschen Behörden übertragen;
   ii) berücksichtigen sie wohlwollend Anträge auf Übertragung des Gewahrsams, die in besonderen Fällen von den deutschen Behörden gestellt werden können.

---

[1] Vgl jetzt §§ 93 bis 97 und 98 bis 100 StGB; § 363 StGB vgl jetzt § 114 OWiG.

c) Bei strafbaren Handlungen, die sich ausschließlich gegen die Sicherheit der Bundesrepublik richten, steht der Gewahrsam nach Maßgabe von Vereinbarungen, die mit den Behörden des betreffenden Entsendestaates gegebenenfalls hierzu geschlossen werden, den deutschen Behörden zu.

III Steht der Gewahrsam den Behörden eines Entsendestaates nach Maßgabe von Absatz 2 zu, so verbleibt er bei diesen bis zur Entlassung oder zum Freispruch durch die deutschen Behörden oder bis zum Beginn der Strafvollstreckung. Die Behörden des Entsendestaates stellen den Festgenommenen den deutschen Behörden zur Durchführung des Ermittlungs- und des Strafverfahrens zur Verfügung und treffen alle geeigneten Maßnahmen zu diesem Zwecke und um eine Verdunkelungsgefahr auszuschließen. Sie tragen jedem besonderen Wunsch der zuständigen deutschen Behörden hinsichtlich des Gewahrsams in vollem Umfang Rechnung.

Art 23 [Zutrittsrecht nach Festnahme]

Wird in einem der in Artikel 21 Absatz 1 bezeichneten Fälle eine Person festgenommen, so hat ein Vertreter des betreffenden Entsendestaates Zutritt zu dieser Person. Wird eine Person, die in einem der in Absatz 2 des genannten Artikels bezeichneten Fälle festgenommen worden ist, von den Behörden einer Truppe in Gewahrsam gehalten, so hat ein deutscher Vertreter ein entsprechendes Recht, soweit der Entsendestaat von dem in Satz 1 gewährten Recht des Zutritts Gebrauch macht. Zwischen den deutschen Behörden und den Militärbehörden des Entsendestaates werden die zur Durchführung dieses Artikels erforderlichen Vereinbarungen geschlossen. Ein Vertreter des Staates, der den Gewahrsam innehat, kann bei der Ausübung des Zutrittsrechts anwesend sein.

Art 24, 25 *(nicht abgedruckt)*

Art 26 [Ort der Hauptverhandlung]

I Wird ein Mitglied einer Truppe oder eines zivilen Gefolges oder ein Angehöriger vor ein Gericht eines Entsendestaates wegen einer im Bundesgebiet begangenen strafbaren Handlung gestellt, die sich gegen deutsche Interessen richtet, so findet die Hauptverhandlung im Bundesgebiet statt,

a) sofern nicht das Recht des Entsendestaates entgegensteht, oder
b) sofern nicht in Fällen militärischer Erfordernisse oder im Interesse der Rechtsfindung die Behörden des Entsendestaates beabsichtigen, die Hauptverhandlung außerhalb des Bundesgebietes stattfinden zu lassen. In diesem Fall geben sie den deutschen Behörden rechtzeitig Gelegenheit zur Stellungnahme hierzu und berücksichtigen gebührend die Stellungnahme, die diese etwa abgeben.

II Findet die Hauptverhandlung außerhalb des Bundesgebietes statt, so teilen die Behörden des Entsendestaates den deutschen Behörden Ort und Zeit dieser Hauptverhandlung mit. Ein deutscher Vertreter hat das Recht, in der Hauptverhandlung anwesend zu sein, soweit seine Anwesenheit nicht mit den Verfahrensvorschriften des Entsendestaates oder mit dessen Sicherheitsinteressen, die nicht zugleich Sicherheitsinteressen der Bundesrepublik sind, unvereinbar ist. Die Behörden des Entsendestaates teilen den deutschen Behörden das Urteil und den Ausgang des Verfahrens mit.

Art 27 *(weggefallen)*

Art 28–35 *(nicht abgedruckt)*

Art 36 [Zustellung]

I Zur öffentlichen Zustellung an Mitglieder einer Truppe oder eines zivilen Gefolges oder an Angehörige bedarf es zusätzlich der Veröffentlichung eines Auszugs des zuzustellenden Schriftstückes in der Sprache des Entsendestaates in einem von diesem zu bezeichnenden Blatt oder, wenn der Entsendestaat dies bestimmt, durch Aushang in der zuständigen Verbindungsstelle.

II Hat ein deutscher Zustellungsbeamter einer Person, die sich in der Anlage einer Truppe befindet, ein Schriftstück zuzustellen, so trifft die für die Verwaltung der Anlage zuständige Behörde der Truppe alle Maßnahmen, die erforderlich sind, damit der deutsche Zustellungsbeamte die Zustellung durchführen kann.

Art 37 [Ladungen, Erscheinen vor Gericht]

I Bei Ladungen von Mitgliedern einer Truppe, eines zivilen Gefolges oder von Angehörigen vor deutsche Gerichte und Behörden ergreifen die Militärbehörden, sofern nicht dringende militärische Erfordernisse dem entgegenstehen, alle im Rahmen ihrer Befugnisse liegenden Maßnahmen, um sicherzustellen, daß der Ladung Folge geleistet wird, soweit nach deutschem Recht das Erscheinen erzwingbar ist. Falls die Ladung nicht über die Verbindungsstelle zugestellt worden ist, wird diese unverzüglich von dem deutschen Gericht oder der deutschen Behörde über die Ladung unter Angabe des Adressaten und seiner Anschrift sowie der Zeit und des Ortes der anstehenden Verhandlung oder Beweisaufnahme unterrichtet; dies gilt bei Angehörigen nicht, wenn die Militärbehörden die Befolgung der Ladung nicht wirksam unterstützen können.

II Werden Personen, deren Erscheinen die Militärbehörden nicht sicherstellen können, vor einem Gericht oder einer Militärbehörde eines Entsendestaates als Zeugen oder Sachverständige benötigt, so tragen die deutschen Gerichte und Behörden im Einklang mit dem deutschen Recht dafür Sorge, daß diese Personen vor dem Gericht oder der Militärbehörde dieses Staates erscheinen.

Art 38 [Aussagegenehmigung, Ausschluß der Öffentlichkeit]

I Ergibt sich im Verlauf eines strafrechtlichen oder nichtstrafrechtlichen Verfahrens oder einer Vernehmung vor einem Gericht oder einer Behörde einer Truppe oder der Bundesrepublik, daß ein Amtsgeheimnis eines der beteiligten Staaten oder beider oder eine Information, die der Sicherheit eines der beteiligten Staaten oder beider schaden würde, preisgegeben werden könnte, so holt das Gericht oder die Behörde vorher die schriftliche Einwilligung der zuständigen Behörde dazu ein, daß das Amtsgeheimnis oder die Information preisgegeben werden darf. Erhebt die zuständige Behörde Einwendungen gegen die Preisgabe, so trifft das Gericht oder die Behörde alle in ihrer Macht stehenden Maßnahmen, einschließlich derjenigen, auf die sich Absatz 2 bezieht, um die Preisgabe zu verhüten, vorausgesetzt, daß die verfassungsmäßigen Rechte einer beteiligten Partei dadurch nicht verletzt werden.

II Die Vorschriften des deutschen Gerichtsverfassungsgesetzes (§§ 172 bis 175) über den Ausschluß der Öffentlichkeit von Verhandlungen in strafrechtlichen und nichtstrafrechtlichen Verfahren und die Vorschriften der deutschen Strafprozeßordnung (§ 15) über die Möglichkeit der Übertragung von Strafverfahren an das Gericht eines anderen Bezirks werden in Verfahren vor deutschen Gerichten und Behörden, in denen eine Gefährdung der Sicherheit einer Truppe oder eines zivilen Gefolges zu besorgen ist, entsprechend angewendet.

Art 39 [Zeugen und Sachverständige]

Die Rechte und Vorrechte der Zeugen, Verletzten und Sachverständigen bestimmen sich nach dem Recht der Gerichte oder der Behörden, vor denen sie erscheinen. Das Gericht oder die Behörde berücksichtigt jedoch die Rechte und Vorrechte angemessen, welche Zeugen, Verletzte und Sachverständige, wenn sie Mitglieder einer Truppe, eines zivilen Gefolges oder Angehörige sind, vor einem Gericht des Entsendestaates, und, wenn sie nicht zu diesem Personenkreis gehören, vor einem deutschen Gericht haben würden.

Art 40 [Durchsuchung und Beschlagnahme von Dienstpost]

Vorbehaltlich entgegenstehender Bestimmungen im NATO-Truppenstatut oder in diesem Abkommen unterliegen Archive, Dokumente, als solche erkennbare Dienstpostsendungen und Eigentum einer Truppe nicht der Durchsuchung, Beschlagnahme oder Zensur durch die deutschen Behörden, sofern auf die Immunität nicht verzichtet wird.

Art 41–83 *(nicht abgedruckt)*

10 b. Unterzeichnungsprotokoll zum Zusatzabkommen (NTS-UP)

Vom 3. August 1959 (BGBl 1961 II 1183, 1313), geändert durch Bek. vom 1. August 1985 (BGBl II S. 1008) und durch Ges. vom 23. November 1994 (BGBl II 3710)

(Auszug)

Teil I
Gemeinsame Protokolle und Erklärungen bezüglich des NATO-Truppenstatuts

Zu Artikel VII [Strafgerichtsbarkeit]

I Die Bundesrepublik betrachtet Handlungen, die durch Verwaltungsstrafverfahren und als Ordnungswidrigkeiten geahndet werden, als nach dem Recht des Aufnahmestaates strafbare Handlungen im Sinne des Artikels VII und der mit ihm in unmittelbarem Zusammenhang stehenden Bestimmungen des Zusatzabkommens.

II a) Die Bundesrepublik betrachtet sich mit Rücksicht auf Artikel VII Absatz 1 Buchstabe b) als nicht zuständig, über Ersuchen um Auslieferung von Mitgliedern einer Truppe, eines zivilen Gefolges und von Angehörigen zu entscheiden.

b) Die Entsendestaaten geben Ersuchen um Auslieferung von Deutschen, die sich als Mitglieder einer Truppe oder als Angehörige im Bundesgebiet aufhalten, nicht statt.

Teil II
Gemeinsame Protokolle und Erklärungen bezüglich des Zusatzabkommens

Zu Artikel 18 a [Todesstrafe]

I In Fällen nach Artikel 18 a Absatz 1 gewähren die deutschen Behörden Unterstützung, falls deutsches Gesetzesrecht oder vertragliche Verpflichtungen, die die Bundesrepublik übernommen hat, dies erfordern.

II Unter außergewöhnlichen Umständen, wie im Falle eines unmittelbar drohenden bewaffneten Konflikts, können die Behörden eines Entsendestaates und die zuständigen deutschen Behörden Vereinbarungen schließen, die diesen Umständen gerecht werden.

Zu Artikel 19 [Verzicht auf Vorrecht zur Ausübung der Strafgerichtsbarkeit]

I Das Ersuchen um den in Artikel 19 Absatz 1 vorgesehenen Verzicht auf das Vorrecht der Bundesrepublik zur Ausübung der Strafgerichtsbarkeit wird von denjenigen Entsendestaaten, die bereits entschlossen sind, von dem Verzicht Gebrauch zu machen, mit dem Inkrafttreten des Zusatzabkommens gestellt. Die Bundesrepublik gewährt diesen Entsendestaaten den Verzicht mit dem Inkrafttreten des Zusatzabkommens. Entschließt sich ein Entsendestaat nach dem Inkrafttreten des Zusatzabkommens, von dem Verzicht Gebrauch zu machen, so ersucht er um diesen Verzicht erst, nachdem mit der Bundesregierung über die erforderlichen Übergangsregelungen Einigung erzielt worden ist.

II a) Belange der deutschen Rechtspflege im Sinne von Artikel 19 Absatz 3 können die Ausübung der deutschen Gerichtsbarkeit insbesondere bei folgenden Straftaten erfordern:

i) Straftaten, die zur Zuständigkeit der Oberlandesgerichte im ersten Rechtszuge gehören oder deren Verfolgung der Generalbundesanwalt beim Bundesgerichtshof übernehmen kann;

ii) Straftaten, durch die der Tod eines Menschen verursacht wird, Raub, Vergewaltigung, soweit sich diese Straftaten nicht gegen ein Mitglied einer Truppe, eines zivilen Gefolges oder gegen einen Angehörigen richten;
iii) Versuch solcher Straftaten oder Teilnahme an ihnen.

b) Die beteiligten Behörden arbeiten hinsichtlich der unter Buchstabe a) genannten Straftaten von Beginn der ersten Ermittlungen an besonders eng zusammen, um die in Artikel VII Absatz 6 des NATO-Truppenstatuts vorgesehene gegenseitige Unterstützung zu gewähren.

Zu Artikel 22 [Gewahrsam]

Das Recht der Entsendestaaten, den Festgenommenen entweder in einer eigenen Haftanstalt oder bei ihrer Truppe in Gewahrsam zu halten, bleibt erhalten. Um die Erfüllung ihrer Verpflichtungen nach Artikel 22 Absatz 3 Satz 2 reibungslos zu gestalten, bringen die Behörden der Entsendestaaten den Festgenommenen möglichst in der Nähe des Sitzes der mit dem Verfahren befaßten deutschen Behörden unter, ohne daß jedoch eine Verpflichtung besteht, den Festgenommenen außerhalb des eigentlichen Gebietes ihrer Truppe unterzubringen.

Zu Artikel 26 Absatz 1 Buchstabe b)

Der Ausdruck „militärische Erfordernisse" kann auch auf die Fälle angewendet werden, in denen die Straftat von einer Person begangen worden ist, die sich zu Übungs- oder Manöverzwecken vorübergehend im Bundesgebiet aufhielt.

10 c. Gesetz zu dem Abkommen zwischen den Parteien des Nordatlantikvertrags vom 19. Juni 1951 über die Rechtsstellung ihrer Truppen und zu den Zusatzvereinbarungen vom 3. August 1959 zu diesem Abkommen (Gesetz zum NATO-Truppenstatut und zu den Zusatzvereinbarungen – NTS-AG)

Vom 18. August 1961 (BGBl II 1183; III 57–1), letztes ÄndG vom 28. September 1994 (BGBl II 2594)

(Auszug)

Kapitel 1. Ausführungsbestimmungen zu Artikel VII Abs. 5 und 6 des NATO-Truppenstatuts und zu Artikel 19 und 75 des Zusatzabkommens

Art 3 [Verzicht auf Vorrecht zur Ausübung der konkurrierenden Strafgerichtsbarkeit]

I Die Rücknahme des Verzichts auf das den deutschen Behörden nach Artikel VII Abs. 3 Buchstabe b des NATO-Truppenstatuts in den Fällen der konkurrierenden Gerichtsbarkeit zustehende Vorrecht (Artikel 19 Abs. 3 des Zusatzabkommens) und die Zustimmung zur Abgabe einzelner Strafsachen an die deutschen Gerichte oder Behörden (Artikel 19 Abs. 5 Buchstabe a des Zusatzabkommens) wird von der Staatsanwaltschaft erklärt. Diese ist auch zur Abgabe einzelner Strafsachen nach Artikel 19 Abs. 5 Buchstabe b des Zusatzabkommens befugt.

II Für die sachliche und örtliche Zuständigkeit gelten die Vorschriften des Gerichtsverfassungs- und Strafprozeßrechts entsprechend.

Art 4 [Anhängige Strafverfahren]

Für den Empfang von Mitteilungen über anhängige Fälle im Sinne des Artikels 75 Abs. 1 Buchstabe b des Zusatzabkommens ist jede Staatsanwaltschaft im Geltungsbereich dieses Gesetzes zuständig.

Art 4 a [Besondere Bestimmungen]

Die in Artikel VII Abs. 5 Buchstabe a und Abs. 6 Buchstabe a des NATO-Truppenstatuts geregelte Zusammenarbeit in strafrechtlichen Angelegenheiten ist nach den folgenden besonderen Bestimmungen auszuführen.

§ 1. Soweit die Behörden des Entsendestaates die Gerichtsbarkeit ausüben, sind die Strafverfolgungsbehörden auf deren Ersuchen befugt, zur Erfüllung der sich aus Artikel VII Abs. 5 Buchstabe a und Abs. 6 Buchstabe a des NATO-Truppenstatuts ergebenden Verpflichtungen den Verfolgten vorläufig festzunehmen und bis zur Übergabe an die Militärbehörde des Entsendestaates festzuhalten sowie Beschlagnahme und Durchsuchung durchzuführen und sonstige zur Erfüllung der Verpflichtung erforderlichen Ermittlungshandlungen vorzunehmen. Die Bestimmungen der Strafprozeßordnung gelten entsprechend, soweit nachstehend nichts anderes bestimmt ist.

§ 2. Die auf Grund seiner Ersuchens nach Artikel VII Abs. 6 Buchstabe a des NATO-Truppenstatuts erforderliche Beschlagnahme und Durchsuchung werden von dem Amtsgericht angeordnet, in dessen Bezirk die Handlungen vorzunehmen sind. Sind Rechtshilfehandlungen in den Bezirken mehrerer Gerichte vorzunehmen, so richtet sich die Zuständigkeit danach, welches Gericht oder, solange noch kein Gericht befaßt ist, welche Staatsanwaltschaft zuerst mit der Sache befaßt wurde.

§ 3. [I] Ist nach Eingang eines Ersuchens um Festnahme und Übergabe nach Artikel VII Abs. 5 Buchstabe a des NATO-Truppenstatuts der Aufenthaltsort des Verfolgten nicht bekannt, können die Staatsanwaltschaft und ihre Hilfsbeamten die Ausschreibung zur Aufenthaltsermittlung und zur Festnahme, wenn die vorläufige Festnahme erforderlich ist, veranlassen.

[II] Ist der Aufenthaltsort des Verfolgten bekannt, so ist er vorläufig festzunehmen, wenn aufgrund bestimmter Tatsachen und bei Würdigung der Umstände des Einzelfalles die Gefahr besteht, daß er sich der Übergabe an die Militärbehörde des Entsendestaates entziehen werde.

[III] Ein Festgenommener ist unverzüglich, spätestens am Tage nach seiner Festnahme, dem Richter des nächsten Amtsgerichts vorzuführen.

[IV] Der Richter vernimmt den Verfolgten unverzüglich nach der Vorführung, spätestens am nächsten Tag, über seine persönlichen Verhältnisse, insbesondere über seine Staatsangehörigkeit. Er teilt ihm die Gründe der Festnahme mit und weist ihn darauf hin, daß er sich in jeder Lage des Verfahrens eines Beistandes bedienen kann. Sodann befragt er ihn, ob und gegebenenfalls aus welchen Gründen er Einwendungen gegen seine vorläufige Festnahme und die Übergabe an die Militärbehörden des Entsendestaates erheben will.

[V] Hält der Richter die Voraussetzungen für die vorläufige Festnahme für gegeben und das Ersuchen um Übergabe für gerechtfertigt, ordnet er durch Beschluß an, daß der Verfolgte unverzüglich an die zuständige Militärbehörde des Entsendestaates, der um die Festnahme und Übergabe ersucht hat, zu übergeben ist. Anderenfalls ist der Verfolgte freizulassen.

[VI] Gegen den die Übergabe anordnenden Beschluß des Richters ist die sofortige Beschwerde zulässig. Bis zur Entscheidung des Beschwerdegerichts darf die Übergabe nicht vollzogen werden.

[VII] Die für das Gericht örtlich zuständige Staatsanwaltschaft bei dem Landgericht bereitet die Entscheidung über die Übergabe vor und führt die vom Gericht angeordnete Übergabe durch.

11. Gesetz über die Rehabilitierung und Entschädigung von Opfern rechtsstaatswidriger Strafverfolgungsmaßnahmen im Beitrittsgebiet (Strafrechtliches Rehabilitierungsgesetz – StrRehaG)

Vom 29. Oktober 1992 (BGBl I 1814; III 253–1) idF vom 1. Juli 1997 (BGBl I 1614)

Abschnitt 1
Rehabilitierung und Folgeansprüche

§ 1 Aufhebung rechtsstaatswidriger Entscheidungen

I Die strafrechtliche Entscheidung eines staatlichen deutschen Gerichts in dem in Artikel 3 des Einigungsvertrages genannten Gebiet (Beitrittsgebiet) aus der Zeit vom 8. Mai 1945 bis zum 2. Oktober 1990 ist auf Antrag für rechtsstaatswidrig zu erklären und aufzuheben (Rehabilitierung), soweit sie mit wesentlichen Grundsätzen einer freiheitlichen rechtsstaatlichen Ordnung unvereinbar ist, insbesondere weil

1. die Entscheidung politischer Verfolgung gedient hat; dies gilt in der Regel für Verurteilungen nach folgenden Vorschriften:
   a) Landesverräterische Nachrichtenübermittlung (§ 99 des Strafgesetzbuches der Deutschen Demokratischen Republik vom 12. Januar 1968 in der Fassung der Bekanntmachung vom 14. Dezember 1988, GBl. 1989 I Nr. 3 S. 33);
   b) Staatsfeindlicher Menschenhandel (§ 105 des Strafgesetzbuches der Deutschen Demokratischen Republik vom 12. Januar 1968 in der Fassung der Bekanntmachung vom 14. Dezember 1988, GBl. 1989 I Nr. 3 S. 33);
   c) Staatsfeindliche Hetze (§ 106 Abs. 1 Nr. 1 bis 4, Abs. 2 und 3 des Strafgesetzbuches der Deutschen Demokratischen Republik vom 12. Januar 1968 in der Fassung der Bekanntmachung vom 14. Dezember 1988, GBl. 1989 I Nr. 3 S. 33);
   d) Ungesetzliche Verbindungsaufnahme (§ 219 des Strafgesetzbuches der Deutschen Demokratischen Republik vom 12. Januar 1968 in der Fassung der Bekanntmachung vom 14. Dezember 1988, GBl. 1989 I Nr. 3 S. 33);
   e) Ungesetzlicher Grenzübertritt (§ 213 Abs. 1, 2, 3, Satz 2 Nr. 3 bis 6, oder Abs. 4 des Strafgesetzbuches der Deutschen Demokratischen Republik vom 12. Januar 1968 in der Fassung der Bekanntmachung vom 14. Dezember 1988, GBl. 1989 I Nr. 3 S. 33);
   f) Boykotthetze gemäß Artikel 6 Abs. 2 der Verfassung der Deutschen Demokratischen Republik vom 7. Oktober 1949 (GBl. I Nr. 1 S. 5);
   g) Wehrdienstentziehung und Wehrdienstverweigerung (§ 256 des Strafgesetzbuches der Deutschen Demokratischen Republik vom 12. Januar 1968 in der Fassung der Bekanntmachung vom 14. Dezember 1988, GBl. 1989 I Nr. 3 S. 33) oder § 43 des Gesetzes über den Wehrdienst in der Deutschen Demokratischen Republik vom 25. März 1982 (GBl. I Nr. 12 S. 221);
   h) nach Vorschriften, die den unter den Buchstaben a bis g genannten Vorschriften inhaltlich entsprechen, sowie
   i) Hochverrat, Spionage, Anwerbenlassen zum Zwecke der Spionage, Landesverräterische Agententätigkeit, Staatsverbrechen, die gegen einen verbündeten Staat gerichtet sind, Unterlassung der Anzeige einer dieser Straftaten, Geheimnisverrat (§§ 96, 97, 98, 100, 108, 225 Abs. 1 Nr. 2 in Verbindung mit diesen Vorschriften, §§ 245 oder 246 des Strafgesetzbuches der Deutschen Demokratischen Republik vom 12. Januar 1968 in der Fassung der Bekanntmachung vom 14. Dezember 1988, GBl. 1989 I Nr. 3 S. 33) oder nach inhaltlich entsprechenden Vorschriften, wenn die Tat für die Bundesrepublik Deutschland, einen mit ihr verbündeten Staat

oder für eine Organisation begangen worden sein soll, die den Grundsätzen einer freiheitlichen rechtsstaatlichen Ordnung verpflichtet ist, oder
2. die angeordneten Rechtsfolgen in grobem Mißverhältnis zu der zugrundeliegenden Tat stehen.

II Mit wesentlichen Grundsätzen einer freiheitlichen rechtsstaatlichen Ordnung unvereinbar sind die Entscheidungen des Landgerichts Chemnitz, Außenstelle Waldheim, aus dem Jahr 1950 („Waldheimer Prozesse").

III Ist eine Entscheidung auf die Verletzung mehrerer Strafvorschriften gestützt und liegen die Voraussetzungen des Absatzes 1 nur hinsichtlich eines Teiles der Strafvorschriften vor, kann die Entscheidung insgesamt aufgehoben werden, wenn die Gesetzesverletzungen für die Anordnung der Rechtsfolgen von untergeordneter Bedeutung gewesen sind.

IV Kommt eine vollständige Aufhebung der Entscheidung nicht in Betracht, hebt das Gericht den Teil der Entscheidung auf, für den die Voraussetzungen des Absatzes 1 vorliegen.

V Für strafrechtliche Maßnahmen, die keine gerichtlichen Entscheidungen sind, gelten die Vorschriften dieses Gesetzes entsprechend.

VI Ein Antrag nach Absatz 1 ist unzulässig, soweit nach dem 2. Oktober 1990 über einen auf denselben Sachverhalt gestützten zulässigen Antrag auf Rehabilitierung oder Kassation rechtskräftig entschieden worden ist. Dies gilt nicht, soweit dargelegt wird, daß der frühere Antrag nach den Vorschriften dieses Gesetzes Erfolg gehabt hätte.

§ 2 Rechtsstaatswidrige Entscheidungen über Freiheitsentzug außerhalb eines Strafverfahrens

I Die Vorschriften dieses Gesetzes finden auf eine außerhalb eines Strafverfahrens ergangene gerichtliche oder behördliche Entscheidung, mit der eine Freiheitsentziehung angeordnet worden ist, entsprechende Anwendung. Dies gilt insbesondere für eine Einweisung in eine psychiatrische Anstalt, die der politischen Verfolgung oder sonst sachfremden Zwecken gedient hat.

II Der Freiheitsentziehung werden Leben unter haftähnlichen Bedingungen oder Zwangsarbeit unter haftähnlichen Bedingungen gleichgestellt.

§ 3 Folgeansprüche

I Die Aufhebung einer Entscheidung nach § 1 begründet Ansprüche nach Maßgabe dieses Gesetzes.

II Wird eine Einziehung von Gegenständen oder eine Vermögenseinziehung aufgehoben, richtet sich die Rückübertragung oder Rückgabe von Vermögenswerten nach dem Vermögensgesetz und dem Investitionsvorranggesetz.

§ 4 Beendigung der Vollstreckung

I Die Vollstreckung einer strafgerichtlichen Entscheidung endet mit der Rechtskraft der aufhebenden Entscheidung, wenn die Vollstreckung noch nicht beendet ist. Durch einen Antrag nach § 1 wird die Vollstreckung einer noch nicht vollstreckten Rechtsfolge nicht gehemmt. Das Gericht kann einen Aufschub oder eine Unterbrechung der Vollstreckung anordnen.

II Soweit die Entscheidung nicht aufgehoben wird, hat das Gericht die Vollstreckung für erledigt zu erklären, wenn ihre Fortsetzung unter Berücksichtigung der bereits vollstreckten Rechtsfolgen unverhältnismäßig wäre.

§ 5 Bundeszentralregister

I Die rechtskräftige Entscheidung und die durch Beschwerde angefochtene stattgebende Entscheidung des Gerichts sind dem Bundeszentralregister mitzuteilen; dies gilt nicht, wenn der Betroffene verstorben ist.

II In das Bundeszentralregister ist die durch Beschwerde angefochtene stattgebende Entscheidung einzutragen, wenn die dem Rehabilitierungsverfahren zugrundeliegende Entscheidung in das Bundeszentralregister eingetragen ist. Verurteilungen, bei denen die stattgebende Entscheidung vermerkt ist, werden nicht in das Führungszeugnis aufgenommen; wird in der Entscheidung dem Rehabilitierungsantrag nur teilweise stattgegeben, ist im Führungszeugnis darauf hinzuweisen. Ist das Rehabilitierungsverfahren rechtskräftig abgeschlossen, wird die Eintragung nach Satz 1 aus dem Bundeszentralregister entfernt.

III Eintragungen im Strafregister der Deutschen Demokratischen Republik, die auf einer gerichtlichen Entscheidung beruhen, die nach diesem Gesetz aufgehoben wird, werden nicht in das Bundeszentralregister übernommen. Ist die aufgehobene Entscheidung nicht im Strafregister der Deutschen Demokratischen Republik oder im Bundeszentralregister eingetragen, erfolgt keine Eintragung in das Bundeszentralregister. Eine Eintragung im Bundeszentralregister, die auf einer gerichtlichen Entscheidung beruht, die nach diesem Gesetz aufgehoben ist, wird entfernt.

IV Die Zurückweisung eines Antrags nach § 1 ist im Bundeszentralregister zu vermerken, falls die angegriffene gerichtliche Entscheidung im Bundeszentralregister eingetragen ist. Ist die angegriffene Entscheidung im Strafregister der Deutschen Demokratischen Republik eingetragen, wird die Eintragung in das Bundeszentralregister übernommen und die Zurückweisung des Antrags vermerkt; § 64 a Abs. 3 des Bundeszentralregistergesetzes bleibt unberührt.

V Für die Fristberechnung gelten § 36 Nr. 3, § 64 a Abs. 5 des Bundeszentralregistergesetzes entsprechend.

§ 6 Erstattung von Geldstrafen, Kosten des Verfahrens und notwendigen Auslagen des Betroffenen

I Soweit eine Entscheidung aufgehoben wird, besteht ein Anspruch auf Erstattung gezahlter Geldstrafen, Kosten des Verfahrens und notwendiger Auslagen des Betroffenen im Verhältnis von zwei Mark der Deutschen Demokratischen Republik zu einer Deutschen Mark. Bereits erfolgte Erstattungen sind anzurechnen.

II Die Höhe des Erstattungsanspruchs nach Absatz 1 kann geschätzt werden, wenn eine genaue Feststellung nicht oder nur mit unverhältnismäßigem Aufwand möglich wäre.

III § 17 Abs. 4 und § 25 Abs. 1 gelten entsprechend.

Abschnitt 2
Gerichtliches Verfahren

§ 7 Antrag

I Der Antrag nach § 1 kann bis zum 31. Dezember 1999

1. von dem durch die Entscheidung unmittelbar in seinen Rechten Betroffenen oder seinem gesetzlichen Vertreter,
2. nach dem Tode des Betroffenen von seinem Ehegatten, seinen Verwandten in gerader Linie, seinen Geschwistern oder von Personen, die ein berechtigtes Interesse an der Rehabilitierung des von der rechtsstaatswidrigen Entscheidung Betroffenen haben, oder
3. von der Staatsanwaltschaft, jedoch nicht, soweit der unmittelbar in seinen Rechten Betroffene widersprochen hat,

gestellt werden.

II Der Antrag kann bei jedem Gericht schriftlich oder zu Protokoll der Geschäftsstelle erklärt werden. Der Antrag ist zu begründen.

III Der Antrag kann auf bestimmte Beschwerdepunkte beschränkt werden.

IV Die in Absatz 1 Nr. 1 und 2 genannten Verfahrensbeteiligten können sich durch einen Bevollmächtigten vertreten lassen. Zu Bevollmächtigten können die im Geltungsbereich dieses Gesetzes zugelassenen Rechtsanwälte sowie Rechtslehrer an deutschen Hochschulen gewählt werden. Andere Personen können mit Zustimmung des Gerichts zu Bevollmächtigten gewählt werden. Für die Prozeßkostenhilfe gelten dieselben Vorschriften wie in bürgerlichen Rechtsstreitigkeiten.

V Verstirbt der Betroffene nach Antragstellung, können die nach Absatz 1 Nr. 2 oder 3 Antragsberechtigten binnen sechs Monaten die Fortsetzung des Verfahrens beantragen.

§ 8 Zuständiges Gericht

I Für die Entscheidung nach § 1 ist das Bezirksgericht oder das an dessen Sitz errichtete Landgericht zuständig, in dessen Bezirk nach Maßgabe der Bezirksgerichtsgrenzen vom 3. Oktober 1990 das erstinstanzliche Strafverfahren oder das Ermittlungsverfahren durchgeführt worden ist. Soweit in erster Instanz das Oberste Gericht der Deutschen Demokratischen Republik entschieden hat, ist das Landgericht Berlin zuständig.

II Hat sich der Gerichtsbezirk nach Erlaß der angegriffenen Entscheidung geändert, bleibt das Gericht örtlich zuständig, das zum Zeitpunkt des Ergehens der angegriffenen Entscheidung nach Absatz 1 zuständig gewesen wäre.

§ 9 Besetzung der Rehabilitierungssenate oder Rehabilitierungskammern

I Das Bezirksgericht entscheidet durch Rehabilitierungssenate, das Landgericht durch Rehabilitierungskammern, die jeweils mit drei Berufsrichtern besetzt sind.

II Wer vor dem 3. Oktober 1990 im Beitrittsgebiet als Berufsrichter oder Staatsanwalt tätig war, ist von der Mitwirkung an Rehabilitierungsentscheidungen kraft Gesetzes ausgeschlossen, solange er nicht auf Grund des Deutschen Richtergesetzes und der dazu ergangenen Maßgaben des Einigungsvertrages in ein Richterverhältnis berufen worden ist. An einer Rehabilitierungsentscheidung darf nicht mehr als ein Richter mitwirken, der vor dem 3. Oktober 1990 im Beitrittsgebiet als Berufsrichter oder Staatsanwalt tätig war.

§ 10 Ermittlung des Sachverhalts

I Das Gericht ermittelt den Sachverhalt von Amts wegen. Dabei bestimmt es Art und Umfang der Ermittlungen, insbesondere etwaiger Beweiserhebungen, nach pflichtgemäßem Ermessen.

II Das Gericht kann dem Antragsteller aufgeben, für die Entscheidung benötigte Unterlagen und andere Beweismittel vorzulegen oder zu bezeichnen und die den Antrag begründenden Tatsachen glaubhaft zu machen. § 11 Abs. 4 Satz 2 und 3 dieses Gesetzes sowie § 294 Abs. 1 der Zivilprozeßordnung gelten entsprechend.

III Dem Antragsteller sind auf sein Verlangen Abschriften der angegriffenen Entscheidung und der Anklageschrift zu erteilen, soweit diese zugänglich sind.

IV Das Gericht kann die Durchführung einzelner Ermittlungen der Staatsanwaltschaft übertragen.

§ 11 Gerichtliches Verfahren

I Ein Antrag soll bevorzugt bearbeitet werden, wenn dies unter den Gesichtspunkten der sozialen Dringlichkeit oder des Lebensalters des Antragstellers geboten erscheint.

II Vor der Entscheidung gibt das Gericht der Staatsanwaltschaft Gelegenheit zur Stellungnahme. Hat die Staatsanwaltschaft den Antrag gestellt, ist der nach § 7 Abs. 1 Nr. 1 Antragsberechtigte zu hören.

III Das Gericht entscheidet in der Regel ohne mündliche Erörterung. Es kann eine mündliche Erörterung anordnen, wenn es dies zur Aufklärung des Sachverhalts oder aus anderen Gründen für erforderlich hält.

IV Das Gericht kann das persönliche Erscheinen des Antragstellers anordnen. Leistet der Antragsteller dieser Anordnung keine Folge, kann das Gericht das Ruhen des Verfahrens anordnen. Der Antragsteller kann binnen sechs Monaten die Fortsetzung des Verfahrens beantragen.

V Ist zu erwarten, daß die Entscheidung über den Antrag unmittelbare Wirkung auf die Rechte eines Dritten haben wird, so ist auch dieser an dem Verfahren zu beteiligen. Absatz 1 und Absatz 3 Satz 1 gelten insoweit entsprechend.

§ 12 Rehabilitierungsentscheidung

I Das Gericht entscheidet durch Beschluß. Die Entscheidung ergeht im schriftlichen Verfahren, wenn nicht die Voraussetzungen einer Verkündung nach § 35 Abs. 1 der Strafprozeßordnung vorliegen.

II In den Beschluß sind die Namen der Richter, der Verfahrensbeteiligten und ihrer Bevollmächtigten aufzunehmen. Der Beschluß enthält weiterhin
1. die Bezeichnung der angegriffenen Entscheidung,
2. die Feststellung, hinsichtlich welchen Vorwurfs und welcher Rechtsfolge die angegriffene Entscheidung aufgehoben wird,
3. die Dauer der zu Unrecht erlittenen Freiheitsentziehung,
4. den Betrag einer nach § 6 zu erstattenden Geldstrafe sowie die Feststellung, ob sonst ein Anspruch nach § 6 dem Grunde nach besteht.

III Der Beschluß ist zu begründen, soweit er mit der Beschwerde anfechtbar ist.

IV Der Beschluß ist mit einer Rechtsmittelbelehrung zu versehen und den Verfahrensbeteiligten zuzustellen.

§ 13 Beschwerde

I Gegen den Beschluß kann innerhalb eines Monats nach seiner Zustellung Beschwerde eingelegt werden.

II Der Beschluß unterliegt nicht der Beschwerde, soweit
1. einem Rehabilitierungsantrag stattgegeben worden ist und kein Verfahrensbeteiligter dem Antrag widersprochen hat,
2. das Gericht einstimmig und auf Antrag der Staatsanwaltschaft, der zu begründen ist,
   a) entschieden hat, daß die Rechtsfolgen der angegriffenen Entscheidung nicht in grobem Mißverhältnis zu der zugrundeliegenden Tat stehen, oder
   b) einen Antrag nach § 1 Abs. 6 als unzulässig verworfen hat.

Satz 1 Nr. 2 gilt nicht, soweit die erfolgreiche Anfechtung zur Verkürzung einer noch zu vollstreckenden Freiheitsstrafe führen würde.

III Über die Beschwerde entscheidet das Bezirksgericht oder das Oberlandesgericht, in dessen Bezirk die Landesregierung ihren Sitz hat, in Berlin das Kammergericht. Das Beschwerdegericht entscheidet durch besondere Beschwerdesenate für Rehabilitierungssachen. § 9 gilt entsprechend.

IV Will der Beschwerdesenat bei der Entscheidung einer Rechtsfrage von einer Entscheidung eines anderen Bezirksgerichts oder eines Oberlandesgerichts oder des Bundesgerichtshofes abweichen, hat er die Sache dem Bundesgerichtshof in entsprechender Anwendung von § 121 Abs. 2 des Gerichtsverfassungsgesetzes vorzulegen.

§ 14 Kosten des Verfahrens und notwendige Auslagen

I Kosten des Verfahrens werden nicht erhoben.

II Wird dem Antrag ganz oder teilweise stattgegeben, fallen die notwendigen Auslagen des Antragstellers der Staatskasse zur Last. Im übrigen kann das Gericht die notwendigen Auslagen des Antragstellers ganz oder teilweise der Staatskasse auferlegen, wenn es unbillig wäre, den Antragsteller damit zu belasten.

III Die Entscheidung nach Absatz 2 Satz 2 ist unanfechtbar.

IV Für die notwendigen Auslagen des Antragstellers im Beschwerdeverfahren gilt § 473 Abs. 1 bis 4 der Strafprozeßordnung entsprechend.

§ 15 Anwendbarkeit des Gerichtsverfassungsgesetzes und der Strafprozeßordnung

Soweit in diesem Gesetz nichts anderes bestimmt ist, gelten die Vorschriften des Gerichtsverfassungsgesetzes und der Strafprozeßordnung entsprechend.

Abschnitt 3
Soziale Ausgleichsleistungen

§ 16 Soziale Ausgleichsleistungen

I Die Rehabilitierung begründet einen Anspruch auf soziale Ausgleichsleistungen für Nachteile, die dem Betroffenen durch eine Freiheitsentziehung entstanden sind.

II Soziale Ausgleichsleistungen nach diesem Gesetz werden nicht gewährt, wenn der Berechtigte oder derjenige, von dem sich die Berechtigung ableitet, gegen die Grundsätze der Menschlichkeit oder Rechtsstaatlichkeit verstoßen oder in schwerwiegendem Maße seine Stellung zum eigenen Vorteil oder zum Nachteil anderer mißbraucht hat.

III Die sozialen Ausgleichsleistungen nach Absatz 1 werden auf Antrag als Kapitalentschädigung und Unterstützungsleistung nach Maßgabe der §§ 17 bis 19 sowie als Versorgung nach Maßgabe der §§ 21 bis 24 gewährt.

IV Die Leistungen nach den §§ 17 bis 19 bleiben als Einkommen bei Sozialleistungen, deren Gewährung von anderen Einkommen abhängig ist, unberücksichtigt.

§ 17 Kapitalentschädigung

I Die Kapitalentschädigung beträgt 300 Deutsche Mark für jeden angefangenen Kalendermonat einer mit wesentlichen Grundsätzen einer freiheitlichen rechtsstaatlichen Ordnung unvereinbaren Freiheitsentziehung. Berechtigte, die bis zum 9. November 1989 ihren Wohnsitz oder ständigen Aufenthalt im Beitrittsgebiet hatten, erhalten für jeden angefangenen Kalendermonat eine zusätzliche Kapitalentschädigung von 250 Deutsche Mark.

II Auf die Kapitalentschädigung sind auf Grund desselben Sachverhaltes unmittelbar nach anderen gesetzlichen Vorschriften erbrachte Entschädigungsleistungen, insbesondere nach dem Häftlingshilfegesetz, anzurechnen.

III Die Kapitalentschädigung ist ab Antragstellung, frühestens jedoch ab dem 18. September 1990, übertragbar und vererblich.

IV Der Antrag auf Gewährung einer Kapitalentschädigung ist bis zum 31. Dezember 1999 zu stellen. Danach kann ein Antrag nur innerhalb eines Jahres seit Rechtskraft der Entscheidung nach § 12 gestellt werden.

§ 18 Unterstützungsleistungen

I Berechtigte nach § 17 Abs. 1, die in ihrer wirtschaftlichen Lage besonders beeinträchtigt sind, erhalten Unterstützungsleistungen. Für die Gewährung der Leistungen nach Satz 1 ist die nach § 15 des Häftlingshilfegesetzes errichtete Stiftung für ehemalige politische Häftlinge zuständig.

II Der Stiftungsrat der Stiftung für ehemalige politische Häftlinge stellt Richtlinien für die Verwendung der Mittel auf, in denen er bestimmt, unter welchen Voraussetzungen und bis zu welcher Höhe Unterstützungsleistungen gewährt werden. Die Richtlinien bedürfen der Genehmigung des für dieses Gesetz federführenden Bundesministers im Einvernehmen mit den Bundesministern des Innern und der Finanzen. Die §§ 22 und 23 des Häftlingshilfegesetzes gelten entsprechend.

III Nach dem Tod des Berechtigten gilt für seinen Ehegatten, seine Kinder und seine Eltern Absatz 1 entsprechend, soweit sie durch die Freiheitsentziehung nicht unerheblich unmittelbar mitbetroffen waren.

§ 19 Härteregelung

Ergibt sich eine besondere Härte daraus, daß keine oder wegen der Anwendung des § 17 Abs. 1 Satz 2 keine zusätzliche Kapitalentschädigung gezahlt wird, kann die zuständige Behörde dem Antragsteller diese Leistung zuerkennen.

§ 20 Kostenregelung

Der Bund trägt 65 vom Hundert der Ausgaben, die den Ländern durch Leistungen nach diesem Gesetz entstehen.

§ 21 Beschädigtenversorgung

I Ein Betroffener, der infolge der Freiheitsentziehung eine gesundheitliche Schädigung erlitten hat, erhält wegen der gesundheitlichen und wirtschaftlichen Folgen dieser Schädigung auf Antrag Versorgung in entsprechender Anwendung des Bundesversorgungsgesetzes. Dies gilt nicht, soweit er wegen desselben schädigenden Ereignisses bereits Versorgung auf Grund des Bundesversorgungsgesetzes oder auf Grund von Gesetzen, die eine entsprechende Anwendung des Bundesversorgungsgesetzes vorsehen, erhält.

II Einer Schädigung im Sinne des Absatzes 1 steht eine gesundheitliche Schädigung gleich, die durch einen Unfall unter den Voraussetzungen des § 1 Abs. 2 Buchstabe e oder f des Bundesversorgungsgesetzes herbeigeführt worden ist.

III Wer als Berechtigter oder Leistungsempfänger nach Absatz 1 dieser Vorschrift oder § 22 dieses Gesetzes in Verbindung mit § 10 Abs. 4 oder 5 des Bundesversorgungsgesetzes, als Pflegeperson oder als Begleitperson bei einer notwendigen Begleitung des Beschädigten durch einen Unfall unter den Voraussetzungen des § 8 a des Bundesversorgungsgesetzes eine gesundheitliche Schädigung erleidet, erhält Versorgung nach Absatz 1.

IV Einer gesundheitlichen Schädigung im Sinne der Absätze 1 bis 3 steht die Beschädigung eines am Körper getragenen Hilfsmittels, einer Brille, von Kontaktlinsen oder von Zahnersatz gleich.

V Zur Anerkennung einer Gesundheitsstörung als Folge einer Schädigung genügt die Wahrscheinlichkeit des ursächlichen Zusammenhanges. Wenn die Wahrscheinlichkeit nur deshalb nicht gegeben ist, weil über die Ursachen des festgestellten Leidens in der medizinischen Wissenschaft Ungewißheit besteht, kann mit Zustimmung des Bundesministers für Arbeit und Sozialordnung die Gesundheitsstörung als Folge einer Schädigung anerkannt werden; die Zustimmung kann allgemein erteilt werden. Eine Anerkennung nach den Sätzen 1 und 2 und hierauf beruhende Verwaltungsakte können mit Wirkung für die Vergangenheit zurückgenommen werden, wenn unzweifelhaft feststeht, daß die Gesundheitsstörung nicht Folge einer Schädigung ist; erbrachte Leistungen sind nicht zu erstatten.

§ 22 Hinterbliebenenversorgung

I Ist der Betroffene an den Folgen der Schädigung gestorben, erhalten die Hinterbliebenen auf Antrag Versorgung in entsprechender Anwendung des Bundesversorgungsgesetzes. Dies gilt nicht, soweit die Hinterbliebenen bereits Versorgung auf Grund des Bundesversorgungsgesetzes oder auf Grund von Gesetzen, die eine entsprechende Anwendung des Bundesversorgungsgesetzes vorsehen, erhalten. § 21 Abs. 3 dieses Gesetzes und die §§ 48 und 52 des Bundesversorgungsgesetzes sind entsprechend anzuwenden.

II Ist ein Todesurteil infolge einer strafrechtlichen Entscheidung nach § 1 am Betroffenen vollstreckt worden, gilt Absatz 1 entsprechend.

§ 23 Zusammentreffen von Ansprüchen

I Treffen Ansprüche aus § 21 dieses Gesetzes mit Ansprüchen aus § 1 des Bundesversorgungsgesetzes oder aus Gesetzen zusammen, die eine entsprechende Anwendung des Bundesversorgungsgesetzes vorsehen, wird die Versorgung unter Berücksichtigung der durch die gesamten Schädigungsfolgen bedingten Minderung der Erwerbsfähigkeit nach diesem Gesetz gewährt.

II Treffen Leistungen nach § 21 oder § 22 dieses Gesetzes mit Leistungen zusammen, die nach dem Bundesversorgungsgesetz oder nach Gesetzen, die eine entsprechende Anwendung des Bundesversorgungsgesetzes vorsehen, gewährt werden, findet § 55 des Bundesversorgungsgesetzes Anwendung.

III Bei der Feststellung der Elternrente sind auch die Kinder zu berücksichtigen, die infolge einer Schädigung im Sinne des Bundesversorgungsgesetzes gestorben oder verschollen sind. Besteht bereits ein Anspruch auf Elternrente nach dem Bundesversorgungsgesetz, wird sie nach diesem Gesetz nicht gewährt. Die Sätze 1 und 2 gelten entsprechend für den Anspruch auf Elternrente nach Gesetzen, die eine entsprechende Anwendung des Bundesversorgungsgesetzes vorsehen; § 51 Abs. 2 Satz 2 des Bundesversorgungsgesetzes ist entsprechend anzuwenden.

§ 24 Anwendung des Bundesversorgungsgesetzes

Die Bestimmungen über die entsprechende Anwendung des Bundesversorgungsgesetzes und der zu seiner Durchführung erlassenen Vorschriften gelten mit den in Anlage I Kapitel VIII Sachgebiet K Abschnitt III des Einigungsvertrages vom 31. August 1990 (BGBl. 1990 II S. 885, 1067) aufgeführten Maßgaben.

§ 25 Zuständigkeiten

I Für die Gewährung der Leistungen nach den §§ 17 und 19 und zur Prüfung der Voraussetzungen des § 16 Abs. 2 ist die Landesjustizverwaltung zuständig, in deren Geschäftsbereich die Rehabilitierungsentscheidung ergangen ist. Die Landesregierungen können durch Rechtsverordnung andere Zuständigkeiten begründen. Über Streitigkeiten bei der Anwendung des § 16 Abs. 2 sowie der §§ 17 und 19 entscheidet das nach § 8 zuständige Gericht. Die Vorschriften des Abschnitts 2 dieses Gesetzes gelten sinngemäß. Der Antrag auf gerichtliche Entscheidung ist innerhalb eines Monats seit Zustellung der Entscheidung nach Satz 1 zu stellen.

II Die Leistungen nach den §§ 17 bis 19 werden auch Personen gewährt, die eine Bescheinigung nach § 10 Abs. 4 des Häftlingshilfegesetzes erhalten haben

1. für einen Gewahrsam, der auf einer Verurteilung durch ein deutsches Gericht oder auf einer der in § 1 Abs. 5 genannten strafrechtlichen Maßnahmen beruht, wenn diese Bescheinigung vor Inkrafttreten dieses Gesetzes beantragt worden ist, oder
2. weil sie im Zusammenhang mit der Errichtung oder Aufrechterhaltung der kommunistischen Gewaltherrschaft im Beitrittsgebiet dort ohne Verurteilung durch ein deutsches Gericht oder ohne eine der in § 1 Abs. 5 genannten strafrechtlichen Maßnahmen in Gewahrsam genommen oder in Gewahrsam gehalten wurden.

Für die Gewährung der Leistungen nach den §§ 17 und 19 an Berechtigte nach Satz 1 sind ausschließlich die in § 10 Abs. 2 des Häftlingshilfegesetzes bestimmten Stellen zuständig. Der Antrag auf Gewährung einer Kapitalentschädigung ist bis zum 31. Dezember 1999 zu stellen. Danach kann ein Antrag nur innerhalb eines Jahres seit Bestandskraft der Bescheinigung nach § 10 Abs. 4 des Häftlingshilfegesetzes gestellt werden. Über Streitigkeiten bei der Anwendung der Sätze 1 und 2 entscheidet das Verwaltungsgericht.

III Die Bundesregierung wird ermächtigt, durch Rechtsverordnung mit Zustimmung des Bundesrates den Zeitpunkt und die Reihenfolge der Gewährung der Leistung, auf die nach Absatz 2 ein Anspruch besteht, nach den Gesichtspunkten der sozialen Dringlichkeit zu bestimmen.

IV Für die Gewährung von Leistungen nach den §§ 21 und 22 sind die Behörden zuständig, denen die Durchführung des Bundesversorgungsgesetzes obliegt. Soweit die Verwaltungsbehörden der Kriegsopferversorgung zuständig sind, richtet sich das Verfahren nach den für die Kriegsopferversorgung geltenden Vorschriften.

V Soweit dieses Gesetz von den für die Kriegsopferversorgung zuständigen Verwaltungsbehörden durchgeführt wird, entscheiden über öffentlich-rechtliche Streitigkeiten die Gerichte der Sozialgerichtsbarkeit. Für diese Verfahren sind die Vorschriften des Sozialgerichtsgesetzes für Angelegenheiten der Kriegsopferversorgung maßgebend. § 51 Abs. 2 Satz 2 des Sozialgerichtsgesetzes bleibt unberührt.

§ 25 a Verwendung personenbezogener Daten

Personenbezogene Daten aus einem strafrechtlichen Rehabilitierungsverfahren dürfen auch für andere Verfahren zur Rehabilitierung, Wiedergutmachung oder Gewährung von Leistungen nach dem Häftlingshilfegesetz soweit erforderlich verarbeitet und genutzt werden.

Abschnitt 4
Überleitungs- und Schlußvorschriften

§ 26 Übergangsvorschrift

I Anhängige Rehabilitierungs- und Kassationsverfahren sind nach den Vorschriften dieses Gesetzes fortzuführen.

II War ein Gericht in einem Verfahren, das vor dem Inkrafttreten dieses Gesetzes anhängig geworden ist, örtlich zuständig, bleibt diese Zuständigkeit auch nach dem Inkrafttreten dieses Gesetzes bestehen.

III Ist ein Rehabilitierungsverfahren bis zum Inkrafttreten dieses Gesetzes abgeschlossen, gelten für die Folgeansprüche die Vorschriften dieses Gesetzes entsprechend. Ist ein Kassationsverfahren nach den vom 3. Oktober 1990 bis zum Inkrafttreten dieses Gesetzes geltenden Vorschriften abgeschlossen, treten an die Stelle von Entschädigungsansprüchen die Folgeansprüche nach den Vorschriften dieses Gesetzes.

§ 27 Aufhebung und Änderung anderer Vorschriften (gegenstandslos)

11a. Gesetz zur Anpassung der Rechtspflege im Beitrittsgebiet (Rechtspflege-Anpassungsgesetz – RpflAnpG)

Vom 26. Juni 1992 (BGBl I 1147; III 105–11), letztes ÄndG vom 6. August 1998 (BGBl I 2030, 2033)

(Auszug)

Erster Abschnitt
Allgemein geltende Vorschriften

§ 1 Ende der Amtsperiode ehrenamtlicher Richter

I Die Amtsperiode der nach der Ordnung zur Wahl und Berufung der ehrenamtlichen Richter vom 1. September 1990 (GBl. I Nr. 62 S. 1553), die nach Anlage I Kapitel III Sachgebiet A Abschnitt I Nr. 8 des Einigungsvertrages vom 31. August 1990 in Verbindung mit Artikel I des Gesetzes vom 23. September 1990 (BGBl. 1990 II S. 885, 1153) fortgilt, in Verbindung mit Anlage I Kapitel III Sachgebiet A Abschnitt III Nr. 1 Buchstabe p des Einigungsvertrages vom 31. August 1990 (BGBl. 1990 II S. 885, 925) und § 37 des Richtergesetzes der Deutschen Demokratischen Republik vom 5. Juli 1990 (GBl. I Nr. 42 S. 637) gewählten oder berufenen ehrenamtlichen Richter endet mit Ablauf des 31. Dezember 1996.

II Die in Artikel 1 Abs. 1 des Einigungsvertrages genannten Länder können durch Landesrecht einen früheren Zeitpunkt für das Ende der in Absatz 1 genannten Amtsperiode bestimmen. Eine solche Regelung kann für die Schöffen, die Handelsrichter, die ehrenamtlichen Richter in Landwirtschaftssachen sowie die ehrenamtlichen Richter für Verwaltungs-, Finanz-, Arbeits- und Sozialgerichtssachen unterschiedlich getroffen werden.

III Die erste Amtsperiode für Schöffen, die nach den Vorschriften des Gerichtsverfassungsgesetzes gewählt werden, endet mit Ablauf des 31. Dezember 1996.

§ 2 Ehrenamtliche Richter bei Zuständigkeitskonzentrationen

Wenn die in Artikel 1 Abs. 1 des Einigungsvertrages genannten Länder einem Gericht für die Bezirke mehrerer Gerichte Sachen zuweisen, so setzt sich das Amt der ehrenamtlichen Richter bei den zunächst zuständigen Gerichten bei dem nunmehr zuständigen Gericht fort. Die Länder können durch Landesrecht eine abweichende Regelung treffen.

§ 3 Verwendung von Richtern, die nicht Richter auf Lebenszeit bei dem Gericht sind, bei dem sie tätig werden

I In den in Artikel 1 Abs. 1 des Einigungsvertrages genannten Ländern findet bis zum Ablauf des 31. Dezember 1999 die Beschränkung nach § 29 Satz 1 des Deutschen Richtergesetzes keine Anwendung. Wird ein Gericht in der Besetzung mit mehreren Richtern tätig, so muß mindestens ein Richter auf Lebenszeit bei der Entscheidung mitwirken. § 10 Abs. 5 bleibt unberührt.

II In diesen Ländern dürfen bis zum Ablauf des 31. Dezember 1999 auch bei den Oberlandesgerichten, den Oberverwaltungsgerichten und den Landessozialgerichten Richter auf Probe und Richter kraft Auftrags verwendet werden. Bei diesen Gerichten darf bei einer gerichtlichen Entscheidung nicht mehr als ein Richter auf Probe oder Richter kraft Auftrags mitwirken.

III Abweichend von § 102 Abs. 1 Satz 1 der Bundesrechtsanwaltsordnung können in den in Artikel 1 Abs. 1 des Einigungsvertrages genannten Ländern bis zum Ablauf des 31. Dezember 1996 zu berufsrichterlichen Mitgliedern des Anwaltsgerichtshofes neben den ständigen Mitgliedern des Oberlandesgerichts auch andere Richter für die Dauer von vier Jahren bestellt werden.

§ 4 *(aufgehoben)*

§ 5 Verwendung von Richtern und Staatsanwälten ohne Befähigung zum Richteramt im Gebiet der Bundesrepublik Deutschland nach dem Stand bis zum 3. Oktober 1990

I Ein Richter, der nach Anlage I Kapitel III Sachgebiet A Abschnitt III Nr. 8 des Einigungsvertrages vom 31. August 1990 in Verbindung mit Artikel 1 des Gesetzes vom 23. September 1990 (BGBl. 1990 II S. 885, 929) die Befähigung zum Berufsrichter besitzt, kann schon vor seiner Berufung in ein Richterverhältnis auf Lebenszeit im Gebiet der Bundesrepublik Deutschland nach dem Stand bis zum 3. Oktober 1990 bei einem Landgericht oder einem Verwaltungsgericht als beisitzender Richter und als Einzelrichter Aufgaben der Rechtsprechung wahrnehmen. Bei einer gerichtlichen Entscheidung darf nicht mehr als ein Richter mit der in Satz 1 bezeichneten Befähigung mitwirken; er muß als solcher im Geschäftsverteilungsplan kenntlich gemacht werden.

II Ein Staatsanwalt, der nach Anlage I Kapitel III Sachgebiet A Abschnitt III Nr. 8 Buchstabe z Doppelbuchstabe cc des Einigungsvertrages vom 31. August 1990 in Verbindung mit Artikel 1 des Gesetzes vom 23. September 1990 (BGBl. 1990 II S. 885, 931) die Befähigung zum Staatsanwalt besitzt, kann schon vor seiner Ernennung zum Staantsanwalt auf Lebenszeit im Gebiet der Bundesrepublik Deutschland nach dem Stand bis zum 3. Oktober 1990 bei der Staatsanwaltschaft bei einem Landgericht staatsanwaltliche Aufgaben wahrnehmen.

§ 6 Versetzung, Abordnung und Verwendung von Richtern auf Probe

I Für Richter auf Probe, die nach Anlage I Kapitel III Sachgebiet A Abschnitt III Nr. 8 des Einigungsvertrages vom 31. August 1990 in Verbindung mit Artikel 1 des Gesetzes vom 23. September 1990 (BGBl. 1990 II S. 885, 929) die Befähigung zum Berufsrichter besitzen, gelten, wenn sie mindestens fünf Jahre im richterlichen Dienst tätig gewesen sind und das vierzigste Lebensjahr vollendet haben, die Vorschriften über Versetzung und Abordnung eines Richters auf Lebenszeit entsprechend. § 37 Abs. 3 des Deutschen Richtergesetzes gilt mit der Maßgabe, daß sie längstens für zusammen sechs Monate abgeordnet werden dürfen.

II Für Richter auf Probe, die weniger als fünf Jahre im richterlichen Dienst tätig gewesen sind oder das vierzigste Lebensjahr noch nicht vollendet haben, gilt § 13 des Deutschen Richtergesetzes; Richter auf Probe, die nur die Befähigung zum Berufsrichter besitzen, dürfen jedoch nicht bei einer Staatsanwaltschaft, Staatsanwälte zur Anstellung, die nur die Befähigung zum Staatsanwalt besitzen, dürfen nicht bei einem Gericht verwendet werden.

§ 6 a Laufbahnwechsel

I Ein Richter, der nach Anlage I Kapitel III Sachgebiet A Abschnitt III Nr. 8 des Einigungsvertrages vom 31. August 1990 in Verbindung mit Artikel 1 des Gesetzes vom 23. September 1990 (BGBl. 1990 II S. 885) die Befähigung zum Berufsrichter besitzt, kann nach seiner Berufung in das Richterverhältnis auf Lebenszeit bei Eignung und Befähigung mit seiner schriftlichen Zustimmung unter Berufung in das Beamtenverhältnis auf Lebenszeit auch zum Staatsanwalt ernannt werden.

II Die Eignung und Befähigung ist durch eine zweijährige Erprobung bei einer Staatsanwaltschaft nachzuweisen und in einer dienstlichen Beurteilung festzustellen.

III Wird in der dienstlichen Beurteilung nach Absatz 2 die Eignung und Befähigung nicht festgestellt, wird der Richter in dem ihm verliehenen Amt weiterverwendet.

IV Die Absätze 1 bis 3 gelten für einen Staatsanwalt, der nach Anlage I Kapitel III Sachgebiet A Abschnitt III Nr. 8 Buchstabe z Doppelbuchstabe cc des Einigungsvertrages vom 31. August 1990 in Verbindung mit Artikel 1 des Gesetzes vom 23. September 1990 (BGBl. 1990 II S. 885) die Befähigung zum Staatsanwalt besitzt und unter Berufung in das Beamtenverhältnis auf Lebenszeit zum Staatsanwalt ernannt ist, für eine Ernennung zum Richter entsprechend. Während der Erprobung im staatsanwaltschaftlichen Dienst führen Richter die Bezeichnung „Staatsanwalt".

§ 7 Übertragung eines weiteren Richteramtes

In den in Artikel 1 Abs. 1 des Einigungsvertrages genannten Ländern kann bis zum 31. Dezember 1999 einem Richter mit seinem Einverständnis ein weiteres Richteramt bei einem anderen Gericht, auch eines anderen Gerichtszweiges, übertragen werden. Das weitere Richteramt kann ihm auch auf Zeit übertragen werden.

§ 8 Befugnisse von Rechtspraktikanten im Vorbereitungsdienst, Richter- und Staatsanwaltschaftsassistenten und einzuarbeitenden Diplomjuristen

I Auf Rechtspraktikanten aus dem in Artikel 3 des Einigungsvertrages genannten Gebieten finden die für Referendare geltenden Vorschriften in §§ 10 und 142 Abs. 3 des Gerichtsverfassungsgesetzes, § 2 Abs. 5 des Rechtspflegergesetzes, § 53 Abs. 4 Satz 2 der Bundesrechtsanwaltsordnung sowie §§ 139 und 142 Abs. 2 der Strafprozeßordnung entsprechende Anwendung.

II Richterassistenten, Staatsanwaltsassistenten und Diplomjuristen, die nach Anlage I Kapitel III Sachgebiet A Abschnitt III Nr. 8 Buchstabe y Doppelbuchstabe ff des Einigungsvertrages vom 31. August 1990 in Verbindung mit Artikel 1 des Gesetzes vom 23. September 1990 (BGBl. 1990 II S. 885, 931) bei einem Gericht oder bei einer Staatsanwaltschaft eingearbeitet werden, können Aufgaben nach §§ 10 und 142 Abs. 3 des Gerichtsverfassungsgesetzes sowie nach § 2 Abs. 5 des Rechtspflegergesetzes,

Rechtsanwaltsassistenten können Aufgaben nach §§ 139 und 142 Abs. 2 der Strafprozeßordnung und § 53 Abs. 4 Satz 2 der Bundesrechtsanwaltsordnung übertragen werden, wenn sie den Ausbildungsstand erreicht haben, der für die jeweilige Tätigkeit erforderlich ist. In Beziehung auf diese Tätigkeit haben die in Satz 1 genannten Personen die Rechte und Pflichten eines Referendars.

§ 9 Befristung des besonderen Vorbereitungsdienstes

Absolventen, welche die Voraussetzungen für die Aufnahme in den besonderen Vorbereitungsdienst nach Anlage I Kapitel III Sachgebiet A Abschnitt III Nr. 8 Buchstabe y Doppelbuchstabe ii des Einigungsvertrages vom 31. August 1990 in Verbindung mit Artikel 1 des Gesetzes vom 23. September 1990 (BGBl. 1990 II S. 885, 931) erfüllen, können bis längstens zum 31. Dezember 1993, in begründeten Ausnahmefällen bis 31. Dezember 1995, in den besonderen Vorbereitungsdienst aufgenommen werden.

§ 10 Präsidium und Geschäftsverteilung

I Für das am 1. Januar 2000 beginnende Geschäftsjahr sind in den in Artikel 1 Abs. 1 des Einigungsvertrages genannten Ländern die Präsidien nach § 21 a Abs. 2 Satz 1 Nr. 1 und 2 des Gerichtsverfassungsgesetzes neu zu wählen. Bis dahin gelten die besonderen Vorschriften in den folgenden Absätzen 2 bis 3.

II Abweichend von § 21 b Abs. 1 Satz 2 des Gerichtsverfassungsgesetzes sind alle nach § 21 b Abs. 1 Satz 1 des Gerichtsverfassungsgesetzes wahlberechtigten Richter wählbar.

III Die Vorschriften über die paritätische Wahl und Besetzung des Präsidiums mit Vorsitzenden Richtern (§ 21 a Abs. 2 Satz 2, § 21 b Abs. 2, § 21 c Abs. 2 letzter Satzteil des Gerichtsverfassungsgesetzes) sowie die Regelungen der Wahlordnung für die Präsidien der Gerichte vom 19. September 1972 (BGBl. I S. 1821), die sich auf die paritätische Besetzung des Präsidiums beziehen (§ 2 Abs. 1 Satz 2, Abs. 3 Satz 2, § 4 Abs. 1 Nr. 4, § 5 Abs. 2, 3, § 7 Abs. 3, § 8 Abs. 3 Nr. 5, § 9 Abs. 1 Nr. 5 und 6), finden keine Anwendung.

IV Abweichend von § 21 f Abs. 1 des Gerichtsverfassungsgesetzes können bis zum Ablauf des am 31. Dezember 2004 endenden Geschäftsjahres neben Vorsitzenden Richtern auch andere Richter auf Lebenszeit den Vorsitz führen. Diese Vorsitzenden bestimmt das Präsidium. Auf sie ist § 21 e Abs. 2 und Abs. 3 Satz 2 des Gerichtsverfassungsgesetzes anzuwenden.

V Abweichend von Absatz 4 darf in den in Artikel 1 Abs. 1 des Einigungsvertrages genannten Ländern bis zum Ablauf des 31. Dezember 1996 bei den Landgerichten auch ein Richter auf Probe oder kraft Auftrags ein Jahr nach seiner Ernennung den Vorsitz in einer mit einem Richter besetzten Kammer führen oder in anderen Kammern den Vorsitzenden vertreten.

Zweiter Abschnitt
Errichtung einer selbständigen Verwaltungs-, Finanz-, Arbeits- und Sozialgerichtsbarkeit

§§ 11–13 *(nicht abgedruckt)*

Dritter Abschnitt
Errichtung der im Gerichtsverfassungsgesetz vorgesehenen Gerichte und Staatsanwaltschaften

§ 14 Anwendungsbereich

Sobald eines der in Artikel 1 Abs. 1 des Einigungsvertrages genannten Länder nach Anlage I Kapitel III Sachgebiet A Abschnitt III Nr. 1 Buchstabe a Abs. 2 Satz 1 des Einigungsvertrages vom 31. August 1990 in Verbindung mit Artikel 1 des Gesetzes vom 23. September 1990 (BGBl. 1990 II S. 885, 922) die im Gerichtsverfassungsgesetz vorgesehenen Gerichte und Staatsanwaltschaften errichtet hat, finden in diesem Land die

Vorschriften dieses Abschnitts (§§ 15 bis 25) Anwendung. § 24 Nr. 2, 5 bis 9, 11 und 13 findet in allen in Artikel 1 Abs. 1 des Einigungsvertrages genannten Ländern mit Inkrafttreten dieses Gesetzes Anwendung.

§ 15 Gleichstellungsklausel

I Wo Rechtsvorschriften des Bundes die Zuständigkeit der Gerichte regeln, den Gerichten Aufgaben zuweisen oder Gerichte bezeichnen, treten die Amtsgerichte an die Stelle der Kreisgerichte und die Landgerichte an die Stelle der Bezirksgerichte, soweit nichts anderes bestimmt ist.

II Abweichend von Absatz 1 tritt in den Vorschriften des Rechtsanwaltsgesetzes vom 13. September 1990 (GBl. I Nr. 61 S. 1504), das nach Anlage II Kapitel III Sachgebiet A Abschnitt III Nr. 1 des Einigungsvertrages vom 31. August 1990 in Verbindung mit Artikel 1 des Gesetzes vom 23. September 1990 (BGBl. 1990 II S. 885, 1156) mit Änderungen fortgilt,

1. welche die Zuständigkeit des Berufsgerichtshofs für Rechtsanwaltssachen beim Bezirksgericht vorsehen oder diesen bezeichnen, an dessen Stelle der Berufsgerichtshof für Rechtsanwaltssachen bei dem Oberlandesgericht,
2. die dem Präsidenten des Bezirksgerichts oder der Staatsanwaltschaft bei dem Bezirksgericht oder ihren Beamten Aufgaben zuweisen oder Befugnisse einräumen oder diese bezeichnen, an deren Stelle der Präsident des Oberlandesgerichts und die Staatsanwaltschaft bei dem Oberlandesgericht, soweit nichts anderes bestimmt ist.

III Abweichend von Absatz 1 tritt in den Vorschriften der Verordnung über die Tätigkeit von Notaren in eigener Praxis vom 20. Juni 1990 (GBl. I Nr. 37 S. 475), die durch die Verordnung zur Änderung und Ergänzung der Verordnung über die Tätigkeit von Notaren in eigener Praxis vom 22. August 1990 (GBl. I Nr. 57 S. 1328) geändert worden ist und nach Anlage II Kapitel III Sachgebiet A Abschnitt III Nr. 2 des Einigungsvertrages vom 31. August 1990 in Verbindung mit Artikel des Gesetzes vom 23. September 1990 (BGBl. 1990 II S. 885, 1156) mit Änderungen fortgilt, welche die Zuständigkeit des Bezirksgerichts vorsehen oder dieses bezeichnen, an dessen Stelle das Oberlandesgericht, soweit nichts anderes bestimmt ist.

§ 16 Zuständigkeiten in Staatshaftungssachen

(nicht abgedruckt)

§ 17 Unanwendbarkeit von Maßgaben

Die Maßgaben zum Bundesrecht in

1. Anlage I Kapitel III Sachgebiet A Abschnitt III
   a) Nr. 1 Buchstabe a Abs. 1, Buchstabe b, Buchstabe c Abs. 2 zweiter Halbsatz sowie Buchstaben e, f, g, h, i, j, k, l, m, o Abs. 1 und Buchstabe s;
   b) Nr. 2 Buchstabe b;
   c) Nr. 4;
   d) Nr. 5 Buchstaben a, b, c und d;
   e) Nr. 8 Buchstaben i und u;
   f) Nr. 8 a Buchstabe b;
   g) Nr. 14 Buchstabe h Satz 2 und 3;
   h) Nr. 15 Buchstabe a;
   i) Nr. 20 Buchstabe b;
   j) Nr. 21;
   k) Nr. 26 Buchstaben b und c;
2. Anlage I Kapitel III Sachgebiet C Abschnitt III Nr. 4 Buchstabe h;
3. Anlage I Kapitel III Sachgebiet D Abschnitt III Nr. 3 Buchstabe a

des Einigungsvertrages vom 31. August 1990 (BGBl. 1990 II S. 885, 922, 959, 960) sind nicht mehr anzuwenden.

§ 18 Berufsgerichtsbarkeit nach dem Steuerberatungsgesetz

(nicht abgedruckt)

§ 19 Ehrenamtliche Richter in der ordentlichen Gerichtsbarkeit

I Die für die Kreisgerichte gewählten Schöffen werden für die Dauer der Amtsperiode, für die sie gewählt sind, Schöffen bei dem Amtsgericht, in dessen Bezirk sie ihren Wohnsitz haben. Die für die Bezirksgerichte gewählten Schöffen werden für die Dauer der Amtsperiode, für die sie gewählt sind, Schöffen bei dem Landgericht, in dessen Bezirk sie ihren Wohnsitz haben.

II Die für die Kammern und Senate für Handelssachen bei den Kreis- und Bezirksgerichten berufenen ehrenamtlichen Richter werden für die Dauer der Amtsperiode, für die sie berufen sind, Handelsrichter bei den Kammern für Handelssachen des Landgerichts, in dessen Bezirk sie ihren Wohnsitz haben.

III Die für die Kreisgerichte berufenen ehrenamtlichen Richter in Landwirtschaftssachen werden für die Dauer der Amtsperiode, für die sie berufen sind, ehrenamtliche Richter in Landwirtschaftssachen bei dem Amtsgericht, in dessen Bezirk sie ihren Wohnsitz haben. Die bei den Bezirksgerichten berufenen ehrenamtlichen Richter in Landwirtschaftssachen werden für die Dauer der Amtsperiode, für die sie berufen sind, ehrenamtliche Richter in Landwirtschaftssachen bei dem Oberlandesgericht, in dessen Bezirk sie ihren Wohnsitz haben.

§ 20 Nachwahl von Schöffen

I Ergibt sich bei der Errichtung der Amts- und Landgerichte, daß Schöffen nicht in der für die Fortführung der strafrechtlichen Aufgaben erforderlichen Anzahl zur Verfügung stehen, findet eine Nachwahl statt. Die Nachwahl ist nach den Vorschriften durchzuführen, nach denen die Wahl der übrigen Schöffen stattgefunden hat. Sind die Vorschriften des Gerichtsverfassungsgesetzes für die Nachwahl maßgebend, so gilt Artikel 3 a des Gesetzes über die Zuständigkeit der Gerichte bei Änderungen der Gerichtseinteilung in der im Bundesgesetzblatt Teil III, Gliederungsnummer 300–4, veröffentlichten bereinigten Fassung, zuletzt geändert durch Artikel 6 des Gesetzes vom 5. Oktober 1978 (BGBl. I S. 1645), entsprechend.

II Soweit die Schöffen nach den Vorschriften des Gerichtsverfassungsgesetzes gewählt worden sind, gelten für die Bestimmung der Reihenfolge, in der die nach § 19 Abs. 1 übergeleiteten sowie die nach Absatz 1 nachgewählten Schöffen an den einzelnen ordentlichen Sitzungen teilnehmen, die §§ 45 und 77 des Gerichtsverfassungsgesetzes entsprechend. Soweit die Schöffen nach den Vorschriften des Richtergesetzes der Deutschen Demokratischen Republik vom 5. Juli 1990 (GBl. I Nr. 42 S. 637) in Verbindung mit der Ordnung zur Wahl und Berufung der ehrenamtlichen Richter vom 1. September 1990 (GBl. I Nr. 62 S. 1553), die nach Anlage II Kapitel III Sachgebiet A Abschnitt I Nr. 8 des Einigungsvertrages vom 31. August 1990 in Verbindung mit Artikel 1 des Gesetzes vom 23. September 1990 (BGBl. 1990 II S. 885, 1153) fortgilt, gewählt worden sind, gilt für die Bestimmung der Reihenfolge, in der die nach § 19 Abs. 1 übergeleiteten sowie die nach Absatz 1 nachgewählten Schöffen an den einzelnen ordentlichen Sitzungen teilnehmen, § 20 der Ordnung zur Wahl und Berufung der ehrenamtlichen Richter entsprechend.

§ 21 Übergangsvorschrift für Strafsachen nach § 120 des Gerichtsverfassungsgesetzes

Bei den in § 120 des Gerichtsverfassungsgesetzes genannten Sachen bleibt für anhängige Verfahren die Zuständigkeit des Kammergerichts in Berlin erhalten.

§ 22 Anwaltsprozeß

(nicht abgedruckt)

§ 23 Änderung des Rechtsanwaltsgesetzes

(nicht abgedruckt)

§ 24 Änderung der Verordnung über die Tätigkeit von Notaren in eigener Praxis

(nicht abgedruckt)

§ 25 Weiterverwendung von Vordrucken

Durch Verordnung eingeführte Vordrucke in der für das Verfahren vor den Kreisgerichten bestimmten Ausführung können bis zum Ablauf eines Jahres nach der Errichtung des Amtsgerichts in angepaßter Form weiterverwendet werden.

Vierter Abschnitt
Übergangs- und Schlußvorschriften

§ 26 Übergangsvorschrift für den Anwaltsprozeß

(nicht abgedruckt)

§ 27 Übergangsvorschriften für Rechtsanwälte

(nicht abgedruckt)

§ 28 Übergangsvorschriften für Notare

(nicht abgedruckt)

§ 29 Übergangsvorschrift für die Berufsgerichtsbarkeit nach dem Steuerberatungsgesetz

(nicht abgedruckt)

§ 30 Präsidium und Geschäftsverteilung bei der Errichtung von Gerichten

I Wird ein Gericht errichtet und ist das Präsidium nach § 21 a Abs. 2 Satz 1 Nr. 1 oder Nr. 2 des Gerichtsverfassungsgesetzes zu bilden, so werden die in § 21 e des Gerichtsverfassungsgesetzes bezeichneten Anordnungen bis zur Bildung des Präsidiums von dem Präsidenten oder aufsichtsführenden Richter getroffen. § 21 i Abs. 2 Satz 2 bis 4 des Gerichtsverfassungsgesetzes gilt entsprechend.

II Ein Präsidium nach § 21 a Abs. 2 Satz 1 Nr. 1 oder Nr. 2 ist innerhalb von drei Monaten nach der Errichtung des Gerichts zu bilden. Die in § 21 b Abs. 4 Satz 1 des Gerichtsverfassungsgesetzes bestimmte Frist beginnt mit dem auf die Bildung des Präsidiums folgenden Geschäftsjahr, wenn das Präsidium nicht zu Beginn eines Geschäftsjahres gebildet wird.

III An die Stelle des in § 21 d Abs. 1 des Gerichtsverfassungsgesetzes bezeichneten Zeitpunkts tritt der Tag der Errichtung des Gerichts.

IV Die Aufgaben nach § 1 Abs. 2 Satz 2 und 3 und Abs. 3 der Wahlordnung für die Präsidien der Gerichte vom 19. September 1972 (BGBl. I S. 1821) nimmt bei der erstmaligen Bestellung des Wahlvorstandes der Präsident oder aufsichtsführende Richter wahr. Als Ablauf des Geschäftsjahres in § 1 Abs. 2 Satz 2 und § 3 Satz 1 der Wahlordnung für die Präsidien der Gerichte gilt der Ablauf der in Absatz 2 Satz 1 genannten Frist.

§ 31 Unanwendbarkeit von Maßgaben

I Die Maßgaben zum Bundesrecht in Anlage I Kapitel III Sachgebiet A

1. Abschnitt III
   a) Nr. 1 Buchstabe c Abs. 1, Abs. 2 erster Halbsatz und Abs. 3 bis 5 und Buchstabe d,

b) Nr. 2 Buchstabe a,
c) Nr. 8 Buchstaben f, l, m, n und y Doppelbuchstabe cc sowie
2. Abschnitt IV Nr. 3 Buchstabe b Doppelbuchstabe bb
des Einigungsvertrages vom 31. August 1990 (BGBl. 1990 II S. 885, 922, 927, 929, 939) sind nicht mehr anzuwenden.

II Mit Ablauf des 31. Dezember 1995 sind nicht mehr anzuwenden:
1. die Maßgaben zum Bundesrecht in Anlage I Kapitel III Sachgebiet B Abschnitt III
   a) Nr. 6 Buchstabe a,
   b) Nr. 7 Buchstabe a

des Einigungsvertrages vom 31. August 1990 (BGBl. 1990 II S. 885, 953);
2. folgende nach Anlage I Kapitel III Sachgebiet A Abschnitt III Nr. 1 Buchstabe n Abs. 3 Satz 1 des Einigungsvertrages vom 31. August 1990 in Verbindung mit Artikel 1 des Gesetzes vom 23. September 1990 (BGBl. 1990 II S. 885, 925) weitergeltenden Vorschriften:
   a) § 30 Abs. 3 des Gesetzes über die Verfassung der Gerichte der Deutschen Demokratischen Republik vom 27. September 1974 (GBl. I Nr. 48 S. 457), zuletzt geändert durch Gesetz vom 5. Juli 1990 (GBl. I Nr. 42 S. 634);
   b) § 8 Abs. 2 Satz 3, § 10 Satz 2 und § 11 Abs. 3 der Verordnung über das Dispacheverfahren der Deutschen Demokratischen Republik vom 27. Mai 1976 (GBl. I Nr. 21 S. 298);
   c) § 115 Abs. 5 des Seehandelsschiffahrtsgesetzes der Deutschen Demokratischen Republik vom 5. Februar 1976 (GBl. I Nr. 7 S. 109).

§ 32 Inkrafttreten und Außerkrafttreten

Dieses Gesetz tritt am Tage nach der Verkündung in Kraft. Gleichzeitig treten außer Kraft:
1. die Erste Durchführungsbestimmung zum Richtergesetz vom 14. August 1990 (GBl. I Nr. 56 S. 1267), die nach Anlage II Kapitel III Sachgebiet A Abschnitt I Nr. 7 des Einigungsvertrages vom 31. August 1990 in Verbindung mit Artikel 1 des Gesetzes vom 23. September 1990 (BGBl. 1990 II S. 885, 1153) fortgilt;
2. Artikel 231 § 2 Abs. 2 Satz 2 des Einführungsgesetzes zum Bürgerlichen Gesetzbuche in der im Bundesgesetzblatt Teil III, Gliederungsnummer 400-1, veröffentlichten bereinigten Fassung, das zuletzt durch das Gesetz vom 30. September 1991 (BGBl. I S. 1930) geändert worden ist.

12. Rechtspflegergesetz (RPflG)

Vom 5. November 1969 (BGBl I 2065; III 302–2), letztes ÄndG vom 25. August 1998 (BGBl I 2489, 2498)

Erster Abschnitt. Aufgaben und Stellung des Rechtspflegers

§ 1 Allgemeine Stellung des Rechtspflegers

Der Rechtspfleger nimmt die ihm durch dieses Gesetz übertragenen Aufgaben der Rechtspflege wahr.

§ 2 Voraussetzungen für die Tätigkeit als Rechtspfleger

I Mit den Aufgaben eines Rechtspflegers kann ein Beamter des Justizdienstes betraut werden, der einen Vorbereitungsdienst von drei Jahren abgeleistet und die Rechtspflegerprüfung bestanden hat *(S. 2–4 nicht abgedruckt)*.

II *(nicht abgedruckt)*

III Mit den Aufgaben eines Rechtspflegers kann auf seinen Antrag auch betraut werden, wer die Befähigung zum Richteramt besitzt.

IV *(nicht abgedruckt)*

V Referendare können mit der zeitweiligen Wahrnehmung der Geschäfte eines Rechtspflegers beauftragt werden.

VI Die Länder erlassen die näheren Vorschriften.

§ 3 Übertragene Geschäfte

Dem Rechtspfleger werden folgende Geschäfte übertragen:

1.–2. *(nicht abgedruckt)*

3. die in den §§ 20 bis 24 a dieses Gesetzes einzeln aufgeführten Geschäfte
   a) in Verfahren nach der Zivilprozeßordnung und dem Mieterschutzgesetz,
   b) in Festsetzungsverfahren,
   c) des Gerichts im Straf- und Bußgeldverfahren,
   d) in Verfahren vor dem Patentgericht,
   e) auf dem Gebiet der Aufnahme von Erklärungen,
   f) auf dem Gebiet der Beratungshilfe;
4. die in den §§ 29 bis 31 dieses Gesetzes einzeln aufgeführten Geschäfte
   a) im internationalen Rechtsverkehr,
   b) in Hinterlegungssachen,
   c) der Staatsanwaltschaft im Strafverfahren und der Vollstreckung in Straf- und Bußgeldsachen sowie von Ordnungs- und Zwangsmitteln.

§ 4 Umfang der Übertragung

I Der Rechtspfleger trifft alle Maßnahmen, die zur Erledigung der ihm übertragenen Geschäfte erforderlich sind.

II Der Rechtspfleger ist nicht befugt,
1. eine Beeidigung anzuordnen oder einen Eid abzunehmen,
2. Freiheitsentziehungen anzudrohen oder anzuordnen, sofern es sich nicht um Maßnahmen zur Vollstreckung
   a) einer Freiheitsstrafe nach § 457 der Strafprozeßordnung oder einer Ordnungshaft nach § 890 der Zivilprozeßordnung,
   b) einer Maßregel der Besserung und Sicherung nach § 463 der Strafprozeßordnung oder
   c) der Erzwingungshaft nach § 97 des Gesetzes über Ordnungswidrigkeiten handelt,
3. über Anträge zu entscheiden, die auf Änderung einer Entscheidung des Urkundsbeamten der Geschäftsstelle gerichtet sind.

III Hält der Rechtspfleger Maßnahmen für geboten, zu denen er nach Absatz 2 Nr. 1 und 2 nicht befugt ist, so legt er deswegen die Sache dem Richter zur Entscheidung vor.

§ 5 Vorlage an den Richter

I Der Rechtspfleger hat ihm übertragene Geschäfte dem Richter vorzulegen, wenn
1. sich bei der Bearbeitung der Sache ergibt, daß eine Entscheidung des Bundesverfassungsgerichts oder eines für Verfassungsstreitigkeiten zuständigen Gerichts eines Landes nach Artikel 100 des Grundgesetzes einzuholen ist;
2. zwischen dem übertragenen Geschäft und einem vom Richter wahrzunehmenden Geschäft ein so enger Zusammenhang besteht, daß eine getrennte Behandlung nicht sachdienlich ist.

II Der Rechtspfleger kann ihm übertragene Geschäfte dem Richter vorlegen, wenn die Anwendung ausländischen Rechts in Betracht kommt.

III Die vorgelegten Sachen bearbeitet der Richter, solange er es für erforderlich hält. Er kann die Sachen dem Rechtspfleger zurückgeben. Gibt der Richter eine Sache an den Rechtspfleger zurück, so ist dieser an eine von dem Richter mitgeteilte Rechtsauffassung gebunden.

§ 6 Bearbeitung übertragener Sachen durch den Richter

Steht ein übertragenes Geschäft mit einem vom Richter wahrzunehmenden Geschäft in einem so engen Zusammenhang, daß eine getrennte Bearbeitung nicht sachdienlich wäre, so soll der Richter die gesamte Angelegenheit bearbeiten.

§ 7 Bestimmung des zuständigen Organs der Rechtspflege

Bei Streit oder Ungewißheit darüber, ob ein Geschäft von dem Richter oder dem Rechtspfleger zu bearbeiten ist, entscheidet der Richter über die Zuständigkeit durch Beschluß. Der Beschluß ist unanfechtbar.

§ 8 Gültigkeit von Geschäften

I Hat der Richter ein Geschäft wahrgenommen, das dem Rechtspfleger übertragen ist, so wird die Wirksamkeit des Geschäfts hierdurch nicht berührt.

II Hat der Rechtspfleger ein Geschäft wahrgenommen, das ihm der Richter nach diesem Gesetz übertragen kann, so ist das Geschäft nicht deshalb unwirksam, weil die Übertragung unterblieben ist oder die Voraussetzungen für die Übertragung im Einzelfalle nicht gegeben waren.

III Ein Geschäft ist nicht deshalb unwirksam, weil es der Rechtspfleger entgegen § 5 Abs. 1 dem Richter nicht vorgelegt hat.

IV Hat der Rechtspfleger ein Geschäft des Richters wahrgenommen, das ihm nach diesem Gesetz weder übertragen ist noch übertragen werden kann, so ist das Geschäft unwirksam. Das gilt nicht, wenn das Geschäft dem Rechtspfleger durch eine Entscheidung nach § 7 zugewiesen worden war.

V Hat der Rechtspfleger ein Geschäft des Urkundsbeamten der Geschäftsstelle wahrgenommen, so wird die Wirksamkeit des Geschäfts hierdurch nicht berührt.

§ 9 Weisungsfreiheit des Rechtspflegers

Der Rechtspfleger ist sachlich unabhängig und nur an Recht und Gesetz gebunden.

§ 10 Ausschließung und Ablehnung des Rechtspflegers

Für die Ausschließung und Ablehnung des Rechtspflegers sind die für den Richter geltenden Vorschriften entsprechend anzuwenden. Über die Ablehnung des Rechtspflegers entscheidet der Richter.

§ 11 Rechtsbehelfe

I Gegen die Entscheidungen des Rechtspflegers ist das Rechtsmittel gegeben, das nach den allgemeinen verfahrensrechtlichen Vorschriften zulässig ist.

II Ist gegen die Entscheidung nach den allgemeinen verfahrensrechtlichen Vorschriften ein Rechtsmittel nicht gegeben, so findet binnen der für die sofortige Beschwerde geltenden Frist die Erinnerung statt. Der Rechtspfleger kann der Erinnerung abhelfen. Erinnerungen, denen er nicht abhilft, legt er dem Richter zur Entscheidung vor. Auf die Erinnerung sind im übrigen die Vorschriften über die Beschwerde sinngemäß anzuwenden.

III Gerichtliche Verfügungen, die nach den Vorschriften der Grundbuchordnung, der Schiffsregisterordnung, des Gesetzes über die Angelegenheiten der freiwilligen Gerichtsbarkeit und den für den Erbschein geltenden Bestimmungen wirksam geworden sind und nicht mehr geändert werden können, sind mit der Erinnerung nicht anfechtbar. Die Erinnerung ist ferner in den Fällen der §§ 694, 700 der Zivilprozeßordnung und gegen Entscheidungen über die Gewährung eines Stimmrechts (§§ 95, 96 der Konkursordnung, § 71 der Vergleichsordnung), über die Änderung eines Vergleichsvorschlages in den Fällen des § 76 Satz 2 der Vergleichsordnung sowie gegen die Anordnung oder Ablehnung einer Vertagung des Vergleichstermins nach § 77 der Vergleichsordnung ausgeschlossen.

IV Das Erinnerungsverfahren ist gerichtsgebührenfrei.

§ 12 Bezeichnung des Rechtspflegers

Im Schriftverkehr und bei der Aufnahme von Urkunden in übertragenen Angelegenheiten hat der Rechtspfleger seiner Unterschrift das Wort „Rechtspfleger" beizufügen.

§§ 13 *(nicht abgedruckt)*

Zweiter Abschnitt. Dem Richter vorbehaltene Geschäfte auf dem Gebiet der freiwilligen Gerichtsbarkeit sowie in Insolvenzverfahren und schiffahrtsrechtlichen Verteilungsverfahren

§§ 14–19 b *(nicht abgedruckt)*

Dritter Abschnitt. Dem Rechtspfleger übertragene Geschäfte in bürgerlichen Rechtsstreitigkeiten, in Festsetzungsverfahren, Verfahren bei gerichtlichen Entscheidungen in Straf- und Bußgeldverfahren, Verfahren vor dem Patentgericht, auf dem Gebiet der Aufnahme von Erklärungen und der Beratungshilfe

§ 20 *(nicht abgedruckt)*

§ 21 Festsetzungsverfahren

Folgende Geschäfte im Festsetzungsverfahren werden dem Rechtspfleger übertragen:

1. die Festsetzung der Kosten in den Fällen, in denen die §§ 103 ff. der Zivilprozeßordnung anzuwenden sind;

2.–3. *(nicht abgedruckt)*

§ 22 Gerichtliche Geschäfte in Straf- und Bußgeldverfahren

Von den gerichtlichen Geschäften in Straf- und Bußgeldverfahren werden dem Rechtspfleger übertragen:

1. die Geschäfte bei der Durchführung der Beschlagnahme (§ 111 f Abs. 2 der Strafprozeßordnung, § 46 Abs. 1 des Gesetzes über Ordnungswidrigkeiten),
2. die Geschäfte bei der Vollziehung des Arrestes sowie die Anordnung der Notveräußerung und die weiteren Anordnungen bei deren Durchführung (§ 111 f Abs. 3 Satz 3, § 111 l der Strafprozeßordnung, § 46 Abs. 1 des Gesetzes über Ordnungswidrigkeiten), soweit die ensprechenden Geschäfte im Zwangsvollstreckungs- und Arrestverfahren dem Rechtspfleger übertragen sind.

§ 23 *(nicht abgedruckt)*

§ 24 Aufnahme von Erklärungen

I Folgende Geschäfte der Geschäftsstelle werden dem Rechtspfleger übertragen:

1. die Aufnahme von Erklärungen über die Einlegung und Begründung
   a) der Rechtsbeschwerde und der weiteren Beschwerde,
   b) der Revision in Strafsachen;
2. die Aufnahme eines Antrags auf Wiederaufnahme des Verfahrens (§ 366 Abs. 2 der Strafprozeßordnung, § 85 des Gesetzes über Ordnungswidrigkeiten).

II Ferner soll der Rechtspfleger aufnehmen:

1. sonstige Rechtsbehelfe, soweit sie gleichzeitig begründet werden;
2. Klagen und Klageerwiderungen;
3. andere Anträge und Erklärungen, die zur Niederschrift der Geschäftsstelle abgegeben werden können, soweit sie nach Schwierigkeit und Bedeutung den in den Nummern 1 und 2 genannten Geschäften vergleichbar sind.

III § 5 ist nicht anzuwenden.

§ 24 a *(nicht abgedruckt)*

Vierter Abschnitt. Sonstige Vorschriften auf dem Gebiet der Gerichtsverfassung

§ 25 *(aufgehoben)*

§ 26 Verhältnis des Rechtspflegers zum Urkundsbeamten der Geschäftsstelle

Die Zuständigkeit des Urkundsbeamten der Geschäftsstelle nach Maßgabe der gesetzlichen Vorschriften bleibt unberührt, soweit sich nicht aus. § 20 Satz 1 Nr. 12 (zu den §§ 726 ff. der Zivilprozeßordnung), aus § 21 Nr. 1 (Festsetzungsverfahren) und aus § 24 (Aufnahme von Erklärungen) etwas anderes ergibt.

§ 27 Pflicht zur Wahrnehmung sonstiger Dienstgeschäfte

I Durch die Beschäftigung eines Beamten als Rechtspfleger wird seine Pflicht, andere Dienstgeschäfte einschließlich der Geschäfte des Urkundsbeamten der Geschäftsstelle wahrzunehmen, nicht berührt.

II Die Vorschriften dieses Gesetzes sind auf die sonstigen Dienstgeschäfte eines mit den Aufgaben des Rechtspflegers betrauten Beamten nicht anzuwenden.

§ 28 Zuständiger Richter

Soweit mit Angelegenheiten, die dem Rechtspfleger zur selbständigen Wahrnehmung übertragen sind, nach diesem Gesetz der Richter befaßt wird, ist hierfür das nach den allgemeinen Verfahrensvorschriften zu bestimmende Gericht in der für die jeweilige Amtshandlung vorgeschriebenen Besetzung zuständig.

Fünfter Abschnitt. Dem Rechtspfleger übertragene Geschäfte in anderen Bereichen

§§ 29–30 *(nicht abgedruckt)*

§ 31 Geschäfte der Staatsanwaltschaft im Strafverfahren und Vollstreckung in Straf- und Bußgeldsachen sowie von Ordnungs- und Zwangsmitteln

I Von den Geschäften der Staatsanwaltschaft im Strafverfahren werden dem Rechtspfleger übertragen:

1. die Geschäfte bei der Durchführung der Beschlagnahme (§ 111 f Abs. 2 der Strafprozeßordnung),
2. die Geschäfte bei der Durchführung der Beschlagnahme und Vollziehung des Arrestes sowie die Anordnung der Notveräußerung und die weiteren Anordnungen bei deren Durchführung (§ 111 f Abs. 1, 3, § 111 l der Strafprozeßordnung), soweit die entsprechenden Geschäfte im Zwangsvollstreckungs- und Arrestverfahren dem Rechtspfleger übertragen sind.

II Die der Vollstreckungsbehörde in Straf- und Bußgeldsachen obliegenden Geschäfte werden dem Rechtspfleger übertragen. Der Bundesminister der Justiz wird ermächtigt, durch Rechtsverordnung mit Zustimmung des Bundesrates einzelne Geschäfte wegen ihrer rechtlichen Schwierigkeit, wegen ihrer Bedeutung für den Betroffenen oder zur Sicherung einer einheitlichen Rechtsanwendung von der Übertragung auszunehmen oder ihre Vorlage an den Staatsanwalt anzuordnen.

III Die gerichtliche Vollstreckung von Ordnungs- und Zwangsmitteln wird dem Rechtspfleger übertragen, soweit sich nicht der Richter im Einzelfall die Vollstreckung ganz oder teilweise vorbehält.

IV Werden Ordnungs- und Zwangsmittel von der Staatsanwaltschaft vollstreckt, so gilt Absatz 2 entsprechend.

V Die Leitung der Vollstreckung im Jugendstrafverfahren bleibt dem Richter vorbehalten. Dem Rechtspfleger werden die Geschäfte der Vollstreckung übertragen, durch die eine richterliche Vollstreckungsanordnung oder eine die Leitung der Vollstreckung nicht betreffende allgemeine Verwaltungsvorschrift ausgeführt wird. Der Bundesminister der Justiz wird ermächtigt, durch Rechtsverordnung mit Zustimmung des Bundesrates auf dem Gebiet der Vollstreckung im Jugendstrafverfahren dem Rechtspfleger nichtrichterliche Geschäfte zu übertragen, soweit nicht die Leitung der Vollstreckung wegen seiner rechtlichen Schwierigkeit, wegen der Bedeutung für den Betroffenen, vor allem aus erzieherischen Gründen, oder zur Sicherung einer einheitlichen Rechtsanwendung dem Vollstreckungsleiter vorbehalten bleiben muß. Der Richter kann die Vorlage von übertragenen Vollstreckungsgeschäften anordnen.

VI Über Einwendungen gegen Maßnahmen des Rechtspflegers entscheidet der Richter oder Staatsanwalt, an dessen Stelle der Rechtspfleger tätig geworden ist. Er kann dem Rechtspfleger Weisungen erteilen. Die Befugnisse des Behördenleiters aus den §§ 145, 146 des Gerichtsverfassungsgesetzes bleiben unberührt.

VII Unberührt bleiben ferner bundes- und landesrechtliche Vorschriften, welche die Vollstreckung von Vermögensstrafen im Verwaltungszwangsverfahren regeln.

§ 32 Nicht anzuwendende Vorschriften

Auf die nach den §§ 29 bis 31 dem Rechtspfleger übertragenen Geschäfte sind die §§ 5 bis 11 nicht anzuwenden.

Sechster Abschnitt. Schlußvorschriften

§§ 33–36 *(nicht abgedruckt)*

§ 37 Rechtspflegergeschäfte nach Landesrecht

Die Länder können Aufgaben, die den Gerichten durch landesrechtliche Vorschriften zugewiesen sind, auf den Rechtspfleger übertragen.

§ 38 *(nicht abgedruckt)*

§ 39 Überleitungsvorschrift

Für die Anfechtung von Entscheidungen des Rechtspflegers gelten die §§ 11 und 23 Abs. 2 in der vor dem 1. Oktober 1998 geltenden Fassung, wenn die anzufechtende Entscheidung vor diesem Datum verkündet oder, wenn eine Verkündung nicht stattgefunden hat, der Geschäftsstelle übergeben worden ist.

§ 40 Inkrafttreten

Dieses Gesetz tritt am 1. Juli 1970 in Kraft; § 31 Abs. 2 Satz 2 tritt am Tage nach der Verkündigung in Kraft.

12 a. Verordnung über die Begrenzung der Geschäfte des Rechtspflegers bei der Vollstreckung in Straf- und Bußgeldsachen (BegrVO)

Vom 26. Juni 1970 (BGBl I 992; III 302–2–1), letzte ÄndVO vom 16. Februar 1982 (BGBl I 188)

Auf Grund des § 31 Abs. 1 Satz 3, Abs. 3 des Rechtspflegergesetzes vom 5. November 1969 (Bundesgesetzbl. I S. 2065) wird mit Zustimmung des Bundesrates verordnet:

§ 1 Ausnahmen von der Übertragung

Von den Geschäften, die dem Rechtspfleger bei der Vollstreckung in Strafsachen nach § 31 Abs. 2 Satz 1 des Rechtspflegergesetzes übertragen sind, werden ausgenommen:

1. die Entscheidungen nach den §§ 455, 456 a, 456 c Abs. 2 bis 4 und § 461 Abs. 1 der Strafprozeßordnung sowie die Anträge nach § 463 c Abs. 3, 4 der Strafprozeßordnung und § 79 b des Strafgesetzbuches,
2. die Entscheidungen nach § 456 der Strafprozeßordnung, soweit sie sich auf die Vollstreckung von Freiheitsstrafe beziehen,
3. die Entscheidungen nach § 35 Abs. 1 bis 5 des Betäubungsmittelgesetzes sowie die Anträge und Stellungnahmen in den in § 35 Abs. 1, 2 und 6 Satz 2 und § 36 Abs. 5 des Betäubungsmittelgesetzes genannten Fällen,
4. die nach § 114 des Jugendgerichtsgesetzes erforderlichen Entscheidungen,
5. die Entscheidung über die Anwendbarkeit eines Straffreiheitsgesetzes,
6. die Entscheidungen über die Reihenfolge der Vollstreckung
   a) von Freiheitsstrafen und freiheitsentziehenden Maßregeln der Besserung und Sicherung oder
   b) von mehreren freiheitsentziehenden Maßregeln der Besserung und Sicherung,

wenn auf sie in verschiedenen Verfahren erkannt ist.

§ 2 Vorlagesachen

I Der Rechtspfleger legt die ihm bei der Vollstreckung in Strafsachen übertragenen Sachen dem Staatsanwalt vor, wenn
1. er von einer ihm bekannten Stellungnahme des Staatsanwalts abweichen will,
2. sich bei der Bearbeitung der Sache rechtliche Schwierigkeiten oder Bedenken gegen die Zulässigkeit der Vollstreckung ergeben,
3. ein Urteil vollstreckt werden soll, das von einem Mitangeklagten mit der Revision angefochten ist,
4. zwischen dem übertragenen Geschäft und einem vom Staatsanwalt oder Amtsrichter wahrzunehmenden Geschäft ein so enger Zusammenhang besteht, daß eine getrennte Bearbeitung nicht sachdienlich ist,
5. ein Ordnungs- oder Zwangsmittel von dem Staatsanwalt verhängt ist und dieser sich die Vorlage ganz oder teilweise vorbehalten hat.

II Die vorgelegten Sachen bearbeitet der Staatsanwalt, solange er es für erforderlich hält. Er kann die Sachen dem Rechtspfleger zurückgeben. An eine dabei mitgeteilte Rechtsauffassung oder erteilte Weisungen ist der Rechtspfleger gebunden.

III Bei der Vollstreckung in Bußgeldsachen gelten die Absätze 1 und 2 entsprechend.

§ 3 Geltung im Land Berlin

(gegenstandslos)

§ 4 Inkrafttreten

Diese Verordnung tritt am 1. Juli 1970 in Kraft.

13. Gesetz über den Vollzug der Freiheitsstrafe und der freiheitsentziehenden Maßregeln der Besserung und Sicherung – Strafvollzugsgesetz (StVollzG) –

Vom 16. März 1976 (BGBl I 581, 2088; 1977 I 436; III 312–9–1),
letztes ÄndG vom 26. August 1998 (BGBl I 2461)

(Auszug)

§ 1

Dieses Gesetz regelt den Vollzug der Freiheitsstrafe in Justizvollzugsanstalten und der freiheitsentziehenden Maßregeln der Besserung und Sicherung.

§ 23 Grundsatz

Der Gefangene hat das Recht, mit Personen außerhalb der Anstalt im Rahmen der Vorschriften dieses Gesetzes zu verkehren. Der Verkehr mit Personen außerhalb der Anstalt ist zu fördern.

§ 24 Recht auf Besuch

I Der Gefangene darf regelmäßig Besuch empfangen. Die Gesamtdauer beträgt mindestens eine Stunde im Monat. Das Weitere regelt die Hausordnung.

II Besuche sollen darüber hinaus zugelassen werden, wenn sie die Behandlung oder Eingliederung des Gefangenen fördern oder persönlichen, rechtlichen oder geschäftlichen Angelegenheiten dienen, die nicht vom Gefangenen schriftlich erledigt, durch Dritte wahrgenommen oder bis zur Entlassung des Gefangenen aufgeschoben werden können.

III Aus Gründen der Sicherheit kann ein Besuch davon abhängig gemacht werden, daß sich der Besucher durchsuchen läßt.

§ 25 Besuchsverbot

Der Anstaltsleiter kann Besuche untersagen,
1. wenn die Sicherheit oder Ordnung der Anstalt gefährdet würde,
2. bei Besuchern, die nicht Angehörige des Gefangenen im Sinne des Strafgesetzbuches sind, wenn zu befürchten ist, daß sie einen schädlichen Einfluß auf den Gefangenen haben oder seine Eingliederung behindern würden.

§ 26 Besuche von Verteidigern, Rechtsanwälten und Notaren

Besuche von Verteidigern sowie von Rechtsanwälten oder Notaren in einer den Gefangenen betreffenden Rechtssache sind zu gestatten. § 24 Abs. 3 gilt entsprechend. Eine inhaltliche Überprüfung der vom Verteidiger mitgeführten Schriftstücke und sonstigen Unterlagen ist nicht zulässig. § 29 Abs. 1 Satz 2 und 3 bleibt unberührt.

§ 27 Überwachung der Besuche

I Die Besuche dürfen aus Gründen der Behandlung oder der Sicherheit oder Ordnung der Anstalt überwacht werden, es sei denn, es liegen im Einzelfall Erkenntnisse dafür vor, daß es der Überwachung nicht bedarf. Die Unterhaltung darf nur überwacht werden, soweit dies im Einzelfall aus diesen Gründen erforderlich ist.

II Ein Besuch darf abgebrochen werden, wenn Besucher oder Gefangene gegen die Vorschriften dieses Gesetzes oder die auf Grund dieses Gesetzes getroffenen Anordnungen trotz Abmahnung verstoßen. Die Abmahnung unterbleibt, wenn es unerläßlich ist, den Besuch sofort abzubrechen.

III Besuche von Verteidigern werden nicht überwacht.

IV Gegenstände dürfen beim Besuch nur mit Erlaubnis übergeben werden. Dies gilt nicht für die bei dem Besuch des Verteidigers übergebenen Schriftstücke und sonstigen Unterlagen sowie für die bei dem Besuch eines Rechtsanwalts oder Notars zur Erledigung einer den Gefangenen betreffenden Rechtssache übergebenen Schriftstücke und sonstigen Unterlagen; bei dem Besuch eines Rechtsanwalts oder Notars kann die Übergabe aus Gründen der Sicherheit oder Ordnung der Anstalt von der Erlaubnis abhängig gemacht werden. § 29 Abs. 1 Satz 2 und 3 bleibt unberührt.

§ 28 Recht auf Schriftwechsel

I Der Gefangene hat das Recht, unbeschränkt Schreiben abzusenden und zu empfangen.

II Der Anstaltsleiter kann den Schriftwechsel mit bestimmten Personen untersagen,

1. wenn die Sicherheit oder Ordnung der Anstalt gefährdet würde,
2. bei Personen, die nicht Angehörige des Gefangenen im Sinne des Strafgesetzbuches sind, wenn zu befürchten ist, daß der Schriftwechsel einen schädlichen Einfluß auf den Gefangenen haben oder seine Eingliederung behindern würde.

§ 29 Überwachung des Schriftwechsels

I Der Schriftwechsel des Gefangenen mit seinem Verteidiger wird nicht überwacht. Liegt dem Vollzug der Freiheitsstrafe eine Straftat nach § 129 a des Strafgesetzbuches zugrunde, gelten § 148 Abs. 2, § 148 a der Strafprozeßordnung entsprechend; dies gilt nicht, wenn der Gefangene sich in einer Einrichtung des offenen Vollzuges befindet oder wenn ihm Lockerungen des Vollzuges gemäß § 11 Abs. 1 Nr. 1 oder 2 zweiter Halbsatz oder Urlaub gemäß § 13 oder § 15 Abs. 3 gewährt worden sind und ein Grund, der den Anstaltsleiter nach § 14 Abs. 2 zum Widerruf oder zur Zurücknahme von Lockerungen und Urlaub ermächtigt, nicht vorliegt. Satz 2 gilt auch, wenn gegen einen Strafgefangenen im Anschluß an die dem Vollzug der Freiheitsstrafe zugrundeliegende Verurteilung eine Freiheitsstrafe wegen einer Straftat nach § 129 a des Strafgesetzbuches zu vollstrecken ist.

II Nicht überwacht werden ferner Schreiben des Gefangenen an Volksvertretungen des Bundes und der Länder sowie an deren Mitglieder, soweit die Schreiben an die Anschriften dieser Volksvertretungen gerichtet sind und den Absender zutreffend angeben. Entsprechendes gilt für Schreiben an das Europäische Parlament und dessen Mitglieder, den Europäischen Gerichtshof für Menschenrechte, die Europäische Kommission für Menschenrechte, den Europäischen Ausschuß zur Verhütung von Folter und unmenschlicher oder erniedrigender Behandlung oder Strafe und die Datenschutzbeauftragten des Bundes und der Länder. Schreiben der in den Sätzen 1 und 2 genannten Stellen, die an den Gefangenen gerichtet sind, werden nicht überwacht, sofern die Identität des Absenders zweifelsfrei feststeht.

III Der übrige Schriftwechsel darf überwacht werden, soweit es aus Gründen der Behandlung oder der Sicherheit oder Ordnung der Anstalt erforderlich ist.

§ 30 Weiterleitung von Schreiben. Aufbewahrung

I Der Gefangene hat Absendung und Empfang seiner Schreiben durch die Anstalt zu vermitteln zu lassen, soweit nichts anderes gestattet ist.

II Eingehende und ausgehende Schreiben sind unverzüglich weiterzuleiten.

III Der Gefangene hat eingehende Schreiben unverschlossen zu verwahren, sofern nichts anderes gestattet wird; er kann sie verschlossen zu seiner Habe geben.

§ 31 Anhalten von Schreiben

I Der Anstaltsleiter kann Schreiben anhalten,
1. wenn das Ziel des Vollzuges oder die Sicherheit oder Ordnung der Anstalt gefährdet würde,
2. wenn die Weitergabe in Kenntnis ihres Inhalts einen Straf- oder Bußgeldtatbestand verwirklichen würde,
3. wenn sie grob unrichtige oder erheblich entstellende Darstellungen von Anstaltsverhältnissen enthalten,
4. wenn sie grobe Beleidigungen enthalten,
5. wenn sie die Eingliederung eines anderen Gefangenen gefährden können oder
6. wenn sie in Geheimschrift, unlesbar, unverständlich oder ohne zwingenden Grund in einer fremden Sprache abgefaßt sind.

II Ausgehenden Schreiben, die unrichtige Darstellungen enthalten, kann ein Begleitschreiben beigefügt werden, wenn der Gefangene auf der Absendung besteht.

III Ist ein Schreiben angehalten worden, wird das dem Gefangenen mitgeteilt. Angehaltene Schreiben werden an den Absender zurückgegeben oder, sofern dies unmöglich oder aus besonderen Gründen untunlich ist, behördlich verwahrt.

IV Schreiben, deren Überwachung nach § 29 Abs. 1 und 2 ausgeschlossen ist, dürfen nicht angehalten werden.

§ 32 Ferngespräche und Telegramme

Dem Gefangenen kann gestattet werden, Ferngespräche zu führen oder Telegramme aufzugeben. Im übrigen gelten für Ferngespräche die Vorschriften über den Besuch und für Telegramme die Vorschriften über den Schriftwechsel entsprechend. Ist die Überwachung der fernmündlichen Unterhaltung erforderlich, ist die beabsichtigte Überwachung dem Gesprächspartner des Gefangenen unmittelbar nach Herstellung der Verbindung durch die Vollzugsbehörde oder den Gefangenen mitzuteilen. Der Gefangene ist rechtzeitig vor Beginn der fernmündlichen Unterhaltung über die beabsichtigte Überwachung und die Mitteilungspflicht nach Satz 3 zu unterrichten.

§ 33 Pakete

I Der Gefangene darf dreimal jährlich in angemessenen Abständen ein Paket mit Nahrungs- und Genußmitteln empfangen. Die Vollzugsbehörde kann Zeitpunkt und Höchstmengen für die Sendung und für einzelne Gegenstände festsetzen. Der Empfang weiterer Pakete oder solcher mit anderem Inhalt bedarf ihrer Erlaubnis. Für den Ausschluß von Gegenständen gilt § 22 Abs. 2 entsprechend.

II Pakete sind in Gegenwart des Gefangenen zu öffnen. Ausgeschlossene Gegenstände können zu seiner Habe genommen oder dem Absender zurückgesandt werden. Nicht ausgehändigte Gegenstände, durch die bei der Versendung oder Aufbewahrung Personen verletzt oder Sachschäden verursacht werden können, dürfen vernichtet werden. Die hiernach getroffenen Maßnahmen werden dem Gefangenen eröffnet.

III Der Empfang von Paketen kann vorübergehend versagt werden, wenn dies wegen Gefährdung der Sicherheit oder Ordnung der Anstalt unerläßlich ist.

§ 34 *(aufgehoben)*

§ 35 Urlaub, Ausgang und Ausführung aus wichtigem Anlaß

I Aus wichtigem Anlaß kann der Anstaltsleiter dem Gefangenen Ausgang gewähren oder ihn bis zu sieben Tagen beurlauben; der Urlaub aus anderem wichtigen Anlaß als wegen einer lebensgefährlichen Erkrankung oder wegen des Todes eines Angehörigen darf sieben Tage im Jahr nicht übersteigen. § 11 Abs. 2, § 13 Abs. 5 und § 14 gelten entsprechend.

II Der Urlaub nach Absatz 1 wird nicht auf den regelmäßigen Urlaub angerechnet.

III Kann Ausgang oder Urlaub aus den in § 11 Abs. 2 genannten Gründen nicht gewährt werden, kann der Anstaltsleiter den Gefangenen ausführen lassen. Die Aufwendungen hierfür hat der Gefangene zu tragen. Der Anspruch ist nicht geltend zu machen, wenn dies die Behandlung oder die Eingliederung behindern würde.

§ 36 Gerichtliche Termine

I Der Anstaltsleiter kann einem Gefangenen zur Teilnahme an einem gerichtlichen Termin Ausgang oder Urlaub erteilen, wenn anzunehmen ist, daß er der Ladung folgt und keine Entweichungs- oder Mißbrauchsgefahr (§ 11 Abs. 2) besteht. § 13 Abs. 5 und § 14 gelten entsprechend.

II Wenn ein Gefangener zu einem gerichtlichen Termin geladen ist und Ausgang oder Urlaub nicht gewährt wird, läßt der Anstaltsleiter ihn mit seiner Zustimmung zu dem Termin ausführen, sofern wegen Entweichungs- oder Mißbrauchsgefahr (§ 11 Abs. 2) keine überwiegenden Gründe entgegenstehen. Auf Ersuchen eines Gerichts läßt er den Gefangenen vorführen, sofern ein Vorführungsbefehl vorliegt.

III Die Vollzugsbehörde unterrichtet das Gericht über das Veranlaßte.

§ 87 Festnahmerecht

I Ein Gefangener, der entwichen ist oder sich sonst ohne Erlaubnis außerhalb der Anstalt aufhält, kann durch die Vollzugsbehörde oder auf ihre Veranlassung hin festgenommen und in die Anstalt zurückgebracht werden.

II Nach § 86 Abs. 1 erhobene und nach § 179 erhobene und zur Identifizierung oder Festnahme erforderliche Daten dürfen den Vollstreckungs- und Strafverfolgungsbehörden übermittelt werden, soweit dies für Zwecke der Fahndung und Festnahme des entwichenen oder sich sonst ohne Erlaubnis außerhalb der Anstalt aufhaltenden Gefangenen erforderlich ist.

§ 94 Allgemeine Voraussetzungen

I Bedienstete der Justizvollzugsanstalten dürfen unmittelbaren Zwang anwenden, wenn sie Vollzugs- und Sicherungsmaßnahmen rechtmäßig durchführen und der damit verfolgte Zweck auf keine andere Weise erreicht werden kann.

II Gegen andere Personen als Gefangene darf unmittelbarer Zwang angewendet werden, wenn sie es unternehmen, Gefangene zu befreien oder in den Anstaltsbereich widerrechtlich einzudringen, oder wenn sie sich unbefugt darin aufhalten.

III Das Recht zu unmittelbarem Zwang auf Grund anderer Regelungen bleibt unberührt.

§ 95 Begriffsbestimmungen

I Unmittelbarer Zwang ist die Einwirkung auf Personen oder Sachen durch körperliche Gewalt, ihre Hilfsmittel und durch Waffen.

II Körperliche Gewalt ist jede unmittelbare körperliche Einwirkung auf Personen oder Sachen.

III Hilfsmittel der körperlichen Gewalt sind namentlich Fesseln.

IV Waffen sind die dienstlich zugelassenen Hieb- und Schußwaffen sowie Reizstoffe.

§ 96 Grundsatz der Verhältnismäßigkeit

I Unter mehreren möglichen und geeigneten Maßnahmen des unmittelbaren Zwanges sind diejenigen zu wählen, die den Einzelnen und die Allgemeinheit voraussichtlich am wenigsten beeinträchtigen.

II Unmittelbarer Zwang unterbleibt, wenn ein durch ihn zu erwartender Schaden erkennbar außer Verhältnis zu dem angestrebten Erfolg steht.

§ 97 Handeln auf Anordnung

I Wird unmittelbarer Zwang von einem Vorgesetzten oder einer sonst befugten Person angeordnet, sind Vollzugsbedienstete verpflichtet, ihn anzuwenden, es sei denn, die Anordnung verletzt die Menschenwürde oder ist nicht zu dienstlichen Zwecken erteilt worden.

II Die Anordnung darf nicht befolgt werden, wenn dadurch eine Straftat begangen würde. Befolgt der Vollzugsbedienstete sie trotzdem, trifft ihn eine Schuld nur, wenn er erkennt oder wenn es nach den ihm bekannten Umständen offensichtlich ist, daß dadurch eine Straftat begangen wird.

III Bedenken gegen die Rechtmäßigkeit der Anordnung hat der Vollzugsbedienstete dem Anordnenden gegenüber vorzubringen, soweit das nach den Umständen möglich ist. Abweichende Vorschriften des allgemeinen Beamtenrechts über die Mitteilung solcher Bedenken an einen Vorgesetzten (§ 38 Abs. 2 und 3 des Beamtenrechtsrahmengesetzes) sind nicht anzuwenden.

§ 98 Androhung

Unmittelbarer Zwang ist vorher anzudrohen. Die Androhung darf nur dann unterbleiben, wenn die Umstände sie nicht zulassen oder unmittelbarer Zwang sofort angewendet werden muß, um eine rechtswidrige Tat, die den Tatbestand eines Strafgesetzes erfüllt, zu verhindern oder eine gegenwärtige Gefahr abzuwenden.

§ 99 Allgemeine Vorschriften für den Schußwaffengebrauch

I Schußwaffen dürfen nur gebraucht werden, wenn andere Maßnahmen des unmittelbaren Zwanges bereits erfolglos waren oder keinen Erfolg versprechen. Gegen Personen ist ihr Gebrauch nur zulässig, wenn der Zweck nicht durch Waffenwirkung gegen Sachen erreicht wird.

II Schußwaffen dürfen nur die dazu bestimmten Vollzugsbediensteten gebrauchen und nur, um angriffs- oder fluchtunfähig zu machen. Ihr Gebrauch unterbleibt, wenn dadurch erkennbar Unbeteiligte mit hoher Wahrscheinlichkeit gefährdet würden.

III Der Gebrauch von Schußwaffen ist vorher anzudrohen. Als Androhung gilt auch ein Warnschuß. Ohne Androhung dürfen Schußwaffen nur dann gebraucht werden, wenn das zur Abwehr einer gegenwärtigen Gefahr für Leib oder Leben erforderlich ist.

§ 100 Besondere Vorschriften für den Schußwaffengebrauch

I Gegen Gefangene dürfen Schußwaffen gebraucht werden,

1. wenn sie eine Waffe oder ein anderes gefährliches Werkzeug trotz wiederholter Aufforderung nicht ablegen,
2. wenn sie eine Meuterei (§ 121 des Strafgesetzbuches) unternehmen oder
3. um ihre Flucht zu vereiteln oder um sie wiederzuergreifen.

Um die Flucht aus einer offenen Anstalt zu vereiteln, dürfen keine Schußwaffen gebraucht werden.

II Gegen andere Personen dürfen Schußwaffen gebraucht werden, wenn sie es unternehmen, Gefangene gewaltsam zu befreien oder gewaltsam in eine Anstalt einzudringen.

§ 101 Zwangsmaßnahmen auf dem Gebiet der Gesundheitsfürsorge

I Medizinische Untersuchung und Behandlung sowie Ernährung sind zwangsweise nur bei Lebensgefahr, bei schwerwiegender Gefahr für die Gesundheit des Gefangenen oder bei Gefahr für die Gesundheit anderer Personen zulässig; die Maßnahmen müssen für die Beteiligten zumutbar und dürfen nicht mit erheblicher Gefahr für Leben oder Gesundheit des Gefangenen verbunden sein. Zur Durchführung der Maßnahmen ist die Vollzugsbehörde nicht verpflichtet, solange von einer freien Willensbestimmung des Gefangenen ausgegangen werden kann.

II Zum Gesundheitsschutz und zur Hygiene ist die zwangsweise körperliche Untersuchung außer im Falle des Absatzes 1 zulässig, wenn sie nicht mit einem körperlichen Eingriff verbunden ist.

III Die Maßnahmen dürfen nur auf Anordnung und unter Leitung eines Arztes durchgeführt werden, unbeschadet der Leistung erster Hilfe für den Fall, daß ein Arzt nicht rechtzeitig erreichbar und mit einem Aufschub Lebensgefahr verbunden ist.

§ 108 Beschwerderecht

I Der Gefangene erhält Gelegenheit, sich mit Wünschen, Anregungen und Beschwerden in Angelegenheiten, die ihn selbst betreffen, an den Anstaltsleiter zu wenden. Regelmäßige Sprechstunden sind einzurichten.

II Besichtigt ein Vertreter der Aufsichtsbehörde die Anstalt, so ist zu gewährleisten, daß ein Gefangener sich in Angelegenheiten, die ihn selbst betreffen, an ihn wenden kann.

III Die Möglichkeit der Dienstaufsichtsbeschwerde bleibt unberührt.

§ 109 Antrag auf gerichtliche Entscheidung

I Gegen eine Maßnahme zur Regelung einzelner Angelegenheiten auf dem Gebiete des Strafvollzuges kann gerichtliche Entscheidung beantragt werden. Mit dem Antrag kann auch die Verpflichtung zum Erlaß einer abgelehnten oder unterlassenen Maßnahme begehrt werden.

II Der Antrag auf gerichtliche Entscheidung ist nur zulässig, wenn der Antragsteller geltend macht, durch die Maßnahme oder ihre Ablehnung oder Unterlassung in seinen Rechten verletzt zu sein.

III Das Landesrecht kann vorsehen, daß der Antrag erst nach vorausgegangenem Verwaltungsvorverfahren gestellt werden kann.

§ 110 Zuständigkeit

Über den Antrag entscheidet die Strafvollstreckungskammer, in deren Bezirk die beteiligte Vollzugsbehörde ihren Sitz hat. Durch die Entscheidung in einem Verwaltungsvorverfahren nach § 109 Abs. 3 ändert sich die Zuständigkeit der Strafvollstreckungskammer nicht.

§ 111 Beteiligte

I Beteiligte des gerichtlichen Verfahrens sind
1. der Antragsteller,
2. die Vollzugsbehörde, die die angefochtene Maßnahme angeordnet oder die beantragte abgelehnt oder unterlassen hat.

II In dem Verfahren vor dem Oberlandesgericht oder dem Bundesgerichtshof ist Beteiligte nach Absatz 1 Nr. 2 die zuständige Aufsichtsbehörde.

§ 112 Antragsfrist. Wiedereinsetzung

I Der Antrag muß binnen zwei Wochen nach Zustellung oder schriftlicher Bekanntgabe der Maßnahme oder ihrer Ablehnung schriftlich oder zur Niederschrift der Geschäftsstelle des Gerichts gestellt werden. Soweit ein Verwaltungsvorverfahren (§ 109 Abs. 3) durchzuführen ist, beginnt die Frist mit der Zustellung oder schriftlichen Bekanntgabe des Widerspruchsbescheides.

II War der Antragsteller ohne Verschulden verhindert, die Frist einzuhalten, so ist ihm auf Antrag Wiedereinsetzung in den vorigen Stand zu gewähren.

III Der Antrag auf Wiedereinsetzung ist binnen zwei Wochen nach Wegfall des Hindernisses zu stellen. Die Tatsachen zur Begründung des Antrags sind bei der Antragstellung oder im Verfahren über den Antrag glaubhaft zu machen. Innerhalb der Antragsfrist ist die versäumte Rechtshandlung nachzuholen. Ist dies geschehen, so kann die Wiedereinsetzung auch ohne Antrag gewährt werden.

IV Nach einem Jahr seit dem Ende der versäumten Frist ist der Antrag auf Wiedereinsetzung unzulässig, außer wenn der Antrag vor Ablauf der Jahresfrist infolge höherer Gewalt unmöglich war.

§ 113 Vornahmeantrag

I Wendet sich der Antragsteller gegen das Unterlassen einer Maßnahme, kann der Antrag auf gerichtliche Entscheidung nicht vor Ablauf von drei Monaten seit dem Antrag auf Vornahme der Maßnahme gestellt werden, es sei denn, daß eine frühere Anrufung des Gerichts wegen besonderer Umstände des Falles geboten ist.

II Liegt ein zureichender Grund dafür vor, daß die beantragte Maßnahme noch nicht erlassen ist, so setzt das Gericht das Verfahren bis zum Ablauf einer von ihm bestimmten Frist aus. Die Frist kann verlängert werden. Wird die beantragte Maßnahme in der gesetzten Frist erlassen, so ist der Rechtsstreit in der Hauptsache erledigt.

III Der Antrag nach Absatz 1 ist nur bis zum Ablauf eines Jahres seit der Stellung des Antrags auf Vornahme der Maßnahme zulässig, außer wenn die Antragstellung vor

Ablauf der Jahresfrist infolge höherer Gewalt unmöglich war oder unter den besonderen Verhältnissen des Einzelfalles unterblieben ist.

§ 114 Aussetzung der Maßnahme

I Der Antrag auf gerichtliche Entscheidung hat keine aufschiebende Wirkung.

II Das Gericht kann den Vollzug der angefochtenen Maßnahme aussetzen, wenn die Gefahr besteht, daß die Verwirklichung eines Rechts des Antragstellers vereitelt oder wesentlich erschwert wird und ein höher zu bewertendes Interesse an dem sofortigen Vollzug nicht entgegensteht. Das Gericht kann auch eine einstweilige Anordnung erlassen; § 123 Abs. 1 der Verwaltungsgerichtsordnung ist entsprechend anzuwenden. Die Entscheidungen sind nicht anfechtbar; sie können vom Gericht jederzeit geändert oder aufgehoben werden.

III Der Antrag auf eine Entscheidung nach Absatz 2 ist schon vor Stellung des Antrags auf gerichtliche Entscheidung zulässig.

§ 115 Gerichtliche Entscheidung

I Das Gericht entscheidet ohne mündliche Verhandlung durch Beschluß.

II Soweit die Maßnahme rechtswidrig und der Antragsteller dadurch in seinen Rechten verletzt ist, hebt das Gericht die Maßnahme und, soweit ein Verwaltungsvorverfahren vorhergegangen ist, den Widerspruchsbescheid auf. Ist die Maßnahme schon vollzogen, kann das Gericht auch aussprechen, daß und wie die Vollzugsbehörde die Vollziehung rückgängig zu machen hat, soweit die Sache spruchreif ist.

III Hat sich die Maßnahme vorher durch Zurücknahme oder anders erledigt, spricht das Gericht auf Antrag aus, daß die Maßnahme rechtswidrig gewesen ist, wenn der Antragsteller ein berechtigtes Interesse an dieser Feststellung hat.

IV Soweit die Ablehnung oder Unterlassung der Maßnahme rechtswidrig und der Antragsteller dadurch in seinen Rechten verletzt ist, spricht das Gericht die Verpflichtung der Vollzugsbehörde aus, die beantragte Amtshandlung vorzunehmen, wenn die Sache spruchreif ist. Anderenfalls spricht es die Verpflichtung aus, den Antragsteller unter Beachtung der Rechtsauffassung des Gerichts zu bescheiden.

V Soweit die Vollzugsbehörde ermächtigt ist, nach ihrem Ermessen zu handeln, prüft das Gericht auch, ob die Maßnahme oder ihre Ablehnung oder Unterlassung rechtswidrig ist, weil die gesetzlichen Grenzen des Ermessens überschritten sind oder von dem Ermessen in einer dem Zweck der Ermächtigung nicht entsprechenden Weise Gebrauch gemacht ist.

§ 116 Rechtsbeschwerde

I Gegen die gerichtliche Entscheidung der Strafvollstreckungskammer ist die Rechtsbeschwerde zulässig, wenn es geboten ist, die Nachprüfung zur Fortbildung des Rechts oder zur Sicherung einer einheitlichen Rechtsprechung zu ermöglichen.

II Die Rechtsbeschwerde kann nur darauf gestützt werden, daß die Entscheidung auf einer Verletzung des Gesetzes beruhe. Das Gesetz ist verletzt, wenn eine Rechtsnorm nicht oder nicht richtig angewendet worden ist.

III Die Rechtsbeschwerde hat keine aufschiebende Wirkung. § 114 Abs. 2 gilt entsprechend.

IV Für die Rechtsbeschwerde gelten die Vorschriften der Strafprozeßordnung über die Beschwerde entsprechend, soweit dieses Gesetz nichts anderes bestimmt.

§ 117 Zuständigkeit für die Rechtsbeschwerde

Über die Rechtsbeschwerde entscheidet ein Strafsenat des Oberlandesgerichts, in dessen Bezirk die Strafvollstreckungskammer ihren Sitz hat.

§ 118 Form. Frist. Begründung

I Die Rechtsbeschwerde muß bei dem Gericht, dessen Entscheidung angefochten wird, binnen eines Monats nach Zustellung der gerichtlichen Entscheidung eingelegt werden. In dieser Frist ist außerdem die Erklärung abzugeben, inwieweit die Entscheidung angefochten und ihre Aufhebung beantragt wird. Die Anträge sind zu begründen.

II Aus der Begründung muß hervorgehen, ob die Entscheidung wegen Verletzung einer Rechtsnorm über das Verfahren oder wegen Verletzung einer anderen Rechtsnorm angefochten wird. Ersterenfalls müssen die den Mangel enthaltenden Tatsachen angegeben werden.

III Der Antragsteller als Beschwerdeführer kann dies nur in einer von einem Rechtsanwalt unterzeichneten Schrift oder zur Niederschrift der Geschäftsstelle tun.

§ 119 Entscheidung über die Rechtsbeschwerde

I Der Strafsenat entscheidet ohne mündliche Verhandlung durch Beschluß.

II Seiner Prüfung unterliegen nur die Beschwerdeanträge und, soweit die Rechtsbeschwerde auf Mängel des Verfahrens gestützt wird, nur die Tatsachen, die in der Begründung der Rechtsbeschwerde bezeichnet worden sind.

III Der Beschluß, durch den die Beschwerde verworfen wird, bedarf keiner Begründung, wenn der Strafsenat die Beschwerde einstimmig für unzulässig oder für offensichtlich unbegründet erachtet.

IV Soweit die Rechtsbeschwerde für begründet erachtet wird, ist die angefochtene Entscheidung aufzuheben. Der Strafsenat kann an Stelle der Strafvollstreckungskammer entscheiden, wenn die Sache spruchreif ist. Sonst ist die Sache zur neuen Entscheidung an die Strafvollstreckungskammer zurückzuverweisen.

V Die Entscheidung des Strafsenats ist endgültig.

§ 120 Entsprechende Anwendung anderer Vorschriften

I Soweit sich aus diesem Gesetz nichts anderes ergibt, sind die Vorschriften der Strafprozeßordnung entsprechend anzuwenden.

II Auf die Bewilligung der Prozeßkostenhilfe sind die Vorschriften der Zivilprozeßordnung entsprechend anzuwenden.

§ 121 Kosten des Verfahrens

I In der das Verfahren abschließenden Entscheidung ist zu bestimmen, von wem die Kosten des Verfahrens und die notwendigen Auslagen zu tragen sind.

II Soweit der Antragsteller unterliegt oder seinen Antrag zurücknimmt, trägt er die Kosten des Verfahrens und die notwendigen Auslagen. Hat sich die Maßnahme vor einer Entscheidung nach Absatz 1 in anderer Weise als durch Zurücknahme des Antrags erledigt, so entscheidet das Gericht über die Kosten des Verfahrens und die notwendigen Auslagen nach billigem Ermessen.

III Absatz 2 Satz 2 gilt nicht im Falle des § 115 Abs. 3.

IV Im übrigen gelten die §§ 464 bis 473 der Strafprozeßordnung entsprechend.

V Für die Kosten des Verfahrens nach den §§ 109 ff. kann auch ein den fünffachen Tagessatz der Eckvergütung nach § 43 Abs. 1 übersteigender Teil des Hausgeldes (§ 47) in Anspruch genommen werden.

§ 122

I Wird Untersuchungshaft zum Zwecke der Strafvollstreckung unterbrochen oder wird gegen einen Strafgefangenen in anderer Sache Untersuchungshaft angeordnet, so unterliegt der Gefangene abweichend von § 4 Abs. 2 auch denjenigen Beschränkungen seiner Freiheit, die der Zweck der Untersuchungshaft erfordert. Die notwendigen

Maßnahmen ordnet der nach § 126 der Strafprozeßordnung zuständige Richter an. § 119 Abs. 6 Satz 2 und 3 der Strafprozeßordnung gilt entsprechend.

II § 148 Abs. 2, § 148 a der Strafprozeßordnung sind anzuwenden.

§ 178

I Die §§ 94 bis 101 über den unmittelbaren Zwang gelten nach Maßgabe der folgenden Absätze auch für Justizvollzugsbedienstete außerhalb des Anwendungsbereichs des Strafvollzugsgesetzes (§ 1).

II Beim Vollzug der Untersuchungshaft und der einstweiligen Unterbringung nach § 126 a der Strafprozeßordnung bleibt § 119 Abs. 5 und 6 der Strafprozeßordnung unberührt.

III Beim Vollzug des Jugendarrestes, des Strafarrestes sowie der Ordnungs-, Sicherungs-, Zwangs- und Erzwingungshaft dürfen zur Vereitelung einer Flucht oder zur Wiederergreifung (§ 100 Abs. 1 Nr. 3) keine Schußwaffen gebraucht werden. Dies gilt nicht, wenn Strafarrest oder Ordnungs-, Sicherungs-, Zwangs- oder Erzwingungshaft in Unterbrechung einer Untersuchungshaft, einer Strafhaft oder einer Unterbringung im Vollzuge einer freiheitsentziehenden Maßregel der Besserung und Sicherung vollzogen wird.

IV Das Landesrecht kann, namentlich beim Vollzug der Jugendstrafe, weitere Einschränkungen des Rechtes zum Schußwaffengebrauch vorsehen.

14. Gesetz zur Beschränkung des Brief-, Post- und Fernmeldegeheimnisses (Gesetz zu Artikel 10 Grundgesetz) (G 10)

Vom 13. August 1968 (BGBl I 949; III 190–2), letztes ÄndG vom 28. April 1997 (BGBl I 966)

Artikel 1

§ 1 [Allgemeine Sicherheitsgefährdung – Einsichts- und Abhörberechtigung]

I Es sind

1. die Verfassungsschutzbehörden des Bundes und der Länder, das Amt für den Militärischen Abschirmdienst und der Bundesnachrichtendienst zur Abwehr von drohenden Gefahren für die freiheitliche demokratische Grundordnung oder den Bestand oder die Sicherheit des Bundes oder eines Landes einschließlich der Sicherheit der in der Bundesrepublik Deutschland stationierten Truppen der nichtdeutschen Vertragsstaaten des Nordatlantik-Vertrages,
2. der Bundesnachrichtendienst im Rahmen seiner Aufgaben nach § 1 Abs. 2 des BND-Gesetzes auch zu den in § 3 Abs. 1 Satz 2 Nr. 2 bis 6 bestimmten Zwecken.

berechtigt, den Fernmeldeverkehr zu überwachen und aufzuzeichnen, in den Fällen der Nummer 1 auch die dem Brief- oder Postgeheimnis unterliegenden Sendungen zu öffnen und einzusehen.

II Unternehmen, die Postdienstleistungen für die Öffentlichkeit erbringen oder daran mitwirken, haben der berechtigten Stelle auf Anordnung Auskunft über den Postverkehr zu erteilen und Sendungen, die ihnen zum Einsammeln, Weiterleiten oder Ausliefern anvertraut sind, auszuhändigen. Die nach Satz 1 Verpflichteten haben der berechtigten Stelle auf Verlangen die zur Vorbereitung einer Anordnung erforderlichen Auskünfte zu Postfächern zu erteilen, ohne daß es hierzu einer gesonderten Anordnung bedarf. Betreiber von Fernmeldeanlagen, die für den öffentlichen Verkehr bestimmt sind, haben der berechtigten Stelle auf Anordnung Auskunft über den nach Wirksamwerden der Anordnung durchgeführten Fernmeldeverkehr zu erteilen, Sendungen, die ihnen zur

Übermittlung auf dem Fernmeldeweg anvertraut sind, auszuhändigen sowie die Überwachung und Aufzeichnung des Fernmeldeverkehrs zu ermöglichen.

III Der nach Absatz 2 Satz 1 oder Satz 3 Verpflichtete hat vor Durchführung einer beabsichtigten Beschränkungsmaßnahme die Personen, die mit der Durchführung der Maßnahme betraut werden sollen,
1. einer einfachen Sicherheitsüberprüfung unterziehen zu lassen und
2. über die Pflicht zur Geheimhaltung nach Artikel 3 § 10 sowie die Strafbarkeit eines Verstoßes nach Artikel 3 § 10 a zu belehren; die Belehrung ist aktenkundig zu machen.

Mit der Durchführung einer Beschränkungsmaßnahme dürfen nur Personen betraut werden, die nach Maßgabe des Satzes 1 überprüft und belehrt worden sind. Der nach Absatz 2 Satz 1 oder Satz 3 Verpflichtete hat sicherzustellen, daß die Geheimschutzmaßnahmen nach den Abschnitten 1.1 bis 1.4, 1.6, 2.1 und 2.3 bis 2.5 der Anlage 7 zur Allgemeinen Verwaltungsvorschrift zum materiellen und organisatorischen Schutz von Verschlußsachen vom 29. April 1994 (GMBl. S. 674) getroffen werden.

IV Die Sicherheitsüberprüfung nach § 1 Abs. 3 Satz 1 Nr. 1 ist entsprechend dem Sicherheitsprüfungsgesetz durchzuführen. Für Beschränkungsmaßnahmen einer Landesbehörde gilt dies nur, soweit nicht Rechtsvorschriften des Landes vergleichbare Bestimmungen enthalten; in diesem Fall sind die Rechtsvorschriften des Landes entsprechend anzuwenden. Zuständig ist bei Beschränkungsmaßnahmen von Bundesbehörden das Bundesministerium des Innern; im übrigen sind die nach Landesrecht bestimmten Behörden zuständig. Soll mit der Durchführung einer Beschränkungsmaßnahme eine Person betraut werden, für die innerhalb der letzten fünf Jahre bereits eine gleich- oder höherwertige Sicherheitsüberprüfung nach Bundes- oder Landesrecht durchgeführt worden ist, soll von einer erneuten Sicherheitsüberprüfung abgesehen werden.

§ 2 [Voraussetzungen für die Anordnung der Beschränkungen]

I Beschränkungen nach § 1 Abs. 1 Nr. 1 dürfen unter den dort bezeichneten Voraussetzungen angeordnet werden, wenn tatsächliche Anhaltspunkte für den Verdacht bestehen, daß jemand
1. Straftaten des Friedensverrats oder des Hochverrats (§§ 80, 80 a, 81, 82 und 83 des Strafgesetzbuches),
2. Straftaten der Gefährdung des demokratischen Rechtsstaates (§§ 84, 85, 86, 87, 88, 89 des Strafgesetzbuches, § 20 Abs. 1 Nr. 1, 2, 3 und 4 des Vereinsgesetzes),
3. Straftaten des Landesverrats und der Gefährdung der äußeren Sicherheit (§§ 94, 95, 96, 97 a, 97 b, 98, 99, 100, 100 a des Strafgesetzbuches),
4. Straftaten gegen die Landesverteidigung (§§ 109 e, 109 f, 109 g des Strafgesetzbuches),
5. Straftaten gegen die Sicherheit der in der Bundesrepublik Deutschland stationierten Truppen der nichtdeutschen Vertragsstaaten des Nordatlantik-Vertrages (§§ 87, 89, 94, 95, 96, 98, 99, 100, 109 e, 109 f, 109 g des Strafgesetzbuches in Verbindung mit Artikel 7 des Vierten Strafrechtsänderungsgesetzes vom 11. Juli 1957 in der Fassung des Achten Strafrechtsänderungsgesetzes),
6. Straftaten nach § 129 a des Strafgesetzbuches oder
7. Straftaten nach § 92 Abs. 1 Nr. 7 des Ausländergesetzes

plant, begeht oder begangen hat. Gleiches gilt, wenn tatsächliche Anhaltspunkte für den Verdacht bestehen, daß jemand Mitglied einer Vereinigung ist, deren Zwecke oder deren Tätigkeit darauf gerichtet sind, Straftaten zu begehen, die gegen die freiheitliche demokratische Grundordnung, den Bestand oder die Sicherheit des Bundes oder eines Landes gerichtet sind.

II Eine Anordnung nach Absatz 1 ist nur zulässig, wenn die Erforschung des Sachverhalts auf andere Weise aussichtslos oder wesentlich erschwert wäre. Sie darf sich nur gegen den Verdächtigen oder gegen Personen richten, von denen auf Grund bestimmter Tatsachen anzunehmen ist, daß sie für den Verdächtigen bestimmte oder von ihm herrührende Mitteilungen entgegennehmen oder weitergeben oder daß der Verdächtige ihren Anschluß benutzt. Abgeordnetenpost von Mitgliedern des Deutschen Bundestages und der Parlamente der Länder darf nicht in eine Maßnahme einbezogen werden, die sich gegen einen Dritten richtet. Das gilt nicht, wenn und soweit die Kommission festgestellt hat, daß konkrete Umstände die Annahme rechtfertigen, daß die Post nicht von dem Abgeordneten stammt. § 9 Abs. 2 Satz 2 gilt entsprechend.

§ 3 [Strategische Überwachung]

I Außer in den Fällen des § 2 dürfen auf Antrag des Bundesnachrichtendienstes Beschränkungen nach § 1 für internationale nicht leitungsgebundene Fernmeldeverkehrsbeziehungen angeordnet werden, die der nach § 5 zuständige Bundesminister mit Zustimmung des Abgeordnetengremiums gemäß § 9 bestimmt. Sie sind nur zulässig zur Sammlung von Nachrichten über Sachverhalte, deren Kenntnis notwendig ist, um die Gefahr
1. eines bewaffneten Angriffs auf die Bundesrepublik Deutschland,
2. der Begehung internationaler terroristischer Anschläge in der Bundesrepublik Deutschland,
3. der internationalen Verbreitung von Kriegswaffen im Sinne des Gesetzes über die Kontrolle von Kriegswaffen sowie des unerlaubten Außenwirtschaftsverkehrs mit Waren, Datenverarbeitungsprogrammen und Technologien im Sinne des Teils I der Ausfuhrliste (Anlage AL zur Außenwirtschaftsverordnung) in Fällen von erheblicher Bedeutung,
4. der unbefugten Verbringung von Betäubungsmitteln in nicht geringer Menge aus dem Ausland in das Gebiet der Bundesrepublik Deutschland,
5. im Ausland begangener Geldfälschungen sowie
6. der Geldwäsche im Zusammenhang mit den in den Nummern 3 bis 5 genannten Handlungen

rechtzeitig zu erkennen und einer solchen Gefahr zu begegnen. In den Fällen der Nummer 1 dürfen Beschränkungen nach Satz 1 auch für leitungsgebundene Fernmeldeverkehrsbeziehungen und für Postverkehrsbeziehungen angeordnet werden.

II Für Beschränkungen im Sinne von Absatz 1 darf der Bundesnachrichtendienst nur Suchbegriffe verwenden, die zur Aufklärung von Sachverhalten über den in der Anordnung bezeichneten Gefahrenbereich bestimmt und geeigent sind. Die Suchbegriffe dürfen keine Identifizierungsmerkmale enthalten, die zu einer gezielten Erfassung bestimmter Fernmeldeanschlüsse führen. Satz 2 gilt nicht für Fernmeldeanschlüsse im Ausland, sofern ausgeschlossen werden kann, daß Anschlüsse
1. deutscher Staatsangehöriger oder
2. von Gesellschaften mit dem Sitz im Ausland, wenn der überwiegende Teil ihres Vermögens oder ihres Kapitals sowie die tatsächliche Kontrolle über die Gesellschaft deutschen natürlichen oder juristischen Personen zusteht und die Mehrheit der Vertretungsberechtigten deutsche Staatsangehörige sind,

gezielt erfaßt werden. Die Suchbegriffe sind in der Anordnung zu benennen. Die Durchführung ist mit technischen Mitteln zu protokollieren; sie unterliegt der Kontrolle gemäß § 9 Abs. 2. Die Protokolldaten dürfen ausschließlich zu Zwecken der Datenschutzkontrolle verwendet werden. Sie sind am Ende des Kalenderjahres, das dem Jahr der Protokollierung folgt, zu löschen.

III Bei der Durchführung von Maßnahmen nach Absatz 1 erlangte personenbezogene Daten dürfen nur zur Verhinderung, Aufklärung oder Verfolgung von Straftaten verwendet werden, die in § 2 dieses Gesetzes und in § 138 des Strafgesetzbuches bezeichnet sind, sowie von Straftaten nach den §§ 261 und 264 des Strafgesetzbuches, § 92a des Ausländergesetzes, § 34 Abs. 1 bis 6 und 8 und § 35 des Außenwirtschaftsgesetzes, §§ 19 bis 21 und 22a Abs. 1 Nr. 4, 5 und 7 des Gesetzes über die Kontrolle von Kriegswaffen oder § 29a Abs. 1 Nr. 2, § 30 Abs. 1 Nr. 1, 4 oder § 30a des Betäubungsmittelgesetzes, soweit gegen die Person eine Beschränkung nach § 2 angeordnet ist oder wenn tatsächliche Anhaltspunkte für den Verdacht bestehen, daß jemand eine der vorgenannten Straftaten plant, begeht oder begangen hat.[1] § 12 des BND-Gesetzes bleibt unberührt.

---

[1] Nach dem Beschluß des BVerfG vom 5. 7. 1995 – 1 BvR 2226/94 (NJW **96**, 114) ist § 3 III S. 1 einstweilen mit der Maßgabe anzuwenden, daß bei der Durchführung von Maßnahmen nach

[IV] Der Bundesnachrichtendienst prüft, ob durch Maßnahmen nach Absatz 1 erlangte personenbezogene Daten für die dort genannten Zwecke erforderlich sind.

[V] Die nach Absatz 1 erlangten Daten sind vollständig zu den in Absatz 3 bezeichneten Zwecken den Verfassungsschutzbehörden des Bundes und der Länder, dem Amt für den Militärischen Abschirmdienst, dem Zollkriminalamt, dem Bundesausfuhramt, den Staatsanwaltschaften und, vorbehaltlich der staatsanwaltschaftlichen Sachleitungsbefugnis, den Polizeien zu übermitteln, soweit dies zur Erfüllung der Aufgaben des Empfängers erforderlich ist.[1] Die Entscheidung erfolgt durch einen Bediensteten, der die Befähigung zum Richteramt hat.

[VI] Sind nach Absatz 1 erlangte Daten für die dort genannten Zwecke nicht oder nicht mehr erforderlich und sind die Daten nicht nach Absatz 5 anderen Behörden zu übermitteln, sind die auf diese Daten bezognene Unterlagen unverzüglich unter Aufsicht eines Bediensteten, der die Befähigung zum Richteramt hat, zu vernichten und, soweit die Daten in Dateien gespeichert sind, zu löschen. Die Vernichtung und die Löschung sind zu protokollieren. In Abständen von jeweils sechs Monaten ist zu prüfen, ob die Voraussetzungen für eine Vernichtung oder Löschung vorliegen.

[VII] Der Empfänger prüft, ob er die nach Absatz 5 übermittelten Daten für die in Absatz 3 bezeichneten Zwecke benötigt. Benötigt er die Daten nicht, hat er die Unterlagen unverzüglich zu vernichten. Die Vernichtung kann unterbleiben, wenn die Trennung von anderen Informationen, die zur Erfüllung der Aufgaben erforderlich sind, nicht oder nur mit unvertretbarem Aufwand möglich ist; eine Verwendung dieser Daten ist unzulässig.

[VIII] Betroffenen, deren Daten durch eine Maßnahme nach Absatz 1 erlangt worden sind, ist die Beschränkung des Fernmeldegeheimnisses mitzuteilen, sobald eine Gefährdung des Zwecks der Beschränkung und der Verwendung ausgeschlossen werden kann. Eine Mitteilung unterbleibt, wenn die Daten

1. vom Bundesnachrichtendienst innerhalb von drei Monaten nach Erlangung oder
2. von der Behörde, der sie nach Absatz 5 übermittelt worden sind, innerhalb von drei Monaten nach Empfang

vernichtet worden sind. Die Mitteilung obliegt dem Bundesnachrichtendienst, im Falle der Übermittlung nach Absatz 5 der Empfängerbehörde.

[IX] Die Kommission kann dem Bundesbeauftragten für den Datenschutz vor ihrer Entscheidung über die Zulässigkeit und Notwendigkeit einer Maßnahme nach § 9 Abs. 2 Gelegenheit zur Stellungnahme in Fragen des Datenschutzes geben. Die Stellungnahme erfolgt ausschließlich gegenüber der Kommission.

[X] Das Gremium nach § 9 Abs. 1 erstattet dem Bundestag jährlich einen Bericht über die Durchführung der Maßnahmen nach den Absätzen 1 bis 9.

§ 4 [Antrag – Antragsberechtigte]

[I] Beschränkungen nach § 1 dürfen nur auf Antrag angeordnet werden.

[II] Antragsberechtigt sind im Rahmen ihres Geschäftsbereichs

1. in den Fällen des § 2
   a) das Bundesamt für Verfassungsschutz durch seinen Präsidenten oder dessen Stellvertreter,
   b) die Verfassungsschutzbehörden der Länder durch ihre Leiter oder deren Stellvertreter,

---

Absatz 1 erlangte personenbezogene Daten nur dann verwendet werden dürfen, wenn bestimmte Tatsachen den Verdacht begründen, daß jemand eine der in der Vorschrift genannten Straftaten plant, begeht oder begangen hat.

[1] Nach dem Beschluß des BVerfG vom 5. 7. 1995 – 1 BvR 2226/94 (NJW **96**, 114) ist § 3 V S. 1 einstweilen mit der Maßgabe anzuwenden, daß die nach Absatz 1 erlangten Daten den in der Vorschrift genannten Behörden nur dann zu übermitteln sind, wenn bestimmte Tatsachen den Verdacht begründen, daß jemand eine der in § 3 III genannten Straftaten plant, begeht oder begangen hat.

c) bei Handlungen gegen die Bundeswehr das Amt für den militärischen Abschirmdienst durch seinen Leiter oder dessen Stellvertreter,

d) bei Handlungen gegen den Bundesnachrichtendienst dieser durch seinen Präsidenten oder dessen Stellvertreter,

2. in den Fällen des § 3 der Bundesnachrichtendienst durch seinen Präsidenten oder dessen Stellvertreter.

III Der Antrag ist unter Angabe von Art, Umfang und Dauer der beantragten Beschränkungsmaßnahme schriftlich zu stellen und zu begründen. Der Antragsteller hat darin darzulegen, daß die Erforschung des Sachverhalts auf andere Weise aussichtslos oder wesentlich erschwert wäre.

§ 5 [Anordnung – Anordnungsberechtigte – Mitteilung]

I Zuständig für die Anordnung nach § 1 ist bei Anträgen der Verfassungsschutzbehörden der Länder die zuständige oberste Landesbehörde, im übrigen ein vom Bundeskanzler beauftragter Bundesminister.

II Die Anordnung ergeht schriftlich; sie ist dem Antragsteller und dem nach § 1 Abs. 2 Satz 1 oder Satz 3 Verpflichteten mitzuteilen. In ihr sind Art, Umfang und Dauer der Maßnahme zu bestimmen und die zur Überwachung berechtigte Stelle anzugeben. Die Mitteilung an den nach § 1 Abs. 2 Satz 1 oder Satz 3 Verpflichteten entfällt, wenn die Anordnung ohne dessen Mitwirkung ausgeführt werden kann.

III Die Anordnung ist auf höchstens drei Monate befristet. Verlängerungen um jeweils nicht mehr als drei Monate sind auf Antrag zulässig, soweit die Voraussetzungen der Anordnung fortbestehen.

IV Das Bundesamt für Verfassungsschutz unterrichtet das jeweilige Landesamt für Verfassungsschutz über die in dessen Bereich getroffenen Beschränkungsanordnungen. Die Landesämter für Verfassungsschutz teilen dem Bundesamt für Verfassungsschutz die ihnen übertragenen Beschränkungsmaßnahmen mit.

V Beschränkungsmaßnahmen sind den Betroffenen nach ihrer Einstellung mitzuteilen, wenn eine Gefährdung des Zwecks der Beschränkung ausgeschlossen werden kann. Läßt sich in diesem Zeitpunkt noch nicht abschließend beurteilen, ob diese Voraussetzung vorliegt, ist die Mitteilung vorzunehmen, sobald eine Gefährdung des Zweckes der Beschränkung ausgeschlossen werden kann. Nach der Mitteilung steht dem Betroffenen der Rechtsweg offen; § 9 Abs. 6 findet keine Anwendung.

§ 6 [Bezeichnung des Betroffenen]

I In den Fällen des § 2 muß die Anordnung denjenigen bezeichnen, gegen den sich die Beschränkungsmaßnahme richtet.

II Soweit sich in diesen Fällen Maßnahmen nach § 1 auf Sendungen beziehen, sind sie nur hinsichtlich solcher Sendungen zulässig, bei denen Tatsachen vorliegen, aus welchen zu schließen ist, daß sie von dem, gegen den sich die Anordnung richtet, herrühren oder für ihn bestimmt sind.

§ 7 [Durchführung der Beschränkung]

I Die aus der Anordnung sich ergebenden Maßnahmen nach § 1 Abs. 1 sind unter Verantwortung der antragsberechtigten Stelle und unter Aufsicht eines Bediensteten vorzunehmen, der die Befähigung zum Richteramt hat.

II Liegen die Voraussetzungen der Anordnung nicht mehr vor oder sind die sich aus der Anordnung ergebenden Maßnahmen nicht mehr erforderlich, so sind sie unverzüglich zu beenden. Die Beendigung ist der Stelle, die die Anordnung getroffen hat, dem nach § 1 Abs. 2 Satz 1 oder Satz 3 Verpflichteten, dem gegenüber die Anordnung erfolgt ist, mitzuteilen. Die Mitteilung an den nach § 1 Abs. 2 Satz 1 oder Satz 3 Verpflichteten entfällt, wenn die Anordnung ohne dessen Mitwirkung ausgeführt wurde.

III Die durch Maßnahmen nach § 2 erlangten Kenntnisse und Unterlagen dürfen nicht zur Erforschung und Verfolgung anderer als der in § 2 oder § 3 Abs. 3 genannten Straftaten benutzt werden.

IV Sind die durch Maßnahmen nach den §§ 2 und 3 erlangten personenbezogenen Daten über einen an dem überwachten Verkehr Beteiligten zu den in Absatz 3 genannten Zwecken nicht mehr erforderlich und können sie im Rahmen einer gerichtlichen Nachprüfung der Rechtmäßigkeit der Beschränkungsmaßnahme nicht mehr von Bedeutung sein, so sind die auf diese Daten bezogenen Unterlagen unter Aufsicht eines der in Absatz 1 genannten Bediensteten zu vernichten. Über die Vernichtung ist eine Niederschrift anzufertigen. Ob die Voraussetzungen für eine Vernichtung vorliegen, ist nach jeweils sechs Monaten zu prüfen. Daten, die nur zum Zwecke der gerichtlichen Nachprüfung der Beschränkungsmaßnahme gespeichert werden, sind zu sperren. Sie dürfen nur für diesen Zweck verwendet werden.

§ 8 [Wiederzuführung geöffneter Sendungen in den Postverkehr]

I Sendungen des Postverkehrs, die zur Öffnung und Einsichtnahme der berechtigten Stelle ausgehändigt worden sind, sind unverzüglich dem Postverkehr wieder zuzuführen. Telegramme dürfen dem Postverkehr nicht entzogen werden. Der zur Einsichtnahme berechtigten Stelle ist eine Abschrift des Telegramms zu übergeben.

II Die Vorschriften der Strafprozeßordnung über die Beschlagnahme von Sendungen des Postverkehrs bleiben unberührt.

§ 9 [Parlamentarische Kontrolle – Kontrollkommission]

I Der nach § 5 Abs. 1 für die Anordnung von Beschränkungsmaßnahmen zuständige Bundesminister unterrichtet in Abständen von höchstens sechs Monaten ein Gremium, das aus neun vom Bundestag bestimmten Abgeordneten besteht, über die Durchführung dieses Gesetzes.

II Der zuständige Bundesminister unterrichtet monatlich eine Kommission über die von ihm angeordneten Beschränkungsmaßnahmen vor deren Vollzug. Bei Gefahr im Verzuge kann er den Vollzug der Beschränkungsmaßnahmen auch bereits vor der Unterrichtung der Kommission anordnen. Die Kommission entscheidet von Amts wegen oder auf Grund von Beschwerden über die Zulässigkeit und Notwendigkeit von Beschränkungsmaßnahmen. Anordnungen, die die Kommission für unzulässig oder nicht notwendig erklärt, hat der zuständige Bundesminister unverzüglich aufzuheben.

III Der zuständige Bundesminister unterrichtet monatlich die Kommission über von ihm vorgenommene Mitteilungen an Betroffene (§ 5 Abs. 5) oder über die Gründe, die einer Mitteilung entgegenstehen. Hält die Kommission eine Mitteilung für geboten, hat der zuständige Bundesminister diese unverzüglich zu veranlassen.

IV Die Kommission besteht aus dem Vorsitzenden, der die Befähigung zum Richteramt besitzen muß, und drei Beisitzern. Die Mitglieder der Kommission sind in ihrer Amtsführung unabhängig und Weisungen nicht unterworfen. Sie nehmen ein öffentliches Ehrenamt wahr und werden von dem in Absatz 1 genannten Gremium nach Anhörung der Bundesregierung für die Dauer einer Wahlperiode des Bundestages mit der Maßgabe bestellt, daß ihre Amtszeit erst mit der Neubestimmung der Mitglieder der Kommission, spätestens jedoch drei Monate nach Ablauf der Wahlperiode endet. Die Stimme des Vorsitzenden entscheidet bei Stimmengleichheit. Die Kommission gibt sich eine Geschäftsordnung, die der Zustimmung des in Absatz 1 genannten Gremiums bedarf. Vor der Zustimmung ist die Bundesregierung zu hören.

V Durch den Landesgesetzgeber wird die parlamentarische Kontrolle der nach § 5 Abs. 1 für die Anordnung von Beschränkungsmaßnahmen zuständigen obersten Landesbehörden und die Überprüfung der von ihnen angeordneten Beschränkungsmaßnahmen geregelt.

VI Im übrigen ist gegen die Anordnung von Beschränkungsmaßnahmen nach den §§ 2 und 3 Abs. 1 Satz 2 Nr. 1 und ihren Vollzug der Rechtsweg nicht zulässig.

Artikel 2
Änderung der Strafprozeßordnung

(nicht abgedruckt)

Artikel 3

§ 10 [Mitteilungsverbot]

I Wird der Fernmeldeverkehr nach Artikel 1 dieses Gesetzes oder nach den §§ 100 a, 100 b der Strafprozeßordnung überwacht, so darf diese Tatsache von Personen, die eine für den öffentlichen Verkehr bestimmte Fernmeldeanlage betreiben, beaufsichtigen, bedienen oder bei ihrem Betrieb tätig sind, anderen nicht mitgeteilt werden.

II Wird die Aushändigung von Sendungen nach Artikel 1 § 1 Abs. 2 Satz 1 oder Satz 3 angeordnet, so darf diese Tatsache von Personen, die zur Aushändigung verpflichtet oder mit der Sendungsübermittlung betraut sind oder hieran mitwirken, anderen nicht mitgeteilt werden.

III Erfolgt ein Auskunftsersuchen oder eine Auskunftserteilung nach Artikel 1 § 1 Abs. 2, so darf diese Tatsache oder der Inhalt des Ersuchens oder der erteilten Auskunft von Personen, die zur Beantwortung verpflichtet oder mit der Beantwortung betraut sind oder hieran mitwirken, anderen nicht mitgeteilt werden.

§ 10 a [Strafvorschrift]

Mit Freiheitsstrafe bis zu zwei Jahren oder mit Geldstrafe wird bestraft, wer entgegen § 10 eine Mitteilung macht.

§ 11 [Ordnungswidrigkeiten]

I Ordnungswidrig handelt, wer
1. einer vollziehbaren Anordnung nach Artikel 1 § 1 Abs. 2 Satz 1 oder Satz 3 zuwiderhandelt,
2. entgegen Artikel 1 § 1 Abs. 3 Satz 2 eine Person betraut oder
3. entgegen Artikel 1 § 1 Abs. 3 Satz 3 nicht sicherstellt, daß eine Geheimschutzmaßnahme getroffen wird.

II Die Ordnungswidrigkeit kann mit einer Geldbuße bis zu dreißigtausend Deutsche Mark geahndet werden.

§ 12 [Einschränkung eines Grundrechts]

I Das Grundrecht des Brief-, Post- und Fernmeldegeheimnisses (Artikel 10 des Grundgesetzes) wird durch dieses Gesetz eingeschränkt.

II Die auf Grund anderer Gesetze zulässigen Beschränkungen dieses Grundrechts bleiben unberührt.

§ 13 [Abgeltung der Leistungen]

Die nach Artikel 1 § 1 Abs. 1 berechtigten Stellen haben für die Leistungen nach Artikel 1 § 1 Abs. 2 eine Entschädigung zu gewähren, deren Umfang sich nach § 17 a des Gesetzes über die Entschädigung von Zeugen und Sachverständigen bemißt.

§ 14 [Inkrafttreten]

Dieses Gesetz tritt mit Ausnahme des § 9 Abs. 4, der am Tage nach der Verkündung in Kraft tritt, am ersten Tag des auf die Verkündung folgenden dritten Kalendermonats in Kraft.[1]

---

[1] Verkündet am 15. 8. 1968.

III. Sonstige Rechtsvorschriften

15. Richtlinien für das Strafverfahren und das Bußgeldverfahren (RiStBV)

vom 1. Januar 1977 in der ab 1. Juli 1998 (bundeseinheitlich) geltenden Fassung

Die Richtlinien sind im Bund und in den Ländern durch folgende Verfügung eingeführt und geändert worden:

Bund: Bek des BMJ vom 21. 12. 1976 (BAnz Nr 245); 23. 6. 1980 (BAnz Nr 116); 2. 6. 1982 (BAnz Nr 107); 20. 2. 1984 (BAnz Nr 63); 11. 3. 1986 (BAnz Nr 60); 17. 9. 1987 (BAnz Nr 181); 8. 9. 1988 (BAnz Nr 183); 23. 3. 1990 (BAnz Nr 63); 18. 4. 1991 (BAnz Nr 81); 30. 9. 1992 (BAnz Nr 184); 25. 8. 1994 (BAnz Nr 166); 22. 1. 1997 (BAnz Nr 18); 12. 6. 1998 (BAnzNr 112);

Baden-Württemberg: AV des JM vom 19. 11. 1976 (Justiz 77, 3); 9. 6. 1980 (Justiz 346); 8. 6. 1982 (Justiz 244); 6. 3. 1984 (Justiz 154); 5. 3. 1986 (Justiz 125); 2. 9. 1987 (Justiz 407); 12. 3. 1990 (Justiz 150); 10. 4. 1991 (Justiz 514); 7. 8. 1992 (Justiz 382); 15. 8. 1994 (Justiz 359); 20. 1. 1997 (Justiz 76); 9. 4. 1998 (Justiz 199);

Bayern: Bek des StMJ vom 2. 12. 1976 (JMBl 358) mit ergänzenden Vorschriften 28. 5. 1980 (JMBl 179); 28. 5. 1982 (JMBl 74); 17. 2. 1984 (JMBl 49); 4. 3. 1986 (JMBl 9); 10. 9. 1987 (JMBl 174); 6. 9. 1988 (JMBl 264); 13. 3. 1990 (JMBl 37); 9. 4. 1991 (JMBl 38); 30. 7. 1992 (JMBl 208); 25. 7. 1994 (JMBl 233); 14. 1. 1997 (JMBl 2); 29. 4. 1998 (JMBl 45);

Berlin: AV des JSen vom 10. 12. 1976 (ABl 1688); 12. 6. 1980 (ABl 1034); 10. 6. 1982 (ABl 777); 8. 3. 1984 (ABl 406); 8. 3. 1986 (ABl 489); 7. 9. 1987 (ABl 1416); 13. 9. 1988 (ABl 1551); 14. 3. 1990 (ABl 593); 16. 5. 1991 (ABl 1098); 13. 8. 1992 (ABl 2602); 29. 7. 1994 (ABl 2501); 21. 1. 1997 (ABl 387); 18. 5. 1998 (ABl 2240);

Brandenburg: AV des JM vom 25. 11. 1991 (JMBl 90); 21. 7. 1992 (JMBl 106); 31. 8. 1994 (JMBl 134); 5. 3. 1997 (JMBl 34); 25. 5. 1998 (JMBl 61);

Hamburg: AV der Justizbehörde vom 9. 12. 1976 (JVBl 115); 4. 6. 1980 (JVBl 111); 19. 5. 1982 (JVBl 99); 7. 3. 1984 (JVBl 35); 6. 3. 1986 (JVBl 17); 6. 9. 1987 (JVBl 73); 5. 9. 1988 (JVBl 83); 15. 3. 1990 (JVBl 25); 10. 4. 1991 (JVBl 41); 25. 8. 1992 (JVBl 75); 30. 8. 1994 (JVBl 65); 9. 1. 1997 (JVBl 7); 9. 6. 1998 (JVBL 45);

Hessen: RdErl des MdJ vom 3. 9. 1976 (JMBl 797); 12. 5. 1980 (JMBl 550); 9. 2. 1982 (JMBl 469); 6. 3. 1984 (JMBl 297); 26. 2. 1986 (JMBl 177); 9. 7. 1987 (JMBl 558); 6. 9. 1988 (JMBl 648); 22. 2. 1990 (JMBl 236); 4. 4. 1991 (JMBl 176); 13. 8. 1992 (JMBl 433); 14. 7. 1994 (JMBl 322); 6. 1. 1997 (JMBl 29); 15. 4. 1998 (JMBl 521);

Mecklenburg-Vorpommern: AV des MfJ vom 20. 9. 1991 (ABl 869); 15. 9. 1992 (ABl 987); 30. 8. 1994 (ABl 958); 24. 1. 1997 (ABl 134); 8. 6. 1998 (ABl 795);

Niedersachsen: AV der JM vom 21. 11. 1976 (NdsRpfl 250); 23. 6. 1980 (NdsRpfl 146); 28. 5. 1982 (NdsRpfl 119); 15. 3. 1984 (NdsRpfl 88); 26. 2. 1986 (NdsRpfl 61); 10. 9. 1987 (NdsRpfl 225); 22. 3. 1990 (NdsRpfl 104); 18. 4. 1991 (NdsRpfl 107); 7. 8. 1992 (NdsRpfl 213); 3. 8. 1994 (NdsRpfl 260); 17. 2. 1997 (NdsRpfl 39); 8. 5. 1998 (NdsRpfl 143);

Nordrhein-Westfalen: AV des JM vom 25. 11. 1976 (JMBlNW 77, 2); 12. 6. 1980 (JMBlNW 157); 3. 6. 1982 (JMBlNW 146); 24. 2. 1984 (JMBlNW 61); 5. 3. 1986 (JMBlNW 75); 8. 9. 1987 (JMBlNW 217); 8. 9. 1988 (JMBlNW 217); 23. 3. 1990 (JMBlNW 85); 22. 4. 1991 (JMBlNW 109); 11. 9. 1992 (JMBlNW 233); 6. 8. 1994 (JMBlNW 205); 15. 1. 1997 (JMBlNW 37); 15. 1. 1997 (JMBlNW 37); 23. 6. 1998 (JMBlNW 217);

Rheinland-Pfalz: AV des JM vom 3. 11. 1976 (JBl 271); 3. 6. 1980 (JBl 155); 10. 2. 1982 (JBl 50); 7. 3. 1984 (JBl 51); 11. 3. 1986 (JBl 76); 10. 9. 1987 (JBl 200); 16. 3. 1990 (JBl 61); 9. 4. 1991 (JBl 74); 2. 9. 1992 (JBl 221); 25. 7. 1994 (JBl 232); 17. 1. 1997 (JBl 215); 19. 5. 1998 (JBl 225);

Saarland: AV vom 15. 12. 1976 (GMBl 77, 5); 12. 6. 1980 (GMBl 404); 15. 2. 1982 (GMBl 143); 20. 3. 1984 (GMBl 155); 7. 3. 1986 (GMBl 209); 7. 9. 1987 (GMBl 316);

19. 3. 1990 (GMBl 108); 23. 4. 1991 (GMBl 254); 6. 8. 1992 (GMBl 291); 1. 8. 1994 (GMBl 383); 15. 1. 1997 (GMBl 52); 2. 6. 1998 (GMBl 167);
Sachsen: VV des MJ vom 14. 5. 1991 (ABl 4); 14. 8. 1992 (ABl 1270); 12. 10. 1994 (JMBl 118); 23. 1. 1997 (JMBl 9); 30. 6. 1998 (JMBl 93);
Sachsen-Anhalt: AV des MJ vom 25. 4. 1991 (MBl 136); 27. 8. 1992 (MBl 1390); 31. 8. 1994 (MBl 2434); 16. 1. 1997 (JMBl 27); 27. 4. 1998 (JMBl 220);
Schleswig-Holstein: AV des JM vom 9. 12. 1976 (SchlHA 77, 20); 10. 6. 1980 (SchlHA 127); 9. 6. 1982 (SchlHA 108); 12. 3. 1984 (SchlHA 67); 27. 3. 1986 (SchlHA 69); 3. 9. 1987 (SchlHA 150); 4. 4. 1990 (SchlHA 68); 13. 5. 1991 (SchlHA 103); 30. 9. 1992 (SchlHA 185); 26. 9. 1994 (SchlHA 281); 30. 1. 1997 (SchlHHA 68); 19. 6. 1998 (SchlHA 210);
Thüringen: VV des JM vom 27. 8. 1991 (JMBl 124); 4. 9. 1992 (JMBl 88); 2. 9. 1994 (JMBl 127); 27. 1. 1997 (JMBl 42); 25. 5. 1998 (JMBl 22).

Übersicht

Richtlinien für das Strafverfahren

Allgemeiner Teil

Anlagen zu den Richtlinien für das Strafverfahren

A Gemeinsame Richtlinien über die Anwendung unmittelbaren Zwanges durch Polizeibeamte auf Anordnung des Staatsanwalts
B Richtlinien über die Inanspruchnahme von Publikationsorganen zur Fahndung nach Personen bei der Strafverfolgung
C Ausführungsvorschriften zum Gesetz über die Entschädigung für Strafverfolgungsmaßnahmen
D Gemeinsame Richtlinien über die Inanspruchnahme von Informanten sowie über den Einsatz von Vertrauenspersonen (V-Personen) und Verdeckten Ermittlern im Rahmen der Strafverfolgung
E Gemeinsame Richtlinien über die Zusammenarbeit von Staatsanwaltschaft und Polizei bei der Verfolgung der Organisierten Kriminalität
F Richtlinien über die internationale Fahndung nach Personen, einschließlich der Fahndung nach Personen im Schengener Informationssystem

Einführung

Die Richtlinien sind vornehmlich für den Staatsanwalt bestimmt. Einige Hinweise wenden sich aber auch an den Richter. Soweit diese Hinweise nicht die Art der Ausführung eines Amtsgeschäfts betreffen, bleibt es dem Richter überlassen, sie zu berücksichtigen. Auch im übrigen enthalten die Richtlinien Grundsätze, die für den Richter von Bedeutung sein können.

Die Richtlinien können wegen der Mannigfaltigkeit des Lebens nur Anleitungen für den Regelfall geben. Der Staatsanwalt hat daher in jeder Strafsache selbständig und verantwortungsbewußt zu prüfen, welche Maßnahmen geboten sind. Er kann wegen der Besonderheit des Einzelfalles von den Richtlinien abweichen.

Für Verfahren, die zur Zuständigkeit der Jugendgerichte gehören, gelten diese Richtlinien nur, wenn in den Richtlinien zum Jugendgerichtsgesetz nichts anderes bestimmt ist.

Richtlinien für das Strafverfahren

Allgemeiner Teil

I. Abschnitt. Vorverfahren

1. Allgemeines

1. Der Staatsanwalt

Das vorbereitende Verfahren liegt in den Händen des Staatsanwalts. Er ist Organ der Rechtspflege. Im Rahmen der Gesetze verfolgt er Straftaten und leitet verantwortlich die Ermittlungen der sonst mit der Strafverfolgung befaßten Stellen.

2. Zuständigkeit

I Die Ermittlungen führt grundsätzlich der Staatsanwalt, in dessen Bezirk die Tat begangen ist.

II Für Sammelverfahren und in den Fällen des § 7 des Gesetzes über die Einrichtung eines Bundeskriminalpolizeiamtes (BKAG) gelten die Nr. 25 bis 29.

3. Persönliche Ermittlungen des Staatsanwalts

I Der Staatsanwalt soll in bedeutsamen oder in rechtlich oder tatsächlich schwierigen Fällen den Sachverhalt vom ersten Zugriff an selbst aufklären, namentlich den Tatort selbst besichtigen, die Beschuldigten und die wichtigsten Zeugen selbst vernehmen. Bei der Entscheidung, ob er den Verletzten als Zeugen selbst vernimmt, können auch die Folgen der Tat von Bedeutung sein.

II Auch wenn der Staatsanwalt den Sachverhalt nicht selbst aufklärt, sondern seine Hilfsbeamten (§ 152 Abs. 1 GVG), die Behörden und Beamten des Polizeidienstes (§ 161 StPO) oder andere Stellen damit beauftragt, hat er die Ermittlungen zu leiten, mindestens ihre Richtung und ihren Umfang zu bestimmen. Er kann dabei auch konkrete Einzelweisungen zur Art und Weise der Durchführung einzelner Ermittlungshandlungen erteilen (vgl. auch Anlage A).

III Bei formlosen mündlichen Erörterungen mit dem Anzeigenden, dem Beschuldigten oder mit anderen Beteiligten sind die Vorschriften der §§ 52 Abs. 3 Satz 1, 55 Abs. 2, 163 a Abs. 3 Satz 2 StPO zu beachten. Über das Ergebnis der Erörterung ist ein Vermerk niederzulegen.

4. Grundsatz der Verhältnismäßigkeit

Der Verfassungsgrundsatz der Verhältnismäßigkeit ist insbesondere bei Eingriffen in grundgesetzlich geschützte Rechte (z. B. Freiheit der Person, Unverletzlichkeit der Wohnung, Brief-, Post- und Fernmeldegeheimnis, Pressefreiheit) zu berücksichtigen; dies gilt vor allem bei der Anordnung von Maßnahmen, von denen Unverdächtige betroffen werden (z. B. Einrichtung von Kontrollstellen, Durchsuchung von Gebäuden).

4 a. Keine unnötige Bloßstellung des Beschuldigten

Der Staatsanwalt vermeidet alles, was zu einer nicht durch den Zweck des Ermittlungsverfahrens bedingten Bloßstellung des Beschuldigten führen kann. Das gilt insbesondere im Schriftverkehr mit anderen Behörden und Personen. Sollte die Bezeichnung des Beschuldigten oder der ihm zur Last gelegten Straftat nicht entbehrlich sein, ist deutlich zu machen, daß gegen den Beschuldigten lediglich der Verdacht einer Straftat besteht.

4 b. Ermittlungen gegen eine Vielzahl von Personen

Wird bei der Suche nach einem Täter gegen eine Vielzahl von Personen ermittelt, so achtet der Staatsanwalt darauf, daß diesen die Erforderlichkeit einer gegen sie gerichteten Maßnahme erläutert wird, soweit der Untersuchungszweck nicht entgegensteht.

4 c. Rücksichtnahme auf den Verletzten

Der Staatsanwalt achtet darauf, daß die für den Verletzten aus dem Strafverfahren entstehenden Belastungen möglichst gering gehalten und seine Belange im Strafverfahren berücksichtigt werden.

4 d. Unterrichtung des Verletzten

I Sobald der Staatsanwalt mit den Ermittlungen selbst befaßt ist, prüft er, ob der Verletzte bereits gemäß § 406 h StPO belehrt worden ist. Falls erforderlich, holt er diese Belehrung nach. Dazu kann er das übliche Formblatt verwenden.

II Von einem Hinweis nach § 406 h StPO kann namentlich dann abgesehen werden, wenn dieser, insbesondere im Hinblick auf eine große Anzahl von Verletzten, mit einem unverhältnismäßigen Aufwand verbunden wäre.

5. Beschleunigung, Kostenersparnis

I Die Ermittlungen sind zunächst nicht weiter auszudehnen, als nötig ist, um eine schnelle Entscheidung über die Erhebung der öffentlichen Klage oder die Einstellung des Verfahrens zu ermöglichen. Hierbei sind insbesondere die Möglichkeiten der §§ 154, 154 a StPO zu nutzen.

II Die Ermittlungshandlungen sind möglichst gleichzeitig durchzuführen (vgl. Nr. 12).

III Der Sachverhalt, die Einlassung des Beschuldigten und die für die Bemessung der Strafe oder für die Anordnung einer Maßnahme (§ 11 Abs. 1 Nr. 8 StGB) wichtigen Umstände sind so gründlich aufzuklären, daß die Hauptverhandlung reibungslos durchgeführt werden kann.

IV In Haftsachen sind die Ermittlungen besonders zu beschleunigen. Das gleiche gilt für Verfahren wegen Straftaten, die den öffentlichen Frieden nachhaltig gestört oder die sonst besonderes Aufsehen erregt haben, und für Straftaten mit kurzer Verjährungsfrist.

V Die Ermittlungen sind so durchzuführen, daß unnötige Kosten vermieden werden.

5 a. Vorläufige Aufzeichnung von Protokollen

Bei der vorläufigen Aufzeichnung von Protokollen (§ 168 a Abs. 2 StPO) soll vom Einsatz technischer Hilfsmittel (insbesondere von Tonaufnahmegeräten) möglichst weitgehend Gebrauch gemacht werden. Die Entscheidung hierüber trifft jedoch allein der Richter, in den Fällen des § 168 b StPO der Staatsanwalt.

6. Verfolgung von Antragsdelikten

I Wegen einer Straftat, die nur auf Antrag zu verfolgen ist, wird der Staatsanwalt in der Regel erst tätig, wenn ein ordnungsgemäßer Strafantrag vorliegt. Ist zu befürchten, daß wichtige Beweismittel verlorengehen, so kann es geboten sein, mit den Ermittlungen schon vorher zu beginnen.

II Hält der Staatsanwalt eine Strafverfolgung im öffentlichen Interesse für geboten und ist die Straftat oder das Antragserfordernis dem Antragsberechtigten offenbar noch unbekannt, so kann es angebracht sein, ihn von der Tat zu unterrichten und anzufragen, ob ein Strafantrag gestellt wird.

III Enthält eine von Amts wegen zu verfolgende Straftat zugleich eine nur auf Antrag verfolgbare Tat, so verfährt der Staatsanwalt nach Absatz 2.

IV Wird der Strafantrag zu Protokoll gestellt, so soll der Antragsteller über die möglichen Kostenfolgen bei Rücknahme des Strafantrages (§ 470 StPO) und darüber belehrt werden, daß ein zurückgenommener Antrag nicht nochmals gestellt werden kann (§ 77 d Abs. 1 Satz 3 StGB).

V Kommt eine Ermächtigung eines obersten Staatsorganes des Bundes oder eines Landes zur Strafverfolgung (§§ 90 Abs. 4, 90 b Abs. 2, 97 Abs. 3, 104 a, 194 Abs. 4, 353 a Abs. 2, 353 Abs. 4 StGB) oder ein Strafantrag eines solchen Organs wegen Beleidigung (§ 194 Abs. 1, 3 StGB) in Betracht, so sind die besonderen Bestimmungen der Nr. 210 Abs. 1, 2, der Nr. 211 Abs. 1, 2, Nr. 212, 213 zu beachten.

7. Haftbefehl bei Antragsdelikten

I Wird der Beschuldigte vorläufig festgenommen oder gegen ihn ein Haftbefehl erlassen, bevor ein Strafantrag gestellt ist, so hat der Staatsanwalt alle Ermittlungen vorzunehmen, die keinen Aufschub dulden.

II Ist eine Tat nur mit Ermächtigung oder auf Strafverlangen verfolgbar, so gilt Absatz 1 sinngemäß.

8. Namenlose Anzeigen

Auch bei namenlosen Anzeigen prüft der Staatsanwalt, ob ein Ermittlungsverfahren einzuleiten ist. Es kann sich empfehlen, den Beschuldigten erst dann zu vernehmen, wenn der Verdacht durch andere Ermittlungen eine gewisse Bestätigung gefunden hat.

9. Benachrichtigung des Anzeigenden

Wird ein Ermittlungsverfahren auf Grund einer Anzeige eingeleitet, so wird der Eingang der Anzeige bestätigt, sofern dies nicht nach den Umständen entbehrlich ist.

10. Richterliche Untersuchungshandlungen

Der Staatsanwalt beantragt richterliche Untersuchungshandlungen, wenn er sie aus besonderen Gründen für erforderlich erachtet, z. B. weil der Verlust eines Beweismittels droht, ein Geständnis festzuhalten ist (§ 254 StPO) oder wenn eine Straftat nur durch Personen bewiesen werden kann, die zur Verweigerung des Zeugnisses berechtigt sind.

11. Ermittlungen durch andere Stellen

I Den Behörden und Beamten des Polizeidienstes und den anderen Stellen, die zu den Ermittlungen herangezogen werden, ist möglichst genau anzugeben, welche Erhebungen sie vornehmen sollen; Wendungen wie „zur Erörterung", „zur weiteren Aufklärung" oder „zur weiteren Veranlassung" sind zu vermeiden.

II Ist zu erwarten, daß die Aufklärung einer Straftat schwierig sein wird oder umfangreiche Ermittlungen erforderlich werden, empfiehlt es sich, die durchzuführenden Maßnahmen und deren Reihenfolge mit den beteiligten Stellen zu besprechen.

12. Versendung der Akten, Hilfs- oder Doppelakten

I Ermittlungsersuchen sind möglichst so zu stellen, daß die Ermittlungen gleichzeitig durchgeführt werden können (Nr. 5 Abs. 2, Nr. 10, 11). Von der Beifügung der Ermittlungsakten ist abzusehen, wenn durch die Versendung eine Verzögerung des Verfahrens eintreten würde und wenn der für die Ermittlung maßgebliche Sachverhalt in dem Ersuchen dargestellt oder aus einem Aktenauszug entnommen werden kann.

II In geeigneten Fällen sind Hilfs- oder Doppelakten anzulegen. Dies gilt insbesondere, wenn Haftprüfungen oder Haftbeschwerden zu erwarten sind.

13. Feststellung der persönlichen Verhältnisse des Beschuldigten

I Die persönlichen Verhältnisse des Beschuldigten, besonders die richtige Schreibweise seines Familien- und Geburtsnamens, sein Geburtstag und Geburtsort und seine Staatsangehörigkeit, sind sorgfältig festzustellen; führt er einen abgekürzten Vornamen, so ist auch der volle Vorname anzugeben. Bei Ausländern sind die Paßnummer und die Namen der Eltern (einschließlich des Mädchennamens der Mutter) festzustellen. Wird bei einer Vernehmung auf die Angaben zur Person in einer früheren polizeilichen Vernehmung verwiesen, so sind diese mit dem Beschuldigten im einzelnen durchzusprechen und, wenn nötig, zu ergänzen. Können die Eintragungen im Bundeszentralregister für die Untersuchung von Bedeutung sein und ist eine Registerauskunft bei den Akten, so ist der Beschuldigte auch hierüber zu vernehmen. Bestreitet er, die in der Auskunft genannte Person zu sein, oder behauptet er, die Eintragungen seien unrichtig, so ist auch dies in die Niederschrift aufzunehmen.

II Der Beschuldigte soll ferner befragt werden, ob er sozialleistungsberechtigt ist (Angaben über Rentenbescheid, Versorgungsbescheid, Art der Verletzung), ob er Vormundschaften oder Pflegschaften führt, ob er die Erlaubnis zum Führen von Kraft-, Luft- oder Wasserfahrzeugen, eine gewerbliche Erlaubnis oder Berechtigung, einen Jagd- oder Fischereischein, eine waffen- oder sprengstoffrechtliche Erlaubnis oder Genehmigung, ein Schiffer- oder Lotsenpatent besitzt (Angabe der ausstellenden Behörde und der Nummer des Ausweises), ob er für die laufende oder für die nächste Wahlperiode als Schöffe gewählt oder ausgelost ist (Angabe des Ausschusses nach § 40 GVG) und ob er ein richterliches oder ein anderes Ehrenamt in Staat oder Gemeinde ausübt.

III Ist der Beschuldigte ein Soldat der Bundeswehr, so sind der Dienstgrad, der Truppenteil oder die Dienststelle sowie der Standort des Soldaten festzustellen. Bei Reservisten der Bundeswehr genügt die Angabe des letzten Dienstgrades.

IV Besteht Fluchtgefahr, so ist festzustellen, ob der Beschuldigte einen Paß oder einen Personalausweis besitzt.

V Nach dem Religionsbekenntnis darf der Beschuldigte nur gefragt werden, wenn der Sachverhalt dazu Anlaß gibt.

VI Die Angaben des Beschuldigten sind, soweit veranlaßt, nachzuprüfen; wenn nötig, ist eine Geburtsurkunde anzufordern.

14. Aufklärung der wirtschaftlichen Verhältnisse des Beschuldigten

I Die Einkommens- und Vermögensverhältnisse des Beschuldigten sind aufzuklären. Es ist festzustellen, welchen Beruf der Beschuldigte erlernt hat und welchen er ausübt (Angabe des Arbeitgebers). Bei verheirateten Beschuldigten ist auch der Beruf des Ehegatten, bei Minderjährigen auch der der Eltern anzugeben. Es ist ferner zu ermitteln, wieviel der Beschuldigte verdient, welche anderen Einkünfte, z. B. Zinsen aus Kapital, Mieteinnahmen er hat, ob er Grundstücke oder anderes Vermögen besitzt und welche Umstände sonst für seine Zahlungsfähigkeit von Bedeutung sind. In geeigneten Fällen soll der Beschuldigte befragt werden, ob er die Finanz- und Steuerbehörden ermächtigt, den Justizbehörden Auskunft zu erteilen. Dabei kann er auch darauf hingewiesen werden, daß seine Einkünfte, sein Vermögen und andere Grundlagen für die Bemessung eines Tagessatzes geschätzt werden können (§ 40 Abs. 3 StGB).

II Ist der Beschuldigte erwerbslos, so ist zu ermitteln, wieviel Unterstützung er erhält und welche Kasse sie zahlt.

III Bestehen gegen die Angaben des Beschuldigten über seine wirtschaftlichen Verhältnisse Bedenken oder wird vermutet, daß sie sich nachträglich wesentlich geändert haben, so kann sich der Staatsanwalt der Gerichtshilfe (§ 160 Abs. 3 StPO) bedienen. In manchen Fällen wird es genügen, eine Auskunft des Gerichtsvollziehers oder des Vollziehungsbeamten der Justiz oder eine Auskunft aus dem Schuldnerverzeichnis des Amtsgerichts einzuholen. Ist es nicht vermeidbar, eine Polizei-, Gemeinde- oder andere Behörde um eine Auskunft über die wirtschaftlichen Verhältnisse des Beschuldigten zu ersuchen, so soll sich das Ersuchen möglichst auf bestimmte Fragen beschränken.

15. Aufklärung der für die Bestimmung der Rechtsfolgen der Tat bedeutsamen Umstände

I Alle Umstände, die für die Strafbemessung, die Strafaussetzung zur Bewährung, die Verwarnung mit Strafvorbehalt, das Absehen von Strafe, die Nebenstrafe und Nebenfolgen oder die Anordnung von Maßregeln der Besserung und Sicherung, des Verfalls oder sonstiger Maßnahmen (§ 11 Abs. 1 Nr. 8 StGB) von Bedeutung sein können, sind schon im vorbereitenden Verfahren aufzuklären. Dazu kann sich der Staatsanwalt der Gerichtshilfe bedienen.

II Gemäß Absatz 1 ist der dem Verletzten durch die Tat entstandene Schaden aufzuklären, soweit er für das Strafverfahren von Bedeutung sein kann. Der Staatsanwalt prüft auch, ob und mit welchem Erfolg sich der Beschuldigte um eine Wiedergutmachung bemüht hat.

III Bei Körperverletzungen sind Feststellungen über deren Schwere, die Dauer der Heilung, etwaige Dauerfolgen und über den Grad einer etwaigen Erwerbsminderung zu treffen. Bei nicht ganz unbedeutenden Verletzungen wird ein Attest des behandelnden Arztes anzufordern sein.

16. Feststellung von Eintragungen im Bundeszentralregister

I Für die öffentliche Klage ist in der Regel eine Auskunft aus dem Zentralregister, gegebenenfalls auch aus dem Erziehungsregister, einzuholen. Gleiches gilt, wenn ein Absehen von der öffentlichen Klage (§ 153 a StPO) in Betracht kommt.

II Bei der Erörterung von Eintragungen im Bundeszentralregister ist darauf zu achten, daß dem Beschuldigten oder seiner Familie durch das Bekanntwerden der eingetragenen Tatsachen keine Nachteile entstehen, die vermeidbar sind, oder zur Bedeutung der Strafsache außer Verhältnis stehen. Werden die Akten an andere mit dem Strafverfahren nicht unmittelbar befaßte Stellen versandt, so ist die Registerauskunft zurückzubehalten; wird ihnen Akteneinsicht gewährt, so ist sie aus den Akten herauszunehmen.

III Sind Anhaltspunkte dafür gegeben, daß ein Widerruf der Beseitigung des Strafmakels hinsichtlich einer früher erkannten Jugendstrafe in Betracht kommt (§ 101 JGG), so empfiehlt sich ein ausdrückliches Ersuchen um Auskunft aus dem Zentralregister im Sinne des § 41 Abs. 3 und 4 BZRG.

17. Mehrere Strafverfahren gegen denselben Beschuldigten

I Die Ermittlungen sollen sich auch darauf erstrecken, ob gegen den Beschuldigten noch weitere Strafverfahren anhängig sind und ob er eine frühere Strafe noch nicht voll verbüßt hat.

II Hat jemand mehrere selbständige Straftaten begangen, so sorgt der Staatsanwalt dafür, daß die Verfahren verbunden oder die Ergebnisse des einen Verfahrens in dem anderen berücksichtigt werden. Nr. 2 ist zu beachten (vgl. auch Nr. 114).

18. Gegenüberstellung

Soll durch eine Gegenüberstellung geklärt werden, ob der Beschuldigte der Täter ist, so ist dem Zeugen nicht nur der Beschuldigte, sondern zugleich auch eine Reihe anderer Personen gleichen Geschlechts, ähnlichen Alters und ähnlicher Erscheinung gegenüberzustellen, und zwar in einer Form, die nicht erkennen läßt, wer von den Gegenübergestellten der Beschuldigte ist (Wahlgegenüberstellung). Entsprechendes gilt bei der Vorlage von Lichtbildern. Die Einzelheiten sind aktenkundig zu machen.

19. Vernehmung von Kindern und Jugendlichen

I Eine mehrmalige Vernehmung von Kindern und Jugendlichen vor der Hauptverhandlung ist wegen der damit verbundenen seelischen Belastung dieser Zeugen nach Möglichkeit zu vermeiden.

II Alle Umstände, die für die Glaubwürdigkeit eines Kindes oder eines Jugendlichen bedeutsam sind, sollen möglichst frühzeitig festgestellt werden. Es ist zweckmäßig, hierüber die Eltern, die Lehrer, den Geistlichen oder andere Erzieher zu befragen; wenn nötig, ist mit dem Jugendamt Fühlung zu nehmen.

III Bleibt die Glaubwürdigkeit zweifelhaft, so ist ein Sachverständiger, der über besondere Kenntnisse und Erfahrungen auf dem Gebiet der Kinderpsychologie verfügt, zuzuziehen.

19 a. Vernehmung des Verletzten als Zeugen

I Ist erkennbar, daß mit der Vernehmung als Zeuge für den Verletzten eine erhebliche psychische Belastung verbunden sein kann, wird ihm bei der Vernehmung mit besonderer Einfühlung und Rücksicht zu begegnen sein; auf § 68 a StPO wird hingewiesen. Einer Vertrauensperson nach § 406 f Abs. 3 StPO soll die Anwesenheit gestattet werden, wenn der Untersuchungszweck nicht gefährdet wird.

II Bei der richterlichen Vernehmung des Verletzten wirkt der Staatsanwalt durch Anregung und Antragstellung auf eine entsprechende Durchführung der Vernehmung hin. Er achtet insbesondere darauf, daß der Verletzte durch Fragen und Erklärungen des Beschuldigten und seines Verteidigers nicht größeren Belastungen ausgesetzt wird, als im Interesse der Wahrheitsfindung hingenommen werden muß.

III Eine mehrmalige Vernehmung des Verletzten vor der Hauptverhandlung kann für diesen zu einer erheblichen Belastung führen und ist deshalb nach Möglichkeit zu vermeiden.

20. Vernehmung von Gefangenen und Verwahrten

I Personen, die sich in Haft oder sonst in amtlicher Verwahrung befinden, sind in der Regel in der Anstalt zu vernehmen; dies gilt vor allem dann, wenn die Gefahr des Entweichens besteht oder die Vorführung besondere Kosten verursacht.

II Erscheint auf Grund der Vernehmung die Besorgnis begründet, daß ein Gefangener oder Verwahrter die Ordnung in der Anstalt beeinträchtigt oder sich selbst gefährdet, so ist der Anstaltsleiter zu unterrichten (vgl. auch Nr. 7 UVollzO).

21. Behandlung Schwerhöriger und Taubstummer

I Es empfiehlt sich, Schwerhörige zur Wiederholung dessen zu veranlassen, was sie von Fragen, Zeugenaussagen oder mündlichen Erörterungen verstanden haben. Wenn der Schwerhörige zu einer Wiederholung nicht in der Lage ist, wird man sich mit ihm schriftlich verständigen müssen.

II Zu Verhandlungen mit Taubstummen oder Gehörlosen ist regelmäßig ein Dolmetscher beizuziehen, der auch die Gebärdensprache beherrscht. Häufig wird schon im vorbereitenden Verfahren ein Sachverständiger, z. B. ein Psychiater oder ein Taubstummenlehrer, zuzuziehen sein, der Kenntnisse und Erfahrungen über die seelisch-geistige Eigenart von Taubstummen oder Gehörlosen besitzt.

22. Unterbrechung der Verjährung

Der Staatsanwalt hat während des ganzen Verfahrens darauf zu achten, daß die Verjährung rechtzeitig unterbrochen wird, besonders wenn kürzere Verjährungsfristen laufen. Dabei ist jedoch der Grundgedanke der Verjährung zu berücksichtigen und deren Eintritt nicht wahllos, vor allem nicht in minder schweren Fällen, die erst nach Jahren zur Aburteilung kämen, zu verhindern. Auf Nr. 274 wird hingewiesen.

23. Zusammenarbeit mit Presse und Rundfunk

I Bei der Unterrichtung der Öffentlichkeit ist mit Presse, Hörfunk und Fernsehen unter Berücksichtigung ihrer besonderen Aufgaben und ihrer Bedeutung für die öffentliche Meinungsbildung zusammenzuarbeiten. Diese Unterrichtung darf weder den Untersuchungszweck gefährden noch dem Ergebnis der Hauptverhandlung vorgreifen; der Anspruch des Beschuldigten auf ein faires Verfahren darf nicht beeinträchtigt werden. Auch ist im Einzelfall zu prüfen, ob das Interesse der Öffentlichkeit an einer vollständigen Berichterstattung gegenüber den Persönlichkeitsrechten des Beschuldigten oder anderer Beteiligter, insbesondere auch des Verletzten überwiegt. Eine unnötige Bloßstellung dieser Personen ist zu vermeiden. Dem allgemeinen Informationsinteresse der Öffentlichkeit wird in der Regel ohne Namensnennung entsprochen werden können. Auf die Nr. 129 Abs. 1, Nr. 219 Abs. 1 wird hingewiesen. Die entsprechenden Verwaltungsvorschriften der Länder sind zu beachten (vgl. auch Anlage B).

II Über die Anklageerhebung und Einzelheiten der Anklage darf die Öffentlichkeit grundsätzlich erst unterrichtet werden, nachdem die Anklageschrift dem Beschuldigten zugestellt oder sonst bekanntgemacht worden ist.

24. Verkehr mit ausländischen Vertretungen

Für den Verkehr mit ausländischen diplomatischen und konsularischen Vertretungen in der Bundesrepublik sind die Nummern 133 bis 137 RiVASt zu beachten.

2. Sammelverfahren, Fälle des § 7 BKAG und kontrollierte Transporte

25. Sammelverfahren

Im Interesse einer zügigen und wirksamen Strafverfolgung ist die Führung einheitlicher Ermittlungen als Sammelverfahren geboten, wenn der Verdacht mehrerer Straftaten besteht, eine Straftat den Bezirk mehrerer Staatsanwaltschaften berührt oder ein Zusammenhang mit einer Straftat im Bezirk einer anderen Staatsanwaltschaft besteht. Dies gilt nicht, sofern die Verschiedenartigkeit der Taten oder ein anderer wichtiger Grund entgegensteht.

26. Zuständigkeit

I Die Bearbeitung von Sammelverfahren obliegt dem Staatsanwalt, in dessen Bezirk der Schwerpunkt des Verfahrens liegt.

II Der Schwerpunkt bestimmt sich nach den gesamten Umständen des Tatkomplexes. Dabei sind vor allem zu berücksichtigen:
a) die Zahl der Einzeltaten, der Täter oder der Zeugen;
b) der Sitz einer Organisation;
c) der Ort der geschäftlichen Niederlassung, wenn ein Zusammenhang mit der Tat besteht;
d) der Wohnsitz oder der gewöhnliche Aufenthaltsort des (Haupt-)Beschuldigten, wenn diese für Planung, Leitung oder Abwicklung der Taten von Bedeutung sind;
e) das Zusammenfallen des Wohnsitzes mit einem Tatort.

III Läßt sich der Schwerpunkt nicht feststellen, so ist der Staatsanwalt zuständig, der zuerst mit dem (Teil-)Sachverhalt befaßt war.

IV Die Führung eines Sammelverfahrens darf nicht allein mit der Begründung abgelehnt werden, daß wegen eines Teils der Taten bereits ein gerichtliches Verfahren anhängig ist.

27. Verfahren bei Abgabe und Übernahme

I Ist die Führung eines Sammelverfahrens geboten, so soll der Staatsanwalt bei ihm anhängige Einzelverfahren unverzüglich unter Bezeichnung der Umstände, aus denen sich der Schwerpunkt des Verfahrens ergibt (Nr. 26 Abs. 2), an den für das Sammelverfahren zuständigen Staatsanwalt abgeben.

II Der um Übernahme gebetene Staatsanwalt hat unverzüglich, möglichst binnen drei Tagen, zu entscheiden, ob er das Verfahren übernimmt. Die Ablehnung der Übernahme ist zu begründen.

III Verbleibt der Staatsanwalt, dessen Verfahren nicht übernommen worden ist, bei seinem Standpunkt, so berichtet er dem Generalstaatsanwalt. Können die Generalstaatsanwälte eines Landes sich nicht binnen einer Woche über die Frage des Schwerpunktes einigen, so ist unverzüglich eine Entscheidung der Landesjustizverwaltung herbeizuführen; im übrigen ist nach § 143 Abs. 3 GVG zu verfahren.

IV Bis zur Entscheidung über die Übernahme des Verfahrens hat der abgebende Staatsanwalt alle Amtshandlungen vorzunehmen, bei denen Gefahr im Verzug ist.

V Der übernehmende Staatsanwalt setzt den Anzeigenden von der Übernahme des Verfahrens in Kenntnis, sofern dies nicht nach den Umständen entbehrlich ist.

28. Regelung zu § 7 BKAG

I Unterrichtet das Bundeskriminalamt die Generalstaatsanwälte nach § 7 BKAG darüber, daß es angezeigt erscheine, die polizeilichen Aufgaben auf dem Gebiet der Strafverfolgung einheitlich wahrzunehmen, so ist wie folgt zu verfahren:

a) Der Generalstaatsanwalt, in dessen Bezirk ein Sammelverfahren geführt wird, stellt, wenn er eine Zuweisungsanordnung nach § 7 BKAG für erforderlich hält, unverzüglich, möglichst binnen drei Tagen, das Einvernehmen für diese Anordnung mit der obersten Behörde der Innenverwaltung seines Landes her.
b) Hält das Bundeskriminalamt es für angezeigt, daß die polizeilichen Aufgaben auf dem Gebiet der Strafverfolgung einem anderen als dem Land übertragen werden, in dem das staatsanwaltschaftliche Sammelverfahren geführt wird, so verständigen sich die beteiligten Generalstaatsanwälte unverzüglich, möglichst binnen drei Tagen, darüber, ob eine Zuweisungsanordnung erforderlich ist und ob das Sammelverfahren von einer Staatsanwaltschaft des vom Bundeskriminalamt bezeichneten Landes übernommen werden soll. Der Generalstaatsanwalt, in dessen Bezirk das Sammelverfahren übernommen werden soll, führt unverzüglich das für die Zuweisungsanordnung erforderliche Einvernehmen mit der obersten Behörde der Innenverwaltung seines Landes herbei.
c) Wird ein staatsanwaltschaftliches Sammelverfahren noch nicht geführt, so verständigen sich die beteiligten Generalstaatsanwälte fernmündlich oder fernschriftlich unverzüglich, möglichst binnen drei Tagen, darüber, ob die Einleitung eines Sammelverfahrens angezeigt ist und welche Staatsanwaltschaft das Sammelverfahren führen soll. Hält der Generalstaatsanwalt, in dessen Bezirk das Sammelverfahren geführt werden soll, eine Zuweisungsanordnung für erforderlich, so stellt er das Einvernehmen für diese Zuweisungsanordnung mit der obersten Behörde der Innenverwaltung seines Landes her.

II Bei der Entscheidung darüber, welche Staatsanwaltschaft ein Sammelverfahren führen soll, kann vor den sonstigen für die Führung von Sammelverfahren maßgebenden Gesichtspunkten kriminaltaktischen Erwägungen besondere Bedeutung zukommen. Können die Generalstaatsanwälte sich nicht einigen, so sind die zuständigen Landesjustizverwaltungen zu beteiligen.

III Der Generalstaatsanwalt, in dessen Bezirk das Sammelverfahren geführt wird, unterrichtet unverzüglich das Bundeskriminalamt über das Ergebnis seiner Verhandlungen mit der obersten Behörde der Innenverwaltung seines Landes.

IV Auch wenn die Einleitung eines staatsanwaltschaftlichen Sammelverfahrens nicht in Betracht kommt, ist unter Berücksichtigung kriminaltaktischer Erwägungen zu prüfen, ob eine Zuweisungsanordnung nach § 7 BKAG erforderlich ist. Die beteiligten Generalstaatsanwälte verständigen sich unverzüglich, möglichst binnen drei Tagen, darüber, ob das Einvernehmen erklärt werden soll. Vor einer Entscheidung, daß das Einvernehmen zu einer Zuweisungsanordnung nicht erklärt werden soll, sind die zuständigen Landesjustizverwaltungen zu unterrichten. Ein beteiligter Generalstaatsanwalt des Landes, dem die polizeilichen Aufgaben insgesamt zugewiesen werden sollen, stellt das Einvernehmen für die Zuweisungsanordnung mit der obersten Behörde der Innenverwaltung seines Landes her und unterrichtet unverzüglich das Bundeskriminalamt über das Ergebnis der Verhandlungen.

V Hält der ein Sammelverfahren bearbeitende Staatsanwalt eine Zuweisungsanordnung des Bundeskriminalamtes für angezeigt, so berichtet er dem Generalstaatsanwalt. Hält der Generalstaatsanwalt eine solche Anordnung des Bundeskriminalamtes für erforderlich, so stellt er unverzüglich das Einvernehmen mit der obersten Behörde der Innenverwaltung seines Landes her und regt beim Bundeskriminalamt eine Zuweisungsanordnung an.

29. Mitteilung an das Bundeskriminalamt

Der Staatsanwalt, der ein Sammelverfahren führt, bittet alsbald das Bundeskriminalamt, dies in das Bundeskriminalblatt aufzunehmen.

29 a. Kontrollierter Transport

Kontrollierte Durchfuhr ist der von den Strafverfolgungsbehörden überwachte illegale Transport von Betäubungsmitteln, Waffen, Diebesgut, Hehlerware u. ä. vom Ausland durch das Inland in ein Drittland; kontrollierte Ausfuhr ist der vom Inland ausgehende überwachte illegale Transport in das Ausland; kontrollierte Einfuhr ist der überwachte illegale Transport vom Ausland in das Inland.

29 b. Voraussetzungen

I Ein kontrollierter Transport kommt nur in Betracht, wenn auf andere Weise die Hintermänner nicht ermittelt oder Verteilerwege nicht aufgedeckt werden können. Die Überwachung ist so zu gestalten, daß die Möglichkeit des Zugriffs auf Täter und Tatgegenstände jederzeit sichergestellt ist.

II Im übrigen müssen für Durchfuhr und Ausfuhr folgende Erklärungen der ausländischen Staaten vorliegen:

a) Einverständnis mit der Einfuhr oder Durchfuhr;
b) Zusicherung, den Transport ständig zu kontrollieren;
c) Zusicherung, gegen die Kuriere, Hintermänner und Abnehmer zu ermitteln, die Betäubungsmittel, Waffen, das Diebesgut, die Hehlerware u. ä. sicherzustellen und die Verurteilung der Täter sowie die Strafvollstreckung anzustreben;
d) Zusicherung, daß die deutschen Strafverfolgungsbehörden fortlaufend über den jeweiligen Verfahrensstand unterricht werden.

29 c. Zuständigkeit

Bei der kontrollierten Durchfuhr führt, wenn wegen der Tat noch kein Ermittlungsverfahren bei einer deutschen Staatsanwaltschaft anhängig ist, das Verfahren grundsätzlich der Staatsanwalt, in dessen Bezirk der Grenzübergang liegt, über den die Tatgegenstände in das Inland verbracht werden. Dies gilt auch bei der kontrollierten Einfuhr. Bei der kontrollierten Ausfuhr führt das Verfahren grundsätzlich der Staatsanwalt, in dessen Bezirk der Transport beginnt.

29 d. Zusammenarbeit

I Die Entscheidung über die Zulässigkeit des kontrollierten Transports trifft der zuständige Staatsanwalt (Nr. 29 c). Er unterrichtet den Staatsanwalt, in dessen Bezirk ein Transport voraussichtlich das Inland verläßt. Auch der für den Einfuhrort zuständige Staatsanwalt ist zu unterrichten, wenn ein anderer als dieser das Verfahren führt.

II Die Behörden und Beamten des Polizei- und Zolldienstes wenden sich grundsätzlich an den nach Nr. 29 c zuständigen Staatsanwalt.

3. Fälle des § 5 Abs. 2 bis 4 BKAG[1]

30. Allgemeines

I Wird dem Staatsanwalt ein Sachverhalt bekannt, der den Verdacht einer der in § 5 Abs. 2 Satz 1 BKAG bezeichneten Straftaten begründet, so unterrichtet er unverzüglich, erforderlichenfalls fernschriftlich oder fernmündlich, das Bundeskriminalamt und das Landeskriminalamt. Er erörtert die Art der Ermittlungsführung in dem erforderlichen Umfange mit dem Bundeskriminalamt.

II Hält der Staatsanwalt zu Beginn oder im weiteren Verlaufe des Verfahrens Sofortmaßnahmen für erforderlich, die von dem Bundeskriminalamt nicht getroffen werden können, so erteilt er die notwendigen Aufträge bei gleichzeitiger Benachrichtigung des Bundeskriminalamtes an die sonst zuständigen Polizeibehörden (vgl. § 5 Abs. 4 Satz 2 BKAG).

III Die Benachrichtigung der in § 5 Abs. 4 Satz 1 BKAG bezeichneten Stellen obliegt in den Fällen des § 5 Abs. 2 und Abs. 3 Nr. 1 BKAG dem Bundeskriminalamt, in den Fällen des § 5 Abs. 3 Nr. 2 und 3 BKAG der Stelle, von der die Anordnung oder der Auftrag ausgeht, es sei denn, diese Stellen übertragen im Einzelfalle die Benachrichtigung dem Bundeskriminalamt.

31. Verfahren in den Fällen des § 5 Abs. 2 Satz 1 Nr. 1 BKAG[2]

I Die Frage, ob eine Zusammenhangstat im Sinne des § 5 Abs. 2 Satz 1 Nr. 1 BKAG vorliegt, ist nach § 3 StPO zu beurteilen. Vor seiner Entscheidung soll sich der Staatsanwalt mit den beteiligten Polizeibehörden und dem Bundeskriminalamt ins Benehmen setzen.

II Als Fälle minderer Bedeutung, in denen der Staatsanwalt die Ermittlungen einer anderen sonst zuständigen Polizeibehörde übertragen kann (vgl. § 5 Abs. 2 Satz 1 Nr. 1 Halbsatz 2 BKAG), werden in erster Linie abtrennbare Teile des Gesamtkomplexes und Zusammenhangstaten, unter Umständen aber auch der Gesamtkomplex selbst in Betracht kommen. Bei seiner Entscheidung berücksichtigt der Staatsanwalt insbesondere, ob eine rasche und wirksame Aufklärung besser durch zentrale Ermittlungen des Bundeskriminalamtes oder durch Ermittlungen der Landespolizeibehörden erreicht werden kann. Vor seiner Entscheidung erörtert der Staatsanwalt die Sachlage mit dem Bundeskriminalamt und den Polizeidienststellen, die für die weitere Durchführung der Ermittlungen in Betracht kommen.

32. Verfahren in den Fällen des § 5 Abs. 2 Satz 1 Nr. 2 BKAG[3]

In den Fällen des § 5 Abs. 2 Satz 1 Nr. 2 BKAG führt der Staatsanwalt zugleich mit der Unterrichtung des Bundeskriminalamtes (vgl. Nr. 30 Abs. 1) unmittelbar die nach § 5 Abs. 2 Satz 2 BKAG erforderliche Zustimmung des Bundesministers des Innern herbei, es sei denn, dem Bundeskriminalamt ist wegen der Eilbedürftigkeit bereits die Zustimmung erteilt worden.

---

[1] Jetzt § 4 Abs. 1 bis 3 BKAG.
[2] Jetzt § 4 Abs. 1 Satz 1 Nr 1 BKAG.
[3] Jetzt § 4 Abs. 1 Satz 1 Nr 2 BKAG.

4. Leichenschau und Leichenöffnung

33. Voraussetzungen

I Sind Anhaltspunkte dafür vorhanden, daß jemand eines nicht natürlichen Todes gestorben ist oder wird die Leiche eines Unbekannten gefunden, so prüft der Staatsanwalt, ob eine Leichenschau oder eine Leichenöffnung erforderlich ist. Eine Leichenschau wird regelmäßig schon dann nötig sein, wenn eine Straftat als Todesursache nicht von vornherein ausgeschlossen werden kann. Die Leichenschau soll möglichst am Tatort oder am Fundort der Leiche durchgeführt werden.

II Läßt sich auch bei der Leichenschau eine Straftat als Todesursache nicht ausschließen oder ist damit zu rechnen, daß die Feststellungen später angezweifelt werden, so veranlaßt der Staatsanwalt grundsätzlich die Leichenöffnung. Dies gilt namentlich bei Sterbefällen von Personen, die sich in Haft oder sonst in amtlicher Verwahrung befunden haben.

III Die Leichenschau nimmt in der Regel der Staatsanwalt vor. Die Vornahme der Leichenschau durch den Richter und die Anwesenheit des Richters bei der Leichenöffnung sollen nur beantragt werden, wenn dies aus besonderen Gründen, etwa um die Verlesung der Niederschrift nach § 249 StPO zu ermöglichen, erforderlich ist.

IV Der Staatsanwalt nimmt an der Leichenöffnung nur teil, wenn er dies nach seinem pflichtgemäßen Ermessen im Rahmen einer umfassenden Sachaufklärung für geboten erachtet. Eine Teilnahme des Staatsanwalts wird in der Regel in Betracht kommen in Kapitalsachen, nach tödlichen Unfällen zur Rekonstruktion des Unfallgeschehens, bei Todesfällen durch Schußwaffengebrauch im Dienst, bei Todesfällen im Vollzug freiheitsentziehender Maßnahmen oder in Verfahren, die ärztliche Behandlungsfehler zum Gegenstand haben.

34. Exhumierung

Bei der Ausgrabung einer Leiche sollte einer der Obduzenten anwesend sein. Liegt der Verdacht einer Vergiftung vor, so ist das Mittelstück der Bodenfläche des Sarges herauszunehmen und aufzubewahren; von dem Erdboden, auf dem der Sarg stand, und von dem gewachsenen Boden der Seitenwände des Grabes sind zur chemischen Untersuchung und zum Vergleich Proben zu entnehmen. In solchen Fällen empfiehlt es sich, zur Ausgrabung und zur Sektion der Leiche den chemischen Sachverständigen eines Untersuchungsinstituts beizuziehen, damit er die Aufnahme von Erde, Sargschmuck, Sargteilen, Kleiderstücken und Leichenteilen selbst vornehmen kann.

35. Entnahme von Leichenteilen

I Der Staatsanwalt hat darauf hinzuwirken, daß bei der Leichenöffnung Blut- und Harnproben, Mageninhalt oder Leichenteile entnommen werden, falls es möglich ist, daß der Sachverhalt durch deren eingehende Untersuchung weiter aufgeklärt werden kann. Manchmal, z. B. bei mutmaßlichem Vergiftungstod, wird es sich empfehlen, einen besonderen Sachverständigen zuzuziehen, der diese Bestandteile bezeichnet.

II Werden Leichenteile zur weiteren Begutachtung versandt, so ist eine Abschrift der Niederschrift über die Leichenöffnung beizufügen. Die Ermittlungsakten sind grundsätzlich nicht zu übersenden (vgl. Nr. 12)

36. Beschleunigung

I Leichenschau und Leichenöffnung sind mit größter Beschleunigung herbeizuführen, weil die ärztlichen Feststellungen über die Todesursache auch durch geringe Verzögerungen an Zuverlässigkeit verlieren können.

II Dies gilt besonders bei Leichen von Personen, die möglicherweise durch elektrischen Strom getötet worden sind; die durch Elektrizität verursachten Veränderungen werden durch Fäulniserscheinungen rasch verwischt. In der Regel wird es sich empfehlen, bereits bei der Leichenöffnung einen auf dem Gebiet der Elektrotechnik erfahrenen Sachverständigen zu beteiligen. In den Fällen, in denen eine Tötung durch elektrischen

Strom wahrscheinlich ist, können Verletzungen oder andere Veränderungen oft gar nicht oder nur von einem besonders geschulten Sachverständigen festgestellt werden; daher kann es ferner geboten sein, in schwierig zu deutenden Fällen außer dem elektrotechnischen Sachverständigen nach Anhörung des Gerichtsarztes auch einen erfahrenen Pathologen zu der Leichenöffnung zuzuziehen.

37. Leichenöffnung in Krankenhäusern

Besteht der Verdacht, daß der Tod einer Person, die in einem Krankenhaus gestorben ist, durch eine Straftat verursacht wurde, so haben der Staatsanwalt und seine Hilfsbeamten darauf hinzuwirken, daß die Leiche nicht von den Krankenhausärzten geöffnet wird. Da die Krankenhausärzte indes an der Leichenöffnung vielfach ein erhebliches wissenschaftliches Interesse haben, empfiehlt es sich, ihnen die Anwesenheit zu gestatten, sofern nicht gewichtige Bedenken entgegenstehen. Hat das Krankenhaus einen pathologisch besonders ausgebildeten Arzt zur Verfügung, so kann es zweckmäßig sein, auch ihn zu der Leichenöffnung zuzuziehen.

38. Feuerbestattung

Aus dem Bestattungsschein muß sich ergeben, ob auch die Feuerbestattung genehmigt wird. Bestehen gegen diese Bestattungsart Bedenken, weil dadurch die Leiche als Beweismittel verlorengeht, so wird die Genehmigung hierfür zu versagen sein. Solange der Verdacht eines nicht natürlichen Todes besteht, empfiehlt es sich, die Feuerbestattung nur im Einvernehmen mit dem Arzt (§ 87 Abs. 2 Satz 3 StPO) zu genehmigen.

5. Fahndung

39. Allgemeines

I Ist der Täter nicht bekannt, oder ist der Aufenthalt des bekannten oder mutmaßlichen Täters oder eines wichtigen Zeugen nicht ermittelt, oder soll eine Sache, die für das Strafverfahren von Bedeutung ist, herbeigeschafft werden, so veranlaßt der Staatsanwalt die notwendigen Fahndungsmaßnahmen.

II Art und Umfang der Fahndungsmaßnahmen sollen in einem angemessenen Verhältnis zum Ausmaß und zur Bedeutung der Straftat stehen.

III Soweit erforderlich, veranlaßt der Staatsanwalt nach Wegfall des Fahndungsgrundes unverzüglich die Rücknahme aller Fahndungsmaßnahmen.

40. Fahndungshilfsmittel

I Fahndungshilfsmittel des Staatsanwalts sind neben Auskünften von Behörden oder anderen Stellen insbesondere:

a) das Bundeszentralregister, das Verkehrszentralregister, das Gewerbezentralregister, das Ausländerzentralregister,
b) das EDV-Fahndungssystem der Polizei (INPOL),
c) das Deutsche Fahndungsbuch,
d) das Bundeskriminalblatt und die Landeskriminalblätter,
e) das Schengener Informationssystem (SIS).

II Bei der Inanspruchnahme von Publikationsorganen zur Fahndung nach Personen (bekannten oder unbekannten Tatverdächtigen sowie wichtigen Zeugen) ist Anlage B zu beachten.

41. Fahndung nach dem Beschuldigten

I Liegt ein Haftbefehl, ein Unterbringungsbefehl oder ein Steckbrief vor, so veranlaßt der Staatsanwalt die Ausschreibung des Beschuldigten zur Festnahme und die Niederlegung einer Steckbriefnachricht im Bundeszentralregister. Die Ausschreibung ist grundsätzlich auch dann bei der für die Dateneingabe in das Informationssystem der Polizei (INPOL) zuständigen Polizeidienststelle zu veranlassen, wenn der Haftbefehl (Unterbringungsbefehl, Steckbrief) zur Auslösung einer gezielten Fahndung der für den mutmaßlichen Wohnsitz des Gesuchten zuständigen Polizeidienststelle übersandt wird. Der für die Dateneingabe zuständigen Polizeidienststelle ist eine beglaubigte Abschrift der Haftunterlagen zu übersenden. Wenn die überörtliche Ausschreibung aus Verhältnismäßigkeitserwägungen nicht in Frage kommt, ist dies gegenüber der zur örtlichen Fahndung aufgeforderten Polizeidienststelle zum Ausdruck zu bringen.

II Liegen die Voraussetzungen eines Haftbefehls oder eines Unterbringungsbefehls vor, kann aber eine gerichtliche Entscheidung nicht ohne Gefährdung des Fahndungserfolges abgewartet werden, so kann der Staatsanwalt die Ausschreibung des Beschuldigten zur Festnahme bereits vor dem Erlaß der gerichtlichen Entscheidung veranlassen. In diesem Falle wirkt er unverzüglich auf eine gerichtliche Entscheidung hin. Nach Erlaß des Haft- oder Unterbringungsbefehls ist die Ausschreibung, gestützt auf die gerichtliche Entscheidung, neu vorzunehmen und die Löschung der bisherigen Ausschreibung zu veranlassen.

III Ist der Beschuldigte Ausländer und liegen Anhaltspunkte dafür vor, daß er sich im Ausland befindet, so setzt sich der Staatsanwalt, bevor er um Ausschreibung zur Festnahme ersucht, in der Regel mit der Ausländerbehörde in Verbindung. Besteht ein Aufenthaltsverbot oder sind bei einer späteren Abschiebung Schwierigkeiten zu erwarten, so prüft der Staatsanwalt bei Straftaten von geringerer Bedeutung, ob die Ausschreibung unterbleiben kann.

IV Liegen die Voraussetzungen eines Haftbefehls, eines Unterbringungsbefehls oder eines Steckbriefes nicht vor, so veranlaßt der Staatsanwalt die Ausschreibung zur Aufenthaltsermittlung und die Niederlegung eines Suchvermerkes im Bundeszentralregister.

V Ist der Beschuldigte im Zusammenhang mit einer Haftverschonung nach § 116 Abs. 1 Satz 2 StPO angewiesen worden, den Geltungsbereich der Strafprozeßordnung nicht zu verlassen, so veranlaßt der Staatsanwalt die Ausschreibung des Beschuldigten zur Festnahme im geschützten Grenzfahndungsbestand.

42. Fahndung nach einem Zeugen

Ist der Aufenthalt eines wichtigen Zeugen nicht bekannt, so kann der Staatsanwalt nach ihm, insbesondere durch Ausschreibung zur Aufenthaltsermittlung und Niederlegung eines Suchvermerkes im Bundeszentralregister, fahnden. Ersuchen zur Aufnahme von Zeugen in das INPOL-System und das Deutsche Fahndungsbuch oder nur in das INPOL-System sind an die für die Dateneingabe zuständige Polizeidienststelle zu richten.

43. Fahndungsmaßnahmen im Ausland

I Die internationale Fahndung nach Personen, deren Aufenthalt nicht bekannt ist, kann durch Interpol, im Schengener Informationssystem (SIS) und durch gezielte Mitfahndungsersuchen an andere Staaten veranlaßt werden. International ist auch die Ausschreibung zur Aufenthaltsermittlung möglich.

II Liegen Anhaltspunkte dafür vor, daß sich die gesuchte Person im Ausland befindet, ist aber der Aufenthaltsstaat nicht bekannt, so kann die internationale Fahndung veranlaßt werden, sofern beabsichtigt ist, im Falle der Ermittlung des Gesuchten ein Auslieferungsersuchen anzuregen.

III Liegt ein Haftbefehl vor und ist die Zulässigkeit der Festnahme und die Auslieferungsfähigkeit in den Schengener Vertragsstaaten nach dem Übereinkommen zur Durchführung des Schengener Übereinkommens vom 19. Juni 1990 gegeben (Artikel 95 Abs. 1, 2 und 4), so veranlaßt der Staatsanwalt neben der Ausschreibung zur Festnahme im Informationssystem der Polizei (INPOL) die Ausschreibung im Schengener Informationssystem (SIS), es sei denn, es liegen Anhaltspunkte vor, daß sich die gesuchte Person nur im Inland aufhält.

IV Für die internationale Fahndung gelten die hierfür erlassenen Richtlinien (vgl. auch Anlage F).

6. Vernehmung des Beschuldigten

44. Ladung und Aussagegenehmigung

I Die Ladung eines Beschuldigten soll erkennen lassen, daß er als Beschuldigter vernommen werden soll. Der Gegenstand der Beschuldigung wird dabei kurz anzugeben sein, wenn und soweit es mit dem Zweck der Untersuchung vereinbar ist. Der Beschuldigte ist durch Brief, nicht durch Postkarte, zu laden.

II In der Ladung zu einer richterlichen oder staatsanwaltschaftlichen Vernehmung sollen Zwangsmaßnahmen für den Fall des Ausbleibens nur angedroht werden, wenn sie gegen den unentschuldigt ausgebliebenen Beschuldigten voraussichtlich auch durchgeführt werden.

III Soll ein Richter, ein Beamter oder eine andere Person des öffentlichen Dienstes als Beschuldigter vernommen werden, so gilt Nr. 66 entsprechend.

45. Form der Vernehmung und Niederschrift

I Die Belehrung des Beschuldigten vor seiner ersten Vernehmung nach §§ 136 Abs. 1, 163 a Abs. 3 Satz 2 StPO ist aktenkundig zu machen.

II Für bedeutsame Teile der Vernehmung empfiehlt es sich, die Fragen, Vorhalte und Antworten möglichst wörtlich in die Niederschrift aufzunehmen. Legt der Beschuldigte ein Geständnis ab, so sind die Einzelheiten der Tat möglichst mit seinen eigenen Worten wiederzugeben. Es ist darauf zu achten, daß besonders solche Umstände aktenkundig gemacht werden, die nur der Täter wissen kann. Die Namen der Personen, die das Geständnis mit angehört haben, sind zu vermerken.

7. Untersuchungshaft, einstweilige Unterbringung und sonstige Maßnahmen zur Sicherstellung der Strafverfolgung und der Strafvollstreckung

46. Begründung der Anträge in Haftsachen

I Der Staatsanwalt hat alle Anträge und Erklärungen, welche die Anordnung, Fortdauer und Aufhebung der Untersuchungshaft betreffen, zu begründen und dabei die Tatsachen anzuführen, aus denen sich

a) der dringende Tatverdacht,
b) der Haftgrundergeben.

II Wenn die Anwendung des § 112 Abs. 1 Satz 2 StPO naheliegt, hat der Staatsanwalt darzulegen, weshalb er auch bei Berücksichtigung des Grundsatzes der Verhältnismäßigkeit die Anordnung der Untersuchungshaft für geboten hält.

III Soweit durch Bekanntwerden der angeführten Tatsachen die Staatssicherheit gefährdet wird, ist auf diese Gefahr besonders hinzuweisen (§ 114 Abs. 2 Nr. 4 StPO).

IV Besteht in den Fällen des § 112 Abs. 3 und des § 112 a Abs. 1 StPO auch ein Haftgrund nach § 112 Abs. 2 StPO, so sind die Feststellungen hierüber aktenkundig zu machen.

47. *(gestrichen)*

48. Abschrift des Haftbefehls für den Beschuldigten

I Um sicherzustellen, daß dem Beschuldigten so früh wie möglich eine Abschrift des Haftbefehls ausgehändigt wird (vgl. § 114 a Abs. 2 StPO), empfiehlt es sich, zusätzliche Abschriften des Haftbefehls bei den Akten bereitzuhalten.

II Wird eine bestimmte Polizeibehörde auf Grund eines Haftbefehls um die Festnahme des Beschuldigten ersucht, so ist dem Ersuchen eine Abschrift des Haftbefehls für den Beschuldigten beizufügen, wenn dies möglich ist.

49. Unterrichtung der Vollzugsanstalt

Umstände, welche die Besorgnis begründen, daß ein Untersuchungsgefangener die Ordnung in der Anstalt beeinträchtigt oder sich selbst gefährdet, sind dem Anstaltsleiter mitzuteilen (vgl. auch Nr. 7 UVollzO).

50. Untersuchungshaft bei Soldaten der Bundeswehr

Kann den Erfordernissen der Untersuchungshaft während des Vollzuges von Freiheitsstrafe, Strafarrest, Jugendarrest oder Disziplinararrest durch Behörden der Bundeswehr nicht Rechnung getragen werden, so prüft der Staatsanwalt, ob der Soldat im dortigen Vollzug verbleiben kann oder ob die Vollstreckung zu unterbrechen oder die Übernahme des Soldaten in den allgemeinen Vollzug erforderlich ist.

51. Symbolische Vorführung

Kann eine vorläufig festgenommene Person wegen Krankheit nicht in der vorgeschriebenen Frist (§ 128 StPO) dem Richter vorgeführt werden, so sind diesem die Akten innerhalb der Frist vorzulegen, damit er den Festgenommenen nach Möglichkeit an dem Verwahrungsort vernehmen und unverzüglich entscheiden kann, ob ein Haftbefehl zu erlassen ist.

52. Kennzeichnung der Haftsachen

In Haftsachen erhalten alle Verfügungen und ihre Ausfertigungen den deutlich sichtbaren Vermerk „Haft“. Befindet sich der Beschuldigte in anderer Sache in Haft, so ist auch dies ersichtlich zu machen.

53. Ausländer

Wird ein Ausländer in Untersuchungshaft genommen, so sind für seinen Verkehr mit der diplomatischen oder konsularischen Vertretung seines Landes die Nr. 135 und 136 RiVASt und die hierzu ergangenen Verwaltungsvorschriften der Länder zu beachten.

54. Überwachung, Haftprüfung

I Der Staatsanwalt achtet in jeder Lage des Verfahrens darauf,

a) ob die Voraussetzungen der Untersuchungshaft noch vorliegen und ob die weitere Untersuchungshaft zu der Bedeutung der Sache und zu der zu erwartenden Strafe oder Maßregel der Besserung und Sicherung nicht außer Verhältnis steht (§ 120 StPO);
b) ob der Zweck der Untersuchungshaft nicht auch durch weniger einschneidende Maßnahmen erreicht werden kann (§ 116 Abs. 1 bis 3 StPO).Gegebenenfalls stellt er die entsprechenden Anträge.

II Der Staatsanwalt prüft vor Ablauf der in § 117 Abs. 4 StPO bezeichneten Frist, ob die Bestellung eines Verteidigers für die Dauer der Untersuchungshaft zu beantragen ist. Es empfiehlt sich, zugleich mit der durch § 117 Abs. 4 Satz 2 StPO angeordneten Belehrung des Beschuldigten zu klären, ob dieser einen Wahlverteidiger beauftragen will. Die Bestellung eines Verteidigers (§ 141 Abs.4 StPO) teilt er dem nach § 126 StPO zuständigen Richter mit. Hat der Beschuldigte keinen Verteidiger, so legt der Staatsanwalt die Akten rechtzeitig vor Ablauf der in § 117 Abs. 4, 5 StPO bezeichneten Frist dem Gericht vor.

III Die Haftprüfung soll den Fortgang der Ermittlungen nicht aufhalten. Deshalb wird es vielfach zweckmäßig sein, rechtzeitig Hilfsakten anzulegen (vgl. Nr. 12).

55. Anordnung der Freilassung des Verhafteten

I Wird der Haftbefehl aufgehoben, so ordnet das Gericht zugleich die Freilassung des Untersuchungsgefangenen an.

II Wird der Haftbefehl in der Hauptverhandlung aufgehoben, so wird der Angeklagte sofort freigelassen, wenn keine Überhaft vorgemerkt ist. Jedoch kann der Hinweis an ihn angebracht sein, daß es sich empfiehlt, in die Anstalt zurückzukehren, um die Entlassungsförmlichkeiten zu erledigen.

III Der Staatsanwalt achtet darauf, daß der Verhaftete nach Aufhebung des Haftbefehls entlassen wird. Beantragt er vor Erhebung der öffentlichen Klage die Aufhebung des Haftbefehls, so ordnet er gleichzeitig die Freilassung des Beschuldigten an (§ 120 Abs. 3 Satz 2 StPO).

56. Haft über sechs Monate

I Ist es geboten, die Untersuchungshaft über sechs Monate hinaus aufrechtzuerhalten, und liegen die besonderen Voraussetzungen des § 121 Abs. 1 StPO vor, so leitet der Staatsanwalt die Akten dem zuständigen Gericht (§§ 122, 125, 126 StPO) so rechtzeitig zu, daß dieses sie durch Vermittlung der Staatsanwaltschaft innerhalb der Frist dem Oberlandesgericht oder in den Fällen des § 120 GVG dem Bundesgerichtshof vorlegen kann. Liegen die Akten dem zuständigen Gericht bereits vor, so wirkt der Staatsanwalt auf die rechtzeitige Vorlage der Akten hin. Er legt die Gründe dar, die nach seiner Auffassung die Fortdauer der Haft über sechs Monate hinaus rechtfertigen. Zugleich beantragt er, falls erforderlich, eine dem letzten Ermittlungsstand entsprechende Ergänzung oder sonstige Änderung des Haftbefehls.

II Die Akten sind besonders zu kennzeichnen. Sie sind stets mit Vorrang zu behandeln und beschleunigt zu befördern.

III Nr. 54 Abs. 3 gilt entsprechend.

IV Hat das Oberlandesgericht oder in den Fällen des § 120 GVG der Bundesgerichtshof die Fortdauer der Untersuchungshaft angeordnet, so sorgt der Staatsanwalt dafür, daß auch die weiteren nach §§ 122 Abs. 3 und 4, 122 a StPO erforderlichen gerichtlichen Entscheidungen rechtzeitig herbeigeführt werden.

V Soll eine Entscheidung des Oberlandesgerichts oder des Bundesgerichtshofs nicht herbeigeführt werden, so hat der Staatsanwalt dafür Sorge zu tragen, daß der Haftbefehl nach Ablauf der Frist von sechs Monaten aufgehoben oder außer Vollzug gesetzt wird (§§ 121 Abs. 2, 120 Abs. 3 StPO).

57. Aussetzung des Vollzuges

I Hat der Richter den Vollzug des Haftbefehls nach § 116 StPO ausgesetzt, so überwacht der Staatsanwalt, ob die erteilten Anweisungen befolgt werden.

II Liegen die Voraussetzungen des § 116 Abs. 4 StPO vor, so beantragt der Staatsanwalt, den Vollzug des Haftbefehls anzuordnen. In den Fällen des § 123 Abs. 1 StPO beantragt er, die nach § 116 StPO angeordneten Maßnahmen aufzuheben.

58. Unterbringung von Untersuchungsgefangenen in einem Krankenhaus

I Muß ein Untersuchungsgefangener in einem Krankenhaus außerhalb der Vollzugsanstalt ärztlich behandelt werden, so rechtfertigt dies allein die Aufhebung des Haftbefehls nicht. Entscheidend ist vielmehr, ob die Voraussetzungen für die Untersuchungshaft wegen der Krankheit weggefallen sind.

II Hebt der Richter wegen der Art, der Schwere oder der voraussichtlichen Dauer der Krankheit den Haftbefehl auf, so ist es nicht Aufgabe der Justizbehörden, den Beschuldigten in einem Krankenhaus unterzubringen, vielmehr ist es den Verwaltungsbehörden zu überlassen, notwendige Maßnahmen zu treffen.

III Wird der Haftbefehl aufgehoben, nachdem der Beschuldigte in einem Krankenhaus untergebracht worden ist, so teilt der Staatsanwalt die Aufhebung des Haftbefehls und die Haftentlassung dem Beschuldigten selbst und dem Krankenhaus unverzüglich mit. Dem Krankenhaus ist gleichzeitig zu eröffnen, daß der Justizfiskus für die weiteren Kosten der Unterbringung und Behandlung nicht mehr aufkommt. Die Polizei darf nicht im voraus ersucht werden, den Beschuldigten nach seiner Heilung erneut vorläufig festzunehmen oder zu diesem Zweck den Heilungsverlauf zu überwachen; auch darf nicht gebeten werden, die Entlassung mitzuteilen, da solche Maßnahmen dahin ausgelegt werden könnten, daß die Untersuchungshaft trotz der Entlassung tatsächlich aufrechterhalten werden soll und der Justizfiskus für die Kosten der Unterbringung und Behandlung in Anspruch genommen werden kann.

IV Wird der Haftbefehl trotz der Krankheit aufrechterhalten, so rechtfertigt es allein der Umstand, daß der Verhaftete vorübergehend in einem Krankenhaus unterzubringen ist, nicht, den Haftbefehl außer Vollzug zu setzen. Der Beschuldigte ist vielmehr auf Kosten des Justizfiskus unterzubringen.

59. Einstweilige Unterbringung

Auf die einstweilige Unterbringung sind die Nr. 46 bis 55 sinngemäß anzuwenden.

60. Besondere Maßnahmen zur Sicherung der Strafverfolgung und Strafvollstreckung

I Im Rahmen der besonderen Maßnahmen (§§ 127 a, 132 StPO) zur Sicherung der Strafverfolgung und der Strafvollstreckung gegen Beschuldigte, die im Geltungsbereich der StPO keinen Wohnsitz haben, sind bei der Bemessung der Sicherheitsleistung die bei einschlägigen Straftaten erfahrungsgemäß festgesetzten Beträge für Geldstrafen und Kosten zugrunde zu legen. Kann der Beschuldigte einen Zustellungsbevollmächtigten eigener Wahl zunächst nicht benennen, so ist er darauf hinzuweisen, daß er einen Rechtsanwalt oder einen hierzu bereiten Beamten der Geschäftsstelle des zuständigen Amtsgerichts bevollmächtigen kann.

II Sind dringende Gründe für die Annahme vorhanden, daß die Voraussetzungen für die Verhängung einer Vermögensstrafe vorliegen, so ergreift der Staatsanwalt die nach §§ 111 o, 111 p StPO zulässigen Maßnahmen, um das Vermögen des Beschuldigten für den Zugriff des Staates zu sichern. Gegebenenfalls belegt er das Vermögen des Beschuldigten mit Beschlag.

8. Beobachtung in einem psychiatrischen Krankenhaus

61. Allgemeines

I Der für die Anordnung der Unterbringung des Beschuldigten in einem psychiatrischen Krankenhaus geltende Grundsatz der Verhältnismäßigkeit (§ 81 Abs. 2 Satz 2 StPO) ist auch bei der Vollstreckung der Anordnung zu beachten.

II Der auf freiem Fuß befindliche Beschuldigte darf in der Regel erst dann zwangsweise in das psychiatrische Krankenhaus verbracht werden, wenn er unter Androhung der zwangsweisen Zuführung für den Fall der Nichtbefolgung aufgefordert worden ist, sich innerhalb einer bestimmten Frist in dem psychiatrischen Krankenhaus zu stellen, und er dieser Aufforderung nicht nachgekommen ist. Einer solchen Aufforderung bedarf es nicht, wenn zu erwarten ist, daß der Beschuldigte sie nicht befolgt.

62. Dauer und Vorbereitung der Beobachtung

I Der Sachverständige ist darauf hinzuweisen, daß die Unterbringung nicht länger dauern darf, als zur Beobachtung des Beschuldigten unbedingt notwendig ist, daß dieser entlassen werden muß, sobald der Zweck der Beobachtung erreicht ist, und daß das gesetzliche Höchstmaß von sechs Wochen keinesfalls überschritten werden darf.

II Der Sachverständige ist zu veranlassen, die Vorgeschichte möglichst vor der Aufnahme des Beschuldigten in die Anstalt zu erheben. Dazu sind ihm ausreichende Zeit vorher die Akten und Beiakten, besonders Akten früherer Straf- und Ermittlungsverfahren, Akten über den Aufenthalt in Justizvollzugsanstalten oder in einem psychiatrischen Krankenhaus (mit Krankenblättern), Entmündigungs-, Pflegschafts-, Ehescheidungs- und Rentenakten, zugänglich zu machen, soweit sie für die Begutachtung von Bedeutung sein können.

III Angaben des Verteidigers, des Beschuldigten oder seiner Angehörigen, die für die Begutachtung von Bedeutung sind, z. B. über Erkrankungen, Verletzungen, auffälliges Verhalten, sind möglichst schnell nachzuprüfen, damit sie der Gutachter verwerten kann.

IV Sobald der Beschluß nach § 81 StPO rechtskräftig ist, soll sich der Staatsanwalt mit dem Leiter des psychiatrischen Krankenhauses fernmündlich darüber verständigen, wann der Beschuldigte aufgenommen werden kann.

63. Strafverfahren gegen Hirnverletzte

I In Strafverfahren gegen Hirnverletzte empfiehlt es sich in der Regel, einen Facharzt für Nerven- und Gemütsleiden (Neurologie und Psychiatrie) oder einen auf einem dieser Fachgebiete vorgebildeten und besonders erfahrenen Arzt als Gutachter heranzuziehen.

II Die Krankheits- und Versorgungsakten sind in der Regel für die fachärztliche Begutachtung von Bedeutung; sie sind daher rechtzeitig beizuziehen. Soweit möglich, sollte der Staatsanwalt auf die Einwilligung des Beschuldigten hinwirken. Im übrigen sind die Vorschriften der §§ 67 ff. SGB X, insbesondere § 73 SGB X, zu beachten.

9. Zeugen

64. Ladung

I Die Ladung eines Zeugen muß erkennen lassen, daß er als Zeuge vernommen werden soll. Der Name des Beschuldigten ist anzugeben, wenn der Zweck der Untersuchung es nicht verbietet, der Gegenstand der Beschuldigung nur dann, wenn dies zur Vorbereitung der Aussage durch den Zeugen erforderlich ist.

II Ist anzunehmen, daß der Zeuge Schriftstücke oder andere Beweismittel besitzt, die für die Untersuchung von Bedeutung sein können, so soll er in der Ladung aufgefordert werden, sie bei der Vernehmung vorzulegen.

III Die Zeugen sollen durch einfachen Brief, nicht durch Postkarte, geladen werden. Nur bei Vorliegen besonderer Umstände ist die Ladung zuzustellen. Wegen der Ladung zur Hauptverhandlung wird auf Nr. 117 hingewiesen.

65. Belehrung des Zeugen

Die Belehrung des Zeugen über sein Zeugnisverweigerungsrecht nach § 52 StPO und sein Auskunftsverweigerungsrecht nach § 55 StPO (§ 163 a Abs. 5 StPO) ist aktenkundig zu machen. Entsprechendes gilt für eine Belehrung seines gesetzlichen Vertreters.

66. Vernehmung von Personen im öffentlichen Dienst

I Soll ein Richter, ein Beamter oder eine andere Person des öffentlichen Dienstes als Zeuge vernommen werden und erstreckt sich die Vernehmung auf Umstände, die der Amtsverschwiegenheit unterliegen, so holt die Stelle, die den Zeugen vernehmen will, die Aussagegenehmigung von Amts wegen ein. Bestehen Zweifel, ob sich die Vernehmung auf Umstände, die der Amtsverschwiegenheit unterliegen, erstrecken kann, so ist dies vor der Vernehmung durch eine Anfrage bei dem Dienstvorgesetzten zu klären.

II Um die Genehmigung ist der Dienstvorgesetzte zu ersuchen, dem der Zeuge im Zeitpunkt der Vernehmung untersteht oder dem er im Falle des § 54 Abs. 4 StPO zuletzt unterstanden hat.

III Der Antrag auf Erteilung einer Aussagegenehmigung muß die Vorgänge, über die der Zeuge vernommen werden soll, kurz, aber erschöpfend angeben, damit der Dienstvorgesetzte beurteilen kann, ob Versagungsgründe vorliegen. Der Antrag ist so rechtzeitig zu stellen, daß der Dienstvorgesetzte ihn prüfen und seine Entscheidung noch vor dem Termin mitteilen kann. In eiligen Sachen wird deshalb die Aussagegenehmigung schon vor der Anberaumung des Termins einzuholen sein.

67. Schriftliche Aussage

I In geeigneten Fällen kann es ausreichen, daß ein Zeuge sich über bestimmte Fragen zunächst nur schriftlich äußert, vorausgesetzt, daß er glaubwürdig erscheint und eine vollständige Auskunft von ihm erwartet werden kann. In dieser Weise zu verfahren, empfiehlt sich besonders dann, wenn der Zeuge für seine Aussage Akten, Geschäftsbücher oder andere umfangreiche Schriftstücke braucht.

II Befindet sich der Zeuge im Ausland, so ist bei der schriftlichen Befragung Nr. 121 RiVASt zu beachten.

68. Behördliches Zeugnis

Die Vernehmung von Zeugen kann entbehrlich sein, wenn zum Beweis einer Tatsache die schriftliche Erklärung einer öffentlichen Behörde genügt. In geeigneten Fällen wird der Staatsanwalt daher ein behördliches Zeugnis einholen, das in der Hauptverhandlung verlesen werden kann (§ 256 StPO).

10. Sachverständige

69. Allgemeines

Ein Sachverständiger soll nur zugezogen werden, wenn sein Gutachten für die vollständige Aufklärung des Sachverhalts unentbehrlich ist. Nr. 68 gilt sinngemäß.

70. Auswahl des Sachverständigen und Belehrung

I Während des Ermittlungsverfahrens gibt der Staatsanwalt dem Verteidiger Gelegenheit, vor Auswahl eines Sachverständigen Stellung zu nehmen, es sei denn, daß Gegenstand der Untersuchung ein häufig wiederkehrender, tatsächlich gleichartiger Sachverhalt (z. B. Blutalkoholgutachten) ist oder eine Gefährdung des Untersuchungszwecks (vgl. § 147 Abs. 2 StPO) oder eine Verzögerung des Verfahrens zu besorgen ist.

II Ist dem Staatsanwalt kein geeigneter Sachverständiger bekannt, so ersucht er die Berufsorganisation oder die Behörde um Vorschläge, in deren Geschäftsbereich die zu begutachtende Frage fällt.

III Es empfiehlt sich, für die wichtigsten Gebiete Verzeichnisse bewährter Sachverständiger zu führen, damit das Verfahren nicht durch die Auswahl von Sachverständigen verzögert wird.

IV Sollen Personen des öffentlichen Dienstes als Sachverständige vernommen werden, so gilt Nr. 66 sinngemäß.

V Für die Belehrung des Sachverständigen gilt Nr. 65 entsprechend.

71. Arbeitsunfälle

Bei Arbeitsunfällen empfiehlt es sich, der für den Betrieb zuständigen Berufsgenossenschaft oder ihren technischen Aufsichtsbeamten neben den staatlichen Gewerbeaufsichtsbeamten Gelegenheit zu geben, sich gutachtlich zu äußern. Auch kann es geboten sein, sie schon zur Besichtigung der Unfallstelle zuzuziehen.

72. Beschleunigung

I Vor Beauftragung des Sachverständigen soll gegebenenfalls geklärt werden, ob dieser in der Lage ist, das Gutachten in angemessener Zeit zu erstatten.

II Dem Sachverständigen ist ein genau umgrenzter Auftrag zu erteilen; nach Möglichkeit sind bestimmte Fragen zu stellen. Oft ist es zweckmäßig, die entscheidenden Gesichtspunkte vorher mündlich zu erörtern.

III Bis zur Erstattung des Gutachtens wird der Staatsanwalt sonst noch fehlende Ermittlungen durchführen.

IV Bestehen Zweifel an der Eignung des Sachverständigen, so ist alsbald zu prüfen, ob ein anderer Sachverständiger beauftragt werden muß.

11. Akten über Vorstrafen

73.

Ist wegen der Vorstrafen des Beschuldigten zu prüfen, ob die Anordnung der Sicherungsverwahrung (§ 66 StGB) in Betracht kommt, oder kann es für die Strafbemessung wichtig sein, daß der Beschuldigte wegen gleichartiger Straftaten vorbestraft ist, so sind die vollständigen Akten beizuziehen.

11 a. Durchsuchung und Beschlagnahme

73 a.

Durchsuchung und Beschlagnahme stellen erhebliche Eingriffe in die Rechte des Betroffenen dar und bedürfen daher im Hinblick auf den Verhältnismäßigkeitsgrundsatz einer sorgfältigen Abwägung. Bei der Prüfung, ob bei einem Zeugnisverweigerungsberechtigten die Voraussetzungen für eine solche Maßnahme vorliegen (§ 97 Abs. 2 Satz 3, Abs. 5 Satz 2 StPO), ist ein strenger Maßstab anzulegen.

12. Behandlung der amtlich verwahrten Gegenstände

74. Sorgfältige Verwahrung

Gegenstände, die in einem Strafverfahren beschlagnahmt oder sonst in amtliche Verwahrung genommen worden sind, müssen zur Vermeidung von Schadensersatzansprüchen vor Verlust, Entwertung oder Beschädigung geschützt werden. Die Verantwortung hierfür trifft zunächst den Beamten, der die Beschlagnahme vornimmt; sie geht auf die Stelle (Staatsanwaltschaft oder Gericht) über, der die weitere Verfügung über den verwahrten Gegenstand zusteht. Die Verwaltungsvorschriften der Länder über die Verwahrung sind zu beachten.

75. Herausgabe

I Sachen, deren Einziehung, Verfall oder Unbrauchbarmachung nicht in Betracht kommt, sind vorbehaltlich einer anderen Entscheidung nach § 111 i StPO herauszugeben, sobald sie für das Strafverfahren entbehrlich sind.

II Die Sachen werden an den letzten Gewahrsamsinhaber herausgegeben, es sei denn, daß dieser der Herausgabe an einen anderen zugestimmt hat. Die Absätze 3 bis 5 bleiben unberührt.

III In den Fällen des § 111 k StPO soll der Staatsanwalt die Sache dem Verletzten herausgeben, sofern dessen Ansprüche offensichtlich begründet sind und der letzte Gewahrsamsinhaber der Herausgabe zugestimmt hat; sonst ist ein Gerichtsbeschluß über die Herausgabe herbeizuführen.

IV Stehen der Herausgabe nach Absatz 2 offensichtlich begründete Ansprüche eines Dritten entgegen, so werden die Sachen an diesen herausgegeben. Bestehen lediglich Anhaltspunkte für die Berechtigung eines Dritten, so kann der Staatsanwalt diesem unter Bestimmung einer Frist Gelegenheit zu ihrem Nachweis geben. Läßt der Dritte die Frist ungenutzt verstreichen, so wird der Gegenstand nach Absatz 2 herausgegeben.

V Ergibt sich im Laufe der Ermittlungen zweifelsfrei, daß eine Sache unrechtmäßig in die Hand des letzten Gewahrsamsinhabers gekommen ist, läßt sich der Verletzte aber nicht ermitteln, so ist nach § 983 BGB und den dazu erlassenen Vorschriften zu verfahren.

VI In der Herausgabeanordnung sind die Sachen und der Empfangsberechtigte genau zu bezeichnen. Die Sachen dürfen nur gegen eine Bescheinigung des Empfangsberechtigten oder dessen ausgewiesenen Bevollmächtigten herausgegeben werden. Anordnung und Herausgabe sind aktenkundig zu machen.

76. Beweissicherung

Vor der Notveräußerung, vor der Herausgabe oder bei drohendem Verderb eines Überführungsstückes prüft der Staatsanwalt, ob eine fotografische oder andere kriminaltechnische Sicherung des Überführungsstückes erforderlich ist.

13. Beschlagnahme von Postsendungen

77. Umfang der Beschlagnahme

I In dem Antrag auf Beschlagnahme von Postsendungen und in einer Beschlagnahmeanordnung des Staatsanwalts sind die Briefe, Telegramme und anderen Sendungen nach ihren äußeren Merkmalen so genau zu bezeichnen, daß Zweifel über den Umfang der Beschlagnahme ausgeschlossen sind.

II Der Staatsanwalt prüft, ob die Beschlagnahme aller Postsendungen und Telegramme an bestimmte Empfänger notwendig ist oder ob sie auf einzelne Gattungen von Sendungen, z. B. auf geschlossene Briefe und Postkarten oder auf Pakete und Päckchen, beschränkt werden kann. Durch die Beschränkung und den Umstand, daß andere Sendungen ausgeliefert werden, kann verhindert werden, daß die Beschlagnahme vorzeitig bekannt wird.

III Für die einzelnen Gattungen von Sendungen sollen nur folgende postamtliche Bezeichnungen verwendet werden:

a) Briefsendungen (Briefe, Postkarten, Drucksachen, Massendrucksachen, Briefdrucksachen, Büchersendungen, Blindensendungen, Warensendungen, Wurfsendungen, Päckchen, Drucksachen zu ermäßigter Gebühr);
b) Paketsendungen (Pakete und Postgüter);
c) Postanweisungen, Zahlungsanweisungen und Zahlkarten;
d) Zeitungen, die der Post zum Vertrieb übergeben sind, sowie Zeitungspostsendungen (Postzeitungsgut und Streifbandzeitungen);
e) Telegramme.

IV Auf dem Aktenumschlag ist der Vermerk „Postbeschlagnahme" deutlich anzubringen.

78. Inhalt der Beschlagnahmeanordnung

I Die Beschlagnahme von Postsendungen, die bei einem inländischen Bestimmungsamt für einen bestimmten Empfänger eingehen, z. B. an den Beschuldigten oder an eine von ihm verwendete Deckanschrift, ist in der Regel anderen Möglichkeiten vorzuziehen. Der volle Name, bei häufig wiederkehrenden Namen, zumal in Großstädten, auch andere Unterscheidungsmerkmale, der Bestimmungsort, bei größeren Orten die Straße und die Hausnummer und das Bestimmungsamt, sind anzugeben.

II Bei der Beschlagnahme von Postsendungen nach anderen Merkmalen, z. B. von Sendungen eines bestimmten Absenders, ist das Post-, Fernmelde- oder Telegrafenamt zu bezeichnen, bei dem die Einlieferung der zu beschlagnahmenden Sendungen erwartet wird. Dasselbe gilt, wenn Sendungen an bestimmte Empfänger nicht bei dem Bestimmungsamt, z. B. weil dieses im Ausland liegt, sondern bei anderen Ämtern beschlagnahmt werden sollen. Beschlagnahmen solcher Art sollen nur beantragt werden, wenn sie unentbehrlich sind. In diesen Ausnahmefällen sind alle Merkmale, nach denen die Beschlagnahme ausgeführt werden soll, so genau zu beschreiben, daß kein Zweifel darüber besteht, welche Sendungen die Deutsche Bundespost auszuliefern hat.

III In zweifelhaften oder schwierigen Fällen wird sich der Staatsanwalt vorher mit der Oberpostdirektion oder den selbständigen Ämtern des Post- oder Fernmeldewesens darüber verständigen, wie die Beschlagnahme am zweckmäßigsten durchgeführt wird.

79. Verfahren bei der Beschlagnahme

Die Beschlagnahmeanordnung ist dem zuständigen Post-, Fernmelde- oder Telegrafenamt zu übersenden. Sollen Sendungen bei mehreren Ämtern der Deutschen Bundespost am selben Ort beschlagnahmt werden, so ist bei der Oberpostdirektion festzustellen, welchem Post-, Fernmelde- oder Telegrafenamt die Beschlagnahmeanordnung zu übersenden ist. Kommen mehrere Ämter in verschiedenen Orten in Betracht, so ist jedem von ihnen die Beschlagnahme mitzuteilen; nur wenn sich vorher nicht feststellen läßt, welches Amt beteiligt ist, ist die Oberpostdirektion zu ersuchen, die Beschlagnahmeanordnung dem zuständigen Amt zu übersenden.

80. Aufhebung der Beschlagnahme

I Die Beschlagnahme soll in der Regel von vornherein auf eine bestimmte Zeit (etwa einen Monat) beschränkt werden. Wegen der mit jeder Beschlagnahme verbundenen

Verzögerung der Postzustellung achtet der Staatsanwalt darauf, daß die Beschlagnahme nicht länger als erforderlich aufrechterhalten wird.

II Sobald ein Beschlagnahmebeschluß erledigt ist, beantragt der Staatsanwalt unverzüglich, ihn aufzuheben, und verständigt sofort das Post-, Fernmelde- oder Telegrafenamt.

III Der Vermerk „Postbeschlagnahme" (Nr. 77 Abs. 4) ist zu beseitigen.

81. Postsendungen mit staatsgefährdenden Schriften

Bei Postsendungen mit staatsgefährdenden Schriften ist Nr. 208 zu beachten.

82. Telegramme

I Die Bestimmungen über die Beschlagnahme von Telegrammen bei der Deutschen Bundespost gelten entsprechend für Telegramme im Gewahrsam deutscher Telegrafenämter, die beförderte Telegramme mit der Deutschen Bundespost unmittelbar oder durch Vermittlung eines Dritten abrechnen (§ 13 des Gesetzes über Fernmeldeanlagen – FAG –). Das gleiche gilt für Telegramme im Gewahrsam des Dritten, der die Abrechnung vermittelt.

II Telegrafenämter im Sinne des § 13 FAG sind die dem öffentlichen Verkehr dienenden Seefunkstellen auf deutschen Handelsschiffen.

83. Postgiroverkehr

(aufgehoben)

14. Auskunft über den Post- und Fernmeldeverkehr

84. Postsendungen

Statt einer Beschlagnahme kann der Richter, unter den Voraussetzungen des § 100 StPO auch der Staatsanwalt, von den selbständigen Ämtern des Postwesens Auskunft über Postsendungen verlangen, die von dem Beschuldigten herrühren oder für ihn bestimmt sind. Die Auskunft wird auch über solche Postsendungen erteilt, die sich bei Eingang des Ersuchens nicht mehr im Machtbereich der Postverwaltung befinden.

85. Fernmeldeverkehr

I Auskunft über den vergangenen Fernmeldeverkehr nach § 12 FAG erteilen die Deutsche Bundespost und die in Nr. 82 Abs. 2 genannten Telegrafenämter. Die Auskunft erstreckt sich auch auf Telegramme, die nicht mehr im Gewahrsam der Post sind. In dem Auskunftsersuchen ist die Rechtsgrundlage anzugeben.

II Das Auskunftsverlangen muß Gespräche und Telegramme so genau bezeichnen, daß kein Zweifel über den Gegenstand der Auskunft bestehen kann. Es kann auch durch Telegramm gestellt werden; dabei muß erkennbar sein, daß es von einer zuständigen Stelle ausgeht. Auf ein fernmündliches Verlangen bereitet die Postbehörde die Auskunft vor; sie erteilt sie, wenn das Auskunftsverlangen schriftlich bestätigt worden ist.

III Behörden und Beamte des Polizeidienstes, auch Hilfsbeamte der Staatsanwaltschaft, dürfen Auskünfte nur entgegennehmen, wenn sie eine Ermächtigung des Gerichts oder der Staatsanwaltschaft vorlegen.

IV Für künftige Telegramme bedarf es der Postbeschlagnahme nach §§ 99, 100 StPO.

V Bei der Überwachung und Aufnahme des Fernmeldeverkehrs auf Tonträger (§§ 100 a, 100 b StPO) sind die hierfür bestehenden Richtlinien zu beachten.

15. Öffentliches Interesse bei Privatklagesachen

86. Allgemeines

I Sobald der Staatsanwalt von einer Straftat erfährt, die mit der Privatklage verfolgt werden kann, prüft er, ob ein öffentliches Interesse an der Verfolgung von Amts wegen besteht.

II Ein öffentliches Interesse wird in der Regel vorliegen, wenn der Rechtsfrieden über den Lebenskreis des Verletzten hinaus gestört und die Strafverfolgung ein gegenwärtiges Anliegen der Allgemeinheit ist, z. B. wegen des Ausmaßes der Rechtsverletzung, wegen der Roheit oder Gefährlichkeit der Tat, der niedrigen Beweggründe des Täters oder der Stellung des Verletzten im öffentlichen Leben. Ist der Rechtsfrieden über den Lebenskreis des Verletzten hinaus nicht gestört worden, so kann ein öffentliches Interesse auch dann vorliegen, wenn dem Verletzten wegen seiner persönlichen Beziehung zum Täter nicht zugemutet werden kann, die Privatklage zu erheben, und die Strafverfolgung ein gegenwärtiges Anliegen der Allgemeinheit ist.

III Der Staatsanwalt kann Ermittlungen darüber anstellen, ob ein öffentliches Interesse besteht.

87. Verweisung auf die Privatklage

I Die Entscheidung über die Verweisung auf den Privatklageweg trifft der Staatsanwalt. Besteht nach Ansicht der Behörden oder Beamten des Polizeidienstes kein öffentliches Interesse an der Strafverfolgung, so legen sie die Anzeige ohne weitere Ermittlungen dem Staatsanwalt vor.

II Kann dem Verletzten nicht zugemutet werden, die Privatklage zu erheben, weil er die Straftat nicht oder nur unter großen Schwierigkeiten aufklären könnte, so soll der Staatsanwalt die erforderlichen Ermittlungen anstellen, bevor er den Verletzten auf die Privatklage verweist, z. B. bei Beleidigung durch namenlose Schriftstücke. Dies gilt aber nicht für unbedeutende Verfehlungen.

16. Einstellung des Verfahrens

88. Mitteilung an den Beschuldigten

In der Mitteilung an den Beschuldigten nach § 170 Abs. 2 StPO sind die Gründe der Einstellung nur auf Antrag und dann auch nur soweit bekanntzugeben, als kein schutzwürdiges Interesse entgegensteht. Hat sich herausgestellt, daß der Beschuldigte unschuldig ist oder daß gegen ihn kein begründeter Verdacht mehr besteht, so ist dies in der Mitteilung auszusprechen.

89. Bescheid an den Antragsteller

I Der Staatsanwalt hat dem Antragsteller den in § 171 StPO vorgesehenen Bescheid über die Einstellung auch dann zu erteilen, wenn die Erhebung der öffentlichen Klage nicht unmittelbar bei der Staatsanwaltschaft beantragt worden war.

II Die Begründung der Einstellungsverfügung darf sich nicht auf allgemeine und nichtssagende Redewendungen, z. B. „da eine Straftat nicht vorliegt oder nicht nachgewiesen ist", beschränken. Vielmehr soll in der Regel – schon um unnötige Beschwerden zu vermeiden – angegeben werden, aus welchen Gründen der Verdacht einer Straftat nicht ausreichend erscheint oder weshalb sich sonst die Anklageerhebung verbietet. Dabei kann es genügen, die Gründe anzuführen, die ein Eingehen auf Einzelheiten unnötig machen, z. B., daß die angezeigte Handlung unter kein Strafgesetz fällt, daß die Strafverfolgung verjährt oder aus anderen Gründen unzulässig ist oder daß kein öffentliches Interesse an der Strafverfolgung besteht.

III Auch bei einer Einstellung nach §§ 153 Abs. 1, 153 a Abs. 1, 153 b Abs. 1 StPO erteilt der Staatsanwalt dem Anzeigenden einen mit Gründen versehenen Bescheid.

IV Der Staatsanwalt soll den Einstellungsbescheid so fassen, daß er auch dem rechtsunkundigen Antragsteller verständlich ist.

90. Anhörung von Behörden und öffentlichen Körperschaften

I Hat eine Behörde oder eine öffentliche Körperschaft die Strafanzeige erstattet oder ist sie sonst am Ausgang des Verfahrens interessiert, so soll ihr der Staatsanwalt, bevor er das Verfahren einstellt, die Gründe mitteilen, die für die Einstellung sprechen, und ihr Gelegenheit zur Äußerung geben; zur Vereinfachung können Ablichtungen aus den

Akten beigefügt werden. Stellt der Staatsanwalt entgegen einer widersprechenden Äußerung ein, so soll er in der Einstellungsverfügung auch die Einwendungen würdigen, die gegen die Einstellung erhoben worden sind.

II Hat ein oberstes Staatsorgan des Bundes oder eines Landes die Ermächtigung zur Strafverfolgung nach §§ 90 Abs. 4, 90 b Abs. 2, 97 Abs. 3, 104 a, 194 Abs. 4, 353 a Abs. 2 oder 353 b Abs. 4 StGB erteilt oder Strafantrag wegen Beleidigung gestellt, so ist Nr. 211 Abs. 1 und 3 Buchst. a zu beachten.

91. Bekanntgabe

I Dem Beschuldigten wird die Einstellungsverfügung grundsätzlich formlos durch einfachen Brief bekanntgegeben. Die Mitteilung über die Einstellung wird dem Beschuldigten zugestellt, wenn gegen ihn eine Strafverfolgungsmaßnahme im Sinne des § 2 des Gesetzes über die Entschädigung für Strafverfolgungsmaßnahmen (StrEG) vollzogen worden ist. Wegen der in der Einstellungsnachricht nach diesem Gesetz zu erteilenden Belehrung wird auf die Ausführungsvorschriften zum Gesetz über die Entschädigung für Strafverfolgungsmaßnahmen (Anlage C) verwiesen.

II Die Mitteilung über die Einstellung des Verfahrens ist dem Antragsteller (§ 171 StPO) im Regelfall formlos zu übersenden. Der Staatsanwalt soll die Zustellung nur dann anordnen, wenn im Einzelfall Anhaltspunkte dafür bestehen, daß mit einer Beschwerde und einem Antrag auf Durchführung des Klageerzwingungsverfahren zu rechnen ist.

92. Kostenpflicht des Anzeigenden

Ist ein Verfahren durch eine vorsätzlich oder leichtfertig erstattete unwahre Anzeige veranlaßt worden, so prüft der Staatsanwalt, ob die Kosten des Verfahrens und die dem Beschuldigten erwachsenen notwendigen Auslagen dem Anzeigeerstatter aufzuerlegen sind. Dies gilt auch dann, wenn die unwahren Angaben, die zur Einleitung des Verfahrens geführt haben, bei einer Vernehmung gemacht worden sind.

93. Einstellung nach §§ 153, 153 a StPO

I Hat eine Behörde oder öffentliche Körperschaft Strafanzeige erstattet oder ist sie sonst an dem Verfahren interessiert, so tritt der Staatsanwalt, bevor er die Zustimmung des Gerichts zur beabsichtigten Einstellung einholt, mit ihr in Verbindung. Dies gilt auch für die Zustimmung des Staatsanwalts zu einer Einstellung, die das Gericht beabsichtigt (§§ 153 Abs. 2, 153 a Abs. 2 StPO).

II Hat ein oberstes Staatsorgan des Bundes oder eines Landes die Ermächtigung zur Strafverfolgung nach §§ 90 Abs. 4, 90 b Abs. 2, 97 Abs. 3, 104 a, 194 Abs. 4, 353 a Abs. 2 oder 353 Abs. 4 StGB erteilt oder Strafantrag wegen Beleidigung gestellt, so ist Nr. 211 Abs. 1 zu beachten.

III Bei einer Einstellung nach § 153 a StPO oder der Erklärung seiner Zustimmung dazu prüft der Staatsanwalt, ob eine Wiedergutmachungsauflage (§ 153 a Abs. 1 Nr. 1 StPO) in Betracht kommt.

93 a. Gewinnabschöpfung bei Einstellung nach § 153 a StPO

Bei einer Einstellung nach § 153 a StPO achtet der Staatsanwalt auch darauf, daß die Auflagen einen durch die Straftat erlangten Vermögensvorteil abschöpfen. Hierbei kommt in erster Linie die Erteilung einer Auflage nach § 153 a Abs. 1 Nr. 1 StPO (Wiedergutmachung des durch die Tat verursachten Schadens) in Betracht. Im übrigen sollen unredlich erzielte Vermögensvorteile bei der Festsetzung einer Geldauflage nach § 153 a Abs. 1 Nr. 2 StPO berücksichtigt werden. In geeigneten Fällen können Auflagen miteinander kombiniert werden.

94. Einstellung nach § 153 c Abs. 1 StPO

I In den Fällen des § 153 c Abs. 1 StPO kann der Staatsanwalt nach pflichtgemäßem Ermessen von der Verfolgung absehen. Dies wird insbesondere in Betracht kommen, wenn die in § 153 c Abs. 2 StPO bezeichneten Gründe vorliegen können, wenn eine

Strafverfolgung zu unbilligen Härten führen würde oder ein öffentliches Interesse an der strafrechtlichen Ahndung nicht oder nicht mehr besteht.

II Der Staatsanwalt prüft im Einzelfall, ob völkerrechtliche Vereinbarungen die Verpflichtung begründen, bestimmte außerhalb des räumlichen Geltungsbereichs der Strafprozeßordnung begangene Taten so zu behandeln, als ob sie innerhalb dieses Bereichs begangen wären. Auskunft über derartige Vereinbarungen erteilt der Bundesminister der Justiz.

III Bestehen in den Fällen des § 153 c Abs. 1 StPO Anhaltspunkte dafür, daß die Gründe des § 153 c Abs. 2 StPO gegeben sein könnten, holt der Staatsanwalt unverzüglich die Entscheidung des Generalstaatsanwaltes ein, ob die Tat verfolgt werden soll. Der Generalstaatsanwalt berichtet vor seiner Entscheidung unverzüglich der Landesjustizverwaltung.

IV Können die in § 153 c Abs. 2 StPO bezeichneten Gründe der Strafverfolgung entgegenstehen, so holt der Staatsanwalt unverzüglich die Entscheidung des Generalstaatsanwalts ein, wenn er wegen Gefahr im Verzuge eine Beschlagnahme, eine Durchsuchung oder eine mit Freiheitsentziehung verbundene Maßnahme für erforderlich hält. Der Generalstaatsanwalt unterrichtet vor seiner Entscheidung die Landesjustizverwaltung. Ist eine Entscheidung des Generalstaatsanwalts nicht rechtzeitig zu erlangen, so unterrichtet der Staatsanwalt die Landesjustizverwaltung unmittelbar. Ist auch das nicht möglich, so trifft er selbst die notwendige Entscheidung.

95. Einstellung nach § 153 c Abs. 2 StPO

I Bei Straftaten, die durch eine außerhalb des räumlichen Geltungsbereichs der Strafprozeßordnung ausgeübte Tätigkeit begangen sind, deren Erfolg jedoch innerhalb dieses Bereiches eingetreten ist (Distanztaten), klärt der Staatsanwalt beschleunigt den Sachverhalt und die Umstände auf, die für eine Entscheidung nach § 153 c Abs. 2 StPO von Bedeutung sein können. Er beschränkt sich dabei auf solche Maßnahmen, die den Zweck der Vorschrift nicht gefährden.

II Bestehen Anhaltspunkte dafür, daß die Voraussetzungen des § 153 c Abs. 2 StPO gegeben sein könnten, so holt der Staatsanwalt unverzüglich die Entscheidung des Generalstaatsanwalts ein, ob die Tat verfolgt werden soll. Der Generalstaatsanwalt unterrichtet vor seiner Entscheidung unverzüglich die Landesjustizverwaltung.

III Hält der Staatsanwalt wegen Gefahr im Verzuge eine Beschlagnahme, eine Durchsuchung oder eine mit Freiheitsentziehung verbundene Maßnahme für erforderlich, so gelten Absatz 2 sowie Nr. 94 Abs. 4 Satz 3 und 4 entsprechend.

96. Einstellung nach § 153 c Abs. 3 StPO

In den Fällen des § 153 c Abs. 3 StPO gelten die Nr. 94 und 95 sinngemäß.

97. Einstellung nach § 153 c Abs. 4 StPO

In den Fällen des § 153 c Abs. 4 StPO klärt der Staatsanwalt alle für die Entscheidung des Generalbundesanwalts bedeutsamen Umstände mit größter Beschleunigung, jedoch unter Beschränkung auf solche Maßnahmen, die den Zweck dieser Vorschrift nicht gefährden; er unterrichtet fernmündlich oder fernschriftlich den Generalbundesanwalt unter gleichzeitiger Benachrichtigung des Generalstaatsanwalts. Die Vorgänge reicht er mit einem Begleitschreiben dem Generalbundesanwalt unverzüglich nach; eine Abschrift des Begleitschreibens leitet er dem Generalstaatsanwalt zu. Sind die Akten nicht entbehrlich, so werden dem Generalbundesanwalt Ablichtungen vorgelegt. In Verfahren, die nach § 142 a Abs. 2 und 4 GVG an die Landesstaatsanwaltschaft abgegeben worden sind, ist entsprechend zu verfahren. Fordert der Generalstaatsanwalt die Vorgänge zum Zwecke der Prüfung an, ob die Voraussetzungen für eine Einstellung des Verfahrens nach § 153 c Abs. 1 bis 3 StPO vorliegen, so trifft der Staatsanwalt weitere Verfolgungsmaßnahmen nur im Einverständnis mit dem Generalbundesanwalt.

98. Einstellung nach § 153 d StPO

Ergeben sich für den Staatsanwalt Anhaltspunkte dafür, daß die Voraussetzungen des § 153 d StPO vorliegen, so sind die in Nr. 97 getroffenen Anordnungen zu beachten. Eine Entscheidung des Generalbundesanwalts, solche Straftaten nicht zu verfolgen, bewirkt, daß polizeiliche und staatsanwaltschaftliche Verfolgungsmaßnahmen insoweit zu unterbleiben haben; diese Entscheidung kann schon vor der Einleitung von Verfolgungsmaßnahmen getroffen werden.

99. Benachrichtigung der Polizeidienststellen in den Fällen der §§ 153 c, 153 d StPO

I Wird von der Strafverfolgung nach §§ 153 c, 153 d StPO abgesehen, so kann neben der unverzüglichen Benachrichtigung der Polizeidienststelle, die mit der Sache unmittelbar befaßt ist, die sofortige Benachrichtigung weiterer Polizeidienststellen erforderlich sein, um sicherzustellen, daß Verfolgungsmaßnahmen unterbleiben.

II In derartigen Fällen unterrichtet der Staatsanwalt neben der mit der Sache unmittelbar befaßten Polizeidienststelle unverzüglich den Bundesminister des Innern und nachrichtlich das Bundeskriminalamt, Thaerstraße 11, 65193 Wiesbaden, von seiner Entscheidung, mit der von der Strafverfolgung abgesehen wird. Einen Abdruck der schriftlichen Nachricht erhält die Landesjustizverwaltung/der Bundesminister der Justiz.

III Sieht der Staatsanwalt einstweilen von weiteren Strafverfolgungsmaßnahmen ab, so unterrichtet er unverzüglich die mit der Sache befaßte Polizeidienststelle.

100. Einstellung nach § 153 e StPO

I Die Möglichkeit einer Einstellung des Verfahrens nach § 153 e StPO (gegebenenfalls in Verbindung mit Art. 9 des Vierten Strafrechtsänderungsgesetzes)[1] soll mit dem Beschuldigten und seinem Verteidiger nur erörtert werden, wenn diese selbst Fragen danach stellen oder wenn nach den bereits bekannten Umständen des Einzelfalles deutliche Anhaltspunkte dafür vorliegen, daß eine Anwendung des § 153 e StPO in Betracht kommt und eine Erörterung hierüber aus besonderen Gründen zweckmäßig erscheint. Bei einer solchen Erörterung ist jedoch darauf zu achten, daß sie nicht als Zusicherung einer Einstellung des Verfahrens nach § 153 e StPO mißverstanden wird.

II Der Staatsanwalt legt die Akten dem Generalbundesanwalt vor, wenn Anhaltspunkte dafür bestehen, daß die Einstellung nach § 153 e StPO in Betracht kommt.

101. Einstellung nach § 154 StPO

I Von den Möglichkeiten einer Einstellung nach § 154 Abs. 1 StPO soll der Staatsanwalt in weitem Umfang und in einem möglichst frühen Verfahrensstadium Gebrauch machen. Er prüft zu diesem Zweck vom Beginn der Ermittlungen an, ob die Voraussetzungen für eine Beschränkung des Prozeßstoffes vorliegen. Der Staatsanwalt erteilt der Polizei allgemein oder im Einzelfall die Weisungen, die erforderlich sind, um die Rechtzeitigkeit der Prüfung zu gewährleisten.

II Wird das Verfahren nach § 154 Abs. 1 StPO eingestellt, so gilt für den Bescheid an den Anzeigenden Nr. 89 entsprechend.

III Ist mit Rücksicht auf eine wegen einer anderen Tat zu erwartende Strafe nach § 154 Abs. 1 StPO von der Verfolgung einer Tat abgesehen oder nach § 154 Abs. 2 StPO das Verfahren vorläufig eingestellt worden, so prüft der Staatsanwalt nach Abschluß des wegen dieser Tat eingeleiteten Verfahrens, ob es bei der Einstellung verbleiben kann.

101 a. Einstellung nach § 154 a StPO

I Soweit die Strafverfolgung nach § 154 a StPO beschränkt werden kann, soll der Staatsanwalt von dieser Möglichkeit Gebrauch machen, wenn dies das Verfahren vereinfacht. Nr. 101 Abs. 1 gilt entsprechend.

---

[1] Vgl. Fundstellennachweis A zum Bundesrecht.

II Bei abtrennbaren Teilen einer Tat, die mit anderen in Fortsetzungszusammenhang stehen, wird nach § 154 a Abs. 1 Satz 1 StPO die Verfolgung häufig auf wenige Teilakte beschränkt werden können; eine Beschränkung auf einen einzelnen Teilakt kommt nur dann in Betracht, wenn dieser besonders schwerwiegend ist. In den Fällen des § 154 a Abs. 1 Satz 2 StPO kann die Verfolgung auf einen oder mehrere Teilakte beschränkt werden, wenn die Aufklärung der anderen Teilakte unverhältnismäßig viel Zeit in Anspruch nehmen würde und eine zur Einwirkung auf den Täter und zur Verteidigung der Rechtsordnung ausreichende Bestrafung gewährleistet ist.

III Beschränkungen nach § 154 a StPO werden aktenkundig gemacht; erfolgt die Beschränkung vor Erhebung der öffentlichen Klage, so wird in der Anklageschrift darauf hingewiesen.

IV Nr. 101 Abs. 3 gilt entsprechend.

102. Einstellung zugunsten des Opfers einer Nötigung oder Erpressung

I Eine Einstellung nach § 154 c StPO soll grundsätzlich nur erfolgen, wenn die Nötigung oder die Erpressung strafwürdiger ist als die Tat des Genötigten oder Erpreßten.

II Die Entscheidung, ob zugesichert werden kann, daß das Verfahren eingestellt wird, ist dem Behördenleiter vorzubehalten.

103. Mitteilung an den Anzeigenden

Sieht der Staatsanwalt nach § 154 e StPO von der Erhebung der öffentlichen Klage vorläufig ab, so teilt er dies dem Anzeigenden mit.

104. Vorläufige Einstellung nach § 205 StPO

I Unter den Voraussetzungen des § 205 StPO soll der Staatsanwalt das Ermittlungsverfahren vorläufig einstellen, wenn der Sachverhalt soweit wie möglich aufgeklärt ist und die Beweise, soweit notwendig, gesichert sind; eine förmliche Beweissicherung (§§ 285 ff. StPO) soll indessen nur in wichtigen Fällen stattfinden. Der Staatsanwalt hat in bestimmten, nicht zu lange bemessenen Abständen zu prüfen, ob die Hinderungsgründe des § 205 StPO noch fortbestehen.

II Kann nach dem Ergebnis der Ermittlungen mit einer Eröffnung des Hauptverfahrens auch dann nicht gerechnet werden, wenn die Hinderungsgründe des § 205 StPO wegfallen, so stellt der Staatsanwalt das Verfahren sofort ein.

III Nr. 103 gilt entsprechend.

105. Beschwerde gegen die Einstellungsverfügung

I Einer Beschwerde gegen die Einstellung des Verfahrens kann der Staatsanwalt, der die Einstellung verfügt hat, abhelfen. Werden in der Beschwerde neue und wesentliche Tatsachen oder Beweismittel angeführt, so nimmt er die Ermittlungen wieder auf.

II Geht eine Beschwerde des Verletzten bei dem Staatsanwalt ein, dessen Entscheidung angegriffen wird, so prüft er unverzüglich, ob er ihr abhilft. Hilft er ihr nicht ab, so legt er sie unverzüglich dem vorgesetzten Staatsanwalt (§ 147 GVG) vor. Im Übersendungsbericht legt er dar, aus welchen Gründen er die Ermittlungen nicht wieder aufnimmt; neue Tatsachen oder Beweismittel oder neue rechtliche Erwägungen, welche die Beschwerdeschrift enthält, sind zu würdigen. Werden dem Beschuldigten weitere selbständige Straftaten vorgeworfen, so ist zu berichten, was insoweit bereits veranlaßt oder was nach Rückkunft der Akten beabsichtigt ist. Die Akten sind dem Übersendungsbericht beizufügen oder, wenn sie nicht verfügbar oder nicht entbehrlich sind, nachzureichen.

III Ist die Beschwerde bei dem vorgesetzten Staatsanwalt eingereicht worden und hat er um Bericht oder um Beifügung der Vorgänge ersucht, so ist dieser Auftrag nur auszuführen, wenn die Ermittlungen nicht wieder aufgenommen werden; sonst genügt eine kurze Anzeige über die Wiederaufnahme der Ermittlungen. Kann die Beschwerde nicht sofort geprüft werden, so sind die Gründe hierfür anzugeben, die Akten sind nicht beizufügen.

IV Dem Beschwerdeführer ist die Wiederaufnahme der Ermittlungen mitzuteilen.

V Für die Bekanntgabe des Bescheides des vorgesetzten Staatsanwalts gilt Nr. 91 Abs. 2 entsprechend.

17. Verteidiger

106. Auswahl des Verteidigers

Die Bitte eines Beschuldigten, ihm einen für seine Verteidigung geeigneten Rechtsanwalt zu bezeichnen, ist abzulehnen. Jedoch kann ihm ein nach der Buchstabenfolge geordnetes Verzeichnis der Rechtsanwälte des Landgerichtsbezirks vorgelegt werden, damit er einen Verteidiger selbst auswählt.

107. Referendare als Verteidiger

I Referendare sollen als Verteidiger nur bestellt werden (§ 142 Abs. 2 StPO), wenn nach der Art und der Bedeutung der Strafsache und der Person des Referendars Gewähr für eine sachgemäße Verteidigung besteht. Ist die Mitwirkung eines Verteidigers aus den Gründen des § 140 Abs. 2 StPO notwendig, so wird die Bestellung eines Referendars im allgemeinen nur dann in Betracht kommen, wenn die Tat nicht besonders schwer und die Sach- und Rechtslage nicht besonders schwierig, aber ersichtlich ist, daß der Beschuldigte sich nicht selbst verteidigen kann. Der Gesichtspunkt der Gebührenersparnis soll bei der Bestellung unberücksichtigt bleiben.

II Dem von Amts wegen als Verteidiger bestellten Referendar sind die notwendigen baren Auslagen aus der Staatskasse zu erstatten.

108. Unterrichtung des Verteidigers

Der Verteidiger, der nach § 145 a Abs. 1 StPO als ermächtigt gilt, Zustellungen für den Beschuldigten anzunehmen, ist über § 145 a StPO hinaus über alle Entscheidungen zu unterrichten, die dem Beschuldigten mitgeteilt werden. Der Verteidiger soll dabei neben dem Beschuldigten und gleichzeitig mit diesem unterrichtet werden.

18. Abschluß der Ermittlungen

109.

I Bei der Fertigung des Vermerkes über den Abschluß der Ermittlungen sind die besonderen verfahrensrechtlichen Wirkungen (§§ 141 Abs. 3, 147 Abs. 2 StPO) zu beachten.

II Richtet sich das Verfahren gegen mehrere Beschuldigte, so wird vor dem Vermerk über den Abschluß der Ermittlungen gegen einzelne von ihnen der Stand der Ermittlungen gegen die übrigen zu berücksichtigen sein.

III Der Vermerk über den Abschluß der Ermittlungen ist mit dem Datum und der Unterschrift des Staatsanwalts zu versehen. Richtet sich das Verfahren gegen mehrere Beschuldigte, so muß der Vermerk erkennen lassen, gegen welche Beschuldigten die Ermittlungen abgeschlossen sind.

II. Abschnitt. Anklage

110. Form und Inhalt der Anklageschrift

I Die Anklageschrift muß klar, übersichtlich und vor allem für den Angeschuldigten verständlich sein.

II In der Anklageschrift sind anzugeben:

a) der Familienname und die Vornamen (Rufname unterstrichen), Geburtsname, Beruf, Anschrift, Familienstand, Geburtstag und Geburtsort (Kreis, Bezirk) des Angeschuldigten und seine Staatsangehörigkeit, bei Minderjährigen Namen und Anschriften der gesetzlichen Vertreter;

b) der Verteidiger;
c) der Anklagesatz;
er umfaßt:
die Tat, die dem Angeschuldigten zur Last gelegt wird, sowie Zeit und Ort ihrer Begehung, die gesetzlichen Merkmale der Straftat – gegebenenfalls in vereinfachter Form, z. B. beim Versuch –, die anzuwendenden Strafvorschriften, die Umstände, welche die Anordnung einer Maßnahme (§ 11 Abs. 1 Nr. 8 StGB) rechtfertigen, bei Verletzungen mehrerer Strafvorschriften auch die Angabe, ob Tateinheit oder Tatmehrheit angenommen wird;
d) bei Antragsdelikten ein Hinweis auf den Strafantrag;
e) Hinweise auf Verfolgungsbeschränkungen nach § 154 a StPO;
f) die Zeugen (gegebenenfalls mit den nach § 200 Abs. 1 Satz 3 und 4 StPO zulässigen Einschränkungen) und anderen Beweismittel;
g) das wesentliche Ergebnis der Ermittlungen (§ 200 Abs. 2 StPO) und alle Umstände, die für die Strafbemessung, die Strafaussetzung zur Bewährung, die Verwarnung mit Strafvorbehalt, das Absehen von Strafe, die Nebenstrafe und Nebenfolgen von Bedeutung sein können.

III Die Anklageschrift hat ferner den Antrag auf Eröffnung des Hauptverfahrens und die Angabe des Gerichts zu enthalten, vor dem die Hauptverhandlung stattfinden soll. Sie hat auch den Spruchkörper (z. B. Wirtschaftsstrafkammer, Jugendkammer, Staatsschutzkammer) zu bezeichnen, den der Staatsanwalt als zuständig ansieht.

IV War oder ist der Angeschuldigte in Untersuchungshaft, so sind Ort und Dauer der Haft zu vermerken; dies gilt auch für eine andere Freiheitsentziehung. Zur Frage der Fortdauer ist ein bestimmter Antrag zu stellen. Auf den nächsten von Amts wegen stattfindenden Haftprüfungstermin (§ 117 Abs. 5 StPO) und gegebenenfalls auf den Ablauf der in § 121 Abs. 2 StPO bezeichneten Frist ist hinzuweisen.

111. Auswahl der Beweismittel

I Der Staatsanwalt soll nur die Beweismittel aufführen, die für die Aufklärung des Sachverhalts und für die Beurteilung der Persönlichkeit des Angeschuldigten wesentlich sind.

II Haben mehrere Zeugen über denselben Vorgang im Vorverfahren übereinstimmend ausgesagt, so wird es häufig nicht nötig sein, jeden zu benennen.

III Für Sachverständige gilt Absatz 2 entsprechend. Soweit es zulässig ist, ein schriftliches Gutachten in der Hauptverhandlung zu verlesen (§ 256 Abs. 1 StPO), wird dieses oft ein ausreichendes Beweismittel sein; dies gilt nicht, wenn der Sachverständige ein Gutachten nur unter dem Eindruck der Hauptverhandlung erstatten kann, z. B. über die Schuldfähigkeit oder über besondere seelische oder geistige Eigenschaften des Angeschuldigten oder eines sonstigen Prozeßbeteiligten.

IV Liegt ein Geständnis des Angeschuldigten vor, das zur vollständigen Beurteilung der Tat, auch der Strafbemessung, voraussichtlich ausreicht, so kann auf die Benennung von Zeugen verzichtet werden.

V Der Staatsanwalt darf dem Gericht oder dem Vorsitzenden Akten, Schriftstücke oder Beweisstücke nur vorlegen, wenn er sie gleichzeitig zu Bestandteilen der gerichtlichen Akten erklärt und damit auch dem Verteidiger zugänglich macht. Legt er sie erst in der Hauptverhandlung vor, so hat er sie dadurch zum Gegenstand der Verhandlung zu machen, daß er die Vorlegung auch dem Angeklagten oder dem Verteidiger bekanntgibt.

112. Ermittlungsergebnis

I Auch wenn die Anklage vor dem Strafrichter erhoben wird, soll das wesentliche Ergebnis der Ermittlungen (§ 200 Abs. 2 StPO) in die Anklageschrift aufgenommen werden, wenn die Sach- oder Rechtslage Schwierigkeiten bietet.

II Sind die Akten umfangreich, so soll auf die Aktenstellen und möglichst auch auf die Beweismittel für die einzelnen Tatvorgänge verwiesen werden.

113. Zuständiges Gericht

I Bei der Beurteilung der Frage, ob ein Fall von besonderer Bedeutung vorliegt und deshalb die Anklage beim Landgericht (§ 24 Abs. 1 Nr. 3 GVG) zu erheben ist, prüft der Staatsanwalt, ob die besondere Bedeutung einer Sache sich etwa aus dem Ausmaß der Rechtsverletzung oder den Auswirkungen der Straftat, z. B. nach einer Sexualstraftat, ergibt.

II Erhebt der Staatsanwalt wegen der besonderen Bedeutung des Falles Anklage beim Landgericht, so macht er die Umstände aktenkundig, in denen er die besondere Bedeutung des Falles sieht, sofern diese nicht offensichtlich sind. Satz 1 gilt entsprechend, wenn der Staatsanwalt Anklage zur Wirtschaftsstrafkammer nach § 74 c Abs. 1 Nr. 6 GVG erhebt, weil zur Beurteilung des Falles besondere Kenntnisse des Wirtschaftslebens erforderlich sind.

III Erhebt der Staatsanwalt Anklage beim Landgericht und hält er aus den in § 76 Abs. 2 GVG genannten Gründen die Mitwirkung eines dritten Richters für erforderlich, regt er dies an.

IV Ist die Sache umfangreich, z. B. wegen der großen Anzahl der Angeschuldigten oder Zeugen, und erhebt der Staatsanwalt nicht Anklage beim Landgericht, so beantragt er, einen zweiten Richter beim Amtsgericht zuzuziehen (§ 29 Abs. 2 GVG).

114. Zusammenhängende Strafsachen

Zusammenhängende Strafsachen (§§ 2, 3 StPO) sind in einer Anklage zusammenzufassen (vgl. Nr. 17). Hiervon kann abgesehen werden, wenn die Erhebung der öffentlichen Klage wegen einer Tat durch die Aufklärung der anderen Tat erheblich verzögert würde und wenn gewichtige Interessen der Allgemeinheit oder des Beschuldigten nicht entgegenstehen.

III. Abschnitt. Hauptverfahren

1. Eröffnung des Hauptverfahrens

115.

I Beschließt das Gericht die Anklage mit Änderungen nach § 207 Abs. 2 StPO zuzulassen, so legt es die Akten mit diesem Beschluß der Staatsanwaltschaft vor.

II Reicht der Staatsanwalt nach § 207 Abs. 3 StPO eine neue Anklageschrift ein, so empfiehlt es sich in der Regel, das wesentliche Ergebnis der Ermittlungen darzustellen, wenn ausgeschiedene Teile einer Tat in das Verfahren wieder einbezogen werden oder wenn die ursprüngliche Anklageschrift durch Änderungen im Eröffnungsbeschluß unübersichtlich oder unverständlich geworden ist.

2. Vorbereitung der Hauptverhandlung

116. Anberaumung der Termine

I Die Hauptverhandlung findet grundsätzlich am Sitz des Gerichts statt; nur wenn es wegen der Besonderheit des Falles geboten erscheint, soll sie an einem anderen Ort durchgeführt werden.

II Für die Festsetzung der Terminstage sind die örtlichen Feiertage, auch wenn sie gesetzlich nicht anerkannt sind, von Bedeutung.

III Bei der Festsetzung der Terminsstunden wird den Beteiligten jeder vermeidbare Zeitverlust zu ersparen und daher zu prüfen sein, wie lange die Verhandlung der einzelnen Sachen voraussichtlich dauern wird und in welchen Abständen die einzelnen Termine daher anzuberaumen sind. Sind an einer Verhandlung Personen beteiligt, die außerhalb des Sitzungsortes wohnen, so sind auch die Verkehrsverhältnisse zu berücksichtigen.

IV Ist für die Verhandlung eine längere Zeit (ein ganzer Tag oder mehrere Tage) vorgesehen, so kann es sich empfehlen, die einzelnen Zeugen und Sachverständigen, sofern dies die Hauptverhandlung nicht erschwert, erst für den Zeitpunkt zu laden, in dem sie voraussichtlich benötigt werden (§ 214 Abs. 2 StPO). In geeigneten Fällen kann es zweckmäßig sein, den Zeugen mit der Auflage zu laden, daß er sich zu einem bestimmten Zeitpunkt oder während eines bestimmten Zeitraumes auf Abruf bereithalten möge.

V Stellt sich nachträglich heraus, daß die Verhandlung einer Sache vermutlich länger als vorgesehen dauern wird, so kann es geboten sein, die folgenden Sachen auf eine spätere Terminsstunde zu verlegen und die Beteiligten umzuladen.

117. Ladung und Benachrichtigung

I Die Ladung zur Hauptverhandlung soll dem auf freiem Fuß befindlichen Angeklagten, den Zeugen und den Sachverständigen zugestellt werden, damit sie nachweisbar ist. Bei Zeugen und Sachverständigen kann eine einfachere Form der Ladung gewählt werden.

II Absatz 1 Satz 2 gilt auch für andere Prozeßbeteiligte, soweit gesetzlich nichts anderes bestimmt ist. Ist eine Behörde am Verfahren zu beteiligen, so ist ihr der Termin zur Hauptverhandlung so rechtzeitig mitzuteilen, daß ihre Vertreter sich auf die Hauptverhandlung vorbereiten und die Akten vorher einsehen können.

118. Unterrichtung über die Beweismittel

I Die vom Gericht geladenen Zeugen und Sachverständigen sind dem Angeklagten und der Staatsanwaltschaft in der Regel in der Ladung oder Terminsmitteilung, sonst unverzüglich mitzuteilen (§ 222 Abs. 1 Satz 1 und 3 StPO). Sind sie bereits in der Anklageschrift benannt, so kann auf sie Bezug genommen werden.

II Nach Eingang der Mitteilung nach Absatz 1 Satz 1 prüft der Staatsanwalt, ob Anlaß besteht, von dem unmittelbaren Ladungsrecht (§ 214 Abs. 3 StPO) Gebrauch zu machen; gegebenenfalls unterrichtet er Gericht und Angeklagten (§ 222 Abs. 1 Satz 2 und 3 StPO).

III Dem Angeklagten sollen ferner, um eine Aussetzung oder Unterbrechung nach § 246 Abs. 2 StPO zu vermeiden, mit der Ladung auch die als Beweismittel dienenden Gegenstände angegeben werden, soweit sie nicht in der Anklageschrift bezeichnet sind.

119. Beiakten

Der Eingang von Beiakten, die das Gericht angefordert hat, soll dem Staatsanwalt und dem Verteidiger rechtzeitig mitgeteilt werden, damit sie diese möglichst noch vor der Hauptverhandlung einsehen können.

120. Befreiung des Angeklagten von der Pflicht zum Erscheinen

I Ist die persönliche Anwesenheit des Angeklagten in der Hauptverhandlung entbehrlich, so empfiehlt es sich, ihn über sein Antragsrecht nach § 233 StPO schon vor der Ladung zu belehren.

II Der Staatsanwalt prüft, ob er auf die Terminsnachricht (§ 233 Abs. 3 StPO) verzichten kann.

III Zur Hauptverhandlung ist der Angeklagte zu laden, wenn er nicht ausdrücklich darauf verzichtet hat. In der Ladung ist er darüber zu belehren, daß er zum Erscheinen nicht verpflichtet ist.

121. Kommissarische Vernehmung von Zeugen und Sachverständigen

I Die kommissarische Vernehmung von Zeugen oder Sachverständigen ist zu vermeiden, wenn eine hinreichende Aufklärung nur von der Vernehmung in der Hauptverhandlung zu erwarten ist oder wenn das Gericht aus anderen Gründen gezwungen sein wird, den Zeugen oder Sachverständigen unmittelbar zu vernehmen, z. B. weil die Verlesung der Aussage in der Hauptverhandlung nur unter weiteren Voraussetzungen zulässig ist (vgl. § 223 Abs. 2 in Verbindung mit § 251 Abs. 1 Nr. 3 StPO). Auf Bedenken gegen eine kommissarische Vernehmung hat der Staatsanwalt rechtzeitig hinzuweisen.

II Sind mehrere Zeugen oder Sachverständige bei verschiedenen Gerichten kommissarisch zu vernehmen, so kann es sich empfehlen, die Gerichte möglichst gleichzeitig unter Übersendung von Aktenauszügen um die Vernehmung zu ersuchen.

III Ist die Sache umfangreich, so sollen dem ersuchten Richter die Teile der Akten bezeichnet werden, die für die Vernehmung wichtig sind.

IV Der Staatsanwalt prüft jeweils, ob er auf Terminsnachrichten verzichten kann.

122. Verhandlung in Abwesenheit des Angeklagten bei selbstverschuldeter Verhandlungsunfähigkeit

I Sind Anhaltspunkte dafür vorhanden, daß der Angeklagte vorsätzlich und schuldhaft seine Verhandlungsunfähigkeit herbeiführen und dadurch wissentlich die ordnungsmäßige Durchführung der Hauptverhandlung in seiner Gegenwart verhindern wird (§ 231 a Abs. 1 Satz 1 StPO), so ist ihm möglichst frühzeitig Gelegenheit zu geben, sich vor einem Richter zur Anklage zu äußern (§ 231 a Abs. 1 Satz 2 StPO). Erforderlichenfalls wirkt der Staatsanwalt hierauf hin. In Verfahren von größerer Bedeutung soll der Staatsanwalt von seinem Anwesenheitsrecht Gebrauch machen.

II Kommt eine Verhandlung in Abwesenheit des Angeklagten in Betracht, so wirkt der Staatsanwalt darauf hin, daß
a) dem Angeklagten, der keinen Verteidiger hat, ein Verteidiger bestellt wird (§ 231 a Abs. 4 StPO) und
b) der Beschluß über die Durchführung der Hauptverhandlung in Abwesenheit des Angeklagten so rechtzeitig gefaßt wird, daß die Rechtskraft des Beschlusses vor der Hauptverhandlung eintreten kann.

3. Hauptverhandlung

123. Allgemeines

Der Staatsanwalt vermeidet alles, was auch nur den Schein einer unzulässigen Einflußnahme auf das Gericht erwecken könnte; deshalb soll er den Sitzungssaal nicht gemeinsam mit dem Gericht betreten oder verlassen, sich nicht in das Beratungszimmer begeben und während der Verhandlungspausen sich nicht mit Mitgliedern des Gerichts unterhalten.

124. Äußere Gestaltung der Hauptverhandlung

I Die Hauptverhandlung soll im Sitzungssaal des Gerichts, nicht im Amtszimmer des Richters, durchgeführt werden.

II Pflicht des Staatsanwalts, des Urkundsbeamten und des Verteidigers ist es, schon vor Erscheinen des Gerichts ihren Platz im Sitzungssaal einzunehmen. Beim Eintritt des Gerichts zu Beginn der Sitzung, bei der Vereidigung von Zeugen und Sachverständigen und bei der Verkündung der Urteilsformel erheben sich sämtliche Anwesende von ihren Plätzen. Im übrigen steht es allen am Prozeß Beteiligten frei, ob sie bei der Abgabe von Erklärungen und bei Vernehmungen sitzen bleiben oder aufstehen.

125. Platzzuteilung

I Der Justizwachtmeister hat vor dem Erscheinen des Gerichts und während der Verhandlung dafür zu sorgen, daß die Platzordnung im Gerichtssaal eingehalten wird.

II Der Angeklagte soll in eine umfriedete Anklagebank nur dann verwiesen werden, wenn besondere Umstände vorliegen (z. B. Fluchtgefahr, Störung des Verhandlungsablaufs).

III Für die Presseberichterstatter sollen im voraus geeignete Plätze in ausreichender Zahl bereitgestellt werden.

126. Schöffen

I Der Vorsitzende soll die mitwirkenden Schöffen vor Beginn der Sitzung über die Unfähigkeitsgründe (§§ 31, 32 GVG) und – unter Hinweis auf die einzelnen Strafsachen, die verhandelt werden – über die Ausschließungsgründe (§§ 22, 23, 31 StPO) belehren sowie auf die Umstände hinweisen, die eine Ablehnung wegen Besorgnis der Befangenheit rechtfertigen könnten (§ 24 StPO). Ein Hinweis auf das Merkblatt für Schöffen kann genügen.

II Die Berufsrichter sollen dazu beitragen, daß die Schöffen die ihnen vom Gesetz zugewiesene Aufgabe erfüllen können. Die Verhandlung ist so zu führen, daß die Schöffen ihr folgen können; Förmlichkeiten und Fachausdrücke, die ihnen nicht verständlich sind, müssen erläutert werden.

III Die Anklageschrift darf den Schöffen nicht zugänglich gemacht werden. Ihnen kann jedoch, namentlich in Verfahren mit einem umfangreichen oder schwierigen Sachverhalt, für die Dauer der Hauptverhandlung eine Abschrift des Anklagesatzes nach dessen Verlesung überlassen werden.

127. Pflichten des Staatsanwalts in der Hauptverhandlung

I Der Staatsanwalt wirkt darauf hin, daß das Gesetz beachtet wird. Er sorgt durch geeignete Anträge, Fragen oder Anregungen dafür, daß nicht nur die Tat in ihren Einzelheiten, sondern auch die persönlichen und wirtschaftlichen Verhältnisse des Angeklagten und alle Umstände erörtert werden, die für die Strafbemessung, die Strafaussetzung zur Bewährung, die Verwarnung mit Strafvorbehalt, das Absehen von Strafe, die Nebenstrafe und Nebenfolgen oder die Anordnung von Maßregeln der Besserung und Sicherung, des Verfalls oder sonstiger Maßnahmen (§ 11 Abs. 1 Nr. 8 StGB) bedeutsam sein können. Nummer 4 c ist zu beachten.

II Der Staatsanwalt soll darauf hinwirken, daß ungeeignete oder nicht zur Sache gehörende Fragen zurückgewiesen werden. Dies gilt namentlich dann, wenn sie lediglich auf eine Ausforschung von Privat-, Geschäfts- oder Dienstgeheimnissen hinzielen.

III Der Staatsanwalt wirkt darauf hin, daß die gesetzlichen Möglichkeiten zur Beschleunigung und Vereinfachung der Hauptverhandlung genutzt werden.

128. Wahrung der Ordnung

I Der Staatsanwalt wirkt darauf hin, daß die Hauptverhandlung geordnet abläuft. Obwohl ihm kein förmliches Recht, Ordnungsmittel zu beantragen, zusteht, ist er nicht gehindert, unter Umständen sogar verpflichtet, eine Ungebühr zu rügen und ein Ordnungsmittel anzuregen, vor allem, wenn die Ungebühr mit seiner Amtsausübung in der Verhandlung zusammenhängt. Eine bestimmte Maßnahme soll er grundsätzlich nicht anregen. Ist die Ungebühr auf Ungewandtheit, Unerfahrenheit oder verständliche Erregung zurückzuführen, so wirkt der Staatsanwalt gegebenenfalls darauf hin, daß von einem Ordnungsmittel abgesehen wird.

II Auf Vorgänge, welche die Erforschung der Wahrheit vereiteln oder erschweren können, hat der Staatsanwalt das Gericht unverzüglich hinzuweisen, z. B. wenn ein Zuhörer Aufzeichnungen macht und der Verdacht besteht, daß er sie verwenden will, um einen noch nicht vernommenen Zeugen über den Verlauf der Verhandlung zu unterrichten.

III Der Vorsitzende wird, soweit erforderlich, bei der Aufrechterhaltung der Ordnung in der Hauptverhandlung durch einen Justizwachtmeister unterstützt. Dieser ist für die Dauer der Sitzung möglichst von jedem anderen Dienst freizustellen. Er hat dem Vorsitzenden jede Ungebühr im Sitzungssaal mitzuteilen und bei drohender Gefahr sofort selbständig einzugreifen.

129. Berichterstattung durch Presse und Rundfunk

I Presse, Hörfunk und Fernsehen dürfen in ihrer Berichterstattung nicht mehr beschränkt werden, als das Gesetz und der Zweck der Hauptverhandlung es gebieten. Die

Aufgabe des Gerichts, die Wahrheit zu erforschen, darf nicht vereitelt oder erschwert, das Recht des Angeklagten, sich ungehindert zu verteidigen, nicht beeinträchtigt werden; auch sind die Persönlichkeitsrechte des Angeklagten und anderer Beteiligter, insbesondere auch des Verletzten zu berücksichtigen (vgl. Nr. 23).

II Während der Hauptverhandlung, einschließlich der Urteilsverkündung, sind Ton- und Fernseh-Rundfunkaufnahmen sowie Ton- und Filmaufnahmen zum Zwecke der öffentlichen Vorführung oder Veröffentlichung ihres Inhalts unzulässig.

III Ob und unter welchen Voraussetzungen im Sitzungssaal sonst Ton-, Film- und Bildaufnahmen gemacht werden dürfen, entscheidet der Vorsitzende.

IV Über die Zulässigkeit von Ton-, Film- und Bildaufnahmen im Gerichtsgebäude außerhalb des Sitzungssaales entscheidet der Inhaber des Hausrechts.

V Bei Entscheidungen nach Absatz 3 und 4 sind die Persönlichkeitsrechte der Beteiligten zu berücksichtigen. Wird die Erlaubnis erteilt, so empfiehlt es sich klarzustellen, daß die Rechte der betroffenen Personen unberührt bleiben.

130. Belehrung der Zeugen und Sachverständigen

Die Belehrung der Zeugen und Sachverständigen über die Bedeutung des Eides und über die strafrechtlichen Folgen einer unrichtigen oder unvollständigen Aussage soll in angemessener und wirkungsvoller Form erfolgen. Sie wird im Sitzungsprotokoll vermerkt; der Staatsanwalt wirkt darauf hin, daß dies auch bei Zeugen oder Sachverständigen geschieht, die zu einem späteren Zeitpunkt vorgeladen worden sind.

130 a. Schutz der Zeugen

I Besteht Anlaß zu der Besorgnis, daß durch die Angabe des Wohnortes oder durch die Offenbarung der Identität oder des Wohn- oder Aufenthaltsortes der Zeuge oder eine andere Person gefährdet werden, so prüft der Staatsanwalt, ob Schutzmaßnahmen erforderlich sind. Unter den Voraussetzungen des § 68 Abs. 2 oder 3 StPO wirkt er darauf hin, daß dem Zeugen gestattet wird, seinen Wohnort oder seine Identität nicht preiszugeben. Im Fall des § 172 Nr. 1 a GVG beantragt er den Ausschluß der Öffentlichkeit.

II Für die Vernehmung des Verletzten in der Hauptverhandlung gilt Nr. 19 a Abs. 2 entsprechend.

131. Ausschluß der Öffentlichkeit. Allgemeines

I Unabhängig vom Gericht hat auch der Staatsanwalt zu prüfen, ob es geboten ist, die Öffentlichkeit für die ganze Hauptverhandlung oder für einen Teil auszuschließen. Stellt er einen solchen Antrag, so hat er ihn zu begründen.

II Verpflichtet das Gericht die Anwesenden zur Geheimhaltung nach § 174 Abs. 3 GVG, so empfiehlt es sich, auf die Strafbarkeit eines Verstoßes gegen die Schweigepflicht hinzuweisen (§ 353 d Nr. 2 StGB). Ist zu befürchten, daß geheimzuhaltende Tatsachen über den Kreis der Zeugen und Zuhörer hinaus durch Presse und Rundfunk verbreitet werden, so sollen der Vorsitzende und der Staatsanwalt die Berichterstatter zu einer freiwilligen Beschränkung in ihrem Bericht veranlassen, wenn es nicht geboten ist, auch sie zur Geheimhaltung zu verpflichten. Hält ein Berichterstatter die übernommene Verpflichtung nicht ein, so hat der Staatsanwalt – unbeschadet anderer Maßnahmen – darauf hinzuwirken, daß ihm der Zutritt zu Verhandlungen, in denen die Öffentlichkeit ausgeschlossen ist, nicht mehr gestattet wird.

131 a. Ausschluß der Öffentlichkeit zum Schutz des Verletzten

Wird beantragt, die Öffentlichkeit nach § 171 b GVG auszuschließen, so nimmt der Staatsanwalt dazu in der Regel Stellung. Wird ein Antrag nicht gestellt, liegen aber die Voraussetzungen für einen Ausschluß der Öffentlichkeit vor, so beantragt der Staatsanwalt den Ausschluß, wenn die betroffenen Personen in der Hauptverhandlung nicht anwesend oder vertreten sind oder wenn sie ihr Antragsrecht nicht sachgerecht ausüben können.

132. Ausschluß der Öffentlichkeit wegen Gefährdung der Sittlichkeit

Die Öffentlichkeit wegen Gefährdung der Sittlichkeit auszuschließen, kann schon dann gerechtfertigt sein, wenn Jugendliche durch die öffentliche Erörterung sittlicher Verfehlungen erheblich gefährdet würden. Aus den gleichen Erwägungen kann jugendlichen Personen auch der Zutritt zu einer Verhandlung versagt werden, für die sonst die Öffentlichkeit nicht ausgeschlossen zu werden braucht (§ 175 Abs. 1 GVG).

133. Ausschluß der Öffentlichkeit wegen Gefährdung der öffentlichen Ordnung

I Maßnahmen und Einrichtungen der Polizei und anderer an der Strafverfolgung beteiligter Stellen, die der Verhütung oder der Aufklärung von Straftaten dienen, bleiben vielfach nur wirksam, solange sie geheimgehalten werden können. In öffentlicher Hauptverhandlung soll daher möglichst nicht erörtert werden, mit welchen Mitteln und auf welchem Wege die Polizei die Täter überführt. Läßt sich dies weder vermeiden noch genügend einschränken, so beantragt der Staatsanwalt, für diese Teile der Hauptverhandlung die Öffentlichkeit wegen Gefährdung der öffentlichen Ordnung auszuschließen.

II Das gleiche gilt, wenn Einzelheiten über neue oder eigenartige Begehungsformen von Straftaten, z. B. von Fälschungen, Betrügereien, Vergiftungen oder Einbruchsdiebstählen erörtert werden müssen.

III Auch Bauweise, Einrichtung, Belegung und Sicherheitssystem einer Vollzugsanstalt sollen in der Regel nicht in öffentlicher Hauptverhandlung erörtert werden. Gegebenenfalls wirkt der Staatsanwalt auf den Ausschluß der Öffentlichkeit hin.

134. Feststellung von Eintragungen im Bundeszentralregister

Bei der Erörterung von Eintragungen im Bundeszentralregister oder im Verkehrszentralregister ist darauf zu achten, daß dem Angeklagten durch das Bekanntwerden der eingetragenen Tatsachen keine Nachteile entstehen, die vermeidbar sind oder zur Bedeutung der Straftat außer Verhältnis stehen. Hält der Staatsanwalt abweichend von der Ansicht des Vorsitzenden (§ 243 Abs. 4 Satz 3, 4 StPO) die Feststellung von Eintragungen für geboten, so bleibt es ihm unbenommen, hierüber eine Entscheidung des Gerichts herbeizuführen. Da es der Feststellung etwaiger Eintragungen in der Regel dann nicht bedarf, wenn eine Verurteilung des Angeklagten nicht zu erwarten ist, kann es angebracht sein, einen hierauf gerichteten Antrag bis zum Ende der Beweisaufnahme aufzuschieben.

135. Zeugen und Sachverständige

I Zeugen und Sachverständige, die für die weitere Verhandlung nicht mehr benötigt werden, sollen nach ihrer Vernehmung entlassen werden.

II Kinder und Jugendliche sind möglichst vor anderen Zeugen zu vernehmen. In den Warteräumen sollen sie beaufsichtigt und, soweit möglich, betreut werden. Auch soll ein Zusammentreffen mit dem Angeklagten möglichst vermieden werden.

136. Verdacht strafbarer Falschaussagen

Ergibt sich im Laufe der Verhandlung ein begründeter Verdacht, daß sich ein Zeuge oder ein Sachverständiger einer Eidesverletzung oder einer falschen uneidlichen Aussage schuldig gemacht hat, so beantragt der Staatsanwalt, die beanstandete Aussage zur Feststellung des Tatbestandes für ein künftiges Ermittlungsverfahren zu beurkunden (§ 183 GVG, § 273 Abs. 3 StPO). Er sorgt für die Einleitung eines Ermittlungsverfahrens und veranlaßt, wenn nötig, die vorläufige Festnahme des Zeugen oder Sachverständigen.

137. Unterbrechung und Aussetzung der Hauptverhandlung

I Wird die Hauptverhandlung unterbrochen, so gibt der Vorsitzende den Anwesenden bekannt, wann sie fortgesetzt wird, und weist darauf hin, daß weitere Ladungen nicht ergehen.

II Wird die Verhandlung ausgesetzt und beraumt das Gericht den Termin für die neue Hauptverhandlung sofort an, so kann eine schriftliche Ladung der Zeugen und Sachverständigen dadurch ersetzt werden, daß der Vorsitzende sie unter Hinweis auf die gesetzlichen Folgen ihres Ausbleibens zu dem neuen Termin mündlich lädt. Dies ist im Protokoll zu vermerken. Der Angeklagte und der Verteidiger sind zu dem neuen Termin schriftlich zu laden, der Verteidiger jedoch nur, wenn er nicht auf die Ladung verzichtet.

III Wird die Verhandlung ausgesetzt oder unterbrochen, weil gegen einen Verteidiger ein Ausschließungsverfahren eingeleitet worden ist (§ 138 c Abs. 4 StPO), empfiehlt es sich, dem über die Ausschließung entscheidenden Gericht mit der Vorlage (§ 138 c Abs. 2 StPO) auch die Aussetzung oder Unterbrechung mitzuteilen. Wird die Hauptverhandlung unterbrochen, so ist auch mitzuteilen, an welchem Tag sie spätestens fortgesetzt werden muß.

138. Schlußvortrag des Staatsanwalts

I Der Staatsanwalt erörtert in seinem Schlußvortrag das Gesamtergebnis der Hauptverhandlung und würdigt es tatsächlich und rechtlich. Darüber hinaus weist er in geeigneten Fällen darauf hin, welche Bedeutung der Strafvorschrift für das Gemeinwohl zukommt.

II Hält der Staatsanwalt die Schuld des Angeklagten für erwiesen, so erörtert er auch die Strafzumessungsgründe (§ 46 StGB; vgl. auch Nr. 15) sowie alle Umstände, die für die Strafbemessung, die Strafaussetzung zur Bewährung, die Verwarnung mit Strafvorbehalt, das Absehen von Strafe, die Nebenstrafe und Nebenfolgen oder die Anordnung von Maßregeln der Besserung und Sicherung, des Verfalls, des erweiterten Verfalls oder sonstiger Maßnahmen (§ 11 Abs. 1 Nr. 8 StGB) von Bedeutung sein können. Von einem Antrag auf Anordnung einer Maßregel der Besserung und Sicherung (z. B. eines Berufsverbotes nach § 70 StGB) soll regelmäßig nicht schon im Hinblick auf mögliche Maßnahmen der Verwaltungsbehörden oder der Berufsgerichtsbarkeit abgesehen werden.

III Kommt eine Verwarnung mit Strafvorbehalt (§ 59 StGB) in Betracht, so wägt der Staatsanwalt die besonderen Umstände des Falles gegen das Gebot der Verteidigung der Rechtsordnung ab.

IV Beantragt der Staatsanwalt eine Freiheitsstrafe unter sechs Monaten, so nimmt er dazu Stellung, aus welchen Gründen die Verhängung einer Geldstrafe nicht ausreicht und deshalb eine Freiheitsstrafe unerläßlich ist (§ 47 StGB). Von der Geldstrafe darf nicht allein deshalb abgesehen werden, weil der Angeklagte sie nicht oder nicht sofort zahlen kann. Gegebenenfalls ist eine Anordnung gemäß § 42 StGB zu erörtern.

V Beantragt der Staatsanwalt eine Freiheitsstrafe von nicht mehr als zwei Jahren, so nimmt er dazu Stellung, ob die Voraussetzungen für die Strafaussetzung zur Bewährung vorliegen (§ 56 StGB). Beantragt der Staatsanwalt Verwarnung mit Strafvorbehalt, Strafaussetzung zur Bewährung oder eine Maßregel der Besserung und Sicherung, so schlägt er gegebenenfalls zugleich geeignete Auflagen und Weisungen vor; für Auflagen gelten Nummer 93 Abs. 2 und Nummer 93 a sinngemäß.

VI Hat der Täter sich durch die Tat bereichert oder zu bereichern versucht, nimmt der Staatsanwalt in geeigneten Fällen auch dazu Stellung, ob Geldstrafe neben Freiheitsstrafe zu verhängen ist (§ 41 StGB). In geeigneten Fällen äußert sich der Staatsanwalt auch zur Frage einer Vermögensstrafe nach den §§ 43 a, 52 Abs. 4, 53 Abs. 3 StGB.

VII Besteht Anlaß, vom Angeklagten erlittene Untersuchungshaft oder eine andere Freiheitsentziehung nicht auf die Strafe anzurechnen, so hat sich der Staatsanwalt hierzu zu äußern (vgl. § 51 Abs. 1 Satz 2 StGB). Er hat ferner zu der Frage Stellung zu nehmen, ob der Haftbefehl noch aufrechtzuerhalten oder aufzuheben ist. Hat die Verhandlung Haftgründe gegen den auf freiem Fuß befindlichen Angeklagten ergeben, so beantragt der Staatsanwalt einen Haftbefehl. Untersuchungshaft wegen Verdunkelungsgefahr wird jedoch nach Verkündung des Urteils nur ausnahmsweise in Betracht kommen.

VIII Beim Antrag zum Kostenausspruch beachtet der Staatsanwalt die Ausnahmen von der Haftung für die Auslagen bei bestimmten Untersuchungen (§ 465 Abs. 2 StPO).

139. Anträge zum Freispruch des Angeklagten

I Beantragt der Staatsanwalt, den Angeklagten freizusprechen oder das Verfahren gegen ihn einzustellen, so nimmt er in geeigneten Fällen in seinem Antrag zugleich zur Frage der Auferlegung der Kosten (§§ 467 Abs. 2 Satz 1, 470 StPO) und des Ersatzes der dem Angeklagten erwachsenen notwendigen Auslagen (§§ 467 Abs. 2 Satz 2, Abs. 3, 4, 470 StPO) Stellung.

II Hat die Hauptverhandlung ergeben, daß eine unwahre Anzeige vorsätzlich oder leichtfertig erstattet worden ist, so regt der Staatsanwalt eine Entscheidung nach § 469 StPO an.

III Kann eine Entschädigung nach den §§ 1, 2 StrEG in Betracht kommen, so wirkt der Staatsanwalt darauf hin, daß das Gericht gemäß § 8 des Gesetzes über die Entschädigungspflicht entscheidet. Der Staatsanwalt nimmt unter Berücksichtigung der §§ 3 bis 6 dieses Gesetzes und des § 254 BGB dazu Stellung, ob und in welchem Umfang eine Verpflichtung zur Entschädigung besteht, und vermerkt dies in den Handakten.

140. Mitteilung der Entscheidung

I Von einem rechtskräftigen Urteil sowie von einem in § 268 a StPO genannten Beschluß über Strafaussetzung zur Bewährung ist dem Verurteilten oder Freigesprochenen und, sofern er einen Verteidiger hat, auch diesem eine Abschrift zu übersenden. In Verfahren gegen Jugendliche und Heranwachsende sowie in Staatsschutzsachen kann im Einzelfall hiervon abgesehen werden. Andere Entscheidungen werden auf Antrag übersandt.

II Die Mitteilung nach § 406 d Abs. 1 StPO bewirkt das Gericht, bei Eingang des Antrages nach Abschluß des gerichtlichen Verfahrens die aktenführende Stelle.

141. Form des Urteils

I Im Urteil wird der Angeklagte so genau bezeichnet, wie es für die Anklage vorgeschrieben ist (Nr. 110 Abs. 2 Buchst. a). Werden die Urteilsgründe in die Verhandlungsniederschrift vollständig aufgenommen (§ 275 Abs. 1 Satz 1 StPO) und enthält diese auch die in Nr. 110 Abs. 2 Buchst. a vorgesehenen Angaben, so ist es nicht mehr nötig, das Urteil gesondert abzusetzen. Eine von der Niederschrift getrennte Absetzung der Urteilsgründe allein ist unzureichend. Ergeht das Urteil gegen mehrere Angeklagte, so sind die angewendeten Vorschriften (§ 260 Abs. 5 StPO) für jeden Angeklagten gesondert anzugeben.

II Das Urteil ist unverzüglich abzusetzen. Die in § 275 Abs. 1 Satz 2 StPO bestimmte Frist ist einzuhalten; erforderlichenfalls empfiehlt es sich, den Berichterstatter und gegebenenfalls auch den Vorsitzenden von anderen Dienstgeschäften freizustellen. Ist das Urteil in unterschriebener Form fristgerecht zu den Akten gebracht worden, so kann eine etwa erforderlich werdende Reinschrift auch noch nach Fristablauf hergestellt werden.

III Wird eine Überschreitung der Urteilsabsetzungsfrist durch einen im Einzelfall nicht voraussehbaren unabwendbaren Umstand veranlaßt (§ 275 Abs. 1 Satz 4 StPO), ist es zweckmäßig, die Gründe hierfür aktenkundig zu machen.

142. Belehrung über Rechtsmittel und Rechtsbehelfe

I Ist der Angeklagte bei der Verkündung des Urteils anwesend, so belehrt ihn der Vorsitzende über die zulässigen Rechtsmittel (§ 35 a StPO). Dabei wird dem Angeklagten ein Merkblatt ausgehändigt, auf das wegen der Einzelheiten verwiesen werden kann. Bei einem Angeklagten, der der deutschen Sprache nicht hinreichend mächtig ist, hat die durch den hinzugezogenen Dolmetscher (Nr. 181 Abs. 1) zu vermittelnde Rechtsmittelbelehrung den Hinweis zu enthalten, daß die schriftliche Rechtsmitteleinlegung in deutscher Sprache erfolgen muß. Die Belehrung wird im Protokoll über die Hauptverhandlung vermerkt.

II Der Angeklagte soll nicht veranlaßt werden, im unmittelbaren Anschluß an die Urteilsverkündung zu erklären, ob er auf Rechtsmittel verzichtet. Erklärt er, ein Rechtsmittel einlegen zu wollen, so ist er an die Geschäftsstelle zu verweisen.

III Ist der Angeklagte bei der Verkündung des Urteils abwesend, so ist er über die Einlegung des zulässigen Rechtsmittels schriftlich zu belehren; es genügt, wenn dem zuzustellenden Urteil ein Merkblatt beigefügt und dies in der Zustellungsurkunde vermerkt wird. In den Fällen der §§ 232, 329 Abs. 1 und 2 und des § 412 StPO ist der Angeklagte zugleich über sein Recht zu belehren, die Wiedereinsetzung in den vorigen Stand zu beantragen (§§ 235, 329 Abs. 3 StPO).

143. Beurkundung eines Rechtsmittelverzichts

I Ein unmittelbar nach der Urteilsverkündung erklärter Verzicht auf Rechtsmittel ist im Protokoll zu beurkunden. Es empfiehlt sich, im Protokoll zu vermerken, daß die Erklärung über den Rechtsmittelverzicht verlesen und genehmigt worden ist (§ 273 Abs. 3 StPO).

II Verzichtet ein in Untersuchungshaft befindlicher Angeklagter auf Rechtsmittel, so ist der Zeitpunkt des Verzichts nach Stunde und Minute in das Protokoll aufzunehmen.

144. Die Beurkundung der Hauptverhandlung

I Der Urkundsbeamte hat das Protokoll über die Hauptverhandlung wegen dessen besonderer Bedeutung (§ 274 StPO) sorgfältig abzufassen. Der Vorsitzende überwacht die ordnungsgemäße Beurkundung, namentlich der Förmlichkeiten des Verfahrens (z. B. §§ 265, 303 StPO) und der Beweisanträge. Er prüft das Protokoll auf Richtigkeit und Vollständigkeit und veranlaßt nötige Abänderungen und Ergänzungen. Als Tag der Fertigstellung des Protokolls (§ 271 Abs. 1 Satz 2 StPO) ist der Tag anzugeben, an dem die zweite Urkundsperson das Protokoll unterschreibt.

II Bei der Aufnahme von Zeugenaussagen kann auf amtliche, auch außergerichtliche Niederschriften über eine frühere Vernehmung des Zeugen im Vorverfahren Bezug genommen werden. Ändert oder ergänzt der Zeuge jedoch seine früheren Erklärungen oder bestreitet ein Beteiligter die Richtigkeit der Aussage, so ist es in der Regel geboten, die Aussage vollständig, in den entscheidenden Punkten unter Umständen sogar wörtlich, in das Protokoll aufzunehmen, damit für ein späteres Ermittlungsverfahren wegen einer unrichtigen Aussage ausreichende Unterlagen vorhanden sind. Auf nichtamtliche Niederschriften von Aussagen soll grundsätzlich nicht Bezug genommen werden.

145. Festsetzung der notwendigen Auslagen des Beschuldigten

I Vor dem Erlaß des Festsetzungsbeschlusses soll der Rechtspfleger den Vertreter der Staatskasse hören. Dieser kann zu der von ihm beabsichtigten Äußerung oder zu Einzelfragen eine Stellungnahme des Leiters der Strafverfolgungsbehörde beim Landgericht herbeiführen.

II Der Festsetzungsbeschluß des Rechtspflegers ist dem Vertreter der Staatskasse zuzustellen (§ 464 b Satz 3 StPO, § 212 a ZPO). Dieser prüft, ob gegen den Festsetzungsbeschluß innerhalb der Notfrist von zwei Wochen (§ 104 Abs. 3 Satz 2 ZPO, § 21 Abs. 2 Satz 1 Rechtspflegergesetz) namens der Staatskasse Erinnerung zu erheben ist. Dabei kann er den Leiter der Strafverfolgungsbehörde beim Landgericht beteiligen. Wird von der Erinnerung abgesehen, so teilt der Vertreter der Staatskasse dies dem Rechtspfleger mit. Legt der Vertreter der Staatskasse Erinnerung ein, so beantragt er gleichzeitig, die Vollstreckung des Festsetzungsbeschlusses auszusetzen. Er teilt dem Rechtspfleger unverzüglich die Entscheidung des Gerichts über diesen Antrag mit.

III Die Entscheidung des Gerichts über die Erinnerung wird dem Vertreter der Staatskasse zugestellt. Für die sofortige Beschwerde gegen diese Entscheidung und für den Antrag auf Aussetzung der Vollziehung der angefochtenen Entscheidung gilt Absatz 2 Satz 2 bis 6 entsprechend.

IV Soweit der Rechtspfleger bei der Festsetzung der Auslagen der Stellungnahme des Vertreters der Staatskasse entspricht, ordnet er gleichzeitig mit dem Erlaß des Festsetzungsbeschlusses die Auszahlung an. Die Auszahlung von Auslagen, deren Festsetzung der Vertreter der Staatskasse widersprochen hat, wird bereits vor der formellen Rechtskraft des Festsetzungsbeschlusses angeordnet, wenn

a) die Frist zur Einlegung der Erinnerung oder der sofortigen Beschwerde für den Vertreter der Staatskasse abgelaufen ist,
b) der Vertreter der Staatskasse erklärt hat, daß eine Erinnerung oder ein Rechtsmittel nicht eingelegt werde, oder
c) der Vertreter der Staatskasse Erinnerung oder sofortige Beschwerde eingelegt hat und die Vollstreckung des Kostenfestsetzungsbeschlusses oder die Vollziehung der Entscheidung über die Erinnerung nicht innerhalb einer Woche nach Ablauf der Frist zur Einlegung der Erinnerung oder der sofortigen Beschwerde ausgesetzt wird.

Wird der Kostenfestsetzungsbeschluß nur zum Teil angefochten, so ist der Teil der Auslagen, dessen Festsetzung nicht angefochten ist, sofort zu erstatten; auf dem Auszahlungsbeleg ist auf die Teilanfechtung hinzuweisen.

4. Beschleunigtes Verfahren

146.

I In allen geeigneten Fällen ist die Aburteilung im beschleunigten Verfahren (§ 417 StPO) zu beantragen; dies gilt vor allem, wenn der Beschuldigte geständig ist oder andere Beweismittel zur Verfügung stehen. Das beschleunigte Verfahren kommt nicht in Betracht, wenn Anlaß besteht, die Person des Beschuldigten und sein Vorleben genau zu erforschen oder wenn der Beschuldigte durch die Anwendung dieses Verfahrens in seiner Verteidigung beeinträchtigt werden würde.

II Zur Vereinfachung und Erleichterung des Verfahrens soll der Staatsanwalt die Anklage nach Möglichkeit schriftlich niederlegen, sie in der Hauptverhandlung verlesen und dem Gericht einen Abdruck als Anlage für die Niederschrift übergeben.

IV. Abschnitt. Rechtsmittel

1. Einlegung

147. Rechtsmittel des Staatsanwalts

I Der Staatsanwalt soll ein Rechtsmittel nur einlegen, wenn wesentliche Belange der Allgemeinheit oder der am Verfahren beteiligten Personen es gebieten und wenn das Rechtsmittel aussichtsreich ist. Entspricht eine Entscheidung der Sachlage, so kann sie in der Regel auch dann unangefochten bleiben, wenn eine Rechtsnorm nicht oder nicht richtig angewendet worden ist. Zur Nachprüfung des Strafmaßes ist ein Rechtsmittel nur einzulegen, wenn die Strafe in einem offensichtlichen Mißverhältnis zu der Schwere der Tat steht. Die Tatsache allein, daß ein anderer Beteiligter ein Rechtsmittel eingelegt hat, ist für den Staatsanwalt kein hinreichender Grund, das Urteil ebenfalls anzufechten.

II Von diesen Grundsätzen kann abgewichen werden, wenn ein Gericht in einer häufiger wiederkehrenden, bedeutsamen Rechtsfrage eine nach Ansicht des Staatsanwalts unzutreffende Rechtsauffassung vertritt oder wenn es im Strafmaß nicht nur vereinzelt, sondern allgemein den Aufgaben der Strafrechtspflege nicht gerecht wird.

III Der Staatsanwalt soll ein Rechtsmittel zugunsten des Angeklagten einlegen (§ 296 Abs. 2 StPO), wenn dieser durch einen Verfahrensverstoß oder durch einen offensichtlichen Irrtum des Gerichts benachteiligt worden ist oder wenn die Strafe unter Würdigung aller Umstände des Falles unangemessen hoch erscheint. Daß das Rechtsmittel zugunsten des Angeklagten eingelegt wird, muß deutlich zum Ausdruck gebracht werden.

148. Vorsorgliche Einlegung von Rechtsmitteln

I Nur ausnahmsweise soll ein Rechtsmittel lediglich vorsorglich eingelegt werden. Dies kann in Betracht kommen, wenn es geboten erscheint, die Entschließung der vorgesetzten Behörde herbeizuführen oder wenn das Verfahren eine Behörde besonders berührt und ihr Gelegenheit gegeben werden soll, sich zur Durchführung des Rechtsmittels zu äußern. Nr. 211 Abs. 2 und 3 Buchst. b ist zu beachten.

II In der Rechtsmittelschrift darf nicht zum Ausdruck kommen, daß das Rechtsmittel nur vorsorglich oder auf Weisung eingelegt wird.

III Wird ein Rechtsmittel lediglich vorsorglich eingelegt, so ist in der Rechtsmittelschrift nur die Tatsache der Einlegung mitzuteilen. Wenn so verfahren wird, braucht die Rechtsmittelschrift dem Angeklagten nicht zugestellt zu werden.

149. Unterzeichnung der Rechtsmittelschrift

Der Staatsanwalt hat die Reinschrift der Rechtsmittel- und der Begründungsschrift handschriftlich zu unterzeichnen.

150. Rechtsmittel des Angeklagten zu Protokoll der Geschäftsstelle

I Legt der Angeklagte die Berufung zu Protokoll der Geschäftsstelle ein oder begründet er sie in dieser Form, so ist er zu befragen, ob er das Urteil in seinem ganzen Umfang anfechten oder die Anfechtung auf bestimmte Beschwerdepunkte beschränken will (§ 318 StPO). Das Protokoll muß dies klar erkennen lassen. Wird eine erneute Beweisaufnahme begehrt, so sind neue Beweismittel genau zu bezeichnen. In den Fällen des § 313 Abs. 1 Satz 1 StPO ist der Angeklagte im Hinblick auf die Entscheidung über die Annahme der Berufung nach § 313 Abs. 2 StPO auf die Möglichkeit der Begründung des Rechtsmittels hinzuweisen.

II Rechtfertigt der Angeklagte die Revision zu Protokoll der Geschäftsstelle (§ 345 Abs. 2 StPO), so soll der Rechtspfleger dafür sorgen, daß er die Gerichtsakten, mindestens aber eine Abschrift des angefochtenen Urteils zur Hand hat. Der Rechtspfleger belehrt den Angeklagten über die richtige Art der Revisionsrechtfertigung und wirkt auf eine den gesetzlichen Vorschriften entsprechende Fassung hin. Der Rechtspfleger ist an den Wortlaut und die Form des zur Begründung der Revision Vorgebrachten nicht gebunden, wohl aber an dessen sachlichen Kern. Er nimmt in das Protokoll auch das Vorbringen auf, für das er die Verantwortung ablehnt; er belehrt den Angeklagten über die sich daraus ergebenden Folgen und vermerkt diese Belehrung im Protokoll.

III Das Protokoll muß aus sich heraus verständlich sein. Bezugnahmen auf andere Schriftstücke sind unwirksam. Dies gilt vor allem für handschriftliche Erklärungen des Beschwerdeführers. Diese können auch nicht dadurch zu einer zulässigen Begründung der Revision werden, daß sie äußerlich die Form des Protokolls erhalten oder daß sie in das Protokoll übernommen werden, ohne daß sie der Rechtspfleger geprüft und ihnen eine möglichst zweckmäßige Form gegeben hat.

IV Es ist ein bestimmter Antrag aufzunehmen. Dieser muß erkennen lassen, ob der Beschwerdeführer das Urteil im ganzen anfechten oder ob er die Revision beschränken will; der Umfang der Beschränkung ist genau anzugeben.

V Will der Beschwerdeführer rügen, daß das Strafgesetz nicht richtig angewandt worden sei, so ist die Erklärung aufzunehmen, daß die Verletzung sachlichen Rechts gerügt wird; Zusätze müssen rechtlicher Natur sein. Die allgemeine Sachrüge ist angebracht, wenn dem Revisionsgericht die materielle Überprüfung des Urteils im ganzen ermöglicht werden soll.

VI Wird ein Verfahrensverstoß geltend gemacht, so muß der prozessuale Vorgang, in dem der Mangel gefunden wird, z. B. die Ablehnung eines Beweisantrages oder eines Antrages auf Bestellung eines Verteidigers, genau wiedergegeben werden. Es genügt nicht, auf Aktenstellen Bezug zu nehmen. Wohl aber ist es angebracht, auf die Aktenstellen hinzuweisen, aus denen sich die behaupteten Verfahrenstatsachen ergeben. Wird gerügt, daß die Aufklärungspflicht verletzt worden sei, so müssen auch die angeblich nicht benutzten Beweismittel bezeichnet werden.

151. Empfangsbestätigung

Die Geschäftsstelle hat dem Beschwerdeführer auf Verlangen den Eingang einer Rechtsmittel- oder Begründungsschrift zu bescheinigen. Von Rechtsanwälten kann verlangt werden, daß sie eine vorbereitete Empfangsbescheinigung vorlegen.

2. Verzicht und Rücknahme

152.

I Verzichtet ein Verteidiger auf die Einlegung eines Rechtsmittels oder beschränkt er ein Rechtsmittel von vornherein oder nachträglich auf einen Teil der Entscheidung (Teilverzicht) oder nimmt er ein Rechtsmittel zurück, so ist zu prüfen, ob seine Ermächtigung zum Verzicht oder zur Rücknahme nachgewiesen ist (§ 302 Abs. 2 StPO). Das Ergebnis der Prüfung ist aktenkundig zu machen. Fehlt der Nachweis für die Ermächtigung, so ist sie vom Verteidiger oder vom Angeklagten einzufordern.

II Liegen die Akten bereits dem Rechtsmittelgericht vor, so wird die Rücknahmeerklärung erst wirksam, wenn sie bei dem Rechtsmittelgericht eingeht; daher sind in diesem Falle die Rücknahmeerklärungen, die bei der Staatsanwaltschaft oder beim Gericht des früheren Rechtszuges eingehen, unverzüglich weiterzuleiten. Ist Revision eingelegt, so ist darüber hinaus dem Revisionsgericht oder der Staatsanwaltschaft bei diesem Gericht fernmündlich oder telegrafisch mitzuteilen, daß eine Rücknahmeerklärung eingegangen ist.

III Nimmt der Angeklagte ein Rechtsmittel zurück, so ist der Staatsanwalt (gegebenenfalls auch der Nebenkläger), nimmt der Staatsanwalt oder der Nebenkläger ein Rechtsmittel zurück, so sind der Angeklagte und sein Verteidiger durch das mit der Sache befaßte Gericht zu benachrichtigen, auch wenn ihnen die Rechtsmittelschrift nicht zur Kenntnis gebracht worden ist (Nr. 148 Abs. 3 Satz 2).

3. Verfahren nach der Einlegung

A. Gemeinsame Bestimmungen

153. Beschleunigung

Rechtsmittelsachen sind stets als Eilsachen zu behandeln.

154. Zustellung des Urteils

I Das Urteil, gegen das der Angeklagte ein Rechtsmittel eingelegt hat, ist dem Verteidiger zuzustellen, wenn sich dessen Vollmacht bei den Akten befindet (Wahlverteidiger) oder wenn er zum Verteidiger bestellt worden ist (Pflichtverteidiger). Kann an mehrere Verteidiger rechtswirksam zugestellt werden, so soll die Zustellung nur an einen von ihnen erfolgen. Die weiteren Verteidiger und der Angeklagte sind von der Zustellung zu unterrichten; eine Abschrift des Urteils ist beizufügen.

II Hat der gesetzliche Vertreter des Angeklagten ein Rechtsmittel eingelegt, so wird ihm das Urteil zugestellt. Haben beide das Rechtsmittel eingelegt, so ist das Urteil jedem von ihnen zuzustellen.

155. Antrag auf Wiedereinsetzung in den vorigen Stand

Wenn ein Antrag auf Wiedereinsetzung in den vorigen Stand wegen Versäumung einer Rechtsmittelfrist mit dem Verschulden anderer Personen (Urkundsbeamten, Bediensteten der Vollzugsanstalt, Verteidiger usw.) begründet wird, so ist eine (dienstliche) Äußerung dieser Person herbeizuführen.

156. Rechtsmittelbegründung

I Der Staatsanwalt muß jedes von ihm eingelegte Rechtsmittel begründen, auch wenn es sich nur gegen das Strafmaß richtet.

II Eine Revisionsbegründung, die sich – abgesehen von den Anträgen – darauf beschränkt, die Verletzung sachlichen Rechts zu rügen, genügt zwar den gesetzlichen Erfordernissen; der Staatsanwalt soll aber seine Revision stets so rechtfertigen, daß klar ersichtlich ist, in welchen Ausführungen des angefochtenen Urteils er eine Rechtsverletzung erblickt und auf welche Gründe er seine Rechtsauffassung stützt.

III Stützt der Staatsanwalt seine Revision auf Verletzungen von Verfahrensvorschriften, so sind die formellen Rügen nicht nur mit der Angabe der die Mängel enthaltenen Tatsachen zu begründen (§ 344 Abs. 2 Satz 2 StPO), sondern es sind auch die Aktenstellen, auf die sich die Rügen beziehen, z. B. Teile des Protokolls über die Hauptverhandlung, abschriftlich in der Revisionsrechtfertigung anzuführen.

157. Urteilsabschrift an den Beschwerdegegner

Mit der Zustellung der Berufungs- oder Revisionsschriften ist dem Gegner des Beschwerdeführers, falls noch nicht geschehen, eine Abschrift des Urteils mit Gründen zu übersenden.

B. Berufungsverfahren

158. Benennung von Beweismitteln

Bei Übersendung der Akten an das Berufungsgericht (§ 321 Satz 2 StPO) benennt der Staatsanwalt nur solche Zeugen und Sachverständige, deren Vernehmung zur Durchführung der Berufung notwendig ist.

158 a. Annahmeberufung

I Hat in den Fällen des § 313 Abs. 1 Satz 1 StPO der Angeklagte oder der Nebenkläger Berufung eingelegt, so nimmt der Staatsanwalt gegenüber dem Berufungsgericht zur Frage der Zulässigkeit des Rechtsmittels Stellung und stellt einen Antrag zu der nach den §§ 313 Abs. 2, 322 a StPO zu treffenden Entscheidung.

II In den Fällen des § 313 Abs. 3 StPO (Berufung gegen ein auf Geldbuße, Freispruch oder Einstellung wegen einer Ordnungswidrigkeit lautendes Urteil) gilt Nr. 293 Abs. 2 entsprechend.

C. Revisionsverfahren

159. Zustellung des Urteils an die Staatsanwaltschaft

Wird das Urteil der Staatsanwaltschaft durch Vorlegen der Urschrift (§ 41 StPO) zugestellt, so hat die Geschäftsstelle der Staatsanwaltschaft auf der Urschrift den Tag zu bescheinigen, an dem das Urteil eingegangen ist („Zur Zustellung eingegangen am ..."). Bleibt die Urschrift nicht bei den Akten, so vermerkt die Geschäftsstelle der Staatsanwaltschaft auf der mit der Urschrift vorgelegten, für die Akten bestimmten Ausfertigung des Urteils: „Die Urschrift des Urteils ist zur Zustellung am ... eingegangen". Beide Vermerke sind vom Staatsanwalt zu zeichnen.

160. Akteneinsicht durch den Verteidiger

Während die Frist zur Revisionsbegründung läuft, sind die Akten zur Einsichtnahme durch den Verteidiger bereitzuhalten.

161. Berichtigung des Verhandlungsprotokolls

I Wird beantragt, das Protokoll über die Hauptverhandlung zu berichtigen, so führt der Staatsanwalt eine Erklärung des Vorsitzenden und des Urkundsbeamten herbei.

II Wird – ohne einen förmlichen Antrag auf Berichtigung – nur in der Revisionsbegründung geltend gemacht, daß das Protokoll unrichtig oder unvollständig sei, so wird es sich empfehlen, dies vor der Einsendung der Akten an das Revisionsgericht durch Rückfrage aufzuklären.

162. Gegenerklärung des Staatsanwalts

I Begründet der Angeklagte oder der Nebenkläger seine Revision nur mit der Verletzung des sachlichen Rechts, so kann der Staatsanwalt in der Regel von einer Gegenerklärung (§ 347 Abs. 1 Satz 2 StPO) absehen.

II Wird das Urteil wegen eines Verfahrensmangels angefochten, so gibt der Staatsanwalt eine Gegenerklärung fristgemäß ab, wenn anzunehmen ist, daß dadurch die Prüfung der Revisionsbeschwerden erleichtert wird und zeitraubende Rückfragen und Erörterungen vermieden werden. Die Gegenerklärung soll die Tatsachen, auf die sich die Verfahrensrügen erstrecken, erschöpfend darstellen; die in Betracht kommenden Aktenstellen sind abzulichten oder abschriftlich wiederzugeben. Ausführungen des angefochtenen Urteils, die Gegenstand einer Verfahrensrüge sind, werden in die Gegenerklärung nicht aufgenommen. Wird die Behandlung von Beweisanträgen gerügt, so ist aus dem Protokoll über die Hauptverhandlung festzustellen, ob die Beteiligten auf weitere Beweise verzichtet oder sich mit der Schließung der Beweisaufnahme einverstanden erklärt haben. Trifft dies zu, so ist dieser Teil des Protokolls in der Gegenerklärung wörtlich wiederzugeben. Ist über einen Antrag, namentlich einen Beweisantrag, im Urteil entschieden worden, so ist auf die betreffende Urteilsstelle (nach der Seite der Abschrift) zu verweisen. Bezieht sich die Verfahrensrüge auf einen Vorgang, der aus einem Protokoll über die Hauptverhandlung nicht ersichtlich und auch von dem Sitzungsstaatsanwalt nicht wahrgenommen worden ist, so wird es zweckmäßig sein, über den Vorgang eine Äußerung der Beteiligten herbeizuführen.

III Der Staatsanwalt teilt eine Gegenerklärung dem Beschwerdeführer mit und legt sie dem Gericht vor. Anlagen (dienstliche Äußerungen usw.), auf die Bezug genommen wird, sind der Vorlage an das Gericht beizufügen. Enthält die Gegenerklärung erhebliche neue Tatsachen oder Beweisergebnisse, so ist sie dem Beschwerdeführer zuzustellen. Wird keine Gegenerklärung abgegeben, so braucht das Gericht hiervon nicht unterrichtet zu werden.

IV Der Vorsitzende leitet die Akten der Staatsanwaltschaft zur weiteren Verfügung zu, wenn er von der Gegenerklärung Kenntnis genommen hat oder wenn die Frist (§ 347 Abs. 1 Satz 2 StPO) abgelaufen ist.

163. Übersendung der Akten an das Revisionsgericht

I Die Akten werden dem Revisionsgericht durch die Staatsanwaltschaft bei diesem Gericht vorgelegt. Ist der Bundesgerichtshof zur Entscheidung über die Revision zuständig und betreibt der Staatsanwalt allein oder neben einem anderen Beteiligten die Revision, so werden die Akten über den Generalstaatsanwalt beim Oberlandesgericht geleitet. Dies gilt nicht, wenn das Amt des Staatsanwalts bei dem Oberlandesgericht durch den Generalbundesanwalt ausgeübt wird (§ 142a GVG). Der Vorlage an den Bundesgerichtshof ist ein Übersendungsbericht beizufügen; dies gilt auch für die Vorlage an ein Revisionsgericht eines Landes, soweit nichts anderes bestimmt ist.

II Absatz 1 gilt entsprechend, wenn der Beschwerdeführer Wiedereinsetzung in den vorherigen Stand oder die Entscheidung des Revisionsgerichts nach § 346 Abs. 2 StPO beantragt hat.

III Vor der Übersendung prüft der Staatsanwalt, ob die Zustellungen und Vollmachten in Ordnung sind und veranlaßt, daß alle Mängel beseitigt werden. Ist die Urschrift des Urteils schwer lesbar, so ist eine einwandfreie Ausfertigung oder beglaubigte Abschrift des Urteils beizuheften.

164. Form und Inhalt des Übersendungsberichts

I Der Übersendungsbericht soll folgende Angaben enthalten:

a) die Namen und die zuletzt bekannten vollständigen Anschriften aller Verfahrensbeteiligten (Angeklagte, Verteidiger, gesetzliche Vertreter, Nebenbeteiligte, Einziehungsbeteiligte usw.) sowie die Aktenstellen, aus denen sich Beiordnungen und Vollmachten von Rechtsanwälten ergeben;

b) die Angabe, ob der Angeklagte bei der Verkündung des Urteils anwesend war;
c) das Eingangsdatum und die Aktenstelle der Schriften über die Einlegung und die Begründung der Revision;
d) den Tag der Zustellung des Urteils an den Beschwerdeführer und der Revisionsbegründung an den Gegner des Beschwerdeführers;
e) die Aktenstelle der Gegenerklärung und der Mitteilung der Gegenerklärung an den Beschwerdeführer;
f) die Anzahl der Abschriften der Revisionsentscheidung, die für Mitteilungen gebraucht werden;
g) den Hinweis auf nur örtlich geltende gesetzliche Feiertage, wenn das Ende einer Frist, die für das Revisionsverfahren wesentlich ist, auf einen solchen Tag fällt;
h) den Hinweis auf die Zulassung eines Nebenklägers (§ 396 Abs. 2 StPO) mit Angabe der Aktenstelle;
i) den Hinweis auf einen in Beiakten anberaumten Termin oder auf andere Beschleunigungsgründe, die übersehen werden könnten.

II In Haftsachen ist ferner anzugeben, wo der Angeklagte verwahrt wird. Auf dem Übersendungsbericht ist deutlich sichtbar „Haft" zu vermerken (vgl. Nr. 52). Dieser Vermerk ist durch nähere Angaben (z. B. „Strafhaft in der Sache ...") zu erläutern.

III Auf andere Strafverfolgungsmaßnahmen (vorläufige Entziehung der Fahrerlaubnis, vorläufiges Berufsverbot u. a.), die eine Entschädigungspflicht auslösen könnten, ist hinzuweisen.

IV Legt der Staatsanwalt wegen der Bedeutung der Strafsache oder aus anderen Gründen, z. B. weil gegen den Angeklagten Haftbefehl erlassen ist, Wert darauf, über die Entscheidung des Revisionsgerichts beschleunigt unterrichtet zu werden, so weist er hierauf hin; wird eine besondere Übermittlungsart gewünscht (z. B. Telex, Telefax), so ist dies deutlich hervorzuheben.

165. Anlagen zum Übersendungsbericht

I Für das Revisionsgericht sind beizufügen je eine Ausfertigung oder beglaubigte Abschrift
a) des angefochtenen und jedes weiteren in diesem Verfahren gegen den Angeklagten ergangenen Urteils, sowie eines nach § 346 Abs. 1 StPO ergangenen Beschlusses, wobei einzelne Teile der Entscheidung, die einen anderen Angeklagten oder eine der Revisionsentscheidung nicht unterliegende Straftat betreffen, in der Abschrift ausgelassen werden können,
b) der Schriftstücke über die Einlegung und die Rechtfertigung der Revision, der sonstigen die Revision betreffenden Schriften (Wiedereinsetzungsantrag, Antrag nach § 346 Abs. 2 StPO usw., jeweils versehen mit dem Eingangsdatum), der Gegenerklärung mit den Anlagen und der Erwiderung.

II Kommen für die Entscheidung landesrechtliche oder örtliche Vorschriften in Betracht, die nur in Amts-, Kreis- oder ähnlichen Blättern von örtlicher Bedeutung veröffentlicht sind, so sind Abdrucke oder beglaubigte Abschriften beizufügen.

III Für die Staatsanwaltschaft beim Revisionsgericht sind je eine Ausfertigung oder beglaubigte Abschrift der in den Absätzen 1 und 2 bezeichneten Schriftstücke beizufügen.

166. Übersendung von Überführungsstücken und Beiakten

I Dem Revisionsgericht sind nur die für die Entscheidung über die Revision nötigen Überführungsstücke und Akten zu übersenden, z. B. die Akten, die für die Nachprüfung von Prozeßvoraussetzungen oder für die Anwendung der §§ 66, 69, 70 StGB von Bedeutung sind.

II Schriftstücke, Skizzen und Lichtbilder, auf die in dem angefochtenen Urteil Bezug genommen ist oder die zum besseren Verständnis des Urteils beitragen (z. B. Verkehrsunfallskizzen, Lichtbilder), sind zu übersenden. Welche anderen Überführungsstücke und Akten zu übersenden sind, entscheidet der Staatsanwalt.

167. Beschleunigung

Ist über Haft-, Dienstaufsichts- oder sonstige Beschwerden oder über Anträge auf Festsetzung von Kosten, Vergütungen oder Entschädigungen zu entscheiden, sind Gnadengesuche von Mitverurteilten zu bearbeiten oder ist gegen diese die Strafvollstreckung einzuleiten, so ist zu prüfen, ob diese Entscheidungen aufgrund von Aktenteilen, die für das Revisionsgericht entbehrlich sind, oder aufgrund von Abschriften oder Ablichtungen getroffen werden können. Ist dies nicht der Fall, so ist zu erwägen, ob die Angelegenheit bis zur Rückkunft der Akten aus der Revisionsinstanz zurückgestellt werden kann. Eine Zurückstellung unterbleibt bei Vollstreckungsmaßnahmen und Gnadenverfahren.

168. Überprüfung durch den Generalstaatsanwalt und Rücknahme der Revision

I Ist zur Entscheidung über die Revision der Staatsanwaltschaft der Bundesgerichtshof zuständig, so prüft der Generalstaatsanwalt beim Oberlandesgericht, ob die Förmlichkeiten beachtet worden sind und ob die Revision durchgeführt werden soll. Hält er sie nicht für angebracht oder verspricht er sich von ihr keinen Erfolg, so nimmt er die Revision entweder selbst zurück oder weist die Staatsanwaltschaft an, sie zurückzunehmen. Bei der Weiterleitung der Akten soll der Generalstaatsanwalt zum Ausdruck bringen, ob er der Revisionsbegründung beitritt oder aus welchen anderen Gründen er die Revision durchzuführen wünscht.

II Absatz 1 gilt entsprechend, wenn das Oberlandesgericht zur Entscheidung über die Revision zuständig ist.

169. Rückleitung der Akten

I Nach Erledigung der Revision werden die Akten über den Generalstaatsanwalt beim Oberlandesgericht an die Staatsanwaltschaft zurückgeleitet. Die Akten werden unmittelbar an die Staatsanwaltschaft zurückgeleitet, wenn lediglich der Angeklagte Revision eingelegt und der Generalstaatsanwalt bei dem Oberlandesgericht darauf verzichtet hat, daß die Akten über ihn zurückgeleitet werden.

II In Haftsachen ist die Rückleitung zu beschleunigen; der Zeitpunkt, zu dem das Urteil rechtskräftig geworden ist, soll nach Stunde und Minute angegeben und dem Staatsanwalt, wenn nötig, fernmündlich oder in der von ihm sonst gewünschten Art im voraus mitgeteilt werden.

III In den Fällen der Nr. 164 Abs. 3 sind die Akten beschleunigt zurückzusenden. Dasselbe gilt, wenn die Befugnis zuerkannt worden ist, die Verurteilung innerhalb einer Frist öffentlich bekanntzumachen.

V. Abschnitt. Wiederaufnahme des Verfahrens

170. Allgemeines

I Der Staatsanwalt, der die Anklage oder die Antragsschrift verfaßt hat oder der an der Hauptverhandlung gegen den Verurteilten teilgenommen hat, soll in der Regel in dem von dem Verurteilten beantragten Wiederaufnahmeverfahren nicht mitwirken.

II Der Generalstaatsanwalt beim Oberlandesgericht soll im Wiederaufnahmeverfahren von seiner Befugnis gemäß § 145 Abs. 1 GVG, die Amtsverrichtungen der Staatsanwaltschaft selbst zu übernehmen oder mit ihrer Wahrnehmung einen anderen als den zunächst zuständigen Beamten (§§ 140 a, 143 GVG) zu beauftragen, nur in besonders begründeten Ausnahmefällen Gebrauch machen.

171. Erneuerung der Hauptverhandlung

I Ist die Wiederaufnahme des Verfahrens angeordnet, so muß in der Regel eine neue Hauptverhandlung stattfinden, weil nur so die meist vorhandenen Widersprüche geklärt und das gesamte Beweismaterial umfassend gewürdigt werden kann und weil nur dadurch gesichert ist, daß die Umstände, die für die frühere Verurteilung maßgebend waren, neben dem Ergebnis der neuen Beweisaufnahme gebührend berücksichtigt werden. Der Staatsanwalt wird deshalb einem Freispruch ohne neue Hauptverhandlung nur ausnahmsweise zustimmen können.

II Eine solche Ausnahme kann vorliegen, wenn einwandfrei festgestellt ist, daß der Verurteilte zur Zeit der Tat geisteskrank war, oder wenn seine Unschuld klar zutage tritt und es wegen der besonderen Umstände des Falles unzweckmäßig ist, die Hauptverhandlung zu erneuern; jedoch ist zu berücksichtigen, daß der Verurteilte mitunter ein berechtigtes Interesse daran hat, daß seine Ehre in öffentlicher Verhandlung wiederhergestellt wird.

VI. Abschnitt. Beteiligung des Verletzten am Verfahren

1. Privatklage

172. Übernahme der Verfolgung durch den Staatsanwalt

I Legt das Gericht dem Staatsanwalt die Akten nach § 377 Abs. 1 Satz 2 StPO vor oder erwägt der Staatsanwalt von sich aus, die Verfolgung zu übernehmen, hält er aber noch weitere Ermittlungen für nötig, so teilt er dies dem Gericht mit und ersucht, die Entscheidung nach § 383 StPO zurückzustellen.

II Übernimmt der Staatsanwalt die Verfolgung (vgl. Nr. 86), so teilt er dies dem Gericht und dem Privatkläger mit; der Privatkläger ist zugleich auf eine etwa bestehende Nebenklagebefugnis und auf die Kostenfolge des § 472 Abs. 3 Satz 2 StPO hinzuweisen. Hält der Staatsanwalt später die Einstellung des Verfahrens für angezeigt, so legt er dem Gericht seine Auffassung dar und beantragt, das Hauptverfahren nicht zu eröffnen. Verneint er das öffentliche Interesse an weiterer Verfolgung, so gibt er die Akten dem Gericht mit einem entsprechenden Vermerk zurück.

2. Entschädigung des Verletzten

173. Unterrichtung des Verletzten über das Entschädigungsverfahren

Der Staatsanwalt soll den Verletzten oder dessen Erben auf die Möglichkeit, einen Entschädigungsanspruch nach den §§ 403 ff. StPO geltend zu machen, hinweisen. Dabei wird der Verletzte über die Möglichkeit der Prozeßkostenhilfe (§ 404 Abs. 5 StPO), Form und Inhalt des Antrags (§ 404 Abs. 1 StPO) und über das Recht auf Teilnahme an der Hauptverhandlung (§ 404 Abs. 3 StPO) zu belehren sein. Auch wird er darauf hinzuweisen sein, daß es sich in der Regel empfiehlt, den Antrag möglichst frühzeitig zu stellen, daß er seinen Anspruch, soweit er ihm nicht zuerkannt wird, noch im Zivilrechtsweg verfolgen kann (§ 406 Abs. 3 StPO) und daß das Gericht aus bestimmten Gründen von der Entscheidung über den Antrag absehen kann (§ 405 StPO).

174. Stellung des Staatsanwalts im Entschädigungsverfahren

I Der Staatsanwalt nimmt zum Entschädigungsantrag nur Stellung, wenn dies nötig ist, um die Tat strafrechtlich zutreffend zu würdigen oder um einer Verzögerung des Strafverfahrens vorzubeugen.

II Der Staatsanwalt hat den bei ihm eingegangenen Entschädigungsantrag dem Gericht beschleunigt zuzuleiten, weil die Rechtswirkungen des Antrags (§ 404 Abs. 2 StPO) erst eintreten, wenn dieser bei Gericht eingegangen ist.

VII. Abschnitt. Besondere Verfahrensarten

1. Verfahren bei Strafbefehlen

175. Allgemeines

I Erwägt der Staatsanwalt, den Erlaß eines Strafbefehls zu beantragen, so vermerkt er den Abschluß der Ermittlungen in den Akten (vgl. Nr. 109).

II Der Erlaß eines Strafbefehls soll nur beantragt werden, wenn der Aufenthalt des Beschuldigten bekannt ist, so daß in der regelmäßigen Form zugestellt werden kann. Sonst ist das Verfahren vorläufig einzustellen oder, wenn sich die Abwesenheit des Beschuldigten erst nach dem Antrag auf Erlaß des Strafbefehls herausgestellt hat, die vorläufige Einstellung des Verfahrens (§ 205 StPO) zu beantragen.

III Im übrigen soll von dem Antrag auf Erlaß eines Strafbefehls nur abgesehen werden, wenn die vollständige Aufklärung aller für die Rechtsfolgenbestimmung wesentlichen Umstände oder Gründe der Spezial- oder Generalprävention die Durchführung einer Hauptverhandlung geboten erscheinen lassen. Auf einen Strafbefehlsantrag ist nicht schon deswegen zu verzichten, weil ein Einspruch des Angeschuldigten zu erwarten ist.

IV Bei verhafteten oder vorläufig festgenommenen Personen ist zu prüfen, ob das beschleunigte Verfahren nach § 417 StPO eine raschere Erledigung ermöglicht.

175 a. Strafbefehl nach Eröffnung des Hauptverfahrens

Ein Antrag auf Erlaß eines Strafbefehls nach Eröffnung des Hauptverfahrens (§ 408 a Abs. 1 Satz 1 StPO) kommt namentlich in Betracht, wenn

a) der Angeklagte mit bekanntem Aufenthalt im Ausland wohnt, seine Einlieferung zur Durchführung der Hauptverhandlung aber nicht möglich oder nicht angemessen wäre,
b) der Angeklagte der Hauptverhandlung entschuldigt fernbleibt, weil er infolge einer längeren Krankheit an ihr nicht teilnehmen kann, obwohl seine Verhandlungsfähigkeit im übrigen nicht beeinträchtigt ist,
c) der Angeklagte der Hauptverhandlung fernbleibt und nicht nach § 232 StPO ohne ihn verhandelt werden kann oder
d) der unmittelbaren Beweisaufnahme in der Hauptverhandlung erhebliche Hinderungsgründe entgegenstehen und die Voraussetzungen des § 251 Abs. 2 Satz 2 StPO nicht vorliegen, der Sachverhalt aber nach dem Akteninhalt genügend aufgeklärt erscheint.

176. Anträge

I Zur Vereinfachung und Beschleunigung des Geschäftsgangs hat der Staatsanwalt, wenn nicht besondere Umstände ein abweichendes Verfahren rechtfertigen, den Strafbefehlsantrag so zu stellen, daß er einen Strafbefehlsentwurf einreicht und beantragt, einen Strafbefehl dieses Inhalts zu erlassen. In den Fällen des § 407 Abs. 2 Satz 2 StPO schlägt er gegebenenfalls zugleich geeignete Auflagen und Weisungen vor; für Auflagen gelten Nr. 93 Abs. 3 und Nr. 93 a sinngemäß.

II Dem Entwurf ist die zur Zustellung des Strafbefehls und für etwa vorgeschriebene Mitteilungen nötige Zahl von Durchschlägen beizufügen.

177. Fassung des Strafbefehlsentwurfs

I Der Strafbefehlsentwurf muß klar, übersichtlich und leicht verständlich sein. Er darf sich nicht darauf beschränken, die Straftat formelhaft mit den Worten des Gesetzes zu bezeichnen.

II Soll die Fahrerlaubnis nicht entzogen oder eine Sperre für ihre Erteilung nicht angeordnet werden, obwohl dies nach der Art der Straftat in Betracht kommt, so müssen die Gründe dafür im Strafbefehlsentwurf angegeben werden (vgl. § 409 Abs. 1 Satz 3 StPO).

178. Prüfung durch den Richter

I Hat der Richter Bedenken, ohne Hauptverhandlung zu entscheiden, oder will er von der rechtlichen Beurteilung im Strafbefehlsantrag abweichen oder eine andere als die beantragte Rechtsfolge festsetzen (§ 408 Abs. 3 Satz 2 StPO), so teilt er vor einer Entscheidung über die Anberaumung der Hauptverhandlung seine Auffassung dem Staatsanwalt mit und bittet ihn um Äußerung.

II Tritt der Staatsanwalt der Auffassung des Richters bei, so gibt er die Akten mit einem entsprechenden Vermerk und dem abgeänderten Strafbefehlsantrag zurück. Sonst erklärt er, daß er seinen Antrag aufrecht erhalte.

III Verfährt der Richter nach § 408 Abs. 1 Satz 2 StPO, so legt der Staatsanwalt seine Auffassung über die Zuständigkeit bei Weiterleitung der Akten dar.

IV Der Beschluß, durch den der Antrag auf Erlaß eines Strafbefehls zurückgewiesen wird, ist dem Angeschuldigten mitzuteilen, wenn das Verfahren durch den Beschluß abgeschlossen wird.

179. Zustellung

I Der Strafbefehl muß dem Angeklagten förmlich zugestellt werden, wenn er ihm nicht von dem Richter bekannt gemacht worden ist (§§ 35, 409 StPO). Es genügt nicht, daß ein Beamter der Geschäftsstelle dem Beschuldigten den Strafbefehl eröffnet.

II Ist der Angeklagte verhaftet, so ist der Zeitpunkt der Zustellung und, falls auf Einspruch verzichtet wird, auch der des Verzichts nach Stunde und Minute festzustellen.

III Hat der Angeklagte einen gesetzlichen Vertreter, so wird diesem eine Abschrift des Strafbefehls übersandt (§ 409 Abs. 2 StPO).

2. Selbständiges Verfahren bei Verfall und Einziehung

180.

I Für das selbständige Verfahren nach den §§ 440 ff. StPO (z. B. in den Fällen des § 76 a StGB) besteht kein Verfolgungszwang.

II Soweit die Möglichkeit besteht, auf durch die Straftat erlangte Vermögensvorteile zuzugreifen, beantragt der Staatsanwalt die selbständige Anordnung des Verfalls.

III Ist es wegen der Bedeutung oder der Schwierigkeit der Sache oder im Interesse eines Beteiligten geboten, so beantragt der Staatsanwalt, auf Grund mündlicher Verhandlung zu entscheiden.

IV Sind keine Beteiligten vorhanden oder haben sie – gegebenenfalls nach Hinweis auf die Rechtslage – auf ihre Rechte und auf die Durchführung des selbständigen Verfahrens verzichtet oder kommt ihre Befragung nicht in Betracht, so kann der Gegenstand in der Regel formlos aus dem Verkehr entfernt werden. Der Staatsanwalt leitet auch in diesen Fällen das selbständige Verfahren ein, wenn die Herbeiführung einer gerichtlichen Entscheidung wegen der tatsächlichen oder rechtlichen Schwierigkeit oder sonstigen Bedeutung der Sache zweckmäßig ist.

VIII. Abschnitt. Verfahren gegen sprachunkundige Ausländer

181.

I Bei der ersten verantwortlichen Vernehmung eines Ausländers ist aktenkundig zu machen, ob der Beschuldigte die deutsche Sprache soweit beherrscht, daß ein Dolmetscher nicht hinzugezogen zu werden braucht.

II Ladungen, Haftbefehle, Strafbefehle, Anklageschriften und sonstige gerichtliche Sachentscheidungen sind dem Ausländer, der die deutsche Sprache nicht hinreichend beherrscht, mit einer Übersetzung in eine ihm verständliche Sprache bekanntzugeben.

IX. Abschnitt. Akteneinsicht, Auskünfte und Erteilung von Abschriften

182. Geltungsbereich

I Soweit gesetzlich nichts anderes bestimmt ist (z. B. in den §§ 147, 385, 397, 406 e StPO, §§ 3 ff. SGB X), gelten für die Akteneinsicht die folgenden Vorschriften.

II Die Vorschriften über die Akteneinsicht gelten sinngemäß für die Erteilung von Auskünften und die Überlassung von Abschriften oder Ablichtungen aus den Akten, soweit nicht eine besondere Regelung getroffen ist.

III Bei Verschlußsachen ist Nr. 213 zu beachten.

183. Zuständigkeit für die Gewährung der Akteneinsicht

Über die Akteneinsicht entscheidet

a) im vorbereitenden Verfahren und nach Einstellung des Ermittlungsverfahrens der Staatsanwalt,
b) in der Zeit vom Eingang der Anklage bei Gericht bis zum rechtskräftigen Abschluß des Verfahrens der Vorsitzende des jeweils mit der Sache befaßten Gerichts,
c) nach dem rechtskräftigen Abschluß des gerichtlichen Verfahrens die Justizverwaltungsbehörde, bei der oder auf deren Veranlassung die Akten verwahrt werden. Befinden sich die Akten im Gewahrsam des Gerichts, so soll in Zweifelsfällen der Staatsanwalt gehört werden.

184. *(gestrichen)*

185. Grundsätze für die Akteneinsicht

I Gerichten, Staatsanwaltschaften, den obersten Bundes- und Landesbehörden und höheren Verwaltungsbehörden wird Akteneinsicht gewährt.

II Andere Behörden und öffentliche Körperschaften erhalten auf Ersuchen Akteneinsicht, wenn sie ihr berechtigtes Interesse darlegen. In Fällen, in denen

a) das Verfahren eingestellt wurde,
b) der Angeklagte freigesprochen wurde,
c) die Eintragung über die Verurteilung im Bundeszentralregister getilgt ist oder
d) die Verurteilung nicht in das Führungszeugnis aufgenommen wird und eine Stelle die Akteneinsicht begehrt, die nach den §§ 41, 61 BZRG keine Auskunft aus dem Zentralregister oder dem Erziehungsregister erhält, es sei denn, daß seit der Rechtskraft der Entscheidung nicht mehr als 3 Jahre verstrichen sind,

wird die Akteneinsicht versagt, wenn dem Interesse an der Einsichtnahme ein höheres Interesse des Betroffenen, namentlich an seiner Resozialisierung, entgegensteht. Bestehen Bedenken gegen die Akteneinsicht, so ist zu prüfen, ob eine Auskunft aus den Akten erteilt werden kann.

III Einem bevollmächtigten Rechtsanwalt oder Rechtsbeistand wird Akteneinsicht gewährt, wenn er ein berechtigtes Interesse (z. B. für die Prüfung bürgerlich-rechtlicher Ansprüche oder für die Vorbereitung eines Verwaltungsstreitverfahrens) darlegt und wenn sonst Bedenken nicht bestehen.

IV Privatpersonen und privaten Einrichtungen wird die Akteneinsicht grundsätzlich versagt. Einfach und schnell zu erledigende Auskünfte können – in Ausnahmefällen gegebenenfalls durch Übersendung von Abschriften oder Ablichtungen – Privatpersonen oder privaten Einrichtungen erteilt werden, wenn ein berechtigtes Interesse an der Auskunftserteilung dargelegt ist und wenn sonst Bedenken nicht bestehen.

185 a. Akteneinsicht für wissenschaftliche Vorhaben

I Für wissenschaftliche Vorhaben wird Akteneinsicht gewährt, wenn und soweit deren Bedeutung dies rechtfertigt, der Verwaltungsaufwand vertretbar ist und die Gewähr besteht, daß ein Mißbrauch der erlangten Erkenntnisse nicht zu befürchten ist. Die Gewährung von Akteneinsicht kann mit Auflagen verbunden werden; in der Regel ist die Auflage zu erteilen, daß die Akten nicht an Dritte weitergegeben werden dürfen und daß Hinweise auf Verfahrensbeteiligte oder auf Tatsachen, die zu ihrer Identifizierung führen können, zu vermeiden sind.

II Im vorbereitenden Verfahren und in Verfahren mit sicherheitsrelevanten Bezügen wird Akteneinsicht grundsätzlich nicht gewährt.

III Über die Akteneinsicht für wissenschaftliche Vorhaben entscheidet in den Fällen der Nummer 183 Buchstabe a der Behördenleiter; dies gilt auch in den Fällen der Nummer 183 Buchstabe c, soweit die Akten bei der Staatsanwaltschaft verwahrt werden. Betrifft das Vorhaben mehrere Staatsanwaltschaften, so entscheidet die gemeinschaftliche übergeordnete Behörde.

IV Die Entscheidung über die Gewährung von Akteneinsicht an Institute oder Personen, die ihren Sitz oder Wohnsitz außerhalb des Geltungsbereichs der Strafprozeßordnung haben, bedarf der Genehmigung der obersten Dienstbehörde.

186. Vorrang der Verfahrensbearbeitung

Durch die Akteneinsicht dürfen Verfahren nicht unangemessen verzögert werden.

187. Umfang der Akteneinsicht

I Die Akteneinsicht kann auf einzelne Aktenteile beschränkt werden, wenn dies im öffentlichen Interesse liegt oder dadurch die Bloßstellung einer Privatperson vermieden werden kann.

II Von der Einsicht sind die Handakten der Staatsanwaltschaft und andere innerdienstliche Vorgänge auszuschließen. In Akten einer anderen Verwaltung darf nur mit deren ausdrücklicher Zustimmung Einsicht gewährt werden.

III Befindet sich eine Registerauskunft bei den Akten, ist Nr. 16 Abs. 2 Satz 2 zu beachten.

188. Bescheid an den Antragsteller

I Wird die Akteneinsicht versagt, so wird dem Antragsteller ein kurzer Bescheid erteilt. Hat der Antragsteller ein berechtigtes Interesse an der Akteneinsicht dargelegt, so muß der Bescheid erkennen lassen, daß dieses Interesse gegen entgegenstehende Interessen abgewogen worden ist.

II Ist der Antrag von einer Privatperson oder einer privaten Einrichtung gestellt worden, so ist in geeigneten Fällen auf die Möglichkeit der Akteneinsicht durch einen bevollmächtigten Rechtsanwalt hinzuweisen.

189. Überlassung der Akten

I Behörden und Gerichten werden die Akten übersandt.

II Rechtsanwälten und Rechtsbeiständen sollen auf Antrag die Akten mit Ausnahme der Beweisstücke zur Einsichtnahme mitgegeben oder übersandt werden, soweit nicht wichtige Gründe entgegenstehen.

III Im übrigen ist die Akteneinsicht grundsätzlich nur in den Diensträumen der Staatsanwaltschaft oder des Gerichts zu gewähren.

X. Abschnitt. Einholung der Entscheidung des Bundesverfassungsgerichts

190.

I Hat das Gericht beschlossen, die Entscheidung des Bundesverfassungsgerichts nach Art. 100 Abs. 1 und 2 oder Art. 126 GG in Verbindung mit § 13 Nr. 8, 10, 12, §§ 80, 83 oder 86 Abs. 2 BVerfGG zu beantragen, so leitet der Vorsitzende die Akten dem Bundesverfassungsgericht unmittelbar zu (§ 80 Abs. 1 BVerfGG). Das Begleitschreiben ist von dem Vorsitzenden zu unterschreiben. Es wird Bestandteil der Akten des Bundesverfassungsgerichts; eine beglaubigte Abschrift ist als Versendungsbeleg zurückzubehalten.

II Der Antrag an das Bundesverfassungsgericht ist zu begründen (§ 80 Abs. 2 BVerfGG). Seine Urschrift bleibt Bestandteil der Strafakten.

III Dem Begleitschreiben sind außer den Akten eine beglaubigte und 50 einfache Abschriften des Antrages für das Bundesverfassungsgericht beizufügen.

XI. Abschnitt. Strafsachen gegen Mitglieder des Deutschen Bundestages, der gesetzgebenden Körperschaften der Länder sowie des Europäischen Parlaments

191. Prozeßhindernis der Immunität

I Wegen einer mit Strafe bedrohten Handlung darf ein Abgeordneter des Deutschen Bundestages nur mit Genehmigung des Bundestages zur Verantwortung gezogen oder verhaftet werden, es sei denn, daß er bei der Begehung der Tat oder im Laufe des folgenden Tages festgenommen wird (Artikel 46 Abs. 2 des Grundgesetzes). Entsprechende Vorschriften sind in den Verfassungen der Länder enthalten.[1] Die Vorschriften der Verfassung des Freistaates Bayern über die Immunität gelten sinngemäß für die Mitglieder des Bayerischen Senats.

II Ein Ermittlungs- oder Strafverfahren, dessen Durchführung von der vorhergehenden gesetzgebenden Körperschaft genehmigt oder das vor dem Erwerb des Mandats eingeleitet worden war, darf nur mit Genehmigung der gesetzgebenden Körperschaft fortgesetzt werden, der der Angeordnete zur Zeit der Fortsetzung angehört.[2]

III Die Immunität hindert nicht,

a) ein Verfahren gegen einen Abgeordneten einzuleiten und durchzuführen, wenn er bei der Begehung der Tat oder spätestens im Laufe des folgenden Tages festgenommen wird;[3]
b) ein Verfahren gegen einen Abgeordneten zum Zwecke der Einstellung einzuleiten, wenn der Sachverhalt die Einstellung ohne Beweiserhebung rechtfertigt;
c) zur Prüfung der Frage, ob ein Vorwurf offensichtlich unbegründet ist, diesen dem Abgeordneten mitzuteilen und ihm anheimzugeben, dazu Stellung zu nehmen;
d) in einem Verfahren gegen eine andere Person den Abgeordneten als Zeugen zu vernehmen, bei ihm Durchsuchungen nach §§ 103, 104 StPO vorzunehmen oder von ihm die Herausgabe von Gegenständen nach § 95 StPO zu verlangen; §§ 50, 53 Abs. 1 Nr. 4, §§ 53 a und 97 Abs. 3 und 4 StPO sind zu beachten;
e) ein Verfahren gegen Mittäter, Anstifter, Gehilfen oder andere an der Tat eines Abgeordneten beteiligte Personen einzuleiten oder durchzuführen;
f) unaufschiebbare Maßnahmen zur Sicherung von Spuren (z. B. Messungen, Lichtbildaufnahmen am Tatort) in unmittelbarem zeitlichem Zusammenhang mit einer Straftat zu treffen;
g) bei Verkehrsunfällen, an denen ein Abgeordneter beteiligt ist, seine Personalien, das amtliche Kennzeichen und den Zustand seines Fahrzeuges festzustellen, die Vorlage des Führerscheins und des Fahrzeugscheins zu verlangen sowie Fahr-, Brems- und andere Spuren, die von seinem Fahrzeug herrühren, zu sichern, zu vermessen und zu fotografieren;
h) einem Abgeordneten unter den Voraussetzungen des § 81 a StPO eine Blutprobe zu entnehmen, wenn dies innerhalb des in Buchstabe a genannten Zeitraums geschieht.

---

[1] Nach Artikel 35 Abs. 3 der Verfassung von Berlin gilt die in Satz 1 bezeichnete Ausnahme nur, wenn der Abgeordnete bei Ausübung der Tat festgenommen wird.

[2] Sonderregelungen in Bayern, Berlin und Saarland; vgl. die jeweiligen Verwaltungsvorschriften.

[3] Vergleiche Fußnote zu Nummer 191 Abs. 1 Satz 2.

IV Zur Klärung der Frage, ob es sich um eine offensichtlich unbegründete Anzeige handelt, kann der Staatsanwalt Feststellungen über die Persönlichkeit des Anzeigeerstatters sowie über andere für die Beurteilung der Ernsthaftigkeit der Anzeige wichtige Umstände treffen.

V Wird gegen einen Abgeordneten ein Ermittlungsverfahren eingeleitet, ohne daß es hierzu einer Genehmigung der gesetzgebenden Körperschaft bedarf (Artikel 46 Abs. 2 GG und die entsprechenden Vorschriften der Landesverfassungen), so unterrichtet der Staatsanwalt unverzüglich und unmittelbar den Präsidenten der betreffenden gesetzgebenden Körperschaft von der Einleitung des Verfahrens. Abschriften seiner Mitteilung übersendet er gleichzeitig dem Generalstaatsanwalt und der Landesjustizverwaltung, bei Abgeordneten des Deutschen Bundestages auch dem Bundesminister der Justiz. Im weiteren Verfahren teilt der Staatsanwalt in gleicher Weise jede richterliche Anordnung einer Freiheitsentziehung und einer Freiheitsbeschränkung gegen den Abgeordneten sowie die Erhebung der öffentlichen Klage mit.

VI In jedem Stadium des Verfahrens ist bei Auskünften und Erklärungen gegenüber Presse, Hörfunk und Fernsehen der Funktionsfähigkeit und dem Ansehen der betreffenden gesetzgebenden Körperschaft Rechnung zu tragen. Das Interesse der gesetzgebenden Körperschaft, über eine die Immunität berührende Entscheidung früher als die Öffentlichkeit unterrichtet zu werden, ist zu berücksichtigen. Auf Nummer 23 wird hingewiesen.

192. Aufhebung der Immunität von Mitgliedern des Deutschen Bundestages und der gesetzgebenden Körperschaften der Länder

I Beabsichtigt der Staatsanwalt, gegen einen Abgeordneten ein Ermittlungsverfahren einzuleiten oder ein auf Freiheitsstrafe lautendes Urteil zu vollstrecken oder sonst eine genehmigungsbedürftige Strafverfolgungsmaßnahme zu treffen, so beantragt er, einen Beschluß der gesetzgebenden Körperschaft, der der Abgeordnete angehört, über die Genehmigung der Strafverfolgung oder der Strafvollstreckung oder zur Durchführung der beabsichtigten Maßnahme herbeizuführen.

II Der Antrag ist mit einer Sachdarstellung und einer Erläuterung der Rechtslage zu verbinden. Die Beschreibung der zur Last gelegten Tat soll die Tatsachen enthalten, in denen die gesetzlichen Merkmale der Straftat gesehen werden, sowie Zeit und Ort ihrer Begehung angeben; die Strafvorschriften sind zu bezeichnen, die als verletzt in Betracht kommen. Auf eine aus sich heraus verständliche Darstellung ist zu achten. Bei Anträgen auf Genehmigung der Strafvollstreckung genügt die Bezugnahme auf ein vorliegendes oder beigefügtes Strafurteil.

III Der Antrag ist auf dem Dienstweg an den Präsidenten der betreffenden gesetzgebenden Körperschaft zu richten, bei Abgeordneten des Deutschen Bundestages auch über den Bundesminister der Justiz. Für die Landesjustizverwaltung und – bei Abgeordneten des Deutschen Bundestages – für den Bundesminister der Justiz sind Abschriften des Antrages beizufügen; eine beglaubigte Abschrift ist zu den Akten zu nehmen.

IV In Privatklagesachen führt der Staatsanwalt die Genehmigung nur herbei, wenn er die Verfolgung übernehmen will (§§ 377, 376 StPO).

V Die Mitteilung nach § 8 EGStPO erfolgt auf dem Dienstweg.

192 a. Allgemeine Genehmigung zur Durchführung von Ermittlungsverfahren (vereinfachte Handhabung)

I Der Deutsche Bundestag sowie die gesetzgebenden Körperschaften der Länder pflegen regelmäßig zu Beginn einer neuen Wahrperiode eine allgemeine Genehmigung zur Durchführung von Ermittlungsverfahren gegen Abgeordnete zu erteilen; ausgenommen sind Ermittlungen wegen Beleidigungen (§§ 185, 186, 187 a Abs. 1 StGB) politischen Charakters. Diese allgemeine Genehmigung wird im Einzelfall erst wirksam, nachdem dem Präsidenten der gesetzgebenden Körperschaft eine Mitteilung nach Absatz 3 zugegangen ist.[1]

II Die allgemeine Genehmigung umfaßt nicht

a) die Erhebung der öffentlichen Klage in jeder Form,[2]
b) im Verfahren nach dem Gesetz über Ordnungswidrigkeiten den Hinweis des Gerichts, daß über die Tat auch aufgrund eines Strafgesetzes entschieden werden kann (§ 81 Abs. 1 Satz 2 OWiG),
c) freiheitsentziehende und freiheitsbeschränkende Maßnahmen im Ermittlungsverfahren,
d) den Vollzug einer angeordneten Durchsuchung oder Beschlagnahme in dem genehmigten Verfahren, vorbehaltlich etwaiger von den gesetzgebenden Körperschaften der Länder getroffener abweichender Regelungen,
e) den Antrag auf Verhängung eines vorläufigen Berufsverbots (§ 132 a StPO). Die allgemeine Genehmigung umfaßt jedoch die vorläufige Entziehung der Fahrerlaubnis (§ 111 a StPO).

III Soweit Ermittlungsverfahren allgemein genehmigt sind, ist dem Präsidenten der gesetzgebenden Körperschaft und, soweit nicht Gründe der Wahrheitsfindung entgegenstehen, dem betroffenen Abgeordneten mitzuteilen, daß die Einleitung eines Ermittlungsverfahrens beabsichtigt ist. In der Mitteilung an den Präsidenten ist zu erklären, daß der Abgeordnete gleichzeitig benachrichtigt worden ist; ist eine Mitteilung an den Abgeordneten unterblieben, so ist der Präsident auch hiervon unter Angabe der Gründe zu unterrichten. Die Mitteilung ist unmittelbar an den Präsidenten der gesetzgebenden Körperschaft zu richten.[3] Für ihren Inhalt gilt Nummer 192 Abs. 2 entsprechend; in den Fällen der Nummer 191 Abs. 3 Buchstabe c soll auch der wesentliche Inhalt einer Stellungnahme des Abgeordneten mitgeteilt werden. Abschriften der Mitteilung sind gleichzeitig dem Generalstaatsanwalt und der Landesjustizverwaltung sowie, bei Abgeordneten des Deutschen Bundestages, auch dem Bundesminister der Justiz zu übersenden.

IV Will der Staatsanwalt nach dem Abschluß der Ermittlungen die öffentliche Klage erheben, so beantragt er, einen Beschluß der gesetzgebenden Körperschaft über die Genehmigung der Strafverfolgung herbeizuführen. Für den Inhalt und den Weg des Antrags gilt Nummer 192 Abs. 2 und 3. Stellt er das Verfahren ein, so verfährt er nach Nummer 192 Abs. 5.

V Beabsichtigt der Staatsanwalt, die Genehmigung zur Durchführung der Strafverfolgung wegen einer Beleidigung politischen Charakters einzuholen, so verfährt er nach Nummer 192 Abs. 1 bis 3. Zur Vorbereitung seiner Entscheidung, ob die Genehmigung zur Strafverfolgung wegen einer Beleidigung politischen Charakters herbeigeführt werden soll, teilt der Staatsanwalt dem Abgeordneten den Vorwurf mit und stellt ihm anheim, hierzu Stellung zu nehmen.

VI Für Bußgeldsachen wird auf Nummer 298 verwiesen.

192 b. Aufhebung der Immunität eines Mitglieds des Europäischen Parlaments

I Einem Mitglied des Europäischen Parlaments aus der Bundesrepublik Deutschland steht die einem Abgeordneten des Deutschen Bundestages zuerkannte Immunität zu.

---

[1] Amtl. Anm.: Abweichend Deutscher Bundestag, Berlin, Bremen, Hamburg, Sachsen-Anhalt: 48 Stunden nach Zugang;
Bayern, Mecklenburg-Vorpommern, Nordrhein-Westfalen, Rheinland-Pfalz, Saarland, Sachsen, Schleswig-Holstein:
48 Stunden nach Absendung.

[2] Amtl. Anm.: Abweichend Bayern: Die allgemeine Genehmigung umfaßt auch den Antrag auf Erlaß eines Strafbefehls wegen einer Straftat, die der Beschuldigte beim Führen eines Kraftfahrzeuges oder unter Verletzung der Pflichten eines Kraftfahrzeugführers begangen hat, wenn der Beschuldigte damit einverstanden ist.

[3] Amtl. Anm.: Abweichend Bremen: Die Mitteilung ist über den Präsidenten des Senats an den Präsidenten des Deutschen Bundestages oder den Präsidenten der Bremischen Bürgerschaft, im übrigen unmittelbar an den Präsidenten der gesetzgebenden Körperschaft zu richten.

Ein ausländisches Mitglied des Europäischen Parlaments kann im Inland weder festgehalten noch gerichtlich verfolgt werden. Die Immunität nach den vorstehenden Sätzen besteht während der Dauer der fünfjährigen Wahlperiode und auch während der Reise zum und vom Tagungsort des Europäischen Parlaments. Bei Ergreifung auf frischer Tat kann die Immunität nicht geltend gemacht werden (Artikel 4 Abs. 2 des Aktes des Rates der Europäischen Gemeinschaften vom 20. September 1976 zur Einführung allgemeiner unmittelbarer Wahlen der Abgeordneten der Versammlung – BGBl. 1977 II S. 733, 735 –in Verbindung mit Artikel 10 des Protokolls über die Vorrechte und Befreiungen der Europäischen Gemeinschaften vom 8. April 1965 – BGBl. 1965 II S. 1453, 1482). Nummer 191 Abs. 3 Buchstabe b bis e und Abs. 4 gilt entsprechend.

II Das Europäische Parlament hat eine allgemeine Genehmigung zur Durchführung von Ermittlungsverfahren nicht erteilt.

III Beabsichtigt der Staatsanwalt, gegen ein Mitglied des Europäischen Parlaments ein Ermittlungsverfahren einzuleiten oder ein auf Freiheitsstrafe lautendes Urteil zu vollstrecken oder sonst eine genehmigungsbedürftige Strafverfolgungsmaßnahme zu treffen, so beantragt er, einen Beschluß des Europäischen Parlaments über die Aufhebung der Immunität herbeizuführen.

IV Zur Vorbereitung seiner Entschließung teilt der Staatsanwalt, soweit nicht Gründe der Wahrheitsfindung entgegenstehen, dem Abgeordneten den Vorwurf mit und stellt ihm anheim, Stellung zu nehmen.

V Der Antrag ist an den Präsidenten des Europäischen Parlaments, Kirchberg, Luxemburg, zu richten und auf dem Dienstweg auch über den Bundesminister der Justiz, zu übermitteln. Nummer 192 Abs. 2, Abs. 3 Satz 2 und Abs. 4 und 5 gilt entsprechend.

VI Ein Mitglied des Europäischen Parlaments, das zugleich Mitglied des Deutschen Bundestages ist, verliert seine Immunität nur, soweit beide Parlamente die Immunität aufheben (§ 5 Abs. 2 des Europaabgeordnetengesetzes vom 6. April 1979, BGBl. I S. 413). Der Staatsanwalt erläutert in seinem Antrag an den Präsidenten des Europäischen Parlaments, ob und in welchem Umfang er auf Grund der allgemeinen Genehmigung des Deutschen Bundestages (Nummer 192 a Abs. 1 und 2) zu Ermittlungshandlungen befugt wäre. In jedem Fall stellt der Staatsanwalt sicher, daß seine Anträge an das Europäische Parlament sowie seine Anträge oder Mitteilungen an den Deutschen Bundestag jeweils eine Mitteilung erhalten, welche Anträge er bei dem anderen Parlament gestellt hat und, gegebenenfalls, wie darüber entschieden worden ist.

XII. Abschnitt. Behandlung der von der deutschen Gerichtsbarkeit befreiten Personen

193. Allgemeines

I Handlungen, die eine Ausübung der inländischen Gerichtsbarkeit darstellen, sind gegenüber den Personen, die nach §§ 18 bis 20 GVG oder nach anderen Rechtsvorschriften von der deutschen Gerichtsbarkeit befreit sind, ohne ihre Zustimmung grundsätzlich unzulässig.

II Sache der Justizbehörden ist es, im Einzelfall die nötigen Feststellungen zu treffen und darüber zu befinden, ob und wieweit Personen nach den §§ 18 und 19 GVG von der deutschen Gerichtsbarkeit befreit sind.

194. Ausweise von Diplomaten und der anderen von der inländischen Gerichtsbarkeit befreiten Personen

Die Art der Ausweise von Diplomaten und der anderen von der inländischen Gerichtsbarkeit befreiten Personen ergibt sich aus dem Rundschreiben des Bundesministeriums des Innern über Diplomaten und andere bevorrechtigte Personen in seiner jeweils gültigen Fassung.

195. Verhalten gegenüber Diplomaten und den anderen von der inländischen Gerichtsbarkeit befreiten Personen

I Gegen Personen, die rechtmäßig den Ausweis eines Diplomaten oder einer anderen von der inländischen Gerichtsbarkeit befreiten Person besitzen oder die ihre Befreiung von der deutschen Gerichtsbarkeit anders glaubhaft machen, ist nicht einzuschreiten. Der Staatsanwalt hat sich darauf zu beschränken, die zulässigen Ermittlungen beschleunigt durchzuführen. Er unterrichtet unverzüglich unter Beigabe der Akten den Bundesminister der Justiz über die Landesjustizverwaltung. Für diese und das Auswärtige Amt sind Abschriften beizufügen.

II In besonders eiligen Fällen kann unmittelbar beim Auswärtigen Amt in Bonn (Telegrammadresse: Auswärtig, Abteilung Protokoll, Telefon: Bonn 170, Telex: Bonn 886591) bzw. beim Bundeskanzleramt (Telefon: Bonn 561, Telex: Bonn 886750) Auskunft erbeten werden.

III Ist nach Absatz 2 eine Auskunft erbeten worden oder liegt ein Fall von besonderer Bedeutung vor, so ist die vorläufige Unterrichtung des Bundesministers der Justiz geboten, falls noch weitere Ermittlungen nötig sind. Absatz 1 Satz 3 und 4 gilt sinngemäß.

IV Über Verkehrsordnungswidrigkeiten exterritorialer Personen ist das Auswärtige Amt unmittelbar zu unterrichten. Die Akten brauchen der Mitteilung nicht beigefügt zu werden. Eine Unterrichtung des Bundesministers der Justiz und der Landesjustizverwaltung bedarf es in diesen Fällen nicht.

196. Zustellungen

I Für die Zustellung von Schriftstücken, z. B. von Ladungen oder Urteilen, an Diplomaten oder andere von der inländischen Gerichtsbarkeit befreite Personen ist stets die Vermittlung des Auswärtigen Amts in Anspruch zu nehmen.

II Das Schreiben an das Auswärtige Amt, in dem um Zustellung ersucht wird, ist mit einem Begleitbericht der Landesjustizverwaltung vorzulegen, die es an das Auswärtige Amt weiterleitet. Das zuzustellende Schriftstück ist beizufügen.

III In dem Schreiben an das Auswärtige Amt ist der Sachverhalt kurz darzustellen und außerdem anzugeben:

a) Name, Stellung und Anschrift der Person, der zugestellt werden soll;
b) Bezeichnung des zuzustellenden Schriftstücks, z. B. Ladung als Zeuge, Sachverständiger, Privat- oder Nebenkläger;
c) Name und Stellung der Parteien in Privatklagesachen.

IV Die Reinschrift des Schreibens an das Auswärtige Amt hat der Richter oder der Staatsanwalt handschriftlich zu unterzeichnen.

V Als Nachweis dafür, daß das Schriftstück dem Empfänger übergeben worden ist, übersendet das Auswärtige Amt ein Zeugnis.

VI Ist ein Angehöriger einer diplomatischen Vertretung als Privatkläger oder Nebenkläger durch einen mit schriftlicher Vollmacht versehenen Rechtsanwalt vertreten, so kann nach § 378 StPO an den Anwalt zugestellt werden.

VII Stellt der von einem Gericht oder einem Staatsanwalt mit der Zustellung beauftragte Beamte nach Empfang des Schriftstücks fest, daß die geforderte Amtshandlung nach den vorstehenden Bestimmungen nicht vorgenommen werden darf, so hat er den Auftrag unter Hinweis auf diese Bestimmung an die ersuchende Stelle zurückzugeben.

197. Ladungen

I Bei der Ladung eines Diplomaten oder einer anderen von der inländischen Gerichtsbarkeit befreiten Person sind weder Vordrucke zu verwenden noch Zwangsmaßnahmen anzudrohen. Es ist vielmehr eine besondere Vorladung zu fertigen, in der die von der Gerichtsbarkeit befreite Person unter genauer Bezeichnung des Gegenstandes und der Art der Verhandlung gebeten wird, zu erklären, ob sie bereit ist, sich zu dem angegebenen Zeitpunkt einzufinden oder ob sie sich stattdessen in ihren Wohn- oder Diensträumen vernehmen lassen oder über den Gegenstand der Vernehmung eine schriftliche Äußerung abgeben möchte.

II Die Ladung ist nach Nr. 196 zuzustellen.

III Abgesehen von besonders dringlichen Fällen ist der Tag der Vernehmung in der Regel so festzusetzen, daß zwischen der Absendung der Ladung mit Begleitbericht an die Landesjustizverwaltung und der Vernehmung mindestens vier Wochen liegen.

198. Vernehmungen

I Erscheint ein Diplomat oder eine andere von der inländischen Gerichtsbarkeit befreite Person vor Gericht, so soll sie möglichst bald vernommen und entlassen werden.

II Die Vernehmung in den Dienst- oder Wohnräumen eines Diplomaten oder einer anderen von der inländischen Gerichtsbarkeit befreiten Person darf nur unter den Voraussetzungen der Nr. 199 Abs. 1 erfolgen. Andere an dem Strafverfahren Beteiligte dürfen nur anwesend sein, wenn der Leiter der fremden Dienststelle ausdrücklich zugestimmt hat. Die Teilnahme eines sonst Beteiligten ist in dem Antrag auf Zustimmung zur Vernehmung in den Dienst- oder Wohnräumen besonders zu begründen.

199. Amtshandlungen in den Dienst- und Wohnräumen

I In den Diensträumen der diplomatischen Vertretungen, der konsularischen Vertretungen sowie von Organisationen und Stellen, die aufgrund allgemeiner Regeln des Völkerrechts, völkerrechtlicher Vereinbarungen oder sonstiger Rechtsvorschriften Unverletzlichkeit genießen, dürfen Amtshandlungen, durch die inländische Gerichtsbarkeit ausgeübt wird, nur mit Zustimmung des Leiters der Vertretung, der Organisation oder Stelle vorgenommen werden. Entsprechendes gilt für die Wohnräume der Mitglieder der diplomatischen Vertretungen.

II In den vorgenannten Dienst- und Wohnräumen dürfen Amtshandlungen nach Absatz 1 einschließlich Zustellungen ohne Zustimmung des Leiters der Vertretung, der Organisation oder der Stelle auch nicht gegenüber Personen vorgenommen werden, die nicht von der inländischen Gerichtsbarkeit befreit sind. Ihnen kann nach Nr. 196, 197 zugestellt werden.

III Die Zustimmung des Leiters nach Absatz 1 ist in entsprechender Anwendung der Nr. 196 zu beantragen.

IV Zur Vornahme der Amtshandlung dürfen die Dienst- und Wohnräume nur betreten werden, wenn die Zustimmung schriftlich vorliegt.

XIII. Abschnitt. (gestrichen)

XIV. Abschnitt. Verfahren nach Feststellung der Entschädigungspflicht nach dem Gesetz über die Entschädigung für Strafverfolgungsmaßnahmen

201.

Wegen der Belehrung über Recht und Frist zur Antragstellung nach rechtskräftiger Feststellung der Entschädigungspflicht sowie hinsichtlich des weiteren Verfahrens zur Feststellung der Höhe des Anspruchs wird auf die Ausführungsvorschriften zum Gesetz über die Entschädigung für Strafverfolgungsmaßnahmen (Anlage C) verwiesen.

Besonderer Teil

I. Abschnitt: Strafvorschriften des StGB

1. Staatsschutz und verwandte Strafsachen

202. Strafsachen, die zur Zuständigkeit der Oberlandesgerichte im ersten Rechtszug gehören

I Vorgänge, aus denen sich der Verdacht einer zur Zuständigkeit der Oberlandesgerichte im ersten Rechtszug gehörenden Straftat (§ 120 GVG, Art. 7, 8 des Vierten Strafrechtsänderungsgesetzes) ergibt, übersendet der Staatsanwalt mit einem Begleitschreiben unverzüglich dem Generalbundesanwalt.

II Das Begleitschreiben soll eine gedrängte Darstellung und eine kurze rechtliche Würdigung des Sachverhalts enthalten sowie die Umstände angeben, die sonst für das Verfahren von Bedeutung sein können. Erscheinen richterliche Maßnahmen alsbald geboten, so ist hierauf hinzuweisen. Das Schreiben ist dem Generalbundesanwalt über den Generalstaatsanwalt, in dringenden Fällen unmittelbar bei gleichzeitiger Übersendung von Abschriften an den Generalstaatsanwalt, zuzuleiten.

III Der Staatsanwalt hat jedoch die Amtshandlungen vorzunehmen, bei denen Gefahr im Verzuge ist; dringende richterliche Handlungen soll er nach Möglichkeit bei dem Ermittlungsrichter des Bundesgerichtshofes (§ 169 StPO) beantragen. Vor solchen Amtshandlungen hat der Staatsanwalt, soweit möglich, mit dem Generalbundesanwalt Fühlung zu nehmen; Nr. 5 findet Anwendung.

IV Die Pflicht der Behörden und Beamten des Polizeidienstes, ihre Verhandlungen in Strafsachen, die zur Zuständigkeit der Oberlandesgerichte im ersten Rechtszug gehören, unmittelbar dem Generalbundesanwalt zu übersenden (§ 163 Abs. 2 Satz 1 StPO; § 142 a Abs. 1 GVG), wird durch Absatz 1 nicht berührt.

203. Behandlung der nach § 142 a Abs. 2 und 4 GVG abgegebenen Strafsachen

I Gibt der Generalbundesanwalt ein Verfahren nach § 142 a Abs. 2 oder 4 GVG an eine Landesstaatsanwaltschaft ab, so ist er über den Ausgang zu unterrichten. Die Anklageschrift und die gerichtlichen Sachentscheidungen sind ihm in Abschrift mitzuteilen.

II Ergeben sich Anhaltspunkte dafür, daß der Generalbundesanwalt nach § 142 a Abs. 3 GVG zuständig ist oder daß infolge einer Veränderung des rechtlichen Gesichtspunktes die Voraussetzungen für die Abgabe nach § 142 a Abs. 2 Nr. 1 GVG entfallen, so sind dem Generalbundesanwalt die Akten unverzüglich zur Entscheidung über die erneute Übernahme vorzulegen. Der Generalbundesanwalt ist ferner unverzüglich zu unterrichten, sobald sonst Anlaß zu der Annahme besteht, daß er ein nach § 142 a Abs. 2 oder 4 GVG abgegebenes Verfahren wieder übernehmen wird. Bei der Vorlage ist auf die Umstände hinzuweisen, die eine erneute Übernahme des Verfahrens durch den Generalbundesanwalt nahelegen.

III Überweist ein Oberlandesgericht ein Verfahren nach § 120 Abs. 2 Satz 2 GVG an ein Landgericht, so unterrichtet der Staatsanwalt den Generalbundesanwalt über den Ausgang des Verfahrens und teilt ihm die gerichtlichen Sachentscheidungen in Abschrift mit.

IV Für die Unterrichtung nach Absatz 1, 2 und 3 gilt Nr. 202 Abs. 2 Satz 3 sinngemäß.

V Beschwerden und weitere Beschwerden, über die der Bundesgerichtshof zu entscheiden hat, übersendet der Generalstaatsanwalt dem Generalbundesanwalt mit einer kurzen Stellungnahme.

204. Strafsachen, die zur Zuständigkeit der zentralen Strafkammern gehören

I Vorgänge, aus denen sich der Verdacht einer zur Zuständigkeit der Staatsschutzkammer gehörenden Straftat (§ 74 a Abs. 1 GVG, Art. 7, 8 des Vierten Strafrechtsänderungsgesetzes) ergibt, übersendet der Staatsanwalt unverzüglich dem hierfür zuständigen Staatsanwalt; er hat jedoch die Amtshandlungen vorzunehmen, bei denen Gefahr im Verzuge ist.

II Besteht ein Anlaß zu der Annahme, daß der Generalbundesanwalt einem zur Zuständigkeit der Staatsschutzkammer gehörenden Fall besondere Bedeutung (§ 74 a Abs. 2 GVG) beimessen wird, so unterrichtet der zuständige Staatsanwalt den Generalbundesanwalt möglichst frühzeitig über den Sachverhalt und dessen bisherige rechtliche Würdigung sowie über die Gründe, aus denen er die besondere Bedeutung des Falles folgert; Nr. 202 Abs. 2 Satz 3 gilt sinngemäß. Der Staatsanwalt hat jedoch die Ermittlungen fortzuführen; er soll aber vor Ablauf eines Monats seit der Unterrichtung des Generalbundesanwalts keine abschließende Verfügung treffen, sofern der Generalbundesanwalt nicht vorher die Übernahme des Verfahrens abgelehnt hat. Übernimmt der Generalbundesanwalt das Verfahren nicht, so gilt Nr. 203 Abs. 2 und 4 sinngemäß.

205. Unterrichtung der Behörden für Verfassungsschutz in Staatsschutz- und anderen Verfahren

I In Staatsschutzverfahren (§§ 74 a, 120 Abs. 1 und 2 Satz 1 GVG, Art. 7, 8 des Vierten Strafrechtsänderungsgesetzes) ist es in der Regel geboten, mit den Behörden für Verfassungsschutz in geeigneter Weise nach Maßgabe der gesetzlichen Vorschriften zusammenzuarbeiten, damit dort gesammelte Informationen bei den Ermittlungen des Staatsanwalts und dessen Erkenntnisse für die Aufgaben des Verfassungsschutzes ausgewertet werden können. Dies gilt auch für andere Verfahren, bei denen Anhaltspunkte dafür bestehen, daß es um Straftaten zur Durchsetzung extremistischer politischer Ziele geht.

II Der Staatsanwalt unterrichtet das Bundesamt für Verfassungsschutz bei Bekanntwerden von Tatsachen nach § 18 Abs. 1 BVerfSchG und die Verfassungsschutzbehörden des Landes nach Maßgabe des entsprechenden Landesrechts von sich aus in geeigneter Weise über die Einleitung und den Fortgang von Verfahren sowie die für eine Auswertung wesentlichen Entscheidungen (z. B. Anklageschriften, Urteile, Einstellungsverfügungen). Eine Unterrichtung nach Satz 1 kann insbsondere geboten sein in Verfahren wegen

- Landesverrats und Gefährdung der äußeren Sicherheit (§§ 94 bis 100 a StGB),
- Straftaten nach § 129 a StGB (Bildung terroristischer Vereinigungen) und damit in Zusammenhang stehenden Beschaffungsdelikten,
- Straftaten nach § 34 AWG und nach §§ 19 bis 22 a KWKG mit Bezügen zu ausländischen Nachrichtendiensten,
- Straftaten unter Anwendung von Gewalt zur Durchsetzung extremistischer politischer Ziele.Im übrigen unterrichtet der Staatsanwalt unter den Voraussetzungen des § 18 Abs. 2 BVerfSchG das Bundesamt für Verfassungsschutz und nach Maßgabe des Landesrechts die Verfassungsschutzbehörde des Landes jedenfalls dann, wenn dies für deren Aufgabenerfüllung erforderlich und über den Einzelfall hinaus von Bedeutung ist.

III Der Staatsanwalt unterrichtet die Behörden für Verfassungsschutz auf deren Ersuchen über vorhandene Erkenntnisse (vgl. § 18 Abs. 3 BVerfSchG und entsprechende Landesregelungen). Er kann ihnen auch Niederschriften über Vernehmungen oder Vermerke über andere Ermittlungshandlungen überlassen.

IV Auf die Übermittlungsverbote nach § 23 BVerfSchG, den Minderjährigenschutz des § 24 BVerfSchG und die entsprechenden Landesregelungen wird hingewiesen.

V Angehörige der Behörden für Verfassungsschutz können als Sachverständige oder Auskunftspersonen zu Vernehmungen und anderen Ermittlungshandlungen (z. B. Tatortbesichtigung, Durchsuchung oder Beschlagnahme) zugezogen werden. Ihre Zuziehung ist in den Akten zu vermerken.

VI Unbeschadet bestehender Berichtspflichten ist im Rahmen der Absätze 1 bis 3 und des Absatzes 5 der unmittelbare Geschäftsverkehr mit den in Absatz 1 bezeichneten Behörden zulässig.

206. Unterrichtung des Militärischen Abschirmdienstes und des Bundesnachrichtendienstes

Der Staatsanwalt unterrichtet den Militärischen Abschirmdienst von sich aus nach Maßgabe des § 22 i. V. m. § 18 Abs. 1 und 2 BVerfSchG und auf dessen Ersuchen nach Maßgabe des § 22 i. V. m. § 18 Abs. 3 BVerfSchG. Er unterrichtet den Bundesnachrichtendienst von sich aus zu dessen Eigensicherung nach Maßgabe des § 8 Abs. 2 BNDG sowie auf dessen Ersuchen nach Maßgabe des § 8 Abs. 3 BNDG i. V. m. § 18 Abs. 3 BVerfSchG. Nr. 205 ist jeweils entsprechend anzuwenden.

207. Benachrichtigung des Bundeskriminalamtes

I Von der Einleitung eines Verfahrens wegen eines Organisationsdeliktes (§§ 84, 85, 129, 129 a StGB; § 20 Abs. 1 Nr. 1 bis 4 des Vereinsgesetzes; § 92 Abs. 1 Nr. 7 des Ausländergesetzes) ist das Bundeskriminalamt, Thaerstraße 11, 65193 Wiesbaden, zu benachrichtigen. Dieses gibt auf Anfrage an Hand der von ihm geführten Karteien Auskünfte darüber, ob und wo wegen des gleichen oder eines damit zusammenhängenden Organisationsdeliktes ein weiteres Verfahren anhängig ist oder anhängig gewesen ist.

II Die Akten über Ermittlungs- und Strafverfahren wegen Friedensverrats (§§ 80, 80 a StGB), Hochverrats (§§ 81 bis 83 a StGB), Landesverrats und Gefährdung der äußeren Sicherheit (§§ 93 bis 101 a StGB), Gefährdung des demokratischen Rechtsstaates und Organisationsdelikten (§§ 84 bis 92 b, 129, 129 a StGB; § 20 Abs. 1 Nr. 1 bis 4 des Vereinsgesetzes und § 92 Abs. 1 Nr. 7 des Ausländergesetzes) werden von der Staatsanwaltschaft alsbald nach Abschluß des Verfahrens dem Bundeskriminalamt, Thaerstraße 11, 65193 Wiesbaden, zur Auswertung übersandt. Ausgenommen sind:

a) Akten, die keinerlei Erkenntnisse sachlicher oder personeller Art enthalten, z. B. Akten über Verfahren, die ohne Vernehmung von Zeugen und Beschuldigten mangels Anhaltspunkten für eine Aufklärung eingestellt worden sind, und
b) Akten über selbständige Einziehungsverfahren.

208. Verfahren betreffend staatsgefährdende Schriften

I Ist eine Schrift (§ 11 Abs. 3 StGB) zur Begehung einer Straftat nach den §§ 80 bis 101 a, 129 bis 131 StGB, § 20 Abs. 1 Nr. 1 bis 4 des Vereinsgesetzes oder nach § 92 Abs. 1 Nr. 7 des Ausländergesetzes gebraucht worden oder bestimmt gewesen, benachrichtigt der Staatsanwalt das Bundeskriminalamt, Thaerstraße 11, 65193 Wiesbaden, unter Verwendung des vorgeschriebenen Vordrucks unverzüglich von der Einleitung des Verfahrens. Einer gesonderten Benachrichtigung von der Einleitung des Verfahrens bedarf es nicht, wenn das Bundeskriminalamt binnen kürzester Frist durch ein Auskunftsersuchen nach Absatz 2 oder durch eine Mitteilung nach Absatz 4 benachrichtigt wird.

II Bevor der Staatsanwalt die Beschlagnahme oder die Einziehung beantragt, holt er unter Verwendung des vorgeschriebenen Vordrucks eine Auskunft des Bundeskriminalamts darüber ein, ob und wo wegen der Schriften (§ 11 Abs. 3 StGB) schon ein Verfahren anhängig ist oder anhängig gewesen ist und ob und wo bereits Beschlagnahme- oder Einziehungsentscheidungen beantragt oder ergangen sind. In Eilfällen kann die Auskunft auch fernmündlich sowie unter Verwendung der Ordnungsziffern des Vordrucks fernschriftlich oder telegrafisch eingeholt werden. Ergibt sich aus der Auskunft des Bundeskriminalamtes, daß in einem wegen derselben Schriften (§ 11 Abs. 3 StGB) bereits anhängigen Verfahren eine die gesamte Auflage erfassende (allgemeine) Beschlagnahmeanordnung beantragt oder ergangen oder eine allgemeine Einziehung beantragt oder angeordnet, aber noch nicht rechtskräftig geworden ist, so wartet der Staatsanwalt den Abschluß dieses Verfahrens ab, wenn für ihn lediglich die Durchführung des selbständigen Einziehungsverfahrens in Betracht käme. In allen anderen Fällen gilt Nr. 249 sinngemäß.

III In selbständigen Einziehungsverfahren ist zu prüfen, ob auf die Herbeiführung einer gerichtlichen Beschlagnahme verzichtet und sogleich die Einziehung beantragt werden kann; von dieser Möglichkeit wird in der Regel bei selbständigen Einziehungsverfahren betreffend Massenschriften Gebrauch zu machen sein. Anträge auf Beschlagnahme sollen nach Möglichkeit beim Amtsgericht am Sitz der in § 74a GVG bezeichneten Strafkammer gestellt werden. Anträge auf Beschlagnahme oder Einziehung sollen, soweit nicht Rechtsgründe entgegenstehen, die gesamte Auflage erfassen.

IV Das Bundeskriminalamt ist von allen auf Beschlagnahme- und Einziehungsanträge hin ergehenden Entscheidungen sowie von der Rücknahme solcher Anträge unter Verwendung des vorgeschriebenen Vordrucks unverzüglich zu benachrichtigen. Handelt es sich um die Entscheidungen, durch welche die Beschlagnahme oder Einziehung nicht periodischer Schriften angeordnet, wieder aufgehoben oder abgelehnt wird, so kann zugleich um Bekanntmachung der Entscheidung im Bundeskriminalblatt ersucht werden; dasselbe gilt bei periodischen Schriften, die im räumlichen Geltungsbereich des Strafgesetzbuches erscheinen.

V Im übrigen gelten die Nr. 226 Abs. 1 Satz 4 und Abs. 2, 251, 252 und 253 sinngemäß. Für die Verwertung der in Staatsschutzverfahren eingezogenen Filme gilt die bundeseinheitlich getroffene Anordnung vom 2. April 1973.

VI Postsendungen, die von den Zollbehörden gemäß § 2 des Gesetzes zur Überwachung strafrechtlicher und anderer Verbringungsverbote vom 24. Mai 1961[1] der Staatsanwaltschaft vorgelegt, jedoch von dieser nach Prüfung freigegeben werden, sind beschleunigt an die Empfänger weiterzuleiten. Geöffnete Sendungen sind zu verschließen sowie mit dem Vermerk:

> „Auf Grund des Gesetzes zur Überwachung strafrechtlicher und anderer Verbringungsverbote vom 24. Mai 1961 zollamtlich geöffnet und von der Staatsanwaltschaft freigegeben“

und mit dem Dienststempel der Staatsanwaltschaft zu versehen.

209. Verfahren wegen Verunglimpfung und Beleidigung oberster Staatsorgane

I Bei Verunglimpfungen und Beleidigungen oberster Staatsorgane des Bundes (§§ 90, 90b, 185 bis 187a StGB) ist der Bundesminister der Justiz, bei Verunglimpfungen oder Beleidigungen oberster Staatsorgane eines Landes die Landesjustizverwaltung beschleunigt zu unterrichten, damit der Verletzte eine Entschließung darüber treffen kann, ob die Sache verfolgt werden soll. Zu diesem Zweck sind die im Interesse der Beweissicherung notwendigen Ermittlungen zu führen, von der Vernehmung des Beschuldigten ist jedoch zunächst abzusehen. Der Bericht soll eine gestraffte Darstellung des Sachverhalts mit kurzer rechtlicher Würdigung sowie Angaben über die persönlichen Verhältnisse des Beschuldigten, sofern diese bekannt sind, enthalten. Bei Verunglimpfungen und Beleidigungen oberster Staatsorgane des Bundes ist der Bericht dem Bundesminister der Justiz unmittelbar unter gleichzeitiger Übersendung von Abschriften an die Landesjustizverwaltung und die vorgesetzten Behörden zu erstatten.

II Erwägt ein oberstes Staatsorgan, eine Ermächtigung zur Strafverfolgung zu erteilen oder Strafantrag zu stellen, so ist der Sachverhalt beschleunigt aufzuklären. Der abschließende Bericht soll den Sachverhalt erschöpfend darstellen und rechtlich würdigen, die für die Entschließung des Verletzten bedeutsamen Umstände, wie besondere Tatumstände, Persönlichkeit, Verhältnisse, Vorstrafen und Reue des Täters, Entschuldigungen, Widerruf oder sonstige Wiedergutmachung bzw. die Bereitschaft dazu, darlegen sowie mit der Verunglimpfung oder Beleidigung zusammentreffende, von Amts wegen zu verfolgende Straftaten einbeziehen; soweit nach der Beweislage eine Überführung des Täters zweifelhaft erscheint, soll hierauf hingewiesen werden. Dem Bericht sind die erforderliche Anzahl von Abschriften für die Ermächtigungs- oder Antragsberechtigten sowie in der Regel die Akten beizufügen. Der Bericht ist auf dem Dienstweg, in dringenden Fällen (z. B. bei bevorstehendem Fristablauf) unmittelbar, dem Bundesmini-

---

[1] Vgl. Fundstellennachweis A zum Bundesrecht.

ster der Justiz oder der Landesjustizverwaltung unter gleichzeitiger Übersendung von Abschriften an die vorgesetzten Behörden zu erstatten.

III Ist die Befugnis zur Bekanntgabe der Verurteilung anzuordnen, so gilt Nr. 231 sinngemäß.

IV Kann bei Verunglimpfungen oder Beleidigungen oberster Staatsorgane selbständig auf Einziehung und Unbrauchbarmachung erkannt werden (Nr. 180), so gelten die Absätze 1 bis 3 entsprechend.

210. Verfahren wegen Handlungen gegen ausländische Staaten (§§ 102 bis 104 a StGB)

I Bei Handlungen gegen ausländische Staaten (§§ 102 bis 104 a StGB) soll der Staatsanwalt beschleunigt die im Interesse der Beweissicherung notwendigen Ermittlungen durchführen sowie die Umstände aufklären, die für die Entschließung des verletzten ausländischen Staates, ein Strafverlangen zu stellen, und für die Entschließung der Bundesregierung, die Ermächtigung zur Strafverfolgung zu erteilen, von Bedeutung sein können.

II Von dem Ergebnis dieser Ermittlungen ist der Bundesminister der Justiz auf dem Dienstwege zu unterrichten. Für die Berichterstattung gilt Nr. 209 Abs. 2 Satz 2 sinngemäß. Dem Bericht sind drei Abschriften für die Bundesregierung sowie in der Regel die Akten beizufügen.

III Ist die Befugnis zur Bekanntgabe der Verurteilung anzuordnen (§§ 103 Abs. 2, 200 StGB), so gilt Nr. 231 sinngemäß.

211. Anhörung und Unterrichtung oberster Staatsorgane

I In den Fällen, in denen ein oberstes Staatsorgan des Bundes oder eines Landes die Ermächtigung zur Strafverfolgung nach §§ 90 Abs. 4, 90 b Abs. 2, 97 Abs. 3, 104 a, 194 Abs. 4 StGB erteilt oder Strafantrag wegen Beleidigung gestellt hat, teilt der Staatsanwalt, bevor er das Verfahren mangels Beweises oder aus Rechtsgründen einstellt (§ 170 Abs. 2 Satz 1 StPO), die Zustimmung des Gerichts zur Einstellung des Verfahrens wegen Geringfügigkeit einholt (§§ 153 Abs. 1, 153 a Abs. 1 StPO) oder einer vom Gericht beabsichtigten Einstellung zustimmt (§§ 153 Abs. 2, 153 a Abs. 2 StPO), dem obersten Staatsorgan unter Beifügung der Akten die Gründe mit, die für die Einstellung des Verfahrens sprechen, und gibt ihm Gelegenheit zur Stellungnahme. Wenn der Staatsanwalt entgegen einer widersprechenden Stellungnahme des obersten Staatsorgans das Verfahren einstellt oder der Einstellung des Verfahrens durch das Gericht zustimmt, so soll er dabei auch die Einwendungen würdigen, die gegen die Einstellung erhoben worden sind.

II Wird in den in Absatz 1 Satz 1 bezeichneten Fällen die Eröffnung des Hauptverfahrens abgelehnt, das Verfahren durch das Gericht eingestellt oder der Angeklagte freigesprochen und erscheint ein Rechtsmittel nicht aussichtslos, so gibt der Staatsanwalt dem obersten Staatsorgan Gelegenheit zur Stellungnahme, bevor er von der Einlegung eines Rechtsmittels absieht, auf die Einlegung eines Rechtsmittels verzichtet oder ein Rechtsmittel zurücknimmt. Dies gilt auch, wenn der Staatsanwalt der Auffassung ist, daß die erkannte Strafe in einem Mißverhältnis zur Schwere der Tat steht. Bei drohendem Fristablauf wird in der Regel die vorsorgliche Einlegung eines Rechtsmittels geboten sein.

III In den in Absatz 1 Satz 1 bezeichneten Fällen gibt der Staatsanwalt dem obersten Staatsorgan ferner Gelegenheit zur Stellungnahme,

a) bevor er von einem Antrag auf Einziehung und Unbrauchbarmachung im selbständigen Verfahren absieht,
b) bevor er von der Durchführung eines Rechtsmittels gegen eine Entscheidung absieht, durch die das Gericht einem Antrag des Staatsanwalts auf Einziehung und Unbrauchbarmachung im selbständigen Verfahren nicht stattgegeben hat, sofern nicht ein Rechtsmittel aussichtslos erscheint.

IV Der Bundesminister der Justiz, bei Beteiligung eines obersten Staatsorgans eines Landes die Landesjustizverwaltung, ist in angemessenen Zeitabständen über den Fortgang des Verfahrens sowie über dessen Ausgang zu unterrichten. Abschriften der Einstellungsverfügungen und der gerichtlichen Sachentscheidungen sind in der erforderlichen Zahl für die beteiligten obersten Staatsorgane beizufügen.

V Für die Berichterstattung nach Absatz 1 bis 4 gilt Nr. 209 Abs. 2 Satz 4 sinngemäß; Nr. 5 Abs. 4 findet Anwendung.

212. Verfahren bei weiteren Ermächtigungsdelikten

Wird dem Staatsanwalt eine Straftat nach §§ 353a oder 353b StGB bekannt, so holt er unter Mitteilung des bekanntgewordenen Sachverhalts, jedoch in der Regel vor weiteren Ermittlungen, über den Bundesminister der Justiz bzw. über die Landesjustizverwaltung die Entscheidung ein, ob die Ermächtigung zur Strafverfolgung erteilt wird. Die Vorschriften der Nrn. 209 Abs. 2 Satz 3 und 4, 211 gelten sinngemäß.

213. Geheimhaltung

I Geheimzuhaltende Tatsachen und Erkenntnisse, insbesondere Staatsgeheimnisse (§ 93 StGB), dürfen in Sachakten nur insoweit schriftlich festgehalten werden, als dies für das Verfahren unerläßlich ist.

II Bei der Behandlung von Verschlußsachen sind die Vorschriften der Verschlußsachenanweisung, bei der Behandlung von Verschlußsachen zwischenstaatlichen oder überstaatlichen Ursprungs die für diese geltenden besonderen Geheimschutzvorschriften zu beachten. Das gilt auch bei der Mitteilung von Verschlußsachen an Verteidiger, Sachverständige und sonstige Verfahrensbeteiligte (z.B. Dolmetscher), soweit nicht zwingende Rechtsgrundsätze entgegenstehen.

III Auch wenn bei der Mitteilung von Verschlußsachen an Verteidiger, Sachverständige oder sonstige Verfahrensbeteiligte zwingende Rechtsgrundsätze den Vorschriften der Verschlußsachenanweisung oder den besonderen Geheimschutzvorschriften entgegenstehen, sind die Empfänger gleichwohl eindringlich auf ihre Geheimhaltungspflicht (§§ 93ff., 203, 353b StGB) hinzuweisen; dabei ist ihnen zu empfehlen, bei der Behandlung der Verschlußsachen nach den im Einzelfall einschlägigen Vorschriften zu verfahren, die ihnen zu erläutern sind. Über den Hinweis und die Empfehlungen ist ein Vermerk zu den Akten zu nehmen; dieser soll vom Empfänger unterschrieben werden.

IV Der Mitteilung von Verschlußsachen an Verteidiger im Sinne der Absätze 2 und 3 steht die Akteneinsicht gleich, wenn sie sich auf Verschlußsachen erstrecken. Bei Akten, die Verschlußsachen des Geheimhaltungsgrades VS – VERTRAULICH, GEHEIM oder STRENG GEHEIM enthalten, ist besonders sorgfältig zu prüfen,

a) ob nicht wichtige Gründe entgegenstehen, dem Verteidiger die Akten zur Einsichtnahme in seine Geschäftsräume oder in seine Wohnung mitzugeben (§ 147 Abs. 4 StPO);
b) ob rechtliche Bedenken gegen die Anfertigung von Notizen, Abschriften, Auszügen oder Ablichtungen durch den Verteidiger bestehen.

Dies gilt sinngemäß bei Sachverständigen und sonstigen Verfahrensbeteiligten.

V In geeigneten Fällen soll der Staatsanwalt die Verteidiger, Sachverständigen und sonstigen Verfahrensbeteiligten zur Geheimhaltung der ihnen mitgeteilten geheimhaltungsbedürftigen Umstände unter Hinweis auf die Strafbarkeit der Geheimnisverletzung (§ 353b Abs. 2 StGB) förmlich verpflichten. Dabei ist zu beachten, daß eine derartige Verpflichtung zur Geheimhaltung nur auf Grund eines Gesetzes oder mit Einwilligung des Betroffenen möglich ist. Über die Einwilligung des Betroffenen und über die Vornahme der Verpflichtung ist ein Vermerk zu den Akten zu nehmen, der von dem Verpflichteten unterschrieben werden soll.

VI Ist eine Gefährdung der Staatssicherheit zu besorgen, so hat der Staatsanwalt durch entsprechende Anträge auf gerichtliche Maßnahmen nach §§ 172 und 174 Abs. 2 GVG hinzuwirken. Im übrigen ist Nr. 131 zu beachten.

214. Verlust oder Preisgabe von Verschlußsachen

Bei Ermittlungen, die den Verlust oder die Preisgabe von Verschlußsachen betreffen, ist zu prüfen, ob eine Verpflichtung besteht, ausländische Geheimhaltungsinteressen wahrzunehmen. Hierzu kann es sich empfehlen, eine Anfrage an den Bundesminister des Innern zu richten, der eine Liste der internationalen Geheimschutzvereinbarungen führt.

2. Geld- und Wertzeichenfälschung

215. Internationales Abkommen

Bei der Verfolgung der Geld- und Wertzeichenfälschung (Münzstrafsachen) sind völkerrechtliche Vereinbarungen, insbesondere das Internationale Abkommen vom 20. April 1929 zur Bekämpfung der Falschmünzerei[1] zu beachten. Auskunft erteilt der Bundesminister der Justiz.

216. Zusammenwirken mit anderen Stellen

I Bei der Verfolgung von Münzstrafsachen arbeitet der Staatsanwalt insbesondere mit folgenden Stellen zusammen:

a) dem Bundeskriminalamt und den Landeskriminalämtern,
b) der Deutschen Bundesbank, Wilhelm-Epstein-Str. 14, 60431 Frankfurt am Main, wenn es sich um in- oder ausländische Noten oder Münzen handelt,
c) der Bundesschuldenverwaltung, Bahnhofstraße 16, 61352 Bad Homburg v. d. H., wenn es sich um Schuldverschreibungen oder Zins- und Erneuerungsscheine des Deutschen Reiches, der Deutschen Reichspost, des Preußischen Staates, der Bundesrepublik Deutschland, der Deutschen Bundesbahn oder der Deutschen Bundespost handelt.

II Bei Münzstrafsachen, die Schuldverschreibungen oder deren Zins- oder Erneuerungsscheine betreffen, soll die Körperschaft (z. B. das Land, die Gemeinde, der Gemeindeverband) beteiligt werden, die echte Schuldverschreibungen dieser Art ausgegeben hat oder in ihnen als Ausgeber genannt ist.

217. Nachrichtensammel- und Auswertungsstelle bei dem Bundeskriminalamt

I Bei der Verfolgung von Münzstrafsachen beachtet der Staatsanwalt, daß das Bundeskriminalamt auf diesem Gebiet die Aufgaben einer Zentralstelle wahrnimmt (vgl. Art. 12, 13 des Internationalen Abkommens zur Bekämpfung der Falschmünzerei) und die folgende Sammlungen unterhält:

a) Falschgeldtypenlisten,
   in denen alle bekannt gewordenen in- und ausländischen Falschgeldtypen registriert sind unter Angabe der Orte, an denen Falschgeld in Erscheinung getreten ist;
b) eine Geldfälscherkartei:
   die untergliedert ist in
   aa) eine Hersteller- und Verbreiterkartei;
       aus ihr kann Auskunft über die Personen erteilt werden, die als Hersteller oder Verbreiter von Falschgeld in Erscheinung getreten sind;
   bb) eine Typenherstellerkartei;
       aus ihr kann Auskunft erteilt werden über die Hersteller bestimmter Fälschungstypen (bei Münzen) oder Fälschungsklassen (bei Noten).

II Auch die Landeskriminalämter unterhalten eine Nachrichtensammelstelle zur Bekämpfung von Geldfälschungen; sie stehen in enger Verbindung mit dem Bundeskriminalamt und erhalten von diesem regelmäßig Bericht mit Angaben über die Anfallmenge, Anfallorte und Verausgabungsstellen, mit Hinweisen auf vermutliche Verbreitungszusam-

---

[1] Vgl. Fundstellennachweis B zum Bundesgesetzblatt Teil II.

menhänge sowie mit einer Übersicht über die Menge der angehaltenen Fälschungstypen, Fälschungsklassen und die Verbreitungsschwerpunkte.

218. Verbindung mehrerer Verfahren

I Mehrere dieselbe Fälschungsklasse betreffende Verfahren, die von derselben Staatsanwaltschaft geführt werden, sind regelmäßig zu verbinden.

II Werden gegen mehrere Verbreiter oder gegen Hersteller und Verbreiter durch verschiedene Staatsanwaltschaften Verfahren geführt, so wird eine Verbindung nur zweckmäßig sein, wenn zwischen den Beschuldigten unmittelbare Zusammenhänge feststellbar sind. Ist ein Zusammenhang (Ringbildung) erkennbar, so ist die Verbindung regelmäßig geboten.

219. Unterrichtung und Ausschluß der Öffentlichkeit

I Über Münzstrafsachen unterrichtet der Staatsanwalt die Öffentlichkeit grundsätzlich nur im Einvernehmen mit den in Nr. 216 Abs. 1 Buchst. a und b genannten Stellen. Dies gilt auch für die Bezeichnung der Fälschungsklasse und die Reihennummern der einzelnen Falschstücke.

II In der Anklageschrift sind über die in Absatz 1 bezeichneten Umstände sowie über die bei Münzstraftaten angewandten Verfahren und die Mittel zur Bekämpfung dieser Straftaten nur die unbedingt notwendigen Angaben zu machen.

III In der Hauptverhandlung soll der Staatsanwalt den Ausschluß der Öffentlichkeit sowie die Auferlegung der Schweigepflicht beantragen (§§ 172 Nr. 1, 174 Abs. 3 GVG; vgl. auch Nr. 131 Abs. 2); regelmäßig ist dies für die Erörterung des Herstellungsverfahrens und der anderen in Absatz 1 und 2 bezeichneten Umstände geboten. Auch wenn es sich nur um die Verbreitung von Falschgeld handelt, ist dies zweckmäßig.

220. *(gestrichen)*

3. Sexualstraftaten an Kindern

221. Beschleunigung, Benachrichtigung des Jugendamtes

I Das Verfahren ist zu beschleunigen, vor allem deswegen, weil das Erinnerungsvermögen der Kinder rasch verblaßt und weil sie besonders leicht zu beeinflussen sind.

II Wird ein Beschuldigter, der in häuslicher Gemeinschaft mit dem Geschädigten lebt oder der auf diesen in anderer Weise unmittelbar einwirken kann, freigelassen, so ist das Jugendamt unverzüglich zu benachrichtigen, damit die erforderlichen Maßnahmen zum Schutze des Geschädigten ergriffen werden können. Die Benachrichtigung obliegt derjenigen Stelle, welche die Freilassung veranlaßt hat.

222. Vernehmung von Kindern, Ausschluß und Beschränkung der Öffentlichkeit

I Werden Kinder als Zeugen vernommen, so sind die Nr. 19, 19 a, 130 a Abs. 2 und 135 Abs. 2 zu beachten. Vielfach wird es sich empfehlen, schon zur ersten Vernehmung einen Sachverständigen beizuziehen, der über besondere Kenntnisse und Erfahrungen auf dem Gebiet der Kinderpsychologie verfügt.

II Hat der Beschuldigte ein glaubhaftes Geständnis vor dem Richter abgelegt, so ist im Interesse des Kindes zu prüfen, ob dessen Vernehmung noch nötig ist (vgl. Nr. 111 Abs. 4).

III Wegen des Ausschlusses oder der Beschränkung der Öffentlichkeit sind Nr. 131 a, 132 zu beachten.

4. Bekämpfung gewaltverherrlichender, pornographischer und sonstiger jugendgefährdender Schriften

223. Zentralstellen der Länder

Die Zentralstellen der Länder zur Bekämpfung gewaltverherrlichender, pornographischer und sonstiger jugendgefährdender Schriften sorgen dafür, daß Straftaten nach den §§ 131, 184 StGB und §§ 6, 21 des Gesetzes über die Verbreitung jugendgefährdender Schriften (GjS)[1] und Ordnungswidrigkeiten nach den §§ 119, 120 Abs. 1 Nr. 2 OWiG nach einheitlichen Grundsätzen verfolgt werden, und halten insbesondere in den über den Bereich eines Landes hinausgehenden Fällen miteinander Verbindung. Sie beobachten auch die in ihrem Geschäftsbereich erscheinenden oder verbreiteten Zeitschriften und Zeitungen.

224. Mehrere Strafverfahren

I Das Bundeskriminalamt gibt Auskunft darüber, ob eine Schrift (§ 11 Abs. 3 StGB) bereits Gegenstand eines Strafverfahrens nach §§ 131, 184 StGB oder §§ 6, 21 GjS gewesen ist.

II Um zu verhindern, daß voneinander abweichende Entscheidungen ergehen, sind folgende Grundsätze zu beachten:

a) Leitet der Staatsanwalt des Verbreitungsortes ein Verfahren wegen einer gewaltverherrlichenden, pornographischen oder sonstigen jugendgefährdenden Schrift ein, so unterrichtet er gleichzeitig den Staatsanwalt des Erscheinungsortes. Dieser teilt ihm unverzüglich mit, ob er ebenfalls ein Verfahren eingeleitet hat oder einzuleiten beabsichtigt, und unterrichtet ihn über den Ausgang des Verfahrens.

b) Will der Staatsanwalt des Verbreitungsortes aus besonderen Gründen sein Verfahren durchführen, bevor das Verfahren am Erscheinungsort abgeschlossen ist, so führt er die Entscheidung der Landesjustizverwaltung (der Zentralstelle, falls ihr die Entscheidungsbefugnis übertragen ist) herbei.

c) Die Genehmigung der Landesjustizverwaltung (der Zentralstelle) ist auch dann einzuholen, wenn wegen einer Schrift eingeschritten werden soll, obwohl ein anderes Verfahren wegen derselben Schrift bereits deswegen zur Einstellung, zur Ablehnung der Eröffnung des Hauptverfahrens, zu einem Freispruch oder zur Ablehnung der Einziehung geführt hat, weil sie nicht als gewaltverherrlichend, pornographisch oder sonst jugendgefährdend erachtet worden ist.

III Auf Schriften, auf denen der Name des Verlegers oder – beim Selbstverlag – der Name des Verfassers oder des Herausgebers und ein inländischer Erscheinungsort nicht angegeben sind, findet Absatz 2 keine Anwendung.

225. Verwahrung beschlagnahmter Schriften

Die beschlagnahmten Stücke sind so zu verwahren, daß ein Mißbrauch ausgeschlossen ist; sie dürfen nur dem Staatsanwalt und dem Gericht zugänglich sein. Von den verwahrten Schriften werden höchstens je zwei Stück in einem besonderen Umschlag (zum Gebrauch des Staatsanwalts und des Gerichts) zu den Ermittlungs- oder Strafakten genommen. Wenn diese Stücke nicht benötigt werden, sind sie wie die übrigen amtlich verwahrten Schriften unter Verschluß zu halten.

226. Veröffentlichung von Entscheidungen

I Die Beschlagnahme gewaltverherrlichender, pornographischer und sonstiger jugendgefährdender Schriften ist im Bundeskriminalblatt bekanntzumachen, sofern nicht wegen voraussichtlich geringer oder nur örtlich beschränkter Verbreitung eine Veröffentlichung im Landeskriminalblatt genügt. Beschränkt sich die Beschlagnahme auf die in § 74 d Abs. 3 StGB bezeichneten Stücke, so wird hierauf in der Bekanntmachung hinge-

[1] Vgl. Fundstellennachweis A zum Bundesrecht.

wiesen. Nr. 251 Abs. 2 bis 6 gilt sinngemäß. Wird die Beschlagnahme aufgehoben, so ist dies in gleicher Weise bekanntzumachen.

II Bei rechtskräftigen Entscheidungen, die auf Einziehung einer Schrift erkennen, ist nach § 81 StVollstrO zu verfahren. Rechtskräftige Entscheidungen, in denen das Gericht den gewaltverherrlichenden, pornographischen oder sonst jugendgefährdenden Charakter der Schrift verneint und den Angeklagten freigesprochen oder die Einziehung abgelehnt hat, sind im Bundeskriminalblatt auszugsweise zu veröffentlichen, wenn die Schrift genau genug bezeichnet werden kann. Ist die Schrift nur in wenigen Stücken oder nur in örtlich begrenztem Gebiet verbreitet worden, so genügt die Veröffentlichung im Landeskriminalblatt.

227. Unterrichtung des Bundeskriminalamts

Entscheidungen über die Beschlagnahme oder die Einziehung von Schriften nach §§ 74 d, 76 a StGB, sofern die Aufnahme dieser Schriften in die Liste nach § 1 GjS nicht bereits bekanntgemacht ist, sowie (rechtskräftige) Entscheidungen, in denen das Gericht den gewaltverherrlichenden, pornographischen oder sonstigen jugendgefährdenden Charakter der Schrift verneint hat, teilen die Zentralstellen dem Bundeskriminalamt auch dann mit, wenn eine Bekanntmachung oder Veröffentlichung im Bundeskriminalblatt nicht verlangt wird oder nicht erfolgt ist.

228. Unterrichtung der Bundesprüfstelle für jugendgefährdende Schriften

Stellt ein Gericht in einer rechtskräftigen Entscheidung fest, daß eine Schrift pornographisch ist oder den in § 131 StGB bezeichneten Inhalt hat, so übersendet die Zentralstelle eine Ausfertigung dieser Entscheidung der Bundesprüfstelle für jugendgefährdende Schriften zur Durchführung des Verfahrens nach § 18 GjS. Die Ausfertigung soll mit Rechtskraftvermerk versehen sein.

5. Beleidigung

229. Erhebung der öffentlichen Klage

I Von der Erhebung der öffentlichen Klage soll der Staatsanwalt regelmäßig absehen, wenn eine wesentliche Ehrenkränkung nicht vorliegt, wie es vielfach bei Familienzwistigkeiten, Hausklatsch, Wirtshausstreitigkeiten der Fall ist. Liegt dagegen eine wesentliche Ehrenkränkung oder ein Fall des § 187 a StGB vor, so wird das öffentliche Interesse meist gegeben sein. Auf Nr. 86 wird verwiesen.

II Auch wenn ein Strafantrag nach § 194 Abs. 3 StGB gestellt ist, prüft der Staatsanwalt, ob ein öffentliches Interesse an der Strafverfolgung besteht. Will er es verneinen, so gibt er dem Antragsteller vor der abschließenden Verfügung Gelegenheit, sich hierzu zu äußern.

III Ist kein Strafantrag nach § 194 Abs. 3 StGB gestellt, so folgt daraus allein noch nicht, daß kein öffentliches Interesse an der Strafverfolgung besteht. Will der Staatsanwalt die öffentliche Klage erheben, gibt er dem nach § 194 Abs. 3 StGB Berechtigten Gelegenheit, einen Strafantrag zu stellen. Dies gilt sinngemäß, sofern eine Beleidigung nur mit Ermächtigung der betroffenen politischen Körperschaften (§ 194 Abs. 4 StGB) zu verfolgen ist.

230. Wahrheitsbeweis

Dem Versuch, die Zulassung des Wahrheitsbeweises zur weiteren Verunglimpfung des Beleidigten zu mißbrauchen und dadurch den strafrechtlichen Ehrenschutz zu unterlaufen, tritt der Staatsanwalt im Rahmen des § 244 Abs. 2, 3 StPO entgegen.

231. Öffentliche Bekanntgabe der Verurteilung

Ist nach § 200 StGB die Bekanntgabe der Verurteilung anzuordnen, so hat der Staatsanwalt darauf hinzuwirken, daß der Name des Beleidigten in die Urteilsformel aufgenommen wird. Ist die öffentliche Bekanntgabe der Verurteilung zu vollziehen (§ 463 c

StPO), so sind die dazu ergangenen Vorschriften der Strafvollstreckungsordnung zu beachten.

232. Beleidigung von Justizangehörigen

I Wird ein Justizangehöriger während der Ausübung seines Berufs oder in Beziehung auf ihn beleidigt und stellt die vorgesetzte Dienststelle zur Wahrung des Ansehens der Rechtspflege Strafantrag nach § 194 Abs. 3 StGB, so ist regelmäßig auch das öffentliche Interesse an der Strafverfolgung im Sinne des § 376 StPO zu bejahen (vgl. Nr. 229).

II Wird in Beschwerden, Gnadengesuchen oder ähnlichen Eingaben an Entscheidungen und anderen Maßnahmen von Justizbehörden oder -angehörigen in beleidigender Form Kritik geübt, so ist zu prüfen, ob es sich um ernst zu nehmende Ehrenkränkungen handelt und es zur Wahrung des Ansehens der Rechtspflege geboten ist, einzuschreiten (vgl. Nr. 229 Abs. 1). Offenbar haltlose Vorwürfe unbelehrbarer Querulanten oder allgemeine Unmutsäußerungen von Personen, die sich in ihrem Recht verletzt glauben, werden regelmäßig keine Veranlassung geben, die öffentliche Klage zu erheben, es sei denn, daß wegen falscher Verdächtigung vorzugehen ist.

III Für ehrenamtliche Richter gelten die Absätze 1 und 2 entsprechend.

6. Körperverletzung

233. Erhebung der öffentlichen Klage

Das öffentliche Interesse an der Verfolgung von Körperverletzungen ist vor allem dann zu bejahen, wenn eine rohe Tat, eine erhebliche Mißhandlung oder eine erhebliche Verletzung vorliegen (vgl. Nr. 86). Dies gilt auch, wenn die Körperverletzung in einer engen Lebensgemeinschaft begangen wurde; Nr. 235 Abs. 3 gilt entsprechend.

234. Verfolgung ohne Strafantrag

I Ein besonderes öffentliches Interesse an der Verfolgung von Körperverletzungen (§ 232 Abs. 1 StGB) wird namentlich dann anzunehmen sein, wenn der Täter einschlägig vorbestraft ist, roh oder besonders leichtfertig gehandelt hat oder durch die Tat eine erhebliche Verletzung verursacht wurde. Andererseits kann auch der Umstand beachtlich sein, daß der Verletzte auf Bestrafung keinen Wert legt.

II Wird die öffentliche Klage erhoben, ohne daß ein Strafantrag gestellt ist, so soll in der Anklageschrift oder in dem Strafbefehlsantrag erklärt werden, daß wegen des besonderen öffentlichen Interesses an der Strafverfolgung ein Einschreiten von Amts wegen geboten ist.

III Ergibt sich in einem Verfahren wegen einer von Amts wegen zu verfolgenden Tat nach Anklageerhebung, daß möglicherweise nur eine Verurteilung wegen Körperverletzung (§ 232 Abs. 1 StGB) in Betracht kommt oder daß eine derartige Verurteilung nach dem Ergebnis der Beweisaufnahme zusätzlich dringend geboten erscheint, so erklärt der Staatsanwalt, ob er ein Einschreiten von Amts wegen für geboten hält.

IV Bei im Straßenverkehr begangenen Körperverletzungen ist Nr. 243 Abs. 3 zu beachten.

235. Kindesmißhandlung

I Auch namenlosen und vertraulichen Hinweisen geht der Staatsanwalt grundsätzlich nach; bei der Beweissicherung beachtet er insbesondere § 81 c Abs. 3 Satz 3 StPO. Im übrigen gelten die Nummern 221, 222 Abs. 1 und 2 sinngemäß.

II Bei einer Kindesmißhandlung ist das besondere öffentliche Interesse an der Strafverfolgung (§ 232 Abs. 1 Satz 1 StGB) grundsätzlich zu bejahen. Eine Verweisung auf den Privatklageweg gemäß § 374 StPO ist in der Regel nicht angezeigt.

III Sind sozialpädagogische, familientherapeutische oder andere unterstützende Maßnahmen eingeleitet worden und erscheinen diese erfolgversprechend, kann ein öffentliches Interesse an der Strafverfolgung entfallen.

7. Betrug

236. Schwindelunternehmen, Vermittlungsschwindel

I Bei der Bekämpfung von Schwindelunternehmen kann es zweckmäßig sein, mit dem Deutschen Schutzverband gegen Wirtschaftskriminalität e. V., Frankfurt am Main, Landgrafenstraße 24 b, 61348 Bad Homburg v. d. H., der zugleich eine Zweigstelle in 20095 Hamburg, Mönckebergstraße 8, unterhält, in Verbindung zu treten. Aufgrund seiner umfangreichen Stoffsammlungen kann er Auskünfte erteilen und Sachverständige benennen.

II Der Ring Deutscher Makler (RDM) für Immobilien, Hypotheken und Finanzierungen e. V., Biebergasse 2, 60313 Frankfurt am Main, und der Deutsche Schutzverband gegen Wirtschaftskriminalität e. V. Frankfurt am Main, Landgrafenstraße 24 b, 61348 Bad Homburg v. d. H., haben sich bereit erklärt, zur Bekämpfung der Wirtschaftskriminalität Material zur Verfügung zu stellen und Auskünfte zu erteilen.

III Das Bundeskartellamt hat auf Antrag des Bundesverbandes des Ringes Deutscher Makler e. V. nach § 28 GWB Wettbewerbsregeln eingetragen. Verstöße gegen diese Wettbewerbsregeln können nach den Vorschriften des UWG mit Strafe oder nach § 38 GWB als Ordnungswidrigkeiten mit Geldbuße bedroht sein. Dies ist insbesondere von Bedeutung, wenn in Ermittlungsverfahren gegen Makler ein Betrug nicht nachweisbar ist. Ferner ist die Verordnung über die Pflichten der Makler, Darlehens- und Anlagenvermittler, Bauträger und Baubetreuer (Makler- und Bauträgerverordnung – MaBV)[1] zu beachten.

237. Abzahlungsgeschäfte

I Bei Strafanzeigen, die Abzahlungsgeschäfte zum Gegenstand haben, berücksichtigt der Staatsanwalt die Erfahrung, daß Abzahlungskäufer nicht selten leichtfertig des Betruges verdächtigt werden, um zivilrechtliche Ansprüche des Anzeigeerstatters unter dem Druck eines Strafverfahrens durchzusetzen.

II In den Fällen, in denen beim Abschluß von Abzahlungsgeschäften Unerfahrenheit, Ungewandtheit und Leichtgläubigkeit der Käufer ausgenutzt worden sind, prüft der Staatsanwalt, ob insoweit eine Straftat vorliegt.

238. Betrügerische Bankgeschäfte

Besteht gegen Geschäftsleiter von Kreditinstituten der Verdacht einer Straftat, so setzt sich der Staatsanwalt in der Regel möglichst frühzeitig mit der Aufsichtsbehörde in Verbindung. Nach dem Gesetz über das Kreditwesen[1] besteht eine allgemeine Fachaufsicht über sämtliche Kreditinstitute, die das Bundesaufsichtsamt für das Kreditwesen (Bundesaufsichtsamt) in Berlin ausübt. Die Sonderaufsicht (Staatsaufsicht) bestimmt sich nach Landes- oder Bundesrecht (§ 52 Kreditwesengesetz).

8. Mietwucher

239.

Bei der Verfolgung von Mietwucher (§ 302 a Abs. 1 Nr. 1 StGB) empfiehlt es sich, auch die in den Ländern erlassenen Richtlinien zur wirksameren Bekämpfung von Mietpreisüberhöhungen zu berücksichtigen.

9. Glücksspiel und Ausspielung

240. Glücksspiel

Gutachten darüber, ob es sich bei der Benutzung von mechanisch betriebenen Spielgeräten um ein Glücksspiel oder ein Geschicklichkeitsspiel handelt, erstattet die Physikalisch-Technische Bundesanstalt, Abbestraße 2–12, 10587 Berlin. Gutachten über den

---

[1] Vgl. Fundstellennachweis A zum Bundesrecht.

Spielcharakter nichtmechanischer Spiele (Glücks- oder Geschicklichkeitsspiele) werden vom Bundeskriminalamt erstellt.

241. Öffentliche Lotterien und Ausspielungen

Gewerbliche Unternehmen versuchen oft, in unlauterer Weise ihren Kundenkreis dadurch zu erweitern, daß sie unter dem Deckmantel eines Preisrätsels oder in ähnlicher Art (z. B. durch Benutzung des sogenannten Schneeball- oder Hydrasystems) öffentliche Lotterien oder Ausspielungen veranstalten. Anlaß zum Einschreiten besteht regelmäßig schon dann, wenn in öffentlichen Ankündigungen ein Hinweis auf die behördliche Genehmigung der Lotterie oder Ausspielung fehlt.

10. Brandsachen

242. *(gestrichen)*

11. Straßenverkehr

243. Verkehrsstraftaten, Körperverletzungen im Straßenverkehr

I In Verkehrsstrafsachen wird der Staatsanwalt, wenn nötig (vgl. Nr. 3), die Ermittlungen selbst führen, den Tatort besichtigen, die Spuren sichern lassen und frühzeitig – in der Regel schon bei der Tatortbesichtigung – einen geeigneten Sachverständigen zuziehen, falls dies zur Begutachtung technischer Fragen notwendig ist. Neben einer Auskunft aus dem Zentralregister soll auch eine Auskunft aus dem Verkehrszentralregister eingeholt werden.

II Besteht der Verdacht, daß der Täter unter Alkoholeinwirkung gehandelt hat, so ist für eine unverzügliche Blutentnahme zur Bestimmung des Blutalkoholgehalts zu sorgen.

III Ein Grundsatz, daß bei einer im Straßenverkehr begangenen Körperverletzung das besondere öffentliche Interesse an der Strafverfolgung (§ 232 Abs. 1 Satz 1 StGB) stets oder in der Regel zu bejahen ist, besteht nicht. Bei der im Einzelfall zu treffenden Ermessensentscheidung sind das Maß der Pflichtwidrigkeit, insbesondere der vorangegangene Genuß von Alkohol oder anderer berauschender Mittel, die Tatfolgen für den Verletzten und den Täter, einschlägige Vorbelastungen des Täters sowie ein Mitverschulden des Verletzten von besoderem Gewicht.

244. Internationale Abkommen

Für den Rechtshilfeverkehr mit dem Ausland sind die völkerrechtlichen Vereinbarungen, insbesondere das Internationale Abkommen vom 24. April 1926 über Kraftfahrzeugverkehr[1], zu beachten. Auskunft erteilt der Bundesminister der Justiz.

12. Bahnverkehr, Schiffahrt und Luftfahrt

245. Transportgefährdung

I Bei dem Verdacht einer strafbaren Transportgefährdung, die wegen ihrer Folgen oder aus anderen Gründen in der Öffentlichkeit Aufsehen erregen kann, führt der Staatsanwalt, wenn nötig, die Ermittlungen selbst und besichtigt den Tatort (vgl. Nr. 3).

II Für die Frage, ob Leib oder Leben eines anderen oder fremde Sachen von bedeutendem Wert im Sinne der §§ 315, 315 a StGB gefährdet worden sind, ist die Art des Verkehrsmittels von Bedeutung. Der Staatsanwalt wird daher in Verbindung treten bei Beeinträchtigungen der Sicherheit

a) des Betriebs der Eisenbahnen des Bundes:
mit der örtlichen Außenstelle des Eisenbahnbundesamtes;

b) des Betriebs anderer Schienenbahnen oder von Schwebebahnen:
mit der zuständigen Aufsichtsbehörde;

[1] Vgl. Fundstellennachweis B zum Bundesgesetzblatt Teil II.

c) des Betriebs der Schiffahrt:
   mit der zuständigen Wasser- und Schiffahrtsdirektion;
d) des Luftverkehrs:
   mit der obersten Landesverkehrsbehörde.

III Im Betrieb der Eisenbahn wird eine Gefahr für Leib oder Leben eines anderen oder für fremde Sachen von bedeutendem Wert in der Regel dann bestehen, wenn der Triebfahrzeugführer bei Erkennen des Fahrthindernisses oder einer anderen Beeinträchtigung der Sicherheit des Betriebs pflichtgemäß die Schnellbremsung einzuleiten hätte.

IV Wegen der Eigenart der in Absatz 2 genannten Verkehrsmittel können schon geringfügige Versehen Betriebsbeeinträchtigungen verursachen, die den Tatbestand des § 315 Abs. 4, 5 StGB erfüllen. Ist in solchen Fällen die Schuld des Täters gering, so wird der Staatsanwalt prüfen, ob §§ 153 Abs. 1, 153 a Abs. 1 StPO (vgl. Nr. 93 Abs. 1) anzuwenden sind.

246. Unfälle beim Betrieb von Eisenbahnen

I Zur Aufklärung eines Unfalls beim Betrieb von Eisenbahnen, der wegen seiner Folgen oder aus anderen Gründen in der Öffentlichkeit Aufsehen erregen kann, setzt sich der Staatsanwalt sofort mit der zuständigen Pollizeidienststelle und ggf. der zuständigen Aufsichtsbehörde der Eisenbahn in Verbindung und begibt sich in der Regel selbst unverzüglich an den Unfallort, um die Ermittlungen zu leiten (vgl. Nrn. 3 und 11).

II Soweit im weiteren Verfahren Sachverständige benötigt werden, sind in der Regel fachkundige Angehörige der zuständigen Aufsichtsbehörde heranzuziehen. Wenn andere Sachverständige beauftragt werden, so ist auch der Aufsichtsbehörde Gelegenheit zur gutachtlichen Äußerung zu geben.

247. Schiffahrts- und Luftverkehrssachen

I In Strafverfahren wegen Gefährdung des Schiffsverkehrs (§ 315 a Abs. 1 Nr. 2 StGB) und bei der Untersuchung von Schiffsunfällen können namentlich folgende Vorschriften zur Sicherung des Schiffsverkehrs von Bedeutung sein:

a) Im Bereich des Seeschiffsverkehrs
   das Seeaufgabengesetz und die hierauf beruhenden Rechtsverordnungen, insbesondere die Verordnung zur Seestraßenordnung (VSeeStrO), die Seeschiffahrtstraßen-Ordnung (SeeSchStrO) und die Schiffssicherheitsverordnung (SchSV)[1],
b) im Bereich des Binnenschiffsverkehrs
   aa) das Gesetz über die Aufgaben des Bundes auf dem Gebiet der Binnenschiffahrt[1] und die hierauf beruhende Verordnung über die Schiffssicherheit in der Binnenschiffahrt (Binnenschiffs-Untersuchungsordnung)[1],
   bb) die Rheinschiffahrtspolizeiverordnung[1],
   cc) die Donauschiffahrtspolizeiverordnung[1],
   dd) die Moselschiffahrtspolizeiverordnung[1].

II In solchen Verfahren empfiehlt es sich in der Regel, die Wasser- und Schiffahrtsdirektionen zu hören; bei Verstößen gegen die Schiffssicherheitsverordnung sind die See-Berufsgenossenschaft und gegebenenfalls das Deutsche Hydrographische Institut in Hamburg und bei Verstößen gegen die Binnenschiffs- Untersuchungsordnung die Binnenschiffahrts-Berufsgenossenschaft in Duisburg zu beteiligen.

III Verstöße gegen die in Absatz 1 Buchstabe a genannten Seeverkehrsvorschriften sind überwiegend auch Seeunfälle im Sinne des Seeunfalluntersuchungsgesetzes (SeeUG)[1], die von den Seeämtern Kiel, Hamburg, Bremerhaven und Emden förmlich untersucht werden. Die Seeämter sind zu beteiligen.

IV In Strafverfahren wegen Zuwiderhandlungen gegen luftrechtliche Vorschriften, die der Abwehr von Gefahren für den Luftverkehr dienen (§§ 59, 60, 62 Luftverkehrsgesetz)[1], und bei der Untersuchung von Luftfahrzeugunfällen sind die obersten Verkehrs-

---

[1] Vgl. Fundstellennachweis A zum Bundesrecht.

behörden der Länder, das Luftfahrtbundesamt oder die Bundesanstalt für Flugsicherung zu beteiligen.

13. Zuhälterei

248.

I Es empfiehlt sich, nach der ersten Aussage einer Prostituierten unverzüglich, möglichst im Anschluß an die polizeiliche Vernehmung, eine richterliche Vernehmung herbeizuführen, da Prostituierte erfahrungsgemäß nicht selten ihre Aussagen gegen den Zuhälter in der Hauptverhandlung nicht aufrechterhalten oder zu diesem Zeitpunkt nicht mehr erreichbar sind.

II Ist zu befürchten, daß ein Zeuge wegen der Anwesenheit bestimmter Personen in der Hauptverhandlung die Wahrheit nicht sagen werde, so wirkt der Staatsanwalt auf gerichtliche Maßnahmen nach § 172 GVG oder § 247 StPO hin.

14. Pressestrafsachen

249. Allgemeines

I Pressestrafsachen im Sinne dieses Abschnitts sind Strafsachen, die Verstöße gegen die Pressegesetze der Länder oder solche Straftaten zum Gegenstand haben, die durch Verbreitung von Druckschriften (Druckwerken) strafbaren Inhalts begangen werden.

II Ist eine Straftat nach §§ 80 bis 101 a, 129 bis 131 StGB, § 20 Abs. 1 Nr. 1 bis 4 des Vereinsgesetzes oder nach § 92 Abs. 1 Nr. 7 des Ausländergesetzes (Nr. 208 Abs. 1 Satz 1) eine Verunglimpfung oder eine Beleidigung oberster Staatsorgane (Nr. 209 Abs. 1 Satz 1) oder eine Beleidigung fremder Staatspersonen (Nr. 210 Abs. 1) mittels einer Druckschrift begangen worden, so gelten die Nr. 202 bis 214.

III Auf Straftaten nach §§ 131, 184 StGB und § 21 GjS finden die Nr. 223 bis 228 Anwendung.

IV Die Vorschriften dieses Abschnittes finden auf die in Absatz 2 und 3 bezeichneten Straftaten nur Anwendung, soweit es besonders bestimmt ist.

V Durch rasches Handeln ist zu verhindern, daß Druckschriften strafbaren Inhalts weitere Verbreitung finden; dies gilt vor allem, wenn Flugblätter, Handzettel, verbotene Zeitungen und Zeitschriften heimlich verbreitet werden. Beschleunigung ist auch wegen der kurzen Verjährungsfristen von Pressestrafsachen geboten.

VI Die Akten sind als Pressestrafsache kenntlich zu machen und mit einem Hinweis auf die kurze Verjährungsfrist zu versehen.

250. Einheitliche Bearbeitung verschiedener, dieselbe Druckschrift betreffender Verfahren

I Strafsachen, welche dieselbe Veröffentlichung betreffen, sind möglichst einheitlich zu bearbeiten. Leitet der Staatsanwalt wegen einer Veröffentlichung in einer Druckschrift, die nicht in seinem Bezirk erschienen ist, ein Verfahren ein, so hat er dies dem Staatsanwalt des Erscheinungsortes unverzüglich mitzuteilen (vgl. § 7 StPO). Dieser prüft, ob ein Verfahren einzuleiten oder das bei der anderen Staatsanwaltschaft anhängige Verfahren zu übernehmen ist.

II Werden die Verfahren getrennt geführt, so unterrichten sich die beteiligten Staatsanwälte gegenseitig.

III Die Absätze 1 und 2 gelten sinngemäß, wenn die Veröffentlichung im wesentlichen ein Abdruck aus einer anderen Veröffentlichung oder mit einer anderen Veröffentlichung im wesentlichen inhaltsgleich ist.

251. Vollstreckung einer Beschlagnahmeanordnung

I Maßnahmen zur Vollstreckung einer Beschlagnahmeanordnung sind der Bedeutung des Falles sowie dem Umfang und der Art der Verbreitung der Druckschrift anzupassen.

II Ist die Druckschrift offenbar noch nicht verbreitet, so wird es in der Regel genügen, wenn sich der Staatsanwalt in den Besitz der erreichbaren Stücke setzt.

III Ist eine nur örtliche Verbreitung der Druckschrift anzunehmen, so ist lediglich die Polizeidienststelle, in deren Bereich die Verbreitung vermutlich stattgefunden hat oder stattfinden könnte, und, wenn die Verbreitung über einen örtlichen Polizeibezirk hinausgeht, auch das zuständige Landeskriminalamt zu ersuchen, die Vollstreckung der Beschlagnahme zu veranlassen.

IV Ist es unmöglich oder unangebracht, die Durchführung der Beschlagnahme örtlich zu beschränken, so empfiehlt es sich, das Ersuchen um Vollstreckung der Beschlagnahmeanordnung den Polizeidienststellen durch den Polizeifunk bekanntzumachen.

V Die Ersuchen sind auf schnellstem Wege zu übermitteln. Es ist dafür zu sorgen, daß die Beschlagnahmeanordnung nicht vorzeitig bekannt wird. Mitunter wird es nötig sein, Vollstreckungsersuchen an die Polizeidienststellen in verschlüsselter (chiffrierter) Form weiterzugeben.

VI In dem Ersuchen sind die ersuchende Behörde, die zugrunde liegende Anordnung (nach Aktenzeichen, anordnender Stelle, Ort und Datum der Anordnung) und der genaue Titel der Druckschrift (mit Verlag und Erscheinungsort) anzugeben.

252. Aufhebung der Beschlagnahme

Wird die Beschlagnahme aufgehoben, so sind davon unverzüglich alle Behörden und Stellen, die um die Vollstreckung ersucht worden sind, auf demselben Wege unter Rücknahme des Vollstreckungsersuchens zu benachrichtigen.

253. Einziehung, Unbrauchbarmachung und Ablieferung

Der Staatsanwalt hat bei Veröffentlichungen strafbaren Inhalts durch geeignete Anträge, notfalls durch Einlegung der zulässigen Rechtsmittel, darauf hinzuwirken, daß auf Einziehung und Unbrauchbarmachung (§§ 74 d, 74 e StGB) erkannt wird. Kann wegen der Straftat aus tatsächlichen Gründen keine bestimmte Person verfolgt oder verurteilt werden, so ist zu prüfen, ob das selbständige Verfahren nach § 76 a StGB einzuleiten ist.

254. Sachverständige in Presseangelegenheiten

Soweit Sachverständige in Presseangelegenheiten benötigt werden, wendet sich der Staatsanwalt oder das Gericht

a) für grundsätzliche Fragen an den Deutschen Presserat, Generalsekretariat, Thomas-Mann-Straße 54, 53111 Bonn;
b) für journalistische Fragen an den Deutschen Journalistenverband, Bennauerstraße 60, 53115 Bonn;
c) für das Zeitungswesen an den Bundesverband Deutscher Zeitungsverleger, Riemenschneiderstraße 10, 53175 Bonn;
d) für das Zeitschriftenwesen an den Verband Deutscher Zeitschriftenverleger e. V., Winterstraße 50, 53177 Bonn;
e) für das Buchverlagswesen an den Börsenverein des Deutschen Buchhandels e. V., Großer Hirschgraben 17–21, 60311 Frankfurt am Main.

II. Abschnitt: Strafvorschriften des Nebenstrafrechts

A. Allgemeines

255.

I Auch die Straftaten des Nebenstrafrechts sind Zuwiderhandlungen, die ein sozialethisches Unwerturteil verdienen; sie sind deshalb nach den gleichen Grundsätzen und mit dem gleichen Nachdruck zu verfolgen wie Zuwiderhandlungen gegen Vorschriften des Strafgesetzbuchs. Dies gilt auch für die Anwendung der §§ 153, 153 a StPO. Den zuständigen Fachbehörden ist nach den Nr. 90, 93 Gelegenheit zur Äußerung zu geben.

[II] Bei der Verfolgung von Straftaten des Nebenstrafrechts arbeitet der Staatsanwalt mit den zuständigen Fachbehörden zusammen. Die Fachbehörden können vor allem bei der Benennung geeigneter Sachverständiger Hilfe leisten.

B. Einzelne Strafvorschriften

1. Waffen- und Sprengstoffsachen

256.

[I] Bei der Verfolgung von Straftaten nach dem Waffengesetz oder dem Ausführungsgesetz zu Art. 26 Abs. 2 des GG (Gesetz über die Kontrolle von Kriegswaffen) einschließlich der aufgrund dieser Gesetze erlassenen Rechtsverordnungen empfiehlt es sich, auch die hierzu ergangenen Verwaltungsvorschriften, namentlich die Allgemeine Verwaltungsvorschrift zum Waffengesetz (WaffVwV) heranzuziehen.

[II] Ein besonderes Augenmerk ist auf die Erkennung überörtlicher Zusammenhänge zu richten. In geeigneten Fällen ist mit der Zollbehörde zusammenzuarbeiten. Es empfiehlt sich, möglichst frühzeitig Strafregisterauszüge aus den Staaten, in denen sich der Beschuldigte vermutlich aufgehalten hat, anzufordern.

[III] Bevor der Staatsanwalt Schußwaffen, insbesondere auch nachträglich veränderte (z. B. durchbohrte oder verkürzte) Schreckschuß-, Reizstoff- und Signalwaffen in amtliche Verwahrung nimmt, prüft er, ob der Schußwaffenerkennungsdienst durchgeführt ist.

[IV] Der Staatsanwalt teilt der Polizei oder der Verwaltungsbehörde unverzüglich alle Umstände mit, aus denen sich der Verdacht ergibt, daß
a) vorschriftswidrig mit Sprengstoffen umgegangen oder gehandelt wurde, oder diese Stoffe vorschriftswidrig befördert worden sind,
b) vorschriftswidrig Schußwaffen hergestellt, gehandelt oder erworben worden sind.

2. Straftaten nach dem Betäubungsmittelgesetz

257.

[I] Bei Straftaten nach dem Gesetz über den Verkehr mit Betäubungsmitteln gilt Nr. 256 Abs. 2 entsprechend.

[II] Der Staatsanwalt arbeitet auch mit den Stellen zusammen, die sich um die Betreuung von Suchtkranken bemühen, namentlich mit den Gesundheitsämtern, Jugendämtern und Verbänden der öffentlichen und freien Wohlfahrtspflege.

3. Arbeitsschutz

258.

[I] Vorschriften zum Schutze der Arbeitskraft und der Gesundheit der Arbeitnehmer sind namentlich enthalten in
a) der Arbeitszeitordnung[1],
b) dem Atomgesetz[0],
c) dem Bundesberggesetz[0],
d) dem Chemikaliengesetz[0],
e) der Verordnung über Arbeitszeit in Krankenpflegeanstalten[0],

---

[1] Vgl. Fundstellennachweis zum Bundesrecht.

f) dem Gesetz über die Arbeitszeit in Bäckereien und Konditoreien[1],
g) dem Gesetz über den Ladenschluß[1],
h) dem Titel VII der Gewerbeordnung[1],
i) dem Heimarbeitsgesetz[1],
j) dem Jugendarbeitsschutzgesetz[1],
k) dem Mutterschutzgesetz[1],
l) dem Seemannsgesetz[1],
m) dem Sprengstoffgesetz[1].

II Arbeitsschutzrechtliche Vorschriften enthalten auch die Strahlenschutzverordnung[1], die Röntgenverordnung[1] und die Gefahrstoffverordnung[1].

III Fachbehörden sind das Gewerbeaufsichtsamt, das Bergamt oder die sonst nach Landesrecht zuständigen Stellen.

259. Schutz des Arbeitsmarktes

Vorschriften zum Schutze des Arbeitsmarktes und gegen die mißbräuchliche Ausnutzung fremder Arbeitskraft sind namentlich enthalten im
a) Arbeitsförderungsgesetz[1],
b) Arbeitnehmerüberlassungsgesetz[1].

4. Unlauterer Wettbewerb

260. Öffentliches Interesse an der Strafverfolgung

Das öffentliche Interesse an der Strafverfolgung wegen unlauteren Wettbewerbs (§§ 4, 6 c, 12, 15, 17, 18, 20 UWG) wird in der Regel zu bejahen sein, wenn eine nicht nur geringfügige Rechtsverletzung vorliegt. Dies gilt in Fällen

1. des § 4 UWG vor allem, wenn durch unrichtige Angaben ein erheblicher Teil der Verbraucher irregeführt werden kann oder wenn durch die Verwendung irreführender Angaben zugleich gegen zwischenstaatliche Abkommen über den Schutz geographischer Bezeichnungen verstoßen wird (vgl. auch § 26 WZG);
2. des § 6 c UWG vor allem, wenn insgesamt ein hoher Schaden droht, die Teilnehmer einen nicht unerheblichen Beitrag zu leisten haben oder besonders schutzwürdig sind.Die Verweisung auf die Privatklage (§ 22 UWG, § 374 Abs. 1 Nr. 7, § 376 StPO) ist in der Regel nur angebracht, wenn der Verstoß leichter Art ist und die Interessen eines eng umgrenzten Personenkreises berührt.

260 a. Besonders öffentliches Interesse an der Strafverfolgung

I Ein besonderes öffentliches Interesse an der Strafverfolgung von Verletzungen von Geschäfts- oder Betriebsgeheimnissen (§ 22 Abs. 1 Satz 2, §§ 17, 18, 20 UWG) wird insbesondere dann anzunehmen sein, wenn der Täter wirtschaftsstrafrechtlich vorbestraft ist, ein erheblicher Schaden droht oder eingetreten ist, die Tat Teil eines gegen mehrere Unternehmen gerichteten Plans zur Ausspähung von Geschäfts- oder Betriebsgeheimnissen ist oder den Verletzten in seiner wirtschaftlichen Existenz bedroht.

II Kommt ein besonders schwerer Fall (§ 17 Abs. 4 UWG) in Betracht, so kann das besondere öffentliche Interesse an der Verfolgung nur ausnahmsweise verneint werden. Das gleiche gilt, auch bezüglich § 18 UWG, wenn der Täter davon ausgeht, daß das Geheimnis im Ausland verwertet werden soll, oder er es selbst im Ausland verwertet.

III Wird öffentliche Klage erhoben, ohne daß ein Strafantrag gestellt ist, so soll in der Anklageschrift oder in dem Strafbefehlsantrag erklärt werden, daß wegen des besonderen öffentlichen Interesses an der Strafverfolgung ein Einschreiten von Amts wegen geboten ist.

---

[1] Vgl. Fundstellennachweis A zum Bundesrecht.

260 b. Geheimhaltung von Geschäfts- oder Betriebsgeheimnissen

I Bittet der Verletzte um Geheimhaltung oder stellt er keinen Strafantrag, so sollen Geschäfts- oder Betriebsgeheimnisse in der Sachakte nur insoweit schriftlich festgehalten werden, als dies für das Verfahren unerläßlich ist.

II Wird in den Fällen des Absatzes 1 Akteneinsicht gewährt, so ist darauf hinzuweisen, daß die Akte Geschäfts- oder Betriebsgeheimnisse enthält; hierüber ist ein Vermerk zu den Akten zu nehmen. Dies gilt sinngemäß bei sonstigen Mitteilungen aus den Akten. Es ist zu prüfen, ob nicht Gründe entgegenstehen, dem Verteidiger die Akten zur Einsichtnahme in seine Geschäftsräume oder in seine Wohnung mitzugeben (§ 147 Abs. 4 StPO).

III Vor Gewährung von Akteneinsicht an Dritte ist, auch wenn die Voraussetzungen des Absatzes 1 nicht vorliegen, besonders sorgfältig zu prüfen, ob nicht schutzwürdige Interessen des Verletzten entgegenstehen.

260 c. Auskünfte

Bei unlauteren Wettbewerbsmethoden von örtlicher Bedeutung können die Industrie- und Handelskammern Auskünfte geben; im übrigen erteilen Auskünfte:
- die Zentrale zur Bekämpfung unlauteren Wettbewerbs e. V. Frankfurt am Main, Landgrafenstraße 24 b, 61348 Bad Homburg v. d. H., die mit den Spitzenverbänden der deutschen gewerblichen Wirtschaft zusammenarbeitet;
- der Gutachterausschuß für Wettbewerbsfragen, Adenauerallee 148, 53113 Bonn;
- der Deutsche Schutzverband gegen Wirtschaftskriminalität e. V. Frankfurt am Main, Landgrafenstraße 24 b, 61348 Bad Homburg v. d. H.;
- der Verein „Pro Honore", Verein für Treu und Glauben im Geschäftsverkehr e. V., Borgfelder Straße 30, 20537 Hamburg;
- der Verbraucherschutzverein e. V., Lützowplatz 33–36, 10785 Berlin.

5. Straftaten nach den Gesetzen zum Schutze des geistigen Eigentums

261. Öffentliches Interesse an der Strafverfolgung

Das öffentliche Interesse an der Strafverfolgung von Verletzungen von Rechten des geistigen Eigentums (§ 142 Abs. 1 des Patentgesetzes, § 25 Abs. 1 des Gebrauchsmustergesetzes, § 10 Abs. 1 des Halbleiterschutzgesetzes, § 39 Abs. 1 des Sortenschutzgesetzes, § 25 d Abs. 1 und § 26 des Warenzeichengesetzes, § 14 Abs. 1 des Geschmacksmustergesetzes, §§ 106 bis 108 des Urheberrechtsgesetzes und § 33 des Gesetzes betreffend das Urheberrecht an Werken der bildenden Künste und der Photographie) wird in der Regel zu bejahen sein, wenn eine nicht nur geringfügige Schutzrechtsverletzung vorliegt. Zu berücksichtigen sind dabei insbesondere das Ausmaß der Schutzrechtsverletzung, der eingetretene oder drohende wirtschaftliche Schaden und die vom Täter erstrebte Bereicherung.

261 a. Besonderes öffentliches Interesse an der Strafverfolgung

I Ein besonderes öffentliches Interesse an der Strafverfolgung (§ 142 Abs. 4 des Patentgesetzes, § 25 Abs. 4 des Gebrauchsmustergesetzes, § 10 Abs. 4 des Halbleiterschutzgesetzes, § 39 Abs. 4 des Sortenschutzgesetzes, § 25 d Abs. 4 des Warenzeichengesetzes, § 14 Abs. 4 des Geschmacksmustergesetzes, § 109 des Urheberrechtsgesetzes) wird insbesondere dann anzunehmen sein, wenn der Täter einschlägig vorbestraft ist, ein erheblicher Schaden droht oder eingetreten ist, die Tat den Verletzten in seiner wirtschaftlichen Existenz bedroht oder die öffentliche Sicherheit oder die Gesundheit der Verbraucher gefährdet.

II Nr. 260 a Abs. 3 gilt sinngemäß.

261 b. Öffentliche Bekanntmachung der Verurteilung

Ist die Bekanntmachung der Verurteilung anzuordnen, so hat der Staatsanwalt darauf hinzuwirken, daß der Name des Verletzten in die Urteilsformel aufgenommen wird. Ist die öffentliche Bekanntmachung der Verurteilung zu vollziehen (§ 463 c StPO), so ist § 59 der Strafvollstreckungsordnung zu beachten.

6. Verstöße gegen das Lebensmittelrecht

262.

Strafvorschriften des Lebensmittelrechts sind insbesondere enthalten
a) im Lebensmittel- und Bedarfsgegenständegesetz[1],
b) im Milch- und Margarinegesetz[1]
sowie in den auf Grund dieser Gesetze erlassenen Rechtsverordnungen.

7. Verstöße gegen das Weingesetz

263.

Als Sachverständige für Fragen der Herstellung und des gewerbsmäßigen Verkehrs mit Weinen und weinähnlichen Getränken kommen namentlich die hauptberuflichen Kontrolleure sowie die Beamten und Angestellten (§ 58 Abs. 3 des Weingesetzes)[1] der Staatlichen Versuchs- und Lehranstalten für Obst- und Weinbau in Betracht. Für Fragen des Weinbaues benennen die landwirtschaftlichen Berufsvertretungen (z. B. Landwirtschaftskammern) Sachverständige.

8. Verstöße gegen das Futtermittelgesetz

264.

In Verfahren wegen Straftaten nach § 20 des Futtermittelgesetzes[1] kommen als Sachverständige vor allem die mit der Futtermitteluntersuchung betrauten wissenschaftlichen Beamten (Angestellten) der öffentlich-rechtlichen oder unter öffentlicher Aufsicht stehenden Untersuchungs- und Forschungsinstitute oder die vereidigten Handelschemiker (vgl. § 11 Abs. 4 des Futtermittelgesetzes), ferner sachkundige Leiter (Inhaber) von Herstellerbetrieben (vgl. § 9 des Futtermittelgesetzes) und anderen Handelsfirmen, leitende Angestellte landwirtschaftlicher Genossenschaften oder Landwirte in Betracht.

9. Verstöße gegen das Außenwirtschaftsgesetz

265.

I In Verfahren wegen Straftaten nach dem Außenwirtschaftsgesetz[1] und der Außenwirtschaftsverordnung[1] kann der Staatsanwalt Ermittlungen auch durch die Hauptzollämter oder die Zollfahndungsämter vornehmen lassen.

II Zuständige Fachbehörde ist die Oberfinanzdirektion. Ort und Zeit der Hauptverhandlung sind ihr mitzuteilen; ihr Vertreter erhält in der Hauptverhandlung auf Verlangen das Wort (vgl. § 38 Abs. 2 des Außenwirtschaftsgesetzes).

10. Verstöße gegen die Steuergesetze

(einschließlich der Gesetze über Eingangsabgaben)

266. Zusammenwirken mit den Finanzbehörden

I Ermittelt der Staatsanwalt wegen einer Steuerstraftat/Zollstraftat, so unterrichtet er das sonst zuständige Finanzamt/Hauptzollamt.

II Bei der Verfolgung von Straftaten gegen die Zoll- und Verbrauchssteuergesetze, das Branntweinmonopolgesetz und gegen Einfuhr-, Ausfuhr- und Durchfuhrverbote kann der Staatsanwalt die Zollfahndungsämter oder ihre Zweigstellen zur Mitwirkung heranziehen. Nach Übersendung des Schlußberichtes durch das Zollfahndungsamt richtet der Staatsanwalt Anfragen, die das Besteuerungsverfahren oder das Steuerstrafverfahren betreffen, an das sonst zuständige Hauptzollamt.

---

[1] Vgl. Fundstellennachweis A zum Bundesrecht.

267. Zuständigkeit

I Von dem Recht, das Verfahren wegen einer Steuerstraftat/Zollstraftat an sich zu ziehen, macht der Staatsanwalt Gebrauch, wenn dies aus besonderen Gründen geboten erscheint, etwa wenn der Umfang und die Bedeutung der Steuerstraftat/Zollstraftat dies nahelegen, wenn die Steuerstraftat/Zollstraftat mit einer anderen Straftat zusammentrifft oder wenn der Verdacht der Beteiligung eines Angehörigen der Finanzverwaltung besteht.

II Im Interesse einer einheitlichen Strafzumessungspraxis unterrichtet sich der Staatsanwalt über die den Strafbefehlsanträgen des Finanzamtes/Hauptzollamtes zugrundeliegenden allgemeinen Erwägungen.

11. Umwelt- und Tierschutz

268.

I Dem Schutz der Umwelt dienen außer den §§ 311 d, 311 e, 324 bis 330 d StGB in den Bereichen
Abfall- und Abwässerbeseitigung,
Gewässer- und Grundwasserschutz,
Lärmbekämpfung,
Luftreinhaltung,
Naturschutz und Landschaftspflege,
Pflanzenschutz,
Strahlenschutz,
Tierschutz,
Tierkörperbeseitigung,
Trinkwasserschutz
Straf- und Bußgeldvorschriften unter anderem in folgenden Bundesgesetzen:

a) dem Abfallgesetz[1];
b) dem Wasserhaushaltsgesetz,[1] dem Bundeswasserstraßengesetz[1], dem Wasch- und Reinigungsmittelgesetz[1];
c) der Verordnung über Zuwiderhandlungen gegen das internationale Übereinkommen von 1973 zur Verhütung der Meeresverschmutzung durch Schiffe[1],
dem Gesetz zu dem Übereinkommen vom 29. April 1958 über die Hohe See[1];
dem Gesetz zu dem Internationalen Übereinkommen vom 29. November 1969 über Maßnahmen auf Hoher See bei Ölverschmutzungs-Unfällen[1];
dem Gesetz zu dem Übereinkommen vom 15. Februar 1972 und 29. Dezember 1972 zur Verhütung der Meeresverschmutzung durch das Einbringen von Abfällen durch Schiffe und Luftfahrzeuge[1];
dem Gesetz zu dem Internationalen Übereinkommen von 1973 zur Verhütung der Meeresverschmutzung durch Schiffe und zu dem Protokoll von 1978 zu diesem Übereinkommen[1];
d) dem Bundes-Immissionsschutzgesetz[1];
dem Luftverkehrsgesetz[1];
dem Benzinbleigesetz[1];
dem Chemikaliengesetz[1];
dem Gesetz über die Beförderung gefährlicher Güter[1];
e) dem Bundesnaturschutzgesetz[1];
dem Pflanzenschutzgesetz[1];
dem Reblausgesetz[1];
dem DDT-Gesetz[1];
f) dem Bundesseuchengesetz[1]
dem Tierseuchengesetz[1];
g) dem Atomgesetz[1];

---

[1] Vgl. Fundstellennachweis A zum Bundesrecht.

der Strahlenschutzverordnung[1];
der Röntgenverordnung[1];
h) dem Tierschutzgesetz[1];
dem Gesetz über das Schlachten von Tieren[1];
dem Bundesjagdgesetz;
i) dem Tierkörperbeseitigungsgesetz[1].

II Von erheblicher Bedeutung sind außerdem landesrechtliche Straf- und Bußgeldvorschriften. Auf die in einzelnen Ländern bestehenden Sammlungen von Straf- und Bußgeldvorschriften auf dem Gebiet des Umweltschutzes wird hingewiesen.

Richtlinien für das Bußgeldverfahren

I. Abschnitt. Zuständigkeit

269. Abgrenzung der Zuständigkeit zwischen Staatsanwaltschaft und Verwaltungsbehörde

I Die Staatsanwaltschaft ist im Vorverfahren für die Verfolgung einer Ordnungswidrigkeit nur ausnahmsweise zuständig (vgl. Nr. 270). Sie ist nicht befugt ausschließlich wegen einer Ordnungswidrigkeit Anklage zu erheben.

II Im gerichtlichen Verfahren ist die Staatsanwaltschaft für die Verfolgung einer Ordnungswidrigkeit stets zuständig (vgl. Nr. 271). In Verfahren nach Einspruch gegen einen Bußgeldbescheid wird sie dies, sobald die Akten bei ihr eingehen (§ 69 Abs. 4 Satz 1 OWiG).

270. Zuständigkeit der Staatsanwaltschaft im vorbereitenden Verfahren

Die Staatsanwaltschaft ist im vorbereitenden Verfahren wegen einer Straftat zugleich auch für die Verfolgung einer Ordnungswidrigkeit zuständig, soweit
a) die Verfolgung der Tat auch unter dem rechtlichen Gesichtspunkt einer Ordnungswidrigkeit in Betracht kommt (§ 40 OWiG),
b) die Verfolgung einer Ordnungswidrigkeit wegen des Zusammenhanges mit einer Straftat übernommen worden ist (§ 42 OWiG).

271. Zuständigkeit der Staatsanwaltschaft im gerichtlichen Verfahren

I Die Zuständigkeit der Staatsanwaltschaft für die Verfolgung einer Ordnungswidrigkeit im gerichtlichen Verfahren erstreckt sich auf
a) das Verfahren nach Einspruch gegen einen Bußgeldbescheid, sobald die Akten bei der Staatsanwaltschaft eingegangen sind (§ 69 Abs. 4 Satz 1 OWiG),
b) das Verfahren nach Anklage wegen einer Straftat, soweit es hier auf den rechtlichen Gesichtspunkt einer Ordnungswidrigkeit ankommt (§§ 40, 82 OWiG),
c) das Verfahren wegen Ordnungswidrigkeiten, die mit Straftaten zusammenhängen (§§ 42, 83 OWiG),
d) das Wiederaufnahmeverfahren gegen einen Bußgeldbescheid (§ 85 Abs. 4 Satz 2 OWiG) oder gegen eine gerichtliche Bußgeldentscheidung,
e) das Nachverfahren gegen einen Bußgeldbescheid (§ 87 Abs. 4 OWiG) oder gegen eine gerichtliche Bußgeldentscheidung.

II Im Verfahren nach Antrag auf gerichtliche Entscheidung gegen eine Maßnahme der Verwaltungsbehörde (§ 62 OWiG) ist die Staatsanwaltschaft nicht beteiligt.

---
[1] Vgl. Fundstellennachweis A zum Bundesrecht.

II. Abschnitt. Zusammenarbeit der Staatsanwaltschaft mit den Verwaltungsbehörden

272.

I Im Interesse einer sachgerechten Beurteilung und einer gleichmäßigen Behandlung berücksichtigt der Staatsanwalt, soweit er für die Verfolgung von Ordnungswidrigkeiten zuständig ist, die Belange der Verwaltungsbehörde und macht sich ihre besondere Sachkunde zunutze. Dies gilt namentlich bei Verstößen gegen Rechtsvorschriften, die nicht zum vertrauten Arbeitsgebiet des Staatsanwalts gehören.

II Auch in den Fällen, die in den nachstehenden Bestimmungen nicht ausdrücklich genannt sind, prüft der Staatsanwalt, bevor er Anträge stellt oder Entschließungen trifft, ob hierfür die besondere Sachkunde der zuständigen Verwaltungsbehörde von Bedeutung sein kann oder deren Interessen in besonderem Maße berührt sind. Trifft dies zu, so hört er die Verwaltungsbehörde.

III Sind mehrere Verwaltungsbehörden sachlich oder örtlich zuständig, so wendet sich der Staatsanwalt an die Verwaltungsbehörde, der nach § 39 Abs. 1 Satz 1 OWiG der Vorzug gebührt. Besteht keine Vorzugszuständigkeit, so wählt der Staatsanwalt unter mehreren zuständigen Verwaltungsbehörden diejenige aus, deren Einschaltung wegen ihrer besonderen Sachkunde oder im Interesse der Beschleunigung oder Vereinfachung des Verfahrens oder aus anderen Gründen sachdienlich erscheint; gegebenenfalls wendet er sich an die Verwaltungsbehörde, die auf Grund der Vereinbarung mit der Verfolgung der Ordnungswidrigkeit betraut ist. Dabei ist zu berücksichtigen, daß der Staatsanwalt durch Übersendung der Akten an eine der mehreren zuständigen Verwaltungsbehörden bei sinngemäßer Anwendung des § 39 Abs. 1 Satz 1 OWiG deren Vorzugszuständigkeit herbeiführt, wenn der Betroffene wegen der Tat bereits vernommen ist.

III. Abschnitt. Einbeziehung von Ordnungswidrigkeiten in das vorbereitende Verfahren wegen einer Straftat

1. Berücksichtigung des rechtlichen Gesichtspunktes einer Ordnungswidrigkeit

273. Umfang der Ermittlungen

I Der Staatsanwalt erstreckt die Ermittlungen wegen einer Straftat auch auf den rechtlichen Gesichtspunkt einer Ordnungswidrigkeit, soweit er für die Beurteilung der Tat von Bedeutung ist oder sein kann.

II Ist eine Handlung gleichzeitig Straftat und Ordnungswidrigkeit, so kann das ordnungswidrige Verhalten für die Strafbemessung von Bedeutung sein oder die Grundlage für die Anordnung einer Nebenfolge bilden (§ 21 Abs. 1 Satz 2 OWiG). Im übrigen ist zu berücksichtigen, daß die Ordnungswidrigkeit selbständige Bedeutung erlangt, wenn sich der Verdacht der Straftat nicht erweist oder wenn eine Strafe nicht verhängt wird (§ 21 Abs. 2 OWiG).

III Umfaßt die dem Beschuldigten zur Last gelegte Tat mehrere Handlungen im materiell-rechtlichen Sinne und ist eine von ihnen eine Ordnungswidrigkeit, so prüft der Staatsanwalt, ob die Verfolgung der Ordnungswidrigkeit geboten ist (§ 47 Abs. 1 Satz 1 OWiG). Bejaht er dies, so macht er seine Entschließung aktenkundig und klärt den Sachverhalt auch unter dem rechtlichen Gesichtspunkt der Ordnungswidrigkeit auf, ohne daß es einer Übernahme der Verfolgung (vgl. Abschnitt III/2) bedarf. Ist jedoch zweifelhaft, ob ein einheitliches Tatgeschehen vorliegt, so ist es zweckmäßig, die Verfolgung der Ordnungswidrigkeit ausdrücklich zu übernehmen (vgl. Nr. 277 Abs. 3).

274. Unterbrechung der Verjährung

Kommt eine Ahndung der Tat auch unter dem rechtlichen Gesichtspunkt einer Ordnungswidrigkeit in Betracht (vgl. Nr. 273 Abs. 1, 3), so ist es, namentlich in

Verkehrssachen, vielfach geboten, die Verjährung der Ordnungswidrigkeit zu unterbrechen (§ 33 OWiG), damit diese geahndet werden kann, wenn der Täter wegen der anderen Rechtsverletzungen nicht verurteilt wird.

275. Einstellung des Verfahrens wegen der Ordnungswidrigkeit

I Erwägt der Staatsanwalt, das Verfahren wegen einer Straftat auch unter dem rechtlichen Gesichtspunkt der Ordnungswidrigkeit (§ 40 OWiG) oder nur hinsichtlich einer mit der Straftat zusammenhängenden Ordnungswidrigkeit (§ 42 Abs. 1 OWiG) einzustellen, so gibt er der Verwaltungsbehörde Gelegenheit zur Stellungnahme (§ 63 Abs. 3 OWiG). Hiervon kann abgesehen werden, wenn der Staatsanwalt in der Beurteilung bestimmter Ordnungswidrigkeiten ausreichende Erfahrung hat oder wenn die Einstellung des Verfahrens allein von einer Rechtsfrage abhängt, für deren Entscheidung es auf die besondere Sachkunde der Verwaltungsbehörde nicht ankommt.

II Bei Ordnungswidrigkeiten nach den Steuergesetzen (einschließlich der Gesetze über Eingangsabgaben und Monopole) ist die sonst zuständige Verwaltungsbehörde (Finanzamt, Hauptzollamt) vor der Einstellung zu hören. Dasselbe gilt bei Ordnungswidrigkeiten nach dem Wirtschaftsstrafgesetz 1954[1], dem Außenwirtschaftsgesetz[1] und dem Gesetz zur Durchführung der gemeinsamen Marktorganisationen (MOG)[1], da die Verwaltungsbehörde in diesen Fällen auch im Strafverfahren stets zu beteiligen ist (§ 13 Abs. 2 des Wirtschaftsstrafgesetzes 1954, § 38 Abs. 2 des Außenwirtschaftsgesetzes, § 38 Abs. 2 MOG).

III Würde die Anhörung der Verwaltungsbehörde das Verfahren unangemessen verzögern, so sieht der Staatsanwalt von der Einstellung des Verfahrens unter dem rechtlichen Gesichtspunkt einer Ordnungswidrigkeit ab; in diesem Falle gibt er die Sache, sofern er die Tat nicht als Straftat weiterverfolgt, an die Verwaltungsbehörde ab, wenn Anhaltspunkte dafür vorhanden sind, daß die Tat als Ordnungswidrigkeit verfolgt werden kann (§ 43 Abs. 1 OWiG).

IV Stellt der Staatsanwalt das Verfahren sowohl wegen der Straftat als auch wegen der Ordnungswidrigkeit ein, so trifft er eine einheitliche Einstellungsverfügung.

V Stellt der Staatsanwalt das Verfahren unter dem rechtlichen Gesichtspunkt der Ordnungswidrigkeit ein, so braucht er dem Anzeigenden die Gründe für die Einstellung in der Regel nicht mitzuteilen. Hatte die Verwaltungsbehörde wegen der Ordnungswidrigkeit bereits ein Bußgeldverfahren eingeleitet, so teilt der Staatsanwalt auch ihr die Einstellung mit.

276. Einstellung des Verfahrens nur wegen der Straftat

I Der Staatsanwalt gibt die Sache an die Verwaltungsbehörde ab, wenn er das Verfahren nur wegen der Straftat einstellt, aber Anhaltspunkte dafür vorhanden sind, daß die Tat als Ordnungswidrigkeit verfolgt werden kann (§ 43 Abs. 1 OWiG). Die Nr. 88 ff. sind zu beachten.

II Der Verwaltungsbehörde werden im Falle des Absatzes 1 Satz 1 die Vorgänge oder Abdrucke der Vorgänge, soweit sie sich auf die Ordnungswidrigkeit beziehen, übersandt. Bei der Abgabe der Sache ist mitzuteilen, worin die Anhaltspunkte dafür gesehen werden, daß die Tat als Ordnungswidrigkeit verfolgt werden kann; dies gilt nicht, wenn ein solcher Hinweis für die Verwaltungsbehörde entbehrlich ist.

III Wird gegen die Einstellung des Verfahrens wegen der Straftat Beschwerde eingelegt, so hindert dies den Staatsanwalt nicht, die Sache wegen des Verdachts der Ordnungswidrigkeit an die Verwaltungsbehörde abzugeben. Die Abgabe wird in diesem Falle namentlich dann geboten sein, wenn die Beschwerde unbegründet erscheint und die Verfolgung der Ordnungswidrigkeit zu verjähren droht.

---

[1] Vgl. Fundstellennachweis A zum Bundesrecht.

2. Übernahme der Verfolgung einer Ordnungswidrigkeit

277. Übernahme

I Der Staatsanwalt soll die Verfolgung einer Ordnungswidrigkeit nur dann übernehmen, wenn diese Verfahrensgestaltung wegen besonderer Umstände sachdienlich erscheint (§ 42 Abs. 2 OWiG). Das wird in erster Linie zu bejahen sein, wenn die Taten in einer engen zeitlichen oder räumlichen Beziehung zueinander stehen. Auch sonst kann die Übernahme zweckmäßig sein, z. B. wenn einheitliche Ermittlungen den Betroffenen oder die Ermittlungsbehörden weniger belasten.

II Der Staatsanwalt soll grundsätzlich nicht die Verfolgung solcher Ordnungswidrigkeiten übernehmen, mit deren Beurteilung er im allgemeinen nicht vertraut ist (z. B. Kartellordnungswidrigkeiten, Ordnungswidrigkeiten nach den innerstaatlichen EG-Durchführungsbestimmungen). Erscheint es zweifelhaft, ob die Übernahme der Verfolgung sachdienlich ist, so hört die Staatsanwaltschaft vor der Übernahme die sonst zuständige Verwaltungsbehörde.

III Der Staatsanwalt macht die Übernahme aktenkundig und unterrichtet zugleich die Verwaltungsbehörde, wenn sie bereits ein Bußgeldverfahren eingeleitet hat oder diese Möglichkeit naheliegt.

IV Übernimmt der Staatsanwalt die Verfolgung nicht, so gilt Nr. 276 Abs. 2 entsprechend.

278. Verfahren nach Übernahme

I Ergeben die Ermittlungen wegen der Ordnungswidrigkeit, daß deren weitere Verfolgung im Zusammenhang mit der Straftat nicht sachdienlich erscheint, so gibt der Staatsanwalt insoweit die Sache an die Verwaltungsbehörde ab (§ 43 Abs. 2 Halbs. 1 OWiG); Nr. 276 Abs. 2 gilt entsprechend.

II Erwägt der Staatsanwalt, das Verfahren wegen der übernommenen Ordnungswidrigkeit einzustellen, so ist § 63 Abs. 3 OWiG zu beachten. Im übrigen gilt Nr. 275 Abs. 3 entsprechend.

279. Einstellung des Verfahrens nur wegen der Straftat

Stellt der Staatsanwalt nach Übernahme der Verfolgung einer Ordnungswidrigkeit das Verfahren nur wegen der zusammenhängenden Straftat ein (§ 43 Abs. 2 Halbs. 2 OWiG), so gilt Nr. 276 entsprechend.

IV. Abschnitt. Erstreckung der öffentlichen Klage auf die Ordnungswidrigkeit

280.

I Erstreckt der Staatsanwalt die öffentliche Klage auf die übernommene Ordnungswidrigkeit (§§ 42, 64 OWiG), so sind die Straftat und die Ordnungswidrigkeit in einer einheitlichen Anklageschrift zusammenzufassen.

II In der Anklageschrift ist die Ordnungswidrigkeit zu bezeichnen, die dem Angeschuldigten oder einem Betroffenen zur Last gelegt wird (§ 42 Abs. 1 Satz 2, 2. Fall OWiG). Die Nr. 110 bis 112 gelten sinngemäß auch für den Teil der Anklage, der sich auf die Ordnungswidrigkeit bezieht. Wer nur wegen einer Ordnungswidrigkeit verfolgt wird, ist in der Anklageschrift als „Betroffener“ zu bezeichnen.

III § 63 Abs. 2 OWiG ist zu beachten.

IV Für den Antrag auf Erlaß eines Strafbefehls gilt Absatz 1 bis 3 entsprechend.

V. Abschnitt. Verfahren nach Einspruch gegen den Bußgeldbescheid

281. Prüfung der Zulässigkeit des Einspruchs; Wiedereinsetzung in den vorigen Stand

Werden die Akten nach Einspruch gegen den Bußgeldbescheid dem Staatsanwalt übersandt und stellt er fest, daß der Einspruch nicht rechtzeitig, nicht in der vorgeschriebenen Form oder sonst nicht wirksam eingelegt ist, so legt er die Akten an die Verwaltungsbehörde zur Entscheidung über die Zulässigkeit des Einspruchs (§ 69 Abs. 1 Satz 1 OWiG) zurück. Satz 1 gilt entsprechend, wenn der Betroffene wegen Versäumung der Einspruchsfrist die Wiedereinsetzung in den vorigen Stand beantragt und die Verwaltungsbehörde hierüber noch nicht entschieden hat.

282. Prüfung des Vorwurfs

I Bei einem zulässigen Einspruch prüft der Staatsanwalt, ob der hinreichende Verdacht einer Ordnungswidrigkeit besteht, die Verfolgung geboten ist (§ 47 Abs. 1 OWiG) und Verfahrenshindernisse nicht entgegenstehen.

II Im Rahmen seiner Prüfung kann der Staatsanwalt selbst Ermittlungen vornehmen oder Ermittlungsorgane darum ersuchen oder von Behörden oder sonstigen Stellen die Abgabe von Erklärungen über dienstliche Wahrnehmungen, Untersuchungen und Erkenntnisse (§ 77 a Abs. 2 OWiG) verlangen.

III Eine Rückgabe der Sache an die Verwaltungsbehörde wegen offensichtlich ungenügender Aufklärung des Sachverhalts (§ 69 Abs. 4 Satz 3 OWiG) kommt namentlich in Betracht, wenn

a) nach dem Akteninhalt Beweismittel zur Feststellung der Beschuldigung fehlen oder naheliegende Beweise hierzu nicht erhoben sind oder
b) Beweisanregungen des Betroffenen, die für die Entscheidung von wesentlicher Bedeutung sind, ohne Angabe von Gründen nicht entsprochen ist.

Die Rückgabe ist in diesen Fällen geboten, wenn es angezeigt ist, die Verwaltungsbehörde auch für künftige Fälle zu einer näheren Prüfung nach § 69 Abs. 2 OWiG zu veranlassen. Bei einer Rückgabe ist anzugeben, daß und warum der Sachverhalt offensichtlich ungenügend aufgeklärt ist. Eine Rückgabe kommt nicht in Betracht, wenn der Staatsanwalt aus Rechtsgründen den hinreichenden Tatverdacht verneint. Einer erneuten Abgabe der Sache kann der Staatsanwalt nur mit der Begründung die Zustimmung versagen, es bestehe kein hinreichender Tatverdacht (§ 69 Abs. 5 OWiG).

IV Bejaht der Staatsanwalt die in Absatz 1 genannten Voraussetzungen, so legt er die Akten dem Gericht vor (vgl. Nummer 284, 285). Eine Rückgabe der Sache an die Verwaltungsbehörde nach Absatz 3 ist danach nicht mehr zulässig.

V Verneint der Staatsanwalt die in Absatz 1 genannten Voraussetzungen und gibt er die Sache nicht an die Verwaltungsbehörde zurück, so stellt er das Verfahren ein und teilt dies dem Betroffenen und der Verwaltungsbehörde formlos mit; Nummer 275 Abs. 2 gilt für die dort genannten Fälle entsprechend. Eine Auslagenentscheidung nach § 108 a Abs. 1 OWiG trifft die Staatsanwaltschaft in der Regel nur auf Antrag des Betroffenen oder eines anderen Antragsberechtigten; die Entscheidung kann auch von Amts wegen getroffen werden, so zum Beispiel dann, wenn sich aus den Akten ergibt, daß dem Betroffenen notwendige Auslagen entstanden sind und das Verfahren mangels hinreichenden Verdachts eingestellt wird. Für die Festsetzung der notwendigen Auslagen des Betroffenen (§ 108 a Abs. 3 OWiG, § 464 b StPO) gilt Nummer 145 entsprechend.

VI Bei der Einstellung des Verfahrens wegen eines Halt- oder Parkverstoßes hat der Staatsanwalt auch zu prüfen, ob eine Kostenentscheidung nach § 25 a StVG in Betracht kommt.

283. Auswahl des zuständigen Gerichts

Besteht nach § 68 Abs. 3 OWiG in Verbindung mit einer hierzu erlassenen Rechtsverordnung eine wahlweise Zuständigkeit des Amtsgerichts oder kommt eine solche nach § 42 JGG, § 46 Abs. 1 OWiG in Betracht, so entscheidet der Staatsanwalt, dem die Verwaltungsbehörde die Akten vorgelegt hat, nach pflichtgemäßem Ermessen, ob er die Sache an die für ein anderes Amtsgericht zuständige Staatsanwaltschaft weiterleiten soll; auf § 42 Abs. 2 JGG, § 46 Abs. 1 OWiG wird hingewiesen.

284. Stellungnahme des Staatsanwalts bei Vorlage

I Bei der Vorlage der Akten an das Gericht soll sich der Staatsanwalt dazu äußern, ob er

a) einer Entscheidung durch Beschluß (§ 72 OWiG) widerspricht,
b) auf Teilnahme an der Hauptverhandlung (und Terminsnachricht) verzichtet,
c) das persönliche Erscheinen des Betroffenen in der Hauptverhandlung für erforderlich hält,
d) die Vorladung eines Zeugen für erforderlich hält oder eine vereinfachte Art der Beweisaufnahme für ausreichend erachtet (§ 77 a OWiG),
e) die schriftliche Begründung des Urteils beantragt.

II Stimmt der Staatsanwalt einer Entscheidung durch Beschluß zu, so äußert er sich zugleich zur Sache und stellt einen bestimmten Antrag.

285. Hauptverhandlung

I Für die Hauptverhandlung sind, soweit nichts anderes bestimmt ist, die Nr. 116 bis 145 sinngemäß anzuwenden. Dabei ist auch zu prüfen, ob die Anwendung einzelner Vorschriften im Hinblick auf die unterschiedliche Bewertung von Straftaten und Ordnungswidrigkeiten angemessen ist.

II Es wird sich empfehlen, die Termine zur Hauptverhandlung in ihrer Aufeinanderfolge von denen in Strafsachen getrennt festzusetzen. Auch in der Bezeichnung der Sachen auf Formularen und Terminszetteln sollten Bußgeld- und Strafverfahren möglichst getrennt behandelt werden.

286. Umfang der Sachaufklärung

Bei der Aufklärung der Sache wird die Erörterung der persönlichen und wirtschaftlichen Verhältnisse und die Prüfung, ob der Betroffene bestraft oder gegen ihn schon früher eine Geldbuße festgesetzt worden ist, nur dann in Betracht kommen, wenn dies für die Entscheidung von Bedeutung sein kann.

287. Teilnahme an der Hauptverhandlung

I Der Staatsanwalt nimmt an der Hauptverhandlung teil, wenn

a) er einer Entscheidung durch Beschluß widersprochen hat (§ 72 Abs. 1 OWiG), oder
b) Anhaltspunkte dafür vorhanden sind, daß die Tat auch unter dem rechtlichen Gesichtspunkt einer Straftat beurteilt werden kann (§ 81 OWiG; vgl. Nr. 290).

II Der Staatsanwalt soll im übrigen an der Hauptverhandlung teilnehmen, wenn seine Mitwirkung aus besonderen Gründen geboten erscheint. Das kommt vor allem in Betracht, wenn

a) das Gericht ihm mitgeteilt hat, daß es seine Mitwirkung an der Hauptverhandlung für angemessen hält (§ 75 Abs. 1 Satz 2 OWiG),
b) die Aufklärung des Sachverhalts eine umfangreiche Beweisaufnahme erfordert,
c) eine hohe Geldbuße oder eine bedeutsame Nebenfolge in Betracht kommt,
d) eine Rechtsfrage von allgemeiner Bedeutung zu entscheiden ist,
e) die Verwaltungsbehörde die Teilnahme des Staatsanwalts an der Hauptverhandlung angeregt hat oder

f) mit einer gerichtlichen Einstellung des Verfahrens nach § 47 Abs. 2 OWiG in Fällen zu rechnen ist, in denen dies vom Standpunkt des öffentlichen Interesses nicht vertretbar erscheint (vgl. § 75 Abs. 2 OWiG).

288. Beteiligung der Verwaltungsbehörde

I Der Termin zur Hauptverhandlung wird der Verwaltungsbehörde so rechtzeitig mitgeteilt, daß ihr Vertreter sich auf die Hauptverhandlung vorbereiten und die Akten vorher einsehen kann (§ 76 Abs. 1 OWiG). Nr. 275 Abs. 2 Satz 2, Abs. 3 gilt entsprechend.

II Kann nach Auffassung des Staatsanwalts die besondere Sachkunde der Verwaltungsbehörde für die Entscheidung von Bedeutung sein, so wirkt er darauf hin, daß ein Vertreter der Verwaltungsbehörde an der Hauptverhandlung teilnimmt.

III § 76 Abs. 4 OWiG ist zu beachten.

289. Rücknahme der Klage

I Erwägt der Staatsanwalt, die Klage zurückzunehmen, so prüft er, ob die Verwaltungsbehörde vorher zu hören ist (§ 76 Abs. 3 OWiG). Nr. 275 Abs. 2, 3 gilt entsprechend.

II Nimmt der Staatsanwalt die Klage zurück, so teilt er dies dem Betroffenen und der Verwaltungsbehörde formlos mit.

290. Übergang vom Bußgeld- zum Strafverfahren

I Ergibt sich nach Einspruch gegen den Bußgeldbescheid, daß der hinreichende Verdacht einer Straftat besteht, so übersendet der Staatsanwalt die Akten dem Gericht mit dem Antrag, den Betroffenen auf die Veränderung des rechtlichen Gesichtspunktes hinzuweisen (§ 81 Abs. 2 Satz 1 OWiG). In diesem Falle widerspricht er zugleich einer Entscheidung durch Beschluß (§ 72 OWiG).

II Auch im weiteren Verlauf des Verfahrens hat der Staatsanwalt darauf zu achten, ob der hinreichende Verdacht einer Straftat besteht. Gegebenenfalls wird der Betroffene auf die Veränderung des rechtlichen Gesichtspunktes hinzuweisen sein (vgl. § 81 Abs. 2 Satz 1 OWiG).

III Wegen der weitreichenden Folgen, die sich aus dem Hinweis auf die Veränderung des rechtlichen Gesichtspunktes ergeben (§ 81 Abs. 2 OWiG), soll der Staatsanwalt darauf hinwirken, daß das Gericht den Betroffenen und seinen Verteidiger vor dem Hinweis hört, wenn er beantragt, den Hinweis zu geben, oder das Gericht dies erwägt.

VI. Abschnitt. Rechtsbeschwerdeverfahren

291. Rechtsbeschwerde und Antrag auf deren Zulassung

Für die Rechtsbeschwerde und den Antrag auf deren Zulassung gelten, soweit nichts anderes bestimmt ist, die Nr. 147 bis 152 sinngemäß.

292. Vorsorgliche Einlegung

Hat die Verwaltungsbehörde angeregt, gegen eine gerichtliche Entscheidung ein Rechtsmittel einzulegen, und bestehen Zweifel, ob die Anregung sachlich berechtigt ist, so kann das Rechtsmittel ausnahmsweise vorsorglich eingelegt werden, wenn die Zweifel vor Ablauf der Rechtsmittelfrist nicht behoben werden können.

293. Verfahren nach Einlegung

I Für das Verfahren nach Einlegung der Rechtsbeschwerde und des Antrags auf deren Zulassung gelten die Nr. 153 bis 169 sinngemäß. Ein Übersendungsbericht ist abweichend von Nr. 163 Abs. 1 Satz 4 nur in umfangreichen Sachen beizufügen.

II Beantragt der Staatsanwalt, die Rechtsbeschwerde zuzulassen (§ 80 OWiG), so ist anzugeben, aus welchen Gründen die Nachprüfung des Urteils zur Fortbildung des

Rechts oder zur Sicherung einer einheitlichen Rechtsprechung oder die Aufhebung des Urteils wegen Versagung des rechtlichen Gehörs geboten erscheint.

VII. Abschnitt. Bußgelderkenntnis im Strafverfahren

294.

I Der Staatsanwalt achtet nach Erhebung der öffentlichen Klage wegen einer Straftat darauf, daß das Gericht über die Tat zugleich unter dem rechtlichen Gesichtspunkt einer Ordnungswidrigkeit entscheidet, wenn sich der Verdacht der Straftat nicht erweist oder eine Strafe nicht verhängt wird (§ 82 Abs. 1 OWiG).

II Ist eine Handlung gleichzeitig Straftat und Ordnungswidrigkeit, so prüft der Staatsanwalt weiterhin, ob bei einer Bestrafung die Anordnung einer Nebenfolge der Ordnungswidrigkeit in Betracht kommt (vgl. Nr. 273 Abs. 2 Satz 1) und berücksichtigt dies bei seinem Antrag zur Entscheidung in der Sache.

VIII. Abschnitt. Entschädigung für Verfolgungsmaßnahmen

295.

Das Gesetz über die Entschädigung für Strafverfolgungsmaßnahmen gilt sinngemäß auch für das Bußgeldverfahren (§ 46 Abs. 1 OWiG). Auf die Ausführungsvorschriften zu diesem Gesetz (Anlage C) wird verwiesen.

IX. Abschnitt. Akteneinsicht

296.

Die Nr. 182 bis 189 gelten für das Bußgeldverfahren sinngemäß.

X. Abschnitt. Einholung der Entscheidung des Bundesverfassungsgerichts

297.

Die Nr. 190 ist auch im Bußgeldverfahren anzuwenden.

XI. Abschnitt. Bußgeldsachen gegen Mitglieder der gesetzgebenden Körperschaften

298.

Die Immunität der Mitglieder der gesetzgebenden Körperschaften hindert nicht, gegen diese ein Bußgeldverfahren durchzuführen. Dagegen ist der Übergang zum Strafverfahren nach § 81 OWiG nur mit Genehmigung der gesetzgebenden Körperschaft zulässig (vgl. Nummer 191 ff.); dies gilt auch für die Anordnung der Erzwingungshaft.

XII. Abschnitt. Behandlung der von der deutschen Gerichtsbarkeit befreiten Personen

299.

Die Nr. 193 bis 199 gelten für das Bußgeldverfahren entsprechend.

XIII. Abschnitt. Rechtshilfeverkehr mit dem Ausland

300.
Die Staatsanwaltschaft kann im Bußgeldverfahren der Verwaltungsbehörde im Wege der Amtshilfe bei ausländischen Behörden Rechtshilfe erbitten, soweit dies in zwischenstaatlichen Verträgen vereinbart ist oder auf Grund besonderer Umstände (z. B. eines Notenwechsels zwischen der Bundesregierung und einer ausländischen Regierung) damit gerechnet werden kann, daß der ausländische Staat die Rechtshilfe auch ohne vertragliche Regelung gewähren wird.

Anlage A

Gemeinsame Richtlinien der Justizminister/-senatoren und der Innenminister/-senatoren des Bundes und der Länder über die Anwendung unmittelbaren Zwanges durch Polizeibeamte auf Anordnung des Staatsanwalts[1]

A.

Im Hinblick auf die Verantwortung der Staatsanwaltschaft für das Ermittlungsverfahren und damit auch für die Vollständigkeit der Ermittlungen und ihre Rechtmäßigkeit umfaßt die Leitungs- und Weisungsbefugnis des Staatsanwalts gegenüber der Polizei auch Anordnungen zur Anwendung unmittelbaren Zwanges.

Die Gefahrenabwehr ist Aufgabe der Polizei. In diesem Bereich besteht kein Raum für Anordnungen des Staatsanwalts.

B.

Für die Ausübung des Weisungsrechts zur Anwendung unmittelbaren Zwanges ergehen – unbeschadet der Vorschriften des § 161 StPO, § 152 GVG – folgende Richtlinien:

I

Der Staatsanwalt richtet, solange nicht ein bestimmter Beamter mit der Bearbeitung des konkreten Falles befaßt ist, Weisungen grundsätzlich an die zuständige Polizeidienststelle.

Sind in einem konkreten Fall mehrere Polizeibeamte unter einem weisungsbefugten Beamten eingesetzt (z. B. Einsatzleitung, Sonderkommission), richtet der Staatsanwalt Weisungen grundsätzlich an den weisungsbefugten Beamten.

Dieser gibt – unabhängig davon, ob er selbst zu dem Kreis der nach § 152 GVG bezeichneten Beamten gehört – die Weisung an die ihm unterstellten Bediensteten weiter und veranlaßt ihre Durchführung.

---

[1] In Kraft gesetzt in **Baden-Württemberg** durch AV vom 15. 12. 1973 (Justiz 1974, 73), in **Bayern** durch Bek vom 15. 12. 1973 (JMBl 1974, 3), in **Berlin** durch AV vom 15. 12. 1973 (ABl 1974, 15), in **Brandenburg** durch Gemeinsamen RdErl vom 29. 3. 1993 (JMBl 91), in **Bremen** durch AV vom 1. 1. 1974 (nicht veröffentlicht), in **Hamburg** durch AV vom 15. 12. 1973 (JVBl 1976, 66), in **Hessen** durch RdErl vom 30. 7. 1987 (JMBl 517), in **Mecklenburg-Vorpommern** durch Erl. v. 30. 9. 1991 (ABl 1991, S. 875), in **Niedersachsen** durch RdErl vom 15. 12. 1973 (MBl 1974, 26), in **Nordrhein- Westfalen** durch RdErl vom 15. 12. 1973 (JMBlNW 1974, 25), in **Rheinland-Pfalz** durch AV vom 15. 12. 1973 (JBl 1974, 2), im **Saarland** durch Erl vom 14. 12. 1973 (GMBl 1974, 81), in **Sachsen** durch Bek vom 14. 5. 1991 (ABl 4), in **Sachsen-Anhalt** durch Gemeinsamen RdErl vom 15. 7. 1992 (JMBl 1099), in **Schleswig-Holstein** durch Erl vom 15. 12. 1973 (SchlHA 1974, 55/ABl 1974, 146), in **Thüringen** durch RdErl v. 7. 6. 1991 (JMBl 1991, S. 91), im **Bund** durch AV vom 15. 12. 1973 (BAnz Nr 240).

Ist eine polizeiliche Einsatzleitung gebildet, begibt sich der Staatsanwalt, der auf die Anwendung unmittelbaren Zwanges Einfluß nehmen will, grundsätzlich zur Einsatzleitung. Seine Weisungen soll er an den mit der Gesamtverantwortung betrauten Einsatzleiter richten. Besteht eine mehrstufige Einsatzleitung, hält sich der Staatsanwalt grundsätzlich bei der Gesamtleitung auf. Befindet er sich bei einem nachgeordneten Einsatzleiter, so wird er Weisungen nur im Rahmen der Befehlsgebung der übergeordneten Einsatzleitung und des Ermessensspielraums geben, der dem nachgeordneten Einsatzleiter eingeräumt ist.

II

Zur Art und Weise der Ausübung des unmittelbaren Zwanges soll der Staatsanwalt nur allgemeine Weisungen erteilen und deren Ausführung der Polizei überlassen.

Konkrete Einzelweisungen zur Art und Weise der Ausübung unmittelbaren Zwanges soll der Staatsanwalt nur erteilen, wenn

1. die Polizei darum nachsucht,
2. es aus Rechtsgründen unerläßlich ist oder
3. die Ausübung des unmittelbaren Zwanges Auswirkungen auf das weitere Ermittlungsverfahren hat.

Ob die Voraussetzungen zu Nr. 2 oder 3 gegeben sind, entscheidet der Staatsanwalt.

Die Erteilung konkreter Einzelweisungen setzt die genaue Kenntnis der jeweiligen Situation und der bestehenden Möglichkeiten für die Ausübung unmittelbaren Zwanges voraus. Dies bedingt in der Regel die Anwesenheit am Ort des Einsatzes oder der Einsatzleitung. Für konkrete Einzelweisungen zum Gebrauch von Schußwaffen ist die Anwesenheit am Ort des Einsatzes unerläßlich.

Bei konkreten Einzelweisungen soll der Staatsanwalt die besondere Sachkunde der Polizei berücksichtigen.

III

Ergeben sich bei einem einheitlichen Lebenssachverhalt gleichzeitig und unmittelbar Aufgaben der Strafverfolgung und der Gefahrenabwehr, so sind die Staatsanwaltschaft und die Polizei zuständig, die zur Erfüllung ihrer Aufgaben notwendigen Maßnahmen zu treffen.

In einem solchen Falle ist eine enge und vertrauensvolle Zusammenarbeit zwischen Staatsanwaltschaft und Polizei in ganz besonderem Maße erforderlich. Die partnerschaftliche Zusammenarbeit gebietet es, daß jede Stelle bei der Wahrnehmung ihrer Aufgaben auch die Belange der übrigen sich aus dem Lebenssachverhalt stellenden Aufgaben berücksichtigt. Schaltet sich die Staatsanwaltschaft ein, so werden der Staatsanwalt und die Polizei möglichst im Einvernehmen handeln.

Dies gilt auch dann, wenn die Situation die gleichzeitige angemessene Wahrnehmung beider Aufgaben nicht zuläßt. In diesem Falle ist nach dem Grundsatz der Güter- und Pflichtenabwägung jeweils für die konkrete Lage zu entscheiden, ob die Strafverfolgung oder die Gefahrenabwehr das höherwertige Rechtsgut ist.

Erfordert die Lage unverzüglich eine Entscheidung über die Anwendung unmittelbaren Zwanges und ist ein Einvernehmen darüber, welche Aufgabe in der konkreten Lage vorrangig vorzunehmen ist, – gegebenenfalls auch nach Einschaltung der vorgesetzten Dienststellen – nicht herzustellen, so entscheidet hierüber die Polizei.

Anlage B

Richtlinien über die Inanspruchnahme von Publikationsorganen zur Fahndung nach Personen bei der Strafverfolgung[1]

I. Allgemeines

1. Grundsätzliches zur Einschaltung von Publikationsorganen

Die Strafverfolgungsbehörden sind gehalten, alle gesetzlich zulässigen Maßnahmen zu ergreifen, die geeignet sind, zur Aufklärung von Straftaten beizutragen. Sie dürfen dabei grundsätzlich auf Publikationsorgane (Presse, Rundfunk, Fernsehen), die im Hinblick auf ihre Breitenwirkung in vielen Fällen wertvolle Fahndungshilfe leisten können, um ihre Mitwirkung bitten. Das gilt sowohl für die Fahndung nach einem bekannten oder unbekannten Tatverdächtigen als auch für die Suche nach anderen Personen, insbesondere Zeugen (vgl. Nr. 34 ff. RiStBV).[2]

Bei der Fahndungshilfe durch Publikationsorgane ist zu beachten, daß bei allzu häufiger Inanspruchnahme der Massenmedien das Interesse und die Bereitschaft der Öffentlichkeit, an der Aufklärung von Straftaten mitzuwirken, erlahmen kann.

2. Grundsatz der Verhältnismäßigkeit

Bei einer Beteiligung von Publikationsorganen an der Fahndung ist der für das gesamte Strafverfahrensrecht geltende Grundsatz der Verhältnismäßigkeit zu beachten. In jedem Einzelfall bedarf es daher einer sorgfältigen Abwägung zwischen dem öffentlichen Interesse an einer wirksamen Strafverfolgung einerseits und den schutzwürdigen Interessen des Beschuldigten und anderer Betroffener andererseits. Dabei sind namentlich folgende Gesichtspunkte zu berücksichtigen:

Die Einschaltung von Publikationsorganen zum Zwecke der Fahndung kann dazu führen, daß Straftaten beschleunigt aufgeklärt werden und der Täter bald ergriffen wird. Die zügige Aufklärung von Straftaten und die Aburteilung des Täters können verhindern, daß der Täter weitere Straftaten begeht. Eine schnelle und wirksame Strafverfolgung hat auch einen bedeutenden generalpräventiven Effekt. Sie dient der Sicherheit und dem Schutz des Bürgers und schafft dadurch Voraussetzungen für eine wirksame Verbrechensbekämpfung.

Andererseits entsteht durch die Erörterung eines Ermittlungsverfahrens mit Namensnennung des Tatverdächtigen in den Publikationsorganen die Gefahr einer erheblichen Rufschädigung. Die spätere Resozialisierung des Täters kann durch unnötige Publizität seines Falles schon vor der Verhandlung erschwert werden. Auch andere Personen, die in den Tatkomplex verwickelt sind oder die in nahen Beziehungen zu dem Tatverdächtigen stehen, können durch eine öffentliche Erörterung schwer benachteiligt werden. Eine Bloßstellung oder Schädigung des Täters oder anderer Betroffener muß nicht nur in deren Interesse, sondern auch im Interesse der Strafrechtspflege möglichst vermieden werden.

---

[1] In Kraft gesetzt in **Baden-Württemberg** durch AV vom 19. 3. 1973 (Justiz 129), in **Bayern** durch Bek vom 4. 4. 1973 (JMBl 76), in **Berlin** durch AV vom 16. 8. 1979 (ABl S. 1589), in **Bremen** durch AV vom 9. 3. 1974 (nicht veröffentlicht), in **Hamburg** durch AV vom 15. 2. 1973 (JVBl 189), in **Hessen** durch RdErl vom 31. 7. 1987 (JMBl 514), in **Mecklenburg-Vorpommern** durch AV vom 1. 3. 1992 (ABl S. 371), in **Niedersachsen** durch AV vom 8. 2. 1973 (NdsRpfl 1973, 64), in **Nordrhein-Westfalen** durch RdVfg vom 22. 1. 1973 (4701 – III A. 11 – Slg JVVNW), in **Rheinland-Pfalz** durch AV vom 27. 2. 1973 (JBl 50), im **Saarland** durch AV vom 9. 3. 1973 (GMBl 279), in **Sachsen** durch Bek vom 14. 5. 1991 (Abl 4), in **Sachsen-Anhalt** durch AV vom 28. 12. 1992 (MBl 505), in **Schleswig-Holstein** durch AV vom 5. 1. 1977 (SchlHA 26), in **Thüringen** durch VV vom 29. 4. 1991 (JMBl 1991, S. 48), im **Bund** durch AV vom 12. 3. 1973 (BAnz Nr 52).

In **Brandenburg** gilt die AV vom 20. 3. 1992 (JMBl 57), geänd durch AV vom 15. 9. 1995 (JMBl 183): Richtlinien für die Zusammenarbeit der Justizbehörden mit den Medien.

[2] Vgl. nunmehr Nr 39 ff RiStBV.

Daher dürfen in der Regel nur dann Publikationsorgane in die Fahndung eingeschaltet werden, wenn andere, den Betroffenen weniger beeinträchtigende Fahndungsmittel nicht genügend erfolgversprechend erscheinen und die Inanspruchnahme der Fahndungshilfe nicht außer Verhältnis steht zu der Bedeutung der Sache und zu den zu erwartenden Rechtsfolgen der Tat. Es ist stets zu prüfen, ob dem Täter oder anderen Betroffenen drohende Nachteile dadurch vermindert werden können, daß nur Publikationsorgane von geringerer Breitenwirkung in Anspruch genommen werden oder daß die Fahndungshilfe örtlich oder in anderer Weise, etwa durch Verzicht auf die Verbreitung des Bildes eines Gesuchten beschränkt wird.

Auf die schutzwürdigen Interessen von Personen, die von einer Straftat betroffen sind, ist Rücksicht zu nehmen. In der Regel ist dies dadurch zu erreichen, daß die Namen solcher Personen nicht publiziert werden. Sollte die Publizierung eines solchen Namens aus Fahndungsgründen zwingend notwendig sein, so ist vor Einschaltung der Publikationsorgane mit diesen Personen ins Benehmen zu treten, soweit der Fahndungszweck dadurch nicht gefährdet wird.

3. Entscheidungen über die Einschaltung von Publikationsorganen

Der Staatsanwalt trägt die Verantwortung für das Ermittlungsverfahren. Grundsätzlich entscheidet daher der Staatsanwalt – in der Regel nach Anhörung der Polizei – über die Inanspruchnahme der Fahndungshilfe durch Publikationsorgane. Die Polizei wird zu einer Fahndungshilfe durch Publikationsorgane die Zustimmung der Staatsanwaltschaft einholen. Bei Gefahr im Verzug kann die Polizei eine solche Fahndungshilfe auch ohne Zustimmung des Staatsanwalts in Anspruch nehmen.

II. Besonderheiten bei einzelnen Fallgruppen

1. Fahndung nach einem bekannten Tatverdächtigen

Bei der Fahndung nach einem namentlich bekannten Tatverdächtigen ist Voraussetzung für die Inanspruchnahme von Publikationsorganen, daß dringender Tatverdacht wegen einer nach Art und Umfang schwerwiegenden Straftat (Verbrechen, Vergehen von erheblichem Gewicht, z. B. schwere oder gefährliche Körperverletzung, Betrug, Unterschlagung hoher Geldbeträge, Serientaten) gegeben ist.

Grundsätzlich muß ein Haftbefehl oder ein Unterbringungsbefehl vorliegen. Bei Gefahr im Verzuge genügt es, daß deren Voraussetzungen gegeben sind.

2. Fahndung nach einem unbekannten Tatverdächtigen

Bei der Fahndung nach einem unbekannten Tatverdächtigen ist Voraussetzung für die Inanspruchnahme von Publikationsorganen, daß eine nicht unerhebliche Straftat vorliegt. Den schutzwürdigen Interessen Dritter soll auch durch die Fassung des Fahndungsersuchens Rechnung getragen werden. Bis zur Vorlage ihrer Verhandlungen bei der Staatsanwaltschaft (§ 163 Abs. 2 StPO) kann auch die Polizei die Fahndungshilfe durch Publikationsorgane in Anspruch nehmen, es sei denn, der Staatsanwalt widerspricht einer solchen Inanspruchnahme.

3. Fahndung nach Zeugen

Für die Fahndung nach Zeugen gilt Nr. 2 Satz 2 und 3 entsprechend.

4. Fahndung nach einem flüchtigen Verurteilten

In die Fahndung nach einem flüchtigen Verurteilten sollen Publikationsorgane nur eingeschaltet werden, wenn der Verurteilte noch mindestens ein Jahr Freiheitsstrafe zu verbüßen hat, wenn seine Unterbringung angeordnet ist oder wenn seine Ergreifung aus anderen Gründen, etwa wegen der Gefahr weiterer erheblicher Straftaten, im öffentlichen Interesse liegt.

Über die Einschaltung der Publikationsorgane entscheidet die Vollstreckungsbehörde. Ist der Verurteilte aus einer Vollzugsanstalt geflohen, so können bei Gefahr im Verzuge auch der Leiter der Vollzugsanstalt und die Polizei die Fahndungshilfe von Publikationsorganen in Anspruch nehmen.

III

Die Inanspruchnahme der Fahndungshilfe durch Publikationsorgane für andere Aufgaben als die der Strafverfolgung, insbesondere für präventivpolizeiliche Zwecke, zur Identifizierung von unbekannten Toten und zur Auffindung von Vermißten bleibt von dieser Regelung unberührt. Dies gilt auch dann, wenn die Fahndungshilfe durch Publikationsorgane für eine andere Aufgabe als die der Strafverfolgung in Anspruch genommen wird, zugleich aber auch der Strafverfolgung dient und die andere öffentliche Aufgabe vorrangig ist.

IV

Das Informationsrecht, das den Publikationsorganen nach dem Presserecht zusteht, bleibt von dieser Regelung unberührt.

Anlage C

Ausführungsvorschriften zum Gesetz über die Entschädigung für Strafverfolgungsmaßnahmen[1]

Teil I

A. Verfahren über den Grund des Anspruchs

I. Entscheidung des Strafgerichts

Liegen in einem bei Gericht anhängigen Verfahren die Voraussetzungen der §§ 1 und 2 des Gesetzes über die Entschädigung für Strafverfolgungsmaßnahmen (StrEG) vom 8. März 1971 (Bundesgesetzbl. I S. 157) vor, so wirkt der Staatsanwalt darauf hin, daß das Gericht gemäß § 8 StrEG über die Entschädigungspflicht entscheidet. Der Staatsanwalt nimmt unter Berücksichtigung der §§ 3 bis 6 StrEG dazu Stellung, ob oder in welchem Umfang eine Verpflichtung zur Entschädigung besteht.

II. Einstellung des Verfahrens durch die Staatsanwaltschaft

1. Stellt die Staatsanwaltschaft ein Verfahren ein, in welchem gegen den Beschuldigten eine Strafverfolgungsmaßnahme im Sinne des § 2 StrEG vollzogen worden ist, so wird diesem die Mitteilung über die Einstellung zugestellt. In der Einstellungsnachricht wird der Beschuldigte über sein Recht, einen Antrag auf Feststellung der Entschädigungspflicht der Staatskasse zu stellen, über die in § 9 Abs. 1 Satz 4 StrEG vorgeschriebene Frist sowie über das nach § 9 Abs. 1 Satz 1 und 2 StrEG zuständige Gericht belehrt. War die Erhebung der öffentlichen Klage von dem Verletzten beantragt, so wird der Beschuldigte ferner darüber belehrt, daß über die Entschädigungs-

[1] In Kraft gesetzt in **Baden-Württemberg** durch AV vom 20. 12. 1986 (Justiz 46), in **Bayern** durch Bek vom 2. 8. 1971 (JMBl 119), geänd durch Bek vom 28. 7. 1995 (JMBl 171), in **Berlin** durch AV vom 2. 8. 1971 (ABl 1087), in **Brandenburg** durch AV vom 13. 8. 1991 (JMBl 62), geänd durch AV vom 21. 2. 1992 (JMBl 46), in **Bremen** durch AO vom 2. 8. 1971, geänd durch AO vom 31. 7. 1975 (nicht veröffentlicht), in **Hamburg** durch AV vom 2. 8. 1971 (JVBl 61), in **Hessen** durch RdErl vom 8. 10. 1984 (JMBl 842), in **Mecklenburg-Vorpommern** durch AV vom 19. 3. 1991 (ABl S. 196), in **Niedersachsen** durch AV vom 8. 7. 1976 (NdsRpfl 51), in **Nordrhein-Westfalen** durch AV vom 2. 8. 1971 (JMBlNW 183), in **Rheinland-Pfalz** durch VwV vom 31. 10. 1986 (JBl 257), im **Saarland** durch AV vom 2. 8. 1971 (GMBl 678), geänd durch AV vom 10. 1. 1995 (GMBl 4), in **Sachsen** durch Bek vom 14. 6. 1991 (ABl Nr. 14, S. 4), in **Sachsen-Anhalt** durch AV vom 3. 3. 1992 (MBl S. 402), in **Schleswig-Holstein** durch AV vom 2. 8. 1971 (SchlHA 196), geänd durch AV vom 5. 1. 1977 (SchlHA 26), in **Thüringen** durch VV vom 7. 3. 1991 (JMBl S. 42), geänd durch VV vom 10. 1. 1996 (JMBl 21).

pflicht nicht entschieden wird, solange durch einen Antrag auf gerichtliche Entscheidung die Erhebung der öffentlichen Klage herbeigeführt werden kann. Bei der Belehrung wird darauf geachtet, daß sie nicht als Zusicherung einer Entschädigung mißverstanden wird.

2. Die Staatsanwaltschaft nimmt gegenüber dem zuständigen Gericht zu dem Antrag des Beschuldigten, die Entschädigungspflicht der Staatskasse festzustellen, Stellung. Hat die Staatsanwaltschaft nach Einstellung des Verfahrens die Sache gemäß § 43 des Gesetzes über Ordnungswidrigkeiten (OWiG) an die Verwaltungsbehörde abgegeben, so wirkt sie in der Regel darauf hin, daß das Gericht nicht über die Entschädigungspflicht entscheidet, solange das Bußgeldverfahren nicht abgeschlossen ist.

III. Verfahren nach Feststellung der Entschädigungspflicht

1. Ist die Entschädigungspflicht der Staatskasse rechtskräftig festgestellt (vgl. § 8 Abs. 1, § 9 Abs. 1 Satz 1 und 2 StrEG), so stellt die Staatsanwaltschaft dem Berechtigten unverzüglich eine Belehrung über sein Antragsrecht und die Frist zur Antragstellung zu (vgl. § 10 Abs. 1 StrEG).
2. Ist der Staatsanwaltschaft bekannt, daß der Berechtigte anderen Personen kraft Gesetzes unterhaltspflichtig war, und besteht nach den Umständen die Möglichkeit, daß den Unterhaltsberechtigten infolge der Strafverfolgungsmaßnahme der Unterhalt entzogen worden ist (vgl. Abschn. B II Nr. 3 Buchst. a), so stellt die Staatsanwaltschaft auch diesen Personen eine Belehrung über ihr Antragsrecht und die Frist zur Antragstellung zu (vgl. § 11 Abs. 2 StrEG).

B. Verfahren zur Feststellung der Höhe des Anspruchs

I. Behandlung des Entschädigungsantrages

1. Ist die Entscheidung über die Verpflichtung der Staatskasse zur Entschädigung rechtskräftig und wird daraufhin die Zahlung einer Entschädigung beantragt, so legt der Leiter der Staatsanwaltschaft, wenn er nicht selbst mit der Prüfung des Anspruchs betraut ist, der dafür zuständigen Stelle den Antrag unverzüglich mit einem Bericht vor.
2. In dem Bericht wird ausgeführt,
   a) welche Strafverfolgungsmaßnahmen gegen den Berechtigten vollzogen worden sind,
   b) welche Entscheidung das Gericht über die Entschädigung getroffen hat,
   c) ob der Entschädigungsanspruch rechtzeitig geltend gemacht worden ist,
   d) ob Unterhaltsberechtigte gemäß Abschnitt A III Nr. 2 über ihr Antragsrecht belehrt worden sind und ob sie Ansprüche geltend gemacht haben,
   e) ob aus dem Strafverfahren Umstände bekannt sind, die für die Bearbeitung des Entschädigungsanspruchs wesentlich sein können,
   f) ob Anlaß zu der Annahme besteht, daß der Berechtigte Ansprüche gegen Dritte hat, die im Falle einer Entschädigung auf das Land übergehen (vgl. § 15 Abs. 2 StrEG).

   Dem Bericht werden die Strafakten, soweit tunlich, beigefügt. Andernfalls werden sie unverzüglich nachgereicht. Sofern die Strafakten nicht alsbald entbehrlich sind, sind dem Bericht beglaubigte Abschriften der zu Buchst. a und b in Betracht kommenden Unterlagen beizufügen.
3. Werden in dem Anspruchsschreiben gleichzeitig Ansprüche auf Erstattung von Auslagen aus dem Strafverfahren geltend gemacht, so wird eine beglaubigte Abschrift des Anspruchsschreibens zu den Strafakten genommen und veranlaßt, daß der Anspruch auf Auslagenerstattung getrennt bearbeitet wird. Der Berechtigte wird hiervon unterrichtet.

II. Prüfung des Entschädigungsanspruchs

1. Die mit der Prüfung des Anspruchs beauftragte Stelle (Prüfungsstelle) legt für die Prüfung ein Sonderheft an.
2. Sie prüft, in welcher Höhe der Anspruch des Berechtigten begründet ist. Die Prüfung erstreckt sich auf die Punkte, die nach den Angaben des Berechtigten und nach den einschlägigen gesetzlichen Vorschriften (z. B. §§ 7, 11 StrEG; §§ 249 ff. BGB) sowie der dazu ergangenen Rechtsprechung erheblich sind. Das muß anhand der Umstände des Einzelfalles festgestellt werden. Die nachstehend wiedergegebenen Hinweise für häufiger auftauchende Fragen gelten nur unter dem Vorbehalt, daß die Umstände des Einzelfalles keine andere Behandlung erfordern.
   a) Anhaltspunkte für die Bewertung entgangener Sachleistungen können den Rechtsverordnungen gemäß § 160 Abs. 2 der Reichsversicherungsordnung entnommen werden.
   b) Ausgaben, die der Berechtigte infolge einer Haft für Unterkunft und Verpflegung erspart hat, werden nur wie folgt angerechnet:
      aa) Sind dem Berechtigten Ausgaben für Verpflegung und Unterkunft erspart geblieben, so wird je Tag ein Betrag in Höhe von 3/4 des Haftkostensatzes angerechnet.
      bb) Sind ihm nur Ausgaben für Verpflegung oder nur Ausgaben für Unterkunft erspart geblieben, so wird je Tag ein Betrag in Höhe von 5/12 bzw. 4/12 des Haftkostensatzes angerechnet (vgl. § 10 Abs. 2 Justizverwaltungskostenordnung).
      cc) Dabei werden der Aufnahme- und der Entlassungstag als ein Tag gerechnet.
   c) Das während einer Haft gewährte Arbeitsentgelt wird auf die Entschädigung angerechnet.[1]
   d) Die durch eine Haft erlittenen sozialversicherungsrechtlichen Nachteile werden in der Regel in der Weise ausgeglichen, daß die Arbeitgeber- und Arbeitnehmeranteile zur Sozialversicherung erstattet werden.[2]
   e) In der Regel kann davon ausgegangen werden, daß die infolge eines Verdienstausfalls ersparten Beträge an Einkommen- oder Lohnsteuer dem Betrag entsprechen, den der Berechtigte im Hinblick auf die Entschädigungsleistung als Einkommensteuer zu zahlen hat (vgl. § 2 Abs. 2, § 24 Nr. 1 Buchst. a Einkommensteuergesetz).
   f) Macht der Berechtigte Ansprüche wegen entgangenen Urlaubs geltend, so wird für jeden entgangenen Urlaubstag ein Tagesbruttoverdienst erstattet.
   g) Es besteht allgemein keine Verpflichtung des Landes, den Entschädigungsbetrag vom Zeitpunkt der Entstehung des Schadens bis zur Auszahlung des Entschädigungsbetrages zu verzinsen. Im Einzelfall können jedoch aufgrund besonderer Umstände im Hinblick auf den Zeitablauf Zuschläge zur Entschädigungssumme berechtigt sein (z. B. unter dem Gesichtspunkt des entgangenen Gewinns, wenn der Berechtigte ohne den Verdienstausfall Beträge verzinslich angelegt hätte).
   h) Beauftragt der Berechtigte einen Rechtsanwalt mit der Geltendmachung seiner Ansprüche, so sind die dafür entstandenen Gebühren (vgl. § 118 Bundesrechtsanwaltsgebührenordnung) als Teil des Vermögensschadens erstattungsfähig.
3. a) Entzogen im Sinne des § 11 Abs. 1 und 2 StrEG ist der Unterhalt, wenn ihn der Unterhaltspflichtige infolge der Strafverfolgungsmaßnahmen nicht leisten und der Unterhaltsberechtigte ihn auch nicht nachträglich beanspruchen konnte (vgl. z. B. § 1613 BGB).
   b) Kommen Ansprüche von Unterhaltsberechtigten in Betracht, so widmet die Prüfungsstelle der Gefahr von Doppelzahlungen besondere Aufmerksamkeit. Aus diesem Grund kann es im Einzelfall zweckmäßig sein, den Berechtigten zu einer

---

[1] Vgl. hierzu §§ 43–46 StVollzG.
[2] Vgl. hierzu § 194 StVollzG.

Erklärung aufzufordern, ob und ggf. in welcher Höhe er im fraglichen Zeitraum anderen Personen zur Unterhaltsleistung verpflichtet war oder gewesen wäre. Im Interesse der Beschleunigung und Vereinfachung ist anzustreben, daß sich die Beteiligten auf eine bestimmte Aufteilung der Gesamtentschädigung einigen oder einen der Beteiligten oder einen Dritten bevollmächtigen, die Gesamtentschädigung mit schuldbefreiender Wirkung für das Land in Empfang zu nehmen (vgl. § 362 Abs. 2 BGB).

c) Einigen sich die Beteiligten nicht und ist eine Prüfung der Unterhaltsansprüche mit Schwierigkeiten verbunden, verspricht sie kein eindeutiges Ergebnis oder hat eine durchgeführte Prüfung kein eindeutiges Ergebnis gehabt, so kommt die Hinterlegung (vgl. §§ 372 ff. BGB) des Entschädigungsbetrages in Betracht, soweit er unter den Beteiligten streitig ist und Zweifel an ihrer Berechtigung bestehen.

4. Die Prüfungsstelle prüft die erheblichen Angaben des Berechtigten nach und stellt erforderlichenfalls über zweifelhafte Punkte Ermittlungen an. Weicht deren Ergebnis von dem Vorbringen des Berechtigten ab, so wird dieser in der Regel zu hören sein. Von kleinlichen Beanstandungen wird abgesehen. Bei den Ermittlungen wird darauf geachtet, daß bei Dritten nicht der Eindruck entsteht, gegen den Berechtigten sei ein strafrechtliches Ermittlungsverfahren anhängig.
5. Die Prüfungsstelle berichtet, wenn sie nicht selbst zur Entscheidung über den Anspruch befugt ist, auf dem Dienstwege an die für die Entscheidung zuständige Stelle. In dem Bericht legt die Prüfungsstelle das Ergebnis ihrer Ermittlungen dar und fügt die einschlägigen Vorgänge bei. Sie führt insbesondere aus,
   a) ob der Antrag rechtzeitig gestellt worden ist,
   b) ob und in welcher Höhe nach §§ 7, 11 StrEG zu ersetzende Schäden entstanden sind,
   c) ob durch die Leistung der Entschädigung nach § 15 Abs. 2 StrEG Ansprüche auf die Staatskasse übergehen und ob und in welcher Höhe deren Verfolgung voraussichtlich zu einem Ersatz führen wird.
6. Die Prüfung der geltend gemachten Ansprüche und die Erstattung des Berichts werden möglichst beschleunigt. Erweisen sich Ermittlungen durch andere Behörden als notwendig, so wird stets auf die Eilbedürftigkeit hingewiesen. Über einen nachgewiesenen Teil des Anspruchs kann die Prüfungsstelle vorab berichten. Sie kann weiter nur über den Anspruch vorab berichten, wenn sie die Ansprüche gegen Dritte noch nicht abschließend geprüft hat. Die weiteren Ermittlungen dürfen durch dieses Verfahren nicht verzögert werden.
7. Ist ein immaterieller Schaden zu ersetzen, so ordnet die Prüfungsstelle im Einvernehmen mit der für die Entscheidung zuständigen Stelle insoweit die Auszahlung eines Vorschusses unverzüglich an.
8. Stellt die Prüfungsstelle fest, daß der Anspruch auf Ersatz des Vermögensschadens ganz oder teilweise begründet ist, so kann sie im Einvernehmen mit der für die Entscheidung zuständigen Stelle in dringenden Fällen die Auszahlung eines Vorschusses anordnen. Der Vorschuß soll die Hälfte des für begründet erachteten Anspruchs oder Anspruchsteiles nicht übersteigen.
9. Wird ein Vorschuß gewährt, so werden seine Höhe und der Zeitpunkt der Zahlung in dem Bericht angegeben.

III. Entscheidung über den Anspruch

1. Die Entscheidung über den Anspruch wird dem Berechtigten durch die für die Entscheidung zuständige Stelle nach den Vorschriften der Zivilprozeßordnung zugestellt (vgl. § 10 Abs. 2 Satz 2 StrEG).
2. Wird der Antrag ganz oder teilweise abgelehnt, so wird der Berechtigte über den Rechtsweg und die Klagefrist belehrt (vgl. § 13 Abs. 1 StrEG).

3. Die für die Entscheidung zuständige Stelle ordnet die Auszahlung der zuerkannten Entschädigung an. *Das für den Wohnsitz des Berechtigten zuständige Finanzamt wird von der Zahlung benachrichtigt.*[1]
4. Die für die Entscheidung zuständige Stelle gibt eine Durchschrift der Entscheidung zu den Strafakten.
5. Beschreitet der Berechtigte den Rechtsweg, so ist der für die Entscheidung zuständigen Stelle zu berichten.

IV. Außerkrafttreten der Entscheidung

1. In den Fällen des § 14 Abs. 2 StrEG berichtet der Leiter der Staatsanwaltschaft, sofern er nicht selbst zur Entscheidung über den Anspruch befugt ist, der dafür zuständigen Stelle auf dem Dienstwege unverzüglich von der Einreichung des Wiederaufnahmeantrages oder von der Wiederaufnahme der Untersuchungen oder Ermittlungen und von dem Ausgang des Verfahrens. Ist eine bereits festgesetzte Entschädigung noch nicht gezahlt, so ordnet die für die Entscheidung zuständige Stelle sofort die vorläufige Aussetzung der Zahlung an.
2. a) Tritt in den Fällen des § 14 Abs. 1 StrEG die Entscheidung über die Entschädigungspflicht außer Kraft, so berichtet der Leiter der Staatsanwaltschaft auf dem Dienstwege an die für die Entscheidung zuständige Stelle. Diese entscheidet darüber, ob eine schon gezahlte Entschädigung bereits vor rechtskräftigem Abschluß des neuen Verfahrens zurückgefordert werden soll.
   b) Der Eröffnung des Hauptverfahrens im Sinne des § 14 Abs. 1 StrEG steht der Erlaß eines Strafbefehls, *einer Strafverfügung* oder eines Bußgeldbescheides gleich.
3. Die für die Entscheidung zuständige Stelle betreibt die Wiedereinziehung einer geleisteten Entschädigung.

C. Vertretung

1. Gibt der Beschuldigte oder der Berechtigte Erklärungen nicht persönlich ab, so wird die Vollmacht oder gesetzliche Vertretungsmacht des Vertreters geprüft. Grundsätzlich berechtigt weder die Vollmacht des Verteidigers noch die gewöhnliche Strafprozeßvollmacht zur Vertretung im Entschädigungsverfahren.
2. Wird der Beschuldigte in dem Ermittlungs- oder Strafverfahren von einem Verteidiger vertreten, der nach § 145 a StPO als ermächtigt gilt, Zustellungen in Empfang zu nehmen, so wird diesem das Urteil oder der Beschluß, der das Verfahren abschließt (vgl. § 8 Abs. 1 Satz 1 StrEG), oder die Mitteilung über die Einstellung des Verfahrens (vgl. § 9 Abs. 1 Satz 4 StrEG) zugestellt. Die sonstigen nach diesem Gesetz vorgesehenen Zustellungen werden, soweit nicht eine Vollmacht für das Entschädigungsverfahren erteilt ist oder ein Fall der gesetzlichen Vertretungsmacht vorliegt, an den Beschuldigten oder Berechtigten persönlich bewirkt.
3. Die Entschädigungssumme darf an einen Vertreter nur gezahlt werden, wenn er nachweist, daß er von dem Berechtigten zur Entgegennahme der Entschädigung ausdrücklich bevollmächtigt ist.

D. Entschädigung nach Einspruch im Bußgeldverfahren

1. Das Gesetz über die Entschädigung für Strafverfolgungsmaßnahmen gilt sinngemäß für das Bußgeldverfahren (§ 46 Abs. 1 OWiG).

---

[1] Die Vorschrift ist gegenstandslos, weil eine RechtsVO nach § 93 a AO bisher nicht erlassen worden ist (vgl Bek des JM Schleswig-Holstein vom 18. 3. 1991, SchlHA 72).

2. Sind in einem Bußgeldverfahren, das von der Verwaltungsbehörde nicht abgeschlossen worden ist (vgl. *§ 109a* OWiG),[1] Verfolgungsmaßnahmen nach § 2 StrEG vollzogen worden, so finden die Abschnitte A bis C Anwendung. Daher hat z. B. die Staatsanwaltschaft den Betroffenen nach Maßgabe des Abschnitts A II Nr. 1 zu belehren, wenn sie das Bußgeldverfahren, in dem Verfolgungsmaßnahmen nach § 2 StrEG durchgeführt worden sind, nach Einlegung des Einspruchs einstellt.

Teil II[2]

Anlage D

Gemeinsame Richtlinien der Justizminister/-senatoren und der Innenminister/-senatoren der Länder über die Inanspruchnahme von Informanten sowie über den Einsatz von Vertrauenspersonen (V-Personen) und Verdeckten Ermittlern im Rahmen der Strafverfolgung[3]

I. Inanspruchnahme von Informanten und Einsatz von Vertrauenspersonen (V-Personen) im Rahmen der Strafverfolgung

1. Grundsätzliches

1.1 Zur Erfüllung ihrer Aufgaben sind Polizei und Staatsanwaltschaft in zunehmendem Maße auf Informationen und Hinweise aus der Öffentlichkeit angewiesen. Diese lassen sich oft nur gegen Zusicherung der Vertraulichkeit gewinnen.

1.2 Darüber hinaus ist bei bestimmten Erscheinungsformen der Kriminalität der Einsatz von V-Personen erforderlich. Sie können regelmäßig nur dann für eine Mitarbeit gewonnen werden, wenn ihnen die Geheimhaltung ihrer Identität zugesichert wird.

1.3 Die Inanspruchnahme von Informanten und der Einsatz von V-Personen sind als zulässige Mittel der Strafverfolgung in der neueren Rechtsprechung des Bundesverfassungsgerichts, des Bundesgerichtshofs und der Obergerichte anerkannt.

1.4 Der Zeugenbeweis ist eines der wichtigsten Beweismittel, das die Strafprozeßordnung zur Wahrheitserforschung zur Verfügung stellt. Die besondere Natur dieses Beweismittels gebietet es grundsätzlich, daß der Zeuge vor der Staatsanwaltschaft und/oder dem Gericht aussagt. Daher kann Informanten und V-Personen nur nach den folgenden Grundsätzen Vertraulichkeit bzw. Geheimhaltung zugesichert werden.

---

[1] Jetzt § 110 OWiG.

[2] Teil II abgedruckt bei Piller/Herrmann Nr 2 d.

[3] In Kraft gesetzt und geändert in **Baden-Württemberg** durch Gemeinsame VV vom 4. 3. 1986 (Justiz 80, 81), in **Bayern** durch Gemeinsame Bek vom 27. 3. 1986 (JMBl 33), 13. 5. 1994 (JMBl 87), in **Berlin** durch Gemeinsame AV vom 7. 3. 1986 (ABl 488), in **Brandenburg** durch Gemeinsamen RdErl vom 21. 2. 1994 (JMBl 55), in **Hamburg** durch Gemeinsame VV vom 4. 2. 1987 (JVBl 59), 12. 1. 1994 (JVBl 10), in **Hessen** am 17. 7. 1987 (nicht veröffentlicht), in **Mecklenburg-Vorpommern** durch Gemeinsamen Erl vom 1. 3. 1995 (ABl 385), in **Niedersachsen** durch Gemeinsamen RdErl vom 16. 6. 1986 (NdsRpfl 211), in **Nordrhein-Westfalen** durch Gemeinsamen RdErl vom 17. 2. 1986 (JMBlNW 62), in **Rheinland-Pfalz** durch Gemeinsame VV vom 17. 1. 1986 (JBl 28), 31. 3. 1994 (JBl 147), im **Saarland** durch Gemeinsamen Erl vom 24. 6. 1986 (MBl 464), 7. 3. 1994 (MBl 133), in **Sachsen** durch VV vom 30. 11. 1995 (ABl 1402), in **Sachsen-Anhalt** durch Gemeinsamen RdErl vom 8. 7. 1994 (MBl 2017), in **Schleswig-Holstein** durch Gemeinsamen Erl vom 28. 2. 1986 (SchlHA 52), 29. 6. 1994 (SchlHA 232) und 11. 7. 1994 (SchlHA 230) und in **Thüringen** durch Gemeinsame Richtlinien vom 23. 11. 1994 (Staatsanzeiger 2964).

2. Begriffsbestimmungen

2.1 Informant ist eine Person, die im Einzelfall bereit ist, gegen Zusicherung der Vertraulichkeit der Strafverfolgungsbehörde Informationen zu geben.

2.2 V-Person ist eine Person, die, ohne einer Strafverfolgungsbehörde anzugehören, bereit ist, diese bei der Aufklärung von Straftaten auf längere Zeit vertraulich zu unterstützen, und deren Identität grundsätzlich geheimgehalten wird.

3. Voraussetzungen der Zusicherung der Vertraulichkeit/Geheimhaltung

3.1 Die Inanspruchnahme von Informanten und der Einsatz von V-Personen gebieten eine Abwägung der strafprozessualen Erfordernisse der Unmittelbarkeit der Beweisaufnahme und der vollständigen Sachverhaltserforschung einerseits und der Erfüllung öffentlicher Aufgaben durch Sicherung der Vertraulichkeit/Geheimhaltung andererseits. Hierbei ist der Grundsatz des rechtsstaatlichen fairen Verfahrens zu beachten.

Daraus folgt:

a) Die Zusicherung der Vertraulichkeit/Geheimhaltung kommt im Bereich der Schwerkriminalität, organisierten Kriminalität, des illegalen Betäubungsmittel- und Waffenhandels, der Falschgeldkriminalität und der Staatsschutzdelikte in Betracht.

b) Im Bereich der mittleren Kriminalität bedarf es einer besonders sorgfältigen Prüfung des Einzelfalles. Die Zusicherung der Vertraulichkeit/Geheimhaltung wird ausnahmsweise dann in Betracht kommen, wenn durch eine Massierung gleichartiger Straftaten ein die Erfüllung öffentlicher Aufgaben oder die Allgemeinheit ernsthaft gefährdender Schaden eintreten kann.

c) In Verfahren der Bagatellkriminalität kommt die Zusicherung der Vertraulichkeit/Geheimhaltung nicht in Betracht.

3.2 Informanten dürfen nur in Anspruch genommen, V-Personen nur eingesetzt werden, wenn die Aufklärung sonst aussichtslos oder wesentlich erschwert wäre. Werden sie in Anspruch genommen bzw. eingesetzt, so ist Ziel der weiteren Ermittlungen das Beschaffen von Beweismitteln, die den strafprozessualen Erfordernissen der Unmittelbarkeit der Beweisaufnahme entsprechen und einen Rückgriff auf diese Personen erübrigen.

3.3 Einem Informanten darf Vertraulichkeit nur zugesichert werden, wenn dieser bei Bekanntwerden seiner Zusammenarbeit mit den Strafverfolgungsbehörden erheblich gefährdet wäre oder unzumutbare Nachteile zu erwarten hätte.

3.4 Der Einsatz von Minderjährigen als V-Personen ist nicht zulässig.

4. Umfang und Folgen der Zusicherung

Staatsanwaltschaft und Polizei sind an die Zusicherung der Vertraulichkeit/Geheimhaltung gebunden. Die Bindung entfällt grundsätzlich, wenn

a) die Information wissentlich oder leichtfertig falsch gegeben wird,

b) die V-Person von einer Weisung vorwerfbar abweicht oder sich sonst als unzuverlässig erweist,

c) sich eine strafbare Tatbeteiligung des Empfängers der Zusicherung herausstellt,

d) die V-Person sich bei ihrer Tätigkeit für die Strafverfolgungsbehörden strafbar macht.

Hierauf ist der Informant/die V-Person vor jeder Zusicherung hinzuweisen.

5. Verfahren

5.1 Über die Zusicherung der Vertraulichkeit/Geheimhaltung entscheiden im Bereich der Staatsanwaltschaft der Behördenleiter oder ein von ihm besonders bezeichneter Staatsanwalt, bei Gefahr im Verzuge der Dezernent. Im Polizeibereich werden Regelungen getroffen, die die Entscheidung auf einer möglichst hohen Ebene vorsehen, mindestens auf der Ebene des Leiters der sachbearbeitenden Organisationseinheit.

5.2 Vor der Zusicherung der Vertraulichkeit gegenüber einem Informanten ist die Einwilligung der Staatsanwaltschaft herbeizuführen, es sei denn, daß der Untersuchungszweck gefährdet würde. Ist die Einwilligung nach Satz 1 nicht herbeigeführt worden, so ist die Staatsanwaltschaft unverzüglich zu unterrichten.

5.3 Soll eine V-Person in einem Ermittlungsverfahren gezielt eingesetzt werden, so ist zur Bestätigung der zugesicherten Geheimhaltung für diesen Einsatz die Einwilligung der Staatsanwaltschaft herbeizuführen. Kann die Einwilligung nicht rechtzeitig herbeigeführt werden, so ist die Staatsanwaltschaft unverzüglich über den Einsatz zu unterrichten.

5.4 In begründeten Ausnahmefällen unterrichtet die Polizei die Staatsanwaltschaft auch über die Identität des Informanten/der V-Person. Vertraulichkeit/Geheimhaltung ist zu gewährleisten.

5.5 Die Zusage der Vertraulichkeit/Geheimhaltung umfaßt neben den Personalien auch die Verbindung zu Strafverfolgungsbehörden sowie alle Umstände, aus denen Rückschlüsse auf die Eigenschaft als Informant/V-Person gezogen werden könnten.

5.6 Die Staatsanwaltschaft fertigt über das Gespräch mit der Polizei über die Mitwirkung des Informanten/V-Person und über die getroffene Entscheidung ohne Nennung des Namens einen Vermerk zu den Generalakten 4110. Vertrauliche Behandlung ist sicherzustellen. Die Polizei verfährt entsprechend. Staatsanwaltschaft und Polizei erhalten eine Durchschrift des Vermerks der jeweils anderen Behörde.

II. Einsatz Verdeckter Ermittler und sonstiger nicht offenermittelnder Polizeibeamter im Rahmen der Strafverfolgung

1. Grundsätzliches

1.1 Die qualitativen Veränderungen der Erscheinungsformen der Kriminalität, insbesondere der Organisierten Kriminalität, erfordern dieser Entwicklung angepaßte Methoden der Verbrechensbekämpfung.

1.2 Zu ihnen gehört neben der Inanspruchnahme von Informanten und V-Personen auch der operative Einsatz Verdeckter Ermittler und sonstiger nicht offen ermittelnder Polizeibeamter.

2. Voraussetzungen und Verfahren

2.1 Der Einsatz Verdeckter Ermittler richtet sich nach §§ 110 a bis 110 e StPO.

2.2 Verdeckte Ermittler dürfen keine Straftaten begehen. Eingriffe in Rechte Dritter sind ihnen nur im Rahmen der geltenden Gesetze gestattet. Als gesetzliche Generalermächtigung kann § 34 StGB nicht herangezogen werden. Unberührt bleibt in Ausnahmefällen eine Rechtfertigung oder Entschuldigung des Verhaltens des einzelnen Polizeibeamten z. B. unter den Voraussetzungen der §§ 34, 35 StGB.

2.3 Bei Verletzung von Rechtsgütern, die zur Disposition des Berechtigten stehen, kann die Rechtswidrigkeit auch unter dem Gesichtspunkt der mutmaßlichen Einwilligung entfallen.

2.4 Die Entscheidung über die Zustimmung der Staatsanwaltschaft trifft der Behördenleiter oder ein von ihm besonders bezeichneter Staatsanwalt. Im Polizeibereich werden Regelungen getroffen, die die Entscheidung über den Einsatz auf einer möglichts hohen Ebene vorsehen, mindestens auf der Ebene des Leiters der sachbearbeitenden Organisationseinheit.

2.5 Beim Einsatz auftretende materiell- oder verfahrensrechtliche Probleme trägt die Polizei an die Staatsanwaltschaft heran. Die Staatsanwaltschaft trifft ihre Entscheidung in enger und vertrauensvoller Zusammenarbeit mit der Polizei.

2.6 Der Verdeckte Ermittler ist von der Strafverfolgungspflicht gemäß § 163 StPO nicht befreit.

2.6.1 Aus kriminaltaktischen Erwägungen können Ermittlungsmaßnahmen, die in den Auftrag des Verdeckten Ermittlers fallen, zurückgestellt werden.

2.6.2 Neu hinzukommenden zureichenden Anhaltspunkten für strafbare Handlungen braucht der Verdeckte Ermittler solange nicht nachzugehen, als dies ohne Gefährdung seiner Ermittlungen nicht möglich ist; dies gilt nicht, wenn sofortige Ermittlungsmaßnahmen wegen der Schwere der neu entdeckten Tat geboten sind.

2.6.3 In den Fällen der Nummern 2. 6. 1 und 2. 6. 2 ist die Zustimmung der Staatsanwaltschaft herbeizuführen. Kann die Zustimmung nicht rechtzeitig herbeigeführt werden, so ist die Staatsanwaltschaft unverzüglich zu unterrichten. Nummer 2.5 gilt entsprechend.

2.7 Die Staatsanwaltschaft fertigt über die Gespräche mit der Polizei, über die Mitwirkung des Verdeckten Ermittlers und über die getroffenen Entscheidungen – ohne Nennung des Namens des Verdeckten Ermittlers – Vermerke, die gesondert zu verwahren sind. Die Polizei erhält eine Durchschrift des Vermerks. Vertrauliche Behandlung ist sicherzustellen.

2.8 Die Entscheidungen nach § 110 d StPO trifft die Staatsanwaltschaft im Benehmen mit der Polizei. Nummer 2.4 Satz 1 gilt entsprechend. Die Staatsanwaltschaft setzt die Polizei über ihre Entscheidung vor deren Ausführung in Kenntnis.

2.9 Die Ermittlungstätigkeit sonstiger nicht offen ermittelnder Polizeibeamter richtet sich nach den allgemeinen Bestimmungen. Ergibt sich im Einzelfall die Notwendigkeit, deren Identität im Strafverfahren geheimzuhalten, so ist für den Einsatz die Zustimmung der Staatsanwaltschaft einzuholen. Ist diese nicht rechtzeitig zu erlangen, ist die Staatsanwaltschaft unverzüglich zu unterrichten; sie entscheidet, ob der Einsatz fortgeführt werden soll. Der Staatsanwalt, der für die Entscheidung über die Zustimmung zu dem Einsatz zuständig ist, kann verlangen, daß ihm gegenüber die Identität des nicht offen ermittelnden Polizeibeamten offenbart wird. Geheimhaltung ist zu gewährleisten.

Anlage E[1]

Gemeinsame Richtlinien der Justizminister/-senatoren und der Innenminister/-senatoren der Länder über die Zusammenarbeit von Staatsanwaltschaft und Polizei bei der Verfolgung der Organisierten Kriminalität[2]

1. Grundsätzliches

1.1 Die Verfolgung der Organisierten Kriminalität ist ein wichtiges Anliegen der Allgemeinheit. Es ist eine zentrale Aufgabe der Strafverfolgungsbehörden, dieser Erscheinungsform der Kriminalität wirksam und mit Nachdruck zu begegnen.

---

[1] Nicht-amtliche Bezeichnung.

[2] In Kraft gesetzt in **Bayern** durch Gemeinsame Bek vom 29. 1. 1991 (JMBl 1), in **Berlin** durch Gemeinsame AV vom 1. 10. 1991 (ABl 2426), in **Brandenburg** durch Gemeinsamen RdErl vom 8. 7. 1992 (ABl 1993, 714), in **Hamburg** durch Gemeinsame AV vom 29. 1. 1991 (JVBl 19), in **Hessen** durch Gemeinsamen RdErl vom 4. 4. 1991 (JMBl 221), in **Mecklenburg-Vorpommern** durch Gemeinsamen RdErl vom 25. 2. 1992 (ABl 268), in **Nordrhein-Westfalen** durch Gemeinsamen RdErl vom 13. 11. 1990 (JMBlNW 267), im **Saarland** durch Gemeinsamen Erl vom 18. 4. 1991 (GMBl 125), in **Sachsen** durch Gemeinsame VV vom 15. 2. 1995 (ABl 346), in **Sachsen-Anhalt** durch Gemeinsamen RdErl vom 31. 7. 1996 (JMBl 291), in **Schleswig-Holstein** durch Gemeinsame AV vom 19. 12. 1990 (SchlHA 1991, 18), in **Thüringen** durch Gemeinsame VV vom 29. 8. 1991 (JMBl 124).

In **Baden-Württemberg** gilt die Gemeinsame VV vom 15. 1. 1991 (unveröffentlicht), in **Niedersachsen** der Gemeinsame RdErl vom 10. 6. 1992 (NdsRpfl 163), in **Rheinland-Pfalz** das Gemeinsame Rdschr vom 17. 12. 1990 (JBl 1991, 13); diese weichen von den oben abgedruckten Richtlinien der anderen Bundesländer inhaltlich ab.

1.2 Aufklärungserfolge können nur erreicht werden, wenn Staatsanwaltschaft und Polizei im einzelnen Verfahren und verfahrensübergreifend besonders eng und vertrauensvoll zusammenarbeiten; dies setzt eine möglichst frühzeitige gegenseitige Unterrichtung voraus. Gleiches gilt für die Zusammenarbeit mit dem Zoll- und dem Steuerfahndungsdienst.

1.3 Notwendig ist auch die Zusammenarbeit mit anderen Stellen, insbesondere den Justizvollzugsanstalten, den Finanz- und Zollbehörden, den Ordnungsbehörden (z. B. Ausländer- oder Gewerbeämter) sowie den Dienststellen der Arbeitsverwaltung.

2. Begriff, Erscheinungsformen und Indikatoren der Organisierten Kriminalität

2.1 Organisierte Kriminalität ist die von Gewinn- oder Machtstreben bestimmte planmäßige Begehung von Straftaten, die einzeln oder in ihrer Gesamtheit von erheblicher Bedeutung sind, wenn mehr als zwei Beteiligte auf längere oder unbestimmte Dauer arbeitsteilig

a) unter Verwendung gewerblicher oder geschäftsähnlicher Strukturen,
b) unter Anwendung von Gewalt oder anderer zur Einschüchterung geeigneter Mittel oder
c) unter Einflußnahme auf Politik, Medien, öffentliche Verwaltung, Justiz oder Wirtschaft

zusammenwirken.

Der Begriff umfaßt nicht Straftaten des Terrorismus.

2.2 Die Erscheinungsformen der Organisierten Kriminalität sind vielgestaltig. Neben strukturierten, hierarchisch aufgebauten Organisationsformen (häufig zusätzlich abgestützt durch ethnische Solidarität, Sprache, Sitten, sozialen und familiären Hintergrund) finden sich – auf der Basis eines Systems persönlicher und geschäftlicher kriminell nutzbarer Verbindungen – Straftäterverflechtungen mit unterschiedlichem Bindungsgrad der Personen untereinander, deren konkrete Ausformung durch die jeweiligen kriminellen Interessen bestimmt wird.

2.3 Organisierte Kriminalität wird zur Zeit vorwiegend in den folgenden Kriminalitätsbereichen festgestellt:

- Rauschgifthandel und -schmuggel
- Waffenhandel und -schmuggel
- Kriminalität im Zusammenhang mit dem Nachtleben (vor allem Zuhälterei, Prostitution, Menschenhandel, illegales Glücks- und Falschspiel)
- Schutzgelderpressung
- unerlaubte Arbeitsvermittlung und Beschäftigung
- illegale Einschleusung von Ausländern
- Warenzeichenfälschung (Markenpiraterie)
- Goldschmuggel
- Kapitalanlagebetrug
- Subventionsbetrug und Eingangsabgabenhinterziehung
- Fälschung und Mißbrauch unbarer Zahlungsmittel
- Herstellung und Verbreitung von Falschgeld
- Verschiebung insbesondere hochwertiger Kraftfahrzeuge und von Lkw-, Container- und Schiffsladungen
- Betrug zum Nachteil von Versicherungen
- Einbruchsdiebstahl in Wohnungen mit zentraler Beuteverwertung.

Neben diesen Kriminalitätsbereichen zeichnen sich Ansätze Organisierter Kriminalität auch auf den Gebieten der illegalen Entsorgung von Sonderabfall und des illegalen Technologietransfers ab.

2.4 Indikatoren, die einzeln oder in unterschiedlicher Verknüpfung Anlaß geben können, einen Sachverhalt der Organisierten Kriminalität zuzurechnen, sind in der Anlage genannt. Die Aufzählung ist nicht abschließend und nicht auf spezielle

Deliktsbereiche abgestellt. In Zweifelsfällen stellen die einander zugeordneten Strafverfolgungsbehörden umgehend Einvernehmen darüber her, ob sie einen Sachverhalt als Organisierte Kriminalität bewerten.

3. Grundlagen der Zusammenarbeit

3.1 Die zügige und wirksame Verfolgung der Organisierten Kriminalität setzt eine aufeinander abgestimmte Organisation der Strafverfolgungsbehörden voraus. Ein identischer Aufbau ist nicht erforderlich.

3.2 Örtliche und überörtliche Stellen der Staatsanwaltschaft:

3.2.1 Bei jeder Staatsanwaltschaft wird ein Abteilungsleiter oder Staatsanwalt bestellt, der die Aufgabe hat, in ständiger und enger Zusammenarbeit mit den zuständigen Kriminalpolizeidienststellen die Entwicklung der Organisierten Kriminalität zu beobachten, zu analysieren und Maßnahmen der Strafverfolgungsbehörden zu planen und zu koordinieren (Ansprechpartner/OK-Beauftragter).

3.2.2 Der Abteilung oder dem Sachgebiet des Ansprechpartners/OK-Beauftragten soll die Bearbeitung aller Verfahren zugewiesen werden, denen Organisierte Kriminalität zugrunde liegt. Soweit besondere Zuständigkeiten bestehen (z. B. für die Rauschgift- oder Wirtschaftskriminalität), können diese hiervon ausgenommen werden.

3.2.3 Bei dem Generalstaatsanwalt werden die verfahrensübergreifenden Aufgaben des Ansprechpartners/OK-Beauftragten für den Bezirk des Generalstaatsanwalts einem Koordinator übertragen. Der Koordinator sorgt auch dafür, daß über die Führung von Sammelverfahren umgehend entschieden wird.
Er hat ferner die Aufgabe, den Erfahrungs- und Informationsaustausch auf überörtlicher Ebene zwischen Staatsanwaltschaft und Polizei sowie mit den sonst in den in Nrn. 1.2 und 1.3 genannten Behörden vorzubereiten und durchzuführen. Nr. 3.2.2 gilt sinngemäß.

3.2.4 Der Generalstaatsanwalt prüft in geeigneten Fällen, ob bestimmte Verfahren für den Bezirk mehrerer Staatsanwaltschaften einer Staatsanwaltschaft zuzuweisen sind (§§ 143, 145 GVG).

3.3 Örtliche und überörtliche Stellen der Kriminalpolizei

3.3.1 Zur Aufdeckung und Verfolgung von Organisierter Kriminalität werden beim Bundeskriminalamt, den Landeskriminalämtern sowie in den Flächenstaaten im örtlichen oder regionalen Bereich an Brennpunkten der Organisierten Kriminalität spezialisierte Dienststellen/Einheiten eingerichtet bzw. ausgebaut, die insbesondere deliktsübergreifend und täterorientiert ermitteln.
Fälle der deliktstreuen Organisierten Kriminalität, insbesondere der Rauschgiftkriminalität, können von besonders eingerichteten Organisationseinheiten der Kriminalpolizei bearbeitet werden. Sonderkommissionen zur Bekämpfung der Organisierten Kriminalität sollen nur in Ausnahmefällen eingerichtet werden.

3.3.2 Den örtlichen oder regionalen Dienststellen obliegen in enger Abstimmung mit der für das jeweilige Verfahren zuständigen Staatsanwaltschaft die kriminalpolizeilichen Ermittlungen einschließlich operativer Maßnahmen.
Zu ihren Aufgaben gehören ferner
- das Zusammenführen OK-relevanter Erkenntnisse
- die Mitwirkung an der Erstellung des Kriminalitätslagebildes „Organisierte Kriminalität" für das Land
- der Informationsaustausch
- mit der Staatsanwaltschaft
- mit den Organisierte Kriminalität bearbeitenden Dienststellen des Landes
- anlaßbezogen mit anderen Polizeidienststellen
- mit dem Landeskriminalamt.

3.3.3 Das Landeskriminalamt wertet zentral den OK-Bereich betreffende Informationen aus und verknüpft sie mit eigenen und länderübergreifenden Erkenntnissen. Im Rahmen seiner Zuständigkeit führt es die Ermittlungen selbst oder veranlaßt ihre

Durchführung durch andere Dienststellen. Für den Informationsaustausch gilt Nr. 3.3.2 entsprechend.

3.3.4 Das Bundeskriminalamt wertet zentral OK-relevante Informationen aus und verknüpft sie mit Erkenntnissen aus eigenen Verfahren und aus dem internationalen Bereich. Es führt im Rahmen seiner originären oder auftragsabhängigen Zuständigkeit die kriminalpolizeilichen Ermittlungen selbst oder weist sie im Einvernehmen mit den zuständigen Stellen einem Land zu.

3.4 Die Bekämpfung der Organisierten Kriminalität ist eine Aufgabe nicht nur der in den Nrn. 3.2 und 3.3 aufgeführten Dienststellen und Beamten. Vielmehr sind alle Angehörigen der Strafverfolgungsbehörden gehalten, auf Anzeichen für Organisierte Kriminalität zu achten:

3.4.1 Im Bereich der Staatsanwaltschaft ist sicherzustellen, daß sich die Beamten an die besonderen Sachbearbeiter/Dezernenten wenden und, wenn die Sachbearbeitung konzentriert ist, die Verfahren abgeben können.

3.4.2 Im Bereich der Polizei sind entsprechende Erkenntnisse an die zur Bekämpfung der Organisierten Kriminalität eingerichteten Organisationseinheiten weiterzuleiten.

4. Zusammenarbeit bei der Verfahrensbearbeitung

4.1 Vorrangiges Ziel der Ermittlungen muß es sein, in den Kernbereich der kriminellen Organisation einzudringen und die im Hintergrund agierenden hauptverantwortlichen Straftäter zu erkennen, zu überführen und zur Aburteilung zu bringen.

4.2 Der Staatsanwalt schaltet sich schon zu Beginn der Ermittlungen in die unmittelbare Fallaufklärung ein. Die Verfahrenstaktik und die einzelnen Ermittlungsschritte sind abzustimmen. Die Sachleitungsbefugnis der Staatsanwaltschaft bleibt unberührt.

4.2.1 Der Grundsatz, daß Ermittlungen straff und beschleunigt zu führen sind, gilt auch in Verfahren wegen Organisierter Kriminalität. Das vorrangige Ermittlungsziel ist aber im Auge zu behalten, auch wenn dies längerdauernde Ermittlungen erfordert.

4.2.2 Im Interesse des vorrangigen Ermittlungszieles sind die Mittel zur Begrenzung des Verfahrensstoffes (§§ 153 ff. StPO) möglichst frühzeitig zu nutzen. Dies gilt besonders auch im Hinblick auf das Hauptverfahren, das sich auf die wesentlichen Vorwürfe konzentrieren sollte.

4.2.3 Die Abfolge der Ermittlungshandlungen wird in erster Linie von dem vorrangigen Ermittlungsziel bestimmt. Einzelne Maßnahmen können vorläufig zurückgestellt werden, wenn ihre Vornahme die Erreichung dieses Zieles gefährden würde. Dies gilt nicht, wenn sofortige Maßnahmen wegen der Schwere der Tat oder aus Gründen der Gefahrenabwehr geboten sind.

4.2.4 Erfordert die Erledigung von Verfahren gegen Randtäter der kriminellen Organisation oder sonstige Nebenbeteiligte noch weitere Ermittlungen, so darf der schnelle Abschluß dieser Verfahren dem vorrangigen Ermittlungsziel nicht übergeordnet werden.

Bei der gebotenen Abwägung ist den Ermittlungen gegen die verantwortlichen Haupttäter der Vorzug zu geben; die übrigen Verfahren sind vorübergehend zurückzustellen.

4.3 In Verfahren wegen Organisierter Kriminalität soll möglichst der Staatsanwalt die Anklage vertreten, der die Ermittlungen geleitet hat.

4.4 Für die Zusammenarbeit bei der Inanspruchnahme von Informanten, bei dem Einsatz von V-Personen und Verdeckten Ermittlern sowie beim Zeugenschutz gelten die hierfür erlassenen Richtlinien.

4.5 Für die Zusammenarbeit im Rahmen von Initiativermittlungen gilt Nr. 6.

5. Verfahrensübergreifende Zusammenarbeit

5.1 Die verfahrensübergreifende Zusammenarbeit zwischen Staatsanwaltschaft und Polizei hat zum Ziel, daß beide Behörden einen vertieften und gleichen Erkennt-

nisstand über die Erscheinungsformen der Organisierten Kriminalität und die spezifischen Probleme einschlägiger Verfahren gewinnen, gemeinsam fortentwikkeln und bei den jeweiligen Einzelmaßnahmen zugrunde legen.
Die verfahrensübergreifende Zusammenarbeit dient auch der Verständigung über die örtliche und zeitliche Steuerung der Ermittlungskapazitäten von Staatsanwaltschaft und Kriminalpolizei durch Bildung von Schwerpunkten entsprechend dem jeweiligen Lagebild.

5.2 Die Staatsanwaltschaft und die Kriminalpolizei vereinbaren regelmäßige Dienstbesprechungen, bei denen insbesondere erörtert werden

- Lage, voraussichtliche Entwicklung und Maßnahmen zur Bekämpfung der Organisierten Kriminalität in ihrem Bereich
- Erkenntnisse und Erfahrungen aus dem Ablauf von Ermittlungs- und gerichtlichen Verfahren, auch Auswirkungen von Fehlern in der Ermittlungstätigkeit
- Erkenntnisse und Erfahrungen aus der Anwendung verdeckter Ermittlungsmethoden und aus dem Zeugenschutz, einschließlich der Sicherung der gebotenen Geheimhaltung
- Erkenntnisse und Erfahrungen aus Maßnahmen zur Gewinnabschöpfung
- örtliche Praxis der internationalen Rechtshilfe und sonstigen Zusammenarbeit mit ausländischen Behörden
- allgemeine Fragen der Zusammenarbeit
- Öffentlichkeitsarbeit.

Die Besprechungen sollen einmal jährlich, bei Bedarf auch häufiger, stattfinden. Dem Zollfahndungsdienst soll Gelegenheit zur Teilnahme gegeben werden. Über die Zuziehung anderer Behörden entscheiden die beteiligten Stellen. Über das Ergebnis der Besprechungen ist den jeweils vorgesetzten Behörden zu berichten.

5.3 Die Besprechungen können auch auf der Ebene der Generalstaatsanwälte vereinbart werden.

5.4 Gemeinsame Informations- und Fortbildungsveranstaltungen sind vorzusehen.

5.5 Die Hospitation von Beamten der Staatsanwaltschaft und der Kriminalpolizei bei der jeweils anderen Behörde ist zu ermöglichen.

6. Initiativermittlungen

6.1 Organisierte Kriminalität wird nur selten von sich aus offenbar. Strafanzeigen in diesem Bereich werden häufig nicht erstattet, u. a. weil die Zeugen Angst haben.
Die Aufklärung und wirksame Verfolgung der Organisierten Kriminalität setzt daher voraus, daß Staatsanwaltschaft und Polizei von sich aus im Rahmen ihrer gesetzlichen Befugnisse Informationen gewinnen oder bereits erhobene Informationen zusammenführen, um Ansätze zu weiteren Ermittlungen zu erhalten (Initiativermittlungen).

6.2 Liegt ein Sachverhalt vor, bei dem nach kriminalistischer Erfahrung die wenn auch geringe Wahrscheinlichkeit besteht, daß eine verfolgbare Straftat begangen worden ist, besteht ein Anfangsverdacht (§ 152 Abs. 2 StPO). Dieser löst die Strafverfolgungspflicht aus. Es ist nicht notwendig, daß sich der Verdacht gegen eine bestimmte Person richtet.
Bleibt nach Prüfung der vorliegenden Anhaltspunkte unklar, ob ein Anfangsverdacht besteht, und sind Ansätze für weitere Nachforschungen vorhanden, so können die Strafverfolgungsbehörden diesen nachgehen. In solchen Fällen besteht keine gesetzliche Verfolgungspflicht. Ziel ist allein die Klärung, ob ein Anfangsverdacht besteht. Strafprozessuale Zwangs- und Eingriffsbefugnisse stehen den Strafverfolgungsbehörden in diesem Stadium nicht zu.
Ob und inwieweit die Strafverfolgungsbehörden sich in diesen Fällen um weitere Aufklärung bemühen, richtet sich nach Verhältnismäßigkeitserwägungen; wegen der besonderen Gefährlichkeit der Organisierten Kriminalität werden sie ihre Aufklärungsmöglichkeiten bei Anhaltspunkten für solche Straftaten in der Regel ausschöpfen.

6.3 Die Befugnisse der Polizei zu Initiativermittlungen im Rahmen der Gefahrenabwehr richten sich nach den Polizeigesetzen.

6.4 Bei Initiativermittlungen liegen häufig die Elemente der Strafverfolgung und der Gefahrenabwehr in Gemengelage vor oder gehen im Verlauf eines Verdichtungs- und Erkenntnisprozesses ineinander über. Staatsanwaltschaft und Polizei arbeiten auch in diesem Bereich eng zusammen. Für die Zusammenarbeit gelten die Nrn. 4 und 5 sinngemäß mit der Maßgabe, daß

- das Ziel der Initiativermittlungen die Klärung des Anfangsverdachts/der Gefahrenlage ist
- dem Staatsanwalt in Fällen der Gefahrenabwehr eine Leitungsbefugnis nicht zusteht.

6.5 Die Zusammenarbeit obliegt auf der Seite der Staatsanwaltschaft der Behörde, die für die Durchführung des Ermittlungsverfahrens zuständig wäre. In Zweifelsfällen entscheidet die nächsthöhere Behörde.

7. Zusammenarbeit mit den Justizvollzugsanstalten

7.1 Die von der Organisierten Kriminalität ausgehenden Gefahren sind auch bei Vollzugsentscheidungen zu berücksichtigen.

7.2 Die Justizvollzugsanstalten sind über

- Verbindungen eines Untersuchungs- oder Strafgefangenen zur Organisierten Kriminalität
- Erscheinungsformen und Entwicklung der Organisierten Kriminalität

zu informieren, soweit es für Vollzugsentscheidungen erheblich sein kann und Belange der Strafverfolgung nicht entgegenstehen.

7.3 Die Information über den Gefangenen muß möglichst bei der Einlieferung erfolgen. Anderenfalls ist sie nachzuholen. Sie obliegt der Staatsanwaltschaft, in Eilfällen der Kriminalpolizei.

7.4 Den Vollzugsbehörden soll Gelegenheit gegeben werden, an den in Nrn. 5.3 und 5.4 genannten Veranstaltungen teilzunehmen; bei Bedarf sind sie auch zu den Besprechungen nach Nr. 5.2 hinzuzuziehen.

7.5 Die Justizvollzugsanstalt unterrichtet die Staatsanwaltschaft, in Eilfällen die Kriminalpolizei, über Erkenntnisse, die für die Verfolgung der Organisierten Kriminalität von Bedeutung sein können.

7.6 Ansprechpartner in der Justizvollzugsanstalt ist der Anstaltsleiter.

8. Zusammenarbeit mit anderen Behörden

8.1 Zoll- und Finanzbehörden

8.1.1 Soweit Staatsanwaltschaft oder Kriminalpolizei bei ihren Ermittlungen im Bereich der Organisierten Kriminalität Anhaltspunkte für

- Hinterziehung von Eingangsabgaben oder Verbrauchsteuern, z. B. Gold- oder Alkoholschmuggel
- Straftaten im Sinne des § 37 Abs. 1 des Gesetzes zur Durchführung der gemeinsamen Marktorganisationen (MOG), z. B. Subventionsbetrug im Zusammenhang mit Fleisch oder Getreide
- Straftaten nach dem Außenwirtschaftsgesetz (AWG), z. B. illegaler Technologietransfer, oder nach dem Kriegswaffenkontrollgesetz (KWKG) mit Auslandsbezug
- Zuwiderhandlungen gegen Verbote und Beschränkungen des grenzüberschreitenden Warenverkehrs, z. B. Rauschgift- oder Waffenschmuggel, Warenzeichenfälschungen

feststellen, ist der Zollfahndungsdienst zu unterrichten (vgl. §§ 403, 116 AO, 42 AWG). Dies kann entweder über das Zollkriminalinstitut – Zentrales Zollfahndungsamt – oder das örtliche Zollfahndungsamt erfolgen.

Gewinnt der Zollfahndungsdienst im Rahmen seiner Ermittlungen Anhaltspunkte, die auf das Vorliegen Organisierter Kriminalität hindeuten und für dessen Aufklärung die Polizei/Staatsanwaltschaft zuständig ist, so unterrichtet er die zuständigen

Strafverfolgungsbehörden. Handelt es sich bei den Ermittlungen des Zollfahndungsdienstes um Ermittlungen wegen einer Zoll- oder Verbrauchsteuerstraftat, so ist das Steuergeheimnis zu beachten. Es ist dann im Einzelfall zu prüfen, ob das Steuergeheimnis durchbrochen werden kann.

8.1.2 Soweit Staatsanwaltschaft oder Kriminalpolizei bei ihren Ermittlungen im Bereich der Organisierten Kriminalität Anhaltspunkte für Steuerstraftaten feststellen, ist der Steuerfahndungsdienst zu unterrichten (vgl. §§ 403, 116 AO).

Gewinnt der Steuerfahndungsdienst im Rahmen seiner steuerstrafrechtlichen Ermittlungen Anhaltspunkte, die auf das Vorliegen von Organisierter Kriminalität hindeuten und für dessen Aufklärung die Polizei/Staatsanwaltschaft zuständig ist, so unterrichtet er die zuständigen Strafverfolgungsbehörden, wenn das Steuergeheimnis dem nicht entgegensteht. Dies ist im Einzelfall zu prüfen.

8.2 Andere Behörden

Die Organisierte Kriminalität kann mit strafrechtlichen Mitteln allein nicht mit Erfolg bekämpft werden. Die von ihr ausgehenden Gefahren sind auch bei den Entscheidungen der Ordnungsbehörden (vgl. Nr. 1.3) und sonstiger Verwaltungsbehörden zu berücksichtigen.

Die Verwaltungsbehörden können ferner zur Aufklärung der Organisierten Kriminalität beitragen, indem sie relevante Erkenntnisse z. B. über unerlaubte Arbeitsvermittlung und -beschäftigung, illegale Einschleusung von Ausländern, den Strafverfolgungsbehörden mitteilen.

8.3 Verfahrensübergreifende Zusammmenarbeit

Für die verfahrensübergreifende Zusammenarbeit kann sich die Einrichtung von Gesprächskreisen auf örtlicher und überörtlicher Ebene durch die Ansprechpartner/OK-Beauftragten und Koordinatoren (Nr. 3.2) empfehlen.

9. Schutz der Ermittlungen

Dem Schutz der Ermittlungen kommt in Verfahren wegen Organisierter Kriminalität besonders hohe Bedeutung zu. Ihm muß durch Ermittlungsbehörden und Justizvollzugsanstalten Rechnung getragen werden. Um das vorrangige Ermittlungsziel (vgl. Nr. 4.1) nicht zu gefährden, ist sicherzustellen, daß

- ausschließlich unmittelbar an den Ermittlungen Beteiligte Kenntnis von Maßnahmen der verdeckten Informationsgewinnung erlangen
- in den mit der Bekämpfung der Organisierten Kriminalität befaßten Dienststellen/Organisationseinheiten alle Voraussetzungen für den Schutz der Ermittlungen gegeben sind.

Die Rechte der Verteidigung bleiben unberührt.

Anlage

Generelle Indikatoren zur Erkennung OK-relevanter Sachverhalte[1]

Vorbereitung und Planung der Straftat

- präzise Planung
- Anpassung an Markterfordernisse durch Ausnützen von Marktlücken, Erkundungen von Bedürfnissen u. ä.
- Arbeit auf Bestellung
- hohe Investitionen, z. B. durch Vorfinanzierung aus nicht erkennbaren Quellen

Ausführung der Straftat

- professionelle, präzise und qualifizierte Tatdurchführung

---

[1] Anmerkung: Generelle Indikatoren sind allgemein kennzeichnende Merkmale. Spezielle Indikatoren werden unter Einbeziehung zusätzlicher Erkenntnisse zu deliktspezifischen Handlungsformen und Gruppenstrukturen erarbeitet.

– Verwendung verhältnismäßig teurer, unbekannter oder schwierig einzusetzender wissenschaftlicher Mittel und Erkenntnisse
– Tätigwerden von Spezialisten (auch aus dem Ausland)
– arbeitsteiliges Zusammenwirken

Verwertung der Beute aus der Straftat

– stark profitorientiert
– Rückfluß in den legalen Wirtschaftskreislauf
– Veräußerung im Rahmen eigener (legaler) Wirtschaftstätigkeiten
– Maßnahmen der Geldwäsche

Konspiratives Täterverhalten

– Gegenobservation
– Abschottung
– Decknamen
– Codierung in Sprache und Schrift

Täterverbindungen/Tatzusammenhänge

– überregional
– national
– international

Gruppenstruktur

– hierarchischer Aufbau
– ein nicht ohne weiteres erklärbares Abhängigkeits- und Autoritätsverhalten zwischen mehreren Tatverdächtigen
– internes Sanktionierungssystem

Hilfe für Gruppenmitglieder

– Fluchtunterstützung
– Beauftragung bestimmter Anwälte und deren Honorierung durch Dritte
– Mitführen von vorbereiteten Vertretungsvollmachten für Rechtsanwälte
– hohe Kautionsangebote
– Bedrohung und Einschüchterung von Prozeßbeteiligten
– Unauffindbarkeit von Zeugen
– typisches ängstliches Schweigen von Betroffenen
– überraschendes Auftreten von Entlastungszeugen
– Betreuung in der Untersuchungshaft/Strafhaft
– Versorgung von Angehörigen
– Wiederaufnahme nach der Haftentlassung

Korrumpierung

– Einbeziehung in den luxuriösen Lebensstil der Täter
– Herbeiführen von Abhängigkeiten (z. B. durch Sex, verbotenes Glücksspiel, Zins- und Kreditwucher)
– Zahlung von Bestechungsgeldern, Überlassung von Ferienwohnungen, Luxusfahrzeugen usw.

Monopolisierungsbestrebungen

– „Übernahme" von Geschäftsbetrieben und Teilhaberschaften
– Führung von Geschäftsbetrieben durch Strohleute
– Kontrolle bestimmter Geschäftszweige (Casinos, Bordelle)
– „Schutzgewährung" gegen Entgelt

Öffentlichkeitsarbeit
– gesteuerte oder tendenziöse Veröffentlichungen
– auffälliges Mäzenatentum u. a. bei Sportveranstaltungen
– gezieltes Suchen von Kontakten zu Personen des öffentlichen Lebens.

Anlage F

Richtlinien über die internationale Fahndung nach Personen, einschließlich der Fahndung nach Personen im Schengener Informationssystem[1]

I. Allgemeines

1. Die internationale Fahndung nach Personen, deren Aufenthalt nicht bekannt ist, kann durch Interpol, im Schengener Informationssystem (SIS) und durch gezielte Mitfahndungsersuchen an andere Staaten veranlaßt werden. International ist auch die Ausschreibung zur Aufenthaltsermittlung möglich.
Die internationale Fahndung darf nur beantragt werden, wenn gleichzeitig die nationale Fahndung im Informationssystem der Polizei (INPOL) betrieben wird und beabsichtigt ist, im Falle der Ermittlung des Verfolgten ein Auslieferungsersuchen anzuregen.

2. Die internationale Fahndung soll in den Vertragsstaaten des Schengener Durchführungsübereinkommens (SDÜ, BGBl. 1993 II Seite 1013) grundsätzlich im Schengener Informationssystem erfolgen. Vertragsstaaten sind derzeit neben der Bundesrepublik Deutschland Belgien, Frankreich, Luxemburg und die Niederlande. Weitere Vertragsstaaten sind Griechenland, Italien, Portugal und Spanien, deren Beitritt in Kürze wirksam werden wird.
Die internationale Fahndung im Schengener Informationssystem wird veranlaßt, wenn eine deutsche Behörde die Strafverfolgung oder die Vollstreckung einer Freiheitsstrafe oder einer freiheitsentziehenden Maßregel der Besserung und Sicherung gegen eine Person betreibt, deren Aufenthalt nicht bekannt ist, es sei denn, es liegen Anhaltspunkte vor, daß sich die gesuchte Person nur im Inland aufhält.
Eine Beschränkung der Fahndung auf ein Land oder mehrere Länder ist im Schengener Informationssystem nicht möglich.

3. Im übrigen erfolgt die internationale Fahndung durch Interpol. Sie kann veranlaßt werden, wenn eine deutsche Behörde die Strafverfolgung oder die Vollstreckung einer Freiheitsstrafe oder einer freiheitsentziehenden Maßregel der Besserung und Sicherung gegen eine Person betreibt, die sich vermutlich im Ausland aufhält. Sie kann auf Länder, Ländergruppen oder Fahndungszonen beschränkt werden. Bei der Entscheidung über die Fahndung sowie bei der Festlegung der Länder, Ländergruppen oder Fahndungszonen, in denen gefahndet werden soll, ist der Grundsatz der Verhältnismäßigkeit zu beachten.

---

[1] In Kraft gesetzt in **Baden-Württemberg:** RdErl v 27. 9. 1993 – 9362–III–70 g –; **Bayern:** JMS vom 13. 9. 1993, Gz 9362–II–235/92; **Berlin:** AO vom 17. 9. 1993; **Brandenburg:** AV vom 5. 1. 1994 (ABl S. 78); **Bremen:** Erl vom 23. 9. 1993 – 9300; **Hamburg:** AO vom 24. 11. 1993 – 9362/4/1–4 –; **Hessen:** RdErl vom 15. 9. 1993 (JMBl S. 660); **Mecklenburg-Vorpommern:** Erl vom 8. 10. 1993 – III A 330 9362 – 4 –; **Niedersachsen:** Gem RdErl vom 21. 9. 1993 (Nds-Rpfl S. 266); **Nordrhein-Westfalen:** Rdverfügung vom 21. 9. 1993 – 9362 – III A 11 –; **Rheinland-Pfalz:** RdSchr. vom 21. 9. 1993 – 9362–4–24/93; **Saarland:** AV vom 24. 9. 1993 (GMBl 1994 S. 131); **Sachsen:** RdErl vom 27. 9. 1993 (n veröffentlicht); **Sachsen-Anhalt:** RdVerf vom 24. 9. 1993 – 9362 – 304.17; **Schleswig-Holstein:** Erl vom 24. 9. 1993; **Thüringen:** Erl vom 23. 9. 1993 – 9362 – 1/91.

4. Eine Interpol-Fahndung ist in den Staaten des Schengener Informationssystems grundsätzlich nicht möglich. Ausnahmen regelt Abschnitt II, Nummer 2,3. Absatz. Fahndung im Schengener Informationssystem und – für andere als Schengener Vertragsstaaten – durch Interpol sind nebeneinander möglich. Besonderheiten gelten für die gleichzeitige Ausschreibung zur Fahndung im Schengener Informationssystem und in sonstigen europäischen Nachbarstaaten (vgl. Abschnitt IV., Mischfälle).
5. Staaten, die Interpol nicht angehören (vgl. Länderteil der RiVASt), werden vom Bundeskriminalamt zur Mitfahndung ersucht, wenn die betreibende Behörde dies ausdrücklich verlangt und Anhaltspunkte vorliegen, daß sich der Verfolgte in diesem Staat aufhält.
6. Ist der Behörde, die eine internationale Fahndung veranlaßt, bekannt, daß der Verfolgte auch von anderen Strafverfolgungs- oder Strafvollstreckungsbehörden gesucht wird, unterrichtet sie diese.

II. Fahndung im Schengener Informationssystem

1. Das Schengener Informationssystem (SIS) ist als Ausgleichsmaßnahme zum Abbau der Personalkontrolle an den Binnengrenzen der Schengener Vertragsstaaten errichtet worden. Durch einen einheitlichen, grenzüberschreitenden Fahndungsraum soll ein mögliches Sicherheitsdefizit durch den Grenzabbau so gering wie möglich gehalten werden. Im Hinblick hierauf ist daher in jedem Fall nationaler Fahndung zu prüfen, ob nicht auch eine Fahndung im SIS veranlaßt ist. Diese Prüfung ist auch bei der Verlängerung der nationalen Fahndung vorzunehmen.
2. Eine Ausschreibung im SIS nach Art. 95 SDÜ stellt ein Ersuchen um vorläufige Festnahme zum Zweck der Auslieferung dar (Art. 64 SDÜ). Die Verantwortung für die Zulässigkeit der Ausschreibung trägt die Behörde, die die Fahndung betreibt. Eine weitere Prüfung der Zulässigkeit der Ausschreibung findet – im Gegensatz zur Interpol-Ausschreibung – in der Regel nicht statt. Die Prüfung der Auslieferungsfähigkeit erfordert daher besondere Sorgfalt.

   Ist eine Entscheidung über die Auslieferungsfähigkeit nicht möglich, ist eine Anfrage an die betreffenden Vertragsstaaten zu richten (Konsultationsverfahren Art. 95 Abs. 2 SDÜ). In diesem Fall ist der obersten Justizbehörde zu berichten. Dem Bericht ist eine beglaubigte Mehrfertigung des Haftbefehls oder des vollstreckbaren Straferkenntnisses beizufügen. In Eilfällen kann die Anfrage und die Übermittlung der für die Entscheidung über die Auslieferungsfähigkeit erforderlichen Unterlagen unmittelbar über die nationale SIRENE (Abkürzung für: Supplementary Information Request at the National Entry) im Bundeskriminalamt erfolgen. Die oberste Justizbehörde ist gleichzeitig zu unterrichten.

   Eine Ausschreibung im SIS ist grundsätzlich nur einheitlich im gesamten Vertragsgebiet möglich. Das Verbot der Auslieferung eigener Staatsangehöriger kann dabei unberücksichtigt bleiben, weil entsprechende Fahndungen in den Heimatstaaten automatisch mit einem Vorbehalt versehen sind. Sollten sonstige Auslieferungshindernisse in einem oder mehreren Staaten bestehen, kann in den übrigen Staaten nicht im SIS, sondern nur durch Interpol gefahndet werden.
3. Das Ersuchen um internationale Fahndung im SIS ist unter Verwendung des Vordrucks KP 21/24 sowie der ergänzenden Begleitpapiere für Informationen gemäß Art. 95 Abs. 2 SDÜ an die für die Dateneingabe zuständige Polizeidienststelle zu richten. Der Vordruck und die Begleitpapiere sind soweit möglich vollständig und ohne Bezugnahme auf Anlagen auszufüllen. Bei der „Sachverhaltsschilderung" ist die Darstellung der Modalitäten der Tatbegehung von besonderer Bedeutung. Eine bloße Bezugnahme auf den Haftbefehl reicht für die „Sachverhaltsschilderung" nicht aus.

   Dem Ersuchen ist eine beglaubigte Mehrfertigung des Haftbefehls oder des vollstreckbaren Straferkenntnisses beizufügen.

4. In besonderen dringlichen Fällen versieht der Staatsanwalt zum Zwecke der beschleunigten Behandlung durch die ersuchten Vertragsparteien das Formblatt mit einem entsprechenden Hinweis.
Dringende gezielte Fahndungen, die vor Vorliegen der Fahndungsunterlagen geboten sind, können auch in den Vertragsstaaten des Schengener Durchführungsübereinkommens nur über Interpol veranlaßt werden (vgl. hierzu die Hinweise zur Eilfahndung im Abschnitt Interpol-Fahndung).
5. Die Pflicht zur Überprüfung, Änderung und gegebenenfalls Löschung der Ausschreibung (Art. 105, 106, SDÜ) obliegt der ausschreibenden Stelle. Diese hat bei der jährlich erforderlichen Überprüfung auf deren Aktualität zu überprüfen. Besteht nur eine nationale Fahndung, so ist bei deren Überprüfung immer auch zu überlegen, ob zusätzlich eine SIS-Fahndung zu veranlassen ist.
Die ausschreibende Stelle unterrichtet bei Erledigung der Ausschreibung die für die Eingabe zuständige Polizeidienststelle.

III. Fahndung durch Interpol

1. Das Ersuchen um internationale Fahndung durch Interpol ist unter Verwendung des Vordrucks IKPO Nr. 1 mit einer Mehrfertigung über das Landeskriminalamt an das Bundeskriminalamt zu richten. Der Vordruck ist soweit möglich vollständig und ohne Bezugnahme auf Anlagen auszufüllen. Dem Ersuchen sind beizufügen:
   a) Fingerabdruckblatt und Lichtbilder des Verfolgten – zweifach –, falls vorhanden und zur Identifizierung erforderlich, und
   b) eine beglaubigte Mehrfertigung des Haftbefehls oder des vollstreckbaren Straferkenntnisses.

   Das Landeskriminalamt ergänzt gegebenenfalls den Vordruck.
2. Wird schon vor Übersendung der Unterlagen gemäß Nummer 1, beispielsweise fernschriftlich, das Bundeskriminalamt unmittelbar um sofortige Einleitung der internationalen Fahndung ersucht, so hat das Ersuchen folgende Angaben zu enthalten:
   a) möglichst genaue Angaben über den Verfolgten (Geburtstag und -ort, Namen der Eltern, Staatsangehörigkeit, Personenbeschreibung, Ausweis- oder Paßdaten),
   b) die Haftfehldaten mit den Namen des Richter,
   c) eine kurze Darstellung der Straftat unter Angabe des Tatorts und der Tatzeit,
   d) die Erklärung mit dem Namen des die Fahndung veranlassenden Staatsanwalts, daß bei gleichbleibender Sach- und Rechtslage im Fall der Ermittlung des Verfolgten ein Auslieferungsersuchen angeregt werden wird, sowie
   e) die Länder, Ländergruppen oder Fahndungszonen, in denen gefahndet werden soll.
3. Die Löschung der Fahndung soll erst nach der Übernahme des Verfolgten durch die deutschen Behörden veranlaßt werden.
4. Endet die nationale Fahndung durch Fristablauf, ist dem Bundeskriminalamt gemäß Nr. 6 RiVASt unverzüglich mitzuteilen, daß von dort aus die bestehende internationale Fahndung zu widerrufen ist.

IV. Fahndung im SIS und durch Interpol

1. Soll in den Schengener Vertragsstaaten und in einem oder mehrere der im Verdruck KP 21/24 genannten europäischen Nachbarstaaten gefahndet werden, so ist nur der Vordruck KP 21/24 mit den ergänzenden Begleitpapieren auszufüllen. Bei den Nachbarstaaten kann die Fahndung auf einen oder mehreren Staaten beschränkt werden.
Soll nur in einem oder mehreren dieser europäischen Nachbarstaaten gefahndet werden (ohne SIS-Fahndung), so ist jedoch das Formblatt IKPO Nr. 1 zu verwenden.

2. Soll die Fahndung sowohl im Gebiet der Schengener Vertragsstaaten als auch in weiteren nicht zu den europäischen Nachbarstaaten zu rechnenden Staaten über Interpol veranlaßt werden, so ist sowohl der Vordruck KP 21/24 mit den ergänzenden Begleitpapieren als auch der Vordruck IKPO Nr. 1 auszufüllen.

V. Festnahme im Rahmen einer Nacheile

Wird der Verfolgte im Rahmen einer Nacheile aufgegriffen, muß der zuständigen ausländischen Behörde innerhalb von sechs Stunden (wobei die Stunden zwischen Mitternacht und neun Uhr nicht mitzählen), ein Ersuchen um vorläufige Festnahme zugehen (Art. 41 Abs. 6 SDÜ).

VI. Ausschreibung zur Aufenthaltsermittlung

Die Ausschreibung zur Aufenthaltsermittlung ist im Bereich des SIS (vgl. Art. 98 SDÜ) durch den Vordruck KP 21/24 und im Rahmen von Interpol durch IKPO Nr. 2 zu veranlassen.

VII. Die Richtlinien treten am 1. Oktober 1993 in Kraft.

16. Anordnung über Mitteilungen in Strafsachen[1] (MiStra)

(Auszug)

Inhaltsübersicht

Erster Teil. Allgemeine Vorschriften

Zweiter Teil. Die einzelnen Mitteilungspflichten

1. Abschnitt. Allgemeine Mitteilungspflichten

2. Abschnitt. Mitteilungen über Personen, die einer Dienst-, Staats-, Standesaufsicht oder berufsrechtlichen Aufsicht unterliegen

[1] Zwischen den Landesjustizministerien und dem Bundesministerium der Justiz ist die Anordnung über Mitteilungen in Strafsachen (MiStra) vereinbart worden. Sie ist vollständig abgedruckt bei Piller/Herrmann Nr 2 c.

3. Abschnitt. Sonstige Mitteilungen wegen der persönlichen Verhältnisse der Betroffenen

4. Abschnitt. Mitteilungen wegen der Art des verletzten Strafgesetzes

Erster Teil. Allgemeine Vorschriften

1. Grundsatz

(1) In Strafsachen sind Gerichte und Staatsanwaltschaften nach der gesetzlichen Regelung im Zweiten Abschnitt des EGGVG (§§ 12 ff.) zur Mitteilung personenbezogener Daten von Amts wegen an öffentliche Stellen für andere Zwecke als die des Strafverfahrens, für die die Daten erhoben worden sind, befugt. Verpflichtet sind sie zu Mitteilungen nur, wenn dies im folgenden angeordnet oder in besonderen Vorschriften bestimmt ist.

(2) Wichtige in besonderen Vorschriften enthaltene Mitteilungspflichten werden in dieser Verwaltungsvorschrift neben den erst durch diese Verwaltungsvorschrift angeordneten Mitteilungspflichten wiedergegeben. Auf weitere besondere Vorschriften (Mitteilungspflichten und -befugnisse) wird im Anhang hingewiesen.

(3) Darüber hinaus ist im Einzelfall eine Mitteilung auch dann zu machen, wenn sie weder in einer besonderen Vorschrift noch im folgenden vorgeschrieben, jedoch rechtlich zulässig und wegen eines besonderen öffentlichen Interesses unerläßlich ist, etwa in Fällen des § 17 EGGVG. Die Entscheidung treffen Richterinnen oder Richter, Staatsanwältinnen oder Staatsanwälte.

(4) Diese Verwaltungsvorschrift gilt nicht für Mitteilungen für Zwecke des Verfahrens, in dem die Daten erhoben worden sind, für Mitteilungen an Privatpersonen sowie für Auskünfte und Akteneinsicht auf Ersuchen. Die Nummern 11, 32 und 34 bleiben unberührt.

2. Einschränkung vorgeschriebener Mitteilungspflichten

(1) Eine an sich vorgeschriebene Mitteilung unterbleibt im Einzelfall, wenn ihr eine besondere bundesrechtliche Verwendungsregelung, insbesondere § 30 AO, § 78 SGB X, oder eine entsprechende landesrechtliche Verwendungsregelung entgegensteht. In anderen als den in § 13 Abs. 1 EGGVG genannten Fällen unterbleibt eine Mitteilung ferner, wenn im Einzelfall für die übermittelnde Stelle offensichtlich ist, daß schutzwürdige Interessen Betroffener an dem Ausschluß der Übermittlung überwiegen (§ 13 Abs. 2 EGGVG). Gesetzlich besonders geregelte Mitteilungspflichten und deren Einschränkungen bleiben von § 13 Abs. 2 EGGVG unberührt. Schließlich unterbleibt eine Mitteilung, solange Zwecke des Strafverfahrens entgegenstehen.

(2) Die Entscheidung treffen Richterinnen oder Richter, Staatsanwältinnen oder Staatsanwälte.

4. Mitteilungspflichtige Stellen und dort funktional zuständige Personen

(1) Mitteilungspflichtige Stelle ist, soweit nichts anderes bestimmt ist,
1. die Staatsanwaltschaft für Mitteilungen bis zur Erhebung der öffentlichen Klage,
2. das Gericht für Mitteilungen nach der Erhebung der öffentlichen Klage oder der Privatklage bis zur Rechtskraft der Entscheidung,
3. die Vollstreckungsbehörde für Mitteilungen nach der Rechtskraft der Entscheidung.

Die oberste Justizbehörde kann, insbesondere aus Gründen der Verwaltungsvereinfachung, eine andere Bestimmung treffen.

(2) Richterinnen oder Richter, Staatsanwältinnen oder Staatsanwälte ordnen die Mitteilung in den Fällen an, in denen dies ausdrücklich bestimmt ist oder in denen sie sich die Anordnung ausdrücklich vorbehalten haben. Auch in anderen Fällen können sie Mitteilungen anordnen. Amtsanwältinnen und Amtsanwälte stehen im Rahmen ihrer Zuständigkeit Staatsanwältinnen und Staatsanwälten gleich.

(3) Im übrigen ordnen Mitteilungen an
1. bei der Staatsanwaltschaft von der Behördenleitung bestimmte Bedienstete,
2. bei dem Gericht Urkundsbeamtinnen oder Urkundsbeamte der Geschäftsstelle,

3. bei der Vollstreckungsbehörde Beamtinnen oder Beamte des gehobenen Justizdienstes,

soweit vorgesetzte Stellen nichts anderes bestimmen. Die Durchführung einer angeordneten Mitteilung kann einer anderen Justizbehörde überlassen werden; die Verantwortung der anordnenden Stelle für die Zulässigkeit der Mitteilung bleibt unberührt.

6. Inhalt und Zeitpunkt der Mitteilungen

(1) Der Inhalt und der Zeitpunkt der Mitteilungen richten sich nach den besonderen Vorschriften. Neben den mitzuteilenden Daten dürfen weitere Daten unter den Voraussetzungen des § 18 Abs. 1 EGGVG übermittelt werden. Im übrigen gelten die folgenden Bestimmungen.

(2) Ist die Einleitung eines Verfahrens mitzuteilen, richtet sich der Inhalt der Mitteilung nach deren Zweck und den Umständen des Einzelfalles. Die Mitteilung unterbleibt, solange kein begründeter Verdacht vorliegt.

(3) Ist der Erlaß und der Vollzug eines Haft- oder Unterbringungsbefehls mitzuteilen, sind auch die Aufhebung dieser Entscheidungen sowie die Aussetzung des Vollzuges mitzuteilen. Der Haft- oder der Unterbringungsbefehl selbst werden grundsätzlich nicht übermittelt. Soll der Erlaß eines Haft- oder Unterbringungsbefehls vor dessen Vollzug mitgeteilt werden, ist besonders zu prüfen, ob Zwecke des Strafverfahrens dem entgegenstehen (Nummer 2 Abs. 1 Satz 4).

(4) Ist die Erhebung der öffentlichen Klage mitzuteilen, sind die Anklageschrift, eine an ihre Stelle tretende Antragsschrift nach § 414 Abs. 2 Satz 2 StPO, der Antrag auf Erlaß eines Strafbefehls, der Antrag auf Entscheidung im beschleunigten Verfahren (§ 417 StPO) bzw. der Antrag im vereinfachten Jugendverfahren (§ 76 JGG) zu übermitteln. Staatsanwältinnen oder Staatsanwälte können im Einzelfall anordnen, daß die Übermittlung des wesentlichen Ergebnisses der Ermittlungen unterbleibt.

(5) Ist das Urteil mitzuteilen, sind die Urteilsformel und die Urteilsgründe zu übermitteln. Richterinnen oder Richter, Staatsanwältinnen oder Staatsanwälte können im Einzelfall anordnen, daß die Übermittlung der Urteilsgründe unterbleibt. Mitzuteilen ist auch, ob und von wem ein Rechtsmittel gegen das Urteil eingelegt worden ist.

(6) Ist die rechtskräftige Entscheidung (Urteil, Strafbefehl, Gesamtstrafenbeschluß) mitzuteilen, ist auch anzugeben, wann sie rechtskräftig geworden ist. Ist mit der rechtskräftigen Entscheidung ein Rechtsmittel verworfen worden oder wird darin auf eine angefochtene Entscheidung Bezug genommen, ist auch die angefochtene Entscheidung mitzuteilen; Absatz 5 Satz 2 gilt entsprechend.

(7) Ist der Ausgang des Verfahrens mitzuteilen, ist jede das Verfahren endgültig oder – außer in den Fällen des § 153a StPO – vorläufig abschließende Entscheidung mit Begründung mitzuteilen, insbesondere die Einstellungsverfügung (Ablehnung der Strafverfolgung) der Staatsanwaltschaft, der nicht mehr anfechtbare Beschluß, der die Eröffnung des Hauptverfahrens ablehnt, die Einstellung des Verfahrens durch gerichtlichen Beschluß und die rechtskräftige Entscheidung. Richterinnen oder Richter, Staatsanwältinnen oder Staatsanwälte können im Einzelfall anordnen, daß die Übermittlung der Begründung unterbleibt.

7. Folgemitteilungen, Antrag auf gerichtliche Entscheidung

(1) Unter den Voraussetzungen des § 20 EGGVG sind Folgemitteilungen notwendig. Absatz 1 ordnet – eingeschränkt durch Absatz 3 – Folgemitteilungen für den Fall an, daß eine Mitteilung vor Beendigung des Verfahrens ergangen, insbesondere eine übermittelte Entscheidung abgeändert oder aufgehoben worden ist. Absatz 2 Satz 1 regelt – wiederum eingeschränkt durch Absatz 3 – die unverzügliche Berichtigung unrichtiger Daten. Die Entscheidung darüber, daß eine Folgemitteilung nach § 20 Abs. 3 EGGVG unterbleibt, treffen Richterinnen oder Richter, Staatsanwältinnen oder Staatsanwälte.

(2) Senden Empfänger Unterlagen zurück, weil sie für ihre Zwecke nicht erforderlich sind, ist sicherzustellen, daß sie keine Folgemitteilungen erhalten. Leiten Empfänger

Unterlagen gemäß § 19 Abs. 2 Satz 3 EGGVG weiter, sind Folgemitteilungen an die nach ihren Angaben tatsächlich zuständige Stelle zu machen.

(3) Wird ein Antrag auf gerichtliche Entscheidung gestellt, ist der Empfänger zu unterrichten (§ 22 Abs. 2 Satz 1 EGGVG). Auf § 22 Abs. 2 Satz 2 EGGVG soll er hingewiesen werden.

9. Form der Mitteilungen

(1) Soweit dies möglich und nichts anderes vorgeschrieben ist, werden Mitteilungen durch Übersenden einer Mehrfertigung des mitzuteilenden Schriftstücks bewirkt. Im übrigen wird die Form der Mitteilungen von der übermittelnden Stelle nach pflichtgemäßem Ermessen bestimmt.

(2) Ein automatisiertes Verfahren zur Durchführung von Mitteilungen kann eingerichtet werden, wenn diese Form der Datenübermittlung – unter Berücksichtigung der schutzwürdigen Interessen der Betroffenen und der Aufgaben der beteiligten Stellen – wegen der Vielzahl der Übermittlungen oder aus anderen Gründen angemessen ist. Der automatisierte Abruf durch die empfangenden Stellen ist unzulässig. Die datenschutzrechtlichen Bestimmungen, die für die übermittelnde Stelle gelten, sind zu beachten.

(3) Mehrfertigungen sind nur zu beglaubigen, wenn dies besonders bestimmt ist.

(4) Soweit es nicht der Übersendung einer Mehrfertigung bedarf, sollen Vordrucke oder Muster verwendet werden.

(5) Auf der Mitteilung wird vermerkt:

„(Absendende Stelle) ______________________, den ____________ 19___

An

____ **– vertraulich zu behandeln –**

____

Zum dortigen Aktenzeichen (falls bekannt): ______________________

Mitteilung nach Nr. ______________________________________

der Anordnung über Mitteilungen in Strafsachen.

Die Mitteilung darf nur im Rahmen der §§ 19 Abs. 1, 18 Abs. 1 Satz 2 EGGVG verwertet werden, es sei denn, daß eine zweckändernde Nutzung ausdrücklich gesetzlich vorgesehen ist. Der Zweck ergibt sich aus der angegebenen Bestimmung der MiStra. Sind die übermittelten Daten im Sinne von § 19 Abs. 2 Satz 1 EGGVG nicht erforderlich, ist nach § 19 Abs. 2 Satz 2 EGGVG zu verfahren.“

Die §§ 18, 19 EGGVG sowie die einschlägige Bestimmung des zweiten Teils dieser Verwaltungsvorschrift sind der Mitteilung im Wortlaut beizufügen, wenn die Kenntnis der empfangenden Stelle nicht vorausgesetzt werden kann.

(6) Die Mitteilung wird – sofern kein automatisiertes Verfahren Anwendung findet – in einem verschlossenen Umschlag übersandt.

Zweiter Teil. Die einzelnen Mitteilungspflichten

1. Abschnitt. Allgemeine Mitteilungspflichten

11. Mitteilungen an die Polizei

Art. 32 JuMiG

(1) Die Staatsanwaltschaft teilt der Polizeibehörde, die mit dem Verfahren befaßt war, ihr Aktenzeichen mit.

(2) Die Staatsanwaltschaft teilt der Polizeibehörde, die mit dem Verfahren befaßt war, den Ausgang des Verfahrens mit.

(3) Die Mitteilung nach Absatz 2 erfolgt
1. in den Fällen des § 20 BZRG durch Übersendung einer Mehrfertigung der Mitteilung an das Bundeszentralregister,
2. im übrigen grundsätzlich nur durch Übermittlung der Entscheidungsformel (Tenor), der entscheidenden Stelle sowie des Datums und der Art der Entscheidung (Urteil, Beschluß, Entschließung der Staatsanwaltschaft).

Eine Mehrfertigung des Urteils (ggf. auch der nach § 267 Abs. 1 Satz 3, Abs. 4 Satz 1 StPO in Bezug genommenen Abbildungen und Schriftstücke) oder einer mit Gründen versehenen Einstellungsentscheidung kann auf Ersuchen der befaßten Polizeibehörde übersandt werden.

(4) Die Mitteilung des Verfahrensausgangs von Amts wegen unterbleibt in Verfahren gegen Unbekannt sowie bei Verkehrsstrafsachen, soweit sie nicht unter die §§ 142, 315 bis 315 c StGB fallen. Die Befugnis zur Erteilung von Auskünften oder der Gewährung von Akteneinsicht auf Ersuchen bleibt hiervon unberührt.

13. Bewährungsfälle

§ 13 Abs. 2, § 14 Abs. 1 Nr. 3 EGGVG

(1) Ist durch eine Entscheidung des Gerichts oder durch eine Gnadenentscheidung
1. die Vollstreckung einer Freiheitsstrafe oder des Restes einer Freiheitsstrafe,
2. die Vollstreckung oder weitere Vollstreckung einer Unterbringung,
3. ein Berufsverbot,
4. die Vollstreckung einer Jugendstrafe oder des Restes einer Jugendstrafe,
5. die Vollstreckung eines Strafarrestes oder des Restes eines Strafarrestes zur Bewährung ausgesetzt oder
6. die Strafe oder der Strafarrest nach Ablauf der Bewährungszeit erlassen

worden, ist dem Gericht oder der Gnadenbehörde Mitteilung zu machen, sobald Umstände bekannt werden, die zu einem Widerruf der Aussetzung oder des Straferlasses oder des Erlasses des Strafarrestes führen können.

(2) Ist die Verurteilung zu einer Geldstrafe vorbehalten oder die Entscheidung über die Verhängung einer Jugendstrafe ausgesetzt worden, ist dem Gericht Mitteilung zu machen, sobald Umstände bekannt werden, die zur Verurteilung zu der vorbehaltenen Strafe oder zur Verhängung einer Jugendstrafe führen können.

(3) Ist Bewährungs- oder Führungsaufsicht angeordnet, ist die Mitteilung in zwei Stücken zu machen.

2. Abschnitt. Mitteilungen über Personen, die einer Dienst-, Staats-, Standesaufsicht oder berufsrechtlichen Aufsicht unterliegen

15. Strafsachen gegen Personen in einem Beamten- oder Richterverhältnis

§ 125 c BRRG, § 46 Abs. 1, § 71 Abs. 3 DRiG

(1) In Strafsachen gegen Personen, die in einem Beamten- oder Richterverhältnis stehen, sind mitzuteilen
1. der Erlaß und der Vollzug eines Haft- oder Unterbringungsbefehls,
2. die Anklageschrift oder eine an ihre Stelle tretende Antragsschrift,
3. der Antrag auf Erlaß eines Strafbefehls und
4. die einen Rechtszug abschließende Entscheidung mit Begründung sowie ggf. mit dem Hinweis, daß ein Rechtsmittel eingelegt worden ist.

(2) Absatz 1 gilt in Verfahren wegen Privatklagedelikten nur, wenn die Staatsanwaltschaft das öffentliche Interesse an der Strafverfolgung bejaht hat; Nummer 29 bleibt unberührt. In Verfahren wegen fahrlässig begangener Straftaten sind Mitteilungen nach Absatz 1 Ziff. 2 bis 4 nur zu machen, wenn

1. es sich um schwere Verstöße, namentlich Vergehen der Trunkenheit im Straßenverkehr oder der fahrlässigen Tötung, handelt oder
2. in sonstigen Fällen die Kenntnis der Daten auf Grund der Umstände des Einzelfalles erforderlich ist, um zu prüfen, ob dienstrechtliche Maßnahmen zu ergreifen sind.

(3) Entscheidungen über Verfahrenseinstellungen, die nicht bereits nach Absatz 1 oder 2 zu übermitteln sind, sollen übermittelt werden, wenn die in Absatz 2 Ziff. 2 genannten Voraussetzungen erfüllt sind. Dabei ist zu berücksichtigen, wie gesichert die zu übermittelnden Erkenntnisse sind. Übermittelt werden sollen insbesondere Einstellungsentscheidungen gem. § 170 Abs. 2 StPO, die Feststellungen zu einer Schuldunfähigkeit nach § 20 StGB enthalten. Die Mitteilung ordnen Richterinnen oder Richter, Staatsanwältinnen oder Staatsanwälte an.

(4) Übermittlungen nach den Absätzen 1 bis 3 sind auch zulässig, soweit sie Daten betreffen, die dem Steuergeheimnis (§ 30 AO) unterliegen.

(5) Die Mitteilungen sind an die zuständigen Dienstvorgesetzten oder deren Vertretung im Amt zu richten und als „Vertrauliche Personalsache“ zu kennzeichnen.

19. Strafsachen gegen Soldatinnen und Soldaten der Bundeswehr

§ 62 Abs. 1 und 3 SG, § 125 c BRRG

(1) In Strafsachen gegen Soldatinnen und Soldaten der Bundeswehr sind mitzuteilen
1. der Erlaß und der Vollzug eines Haft- oder Unterbringungsbefehls,
2. die Anklageschrift oder eine an ihre Stelle tretende Antragsschrift,
3. der Antrag auf Erlaß eines Strafbefehls und
4. die einen Rechtszug abschließende Entscheidung mit Begründung sowie ggf. mit dem Hinweis, daß ein Rechtsmittel eingelegt worden ist.

Endet das Wehrdienstverhältnis nach der Übermittlung einer Mitteilung, so ist der Empfänger vom Ausgang des Verfahrens nach § 20 Abs. 1 EGGVG zu unterrichten, soweit er hierauf nicht verzichtet hat.

(2) Absatz 1 gilt in Verfahren wegen Privatklagedelikten nur, wenn die Staatsanwaltschaft das öffentliche Interesse an der Strafverfolgung bejaht hat; Nummer 29 bleibt unberührt. In Verfahren wegen fahrlässig begangener Straftaten sind Mitteilungen nach Absatz 1 Ziff. 2 bis 4 nur zu machen, wenn
1. es sich um schwere Verstöße, namentlich Vergehen der Trunkenheit im Straßenverkehr oder der fahrlässigen Tötung, handelt oder
2. in sonstigen Fällen die Kenntnis der Daten aufgrund der Umstände des Einzelfalles erforderlich ist, um zu prüfen, ob dienstrechtliche Maßnahmen zu ergreifen sind.

(3) Entscheidungen über Verfahrenseinstellungen, die nicht bereits nach Absatz 1 oder 2 zu übermitteln sind, sollen übermittelt werden, wenn die in Absatz 2 Ziff. 2 genannten Voraussetzungen erfüllt sind. Dabei ist zu berücksichtigen, wie gesichert die zu übermittelnden Erkenntnisse sind. Übermittelt werden sollen insbesondere Einstellungsentscheidungen gem. § 170 Abs. 2 StPO, die Feststellungen zu einer Schuldunfähigkeit nach § 20 StGB enthalten. Die Mitteilung ordnen Richterinnen oder Richter, Staatsanwältinnen oder Staatsanwälte an.

(4) Übermittlungen nach den Absätzen 1 bis 3 sind auch zulässig, soweit sie Daten betreffen, die dem Steuergeheimnis (§ 30 AO) unterliegen.

(5) Mitteilungen sind zu richten
1. bei Erlaß und Vollzug eines Haft- oder Unterbringungsbefehls schriftlich an die nächsten Disziplinarvorgesetzten oder deren Vertretung im Amt,
2. in allen übrigen Fällen zum Zwecke der Weiterleitung an die zuständige Stelle an den Befehlshaber des Wehrbereichs, in dem die mitteilungspflichtige Stelle liegt.

Die Mitteilungen sind als „Vertrauliche Personalsache“ zu kennzeichnen. Im Falle der Nummer 2 sind nur die Personendaten der Soldatinnen oder Soldaten, die zur Ermittlung der zuständigen Stelle erforderlich sind (Name, Geburtsname, Vorname, Geburtsdatum, Dienstgrad, Truppenteil oder Dienststelle sowie Standort), dem Befehlshaber des

Wehrbereichs mitzuteilen. Die übrigen Daten sind ihm zur Weiterleitung in einem verschlossenen Umschlag zu übermitteln. Ist das Wehrdienstverhältnis zwischenzeitlich beendet, soll neben den bekannten, zuletzt gültigen Personendaten auch die bekannte Anschrift der entlassenen Soldatinnen oder Soldaten mitgeteilt werden.

22. Strafsachen gegen Geistliche und Beamtinnen und Beamte öffentlich-rechtlicher Religionsgesellschaften

§ 12 Abs. 2, § 13 Abs. 2, § 14 Abs. 1 Nr. 4 und 6, Abs. 2 EGGVG

(1) Mitteilungen an Stellen der öffentlich-rechtlichen Religionsgesellschaften sind nur zulässig, sofern sichergestellt ist, daß bei dem Empfänger ausreichende Datenschutzmaßnahmen getroffen sind.

(2) In Strafsachen gegen Geistliche einer Kirche oder gegen Personen, die ein entsprechendes Amt bei einer anderen öffentlich-rechtlichen Religionsgesellschaft bekleiden, sowie gegen Beamtinnen und Beamte einer Kirche oder einer Religionsgesellschaft sind mitzuteilen

1. der Erlaß und der Vollzug eines Haft- oder Unterbringungsbefehls,
2. die Erhebung der öffentlichen Klage,
3. die Urteile,
4. der Ausgang des Verfahrens, wenn eine Mitteilung nach Nummer 1 bis 3 zu machen war.

(3) In Privatklageverfahren, in Verfahren wegen fahrlässig begangener Straftaten und in sonstigen Verfahren bei Verurteilung zu einer anderen Maßnahme als einer Strafe oder einer Maßnahme im Sinne des § 11 Abs. 1 Nr. 8 StGB unterbleibt die Mitteilung, wenn nicht besondere Umstände des Einzelfalles sie erfordern. Sie ist insbesondere erforderlich, wenn die Tat bereits ihrer Art nach geeignet ist, Zweifel an der Zuverlässigkeit oder Eignung für die gerade ausgeübte berufliche oder ehrenamtliche Tätigkeit hervorzurufen. Die Mitteilung ordnen Richterinnen oder Richter, Staatsanwältinnen oder Staatsanwälte an. Die Sätze 1 bis 3 gelten nicht bei Straftaten, durch die der Tod eines Menschen verursacht worden ist, und bei gefährlicher Körperverletzung.

(4) Entscheidungen über Verfahrenseinstellungen, die nicht bereits nach den Absätzen 2 und 3 zu übermitteln sind, sollen nur übermittelt werden, wenn die Kenntnis der Daten aufgrund der Umstände des Einzelfalles erforderlich ist, um zu prüfen, ob disziplinarrechtliche Maßnahmen zu ergreifen sind. Dabei ist zu berücksichtigen, wie gesichert die zu übermittelnden Erkenntnisse sind. Übermittelt werden sollen insbesondere Einstellungsentscheidungen nach § 170 Abs. 2 StPO, wenn sie Feststellungen zu einer Schuldunfähigkeit nach § 20 StGB enthalten. Die Mitteilung ordnen Richterinnen oder Richter, Staatsanwältinnen oder Staatsanwälte an.

(5) Für die in Absatz 2 genannten Personen gelten, wenn sie sich im Ruhestand befinden, die Absätze 2 bis 4 entsprechend.

(6) Die Mitteilungen sind an die jeweils zuständige Oberbehörde der öffentlich-rechtlichen Religionsgesellschaft zu richten und als „Vertrauliche Personalsache" zu kennzeichnen.

23. Strafsachen gegen Notarinnen, Notare und Angehörige der rechtsberatenden Berufe

§ 13 Abs. 1 Nr. 1, Abs. 2, § 14 Abs. 1 Nr. 4, Abs. 2 EGGVG, § 64 a Abs. 3 BNotO, § 24 a Abs. 3 NotPrTV, § 36 a Abs. 3 BRAO, § 32 a Abs. 3 PatAnwO

(1) In Strafsachen gegen

- Notarinnen, Notare, Notarassessorinnen und Notarassessoren,
- Rechtsanwältinnen und Rechtsanwälte,
- Patentanwältinnen und Patentanwälte,
- Rechtsberaterinnen und Rechtsberater (Art. 1 § 1 RBerG), Rechtsbeistände, Prozeßagentinnen und Prozeßagenten

sind mitzuteilen

1. der Erlaß und der Vollzug eines Haft- oder Unterbringungsbefehls,
2. Entscheidungen, durch die ein vorläufiges Berufsverbot angeordnet oder ein solches aufgehoben worden ist,
3. die Erhebung der öffentlichen Klage,
4. die Urteile,
5. der Ausgang des Verfahrens, wenn eine Mitteilung nach Nmmer 1 bis 4 zu machen war.

(2) In besonderen Fällen, namentlich in Verfahren, die die pflichtwidrige Verwendung von Mandantengeldern, einen sonstigen Vorwurf, der zu einem Berufs- oder Vertretungsverbot oder einer Amtsenthebung führen kann, zum Gegenstand haben, oder wenn im Verfahren Feststellungen zu einer Schuldunfähigkeit nach § 20 StGB getroffen werden, sind auch die Einleitung sowie der Ausgang des Ermittlungsverfahrens mitzuteilen.

(3) In Privatklageverfahren, in Verfahren wegen fahrlässig begangener Straftaten und in sonstigen Verfahren bei Verurteilung zu einer anderen Maßnahme als einer Strafe oder einer Maßnahme im Sinne des § 11 Abs. 1 Nr. 8 StGB unterbleibt die Mitteilung, wenn nicht besondere Umstände des Einzelfalles sie erfordern. Sie ist insbesondere erforderlich, wenn die Tat bereits ihrer Art nach geeignet ist, Zweifel an der Zuverlässigkeit oder Eignung für die gerade ausgeübte berufliche Tätigkeit hervorzurufen. Die Mitteilung ordnen Richterinnen oder Richter, Staatanwältinnen oder Staatsanwälte an. Die Sätze 1 bis 3 gelten nicht bei Straftaten, durch die der Tod eines Menschen verursacht worden ist, und bei gefährlicher Körperverletzung.

(4) Die Mitteilungen sind zu richten

1. bei Notarinnen, Notaren, Notarassessorinnen und Notarassessoren:
   an die Landesjustizverwaltung, die Präsidentin oder den Präsidenten des Oberlandesgerichts, des Landgerichts und der Notarkammer;
2. bei Rechtsanwältinnen und Rechtsanwälten beim Bundesgerichtshof:
   an das Bundesministerium der Justiz, die Generalbundesanwältin oder den Generalbundesanwalt beim Bundesgerichtshof und an den Vorstand der Rechtsanwaltskammer beim Bundesgerichtshof;
3. bei Rechtsanwältinnen oder Rechtsanwälten bei anderen Gerichten, Anwältinnen oder Anwälten aus anderen Staaten sowie bei Rechtsbeiständen, die Mitglieder einer Rechtsanwaltskammer sind:
   an die Landesjustizverwaltung bzw. die gemäß § 224 BRAO zuständige Behörde, die Generalstaatsanwältin oder den Generalstaatsanwalt, die Präsidentin oder den Präsidenten des Oberlandesgerichts und den Vorstand der Rechtsanwaltskammer;
4. bei Patentanwältinnen und Patentanwälten:
   an die Präsidentin oder den Präsidenten des Deutschen Patentamtes, die Generalstaatsanwältin oder den Generalstaatsanwalt beim Oberlandesgericht München und den Vorstand der Patentanwaltskammer;
5. bei Rechtsberaterinnen, Rechtsberatern, Rechtsbeiständen, die nicht Mitglieder einer Rechtsanwaltskammer sind, Prozeßagentinnen und Prozeßagenten:
   an die Präsidentin oder den Präsidenten des Landgerichts (des Amtsgerichts).

Die Mitteilungen sind als „Vertrauliche Personalsache" zu kennzeichnen.

24. Strafsachen gegen Angehörige bestimmter Berufe des Wirtschaftslebens und Sachverständige

§ 13 Abs. 2, § 14 Abs. 1 Nr. 4, Abs. 2 EGGVG, §§ 61 a, 130 Abs. 1 WPO, § 10 Abs. 2 StBerG

(1) In Strafsachen gegen

- Wirtschaftsprüferinnen und Wirtschaftsprüfer,
- vereidigte Buchprüferinnen und vereidigte Buchprüfer,
- Steuerberaterinnen und Steuerberater,
- Steuerbevollmächtigte,

- Vorstandsmitglieder, Geschäftsführerinnen und Geschäftsführer, persönlich haftende Gesellschafterinnen und Gesellschafter oder Partnerinnen und Partner einer Wirtschaftsprüfungsgesellschaft, Steuerberatungsgesellschaft oder Buchprüfungsgesellschaft,
- Dispacheurinnen und Dispacheure,
- Markscheiderinnen und Markscheider,
- Öffentlich bestellte Vermessungsingenieurinnen und Vermessungsingenieure,
- Kursmaklerinnen und Kursmakler,
- Öffentlich bestellte und vereidigte Sachverständige sowie
- gegen Architektinnen und Architekten, Ingenieurinnen und Ingenieure, soweit diese in einer von einer Berufskammer geführten Liste eingetragen sind,

sind, wenn der Tatvorwurf auf eine Verletzung von Pflichten schließen läßt, die bei der Ausübung des Berufs zu beachten sind oder er in anderer Weise geeignet ist, Zweifel an der Eignung, Zuverlässigkeit oder Befähigung hervorzurufen, mitzuteilen

1. der Erlaß und der Vollzug eines Haft- oder Unterbringungsbefehls,
2. die Entscheidung, durch die ein vorläufiges Berufsverbot angeordnet oder ein solches aufgehoben worden ist,
3. die Erhebung der öffentlichen Klage,
4. der Ausgang des Verfahrens, wenn eine Mitteilung nach den Ziffern 1 bis 3 zu machen war.

(2) In Privatklageverfahren, in Verfahren wegen fahrlässig begangener Straftaten und in sonstigen Verfahren bei Verurteilung zu einer anderen Maßnahme als einer Strafe oder einer Maßnahme im Sinne des § 11 Abs. 1 Nr. 8 StGB unterbleibt die Mitteilung, wenn nicht besondere Umstände des Einzelfalles sie erfordern. Sie ist insbesondere erforderlich, wenn die Tat bereits ihrer Art nach geeignet ist, Zweifel an der Zuverlässigkeit oder Eignung für die gerade ausgeübte berufliche Tätigkeit hervorzurufen. Die Mitteilung ordnen Richterinnen oder Richter, Staatsanwältinnen oder Staatsanwälte an. Die Sätze 1 bis 3 gelten nicht bei Straftaten, durch die der Tod eines Menschen verursacht worden ist, und bei gefährlicher Körperverletzung.

(3) In Strafsachen gegen amtlich anerkannte Sachverständige oder Prüferinnen und Prüfer für den Kraftfahrzeugverkehr gelten die Absätze 1 und 2 mit der Maßgabe, daß sich die Mitteilungspflicht auch auf die vorläufige Entziehung der Fahrerlaubnis gem. § 111 a StPO oder die Sicherstellung, Inverwahrnahme oder Beschlagnahme des Führerscheins gem. § 94 StPO erstreckt. Gleiches gilt für Kraftfahrzeugsachverständige von amtlich anerkannten Überwachungsorganisationen, die mit der Durchführung von Untersuchungen betraut sind (Anl. VIII, Nr. 7 StVZO).

(4) Die Mitteilungen sind zu richten an

1. die zuständige Landesbehörde in Fällen, in denen eine rechtskräftige Entscheidung ein Berufsverbot anordnet oder den Verlust der Fähigkeit zur Bekleidung öffentlicher Ämter zur Folge hat,
2. die zuständige Berufskammer, wenn eine solche als Körperschaft des öffentlichen Rechts besteht,
3. die für die Bestellung zuständige Behörde oder Stelle (Kammer) in Strafsachen gegen öffentlich bestellte und vereidigte Sachverständige,
4. die für die Aufsicht über Dispacheurinnen und Dispacheure, Markscheiderinnen und Markscheider, öffentlich bestellte Vermessungsingenieurinnen und Vermessungsingenieure, die für die amtliche Anerkennung der Sachverständigen und Prüferinnen und Prüfer für den Kraftfahrzeugverkehr sowie die für die amtliche Anerkennung von Überwachungsorganisationen jeweils zuständige Stelle und an
5. die Generalstaatsanwältin oder den Generalstaatsanwalt, die oder der für die Einleitung des berufsgerichtlichen Verfahrens zuständig ist (§§ 84, 130 Abs. 1 WPO, § 113 StBerG), in Strafsachen gegen Wirtschaftsprüferinnen und Wirtschaftsprüfer, vereidigte Buchprüferinnen und vereidigte Buchprüfer, Steuerberaterinnen und Steuerberater sowie Steuerbevollmächtigte, gegen Vorstandsmitglieder, Geschäftsführerin-

nen und Geschäftsführer, persönlich haftende Gesellschafterinnen oder Gesellschafter oder Partnerinnen oder Partner einer Wirtschaftsprüfungsgesellschaft, Steuerberatungsgesellschaft oder Buchprüfungsgesellschaft.

26. Strafsachen gegen Angehörige der Heilberufe

§ 13 Abs. 2, § 14 Abs. 1 Nr. 4, Abs. 2 EGGVG

(1) In Strafsachen gegen
- Ärztinnen und Ärzte,
- Zahnärztinnen und Zahnärzte,
- Tierärztinnen und Tierärzte,
- Apothekerinnen und Apotheker,
- Psychologische Psychotherapeutinnen und Psychologische Psychotherapeuten,
- Kinder- und Jugendlichenpsychotherapeutinnen und Kinder- und Jugendlichenpsychotherapeuten,
- Heilpraktikerinnen und Heilpraktiker,
- Hebammen und Entbindungspfleger

sind, wenn der Tatvorwurf auf eine Verletzung von Pflichten schließen läßt, die bei der Ausübung des Berufes zu beachten sind, oder er in anderer Weise geeignet ist, Zweifel an der Eignung, Zuverlässigkeit oder Befähigung hervorzurufen, mitzuteilen
1. der Erlaß und der Vollzug eines Haft- oder Unterbringungsbefehls,
2. die Entscheidung, durch die ein vorläufiges Berufsverbot angeordnet oder ein solches aufgehoben worden ist,
3. die Erhebung der öffentlichen Klage,
4. der Ausgang des Verfahrens, wenn eine Mitteilung nach den Ziffern 1 bis 3 zu machen war.

(2) In Privatklageverfahren, in Verfahren wegen fahrlässig begangener Straftaten und in sonstigen Verfahren bei Verurteilung zu einer anderen Maßnahme als einer Strafe oder einer Maßnahme im Sinne des § 11 Abs. 1 Nr. 8 StGB unterbleibt die Mitteilung, wenn nicht besondere Umstände des Einzelfalles sie erfordern. Sie ist insbesondere erforderlich, wenn die Tat bereits ihrer Art nach geeignet ist, Zweifel an der Zuverlässigkeit oder Eignung für die gerade ausgeübte berufliche Tätigkeit hervorzurufen. Die Mitteilung ordnen Richterinnen oder Richter, Staatsanwältinnen oder Staatsanwälte an. Die Sätze 1 bis 3 gelten nicht bei Straftaten, durch die der Tod eines Menschen verursacht worden ist, und bei gefährlicher Körperverletzung.

(3) Die Mitteilungen sind zu richten an
1. die zuständige Behörde und
2. die zuständige Berufskammer, wenn eine solche als Körperschaft des öffentlichen Rechts besteht.

Sie sind als „Vertrauliche Personalsache" zu kennzeichnen.

28. Strafsachen gegen Betreiberinnen und Betreiber von sowie Beschäftigte in Alten- und Pflegeheimen

§ 13 Abs. 2, § 14 Abs. 1 Nr. 5, Abs. 2 EGGVG

(1) In Strafsachen gegen Betreiberinnen oder Betreiber, Vertretungsberechtigte juristischer Personen als Betreiber, Leiterinnen oder Leiter, Pflegedienstleiterinnen oder Pflegedienstleiter und andere pflegerisch tätige Beschäftigte in Heimen im Sinne des § 1 HeimG sind, wenn der Tatvorwurf auf eine Verletzung von Pflichten schließen läßt, die bei der Ausübung der Tätigkeit zu beachten sind, oder er in anderer Weise geeignet ist, Zweifel an der Eignung, Zuverlässigkeit oder Befähigung hervorzurufen, mitzuteilen
1. der Erlaß und der Vollzug eines Haft- oder Unterbringungsbefehls,
2. die Erhebung der öffentlichen Klage,
3. der Ausgang des Verfahrens, wenn eine Mitteilung nach den Ziffern 1 oder 2 zu machen war.

(2) In Privatklageverfahren, in Verfahren wegen fahrlässig begangener Straftaten und in sonstigen Verfahren bei Verurteilung zu einer anderen Maßnahme als einer Strafe oder einer Maßnahme im Sinne des § 11 Abs. 1 Nr. 8 StGB unterbleibt die Mitteilung, wenn nicht besondere Umstände des Einzelfalles sie erfordern. Sie ist insbesondere erforderlich, wenn die Tat bereits ihrer Art nach geeignet ist, Zweifel an der Zuverlässigkeit oder Eignung für die gerade ausgeübte berufliche Tätigkeit hervorzurufen. Die Mitteilung ordnen Richterinnen oder Richter, Staatsanwältinnen oder Staatsanwälte an. Die Sätze 1 bis 3 gelten nicht bei Straftaten, durch die der Tod eines Menschen verursacht worden ist, und bei gefährlicher Körperverletzung.

(3) Die Mitteilungen sind an die durch Landesrecht für die Durchführung des Heimgesetzes bestimmte Stelle zu richten und als „Vertrauliche Personalsache" zu kennzeichnen.

3. Abschnitt. Sonstige Mitteilungen wegen der persönlichen Verhältnisse der Betroffenen

32. Mitteilungen an die Jugendgerichtshilfe in Strafsachen gegen Jugendliche und Heranwachsende

§§ 38, 50, 70 Satz 1, §§ 72 a, 107, 109 Absatz 1 JGG

In Strafsachen gegen Jugendliche und Heranwachsende sind der Jugendgerichtshilfe mitzuteilen

1. die Einleitung des Verfahrens,
2. vorläufige Anordnungen über die Erziehung,
3. der Erlaß und der Vollzug eines Haft- oder Unterbringungsbefehls sowie die Unterbringung zur Beobachtung,
4. die Erhebung der öffentlichen Klage,
5. Ort und Zeit der Hauptverhandlung,
6. die Urteile,
7. der Ausgang des Verfahrens,
8. der Name und die Anschrift der Bewährungshelferin oder des Bewährungshelfers,
9. die nachträglichen Entscheidungen, die sich auf Weisungen oder Auflagen beziehen oder eine Aussetzung der Vollstreckung einer Jugendstrafe oder des Restes einer Jugendstrafe zur Bewährung, eine Aussetzung der Verhängung der Jugendstrafe oder die Führungsaufsicht betreffen.

34. Mitteilungen an andere Prozeßbeteiligte in Strafsachen gegen Jugendliche

§§ 67, 43 Abs. 1 JGG, Art. 104 Abs. 4 GG

(1) Sind in Strafsachen gegen Jugendliche durch verfahrensrechtliche Bestimmungen Mitteilungen an die Beschuldigten vorgeschrieben, so sind diese auch zu richten an

1. die Erziehungsberechtigten,
2. die gesetzlichen Vertreterinnen und gesetzlichen Vertreter,
3. die Verfahrenspflegerin oder den Verfahrenspfleger.

(2) Die in Absatz 1 bezeichneten Personen werden ferner benachrichtigt von

1. der Einleitung des Verfahrens
2. der Verhaftung, Verwahrung oder Unterbringung.

Die Mitteilungen nach Satz 1 Ziff. 1 können bei Geringfügigkeit der Verfehlung unterbleiben.

(3) Die Mitteilung ordnen Richterinnen oder Richter, Staatsanwältinnen oder Staatsanwälte an.

36. Mitteilungen über Inhaberinnen und Inhaber einer waffenrechtlichen oder sprengstoffrechtlichen Berechtigung sowie über sonstige nach dem WaffG oder SprengG berechtigte Personen

§ 13 Abs. 2, § 14 Abs. 1 Nr. 5, 7 Buchstabe b, Abs. 2, § 17 Nr. 3 EGGVG

(1) In Strafsachen gegen

1. Inhaberinnen und Inhaber
   a) einer Erlaubnis zur Waffenherstellung oder zum Waffenhandel,
   b) einer Waffenbesitzkarte, eines Munitionserwerbscheins oder eines Waffenscheins,
   c) einer Bescheinigung nach § 6 Abs. 2 WaffG, einer Ausnahmebewilligung nach § 39 Abs. 2 WaffG oder einer Erlaubnis nach § 44 WaffG,
   d) einer sprengstoffrechtlichen Erlaubnis nach § 7 oder § 27 SprengG oder eines Befähigungsscheins nach § 20 SprengG,
2. eine mit der Leitung eines Betriebes, einer Zweigniederlassung oder einer unselbständigen Zweigstelle zur Waffenherstellung oder zum Waffenhandel beauftragte Person oder
3. eine mit der Leitung eines Betriebes, einer Zweigniederlassung oder einer unselbständigen Zweigstelle zum Umgang oder Verkehr mit oder zur Beförderung von explosionsgefährlichen Stoffen beauftragte Person

sind Mitteilungen über Verfahren zu machen, die zum Gegenstand haben

a) Friedensverrat, Hochverrat, Gefährdung des demokratischen Rechtsstaates, Landesverrat, Gefährdung der äußeren Sicherheit oder Bildung krimineller oder terroristischer Vereinigungen,
b) eine vorsätzliche Straftat gegen das Leben, die Gesundheit oder die persönliche Freiheit, eine der in § 181 b StGB genannten Straftaten, Land- oder Hausfriedensbruch, Widerstand gegen die Staatsgewalt, eine gemeingefährliche Straftat oder eine Straftat gegen das Eigentum oder das Vermögen,
c) eine im Zustand der Trunkenheit begangene Straftat, wenn die Täterin oder der Täter bereits mindestens einmal wegen einer Trunkenheitsstat verurteilt worden ist,
d) eine fahrlässige Straftat im Zusammenhang mit dem Umgang mit Waffen, Munition oder Sprengstoff,
e) eine Straftat nach dem Waffengesetz, dem Gesetz über die Kontrolle von Kriegswaffen, dem Sprengstoffgesetz oder dem Bundesjagdgesetz.

(2) In den Fällen des Absatzes 1 sind mitzuteilen

1. der Erlaß und der Vollzug eines Haft- oder Unterbringungsbefehls,
2. die Erhebung der öffentlichen Klage,
3. der Ausgang des Verfahrens, wenn eine Mitteilung nach den Ziffern 1 oder 2 zu machen war,
4. die Einstellung des Verfahrens nach § 170 Abs. 2 StPO, wenn sie Feststellungen zu einer Schuldunfähigkeit nach § 20 StGB enthält.

(3) In sonstigen Strafsachen gegen eine der in Absatz 1 bezeichneten Personen ist die rechtskräftige Entscheidung mitzuteilen, wenn

1. wegen einer vorsätzlichen Straftat auf eine Freiheitsstrafe von mindestens einem Jahr erkannt worden ist oder
2. Führungsaufsicht angeordnet worden ist oder kraft Gesetzes eintritt.

(4) Werden sonst in einem Strafverfahren – gleichgültig, gegen wen es sich richtet – Tatsachen bekannt, sind diese mitzuteilen, wenn ihre Kenntnis aufgrund besonderer Umstände des Einzelfalls für waffen- oder sprengstoffrechtliche Maßnahmen erforderlich ist. Dies gilt insbesondere in Strafsachen nach den Absätzen 1 und 3 gegen eine Person, die auf Grund eines Arbeitsverhältnisses eine Schußwaffe nach den Weisungen der Inhaberin oder des Inhabers eines Waffenscheins zu führen hat. Dabei ist zu berücksichtigen, wie gesichert die zu übermittelnden Erkenntnisse sind. Die Mitteilung ordnen Richterinnen oder Richter, Staatsanwältinnen oder Staatsanwälte an.

(5) Die Mitteilungen sind an die für die Erteilung der Berechtigung zuständige Behörde zu richten:

1. im Falle des Absatzes 1 Ziff. 1 Buchstabe a und Ziff. 2, soweit die Person, die die Erlaubnis innehat, ein Gewerbe oder eine wirtschaftliche Unternehmung nach § 7 WaffG betreibt:
   an die Behörde, in deren Bezirk sich die gewerbliche Hauptniederlassung befindet; fehlt eine gewerbliche Niederlassung, so richtet sich die örtliche Zuständigkeit nach Ziff. 5,
2. im Falle einer Ausnahmebewilligung nach § 39 Abs. 2 WaffG:
   an die Behörde, in deren Bezirk die Veranstaltung stattfinden soll,
3. im Falle einer Erlaubnis nach § 44 Abs. 1 WaffG:
   an die Behörde, in deren Bezirk die Schießstätte betrieben wird,
4. im Falle einer Bescheinigung nach § 6 Abs. 2 WaffG
   an die sachlich und örtlich zuständige Behörde,
5. in den übrigen Fällen einer waffenrechtlichen Berechtigung:
   an die Behörde, in deren Bezirk die betroffene Person ihren gewöhnlichen, bei Fehlen eines solchen ihren jeweiligen Aufenthalt hat,
6. im Falle des Absatz 1 Ziff. 3 oder einer Erlaubnis nach § 7 SprengG:
   an die Behörde, in deren Bezirk sich die Hauptniederlassung befindet; bezieht sich die Erlaubnis nur auf eine Zweigniederlassung, so richtet sich die Zuständigkeit nach dem Ort dieser Niederlassung; fehlt eine Niederlassung, so richtet sich die Zuständigkeit nach § 36 Abs. 2 SprengG,
7. im Falle eines Befähigungsscheins nach § 20 SprengG:
   an die sachlich und örtlich zuständige Behörde,
8. im Falle einer Erlaubnis nach § 27 SprengG:
   an die Behörde, in deren Bezirk die betroffene Person ihren gewöhnlichen Aufenthalt hat oder zuletzt hatte.

36 a. Sonstige Mitteilungen aus waffenrechtlichen oder sprengstoffrechtlichen Gründen

§ 13 Abs. 2, § 14 Abs. 1 Nr. 7 Buchstabe b, Abs. 2, § 17 Nr. 3 EGGVG

(1) In Strafsachen wegen
1. unbefugten Erwerbs von Schußwaffen oder Munition, unbefugten Führens von Schußwaffen oder unbefugter Ausübung der tatsächlichen Gewalt über Schußwaffen oder über in § 37 Abs. 1 Satz 1 Nr. 1 bis 7 WaffG bezeichnete Gegenstände,
2. einer mit oder im Zusammenhang mit Schußwaffen, Munition oder in § 37 Abs. 1 Satz 1 Nr. 1 bis 7 WaffG bezeichneten Gegenständen begangenen Straftat,
3. unbefugten Umgangs oder Verkehrs mit explosionsgefährlichen Stoffen oder wegen unerlaubter Beförderung solcher Stoffe oder
4. einer mit oder im Zusammenhang mit solchen Stoffen begangenen Straftat

sind mitzuteilen
a) die Erhebung der öffentlichen Klage,
b) der Ausgang des Verfahrens, wenn eine Mitteilung nach Buchstabe a zu machen war,
c) die Einstellung des Verfahrens nach § 170 Abs. 2 StPO, wenn sie Feststellungen zu einer Schuldunfähigkeit nach § 20 StGB enthält.

(2) In den Fällen des Absatz 1 Ziff. 2 und 4 ordnen die Mitteilung Richterinnen oder Richter, Staatsanwältinnen oder Staatsanwälte an.

(3) Die Mitteilungen sind an die zuständige Behörde zu richten, in deren Bereich die Betroffenen eine Wohnung haben.

37. Strafsachen gegen Inhaberinnen und Inhaber von Jagdscheinen und gegen Personen, die einen Antrag auf Erteilung eines Jagdscheines gestellt haben

§ 13 Abs. 1 Nr. 5, Abs. 2, § 14 Abs. 1 Nr. 7 Buchstabe b, Abs. 2, § 17 Nr. 3 EGGVG

(1) In Strafsachen gegen Inhaberinnen und Inhaber von Jagdscheinen und gegen Personen, die einen Antrag auf Erteilung eines Jagdscheines gestellt haben, sind Mitteilungen zu machen über Verfahren wegen

1. eines Verbrechens,
2. einer vorsätzlichen Straftat gegen das Leben, die Gesundheit oder die persönliche Freiheit, einer der in § 181 b StGB genannten Straftaten, Land- oder Hausfriedensbruchs, Widerstandes gegen die Staatsgewalt, einer gemeingefährlichen Straftat, einer Straftat gegen das Eigentum oder das Vermögen oder einer Wilderei,
3. einer fahrlässigen Straftat im Zusammenhang mit dem Umgang mit Waffen, Munition oder Sprengstoff,
4. einer Straftat nach jagd-, tierschutz- oder naturschutzrechtlichen Vorschriften, dem Waffengesetz, dem Gesetz über die Kontrolle von Kriegswaffen oder dem Sprengstoffgesetz.

(2) Mitzuteilen sind
1. die Erhebung der öffentlichen Klage,
2. der Ausgang des Verfahrens, wenn eine Mitteilung nach Ziffer 1 zu machen war,
3. die Einstellung des Verfahrens nach § 170 Abs. 2 StPO, wenn sie Feststellungen zu einer Schuldunfähigkeit nach § 20 StGB enthält.

(3) In sonstigen Strafsachen gegen eine der in Absatz 1 bezeichneten Personen ist die rechtskräftige Entscheidung mitzuteilen, wenn
1. Führungsaufsicht angeordnet ist oder kraft Gesetzes eintritt,
2. eine Entziehung des Jagdscheins, eine Sperrfrist zur Erteilung des Jagdscheins oder ein Verbot der Jagdausübung angeordnet worden ist.

(4) Die Mitteilungen sind an die für die Erteilung des Jagdscheins zuständige Behörde zu richten.

(5) Die Pflicht zur Mitteilung nach Nummer 36 bleibt unberührt.

39. Strafsachen gegen Inhaberinnen und Inhaber von Berechtigungen und gegen Gewerbetreibende

§ 13 Abs. 2, § 14 Abs. 1 Nr. 5, 7 Buchstabe b, Abs. 2 EGGVG

(1) In Strafsachen gegen Inhaberinnen und Inhaber von Berechtigungen und gegen Gewerbetreibende sind rechtskräftige Entscheidungen mitzuteilen, wenn Grund zu der Annahme besteht, daß Tatsachen, die den Gegenstand des Verfahrens betreffen und auf eine Verletzung von Pflichten schließen lassen, die bei der Ausübung des Berufs oder des Gewerbes zu beachten oder in anderer Weise geeignet sind, Zweifel an der Eignung, Zuverlässigkeit oder Befähigung hervorzurufen, den Widerruf, die Rücknahme oder die Einschränkung einer behördlichen Erlaubnis, Genehmigung oder Zulassung zur Ausübung eines Gewerbes oder eines Berufs, zum Führen einer Berufsbezeichnung, die Untersagung der gewerblichen Tätigkeit oder der Einstellung, Beschäftigung oder Beaufsichtigung von Kindern und Jugendlichen zur Folge haben können.

(2) In Privatklageverfahren, in Verfahren wegen fahrlässig begangener Straftaten und in sonstigen Verfahren bei Verurteilung zu einer anderen Maßnahme als einer Strafe oder einer Maßnahme im Sinne des § 11 Abs. 1 Nr. 8 StGB unterbleibt die Mitteilung, wenn nicht besondere Umstände des Einzelfalles sie erfordern. Sie ist insbesondere erforderlich, wenn die Tat bereits ihrer Art nach geeignet ist, Zweifel an der Eignung, Zuverlässigkeit oder Befähigung für die gerade ausgeübte berufliche oder gewerbliche Tätigkeit hervorzurufen. Die Sätze 2 und 2 gelten nicht bei Straftaten, durch die der Tod eines Menschen verursacht worden ist, und bei gefährlicher Körperverletzung.

(3) Eine Mitteilungspflicht besteht ferner, wenn in der Entscheidung
1. die Ausübung des Gewerbes untersagt oder
2. eine Untersagung der Ausübung des Gewerbes ausdrücklich abgelehnt worden ist.

(4) Die Mitteilung – mit Ausnahme der in Absatz 3 Ziff. 1 – ordnen Richterinnen oder Richter, Staatsanwältinnen oder Staatsanwälte an.

(5) Die Mitteilungen sind an die Behörde zu richten, die die Berechtigung erteilt hat oder für die Untersagung der Berufs- oder Gewerbeausübung zuständig ist.

41. Strafsachen gegen Angehörige ausländischer Konsulate

Art. 42 Wiener Übereinkommen über konsularische Beziehungen (BGBl. 1969 II S. 1585), § 16 EGGVG

(1) In Strafsachen gegen
1. Konsularbeamtinnen und -beamte ausländischer konsularischer Vertretungen,
2. Bedienstete des Verwaltungs- oder technischen Personals und Mitglieder des dienstlichen Hauspersonals ausländischer konsularischer Vertretungen

sind mitzuteilen
a) die Einleitung des Verfahrens,
b) die Festnahme und der Vollzug eines Haft- oder Unterbringungsbefehls.

(2) Wird die Person in Untersuchungshaft genommen oder einstweilig untergebracht, ordnet die Richterin oder der Richter, dem die festgenommene Person erstmals vorgeführt wird, die Mitteilung an.

(3) Die Mitteilungen sind sofort telefonisch, fernschriftlich, telegrafisch oder durch Telefax an
1. das

   Bundesministerium der Justiz
   53170 Bonn
   Telefon 0228/58-0,
2. die Staatskanzlei (Senatskanzlei) des Landes, in dem die konsularische Vertretung ihren Sitz hat,
3. die Leiterin oder den Leiter der konsularischen Vertretung, es sei denn, daß sie oder er von der Maßnahme selbst betroffen ist, und
4. das

   Auswärtige Amt – Protokoll –
   Postfach 1148
   53001 Bonn
   Telefon 0228/17-0,

   sofern die Leiterin oder der Leiter der konsularischen Vertretung von der Maßnahme betroffen ist,

zu richten.

42.[1] Mitteilungen über Ausländerinnen und Ausländer

§ 76 Abs. 2, 4, § 77 Abs. 2, 3 AuslG, § 1 Abs. 2, § 4 Abs. 1 AuslDÜV

(1) In Strafsachen gegen Ausländerinnen und Ausländer (§ 1 Abs. 2, § 2 AuslG) sind unverzüglich mitzuteilen
1. die Einleitung des Verfahrens unter Angabe der gesetzlichen Vorschriften,
2. der Ausgang des Verfahrens,
3. der Widerruf einer Strafaussetzung zur Bewährung,
4. der Widerruf der Zurückstellung der Strafvollstreckung.

Die Mitteilung nach Ziffer 1 kann unterbleiben, wenn in den Akten dokumentiert ist, daß sie bereits durch die Polizei erfolgt ist.

(2) Wird in einem Strafverfahren – gleichgültig, gegen wen es sich richtet –
1. der Aufenthalt einer Ausländerin oder eines Ausländers, wenn weder eine erforderliche Aufenthaltsgenehmigung noch eine Duldung erteilt ist,
2. der Verstoß gegen eine räumliche Beschränkung oder
3. ein sonstiger Ausweisungsgrund

bekannt, so ist dies unverzüglich mitzuteilen. Die Mitteilung kann unterbleiben, wenn in den Akten dokumentiert ist, daß sie bereits durch andere Stellen erfolgt ist.

---

[1] Anmerkung: Diese Bestimmung gilt bis zum Erlaß der auf § 104 AuslG gestützten allgemeinen Verwaltungsvorschriften zum Ausländergesetz durch das Bundesministerium des Innern mit Zustimmung des Bundesrates. Diese werden zu gegebener Zeit in geeigneter Form bekannt gegeben.

(3) Bei den Mitteilungen sind, soweit bekannt, jeweils folgende Daten mit anzugeben:
1. Name,
2. Geburtsname,
3. Vorname,
4. Tag und Ort mit Angabe des Staates der Geburt,
5. Staatsangehörigkeit,
6. Anschrift.

(4) Personenbezogene Daten, die von einer Ärztin, einem Arzt oder einer der in § 203 Abs. 1 Nr. 1, 2, 4 bis 6 und Abs. 3 StGB bezeichneten Personen in Strafverfahren zugänglich gemacht worden sind, dürfen übermittelt werden,
1. wenn die Ausländerin oder der Ausländer die öffentliche Gesundheit gefährdet und besondere Schutzmaßnahmen zum Ausschluß der Gefährdung nicht möglich sind oder von der Ausländerin oder dem Ausländer nicht eingehalten werden oder
2. soweit die Daten für die Feststellung erforderlich sind, ob die in § 46 Nr. 4 AuslG bezeichneten Voraussetzungen vorliegen.

Personenbezogene Daten, die nach § 30 AO dem Steuergeheimnis unterliegen, dürfen übermittelt werden, wenn gegen die Ausländerin oder den Ausländer wegen eines Verstoßes gegen eine Vorschrift des Steuer- einschließlich des Zoll- und des Monopolrechts oder des Außenwirtschaftsrechts oder gegen Einfuhr-, Ausfuhr-, Durchfuhr- oder Verbringungsverbote oder -beschränkungen ein strafrechtliches Ermittlungsverfahren eingeleitet worden ist.

(5) Die Mitteilungen sind an die nach jeweiligem Landesrecht örtlich zuständige Ausländerbehörde zu richten.

(6) In den Fällen des Absatz 2 Ziff. 1 und 2 und sonstiger nach dem AuslG strafbarer Handlungen kann statt der Ausländerbehörde die zuständige Polizeibehörde unterrichtet werden, wenn eine der in § 63 Abs. 6 AuslG bezeichneten Maßnahmen (Zurückschiebung, Festnahme, Durchsetzung der Verlassenspflicht, Durchführung der Abschiebung) in Betracht kommt. Absatz 2 Satz 2 gilt entsprechend.

(7) In den Fällen des Absatz 4 Satz 2 dürfen auch die mit der polizeilichen Kontrolle des grenzüberschreitenden Verkehrs betrauten Behörden unterrichtet werden, wenn ein Ausreiseverbot nach § 62 Abs. 2 Satz 1 AuslG erlassen werden soll.

(8) Mitteilungen nach den Absätzen 4 und 7 ordnen Richterinnen oder Richter, Staatsanwältinnen oder Staatsanwälte an.

43. Strafsachen gegen Gefangene und Untergebrachte

§ 13 Abs. 2, § 14 Abs. 1 Nr. 1 und 2 EGGVG

Wird gegen Untersuchungsgefangene, Strafgefangene, Sicherungsverwahrte oder in einem psychiatrischen Krankenhaus oder in einer Entziehungsanstalt Untergebrachte ein weiteres Verfahren eingeleitet, sind der Leitung der Justizvollzugsanstalt, des psychiatrischen Krankenhauses oder der Entziehungsanstalt mitzuteilen
1. die Einleitung des Verfahrens,
2. die Erhebung der öffentlichen Klage,
3. der Ausgang des Verfahrens.

4. Abschnitt. Mitteilungen wegen der Art des verletzten Strafgesetzes

44. Betriebsunfälle

§ 13 Abs. 2, § 14 Abs. 1 Nr. 5 und 8 Buchstabe a, Abs. 2, § 17 Nr. 3 EGGVG

In Strafsachen, in denen Zuwiderhandlungen gegen Unfallverhütungsvorschriften bekannt werden, sind der für die Aufsicht zuständigen Stelle mitzuteilen

1. die Einleitung des Verfahrens,
2. die Erhebung der öffentlichen Klage,
3. der Ausgang des Verfahrens.

45. Fahrerlaubnissachen

§ 13 Abs. 1 Nr. 5, Abs. 2, § 17 Nr. 1, 3 EGGVG

(1) In Strafsachen, in denen die Entziehung der Fahrerlaubnis (§§ 69, 69a Abs. 1 Satz 1 und 2 StGB) in Betracht kommt, sind der nach § 68 Abs. 1 und 2 StVZO zuständigen Verwaltungsbehörde mitzuteilen

1. die Beschlüsse nach § 111a StPO,
2. der Ausgang des Verfahrens, in den Fällen des § 69a Abs. 5 und 6 StGB unter Angabe des Zeitpunktes, in dem die Sperre abläuft,
3. die rechtskräftigen Beschlüsse nach § 69a Abs. 7 StGB.

(2) Sonstige Tatsachen, die in einem Strafverfahren – gleichgültig gegen wen es sich richtet – bekannt werden, sind der nach § 68 Abs. 1 und 2 StVZO zuständigen Verwaltungsbehörde mitzuteilen, wenn ihre Kenntnis aufgrund besonderer Umstände des Einzelfalles für die Beurteilung erforderlich ist, ob die Inhaberin oder der Inhaber einer Fahrerlaubnis zum Führen von Fahrzeugen ungeeignet ist. Dabei ist zu berücksichtigen. wie gesichert die zu übermittelnden Erkenntnisse sind. Die Mitteilung ordnen Richterinnen oder Richter, Staatsanwältinnen oder Staatsanwälte an.

(3) Der für die Wohnung der oder des Beschuldigten zuständigen Polizeidienststelle sind die Beschlüsse nach § 111a StPO und, sofern sie die Ermittlungen nicht selbst geführt hat und daher schon nach Nummer 11 unterrichtet wird, die Entscheidungen nach §§ 44, 69 und 69a StGB mitzuteilen.

(4) Ist die oder der Betroffene Inhaberin oder Inhaber einer Fahrerlaubnis, die von einer Dienststelle der Bundeswehr, des Bundesgrenzschutzes oder der Polizei erteilt worden ist, sind auch dieser Stelle die in den Absätzen 1 und 2 vorgesehenen Mitteilungen zu machen.

(5) In der Mitteilung sind die Fahrerlaubnis, insbesondere durch Nennung der Listennummer, und die Person der oder des Betroffenen durch Nennung von Name, Geburtsname, Vorname, Geburtsdatum und Wohnort näher zu bezeichnen.

50. Betäubungsmittelsachen

§ 27 Abs. 3 und 4 BtMG

(1) In Strafsachen nach dem Betäubungsmittelgesetz sind mitzuteilen:

1. der für die Überwachung nach § 19 Abs. 1 Satz 3 BtMG zuständigen Landesbehörde die rechtskräftige Entscheidung mit Begründung, wenn
   a) auf eine Strafe oder eine Maßregel der Besserung und Sicherung erkannt oder der bzw. die Angeklagte wegen Schuldunfähigkeit freigesprochen worden ist und
   b) die Entscheidung Informationen zum Betäubungsmittelverkehr bei Ärztinnen und Ärzten, Zahnärztinnen und Zahnärzten, Tierärztinnen und Tierärzten oder in Apotheken, tierärztlichen Hausapotheken, Krankenhäusern und Tierkliniken enthält,
2. dem
   Bundesinstitut für Arzneimittel und Medizinprodukte
   Seestraße 10–11
   13353 Berlin
   in Verfahren gegen Ärztinnen und Ärzte, Zahnärztinnen und Zahnärzte, Tierärztinnen und Tierärzte,
   a) die Anklageschrift oder eine an ihre Stelle tretende Antragsschrift,
   b) der Antrag auf Erlaß eines Strafbefehls und
   c) die das Verfahren abschließende Entscheidung mit Begründung; ist mit dieser Entscheidung ein Rechtsmittel verworfen worden oder wird darin auf die angefochtene Entscheidung Bezug genommen, so ist auch diese zu übermitteln.

(2) In gegen Ärztinnen und Ärzte, Zahnärztinnen und Zahnärzte, Tierärztinnen und Tierärzte, Apothekerinnen und Apotheker gerichteten sonstigen Strafsachen ist der für die Überwachung nach § 19 Abs. 1 Satz 3 BtMG zuständigen Landesbehörde die abschließende Entscheidung mit Begründung mitzuteilen, wenn
1. ein Zusammenhang der Straftat mit dem Betäubungsmittelverkehr im Sinne von Absatz 1 Ziff. 1 Buchstabe b besteht und
2. die Kenntnis der Entscheidung aus der Sicht der übermittelnden Stelle für dessen Überwachung erforderlich ist.Absatz 1 Ziff. 2 Buchstabe c zweiter Halbsatz gilt entsprechend.

51. Straftaten gegen Vorschriften zum Schutz der Umwelt
§ 13 Abs. 2, § 14 Abs. 1 Nr. 9, Abs. 2, § 17 Nr. 3 EGGVG

(1) In Strafsachen wegen Straftaten gegen Vorschriften zum Schutz der Umwelt sind mitzuteilen
1. die Einleitung des Verfahrens,
2. der Ausgang des Verfahrens,wenn dies zur Abwehr erheblicher Nachteile für Tiere und Pflanzen, Boden, Wasser, Luft, Klima und Landschaft erforderlich ist.

(2) In Verfahren wegen fahrlässig begangener Straftaten und in sonstigen Verfahren bei Verurteilung zu einer anderen Maßnahme als einer Strafe oder einer Maßnahme im Sinne des § 11 Abs. 1 Nr. 8 StGB unterbleibt die Mitteilung, wenn nicht besondere Umstände des Einzelfalles sie erfordern.

(3) Vorschriften zum Schutz der Umwelt im Sinne des Absatzes 1 sind namentlich Bestimmungen aus folgenden Sachgebieten
1. Abfall- und Abwasserentsorgung,
2. Gewässerschutz,
3. Bodenschutz,
4. Lärmbekämpfung,
5. Luftreinhaltung,
6. Naturschutz und Landschaftspflege,
7. Pflanzenschutz,
8. Schutz der Wasserversorgung,
9. Strahlenschutz,
10. Tierschutz und Tierseuchenschutz,
11. Gentechnik.

(4) Die Mitteilung nach Absatz 1 Ziff. 1 und Absatz 2 ordnen Richterinnen oder Richter, Staatsanwältinnen oder Staatsanwälte an.

(5) Die Mitteilungen sind an die zuständige Behörde und, bei Verstößen gegen Bestimmungen zur Verhütung von Meeresverschmutzungen auch an das
Bundesamt für Seeschiffahrt und Hydrographie
Postfach 301220
20305 Hamburg
zu richten.

Gegenüberstellung der Fundstellen

der in den Erläuterungen zitierten Entscheidungen des Bundesgerichtshofs in der Amtlichen Sammlung und in der Neuen Juristischen Wochenschrift

Amtliche Sammlung Seite	NJW Seite	Amtliche Sammlung Seite	NJW Seite	Amtliche Sammlung Seite	NJW Seite
Bd 1	**Jahrg 51**	27	899	202	1273
8	411	52	1064	205	1233
34	323	62	1184	207	1313
39	368	68	1265	208	1114
137	573	69	1186	217	1193
175	671	78	1027	255	1402
211	670	134	1148	264	1358
216	810	149	1265	275	1360
222	672	169	1343	279	1442
252	611	175	1305	287	1522
		179	1306	300	1602
	Jahrg 52	187	1306	308	1561
275	193	199	192**	320	1481
334	153	206	1345	321	1481
346	192	213	1386	325	1679
366	151	215	1422	345	1879
373	153	218	36**	364	1925
376	152	221	1383	368	1925
387	152				
			Jahrg 53	**Bd 5**	
Bd 2		229	32	5	1926
1	478	234	36		
4	271	245	76		**Jahrg 54**
14	354	281	115	34	83
41	435	285	114	52	122
56	632	309	151	57	119
71	395	327	232	73	82
85	434	334	314	75	281
90	352	344	315	85	203
96	516	353	353	106	81
99	356	357	351	140	280
110	556	368	673	153	284
125	432	377	873	183	243
163	554	384	515	207	260
168	556	386	712	214	361
248	675	395	514	225	1009
250	726*			252	441
269	673	**Bd 4**		261	483
284	714	130	915	267	519
290	714	138	1073	278	361
351	755	140	996	290	1114**
371	899	152	1273	294	650
		155	1234	312	968
Bd 3		158	1154	332	649
13	900	191	1115	338	687

* Jahrg 1951 ** Jahrg 1953

Gegenüberstellung

Amtliche Sammlung Seite	NJW Seite	Amtliche Sammlung Seite	NJW Seite	Amtliche Sammlung Seite	NJW Seite
354	932	276	997	193	1246
381	847	281	957	195	1288
		283	917	222	1209
Bd 6		300	598	230	1367
70	1336	305	957	233	1246
109	1375	330	1239	243	1366
122	1376	356	1160	250	1448
128	1336	359	1159	280	1646
140	1211	363	1688	292	1526
141	1497	381	1198	297	1527
167	1293			302	1485
176	1252	**Bd 8**		324	1725
186	1412	17	1447	356	1727
199	1415	34	1407	362	1807
206	1377	41	1367	365	1886
209	1415	46	1406		
229	1257	59	1365		**Jahrg 57**
251	1576	76	1407	367	33
258	1616	105	1526	370	29
279	1496	107	1366		
289	1656	113	1642	**Bd 10**	
292	1656	130	1644	8	230
298	1087	133	1565	15	1931**
304	1776	144	1765	19	192
326	1855	151	1804	62	472
375	1943	155	1765	64	389
		174	1846	65	431
	Jahrg 55	177	1890	71	433
382	31			74	511
398	70		**Jahrg 56**	77	1528**
		191	32	88	637
Bd 7		194	997*	100	680**
6	112	203	69	104	551
15	32	254	151	109	550
23	152	226	271	116	598
26	273	269	110	119	599
44	152	283	304	126	550
64	232	302	191	137	719
67	311	349	517	145	798
69	231	383	478	174	799
73	191			179	800
75	510	**Bd 9**		186	918
82	599	1	273	202	881
86	600	5	555	208	1039
101	640	10	600	230	1077
127	230	24	557	245	1040
129	471	34	680	255	1160
153	639	37	679	259	1117
162	641	59	599	272	1116
180	758	71	879	278	1244
194	721	77	837	288	1243
205	680	88	799	304	1325
218	759	104	960	320	1447
238	840	149	1162	327	1327
256	835	190	1209	342	1527

* Jahrg 1957 ** Jahrg 1956

Amtliche Sammlung Seite	NJW Seite	Amtliche Sammlung Seite	NJW Seite	Amtliche Sammlung Seite	NJW Seite
358	1604	335	894	219	301
372	1683	367	731	233	1310
379	1726	374	899	240	1678
391	1809	386	896	265	1358
393	1808	399	1931	293	1307
396	1809	402	1093	306	1774
				310	1630
Bd 11		**Bd 13**		321	1475
18	1888	1	828	330	1775
29	1846	21	823	339	1582
52	1846	41	950	343	1681
		44	1142	358	1580
	Jahrg 58	53	1093	374	1776
56	229	60	1142	381	1870
74	31	75	1449	391	1867
80	191	102	1230		
88	350	121	1332	**Bd 15**	
97	268	123	1330	1	2060
106	429	128	1331	40	2106
130	469	143	1740	60	2203
152	509	186	1695	72	1963
159	559	209	1835	78	2063
189	719	223	1885	116	2109
195	511	250	2222	155	2346
206	557	252	2075	161	2349
211	679	257	2125	164	2153
213	557	268	2272		
273	797				**Jahrg 61**
293	876		**Jahrg 60**	187	84
319	1050	289	55	194	132, 419
332	1006	300	54	200	279
338	919	303	207	203	228
361	1309	306	109	253	327
379	1547	320	110	263	419
383	1452	337	253	266	790
393	1307	358	349	287	567
		363	442	306	740
Bd 12		378	493	314	789
1	1643	388	494	326	614
18	1596	394	584	347	789
33	1692			384	1077
36	1690	**Bd 14**		390	1076
92	2075	5	732		
		11	542	**Bd 16**	
	Jahrg 59	21	586	47	1222
94	56	30	1393	49	1364
104	108	64	545	67	1221
180	396	85	780	73	1366
217	348	114	731	84	1484
235	445	136	878	99	1485
270	733	137	1116	105	1684
311	780	159	1396	111	1781
317	734	162	1397	115	1684
326	779	179	1069	164	1979
332	899	189	1212	168	1878

Gegenüberstellung

Amtliche Sammlung Seite	NJW Seite	Amtliche Sammlung Seite	NJW Seite	Amtliche Sammlung Seite	NJW Seite
178	1980	79	60	196	674
184	1936	84	259	217	988
198	2170	107	401	226	875
200	1981	127	166	240	780
204	2070	130	453	258	1035
237	2219	141	260	273	1234
		146	723	320	1380
	Jahrg 62	173	500	325	1139
306	165	179	599	354	1868
360	498	200	964	367	2431
374	404	204	1019	377	1969
389	451	214	821	382	1866
391	499	225	1019		
		231	724	**Bd 20**	
Bd 17		238	869	20	2168
14	598	257	963	22	2359
28	500	261	965	37	2432
35	748	268	820		
38	643	274	1209		
44	820	288	1115		**Jahrg 65**
94	818, 1357	290	1509	61	58
128	1960*	324	1214	68	2119**
176	1167	326	1214	74	160
186	1117	331	1463	77	52
188	1117	339	1364	95	116
194	1069	347	1318	98	115
201	1260	349	1511	116	453
220	1308	352	1558	125	308, 544
245	1259	369	1462	132	544
248	1451	374	1683	157	923
253	1452	376	1627	160	874
280	1628	381	1747	164	827
303	1520	396	1787	189	922
321	1306			205	1030
324	1875	**Bd 19**		208	1286
337	1873	7	1988	219	1609
351	1832	24	1788	222	1492
364	1972	33	57*	225	1818
376	1926	46	1987	234	1870
382	1876	85	2378	245	2017
388	1925	88	2238	252	1871
391	2020	93	2084	268	2262
		101	2236	273	2356
Bd 18		107	2238		
1	2116				
19	2018		**Jahrg 64**		**Jahrg 66**
21	2262	113	260	281	210
34	2359	116	167	284	115
46	2358	118	212	292	114
51	2361	141	308	294	358
56	2360	144	261, 779	298	209
		156	308	303	510
	Jahrg 63	170	603	309	359
63	60	177	506	333	460
66	212	193	602	384	740

* Jahrg 1960

** Jahrg 1964

Gegenüberstellung

Amtliche Sammlung Seite	NJW Seite	Amtliche Sammlung Seite	NJW Seite	Amtliche Sammlung Seite	NJW Seite
Bd 21		367	900	16	1633
1	676	371	309	30	2154
4	603			64	1970
12	742	**Bd 22**		79	1820
18	842	1	412	82	2107
23	940	18	806	86	2023
38	989	21	457	95	2246
40	941	26	997	98	2210
62	1873	29	512	102	2057
66	1465	35	559		
70	1037	48	952		**Jahrg 70**
72	1570	52	557	115	105
74	1668	58	1056	123	63
81	2023	67	1244	141	255
85	2321	83	804	151	393
108	2072	85	996	156	520
118	2174	90	1148	176	523
131	2368	94	1242	200	478
		100	1436	213	573
	Jahrg 67	105	901	221	766
142	62	113	1246	224	767
149	213	118	1485	233	1198
152	359	122	1436	244	1197
154	164	124	1339	254	1196
167	893	129	1388	265	1558
174	637	154	1888	270	1427
180	580	169	1684	277	1512
183	835	170	1838	280	1694
186	788	185	1730	283	1614
191	789	187	1789	298	1613
211	894	209	1974	304	2071
212	1045	213	2253	307	1752
218	1094	219	2018	311	1981
222	1141	221	2019	329	2071
227	1520	232	2387	331	2253
229	1239	237	2388	336	2222
242	1476			342	2255
245	1576		**Jahrg 69**		
247	1720	250	105		**Jahrg 71**
250	1622	266	61	348	335
256	1972	268	196	360	62
260	1868	278	473	362	526
277	2069	282	517	365	106
285	2020	289	703	375	203
288	2070	297	756	377	104
303	2273	307	995	380	343
308	2217	311	669		
316	2368	321	887	**Bd 24**	
		336	941	11	105
		347	1219	15	389
	Jahrg 68	372	1445	26	291
322	59			29	290
326	116	**Bd 23**		54	521
332	167	1	1582	69	814
334	710	8	2293	72	715

Gegenüberstellung

Amtliche Sammlung Seite	NJW Seite
98	1093
125	1097
143	1278
158	404*
164	1415
170	2082
183	2082
185	1948
193	1950
208	2272
	Jahrg 72
239	402
254	499
257	545
268	454
274	548
280	695
283	779
290	780
293	881
297	1015
307	1013
321	914
329	1144
332	1289
336	1288
360	1905
365	2191
378	66**
Bd 25	
4	2006
6	2006
10	2053
13	2004
	Jahrg 73
19	65
24	206
38	107
42	204
44	154
51	204
54	205
64	289
66	476
72	335
77	336
81	524
85	523
89	521
95	474
97	528
100	523

Amtliche Sammlung Seite	NJW Seite
104	526
109	665
120	664
122	860
142	910
163	1291
165	1006
168	1289
172	1204
174	1139
176	1139
179	1467
182	1466
	Jahrg 74
187	66
207	1805**
234	66
239	109
242	154
246	246
252	371
257	509
259	373
263	708
272	655
281	868
285	869
287	1005
301	1098
309	1255
317	1290
321	1148
325	1570
333	1518
344	1777
355	64***
357	2294
365	2013
374	2191
	Jahrg 75
382	126
Bd 26	
1	63
4	395
18	505
21	177
24	320
29	699
56	788
67	1469
80	1178
84	885

Amtliche Sammlung Seite	NJW Seite
92	1177
94	1038
106	1236
111	1232
118	1238
126	1332
127	2211
140	1612
148	1611
162	1846
165	1847
183	2027
187	2352
191	2304
	Jahrg 76
204	154
206	432
212	153
214	336
218	199
221	58
228	116
241	526
247	431
250	523
258	575
270	721
271	720
276	1109
278	860
281	812
284	1512
288	1275
291	1106
298	1462
304	1700
319	1221
324	1547
332	1546
335	1414
352	1646
367	1902
374	2172
375	1984
379	1985
382	1029
384	1755
391	2356
393	2357
Bd 27	
2	2355
5	2354

* Jahrg 1972
** Jahrg 1973
*** Jahrg 1975

Gegenüberstellung

Amtliche Sammlung Seite	NJW Seite	Amtliche Sammlung Seite	NJW Seite	Amtliche Sammlung Seite	NJW Seite
	Jahrg 77	355	1390	47	131
13	157	359	1169	54	2055††
22	115			63	2481††
68	397	**Bd 28**		67	2572††
70	442	11	2040	94	2483††
74	1461*	31	1753	99	64
80	541	35	2403	109	464
81	1018	44	1984	124	987
85	723	57	1815	135	351
90	815	61	2162	144	1175
96	1829	67	2519	149	1533
99	1070	69	2517	162	951
105	965	82	2561	173	1290
108	816	96	2457	196	1175
115	1729			200	1401
117	964		**Jahrg 79**	203	1292
124	910	103	55	211	1237
135	1545	110	2458***	216	1586
139	1161	116	115	224	1858
148	1206	119	54	230	1533, 2142
154	1208	122	990	244	1700
166	1498	135	2561***	252	2319
168	1598	138	116	258	61†††
175	1405	160	881	269	1967
176	1544	162	378	274	2479
181	1600	165	435	283	2364
187	1643	174	770	288	2718
189	2222	194	663, 1310	305	2364
191	1599	196	663	310	2365
196	1784	206	882, 1992	315	2821
207	1973	224	726		
209	1696	240	1212		**Jahrg 81**
212	1459	262	2160	341	180
216	1888	266	1835	351	133
222	2036	272	1310	359	589
231	2365	285	1110	390	355
236	2273	290	1052	394	411
244	2086	310	1513	396	354
253	2175	338	1720		
260	2172	341	2622	**Bd 30**	
		349	1418	10	694
	Jahrg 78	351	1837	32	695
266	504	355	1419	34	1052
270	59	381	2414	38	1222
274	503	384	2319	52	1221
276	2173**			64	1627
287	229	**Bd 29**		74	1568
302	551	1	1056†	93	2071
315	434	13	1612	98	2422
322	1061	18	2318	105	1695
329	835			131	2267
334	899		**Jahrg 80**	147	2422
339	955	23	67	149	2073
344	1169	33	351	152	2651
349	1273	43	298	165	2422

* Jahrg 1976
** Jahrg 1977
*** Jahrg 1978
† Jahrg 1980
†† Jahrg 1979
††† Jahrg 1981

Gegenüberstellung

Amtliche Sammlung Seite	NJW Seite	Amtliche Sammlung Seite	NJW Seite	Amtliche Sammlung Seite	NJW Seite
168	2311	323	2335	234	2840
172	2133	358	2711	261	2341
182	532*	361	1918	283	2838
187	2311	389	2952		
189	2766	395	2205		**Jahrg 86**
193	2825			290	1356
		Bd 32		303	144
	Jahrg 82	1	2270	347	1183
212	59	10	2396	356	1764
223	248			389	1555
225	589		**Jahrg 84**		
244	294	25	621	**Bd 34**	
250	115	32	1973	11	1820
255	293	44	2228	15	1766
260	454	68	2772	34	1821
263	393	84	1364	39	2261
268	1404	93	376	68	2121
298	948	100	501	85	3150
309	1544	115	247	90	199***
332	947	159	623	121	2585
335	1110	190	375		
340	1295	215	808		**Jahrg 87**
350	947	221	1309	138	1955
371	1470	231	935	154	965
386	1005	270	1245	159	1211
		275	2048	184	661
Bd 31		326	2480	204	204
3	1655	342	2050	209	660
7	1470	345	2300	215	1033
10	1600	357	2711	231	1652
15	1712	365	1975	236	1210
39	2739			250	1562
51	1954	**Bd 33**		324	2027
63	2674	41	2839	334	2168
86	2455			355	2593
			Jahrg 85	362	2525
	Jahrg 83	44	443	365	2524
128	582	59	1089	371	2824
132	1385	70	986		
136	239	76	2904		**Jahrg 88**
139	186	83	984	379	1397
140	1006	97	639	392	1224
148	1005	99	1848	397	1037
157	185	111	872		
183	1437	114	1175	**Bd 35**	
195	765	119	1175	14	1800
212	1745	122	926	28	1037
226	1205	126	1173	32	1223
236	1864	148	2203	39	1680
244	1687	163	1967	55	1922
290	1572	167	1720	60	1742
296	1569	178	1789	80	837
302	1504	183	2960	82	2187
304	1570	196	2096	137	2188
314	1986	217	390**	164	1333

* Jahrg 1982 ** Jahrg 1986 *** Jahrg 1987

Amtliche Sammlung Seite	NJW Seite	Amtliche Sammlung Seite	NJW Seite	Amtliche Sammlung Seite	NJW Seite
190	3164	389	2395		**Jahrg 92**
195	2808	396	1799	66	516
205	45*			93	1182
216	3105			96	1116
238	3161	**Bd 37**		102	519
243	2749	1	1860	111	1245
251	46*	5	2143	144	763
259	3215	10	1924	172	1775
267	3216	15	239***	177	2037
290	3214	21	2477	212	2104
318	724	30	1801	214	1463
		42	2697	237	1973
	Jahrg 89	48	2633	248	2436
328	842	55	3026	251	2494
344	237	75	2698	260	2241
363	114	79	2758	263	1637
366	1681	99	3030	271	2039
		136	2479	276	1975
Bd 36		138	3283	291	2903
27	464			300	2644
30	57**			302	2304
44	1228		**Jahrg 91**	307	2306
92	1437	141	50	312	2775
119	1741	145	114	320	2976
133	1813	157	2944†		
139	1869	160	3281†		**Jahrg 93**
151	1810	162	435	362	477
155	1740	168	1622	366	476
159	3291	204	435	369	803
175	2403	245	1764	372	338
192	2702	249	1364	376	672
205	2837	260	1243	381	605
210	2270	263	1244	388	544
217	2762	264	1900		
		287	1902	**Bd 39**	
	Jahrg 90	298	1692	49	866
229	264	316	1367	72	1343
236	397	324	1964	75	1481
241	460	338	2162	96	868
242	333	347	2094	110	1147
259	586	350	2300	112	1341
262	129	356	2916	121	1084
283	845	361	3034	141	1214
286	778	395	2780	162	1808
294	920			195	1723
305	584			199	1938
320	1549	**Bd 38**		202	2325
328	1426	4	3162	208	1999
338	1614	7	123††	233	2692
340	2073	14	252††	239	2758
348	1490	37	3227	251	2881
354	1740	43	3042	281	206†††
361	1675	52	2917	291	3081
363	2828	54	548††	305	3337
384	1859	63	2779	310	3275

* Jahrg 1989
** Jahrg 1990

*** Jahrg 1991
† Jahrg 1990
†† Jahrg 1992

††† Jahrg 1994

Gegenüberstellung

Amtliche Sammlung Seite	NJW Seite	Amtliche Sammlung Seite	NJW Seite	Amtliche Sammlung Seite	NJW Seite
	Jahrg 94	57	2365		**Jahrg 97**
335	596	64	2237	205	204
349	333	119	2645	294	471
353	267	140	2301	314	670
390	1015	145	3195	324	668
		153	2997	343	1452
Bd 40				365	1516
3	1294		**Jahrg 96**	372	1018
44	2556	175	267	391	1790
60	1484	206	2930*		
66	1807	222	471	**Bd 43**	
97	1421	288	1007	16	550**
120	2369	292	1160	31	2061
125	3174	303	406	36	1792
138	1663	305	1293	53	2689
191	2773	317	857	62	2335
195	2368	348	1355	91	2531
211	2904	363	532	96	3034
218	2703	374	1220	106	2828
		376	1420	112	2392
	Jahrg 95	385	1973	122	2828
287	603			146	2963
287	603	**Bd 42**		153	3385
336	1501	15	1547	169	2762
360	407	46	1763	171	3180
374	1166	71	2171	195	86**
390	1221	73	2435	212	3182
395	2367	86	2239		
		94	1975		**Jahrg 98**
Bd 41		103	2518	262	467
6	2424	107	2107	270	390
16	1973	139	2940	277	321
30	1974	170	2242	300	840
36	2569	175	2738	321	1723
42	2236	191	3018	360	1163

* Jahrg 1995

** Jahrg 1998

Sachverzeichnis

Fette Zahlen bezeichnen ohne Zusatz die Paragraphen der StPO, mit dem Zusatz **GVG** die Paragraphen des GVG, mit dem Zusatz **A 1–5** die Paragraphen der im Anhang abgedruckten kommentierten Gesetze.

Magere Zahlen bezeichnen die Randnummern der Erläuterungen, mit dem Zusatz A 6–16 die Paragraphen (Artikel, Nummern) der im Anhang abgedruckten nicht kommentierten Rechts- oder Verwaltungsvorschriften.

Römische Zahlen verweisen auf die Absätze; es bedeuten „Anl": Anlage, „Einl": Einleitung, „vor": Vorbemerkung.

A

C

D

F

G

I

M

O

Q

R

S

V